中華大典

工業典

上海古籍出版社

中華人民共和國國務院批准的重大文化出版工程
國家文化發展綱要的重點出版工程項目
新聞出版總署列為「十一五」國家重大工程出版規劃之首
國家出版基金重點支持項目

《中華大典》工作委員會

《中華大典》編纂委員會

《中華大典》前言

《中華大典》是運用我國歷代漢文古籍編纂的一部大型工具書。其目的是爲學術界及願意瞭解中國古代珍貴文化典籍的人士提供準確詳實、便於檢索的漢文古籍分類資料。

中國是世界文明古國之一，幾千年來纂寫和聚集的文化典籍浩如烟海。我國歷代都有編纂類書的優良傳統，具有代表性的《永樂大典》等大多已佚失，現存《古今圖書集成》編就距今也已數百年。爲了適應今天和以後研究和檢索的需要，一九八八年海内外三百多位專家學者和各古籍出版社同仁倡議，在已有類書的基礎上，用現代科學方法編纂一部新的類書《中華大典》。

國務院在關於編纂《中華大典》問題的批覆中指出，編纂《中華大典》「是我國建國以來最大的一項文化出版工程」。本書所收漢文古籍上起先秦，下迄清末，約三萬種，達七億多字，分爲二十四個典，近百個分典，内容廣博，規模宏大，前所未有。

《中華大典》的編纂工作堅持科學態度和百花齊放、百家爭鳴方針。儘量採用古精校精刻本，優先採用我國建國後文獻學和考古學的優秀成果。對傳統文化中重要的不同學派的資料，兼收并蓄。運用現代圖書分類的方法，對收集到的資料，精選、精編，力求便於檢索、準確可信。

這項工作從開始起就受到中共中央、國務院和有關部門的重視和支持。國家主席江澤民、國務院總理李鵬分别爲《中華大典》題詞。江澤民的題詞是：「同心同德群策群力認真編好中華大典爲建設有中國特色的社會主義服務」。李鵬的題詞是：「繼承和弘揚民族優秀傳統文化」。全國政協主席李瑞環、國務委員李鐵映也作了重要指示，要求抓緊辦理。一九九零年五月，國務院批准《中華大典》爲國家重點古籍整理項目。一九九二年九月，正式成立了《中華大典》工作委員會和《中華大典》編纂委員會，召開了《中華大典》工作、編纂會議。自此，《中華大典》的編纂工作由試點轉入正式啓動，逐步鋪開。

編纂《中華大典》，學術性很强，工作量很大，工程十分艱巨，全賴廣大專家學者和全國各有關高等院校、科研院所、圖書館、出版單位的鼎力支持與積極參與。大家本着弘揚中華民族優秀文化的心願，發揚奉獻精神，克服各種困難，團結協作，給這部巨大類書的出版提供了根本保證。在此謹表示誠摯的謝意。

對本書的批評與建議，我們將十分歡迎。

《中華大典》編纂委員會

一九九七年四月

二〇〇六年十一月修訂

《中華大典》編纂通則

一、性質：《中華大典》（以下簡稱《大典》）是對漢文古籍（含已翻譯成漢文的少數民族古籍）進行全面的、系統的、科學的分類整理和匯編總結的新型類書，是在繼承歷代類書優良傳統、考慮漢文古籍固有特點的基礎上，借鑒和參照近代編纂百科全書的經驗和方法編纂而成。編纂《大典》的目的，是爲學術界及願意瞭解中國古代珍貴文化典籍的人士提供各種分門別類的，準確詳細的古代漢文專題資料。

二、規模和體例：《大典》所收古籍的時限，上自先秦，下迄辛亥革命。全書共收各類漢文古籍三萬餘種，七億多字。全書體例，着重汲取清代《古今圖書集成》所採用的經目和緯目相交織這一統一框架結構的模式，同時參照現代科學的學科，目録分類方法，并根據各類學科内容的實際情況，一般將每一大類學科輯爲一典，也有將幾個相關學科共輯爲一典的。對各典名稱，均以現代學科命名，對於所收入的各種古籍資料，亦儘可能納入現代科學分類體系之中。

三、經目：大典共分二十四個典，即哲學典、宗教典、政治典、軍事典、經濟典、法律典、教育典、語言文字典、文學典、藝術典、歷史典、歷史地理典、民俗典、數學典、物理化學典、天文典、地學典、生物學典、醫藥衛生典、農業典、林業典、工業典、交通運輸典、文獻目録典。典以下以分典、總部、部、分部分級，分部之下的標目根據各學科特點由各典自行擬定。

四、緯目：共設置九項緯目，用以包容各級經目的具體内容：

①題解：對有關學科的名稱、概念、涵義、特點等作總體介紹的資料。

②論説：有關理論部份的資料。

③綜述：有關學科或事物的系統性資料，凡有關學科或事物的性狀、制度、範疇、特點及學科地位、發展情況等具體内容均編入此緯目中。

④傳記：有關人物的傳記資料。

⑤紀事：有關學科或事物的具體活動或事例的資料。

⑥ 著録：重要人物或文獻的有關著作資料，如專集介紹、序跋、藏書題記，以及有關著作的成書經過、版本源流等。

⑦ 藝文：有關屬於文學欣賞性的散文或韵文。

⑧ 雜録：凡未收入以上各緯目，而又有較高參考價值的資料，均入雜録。

⑨ 圖表：根據有關經目的内容需要，圖與表附於相關專題之下，或集中匯總於某級經目之後。

《大典》以内容分類安排各級緯目，各級緯目的正文，一般以原書爲單位，按時代順序排列。每一條資料前標明出處，包括書名或作者名、篇名或卷次，以利讀者核對原書。

五、書目：每分典後附有該分典所收書之書目，書目包括書名、作者、時(年)代、版本等内容。時代以成書時代爲準，成書時代不詳者，以作者主要活動時代爲準，并遵從歷史習慣。

六、版本：《大典》在選用版本時儘量採用古人的精校精刻本，亦採用學術界通用的近、現代整理圈點本及現代學者校點整理本。

七、校點：爲儘可能保存古籍原貌，《大典》祇對底本中明顯的脱、訛、衍、倒進行勘正。古本中的避諱字一般不作改動，祇對缺筆字補足筆畫。後人刻書時避當朝人諱而改動的字，據古本改回。《大典》採用新式標點法。

一九九六年八月

二〇〇六年十一月修訂

《中華大典·工業典》編纂委員會

《中華大典·工業典》序

《工業典》是《中華大典》的一個組成部分，系統地分類彙集上起先秦下迄清末有關中國工業的文獻資料。

中國傳統工業的歷史，可以説就是一部手工業的歷史。現代人類學研究中的一個主流觀點是，人類揖别猿類是從打製第一塊石質工具所體現的勞動開始的，而被打製出來的这第一塊石質工具就是人類的第一件手工業產品，手工業由此濫觴。因而，我們可以認爲，人類是與手工業同時步入歷史舞臺的，而且直到工業革命前，手工業一直是科技乃至生產力進步的主要推動者、承載者和傳播者，而科技和生產力進步對人類文明的綿延和提升的意義則是不言而喻的：農業生產的進步、商業活動半徑的擴大、交通運輸能力的提高、軍事實力的增强、文化内容的豐富、生活水平的提高、劳动强度的降低、居住环境的改善，等等，皆離不開手工業的發展。工業革命濫觴於英倫三島之前，中國之所以能成爲人類文明的主要輸出地之一，很大程度上與中國傳統手工業的領先地位密切相關。當然，當人類基本生產形態因工業革命而徹底换軌之後，雖然中國的手工業並未裹步不前，但是已經無力繼續承擔起助中華文明領先於世界文明之重任。

我國傳統社會的一個重要特點是耕織經濟發達，個體小生產農業及家庭副業手工業經濟構成了當時社會財富的基本來源，「男耕女織」或「晴耕雨織」是廣大農民的基本生產方式。另外一個特點是，官營手工業經濟一直比較活躍。上述特點，對中國傳統工業水準的提升、科學技術的進步乃至社會經濟的發展所造成的影響無疑是多方面的，但是，越到晚近，它的負面影響就越凸顯出來。這無疑決定了我國的國情，且影響深遠。

我國歷史上的手工業技術對於人類的影響是深刻的，「四大發明」對推動人類文明進步的作用是人人皆知的例子，而通過「絲綢之路」向中亞、西亞、歐洲乃至非洲輸送的由中國製造的絲綢、紙張等精美手工業品，更成爲中外文化交流的重要媒介。隨着海上絲綢之路的開通與延伸，我國輸出的手工業品的數量及品種在不斷增加，其中最重要的商品是瓷器，其對世界的影響巨大，以至於英語中「中國」（China）與「瓷器」是同一詞。當然，當時的手工業品的交流是雙向的，並非只是單一的輸出。

除此之外，我國歷史上的彩陶、採礦、冶金、鑄造、造船、漆器、紡織、印染等工藝，亦處於當時世界的領先水準，社會影響亦是具有國際性的。被譽爲古代建築「活化石」的唐代建築山西五臺山南禪寺、佛光寺、芮城廣仁王廟、平順天台庵等榫卯結構建築，經過千餘年的風雨滄桑，依然在向世人展示着中國古代工匠獨特的藝術神韻。《工業典》就是對包括上述內容在內的資料進行搜集和整理。

我國流傳至今的古籍可謂汗牛充棟，而在傳統的農本主義經濟形態下，在國家制度設計中，手工業作爲「末」而没有得到應有的重視，受此影響，史家對工業的記載或是只言片語，或是在記載其他內容時附帶提及。早在《史記・商君列傳》中就明確提出重本輕末的思想，唐代人司馬貞在《史記索隱》中指出，這里「『末』謂工商也」。一些時期甚至將手工業技術發明視作奇技淫巧而備受限制。正因爲如此，古籍中有關工業的記載非常零散，系統記載者可謂鳳毛麟角。受此影響，手工業方面的資料在後世缺乏必要的整理，即使今天，這種情況也並没有得到多大改觀。這無疑使《工業典》資料的搜集難度非常大，遠遠超過了我們的估計。當然，各種官修典籍和文獻對手工業的輕視，並不意味着手工業不重要。事實上，手工業生産從某種程度上早已成爲中國人文化因子的一部分。例如，中國古代的製陶和冶煉工藝曾被視爲最尖端的工藝，故而人們常用「陶冶情操」來形容提升思想、道德和情趣的艱難過程。另外，刻範是我國古代手工業生産活動中出現較早的工具，而且精準度和標準化應該達到了很高的水準，故而人們用「模範」一詞來指被大家廣泛認同的樣板。凡此種種，不勝枚舉。

《工業典》在編纂過程中，除了不遺餘力地利用傳世文獻外，對於新發現和整理的資料，也儘量給予關注，特別對最近發現和整理的資料費力較多，以體現編纂的時代特點。

《工業典》共計九個分典。根據現代工業主要行業且結合我國傳統手工業自身的特點，《工業典》設置了《陶瓷與其他燒製品工業分典》《金屬礦藏與冶煉工業分典》《製造工業分典》《造紙與印刷工業分典》《建築工業分典》《紡織與服裝工業分典》《食品工業分典》以及《綜合分典》。因爲傳統手工業發展到近代，在內外條件的變化下，出現了近代工業，這具有劃時代的意義。因此，在《中華大典》編委會領導的支持和上海古籍出版社專家的贊許下，《工業典》下設了《近代工業分典》。《近代工業分典》搜集材料時主要遵循兩個方面的原則：一是具有近代工業的生産形式，二是具有近代工業的管理與組織功能。這雖然與其他分典體例不盡一致，卻不失爲一種創新。這是需要説明的。

《工業典》的編纂，對瞭解中國傳統社會的工業佈局和經濟狀況，對發揚壯大手工業技術，對傳承和弘揚傳統文化，具有重要的意義。特别在將實現工業化和推進城鎮化作爲國家戰略的今天，挖掘整理這份文化遺産，無疑具有不可替代的歷史鏡鑒價值。

參加《工業典》編纂的學者分别來自重慶、廣州、蘭州、曲阜和北京以及澳門等地，均是手工業經濟史方面的專家。《工業典》自二〇〇六年啓動以來，已逾九載。《工業典》的編纂工作，自始至終得到了《中華大典》工作委員會和編纂委員會的指導，特别是《中華大典》辦公室的領導和工作人員付出心血頗多，各編纂者所在單位給予諸多方便，上海古籍出版社領導及編輯先生費心良多，在此一併深表謝忱。

我們從事《工業典》的編纂工作，限於水準和時間，難免存在掛一漏萬的問題，特别是在選材、整理方面的錯誤，需要方家和廣大讀者的批評指正。

魏明孔

二〇一五年十月

中華大典·工業典

製造工業分典

主　編：魏明孔　郭遠英
副主編：趙偉洪　方高峰　陳　麗　焦建華

《中華大典·工業典·製造工業分典》編纂説明

手工業登上歷史舞臺是人類出現的標志之一，具體而言人類的生産活動是以打製石質工具開始的。因此，製造業是手工業的核心内容之一。中國製造文化包含着先民的無窮智慧，是一份彌足珍貴的寶藏。我國自文字記載以來，關於製造的内容就相當豐富，在長期的社會實踐中，總結出内容豐富的製造設計理念。早在《周禮·考工記》中，就提出製造器物要具備「天有時，地有氣，材有美，工有巧」的和諧理念，即一件實用精美的手工業品的製造，必須具備氣候因素、地理條件、材質優勢和能工巧匠，「合此四者，然後可以爲良」。在以後的社會實踐中，不斷進行總結，諸如《天工開物》《陶説》《繡譜》等文獻，更是在《考工記》基礎上的總結和發展，即使在今天仍然具有重要的參考價值。

《中華大典·工業典·製造工業分典》（以下稱「本分典」），係《中華大典·工業典》的分典之一，涉及先秦至清末工業中有關器物製造方面的内容。根據《中華大典》的編纂通則、《工業典》的有關規定和本分典的具體情况，製訂了相應的編纂體例。

本分典資料的選取按照「前期求全，後期求精」的原則，即宋代以前盡量做到材料的連貫性與完整性，宋代以後則側重材料的典型與精煉。在編纂過程中，我們既適用綜合性資料的特點，又考慮資料以類相聚的要求，故在經目的設置上避免過細。本分典分爲《生産用品總部》《生活用品總部》《交通運輸總部》《金屬總部》及《其他總部》五個總部。總部下視文獻内容設若干部。緯目一般設題解、綜述、傳記、紀事、藝文、雜録、圖録。在具體編纂過程中，對於緯目不强求一致，有則設，無則不設。

本分典資料編排，主要依據作者時代先後爲序。一般遵循如下原則：（一）作者生卒年明確，或卒年明確，皆以卒年爲序；（二）卒年不詳，則以生年爲序；（三）生卒年皆不詳，則以其經歷中有記載年代爲序；或以成書年代，書中自序、跋，刊行年代等爲序；（四）生卒年不詳，但知爲某朝代，則置於該朝代之後，並以書名筆劃横、豎、撇、點、折排序。

本分典引用文獻格式是：（一）根據原書所載，原書有四級標目，即標作者、書名、卷次、篇名。原書無四級標目，則按照原書記載，以三級即作者、書名、卷次標目，或二級即作者、書名標目。（二）中間删去文字用「【略】」標識。（三）對資料中有明顯脱、訛、衍、倒進行勘正，以「（）」括出，改正符號則用「〔〕」標識。（四）數字表述中，選用書目出處的卷次等標目，使用中文數字〇、一、二、三、四、五、六、七、八、九，一般不使用十、百、千、萬等表示整數的文字。（五）後人記前朝事的文獻，不歸入記述者生活的年代，而按所記事發生的年代歸類排序；後人編輯的前朝文獻，亦按相同原則處理。例如：清人編輯的《全唐文》，不歸入清代而歸入唐代；南宋徐天麟編纂的《東漢會要》，不歸入南宋而歸入東漢。（六）帝王或朝代年號、書籍出版日期或刊物期號，均採用中文數字標注。

本分典力所能及地選用較好版本，特别注意充分利用學術界已有的校勘本。對於學術界發掘和整理的新資料，儘量選用，以體現編纂者的時代特徵。

本分典爲集體編纂成果，編纂始於二〇〇六年。一開始暨南大學湯開建教授、趙利峰博士擔任主編，二〇〇八年湯先生赴澳門大學任職，因爲工作調動及研究方向的轉換，二位主編均退出了編纂工作。湯開建、趙利峰二先生對本分典的貢獻良多，這是首先需要説明的。本分典的編纂工作，自始至終得到了《中華大典》工委會、編委會的指導與關心，編纂者所在單位也提供了諸多方便，還得到了上海古籍出版社領導和專家的關心和幫助，同時，我們參考並充分利用了學術界已有成果，對此我們一併深表謝忱！

本分典主編魏明孔、郭遠英，副主編趙偉洪、方高峰、陳麗、焦建華，編纂組成員還包括劉婷玉、唐曄等。其中劉婷玉博士後完成了《交通運輸總部》的資料搜集與整理工作，河北大學唐曄博士完成了《生活用品總部》的資料搜集與整理工作。

《中華大典·工業典·製造工業分典》編纂委員會

二〇一五年八月

總目

生產用品總部

《生產用品總部》提要

生產是人類賴以生存的前提，其中生産用品即生産工具所起的作用至關重要。古人早就認識到其重要性，强調「工欲善其事，必先利其器」。本總部就是關於工業中有關生産用品或生産工具的資料彙集。《生産用品總部》是《製造工業分典》的五個總部之一，包括《農具部》和《工具部》。《農具部》主要就是編纂有關農業生産工具製作和演變的有關資料。從定義上來講，農具本屬工具諸多類别之一，但因農具在我國傳統社會長期農本主義思想指導下顯得非常重要，遂將農具類相關文獻從《工具部》中提取出來，單獨成爲一部。《工具部》則是編纂除農具之外的生産工具的資料。

本總部一般下設題解、綜述、傳記、紀事、藝文、圖録等緯目，盡可能地收録一九一一年以前的有關材料。在具體編纂過程中，對於緯目不强求一致，有則設，無則不設，視資料情況而定。每個緯目録文均按朝代先後順序排列，具體編排主要依據被引用材料的作者的生卒時間而定。

目録

農具部

題解

呂不韋等《呂氏春秋》卷二六《士容論·上農》 凡耕之大方：力者欲柔，柔者欲力；息者欲勞，勞者欲息；棘者欲肥，肥者欲棘；急者欲緩，緩者欲急；濕者欲燥，燥者欲濕。上田棄畝，下田棄甽。五耕五耨，必審以盡。其深殖之度，陰土必得，大草不生，又無螟蜮。今茲美禾，來茲美麥。是以六尺之耜，所以成畝也；其博八寸，所以成甽也；耨柄尺，此其度也；其耨六寸，所以間稼也。地可使肥，又可使棘。人肥必以澤，使苗堅而地隙；人耨必以早，使地肥而土緩。

程大昌《演繁露》卷三《桔橰水車》 水車古無見。《莊子》曰：漢陰丈人鑿隧而入井，抱瓮而灌。則直提瓮汲井，汲滿即出而灌之，未有機巧也。子貢於是語以「桔橰」之制。其説曰：「後重前輕，挈水若抽，數如泆湯。」案此意制，是就有水處，立木其上，交午如十字，一繫瓮，一頭虛垂。汲者制其低昂，故其「挈水若抽，數如泆湯」也。「泆湯」者，湯之沸騰而涌起者也。此其爲械，比之抱瓮，則事半而功加倍矣。然而自此時至漢，皆未有今世卷水之車也。不獨未有卷水之車也，雖水磨、水碓，亦無載焉。故知智未及知也。《魏略》曰：馬鈞居京都，有地可爲園，患無水以灌，乃作翻車，令童轉之而灌，水自覆，更出更入，其巧百倍於常。此方是今之水車也矣。

鄂爾泰等《授時通考》卷三二《功作·墾耕·犂圖説》 犂，墾田器。犂以牛，故从牛。《山海經》曰：后稷之孫叔平，始教牛耕。註曰：用牛犂也。王禎曰：易耒耜而爲犂，不問地之堅强輕弱，莫不任使。欲淺欲深，求之犂箭，欲廉欲猛，取之犂梢。犁之爲器，豈不簡易而利用哉！其制，詳陸龜蒙《耒耜經》。

鄂爾泰等《授時通考》卷三二《功作·墾耕·鑱鏵圖説》 鑱，犂之金也。《集韵》注：鋭也。吴人云：鐵犂長尺有四寸，廣六寸，剜土既多，其鋒必秃，還可鑄接，貧農利之。

鏵，《集韻》云：耕具也。《説文》：鏵作茉，兩刃鍤也，从木象形。鏵與鑱頗異：鑱狹而厚，惟可正用；鏵闊而薄，翻覆可使。老農云：開墾生地，宜用鑱，翻轉熟地，宜用鏵。蓋鑱開生地，著力易，鏵耕熟地，見功多。然北方多用鏵，南方多用鑱，雖習尚不同，若取其便，則當以老農之言爲法，庶南北互用鑱鏵，不偏廢也。

鄂爾泰等《授時通考》卷三二《功作·墾耕·剗圖説》 剗，剗土除草，故名。《周禮》注：謂以耜側凍土而剗之，是也。刃如鋤而闊，上有深袴，插於犂底，所置鑱處。其犂輕小，用一牛，或人輓行。北方幽、冀等處，遇有下地，經冬水涸，至春首浮凍稍蘇，乃用此器剗土而耕；草根既斷，土脉亦通。俗亦名「鎊」。

鄂爾泰等《授時通考》卷三二《功作·墾耕·長鑱圖説》 長鑱，踏田器也。鑱比犂，鑱頗狹，制爲長柄，謂之長鑱。杜工部《同谷歌》曰：「長鑱、長鑱白木柄」，即謂此也。柄長三尺餘，後偃而曲，上有横木，如拐，以兩手按之，用足踏其鑱柄後跟，其鋒入土，乃捩柄以起土坺也。在園圃、區田，皆可代耕，比於钁、劚省力，得土又多。古謂之蹠鏵，今謂之踏犂，亦耒耜之遺制也。

鄂爾泰等《授時通考》卷三二《功作·墾耕·钁圖説》 钁，劚田器也。《爾雅》謂之「鐯斫」。又云「魯斫」。蓋農家開辟地土，用以劚荒。凡田園山野之間用之者，又有闊狹大小之分，然總名曰钁。

鄂爾泰等《授時通考》卷三二《功作·墾耕·臿圖説》 臿，顔師古曰：鍬也。所以開渠者。【略】江淮、南楚之間謂之「臿」。趙、魏之間謂之「喿」，皆謂鍬也。然多謂之「臿」。蓋古謂「臿」今謂「鍬」。一器二名，宜通用。

鄂爾泰等《授時通考》卷三二《功作·墾耕·鐵搭圖説》 鐵搭，四齒，或六齒。其齒鋭而微鈎，似耙非耙，劚土如搭，是名鐵搭。就帶圓銎，以受直柄，柄長四尺。南方農家，或〔乏〕牛犂，舉此劚地以代耕墾，取其疏利；仍就編耧塊壤，兼有耙钁之效。嘗見數家爲朋，工力相摶，日可劚地數畝。江南地少土潤，多有此等人力，猶北方山田钁户也。

鄂爾泰等《授時通考》卷三二《功作·墾耕·劚刀圖説》 劚刀，闢荒刃也。其制如短鐮，而背則加厚。嘗見開墾蘆葦蒿萊等荒地，根株駢密，雖强牛利器，鮮不困敗。故於耕犂之前，先用一牛引曳小犂，仍置刃裂地，闢及一隴，然後犂鑱隨過，覆坺截然，省力過半。又有於本犂轅首裏邊就置此刃，比之别用人畜，尤省便也。

鄂爾泰等《授時通考》卷三二《功作·墾耕·櫌圖説》 櫌，槌塊器。《説文》云：櫌，摩田器。晉灼曰：櫌，椎塊椎也。《呂氏春秋》曰：鋤櫌白梃。耰，椎也。今田家所製無齒杷，首如木椎，柄長四尺，可以平田疇，擊塊壤，又謂木斫，即此櫌也。

鄂爾泰等《授時通考》卷三三《功作・耙勞・耙圖説》　耙，又作爬，又謂渠疏。桯長可五尺，闊約四寸，兩桯相離五寸許。其桯上相間，各鑿方竅以納木齒，齒長六寸許。其桯兩端木括長可尺三，前稍微昂，穿兩揭以繫牛挽鈎索，此方耙也。

又有人字耙，鑄鐵爲齒，《齊民要術》謂之鐵齒鎬錂。凡耙田，人立其上，入土則深。又當於耙頭不時跂足，閃去所擁草木根荄，水陸俱必用之。

鄂爾泰等《授時通考》卷三三《功作・耙勞・耖圖説》　耖，疏通田泥器也。高可三尺許，廣可四尺，上有橫柄，下有列齒。以兩手按之，前用畜力輓行，一耖用一人一牛。有作「連耖」，二人二牛，特用於大田，見功又速。耕耙而後用此，泥壤始熟矣。

鄂爾泰等《授時通考》卷三三《功作・耙勞・勞圖説》　勞，無齒耙也。耙梃之間，用條木編之以摩田也。耕者隨耕隨勞，又看乾濕何如，務使田平而土潤。與耙頗異，耙有渠疏之義，勞有蓋摩之功也。今名勞曰「摩」，又名「蓋」。凡已耕耙欲受種之地，非勞不可。

鄂爾泰等《授時通考》卷三三《功作・耙勞・磟碡圖説》　磟碡，又作䃙碡，字皆從石，恐本用石也。然北方多以石，南人用木，蓋水陸異用，亦各從其宜也。其制長可三尺，大小不等，或木或石，刊木括之，中受簨軸，以利旋轉。又有不觚稜混而圓者謂混軸。俱用畜力輓行，以人牽之，輾打田疇土塊，易爲破爛，及碾捍場圃間麥禾，即脱浮穗，水陸通用之。

鄂爾泰等《授時通考》卷三三《功作・耙勞・礰礋圖説》　礰礋，又作礭礋，與磟碡之制同。但外有列齒，獨用於水田，破塊滓，溷泥塗也。

鄂爾泰等《授時通考》卷三三《功作・耙勞・田盪圖説》　田盪，均泥田器也。用叉木作柄，長六尺，前貫橫木五尺許。田方耕耙，尚未勻熟，須用此器平著其上盪之，使水土相合，凹凸各平，則易爲秧蒔。《農書・種植篇》云：「凡水田，渥漉精熟，然後踏糞入泥，盪平田面，乃可撒種。」此亦盪之用也。

鄂爾泰等《授時通考》卷三三《功作・耙勞・刮板圖説》　刮板，剗土具也。用木板一葉，闊二尺許，長則倍之，或煆鐵爲舌。板後釘直木二莖，高出板上，概以橫柄。板之兩傍，繫一鐵環，以擐拽索，兩手推按，或人或畜，挽行以剗壅脚土。凡修閘壩，起堤防，填汙坎，積邱垤，均土壤，治畦埂，叠場圃，聚子粒，擁糠秕，除瓦礫，俱可用。然農家之事居多也。

鄂爾泰等《授時通考》卷三三《功作・耙勞・平板圖説》　平板，平摩種秧泥田器也。用滑面水板，長廣相稱，上置兩耳，繫索連軛駕牛，或人拖之。摩田須平，方可受種，即得放水，浸漬勻停，秧出必齊。田家或仰坐凳代之，終非本器。

鄂爾泰等《授時通考》卷三四《功作・播種・耬車圖説》　耬車，下種器也。一云「耬犁」，其金似鑱而小。《魏志略》曰：「皇甫隆教民作耬犁，省力過半，得穀加五。」夫耬，中土皆用之，他方或未經見，恐難成造。其制兩柄上彎，高可三尺，兩足中虛，闊合一壟，橫桄四匝，中置耬斗，其所盛種粒，各下通足竅。仍旁挾兩轅，可容一牛。用一人牽，旁一人執耬，且行且搖，種乃自下，此耬種之體用。近有創製，下糞耬種，耬斗後另置篩過細糞，或拌蠶沙，耩時隨種而下，覆於種上，尤便。又名曰「種蒔」，曰「耩子」，曰「耬犁」，用則一也。

鄂爾泰等《授時通考》卷三四《功作・播種・瓠種圖説》　瓠種，竅瓠貯種，量可斗許，乃穿瓠兩頭，以木箄貫之，後用手執爲柄，前用作觜，瀉種於耕壟畔，隨耕隨瀉，務使均勻。又犁隨掩過，遂成溝壟，覆土既深，暑夏最爲耐旱，且便於撮鋤，苗亦鬯茂。燕趙及遼以東多有之。《齊民要術》曰：「兩耬種耩，竅瓠下之，以批契維腰曳之。」此舊制，以今較之，頗拙於用，故從今法。寡力之家，比耕、耙、耬、砘易爲功也。

鄂爾泰等《授時通考》卷三四《功作・播種・砘車圖説》　砘車，砘，石碢也。以木軸架碢爲輪，故名砘車。兩碢用一牛，四碢兩牛力也。鑿石爲圓，徑可尺許，竅其中以受機括，畜力輓之，隨耬種所過，尋壟碾之。使種土相着，易爲生發。然亦看土脉乾濕何如，用有遲速也。古農法云：耬種後用撻，則壟滿土實。又有種人足躡壟底，各是一法。今砘車碾溝壟特速，此後人所創，尤簡當也。

鄂爾泰等《授時通考》卷三四《功作・播種・撻圖説》　撻，打田篲也。用科木縛如埽篲，復加匾闊，上以土物壓之，亦要輕重隨宜，以打地。長三四尺，廣二尺餘。古農法：耬種既過，後用此撻，使壟滿土實，苗易生也。《農桑通訣》云：「又用曳打場圃，極爲平實。」

鄂爾泰等《授時通考》卷三四《功作・播種・輥軸圖説》　輥軸，碾草木軸也。其軸木徑可三四寸，長約四五尺，兩端俱作轉簨，挽索用牛拽之。江淮之間，漫種稻田，草木並出。用此輥碾，使草禾俱入泥內。再宿之後，禾乃復出，草則不起。又嘗見一方稻田，不解插秧，惟務撒種，却於軸間交穿板木，謂之雁翅。狀如礰碎而小，以輥打水土成泥，就碾草禾如前。江南地下，易於得泥，故用輥軸；北方塗田頗少，放水之後，欲得成泥，故用雁翅輥打。此各隨地之所宜用也。

鄂爾泰等《授時通考》卷三四《功作・播種・秧彈圖説》 秧彈，秧壟以篾爲彈，彈猶弦也。世呼船牽曰「彈」，字義俱同。蓋江鄉櫃田，内平而廣，農人蒔秧，浸無準則，故製此長篾，掣於田之兩際。其直如弦，循此布秧，了無欹斜，猶梓匠之繩墨也。

鄂爾泰等《授時通考》卷三四《功作・播種・秧馬圖説》 秧馬，蘇軾詩序云：予昔游武昌，見農夫皆騎秧馬。以榆棗爲腹，欲其滑，以楸梧爲背，欲其輕。腹爲小舟，昂其首尾，背如覆瓦，以便兩髀雀躍於泥中，繫束藁其首以縛秧。日行千畦，較之傴僂而作者，勞佚相絶矣。《史記》載：「禹乘四載泥行乘橇。」解者曰：「橇形如箕，擿行泥上。」豈秧馬之類乎！

鄂爾泰等《授時通考》卷三四《功作・播種・橇圖説》 橇，泥行具也。《史記》：「禹乘四載，泥行乘橇。」孟康曰：「橇形如箕，擿行泥上。」嘗聞向時河水退灘淤地，農人欲就泥裂，漫撒麥種；奈泥深恐没，故製木板爲履，前頭及兩邊皆起如箕，中綴毛繩，前後繫足，底板既闊，則舉步不陷。今海陵人以行及刈過葦泊中皆用之。

鄂爾泰等《授時通考》卷三五《功作・淤陰・杴圖説》 杴，臿屬，但其首方闊，柄無短拐，此與鍬臿異也。煅鐵爲首，謂之鐵杴，最宜土功。剡木爲首，謂之木杴，可撩穀物，取灰取泥，用之尤便。《方言》：鐵者名「跳杴」，木者名「杴部」。

鄂爾泰等《授時通考》卷三五《功作・淤陰・鐵刃杴、竹揚杴圖説》 鐵刃杴，裁割田間塍埂，用之以泥糞者。候泥將乾，劃爲方塊，分布於田，尤需此器。以竹爲之者，謂之竹揚杴，與颺籃少異，揚去糠粃，仍斂而積之，惟竹杴輕且便也。

鄂爾泰等《授時通考》卷三五《功作・淤陰・杷圖説》 杷，鏤鍬器也。《方言》云：「宋魏間謂之『渠挐』，或謂之『渠疏』。」直柄横首，柄長四尺，首闊一尺五寸，列鑿方竅，以齒爲節。夫畦畛之間，鎪剔塊壤，疏去瓦礫，場圃之上，摟聚麥禾，擁積秸穗，此益農之功也。

鄂爾泰等《授時通考》卷三五《功作・淤陰・竹杷圖説》 竹杷，場圃樵野間用之，爬以撩藁葉，以疏糞壤，有爬羅剔抉之功，或執以拾糞，其制稍密。

鄂爾泰等《授時通考》卷三五《功作・淤陰・朳圖説》 朳，無齒杷也。所以平土壤、聚穀物。《説文》云：無齒爲朳。《禾譜》字作「戛」。周生烈曰：「夫忠蹇朝之杷朳，正人國之埽篲，秉杷執篲，除凶掃穢，國之福，主之利也。」杷朳之爲器也，見於書傳，至今不替，其用爲不負紀録矣。

鄂爾泰等《授時通考》卷三六《功作・耘耔・耨圖説》 耨，除草器。《吕氏春秋》曰：耨柄尺，其耨六寸。高誘注云：耨，芸苗也，「六寸」所以入苗間。《廣雅》又云：「定，謂之耨。」古農法云：「苗生葉以上，稍耨壟草，因隤其土以附苗根。」此耨之功也。

鄂爾泰等《授時通考》卷三六《功作・耘耔・耰鉏圖説》 耰鉏，耰爲鉏柄也。《説文》：「鋤，立薅也。」其刃如半月，比禾壟稍狹，上有短銎，以受鋤鈎。鈎如鵝項，下帶深袴，以受木柄，鈎長二尺五寸，柄亦如之。北方陸田，舉皆用此。江淮間雖有陸田，習俗水種，但用直項鋤頭；刃雖鋤也，其用如斸，是名「钁鋤」，故陸田多不豐收。今表此耰鋤之效，並其制度，庶南北通用。

鄂爾泰等《授時通考》卷三六《功作・耘耔・鏟圖説》 鏟，《廣雅》曰「剗」。鏟柄長二尺，刃廣二寸，以剗地除草；此古之鏟也。今鏟與古制不同：柄長數尺，首廣四寸許，兩手持之，但用前進攛之，剗去壟草，就覆其根，特號敏捷。今營州之東，燕、冀以北，農家種溝田者皆用之。

鄂爾泰等《授時通考》卷三六《功作・耘耔・耬鋤圖説》 耬鋤，《種蒔直説》云：此器出自海壖，號曰「耬鋤」。耬制頗同，獨無耬斗，但用耬鋤鐵柄，中穿耬之横桄下仰，鋤刃形如杏葉。撮苗後，用一輓輓之，過鋤力三倍。燕趙名曰「劐子」，制又小異：劐子第一遍，即成溝子，穀根未成，不耐旱；耬鋤刃在土中，故不成溝子。第二遍，加擗土木雁翅，方成溝子，其分土壅穀根。擗土：用木厚三寸，闊三寸，長八寸，取成三角樣，前爲尖，中作一竅，長一寸，闊半寸，穿於鐵鋤柄壓鋤刃上。耬鋤有不到處，用鋤理撥一遍，即爲全功也。

鄂爾泰等《授時通考》卷三六《功作・耘耔・劐圖説》 劐，燕趙之間用之。如鑱而小，中有高脊，長四寸許，闊三寸。插於耬足，背上兩竅，以繩控於耬之下桄，其金入地三寸許。

鄂爾泰等《授時通考》卷三六《功作・耘耔・鐙鋤圖説》 鐙鋤，剗草具也。形如馬鐙，其踏鐵兩旁作刃甚利，上有圓銎，以受直柄。用之剗草，故名「鐙鋤」。

柄長四尺，比常鉏無刃角，不至動傷苗稼根莖。或遇少旱，或熇苗之後壠土稍乾，荒薉復生，非耘耙、耘爪所能去者，故用此剗除，特爲健利。此創物者，隨地所宜，偶假其形而取便於用也。嘗見江東農家用之。

鄂爾泰等《授時通考》卷三六《功作・耘耔・耘杷圖説》 耘杷〔耙〕，以木爲柄，以鐵爲齒，用耘稻禾。王褒詩所謂「鐵作渠疏代爪耘」者也。

鄂爾泰等《授時通考》卷三六《功作・耘耔・耘盪圖説》 耘盪，江浙之間新製之。形如木屐而實，長尺餘，闊約三寸，底更短釘二十餘枚，簨其上以貫竹柄。柄長五尺餘，耘田之際，農人執之，推盪禾壟間草泥，使之溷溺，則田可精熟，既勝耙鋤，又代手足（水田有手耘、足耘），所耘田數，日復兼倍。

鄂爾泰等《授時通考》卷三七《功作・灌溉・翻車圖説》 翻車，今龍骨車也。《魏略》曰：馬鈞居京城，有田園，無水以灌，作翻車。又漢靈帝使畢嵐作翻車，設機引水，灑南北郊路。今農家用之。其制車身用板作槽，長可二丈，闊不等，或四寸至七寸，高約一尺，槽中架行道板，隨槽闊狹，兩頭短尺許，用置大小輪軸，同行道板，上下周以龍骨板，上大軸兩端各帶拐木四，置岸上木架間，人憑架上，踏動拐木，則龍骨板隨轉循環，刮水上岸。闌楗頗多，必用木匠成造。若岸高，可用三車，中間小池，搬水上之，足救三丈已上之田。機巧爲最。

鄂爾泰等《授時通考》卷三七《功作・灌溉・牛轉翻車圖説》 牛轉翻車，如無流水處用之。其車比水轉翻車卧輪之制，但去下輪。置於車傍岸上，用牛拽轉輪軸，則翻車隨轉，比人踏功將倍之。

鄂爾泰等《授時通考》卷三七《功作・灌溉・水轉翻車圖説》 水轉翻車，其制與踏翻車俱同，但於流水岸邊，掘一狹塹，置車於內。車之踏軸外端，作一竪輪，竪輪之旁，架木立軸，置二卧輪。其上輪適與車頭竪輪輻支相間，乃擗水旁激，下輪既轉，則上輪隨撥車頭竪輪，而翻車隨轉，倒水上岸，此是卧輪之制。若作立軸，當別置水激立輪，其輪輻之末，復作小輪，輻頭稍寬，以撥車頭竪輪。此立輪之法也，然亦當視其水勢，隨宜用之。其水日夜不止，絶勝踏車。

鄂爾泰等《授時通考》卷三七《功作・灌溉・筒車圖説》 筒車，流水筒輪。凡製此車，先視岸之高下，定輪之大小，須輪高於岸，筒貯於槽，方爲得法。其車之所在，自上流排作石倉，斜擗水勢，急湊筒輪。其輪就軸作轂，軸之兩旁，閣於椿柱山口之內。輪軸之間，除受水板外又作木圈縛繞輪上，就繫竹筒或木筒於輪之一周。水激轉輪，衆筒兜水，次第傾於岸上所横木槽，謂之天池，以灌田稻。日夜不息，絶勝人力。若水力稍緩，亦有木石製爲陂柵，横約溪流，旁出激輪，又省工費。或遇流水狹處，但壘石斂水湊之，亦爲便易。

鄂爾泰等《授時通考》卷三七《功作・灌溉・驢轉筒車圖説》 驢轉筒車，即前水轉筒車。但於轉軸外端，別造竪輪，竪輪之側岸上，復置卧輪，與前牛轉翻車之制無異。凡臨坎井，或積水淵潭，可澆灌園圃，勝於人力汲引。

鄂爾泰等《授時通考》卷三七《功作・灌溉・高轉筒車圖説》 高轉筒車，其高以十丈爲準，上下架木，各竪一輪，下輪半在水內。各輪徑可四尺，輪之一周，兩旁高起，其中若槽以受筒索。其索用竹，均排三股，通穿爲一。隨車長短，如環無端。索上離五寸俱置竹筒，筒長一尺。筒索之底，托以木牌，長亦如之，通以鐵綫縛定，隨索列次，絡於上下二輪。復於二輪旁索之間，架刳木平底行槽一連，上與二輪相平，以承筒索之重。或人踏，或牛拽轉上輪，則筒索自下兜水，循槽至上輪輪首覆水，空筒復下，如此循環不已。日所得水，不減平地車戽。若積爲池沼，再起一車，計及二百餘尺，如田高岸深，或田在山上，皆可及也。

鄂爾泰等《授時通考》卷三七《功作・灌溉・連筒圖説》 連筒，竹通水也。凡所居相離甚遠，不便汲用，乃取大竹，内通其節，令本末相續，連延不斷，閣之平地，或架越澗谷，引水而至。又能激而高起數丈，注之池沼及庖湢之間，如藥畦蔬圃，亦可供用，杜詩所謂「連筒灌小園」。

鄂爾泰等《授時通考》卷三七《功作・灌溉・架槽圖説》 架槽，木架水槽也。間有聚落，去水既遠，各家共力，造木爲槽，遞相嵌接，不限高下，引水而至。如泉源頗高，水性趨下，則易引也。或在窪地，則當車水上槽，亦可遠達。若遇高阜，不免避礙，或穿鑿而通；若遇坳險，則置之叉木，駕空而過；若遇平地，則引渠相接。又左右可移，鄰近之家，足得借用。非惟灌溉多便，抑可潴蓄爲用。暫勞永逸，同享其利。

鄂爾泰等《授時通考》卷三七《功作・灌溉・水轉筒車圖説》 水轉筒車，遇有流水岸側，欲用高水，可立此車。其車亦高轉筒車之制，但於下輪軸端，別作竪輪，旁用卧輪撥之，與水轉翻車無異。水輪既轉，則筒索兜水，循槽而上，餘如前例。又須水力相稱，如打碾磨之重，然後可行。日夜不息，絶勝人牛所轉，此誠秘術，今表暴之，以諭來者。

鄂爾泰等《授時通考》卷三七《功作・灌溉・戽斗圖説》 戽斗，挹水器也。《唐韻》云：「戽，抒也，抒水器挹也。」凡水岸稍下，不容置車，當旱之際，乃用戽斗。控以雙綆，兩人掣之，抒水上岸，以溉田稼。其斗或柳筲，或木罌，從所便也。

鄂爾泰等《授時通考》卷三七《功作・灌溉・刮車圖説》 刮車，上水輪也。其輪高可五尺，輻頭闊至六寸，如水陂下田，可用此具。先於岸側掘成峻槽，與車幅同闊，然後立架安輪，輪軸半在槽内。其輪軸一端，擐以鐵鉤木拐，一人執而掉之，車輪隨轉，則衆輻循槽刮水上岸，溉田便於車戽。

鄂爾泰等《授時通考》卷三七《功作・灌溉・桔槔圖説》 桔槔，挈水械也。《通俗文》曰：桔槔，機汲水也。《説文》曰：桔，結也，所以固屬；槔，皋也，所以利轉。又曰：槔，緩也，一俯一仰，有數存焉，不可速也。然則桔其植者，而槔其俯仰者歟？《莊子》曰：子貢過漢陰，見一丈人，方將爲圃畦，鑿隧而入井，抱瓮而出灌，搰搰然用力甚多，而見功寡。子貢曰：有械於此，一日浸百畦，鑿木爲機，後重前輕，挈水若抽，數如泆湯，其名曰「槔」。又曰：獨不見夫桔槔者乎？引之則俯，舍之則仰。今瀕水灌園之家，多置之。實古今通用之器，用力少而見功多者。

鄂爾泰等《授時通考》卷三七《功作・灌溉・轆轤圖説》 轆轤，纏綆械也。《唐韻》云：「圓轉木也。」《集韻》作「櫝轆，汲水木也」。井上立架置軸，貫以長轂，其頂嵌以曲木；人乃用手掉轉，纏綆於轂，引取汲器。或用雙綆而順逆交轉，所懸之器，虚者下，盈者上，更相上下，次第不輟，見功甚速。凡汲於井上，取其俯仰則桔槔，取其圓轉則轆轤，皆挈水械也。然桔槔綆短而汲淺，獨轆轤深淺俱適其宜也。

鄂爾泰等《授時通考》卷三九《功作・收穫・鐮圖説》 鐮，艾禾曲刀也。《釋名》曰：「鐮，廉也，薄甚，所刈似廉。」《考工記》又作「鎌」。《風俗通》曰：「鐮刀自揆積芻蕘之效。」然鐮之制不一，有佩鐮，有兩刃鐮，有袴鐮，有鈎鐮，有鐮柌之鐮，皆古今通用芟器也。

鄂爾泰等《授時通考》卷三九《功作・收穫・粟鋻圖説》 粟鋻，截禾穎刃也。《集韻》云：「鋻，剛也。」其刃長寸餘，上帶圓銎，穿之食指，刃向手内。農人收穫之際，用摘禾穗，與銍鐮制不同而名亦異，然其用則一，此特加便捷耳。

鄂爾泰等《授時通考》卷三九《功作・收穫・鏍圖説》 鏍，似刀而上彎，如鐮而下直，其背指厚，刃長尺許，柄盈二握。江淮之間恒用之。《方言》云：「自關而西謂之『鈎』，江南謂之『鍥』。」「鍥」、「鏍」、《集韻》通用。又謂之「彎刀」，以刈草禾，或斫柴篠，以代鐮斧。一物兼用，農家便之。

鄂爾泰等《授時通考》卷三九《功作・收穫・推鐮圖説》 推鐮，斂禾刃也。如蕎麥熟時子易焦落，故製此具，便於收斂。形如偃月，用木柄，長可七尺，首如兩股短叉，架以横木，約二尺許，兩端各穿小輪圓轉，中嵌鐮刀前向。仍左右加以斜杖，謂之「蛾眉杖」，以聚所劖之物。凡用則執柄就地推去，禾莖既斷，上以蛾眉杖約之，乃回手左擁成稕，以離舊地，另作一行，子既不損，又速於刀刈數倍，此推鐮體用之效也。

鄂爾泰等《授時通考》卷三九《功作・收穫・杈圖説》 杈，箝禾具也。揉木爲之，通長五尺，上作二股，長可二尺；上一股微短，皆形如彎角，以鐏取禾稕也。又有以木爲幹，以鐵爲首，二其股者，利如戈戟，唯用叉取禾束，謂之「鐵禾杈」。

鄂爾泰等《授時通考》卷三九《功作・收穫・摜稻簟圖説》 摜稻簟，摜，抖擻也。簟，承所遺稻也。農家禾有早晚，次第收穫，即欲隨手得糧，故用廣簟展布；置木物或石於上，各舉稻把摜之，子粒隨落，積於簟上，非惟免汚泥沙，抑且不致耗失。又可曬穀物，或捲作笔，誠爲多便；南方農種之家，率皆置此。徐光啓曰：不如摜床爲便。今農家所用棧條，即簟也。

鄂爾泰等《授時通考》卷三九《功作・收穫・拖杷圖説》 拖杷，耬麥長杷也。首列二十餘齒，短木柄，以批契維腰曳之。嘗見麥野爲風雨所損，莖穗交亂，不能浄鏺，故製此具。腰後縱横耬之，仍手握柄鐮，芟其遺餘，所得稭穗，隨擁積之。有一杷畢功，得麥十餘斛。

鄂爾泰等《授時通考》卷三九《功作・收穫・連耞圖説》 連耞，擊禾器。《國語》曰：「權節其用，耒耜耞芟。」《廣雅》曰：「拂謂之架。」《説文》曰：「拂架也。拂，擊禾連架。」《釋名》曰：「架，加也。加杖於柄頭，以撾穗而出穀也。」其制用木條四莖，以生革編之，長可三尺，闊可四寸。又有以獨挺爲之者，皆於長木柄頭造爲擐軸，舉而轉之以撲禾也。

鄂爾泰等《授時通考》卷四〇《功作・攻治・土礱圖説》 礱，礧穀器，所以去穀殼也。編竹做圍，内貯泥土，狀如小磨，仍以竹木排爲密齒，破穀不致損米。就用拐木竅貫礱上，掉軸以繩懸檩上，人力運肘以轉之，日可破穀四十餘石。

鄂爾泰等《授時通考》卷四〇《功作・攻治・木礱圖説》 木礱，多用松木爲之，形如大磨。兩扇皆鑿齒，下合植笱，穿貫上合。場中植架懸掉軸，以衆力曳轉，去穀出米，殷殷如雷聲，田家通力合作，雜以倡和之聲，慶成事也。

鄂爾泰等《授時通考》卷四〇《功作・攻治・水礱圖説》 水礱，水轉礱也。礱制上同，但下置輪軸，以水激之，一如水磨。日夜所破穀數，可倍人畜之力。水利中未有此制，今特造立，庶臨流之家，以憑仿用，可爲永利。

鄂爾泰等《授時通考》卷四〇《功作・攻治・礱磨圖説》 有廢磨上級已薄，可代穀礱，亦不損米，或人或畜轉之，謂之「礱磨」。復有畜力輓行大木輪軸，以皮弦或大繩繞輪兩周，復交於礱之上級；輪轉則繩轉，繩轉則礱亦隨轉；計輪轉一周，則礱轉十五餘周，比用人工，既速且省。

鄂爾泰等《授時通考》卷四〇《功作・攻治・颺扇圖説》 颺扇，《集韻》云：颺，風飛也；揚穀器。其制，中置簨軸，列穿四扇，或六扇；用薄板，或糊竹爲之。復有立扇、卧扇之别，各帶掉軸，或手轉足躡，扇即隨轉。凡舂輾之際，以糠米貯之高檻，檻底通作匾縫，下瀉均細如篩，即將機軸掉轉之，糠粞既去，乃得淨米。又有舁之場圃間用之者，謂之扇車。凡揉打麥禾等稼，穰秠相雜，亦須用此風扇，比之鍁擲箕簸，其功數倍。

鄂爾泰等《授時通考》卷四〇《功作・攻治・風扇車圖説》 風扇車，與颺扇功用略同，而制尤備。以木爲四柱，周以板，穴其尾以出糠。高可六尺，廣五尺餘。其腹左爲圜形，以内簨軸及扇，著其柄於外；右爲方斗，盛穀實。底作匾縫，承以小門，門之樞亦見於外。其下作斜木斗二，正側並列，形如箕，皆下向。人以一手運軸，一手啓門，以瀉穀實，穀實重者，從正面木斗直下，粞稍輕，從旁列木斗出，糠灰最輕，即從尾穴隨扇飛出。農家攻治米穀，最爲便利。

鄂爾泰等《授時通考》卷四〇《功作・攻治・杵臼圖説》 杵臼，舂也。按古舂之制，秙百二十斤，稻重一秙，爲粟二十斗。爲米十斗曰「毇」，爲米六斗大半斗曰「粲」。又曰糲米一石，舂爲九斗曰「鑿」。鑿，米之精者。斯古舂之制，自杵臼始也。

鄂爾泰等《授時通考》卷四〇《功作・攻治・碓圖説》 碓，舂器。用石，杵臼之一變也。《廣雅》曰：「矴，碓也。」《方言》云：碓梢謂之「碓機」。自關而東謂之「梴」。桓譚《新論》曰：杵臼之利，後世加巧，因借身重以踐碓，而利十倍。

鄂爾泰等《授時通考》卷四〇《功作・攻治・堈碓圖説》 堈碓，掘埋堈坑，深踰二尺，下木地釘三莖，置石於上，後將大磁堈穴其底，向外側嵌坑内，取碎磁與灰泥和之，窒底孔令圓滑。候乾透，用半竹篘，長七寸，徑四寸，如合脊瓦樣，下稍闊，以熟皮圍之，倚堈下唇；篘下兩邊石壓之，或兩竹竿刺定，隨注糙於堈，用碓木杵搗於篘内，堈既圓滑，米自翻倒籔篘内。然木杵既輕，動防狂迸，須踏碓時已起而落，隨以左足躡其碓腰，方穩順。一堈可舂米三石。始於浙，又名「浙碓」。今多於津要米商輳集處置設。上農之家用米多，亦宜置之。

鄂爾泰等《授時通考》卷四〇《功作・攻治・水碓圖説》 機碓，水擣器也。《通俗文》云：水碓曰翻車碓。孔融論水碓之巧，勝於聖人「斵木掘地」，則翻車之類，愈出後世之機巧。令人造水輪，輪軸長數尺，列貫横木，相交如滚搶之制。水激輪轉，則軸間横木，打所排碓梢，一起一落，舂之，即連機碓也。凡流水岸傍，俱可設置，度水勢高下，如水下岸淺用陂柵；平流用板木障水，俱使傍流急注。貼岸置輪高丈餘，自下冲轉，名「撩車碓」。若水高岸深，則輪減小而闊，以板爲級，上用木漕引水，直下射轉輪板，名曰「斗碓」，又曰「鼓碓」，隨地所制也。

鄂爾泰等《授時通考》卷四〇《功作・攻治・槽碓圖説》 槽碓，碓梢作槽受水，以爲舂也。凡所居之地，間有泉流稍細，可選低處置碓一區，一如常碓之制。但前頭減細，後稍深闊爲槽，可貯水斗餘，上庇以厦，槽在厦外。乃自上流用筧引水，下注於槽，水滿則後重而前起，水瀉則後輕而前落，即爲一舂。如此晝夜不止，可毇米兩斛，日省二工，以歲月積之，知非小利。

鄂爾泰等《授時通考》卷四〇《功作・攻治・海青碾圖説》 輥碾，世呼曰「海青碾」，喻其速也。但比常碾減去圓槽，就碢幹栝以石輥（輥徑可三尺，長可五尺），上置板檻，隨碾幹圓轉，作竅下穀，不計多寡，旋碾旋收，易於得米，較之碢碾，疾過數倍。故比於鷙鳥之尤者，人皆便之。（徐光啓曰：江右木作槽碾，山右石作摇碾，皆取機勢，倍勝常碾。）

鄂爾泰等《授時通考》卷四〇《功作・攻治・小碾圖説》 小碾一制，在稻麥之外。北方攻小米者。家置石墩，中高邊下，邊沿不開槽，鋪米墩上，婦子兩人相向，接手而碾之。其碾石圓長如牛趕石，而兩頭插木柄，米墮邊時，隨手以小篲掃上。家有此具，杵臼竟懸也。

鄂爾泰等《授時通考》卷四〇《功作・攻治・水碾圖説》 水碾，水輪轉碾也。《後魏書》：崔亮教民爲碾，奏於張方橋東，堰谷水，造水碾數十區；豈水碾之制自此始歟？其碾制上同，但下作卧輪，或立輪，如水磨之法。輪軸上端，穿其碢幹，水激則碢隨輪轉，循槽轢穀，疾若風雨。日所毇米，比於陸碾，功利過倍。

鄂爾泰等《授時通考》卷四〇《功作・攻治・水碾三事圖説》 水碾三事，謂水轉輪軸，可兼三事，磨、礱、碾也。初則置立水磨，磨麥作面，一如常法。復於磨之外周，造碾圓槽。如欲毀米，惟就水輪軸首，易磨置礱。既得糲米，則去礱置碾，碢榦循槽碾之，用成熟米。夫一機三事，始終俱備，變而能通，兼而不乏，省而有要，誠便民之活法，造物之潛機。今創此制，幸識者述焉。

鄂爾泰等《授時通考》卷四〇《功作・攻治・磨圖説》 礳，《唐韻》作「磨」。磑也。《説文》云：礳，石磑也。《世本》曰：公輸班作磑。《方言》或謂之「𥔵」。《通俗文》曰填磨，曰硐磨。床曰「摘」。今又謂主磨曰「臍」，注磨曰「眼」，轉磨曰「榦」，承磨曰「槃」，載磨曰「床」，多用畜力挽行。或借水輪，或掘地架木，下置鐏軸，亦轉以畜力，謂之「旱水磨」；比之常磨，特爲省力。凡磨上皆用漏斗盛麥，下之眼中；則利齒旋轉，破麥作麩；然後收之篩羅，乃得成麪。世間餅餌，自此矣。

鄂爾泰等《授時通考》卷四〇《功作・攻治・水磨圖説》 水磨，當擇用水地，先儘並岸擗水激輪。或別引溝渠，掘地棧木，棧上置磨，以軸轉磨中，下徹棧底，就作卧輪，以水激之，磨隨輪轉，此卧輪磨也。又有引水置閘甃爲峻槽，槽上兩傍植木架，以承水激輪軸。別作竪輪，用擊在上卧輪一磨；軸末一輪，旁撥周圍木齒一磨。既引水注槽，激動水輪，上、旁二磨，隨輪俱轉，此立輪連二磨也。復有兩船相傍，上立四楹，以茅竹爲屋各置一磨。索纜急水中，船頭斜插板木，湊水抛鐵爪，水激立輪，輪軸通長，旁撥二磨。泛漲則遷近岸，爲「活法磨」。

鄂爾泰等《授時通考》卷四〇《功作・攻治・連磨圖説》 連磨，連轉磨也。其制中置巨輪，輪軸上貫架木，下承鐏臼，復於輪之周回，列繞八磨，輪輻近與各磨木齒相間，一牛拽轉，則八磨隨輪輻俱轉，用力少而見功多。後魏崔亮在雍州，讀《杜預傳》，見其爲八磨，嘉其有濟時用。劉景宣作磨，奇巧特異，策一牛之任，轉八磨之重。竊謂此雖並載前史，然世罕有傳者，今乃尋繹搜索，度其可用，述此制度，庶來者效之，以廣食利。

鄂爾泰等《授時通考》卷四〇《功作・攻治・水轉連磨圖説》 水轉連磨，制與陸轉連磨不同，須用急流大水以湊水輪。其輪高闊，軸圍至合抱，長隨宜。中列三輪，各打大磨一槃，磨周匝列木齒。磨在軸上，閣以板木，磨旁留一狹孔，透輪軸，以打上磨木齒。此磨既轉，其齒復傍打帶齒二磨，三輪之功，互撥九磨。軸首一輪，既上打磨齒，復下打碓軸，可兼數碓。或遇天旱，旋於大輪一周，列置水筒，晝夜溉田數頃。此一水輪，可供數事，其利甚博。陸轉連磨，下用水輪亦可。

鄭之僑《農桑易知録》卷一《農務事宜・力農器具》 一犁

犁以木爲之，頭鑲以鐵，其力在牛，用以起土。正而帶偏，才能翻轉，其下曲輈，斜高而上，共四尺有八寸，梢小，可爲扶手（如木勢不生就，可用兩木合之。下板一尺二寸，上板三尺），中間直起一木，名爲犁箭，或一犁杆，長可二尺有餘，取其直也。後横木前穿，以駕牛者，爲犁銃，約計三尺三寸，加以鐵鈎，可接一短木，名爲犁馬嘴，一尺有五寸。其犁盤又一尺二寸，護之以繩，計八尺有餘，以安牛身。其牛軛二尺四寸，象如人字。一夫耕田十畝，即應備犁一副，其多者遞加，庶春耕足用。

一田耙

大耙，用二木爲徑，長有五尺，横二尺五寸，前牙八，後牙九，取其參差不相抵，草根可以搜盡也。繫之以繩，駕以牛軛，其制亦如犁然。

一田軸（犁後用軸，軸後用耙，工夫有次第也）

用雜木爲之，其象如輪，俗名轆轤也。長五尺，圍圓二尺有餘，兩頭用筍，懸繩以駕牛，隨地而滚，可平土硬。

一鋤

鋤有三樣：開荒者厚而重，平土者輕而快，除草者薄而利。總以鐵爲之，長有尺餘，寬可七寸，有耳，斲之以柄，約有七尺許，並可爲肩挑之用。

一笠

以竹編之，鋪之以箬葉，俗云斗篷，即《詩》所云臺笠也。可以禦暑，亦可以禦雨。

一蓑衣

有用竹葉者，有用棕皮者，亦有用燈草皮者。竹葉、燈草皮輕而易壞，棕皮固而可久。形如衣，無縫。耘田之服，雨不能濕。

一擋耙

小耙，以木爲之，有牙，取以耘草，長可六寸，便於稞行，不至屈折禾苗也。中有長柄，計一丈餘，以竹爲之。

一水車（小車用手而推，其制以次而殺）

以木爲之，一名桔槔，用以戽水灌蔭，最爲農工急務。其制小而長，約有二丈，槽高一尺二寸，中格之，分六寸五分爲下洞、五寸五分爲上廒。廒底串以小長板一丈九尺，名爲仙人橋。橋上車板循環而走，共計八十有八，穿以輪木，名爲龍骨，計長各七寸。上下輪旋，激水入田，沸涌之象，一如龍舞，俗呼爲木龍是也。然緊要轉動處在軸，軸斲以扇，又謂之車頭，上大八個，下小六個。八者圍圓可得一尺二寸，六者圍圓可得九寸，上下參差，兩不對格，此即可爲一車之綱維處。其安放於兩小椅之上，人用脚踩踏者又爲車壘。壘十六個，穿於橫軸兩邊，如十字樣，搭之以架，人扶之，按脚如步，其車門斗之一升一沉，走處如馬。或用四人，或用三二人，每日可灌田十餘畝。此乾旱不足爲災，人力可補天工之不足。

一籮筐（方曰筐，圓曰筥。則筐本方形，與筥有別，但俗不用，因目筥爲籮筐也）

編竹爲之，制圓。受一斛餘，繫之以繩，可爲肩挑之用。古人所謂筥也。

一箕斗

編竹爲之，口淺而底深，可裝穀米，其形如瓢然。

一稻刀

以鋼鐵爲之，似鐮刀而小。刀口甚薄，有剉痕而芒刺，日用之則日快，久不用磨，並不傷手。收穫後，仍拾藏之，以備來秋之用。

一禾倉

禾倉者，取其收穫時打裝穀子之用也。以松木爲之，體方，寬六尺餘，深三尺許；又編竹爲之（俗名稻厨），以木板爲底，高約有六尺，旁隙開一門，如城門一樣，體圓，中架小梯子，及門而止，用以脱青，實爲至便。

一斗斛

以木爲之，形方，其旁有柄。較準憲頒之式，不可混用鄉桶，一以遵合時制，一以知收成實數矣。

一風鼓（或謂之風車）

風鼓，所以蕩颺稗糠也。其制如厨，四脚，長四尺五寸，高稱之；上置一斗，方形，以裝米穀，口開一尺五寸，高一尺二寸，斜穿無底，縫開一逕，約有八分，使米穀循循而下，當風而颺者，此也；後面引風者爲鼓，取其圓而能轉，寬二尺有六寸，鼓裏之扇四面，每邊一尺二寸有餘，中有橫軸，手執鐵柄環而旋之，快若車輪；鼓之前，格爲二斗，一口向前，一口向後。第一口寬尺許，以便落好米於籮筐，二口寬五寸，使白臍青腰米之不足者，歸入第二斗，亦以分別米之美惡也。

以上牛只器具，爲農家所必需之物，缺一不可。苟能全其器具，隨時加以工夫，則收穫豐盈，而含哺鼓腹之盛，自可見於盛世。

程瑶田《九穀攷》卷三 耬，盛穀播種之器（《廣韵》：耬，（穜）〔種〕具）。形如斗，底中有孔，爲三股，迤立於前。股空其中，上通於底孔。股端有鐵，鋭其末。於斗兩旁施轅設軛，牛駕之行。行則股端鐵畫地，鐵上皆有小孔向後，一人在後扶其斗而摇之，穀（穜）〔種〕從底孔入三孔，復自小孔中漏出，恰入畫中，所謂耩也。

《農學報》第二七期《脱穀新器》 脱穀之器，向用三人磨轉，不甚靈捷。現有常熟老農，製一踏礱，用二人以足踏之，可省一人，而出米較常多三之一。惟裝拆不易，故未能廣行。然近來於舊器之不適者，頗知改良，亦可喜也。

《農學報》第五一期李樹人《校刊涇陽王忠節公〈代耕架圖説〉》 《代耕架圖説》耕架代牛之法，用堅木作轆轤二具，各徑六寸，長一尺六寸。空其中，兩端設軛，貫於軸，以利轉爲度。軸兩端爲方柄，入架木内，期無動摇。架木前寬後窄，前高後低。每邊兩枝，則前短而後長，長則三尺有奇，短止二尺三寸。兩枝相合，如人字樣，即於人字交合處，作方孔，安其軸，兩人字相合，安軸兩端。又於兩人字兩足，各橫安一根木，則架成矣。架之後長盡處，安橫桄，桄置兩立柱，長八寸，上平鋪以寬板，便人坐而好用力耳。先於轆轤兩端盡處十字安橛木，各長一尺有奇；其十字兩頭，以不對爲妙。轆轤中段，纏以索，索長六丈，度六丈之中，安一小鐵環，所以安犁之曳鈎者也（即納犁柄於環中也）。兩轆轤兩人對設於三丈之地，其索之兩端，各繫一轆轤中，一轆轤索纏滿三丈，而犁安鐵環之内，一人坐一架，手挽其橛，則犁自行矣。遞相挽，亦即遞相歇，雖連扶犁者三人，而用力者止一人。且一人一手之力，足抵兩牛，況坐而用力，往來自如，是於田作，大有裨益。業已試之有效也，故圖之，並記之。

天啓七年丁卯。

《寧陽縣鄉土志》 水磨：以錢製，雙輪一平一仄，架井上，珠聯水斗，挂仄輪軸，垂至水，用牛驢運動如磨，兩輪齒相鈎，水斗循環上下，以之灌溉，十倍人力。

綜述

《六韜・龍韜・農器》 武王問太公曰：「天下安定，國家無爭。戰攻之具，可無修乎？守禦之備，可無設乎？」

太公曰：「戰攻守禦之具，盡在於人事：耒耜者，其行馬蒺藜也。馬牛車輿者，其營壘蔽櫓也。鋤耰之具，其矛戟也。蓑薜簦笠者，其甲冑干楯也。钁鍤斧鋸杵臼，其攻城器也。牛馬，所以轉輸糧用也。鷄犬，其伺候也。婦人織紝，其旌旗也。丈夫平壤，其攻城也。春鏺草棘，其戰車騎也。夏耨田疇，其戰步兵也。秋刈禾薪，其糧食儲備也。冬實倉廪，其堅守也。田里相伍，其約束符信也。里有吏，官有長，其將帥也。里有周垣，不得相過，其隊分也。輸粟收芻，其廪庫也。春秋治城郭，修溝渠，其塹壘也。

《漢書》卷二四上《食貨志上》 其耕耘下種田器，皆有便巧。率十二夫爲田一井一屋，故晦五頃，用耦犂，二牛三人，一歲之收常過縵田晦一斛以上，善者倍之。過使教田太常、三輔，大農置工巧奴與從事，爲作田器。二千石遣令長、三老、力田及里父老善田者受田器，學耕種養苗狀。民或苦少牛，亡以趨澤，故平都令光教過以人輓犂。過奏光以爲丞，教民相與庸輓犂。率多人者田日三十晦，少者十三晦，以故田多墾闢。過試以離宫卒田其宫壖地，課得穀皆多其旁田晦一斛以上。令命家田三輔公田，又教邊郡及居延城。是後邊城、河東、弘農、三輔、太常民皆便代田，用力少而得穀多。

《北史》卷五四《高隆之傳》 以漳水近帝城，起長堤以防汎溢；又鑿渠引漳水，周流城郭，造水碾磑。並有利於時。

《舊唐書》卷一七上《文宗紀上》 〔大和二年〕閏三月丙戌朔，内出水車様，令京兆府造水車，散給緣鄭白渠百姓，以溉水田。

《舊唐書》卷一二〇《郭曖傳》 大曆十三年，有詔毁除白渠水支流碾磑，以妨民溉田。昇平有脂粉磑兩輪，郭子儀私磑兩輪，所司未敢毁徹。公主見代宗訴之，帝謂公主曰：「吾行此詔，蓋爲蒼生，爾豈不識我意耶？可爲衆率先。」公主即日命毁。由是勢門碾磑八十餘所，皆毁之。

王溥《唐會要》卷八九《磑碾》 開元九年正月，京兆少尹李元紘奏疏：三輔諸渠，王公之家，緣渠立磑，以害水功，一切毁之，百姓大獲其利。至廣德二年三月，户部侍郎李栖筠、刑部侍郎王翊，充京兆少尹崔昭奏請拆京城北白渠上王公寺觀磑碾七十餘所，以廣水田之利，計歲收粳稻三百萬石。

大曆十三年正月四日奏：「三白渠下碾有妨，合廢拆總四十四所。自今以後，如更置，即宜録奏。」

其年正月，壞京畿白渠八十餘所。先是，黎幹奏以鄭、白支渠磑碾，擁隔水利，人不得灌溉，請皆毁廢，從之。時昇平公主，上之愛女，有磑兩輪，乞留。上曰：「吾爲蒼生，爾識吾意，可爲衆率先。」遂即日毁之。

元和六年正月，京城諸僧有請以莊磑免税者，宰臣李吉甫奏曰：「錢米所徵，素有定額，寛緇徒有餘之力，配貧下無告之甿，必不可許。」從之。

八年十二月勅：「應賜王公、郡主並諸色莊宅磑碾等，並任典貼貨賣，其率税夫役，委府縣收管。」

《明史》卷六《成祖紀二》 〔永樂元年〕九月癸未，命寶源局鑄農器，給山東被兵窮民。

程國政編注《中國古代建築文獻集要・明代卷》上册劉天和《治河六柳》 一曰卧柳。凡春初築堤，每用土一層，即於堤内外兩邊，各横鋪如銅錢拏指大柳條一層，每一小尺許一枝，不許稀疏；土内横鋪二小尺餘，不許短淺；土面止留二小寸，不許留長；自堤根直栽至頂，不許間少。

二曰低柳。凡舊堤及新堤不係栽柳時月修築者，俱候春初用小引橛於堤内外自根至頂，俱栽柳如錢、如指大者，縱横各一小尺許即栽一株，亦入土二小尺許，土面亦止留二小寸。

三曰編柳。凡近河數里緊要去處，不分新舊堤岸，俱用柳椿如鷄子大、四小尺長者，用引橛先從堤根密栽一層，六七寸一株，入土三小尺，土面留一尺許。却將小柳卧栽一層，亦内留二尺、外二三寸，却用柳條將柳椿編高五寸，如編籬法，内用土築實平滿。又卧栽小柳一層，又用柳條編高五寸，於内用土築實平滿。如此二次，即與先栽一尺柳椿平矣。却於上退四五寸，仍用引橛密栽柳椿一層，亦栽卧柳、編柳各二次，亦用土築實平滿。如堤高一丈，俱依此栽十層即平矣。以上三法，皆專爲固護堤岸。蓋將來内則根株固結，外則枝葉綢繆，名爲「活龍尾埽」，雖風浪衝激，可保無虞；而枝稍之利，亦不可勝用矣。北方雨少草稀，歷閲舊堤，有築已數年而草猶未茂者，切不可輕忽前法。運河、黄河通用。

四曰深柳。前三法止可護堤防漲溢之水，如倒岸衝堤之水亦難矣。凡離河數里，及觀河勢將衝之處，堤岸雖遠，俱宜急栽深柳。將所造長四尺、長八尺、長一丈二尺、長一丈六尺、長二丈五等鐵裹引橛，自短而長以次釘穴，俾深二丈許，然後將勁直帶梢柳枝（如根梢俱大者爲上，否則不拘大小，惟取長直，但下如鷄子，上盡枝梢長餘二丈者皆可用）連皮栽入，即用稀泥灌滿穴道，毋令動摇。上盡枝梢，或數枝全留，切不可單少。其出土長短不拘，然亦須二三尺以上。每縱横五尺，即栽一株。仍視河勢緩急，多栽則十餘層，少則四五層。數年之後，下則根株固結，入土愈深，上則枝梢長茂。將來河水衝嚙，亦可障禦。或因之外編巨柳長椿，内實稍草埽土，不猶愈於臨水下埽，以繩繫岸，以椿釘土，隨下隨衝，勞費無極者乎！本院嘗於睢州見有臨河四方土墩，水不能衝者。詢之父老，舉云農家舊圃，四圍柳株伐去而根猶存。彼不過淺栽一層，况深栽數十層乎？及觀洪波急流中，周遭已成深淵，而柳樹植立，略不爲動，益信前法可行。凡我治水之官，能視如家事，圖爲子孫不拔之計，即可望成效將來。捲埽之費，可全省矣。但臨河積年射利之徒，殊不便此。治水者知其爲父老土著之民惟言是聽，而不知機緘之有爲也。凡目今捲埽斧創堤後遠近適中之處，尤宜急栽、多栽數層。審思篤行，共圖實效，勉之勉之。此法黄河用之，運河頻年衝决，緊要去處亦可用。

五曰漫柳。凡波水漫流去處，難以築堤。惟沿河兩岸，密栽低小檉柳數十層，俗名隨河柳，不畏淹没，每遇水漲既退，則泥沙委積，即可高尺餘，或數寸許，隨淤隨長。每年數次，數年之後，不假人力，自成巨堤矣。於沿河居民，各照地界，自築一二尺餘縷水小堤，上栽檉柳，尤易淤積成高。一二年間，堤内即可種麥。用工甚省，而爲效甚大。掌印、管河等官，務宜着實舉行。黄河用之。

六曰高柳。照常於堤内外用粗大長柳椿成行栽植，不可稀少。黄河用之，運河則於堤面栽植以便牽挽。

《（嘉靖）江陰縣志》卷四《習尚》　凡田器，其目見《耒耜經》。【略】灌田以水車，有不用人而以牛運者，視水車力倍省。（其制爲木槃如車輪大，周施牙以運軸。）

王臨亨《粤劍編》卷三　水車，每輻用水筒一枚，前仰後頫，轉輪而上，恰注水槽中，以田之高下爲輪之大小，即三四丈以上田，亦能灌之，了不用人力，與浙之水碓、水磨相似。其設機激水，即遠愧漢陰丈人，要之人巧極天工。（錯）〔惜〕始製者不知何人，要當尸而祝之，社而稷之者也。

宋應星《天工開物》卷中《錘鍛鋤鎛》　凡治地生物，用鋤鎛之屬。熟鐵鍛成，鎔化生鐵淋口，入水淬健，即成剛勁。每鍬鋤重一斤者，淋生鐵三錢爲率，少則不堅，多則過剛而折。

談遷《棗林雜俎》中集　成化二十一年，户部左侍郎隆慶李衍總督陝西邊備，兼理荒政，發廪賑饑，作木牛。取牛耕之耒耜易制爲五，曰坐犁，曰推犁，曰抬犁，曰抗活，曰肩犁，可水耕，可山耕，可陸耕，或用二人，多則三人，多者自舉，少者自合，一日可耕三四畝，作木牛圖布之。

屈大均《廣東新語》卷一四《食語》　永安縣境七百里中，山凡九之，田一之，土壤肥沃，多上田，無所用糞，種常七八十倍，下亦二三十倍。【略】地多溪澗，以竹石障壅成陂圳，轓轉過天車，水從下至高以溉，常有萬夫之力。其不可陂圳者，皆有泉水。田在山罅，率津潤成膏，不苦旱。

《（乾隆）威遠縣志》卷一《水利》　水利，農之所重，故古都匠水官具備水之器，凡籠函版築土畚等類無不悉修，而爲翻車灌園，則自魏馬鈞始，後世因之，制日備矣。予足迹半天下，所見如手車、足車、鶴翼車、龍骨車不一，而無勞人力，而百頃淵然則莫如筒車，莫如中江之筒車，其爲體也大，而其爲用也宏。車式以木爲輞，四圍以竹竿爲輪，每竿尾斜繫一筒，口向上遮篾席一片，緣水激席則輪始轉也。輪前横放水槽一，竪接水槽一，皆承以叉木，直達岸口，所以引水赴塍也，輪下壘石爲磯，納迅流推輪運轉，旋盛旋注至駛也。而中江更擴其式而大之，下際江，上齊山。第聞車聲軋軋，水聲汩汩，一帶平岡盡爲沃壤，即岡後之邱阜原隰，皆可引而灌也。

顧祿《吴越風土録》　小滿乍來，【略】插秧之人，又各帶土分科。設遇梅雨泛溢，則集桔槔以救之。旱則用連車遞引溪河之水，傳戽入田，謂之踏水車。

《（乾隆）瑞安縣志》卷一　舊志：土薄難蓺，民以力勝，故不宜粟而粳稻足。【略】遇旱則用桔槔車水灌之。其田遠於渠者，則築小溝於鄰田，婉曲而至，名曰盤車。

曹樹翹《滇南雜志》卷七　雲南悉備三農。跬步皆山，雖少平地，然綠水青疇，雷鳴雨集，秋可以禾而春可以麥者，即平地農矣。若芟柞焚燒其草木，而强犁大鏵治爲粗略，種杷栽蕎，或有泉可引之處，則刳木梘於懸崖，削壁鑿梯田於叠巘，層嵐亦種秋禾，或栽旱穀，是皆山農之謂也。至於葑草留沙，海篳圍埂，長刀割裂，小艇蒙牽，水湑崖角，停泊滯沿，動經數載，漸可施功。當其栽插，則龍尾車聲滿林皋；及夫收割，則諸葛鐮欘横秋水。諺所謂「戽水栽稻，撑船割穀」者，此可不謂之澤農乎？

《（嘉慶）增城縣志》卷一《氣候》 其水田之具，有戽斗，以竹爲之，持柄以揮，便於浥注，然一人之用耳。有掉《正韻》音窕。斗，箍木以成，絡綆而用，二人挈之，日可灌田數畝。有水車，製桶類箱，續木貫之，間以小板，數人運之，手引足踏，動以類從，水沿而上，十畝之田，終日遍矣。有水輪，規崇其制，轂綜其機，編篇於輪，繫筒以汲，承之以槽，導之以筧，障其中流，置之隘口，水激輪轉，筒載水上，以次傾瀉於槽，百畝之産，不虞亢旱，其用可補化工，然享其利者，惟楊梅、崇賢、綏福、雲母、金年五都。

《（嘉慶）松江府志》卷五《風俗》 上農多以牛耕，無牛犁者以刀耕。其制如鋤而四齒，謂之鐵搭，人日耕一畝，率十人當一牛。

《（道光）靖遠縣志》卷二《山川》 黄河，在城北一里，沿河上下爲園圃者，多制水車，開渠引水，灌溉蔬果。

《（道光）欒至縣志》卷三《風俗》 農終歲勤苦，役車不休。縣地羸於田，又多磽确，種稻樹麥，歲常相半。無渠灌，仰資雨澤，故要月莯鋤水車，婦孺畢出，晝夜就功，以助耕事。土宜雜糧，山農以時播種穀麥，偶歉亦足自救。收穫後，掘塘而潴之，名爲蓄冬水，然民自作堰者少，賴有司之督勸耳。

《（同治）隆昌縣志》卷八《水利》 隆民沿溪多砌堰，用桔槔浥注以灌田。無溪者或築塘，或以田蓄水，春夏資之。

《（光緒）銅梁縣志》卷一《風俗》 邑地少堰，以桔槔引水灌田，謂之水車，又曰龍骨車。水深流急處，間有用筒車者，人力較省。邇來漸興蠶桑之利。

《（光緒）青浦縣志》卷二《風俗》 農器甚備，以金者謂之鐵，曰耜（今俗謂之鐵搭），曰鉏（今俗謂之鋤頭）。其柄曰擅，其頭曰鶴。椿者謂之搶，推者謂盪（今俗謂之耘盪），牛耕者犁，犁之然後耙之，耙之然後耖之，耖之然後耮之。渠疏耙也，摩蓋耮也，有礰礋焉，有磟碡焉（《齊民要術》謂陸軸）。灌田者水車，謂之翻車，以人運進（俗謂踏車），以牛運者（俗謂牛車）。刈禾曰鐮，短者謂之銍，大者謂之芟。打穀爲拂，謂之連枷。磨穀爲礱，礱謂之檑。竹篨爲篩，净穀者謂風車。服牛之具曰軛，驅牛之具曰鞭，衣牛之具曰衣，藏牛之室謂之牛囤，亦謂之牛宫。

郭雲陞《救荒簡易書》卷三 用風旋車汲水灌溉解：風旋車汲水，用風力也，此法更巧。浙江、江蘇、安徽等省，灌園灌田，多有用風旋車者。

黄皖《致富紀實·水利》 汲水之車有五：筒車、牛車、脚車、坐車、攬車。筒車到處有之；牛車、坐車，常德、辰州亦皆有之；脚車、攬車，光州、固始所製爲善。脚車、坐車，皆用三人，而脚車汲水，倍於坐車之多，坐但以足力使之，踏則兼以身壓之也。攬車宜小，兩手齊動，則轉者速而汲水反多矣。石車東鄉新製，尤省人力，此亦工之互通者也。

羅振玉等《農學叢書》第四集《湖北興農文牘·鍾祥知縣徐嘉禾稟》 向來壠田、沖田率恃山泉以資灌溉，然非溝洫深通，不免壅塞阻滯。現派紳董逐細踏勘，隨時修理，以期源頭水活，四通八達，一律均沾。至於畈田，地勢寬平，距河較遠，堰塘蓄水，宜賴大雨時行，萬一膏澤愆期，稻田每苦亢旱。雖間有以龍骨車（吸）〔汲〕取河水者，惟車式本不甚靈，專恃人力推挽，挹彼注兹，轉運甚難，地方寬大，未能遍及。現有一湘中人，能製機器筒車。其車形勢與紡紗車相似，車外斜插竹筒，筒後横安篾片，以水衝激，車自流轉，不用人力，良甚便宜。筒仰則（吸）〔汲〕入，俯則傾出。岸上架以木梘，水入梘内，流到田間。水梘之多寡，宜量地方之遠近，斟酌布置，臨河之田，處處可以灌到。郢郡不産巨竹，擬以白沿銅代之。現已捐廉仿造二十架以爲程式。黄紳慈瑞、江紳玉林、張紳建遠，皆卑縣東北鄉有田之户，均願捐資仿造。如果行之有效，當飭各鄉一律製造，以補天時之不足。

《農學報》第二七期《泄水新器》 去歲揚州農人，以濱江之地時苦積潦，人力宣泄不及，因募能創法置器速於人力者，酬金五百。現有機匠製一器，一人可以運之，計每日所出之水，可抵人工十。現已如法製造。若此器廣行，有益農田不淺矣。

《農學報》第三八期《江震物産表四·製造》 鐵器：農具有鍬、鋤、鐮刀之屬，漁具有魚叉之屬，獵具有剛挂之屬。

按：吾邑農漁之具已詳於陸魯望之《笠澤叢書》，今古無殊，固不煩贅述矣。

傳記

《後漢書》卷三一《杜詩傳》 七年，遷南陽太守。性節儉而政治清平，以誅暴立威，善於計略，省愛民役。造作水排，鑄爲農器，用力少，見功多，百姓便之。又修治陂池，廣拓土田，郡内比室殷足。時人方於召信臣，故南陽爲之語曰：「前有召父，後有杜母。」

《三國志》卷四一《蜀書・張裔傳》 張裔字君嗣，蜀郡成都人也。治《公羊春秋》，博涉《史》、《漢》。汝南許文休入蜀，謂裔幹理敏捷，是中夏鍾元常之倫也。劉璋時，舉孝廉，爲魚復長，還州署從事，領帳下司馬。張飛自荆州由墊江入，璋授裔兵，拒張飛於德陽陌下，軍敗，還成都。爲璋奉使詣先主，先主許以禮其君而安其人也，裔還，城門乃開。先主以裔爲巴郡太守，還爲司金中郎將，典作農戰之器。

《晉書》卷三三《石崇傳》 初，崇家稻米飯在地，經宿皆化爲螺，時人以爲族滅之應。有司簿閲崇水碓三十餘區，蒼頭八百餘人，他珍寶貨賄田宅稱是。

《晉書》卷三四《杜預傳》 預乃奏立藉田，建安邊，論處軍國之要。又作人排新器，興常平倉，定穀價，較鹽運，制課調，内以利國，外以救邊者五十餘條，皆納焉。

《晉書》卷四六《劉頌傳》 郡界多公主水碓，遏塞流水，轉爲浸害，頌表罷之，百姓獲其便利。尋以母憂去職。服闋，除淮南相。在官嚴整，甚有政績。舊修芍陂，年用數萬人，豪强兼并，孤貧失業，頌使大小勠力，計功受分，百姓歌其平惠。

《魏書》卷六六《崔亮傳》 亮在雍州，讀《杜預傳》，見爲八磨，嘉其有濟時用，遂教民爲碾。及爲僕射，奏於張方橋東堰穀水造水碾磨數十區，其利十倍，國用便之。

《南齊書》卷五二《文學・祖沖之傳》 沖之解鍾律，博塞當時獨絶，莫能對者。【略】於樂遊苑造水碓磨，世祖親自臨視。又特善筭。永元二年，沖之卒。年七十二。著《易》《老》《莊》義，釋《論語》《孝經》，注《九章》，造《綴述》數十篇。

唐耕耦、陸宏基《敦煌社會經濟文獻真蹟釋録》第二輯《丁酉年租用油樑水磑契（稿）》 丁酉年二月一日立契，捉油樑户磑户二人某等，緣百姓田地窄窔珠捉油樑水磑，取看一週年，斷作油樑磑課少多。限至年滿，並須填納。如若不納課稅，掣奪家資，用充課物。如若先悔者，罰看臨時，充入不悔人。恐人無信，故勒此契。押字爲憑，用爲後驗。

徐光啓《農政全書》卷一九《水利・泰西水法上》 《龍尾車記》曰：龍尾車者，河濱挈水之器也。治田之法，旱則挈江河之水入焉，潦則挈田間之水出焉。治水之法，淺涸則挈水而入方舟焉，疏浚則挈水而出畚鍤焉。不有水之器，不得水之用。三代而上，僅有桔槔。東漢以來，盛資龍骨。龍骨之制，日灌水田二十畝，以四三人之力。旱歲倍焉，高地倍焉，駕馬牛則功倍，費亦倍焉。溪澗長流而用水，大澤平曠而用風，此不勞人力自轉矣。枝節一蔞，全車悉敗焉。然而南土水田，支分櫛比，國計民生，於焉是賴，即兹器所在，不爲無功已。獨其人終歲勤動，尚憂衣食。至北土旱災，赤地千里，欲拯斯患，宜有進焉。今作龍尾車，物省而不煩，用力少而得水多。其大者，一器所出，若決渠焉。累接而上，可使在山，是不憂高田。築爲堤塍而出之，計日可盡，是不憂潦歲與下田。去大川數里數十里，鑿渠引之，無論水稻若諸水生之種，可以必濟，即黍稷、菽麥、木棉、蔬菜之屬，悉可灌溉，是不憂旱。浚治之功，出水當五分之一，今省十九焉，是不憂疏鑿。龍蟠之斗，旱暵之年，上源枯竭，穿渠旁引，多用此器，下流之水，可令復上，是不憂漕也。蓋水車之屬，其費力也以重。水車之重也，以障水，以帆風，以運旋本身。龍尾者，入水不障水，出水不帆風，其本身無銖兩之重，且交纏相發，可以一力轉二輪；遞互連機，可以一力轉數輪。故用一人之力，常得數人之功。又向所言風與水，能敗龍尾之車也，在鶴膝、斗板。龍尾者，無鶴膝，無斗板，器居水中，環轉而已，湍水疾風，彌增其利，故用風水之力，而常得人之功。若有水之地，悉皆用之，竊計人力可以半省，天災可以半免，歲入可以倍多，財計可以倍足。方於龍骨之類，大略勝之。然而千慮之一，以當起予可也。智士用之，曲盡其變，不盡方來，或者無煩覼縷焉。

徐光啓《農政全書》卷一九《水利・泰西水法上》 《玉衡車記》曰：玉衡車者，井泉挈水之器也。既遠江河，必資井養。井汲之法，多從綆缶，饔飧朝夕，未覺其煩。所見高原之處，用井灌畦，或加轆轤，或藉桔槔，似爲便矣。乃俛仰盡日，潤不終畝。聞三晉最勤，汲井灌田，旱暵之歲，八口之力，晝夜勤動，數畝而止。他方習惰，既見其難，不復問井灌之法，歲旱之苗，立視其槁。饑成已後，非殍則流，吁可憫矣！今爲此器，不施綆缶，非藉轆轤，無事桔槔。一人用之，可當數人。若以灌畦，約省夫力五分之四。高地植穀，家有一井，縱令大旱，能救一夫之田，數家共井，亦可無飢餓流亡之患。若資飲食，則童幼一人，足供百家之聚矣。且不須俛仰，無煩提挈，略加幹運，其捷若抽，故烟火會集之地，一井之上，尚可活一熒民也。

徐光啟《農政全書》卷一九《水利・泰西水法上》《恒升車記》曰：恒升車者，井泉挈水之器也。其用與玉衡相似，而更速焉，更易焉，以之灌畦治田，致爲利益矣。若爲之復井，井之底爲竇而通之，以大井潴水，以小井爲筒而出之，則無用筒也。若江河泉澗，索水之處過高，龍尾之力，有不能至，則用是車焉。挈水以升架槽而灌之，或迤而建之，以當龍尾。

王河、魏樞《盛京通志》卷三四 楊允和，號育庵，遼東人，康熙間知安遠縣。歲饑，設法賑濟，全活者以萬計。【略】創製龍骨小車，戽水以溉山田，至今民沿其法。

吴燾《游蜀日記》 偕同人村外閒步，畎畝縱横，垂楊環繞，風景殊佳。井上俱作鐵輪汲水灌畦，殆以轆轤而兼桔槔之用者。田間多種罌粟，詢之土人云，此邦連歲乾旱，二麥減收，鄉間多種此爲業。

阿應麟等《南昌縣志》卷一六《名賢》 萬恭，字肅卿，游溪里人，嘉靖二十三年進士。【略】巡撫山西，【略】教人以耕及用水車法，民大利之。

《〔道光〕蘭州府志》卷二《水利》《皋蘭縣志》：【略】郡人段續創爲翻車，倒挽河流以灌田畝，致有巧思。然有力自辦，無力官貸，修補之工，無歲無之，遇旱則水落而車空懸，遇澇則水漲而車漂没，必水勢得平，車機乃能無滯，所灌半田半園。通計東西夾河灘及南北兩岸之上，僅二百餘頃，而水之及時與否，不可預定，是所濟不普而利非自然也。

《〔道光〕歙縣志》卷八 曹祥，字應麟，由進士除南户部郎中，出守寶慶，作興士類，身爲履畝，教民作水車，利用勸農墾闢，得税甚多。

《〔道光〕直隸霍州志》卷九《水利》 嘗聞上海喬敬亭先生〔乾隆〕官同州時，製戽水輪車，試行於高原之地。【略】雖遠水之地未能概施於此，濱河之地用之，亦少補農功之缺，故附記於此。

《皇朝道咸同光奏議》卷二八朱潮《請興水利以裕民食疏》 聞道光年間，前侍郎徐士芬謹遵欽定《授時通考》中所載恒升車仿而爲之，將樣式送交軍機處，進呈御覽。其制：用一長筒，中施機關，以一柱入筒，左提右挈，水即上升，無異得雨，隨處移用，運掉輕靈。該侍郎以竹筒易裂改製鉛筒，自於井口試準，奏請備用在案。如能將此式推廣行之，較南方水車爲便，此又其一法也。

《〔同治〕富順縣志》卷八《職官》 周熊，字應文，陝西長安人，弘治中由進士任。渾厚寬平，視民如子，於高年孤寡，尤極保愛，嘗集諸生，講論經義，多所闡發。又教農夫造作水車、木牛，以便耕斂。

《〔同治〕郫縣志》卷二八《人物》 彭以懋，【略】〔官〕敦煌，既至，爲民興利除弊，不遺餘地。邑土平壙，民不知種莳，恒致荒廢。以懋相度地勢，謂戽水溉田可種稻，命延川中能作水車者以往，得水田四萬餘畝。又婦女不知織，布價昂貴，復雇川中老嫗能織者往教，且諭以種棉，民遂知織。……懋未去任，民已立生祠祀之。

《〔道光〕印江縣志》卷二《人物》 黄世發，字玉書。【略】康熙五十年莅任肅寧，即以勸農爲亟，教民樹畜積糞皆有法；農器水車之屬嘗親製爲之式；栽秧有不如意者，竟赤足田中指示之，興修水利躬親操作，以鼓舞役夫。

徐棟、丁日昌《牧令書輯要》卷三喬光烈《下屬縣試行水車檄》 近聞郿縣生員淡明遠能造水車，已延致其人，捐製戽水輪車一部，試行之於縣之城南村。河岸高二丈有餘，一人運動，水緣而上，直達田疇。其車環列二十八（桶）〔筒〕，每（桶）〔筒〕可容水二升，一車所費不過六七金，而一日之功可灌田一十五畝，若河流湍急，水觸其樞，自能運動，更可不煩人力。雖通邑之田未能概霑水利，於此濱河地土用之，可補農功。今飭屬縣官吏，即將所捐製輪車舁城南鄉保收領，聽濱河有地小民由近及遠，以次周流戽水灌地。其有樂於從事願照造施用者聽。

《農學報》第五一期李樹人《校刊涇陽王忠節公〈代耕架圖説〉》 彦少時，於家藏書中，得此《圖説》，雖未試作，而心識其法之妙，常置篋中。〔道光二十六年〕丙午，游隴西，曾作一具，與農家試之，果如所説，誠良器也。今歲寓鄂渚，適古隨李玉泉農部來鄂過訪。談次，以隨州年來兵燹頻仍，旱潦迭臻，民乏耕牛，深以爲慮。彦乃出此圖説，與之考校竟夕，以爲實獲我心也，遂出金屬彦代作一付，送藩署存式，並刊圖説，以廣其傳，以救眉急。各處仿行有效。農部可謂勇於爲善亟於濟時者矣，爰志顛末，俾仿造者知農部之篤愛鄉里也。咸豐七年丁巳三月，桐城馬彦跋於武昌官廨之西軒。

《農學報》第五一期李樹人《校刊涇陽王忠節公〈代耕架圖説〉》 咸豐十一年辛酉冬，浙省被賊攔入，上游寧、紹等七屬，先期失守。次年，左制軍來浙，次第一律剋復。惟嚴屬暨龍游一帶，蹂躪日久，民困尤甚。遂安洪子泉廣文，即就嚴、衢等處，倡議捐資，煮賑掩埋。矧知廢耕乏牛，覓得王忠節公（諱徵，字葵心）

《耕架代牛圖説》，呈左憲，飭令如法製造。各鄉以架代耕，無不稱便，農不妨時，洵爲力田大助。

《東方雜志》光緒三十一年第七期　禹州王牧，近從魯山縣購買槲實，發給山户栽種。又以該州西北山岡水深多石，一旱輒荒，即參用鳥糞電犁，如法勤澆深耨，亦無所施。特由省城機器局仿造鑿井機器，給發各鄉，多開自來水井，以資灌溉，而益農田。

《〔光緒〕無極縣續志》卷一《風俗》　工無奇巧，前志所稱鑿井之妙，今多東鹿人爲之，邑人不及也。南侯坊村楊姓鐵工，世傳製造鐵水車、技勇大刀最爲得法，他邑鐵工皆自謂遠遜云。

《〔光緒〕彭縣志》卷七　唐希鼎，國朝道光中永定里人。少嗜奇，喜浪游，晚得木牛流馬遺法，歸老山中，作木偶轉磨。遠近來觀，因毁之。

紀事

劉敬叔《異苑》卷二　上黨侯亮之，於江都城下獲一石磨，下有銅馬。

（日）圓仁《入唐求法巡禮行記》卷三　〔開成五年七月〕十二日五更，發，行卅五里，到白楊普通院斷中。更行十五里，到三交驛歇。次入定覺寺莊，見水碾，名爲三交碾。更行十五里，到古城普通院宿。

陸容《菽園雜記》卷一二　嚴州山中灌田之法有水輪，其制：約水面至岸高若干尺，如其度爲輪。輪之輻以細木幹爲之，每輻出枸處繫一竹筒，但微繫其腰，使兩頭活動，可以俯仰，置軸半岸，貫輪其上。岸上近輪處置木槽以承水，溪水散緩，則以石約歸輪下使急，水急則輪轉如飛。每筒得水，則底重口仰，及轉至上，則筒口向下，水瀉木槽，分流田中，不勞人力，而水利自足，蓋利器也。夫桔槔隨處有之，或運以手，或運以足，或運以牛，機器之巧，無踰此矣。山中深溪高岸，桔槔之巧莫能施矣，於是乎有水輪之制焉。

《〔嘉靖〕龍溪縣志》卷一《地理》　農糞田甚力，近海之鄉，旱則以水車灌田，候潮至并力運之。亦有用牛車者，其用不恒。山田則灌以桔槔，立竿井旁，施横木其上，以人力低昂之，汲水入田穀，謂之釣焉。

《〔嘉靖〕龍溪縣志》卷一《地理》　犁鋤之用，視吴楚不相遠。惟耨草屈二膝行於禾間，以手去草根而浮之。

《〔嘉靖〕惠安縣志》卷四《本業》　自邑治東北循海，東南至洛陽江【略】，村落繁多，田錯布原隰，無深溪大澤以溉注之，常病於旱。【略】旱月涓滴之水以死守之，爲桔槔機輪以激水者，聲達晝夜。

方以智《物理小識》卷八《器用類・轉水之法》　轉水之法，其來處何高，則所激之高可與之比；或故使之瀑下，就以筒承瀑，則水激而上出，上既出，則流通而不止矣，如今過山龍之出酒也。然水器宜精密，勿使泄氣，初引以氣吸之，器大則以火生氣而抽發之。昔漢靈帝作番車渴兔，注云：「渴兔爲曲筒，以氣引吸上也。」則漢時中國已知此法矣。池塘中用筒激水，亦可高數丈而出之，或下用輪激，此須製具，如東坡所云，蜀井用竹筒抽汲之法，凡井皆可爲也。灌田急宜講此。水碓磨，南方類爲之，漢杜詩、魏韓暨之水排是也。用風帆六幅，車水灌田者，淮揚海堧皆爲之。暄曰：遠國用轉龍逆流水，以爲已下也，而不知其已上也，與抽汲過關、濺沫成卉諸法，皆稱奇絶。

談遷《北游録・後紀程》　甲申，陰，發十里界首驛，亦劇鎮。又十里六合鎮，苫舍三十餘家。農人架木懸蓬七片，設轉轂車水，乘風而旋，省人牛之勞，亦創見也。

許瓚曾《滇行紀程》　過辰陽船溪驛，北站稍平。溪邊見農家取水灌田，巧而且逸。其法：先於溪旁築石成隘。上流水至隘，勢極奮迅。乃設竹車二，圍製如車輪，大可二丈。縛數節竹筒，緣於兩輪，其筒向内一面截口受水，每筒相距三尺許，兩筒中間，編縛竹板一扇，以遏流水，所以激輪使旋者全在此。蓋水勢迅則沖扇行，而輪乃隨之以轉。每激一扇，後扇繼來，旋而上升，則筒中滿，水已至車頂，筒口向下，水即下傾，於其傾處，刳大竹受之，接引入田，雖遠可到。所謂農者坐而觀之，無舉手之勞，而田已畢溉矣。大江以南，水勢平衍，不可用也，其有潮汐之地，似亦可仿而爲之。

劉獻廷《廣陽雜記》卷三　郴州地當騎田嶺嶠，高在天表，相傳郴地與南嶽祝融峰齊，理或然也。自瓦窑坪而東南，山皆秀麗，林木叢茂，溪流湍激，漩覆處爲轉水之車。設架置軸，貫二輪於軸端，外巨於内十之一有奇。輪周列三十輻，絙藤爲之，以湊於軸。兩輪之間，相去約六七寸，編竹爲方菿，置之兩輻之間以爲齒，以水之高下爲低昂，没於水際者十之三。齒端横竹筒如輻之數，外軒而内輊，軒者低，留節而竅其輊之端，順水之勢而斜帶焉。湍水激其菿，菿行而輪動，水只知帶蒳而流也，而不知蒳之反出水而上矣；只催前蒳之上也，而不知後蒳之復水而下矣；只知帶蒳而動也，而不知筒之已携水而升矣。筒携水而升，勢既低斜，水必下注，迭出迭入，迭注迭轉，刻不爲槽，横於輪旁以受水焉，承之以梘，分灌田間，名曰筒車。此法不用人牛之力而水自升，亦水法之最善者矣。中原江浙地水平衍，但有山水處，即堰壩而爲之，惜無講究及此耳。郴諺曰：「一灘高一尺，十灘高一丈；仔細思量起，郴州在天上。」信矣。

屈大均《廣東新語》卷一六《器語》 從化之北有流溪，自上五指山至黄龍砆、鶩灘草，徑凡百餘里，兩岸巨石相拒，水湍怒流，居民多以樹木障水爲水翻車。子瞻詩：「水上有車車自翻。」水翻車，一名大棚車，輪大三四丈，四周悉置竹筒，筒以汲水，水激輪轉，自注槽中，高田可以盡溉。西寧亦然。每水車一輛，可供水碓十三四所，以樟楓鷄藤諸香，舂末以作線香，謂之香水車。

屈大鈞《廣東新語》卷一六《器語》 木牛者，代耕之器也。以兩人字架施之，各安轆轤一具，轆轤中繫以長繩六丈，以一鐵環安繩中以貫犁之曳鈎。用時一人扶犁，二人對坐架上，此轉則犁來，彼轉則犁去，一手而有兩牛之力，耕具之最善者也。吾欲與鄉農爲之。

《（康熙）續華州志》卷三 石堤峪山居，以木爲機，引水舞蹈，磨榆杏雜木作香，四十里間，桔槔相亂，亦用械之，精者上下蓋有千輪，貲貨甚廣。

《（康熙）常州府志》卷五《疆域》 芙蓉五步皆湖也。今湖旁皆爲葑田，湖流甚微，而芙蓉則已圍而爲圩矣。明萬曆間，官出水衡錢募夫築堤，搴蒲塞罅，而下竹以爲楗，最爲鞏固。其堤面闊丈有咫，基倍之，置多閘堰於上，閘以啓閉，而堰用置車。其車有用牛者，用帆者。牛一日灌百畦，帆則隨其風之所向而設機轉之，澇則導圩之水而注之河，旱則引河之水而灌之田。歲即大祲，此地獨熟，畝可入三鍾，厥田上上。

《（康熙）諸羅縣志》卷八《風俗》 瓜果豆菜之屬，着地即生，又多隙地，而寧取諸市。近溪之田，桔槔必以牛，無自任其力者。傭工計值三倍内地，寧游手乏食，必不肯少減。民風之惰，至臺極矣。

《（康熙）諸羅縣志》卷八《風俗》 淡水至鷄籠諸番無田器，耕以鋤，阮參將詩「百鋤不及一犁深」是也。

趙翼《簷曝雜記》卷四 山左人間用轆轤汲水，不過灌田畦蔬而已。泉州則禾田亦以井灌，田各有井，井之上立一石柱，而横貫一小木爲闗捩。横木之上，繫一長木，根縛石而杪懸竿。竿末有桶，柱其竿下，汲滿，則引而上之，木根之石方壓而下，則桶趁勢出矣。其用略如罾魚之架，而俯仰更捷。或井深而桶大，石之力不能壓使出，則又一人綆於木之根以曳之。余嘗有句云：一田一井澆禾遍，此是泉南古井田。

《（乾隆）吴江縣志》卷一六 邑田窪下者十之七，每春夏水潦，則中下田皆淹。農家集桔槔以救之，號大棚車，擊鑼鳴柝以限作息。此雖他邑亦有之，而吴江爲甚，故述之。正統中，巡撫周忱置官車，忱去車亦隨廢。

《（乾隆）雲南通志》卷一三《水利》 潢水塘，在城東十五里龍山後，田高塘低，用水車挽水灌注。

《（乾隆）雲南通志》卷一三《水利》 上滄渠，在城西六十里，周十里。瀕河之田爲清明洞、白蕩坪，用水車挽水逆灌，下注爲下滄，三家村、千古之田，皆資以爲利。

《（乾隆）雲南通志》卷一三《水利》 西河，在城西四十里，源出北沖山箐，流經老營，達於板橋河，沿河皆設水車，挽以灌田。

《（乾隆）閩清縣志》卷八《雜記》 閩清有梅、演、瞿曇三溪之水環繞縣境，其可用人力灌溉者十有二三，若用水車層接而上，凡一切近溪之田，皆可無憂歲旱。今見居民偶有用手車者，爲力少而所濟亦屬無幾。予擬製大□□具，如江浙等處，可用五七人脚踏者，教其逐層接注，雖高原亦可灌溉。奈以匆匆移去，未及□□觀厥效，良可惜也！

《（乾隆）沅州府志》卷一九《風俗》 壤狹田少，山麓皆治。有泉源者，坐收其灌溉之利，而陂塘少治。其近水者，截流築壩，謂之堰。田渴則兩人對舁其具，戽水以潤之，殆視桔槔爲勞。而踏車引水之事，今方凖效之。

《（乾隆）南匯縣新志》卷一五《風俗》 南邑農民勤苦於鄰邑。浦西田腴，浦東田瘠。種稻者曰水田，種棉花、黄荳者曰旱田，今歲稻、明年花豆者曰翻田，翻田必以牛耕，餘田或以牛，或以人。水田用車戽水以資灌溉，勞逸亦異，近浦之地，潮平易爲力；其潮所不及者，岸峻水車陡立，非五六人不能運，夏日赤汗交流，邪許之聲相聞。

嵇璜、劉墉等《續通典》卷四《食貨四》 是時，有司能以水利益民者，廉州府知府張岳，督民墾棄地，教以桔槔運水。

劉光蕡《修齊直指評》 陝省渭北地勢高燥，宜講水利。光緒十九年，陝西亢旱，涇陽民爲「猴井」。其法：度井深淺，如深四丈，則兩井相去四丈，其各置一滑車，綆長八丈，兩頭各繫桶，一桶入此頭之井，一桶入彼頭之井。繩之中間繫牛馬拽之，行至此頭則彼頭之桶汲水而出，行至彼頭則此頭之桶汲水而出。兩頭各立一人，瀉水於田。一童子牽牛往來行走，較水車費人而價廉，倉猝可辦。此亦救荒法也。

《〔嘉慶〕長山縣志》卷一六《軼事》 水車盛於江南，近長邑亦仿而有之，用於井，以救旱。其制以輪撥，輪聯數十，水斗下上挹注，一晝夜可灌數十畝。

《〔嘉慶〕鳳臺縣志》卷二《食貨志》 種蔬治畦，掘井以灌。井上施轆轤，一井常灌四五百畦，則一人之任也。隨挑隨種，一歲可五六熟，糞土少而蔬常盛長，故畦地之價常倍於他地。

《〔嘉慶〕威遠縣志》卷一《水利》 邑之河道源流，已具圖注，若田間溝澮，時涸時盈，無名可録。緣地多山坡而少水，民田所賴，近河處所，多置筒車戽水。有車則有堰，有一車一堰者，有二三車共一堰者。不近河者，則鑿塘以資灌溉，不可勝載。【略】通計筒車一百三十三架。

《〔嘉慶〕漢南續修郡志》卷二〇《水利》《滕太守分水約》 再考城民設立水車八具，亦高田救旱之必須，無禁遏之理，但止許單輪，不許雙具，恐其攔阻河道，壅塞下流；即單具水車，亦止許小塹取水轉輪而已，不得過高阻遏下河之水。照此永遠遵行毋違。

《〔嘉慶〕羅江縣志》卷六《附風俗》 農事：羅邑河堰水田頗少，陂嶺山地十居六七。每歲蓄水築塘，或扎筒車，或用脚車，灌溉不一。其法耕作，全資人力。

《〔嘉慶〕定遠縣志》卷一七《農事》 定邑無堰，遇春水稍遲，民皆用桔槔引水，層級而上，至數十丈地，婦女亦助力。至夏日耘土，則男女各分行隊，協力並營矣。

吴名鳳《此君園文集》卷一九 奉新共十三鄉，紳士皆知自愛，農民亦各懷刑。西鄉沿河建筒，車水不勞人力，晝夜灌溉，故雨或偶缺，禾皆豐收。滿山種竹，紙廠利尤倍蓰。東北鄉多在省貿易，其失業凍餒者蓋寡。

陳明申《夔行紀程》 開縣城四山開曠，稻塍盈疇，用筒車引河水灌溉。山陂高下，俱闢水田，地盡沃壤，熙熙皞皞，較山中荒陋迥異。

《〔道光〕蘭州府志》卷二《水利》 黄河經歷郡地，凡一州三縣，而其利惟皋蘭受之。《〔甘肅〕通志》云：縣有夾河灘二，一在西十五里，草木叢雜；一在東十里，可藝五穀。兩灘爲翻車導引灌田，自〔嘉靖間〕州人段續始，甚爲民利。又蘇家灘在縣東北四十里，馬蓮灘在縣西南九十里，其次則靖遠縣。《衛志》：水池在北城外，明正統三年，指揮房貴於河南岸置水車。城北浚大池，引水注地，汲取甚便。年久水泛，遂致沖壞，而崖略猶存。沿河上下亦多製水車，開渠引灌。然觀《衛志》所載，其利止在園圃蔬果耳。

《〔道光〕蘭州府志》卷二《水利》 河州雖北繞黄河，因河低岸高，難以引水。乾隆十三年，仿照蘭州水車，借帑製造八輪，旋被水泛無存，復修六輪在案。

《〔道光〕濟南府志》卷一三《風俗》 章丘，【略】東錦鄉近長白山，産薪炭，富梨棗，百脉水上下多置大磑，激水運轉，磨木屑販香爲業。【略】明秀鄉民多傍山倚水而居，山出文石，色如碧玉，稻葦菱芡之資，碓磑之利，尤甲一邑。

吴其濬《植物名實圖考》卷一《穀類》 西北所溉者，大抵麥、菽、禾、黍，如澆園蔬。【略】蒲、解間往往穿井作輪車，駕牛馬以汲，殆井渠之遺，然不宜稻。

《〔道光〕龍南縣志》卷四《澤梁》 龍邑田畝，雖利賴於陂塘，而田處高阜灌溉不及者，則資水車以爲用。其式：狀如車輪，繫以竹筒，横列竹笪以受水衝，水激輪轉，筒口隨輪上下，盛水挹注，傾於溝槽，一輪竹筒以數十計，晝夜曳注不息，邑人廖運芳詩「水隨車上岸」是也。

《〔道光〕川沙撫民廳志》卷一《風俗》 耕地以牛。無牛犁者以刀耕，其制似鋤而四齒，俗名鐵搭，人率日耕一畝。

《〔道光〕川沙撫民廳志》卷一《風俗》 灌田用水車，即古桔槔之制。亦以牛運，名牛車。無牛者以二三人踏之，水淺岸高，無潮汐之漲，勞踰他邑。

瞿元霖《蘇常日記》 停舟斷岸間，薄暮風微，行至爛泥灘泊，離鄭家口二十餘里。【略】今見堤畔掘井，轆轤引水，沿河兩岸，在在有之。且或上爲井口，其下穴堤容水，浸嚙既久，遺害非細。愚民無知，苟利目前，即亦無所禁制，良可慨也。

《〔同治〕來鳳縣志》卷四 來邑溪深地高，有資水利者，以竹爲輪，準溪爲度，鉗空兩重，關鍵如車制，外轂匝置〔甬〕〔筒〕竹，兩木夾持，側没水中，水衝動轉，〔甬〕〔筒〕水皆滿，地上承以木〔梘〕〔梘〕，輪迴漸漬，得不絶流焉，日計可灌十畝，俗名水車，亦山中人之巧制也。

《〔同治〕恩施縣志》卷七《風俗》 高低田地皆用牛犁，間有絶壑危坳牛犁所不至者，則以人力爲刀耕，農器諸類悉具。而筒車轉水溉田，尤爲事半功倍。其制於溪流近岸處竪木爲架，縛竹爲大輪，以竹筒周縛輪外，口皆向上，置流水中，水激輪行，筒載其水輪旋而上，注於木梘，由此遞引入田。大約一具可灌田數十畝，較桔槔之制，尤爲不勞人力。

《（同治）筠連縣志》卷二《堤堰》 筠邑山多田少，水利悉資堤埝。其沿溪一帶，則以筒車代堰，歲事之豐歉繫焉。

《（同治）玉山縣志》卷一上《水利》 玉之爲邑，山高而水駛，灌溉資於陂壩。其陂壩所不到者，或架轉輪於河，繫筒數十，下吸而上瀉，曰撩車。或相地掘深井，潛受河滲，置桔槔，懸臥輪於其巔，轉以牛，曰牛車。濱河兩岸，水無遺利焉。至於窮鄉深谷，一谿一澗，皆田家所珍，而鬬訟亦往往因之。

《（光緒）松江府續志》卷五 灌田以水車，即古桔槔之制，而巧過之。其制，以板爲槽，長二尋有奇，廣尺三寸至五寸，深五寸許，旁夾以欄楯，中斲木爲鶴膝，施楗以聯之，屈伸迴旋，用持輻以運水。輻之度，取槽足以容諸楯之半，各施木以隔之，其下取輻可以運，曰戥輻，以竹破而兩之，施其上以行輻，無此則輻陷而不行。槽前後各施軸，前長而後短，各施操，以關輻前軸之兩端爲撥。人以足運之，軸運則輻轉，而水升。前之安軸者，曰眠牛；其後附於楯，曰鹿耳椓杙。於眠牛之兩旁施横木以爲憑，而運車曰車桁。高鄉之車，深八寸廣七寸，曰水龍。凡一車用三人至六人，日灌田二十畝。有不用人而以牛運者。其制爲木槃如車輪而大，周施牙以運軸而轉之，力省而功倍。有並牛不用而以風運者。其制，如牛車施帆於輪，乘風刻旋轉。田器之巧，極於是，然不可常用，大風起亦敗車。

《（光緒）清遠縣志》卷五《經政・水利》 在陂下沿河水車陂，在回岐善化鄉，此陂水源由懷集、廣寧二縣諸山流至邑之威整山出潭口，渝大陂，徑三坑墟、矮車、蓮塘、白米坲等村，至陂頭墟過留禾倉，南出三水、牛頭岡，合鴨埠水入湞水，自三坑墟下沿河設立水車。其制如大車輪，旁繫水筒，水激之旋轉不停，水筒載水上，雖高岸可資灌溉。一河遞築五六十陂，灌田六七十頃，遇有壞爛，業户佃人隨時修復。

《（光緒）婺源縣志》卷三《風俗》 溉田之利，無如龍骨車之溥。婺之西南鄉多用車，而東北罕用者，地勢高而難達也。梯接而引之亦可達，顧不肯爲者，憚其工費多也；又或田主不肯出資也，且一區之中，田畝散落，田主之心不一也。誠能同心合力，公買半畝之地，爲牛車一座，以牛代人，力大而費省，則溪澗之濱皆可爲膏腴，不徒仰澤於天矣。是在有志者董率而行之。

《（光緒）黑龍江外記》卷四 關外田土以晌計，一晌六畝餘。黑龍江亦然。然廣狹長短，大抵約略其數，非如關内以弓步丈量之準。

土人種田，一犁率駕三二牛，沙性堅實，一牛不勝也。犁亦較内地長大。犁多者，殷實之家，故相逢敘生計，必問幾付犁仗。

《（光緒）黑龍江外記》卷八 土人刈草用芟刀，如鐮，柄長七八尺，近刀處置曲木護刃。刈時立執而左右之，遠視若掃雪然。

《（光緒）夔州府志》卷七《水利》 趙家壩、馬鎮壩、鷄頭壩、田家壩、羊喬壩，在治西，五處俱用筒車在河汲水灌田。趙家壩有筒車數十輛，馬鎮壩三十餘輛，鷄頭壩一百餘輛，田家壩、羊喬壩各有數十輛。

《（光緒）彭縣志》卷三《田功志》 城西北多井泉、水車。泉之淺者丈許，深者二丈。水車之制與南方踏車同，少深則用牛轉之。道光中，巧匠某，始作冒龍車（彭人謂水涌出爲「冒」）。刳木爲筒，植井中，下置轆轤，緩中無齒，筒口以盤承水。其上平輪、齒輪、龍腸皆與牛車同。腸間削木爲圜，覆以革五尺，則一車轉，則水被汲若抽，較輕於牛車十之四而水大，然利速不利遲，故常用羸馬轉之。若欲用牛，則齒輪須外端大、内端小，亦能速也。

《（光緒）大寧縣志》卷一《地理・水利》 白楊河，在縣西八十五里，【略】經過之地，皆産穀之區。沿河居民壓堰激水，推波助瀾，雖岸高尋丈，能用筒車汲取，以溉近溪之田。谿壑之水，別爲竹木石梘曲引，流灌倚山之畝，不使水有遺利也。

《（光緒）桐鄉縣志》卷七《農桑》 遇大雨連綿，河水泛溢，則集合圩之車，戽水以救，謂之大棚車，北鄉爲多。遇亢旱水涸，溝澮先乾，則用長車遞引溪河之水，傳戽入田，謂之打纏，南鄉爲多。

《（光緒）内江縣志》卷三《水利》 各堰在有明中葉已成具文，實之不存，利於何有？我朝因民之利以施水利，地濱河溪者用龍骨車、踩筒車，活水用自流筒車，或砌堰，或不砌堰，各因其勢。大約上下以地界斷，兩岸以水心斷，至平原沖首亦多鑿土堰以潴水，惟鑿之深者水乃益固。歷任官司，屢經勸諭淘鑿修砌以待不時，但民間貧富不齊，勤惰復異，或力不能運車置堰，或有堰而貪目前種穀之利，不爲久遠之防，又或妄希天時，坐待其困，以自有之利而自失之，亦不可謂非人事之疏也。

《(光緒)新繁縣鄉土志》卷九　水車，蜀人名龍骨車。束板爲渠，博六七寸，長一二丈不等。渠首尾置渾木爲輪，有輻如扇，別以木爲羊蹄。羊蹄木博寸餘，厚六七分，長六寸，上爲頸，下爲燕尾，迭相銜受爲活機可轉，節節聯續。每羊蹄適中置輻，名瓦子，瓦子博與渠内邊恰受如腸。渠上爲横梁數道，直梁一道架之，然後以瓦子與首尾輪輻相入，如人五指錯接狀，固以釘，執首輪之柄轉之，則瓦子悉從直梁上循環擠水，由低窪處上高原也。或需水多人力費，則縛架當渠，數人坐而足踏。

又　筒車之制，狀如紡車，循環置竹筒，微迤相距盈尺，每筒以小篾笆附之，縛馬叉置河水中。車軸用木，一端閣馬叉上，一端入岸土中。當埋軸上土掘爲小溝，溝函筧槽，筧槽與龍骨車之渠制同。篾笆受水沖力，則車終日自轉，筒水傾流筧中，大者恒灌百餘畝也。

《(光緒)平越直隸州志》卷二一　鄭珍《播州秧馬歌・序》　吾鄉治秧田，刈戎菽等密布田内，用秧馬踐入泥，俟爛則播種，其力倍於糞，且不蠹。秧馬制以縱木二，爲耑菑四，横長倍廣，下旁殺，令上平如足榻狀，底如四屐，齒用柔條一，或繩貫兩耑，爲繫高接手。踏時足各履一馬，手提繫，搨行莖葉上，深陷之，甚便且速。

晏端書《粵游紀程》　自贛州至南安，水勢湍急，俗所稱三百六十灘是也。土人逢灘叠石，築壩束流怒奔，旁置水車，以資灌溉。其制，編蒲爲輪，轉捩輕捷，四周繫以竹筒，汲水上注，視桔槔之功尤逸焉。【略】兩岸盡爲蔗田。

張雲璈《簡松草堂文集》卷七《湘潭水利記》　潭之地本澤國，水利甚溥。其水之大者，湘江、涓、漣及靳江河。湘自石州下匯樊田、馬公堰、朱亭、淦田諸水，又東北匯醴陵、渌口及白石灣諸港，襟涓帶漣，盤渦如雪，清湍直下，當面諸山，逆之而折，陶公山又從西截之，抱城而下，昭山東峙，力障北流，至興馬洲入善化界，紆回渟蓄凡三百里。洲渚物産近於涯涘者，皆藉其自然之潤。

沿江西岸，地勢稍高，多掘地置水車，累十餘級以達於田，灌溉所資，未可以數計也。春夏横漲，低田不無淹損，被水一日即退者猶可獲，過三日則萎爲腐草，此堤防之無可施者，往往不能有利而無害。涓水由衡山白杲市入縣西界，歷十四五都，東至易俗河入湘，凡二百里。民間築壩束水，截竹爲筒，裁木爲輻，旁貼以席，製如車輪，置架急流中，水勢激宕，旋轉如飛，謂之筒車，入筒以灌田，晝夜不停，人不勞而其蔭甚廣。漣水由湘鄉入縣，西北匯石潭、雲湖諸水，歷姜畬市、落筆渡、袁家河入湘，凡百里。靳江河由湘鄉至燒湯河入縣，東北過碑頭市出之字港，凡三十里。水車、筒車之制，皆同靳江，則比於涓、漣爲狹矣。其餘爲大港者十有五，爲小港者十有七，爲塘爲堰，爲圫爲壩，爲泉爲井，或溉數千畝，或溉數百畝，而私家之所蓄不與焉。

左宗棠《左文襄公全集・書牘・與胡雪巖書》　來示新出掘井開河機器，極爲利用。自明已來，泰西水法既已著稱。前年曾托幼丹制軍代購，迄未見覆。……見通飭陝人鑿井區種以救旱荒，尊處購掘井開河機器，並請雇數洋人(要真好手)，派妥匠，帶領來甘以便試辦。此種機器流傳中土，必大有裨益，與織呢、織布火機同一利民實政也。

左宗棠《左文襄公全集・奏稿・行抵西安起程北上日期折》　記名提督借補鎮海協副將周紹濂一軍，分駐安定、會寧、静寧一帶，見署臯司平慶、涇固道魏光燾一軍，分駐平涼、涇州、隆德一帶，頻年操防、護運之暇，修築城堡，平治道路，搭架橋樑，開浚河渠，種植官樹，利民之政，百廢具興。見復加浚涇水上源，取西洋機器釃渠導流，蓄引灌溉，冀成永利。昔之鄭白，治涇之委，兹之工作，治涇之源，如其有成，則長武、邠州以下暨三水、高陵諸縣境，均資灌溉，旱災免而水潦亦可無虞，較古昔治涇，其利更溥也。

(日)岡千仞《觀光紀游》　自此江流渺漫，田高水面四五尺，岸設水車，男女耦立蹈車，滚滚轉旋，直灌田畝，范石湖所咏龍骨車是也。

又　轉入一溝，左右田塍，久旱急水，岸岸水車，驅牛運轉。法以片板塞牛目，一人在旁鞭策，日夕轆轤不休。

郭雲陞《救荒簡易書》卷三　用轆轤汲水灌溉解：轆轤汲水用人力也。此法最拙，直隸、河南、山東等省灌園田，多有用轆轤者。

用水車汲水灌溉解：水車汲水，用獸(牛、馬、騾、驢)力也。此法略巧，直隸、河南、山東等省灌園、灌田，多有用水車者。【略】

用西洋水龍車汲水灌溉解：水龍車汲水，雖借人力，而事半功倍。浙江、江蘇、安徽等省灌園、灌田，多有用水龍車者。

用西洋虹吸筒汲水灌溉解：虹吸筒汲水，此純任自然也，不借人力、獸力、風力，而能巧奪天工。浙江、江蘇、安徽等省灌園、灌田，多有用虹吸筒者。

用西洋上水筒汲水灌溉解：上水筒汲水，此尤純任自然也，不借人力、獸力、風力，而能巧奪天工。浙江、江蘇、安徽等省灌園、灌田，多有用上水筒者。

《〔宣統〕章谷屯志略・夷人風俗》 宅壟夷人耕稼多用二牛，以木五尺許縛二角，端中施一長木至牛後，横加短木，下貫鍬鍤，鍤如齊如鋤，啓土艱難，每於高下轉折處，駢年彳亍，殊少便捷。其鋤甚小，範鐵而成，與梓人鎊鋤不少異。近因内地屯民櫛比，多仿漢式獨牛鋭鍤之制，農工簡便，倍於曩昔。【略】

附：明正夷人耕稼用犏牛，則二駕牛如宅壟式，黄牛則一鍬鍤，多齊口，仿漢式寬鋤鋭鍤者十僅二三。

《宣統己酉大政記》卷三《湖南安化縣文童梁見龍創造攬水車機器上農工商稟》 文童伏處田間，每見農人用土法溉水，足踏水挽，效少工多，遠水則層遞維艱，高田則舒轉不及。因精心研究，創造螺旋攬水車，結構尚靈，試用頗便。其法用鐵或木爲螺旋，或全體用木，以圓木做中軸，因螺旋相銜，攬水上行，旋轉下濟，其速率視螺旋層級之多寡與中軸之大小爲比例。以增加小車一丈，用一人攬水，能高七尺；大車三丈，用二人攬水，能高二丈。推而大之，可以上城，可以踰山，工省價廉，事半功倍，非特爲農田救旱之便，亦可爲礦人攬水之資。

（吸）〔汲〕水壓水機器十數種，已成式樣四種。其法有單行單抽（吸）〔汲〕水壓水者，有單行雙抽（吸）〔汲〕水壓水者，有雙行雙抽（吸）〔汲〕水壓水者，有摇力擺力、齒輪攬力、梯齒攬力、手柄攬力（吸）〔汲〕壓並行者，均用一人之力能高數丈之水。惟有螺旋攬力，用一人（吸）〔汲〕壓，水能伸高十餘丈。均以鐵爲鈕，銅爲水箱，鐵爲齒輪，抽杆碟鍵，左進右出，左出右進，其水於下管口入，即於上管口出，則開合頁起閉自如，大小隨便作用。各種機器利於農者多，而於救火、礦政均可作用，若在湖地亦可以出積水。

藝文

劉禹錫《劉禹錫集・機汲記》 濱江之俗，不飲於鑿，而皆飲之流。予謫居之明年，主人授館於百雉之内。江水沄沄，周墉間之。一旦有工爰來，思以技自賈。且曰：「觀今之室廬，及江之涯，間不容畝，顧積塊峙焉而前耳。請用機以汲，俾矗然之狀莫我遏已。」予方異其説，且命之飭力焉。

工也儲思環視，相面勢而經營之。由是比竹以爲畚，置於流中。中植數尺之臬，輦石以壯其趾，如建標焉。索綯以爲絙，縻於標垂，上屬數仞之端，亘空以峻其勢，如張弦焉。鍛鐵爲器，外廉如鼎耳，内鍵如樂鼓，牝牡相函，轉於兩端，走於索上，且受汲具。及泉而修綆下縋，盈器而圓軸上引。其往有建瓴之駛，其來有推轂之易。瓶繘不羸，如搏而升。枝長瀾，出高岸，拂林杪，踰峻防。刳蟠木以承澍，貫修筠以達脉，走下潺潺，聲寒空中。通洞環折，唯用所在。周除而沃盥以蠲，入爨而錡釜以盈。飪餗之餘，移用於湯沐。濯浣之末，泄注於圃畦。雖瀵涌於庭，莫尚其沛洽也。

昔予嘗登陴，憪然念懸流之莫可遽挹，方勉保傭，督臧獲，斛而挈之，至於裂肩龜手，然猶家人視水如酒醪之貴。今也一任人之智，又從而信之，機發於冥，而形於用物。灝溔東流，赴海爲期。斡而還焉，逐我頤指。向之所謂阻且艱者，莫能高其高而深其深也。

觀夫流水之應物，植木之善建。繩以柔而有立，金以剛而無固。軸捲而能舒，竹圓而能通。合而同功，斯所以然也。今之工咸盗其古先工之遺法，故能成之，不能知所以爲我也。智盡於一端，功止於一名而已。噫，彼經始者其取諸「小過」歟！

洪邁《容齋隨筆》卷八《石砮》 東坡作《石砮記》云：「《禹貢》荆州貢礪、砥、砮、丹及箘簵、楛，梁州貢砮、磬。至春秋時，隼集于陳廷，楛矢貫之，石砮長尺有咫，問於孔子，孔子不近取之荆、梁，而遠取之肅慎，則荆、梁之不貢此久矣。顔師古曰：『楛木堪爲笴，今豳以北皆用之。』以此考之，用楛爲矢，至唐猶然，而用石爲砮，則自春秋以來莫識矣。」按《晉書・挹婁傳》：有石砮、楛矢，國有山出石，其利入鐵。周武王時，獻其矢、砮。魏景元末亦來貢。晉元帝中興，又貢石砮，後通貢於石虎，虎以夸李壽者也。《唐書・黑水靺鞨傳》：其矢，石鏃長二寸，蓋楛砮遺法。然則東坡所謂春秋以來莫識，恐不考耳。予家有一砮，正長二寸，豈黑水物乎？

劉白《説苑》卷二〇《反質》　衛有五丈夫，俱負缶而入井，灌韭，終日一區。鄧析過，下車爲教之曰：「爲機，重其後，輕其前，命曰橋。終日灌韭百區，不倦。」五丈夫曰：「吾師言曰：『有機知之巧，必有機知之敗。』我非不知也，不欲爲也。子其往矣，我一心溉之，不知改已。」鄧析去，行數十里，顔色不悦懌，自病。弟子曰：「是何人也？而恨我君，請爲君殺之。」鄧析曰：「釋之。是所謂真人者也，可令守國。」

楊維楨《鐵崖樂府補編・天車詩》　丁未臘交戊申春三月，霪雨不休，農以潦告。官修圍岸，迫農車泄滂，農力竭而潦不退。有黄髮老髯來，謂農曰：「汝車力倍而功寡。吾教汝車，力不勞而功倍之。」索巨竹二竿，刳節交兩首尾，飲如口注。農家水龍皆閣不用，農驚問其神。髯曰：「此陰陽升降法也。」余讀《張讓傳》，傳注渴烏，云爲曲筒，以氣引水上下，天車引水，即渴烏之引也。郡守某過余，言其事，謂之天車，請鐵崖紀以詩。詩曰：

百日漏天瓠河決，高丘十丈蛟龍穴。髯星降世教天車，刳爾雌雄兩龍節。膠泥瑣口如折筒，天竅地竅中相通。疲氓拜舞賽神教，喜氣上天成白虹。戽乾水恠支祁走，海底珊瑚拾星斗。坐令墊土成寸金，丈尺官來履丘畝。我聞阿香閣雷車，農車巧運脱殼蛇。如何天車閱天巧，馬鈞不洩三農家。九重帝車運北斗，五風十雨調大有。我願天倉紅粟朽，農食冬春飲春酒。和我歌，擊壤叟。

《〔乾隆〕雲南通志》卷二九《藝文六・張佳印〈游安寧温泉記〉》　沿〔螳螂川〕兩岸，土人引水溉田，堰壩鱗次，舟過若決呂梁，水車高翻，濺珠成雨，似瀑水飛灑空中。

《〔乾隆〕雲南通志》卷二九《藝文十・高其倬〈勸農詩〉》　千畦碧毯稻初抽，龍尾車鳴滄水流。從識太平真氣象，緑蓑黄犢遍青疇。

閔叙《粵述》　竹筒分泉，最是佳事，土人往往能此，而南丹錫廠統用此法。以竹空其中，百十相接，蔦谿越澗，雖三四十里皆可引流。杜子美《修水筒》詩：「雲端水筒坼，林表山石碎。觸熱藉子修，通流與厨會。往來四十里，荒險崖谷大。」蓋竹筒延蔓，自山而下，纏接之處，少有綫隙，則泄而無力。又其勢既長，必用楮閣，或架以竿，或墊以石。讀此六句，可謂曲狀其妙矣。又《贈阿段》云：「竹竿裊裊細泉分。」遠而望之，衆筒紛交，有如亂繩，然不目睹，難悉其事之巧也。

《〔乾隆〕潼川府志》卷九《圖説・張松孫〈飛輪挽灌〉》　飛鳶那數公輸巧，翻車今見山農紹。斷木爲輈竹作輪，汲水轉筒輪自繞。盤旋無待藉天風，灑布時看出雲表。在山過顙誰激之，勝天人定功非小。何愁畦隴高，無慮夏雨少。曲折脉潛通，不捨昏與曉。

潘錫恩《畿輔水利四案・四案》〔直隸，乾隆二十八年正月〕　臣〔方觀承〕查直隸被災各屬，【略】上年地土甚潤，所種秋麥既廣，本年節氣較早，窪地春麥尤多。其播種之法，實種耬中而竅其兩足，足裹鐵略如犁形，長三寸許，其名爲齒，兩夫推挽一耬，兩齒劃土深寸許，種由竅出，匀布土中，不暇牛力，無待翻犁，故水甫涸，地猶濘，即可耕種及時。臣所過積水消退之區，已多用耬耕作之人。

《〔乾隆〕威遠縣志》卷六《藝文・陳汝秋〈筒車詩〉》　截流束懸溜，順槩石成槽。取材資篠蕩，製器同桔槔。決水得水力，挹注飛銀濤。挂月生虹暈，奔輪碾珠胞。翻翻風轉蓋，軋軋車旋繅。潤下有本性，激之在山高。疏苗藉灌溉，土脉騰腴膏。物情洞機巧，逸獲民多敖。天水或違行，不獨争錐刀。所以灌韭者，用拙不辭勞。

《〔嘉慶〕沅江縣志》卷二九《藝文・張其禄〈沅江竹枝詞〉》　陂澤田低憂雨滂，石湖堤堰歲增高。却逢小暑南風扇，楊柳陰中響桔槔。

《〔道光〕平南縣志》卷二〇《藝文・袁珏〈白沙江竹枝詞四首〉》　白沙江上緑波生，春草青時兩岸平。打槳同行齊放壩，棹歌聲引桔槔聲。【略】

《〔同治〕漢川縣志》卷六《風俗》《郡志》……又云：漢川濱江，民多用牛車引水灌田，爲他邑所無。吴邦治《漢堤牛車》詩：赤云燒漢廣，靈雨未來時。長歌白石者，叱牛動連渏。

佚名《雜字》抄本《農事》：耕種鋤刨，釘耙環鐮。輸穗秴犁，開墾田園。官荒馬廠，淤泥河灘。碾米搗碓，碌碡揚鍁。軋場颺場，口袋木楸。水涸撒種，斗子通竿。豆角得掐，扇車好搧。四齒三叉，轆轤瓦礶。打水澆畦，插秧移蔓。掘溝放水，栽葱編蒜。割麥剪韭，不潦不旱。劃拉除草，車箱耞板。

《〔光緒〕無極縣續志》卷九《藝文志上・壽頤〈竹枝詞〉》 汲井澆田仗水車，農家利用制偏嘉。馬牛更換無停滯，直到更深月影斜。

田園幾畝是貧家，亦各分畦汲井華。圓轉轆轤揮汗雨，滴隨清溜潤禾芽。

《光緒朝會典事例》卷一六八《户部・田賦》 二十三年諭：訥爾經額奏遵查直隸地方難以興舉屯政水田一摺，據稱天津至山海關一帶，户口殷繁，地無遺利，其無人開墾之處，乃沿海鹼灘，湖水鹹濇，不足以資灌溉，屯田之法，勢難舉行。至全省水利之説，歷經試墾水田，屢興屢廢，總由南北水土異宜，民多未便。而開源疏泊建閘修塘，一切工費，皆需重帑，未敢以有用之項，輕議試行。惟地高慮旱，地窪慮潦，但在地方官於境内溝洫及時疏通，以期有備；或開鑿井泉，以車戽水，亦足俾益田功等語。所奏自係實在情形，均著照議辦理。至省南民間用水車汲井溉田，需費不多，最爲利便。現據該督照式製造，發交各府州，著即諄飭各屬，廣爲勸導，實力奉行。如有民間不知此法，即於頒發式樣後，勸令按井製車，試行灌溉。其始未免惜費憚勞，如行之有效，互相傳造，於農功必有裨益，用副朕敦本重農之至意。

圖録

宋應星《天工開物》卷上《乃粒》一《稻工》（耕耙、磨耙、耘、耔。具圖）

凡稻田刈獲不再種者，土宜本秋耕墾，使宿稿化爛，敵糞力一倍。或秋旱無水及怠農春耕，則收穫損薄也。凡糞田若撒枯澆澤，恐淋雨至，過水來，肥質隨漂而去。謹視天時，在老農心計也。凡一耕之後，勤者再耕、三耕，然後施耙，則土質匀碎，而其中膏脉釋化也。

凡牛力窮者，兩人以杠懸耜，項背相望而起土，兩人竟日僅敵一牛之力。若耕後牛窮，製成磨耙，兩人肩手磨軋，則一日敵三牛之力也。凡牛，中國惟水、黄兩種。水牛力倍於黄〔牛〕。但畜水牛者，冬與土室禦寒，夏與池塘浴水，畜養心計亦倍於黄牛也。凡牛春前力耕汗出，切忌雨點，將雨，則疾驅入室。候過穀雨，則任從風雨不懼也。

吳郡力田者以鋤代耜，不藉牛力。愚見貧農之家，會計牛值與水草之資、竊盜死病之變，不若人力亦便。假如有牛者供辦十畝，無牛用鋤而勤者半之，既已無牛，則秋獲之後田中無復芻牧之患，而菽、麥、麻、蔬諸種紛紛可種。以再獲償半荒之畝，似亦相當也。

耕地

耙（碎土）

凡稻分秧之後數日，舊葉萎黄而更生新葉。青葉既長，則耔俗名撻禾。可施焉。植杖於手，以足扶泥壅根，並屈宿田水草，使不生也。凡宿田茵草之類，遇耔而屈折。而稊、稗與荼、蓼非足力所可除者，則耘以繼之。耘者苦在腰、手，辨在兩眸，非類既去，而嘉穀茂焉。從此泄以防潦，溉以防旱，旬月而「奄觀銍刈」矣。

耔（稻田壅根）

耘（稻田拔草）

宋應星《天工開物》卷上《乃粒》一《水利》（筒車、牛車、踏車、拔車、桔槔。皆具圖）

凡稻防旱藉水，獨甚五穀。厥土沙泥、磽膩，隨方不一。有三日即乾者，有半月後乾者。天澤不降，則人力挽水以濟。凡河濱有製筒車者，堰陂障流，繞於車下，激輪使轉，挽水入筒，一一傾於梘內，流入畝中。晝夜不息，百畝無憂。不用水時，栓木礙止，使輪不轉動。其湖、池不流水，或以牛力轉盤，或聚數人踏轉〔水車〕。車身長者二丈，短者半之。其內用龍骨拴串板，關水逆流而上。大抵

筒車汲水

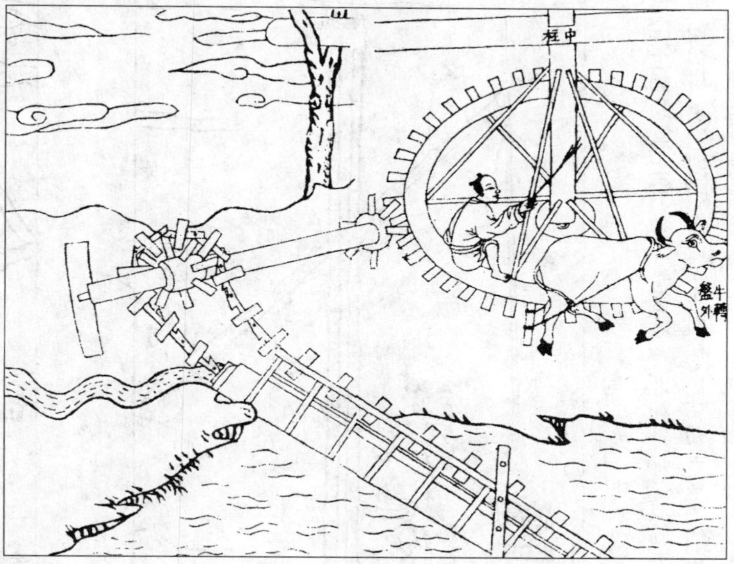

牛力轉盤車水

一人竟日之力灌田五畝，而牛則倍之。

其淺池、小澮不載長(水)車者，則數尺之車一人兩手疾轉，竟日之功可灌二畝而已。揚郡以風帆數扇，俟風轉車，風息則止。此車爲救潦，欲去澤水以便栽種。蓋去水非取水也，不適濟旱。用桔槔、轆轤，功勞又甚細已。

宋應星《天工開物》卷上《乃粒》一《麥》 凡麥有數種。小麥曰來，麥之長也。大麥曰牟、曰穬。雜麥曰雀、曰蕎。皆以播種同時，花形相似，粉食同功，而得麥名也。四海之内，燕、秦、晉、豫、齊、魯諸道烝民粒食，小麥居半，而黍、稷、稻、粱僅居半。西極川、雲，東至閩、浙、吴、楚腹焉，方圓六千里中，種小麥者二十分而一，磨麵以爲捻頭、環餌、饅首、湯料之需，而饔飧不及焉。種餘麥者五十分而一，閭閻作苦以充朝膳，而貴介不與焉。

穬麥獨產陝西，一名青稞即大麥，隨土而變。而皮成青黑色者，秦人專以飼馬。飢荒，人乃食之。大麥亦有粘者，河洛用以釀酒。雀麥細穗，穗中又分十數細子，間亦野生。蕎麥實非麥類，然以其爲粉療飢，傳名爲麥，則麥之而已。

凡北方小麥，歷四時之氣，自秋播種，明年初夏方收。南方者種與收期時日差短。江南麥花夜發，江北麥花晝發，亦一異也。大麥種、獲期與小麥相同。蕎麥則秋半下種，不兩月而即收。其苗遇霜即殺，邀天降霜遲遲，則有收矣。

踏車汲水(人車)

拔力

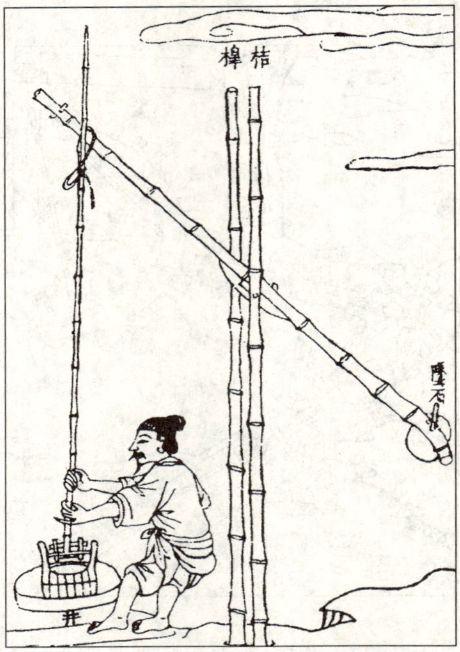

桔槔

宋應星《天工開物》卷上《乃粒》一《麥工》（北耕種、耨。具圖）

凡麥與稻初耕、墾土則同，播種以後則耘、耔諸勤苦皆屬稻，麥惟施耨而已。凡北方厥土墳壚易解釋者，種麥之法耕具差異，耕即兼種。其服牛起土者，耒不用耕，並列兩鐵〔尖〕於横木之上，其具方語曰鏹。鏹中間盛一小斗貯麥種於内，其斗底空梅花眼。牛行摇動，種子即從眼中撒下。欲密而多則鞭牛疾走，子撒必多。欲稀而少，則緩其牛，播種即少。既播種後，用驢架兩小石團壓土埋麥。凡麥種壓緊方生。南方地不北〔方〕同者，多耕、多耙之後，然後以灰拌種，手指拈而種之。種過之後，隨以脚跟壓土使緊，以代北方驢石也。

播種之後，勤議耨鋤。凡耨草用闊面大鎛。麥苗生後，耨不厭勤，有三過、四過者。餘草生機盡誅鋤下，則竟畝精華盡聚嘉實矣。功勤易耨，南與北同也。凡糞麥田，既種以後，糞無可施，爲計在先也。陝洛之間憂蟲蝕者，或以砒霜拌種子，南方所用惟炊燼也。俗名地灰。南方稻田有種肥田麥者，不糞麥實。當春小麥、大麥青青之時，耕殺田中蒸罨土性，秋收稻穀必加倍也。

宋應星《天工開物》卷上《粹精》二《攻稻》 凡服牛曳石滚壓場中，視人手擊取者力省三倍。但作種之穀恐磨去殼尖減削生機，故南方多種之家，場禾多借

北耕兼種（北方麥的耕種農具）

南種牟麥（南方點播種麥）

北蓋種（北方壓蓋麥種）

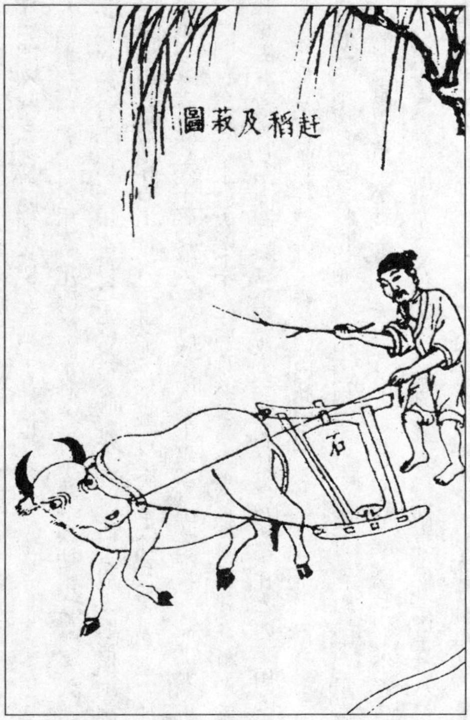

趕稻及菽

耨（鋤草）

木礱

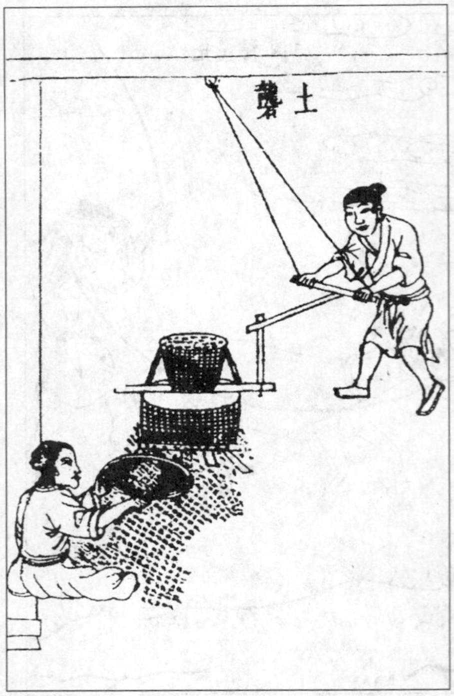

土礱

牛力，而來年作種者，則寧向石板擊取也。凡稻最佳者，九穰一秕。倘風雨不時，耘耔失節，則六穰四秕者容有之。凡去秕，南方盡用風車扇去。北方稻少，用颺法，即以颺麥、黍者颺稻，蓋不若風車之便也。

凡稻去殼用礱，去膜用舂、用碾。然水碓主舂則兼併礱功，燥乾之穀入碾亦省礱也。凡礱有二種，一用木爲之，截木尺許，質多用松，斫合成大磨形，兩扇皆鑿縱斜齒，下合植笋穿貫上合，空中受穀。木礱攻米二千餘石其身乃盡。凡木礱，穀不甚燥者入礱亦不碎，故入貢軍國、漕儲千萬，皆出此中也。一土礱，析竹匡圍成圈，實潔淨黄土於內，上下兩面各嵌竹齒。上合篘空受穀，其量倍於木礱，穀稍滋濕者，入其中即碎斷。土礱攻米二百石其身乃朽。凡木礱必用健夫，土礱即孱婦弱子可勝其任。庶民饔飧皆出此中也。

凡既礱，則風扇以去糠秕，傾入篩中團轉。穀未剖破者，浮出篩面，重複入礱。凡篩大者圍五尺，小者半之。大者其中心偃隆而起，健夫利用。小者弦高二寸，其中平窪，婦子所需也。凡稻米既篩之後，入臼而舂，臼亦兩種。八口以上之家，掘地藏石臼其上。臼量大者容五斗，小者半之。横木穿插碓頭，碓嘴冶鐵爲之，用醋滓合上。足踏其末而舂之。不及則粗，太過則粉，精糧從此出焉。晨炊無多者，斷木爲手杵，其臼或木或石以受舂也。既舂以後，皮膜成粉，名曰細

風扇車

踏碓、杵臼

糠，以供犬猪之豢。荒歉之歲人亦可食也。細糠隨風扇播揚分去，則膜塵净盡而粹精見矣。

凡水碓，山國之人居河濱者之所爲也，攻稻之法省人力十倍，人樂爲之。引水成功，即筒車灌田同一制度也。設臼多寡不一，值流水少而地窄者，或兩三臼。流水洪而地室寬者，即並列十臼無憂也。江南信郡水碓之法巧絶。蓋水碓所愁者，埋臼之地卑則洪潦爲患，高則承流不及。信郡造法即以一舟爲地，撅椿維之。築土舟中，陷臼於其上。中流微堰石梁，而碓已造成，不煩椓木壅坡之力也。又有一舉而三用者，激水轉輪頭，一節轉磨成面，二節運碓成米，三節引水灌稻田。此心計無遺者之所爲也。

凡河濱水碓之國，有老死不見礱者，去糠去膜皆以臼相終始。惟風篩之法則無不同也。凡磑，砌石爲之，承藉、轉輪皆用石。牛犢、馬駒惟人所使。蓋一牛之力，日可得五人。但入其中者必極燥之穀，稍潤則碎斷也。

宋應星《天工開物》卷上《粹精》二《攻麥》（颺、磨、羅。具圖）

凡小麥其質爲麵。蓋精之至者，稻中再舂之米；粹之至者，麥中重羅之麵也。小麥收穫時，束稿擊取，如擊稻法。其去秕法，北土用颺，蓋風扇流傳未遍率土也。凡揚不在宇下，必待風至而後爲之。風不至，雨不收，皆不可爲也。

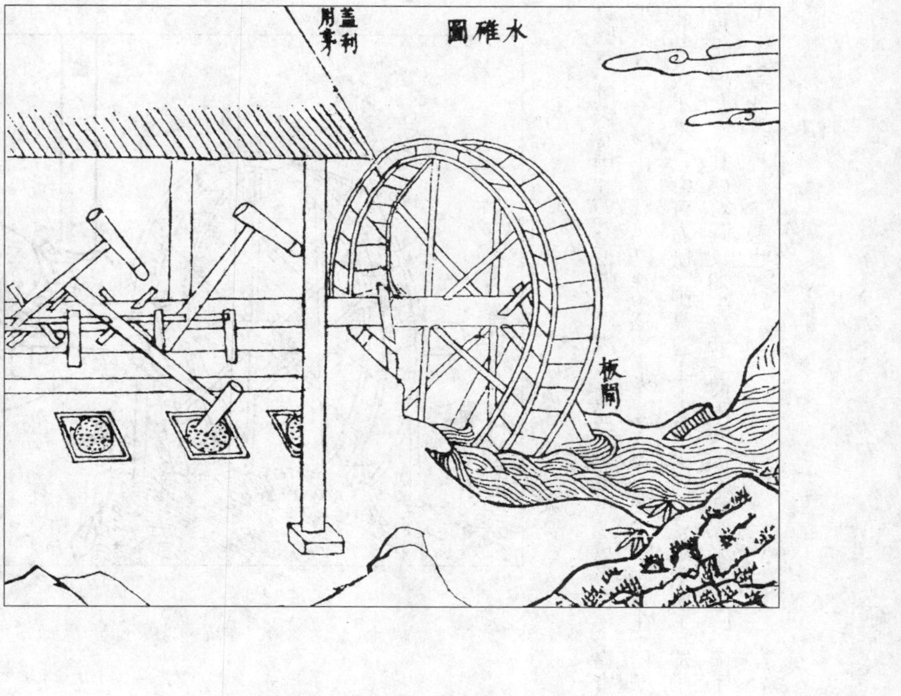

水碓

凡小麥既颺之後，以水淘洗塵垢净盡，又復曬乾，然後入磨。凡小麥有紫、黄二種，紫勝於黄。凡佳者每石得麵一百二十斤，劣者損三分之一也。凡磨大小無定形，大者用肥健力牛曳轉。其牛曳磨時用桐殼掩眸，不然則眩暈。其腹繫桶以盛遺，不然則穢也。次者用驢磨，斤兩稍輕。又次小磨，則止用人推挨者。

凡力牛一日攻麥二石，驢半之，人則强者攻三斗，弱者半之。若水磨之法，其詳已載《攻稻・水碓》中，制度相同，其便利又三倍於牛犢也。凡斗、馬〔磨〕

與水磨，皆懸袋磨上，上寬下窄，貯麥數斗於中，溜入磨眼。人力所挨則不必也。

牛碾

凡磨石有兩種，麵品由石而分。江南少粹白上麵者，以石懷沙滓，相磨發燒，則其麩並破，故黑纇參和麵中，無從羅去也。江北石性冷膩，而產於池郡之九華山者美更甚。以此石製磨，石不發燒，其麩壓至扁秕之極不破，則黑疵一毫不入，而麵成至白也。凡江南磨二十日即斷齒，江北者經半載方斷。南磨破麩得麵百斤，北磨祇得八十斤，故上麵之值增十之二，然麵筋、小粉皆從彼磨出，則衡數已足，得值更多焉。

凡麥經磨之後，幾番入羅，勤者不厭重複。羅框之底用絲織羅地絹爲之。湖絲所織者，羅麵千石不損。若他方黄絲所爲，經百石而已朽也。凡麵既成後，寒天可經三月，春夏不出二十日即鬱壞。爲食適口，貴及時也。凡大麥則就舂去膜，炊飯而食，爲粉者十無一焉。蕎麥則微加舂杵去衣，然後或舂或磨以成粉而後食之。蓋此類之視小麥，精粗貴賤大徑庭也。

宋應星《天工開物》卷上《粹精》二《攻黍、稷、粟、粱、麻、菽》（小碾、枷。具圖）

凡攻治小米，颺得其實，舂得其精，磨得其粹。風颺、車扇而外，簸法生焉。其法篾織爲圓盤，鋪米其中，擠勻揚播。輕者居前，簸棄地下。重者在後，嘉實存焉。凡小米舂、磨、揚、播製器，已詳《稻》、《麥》之中。唯小碾一制在《稻》、《麥》之外。北方攻小米者，家置石墩，中高邊下，邊沿不開槽。鋪米墩上，婦子兩人相向，接手而碾之。其碾石圓長如牛趕石，而兩頭插木柄。米墮邊時，隨手以小彗掃上。家有此具，杵臼竟懸也。

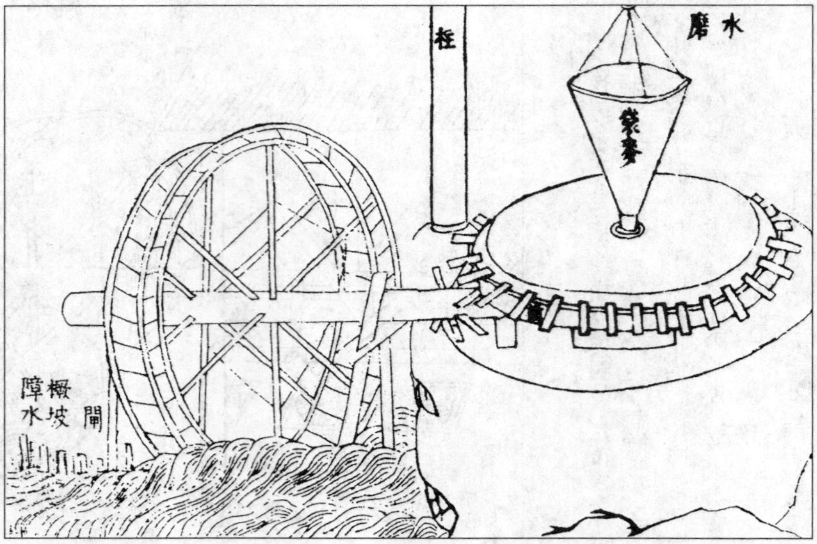

水磨

小碾

面羅

凡胡蔴刈獲，於烈日中曬乾，束爲小把。兩手執把相擊，麻料綻落，承以簟席也。凡麻篩與米篩小者同形，而目密五倍。麻從目中落，葉殘、角屑皆浮篩上而棄之。凡豆菽刈獲，少者用枷，多而省力者仍鋪場，烈日曬乾，牛曳石趕而壓落之。凡打豆枷竹木竿爲柄，其端錐圓眼，拴木一條，長三尺許，鋪豆於場，執柄而擊之。凡豆擊之後，用風扇揚去莢葉，篩以繼之，嘉實灑然入廩矣。是故舂、磨不及麻，碨碾不及菽也。

打枷

工具部

綜述

陶宗儀《説郛》卷五二宋徽宗《大觀茶論·羅碾》 碾以銀爲上，熟鐵次之。生鐵者，非淘煉槌磨所成，間有黑屑藏于隙穴，害茶之色尤甚。凡碾爲製槽欲深而峻，輪欲鋭而薄。槽深而峻則有準，而茶常聚。輪鋭而薄則運，邊中而槽不戛。羅欲細而面緊，則絹不泥而常透。碾必力而遠，不欲久，恐鐵之害色。羅必輕而手不壓，數庶已細者不耗，惟再羅，則入湯輕，泛粥面光，凝盡茶色。

宋懋澄《九籥集》卷一《日本刀記》 丙申秋日，侍師於真州公署，時余年二十八矣，猶有不羈之思，從師乞日本長刀一口，師尤之曰：「泰寧之朝，安事三尺？」余對曰：「鋒鍔可儀。」佩之幾年，真成鷄肋，竟贈之武人。此刀風雨夜，時颯颯有聲，明晨離鞘常二寸許，亦靈物也。迨壬寅以先慈訃南奔，值夜，復宿是舘，弦月積雪，風景淒然，迴念壯心，恍如隔世，日月不居，老將至矣，此英雄所以撫髀而泣也。

朱國禎《湧幢小品》卷四《鐵爐》 遵化鐵爐，深一丈二尺，廣前二尺五寸，後二尺七寸，左右各一尺六寸。前闢數丈，爲出鐵之所，俱石砌。以簡千石爲門，牛頭石爲心，黑沙爲本，石子爲佐。時時旋下，用炭火置二韛扇之，得鐵日可四次。妙在石子産於水門口，色間紅白，略似桃花，大者如斛，小者如拳，搗而碎之，以投於水，則化而爲水。石心若燥，沙不能下，以此救之，則其沙始銷成鐵。不然，則心病而不銷也。如人心火大盛，用良劑救之，則脾胃和而飲食進，造化之妙如此。

鐵冶西去遵化縣可八十里，又二十里，則邊墻矣。羣山連亘不絶，古之松亭關也。生鐵之煉，凡三時而成；熟鐵由生鐵五六煉而成；鋼鐵由熟鐵九煉而成。其爐由微而盛，由盛而衰，最多至九十日，則敗矣。爐有神，則元之爐長康侯也。康當爐四十日而無鐵，懼罪，欲自經，二女勸止之，因投爐而死。衆見其飛騰光焰中，若有龍隨而起者。頃之，鐵液成。元封其父爲崇寧侯，二女遂稱金、火二仙姑，至今祀之。其地原有龍潛於爐下，故鐵不成。二女投下，龍驚而起，焚其尾，時有禿龍見焉。

鐵一名犁耳，蓋最堅且厚者。《晉書》稱秦行。唐公洛曰：「力制奔牛，射洞犁耳。」

朱國禎《湧幢小品》卷四《鐵器》 狼山把總徐正得鐵矛於江中，形制古樸，不類近時物，其款識數字漫，不知爲何等語也。一日，置之舟前，颶風大作，海潮突起，鄰舟皆簸揚上下，不能駐足立，獨此舟晏然，如履平地。明日，置之他舟，亦然。又明日，置之他舟，無不然者。

李齊物，天寶中爲陝州刺史，開砥柱，通漕路，發重石，得古鐵戟若鏵然，銘曰「平陸」。上之，詔即以名縣。諸葛亮箭袖鎧帽二十，五石弩射之不能入，與鑄刀三千同。

後主禪造一大劍，長一丈二尺，鎮劍口山，往往人見光輝，後人求之不獲。雲長采都山鐵爲二刀，銘曰「萬人」。後敗，惜刀，投之水，成龍飛去。

朱國禎《湧幢小品》卷四《陝州鐵人》 鐵人，在陝州門譙樓下，衣冠拱立，世代莫知所始。相傳爲禹治水置之，以鎮水患者，未知是否。或以爲秦金人二人之數，按《綱目集覽·索隱》云：各重千石，坐高二丈，號曰翁仲。苻堅徙入長安。今陝州鐵人不及數尺，恐非舊物。

朱國禎《湧幢小品》卷四《僧取沉牛》 鐵牛，在朝邑縣東三十里大慶關，東岸四，西岸三，唐開元十二年鑄此，以繫浮梁。金、元時，牛存而梁廢。未幾，悉沉於河。大定十年，真定府禪院僧懷炳有巧思，都水使者薦於朝，得旨，令取沉牛。乃輦石駕舟自沉於河，得牛所在，以長繩繫，增石轉機，已出其三，會有流言乃止。初起役，有善泅者十人佐助，師每晝十字於十人之掌，則入深淵如平地，視聽亦了然。十人皆剃度爲弟子。

朱國禎《湧幢小品》卷四《鐵鑊釜》 揚州鐵鑊，府城北門外鐵鑊六口，南門外四口。各高四尺，厚四寸五分，周圍一丈七尺，可容二三十石，不知何代何人所鑄。北門外兩鑊，皆半没入土，露土外者光瑩不銹澀，如琢磨然。相傳元鎮南王府故物，或又謂出隋宮，皆不可考。鎮江甘露寺亦有大鐵鑊，俗傳梁武帝鑄以飯僧者。蘇文忠有「蕭公古鐵鑊」之句，又或以爲前代壓鎮之物，與揚州同，亦未知是否。

梁築浮山堰，成而復潰。或言蛟龍能乘風雨破堰，其性惡鐵，乃運鐵器釜、鑊之屬數千萬斤沉之。揚州鐵鑊豈即此類耶？

鐵釜，在北門外蘇州造船廠，今移在太倉海寧寺，相傳通番船煮篾緂用者。闊六尺三寸，高四尺三寸，圍二丈，厚二寸四分。

朱國禎《湧幢小品》卷四《鐵棺》 興化縣南，法華廢寺西，有鐵棺焉。長九尺二寸，前廣後狹。相傳宋建炎間，薛慶常遣其徒撼之，中有物相觸，作鏗然聲。以鐵鎚擊百不損，鼓鞴鎔之不液，乃止。

鄭之僑《農桑易知録》卷二《一切葉刀（長六寸，木柄）》 以鋼鐵爲之。刀口要薄，總以快爲主。薄則桑葉不連，蠶亦好上口吃也。

鄭之僑《農桑易知録》卷二《一桑剪（七寸長，兩旁用舊棉花裹之，以免手上起泡）》 以鋼鐵爲之，形如銀剪而長。快則桑枝不裂，發二葉亦易。

鄭之僑《農桑易知録》卷二《一葉筐》 以細篾爲之，形如斗大而矮小，所以盛小葉喂蝸兒，俗名小茶籠也。蠶漸大，則需葉漸多，又用大筐子盛之，此皆摘取枝上之葉，俗名大茶籠也。至二眠後，則用桑剪連枝剪來，用大篾片編成大筐備用，俗名謂之葉蔀。

鄭之僑《農桑易知録》卷二《一蠶篩（以竹編就，大小不一）》 以篾編之。有蝸兒篩，狀如大圓盤；有二分篩，圍圓有六尺；有三分篩，圍圓有丈餘。用厚實黄紙糊好。蠶小時用以貯蠶，體剖極是輕便。如養十斤出火蠶，須備四五隻。

鄭之僑《農桑易知録》卷二《一蠶匾（不分大小，總要一樣，以便上架也）》 篾片密密編成，可不用糊紙。邊高二寸許，圍圓有兩人合抱大。蠶到出火大眠時用之。每隻可貯大眠四斤，若大眠後，可鋪地，蠶匾不用矣。

鄭之僑《農桑易知録》卷二《一蠶箔（以細葦編之，攤於山棚之上，以便豎草把子）》 以細葦爲之，剥去葦葉，用細麻繩密密編成。編得密，則蠶落葦上，仍可走至草把子上做繭，不使蠶落地下。

鄭之僑《農桑易知録》卷二《一蠶架（所以架匾，每架可匾九隻）》 以粗木二根作柱，以細木十根作長關；再用粗木做一柱，上用短關十根。其長關中間及短關頭上，做雌雄筍鈎連，即於鈎連處鑿孔，用竹釘箭之，擺立如三角，兼能活相，可以搬移摺叠。高七尺，寬取其架匾，不拘尺寸。每一關上下，相去七寸餘。

鄭之僑《農桑易知録》卷二《一絲車（抽絲必用絲車）》 先用檀木四塊，高二尺四五寸，每塊寬有五寸，厚有一寸五分，做成四方樣。將兩塊頭上鑿開兩凹，以安放軸頭。以一塊留筍寸許，以放轉墩，使絲鈎横木往來移送也。絲鈎横木長二尺餘，頭寬一寸，鑿有圓眼，放在轉墩之上，使之旋轉。尾寬五分，中置兩鈎，以定絲之板頭寬窄也。再用木架一個，高一尺五六寸，寬厚俱五分，中以絲絡兩個，穿定架上，使絲從絡上經過，絲乃光細。

鄭之僑《農桑易知録》卷二《一綿環（以環手透子）》 小板一塊，長二尺許，寬厚不拘。兩頭鑿小洞兩個，用削光毛竹片一根，長三尺五寸，闊五分，厚二分。環轉如弓背樣，裝牢於兩洞口，以爲做綿之具。

鄭觀應《南游日記》（光緒十年閏五月） 初八日晨起倚樓，見男女浴於河濱。蓋南洋工人早晚必須沐浴，不然即病也。鄭祥盛過談暹事甚久，並云暹城之西有高塔可以眺遠，須有執照方準登臨。遂托領照同往一游，以舒眼界。祥盛係公必達隨員，五品職銜，開有機器鋸木廠，凡富商大賈，暹相與之聲氣相通，備悉商情利弊也。申刻，赴王晉卿花園粵商公宴，同席者：葉道昭、吕成、鍾福如、龔佐良、陳子坡、馮勛南等。戌刻，席散回寓。

光緒三十三年《政治官報・咨劄類・十一月十九日第五十九號・郵傳部札京奉、京漢鐵路局飭將唐山、長辛店機器廠考察改良辦法文》 爲札飭事。路政司案呈，近日鐵路興盛，需用材料機件車輛等日益加多，亟應請求製造以省糜費而資便益。查鄂省官商合辦機器公司、揚子機器公司尚未成立，本國修造車輛之廠，現祇唐山、長辛店兩處，規模亦未完備，缺畧之處頗多，遇有重要機件，仍須購自外洋，且機力不敷，製造稍多，即不能如期出貨。現當鐵路需材之際，自應力圖進步，以應取求，如果製造精良，銷路暢旺，微特本路所用可以不假外求，且進款增加，於該局深有裨益，即其餘各路，亦均同資利便，實爲今日振興鐵路要政。除札飭京奉、京漢鐵路局妥議辦法外，爲此札飭。札到該局，仰即會同總工程司詳加考察，將唐山、長辛店機器廠積弊如何剔除，規模如何增拓，估計應需費用，酌擬改良次第，開列詳細表單，復呈本部，以便隨時體察情形，另札辦理。一切辦法總以各項要件皆能逐漸自造爲主，仍量度該路財力，以期可以實行。事關統籌路政，該局務當悉心擬議，不厭求詳，仍早日稟復。俟議覆稍有端緒，本部堂並訂期前往親勘，以憑定奪。此札。

紀事

范成大《吴船録》卷下 百二十里，至忠州酆都縣。去縣三里，有平都山仙都道觀，本朝更名景德。冒大暑往遊，阪道數折，乃至峰頂。碑牒所傳，前漢王方平、後漢陰長生皆在此山得道仙去。有陰君丹爐及兩君祠堂皆存。祠堂唐李吉甫所作，壁亦有吉甫像。有晉、隋、唐三殿，制度率痺狹，不突兀，故能久存。壁皆當時所畫，不能盡精，惟隋殿後壁十仙像爲奇筆，豐臞妍怪，各各不同，非若近世繪仙聖者一切爲靡曼之狀也。晉殿内壁亦有溪女等像，可亞隋壁。殿前浴丹池，不甚甘涼。

滿山古柏大數圍，轉運司歲遣官點視。相傳爲陰君手種。余以成都孔明廟柏觀之，彼止劉蜀時物，乃大此數倍。然段文昌《修觀記》已云「峭壁千仞，下臨沸波，老柏萬栽，上蔭峰頂」，段時已稱老柏，或真陰君所植，直差瘦耳。陰君以煉丹濟人爲道業，其法猶傳，知石泉軍章森德茂家有陰丹甚奇，即陰君丹法也。

薛景石《梓人遺制·華機子·叙事》 《淮南子》云：伯余之初作衣也，緂麻索縷，手經指挂，其成猶網羅，後世爲之機杼，勝復以便其用，此伯余之始也。

江文通《古別離》云：紈扇如明月，出自機中素。

唐房玄齡授秦王府記室，居十年，軍符府檄，或駐馬即辦，文約理盡，初不署藁。高祖曰：若人機織，是宜委任，每爲吾兄兒陳事，千里猶對語。

《拾遺記》：吴王趙夫人巧妙無比，人爲吴宫三絶，機絶，針絶，絲絶。

其機非伯余作，止是手經指挂而已，後人因而廣之，以成機杼。《傳》云：麻冕，禮也；今也純，儉。吾從衆。純布亦自古有，故知機杼亦起於上古。今人工巧，其機不等，自各有法式，今略叙機之總名耳。

薛景石《梓人遺制·華機子·用材》 造機子之制，長八尺至八尺六寸，上至龍脊杆子，下至機身，共高八尺至八尺六寸，横廣槾外三尺六寸。機身徑廣三寸，厚二寸六分，先從機身頭上向裏量八寸，畫前樓子眼，前樓子眼合心至中間樓子眼合心二尺二寸，中間樓子眼合心至兔耳眼合心四尺二寸，兔耳眼合心至後靠背樓子眼合心一尺二寸，兔耳眼長四寸。

機樓扇子立頰長五尺二寸，廣隨機身之厚，徑厚一寸六分。從下除機身内卯向上量一尺六寸，畫下樘桄眼，下桄眼上量七寸，心桄眼。心桄上量七寸，是上桄眼。上桄上一尺二寸是遏腦，遏腦木長四尺四寸，廣四寸，厚隨樓子立頰之厚。上順絞井口，廣厚同遏腦。

沖天立柱長三尺四寸，厚隨遏腦之厚，廣二寸，下卯栓透遏腦心下兩桄。遏腦向上隨立柱量四寸，安文軸子，軸子圓徑一寸至一寸二分，長隨樓子之廣。龍脊杆子長隨機身之長，厚隨沖天立柱之方廣。樓子合心，向脊杆子上分心各離三寸，安牽拔二個。

機子心扇心桄合心，每壁各量一尺二寸安引手。遏腦上絞口向裏兩下各量七寸，是前順樘桄後順棖。栓透前後樓子遏腦，從心扇遏腦上，向後順棖上量四寸，安立人子一個，立叉向後又量二尺，更安一個，各長五寸。上是鳥坐木，内穿特木兒。

卷軸長隨兩機身横之外，徑三寸四分，兔耳隨機身之後徑，廣四寸，上訛角。

卧牛子長三尺六寸，隨機身横之廣徑，廣六寸，厚五寸。自立人子，至卧牛底面槾上，通高三尺，徑廣三寸，厚二寸六分。立子頭上向下量五寸開口子。口子合心横鑽塞眼，上安利杆。立人子開口與筬框鵝口廣同。卧牛上隨立人子向上量三寸，安檔桄一條，廣二寸。

筬框，長三尺六寸，廣二寸四分，厚一寸二分，内安斗子。其斗子内二尺八寸明遼，高五分，筬口上下離八分至一寸。斗子上是鵝材，長三寸六分，方廣二寸，開口深二寸四分，横鑽塞眼子。

特木兒長三尺四寸，版廣二寸四分，厚八分。從頭上眼子至心翅眼子量九寸五分，是心内眼子。心内眼子至後尾眼子二尺一寸，樓子合心。弓棚架，子版長一尺二寸，廣三寸，厚一寸。弓材上六尺二寸，廣一寸，厚六分。

椿子材長二尺五寸，小頭廣一寸，厚六分，大頭廣一寸二分至一寸四分，厚八分至一寸。從小頭上向下量三寸四分，畫梁子眼，梁子眼下一尺二寸明，外是下梁子眼，横梁子長二尺六寸四分，廣一寸，厚四分，椿子内二尺四寸明。

蘸椿子長一尺八寸，小頭廣八分，厚六分，大頭廣一寸二分，厚八分。小頭向下量三寸二分畫梁子眼，向下一尺二寸外下梁子眼，廣與搊同。拔梁長隨兩引手之廣，長二尺八寸，徑方廣一寸，計六條鑽眼子與引手同。

白踏椿子長二尺六寸，上廣二寸，厚六分，下廣二寸二分，厚八分。從頭上向下量三寸二分，心内鑽圓眼子。再從頭上向下量四寸二分，邊上鑿梁子眼一個。上眼子下楞齊，向下更畫梁子眼一個。下眼下量九寸四分外，下是雙梁子眼。從下倒向上量二寸八分合心，又鑽圓眼子一個。

梁子長二尺八寸，廣一寸一分，厚四分。

滕子軸長三尺八寸，方廣二寸，兩耳内二尺四寸明，耳版厚一寸四分至一寸六分，方廣一尺至一尺二寸。

凡機子制度內，或織紗，則用白踏，或素物，衹用梭子，如是織華子什物全用，其機子不等，隨此加減。

薛景石《梓人遺制・泛床子・用材》 造泛床子之制，上至立人子頭，下至泛床子地，共高二尺一寸三分，兩邊長與高同。

邊長二尺一寸三分，廣一寸六分，厚八分。先從邊頭上量一寸，邊上留三分，向裏面第一個梁子眼。第一個梁子眼外空二寸二分，畫第二個梁子眼。第二個梁子眼外空三寸，畫第三個梁子眼。此眼外楞上側面，鑿立人子眼。第三個梁子眼外空三寸三分，畫第四個梁子眼。第四個梁子眼外空一寸四分，畫第五個梁子眼。前後梁子眼長則不同，各廣三分。

脚子槾上高九寸二分，廣一寸三分，厚同邊脚，除上卯向下量三寸，畫順樘榥眼。立人子邊向上高一尺二寸，廣與邊同厚八分，上開口子深五分，下卯栓透樘榥。順樘個隨脚順之長，廣隨脚之厚，厚一寸三分。

梁子長二尺六寸，廣一寸，厚三分五厘。

凡泛床子，是華機子內白踏搊蘸椿子打繒綫上使用，隨此準用。

薛景石《梓人遺制・掉篗座・用材》 造掉篗之制，長三尺，廣二尺一寸，上下高六寸，兩榥已裏一尺三寸明，心內安立人子。

邊長三尺，廣二寸，厚一寸五分。

横兩樘長二尺一寸，廣一寸五分，厚一寸二分。

脚槾上高六寸，廣厚與邊同。立人子下除卯向上高七寸，廣厚同邊。

篗軸長隨兩耳之內徑，方廣二寸四分，從軸心每壁各量七寸，外安輻四枝。或六枝減短。

輻枝長一尺六寸，廣一寸二分，厚一寸。

篗枝長一尺七寸，廣一寸二分，厚一寸。

凡掉篗是打榥絲綫經上使用，隨此制度加減。

薛景石《梓人遺制・掉篗座・功限》 掉篗一個全造完備一功一分。

如是上有綫子牙口造者三功五分。

薛景石《梓人遺制・立機子・用材》 造機子之制，機身長五尺五寸至八寸，徑廣二寸四分，厚二寸，横廣三尺二寸。先從機身頭上向下量攤卯眼，上留二寸，向下畫小五木眼。小五木眼下空一寸六分横榥眼，横榥眼下空一寸六分大五木眼，大五木眼下順身前面下量二寸外馬頭眼。馬頭下二尺八寸，機胳膝眼。機胳膝上，馬頭下身子合心横榥眼。胳膝眼下量六寸，前後順栓眼。順栓眼下，前脚柱下留七寸，後脚眼下留四寸。身子後下脚栓上離一寸，是脚踏五木榥眼。心內上安兔耳，各離六寸。前脚長二尺四寸。

馬頭長二尺二寸，廣六寸，厚一寸至一寸二分。機身前引出一尺七寸。除機身內卯向前量二寸二分，鑿豁絲木眼。

主豁絲木眼斜向上量八寸，鑿高梁木眼。高梁木眼斜向下五寸二分鴉兒木眼。

大五木長隨兩機身外楞齊。兩頭除機身內卯向裏量一寸，畫前掌手子眼，下是垂手子眼。相栓五木後，除兩下卯量向裏合心，却向外各量三寸，外畫後頭引手子眼。

掌手子通長九寸，廣一寸八分，厚一寸二分。除卯量三寸四分，横鑽塞眼，順鑿子口。

垂子手長一尺二寸六分，廣厚同前。除卯七寸四分，鑽塞眼，開口子，與掌手子同。後引手子長廣厚開口子與前同，除卯量七寸六分。

小五木隨大五木之長，廣一寸六分至一寸八分，厚一寸二分。掌手眼與大五木同，長加六分。

機胳膝長一尺五寸，厚一寸二分。機身向前量六寸，外畫卷軸眼。後卯栓透機身兩脚。

卷軸長隨機身胳膝外之齊徑方廣二寸，上開水槽。掌滕木長一尺六寸，廣二寸，厚八分，上開口子深一寸五分，下除一寸鑽塞眼，隨上下掌手子取其方午。

高梁木豁絲木約繒木三條，隨兩馬頭內之長徑廣一寸六分，各圓棍。

鴉兒木長九寸，方廣二寸三分。心向兩壁各量三寸四分，鑽塞眼，各從心殺向兩頭梢得一寸六分，順開口長二寸四分。

曲胳肘子長二尺二寸，廣一寸六分，心內厚八分。從心分停除眼子外，前量七寸，後量八寸，鑽塞眼前安鴉兒木上，後安垂手子上。

懸魚兒長一尺，廣一寸八分，厚八分。下除圓眼子，離六寸鑽塞眼，安於鴉兒木上長脚踏長二尺四寸，廣二寸，厚一寸四分。從後頭向前量二寸二分，口子內合心横鑽塞眼，塞眼口順長二寸四分塞眼向前量六寸，轉軸眼圓八分。

短脚踏長一尺八寸，廣厚長脚同，從轉軸眼向前量五寸，横鑽塞眼，開口子與長脚同。

兔耳長六寸，廣二寸四分，厚一寸。心内一個厚二寸。下除卯向上量一寸六分，是轉軸眼。

下脚長二尺二寸至二尺四寸，栓上兩機身之上。

滕子軸長三尺六寸，方廣二寸。或圓八楞，造滕耳徑，長一尺，廣三寸，厚一寸二分。滕耳内二尺二寸明。

布絹筬框長二尺四寸，廣一寸四分至一寸六分，厚六分。内鑿池槽長二尺一寸四分明，塞笓眼在内。塞眼各長五分。

梭子長一尺三寸至四寸，中心廣一寸五分，厚一寸二分。開口子長六寸五分至七寸，心内廣鑿得一寸明，兩頭梢得五分，中心鑽蚍蜉眼兒。

凡機子制度内，或就身做脚，或下栓短脚，或馬頭上安高梁豁絲木，或掌滕木下安羅床榥曲木，其豁絲木，所以不同，就此加減。

薛景石《梓人遺制·羅機子·用材》 造羅機子之制，機身長七尺至八尺，横榥外廣二尺四寸至二尺八寸。先從機身後頭向前量四寸，畫後脚眼。後脚眼盡前量五寸二分，畫兔耳眼。兔耳眼盡前量二尺二寸，畫機樓子眼。機樓子眼盡前量五寸，畫横榥眼。横榥眼盡前量八寸六分立人子眼。立人子眼盡前量八寸，側面畫横榥眼。横榥眼盡向前量五寸，畫高脚眼。

機樓子立頰長三尺六寸，廣二寸，厚一寸六分，下除機身外向上高三尺三寸。上除遏腦卯向下量七寸，是横樘榥眼。眼長八分，樘榥眼合心上下立串眼，栓透遏腦。

遏腦廣三寸，廣同兩立頰。遏腦心内左壁離六寸，是引手子眼。引手子上是兩立人子，上是烏座木，上穿鴉兒。引手長一尺二寸。立人子高七寸，前脚高三尺八寸，廣厚同。

機身上引出卯七寸，卯下一尺五寸雙樘榥，後脚廣厚同前，高三尺。

卷軸長隨機身之廣徑，廣三寸四分，圓榥上開水槽。

立人子高九寸，徑廣一寸五分，上是高樑木，下是豁絲木，長隨兩機身廣之長。

特木兒長隨機子之廣，心材子廣一寸八分，厚六分加減。

大泛扇椿子長二尺四寸，小頭廣八分，厚六分，大頭廣一寸四分，厚八分。從頭上向下量三寸四分畫眼子，眼長八分，上樑子眼至下樑子眼，榥外通量一尺二寸。

小扇椿子小頭廣六分，厚四分，大頭廣八分，厚六分。上下榥樑眼外一尺二寸，横廣二尺四寸明，前後同。

砍刀長二尺八寸，廣三寸六分至四寸，厚一寸二分。背上三池槽各長四寸，心用斜鑽蚍蜉眼兒。

文杆隨刀之長，大頭圓徑一寸，小頭梢得八分。出尖滕子，長隨機身廣之外軸，材方廣二寸，耳長一尺至一尺二寸。

凡機子制度内，或素不用泛扇子，如織華子隨華子，當少做泛扇子。

薛景石《梓人遺制·小布卧機子·用材》 造卧機子之制，立身子高三尺六寸，卧身子與立身子同，徑廣二寸，厚一寸四分。

卧身子前頭榥外横廣二尺四寸，後頭闊一尺六寸，先從立身子上下量攤卯眼。立身子頭上向下量六寸，畫順身前馬頭眼。馬頭下五寸四分，後是豁絲木眼。豁絲木眼下量三寸二分，後横榥眼。横榥眼下離一寸六分，是卧機身眼。機身下離二寸順身小横榥眼。小樘榥眼下離二寸，後樘榥眼。横樘榥下以一寸二分脚踏關子眼。

卧身子除前卯向後量二尺五寸後脚眼。後脚眼上，分心兩壁順身各量二寸，畫横樘榥眼。横榥上嵌坐板。

馬頭上一尺三寸，廣二寸，厚與機身同。除卯之外，離九寸開滕子軸口。上更安主滕木，厚一寸。

脚踏子長隨機兩身之廣，榥外闊六寸，内短串二條，徑各廣一寸二分，厚一寸。後短脚榥上一尺二寸，廣厚機身同，下安横樘兩條。

輥軸長隨機兩身之徑廣，方廣一寸六分，圓榥。

豁絲木長隨機身外楞齊，圓徑一寸四分，破榥同前。

鴉兒木長一尺四寸，廣二寸，厚八分，兩頭各留一寸，已裏釘環兒，中心安鴉兒木。

滕子軸長隨機子兩馬頭之外，滕耳内一尺七寸明，耳子長一尺六寸，廣一寸二分，厚六分。

筬框長二尺二寸，廣一寸四分，厚六分。

攀腰環兒長三寸，廣二寸，厚一寸二分。

輥軸耳子長二寸四分，厚八分。

凡機子制度内，或三串栓。馬頭造，或不三串，機身馬頭底用主角木，有數等不同，隨此加減。

《蘇州商會檔案叢編》第一輯《蘇省商務總局勸諭仿造織布木機照會光緒三十二年六月三十日》 督辦蘇省商務總局江蘇等處承宣布政使司布政使濮、江南等處提刑按察使司按察使朱、商務議員二品銜軍機處存記江蘇候補道陸爲照會事。

本年六月二十二日，準江南商務局咨開，準江南勸業機器工藝總局移開：奉商督憲周批敝局詳報石印木機織布圖樣，分發兩江各府、州、縣，以便民間傳習一案。奉批：據詳已悉。繳。等因。奉此，查此項木機織布圖，現據總理工藝委員查令鍾泰向上海石印局照式印成一千張，呈繳前來，核與原樣相符。除申送督憲查覈外，所有石印木機圖樣八百張，相應抄詳移送查照。希將前項圖樣分發兩江各府、州、縣，以開風氣，借塞漏卮。等因。並抄稿暨圖樣到局。准此，除分發寧屬各府、廳、州轉發所屬外，抄詳移局查照，希將送到圖樣，分發各府、廳、州、縣，勸諭民間仿造傳習，或來寧就學，以開風氣，借塞漏卮等因。並圖樣到局。准此，除通飭各府、州分飭所屬，勸諭商民仿造傳習外，合將圖樣照送。爲此照會貴總會，請煩查照，希即勸諭各商民仿造傳習，以開風氣，而厚民生。望切施行。須至照會者。（計抄粘並圖二十張）

照會蘇州商務總會

附：江南勸業機器工藝總局詳

光緒三十二年六月

爲詳報事。竊職道前奉憲臺面諭，工藝關係緊要，應飭各州、縣派人來局學習木機織布，並由局設廠專造此機，以備學成後購造回籍傳習，以開風氣，而厚民生等因。仰見憲臺提倡實業、振興工藝之至意。祗聆之下，欽佩莫名。當即諭飭總理委員查令鍾泰遵辦。旋據該令等復，此項木機係由本局於光緒二十九年在日本購辦兩部，帶來省城照式仿造，招人觀覽，任人學製。現計省中仿造此機者約共有二百架，每架每年出布一百二十匹，核算每年共約出布二萬四千匹。此二萬四千匹之布，即以抵制洋貨，故近年來東洋柳條布進口寥寥。職此之故，收效無形，爲利甚溥。若復令各屬仿照辦理，則利益更屬無窮。現已飭將該機繪成圖樣，條分縷晰，臚列價目，先行石印一千張，分發兩江各府、州、縣，俾衆咸知此機價值之廉，織布之速，用力之省，遠勝舊日之機，以期逐漸改良。或派人來局學習，不收學費，自辦飯食，學成後由局代爲造機，如數繳還價值，或即照圖樣自行仿造，均聽其便。

總之，實業爲富强之本，而紡織爲實業之大端，若使遐鄉僻壤，人人知織業之功，則漏卮自可盡塞，而華民生計，亦不致爲外人所奪矣。所有札發各屬木機織布圖樣緣由，理合具文詳報，仰祈憲臺鑒核施行，實爲公便。爲此云云。

詳督憲周

《蘇州商會檔案叢編》第一輯《商部爲改良麵粉機器札光緒三十二年八月十四日》 商部爲札飭事。

接據出使英國大臣汪來咨內稱：「外國新法製造麵粉，係用鋼板加以極大重力，壓麥成粉，故麵粉內並無絲毫雜質。如用汽機運動石磨製麵，汽力愈大，石質癒傷，麵粉中不免含有石質等語。查中國機器麵廠，現已設立寖多，蕪湖益新麵廠據稱即用石磨，其他各廠所用壓機是石是鋼，未據稟報，亟應札行該總、協理，就近傳知各該廠速求改良，以免有礙衛生，致隘銷路。爲此札飭。札到，該總、協理即便遵照辦理可也。切切。特札。

右札蘇州商務總會總、協理尤先甲、倪思九、准此

藝文

《韓非子・外儲説右上》 堂谿公謂昭侯曰：「今有千金之玉卮，通而無當，可以盛水乎？」昭侯曰：「不可。」「有瓦器而不漏，可以盛酒乎？」昭侯曰：「可。」對曰：「夫瓦器，至賤也，不漏，可以盛酒。雖有乎千金之玉卮，至貴而無當，漏，不可盛水，則人孰注漿哉？今爲人之主而漏其羣臣之語，是猶無當之玉卮也。雖有聖智，莫盡其術，爲其漏也。」昭侯曰：「然。」昭侯聞堂谿公之言，自此之後，欲發天下之大事，未嘗不獨寢，恐夢言而使人知其謀也。

申子曰：「獨視者謂明，獨聽者謂聰，能獨斷者，故可以爲天下主。」

薛景石《梓人遺制》段成己《序》 工師之用遠矣。唐虞以上，共工氏其職也。三代而後，屬之冬官，分命能者以掌其事，而世守之，以給有司之求。及是官廢，人各能其能，而以售於人，因之不變也。古攻木之工七：輪、輿、弓、廬、匠、車、梓，今合而爲二，而弓不與焉。匠爲大，梓爲小，輪輿車廬。王氏云：爲之大者以審曲面勢爲良，小者以雕文刻鏤爲工。去古益遠，古之制所存無幾。考工一篇，漢儒攟摭殘缺，僅記其梗概，而其文佶屈，又非工人所能喻也。後雖

繼有作者，以示其法，或詳其大而略其小，屬大變故，又復罕遺。而業是工者，唯道謀是用，而莫知適從。日者姜氏得《梓人攻造法》而刻之矣，亦復牾略未備。有景石者夙習是業，而有智思，其所製作不失古法，而間出新意，砻斵餘暇，求器圖之所自起，參以時制而爲之圖，取數凡一百一十條，疑者闕焉。每一器必離析其體而縷數之，分則各有其名，合則共成一器。規矩必度，各疏其下。使攻木者攬焉，所得可十九矣。既成，來謁文以序其事。夫工人之爲器，以利言也。技苟有以過人，唯恐人之我若而分其利，常人之情也。觀景石之法，分布曉析，不啻面命提耳而誨之者，其用心焉何如，故予嘉其勞而樂爲道之。景石薛姓，字叔矩，河中萬泉人。中統癸亥十二月既望，稷亭段成己題其端云。

圖録

王徵《新製諸器圖說·引水之器二圖說引》 田高水下，苦難逆灌，爰製引器，用利高田。厥器凡二，一名虹吸，一名鶴飲。虹吸，引之既通，不假人力，而晝夜自常運矣。鶴飲，雖用人運，然視他水器，則猶力省而功倍焉。矧其制簡易，尤便作者，故並圖說之如左。

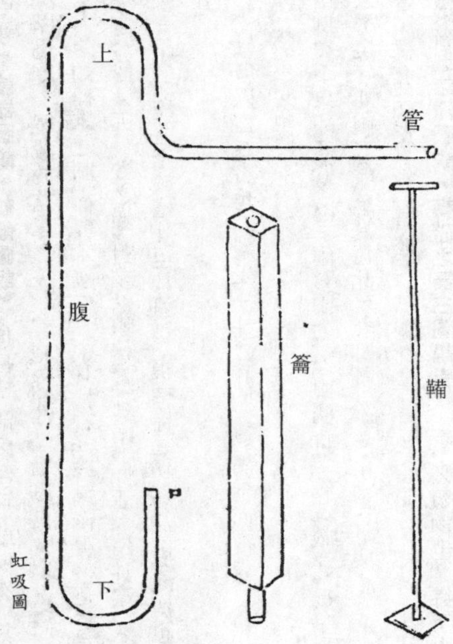

虹吸圖

王徵《新製諸器圖說·虹吸圖說》 刳木爲筒，筒之容，或方，或圜。圜徑寸，方徑不及寸者，分之二，毋薜，毋暴，毋齘。筒之長，無定度，竑井及泉以爲度。筒之下端，横曲尺有二寸而爲之口，口迤而上，高數寸。口之容，弱於腹之容，惟阞。口之内有舌，開闔戚速，而無倚於圜。筒之上端，出井及尋，横曲二尺有奇，迺垂，垂四尺奇。迤而下，長及常，而爲之管。管視筒之腹，惟窾，筒之曲，若審。惟樸屬爲良。筒之圜肉以寸，緄縢之，敜以油灰之齊，腛塗其卻，毋俾針芒之或秏。筒兩端有槷相以施約無甐無杌而止。管入以籥，惟嚴。假鞴鼓之，度水衝於管遄，捎其籥，則霤吐如趵突也。以終古。

薜，破裂也。暴，墳起不堅致也。齘，切齒怒，亦偪窄之意。竑，量也。阞，謂三分之一。八尺曰尋，倍尋曰常。窾，小孔也。審，兩木交湊處。樸屬，附着堅固也。緄，繩也。縢，約束也。敜，塞也。齊，與劑同。腛，厚也。甐，壞；杌，動也。遄，速也。捎，除去也。泉水之上出者曰趵突。

銘：爾躬匡梴，爾腹淵然。一氣孔宣，厥漢斯泉。載沃載漣，惠我畬田。祝爾萬年。

字音：薜，卜革反。暴，音剥。齘，音薤。阞，音勒。窾，音遠。敜，音聶。腛，音屋。甐，音吝。捎，音蕭。梴，音延。畬，音匀。

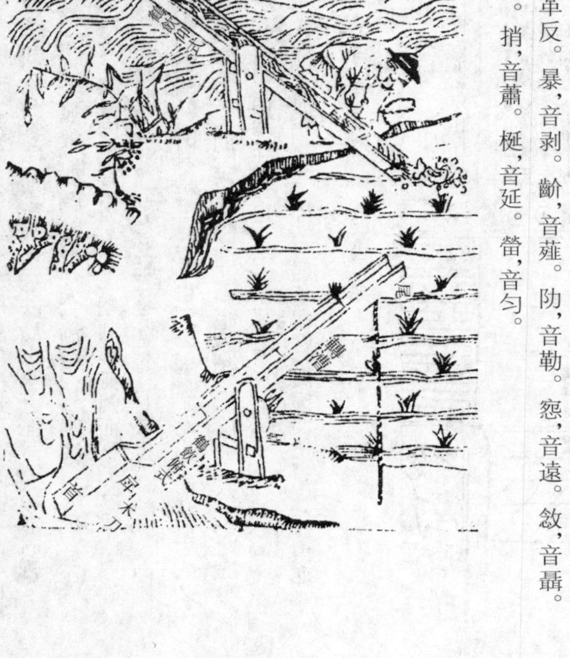
鶴飲圖

王徵《新製諸器圖説·鶴飲圖説》爲長槽，或以巨竹，或以木。其長無度，竑水淺深以爲度。尾殺於首三之一。首施戽，惟樸屬爲良。戽之容，則以觳。戽臀，施木刀，如棹末之制，俾與木無忤。中其槽，設兩耳，函軸。迺於岸側菑兩楹，高地僅尺，俾毋杌。楹之巔，對設以軹，貫軸其中，惟活。昂其尾，入之戽也。水滿則首一昂，而流之奔於槽外也其孰禦，視桔槔之功，挈無虐而捷也，可省夫力十之五。

戽，水戽，所以盛水者也。觳受一斗二升。臀，謂下面覆處。菑，樹立也。楹，柱也。軹，小穿也。

銘：冽彼下泉，滓蔑及畝。爾奮爾力，遑恤濡首。載沉載浮，爰噏爰嘔。吁嗟！爾云勞矣。匪爾之勞，誰其長此禾黍。

字音：臀，徒門反。菑，音恣。

王徵《新製諸器圖説·轉磑之器三圖説引》磑，必須物也。每嘆人若畜用力甚艱，爰製三器，代以節之。一名輪激，一名風動，一名自轉。輪激雖用一人撥轉，然坐運可無太勞，且疾視常磑以倍。若風動、自轉二器，則憑機自動，其不用人也全矣。故並圖説之如左。

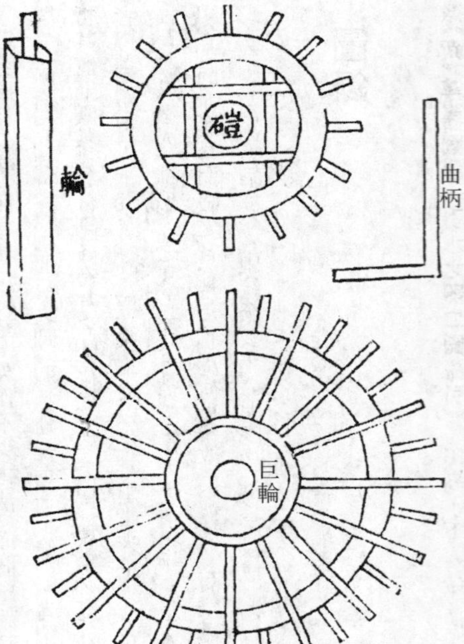

輪激圖

王徵《新製諸器圖説·輪激圖説》爲巨輪一，徑六尺有奇，準田車。樸屬微至，如其制，轊亦準。獨牙之外施齒，或金、或木，惟堅。齒殺其末，長五寸，間同之。轂外端，施曲柄一，六分其巨輪之崇，捎三以爲小輪之徑。厥牙少弱於巨輪，齒與間，則視巨輪莫二。無轂、無輻。爲井木，施磑，周函之。無杌，無仄。磑盤之側，坎其地爲掯穴，立縣巨輪其中。以半，期利轉無閡而止。巨輪齒與磑周輪齒之相親也，必一一無爽，爲弔。一人坐運，約省夫力十之九。

微至，至地者微也，輪圓乃能若是。轊，軸也。牙，讀作迓，謂輪輮也，或又謂之罔。殺其末，謂衰小之也。間，兩齒相離之中也。捎三，除去六分中之三分也。仄，仄側意。坎，陷也。掯，長圓孔也。弔，精至之名。

銘：操獨柄者，人耶。遞相親者，輪耶。居重馭輕，觀磨而化者，其無垠耶。

字音：轊，音衛。

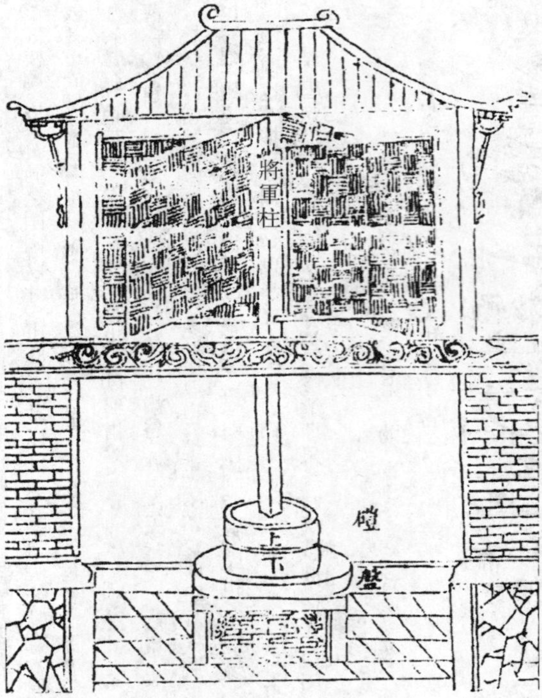

風磑圖

王徵《新製諸器圖説·風磑圖説》爲層樓一座，上七下八，方徑各長丈有三尺。樓上層不圍，下層三面圍墻，一面門樓。下安磑以臺，臺高三尺。磑上扇中鑿方孔，深三寸，用安將軍柱下端。將軍柱，長丈有二尺，上端安鐵鑽，俗所謂六角六面是也。其尖入上横樑。横樑當四方之最中處，安鐵窠，窠即爲柱尖入處。柱下端爲方枘，相磑上扇中所鑿方孔爲之。將軍柱從樓板中央貫上，直至横樑。横樑下尺許以下，樓板上尺許以上，始安風扇。風扇凡四，每扇横長六尺，上下五尺，堅木爲框，中加十字木根，一面用篛障之，邊皆以索連之框上。先於將軍柱樓板上尺許以上，横樑下尺許以下，安夾風扇木輪二，各厚尺許，周圍除安將軍柱外，寬仍尺許。各十字鑿五寸深槽，槽視風扇框厚薄爲之。風扇入槽以裏，仍兩端爲孔安上，即用索緊束柱上，勿令活動爲則。風扇可卸可安。樓之制，照尋常，磑亦尋常用者，無他謬巧。止借風力，省人畜之力云耳。此蓋西海金四表先生所傳，而余想像損益圖說之若此，觀者肯廣爲傳製，或於民生日用，不無小補云。

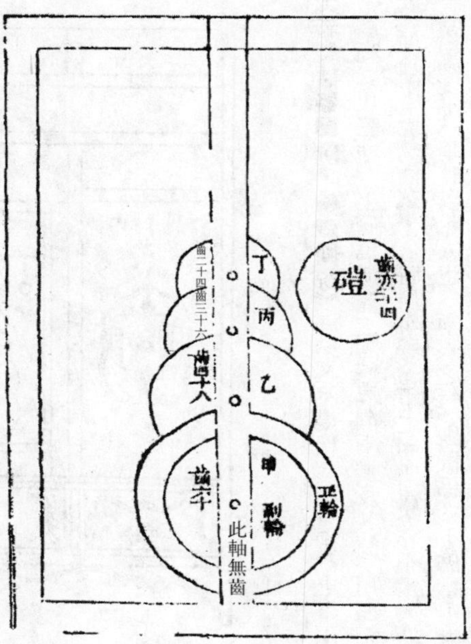

自行磨

王徵《新製諸器圖說·準自鳴鐘推作自行磨圖說》 先以堅木，爲夾輪柱二根，厚四寸，寬六寸，高視輪爲度。輪凡四，名之甲、乙、丙、丁。甲輪之齒凡六十，乙齒四十八，丙齒三十六，丁之齒則二十四。與磑周輪齒相對。乙、丙、丁之軸皆有齒，數皆六。甲輪軸則獨無齒，然有副輪，徑弱於正輪者尺有五。副輪者，貫索而垂重，所以轉諸輪，因而轉其磨者也。而轉副輪，則又另有一機，其垂而下也，與正輪同體而下。其上也，則副輪轉，而正輪分毫無掛。且其轉上之法甚活，婦人女子可轉也。此爲全體。輪架安定，旁安其磨，磨上扇，周施齒如丁輪，但與丁輪齒相間無忤，則磨行矣。凡甲輪轉一周，可磨麥一石。若索可垂深數轉，則又不止一石而已。第作此覺難，非富厚家不能，如止用兩輪，則輕便殊甚，是在智者自消詳焉。

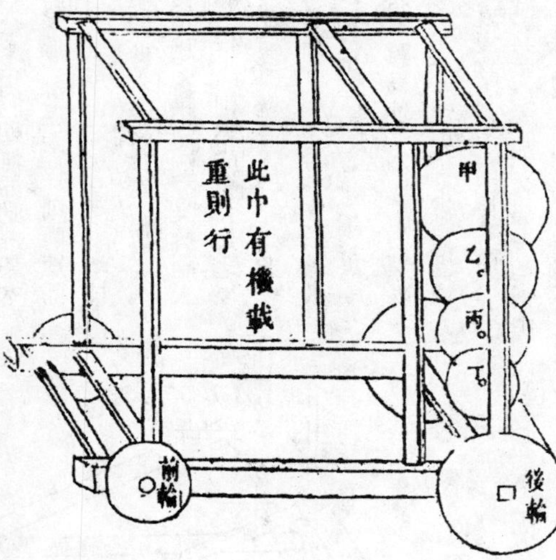

自行車

王徵《新製諸器圖說·準自鳴鐘推作自行車圖說》 車之行地者，輪凡四。前兩輪，各自有軸，軸無齒。後兩輪，高於前輪一倍，共一軸，輪死軸上，軸中有齒六，皆堅鐵爲之。即於軸齒之上，懸安催輪凡四，名之甲、乙、丙、丁。丁齒二十四，丙三十六，乙四十八，甲六十。甲軸無齒，乙、丙、丁各軸皆有齒，齒皆六。甲輪以次相催而丁，催轉齒，則車行矣。其甲輪之所以能動者，惟有一機，承重愈重，愈行之速。無重，則反不能動也。重之力盡，則復有一機斡之而上。儻遇不平難進之地，另有半輪催杆催之，若所稱流馬也者。其機難以盡筆，總之，無木牛之名，而有木牛之實用，或以乘人，或以運重，人與重，正其催行之機云耳。會製小樣，能自行三丈。若作大者，可行三里。如依其法重力垂盡，復斡而上，則其行當無量也。此車必口授輪人，始可作，故亦不能詳爲之説，而特記其大畧若此云。

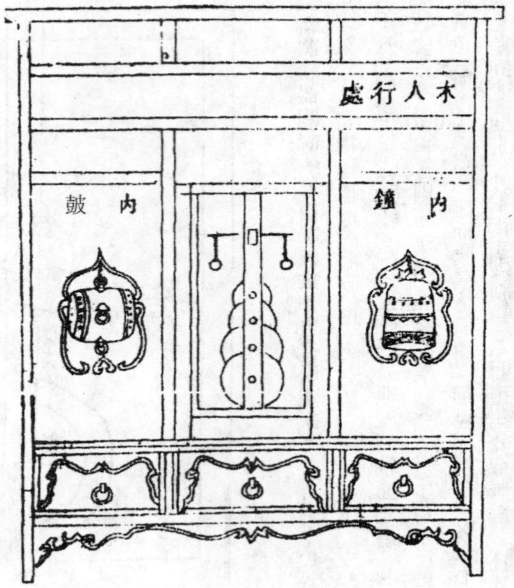

輪壺圖

王徵《新製諸器圖說·輪壺圖說》　以文木為櫝。櫝之製，上下兩層，上層高四寸，下層高二尺三寸。上層為活蓋，中藏更漏兩槽及各筒，用盛鉛彈，俱有機。其蓋前面掩上二寸，內藏十二時辰小牌。下二寸明露，容小木人於中，可自前行。應時撥動其牌，垂時以示人也。本人之行，則機係於下層櫝中總輪之架。總輪之架，安櫝下層中央空處，外有門二扇，可開可闔。櫝寬長二尺六寸，側則各一尺二寸，其中央安輪架，空處寬可一尺，兩傍各八寸，一安鐘，一安鼓，門各從側面開閉。下層兩端，留二寸作足，以三寸作抽櫃三個，即依中間一尺，兩傍各八寸為之。其輪架之製，先為兩鐵柱，以次遞安其輪，輪皆以精鐵為之。首鋸齒小輪為丁，次丙輪，次乙輪，次甲輪。甲之齒六十，乙齒四十八，丙齒三十六，乃乙丙丁三輪之軸之齒，則均用六數，不多也。甲軸獨無齒，然有索，直上貫於木人之足，而以鉛重垂而下墜，所為轉木人之總樞也。甲動催乙，乙催丙，丙催丁，而丁之所催者，則另有十字分左分右之撥齒，蓋諸輪遞催，轉行甚速而撥齒於中，一似左推右阻，故使之遲遲其行者，此微機也。輪壺之妙，全在於此。此難悉以筆楮，亦未可盡圖繪。至兩傍鼓鐘安置之法，與夫更漏遞自傳報之法，皆有機為連絡，亦俱未便圖說。總之此壺作用，全在於輪，輪則轉動木人，木人因而自行擊鼓報時，又能帶動諸機，時至則擂鼓撞鐘，又能按更按點，一一自報分明，不似昔人所為懸羊餓馬，不甚清楚也。此於明時、惜陰二義，或者不無少補，比之璇璣刻漏銅壺之製，似亦易作。嚮曾製一具在都中，見者多人，當亦諒其匪妄也。

銘：泰圓轂轉，坱軋無垠。兩輪遞運，萬象更新。睠彼晝夜，終古相因。流光難追，往哲競辰。嗤予小子，歲月空淪。爰製斯器，寸陰是珍。義取叶壺，名被以輪。韞櫝而藏，靜遠囂塵。應時傳響，發若有神。斡旋元化，密衍絲綸。屋漏有天，日月為隣。可襄七政，可利四民。可資整旅，可藉怡真。能大能小，觸類引伸。晦明風雨，天路永遵。考鐘伐鼓，晷漏畢陳。聞聲動念，警我因循。銘之座右，蚤夜惟寅。

王徵《新製諸器圖說·代耕圖說》　以堅木作轆轤二具，各徑六寸，長尺有六寸，空其中，兩端設軏，貫於軸，以利轉為度。軸兩端為方枘，入架木內，期無搖動。架木前寬後窄，前高後低，每邊兩枝，則前短而後長，長則三尺有奇，短止二尺三寸。兩枝相合，如人字樣，即於人字交合處，作方孔，安其軸，兩人字相合，安軸兩端。又於兩人字兩足，各橫安一根木，則架成矣。架之後長盡處，安橫桄，桄置兩立柱，長八寸，上平鋪以寬板，便人坐而好用力耳。先於轆轤兩端盡處，十字安木橛，各長一尺有奇，其十字兩頭，反以不對為妙。轆轤中，纏以索，索長六丈，度六丈之中，安一小鐵環，鐵環者，所以安犂之曳鈎者也。兩轆轤兩人，對設於三丈之地，其索之兩端，各係一轆轤中，而犂安鐵環之內。一人坐一架，手挽其橛，則犂自行矣。遞相挽亦遞相歇，雖連扶犂者三人乎，而用力者則止一人。且一人一手之力，足敵兩牛。況坐而用力，往來自如，似於田作不無小補。此余在計部觀政時，承中丞松毓李老師之命而作，業已試之有效也者，故圖之，因並記之若此。

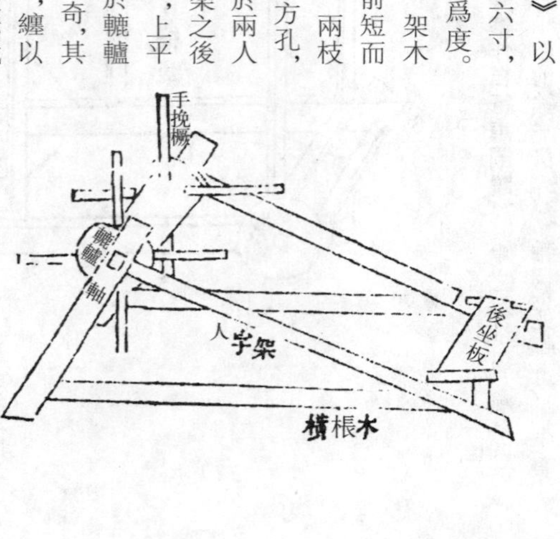

代耕圖

王徵《新製連弩圖說引》　聞昔武侯有連弩法，親授姜維。

想當日木門道萬弩齊發，射死魏大將張郃者，或即其製。迺其製，失傳久矣。近世有從地中掘得銅弩者，製作精細無比，今之工匠不能造。然特弩之機耳，而人輒以爲全弩也，故卒莫解其用。徵愚，偶得見之，嘆服古人，想頭神妙如許。再四把玩，因了悉其運用機括，僭爲增損一二，且易銅爲鐵，不但簡質易作，更覺力勁而費省，似於今之行陣，甚便也。敬圖說之如左。

諸機皆精鐵爲之，必如式方準，厚俱三分，磨極瑩滑，此式一定，弩之大小任之。

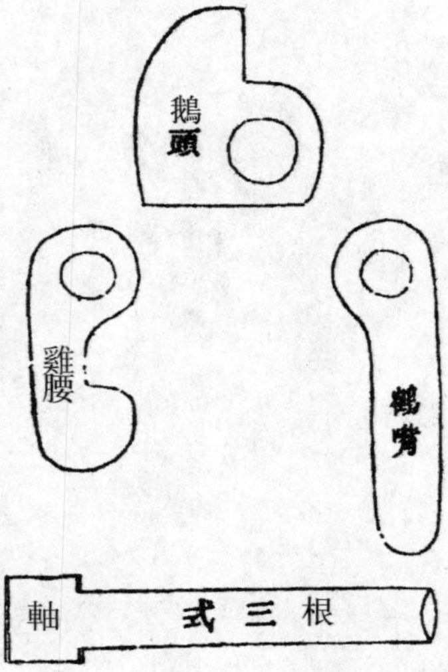

新製連弩散形圖

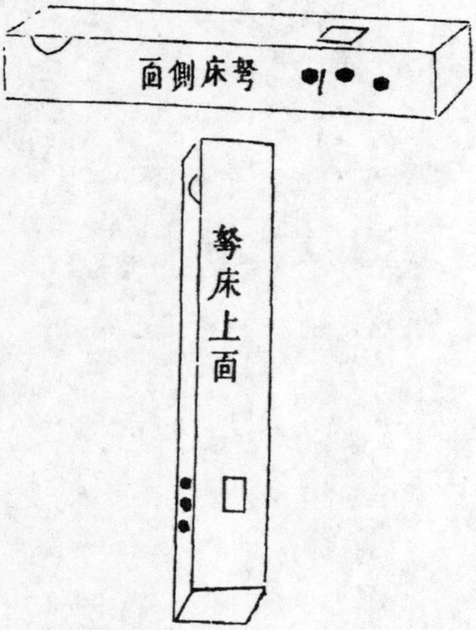

弩牀式

王徵《新製諸器圖說·連弩散形圖說》

先用堅木，爲弩牀一具，長三尺，濶二寸，厚三寸。前端入三寸許，鑿半圓小孔，安弩背，惟緊。後端入三寸許，從正面居中，鑿一孔，寬三分，長五寸，孔中取滑澤，用利諸機旋轉。孔上面以鐵片平裹，中留一寸小孔，兩傍準木孔，務瑩平無閡而止。又從側面，照式鑿三軸孔眼，一面圓，一面方，期入木不致動搖。其安機法，先安鵝頭居中，以其尖出鐵孔上，下旋轉爲準。次安鶴嘴在後，以上承鵝頭取平。而鵝頭之尖，出鐵孔中，直立爲準。又次安鷄腰在前，以鷄腰中穴，順其自然，平彀鶴嘴爲準。三者俱準如式，然後鉤弩絃，扣滿掛鵝頭出孔尖上，兩邊排箭，或二、或三，多不過六。弩伏地中，箭向前列，各弩聯絡，多多益善。又有微機，伏敵來路，敵來一觸其機，則萬弩齊發，驟莫能禦矣。其發弩之機，與一連二，二連四，以至百千連發。機括，須用口傳，顯楮莫克悉也。間用此式，擴而大之，可作千步弩，別有圖說，茲不具載。

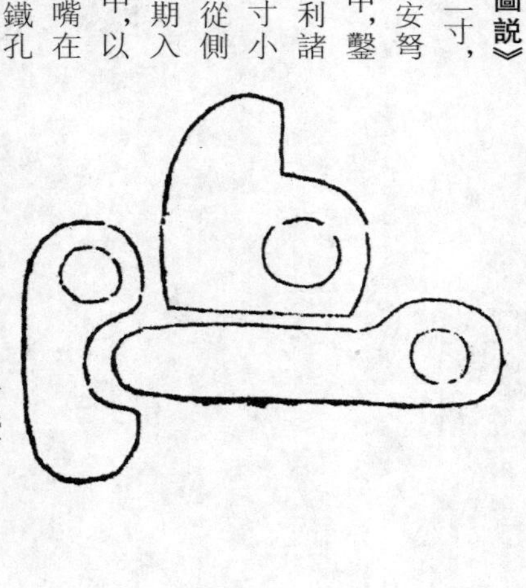
弩機待用

生活用品總部

《生活用品總部》提要

我國傳統社會手工業反映生活用品的內容非常豐富，關係到當時居民生活的方方面面。本總部主要對生活影響大的玉器等生活用品的資料進行整理編纂。

《生活用品總部》是《製造工業分典》的五個總部之一，包括《玉器部》和《其他部》。

本總部一般下設題解、綜述、傳記、紀事、藝文、雜録、圖録等緯目，盡可能地收録一九一一年以前的有關材料。在具體編纂過程中，對於緯目不强求一致，有則設，無則不設，視資料情況而定。每個緯目録文均按朝代先後順序排列，具體編排主要依據被引用材料的作者的生卒時間而定。

目録

玉器部

題解

程大昌《演繁露》卷一〇《瓊》 《説文》：「瓊，赤玉也。」《詩》有「瓊琚玉佩」，《左氏》：「楚子爲瓊弁玉纓。」玉與瓊皆對别言之，若等爲一，玉不分言也。今人用瓊比梅、雪，皆誤。

程大昌《演繁露》卷一〇《夷玉》 《説文》珣玗琪，皆醫無閭玉。《周書》所謂夷玉也。

程大昌《演繁露》卷一〇《球》 玉磬也。

周密《齊東野語》卷一六《金剛鑽》 玉人攻玉，必以邢河之沙，其鐫鏤之具，必用所謂金剛鑽者。形如鼠糞，色青黑如鐵如石。相傳産西域諸國，或謂出回紇國。往往得之河北沙磧間鷙鳥海東青所遺糞中，然竟莫知爲何物也。蓋天下至堅者莫如玉，古者，惟錕鋙刀可以切之。今此物功用乃與錕鋙均，其堅可知矣。貞觀中有婆羅門言得佛齒，所擊無堅物。時傅奕方卧病，謂其子曰：「是非佛齒。吾聞金剛石至堅，物不能敵，惟羚羊角能破，汝可往擊之。」果應手而碎。是知此物，自昔亦罕知者矣。

西湖散人輯《新鐫雅俗通用珠璣藪》卷七《珍寶》 玉，玉寶陽精之純，故君子比德於玉。琮，瑞玉。珩，玉也。瑩，玉色又潔也。璩，玉名。珏，二玉相合也。琚，玉名。琛，重寶之稱。玖，石次玉，黑色。珵，璟，玉光采，亦作璄。珉，石似玉。璞，玉未治者曰璞。琢，治玉。璺，璺，罅也。玉破也。又器破而未離謂之璺。北方諺云：「打破砂鍋璺到底。」璣，碎珠曰璣。球，《説文》曰：「玉，磬也。又曰美玉。」《虞書》曰：「戛擊鳴球。」亦作璆。

白玉，好玉出藍田，及南陽徐善亭部界中。外國于闐、疎勒等處皆善，有玉河在于闐城外，其源出崑崙山，西流一千里，至于闐界牛頭山，乃疏爲三河，一曰白玉河，在城東三十里；二曰緑玉河，在城西二十里；三曰烏玉河，在緑河西七里。其源雖一，而玉隨地而變，故其色不同。每歲五、六月，大水暴漲，則玉隨流而至，玉之多寡，由水之大小。七、八月水退，乃可取，彼人謂之撈玉。故其國中服用器飾，往往用玉。今中國所有多取諸彼，潔白如猪膏，叩之鳴者是真也。和璧，春秋時大和遊荆山得玉璞，獻于楚文王，後秦始皇琢爲玉璽。瑾瑜，美玉，出鍾山。璀璨，玉光。琬琰，璧玉起美色，美玉也。瑄，璧大六寸。珪璋，珪，瑞玉；半珪曰璋。瓊瑶，瓊，赤玉；瑶，瑶琨，美玉。玉瑛，水晶也。玲瓏，玉聲。玎璫，玉聲。五瑴，雙玉爲瑴，五瑴，玉五雙也。璠璵，魯之寶玉。瑕玷，玉病也。琨瑸，石凌玉。鼂采，《子虚賦》曰：「鼂采琬琰。」鼂采者，美玉每旦有白虹之氣，光采上出，故名鼂采，猶言夜光之璧。碔砆，石，似玉。瑊玏，美石，似玉。琳琅，美玉名。硨磲，石，似玉。流離，孟康曰：「流離青色如玉。」師古曰：「大秦國出赤、白、黑、黄、青、緑、縹、紺、紅、紫十種流離。采澤光潤，踰于衆玉，其色不恒。今俗所用，皆銷冶石汁，加衆藥灌而爲之，尤虚脆不堅，實非真物。」今琉璃燈本此。玻瓈，出南番，有紫色、酒色、白色者，與水晶相似，展開有兩點花者，是真玻璃也。珊瑚，出波斯、獅子等國，樹生海中，色紅潤，以鐵網沉水底，經年取之乃得。碼碯，形似馬腦，多出此地。如纏絲者貴，有紅、白、黑三種，似人物鳥獸形者最貴。水晶，色如白冰，性堅而脆，出高麗國，又名冰玉。琥珀，松脂入土多年，化爲琥珀，生地中最深，四圍俱不生草，大如斛，去皮始成，手摩熱可拾草芥，色紅而黄者謂之明珀，香者謂之香珀，鵞黄色者謂之蠟珀，此色者價輕。隋珠，隋國之矦，見蛇傷者療而愈之，蛇啣明珠以報其德，故稱隋珠。玳瑁，狀似龜而殼稍長，有六足，後兩足無爪，首尾如鷄鵞，甲有紋，背有鱗，大如扇，將作器者，鱗如柔皮，取甲繫人臂，以辟虫毒。琅玕，生海底，初出水紅色，久而青黑，似珊瑚，竅如虫虹，擊之有聲，如金玉然。珠胎，珠在蛤中若懷妊然，故謂之胎也。玫瑰，玫瑰，火齊珠也。即今南方之出火珠也。珍珠，出海蚌中，南番者好，北番者易黄，身員色白者爲上。古云：「一粒員，十粒錢。」螺鈿，百朋。貨多也。古者貨貝，五貝爲朋，《詩》曰：「既見君子，錫我百朋。」

雲母石，羊賭石，羊脂石，茅山石。

捲握之物，金珠細寶。南金和寶。寶物。

藏山隱海之靈物。珠玉等寶物也。

吴楚材輯《彊識畧》卷二九《寶珍部》 玉，揚州厥貢瑶、琨，雍州厥貢球、琳、琅玕，見《禹貢》，俱美玉也。《大傳》：「堯致舜天下，贈以昭華之玉。」舜修五玉，湯受大球。《大戴禮》：「玉在山而木潤。」按玉出西域于闐國，有五色，白如酥，黄如栗，碧如靛，黑如漆，紅如鷄冠者最貴。菜玉，非青非緑如菜葉，此玉色之最低者。又《禮記》君子比德於玉。德有五，見《五經通義》。《逸論語》曰：「玉十謂之區，治玉謂之琢，亦謂之雕。」瑳，玉色鮮白也。瑩，玉色也。瑛，玉光也。瓊，赤玉也。璿瑾瑜，美玉也。璑，舞。三采玉也。玲瑲琤瑱瑝，玉聲也。璬，玉佩也。瑱，充耳也。璪，玉飾以水藻也。《説文》，珣玗琪皆醫無閭玉，《周書》所謂夷玉也。球，玉磬也。《山海經》曰，珏二玉相合，琘玩夷蠻，係耳玉也。藍田出美玉，如藍，故曰藍田。《瑞應圖》玉甕，不汲自盈，王者飲食有節，則出；不藏金玉，則紫玉見；服飾不踰，則玉英出。瀛洲有玉膏，名曰玉酒，《杜陽編》云，唐順宗時，西域進二玉，圓者龍玉，投之水，虹霓出焉，方者虎玉，以虎毛拂之，即紫光迸逸而百獸攝。

琬琰，《墩煌紀年》曰：「桀伐岷山，岷山女于桀二女曰琬，曰琰，桀愛二女，無子，刻其名於苕華之玉，苕是琬，華是琰。」

璧，完玉也，方中圓外，曰璧。璧之爲言積也，内圓象地，外圓象天，見《白虎通》。有盈尺之璧，又有玄璧，蒼璧。《周禮》古穀璧，蒲璧，晉垂棘之璧，楚和氏之璧，玉之在璞中者。《孟子》璞玉《爾雅》璧大六寸，謂之瑄。肉倍好謂之璧，好倍肉謂之瑗，肉好若一謂之環。

璠璵，《逸論語》曰：「璠璵，魯之寶玉也。」孔子曰：「美哉璠璵，遠而望之，煥若也。近而視之，瑟若也。一則理勝，一則孚勝。」

六器，《周禮》：「玉作六器，以禮天地四方。蒼璧禮天，黄琮禮地，青珪禮東方，赤璋禮南方，白琥禮西方，玄璜禮北方。」

六瑞，《周禮》：「以玉作六瑞，以守邦國，王執鎮圭，公桓圭，諸侯信圭，伯躬圭，子穀璧，男蒲璧。」《書》五玉注，五玉，五等諸侯所執者，即五瑞也，詳服飾部。

珠，《漢書》，珠，蚌中陰精也。玓瓅，明珠色也。璣珠，不圓也，夫餘出珠，大如酸棗。珠母者，大珠在中，小珠環之，見《七經義》。廣陽出青珠，博南有光珠，有黄白青碧珠。河鈎羌國出金珠，又舘陶出明珠，林邑獻火珠，玄宗有上清珠，張説有記事珠。又白蚌珠，長三寸半，在漲海中。又三珠樹，生赤水上，樹如栢，葉皆爲珠，見《山海經》。《初學記》云，採珠常三月，五牲祈禱，不然風攪海水，或大魚在蚌左右。《南越志》珠有九品，大五分以上至一寸入九分，爲大品，有光彩，一邊小平似覆釜者，名璫珠。次走珠，次滑珠，次磥砢珠。《神異經》西北金闕有明月珠，徑二尺，光照二千里。《魏略》大秦國出夜光珠。《拾遺記》少昊時鳳銜明珠，致於庭。又王者德至淵泉則珠出，又帖木兒照世杯。

琅玕，雍州貢琅玕，見《禹貢》。崑崙有琅玕樹。《蜀都賦》青珠琅玕。謝玄卿見丹柯碧葉，五音相節，名琅玕。樹見《續仙傳》。《説文》琅玕，石之似玉者。青琅玕一名珠圭，又木難珠，其色黄，生東夷，《演繁露》云出翅鳥口中，結珠所成，碧色珠也。

珊瑚，《三輔黄圖》漢積翠池中，有珊瑚，高一丈二尺，云南越王所獻，號烽火樹。珊瑚樹生海中山陽處水底，初生水底磐石上，白如菌，一歲黄，三歲赤，海人以鐵網取之。其色如銀珠鮮紅，樹身高，枝柯多者爲勝，但有髓眼及淡紅色者價輕。此物貴賤並隨珎珠。枝柯斷者用釘稍釘定，熔紅蠟粘暗接，宜仔細看之。

瑪瑙，《爾雅》石次玉。文帝賦云，玉屬也，文理交錯，有似馬腦。出北地、南番、西番，以紅多者爲上，其中有人物、鳥獸形者最貴。有錦花者，謂之錦紅瑪瑙。有漆黑中一線白者，謂之合子瑪瑙。有黑白相間者，謂之截子瑪瑙。有紅雜色如絲相間者，謂之纏絲瑪瑙。俱貴。有淡水色者，謂之漿水瑪瑙。有紫紅色者，謂之醬斑瑪瑙。有海蟄色，鬼面花者，俱低。《拾遺記》丹丘之野多鬼，血化爲丹石則瑪瑙也。丹丘千年一燒。按開元中龜兹國進碼碯枕，武宗有碼碯櫃，裴行儉有碼碯盤，字俱作碼碯。《十洲記》黄帝有碼碯甕，甘露在其中，堯時猶存，舜時漸減，謂之寶露。

水晶，《廣雅》謂之石英。又千年冰化爲水晶，性堅而脆，刀刮不動，色白如泉，清明而瑩，無纖毫瑕玷擊痕者爲佳。倭國水晶第一，南水晶白，北水晶黑，信州水晶濁，凡器皿貴素，但碾花者必有節病處。假水晶用藥燒成者，色暗青，有氣眼，亦有白色，黄青色，但不潔白明瑩，謂之硝子。

玻瓈，亦作頗黎，天竺有碧頗黎鏡面，廣尺五寸，重四十斤，梁文帝令有司筭之，約價錢百萬貫。《事物考》云，出南番，有酒色、紫色、白色，似水晶，器皿背多碾兩點花兒。其藥燒者，入手輕，有氣眼，似琉璃。又《玄中記》五色，惟紅最貴。

玳瑁，《周書·（五）〔王〕會》伊尹謂湯曰，請以瑇瑁爲獻。《本草》云，生嶺南山水間，蓋龜類也，里人刺其血飲，以解諸藥毒。大如帽，似龜，甲文生帶之，有虫毒，其甲自摇動，若死無此驗。〔有〕黄多黑少者，有黄黑相半者，其黄如蜜，黑如漆最佳，其低者黑白不分，或黄黑散亂。又有龜筒色，似玳瑁而無班文。

鶴頂紅，南番大海中有鶴魚，頂中魫紅如血，可作帶，名曰鶴頂紅。

琉璃，《韻集》曰，火齊珠也，本作瑠璃，似玉。《漢·西域傳》、相如賦並作流離。《魏略》大秦國出赤、白、黑、黄、青、緑、紺、縹、紅、紫十種。又琉璃本質是石，欲作器，以自然灰治之，自然灰狀如黄灰，生南海，亦可浣衣。用之，不須淋，但投之水中，滑如苔石。又魏太武時，大月氏國人自云能鑄琉璃，既成，光澤美於西來者，乃詔爲行殿，自此中國琉璃遂賤云。

琥珀，一名江珠，見《博物志》、《本草》。松脂入地千年，化爲琥珀，今太山有茯苓，無琥珀，益州永昌出琥珀，無茯苓。又云出南番、西番，其色黄而明瑩，潤澤若松香。色紅而且黄者謂之明珀，有香者謂之香珀，有鵝黄色者謂之蠟珀，俱價輕。深紅色者出高麗、倭國，其中有蜂蟻松枝者可愛。

神寶，嘗有降真香節内及木節内生成真武像，有石中及蚌中生成觀音像。

國朝永樂中孝陵碑鑿石，于石中得一白石龜，今在南京内府奉先殿。正統中貴州硃砂中有生成觀音像。又鬼功毬，鬼功石，以精妙非人功也，見《格古要論》。

《康熙字典·午集上·玉部·七畫》 琢《唐韻》《集韻》《韻會》《正韻》竝竹角切，音斲。《説文》治玉也。《爾雅·釋器》雕謂之琢。註：治玉名。《詩·衛風》如琢如磨。《史記·禮書》爲之琢磨圭璧，以通其意。

吴大澂《論古雜識》 古玉與古金同，在土中歷數千百年而不毁。嘗論三代鼎彝，有文字可考者，顯有商、周之别。今日所謂商器者，安知無夏器雜其中。又安知古玉中無夏、商之玉？但無文字可證，不敢臆斷耳。

天地之菁華，至後世而發洩殆盡。三代時白玉不可多得，故天子佩白玉而諸侯以下皆不得佩也。余所藏大璧、大琮、大圭，青玉多而玄玉、黄玉亦閒有之。白玉則絶無大者，此可以覘世變矣。

余於京師購得二大璧玉，質多帶石理，製作古樸，皆有刀切文，所謂昆吾刀切玉如泥者。於此可信其不誣。此大璧中之最古者，疑爲夏、商時物，尚文之世無此古制矣。

今世所傳古銅瞿，其制在戈矛以前，好古者多目爲商器，因其鑄文。兩面有目形，合之則爲瞿字。《説文》：䀠，左右視也。兵器名䀠，當亦取左右視之意。䀠、瞿古今字。余所藏商尊作立瞿形□正與器合，近又得一玉瞿，土花斑駁，其爲商器無疑。特古兵用玉則不可解，或古之舞器，亦未可知。朱干、玉戚，大武之遺制也，玉瞿則古於玉戚矣。

牙璋之大者，其長三尺，旁有三孔，似平列而可縣者。又有似璋非璋似刀非刀者，旁亦三孔，向以爲古笏也。今以牙璋之制揆之，其縣繩之三孔適相類，特無鉏牙之飾。豈即《周禮》之所謂邊歟。

古玉刻文曰瑑曰駔，瑑文則垠堮墳起，即今之所謂陽文也。駔文則細畫淺刻，今之所謂陰文也。又有陽文中間刻陰文者，皆極工雅，皆非後世俗工之所爲也。

《周禮》玉人之事，士大夫之職也，制度文爲不盡委之工匠。後世則以玉爲玩物，大都出工匠之手，縱工巧未能免俗。余所得古琮古璧，有刻畫似不甚工，而古雅可愛，無庸俗氣者，可以雅俗定古今之别。書畫一理也，金文與玉文，亦一理也。會心人當自得之。

古玉有與虎符相類者，形似冢而非冢，當即《周禮》所謂山國用虎節也，許氏以琥爲發兵瑞玉，以其形制與漢虎符相近，其實非發兵所用，余藏三琥，刻文簡古，製作尺寸皆同，似有一定之制度，非虎節而何。古玉有象人形者，首有一孔，通至兩袖，刀法亦甚簡古，似有一定之制度，當即《周禮》所謂土國用人節也。俗以翁仲名之，殆不知其所用耳。或曰節者出使之瑞節，以玉人爲人節，毋乃太小乎。余曰貨賄用璽節，即今所傳古玉鉩、古銅鉩也，以此類推，人節固大於璽節矣。

關中出土古玉，有刻龍文者，製作大小皆相等，俗名爲張龍佩，當即《周禮》所謂澤國用龍節也。《周禮》珠槃玉敦並稱。余所得古器有玉敦而無珠槃，若以朱璣飾於玉銅槃必無是理，竊古朱字有从土旁者，遂誤爲珠玉之珠，玉敦所以備歃血之用，而盛之以朱槃玉敦，亦猶舞器之言朱干玉戚也。

古者執圭有垂繅，故圭必有孔，今世所傳古圭，其抒上終葵首者益有孔，閒有二孔者，惟剡上之圭多無孔，以其時考之，圓首方首之圭必古於剡上之圭，然許氏所云剡上爲圭，半圭爲璋，似亦周制也。兩京去古未遠，或因周制而損益之耳。

古金有文字，古玉多無文字，曾見有刻桓圭及赤刀等字者，皆後人僞作。惟張尗憲度所藏玉虎有「午十三」三字，似非僞刻，與薛尚功法帖所載玉琥同。

圭文有刻星斗八卦山海形及劍形蛇形者，皆漢以後物。古壓勝錢如貨布大泉五十背有星劍文，永通萬國錢背有星劍龜蛇文，疑壓勝之制始於王莽，以蛇劍刻之圭尤屬無理。

《左傳》：工尹路請曰：「君王命剝圭以爲戚柲，敢請命。」蓋杼上終葵首之圭，其制與戚本相近。或圭有殘缺，改琢爲戚，圭下有穿可安戚柲，非以圭玉飾於戚柲也。

璧之制不一，圭之制亦不一，大抵無文者最古。周末文勝，六國異制，雕鏤愈工，尺寸亦與古制不合。璧本圜也，有於圜之外加刻龍文者，琮本方也，有毁方以象圜者，亦猶敦之有足而類鼎、觚之無稜而不方矣。琬圭以結好，故取其無鋒鋩者，琰圭以除慝，故取其有鋒鋩者，古聖制物，各有命意之所在。牙璋以起軍旅，故其形制與兵器相類，乃閲數千年沈没於荒煙蔓艸中，而無人顧問，庸夫俗賈妄加以雷公鏟天符之名，可慨也夫。

關中友人楊實齋云：長安出土之古琮，賈人利其色澤之温潤，大半截而改爲手鐲，其尺寸小而不可改者幸而僅存耳。

余得古玉敦五、古玉觶四、古玉尊三、古玉觚三，皆與古銅器製作無異。玉觶即璧角，玉尊即璧散，可與《禮記·明堂位》相證。三代瓌寶聚於一室，秦漢以來，無此鉅觀也。

古玉有五色斑斕者，皆土中所受之色，俗稱紅者爲血浸、黄者爲松香浸、黑者爲水銀浸，皆賈人臆造之詞。其實土性不同，故玉色亦不一也。惟黑者爲玄玉，非土中所受之色，或云夏尚黑，禹治水時得玄玉，琢以爲圭，夏后氏以水德王，故以玄玉爲瑞，理或然與。

圭璋璧琮，三代並重，何以今日璋獨罕見，則不可解。

《白虎通》曰：外圓内方曰璧，外方内圓曰琮。余於大梁得一古璧，中作方孔，與《白虎通》合，然非璧之常制也。劍鼻有用銅者，有用玉者，其形制皆同，一日有鄉民攜一古劍求售，云洛陽土中掘得者，中有玉鼻，完好無缺，惟銅質朽爛，觸手即折，不可把玩矣。物主居奇，尚索重值，故未之得也。刀珌飾於刀削之末，入土既久，削毁而珌存，然有珌必有琫，何以珌多而琫獨罕見，且古戈古矛古劍皆習見之器，而古之佩刀從未之見何與。

佩玉之飾上有雙衡，下有雙璜，蠙珠琚瑀衝牙以納其間。今所流傳小玉璧刻文似駔琮者，疑即琚瑀之屬。以字義引伸之，琚聲近鋸，瑀聲近齵，當有刻畫與鋸齒相類者，聞宫子行大令於歷下購得數十枚，大小刻文皆同，當即佩玉所用之(鋸)〔琚〕瑀也。

衝牙與充耳相似，竊以爲大而長者即衝牙，小而短者爲充耳，世俗統以雷簽名之謬矣。

濰縣王西泉布衣石經攜書畫金石鉢印泉幣數百種，過訪於大梁節署，余邀丁少山待詔良善與之共飲。酒酣，袖出所藏古玉璜，白質而滿身璊斑，温潤而澤，兩面皆有穀文。曰藏之三十年矣，臨淄出土時，本有二璜。其一角微缺，爲友人所藏，近年售之都中貴人矣。余曰都中一琮，鄙人已購得之。西泉詫爲異事，遂舉以爲贈。其兩美復合，亦一時佳話也，因作圖以紀其事。

《内則》：左佩小觿，右佩大觿。注謂小觿解小結，大觿解大結。然皆以角爲之，故字从角从巂。余得玉觿小者二大者一，同時得銅觿二，製作皆相似，則未之前聞也。

決拾之決，古皆用角，而玉者不經見。南陽太守濮青士文暹，好藏古玉佩，有一決形如馬蹏，一面口窄而斜如殘缺者，與今之所謂搬指異矣。適徐君翰卿來汴，佩有白玉古決，與此正同，余愛之，遂解以贈余。厥後翰卿自揚州購寄一決，質白而有璊點，余在大梁亦得一決，青玉而有水銀浸，皆世俗所謂馬蹏決也。此亦足以存古制也。

世之好古玉者，多玩弄其色澤，以璊斑深厚者爲上，方寸之玉，不惜數百金購得之，争相夸炫，並不思古人制器之原。流俗相以圭爲藥鏟，以琮爲釭頭，以珩璜爲壓鬢，以飾弁之璂爲壓臍，以璏爲夾肘，以衝牙爲雷簽，以刀珌爲琴拂柄，自關以西，自江以南，自齊魯以北衆口一詞，卒莫能考其制度，而正其名。今一旦羅而致之，稽諸經典而證明之，亦求古之士所樂聞也。

古玉帶有金點者，與今之所謂金星瑪瑙似，余得二器焉。一爲六寸之珽，一爲八寸之琮，好古者多未之見，亦異品也。

古之玉決，既與今之搬指不同，乃有與搬指相類而口徑略小者，關中出土甚多，相傳以爲笛頭，無可考證，姑仍其説存之。

曩在都門見廠肆有古玉長約二尺許，旁有三孔，玉色純赤，匣蓋玻璃上，刻有純廟御製《赤刀》詩七律一首。越數年復訪之，不可得見，不知今歸何所矣。

關中故家藏有玉爵，楊實齋以拓本寄示，有柱有流，與銅爵無異，惟四足甚短，刻文古樸類三代器，殆即《周禮》所謂瑶爵與。

古之玉有文字者，玉鉢玉印玉押外惟漢之剛卯，唐之玉魚符，皆有時代可考。余亦得玉魚二，色澤甚古，刻工與魚符相類，款亦唐物，或當時有以玉魚爲佩者，杜少陵《諸將》詩可爲一證。

余所得白玉律琯，適容千二百黍，定爲古黄鐘律。楊實齋來書云，得之咸陽，尚有一蒼色者出土，爲鄉民掘碎。余屬實齋再訪之，不知尚可得否。案是琯餘杭大師定爲夾鐘八倍律。以之稽徵古權度量衡，殆無不吻合。王謇附誌。

綜述

《周禮·天官冢宰第一·玉府》 玉府掌王之金玉、玩好、兵器，凡良貨賄之藏。

共王之服玉、佩玉、珠玉。王齊，則共食玉。大喪，共含玉、複衣裳、角枕、角柶。

掌王之燕衣服、衽席、床笫，凡褻器。

若合諸侯，則共珠槃、玉敦。

凡王之獻金玉、兵器、文織、良貨賄之物，受而藏之。

凡王之好賜，共其貨賄。

《周禮·天官冢宰第一·内府》 内府掌受九貢、九賦、九功之貨賄、良兵、良器，以待邦之大用。凡四方之幣獻之金玉、齒革、兵器，凡良貨賄入焉。

凡適四方使者，共其所受之物而奉之。

凡王及冢宰之好賜予，則共之。

《周禮·春官宗伯第三·大宗伯之職》 以九儀之命，正邦國之位。壹命受職，再命受服，三命受位，四命受器，五命賜則，六命賜官，七命賜國，八命作牧，九命作伯。

以玉作六瑞，以等邦國。王執鎮圭，公執桓圭，侯執信圭，伯執躬圭，子執穀璧，男執蒲璧。

以禽作六摯，以等諸臣。孤執皮帛，卿執羔，大夫執雁，士執雉，庶人執鶩，工商執鷄。

以玉作六器，以禮天地四方。以蒼璧禮天，以黄琮禮地，以青圭禮東方，以赤璋禮南方，以白琥禮西方，以玄璜禮北方。皆有牲幣，各放其器之色。

《周禮·春官宗伯第三·典瑞》 典瑞掌玉瑞、玉器之藏，辨其名物與其用事，設其服飾。

王晉大圭，執鎮圭，繅藉五采五就，以朝日。公執桓圭，侯執信圭，伯執躬圭，繅皆三采三就；子執穀璧，男執蒲璧，繅皆二采再就：以朝、覲、宗、遇、會同於王。諸侯相見，亦如之。瑑圭、璋、璧、琮，繅皆二采一就，以覜聘。

四圭有邸以祀天，旅上帝。兩圭有邸以祀地，旅四望。祼圭有瓚，以肆先王，以祼賓客。圭璧以祀日月星辰。璋邸射以祀山川，以造贈賓客。

土圭以致四時日月，封國則以土地。珍圭以徵守，以恤凶荒。牙璋以起軍旅，以治兵守。璧羨以起度。駔圭、璋、璧、琮、琥、璜之渠眉，疏璧、琮以斂尸。穀圭以和難，以聘女。琬圭以治德，以結好。琰圭以易行，以除慝。

大祭祀、大旅，凡賓客之事，共其玉器而奉之。大喪，共飯玉、含玉、贈玉。凡玉器出，則共奉之。

徐天麟《東漢會要》卷九《輿服上·玉路》 天子玉路，以玉爲飾，錫樊纓十有再就，建大常，十有二斿，九仞曳地，日月升龍，象天明也。本《志》。下同。

《魏書》卷三三《李先傳》 鳳子子預，字元愷。少爲中書學生。聰敏强識，涉獵經史。太和初，歷祕書令、齊郡王友。出爲征西大將軍長史，帶馮翊太守。積數年，府解罷郡，遂居長安。每羡古人餐玉之法，乃採訪藍田，躬往攻掘。得若環璧雜器形者大小百餘，稍得粗黑者，亦篋盛以還，而至家觀之，皆光潤可玩。預乃椎七十枚爲屑，日服食之，餘多惠人。後預及聞者更求於故處，皆無所見。馮翊公源懷等得其玉，琢爲器佩，皆鮮明可寶。預服經年，云有效驗，而世事寢食不禁節，又加之好酒損志，及疾篤，謂妻子曰：「服玉屏居山林，排棄嗜慾，或當大有神力，而吾酒色不絶，自致於死，非藥過也。然吾尸體必當有異，勿便速殯，令後人知餐服之妙。」時七月中旬，長安毒熱，預停尸四宿，而體色不變。其妻常氏以玉珠二枚唅之，口閉。常謂之曰：「君自云餐玉有神驗，何故不受唅也？」言訖齒啓，納珠，因嘘屬其口，都無穢氣。舉斂於棺，堅直不傾委。死時猶有遺玉屑數斗，橐盛納諸棺中。

《魏書》卷一一二下《靈徵志下》 高宗和平三年四月，河内人張超於壞樓所城北故佛圖處獲玉印以獻。印方二寸，其文曰：「富樂日昌，永保無疆，福禄日臻，長亭萬年。」玉色光潤，模制精巧，百僚咸曰：「神明所授，非人爲也。」詔天下大酺三日。

《周書》卷四九《異域傳上》 丈夫衣同袖衫、大口袴、白韋帶、黄革履。其冠曰骨蘇，多以紫羅爲之，雜以金銀爲飾。其有官品者，又插二鳥羽於其上，以顯異之。婦人服裙襦，裾袖皆爲襈。禮樂志

王溥《唐會要》卷七《封禪》 乾封元年，封泰山。爲圓壇山南四里，如圜丘，三壝。壇上飾以青，四方如其色，號封祀壇。玉策三，以玉爲簡，長一尺二寸、廣一寸二分、厚三分，刻以金文。玉匱一，長一尺三寸，以藏上帝之册。金匱二，以藏配帝之册，纏以金繩五周。金泥玉璽，璽方一寸二分，文如受命璽。石䃭以方石再累，皆方五尺，厚一尺。刻方其中，以容玉匱。䃭旁施檢刻，深三寸三分，闊一尺。當繩刻深三分，闊一寸五分。石檢十枚，以檢石䃭，皆長三尺，闊一尺，厚七分。印齒三道，皆深四寸。當璽方五寸，當繩闊一寸五分。檢立于䃭旁，南方、北方皆三，東方、西方皆二，去䃭隅皆一尺。䃭纏以金繩五周，封以石泥。距石十二，分距䃭隅，皆再累，皆闊二尺，長一丈，斜刻其首，令與䃭隅相應。又爲壇于山上，廣五丈，高九尺，四出陛。一壝，號登封壇。玉檢，玉牒，石䃭，石距，玉匱，石檢，皆如之。爲降禪壇於社首山上，八隅，一成八階，加方丘三壝。上飾

以黃，四方如其色。其餘皆如登封。其議略定，而天子詔曰：「古今之制，文質不同。今封禪以玉牒金繩，而瓦尊匏爵秸席，宜改從文。」於是昊天上帝褥以蒼，地祇褥以黃，配褥皆以紫，而尊爵亦更焉。是歲正月，天子祀昊天上帝于山下之封祀壇，以高祖、太宗配，如圜丘之禮。親封玉册，置石𥓓，聚五色土封之。徑一丈二尺，高九尺。已事，升山。明日，又封玉册於登封壇。又明日，祀皇地祇于社首山之降禪壇，如方丘之禮，以太穆皇后、文德皇后配，而以皇后武氏爲亞獻，越國太妃燕氏爲終獻。率六宫以登，其帷帟皆錦繡，羣臣瞻望，多竊笑之。又明日，御朝覲壇，以朝羣臣，如元日之禮。乃詔立登封壇曰萬歲臺，降禪壇曰景雲臺，以紀瑞焉。其後將封嵩岳，以吐番、突厥寇邊而止。

葉廷珪《海録碎事》卷五《軟玉鞭》 天寶中，異國獻軟玉鞭，屈之首尾相就，舒之則勁直如繩。乃以聯蟬綉爲袋，碧蠶絲爲鞘。碧蠶絲，彌羅國所貢，自然碧色，縱之一尺，引之一丈。《杜陽編》。

程大昌《演繁露》卷三《古用玉非純玉》 古禮用玉甚多，而玉不乏。或疑古玉多於後世，是則然矣，然而有説也。《説文·玉部》案：「禮，天子用全，純玉也；上公用駹，四玉一石；侯用瓚，伯用將，玉石相半也。」然則瓚、將云者，其質半玉半石；而駹者，五分其質，而四分爲玉，一分爲石也。然則古之禮，玉，惟天子所用，通體是玉，若其間雜之以石，則不用也。自上公以降，則駹、瓚、將之質雖不免雜之以石，亦入用也。則其禮，用雖多，凡半珉半玉，亦入用也。紹興十三四年間，或於會稽禹廟三清殿前發地得瘞玉，官寺初未之知，人多分取。及縣官知而録之，止餘四物：其一蒼璧也，色帶青，一邊有土，黯處稍變爲土黃色，不知在瘞幾年矣；其二蒼琸也，極小，略可三五寸許，正爲半珪之形，此三者蓋真玉也；又有一物，體圓如璧，而旁出兩角，角末即是圭頭，在《禮》所謂「兩圭有邸」者也，色似玉帶白，而體質甚軟，觀者多用指爪掐試，已成深穴，細視正是寒長解石輩耳，亦恐未可名之爲「珉」也。其器見藏禹廟，縣尉典之，前後官遞相付授，防換竊也。吳民可帥越大興工浚鏡湖，得小玉璧，以藏公帑中。迹此數物而考之以古，則皆得諸禹廟，其在土中者，必爲埋玉以祭者也；得之水中者，則其沈祭之玉也。古用玉如此之多也。

蔡條《鐵圍山叢談》卷一 天子之制六璽。元豐間得玉矣，行製而未就，至大觀時始成之，然但繆篆也。又元符初得漢傳國璽，其文曰：「受命于天，既壽永昌。」「承天福，延萬億，永無極。」是二者，祐陵又自倣爲之，悉魚蟲篆也。號傳國璽曰「受命寶」，九字璽曰「鎮國寶」，合天子之制六璽，是爲八寶。迺於大觀戊子正月元會日受之，因大赦天下。本朝禮樂，於此百五十年矣，至是始備。及後，政和末，又新作一璽。上曰：「八寶者，國家之神器。今再創璽，迺我受命者也。」因詔于闐國上美玉焉。久而得之，爲璽九寸，而魚蟲篆。其文曰：「範圍天地，幽贊神明；保合太和，萬壽無疆。」詔號「定命寶」。是歲戊戌元會，於大慶殿受之。

太上始意作定命寶也，迺詔于闐國上美玉。一日條赴朝請，在殿閤侍班，王內相安中因言，近于闐國上表，命譯者釋之，將爲荅詔，其表大有懽也。同班諸公喜，皆迫詢曰：「甚願聞之。」王內相因誦曰：「日出東方，赫赫大光，照見西方五百國中條貫主、阿舅黑汗王，表上日出東方，赫赫大光，照見四天下、四天下條貫主、阿舅大官家：你前時要那玉，自家煞是用心。只被難得似你那尺寸底。我已令人尋討，如是得似你那尺寸底，我便送去也。」於是一坐爲咍。吾因曰：「《裕陵實録》已載于闐國表文，大略同此。特文勝者，疑經史官手潤色故爾。」衆迺默然。其後，遂以玉來上，長徑二尺，色踰截肪，誠昔未有也，遂製定命寶。歲餘，玉人始告成，精巧視古無別矣。寶與檢皆大九寸，盤螭爲紐，魚蟲篆文，凡十有六字。於是定命寶合八寶，通號九寶，下詔以爲乾元用九之義云。

玄圭者，古鎮圭也。温潤異常，又其色內赤外黑，非世所有，固無足疑。圭上鋭而下方，然其末平直，非若後世禮圖爲圭之太鋭也。兩旁刻出十二山，正若古山尊制度，亦非若先儒所繪鎮圭，迺於圭上刻山者也。凡製作精妙，又非若秦漢器玉所能及。上則皆雲雷之文，下平無文，而中一竅，大足容指。其長尺有二寸，正合周尺，彷同晉尺。蓋晉得舜廟玉尺，是以知同古尺也。有《制古玄圭議》行於世，誠不誣已。玄圭傳迺丁晉公家物，流落出常賣檐上，士人王提舉敏文者，以千七百金售得之，與宦者譚稹。稹得而上之，時政和二年也。上以付魯公曰：「或謂此物古玄圭，試爲朕驗之。」魯公機務繁，又付之外兄徐若谷，謂吾曰：「玄圭之制何可考，得非雷楔耶？然玉誠異常矣。」因置諸櫝中，略不省。一日，吾與若谷讀《禮記》，見《王制》言「王執鎮圭」，釋謂旁刻十二山。吾即謂若谷：「玄圭者，旁有山，政若古器所謂山尊同，盍驗之乎？」若谷笑去，就櫝取圭出，如吾語，共數之，果十有二刻，始相與駭，因試以義推之，則罔不合。若谷又白伯氏，丐取太常歷代尺度石刻來，則又合矣。吾與若谷大喜，以白魯公，因以具奏，昔《玄圭議》中魯公第一劄子是也。但有一竅，初忽之，且謂豈非後人不知而穿之作響板耶？及付外庭議，禮官又引天子圭中必繹，謂以組約其中央備失墜者。若谷與吾甚愧弗思，獨是不滿也。上得此喜，迺命宣示百官，則禮臣錦薦、色組、繅藉十襲，備極於崇奉，遂以是歲冬至御大慶殿受圭。因又降詔，歸美神考哲宗，用告成功。上親加上兩朝徽號，令廟焉。時詔議玄圭官竝加秩，而若谷每笑謂吾曰：「我二人其介之推乎？」

玄圭既出，時晉陽上一石，有字曰「堯天正」。石緑色，方可三尺餘，字當中，咸大如掌。其畫端楷，政若人以手指畫之者。「堯」字獨居右，而「天正」兩字綴行於左。朝廷驗之於都堂，差官監視，命工磨礱焉。既去石三分，而字愈明，乃於「堯」字下又出一「瑞」字，蓋曰「天正堯瑞」。若是，則四字相對，布置始勻正矣。「瑞」字其畫獨淺，未與三者配，則不敢更加礱。於是內外咸喜，謂：「晉陽，堯都。方玄圭出，適有此瑞，信天意也。」

政和初，內中降出大白玉璧一、赤玉璧一，俾魯公考驗。白璧大盈尺，鏤文甚美，而璧羨外復起飛雲行龍焉。赤玉璧則長幾二尺，兩首如棹刀頭，中間爲古文，殊極精巧，玉色則異甚，誠雞冠之不足擬也。當時，諸儒謂璧羨雲龍者，乃周公植璧之璧也；赤玉器則《顧命》所謂陳寶赤刀之寶也。吾竊笑諸儒之傅會，吴本「笑」作「疑」。且龍雲在上，若植之，寧不倒置矣，豈非秦漢璧璫之屬乎？至於赤刀寶，製作非常，三代之器無疑，玉色又如此，爲希世之珍，謂之赤刀，若得之焉。其後於延福宮又得見一赤刀，同禹所錫玄圭、漢軹道所得傳國璽、唐太宗之受命璽暨諸器列於殿中，爲盛世之美瑞。唐太宗璽乃虞世南真書字，玉色不大佳，璽不方而長。其文曰：「受天景命，有德者昌。」

蔡絛《鐵圍山叢談》卷二 玉輅始作自唐高宗，繇高宗、武后、明皇及聖朝真宗皇帝，凡三至岱宗，一至崧高，然行道摇頓，仁廟晚患之，詔創爲一輅。及告成，因幸開寶寺，垂簾於寺門，命有司按行於通衢，親視之焉。新輅既先，次引舊輅，而舊輅輒有聲如牛鳴，不肯前，衆力挽之，堅不動而止。仁廟未幾登遐，終不克御前新輅也。其後，神祖苦風眩，每郊祀，益惡舊輅之不安。又詔別創之，乃更攷古制，加以嚴飭甚美。新輅既就，天子未及御。元豐八年之元日，適大朝會，有司宿供張，設輿輅、儀物於大慶殿下，新輅在焉。遲明撤去幙，屋壞，遂毁玉輅爲之碎，因殺傷儀鸞司士數十人。未幾，神祖復登遐。是後有司乃不敢易，但進舊輅，以奉至尊。靖康中，議者將持玉輅以遺金人，然地遠不得聞厥詳，舊輅之能神否也，獨書其所聞者。

玉輅者，迺商人之大輅，古所謂「黄屋左纛」是也。色本尚黄，蓋自隋暨唐譌而爲青，疑以謂玉色爲青蒼，此因循繆爾。政和閒，禮制局議改尚黄，而上曰：「朕乘此輅郊，而天真爲之見時青色也，不可易以黄。」迺仍舊貫，有司遂不敢更，而玉輅尚青，至今譌也。

國朝故事，天子誕節，則宰臣率文武百僚班紫宸殿下，拜舞稱慶，宰相獨登殿捧觴，上天子萬壽。禮畢，賜百官茶湯罷，於是天子還內。則宰臣夫人在內亦率執政夫人以班福寧殿下，拜而稱賀，宰臣夫人獨登殿捧觴，上天子萬壽，仍以紅羅綃金鬚帕繫天子臂，退復再拜，遂燕坐於殿廊之左。此儒臣之至榮。

《金史・禮志四》 寶玉。

凡天子大祀，則陳八寶及勝國寶於庭，所以示守也。金克遼宋所得寶玉，及本朝所製，今并載焉。

獲於遼者，玉寶四、金寶二。玉寶：「通天萬歲之璽」一，「受天明命惟德乃昌」之寶一，皆方三寸，「嗣聖」寶一，御封不辨印文寶一。金寶：「御前之寶」一，「書詔之寶」一，二寶金初用之。

獲於宋者，玉寶十五、金寶七、印一、金塗銀寶五。玉寶：受命寶一，咸陽所得，三寸六分，文曰「受命于天，既壽永昌」，相傳爲秦璽，白玉蓋，螭紐；傳國寶一，螭紐；鎮國寶一，二面並碧色，文曰「承天休，延萬億，永無極」；又受命寶一，文曰「受命于天，既壽永昌」；「天子之寶」一；「天子信寶」一；「天子行寶」一；「皇帝之寶」一；「皇帝信寶」一；「皇帝行寶」一；「皇帝恭膺天命之寶」二，皆四寸八分，螭紐；「御書之寶」二，一龍紐，一螭紐；「宣和御筆之寶」一，螭紐。金寶并印：「天下同文之寶」一，龍紐；「御前之寶」三；「御書之寶」一；「宣和殿寶」二；「皇后之寶」一；「皇太子寶」一，龜紐；「皇太子妃」印一，龜紐。金塗銀寶：「皇帝欽崇國祀之寶」一，「天下合同之寶」一，「御前之寶」一，「御前錫賜之寶」一，「書詔之寶」一。外有宋內府圖書印三十八，「內府圖書之印」一、「御書」三、「御筆」一、「御畫」一、「御書玉寶」一、「天子萬年」一、「天子萬壽」一、「龜龍上珍」一、「河洛元瑞」二、「雲漢之章」一、「奎壁之文」一、「華國之瑞」一、「大觀中祕」一、「大觀寶篆」一、「政和」一、「宣和」三、「宣和御覽」一、「宣和中祕」一、「宣和殿制」一、「宣和大寶」一、「宣和書寶」二、「宣和畫寶」一、「常樂未央」一、古文二、「封」四，共三十五面，並玉。「封」字一、「御畫」一，二面並馬瑙。「政和律筆」一，係水晶。玄圭一，白玉圭一十九。

本朝所製。國初就用遼寶，皇統五年始鑄金「御前之寶」一、「書詔之寶」一。大定十八年，得美玉，詔作「大金受命萬世之寶」，其制徑四寸八分、厚寸四分，盤龍紐高厚各四寸六分。二十三年，又鑄「宣命之寶」，其徑四寸二厘，厚一寸四分，紐高一寸九分，字深二分。勅有司議所當用，奏「今所收八寶及皇統五年造『御前之寶』，賜宋國書及常例奏目則用之，『書詔之寶』，賜高麗、夏國詔并頒詔則用之。大定十八年造「大金受命萬世之寶」，奉勅再議。今所鑄金寶宜以進呈爲始，一品及王公妃用玉寶，二品以下用金「宣命之寶」。又有「禮信之寶」，用銅，歲賜三國禮物緘封用之，明昌間更以銀。又有太皇太后、皇太后、皇后、皇太妃寶，又有皇太子及守國寶，皆用金。大定二十四年，皇太子寶，金鑄龜紐，有司定其文曰「監國」，上命以「守」易「監」，比親王印廣長各加一分。

孔齊《至正直記》卷三《瑪瑙纏絲》 瑪瑙惟纏絲者爲貴，又求其紅絲間五色者爲高品。諺云：「瑪瑙無紅一世窮。」言其不直錢也。又言：「瑪瑙紅多不直錢。」言全紅者反賤，惟取紅絲與黃白青絲紋相間，直透過底面一色者佳。浙西好事者往往競置，以爲美玩。或酒杯，或繫腰，或刀靶，不下數十，定價過於玉。蓋以玉爲禁器不敢置，所以瑪瑙之作也。金陵呂子厚知州有祖父所遺瑪瑙碗一枚，可容一升，其色淡如漿水，惟三點紅如蒲桃狀極紅，又一二點黃色如蠟，可謂佳品也。予因與好事者辨之曰：「五金之器莫貴如金，珠之爲物固不足貴也。金愈遠愈堅，珠則有晦壞之時也。諸石之器莫貴於玉，玉與金並稱，取其温潤質色玉爲上，堅而不壞金爲上。若水晶之浮薄，瑪瑙之雜絞，皆不足貴。」此固世俗所尚，一時之競，非古今之公論也。今燕京士夫往往不尚瑪瑙，惟倡優之徒所飾佩，又以爲賤品，與江南不同也。諺云：「良金美玉，自有定價。」其亦信然矣。

孔齊《至正直記》卷三《美玉金同》 美玉與金同，亦有成色可比對。其十成者其次則有古犀，斑文可愛，誠是士夫美玩，固無議者矣。

孔齊《至正直記》卷三《靈璧石》 靈璧石最爲美玩，或小而奇峰列壑，可置几玩者尤好。其大則盈數尺，置之花園庭几之前，又是一段清致。諺云看靈璧石之法有三：曰瘦、曰縐、曰透。瘦者峰之鋭且透也，縐者體有紋也，透者竅達内外也。凡取其色之黑而聲清者靈璧也。惟取其聲之清遠者太湖石也。亦有臥紗紋彈丸兩點紅，獨無峰耳。英石之質赤黑，亞於靈璧，特聲韵不及太湖而質過耳。盧疏齋翰林有《太湖石記》。

孔齊《至正直記》卷四《古今無匹》 古今無匹者，美玉也。蓋天地秀氣所結，質色大小各不同，是以無匹，真可貴惜也。古犀次之。畫卷則今之精者或能近古，亦古之善畫者多，非止一筆也，是以多得而有匹也。至於定器官窑又其多矣，皆未足珍貴也。前輩論者或有及於此，因記之。

陶宗儀《南村輟耕録》卷二三《玉轆轤》 霍清甫治書云：《考古圖》載古衣服，今有玉轆轤、玉具劍。古樂府曰：「腰間轆轤劍。」此器，以塊然之璞，既解爲環，中復爲轉關，而上下之隙，僅通絲髮，作宛轉其間，今之名玉工者，往往嘆其所未睹。按：漢雋不疑帶櫑鑷同。具劍。晉灼曰：古長劍首，以玉作井轆轤形，上刻木作山，形如蓮花初生未敷時。今大劍末首，其狀如此。前説乃宋李公麟之所紀也。余昔宦游錢唐，因識吴和之者，性慧巧，博物，收一轆轤，玉青色，形如吕字，環口中間，轆轤旋轉，無分毫縫罅，形色極古，人皆以爲鬼工。因土漬，用白梅熬水煮之，良久，脱開，詳視竅中，有雙玉軸在焉。中嵌一物，形若牛筋，意度必是當間煮之胖脹，撑塞雙軸，入竅關住，所以宛轉無礙，年深腐敗縮瘦，因而煮脱。試用乾牛筋捶實，置軸兩間，對勘孔竅，以綫縛定煮之，少時，雙軸果涌入竅中，須臾取出，依前動轉不脱。後余亦收一小者，狀若旋環，製作大約相似，後因損折，轉軸中亦有一物，形似翎桶，想亦同一關捩。其玉具劍，自三代有之，今止以兩漢爲始，至於宋朝，且千餘年，未有能窮其轆轤底蘊。今偶以煮脱乃得其機軸，亦云奇矣。

曹昭《格古要論》卷六《珍寶論》 玉器

玉出西域于闐國，有五色，利刀刮不動，温潤而澤。摸之，靈泉應手而生。凡看器物，白色爲上；黃色、碧色亦貴；更碾琢奇巧敦厚者尤佳。若有瑕玷、皵動、夾石，及色不正、欠温潤者，價低。

白玉，其色如酥者最貴，但冷色（即飯湯色）、油色，及有雪花者，皆次之。

黃玉，如栗者爲貴，謂之甘黃玉，焦黃色者次之。

碧玉，其色青如藍靛者爲貴，或有細墨星者、色淡者，皆次之。蓋碧色今深青色。

黑玉，其色黑如漆，又謂之墨玉，價低，西蜀亦有之。

赤玉，其色紅如鷄冠者好，人間少見。

緑玉，深緑色者爲佳，色淡者次之，其中有飯糝者最佳。

甘青玉，其色淡青而帶黃。

菜玉，非青非緑，如菜葉。此玉色之最低者。

玉名　新增

禹玄圭，象水色。

圭石作珪，瑞玉也。上圓下方，以象天地，以封諸侯。

璧，圓玉。外圓象天，内方象地。

琮，瑞玉，八寸，形似車釭，《周禮》以黃琮禮地。

璋，半珪。《周禮》以赤璋禮南方，象夏物榮盛。

琥，瑞玉。《周禮》以白琥禮西方，爲虎形，虎猛，象秋聲。

璜，半璧。《周禮》以玄璜禮北方，象多閉藏，地上無物，惟天半見也。

珩、璫、佩、環，俱佩玉。瑚璉，殷宗廟玉器。

璁，石次玉者。珷玞，石似玉者。

國朝郊祀天，用蒼璧；祀地，用黄琮；祀仁祖配天，用蒼璧。

古玉

古玉器物，白玉爲上。有紅如血者，謂之血玉，古人又謂之屍古，最佳。青玉上，有黑漆古，有渠古，有甄古者，價低。

嘗見菜玉連環，上儼然黄土一重，並洗不去，此土古也。

沙子玉

此玉罕得。比之白玉，此玉粉紅潤澤，多作刀靶環子之類，少有大者。

罐子玉

雪白罐子玉，係北方用藥於罐子内燒成者。若無氣眼者，與真玉相似，但比真玉則微有蠅脚，久遠不潤，且脆甚。

石類玉

句容茆山石，白而有光。有水石，冷白色，或有水路，或有飯糝色。好者與真玉相似，雖刀刮不動，終有石性，不温潤，宜仔細辨之。

瑪瑙

瑪瑙多出北地，南蕃、西蕃亦有。非石非玉，堅而且脆，快刀刮不動。凡看碗盞器皿，要樣範好，碾得薄，不夾石者爲佳。其中有人物鳥獸形者最貴；有錦花者，謂之錦紅瑪瑙；有漆黑中一綫白者，謂之合子瑪瑙；有黑白相間者，謂之截子瑪瑙；有紅白雜色如絲相間者，謂之纏絲瑪瑙，此幾種皆貴。有淡水花者，謂之漿水瑪瑙；有紫紅花者，謂之醬斑瑪瑙；有海蜇色、鬼面花者，皆價低。凡器物刀靶事件之類，看其好碾琢工夫，及紅多者爲上。古人云：「瑪瑙無紅一世窮。」

柏枝瑪瑙

漿水色内有花紋如柏枝者，故謂之柏枝瑪瑙，亦可愛。

圓塊玉瑪瑙水晶　後增

玉水晶瑪瑙，大小圓塊，有外面便見玉者爲好，亦有外好而内反不佳者，必須令玉匠仔細辨驗方可。佐往年在京，見有一人，與蕃人買一大玉石，其價八十兩，外面是好白玉，鋸開，其中甚不好。用琢成玉龕觀音，以獻内臣，得價稍倍。又有一人，用銀二十兩，買玉一大塊，其外土黄色石，其中却是白玉，絶佳。

水晶

古語云：「千年冰，化爲水晶。」其性堅而脆，刀刮不動。色白如泉，清明而瑩，無纖毫瑕玷擊痕者爲佳。

凡器皿碗盞，素者爲好，但碾花者必有節病出處。倭國多水晶，第一，南水晶白，北水晶黑，信州水晶濁。

玻璃

玻璃出南蕃，有酒色紫色。白色與水晶相似。器皿背多碾兩點花兒是真。其藥燒者入手輕，有氣眼，如琉璃相似。

硝子

假水晶用藥燒成者，色暗青，有氣眼，或有黄青色者，亦有白者，但不潔白明瑩，謂之硝子。又有大如指面者，亦有小者，多盡大盡貴。古人云：「蠟重一錢，價值十萬（一作貫）。」可鑲嵌釧鐲碗盞戒指，用自然生成者好，碾琢者不佳。假造者用藥燒成，内有氣眼。

猫睛

猫睛，出南蕃，性堅黄如酒色。睛活者，中間有一道白横搭，轉側分明，與猫兒眼睛一般者爲佳。故云「若眼睛」，散及死而不活者，或青黑色者，皆不爲奇；大如指面者尤好，小者價輕，宜鑲嵌用。

碧靛子

碧靛子，出南蕃、西蕃，青緑色，好者頗與馬價珠相類；有黑緑色者低，皆不甚值錢。又謂之北靛子，宜鑲嵌用。

馬價珠

青珠兒，出西蕃諸國。色青如翠者道地，有指面大，轉身青者多，做管兒用；亦有當三折二錢大者，顔色好者值錢。其價如馬，故謂之馬價珠。但夾石、粉青，有油烟，及色老者，價低。

吐蕃、回鶻國珠兒，顔色不甚好，多似好靛石。

或云凡遇灰塵迷眼，以珠兒拂之則明也。

南珠　後增

南珠，出南蕃海蚌中。南蕃者好，廣西者易黄，要身分圓，及色白而精光者，價高。以大小粒數等分兩定價，古云：「一粒圓，十粒錢。」又云：「一圓二白。」

今廣東廉州府合浦縣海中出珠。

北珠 後增

北珠，出北海，亦論大小分兩定價。看身分圓轉，身青色，披肩結頂者，價高；如骨色、粉白、油黄、渾色者，價低。

佐嘗聞本縣四十九都繞源王□□家，其先下蕃，其家分金銀一雙環子，珠大而圓，作三百兩銀。

石榴子

石榴子，出南蕃，類瑪瑙。顔色紅而明瑩，如石榴肉相似，故名石榴子，可鑲嵌用。

鋪絨綫石

鋪絨綫石，顔色純緑，明瑩如鋪絨綫相似，多鑲嵌絲環等用，不甚值錢。

金星石

金星石，出金坑，色青如豆靛，無金星不夾石者好；有金星褐色者不中，皆不甚值錢；白者但不潔白明瑩，謂之硝子。

車渠

車渠，形似蚌，極厚大，色白有紋理，不甚值錢。

吴從先《小窗自紀》 抱沖雅者，一經精鑿，輒謂有傷神色。不知精鑿之妙，不妨鏤刻。譬之精鑿美玉，雕磨百端，神色愈正。

宋應星《天工開物》卷下《珠玉》一八 宋子曰，玉藴山輝，珠涵水媚，此理誠然乎哉？抑意逆之説也？大凡天地生物，光明者昏濁之反，滋潤者枯澀之仇，貴在此則賤在彼矣。合浦、于闐行程相去二萬里，珠雄於此，玉峙於彼，無脛而來，以寵愛人寰之中，而輝煌廊廟之上。使中華無端寶藏折節而推上坐焉。豈中國輝山媚水者萃在人身，而天地菁華止有此數哉？

宋應星《天工開物》卷下《珠玉》一八《珠》 凡珍珠必産蚌腹，映月成胎，經年最久乃爲至寶。其云蛇腹、龍頷、鮫皮有珠者，妄也。凡中國珠必産雷、廉二池。三代以前，淮、揚亦南國地，得珠稍近《禹貢》「淮夷蠙珠」，或後互市之便，非必責其土産也。金採蒲里路，元採楊村直沽口，皆傳記相承妄，何嘗得珠？至云忽吕古江出珠，則夷地，非中國也。

凡蚌孕珠，乃無質而生質。他物形小，而居水族者，吞噬弘多，壽以不永。蚌乃環包堅甲，無隙可投，即吞腹，囫圇不能消化，故獨得百年、千年成就無價之寶也。凡蚌孕珠，即千仞水底，一逢圓月中天，即開甲仰照，取月精以成其魄。中秋月明，則老蚌猶喜甚。若徹曉無雲，則隨月東升西没，轉側其身而映照之。他海濱無珠者，潮汐震撼，蚌無安身静存之地也。

凡廉州池自烏泥、獨攬沙至於青鶯，可百八十里。雷州池自對樂島斜望石城界，可百五十里。蛋户採珠，每歲必以三月，時殺牲祭海神，極其虔誠。蛋户生啖海腥，入水能視水色，知蛟龍所在，則不敢侵犯。凡採珠舶，其制視他舟横闊而圓，多載草薦於上。經過水漩，則擲薦投之，舟乃無恙。舟中以長繩繫没人腰，携籃投水。

擲草墊防漩渦、没水採珠

凡没人以錫造彎環空管，其本缺處對掩没人口鼻，令舒適呼吸於中，别以熟皮包絡耳項之際。極深者至四、五百尺，拾蚌籃中。氣逼則撼繩，其上急提引上，無命者或葬魚腹。凡没人出水，煮熱毳急覆之，緩則寒栗死。宋朝李招討設法以鐵爲構，最後木柱扳口，兩角墜石，用麻繩作兜如囊狀，繩繫舶兩旁，乘風揚帆而兜取之。然亦有漂溺之患。今蛋户兩法並用之。

揚帆採珠、竹笆沉底

凡珠在蚌，如玉在璞。初不識其貴賤，剖取而識之。自五分至一寸五分徑者爲大品。小平似覆釜，一邊光彩微似鍍金者，此名璫珠，其值一顆千金矣。古來「明月」、「夜光」即此便是。白晝晴明，檐下看有光一綫閃爍不定。「夜光」乃其美號，非真有昏夜放光之珠也。次則走珠，置平底盤中，圓轉無定歇，價亦與璫珠相仿。化者之身受含一粒，則不復朽壞，故帝王之家重價購此。次則滑珠，色光而形不甚圓。次則螺蚵珠，次官、雨珠，次税珠，次葱符珠。幼珠如粱粟，常珠如豌豆。琕而碎者曰璣。自夜光至於碎璣，譬均一人身，而王公至於氓隸也。

凡珠止有此數，采取太頻，則其生不繼。經數十年不採，則蚌乃安其身，繁其子孫而廣孕寶質。所謂「珠徙珠還」，此煞定死譜，非真有清官感召也。我朝弘治中，一採得二萬八千兩，萬曆中一採止得三千兩，不償所費。

宋應星《天工開物》卷下《珠玉》一八《寶》　凡寶石皆出井中，西番諸域最盛。中國惟出雲南金齒衛與麗江兩處。凡寶石自大至小，皆有石床包其外，如玉之有璞。金銀必積土其上，蘊結乃成。而寶則不然，從井底直透上空，取日精月華之氣而就，故生質有光明。如玉産峻湍，珠孕水底，其義一也。

凡産寶之井，即極深無水，此乾坤派設機關。但其中寶氣如霧，氤氲井中，人久食其氣多致死。故採寶之人或結十數爲羣，入井者得其半，而井上衆人共得其半也。下井人以長繩繫腰，腰帶叉口袋兩條，及泉近寶石，隨手疾拾入袋。寶井內不容蛇蟲。腰帶一巨鈴，寶氣逼不得過，則急摇其鈴。井上人引絙提上。其人即無恙，然已昏矇。止與白滚湯入口解散，三日之內不得進食糧，然後調理平復。其袋內石大者如碗，中者如拳，小者如豆，總不曉其中何等色。付與琢工鑢錯解開，然後知其爲何等色也。

屬紅黄種類者，爲猫精、靺羯芽、星漢砂、琥珀、木難、酒黄、喇子。猫精黄而微帶紅。琥珀最貴者名瑿，音依，此值黄金五倍價。紅而微帶黑。然晝見則黑，燈光下則紅甚也。木難純黄色，喇子純紅。前代何妄人，於松樹注茯苓，又注琥珀，可笑也。

下井採寶

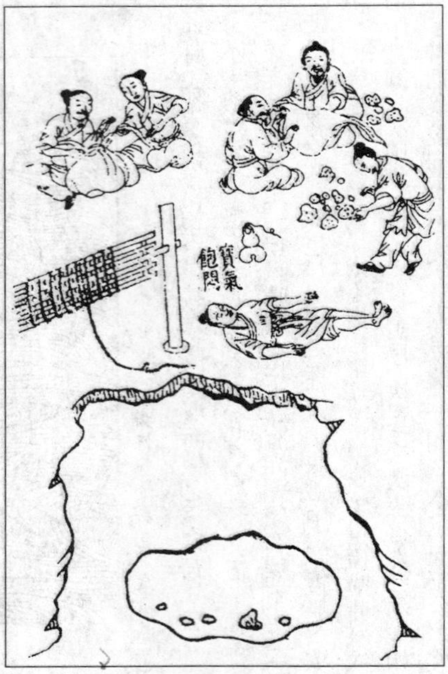

屬青緑種類者，爲瑟瑟珠、珇瑁緑、鴉鶻石。空青之類空青既取內質，其膜升打爲曾青。至玫瑰一種，如黄荳、緑荳大者，則紅、碧、青、黄數色皆具。寶石有玫瑰，如珠之有璣也。星漢砂以上，猶有煮海金丹。此等皆西番産，其間氣出，滇中井所無。時人僞造者，唯琥珀易假。高者煮化硫黄，低者以殷紅汁料煮入牛羊明角，映照紅赤隱然，今亦最易辨認。琥珀磨之有漿。至引草，原惑人之説，凡物借人氣能引拾輕芥也。自來《本草》陋妄，删去勿使災木。

宋應星《天工開物》卷下《珠玉》一八《玉》 凡玉入中國，貴重用者盡出于闐漢時西國名，後代或名别失八里，或統服赤斤蒙古，定名未詳。葱嶺。所謂藍田，即葱嶺出玉别地名，而後世誤以爲西安之藍田也。其嶺水發源名阿耨山，至葱嶺分界兩河，一曰白玉河，一曰緑玉河。後晉人高居誨作《于闐行程記》，載有烏玉河，此節則妄也。

玉璞不藏深土，源泉峻急激映而生。然取者不於所生處，以急湍無着手。俟其夏月水漲，璞隨湍流徙，或百里，或二、三百里，取之河中。凡玉映月精光而生，故國人沿河取玉者，多於秋間明月夜，望河候視。玉璞堆積處，其月色倍明亮。凡璞隨水流，仍錯雜亂石淺流之中，提出辨認而後知也。

白玉河流向東南，緑玉河流向西北。亦力把力地，其地有名望野者，河水多聚玉。其俗以女人赤身没水而取者，云陰氣相召，則玉留不逝，易於撈取。此或

夷人之愚也。夷中不貴此物，更流數百里，途遠莫貨，則棄而不用。

凡玉唯白與緑兩色。緑者中國名菜玉，其赤玉、黄玉之説，皆奇石、琅玕之類。價即不下於玉，然非玉也。凡玉璞根系山石流水。未推出位時，璞中玉軟如綿絮，推出位時則已硬，入塵見風則愈硬。謂世間琢磨有軟玉，則又非也。凡璞藏玉，其外者曰玉皮，取爲硯托之類，其價無幾。璞中之玉，有縱横尺餘無瑕玷者，古者帝王取以爲璽。所謂連城之璧，亦不易得。其縱横五、六寸無瑕者，治以爲杯斝，此已當時重寶也。

此外，唯西洋瑣里有異玉，平時白色，晴日下看映出紅色，陰雨時又爲青色，此可謂之玉妖，尚方有之。朝鮮西北太尉山有千年璞，中藏羊脂玉，與葱嶺美者無殊異。其他雖有載志，聞見則未經也。凡玉由彼地纏頭回其俗，人首一歲裹布一

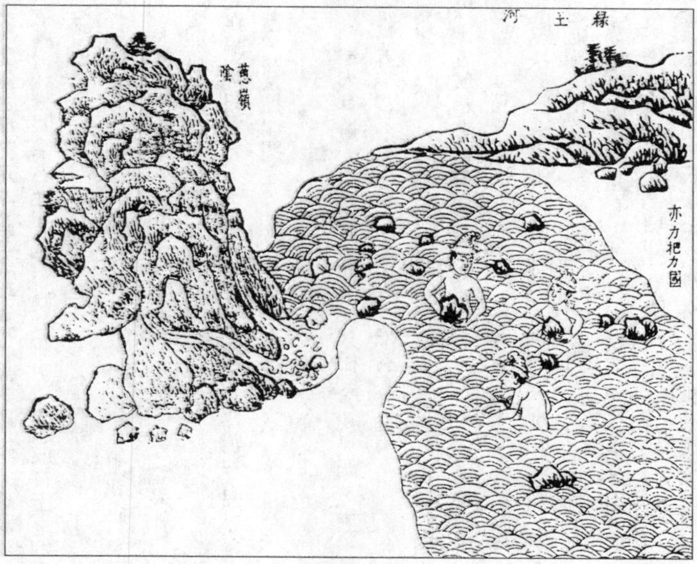

綠玉河

層，老則臃腫之甚，故名纏頭回子。其國王亦謹不見髪。問其故，則云見髪則歲凶荒，可笑之甚。或泝河舟，或駕橐駝，經莊浪入嘉峪，而至於甘州與肅州。中國販玉者，至此互市得之，東入中華，卸萃燕京。玉工辨璞高下定價，而後琢之。良玉雖集京師，工巧則推蘇郡。

凡玉初剖時，冶鐵爲圓盤，以盆水盛沙，足踏圓盤使轉，添沙剖玉，逐忽劃斷。中國解玉沙出順天〔府〕玉田與真定、邢臺兩邑。其沙非出河中，有泉流出精粹如麪，借以攻玉，永無耗折。既解之後，別施精巧工夫。得鑌鐵刀者，則爲利器也。鑌鐵亦山西番哈密衛礪石中，剖之乃得。

凡玉器琢餘碎，取入鈿花用。又碎不堪者，碾篩和泥涂琴瑟。琴有玉音，以此故也。凡鏤刻絶細處，難施錐刃者，以蟾酥填畫而後鍥之。物理制服，殆不可曉。凡假玉以砆碔充者，如錫之於銀，昭然易辨。近則搗舂上料白瓷器，細過微塵，以白蘞諸汁調成爲器，乾燥玉色燁然，此僞最巧云。

凡珠玉、金銀胎性相反。金銀受日精，必沉埋深土結成。珠玉、寶石受月華，不受寸土掩蓋。寶石在井，上透碧空，珠在重淵，玉在峻灘，但受空明、水色蓋上。珠有螺城，螺母居中，龍神守護，人不敢犯。數應入世用者，螺母推出人取。玉初孕處，亦不可得。玉神推徙入河，然後恣取，與珠宮同神異云。

宋應星《天工開物》卷下《珠玉》一八《附：瑪瑙、水晶、琉璃》 凡瑪瑙非石非玉，中國産處頗多，種類以十餘計。得者多爲簪箆、鉤音扣。結之類，或爲棋子，最大者爲屏風及桌面。上品者産寧夏外徼羌地砂磧中，然中國即廣有，商販者亦不遠涉也。今京師貨者，多是大同、蔚州九空山、宣府四角山所産。有夾胎瑪瑙、截子瑪瑙、錦江瑪瑙，是不一類。而神木、府谷出漿水瑪瑙、錦纏瑪瑙，隨方貨鬻，此其大端云。試法以砑木不熱者爲真。僞者雖易爲，然真者值原不甚貴，故不樂售其技也。

凡中國産水晶，視瑪瑙少殺。今南方用者多福建漳浦産，山名銅山。北方用者多宣府黄尖山産，中土用者多河南信陽州黑色者最美。與湖廣興國州潘家山。産。黑色者産北不産南。其他山穴本有之，而採識未到，與已經採識而官司嚴禁封閉如廣信懼中官開採之類。者，尚多也。凡水晶出深山穴内瀑流石罅之中。

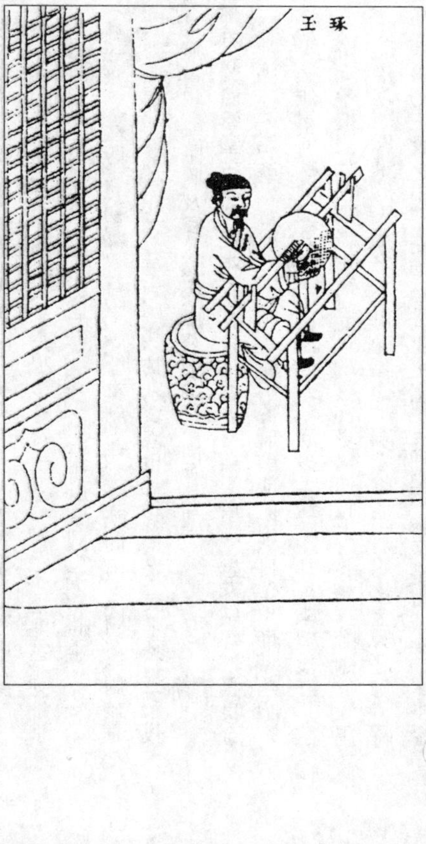

琢玉

其水經晶流出，晝夜不斷，流出洞門半里許，其面尚如油珠滚沸。凡水晶未離穴時如綿軟，見風方堅硬。琢工得宜者，就山穴成粗坯，然後持歸加功，省力十倍云。

凡琉璃石與中國水精、占城火齊，其類相同，同一精光明透之義。然不産中國，産於西域。其石五色皆具，中華人艷之，遂竭人巧以肖之。於是燒瓴甋，轉釉成黄緑色者，曰琉璃瓦。煎化羊角爲盛油與籠燭者，爲琉璃碗。合化硝、鉛瀉珠銅綫穿合者，爲琉璃燈。捏片爲琉璃袋。硝用煎煉上結馬牙者。各色顔料汁，任從點染。凡爲燈、珠，皆淮北、齊地人，以其地産硝之故。

凡硝見火還空，其質本無，而黑鉛爲重質之物。兩物假火爲媒，硝欲引鉛還空，鉛欲留硝住世，和同一釜之中，透出光明形象。此乾坤造化，隱現於容易地面。《天工〔開物〕》卷末，著而出之。

劉志謨《蘭雪堂古事苑定本》卷九《珍寶》 美玉斑斑，靈珠瑟瑟。玉重連城之價，千古傳奇；珠騰照乘之光，萬年志異。藍田白璧，成貧士之姻婭；麗水黄金，助壯夫之顔色。曰煖玉，曰軟玉，總是奇珍；名火珠，名水珠，盡爲至寶。錢流地上，龍文與鵞眼争奇；金出冶中，麟趾及褭蹄獻瑞。珊瑚樹，塞滿石齊奴之室；瑪瑙盤，捧來裴行儉之家。白鐐出自朱提，非耿道士雪花削就；美珠生於老蚌，豈麻姑仙粒米抛成。草木增輝，藺氏還趙邦之璧；波濤生色，太公釣渭水之璜；魯褒作論，錢曰方兄；韓愈爲銘，金云諛墓。韓嫣一出，兒童覔緑野之金丸；漢祖既還，亞父撞鴻門之玉斗。夏桀留心於岷女，刻盡苕華；齊侯敗績於晉師，獻餘甗磬。釵簪白玉，燕飛漢代之宫；錢鑄黄金，蝶繞唐王之庫。金埒金塢而且金其臺，炫人耳目；錦帆錦帳而又錦其樹，駭我見聞。第至富莫求，而得之失之，有命存者；若不貪爲寶，而優也游也，奚害賈焉。

《事文類聚》云：「斑斑玉名，瑟瑟珠名。」《史記》云：趙得和氏之璧，秦昭王聞其美，許以十五城易之，故云連城。

照乘詳《英賢》。藍田詳《婚姻》。古詩：「床頭黄金盡，壯士無顔色。」

唐武宗時，扶餘國進火玉，可以燃鼎。置室中，不必挾纊。唐天寶中，外國進軟玉，屈之則首尾相就，伸之則勁直焉。唐順宗時，拘弘國貢水珠，持入江海，可從水中行，後化爲龍。南蠻有火珠，日中以艾藉珠，則火出。漢武帝有龍文錢，《宋畧》云：錢一貫，長三寸，曰：「鵞眼錢。」漢武帝郊祀，見白麟神馬，遂以金鑄麟趾褭蹄，以協其瑞。石崇，小名齊奴。王愷與崇鬭富不勝，武帝出珊瑚樹高三尺者助之。崇擊碎之，帝欲其賠，崇以高六七尺者賠之。四五尺者，殆不勝數。唐裴行儉有瑪瑙盤，廣二尺，文采粲然。軍吏趨跌盤碎，惶愧叩頭，行儉曰：「汝非故也。」色不少變，君子服其量。銀曰白鐐。朱提，本縣名，又山名，出好銀，故稱銀爲朱提。提音時。耿道士有仙術，冬月間，以雪削如銀錠，投烈火中不消。《格物志》：「珠生於老蚌。」後漢韋元將、仲將，兄弟並美，孔融與其父書曰：不意雙珠，近出老蚌。麻姑詳《神仙》，藺氏詳《形體》。吕尚釣於渭濱，魚腹中得玉璜，刻文曰：「姬受命，吕佐之。」魯褒《錢神論》云：「大哉錢之爲體，親之如兄，字曰孔方，無翼而飛，無足而走。解嚴毅之顔，開難發之口。」劉乂持韓愈金而去，曰：「此諛墓中人所得，不若與劉君爲壽。」諛墓，謂爲人作墓銘。韓嫣性奢侈，以金爲彈丸，一日所失者十餘，長安爲之語曰：「若飢寒，逐彈丸。」京師兒童，每伺嫣出，輒隨往，望彈丸所落而拾之。嫣音煙。《史記》：漢祖鴻門之宴，起如厠樊噲曰：「大行不顧細謹，大禮不辭小讓。如今人方爲刀俎，我爲魚肉，何辭焉？」遂逃歸灞上，留張良以白璧謝羽，以玉斗謝增，范增置之地，拔劍撞破之，曰：「唉！竪子不足與謀，奪項王天下者必沛公也。」《燉煌紀年》：桀伐岷山，岷山之君獻桀二女，曰琬，曰琰。桀受二女，刻其名於苕華之玉。甗磬，齊之寶玉。《左傳》云：「齊敗績於晉，獻以甗磬之玉。」甗，音演。燕飛詳前《衣服》，不貪詳前《廉潔》。《杜陽編》云：唐穆宗時，禁中花開，夜有蛺蝶數萬，飛集花間，上令張網獲之得數萬，以火燭之，皆庫藏中之金玉錢也。晉王武子養馬，編錢布地，號「金埒」。董卓居郿塢，積金四十萬，號「金塢」。燕昭王置金於臺，以待賢士，號「金臺」。隋煬帝遊西苑泛舟，以錦爲帆，以牙爲檣。石崇與王愷鬭富，列錦步帳四十里。吴越王錢鏐，於幼時所居之地，其樹皆掛以錦，號錦衣將軍。子罕不貪，詳《廉潔》篇。《左傳》：初虞叔有玉，虞公求旃，弗獻。既而悔之，曰：「周諺有之：『匹夫無罪，懷璧其罪』。吾焉用此，其以賈害也。」乃獻之。又求其寶劍，叔曰：「是無厭也，無厭將及我。」遂伐虞公，故虞公出奔共池。

鄧志謨《蘭雪堂古事苑定本》卷九《珍寶》 有美玉於斯，懸藜結緑；積良金如彼，麟趾馬蹄。錯落火齊滄海，月明有淚；玲瓏琬琰藍田，日煖生烟。燕昭王之涼珠，炎蒸無暑；扶餘國之火玉，洌沍無寒。囊裏青蚨，用却復來曾幾許；篋中火浣，燒而不燼更如何。琥珀盞，允可酌賓；瑠璃瓶，最宜卜相。金雨於大禹之世，足驗治功；錢飛於王尋之家，可徵陰德。嗣續將盛，鳴鳩化金帶之鉤；爵禄彌高，飛鵲幻玉紋之印。夏桀乃昏庸主，國有瑶臺；郭況是貴戚卿，家多金穴。賜來蜀嶺，域中皆用鄧通錢；泣罷荆山，天下盡聞和氏璧。刻岷姬之形以玉，好色惟然；鑄范蠡之像以金，尊賢乃爾。金四萬斤間楚，錢十萬貫通神。楚璧琮琤，豈是張儀之竊；鮑金光采，還同管子之分。雖云鐵鑄錯而不成，猶億珠記事而頓悟。勿謂玉抵鵲而非貴，且言錢化蝶而有靈。合浦珠還，僉謂孟嘗政美；鹿臺財聚，預知商紂運衰。蓋飲馬投錢，方爲正士；而渡河毀璧，乃是英夫。珠向腹中藏，偏笑賈人之拙；金從市上攫，可嗟俗子之愚。

懸藜，楚之寶玉。結緑，宋之寶玉。李商隱詩：「滄海月明珠有淚，藍田日煖玉生煙。」火齊，珠名。拾遺記：「燕昭王時，外國獻黑蚌珠，暑月懷之極清涼，號『昭涼珠』。」青蚨，蟲名。取其子，母即飛來。以母之血塗錢八十一文，又以子之血塗錢八十一文，每市物，用去母錢，子錢飛來；用去子錢，母錢飛來。各循環無已。《白帖》：南炎山有火鼠，以其毛爲布，有污則浣之於火，垢盡火滅，燦然鮮明，號「火浣布」。後漢梁冀以火浣布爲衣，會賓客爭酒，徉失盃而汙之，解衣付於火，燃之如灰，垢盡火滅，燦然潔白。《博物志》云：「松脂淪入地中，千年化爲茯苓，再千年化爲琥珀，又名江珠。」《廣州志》云：「瑠璃出大秦、高麗、日南諸國，其性堅，刀刮不動，白色，厚半寸許，此自然之物，彩澤光潤。」《五代史》：唐廢帝欲擇相，左右皆言盧文紀及姚顯有人望。帝因書姓名，納之瑠璃瓶中，焚香祝天，以筯挾之，得文紀，遂以爲相。《史記》：大禹之世，天雨金三日，民大利。唐王尋家，世代積德，家素貧困。一日大風雨，飛錢數百萬入室中，後富至數十萬，擅名江左。《韻府羣玉》：山西張氏，世有陰德，忽有鳩入室，祝之曰：「爾爲禍耶，飛上承塵；爲福耶，飛入我懷。」鳩飛入懷，以手探之，得一金帶鉤，遂寶焉，自是子孫日富盛。唐張璟見飛鵲忽墜於地，化而爲石，剖之得玉印，文曰：「忠孝侯之印」。《通鑑》：夏桀無道，爲肉山酒池，瓊宮瑶臺。郭況，光武郭后之弟也。帝數幸其第，賞賜黄金甚多，時謂之「金穴」。鄧錢詳《富貴》，刻玉詳前篇。《史記》：「卞和得玉璞，獻楚懷王，王以爲欺，刖其左足。又獻平王，亦以爲欺，刖其右足。後荆王立，復欲獻之，恐見害，乃抱璞哭於荆山之下，淚盡繼之以血。荆王感而剖之，果得美玉。號『和氏璧』。乃封和爲陵陽侯，辭不受，作怨詩，行而去。」《吴越春秋》：越既破吴，范蠡遂泛舟遊於五湖，莫知所終。句踐思之，以黄金鑄像而朝禮之。漢陳平説高祖出黄金四萬斤，以間楚之君臣。唐張延賞判度支，欲究一冤獄，忽明日案上一帖云：「奉錢五萬貫，乞勿問此獄。」公怒促之。忽明日又一帖云：「奉錢十萬貫。」公曰：「錢至十萬貫，通神矣！」遂止不問。張竊玉詳《形體》，錢化蝶詳前篇。鮑叔與管仲友，鮑叔得金，與管子分，管多取之。曰：「鮑叔知我貧也。」五代羅紹威，以魏博牙兵驕甚，盡殺之。後遂爲朱温所制，乃謂親吏曰：「聚六州四十三縣鐵，鑄一個錯不成。」六州，魏博盤桓諸衛也。鑄錯不成，蓋歎其悞殺牙兵也。唐張説爲相，有記事珠。事之遺忘者，弄其珠則恍然悟。《鹽鐵論》云：「崑山之下，以玉抵鵲，謂其所産賤也。」《漢書》：「孟嘗爲合浦太守，俗舊採珠以易米。先時二千石，使人採珠積以自入，珠忽徙去，饑死者盈路。孟嘗化行一年之間，去珠復還合浦焉。」《史記》：「紂王聚鹿臺之財，積鉅橋之粟。」安陵清者，項仲山，每飲馬渭水邊，必投三文錢而去。郝廉亦全。《列國記》云：澹臺滅明，賫璧渡河，兩蛟夾舟奪之，滅明曰：「吾之璧可以義求，不可以威劫。」乃拔劍斬蛟，蛟死，毀璧於江而去。唐太宗曰：西域賈人得美珠，剖腹而藏之，愛珠而不愛其身也。《荀子》云：齊人有欲金者，清旦衣冠而之市，適鬻金者之所，攫其金而去。吏捕得之，問曰：「鬧市之中，子攫人之金何？」對曰：「取金之時，只見金，不見人。」此蔽於嗜慾，而忘其形骸者也。

褚人穫《堅瓠餘集》卷二《于闐玉》 張世南《宦游紀聞》：玉出藍田崑岡，本朝禮器及乘輿服御多是于闐玉。玉分五色，惟青碧一色高下最多端，帶白色者漿水又分九色。宣和殿有玉等子，以諸色玉次第排定，凡玉至則以等子比之，高下自見。

《西域記》云：于闐玉池，國人夜視月光盛必得美玉。常以端午日，國王親往取玉。每得玉一團，則以一團石投之。又《湘烟録》：白氏國人白如玉，國中無五穀，惟種玉食之。玉成椎爲屑，採近地樹葉同食之。玉得葉即柔軟，味甘而美。宴客則以膏露浸玉屑，少選便成美酒，飲一升醉三年始醒。

龔煒《巢林筆談》卷三《玉雕》 隴西有一雕刻玉人，長三寸許，枕甕酣卧，肖畢吏部也。玉質瑩淨，一甕紅如寶石，有人以千金購去。又有一瑪瑙杯，旁隱紅日，酒注日落，光溶溶如浴然，名「海天落照」。先夫人少時曾見一玉關帝，赤面白身，相傳爲柴氏之物。王石園家有十二生(少)〔肖〕，皆良玉雕琢，中有一馬，五色斑斕，隨其形飾而雕之，真異寶也。先夫人有一玉器，上下合榫如磨形，或稱「同心結」，徑圍三寸餘，膩如浮筠，決非漢以後物。先君没，祇存空匣，不知落何人手？可勝嘆惜！

先曾祖遺一投壺瓶，下鐫玉山草堂字，特珍之。

錢泳《履園叢話・閲古・玉昭文帶》 昭文帶，本名璏。《説文》：「璏，劍鼻玉也，所以鼻劍者也。」今人謂之昭文帶。古玉者固多，後人仿造者亦復不少。余見有漢玉者十餘條，其色有紅者、白者、黑者、白質黑章者、白質紅章者，恐皆是古人殉葬之物。

姚元之《竹葉亭雜記》卷三 葉爾羌、和闐皆産玉，和闐爲多，然入貢則由葉爾羌大臣奏進。其商、回之售賣，初無例禁。自乾隆四十三年高公樸請間年一次官爲開採，於是定例，玉禁始嚴。凡私赴新疆偷販玉石，即照竊盜律計贜論罪。又辦事大臣期公成額、阿公揚阿等先後請於密爾岱及巴爾楚克地方各添設卡倫一處，以防回民私採及商民夾帶之弊。又請將採剩河玉賣與兵丁，俾轉售商民以沾微利。自是以後，玉器遂爲無價寶矣。嘗見雙冠軍構玉烟壺二枚，用白金一千八百兩。又冷姓商携玉碗四口，徑五寸，索直五千兩。及己未春弛玉禁，其從前因販玉獲罪者，俱核釋。兵丁轉售之例，及密爾岱、巴爾楚克卡倫，俱議裁。先是葉爾羌奏進大玉，至是令即於所至之處棄之，因棄於烏沙克塔克臺焉。惟商販應税者，於起票進關時註明若干，每月造册，移付嘉峪關税員查覈。於是玉大賤。年餘猶見前索價五千之四碗，只須八十兩矣。

和闐産玉之地有五：曰玉隴哈什，曰哈喇哈什，曰桑谷樹雅，曰哈琅圭，曰塔克。惟出玉隴哈什、哈喇哈什二河中者美。其水皆出南山，東西夾和闐城而下。和闐古于闐，《漢書》所謂「于闐在南山下，其河北流」是也。西曰哈喇哈什河。「哈什」譯言玉，「哈喇」譯言黑也，故玉色黯。東曰玉隴哈什河。「玉隴」譯言察視之辭，俗言瞧看。其玉尤佳。嘉慶間充貢之地皆罷採，歲唯取玉於此河。其葉爾羌之玉，則採於澤普勒善河。採恒以秋分後爲期，河水深才没腰，然常渾濁。秋分時祭以羊，以血瀝於河，越數日水輒清。蓋秋氣澄而水清，彼人遂以爲羊血神矣。至日葉爾羌幫辦莅採於河，設氈帳於河上視之。回人入河探以足，且探且行，試得之，則拾以出水，河上鳴金爲號。一鳴金，官即記於册，按册以稽其所得。採半月乃罷。此所謂玉子也。近年産亦稀。回民應貢，出資購以獻矣。葉爾羌西南曰密爾岱者，其山綿亘，不知其終。其上産玉，鑿之不竭，是曰玉山。山恒雪，欲採大器，回人必乘耗牛，挾大釘巨繩以上。納釘懸繩，然後鑿玉。及將墜，繫以巨繩徐徐而下，蓋山峻，恐玉之卒然墜地裂也。今斧鑿碎玉堆積，隨時可以之抵雀矣。其玉色青，蓋石之似玉者。《爾雅》云：「西北之美者，有崑崙墟之璆琳琅玕焉。」密爾岱是其地矣。記之可補《爾雅》注。

烏沙克塔克臺所棄玉三，即密爾岱所産也。徐星伯同年行經其處，大者萬斤，次者八千斤，又次者三千斤，共置一處。初覆以屋，年久屋圮，玉之面南者俱爲風日所燥，剥落起皮。聞輦此大玉時，用馬數百匹，回民不善御，前却不一，鞭棰交下。積沙盈尺，軸動輒膠，回民持大瓶灌油以脂之，日裁行數里。奇公豐額奏回民聞棄此玉，無不歡欣鼓舞，其喜可知也。

昭槤《嘯亭雜録》卷九《玉甕》 承光殿南，乾隆十年建石亭以置元代玉甕。按：《輟耕録》「黑玉酒甕，玉有白章，隨其形刻爲魚獸出没波濤之狀，其大可貯酒三十餘石。徑四尺五寸，高二尺，圍圓一丈五尺。至元二年告成，勅置廣寒殿」云。其後屢易朝代，廢置某道院中，以爲醬瓿。有工部侍郎三和者，善博古物，於道院見之，因賤價贖以歸。進上，仍置故處。純皇御製《玉甕歌》以紀其事，命廷臣賡和，以鄭虎文之詩爲最。其詞曰：「天啓聖瑞玉甕出，惟聖克受昭聲歌。臣愚未睹法宫寶，伏讀睿藻心爲摹。甕廣三尺容五石，隨形窅突浮圓荷。刻劃類鑄象鼎物，長風蹴踏萬里波。腥涎怪物走蛟蜃，呀呷睒睛騰黿鼉。陽冰不冶陰火閟，怪變滅没吞江河。伊誰鏟削連鬼斧，或巨靈掌吴剛柯。吾思此玉當在璞，磈然萬古藏嵯峨。百靈孕含胚太極，潤及草木輝巖阿。原爲聖役剖鑿出，宛轉人世襲臼窠。那知德薄不能有，供玩耳目羞婞婀。如延津劍泗水鼎，神物終化理不訛。於時恭承陛下聖，萬方貢獻聲猗那。人無遺賢物鮮棄，希世寶肯終煙蘿。熊熊龍氣光燭夜，乃迹而得歸搜羅。轉勅内府輸朽貫，千金易致駟馬馱。陳之廣殿重圖訓，奠如金甌無傾陂。龍翔鳳翥發天唱，四十八人鳴相和。嗚呼隱見會有遇，委棄道院歲已多。冬菹實腹泥没足，學士憑弔資吟哦。拂拭偶及光萬國，經天不掩同羲娥。甄幽拔隱寄深慨，誰其會者空摩挲。異物且貴况奇士，努力明盛無蹉跎。」

藝文

吴淑《事類賦》卷九《寶貨部一·玉》 古人有言曰：「君子於玉比德。」《禮》曰：子貢問曰：「敢問君子貴玉而賤珉，何也？」孔子曰：「昔者君子比德於玉焉。温潤而澤，仁也；縝密以栗，知也；廉而不劌，義也；垂之如墜，禮也；叩之，其聲清越以長，其終詘焉，樂也；瑕不掩瑜，瑜不掩瑕，忠也；孚尹旁達，信也；氣如白虹，天也；精神見於山川，地也；圭璋特達，德也；天下莫不貴者，道也。《詩》云『言念君子，温其如玉』，故君子貴之也。」

注曰：栗，堅貌。劌，傷也。義者不苟傷。孚尹，讀如浮雲。若夫周官六器，《周禮》曰：玉作六器以禮天地四方。蒼璧禮天，黄琮禮地，青珪禮東方，赤璋禮南方，白琥禮西方，玄璜禮北方。大秦五色。《魏略》曰：大秦國出采玉五色。趙之連城，《史記》曰：趙惠文王得楚和氏璧，秦昭王請以十五城易璧，趙使藺相如奉璧入秦。相如見秦無償城意，乃謂秦王曰：「璧有瑕，請指示。」王使授璧，相如持璧却立，倚柱責秦，欲以璧擊柱。秦王恐碎璧，不敢逼。相如乃使人間道懷璧歸趙。晉之垂棘。《左傳》曰：晉荀息請以屈産之乘，與垂棘之璧，假道於虞，以伐虢。或瓘斝以禳，《左傳》曰：鄭裨竈言於子産曰：「宋衛陳鄭將同日火，若我用瓘斝玉瓚，鄭必不火。」子産弗與。注：天災流行，非禳祈所息。或苕華是刻。《燉煌紀年》曰：桀伐珉山，珉山女于桀二女，曰琬曰琰。桀愛二女，無子，刻其名於苕華之玉。苕是琬，華是琰。愛一環而韓子受賜，《左傳》曰：晉韓起聘于鄭。宣子有環，其一在鄭商。宣子謁諸鄭伯，子産弗與。子太叔、子羽請與之。子産曰：「僑聞君子非無賄之難，而無令名之患。僑聞爲國非不能事大字小之難，無禮以定其位之患。夫大國之人令於小國，而皆獲其求，將何以給之？一共一否，爲罪滋大。」韓宣子私覿於子産，以玉與焉，曰：「子命起舍夫玉，是賜我玉而免吾死也，敢不藉手以拜。」注：宣子即韓起也。謁，請也。納十瑴而衛侯見釋。《左傳》曰：晉執衛侯，歸之于京師，王使醫衍酖衛侯。甯俞貨醫，使薄其酖，不死。魯公爲之納玉於王與晉侯，皆十瑴，王許之，乃釋衛侯。爾乃觀瑟彼，《詩》曰：瑟彼玉瓚，黄流在中。翫温其，《詩》曰：言念君子，温其如玉。偉祁子之不佩，《禮》曰：石駘仲卒，無適子，有庶子六人，卜所以爲後者，曰「沐浴佩玉則兆」，五人者皆沐浴佩玉。石祁子曰：「孰有執親之喪而沐浴佩玉者乎？」不沐浴佩玉。石祁子兆，衛人以龜爲有知也。注曰：駘仲，衛大夫。沐浴佩玉則兆，言齊潔則得吉兆。美襄仲之見辭。《左傳》曰：秦伯使西乞術來聘。襄仲辭玉，曰：「君不忘先君之好，照臨魯國，重之以大器，寡君敢辭玉。」對曰：「不腆敝器，不足辭也。」主人三辭。賓曰：「寡君願徼福於周公、魯公以事君，不腆先君之敝器，使下臣致諸執事，以爲瑞節，要結好命，所以藉寡君之命，結二國之好。」襄仲曰：「不有君子，其能國乎？」注：魯公謂伯禽。節，信也。虞卿受賜於趙國，《史記》曰：虞卿躡屩擔簦，一見趙王，賜白璧一雙，黄金百鎰。楚相加辱於張儀。《史記》曰：張儀已學而游諸侯，常從楚相飲，已而楚相亡璧，門下意儀盗之，掠笞數百，不服，釋之。贈之則報其繡段，張平子《四愁》詩曰：美人贈我錦繡段，何以報之青玉案。沉之則繫以朱絲。《左傳》曰：晉侯伐齊，將濟河，獻子以朱絲繫玉二瑴而禱，沈玉而濟。注：雙玉曰瑴。寧有餘而抵鵲，《監鐵論》曰：南越以孔雀珥門户，崑山之傍以玉抵烏鵲。不蒙污以投泥。《後魏書》曰：穆弼有風格，善自位置。高祖欲以弼爲國子助教，弼辭曰：「先臣以來，蒙恩累世，比較徒流，實用慙屈。」高祖曰：「朕欲勵冑子，故屈卿耳。以玉投泥，豈能相污？」弼曰：「既遇明時，恥沉於泥滓。」至於温嶠鏡臺，《世説》曰：温嶠娶姑女，下玉鏡臺一枚。征劉聰所得。胡綜如意，《胡綜別傳》曰：吴時掘得銅印，以琉璃爲蓋，布雲母於其上。又得白玉如意。太帝以問君，君曰：「秦皇以金陵有天子氣，處處埋寶物，以當王氣，此抑是也。」著兹五德，《五經通義》曰：玉有五德：温潤而澤，似智；鋭而不害，似仁；抑而不撓，似義；有瑕於内，必見於外，似信；垂之如墜，似禮。班斯六瑞。《周禮》：以玉作六瑞以守邦國。王執鎮圭，公桓圭，諸侯信圭，伯躬圭，子穀璧，男蒲璧。堅而不蹙，《管子》曰：夫玉之所爲貴者，九德出焉。温潤以澤，仁也；鄰以理者，智也；堅而不蹙，義也；廉而不劌，行也；鮮而不垢，潔也；折而不撓，勇也；瑕適皆見，情也；茂華光澤並通而不相陵，容也；叩之其音清專徹遠，純而不殺，辭也。是以人主貴之，藏以爲寶，剖以爲符瑞。廉而不劌。見上「君子於玉比德」注。白圭以夜光受賜，《史記》曰：鄒陽書曰：「白圭顯於中山，人惡之於魏文侯，文侯賜以夜光之璧。」林回雖千金必棄。《莊子》曰：孔子問子桑雽曰：「吾見逐於魯，伐樹於宋，親而益疏，何也？」對曰：「獨不聞假之亡與？林回棄千金之璧，負赤子而趨，彼以利合者，迫窮相棄；天屬者，迫窮相收。」注：假，國名。甕不汲而自盈，《瑞應圖》曰：玉甕者，聖人之應也，不汲自盈。王者飲食有節則出。管方吹而有異。《西京雜記》曰：高祖初入咸陽，周行庫藏，見玉笛長二尺二寸，二十九孔。吹之則見車馬山林，隱嶙相次。吹息不復見。名曰昭華之琯。斯皆攻以它山，而使之成器者也。《詩》曰：它山之石，可以攻玉。《禮》曰：玉不琢不成器。若乃山玄表德，《禮》曰：天子佩白玉而玄組綬，公侯佩山玄玉而朱組綬，大夫佩水蒼玉而純組綬，世子佩瑜玉而綦組綬，士佩瑜玫而緼組綬。白虹象天，見「君子於玉比德」注。先於駟馬，《老子》曰：雖有拱璧以先駟馬，不如坐進此道。假夫許田。《左傳》曰：鄭伯以璧假許田，爲周公祊故也。或食之以禦水，《周禮》曰：玉府，玉齋則共食玉。注云：玉是陽精之純者，食之所以禦水氣。或服之而成仙。《抱朴子》曰：玉脂者，生玉之山。其膏流出萬年以上，則凝而成脂，鮮明如水精。以無心草木和之，須臾成水，服之一升得千歲。服玄真者，其命不極。玄真，玉別名也。服玉當得于闐白玉。赤松子，以玄蟲而漬玉爲水服之，故得乘烟霞上下也。賈害見虞叔之志，《左傳》曰：初，虞叔有玉，虞公求旃。不獻。既而悔之，曰：「周諺有之：『匹夫無罪，懷璧其罪。』吾焉用此，以其賈害。」乃獻之。不貪知子罕之賢。《左傳》曰：宋人或得玉，獻諸子罕。子罕弗受，曰：「我以不貪爲寶，爾以玉爲寶。若以與我，皆喪寶也，不若人有其寶。」稽首而告曰：「小人懷璧，不可以赴鄉，納此以請死也。」子罕寘諸其里，使玉人爲之攻之，富而後使復其所。爾其石變山中，《隋書》曰：王邵上表云：「稽覽圖史，政道得則陰物變爲陽物。」鄭玄云：「若葱變爲韮是也。」謹按：自六年以來，山中石變爲玉。石爲陰，玉爲陽。瓜積冢裏，《抱朴子》曰：吴時發廣陵大冢，兵人共舉死人以倚壁。有一玉，長一尺，形似冬瓜，從人懷中頹出墮地。火出夜山，《漢武内傳》曰：西王母云：「昌城玉蘂，夜山出火。」膏流丹水。《山海經》曰：稷翼之山及鹿臺山，其上多白玉。瑜次之山，多嬰垣之玉。泰冒之山，洛水出焉，其中多藻玉。蜜山之上，丹水出焉，其中多玉膏，其源沸湯，黄帝是食。玉膏之出，五色乃清，五味乃馨。堅栗精密，澤而有光。五色發作，以和柔剛。天地鬼神，是食是饗；君子服之，以禦不祥。燕人瑶甕之遺，《左傳》曰：燕暨齊平，燕人賂以瑶甕、玉櫝、斝耳。注云：斝耳，玉斝。子玉瓊弁之美，《左傳》曰：楚子玉自爲瓊弁、玉纓，未之服也。先戰，夢河神謂己曰：「畀余！賜汝孟諸之麋。」弗致也。榮季曰：「死而利國，猶或爲之，況瓊玉乎？是糞土也。」注云：畀，與也。孟諸，宋澤名。多草薦曰麋。劉聰汾水之祥，《趙書》曰：劉聰徙治平陽，於汾水中得白玉璽，廣四寸，高二分，龍紐。吕光于闐之市。《前涼雜録》曰：吕光稱王，遣使市六璽於于闐。亦聞德推旁達，見上「玉比德」注。質重方流，顔延年《贈王僧達》詩曰：玉水記方流，璿源載圓折。潤木踰茂，《大戴禮》曰：玉在山而木潤；淵生珠而岸不枯。珠者，陰中之陽也，故勝火；玉者，陽中之陰也，故勝水。輝山更幽。陸士衡《文賦》曰：石韞玉而山輝，水懷珠而川媚。採於龍首，出彼平丘，《山海經》曰：龍首之山，若水出焉，其中多美玉。放皋之山，明水出焉，其中多蒼玉。平丘，在三桑東，爰有遺玉。常山有命，《晉書》曰：前燕常山大樹自拔，根下得璧七十二，光色精奇，有異常玉。慕容儁以爲岳神之命。靈昌載浮。《晉書》曰：石季龍起河橋於靈昌津，彩石爲中濟，石無大小，下輒隨流，用功五百餘萬而不成。季龍遣使致祭，沉璧于河。俄而所沉璧浮于渚上。或登臺而不取，《帝王世紀》曰：周武王伐殷爲天子，登臺見玉，王曰：「誰之玉？」或曰：「諸侯之玉。」王不取，反歸之。天下聞之，曰：「王廉於財矣。」或破石而斯求。《論衡》曰：玉變爲石，珠變爲礫，毀謗使然也。採玉者，破石拔玉；選士者，棄惡取善。別有瀛洲酌酒，《十洲記》曰：瀛洲有玉膏如酒，名曰玉酒。飲數升，令人長生。扶桑觀日。《梁四公記》曰：扶桑國使使貢觀日玉。大如鏡，方圓尺餘，明徹如琉璃。映日以觀，見日中宫殿，皎然分明。晉侯受之而容惰，《左傳》曰：天王使召武公、内史過賜晉侯命，受玉惰。過曰：「晉侯其無後乎？」邾子執之而禮失。《左傳》曰：邾隱公來朝。子貢觀焉。邾子執玉高，其容仰；公受玉卑，其容俯。子貢曰：「以禮觀之，二君者，皆有死焉。」注云：玉，朝者之贄。張伯懷之而見欺，《鍾離意别傳》曰：意爲魯相，省視孔子教授堂，男子張伯，劃草階下，土中得璧七枚，懷藏其一，以六白意。意開解，中素書文曰：「後世修吾書，董仲舒；摸吾車、拭吾履、發吾笥，會稽鍾離意；璧有七，張伯取其一。」意召問伯：「璧有七，何藏一耶？」伯叩頭出之。亞父碎之而靡惜。《漢書》：高祖與項羽會於鴻門。高祖歸去，使張良獻玉斗於亞父范增。亞父撞碎之，曰：「吾屬爲虜矣。」或類彼珷玞，《戰國策》曰：骨疑象，珷玞類玉。或疑於燕石，《闞子》曰：宋之愚人得燕石於梧臺，藏之以爲大寶。周客聞而觀焉。主人齋七日，端冕玄服以出，華篋十重，緹巾十襲，客見掩口盧胡而笑，曰：「此燕石也，與礫不殊。」主人大怒，藏之愈密。得楚山而被刑，《韓子》曰：楚人卞和得玉璞於楚山，獻厲王。使玉人相之。曰：「石也。」王以和爲謾，刖右足。及武王即位，又獻之。復相曰：「石也。」刖其左足。及文王即位，和乃抱其璞而哭於楚山，三日三夜，泣盡繼之以血。王使玉人治之，得寶玉焉，名曰和氏之璧。詒鄭人而求直。《文子》曰：鄭人謂玉未治者爲璞，周人謂鼠未腊者爲朴。周人懷朴問鄭賈曰：「欲之乎？」出其朴。視之乃鼠朴也。斯皆真僞混淆，而不精識也。亦有齊之甗磬，《左傳》曰：晉及齊戰于鞍，齊師敗。齊侯使賓媚人賂以甗、玉磬與地。「不可，則德客之所爲。」魯之璠璵，《逸論語》曰：璠璵，魯之寶也。孔子曰：「美哉！璠璵。遠而望之，焕若也；近而視之，瑟若也。一則理勝，一則孚勝。」價踰十萬，桓譚《新論》曰：雒陽李幼賓，有小玉檢，衛謁者史子伯，素好玉器，見而奇之，使予報以三萬錢請買焉。幼賓曰：「我與好事長者，傳之已顧十萬，非三萬錢主也。」予驚駭云：「我若於路見此，千錢亦不市也。」故知與不知，相去甚遠。名重五都。《尹文子》曰：魏田父於野得玉徑尺，弗知其玉也，以告鄰人。鄰人詐之，曰：「此怪石也，畜之弗利。」田父雖疑，猶置於廡下。其夜，玉明照一室。其家大怖，遽棄之於野。鄰人盜之，以獻魏王。魏王召玉工相之。玉工望玉再拜却立，曰：「敢賀大王，得天下之寶。臣所未嘗見。」王問價，玉工曰：「此無價以當之。五城之都僅可一觀。」王立賜獻者千金，長食上大夫禄也。辨其鰓理，《説文》曰：玉，石之美者。五德：潤澤以温，仁之方也；鰓理自外，可以知中，義之方也；其聲舒揚，專以遠聞，智之方也；不撓而折，勇之方也；鋭廉而不劌，絜之方也。見此瑕瑜。見「君子於玉比德」注。想老耽之被褐，《老子》曰：被褐懷玉。思穆滿之披圖。《穆天子傳》曰：天子大朝黄之山，披圖視典，周觀天子之寶器、玉果、璿珠。注云：玉果，玉如果者。璿，玉類。復聞執則不趨，《禮》曰：執玉不趨。注云：志重玉也。受之以掬。《禮》曰：受珠玉者以掬。釵留而閣號招靈，《洞冥記》曰：漢武元鼎元年，起招靈閣。有一神女，留玉釵與帝。帝以賜趙婕妤。至昭帝元鳳中，宫人猶見此釵，共謀欲碎之。明視釵匣，惟見白燕直升天。後宫人常作玉釵，因名玉燕釵，言其吉祥。玦見而山名奚禄。《隋巢子》曰：奚禄山壞，天賜玉玦於羿，遂殘其身。以此爲福，而至於禍。無故而豈可去身，《禮》曰：君子無故，玉不去身。待價而常宜韞櫝。《論語》：子貢曰：「有美玉於斯，韞櫝而藏諸？求善價而沽諸？」子曰：「沽之哉？沽之哉！我待價者也。」觀其黑如純漆，白若截肪，王逸《玉部論》曰：或問玉符。曰：「赤如雞冠，黄如蒸粟，白如脂肪，黑如純漆，玉之符也。」魏文帝《與鍾繇書》説玉，亦云「白如截肪，黑譬純漆」。翫之碌碌，《老子》曰：不欲碌碌如玉，落落如石。佩以將將。《詩》曰：將翱將翔，佩玉將將。曾城是植，《淮南子》曰：崑崙山曾城九重，有珠樹玉樹。海島斯藏。《後魏書》曰：崔挺爲光州刺史。掖縣有人年踰九十，板輿造州。自稱少曾充使林邑，得一美玉，方一尺四寸，甚有光彩，藏於海島，垂六十歲。欣逢明政，今願奉之。挺曰：「吾雖德謝古人，未能以玉爲寶。」遣船隨取，光潤果然，訖不肯受，乃表送都。駭流虹之變化，《搜神記》曰：孔子作《春秋》，制《孝經》，既成，齋戒告天。天降赤虹，化爲黄玉，長三尺，上有文。訝積雪之消亡。《異苑》曰：晉東嬴公騰鎮鄴，大雪，門前方數十步融液不積。騰怪，掘之，得玉馬，高一尺許，口齒缺。騰以馬者國姓爲吉瑞，或謂馬無齒則不復食。毁櫝中而咎罰焉避，《論語》曰：虎兕出於柙，龜玉毁於櫝中，是誰之過歟？獻闕下而詐諼以彰。《漢書》曰：文帝始幸雍，新垣平以望氣見。平使人持玉杯詣闕下獻之，平上言曰：「闕下有寶玉氣。」果有獻玉杯者。思滈池之反璧，《史記》曰：始皇三十六年，有使者從關東夜過華陰平舒道，有人持璧遮使者曰：「爲吾遺滈池君。」因言曰：「今年祖龍死。」使者奉璧具以聞。始皇使御府視璧，乃二十八年行渡江所沉璧也。想磻溪之釣璜。《尚書中候》曰：太公即磻溪之水，釣其涯，得玉璜，刻曰「姬受命，吕佐之，報在齊」。納懷曾聞於叔帶，《左傳》曰：襄公薨于楚宫。叔仲帶竊其拱璧，以與御人，納諸懷而從取之，由是得罪。壓紐更見於平王。《左傳》曰：楚共王無冢嫡，有寵子五人，無適立焉。乃大有事於羣望，而祈曰：「請神擇於五人者，使主社稷。」乃遍以璧見於羣望，曰：「當璧而拜者，神所立也。」既，乃與巴姬密埋璧於太室之庭，使五人齋，而長入拜。康王跨之，靈王肘加焉，子干、子皙皆遠之。平王弱，抱而入，再拜，皆壓紐。當入用之時，氣騰光禄，《續漢書》曰：桓帝時，光禄吏舍下，夜有青氣，視之，得玉鈎玦各一，身中皆雕鏤。及焚如之際，火烈崑岡。《書》曰：火炎崑岡，玉石俱焚。別有漢武樹之於前庭，《漢武故事》曰：上起神屋，前庭植玉樹，以珊瑚爲枝，碧玉爲葉，華子青赤，以珠玉爲之。空其中，如小鈴鎗鎗有聲。周成陳之於東序。《尚書·顧命》曰：大玉、夷玉、天球、河圖在東序。赤松服之而蹈火，《列仙傳》曰：赤松子者，神農時雨師也。服水玉，教神農，能入火不燒。羊公種之而娶婦。《搜神記》曰：羊公雍伯，洛陽縣人。性篤孝。父母終，葬無終山，遂居焉。山高八十里，上無水，公汲水，作義漿於阪頭，行者皆飲之。三年，有一人就飲，以石子一斗與之，使至高平好地有石處種之，玉當生其中。羊公未娶。又語：「汝後當得好婦。」語畢不見。後種其石，數歲，時時往視，玉子生，人莫知。有徐氏，右北平著姓，女甚有名，時人求，多不許。公乃試求徐氏。徐氏以爲狂，因戲云：「以白璧一雙來，當聽爲婚。」公至所種石中，得五雙白璧，以贄徐氏。徐氏大驚，遂以女妻公。天子異之，拜爲大夫。於種玉處四角作大石柱，各一丈，中央一頃地曰玉田。虞舜之受昭華，《尚書大傳》曰：堯致舜天下，贈以昭華之玉。齊侯之得龍輔。《左傳》曰：公賜公衍羔裘，使獻龍輔於齊侯，遂入羔裘。齊侯喜，與之陽穀。注云：龍輔，玉名。陽穀，齊邑。賜虢公以五瑴，《左傳》曰：虢公、晉侯朝王。饗禮，命之宥，皆玉五瑴。錫子家之雙琥。《左傳》曰：魯昭公疾，遍賜大夫，大夫不受。賜子家子雙琥、一環、一璧、輕服，受之。大夫皆受其賜。公薨，子家子反賜於府人，曰：「吾不敢逆君命也。」大夫皆反其賜。注：琥，玉器。輕服，細好之服。王莽潛姦於椎璏，《漢書》曰：王莽就國，孔休守新都相。休謁見莽，莽進其玉具寶劍，休不肯受。莽因曰：「誠見君面有瘢，美玉可以滅。獻其璏耳。」即解其璏。休復辭。莽遂椎碎之，自裹以進休。璏，音衛。宋人留情於刻楮。《列子》曰：宋人有爲其君以玉爲楮葉者，三年而成。鋒鍛莖葉，毫芒繁澤，亂之楮葉中不可別也。此人遂以巧食宋國。莒僕竊之而來奔，《左傳》曰：莒太子以其寶玉來奔。膠鬲索之而不與。《韓子》曰：周有玉版，紂令膠鬲索之，文王不予。費仲來求，因予之。是膠鬲賢，而費仲無道也。周惡賢者之得志也，故予費仲。取其象德，《白虎通》曰：玉者，象君子之德，燥不輕，濕不重，是以人君寶之。非宜改步。《左傳》曰：季平子行東野。還，未至，丙申，卒于房。陽虎將以璵璠斂，仲梁懷弗與，曰：「改步改玉。」注云：昭公之出，季孫行君事，佩璵璠，祭宗廟。及定公立，復臣位，改君步，則亦當去璵璠。既閲咸陽之宫，《西京雜記》曰：高祖初入咸陽宫，周行庫藏，金玉珍寶，不可勝言。其尤異者，有青玉燈五枚。燈高七尺五寸，作蟠螭以口含燈。燈燃則鱗甲皆動，焕爛盈室。更覩玄菟之庫。《魏志》曰：漢時夫餘王葬用玉押，常豫以付玄菟郡，王死則迎取以葬。識白首之老翁，《吴氏本草》曰：白玉體如白首翁。見紫衣之神女。《録異傳》曰：江巖常到吴採藥，及富春縣清泉山南見一美女，紫衣，踞石而歌，有碣石之音。巖往，未及數十步，女輒不見。如此數日，巖乃破石，得一紫玉，廣長一尺。斯天地精粹之徵，不能悉數。《淮南子》曰：鍾山之玉，炊以鑪炭，三日三夜而色澤不變，得天地之精也。

呂祖謙《詩律武庫後集》卷七《寶器門》 朱絲繩玉壺冰

《文選》鮑昭《白頭吟》：直如朱絲繩，清如玉壺冰。注：朱繩，瑟之朱絲也。玉壺冰，取其潔浄。故杜詩云：熒熒金錯刀，濯濯朱絲繩。又李白詩云：白玉慙溫色，朱繩遜直辭。又《唐文粹》：姚元崇有冰壺箴。故杜詩有云：硯寒金井水，簷動玉壺冰。又云：炯如一段清冰出萬壑，置在迎風寒露之玉壺。又韋應物詩云：心同野鶴與塵迴，詩似冰壺見底清。又云：文苑臺中妙，冰壺幕裏清。皆此也。

玉燕釵

郭子横《洞真記》曰：漢元鼎元年，起招靈閣，有一神女留一玉釵以與帝，帝以賜趙婕妤。至昭帝元鳳中猶在，共謀碎之，明日視釵匣，惟見一白燕，直飛天而去。後宫人常作玉釵，號玉燕釵。故李賀有詩云：寒鬢斜釵玉燕光。

玉有辟邪香

唐肅宗賜李輔國玉辟邪二枚，各高尺五寸，奇巧殆非人間所有，其玉之香，可聞數百步。又《杜陽雜編》：唐公主降，乘七寶步輦，四面綴玉香囊，囊中貯辟邪香，香乃外國所貢，故坡詠沉香石詩有山下曾逢松化石、玉中還有辟邪香。是也。松化石者，《舊唐書》載僕骨東境，其地東北一千里有康干池，松木入此水三年，乃化爲石，其色青，上有松文，謂之康干石也。故云。

《全遼文》卷一《聖宗·傳國璽》 一時製美寶，千載助興王。中原既失守，此寶歸北方。子孫皆慎守，世業當永昌。

游日章《駢語雕龍》卷四《玉》

結緑在宋，《戰國策》曰：周有砥，宋有結緑，梁有懸黎，楚有和璞。輝映山川；《陸機别傳》曰：機博學善屬文，嘗著《文賦》云，石緼玉而山輝。懸黎緼梁，見上註。潤通草木。《大戴禮》曰：玉在山而木潤。簡子相定公以畢饗，《國語》曰：王孫圉聘於晉，定公饗之，趙簡子鳴玉以相，問於王孫圉曰：「楚之白珩猶在乎？」曰：「圉聞國寶六而已，聖能制義百物則寶之，玉足以庇廕嘉穀則寶之，龜足以憲臧否則寶之，珠足以禦火災則寶之，金足以禦兵亂則寶之，山林藪澤足以備材用則寶之。若夫華囂之美，楚雖蠻夷，不能寶也。」經侯見太子而生光。《説苑》曰：經侯適魏太子，帶羽玉光照左右。曰：「魏國亦有寶乎？」曰：「主信臣忠，百姓上戴，此魏之寶也。」經侯默然趨出。未遇魏王，廡下有照室之怪；《尹文子》曰：魏田父得玉徑尺，置於廡下，明照一室，大怖，棄之。鄰人取之以獻魏王，玉工賀曰：「此天下之寶，無價以當之。」魏王賜獻者千金，食上大夫禄。時逢和氏，荆山得連城之珍。《琴操》曰：卞和得玉獻懷王，王以爲欺，刖一足。懷王死，平王立，復獻之，王又刖一足。平王死，荆王立，和欲獻，恐見害，乃抱璞而哭。荆王使剖之，果得玉，乃封和爲零陵侯，和辭而去。《韓非子》載稍異。繡段懷報於張衡，張衡《四愁詩》曰，美人贈我錦繡段，何以報之青玉案。象佩擬賦于錢起。錢起《象環賦》曰：鄙南容之圭，嗤卞氏之璧，黄雀酬恩，鄭商所利。躡屩而往，曾羡虞卿之榮；見上金註。此舌尚存，何嫌張儀之辱。《史記》曰，張儀嘗從楚相飲，已而亡璧，意儀盗之，掠笞不服，釋之。儀謂妻曰：「視吾舌存否？」曰：「存。」曰：「足矣。」撞斗識亞父之直，《漢書》曰，高祖與項羽會於鴻門，高祖歸去，使張良獻玉斗於亞父，乃撞碎之，曰：「吾屬爲虜矣。」亞父，范增也。歷紐辨共王之欺。見上教儲註。五雙得於石中，遂成羊公之出贄；《搜神記》曰，羊公雍伯居無終山，汲水作義漿，有一人飲訖，出石子一升與之，令有石處種之，可生好玉又得好婦，語畢不見。有徐氏女，甚有名，公往求，徐氏戲云，以白璧一雙來，當聽爲婚。公在所種石中，果得五雙白璧以贄，徐氏大驚，遂妻以女。一枚懷於堂下，難逃夫子之素書。《鍾離意别傳》曰，意爲魯相，脩夫子車，入廟，拭機席劍履。男子張伯，除堂下草，得玉璧七枚，伯懷其一，以六瘞之。意得素書文曰，後世脩吾書董仲舒。護我車，拭吾履，會稽鍾離意。璧有七，張伯懷其一。意即召問，伯果服焉。《孔庭纂要》同。惰戒晉侯，《左傳》曰，天王使召武公内使過賜晉侯命，受玉惰，過曰，晉侯其無後乎。愆懲邾子。《左傳》曰，邾隱公來朝，子貢觀焉，邾子執玉高，其容仰，公受玉卑，其容俯。子貢曰：以禮觀之，二君者皆有（賜）〔死亡〕焉。涼足解肺，《天寶遺事》曰，貴妃含玉燕津以解肺熱。香能辟邪。《杜陽編》曰，唐肅宗賜李輔國玉辟邪二，各高一尺五寸，其香聞數百步，或衣裾誤拂，則芬馥經年不歇。卜後五人，偉祁子之不佩；《禮記》曰，石駘仲卒，無適子，有庶子六人，卜爲後者，曰沐浴佩玉則兆。五人皆沐浴佩玉，獨祁子曰：「孰有執親喪而沐浴佩玉者乎？」遂立祁子。結好二國，美襄仲之見辭。《左傳》曰，秦伯使西乞術來聘，襄仲曰：「寡君敢辭玉。」對曰：「不腆敝器，使下臣致諸執事，以結二國之好。」襄仲曰：「不有君子，其能國乎？」六瑞匪頒，《周禮》曰，以玉作六瑞以守邦國，王執鎮圭，公桓圭，侯信圭，伯躬圭，子穀璧，男蒲璧。五德丕著。《五經通義》曰，玉有五德，温潤而澤，似智；鋭而不害，似仁；抑而不撓，似義；有瑕於内，必見於外，似信；垂之如墜，似禮。魯納十穀，周王釋罪于衛侯；《左傳》曰，晉執衛公，歸于京師，魯公爲之納玉於王，與晉侯皆十穀，乃釋衛侯。鄭愛一環，韓起受賜於子產。《左傳》曰，晉韓起聘於鄭，有環，其一在鄭商，宣子謁諸鄭伯，子產弗與，宣子私覿於子產，以玉與焉。宣子即起也。願有餘而抵鵲，《鹽鐵論》曰，崑山之傍，以玉抵烏鵲。不蒙污以投泥。《後魏書》曰，高祖欲以穆弼爲國子助教，弼辭，高祖曰：「朕欲勵冑子，故屈節耳。以玉投泥，豈能相污？」弼曰：「殷遇明時，恥沉於泥滓。」獻闕下於新垣，祇以罔上；《漢書》曰，文帝始幸雍，新垣平使人持玉杯詣闕下獻之，平上言曰，闕下有寶玉氣。尋有獻玉杯。納懷取於叔帶，徒啟釁端。《左傳》曰，襄公薨，叔仲帶竊其拱璧，以與御人，納諸懷，而從取之，由是得罪。採藥富春，見紫衣之神女；《録異傳》曰：江巖常採藥富春縣清泉山，見一美女，紫衣踞石而歌，有碣石之音，巖往，女輒不見，乃破石得一紫玉，廣長一尺。釣璜渭水，兆白首之太公。見上太師及丞相註。孔子告天，駭流虹之變化；《搜神記》曰，孔子作《春秋》，制《孝經》，既成，齊戒告天，天降赤虹，化爲黄玉長三尺，上有文。晉騰鎮鄴，訝積雪之消亡。《異苑》曰，晉東瀛王騰，鎮鄴，時大雪，門前方數十步，融液不積，騰怪掘之，得玉馬高一尺。釵留而閣號招靈，《洞冥記》曰，漢武起招靈閣，有一神女留玉釵與帝，後釵匣見白燕升天。玦見而山名奚禄。《隋巢子》曰，奚禄山壞，天賜玉玦於羿，遂殘其身，以此爲福，而至於禍。聞鄭位之任數，瓘斝以禳；《左傳》曰，鄭裨竈言於子產曰：「宋衛陳鄭將同日火，若與我瓘斝玉瓚，鄭必不火。」子產弗與。鄙夏后之崇淫，苕華是刻。《竹書紀年》曰，桀伐岷山，岷山有二女，曰琬曰琰，桀愛二女，無子，刻其名於苕華之玉，苕是琬，華是琰。甕不汲而自盈，瑞爲聖人之應；《瑞應圖》曰，玉甕者，聖人之應也，不汲自盈。管方吹而有異，祥兆高祖之興。《西京雜記》曰，高祖入咸陽，周行庫藏，見玉筲長二尺二寸，二十九孔，吹之，見車馬山林，隱轔相應，名曰昭華之管。石變山中，隋王邵表曰，謹按自六年以來，山中石鸞爲玉。瓜頹塚裏。《抱朴子》曰，吴時發廣陵大塚，舉死人以倚壁，有一玉長一尺，形似冬瓜，從人懷中頹出墜地。白石降祥於典午，《晉書》曰，元帝永嘉初，有白玉麒麟神璽，出於江寧，其文曰，長濟萬年。典午乃司馬也。赤伏錫命於炎精。《後漢書》曰：光武在長安時，彊華（秦）〔奉〕《赤伏符》，曰「劉秀發兵捕不道，四夷雲集龍門野，四七之際火爲主」。羣臣請即皇帝位。得玉印於咸陽，哲廟成太平之治；《漢書》曰，高祖入咸陽，得秦璽，反即天子位，因御服，其璽世世傳授，號曰傳國璽。獻元璽於興化，高皇開再造之符。見《元史》。

梁章鉅《浪跡續談》卷七《璧》 世人於却人餽遺，率書其簡曰璧，翟晴江謂歸璧事出《左傳》、《史記》者凡五，其一爲晉獻公用荀息議，以垂棘之璧假道於虞以伐虢，隨以滅虞，荀息操璧前曰：璧猶是也。此與今人却餽之情事不合。一爲王子朝用成周之寶珪於河，津人得之，將賣之，石也，王定而獻之，復爲玉，此明言爲玉，而不得以璧代之。一爲秦昭王願以十五城請易趙璧，藺相如奉璧往，視秦無意償城，使從者懷其璧亡歸於趙，此秦恃强詐取，相如以死争歸，此何等事，似不宜用於和好之交際。一爲秦使者夜過華陰，有人持璧遮道，言今年祖龍死，使者奉璧，具以聞，乃二十八年渡江所沈璧，此更非嘉事。惟《左氏傳》僖二十三年，負覊饋公子重耳盤飧，置璧，公子受飧，反其璧。此一事最切合，故今人多援此爲比。至晴江又謂，當本《儀禮·聘禮》「君使卿皮弁還玉於館」、《戴記·聘義》「已聘而還圭璋」輕財重禮二事，然《聘義》注，明言財謂璧琮享幣也，是所還惟圭璋，而璧固受之，則於今人用璧之義愈不合矣。故家曜北直斷爲用負覊事，又言《左氏傳》昭十三年，有衛人饋叔向羹與錦，叔向受羹反錦事，則用錦字亦與璧相同。若今人有用藺相如事竟用趙字者，則恐不可爲訓也。

雜録

《孟子》卷二《梁惠王下》 孟子見齊宣王曰：「爲巨室，則必使工師求大木。工師得大木，則王喜，以爲能勝其任也。匠人斲而小之，則王怒，以爲不勝其任矣。夫人幼而學之，壯而欲行之，王曰：『姑舍女所學而從我』，則何如？今有璞玉於此，雖萬鎰，必使玉人雕琢之。至於治國家，則曰：『姑舍女所學而從我』，則何以異於教玉人雕琢玉哉？」

《孔子家語》卷八《問玉第三六》 子貢問於孔子曰：「敢問君子貴玉而賤珉？何也？爲玉之寡而珉多歟？」孔子曰：「非爲玉之寡故貴之，珉之多故賤之。夫昔者君子比德於玉。溫潤而澤，仁也；縝密以栗，智也；廉而不劌，義也；垂之如墜，禮也；叩之，其聲清越而長，其終則詘然，樂矣；瑕不掩瑜，瑜不掩瑕，忠也；孚尹旁達，信也；氣如白虹，天也；精神見於山川，地也；珪璋特達，德也；天下莫不貴者，道也。詩云：『言念君子，溫其如玉。』故君子貴之也。」

《穆天子傳》卷四《古文》 丁亥，天子升於長洪，乃遂東征。庚寅，至於重䍦氏黑水之阿。爰有野麥，自然生也。爰有荅堇，祗謹兩音。西膜之所謂木禾，木禾，粟類也。長五尋，大五圍，見《山海經》云。重䍦氏之所食。爰有采石之山，出文采之石也。重䍦氏之所守。曰枝斯、璿瑰、璿瑰，玉名。《左傳》曰：贈我以璿瑰。旋回兩音。瑖瑤、亦玉名，瑤音遥。琅玕、石似珠也。琅玕兩音。玲瑻旡瓓、皆玉名。字皆無聞。瑻音鈐璝。玗琪、玉屬也，於其二音。徽尾，無聞焉。凡好石之器於是出。盡出此山。

孟秋癸巳，天子命重䍦氏共食天子之屬。音共。言不及六師也。五日丁酉，天子升於采石之山，於是取采石焉。天子使重䍦之民鑄以成器於黑水之上，今外國人所鑄作器者，亦皆石類也。器服物佩好無疆。曰天子一月休。秋癸亥，天子觴重䍦之人觻䶂，乃賜之黃金之罌二九、銀烏一隻、貝帶五十、朱七百裹、筩箭、桂姜百崮、絲䌰雕官。觻䶂乃膜拜而受。

劉歆《西京雜記》卷二 武帝過李夫人，就取玉簪搔頭。自此後，宮人搔頭皆用玉，玉價倍貴焉。

劉餗《隋唐嘉話》卷中 潤州得玉磬十二以獻，張率更叩其一，曰：「是晉某歲所造也。是歲閏月，造者法月，數當十三，今缺其一。宜於黃鍾東九尺掘，必得焉。」敕州求之，如其言而得之。

段成式《酉陽雜俎》卷一〇《物異》 秦鏡，儛溪古岸石窟有方鏡，徑丈餘，照人五臟。秦皇世號爲照骨寶，在無勞縣境山。【略】漢高祖入咸陽宮，寶中尤異者有青玉燈。檠高七尺五寸，下作蟠螭，以口銜燈，燈燃則鱗甲皆動，炳焕若列星。

段成式《酉陽雜俎》卷一〇《物異》 豫章船，昆明池漢時有豫章船一艘，載一千人。

銅駝，漢元帝竟寧元年，長陵銅駝生毛，毛端開花。

簹，晉時錢塘有人作簹，年收魚億計，號萬匠簹。【略】

玉龍，梁大同八年，戍主楊光欣獲玉龍一枚，長一尺二寸，高五寸，雕鏤精妙，不似人作，腹中容斗餘，頸亦空曲，置水中，令水滿。倒之，水從口出，水聲如琴瑟，水盡方止。

鄭綮《開天傳信記》 太真妃最善於擊磬拊搏之音，泠泠然新聲。雖太常梨園之能人，莫加也。上令採藍田綠玉琢爲器，上造簨簴流蘇之屬，皆以金鈿珠翠珍怪之物雜飾之，又鑄二金獅子，作拏攫騰奮之狀，各重二百餘斤，以爲趺，其他綵繪縟麗，製作神妙，一時無比也。上幸蜀回京師，樂器多亡失，獨玉磬偶在。上顧之悽然，不忍置於前，促令送太常，至今藏於太常正樂庫。

王溥《唐會要》卷七《封禪》 貞觀十一年，羣臣復勸封山，始議其禮。於是國子博士劉伯莊、睦州刺史徐令言等，各上封禪之事，互設疑議，所見不同。多言新禮中封禪儀注，簡略未周。太宗勑祕書少監顏師古、諫議大夫朱子奢等，與四方名儒博物之士參議得失。議者數十家，遞相駁難，紛紜久不決。於是左僕射房玄齡、特進魏徵、中書令楊師道博採衆議，堪行用而於舊禮不同者，奏之。其議昊天上帝壇曰：「將封先祭，義在告神，且備謁敬之儀，方展慶成之禮。固當於壇下阯，先申齊潔。贊享已畢，然後登封。既表重慎之深，兼示行事有漸。今請祭於泰山下，設壇以祀上帝，以景皇帝配享。壇長一十二丈，高一丈二尺。」又議製玉牒曰：「金玉重寶，質性貞堅，宗祀郊禋，皆充器幣，豈嫌華美，寔貴精確。況三神壯觀，萬代鴻名，禮極殷崇，事資藻縟。玉牒玉簡，式韞靈奇，傳之無窮，永存不朽。今請玉牒長一尺三寸，廣厚各五寸。玉簡厚二寸，長短闊狹一如玉牒。其印齒請隨璽大小，仍纏以金繩五周。」又議玉策曰：「封禪之祭，嚴配作主，皆奠玉策，肅奉誠虔。今玉策四枚，各長一尺三寸，廣一寸五分，厚五分。每策五簡，俱以金編。其一奠上帝，一奠太祖座，一奠皇地祇，一奠高祖座。」又議金匱曰：「登配之策，盛以金匱，歸格藝祖之廟室。今請長短令容玉策，高廣各六寸。形制如今之表函。纏以金繩，封以金泥，印以受命璽。」又議方石再累曰：「舊藏玉牒，止用石函，亦猶盛書篋笥，所以或呼石篋。今請方石三枚，以爲再累。其十枚石簡，刻方石四邊而立之。纏以金繩，封以石泥，印以受命璽。」又議泰山上圜壇曰：「四出開道，壇場通義，南面入升，於事爲允。今請介邱上圜壇廣五丈，高九尺，用五色土加之。四面各設一階。御位在壇南，升自南階，而就上封玉牒。」又議圜壇上土封曰：「凡言封者，皆是積土之名。利建分封，亦以班社立號。謂之封禪，厥義可知。今請於圜壇之上，安置方石，璽緘既畢，加土築以爲封。高一丈二尺，而廣二丈，以五色土益封，玉牒藏於其內。祀禪之土封，制亦同此。」又議玉璽曰：「謹詳前載方石緘封，玉檢金泥，必資印璽，以爲祕固。今請依令用受命璽，以封石檢。其玉檢既與石檢大小不同，請更造璽一枚，方一寸二分，文同受命璽，以封玉牒。石檢形制，依漢建武故事。」又議立碑曰：「勒石紀號，顯揚功業，登封降禪，肆覲之壇，立碑紀之。」又議設告至壇曰：「既至山下，禮行告至，柴於東方上帝，望秩遍禮羣神。今請其壇方八丈一尺，高三尺，陛仍四出。其禪方壇及餘飾，請從今禮。仍請式柴祭、望秩，同時行事。」又議廢石闕及大小距石曰：「距石之設，意取牢固，本資寔用，豈云雕飾。今既積土厚封，足與天長地久。其小距環壇，石闕迴建，事非經誥，無益禮儀，煩而非要，請從減省。」太宗從其議，仍令附之於禮。

沈括《夢溪筆談》卷一九《器用》 朝士黄秉，少居長安，遊驪山，值道士理故宮石渠。石下得折玉釵，刻爲鳳首，已皆破缺，然製作精巧，後人不能爲也。鄭愚《津陽門》詩云：「破簪碎細不足拾，金溝淺溜和纓緌」非虚語也。余文嘗過金陵，人有發六朝陵寢，得古物甚多。余曾見一玉臂釵，兩頭施轉關，可以屈伸，合之令圓，僅於無縫，爲九龍繞之，功侔鬼神。世多謂前古民醇，工作率多鹵拙，是大不然。古物至巧，正由民醇故也，民醇則百工不苟。後世風俗雖侈，而工之致力，不及古人，故物多不精。

朱國禎《湧幢小品》卷一《買珠》 世宗以大小珠一函及甘黄玉刀鋏一具示燿，令求珠玉如式。凡兩月，上意遲之，復諭燿曰：「金玉珠寶，古今常有。王侯制度，非不經之用，爾職當思自盡，無徒遠嫉怨爲避害計。祖宗時內藏之積，至弘治年盡矣。然非孝宗自用，今無一二。其多方搜覓，並買黄金四千兩進用。金價於欽取銀兩內給之。」燿懼，乃以先覓得大小珠四等，共一千五百餘粒，用價二萬二千五百餘兩，貿之以進。上以未足原旨所取之數，且無甘黄玉，疑司帑吝費，不以時值給，故民間鮮有售者。仍命燿亟如數購進，毋緩。會宴駕乃止。

王士禛《古夫于亭雜録》卷一《玉雕物》 唐相楊收，每下朝常弄一玉婆羅門子，高數寸，瑩徹精巧，云是于闐王內庫中物。周時渠胥國獻玉駱駝，高五尺。

王士禛《古夫于亭雜録》卷一《白玉寶物》 又云：「福唐葉文忠公有白玉觀世音一，高尺餘，脣朱髮漆，相好天然，不假人力。宜興故相家一白玉太真妃睡相，乃宋製，近爲武林一貴人購去。」

王士禛《古夫于亭雜録》卷二《白玉佛》 元丞相伯顏使于闐國，於井中得一玉佛，白如截肪，高可四五尺。

王士禛《古夫于亭雜録》卷三《錢寧家寶》 錢寧家有祖母緑如來像、白玉琴、白玉琵琶各一。

宋犖《筠廊偶筆》卷下 先文康公於京師買碧璞如升，厮養卒見而笑之曰：「吾家厠中便有，何買爲？」先公命向厠中取之，果得碧璞，長二尺，圜一尺有半。洗滌之，光瑩動人，因置石床上爲玉枕，題曰：「龜茲國有琥珀枕，枕之則十洲三島五湖四海盡入夢中，此枕無乃是？」蓋所居乃前朝中貴舊業，闖賊陷長安，其家藏珍玩遂流落厠中塵埋也。

圖録

趙彥衛《雲麓漫鈔》卷一五　博陵崔逢《傳國璽譜》內所載璽

受命于天　既壽永昌

受命于天　既壽永昌

元符所得璽

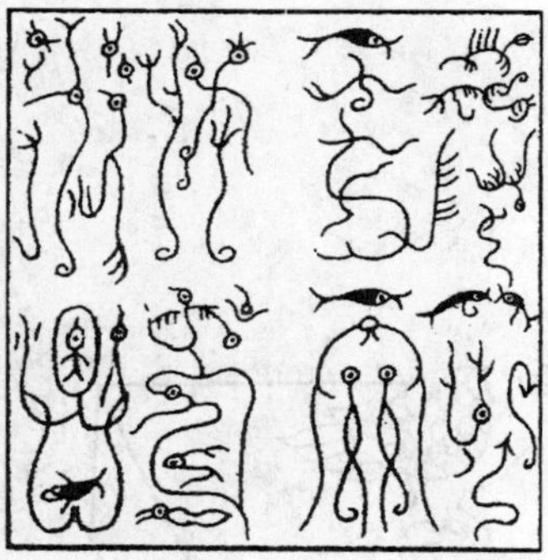

受命于天　既壽永昌

紐

魏璽

檢

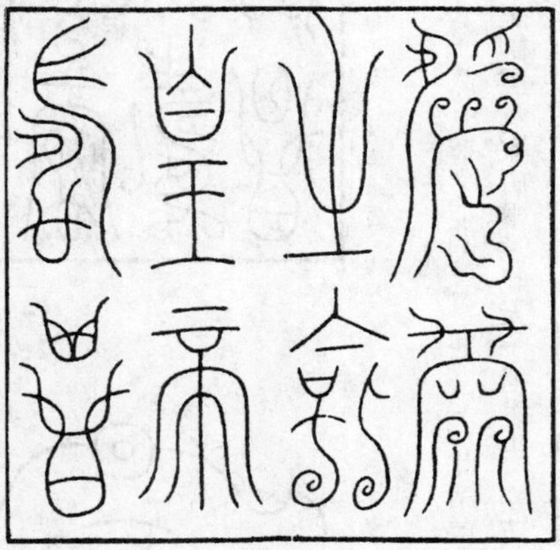

受天之命　皇帝壽昌

崔逢《譜》云：「魏太祖又於側命皇象小篆七字云：『魏所受漢傳國璽。』」

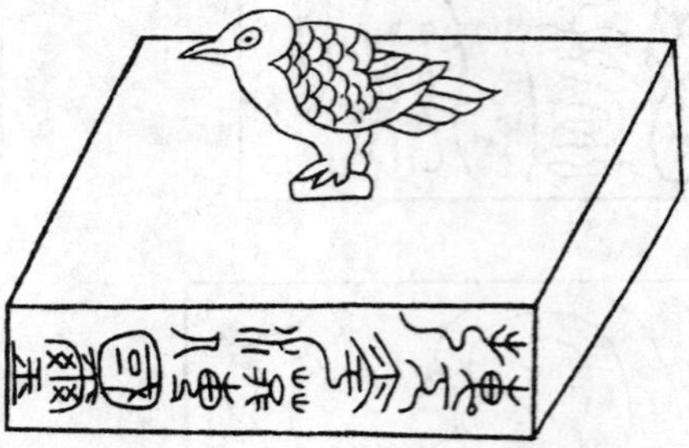

碑本

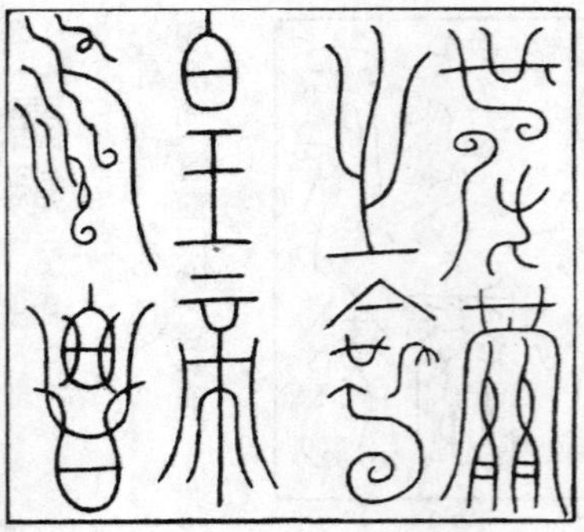

受天之命　皇帝壽昌

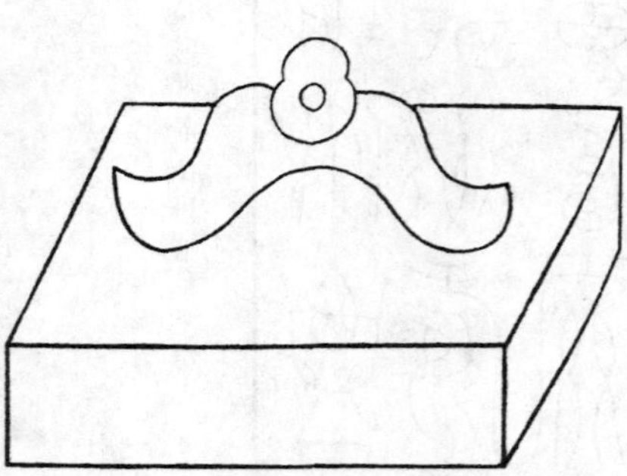

紐

受命于天　既壽永昌

紐

《左傳》：襄公在楚，武子使季冶問璽書而與之。此諸侯大夫稱璽也。秦長信侯毒作亂而覺，矯王御璽及太后璽。此天子稱璽也。注：璽者，印信也。天子璽，白玉螭虎紐，惟其所好云。秦得卞和所獻玉，命丞相李斯篆書，詔工人孫壽用藍田玉作，其文云：「受命于天，既壽永昌。」秦王子嬰獻之高祖。傳至平帝，王莽篡位，從元帝王皇后求璽，莽逼取之，后怒投之，鼻螭一角與足折，至今一角小缺。至東漢，獻帝出奔，璽則失之。後三國鼎立時，有「假版天子」之語，故皆云得璽。孫堅以謂得之洛陽甄官井，袁術拘堅夫人吴氏，取之不獲。荆州刺史以謂得之袁氏，送之許昌。五胡亂華，往往竊造，魏太武始光七年夏四月，毁鄴城五層浮屠，云於泥像中得玉璽二，文曰：「受命于天，既壽永昌。」其一刻其旁曰「魏所受漢傳國璽」，則知此璽乃元魏時爲之，比人不知考。曹操雖爲漢丞相，至子丕方受漢禪，不應操於爲丞相時，先取其實刻云「魏所受漢傳國璽」，其理甚明。元魏但欲以爲魏有國之符，而又璽上立一雀，形狀不古，則知董卓之亂焚燒宫室，帝出奔，此璽已亡。至唐高祖得隋禪，亦不言得璽。太宗貞觀十六年，始刻受命璽，白玉螭首，文曰「皇天景命，有德者昌」。詳其文，即是依倣秦璽文爲之。長壽二年，改玉璽爲寶。神龍元年，復爲璽。天寶十載，製八寶。五代之亂，清泰之亡，累朝寶玉，秉畀炎火。故邪律德光入汴求璽，少帝云：「先帝受命，旋令玉工製造。」則知後來所造僞璽，亦皆亡矣。崔《譜》又云：「秦璽兩面皆有文。」不知何據？文如前。周廣順中始造二寶，曰「皇帝承天受命之寶」、「皇帝神寶」。太祖受命，傳其二寶。太祖又別制「承天受命之寶」，用玉，篆文，廣四寸九分，厚一寸二分，填以金盤龍紐，係以暈錦大綬，赤小綬，連環；玉檢高七寸，廣二寸四分，厚四分；玉斗方三寸四分，厚一寸二分；皆飾以金環，以紅錦，加紅羅泥金夾帕，納於小盝，以金裝，内設金床，暈錦褥，飾以褋色玻璃、碧鈿石、珊瑚、金精石、碼碯。又盝二重，皆裝以金，覆以紅羅繡帕，載以腰輿及行馬，並飾以金。朝會陳於御坐前，大禮則列於仗。真宗又改「皇帝受命」爲「皇帝恭承天命之寶」。元符元年春正月甲寅，永興軍咸陽縣民段義劚地得古玉印，詔尚書禮部、御史臺、學士院、祕書省、太常寺官定驗以聞。三月丙辰，翰林學士承旨蔡京等奏：「奉勅講議定驗咸陽民段義所獻玉璽，義稱：『紹聖三年十二月，内河南鄉劉銀村掘土得之。』臣等按，所獻璽色緑如藍，温潤而澤，其文曰『受命于天，既壽永昌』，其背螭紐五盤，紐間亦有貫組小竅，其面檢文，與璽相合，大小不差毫髮，篆文工作皆非近世所爲。臣等以歷代正史考之，璽之文曰『皇帝壽昌』者，晉璽也；曰『受命于天』者，後魏璽也；『惟德允昌』者，石晉璽也；則『既壽永昌』者，秦璽可知。今得璽於咸陽，其玉乃藍田之色，其篆與李斯小篆體合，飾以龍鳳鳥魚，其蟲書鳥跡之法，於今傳古書莫可比擬，非漢以後所能作，明矣。今陛下嗣守大寶，而神璽自出，其文曰『受命于天，既壽永昌』，則天之所畀，烏可忽哉！漢、晉以來，得寶鼎瑞物，猶告廟改元，肆眚上壽，況傳國之器乎？其緣寶法物禮儀，乞下所屬施行。」詔禮部、太常寺考按故事詳定以聞。有司討論故實來上，擇日祗受，改元曰元符，大赦天下，百寮稱賀。《國史補》：「國初創業艱難，諸寶多階石爲之。元豐中，詔依古作天子皇帝六璽，而玉時未成。大觀初，始得玉工之善者，琢之，但疊篆而已，亦不大良。又元符初，得漢傳國璽，實秦璽，乃藍田玉，李斯之魚篆也，其文曰『受命于天，既壽永昌』，然獨得璽而無檢，螭又不缺，疑其一角缺者乃檢也。自有璽傳，考驗甚詳，傳於世。上獨取其文，而黜其璽不用，因自刊受命寶，其方四寸有奇。時又得古小玉印，文曰『承天福，延萬億，永無極』者，上又以其文倣李斯魚蟲篆作寶，大將五寸，爲螭紐，蓋魯公命季子脩以意斆之。《受寶記》言『有以古篆進』者，謂是也。名爲鎮國寶，與受命寶爲二寶，合天子皇帝六璽，是爲八寶。乃於大觀二年元日受之，上自爲之記焉。」魚蟲篆者，始於李斯，以古帝之瑞，若所謂黄帝之蟥、有虞氏之鳳凰、周之赤烏白魚，雜肖其形而爲之篆爾。其後從于闐國求大玉，一日，忽有國使奉表至。故事學士院召譯者出表語，而後爲答詔，其表有云：「日出東方，赫赫火光，照見西方五百國，五百國條貫主師子黑汗王，表上日出東方，赫赫火光，照見四天下，四天下條貫主阿舅大官家：你前時要者玉，自家甚是用心，只爲難得似你尺寸底，自家已令人兩河尋訪，纔得似你尺寸底，便奉上也。」當時傳以爲笑，久果得之，厚大踰二尺，色如截肪，昔未始有也。上又制一寶，亦螭紐，曰「範圍天地，幽贊神明，保合太和，萬壽無疆」，凡十六字，實命魯公賦其文，篆亦魚蟲，然韻頗不古，乃梁師成所主，命睿思殿文字外庫人爲之，不知爲何人書也。至於製作之工，則幾於秦璽矣。其寶大九寸，有檢，亦九寸，古人所無，號曰「定命寶」，合前八寶爲九。下詔，以乾元用九焉。又於政和八年元日受之，凡兩受寶，皆赦天下。上曰：「八寶者，國之神器也。至于定命寶，乃我受命所自製者也。」居常赦文前後皆翰林學士主之，其間事目與行文，乃中書門下諸房排定進呈，獨大觀八寶赦乃魯公多自草，故異於常赦。靖康之變，悉不存。隆祐太后遣孟忠厚以「大宋之寶」奉迎高宗。本朝故事，雖存前代之制，常所用曰「書詔之寶」，書詔則用之；「御書之寶」，宸翰則用之；「御前之寶」，宣命緘封則用之；奏鈔則用「天下合同之寶」；祭祀則用「皇帝恭承天命之寶」，六。謹按《漢官儀》，天子不佩璽，侍中組負以從。秦以前爲方寸璽。衛宏亦云：「秦以前爲方寸璽，秦以來天子獨稱璽，又以玉，羣下莫得用。」《徐璆傳》：「獻帝遷許，璆以廷尉徵，當詣京師，道爲袁術所刦。術死軍破，璆得其盜國璽還許上之。司徒趙温謂曰：『君遭大難，猶存此邪？』璆曰：『昔蘇武用于匈奴，不墜七尺之節，況此方寸印乎？』」《吴書》亦云：「方圍四寸。」則知秦璽方寸耳。後之璽大若此，其爲僞無疑，後世轉相倣效，不勝其繁。善乎昌黎子之言曰：「若傳國璽，狂嬴賊斯，童心侈意而爲。」又曰：「下玉之璽，何代而不傳，何僞而不得？」旨哉！噫！聖人之大寶曰位，苟能畏天修己，不以富貴無敵爲樂，而以勤儉保邦爲務，皇天眷佑，神器永歸，奚用泥於得秦璽哉！享國之久，莫過三代，初未聞憑藉於無情之金石也。偶得元符璽，又並石刻諸璽，文模於前，以證譜家之謬，祛後來之惑，以貽博識者云。

吴大澂《古玉圖攷·敘》 古之君子比德於玉，非以爲玩物也。典章制度，於是乎存焉；宗廟、會同、祼獻之禮，於是乎備；冠冕、佩服、刀劍之飾，君臣上下等威之辨，於是乎明焉。唐、虞「班瑞於羣后」，「禹錫玄圭」而水患平，成周分寶玉於伯叔之國。三代以來，聖帝明王，不寶金玉，而玉瑞、玉器之藏未嘗不貴之重之。所可攷者，《周禮·典瑞》之文，《攷工記·玉人》之職，《玉藻》、《明堂位》之所紀載，《鄭風》、《衛風》、《小雅》之所歌咏，《爾雅·釋器》之所詳，毛《傳》、鄭《注》、許書之所解，流傳至千百年後，其器猶散見於齊、魯、宋、衛士大夫之家。羅而致之，裒而集之，可與經傳相證明者不一而足。

然而好古之士，往往詳於金石而略於玉，爲其無文字可攷耶？抑謂唐宋以後仿製之器多，而古玉之真者不可辨耶？余觀《宣和古玉圖》既病其蕪襍而不精，吕氏《考古圖》雖有《古玉》一卷，又惜其無所攷正。元朱澤民所撰《古玉圖》寥數十器，相沿舊説，多無證据。於圭、璋、琮、璜，典禮之所關，闕如也。

余得一玉，必攷其源流，證以經傳。歲月既久，掇討益廣。今春得鎮圭、青圭，始知「天子圭中必」、「杼上終葵首」之義。得黄琮、組琮，始信許叔重「琮似車釭」之説、鄭司農「外有捷盧」之説。得玉韘、玉散，始知「明堂位」之「璧散」、「璧角」與《内宰》之「瑶爵」，皆以玉爲器，而非以玉飾口。得白玉古韘，始知「決拾」之「決」用棘、用象骨，亦有時而用玉，毛公訓「玦」之義爲不誤也。得白珩、蔥珩，始知珩、璜、琚、瑀、衝牙之制。

又知世俗所傳「昭文帶」即「鞙鞙佩璲」之璲，舊説以爲璏，則非也。玉琥爲六瑞之一，即漢虎符之所本。大璜與佩玉之璜，名同而制不同。若此者，皆足以資詁經之助，而補金石家之所不及。爰屬族弟大楨圖其形制，編訂成書，以公同好。玉鉨、玉印、玉押，其有文字可據者，亦並坿焉。是爲敘。

光緒十有五年歲在己丑夏四月八日吴縣吴大澂書於濟甯節署。

吴大澂《古玉圖考》 周鎮圭尺式：與大琮弟一器尺寸正合。疑此尺爲西周舊制。

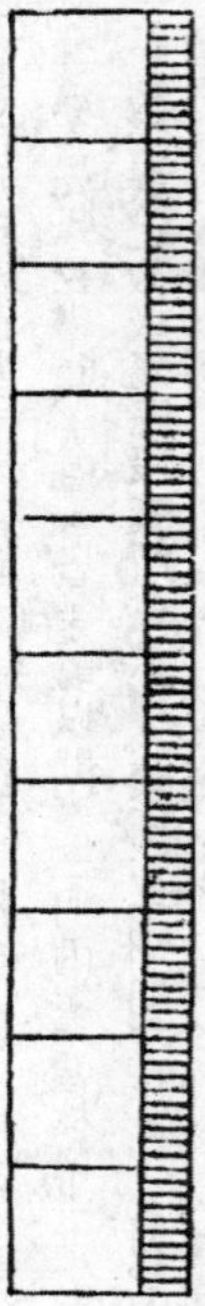

周搢圭尺式：與大琮弟二器尺寸正合。

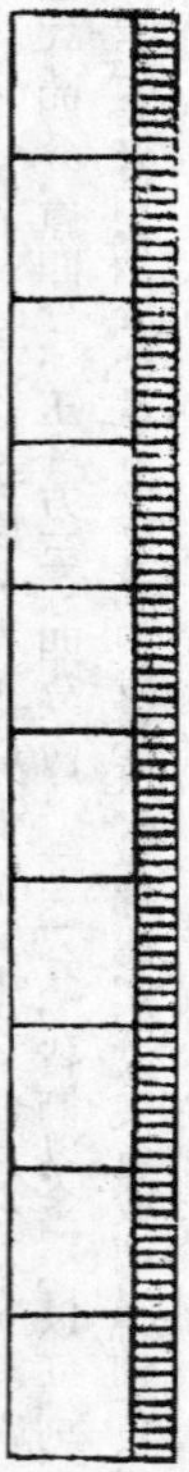

此亦鎮圭也。因背有象鼻孔，可以繫組，插于紳帶之間，故以「搢圭」别之。

鎮圭：青玉，五色斑。

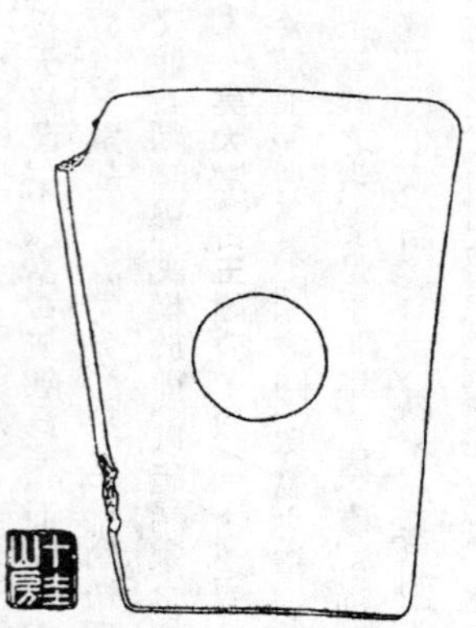

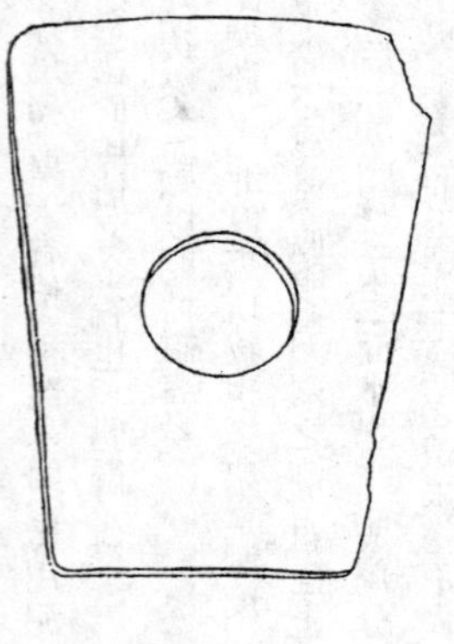

《攷工記·玉人》：「鎮圭，尺有二寸，天子守之。」又云：「天子圭中必。」鄭《注》：「必讀如『鹿車縪』之縪。謂以組約其中央，爲執之以備失隊。」大澂竊疑「鹿車」之「縪」施之於圭，似不相類。是圭即尺有二寸之鎮圭，中有一穿，徑約三寸，穿上四寸有半寸，穿下亦四寸有半寸。因疑「中必」之必，即古「柲」字。《説文》：「柲，欑也。欑，積竹杖也，一曰穿也。」蓋它圭穿多近下，用以繫組而已。天子之圭，穿在中央，可以手執，不致失隊。故曰：「天子圭中必。」《攷工記》：「戈柲六尺有六寸。」《注》：「柲，猶柄也。」今所見三代戈、瞿，往往有穿，其穿即謂之柲。所執之木柄，當有小槩横貫於柲中，故木柄亦謂之柲。許書木部柯、棁、柄、柲、欑五字連文，叔重不訓柲爲柄，而訓爲欑，其必有所本矣。康成不直訓爲柄，而曰「猶柄」也，可知柲非柄之稱。後人因貫柲之柄用木，遂从木旁。古文不从木，可以「天子圭中必」證之。

《説文》：「珽，大圭。長三尺，杼上終葵首。」即本《攷工記·玉人》文。鄭《注》：「終葵，椎也。爲椎於其杼上，明無所屈也。杼，閷也。」《玉藻》注：「終葵首者，于杼上又廣其首，方如椎頭。」大澂以爲天子之圭與剡上之制不同，以是圭度之。大圭、鎮圭，皆係「杼上終葵首」。《記》文舉一以例其餘，《方言》引《燕記》曰：「豐人杼首，杼首，長首。」《輪人》：「行澤者欲杼。」《注》：「杼，謂削薄其踐地者，是『杼上』者，言其長而薄；『終葵首』者，言其廣而方也。」王氏《説文句讀》「椎」下引《纂文》：「柊楑，方椎。」今人不知古圭有與方椎相似者，輒以藥鏟目之，亦猶三代古琮概目之爲釭頭，是不可不攷正之也。

鎮圭：青玉。

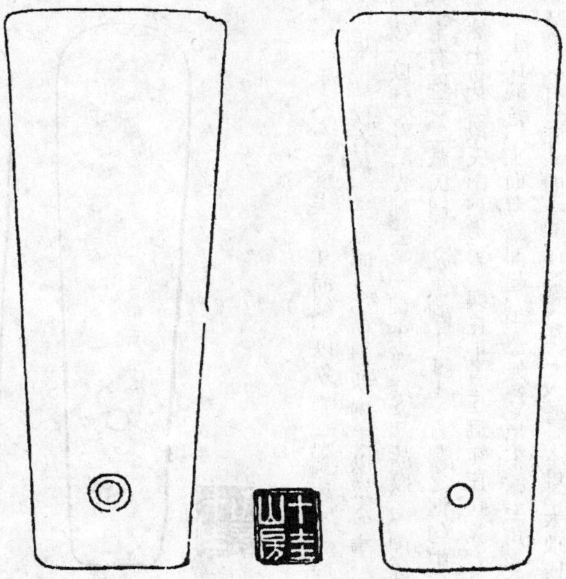

是圭尺寸，與大琮第二器有駔文者絲毫不爽，亦即尺有二寸之鎮圭。惟兩琮、兩圭尺度畧有不同，當係年代有先後，權衡度量與時變易耳。背有四孔，可以繫組，兩邊皆有繩痕，似當時用作搢珽繫於紳帶之閒者，然與大圭尺寸不符也。

鎮圭：青玉，黑辮。

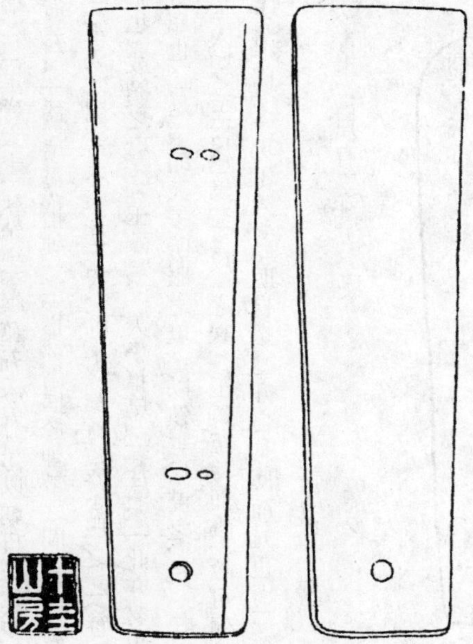

鎮圭：玉色，純赤。

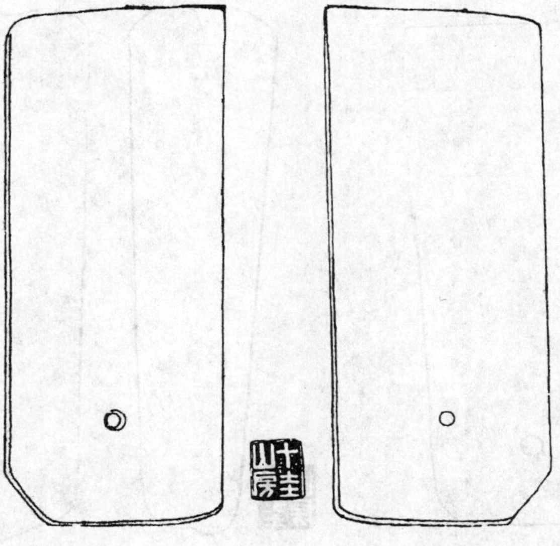

大圭：一名珽。青玉，黑文，隱隱如龍鳳，穿下三四寸帶黃色。

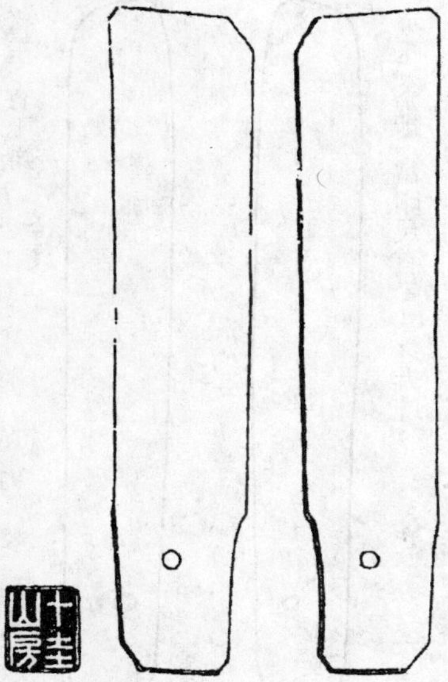

《典瑞》：「王晉大圭，執鎮圭，繅藉五采五就，以朝日。」《注》故書鎮作瑱。鄭司農云：「晉，讀爲『搢紳』之『搢』，謂插於紳帶之間，若帶劍也。瑱讀爲『鎮』。」《玉人》曰：「大圭長三尺，杼上終葵首，天子服之。」《注》云：「王所搢大圭也，或謂之珽。」《玉藻》：「天子搢珽。」《注》：「此亦笏也，珽之言挺然無所屈也。」是圭即天子所服之珽。以鎮圭尺度之，長一尺九寸。大澂竊疑《玉人》之「三尺」爲「二尺」之誤。玉質至薄而輕，故可佩於紳帶之間。《相玉書》曰：「珽玉六寸，明自炤。」亦言其薄而光也。「六寸」之説未聞。

琬圭：青玉，長尺有二寸。

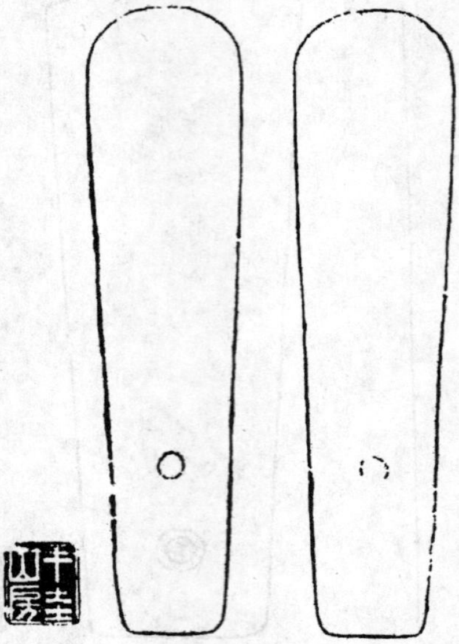

《攷工記・玉人》：「琬圭九寸而繅，以象德。」鄭《注》：「琬，猶圜也。王使之瑞節也。諸侯有德，王命賜之，使者執琬圭以致命焉。」《典瑞》：「琬圭以治德，以結好。」先鄭云：「琬圭無鋒芒，故以治德、結好。」《説文》：「琬，圭有琬者。」戴氏曰：凡圭剡上寸半，直剡之倨句中矩，琬圭穹隆而起，宛然上見。」段氏曰：宛者，與丘上有丘爲宛丘同義。」是圭，得之濟甯市上。上作圜首，圭面穹隆而起，兩邊無鋒芒，不露圭角者，即古之琬圭無疑。其長尺有二寸，即《顧命》鄭《注》「大璧、大琬、大琰皆度尺二寸者」是也。

琬圭：青玉，有土辮。

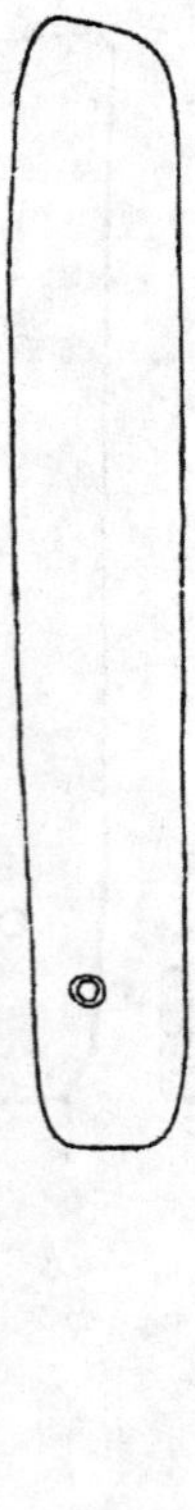

琬圭：赤玉，下斷，當印尺有二寸之大琬。

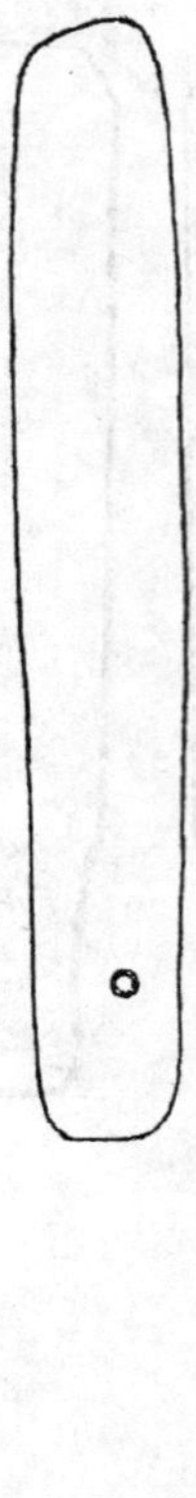

青圭：青玉。

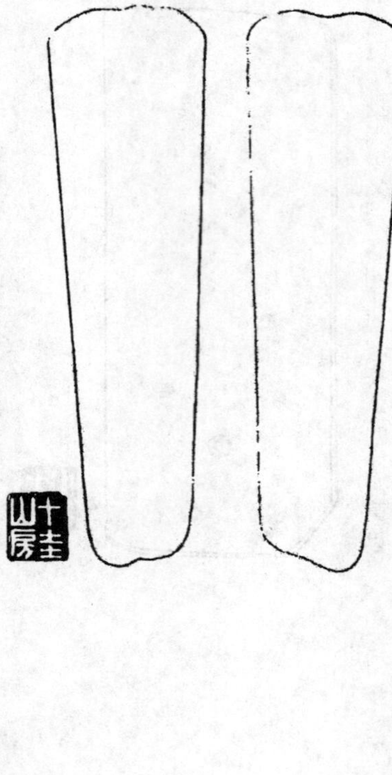

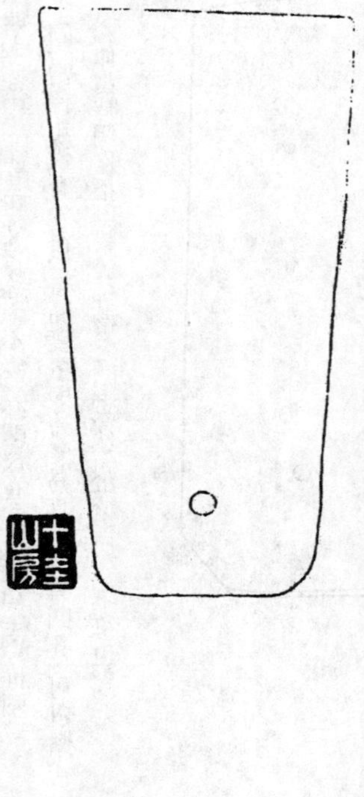

琰圭：玄玉。上作半規形，兩角微缺。

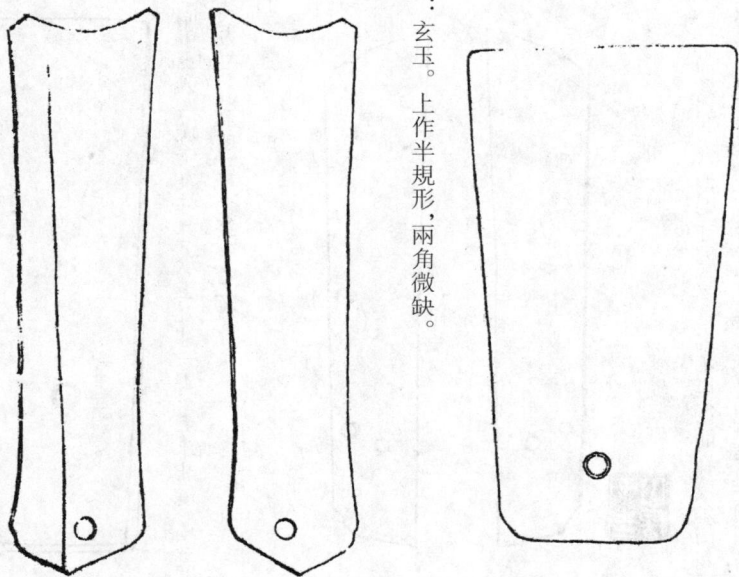

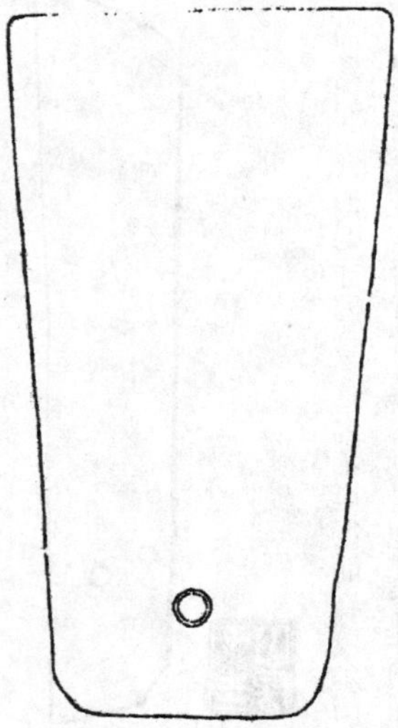

右圭，玉色純黑，與世俗所謂水銀浸者不同，殆即古之玄圭與？其制上作半月形。大澂所集《説文古籀補》：「□字，即古文斦。」它圭象終葵首，此獨象斦首，即《攷工記》「判規」之制。左右兩角，稜稜有鋒。《儒行》：「毀方瓦合。」《疏》：「圭角，謂圭之鋒鋩，有楞角。」即指琰圭而言。後人未見古制，以圭之剡上者爲圭角，終覺相强也。《周禮·典瑞》：「琰圭以易行，以除慝。」鄭司農云：「琰圭有鋒芒，傷害、征伐、誅討之象，故以易行、除慝。易惡行令爲善者，以此圭責讓喻告之也。」琰圭與剡上異解，乃《玉人》「琰圭九寸，判規。」《注》云：「凡圭，琰上寸半。琰圭，琰半以上，又半爲瑑飾。」此鄭君未覩「判規」之制，而以意解之耳。

穀圭：青玉，黑文。

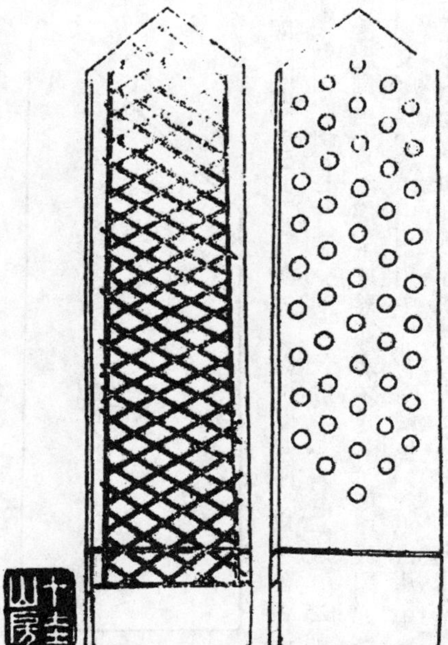

《周禮·典瑞》：「穀圭以和難，以聘女。」《玉人》不言和難者，聘女則禮之常，和難則事之變也。此爲卿大夫出使之瑞節。後有刻文者，即《玉人》所謂「組圭、璋、璧、琮、琥、璜之渠眉」是也。

圭：玉質溫潤，乾黃色。

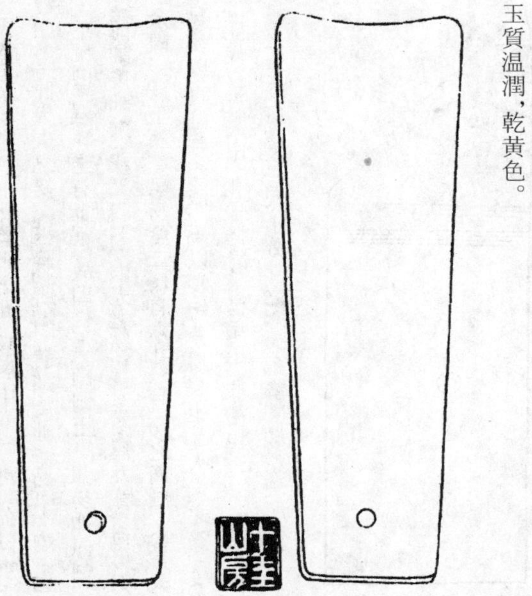

圭：白玉，灰浸，俗稱雞骨白。長九寸。

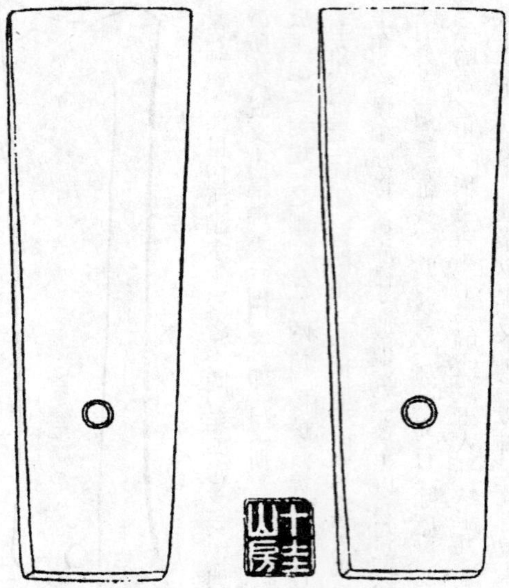

《攷工記・玉人》「琬圭九寸」、「琰圭九寸」。是圭雖非琬、琰，而以周鎮圭尺度之，適得九寸，其制與「杼上終葵首」合。

笏：青玉，黑暈。

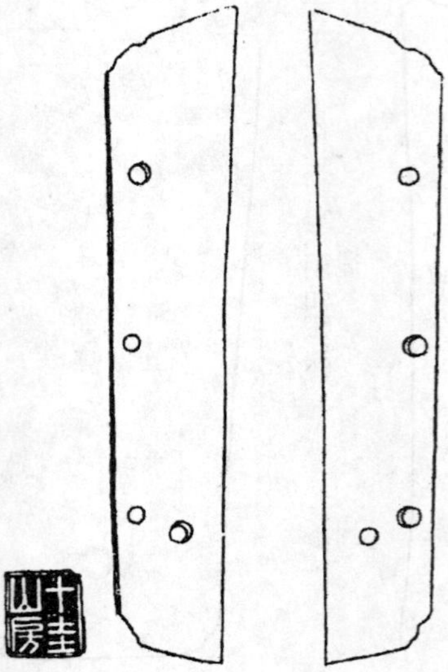

或問古玉有似璋非璋、似刀非刀者，其名不可得而詳。余曰：「此笏也。」何以知爲笏？曰：「邊有三孔，可以結繩佩於紳帶之間。非笏而何？」其三孔之外，又有一孔，何也？曰：「此繫組之孔，故居中而向後。」何以上下皆不方，有可攷與？曰：「此大夫之笏，《玉藻》所謂『前詘後詘，無所不讓』也。」何以稱前後不稱上下？曰：「執圭有上下，故曰杼上、曰剡上。佩笏如佩劍，繫於革帶之下，故曰『前詘後詘』。」或又曰：「大夫之笏，長至一尺九寸，得毋與天子之珽相埒乎？」余曰：「《玉藻》言『笏度二尺有六寸』，此笏之通制，不言天子、諸侯、大夫之別者，笏以直詘判等威，不以長短分貴賤也。」大夫之笏，安得用玉？曰：「禮樂、征伐自大夫出，孔子慨之。僭用玉，非禮也。」

璋：青玉，有瑞斑，長一尺十分寸之六。邵漪園觀察漣所藏。

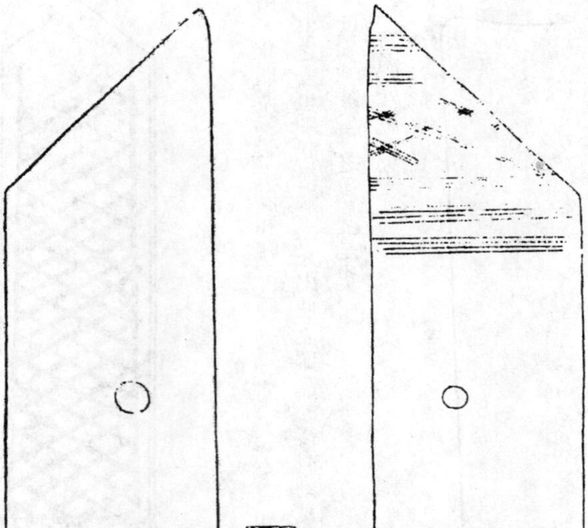

右璋，即《玉人》所云「邊璋七寸，射四寸」是也。今以周鎮圭尺度之，長一尺一寸稍弱，剡出之射，長三寸十分寸之六，射下七寸，正合邊璋之制。射長不足四寸者，古之良玉不易得，就玉琢器，或有不足耳。鄭康成曰：「於大山川，則用大璋，加文飾也；於中山川，用中璋，殺文飾也；於小山川，用邊璋，半文飾也。」是璋上半有瑑文，可知鄭《注》「半文飾」之説必有所本。賈《疏》謂「鄭君以意解之」，非也。

牙璋：青白玉。

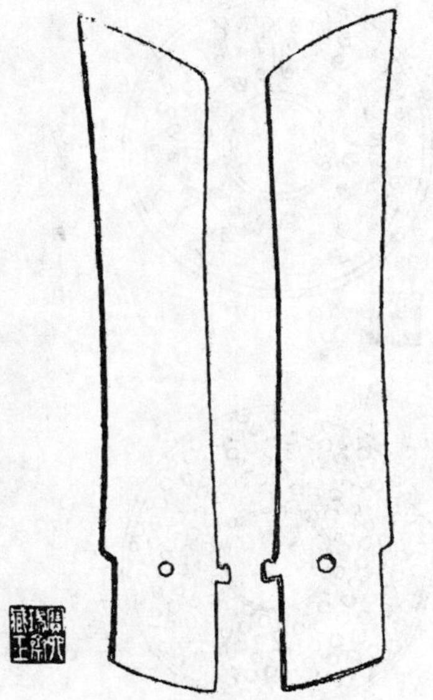

此《周禮・典瑞》、《攷工記・玉人》所謂牙璋也。「牙璋以起軍旅，以治兵守」，故與戈戉之制畧同。首似刀，而兩旁無刃，世俗以爲玉刀，誤矣！圭、璋左右皆正直，此獨有旁出之牙，故曰「牙璋」。鄭司農云：牙璋，瑑以爲牙。牙齒，兵象，故以牙璋發兵，若今時以銅虎符發兵。」後鄭云：「牙璋，亦王使之瑞節。兵守，用兵所守，若齊人戍遂，諸侯戍周。」又《玉人》「牙璋、中璋。」《注》云：「二璋皆有鉏牙之飾於琰側。」今得是器，可以證康成鉏牙之說。惟《玉人》云：「牙璋、中璋七寸，射二寸。」當以九寸爲度。是璋長至一尺七寸有半寸，疑亦東周以後之物，與古制尺寸不甚合也。

瑁：玉色純黑。

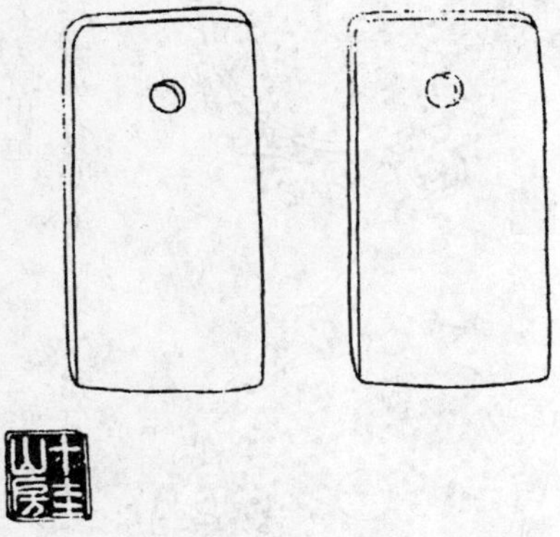

《玉人》云：「天子執冒，四寸，以朝諸侯。」《注》云：「名玉曰冒者，言德能覆蓋天下也。四寸者，方以尊接卑，以小爲貴。」《說文》「瑁」下云：「諸侯執圭朝天子，天子執玉以冒之，似犂冠。古文从冃，作玥。」段《注》云：「《爾雅》注作犂錧，謂耜也。」《周禮・匠人》：「耜廣五寸，二耜之伐，廣尺。」耜刃方，瑁上下方似之。《尚書大傳》曰：「古者圭必有冒，不敢專達也。天子執冒，以朝諸侯，見則覆之。」右玉形制與耜相似，上下皆方，以鎮圭尺度之，適合「耜廣五寸」之制，可證許君「瑁似犂冠」之說。玉人制器，雖畧有參差，大致不出四五寸之間。

大璧：

大璧：青玉。劉毅吉觀察鼒所藏。

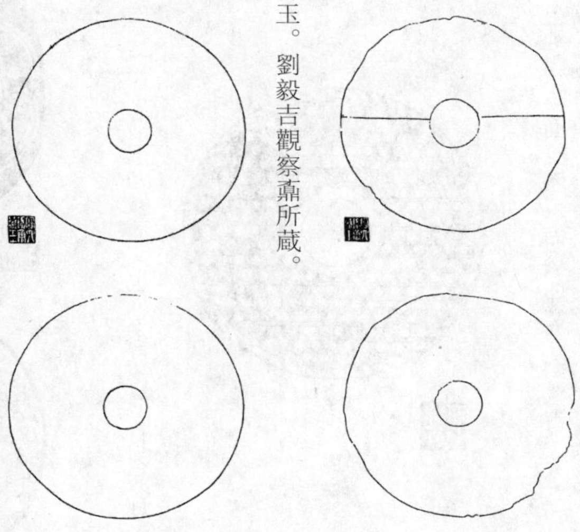

右，蒼璧二。其一爲劉毅吉觀察鼒所藏，與余所得尺有二寸之鎮圭尺寸正合。以余所藏大璧斠之，徑寸稍弱。製作皆古樸渾成，色澤深厚，望而知爲三代古物，當即周之宏璧也。《爾雅・釋器》：「肉倍好，謂之璧。」《周禮・大宗伯》：「以蒼璧禮天。」《注》：「璧圜象天。」《書・顧命》：「宏璧。」鄭《注》：「大璧、大琬、大琰，皆度尺二寸者。」《五代會要》三引崔靈恩《三禮義宗》云：「蒼璧所以禮天，其長尺有二寸，蓋法天之十二時。」又《周禮・小行人》：「璧以帛，琮以錦。」《注》：「五等諸侯享天子用璧，享后用琮。」然則尺有二寸之大璧，非禮天之瑞玉，即諸侯享天子所用也。

穀璧：青玉，璊點，廓外有龍文者僅見，不知何所取義？

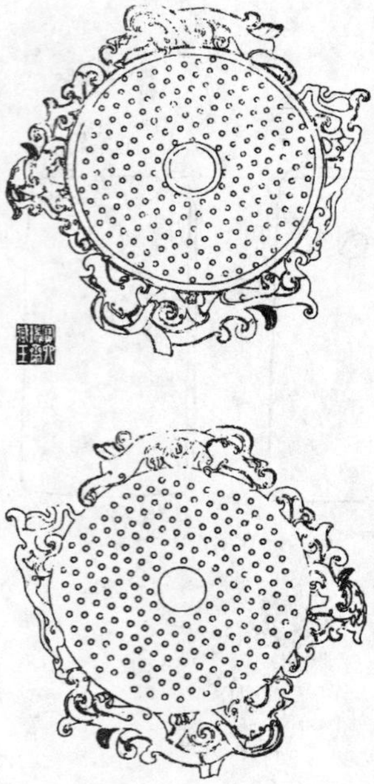

穀璧：白玉，璊辨。

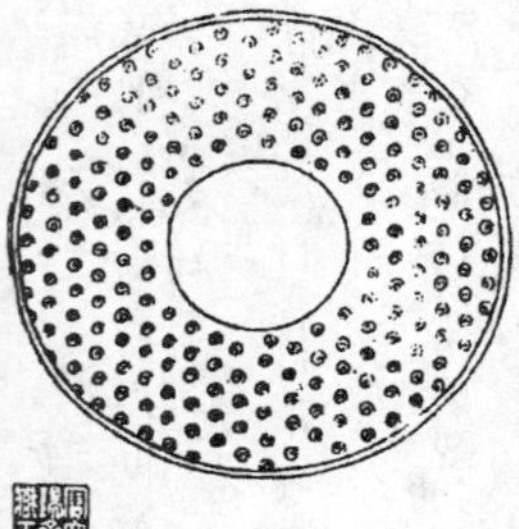

穀璧：青玉，黑辨，以鎮圭尺度之，徑五寸。

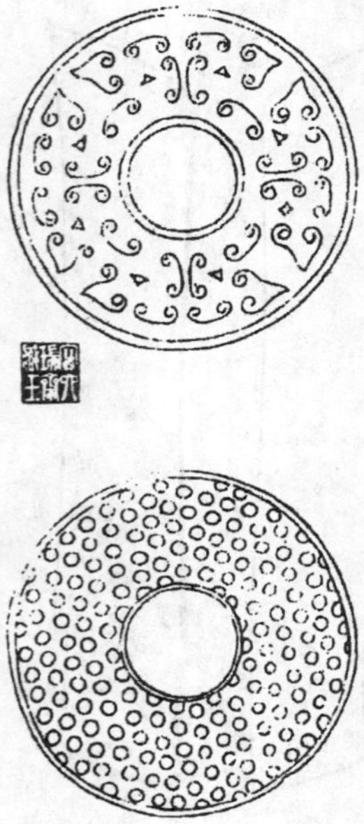

穀璧：白質，黑章，滿身水繡。

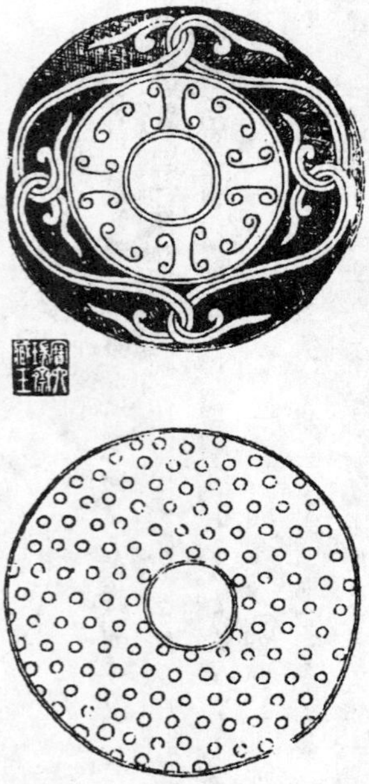

蒲璧：青玉，璊斑。

丁艮少山曰：「古之蒲璧乃織蒲文也。」未見古璧有刻蒲艸者，其説是也。

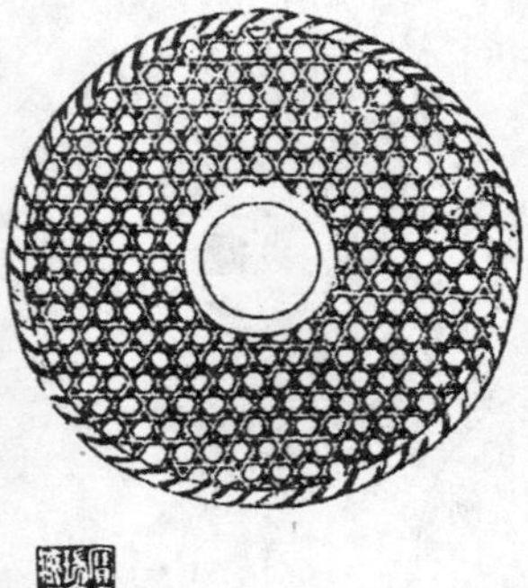

蒲璧：玉色純黑，一面雙螭，一面織蒲文。 劉毅吉

蒼璧：青玉，無文，製作渾樸，亦三代禮天之器。

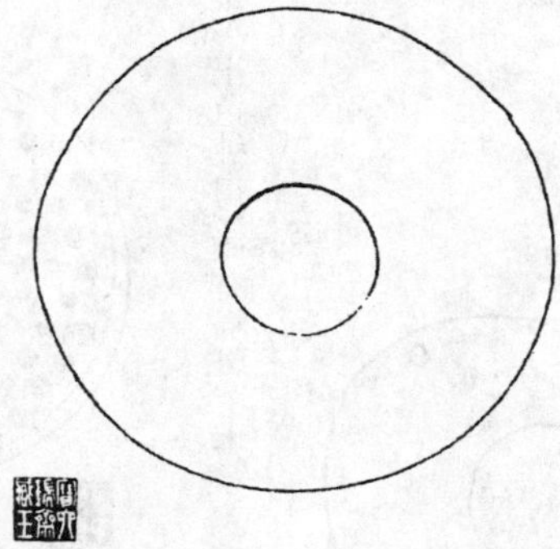

璧：黃玉，璊斑。

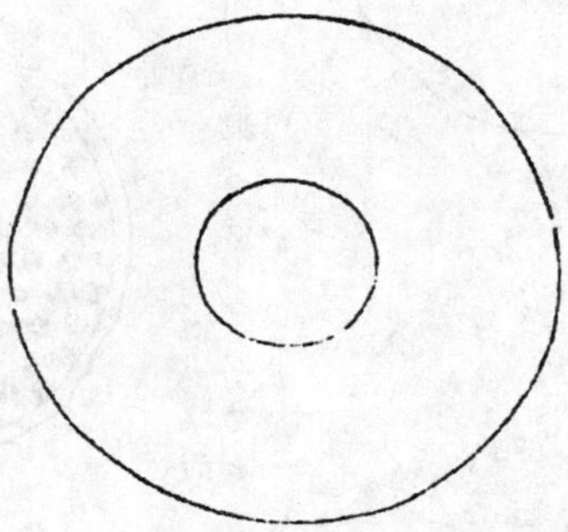

璧：白玉，璊斑。劉敞吉觀察所藏。

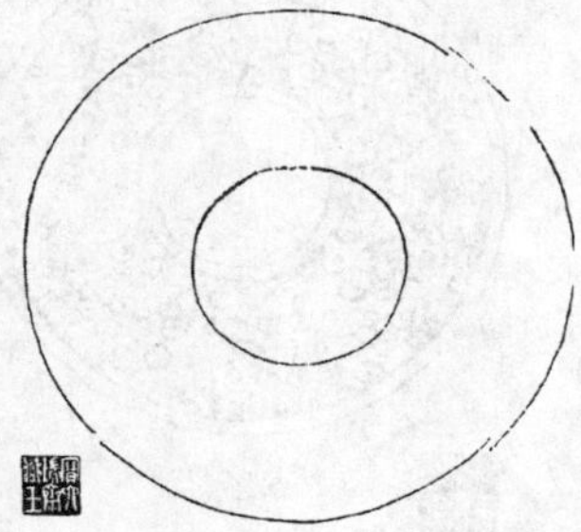

璧：山玄玉，滿身細黑文。

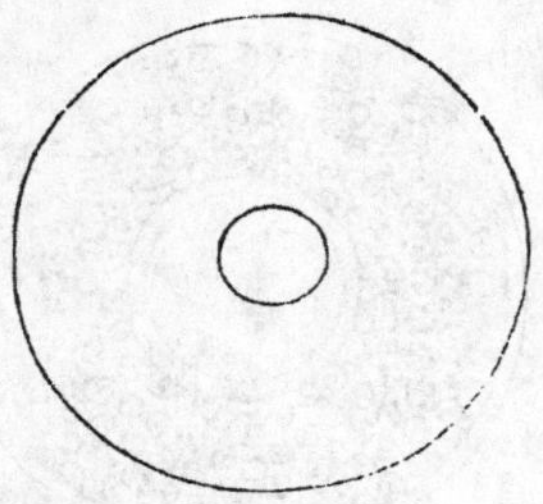

璧：山玄玉，一面龍文，一面虎文。

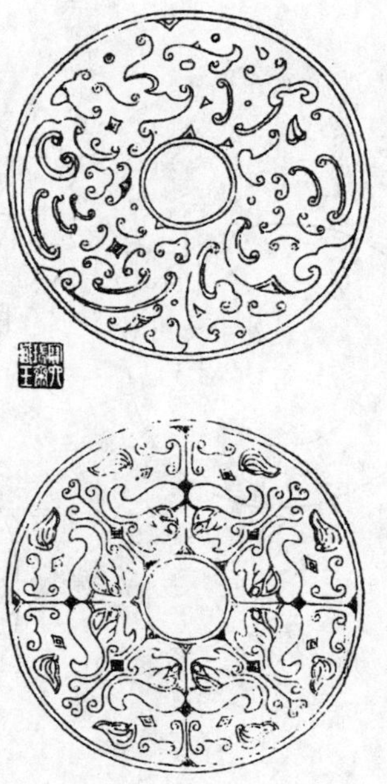

璧：山玄玉，兩面皆刻九龍文，正面文三，側面文六，徑五寸。

璧：山玄玉，滿身土斑。

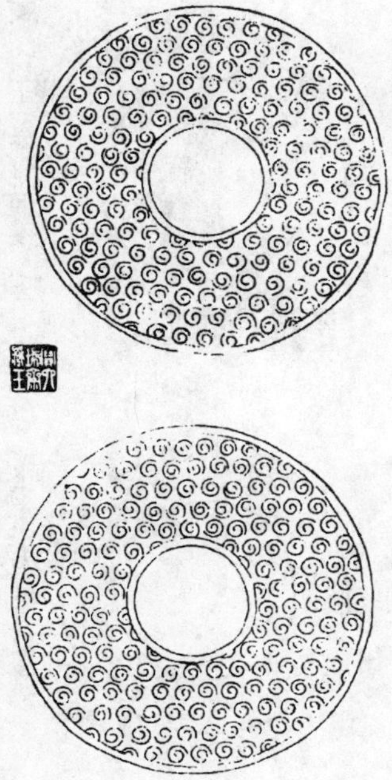

璧：青玉，璊斑。

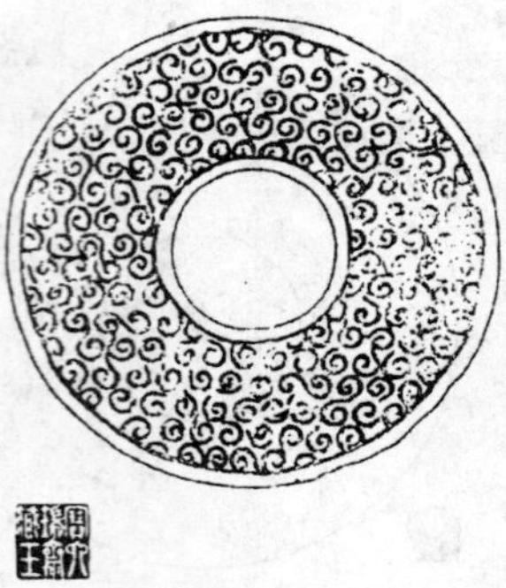

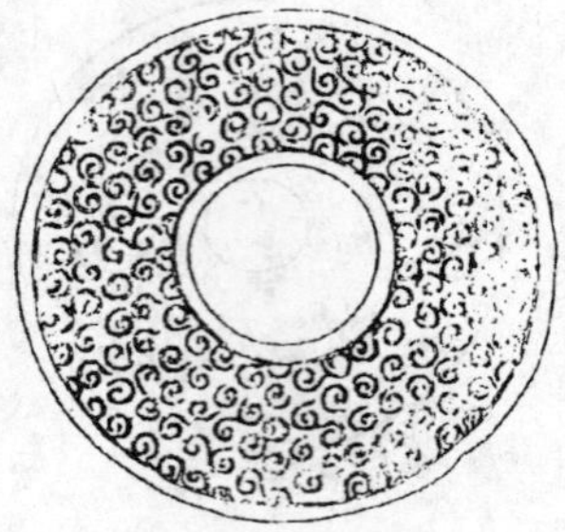

璧：白玉，水銀浸，徑五寸。

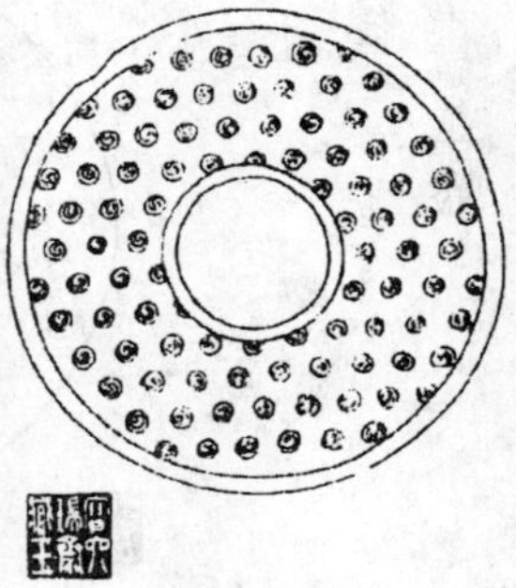

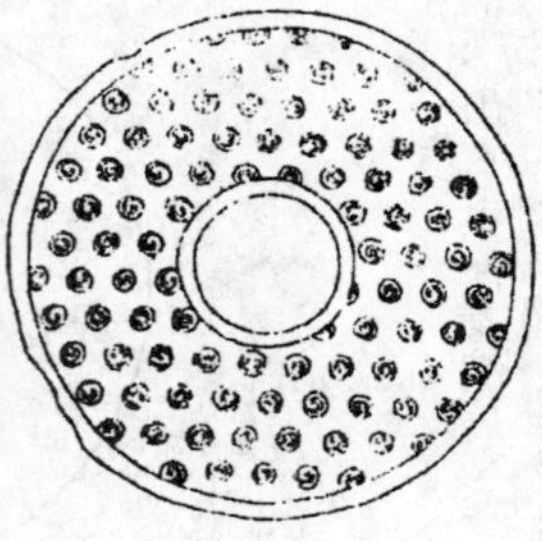

璧：玉色純白，微有璊斑，上有二孔可以繫繩，白璧中罕見之品。

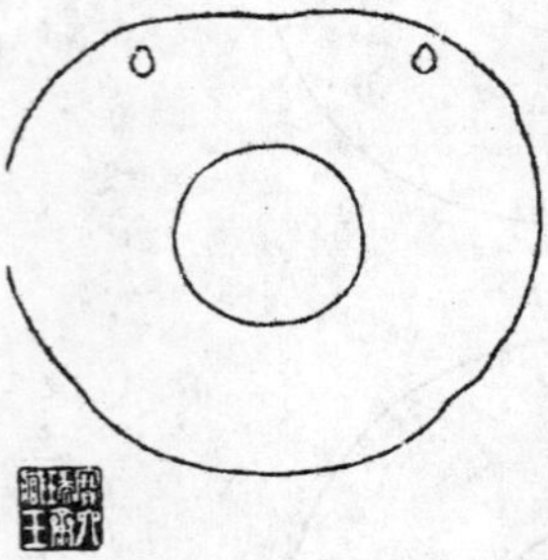

瑗一：白玉，滿身璊斑。

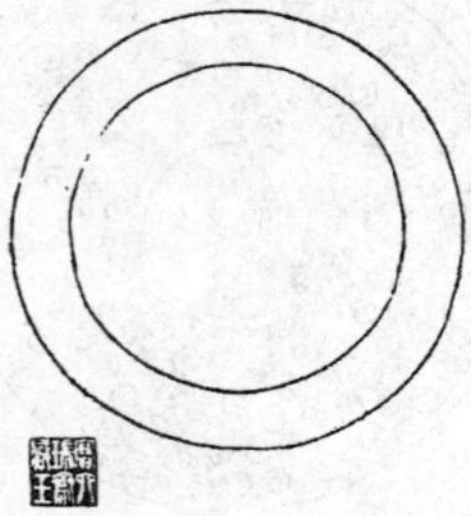

瑗二：黑質白暈。

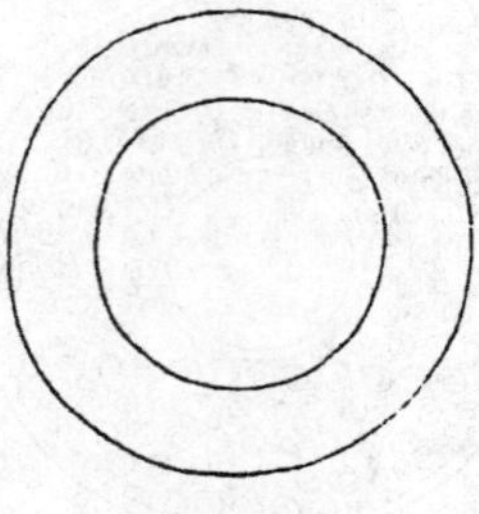

《爾雅》：「肉倍好謂之璧，好倍肉謂之瑗。」郭《注》：「肉，邊也。好，孔也。」《說文》：「瑗，大孔璧也。人君上除陛以相引。从玉，爰聲。爰部，爰引也。」許君蓋說「瑗」字从「爰」之義，形聲而兼會意也。今世所傳古玉，璧多而瑗少。余的二瑗，孔大而邊甚窄，可以援手者，許說爲不誣矣。《爾雅》、《釋文》引《蒼頡篇》云：「瑗，玉珮名。」段氏《說文注》引孫卿曰：「聘人以珪，召人以瑗。」

環一：山玄玉。

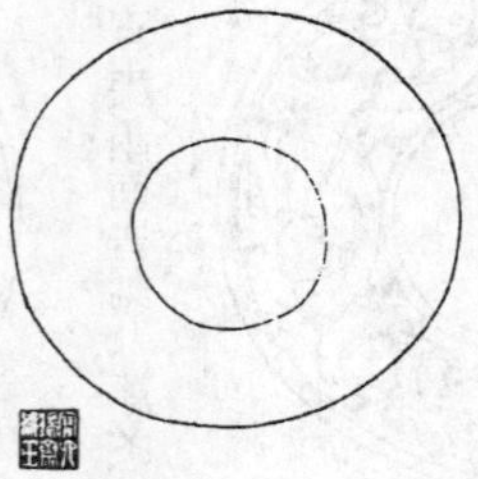

環二：水蒼玉，黃暈。

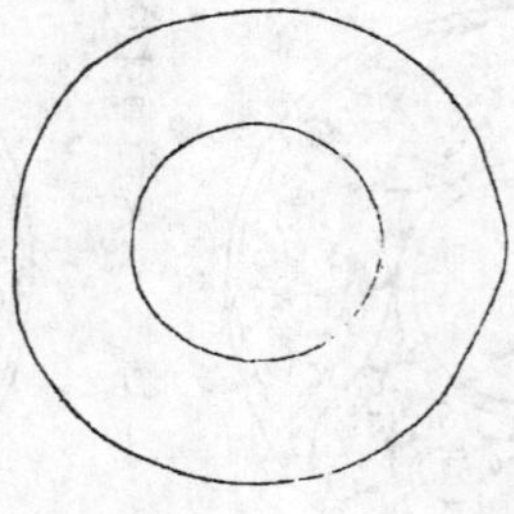

環三：白玉，黃斑，微帶黑暈。

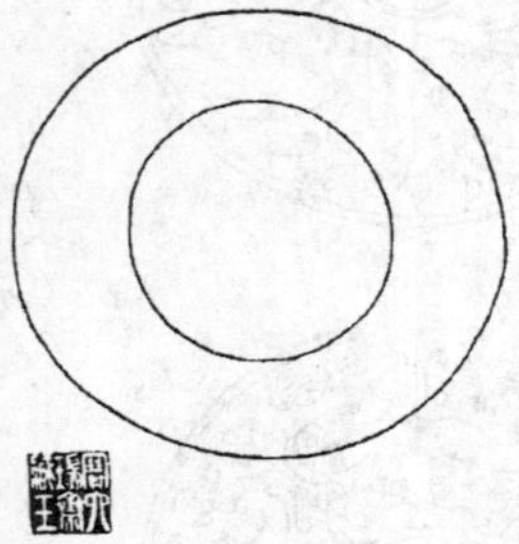

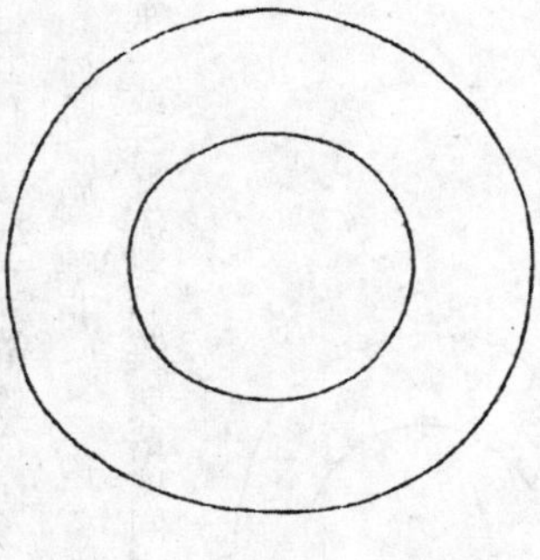

環四：碧玉。

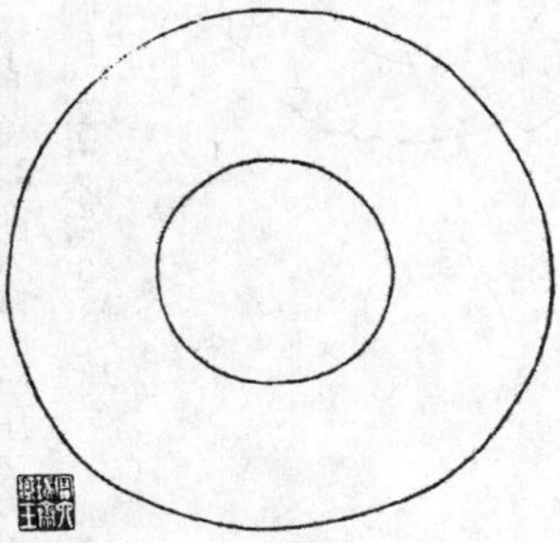

環五：青玉。

《説文》：「環，璧也。肉好若一謂之環。」《爾雅·釋器》李《注》：「其孔及邊肉大小適等曰環。」余所得古玉環四，度其徑寸，以上下二邊之分數適與中孔相等。如環徑六寸，其孔三寸，上下二邊各得一寸又半寸，此環之制也。師遽方尊環字作[illegible]，象環在衣帶閒，行則鳴佩玉，故从止，行止有節也。至曶鼎冗敦之[illegible]字，乃連環之環，非肉好若一之環。《詩》：「盧重環。」《傳》所謂「子母環」是矣。

系璧一：青白玉，滿身璘點，上邊二孔，下邊三孔。

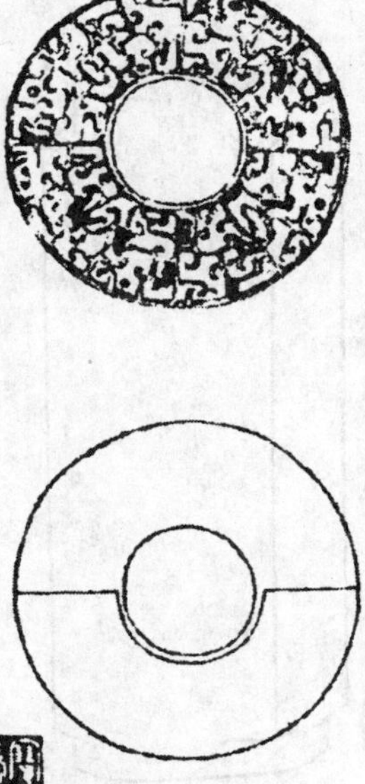

系璧二：青玉，微有璘斑。

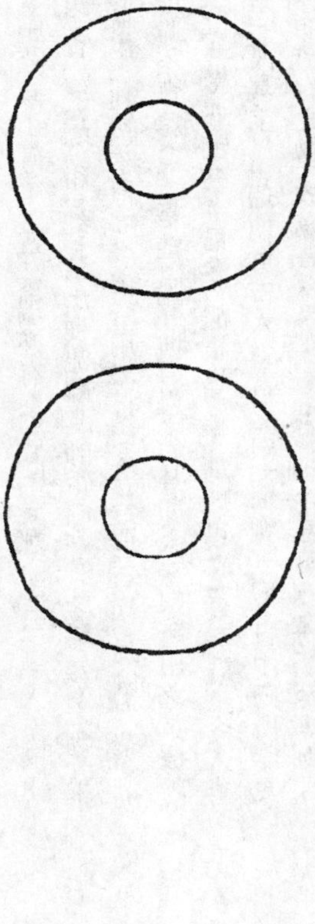

系璧三：青玉，滿身璘斑，襍以黑黄蒼翠之文。

《説文》：「玤，石之次玉者，以爲系璧，从玉，丰聲，讀若《詩》曰『瓜瓞菶菶』。一曰若盒蚌。」段《注》曰：「系璧，蓋爲小璧，系帶閒縣左右佩物也。」右三玉，皆系帶之璧。

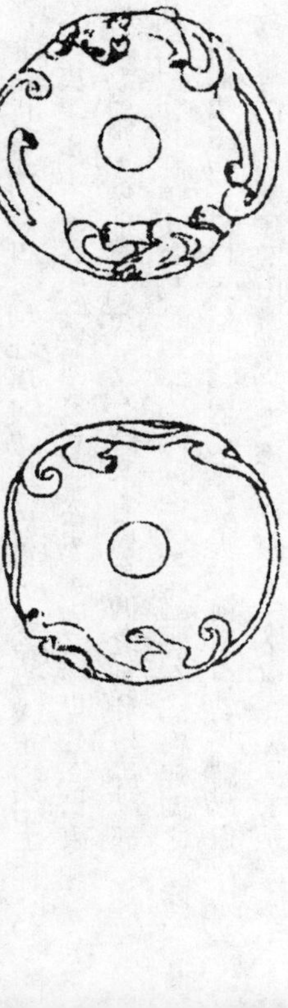

系璧四：青玉，黑文。

系璧五：白玉，瑞斑。

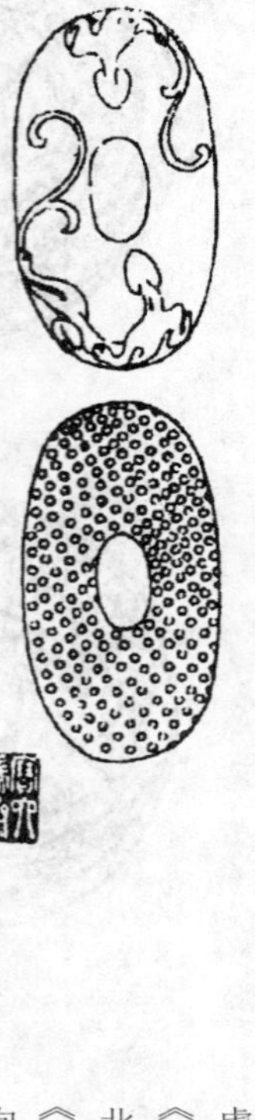

璿璣：白玉，有璊瓣。

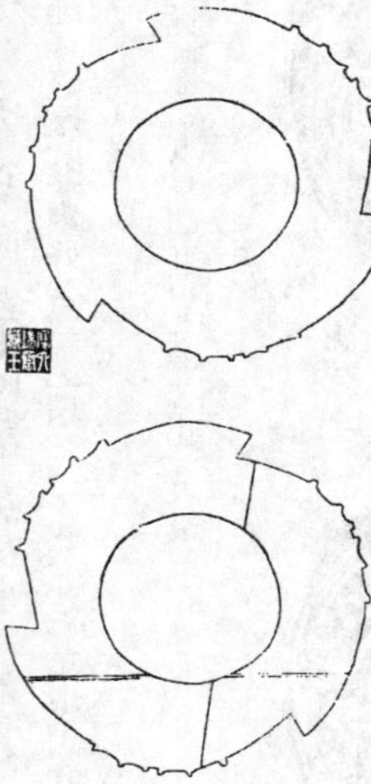

《書》：「在璿璣玉衡，以齊七政。」《傳》：「璿，美玉。璣衡，王者正天文之器，可運轉者。」《正義》曰：璣衡者，璣爲轉運，衡爲横簫，運璣使動，於下以衡望之，是『王者正天文之器』。漢世以來，謂之渾天儀者是也。馬融曰：『渾天儀可旋轉，故曰璣。衡，其横簫所以視星宿也。以璿爲璣，以玉爲衡，蓋貴天象也。』是玉外郭有機牙三節，每節有小機括六，若可鈐物，使之運轉者，疑是渾天儀中所用之機輪，今失其傳，不知何所設施。雖非虞夏之物，審其制作，去古不遠也。

夷玉：或云璧流離，制作與璿璣同。

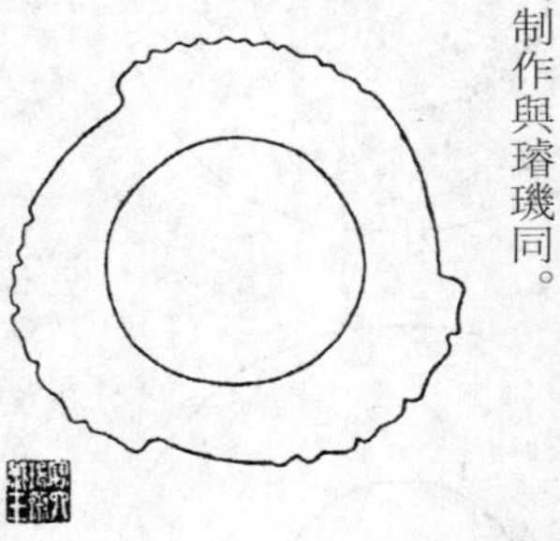

是環玉色金黄，明如琥珀而不拾芥，世所罕覯之寶。制作亦奇古，邊之凹凸處土斑尚存，決非三代後物，其古之珣玗琪與？按《周書・顧命》「大玉、夷玉」《疏》引王肅云：「夷玉，東夷之美玉。」鄭康成云：「大玉，華山之球也。夷玉，東北之珣玗琪也。」《爾雅・釋地》：「東方之美者，有醫無閭之珣玗琪焉。」郭《注》：「醫無閭，山名，今在遼東。珣玗琪，玉屬。」《説文》「珣」下云：「醫無閭之珣玗璂，《周書》所謂夷玉也。一曰玉器也，讀若『宣』。」大澂前赴吉林督師時，道出奉天錦州之廣甯縣，曾得醫無閭山所産之玉，琢以爲佩，大小不過寸許。未見有大者，俗名錦州石，不甚貴重之。此環玉質與錦州石相類，特有古今之别。入土既久，色澤迥異常玉耳。

或曰，此古之璧流離也。《説文》：「珋，石之有光者，璧珋也。出西胡中。」段《注》云：「『璧珋』，即璧流離也。」《地理志》曰：「入海市明珠，璧流離。」《西域傳》曰：「罽賓國出璧流離。」漢武梁祠堂畫石有璧流離，題曰：「王者不隱過則至。」吴《國山碑紀》：「符瑞亦有璧流離。」《魏略》云：「大秦國出赤、白、黑、黄、青、緑、縹、紺、紅、紫十種流離。」師古曰：「此蓋自然之物，采澤光潤，踰於衆玉，其色不恒。今俗所用，皆銷(洽)〔治〕石汁，加以衆藥，灌而爲之，尤虚脆不貞(實)。」是璧温潤而有光采，其即大秦國所出之黄流離與？段氏云：「『璧流離』三字爲名，胡語也，猶『珣玗琪』之爲夷語。今人省言之曰『流離』，改其字爲『瑠璃』，古人省言之曰『璧珋』。」今日中國所罕見者，即西域亦非恒有之物，故漢時以爲祥瑞也。此亦可備一説，以俟博物君子攷正焉。

大琮：青玉，滿身黑文，水銀浸。

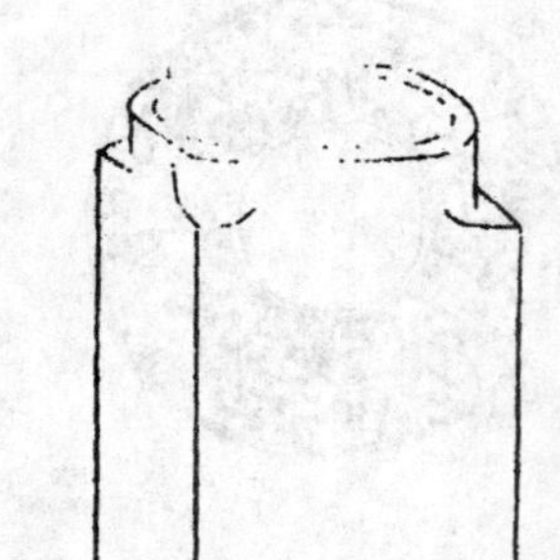

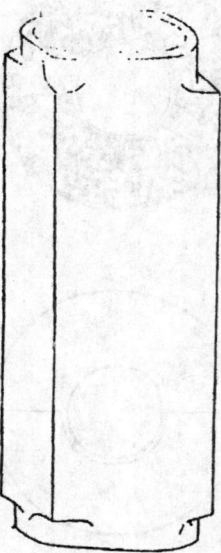

大琮：玉色純黑。

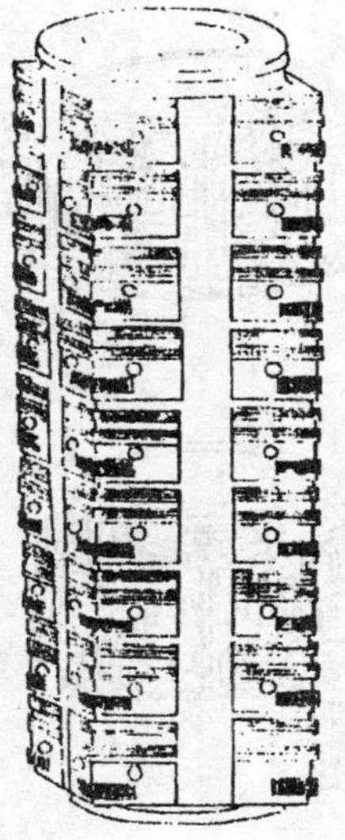

《攷工記・玉人》云：「大琮，十有二寸，射四寸，厚寸，是謂內鎮，宗后守之。」鄭《注》云：「如王之鎮圭也。」右琮二器，大澂得自都門，爲三十二琮之冠。其一樸素無文，與鎮圭弟一器尺寸同，其一有駔刻者，與鎮圭弟二器尺寸同，皆十有二寸之大琮。蓋時代有先後，制器之尺稍有出入耳。按璋與琮皆有射，康成於「大璋、中璋、邊璋之射」《注》云：「射，琰出者也。」於「大琮之射」《注》云：「射，其外鉏牙。」大澂以爲璋之制，以剡上者爲射。琮之制，以口圜者爲射。今度是器，口徑四寸，自口至肩一寸，以證《玉人》「射四寸，厚寸」之文，若合符節。戴氏《攷工記圖》繪作四方八角，惜未見大琮、駔琮之真器也。

黃琮一

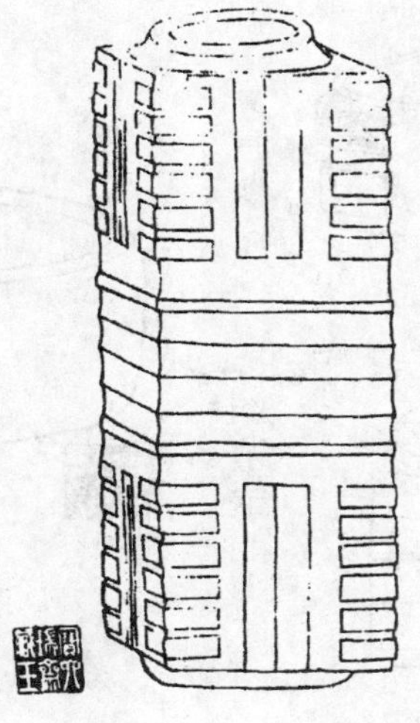

黃琮二

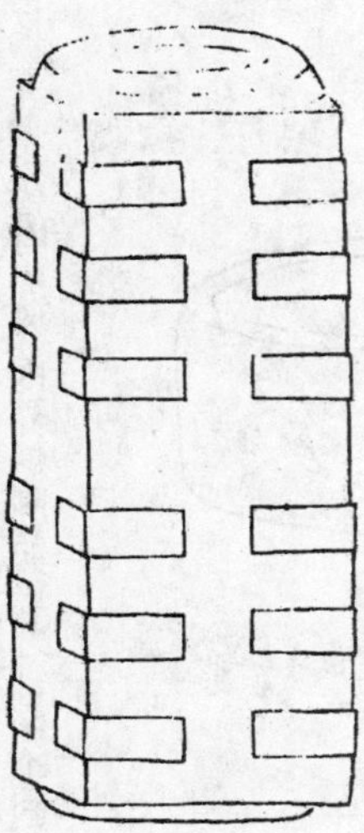

今世所傳古玉釭頭，其大者皆琮也。《說文》：「琮，瑞玉。大八寸，似車釭。」嘉定錢氏《說文斠詮》云：「今俗猶稱黃琮玉爲釭頭是也。」許書別出「玨」字云：「琮玉之瑑。」《周禮・典瑞》、《攷工記》皆作「駔」。鄭司農云：「駔，外有捷盧也。」賈《疏》云：「捷盧，若鋸牙。」然後鄭云：「『駔』讀爲『組』，以組繫之因名焉。」余所藏古琮，外有刻瑑，稜稜如鋸齒。其刻畫深處可以繫組，與先後鄭《注》皆合，即《玉人》組琮之制。賈《疏》謂先後鄭異說，非也。《白虎通・瑞贄》引《禮》云：「圓中牙外曰琮。」《周禮・大宗伯》「以黃琮禮地」《注》：「琮八方，象地。」今琮皆四方而刻文，每面分而爲二，皆左右並列，與八方之說亦合。

黃琮三：黃玉，璊斑古厚如漆。

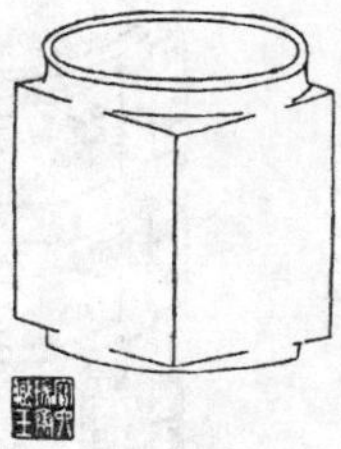

黃琮四：黃玉，滿身璊斑。

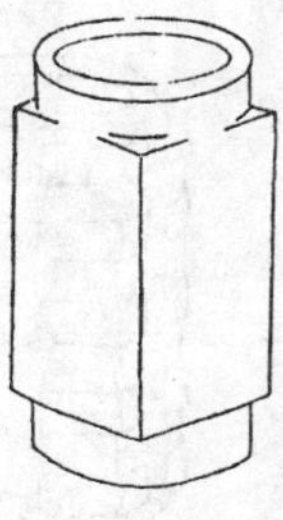

黃琮五：黃玉，有璊斑。張霅樵水部恩釗所臧。

黃琮六：黃玉，微帶璊斑。

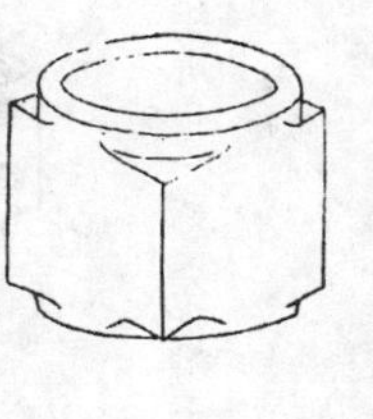

黃琮七：黃玉，滿身璊斑。

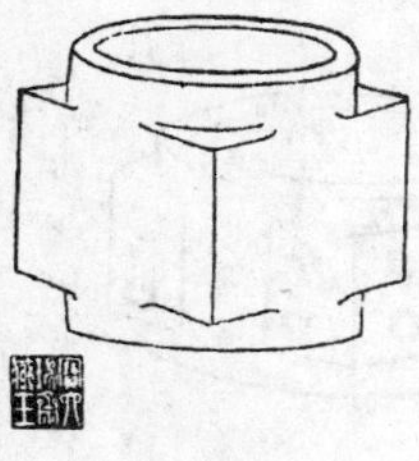

黃琮八：黃玉，有璊斑。

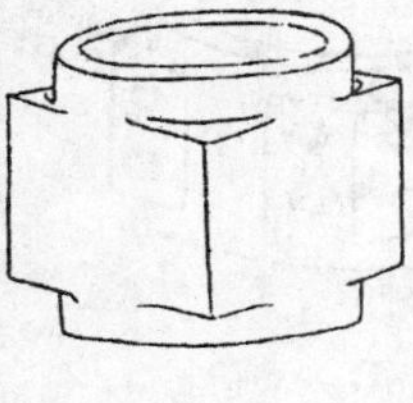

黃琮：黃玉，上下邊皆有璊斑，內外俱圜，與琮之常制不同，亦猶觚之變觚爲圜與？

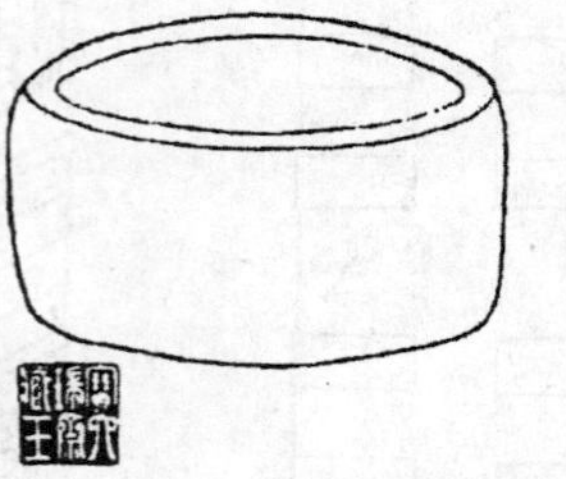

組琮一：白質黑章。

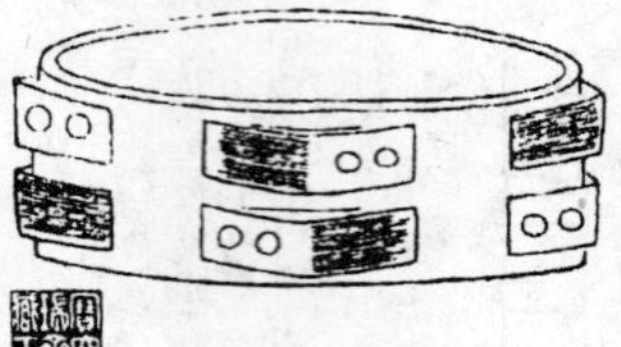

組琮二：白質黑章。

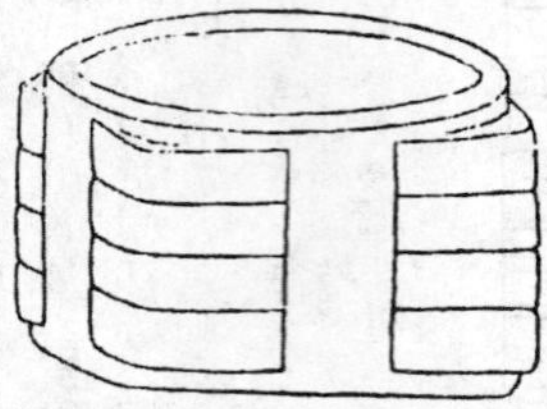

組琮三：白玉，五色斑，製作至精。

組琮四：黃玉，白暈。

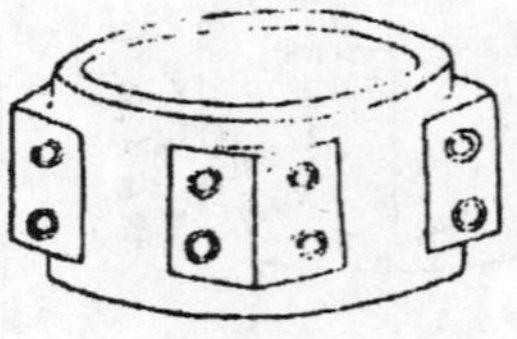

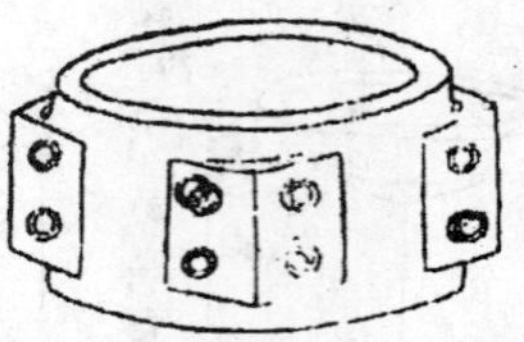

組琮五：白玉，青赤斑，曾經地火者。

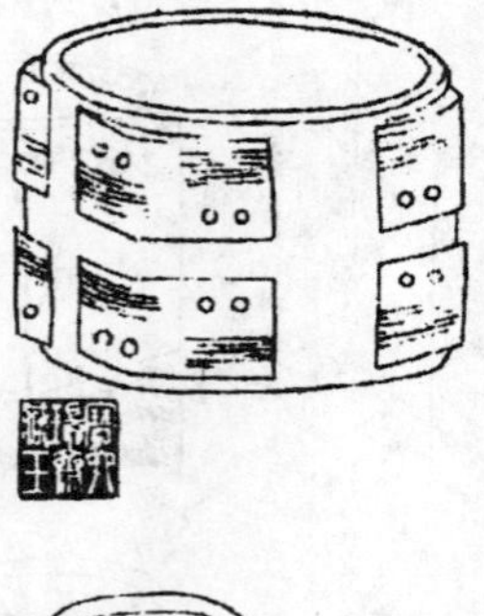

組琮六：灰黃色，帶土斑。

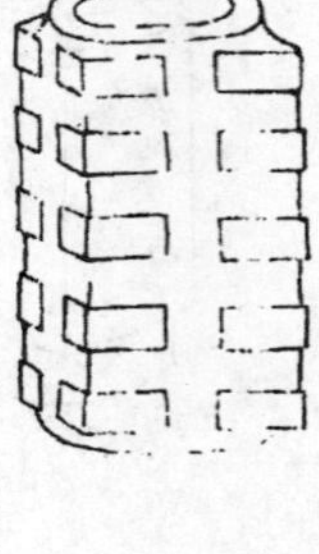

組琮七：青玉，璊斑，帶水銀浸。

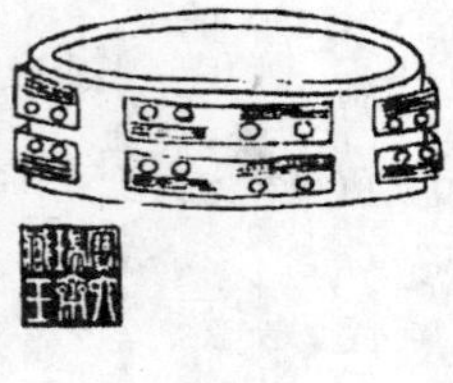

組琮八：青玉，帶土斑。

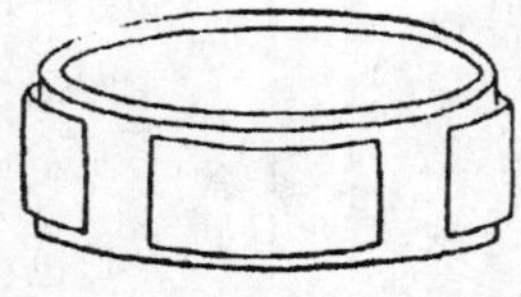

組琮九：黄玉，水銀浸。

組琮十：青玉，帶黑色，閒有白點。

組琮十一：黄玉，璊斑。

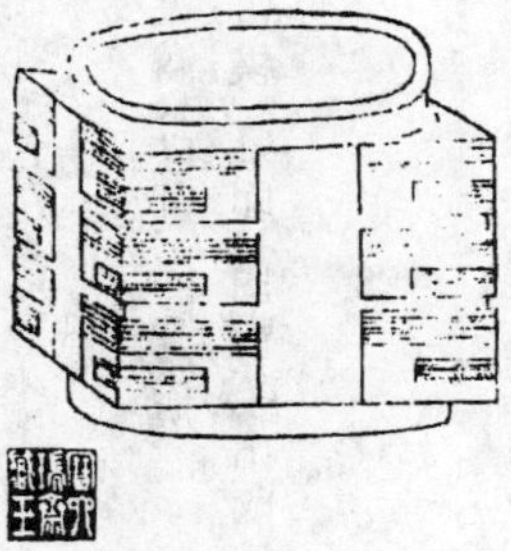

組琮十二：白玉，璊斑。

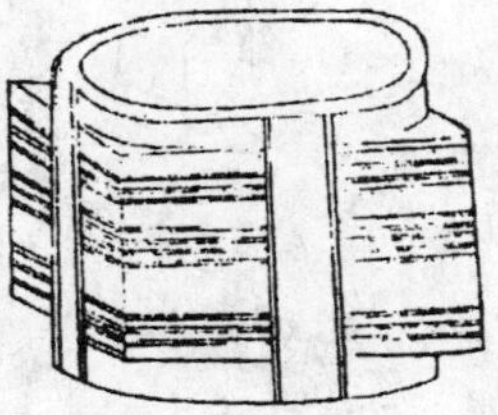

琮一：青玉黑斑

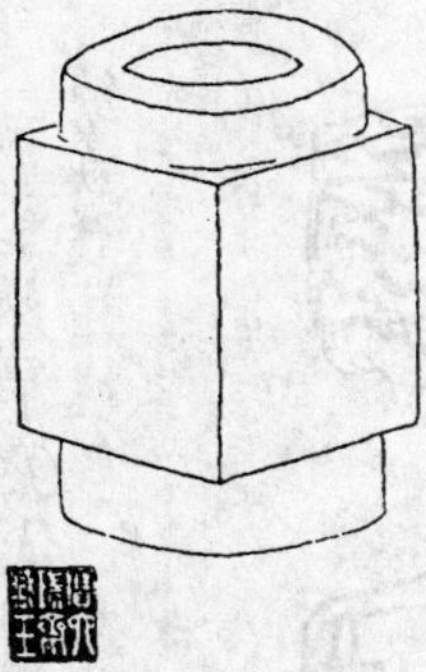

琮二：白玉水銀浸有土斑

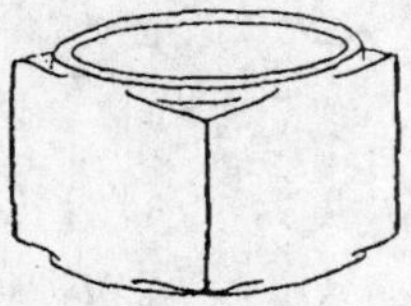

琮三：青白玉水銀浸

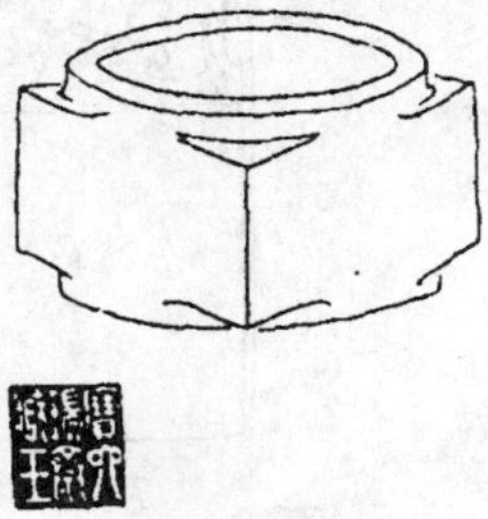

琮四：青白玉水銀浸

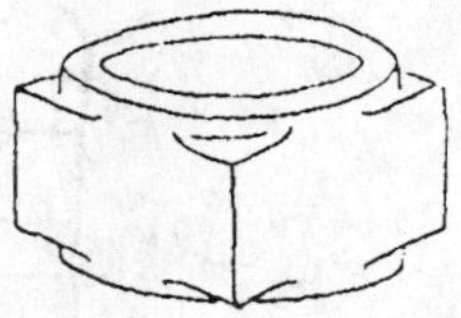

琮五：青玉，紅白暈。

琮六：青玉，璊斑，水銀浸。

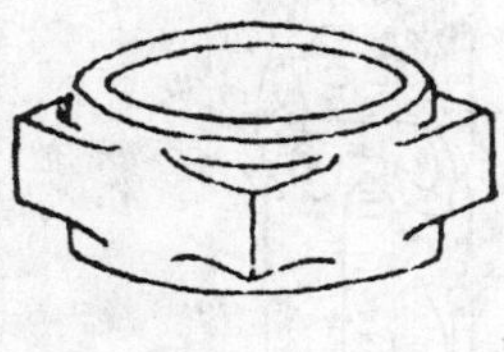

琮七：青玉，黑暈。

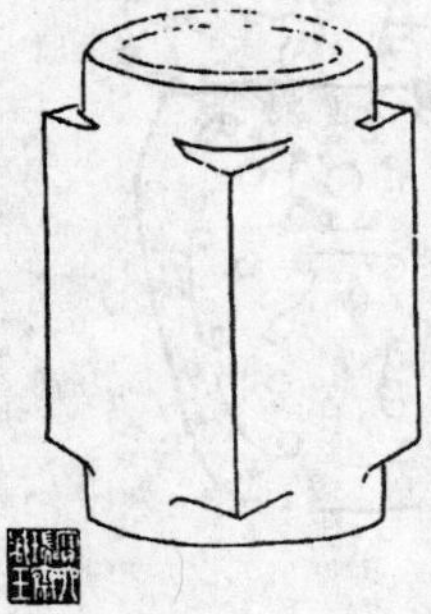

琮八：白玉，五色辮。

琥一：白玉，滿身土斑，關中出土。

《説文》：「琥，發兵瑞玉，爲虎文。」《春秋傳》曰：「賜子家子雙琥」是。鄭注《周禮》：「琥猛象秋嚴。」

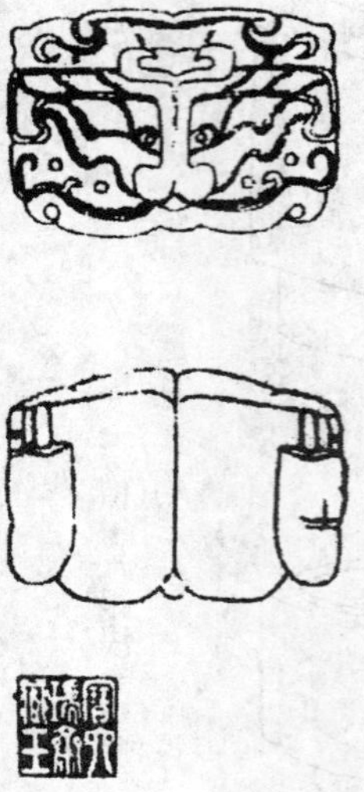

琥二：白玉，滿身璊斑，虎尾微損。

是琥製作古樸，疑即《周禮》「山國用虎節」之節，漢虎符形制或即仿此。

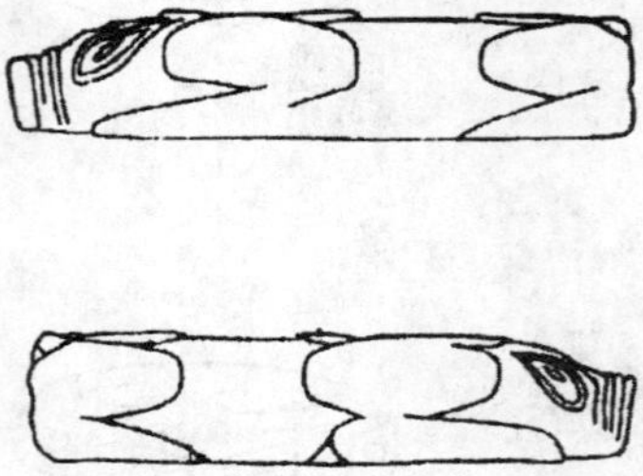

琥三：白玉，黃暈。

劉毅吉觀察所臧。

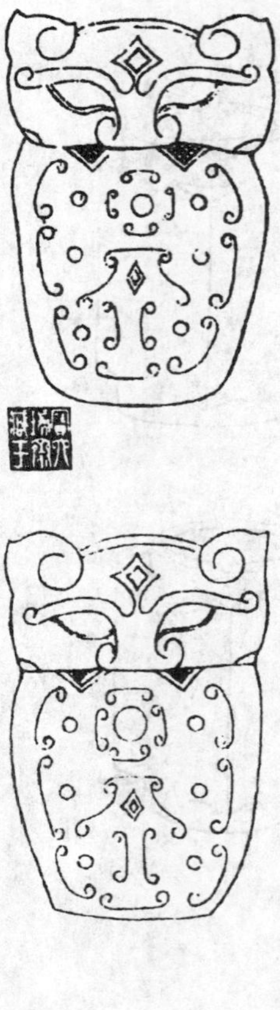

琥四：白玉。

琥五：山玄玉。

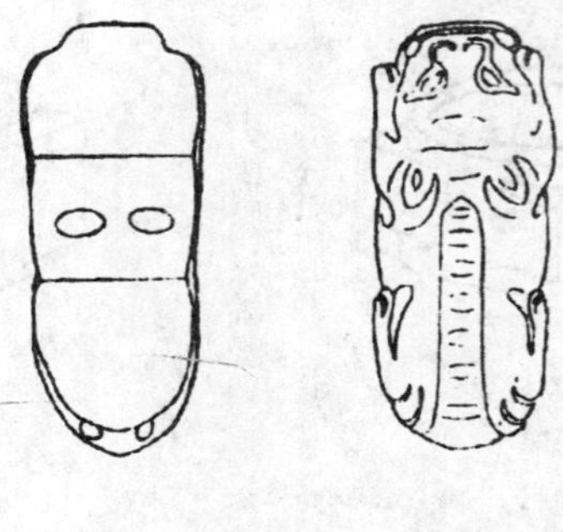

璜：白玉，上邊有黑斑，二寸許。

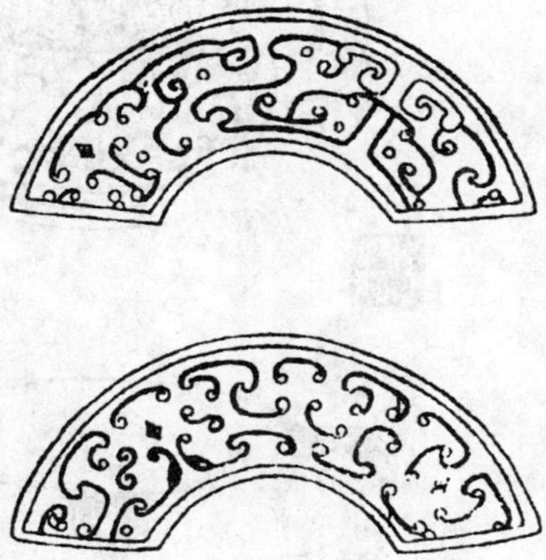

《周禮》「六瑞」傳世者，惟璜最少。是玉向藏濟甯故家。徐君翰卿訪購得之，以歸於余。按《周禮・大宗伯》「以玄璜禮北方」，《注》：「半璧曰璜，象冬閉藏。」《禮記・明堂位》「大璜」《注》：「古者伐國，遷其重器，以分同姓。大璜，夏后氏之璜。」《春秋傳》曰：「分魯公以夏后氏之璜。」大澂以爲大璜乃禮神之玉，與佩璜不同。

璜：玉色純白，有璊斑。制與它璜畧異，左右三孔，未知何用。然以大小度之，必非佩璜也。

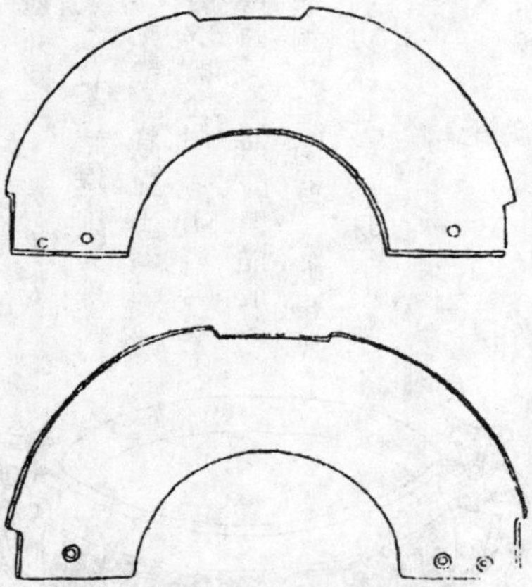

璜：白玉，黃暈。

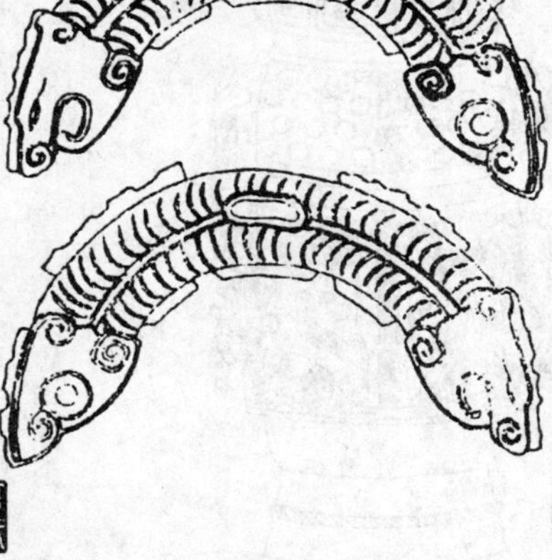

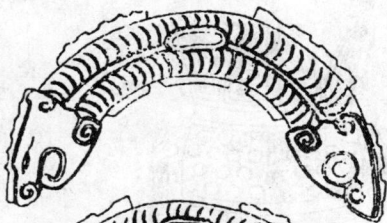

右璜，象魚形，中有横孔，可以系組。魚口、魚尾亦皆有孔，製作古雅，其爲周玉無疑。按《竹書紀年》注：「呂望荅文王曰：望釣得玉璜。其文曰：姬受命，昌來提，撰爾洛鈐報在齊。」似玉魚之制，即用太公釣璜事。其文則後人傳會之作。

璜：白玉，水銀浸。

玉敦：玉色純赤，上口四周皆帶土暈。刻文至精，與商周尊彝同。

《周禮・玉府》：「若合諸侯，則共珠槃、玉敦。」司農《注》：「玉敦，歃血玉器。」《戎右》：「盟則以玉敦辟盟。」司農《注》：「敦，器名也。」今世所傳商周彝器，敦與鼎最多，而玉敦則僅見。蓋銅敦爲祭器，玉敦爲盟器。賈《疏》謂槃、敦以木爲之，將珠玉爲飾，此肊度之辭耳。

玉敦：玉色純白，如象牙。此陝西鳳翔出土器。

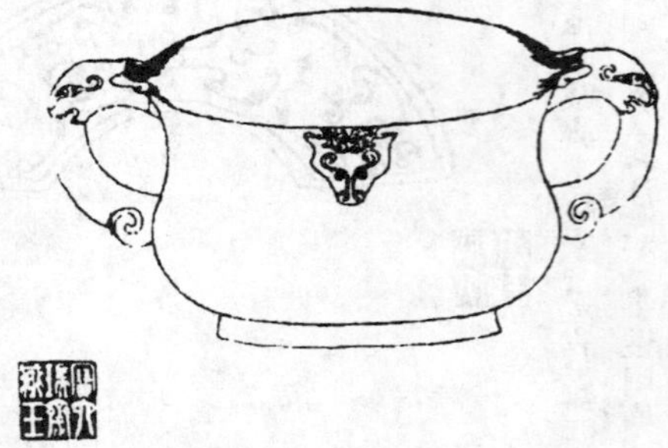

玉敦：白玉。足有黄暈，内外皆帶土斑，亦三代寶器也。

玉觶：白玉，璘瑸。

瑤爵，見《周禮・內宰》。玉豆、玉琖、璧散、璧角，見《禮記・明堂位》。是三代祭器，有以玉爲之者。余所得玉觶，玉質古樸，土色斑斕，製作之精，與銅觶無二，即周之璧角也。《說文》：「觶，饗飲酒角也。《禮》曰：『一人洗，舉觶。』觶受四升。从角，單聲。」是角與觶爲一物。故許書「角」字下不言角受四升，而《內宰》賈《疏》云：「角受四升。」即本許書「觶」下文也。古之天子，菲飲食而致孝乎鬼神。燕享不用玉，而祼獻用玉，不得謂之侈。《內宰》：「后祼獻，則贊。」瑤爵，鄭《注》：「其爵以瑤爲飾。」賈《疏》云：「《明堂位》：『爵用玉醆，仍彫。』加，以璧散、璧角。」食後稱加，彼魯用王禮，即知王酳尸亦用玉醆，后酳尸用璧角，賓長酳尸用璧散。彼云璧，此云瑤，不同者，瑤，玉名，瑤玉爲璧形，飾角口則曰璧角。大澂以爲角口不可飾玉，爵亦無瑤飾者，不謂漢唐諸儒未見之璧角、璧散，而今得見之，不可謂非寶也。

玉散：白玉，璘瑸。

是器大於觶，當即五升之散也。《儀禮・特牲饋食禮》記：「實二爵、二觚、四觶、一角、一散。」《注》：「舊説云：爵一升，觚二升，觶三升，角四升，散五升。」《禮記・明堂位》：「加以璧散、璧角。」《注》：散、角皆以璧飾其口也。今得是器，知古有玉散、玉角矣。《儀禮・大射儀》「酌散」《注》：「散，方壺之酒也。」此散如觚有稜，其方壺之遺制與？

瓏一：白玉，黑文。

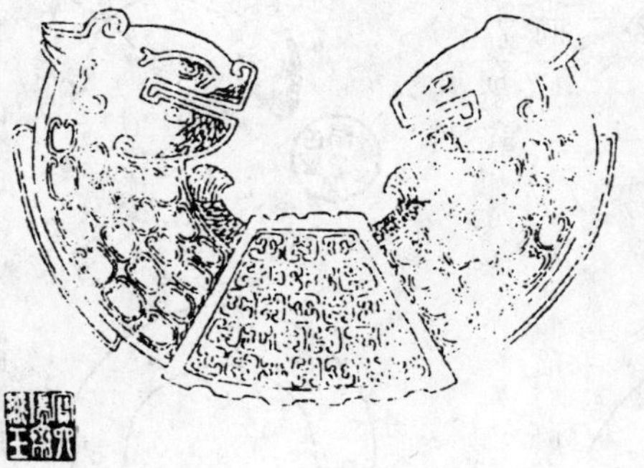

《説文》「瓏，禱旱玉也。爲龍文。」《左氏傳》：「昭公使公衍獻龍輔於齊侯。」《正義》引《説文》爲説。

瓏二：白玉，璊斑。劉毅吉觀察所藏。

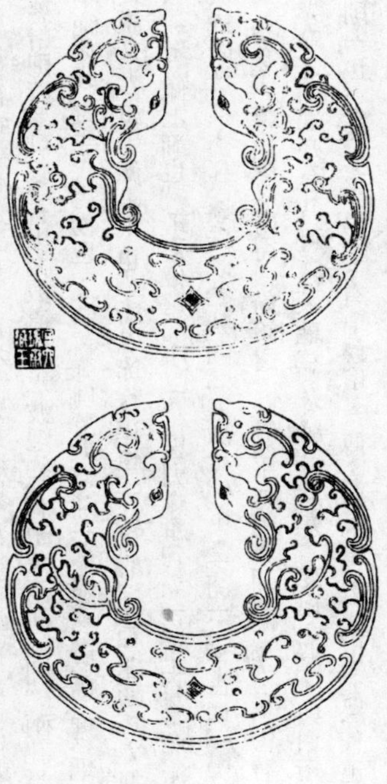

瓏三：白玉，滿身黄暈，間有璊斑。

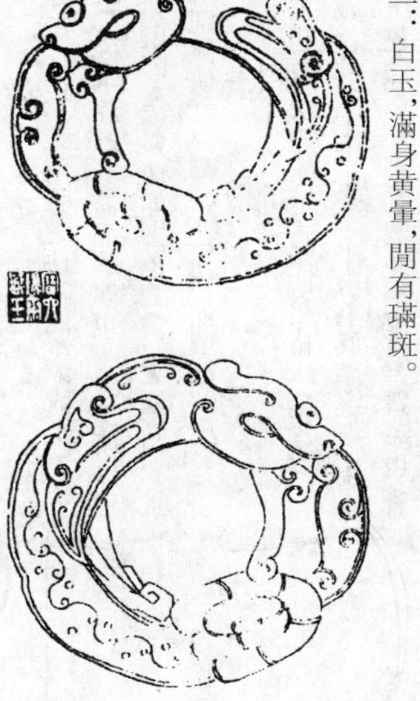

白珩：白玉，璊瓣。

瓊佩曾傳楚白珩，當年聲價等連城。豈知片玉今猶在，三户徒存寶善名。

窓齊題。

蔥珩：青玉，黑文。

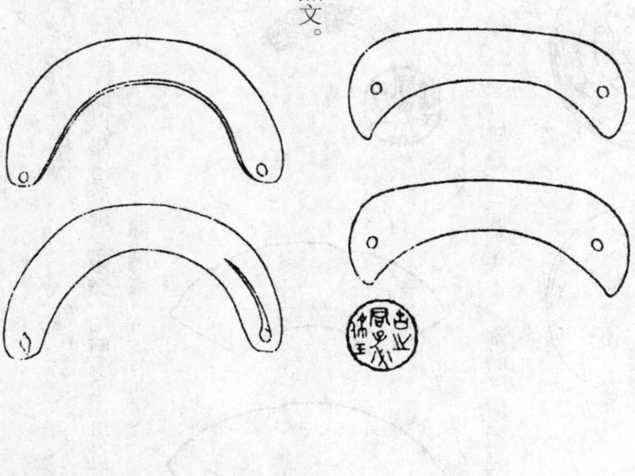

余在大粱得白珩、蔥珩二玉。白珩色白如羊脂，滿身璘斑，爛然欲滴，俗謂松香浸。蔥珩則蒼翠可愛，有黑文數道，如水波隱約，有游魚蕩漾其間。兩孔爲繩繫久磨，不絶如綫，真三代古物也。《詩・鄭風》毛《傳》：「襍佩者，珩、璜、琚、瑀、衝牙之類。」《説文》：「珩，佩上玉也。所以節行止也。」《晉語》：「白玉之珩六雙。」韋《注》云：「珩，佩上飾也。珩形似磬而小。」蔡邕《月令章句》：「佩上有雙衡，下有雙璜。琚，瑀以襍之，衝牙、蠙珠以納其閒。」大澂按：「珩」「衡」二字古通，「衡」即古「横」字，大篆作「黄」，今以所得白珩證之。其制平如衡木，而兩端下垂，皆有孔，可繫雙璜。璜之兩端亦有孔，可繫琚、瑀、衝牙、蠙珠之類。蔥珩之制雖與白珩小異，其爲珩則一也。《詩・采芑》：「有瑲蔥珩。」《傳》云：「瑲，珩聲也。蔥，蒼也。」「三命蔥珩」即本《玉藻》「一命緼韍幽衡，再命赤韍幽衡，三命赤韍蔥衡」之文。《候人》傳作「緼芾黝珩，赤芾蔥珩」，蓋幽即黝，韍即芾，衡即珩也。

白珩：白玉，雙龍文，滿身璘辮，惟龍首殘缺處二寸許，玉色全白。

蔥珩：青玉，黑文。

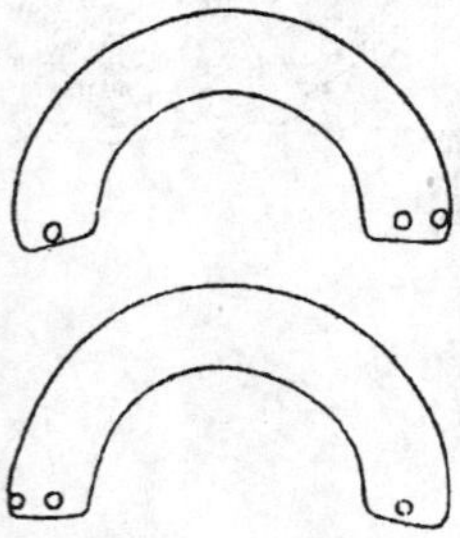

佩璜：青玉。此即上有雙衡，下有雙璜之璜，與六瑞之璜大小不同。

佩璜：白玉。

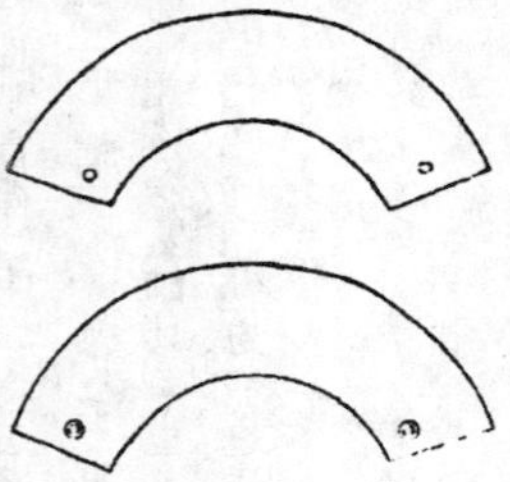

佩璜：青玉，黑文。《周禮注》及《國語注》引《詩傳》曰：「下有雙璜。」賈疏云：「謂以組懸於衡之兩頭，兩組之末皆有半璧曰璜。」

佩璜：青玉，有黑斑。

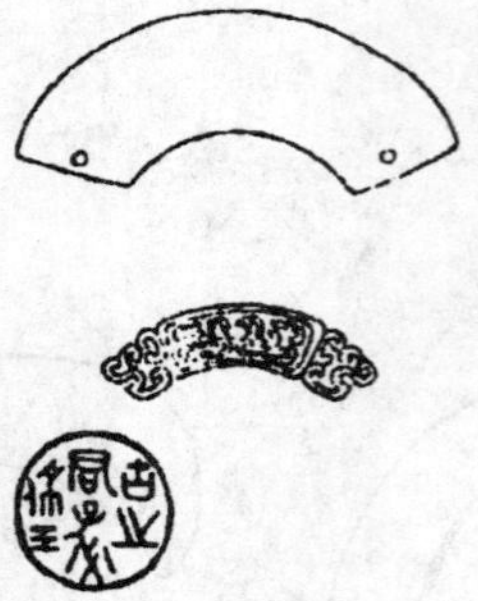

佩璜：青玉，有黄暈。

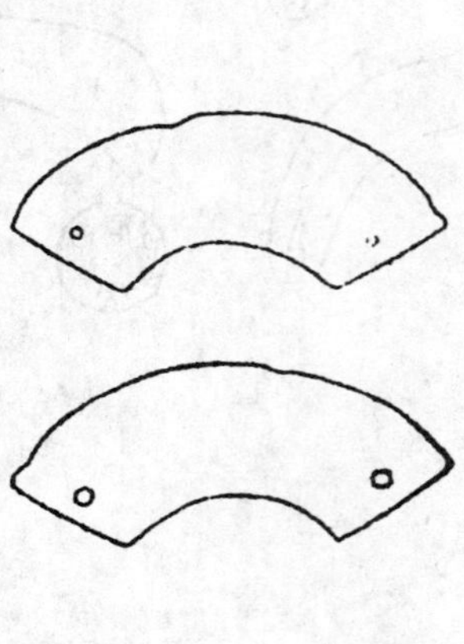

玦：青玉，帶黑色。一面刻雙龍，一面刻朱雀。邵漪園觀察所藏。

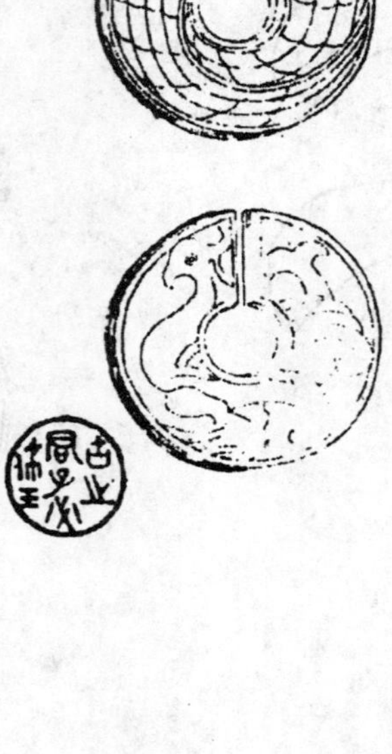

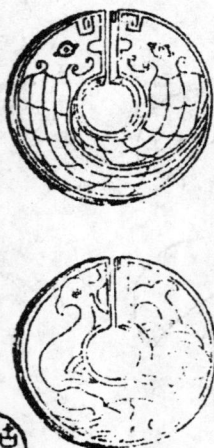

是玦爲佩玉之玦，與鉤弦之玦不同。《説文》：「玦，玉佩也。」《九歌》注曰：「玦，玉佩也。先王所以命臣之瑞，故與環即還，與玦即去也。」《白虎通》曰：「君子能決斷，則佩玦。」韋昭曰：「玦，如環而缺。」

玉戚：黄玉，璘斑。

玉戚，舞器也。「朱干玉戚」見《明堂位》、《祭統》，「大樂正舞干戚」見《文王世子》，「干戚羽旄謂之樂，干戚旄狄以舞之」見《樂記》。干、戚並稱，皆言舞器也。

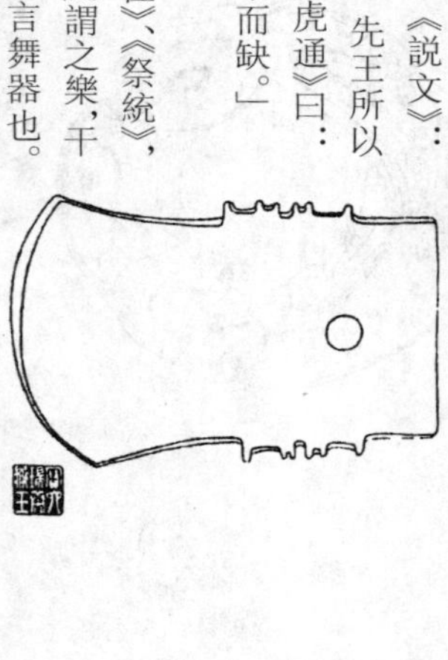

《説文》：「戚，戉也。」《詩・公劉》傳：「戚，斧也。」是玉形制與斧相似，爲方元仲觀察鼎録所贈。

琫一：白玉。

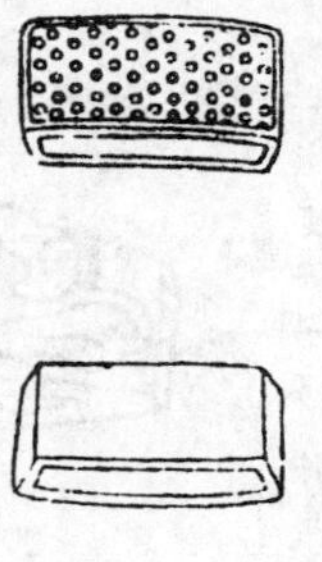

琫二：青玉，有土辨。

《小雅》：「鞞琫有珌。」《傳》：「鞞，容刀鞞也。琫，上飾。珌，下飾。」《大雅》：「鞞琫容刀。」《傳》：「下曰鞞，上曰琫。」《説文》：「琫，佩刀上飾也。天子以玉，諸侯以金。」段氏《注》：「鞞之言裨也，刀室所以裨護刀者；琫之言奉也，刀本曰環，人所捧握也，其飾曰琫；珌之言畢也，刀室之末其飾曰珌。上下自全刀言之，琫在鞞上，鞞在琫下，珌在鞞末。」劉熙《釋名》曰：「室口之飾曰琫。琫，捧也，捧束口也。下末之飾曰琕。琕，卑也，下末之言也。」段《注》謂劉襲毛説而大非毛意。今以古玉琫證之，蓋飾於刀室之口者，或飾於刀柲之下刃之上以合於室口，故琫之上下皆有孔。劉説「捧束口」不誤。段以琫爲刀本環飾，則非也。特《釋名》譌鞞爲琕，不知鞞爲刀室之統名，實誤以琕爲珌字耳。右琫二器，前一玉似飾于刀室之口者，後一玉似飾於刀刃之上端者，與劍鼻玉之合於劍室，其用正同，皆非飾於刀本者。古人佩刀之制即此可以想見之。

珌一：白玉質，滿身璊點。

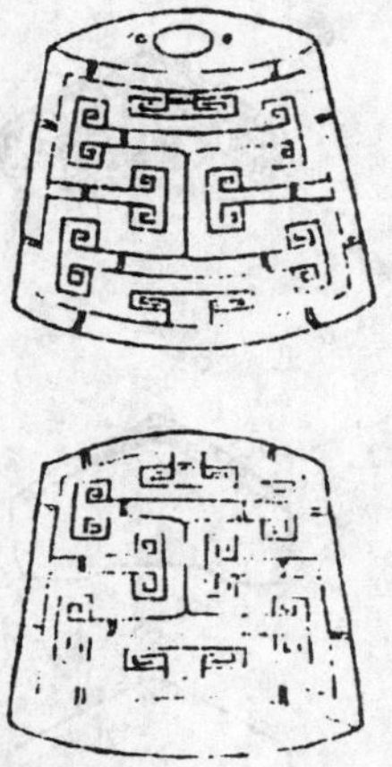

珌二：白玉質，滿身璊斑。劉毅吉觀察所藏。

珌三：玉白質而黑章。

珌四：白玉，微帶黑暈。此刀珌之最大者。

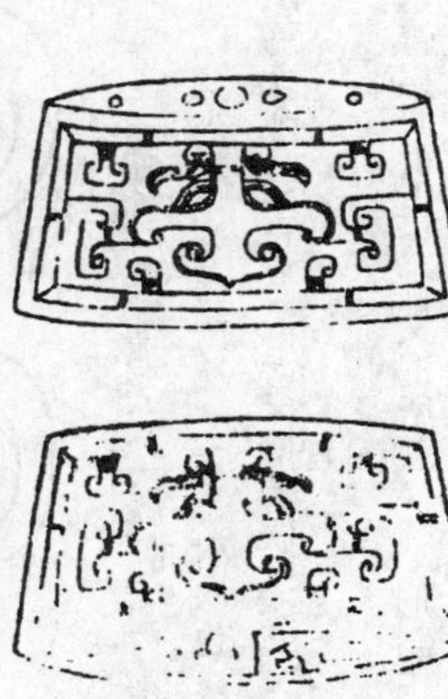

《説文》：「珌，佩刀下飾，天子以玉。」《玉篇》曰：「珌，古文作𤨚」。《小雅》毛《傳》：「天子玉琫而珧珌，諸侯璗琫而璆珌，大夫鐐琫而鏐珌，士珕琫而珕珌。」《説文》：「球，玉也。或从翏，作璆。」今世所傳刀珌，大抵皆璆珌也。《爾雅・釋器》：「璆，美玉也。」《禹貢》《禮器》鄭注同。

璏：璊玉，有土斑。

璏：玉色純白，下邊有紅暈一縷。

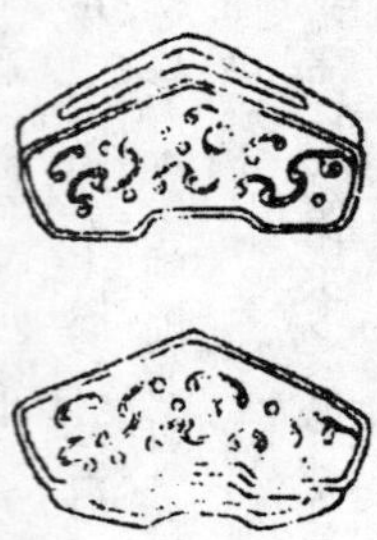

璏：白玉，有璊點。

璏：白玉，有璊點。

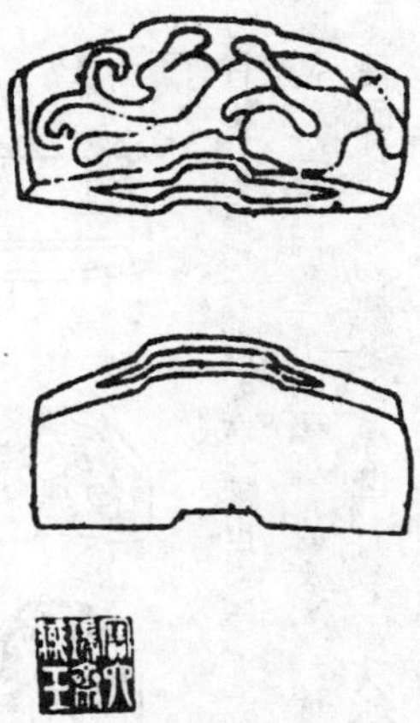

璏：青玉，黑章，間有璊點。劉毅吉觀察藏器。

《說文》：「璏，劍鼻也。」《王莽傳》：「美玉可以滅瘢，欲獻其璏。」服虔曰：「璏，音衛。」蘇林曰：「劍鼻玉也。」余所得古銅劍莖之下有劍鼻，與玉劍鼻形制正同。徐翰卿曰：「曾見吾吴故家藏一古銅劍，其劍鼻之玉，上有玉柄，銅玉相連，完好無損。」可知古之劍鼻有用銅，有用玉者。

韘：玉色純白。

《詩・芄蘭》：「童子佩韘。」毛《傳》云：「韘，玦也。能射御則佩韘。」《箋》云：「韘之言沓，所以彄沓手指。」《說文》：「韘，射決也。所以拘弦，以象骨韋系，著右巨指，或从弓作弽。」《車攻》：「決拾既佽。」《傳》云：決，鉤弦也。拾，遂也。

大澂所得古玉韘與濮青士太守文暹所藏一韘，形制正同。一面厚一寸，一面厚三分半。不知者以爲破決所改，非也。決拾之決，《釋文》作夬，《儀禮・士喪禮》作決，《周禮・繕人》作抉，毛《傳》作玦，皆一字。字可从玉，必有以玉爲玦者，得此可證毛公訓玦之義。《儀禮》鄭《注》云：「決，猶闓也，挾弓以横執弦。王棘與檡棘，善理堅刃者，皆可以爲決。」陳氏啓源曰：「案射禮，右巨指著決以鉤弦，食指、中指、無名指著沓以放弦。決用棘及骨及象骨爲之，亦名玦，亦名抉；沓用朱韋爲之，亦名極。《大射禮》云：『朱極三』是也。」大澂以爲用棘、用象骨者，士大夫通用之韘。惟天子佩白玉，因以白玉爲韘。非諸侯以下所得僭用，故傳世絶少。

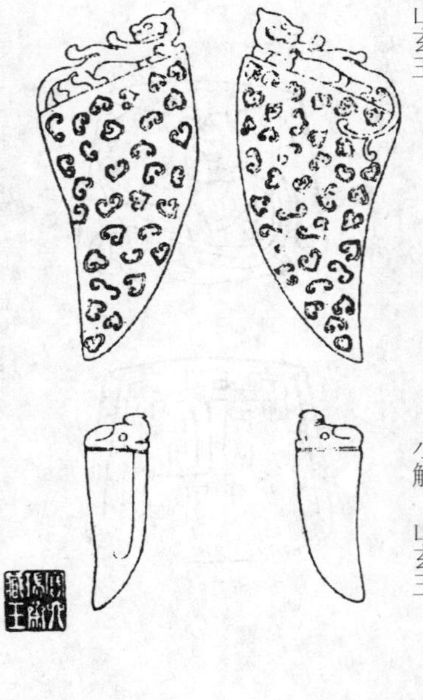

大觿：山玄玉。

小觿：山玄玉。

古觿多用角、用象骨爲之，故玉觿傳世絶少。

《詩·芄蘭》：「童子佩觿。」《傳》：「觿，所以解結，成人之佩也。」《禮·内則》：「左佩小觿，右佩大觿。」《注》：「小觿，解小結也。觿，貌如錐，以象骨爲之。」陳氏《詩疏》云：「鄭謂小觿解小結，則大觿解大結歟？」《説文》：「觿，佩角，鋭耑可以解結。」《説苑·褋言篇》：「百人操觿，不可爲固結。」又《修文篇》：「能治煩决亂者，佩觿。」

《説文》：「瓊，或从矞作璚，或从巂作瓗。」瓗與璚相似而不相類，竊疑佩觿之觿，用角者从角，用玉者从玉，則瓗字當即觿之或體，亦未可知。因得玉觿，附識於此。

璂一：白玉，有黑暈，背有象鼻孔三，制化古雅。

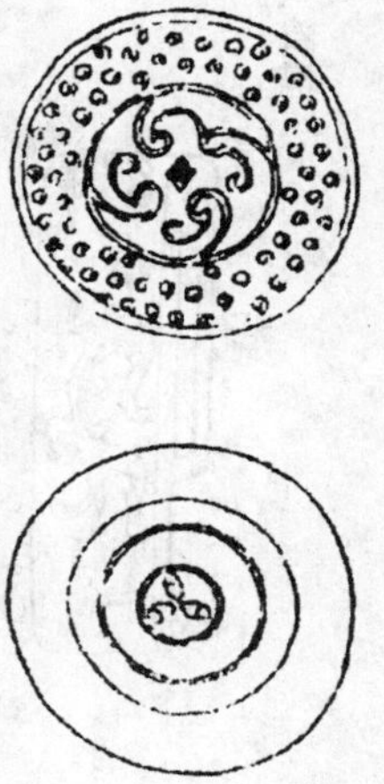

璂二：青玉。

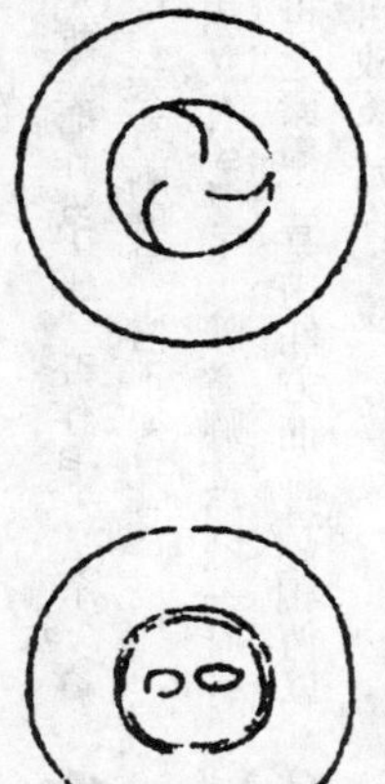

璂三：青玉，有璊斑。

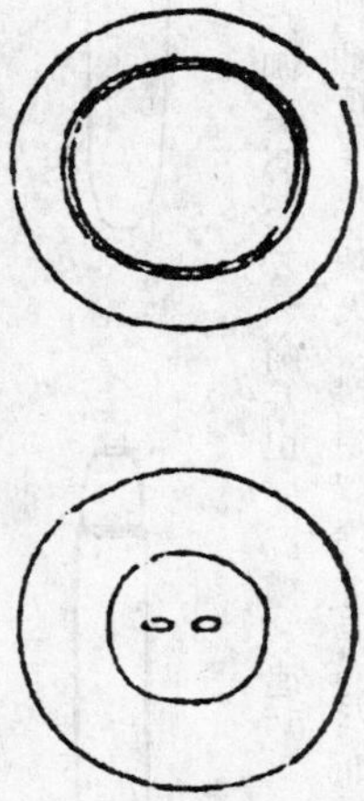

璂四：山玄玉。

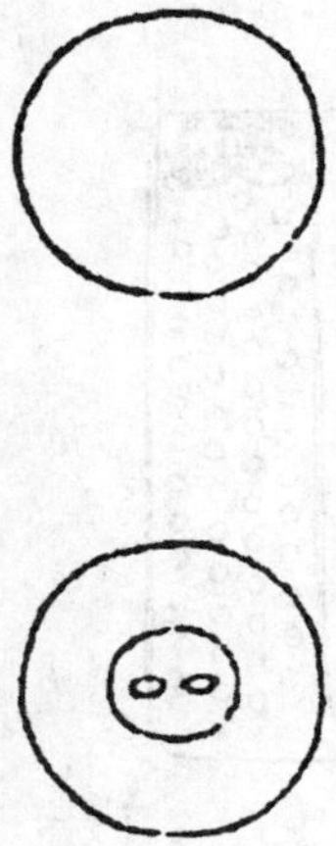

《説文》：「璂，弁飾，往往冒玉也。或从基作琪。」《周禮·弁師》：「王之皮弁，會五采玉琪。」鄭司農云：「故書會作膾，膾讀如馬會之會，謂以五采束髮也。琪讀如綦，車轂之綦。」《詩》：「會弁如星。」《傳》：「弁，皮弁，會所以會髮。」《箋》：「會爲弁縫，飾以玉。」與毛、許、先鄭解會字皆不合。大澂以爲璂者，正冠之玉飾於弁縫，如璧而小。大者象日月，小者象星，故曰：「會弁如星。」鄭説是也。

瑱：白玉，璊斑。

《詩·淇奥》：「充耳琇瑩。」毛《傳》：「充耳謂之瑱。琇瑩，美石也。天子玉瑱，諸侯以石。」《君子偕老》：「玉之瑱也。」《傳》：「瑱，塞耳也。」《周禮·弁師》：「諸侯繅斿，皆就玉瑱、玉笄。」鄭《注》：「玉瑱，塞耳者。」余所得古玉瑱，上作璊玉色，下半純白，蓋入土既久，色澤古雅可愛，即古之充耳也。陳氏《詩疏》引《大戴禮·子張問入官》篇：「黈絖塞耳，所以弇聰也。」盧《注》引《禮緯·含文嘉》：「以縣絖垂旒爲閉姦聲，弇亂色。」《傳》謂「瑱爲塞耳」義取諸此。《説文》：「瑱，或从耳作⿰眞耳。」

瑱：白玉，璊點。

瑱：乾黃玉。

瑱：璊玉。

瑱：白玉，黃暈。

衡笄：笄，一名簪。白玉，黄暈。

衡笄：白玉，有土繡。

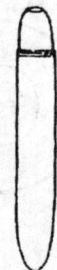

《詩》：「副笄六珈。」《傳》：「笄，衡笄也。」《周禮・追師》：「追衡笄。」鄭司農云：「追，冠名；衡，維持冠者。」陳氏《疏》曰：「男子冠無笄，而冕弁有笄。」冕笄用衡笄，以玉爲之。所以維持冕也。《說文》：「笄，簪也。先，首笄也，俗作簪。」

漆書筆：璊玉。

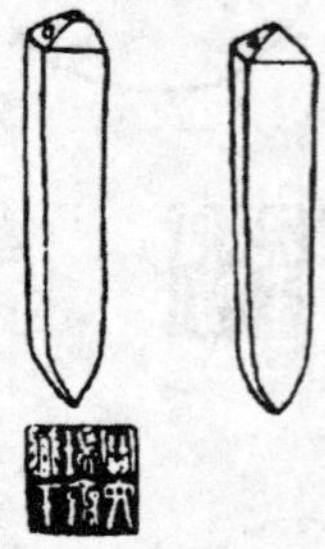

古文聿字，有作□者，亦作□、□。竊疑古之不律。旁有兩縣鉞，惜不得見耳。父乙角，文有□字。陳壽卿丈曰：「肘有懸聿，猶後世之櫜筆。」是玉四方而錐首，相傳以爲漆筆，無可攷證，姑從舊說。

璏一：白玉，滿身璊斑，間帶土斑。

璏二：白玉，有璊斑。

璏三：玉色純白。

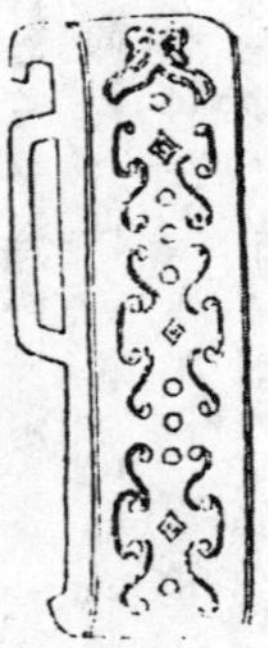

璏四：白玉，有黑暈文。

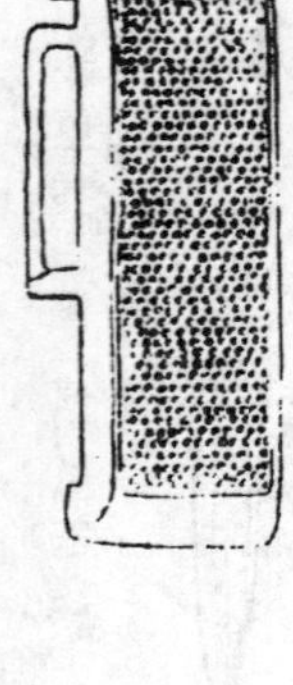

璏五：玉色純黑。

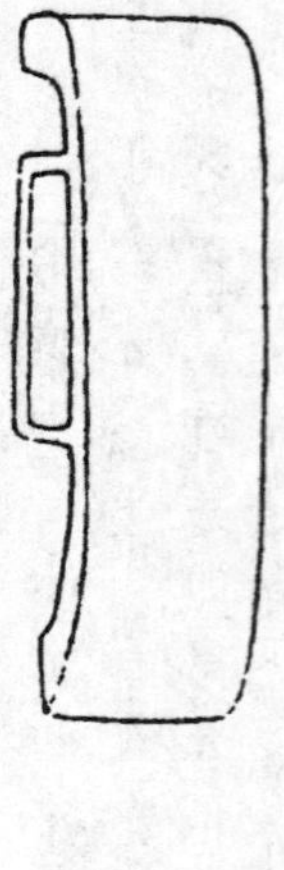

璏六：白玉，淺璊色。

璏七：玉色純白。

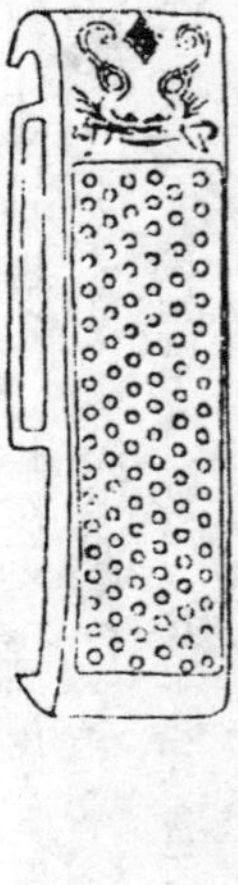

璏八：白玉黄暈。

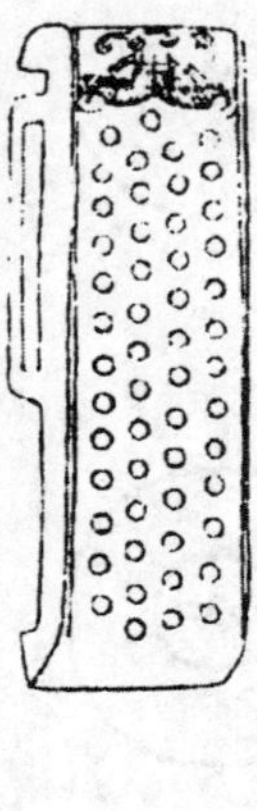

右佩，俗名「昭文帶」。吕氏《考古圖》、朱澤民《古玉圖》皆謂之璏，非也。璏，乃劍鼻之名。今好古家所蔵劍鼻甚多，與此絶不相似。大澂以爲革帶之佩玉，中有方孔，所以貫帶繫組于其下。故上下皆微卷向内，與組帶相連屬，即《詩·大東》「鞙鞙佩璲」之璲，其所繫之組，即謂之繸。《爾雅·釋器》：「璲，瑞也。繸，綬也。」《注》云：「繸，即佩玉之組。」所以連繫瑞玉者，因通謂之繸，此璲必有繸之證。珩、璜皆横佩，而璲則下垂，故曰：「鞙鞙佩璲，不以其長。」與《芄蘭》之「容兮遂兮，垂帶悸兮！」皆言佩之下垂也。毛《傳》：「佩玉，遂遂然垂其紳帶，悸悸然有節度。」陳氏《疏》云：「遂遂與《大東》鞙鞙同。」蓋古文璲、繸皆作遂，故《説文·玉部》無璲字，《系部》亦無繸也。昭文帶之名，疑亦古稱，特不知所出。陳氏《芄蘭疏》云：「古者有大帶，又有革帶。革帶服於要。大帶用組系結於紐。革帶所以繫佩，大帶所以束衣。」此玉當即佩於要閒革帶之端，專爲繫組而設。故組玉皆稱遂，不與襍佩等也。

玉鉤：白玉，滿身璊點。

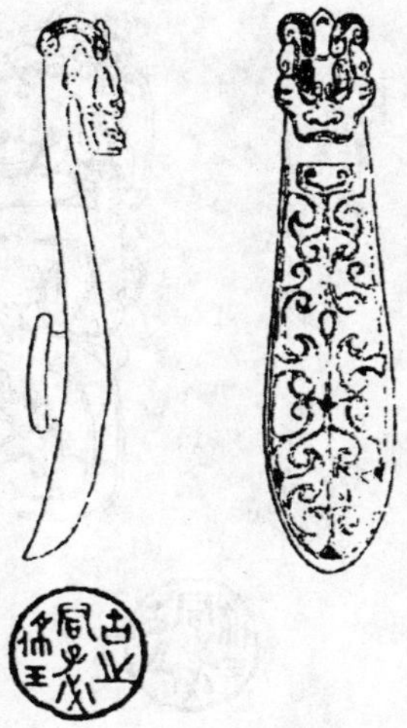

玉鉤：玉色純白。

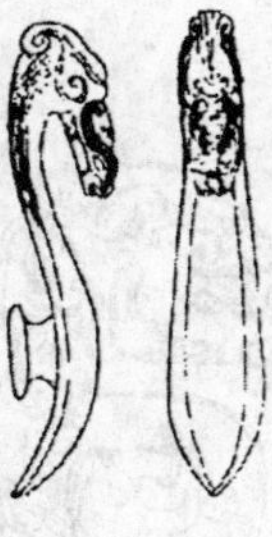

玉鉤：白玉，黄暈。

龍文佩：白玉，璊辮。

虯文佩：緑玉，璊辮。

龍文佩：白玉，黃暈，有土斑。

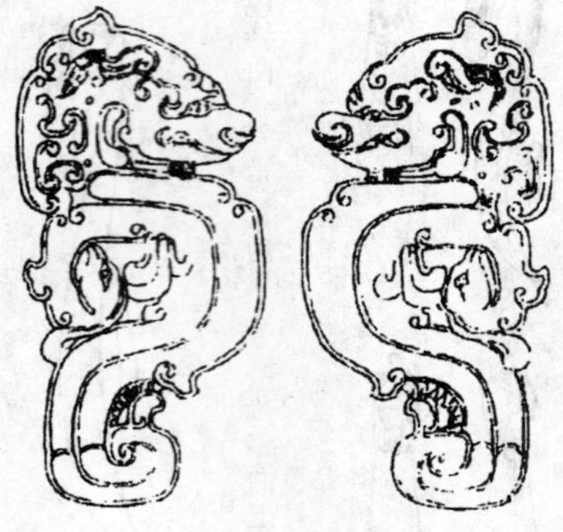

藻文佩：白玉，璊辬。

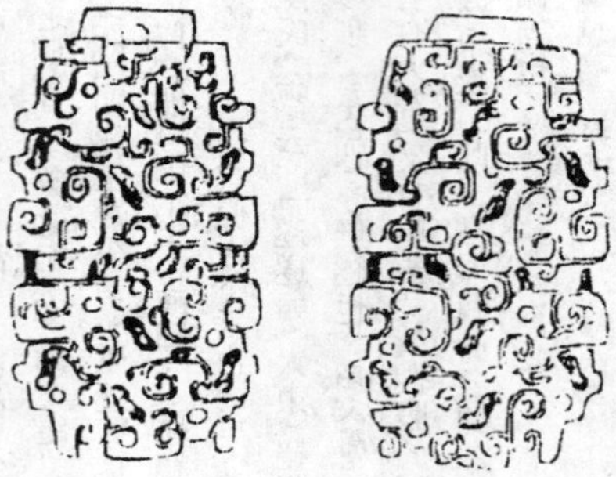

龍文玉：青玉，滿身土斑。此非佩玉也，製作甚古，不知何所施？

雲文佩：白玉，黑文。俗名雞心佩，無可攷。

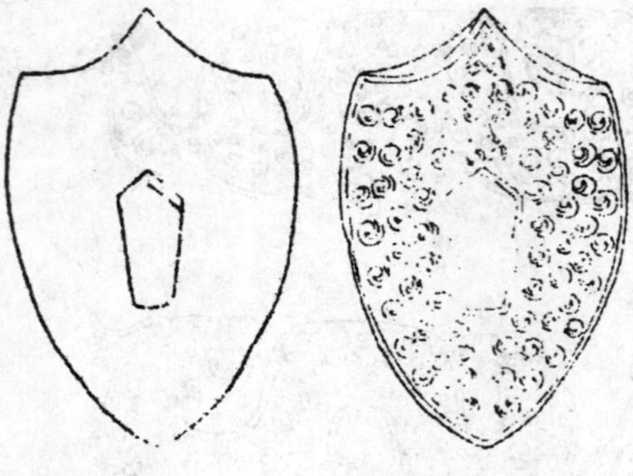

方瑿：石之似玉者，有土斑，俗名蓍艸玏。

《説文》：「玪瑿，石之次玉者。」

段《注》云：「瑿、玏同字。」

圜瑿：玉色純赤。俗名穩步玏，疑是馬鞭之柄。

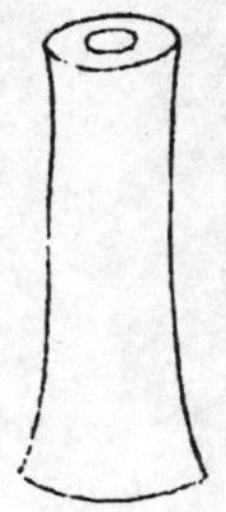

玉馬：青玉，水銀浸。

琀：白玉。

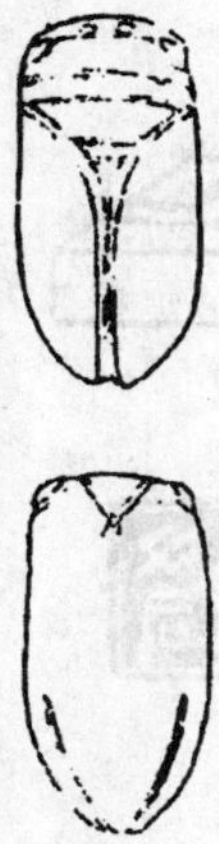

琀：白玉，璊斑。

《説文》：「琀，送死口中玉也。」《典瑞》曰：「大喪，共飯玉，含玉。」《注》：「含玉，柱左右顛及在口中者。」今世所傳古玉蟬，往往無孔，不能佩，皆古之含玉也。其有孔者，爲後人所鑿，好古家多能辨之。

玉律管：白玉，璊斑。

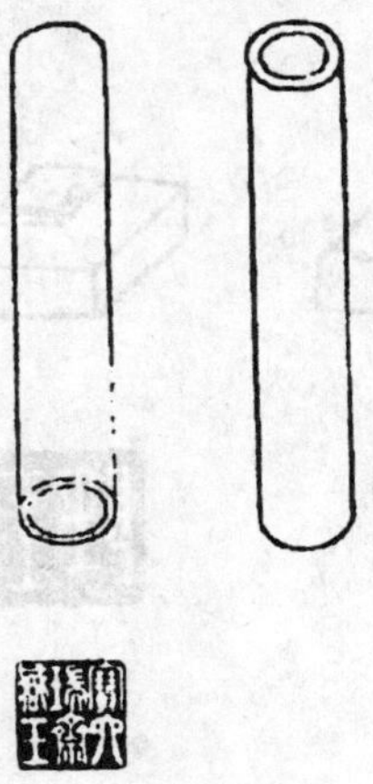

《説文》：「琯，古者玉琯以玉。舜之時，西王母來獻其白琯，前零陵文學姓奚，於伶道舜祠下得笙玉琯。夫以玉作音，故『神人以和，鳳皇來儀也。』」薛尚功《鐘鼎彝器款識》有「玉律管」，引《漢書》：「律管，古用玉。王莽始建國元年四月癸酉朔日改用銅。」余得始建國元年無射律管銅制者，與此相類。

玉鉢：白玉，滿身土辮，此古鉢之最大者。

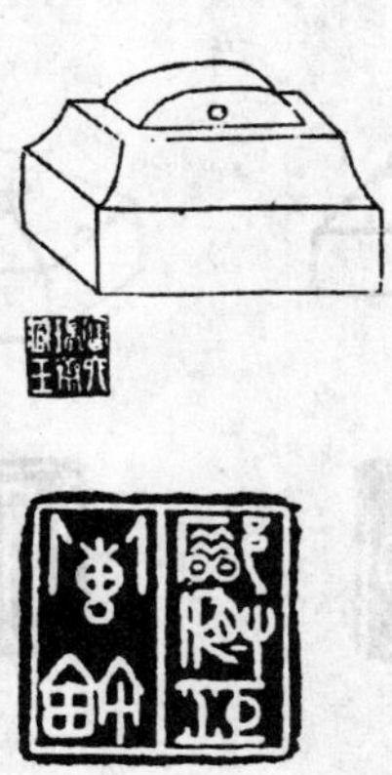

舊臧南潯顧子嘉處，徐翰卿以諸女方尊易得之，今歸窓齋。□疑即宗婦敦□字之異文，國名也。□即將□从水从巨，或即渠字之省，□與龍節□字相似，變□爲□，乃六國時詭異之文。

玉鉢：黃玉。

玉鉥：白玉，水銀浸。

玉鉥：白玉，黃暈。

玉鉥：白玉。

玉鉥：白玉。

玉鉥：白玉，水銀浸。

玉鉥：白玉。

玉鉥：青白玉，鈕有璊斑。

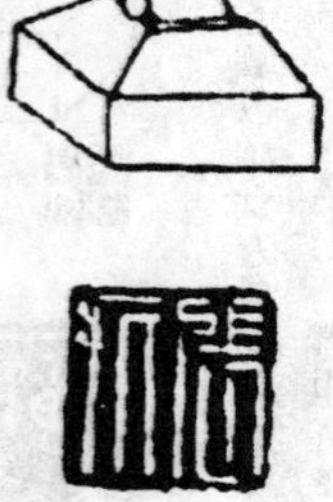

玉鉥：白玉，璊色。

玉鉥：白玉，黃暈。

玉鉥：赤玉。

玉鉢：白玉，滿身土斑。

玉鉢：黑玉。

玉鉢：山玄玉。

玉鉢：玉色純白。

玉鉢：玉色純黑。

漢鳩杖首一

漢鳩杖首二

漢剛卯一

漢剛卯二

漢剛卯三

漢剛卯四

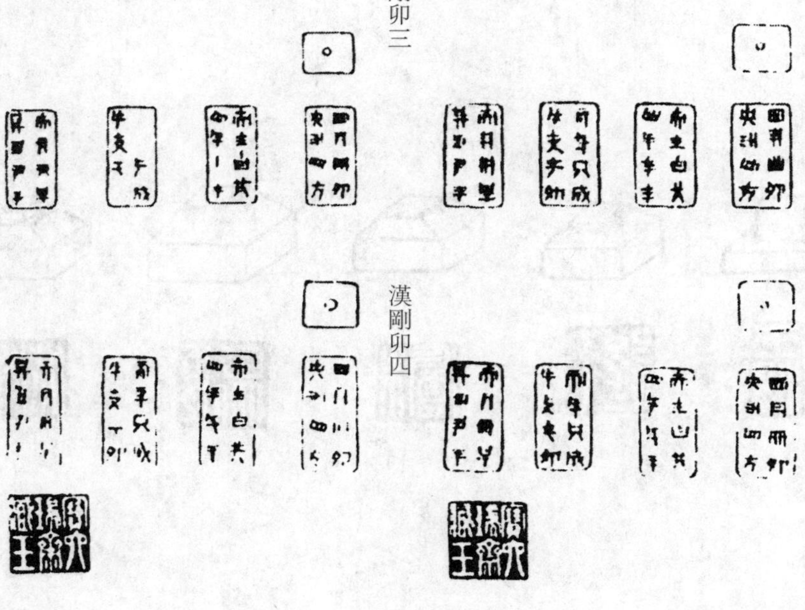

右，玉剛卯四，製作文字多相類。漢時市鬻之物，略似鏡。文中減筆假借字，文雖不精，可見漢人刻玉刀瀍。其字字清朗可讀者，大抵皆後人僞刻也。首句：「酉月剛卯。」次句「央」下一字不可識。第三句「赤青白黄」「青」、「黄」皆減筆。第四句「四色是當」與末句「莫我敢當」之「當」字正同。「帝命執成」借「只」爲「執」，「庶疫剛癉」借「月」爲「疫」。惟弟六句「卯」上三字，皆不可識。按《漢書・王莽傳》注引服虔曰：「剛卯，以正月卯日作佩之。長三寸，廣一寸，四方。或用玉，或用金，或用桃，著革帶佩之。」晉灼曰：「剛卯長一寸，廣五分，四方。

當中央從穿作孔，以采絲葺其底，如冠纓頭蕤。刻其上面，作兩行書。文曰：『正月剛卯既央，靈殳四方，赤青白黄，四色是當。帝令祝融，以教夔龍。庶疫剛癉，莫我敢當。』其一銘曰：『疾日嚴卯，帝命夔化，順爾固伏，化茲靈殳。既正既直，既觚既方，庶疫剛癉，莫我敢當。』」師古曰：「今往往有土中得玉剛卯者，案大小及文，服説是也。」大澂所見玉剛卯，從無三寸長、一寸廣者，似以晉灼之説爲長。顔是服説不可解，恐有誤字。

漢玉鈁：白玉，滿身璊斑、土斑。

《説文》：「鈁，金鍾也。」余藏有建平二年銅鈁，與此形制正同，特有大小之别耳。

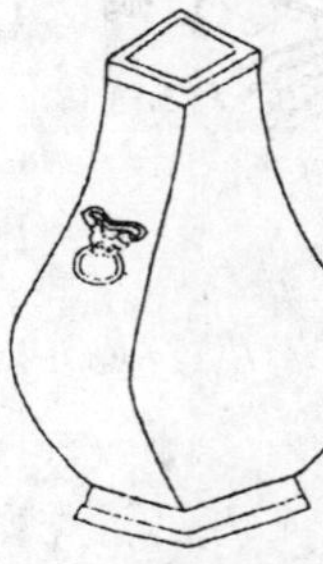

漢玉鐙：白玉，黄暈，製作精雅。

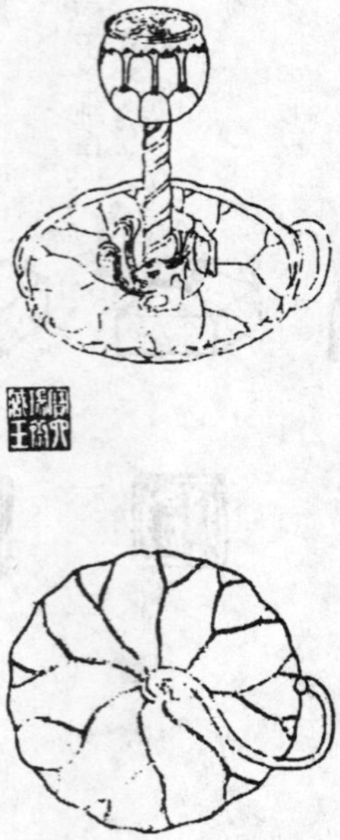

玉印：黄玉。

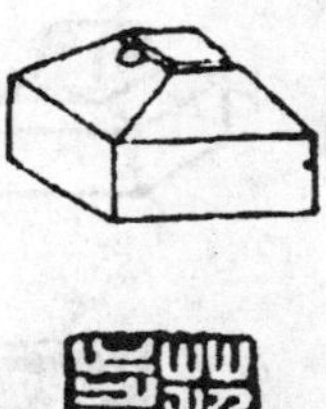

玉印：白玉，紅暈。

玉印：白玉，璊點。

玉印：白玉，璊斑。

玉印：白玉，黑文。

玉印：白玉，璊斑。

玉印：青白玉。

玉印：白玉，土斑。

玉印：山玄玉，水繡。

玉印：山玄玉。

玉印：白玉，五色斑。

玉印：白玉，黃暈。

玉印：白玉。

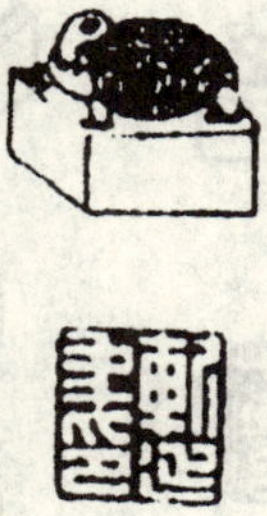

玉印：白玉。

玉印：黑玉。

玉印：紅白玉。

玉印：山玄玉。

玉印：山玄玉。

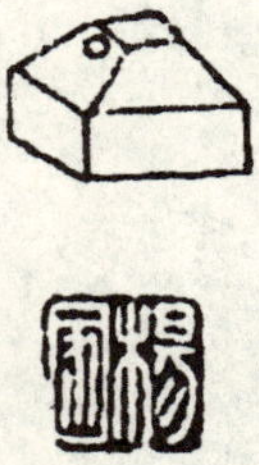

碧流離印：土斑。

李嬐

玉印：玉色純白，上有土斑。

右，漢玉私印二十鈕，關中出土者十，得之都門者一，徐翰卿訪購得之者九。中有五鈕爲華亭張氏舊藏，均已編入《十六金符齋印存》矣。

玉印：羊脂白玉。

玉印：羊脂白玉。

右，新莽玉印二，關中出土。一曰「辟非射魃」，一曰「壽成」。按《漢書·王莽傳》：「始建國元年，更名長樂宫曰長樂室，未央宫曰壽成室。」是印龜鈕與新莽時銅印鈕式正同，其爲莽印無疑。《説文》：「魃，鬼衣也。」地皇元年七月，大風毁王路堂。是月，杜陵便殿乘輿虎文衣廢藏在室匣中者出，自樹立外堂上，良久乃委地。吏卒見者以聞，莽惡之，下書曰：「寶黄厮赤。」疑此印即作於是時，以袚除鬼衣之不祥。蓋莽性好時日小數，及事迫急，亶爲厭勝。以劉字爲卯、金、刀，禁用剛卯金刀，似當時刻此玉印以代剛卯者。莽《傳》又云：「和嬪美御，凡百二十人，皆佩印韍。」是印小而精，或即宫人所佩與。

其他部

題解

《周禮・春官宗伯第三・大司樂》 凡樂，圜鐘爲宮，黄鐘爲角，大蔟爲徵，姑洗爲羽，雷鼓、雷鼗，孤竹之管，雲和之琴瑟，《雲門》之舞，冬日至，於地上之圜丘奏之，若樂六變，則天神皆降，可得而禮矣。凡樂，函鐘爲宮，大蔟爲角，姑洗爲徵，南吕爲羽，靈鼓、靈鼗，孫竹之管，空桑之琴瑟，《咸池》之舞。夏日至，於澤中之方丘奏之，若樂八變，則地示皆出，可得而禮矣。凡樂，黄鐘爲宮，大吕爲角，大蔟爲徵，應鐘爲羽，路鼓、路鼗，陰竹之管，龍門之琴瑟，《九德》之歌，《九韶》之舞，於宗廟之中奏之，若樂九變，則人鬼可得而禮矣。

《逸周書》附録一 神農之時天雨粟，神農耕而種之。作陶冶斤斧，破木爲耜，鉏耨以墾草莽，然後五穀興，以助菓蓏之實。《藝文類聚》八十五、《御覽》八四〇、《通鑑外紀》引《周書》 又《初學記》九、《後漢書・馮衍傳》李注、《御覽》一、七十八、三三八、三六六、八七三及希麟《續一切經音義》八亦引此條，互有詳略，不具列。又《續音義》五引《周書》曰：「神農治斤斧」，《御覽》八三三引《周書》曰：「神農耕而作陶」，《玉海》一二五及《廣韻》並引《周書》曰：「神農作瓦器」，《齊民要術》一引《周書》曰：「然後五穀與助，百果藏實。」又《續音義》九引此條前二句，題《周易》；《御覽》七六三引作《周禮》。

黄帝始穿井。慧琳《一切經音義》九二、《御覽》一八九引《周書》 又《初學記》七、《經典釋文》一引此條無「始」字，《釋文》九十二引「始」上有「卜」字。

黄帝始烝穀爲飯。《初學記》二十六引《周書》 又《北堂書鈔》一四四引「烝」作「蒸」，上有「立食」二字。又《御覽》八五〇引此作《周禮》。

黄帝始亨穀爲粥。《初學記》二十六、《御覽》八五九引《周書》 又《路史・餘論》引此條，「粥」作「糜」。

黄帝始燔肉爲炙。《孟子疏・告子上》引《周書》

黄帝始作甑甗。《北堂書鈔》引《周書》

黄帝始炊穀爲餅。《原本玉篇・食部》引《周書》

黄帝始作宮室。《廣韻・質》引《周書》

文王去商在程。正月既生魄，大姒夢見商之庭産棘，小子發取周庭之梓樹乎闕間，梓化爲松柏棫柞，寤驚，以告文王。王及太子發並拜吉夢，受商之大命于皇天上帝。《御覽》三九七引《周書》 又《御覽》五三三引此「太姒夢」以上作「文王在翟」，「樹乎」作「樹於」，無「寤」字，「王及太子發」作「文曰召發于明堂」，至「大命」，題《周書・程寤》。又《類聚》七九引《周書》此條「太姒夢」以下，「小子」作「太子」，「寤驚」作「寐覺」，「王及太子發」作「文王乃召太子發占之于明堂」。《類聚》八九引同《御覽》五三三，唯「産」作「生」，「受商大命」下有「秋朝士」三字。又李善《文選注》五六引此條，「太姒夢」以上作「文王至此商」，至于「松柏」。又《御覽》九五三引《周書》曰：「太姒夢周梓化爲松」；九五九引《周書》曰：「太姒夢見商之庭産棘」；九五八引《周書》曰：「太子夢太子發取周庭之梓樹於商闕間，化爲松杞」，又引《周書》曰：「太姒夢梓化爲杞。」陳逢衡云：《御覽》於「柏」類不引《周書》，而於「杞」類並云「化爲杞」，當屬誤引。

文王曰：「周視民如愛子也。」李善《文選注》五一引《周書》

桓寬《鹽鐵論》刺權第九 大夫曰：今夫越之具區，楚之雲夢，宋之鉅野，齊之孟諸，有國之富而霸王之資也。人君統而守之則强，不禁則亡。齊以其腸胃予人，家强而不制，枝大而折榦，以專巨海之富而擅魚鹽之利也。勢足以使衆，恩足以恤下，是以齊國內倍而外附。權移於臣，政墜於家，公室卑而田宗强。轉轂游海者，蓋三千乘，失之於本而末不可救。今山川海澤之原，非獨雲夢、孟諸也。鼓金煮鹽，其勢必深居幽谷，而人民所罕至。奸猾交通山海之際，恐生大奸。乘利驕溢，散樸滋僞，則人之貴本者寡。大農鹽鐵丞咸陽、孔僅等上請：「願募民自給費，因縣官器，煮鹽予用，以杜浮僞之路。」由此觀之，令意所禁微，有司之慮亦遠矣。

文學曰：有司之慮遠，而權家之利近，令意所禁微，有僭奢之道著。自利害之設，三業之起，貴人之家雲行於涂，轂擊於道，攘公法，申私利，跨山澤，擅官市，非特巨海魚鹽也；執國家之柄，以行海內，非特田常之勢，陪臣之權也；威重於六卿，富累於陶、衛，輿服僭於王公，宮室溢於制度，并兼列宅，隔絶閭巷，閣道錯連，足以游觀，鑿池曲道，足以騁騖，臨淵釣魚，放犬走兔，隆豺鼎力，蹋鞠斗鷄，中山素女撫流徵於堂上，鳴鼓巴俞作於堂下，婦女被羅紈，婢妾曳絺紵，子孫連車列騎，田獵出入，畢弋捷健。是以耕者釋耒而不勤，百姓冰釋而懈怠。何者？己爲之而彼取之，僭侈相效，上升而不息，此百姓所以滋僞而罕歸本也。

許慎《說文解字》第三上 器 器，皿也。象器之口，犬所以守之。去冀切。

許慎《說文解字》第五上 工 工，巧飾也，象人有規榘也，與巫同意。凡工之屬，皆从工。徐鍇曰：爲巧必遵規矩法度，然後爲工。否則目巧也。巫事無形，失在於詭，亦當遵規榘。故曰與巫同意。古紅切。𢒄，古文工从彡。

許慎《説文解字》第五下　缶缶，瓦器，所以盛酒漿。秦人鼓之以節謌。象形。凡缶之屬皆从缶。方九切。

許慎《説文解字》第一二下　匠匠，木工也。从匚、从斤，斤所以作器也。疾亮切。

許慎《説文解字》第一二下　瓦瓦，土器已燒之總名。象形，凡瓦之屬皆从瓦。五寡切。

王敷《茶酒論》下篇《論茶器》　茶焙

茶焙，編竹爲之，裹以蒻葉。蓋其上，以收火也；隔其中，以有容也。納火其下，去茶尺許，常温温然，所以養茶色香味也。

茶籠

茶不入焙者，宜密封，裹以蒻，籠盛之，置高處，不近濕氣。

砧椎

砧椎，蓋以碎茶。砧以木爲之，椎或金或鐵，取於便用。

茶鈐

茶鈐，屈金鐵爲之，用以炙茶。

茶碾

茶碾，以銀或鐵爲之。黄金性柔，銅及鍮石皆能生鉎，音星。不入用。

茶羅

茶羅以絶細爲佳，羅底用蜀東川鵝溪畫絹之密者，投湯中揉洗以冪之。

茶盞

茶色白，宜黑盞，建安所造者，紺黑，紋如兔毫，其坯微厚，熁之久熱難冷，最爲要用。出他處者，或薄，或色紫，皆不及也。其青白盞，鬭試家自不用。

茶匙

茶匙要重，擊拂有力，黄金爲上，人間以銀、鐵爲之。竹者輕，建茶不取。

湯瓶

瓶要小者，易候湯，又點茶、注湯有準。黄金爲上，人間以銀、鐵或瓷、石爲之。

徐兢《宣和奉使高麗圖經》卷二九《供張二・白折扇》　白摺扇，編竹爲骨，而裁藤紙鞔之，間用銀銅釘飾，以竹數多者爲貴。供給趨事之人，藏於懷袖之間，其用甚便。

徐兢《宣和奉使高麗圖經》卷二九《供張二・松扇》　松扇，取松之柔條，細削成縷，槌壓成綫，而後織成，上有花文，不減穿藤之巧，唯王府所遺使者最工。

徐兢《宣和奉使高麗圖經》卷二九《供張二・草履》　草履之形，前低後昂，形狀詭異，國中無男女少長，悉履之。

徐兢《宣和奉使高麗圖經》卷三〇《器皿一》　臣聞前史稱東夷器用俎，今高麗土俗猶然，觀其制作古樸，頗可愛尚，至於他飲食器，亦往往有尊彝簠簋之狀，而燕飲陳設又多類於莞簟几席，蓋染箕子美化，而彷彿三代遺風也。謹掇其概圖之。

徐兢《宣和奉使高麗圖經》卷三〇《器皿一・獸爐》　子母獸爐，以銀爲之，刻鏤制度精巧，大獸蹲踞，小獸作搏攫之形，返視張口，用以出香，惟會慶乾德公會，則置於兩楹之間，迎詔焚麝香，公會則爇篤耨龍腦旃檀沈水之屬，皆御府所賜香也，每隻用銀三十鄭刻千。斤，獸形連座高四尺，闊二尺二寸。

徐兢《宣和奉使高麗圖經》卷三〇《器皿一・水瓶》　水瓶之形，略如中國之酒注也，其制用銀三斤，使副與都轄提轄官位設之，高一尺二寸，腹徑七寸，量容六升。

徐兢《宣和奉使高麗圖經》卷三〇《器皿一・盤琖》　盤琖之制，皆似中國，惟琖深而釦斂，舟小而足高，以銀爲之，間以金塗，鏤花工巧。每至勸酒，則易別杯，第量容差多耳。

徐兢《宣和奉使高麗圖經》卷三〇《器皿一・博山爐》　博山爐，本漢器也，海中有山名博山，形如蓮花，故香爐取象，下有一盆，作山海波濤，魚龍出没之狀，以備貯湯薰衣之用，蓋欲其濕氣相著，煙不散耳。今麗人所作，其上頂雖象形，其下爲三足，殊失元制，但工巧可取。

徐兢《宣和奉使高麗圖經》卷三〇《器皿一・酒榼》　酒榼，蓋提挈之器也，上爲覆荷，兩耳有流，連環提紐，以金間塗之，唯勸酒則特用，而酒色味皆勝，其制高一尺，闊八寸，提環長一尺二寸，量容七升。

徐兢《宣和奉使高麗圖經》卷三〇《器皿一・鳥花洗》　銀花不常用，唯使副私覿有之，點藥鏤花，鳥文白質，輕重不等，面闊一尺五寸，量容一斗二升。

徐兢《宣和奉使高麗圖經》卷三〇《器皿一・面藥壺》　面藥壺，惟使副都轄提轄位用銀，餘以銅爲之，圓腹脩頸，蓋形稍鋭，高五寸，腹徑三寸五分，量容一升。

徐兢《宣和奉使高麗圖經》卷三〇《器皿一・芙蓉尊》　酒尊之形，上有蓋，如芙蓉花之方苞也，閒金塗飾，長頸廣腹，高二尺，量容一斗二升。

徐競《宣和奉使高麗圖經》卷三〇《器皿一·提瓶》 提瓶之狀，頭長而上鋭，腹大而底平，其制八稜，閒用塗金，中貯米漿熟水，國官貴人，每令親侍挈以自隨，大小不等，大者容二升。

徐競《宣和奉使高麗圖經》卷三一《器皿二·油盎》 油盎之狀，略如酒罇，白銅爲之，其上無蓋，恐其傾覆，而以木楔窒之，高八寸，腹徑三寸，量容一升五勺。

徐競《宣和奉使高麗圖經》卷三一《器皿二·浄瓶》 浄瓶之狀，長頸脩腹，旁有一流，中爲兩節，仍有轆轤，蓋頸中閒有隔，隔之上復有小頸，象簪筆形，貴人國官，觀寺民舍皆用之，惟可貯水，高一尺二寸，腹徑四寸，量容三升。

徐競《宣和奉使高麗圖經》卷三一《器皿二·花壺》 花壺之制，上鋭下圓，略如垂膽，仍有方座，四時貯水簪花，舊年不甚作，邇來頗能之，通高八寸，腹徑三寸，量容一升。

徐競《宣和奉使高麗圖經》卷三一《器皿二·水釜》 水釜之制，狀如鬲鼎，以銅鑄成，有二鄭刻三。獸環貫木，可以負持，麗人方言，無大小皆謂之㑳，僕射館中諸房皆給之，高一尺五寸，闊三尺，量容一石二斗。

徐競《宣和奉使高麗圖經》卷三一《器皿二·水甖》 水甖如水釜之形而差小，仍有銅蓋，用以汲水，以象中國之水桶也，上有二耳，可以攀挈，麗俗便於負戴。

吴自牧《夢粱録》卷一九《四司六局筵會假賃》 凡官府春宴，或鄉會，遇鹿鳴宴，文武官試中設同年宴，及聖節滿散祝壽公筵，官府各將人吏、差撥四司六局人員督責，各有所掌，無致苟簡。或府第齋舍，亦於官司差借執役，如富豪士庶吉筵凶席，合用椅桌、陳設書畫、器皿盤合動事之類，則顧唤局分人員，俱可完備，凡事毋苟。且謂四司六局所掌何職役，開列於後。如帳設司，專掌仰塵、録壓、桌幃、搭席、簾幕、繳額、罘罳、屏風、書畫、簇子、畫帳等；如茶酒司，官府所用名「賓客司」，專掌客過茶湯、斟酒、上食、喝揖而已，民庶家俱用茶酒司掌管筵席，合用金銀器具及暖盪、請坐、諮席、開話、斟酒、上食、喝揖、喝坐席，迎送親姻，吉筵慶壽，邀賓筵會，喪葬齋筵，修設僧道齋供，傳語取復，上書請客，送聘禮合，成姻禮儀，先次迎請等事；厨司，掌筵席生熟看食，枚飣、合食，前後筵幾盞食，品坐歇坐，泛勸品件，放料批切，調和精細美味羹湯，精巧簇花龍鳳勸盤等事；臺盤司，掌把盤、打送、賫擎、勸盤、出食、碗碟等；果子局，掌裝簇飣盤看果、時新水果、南北京果、海臘肥脯、臠切、像生花果、勸酒品件；蜜煎局，掌簇飣看盤果套山子、蜜煎像生窠兒；菜蔬局，掌筵上簇飣看盤菜蔬，供筵泛供異品菜蔬、時新品味、糟藏像生件段等；油燭局，掌燈火照耀、上燭、修燭、點照、壓燈、辦席、立臺、手把、豆臺、竹籠、燈臺、裝火、簇炭；香藥局，掌管龍涎、沈腦、清和、清福異香、香疊、香爐、香球、裝香簇燼細灰，效事聽候換香，酒後索唤異品醒酒湯藥餅兒；排辦局，掌椅桌、交椅、桌凳、書桌，及灑掃、打渲、拭抹、供過之職。蓋四司六局等人，祗直慣熟，不致失節，省主者之勞也。欲就名園異館、寺觀亭臺，或湖舫會賓，但指揮局分，立可辦集，皆能如儀。俗諺云：「燒香點茶，挂畫插花，四般閑事，不宜累家。」若有失節者，是祗役人不精故耳。且如筵會，不拘大小，或衆官筵上喝犒，亦有次第，先茶酒，次厨司，三伎樂，四局分，五本主人從。此雖末事，因筆述之耳。

程大昌《演繁露》卷二《几》 「几」與「案」自是兩物。「几」者，坐具也，曲木附身，以自捧抱。故《釋名》曰：「几，庋也，所以庋物者也。」其音「軌」，其義則「閣」也。《漢武内傳》：「帝受王母《真經》，庋黄金之几。」是以几而貯閣經文也。《鄴中記》曰：「石虎所坐几，悉雕畫爲五色花。」則「几」者所以坐也，非「案」類也。《語林》曰：「孫馮翊往見任元褒，門吏憑几見之，孫請任推此吏，吏曰：『得罰體痛，以横木扶持，非憑几也。』孫曰：『直木横施，植其兩足，便爲憑几，何爲狐蹯鵠膝，曲木抱腰用此。』推之。」則「几」之形象可想，大率如今之「胡床」。頂施曲木，而俗以「抱身交床」名之，是其象矣。第古無繩床，既爲坐具，必是施板。《竹林七賢論》曰：「阮籍在袁孝尼家醉，起扶書几板爲文。王逸少見門生家棐几滑浄，因書真草。其父刮去。」是皆有板可書也。孟子隱几而卧，南郭子綦隱几而坐，嗒然似喪其耦，皆其事也。必以几閣其手，故得以寄其逸也。若《周禮》玉几、漆几，用材、設飾則有别，若其形制，無二也。

程大昌《演繁露》卷一〇《筝》 鼓弦，竹身樂也。按：今筝未有以竹爲之者。

顧禄《桐橋倚棹録》卷一〇《市廛》 葵扇，俗呼「芭蕉扇」，山塘扇肆，多販於粤東之客，其葉産粤之新會城，乃葵葉，非蕉葉也。上等之葵葉，都貯諸箱篋來吴，故謂之箱葉，粗者謂之包葉。以細白嫩葉無夾縫者爲上選。時尚黄緑白紗襯金滾邊，柄以影漆及紫緑色雕刻書畫，中嵌泥金者爲盛行。若翻黄竹及玳瑁、沙魚皮柄，已間一用者矣。團扇，有絹有羅，淡描濃綉，多行於他省及居民新嫁女郎送夏之用。有等漆邊漆柄，紅緑紫黑俱純色者，有形似滿月或六角八角宮扇式者，兩面皆糊耿絹，書畫精雅，陰面以兩色錦爲貼邊。入掌輕摇，風生習習。山塘操是業者不下數十家，凡聚行定價，皆集於東西兩山廟。予嫌其未當，擬於僧彌祠旁建團扇夫人廟爲扇肆會飲之地，及閲舒鐵雲《瓶水齋集》，知王仲瞿當時賃廡吴會，曾有於小令祠畔穿徑礲石奉夫人香火之議，此真先得我心者矣。因録鐵雲贈篇於右，其詞云：「渡江桃葉春潮緑，腸斷青團扇子曲。秋風吹鬢又雙飛，明月入懷才一握。誰家蝴蝶過墻東，銜出飛花一面紅。謫來天上氤氳使，留得人間憔悴容。櫻桃樹下相思路，一撲流螢有人妒。只因花裏送郎歸，胡爲泥中逢彼怒。團扇團扇凄以秋，不遮離恨只遮羞。縱然老婢聲能詠，還問小郎圍解否。嫂不爲炊有時有，叔亦不癡女無偶。未聞妲己賜周公，險把參軍配新婦。此事分明寶月圓，此情惆悵緑雲端。阮家人種追無馬，秦女衣裳畫有鸞。班姬才調明妃色，却扇千金傾一國。夢向烏衣巷裏游，歌從白苧詞中得。瑯琊才子舊情癡，曳雪牽雲有所思。浮家恰傍真娘墓，畫壁先題后土祠。十萬鴛鴦兩團扇，婢學夫人君不見。願取朱陳村裏人，化爲王謝堂前燕。石城艇子虎山橋，勸酒琵琶乞食簫。題成列女圖三丈，譜入神絃曲一條。」又，尤維熊《虎丘新竹枝》云：「生綃糊就月兒圓，擎出天邊白玉盤。知否吴中添近事，家家團扇畫乘鸞。」又，郭麐《虎丘五樂府》有《詠蕉扇・桂枝香》詞云：「誰裁花骨，怕新裂齊紈，無此圓潔。想見黄昏雨足，緑天雲割。憐他不入人懷袖，却生成也無圓闕。紫蕉衫底，白荷花下，晚風香辣。話昔日山塘土物。同茄席湘筠，一樣清絶。七寶修成，不是舊時明月。舊時舊事何人記，有冷螢空階明滅。最難忘處，羅幃雙笑，一燈初殺。」又，尤維熊和詞云：「裁雪滿把，憶小院緑天，密雨初灑。誰仿謝家新製，市頭論價。紅墻一抹剛遮映，握春荑晚妝才卸。庭軒露坐，乍停還拂，流螢將下。記女伴穿針閑話。有花骨欹斜，密字偷寫。便肯從人方便，也休輕借。輕容不放秋蚊入，向舊幬深處低掛。桃笙如水，暫教閑却，嫩涼今夜。」

琉璃燈，始則來自粤東，有緑白兩色。今郡人能以碎玻璃搗如米屑，淘洗極净，入爐重熔，一氣呵成。其市亦集於山塘，所鬻則有各種掛燈、檯燈，大小不齊。燈盤、燈架以銅錫爲之，反面以五彩黝描鳳穿牡丹之類。其素者則有供佛之長明燈與金魚缸，可安置几上，游鱗跳躍，視小爲大。鐵馬，乃玻璃脆片也，上有四字，曰「玉馬風聲」，或「玉龍」二字，皆製時熔成者，用銅鐵綫色絨扎成寶蓋形，復以十餘脆片穿之，懸於檐際，雨風之夕，音聲酸楚，令人不堪卒聽。梅霜崖《鐵馬》詩云：「爐冶誰施鍛煉功，熔成腰褭步難工。章臺側畔驚閨夢，畫閣前頭驟曉風。照日一圍争躡影，巡檐百轉漫行空。如何不向昭陵去，只傍虚堂聒塞翁。」又，郭麐《詠鐵馬・釵頭鳳》詞云：「屏山曲，春眠足，丁咚驚起鴛鴦宿。重簾静，重欄憑。月明如水，梨花無影。認，認，認。珍珠箔，鞦韆索，琤琤攪碎檐前玉。呼人間，春來信。鸚歌報道，東風猶緊。聽，聽，聽。」

綫帶店，昔只席場衖一二家，近來塘岸不下十餘店。席場衖内，家户搓綫織帶爲業。有等鄉間婦女，筐篚攜至渡僧橋、月城内一帶，攔地叫賣者，其蠶絲俱鬻於湖客，皆織綢綾吐棄之絲雜苧爲之，其糙不堪，俗呼爲「糙絲綫」。

自走洋人機軸，如自鳴鐘，不過一發條爲關鍵，其店俱在山塘。腹中銅軸，皆附近鄉人爲之，轉售於店者。有壽星騎鹿、三换面、老跎少、僧尼會、昭君出塞、劉海灑金錢、長亭分别、麒麟送子、騎馬鞑子之屬。其眼舌盤旋時，皆能自動。其直走者，只肖京師之後轎車，一人坐車中，一人跨轅，不過數步即止，不耐久行也。又有《童子拜觀音》、《嫦娥游月宫》、《絮閣》、《鬧海》諸戲名，外飾方匣，中施沙斗，能使龍女擊鉢、善才折腰、玉兔搗藥，工巧絶倫。翟繼昌《自走洋人》詩云：「盤旋直走一般同，機軸天然製造工。便到中華遵法度，饒伊疾足亦環中。」

絹人，多爲仕女之形，以五色繒綾爲飾，眉目姣好，或立或坐。游客至虎丘者，每市以歸，互相饋貽。吴綺《絹美人》詩云：「刀尺何人鬭麗華，妝成金屋彩雲遮。體分蘇氏機中素，命薄隋宫樹上花。小字紅綃原有意，前身搗素問誰家。莫嫌盡日無言語，越女傷心出浣紗。」

山塘畫鋪，異於城内之桃花塢、北寺前等處，大幅小幀俱以筆描，非若桃塢、寺前之多用印板也，惟工筆、粗筆各有師承。山塘畫鋪以沙氏爲最著，謂之「沙相」，所繪則有天官、三星、人物故事，以及山水、花草、翎毛，而畫美人爲尤工耳。鬻者多外來游客與公館行臺，以及酒肆茶坊，蓋價廉工省，買即懸之，樂其便也。吴綺《畫美人》詩云：「一幅生綃本自如，誰人親見洛川姝。却將京兆朝回筆，寫出崔徽别後圖。」「翠黛乍低渾似語，玉纖如動竟難扶。憑君爲問毛延壽，多少黄金買得無。」又，尤維熊《虎丘新竹枝》云：「李娟張態是耶非，映水花枝妓打圍。别有多情嵇叔夜，只摹粉本畫崔徽。」又，郭麐《詠畫仕女・唐多令》詞云：「深院玉梅天，春風錦瑟年。似驚鴻留影翩然。手擘薛濤箋一幅，怕遺墨，淡如煙。一枕小游仙，三生好比肩。有揚州舊夢誰圓，問是夢中曾見麽。笑已是，十年前。」

西湖散人輯《新鐫雅俗通用珠璣藪》卷七《宮室》 殿廷，殿，大堂。廷，朝廷。黃屋，天子所居之室覆以黃也。宮禁，宮，穹也，中也，言天子處于都邑之中也。禁，宮闈也。龍樓，門樓上有銅龍，故曰龍樓。鳳闕，闕圜上有銅鳳凰，故曰鳳闕。魏闕，天子門外闕也。繒闕，以繒帛絞縛之闕也。帝閽，天子之門。端門，宮之正門。絳闕，《選賦》云：天子門曰絳闕。闕者，門在兩旁，中央缺。然人臣至此，思所闕也。法宮，路寢正殿。法坐，正坐也，聽朝之處，猶言法宮也。掖庭，宮庭也，又曰紫掖。紫庭，帝庭也，宮寢堂階之前曰庭。便殿，凡言便殿、便室、便坐，皆非正大之處，所以就便安也。離宮，便處之宮，非天子所常居也。午門，王城前門。法門，《穀梁》曰：君侯曰法門。楓宸，天子所居北辰之宮曰宸，漢宮殿之側多植楓樹，故曰楓宸。又曰楓陛宸軒。黃闥，禁門。應門，王之正門。路寢，君侯正寢處。朝班，文東、武西，侍御排列之班次。瑣闥，舘閣所居集賢之處，曰青瑣闥者，宮中小門。西清，西箱清淨之處。掖門，殿之正門曰郭門、皋門、午門，內至禁省爲殿門，外出大道之旁曰左掖門，右掖門。兩觀，闕觀也。古者，帝君每門樹兩觀于前，所以檽表宮門，登之可以遍觀，故謂之觀，懸法象處。巖廊，廊，堂邊廡也。巖廊，巖峻之廊也。仲舒《傳》云：游于巖廊之上。丹墀，天子階庭也。以丹淹泥塗殿上，故曰丹墀，又曰赤墀。三宮，皇太后、皇后、皇太子所居之宮。省中，即禁中也。孝元皇后父名禁，避之故曰省中。省，察也，言入此中，皆當察視，不可妄也。罘罳，連闕曲閣如屏也。罘，復也。罳，思也。言臣將請事于此復思也。蕭墻，謂門屏也。蕭，肅也。人臣至此，加肅敬也。永巷，宮中之長巷也。琁題，題，頭也。榱椽之頭，皆以玉飾，言其英華相燭也。又曰玉題。壼闈，宮中巷謂之壼，宮中門謂之闈。內帑，皇上藏金帛之內庫也。

宴昵殿，親戚宴飲會同之殿也。

金杝玉階，宮殿前制作也。杝，砌也。以金玉飾階也。又曰玉階彤庭。

堂，堂謂堂堂，高明貌也。扃，閉門也。扉，門扇。閛，開閉門聲。甍，棟也。椽，桁條上直木爲椽。第宅，第者，言有甲、乙之次第也。無品爵者，不得稱第。宅者，擇也。亦曰第也。言擇吉地而居也。廳堂，廠廳、照廳、散廳、官廳。公堂、川堂、庰堂。樓臺，樓，重屋也。臺，持也。言築上堅高，能自勝持也。衙院，官所居曰衙，又衙門周圍有墻者曰院。廣厦，大屋。大厦，稱人屋也。甲第，甲爲十干之首，言第宅高大也。廊廡，兩側屋曰廊，門屋曰廡。東箱，正寢之東西室皆曰箱，言似箱篋之形也。閨閫，特立小户曰閨，閨房之道曰閫。廬舍，賓客寄處曰廬，又曰舍。又在野曰廬，市居曰舍。東閣，閣，小門也。東向開之避當庭門而引賓客也。公孫弘《傳》曰：起客舘，開東閣，以延賢人。房櫳，室在旁曰房，歇宿處也。櫳，窗也。小曰窗，大曰櫳。窗牖，在屋曰窗，在墻曰牖。齋塾，齋，潔也。門側之堂曰塾。室閭，居處曰室，里門曰閭。代舍，延客之舍。廂廨，東西側屋曰廂，公舍曰廨。承慶，《洛陽宮殿簿》曰：承慶堂、昌福堂、綏福堂、徽音堂、嘉德堂。闈閣，內中小門相通也。綺室，呼人室屋。温房，冬火閣。檽軒，階畔勾欄。臺榭，積土爲高曰臺，臺上之屋曰榭。蘭房，即香閨也。又曰蘭閨。別業，別館也。孀閨，寡婦之居。清閨，靜室。門户，雙扇爲門，單扇爲户。檻閾，户限也。門扗，扗，所以近門者。户樞，樞，門扇，所由開閉者。天井，明堂，甬道，階級，階之層級。階除，除，去也。言去堂奧也。便坐，謂非正寢，在于旁側，可以延賓者也。張禹《傳》曰：禹見之于便坐。扊扅，即户樞也。院落，庭院。庰堂，竈厦，廚竈之室也。棖臬，棖，門兩旁木也。臬，門東間短木也。開闔，闔，閉也。啓閉，啓，開也。門櫝，避覿，門不常閉，設此以避人覿也。攩衆，官府衙門前設此，以攩住衆人之行。髟頭，屋之東西飛髟。簷霤，簷下承霤水者，以木爲之。天子前後左右皆有之，大夫惟前後，庶人惟前一面。閣漏，即簷霤也。陰溝，鑿地暗泄水也。陽溝，明作水道，以泄水也。篱籬，笆籬，以竹編之。嘲風，此獸好險，殿角上走獸是也。鴟尾，海上有魚，虬尾似鴟，噴浪則降雨，今作象于宮殿之上，以壓火災。重霤，重簷也。窔奧，東南隅謂之窔，西南隅謂之奧，室中隱奥之處也。陰厦，北屋也。陽榭，高樓。欄杆，月臺，樞檽，户轉者曰樞，窗格眼曰檽。胡梯，簷楹，屋牙曰簷，楹，柱也。棉簷，聯櫋，並屋簷横木。楣枋，門上横木曰楣，聯櫋，亦曰楣。枋，木也。棟梁，一室之中，以棟梁爲主。科栱，柱頭短木。桁條，屋上横木。榱桷，椽之別名也。方而大者爲榱桷。篰枋，屋角斜桁。枅梲，柱上梁下承木爲枅。梁下承上短柱爲梲。雲窼，梁上短柱。游樹，邪相撑拄之柱。桯欒，桯，框檔也。欒，門中短木也。框檔，如桌之邊曰框檔。壁枚，壁骨。

張岱《夜航船》卷三《人物部·儀制》 黃屋左纛：黃屋，黃蓋也。左纛，以牦牛尾爲旗纛，列之左也。

羽葆：聚五采羽爲幢，建於車上，天子之儀衛也。

九旂：畫日月曰常；畫蛟龍曰旂；通帛曰旃；雜帛曰物；畫熊虎曰旗；畫鳥隼曰旟；畫龜龍曰旐；全羽曰旞；析羽曰旌。

鹵簿：車駕出行，羽儀導護，謂之鹵簿。鹵，大盾也，所以捍蔽；部位之次，皆著之於簿。五兵盾在外，餘兵在內，以大盾領一部之人，故名鹵簿。

髦頭：武祖問髦頭之義，彭權對曰：「《秦紀》云：國有奇怪，觸山截水，無不崩潰，惟畏髦頭。故使武士服之，衛至尊也。」

傳國璽：秦始皇以下和玉制傳國璽，命李斯篆文。其文曰：「受命於天，既壽永昌。」相傳卞和玉制爲三印，一傳國璽，一天師印，一茅山道士印。

十二章：日、月、星、辰、山龍、華蟲六者繪之於衣，宗彝、藻、火、粉米、黼、黻綉之於裳。所謂十二章也。華蟲，雉也；宗彝，虎蜼；藻，水草；黼，若斧形，取其斷也；黻，爲兩己相背，取其辨也。

皇后六服：褘衣，褘音揮。色玄，刻繪爲翬。從王祭先王之服。翬亦音輝。揄狄，揄音遥。色青，刻繪爲揄。從王祭先公之服。闕狄，色赤，刻繪爲翟。從王祭羣小祀之服。鞠衣，色黃。告桑之服。展衣，色白，以禮見王及賓客之服。褖衣。色黑，進御見王之服。

九門：天子一關門，二遠郊門，三近郊門，四城門，五臯門，六庫門，七雉門，八應門，九路門。

丹墀：《西京賦》曰：「右平左墄，青瑣丹墀。」《注》：天子赤墀列爲九級，中分左右，有齒介之，右則平之，令輦得上階也。

尺一：天子詔曰尺一。漢制：簡一尺一寸。中行説教匈奴以尺二簡報漢。

金根車：天子所乘之車曰金根，駕六馬。有五色安車，有五色立車，各一，皆駕四馬，是爲五時副車。

鶴禁：太子所居之宮，白鶴守之，凡人不得輒入，故曰鶴禁。

九府圜法：圜法，即錢法也。天子九府，曰泉府、大府、王府、内府、外府、天府、職内、職金、職幣，皆掌錢帛之府也。

五庫：天子五庫，曰車庫、兵庫、祭器庫、樂器庫、宴器庫。

黼扆：天子坐則黼扆列在後，如背負之也。黼扆，形如屏風，畫斧而無柄，設而不用，取金斧斷割之義。

象魏：宮門雙闕懸法象，其狀巍然高大，曰象魏。

列土分茅：天子大社，以五色土爲壇，封諸侯，各以其色與之，幬以黄土，黄取王者覆被四方之義。苴以白茅，白茅取其潔也。歸而立社，謂之列土分茅。

楓宸：漢宮殿前多植楓樹，故曰楓宸。一名紫宸。

罘罳，音環思。《注》：罘罳，伏思也。君退至内廷，思維機務，故曰罘罳。

金馬：漢武帝得大宛馬，以銅鑄其像，立於署門，名金馬門。《揚雄傳》：歷金馬，上玉堂。翰林官稱玉堂金馬。

黄牛白腹：公孫述廢銅錢置鐵錢。蜀中童謡曰：「黄牛白腹，五銖當復。」一言王莽稱黄，述自號白；五銖，漢錢也。言天下當復還劉氏。

兩觀：古者帝王每門樹兩觀於其前，所以標表宮門也。其上可居，登之可以觀遠，故謂之觀。

瓊林大盈：唐德宗起瓊林、大盈等庫，以儲私錢。陸贄諫，不聽。後朱泚之亂，罄於兵火。

澤宮：天子習射之地。澤，取擇賢之義也。

水晶宮：大秦國中有五宮殿，皆以水晶爲柱，故名水晶宮。

橋門：漢明帝幸辟雍，冠帶縉紳之人，環橋門而觀者，以億萬計。

虎闈：晉武帝臨辟雍，立國子監以育士庶，名之曰虎闈，又名虎觀。

石渠：漢施讎，甘露中拜博士，與五經諸儒論異同於石渠閣。

鳳詔：後趙石季龍，置戲馬觀，觀上安詔書，用五色紙，銜於木鳳口而頒行之。鳳五色漆畫，咮脚皆用金。

紫泥：階州武都紫水有泥，其色紫而粘，貢之，用封璽書，故詔誥曰紫泥封。

黄麻：敕書舊用白紙，唐高宗以白紙多蠹，改用黄麻。拜除將相，其制書皆用黄麻。黄麻者，以黄蘗染紙，取其辟蠹也。

内官：成周始爲寺人。秦始皇初立中車府，置令。魏文帝置殿中制監。隋置内侍省，始以監爲太監，加少監、監正。秦六局，置尚衣、尚冠等官。

儀仗：神農始爲儀仗，秦漢始爲導護，五代始爲宮中導從。黄帝製鉞，秦始皇改爲鍠。即斧。晉武帝製干槍，元帝加儀刀、儀鍠、斑劍。黄帝製麾、製曲蓋。吕尚製華蓋。黄帝始警蹕。周製鳴鞭。黄帝製旗，天子出，大牙建於前。周制：樹旗表門。陶穀始備岳瀆、日星、龍象、大神諸旗。堯始製車駕，周改鸞駕。晉文公製左右虞候掖駕。漢武帝佽飛駕前。周公始製屬車懸豹尾。唐始加豹尾於鹵簿。周公置記里鼓車。隋文帝製行漏車。秦始皇兼車服始飾器爲金根車，上施華蓋相風烏，製辟惡車前導，更定大駕、法駕。周制：步輦以人組挽。秦始皇去其輪爲輿，以人荷。漢制後宮羊車以人牽。宋制檐子以竿牽。漢製皇屋。宋製棕櫚屋，即逍遥車。漢武帝製十二障扇。唐玄宗製上殿索扇，閤則先奏，以宦官升陛執扇。

戒不虞：《漢官儀》：屬車八十一乘，作三行。尚書、御史乘之。最後一乘懸豹尾於竿，豹尾過後，執金吾方罷屯解圍，所以戒不虞也。

張岱《夜航船》卷一二《寶玩部・金玉》 歷代傳寶：赤刀、大訓、弘璧、琬琰在西序，太玉、夷玉、天球、河圖在東序，八者皆歷代傳寶。

九鼎者，昔夏方有德，遠方圖物貢金，九牧鑄鼎象物，使民知神奸。故民入川澤山林，而魑魅魍魎莫能逢之。

四寶：周有砥砨，宋有結緑，梁有縣黎，楚有和璞，此四寶者，天下名器。

六瑞：王執鎮圭，公執桓圭，侯執信圭，伯執躬圭，子執穀璧，男執蒲璧。

環玦：聘人以圭，問士以璧，召人以瑗，絶人以玦，反絶以環。

琬琰：桀伐岷山，岷山獻其二女曰琬、曰琰，桀愛之，琢其名於苕華之玉，苕是琬，華是琰。

鼎彝尊卣，不獨饕餮示戒，凡蠆鼎防刺也，同舟防溺也，奕車觚防覆也。

照膽鏡：秦始皇有方鏡，照見心膽。凡女子有邪心者，照之，即膽張心動。

辟寒金：魏明帝朝，昆明國獻一鳥，名漱金鳥，常吐金屑如粟，古人以金飾釵，謂之辟寒金。

火玉：《杜陽編》：武宗時，扶餘國貢火玉，光照數十步，置室内，不必挾纊。

尺玉：《尹文子》：魏田父得玉徑尺，鄰人曰：「怪石也。」取置廡下，明旦視之，光照一室，大怖，反棄於野。鄰人取獻魏王，玉工曰：「此無價以當之。」王賜獻玉者千金，食上大夫禄。

玉燕釵：《洞冥記》：漢武帝時起招靈閣，有二神女各留一玉釵，帝以賜趙婕妤。至元鳳中，宫人猶見此釵。謀欲碎之。明旦視匣中，惟見白燕升天，因名玉燕釵。

解肺熱：《天寶遺事》：楊貴妃常犯熱躁，明皇使令含玉咽津，以解肺熱。

麟趾馬蹄：漢武帝詔曰：往者太山見金，又有白麟神馬之瑞，宜以黄金鑄麟趾馬蹄，以協瑞焉。

碧玉有雲碧、西碧二種，其色枯澀者曰雲碧，産於雲南；其色嬌潤，有虼蚤斑者曰西碧，産於西洋。

五幣：珠，玉爲上，黄、白爲次，刀布爲下。

瓜子金：宋太祖幸趙普第，時吴越王俶方遣使遺普書及海錯十瓶，列廡下。上曰：「此海錯必佳。」命啓之，皆滿貯瓜子金。普惶恐，頓首謝曰：「臣實不知。」上笑曰：「彼謂國家事皆由汝書生耳。」

晁采：晁，古「朝」字；采，光彩也。言美玉每旦有白虹之氣，光彩上騰，故曰晁采。

十二時鏡：范文正公家古鏡，背具十二時，如博棋子，每至此時，則博棋中，明如月，循環不休。

碔砆亂玉：碔砆，石之似玉也，其狀每能亂玉。

燕石：宋人以燕石爲玉，什襲而藏，識者笑之。

削玉爲楮：《列子》：宋人以玉爲楮葉，三年而成。

懷瑾握瑜：《楚辭》：「懷瑾握瑜兮，窮不知所示。」

釣璜：半璧曰璜。《尚書中侯》：文王至磻溪，見吕望釣得玉璜，刻曰：「姬受命，吕佐之。」

拋磚引玉：磚以自謂，玉以譽人，謂以此致彼。

匹夫懷璧：《左傳》：虞公求虞叔之玉，叔弗獻。後乃悔曰：「匹夫無罪，懷璧其罪。焉用此以賈禍乎？」復獻之。

璠瑜：《逸論語》：璠瑜，魯之寶玉也。孔子曰：美哉璠璵，遠而望之焕若也；近而視之瑟若也。一則理勝，一則孚勝。

張岱《夜航船》卷一二《寶玩部·珍寶》 十二時盤：唐内庫有一盤，色正黄，圍三尺，四周有物象。如辰時，草間皆戲龍，轉巳則爲蛇，午則爲馬。號十二時盤。

游仙枕：龜兹國進一枕，色如瑪瑙，枕之則十洲、三島、四海、五湖，盡在夢中，帝名游仙枕。

火浣布：外國有火林山，山中有火光獸，大如鼠，尾長三、四寸，或赤或白。山可三百里，晦夜即見此山林，乃有此獸光照。外國人取其獸毛織布，衣服垢穢，以火燒之，垢落如浣，故謂之火浣布。

冰蠶絲：東海員嶠山有冰蠶，長七寸，黑色，有麟角，以霜雪覆之，然後作繭。繭長尺一，其色五彩，織爲文錦，入水不濡，入火不燎，暑月置座，一室清涼。

耀光綾：越人於石帆山中，收野繭繅絲，夜夢神人告曰：「禹穴三千年一開，汝所得繭，即《江淹集》中壁魚所化也，織絲爲裳，必有奇文。」果符所夢。

各珠：龍珠在頷，蛟珠在皮，蛇珠在口，魚珠在目，蚌珠在腹，鱉珠在足，龜珠在甲。

九曲珠：有得九曲珠，穿之不得其竅。孔子教以涂脂於綫，使蟻通之。

木難，大徑寸，出黄支，金翅鳥口，結沫所成碧色珠也，古絶夜光者即此。

火齊，音霽。赤色珠也，一名玫瑰，蓋珠品之下者也。

火珠：《孔帖》：南蠻有珠如卵，日中以艾著珠上，輒火出，號火珠。

水珠：唐順宗時，拘弘國貢水珠，色類鐵，持入江海，可行洪水之上，後化爲龍。

記事珠：張説爲相，有人獻一珠，紺色有光。事有遺忘，玩此珠，便覺心神開悟，名曰記事珠。

定風珠：蜘蛛腹中有珠，皎潔，持以入江海，遇大風，握珠在手，則風自定，故名定風珠。

鮫人泣珠：《博物志》：鮫人從水中出，曾寄寓人家，積日賣綃，臨去，主人索器，泣而出珠。

寶貝：貝爲海中介蟲，大者名寶，交趾以南海中皆有。

紅靺鞨大如巨栗，赤爛若珠櫻，視之若不可觸，觸之甚堅，不可破，佩之者爲鬼神所護，入水不溺，入火不燃。

青琅玕生海底，云海人以網得之。初出時，紅色，久而青黑，枝柯似珊瑚，而上有孔竅如蟲蛀，擊之有金石聲。

金剛鑽形如鼠，糞色青黑，生西域百丈水底磐石上，土人没水覓得之，以之鎸鏤，無堅不破，唯以羚羊角擊之即碎。

奇南香，一作迦南。其木最大，枝柯竅露，大蟻穴之，蟻食石蜜，歸遺於中，木受蜜氣，結而成香。紅而堅者謂之生結，黑而軟者謂之糖結，木性多而香味薄者謂之虎斑結，金綠結。

猫兒眼：寶石也。其狀色酷似猫眼，內光一綫，如猫睛一般，可定時辰。

祖母綠：亦寶石。綠如鸚哥毛，其光四射，遠近看之，則閃爍變幻，武將上陣，取以飾盔，使射者目眩，箭不能中。

剛卯：《王莽傳》：剛卯，長三寸，廣一寸四分。或用金玉，刻作兩行書曰：「正月剛卯。」又曰：「疾日剛卯。」凡六十六字。以正月卯日作此佩之，以祓除不祥。

鑌鐵：西番有鑌鐵，面上作螺旋花，或芝蔴雪花。凡造刀劍器皿，磨令光，用金絲礬澤之，其花益現，價過於銀。

聚寶盆：明初沈萬三有聚寶盆，凡金銀珠寶納其中，過夜皆滿。太祖築陵南門，下有龍潭，深不可測，以土石投之，決填不滿，太祖取盆投之，下石即滿，且誑龍以五更即還。今南門不打五更，至四更即天亮。

錢名：《通典》：自太昊以來，則有錢矣。太昊氏、高陽氏謂之金；有熊氏、高辛氏謂之貨；陶唐氏謂之泉；商周謂之布；齊莒謂之刀。又曰教與俗改，幣與世易：夏后以玄貝，周人以紫石，後世或金錢、刀布。

朱提：縣名，屬犍爲，出好銀。即今四川嘉定州犍爲縣。

青蚨：《搜神記》：青蚨似蟬而稍大，母子不離，生於草間，如蠶，取其子，母即飛來。以母血涂錢八十一文，以子血涂錢八十一文，每市物，或先用母錢，或先用子錢，皆復飛歸，循環無已。

阿堵物：晉王衍妻喜聚斂，衍疾其貪鄙，故口未嘗言錢。妻欲試之，令婢以錢繞床，使不得行，衍早起見錢，謂婢曰：「舉此阿堵物去！」

鵝眼：《宋略》：泰始中通私鑄，而錢大壞，一貫長三寸，謂之鵝眼錢。

明月夜光：《南越志》：海中有明月珠、水精珠。《魏略》：大秦國出夜光珠、真白珠。

剖腹藏珠：《唐史》：太宗曰：西域賈胡得美珠，剖腹而藏之，愛珠不愛其身也。

錢成蝶舞：《唐史》：穆宗時，禁中花開，羣蝶飛集。上令舉網張之，得數萬，視之，乃庫中金錢也。

張岱《夜航船》卷一二《寶玩部·玩器》 柴窑：柴世宗時所進御者，其色碧翠，賽過寶石，得其片屑，以爲網圈，即爲奇寶。

定窑：有白定、花定，制極質樸，其色呆白，毫無火氣。

汝窑：宋以定州白瓷有芒不堪用，遂命於汝州造青色諸器，冠絶鄧、耀二州。

哥窑：宋時處州章生一與弟章生二皆作窑器。哥窑比弟窑色稍白，而斷紋多，號白級碎，曰哥窑，爲世所珍。

官窑：宋政和間，汴京置窑，章生二造青色，純粹如玉，雖亞於汝，亦爲世所珍。

鈞州窑：器稍大，具諸色，光采太露，多爲花缸、花盆。

内窑：宋邵成章爲提舉，於汴京修内司置窑，造模範，極精細，色瑩澈，不下官窑。

青田核：《鷄跖集》：烏孫國有青田核，莫知其木與實，而核如瓠，可容五、六升，以之盛水，俄而成酒。劉章曾得二焉，集賓設之，一核才盡，一核又熟，可供二十客，名曰青田壺。

金銀酒器：李適之有蓬萊盞、海山螺、瓠子巵、幔卷荷、金蕉葉、玉蟾兒，俱屬鬼工。

金叵羅：李白詩：「葡萄酒，金叵羅，吴姬十五細馬馱。」

銀鑿落：韓公聯句：「澤髪解兜鍪，酡顔傾鑿落。」白樂天詩：「金屑琵琶槽，銀含鑿落盞。」

婪尾杯：宋景文詩云：「迎新送舊只如此，且盡燈前婪尾杯。」又樂天詩：「三杯藍尾酒。」改「婪尾」爲「藍尾」耳。

高麗席：不甚闊大，長一丈有餘，花紋極精，堅緊不壞。

薤葉簟：蘄州出美竹，製梅花笛、薤葉簟。白樂天詩：「笛愁春夢梅花裏，簟冷秋生薤葉中。」

博山爐：《初學記》：丁諼作九層博山爐，鏤以奇禽怪獸，自然能動。山谷詩：「博山香靄鷓鴣斑。」

偏提：元和間，酌酒壺謂之注子。後仇士良惡其名同鄭注，乃去其柄安系，名曰偏提。

三代銅：花觚入土千年，青緑徹骨，以細腰美人觚爲第一，有全花、半花，花紋全者身段瘦小，價至數百。山、陝出土者，爲商彝周鼎；河南出土者，爲漢器，以其地有潟鹵，銅質剥削，不甚貴，故銅器有河南、陝西之别。

靈壁石：米元章守漣水，地接靈壁，蓄石甚富，一一品目，入玩則終日不出。楊次公爲廉訪，規之曰：「朝廷以千里郡付公，那得終日弄石！」米徑前，於左袖中取一石，嵌空玲瓏，峰巒洞穴皆具，色極青潤，宛轉翻落，以云楊曰：「此石何如？」楊殊不顧。乃納之袖，又出一石，疊峰層巒，奇巧又勝，又納之袖。最後出一石，盡天畫神鏤之巧，顧楊曰：「如此那得不愛？」楊忽曰：「非獨公愛，我亦愛也！」即就米手攫得之，徑登車去。

無錫瓷壺以龔春爲上，時大彬次之，其規格大略粗蠢，細泥精巧，皆是後人所溷。

成窑：大明成化年所製。有五彩鷄缸，淡青花諸器，茶甌酒杯，俱享重價。

宣窑：大明宣德年製。青花純白，俱踞絶頂，有鷄皮紋可辨。醮壇茶杯，有值一兩一隻者，有酒字棗湯、姜湯等類者稍賤。

靖窑：大明嘉靖年所製，青花白地，世無其比。

萬曆初窑：萬曆之官窑，以初年爲上，雖退器無不精妙，民間珍之。

廠盒：古延廠，永樂年間所造，重枝疊葉，堅若珊瑚，稍帶沉色。新廠宣德年間所造，雕鏤極細，色若朱砂，鮮艷無比，有蒸餅式、甘蔗節二種，愈小愈妙，享價極重。

宣銅：宣德年間三殿火災，金銀銅熔作一塊，堆垛如山。宣宗發内庫所藏古窑器，對臨其款，鑄爲香爐、花瓶之類，妙絶古今，傳爲世寶。

倭漆：漆器之妙，無過日本。宣德皇帝差楊瑄往日本教習數年，精其技藝。故宣德漆器比日本等精。

宣鐵：宣德製鐵琴、鐵笛、鐵簫，其聲清皦，非竹木所及。

照世杯：洪武初，帖木兒遣使奉表，有「欽仰聖心，如照世杯」之語。或曰其國舊傳有杯，光明洞徹，照之可知世事，故云。

嘉興錫壺：所製精工，以黄元吉爲上，歸懋德次之。初年價錢極貴，後漸輕微。

螺鈿器皿：嵌鑲螺鈿梳匣、印箱，以周柱爲上，花色嬌艷，與時花無異。其螺鈿杯箸等皿，無不巧妙。

竹器：南京所製竹器，以濮仲謙爲第一，其所雕琢，必以竹根錯節盤結怪異者，方肯動手。時人得其一款物，甚珍重之。又有以斑竹爲椅桌等物者，以姜姓第一，因有姜竹之稱。

夾紗物件：趙士元製夾紗及夾紗幃屏，其所劂翎毛花卉，顔色鮮明，毛羽生動，妙不可言，扇扇是黄荃、吕紀得意名畫。

王夫之《尚書引義》卷三《説命上》 鏡，器也，物亦器也。兩器之體異，而均之爲器，則其用合。鏡不含物，物非鏡生，清則物現，濁則物隱，亦其固然矣。然而鏡終器也，道不生也，故物影現而物理終芒也。

董五經豫知伊川之來者此也，季咸知人之吉凶者此也，釋氏之「他心通」者此也。息紛紛膠膠之妄動而有其孤静，由孤静而生孤明。孤明之主，一資於血氣之清，故無形而可有形，影著而與形不爽，然於形上之道終芒然未有與也。蓋以血氣之靈爲見聞之區宇，雖極其清明，而終如鏡之於物，物自物而鏡自鏡也。

鏡平則面正，鏡有凹凸則面邪。得其正則爲高宗之夢傅説，得其邪則爲叔孫豹之夢豎牛，漢文之夢鄧通矣。邪者妄，而正者亦非誠也。故曰：「其匪正有眚」也。

馬驌《繹史》卷一五九《外録》九《名物訓詁》上《瑞贄》 《爾雅》：璲，瑞也。玉十謂之區。《説文》玉，石之美，有五德：潤澤以温，仁之方也；䚡理自外，可以知中，義之方也；其聲舒揚，專以遠聞，智之方也；不撓而折，勇之方也；鋭廉而不忮，絜之方也。二玉相合爲一珏。璆、琳，美玉也。珪大尺二寸謂之玠，璋大八寸謂之瑵，璧大六寸謂之宣。

肉倍好謂之璧，好倍肉謂之瑗，肉好若一謂之環。《説文》剡上爲圭，半圭爲璋。璧，瑞玉圜也。璜，半璧也。琮，瑞玉，大八寸，似車釭。《禮》：「天子用全，純玉也。上公用駹，四玉一石。侯用瓚，三玉二石也。伯用埒，玉石半相埒也。

《白虎通》王者始立，諸侯皆見何？當受法稟正教也。《尚書》：「輯五瑞，覲四嶽。」謂舜始即位，見四方諸侯，合符信。《詩》云：「玄王桓撥，受小國是達，受大國是達。」言湯王天下，大小國諸侯皆來見，湯皆通達以禮義也。《周頌》曰：「烈文辟公，錫兹祉福。」言武王伐紂定天下，諸侯來會聚於京師，受法度也。何謂五瑞？謂珪、璧、琮、璜、璋也。玉者，有象君之德，燥不輕，溼不重，薄不橈，廉不傷，疵不掩，是以人君寶之。五玉者，各何施？蓋以爲璜以徵召，璧以聘問，璋以發兵，珪以信質，琮以起土功之事也。珪以爲信者何？珪者，兑上，象物皆生見於上也，信莫著於作見，故以珪爲信而見。萬物之始，莫不自潔，珪之爲言潔也。上兑，陽也，下方，陰也，陽尊故其禮順備也。位在東方，陽見義於上也。璧以聘問何？璧者方中圓外象地，地道安寧，而出財物，故以璧聘問也。方中，陰德方也。圓外，陰繫於陽也。陰德盛於内，故見象於内，位在中央，璧之爲言積也，中央故有天地之象，所以據用也。内方象地，外圓象天也。璜所以徵召何？璜者半璧，位在北方，北陰極而陽始起，故象半。陰陽氣始施，徵召萬物，故以徵召也。不象陽何？陽始物微，未可見。璜者，横也，質尊之命也，陽氣横於黄泉，故曰璜。璜之爲言光也，陽光所及，莫不動也，象君之威命所加，莫敢不從；陽之所施，無不節也。璋以發兵何？璋半珪，位在南方，南方陽極而陰始起，兵亦陰也，故以發兵也。不象其陰何？陰始起，物尚凝，未可象也。璋之爲言明也，賞罰之道，使臣之禮，當章明也。南方之時，萬物莫不章，故謂之璋。琮以起土功發聚衆何？琮之爲言宗也，象萬物之宗聚也，功之所成，故以起土功發衆也。位在西方，西方陽收功於内，陰出成於外，内圓象陽，外直爲陰，外牙而内湊，象聚會也，故謂之琮，后夫人之財也。五玉所施非一，不可勝條，略舉大者也。

《説苑》天子以鬯爲贄，鬯者，百草之本也，上暢於天，下暢於地，無所不暢，故天子以鬯爲贄。諸侯以圭爲贄，圭者，玉也，薄而不撓，廉而不劌，有瑕於中，必見於外，故諸侯以玉爲贄。卿以羔爲贄，羔者，羊也，羊羣而不黨，故卿以爲贄。大夫以鴈爲贄，鴈者，行列有長幼之禮，故大夫以爲贄。士以雉爲贄，雉者，不可指食，籠狎而服之，故士以雉爲贄。庶人以鶩爲贄，鶩者，鶩鶩也，鶩鶩無他心，故庶人以鶩爲贄。贄者，所以質也。

《春秋繁露》凡執贄，天子用暢，公侯用玉，卿用羔，大夫用鴈。鴈乃有類於長者。長者在民上，必施然有先後之隨，必傚然有行列之治，故大夫以贄。羔乃有類其天者，天之道，任陽不任陰，王者之道，任德不任刑，順天也。羔有角而不任，設備而不用，類好仁者；執之不鳴，殺之不啼，類死義者；羔食於其母，必跪而受之，類知禮者。故羊之爲言猶祥與！故卿以爲贄。玉有似君子，子曰：「人而不曰如之何如之何者，吾末如之何也矣。」故匿病者不得良醫，羞問者聖人去之，以爲遠功而近有災，是則不有。玉至清而不蔽其惡，内有瑕穢，必見之於外；故君子不隱其短，不知則問，不能則學，取之玉也。君子比之玉，玉潤而不污，是仁而至清潔也；廉而不殺，是義而不害也。堅而不磨，過而不濡，視之如庸，展之如石，狀如石，搔而不可從繞，潔白如素，而不受污，玉類備者，故公侯以爲贄。暢有似於聖人者，純仁淳粹，而有知之貴也。擇於身者，盡爲德音，發於事者，盡爲潤澤，積美陽芬香，以通之天。暢亦取百香之心獨末之，合之爲一，而達其臭氣暢於天，其淳粹無擇，與聖人一也，故天子以爲贄。而各以事上也。觀贄之意，可以見其事。

《白虎通》臣見君所以有贄何？贄者，質也，質己之誠，致己之悃愊也。王者緣臣子心，以爲之制，差其尊卑，以副其意。《曲禮》曰：「卿羔，大夫以鴈，士以雉爲贄，庶人之贄疋，童子委贄而退野外，軍中無贄，以纓拾矢可也。」言必有贄也。疋，謂鶩也。卿大夫贄，古以麑鹿，今以羔鴈何？以爲古者質，取其内，謂得美草，鳴相呼；今文取其外，謂羔跪乳，鴈有行列也。卿大夫贄變，君與士贄不變何？人君至尊，極美之物以爲贄。士賤伏節死義，一介之道也，故不變。私相見亦有贄何？所以相尊敬、長和睦也。朋友之際，五常之道，有通財之義，賑窮告急之意，中心好之，欲飲食之。故財幣者，所以副至意也。婦人之制，以棗栗腶脩者，婦人無專贄之義，御衆之任，交接辭讓之禮，職在供養饋食之間，其義一也。故后夫人以棗栗腶脩者，凡内脩陰也，又取其朝早起，栗戰慄自正也。腶脩者，脯也。子見父無贄何？至親也，見無時，故無贄。臣之事君，以義合也。得親供養，故質己之誠，副己之意，故有贄也。

馬驌《繹史》卷一五九《外録》九《名物訓詁》上《質文》

《春秋繁露》《春秋》曰：「王正月。」《傳》曰：「王者孰謂？謂文王也。曷爲先言王而後言正月？王正月也。」何以謂之王正月？曰：「王者必受命而後王，王者必改正朔，易服色，制禮樂，一統於天下，所以明易姓非繼仁，通以己受之於天也。王受命而王，制此月以應變，故作科以奉天地，故謂之王正月也。」王者改制作科奈何？曰：當十二色，歷各法而正色，逆數三而復，絀三之前曰五帝，帝迭首一色，順數五帝相復，禮樂各以其法象其宜。順數四而相復。咸作國號，遷宫邑，易官名，制禮作樂。故湯受命而王，應天變夏，作殷號，時正曰統，故親夏虞，絀唐謂之帝堯，以神農爲赤帝，作宫邑於下洛之陽，名相官曰尹爵，謂之帝舜，以軒轅爲黄帝，推神農以爲九皇，作宫邑於豐，名相官曰宰，作《武樂》，制文禮以奉天；武王受命，作宫邑於鄗，制爵五等，作《象樂》，繼文以奉天；周公輔成王，受命作宫於洛陽，成文、武之制，作《汋樂》以奉天。殷湯之後稱邑，示天之變，反命。故天子命無常，唯命是德慶，故《春秋》應天作新王之事，時王黑統正，魯尚黑，絀夏，親周，故宋。樂宜親《招武》，故以虞録親，樂制宜商，合伯子男爲一等。然則其略説奈何？曰：三正以黑統初。正日月朔於營室，斗建寅。天統氣始通化物，物見萌達，其色黑。故朝正服黑，首服藻黑，正路輿質黑，馬黑，大節綬幘尚黑，旗黑，大寶玉黑，郊牲黑，犧牲角卵。冠於阼，昏禮逆於庭，喪禮殯於東階之上，祭黑牲，薦尚肝，樂器黑質。法不刑有懷任新産者，是月不殺。聽朔，廢刑法德，具存二王之後也。親赤統，故日分平明，平明朝正《冠服》《名物訓詁》中卷一百五十九中馬驌《繹史》。民不敢服雜采，百工商賈不敢服狐貉，刑餘戮民不敢服絲玄纁乘馬，謂之服制。亦見管子天地之生萬物也以養人，故其可適者以養身體，其可威者以爲容服，禮之所爲興也。劒之在左，青龍之象也。刀之在右，白虎之象也。鈎之在前，赤烏之象也。冠之在首，玄武之象也。四者，人之盛飾也，夫能通古今，别然不然，乃能服此也。蓋玄武者，貌之最嚴有威者也，其象在右，其服反居首，武之至而不用矣。聖人所以超然，雖欲從之，末由也已。夫執介胄而後能拒敵者，故非聖人之所貴也，君子顯之於服，而勇武者消其志於貌也夫。故文德爲貴，而威武爲下，此天下之所以永全也。於《春秋》何以言之孔父義形於色，而姦臣不敢容邪？虞有宫之奇，而獻公爲之不寐；晉厲之彊中國，以寢尸流血不已。故武王克殷，裨冕而搢笏，虎賁之士説劒，安在勇猛必任武煞然後威？是以君子所服爲上矣。故望之儼然者，亦已至矣，豈可不察乎？

《小爾雅》在足謂之履，履尊者曰達履，謂之金舄，而金絇也。《爾雅》絇謂之救。《方言》扉，屨，麤履也，徐、兖之郊謂之扉，自關而西謂之屨，中有木者謂之複舄，自關而東，複履其庳者謂之鞔下，襌者謂之鞮，絲作之者謂之履，麻作之者謂之不借，麤者謂之屦，東北朝鮮、洌水之間謂之䩕角，南楚、江、沔之間總謂之麤，西南梁、益之間或謂之屩，或謂之屩，履其通語也。徐土、邳圻之間，大麤謂之䩕角。《釋名》齊人謂韋屨曰扉，扉，皮也，以皮作之。不借，言賤易有宜，各自蓄之，不假借人也。治絲曰織，織，繒也。麻紵葛曰布，布通名也。纊，綿也。絮之細者曰纊。繒之精者曰縞。縞之麤者曰素。葛之精者曰絺。麤者曰綌。玄、黔、驪、黝，黑也。縞、皓、素，白也。彤、犉、緼，朱也。

《爾雅》一染謂之縓，再染謂之赬，三染謂之纁。青謂之葱，黑謂之黝，斧謂之黼。《博雅》縓謂之紅。纁謂之絳。緇謂之皁。碧，縹，紺，繰，緑，緅，緫，蒼，青也。丹，彤，朱，赩，纁，絳，赨，焥，赫，緹，赤，赭，赤也。黈，黊，黪，黇，黋，黇，黅，黆，黈，黄也。皔，皛，皙，皢，皭，皠，皚，的，皏，皜，皤，皎，翯，潔，白也。黝，黬，黯，黶，默，黫，黖，皁，羥，涅，玄，儵，緇，墨，黸，黮，蕉，黎，黔，黧，黴，穱，黵，黕，縝，黳，黗，黲，黟，黑也。《釋名》青，生也，象物生時色也。赤，赫也，太陽之色也。黄，晃也，猶晃晃，象日光色也。白，啓也，如水啓時色也。黑，晦也，如晦冥時色也。

周士彪輯《類珠》卷一九《雜具部》几

几者，所以依憑，故先王賜爲優老之典。周禮几有五，曰玉，曰彫，曰彤，曰漆，曰素。天子憑玉几，冬則加之綈錦，諸侯有木几，寒則橐以細罽。故獻于尊也，則必拂拭以進；謀於長也，則必操几以從。韓安國有賦矣，佞暉制造于烏皮，見賡吟于老杜；逸少揮毫於榧几，徒拭滌于門生。至若南郭之隱几，示忘也，智㵾之投几，示怒也，晉武撫几，悼劉毅之亡，朱博抵几，彰病吏之憒。聖若武王，尚有銘几席之戒；才如柳子，乃有斬曲几之文。黠似侏儒，爰有憑肉几之名；高若霜回，以有寶靈檀之字。又其至矣。光武之賚卓茂也，魏武之錫毛玠也，齊祖之惠靈産，文帝之賜吴王，晉主之與魏舒也，非几杖之優賜歟。但化鹿之几無復可覓，折足之几又不可恃，欲爲同叔之銘，紀倚相之誡也，得乎女几之山其軼事云，黄帝作巾几之銘，匪可飾也。

杖：

杖之設也，翼衰扶危，故先王有五十于家，六十于鄉，七十於國，八十於朝之制。邛竹之方，張騫所獲來自大夏，靈壽之質，孔光受賜出自九真，從來遠矣。又況琢以鳩首，飾以鶴膝，爲以麟角，所製不甚二乎。杜天師之驕龍，紅如腥肉；廣南海之蝦鬚，長可丈餘。蒲萄谷内，應多扶老之藤；隱士掌中，時見夜明之照。可荷丈人之蓧，可掛阮宣之錢，可叩原壤之脛。銀角桃枝，特楊氏延年之錫；憑几授杖，皆吴王引疾之恩。故仲尼問弟子，持之有等差之分；陸賈著新書，擬之在傾危之際。噫！杖頭刻塔，父夢可禦妖氛；杖授青蘆，女德能消回禄。且也天禄所吹，燃爍煌之火。葛陂所擲，騰天矯之龍；鄧林所投，成蕭森之木。杖固爲神物也哉。若夫獅子一吼，落手茫然，君子誚之矣。

扇：

扇之爲用也，一以肅儀，一以招涼。舜作五明之制，商有雉尾之名，周爲鵲翅之儀，漢著九華之賦，飄颻然發惠風，皎皎焉象明月。塗修之獻丹鵲也，爰有施風條翮仄影之制；雲母之賜飛燕也，因得五明七華蟬翼之規。顧景畫著于蟬雀，出帝賜而典重吴興；元寶珍重于龍皮，施滴水而風生客座。白鷺羽奇，異物所以奉異人；七輪製巧，良工所以呈良技。袁守揚謝公之仁風，茂弘障元規之塵污。蒲葵一執，而鄉人之歸貲增重；白團一歌，而侍女之情愫爲通。歷可述也。然周王以之救暍人於樾下，諸葛以之揮三軍于陣中，仙術以之畫陸路于波上，玆固與暑消酷吏，齊紈傳范質之詩，五字標奇，六角倍蕺山之價，固甚重乎？惜也秋風一起，篋笥棄捐，人情乎！無惑乎班姬者志怨詞於中道也。噫！有爲則親，無爲則去，炎涼實甚，獨扇云哉。周制織雉羽扇以障車塵，物取有用，未可廢也。

鏡：

鏡以自鑑，神曰紫珍，粉以伭錫，磨以白旃，人目之爲容，成侯又稱之壽光先生者也。始皇傡溪之所有謂照骨寶，高祖咸陽宫所得表裏有光，皆方鏡也。吾想水心之鑄成于波蕩之江，夷則之龍出自元穎之井，若夫元稹黄鶴江濱剖鯉而得如錢之古，仲宣洞庭濤湧因夢而失篆籀之奇，異可紀也。顧是鏡也，盤以蛇形，可決凶兆，影以相字，可示功名，兆以夢寐，可報孕育，藏以玉槃，可詳讖數。他如太宗之金背，彰渥臣之典也，李固之芙蓉，示及第之徵，周穆之火齊，備貢獻之儀也，宋祖之乾德，見博聞之雅，顧其事夥矣。惟樂昌一破，亡國遺羞，夏侯一撲，偏盲成恨，鏡之不幸矣。尚能如秦之照膽，漢之舞鸞也哉。鐵鏡之神物當還，石鏡之照人生冷，何如以人爲鑑，此曲江所以上千秋録也。彼白九峯云者，豈尋常負局先生之云哉？自黄帝鑄大鏡隨日以用，而人得所鑑矣。

床：

床者，裝也，偃息之具也。漢武爲之以珊瑚，韓嫣爲之以玳瑁，魚容爲之以琥珀，侈矣。瑪瑙床，天寶間西域波斯所獻，七寶床，孝武時特設之於桂宫，非極人世之靡麗者乎？高士之竹床示朴，公孫鳳之土床敦儉，文斤山之石床天產，有虞氏之床戒塗髹，不可以振侈風哉？故夫管寧之坐穿，勤學也，彭祖之異寢，去欲也，虞愿之積塵，清操也。顧是床也，沛公踞其上，以見食其；浩然匿其下，以避明皇；衛瓘撫而嘆，以惜惠帝；彭羕倨而卧，以奇士元；子美醉而登，以嘲嚴武；宋華元夜而乘，以要楚子反也。羲之于焉坦腹矣，崔氏於焉堆笏矣，壯士於焉藏金矣。雖據高樓而自卧主客，若有可鄙，登御座而得賜常侍，實爲至榮。何以奸如林甫，五夜而頻徙焉。其深剥床之懼乎，豈足因龜背穩身與蝶魂安者哉。是故在床之咏以明志，聯床之思以志愛，則何如。胡床者，隋唐異交繩之名。南床者，御史得癡床之誚耶。

枕：

枕以薦首而安寢。六安枕，六面皆安者也。長生枕，能益人壽者也。無患枕，木能歃鬼者也。龜茲所進者遊仙，邯鄲所夢者適意。七寶之鷓鴣，同昌公主之所合成也。青玉之左宫，溫涼醉夢之所各適也。豹頭可以辟邪，白澤可以辟魅，伏熊可以宜男，非皆韋后之善製者歟。淮南之玻瓈，奇術可致黄金，虢國之夜明，赤光不假燈燭，宋武之琥珀，異質可療金瘡，非皆宫幃之共寶者歟。若夫溫公之警枕以勵誦讀也，而在軍效爲圓木，遂號不睡之龍。唐宗之長枕以聯花萼也，而隱君共爲鹿角，不啻重明之異況乎。瓦枕之成敗預期不爽，枕中之漏刻入耳分明。張紘之賦誠重歟，誰其可高枕而卧者，安見隱君子之枕石，不大異于夫子之曲肱哉。高帝之枕宦者，豈曰履雖鮮，可加于枕耶。臺山之色綾枕，出自如綾之木。帝辛之玉虎枕，歸之梁冀之家，異物必著于世也哉。

屏：

屏者，障也，形成斧扆，義曰罘罳。天子外屏，諸侯内屏，南鄉而立其中。羊勝爲之賦矣，伭宗名以虹蜺，工巧精妙，非人所及者也。孫亮作以琉璃，鏤瑞應圖百二十種者也。武帝製以雜玉，紋成龜甲，楊國忠造以水晶，刻美人形者也。内外攸分，見邦君樹塞門之義；尊卑判列，見王者負黼扆之安。誤墨而點蠅，妙出畫屏之餘；床頭之踏歌，幻出古屏之上。紀亮父子同貴，相隔御屏；鄭弘師生並榮，位分雲母。唐祖于焉中孔雀之目，太宗於焉列太守之名。武公于焉書警，耄年進德也；伭齡於焉寫誡，清白傳家也。山列翠屏，羊元之居；竹門爲屏，隱之之宅。若滿奮者，坐琉璃屏而有寒色，豈必如國忠之肉屏遮風耶。背屏面屏，賢哉越主也。抑屏者平也，非此無以爲蔽，故後世列畫屏焉。至爲之以石，爲之以鏡，而其製彌巧，翡翠芙蓉末流，所爲不可底也。

簾：

簾者，廉也，有恥所以自障也。周勃少時以織箔笛爲業，麟士讀書而以織簾治生，古之人所謂緯蕭而食者也。迨後世簾之製益巧，而費益侈，押以真珠，以明其貴，飾以水晶，以明其美，製以鰕鬚，以明其精，而奇益著矣。翠羽麟毫，漢武張于招賢閣矣。鷄林夜明，張説進于九公主矣。却寒簾積烏骨之所成，瑞英簾見赤紫之繞體。顧愷之書曰垂簾，政簡也。嚴君平下簾閉肆，道高也。隔簾奏樂，因來簾爲妓衣之誚；懸簾進諫，固有去簾從受之明。且也哲后有垂簾聽政之美，大臣有徹簾還政之力，簾之所係，不亦重耶。故見之吟詠，曰捲西山之暮雨也，隔户外之紅塵也，摇竹間之明月，約花底之清風也。曰鳥之窺、燕之入、花之撲也。若夫堂簾不隔，繡幕遥瞻，睠此幨裧，空言念矣。

雜具總：

用具匪一，悉數難罄也。帷下于董子，席分于幼安，勤學事也。蓋傾于孔氏，榻下於陳蕃，交誼道也。瞿渡於韓信，釜破於孟明，軍旅用也。李白之叵羅，馮驩之長鋏，於陵之桔槔，可以飲，可以彈，可以灌矣。江休映之舸，祖士雅之楫，陶士行之甓，可以乘，可以擊，可以運矣。王茂弘之麈尾，程不識之刁斗，張横渠之皐比，可以執，可以敲，可以坐矣。手版持於太真，何如屐齒折于太傅；匕首脱於荆卿，何如節旄全于蘇子。滌器以知，相如何如。好鍛以奇，叔夜乃均。一鞭也，始皇用以驅石，長房用以縮地，不大異歟。一籌也，子房運於帷幄，道濟唱以量沙，不甚重歟。審是具也，將見維不繫之舟，表懸車之志。隱几可成高卧，扶杖可問無生。扇仁風，明心鏡，頤鼎養，匡床高枕，對南山之屏列，觀泉布之簾垂，亦何不備之有，而豈以陶犬瓦雞貴無用器哉。古人製器成務，以全民用。工倕呈能，公輸遜巧，日用所需，百世賴之矣。

劉廷璣《在園雜志》卷四

骰子亦名「瓊畟」。音測，亦音塞，俗呼塞兒。

義嘴笛，哨吶之名也。身本是笛，嘴則另具，故曰義嘴，即今假子稱義子之意。彈箏用銀甲，或以象牙、玳瑁爲之，總名義甲。

自西洋人入中華，其製造之奇、心思之巧，不獨見所未見，亦并聞所未聞。如風琴、日規、水輪、自鳴鐘、千里眼、順風耳、顯微鏡、雀籠之音樂、聚散之畫像等類，不一而足。其最妙通行適用者，莫如眼鏡。上古未聞眼昏而能治者。杜陵老年，花似霧中看，唯聽之而已。自有眼鏡，令昏者視之明，小者視之大，遠者視之近，雖老年之人，尚可燈下蠅頭，且制時能按其年歲以十二時相配合，則更奇矣。黑晶者價昂難得，白晶者亦貴，惟白玻璃之佳者不過數星，今上下貴賤男女無不可用，真寶物也。人人得用，竟成布帛菽粟矣。至於算法，又超出尋常之外，遠近高低、大小多寡，頃刻而知，燎如指掌，更上古所未有者也。

溺器名虎子。褻器原謂之獸子，古貴嬪家製以銅形，鬣尾皆具，而背爲大穴，用距之以便溺。獸子爲馬形，取登距時如跨馬之狀，意便於坐，備雅觀也。今溺器多用銅、錫，若褻器盡以木爲之，名爲馬子，或本乎獸子而變通之耶？

淮南司馬吴孝階順以吕紀翎毛大畫見遺。細玩，果係錦衣真迹。題曰「五倫圖」，上畫太陽一輪，中立五彩鳴鳳，取《毛詩》「鳳凰鳴矣，於彼高岡；梧桐生矣，於彼朝陽」之意，蓋言盛世君臣相合也。森陰之下寫二鶴，取《中孚》爻詞「鶴鳴子和」之意。至於嚶鳴之鳥以興友朋，戢翼鴛鴦以興夫婦，在原脊令以興兄弟，亦皆見於《詩》，人所共曉。以丹青小技而擬極正大之題，故可珍而可重也。

畫像緜來久矣。筆墨之妙，所謂「傳神在阿堵中」，未聞以泥可捏成者。惟神鬼之像塑者最多，蓋神鬼盡屬虚幻，誰見其真？誰辨其僞？近有高手，能以團泥極熟，對人手捏而成，與生人之面貌肥瘦、赤白蒼黄、鬚髮痣點、瘢痕光麻，無不酷肖，儼然如生，覺畫工筆墨仍有未到之處。相傳其法起於虎丘老僧，又云虎丘市泥美人之家夜夢吕真人教之者，訛不可考。姑蘇、維揚皆有其人。尋常者每像數星，身體皆活動者倍之。若宰官則因人而施，所謂君子自重也。閲數年，仍可增換。此從前所未見者，見之方三十餘年耳。

昔人所持惟紈扇最古，宫中名爲合歡扇，班婕妤歌曰：「新製齊紈素，皎潔如霜雪。裁爲合歡扇，團團似明月。」後呼白團扇，王珉嫂婢歌曰：「團扇復團扇，許君自障面。」諸葛武侯綸巾白羽扇，指揮三軍。謝安爲鄉人捉蒲葵扇，唐詩云：「南風不用蒲葵扇，紗帽閑眠對水鷗。」若今人所用，多金白紙扇矣。其扇本名摺疊，亦謂之撒扇，取收則摺疊、展則撒舒之義。明永樂中，朝鮮國入貢，成祖喜其卷舒之便，命工如式爲之，自内傳出，遂遍天下。其始不過竹骨、繭紙、薄面而已。迨後定制每年多造重金者進御，一面命待詔書寫端楷，一面命畫苑繪畫工緻，預於五月一日進呈，以備午日頒賜嬪妃、宫女。其釘鉸眼錢皆用精金，每扇價值五金。至本朝三百餘年，日盛一日。其扇骨有用象牙者、玳瑁者、檀香者、沉香者、棕竹者、各種木者、羅甸者、雕漆者、漆上灑金退光洋漆者；有鏤空邊骨，内藏極小牙牌三十二者；有鏤空通身，填以異香者。扇頭釘鉸眼錢，有鑲嵌象牙、金銀、玳瑁、瑪瑙、蜜蠟、各種異香者；且有空圓釘鉸，内藏極小骰子者，刻各種花樣，備極奇巧；甚有仿擬燕尾；更有藏釘鉸於内，而外無痕迹者。其便面有白紙三礬者，有五色繽紛者，有糊香涂面者，有捶金者，灑金者。命名不一，其骨多而輕細者名曰春扇、秋扇；以香涂面者曰香扇；可藏於靴中以事行旅者曰靴扇；更有以各色漏地紗爲面，可以隔扇窺人者曰瞧郎扇；且有左右可開，製爲三面，暗藏其中畫横陳像者曰三面扇。有製樣各别、因地因人得名者，曰黄扇、川扇、曹扇、潘扇、青陽扇。而相傳最久遠者，無如杭州之芳風館。其家世以售扇爲業，遂致素封。城内構一别墅，花木竹石，頗極清幽。予兼攝杭州府篆時曾過其園，題以詩曰：「非不在城市，寂然花竹間。池成凹處雨，石疊意中山。爲惜三春老，來偷半日閑。憑欄待飛鳥，薄暮亦知還。」座間詢及主人制扇之法，乃出一扇曰「百骨扇」，傳已幾世矣。數之，果有百骨。初不以骨多而厚大，其色古潤蒼細，洵舊物也。據云今亦不能仿造，即强造亦不佳矣。此予生平一見者。若古之紈扇、羽扇、蒲葵扇，亦間有用之者，不甚多也。

扇有摺疊，因而有墜。伴阮兄曰：「扇器以蜜結、迦南爲第一，其次則宋做舊玉之小者；即虎斑、金絲、各色玉之新做者亦佳。若琥珀、蜜蠟之類，品斯下矣。近有以合香、桂花製成，及玉樞、丹紫、金錠，其價頗廉，盡堪適用。」

《琅嬛記》云：硯神曰淬妃。考硯之制，古今不一，而唐人呼曰硯瓦，蓋謂硯形凸起如瓦，非以瓦爲硯也。用久則平，又久則凹矣。劍南詩：「古硯微凹聚墨多。」今人呼硯曰硯臺，亦曰硯瓦。

段玉裁《説文解字段注》第三篇上 器，皿也。皿部曰：皿，飯食之用器也。然則皿專謂食器，器乃凡器統偁，器下云皿也者，散文則不别也。木部曰：有所盛曰器，無所盛曰械。陸德明本如是。

段玉裁《説文解字段注》第五篇上 工，巧飾也。飾拭古今字。又部曰：㕞，飾也。巾部曰：飾，㕞也。聿部曰：𦘒，聿飾也。彡部曰：彡，毛飾畫文也。皆今之拭字也。此云巧飾也者，依古文作𢒄，爲訓彡者飾畫文。巧飾者，謂如幔人施廣領大袖以仰涂而領袖不污是也。惟孰於規榘，乃能如是，引伸之，凡善其事曰工，見《小雅・毛傳》。

段玉裁《説文解字段注》第五篇上 㠭，極巧視之也。工爲巧，故四工爲極巧。極巧視之，謂如離婁之明，公輸子之巧，既竭目力也。凡展布字當用此，展行而㠭廢矣。《玉篇》曰：㠭今作展。

段玉裁《説文解字段注》第一二篇下 匠，木工也。工者，巧飭也。百工皆稱工，稱匠獨舉木工者，其字从斤也。以木工之偁，引申爲凡工之偁也。

段玉裁《説文解字段注》第一二篇下 瓦，土器已燒之總名。土部坏下曰：一曰瓦未燒，瓦謂已燒者也。凡土器未燒之素，皆謂之坏，已燒皆謂之瓦。《毛詩斯干傳》曰：瓦，紡專也。此瓦中之一也。《古史攷》曰：夏時昆吾氏作瓦。按有虞氏上陶，瓦之不起於夏時可知也。許書缶部曰：古者昆吾作匋。壺系之昆吾圜器。韋昭云：昆吾祝融之孫，陸終第一子，名黎，爲己姓，封於昆吾衛是也。然則昆吾作匋，謂始封之昆吾，非夏桀之昆吾也。《廣韵》引《周書》神農作瓦器，當得其實。説詳缶部；凡燒瓦器之竈曰窯。

徐鼒《讀書雜釋》卷七《三禮・笹》 「笹」，《吕覽》作「篪」。按：孔穎達疏：「篪者，《釋樂》云：『大篪謂之沂。』郭景純云：『以竹爲之。長尺四寸，圍三寸，一孔上出，寸三分。名翹，横吹之。』《廣雅》云：『八孔。』鄭司農注《周禮》云：『篪，七孔。』《釋名》云：『篪，啼也。聲如嬰兒啼。』」高誘注：「篪，以竹。大二寸，長尺二寸，七孔，一孔上伏横吹之。聲音上和，故言調。《詩》云：『伯氏吹壎，仲氏吹篪』是也。《通典》百四十四、《通攷》百三十八引蔡氏《章句》並云：「篪，竹也。六孔有距，横吹之。」鼒按：諸儒説篪不一，今器亡，無可據，謹列諸説於左。郭據《廣雅》注《爾雅》，《廣雅》諸本有「前有一孔，上有三孔，後有四孔，頭有一孔」十六字，王念孫以爲曹憲注誤入正文者，是也。鄭衆云：「七空。」高誘注：「七孔，一孔上伏。」顔師古《漢書・禮樂志》注云：「以竹爲之，七孔，亦笛之類也。」是蓋數其上出者則爲八孔，不數其上出者則爲七孔，義并同也。惟蔡邕則云「六孔」。《北堂書鈔》一百十一引雷氏《五經要義》亦云：「以竹爲之，六孔，有底。」與蔡同也。《周禮・笙師》疏引《禮圖》云「九空」。應氏《風俗通義》又云「十孔」。是言孔之異也。《廣雅》云：「長尺四寸。」郭注據之，又云：「小者尺二寸。」《釋文》引《世本》亦云：「長尺二寸。」聶崇義《三禮圖》引《舊圖》云：「雅篪長尺四寸，頌篪長尺二寸。」是郭所云小者，頌篪也。諸云尺二寸者，據小篪也，惟《風俗通義》云：「長尺一寸。」是言尺寸之異也。邵氏晉涵謂：「名翹，横吹之義，不可曉。」鼒按：《釋名》云：「篢，横也。」横吹之，謂以篢吹之也。郭云「翹」，蔡云「距」，《御覽》引《世本》注又云：「篪，吹孔有觜，如酸棗。」王氏念孫曰：「或曰翹，或曰距，或曰觜，皆謂其上出之吹孔」是也。《爾雅》云「謂之沂」者，《御覽》引舍人云：「大篪其聲悲。沂，鏘然也。」《釋文》引孫炎曰：「篪聲悲。沂，悲也。」按：《釋名》亦云：「篪，啼也。」是聲悲謂之沂也。又按《説文》：篪，鷈之或體也。無「笹」字，亦其或體也。

綜述

黃懷信等《逸周書彙校集注》卷一〇 明器因外有三疲二用

器服數：犢四，棓、禁，豐一，觴、荒韋獨。

食器：甂迤膏侯，屑侯。

樂：鈔璞參，冠一，竿皆素獨。

二丸弇焚菜膾五昔

纁裏桃枝素獨蒲簟席皆素斧獨巾。

玄績綏，縞冠素紕，玄冠組武，卷組纓。

象□□瑱絺紳帶

象玦朱極韋素獨簟籥捍

次車羔冒□純載枉綫

《尚書·顧命》 狄設黼扆綴衣，牖間南向，敷重篾席，黼純，華玉仍几。西序東向，敷重厎席，綴純，文貝仍几。東序西向，敷重豐席，畫純，雕玉仍几。西夾南向，敷重筍席，玄紛純，漆仍几。

越玉五重，陳寶，赤刀，大訓，弘璧，琬，琰，在西序。大玉、夷玉、天球、河圖，在東序。胤之舞衣、大貝、鼖鼓，在西房。兑之戈、和之弓、垂之竹矢，在東房。大輅在賓階面，綴輅在阼階面，先輅在左塾之前，次輅在右塾之前。

《尚書·文侯之命》 王曰：「父義和！其歸視爾師，寧爾邦。用賚爾秬鬯一卣，彤弓一，彤矢百，盧弓一，盧矢百，馬四匹。父往哉！柔遠能邇，惠康小民，無荒寧。簡恤爾都，用成爾顯德。」

呂不韋等《呂氏春秋》卷一一《仲冬紀·仲冬》 一曰：仲冬之月，日在斗，昏東壁中，旦軫中。其日壬癸，其帝顓頊，其神玄冥。其蟲介，其音羽，律中黃鐘，其數六。其味鹹，其臭朽，其祀行，祭先腎。冰益壯，地始坼，鶡鴠不鳴，虎始交。天子居玄堂太廟，乘玄輅，駕鐵驪，載玄旂，衣黑衣，服玄玉，食黍與彘，其器宏以弇。命有司曰：「土事無作，無發蓋藏，無起大衆，以固而閉。」發蓋藏，起大衆，地氣且泄，是謂發天地之房。諸蟄則死，民多疾疫，又隨以喪，命之曰暢月。

是月也，命閹尹，申宮令，審門閭，謹房室，必重閉。省婦事，毋得淫，雖有貴戚近習，無有不禁。乃命大酋，秫稻必齊，曲蘗必時，湛饎必潔，水泉必香，陶器必良，火齊必得，兼用六物，大酋監之，無有差忒。天子乃命有司祈祀四海、大川、名原、淵澤、井泉。

劉向《西京雜記》卷一《几被以錦》 漢制：天子玉几，冬則加綈錦其上，謂之綈几。以象牙爲火籠，籠上皆散華文，後宮則五色綾文。以酒爲書滴，取其不冰。以玉爲硯，亦取其不冰。夏設羽扇，冬設繒扇。公侯皆以竹木爲几，冬則以細罽爲橐以憑之，不得加綈錦。

徐天麟《東漢會要》卷九《輿服上·車馬飾》 諸車之文：乘輿，倚龍伏虎，櫎文畫輈，龍首鸞衡，重牙班輪，升龍飛軨。皇太子、諸侯、王，倚虎伏鹿，櫎文畫輈輻，吉陽筩，朱班輪，鹿文飛軨，旂旗九斿降龍。公、列侯，倚鹿伏熊，黑轓，朱斑輪，鹿文飛軨，九斿降龍。卿，朱兩輪，五斿降龍。二千石以下各從科品。諸轓車以上，軛皆有吉陽筩。

諸馬之文：案乘輿，金鍐方釳，插翟象鑣，龍畫總，沫升龍，赤扇汗，青兩翅，燕尾。駙馬，左右赤珥流蘇，飛鳥節，赤膺兼。皇太子亦如之。王、公、列侯，鏤錫義髦，朱鑣朱鹿，朱文，絳扇汗，青翅燕尾。卿以下有騑者，緹扇汗，青翅尾，當盧義髦，上下皆通。中二千石以上及使者，乃有騑駕云。

徐天麟《東漢會要》卷九《輿服上·警蹕》 警蹕。《魯恭傳》注云：「天子入警出蹕。」

王者至尊，出入常有警蹕而行，靜室而止。《楊秉傳》。

徐天麟《東漢會要》卷九《輿服上·璽》 建武三年閏月丙午，赤眉君臣面縛，奉高皇帝璽綬。二月己未，祠高廟，受傳國璽。本紀。

蔡邕《獨斷》曰：「皇帝六璽，皆玉螭虎紐，文曰：『皇帝行璽』、『皇帝之璽』、『皇帝信璽』、『天子行璽』、『天子之璽』、『天子信璽』，皆以武都紫泥封之。」傳國璽是秦始皇初定天下所刻，其玉出藍田山，丞相李斯書之，其文曰：「受命于天，既壽永昌。」高祖至霸上，秦王子嬰獻之，至王莽篡位，就元后求璽，不與，以威逼之，乃出璽投地，璽上螭一角缺。及莽敗，李松持璽詣宛上更始。更始敗，璽入赤眉。劉盆子既敗，以奉光武。見本紀注。又徐廣曰：「傳國璽文曰『受天之命，皇帝壽昌』。」

《漢舊儀》曰：「璽皆白玉螭虎紐，凡六璽。皇帝行璽，凡封之璽賜諸侯王書；信璽，發兵召大臣；天子行璽，策拜外國，事天地鬼神。皆以武都紫泥封，青囊白素裏，兩端無縫，尺一版中約署。皇帝帶綬，黄地六采，不佩璽。璽以金銀縢組，侍中組負以從。秦以前民皆佩綬，金、玉、銀、銅、犀、象爲方寸璽，各服所好。《志》注。

尚符璽郎中四人，在中主璽及虎符竹符之半者。《百官志》注。

熹平六年八月戊辰，袁紹等誅宦官，引兵入宫，張讓、段珪等急迫，刼少帝及陳留王至小平津，六璽不自隨。辛未，帝還宫。是日，得六璽，失傳國璽。袁《紀》。

袁術死，軍破，徐璆得其盜國璽，及還許，上之。

衛宏曰：「秦以前以金、玉、銀爲方寸璽。秦以來天子獨稱璽，又以玉，羣下莫得用。其玉出藍田山，題是秦李斯書，其文曰『受命于天，既壽永昌』，號曰傳國璽。漢高祖定三秦，子嬰獻之，高祖即位乃佩之。王莽簒位，就元后求璽，后乃出以投地，上螭一角缺。及莽敗時，仍帶璽紱。杜吴殺莽，不知取璽，公賓就斬莽首，並取璽。更始將李松送上更始。赤眉至高陵，更始奉璽上赤眉。建武三年，盆子奉以上光武。孫堅從桂陽入雒討董卓，軍於城南，見井中有五色光，軍人莫敢汲，堅乃浚得璽。袁術有僭盜意，乃拘堅妻求之。術得璽，舉以向肘。魏武謂之曰：『我在，不聽汝乃至此。』」時璆得而獻之。《徐璆傳》注。

魏受禪，遣使求璽綬，獻穆曹皇后不與。如此數輩，后乃呼使者入，親數讓之，以璽抵軒下，因涕泣横流曰：「天不祚爾！」左右莫能仰視。《后紀》。

皇后璽綬。《伏后紀》注引蔡邕《獨斷》曰：「皇后赤綬玉璽。」

諸侯王、列侯始封貴人薨，皆令贈印璽。《禮儀志》。

建武二十六年，賜南匈奴黄金璽盭緺綬。《南匈奴傳》。

徐天麟《東漢會要》卷九《輿服上·百官印》　建武元年，復設諸侯王金璽綟綬，公侯金印紫綬。九卿、執金吾、河南尹秩皆中二千石，大長秋、將作大匠、度遼諸將軍、郡太守、國傅相皆秩二千石，校尉、中郎將、諸郡都尉、諸國行相、中尉、内史、中護軍、司直秩皆二千石，以上皆銀印青綬。中外官尚書令、御史中丞、治書侍御史、公將軍長史、中二千石丞、正、平、諸司馬、中宫王家僕、雒陽令秩皆千石，尚書、中謁者、謁者、黄門冗從、四僕射、諸都監、中外諸都官令、都候、司農部丞、郡國長史、丞、候、司馬、千人秩皆六百石，家令、侍、僕秩皆六百石，雒陽市長秩四百石，主家長秩皆四百石，以上皆銅印黑綬。諸曹長楫櫂丞秩三百石，諸秩千石者，其丞、尉皆秩四百石，秩六百石者，丞、尉秩三百石，四百石者，其丞、尉秩二百石，縣國丞、尉亦如之，縣、國三百石長相，丞、尉亦二百石，明堂、靈臺丞、諸陵校長秩二百石，丞、尉，校長以上皆銅印黄綬。縣國守宫令、相或千石或六百石，長相或四百石或三百石，長相皆以銅印黄綬。而有秩者侍中、中常侍、光禄大夫秩皆二千石，太中大夫秩皆比二千石，尚書、諫議大夫、侍御史、博士皆六百石，議郎、中謁者秩皆比六百石，小黄門、黄門侍郎、中黄門秩皆比四百石，郎中秩皆比三百石，太子舍人秩二百石。《輿服志》注。

建武中，馬援上書言：「臣所假伏波將軍印，書『伏』字，『犬』外嚮。城皋令印字爲『白』下『羊』，丞印『四』下『羊』，尉印『白』下『人』，『人』下『羊』。即一縣長吏，印文不同，恐天下不正者多。符印所以爲信也，所宜齊同。」薦曉古文字者，事下大司空正郡國印章。奏可。《東觀記》，見《馬援傳》注。

徐天麟《東漢會要》卷九《輿服上·節》　符節令，爲符節臺率，主符節事。凡遣使掌授節。《百官志》。

中平六年，始復節上赤葆。《百官志》注。

臣天麟按：漢初節旄純赤，武帝以衛太子持赤節，乃更節加黄旄。東都因之。中平六年，董卓議廢立，袁紹掛節旄上東門而去。卓以紹棄節，乃改第一葆爲赤旄也。

徐天麟《東漢會要》卷九《輿服上·符》　符節令。見上。

尚符璽郎中，掌璽及虎、竹符之半者。《百官志》。應劭曰：「銅虎符第一至第五。國家當發兵，遣使者至郡合符，符合乃聽受之。竹使符皆以竹箭五枚，長五寸，鐫刻篆書，第一至第五。」張晏曰：「符以代古之珪璋，從簡易也。」顔師古曰：「與郡守爲符者，謂各分其半，右留京師，左以與之。」

建武之初，禁網尚闊，但以璽書發兵，未有虎符之信。杜詩上疏曰：「舊制發兵，皆以虎符，其餘調發，竹使而已。間者發兵，但用璽書，或以詔令，如有姦人詐僞，無由知覺。愚以爲軍旅尚興，賊虜未殄，調兵郡國，宜立虎符，以絶姦端。」書奏，從之。《杜詩傳》。

徐天麟《東漢會要》卷九《輿服上·棨》　凡居宫中者，皆有口籍于門之所屬。宫名兩字，爲鐵印文符，案省符乃内之。若外人以事當入，本宫長史爲封棨傳；其有官位，出入令御者言其官。《百官志》。

世祖召見杜詩，賜以棨戟。漢制，假棨戟以代斧鉞。《古今注》曰：「棨戟前驅之器名，以木爲之，後以赤油韜爲之，亦謂之油戟。」

漢制，棨戟即爲斧鉞。《郭躬傳》。

靈帝時，竇武欲誅宦官，曹節聞之，驚起，白帝請出御德陽殿。取棨信，閉諸禁門。《竇武傳》。注云：「棨，有衣戟也。」《漢官儀》曰：「凡居宮中，皆施籍于掖門，案姓名當入者，本官爲封棨傳，審印信，然後受。」

建武二十六年，賜匈奴棨戟。《匈奴傳》。

徐天麟《東漢會要》卷九《輿服上·關符》 郭丹從師長安，買符入函谷關，慨然歎曰：「丹不乘使者車，終不出關。」符，即繻也。《前書音義》曰：「舊制，入關皆用傳。傳煩，因裂繻帛分持。後復出，合之以爲符，非真符也。」

錢吉儀《三國會要》卷一三《樂一·鍾虡》 漢末喪亂，絶無金石之樂。魏武帝至漢中得杜夔識舊法，始復設軒懸鐘聲，至于今用之。《藝文類聚》引摯虞《决疑要注》。

初，今本無此字，《白帖》引《魏志》有之。按此傳上文云：黄初中，爲太樂令、協律都尉，已在文帝之世；下文述，乃太祖時事，史追述之，宜言初也。漢鑄鐘工柴玉巧有意思，形器之中，多所造作，亦爲時貴人見知。夔令玉鑄銅鐘，其聲均清濁多不如法，數毁改作。玉甚厭之，謂夔清濁任意，頗拒捍夔。夔、玉更相白於太祖，太祖取所鑄鐘，雜錯更試，然後知夔爲精而玉之妄也，於是罪玉及諸子，皆爲養馬士。《杜夔傳》。

案：文章辭氣與時變遷，近代言「然後」者，古人多作「然」一字，唐初猶爾，此可兩通也。

魏文昌殿前有鐘虡，其銘曰：「惟魏四年，歲在丙申，龍次大火，五月丙寅作蕤賓鍾，又作無射鍾。」建安二十一年七月，始設鐘虡於文昌殿前，所以朝會四方也。劉逵《魏都賦》注：王粲撰《蕤賓鐘銘》、《無射鐘銘》，歲月及銘各鑄於鐘之甬。《玉海》。

青龍中，大治殿舍，西取長安大鐘。隆上疏曰：「昔周景王不儀刑文、武之明德，忽公旦之聖制，既鑄大錢，又作大鐘，單穆公諫而弗聽，伶州鳩對而弗從，遂迷不反，周德以衰，良史記焉，以爲永鑒。然今之小人，好説秦、漢之奢靡以盪聖心，求取亡國不度之器，勞役費損，以傷德政，非所以興禮樂之和，保神明之休也。」是日，帝幸上方，隆與卞蘭從。帝以隆表授蘭，使難隆曰：「興衰在政，樂何爲也？化之不明，豈鐘之罪？」隆曰：「夫禮樂者，爲治之大本也。故《簫韶》九成，鳳凰來儀，雷鼓六變，天神以降，政是以平，刑是以錯，和之至也。新聲發響，商辛以隕，大鐘既鑄，周景以弊，存亡之機，恒由斯作，安在廢興之不階也？君舉必書，古之道也，作而不法，何以示後？」帝稱善。《高堂隆傳》。

漢、魏以來，有四箱金石之樂，其架少則或八或六，多則十六、二十。陳暘《樂書》。〔楊〕

《唐會要》：張濬奏云：宫懸之制，陳鎛鍾十二架，當十二辰位，甲、丙、庚、壬各設編鍾一架，乙、丁、辛、癸各設編磬一架，合十二架；建鼓四隅，當乾、坤、艮、巽位，以象二十四氣。宗廟殿廷皆用此制。漢、魏、晉、宋、齊六朝竝用二十架。〔楊〕

《魏都賦》劉逵注云：文昌殿前有鍾簴，銘曰：「惟魏四年，歲在丙申，龍次大火，五月丙寅作蕤賓鍾、無射鍾。」建安二十一年七月，始設鍾簴於文昌殿前。〔楊〕

錢吉儀《三國會要》卷一三《樂一·笛律》 晉泰始十年，中書監荀勖、中書令張華出御府銅竹律二十五具，部太樂郎劉秀等校試，其三具與杜夔及左延年律法同，其二十二具，視其銘題尺寸，是笛律也。問協律中郎將列和，辭：「昔魏明帝時，令和承受笛聲以作此律，欲使學者别居一坊，歌詠肄習，依此律調。至於都合樂時，但識其尺寸之名，則絲竹歌詠，皆得均合。歌聲濁者用長笛長律，歌聲清者用短笛短律。下本有「歌」字，系從《宋志》衍。凡絃歌調張清濁之制，不依笛尺寸名之，則不可知也。」《晉書律志》。

和詞工人裁制，舊不依律，每合樂時，聲濁者用三尺二笛，聲清者用二尺九笛，漢、魏相傳皆然，荀勖以爲俗而不典。〔楊〕

陸翽《鄴中記》 石虎御牀辟方三丈。冬月施熟錦流蘇斗帳，四角安純金龍頭，銜五色流蘇。或用青綈光錦，或用緋綈登高文錦，或紫綈大小錦。絲以房子綿百二十斤，縑裹名曰「複帳」。帳四角安純金銀鑿鏤香爐，以石墨燒集和名香；帳頂上安金蓮花，花中懸金箔織成綩囊，囊受三升以盛香；帳之四面上十二香囊采色亦同〔案〕：《太平御覽》此條入囊受三升以下十字。春秋但錦帳，裹以五色縑爲夾帳。夏用紗羅，或綦文丹羅，或紫文縠爲單帳。

《宋書》卷一八《禮志五》 天子坐漆牀，居朱屋。史臣按《左傳》，丹桓宫之楹。何休注《公羊》，亦有朱屋以居。所從來久矣。漆牀亦當是漢代舊儀，而《漢儀》不載。尋所以必朱必漆者，其理有可言焉。夫珍木嘉樹，其品非一，莫不植根深岨，致之未易。藉地廣之資，因人多之力，則役苦費深，爲敝滋重。是以上古聖王，采椽不斲，斲之則懼刻桷彫楹，莫知其限也。哲人縣鑑微遠，杜漸防萌，知采椽不愜後代之心，不斵不爲將來之用，故加朱施漆，以傳厥後。散木凡材，皆可入用。遠探幽旨，將在斯乎。

朱銘盤《南朝宋會要・樂・律》 黄鍾箱笛，晉時三尺八寸，元嘉九年，太樂令鍾宗之減爲三尺七寸。十四年，治書令史奚縱又減五分，爲三尺六寸五分。列和云：「東箱長笛四尺二寸也。」太簇箱笛，晉時三尺七寸，宗之減爲三尺三寸七分，縱又減一寸一分，爲三尺二寸六分。姑洗箱笛，晉時三尺五寸，宗之減爲二尺九寸七分，縱又減五分，爲二尺九寸二分。蕤賓箱笛，晉時二尺九寸，宗之減爲二尺六寸，縱又減二分，爲二尺五寸八分。《律曆志》上。

朱銘盤《南朝宋會要・樂・樂器》 初，武帝平關洛，致鍾虡舊器南還，一大鍾墜洛水。元嘉七年，文帝遣將姚聳夫領千五百人迎致之。《杜驥傳》。

文帝元嘉九年，太樂令鍾宗之更調金石。十四年，治書令史奚縱又改之。《樂志》一。

孝武大明中，吴興沈懷遠被徙廣州，造繞梁，其器與空侯相似，懷遠後亡，其器亦絶。《樂志》一。

朱銘盤《南朝梁會要・樂・郊廟雅樂》 梁氏之初，樂緣齊舊。武帝思弘古樂，天監元年，遂下詔訪百僚曰：「夫聲音之道，與政通矣，所以移風易俗，明貴辨賤。而《韶》、《護》之稱空傳，《咸》、《英》之實靡託，魏晉以來，陵替滋甚。遂使雅鄭混淆，鍾石斯謬，天人缺九變之節，朝醼失四懸之儀。朕昧旦坐朝，思求厥旨，而舊事匪存，未獲釐正，寤寐有懷，所爲歎息。卿等學術通明，可陳其所見。」於是散騎常侍、尚書僕射沈約奏答曰：「竊以秦代滅學，《樂經》殘亡。至於漢武帝時，河間獻王與毛生等，共採《周官》及諸子言樂事者，以作《樂記》。其内史丞王定，傳授常山王禹。劉向校書，得《樂記》二十三篇，與禹不同。向《别録》，有《樂歌詩》四篇、《趙氏雅琴》七篇、《師氏雅琴》八篇、《龍氏雅琴》百六篇。唯此而已。《晉中經簿》，無復樂書，《别録》所載，已復亡逸。案漢初典章滅絶，諸儒捃拾溝渠牆壁之間，得片簡遺文，與禮事相關者，即編次以爲禮，皆非聖人之言。《月令》取《吕氏春秋》，《中庸》、《表記》、《防記》、《緇衣》，皆取《子思子》，《樂記》取《公孫尼子》，《檀弓》殘雜，又非方幅典誥之書也。禮既是行已經邦之切，故前儒不得不補綴以備事用。樂書事大而用緩，自非逢欽明之主，制作之君，不見詳議。漢氏以來，主非欽明，樂既非人臣急事，故言者寡。陛下以至聖之德，應樂推之符，實宜作樂崇德，殷薦上帝。而樂書淪亡，尋案無所。宜選諸生，分令尋討經史百家，凡樂事無大小，皆别纂録。乃委一舊學，撰爲樂書，以起千載絶文，以定大梁之樂。使《五英》懷慚，《六莖》興愧。」是時對樂者七十八家，咸多引流略，浩蕩其詞，皆言樂之宜改，不言改樂之法。帝既素善鐘律，詳悉舊事，遂自制定禮樂。又立爲四器，名之爲通。通受聲廣九寸，宣聲長九尺，臨岳高一寸二分。每通皆施三絃。一曰玄英通：應鍾絃，用一百四十二絲，長四尺七寸四分差强；黄鍾絃，用二百七十絲，長九尺；大吕絃，用二百五十二絲，長八尺四寸三分差弱。二曰青陽通：太簇絃，用二百四十絲，長八尺；夾鍾絃，用二百二十四絲，長七尺五寸弱；姑洗絃，用二百一十四絲，長七尺一寸一分强。三曰朱明通：中吕絃，用一百九十九絲，長六尺六寸六分弱；蕤賓絃，用一百八十九絲，長六尺三寸二分强；林鍾絃，用一百八十絲，長六尺。四曰白藏通：夷則絃，用一百六十八絲，長五尺六寸二分弱；南吕絃，用一百六十絲，長五尺三寸二分大强；無射絃，用一百四十九絲，長四尺九寸九分强。因以通聲，轉推月氣，悉無差違，而還相得中。又製爲十二笛，黄鍾笛長三尺八寸，大吕笛長三尺六寸，太簇笛長三尺四寸，夾鍾笛長三尺二寸，姑洗笛長三尺一寸，中吕笛長二尺九寸，蕤賓笛長二尺八寸，林鍾笛長二尺七寸，夷則笛長二尺六寸，南吕笛長二尺五寸，無射笛長二尺四寸，應鍾笛長二尺三寸。用笛以寫通聲，飲古鍾玉律并周代古鍾，並皆不差。於是被以八音，施以七聲，莫不和韻。

《魏書》卷一八《臨淮王傳》 永安末，樂器殘缺，莊帝命孚監儀注，孚上表曰：「昔太和中，中書監高閭、太樂令公孫崇修造金石，數十年間，乃奏成功。時大集儒生，考其得失。太常卿劉芳請别營造，久而方就。復召公卿量校合否，論者沸騰，莫有適從。登被旨敕，並見施用。往歲大軍入洛，戎馬交馳，所有樂器，亡失垂盡。臣至太樂署，問太樂令張乾龜等，云承前以來，置宫懸四箱，簨簴六架。東北架編黄鍾之磬十四，雖器名黄鍾，而聲實夷則，考之音制，不甚諧韻。姑洗懸於東北，太蔟編於西北，蕤賓列於西南，並皆器象差位，調律不和。又有儀鍾十四，虚懸架首，初不叩擊，今便删廢，以從正則。臣今據《周禮》鳧氏修廣之規，磬氏倨句之法，吹律求聲，叩鍾求音，損除繁雜，討論實録，依十二月爲十二宫，各準辰次，當位懸設，月聲既備，隨用擊奏，則會還相爲宫之義，又得律吕相生之體。今量鍾磬之數，各以十二架爲定。」奏可。于時搢紳之士，咸往觀聽，靡不咨嗟歎服而返。太傅、録尚書長孫承業妙解聲律，特復稱善。

《隋書》卷一三《音樂志上》 是時對樂者七十八家，咸多引流略，浩蕩其詞，皆言樂之宜改，不言改樂之法。帝既素善鍾律，詳悉舊事，遂自制定禮樂。又立爲四器，名之爲通。通受聲廣九寸，宣聲長九尺，臨岳高一寸二分。每通皆施三絃。一曰玄英通：應鍾絃，用一百四十二絲，長四尺七寸四分差强；黄鍾絃，用二百七十絲，長九尺；大吕絃，用二百五十二絲，長八尺四寸三分差弱。二曰青陽通：太簇絃，用二百四十絲，長八尺；夾鍾絃，用二百二十四絲，長七尺五寸弱；姑洗絃，用二百一十四絲，長七尺一寸一分强。三曰朱明通：中吕絃，用一百九十九絲，長六尺六寸六分弱；蕤賓絃，用一百八十九絲，長六尺三寸二分强；林鍾絃，用一百八十絲，長六尺。四曰白藏通：夷則絃，用一百六十八絲，長五尺六寸二分弱；南吕絃，用一百六十絲，長五尺三寸二分大强；無射絃，用一百四十九絲，長四尺九寸九分强。因以通聲，轉推月氣，悉無差違，而還相得中。又制爲十二笛，黄鍾笛長三尺八寸，大吕笛長三尺六寸，太簇笛長三尺四寸，夾鍾笛長三尺二寸，姑洗笛長三尺一寸，中吕笛長二尺九寸，蕤賓笛長二尺八寸，林鍾笛長二尺七寸，夷則笛長二尺六寸，南吕笛長二尺五寸，無射笛長二尺四寸，應鍾笛長二尺三寸。用笛以寫通聲，飲古鍾玉律并周代古鍾，並皆不差。於是被以八音，施以七聲，莫不和韻。

《隋書》卷一四《音樂志中》 高祖既受命，定令，宫懸四面各二虡，通十二鎛鍾，爲二十虡。虡各一人。建鼓四人，柷敔各一人。歌、琴、瑟、簫、筑、筝、搊筝、卧箜篌、小琵琶，四面各十人，在編磬下。笙、竽、長笛、横笛、簫、篳篥、篪、壎，四面各八人，在編鍾下。舞各八佾。宫懸簨虡，金五博山，飾以旒蘇樹羽。其樂器應漆者，天地之神皆朱，宗廟加五色漆畫。天神懸内加雷鼓，地祇加靈鼓，宗廟加路鼓。登歌，鍾一虡，磬一虡，各一人；歌四人，兼琴瑟；簫、笙、竽、横笛、篪、壎各一人。其漆畫及博山旒蘇樹羽，與宫懸同。登歌人介幘、朱連裳、烏皮履。宫懸及下管人，平巾幘，朱連裳。凱樂人，武弁，朱褠衣，履韈。文舞，進賢冠，絳紗連裳，帛内單，皁領袖襈，烏皮鞮，左執籥，右執翟。二人執纛，引前，在舞人數外，衣冠同舞人。武弁，朱褠衣，烏皮履。三十二人，執戈，龍楯。三十二人執戚，龜。二人執旍，居前。二人執鼗，二人執鐸，二人執鐃，二人執錞。四人執弓矢，四人執殳，四人執戟，四人執矛。自旍已下夾引，並在舞人數外，衣冠同舞人。

皇帝宫懸及登歌，與前同。應漆者皆五色漆畫。懸内不設鼓。

皇太子軒懸，去南面，設三鎛鍾於辰丑申。三建鼓亦如之。其登歌，去兼歌者，減二人。其簨虡金三博山。樂器漆者，皆朱漆之。其餘與宫懸同。

大鼓、小鼓、大駕鼓吹，並朱漆畫。大鼓加金鐲，凱樂及節鼓，飾以羽葆。其長鳴、中鳴、横吹，皆五采衣幡，緋掌，畫交龍，五采脚。大角幡亦如之。大鼓、長鳴工人，皁地苣文；金鉦、棡鼓、小鼓、中鳴、吴横吹工人，青地苣文；凱樂工人，武弁，朱褠衣；横吹，緋地苣文。並爲帽、袴褶。大角工人，平巾幘，緋衫，白布大口袴。内宫鼓樂服色，皆準此。

皇太子，鐃及節鼓，朱漆畫，飾以羽葆。餘鼓吹並朱漆。大鼓、小鼓無金鐲。長鳴、中鳴、横吹，五采衣幡，緋掌，畫蹲獸，五采脚。大角幡亦如之。大鼓、長鳴、横吹工人，紫帽，緋袴褶。金鉦、棡鼓、小鼓、中鳴工人，青帽，青袴褶。鐃吹工人，武弁，朱褠衣。大角工人，平巾幘，緋衫，白布大口袴。

正一品，鐃及節鼓，朱漆畫，飾以羽葆。餘鼓吹並朱漆。長鳴、中鳴、横吹，五采衣幡，緋掌，畫蹲獸，五采脚。大角幡亦如之。大鼓、長鳴、横吹工人，紫帽，赤布袴褶。金鉦、棡鼓、小鼓、中鳴工人，青帽，青布袴褶。鐃吹工人，武弁，朱褠衣。大角工人，平巾幘，緋衫，白布大口袴。三品以上，朱漆鐃，飾以五采。騶、哄工人，武弁，朱褠衣。餘同正一品。四品，鐃及工人衣服同三品。餘鼓皆緑沈。金鉦、棡鼓、大鼓工人，青帽，青布袴褶。

《隋書》卷一五《音樂志下》 又造饗宴殿庭宫懸樂器，布陳簨簴，大抵同前，而於四隅各加二建鼓、三案。又設十二鎛，鎛别鍾磬二架，各依辰位爲調，合三十六架。至於音律節奏，皆依雅曲，意在演令繁會，自梁武帝之始也，開皇時，廢不用，至是又復焉。高祖時，宫懸樂器，唯有一部，殿庭饗宴用之。平陳所獲，又有二部，宗廟郊丘分用之。至是並於樂府藏而不用。更造三部：五郊二十架，工一百四十三人。廟庭二十架，工一百五十人。饗宴二十架，工一百七人。舞郎各二等，並一百三十二人。

顧言又增房内樂，益其鍾磬，奏議曰：「房内樂者，主爲王后弦歌諷誦而事君子，故以房室爲名。燕禮鄉飲酒禮，亦取而用也。故云：『用之鄉人焉，用之邦國焉。』文王之風，由近及遠，鄉樂以感人，須存雅正。既不設鍾鼓，義無四懸，何以取正於婦道也。《磬師職》云：『燕樂之鍾磬。』鄭玄曰：『燕樂，房内樂也，所謂陰聲，金石備矣。』以此而論，房内之樂，非獨弦歌，必有鍾磬也。《内宰職》云：『正后服位，詔其禮樂之儀。』鄭玄云：『薦撤之禮，當與樂相應。』薦撤之言，雖施祭祀，其入出賓客，理亦宜同。請以歌鍾歌磬，各設二虡，土革絲竹並副之，并升歌下管，總名房内之樂。女奴肄習，朝燕用之。」制曰：「可。」於是内宫懸二十虡。其鎛鍾十二，皆以大磬充。去建鼓，餘飾並與殿庭同。

皇太子軒懸，去南面，設三鎛鍾於辰丑申，三建鼓亦如之。編鍾三虡，編磬三虡，共三鎛鍾爲九虡。其登歌減者二人。簨虡金三博山。樂器應漆者朱漆之。其二舞用六佾。

其雅樂鼓吹，多依開皇之故。雅樂合二十器，今列之如左：

金之屬二：一曰鎛鍾，每鍾懸一簨虡，各應律吕之音，即黄帝所命伶倫鑄十二鍾，和五音者也。二曰編鍾，小鍾也，各應律吕，大小以次，編而懸之。上下皆八，合十六鍾，懸於一簨虡。

石之屬一：曰磬，用玉若石爲之，懸如編鍾之法。

絲之屬四：一曰琴，神農制爲五弦，周文王加二弦爲七者也。二曰瑟，二十七弦，伏犧所作者也。三曰筑，十二弦。四曰箏，十三弦，所謂秦聲，蒙恬所作者也。

竹之屬三：一曰簫，十六管，長二尺，舜所造者也。二曰篪，長尺四寸，八孔，蘇公所作者也。三曰笛，凡十二孔，漢武帝時丘仲所作者也。京房備五音，有七孔，以應七聲。黄鍾之笛，長二尺八寸四分四釐有奇，其餘亦上下相次，以爲長短。

匏之屬二：一曰笙，二曰竽，並女媧之所作也。笙列管十九，於匏内施簧而吹之。竽大，三十六管。

土之屬一：曰塤，六孔，暴辛公之所作者也。

革之屬五：一曰建鼓，夏后氏加四足，謂之足鼓。殷人柱貫之，謂之楹鼓。周人懸之，謂之懸鼓。近代相承，植而貫之，謂之建鼓。蓋殷所作也。又棲翔鷺於其上，不知何代所加。或曰，鵠也，取其聲揚而遠聞。或曰，鷺，鼓精也。越王勾踐擊大鼓於雷門以厭吴。晉時移於建康，有雙鷺哾鼓而飛入雲。或曰，皆非也。《詩》云：「振振鷺，鷺于飛。鼓咽咽，醉言歸。」古之君子，悲周道之衰，頌聲之輟，飾鼓以鷺，存其風流。未知孰是。靈鼓、靈鼗，並八面。雷鼓、雷鼗，六面。路鼓、路鼗，四面。鼗以桴擊，鼗貫其中而手摇之。又有節鼓，不知誰所造也。

木之屬二：一曰柷，如桶，方二尺八寸，中有椎柄，連底動之，令左右擊，以節樂。二曰敔，如伏獸，背有二十七鉏鋙，以竹長尺，横櫟之，以止樂焉。

簨虡，所以懸鍾磬，横曰簨，飾以鱗屬，植曰虡，飾以贏及羽屬。簨加木板於上，謂之業。殷人刻其上爲崇牙，以挂懸。周人畫繒爲翣，戴之以璧，垂五采羽於其下，樹於簨虡之角。近代又加金博山於簨上，垂流蘇，以合采羽。五代相因，同用之。

始開皇初定令，置《七部樂》：一曰《國伎》，二曰《清商伎》，三曰《高麗伎》，四曰《天竺伎》，五曰《安國伎》，六曰《龜兹伎》，七曰《文康伎》。又雜有疎勒、扶南、康國、百濟、突厥、新羅、倭國等伎。其後牛弘請存《鞞》、《鐸》、《巾》、《拂》等四舞，與新伎並陳。因稱：「四舞，按漢、魏以來，並施於宴饗。《鞞舞》，漢巴、渝舞也。至章帝造《鞞舞辭》云『關東有賢女』，魏明代漢曲云『明明魏皇帝』。《鐸舞》，傅玄代魏辭云『振鐸鳴金』，成公綏賦云『《鞞鐸》舞庭，八音並陳』是也。《拂舞》者，沈約《宋志》云：『吴舞，吴人思晉化。』其辭本云『白符鳩』是也。《巾舞》者，《公莫舞》也。伏滔云：『項莊因舞，欲劍高祖，項伯紆長袖以扞其鋒，魏、晉傳爲舞焉。』檢此雖非正樂，亦前代舊聲。故梁武報沈約云：『《鞞》、《鐸》、《巾》、《拂》，古之遺風。』楊泓云：『此舞本二八人，桓玄即真，爲八佾。後因而不改。』齊人王僧虔已論其事。平陳所得者，猶充八佾，於懸内繼二舞後作之，爲失斯大。檢四舞由來，其實已久。請並在宴會，與雜伎同設，於西涼前奏之。」帝曰：「其聲音節奏及舞，悉宜依舊。惟舞人不須捉鞞拂等。」

及大業中，煬帝乃定《清樂》、《西涼》、《龜兹》、《天竺》、《康國》、《疎勒》、《安國》、《高麗》、《禮畢》，以爲《九部》。樂器工衣創造既成，大備於兹矣。

《清樂》其始即《清商三調》是也，並漢來舊曲。樂器形制，并歌章古辭，與魏三祖所作者，皆被於史籍。屬晉朝遷播，夷羯竊據，其音分散。苻永固平張氏，始於涼州得之。宋武平關中，因而入南，不復存於内地。及平陳後獲之。高祖聽之，善其節奏，曰：「此華夏正聲也。昔因永嘉，流於江外，我受天明命，今復會同。雖賞逐時遷，而古致猶在。可以此爲本，微更損益，去其哀怨，考而補之。以新定律吕，更造樂器。」其歌曲有《陽伴》，舞曲有《明君》、《并契》。其樂器有鍾、磬、琴、瑟、擊琴、琵琶、箜篌、筑、箏、節鼓、笙、笛、簫、篪、塤等十五種，爲一部。工二十五人。

《西涼》者，起苻氏之末，吕光、沮渠蒙遜等，據有涼州，變龜兹聲爲之，號爲秦漢伎。魏太武既平河西得之，謂之《西涼樂》。至魏、周之際，遂謂之《國伎》。今曲項琵琶、豎頭箜篌之徒，並出自西域，非華夏舊器。《楊澤新聲》、《神白馬》之類，生於胡戎。胡戎歌非漢魏遺曲，故其樂器聲調，悉與書史不同。其歌曲有

《永世樂》，解曲有《萬世豐》，舞曲有《于闐佛曲》。其樂器有鍾、磬、彈箏、搊箏、臥箜篌、豎箜篌、琵琶、五絃、笙、簫、大篳篥、長笛、小篳篥、横笛、腰鼓、齊鼓、擔鼓、銅拔、貝等十九種，爲一部。工二十七人。

《龜茲》者，起自呂光滅龜茲，因得其聲。呂氏亡，其樂分散，後魏平中原，復獲之。其聲後多變易。至隋有《西國龜茲》、《齊朝龜茲》、《土龜茲》等，凡三部。開皇中，其器大盛於閭閈。時有曹妙達、王長通、李士衡、郭金樂、安進貴等，皆妙絶弦管，新聲奇變，朝改暮易，持其音技，估衒公王之間，舉時爭相慕尚。高祖病之，謂羣臣曰：「聞公等皆好新變，所奏無復正聲，此不祥之大也。自家形國，化成人風，勿謂天下方然，公家家自有風俗矣。存亡善惡，莫不繫之。樂感人深，事資和雅，公等對親賓宴飲，宜奏正聲；聲不正，何可使兒女聞也！」帝雖有此勑，而竟不能救焉。煬帝不解音律，略不關懷。後大製豔篇，辭極淫綺。令樂正白明達造新聲，創《萬歲樂》、《藏鉤樂》、《七夕相逢樂》、《投壺樂》、《舞席同心髻》、《玉女行觴》、《神仙留客》、《擲磚續命》、《鬭雞子》、《鬭百草》、《汎龍舟》、《還舊宫》、《長樂花》及《十二時》等曲，掩抑摧藏，哀音斷絶。帝悦之無已，謂幸臣曰：「多彈曲者，如人多讀書。讀書多則能撰書，彈曲多即能造曲。此理之然也。」因語明達云：「齊氏偏隅，曹妙達猶自封王。我今天下大同，欲貴汝，宜自修謹。」六年，高昌獻《聖明樂》曲，帝令知音者，於館所聽之，歸而肄習。及客方獻，先於前奏之，胡夷皆驚焉。其歌曲有《善善摩尼》，解曲有《婆伽兒》，舞曲有《小天》，又有《疏勒鹽》。其樂器有豎箜篌、琵琶、五弦、笙、笛、簫、篳篥、毛員鼓、都曇鼓、答臘鼓、腰鼓、羯鼓、雞婁鼓、銅拔、貝等十五種，爲一部。工二十人。

《天竺》者，起自張重華據有涼州，重四譯來貢男伎，《天竺》即其樂焉。歌曲有《沙石疆》，舞曲有《天曲》。樂器有鳳首箜篌、琵琶、五弦、笛、銅鼓、毛員鼓、都曇鼓、銅拔、貝等九種，爲一部。工十二人。

《康國》，起自周武帝娉北狄爲后，得其所獲西戎伎，因其聲。歌曲有《戢殿農和正》，舞曲有《賀蘭鉢鼻始》、《末奚波地》、《農惠鉢鼻始》、《前拔地惠地》等四曲。樂器有笛、正鼓、加鼓、銅拔等四種，爲一部。工七人。

《疎勒》、《安國》、《高麗》，並起自後魏平馮氏及通西域，因得其伎。後漸繁會其聲，以別於太樂。

《疎勒》，歌曲有《亢利死讓樂》，舞曲有《遠服》，解曲有《鹽曲》。樂器有豎箜篌、琵琶、五弦、笛、簫、篳篥、答臘鼓、腰鼓、羯鼓、雞婁鼓等十種，爲一部，工十二人。

《安國》，歌曲有《附薩單時》，舞曲有《末奚》，解曲有《居和祇》。樂器有箜篌、琵琶、五弦、笛、簫、篳篥、雙篳篥、正鼓、和鼓、銅拔等十種，爲一部。工十二人。

《高麗》，歌曲有《芝栖》，舞曲有《歌芝栖》。樂器有彈箏、臥箜篌、豎箜篌、琵琶、五弦、笛、笙、簫、小篳篥、桃皮篳篥、腰鼓、齊鼓、擔鼓、貝等十四種，爲一部。工十八人。

《禮畢》者，本出自晉太尉庾亮家。亮卒，其伎追思亮，因假爲其面，執翳以舞，象其容，取其謚以號之，謂之爲《文康樂》。每奏《九部樂》終則陳之，故以禮畢爲名。其行曲有《單交路》，舞曲有《散花》。樂器有笛、笙、簫、篪、鈴槃、鞞、腰鼓等七種，三懸爲一部。工二十二人。

《隋書》卷一六《律曆上·和聲》 傳稱黄帝命伶倫斷竹，長三寸九分，而吹以爲黄鍾之宫，曰含少。次制十二管，以聽鳳鳴，以别十二律，此雌雄之聲，以分律吕。上下相生，因黄鍾爲始。《虞書》云：「叶時月正日，同律度量衡。」夏禹受命，以聲爲律，以身爲度。《周禮》，樂器以十二律爲之度數。司馬遷《律書》云：「黄鍾長八寸七分之一，太簇長七寸七分二，林鍾長五寸七分三，應鍾長四寸三分二。」此樂之三始，十二律之本末也。班固、司馬彪《律志》：「黄鍾長九寸，聲最濁；太簇長八寸；林鍾長六寸；應鍾長四寸七分四釐强，聲最清。」鄭玄《禮·月令注》、蔡邕《月令章句》及杜夔、荀勗等所論，雖尺有增損，而十二律之寸數並同。《漢志》京房又以隔八相生，一始自黄鍾，終於中吕，十二律畢矣。中吕上生黄鍾，不滿九寸，謂之執始，下生去滅。上下相生，終於南事，更增四十八律，以爲六十。其依行在辰，上生包育，隔九編於冬至之後。分焉、遲内，其數遂減應鍾之清。宋元嘉中，太史錢樂之，因京房南事之餘，引而伸之，更爲三百律，終於安運，長四寸四分有奇。總合舊爲三百六十律。日當一管，宫徵旋韻，各以次從。何承天《立法制議》云：「上下相生，三分損益其一，蓋是古人簡易之法。猶如古曆周天三百六十五度四分之一，後人改制，皆不同焉。而京房不悟，謬爲六十。」承天更設新率，則從中吕還得黄鍾，十二旋宫，聲韻無失。黄鍾長九寸，太簇長八寸二釐，林鍾長六寸一釐，應鍾長四寸七分九釐强。其中吕上生所益之分，還得十七萬七千一百四十七，復十二辰參之數。

梁初，因晉、宋及齊，無所改制。其後武帝作《鍾律緯》，論前代得失。其略云：

案律吕，京、馬、鄭、蔡，至蕤賓，並上生大吕；而班固《律曆志》，至蕤賓，仍以次下生。若從班義，夾鍾唯長三寸七分有奇。律若過促，則夾鍾之聲成一調，中吕復去調半，是過於無調。仲春孟夏，正相長養，其氣舒緩，不容短促。求聲索實，班義爲乖。鄭玄又以陰陽六位，次第相生。若如玄義，陰陽相逐生者，止是升陽。其降陽復將何寄？就筮數而論，乾主甲壬而左行，坤主乙癸而右行，故陰陽得有升降之義。陰陽從行者，真性也，六位升降者，象數也。今鄭迺執象數以配真性，故言比而理窮。云九六相生，了不釋十二氣所以相通，鄭之不思，亦已明矣。

案京房六十，準依法推，迺自無差。但律吕所得，或五或六，此一不例也。而分焉上生，乃復遲内上生盛變，盛變仍復上生分居，此二不例也。房妙盡陰陽，其當有以，若非深理難求，便是傳者不習。

比勑詳求，莫能辨正。聊以餘日，試推其旨，參校舊器，及古夾鍾玉律，更制新尺，以證分毫，制爲四器，名之爲通。四器絃間九尺，臨岳高一寸二分。黄鍾之絃二百七十絲，長九尺，以次三分損益其一，以生十二律之絃絲數及絃長。各以律本所建之月，五行生王，終始之音，相次之理，爲其名義，名之爲通。通施三絃，傳推月氣，悉無差舛。即以夾鍾玉律命之，則還相中。

又制爲十二笛，以寫通聲。其夾鍾笛十二調，以飲玉律，又不差異。《山謙之記》云：「殿前三鍾，悉是周景王所鑄無射也。」遣樂官以今無射新笛飲，不相中。以夷則笛飲，則聲韻合和。端門外鍾，亦案其銘題，定皆夷則。其西廂一鍾，天監中移度東。以今笛飲，乃中南吕。驗其鐫刻，乃是太簇，則下今笛二調。重勑太樂丞斯宣達，令更推校，鍾定有鑿處，表裏皆然。借訪舊識，迺是宋泰始中，使張永鑿之，去銅既多，故其調嘽下。以推求鍾律，便可得而見也。宋武平中原，使將軍陳傾致三鍾，小大中各一。則今之太極殿前二鍾，端門外一鍾是也。案西鍾銘則云「清廟撞鍾」，秦無清廟，此周制明矣。又一銘云「太簇鍾徵」，則林鍾宫所施也。京房推用，似有由也。檢題既無秦、漢年代，直云夷則、太簇，則非秦、漢明矣。古人性質，故作僮僕字，則題而言，彌驗非近。且夫驗聲改政，則五音六律，非可差舛。工守其音，儒執其文，歷年永久，隔而不通。無論樂奏，求之多缺，假使具存，亦不可用。周頌漢歌，各叙功德，豈容復施後王，以濫名實？今率詳論，以言所見，并詔百司，以求厥中。

馬縞《中華古今注》卷中　皇后、冠帶、士庶、衣裳、文籍、書契、草木、荅問、釋義部注凡四十三門

皇后太后印綬：

太皇太后、皇太后綬，其制與天子乘輿同。赤綬，四采，黄、赤、縹、紺，淳黄爲圭，長二丈九尺，五百首。長公主、天子貴人與諸侯王同制，其赤綬，四采，赤、黄、縹、紺，赤圭，長二丈一尺，三百首。諸國貴人、相國皆緑綬，三采，緑、紫、紺，淳緑圭，長二丈一尺，三百四十首。縌、綬、玉環鈌等，已在天子乘輿綬門中，見上卷注中。

羃羅：

羃羅者，唐武德、貞觀年中，宫人騎馬多著羃羅，而全身障蔽。至永徽年中，後皆用帷帽，施裙到頸，漸爲淺露。至顯慶年，百官家口若不乘車，便坐檐子。至神龍末，羃羅殆絶。其羃羅之象，類今之方巾，全身障蔽，繒帛爲之，若便於事，非乘車轝及坐檐子，即此制誠非便於時也。開元初，宫人馬上著胡帽，靚粧露面，士庶咸効之。至天寶年中，士人之妻著丈夫靴、衫、鞭、帽，内外一體也。

魏宫人長眉蟬鬢：

魏宫人好畫長眉，令作蛾眉、驚鶴髻。魏文帝宫人絶所愛者，有莫瓊樹、薛夜來、陳尚衣、段巧笑，皆日夜在帝側。瓊樹始制爲蟬鬢，望之縹緲如蟬翼，故曰「蟬鬢」。巧笑始以錦衣絲履作紫粉拂面。尚衣能歌舞。夜來善爲衣裳。皆爲一時之冠絶。

頭髻：

自古之有髻，而吉者繫也。女子十五而笄，許嫁於人，以繫他族，故曰髻。而吉榛木爲笄，笄以約髮也。居喪以桑木爲笄，表變孝也。皆長尺有二寸。沿至夏后，以銅爲笄，於兩旁約髮也，爲之髮笄。殷后服盤龍步揺，梳流蘇，珠翠三服，服龍盤步揺，若侍去梳蘇，以其步步而揺，故曰「步揺」。周文王又制平頭髻。昭帝又制小鬟雙裙髻。始皇詔后梳凌雲髻，三妃梳望仙九鬟髻，九嬪梳參鸞髻。至漢高祖又令宫人梳奉聖髻。武帝又令梳十二鬟髻，又梳墮馬髻。靈帝又令梳瑶臺髻。魏文帝令宫人梳百花髻、芙蓉歸雲髻。梁天監中，武帝詔宫人梳迴心髻、歸真髻，作白粧青黛眉，有葱鬱髻。隋有凌虚髻、祥雲髻。隋大業中令宫人梳朝雲近香髻、歸秦髻、奉仙髻、節暈粧。貞觀中梳歸順髻。又太真偏梳朶子作啼粧。又有愁來髻、又飛髻、又百合髻，作白粧黑眉。

冠子朶子扇子：

冠子者，秦始皇之制也。令三妃九嬪，當暑戴芙蓉冠子，以碧羅爲之，插五色通草蘇朶子，披淺黄藂羅衫，把雲母小扇子，靸蹲鳳頭履，以侍從。令宫人當暑戴黄羅髻，蟬冠子，五花朶子，披淺黄銀泥飛雲帔，把五色羅小扇子，靸金泥飛頭鞋。至隋帝，於江都宫水精殿，令宫人戴通天百葉冠子，插瑟瑟鈿朶，皆垂珠翠，披紫羅帔，把半月雉尾扇子，靸瑞鳩頭履子，謂之仙飛。其後改更寔繁，不可具紀。

釵子：

蓋古笄之遺象也。至秦穆公以象牙爲之。敬王以玳瑁爲之。始皇又金銀作鳳頭，以玳瑁爲脚，號曰「鳳釵」。又至東晉有童謡言：「織女死，時人插白骨釵子白粧，爲織女作孝。」至隋煬帝，宫人插鈿頭釵子，常以端午日賜百僚玳瑁釵冠。《後漢書》貴人助簪玳瑁釵。

梁冀盤桓釵

盤桓釵，梁冀婦之所制也。梁冀妻改翠眉爲愁眉，長安婦女好爲盤桓髻，到于今其法不絶。墮馬髻，今無復作者。倭墮髻，一云墮馬之餘形也。

粉：

自三代以鉛爲粉。秦穆公女弄玉，有容德，感仙人簫史，爲燒水銀作粉與塗，亦名飛雲丹，傳以簫曲，終而同上昇。

燕脂：

蓋起自紂，以紅藍花汁凝作燕脂，以燕國所生，故曰「燕脂」，塗之作桃花粧。

花子：

秦始皇好神仙，常令宫人梳仙髻，帖五色花子，畫爲雲鳳虎飛昇。至東晉有童謡云：「織女死，時人帖草油花子，爲織女作孝。」至後周，又詔宫人帖五色雲母花子，作碎粧以侍宴。如供奉者，帖勝花子作桃花粧，插通草朶子，著短袖衫子。

衫子背子：

衫子，自黄帝垂衣裳，而女人有尊一之義，故衣裳相連。始皇元年，詔宫人及近侍宫人皆服衫子，亦曰「半衣」，蓋取便於侍奉。背子，隋大業末，煬帝宫人、百官母、妻等，緋羅蹙金飛鳳背子，以爲朝服，及禮見賓客、舅姑之長服也。天寶年中，西川貢五色織成背子，玄宗詔曰：「觀此一服，費用百金。其往金玉珍異，並不許貢。」

裙襯裙：

古之前制，衣裳相連。至周文王令女人服裙，裙上加翟衣，皆以絹爲之。始皇元年，宫人令服五色花羅裙，至今禮席有短裙焉。襯裙，隋大業中，煬帝制五色夾纈花羅裙，以賜宫人及百僚母、妻。又制單絲羅以爲花籠裙，常侍宴供奉宫人所服。後又於裙上剪絲鳳綴於縫上，取象古之褕翟。至開元中，猶有制焉。

宫人披襖子：

蓋袍之遺象也。漢文帝以立冬日賜宫侍承恩者及百官披襖子，多以五色綉羅爲之，或以錦爲之，始有其名。煬帝宫中有雲鶴金銀泥披襖子。則天以赭黄羅上銀泥襖子以燕居。

鞋子：

自古即皆有，謂之履，絢繶皆畫五色。至漢有伏虎頭，始以布鞔繶，上脱下加，以錦爲飾。至東晉以草木織成，即有鳳頭之履、聚雲履、五朶履。宋有重臺履。梁有笏頭履、分捎履、立鳳履，又有五色雲霞履。漢有綉鴛鴦履，昭帝令冬至日上舅姑。

靸鞋：

蓋古之履也。秦始皇常靸望仙鞋，衣藂雲短褐，以對隱逸求神仙。至梁天監年中，武帝解脱靸鞋，以絲爲之，今天子所履也。

女人披帛：

古無其制。開元中，詔令二十七世婦及寶林御女良人等，尋常宴參侍，令披畫披帛，至今然矣。至端午日，宫人相傳謂之「奉聖巾」，亦曰「續壽巾」、「續聖巾」，蓋非參從見之服。

麻鞋：

起自伊尹，以草爲之草屩。周文王以麻爲之，名曰「麻鞋」。至秦以絲爲之，令宫人侍從著之，庶人不可。至東晉又加其好，公主及宫貴，皆絲爲之。凡娶婦之家，先下絲麻鞋一緉，取其「和鞋」之義。

襪：

三代及周著角襪，以帶繫於踝。至魏文帝吴妃，乃改樣以羅爲之。後加以綵綉畫，至今不易。至隋煬帝宫人，織成五色立鳳朱錦襪靿。

席帽：

本古之圍帽也，男女通服之。以韋之四周，垂絲網之，施以朱翠，丈夫去飾。至煬帝淫侈，欲見女子之容，詔去帽戴幞頭巾子幗也，以皂羅爲之，丈夫藤席爲之骨，鞔以繒，乃名「席帽」。至馬周以席帽油御雨從事。

大帽子：

本嵓叟草野之服也。至魏文帝詔百官常以立冬日貴賤通戴，謂之温帽。

搭耳帽：

本胡服。以韋爲之，以羔毛絡縫。趙武靈王更以綾絹皂色爲之，始並立其名「爪牙帽子」，蓋軍戎之服也。又隱太子常以花搭耳帽子，以畋獵遊宴，後賜武臣及内侍從。

烏紗帽：

武德九年十一月，太宗詔曰：「自今已後，天子服烏紗帽，百官士庶皆同服之。」

幞頭：

本名上巾，亦名折上巾，但以三尺皂羅後裹髮，蓋庶人之常服。沿至後周武帝，裁爲四脚，名曰「幞頭」。以至唐侍中馬周更與羅代絹，又令重繫前後，以象二儀，兩邊各爲三撮，取法三才，百官及士庶爲常服。

巾子：

隋大業十年，禮官上疏，裹頭者宜裹巾子，與桐木爲之，内外皆漆，在外及庶人常服。沿至證聖二年，則天賜羣臣烋葛巾子，呼爲「武家高巾子」，亦曰「武氏内樣」。

汗衫：

蓋三代之襯衣也。《禮》曰「中單」。漢高祖與楚交戰，歸帳中汗透，遂改名「汗衫」，至今亦有中單，但不緶而不開耳。

半臂：

尚書右僕射馬周上疏云：「士庶服章有所未通者，臣請中單上加半臂，以爲得禮。其武官等諸服長衫，亦謂之判餘，以別文武。」詔從之。

襪肚：

蓋文王所制也，謂之腰巾，但以繒爲之。宫女以綵爲之，名曰「腰綵」。至漢武帝以四帶，名曰「襪肚」。至靈帝賜宫人蹙金絲合勝襪肚，亦名「齊襠」。

裩：

裩，三代不見所述。周文王所製裩長至膝，謂之「弊衣」，賤人不可服，曰「良衣」，蓋良人之服也。至魏文帝賜宫人緋交襠，即今之裩也。

袴：

蓋古之裳也。周武王以布爲之，名曰「褶」。敬王以繒爲之，名曰「袴」，但不縫口而已，庶人衣服也。至漢章帝以綾爲之，加下緣，名曰「口」。常以端午日賜百官水紋綾袴，蓋取清慢而理人。若百官母及妻、妾等承恩者，則別賜羅紋勝袴，取其曰「勝」。今太常二人服紫絹袴褶，緋衣，執永籥以舞之。又時黄帝講武之臣，近侍者朱章袴褶，已下屬於鞋。

布衫：

三皇及周末庶人，服短褐襦，服深衣。秦始皇以布開胯名曰「衫」。用布者，尊女工之尚，不忘本也。侍中馬周取深衣之造加襴衫，爲庶人之禮見之表，至仕官皆服之。

袍衫：

袍者，自有虞氏即有之。故《國語》曰：「袍以朝見也。」秦始皇三品已上緑袍深衣，庶人白袍，皆以絹爲之。至貞觀年中，左右尋常供奉賜袍，丞相長孫無忌上儀，請於袍上加襴，取象於緣，詔從之。

緋綾袍：

舊北齊則長帽短靴，合胯襖子，朱、紫、玄、黄，各從所好。天子多着緋袍，百官士庶同服。隋改江南，天子則曰帢帽，公卿則巾褐襦。北朝雜以戎狄之制。北齊貴臣多著黄文綾袍，百官士庶同服之。

被：

《語》云：「必有寢衣，長一身有半。」

燧銅鏡：

以銅爲之，形如鏡，照物則影倒，向日則火生，與艾承之，則火出矣。

莫難珠：

一名木難珠，色黄，出東夷國也。

程雅問三皇五帝

程雅問董仲舒曰：「曷爲稱三皇、五帝？」對曰：「三皇者，三才也；五帝者，五土也；三王者，三明也；五霸者，五岳也。」

牛亭問將離草名：

牛亭問曰：「將離相贈與芍藥，何也？」答曰：「芍藥，一名可離，故曰相贈與芍藥。相招召則以文無，文無一名當歸也。欲忘人之憂，則贈丹棘，丹棘一名忘思，使人忘憂也。欲蠲人之忿則贈以青裳，青裳一名歡合，則忘忿也。」

程雅問拾櫨鬼木：

程雅問：「拾櫨鬼木曰無患，何也？」答曰：「昔有神巫曰瑤眊，能符劾百鬼，得鬼則以木爲棒棒煞之，世人傳以此木爲衆鬼所畏，竟取此木爲器用，以厭却邪鬼，故曰無患也。」

牛亭問書契所起：

牛亭問曰：「自古有書契以來便應有筆，世稱蒙恬造筆，何也？」答曰：「蒙恬作秦筆耳，以柘木爲管，以鹿毛爲柱，以羊毛爲被，所爲蒼毫，非爲兔毫竹管筆也。」

孫興公稱黄帝龍鬚草：

孫綽，字興公也，作《天台賦》，擲地作金聲。孫興公問曰：「世稱黄帝鑿峴山得仙，乘龍上天，羣臣援龍鬚，鬚墜地而生草，世名曰龍鬚，有之乎？」答曰：「非也。有龍鬚草，一名縉雲草，故世人爲之傳，非也。今草有虎鬚者，江東亦織爲席，曰『西王母席』，可復是西王母騎虎而墮其鬚乎？」

牛亭問籍者何云：

答曰：「籍者，一尺二寸竹牒，記人之年名字物色，懸之宫門，案省相應，乃得入也。」

程雅問傳者何云：

答曰：「傳者，以木爲之，長一尺五寸，書符信於其上，又一板封以御史印章，所以爲期信，即如今之過所也，言經過所在爲證也。」

牛亭問草木：

牛亭問曰：「草木，生類乎？」答曰：「生類也。」「有識乎？」曰：「亡識。」問：「亡識寧爲生類也？」答曰：「物有生而有識者，有生而無識者，有不生而有識者，有不生而亡識者。夫生而有識者，虫類是也；生而無識者，草木是也；不生而有識者，神鬼是也；不生而無識者，水土是也。」

王溥《唐會要》卷三二《輿服下》 笏

武德四年八月十六日，詔五品已上執象笏，已下執竹木笏。舊制，三品已下，前挫後直；五品已上，前挫後屈。武德已來，一例上圓下方。其日勅，凡笏，周制七。《周禮》，諸侯以象，大夫以魚須文竹。晉、宋以來，謂之手板。自西魏後，五品已上，通用象牙，六品以下，兼用竹木。近唯尚書郎執笏，公卿但以手板。後周保定四年，百官始執笏。至晉宣時，內外婦人執笏，其拜俛伏興俱執之。

開元八年九月勅：「諸笏，三品已上，前屈後直，五品已上，前屈後挫，並用象。九品已上，竹木，上挫下方。男以上聽依品爵執笏。假板官亦依例。」

王溥《唐會要》卷五〇《觀》 龍興觀 崇教坊。貞觀五年，太子承乾有疾，勅道士秦英祈禱，得愈，遂立爲西華觀。垂拱三年，改爲金臺觀。神龍元年，又改爲中興觀。三年二月二十四日，復改爲龍興觀。

昊天觀 全一坊地。貞觀初，爲高宗宅，顯慶元年三月二十四日，爲太宗追福，遂立爲觀，以「昊天」爲名，額高宗題。

東明觀 普寧坊。顯慶元年，孝敬升儲後所立。

宏道觀 盡一坊。地本修仁坊，舊有隋國子學及右屯衛大將軍麥鐵杖宅。顯慶二年，盡併一坊爲雍王第，王升儲後，永隆元年八月立爲觀。

太平觀 大業坊。本徐王元禮宅。太平公主出家，初以頒政坊宅爲太平觀，尋移于此，公主居之。時頒政坊觀改爲太清觀。

光天觀 務本坊。本司空房玄齡宅，景龍二年閏九月十三日，韋庶人立爲觀，名翊聖觀。景雲二年，改爲景雲女冠觀。天寶八載，改爲龍興道士觀。至德三載，改爲光天觀。

景雲觀 修業坊。景龍二年，韋庶人立爲翊聖觀。景雲元年，改名景雲觀。景龍三年四月，大理少卿盧懷慎上疏曰：「伏准去年閏九月十三日勅，宜于兩京及荆、揚、益、蒲等州，各置景雲翊聖等觀，圖樣內出，候農隙起作者。近聞所在，已有起作。率計一觀，將數萬功，併而言之，爲役凡幾。日計未見其損，歲終或受其弊。謹據元勅，重人遵道，式稽老氏無爲者，養神亦何在其速就哉！又《月令》云：『日短至，可以伐木。』今孟夏而採斫林藪，天害昆蟲，既違順時之宜，且非好生之義。夫修建塔廟，不在朝夕，務茲稼穡，如救水火，安可急其所閒，有妨農要。伏望天恩，重申前勅，使移此功力，咸勸播殖，待及有秋，式遵揆日。又諸州申請，欲用當處官錢，既違成規，亦不可允。」

景龍觀 崇仁坊。本申國公高士廉宅，西北方金吾衛。神龍元年，併爲長寧公主宅。韋庶人敗後，遂立爲觀，仍以中宗年號爲名。

福唐觀 崇業坊。本新都公主宅，景雲元年，公主子武僊官出家爲道士，立爲觀。

金仙觀　輔興坊。景雲元年十二月十七日，睿宗爲第八女西寧公主入道立爲觀。至二年四月十四日，爲公主改封金仙，所造觀便以金仙爲名。

玉真觀　輔興坊。與金仙觀相對。本工部尚書竇誕宅，武后時爲崇先府，景雲元年十二月七日，爲第九女昌隆公主立爲觀。二年四月十日，公主改封玉真，所造觀便以玉真爲名。諫議大夫甯悌原曰：「臣觀老尚虛無，釋崇寂滅，義極幽玄之旨，思遊通方之外。故入道流者，則虛室生白，静慮玄門；該釋教者，則春池得寶，澄心静域。然後法貫羣有，道垂兼濟，過此以往，莫非邪教。其鬻販先覺，詭飾浮言，以複殿爲經坊，用層臺爲道法，皆無功於玄慮，誠有害於生人。梁武靡報於前，先朝殷鑒非遠，咸耳目所接，黎元憤咎。伏以公主入道，京城置觀，雖昭報之誠，有切於天旨；而社稷之計，難踰於安人。若使廣事修營，假飾圖像，盡宇内之功力，傾萬國之資儲，爲福則靡効於先朝，樹怨則取謗於天下。又自隋室以降，寺觀已多，禪定東明之域，足受緇黄之衆，更爲建立，罕見其宜。後失請收，前弊未遠。」上覽而善之。

景雲二年，金仙、玉真二公主入道，制各造一觀，左散騎常侍魏知古諫曰：「陛下爲公主造觀，將樹功德，以祈福祐。季夏之月，興土功，犯時令，欲益反損，何功德之有焉？況兩觀之地皆百姓之宅，卒然逼迫，令其轉移。扶老攜幼，投竄無所，剔椽發瓦，吁嗟道路。乖人事，違天時，起無用之作，崇不急之務，羣心摇摇，衆口藉藉。陛下爲人父母，何以安之？臣愚必以爲不可，伏願俯順人心，仰稽天意，降德音，下明勑，速罷力役，收之桑榆，則天下幸甚。」吏部員外郎崔涖上奏曰：「伏承陛下緣兩公主造觀，可爲尊德敬道矣。割慈忍愛，上爲七聖崇福，下爲萬邦作因。豈不願神力潛資，靈功密祐，社稷永固，宗廟長存者乎！臣謂功奪其成，凶與其敗，寧邦致亂，修福招殃。何則？季夏事殷，時多禁忌，斬木發土，移石開山，非直苦人，必是傷物。欲益反損，求安乃危，臣知其否，未見其可。然則救犯不暇，何福助之有焉？且季夏者，土德正王之月，炎陽方暑之月，草木茂盛之月，昆蟲繁育之月，天地鬱蒸之月，黍稷鋤耨之月。夫土德正王之月，不可發洩地氣，恐犯時禁；則必有天殃，有天殃則人心不附，禍亂作矣。炎陽方暑之月，不可興動版築，恐致霖潦；必無成功，無成功則人力不存，怨望結矣。草木茂盛之月，不可以斬伐山林，恐非堅實；則速蠹敗，速蠹敗則人勞不衷，獎勸阻矣。昆蟲繁育之月，不可以穿鑿原隰，恐乖惻隱；乖惻隱則必生災變，生災變則人業不安，逃亡衆矣。天地鬱蒸之月，不可以徭役丁夫，恐爲痁癘；則必多夭枉，多夭枉則人情不樂，風俗離矣。黍稷鋤耨之月，不可以妨奪農桑，恐傷禾稼；則必闕歲計，闕歲計則食用不足，盜賊聚矣。行此六者，謂之六殃。《書》曰：『德惟善政，政在養人。』《傳》曰：『新作南門，書不時也。』又曰：『凡土功，龍見而興，務成事也。火見而致用，水昏正而栽，日至而畢。』此言功作從時者，所以順於天地也。《詩》曰：『定之方中，作爲楚宫。』此言宫室合時也。《禮》曰：『季夏之月，樹木方盛，無有斬伐，無摇養氣，不可以興土功。妨農事，則有天殃。』違此四者，謂之四犯。陛下營兩觀而降六殃，損萬人而招四犯，欲將致理，不亦難乎？臣望順時從人，休功罷役。候定中以建事，占水正而修栽，所冀天地鬼神降福。臣聞漢明帝永平三年夏大旱，是時大起宫室，尚書僕射鍾離意免冠上疏曰：『昔成湯遭旱，以六事自責：政不節耶，使人疾耶，宫室營耶，女謁盛耶，苞苴行耶，讒夫昌耶。竊見此宫大作，人失農時，此所謂宫室營也。自古非苦宫室小狹，直患人不安寧。須應天心，請罷勞役。』帝善而從之，諸作減省，即日澍雨。今者雖非宫室起功，終是觀寺興造。伏望俯從臣請，待冬初，庶得伐木各宜，役功無犯矣。必以天文徵應，神理須然，用厭禨祥，事資興建。與其積怨傷國，孰若施恩養人。往者，宋景一言，熒惑猶能退舍；但令陛下從諫，凶咎定不爲災。」中書舍人裴漼上疏曰：「臣按《禮記》，春、秋《月令》曰：無聚大衆，無起大役，不可興土功，恐妨農事。若號令乖戾，役使不時，則人加疾疫之危，國有水旱之變，此五行之必應也。今自春將夏，時雨愆期，下人憂心，莫知所出。陛下雖有哀矜之旨，兩都仍有寺觀之作，時旱之應，實此之由。且春令告期，東作方始，正是丁壯就功之日，而土木方興，臣恐所妨尤多，所益甚少，耕夫蠶妾，飢寒之源。故《春秋》『莊公三十年冬，不雨』，《五行傳》以爲『不時作南門，勞人興役』。伏望陛下降明詔，發德音，順天時，副人望，兩京公私營造及諸司市木，並請且停，則蒼生幸甚。」右補闕辛替否上疏曰：「臣往見明詔，自今已後，一依貞觀故事。且貞觀之時，豈有今日之造寺營觀，加僧尼道士，益無用之勞，行不急之務，而亂政者也！臣聞出家修道，不參人事，專其身心，以虛淡爲高，以無爲爲妙，依兩卷《老子》，視一軀天尊，無欲無營，不損不害。何必璇臺玉樹，寶像珍龕，使人困窮，然後爲道哉！伏願陛下以兩觀之財，爲公主貸貧乏，填府庫，則公主之福德無窮矣。不然，臣恐下人怨望，不減于前朝矣。」太極元年四月十七日制：「爲金仙、玉真出家造觀，報先慈也。外議不識朕意，書奏頻煩。將爲公主所置，其造兩觀宜停。其觀便充金仙、玉真公主邑司，令竇懷貞檢校。所有財物，瓦木一事已上，附公主邑司收掌。朕別更創造，終不煩勞百姓。此度修營，公私無損，若有干誤，當寘嚴刑。」大理少卿韋湊上表曰：「臣竊計即時庫物，如此日常用，備支一世，殊恐不足。而觀寺興功，土木所料，動支鉅萬，更空竭之，必不支一世矣。今所造觀寺者，蓋謂爲善造福，將以禳害延祥也。以臣寡聞，稽諸史策，人君修德，有異于是。昔殷太戊時，桑穀合生于朝，七日大拱，太戊問于伊陟，陟曰：『臣聞妖不勝德，帝其修德。』太戊懼，早朝晏退，務撫百姓。三年，遠方重譯而至者十六國，桑穀自枯死，殷道中興。此豈由造寺觀哉？宋景公時，熒惑守心，公召子韋而問焉。子韋曰：『禍當君，雖然，可移於宰相。』公曰：『宰相所與理國家也，無宰相誰乃爲之理乎？』曰：『可移於人。』曰：『人死，寡人將誰爲君乎？』曰：『可移於歲。』曰：『歲飢饉，人必死，爲人君而殺其人，誰以我爲君乎？』韋曰：『君有至德之言三，天必三賞君，熒惑必三徙舍，舍行七星，星當一年，君延年二十一矣。』果如子韋之言。此由仁發於衷，亦非造寺觀也。且修德者，躋仁壽於萬姓，不徇私於一己。任忠直，退諂諛，輕其賦，省其役也。自陛下御極，修之久矣，何災不禳，何祥不至。而欲忽生靈之命，崇棟宇於空祠，適足妨名，何益聖德？此臣竊爲陛下不取也，況道德之崇興者乎！玄元皇帝其《經》曰：『聖人後其身而身先，外其身而身存。』又曰：『我好靜而人自正，我無事而人自富。』又曰：『人之飢，以其上食稅之多；人之難理，以其上之有爲。』此皆抱素守真，薄己厚物，輕稅節用，清淨無爲之旨也。今欲困人病國，峻宇雕牆，思竭班、輸，飾窮壯麗，以希至道，其可得乎？次有駕鶴登天，驂龍上漢。玉京金闕，自建於神功，紫府清都，不資於人力，廣爲廊廡，又何益哉？近古修黄老術者，漢之文景豈造觀乎？寡欲清心，愛人省費，此得之矣。臣伏見勅停西觀，以救農時，可謂爲得矣。今承使司市木仍舊，又太清觀内所費不停，諸觀修營，見將錢物，農工所急。雖軫皇情，國用將空，未聞天聽。度支一失，天下不安，臣忝職司，敢忘寧寢。」寶懷貞族弟詹事府司直維金先謂懷貞曰：「兄位極台衮，當思獻可替否，以輔明主。奈何校量瓦木，厠迹工匠之間，欲令海内何所瞻仰？」懷貞不能對。及尹思正爲將作大匠，懷貞調發夫匠，思正減之，懷貞大怒，思正曰：「公盛興土木，害及黎元，受小人之譖，輕辱朝臣。今日之事，不能苟免，請從此辭。」拂衣而去，杜門不出。上聞，特令視事，及懷貞被誅，代懷貞爲御史大夫。

咸宣觀　親仁坊。本是睿宗藩國地。開元初，置昭成、肅明皇后廟，號儀坤，後昭成遷入太廟。開元四年九月八日勅，肅明皇后前於儀坤廟安置。二十一年五月六日，肅明皇后祔入太廟，遂爲道士觀。寶曆元年五月，以咸宣公主入道，與太真觀換名焉。

太真觀　道德坊。本隋秦王浩宅。

都玄觀　道德坊。本隋秦王浩宅，天后朝置永昌縣。神龍元年，縣廢，遂爲長寧公主宅。景雲元年，置道士觀。開元五年，金仙公主居之，改爲女冠觀。十年七月，改爲都玄觀。

安國觀　正平坊。本太平公主宅，長安元年，睿宗在藩國，公主奉焉。至景雲元年，置道士觀，仍以本銜爲名。十年，玉真公主居之，改爲女冠觀。

玄都觀　本名通達觀，周大象三年，于故城中置，隋開皇二年，移至安善坊。玄都觀有道士尹崇，通三教，積儒書萬卷，開元年卒。天寶中，道士荆朏亦出道學，爲時所尚。太尉房琯每執師資之禮，當代知名之士，無不遊荆公之門。初，宇文愷置都，以朱雀門街南北盡郭有六條高坡，象乾卦，故于九二置宫闕，以當帝之居。九三立百司，以應君子之數。九五貴位，不欲常人居之，故置玄都觀、興善寺以鎮之。

三洞觀　醴泉坊。本靈應道士觀，開皇七年立，貞觀二十三年，朱崇坊移換於此。

清虚觀　豐邑坊。隋開皇七年，文帝爲道士吕師辟穀鍊氣，故以「清虚」爲之名。

天長觀　侍賢坊。本名會聖觀，隋開皇七年，文帝爲秦孝王俊所立。開元二十八年，改千秋觀。天寶七載，改名天長觀。

五通觀　安定坊。隋開皇八年，爲道士焦子順能役鬼神，告隋文受命之符。及立，隋授子順開府柱國，辭不受，常咨謀軍國，帝恐其往來疲困，每遣近宫置觀，以「五通」爲名，旌其神異也。號焦天師。

崇真觀　新昌坊。本李齊古宅，開元初置立。

興唐觀　長樂坊。本司農園地，開元十八年造觀。其時有勅，令速成之，遂拆興慶宫通乾殿造天尊殿，取大明宫乘雲閣造門屋樓，白蓮花殿造精思堂屋，拆甘泉殿造老君殿。

昭成觀　頒政坊。本楊士建宅，咸亨元年九月二十三日，皇后爲母度太平公主爲女冠，因置觀。初名太清觀，尋移於大業坊。垂拱二年，遂改爲魏國觀。載初元年，改爲崇福觀。開元二十七年，爲昭成皇后追福，改爲昭成觀。

九華觀　通義坊。開元二十八年，蔡國公主捨宅置，其地本左光禄大夫李安遠宅。開元初，爲左羽林大將軍李思順宅。

玉芝觀　延福坊。本越王貞宅，爲新都公主宅，公主捨宅爲新都寺。廢爲郯王府。天寶二年立，名爲玉芝觀。

新昌觀　崇業坊。天寶六載，新昌公主因駙馬蕭衡亡，奏請度爲女冠，遂立此觀。

華封觀　平康坊。天寶七載，永穆公主出家，捨宅置觀。其地西北隅本梁公姚元崇宅，以東即太平公主宅。其後勑賜安西都護郭虔曜，今悉并爲觀，號「華封」。

玄真觀　崇仁坊。東半以左僕射高士廉宅，西北隅左金吾衛。神龍中，爲長寧公主宅，又吞人數十屋。主既承恩，盛加雕飾，朱樓綺閣，驚絶一時。韋氏敗後，公主隨夫外住，遂奏爲景龍觀。初欲出賣，官估木二十萬，山池仍不爲數。天寶十三載，改爲玄真觀。

福祥觀　布政坊。本開府竇璥宅，天寶十三載置。

宗道觀　永崇坊。本興信公主宅，賣與劍南節度使郭英乂，其後入官。大曆十二年，爲華陽公主追福，立爲觀。元和八年七月，命中尉彭忠獻帥徒三百人修興唐觀，賜錢十萬，使壯其舊制。其觀北拒禁城，因是開複道爲行幸之所。是日，又命以内庫絹千匹，茶千斤，爲興唐觀複道夫役之賜。又以莊宅錢五十萬，雜穀千石，充修齋醮之費。

張鷟《朝野僉載》卷三　中宗令揚州造方丈鏡，鑄銅爲桂樹，金花銀葉，帝每騎馬自照，人馬並在鏡中。專知官高郵縣令幼臨也。

睿宗先天二年正月十五、十六夜，於京師安福門外作燈輪高二十丈，衣以錦綺，飾以金玉，燃五萬盞燈，簇之如花樹。宫女千數，衣羅綺，曳錦繡，耀珠翠，施香粉。一花冠、一巾帔皆萬錢，裝束一妓女皆至三百貫。妙簡長安、萬年少女婦千餘人，衣服、花釵、媚子亦稱是，於燈輪下踏歌三日夜，歡樂之極，未始有之。

張易之爲母阿臧造七寶帳，金銀、珠玉、寶貝之類罔不畢萃，曠古以來，未曾聞見。鋪象牙床，織犀角簟，鼲貂之褥，蛩蟁之氊，汾晉之龍鬚、河中之鳳翮以爲席。阿臧與鳳閣侍郎李迥秀通，逼之也。同飲以盌盞一雙，取其常相逐。迥秀畏其盛，嫌其老，乃荒飲無度，昏醉是常，頻喚不覺。出爲衡州刺史。易之敗，阿臧入官，迥秀被坐，降爲衛州長史。

宗楚客造一新宅成，皆是文栢爲梁，沉香和紅粉以泥壁，開門則香氣蓬勃。磨文石爲階砌及地，着吉莫鞾者，行則仰仆。楚客被建昌王推得贓萬餘貫，兄弟配流。太平公主就其宅看，嘆曰：「看他行坐處，我等虚生浪死。」一年追入，爲鳳閣侍郎。景龍中，爲中書令。韋氏之敗，斬之。

洛州昭成佛寺有安樂公主造百寶香爐，高三尺，開四門，絳橋勾欄，花草、飛禽、走獸，諸天妓樂，麒麟、鸞鳳、白鶴、飛仙，絲來線去，鬼出神入，隱起鈒鏤，窈窕便娟。真珠、瑪瑙、琉璃、琥珀、玻瓈、珊瑚、琿琹、琬琰，一切寶貝，用錢三萬，府庫之物，盡於是矣。

隋煬帝巡狩北邊，作大行殿七寶帳，容數百人，飾以珍寶，光輝洞徹。引匈奴啓民可汗宴會其中，可汗恍然，疑非人世之有。識者云，大行殿者，示不祥也。亦是王莽輕車之比，天心其闕人事也歟！

安樂公主改爲悖逆庶人。奪百姓莊園，造定昆池四十九里，直抵南山，擬昆明池。累石爲山，以象華岳，引水爲澗，以象天津。飛閣步簷，斜橋磴道，衣以錦繡，畫以丹青，飾以金銀，瑩以珠玉。又爲九曲流盃池，作石蓮花臺，泉於臺中流出，窮天下之壯麗。悖逆之敗，配入司農，每日士女遊觀，車馬填噎。奉敕，輒到者官人解見任，凡人決一頓，乃止。

安樂公主造百鳥毛裙，以後百官、百姓家效之，山林奇禽異獸，搜山盪谷，掃地無遺，至於網羅殺獲無數。開元中，禁寶器於殿前，禁人服珠玉、金銀、羅綺之物，於是採捕乃止。

段安節《樂府雜録・雲韶樂》　用玉磬四架，樂即有琴、瑟、筑、簫、篪、籥、跋膝、笙、竽、登歌、拍板，樂分堂上、堂下。登歌四人在堂下，坐舞童五人，衣繡衣，各執金蓮花，引舞者金蓮，如仙家行道者也。舞在階下，設錦筵。宫中有雲韶院。

段安節《樂府雜録・清樂部》　樂即有琴、瑟、雲和箏（其頭像雲）、笙、竽、箏、簫、方響、篪、跋膝、拍板，戲即有弄賈大獵兒也。

段安節《樂府雜録・鼓吹部》　即有鹵簿，鉦、鼓及角，樂用絃、鼗、笳、簫，又即用哀笳，以羊角爲管，蘆爲頭也。警鼓二人執朱旛引樂，衣文戴冠。已上樂人皆騎馬，樂即謂之騎吹。俗樂亦有騎吹也。天子鹵簿用大全仗，鼓一百二十面，金鉦七十面，郊天、謁廟。吉禮即衣雲花黄衣，鼓四鉦二，下山陵。凶禮即衣雲花白衣，鼓二鉦二，下册太后、皇后及太子用鼓七十面，金鉦四十面，謂之小全仗。公主出降及册三公，并祔廟禮葬，并用大半仗，鼓四十面，鉦二十面。諸侯用小半仗，鼓三十面，鉦十四面。吉凶如上。自太子已下，册禮及葬祔廟，并無警鼓。

段安節《樂府雜録・驅儺》 用方相四人，戴冠及面具，黄金爲四目，衣熊裘，執戈揚盾，口作儺儺之聲，以逐疫也。右十二人，皆朱髪衣白畫衣，各執麻鞭，辮麻爲之，長數尺，振之聲甚厲。乃呼神名，其有甲作食凶者，胇胃食虎者，騰蘭食不祥者，攬諸食咎者，祖明强梁共食磔死寄生者，騰根食蠱者等。侲子，五百小兒爲之，衣朱褶素襦，戴面具，以晦日於紫宸殿前儺，張宫懸樂，太常卿及少卿押樂正到西閤門，丞并太樂署令、鼓吹署令、協律郎并押樂在殿前。事前十日，太常卿并諸官於本寺先閲儺，并遍閲諸樂。其日大宴，三五署官其朝寮家皆上棚觀之，百姓亦入看，頗謂壯觀也。太卿上此歲除前一日，於右金吾龍尾道下重閲，即不用樂也。御樓時於金雞竿下打赦，鼓一面，鉦一面，以五十人唱色十下，鼓一下，鉦以千下。

段安節《樂府雜録・胡部》 樂有琵琶、五絃、箏、箜篌、觱篥、笛、方響、拍板，合曲時亦擊小鼓、鈸子，合曲後，立唱歌，涼府所進本，在正宫調，大遍小遍者。至貞元初，康崑崙翻入琵琶玉宸宫調，初進曲在玉宸殿，故有此名。合諸樂即黄鍾宫調也。《奉聖樂曲》是韋南康鎮蜀時南詔所進，在宫調，亦舞伎六十四人。遇内宴，即於殿前立奏，樂更番替换。若宫中宴，即坐奏樂。俗樂亦有坐部、立部也。

段安節《樂府雜録・琵琶》 始自烏孫公主造，馬上彈之，有直項者、曲項者，曲項蓋使於急關也。古曲有《陌上桑》，范曄、石崇、謝奕皆善此樂也。開元中，有賀懷智，其樂器以石爲槽，鵾鷄筋作絃，用鐵撥彈之。貞元中，有康崑崙第一手。始遇長安大旱，詔移南市祈雨，及至天門，街市人廣，較勝負，鬭聲樂。即街東有康崑崙，琵琶最上，必謂街西無以敵也。遂令崑崙登綵樓，彈一曲新翻羽調録要・即緑腰是也。本自樂工進曲，上令録其要者，因以爲名，自後來誤言《緑腰》也。其街西亦建一樓，東市大誚之。及崑崙度曲，西市樓上出一女郎，抱樂器，先云：「我亦彈此曲，兼移在楓香調中。」及下撥，聲如雷，其妙入神。崑崙即驚駭，乃拜請爲師。女郎遂更衣出見，乃僧也。蓋西市豪族厚賂莊嚴寺僧善本，姓段，以定東鄽之勝。翊日，德宗詔入，令陳本藝，異常嘉奬，乃令教授崑崙。段奏曰：「且請崑崙彈一調。」及彈，師曰：「本領何雜，兼帶邪聲。」崑崙驚曰：「段師，神人也。臣少年初學藝時，偶於鄰舍女巫授一品絃調，後乃易數師。段師精鑒如此，玄妙也。」段奏曰：「且遣崑崙不近樂器十年，使忘其本領，然後可教。」詔許之，後果盡段之藝。

貞元中，有王芬、曹保，保其子善才，其孫曹綱，皆襲所藝。次有裴興奴，與綱同時。曹善運撥，若風雨，而不事扣絃。興奴長於攏撚，不撥稍軟，時人謂曹綱有右手，興奴有左手。武宗初，朱崖李太尉有樂吏廉郊者，師於曹綱，盡綱之能。綱常謂儕流曰：「教授人多亦矣，未有此性靈弟子也。」郊嘗宿平泉别墅，值風清月朗，攜琵琶池上彈蕤賓調，忽聞芰荷間有物跳躍之聲，必謂是魚。及彈别調，即無所聞。復彈舊調，依舊有聲。遂加意朗彈，忽有一物鏘然躍出池岸之上，視之，乃一片方響，蓋蕤賓鐵也。以指撥精妙，律吕相應也。

某門中有樂史楊志，善琵琶，其姑尤更妙絶。姑本宣徽弟子，後放出宫，於永穆觀中住。自惜其藝，常畏人聞，每至夜方彈。楊志懇求教授，堅不允，且曰：「吾誓死不傳於人也。」志乃賂其觀主，求寄宿於觀，竊聽其姑彈弄，仍繫脂鞓帶，以手畫帶，記其節奏，遂得一兩曲調。明日，攜樂器詣姑彈之，姑大驚異。志即告其事，姑意乃回，盡傳其能矣。

文宗朝，有内人鄭中丞，善胡琴。中丞，即宫人之官也。内庫有二琵琶，號大小忽雷，鄭嘗彈小忽雷，偶以匙頭脱，送崇仁坊南趙家修理。大約造樂器，悉在此坊，其中二趙家最妙。時有權相舊吏梁厚本，有别墅在昭應之西，正臨河岸，垂釣之際，忽見一物浮過，長五六尺許，上以錦綺纏之。令家僮接得就岸，即秘器也。及發棺視之，乃一女郎，粧飾儼然，以羅領巾繫其頸。解其領巾，伺之口鼻有餘息，即移入室中，將養經旬，乃能言。云是内弟子鄭中丞也，昨以忤旨，命内官縊殺投于河中。錦綺，即弟子相贈爾。遂垂泣感謝，厚本即納爲妻。因言其藝，及言所彈琵琶，今在南趙家，尋值訓注之亂，人莫有知者。厚本賂樂匠購得之，每至夜分，方敢輕彈。後遇良夜，飲於花下，酒酣，不覺朗彈數曲。洎有黄門放鷂子過其門，私於墻外聽之，曰：「此鄭中丞琵琶聲也。」翊日，達上聽。文宗方追悔，至是驚喜，即命宣召，乃赦厚本罪，仍加錫賜焉。咸通中，即有米和，即嘉榮子也，申旋尤妙。後有王連兒也。

段安節《樂府雜録・箏》 箏者，蒙恬所造也。元和至太和中，李青青及龍佐。大中以來，有常述本，亦妙手也。史從、李從周，皆能者也，從周即青孫，亞其父之藝也。

段安節《樂府雜録・箜篌》 箜篌，乃鄭衛之音權輿也。以其亡國之音，故號空國之侯，亦曰坎侯。古樂府有《公無渡河》之曲，昔有白首翁溺於河，歌以哀之。妻麗玉善箜篌，撰此曲以寄哀情。咸通中，第一部有張小子，忘其名，彈弄冠于今古，今在西蜀。太和中，有季齊皐者，亦爲上手，曾爲某門中樂史。後有女亦善此伎，爲先徐相姬。大中末，齊皐尚在，有内官擬引入教坊，辭以哀老，乃止。胡部中，此樂妙絶，教坊雖有三十人，能者一兩人而已。

段安節《樂府雜録・笙》 笙者，女媧造也。仙人王子晉於緱氏山月下吹之，象鳳翼，亦名參差，自古能者固多矣。太和中，有尉遲章尤妙。宣宗已降，有范漢恭，有子名寳師，盡傳父藝，今在陜州。

段安節《樂府雜録・笛》 笛者，羌樂也。古有《落梅花曲》，開元中，有李謨獨步於當時，後禄山亂，流落江東。越州刺史皇甫政月夜泛鏡湖，命謨吹笛，謨爲之盡妙。倏有一老父，泛小舟來聽，風骨冷秀，政異之。進而問焉，老父曰：「某少善此，今聞至音，輒來聽耳。」政即以謨笛授之，老父始奏一聲，鏡湖波浪摇動，數疊之後，笛遂中裂。即探懷中一笛，以畢其曲。政視舟下，見二龍翼舟而聽。老父曲終，以笛付謨，謨吹之竟不能聲，即拜謝以求其法。頃刻，老父入小舟，遂失所在。

段安節《樂府雜録・觱篥》 觱篥者，本龜兹國樂也，亦曰悲栗，有類於笳。德宗朝，有尉遲青，官至將軍，大歷中幽州有王麻奴者，善此伎，河北推爲第一手。恃其藝，倨傲自負，戎帥外，莫敢輕易請者。時有從事從事姓盧不記名臺拜入京，臨岐把酒，請吹一曲相送。麻奴偃蹇，大以爲不可。從事怒曰：「汝藝亦不足稱，殊不知上國有尉遲將軍，冠絶今古。」麻奴怒曰：「某此藝，海内豈有及者耶。今即往彼，定其優劣。」不數月到京，訪尉遲青所居，在常樂坊。乃側近僦居，日夕加意吹之。尉遲每經其門，如不聞。麻奴不平，乃求謁見，閽者不納，厚賂之方得見青。青即席地令坐，因於高般涉調中吹一曲《勒部羝曲》。曲終，汗浹其背。尉遲頷頤而已，謂曰：「何必高般涉調也。」即自取銀字管於平般涉調吹之。麻奴涕泣，愧謝曰：「邊鄙微人，偶學此藝，實謂無敵。今日幸聞天樂，方悟前非。」乃碎樂器，自是不復言音律矣。元和長慶中，有黄日遷、劉楚材、尚陸陸皆能者。大中以來，有史敬約在汴州。

《舊五代史》卷一四四《樂志上》 晉天福四年十二月，禮官奏：「來歲正旦，王公上壽，皇帝舉酒，請奏《玄同之樂》；再舉酒，奏《文同之樂》。」從之。五年，始議重興二舞，詔曰：「正冬二節，朝會舊儀，廢於離亂之時，興自和平之代。將期備物，全繫用心，須議擇人，同爲定制。其正冬朝會禮節、樂章、二舞行列等事宜，差太常卿崔棁、御史中丞竇貞固、刑部侍郎吕琦、吕琦，原本作「吕嶇」，今從《歐陽史》改正。（影庫本粘籤）禮部侍郎張允與太常寺官一一詳定。禮從新意，道在舊章，庶知治世之和，漸見移風之善。」其年秋，棁等具述制度上奏云：

按《禮》云：「天子以德爲車，以樂爲御。」「大樂與天地同和，大禮與天地同節。」又曰：「安上治人，莫善於禮；移風易俗，莫善於樂。」故樂書議舞云：夫樂在耳曰聲，在目曰容。聲應乎耳，可以聽知；容藏於心，難以貌覩。故聖人假干戚羽旄以表其容，發揚蹈厲以見其意，聲容和合，則大樂備矣。

又按《義鏡》，問鼓吹十二按合於何所？答云：《周禮》鼓人掌六鼓四金，漢朝乃有黄門鼓吹。崔豹《古今注》云：因張騫使西域，得《摩訶兜勒》一曲，李延年增之，分爲二十八曲。梁置鼓吹清商令二人。唐又有㧊鼓、金鉦、大鼓、長鳴、歌簫、笳、笛，合爲鼓吹十二按，大享會則設於懸外。此乃是設二舞及鼓吹十二按之由也。

今議一從令式，排列教習。文舞郎六十四人，分爲八佾，每佾八人。左手執籥。《禮》云：「葦籥，伊耆氏之樂也。」《周禮》有「籥師教國子」。《爾雅》曰：籥如笛，三孔而短，大者七孔，謂之篞。歷代已來，文舞所用，凡用籥六十有四。右手執翟，《周禮》所謂羽舞也。《書》云：「舞干羽於兩階。」翟，山雉也，以雉羽分析連攢案：原本訛「運擯」，今據《五代會要》改正。（《舊五代史考異》）而爲之。二人執纛前引，數於舞人之外。舞人冠進賢冠，服黄紗袍，白紗中單，皂領褾，白練襠襠，白布大口袴，革帶，烏皮履，白皮襪。武舞郎六十四人，分爲八佾。左手執干。干，楯也，今之旁牌，所以翳身也，其色赤，中畫獸形，故謂之朱干。《周禮》所謂兵舞，取其武象，用楯六十有四。右手執戚。戚，斧也，上飾以玉，故謂之玉戚。二人執旌前引，旌似旗而小，絳色，畫升龍。二人執鼗鼓，二人執鐸。《周禮》有四金之奏，其三曰金鐸，以通鼓，形如大鈴，仰而振之。金錞二，每錞二人舉之，一人奏之。《周禮》四金之奏，一曰金錞，以和鼓，銅鑄爲之，其色玄，其形圓，若椎，上大下小，高三尺六寸有六分，圍二尺四寸，上有伏虎之狀，旁有耳，獸形銜鐶。二人執鐃以次之。《周禮》四金之奏，二曰金鐃，以止鼓，如鈴無舌，摇柄以鳴之。二人掌相在左，《禮》云：「理亂以相。」制如小鼓，用皮爲表，實之以糠，撫之以節樂。二人掌雅在右，《禮》云：「訊疾以雅。」以木爲之，狀如漆筩而揜口，大二尺圍，長五尺六寸，以羖皮鞔之，旁有二紐，髹畫，賓醉而出，以器築地，明行不失節。武舞人服弁，平巾幘，金支緋絲大袖，緋絲布裲襠，甲金飾，白練褴襠，錦騰蛇起梁帶，豹文大口布袴，烏皮靴。工人二十，數於舞人之外。武弁朱褠，案：原本「褠」訛「構」，今據《五代會要》改正。（《舊五代史考異》）革帶，烏皮履，白練褴襠，白布襪。殿庭仍加鼓吹十二按。《義鏡》云：常設氊桉，以氊爲牀也。今請制大牀十二，牀容九人，振作歌樂，其牀爲熊羆貙豹騰倚之狀以承之，象百獸率舞之意。分置於建鼓之外，各三桉，每桉羽葆鼓一，大鼓一，金錞金錞，原本作「金釦」，今從《五代會要》改正。（影庫本粘籤）一，歌二人，簫二人，笳二人。十二桉，樂工百有八人，舞郎一百三十有二人，取年十五已上，弱冠已下，容止端正者。其歌曲名號、樂章詞句，中書條奏，差官修撰。

從之。案《歐陽史·崔棁傳》：高祖詔太常復文武二舞，詳定正冬朝會禮及樂章。自唐末之亂，禮樂制度亡失已久，棁與御史中丞竇貞固、刑部侍郎呂琦、禮部侍郎張允等草定之。其年冬至，高祖會朝崇元殿，廷設宮懸，二舞在北，登歌在上。文舞郎八佾六十有四人，冠進賢，黃紗袍，白中單，白練褴襠，白布大口袴，革帶履，左執籥，右秉翟，執纛引者二人。武舞郎八佾六十有四人，服平巾幘，緋絲布大袖繡襠，甲金飾，白練褴，錦騰蛇起梁帶，豹文大口袴，烏皮靴，左執干，右執戚，執旌引者二人。加鼓吹十二桉，負以熊豹，以象百獸率舞。桉設羽葆鼓一，大鼓一，金錞一，歌簫、笳各二人。王公上壽，天子舉爵，奏《玄同》；二舉，登歌奏《文同》；舉食，文舞《昭德》，武舞《成功》之曲。禮畢，高祖大悅，賜棁金帛，羣臣左右覩者皆贊嘆之。然禮樂廢久，而制作簡繆，又繼以鼂茲部《霓裳法曲》，參亂雅音。其樂工舞郎，多教坊伶人、百工商賈、州縣避役之人，又無老師良工教習。明年正旦，復奏于廷，而登歌發聲，悲離煩慝，如《薤露》、《虞殯》之音，舞者行列進退，皆不應節，聞者皆悲憤。開運二年，太常少卿陶穀奏廢二舞。

《新五代史》卷六三《前蜀世家·王建》 五年，起上清宮，塑王子晉像，尊以爲聖祖至道玉宸皇帝，又塑建及衍像，侍立於其左右；又於正殿塑玄元皇帝及唐諸帝，備法駕而朝之。

蔡襄《茶録》下篇《論茶器》 茶焙：茶焙編竹爲之，裹以蒻葉，蓋其上，以收火也，隔其中，以有容也。納火其下，去茶尺許，常溫溫然，所以養茶色香味也。

茶籠：茶不入焙者，宜密封，裹以蒻，籠盛之，置高處，不近濕氣。

砧椎：砧椎，蓋以砧茶。砧以木爲之，椎或金或鐵，取於便用。

茶鈐：茶鈐，屈金鐵爲之，用以炙茶。

茶碾：茶碾，以銀或鐵爲之，黃金性柔，銅及碖石皆能生鉎，音星。不入用。

茶羅：茶羅以絶細爲佳，羅底用蜀東川鵝溪畫絹之密者，投湯中揉洗以冪之。

茶盞：茶色白，宜黑盞，建安所造者紺黑，紋如兔毫，其坯微厚，熁之久熱難冷，最爲要用。出他處者，或薄，或色紫，皆不及也。其青白盞，鬭試家自不用。

茶匙：茶匙要重，擊拂有力，黃金爲上，人間以銀鐵爲之。竹者輕，建茶不取。

湯瓶：瓶要小者，易候湯，又點茶，注湯有準。黃金爲上，人間以銀鐵或瓷石爲之。

沈括《夢溪筆談》卷五《樂律一·琴材》 琴雖用桐，然須多年木性都盡，聲始發越。予曾見唐初路氏琴，木皆枯朽，殆不勝指，而其聲愈清。又嘗見越人陶道真畜一張越琴，傳云古冢中敗棺杉木也，聲極勁挺。吳僧智和有一琴，瑟瑟徽碧，紋石爲軫，制度、音韵皆臻妙。腹有李陽冰篆數十字，其略云：「南溟島上得一木，名伽陀羅，紋如銀屑，其堅如石，命工斫爲此琴。」篆文甚古勁。琴材欲輕、鬆、脆、滑，謂之「四善」。木堅如石，可以制琴，亦所未喻也。《投荒録》云：「瓊管多烏樠、呿陀，皆奇木。」疑伽陀羅即呿陀也。

蔡絛《鐵圍山叢談》卷一 崇寧甲申議作九鼎，有司即南郊爲冶，用中夜時上爲致肅不寐，至是於寢望之，焚香而再拜焉，及既就寢，已仿四鼓矣。忽有神光達禁中，政燭福寧殿，紅赤異常，宮殿於是盡明如晝，殆曉始熄。鼎一鑄而成，迺取佑神觀旁地立九成宮，隨其方爲室，成九室以奠鼎，命魯公爲奉安禮儀使。又方其講事也，輒有羣鶴幾數千萬。飛其上，蔽空不散。翌日上幸之，而羣鶴以千餘又來，雲爲變色，五彩光豔。上亦隨方入其室，焚香爲再拜，從臣皆陪祀於下。先是，方士魏漢津議，其制各取九州之水土，常内鼎中。及上行禮至北方之寶鼎也，鼎忽漏水，流浸布地。且鼎金厚數寸，水又素貯鼎中，未始有罅隙，不當及上焚香時泄漏。漏乃旋止，故上深訝焉，魯公爲不樂。於是劉炳進曰：「鼎之水土，皆取於九州之地中，獨寶鼎者取其水土於雄州白溝之界上，非幽燕之正方也。豈此乎？」故當時尤以爲神，然厥後終以北方而致亂矣。又政和六年，用方士王仔昔建言，徙九鼎入於大内，作一閣而藏之。時魯公爲定鼎使。及帝鼐者行，亦有飛鶴之祥，雲氣如畫卦之象。帝鼐後改曰「隆鼎」。既甚大，以萬衆曳之，然行覺不大用力。其去疾速，時人皆異之。

政和初，中國勢隆治極之際，地不愛寶，所在奏芝草者動三二萬本，蘄黃間至有論一鋪在二十五里，偏野而出。汝海諸近縣，山石皆變瑪瑙，動千百塊，而致諸輦下。伊陽太和山崩，奏至，上與魯公皆有慚色。及復上奏，山崩者，出水晶也。以木匣貯之進，匣可五十斤，而多至數十百匣來上。又長沙益陽縣山谿流出生金，重十餘斤。後又出一塊，至重四十九斤。他多稱是。

太上即位之明年改元建中靖國者，蓋垂簾之際，患熙、豐、元祐之臣爲黨，故曰建中靖國。實兄弟爲繼，故踵太平興國之故事也。明年親政，則改元崇寧。崇寧者，崇熙寧也。崇寧至五年正月彗出，迺改明年爲大觀。大觀者，取《易》「大觀在上」，但美名也。大觀至四年夏五月彗出，因又改明年爲政和。政和者，取「庶政惟和」之義也。政和盡八年，時方士援漢武故事，謂黃帝得寶鼎神策，是歲己酉朔旦冬至，爲得天之紀，而漢武但辛巳朔旦冬至，然今歲迺己酉朔旦冬至，真得天之紀矣。又太宗皇帝以在位二十年，因大赦天下。是時上在位已十有九年，明年當二十年。舉是二者，乃下赦改十一月冬至朔旦爲重和元年。重和者，謂「和之又和」也。改號未幾，會左丞范致虛言犯北朝年號。蓋北先有重熙年號，時後主名禧，其國中因避「重熙」，凡稱「重熙」則爲「重和」。朝廷不樂，是年三月遽改重和二年爲宣和元年。宣和改，上自以常所處殿名其年，然實欲掩前誤也。自號宣和，人又謂一家有二日爲不祥，及方臘起，連陷二浙數郡，上意彌欲易之，獨難得美名。會寇甫平而止，七年冬遂內禪云。大抵名年既不應襲用前代，又當是時多忌諱，以是爲難合，而古人已多穿鑿，徵兆有自來矣。至仁廟初始垂簾，儒臣迎合時事，年號天聖爲「二人聖」，明道爲「日月」，故後人咸祖述之。至若「元」字，謂神宗、哲宗以元符、元豐登遐，且本朝火德，不宜用水。若「治」字，又謂英廟治平不克久。凡十數義，或出於宦官女子之常談爾。

國朝故事，諸王儀物視宰相，張青絹繖，畫繡鞍韉，以親事官呵哄而已。政和三年春二月，上出西郊，幸普安寺奠昭懷劉太后，百官陪位。上謚册罷，還愒於瓊琳苑，御寶津樓。上垂簾，百官歸，或不知，皆騎從大道繇樓下過，燕越二王亦同塗，然百官往往不甚引避。上訝之，因申嚴其分，迺賜二王三接青羅繖、七紫羅大掌扇、二金鈒花鞍，若茶燎水罐，凡儀物皆用塗金，加異錦爲鞍焉，以壯維城之固。是後遂爲故事，蓋自政和三年始。又故事，諸王不施狨坐，宣和末亦賜之。

莊綽《雞肋編》卷下　二浙造酒，非用灰則不澂而易敗。故買灰官自破錢。如衢州歲用數千緡。凡僧寺竈灰，民皆斷撲。收買既久，以柴薪再燒，以驗美惡。以擲地散遠而浮颺者爲佳，以其輕滑煉之熟也。官得之尚再以柴煆，方可用。醫方用冬灰，亦以其日日加火，久乃堪耳。如平江又用樸木，以煆石灰而并用之，又差異於浙東也。

江少虞《宋朝事實類苑》卷二〇《典禮音律・嘉量》　周之鬴，深尺，內方尺，而圓其外，不實六斗四升，積百三萬六千八百分，千二百八十龠之實也。深尺者，十寸之尺也。內方尺者，八寸之尺也。圓其外者，圓方相往之數也。其庣一寸者，深也。其耳三寸者，深也。由是而規圓之，以圓函方之法也。必以圓而函方者，欲其聲之圓也。必爲耳於左右者，欲其聲之不韻也，亦猶鍾之有乳也。漢斛之法，方尺而圓其外，庣旁九釐五毫，其實十斗，積百六十二萬分，二千龠之實也。不言深而言方者，無八東齋作「分」。寸之別也。圓其外者，亦相生之數也。其上爲斛，其下爲斗，左耳爲升，右耳爲合，六東齋作「云」。耳者，謂升合如耳形附於斛之左右也。今東齋有「胡瑗」二字。之升合皆方制之，而斛方尺，深一尺六寸二分，是以方分置筭而然也。龠其狀似爵者，謂東齋有「圓」字。如爵也。今之龠方一寸，深八分一釐，亦以方分置筭也。上三下二者，謂斛在上并升合爲三也，斗在下并龠爲二也。圓而函方，斛之形也，上下皆然也。今上以圓函方，下爲方斗而已。左一右二者，升在上而左，合在上，龠在下，而俱右也。今合龠俱在上，而龠俯，自聶崇義失之於前，而胡瑗、阮逸踵之於後也。夫鬴斛非是，而欲考正黃鍾，安可得也？東齋記事。

江少虞《宋朝事實類苑》卷六〇《風俗雜誌・齊南陵古鑑》　熙寧末，齊南陵耕者破塚得古圓鑑，大小二，徑六七寸，明徹驚人，非它鑑比。其背郭皆有詞可讀，大爲小篆，小爲正隸，附篆爲流水芙蕖，茂林叢竹，又爲孤雲野鶴，下有老人倚杖岸幘，逍遥其間，似非世間人，有飄逸不可攀之高致。蓋昔之高人逋客，能自放於寂寞之鄉，有足以寓意寫懷者，未嘗遺物，鑑所以寄一時之適耳。豈良工巧冶所能知耶？附麗亦爲雜花，皆古簡不可識。元豐初，終南作磐艮翁得其一，而小者尚藏民家，南陽賈黯大年，求得之。一日，相遇於臨淄阿育寺，出二鑑示客，客請命而爲一，使二鑑不相去，遂并以歸大年。鳳凰雙鎖南金裝，陰陽合爲配，活字本作「配爲」。日月兩相會。白玉芙蓉匣，翠羽瓊瑶帶。同心人，心相親，照心照膽保千春。煉形巧冶，營質良工，如珠出匣，似月停空。當户寫翠，對臉傳紅，綺窗繡幌，俱含影中。

江少虞《宋朝事實類苑》卷六〇《風俗雜誌・羽陽古瓦》　秦武公作羽陽宮，在鳳翔寶雞縣界，歲久，不可究知其處。元祐六年正月，直縣門之東百步，居民權氏瀋池得古筒活字本、明抄本並作「銅」。瓦五，皆破，獨一首完而《澠録》「首」作「瓦」，「而」作「面」。徑四寸四分，瓦面隱起四字，曰「羽陽千歲」，篆字隨勢爲之，不取方正，始知即羽陽舊地也。其地北負高原，南臨渭水，前對羣峯，形勢雄壯，真勝地也。武公之初年，距今千有七百八十八年矣。武功游景叔，方總秦鳳刑獄，摹刊于石，置之岐陽憲臺之瑞豐亭，以貽好事者。

程大昌《演繁露》卷九《漆雕几》 《鄴中記》石虎御座几悉漆雕，皆爲五色花也。按，今世用朱、黄、黑三色漆沓冒而雕刻，令其文層見疊出，名爲犀皮，與虎刺同。又，《異苑》有神人著平巾，袴褶，語秀云：「聞君巧侔班魯，刻几尤妙，太山府君相召。」又《漢書》貢禹奏曰：「見賜杯案，畫文金銀飾，非所以食臣下也。」魏武《上雜物疏》曰：「御物有純鈕參鏤帶，漆畫案一枚。」《鹽鐵論》曰：「文杯畫案，所以亂治也。」又，梁簡文帝《書案銘》曰：「刻香鏤采，纖銀卷足。漆花曜紫，畫製舒緑。怪廣知平，入雕非曲。」

周煇《清波雜志》卷四《茶器》 長沙匠者造茶器極精緻，工直之厚，等所用白金之數。士夫家多有之，置几案間，但知以侈靡相夸，初不常用也。司馬温公偕范蜀公游嵩山，各携茶往。温公以紙爲貼，蜀公盛以小黑合。温公見之，驚曰：「景仁乃有茶器！」蜀公聞其言，遂留合與寺僧。茶宜錫，竊意若以錫爲合，適用而不侈；貼以紙，則茶味易損。豈亦出雜以消風散意，欲矯時弊耶？《邵氏聞見録》云：温公嘗同范景仁登嵩頂，由轘轅道至龍門，涉伊水，至香山，憩石樓，臨八節灘，凡所經從，多有詩什，自作序，曰《游山録》。携茶游山，當是此時。

周密《武林舊事》卷二《燈品》 趙忠惠守吴日，嘗命製春雨堂五大間，左爲汴京御樓，右爲武林燈市，歌舞雜藝，纖悉曲盡，凡用千工。

外此有魫燈，則刻鏤金珀玳瑁以飾之；珠子燈，則以五色珠爲網，下垂流蘇，或爲龍船、鳳輦、樓臺故事；羊皮燈，則鏃鏤精巧，五色妝染，如影戲之法；羅帛燈之類尤多，或爲百花，或細眼間以紅白，號「萬眼羅」者，此種最奇。

外此有五色蠟紙、菩提葉、若沙戲影燈，馬騎人物，旋轉如飛。又有深閨巧娃，剪紙而成，尤爲精妙。又有以絹燈剪寫詩詞，時寓譏笑，及畫人物，藏頭隱語及舊京諢語，戲弄行人。有貴邸嘗出新意，以細竹絲爲之，加以彩飾，疏明可愛。穆陵喜之，令制百盞，期限既迫，勢難卒成，而内苑諸璫，耻於不自己出，思所以勝之，遂以黄草布剪鏤，加之點染，與竹無異，凡兩日，百盞已進御矣。

周密《武林舊事》卷二《挑菜》 二月一日，謂之中和節，唐人最重。今惟作假，及進單羅御服，百官服單羅公裳而已。

二日，宮中排辦挑菜御宴。先是，内苑預備朱緑花斛，下以羅帛作小卷，書品目於上，繫以紅絲，上植生菜、薺花諸品。俟宴酬樂作，自中殿以次，各以金篦挑之，后妃、皇子、貴主、婕妤及都知等，皆有賞無罰。以次每斛十號，五紅字爲賞，五黑字爲罰：上賞則成號真珠、玉杯、金器、北珠、篦環、珠翠、領抹，次亦鋌銀、酒器、冠鐲、翠花、段帛、龍涎、御扇、筆墨、官窑、定器之類；罰則舞唱、吟詩、念佛、飲冷水、吃生薑之類，用此以資戲笑。王宮貴邸亦多效之。

周密《武林舊事》卷二《進茶》 仲春上旬，福建漕司進第一綱蠟茶，名「北苑試新」，皆方寸小夸，進御止百夸，護以黄羅軟盝，藉以青箬，裹以黄羅夾復，臣封朱印，外用朱漆小匣鍍金鎖，又以細竹絲織笈貯之，凡數重。此乃雀舌水芽所造，一夸之直四十萬，僅可供數甌之啜耳。或以一二賜外邸，則以生綫分解，轉遺好事，以爲奇玩。

茶之初進御也，翰林司例有品嘗之費，皆漕司邸吏賂之，間不滿欲，則入鹽少許，茗花爲之散漫，而味亦漓矣。禁中大慶賀，則用大鍍金甃，以五色韵果簇飣龍鳳，謂之「綉茶」，不過悦目，亦有專其工者，外人罕知，因附見於此。

周密《武林舊事》卷二《賞花》 禁中賞花非一。先期後苑及修内司分任排辦，凡諸苑亭榭花木，妝點一新，錦簾綃幕，飛梭綉球，以至裀褥設放，器玩盆窠，珍禽異物，各務奇麗。又命小璫、内司列肆關撲珠翠冠朵、篦環綉段、畫領花扇、官窑定器、孩兒戲具、鬧竿龍船等物，及有買賣果木酒食、餅餌蔬茹之類，莫不備具，悉效西湖景物。

起自梅堂賞梅，芳春堂賞杏花，桃源觀桃，粲錦堂金林檎，照妝亭海棠，蘭亭修禊，至於鍾美堂賞大花爲極盛。堂前三面，皆以花石爲臺三層，各植名品，標以象牌，覆以碧幕；臺後分植玉綉球數百株，儼如鏤玉屏；堂内左右各列三層雕花彩檻，護以彩色牡丹畫衣，間列碾玉水晶金壺，及大食玻璃、官窑等瓶，各簪奇品，如姚、魏、御衣黄、照殿紅之類幾千朵；别以銀箔間貼大斛，分種數千百窠，分列四面；至於梁棟窗户間，亦以湘筒貯花，鱗次簇插，何啻萬朵。

太平老人撰《袖中錦》 監書、内酒、端硯、洛陽花、建州茶、蜀錦、定磁、浙漆、吴紙、晉銅、西馬、東絹、契丹鞌、夏國劍、高麗秘色、興化軍子魚、福州荔眼、温州掛、臨江黄雀、江陰縣河豚、金山鹹豉、簡寂觀苦筍、東華門把鮓、京兵、福建出秀才、大江以南士大夫、江西湖外長老、京師婦人，皆爲天下第一，他處雖效之，終不及。

《金史》卷四二《儀衛志下》　大駕鹵簿。世宗大定三年，祫享，用黃麾仗三千人，分四節。第一節，無縣令、府牧，即用黃麾前三部，次前部鼓吹，次金吾牙門旗，次駕頭，次引駕龍墀隊，次天王、十二辰等旗。第二節，黃麾第四、第五部，次君王萬歲日月旗，次御馬，內增控馬司圉、挾馬司圉各一十六人，次日月合璧、五星連珠等旗，次八寶，內增執黑杖傳喝一十八人在香案前，次七寶輦。第三節，黃麾後第一、第二部，次玉輅，次栲栳隊，次導駕門仗官。第四節，黃麾後第三、第四、第五部，次金輅，次牙門旗，次後部鼓吹。

大定六年九月，西京還都，用黃麾仗二千五百四十二人，攝官在內。騎七百六十二匹，分四節。第一節，攝官五十四人，執擎三百二人，樂工一百七十人。第二節，攝官三十二人，執擎三百七十六人。第三節，仗內攝官四十四人，導駕官四十二人，門仗官一百人，玉輅青馬八、駕士一百四十人，護駕栲栳隊五百人，執擎二百四十二人。第四節，攝官五十人，金輅赤馬八、駕士九十四人，控鶴二十二人，樂工八十四人，執擎二百九十人。

是歲，上還自西京，有司備儀仗，皇太子乘綴輅，上疑其非禮，以問禮官，無能知者，上怒，皆責降之。明年，將册皇太子，宰臣奏當備儀仗告廟，上曰：「前朕受尊號謁謝，但令朕用宋真宗故事，朝服乘馬，於禮甚輕，今皇太子乃用備禮何耶？」丞相良弼謝，上徐曰：「此文臣因循，不加意爾。」先是，凡行幸皆役民執仗，是後詔以軍士易之。

大定十一年，將有事於南郊，朝享太廟，右丞石琚奏其禮，上曰：「前朝漢人祭天，惟務整肅儀仗，此自奉耳，非敬天也。朕謂祭天在誠，不在儀仗之盛也，其減半用之。」於是，遂增損黃麾仗爲大駕鹵簿，凡用七千人，攝官在內。分八節。

第一節，第一引，七十人，縣令。第二引，二百六十四人，府牧。第三引，二百二十九人，御史大夫，名色與府牧同，頗損其數，而增行止旗一。

第二節，金吾皁纛旗一十二人，朱雀隊三十四人，指南、記里鼓車皆五十二人，鸞旗車一十八人。前部鼓吹一百二十九人。清游隊七十二人：內白澤旗二，旗五人，緑具裝冠、緑皮甲勒皮、錦臂韝、橫刀，引夾加弓矢，緑皮馬甲、包尾金。折衝都尉二人，黑平巾幘、紫繡辟邪袍、革帶、銀褐大口袴、錦螣蛇、橫刀、弓矢。弩六，弓矢二十四，矟三十。並錦帽、青繡寶相花衫、革帶、銀褐大口袴。佽飛隊四十八人：內果毅都尉二，黑平巾幘、紫繡飛麟袍、革帶、銀褐大口袴、錦螣蛇，佩橫刀，弓矢。虞候佽飛三十人，鐵甲、兜牟、橫刀、弓矢、黑馬甲全。鐵甲佽飛一十六人。服、執如上。前部馬隊，第一隊六十四人，第二、第三隊皆六十人，第四、第五隊皆五十八人。殳叉仗五十四人：內帥兵官二人，黑平巾幘、緋寶相花衫、革帶、銀褐大口袴，執儀刀。殳二十六，叉二十六。五色寶相花衫、抹額、抹帶、行滕、鞋韈。行止旗一。緋繡寶相花衫、抹額、銀褐抹帶、大口袴。

第三節，前部鼓吹第二，三百六十九人。前步甲隊，第一至第五隊皆四十二人。衙門旗二十人。黃麾前第一部一百五十人，第二部一百二十人。殳叉仗五十八人。行止旗一。

第四節，黃麾幡三人，六軍儀仗二百二十六人，御馬三十三人，黃麾前第三至第五部皆一百二十人，青龍白虎隊五十二人，殳叉仗五十六人，行止旗一。

第五節，八寶二百三十二人，平頭輦三十人，七寶輦四十二人。班劍、儀刀隊二百人：內將軍二人、折衝都尉二人，平巾幘、緋辟邪袍、革帶、銀褐大口袴、錦螣蛇，執儀刀。班劍、儀刀各九十八。並平巾幘、緋繡寶相花衫、革帶、銀褐大口袴、錦螣蛇，執儀刀。驍衛翊衛隊六十人：內供奉郎將二員，黑平巾幘、緋繡瑞馬袍、革帶、銀褐大口袴，執儀刀。鳳旗二，旗五人，服、執如前。弩、弓矢、矟皆一十六。服如班劍，橫刀。夾轂隊，第一隊九十二人：內折衝都尉二人，平巾幘、緋繡飛麟袍、革帶、銀褐大口袴，執儀刀。寶符旗二，旗五人，朱甃甲刀盾八十。朱甲、錦臂韝、行滕、鞋襪。第二隊八十二人：內果毅都尉二人，白澤袍。飛黃旗二，旗五人，銀褐甃甲刀盾七十。第三隊八十二人：內果毅都尉二人，赤豹袍。吉利旗二，旗五人，皁甃甲刀盾七十。殳叉仗五十六人。行止旗一。

第六節，馬步門旗隊一百人，駕頭一十五人，廣武官、茶酒班執從物者二十三人。御龍直四十人。紅錦團襖、鍍金束帶，內人員二皁帽，三十八人真珠頭巾。玉輅一百五十一人。栲栳隊五百人：內金槍隊一百二十六人，分左右，人員十八、並鐵甲、皁帽、紅錦背子，執小旗，馬甲，紅錦包尾。長行一百八人，鐵甲、兜牟、紅錦背子、錦臂韝，甲馬，紅錦包尾，執金槍。銀槍隊一百二十六人，人員十八、長行一百八人，服並如上，銀槍。弓箭直步隊一百二十四人，人員四、鐵甲、皁帽、紅錦團花戰袍，弓矢，執銀骨朵，馬甲全。長行一百二十人，鐵笠、紅錦團花戰袍、鐵甲、弓矢、骨朵。骨朵直步隊一百二十四人，人員四，長行一百二十人。服甲同上，無弓矢。金吾牙門旗二十人，黃麾後第一部一百五十人，第二部一百二十人，殳叉仗五十二人，行止旗一。

第七節，扇筤二十五人，金輅九十四人。大安輦一百八十一人：內尚輦奉御二人，殿中少監二人，奉職官二人，並公服。令史四人，書令史四人，七人烏介幘、緋四褛素衫、銀褐抹帶、大口袴、皁靴，一人長脚幞頭、紫羅公服、角帶皁靴。掌輦四人，武弁、黃繡寶相花衫、銀褐抹帶、大口袴。人員十二，皁帽、紅錦團襖、銅束帶，內指揮使一人執銀骨朵。舁士二百五十一人。服同掌輦。御馬三十三人。持鈒隊三十九人。後部鼓吹一百六十人。黃麾後第三至第五部皆一百二十人。後步甲隊第一至第二隊皆四十二人。殳叉仗五十六人。行止旗一。

第八節，後部鼓吹第二，一百四十人。象輅、革車、木輅皆五十人，進賢車二十六人，豹尾車一十八人，屬車八十人。玄武隊六十一人。後步甲隊第三至第五隊皆四十二人。金吾牙門旗二十人。後部馬隊第一隊七十六人，第二隊六十四人，第三隊六十人。殳叉仗六十人。行止旗一。後分行旗、止旗爲二。以上名數與黃麾同者不重述。

章宗明昌五年六月，尚書省奏：「大定六年，世宗自西京還都，採宋省方還京之儀，用黃麾仗二千人、及金玉輅、栲栳隊甲騎五百人、導駕官四十二員，自後遂不復用。今車駕幸景明宮，還都之日宜依用之。」制可。

承安元年，省臣奏：「南郊大禮，大駕鹵簿當用人二萬一千二百一十八、馬八千一百九十八。世宗親行郊祀，仗用七千人。今擬大定制外量添甲卒三百，栲栳隊、執檛人二百四十八，通七千五百四十八人，仍分八節。」從之。

泰和六年，上欲親行祫享，命有司計其役費，尚書省奏：「當用仗三千五百人，錢一萬餘貫，馬八百六十五匹。舊例，馬皆借取於民，親軍、班祗皆自備從事。今軍旅方興，官馬以備緩急，不可借用，民亦不可重擾，宜令有司攝事。」上詔再議之。

八年四月，禘于太廟，依元年例，用黃麾仗三千人，屯門仗五百人。皇太后、皇后鹵簿。用唐、宋制，共二千八百四十人。清游隊三十人，清游旗一，執一人，引二人，夾二人。並平巾幘、緋裲襠、大口袴、佩弓矢、橫刀、執矟、弩，騎。次金吾衛折衝都尉一人，平巾幘、紫裲襠、大口袴、錦螣蛇、弓矢、橫刀。領四十騎：二十人執矟、四人弩、十六人橫刀。㩧矟二人，平巾幘、緋衫、大口袴，夾折衝。次虞候佽飛二十八人。並平巾幘、緋裲襠、大口袴、弓矢、橫刀，騎夾道，分左右均布至黃麾仗。次內僕令一人、丞一人，依本品服，分左右。各書令史二人。平巾幘、緋衫、大口袴，騎從。次黃麾一，執一人、夾二人。武弁、朱衣、革帶，正道騎。次左右廂黃麾仗，廂各三行，行百人，從內第一行，短戟、五色氅，執者並黃地白花綦襖、帽、行縢、鞋、襪。次外第二行，戈、五色氅，執人並赤地黃花綦襖、帽、行縢、鞋、襪。次外第三行，儀鍠、五色幡。並青地赤花綦襖、帽、行縢、鞋、襪。次左右領軍衛、左右威衛、左右武衛、左右驍衛、左右衛等，衛各三行，行二十人，分前、後。衛各主帥六人，唯左右領軍衛各三人，並平巾幘、緋裲襠、大口袴，領軍衛前後獅子文袍、帽，餘衛豹文袍、帽，各執鍮石裝長刀，騎領，分前、後。每衛各果毅都尉一人檢校。被繡袍，以上各一名步從。左右領軍衛有絳引幡，引前、掩後各三。執者六人，並平巾幘、緋衫、大口袴。次內謁者監四人，給事二人，內常侍二人，內侍少監二人。並騎，分左右。以上各有內給使一人，步從。次內給使百二十人。皆宮人，並平巾幘、緋衫、大口袴，分左右，在車後。次偏扇、團扇、方扇各二十四。分左右，以宮人執之，皆服間綵大袖裙襦、綵衣、革帶、履。次香蹬一，執擎內給使四人。平巾幘、緋裲襠、大口袴，在重翟車前。次重翟車，馬四，駕士二十四人。平巾幘、青衫、大口袴、鞋襪。次行障二，坐障二。分左右夾車，宮人執之，服同執扇。次內寺伯二人，領寺人六。分左右，平巾幘、緋裲襠、大口袴，執御刀，並騎，夾重翟車。次腰輿一，舁士八人，團雉扇二。夾輿。次大傘四，次大雉扇八。分左右，橫行爲二重。次錦華蓋二。單行，正道。次小雉扇、朱團扇各十二。並橫行，分左右。次錦曲蓋二十四。橫行，爲二重。次錦六柱八扇。分左右。自腰輿以下並內給使執之，服同前。次宮人車。次絳麾二。分左右，執各一人，武弁、朱衣、革帶、鞋襪。次後黃麾一，執一人，夾二人。並騎，武弁、朱衣、革帶，正道。次供奉宮人。在黃麾後。次厭翟車，馬四，駕士二十四人。次翟車、安車皆四馬，駕士各二十四人。次四望車、金根車，皆駕牛三，駕士各十二人。服同前。次左右廂牙門各二，每門執二人，夾四人。並赤綦襖、黃袍、帽。第一門在前黃麾前，第二門在後黃麾後。次左右領軍衛，每廂各一百五十人，執殳，並赤地黃花綦襖、帽、行縢、鞋襪。前與黃麾仗齊，後盡鹵簿。廂各主帥四人，檢校。平巾幘、緋衫、大口袴，被黃袍帽，執鍮石長刀，騎。其服豹文者二在內，服獅文者二，一引前，一護後。次左右領軍衛、折衝都尉各一人，檢校殳仗。以上各一人騎從。次後殳仗內正道置牙門一，每門監門校尉二人，皆平巾幘、緋裲襠、大口袴，執銀裝長刀，騎。每廂各巡檢校尉一人，往來檢校。服仗同前。前後部鼓吹，金鉦、掆鼓、大鼓、長鳴、中鳴、鐃吹、羽葆、鼓吹、橫吹、節鼓、御馬並減大駕之半。

是歲，重翟等六車改用圓方輅輦，及行障、坐障、錦六柱、宮人等車，其制度人數並見《輿服志》。

天德二年，海陵立后，皇后乘龍飾肩輿，有司設二步障於殿之西階，設扇左右各十，傘一，此蓋殿庭導引之儀也。又設皇太后導從六十人，傘子不在數內，並服簇四盤鵰團花紅錦襖、金花幞頭、塗金銀束帶。永壽、永寧宮導駕各三十人，傘子各二人，此亦常行之儀也。

皇太子鹵簿。受册寶謝廟，凡大禮、大朝會則用之。有司奏當用唐、宋儀禮，詔止用千人。

中道，清游隊二十四人：折衝都尉一人，白澤旗一，五人，弩四、弓六、矟八。並騎。清道直盪隊一十八人：折衝都尉二人，爆矟四，弓矢十二。並騎。誕馬四，控攏八人。正直旗隊三十三人：果毅都尉一人，重輪旗一、馴犀旗二、野馬旗一、馴象旗二，旗各五人，副竿二。並騎。細引隊一十四人：果毅都尉二人，弓矢六，矟六。矟與弓矢相間，並騎。前部鼓吹九十八人：並騎。府史二人，金鉦、掆鼓各二，大鼓十二，長鳴八，鐃鼓二，簫六，笳六，帥兵官二，節鼓二，小鼓十二，中鳴八，桃皮篳篥四，歌四，拱辰管六，篳篥六，大横吹十二，羽葆鼓二，帥兵官二。傘扇八：梅紅傘二，大雉扇四，中雉扇二。小輿一十八人。導引官一十二人：中允二人、諭德二人、庶子二人、詹事二人、太師一人、太傅一人、太保一人、少師一人在金輅後。並騎。親勳翊衛圍子隊七十四人：郎將二人，儀刀七十二。並騎。金輅七十人。三衛隊一十八人。執儀刀。厭角隊六十二人：郎將一人，祥雲旗一，五人，弩三，弓七，矟十五。並騎。又郎將一人，祥雲旗一，五人，弩三，弓七，矟十五。並騎。朱團扇一十六人：司禦率府校尉四人，騎。朱團扇三，紫曲蓋三，朱團扇三，紫曲蓋三。大角一十八。後部鼓吹五十四人：並騎。管轄指揮一人，金鉦、掆鼓各一，鐃鼓二，簫六，歌六，篳篥六，節鼓一，主帥二人，笛六，笳四，拱辰管六，小横吹十，主帥二人。後拒隊四十六人：果毅都尉一人，騎。三角獸旗一，五人，弩四，弓矢十六，矟二十。

外仗。左行二百四人。牙門十六人：並騎。牙門旗一，三人，監門校尉三人，郎將一人，班劍九。前第一隊二十七人：司禦率府一人，果毅都尉一人，折衝都尉一人，主帥一人，並騎。絳引幡三首，九人，麟頭竿二，儀鍠斧二，弓矢二，麟頭竿二，儀鍠斧二，朱刀盾二，小戟二。第二、第三、第四、第五隊各一十四人。與第一部麟頭竿已下同。後第一隊四十七人：牙門旗一，三人，監門校尉三人，果毅都尉一人，主帥一人，絳引幡三，九人，鵰鷄旗一，五人，矟四，弩三，矟四，弓矢三，矟四，弓矢三，朱刀盾二，小戟二。並騎。後第二隊二十九人：果毅都尉一人，綱子旗一，五人，矟五，弩三，矟五，弓矢三，矟三，弓矢四。並騎。後第三隊二十九人：果毅都尉一人，黄鹿旗一，五人，矟五，弩三，矟五，弓矢三，矟三，弓矢四。並騎。右行二百四人，排列同。

太子常行儀衛，導從六十二人，傘子二人，並服梅紅繡羅雙盤鳳襖、金花幞頭、塗金銀束帶。凡從物鐁鑼、唾盂、水罐等事並用銀金飾。傘用梅紅羅，坐麒麟金浮圖。椅用金鍍銀圈、雙戲麒麟椅背，紅絨絛結。殿庭與宴，襯用繡羅間金盤鳳，卓衣則用繡羅獨角間金盤獸。東宫視事，朱髹飾椅，塗金銀獸銜、紅絨絛結、明金團花椅背，案衣則用素羅，色皆梅紅，蒙帕踏脚同。

親王傔從。引接十人，皁衫、盤裹、束帶、乘馬。捧攏官五十人，首領紫羅襖、素幞頭，執銀裹牙杖，傘子紫羅團荅繡芙蓉襖、間金花交脚幞頭，餘人紫羅四褛繡芙蓉襖、兩邊黄絹義襴，並用金鍍銀束帶，幞頭同。邀喝四人。傘用青表紫裹，金鍍銀浮圖。椅用銀裹圈背。水罐、鐁鑼、唾盂並用銀。郡王捧攏官三十人，未出宫者二十人。國公捧攏官二十人，未出宫者十四人。郡王引接六人，國公四人，未出宫者各減半。人從儀物並依一品職事官制。

諸妃嬪導從四十人，幞頭、繡盤蕉紫衫、塗金束帶。妃用偏扇、方扇、團扇各十六，諸嬪各十四，皆宫人執，服雲脚紗帽、紫四褛衫、束帶、緑韡。大傘各一，傘子二人，就用本服錦襖幞帶。大長公主導從一十二人，皇妹皇女一十人，並服紫羅繡胸背葵花夾襖、盤裹、幞頭、大珮銀腰帶，牙杖各二。其諸宗室女，各以親疏差降之。傘制，皇太子三位妃皆青羅表紫裹、金浮圖，親王公主王妃金鍍銀浮圖、郡主縣主夫人銀浮圖，皆青表紫裹，諸臣下母妻各從其夫子勳封品級用傘。

宇文懋昭《大金國志》卷三二《金國檢視大宋庫藏》 絹五千四百萬疋　大物段子一千五百萬疋

金三百萬錠　銀八百萬錠

珍寶未見實數

宇文懋昭《大金國志》卷三二《金國取去大宋寶印》 皇帝殿寶十四

承天休，延萬億，永無極　受命于天，既壽永昌

天子之寶　天子行寶

天子信寶　皇帝之寶

皇帝行寶　皇帝信寶

御書之寶　御書之印

無字寶　皇帝恭膺天命之寶

宣和御(書)〔筆〕之寶　皇帝恭膺天命之印

青玉二

傳國寶　受命于天，既壽且康

金九

御前之寶　宣和殿寶
御書之寶　天下同文之寶
天下合同之寶印中書〔門〕下省文字　御前之寶御宣〔劄〕
御前錫賜之寶印賜月茶藥合　書詔之寶印詔書
皇帝欽崇國祀之寶印香〔合〕詞表
銀一
尚書內省出納之印印破除
皇后殿金一
皇后之寶
太子殿金一
皇太子寶
〔皇〕太子妃金一
〔皇〕太子妃印

宇文懋昭《大金國志》卷三三《儀衛》 建國之初，儀衛護從止類中州守令。在內庭，閒或遇雨雪，雖后妃亦去襪履，跣足而行。至熙宗立，始設儀衛將軍、寢殿〔中〕〔小〕底、弩手繖子，迨幸燕，始乘玉輅，服衮冕，儀從方整肅。時令翰林待制邢具瞻作引導詞曰：「五年一狩，仙仗到人閒。〔問〕稼穡艱難。蒼生洗眼秋光裏，今日見天顏。金瓜玉斧沈煙和，舞蹈六龍閑。歌謳道詠皆相似，天子壽南山。」護從悉具。若尋常出獵、觀田，多無定制。或數百騎，或〔數〕千騎，前後皆執旗，旗上繪以日，〔至一大繡日〕旗，曰御〔座〕〔坐馬〕繖，或紅，或黃，〔如〕或〔排〕〔緋〕，駕而出，一與南朝同。導前者皆弩手、繖子，其人各長六尺八寸〔以上〕，衣以直錦團花袍，金鍍銀帶，簇金蛾拳腳幞頭。雙引而前，皆散手。及半，方有執旗者，約千餘隊。旗之後曰駕頭，駕頭之後曰護衛將軍，皆衣紫窄袖衫，金帶幞頭，腰懸弓矢，並馬而行，約數百。至曲蓋，其形六角，紅羅曲柄，飾以文彩。一護軍執之，以爲儀式。蓋之後曰御座馬，左右二副點檢領之。馬之後曰寢殿小底，衣帶乘騎，一與護衛等，止無弓矢，而腰以深紅包袱，又約數百。及駕，或乘逍遥，或乘步輦，或乘馬，臨時取旨。其上張蓋，表裏皆紅羅，〔獨〕〔柄〕微曲。駕之後，護衛小底不計其數。又其後，曰馬軍栲栳隊數千隨焉。

宇文懋昭《大金國志》卷三四《旗幟》 金國以水德王，凡用師行征，旗皆上黑，雖五方皆具，必以黑爲主。尋常車駕出入止用一日旗，與后同乘則加月旗。二旗相間而陳，或數百隊，或千餘隊，日旗即以紅綃爲日，刺于黃旗上；月旗即以素帛爲月，刺于紅旗上。近駕則又有日月大繡旗二。如大禮、祫享、册封，一循古制，旗無大小，皆備焉。然五方、五星、五嶽、青龍、白虎、朱雀、玄武、神鳳外，又有五星聯珠一，日月合璧一，象二，天王二，海馬二，鷹隼二，太白三。近御又張一大旗，其制極廣，錯繪神物，以猛士執之，傍有數十人護之。各施大繩，以備風勢，名曰「蓋天」。

曹昭《格古要論》卷一《古琴論》 斷紋琴

古琴以斷紋爲證，不歷數百年，其紋不斷。然斷紋有數等類，有蛇腹斷，其紋橫截琴面，相去或寸許，或寸半〔一作半寸〕。有細紋斷，如髮千百條。或有背面皆斷者〔背一作底〕。又有梅花斷者，其紋如梅花頭，此爲最古。琴雖古而有斷紋者，不精實脆透。及有病者，亦不爲奇也。

僞斷紋

用琴於冬日內曬，或以猛火烘琴極熱，以雪罨激裂之，然漆色還新。又有入鷄子白灰內漆後以甑蒸之，懸於燥處，自有斷紋，此皆僞者。

唐宋琴

唐時有雷文、張越二家，制琴得名，其龍池鳳沼間有舷，餘處悉窪，令闕聲而不散。

宋時置官局製琴，其琴俱有定式，長短大小如一，故曰官琴。但有不如式者，具是野斫，宜子細辨之。

古琴色

古琴歷年既久，漆色〔一作光〕盡退，其色如烏木，此最奇古也。

古琴樣

古琴惟有孔子、列子二樣琴合古制。若太平古琴，以一段木爲之。近有雲和樣者，其樣不一，皆非古制也。

制琴法　新增，見《事林廣記》

造琴之法，木用陰陽，取其相配以召和也。桐木屬陽，以爲琴面；梓木屬陰，以爲琴底。面圓象天，底方象地。長三尺六寸，象三百六十日。合十三徽以應律吕。象十二月，中徽爲君，以象閏也。

《帝王世紀》曰：炎帝作五弦之琴，以應五音。記曰：舜作五弦琴，歌南風。

桓譚《新論》曰：神農氏始削桐爲琴，繒絲爲弦。又曰：周文王、武王各加一弦，乃爲七弦，謂之文弦、武弦。

焦尾琴　新增

漢吳人有燒桐爨者，蔡邕聞火烈聲，知其良材，請以制琴，果有美音，而尾猶焦，故曰焦尾琴。

古琴陰陽材　增

古琴有陰陽材，蓋桐木面日者爲陽，背日者爲陰。不論新舊桐木，置之水上，陽必浮，陰必沉，反復不易。

陽材琴旦濁而暮清，晴濁而雨清。

陰材琴旦清而暮濁，晴清而雨濁。此可驗也。

或云桐木近寺觀者佳，以其旦暮受鐘鼓之聲故耳。

純陽琴　增

底面俱用桐木，謂之純陽琴，古無此制，近世爲之。取其暮夜陰雨彈之，聲不沉。然必不能達遠，聲亦不實也。

琴有五不彈　見《廣記》，新增

疾風甚雨不彈，廛市不彈，對俗子不彈，不坐不彈，不衣冠不彈。（右五者，所以尊聖道而盡琴之理也。）

百納琴　後增

嘗見一琴，是列子樣者，其面闊一寸許桐木條以漆膠成，斷紋尤多，彈之聲如常，亦無節病。

列子琴　今不可考

佐按桐木是枯桐木最輕，近寺觀聞鐘聲者最佳。

琴卓　後增

琴卓須用維摩樣，高二尺八寸（此樣一有可入漆於卓下），可容三琴，長過琴一尺許。卓面用郭公磚最佳。瑪瑙石、南陽石、永石尤佳。如用木卓，須用堅木，厚一寸許則好。再三加灰漆，以黑光爲妙。

佐嘗見郭公磚，灰白色中空，面上有象眼花紋。相傳云，出河南鄭州泥水中者絶佳。多有僞作者，要當辯之。磚長僅五尺，闊一尺有餘。此磚架琴撫之，有清聲，泠泠可愛。

格琴要訣　見《廣記》，新增

古琴冷而無音者，用布囊砂罨，候冷，易之數次，而又作長甑，候有風日，以甑蒸琴，令汗溜。取出吹乾，其聲仍舊。

琴無新舊，常宜置之床上，近人氣，被中尤佳。

琴弦久而不鳴者，弸定一處，以桑葉捋之，鳴亮如初。大凡蓄琴之士，不論寒暑，不可放置風露中及日色中，止可於無風露陰暖處置之。

曹昭《格古要論》卷二《古墨迹論上》　真行草書墨迹

真、行、草書墨迹之法，姜白石書譜論之備矣。凡辯古人墨迹，當觀其用筆，雖體制飄逸，典重不同，其法一也。如真書，宜逐筆折處看，不可全以體制紙色言也。

嚮拓

嚮拓僞墨迹。用紙加於碑帖上，向明處，以游絲筆圈却字畫，填以濃墨，謂之嚮拓。然圈影猶存，其字亦無精采。

古墨迹紙色

古墨迹紙色，必表古而裏新。贋作者用古紙浸汁染之，則表裏俱透。微揭視之，乃可見矣。

古紙　後增

北紙用橫簾造，紋必橫，其質鬆而厚。南紙用竪簾造，其紋亦竪。晉二王真迹，多是會稽竪紋竹紙。唐有麻紙，其質厚；又有硬黄紙，其質如漿，光澤瑩滑，用以書經。故善書者多取其作字。今有二王真迹，用硬黄紙，皆唐人仿書之也。五代南唐有澄心堂紙，絶佳。宋有澄心堂紙、觀音紙、匹紙，長三丈。又有彩色粉箋，其色光滑，蘇東坡、黄山谷多用之作字。元有彩色粉箋、蠟箋、彩色黄箋、花箋、羅紋箋，皆出紹興。又有白籙紙、觀音紙、清江紙，皆出江西。趙松雪（子昂）、巙子山、張伯雨、鮮于樞（伯機）書，多用此紙。又有倭紙，出倭國，以蠶繭爲之，細白光滑之甚。皇明内用紙如前元，但江西西山紙最高。

佐見高麗繭紙，細白光滑，又勝於倭紙，厚又加倍，咨禮部咨文可見。

古帖難辯

唐蕭誠僞爲古帖，示李邕曰：「此右軍真迹也。」邕忻然曰：「是真物。」誠以實告。邕復視曰：「細看亦未能好（疑作辯）。」以此論之，古人墨迹未易辯也。

古碑法帖

南北碑紙墨

北墨多用松烟，色青。北紙橫紋，其質鬆厚，不甚染墨，拂之如薄雲過青天，凡北碑皆然。不用油蠟。南碑用油烟墨，墨色純黑，用油蠟打碑文，贗墨皆仿此。

蘭亭帖　後增

《蘭亭帖》，世有定武本爲第一，金陵清涼本爲第二。其定武本薛珦作帥，別刻石易去。宋宣和間於薛珦家取入禁中。建炎南渡，不知存亡。清涼本，洪武初因寺廢入官，其石留天界寺，住持僧金西白盜去，後事覺，其僧繫獄死，石亦不知存亡。

宋姜夔堯章蘭亭偏旁考　番陽人　新增

永字無畫，發筆處微轉折。和字口下横筆稍出。年字懸筆上湊頂。在字左人反剔。歲字有點在山之下，戈口之右。事字脚斜拂不挑。流字内厶字處就回筆，不是點。殊字挑脚帶横。是字下疋三轉不斷。趣字波略反卷向上。欣字欠右一筆，作章草發筆之狀，不是捺。抱字已開口。死生亦大矣，亦字是四點。興感感字，戈邊是直作一筆，不是一點。未嘗不不字，反挑脚處有一闕。右法如此甚多，略舉其大概。持此法，亦可以觀天下之蘭亭矣。

五字損本者，湍、流、帶、右、天五字有損也。（已上俱見《書史會要》）

跋蘭亭五字損本　新增　元黄文獻公

宋景定咸淳間，賈氏似道枋國，定武舊刻，流落人間者少甚，不以資其清玩。嘗俾其客寥寺丞，參校諸本異同，擇其字之尤精善者，輯成一帖，命婺之良工王用和刻之，經年乃就。尋補用和勇爵，以酬其勞。其石後歸京師，今在故執政吳公家。此本有悦生堂印，必嘗備選擇者，可寶也。金華黄溍晉卿跋。

唐太宗得蘭亭真本始末及定武翻刻石本　新增　廬陵曾宏父

永和九年，暮春，王右軍與親友四十二人，修禊於蘭亭。揮毫製序，興樂而書，遒媚勁健，謂有神助。醒後連日再書數十百紙，終不能及。右軍自珍愛之，秘藏於家，七傳而至智永，子徽之派也。舍俗爲僧，居越之永欣寺，以其手臨真草千文八百餘本，散施浙東諸寺。《蘭亭序》則以授弟子辨才，俗姓袁，梁司空昂之玄孫。辨才寶愛此帖，藏之寢室樑上，置匣以貯之，人所罕見。唐太宗酷好二王書，聚真迹幾三千六百紙。暇日與魏徵論二王書法，徵曰：「右軍存日，自喜者《蘭亭序》，今在辨才所。」太宗欲即取之，徵曰：「辨才寶此，過於頭目，未易遽索。」後召至長安，因作贗本以示之。辨才曰：「右軍作此三百二十五字，夢天台白雲子傳授筆訣，以永字爲法。深恨所收真迹，兵火之餘，求之不獲。」上留辨才，而密遣搜訪，但得智永千文以歸，繼辨才托疾還山。房玄齡薦御史蕭翼負才藝，多權謀，必能稱旨。蕭翼，梁元帝曾孫也。太宗以命之，翼曰：「若作公使，義無可得之理，願得二王雜帖三數通，間行以往。」太宗給之，翼遂易冠微服至湘潭，隨客舟至越。潦倒真得山東書生體，每旦必入永欣寺觀畫壁。過辨才院，則休於門。辨才見之，問曰：「何處檀越？」翼答以北人。寒暄才畢，語意投合，延入圍棋、撫琴、握槊、談文，情甚相得。便留夜飲，設缸面新篘。江東云缸面，猶河北瓮頭新醞也。酒酣，探韵賦詩。辨才得「來」字，詩曰：「初醞一缸開，新知萬里來；披雲同落寞，步月共徘徊。夜久孤琴思，風長旅雁哀；非君有秘術，誰照不然灰。」翼得「招」字，詩曰：「邂逅款良宵，殷勤荷勝招；彌天俄若舊，初地豈成遥。酒蟻傾還泛，心猿躁自調；誰憐失羣翼，常苦業風飄。」妍媸略同，彼此諷咏，自恨相知之晚。綢繆踰月，翼示以乃祖手書《職貢圖》，辨才嘆賞不已。因談論翰墨，翼曰：「先世皆傳二王楷書法，自幼耽玩，亦有數帖自隨。」辨才欣然，約以明日携至。如期而往，熟視數過，曰：「是則是矣，非得意時書。貧僧有一真迹。」翼曰：「何帖？」答以蘭亭。翼佯笑曰：「數經亂離，真迹豈在？」辨才曰：「先師寶惜，臨終親付於吾，付授有緒，明日來看。」翼至，自樑上匣内出之。翼見，故指瑕摘類，分競不定。自示翼之後，不更置樑上，並翼二王帖借留几間。辨才時年六十餘，日臨數過，老而彌篤。翼往還既密，辨才偶出赴嚴遷家齋。翼來，謂守房弟子曰：「忘净巾在内。」乃爲撤關，遂取蘭亭並二王帖函出，於永安驛呼驛長凌愬，告曰：「我是御史，奉墨勅在此，可報汝都督齊善行。」馳至，則宣示墨勅。辨才時猶在嚴遷家，聞命不知所以，見所謂御史者，乃翼也。聞取帖，驚倒僕地，久始蘇。翼遂奉帖馳驛以進。太宗大悦，擢爲員外郎，賜以金縷瓶、瑪瑙碗、良馬、莊宅。以玄齡舉得其人，賜錦彩千段。始怒辨才慳吝不與。數日後，仍賜物三千段、穀三千斛。辨才不敢自私，施於寺，建塔三級。帝得帖，命馮承素、韓道政等各拓數本，分賜皇太子諸王近臣，而一時能書如歐、虞、褚諸公，皆臨拓相尚。貞觀二十三年，太宗不豫，幸玉華宮含風殿，命太子治以《蘭亭序》從葬昭陵矣。今馮承素等所拓之本在者，一本尚直錢數萬也。

右見《法書要録》、何延年《蘭亭記》、《尚書故實》，並唐野史。

《蘭亭序》，梁亂出外，陳天嘉中，爲僧智永所得，至太建中獻宣帝。隋平陳，帖歸晉王，王不愛之，僧果從王借拓，及登位，終不求索。僧果死，辨才得之。太宗爲秦王，因見拓本，知在辨才處，遣蕭翼取之。武德四年，入秦府。貞觀十年，始拓以分賜近臣。若錢鏗後人希白所撰《南部新書》，則言太宗在秦邸時，歐陽詢就越祚求之。武德四年，入秦邸，及拓本以送辨才。趙景安《雲麓漫抄》引唐野史載智永所居之寺，曰雲門。《會稽志》則云智永與其兄惠欣本住郡之嘉祥寺，右軍舊宅也，梁武以二僧能從釋教，合二名改賜額永欣云。

處士鄭元素，温韜之甥，隱廬山青牛谷四十餘載，自言從韜發昭陵，入隧道，至玄宫，見宫室制度，宏麗幽深，殆類人世。正寢東西廂皆設石榻，上列石函，中有鐵漆匣，悉藏前代圖書及鍾、王墨迹。秘護謹密，紙墨如昨。盡爲所掠，韜死，不知流散之所。

右見鄭工部所編《南唐記》。

唐太宗詔供奉臨《蘭亭序》，惟率更令歐陽詢自拓之本奪真，勒石留之禁中。他本付之於外，一時貴尚争相打拓。禁中石本，人不可得，石獨完善。石晉不綱，契丹自中原輦寶貨圖書以北，至殺胡林，德光死。永康立國，乃交兵，遂棄石而歸。慶曆中，李學究者得之，韓忠獻壻也，始以墨本示公。公索石觀，李瘗之地中。李死，其子出石，始售於公，本必千錢。由是好事者稍稍得之，後李氏子負官緡無償。時宋景文公定武時，以公帑金代輸，取石匣藏於庫，非貴游交舊，不可得也。熙寧間薛師正出牧，求者沓至，薛惡其模打有聲，乃刊别本於外。多持此以惠求者，此郡真贋已有二刻矣。其子紹彭，又模之他石。潛易元刻，暗以自别，遂於古刻湍、流、帶、左、右五字，各劖損一二筆爲識。或又謂古迹「仰」字如針眼，「殊」字如蟹爪，「列」字如丁形。又云字微帶肉，乃唐古刻。大觀中詔取此石於薛氏家，其子嗣昌納進御府，徽廟龕置宣和殿。金狄之亂，不知所在。

右見何子楚跋語。若滕章敏公則謂有游士携此石走四方，後死於定武營妓樂，伶人孟水清取以獻。是石本歸諸定武，雖有六説，然皆宋景文公守郡日也。

薛紹彭既易定武石刻，祐陵取入，龕置殿閣。靖康之亂，金人盡取御府珍玩以北。此刻非虜所識，獨得留焉。宗汝霖爲留守，見之，並取内帑所掠不盡之物馳進。高宗時駐蹕維揚，日置左右。踰月，虜騎大至，倉卒渡江，因此，竟復失之。向子固爲揚帥，高宗嘗令冥搜之，竟不獲。

右見王明清《揮麈録》。（宏父）嘗瞻高宗御札二本：一則付孟庾，令於會稽向子固家取索米芾所跋《蘭亭序》；一則付還，疑即尋訪定武石本。二宸翰孟之子以與腴莊張履，履以畀宏父。敬勒石在前。又觀王大醇詩有云「昭陵永閉千年迹，定武相傳幾樣碑。此是中原舊時本，石今焉往落東夷」，又未知何所憑據。宏父創鳳山書院於廬陵，去郡城遠不二三里，深得林泉之勝，雖夏旱冬涸，滂流自如。稍東，即泉所發源地，鑿石引水爲池，樣流杯池，置亭其上。友人維揚倅朱行父，以引流間拉十數親友，緬蹈前躅，因刊禊圖，並考訂所以，就爲小詩，題贊於後。時淳祐改元，歲次辛丑，斗柄插亥，上浣甲子日也。鐫石於廬陵鳳山别墅，曾宏父謹識。

暮春浴罷振純衣，正是流觴修禊時。世事藏機應落落，人情忘我總熙熙。醉能辭醉元非醉，詩到無詩乃是詩。偉矣蘭亭衆君子，不將文字立藩籬。

一十一人詩兩篇成；一十五人詩一篇成。一十六人詩不成，各罰酒三觥。

叶子奇《草木子》卷三下《雜制篇》 元朝一品衙門用三臺金印，二品三品用兩臺銀印，其餘大小衙門印，雖大小不同，皆用銅。其印文皆用八思麻帝師所制蒙古字書，惟宣命之寶用玉，以玉筋篆文，此其異也。

元之宣勅皆用紙，一品至五品爲宣，色以白，六品至九品爲勅，色以赤。雖異乎古之誥勅用織綾，亦甚簡古而費約，可尚也。

元君立，另設一帳房，極金碧之盛，名爲斡耳朵，及崩即架閣起。新君立，復自作斡耳朵。

元朝后妃及大臣之正室，皆帶姑姑衣大袍，其次即帶皮帽。姑姑高圓二尺許，用紅色羅蓋，唐金步摇冠之遺制也。

《明史》卷八二《食貨志六》 燒造之事，在外臨清甎廠，京師琉璃、黑窯廠，皆造甎瓦，以供營繕。宣宗始遣中官張善之饒州，造奉先殿几筵龍鳳文白瓷祭器，磁州造趙府祭器。踰年，善以罪誅，罷其役。正統元年，浮梁民進瓷器五萬餘，償以鈔。禁私造黄、紫、紅、緑、青、藍、白地青花諸瓷器，違者罪死。宫殿告成，命造九龍九鳳膳案諸器，既又造青龍白地花缸。王振以爲有璺，遣錦衣指揮杖提督官，敕中官往督更造。成化間，遣中官之浮梁景德鎮，燒造御用瓷器，最多且久，費不貲。孝宗初，撤回中官，尋復遣。弘治十五年復撤。正德末復遣。

自弘治以來，燒造未完者三十餘萬器。嘉靖初，遣中官督之。給事中陳皐謨言其大爲民害，請罷之。帝不聽。十六年新作七陵祭器。三十七年遣官之江西，造内殿醮壇瓷器三萬，後添設饒州通判，專管御器廠燒造。是時營建最繁，近京及蘇州皆有甎廠。隆慶時，詔江西燒造瓷器十餘萬。萬曆十九年命造十五萬九千，既而復增八萬，至三十八年未畢工。自後役亦漸寢。

《諸司職掌・工部・虞部・窑冶》 磚瓦：凡在京營造合用磚瓦，每歲於聚寶山置窑燒造，所用蘆柴，官爲支給。其大小厚薄樣制，及人工蘆柴數目，俱有定例，如遇各處支用，明白行下各該管官員放支。管事作頭每季交替，仍將所燒過物件支銷，其見在之數，明白交割。若修砌城垣，起蓋倉庫營房，所用磚瓦數多，須要具奏，着落各處人民共造。如燒過琉璃磚瓦所用白土，例於太平府採取。

琉璃窑：每一窑裝二樣板瓦坯二百八十箇，計匠七工，用五尺圍蘆柴四十束。

每一窑粧色二百八十箇，計匠六工，用五尺圍蘆柴三十束四分，用色三十二斤八兩九錢三分二厘。

黑窑：每中窑一座，裝到大小不等磚瓦二千二百箇，計匠八十八工，用五尺圍蘆柴八十八束。

陶器：凡燒造供用器皿等物，須要定奪様制，計算人工物料，如果數多，起取人匠赴京置窑興工；設或數少，行移燒處等府燒造。

《諸司職掌·工部·虞部·窑冶》 顔料：凡合用顔料，專設顔料局，掌管淘洗青緑，將見在甲字庫石礦，按月計料支出，淘洗分作等第進納。若燒造銀硃用水銀，黄丹用黑鉛，俱一體按月支料。燒煉完備，逐月差匠進赴甲字庫收貯。如果各色物料缺少，定奪奏聞，行移出産去處採取，或給價收買。鈔法紫粉，所用數多，止用蛤粉蘇木染造，時常預爲行下本局多爲備辦，用度如缺蛤粉，一體收買。

黑鉛一斤，燒造黄丹一斤五錢三分三厘。

水銀一斤，燒造銀硃一十四兩八分，貳硃三兩五錢二分。

次青碌石礦一斤，淘造淨青碌一十一兩四錢三分。

暗色碌石礦一斤，淘造淨石碌一十兩八錢七分六厘。

蛤粉一斤，染造紫粉一斤一兩六錢。

硇砂一斤，澆造硇砂碌一十五兩五錢。

紙劄：凡每歲印造茶鹽引由契本、鹽糧勘合等項合用紙劄，着令有司抄解，其合用之數如庫缺少，定奪奏聞，行移各司府州，照依上年紙數抄造解納。如遇起解到部，隨即辨驗，堪中如法，差人進赴乙字庫收貯聽用。

産紙地方分派造解額數：陝西十五萬張，湖廣十七萬張，山西十萬張，山東五萬五千張，福建四萬張，北平十萬張，浙江二十五萬張，江西二十萬張，河南五萬五千張，直隸三十八萬張。

王錡《寓圃雜記》卷五《刑具》 挾棍之刑，惟錦衣衛則有，亦設而不作。景泰二年，巡撫御史趙緡公行賄賂，藉此以箝制人口。匠作而不諳其制，緡自教爲。緡終以貪酷去官，流毒不已，遂爲常刑。三十年前，官司杖人，惟用荆棍，或加皮鞭，故罪人易受。後稍用竹篦，一篦之重，不過三四兩。自成化十九年，一巡官忽有翻黄之制，重過二斤，用以側斫，名之曰「砍」。故獄中之人，罪無輕重，但受「砍」者多死。至今諸司，往往效之，刑具之重至此。

王錡《寓圃雜記》卷五《髮裙》 髮裙之制，以馬尾織成，繫于襯衣之内。體肥者一裙，瘦削者或二三，使外衣之張，儼若一傘，以相誇耀。然繫此者，惟粗俗官員、暴富子弟而已，士夫甚鄙之，近服妖也。

屠隆《遊具雅編·笠》 有細藤作笠，方廣二尺四寸，以皁絹蒙之，綴簷以遮風日，名雲笠。有竹絲爲之，上以槲葉細密鋪蓋，名葉笠。又有竹絲爲之者，上綴鶴羽，名羽笠。三者最輕便，甚有道氣。

屠隆《遊具雅編·杖》 有方竹上生九節，其崇不滿七尺，有椶竹、合竹，之字竹，俱可作杖。有三代時立鳩、飛鳩杖，頭周身金銀瑱嵌用以飾杖，上懸二三寸長小葫蘆、小靈芝及五嶽圖卷，暮年攜之，探奇歷怪，多有相長之益。若萬歲藤藜藿爲杖，形雖奇怪，此爲老衲行具，恐非山人家扶老也，姑置勿取。

屠隆《遊具雅編·漁竿》 江上一簑釣爲樂事，釣用綸竿，竿用紫竹，綸不欲大，竿不宜長，但絲長則可釣耳。豫章有叢竹，其節長而直，爲竿最佳。長七八尺，敲針作鈎，所謂一鈎掣動滄浪月，釣出千秋萬古心。是樂志也，意不在魚，或於紅蓼灘頭，或在青林古岸，或值西風撲面，或教飛雪打頭，於是披羽簑，頂羽蓋，執竿烟水，儼在米芾《寒江獨釣圖》中，比之嚴陵、渭水，不亦高哉。

屠隆《遊具雅編·舟》 形如划船，底惟平長，可三丈有餘，頭闊五尺，内容賓主六人，僮僕四人。中倉四柱結頂，幔以蓬簟，更用布幕走簷罩之。兩傍朱欄，欄内以布絹作帳，用蔽東西日色，無日則懸鉤高捲。中置桌凳，列筆牀、香鼎、盆玩、酒具、花尊之屬。後倉以藍布作一長幔，兩邊走簷前縛以二竹爲柱，後縛船尾釘兩圈處，以蔽僮僕。風日用二畫槳泛湖棹溪，更看茶竈，起烟一縷，恍若畫圖中一孤航也。别置一小船如葉，繫于柳根陰處，時而閒暇執竿把釣放乎中流，或于雪霽月明、桃紅柳媚之時放舟當溜，吹紫簫、鐵笛，以動天籟，使孤鶴乘風唳空，或扣舷而歌，飽餐風月，回舟返棹，歸卧松窗，逍遥一世之情，何其樂也。

屠隆《遊具雅編·葉箋》 取吴中羅紋長箋爲之，以蠟板砑肖葉紋用剪裁成，紅色者肖紅葉，緑色者肖蕉葉，黄色者肖貝葉。山遊時，偶得絶句，書葉投空，隨風飛颺，泛舟付之中流，逐水浮沈，自多幽趣。

屠隆《遊具雅編·葫蘆》 有天生一寸小葫蘆，用以綴爲衣紐，又可懸于念珠，有物外風致。若用杖頭，挂帶盛藥。一二三寸葫蘆亦妙，其長腰鷺鷥葫蘆，可懸藥籃之左右，可爲鷺瓢吸飲。小匾葫蘆可爲冠及瓢，俱以生相周匝摸弄精神，無汗氣方妙。

屠隆《遊具雅編・瓢》 有瘿瓢，其形如芝如瓢者，山人攜以飲泉，大不過四五寸，而小者半之，惟以水磨其中，布擦其外，光彩如漆，明亮燭人，雖水溼不變，塵污不染，庶入精鑑，有小匾葫蘆可作瓢，須摸弄瑩潔方好。

屠隆《遊具雅編・藥籃》 即水火籃也，有以二扁瓢爲之，有逿紅漆者，上開一蓋，放丹爐一個，内實應驗藥膏藥，以便隨處濟人，山童攜之，有物外風致。

屠隆《遊具雅編・衣匣》 以皮護杉木爲之，高五六寸，蓋底不用板幞，惟布裹皮面輭而可舉，長闊如氈包式，少長一二寸。攜于春時，内裝綀夾便服以備風寒驟變。夏月裝以夾衣，秋與春同。冬則綀服、煖帽、圍項等件。匣中更帶搔背竹鈀并鐵如意，以便取用。

屠隆《遊具雅編・疊卓》 二張。一張高一尺六寸，長三尺一寸，闊二尺四寸，作二面拆腳活法，展則成卓，疊則成匣，以便攜帶席地，用此擡合，以供酬酢。其小几一張同上，疊式高一尺四寸，長一尺二寸，闊八寸，以水磨楠木爲之，置坐外列爐焚香，置瓶插花，以供清賞。

屠隆《遊具雅編・提盒》 深夫所製。高總一尺八寸，長一尺二寸，入深一尺，式如小廚，爲外體也。下留空方四寸二分，以板闸住，作一小倉，内裝酒杯六、酒壺一、筯子六、勸杯二。空作六合，如方合底，每格高一寸九分。以四格，每格裝碟六枚，置菓殽，供酒觴。又二格，每格裝四大碟，置鮭菜供饌筯。外總一門裝卸，即可開鎖，遠宜提，甚輕便足以供六賓之需。

屠隆《遊具雅編・提爐》 式如提盒，亦深(大)[夫]製。高一尺八寸，闊一尺，長一尺二寸。作三撞，下層一格如方匣，内用銅造水火爐，身如匣方，坐嵌匣内，中分二孔，左孔炷火，置茶壺以供茶，右孔注湯，置一桶子，小鑊有蓋，頓湯中煮酒，長日午餘，此鑊可煮粥供客。傍鑿小孔，出灰進風。其壺鑊迥出爐格上，太露不雅，外作如下格方匣一格，但不用底，以罩之使壺鑊不外見也。一虚一實共二格，上加一格，置底蓋以裝炭，總三格成一架，上可箭關，與提盒作一副也。

屠隆《遊具雅編・備具匣》 近製以輕木爲之，外加皮包厚漆如拜匣。高七寸，闊八寸，長一尺四寸。中作一替，上淺下深，置小梳匣一、茶盞四、骰盆一、香爐一、香盒一、茶盒一、匙筯瓶一。上替内小硯一，墨一，筆一，小水注一，水洗一，圖書小匣一，骨牌匣一，骰子枚馬盒一，香炭餅盒一，途利文具匣一，内藏裁刀、錐子、穵耳、挑牙、消息肉叉、修指甲刀銼、髮刡等件，酒牌一、詩韻牌一、詩筒一，内藏紅葉各牋以録詩。下藏梳具匣者，以便山宿。外用關鎖以啓閉，攜之山遊，亦似甚備。

屠隆《遊具雅編・酒尊》 注酒遠遊，古有窯器甚佳，銅提次之，近以錫造者惡甚。余意磁者負重，銅者有腥，不若蒲蘆作具，内用堅漆，挾之遠遊似甚輕便。山遊當與已上三物，束以二架，共作一肩，彼此助我逸興。

屠隆《遊具雅編・太極尊》 太極尊以匾匏爲之。竪起，上鑿一孔，以竹木旋口，粘以竹足，堅以漆布，内以生漆灌之，凡二次。酒貯不朽，且免沁漏，以絡攜遊便甚。

屠隆《遊具雅編・葫蘆樽式》 葫蘆樽用大小二匏爲之。中腰以竹木旋管爲筍，上下相聯，堅以布漆，頂開一孔如上式，但不用足，口上開一小孔，并蓋子口透穿，横插銅銷，用小鎖閉之。

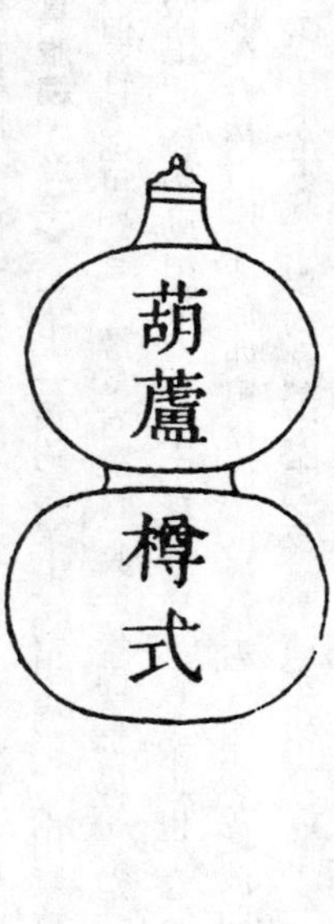

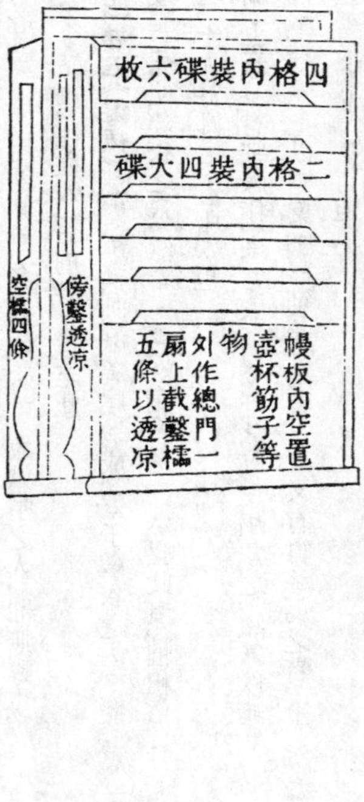

山遊提合圖式

屠隆《遊具雅編・山遊提合圖式》 不作提撞，製爲小廚式者，恐格脚既空，夏月取涼，非廚不足以拘攝故耳。

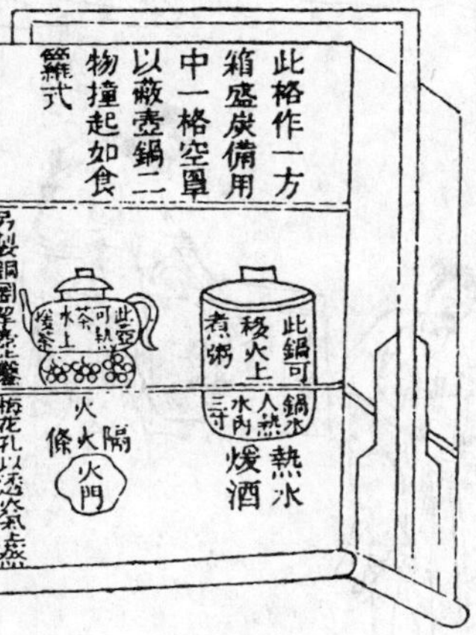

提爐圖式

謝肇淛《五雜俎》卷一二《物部四》 昔人書字多用箋素，書於扇者蓋少，故右將軍書六角扇，老嫗爲之不懌。即宋、元人書畫見便面者不一二也，今則以扇乞書者多於紙矣。然元以前多用團扇，絹素爲之，未有折者。元初東南夷使者持聚頭扇，人共笑之。國朝始用摺扇，出入懷袖殊便。然漢張敞以便面拊馬，則又似今之摺扇也。

古人多用羽毛之屬爲扇，故扇字从羽。漢時乘輿用雉尾扇，周昭王時聚鵲翅爲扇，諸葛武侯、吴猛皆執白羽扇，庾翼上晉武帝毛扇。今世輒以毛扇爲賤品。上自宫禁，下至士庶，惟吴、蜀二種扇最盛行。蜀扇每歲進御、饋遺不下百餘萬，上及中宫所用，每柄率值黄金一兩，下者數銖而已。吴中泥金，最宜書畫，不脛而走四方，差與蜀箑埒矣。大内歲時每發千餘，令中書官書詩以賜宫人者，皆吴扇也。

蜀扇譬之内酒，非富人筲中則婦女手中耳。吴扇初以重金妝飾其面爲貴，近乃並其骨制之極精。有柳玉臺者，白竹爲骨，厚薄輕重，稱量無毫髮差爽，光滑可鑒，每柄值白金半兩，斯亦淫巧無用者矣。

扇之有墜，唐前未聞。宋高宗宴大臣，見張循王扇有玉孩兒墜子，則當時有之矣。蓋起於宫中，不時呼唤，便於挂衣帶間。今則天下通用，而京師合香爲之者，暑月以辟臭穢，尤不可須臾去身也。

顧起元《客座贅語》卷四《女飾》 今留都婦女之飾，在首者翟冠，七品命婦服之，古謂之副，又曰步摇。其常服戴於髮者，或以金銀絲，或馬尾，或以紗帽之。有冠，有丫髻，有雲髻，俗或曰假髻。制始於漢晉之大手髻，鄭玄之所謂假紒，唐人之所謂義髻也。以鐵絲織爲圜，外編以髮，高視髻之半，罩於髻，而以簪綰之，名曰鼓，在漢曰剪氂蔮，疑類於《周禮》之所謂編也。摘遺髮之美者縷束之，雜髮中，助綰爲髻，名曰頭髮，《詩》之所謂「髢」也。長摘而首圜或方，雜爵華爲飾，金、銀、玉、玳瑁、瑪瑙、琥珀皆可爲之，曰簪。其端垂珠若華者曰結子，皆古之所謂笄也。掩鬢或作雲形，或作團花形，插於兩鬢，古之所謂兩博鬢也。花鈿，戴於髮鼓之下，古之所謂鎮蔽髻也。耳飾，在婦人大曰環，小曰耳塞，在女曰墜，古之所謂耳璫也。塞即古之所謂瑱也。以小花貼於兩眉間曰眉間俏，古謂之花子，一曰其制自古之玄旳、龍黔爲之昉也。飾於臂曰手鐲。鐲，鉦也，《周禮・鼓人》：「以金鐲節鼓。」形如小鐘，而今相沿用於此，即古之所謂釧，又曰臂釵，曰臂環，曰條脱，曰條達，曰跳脱者是也。金玉追煉約於指間曰戒指。又以金絲繞而箍之曰纏子，即繁欽詩之所謂「約指一雙銀」也。以金珠玉雜治爲百物形，上有山雲題，若花題，下長索貫諸器物繫而垂之，或在胸曰墜領，或繫於裾之要，曰七事。又以玉作珮，繫之行步聲璆然，曰禁步。皆古之所謂雜珮也。古取其用，今取其飾也。金玉珠石爲華爵，長而列於鬢傍曰釵，古一謂之笄，齊、梁間始有花釵、金釵之名，而實始於漢，前此未之有也。其差小於釵者曰掠子，或謂即古搔頭，義取掠髮，疑有類於古之所謂「導」也。親迎婦將登車，以彩帊或錦幅羃其首，至夫家行合巹禮，始揭去之，曰蓋頭，古名曰幜。北齊納后禮有所謂「加幜」、「去幜」者，此也。

朱國禎《湧幢小品》卷一五《供御棬》 唐曹王皐有巧思，精於器用。爲荆南節度使，有羈旅士人懷二棬求通謁，先啓於賓府，觀者訝之，曰：「豈足尚耶？」士曰：「但啓之，尚書當解矣。」及見，皐捧而嘆曰：「不意今日復逢至寶。」指其剛匀之狀，賓佐唯唯。或腹非之，皐曰：「諸公未必信。」命取食柈，自選其極平者，遂重二棬於柈心，以油注棬，滿而不浸溢，蓋相契而無際也。皐曰：「此必開元、天寶供御棬。不然，何以至此？」問其所自，客曰：「在黔得於高力士之家。」

朱國禎《湧幢小品》卷一五《白綢帳》 安禄山呢吉温，温還朝，敕吏設白綢帳於傳，慶緒親御而餞之。此時正極奢靡，而以白綢爲重，豈綢一時獨出而貴，或北方所少耶？今宦涂以爲常物，帳用至錦綉矣。

朱國禎《湧幢小品》卷一五《織錦札》 書札至用銷金大紅帖，奢已極矣。聞江陵盛時，饋者用織錦，以大紅絨爲地，青絨爲字，而綉金上下格爲蟒龍蟠曲之狀。江陵見之嘻笑，不爲非也。江陵振厲有爲，不甚通賄賂，獨好華整，人以此求媚，理或有之，要亦呆甚。如此權勢，何不率先儉樸，而爲人所窺乃爾？

黃龍德《茶說》 七之具

器具精潔，茶愈爲之生色。用以金、銀，雖云美麗，然貧賤之士，未必能具也。若今時姑蘇之錫注，時大彬之砂壺，汴梁之湯銚，湘妃竹之茶竈，宣成窑之茶盞，高人詞客，賢士大夫，莫不爲之珍重。即唐、宋以來，茶具之精，未必有如斯之雅致。

宋應星《天工開物》卷中《陶埏》七 宋子曰，水火既濟而土合。萬室之國，日勤千人而不足，民用亦繁矣哉。上棟下室以避風雨，而瓴建焉。王公設險以守其國，而城垣、雉堞，寇來不可上矣。泥瓮堅而醴酒欲清，瓦登潔而醯醢以薦。商周之際，俎豆以木爲之，毋亦質重之思耶。後世方土效靈，人工表異，陶成雅器，有素肌、玉骨之象焉。掩映几筵，文明可掬。豈終固哉！

宋應星《天工開物》卷中《陶埏》七《瓦》 凡埏泥造瓦，掘地二尺餘，擇取無沙粘土而爲之。百里之内必産合用土色，供人居室之用。凡民居瓦形皆四合分片。先以圓桶爲模骨，外畫四條界。調踐熟泥，疊成高長方條。然後用鐵綫弦弓，綫上空三分，以尺限定，向泥不平戞一片，似揭紙而起，周包圓桶之上。待其稍乾，脱模而出，自然裂爲四片。凡瓦大小若無定式，大者縱横八、九寸，小者縮十之三。室宇合溝中，則必需其最大者，名曰溝瓦，能承受淫雨不溢漏也。

造瓦坯

瓦坯脫桶

凡坯既成，乾燥之後則堆積窑中，燃薪舉火。或一晝夜或二晝夜，視窑中多少爲熄火久暫。澆水轉釉音右。與造磚同法。其垂於檐端者有「滴水」，下於脊沿者有「雲瓦」，瓦掩覆脊者有「抱同」，鎮脊兩頭者有鳥獸諸形象。皆人工逐一做成，載於窑内，受水火而成器則一也。

若皇家宫殿所用，大異於是。其制爲琉璃瓦者，或爲板片，或爲宛筒，以圓竹與斫木爲模，逐片成造。其土必取於太平府，舟運三千里方達京師。參沙之僞，雇役，擄船之擾，害不可極。即承天皇陵，亦取於此，無人議正。造成，先裝入琉璃窑内，每柴五千斤燒瓦百片。取出成色，以無名異、棕櫚毛等煎汁涂染成緑，黛，赭石、松香、蒲草等涂染成黄。再入别窑，减殺薪火，逼成琉璃寶色。外省親王殿與仙佛宫觀間亦爲之，但色料各有譬合，采取不必盡同。民居則有禁也。

宋應星《天工開物》卷中《陶埏》七《磚》 凡埏泥造磚，亦掘地驗辨土色，或藍或白，或紅或黄，閩廣多紅泥，藍者名「善泥」，江浙居多。皆以粘而不散，粉而不沙者爲上。汲水滋土，人逐數牛錯趾踏成稠泥。然後填滿木框之中，鐵綫弓戞平其面，而成坯形。

凡郡邑城雉、民居垣墻所用者，有眠磚、側磚兩色。眠磚方長條，砌城郭與民人饒富家，不惜工費，直疊而上。民居算計者，則一眠之上施側磚一路，填土礫其中以實之，蓋省嗇之義也。凡墻磚而外，甃地者名曰方墁磚。榱桷上用以承瓦者

泥造磚坯

曰楻板磚。圓鞠小橋梁與圭門與窀穸墓穴者曰刀磚，又曰鞠磚。凡刀磚削狹一偏面，相靠擠緊，上砌成圓。車馬踐壓不能損陷。造方墁磚，泥入方框中，平板蓋面，兩人足立其上，研轉而堅固之，燒成效用。石工磨斫四沿，然後甃地。刀磚之值視墻磚稍溢一分，楻板磚則積十以當墻磚之一，方墁磚則一以敵墻磚之十也。

凡磚成坯之後，裝入窑中。所裝百鈞則火力一晝夜，二百鈞則倍時而足。凡燒磚有柴薪窑，有煤炭窑。用薪者出火成青黑色，用煤者出火成白色。凡柴薪窑巔上側鑿三孔以出烟。火足止薪之候，泥固塞其孔，然後使水轉釉。凡火候少一兩，則釉色不光；少三兩則名嫩火磚，本色雜現，他日經霜冒雪則立成解散，仍還土質。火候多一兩則磚面有裂紋；多三兩則磚形縮小拆裂，屈曲不伸，擊之如碎鐵然，不適於用。巧用者以之埋藏土內爲墻脚，則亦有磚之用也。凡觀火候，從窑門透視內壁，土受火精，形神摇蕩，若金銀熔化之極然，陶長辨之。

凡轉釉之法，窑巔作一平田樣，四圍稍弦起，灌水其上。磚瓦百鈞用水四十石。水神透入土膜之下，與火意相感而成。水火既濟，其質千秋矣。若煤炭窑視柴窑深欲倍之，其上圓鞠漸小，並不封頂。其內以煤造成尺五徑闊餅，每煤一層，隔磚一層，葦薪墊地發火。若皇居所用磚，其大者廠在臨清，工部分司主之。初名色有副磚、券磚、平身磚、望板磚、斧刃磚、方磚之類，後革去半。運至京師，每漕舫搭四十塊，民舟半之。又細料方磚以甃正殿者，則由蘇州造解。其琉璃磚色料已載《瓦》款。取薪臺基廠，燒由黑窑云。

磚瓦澆水轉釉

煤炭燒磚

宋應星《天工開物》卷中《陶埏》七《罌、瓮》 凡陶家爲缶屬，其類百千。大者缸瓮，中者鉢盂，小者瓶罐，款制各從方土，悉數之不能。造此者必爲圓而不方之器。試土尋泥之後，仍制陶車旋盤。工夫精熟者視器大小掐泥，不甚增多少。兩人扶泥旋轉，一掐而就。其朝廷所用龍鳳缸窑在真定曲陽與揚州儀真。與南直花缸，則厚積其泥，以俟雕鏤，作法全不相同。故其值或百倍，或五十倍也。

凡罌缶有耳嘴者皆另爲合上，以釉水涂沾。陶器皆有底，無底者則陜西炊甑用瓦不用木也。凡諸陶器精者中外皆過釉，粗者或釉其半體。惟沙盆、齒鉢之類，其中不釉，存其粗澀以受研擂之功。沙鍋、沙罐不釉，利於透火性以熟烹也。凡釉質料隨地而生，江、浙、閩、廣用者蕨藍草一味。其草乃居民供竈之薪，長不過三尺，枝葉似杉木，勒而不棘人。其名數十，各地不同。陶家取來燃灰，布袋灌水澄濾，去其粗者，取其絶細。每灰二碗參以紅土泥水一碗，攪令極匀，蘸涂坯上，燒出自成光色。北方未詳用何物。蘇州黄罐釉亦别有料。惟上用龍鳳器則仍用松香與無名異也。

造缸

造瓶

凡瓶窑燒小器，缸窑燒大器。山西、浙江各分缸窑、瓶窑，餘省則合一處爲之。凡造敞口缸，旋成兩截，接合處以木椎内外打緊匝口。壇、瓮亦兩截，接内不便用椎，預於别窑燒成瓦圈，如金剛圈形，托印其内，外以木椎打緊，土性自合。

凡缸窑、瓶窑不於平地，必於斜阜山岡之上，延長者或二、三十丈，短者亦十餘丈，連接爲數十窑，皆一窑高一級。蓋依傍山勢，所以驅流水濕滋之患，而火氣又循級透上。其數十方成陶者，其中若無重值物，合併衆力、衆資而爲之也。其窑鞠成之後，上鋪覆以絶細土，厚三寸許。窑隔五尺許，則透烟窗，窑門兩邊

瓶窑連接缸窑

相向而開。裝物以至小器，裝載頭一低窑，絶大缸瓮裝在最末尾高窑。發火先從頭一低窑起，兩人對面交看火色。大抵陶器一百三十斤費薪百斤。火候足時，掩閉其門，然後次發第二火，以次結竟至尾云。

宋應星《天工開物》卷中《陶埏》七《白瓷　附：青瓷》　凡白土曰堊土，爲陶家精美器用。中國出惟五、六處，北則真定州、平涼華亭、太原平定、開封禹州，南則泉郡德化、土出永定，窑在德化。徽郡婺源、祁門。他處白土陶範不粘，或以掃壁爲墁。德化窑惟以燒造瓷仙，精巧人物、玩器，不適實用。真、開等郡瓷窑所出，色或黄滯無寶光。合併數郡，不敵江西饒郡産。浙省處州麗水、龍泉兩邑燒造過釉杯碗，青黑如漆，名曰處窑。宋、元時龍泉琉華山下有章氏造窑，出款貴重，古董行所謂哥窑器者即此。

若夫中華四裔馳名獵取者，皆饒郡浮梁景德鎮之産也。此鎮從古及今爲燒器地，然不産白土。土出婺源、祁門兩山。一名高梁山，出粳米土，其性堅硬。一名開化山，出糯米土，其性粢軟。兩土和合，瓷器方成。其土作成方塊，小舟運至鎮。造器者將兩土等分入臼舂一日，然後入缸水澄。其上浮者爲細料，傾跌過一缸。其下沉底者爲粗料。細料缸中再取上浮者，傾過爲最細料，沉底者爲中料。既澄之後，以磚砌長方塘，逼靠火窑，以借火力。傾所澄之泥於中吸乾，然後重用清水調和造坯。

凡造瓷坯有兩種，一曰印器，如方圓不等瓶、瓮、爐、盒之類，御器則有瓷屏風、燭臺之類。先以黄泥塑成模印，或兩破或兩截，亦或囫圇，然後埏白泥印成，以釉水涂合其縫，燒出時自圓成無隙。一曰圓器，凡大小億萬杯、盤之類，乃生人日用必需，造者居十九，而印器則十一。造此器坯先製陶車。車豎直木一根，埋三尺入土内，使之安穩。上高二尺許，上下列圓盤，盤沿以短竹棍撥運旋轉，盤頂正中用檀木刻成盔頭帽其上。

凡造杯、盤無有定形模式，以兩手捧泥盔帽之上，旋盤使轉。拇指剪去甲，按定泥底，就大指薄旋而上，即成一杯碗之形，初學者任從作費，破坏取泥再造。功多業熟，即千萬如出一範。凡盔帽上造小坯者，不必加泥，造中盤、大碗則增泥大其帽，使乾燥而後受功。凡手指旋成坯後，覆轉用盔帽一印，微曬留滋潤，又一印，曬成極白乾。入水一汶，漉上盔帽，過利刀二次，過刀時手脉微振，燒出即成雀口。然後補整碎缺，就車上旋轉打圈。圈後，或畫或書字，畫後噴水數口，然後過釉。

凡爲碎器與千鐘粟與褐色杯等，不用青料。欲爲碎器，利刀過後，日曬極熱，入清水一蘸而起，燒出自成裂紋。千鐘粟則釉漿捷點，褐色〔杯〕則老茶葉煎水一抹也。古碎器，日本國極珍貴，真者不惜千金。古香爐碎器不知何代造，底有鐵釘，其釘掩光色不銹。

造圓形瓷器陶車及過利

瓷坯汶水（需水）

瓷器過釉

凡饒鎮白瓷釉，用小港嘴泥漿和桃竹葉灰調成，似清泔汁，泉郡瓷仙用松毛水調泥漿。處郡青瓷釉未詳所出。盛於缸內。凡諸器過釉，先蕩其內，外邊用指一蘸涂弦，自然流遍。凡畫碗青料總一味無名異，漆匠煎油，亦用以收火色。此物不生深土，浮生地面，深者挖下三尺即止，各省直皆有之。亦辨認上料、中料、下料，

坯體上畫回青

用時先將炭火叢紅煅過。上者出火成翠毛色，中者微青，下者近土褐。上者每斤煅出只得七兩，中、下者以次縮減。如上品細料器及御器龍鳳〔缸〕等，皆以上料畫成。故其價每石值銀二十四兩，中者半之，下者則十之三而已。

凡饒鎮所用，以衢、信兩郡山中者爲上料，名曰浙料。上高諸邑者爲中，豐城諸處者爲下也。凡使料煅過之後，以乳鉢極研，其鉢底留粗，不轉釉。然後調畫水。調研時色如皂，入火則成青碧色。凡將碎器爲紫霞色杯者，用胭脂打濕，將鐵綫紐一兜絡，盛碎器其中，炭火炙熱，然後以濕胭脂一抹即成。凡宣紅器乃燒成之後出火，另施工巧微炙而成者，非世上朱砂能留紅質於火内也。宣紅元末已失傳，正德中歷試復造出。

凡瓷器經畫過釉之後，裝入匣鉢。裝時手拿微重，後日燒出即成坳口，不復周正。鉢以粗泥造，其中一泥餅托一器，底空處以沙實之。大器一匣裝一個，小器十餘共一匣鉢。鉢佳者裝燒十餘度，劣者一、二次即壞。凡匣鉢裝器入窑，然後舉火。其窑上空十二圓眼，名曰天窗。火以十二時辰爲足。先發門火十個時，火力從下攻上。然後天窗擲柴燒兩時，火力從上透下。器在火中，其軟如綿絮。以鐵叉取一以驗火候之足。辨認真足，然後絶薪止火，共計一杯工力，過手七十二方克成器，其中微細節目尚不能盡也。

瓷器窑

窑變、回青：正德中，内使監造御器。時宣紅失傳不成，身家俱喪。一人躍入自焚，托夢他人造出，竟傳窑變，好異者遂妄傳燒出鹿、象諸異物也。又回青乃西域大青，美者亦名佛頭青。上料無名異出火似之，非大青能入洪爐存本色也。

宋應星《天工開物》卷中《冶鑄》八《鐘》　凡鐘爲金樂之首，其聲一宣，大者聞十里，小者亦及里之餘。故君視朝、官出署，必用以集衆，而鄉飲酒禮，必用以和歌，梵宫仙殿，必用以明攝謁者之誠，幽起鬼神之敬。凡鑄鐘，高者銅質，下者鐵質。今北極朝鐘，則純用響銅。每口共費銅四萬七千斤、錫四千斤、金五十兩、銀一百二十兩於内。成器亦重二萬斤，身高一丈一尺五寸，雙龍蒲牢，高二尺七寸，口徑八尺，則今朝鐘之制也。

凡造萬鈞鐘，與鑄鼎法同。掘坑深丈幾尺，燥築其中如房舍，埏泥作模骨。其模骨用石灰、三和土築，不使有絲毫隙拆，乾燥之後以牛油、黄蠟附其上數寸。油蠟分兩，油居十八，蠟居十二。其上高蔽抵晴雨。夏月不可爲，油不凍結油蠟墁定，然後雕鏤書文、物象，絲髮成就。然後舂篩絶細土與炭末爲泥，涂墁以漸而加厚至數寸。使其内外透體乾堅，外施火力炙化其中油蠟，從口上孔隙熔流净盡。則其中空處即鐘鼎托體之區也。

凡油蠟一斤虚位，填銅十斤。塑油時盡油十斤，則備銅百斤以俟之。中既空净，則議熔銅。凡火銅至萬鈞，非手足所能驅使。四面築爐，四面泥作槽道，其道上口承接爐中，下口斜低以就鐘鼎入銅孔，槽旁一齊紅炭熾圍。洪爐熔化時，決開槽梗，先泥土爲梗塞住一齊如水横流，從槽道中梘注而下，鐘鼎成矣。凡萬鈞鐵鐘與爐、釜，其法皆同，而塑法則由人省嗇也。

若千斤以内者，則不須如此勞費，但多捏十數鍋爐。爐形如箕，鐵條作骨，附泥做就。其下先以鐵片圈筒，直透作兩孔，以受杠穿。其爐墊於土墩之上，各爐一齊鼓鞲熔化，化後以兩杠穿爐下，輕者兩人，重者數人抬起，傾注模底孔中。甲爐既傾，乙爐疾繼之，丙爐又疾繼之，其中自然黏合。若相承迂緩，則先入之質欲凍，後者不黏，釁所由生也。

凡鐵鐘模不重費油蠟者，先埏土作外模，剖破兩邊形或爲兩截，以子口串合，翻刻書文於其上。内模縮小分寸，空其中體，精算而就。外模刻文後，以牛油滑之，使他日器無黏糲。然後蓋上，泥合其縫而受鑄焉。巨磬、雲板，法皆仿此。

周高起《陽羨茗壺系》　壺於茶具，用處一耳。而瑞草名泉，性情攸寄，實仙子之洞天福地，梵王之香海蓮邦。審厥尚焉，非曰好事已也。故茶至明代，不復碾屑和香藥製團餅，此已遠過古人。近百年中，壺黜銀錫及閩豫瓷，而尚宜興陶，又近人遠過前人處也。陶曷取諸，取諸其制，以本山土砂爲之，能發真茶之色香味，不但杜工部云「傾金注玉驚人眼」，高流務以免俗也。至名手所作，一壺重不數兩，價重每一二十金，能使土與黄金争價。世日趨華，抑足感矣。因考陶工陶土而爲之系。

創始

金沙寺僧，久而逸其名矣。聞之陶家云，僧閒静有致，習與陶缸瓮者處。摶其細土，加以澄練，捏築爲胎，規而圓之，刳使中空，踵傳口、柄、蓋、的，附陶穴燒成，人遂傳用。

正始

供春，學憲吴頤山公青衣也。頤山讀書金沙寺中，供春於給役之暇，竊仿老僧心匠，亦淘細土摶胚。茶匙穴中，指掠内外，指螺文隱起可按，胎必累按，故腹半尚現節腠。視以辨真今傳世者，栗色暗暗，如古金鐵，敦龐周正，允稱神明垂則矣。世以其孫龔姓，亦書爲龔春。人皆證爲龔。予於吴周卿家見時大彬所仿，則刻供春二字，足折聚訟云。

董翰，號後溪，始造菱花式，已殫工巧。

趙梁，多提梁式，亦有傳爲名良者。

袁錫。按袁姓據《秋園雜佩》更正

時朋，即大彬父。是爲四名家，萬曆間人，皆供春之後勁也。董文巧而三家多古拙。

李茂林，行四，名養心。制小圓式，妍在樸緻中，允屬名玩。

自此以往，壺乃另作瓦囊，閉入陶穴，故前此名壺，不免沾缸壇油淚。

大家

時大彬，號少山。或淘土，或雜硇砂土，諸款具足，諸土色亦具足，不務妍媚，而樸雅堅栗，妙不可思。初自仿供春得手，喜作大壺。後游婁東，聞陳眉公與琅琊太原諸公品茶施茶之論，乃作小壺，几案有一具，生人閑遠之思，前後諸名家，並不能及。遂於陶人標大雅之遺，擅空羣之目矣。

名家

李仲芳，行大，茂林子。及時大彬門，爲高足第一，制度漸趨文巧，其父督以敦古。仲芳嘗手一壺，視其父曰：老兄，這個如何。俗因呼其所作爲老兄壺。後入金壇，卒以文巧相競。今世所傳大彬壺，亦有仲芳作之，大彬見賞而自署款識者。時人語曰：李大瓶，時大名。

徐友泉，名士衡，故非陶人也。其父好時大彬壺，延致家塾。一日，强大彬作泥牛爲戲，不即從，友泉奪其壺土出門去，適見樹下眠牛將起，尚屈一足。注視捏塑，曲盡厥狀。携以視大彬，一見驚嘆曰：如子智能，異日必出吾上。因學爲壺。變化式土，仿古尊罍諸器，配合土色所宜，畢智窮工，移人心目。予嘗博考厥製，有漢方扁觶、小雲雷、提梁卣、蕉葉、蓮方、菱花、鵝蛋、分襠索耳、美人、垂蓮、大頂蓮、一回角、六子諸款。泥色有海棠紅、朱砂紫、定窑白、冷金黄、淡墨、沉香、水碧、榴皮、葵黄、閃色、梨皮諸名。種種變異，妙出心裁。然晚年恒自嘆曰：吾之精，終不及時之粗。

雅流

歐正春，多規花卉果物，式度精妍。

邵文金，仿時大漢方獨絶，今尚壽。

邵文銀。

蔣伯荂，名時英。四人並大彬弟子。蔣後客於吴，陳眉公爲改其字之敷爲荂。因附高流，諱言本業，然其所作堅緻不俗也。

陳用卿，與時同工，而年伎俱後。負力尚氣，嘗挂吏議，在縲紲中。俗名陳三獃子。式尚工緻，如蓮子、湯婆、鉢盂、圓珠諸制，不規而圓，已極妍飭。款仿鍾太傅帖意，落墨拙，落刀工。

陳信卿，仿時、李諸傳器具，有優孟、叔敖處，故非用卿族。品其所作，雖豐美遜之，而堅瘦工整，雅自不羣。貌寢意率，自夸洪飲，逐貴游間。不務壹志盡技，間多伺弟子造成，修削署款而已。所謂心計轉粗，不復唱渭城時也。

閔魯生，名賢。製仿諸家，漸入佳境。人頗醇謹，見傳器則虚心企擬，不憚改爲，伎也進乎道矣。

陳光甫，仿供春、時大爲入室。天奪其能，蚤眚一目，相視口的，不極端緻，然經其手摹，亦具體而微矣。

神品

陳仲美，婺源人。初造瓷於景德鎮，以業之者多不足成其名，棄之而來。好配壺土，意造諸玩，如香盒、花杯、狻猊爐、辟邪、鎮紙，重鏤疊刻，細極鬼工，壺象花果，綴以草蟲，或龍戲海濤，伸爪出目，至塑大士像，莊嚴慈憫，神采欲生，瓔珞花蔓，不可思議，智兼龍眠、道子。心思殫竭，以夭天年。

沈君用，名士良。踵仲美之智，而妍巧悉敵。壺式上接歐正春一派，至尚象諸物，製爲器用。不尚正方圓，而筍縫不苟絲髮。配土之妙，色象天錯，金石同堅，自幼知名。人呼之曰沈多梳。宜興垂髫之稱。巧殫厥心，亦以甲申四月夭。

別派

諸人見汪大心葉語附記中。休寧人，字體兹，號古靈。

邵蓋、周後溪、邵二孫，並萬曆間人。

陳俊卿，亦時大彬弟子。

周季山、陳和之、陳挺生、承雲從、沈君盛，善仿友泉、君用。並天啓、崇禎間人。

沈子澈，崇禎時人。所製壺古雅，渾樸。嘗爲人製菱花壺，銘之曰：石根泉，蒙頂葉。漱齒鮮，滌塵熱。按此條據宜興舊志增入

陳辰，字共之。工鐫壺款，近人多假手焉，亦陶家之中書君也。

鐫壺款識，即時大彬初倩能書者落墨，用竹刀畫之，或以印記，後竟運刀成字，書法閒雅，在《黄庭》《樂毅》帖間，人不能仿。賞鑒家用以爲别。次則李仲芳，亦合書法。若李茂林，朱書號記而已。仲芳亦時代大彬刻款，手法自遜。規仿名壺曰臨，比於書畫家入門時。

陶肆謡曰：壺家妙手稱三大。謂時大彬、李大仲芳、徐大友泉也。予爲轉一語曰：明代良陶讓一時。獨尊大彬，固自匪佞。

相傳壺土初出用時，先有異僧經行村落，日呼曰：賣富貴。土人羣嗤之。僧曰貴不要買，買富何如。因引村叟，指山中産土之穴去。及發之，果備五色，爛若披錦。

嫩泥，出趙莊山，以和一切色，上乃粘脂可築，蓋陶壺之丞弼也。

石黄泥，出趙莊山，即未觸風日之石骨也。陶之乃變朱砂色。

天青泥，出蠡墅，陶之變黯肝色。又其夾支，有梨皮泥，陶現梨凍色；淡紅泥，陶現松花色；淺黄泥，陶現豆碧色；蜜泥，陶現輕赭色；梨皮和白砂，陶現淡墨色。山靈腠絡，陶冶變化，尚露種種光怪云。

老泥，出團山，陶則白砂星星，按若珠琲，以天青、石黄和之，成淺深古色。

白泥，出大潮山，陶瓶盎缸缶用之，此山未經發用，載自吾鄉白石山。江陰秦望山之東北支峰。

出土諸山，其穴往往善徒。有素産於此，忽又他穴得之者，實山靈有以司之，然皆深入數十丈乃得。

造壺之家，各穴門外一方地，取色土篩搗部署訖。弇窖其中，名曰養土。取用配合，各有心法，秘不相授，壺成幽之，以候極燥，乃以陶瓮庋五六器，封閉不隙，始鮮欠裂射油之患。過火則老，老不美觀，欠火則稚，稚沙土氣。若窑有變相，匪夷所思。傾湯貯茶，雲霞綺閃，直是神之所爲，億千或一見耳。

陶穴環蜀山，山原名獨，東坡先生乞居陽羨時，以似蜀中風景，改名此山也，祠祀先生於山椒，陶烟飛染，祠宇盡墨，按《爾雅・釋山》云，獨者蜀。則先生之鋭改厥名，不徒桑梓殷懷，抑亦考古自喜云爾。

壺供真茶，正在新泉活火，旋瀹旋啜，以盡色聲香味之藴，故壺宜小不宜大，宜淺不宜深，壺蓋宜盎不宜砥，湯力茗香，俾得團結氤氲。宜傾渴即滌，去厥渟滓，乃俗夫强作解事，謂時壺質地堅潔，注茶越宿暑月不餿，不知越數刻而茶敗矣，安俟越宿哉。況真茶如蓴脂，採即宜羹，如笋味觸風隨劣，悠悠之論，俗不可醫。

壺入用久，滌拭日加，自發闇然之光，入手可鑒，此爲書房雅供。若膩滓爛斑，油光爍爍，是曰和尚光，最爲賤相。每見好事家藏列，頗多名製，而愛護垢染，舒袖摩挲，惟恐拭去，曰：吾以寶其舊色爾。不知西子蒙不潔，堪充下陳否耶，以注真茶，是藐姑射山之神人，安置烟瘴地面矣，豈不舛哉。

壺之土色，自供春而下，及時大初年，皆細土淡墨色，上有銀沙閃點，迨硐砂和制，穀縐周身，珠粒隱隱，更自奪目。

或問予以聲論茶，是有説乎。予曰：竹罏幽討，松火怒飛，蟹眼徐窺，鯨波乍起，耳根圓通，爲不遠矣。然爐頭風雨聲，銅瓶易作，不免湯腥，砂銚亦嫌土氣。惟純錫爲五金之母，以制茶銚，能益水德，沸亦聲清，白金尤妙，苐非山林所辦爾。

壺宿雜氣，滿貯沸湯，傾即没冷水中，亦急出水寫之，元氣復矣。

品茶用甌白瓷爲良，所謂素瓷傳静夜，芳氣滿閑軒也。制宜弇口邃腸，色浮浮而香味不散。

茶洗，式如扁壺，中加一盎鬲，而細竅其底，便過水漉沙。茶藏，以閉洗過茶者。仲美、君用，各有奇制，皆壺史之從事也。水勺湯銚，亦有制之盡美者，要以椰匏錫器，爲用之恒。

附録

《過吴迪美、朱萼堂看壺歌兼呈貳公》

新夏新晴新緑焕，茶式初開花信亂。羈愁共語賴吴郎，曲巷通人每相唤。伊予真氣合奇懷，閑中今古資評斷。荆南土俗雅尚陶，茗壺奔走天下半。吴郎鑒器有淵心，會聽壺工能事判。源流裁别字字矜，收貯將同彝鼎玩。再三請出豁雙眸，今朝乃許花前看。高盤捧列朱萼堂，匣未開時先置贊。卷袖摩挲笑向人，次第標題陳几案。每壺署以古茶星，科使前賢參静觀。指摇蓋作金石聲，款識稱堪法書按。某爲壺祖某雲孫，形制敦龐古光燦。長橋陶肆紛新奇，心眼欷歔多暗换。寂寞無言意共深，人知俗手真風散。始信黄金瓦價高，作者展也天工竄。技道曾何彼此分，空堂日晚滋三嘆。

供春、大彬諸名壺，價高不易辦。予但别其真而旁搜殘缺於好事家，用自怡悦，詩以解嘲。

陽羨名壺集，周郎不棄瑕。尚陶延古意，排悶仰真茶。燕市曾酬駿，齊師亦載車。也知無用用，携對欲殘花。吴迪美曰：用涓人買駿骨、孫臏刖足事，以喻殘壺之好。伯高乃真賞鑒家，風雅又不必言矣。

林茂之《陶寶肖像歌爲馮本卿金吾作》

昔賢製器巧含樸，規放尊壺從古博。我明龔春時大彬，量齊水火摶埴作。作者已往嗟濫觴，不循月令仲冬良。荆溪陶正司陶復，泥沙貴重如珩璜。世間茶具稱爲首，玩賞揩摩在人手。粉錫型模莫與争，素磁斟酌長相偶。義取炎涼無變更，能使茶湯氣永清。動則禁持慎捧執，久且色澤生光明。近聞復有友泉子，雅式精工仍繼美。嘗教春茗注山泉，不比瓶罍罄時耻。以兹珍賞向東吴，勝却方平衆玉壺。癖好收藏阮光禄，割愛舉贈馮金吾。金吾得之喜絶倒，寫圖錫名曰陶寶。一時咏贊如勒銘，直似千年鼎彝好。

俞仲茅《贈馮本卿都護陶寶肖像歌》

何人霾向陶家側，千年化作土赭色。捄來搗治水火齊，去聲。義興好手夸埏埴。春濤沸後春旗濡，彭亨豕腹正所須。吴兒寶若金服匿，賁緣先入步兵厨。於今東海小馮君，清賞風流天下聞。主人會意却投贈，媵以長句縹緗文。陳君雅欲酣茗戰，得此摩挲日千遍。尺幅鵝溪綴剡藤，更教摩詰開生面。圖爲王宏卿一時所寫。一時佳話傾璠璵，堪備他年斑管書。月笋馮園名。即今書畫舫，硯山同伴玉蟾蜍。

談遷《棗林雜俎》智集《逸典・沈萬三》 南京會同館，富人沈萬三秀。故居也。館圮，遺礎尚存，人疑其有藏金，頗坎掘。翰林院四書櫝，各高丈許；工部節慎庫四銅櫃，高可過人；國子監四銅缸；光禄寺鐵木酒榨，每榨用酒米二十石，俱其物。

談遷《棗林雜俎》智集《逸典・郊燈》 南郊燈杆高十二丈有奇，燈籠大丈餘，容四人剪燭。郊之夕，洪武門、皇城各燈如之。

張岱《陶庵夢憶》卷三《包涵所》 西湖三船之樓，實包副使涵所創爲之。大小三號：頭號置歌筵，儲歌童；次載書畫；再次侍美人。涵老聲妓非侍妾比，仿石季倫、宋子京家法，都令見客。靚妝走馬，媻姗勃窣，穿柳過之，以爲笑樂。明檻綺疏，曼謳其下，擫籥彈箏，聲如鶯試。客至則歌童演劇，隊舞鼓吹，無不絶倫。

乘輿一出，住必浹旬，觀者相逐，問其所止。南園在雷峰塔下，北園在飛來峰下。兩地皆石藪，積牒磊砢，無非奇峭，但亦借作溪澗橋梁，不於山上疊山，大有文理。大廳以拱斗抬梁，偷其中間四柱，隊舞獅子甚暢。北園作八卦房，園亭如規，分作八格，形如扇面。當其狹處，横亘一床，帳前後開合，下裏帳則床向外，下外帳則床向内。涵老據其中，扃上開明窗，焚香倚枕，則八床面面皆出。窮奢極欲，老於西湖者二十年。金谷、郿塢，着一毫寒儉不得，索性繁華到底，亦杭州人所謂「左右是左右」也。西湖大家，何所不有，西子有時亦貯金屋。咄咄書空，則窮措大耳。

張岱《陶庵夢憶》卷四《世美堂燈》 兒時跨蒼頭頸，猶及見王新建燈。燈皆貴重華美，珠燈料絲無論，即羊角燈亦描金細畫，纓絡罩之。懸燈百盞，尚須秉燭而行，大是悶人。余見《水滸傳》「燈景詩」有云：「樓臺上下火照火，車馬往來人看人。」已盡燈理。余謂燈不在多，總求一亮。余每放燈，必用如椽大燭，專令數人剪卸燼煤，故光迸重垣，無微不見。十年前，里人有李某者，爲閩中二尹，撫臺委其造燈，選雕佛匠，窮工極巧，造燈十架，凡兩年，燈成而撫臺已物故，携歸藏櫝中。又十年許，知余好燈，舉以相贈，余酬之五十金，十不當一，是爲主燈。遂以燒珠、料絲、羊角、剔紗諸燈輔之。而友人有夏耳金者，剪彩爲花，巧奪天工，罩以冰紗，有烟籠芍藥之致。更用粗鐵綫界劃規矩，匠意出樣，剔紗爲蜀錦，皺其界地，鮮艷出人。耳金歲供鎮神，必造燈一盞，燈後，余每以善價購之。余一小傒善收藏，雖紙燈亦十年不得壞，故燈日富。又從南京得趙士元夾紗屏及燈帶數副，皆屬鬼工，决非人力。燈宵，出其所有，便稱勝事。鼓吹弦索，厮養臧獲，皆能爲之。

有蒼頭善制盆花，夏間以羊毛煉泥墩，高二尺許，築「地涌金蓮」，聲同雷炮。花蓋畝餘，不用煞拍鼓鐃，清吹嗩吶應之，望花緩急爲嗩吶緩急，望花高下爲嗩吶高下。燈不演劇，則燈意不酣；然無隊舞鼓吹，則燈焰不發。余敕小傒串元劇四五十本。演元劇四出，則隊舞一回，鼓吹一回，弦索一回。其間濃淡、繁簡、鬆實之妙，全在主人位置。使易人易地爲之，自不能爾爾。故越中夸燈事之盛，必曰「世美堂燈」。

張岱《陶庵夢憶》卷六《甘文臺爐》 香爐貴適用，尤貴耐火。三代青緑，見火即敗壞，哥、汝窑亦如之。便用便火，莫如宣爐。然近日宣銅一爐價百四五十金，焉能辨之？北鑄如施銀匠亦佳，但粗夯可厭。蘇州甘回子文臺，其撥蠟範沙，深心有法，而燒銅色等分兩，與宣銅款緻分毫無二，俱可亂真，然其與人不同者，尤在銅料。甘文臺以回回教門不崇佛法，烏斯藏滲金佛，見即錘碎之，不介意，故其銅質不特與宣銅等，而有時實勝之。甘文臺自言佛像遭劫已七百尊有奇矣。余曰：「使回回國別有地獄，則可。」

張岱《陶庵夢憶》卷六《紹興燈景》 紹興燈景爲海内所夸者無他，竹賤、燈賤、燭賤。賤，故家家可爲之；賤，故家家以不能燈爲耻。故自莊逵以至窮檐曲巷，無不燈、無不棚者。棚以二竿竹搭過橋，中横一竹，挂雪燈一，燈球六。大街以百計，小巷以十計。從巷口回視巷内，復迭堆垛，鮮妍飄灑，亦足動人。十字街搭木棚，挂大燈一，俗曰「呆燈」，畫《四書》、《千家詩》故事，或寫燈謎，環立猜射之。庵堂寺觀以木架作柱燈及門額，寫「慶賞元宵」、「與民同樂」等字。佛前紅紙荷花琉璃百盞，以佛圖燈帶間之，熊熊煜煜。廟門前高臺，鼓吹五夜，市廛如横街、軒亭、會稽縣、西橋，閭里相約，故盛其燈，更於其地鬬獅子燈，鼓吹彈唱，施放烟火，擠擠雜雜。小街曲巷有空地，則跳大頭和尚，鑼鼓聲錯，處處有人團簇看之。城中婦女多相率步行，往鬧處看燈；否則，大家小户雜坐門前，吃瓜子、糖豆，看往來士女，午夜方散。鄉村夫婦多在白日進城，喬喬畫畫，東穿西走，曰「鑽燈棚」，曰「走燈橋」，天晴無日無之。萬曆間，父叔輩於龍山放燈，稱盛事，而年來有效之者。次年，朱相國家放燈塔山。再次年，放燈蕺山。蕺山以小户傚顰，用竹棚，多挂紙魁星燈。有輕薄子作口號嘲之曰：「蕺山燈景實堪夸，箶筿竿頭挂夜叉。若問搭彩是何物，手巾脚布神袍紗。」由今思之，亦是不惡。

張岱《陶庵夢憶》卷六《朱氏收藏》 朱氏家藏，如龍尾觥、合巹杯，雕鏤鍥刻，真屬鬼工，世不再見。餘如秦銅漢玉、周鼎商彝、哥窑倭漆、廠盒宣爐、法書名畫，晉帖唐琴，所畜之多，與分宜埒富，時人譏之。余謂博洽好古，猶是文人韵事，風雅之列，不黜曹瞞；賞鑒之家，尚存秋壑。詩文書畫未嘗不抬舉古人，恒恐子孫儉尤，以袖攫石、攫金銀以賺田宅，豪奪巧取，未免有累盛德。聞昔年朱氏子孫有欲賣盡「坐朝問道」四號田者，余外祖蘭風先生謔之曰：「你只管坐朝問道，怎不管垂拱平章？」一時傳爲佳話。

張岱《陶庵夢憶》卷六《仲叔古董》 葆生叔少從渭陽游，遂精賞鑒。得白定爐，哥窑瓶，官窑酒匜，項墨林以五百金售之，辭曰：「留以殉葬。」癸卯，道淮上，有鐵梨木天然几，長丈六，闊三尺，滑澤堅潤，非常理。淮撫李三才百五十金不能得，仲叔以二百金得之，解維遽去。淮撫大恚怒，差兵躡之，不及而返。庚戌，得石璞三十斤，取日下水滌之，石罅中光射如鸚哥祖母，知是水碧。仲叔大喜，募玉工仿朱氏龍尾觥一，合巹杯一，享價三千，其餘片屑寸皮，皆成異寶。仲叔贏資巨萬，收藏日富。戊辰後，倅姑熟，倅姑蘇，尋令盟津。河南爲銅藪，所得銅器盈數車，美人觚一種，大小十五六枚，青緑徹骨，如翡翠，如鬼眼青，有不可正視之者，歸之燕客，一日失之。或是龍藏收去。

張岱《陶庵夢憶》卷六《菊海》【略】兖州緡紳家風氣襲王府，賞菊之日，其桌，其炕，其燈，其爐，其盤，其盒，其盆盎，其肴器，其杯盤大觥，其壺，其幃，其褥，其酒，其面食，其衣服花樣，無不菊者。夜燒燭照之，蒸蒸烘染，較日色更浮出數層。席散，撤葦簾以受繁露。

張岱《陶庵夢憶》卷六《齊景公墓花樽》 霞頭沈僉事宦游時，有發掘齊景公墓者，迹之，得銅豆三，大花樽二。豆樸素無奇。花樽高三尺，束腰拱起，口方而敞，四面戟楞，花紋獸面，粗細得款，自是三代法物。歸乾劉陽太公，余見賞識之，太公取與嚴，一介不敢請。及宦粵西，外母歸余齋頭，余拂拭之，爲發異光。取浸梅花，貯水，汗下如雨，踰刻始收，花謝結子，大如雀卵。余藏之兩年，太公歸自粵西，稽復之，余恐傷外母意，亟歸之。後爲駔儈所啖，竟以百金售去，可惜。今聞在歙縣某氏家廟。

周嘉胄《裝潢志》 聖人立言，教化後人，抄卷雕板，廣布海宇，家户頌習，以至萬世不泯。上士才人，竭精靈于書畫，僅賴楮素以傳。而楮質素絲之力有限，其經傳接非人，至兵火喪亂，黴爛蠹蝕，豪奪計賺，種種惡刦，百不傳一。於百一之中，裝潢非人，隨手損棄，良可痛惋。故裝潢優劣，實名迹存亡係焉。竊謂裝潢者，書畫之司命也。是以切切于兹，探討有日，頗得金針之祕，乃一一拈志，願公海内，好事諸公，有獲金匱之奇，梁間之祕者，欲加背飾，乞先於此究心，庶不虞損棄。俾古迹一新，功同再造，則余此志也。敢謂有補于同心，冀欲策微勳於至藝，以附冥契之私云。

古迹重裝如病醫

前代書畫，傳歷至今，未有不殘脱者。苟欲改裝，如病篤延醫，醫善則隨手而起，醫不善隨劑而斃，所謂不藥當中醫，不遇良工，甯存故物。嗟夫！上品名迹，視之匪輕，邦家用以華國，藝士尊之爲師。師猶父也，爲人子者，不可不知醫，實書畫不可不究裝潢。

妙技

裝潢能事，普天之下，獨遜吴中。吴中千百之家，求其盡善者，亦不數人。往如湯、强二氏，無忝國手之稱。後雖時不乏人，亦必主人精審，于中參究，料用盡善，一一從心，乃得相成合美。俾妙迹投胎得所，名芳再世，功豈淺鮮哉！

優禮良工

良工須具補天之手，貫蝨之精，靈惠虚和，心細如髮，充此任者，乃不負託。又須年力甫壯，過此則神用不給矣。好事者必優禮厚聘，其書畫高值者，裝善則可倍值，裝不善則爲棄物。詎可不慎於先，越格趨承此輩，以保書畫性命。書畫之命，我之命也，趨承此輩，趨承書畫也。

賓主相參

好事賢主，欲得良工爲終世書畫之託，固自不易，而良工之得賢主以騁技，更難其人。苟相遇合，則異跡當冥冥降靈，歸託重生也。凡重裝書善，如超刦還丹，機緣湊合，豈不有神助耶！而賓主定當預爲酌定裝式，彼此意愜，然後從事，則兩獲令終之美。

審視氣色

書畫付裝，先須審視氣色，如色黯氣沈，或煙蒸塵積，須浣淋令净。然浣淋傷水，亦妨神彩，如稍明净，仍之爲妙。

洗

洗時先視紙質鬆緊，絹素歷年遠近，及畫之顔色黴損受病處，一一加意調護，損則連托紙洗，不損須揭净，只將畫之本身副油紙，置案上，將案兩足墊高，一邊瀉水，用糊刷灑水，淋去塵污，至水净而止。如黴氣重，積污深，則用枇杷核錘浸滚水，令定洗之，即垢污盡去。或皂角亦可用，則急將清水淋解枇杷皂角之餘氣，否則，又爲畫害，慎之。洗後，將新紙印去水氣，令速乾爲善。

揭

書畫性命，全關於揭。絹尚可爲，紙有易揭者，有紙薄糊厚難揭者，糊有白芨者猶難。恃在良工苦心，施迎刃之能，逐漸耐煩，致力於毫芒微渺間，有臨淵履冰之危，一得奏功，便勝淝水之捷。

補

補綴須得書畫本身紙絹質料一同者，色不相當，尚可染配，絹之粗細，紙之厚薄，稍不相侔，視則兩異。故雖有補天之神，必先煉五色之石。絹須絲縷相對，紙必補處莫分。

襯邊

補綴既完，用畫心一色紙，四圍飛襯出邊二三分許，爲裁鑲用糊之地，庶分毫無侵於畫心。

小托

畫經小托，業已功成。沈疴既脱，元氣復完。得資華、扁之靈，不但復還舊觀，而風華氣韻，益當翩翩道上矣。

全

古畫有殘缺處，用舊墨，不妨以筆全之，須乞高手施靈。友人鄭千里全畫入神，向爲余全趙千里《芳林春曉圖》，即天水復生，亦弗能自辨。全非其人，爲患不淺。

式

中幅如整張連四大者，天一尺九寸，地九寸五分。上玉池六寸五分，下四寸二分，邊之闊狹酌用。小幅宜短，短則式古，便於懸挂。畫心三尺上下者俱嵌邊，太短則挖嵌用極淡月白細絹。畫如設色深者，宜用淡牙色，取其别于畫色也。小畫天一尺八寸，地九寸，上玉池六寸，下四寸。大畫隨宜，推廣式之，惟忌用詩堂。往與王百穀切論之，百穀經裝數百軸，無一有詩堂者。小幅短，亦不用詩堂。非造極者，不易語此。

鑲攢

嵌攢必俟天潤，裁嵌合縫，善手施能。

覆

覆背紙必純用緜料，厚薄隨宜。亦須上壁與畫心同，幢過灑水潤透，用糊相合，全在用力多刷，令紙表裏如抄成一片者，乃見超乘之技。或用上號竹料連四，以好緜料紙托，爲覆背用亦妙。竹料研易光，舒卷之間，與畫有益，切忌用連七及扛連。

上壁

上品之迹，無甚大者，中小之幅，必須竪貼。若横貼則水氣有輕重，燥潤有先後，糊性不純和，則不能望其全勝矣。上壁值天潤，乃爲得時，乾即用薄紙粘蓋，以防蚊蠅點污，飛塵浮染。停壁踰久踰佳，俾盡歷陰晴燥潤，以副得手應心之妙。

下壁

上壁宜潤，貴其滋調。下壁宜燥，庶屏瓦患。燥潤失宜，優劣係焉。

安軸

安軸用秈米糉子，加少石灰，錘粘如膠。以之安軸，永不脱落。灌礬汁者，軸易裂，又易脱。

上桿

軸桿檀香爲上，次用婺源老杉木舊料，採取木性定者堪用。杉性燥，檀辟蠹，他木無取。須令木工製極圓整，兩頭一齊，分毫不踰矩度，捲則無出入之失。

上貼

畫貼槩用鯽魚背式，余間用方而委角者，靠裏一面令稍凹，以適圓桿之宜，此余究心之微而然。繩圈如不能金銀者，銅條亦可須稍粗，加磨拭堪用。圈眼勿大，大小一同轉脚入木，上貼亦不易事。如人著冠，切須留意，瓊瑶在握，自亦可喜，再展菁華，則色飛神爽矣。若不三雅酬興，亦須七盌熏心。

貼籤

宋徽宗、金章宗多用瓷藍紙泥金字，殊臻莊偉之觀。金粟牋次之。長短貼近圈繩處，毋得過與不及，此定式也。

囊

包首易殘，最爲畫患。裝褫始就，急用囊函。

染古絹托紙

古絹畫必用土黄染紙托襯，則氣色湛然可觀，經久踰妙。土出鍾山之麓，因近孝陵，禁取艱得，染房多有藏者。最忌橡子水染紙，久則透出絹上作斑漬，可恨！舊紙浸水染，俱不堪用。

治畫粉變黑

畫用粉，或製不得法，或經穢氣熏染，隨變黑色矣。生紙用粉，猶易變黑，用法治之，其白如故。法用白浄鹼塊調水，即浣衣者，以新筆塗黑處，不可使暈開，將連七紙覆蓋捲收，過半月取看，其黑氣盡透連七紙上。如未退浄，再如法治，輕則一二次退，年久者三四次，無不潔浄如新。再用新烹淡茶塗一次，以去鹼氣。

忌

覆背紙切不可以接縫，當中舒捲，久有縫處，則磨損畫心。

手卷

每見宋裝名卷皆紙邊，至今不脱。今用絹折邊，不數年便脱，切深恨之。古人凡事期必永傳，今人取一時之華，苟且從事。而畫主及裝者，俱不體認，遂迷古法。余裝卷以金粟牋用白芨糊折邊，永不脱，極雅致。白芨止可用之于邊。覆紙選上等連四料潔而厚者，錘過則更堅緊質重，包首通後必長托，用長案接連㡧之。如卷太長，則先裱前半，壓定俟乾，再裱後半，必以通長無接縫爲妙。砑令極光，卷貼與卷心桿用料不多，必用檀香，卷貼兩頭刻凹些，須以容包首折邊之痕，視之一平可愛。帶襻用金銀撒花舊錦帶舊玉籤，種種精飭，纔一入手，不待展賞，其潔緻璀煌，先已爽心目矣！綾綿包袱，袱用匣，或檀或木或漆，隨書畫之品而軒輊之。

册葉

前人上品書畫册葉，即絹本一皆紙挖紙壤。今庸劣之跡，多以重絹，外折邊，内挖嵌。至松江穢跡又奢，以白綾外加沈香絹邊，内裏藍線，踰巧踰俗，俗病難醫。願我同志，恪遵古式而黜今陋。但裏紙層層用連四，勝外用綾絹十倍，朴於外而堅于内，此古人用意處。册以厚實爲勝，大者紙十層，小者亦必六七層。裁折之條，後同碑帖。

碑帖

余於金石遺文，尤更苦心。每拓一碑授裝，心力爲竭。先録真文，籌定每行若干字，每字若干行，及擡頭年月，首尾附題小跋，前後副葉，皆擇名箋，一一畫定程式，然後恭貌婉言致之。裝者之能，惟在裁折。折須前後均齊，裁必上下無跡，裁折善而能事畢矣。碑已條悉，帖亦如斯。

墨紙

碑帖本身紙，或綵或竹，及搨法或烏金蟬翅雪花等色，俱一一染搨，配同一色裝成，則渾成無跡。

褚人穫《堅瓠續集》卷一《鑽燧木》 鑽燧改火，四時而五木，蓋先王取火，法五行也。春屬木，榆柳色青，以象木也。夏屬火，棗杏色赤，以象火也。火生土，季夏屬土，桑柘色黄，以象土也。土生金，秋屬金，槐檀色白，以象金也。金生水，冬屬水，柞楢色玄，以象水也。四時平分，而土位在中宫，寄旺於四時。季夏者土之中位，故《月令》於仲夏之後則中央土，《素問》謂之長夏也。愚謂一歲統之爲四時，分之爲五行，五行各七十二日。土分王於四時之末，各分十八日，合之亦七十二日。總五行之七十二日合爲三百六十日，而成一歲，乃所鑽木色各從其時也。火久有毒，故四時改火。

褚人穫《堅瓠續集》卷一《金生水》 五行之生皆有至理，惟金生水爲難明。《草木子》云：金者石中之精液，水出石中，故曰金生水也。《素問樞式》曰：水自西而東流，西金位也，故曰金生水。郎仁寶云：金爲氣母，在天爲星，在地爲石。星爲氣之精，石爲氣之形。水生於氣之聚也，天地之氣交則石生雲而星降雨矣。按《天文志》以星動摇而爲風雨之候，石津潤而爲雨下之徵。此非金生水而氣化之義歟？五行以氣爲主，故五行之序以金爲首也。

褚人穫《堅瓠廣集》卷一《戒指》 俗用金銀爲鐶，貫於指間，謂之戒指。按《詩》注，古者后妃羣妾以禮進御於君，女史書其月日，授之以鐶，以進退之，生子月辰，以金鐶退之，當御者以銀鐶進之，着於左手，既御者着於右手，又謂之手記。事無大小，記以成法。則戒指手記之名，其來久矣。

褚人穫《堅瓠廣集》卷一《娶婦用鞍》 唐突厥默啜請尚公主，詔送金縷具鞍。默啜以鞍乃涂金，非天子意，請罷和親。鴻臚卿知逢堯曰：「漢法重女壻，而送鞍欲安且久，不以金爲貴。」默啜從之。今人家娶婦皆用鞍與寶瓶，取平安之意，其來久矣。

褚人穫《堅瓠廣集》卷五《飲器》 《史記》：趙襄子殺智伯，漆其頭以爲飲器。讀者謂頭骨不可爲器以飲，故注者多謂溲便器，如虎子之屬。惟劉氏注云酒器。《集覽正誤》以爲非。按《吕氏春秋》：襄子與魏桓、韓康期而擊智伯，斷其頭以爲觴。謂之觴，非酒器而何？又《漢書·匈奴傳》：單于以老上單于所破月支王頭爲飲器者，共飲血盟。若溲便器，則不可盛血飲矣。《晉書》：姚方成漆徐嵩頭爲便器，漢曰虎子。《西京雜記》以玉爲虎子。又漢廣鑄銅寫虎形爲溲器。又唐人文集溺器曰夜瀦。蜀孟昶有寶裝溺器。

道書：溺曰「房中弱水」。

褚人穫《堅瓠秘集》卷四《簡紙》 《愛日齋叢抄》：王沂公以簡紙數幅送人，皆他人書簡後截下者。晏元獻凡書簡首尾空紙皆手自剪熨，置几案以備用。王文康平生不以全幅紙作封皮。諸公皆身處貴盛，儉德若此。世俗費紙者，無人語以前事。又《顔氏家訓》云：梁東莞臧逢世，就姊丈劉緩乞客刺餘紙寫《漢書》。勤儉更過人矣。

褚人穫《堅瓠秘集》卷四《扇》 古人所用團扇、羽扇，王珉贈嫂婢及王右軍爲蕺山老姥書扇，蘇東坡爲春夢婆書扇，皆團扇也。方曲形如餅，而四稜以木爲之，亦團扇類。《北史》「魯漫漢遇楊愔騎驢不下，以方曲障面而過」是也。摺疊扇，古名聚頭扇，僕隸所執，取其便於袖藏，以避尊貴者耳。元時東夷始以入貢，明永樂間稍效爲之，後則流行浸廣，而團扇幾廢矣。至於揮灑名人翰墨，則始於成化間。作僞之徒乃取宋元明初名公手迹入扇，良可哂也。

劉廷璣《在園雜志》卷四 明宮中小葫蘆耳墜乃真葫蘆結就者，取其輕也。内監於葫蘆初有形時，即用金銀打成兩半邊小葫蘆形，將葫蘆夾住縛好，不許長大，俟其結老，取其端正者以珠翠飾之，上奉嬪妃。然百不得一二焉。因其難得，所以爲貴也。

有奸人取烏賊魚墨汁爲僞券以脱騙人者，經年墨消，但較之真墨，其色淡而無彩。昔有人以無可奈何事必欲一謁權要，又知權要之必敗，恐投柬刺於其家，日後查取株連。客進龜尿寫字之法，遂書刺進見。及權要事敗，檢之則楮朽無迹矣。二事相類。

《清實録・世祖實録》卷二五 （順治三年四月己亥）罷織造太監。

《清實録・世祖實録》卷二六 （順治三年五月庚午）陞工部啟心郎陳有明爲本部侍郎，督理蘇杭織造事務。

《清實録・世祖實録》卷二七 （順治三年八月癸卯）户部議覆：浙江巡撫蕭起元疏言，杭、嘉、湖三府歲造絹疋，若責成官造，分派民造，俱恐滋弊。請歸併督織工部侍郎兼造進供，公私兩便。從之。

《清實録・世祖實録》卷三三 （順治四年七月丁巳）增織造羢褐價值，因原議價輕，恐累機户也。

《清實録・世祖實録》卷五二 （順治八年正月戊午）諭户部：各處織造，所以供朝廷服御賞賚之用，勢不可廢。但江寧、蘇州、杭州三處織造，已有專設官員管理，又差滿洲官并烏林人役催督，不但往來縻費錢糧，抑且騷擾驛遞，朕心深爲不忍。嗣後著停止差催，止令專管官員照發去式樣敬謹織造，解京應用。陝西亦織造絨褐糚蟒，朕思陝西用餉甚多，本省錢糧不敷，每撥别省協濟，此織造絨褐糚蟒殊屬無用，亦著停止，節省冗費，以完兵餉。既於國計有益，且免沿途驛遞夫役轉送之苦。至陝西買辦皮張之處，亦屬煩擾，著一併停止。爾部速行傳諭，以昭朕卹兵愛民至意。

《清實録・聖祖實録》卷八 （康熙二年二月庚子朔）停差江寧、蘇州、杭州織造工部，揀選内務府官各一員，久任監造。

《清實録・聖祖實録》卷一一四 （康熙二十三年三月丁亥）江寧巡撫余國柱疏言：上用緞疋，皆係寬機織造，請增設機房四十二間。得旨：寬大緞疋亦間時所用，非常用物也，何爲更勞民糜費。余國柱所奏，不准行。

《清實録・高宗實録》卷一五三 （乾隆六年十月辛酉）浙江布政使安寧奏：織造圖拉，監製錯誤，不能照管，媿懼之至。得旨：汝布政司之任更重，若此等小處分心，則大處反有照管不到者矣，愧懼何爲。

《清實録・高宗實録》卷二六 （五乾隆十一年四月庚寅）諭：向來各織造，每歲例應一處押運。今歲係杭州織造押運之年，申祺甫經到任，此次著蘇州織造圖拉，押運來京。

《清實録・高宗實録》卷四八九 （乾隆二十年五月壬寅）湖廣總督開泰奏：民間生計，耕織並重。查荆州素出綾絹絲布，其所需之絲，皆取給本省。是楚中風土，非不宜蠶，祇緣工匠習業平常，狃於其舊，若令江浙工匠教以染造，自可馴致改觀，并可仿織綢紗。臣與撫臣并在省司道公同捐辦，已向江南雇募工匠來楚，復選覓荆州工匠到省，設立機局，使之試織，其仿織之宫綢府紗，頗肖江南，商店聞而購買，得價尚易，察其情形，似堪收效。惟是捐辦不能經久，又未便請動正項。查有惠濟加鑄節省工料錢二千餘串，可以暫借，俟民間學織者衆，即將官局停止，料物變繳完款。報聞。

《清實録・高宗實録》卷五三三 （乾隆二十二年二月乙酉）上奉皇太后臨視織造機房。

《清實録・高宗實録》卷七三二 （乾隆三十年三月壬午）臨視織造機房。

《清實録・仁宗實録》卷一六五 （嘉慶十一年八月乙未）諭内閣：本日裘行簡奏，藩司查出司書假雕印信，串通銀號，虚收解款，舞弊侵用緣由一摺。並據慶格同日具奏，究出司書私雕假印，勾串舞弊緣由。據稱，司庫歷年出入銀數，轇轕不清，司書狡黠支吾，因弔齊册檔案據，詳悉稽覈，查出歷年地糧耗羨以及雜税銀兩，均有虛收之款。隨又親提各州縣奉到司發批收，逐加覈對，竟有假印貼改諸弊。隨查傳承辦司書王麗南等，隔別研訊。歷年以來，該犯等有將司發庫收小數貼改大數者，有將領款抵解錢糧，又蒙混給發者，有串通銀匠，給與假印批收者，爲弊不一。共虛收過定州等十九州縣地糧正耗、雜税等銀二十八萬餘兩，并起出藩司及庫官假印二顆等語。直隸司書王麗南等，敢於私雕藩司及庫官印信，與銀匠等串通舞弊，將各州縣批解銀糧，任意侵盜，數至二十八萬餘兩之多，作奸犯科，至於如此，爲從來未有之案，實出情理之外。案關重大，不可不嚴行根究，辦理示懲。著派協辦大學士尚書費淳、尚書長麟，帶同明幹司員，即行馳驛前赴保定，查明款項，提集犯證，逐一嚴訊，秉公定擬具奏。其畏罪潛逃之司書陶源即陶含輝，著該督等即行嚴拏務獲，歸案辦理。至此事該司書等串通侵盜，舞弊有年，將庫項種種糾纏，以致漫無稽考。該藩司慶格，於到任後悉心查覈，詳細勾稽，今將弊混查出，認真可嘉。慶格著加恩交部議敘。

《清實録・仁宗實録》卷一六六〔嘉慶十一年九月己酉〕又諭：費淳、長麟奏審訊大概情形，並究出串通舞弊之各州縣，請旨革職拏問一摺。據稱司書王麗南等私雕假印舞弊營私一案，查明自嘉慶元年起，至本年止，地丁耗羨雜款項下，俱有虛收、虛抵、重領、冒支等弊，計有二十四州縣，共侵盜銀三十一萬六百餘兩。此内竟有與州縣講明，每虛收重抵冒支銀一萬兩，給與司書及説事人使費銀二三千兩不等，各州縣實省解銀六七千兩。當經費淳等逐細研鞫，按册覈稽，究出串通知情之州縣張麟書等十一員。其現任者均經提傳質審，各認通同舞弊屬實等語。閲之殊堪駭異，實爲我朝未有之事。從前外省不肖官吏，作奸犯科，如甘肅揑災冒賑之案，最爲重大，然祇藉辦賑爲名，虛報侵肥，從無有身任州縣，與胥吏等勾連一氣，公然將正項錢糧，私雕假印挖改公文，虛揑報解，抵冒分肥至三十餘萬兩之多。若似此朋比爲奸，將各直省應徵錢糧，奸胥劣員得以任意乾没，綱紀何在？亟應徹底訊究，加等嚴行懲辦。所有現已究出之知州陳錫珏、知縣徐承勳、陳孚、蕭泗水、范穀貽、魏廷鑑，均著革職鎖拏，同已經參革之知州王盛清、知縣任銘獻一併鎖拏監禁，交費淳等悉心研審。如有狡展，即當加以刑訊，務得確情，按律加等定擬具奏。該革員等任所原籍及病故之知州張麟書、知縣鄒試、丁履端各原籍貲財，一併嚴密查抄。並查明該革員等子孫，有捐納官職者，悉予褫革。其訊不知情之各州縣，亦尚未可盡信，仍當詳加確訊，毋任稍有不實不盡，以成信讞。

《清實録・仁宗實録》卷一六六〔嘉慶十一年九月癸丑〕諭内閣：據費淳、長麟奏，連日審辦直隸省官吏勾通侵帑一案，除州縣短解，司書、銀匠侵蝕之外，尚有知情分贓之各幕友、長隨人等。現已咨部斥革，分别提拏押解歸審。又究出正定縣知縣戴書培，曾經借領司庫銀一千六百餘兩，經司書王麗南串通，將借領案卷銷燬，戴書培允從，給與酬謝銀四百兩。幕友余用甫索分銀一百兩，已提到質審屬實。又任縣知縣馬河，有應解地糧銀五千兩，經長隨賴錦堂串通司書，以實解銀五錢誆出真印庫收，挖改爲解銀五千兩。現在訊據賴錦堂，先供官不知情，又供官祇給銀二千五百兩，供詞兩歧等語。並據查明歷任總督、藩司各任内，虛收銀兩數目及失察虛收銀數，開繕清單呈覽。知縣戴書培以借領司庫之項，竟敢與司書串通，將領案銷燬，圖免解還，私給與王麗南酬謝銀兩，目無法紀，至於此極，實堪令人髮指。前任正定縣知縣今升昌平州知州戴書培，即著革職，鎖拏到案嚴訊。一面將伊任所及本籍貲財先行查抄，知縣馬河所解銀五千兩，雖據長隨賴錦堂供稱係與司書串通，以實解銀五錢，將庫收挖改，但供詞閃爍，前後不符，亦應歸案嚴訊。任縣知縣馬河著解任，一併質訊。其串通得贓之幕友、長隨人等，現經費淳等分别提拏，均著迅速鎖拏到案，嚴加根訊。將來定案時，均應計贓論罪，再加等問擬。至該省官吏、幕友、長隨人等，敢於勾通一氣，將國家正帑，任意侵吞，明目張膽，毫無忌憚，歷任總督、藩司，懵然不知，竟同木偶，所司何事？爲從來未有之案，朕不得不從嚴加重辦理。毫無良心之歷任庸碌無能督藩，實堪痛恨。而朕不知人之咎，惟自怨耳。閲費淳等呈覽單内，查出各任虛收銀兩，及失察虛收數目，此時懲辦之法，亦應按其虛收失察數目之多寡，以分其獲戾之輕重。所有各藩司任内虛收之數，瞻柱計有十九萬餘兩，數目最多。其次即係顔檢任内虛收六萬三千餘兩，鄭製錦任内虛收二萬二千餘兩，同興任内虛收二萬餘兩，又均在顔檢之次。其失察虛收之各總督，則顔檢失察藩司虛收銀二十萬八千餘兩，爲數最多，胡季堂失察虛收銀六萬二千餘兩，梁肯堂失察虛收銀二萬二千餘兩，陳大文失察虛收銀七千餘兩，熊枚失察虛收銀二千六百餘兩，姜晟失察虛收銀一千五百餘兩，除病故各員外，均交部分别嚴加議處。顔檢本係在直隸總督任内獲咎之人，經朕節次施恩，棄瑕録用，賞給同知，發往南河效用。今伊在總督、藩司任内，復有此重大之案，實再難曲爲寬貸。

顏檢著革去頂帶，著鐵保派員押送來京，聽候部議。山西巡撫同興，亦著開缺來京，聽候部議。裘行簡在藩司任內，曾虛收銀一萬一千餘兩，其署督任內亦失察藩司虛收銀一萬六千餘兩，但爲數較少，再伊於升署總督之後，因藩庫款項未清，曾奏明同慶格再行查辦，尚未出結。此時慶格接手查辦，方能釐出弊端。裘行簡免其嚴議，著交部議處。慶格任內亦有虛收一萬二千餘兩，但此案係伊查明舉發，功過尚足相抵。慶格前經交部議敘，即著徹回議敘，免其交部議處，所有現在查出侵虧各數，將來各任總督、藩司名下，俱應分賠。著費淳、長麟，於定案時，查明各該員在任月日，並虛收失察銀數之多寡，分別著賠。其已故各員，亦當責令各家屬名下，按數追繳。至吳熊光前任總督、藩司，何以未列單內？吳熊光前任藩司，係接鄭製錦之任，所有鄭製錦虛收之數，伊到任後未經查出，迨簡放總督，於前任各藩司虛收銀數，亦未查辦，將來結案時，自均有失察之咎。至伊藩司本任，竟無虛收之數，其任總督時，亦無失察本任藩司虛收之事。是否單內遺漏，抑係該書吏等因其查察較嚴，不敢舞弊，並著費淳、長麟，提集司書人等，一併訊明，據實具奏。尋議上，得旨：顏檢著革職，發往烏嚕木齊效力贖罪，同興照議革職，姜晟、陳大文、熊枚，降四品京堂，裘行簡革職留任，吳熊光交部議處。

《清實録・仁宗實録》卷一六七　〔嘉慶十一年九月癸酉〕諭內閣：瑚圖禮奏，司庫清查節年未解錢糧，究出銀匠、縣書侵虧舞弊，現在嚴行審辦一摺。據稱藩司章煦到任後，清釐庫項，因民欠較多，本年奏銷時，完解不及八分，恐有以完作欠之弊。且查上年台斐音任內，有銀匠陳信義虧挪大冶、棗陽等縣錢糧五千餘兩並未詳辦一案，隨又徹底清查，復經查出武昌、通城、棗陽、光化、穀城等縣，已解嘉慶六、七、八、九等年地丁正、耗，內有二萬五百餘兩，司庫並未兑收，隨密調該縣等庫收照票，與司庫收簿覈對，所有棗陽縣照票庫收，竟係將一千兩洗改五千兩，十月洗改八月。其武昌等縣庫收照票，或將銀數挖改，以少填多，或將舊存照票洗改年月。訊出各該縣錢糧，均交銀匠陳信議傾鎔代解，節次侵挪。上年慮恐敗露，業經服毒身死。伊子陳士芳亦已在逃，現在嚴拏審辦各等語。各州縣徵解錢糧，關繫國帑，豈可率委書吏、銀匠之手，任其侵蝕舞弊？近日直隸省官吏串通侵帑一案，即係司書王麗南起意將庫收挖改，與州縣通同冒領虛收，種滋弊竇。今湖北省武昌、通城、棗陽、光化、穀城等各縣錢糧，亦由銀匠等將照票內銀數挖改，並將舊票洗改年月，作爲新票，侵虧至二萬五百餘兩，作僞多端，其奸巧如出一轍，實可痛恨。該州縣承解書吏，固難免勾串分肥情事，即該州縣於應解銀兩，得有庫收，亦當親自查閲，如果並不知情，則所解者少，而庫收數目轉多，何以不詳請覈對？恐該州縣等亦不免有知情串通之事，不可不徹底究明，以懲奸蠹。著全保、瑚圖禮，率同章煦，提集案內人等，嚴加審訊，務得實情。其在逃之陳士芳，並著飭緝務獲，歸案審辦，定擬具奏。所有武昌、通城、棗陽、光化、穀城等各縣，著查明係何人任內之事，如現任該省者，即行解任質訊。如業因事故離省，著即行文提至該省，一併訊辦。此外有無不實不盡之處，並著詳查辦理，審明結案時，從重定擬具奏。至前任藩司台斐音，於查出陳信義虧挪庫項畏罪自盡一案，輒因正犯已故，查無家産，僅於互結之銀匠名下賠完銀兩，並不據實詳辦，顢頇不職，莫此爲甚。該撫僅請交部議處，其咎豈止於此？台斐音現在新疆辦事，著革職，交奇臣派員拏解刑部，審訊治罪。

《清實録・仁宗實録》卷一六七　〔嘉慶十一年九月癸酉〕又諭：本年八月間，甫據直隸藩司慶格查出司書、銀匠串通州縣等，將應解藩庫正雜銀兩，侵欺舞弊一案，特派費淳、長麟前往審辦。將作弊官吏大加懲治，速行審結。而本日又據瑚圖禮奏到，藩司章煦查出湖北省武昌等五縣節年解司地丁正耗銀兩，銀匠陳信義亦有任意侵欺，私將庫收照票洗改之事，實可駭異。藩司衙門收支出納，自應有一定章程，鈎稽考覈，豈容稍有弊混？即州縣等於應解帑項，亦當加意慎重，豈容率交書吏人等，不加查覈？以致有省城銀匠包攬交收，通同舞弊情事，甚至不肖州縣等，亦竟與之勾通分肥。今數旬之間，連破兩案，可見外省積習顢頇，平日並不認真綜覈。書吏等乘機作弊，肆意侵欺，所在皆有，殊難憑信。前經特降諭旨，通飭各省藩司，將章程有未善者，妥爲覈辦。著再傳諭各該省藩司等，即將平日收支庫項，有無似此弊混之處，各行詳細確查，早爲釐剔。亦不限以時日，一經查有弊竇，隨時稟明督撫，迅即奏辦，不可稍存迴護。即查明實在並無弊端，亦著遵照前旨，將該省收銀章程，妥爲籌議，以期經久無弊。勿致劣員蠹胥等因緣爲奸，再釀成此等重案，庶不負朕諄諄訓誡至意。將此通諭知之。

《清實録・仁宗實録》卷一七五　〔嘉慶十二年二月己丑〕諭內閣：據景安奏縣書私雕假印，誆收花户錢糧、契税，現在查辦情形，并將揑詞具稟，及漫無覺察之知縣，請旨革審一摺。此案武陵縣糧書蕭嗣隴等，膽敢私刻假印，在於糧串、税契，任意蓋用，誆騙多銀。並將武陵縣起解地丁正項錢糧，侵用至二千兩之多。用藩司假印捏造批迴，膽大不法，莫此爲甚。現據蕭嗣隴供認不諱，案情已無不實，但該犯等私刻假印，係在嘉慶九年冬間，事越兩載，蓋用必多，其誆騙錢糧，稅契銀兩，尚恐不止此數，即州縣解司銀兩，其侵蝕者亦未必止此一次。且恐此外另有串通作弊之人，案關重大，不可不徹底根究。著該撫親率兩司，嚴行審訊，據實定擬，以成信讞。

《清實録·仁宗實録》卷一八五 〔嘉慶十二年九月辛酉〕諭内閣：上年直隸省州縣勾串司書侵吞庫項一案，當經降旨，以各犯侵盜之多寡，定罪名之輕重，將侵銀二萬兩以上者，立置重典；侵銀一萬兩以上者，亦於上年秋審予以勾決。尚有侵銀在一萬兩以下之陳錫鈺等五犯，亦俱問擬斬候，入於本年秋審情實辦理。各該犯串通書吏，肆意侵吞，其朦蔽分肥情節，均屬罪無可逭，特以朕上年定讞此案，悉遵照從前皇考高宗純皇帝辦理甘肅捏災冒賑之例，分别問擬，查前此捏冒案内侵銀不及一萬兩之各官犯四十餘名，亦經刑部問擬情實，均蒙皇考法外施仁，免死發遣。茲陳錫鈺等情罪與前案相類，亦尚可寬以一線。所有直隸省侵帑案内各官犯，除徐承勳一名業經病故外，陳錫鈺、馬河、戴書培、魏廷鑑四犯，著加恩免其勾決，發往黑龍江充當苦差。此乃朕祇遹前謨，於無可寬貸之中，曲爲貫宥。嗣後各省州縣等，益當激發天良，奉公守法，毋謂寬典之可屢邀也。

《清實録·仁宗實録》卷二二四 〔嘉慶十五年元月壬戌〕諭内閣：吏部議處失察假印、冒領庫項各員一摺。此案書吏等通同舞弊，私雕假印，冒領各處庫項至十四次之多，非尋常疏玩可比，所有部議革職、降調、降留各員，俱著照所議行。國家設官分職，大小臣工，均應殫心竭力，剔弊釐奸，乃近日各部院衙門，因循怠玩，相習成風。推原其故，由於各大臣等，思避專擅之跡，惟以含容博寬大之譽，推諉邀安静之名，虚稱辦事，實則廢弛，不肯正色率下，綜覈名實，一切文移奏牘，委之司員，而司員中又無實心任事之人，一切委之胥吏，聽其播弄，畫諾施行。胥吏等蔑視日久，舞文玩法，無所不爲，漸至肆無忌憚，朋謀盜竊，成此巨案。試思朝廷政柄，操之自上，若大臣盜權壞法，則爲太阿倒置，今幸綱紀肅清，大臣等尚無此弊，而大臣委權於所司，所司委權於書吏，若輩奸猾性生，勾結朦混，竟層層受其欺蔽，無一人能摘奸發伏者。部院衙門如此，則外省吏治尚可問乎？經此次嚴懲後，部院諸臣，各宜洗心滌慮，振刷精神，視國事如家事，堂官嚴率所屬，司官嚴察吏胥，大小相維，賢愚有别，庶人舉其職，不難諸弊澄清，日臻上理矣。將此通諭中外知之。

程哲《窰器説》 窰器，所傳柴、禹、官、哥、鈞、定可勿論矣。在勝朝則有永、宣、成、弘、正、嘉、隆、萬官窰。其品之高下，首成窰，次宣，次永，次嘉，其弘、正、隆、萬間亦有佳者。其土骨紫白，料法也；堊藥，水法也；底足，火法也；花青彩，畫法也。所忌者三：釉澤不具曰骨，罅折曰蔑，邊毀剥曰茅。

成窰之草蟲可口，子母雞勸盃，人物蓮子酒盞，草蟲小琖，青花小琖，其質細薄如紙。葡萄靶盃，五色敞口匾肚齊箸小碟，香合，小罐，皆五采者。成盃，茶貴於酒，采貴於青，其最者鬬雞可口，謂之雞缸。神宗時尚食，御前成盃一雙已值錢十萬。成、宣靶盃皆非所貴。

宣窰之祭紅盃盤有通體紅者，有紅魚者，百果者，有西紅寶石堊塗燒者，其寶光凸起紫黑者，火候失也。青花有茶靶盃，畫龍及松梅。有酒靶盃，畫人物、海獸。硃砂祭紅少大器，壺有色紅、鮮白鎖口者，有竹節滷壺、小壺、匾罐，皆罩蓋者。罏、缾、盃、碟、敞口花尊、蜜漬桶罐，多五采者，白壇盞心有壇字。暗花白茶盞，瓮肚釜底線足，裹有龍鳳暗花，底有大明宣德年製暗款，坐墩有漏花、填采，皆深青地，有藍地填采，有白地青花，有冰裂紋，其形以拱面爲上，凹面次之，爲其積水故也。又以花款青堊，光素品者次之。水注有五采桃注、石榴注，采色雙瓜注、雙鴛注，筆洗有魚藻洗、葵洗、磬口洗、螭洗，兩臺鐙檠，幡幢，雀食罐，蟋蟀盆。徐應秋曰：宣窰不獨款式端正，色澤細潤，即其字畫亦精絶。嘗見一茶盞，乃畫輕羅小扇撲流螢，其人物毫髮具備，儼然一幅李思訓畫。

永窰之壓手杯傳用可久，擎口折腰，沙足滑底，外深青花，内雙獅毬毬，内篆書永樂年製，細如粟米。鴛鴦心次之，近仿蠢厚，約略形似耳。

嘉窰泡盃，其極低小磬口者，有花三友者稱最，水藻者次之，芝草者又次之。壇琖大中小三號，内茶字者爲最，橄欖字、酒字、棗湯字次之，薑湯字又次之。薑湯不恒有。琖色以正白如玉斯美，堊嫩則近青，堊不净則近黄。其青花五色二窰器製悉備，有三色魚匾殘，磬口饅心圓足紅鉛小花合子等，有大如錢，有青花，有紅花。蓋永尚厚，成尚薄，宣青尚淡，嘉青尚濃，成青爲蘇渤泥青，宣青名麻葉青。宣采未若成采淺深入畫也。嘉萬之回青特爲幽菁，鮮紅土緑，色止礬紅，而回青盛作。

隆窰之祕戲不入鑒藏，他物汁水瑩厚如堆脂汁，故名雞皮、橘皮，質料厚實，不易茅蔑也。官窰土骨坯乾，經年方用車碾，薄上堊，水候乾數次，故入骨最堅而厚，出火口足堊不滿者，則碾去土堊更燒之，故有雞、橘紋起，用久口不茅，身不蔑。其發椶眼、蟹爪紋者，堊中心小疵反以驗火候之到，亦如宣鑪冷熱充補他鑄無及者，至於引見他産者略疏於後。

彭窑，元時戧金匠彭君寶效古定器製折腰様者甚佳，土脈細白者與足器相似，青口，欠滋潤，極鬆胞，稱爲新定。近景德倣者用青田石粉爲骨燒造，名爲粉定，堊粗骨鬆，更不佳。

龍泉窑出浙江處州龍泉縣，與哥窑共一地，道宋時名曰青瓷。明窑移處州府，處州青色土堊火候較舊龍泉質劣，古器質薄，一種盤底有雙魚，外有銅掇，環體厚者不佳。

象窑出浙江寧波府象山縣，似定而粗，色帶黄，有蟹爪紋。色白滋潤者高，倶不貴。

歐窑出江南常州府宜興縣，明歐姓者燒造，有倣哥窑紋片者，有倣官、鈞窑色者，采色甚多，皆花盤奩架，諸器不一，舊者頗佳。

建窑出福建泉州府德化縣，其色有甜白、青色，深淺不同，古建瓷薄者絶類宋瓷，盌盞多是撆口，色黑滋潤，有黄兔斑，滴珠大者真，體厚者多，少見薄者，唯佛像最佳。

饒器出江西饒州府浮梁縣，景德鎮及廣信府弋陽縣，宋時器色様甚繁，其淋堊甚肥，靈透與定相近而稍有異，明官窑皆出於此，其官造窑小而器不多，甚至一窑止燒一器者，蓋取火候和匀周密而無攲斜、走煙、破礨之失。祭紅以西紅寶石爲堊，又有硃砂點，翠青花點，色不同，堊肥，倶有橘皮紋。甜白一種，色如羊脂者尤可愛，重堊不到，磨去復上，入窑再燒，故椶紋甚厚，久用而不茅蔑。御土窑體薄而潤最好，素折腰様茅口者體薄，色潤瑩白尢佳，其值低於定器。元時燒小定印花者，内有樞府字者高，新燒大足素者欠潤。有青色及五色花者，今燒此器佳者色白而瑩最高，青黑色戧金者多是酒壺、酒盞之屬。

吉窑出江西吉州府廬陵縣永和鎮，色與紫定相類，體厚而質粗，不足貴。宋時有五窑，書公燒者佳，有白、紫二色，花缾大者直數金，小者有花，又有碎器亦佳。相傳文丞相過此，窑器盡變成玉，遂止不燒。

山西窑出太原府榆次縣，平定州、平陽府。霍州又出霍器。

陜窑出平涼府平涼、華亭兩縣。

廣東窑出潮州府，其器與饒器類。

高麗窑器類饒産，有甜白色，而堊乾燥，微近黄，皮粗骨輕，花素不等，細花竟似北定印花，青色者似龍泉，上有白花朶者不甚佳。

大食國器以銅骨爲身，起線填五采藥料燒成，俗謂法瑯是也。宋官窑色鮮菁可愛，明官窑亦佳，又謂之鬼國窑。

古瓷器出河南彰德府磁州，與定器相似，但無淚痕，亦有劃花，繡花，素者值昂於定。新者不足論也。

附明沈德符《敝帚齋餘譚》：本朝窑器用白地青花閒裝五色，爲古今之冠，如宣窑品最貴，近日又重成窑，出宣窑之上，蓋兩朝天縱留意曲藝，宜其精工如此，然花様皆作八吉祥、五供養、一串金、西番蓮，以至鬬雞、百鳥、人物故事而已。至嘉靖窑則又倣宣、成二種，而稍勝之。惟崔公窑加貴其值，亦第宣、成之什一耳。幼時曾於二三中貴家見隆慶窑酒杯、茗椀，倶繪男女私褻之狀，蓋穆宗好内，以故傳命造此種。然漢時發冢，甓甎畫壁倶有之，且有及男色者，書册所紀甚具，則杯盌正不足怪也。以後此窑漸少，今絶不復睹矣。

國朝張宗柟《帶經堂詩話》附《識曝書亭集詞註》：後周時請甆器式，世宗批其狀曰：雨過天青雲破處，者般顔色做將來。又南宋《雜事詩註》、《五雜俎》：柴窑之外有定、汝、官、哥四種，皆宋器也。傳流至今者惟哥窑稍易得，蓋其質厚，頗耐藏耳。定、汝白如玉，難於完璧，宋時宮中所用率銅鈐其口，以是損價。《稗編》：渡江後修内司造青器，名内窑。澄泥爲範，極其精緻，油色瑩徹，爲世所珍。後郊壇下別立新窑。餘如烏泥窑、餘杭窑、續窑，皆非官窑比，所謂舊越窑，不復見矣。《四部稾》：南宋時處州章生兄弟皆作窑，兄所作者視弟色稍白而斷紋多，號白芨碎。又《考古括遺芳》稱兄所作爲哥窑。《六硏齋筆記》：南宋時餘姚有祕色磁，麤樸而耐久，今人率以官窑目之，不能別白也。又兄寒坪曰：高江村《宋均窑瓶歌》註，世傳柴窑色如天，聲如磬，今人得其碎片，皆以裝飾玩具。又宋以白定有芒不堪用，命汝州造青窑器，以瑪瑙末爲油。又南渡後邵成章提舉後苑時號邵局，法政和閒京師舊製，名官窑，進奉之物，臣庶不敢用。又南宋時，處州章生兄陶者爲哥窑，弟陶者爲龍泉，足皆鐵色，哥窑多斷紋，名百圾破，更見重於世。又雞缸、寶燒碗、硃砂盤最爲精緻，價在宋磁上。《成窑雞缸歌》註：成窑酒杯種類甚多，有名高燒銀燭照紅妝者，一美人持燭照海棠也。錦灰堆者，折枝花果堆四面也。鞦韆杯者，士女戲鞦韆也。龍舟杯者，鬬龍舟也。高士杯者，面畫周茂叔愛蓮，一面書陶淵明對菊也。娃娃杯者，五嬰兒相戲也。

滿架葡萄者，畫葡萄也。其餘香草、魚藻、瓜茄、八吉祥、優鉢羅花、西番蓮、梵書，名式不一，皆描畫精工，點色深淺，磁色瑩潔而質堅。又雞缸上畫牡丹，下有子母雞躍躍欲動。又梅村作《宣宗餞金蟋蟀盆歌》，以雞缸爲宣窑。又云楊致軒先生曾語余，祭紅亦作霽紅，或作際紅，惜不及問其出處。

劉廷璣《在園雜志》：磁器起於柴世宗，迄今將近千年，徒傳柴窑片之名，所謂雨過天青者，已不可問矣。嗣後惟官、哥、汝、定，其價甚昂，間亦有之，然而不易多得。若成窑五彩暗花而體薄者，雞缸一對，價值百金，亦難輕購，本無多也。再則宣窑最佳，一時稱盛，而真者甚少，以嘉、萬之間本朝便倣本朝，極易溷淆。至國朝御窑一出，超越前代，其款式、規模，造作精巧，多出於秋官主政伴阮兄之監製焉。近復郎窑爲貴，紫垣中丞公開府西江時所造也。倣古暗合，與真無二，其摹成、宣，黝水、顔色、橘皮、椶眼、款字酷肖，極難辨別。予初得描金五爪雙龍酒杯一隻，欣以爲舊，後饒州司馬許玠以十杯見貽，與前杯同，詢之，乃郎窑也。又於董妹倩齋頭見青花白地盤一面，以爲真宣也，次日妹倩復惠其八。曹織部子清始買得脱胎極薄白碗三隻，甚爲賞鑒。費價百二十金，後有人送四隻，云是郎窑，與真成毫髮不爽，誠可謂巧奪天工矣。磁器之在國朝，洵足淩駕成、宣，可與官、哥、汝、定媲美。更有熊窑，亦不多讓。至於磁牀，磁燈，又近日之新興也。

阮葵生《茶餘客話》：御窑磁器超越前代，規模款識多出刑部主事劉伴阮監製。伴阮名源。又有郎窑，巡撫廷極所造，仿古酷肖，今之所謂成、宣者，皆郎窑也。又熊窑亦不多讓。近則年窑、唐窑皆入賞鑒。

《窑器説・跋》：窑器源流，載在朱笠亭《陶説》者特詳，惜卷帙頗鉅，難於入選，而吴石倉《浮梁陶政記》又不獲寓目，因從《荅槎蠡説》中採録此條，餘散見他書者，俱類列附後，本末畧備，以之參互考訂，思過半矣。癸酉仲冬震澤楊復吉識。

陸廷燦《南村隨筆》卷二《琉璃》 《西域注》云：師古曰：琉璃大秦國出，赤、白、黑、青、黄、緑、縹、紺、紅、紫十種，此自然之物，采澤光明，踰於衆玉。今俗所用，皆消石汁加以衆藥灌而爲之，尤虚脆不貞，實非真物。

陸廷燦《南村隨筆》卷二《弓》 《考工記》：弓非一年不可用，弓人爲弓，取六材必以其時。凡爲弓，冬析斡，春液角，夏治筋，秋合三材，寒奠體冰，折灪春被弦。鄭氏註云：朞年乃可用。

阮葵生《茶餘客話》卷二〇《瓷器》 瓷器始於柴世宗，迄今千年，徒傳柴窑之名。周時官吏請瓷器式，世宗批其狀曰：「雨過天青雲破處，者般顏色做將來。」舊稱青如天，明如鏡，薄如紙，響如磬。又曹仲明云：「柴窑足，帶黄土。」官窑品格與哥窑相同，以粉青色爲上。紋取冰裂，鱔血紫口鐵足者佳，皆不及汝窑凝厚滋潤也。定窑有素光、凸花二種，以白色爲上。均州窑紅若胭脂者爲最，色純而底有一、二數目字號者佳。古宋龍泉窑器，温州土細質厚，色若葱翠，妙者與官窑争艶，但少紋片紫骨鐵足耳。章窑乃宋人章生兄弟所燒。兄名生一，弟名生二，其制更加細密。兄陶者爲哥窑，弟陶者仿古龍泉窑，足皆鐵色。哥窑多斷紋，名百圾破，更見重於世。明成窑五彩鷄缸一對，價值百金。宣廟窑器，質料細而厚，隱隱有橘皮紋，起冰裂鱔血紋者，幾與官、汝敵。有暗花者，底有「大明宣德年製」字樣；有紅花者，用西紅寶石爲末，圖畫花鳥凸起，寶光奪目；有青花者，用蘇浡泥，圖畫花鳥形，深厚堆垛，皆發古未有，爲一代絶品。又有元燒樞輔字號器，永東細款青花杯，成化五彩蒲萄杯，皆今世甚寶貴者，然亦在龍泉章窑之下。我朝御窑越超前代，規模款識，多出秋官主政劉伴阮監製。伴阮名源，亦異人也。又有郎窑，紫垣中丞開府西江時所造，仿古酷肖，萬不能辨。今之所謂成、宣者，皆郎窑也。又熊窑亦不多讓。近則年窑、唐窑，皆入賞鑒。【略】今假哥窑碎紋者，不能鐵足，鐵足不能聲。

曹庭棟《老老恒言》卷三《雜器》 眼鏡爲老年必需。《蔗庵漫録》曰：其制前明中葉傳自西洋，名靉靆。中微凸，爲老花鏡。玻璃損目，須用晶者。光分遠近，看書作字，各有其宜，以凸之高下别之。晶亦不一，晴明時取茶晶、墨晶，陰雨及燈下，取水晶、銀晶。若壯年即用以養目，目光至老不減。中凹者爲近視鏡。

骨節作酸，有按摩之具曰太平車。或玉石，或檀木，琢爲珠，大徑寸而匾如算盤珠式，可五可六，鑽小孔貫以鐵條，折條兩頭合之，連以短柄，使手可執。酸痛處，令人執柄挼捺，珠動如車輪，故曰太平車。聞喇嘛治病，有推拿法，此亦其具也。

搥背以手，輕重不能調，制小囊，絮實之，如蓮房，凡二，綴以柄，微彎，似蓮房帶柄者，令人執而搥之，輕軟稱意，名美人拳。或自己手執，反射可搥，亦便。

隱背，俗名搔背爬，唐李泌取松樛枝作隱背是也。制以象牙或犀角，雕作小兜扇式，邊薄如爪，柄長尺餘。凡手不能到，持此搔之，最爲快意。有以穿山甲制者，可搔癬疥，能解毒。

《西京雜記》：「廣川王發魏襄王冢，得玉唾壺。」此唾壺之始也。今家常或瓷或錫，可以多備，隨處陳設。至寢時，枕旁尤要。偶爾欲唾，非此不可。有謂遠唾不如近唾，近唾不如不唾，此養生家之説。《黄氏日抄》曰：「鬼畏唾。」愚謂唾非可畏，蓋人之陽氣，唾必着力發泄之，陽氣所薄，故畏耳。或有此理。養生貴乎不唾，正恐發泄陽氣也。

冬寒頻以爐火烘手，必致十指燥裂。須銀製暖手，大如鵝卵，質極薄，開小孔，注水令滿，螺旋式爲蓋，使不滲漏。投滚水内，有頃取出暖手，不離袖則暖可永日。又有玉琢如卵，手握得暖氣，即温和不斷。

暑天室有熱氣，非風不驅。辦風輪如紡車式，高倍之，中有轉軸，四面插木板扇五六片，令人舉柄摇動，滿室風生，頓除熱氣，特不可以身當之耳。《三才圖會》謂軍器中有用此置地窨内扇揚石灰者。

冬用暖鍋，雜置食物爲最便，世俗恒有之。但中間必分四五格，使諸物各得其味。或錫制碗，以銅架架起，下設小碟，盛燒酒燃火暖之。

深夜偶索湯飲，猝不能辦，預備暖壺，製以錫，外作布囊，厚裝絮以囊之，納諸木桶中，暖可竟夜。《博古圖》有温酥壺，如膽瓶式，入滚水内化酥者。古用銅，今或用錫。借爲暖湯之備，亦頃刻可俟。按：《頤生録》曰：「凡器銅作蓋者，氣蒸爲滴，食之發瘡。」則用銅不如用錫，用錫更不如用瓷。

椶拂子，以椶櫚樹葉擘作細絲，下連葉柄，即可手執。夏月把玩，以逐蚊蚋，兼有清香，轉覺雅於麈尾。少陵有詩云：「不堪代白羽，有足驅蒼蠅。」山野銷夏之具，亦不可少此。

曹庭棟《老老恒言》卷四《卧房》 室在旁曰房。《相宅經》曰：「室中央爲《洛書》五黄，乃九宫尊位。不敢當尊，故卧須旁室。」老年宜於東偏生氣之方，獨房獨卧，静則神安也。沈佺期詩云：「了然究諸品，彌覺静者安。」房以内，除設床之所，能容一几一榻足矣。房以外，令人伺候，亦擇老年者，不耽酣睡，聞呼即應乃妥。

《易》言：「君子洗心，以退藏於密。」卧房爲退藏之地，不可不密，冬月尤當加意。若窗若門，務使勿通風隙，窗闔處必有縫，紙密糊之。《青田秘記》曰：「卧房窗取偶，門取奇，合陰陽也。」故房門宜單扇，極窄，僅容一身出入，更懸氈幕，以隔内外。按《造門經》：「門之高低闊狹，隨房大小方向，另制尺量之。」妄斷禍福，此假陰陽而神其説，可勿泥。

卧房暗則能斂神聚氣，此亦陰陽家之説。《易·隨卦》之《象》辭曰：「君子以向晦入宴息。」卧房必向晦而後入，本無取乎塏爽。但老年人有時起居卧房，暗則又非白晝所宜，但勿寬大，寧取塏爽者。或窗外加簾，酌明暗而上下之也可。

房開北牖，疏櫺作窗，夏爲宜，冬則否，窗内須另制推板一層以塞之。《詩·豳風》云：「塞向墐户。」注曰：「向，北出牖也。」北爲陰，陰爲寒所從生，故塞以禦之也。

冬以板鋪地平，誠善。入夏又嫌隔住地氣，未免作熱。置矮脚凳數張，凳面大三四尺，量房寬窄，鋪滿於中，即同地平板。夏月去凳，亦屬兩便。卧户與書室並宜之。

《蠡海集》曰：「春之氣自下而升，故春色先於曠野；秋之氣自上而降，故秋色先於高林。」寒氣亦自上而降，故子後霜落時，寒必甚，氣隨霜下也。椽瓦疏漏，必厚作頂板以禦之。即長夏日色上逼，亦可隔絶熱氣。如板薄，僅足承塵而已，徒添鼠窟，以擾夜眠。

窗户雖極緊密，難免針隙之漏，微風遂得潛入。北地禦寒，紙糊遍室，則風始斷絶，兼得塵飛不到，潔净爽目。老年卧房，可仿而爲之，每歲初冬，必重糊一度。

長夏日曬酷烈，及晚尚留熱氣，風即挾熱而來，故卧房只宜清晨洞啓窗户，以散竟夜之鬱悶。日出後俱必密閉，窗外更下重幃遮隔，不透微光，並終日毋令人入，人氣即致熱也。蓋熱皆從外至，非内生耳。入寢時，但卷幃，亦勿開窗，枕簟胥含秋意。

樓作卧房，能杜濕氣。或謂梯級不便老年，華佗《導引論》曰：「老年筋縮足疲，緩步階級，以展舒之。」則登樓正可借以展舒。諺又有「寒暑不登樓」之説，天寒所畏者風耳，如風無漏隙，何不宜之有？即盛夏但令窗外遮蔽深密，便無熱氣内侵，惟三面板隔者，木能生火也。按：《吴興掌故》有銷暑樓，顔真卿題額，則樓亦可銷暑也。又韓偓詩云：「寢樓西畔坐書堂。」則樓宜寢，並可稱寢樓。然少覺不適，暫遷樓下，詎曰非宜？

卧所一斗室足矣。如地平鋪板，不嫌高過於常，須去地二尺許，令板下前後氣通。入冬仍以板塞，南向微開小隙而已。縱不及樓居，亦足以遠濕氣。

北方作地炕，鋪用大方磚，墊起四角，以通火氣。室之北壁，外開火門，熏令少熱，其暖已徹晝夜。設床作卧所，冬寒亦似春温，火氣甚微，無傷於熱。南方似亦可效。

曹庭棟《老老恒言》卷四《床》 《記·内則》云：「安其寢處。」安之法，床爲要。服虔《通俗文》曰：「八尺曰床。」故床必寬大，則盛夏熱氣不逼。上蓋頂板，以隔塵灰。後與兩旁勿作虚欄，鑲板高尺許，可遮護汗體。四脚下周圍，板密鑲之，旁開小門，隆冬置爐於中，令有微暖，或以物填塞，即冷氣勿透。板須可裝可卸，夏則卸去。床邊上作抽屜一二，便於置物備用。

安床着壁，須杉木板隔之。杉質鬆，能斂濕氣，若加油漆，濕氣反凝於外。頭卧處近壁，亦須板隔，否則壁土濕蒸，驗之帳有霉氣，人必受於不覺。《竹窗瑣語》曰：「黄梅時，以乾櫟炭置床下，堪收濕，晴燥即撤去，卧久令人病瘖。」

床低則卧起俱便，陸放翁詩所謂「緑藤水紋穿矮床」也。如磚地安床，恐有地風暗吹，及濕氣上透，須辦床墊，稱床大小，高五六寸。其前寬二尺許，以爲就寢佇足之所。今俗有所謂踏床者，床前另置矮凳，既有床墊，踏床可省。

暖床之制，上有頂，下有墊，後及兩旁俱實板作門，三面鑲密，紙糊其縫，設帳於内，更置幔遮於帳前，可謂深暖至矣。入夏則門亦可卸，不礙其爲涼爽也。今俗所謂暖床，但作虚欄繞之，於暖之義奚取？

《説文》曰：「簟，竹席也。」昌黎詩云「卷送八尺含風漪」是也。今以木鑲方匡，或棕穿，或藤穿，通謂之簟。竊意温涼異候，床不得屢易，簟則不妨更換。夏宜棕穿者，取其疏；冬宜藤穿者，取其密。陝西有以牛皮綳若鼓，作冬月卧簟，尤能隔絶冷氣。

盛夏暫移床於室中央，四面空虚，即散煩熱。樓作卧室者更妥。窗牖不可少開，使微風得入卧所。凡室有裏外間者，則開户以通煩悶之氣，户之外，又不嫌窗牖洞達矣。

曹庭棟《老老恒言》卷四《帳》 帳必與床稱。夏月輕紗制之，《齊東野語》云「紗之至輕者曰輕容」，王建《宫詞》云「嫌羅不着愛輕容」是也。又須量床面廣狹作帳底如帳頂，布爲之，帳下三面縫連，不但可以御蚊，凡諸蟲蚤之類，亦無間得入。

曹庭棟《老老恒言》卷四《席》 席之類甚多。古人坐必設席，今則以作寢具。如竹席，《尚書》謂之筍席，今俗每於夏月卧之。但新者耗精血，陳者不收汗，或極熱時，以其着體生涼，偶一取用。兩廣所出藤席亦同。

蒲席見《周禮》，又《三禮圖》曰：「士，蒲席。」今俗亦常用。質頗柔軟，適於羸弱之體。其尤佳者，如嘉紋席、龍鬚席，即蒲同類，雖不出近地，猶爲易購。《顯道經》曰：「席柔軟，其息乃長。」謂卧安則能久寐也。

藤竹席，老年既不宜久卧常卧，柔軟者或嫌少熱，襯以藤竹席，能借其涼。深秋時即柔軟席，亦微覺冷，輒以布作褥，衣而卧。又恐太熱，布作面，蒲席作裏，二者緝合，則温涼恰當。《詩》云：「乃安斯寢。」庶幾得之。

貴州土産有紙席，客適餉予。其長廣與席等，厚則什倍常紙，質雖細而頗硬，卧不能安，乃爲緊卷，以杵槌熟，柔軟光滑，竟同絨制，又不嫌熱，秋末時需之正宜。

《周禮·地官》：「司几筵掌五席。」中有熊席。注曰：「獸皮爲席也。」今有以牛皮作席者，出口外。製皮法：拔去毛極净，香水浸出臊氣，染以紅色，名香牛皮。晉《東宫舊事》有赤皮席，今蓋仿而爲之。皮性暖，此却着身有涼意，質亦軟滑，夏月頗宜。《河東備録》云：「猪皮去毛作細條，編以爲席，滑而且涼，號曰壬癸席。」又《晉書》：「羊茂爲東郡守，以羊皮爲席。」然則凡皮皆可作席，軟滑必勝草織者。

古人席必有緣。緣者，猶言鑲邊也。古則緣各不同，所以飾席，今惟取耐用。緣以綢與緞，不若緣以布。

盛暑拭席，亦用滚水，方能透發汗濕。有愛涼者，汲井水拭之，陰寒之氣，貽患匪小。又有以大木盆，盛井水置床下，雖涼不着體，亦非所宜。惟室中几案間設冰盤，則涼氣四散，能清熱而無損於人。

席底易爲蚤所伏，殊擾安眠。《物類相感志》曰：「苦楝花曝乾，鋪席底，驅即盡。」《千金月令》曰：「大棗燒烟熏床下，能辟蚤。」其生衣襦間者爲虱。《抱朴子》曰：「頭虱黑，着身變白，身虱白，着頭變黑，所漸然也。」《酉陽雜俎》曰：「嶺南人病，以虱卜，向身爲吉，背身爲凶。」又《草木子》曰：「虱行必向北。」竊意虱喜就暗，非果向北也。銀朱和茶葉熏衣，可除之。

陸燿《烟譜·器具》第三 烟管，亦曰烟筒，北方直謂之烟袋。其法截竹爲筒，閩人取烟，置近根處着火，而自梢吸之，竹氣清香。又先含水在口，故烟性雖烈，而不受其毒，然火之所鑠，竹老者半歲一更，稍嫩則月一再更，爲用甚費。江浙則鏤木爲置烟之器，而截竹以爲之管，樸實無華，田野間多用之。士大夫則用金、銀、銅、鐵之類，嵌其兩頭，又或用烏木、象牙爲之，管不久便裂，遠不及竹。滇人象牙管内另製銅管納其中，但取不裂。然與工匠傭夫純用銅鐵鑄成者無異，每得火，全管皆熱，火氣直達喉中，最易損人。又或以錫盂盛水，另爲管插盂中，旁出一管如鶴頭，使烟氣從水中過，猶閩人先含涼水意。然嗜烟家不貴也。竹堅者，可數年不斷，歲久色黑，如退光漆。好事者以數金易一管，長者至與人等，不便攜帶。長一尺四五寸者佳，朝士于靴中置一管，長不過五六寸。

李燧《晉游日記》〔乾隆五十八年十一月〕十二日，行五十里，抵平定州城。平定爲西晉門户，與直隸井陘接界，人文甲於通省。地出鐵礦，窮民皆採鐵爲生。城南五里，有晉恭世子祠。中有流杯池，泉水清冽。以「流杯」名者，取曲水流觴之義。祠旁供一神，乃周官㡛人之祖。州人多業染採，歲時祭賽，不忘本也。

顧雪亭《土風録》卷五《茶船》 富貴家茶杯用托子，曰茶船。見李濟翁《資暇録》云。始建中蜀相崔寧之女以茶杯無襯，病其熨手，取碟子承之。既啜而杯傾，乃以蠟環碟子中央，其杯遂定。即命匠以漆環代蠟，進于蜀相。大奇之，話于賓友，人人以爲便。于是侍者更環其底，愈新其製，以至百狀。或謂貞元初青州青鄲油繪爲荷葉形以襯茶碗，別爲一家之楪，爲托子之始。非也。思按名之曰船，蓋本《周禮》司尊彝六彝皆有舟之文。鄭注：「舟，尊下臺也。」

曹振鏞等《欽定工部續增則例》卷九二《製造庫・玉冊・寶大小箱做法》

冊大箱每箇通高壹尺叁寸叁分，面寬壹尺叁寸柒分，進深玖寸。内箱蓋高貳寸叁分，計牆板肆塊，内貳塊各長壹尺叁寸柒分，貳塊各長玖寸，俱寬壹寸貳分。頂板壹塊，長壹尺柒分，寬陸寸貳分，斜廊板肆塊，内貳塊各上長壹尺柒分，下長壹尺叁寸柒分。貳塊各上長陸寸貳分，下長玖寸，俱寬壹寸陸分。箱身淨高壹尺伍分，内鑲入底座梓口，深伍分，露明高壹尺。計牆板肆塊，内貳塊各長壹尺叁寸柒分，貳塊各長玖寸，俱高壹尺伍分。底板壹塊，長壹尺貳寸柒分，寬捌寸。以上俱用厚伍分柟木板片成造。底座起線托泥肆根，湊長伍尺貳分，高壹寸伍分，寬貳寸。底棖壹根，長玖寸，寬壹寸，厚壹寸，柟木成造。外面硃漆地仗，滿瀝粉雲龍鳳，使漆篩掃金罩漆，裏面裱托黄綾，計：

週身裏外做細，折見方尺貳拾尺陸寸伍分。

托泥外面起線，湊長伍尺貳分，寬壹寸伍分。

裏面座箱梓口，湊長肆尺伍寸肆分。

箱身併蓋立縫，鑿做平頭榫貳拾捌箇，半榫眼貳拾捌箇。

頂板入槽，湊長叁尺叁寸捌分。

托泥合角榫肆箇，穿棖半榫眼貳箇。

頂板黏膠，長叁尺叁寸捌分，斜廊板黏膠，長肆尺伍寸肆分，底板黏膠，長肆尺壹寸肆分。

以上黏膠合縫，俱寬伍分。

黏鬬合榫，折寬叁寸以内者統計肆縫，壹寸以内者統計叁拾縫。

托泥内座箱黏膠，長肆尺伍寸肆分，寬貳寸。

箱外面連托泥週圍漆飾，共折見方尺柒尺伍寸玖分。計使漆灰陸道，上麻布絹各壹道，糙漆、墊光、漆光、硃紅漆飾，瀝粉，使漆篩掃金罩漆。

底板連托泥併棖，共折見方尺貳尺壹寸肆分，計使漆灰伍道，上麻布各壹道，糙油、墊光、油光、硃紅油飾。

箱内裱托綾紙共折見方尺柒尺陸寸陸分，計裱托明黄綾壹層，高麗紙壹層，黄榜紙壹層。

寶大箱每箇通高壹尺肆寸，見方壹尺壹寸陸分，内箱蓋高貳寸肆分。計牆板肆塊，各長壹尺壹寸陸分，寬壹寸貳分。頂板壹塊，見方捌寸陸分。斜廊板肆塊，各上長捌寸陸分，下長壹尺壹寸陸分，俱寬壹寸柒分。箱身淨高壹尺壹寸陸分，内鑲入底座梓口，深伍分，露明高壹尺陸分。計牆板肆塊，各長壹尺壹寸陸分，俱高壹尺壹寸壹分，底板壹塊，見方壹尺陸分。以上俱用厚伍分柟木板片成造。底座起線托泥肆根，湊長伍尺壹寸貳分，高壹寸伍分，寬貳寸。底棖壹根，長壹尺壹寸陸分，寬壹寸，厚壹寸，柟木成造。外面硃漆地仗，滿瀝粉雲龍鳳，使漆篩掃金罩漆，裏面裱托黄綾，計：

週身裏外做細，折見方尺貳拾貳尺陸寸捌分。

托泥外面起線，湊長伍尺壹寸貳分，寬壹寸伍分。

裏面座箱梓口，湊長肆尺陸寸肆分。

箱身併蓋立縫，鑿做平頭榫貳拾捌箇，半榫眼貳拾捌箇。

頂板入槽，湊長叁尺壹寸陸分。

托泥合角榫肆箇，穿棖半榫眼貳箇。

頂板黏膠，長叁尺壹寸陸分，斜廊板黏膠，長肆尺陸寸肆分，底板黏膠，長肆尺貳寸肆分。

以上黏膠合縫，俱寬伍分。

黏鬬合榫，折寬叁寸以內者統計肆縫，壹寸以內者統計叁拾縫。

托泥內座箱黏膠，長肆尺陸寸肆分，寬貳寸。

箱外面連托泥週圍漆飾，共折見方尺捌尺壹寸叁分，計使漆灰陸道，上麻布絹各壹道，糙漆，墊光，漆光，硃紅漆飾，瀝粉，使漆篩掃金罩漆。

底板連托泥併棖，共折見方尺貳尺壹寸柒分，計使漆灰伍道，上麻布各壹道，糙油，墊光，油光，硃紅，油飾。

箱內裱托綾紙，共折見方尺柒尺壹寸壹分，計裱托明黃綾壹層，高麗紙壹層，黃榜紙壹層。

册小箱每箇通高玖寸伍分，面寬壹尺柒分，進深陸寸陸分，內箱蓋高貳寸。計牆板肆塊，內貳塊各長壹尺柒分，貳塊各長陸寸陸分，俱寬壹寸。頂板壹塊，長捌寸柒分，寬肆寸陸分。斜廊板肆塊，內貳塊各上長捌寸柒分，下長壹尺柒分，貳塊各上長肆寸陸分，下長陸寸陸分，俱寬壹寸肆分。箱身浄高柒寸伍分，內鑲入底座梓口，深伍分，露明高柒寸。計牆板肆塊，內貳塊各長壹尺柒分，貳塊各長陸寸陸分，俱高柒寸伍分。底板壹塊，長玖寸柒分，寬伍寸陸分。以上俱用厚伍分桐木板片成做。底座起線托泥肆根，湊長叁尺柒寸捌分，寬壹寸肆分，厚壹寸。底棖壹根，長陸寸陸分，寬壹寸，厚伍分，桐木成造。外面硃漆地仗，滿瀝粉雲龍鳳，使漆篩掃金罩漆。裏面裱托黃綾，計：

週身裏外做細，折見方尺拾壹尺玖寸貳分。

托泥外面起線湊長叁尺柒寸捌分，寬壹寸。

裏面座箱梓口，湊長叁尺肆寸陸分。

箱身併蓋立縫，鑿做平頭榫貳拾箇，半榫眼貳拾箇。

頂板入槽，湊長貳尺貳寸陸分。

托泥合角榫肆箇，穿棖半榫眼貳箇。

頂板黏膠，長貳尺貳寸陸分，斜廊板黏膠，長叁尺肆寸陸分，底板黏膠，長叁尺陸分。

以上黏膠合縫，俱寬伍分。

黏鬬合榫，折寬貳寸以內者統計肆縫，壹寸以內者統計貳拾貳縫。

托泥內座箱黏膠，長叁尺肆寸陸分，寬壹寸肆分。

箱外面連托泥週圍漆飾，共折見方尺叁尺玖寸貳分，計使灰陸道，上麻布絹各壹道，糙漆，墊光，漆光，硃紅漆飾，瀝粉，使漆篩掃金罩漆。

底板連托泥併棖，共折見方尺壹尺叁分，計使漆灰伍道，上麻布各壹道，糙油，墊光，油光，硃紅油飾。

箱內裱托綾紙，共折見方尺叁尺陸寸柒分，計裱托明黃綾壹層，高麗紙壹層，黃榜紙壹層。

寶小箱每箇高壹尺捌分，見方捌寸，內蓋高貳寸。計牆板肆塊，各長捌寸，寬壹寸，頂板壹塊，見方陸寸，斜廊板肆塊，各上長陸寸，下長捌寸，俱寬壹寸肆分。箱身浄高柒寸陸分，內鑲入底座梓口深伍分，露明高柒寸壹分。計牆板肆塊，各長捌寸，俱高柒寸陸分。底板壹塊，見方柒寸，以上俱用厚伍分桐木板片成做。底座起線托泥肆根，湊長叁尺伍寸貳分，寬壹寸伍分，厚壹寸。底棖壹根，長捌寸，寬壹寸，厚伍分，桐木成造。外面硃漆地仗，滿瀝粉雲龍鳳，使漆篩掃金罩漆。裏面裱托黃綾，計：

週身裏外做細，折見方尺拾壹尺陸寸肆分。

托泥外面起線，湊長叁尺伍寸貳分，寬壹寸。

裏面座箱梓口，湊長叁尺貳寸。

箱身併蓋立縫，鑿做平頭榫貳拾箇，半榫眼貳拾箇。

頂板入槽，湊長貳尺。

托泥合角榫肆箇，穿棖半榫眼貳箇。

頂板黏膠，長貳尺，斜廊板黏膠，長叁尺貳寸，底板黏膠，長貳尺捌寸。

以上黏膠合縫，俱寬伍分。

黏鬬合榫，折寬貳寸以內者統計肆縫，壹寸以內者統計貳拾貳縫。

托泥內座箱黏膠，長叁尺貳寸，寬壹寸肆分。

箱外面連托泥週圍漆飾，共折見方尺肆尺貳分，計使灰陸道，上麻布絹各壹道，糙漆，墊光，漆光，硃紅漆飾，瀝粉，使漆篩掃金罩漆。

底板連托泥併棖，共折見方尺玖寸肆分，計使漆灰伍道，上麻布各壹道，糙油，墊光，油光，硃紅油，飾。

箱內裱托綾紙，共折見方尺叁尺叁寸伍分，計裱托明黃綾壹層，高麗紙壹層，黃榜紙壹層。

顧禄《清嘉録》卷五《健人》 市人以金銀絲製爲繁纓、鐘鈴諸狀，騎人於虎，極精細。綴小釵，貫爲串，或有用銅絲、金箔爲之者，供婦女插鬢。又互相獻賚，名曰「健人」。

案：《唐宋遺紀》：「江淮南北，五日釵頭綵勝之製，備極奇巧。凡以繒綃剪製艾葉，或攢繡仙佛、禽鳥、蟲魚、百獸之形，八寶羣花之類，綯紗蜘蛛，綺縠鳳麟，繭虎，絨蛇，排草蜥蜴，又螳螂、蟬、蝎，又葫蘆、瓜、果，色色逼真。加以幡、幢，寶蓋，繡球，繁纓，鐘鈴百狀，或貫爲串，名曰『豆娘』，不可勝紀。」蓋即吾鄉之「健人」也。吳曼雲《江鄉節物詞》小序亦云：「杭俗，健人即艾人，而易之以帛，作騎虎狀，婦女皆戴之。」詩云：「畫將眉目施襟裾，剪帛先知艾氣除。何物么麽呼健者，勢成騎虎復何如。」而長、元《志》皆載：「五日剪綢爲人，以坐虎背。或併用金絲，加以蒜稷之類，名曰『健人』。」《吳縣志》又謂：「以金銀絲爲蒜形、虎形，騎人於虎，名曰『健人』。極細小，懸髻上。貧家則以銅絲，金箔爲之。」蔡鐵翁《吳歈》注謂：「即古步摇。」詩云：「插鬢金摇亦健人。」江、震《志》亦載：「五日，以綵絨雜金，纏結符袋，戴之釵頭，互相餽遺。」

顧禄《清嘉録》卷五《雄黄荷包裹絨銅錢》　製繡囊絕小，類荷包之形，中盛雄黄，謂之「雄黄荷包」。綵絨裹銅錢爲五色符，謂之「裹絨銅錢」。皆繫襟帶間以辟邪。

案：吳曼雲《江鄉節物詞》小序云：「杭俗，婦女製繡袋，絕小，貯雄黄。繫之衣上，可辟邪穢。」詩云：「石榴花底繡工忙，夾袋功收藥石良。贈我定知囊可括，從來口不設雌黄。」

顧禄《清嘉録》卷五《老虎頭老虎肚兜》　編錢爲虎頭形，繫小兒胸前，以示服猛，謂之「老虎頭」。又小兒繫赤色裙幱，亦彩繡爲虎形，謂之「老虎肚兜」。

案：吳曼雲《江鄉節物詞》小序云：「杭人午日製老虎頭，繫小兒襟帶間，示服猛也。」詩云：「乙威曾不露全身，一例牙鬚巧製新。喚作虎頭癡亦好，管中窺豹又何人。」

顧禄《清嘉録》卷五《獨囊網蒜》　擇蒜本之不分瓣者，結綫網繫之以爲飾，謂之「獨囊網蒜」。

案：吳曼雲《江鄉節物詞》亦有《詠網蒜》詩：「不隨葱薤付蘭錡，網結千絲壓綫遲。絕似簾波垂影處，誤他銀蒜入罘罳。」

錢泳《履園叢話》卷二《閱古·秦漢瓦當》　瓦當者，宋李好文《長安圖志》謂之瓦頭，蓋屋瓦皆仰，當兩仰瓦之際，爲半規之瓦以覆之，俗謂筒瓦是也。云當者，以瓦文中有蘭池宮當、宗正官當、宜富貴當、八風壽存當，是秦、漢時本名。《説文解字》云：「當，田相值也。」《韓非子·外儲説》：「玉巵無當。」《史記·司馬相如傳》：「華榱璧當。」司馬彪曰：「以璧爲瓦之當也。」《西都賦》：「裁金璧以飾當。」注家謂當即底也，故謂之瓦當。

按瓦當之文，歐、趙、洪氏俱不載，蓋當時人猶未之見。逮元祐六年，寶雞縣民權氏濬池，得古瓦，文曰「羽陽千歲」，其事載王闢之《澠水燕談録》。又黄伯思《東觀餘論》亦載有「益延壽」三字瓦。自是而後，闃無聞焉。國朝康熙間，侯官林佶人得有長生未央瓦。一時名士俱有詩，見于王阮亭、朱竹垞集中。乾隆初年，浙人有朱楓者，以其子官關中，又得瓦當之有文者三十餘種，因作《秦漢瓦圖記》。至四十八九年間，鎮洋畢秋帆先生爲陝西巡撫，嘗著《關中金石記》，採瓦當文字十餘種入記中。幕府諸客，如張舍人塤、宋孝廉葆醇、趙文學魏、錢別駕坫、俞太學肇修所獲瓦當最多。後青浦王蘭泉先生爲陝西廉訪，亦獲廿餘種。而海内通博之士依兩公以遊者，歲不乏人，亦往往獲瓦以去。時陽曲申大令兆定正候補長安，亦深好古篆籀之文，見諸君所得有異文奇字者，皆爲雙鉤，用舊甎摹仿，較之原本毫髮無遺，故特備于諸君。而歙縣程彝齋敦爲作《秦漢瓦當文字》一卷。逮畢、王二公相繼遷擢，諸君亦皆星散，近亦不可多得。蓋物之顯晦有時，誠有莫知其然而然者。今就程彝齋、申大令兩家所搨本録之，較畢公之《關中金石記》、王公之《金石萃編》爲尤備焉。

〔十二字瓦〕　文曰：「維天降靈，延元萬年，天下康寧。」十二字。此宋芝山、趙晉齋得于長安市中者，諸君斷爲秦瓦。

〔蘭池宮當〕　此瓦晉齋得之咸陽。攷《漢書·地理志》，渭城有蘭池宮。又《史記·始皇本紀》：「始皇微行咸陽，與武士夜出，逢盜蘭池。」《正義》引《括地志》：「蘭池陂，即古之蘭池，在咸陽縣界。」據此則始皇因池以爲宮，又即以名宮也。

〔衛〕　此瓦晉齋、獻之皆有之，俱得自漢城。《長安志》云：「又有作楚字者。秦作六國宮室，用其國號以別之也。」彝齋謂《漢百官表》有衛尉，掌宮門衛屯兵。當爲衛尉寺并宮内周垣下區廬瓦也。

〔長樂未央〕　張、宋、趙、錢諸君俱有之，皆得自漢城。《漢書·高帝紀》：五年後九月，關中治長樂宮。《史記·高祖本紀》：七年，長樂宮成。八年，蕭丞相作未央宮。九年，未央宮成。據此則長樂、未央本兩宮，此瓦文合而一之，亦取吉祥語意配合成文耳，未必某宮即用某字瓦也。

〔長生未央〕　此瓦最多，諸君俱有之，皆出于漢城。蓋亦未央宫瓦，亦取「長生」二字配合成文也。

〔長生無極〕　此瓦亦出漢城，當是未央、長樂宫瓦也。

〔與天無極〕　此瓦當與「長生無極」同意，頌禱之辭也。

〔億年無疆〕　此俞太學得于長安市上，不知所施。或謂王莽妻陵瓦，非也。攷秦、漢宫殿以年壽命名者甚多，率取頌禱之辭耳。

〔延年益壽〕　此瓦趙、錢、俞、申諸君俱有之，亦得于長安市上。當是甘泉宫益壽觀瓦。

〔延壽萬歲〕　此瓦俞太學所得，當亦萬歲殿或延壽觀瓦也。

〔千秋萬歲〕　此瓦亦諸君所有，出于漢城者。《長安志》引《三輔黄圖》，謂未央宫有萬歲殿。此即其殿瓦歟？

〔長毋相忘〕　此張舍人所得，亦出自漢城，不知何宫所施。案《長安志》引漢宫殿名有相思殿者，不知所在。此疑爲後宫所用也。

〔永受嘉福〕　此瓦四字俱是蟲篆，蓋漢人有此篆法也。俞太學得于長安肆中，引《董賢傳》爲「椒風嘉祥」，或又引《揚雄傳》爲「迎風嘉祥」。細審之，實是「永受嘉福」四字耳。

〔永奉無疆〕　此瓦錢、俞、申三君俱有之，皆得于漢城。錢别駕定爲漢太廟上所施。

〔便〕　此瓦惟一「便」字，作陰文。申大令得于長安市，引《漢書・武帝紀》六年四月，高園便殿火。小顔曰：「凡言便殿、便室、便坐者，皆非正大之處，所以就便安也。」據此則爲便殿所施。

〔飛廉〕　此瓦作飛廉形，俞太學得于漢城。攷《史記・孝武本紀》：「公孫卿曰：『仙人好樓居。』于是上令長安作飛廉觀。」當是飛廉觀瓦也。

〔朱鳥〕　此瓦作朱鳥形，錢别駕得于漢城。案張平子《西京賦》李善注引漢宫闕名有朱鳥殿。又《長安志》未央宫有朱雀殿，一名朱鳥殿，此其所施也。

〔玄武〕　此瓦作玄武形，上蟠一蛇，趙文學得于漢城，引《史記・高祖本紀》：八年，蕭丞相營作未央宫，立東闕北闕。注云：「東有蒼龍闕，北有玄武闕。」即玄武闕瓦也。

〔鳳〕　此瓦作鳳形，俞太學從漢城仙女樓下得之。攷《漢書・武帝紀》及《郊祀志》，建章宫有鳳闕，此其瓦也。

〔萬物咸成〕　此瓦申大令得于長安市肆。攷《三輔黄圖》云：「后宫在西，秋之象也。秋主信，故以長秋、長信爲名。」今云「萬物咸成」者，當是長秋殿瓦。

〔上林〕　此瓦錢、申、俞三君皆有之。案《史記・始皇本紀》、《漢書・揚雄傳》及《東方朔傳》俱有上林苑，此上林門署衛垣之瓦也。

〔鹿甲天下〕　此瓦上有二鹿形，下「甲天下」三字左行書，乃俞太學于淳化友人處索得者，不知其所由來，或謂天鹿閣瓦，非也。案《長安志》引《關中記》，上林苑中有二十二觀，有衆鹿觀，「甲天下」者，言其多也，豈即衆鹿觀瓦耶？

〔三鳥〕　此瓦有三鳥形，俞太學得于長安道上。《長安志》二十二觀中有三雀觀，此其觀瓦也。

〔黄山〕　此瓦惟「黄山」二字，俞太學得自興平。《漢書・地理志》槐里有黄山宫，孝惠二年起。《長安志》云：「漢黄山宫在興平縣西南十里。」其爲黄山宫瓦無疑。

〔宗正官當〕　此瓦申大令得于漢城。案《漢書・高帝紀》，七年二月，置宗正官，以序九族。《百官表》云：「宗正，秦官，掌親屬。」《史記・文帝紀》注《正義》曰：「漢置九卿，七曰宗正。」此瓦當是宗正官瓦也。

〔都司空瓦〕　此瓦趙文學得于漢城。案《漢書・百官表》，宗正屬官有都司空。如淳曰：「律，司空主水及罪人。」

〔右空〕　此趙文學得之長安市中。案《漢書・百官表》，少府，秦官，掌山海地澤之税，以給供養。屬官有左右司空。據此當是右司空瓦。

〔上林農官〕　此瓦錢别駕得于長安市中。據《史記・平準書》，水衡、少府、大農、太僕各置農官。則上林之有農官，當自此始。此即農官治事處之瓦也。

〔宜富貴當〕　此瓦亦取吉祥語意。中有二小字，或説「金」旁作「刃」，爲「劉」字，非也。余嘗見古鏡上有小印曰「千金」，細審之，實是「千金」二字。

〔高安萬世〕　此錢别駕得自漢城。别駕據《漢書・佞幸傳》，董賢封高安侯，上爲起大第北闕下，重殿洞門，窮極技巧。此即其殿瓦耶？

〔大〕　此瓦俞太學得之漢城，不知所施。

〔有萬憙〕　錢别駕于漢城得一殘瓦，惟「萬憙」二字。後申大令在長安市亦獲瓦半片，惟一「有」字，合而觀之，上下文藻相合，實「有萬憙」三字耳。漢碑「憙」、「喜」二字通用。

〔八風壽存當〕　此瓦程彝齋得之漢城長樂鐘室舊阯南百步埃塵之間。因攷《漢書・郊祀志》，王莽二年，興神仙事。以方士蘇樂言，起八風臺于宮中。臺成萬金，作樂其上。此當是八風臺瓦也。

〔丰丰〕 此瓦嘉定錢既勤所得，上下左右作四神形，甚奇古。阮芸臺先生定爲「豐」字瓦。

〔仁義自成〕 此瓦程彝齋所得，不知所施。

〔虎〕 此瓦作虎形，虎口前有二「申」字，不知何義。或曰此真白虎觀瓦也。

右秦、漢瓦當三十六種，其中有重文者，異文者，殘闕者，共記所見一百二十餘塊，較諸家著録爲多。

錢泳《履園叢話》卷二《閲古・古磚》 按古磚題字，亦不載于歐、趙著録，惟洪氏《隸續》有永平及汝伯寧諸磚，自後無有見者。近來好古之士，漸次搜羅，日出日多。老友海鹽張芑堂徵君作《金石契》，山陰陳雪樵騎尉有《古磚題字攷》，又吴興陳抱之太學作《金石圖》，俱載有漢、魏、兩晉、六朝諸磚，又借搨他人所得者，計三十種，傳之藝林，亦可備嗜古之一助云。

〔漢萬歲磚〕 此磚乾隆辛卯吴興莘芹圃得之，桐城胡雒君又于長興得一磚，亦有「萬歲」二字。《隸續》載汝伯寧磚曰「萬歲舍」，曹叔文磚曰「千萬歲署舍」，邯君冢磚曰「萬秋宅」。觀此則知漢人尚吉語，如瓦當文曰「千秋萬歲」「萬年無疆」之類，必是漢磚無疑也。

〔漢五鳳磚〕 此磚揚州阮芸臺先生案頭見之，文曰「五鳳三年」四字，海鹽張芑堂所貽也。

〔漢竟寧磚〕 文曰「竟寧元年歲」五字，下缺，上端作大獸面，形模古異，吴興陳抱之太學所得。按《元帝紀》第四改元曰竟寧，「歲」字下當是「在戊子」三字無疑。

〔漢建平磚〕 文僅「建平」二字，下缺。按哀帝紀元曰建平，磚右側有一「宜」字，上有「廷尉書」三字。《文獻通攷》云：「廷尉，秦官，漢因之。景帝中元六年，更名大理。武帝建元四年，復爲廷尉。哀帝元壽元年，復改爲大理。」知建平時猶未改也。

〔漢永建磚〕 文僅「永建」二字，下缺。按《後漢・順帝紀》，順帝在位十九年，紀元五，初紀曰永建，凡六年。

〔漢本初磚〕 文曰「本初元年，歲在丙戌，下端日造作助」十四字。按後漢質帝紀元本初只一年。此亦抱之所得。

〔漢中平磚〕 文曰「中平五年七月」，下缺，計六字，其左側有「萬歲富貴」四字。按《後漢・靈帝紀》，帝在位廿二年，紀元四，末改元曰中平，凡六年。

〔漢亭長磚〕 揚州羅兩峯有一磚，畫像車騎，外貌一人，方面豐頤，鬑鬑有須，兩手執旗干而立。上有八分書「亭長」二字，宛如漢石室畫像。按《漢官儀》，民年二十三爲正，一歲以爲衛士，一歲爲材官，五十六乃得免爲民，就田合選爲亭長。亦漢磚也。

〔吴寶鼎磚〕 康熙四年，吴之村民于小雁嶺掘地得之，文曰：「大吴寶鼎二年，歲在丁亥作。」計十一字，書法在篆隸之間。一面有螭文，筆勢勁挺。朱竹垞《曝書亭集》亦載此磚，以爲宫殿上所用，引孫晧起昭明宫爲證。然魏、晉以前，磚上大率皆有文，不獨此磚也。

〔吴潘冢磚〕 文曰「嘉興象西潘儒南父母墳塋磚」十二字，又兩頭有曰「潘冢」、曰「潘墓」，皆篆書，共十六字。浙江嘉興、海鹽諸處委巷頹垣中，往往有之，其書法非隸非篆，絶似《國山碑》。張芑堂《金石契》定爲孫吴時磚，引赤烏五年避太子和嫌名，改嘉禾爲嘉興，亦一證。

〔晉太康磚〕 太康磚，余所見者甚多，其文亦不一。乾隆五十年，吴中大旱，居民于太湖中掘井得數百塊，皆太康磚也。其文曰「太康七年七月十七日吴賀申作」十三字。又吴興陳抱之亦得有「太康八年，臨安□弼制萬年」十一字磚，磚右側有「萬歲不敗」四字。又一塊曰「太康□年五月十三日」九字。此吴門陸默齋舍人所藏也。

〔晉蜀師磚〕 蜀師磚，嘉興之海鹽，揚州之平山堂，皆掘有蜀師磚。或以爲蜀都城磚，非也。然「蜀師」二字，義終未詳。嘉慶六年冬，浙中陳南叔得一磚，文曰「太康三年七月廿日蜀師所作」，計十二字，則知蜀師爲陶人也。

〔晉永平磚〕 嘉慶丁巳歲，南康謝蘊山先生爲浙江布政使，闢東園屋，得永平磚八塊，先生大喜，定爲晉惠帝時物。遂名之曰八磚書舫，賦詩紀之，一時和者，至數十家。或以爲明永平廠所造，非晉磚也。先生怒曰：「爾輩嗜古家，每以穿鑿附會爲長，區區瓦礫，何足深究耶！」

〔晉元康磚〕 文曰「元康八年八月廿六日宣作」十一字。按《晉書》惠帝第三改元，歲在戊午。

〔晉永寧磚〕 文曰「永寧元年六月十九日淳」，下缺，計十字。近嘉興張叔未解元得有一磚，文與前同，下曰「淳于氏作，奉在立」，共十有六字，載芑堂《金石契》。又一磚文曰「永寧元年，歲在辛酉，蔡作」，上下兩端作蕉葉文，亦惠帝改元也。

〔晉永興磚〕 文曰「永興二年八月」，下缺，計六字，亦惠帝改元，當在乙丑歲也。山陰陳雪樵所得。

〔晉永嘉磚〕 文曰「永嘉二年，歲在」，下缺，計六字。按《晉書》，永嘉，懷帝紀元。此云二年，當是戊辰歲也。此亦抱之所藏。

〔晉建興磚〕 文曰「傳世富貴」，左側有「建興〔三〕」三字，當是建興三年也。按《晉書》，愍帝改元曰建興。攷三年是乙亥，即蜀漢建元元年也。

〔蜀漢建元磚〕 文曰「建元二年七月八日故民王有張申明仲和馬」十八字。按建元是蜀漢年號也。亦雪樵所得。又東晉康帝、秦苻堅亦曰建元。

〔東晉泰元磚〕 晉泰元磚有數種，其一曰「泰元元年八」五字，一曰「晉泰元九年十月」，又一曰「晉太元十六年」，又一曰「卜氏塼，太元廿一年」，皆陳抱之所藏，阮芸臺尚書有跋語。又嘉慶四年，山陰蘭渚山土人掘地得一穴，大踰甕，有好事者縋入，昏黑不可辨，地寬廣約一間屋許。以火照之輒滅，以手捫壁得古磚五，每塊長一尺六寸，厚二寸，博一尺許，上有「晉太元廿二年建墓」，凡八字，作陽文凸起，四磚皆同。其一磚尺寸相仿，文已磨滅，惟存「君諱堅，字君實，會稽山陰人也。長子玩，次子玫」，凡廿二字，則陰文。五磚皆楷書，今藏吴比部蘭馥家。

〔晉咸康磚〕 此磚搨本在吴門陸謹庭孝廉家見之，文曰「咸康四年」。按咸康是東晉成帝年號也。

〔晉永和磚〕 余見者有兩磚，一曰「永和四年」，陸謹庭所藏車氏搨本也。一曰「永和九年七月十」，下缺，張芑堂曾刻入《金石契》者也。梁山舟侍講嘗題一詩云：「頑物千年遂不磨，不知蕩潏幾滄波。昭陵玉匣今安在，斷甓猶傳晉永和。」

〔宋元嘉磚〕 文曰「宋元嘉六年太歲己巳」，俱反文。按宋文帝元嘉元年是甲子，六年乃己巳也。此亦陳抱之所藏。

〔宋泰始磚〕 此宋明帝年號也。文曰「泰始二年四月」，六字，下缺。陳雪樵得于山陰。

〔梁天監磚〕 文曰「天監八年五月」六字。杭州萬氏嘗葬于西溪，掘土得之。磚藏丁龍泓先生家，載《金石契》。

〔梁臺城磚〕 本朝康熙中江寧民人于臺城舊址掘得，一磚計有文四行，曰「南康府提調官」，下缺；「都昌縣提調官」，下缺；「總甲曹才」，下缺；「窑匠鄧」，下缺，共十九字。車氏搨本也。

〔隋大業磚〕 乾隆五十八年紹興府城蕺山下居民商姓于住屋清暉軒下掘土得之，磚旁有「隋大業九年太歲癸酉袁」，凡十字，磚頂上又有「遲檸」二字，疑陶人名也。

〔唐大和磚〕 文曰「大和六年」四字。按唐文宗有大和年號，後人誤作太和耳。

〔唐大中磚〕 文曰「大中四年」四字。按唐宣宗年號也。此二磚俱陳抱之所藏。余曩在吴門又見有「柳磚」二字，筆法顔魯公，想亦唐時磚也。

右漢、魏、晉、唐磚，合重文、異文及殘缺者計四十餘塊。又有無年月可攷者，如功曹史磚、左將磚、柳磚、崔氏造磚、李氏磚、王宥磚、東遷磚、潘氏磚、孫氏磚、大泉五十磚、五銖磚、可久長磚、長樂磚、壽考磚、安富貴磚、大吉祥磚之類，不能盡記，皆漢、唐物也。

錢泳《履園叢話》卷一二《閱古・宋磁器》 陶九成《輟耕録》謂磁器始於五代，非也。嘗讀杜少陵《乞韋少府大邑磁盌詩》云：「大邑燒磁輕且堅。」則唐時已有之，至五代、兩宋而始盛耳。明永樂、宣德以及成、弘、正、嘉諸朝，皆稱極盛。而本朝康熙、雍正、乾隆、嘉慶四朝，製作尤精，實超出乎前古。惟質地頗鬆而脆，不比宋、明之堅且結，可以垂久。

錢泳《履園叢話》卷一二《藝能・硺硯》 石之出於端州者，概而名之曰端。端非一種，種非一類，只要質理細，發墨易，便是佳硯。其他名色甚多，如鴝鵒眼、黄龍紋、蕉葉白之類，而石質粗笨，不發墨，則亦安用其名色耶？近日阮芸臺宫保在粤東，又得恩平茶坑石，甚發墨，五色俱有，較端州新坑爲優，此前人之所未見。

石之細而發墨者，亦不必端州，即如歙之龍尾，蘇之巉村，漢宫之瓦當，魏、晉之宫殿磚，松花江之砥石，俱可爲硯。近又以日本國石爲硯者，皆出於通州、福山一帶，人家墻壁内時有之，相傳爲明時倭寇入江南壓船帶來者，其質堅而細，甚發墨，有黄、紫、黑三種，莫名其爲何石，近亦漸少矣。

余嘗論硺硯之工，全在乎取材，不必問做手。如硯材不佳，雖妙手亦何能爲耶？曩時在小倉山房識江寧衛臯溪，手段却好，惟所硺之硯皆是棄材，不過陳設案頭，與假古銅磁飾觀而已。

錢泳《履園叢話》卷十二《藝能・裝潢》 裝潢以本朝爲第一，各省之中以蘇工爲第一。然而雖有好手，亦要取料浄，運帚匀，用漿宿，工夫深，方稱善也。乾隆中，高宗深於賞鑒，凡海内得宋、元、明人書畫者，必使蘇工裝潢。其時海内收藏家有畢秋帆尚書、陳望之中丞、吴杜村觀察爲之提奬，故秦長年、徐名揚、張子元、戴匯昌諸工，皆名噪一時。今書畫久不行，不過好事士大夫家略有所藏，亦不精究裝法，故工於此者日漸日少矣。

梁章鉅《浪跡叢談》卷四《傘蓋》 《大清律例》載：「職官傘蓋，一品、二品，銀葫蘆，杏黄羅表，紅裏；三品、四品，紅葫蘆，杏黄羅表，紅裏，以上皆三簷。五品，紅葫蘆，藍羅表，紅裏；六品以下、八品以上，惟用藍絹，皆重簷。庶民不得用羅絹涼傘，許用油紙雨傘。」又《禮部則例》載：「總督以下至知府，用杏黄繖；府佐貳以下至縣丞、教官，用藍繖；其雜職以下，無繖。又武官自提督以下至都司，用杏黄繖；守備不用『肅静』、『廻避』牌，餘視都司。」今文官府佐貳皆用紅繖，武官千總亦然，不自知其僭矣。

姚元之《竹葉亭雜記》卷一 三庫綢緞、顔料、銀庫。向歸江南道滿漢御史輪往查察。嘉慶二十年十月，始每庫派御史一員監放，以專責成，一年更换。從浙江道御史柏清額之請也。二十一年十月復添三員，定爲每庫滿漢各一員。每當應更替時，本堂帶領引見，簡用六人，回署當堂掣簽分庫。歲戊戌引見時，上即派定，不掣簽矣。

武英殿有露房，即殿之東稍間，蓋舊貯西洋藥物及花露之所。甲戌夏，查檢此房，瓶貯甚夥，皆丁香、荳蔻、肉桂油等類。油已成膏，匙匕取之不動。又有狗寶、鱉寶、蜘蛛寶、獅子寶、蛇牙、蛇睛等物。其蜘蛛寶黑如藥丸，巨若小胡桃，其蛛當不細矣。又有曰德力雅噶者，形如藥膏；曰噶中得者，制成小花果，如普洱小茶糕。監造列單，交造辦處進呈。上分賜諸臣，餘交造辦處。舊傳西洋堂歸武英殿管理，故所存多西洋之藥。此次交造辦處而露房遂空，舊檔册悉焚，於是露房之稱始改矣。

傳記

吕不韋《吕氏春秋》卷五《仲夏紀・古樂》 昔黄帝令伶倫作爲律。伶倫自大夏之西，乃之阮隃之陰，取竹於嶰溪之谷，以生空竅厚鈞者，斷兩節間，其長三寸九分而吹之，以爲黄鐘之宫，吹曰「舍少」。次制十二筒，以之阮隃之下，聽鳳皇之鳴，以别十二律。其雄鳴爲六，雌鳴亦六，以比黄鐘之宫，適合。黄鐘之宫皆可以生之，故曰黄鐘之宫，律吕之本。黄帝又命伶倫與榮將鑄十二鐘，以和五音，以施《英韶》。以仲春之月，乙卯之日，日在奎，始奏之，命之曰《咸池》。

劉歆《西京雜記》卷一《鍊金爲環》 戚姬以百鍊金爲彄環，照見指骨。上惡之，以賜侍兒鳴玉、耀光等，各四枚。

劉歆《西京雜記》卷一《霍顯爲淳于衍起第贈金》 霍光妻遺淳于衍蒲桃錦二十四疋、散花綾二十五疋。綾出鉅鹿陳寶光家，寶光妻傳其法。霍顯召入其第，使作之。機用一百二十鑷，六十日成一疋，疋直萬錢。又與走珠一琲，緑綾百端，錢百萬，黄金百兩，爲起第宅，奴婢不可勝數。衍猶怨曰：「吾爲爾成何功，而報我若是哉！」

《魏書》卷二四《崔玄伯傳》 又弘農出漆蠟竹木之饒，路與南通，販貿來往。家産豐富，而百姓樂之。

《晉書》卷三三《石苞傳》 財産豐積，室宇宏麗。後房百數，皆曳紈繡，珥金翠。絲竹盡當時之選，庖膳窮水陸之珍。與貴戚王愷、羊琇之徒以奢靡相尚。愷以粭澳釜，崇以蠟代薪。愷作紫絲布步障四十里，崇作錦步障五十里以敵之。崇塗屋以椒，愷用赤石脂。崇、愷争豪如此。武帝每助愷，嘗以珊瑚樹賜之，高二尺許，枝柯扶疏，世所罕比。愷以示崇，崇便以鐵如意擊之，應手而碎。愷既惋惜，又以爲嫉己之寶，聲色方厲。崇曰：「不足多恨，今還卿。」乃命左右悉取珊瑚樹，有高三四尺者六七株，條幹絶俗，光彩曜日，如愷比者甚衆。愷怳然自失矣。

朱銘盤《南朝齊會要・樂・古樂器》 永明中，始興王鑑爲益州刺史。時有廣漢什邡人段祖，以錞于獻鑑，古禮器也。高三尺六寸六分，圍三尺四寸，圓如筩，銅色黑如漆，甚薄，上有銅馬，以繩縣馬，令去地尺餘，灌之以水，又以器盛水於下，以芒莖當心跪注淳于，以手振芒，則聲如雷，清響良久乃絶。古所以節樂也。《南史・鑑傳》。

朱銘盤《南朝齊會要・輿服・雜器物》 祖沖之以諸葛亮有木牛流馬，乃造一器，不因風水，施機自運，不勞人力。又造千里船，於新亭江試之，日行百餘里。於樂遊苑造水碓磨，武帝親自臨視。本傳。

永明中，竟陵王子良好古，祖沖之造欹器獻之，與周廟不異。《南史・祖沖之傳》。

明帝慕儉約，欲鑄壞太官元日上壽銀酒鎗，尚書令王晏等咸稱盛德。衛尉蕭穎胄曰：「朝廷盛禮，莫過三元。此一器既是舊物，不足爲侈。」帝不悦。後預曲宴，銀器滿席。穎胄曰：「陛下前欲壞酒鎗，恐宜移在此器也。」帝甚有慙色。《穎胄傳》。

黄紙帽箱。《褚炫傳》。

李肇《唐國史補》卷下 李汧公雅好琴，常斵桐，又取漆桶爲之，多至數百張，求者與之。有絶代者，一名響泉，一名韻磬，自寶于家。

段成式《酉陽雜俎》卷一〇《物異》 漢帝相傳〔以〕秦王子嬰所奉白玉璽、高祖斬白蛇劍。劍〔上有七〕綵〔珠〕、九華玉以爲飾，雜厠五色琉璃爲劍匣。劍在室中，〔光〕景猶照於外，與挺劍不殊。十二年一加磨瑩，刃〔上常若霜〕雪。開匣拔鞘，輒有風氣，光彩射人。

李燾《續資治通鑑長編》卷一五六《仁宗慶曆五年》〔閏五月〕 庚戌，太子太保致仕楊崇勳卒。贈太尉，謚恭密。將葬，易其謚曰恭毅。崇勳久任軍職，當真宗朝，每對見，輒肆言中外事，喜中傷人，人以是畏之。性貪鄙，任藩鎮日，嘗役兵工作木偶戲人，塗以丹白，舟載鬻於京師。

李燾《續資治通鑑長編》卷一九〇《仁宗嘉祐五年》〔正月〕 己亥，度支員外郎、集賢校理、知登州胡俛特勒停，兵部郎中、秘閣校理、知濰州解賓王落職知建昌軍。始，賓王以營葬求知登州。及俛代賓王，乃言營葬者不得請鄉郡，又因事杖其妻黨。賓王銜之，遂訟俛嘗擅役軍匠，伐州廨桐木作私器。俛既坐自盜，而知諫院范師道言：「賓王與俛並在館閣，事緣鄉里，囂然作訟，頗虧士風。」故并黜之。俛，共城人也。二人鄉里不同，與師道所言異，當考。賓王知濰州，據江氏《雜志》。賓王，蓬萊人，已見至和元年。

周密《齊東野語・笙炭》 趙元父祖母齊安郡夫人徐氏，幼隨其母入吴郡王家，又及入平原郡王家，嘗談兩家侈盛之事，歷歷可聽。其後翠堂七楹，全以石青爲飾，故得名。專爲諸姬教習聲伎之所，一時伶官樂師，皆梨園國工也。吹彈舞拍，各有總之者，號爲部頭。每遇節序生辰，則旬日外依月律按試，名曰小排當，雖中禁教坊所無也。

只笙一部，已是二十餘人。自十月旦至二月終，日給焙笙炭五十斤，用綿熏籠藉笙於上，復以四和香熏之。蓋笙簧必用高麗銅爲之，靘以緑蠟，簧煖則字正而聲清越，故必用焙而後可。陸天隨詩云：「妾思冷如簧，時時望君煖。」樂府亦有簧煖笙清之語，舉此一事，餘可想見也。靘字，韻書：「千定切，音請。」註：「靘，青果色也。」蓋藏果者，必以銅青故耳。

趙彦衛《雲麓漫鈔》卷三 今之太常所用祭器雅樂，悉是紹興十六年禮器局新造，祭器用《博古圖》，雅樂用大晟府制度。大晟樂用徽宗君指三節爲三寸，如崇寧四年所鑄景鍾是也。紹興之制，則用前皇祐二年製造大樂中黍尺，景鍾高九尺，垂則爲鍾，仰則爲鼎。鼎之大，中容九斛，中聲所極，退藏則八斛有一焉。時鑄匠鄭真以謂高九尺，約度金分厚薄，取應聲律，退藏可容二十斛，數即不應八斛有一。緣九尺之高，則金分太薄，難以取應聲律。故止令高九尺，厚薄様則隨宜寫造。

趙彦衛《雲麓漫鈔》卷十 青甆器皆云出自李王，號秘色；又曰出錢王。今處之龍溪出者，色粉青，越乃艾色。唐陸龜蒙有《進越器》詩云：「九秋風露越窑開，奪得千峯翠色來。好向中宵盛沆瀣，共嵇中散鬭傳杯。」則知始於江南與錢王皆非也。近臨安亦自燒之，殊勝二處。

孔齊《至正直記》卷四《莫置玩器》 先人嘗勸人莫置玩好之物，莫造華麗之居，每以訓戒子弟。予聞之耳熟，猶未能深省也。義興王仲德老先生，平日誠實喜静，惟好蓄古定官窑剔紅舊青古銅之器，皆不下數千緡，及唐、宋名畫亦如之，獨無書册法帖耳。至正壬辰，紅巾陷城，定窑青器皆爲寇擊毁。寇亦不識，無取者也。此一失也。後乙未復陷，所存者又無幾，惟附篋隨身之物乃畫之高品，銅之古器，剔紅之舊制，寄藏友人。渡江浙時，苗僚據杭州，因寄託之，主喪，乃取歸西山，不一宿，盡爲苗僚所掠。畫卷轉賣於市，凡剔紅小柈，咸以刀砍毁，無完器也。此再失也。時仲德翁已死一載，明年又不能保其餘矣。所見多蓄者皆不能保，非獨亂世，尋常傳子孫者誠空耳。居室亦然，亂離之後，浪蕩無遺。使人人知有此患，惟檢身之不及，何暇玩於物哉！李易安居士序其人之好蓄書卷，戒之甚詳。先人之訓，蓋目見耳，聞者多矣。嘗云諺曰：「與人不足，攛掇人起屋。與人無義，攛掇人置玩器。」攛掇者，方言猶從臾也。蓋華屋、玩器皆能致禍。向有一人爲玩器，因得罪於時官，遂破家喪身。又有一人因華屋招訟不已，直至蕩産。此皆予所目見者耳，聞者又不知其幾矣，可爲明戒。

陶宗儀《南村輟耕録》卷五《雕刻精絶》 詹成者，宋高宗朝匠人，雕刻精妙無比。嘗見所造鳥籠，四面花版，皆於竹片上刻成宮室，人物、山水、花木、禽鳥，纖悉具備，其細若縷，而且玲瓏活動。求之二百餘年來，無復此一人矣。

呂震《宣德彝器圖譜》卷一　太子少師工部尚書臣呂震奉敕編次工部一本，爲欽奉上諭事。

宣德三年三月初一日臣呂震接到司禮監太監臣張斌頒賜聖旨一道，命震等拜手開讀聖諭，云敕諭工部尚書呂震：朕自御極以來，荷賴皇天垂佑，海宇清寧，黔首奠安，四夷賓服，重譯獻琛而至者三十餘國，朕惟涼德實深内疚，因見郊壇宗廟以及内廷所在陳設鼎彝，雖爲先朝遺器，式範非古，用是深繫朕懷。今有暹邏國剌迦滿靄者，所貢洋銅厥號風磨，色同陽邁。朕思所用，堪鑄鼎彝以供郊壇宗廟内廷之用。今着禮部會同司禮監并爾工部等，參酌機宜，將應鑄鼎彝可照博古考古諸書，并内庫所藏柴、汝、官、哥、均、定等窑器皿欵式典雅者，照式鑄來，故敕爾工部可火速開冶鼓鑄，應用工匠、金銀銅鉛藥料可明白着實開册具奏，毋得隱冒，察出治罪。欽此。

宣德三年三月初一日敕廣運之寶。

宣德三年三月初一日臣震恭奉聖諭，命臣部開冶鼓鑄上用鼎彝諸器共計三千三百六十五件，照博古考古諸書鼎彝并内庫所藏柴、汝、官、哥、均、定各窑器皿欵式典雅者，遂件照式依限鑄來，該用金銀銅鉛藥料多寡，明白着實開載具奏，毋得冒濫虚費，容隱作奸，察出治罪。欽此。臣震等欽此欽遵，謹與各司官臣，估計大小鼎彝諸器共計三千三百六十五件，該用金銀銅鉛藥料等件俱細加勘實，不敢虚費隱冒，致干天譴。謹具黄册開載明白，進呈御覽，伏冀聖裁。臣震等不勝惶悸之至，進呈黄册。

計開：

赤金八百兩，白銀三千六百兩，暹羅國生礦洋銅三萬九千六百斤，倭源白水鉛一萬七千斤，倭源黑水鉛八千斤，日本國紅銅一千斤，賀蘭國花洋錫八百斤，賀蘭國鋼鐵一萬二千斤，天方國番硇砂三百六十斤，三佛齊國紫硇石三百斤，渤泥國紫礦三百斤，渤泥國臙脂石二百斤，琉球國安灁砂二百斤，金絲礬二百斤，晉礬二百斤，鴨嘴膽礬二百四十斤，黄明礬一百二十斤，白明礬三百斤，寒水石二百斤，出山水銀一千八百斤，辰州府硃砂三十六斤，梅花片石青三十斤，石緑三十斤，銅緑三十斤，古墨二十斤，黄丹五十斤，文蛤五十斤，硼砂三十斤，方解石二十斤，自然銅一百二十斤，白蠟一百三十斤，黄蠟八百斤，瓜竭二十斤，無名異二十斤，赤石脂二十斤，雲南黑白棋子二萬箇，雲南料石一千五百斤，出山煤炭十萬八千斤，湖廣大櫟炭十萬八千斤，松木柴十二萬斤，蘆葦柴三萬斤，楊木桴炭六百斤，光砂一千二百斤，鑄冶爐十座食竈四座共該皇磚四萬口，石灰二十石，黄砂三十石，磨光寶砂二石，大毛桱竹三百莖，鐵梨木一十六根，大杉木一百二十根，大風箱二十具，大小陽城礶二萬箇，大小鐵烊銅礶一百二十箇；

爐冶鼓鑄局提督本部主事二員，爐冶鼓鑄局大使二員，鼓鑄局匠人六十四人，鼓鑄局風箱夫二十四人，鼓鑄局火夫二十人，鼓鑄局水夫一十人，磨光匠十六人。

臣震等誠惶誠恐稽首頓首。臣等遵旨，謹奏所列應用金銀銅鉛、藥料什物、大小官匠諸項，俱已估計明白，真實無虚，謹于宣德三年三月初十日恭詣乾清宮具本隨册上達天聽。倘蒙俞允，乞命司禮監臣到部眼同勘校虚實，以便具本恭詣内外庫及各管署領取應用諸物，并乞頒降鼎彝欵式，以便依限鑄成上進。伏祈賜垂睿覽，無任榮遇之至。

宣德三年三月初十日。

太子少師工部尚書臣呂震、左侍郎臣徐驤、右侍郎臣張熹，營繕司郎中臣王景宗，員外郎臣王驥、臣趙爆、臣朱文光，主事臣許儀昌、臣王益、臣卜昌、臣缺、虞衡司郎中臣章藻、臣諸升陛、臣缺、員外郎臣周依言、臣蔣安吉、臣孔書，主事臣周文、臣于景宣，都水司郎中臣潘學海、臣黨賢、臣差缺、臣差缺、臣缺，員外郎臣黄如金、臣田豐，主事臣米寶、臣張貴誠、臣缺、屯田司郎中臣伊帝錫、臣錢貢、員外郎臣差缺、主事臣馮又異、臣沈琦，司務臣瞿燕吉、臣蘇定宇，鑄冶局大使臣張貴，副使臣許百禄。

陸容《菽園雜記》卷一四　青瓷初出於劉田，去縣六十里。次則有金村窑，與劉田相去五里餘。外則白雁、梧桐、安仁、安福、緑繞等處皆有之。然泥油精細，模範端巧，俱不若劉田。泥則取於窑之近地，其他處皆不及。油則取諸山中，蓄木葉燒煉成灰，並白石末澄取細者，合而爲油。大率取泥貴細，合油貴精。匠作先以鈞運成器，或模範成形。候泥乾，則蘸油涂飾，用泥筒盛之。置諸窑内，端正排定，以柴篠日夜燒變。候火色紅焰無烟，即以泥封閉火門，火氣絶而後啓。凡緑荳色瑩浄無瑕者爲上，生菜色者次之。然上等價高，皆轉貨他處，縣官未嘗見也。

沈德符《萬曆野獲編》卷二六《翫具・雲南雕漆》　今雕漆什物，最重宋剔，其次則本朝永樂、宣德間所謂果園廠者，其價幾與宋埒，間有漆光暗而刻文拙者，衆口賤之，謂爲舊雲南，其值不過十之一二耳。一日，偶與諸骨董家談及剔紅香盒，俱津津執是説，辨難蜂起。予曰：總之皆雲南也，唐之中世，大理國破成都，盡擄百工以去，由是雲南漆織諸技，甲於天下。唐末復通中國，至南漢劉氏與通婚姻，始漸得滇物。元時下大理，選其工匠最高者入禁中；至我國初收爲郡縣，滇工布滿内府，今御用監、供用庫諸役皆其子孫也。其後漸以銷滅，嘉靖間又敕雲南揀選送京應用，若得舊雲南，又加果園廠數倍矣。諸骨董默不能對。

近又珍玉帽頂，其大有至三寸、高有至四寸者，價比三十年前加十倍，以其可作鼎彝蓋上嵌飾也。問之皆曰此宋制，又有云宋人尚未辨此，必唐物也，竟不曉此乃故元時物。元時除朝會後，王公貴人俱戴大帽，視其頂之花樣爲等威，嘗見有九龍而一龍正面者，則元主所自御也。當時俱西域國手所作，至貴者值數千金。本朝還我華裝，此物斥不用，無奈爲估客所昂，一時競珍之，且不知典故，動云宋物，其耳食者從而和之，亦可哂矣。又近日一友，亦名家子，爲骨董巨擘，曾畜一宋刻《新唐書》，索價甚高，云此真北宋初刻板也，坐客皆諛之以爲然。予適同集，翻一紙視之，偶見誠字缺一筆，予曰：「此南宋將亡時板也。」此友起而辨之，予曰：「誠字爲理宗舊名，若此史刻於初成時，何以預知二百年後御名而減筆諱之也？」雖無以應予，而意色甚惡，今之鬻名者，大抵然矣。

沈德符《萬曆野獲編》卷二六《翫具·四川貢扇》　聚骨扇自吴制之外，惟川扇稱佳，其精雅則宜士人，其華燦則宜艷女，至於正龍、側龍、百龍、百扇、百鳥之屬尤宫掖所尚，溢出人間，尤貴重可寶。今四川布政司所貢，初額一萬一千五百四十柄，至嘉靖三十年加造備用二千一百，蓋賞賜所需。四十三年又加造小式細巧八百，則以供新幸諸貴嬪用者，至今循以爲例。按，蜀貢初無扇柄，先朝有鎮守内臣偶一進獻，遂設爲定額，責之藩司，亦猶蔡端明之小龍團，爲宋厲階，況此舉出寺人輩，無足怪者。又蜀王所貢，聞又精工，其數亦以千計，上優詔答賜銀三百兩，大紅彩衣三襲，歲以爲常。凡午節例賜臣下扇，閣部大臣及講筵詞臣例拜蜀扇，若他官所得，僅竹扇之下者耳。

朱國禎《湧幢小品》卷一七《與傘》　慈人馮景茂，嘗下鄉督農。中途遇驟雨，有一婦哀求附傘，馮曰：「吾雖不忍爾沾濕，然嫌疑當遠。」委傘與之，而自跳入民舍。後乃於其地割田一方，立石亭，使行旅雨暍有所休蔭，題曰休休亭。夜夢神語之曰：「爾有陰德，與爾三銀帶。」後生子彰，武昌同知；孫安，江都知縣；曾孫震，御史。亭在縣東五里之八都。

劉廷璣《在園雜志》卷一　高韋之僉事其佩。留心繪事，能以指頭作畫，别開生面，超越前人。因赴温處觀察任，道出袁浦，余以匹綾長二丈許必索畫盡。韋之笑，呼童子研墨盈池，以指蘸墨，雲飛風動，轉瞬而成，山石木樹、水藻殘荷、禽鳥魚蟹，窮工盡致，真絶技也。後海寧陳子文出守南安，便道見過。子文書法，無出其右者。余以畫索題，子文走筆即書。高畫陳書，洵稱二妙。又系原屬本支，無雙絶藝乃出一家，誠熙朝之寶物也。今子文已下世矣，可勝浩嘆！

附陳子文跋　歷代以來名家既多，以指爲之，自我弟韋之使君始，人物、花木、禽獸、草蟲，不假思索，駢指點黟，頃刻數十幅，隨意飛動，無不絶人。萬象羅於心胸，天地集於腕下，此造化特鍾異人也。在京師居相近，又本宗昆季。戊子仲冬赴横浦，過淮堧，葛莊觀察索跋。公詩妙擅海内，涵滙渟蓄，無所不有，發之吟咏，自足盡其變，何待小言之戔戔也。

刑部主事伴阮兄，源。河南祥符人。余祖籍亦祥符，同縣同姓，因以兄弟稱，長枕大被，不異骨肉也。兄性聰慧纖巧，迥異常人。其字怪僻，自言融會諸家，獨成一體，殊有别致。畫則揮灑數筆，生動酷肖。詩不多，亦不存稿。曾記《邯鄲道上》一絶：「風雨邯鄲道，紛紛利與名。黄粱知大夢，千古一盧生。」至製作之巧、賞鑒之精，可稱絶倫。自製清烟一種，商丘太宰以爲在「寥天一」、「青麟髓」之上。又能於一笏上刻《滕王閣序》一篇、《心經》一部，字畫嶄然。在内庭供奉時，呈樣磁數百種，燒成絶佳，即民間所謂「御窑」者是也。内庭製作，多出其手。太皇、太后加徽號「龍寶」暨「皇貴妃寶」，余親見其撥蠟送禮部，非大手段能之乎？所藏骨董，皆人所未見之物。未幾，卒於京。皇上遣内大臣包衣昂邦奠茶酒，侍衛送柩出章儀門，賜金馳驛，爲一時光寵。所惜無子，製作不傳，骨董散失。近日所用之墨及磁器、木器、漆器仍遵其舊式，而總不知出自劉伴阮者。空費一生心思，嘔血而終，乃不得與「東坡肉」、「眉公餅」並傳於世，悲夫！

有人持玉杯質之伴阮兄，曰：「此『一捧雪』也。」同爲賞鑒，兄曰：「玉情果美，水色亦佳，好玉杯則有之，『一捧雪』恐未也。」余曰：「不知是莫太常家藏，是莫成所僞造者？」爲之一笑。後據楊次也太守云：乃祖雍建。爲少司馬時曾見之，氣魄甚大，情色俱美。主人曰：「此真『一捧雪』也，當於日下觀之。」因持向墀下映日細看，杯内雪片紛紛如飄拂狀，以是知真贋有别而命名不虚也。

伴阮兄有奇石，高尺餘，山峰透露，對面可以見人。山腰白石一段，視之如雲，白石内又有青石一條，如龍形，頭角宛然。因摹入紙幅，名《青龍白雲圖》，懸玩不置。又有蜜結伽楠，長二尺，厚一尺，温潤芬馨，迥異衆香。雕成諸葛枕式，云枕此可免小遺，試之果然。後俱爲逃奴竊去。范談一侍講光宗。云：「康熙四十年，侍直南書房，見高麗國進人參四枝，盛以漆匣，精工華麗。少頃内侍收進，遇熊相國，賜履。稍爲啓視，出語曰：『其形似人，所謂人參也，扁鵲之語誠爲不謬。』天顔有喜，諭云：『四十年來止見此四枝耳。』」

方竹産於天台山，古人取以爲杖，雅甚。相國王公掞。督學兩浙時，試題有《方竹杖歌》，余以台州司馬攝府事走筆應之，王公謬爲許可。詩載《分體》中。

鎸圖章以青田石爲佳，而青田石又以洞石爲第一，他産不及也。石俱在溪中，戽乾溪水乃得石塊，質頗燥硬，止可琢瓶尊杯斝之類。所謂洞者，又在水石之内，如石之有玉，不可多得。若燈光石者，尤爲不易。予待罪括州時曾鳩工采取，數月無一佳洞。或曰：「皆爲匠人竊去。」但地方多一土産即多一累，恐賢有司亦不樂有之也。

王應奎《柳南續筆》卷二《竹器》 嘉定竹器爲他處所無，他處雖有巧工，莫能盡其傳也。而始其事者，爲前明朱鶴。鶴號松隣，子纓，號小松，孫稚征，號三松。三人皆讀書識字，操履完潔，而以雕刻爲游戲者也。今婦人之簪，有所謂「朱松隣」者，即以創始之人名之耳。

阮葵生《茶餘客話》卷二〇《茗具》 龔春壺式，茗具中逸品，其後復有四家，董翰、趙良、袁錫，其一則時鵬。鵬，大彬父也，大彬益擅長，名重遐域。其後有彭君實、龔春、陳用卿。又徐氏壺，皆不及大彬。彬弟子李仲芳小圓壺，制精絶，又在大彬之右，今不可得。近時宜興砂壺，復加饒州之鎏，光采射人，却失本來面目。陳其年詩云：「宜壺作者推龔春，同時高手時大彬。碧山銀槎濮謙竹，世間一藝皆通神。」高江村詩云：「規制古樸復細膩，輕便堪入筠籠携。山家雅供稱第一，清泉好瀹三春荑。」昔杜茶村稱澄江周伯高著茶茗二系表，淵源支派甚悉。

紀昀《閲微草堂筆記》卷一五《姑妄聽之・木偶》 先祖光禄公，康熙中於崔莊設質庫，司事者沈玉伯也。嘗有提傀儡者，質木偶二箱，高皆尺餘，製作頗精巧。踰期未贖，又無可轉售，遂爲棄物，久置廢屋中。一夕月明，玉伯見木偶跳舞院中，作演劇之狀。聽之，亦咿嚶似度曲。玉伯故有膽，厲聲叱之。一時迸散。次日，舉火焚之，了無他異。蓋物久爲妖，焚之則精氣爍散，不復能聚。或有所憑亦爲妖，焚之則失所依附，亦不能靈，固物理之自然耳。

紀昀《閲微草堂筆記》卷八《如是我聞・柴窑片磁》 有客携柴窑片磁，索數百金，云嵌於冑，臨陣可以辟火器。然無由知確否。余曰：「何不繩懸此物，以銃發鉛丸擊之。如果辟火，必不碎，價數百金不爲多；如碎，則辟火之説不確，理不能索價數百金也。」鬻者不肯，曰：「公於賞鑒非當行，殊殺風景。」急懷之去。後聞鬻於貴家，竟得百金。夫君子可欺以其方，難罔以非其道。炮火横沖，如雷霆下擊，豈區區片瓦所能御？且雨過天青，不過泑色精妙耳，究由人造，非出神功，何斷裂之餘，尚有靈如是耶？余作舊瓦硯歌有云：「銅雀臺址頹無遺，何乃剩瓦多如斯？文士例有好奇癖，心知其妄姑自欺。」柴片亦此類而已矣。

姚元之《竹葉亭雜記》卷三 庚辰九月五日，徐星伯見過，出小銅佛示余，言烏魯木齊所屬之濟木薩保惠城爲唐北庭都護地，保惠城北五里有舊城基址，土人名曰破城，其地往往得古錢、皆開元錢。銅器，而銅佛尤夥，大小不一。近時牟利者置窩棚於其地，掘而貨之，然取之不竭。多餘山侍郎慶歸携銅佛數尊，皆新出土者。星伯乞其一，高約二寸，厚約二分，爲韋陀狀。下有座似蓮花形，座有四孔，皆穿，下有圓柱，似冠上頂柱，蓋用以安插者也。佛腦後有銅鼻一，直孔穿，蓋用以備縮系也。又有一銅匕，長約七寸，緑墳起如粘翠，厚將及分，葱然可愛。皆唐物也。

同年徐星伯學使自伊犂歸，携一小圓錢盒相示。大如拇，上鏤銀文絶細，遠觀儼若草麻子狀。下有鍵，所以管開闔者。上有鈕，若洋表之環。辟之，蓋之裏色赭，底之裏色銀。其中有翠色小雀，紅其首，罩以玻璃，如指南針，但雀之首西向。云爲回子阿渾所佩者。回俗每日以未以後五時向西禮拜，蓋其祖國在西，故禮之，且以送日也。此物惟阿渾之最尊者方得佩之，蓋出於藏地，即回疆亦少有，得之甚不易也。星伯過叶爾羌時，遇克什米爾部人貨得之。其名曰克辟勒拉默，回之祖國曰默特。

【略】鏹水以真磠砂合五倍子水而成，可爛銅鐵。星伯同年寓伊犂時，適有一舊鐵香爐，戲取蠟油畫一龍，題數字於上，置水中。一宿，爐上鐵銷熔一二分，而蠟油所畫則凸起不動，龍與字高出，而其地光平如鏡。携至京，觀者以爲刀法之平，非秦、漢以後人所能，斷其爲秦、漢器。可知鑒古者，大率易欺也。

紀事

劉安撰、高誘注《淮南鴻烈解》卷一五　今使陶人化而爲埴，則不能成盆盎；陶人化爲埴，陶人復變爲埴土不能化埴土也。工女化而爲絲，則不能織文錦，同莫足以相治也。

劉歆《西京雜記》卷二　武帝時，身毒國獻連環羈，皆以白玉作之，瑪瑙石爲勒，白光琉璃爲鞍。鞍在闇室中，常照十餘丈，如晝日。自是長安始盛飾鞍馬，競加雕鏤。或一馬之飾直百金，皆以南海白蜃爲珂，紫金爲華，以飾其上。猶以不鳴爲患，或加以鈴鑷，飾以流蘇，走則如撞鐘磬，動若飛幡葆。後得貳師天馬，帝以玟瑰石爲鞍，鏤以金銀鍮石，以緑地五色錦爲蔽泥，後稍以熊羆皮爲之。熊羆毛有緑光，皆長二尺者，直百金。卓王孫有百餘雙，詔使獻二十枚。

《晉書》卷三〇《刑法志》　及魏國建，陳紀子羣時爲御史中丞，魏武帝下令又欲復之，使羣申其父論。羣深陳其便。時鍾繇爲相國，亦贊成之，而奉常王脩不同其議。魏武帝亦難以藩國改漢朝之制，遂寢不行。於是乃定甲子科，犯釱左右趾者易以木械，是時乏鐵，故易以木焉。又嫌漢律太重，故令依律論者聽得科半，使從半減也。

裴啓《裴子語林》　庾翼爲荆州都督，以毛扇上成帝。帝疑是故物，侍中劉劭曰：「柏梁雲構，工匠先居其下；管弦繁奏，夔、牙先聆其音。翼之上扇，以好不以新。」稚恭聞之曰：「此人宜在帝左右。」

朱銘盤《南朝齊會要·曆數·符瑞》　珠璧靈石

永明七年，越州獻白珠，自然作思惟佛像，長三寸。上起禪靈寺，置刹下。七年，吴郡太守江斅於錢塘縣獲蒼玉璧一枚以獻。七年，主書朱靈讓於浙江得靈石，十人舉乃起，在水深三尺而浮，世祖親投於天淵池試之，刻爲佛像。《祥瑞志》。

朱銘盤《南朝宋會要·食貨·御供》　太子妃上孝武金鏤七箸及杅杓。《沈慶之傳》。

明帝奢費過度，務爲彫侈。每所造製，必爲正御三十副，御次、副又各三十，須一物輒造九十枚，天下騷然，民不堪命。本《紀》。

泰始二年十一月壬辰，詔左右尚方御府諸署，供御製造，咸存儉約。本《紀》。

王溥《唐會要》卷八《郊議》　開元十二年，四方治定，歲屢豐稔，羣臣多言封禪，中書令張説又固請，乃下制以十三年有事泰山。於是説與右散騎常侍徐堅、太常少卿韋縚、秘書少監康子元、國子博士侯行果刊定儀注。立圓臺於山上，廣五丈，高九尺，土色各依其方。又於圓臺上起方壇，廣一丈二尺，高九尺，其壇臺四面爲一階。又積柴爲燎壇於圓臺之東南，量地之宜，柴高一丈二尺，方一丈，開上，南出户六尺。又爲圓壇於山下，三成，十二階，如圜丘之制。又積柴於壇南爲燎壇，如山上。又爲玉册，玉匱，石䃭，皆如高宗之制。

李肇《唐國史補》卷中　越僧靈澈，得蓮花漏于廬山，傳江西觀察使韋丹。初，惠遠以山中不知更漏，乃取銅葉製器，狀如蓮花，置盆水之上，底孔漏水，半之則沈，每晝夜十二沈，爲行道之節，雖冬夏短長，雲陰月黑，亦無差也。

李德裕《次柳氏舊聞》　興慶宫，上潛龍之地，聖曆初五王宅也。上性友愛，及即位，立樓於宫之西南垣，署曰「花萼相輝」。朝退，亟與諸王遊，或置酒爲樂。時天下無事，號太平者垂五十年。及羯胡犯闕，乘傳遽以告，上欲遷幸，復登樓置酒，四顧悽愴，乃命進玉環。玉環者，睿宗所御琵琶也。異時，上張樂宫殿中，每嘗置之别榻，以黄帊覆之，不以雜他樂器，而未嘗持用。至是，俾樂工賀懷智取調之，又命禪定寺僧段師取彈之。時美人善歌從者三人，使其中一人歌《水調》。畢奏，上將去，復留眷眷，因使視樓下問，有工歌而善《水調》者乎？一少年心悟上意，自言頗工歌，亦善《水調》。使之登樓且歌，歌曰：「山川滿目淚沾衣，富貴榮華能幾時。不見只今汾水上，唯有年年秋鴈飛。」上聞之，潸然出涕，顧侍者曰：「誰爲此詞？」或對曰：「宰相李嶠。」上曰：「李嶠真才子也。」不待曲終而去。

鄭綮《開天傳信記》　車駕次華陰，上見嶽神數里迎謁。上問左右，左右莫之見。遂詔諸巫問神安在，獨老巫阿馬婆奏云：「三郎，在路左，朱髮紫衣，迎候陛下。」上顧笑之，仍勒阿馬婆敕神先歸。上至廟，見神櫜鞬，俯伏庭東南大栢樹下，又召阿馬婆問之，對如上見。上加敬禮，命阿馬婆致意，而旋降詔先諸嶽，封爲金天王，仍上自書製碑文以寵異之。其碑高五十餘尺，闊丈餘，厚四五尺，天下碑莫比也。其陰刻扈從太子、王公以下百官名氏。製作壯麗，鐫刻精巧，無倫比焉。

陶穀《清異録》卷下　同光既即位，猶襲故態，身預俳優，尚方進御巾裹，名品日新。今伶人所頂尚有合其遺制者，曰聖逍遥、安樂巾、珠龍便巾、清涼寶山、交龍太守、六合舍人、二儀幞頭、烏程様、玲瓏高常侍、小朝天、玄虚令、漆相公、自在冠、鳳翼、三千日華、輕利巾、九葉雲、黑三郎、慶雲仙聖、天宜卿，凡二十品。

楊億《楊文公談苑・賜鞍轡》 鞍轡，除乘輿服，黄金、白玉、雕玉、玳瑁、真珠等鞍，垂六鞘轡，有三領，諸王或賜金鞍者得乘之。宰相、使相賜綉寶百花韉，八十兩鬧裝銀裹銜鐙。參政、副樞、宣徽、節度使、駙馬，綉盤鳳雜花韉，七十兩陷銀銜鐙。學士、中丞、三司使、觀察使，麻皮錦韉，五十兩撒皇素銜鐙。復有三十兩決束鞍，以賜東宫官屬。同上。

文瑩《玉壺清話》卷二 乾德三年再郊，范魯公質爲大禮使，以鹵簿青油隊舊有甲騎盡聚於武庫，磨鋥堅厚，精明可畏，於禮容有所不順。陶穀尚書爲禮儀使，出意葹之以青緑畫黄絹爲甲文，青巾裹之。緑青絹爲下裙，絳皮爲絡，長短至膝，加珂紋銅鈴，繞前膺及後鞦，至今用焉。穀本姓唐，避晉祖諱易之。明博該敏，尤工曆象。時僞晉虜勢方熾，謂所親曰：「五星數夜連珠於西南，已累累大明，吾輩無左衽之憂，有真主已在漢地。觀虜帳騰蛇氣纏之，虜主必不歸國。」未幾，德光薨於漢。又孛東起，芒侵於北，穀曰：「胡雛非久，自相吞噬，安能亂華？」後皆盡然。

竇禹鈞生五子：儀、儼、侃、偁、僖等，相繼登科。馮瀛王贈禹鈞詩有「靈椿一樹老，丹桂五枝芳」。時號「竇氏五龍」。昆仲材業，儀、儼尤著。儀爲禮部侍郎，太祖欲相之。趙韓王自寡學，忌儀明博，亟引薛居正參大政以塞之。弟儼素蘊文學，爲周世宗所重，判太常寺，校管籥鐘磬，辨清濁上下之數，分律吕還相之法，去京房清宫一管，調之二年，方合大律。又善樂章，凡三弦之通，七弦之琴，十二弦之箏，二十五弦之瑟，三漏之籥，七漏之笛，八漏之篪，十七管之笙，二十三管之簫，皆立譜調，按通而合之。器雖異而均和不差，編於歷代樂章之後，目曰《大周正樂譜》。樂寺掌之，依文教習。尤善推步星歷，與盧多遜、楊徽之同在諫垣，預謂二公曰：「丁卯歲，五星當連珠於奎。奎主文，又在魯分，自此天下始太平。二拾遺必見之，老夫不與也。」果在乾德丁卯歲，五星連珠于奎，太宗鎮兖、海。其明博如此。

范成大《桂海虞衡志・志器》 蠻鞍，西南諸蕃所作，不用韉，但空垂兩木鐙。鐙之狀，刻如小龜，藏足指其中，恐入榛棘傷足也。後鞦鏇木爲大錢累累，貫數百，狀如中國騾驢鞦。

蠻鞭，刻木節節如竹根，朱墨間漆之，長才四五寸，其首有鐵環，貫二皮條以策馬。

花腔腰鼓，出臨桂職田鄉，其土特宜鼓腔，村人專作窑燒之，油畫紅花紋以爲飾。

銅鼓，古蠻人所用，南邊土中時有掘得者，相傳爲馬伏波所遺。其制如坐墩，而空其下，滿鼓皆細花紋，極工緻。四角有小蟾蜍，兩人舁行，以手拊之，聲全似鞞鼓。

銃鼓，瑶人樂，狀如腰鼓，腔長倍之，上鋭下侈，亦以皮鞔，植於地，坐拊之。

盧沙，瑶人樂，狀類簫，縱八管，横一管貫之。

胡盧笙，兩江峒中樂。

藤合，屈藤盤遶成拌合狀，漆固護之，出藤、梧等郡。

鷄毛筆，嶺外亦有兔，然極少，俗不能爲兔毫筆，率用鷄毛，其鋒踉蹌，不聽使。

練子，出兩江州洞，大略似苧布，有花紋者謂之花練。土人亦自貴重。

綊，亦出兩江州洞，如中國綫羅，上有遍地小方勝紋。

蠻氈，出西南諸蕃，以大理者爲最。蠻人晝披夜卧，無貴賤，人有一番。

黎幕，出海南黎峒。黎人得中國錦彩，拆取色絲，間木綿挑織而成，每以四幅聯成一幕。

黎單，亦黎人所織，青紅間道木綿布也。桂林人悉買以爲卧具。

檳榔合，南人既喜食檳榔，其法用石灰或蜆灰並扶留藤同咀，則不澀。士人家至以銀錫作小合，如銀鋌樣，中爲三室，一貯灰，一貯藤，一貯檳榔。

鼻飲杯，南人習鼻飲，有陶器如杯碗，旁植一小管，若瓶嘴，以鼻就管吸酒漿，暑月以飲水，云水自鼻入咽，快不可言，邕州人已如此，記之以發覽者一胡盧也。

牛角杯，海旁人截牛角，令平，以飲酒，亦古兕觥遺意。

蠻碗，以木刻，朱黑間漆之，侈腹而有足，如敦瓿之形。

竹釜，瑶人所用，截大竹筒以當鐺鼎，食物熟而竹不熠，蓋物理自爾，非異也。

戲面，桂林人以木刻人面，窮極工巧，一枚或值萬錢。

吴自牧《夢粱録》卷五《駕詣景靈宫儀仗》 主上宿大慶殿致齋，次早五更，攝大宗伯詣殿前執牙牌奏中嚴外辦，護衛鐵騎，自四更時接續番里導行諸司局分內侍人員司屬，前往宮闈排班。百官各法服冠珮，入朝起居畢，各出殿門轡馭，在學士院伺候。快行、衛士各執蓮炬，在檻下伺駕登逍遥輦，從駕詣景靈宮行奏告禮。次第朱旗數十面，鑼鼓隊引，驅象二頭，各以宮錦爲衾披之，以金裝蓮花寶座安於背中，金轡籠絡其首體。寶座前，一衣錦袍人執銀钁，跨頸驅行。按，《晉書·輿服志》及《漢鹵簿》，在前宋朝開寶初，廣南來貢，吴越王以廣南交趾獻於朝，以備大駕。南渡以後，入貢南[各巾]，給錦衾覆之。理廟朝，安南貢至，令備大駕先驅之儀仗。鹵簿有幡幟者，謂之「告止、傳教、信幡」，各以緋帛雜錯采。告止者，以爲行之節；傳教者，有教令所不及，置幡以傳；信幡者，題表官號以爲符信也。蓋謂「教信幡傳告止幡，凌風朱珮錦衣間。一停一舉皆如節，直自圜丘至九闕」。鹵簿儀仗，有高旗大扇，畫戟長矛，以五色。介冑跨馬之士，或小帽錦綉抹額者，或頂黑漆圓頂幞頭者，或以皮爲兜鍪者，或漆皮如戽斗而籠巾者，或衣紅黄罨畫錦綉服者，或衣純青純皂以至鞋襪皆純青皂者，或裹交脚幞頭，或錦爲繩如蛇繞繫身者，或數人唱引大旗行過，或執大斧胯劍鋭牌持鐙棒者，或持竿上懸豹尾者，持短竿者，於戟上綴五色結帶銅鐸者，又有儀仗內名穳步角切。稍小卓切。者。按《開元禮志》：「金吾將軍，執穳稍以察隊伍，去其非違。形如劍而三刃，以虎豹皮爲袋盛之。其制始於秦、漢。《爾雅》云：穳稍，牛抵觸，百獸不敢當。故制牛首於上。」正謂「虎劍囊封似劍形，刻成牛首獸皆驚。後先鹵簿彰威德，糾察非違孰敢攖」。或持朱藤結方圓網者，名「罼畢密切。(罩)〔罕〕呼案切。」。按，徐妥《釋疑》曰：「乘輿黄麾內，左罼右(罩)〔罕〕，以朱藤結網二，螭首，紅絲拂。蓋罼方(罩)〔罕〕圓，取畢昴二星象。」又云：「天文畢昴之中，謂之天街，故以罼(罩)〔罕〕前導也。」建物旗者，其制有黄龍負圖，君王萬歲，天文彩綉，日月合璧，五星連珠，重輪慶雲，五岳四瀆，四方祥物，祥光瑞氣，雙蓮秀芝，嘉禾瑞瓜，金牛赤豹，鸞鳳龍麟，白狼鸚鵡，鶡鷄番錦，幟罽犀祥，鶴扈君王。執方傘、曲蓋、朱圓扇者。按張帛避雨謂之傘，赤質紫表，正方四角，有銅螭頭，其曲蓋者，武王時大風折柄，太公用之而制曲綉團朱扇。按，漢制，乘輿用也。法駕鹵簿儀仗隊引者，如「節幢殳戟帶祥烟，角氅弓刀列後先。五十隊中分六引，設官領袖盡華纛」。有大旗，名蓋天旗，立於麗正門外御路中心。又有旗高三四丈，謂之「次黄龍旗」，往太廟前立；若郊祀，移於青城行宮門外立之，亦名「蓋天旗」也。更有含素旗座，以百餘人立之，有天武、金吾、親勛諸班，號「奉神隊」。「神」作「宸」。「密匝九重環寶輦，綉衣飛采卷香塵」。又有交脚幞頭、胯劍足靴，如四直使者一二百人，不可名狀。諸殿直親從官皆帽，衣結帶紅錦，或紅羅上紫團搭戲獅子短後打甲背子。御龍直裹真珠結絡花兒短巾，衣紫上雜色小綉花衫，鍍金束帶，腰懸花看帶，彩鞋。天武官皆頂朱漆金裝笠兒，衣紅上團花背子。其國朝九寶，如大朝會，置於殿陛前；郊明大祀，迎於儀仗中。符寶官二員，左右奉寶以從駕，謂之「迎寶輿」也。三衙太尉並御帶環衛官，皆小帽背子，或紫綉戰袍，跨馬前導。內侍亦小帽紫綉袍從駕導行。千乘萬騎，駕到景靈宮入次少歇，奏請詣聖祖殿行禮，以醪茗蔬果敉酪饗之，樂奏《乾安》、《大安》、《靈安》、《興安》、《祖安》、《正安》、《沖安》、《報安》之章，樂舞《發祥》、《流慶》、《降真》、《觀德》之曲。奏告畢，駕回太廟宿齋。

周密《武林舊事》卷一《大禮》 是日，上服通天冠，絳紗袍，緖結佩，升高座，侍中奏請降座，就齋室。次日，車駕詣景靈宮，服衮冕行禮。儀從並同四孟。禮畢駕回，就赴太廟齋殿宿齋。是夕四鼓，上服衮冕，詣祖宗諸室行朝饗之禮。是夜，鹵簿儀仗軍兵於御路兩傍分列，間以粆盆蕡燭，自太廟直至郊壇、泰禋門，輝映如晝。宰執親王，貴家巨室，列幕櫛比，皆不遠千里、不憚重費，預定於數月之前，而至期猶有爲有力所奪者。珠翠錦鄉，絢爛於二十里間，雖寸地不容間也。歌舞游遨，工藝百物，輻輳争售，通宵駢闐。至五鼓則穳稍先驅，所至皆滅燈火，蓋清道祓除之義。黎明，上御玉輅，從以四輅，金、象、革、木。導以馴象，千官百司，法駕儀仗，錦綉雜遝，蓋十倍孟饗之數，聲容文物，不可盡述。次第出嘉會門，至青城齋宿。明堂則徑入麗正門齋殿齋宿。

四壁皆三衙諸軍，周廬坐甲，軍幕旌旗，布列前後，傳呼唱號，列燭互巡，往來如織。行宮至暮則嚴更警惕，太廟齋宿亦然。鼓角轟振。又有衛士十餘隊，每隊十餘人，互喝云：「是與不是？」衆應曰：「是！」又喝云：「是甚人？」衆應曰：「殿前都指揮使某人。」謂之「喝探」。至三鼓，執事陪祀官並入，就黄壇排立，萬燈輝耀，燦若列星。凡齪燈皆自爲志號，謂如捧俎官，則畫一人爲捧俎之狀等類。蓋燈多，不容不以此辨認，亦有好奇可笑者。用五時一刻行事。

至期，上服通天冠、絳紗袍，乘輦，至大次，禮部侍郎奏中嚴外辦，禮儀使奏請皇帝行事。上服衮冕，步至小次，升自午階。天步所臨皆藉以黄羅，謂之「黄道」。中貴一人以大金合貯片腦，迎前撒之。禮儀使前導，殿中監進大圭。至版位，禮直官奏：「有司謹具，請行事。」宮架樂作。自此上進止皆樂作。時壝壇內外，凡數萬衆，皆肅然無嘩。天風時送佩環韶頀之音，真如九天吹下也。太社令升烟燔牲首。上先詣昊天位，次皇地祇，次祖宗位，奠玉，祭酒，讀册，文武二舞，次亞、終獻。行禮畢，上詣飲福位，受爵，飲福酒。登歌樂作。禮直官喝「賜胙」，次「送神」，次「望燎」訖，禮儀使奏禮畢。上還大次，更衣，乘輦還齋宫，百僚追班，賀禮成於端誠殿。

黎明，上乘大安輦，從以五輅進發。教坊排立，奏念致語口號，訖；樂作；諸軍隊伍，亦次第鼓吹振作。千乘萬騎，如雲奔潮涌，四方萬姓，如鱗次蟻聚，迤邐入麗正門。教坊排立，再奏致語口號，舞畢，降輦小憩，以俟辦嚴，登門肆赦。弁陽老人有詩云：

黄道宫羅瑞腦香，衮龍昇降佩鏘鏘。
大安輦奏乾安曲，萬點明星簇紫皇。

又曰：

萬騎雲從簇錦圍，内官排立馬如飛。
九重閶闔開清曉，太母登樓望駕歸。

李鶴田詩云：

嚴更頻報夜何其，萬甲聲傳遠近隨。
梔子燈前紅炯炯，大安輦上赴壇時。

郊壇：天盤至地高三丈三尺四寸，通七十二級，分四成；上廣七丈，共十二階，分三十六龕；午階闊一丈，主上升降由此階，其餘各闊五尺。圓壇之上，止設昊天上帝、皇地祇二神位，及太祖、太宗配。三十六龕共祀五帝、太乙、感生、北極、北斗，及分祀衆星三百六十位。儀仗用六千八百八十九人，自太廟排列至青城。玉輅下祇應人共三百二十一人：呵喝人員二人，教馬官二人，挾捧輪將軍四人，推輪車子官健八人，駕士班直二百三十二人，千牛衛將軍二員，抱太常龍旗官六員，職掌五人，專知官一名，手分一名，庫子八人，裝挂匠二人，諸作工匠十五人，蓋覆儀鸞司十一人，監官三員。金、象、革、木輅，每輅下一百五十六人。玉輅青飾，金輅黄飾，象輅紅飾，革輅淺色飾，木輅黑飾。輅下人冠服並依輅色。玉輅前儀仗騎導：騎導官，左壁文臣，右壁武臣。六軍儀仗官兵二千二百三十二人。左右諸衛將軍十三員。中道五員，左右八員。金吾街仗司：執穳稍八十人，攝將軍八員，仗下監門二十六員，鼓吹五百八十三人，導架樂人三百三十人。

周密《武林舊事》卷一《登門肆赦》 其日，駕自文德殿，詣麗正門御樓，教坊作樂迎導，參軍色念致語，雜劇色念口號。至御幄降輦，門下閤門進「中嚴外辦」牌訖，御樂喝唱「卷簾」，上出幄臨軒，門下鳴鞭，宫架奏曲，簾卷，扇開，樂止，撞右五鐘。

黄傘才出，門下宰臣以下兩拜，分班立。門上中書令稱：「有敕，立金鷄。」門下侍郎應喏，宣：「奉敕，立金鷄。」鷄竿一起，門上仙鶴童子捧赦書降下，閤門接置案上，太常寺擊鼓，鼓止，捧案至樓前中心。知閤稱：「宣付三省。」參政跪受，捧制書出班跪奏，請付外施行。門上中書令承旨宣曰：「制可。」門下參政稱：「宣付三省。」遂以制書授宰臣，跪受訖，閤門提點開拆，授宣赦舍人，捧詣宣制位，起居舍人一員摘句讀。舍人稱：「有制。」宰臣以下再拜。俟讀至「咸赦除之」，獄級奏脱枷訖，罪囚應喏，三呼萬歲，歌呼而出。候宣赦訖，門上舍人贊，樞密及中書令曲賀兩拜，門下宣制舍人捧制書授宰臣，宰臣授刑部尚書，尚書授刑房録事訖。歸班兩拜，致詞，三舞蹈，三叩頭。知閤稱：「有制。」宰臣已下再拜。知閤宣答云：「若時大慶，與卿等同之。」又拜舞如前。門上中書令奏禮畢，扇合，宫架樂作，簾降，樂止，撞左五鐘。

周密《武林舊事》卷二《公主下降》 先是擇日，遣天使宣召駙馬至東華門，引見便殿，賜玉帶、靴、笏、鞍馬及紅羅百匹、銀器百兩、衣著百匹，聘財銀一萬兩，對御賜筵五盞，用教坊樂，候畢，謝恩訖，乘涂金御仙花鞍轡狨座馬，執絲鞭，張三檐傘，教坊樂部五十人前引還第，謂之「宣繫」。進財物件，並照《國朝會要》，太常寺關報有司辦造。

先一月，宣宰執常服繫鞋，詣後殿西廊，觀看公主房奩：真珠九翬四鳳冠，褕翟衣一副，真珠玉佩一副，金革帶一條，玉龍冠，綬玉環，北珠冠花篦環，七寶冠花篦環，真珠大衣、背子，真珠翠領四時衣服，累珠嵌寶金器，涂金器，貼金器，出從貼金銀裝檐等，錦綉銷金帳幔、陳設，茵褥、地衣、步障等物。

其日，駙馬常服玉帶，乘馬至龢寧門，易冕服，至東華門，用雁幣、玉馬等，行親迎。禮用熙寧故事。公主戴九翬四鳳冠，服褕翟繡袖，升檐。

周密《齊東野語》卷一八《章氏玉杯》 一日，宴聚，公出所藏玉杯侑酒，色如截虹，真于闐産也，坐客皆詫賞之。挺臣忽旁睨微笑曰：「異哉！先肅愍公虚中使金日，嘗於燕山獲玉盤，徑七寸餘，瑩潔無纖瑕，或以爲宣和殿故物，平日未嘗示人，今觀此色澤殊近似之。」於是坐客咸願快覩，趣使取之。既至，則玉色製作無毫髮異，真合璧也。蓋元爲一物，中分爲二耳。衆客驚詫，以爲干鄧之合不足多也。公因舉杯以贈挺臣，而挺臣復欲以盤奉公，相與遜讓者久之，不決。時李璧季章在坐，起曰：「以盤足杯者，於事爲順，僉書不得辭也。」公遂謝而藏之，以他物爲報。余髫侍二親，常於元崧舅氏膝下聞此事，惜不一見之。其後聞爲有力者負之而去，莫知所終。

趙彦衛《雲麓漫鈔》卷三 紹興末，宿直中官以小竹編聯，籠以衣，畫風雲鷺絲作枕屏，一時無名，號曰畫絲。好事者大其制，施于酒席以障風，野次便于圍坐，人競爲之，或以名不雅，易曰挂罳。又云出于虜中，目曰話私，言遮蔽可以話私事。顧乾道間，使者嘗求其骨，則不然矣。且以言爲話，南人之方言，非北人語也。按崔豹《古今注》：「罘罳，屏也；罘者，復也；罳者，思也。臣朝君，至屏外，復思所奏之事于其下。」顔師古注：「罘罳，謂連闕曲閣也。以覆重刻垣墉之處，其形罘罳然。一曰屏也。」鄭《禮記》注：「屏謂之樹，今浮思也。刻之爲雲氣蟲獸，如今闕上爲之。」《廣雅》云：「復思謂之屏。」王莽壞渭陵園門罘罳，曰：「使民無復思漢。」唐蘇鶚《演義》稱：「罘罳，織絲爲之，輕疎浮虚，象羅網交文之狀，施宫殿簷户之間也。」又《文宗寔録》：「大和中，甘露之禍，羣臣奉上出殿北門，裂罘罳而去。」又温庭筠《補陳武帝與王僧辯書》云：「罘罳晝卷，閶闔晨開。」段成式《酉陽雜俎》稱：「上林間多呼殿榱桷護雀網爲罘罳。」則是漢以屏爲罘罳，唐以殿間網爲罘罳。以其字攷之，二字皆從網，有網之義。漢屏疑亦有維索，以爲限制，今云挂絲，第言以絲挂于竹骨之上，若用罳字，亦取罘罳之義，其寔圍屏也。《開寶遺事》云：「長安士女遊春野，步遇名花，則設席藉草，以紅裙遞相插挂，以爲宴幄。」玆其始也。東坡守汝陰，以帷幕爲擇勝亭，嘗作記，亦此義。

孔齊《至正直記》卷四《宋鍍金器》 故宋鍍金器皿用金熔化，以銀器漬之，凡數十次，猶如今之擺錫鐵器相類。

孔齊《至正直記》卷四《宋迎酒杯》 故宋過府官及朝貴，例蒙賜酒，却於官庫支給，以鼓吹迎歸，謂之迎酒杯。杯是夾盞，蓋内金外銀，或内銀外金者。予在四明問史善可，説乃母項氏聞諸其長上先輩言。因袁伯長學士與乃子敬存家書中有謂迎酒杯者，故及此。

孔齊《至正直記》卷四《故宋剔紅》 故宋堅好剔紅堆紅等小柈香金箸瓶，或有以金柈底而後加漆者，今世尚存重者是也。或銀、或銅、或錫。

孔齊《至正直記》卷四《窑器不足珍》 嘗議舊定器官窑等物皆不足爲珍玩，蓋予真有所見也。在家時，表兄沈子成自餘干州歸，携至舊御土窑器徑尺肉碟二個，云是三十年前所造者，其質與色絶類定器之中等者，博古者往往不能辨。乙未冬，在杭州時，市哥哥洞窑器者一香鼎，質細雖新，其色瑩潤如舊造，識者猶疑之。會荆溪王德翁亦云：「近日哥哥窑絶類古官窑，不可不細辨也。」今在慶元見一尋常青器菜盆，質雖粗，其色亦如舊窑，不過街市所貨下等低物，使其質更加以細膩，兼以歲久則亂真矣。予然後知定器官窑之不足爲珍玩也。所可珍者真是美玉爲然。記此爲後人玩物之戒。至正癸卯冬記。

孔齊《至正直記》卷四《減鐵爲佩》 近世尚減鐵爲佩帶刀靶之飾，而餘干及錢唐、松江競市之，非美玩也。此乃女真遺制，惟刀靶及鞍轡或施之可也。若置之佩帶，既重且易生綉衣，非美玩之所刻，書此以爲戒。重則勞吾體，綉則損吾服，何飾用之有哉！

沈德符《萬曆野獲編》卷二六《翫具·摺扇》 今聚骨扇一名摺疊扇，一名聚頭扇，京師人謂之撒扇，聞自永樂間，外國入貢始有之。今日本國所用烏木柄泥金面者，頗精麗，亦本朝始通中華，此其貢物中之一也。然東坡又云，高麗白松扇展之廣尺餘，合之止兩指許，即今朝鮮所貢，不及日本遠甚，且價較倭扇亦十之一，蓋自宋已入中國。然宋人畫士女，止有團扇而無摺扇，團扇制極雅，宜閨閣用之。予少時見金陵曲中諸妓，每出尚以二團扇令侍兒擁於前，今不復有矣。宫中所用，又有以紙絹疊成摺扇，張之如滿月，下有短柄，居扇之半，有機斂之，用牡笋管定，闊僅寸許，長尺餘，宫娃及内臣以囊盛而佩之，意東坡所見者此耳。今吴中摺扇，凡紫檀、象牙、烏木者，俱目爲俗制，惟以棕竹、毛竹爲之者，稱懷袖雅物，其面重金，亦不足貴，惟骨爲時所尚。往時名手有馬勛、馬福、劉永暉之屬，其值數銖。近年則有沈少樓、柳玉臺，價遂至一金，而蔣蘇臺同時尤稱絶技，一柄至直三四金，冶兒争購如大骨董，然亦扇妖也。

談遷《棗林雜俎》智集《逸典·日本關白求封》 萬曆乙未正月甲戌朔。庚辰，日本差來小西飛禪、藤原如安：「謹稟天朝兵部尚書太保石老爺臺下：小的日本求封，蒙老爺天高地厚之恩，擔當如此。昨見四位閣下老爺、禮部范老爺，俱同老爺盛心，大事已就。今在議封之時，特將本國應封人員開報，伏乞老爺照依後開緣由施行，舉國得安，萬代頂德。謹稟。計開：册封勅書印信並各項儀制，務求老爺留神要好，不致貽笑朝鮮、琉球海外諸國。至懇至禱。

一日本原國王無有，舉國臣民乞封關白。自豐臣秀家以上五員，乞封大都督。獨行長加世西海道，永爲天朝沿海藩籬，且與朝鮮世世修好。

一釋玄蘇封日本禪師。

一豐臣家康、豐臣利家、豐臣秀保、豐臣秀俊、豐臣氏鄉、豐臣輝元、平國寶、豐臣隆景、豐臣晴信、豐臣義智，以上十員乞封都督。

一釋宗逸封日本一道禪師。

一豐臣玄以、豐臣長吉、豐臣正家、豐臣正成、豐臣全宗、豐臣調信、豐臣吉隆、豐臣正信、源家次、平行親、平未鄉，以上十二員乞封都督指揮。

一平山五衛門、早田四郎、兵衛宅甚藏、西山久助、吉田善吉、下甲石衛門、西川與郎、松井久丈夫、小昌久次、大瀨少吉，以上十五名勞苦三年，均乞封爵。再來盡應人員，乞給賜督札付十五張、亞都督札付二十張，臨時頒賞，使日本大人臣僚俱各叨受天朝爵秩，遵天朝命令。」

二月甲辰朔，壬子，詔封日本國王平秀吉曰：「朕受天明命，覆幬無私，仁育遐荒，有同宇下。惟爾日本遠隔鯨波，昔嘗受爵於先朝，中乃自携于聲教。爾平秀吉能統其衆，慕義承風。始假道於朝鮮，未能具達，繼歸命於闕下，備見真誠。馳信使以上表章，干屬藩爲之代請。恭順如此，朕心嘉之。兹特遣後軍都督府僉書署都督僉事李宗誠充正使，五軍營右副將署都督僉事楊方亨充副使，持節封爾爲日本國王，錫以冠服金印誥命。凡爾國大小臣民悉聽教令，共圖綏寧，長爲中國之藩維，永奠海邦之黎庶，恪遵朕命，克祚天休。故兹昭示，俾咸知悉。」

勅諭平秀吉：「朕恭承天命，君臨萬邦，豈獨乂安中華，將使薄海内外，日月照臨之地，罔不樂生而後心始慊也。爾日本平秀吉，比稱兵於朝鮮。夫朝鮮，我天朝二百年恪守職貢之國也。告急於朕，朕是以赫然震怒，出偏師以救之。殺伐用張，原非朕意。乃爾將豐臣行義，遣使藤原如安來，具陳稱兵之由，本爲乞封天朝，求朝鮮轉達，而朝鮮隔遠聲教，不肯爲通，輒爾觸冒，以煩大兵，既悔禍矣。今退還朝鮮王京，送回朝鮮王子、陪臣，恭具表文，仍申前請。經畧諸臣，前後爲爾轉奏，而爾衆復犯朝鮮，以失鄰好。披露情實，果爾恭誠，朕是以推心不疑，嘉與爲善。因勅原差游擊沈維敬，前去釜山宣諭爾衆盡數歸國。特遣後軍都督僉書署都督僉事李宗誠爲正使，五軍營右副將左軍都督府署都督僉事楊方亨爲副使，持節詔封爾平秀吉爲日本國王，錫以金印，加以冠服；陪臣以下，亦各量授官職，用溥恩賚。仍詔告爾國人，俾奉爾號令，毋得違越，世居爾土，世統爾民。蓋自我祖文皇帝錫封爾國，迄今再封，可謂曠世之盛典矣。自封以後，爾其恪奉三約，永肩一心，以忠誠報天朝，以義信睦諸國。附近夷衆，務加禁戢，毋令生事於沿海。六十六島之民，久事徵調，離棄本業，當加意撫綏，使其父母妻子得相完聚。是爾之所以仰體朕意，而上答天心者也。至於貢獻，固爾恭誠。但我沿海將吏，惟知戰守，風濤出没，玉石難分。效順既堅，朕豈責報？一切免行，俾絶後釁。遵守朕命，勿得有違。天鑒孔殷，王章有赫。欽哉。故諭。」

頒賜國王紗帽一頂，金鑲犀帶一條，常服羅一套，大紅織金胸背麒麟員領一件，青褡褳一件，緑貼裏一件，皮弁冠服一件，七旒縐紗皮弁冠一頂，旒珠金事件全。玉圭一枝，袋全。五章絹地紗皮弁服一套，大紅素皮服一件，素白中單一件，纁色素前後裳一件，纁色素蔽膝一件，玉鈎全。纁色粧花錦綬一件，金鈎玉玎璫全。紅白素大帶一圍，大紅素紵絲舄一雙，襪全。丹礬紅羅銷金夾包袱四條，紵絲二匹，黑緑花二匹，深青素一匹，羅二匹，黑絲一匹，青素一匹，白氁緑布十匹。封日本國王平秀吉誥文：「皇帝制曰：聖仁廣運，凡天覆地載，莫不尊親。帝命溥將，暨海隅日出，罔不率俾。昔我皇祖誕育多方，龜紐龍章遠錫扶桑之域，貞珉大篆榮施鎮國之山。嗣以海波之揚，偶致風占之隔。當兹盛隆，宜續彝章。咨爾豐臣平秀吉，崛起海邦，知尊中國。西馳一介之使，欣慕來同，北叩萬里之閽，懇求内附。情既堅於恭順，恩可靳於柔懷。兹特封爾爲日本國王，錫之誥命。於戲！寵賁芝函，襲冠裳於海表；風行卉服，固藩服於天朝。爾其念臣職之當修，恪循要束；感皇恩之已渥，無替款誠，祗服綸言，永遵聲教。欽哉。」

談遷《棗林雜俎》智集《逸典・東宮册婚》 辛丑，東宮金册用足色金十五兩、八成金三千九百八十五兩、七成金一千七百五十兩。東宮大婚費八十萬有奇，冠三百副、耳索珠至百二十二萬金、翠十八萬有奇。

福王婚費二十萬有奇。

談遷《棗林雜俎》智集《逸典・川扇》 乙未四月七日，文書房傳旨：「着四川布政司照進到年例扇柄，内欽降花樣彩畫面各樣龍鳳扇八百一十柄，内金釘鉸彩畫面渾貼雕邊骨龍鳳舟船扇十五柄，壽比南山福如東海扇十五柄，四陽捧壽福禄扇十五柄，百子扇十五柄，羣仙捧壽扇十五柄，松竹梅結壽福禄扇十五柄，七夕銀河會扇十五柄，菊花兔兒扇十五柄，天師降五毒扇十五柄，四獸朝麒麟扇十五柄，孔雀牡丹扇十五柄，蒼松皓月扇十五柄，菊花仙子扇十五柄，鬧花扇十五柄，滿地嬌翎毛扇十五柄，金菊對芙蓉扇十五柄，錦帳花木貓兒扇十五柄，人物故事扇十五柄，四季花扇十五柄，茶梅花草蟲扇十五柄，聚番扇十五柄，白澤五毒扇十五柄，盆景五毒扇十五柄，八鑾進寶扇十五柄，百鳥朝鳳扇十五柄，盤桃捧壽扇十五柄。以上三十三様，俱金釘鉸彩畫面渾貼雕邊骨，每様添造四十五柄，共六千柄，每年爲例。其餘年例的、今年二月傳添造的八千八百柄，俱照様數，每年如法精緻赤金造進。禮部知道。」

吴從先《小窗自紀》 文房供具，借以快目適玩。鋪疊如市，頗損雅趣。其妝點之法，要如袁石公瓶花，羅羅清疏，方能得致。

褚人穫《堅瓠廣集》卷二《銅雀臺瓦》 銅雀硯，曹操臺瓦。楊升庵云：銅雀臺瓦不可得，宋人所收乃高歡避暑宫冰井臺香姜閣瓦也。洪容齋銘可證。余得一瓦硯，上有香姜字。又見京師人家藏一瓦，有元象字。元象，北魏孝静帝年號也。

褚人穫《堅瓠廣集》卷四《杯屐異名》 《紫桃軒雜綴》：古人以杯爲不落，取其常飲則昏酣之流也。以面裏爲不托，以其躬造致精則饔餐之首也。以屐爲不借，以其各自適用則鄙靳之漸也。余欲以不落名筆，以不托名茗，以不借名書，庶於吾輩雅有實際云。

按不借乃草鞋，非屐也。筆又名不律，杯又名鑿落。

錢泳《履園叢話》卷一二《藝能·制砂壺》 宜興砂壺，以時大彬制者爲佳，其餘如陳仲美、李仲芳、徐友泉、沈君用、陳用卿、蔣志雯諸人，亦藉藉人口者。近則以陳曼生司馬所制爲重矣，咸呼之曰「曼壺」。

梁章鉅《浪跡續談》卷八《龍泉窑》 龍泉窑出龍泉縣，以緑色匀浄、裂紋隱隱、有硃砂底者爲佳。自析置龍泉入慶元縣，窑地遂屬慶元，去龍泉幾二百里，而今人遇新出之青瓷窑，仍稱龍泉，亦可笑也。青瓷窑地在琉田地方，按龍泉舊志載，章生二嘗主琉田窑，凡磁出生二窑者，必青瑩如玉，今鮮有存者，或一瓶一盤，動博十數金。其兄章生一窑所出之器，淺緑斷紋，號百圾碎，尤難得。世稱其兄之器曰哥窑，稱弟之器曰弟窑，或稱生二章云。

姚元之《竹葉亭雜記》卷二 道光元年十月，内務府檢查内庫綢緞等項存者若干件，奏請發交外庫備用。上乃命悉數分賜大學士、九卿及翰詹科道。於是以官職高卑爲差等。余官編修，分得天青江綢一端、回子錦一匹，小臣不勝慶幸之至。臘月充實録館纂修，復有瓷器之賜，時余以奉使瀋陽，不與焉。二年八月八日，館臣又有水果四盒之賜，余分得蘋婆脯三枚。此次較對亦得分食，麟侍講見亭慶不取果，而以盒與之。

近京師宴客，器皿精緻，不獨外省所未見，即京師向亦未之有也。器之由來，多出於内府。嘉慶十□年，瓷器庫以庫貯充斥，請發出變價。□□年再發一次。於是舊瓷悉出，間有明代者。其式様之工，顔色之鮮，質地之美，往時外人偶得一具，必將珍爲古玩，今乃爲酒席之用。每一庖人且備至十數席。古云：美食不如美器。官、哥、定、汝，何以加兹。【略】

凡寶物皆有精氣。宣和玉杯之將敗，有白光從閣上冉冉去；明時銅鼎之將毁，静夜長鳴如虬吟。《韻石齋筆談》載之，固不獨寶劍之氣見於豐城也。余爲舉子時，謝賜衣恩，五更往右上門。時冬夜寒甚，天色尚早，因入護軍直宿之室小憩。有老驍騎校話及嘉慶二年十月廿一日乾清宫災時，伊在殿屋上救火，初見白烟一縷起自殿脊，直上高約一二尺。烟中即現一冠帶人，高亦不過尺許，愈上愈小。頃聞裂帛一聲，化爲黑烟而散。自是或現女子身，或現道士身，或現書生身，或現盔甲身，高者尺許，短者數寸，不一而足，及殿脊火出乃止。蓋皆殿中珠寶精也，爲火所焚，真精上出，火爇迸裂，故聞裂帛之聲。黑烟一散，下亦煨燼矣。

和珅查抄議罪後，分其第半爲和孝公主府，和之子豐紳殷德尚十公主。半爲慶親王府。時尚爲郡王。及嘉慶二十五年慶親王薨，五月十五日，管府事阿克當阿代郡王綿慜呈出毗盧帽門口四座、太平缸五十有四、銅路鐙三十六對，皆和家故物也。此項親王尚不應有，而和乃有之，慶親王未及奏者且二十年。缸較大内稍小，鐙則較内爲精緻。因分設於紫禁。今景運、隆宗兩門外，凡所陳設鐵缸及白石座細銅絲罩之路鐙，皆其物也。

姚元之《竹葉亭雜記》卷七 近見蘭林泉得一烟壺，乃玳瑁瑪瑙。一面有背面鍾馗，神致勃勃。一面有魚一、蝦一。無少人力，不事牽强，亦佳玩也。

徐鼒《讀書雜釋》卷七《三禮·其器高以粗》 「其器高以粗」。康成注：「粗，猶大也。器高大，象以火性。」鼒按《説文》云：「粗，疏也。」又云：「龘，行超越也。」又云：「觕，角長貌。」《廣雅·釋詁》粗、龘並云「大也」。粗，曹憲音在户反，徐鉉音徂古反。龘，倉胡切。觕，土角切。今三字相通者，以義近而兼雙聲之字也。《管子·水地篇》：「非特知於龘粗也，察於微眇。」《春秋繁露·俞序篇》云：「始於龘粗，終於精微。」《論衡·正説篇》云：「略正題目，龘粗之説，以照篇中微妙之文。」是龘、粗爲雙聲之證也。《淮南子·氾論訓》：「風氣者，陰陽龘觕者也。」

《漢書・藝文志》云：「庶得麤觕。」《公羊隱元年》注云：「用心尚麤觕。」是麤、觕雙聲之證也。又《文選・辨亡論》云：「百度之缺相修。」注云：「相，古粗字。」按：相字，粗之譌也。麄，麤之譌也。觕，觕之譌也。又《釋文》、《石經》、山井鼎《考文》並作粗。汲古閣本作麤，非也。

上海市檔案館《舊中國的股份制・景德鎮瓷業股份有限公司概況書》 浮梁縣以瓷器爲大宗，窑工、販商數十萬人。窑廠悉在景德鎮一隅，每年貢瓷，另設御窑廠，雇頭等瓷工製造。民窑分兩種，燒松柴者七十餘座，出瓷較佳；燒茅草者僅二、三十座，出瓷較遜。統計一年所出，約可值銀三百萬兩左右。瓷泥細而彩畫精者，西人尤寶重之。其行銷中國之貨，恒多拘守舊式，不求精美，貶價出售，故獲利甚微，難期進步。二十九年，贛撫柯逢時奏：調孫道廷林委辦瓷器公司，籌撥銀十萬兩，以爲之倡。餘由孫道自行集股，在該鎮建廠招工，專造洋式瓷器。擬章咨部。三十年，孫道回鄂，改委蔣道煇接充。據孫道稟：原撥十萬僅由藩司徑發皖省，瓷業公司訂購祁門土不付價一萬兩，所招商股亦僅三萬兩，將所建房屋、窑廠變賣退股。三十二年，商部咨催，蔣道以病辭差，改委李道嘉德，飭赴滬招商，晤滬道瑞澂。瑞在潯關任内管理窑廠，深悉瓷業情形，久蓄改良之意，但以官商合辦，未爲盡善，擬請改爲商辦。力任糾合同志，爲發起人，議立有限公司。因委瑞道查照商律，議章集股。三十三年，奏明改歸商辦，定名商辦江西瓷業公司。議集股本二十萬元，每股五元，由發起人分認一萬五千股，俟批准後，再集二萬五千股。其公司造瓷，多用機器，請照部定湖北機器制麻廠辦法酌定廠稅。凡出口貨只完正稅一道，若在江西内地零銷，納稅定值百抽五之率。請咨明稅務處核辦。旋準稅務處咨稱：準完值百抽五出口正稅，沿途不再重征。將來中英新約第八款施行，應照第九節完一出廠稅章程辦理。會奏立案。嗣由該公司公舉内閣中書康達爲總理。三十一年，景德鎮職商陳庚昌等稟稱：瓷器爲出口大宗，青花實居七、八，而滇料則爲青花所必資。近日瓷業衰敗，受劣貨之影響爲最巨。蓋此料産自雲南，由土人入山掘取，轉售各號，名爲生料，運回景德雇工洗揀，再用窑火煅煉，名爲熟料，只因厘剔不浄，洗揀研煉之工不精，以致攙融填畫，花色不鮮，瓷號漸用洋料，利權將爲所奪。茲邀向販滇料之商號八家，合籌資本四萬元，創辦保源滇料公司，藉圖抵制。一面派人赴滇采辦，一面多雇優等工人設廠洗煉，再赴上海聘請諳練配製顏料化學之教習訓授子弟。訂立合同，稟請立案。三十二年，浮梁縣廩生鄭之梁等稟稱：東鄉窑里地方向産釉果，爲瓷器最要物料，惟碓廠拘守成法，進步難期。稔知釉果向有三等，均合兩種土石而成。一名釉石，色光而軟；一名賽白，質堅而白。攙和之法，或釉石七、八分，或賽白三分，偶一不慎，非柔則硬。採挖之法與挖礦無異，深或二、三里及六、七里不等。現已邀合同志，公議集股萬兩認辦振益釉果公司，精益求精，務在改良。開具章程二十一條，呈請核准。

藝文

《墨子校注》卷六《節葬下第二十五》 何以知其然也？今天下之士君子，將猶多皆疑惑厚葬久喪之爲中是非利害也。故子墨子言曰：然則姑嘗稽之。今雖毋法執厚葬久喪者言，以爲事乎國家。此存乎王公大人有喪者，曰棺椁必重，葬埋必厚，衣衾必多，文繡必繁，丘隴必巨。存乎匹夫賤人死者，殆竭家室。存乎諸侯死者，虚庫府，然後金玉珠璣比乎身，綸組節約，車馬藏乎壙，又必多爲屋幕，鼎鼓、几梴、壺濫、戈劍、羽旄、齒革，寢而埋之。滿意若殉從，曰：天子殺殉，衆者數百，寡者數十。將軍大夫殺殉，衆者數十，寡者數人。處喪之法將柰何哉？曰：哭泣不秩聲，翁縗絰，垂涕，處倚廬，寢苫枕凷。又相率强不食而爲飢，薄衣而爲寒，使面目陷陬，顔色黧黑，耳目不聰明，手足不勁强，不可用也。又曰：上士之操喪也，必扶而能起，杖而能行，以此共三年。若法若言，行若道，使王公大夫行此，則必不能蚤朝晏退，治五官六府，辟草木，實倉廩。使農夫行此，則必不能蚤出夜入，耕稼樹藝。使百工行此，則必不能修舟車，爲器皿矣。使婦人行此，則必不能夙興夜寐，紡績織紝。細計厚葬爲多埋賦之財者也，計久喪爲久禁從事者也。財以成者，扶而埋之。後得生者，而久禁之。以此求富，此譬猶禁耕而求穫也，富之説無可得焉。是故求以富國家，而既已不可矣。

劉歆《西京雜記》卷四 梁孝王遊於忘憂之館，集諸遊士，各使爲賦。枚乘爲《柳賦》，其辭曰：「忘憂之館，垂條之木。枝逶遲而含紫，葉萋萋而吐緑。出入風雲，去來羽族。既上下而好音，亦黄衣而絳足。蜩螗厲響，蜘蛛吐絲。階草漠漠，白日遲遲。于嗟細柳，流亂輕絲。君王淵穆其度，御羣英而翫之。小臣瞽聵，與此陳詞。于嗟樂兮！於是罇盈縹玉之酒，爵獻金漿之醪。梁人作諸蔗酒，名金漿。庶羞千族，盈滿六庖。弱絲清管，與風霜而共雕。鎗鍠啾唧，蕭條寂寥。

儁乂英旄，列襟聯袍。小臣莫效於鴻毛，空銜鮮而嗽醪。雖復河清海竭，終無增景於邊橑。」

路喬如爲《鶴賦》，其辭曰：「白衣朱冠，鼓翼池干。舉脩距而躍躍，奮皓翅之翪翪。宛脩頸而顧步，啄沙磧而相懽。豈忘赤霄之上，忽池籞而盤桓。飲清流而不舉，食稻粱而未安。故知野禽野性，未脱籠樊。賴吾王之廣愛，雖禽鳥兮抱恩。方騰驤而鳴舞，憑朱檻而爲歡。」

公孫詭爲《文鹿賦》，其詞曰：「麀鹿濯濯，來我槐庭。食我槐葉，懷我德聲。質如緗縟，文如素綦。呦呦相召，《小雅》之詩。歎丘山之比歲，逢梁王於一時。」

鄒陽爲《酒賦》，其詞曰：「清者爲酒，濁者爲醴；清者聖明，濁者頑騃。皆麴涓丘之麥，釀野田之米。倉風莫預，方金未啟。嗟同物而異味，歎殊才而共侍。流光醳醳，甘滋泥泥。醪醸既成，綠瓷既啟。且筐且漉，載篘載齊。庶民以爲懽，君子以爲禮。其品類，則沙洛淥酃，程鄉若下，高公之清。關中白薄，清渚縈停。凝醳醇酎，千日一醒。哲王臨國，綽矣多暇。召皤皤之臣，聚肅肅之賓。安廣坐，列雕屏，綃綺爲席，犀璩爲鎮。曳長裾，飛廣袖，奮長纓。英偉之士，莞爾而即之。君王憑玉几，倚玉屏。舉手一勞，四座之士，皆若哺粱肉焉。乃縱酒作倡，傾盌覆觴。右曰宫申，旁亦徵揚。樂只之深，不吳不狂，於是錫名餌，祛夕醉，遣朝酲。吾君壽億萬歲，常與日月争光。」

公孫乘爲《月賦》，其辭曰：「月出皦兮，君子之光。鶤雞舞於蘭渚，蟋蟀鳴於西堂。君有禮樂，我有衣裳。猗嗟明月，當心而出。隱員巖而似鉤，蔽脩堞而分鏡。既少進以增輝，遂臨庭而高暎。炎日匪明，皓璧非淨。躔度運行，陰陽以正。文林辯囿，小臣不佞。」

羊勝爲《屏風賦》，其辭曰：「屏風鞈匝，蔽我君王。重葩累繡，沓璧連璋。飾以文錦，暎以流黄。畫以古烈，顒顒昂昂。藩后宜之，壽考無疆。」

韓安國作《几賦》不成，鄒陽代作，其辭曰：「高樹凌雲，蟠紆煩冤，旁生附枝。王爾公輸之徒，荷斧斤，援葛藟，攀喬枝。上不測之絶頂，伐之以歸。眇者督直，聾者磨礱。齊貢金斧，楚入名工，迺成斯几。離奇髣髴，似龍盤馬迴，鳳去鸞歸。君王憑之，聖德日躋。」鄒陽、安國罰酒三升，賜枚乘、路喬如絹，人五匹。

劉歆《西京雜記》卷六 魯恭王得文木一枚，伐以爲器，意甚玩之。中山王爲賦曰：「麗木離披，生彼高崖。拂天河而布葉，橫日路而擢枝。幼雛羸鷇，單雄寡雌，紛紜翔集，嘈嗷鳴啼。載重雪而梢勁風，將等歲於二儀。巧匠不識，王子見知。乃命班爾，載斧伐斯，隱若天崩，豁如地裂。華葉分披，條枝摧折。既剥既刊，見其文章。或如龍盤虎踞，復似鸞集鳳翔。青緺紫綬，環璧珪璋。重山累嶂，連波疊浪。奔電屯雲，薄霧濃雰。麏宗驥旅，雞族雉羣。蠋繡鴦綿，蓮藻芰文。色比金而有裕，質參玉而無分。裁爲用器，曲直舒卷。脩竹暎池，高松植巘。制爲樂器，婉轉蟠紆，鳳將九子，龍導五駒。制爲屏風，鬱茀穹隆。制爲杖几，極麗窮美。制爲枕案，文章璀璨，彪炳渙汗。制爲盤盂，采玩踟蹰。猗歟君子，其樂只且！」恭王大悦，顧盼而笑，賜駿馬二匹。

《昭明文選·東漢·班固西都賦》 有西都賓問於東都主人曰：「蓋聞皇漢之初經營也，嘗有意乎都河洛矣。輟而弗康，實用西遷，作我上都。主人聞其故而睹其制乎？」主人曰：「未也。願賓攄懷舊之蓄念，發思古之幽情。博我以皇道，弘我以漢京。」賓曰：「唯唯。漢之西都，在於雍州，實曰長安。左據函谷、二崤之阻，表以太華、終南之山。右界褒斜、隴首之險，帶以洪河、涇、渭之川。衆流之隈，汧涌其西。華實之毛，則九州之上腴焉；防禦之阻，則天地之隩區焉。是故横被六合，三成帝畿。周以龍興，秦以虎視。及至大漢受命而都之也，仰悟東井之精，俯協河圖之靈。奉春建策，留侯演成。天人合應，以發皇明。乃眷西顧，實惟作京。

「於是睎秦嶺，睋北阜。挾灃灞，據龍首。圖皇基於億載，度宏規而大起。肇自高而終平，世增飾以崇麗。歷十二之延祚，故窮泰而極侈。建金城而萬雉，呀周池而成淵。披三條之廣路，立十二之通門。内則街衢洞達，閭閻且千。九市開場，貨别隧分。人不得顧，車不得旋。闐城溢郭，旁流百廛。紅塵四合，烟雲相連。

「於是既庶且富，娱樂無疆。都人士女，殊異乎五方。游士擬於公侯，列肆侈於姬姜。鄉曲豪舉，游俠之雄。節慕原、嘗，名亞春、陵。連交合衆，騁騖乎其中。若乃觀其四郊，浮游近縣，則南望杜霸，北眺五陵。名都對郭，邑居相承。英俊之域，紱冕所興。冠蓋如云，七相五分。與乎州郡之豪傑，五都之貨殖。三選七遷，充奉陵邑。蓋以强幹弱枝，隆上都而觀萬國也。

「封畿之内，厥土千里。逴躒諸夏，兼其所有。其陽則崇山隱天，幽林穹谷。陸海珍藏，藍田美玉。商洛緣其限，鄠杜濱其足。源泉灌注，陂池交屬。竹林果園，芳草甘木。郊野之富，號爲近蜀。其陰則冠以九嵕，陪以甘泉，乃有靈宫起乎其中。秦漢之所極觀，淵雲之所頌嘆，於是乎存焉。下有鄭白之沃，衣食之源。提封五萬，疆埸綺分。溝塍刻鏤，原隰龍鱗。決渠降雨，荷插成雲。五穀垂穎，桑麻鋪棻。東郊則有通溝大漕，潰渭洞河。泛舟山東，控引淮湖，與海通波。西郊則有上囿禁苑，林麓藪澤，陂池連乎蜀漢。繚以周墻，四百餘里。離宮別館，三十六所。神池靈沼，往往而在。其中乃有九真之麟，大宛之馬，黃支之犀，條支之鳥，踰崑崙，越巨海，殊方異類，至於三萬里。

「其宮室也，體象乎天地，經緯乎陰陽。據坤靈之正位，仿太紫之圓方。樹中天之華闕，豐冠山之朱堂。因瑰材而究奇，抗應龍之虹梁。列棼橑以布翼，荷棟桴而高驤。雕玉瑱以居楹，裁金璧以飾璫。發五色之渥彩，光焰朗以景彰。於是左墄右平，重軒三階。閨房周通，門闥洞開。列鐘虡於中庭，立金人於端闈。仍增崖而衡閾，臨峻路而啓扉。徇以離宮別寢，承以崇臺閑館。煥若列宿，紫宮是環。清涼宣溫，神仙長年。金華玉堂，白虎麒麟。區宇若茲，不可殫論。增盤崔嵬，登降炤爛。殊形詭制，每各異觀。乘茵步輦，惟所息宴。後宮則有掖庭椒房，后妃之室。合歡增城，安處常寧。茝若椒風，披香發越。蘭林蕙草，鴛鸞飛翔之列。昭陽特盛，隆乎孝成。屋不呈材，墻不露形。裛以藻綉，絡以綸連。隨侯明月，錯落其間。金釭銜璧，是爲列錢。翡翠火齊，流耀含英。懸黎垂棘，夜光在焉。於是玄墀釦砌，玉階彤庭。碝磩采致，琳珉青熒。珊瑚碧樹，周阿而生。紅羅颯纚，綺組繽紛。精曜華燭，俯仰如神。後宮之號，十有四位。窈窕繁華，更盛迭貴。處乎斯列者，蓋以百數。左右庭中，朝堂百寮之位。蕭曹魏邴，謀謨乎其上。佐命則垂統，輔翼則成化。流大漢之愷悌，蕩亡秦之毒螫。故令斯人揚樂和之聲，作畫一之歌。功德著乎祖宗，膏澤洽乎黎庶。又有天祿石渠，典籍之府。命夫惇誨故老，名儒師傅。講論乎六藝，稽合乎同異。又有承明金馬，著作之庭。大雅宏達，於茲爲羣。元元本本，殫見洽聞。啓發篇章，校理秘文。周以鈎陳之位，衛以嚴更之署。總禮官之甲科，羣百郡之廉孝。虎賁贅衣，閹尹閽寺。陛戟百重，各有典司。周廬千列，徼道綺錯。輦路經營，修除飛閣。自未央而連桂宮，北彌明光而亘長樂。凌磴道而超西墉，掍建章而連外屬。設璧門之鳳闕，上觚稜而棲金爵。內則別風之嶕嶢，眇麗巧而聳擢。張千門而立萬户，順陰陽以開闔。

「爾乃正殿崔嵬，層構厥高，臨乎未央。經駘蕩而出馺娑，洞枍詣以與天梁。上反宇以蓋戴，激日景而納光。神明鬱其特起，遂偃蹇而上躋。軼雲雨於太半，虹霓回帶於棼楣。雖輕迅與僄狡，猶愕眙而不能階。攀井幹而未半，目眴轉而意迷。舍櫺檻而却倚，若顛墜而復稽。魂怳怳以失度，巡回涂而下低。既懲懼於登望，降周流以徬徨。步甬道以縈紆，又杳窱而不見陽。排飛闥而上出，若游目於天表，似無依而洋洋。前唐中而後太液，覽滄海之湯湯。揚波濤於碣石，激神岳之嶈嶈。濫瀛洲與方壺，蓬萊起乎中央。於是靈草冬榮，神木叢生。岩峻崷崒，金石峥嶸。抗仙掌以承露，擢雙立之金莖。軼埃堨之混濁，鮮顥氣之清英。騁文成之丕誕，馳五利之所刑。庶松喬之羣類，時游從乎斯庭。實列仙之攸館，非吾人之所寧。

「爾乃盛娛游之壯觀，奮泰武乎上囿。因茲以威戎夸狄，耀威靈而講武事。命荆州使起鳥，詔梁野而驅獸。毛羣內闐，飛羽上覆。接翼側足，集禁林而屯聚。水衡虞人，修其營表。種別羣分，部曲有署。罘網連紘，籠山絡野。列卒周匝，星羅雲布。於是乘鑾輿，備法駕，帥羣臣。披飛廉，入苑門。遂繞酆鄗，歷上蘭。六師發逐，百獸駭殫。震震爚爚，雷奔電激。草木涂地，山淵反覆。蹂躪其十二三，乃拗怒而少息。

「爾乃期門佽飛，列刃鑽鍭，要趹追踪。鳥驚觸絲，獸駭值鋒。機不虛掎，弦不再控。矢不單殺，中必疊雙。颮颮紛紛，矰繳相纏。風毛雨血，灑野蔽天。平原赤，勇士厲，猿狖失木，豺狼懾竄。

「爾乃移師趨險，並蹈潛穢。窮虎奔突，狂兕觸蹶。許少施巧，秦成力折。掎僄狡，扼猛噬。脫角挫脰，徒搏獨殺。挾師豹，拖熊螭。曳犀犛，頓象羆。超洞壑，越峻崖。蹶嶄岩，鉅石隤。松柏僕，叢林摧。草木無餘，禽獸殄夷。於是天子乃登屬玉之館，歷長楊之榭。覽山川之體勢，觀三軍之殺獲。原野蕭條，目極四裔。禽相鎮壓，獸相枕藉。然後收禽會衆，論功賜胙。陳輕騎以行炰，騰酒車以斟酌。割鮮野食，舉烽命釂。饗賜畢，勞逸齊。大路鳴鑾，容與徘徊。集乎豫章之宇，臨乎昆明之池。左牽牛而右織女，似雲漢之無涯。茂樹蔭蔚，芳草被隄。蘭茝發色，曄曄猗猗。若摛錦布綉，燭燿乎其陂。鳥則玄鶴白鷺，黃鵠鵁鶄，鶬鴰鴇鶂，鳧鷖鴻雁。朝發河海，夕宿江漢。沉浮往來，雲集霧散。於是後宮乘輚輅，登龍舟，張鳳蓋，建華旗。祛黼帷，鏡清流。靡微風，澹淡浮。棹女謳，鼓吹震。聲激越，謍厲天。鳥羣翔，魚窺淵。招白鷳，下雙鵠。揄文竿，出比目。撫鴻罿，御矰繳。方舟並騖，俯仰極樂。遂乃風舉雲摇，浮游溥覽。前乘秦嶺，後越九嵕。東薄河華，西涉岐雍。宮館所歷，百有餘區。行所朝夕，儲不改供。禮上下而接山川，究休祐之所用。採游童之讙謠，第從臣之嘉頌。於斯之時，都都相望，邑邑相屬。國藉十世之基，家承百年之業。士食舊德之名氏，農服先疇之畎畝。商循族世之所鬻，工用高曾之規矩。粲乎隱隱，各得其所。

「若臣者，徒觀迹於舊墟，聞之乎故老。十分而未得其一端，故不能遍舉也。」

《昭明文選·東漢·張衡東京賦》 安處先生於是似不能言，憮然有間，乃莞爾而笑曰：「若客所謂學膚受，貴耳而賤目者也！苟有胸而無心，不能節之以禮，宜其陋今而榮古矣！由余以西戎孤臣，而悝繆公於宮室，如之何其以温故知新，研覈是非，近於此惑？

「周姬之末，不能厥政，政用多僻。始於宮鄰，卒於金虎。嬴氏搏翼，擇肉西邑。是時也，七雄並爭，競相高以奢麗。楚築章華於前，趙建叢臺於後。秦政利觜長距，終得擅場，思專其侈，以莫己若。乃構阿房，起甘泉，結雲閣，冠南山。征稅盡，人力殫。然後收以太半之賦，威以參夷之刑。其遇民也，若薙氏之芟草，既蘊崇之，又行火焉！慄慄黔首，豈徒跼高天、蹐厚地而已哉？乃救死於其頸！驅以就役，唯力是視，百姓弗能忍，是用息肩於大漢而欣戴高祖。

「高祖膺籙受圖，順天行誅，杖朱旗而建大號。所推必亡，所存必固。掃項軍於垓下，紲子嬰於軹涂。因秦宮室，據其府庫。作洛之制，我則未暇。是以西匠營宮，目玩阿房。規摹踰溢，不度不臧。損之又損之，然尚過於周堂。觀者狹而謂之陋，帝已譏其泰而弗康。

「且高既受命建家，造我區夏矣。文又躬自菲薄，治致升平之德。武有大啓土宇，紀禪肅然之功。宣重威以撫和戎狄，呼韓來享。咸用紀宗存主，饗祀不輟，銘勛彝器，歷世彌光。今舍純懿而論爽德，以《春秋》所諱而爲美談，宜無嫌於往初，故蔽善而揚惡，祇吾子之不知言也。必以肆奢爲賢，則是黄帝合宫，有虞總期，固不如夏癸之瑶臺，殷辛之瓊室也。湯武誰革而用師哉？盍亦覽東京之事以自寤乎？

「且天子有道，守在海外。守位以仁，不恃隘害。苟民志之不諒，何云岩險與襟帶？秦負阻於二關，卒開項而受沛。彼偏據而規小，豈如宅中而圖大。昔先王之經邑也，掩觀九隩，靡地不營。土圭測景，不縮不盈。總風雨之所交，然後以建王城。審曲面勢，泝洛背河，左伊右瀍。西阻九阿，東門於旋。盟津達其後，太谷通其前。回行道乎伊闕，邪徑捷乎轘轅。大室作鎮，揭以熊耳。底柱輟流，鐔以大岯。温液湯泉，黑丹石緇。王鮪岫居，能鱉三趾。宓妃攸館，神用挺紀。龍圖授羲，龜書畀姒。召伯相宅，卜惟洛食。周公初基，其繩則直。萇弘魏舒，是廓是極。經途九軌，城隅九雉。度堂以筵，度室以几。京邑翼翼，四方所視。漢初弗之宅，故宗緒中圮。

「巨猾間釁，竊弄神器。歷載三六，偷安天位。於時蒸民，罔敢或貳。其取威也重矣！我世祖忿之，乃龍飛白水，鳳翔參墟。授鉞四七，共工是除。欃槍旬始，羣凶靡餘。區宇乂寧，思和求中。睿哲玄覽，都茲洛宮。曰止曰時，昭明有融。既光厥武，仁洽道豐。登岱勒封，與黄比崇。

「逮至顯宗，六合殷昌。乃新崇德，遂作德陽。啓南端之特闈，立應門之將將。昭仁惠於崇賢，抗義聲於金商。飛雲龍於春路，屯神虎於秋方。建象魏之兩觀，旌六典之舊章。其内則含德章臺，天禄宣明。温飭迎春，壽安永寧。飛閣神行，莫我能形。濯龍芳林，九谷八溪。芙蓉覆水，秋蘭被涯。渚戲躍魚，淵游龜蠵。永安離宫，修竹冬青。陰地幽流，玄泉洌清。鵯鶋秋栖，鶻鵃春鳴。雎鳩麗黄，關關嚶嚶。於南則前殿靈臺，龢驩安福。謻門曲榭，邪阻城洫。奇樹珍果，鈎盾所職。西登少華，亭候修敕。九龍之内，實曰嘉德。西南其户，匪雕匪刻。我後好約，乃宴斯息。於東則洪池清蘌，淥水澹澹。内阜川禽，外豐葭菼。獻鱉蜃與龜魚，供蝸蠯與菱芡。其西則有平樂都場，示遠之觀。龍雀蟠蜿，天馬半漢。瑰異譎詭，燦爛炳焕。奢未及侈，儉而不陋。規遵王度，動中得趣。

「於是觀禮，禮舉儀具。經始勿亟，成之不日。猶謂爲之者勞，居之者逸。慕唐虞之茅茨，思夏后之卑室。乃營三宫，布教頒常。復廟重屋，八達九房。規天矩地，授時順鄉。造舟清池，惟水泱泱。左制辟雍，右立靈臺。因進距衰，表賢簡能。馮相觀祲，祈褫禳災。

「於是孟春元日，羣后旁戾。百僚師師，於斯胥洎。藩國奉聘，要荒來質。具惟帝臣，獻琛執贄。當覲乎殿下者，蓋數萬以二。爾乃九賓重，臚人列。崇牙張，鏞鼓設。郎將司階，虎戟交鎩。龍輅充庭，雲旗拂霓。夏正三朝，庭燎晢晢。撞洪鐘，伐靈鼓，旁震八鄙，軯磕隱訇，若疾霆轉雷而激迅風也。

「是時稱警蹕已，下雕輦於東廂。冠通天，佩玉璽，紆皇組，要干將。負斧扆，次席紛純，左右玉几，而南面以聽矣。然後百辟乃入，司儀辨等，尊卑以班，璧羔皮帛之贄既奠，天子乃以三揖之禮禮之。穆穆焉，皇皇焉，濟濟焉，將將焉，信天下之壯觀也。乃羡公侯卿士，登自東除。訪萬機，詢朝政。勤恤民隱，而除其眚。人或不得其所，若己納之於隍。荷天下之重任，匪怠皇以寧靜。發京倉，散禁財。賚皇寮，逮輿臺。命膳夫以大饗，饔餼浹乎家陪。春醴惟醇，燔炙芬芬，君臣歡康，具醉熏熏。千品萬官，已事而踆。勤屢省，懋乾乾。清風協於玄德，淳化通於自然。憲先靈而齊軌，必三思以顧愆。招有道於側陋，開敢諫之直言。聘丘園之耿絜，旅束帛之戔戔。上下通情，式宴且盤。

「及將祀天郊，報地功，祈福乎上玄，思所以爲虔。肅肅之儀盡，穆穆之禮殫。然後以獻精誠，奉禋祀，曰：『允矣，天子者也。』乃整法服，正冕帶。珩紞紘綖，玉笄綦會。火龍黼黻，藻綷鞶厲。結飛雲之袷輅，樹翠羽之高蓋。建辰旒之太常，紛焱悠以容裔。六玄虯之弈弈，齊騰驤而沛艾。龍輈華轙，金鍐鏤鍚。方釳左纛，鉤膺玉瓖。鑾聲噦噦，和鈴鉠鉠。重輪貳轄，疏轂飛軨。羽蓋威蕤，葩瑵曲莖。順時服而設副，咸龍旂而繁纓。立戈迤戛，農輿輅木。屬車九九，乘軒並轂。琫弩重旃，朱旄青屋。奉引既畢，先輅乃發。鸞旗皮軒，通帛綪旆。雲罕九斿，闟戟轇輵。髶髦被繡，虎夫戴鶡。駙承華之蒲梢，飛流蘇之騷殺。總輕武於後陳，奏嚴鼓之嘈囐。戎士介而揚揮，戴金鉦而建黃鉞。清道案列，天行星陳。肅肅習習，隱隱轔轔。殿未出乎城闕，旆已反乎郊畛。盛夏后之致美，爰敬恭於明神。

「爾乃孤竹之管，雲和之瑟。雷鼓鼝鼝，六變既畢。冠華秉翟，列舞八佾。元祀惟稱，羣望咸秩。颺槱燎之炎煬，致高烟乎太一。神歆馨而顧德，祚靈主以元吉。然後宗上帝於明堂，推光武以作配。辯方位而正則，五精帥而來摧。尊赤氏之朱光，四靈懋而允懷。於是春秋改節，四時迭代。蒸蒸之心，感物曾思。躬追養於廟祧，奉蒸嘗與禴祠。物性辯省，設其楅衡。毛炰豚胉，亦有和羹。滌濯靜嘉，禮儀孔明。萬舞奕奕，鐘鼓喤喤。靈祖皇考，來顧來饗。神具醉止，降福穰穰。

「及至農祥晨正，土膏脉起。乘鑾輅而駕蒼龍，介馭間以剡耜。躬三推於天田，修帝籍之千畝。供禘郊之粢盛，必致思乎勤己。兆民勸於疆場，感懋力以耘耔。春日載陽，合射辟雍。設業設虡，宮懸金鏞。鼖鼓路鼗，樹羽幢幢。於是備物，物有其容。伯夷起而相儀，后夔坐而爲工。張大侯，制五正。設三乏，厞司旌。并夾既設，儲乎廣庭。於是皇輿夙駕，輂於東階，以須消啓明。掃朝霞，登天光於扶桑。天子乃撫玉輅，時乘六龍。發鯨魚，鏗華鐘。大丙弭節，風后陪乘。攝提運衡，徐至於射宮。禮事展，樂物具。王夏闋，騶虞奏。决拾既次，雕弓斯彀。達餘萌於暮春，昭誠心以遠喻。進明德而崇業，滌饕餮之貪慾。仁風衍而外流，誼方激而遐騖。日月會於龍遂，恤民事之勞疚。因體力以息勤，致歡忻於春酒。執鑾刀以袒割，奉觴豆於國叟。降至尊以訓恭，送迎拜乎三壽。敬慎威儀，示民不偷。我有嘉賓，其樂愉愉。聲教布濩，盈溢天區。

「文德既昭，武節是宣。三農之隙，曜威中原。歲惟仲冬，大閱西園。虞人掌焉，先期戒事。悉率百禽，鳩諸靈囿。獸之所同，是謂告備。乃御小戎，撫輕軒。中畋四牡，既佶且閑。戈矛若林，牙旗繽紛。迄上林，結徒營。次和樹表，司鐸授鉦。坐作進退，節以軍聲。三令五申，示戮斬牲。陳師鞠旅，教達禁成。火列具舉，武士星敷。鵝鸛魚麗，箕張翼舒。軌塵掩迒，匪疾匪徐。馭不詭遇，射不翦毛。升獻六禽，時膳四膏。馬足未極，輿徒不勞。成禮三毆，解罘放麟。不窮樂以訓儉，不殫物以昭仁。慕天乙之弛罟，因教祝以杯民。儀姬伯之渭陽，失熊羆而獲人。澤浸昆蟲，威振八隅。好樂無荒，允文允武。薄狩於敖，既璅璅焉。岐陽之搜，又何足數。

「爾乃卒歲大儺，毆除羣厲。方相秉鉞，巫覡操茢。侲子萬童，丹首玄制。桃弧棘矢，所發無臬。飛礫雨散，剛癉必斃。煌火馳而星流，逐赤疫於四裔。然後凌天池，絕飛梁。捎魑魅，斮獝狂。斬蜲蛇，腦方良。囚耕父於清泠，溺女魃於神潢。殘夔魖與罔像，殪野仲而殲游光。八靈爲之震慴，況魃蜮與畢方。度朔作梗，守以鬱壘。神荼副焉，對操索葦。目察區陬，司執遺鬼。京室密清，罔有不韙。

「於是陰陽交和，庶物時育。卜征考祥，終然允淑。乘輿巡乎岱岳，勸稼穡於原陸。同衡律而一軌量，齊急舒於寒燠。省幽明以黜陟，乃反旆而回復。望先帝之舊墟，慨長思而懷古！俟閶風而西遐，致恭祀乎高祖。既春游以發生，啓諸蟄於潛户。度秋豫以收成，觀豐年之多稌。嘉田畯之匪懈，行政賚於九扈。左瞰暘谷，右睨玄圃。眇天末以遠期，規萬世而大摹。且歸來以釋勞，膺多福以安悆。總集瑞命，備致嘉祥。圉林氏之騶虞，擾澤馬與騰黃。鳴女床之鸞鳥，舞丹穴之鳳皇。植華平於春圃，豐朱草於中唐。惠風廣被，澤洎幽荒。北爕丁令，南諧越裳。西包大秦，東過樂浪。重舌之人九譯，僉稽首而來王。

「是以論其遷邑易京，則同規乎殷盤；改奢即儉，則合美乎斯干。登封降禪，則齊德乎黃軒。爲無爲，事無事，永有民以孔安。遵節儉，尚素樸。思仲尼之克己，履老氏之常足。將使心不亂其所在，目不見其可欲。賤犀象，簡珠玉。藏金於山，抵璧於谷。翡翠不裂，玳瑁不蔟。所貴惟賢，所寶惟穀。民去末而反本，咸懷忠而抱慤。於斯之時，海内同悦，曰：『吁！漢帝之德，侯其禕而！』蓋莫莢爲難蒔也，故曠世而不覿。惟我后能殖之，以至和平，方將數諸朝階。然則道胡不懷，化胡不柔？聲與風翔，澤從雲游。萬物我賴，亦又何求？德寓天覆，輝烈光燭。狹三王之趢趗，軼五帝之長驅。踵二皇之遐武，誰謂駕遲而不能屬？東京之懿未罄，值余有犬馬之疾，不能究其精詳。故粗爲賓言其梗概如此。

「若乃流遁忘反，放心不覺，樂而無節，後離其戚，一言幾於喪國，我未之學也。且夫挈瓶之智，守不假器。況纂帝業，而輕天位。瞻仰二祖，厥庸孔肆。常翹翹以危懼，若乘奔而無轡。白龍魚服，見困豫且。雖萬乘之無懼，猶怵惕於一夫。終日不離其輜重，獨微行其焉如？夫君人者，黈纊塞耳，車中不内顧。珮以制容，鑾以節涂。行不變玉，駕不亂步。却走馬以糞車，何惜騕褭與飛兔。方其用財取物，常畏生類之殄也。賦政任役，常畏人力之盡也。取之以道，用之以時。山無槎枿，畋不麑胎。草木蕃廡，鳥獸阜滋。民忘其勞，樂輸其財。百姓同於饒衍，上下共其雍熙。洪恩素蓄，民心固結。執誼顧主，夫懷貞節。忿奸慝之干命，怨皇統之見替。玄謀設而陰行，合二九而成譎。登聖皇於天階，章漢祚之有秩。若此故王業可樂焉。

「今公子苟好勦民以媮樂，忘民怨之爲仇也；好殫物以窮寵，忽下叛而生憂也。夫水所以載舟，亦所以覆舟。堅冰作於履霜，尋木起於蘖栽。昧旦丕顯，後世猶怠。況初制於甚泰，服者焉能改裁。故相如壯上林之觀，揚雄騁羽獵之辭。雖系以隤墻填壍，亂以收罝解罘。卒無補於風規，祇以昭其愆尤。臣濟奓以陵君，忘經國之長基。故函谷擊柝於東，西朝顛覆而莫持。凡人心是所學，體安所習。鮑肆不知其臰，玩其所以先入。咸池不齊度於𧿹咬，而衆聽或疑。能不惑者，其唯子野乎？」

客既醉於大道，飽於文義。勸德畏戒，喜懼交争。罔然若酲，朝罷夕倦，奪氣褫魄之爲者，忘其所以爲談，失其所以爲夸。良久乃言曰：「鄙哉予乎！習非而遂迷也，幸見指南於吾子。若僕所聞，華而不實；先生之言，信而有徵。鄙夫寡識，而今而後，乃知大漢之德馨，咸在於此。昔常恨三墳五典既泯，仰不睹炎帝帝魁之美，得聞先生之餘論，則大庭氏何以尚兹？走雖不敏，庶斯達矣。」

《昭明文選・東漢・張衡南都賦》於顯樂都，既麗且康！陪京之南，居漢之陽。割周楚之豐壤，跨荆豫而爲疆。體爽塏以閑敞，紛鬱鬱其難詳。

爾其地勢，則武闕關其西，桐柏揭其東。流滄浪而爲隍，廓方城而爲墉。湯谷涌其後，淯水蕩其胸。推淮引湍，三方是通。

其寶利珍怪，則金彩玉璞，隨珠夜光。銅錫鉛鍇，赭堊流黄。緑碧紫英，青雘丹粟。太一餘糧，中黄穀玉。松子神陂，赤靈解角。耕父揚光於清泠之淵，游女弄珠於漢皋之曲。

其山則崆峣嶱嵑，嵣嵖嶚剌。岝崿嵲嵬，嶔巇屹𡾊。幽谷嶜岑，夏含霜雪。或峮嶙而纚連，或豁爾而中絶。鞠巍巍其隱天，俯而觀乎雲霓。若夫天封大狐，列仙之陬。上平衍而曠蕩，下蒙籠而崎嶇。坂坻嶻嶭而成甗，谿壑錯繆而盤紆。芝房菌蠢生其隈，玉膏滵溢流其隅。崑崙無以奓，閬風不能踰。

其木則檉松楔櫻，槾柏杻橿。楓柙櫨櫪，帝女之桑。楈枒栟櫚，柍柘檍檀。結根竦本，垂條嬋媛。布緑葉之萋萋，敷華蕊之蓑蓑。玄雲合而重陰，谷風起而增哀。攢立叢駢，青冥盰瞑。杳藹蓊鬱於谷底，森蓴蓴而刺天。虎豹黄熊游其下，㲉玃猱挺戲其巔。鸞鷟鵷雛翔其上，騰猿飛蠝栖其間。其竹則籦籠篁篾，篠簳箛箠。緣延坻阪，澶漫陸離。阿那蓊茸，風靡雲披。

爾其川瀆，則滍澧藥濜，發源岩穴。潛㵪洞出，没滑瀎潏。布濩漫汗，漭沆洋溢。總括趨欲，箭馳風疾。流湍投濈，砏汃輣軋。長輪遠逝，漻淚淢汨。其水蟲則有蠳龜鳴蛇，潛龍伏螭。鱏鱣鰅鱅，黿鼉鮫鱺。巨蚌函珠，駮瑕委蛇。於其陂澤，則有鉗盧玉池，赭陽東陂。貯水渟洿，亘望無涯。其草則藨苧薠莞，蔣蒲蒹葭。藻茆菱芡，芙蓉含華。從風發榮，斐披芬葩。其鳥則有鴛鴦鵠鷖，鴻鴇駕鵝。鵁鶄鸊鶬，鷫鷞鶂鸕。嚶嚶和鳴，澹淡隨波。

其水則開竇灑流，浸彼稻田。溝澮脉連，隄塍相輑。朝雲不興，而潢潦獨臻。決渫則暵，爲溉爲陸。冬稌夏穱，隨時代熟。其原野則有桑漆麻苧，菽麥稷黍。百穀蕃廡，翼翼與與。

若其園圃，則有蓼蕺蘘荷，薯蔗姜蟠，菥蓂芋瓜。乃有櫻梅山柿，侯桃梨栗。梬棗若留，穰橙鄧橘。其香草則有薜荔蕙若，薇蕪蓀萇。晻曖蓊蔚，含芬吐芳。若其厨膳，則有華薌重秬，滍皋香秔。歸雁鳴鵽，黄稻鱻魚，以爲芍藥。酸甜滋味，百種千名。春卵夏筍，秋韭冬菁。蘇蔱紫姜，拂徹羶腥。酒則九醖甘醴，十旬兼清。醪敷徑寸，浮蟻若蓱。其甘不爽，醉而不酲。

及其糺宗綏族，禴祠蒸嘗。以速遠朋，嘉賓是將。揖讓而升，宴於蘭堂。珍羞琅玕，充溢圓方。琢琱狎獵，金銀琳琅。侍者蠱媚，巾幊鮮明。被服雜錯，履躡華英。儇才齊敏，受爵傳酳。獻酬既交，率禮無違。彈琴擫籥，流風徘徊。清角發徵，聽者增哀。客賦醉言歸，主稱露未晞。接歡宴於日夜，終愷樂之令儀。

於是暮春之禊，元巳之辰，方軌齊軫，祓於陽瀕。朱帷連網，曜野映雲。男女姣服，駱驛繽紛。致飾程蠱，便紹便娟。微眺流睇，蛾眉連卷。於是齊僮唱兮列趙女。坐南歌兮起鄭舞。白鶴飛兮繭曳緒。修袖繚繞而滿庭，羅襪躡蹀而容與。翩綿綿其若絶，眩將墜而復舉。翹遥遷延，蹴躃蹁躚。結九秋之增傷，怨西荆之折盤。彈箏吹笙，更爲新聲。寡婦悲吟，鵾鷄哀鳴。坐者悽欷，蕩魂傷精。

於是羣士放逐，馳乎沙場。騄驥齊鑣，黄間機張。足逸驚飈，鏃析毫芒。俯貫魴鱮，仰落雙鶬。魚不及竄，鳥不暇翔。爾乃撫輕舟兮浮清池，亂北渚兮揭南涯。汰瀺灂兮船容裔，陽侯澆兮掩鳧鷖。追水豹兮鞭魍魎，憚夔龍兮怖蛟螭。

於是日將逮昏，樂者未荒。收驩命駕，分背回塘。車雷震而風厲，馬鹿超而龍驤。夕暮言歸，其樂難忘。此乃游觀之好，耳目之娱。未睹其美者，焉足稱舉。

夫南陽者，真所謂漢之舊都者也。遠世則劉後甘厥龍醢，視魯縣而來遷。奉先帝而追孝，立唐祀乎堯山。固靈根於夏葉，終三代而始蕃。非純德之宏圖，孰能揆而處旃！

近則考侯思故，匪居匪寧。穢長沙之無樂，歷江湘而北征。曜朱光於白水，會九世而飛榮。察兹邦之神偉，啓天心而寤靈。

於其宫室，則有園廬舊宅，隆崇崔嵬。御房穆以華麗，連閣焕其相徽。聖皇之所逍遥，靈祇之所保綏。章陵鬱以青葱，清廟肅以微微。皇祖歆而降福，彌萬祀而無衰。帝王臧其擅美，咏南音以顧懷。且其君子，弘懿明叡，允恭温良。容止可則，出言有章。進退屈伸，與時抑揚。

方今天地之睢刺，帝亂其政，豺虎肆虐，真人革命之秋也。爾其則有謀臣武將，皆能攫戾執猛，破堅摧剛。排揵陷扃，蹙蹈咸陽。高祖階其涂，光武攬其英。是以關門反距，漢德久長。及其去危乘安，視人用遷。周召之儔，據鼎足焉，以庀王職。縉紳之倫，經綸訓典，賦納以言。是以朝無闕政，風烈昭宣也。於是乎鯢齒眉壽，鮐背之叟，皤皤然被黄發者，喟然相與歌曰：「望翠華兮葳蕤，建太常兮裶裶。駟飛龍兮騤騤，振和鸞兮京師。總萬乘兮徘徊，按平路兮來歸。」豈不思天子南巡之辭者哉！遂作頌曰：

皇祖止焉，光武起焉。據彼河洛，統四海焉。本枝百世，位天子焉。永世克孝，懷桑梓焉。真人南巡，睹舊里焉。

殷芸《殷芸小説》卷四《後漢人》 曹公《與楊太尉書》論刑。楊修云：「操白：足下不遺，〔以〕賢子見輔，今軍征事大，吾制鐘鼓之音，主簿應掌，而賢子恃豪父之勢，每不與吾同懷。念卿父息之情，同此悼楚。謹贈足下錦裘二領，八節銀角桃枝一枚，官絹五百匹，錢六十萬，四望通幰七香車一乘，青牸牛二頭，八百里驊騮一匹，戎裝金鞍轡十副，鈴苞一具，驅使二人侍衛之。並遺足下貴室錯彩羅縠裘一領，織成靴一量有心，青衣二人奉左右。所奉雖薄，以表吾意，足下便當慨然承納，不致往返。」楊太尉答書云：「彪白：小兒頑鹵，常慮當致傾敗，足下恩矜，延罪迄今；聞問之日，心腸酷裂！省覽衆賜，益以悲懼。」曹公卞夫人《與太尉夫人袁書》：「卞頓首頓首：貴門不遺，賢郎輔佐，方今戎馬興動，主簿股肱近臣，征伐之計，事須敬諮。官立金鼓之節，而聞命違制，明公性急，輒行軍法。伏念悼痛酷楚，情不自勝。夫人多容，即見垂恕。故送衣服一籠，文絹一百匹，房子官綿百斤，私所乘香車一乘，牛一頭。誠知微細，以達往意，望爲承納。」楊太尉夫人袁氏答書：「袁頓首頓首：路歧雖近，不展淹久，嘆想之情，抱勞山積。小兒疏細，果自招罪戾，念之痛楚！明公所賜已多，又加重賫禮，頗非宜荷受，輒付往信。」

庾信《庾子山集注》卷一《賦·鏡賦》 天河漸没，日輪將起。燕噪吴王，烏驚御史。玉花簟上，金蓮帳裏。始摺屏風，新開户扇。朝光晃眼，早風吹面。臨桁下而牽衫，就箱邊而著釧。宿鬟尚卷，殘粧已薄。無復脣珠，纔餘眉萼。靨上星稀，黄中月落。

鏡臺銀帶，本出魏宫。能横却月，巧挂迴風。龍垂匣外，鳳倚花中。鏡乃照膽照心，難逢難值。鏤五色之盤龍，刻千年之古字。山雞看而獨舞，海鳥見而孤鳴。臨水則池中月出，照日則壁上菱生。

暫設粧奩，還抽鏡屜。競學生情，争憐今世。鬟齊故略，眉平猶剃。飛花塼子，次第須安。朱開錦蹹，黛蘸油檀。脂和甲煎，澤漬香蘭。量髻鬟之長短，度安花之相去。懸媚子於搔頭，拭釵梁於粉絮。

梳頭新罷照著衣，還從粧處取將歸。暫看絃繫，懸知纈縵。衫正身長，裙斜假襻。真成箇鏡特相宜，不能片時藏匣裏，暫出園中也自隨。

王方慶《魏鄭公諫録》卷一《諫益州北門造綾錦》 益州及北門造綾錦金銀等作。公諫曰：「金銀珠玉，妨農事者也。錦繡纂組，害女工者也。一夫不耕，天下有受其飢。一女不織，天下有受其寒。古人或投之深泉，或焚之通衢，而陛下好之，愚臣不勝其恥。」

王仁裕《開元天寶遺事》卷下《富窟》 王元寶，都中巨豪也。常以金銀疊爲屋。壁上以紅泥泥之。於宅中置一禮賢堂，以沉檀爲軒檻，以碔砆甃地面，以錦文石爲柱礎，又以銅線穿錢甃於後園花徑中，貴其泥雨不滑也。四方賓客，所至如歸。故時人呼爲王家富窟。

王仁裕《開元天寶遺事》卷下《龍皮扇》 元寶家有一皮扇子，製作甚質。每暑月宴客，即以此扇子置於坐前，使新水灑之，則颯然風生，巡酒之間，客有寒色，遂命撤去。明皇亦曾差中使去取看，愛而不受，帝曰：「此龍皮扇子也。」

王仁裕《開元天寶遺事》卷下《夜明杖》 隱士郭休有一柱杖，色如朱染，叩之則有聲。每出處遇夜，則此杖有光，可照十步之内。登危陟險，未嘗足失，蓋杖之力焉。

王仁裕《開元天寶遺事》卷下《乞巧樓》 宫中以錦結成樓殿，高百尺，上可以勝數十人，陳以瓜果酒炙，設坐具，以祀牛、女二星。嬪妃各以九孔針、五色線，向月穿之，過者爲得巧之候。動清商之曲，宴樂達旦，士民之家皆效之。

王仁裕《開元天寶遺事》卷下《樓車載樂》 楊國忠子弟，恃后族之貴，極於奢侈，每遊春之際，以大車結綵帛爲樓，載女樂數十人，自私第聲樂前引，出遊園苑中，長安豪民貴族皆效之。

王仁裕《開元天寶遺事》卷下《長湯十六所》 華清宫中除供奉兩湯外，而别更有長湯十六所，嬪御之類浴焉。

王仁裕《開元天寶遺事》卷下《錦雁》 奉御湯中以文瑶密石，中央有玉蓮，湯泉涌以成池，又縫錦繡爲鳧雁於水中，帝與貴妃施鈒鏤小舟，戲玩于其間。宫中退水，出于金溝，其中珠纓寶絡流出街渠，貧民日有所得焉。

王仁裕《開元天寶遺事》卷下《夜明枕》 虢國夫人有夜明枕，設于堂中，光照一室，不假燈燭。

王仁裕《開元天寶遺事》卷下《百枝燈樹》 韓國夫人置百枝燈樹，高八十尺，豎之高山，上元夜點之，百里皆見，光明奪月色也。

王仁裕《開元天寶遺事》卷下《千炬燭圍》 楊國忠子弟，每至上元夜，各有千炬紅燭圍于左右。

王仁裕《開元天寶遺事》卷下《暖玉鞍》 岐王有玉鞍一面，每至冬月則用之，雖天氣嚴寒，則在此鞍上坐，如温火之氣。

王仁裕《開元天寶遺事》卷下《百寶欄》 楊國忠初因貴妃專寵，上賜以木芍藥數本，植於家，國忠以百寶粧飾欄楯，雖帝宫之内不可及也。

王仁裕《開元天寶遺事》卷下《四香閣》 國忠又用沉香爲閣，檀香爲欄，以麝香、乳香篩土和爲泥飾壁。每於春時木芍藥盛開之際，聚賓友於此閣上賞花焉，禁中沉香之亭遠不侔此壯麗也。

白居易《白居易集》卷四《諷諭四・紅線毯　憂蠶桑之費也》 紅線毯，擇繭繅絲清水煮，揀絲練線紅藍染。染爲紅線紅於藍，織作披香殿上毯。披香殿廣十丈餘，紅線織成可殿鋪。綵絲茸茸香拂拂，線軟花虚不勝物。美人踏上歌舞來，羅襪繡鞋隨步没。太原毯澀毳縷硬，蜀都褥薄錦花冷。不如此毯温且柔，年年十月來宣州。宣城太守加樣織，自謂爲臣能竭力。百夫同擔進宫中，線厚絲多卷不得。宣城太守知不知？一丈毯，千兩絲。地不知寒人要暖，少奪人衣作地衣！貞元中，宣州進開樣加絲毯。

白居易《白居易集》卷三一《律詩・青氈帳二十韻》 合聚千羊毳，施張百子卷。司馬遷書云：「張空拳。」骨盤邊柳健，色染塞藍鮮。北製因戎刱，南移逐虜遷。汰音闔風吹不動，禦雨濕彌堅。有頂中央聳，無隅四嚮圓。旁通門豁爾，内密氣温然。遠别關山外，初安庭户前。影孤明月夜，價重苦寒年。軟煖圍氈毯，鎗摐束管絃。最宜霜後地，偏稱雪中天。側置低歌座，平鋪小舞筵。閑多揭簾入，醉便擁袍眠。鐵檠去聲移燈背，銀囊帶火懸。深藏曉蘭焰，暗貯宿香烟。獸炭休親近，狐裘可棄捐。硯温融凍墨，缾煖變春泉。蕙帳徒招隱，茅菴浪坐禪。貧僧應嘆羨，寒士定留連。賓客於中接，兒孫向後傳。王家誇舊物，未及此青氈。王子敬語偷兒云：「青氈我家舊物。」

《全唐文補編》韋皋《嘉州凌雲寺大彌勒佛石像記》 惟聖立教，惟賢啓聖。用大而利博，功成而化神。即於空開塵劫之迷，垂其像濟天下之險。嘉州凌雲寺彌勒石像，可以觀其旨也。神用潛運，風濤密移，肸蠁幽晦，孰原其故。在昔岷江，没日漂山，東至犍爲，與涼山門，突怒哮吼，雷霆百里，縈激觸崖，蕩爲廢空，舟隨波去，人亦不予。惟蜀雄都，控引吳楚。建兹淪溺，日月繼及。

開元初，有沙門海通者，哀此習險，厥爲天難。克其能仁，迴彼造物。以此山淙流激湍，峭壁萬仞，謂石可改而下，江或積而平。若廣開慈容，大廓輪相，善因可作，衆力可集。由是崇未來因，作彌勒像，俾前劫後劫，修之無窮。

於是規廣長，圖堅久。頂圍百尺，目廣二丈，其餘相好，一以稱之。民惟子來，財則檀施；江湖淮海，珍寶畢至，債師金工，亦罔不臻。

於是萬夫競力，千鎚齊奮。大石雷墜，伏螭潛駭；巨谷將盈，水怪易空。時積日競，日將月就，不數載而聖容儼然。岹岹亭亭，岌嶷青冥；如現大身，滿虛空界；驚流怒濤，險自砥平；蕭蕭空山，寂照烟月。

由內及外，觀心類境，則八風澄而愛河靜也。余以爲人之生也，違道好徑，故哲聖因其所欲，教之以聖道示之以進修。其行滿於此，而福應在彼，理甚昭矣。至於奪天險以慈力，易暴浪爲安流，何哉？詳彼萬緣本生於妄矣。知妄本寂，萬緣皆空。空有尚無，險夷在焉。至聖寂照，非空非有。隨感則應，唯識淺深。化於無源，奚有不變。非天下之至神，其孰能平斯險也？！

彼海上人發誠之至，救物之宏。時有郡吏將求賄於禪師，師曰：「自目可剜，佛財難得。」吏發怒曰：「嘗試將來！」師乃自抉其目，捧盤致之。吏因大驚，奔走祈悔。夫專誠一意，至忘其身，雖回山轉日，可也。況弘我聖道，勵茲羣心，安彼暴流？俾其寧息，其應速宜矣。而功巨用廣，其費億萬金。全身未畢，禪師去世。吁嚱！力善歸仁，爲可繼也。

其後有連帥章仇兼瓊者，持俸錢廿萬，以濟其經費。開元中，詔賜麻鹽之稅，實資修營。事感天人，克遵前志。諒禪師經始之謀大，慮終之智朗。苟利物以便人，期億劫以同濟。

貞元初，資天子命我守茲坤隅。乃謀匠石，籌厥庸。從蓮花座上，乃至於膝，功未就者幾乎百尺。貞元五年，有詔郡國伽藍，修舊起廢。遂命工徒，以俸錢五十萬佐其費。或丹采以彰之，或金寶以嚴之。至今十九年，而趺足成形，蓮花出水，如自天降，如從地涌。像設備矣，相好具矣。爰記本末，用昭厥功。

《全唐文》卷七七〇王棨《琉璃窗賦》　彼窗牖之麗者，有琉璃之制焉。洞徹而光凝秋水，虛明而色混晴烟。皓月斜臨，陸機之毛髮寒矣；鮮飆如透，滿奮之神容凜然。

始夫創奇寶之新規，易疏寮之舊作。龍鱗不足專其瑩，蟬翼安能擬其薄。若乃孕美澄凝，淪精灼爍。棟宇廓以冰耀，房櫳炯其電落。深窺公子，中眠雲母之屏；洞見佳人，外卷水精之箔。表裏玲瓏，霜殘露融。列遠岫以秋綠，入輕霞而晚紅。滿榻琴書，杳若冰壺之內。盈庭花木，依然瑤鏡之中。碧鷄毛羽，微微

故得綉户增光，綺堂生白。睹懸虱之舊所，疑素蟾之新魄。

而霧縠旁籠；玉女容華，隱隱而銀河中隔。幾誤梁燕，遥分隙駒。比曲櫺而頓別，想圭竇以終殊。迥以視之，雖皎潔兮斯在；遠而望也，則依微而若無。由是蠅泊如懸，蟲飛無礙。光寒而珠燭相連，影動而瓊英俯對。不羨石崇之館，樹列珊瑚；豈慚韓嫣之家，床施玳瑁。如是價重瑣闈，名珍綺疏。徹紗帷而晃朗，連角簟而清虛。倘徵其形，王母之宫可匹；若語其巧，大秦之壁焉如。

然而國以奢亡，位由侈失。帝辛爲象箸於前代，令尹惜玉纓於往日。其人可數，其類非一。何用崇瑰寶兮極精奇，置斯窗於宫室。

杜牧《樊川文集・阿房宫賦》　六王畢，四海一。蜀山兀，阿房出。覆壓三百餘里，隔離天日。驪山北構而西折，直走咸陽。二川溶溶，流入宫墻。五步一樓，十步一閣；廊腰縵回，檐牙高啄；各抱地勢，鈎心斗角。盤盤焉，囷囷焉，蜂房水渦，矗不知其幾千萬落。長橋卧波，未雲何龍？複道行空，不霽何虹？高低冥迷，不知西東。歌臺暖響，春光融融；舞殿冷袖，風雨淒淒。一日之内，一宫之間，而氣候不齊。

妃嬪媵嬙，王子皇孫，辭樓下殿，輦來於秦。朝歌夜弦，爲秦宫人。明星熒熒，開妝鏡也；緑雲擾擾，梳曉鬟也；渭流漲膩，棄脂水也；烟斜霧横，焚椒蘭也。雷霆乍驚，宫車過也；轆轆遠聽，杳不知其所之也。一肌一容，盡態極妍，縵立遠視，而望幸焉；有不得見者三十六年。

燕趙之收藏，韓魏之經營，齊楚之精英，幾世幾年，剽掠其人，倚疊如山。一旦不能有，輸來其間。鼎鐺玉石，金塊珠礫，棄擲邐迤，秦人視之，亦不甚惜。

嗟乎！一人之心，千萬人之心也。秦愛紛奢，人亦念其家。奈何取之盡錙銖，用之如泥沙？使負棟之柱，多於南畝之農夫；架梁之椽，多於機上之工女；釘頭磷磷，多於在庾之粟粒；瓦縫參差，多於周身之帛縷；直欄横檻，多於九土之城郭；管弦嘔啞，多於市人之言語。使天下之人，不敢言而敢怒。獨夫之心，日益驕固。戍卒叫，函谷舉，楚人一炬，可憐焦土！

嗚呼！滅六國者六國也，非秦也。族秦者秦也，非天下也。嗟夫！使六國各愛其人，則足以拒秦；使秦復愛六國之人，則遞三世可至萬世而爲君，誰得而族滅也？秦人不暇自哀，而後人哀之；後人哀之而不鑒之，亦使後人而復哀後人也。

柳宗元《柳河東集・桂州訾家洲亭記》　大凡以觀游名於代者，不過視於一方，其或旁達左右，則以爲特異。至若不騖遠，不陵危，環山洄江，四出如一，夸

奇競秀，咸不相讓，遍行天下者，唯是得之。

桂州多靈山，發地峭堅，林立四野。署之左曰漓水，水之中曰訾氏之洲。凡嶠南之山川，達於海上，於是畢出，而古今莫能知。

元和十二年，御史中丞裴公來莅兹邦，都督二十七州諸軍州事。盜遁奸革，德惠敷施，期年政成。而當天子平淮夷，定河朔，告於諸侯，公既施慶於下，乃合僚吏，登茲以嬉。觀望悠長，悼前之遺。於是厚貨居氓，移於閑壤，伐惡木，刜奥草，前指後畫，心舒目行。忽然若飄浮上騰，以臨雲氣，萬山面內，重江束隘，聯嵐含輝，旋視具宜，常所未睹，倏然互見。以爲飛舞奔走，與游者偕來。乃經工庀材，考極相方。南爲燕亭，延宇垂阿，步檐更衣，周若一舍。北有崇軒，以臨千里。左浮飛閣，右列閑館。比舟爲梁，與波升降。苞漓山，涵龍宫，昔之所大，蓄在亭內。日出扶桑，雲飛蒼梧。海霞島霧，來助游物。其隙則抗月檻於回溪，出風榭於篁中。晝極其美，又益以夜。列星下布，灝氣回合，邃然萬變，若與安期、羨門接於物外。則凡名觀游於天下者，有不屈伏退讓以推高是亭者乎？

既成以燕，歡極而賀。咸曰：昔之遺勝概者，必於深山窮谷，人罕能至，而好事者後得以爲己功，未有直治城，挾闤闠，車輿步騎，朝過夕視，訖千百年，莫或異顧，一旦得之，遂出於他邦，雖博物辨口，莫能舉其上者。然則人之心目，其果有遼絶特殊而不可至者耶？蓋非桂山之靈，不足以瑰觀；非是州之曠，不足以極視；非公之鑒，不能以獨得。噫！造物者之設是久矣，而盡之於今，餘其可以無藉乎？

《全唐詩》卷五五一盧肇《漢隄詩並序》　上元年秋，漢水大溢，嚙襄堤以入。既沉漢郛，遂滅峴趾。棟榱且流，壓溺無算，襄之城僅以門免。三日水去，陷爲大涂。餘民栖於楚山，號不敢下，餒顛相挽，其能全者十六七。上大憂曰：「襄惟東南，實胝荆海。若氣不息，吾躬曷瘳。今天下災於有漢，庭垣盡潴，胔骼在淖。有嬰在井，母實號之。今襄人盡墜，吾號尚及哉。咨乃卿士，疇能振之，以易吾亂？」咸以地官范陽公舊理南粵，島夷率化，甘於民心。俾踐於襄，必克底乂。上諭以往。

公既至，省漢之溺，由舊防之不固幾五十載。又詢之，漢水之不犯襄郛，惟是甚災，既魚士庶，災或能嗣，孰以遏之？募民新漢之堤，食敵其功，資三其食。因故堤之址，廣倍之，高再倍之。距襄之郊，繚半百里。明年春，堤成。公具以疏，上大歡，復襄之疲民一祀，賑穀十萬斛。民既保寧，謳歌怡愉。既而舒蘇，不知曩之災也。

昔狄敗衛侯於熒澤，齊桓公率諸侯城緣陵以居之，而衛國忘亡，君子是以稱桓公之德。今公之爲是堤也，襄有衛人之思焉。而況宣天子之慈以生厥民，曷齊桓之尚焉？噫！五材之生沴也，必極於物。物之既極，天必資明哲以蘇之，理之常也。古之人有力保一邑，勇御一寇，謂之有功，尚以金石載之。況捍大災，救大患。其美若是，豈得無稱焉？是宜以聲詩播之，登於樂府。惟漢亦有《瓠子之歌》，是可類之。謹按正考甫作商詩，公子奚斯命太史克請於周，作魯詩，皆其國之公族也。肇於公爲族孫，幸力於文，所不宜默。惟峴之碑曰羊公，惟堤之詩曰盧公，是古今之相光昭也，其誰曰不然。詩曰：

陰沴奸陽，來暴於襄。洎入大郛，波端若鋩。
觸厚摧高，不知其防。駭潰顛委，萬室皆毀。
黿登蛟鼉，堂集鱣鮪。惟恩若讎，母不能子。
洪潰既涸，閈閎其虛。以隳我堵，以剥我廬。
酸傷顧望，若踐丘墟。帝曰念嗟，朕日南顧。
流災降慝，天曷台怒。滔滔襄郊，捽我嬰孺。
於惟餘甿，饑傷喘呼。斯爲淫痍，孰往膏傅。
惟汝元寮，僉舉明哲。我公用諧，苴茅杖節。
來視襄人，噢咻提挈。不日不月，咍乎抃悦。
乃泳故堤，陷於沙泥。缺落坳圮，由東訖西。
公曰嗚呼，漢之有堤。實命襄人，不力乃力。
則及乃身，具鍤與畚。漢堤其新，帝廪有粟。
帝府有緡，爾成爾堤。必錫爾勤，襄人怡怡。
聽命襄滸，背囊肩杵。奔走蹈舞，分之卒伍。
令以麾鼓，尋尺既度。日月可數，登登嶫嶫。
周旋上下，披峴斫楚。飛石挽土，舉築殷雷。
駭汗霏雨，疲癃鰥獨。奮有筋膂，呀吁來助。
提筐負筥，不勞其勞。雜沓笑語，咸曰盧公，來賜我生。
斯堤既成，蜿蜿而平。確爾山固，屹如雲横。
漢流雖狂，堅不可蝕。代千年億，與天無極。
惟公之堤，昔在人心。既築既成，横之於南。

萌渚不峻，此門不深。今復在茲，於漢之陰。斯堤已崇，茲民獲祐。覩童相慶，室以完富。貽於襄人，願保厥壽。緊公之功，赫焉如畫。捍此巨災，崒若京阜。天子賜之，百姓載之。族孫作詩，昭示厥後。

陳尚君《全唐文補編》錢鏐《築塘疏》 爲築塘禦潮，請復古基，以衛民生事。竊惟江之水源自衢、婺、睦等州各道，匯入富春，奔騰而入。潮汐由杭州之鹽官、秀州之海鹽各路，匯入鱉子門而入。每晝夜兩次沖擊，岸漸成江。近年以來，江大地窄。

溯自唐貞觀以前，居民修築，不費官幣。塘堤不固，易於崩坍。迨後兵革頻興，民亦屢遷，遂廢修塘之工。海颶大作，怒濤掀簸，堤岸沖嚙殆盡。自秦望山東南十八堡，數千萬畝田地，悉成江面。民不堪命，羣訴於臣。臣目擊平原沃野，盡成江水汪洋。雖值干戈擾攘之後，即興築塘修堤之舉。

春秋時白圭築堤，壅於鄰國，孟子譏以爲仁人所惡。臣今按神禹之古迹，考前人之治堤，其水仍導入海，不傷鄰界，則土地復而鄰無患，塘之不可不築，一也。況民爲社稷之本，土爲百物所生。聖人云：有土斯有財。塘之不可不築，二也。經始於開平四年八月，竣事於是年十月。功成，計費十萬九千四百四十緡。堤長三十三萬八千五百九十三丈，以禦江濤。外加土塘，內築石堤，不辭鞭石畚土之勞，以圖經久樂利之計。塘之不可不築，三也。況風氣所凝，人材所聚。昔之汪洋浩蕩，今成沃野平原，東南水土長生，亦可以儲精氣之美，人文之盛。今則徵科有據，常賦無虧，歲獲屢登，民亦奠業。

臣非敢沽名，以邀斯民之戴德，實不忍以沃壤之區，投之江漢耳。茲塘已築，將見安瀾，永慶海晏河清矣。謹將築塘緣由，據實奏明。伏惟睿鑒。謹奏。

開平四年十月。

《舊五代史》卷一四五《樂志下》 〔顯德〕六年春正月，樞密使王朴奉詔詳定雅樂十二律旋相爲宮之法，并造律準，上之。其奏疏略曰：

夫樂作於人心，成聲於物，聲氣既和，反感於人心者也。所假之物，大小有數。九者，成數也，是以黃帝吹九寸之管，得黃鍾之聲，爲樂之端也。半之，清聲也。倍之，緩聲也。三分其一以損益之，相生之聲也。十二變而復黃鍾，聲之總數也。乃命之曰十二律。旋迭爲均，均有七調，合八十四調，播之於八音，著之於歌頌。宗周而上，率由斯道，自秦而下，旋宮聲廢。洎東漢雖有大予丞鮑鄴興之，人亡而音息，無嗣續之者。漢至隋垂十代，凡數百年，所存者黃鍾之宮一調而已。十二律中，唯用七聲，其餘五律，謂之啞鐘，蓋不用故也。唐太宗復古道，乃用祖孝孫、張文收考正雅樂，而旋宮八十四調復見於時，在懸之器，方無啞者。安、史之亂，京都爲墟，器之與工，十不存一，所用歌奏，漸多紕繆。逮乎黃巢之餘，工器都盡，購募不獲，文記亦亡，集官詳酌，終不知其制度。時有太常博士殷盈孫，按《周官·考工記》之文，鑄鎛鍾十二，編鍾二百四十。處士蕭承訓校定石磬，今之在懸者是也。雖有樂器之狀，殊無相應之和。逮乎朱梁、後唐，歷晉與漢，皆享國不遠，未暇及於禮樂。以至於十二鎛鍾，不問聲律宮商，但循環而擊，編鍾、編磬徒懸而已。絲、竹、匏、土，僅有七聲，作黃鍾之宮一調，亦不和備，其餘八十三調，於是乎泯絕，樂之缺壞，無甚於今。

陛下天縱文武，奄宅中區，思復三代之風，臨視樂懸，親自考聽，知其亡失，深動上心。乃命中書舍人竇儼參詳太常樂事，不踰月調品八音，粗加和會。以臣嘗學律曆，宣示古今樂録，令臣討論，臣雖不敏，敢不奉詔。遂依周法，以秬黍校定尺度，長九寸，虛徑三分，爲黃鍾之管，與見在黃鍾之聲相應。以上下相生之法推之，得十二律管。以爲衆管互吹，用聲不便，乃作律準，十三絃宣聲，長九尺張絃，各如黃鍾之聲。以第八絃六尺，設柱爲林鍾；第三絃八尺，設柱爲太簇；第十絃五尺三寸四分，設柱爲南吕；第五絃七尺一寸三分，設柱爲姑洗；第十二絃四尺七寸五分，設柱爲應鍾；第七絃六尺三寸三分，設柱爲蕤賓；第二絃八尺四寸四分，設柱爲大吕；第九絃第九絃，原本作「第八絃」，今據《五代會要》、《文獻通考》改正。（影庫本粘籤）五尺六寸三分，設柱爲夷則；第四絃七尺五寸一分，設柱爲夾鍾；第十一絃五尺一分，設柱爲無射；第六絃六尺六寸八分，設柱爲中吕；第十三絃四尺五寸，設柱爲黃鍾之清聲。十二律中，旋用七聲爲均，爲均之主者，宮也，徵、商、羽、角、變宮、變徵次焉。發其均主之聲，歸乎本音之律，七聲迭應而不亂，乃成其調。均有七調，聲有十二均，合八十四調，歌奏之曲，由之出焉。

伏以旋宮之聲久絕，一日而補，出臣獨見，恐未詳悉，望集百官及內外知音者較其得失，然後依調制曲。八十四調，曲有數百，見存者九曲而已，皆謂之黃鍾之宮。今詳其音數，內三曲數內三曲，原本作「一曲」，今據《五代會要》改正。（影庫本粘籤）即是黃鍾宮聲，其餘六曲，錯雜諸調，蓋傳習之誤也。唐初雖有旋宮之樂，至於用曲，多與禮文相違。既不敢用唐爲則，臣又懵學獨力，未能備究古今，亦望集多聞知禮文者，上本古曲，下順常道，定其義理。於何月行何禮，合用何調何曲，聲數長短，幾變幾成，議定而制曲，方可久長行用。所補雅樂旋宮八十四調，并所定尺、所吹黃鍾管、所作律準，謹同上進。

世宗善之，詔尚書省集百官詳議。兵部尚書張昭等議曰：

昔帝鴻氏之制樂也，將以範圍天地，協和人神，候八節之風聲，測四時之正氣。氣之清濁不可以筆授，聲之善否不可以口傳，故鳧氏鑄金，伶倫截竹，爲律呂相生之算，宮商正和之音。乃播之於管絃，宣之於鐘石，然後覆載之情訢合，陰陽之氣和同，八風從律而不姦，五聲成文而不亂。空桑、孤竹之韻，足以禮神；《雲門》、《大夏》之容，無虧觀德。然月律有還宮之法，備於太師之職。經秦滅學，雅道淩夷。漢初制氏所調，案：原本訛「知氏」，今據《漢書》改正。（《舊五代史考異》）惟存鼓舞，旋宮十二均更用之法，世莫得聞。漢元帝時，京房善《易》、別音，探求古議，以《周官》均法，每月更用五音，乃立準調，旋相爲宮，成六十調。又以日法析爲三百六十，傳於樂府，而編懸復舊，律呂無差。遭漢中微，雅音淪缺，京房準法，屢有言者，事終不成。錢樂空記其名，沈重但條其說，六十律法，寂寥不傳。梁武帝素精音律，自造四通十二笛，以鼓八音。又引古五正、二變之音，旋相爲宮，得八十四調，與律準所調，音同數異。侯景之亂，其音又絕。隋朝初定雅樂，羣黨沮議，歷載不成。而沛公鄭譯，因龜茲琵琶七音，以應月律，五正、二變，七調克諧，旋相爲宮，復爲八十四調。工人萬寶常又減其絲數，稍令古淡。隋高祖不重雅樂，令儒官集議。博士何妥駁奏，其鄭、萬所奏八十四調並廢。隋氏郊廟所奏，唯黃鍾一均，與五郊迎氣，雜用蕤賓，但七調而已；其餘五鍾，懸而不作。三朝宴樂，用縵樂九部，迄於革命，未能改更。唐太宗爰命舊工祖孝孫、張文收整比鄭譯、萬寶常所均七音八十四調，方得絲管並施，鍾石俱奏，七始之音復振，四廂之韻皆調。自安、史亂離，咸秦蕩覆。崇牙樹羽之器，掃地無餘；戛擊搏拊之工，窮年不嗣。郊廟所奏，何異南箕，波蕩不還，知音殆絕。

臣等竊以音之所起，出自人心，夔、曠不能長存，人事不能常泰，人亡則音息，世亂則樂崩，若不深知禮樂之情，安能明制作之本。陛下心苞萬化，學富三雍。觀兵耀武之功，已光鴻業；尊祖禮神之致，尤軫皇情。乃睠奉常，痛淪樂職，親閱四懸之器，思復九奏之音，爰命廷臣，重調鍾律。樞密使王朴，採京房之準法，練梁武之通音，考鄭譯、寶常寶常，原本作「寶富」，今據《五代會要》改正。（影庫本粘籤）之七均，校孝孫、文收之九變，積黍累以審其度，聽聲詩以測其情，依權衡嘉量之前文，得備數和聲之大旨，施於鐘簴，足洽《簫韶》。臣等今月十九日於太常寺集，命太樂令賈峻奏王朴新法黃鍾調七均，音律和諧，不相凌越。其餘十一管諸調，望依新法教習，以備禮寺施用。其五郊天地、宗廟、社稷、三朝大禮，合用十二管諸調，並載唐史、《開元禮》，近代常行。廣順中，太常卿邊蔚奉勅定前件祠祭朝會舞名、樂曲、歌詞，寺司合有簿籍，伏恐所定與新法曲調聲韻不協，請下太常寺檢詳校試。如或乖舛，請本寺依新法聲調，別撰樂章舞曲，令歌者誦習，永爲一代之法，以光六樂之書。

世宗覽奏，善之。乃下詔曰：「禮樂之重，國家所先，近朝以來，雅音廢墜，雖時運之多故，亦官守之因循。遂使擊拊之音，空留梗概；旋相之法，莫究指歸。樞密使王朴，博識古今，懸通律呂，討尋舊典，撰集新聲，定六代之正音，成一朝之盛事。其王朴所奏旋宮之法，宜依張昭等議狀行。仍令有司依調制曲，其間或有疑滯，更委王朴裁酌施行。」自是雅樂之音，稍克諧矣。

右雅樂制作《永樂大典》卷二萬一千六百七十八。

洪邁《容齋隨筆》卷四《浮梁陶器》 彭器資尚書文集有《送許屯田》詩，曰：「浮梁巧燒甆，顏色比瓊玖。因官射利疚，衆喜君獨不。父老争歎息，此事古未有。」注云：「浮梁父老言，自來作知縣不買甆器者一人，君是也。作饒州不買者一人，今程少卿嗣宗是也。」惜乎不載許君之名。

郭茂倩《樂府詩集》卷七《梁郊祀樂章》 張衮《慶肅樂》 籩豆簠簋，黍稷非馨。懿兹彝器，厥德惟明。金石匏革，以和以平。由此無（體）〔疆〕，期乎永寧。

郭茂倩《樂府詩集》卷七《周郊祀樂章・治順樂》 羽衛離丹闕，金軒赴泰壇。珠旗明月色，玉佩曉霜寒。黼黻龍衣備，琮璜寶器完。百神將受職，宗社保長安。

趙彥衛《雲麓漫鈔》卷二 《詩》：「齒如瓠犀。」又曰：「八月斷壺。」《魯語》曰：「吾豈匏瓜也哉！」今人不知別，或呼爲壺盧，或呼爲瓢，或呼爲匾蒲。按《古今注》：「匏，瓠也。壺盧，瓢之無柄者。瓢有柄者，曰懸瓠，可爲笙，曲沃者良，至秋乃可用，漆其裏。」上古土尊瓦瓿，《詩》曰：「酌之用匏」，禮：陶匏祀天，《周禮》：「朝踐用兩壺尊」，則知古以壺爲酒器。周用銅謂之壺尊，亞於尊彝，有方圓之別；周又有匏壺，形長一尺二寸六分，闊五寸，口徑一寸，兩鼻有提梁，取便於用。挈壺氏掌挈壺，然致挈者，非有環梁不可，益知長者爲瓠。在夏中則可食，至秋堅寔，乃爲器。《詩名物解》云：「瓢與瓠一物，甘者名瓢，苦者名瓠。瓠以器言也，瓢亦名壺。齊、魯間長者爲瓢，團者爲胡盧。」今人又有匾蒲之名，匾蒲即壺之反切也。形長嫩而可食爲瓠，經霜而堅則謂之瓢，圓或匾爲胡盧，其間蓋有苦者，初不以此别也。匏又八音之一云。

楊維楨《鐵崖詠史》卷一《大良造》 大良造，三尺木，重千鈞，太子犯法僇傅臣，立信動物令如秋與春。如何食卬盟，棄梁信，詐取三軍而諸侯弗順？駢脅日以繁，左建日以峻，趙良諤諤桀耳啓虞舜。大良造，誣王道，詭霸功，開塞耕戰强西戎。血渭水兮祅冀宫，欲與五羖相雌雄。五羖死杵不相舂。大良造，逆旅不相容。

楊維楨《鐵崖樂府》卷二《屏風謡》 瑠璃怯寒翡翠熱，芍藥芙蓉四時絶。深堂氣候異冬春，門外酸風箭入骨。匡床氍毹踏香雪，紅姬扶醉醉眼纈。金缸錟錟照羅襪，阿瞞嬌娘太輕劣。隙光射人如白月。

楊維楨《鐵崖樂府》卷四《伐木篇》 伐木入空谷，有木大蔽牛。大厦孰傾棟，一日蒙見收。乃知匠石棄，故非文木儔。土腐不中槨，水沉不中舟。拳不受隟揉，樠不受丹髹。今兹忽邂逅，陶我山之湫。斧斤放薪木，輿輓充吾櫎。我聞漆園旨，壽或逃商丘。幸有大不幸，焉知桑柏楸。

楊維楨《鐵崖樂府》卷四《紈扇辭》 團圓合歡扇，比似月嬋娟。嬋娟有時缺，我扇豈長圓？秋風落梧葉，我扇同棄捐。不得如秋葉，吹墮在君前。

郭茂倩《樂府詩集》卷七《奠幣登歌》 管磬升，（壇）〔羶〕薌集。上公進，嘉幣執。信以通，優如及。恢帝功，錫后邑。四維張，百度立。綿億載，邈難挹。

楊維楨《鐵崖詠史》卷八《銀瓶女》 岳家父，國之城。秦家奴，國之傾。皇天不靈，殺我父與兄。嗟我銀瓶，爲我父緹縈。生不贖父死，不如無生。千尺井，一尺瓶，瓶中之水精衛鳴。

楊維楨《鐵崖樂府補編·碎玉杯》 唐太弟，禮賢能。玉杯傳玩輕國士，寶器何重土何輕？元城老臣怒生癭，取杯擲地玻璃聲。唐太弟，謝君罪，比君筆頭公，榮名千萬載。

《明經世文編》卷八十七林俊《論寧府用琉璃疏》 臣日者審寧殿下累乞瑠璃瓦，重荷聖諭，於引錢内支二萬兩給换者。臣有以仰窺陛下聖仁廣大，惇叙九族盛心，而寧王據禮守經，不爲無見。然觀鎮巡議奏，欲俟年豐定奪，是巽言不當與也。工部覆奏，謂規制雖相應，事體實可止。又恐重累地方，作例各府，是正言不當與也。迨寧王又奏，工部又執奏，是申言決不當與也。陛下先可部議，是明示不當與，後又從其半，是婉示不欲與也。士夫及耆壯公論，謂寧府多此一舉，是中外人心皆謂不當與也。寧王讀書明理，聰察識事，斷不爲此必勝以損賢名，偶未之思耳。

夫事有可爲，有不可爲；有可已，有不可已。江西公私匱竭，人民滋困，盗賊未息，此何時也？意者引錢無預於民，不知存積僅二萬七千餘兩。益府宫殿蟻蠹，益殿下見移東寢，萬分驚虞，責將誰任？修蓋之費約三萬餘兩，此不可已者也；淮府造墳，順昌王、崇安王、鎮國將軍起第，已支五千三百餘兩，後來未計，此不可已者也；所在儒學文廟傾頽，問其故，謂科罰例嚴，所司顧忌不修之致，此不可已者也；各處預備倉穀數少，問其故，謂罰贖解部，所司計無自出之致，此不可已者也；官軍俸糧，通融節縮，歲支尚少四千餘石，此不可已者也。臣嘗見楚府殿毁，久未蓋，荆府多敝漏，淮府同一江西，頽垣朽柱，東拄西撑，飄瓦斷椽，脱落大半，居然廢址，在民庶尚不堪居。惟寧府完美堅致，金碧燦煌，夫大義不可已，有可爲，割財内帑，爲之未過。有可已，無可爲，又何必爲此等事哉？

古者采椽不砍，茅茨不剪，土階贊堯，卑宫贊禹。儒服紀河間，樂善紀東平；湘州之約儉，鎮西之輕財。聖帝明王所以揚盛休，垂後美者，端亦在是。寧府移封之初，親至親也，已不用琉璃；再造之，會國至富也，又不用琉璃，豈亦慕采椽、茅茨之盛，崇古尚質，示樸以垂憲，故如此也哉。今歷百年，傳數世，一旦無故而遽改之，孝子順孫，所以順祖考者，義不當是。夫前之失，後人尚諱之；前之善，後人忍改之耶？改則盡没之矣！没之非孝子，没之非順孫，謂賢王忍爲之耶！臣所謂偶未之思者也。

況性習難静易動，難儉易奢，操之猶懼或放，縱之何往不流。賢王春秋方盛，德業方始，求之身心，自有專務。而規規循常文具之間以毁蔑前人法則，臣未知其可。臣數侍賢王，言論多師法古人。又誤被禮愛獨至，臣服深感切，私亦當厚。顧若無右於賢王，臣罪死罪死。臣往年疏府第之制，以不用琉璃美寧先王，義不當以用琉璃諛今王。且小人先合後忤，君子和不尚同。臣欲愛德市義完賢名，不欲貢諛順旨虧至孝。

孟軻曰：「齊人莫如我敬王。」臣拘儒，不識通變，但知報主道當如此；竭忠盡愚事陛下，道當如此。寧王靜思幡悟，必有創於臣言。伏望聖明篤懿，親斷大義垂善處，使賢王德如純璧，名若完甌。毋涉吴王几杖之賜，叔段京鄙之求。正大明白，恩不掩義，爲世世頌美，幸甚！

楊榮《宣德彝器圖譜・序》 太子太師華蓋殿大學士兼吏部尚書臣楊榮奉敕恭撰　蓋聞鳥跡雲章，天垂制作，河圖洛篆，地起經綸。商尚質而周尚文，歷聖規模乎乾造；禹鑄鼎而湯銘盤，羣后惕存乎人鑑。亘古及今，前王後聖，無不功垂九有，績懋千秋。恭惟皇帝陛下，聰明睿智，度越唐虞，虚己用賢，光昭舜典，開誠納諫，廣達堯聰。聖德欽于昊天，卿雲翱翔魏闕；皇仁被于后土，醴泉沸湧姚墟。是以八紘重譯，萬國咸賓。瘴海螺舟，不憚鯨波萬里；流沙象乘，豈辭豹霧千重。於是呼韓稽顙，冒頓稱藩，貢陽邁之良金，獻越裳之馴雉，均輸九府，備列三辰。伏遇皇帝陛下聖明恭儉，宵旰彌殷，作樂邁于咸池，製器陳于柏寢，爰敕臣工，式稽典禮。商彝、周鼎，畫被龍文；漢簠、秦尊，紋追鳳彩。誠爲熙朝之偉器，作昭代之尊彝。在宗廟則與瑚璉並珍，在朝廷則與球琳共寶。臣等何幸，叨生聖世，獲覩奇琛，敢肆蕪辭，弁言於首。對敭稽首，戰悸彌深。謹序。

宣德三年五月　日具稿，宣德三年五月十一日奉聖諭：「卿序文温雅，足徵鴻博。特賜白金、文綺，以彰華翰。欽哉。」

祝允明《宣德彝器圖譜・序》 《宣德彝器圖譜》二十卷，出自于忠肅公家，公於正統二年爲禮部祠曹，得之於司禮太監張斌。斌於宣德間奉敕實監督鑄冶之事，當日興工開冶，目擊其詳，因與司空吕公震彙圖成譜，進之尚方。九重嚴密，世無傳覽，最爲珍秘，此乃進呈之副本也。因忠肅與張公交諗，得以有此，而余與肅公之孫豫庵中翰素稱莫逆，暇日偶以出示，拜假而歸，因命畫工圖寫裝潢，藏之秘篋，以時展閲，欣得覩皇明一朝偉器。且鼎彝雖小，所費甚鉅，幾於金玉同價。金玉恒有，而宣銅彝器傳世頗稀，民間單冶薄鑄，何能辦此？倘有得者，當與商彝周鼎共寶。余雖非博雅者，每喜鑪香椀茗之事，雖未得宣銅彝器，往往開卷撫圖甎色，何異與真鼎周旋哉？應與博古考古共垂不朽也。

嘉靖五年重九前二日，吴郡祝允明識。

程國政編注《中國古代建築文獻集要》明代卷上册王宗彝《重修北鎮廟記》 舜即位，分冀醫無閭之地爲幽州。於時，分州十二，各封一山以爲一州之鎮，醫無閭山即幽州之鎮也。

按書傳及職方氏，俱作「無」，後變「無」爲「巫」。考之《廣寧志》云：「山在城西五里，廟在山南。」今驗地里，城西五里。無山。又云：「清安寺即今觀音閣，在閭山内，去城十二里。」今閣入山僅二里許，則是山距城十里，與今地里步數正合。而《志》云「五里」者，傳寫之訛也。今廟在山之陽，去山五里四分里之一，距城三里四分里之三。

唐開元中封山神爲「廣寧公」，金加封爲王，以閭山密近邦畿。大德間加封「貞德」字，歲祀，與岳、瀆同。元季，值兵燹，止遺正殿三間。

我太祖高皇帝洪武二十三年，寢殿之南，建瓦屋三楹，左右司各一間。别於廟東建宰牲亭、神庫、神厨各三間，繚以垣墻，春秋命有司致祭。太宗文皇帝永樂十九年，特勅所司撤其舊而創構前殿五間、中殿三間、後殿七間，殿前又構御香亭五間，以貯朝廷之降香。通爲一臺，高丈餘，周甃白石爲欄。後殿前左右各建殿五間，前殿前東西各建左右司十一間。又建神馬門及外垣，磚甃朱門，通二層。入門以漸而高，就地勢爲之也。

歷歲滋久，鴛瓦日脱，椽木漸朽，檐宇傾垂，梁棟攲斜。每遇霪雨，浸及神座。先是，守臣以邊事旁午，不暇及此。成化戊戌，鎮守太監常朗自開原遷此，到任三日，謁廟睹之，惕然不寧，謂前巡撫陳公鉞、總戎緱公謙曰：「吾輩奉命守是，方爲神人所依。今一方山鎮之神，廟壞弗安，則鎮守之臣豈得自安乎？是當急爲修葺也。」二公是之。

於是，命官董其事，鳩工市材。凡殿宇及左右司門墻之屬腐朽者撤而易之，傾斜者扶而正之，損者修之、葺之，廢者營之、補之。又得監槍監丞洪義、總儲郎中金迪、協守參將崔勝咸加贊襄之力，財用不取所司，工力不勞軍士。經始於是年秋九月，落成於成化癸卯夏四月，廟貌焕然一新。

告成之日，太監與總戎請余記其事，以垂於後，用是記之。

《廣州碑刻集》張岳《鎮海樓記》 廣東，海邦也。其會城故治番禺，自漢以來，號稱都會。我國家臨制，宇内幅員萬里。因嶺海以爲金湯，是邦隱然實當管鑰之寄。城内北偏，有山曰「越秀」，拔地二十餘丈。國初天兵南下，列郡既聽受約束，守將永嘉朱侯亮祖，始作樓五層，以冠山巔，曰「鎮海」。樓成，而會城之形勢益壯。其後，樓漸圮。成化中，總督都御史襄毅韓公，命有司修完之。比燼於火，亟圖再作，以費巨力艱，持弗决者累年。

嘉靖甲辰，提督尚書蔡公經、巡按御史陳君儲秀，折衷羣議，出帑幣二千三百有奇，以爲木石、瓦甓、丹漆、僦用之費。選用能吏，稽董工程，以明年乙巳閏月興工。既而蔡公去，余來代之。陳君去，御史楊君以誠代之。越又明年丁未正月朔，工告成，規制如舊，而宏偉壯麗視舊有加。樓前爲亭，曰「仰高」。左右兩端，跨衢爲華表，左曰「駕鰲」，右曰「飛蜃」，舊所無也。

方樓之未作也，環海百萬家，翹首齊嗟，若失所負。及其既作，重檐飛閣，迥出雲霄，以臨北户，羣山内向，大海浩渺，如禿者之冠，痿者之起。凡海邦之形勝精神，有不迅張翕沓以赴茲樓者乎？

昔我太祖皇帝以丙午、丁未歲命大將帥師北伐，是歲又偏師徇嶺外，然後天下合於一，樓於是乎始作。列聖繼統，昭受休業，至我皇上，稽古重光，禮文焕然，樓之廢而復興也。又適值於斯時，蓋斗綱之端，貫營室、織女以指牽牛之初，越所分星也。其日丙丁、其辰午未，其方宿爲朱鳥之精，文明之象，氣數參會，有足徵者。斯樓之成，豈徒抗形勝於一邦，實所以彰國家一統休明之盛，元元本本，明示德意於無窮也。《書》稱有虞氏之治曰：「帝光天之下，至於海隅。蒼生萬邦，黎獻共維。帝臣亦必以是爲盛。當其時，陽德昭融，雖海隅之遠，爲其臣者莫不靖共一心，以敬承上德，無一毫陰濁以翳其間。」蓋其君臣之際如此，今吏而食於嶺外者，冠蓋相接也。登高騁望，寧獨無帝臣之感矣乎？苟目前之安，而忽遠圖，蔽於一方，而不知自有政理之要，風俗之本。此徇禄之臣，非體國者也。撤去户牖之私，獨觀消息之原，不以遠自肆，不以位自畫，一食息，一起居，無一念不屬於君父。其於政理之要，風俗之本，爲之必盡其方，而又擴之以廣大，持之於久遠，精粹明白，夙夜匪懈，庶幾於古所謂黎獻歟？於以登降俯仰此樓，豈不有光而無愧也哉！故書以告後之君子。

初，左布政使朱紈、按察使屠大山請余文爲記。余方有戎務，未遑也，是冬乃克爲之。二君及右布政使龔輝、左參政張鏊、右參政張烜、僉事何元述皆遷去。在者左參議顧中孚、朱憲章，右參議方民悦，都指揮夏忠，而左布政使周延，右布政使蔡雲程，按察使林應標，右參議陳仕賢，副使周宗鎬、周大禮、黄光升、蔡克廉，僉事陳崇慶、黄大廉、徐緝，都指揮梁希孔，廣州府知府曹逵，先後繼至，同觀厥成云。是歲丁未十一月吉，賜進士通議大夫兵部右侍郎兼都察院左僉都御史奉敕提督兩廣軍務兼理巡撫泉南張岳書。督工，廣州府同知程鐸。

董其昌《骨董十三説・四説》 骨董有大小，大小骨董，希世之寶玩也。其遞代流傳，收藏之家，賞鑒之人，皆有記載可考。無名氏得之，即成名家。其授受不輕，不能以勢力取之也。凡事必慮前後左右無礙而後行，乃得保全無患。倚勢直行，全無顧忌，必有不虞之患，後悔無及也。昔唐太宗知右軍《蘭亭》所在，敕御史蕭翼以計賺之，縻歲月而後得。以帝王之勢，取一孤僧之物，而費如此周折，人所不解也。若以勢，一縣令執辨才而押之，有餘矣。如此取去，不免意外之虞。既得之，不能無疑也，太宗固慮之審矣。可惜止用於《蘭亭》，而不知有大於此者也。既不知有大者，則世俗之所謂大，我亦謂之小也。

董其昌《骨董十三説・五説》 人之好骨董，好其可悦我目，適我流行之意也。充目之所好，意之所到，不先於骨董也，至骨董而好止矣。夫人有耳、目、口、鼻、心知之性，必有聲、色、臭、味之好。得所好而樂，失所好而哀。故耳好聲，必欲得天下之新聲；目好色，必欲得天下之艷色；口、鼻之於臭、味亦然。故人情到富貴之地，必求珠玉錦綉，粉白黛緑，絲管羽毛，嬌歌艷舞，嘉饈珍饌，異香奇臭，焚膏繼晷，窮日夜之精神，耽樂無節，不復知有他好。然而天命流行，未有不厭足而生倦者。故濃艷之極，必趨乎淡；熱鬧當場，忽思清虚。因好骨董，乃好聲色之餘也。能從頂上翻身，求我心知之好，則知有無聲、無臭之物，即爲萬聲、萬臭之大本者。立本以統末，然後天下之聲、色、臭、味有賴以存，可永我樂。若但縱目前之欲，隨波逐浪，不知返本，一朝失喪，其哀有不可勝言者，皆非安身立命之地也。得我安身立命之地，則骨董奠安矣。

董其昌《骨董十三説・九説》 骨董有金、玉二品爲一類；書畫墨迹、石印、鎸刻三品爲一類；窑器、漆器二品爲一類；琴劍鏡硯四品爲一類，四類十一品。一一考驗證據，具載册籍。有其籍矣，不得博物窮理之士，天下之人物也，不易遇也。得遇而交之，與之考古驗今，灼知古今之多故，由物論不齊，是非蜂起矣。骨董之好，豈輕言乎哉？豈隨世習俗可幸而至也哉？好骨董有真好，有隨世習俗之好。物到目前，泛然應過，無深遠之思，隨人指授，信其有書載可考，而遂安之，不知圖藉訛傳，其來已久。不先追其原所自而明辨之，無從見真好也。追圖籍之始，始於河出之圖。自羲皇直傳至今，非第一骨董乎？於此辨清，徹見我物，則物無遁情，而我真好得行矣。於此不辨根本，先僞矣，未有本亂而末治者也。徒逞世俗臆説傅會方術僞圖以亂之，使第一骨董淹没塵穢中。以今《易經》前列之圖，當之而不疑，是皆隨世習俗，不知求我真好者也。願得真好者起而明辨之。

董其昌《骨董十三説・十二説》 至書與畫，尤當貴重。書以傳意，畫以傳形，用莫大焉，知之者益稀。自魏晉以上無徵焉，以其所籍惟紙與絹也。紙壽千年，絹五百年，極其珍藏防護，數盡自毁。摹勒上石，搨久終壞。唐摹晉帖，宋搨已少。因及印章，尚存秦漢篆刻，可與石刻並視，得籍金玉以久。琴爲雅樂，通弦徽之音，適準象器。其始與河圖並出，後相繼作，歷數百年或斷紋，所藉木與漆不能更久也。有孔子、列子二式爲準則，唐有雷文、張越二家制得名。宋置官局，制琴有定式，不如式者謂野斲。古琴漆退光盡，色如烏木爲奇古，勝於斷紋。今世有退光漆者，假其色也。劍爲象器之一，亦不可動，動即當傷也。鏡以鑒貌，硯以著言，貌爲心體，言爲心用。離硯心俗無救，離鏡則貌穢不知。

董其昌《骨董十三説·十三説》 世稱柴、汝、官、定、哥五窑，此其著焉者。更有董窑、象窑、吉州窑、古定窑、古建窑、古龍泉、古磁器、古饒器，霍器、彭器，與外國大食、高麗二窑，皆有傳者，俱不及五窑。本朝宣、成、嘉三窑，直欲上駕前代。至於漆器，又次之矣。其佳者有古犀毗、有剔紅、有堆紅、有戧金、有攢犀、有螺鈿，亦無宋以前之物。繼宋作者，莫能踰也。次第骨董，當首象器，次用物，以硯爲殿，窑器、漆器附焉。人莫尚於據德游藝也，立身以德，養生以藝。先王之盛德在於禮樂，文士之精神存於翰墨。玩禮樂之器，可以進德；玩墨迹舊刻，可以精藝。居今之世，可與古人相見在此也；助我進德成藝，垂之永久，動後人欣慕在此也。舍是而矜重之，則泛矣。然而較之耽於聲色者又遠矣，然後知骨董一句，爲目前之大用也！

褚人穫《堅瓠甲集》卷三《題紙鳶》 宋侯元功蒙。少游場屋，年三十一始得鄉貢，人以其年長，忽不加敬。輕薄者畫其形於紙鳶上，引綫放之。元功見而大笑，作《臨江仙》詞曰：「未遇行藏誰肯信，如今方表名踪。無端良匠畫形容。當風輕借力，一舉入高空。才得吹嘘身漸穩，只疑遠赴蟾宫，雨餘時候夕陽紅。幾人平地上，看我碧霄中。」後一舉登第，徽宗時爲宰執，謚文穆。

褚人穫《堅瓠乙集》卷三《秤翁戲具詩》 彭秤翁名崧，字容臣，大參點平先生之季子。負奇不偶，時作篇章以自遣，得風人遺意。其《咏吴兒戲具》詩膾炙人口，今録於左。《咏跋弗倒》云：「虎丘游客泛歸橈，傀儡累累兩袖豪。時式正宜添假面，官方聊與着紅袍。隨人簸弄形如醉，鎮日跏趺體更勞。嘆息物情偏好異，俄然跋倒笑聲高。」《咏支硎跳虎》云：「山君爲名栜爲質，哄動兒曹刻畫粗。謾道撩須逢彼怒，果然履尾亦余呼。一朝可變思文炳，四顧無人且負嵎。世上畫來多類狗，這回跳躍肖還無。」《咏紙鳶》云：「無多骨格幸輕身，結束乘風體制新。但見飛揚矜得勢，豈知操縱只由人。凌霄行道昂頭遍，落地旁觀拍掌頻。綫索有時全没用，溝中敗紙不堪論。」《咏唱喏燈》云：「拱揖茫茫暮夜勤，儼然强項學斯文。媚人豈惜花生臉，入世須牽綫作羣。曾記紙糊推閣老，但能火戰即將軍。而今吴市情千變，一聽兒童自策勛。」《答稼軒咏棉花羊》云：「山店羣羊排比立，儼然燕市兩移情。難供郎主隨時吃，漫學初平叱石成。笑我補牢身作牧，看他挾纊氣如生。世間豈少耐彈者，明劉吉時稱劉棉花，以其耐彈也。頭角峥嶸正自榮。」《咏紙糊猫》云：「從來象物惟心造，假假真真貌得無。枵腹止堪容敗紙，嘉名久已信狸奴。花陰覆案應須卧，骨鯁當前不任呼。愛爾也能驚腐鼠，夜深伴我讀韓蘇。」

褚人穫《堅瓠乙集》卷三《咏戲具》 辛未新正，雨雪交作，悶坐室中，閒與孫輩嬉戲，見其所陳戲具燦然可觀，聊咏一二，兼和秤翁，以資一噱。《咏嘉定竹田鷄》云：「田父羣居在水湄，蝦蟆之大者曰田父。篔簹刳腹且藏之。點朱奚藉神僧禁，白出翻成里句嗤。宋人有「蛙翻白出閣」句。拳勇豈能忘喜怒，聲消孰與辨公私。最憐掌握供驅使，大異公孫井底時。」《咏火漆朱魚》云：「通草爲膚裏作鱗，良工制就錦魚新。曾聞如毁傷頳尾，豈識潛淵是漆身。彈鋏客卿空有嘆，焚銀學士自無倫。揚鬐漫爲漁人羡，任爾垂竿不上綸。」《咏泥兔》云：「玉衡星曜久儲精，明視今非日吐生。目赤似分芝草色，體玄疑吸墨池英。不營三窟甘株守，安得千毫助管城。難向月中還搗藥，任他顧犬也無驚。」《咏無錫紙糊猫》云：「烏圓異種許誰如，粉墨傳神意有餘。共信顔名能捕鼠，也知忘食可無魚。義同乳子交歡日，唐崔祐甫家猫鼠相乳。静似窺人對局初。二李當年應愧爾，唐李義申、南唐李德來俱號李猫。腹中眕域已全除。」《咏棉花羊》云：「曾聞西海田中種，兹見柔毛果化生。草食何妨將草綴，棉羊恰喜待棉成。輸邊自昔嘗先牧，饗士於今那得羹。不觸未須燒尾會，午橋妝點藉花茵。」《咏紙鷄》：或用泥木，不一其質。「心巧裁成稱五德，粉糊廢紙一番新。尚懷孟德空餘肋，似困劉琨竟失晨。飲啄俱忘還索鬬，羽毛粗具便堪珍。木牛竹馬應同傳，寄語兒曹次第陳。」「羽毛豐滿費經營，雛鳳姿容土木成。恬似守雌徵素養，誼難烹伏愧交情。秦關過客夸啼曙，齊境遺民誤養生。几上昂然如鶴立，韓退之詩「大鷄昂然來」。兒童不惜掌中擎。」《答秤翁跳虎》云：「時時跳躍逞微軀，四足羈縻勢已孤。正覺爪牙無布置，不妨文采更模糊。裝成皮質難蒙馬，本乏威風且捋須。若解神君多異政，一回跧伏未爲愚。」《咏跋弗倒》二律云：「傀儡紛紛列畫欄，老人寓目亦盤桓。妝成腮項夸時樣，頓易冠裳駭俗看。終日跏趺同衲子，一生搖擺類朝官。爲人在昔非容易，卓立於今正自難。」「惟君賦性自詼諧，粉飾形容紙作胎。才着彩衣難學僕，乍增面具便稱魁。媚人只合團團戰，勸酒翻宜得得來。莫道嬰兒嬉戲物，紙糊閣老列三臺。成化中有紙糊三閣老之謡。」《咏唱喏燈》二律云：「新年燈火日紛紛，唱喏名稱自昔聞。未肯折腰夸縣令，漫教空腹負將軍。熱腸應内慚多事，花臉從今獨出羣。傘蓋魚龍爲伴侣，孩兒會上策功勛。」「燈火元宵識歲豐，勤勤拱揖悦兒童。賦形自昔推强項，變態於今尚直躬。豈爲遷官全體熱，《南史》張敬兒事。非關飲酒舉身紅。宵來還藉扶持力，長保功名慰老翁。」

褚人穫《堅瓠乙集》卷三《和咏戲具》 甲戌新正，朱望子先生咏紙鵝及泥牛鹿諸戲具詩見投，賦物肖形，風華典雅，不減梅村先生之咏物詩也：「肥身長項宛然成，舒雁堪加舊雅名。換字山陰宜道士，寄籠陽羨可書生。毛乾似已眠沙暖，掌潤如曾撥水清。縱使矯廉嫌鶂鶂，五歷切。不教鞶顑爲聞聲。紙鵝」「斑龍《本草》鹿名。裝就牡兼麀，足角皮毛點染周。看去竟能成濯濯，聽時偏只欠呦呦。安非秦失方争逐，閑似吴荒得縱游。間有描成蒼白色，疑經歲月已千秋。泥鹿」「烏犍造出肖偏奇，牝牡無分狀總宜。潤澤耳真同濕濕，峥嶸角亦類鬋鬋。牽難近水誰愁渴，飼不求芻那畏饑。宰相見來原不問，恰如無喘順天時。泥牛」「羣然浮映水中苔，圉圉惟難鼓頰腮。欲得長鮮朱染色，未妨久浸漆爲胎。偶當撫掌驚寧没，縱使投竿引不來。尤羡嚴寒無所畏，由他凍合日烘開。火漆魚」「羝羊白絮造偏精，真覺無情肖有情。元放神通身可變，初平奇幻石能成。低頭竪角如將觸，張口垂髯擬欲鳴。却笑兒童陳几案，弄時常似學蘇卿。棉花羊」「竹根摹擬巧能通，刻作蝦蟆制獨工。痱瘟身剛隨節密，彭亨腹恰就心空。鎮書無力因非玉，注水難容奈異銅。携向妝臺臨寶鏡，影還疑蝕廣寒宫。竹蛙」「裝造狸奴點綴勞，好將形色辨分毫。粘膠貼就金銀眼，蘸筆描成黑白毛。健懶莫知因縮爪，雌雄難别爲藏尻。無情安望多靈異，須藉旁留却鼠刀。東坡有《却鼠刀銘》。紙猫」「嘴距毛衣巧飾精，翰音形狀竟如生。看來宛有俱全德，聽去殊無不惡聲。置向閑窗談未得，養雖如木鬭難成。羣兒戲弄非求媚，天寶坊中似有名。唐賈昌七歲爲鷄坊五百小兒長。紙鷄」「斫木裝成渺小軀，漫將猛獸肖形模。停時弭耳如馴伏，動處張威似嘯呼。收入篋中歸洞穴，浮來水上渡江湖。兒曹玩弄宜矜詡，馮婦猶應遜吾徒。跳虎」「造成明視炯雙眸，缺口長須事事周。射木似堪同命中，故事：三月十三爲木兔，分朋射之較勝負。守株疑可待重投。犬逢欲掣牽來索，鷹見思離臂上鞲。珍重洞房常作供，長生如在月宫留。泥兔」「紙竹相資頃刻成，飛騰如鳥羡身輕。戾天早麓詩同咏，削木公輸技並精。筝響空中風正急，燈懸雲際火偏明。升高但惜難爲主，收放由人看雨晴。紙鳶」「紙燈兒戲上元游，仿佛人情可與儔。萬事旁觀惟袖手，一生自用不回頭。熱中那耻虚文醜，空腹誰懷寡學羞。倚仗他人牽綫索，失時伎倆盡皆休。唱喏燈」「體態妝顛更弄嬌，不分妍醜盡輕佻。欹斜似醉還翹舉，旋轉如狂更動摇。虚餒一腔文士腹，痴肥半截美人腰。雖然時尚供嬉戲，太盛還疑是世妖。跋弗倒」學稼《咏泥牛》云：「重見春回歲一更，兒童日駕土牛迎。粘膠團就身多骨，毛少骨多者有力。借粉描成色尚騂。諸葛木裝殊觳觫，田單火戰亦縱横。輸他合土能凝立，馴伏無勞置楅衡。」《泥鹿》云：「丸泥爲鹿角峥嶸，蒼白皮毛拘筆成。几案甡甡當並立，臺端麌麌不聞鳴。無腸誰注洞天酒，有腹難吞曠野蘋。在爾仙翁能作脯，道家以鹿爲脯。鹿羣還幸得全生。」《紙鵝》云：「長頸高冠性似痴，冶金斫木昔聞之。衍波紙名。粉掌紅霞艷，側理亦紙名。膠翎白雪姿。置表何從行在見，繫書難達内庭知。蔡州夜半徒勞擊，爲報鵝羣不飲池。」

褚人穫《堅瓠戊集》卷一《銀床》 《漁隱詩話》：嘉祐中，有漁人在江心網得片石，上有一絶云：「雨滴空階曉，無心换夕香。井枯花落盡，一半在銀床。」注：「銀床，井欄也。」

褚人穫《堅瓠辛集》卷四《紅玉杯》 元揚州陳新甫生日出紅玉杯飲客，莆田陳衆仲旅。賦詩云：「崑崙東阿含海日，石中玉子如日赤。神工夜發昆吾刀，剜作雙杯盛酒吃。蟠桃初開緱母家，丹露滴入芙蓉花。廣陵公子酒如海，年年顔色襯朝霞。」

褚人穫《堅瓠辛集》卷四《咏轎》 高竹屋《咏轎·御街行》詞：「藤筠巧織，花紋細稱，穩步如流水。踏青陌上雨初晴，嫌怕濕文鴛雙履。要人送上，逢花須住，才過處香風起。　裙兒挂在簾兒裏，更不把窗兒閉。紅紅白白簇花枝，恰稱得尋春芳意。歸來時晚，紗籠引道，扶下人微醉。」

褚人穫《堅瓠癸集》卷三《紙鳶》 孩兒意只爲功名半張紙，臨行時慈母手中綫費幾許。只要去，扯不住。不愁你下第，只愁你際風雲，腸斷天涯何處。

褚人穫《堅瓠癸集》卷三《傘》 徐文長傘謎云：「開如輪，斂如槊，剪紙調膠護新竹。日中荷蓋影亭亭，雨里芭蕉聲簌簌。晴天則陰陰則晴，晴陰之説誠分明。安得大柄居吾手，去覆東西南北之人行。」

鄧志謨《蘭雪堂古事苑定本》卷一〇《樂具》

遞鍾、清角，琴內芳名；寒玉、響泉，瑟中佳號。拍板稱爲樂句，箜篌傳曰坎侯。磬擊浮金，笛裁椽竹。簫吹秦女樓頭，招得鳳飛來；瑟鼓瓠巴水面，引將魚出聽。細腰鼓，賞深於蕭思話；焦尾琴，製善於蔡中郎。漁陽之鼓三撾，禰衡異衆；緱嶺之笙再奏，子晉飛仙。琴彈於令尹之堂，斑竹簾前傳雅調；箏近於美人之手，研羅裙上放嬌聲。楚樓笛，五月梅花；漢殿簫，六宮楊柳。虞絃試撫，歌阜財解慍之詩；李笛頻吹，覺裂石穿山之勢。唐帝花前催羯鼓，笑破朱唇；漢妃馬上揆琵琶，啼殘紅頰。秦王擊缶，響窮澠水之濱；越石吹笳，聲徹晉陽之塢。子高作箜篌之引，悽我心腸；杜牧吟方響之詩，炙人口脂。夫鼓琴，婦鼓瑟，和樂且躭；伯吹塤，仲吹篪，及爾如貫。天上一輪滿，詩僧撞半夜之鐘；江上數峯青，文士賦清秋之瑟。寧王愛笛，五更倒著裳衣；夫子聞韶，三月不知肉味。伯牙絃未絶，悠悠然高山流水之音；曾點瑟方希，勃勃乎沂水春風之趣。螳螂捕蟬處，琴動殺聲；蒲牢畏鯨時，鐘宣洪韻。高漸離擊秦中筑，無非忠義之音；羅敷女彈陌上箏，盡是堅貞之操。戍樓暮角，吹起月輪；僧寺晨鐘，敲橫斗柄。箏彈而隱諷主上，桓叔夏誠不凡使君；琴破而不爲伶人，戴安道真守正君子。

遞鍾，伯牙琴。清角，黃帝琴。唐盧萬有寶瑟各數十，內有寒玉、響泉之號，其音調尤佳。唐韓愈、皇甫湜，一代龍門。牛僧孺携所業謁之，其首篇説樂，韓見題，即掩卷問曰：「且以拍板爲甚麽？」僧孺曰：「樂句。」二公大稱賞。《釋名》曰：箜篌，師延所作。靡靡之樂，後出桑間濮上之地。師涓爲晉平公鼓焉。鄭衛分其地而有之，遂號鄭衛之聲爲淫樂。箜篌之制，二十有四絃，本名爲坎侯。蓋言其坎坎然應節也。漢武起招仙閣，西王母進浮金之磬。蔡邕宿柯亭，柯亭之館，以竹爲椽。邕仰視之，曰：「此美材也。」取以爲笛，音調絶倫。《列仙傳》：蕭史善吹簫，秦穆公以女弄玉配之。夫婦吹簫引鳳至，乃乘鳳仙去，穆公爲之作鳳臺。《荀子·勸學》篇云：瓠巴鼓瑟，羣魚出聽。宋蕭思話，年十許歲，好騎屋棟打細腰鼓，見者異之。蔡邕在吳，聞人家爨下有桐爆聲，知爲良材，請以爲琴。琴成，尾有焦處，因號「焦尾琴」。《世説》禰衡被魏武謫爲鼓吏，正月半試鼓，衡揚枹，爲漁陽摻撾，淵淵有金石聲，四坐爲之改容。孔融曰：「禰衡罪同胥靡，不能發明王之夢。」魏武慚而赦之。胥靡，刑名。築者胥靡，商傳説事。漁陽三撾，曲名也。摻，音參。撾，職瓜切，音髽，擊鼓也。周靈王太子晉，善吹笙，作鳳鳴，游緱山，道士浮丘乃引之上昇。緱音鉤。宓子賤爲單父尹，鳴琴而治。又晉顧愷之爲山陰令，垂簾鳴琴，縣境肅然。箏詩詳《妓女》。虞絃詳《天文》。李《詩》：黃鶴樓中吹玉笛，江城五月落梅花。笛中有梅花調。漢元帝能吹洞簫曲，被歌聲。簫中有折楊柳之曲。《國史補》云：李謩得湘竹笛，於月夜泛江吹之。有賈客拏舟而至，請笛吹之。初吹魚鱉混瀁，再吹之，山石俱裂。疑客非常人，或蛟龍也。漢元帝，官人欲幸者，披圖以召，宮人多賂畫工。昭君不與，工毁其狀。單于求婚，上以昭君行。召見，帝悦之，而名字已去，不復留。帝怒，殺畫工。昭君初適單于，在路愁絶，於馬上彈琵琶以寄恨，世謂之昭君怨。王嬙，字昭君。唐帝擊鼓詳《時令》，秦王擊缶詳《力量》。劉琨，字越石，在晉陽，爲邊騎所圍，夜中吹笳，動其懷土之思，向曉乃解圍而去。朝鮮霍子高，晨起見一狂夫涉河而渡，其妻追止之。不及，墮河而死。妻乃號天嘘唏，鼓箜篌而歌。曲終，投河而死。子高援琴作其歌聲，故曰「箜篌引」。杜牧《方響》詩云：「數條秋水挂琅玕，玉手丁當怕夜寒；曲盡連敲三五下，恐驚珠淚落金盤。」《詩》云：「伯氏吹塤，仲氏吹篪。及爾如貫，諒不我知。」錢起寓宿客邸，户外有人吟曰：「曲終人不見，江上數峯青。」默記之。及殿試湘靈鼓瑟詩，落句久不屬，遂以此聯足之，乃中選。《天寶遺事》云：寧王，玄宗弟，愛吹笛。清曉聞笛聲，披衣急起，宮中歌曰：「愛笛寧王，顛倒衣裳。」《韓詩外傳》伯牙鼓琴，鍾子期聽之。方鼓琴，志在泰山，子期曰：「善哉乎鼓琴，巍巍乎若泰山。」志在流水，子期曰：「善哉乎鼓琴，洋洋乎若流水。」鍾子期死，伯牙擗琴絶絃，終身不復鼓之，以爲世無知音云。《後漢書》：蔡邕在陳留，隣人嘗具酒以召邕，邕至門，聞彈琴者有殺聲，遂不入而反。主人追問故，邕以實對。彈者曰：「向彈琴，見螳螂方向鳴蟬，蟬將去而未飛，螳螂爲之一前一却，吾心聳然，唯恐螳螂之失蟬也。」邕笑曰：「此足以當之矣。」海中有獸曰蒲牢，畏鯨。鯨擊之，輒大鳴吼。故作鐘，鑄蒲牢於鐘紐上，刻鯨魚以擊之。高漸離，變姓名，爲人傭，以擊筑名。始皇召見，知其爲漸離，令矐其目。漸離以鉛置筑中，漸近始皇，舉筑擊之。不中，遂見殺。《古今注》：「邯鄲美女姓秦，名羅敷，爲王仁妻。採桑陌上，趙王登臺，見而悦焉。欲奪之，敷乃彈箏作陌上之歌以自明，曰：「使君自有婦，羅敷自有夫，東方千餘騎，夫壻在上頭。」王知其不可奪，乃止。唐人詩云：暮角月輪上，晨鐘斗柄橫。《世説補》：王國寶搆謝太傅於孝武帝，太傅患之。帝一日召桓叔夏飲，太傅亦在坐，帝命桓吹笛，桓神色無忤，即吹爲一弄。又請以箏歌，帝許之，桓撫箏而歌曹子建怨詩，曰：「爲君既不易，爲臣良獨難；忠信事不顯，乃有見疑患。」周旦佐文武，金縢功不刊；推心輔王室，二叔反流言。」聲節慷慨，俯仰可觀。太傅泣下沾襟，乃越席就之，將其鬚曰：「使君於此處不凡。」《世説》：戴逵，字安道，少有文藝，善琴。武陵王晞使人召之，逵對使者前打破琴，直語云：「戴安道不能爲王門伶人。」竟不屈。

張潮輯《虞初新志》卷六《黄履莊小傳》 黄子履莊，予姑表行也。少聰穎，讀書不數過，即能背誦。尤喜出新意，作諸技巧。七八歲時，嘗背塾師，暗竊匠氏刀錐，鑿木人長寸許，置案上能自行走，手足皆自動，觀者異以爲神。十歲外，先姑父棄世，來廣陵，與予同居。因聞泰西幾何比例輪捩機軸之學，而其巧因以益進。嘗作小物自怡，見者多競出重價求購。體素病，不耐人事，惡劇嬲，因竟不作。於是所製始不可多得，所製亦多，予不能悉記。猶記其作雙輪小車一輛，長三尺許，約可坐一人，不煩推挽能自行，行住，以手挽軸旁曲拐，則復行如初，隨住隨挽，日足行八十里。作木狗，置門側，卷卧如常，惟人入户觸機，則立吠不止，吠之聲與真無二，雖黠者不能辨其爲真與僞也。作木鳥，置竹籠中，能自跳舞飛鳴，鳴如畫眉，凄越可聽。作水器，以水置器中，水從下上射如綫，高五六尺，移時不斷。所作之奇俱如此，不能悉載。

有怪其奇者，疑必有異書，或有異傳，而予與處者最久且狎，絶不見其書。叩其從來，亦竟無師傳。但曰：「予何足奇？天地人物，皆奇器也。動者如天，静者如地，靈明者如人，賾者如萬物，何莫非奇？然皆不能自奇，必有一至奇而不自奇者以爲源，而且爲之主宰，如畫之有師，土木之有匠氏也。夫是之爲至奇。」予驚其言之大，而因是亦具知黄子之奇，固自有其獨悟，非一物一事求而學之者所可及也。昔人云：天非自動，必有所以動者；地非自静，必有所以静者。黄子之奇，其得其奇之所以然乎？

黄子性簡默，喜思，與予處，予嘗紛然談説，而黄子則獨坐静思。覩其初思求入，亦戛戛似難；既而思得，則笑舞從之。如一思礙而不得，必擁衾達旦，務得而後已焉。黄子之奇，固亦由思而得之者也，而其喜思則性出也。黄子生丙申，於今二十八歲，其年月日時，與予生期毫髮無異，亦奇也。因附書之。

附奇器目略

一、驗器。冷熱燥濕，皆以膚驗，而不可以目驗者，今則以目驗之。

驗冷熱器。此器能診試虚實，分别氣候，證諸藥之性情，其用甚廣，另有專書。

驗燥濕器。內有一針，能左右旋。燥則左旋，濕則右旋，毫髮不爽，並可預證陰晴。

一、諸鏡。德之崇卑，惟友見之；面之媸妍，惟鏡見之。鏡之用，止於見己，而亦可以見物，故作諸鏡以廣之。

千里鏡。大小不等。

取火鏡。向太陽取火。

縮容鏡。

臨畫鏡。

取水鏡。向太陰取水。

顯微鏡。

多物鏡。

瑞光鏡。制法大小不等，大者徑五六尺，夜以燈照之，光射數里，其用甚巨。冬月人坐光中，遍體生温，如在太陽之下。

一、諸畫。畫以飾觀，或平面而見爲深遠，或一面而見爲多面，皆畫之變也。

遠視畫。

旁視畫。

鏡中畫。

管窺鏡畫。全不似畫，以管窺之，則生動如真。

上下畫。一畫上下觀之，則成二畫。

三面畫。一畫三面觀之，則成三畫。

一、玩器。器雖玩而理則誠，夫玩以理出，君子亦無廢乎玩矣。

自動戲。內音樂俱備，不煩人力，而節奏自然。

真畫。人物鳥獸，皆能自動，與真無二。

燈衢。作小屋一間，內懸燈數盞，人入其中，如至通衢大市，人烟稠雜，燈火連綿，一望數里。

自行驅暑扇。不煩人力，而一室皆風。

木人掌扇。

一、水法。農必借水而成，水之用大矣，而亦可爲諸玩，作水器。

龍尾車。一人能轉多車，灌田最便。

一綫泉。制法不等。

柳枝泉。　水上射復下，如柳枝然。

山鳥鳴。　聲如山鳥。

鸞鳳吟。　聲如鸞鳳。

報時水。

瀑布水。

一、造器之器。　工欲善其事，必先利其器。況目中所列諸器，有非尋常斤釜所能造者，作造器之器。

方圓規矩。

就小畫大規矩。

就大畫小規矩。

畫八角六角規矩。

造諸鏡規矩。

造法條器。

張山來曰：泰西人巧思，百倍中華，豈天地靈秀之氣，獨鍾厚彼方耶？予友梅子定九、吴子師邵，皆能通乎其術。今又有黄子履莊，可見華人之巧，未嘗或讓於彼。只因不欲以技藝成名，且復竭其心思於富貴利達，不能旁及諸技，是以巧思遜泰西一籌耳。

原本奇器目略頗詳，兹偶録數條，以見一斑云。

宋犖《筠廊偶筆》卷上　吾宋城南有幸山堂，宋高宗南渡駐蹕之所。　明崇禎中，沈氏浚池得片石如墨玉，有鐫字數行，乃《淳化帖》九卷第一版，王獻之書也。此石失去始末，曹士冕《法帖譜系》載之頗詳，其爲襄州原刻無疑。董文敏嘗欲以百金購之，主人益大珍惜，别刻一石以應求者。明末寇變，並瘞兩石蔬圃中，後覓不可得。數年前，余見此石原拓一紙於友人處，精光炯炯，果異他本。

明正德時，河南産麒麟，貯鄴郡庫中。萊陽某公爲郡守，割取麟之一臂藏於家，余宗玉叔兄琬親見之。方鱗黄色，光潤如蠟珀，鱗四周五彩環繞如月華狀，爲從來傳説所未及。【略】

杜詩云：「秦州城北寺，傳是隗囂宫。」家玉叔兄分巡秦州，時地震，城北寺裂開丈餘，得古瓷一窖，年來散去殆盡，僅餘碗二杯一。康熙癸卯冬，玉叔示予於長安。體質厚重，仿佛龍泉窑，古色陸離如漢玉，酌酒士香可愛。一碗面闊五寸，内外純素。一碗差小，内波紋拱起，似吴道子畫水。杯貯水可一合，有魚四頭，亦拱起，游泳宛然，真異物也。又玉叔於秦州建杜工部祠，祠内刻工部《秦州雜詩》，字皆從《陜帖》中鈎出，各體具備，時人目爲二絶。

朱象賢《印典》卷八《詩文・詩文》　物之可傳、可重者，莫不有名人韵士歌咏之、傳述之，而非默默無聞者也！印章雅玩，古意無窮，詞翰賡揚，風徽尤著。兹集諸家之作，類贅一帙之終。

朱象賢《印典》卷八《詩文・姑蘇陸友仁藏衛青玉印》　揭傒斯

白玉盤螭小篆文，姓名識得衛將軍。
衛將軍，今何在？白草茫茫古時塞。
將軍功業漢山河，江南陸郎古意多。

朱象賢《印典》卷八《詩文・古銅印》　甘旭

鈕别螭龜質鑄金，細摹破體洗塵侵。
光陰流電無須計，自有蒼然古意深。

朱象賢《印典》卷八《詩文・吴氏印譜序》　揭汯

印章之來尚矣！制式之等，鈕、綬之别，雖各有異，所以傳令示信一也。是編自漢至晉，凡諸印章，搜訪殆盡，一一摹搨。類聚品列，沿革始末，標注其下。不惟千百年之遺文舊典，古雅樸厚之意，粲然在目，而當時設官分職，廢置之由，亦從可考焉！吴氏孟思，素以篆隸名，而是編皆其手録，猶可寶也。能君仲章得之以示余，故書此而歸之。至正二十五年五月甲子，豫章揭汯識。

王士禛《古夫于亭雜録》卷一《建文鐘》　又《建文鐘》云：「天留正統還讓帝，如以黍谷存陽氣。歲晚冰霜律未回，一綫微陽正藏閉。我來深山憩古寺，瞥見孤鐘思往事。風雷未敢信流言，貴戚何當輕易位。粗砂磨治碑版文，烈火銷融金鐵製。普天盡易洪武年，何處還稱建文歲。其時鉤連盡十族，斷支交首盈衢市。輕生不乏有心人，百年猶爲存苗裔。赫赫雷霆九天怒，威有難加勢難至。正學綿綿一孑遺，孤鐘歷歷半行字。天軸地維未傾折，萬古千秋此維繫。」

明亮、納蘇泰等《欽定中樞政考》卷二《稽察鐵鍋出洋》　雍正九年十二月内奉上諭：「據廣東布政使楊永斌奏稱：『鐵器一項，所關綦重，不許出境貨賣，律有明禁。乃粤東地方，出境鐵鍋，凡洋船貨賣，歷年並未禁止。臣到任後，檢查案册，見雍正七、八、九年，造報夷船出口册内，每船所買鐵鍋，少者自一百連至二、三百連不等，多者買至五百連並有至一千連者。查鐵鍋一連大者二個，小者四、五、六個不等，每連約重二十斤不等，百連約重二千餘斤，如一船帶至五百連，約重一萬斤，帶至一千連，約重二萬斤計算，每年出洋之鐵，爲數甚多，誠有關繫。臣請嗣後此項鐵鍋，應照廢鐵之例，一體嚴禁。無論漢、夷船隻，概不許貨賣出洋。違者，該商船户人等，即照絪載廢鐵出洋之例治罪，官役通同徇縱，亦照徇縱廢鐵例議處。凡遇洋船出口，仍交與海關監督，一體稽察。至於商船每日煮食之鍋，仍照舊置用，官役不得藉端勒索滋擾。如此則外洋之鐵，不致日積日多，於防奸杜弊之道似有裨益。至煮食器具，銅鍋、沙鍋，俱屬可用，非必盡需鐵鍋，亦無不便外夷之處，於朝廷柔懷遠人之德意，原無違礙。』等語。鐵斤不許出洋，例有明禁，而廣東夷船每年收買鐵鍋甚多，則與出洋之功令不符矣。楊永斌所奏甚是，嗣後稽察禁止，及官員處分、商人船户治罪之處，悉照楊永斌所請行。倘地方官弁視爲具文，奉行不力，經朕訪出或別經發覺，定行從重議處。粵東既行查禁，則他省洋船出口之處，亦當一體遵行。著該部通行曉諭，永著爲例。特諭，欽此。」

張燕昌《羽扇譜・序》 扇之繇來見於《周禮・巾車》重翟注：「重翟，重翟雉之羽也。」崔豹《古今注》謂殷高宗有雉雊之徵，服章多用翟，羽扇亦始於殷宗。然於經典未聞焉。周時亦僅在儀衛，至三國諸葛忠武捉白羽扇指揮三軍，晉顧榮攻陳敏麾以羽扇，於是羽扇通上下用矣。傅元云：摇鳶鳥翼者，吴楚也。嵇含云：執鶴翼，楚之士也。其物莫盛於東南，至於今獨擅於湖。鄭元慶《湖録》云：羽毛，外來之物，吾郡中溪水刷之，則潤澤而有光采。湖之所以獨擅羽扇之美者，元慶已言之，顧於造作品類之詳未遑及焉。考之紀載，於羽扇之品類，稱翟羽古矣。其他如鵲翅、鳳羽、孔雀翠羽、白鷺、鳶鳥、鵰羽、雀翼散見諸書，亦不詳其製作。《晉書》云：羽扇柄刻木象鵲形，列羽用十，至王敦改爲長柄，下出可捉，而減羽用八。近時羽扇製作可於此想見初規，而後又無踵而紀者。芑堂客湖僅期月，而譜之極詳，用心可謂勤矣。雖然，扇之利用在祛暑，不必羽也，嵇含賦序稱羽扇之用亦不過云遏陽隔暑，其所長無加於他扇，此或夸飾之一端耳。抑知古人制器因其自然，即如芭蕉、蒲葵有形以用，亦取其自然耳。而鳥翼乘風，插柄象之，亦此意也。況乎用扇之初起於列羽，不更近於古耶？抑又有説。袁達德《禽蟲述》云：鵰羽辟蚊。利用之餘兼有利益。且不獨鵰也，湖人有黑鷹毛扇，對汗揮之，多温風而不傷腠理。余聞之苕中友人陳無軒云，芑堂客湖，主無軒家，宜其言之獨詳也。昔謝安捉蒲葵扇可以助鄉人之資，王羲之書六角扇可以長老姥之價，芑堂能如古人耶？因爲之序而戲及之。樊桐山人朱炎序。

粵自塗修納賫，排鵲翅以迎風；婆利搜奇，集翠毛而暈目。六宮金粉，李夫人之鳳羽蹁躚；八陣雲雷，諸葛公之鶴翎瀟灑。肇嘉名於姬室，仄景虧光；考土俗於吴都，遏陽隔暑。既外觀而有耀，亦利用之咸宜。迨至典午清流，永嘉名士。西園北府，羽衣玉麈之間；東墅南樓，紗帽隱囊之致。爰斟今而酌古，益踵事而增華。取材在春夏之交，制物有盈虧之别。或團圞一鏡，捧出幾圓；或偪仄半輪，擎餘未滿。或按圖立數，義規十翼之文；或設卦觀形，用象八風之舞。重英並粲，採將朱鳥之衣；一柄孤撑，鏤得烏鳶之骨。凡兹寶重，彌播遐荒。孔雀本交趾之珍，蚊母亦嶺南所産。三軍旗鼓，顧榮麾衆而來；萬里煙濤，吴猛劃江而渡。及今沿襲，自昔流傳。佐清談於詞苑，劇有風姿；備賦物於騷壇，豈無典故？於是東都貴胄，西鄂才人，結廬金粟之顛，小隱柘湖之浦，偶抽祕册，自輯叢編，資好事之冥搜，命鄙人而弁語。僕非庾亮，休嫌污以緇塵；卿是張融，便擬遺之鷺羽。吴江史善長赤霞序。

乾隆庚辰，予因吾師瓜田徵君來謁吴興李太守於墨妙亭，始與無軒陳君定交，於是吴興道中或歲一至，或間歲至。即太守歸田後，而予之書畫船常往來於白蘋紅蓼間也。越十年，庚寅春，陳君將北上，館予於湘管齋，予時過市上，見羽扇鮮明，欲集舊説譜之。適莘君芹圃遺予白鶴扇，詢之爲述：製扇家二月出門采羽，三月製扇，長衢夾巷，春風比户，名流韻士，競握招涼。或載至都會，利市三倍。至秋風振林，人情棄捐，復理故業。予深嘉其風土之美，民率安居樂業，乃摭拾源流，條分之得若干，則他日李公與陳君見是譜必笑相謂曰：張生能譜太平風景矣。惜乎！吾師不及見也。張燕昌自序。

張燕昌《羽扇譜》 造作：

列羽成扇，見於《周禮・巾車》，崔豹謂起於殷高宗。自晉顧榮以羽扇麾軍，於是吴地盛行。顔魯公《石柱記》記吴興事，兼及姚萇雉尾扇，羽扇之擅名於吴興久矣。至鄭茝畦《湖録》，又推原溪水之潤澤，且云製亦精致，他處罕見。見其造作之法，不可無傳。爰詢諸制扇家，爲作是譜云。

采羽：每歲二月往淮揚、直隸、湖廣，向獵者購各種羽毛，謂之羽客，其《周禮》羽人之遺意與？

選羽：作扇羽毛，擇整齊潔净者爲上，餘充麤扇料，不甚貴也。

刷羽：時莫春將所選羽毛付女紅，用湯洗去浮塵後清水刷之，俗傳用月湖水較鮮明。

染羽：以羽純白者爲上，染色次之，羽毛中惟天鵝、鴨鴕等種可以染色。

造柄：柄有角、有木、有竹、有縶金，婆衖俞氏造角柄最精。夏秋後有貯之以權子母，大者名八角，又名放龍，皆龍紋縷。中以水銀和鉛屑填之，髹鬃戧金遺制也。

成扇：取羽全者翦裁之，或不圜正，擇其色澤相類，長短配合。近孫甫周所製爲最。

綴毹：扇上有細毹，是綴也。其法利刀破羽管，以鶴鸛、大補、小補等種尾下毹毛綴之，風致可愛。

飾絨：扇成之後，飾綵絨以章羽儀，有一扇一絨者，或二三絨者，絨色不一，隨扇淺深飾之。

品類：

羽扇不一，品亦隨之輕重。鳳羽、孔雀見于古者，今不必盡有之，而湖地所用有古未聞者，即一鳥而羽之命名不同，《湖録》亦不詳品類，作此補之，庶采風于湖有攷云。

鳳，《山海經》：丹穴之山有鳥焉，狀如鶴，五采而文。《謝子戊辰鈔》：漢武帝時李夫人初至，障鳳羽長生扇。

丹鵲：王嘉《拾遺記》：周昭王時塗修國獻丹鵲，雌雄各一，孟夏毛脱，聚鵲翅爲扇，一名游飄，一名條翮，一名虧光，一名仄影。

鳶，《爾雅·釋鳥》：鳶烏醜，其飛也翔。疏：鳶，鴟也，鴟烏之類。傅元《羽扇賦序》：吴人取鳶鳥翼摇之，滅吴之後，翕然貴重。

雉，《廣雅》：野雞，雉也。《古今注》：商高宗有雉雊之徵，章服多用翟，故用雉尾扇。

鶴，《詩疏》：鶴，多純白，亦有蒼色。陸機《羽扇賦序》云：楚襄王會於章臺，宋玉、唐勒侍，皆操白鶴羽以爲扇。又嵇含《羽扇賦序》云：吴楚之士多執鶴翼以爲扇，雖曰出自南鄙，而可以遏陽隔暑。

孔雀，《異物志》：孔雀自背及尾皆作圓文，五色。《博物志》：孔雀尾多變色，或紅或黄，喻如雲霞，其色無定。劉恂《嶺表録異》：交趾人多養孔雀，采金翠毛爲扇。又《南史》：婆利國出孔雀扇。

鸛，《詩疏》：鸛，雀也，似鴻而大。

天鵝，陸游《入蜀記》：潛軍巷有水禽，雙浮江中，色白，類鵝而大，楚人謂之天鵝。李時珍《本草》：鵠大於鴈，羽毛白澤，其翔極高而善步，一名天鵝。

紅鵝，《仙傳拾遺》：山陰道士管霄霞求王羲之寫《道德經》，舉紅鵝一雙相贈而去。

鶖，《古今注》：扶老，秃秋也，狀如鶴。《吴都賦注》：鶖，如鷺而大，其毛辟水，丹陽、番陽皆有之。《埤雅》：鶖，性貪惡，今俗呼秃鶖。劉楨《魯都賦》：緑鵁葱鶖。鶖色蓋青也。

鶖鶩，《本草》：秃秋，一名鶖鶩。按製扇家呼赤老，蓋方言之譌耳。

雕，師曠《禽經》：鷻元曰雕。

鶚雎，《毛詩傳》曰：雎鳩，王雎，鳥摯而有别。《疏》：郭璞曰：雕類。今江東呼之曰鶚，好在江邊沚中食魚。陸璣疏云：雎鳩，大小如鴟，深目，目上骨露，幽州人謂之鷲，而揚雄、許慎皆曰白鷹似鷹尾上白。

淘河，張華《禽經注》：鵜鶘，水鳥也，似鶚而大，一名淘河。《山海經》作鶖胡。

鷹，《釋鳥》：鷹，鶆鳩。按製扇家云黑鷹毛製扇，多温風而不傷腠理。

角鷹，《埤雅》：鷹，一名鶆鳩，一歲曰黄鷹，二歲曰鴘鷹，三歲曰鶬鷹。鴘，次赤也，頂有一角微起，今通謂之角鷹。《通雅》：頭有三角曰角鷹。

鴕，《集韻》：鴕鳥，似雉。

白鷺，《詩疏》：鷺，水鳥也。好而潔白，故謂之白鳥。齊魯之閒謂之春鉏，遼東、樂浪、吴揚人皆謂之白鷺。《南史》：張融弱冠有名，道士陸脩静以白鷺羽扇遺之，曰：此既異物，以奉異人。

青莊，《本草》：信天緑，俗名青翰，又名青莊。《事物紺珠》：鶄，鵁鶄，似鷺而大，青色。

蚊母，《釋鳥》：鶁，𪆝母。注：似烏鸔而大，黄白雜文，鳴如鴿聲，今江東呼爲蚊母。《嶺表録異》：蚊母鳥，形如青鷁，嘴大而長，于池塘捕魚而食，每叫一聲，則蚊蚋飛出其口，俗云采其翎爲扇可辟蚊子。

青雞，未詳。按：製扇家云羽色上黑下白。

大補，未詳。

小補，未詳。

大花尖，未詳。

小花尖，未詳。

按：製扇家云：大花尖即大補，未脱毛以前名，既脱毛以後名小補。小花尖即小補也。脱毛易名，與大花尖同，皆一鳥而前後異名。

羅雞，未詳。

下夏，未詳。按：製扇家云，雄者色白，雌者身青頭白，扇品不貴。

牙青，未詳。按製扇家云：與翠毛相似，當是鴉青。

丁處鷹，未詳。按製扇家云：羽色花白者。

木通，未詳。按製扇家云：鷹類，似角鷹，背無豪，蓋角鷹價重，木通價輕，故多以木通充角鷹。

按：以上各種羽毛，湖人采以製扇，或同物異名，或異物同名，各隨所産之地名之，未及徧攷，存其名而已。

扇名：湖俗扇名有以人名者，曰諸葛。形尖，用仙鶴、天鵝、鴈、鷹、淘河爲之。以色名者，曰白團，形如蓮花，用鶴鸛、大補大翼下羽毛爲之，曰花團，以小補大翼下羽毛爲之。以羽名者曰仙鶴，曰天鵝，曰鬬雎，曰角鷹，曰淘河，曰青雞。淘河、青雞二羽製扇有全面、半面，全面扇中有暈如月者，半面扇有半月暈者。曰鴈團，曰鷹團，即古人朱團遺意。

扇品：鳳羽不得而製扇也，今以仙鶴爲角柄第一品，白團爲竹柄第一品。仙鶴以下諸葛，天鵝、鬬雎、角鷹、淘河、青雞皆角柄，有四角、六角之别，惟仙鶴八角。放龍、白團以下，花團、鴈團皆竹柄。角鷹相傳握之可退瘧子，小兒卧時覆其體，治驚退熱，又奇品也。若雜黑色羽毛順披成扇，品不貴也。【略】

《羽扇譜·跋》

張芑堂明經《羽扇譜》三十載前即耳其名，不知其尚未成書也。癸酉秋郵簡索之，時芑堂已嬰疾卧牀，繼即捐館，未獲報章。甲戌冬沍，年家子沈竹岑學博代爲札致哲嗣質民茂才，隨舉芑堂手稾排比校正，繕録寄示，穨年暮齒，欣賞奇文，快何如之。書此誌幸，且以見質民不忘先澤之心焉。乙亥中秋震澤楊復吉識。

藍浦、鄭廷桂《景德鎮陶録》卷二《國朝御窑廠恭記·鎮器原起》 國朝建廠造陶，始於順治十一年奉造龍缸，面徑三尺五寸，墻厚三寸，底厚五寸，高二尺五寸。經饒守道董顯忠、王天眷、王鍈等督造，未成。十六年奉造欄板，闊二尺五寸，高三尺，厚五寸。經守道張思明、工部理事官噶巴、工部郎中王日藻等督造，亦未成。十七年巡撫張朝璘疏請停止。康熙十年奉造祭器等項。陶成，始分限解京。十九年九月，始奉燒造御器，差廣儲司郎中徐廷弼、主事李廷禧來鎮駐廠監督，悉罷向派饒屬夫役額徵。凡工匠物料，動支正項，銷算公帑，俱按工給值。陶成之器，每歲照限解京。二十二年二月差工部虞衡司郎中臧應選、筆帖式車爾德來廠代督，器日完善。其後漸罷。雍正六年復奉燒造，遣内務府官駐廠協理，以榷淮關使遥管廠事，政善工勤，陶器盛備。乾隆初協理仍内務人員。八年改屬九江關使總管，其内務協理如故。五十一年裁去駐廠協理官，命榷九江關使總理，歲巡視，以駐鎮饒州同知、景德巡檢司，共監造督運。今上御極以來，詔崇節儉，每年陶器需用無多，而陶工益裕矣。

附一、廠器歲解運數例：

《陶成紀事》載：廠器陶成，每年秋冬二季，雇覓船隻夫役，解送圓琢器皿六百餘桶。歲例盤、盌、鍾、碟等上色圓器，由一、二寸口面，以至二、三尺口面者，一萬六七千件，其選落之次色，尚有六七千件，一并裝桶解京，以備賞用。其瓶、罍、罇、彝等上色琢器，由三、四寸高，以至三、四尺高大者，亦歲例二千餘件，尚有選落次色二、三千件不等，一并裝桶解京，以備賞用。

附二、廠給工食人役：

九江關總管事一名，九江關幕。

内檔房書辦二名。

選瓷房總頭目一名，

副總頭一名，在關辦事。

頭目(七)〔十〕名，一名長住，其餘十日一輪上宿。

玉作二名，帖寫一名，畫樣一名，圓器頭一名，雕削頭一名，青花頭一名，滿窑一名，守坯房一名，挑夫一名，聽差一名，買辦一名，把門一名。

以上二十(八)〔六〕名，計工給食。其餘工作頭目雇倩，俱給工價，於九江關道款内開報。

鎮器原起

景德器　仿於元，即北宋時鎮窑。

宋器　仿於明，即景德後之鎮窑。曾經内府發器樣，故又呼發宋器。

湘湖器　仿於唐窑，本宋之湘湖市窑。

湖田窑　仿於明，即元之近鎮窑。

洪器　仿於唐窑，本明之洪武廠器。

永樂器　仿於唐窑。

宣德器　仿於年窑。

成化器　仿於年窑。

正德器　仿於唐窑。

嘉靖器　仿於唐窑。

隆、萬器　仿於唐窑。以上皆明廠器。

歐器　亦仿於唐窑，即明宜興歐氏窑。

廣器　仿於唐窑，即廣之陽江瓷。

均器　仿於宋末，即宋初之禹州窑。

碎器　仿於元，即宋之吉州分窑。

紫金釉器　仿於明廠窑。

官古器　此鎮窑之最精者，統曰官古，式樣不一，始於明。選諸質料，精美細潤，一如廠官器，可充官用，故亦稱官。今之官古，有混水青者，有淡描青者，有兼仿古名窑釉者。若疑爲宋之汴、杭官窑，則誤。

假官古器　始於明，亦非仿宋汴、杭官窑，乃鎮瓷之貌爲精細，而假充官古式者。質料不及官古器，花式則同。有專造此種户，所謂充官古也。

上古器　始於明，鎮窑之次精者，統稱上古。質料工作頗佳。其曰古者，以時尚古器，非仿宋代器式。或曰，精細似過於景德窑。

中古器　明以來鎮窑，統曰中古，精而又次之器也。質料不及上古，故云中，其稱古，意則同前。

釉古器　此假中古器，近今所造，花式、釉色不異中古，而質胎不美。自有釉古器，而真中古遂貴。

常古器　鎮窑稍粗器也，統曰常古。質料工作無可品，但供日用之常。其以古稱，别乎飯冒等器，耳。釉古器户、常古器户，皆互兼造。

小古器　此鎮窑專造小圓器者，如琖、盃、碗、碟等類。質料工作如中古，較之常器，又高一籌，俗亦古之云爾。

飯器　鎮器最粗下者。厚實者質，拙略其工，統呼飯貨。人以渣冒等字目之。

子法器　有專作此器户，大小畢有，精粗各具，内兼梨式。所謂子式，上寬直(下而)(而下)鋭平。法式口微撇寬，折而下直。子式勢稍長，法式勢稍扁。

子梨器　今鎮子法器，有改子梨器者，大小精粗皆造。子即子式。所謂梨式，口平而勢圓，樣微似梨。又或兼磬式。

脱胎器　鎮窑專造此者，有半脱胎，極薄。有真脱胎，更如紙薄，爲最精美器。所謂脱胎，脱去胎質，純以釉成也。

填白器　此種器與脱胎，皆仿於明廠，工作亦分精粗。所謂填白，蓋純白器可填畫彩者。古作甜白，殆甜浄之意。

洋器　洋器專售外洋者，商多粤東人。販去與洋鬼子載市，式多奇巧，歲無定樣。

東青器　鎮窑專仿東青户，亦分精粗，有大小式。惟官古户兼造者尤佳。或訛冬青，或訛凍青，要其所仿釉色則一。

霽紅器　陶户能造霽紅者少，無專家，惟好官古户仿之。

霽青器　亦官古户兼仿造，鎮陶無專作霽青器者。得其精美，可推上品，俗與好霽紅並重。今訛作濟青。

龍泉器　鎮初有專造龍泉器户，今惟官古中仿之。碎器户亦仿龍泉釉。然無論專造兼仿，皆具精粗、大小、淺深色。

白定器　陶户專仿白定者，盌、碗、盃、碟等具外，又多小件玩器。精粗各在造户爲之。亦有青花。

汝器　鎮陶官古、大器等户，多仿汝窑釉色，其佳者俗亦以「雨過天青」呼之。

官窑器　自來有專仿户，今惟兼仿，碎器户亦造。若廠仿者，尤佳。

哥器　鎮無專仿者，惟碎器户兼造，遂充稱哥窑户。以前户能辨本原，今仿哥者，只照式仿造，究不知哥何由稱矣。

佚名撰《雜字・雜貨》　花椒大料，豆豉香乾。茴香右月，醬醋油鹽。粉皮鍋渣，豆腐白礬。豆芽豆瓣，麪觔口堿。沙塘冰糖，白蜜姜鮮。團粉南燭，黑絲錠烟。蒲城雜拌，葉子桃烟。橙絲桂花，大爉水烟。苧蔴胭脂，煤炭繩絃。錁子銀錠，燒紙元錢。千章金箔，冥夜經盤。高香盤香，紙馬炮鞭。菜油蝦醬，門神吊錢。松香蘇木，槐子橡椀。水膠魚鰾，紅土藍靛。桐油生漆，藤黄漳丹。銅緑赭石，土粉黄丹。硃砂雄黄，頃蔴立線。銼草砂布，顔色鮮妍。硫黄焰硝，桑皮棉連。草帋手紙，毛頭毛邊。金啓單帖，雙杪粉連。古折封套，紅稿公單。叚折白陸，八行扛連。表心佛表，砂箋爉箋。

佚名撰《雜字・冠冕》　冕旒紗帽，扎巾恨凶。僧帽道巾，回漢不同。朝冠品級，孔雀花翎。頂球頂托，亮藍亮紅。琿璖雀頂，呆白水晶。帽梁帽查，帽罩帽纓。頭扛二扛，線纓雨纓。帽檐帽帶，涼暖分清。狼皮騷鼠，小呢立絨。帽頭帽襯，骨種羊名。氈帽草帽，風帽斗篷。四閃京無，時樣新興。

徐鼒《讀書雜釋》卷一一《孟子・始作俑者》 《孟子》引孔子曰：「始作俑者，其無後乎！爲其象人而用之也。」趙注云：「俑，偶人也。」先儒無異説，獨羅苹《路史注》引韓愈曰：「俑當作踊。言刑繁則踊貴，踊象人足而用之。」鼒按：《孟子》此文與《檀弓》「孔子謂爲芻靈者善，謂爲俑者不仁」文義相同。又《文子・微明篇》云：「魯以俑人葬而孔子嘆，見其所始，即知其所終」。《淮南・繆稱訓》作「魯人以偶人葬而孔子嘆，見所始則知所終」。高誘注：「偶人，相人也。嘆其相人而用之。」正先儒承説有根據之言。其言象人者，《通典》八十六引《禮記》傳曰：「俑，偶人也。有面目，機發，似於生人。」《廣雅》引《埤蒼》云：「俑，木人送葬，設關而能跳踊，故名之。」正以踊跳爲義。安得以《左傳》「屨賤踊貴」改此文乎？昌黎通儒，亦爲此迂鄙之言，則甚矣。治經者之不可不博覽也。

《天津商會檔案彙編》上《天津勸工陳列所第四次招考工業簡章十五條光緒三十四年四月九日》 敬啓者：案照敝局勸工陳列所招考工業，自三十一年起歷經舉辦在案。兹擬於本年夏秋間舉行第四次考獎，所有外州縣各工業家，已由敝局札行轉飭遵照，其本埠各工商，擬懇臺端分别傳知，以便於招考限内將自製物品送所考驗，用特專函奉達，並附上招考簡章一百張，即希查照轉發爲盼。此布，祇請台安。

直隸省工藝總局

附上招考工業簡章一百張

天津勸工陳列所第四次招考工業簡章十五條

計開：

一、本所爲提倡工業起見，禀蒙督憲批準招考工業，業於三十一年、三十二年、三十三年舉行三次，考給奬牌，洵足以資觀感而昭激勸。兹擬於今年夏秋間復開第四次考獎，各工業家應在招考限内，自三月起，外州縣以五個月爲限，本埠以四個月爲限。將自製物品送所考驗，送到先給收條爲據。外埠願來投考者，或徑送本所，或由地方官轉送，均聽其便。

二、所有上三次投考各工業家，無論已取未取，今年仍可將新製物品送所投考。倘有進步，定仍給奬，以爲改良進步者勸。

三、凡送製品，必須標明名目、商標、價值、出品地以及製造人之姓名、年歲、籍貫、住址，並習業年數，如係出自公共之手，可只書字號與總理人之姓名。至價值均以折合洋元爲準。

四、本埠及外處各項工業，凡在限期之内送製品到所者，均得與考，各自比較，擇其精美者各定名次，出榜後發給奬牌，其未送製品到所或踰定限後始到者，物品雖優，概不得與此次之考。

五、發奬後，其所送製品任憑原主取回。倘有願將所製品寄陳者聽，如有願在本所寄售者，倘經售出，全價均歸本主，本所不取分文。

六、天津工業售品總所現設於北馬路老考工廠地方，專爲各工廠商店代售物品。倘有考得本所奬牌者，該工商盡可將製品送往寄售，不取分文，以示優異。

七、奬牌共分二類，以金銀二色别之。而二類中各分超、特、優三等。

八、考取之法共分五事，以百分爲額。

（一）考其製造之難易，作法之巧拙，裝璜之美惡，以四十分爲足額。

（二）考其成色之高低，價值之貴賤，參合比較，以物美價廉者爲上。物美而價不廉或價廉而物不美者次之，以三十分爲足額。

（三）考其利用之廣狹，以十分爲足額。

（四）考其利用所關之美惡，以與世俗人心或衛生上之最有利益者爲上，以十分爲足額。

（五）考其工人及該廠號之名譽道德並其辦法章程如何，以十分爲足額。

九、凡非獨出心裁創造新法新式及不能抵制洋貨、行銷外國，而積分如下者，給予銀色奬牌。

一積分由九十一至一百者給予超等；

一積分由八十一至九十者給予特等；

一積分由七十一至八十者給予優等。

十、凡積分如上而爲獨出心裁創造新法新式，或能抵制洋貨、行銷外國者，皆給予金色奬牌。

十一、凡製造人能自出心裁，成品精良，保守名譽，不染嗜好者，應遵農工商部奏定成例，禀請總局詳部，分别給予奬牌，以示鼓勵。領牌以後，如有敗壞公益，品行不端情事，查明立將奬牌撤銷。

十二、審查員由本所選派，其各行中亦可酌選公正明通者一二人作爲參證員，均書名於獎牌。

十三、每年考工一次，均編列次數。如第一次以至若干次，各將投考及給獎花名注簿，並録行各該地方官備案，以資保護。

十四、考取名次發榜宣示，並題名本所之優待室内，兼登報章以誌光榮。

十五、考取之名目分類如下：

(一)木製品類；
(二)五金製品類；
(三)絲綿毛麻製品類；
(四)草竹製品類；
(五)紙張及紙製品類；
(六)皮角牙製品類；
(七)玻璃製品類；
(八)教育品類；
(九)服飾品類；
(十)印刷品類；
(十一)油漆品類；
(十二)染色品類；
(十三)雕塑品類；
(十四)繪畫品類；
(十五)化學製造品類；
(十六)食物品類；
(十七)機械類；
(十八)照像類；
(十九)陶器類；
(二十)珐瑯鍍金類；
(二十一)雜品類。

天津勸工陳列所謹訂

直隸工藝總局爲照會事：

案查直隸工藝局之設，始於光緒二十九年九月，蒙升任督憲袁札委前署臬司周運司爲總辦，後復以敝道等相繼經理。計自開辦以來，迄已五易寒暑。其間如創辦之高等工業學堂、實習工場、勸工陳列所、教育品製造所、種植園、造紙廠、鐵工廠及北京第一、第二兩小學工場，或已稍收效果，或則尚待擴充，他如爲敝局所附設倡辦助辦各處所堂場公司，以及派員調查本省各省物産暨外洋游歷考察各事宜，類皆事由初創，具費經營。至於筆墨紛馳，文書往復，辦一事必有一事之案件，凡稟牘文移章規，以及條諭報告，積日既久，卷帙益繁。計非編纂成書，不足以徵實録。且敝局之設原以提倡工藝，振興實業爲宗旨。欲資同人之考證，尤賴篇帙之敷陳。此《直隸工藝志初編》之所由輯也。兹付官報局排印若干部，每部凡八卷，裝訂成册，除詳送並分别咨行外，相應檢同志書備文照會貴商會，請煩查收備覽。須至照會者。

計附送《直隸工藝志初編》一部(無)

右照會　天津商務總會

《天津商會檔案彙編》上《宋壽恒等爲天津造胰公司於光緒三十四年宣統元年連續增資至五萬元事稟津商會文光緒三十四年十一月二十四日至宣統元年十二月十日》

具稟股份有限天津造胰公司董事宋壽恒、嚴智怡、王錫瑜

稟爲續招股本、改易名稱，懇恩轉詳立案事：

竊董等於光緒三十一年九月稟蒙貴會轉詳商部註册在案。創辦數載已著成效，兹擬略加擴充，添加機器，並附辦各種化學物品，惟股本太少不足分布，議加股本洋銀一萬五千元，陸續招收，其機器先由董等墊款購置，以便早日工作。查農工商部公司註册章程，股本洋銀一萬元者，應繳納公費洋銀五十元，一萬元以上至二萬五千元者，每五千元加繳十元。董等創辦時股本係五千元，曾繳納公費五十元，今續招股本一萬五千元，前後合共股本二萬元，除前已繳納公費五十元外，遵章加繳公費銀二十元。又將公司名稱遵照商律改曰：「股份有限天津造胰公司」，因十字名稱未免過長，故將股份有限四字分列兩行，位於字號之上，以圖醒名，而便呼唤。

理合檢同續招股本，重訂章程，並註册費洋銀二十元，懇乞再行轉請農工商部註册局改發執照，轉咨直隸督憲札飭所屬俯賜保護，則感荷盛德無既矣。除徑稟直隸工藝總局外，爲此叩乞商務總會大人恩準轉詳，實爲公便。上稟。

附呈註册費二十元　重訂新章一份

附件：

股份有限天津造胰公司續招股本重訂新章節録

第一章　總綱

第一條　本公司原名天津造胰有限公司，今遵商律定名，改稱股份有限天津造胰公司。

第二條　本公司原係手工制胰，今添用機器，並附辦各種化學物品。

第二章　股分及利息

第七條　本公司舊集股本五千元，計百股，每股五十元。原爲試辦地步，今已成效卓著，並有特製洗濯黑胰一種，質美價廉，已蒙農工商部批準在天津專利五年。兹復添置機器，增聘技師，精製各種香胰及化學工藝各品，以圖事業擴充。現議添招新股一萬五千元，以五元爲一股，計三千股。其舊股一股，合新股十股。新舊股本合共二萬元。

第十三條　本公司股票限於中國人，如股票售與非中國人手，其股票作廢。

第十四條　本公司開創之初，曾荷直隸實習工場襄助一切，約以每年由餘利中提二十分之一，即百分之五。作爲報酬。

第十五條　本公司每年正月結帳一次，除付官利及各項開銷外，所有盈餘作爲百成，其分配之法如左：

甲、以五成報酬實習工場；

乙、以十成提作公積；

丙、以六成酬董事，四成酬查帳人，五成酬經理，五成酬技師，五成酬同人；同人分配之法，由董事同經理酌定。

丁、以六十成分配股東。

具稟股份有限天津造胰公司董事宋壽恒、嚴智怡、王錫瑜稟爲三次續股遵章納費並呈所製胰樣，懇恩轉詳立案事：

竊董等於光緒二十九年集股五千元試辦天津造胰公司，於光緒三十一年稟蒙貴會轉詳商部註册。創辦數載，頗著成效，故於光緒三十四年議加擴充，添用機器，精製上等香胰，擬加股本一萬五千元，陸續招集，當亦稟請貴會轉詳農工商部在案。刻公司所造上等香胰各種，頗爲社會所歡迎，且香胰製出之後，即擬添製它項化學物品，而二萬元之資本又不敷營運，刻續招之股業已踰額，擬再加股本三萬元，以備擴充，仍擬陸續招集，合共股本爲五萬元。按公司註册章程，一萬元以上至二萬五千元，每五千元加繳十元。二萬五千元以上至五十萬元，每萬元或不足一萬元均加繳三元。本公司前股本爲二萬元，今又續招三萬元，其五千元應按十元加繳，餘二萬五千元應按一萬元或不足一萬元以三元加繳，應繳九元，合計應共繳納公費洋十九元整。除遵章繳納外，並呈所製上等香胰各種及三次續股章程一紙，均請商務總會大人俯準轉詳，實爲公便。上稟。

《天津商會檔案彙編》上《天津臨記烟捲公司與上海華盛公司所訂獨家代銷合同光緒三十一年十月十五日》　立合同臨記烟捲公司　華盛公司

兹者：天津臨記烟捲公司自造出香烟四種：麒麟、福禄、飛鷹、燕牌，擬在南洋各處推廣銷路。今歸上海華盛公司獨家代銷，其一切利益章程開列於後：

一、臨記公司之烟，創自北洋天津，所以北省一帶臨記公司已早銷通，無庸華盛公司代銷，其一切利益與華盛不涉。惟南洋諸埠如江、浙兩省，均歸華盛經理。

一、華盛既是經理臨記公司銷貨之事，務應盡其銷貨之職任。兹同中友議定，按隨時所定之價麒麟牌、福禄牌、飛鷹牌三號照九五扣付價，惟燕牌照九扣付價核算。

一、華盛銷烟之價，無論何埠，如上一箱，其價須照臨記公司所定之價，不能高抬加價。蓋經理之職既得臨記公司之傭金，則不能再貨上加價出售，而致銷路滯膩，臨記公司受虧。如華盛加價售貨，臨記公司查出，以一罰百。

一、華盛若於銷烟上有用大項繳費數在十元以上者，須臨記公司商量妥洽，候臨記公司應允，方可使費，由臨記公司認出。

一、臨記公司係初在南洋創銷，其價現在應得格外克己，以廣招徠。日後市面增減，兩下應在一月前議定新價，通知各店鋪均可。

一、華盛須另覓妥保，與臨記公司保單另寫。

一、貨到申地，其價銀於每月底如數解付與臨記公司，不得遲誤。

一、貨價另定行情單子，以便隨時定價。

一、此係試辦合同，言定一年爲期。俟期滿應如何更換，臨時再議。如華盛經理得法，必須仍歸該號，倘辦理不善，準臨記公司另换他家代售，華盛不得阻擾。

一、臨記公司之烟既歸華盛獨家代售，如南洋各埠欲另向臨記公司購辦者，不能發賣，如違此律，臨記公司應得以一罰百。

一、以上所定各款，專指以上四牌號而言之，他樣牌號不在此合同之內，準其臨記公司在南洋另覓別家代售。恐口無憑，立此合同三張，臨記烟捲公司、華盛公司各執一紙，天津商務總會存儲一紙，以備將來更換存查。

此合同外有保單一紙，如華盛公司所欠臨記公司烟捲之價到期不付，惟保人承還。如合同作廢時，將保單繳回。

中友人閻筱山

立合同人楊臨齋　尹鶴林

商務總會章

光緒三十一年十月十五日　吉立

《天津商會檔案彙編》上《李鎮桐爲華勝燭皂公司續招股本十萬元改爲機器製造並請完正税一道以免重徵事致津商會文及農工商部批文光緒三十四年五月**九日》**

具禀天津華勝燭皂有限公司總理李鎮桐

禀爲續招資本，改爲機器製造，懇乞詳部批示立案，借資提倡事：

竊職商前於光緒三十二年七月間，創辦天津華勝燭皂有限公司，資本三千元，作爲試辦，曾蒙大會詳請農工商部批準註册，行知地方官妥爲保護在案。復於光緒三十三年正月間，以三千元資本不敷周轉，又續招資本三千元，前後計六千元，均已如數招齊，仍爲試辦。經理年餘，頗著成效。年終曾將前後情形禀明有案。惟職商創辦此項公司，其初心即以非機器製造不能抵制外貨，非厚集資本不能購置機器。而不由大處着手先從小處試辦者，因恐毫無把握輒尚鋪張，設一失着，損一己之名譽其害小，貽資本家以口實其害大，而影響於實業前途者更爲巨也。比來試辦有效，而一切製造及銷場亦皆略有把握，故於本年正月間開股東會議，僉以擴充辦理爲是。設無名望素著之仕紳維持而提倡之，亦恐難收速效。月餘以來，贊成者頗不乏人，當由職商擬訂簡章，秉承於暫代董事諸君簽字作準，先續招創辦股三萬四千元，普通股六萬元，與原有之六千元，計共資本十萬元。仍以十元爲一股，作爲一萬股。創辦股自奉到農工商部批示後，限兩個月如數招齊，即便購機建房，研究製造，預備來年正月出貨。普通股分期收集隨時附入，年終查看情形，再續招十萬元，以足二十萬元之數爲率。

再查天津税關，近年燭皂兩項洋貨進口數目，化妝品由六萬打以至七萬打；洗濯品由六萬箱以至七萬箱；燭品由萬五千箱以至二萬箱。而敝公司一經機器製造，所出成品較進口數目數倍不止。不僅足以供給直隸一省人民之需要，將來愈推愈廣，可以運銷中外。且直隸境內，此項機器製造燭皂公司係職商創始，幾歷艱苦，資本又巨。設奸商取巧，任意贋鼎，妒花風雨，蔽月雲烟，抵制之目的未達，充斥之隱憂堪虞，鷸蚌相争竟使漁夫得利，操戈同室必致兩敗俱傷，實業敗壞每坐於此。惟祈大會實力提倡，轉請農工商部援照京師丹鳳火柴公司及各省公司工場之成案，批準天津華勝機器製造燭皂有限公司，在直隸境内專辦二十年，他人不得續請，並請按照華英新約，貨品出廠，以值百抽五完納正税一道，無論運銷何處不得重征，概免各項捐税以勵創始而勸將來。所有續招資本，改爲機器製造，並請批準專辦年限及完納正税各緣由，理合繕具章程清折，呈請總會憲大人俯賜即詳農工商部，援案逐條批準。實業幸甚。

謹呈章程清折二扣

附件：

天津華勝機器製造燭皂有限公司續招股份簡章選録

第十八條　本公司擬暫推錢紹雲、楊敬林、王竹林、李子赫、寧星普、卞賡言、郭晴孫、王綸閣、王向葵、徐岩孫、李松樵、温支英、趙幼梅、卞耆卿、展香府、李澄浦、楊壽民、李子和、華菊垣、王伯益、劉穎叔、戴幼臣、王霖甫、蘇蔭卿、吴俊臣、張芷齡、魏松泉諸君代理董事局及查帳事宜。

農工商部批：

據禀暨簡章均悉。該公司擬續招股本，擴充辦理，自屬爲振興實業起見。惟請援照丹鳳火柴公司成案，在直隸境内專辦等情，查本部前奏準丹鳳火柴公司在京城界内專辦十年，以無他人禀辦在先，事關創始，因予以特别利益，借資提倡。該公司開辦在光緒三十二年七月，既有天津造胰公司宋壽恒禀辦於前，復有天津榮華胰皂公司張墨林禀辦於後，均先後經本部批準註册有案。是該公司製造燭皂，並非創始開辦者可比。所請援案專辦之處，礙難照準。至請按照華英新約完納正税概免重征一節，業據情咨行税務大臣酌核辦理。除將續繳註册經費另案核辦外，仰即轉飭遵照，此繳。

光緒三十四年五月二十三日到

農工商部批：

據禀稱華勝燭皂公司，以三千元資本不敷周轉，又續招股三千元，前後計六千元均已如數招齊，經理年餘頗著成效，本年正月間股東會議擴充辦理，簽字作準，先續招創辦股三萬四千元，普通股六萬元，與原有之六千元計共資本十萬元，應繳註册公費一百零四元，除已繳五十元外，尚應補繳公費五十四元，理合檢同續擬簡章並註册公費洋銀，呈請查覈立案註册等情前來。查該公司此次因續招股本，補繳公費五十四元，連前次已繳之數共一百零四元，核與十萬元註册部章相符，當經照收，並飭局補注備案。再給收單一紙，仰該商會轉交可也。此批。

附收單一紙

右批 天津商會總協理知悉

光緒三十四年六月初七日到

農工商部爲札復事：

接據呈稱轉據華勝燭皂有限公司總理李鎮桐禀稱：竊職商創辦天津華勝燭皂有限公司，請按照華英新約，貨品出廠以值百抽五完納正税一道，無論運銷何處不得重征，概免各項捐税等情。當經本部抄録原禀，咨行税務大臣核復去後，兹準復稱：查中英新約第八款第九節內載：機器仿造洋貨，須按光緒二十七年訂進口税則加倍完一出廠税值百抽十，不再征收各項税厘等語。以此款尚未實行，所有機器仿製洋貨，迭經總理衙門外務部核准，暫照值百抽五完一正税，此後無論運銷何處，沿途概免重征。今華勝公司擬集股購機仿造燭皂，請按華英新約值百抽五完納正税一道，無論運銷何處概免捐税，係屬誤會，自應仍照現行機器仿製洋貨完税辦法，準其先行立案，俟機器購齊，造貨運銷各處時，再行禀明本處，通行各關一體遵照辦理。將來中英新約第八款實行，仍應照第九節完一出廠税辦法，以歸一律。咨復查照飭遵等因前來。爲此札復，仰即轉飭該公司遵照可也。此札。

《天津商會檔案彙編》上《上海祥生燭皂總廠天津分廠洪德生開列産品成本單請援值百抽五成案納税文光緒三十四年十月十五日》 具禀職商洪德生，浙江省寧波府人

禀爲檢呈奉準，援案抽五，廠貨估請察驗批示，並懇轉咨天津海關道憲存案，俾便出口通銷，而興商業事：

竊職商援案在上海、天津等處，創設仿照洋式製造燭皂兩項一廠，取名祥生，業經禀蒙上海商務總會呈由農工商部咨行税務處核准，援照成案，值百抽五，例在第一關征税一道，給單出口通行，沿途概免重征在案。

上海祥生總廠早已開設，今職商於天津東新街地方，開設祥生燭皂分廠。現在廠貨先有虎牌燭造成，理應遵即將此項燭檢出，核計工料，估定成本，開列清單，匯呈總理大人，請飭察驗，准予批示，並懇轉請天津海關道憲存案，俾職商以後即可隨時遣伙報關照估，完税出口通行，暢銷無阻，從此我華商業日見興旺，皆出自總理大人之所賜也，感何可言。除粘估本清單一紙，並外附虎牌燭樣十封外，專肅具禀，伏祈照準施行，實爲公便。上禀。

計粘呈清單一紙

謹將天津祥生分廠造燭工料成本，估計數目，繕開清單，粘呈台鑒。

計開：

十五兩虎牌燭，每封六枝，估計工料成本行平銀八分，每箱二十五封，共計工料成本行平銀二兩。

十二兩虎牌燭，每封六枝，估計工料成本行平銀六分三厘二毫，每箱二十五封，共計工料成本行平銀一兩五錢八分。

九兩虎牌燭，每封六枝，估計工料成本行平銀四分八厘，每箱二十五封，共計工料成本行平銀一兩二錢。

八枝虎牌燭，每封八枝，估計工料成本行平銀五分五厘，每箱二十四封，共計工料成本行平銀一兩三錢二分。

六枝虎牌燭，每封六枝，估計工料成本行平銀五分，每箱二十四封，共計工料成本行平銀一兩二錢。

津海關道蔡紹基批：

如禀備案，並候抄折函致新鈔兩關税司暨咨會天津厘捐局查照，此繳。

清折燭樣存。 十月二十二日

《天津商會檔案彙編》上《職商伊廷璽等集銀三萬兩開辦北洋火柴公司請註册立案文並部批宣統元年二月十九日》 具禀職商伊廷璽 年四十五歲 住天津城西

禀爲創制火柴公司，懇請轉詳註册事：

竊查天津爲通商巨埠，人烟稠密，四通八達，而火柴一物，乃民間日所必需，每年外洋進口行銷我國者甚夥，實爲絕大漏卮。

職糾合同志，湊集股本銀三萬兩，專造火柴，銷售內地，以擴充中國工藝，挽回利權爲宗旨。業於上年冬間，禀明工藝總局，又由天津董事會承租芥園以東空地，作爲製造之所，名曰北洋天津火柴公司，刻已庀材鳩工，落成有日。遵照商律章程，懇請貴會轉詳註册，以便早日開辦。

今將擬定註册條規，辦事簡章，股票式樣並註册費銀八十三兩，一并呈送查覈。所有懇請轉詳農工商部、直隸督憲立案各緣由，理合禀請商會憲臺大人，據情轉詳，實爲公便。上禀。

附呈股票式樣二紙　註册費銀八十三兩　註册條規辦事簡章清折二扣

具呈直隸省天津府天津縣芥園東北洋天津火柴有限公司

爲呈請註册事：

竊公司照章程内載，所應聲明各款，呈請註册，伏乞農工商部註册局查覈施行。須至呈者。

計開：

一、本公司名號爲「北洋天津火柴有限公司」。

一、本公司乃有限公司，專造各種火柴。

一、本公司即以註册之年月日爲開辦之年月日。

一、本公司設在芥園以東，並無分處。

一、本公司股本，每股一百兩，統共銀三萬兩。

一、本公司股本一次交齊，並無零星等事。

一、本公司創辦人爲伊廷璽，查察者爲姜文選、石光斗，二人均天津人。伊廷璽住天津城北三道街，姜文選住天津東門内二道街，石光斗住天津北門西。

一、本公司遵照章程辦理，並無合同。

一、本公司條規章程一分。

一、本公司布告股東之法，一概通信。

謹將製造火柴有限公司簡章十八條録呈鑒核。節録。

計開：

一、北洋天津製造火柴有限公司。

二、製造火柴，行銷各處，以保守利源推廣中國工藝爲宗旨。

三、本公司已招足中國紳商三百股，每股銀一百兩，統共銀三萬兩。　款係一次交清，並無洋股東，現銀已存在殷實錢莊。【略】

八、本公司帳目每週年一結。除官利及一切開銷外，再有餘利，酌作一百五十分，衆股東提分六十分，總理十分，兼理八分，查察二人十六分，董事五人十六分，衆同人二十分，臨時應由總理、兼理酌洽，其餘二十分提存公積，以厚資本。

九、本公司舉伊廷璽爲總理，舉楊書田爲兼理。楊書田住天津城内武學後。

十、總理常川住在公司之内，擔任全部一切責任，每月薪水銀元三十元。

十一、兼理隨時到公司襄助管理公司全部一切事宜，每月薪水銀元二十元。

【略】

十五、董事。本公司以一千兩股分以上之股東舉爲董事。公舉羅文華爲正董事，紀巨汾、王成林、陳寶彝、姚光祖四人爲副董事。董事局至少以三人到會可以決議，倘不足三人當改期另議。

宣統元年二月　日　　創辦人　伊廷璽

農工商部批：

禀悉。職商伊廷璽集股銀三萬兩，承租天津芥園以東空地，創設北洋天津火柴有限公司，呈到註册規條簡章、股票式樣並公費銀八十三兩。查與定章尚無不合，自應准予註册給照。除咨飭保護外，合將執照、收單各一件發交該商會轉給具領可也。此批。

附執照、收單各一件。

右批天津商務總會總理王賢賓、協理寧世福知悉。

宣統元年閏二月初十日

雜録

《道德經》第一章　道可道，非常「道」；名可名，非常「名」。「無」，名天地之始；「有」，名萬物之母。故常「無」，欲以觀其妙；常「有」，欲以觀其徼。此兩者，同出而異名，同謂之玄。玄之又玄，衆妙之門。

吕不韋《吕氏春秋》卷五《仲夏紀・古樂》　帝嚳命咸黑作爲《聲歌》：《九招》、《六列》、《六英》。有倕作爲鼙、鼓、鐘、磬、吹苓、管、塤、篪、鞀、椎、鍾。帝嚳乃令人抃，或鼓鼙，擊鐘磬，吹苓，展管篪。因令鳳鳥、天翟舞之。帝嚳大喜，乃以康帝德。

帝堯立，乃命質爲樂。質乃效山林溪谷之音以歌，乃以麋輅置缶而鼓之，乃拊石擊石，以象上帝玉磬之音，以致舞百獸。瞽叟乃拌五弦之瑟，作以爲十五弦之瑟。命之曰《大章》，以祭上帝。

舜立，命延乃拌瞽叟之所爲瑟，益之八弦，以爲二十三弦之瑟。帝舜乃令質修《九招》、《六列》、《六英》，以明帝德。

呂不韋《呂氏春秋》卷一〇《孟冬紀・安死》 今有人於此，爲石銘置之壟上，曰：「此其中之物，具珠玉、玩好、財物、寶器甚多，不可不抇，抇之必大富，世世乘車食肉。」人必相與笑之，以爲大惑。世之厚葬也，有似於此。自古及今，未有不亡之國也；無不亡之國者，是無不抇之墓也。以耳目所聞見，齊、荆、燕嘗亡矣，宋、中山已亡矣，趙、魏、韓皆亡矣，其皆故國矣。自此以上者，亡國不可勝數，是故大墓無不抇也。而世皆争爲之，豈不悲哉？

《漢書》卷六八《霍光傳》 光薨，上及皇太后親臨光喪。太中大夫任宣與侍御史五人持節護喪事。中二千石治莫府冢上。賜金錢、繒絮，繡被百領，衣五十篋，璧珠璣玉衣，梓宫、便房、黄腸題湊各一具，樅木外臧椁十五具。東園温明，皆如乘輿制度。載光尸柩以輼輬車，黄屋左纛，發材官輕車北軍五校士軍陳至茂陵，以送其葬。謚曰宣成侯。發三河卒穿復土，起冢祠堂，置園邑三百家，長丞奉守如舊法。

徐天麟《西漢會要》卷二一《樂上・雜録》 嬖臣李延年以好音見。上善之，下公卿議，曰：「民間祠有鼓舞樂，今郊祀而無樂，豈稱乎？」公卿曰：「古者祠天地皆有樂，而神祇可得而禮。」或曰：「泰帝使素女鼓五十絃瑟，悲，帝禁不止，故破其瑟爲二十五絃。」於是塞南越，禱祠泰一、后土，始用樂舞。益召歌兒，作二十五絃及空侯瑟，自此起。《郊祀志》。

劉歆《西京雜記》卷一 漢帝送死皆珠襦玉匣。匣形如鎧甲，連以金縷。武帝匣上皆鏤爲蛟龍鸞鳳龜麟之象，世謂爲蛟龍玉匣。【略】

趙飛鷰爲皇后，其女弟在昭陽殿，遺飛鷰書曰：「今日嘉辰，貴姊懋膺洪册，謹上襚三十五條，以陳踴躍之心：金花紫輪帽，金花紫羅面衣，織成上襦，織成下裳，五色文綬，鴛鴦襦，鴛鴦被，鴛鴦褥，金錯繡襠，七寶綦履，五色文玉環，同心七寶釵，黄金步摇，合懽圓璫，琥珀枕，龜文枕，珊瑚玦，馬腦彄，雲母扇，孔雀扇，翠羽扇，九華扇，五明扇，雲母屏風，琉璃屏風，五層金博山香爐，迴風扇，椰葉席，同心梅，含枝李，青木香，沈木香，香螺卮，出南海，一名丹螺。九真雄麝香，七枝鐙。」

劉歆《西京雜記》卷二 漢諸陵寢，皆以竹爲簾，簾皆爲水紋及龍鳳之像。昭陽殿織珠爲簾，風至則鳴，如珩珮之聲。

劉歆《西京雜記》卷三 高祖初入咸陽宫，周行庫府，金玉珍寶，不可稱言。其尤驚異者，有青玉五枝燈，高七尺五寸。作蟠螭，以口銜燈，燈燃鱗甲皆動，煥炳若列星而盈室焉。復鑄銅人十二枚，坐皆高三尺，列在一筵上，琴筑笙竽，各有所執，皆綴花采，儼若生人。筵下有二銅管，上口高數尺，出筵後。其一管空，一管内有繩，大如指，使一人吹空管，一人紐繩，則衆樂皆作，與真樂不異焉。有琴長六尺，安十三絃，二十六徽，皆用七寶飾之，銘曰「璠璵之樂」。玉管長二尺三寸，二十六孔，吹之則見車馬山林，隱轔相次，吹息亦不復見，銘曰「昭華之琯」。有方鏡，廣四尺，高五尺九寸，表裏有明，人直來照之，影則倒見。以手捫心而來，則見腸胃五臟，歷然無硋。人有疾病在内，則掩心而照之，則知病之所在。又女子有邪心，則膽張心動。秦始皇常以照宫人，膽張心動者則殺之。高祖悉封閉以待項羽，羽併將以東，後不知所在。

劉歆《西京雜記》卷四 漢朝以玉爲虎子，以爲便器，使侍中執之，行幸以從。中書以武都紫泥爲璽室，加緑綈其上。

劉歆《西京雜記》卷五 趙后有寶琴，曰鳳凰，皆以金玉隱起爲龍鳳螭鸞、古賢列女之象。亦善爲《歸風》、《送遠》之操。

劉歆《西京雜記》卷六 廣川王去疾，好聚無賴少年，遊獵畢弋無度，國内冢藏，一皆發掘。余所知爰猛，説其大父爲廣川王中尉，每諫王不聽，病免歸家。説王所發掘冢墓不可勝數，其奇異者百數焉。爲余説十許事，今記之如左。

魏襄王冢，皆以文石爲椁，高八尺許，廣狹容四十人。以手捫椁，滑液如新。中有石牀、石屏風，宛然周正。不見棺柩明器蹤跡，但牀上有玉唾盂一枚，銅劒二枚。金玉雜具，皆如新物，王取服之。

哀王冢，以鐵灌其上，穿鑿三日乃開。有黄氣如霧，觸人鼻目，皆辛苦不可入。以兵守之，七日乃歇。初至一户，無扃鑰。石牀方四尺，牀上有石几，左右各三石人立侍，皆武冠帶劒。復入一户，石扉有關鑰，叩開，見棺柩，黑光照人，刀斫不入，燒鋸截之，乃漆雜兕革爲棺，厚數寸，累積十餘重，力不能開，乃止。復入一户，亦石扉，開鑰得石牀，方七尺。石屏風銅帳鐍一具，或在牀上，或在地下，似是帳麋朽，而銅鐍墜落牀上。石枕一枚，塵埃朏朏，甚高，似是衣服。牀左右石婦人各二十，悉皆立侍，或有執巾櫛鏡鑷之象，或有執盤奉食之形。無餘異物，但有鐵鏡數百枚。

魏王子且渠冢，甚淺狹，無棺柩，但有石牀，廣六尺，長一丈。石屏風，牀下悉是雲母。牀上兩屍，一男一女，皆年二十許，俱東首，裸卧無衣衾，肌膚顏色如生人，鬢髮齒爪亦如生人。王畏懼之，不敢侵近，還擁閉如舊焉。

袁盎冢，以瓦爲棺槨，器物都無，唯有銅鏡一枚。

晉靈公冢，甚瑰壯，四角皆以石爲貜犬捧燭，石人男女四十餘，皆立侍，棺器無復形兆，屍猶不壞，孔竅中皆有金玉。其餘器物皆朽爛不可别，唯玉蟾蜍一枚，大如拳，腹空，容五合水，光潤如新，王取以爲書滴。

幽王冢，甚高壯，羨門既開，皆是石堊，撥除丈餘深，乃得雲母，深尺餘，見百餘屍，蹤横相枕籍，皆不朽，唯一男子，餘皆女子，或坐或卧，亦猶有立者，衣服形色不異生人。

欒書冢，棺柩明器朽爛無餘。有一白狐，見人驚走，左右逐擊之，不能得，傷其左脚。其夕，王夢一丈夫，鬚眉盡白，來謂王曰：「何故傷吾左脚？」乃以杖叩王左脚。王覺，脚腫痛生瘡，至死不差。

佚名《漢武故事》 上於未央宫以銅作承露盤，仙人掌擎玉杯，以取雲表之露，擬和玉屑，服以求仙。【略】

帝拜欒大爲天道將軍，使著羽衣，立白茅上，授玉印；大亦羽衣，立白茅上受印；示不臣也。

欒大曰：「神尚清净。」上於是於宫外起神明殿九間。神室：鑄銅爲柱，黄金涂之，丈五圍，基高九尺，以赤玉爲陛，基上及户，悉以碧石，椽亦以金，刻玳瑁爲龍虎禽獸，以薄其上，狀如隱起，椽首皆作龍形，每龍首銜鈴流蘇懸之，鑄金如竹收狀以爲壁，白石脂爲泥，漬椒汁以和之，白密如脂，以火齊薄其上，扇屏悉以白琉璃作之，光照洞徹，以白珠爲簾，玳瑁押之，以象牙爲蔑，帷幕垂流蘇，以琉璃珠玉，明月夜光，雜錯天下珍寶爲甲帳，其次爲乙帳，甲以居神，乙以自御，俎案器服，皆以玉爲之，前庭植玉樹，植玉樹之法，葺珊瑚爲枝，以碧玉爲葉，花子或青或赤，悉以珠玉爲之，子皆空其中，小鈴槍槍有聲，甍標作金鳳皇，軒翥若飛狀，口銜流蘇，長十餘丈，下懸大鈴，庭中皆壓以文石，率以銅爲瓦，而淳漆其外，四門並如之，雖崑崙玄圃，不是過也。上恒齋其中，而神猶不至，於是設諸僞使鬼語作神命云：「應迎神，嚴裝入海。」上不敢去，東方朔乃言大之無狀，上亦發怒，收大，腰斬之。【略】

上於長安作蜚簾觀，於甘泉作延壽觀，高二十丈。又築通天臺於甘泉，去地百餘丈，望雲雨悉在其下。春至泰山，還作道山宫，以爲高靈館。又起建章宫爲千門萬户，其東鳳闕，高二十丈，其西唐中，廣數十里，其北太液池，池中有漸臺，高三十丈。池中又作三山，以象蓬萊、方丈、瀛洲，刻金石爲魚龍禽獸之屬，其南方有玉堂壁門大鳥之屬，玉堂基與未央前殿等去地十二丈，階陛咸以玉爲之，鑄銅鳳皇，高五丈，飾以黄金棲屋上。又作神明臺井幹樓，高五十餘丈，皆作懸閣輦道相屬焉。其後又爲酒池肉林，聚天下四方奇異鳥獸於其中，鳥獸能言能歌舞，或奇形異態，不可稱載。其旁别造奇華殿，四海夷狄器服珍寶充之，琉璃珠玉火浣布切玉刀，不可稱數。巨象大雀，師子駿馬，充塞苑厩，自古已來所未見者必備。又起明光宫，發燕趙美女二千人充之。率取年十五已上二十已下，滿四十者出嫁，掖庭令總其籍，時有死出者補之。凡諸宫美人，可有七八千。建章、未央、長樂三宫，皆輦道相屬，懸棟飛閣，不由徑路。常從行郡國，載之後車。與上同輦者十六人，員數恒使滿；皆自然美麗，不假粉白黛黑。侍衣軒者亦如之。上能三日不食，不能一時無婦人；善行導養術，故體常壯悦。其有孕者，拜爵爲容華，充侍衣之屬。【略】

始元二年，吏告民盗用乘輿御物，案其題，乃茂陵中明器也，民别買得。光疑葬日監官不謹，容致盗竊，乃收將作匠下繫長安獄考訊。居歲餘，鄴縣又有一人於市貨玉杯，吏疑其御物，欲捕之，因忽不見。縣送其器，又茂陵中物也。光自呼吏問之，説市人形貌如先帝。光於是默然，乃赦前所繫者。歲餘，上又見形謂陵令薛平曰：「吾雖失世，猶爲汝君，奈何令吏卒上吾山陵上磨刀劍乎？自今已後可禁之。」平頓首謝，忽然不見。因推問，陵旁果有方石，可以爲礪，吏卒常盗磨刀劍。霍光聞，欲斬陵下官，張安世諫曰：「神道茫昧，不宜爲法。」乃止。甘泉宫恒自然有鐘鼓聲，候者時見從官鹵簿似天子儀衛，自後轉稀，至宣帝世乃絶。

《三國志》卷一二《魏書・毛玠傳》 初，太祖平柳城，班所獲器物，特以素屏風素馮几賜玠，曰：「君有古人之風，故賜君古人之服。」玠居顯位，常布衣蔬食，撫育孤兄子甚篤，賞賜以振施貧族，家無所餘。

《三國志》卷四七《吴書・吴主傳》注引 《吴歷》曰：權以使聘魏，具上破備獲印綬及首級、所得土地，並表將吏功勤宜加爵賞之意。文帝報使，致鼲子裘、明光鎧、騑馬，又以素書所作《典論》及詩賦與權。

王嘉《拾遺記》卷七《魏》 帝以文車十乘迎之，車皆鏤金爲輪輞，丹畫其轂，軛前有雜寶爲龍鳳，銜百子鈴，鏘鏘和鳴，響於林野。駕青色之牛，日行三百里。此牛尸屠國所獻，足如馬蹄也。道側燒石葉之香，此石重疊，狀如雲母，其光氣辟惡厲之疾。此香腹題國所進也。靈芸未至京師數十里，膏燭之光，相續不滅，車徒咽路，塵起蔽於星月，時人謂爲「塵宵」。又築土爲臺，基高三十丈，列燭於臺下，名曰「燭臺」，遠望如列星之墜地。又於大道之傍一里一銅表，高五尺，以志里數。故行者歌曰：「青槐夾道多塵埃，龍樓鳳闕望崔嵬。清風細雨雜香來，土上出金火照臺。」此七字是妖辭也。爲銅表志里數於道側，是土上出金之義。以燭置臺下，則火在土下之義。漢火德王，魏土德王，火伏而土興，土上出金，是魏滅而晉興也。靈芸未至京師十里，帝乘雕玉之輦，以望車徒之盛，嗟曰：「昔者言『朝爲行雲，暮爲行雨』，今非雲非雨，非朝非暮。」改靈芸之名曰「夜來」，入宮後居寵愛。外國獻火珠龍鸞之釵。帝曰：「明珠翡翠尚不能勝，況乎龍鸞之重！」乃止不進。夜來妙於針工，雖處於深帷之内，不用燈燭之光，裁制立成。非夜來縫制，帝則不服。宮中號爲「針神」也。

酈道元《水經注》卷一〇《濁漳水》 魏武又以郡國之舊，引漳流自城西東入，逕銅雀臺下，伏流入城東注，謂之長明溝也。

渠水又南，逕止車門下。魏武封於鄴，爲北宮，宮有文昌殿。溝水南北夾道，枝流引灌，所在通溉，東出石竇堰下，注之隍水。故魏武《登臺賦》曰：「引長明，灌街里」，謂此渠也。石氏於文昌故殿處，造東、西太武二殿，於濟北穀城之山，采文石爲基，一基下五百武直宿衛。屈柱趺瓦，悉鑄銅爲之，金漆圖飾焉。又徙長安、洛陽銅人，置諸宮前，以華國也。

城之西北有三臺，皆因城爲之基，巍然崇舉，其高若山。建安十五年魏武所起，平坦略盡。《春秋古地》云：葵丘，地名，今鄴西三臺是也。謂臺已平，或更有見，意所未詳。

中曰銅雀臺，高十丈，有屋百餘間。臺成，命諸子登之，並使爲賦。陳思王下筆成章，美捷當時。亦魏武望奉常王叔治之處也。昔嚴才與其屬攻掖門，修聞變，車馬未至，便將官屬步至宮門。太祖在銅雀臺望見之，曰：彼來者必王叔治也。相國鍾繇曰：舊，京城有變，九卿各居其府，卿何來也？修曰：食其祿，焉避其難？居府雖舊，非赴難之義。時人以爲美談矣。石虎更增二丈，立一屋，連棟接榱，彌覆其上，盤回隔之，名曰命子窟。又於臺上起五層樓，高十五丈，去地二十七丈。又作銅雀於樓巔，舒翼若飛。南則金虎臺，高八丈，有屋百九間。北曰冰井臺，亦高八丈，有屋百四十五間。上有冰室，室有數井。井深十五丈，藏冰及石墨焉。石墨可書，又然之難盡，亦謂之石炭。又有粟窖及鹽窖，以備不虞。今窖上猶有石銘存焉。左思《魏都賦》曰：三臺列峙而崢嶸者也。

城有七門，南曰鳳陽門，中曰中陽門，次曰廣陽門，東曰建春門，北曰廣德門，次曰厩門，西曰金明門，一曰白門，鳳陽門。三臺洞開，高三十五丈。石氏作層觀架，其上置銅鳳，頭高一丈六尺。東城上，石氏立東明觀，觀上加金博山，謂之鏘天。北城上有齊斗樓，超出羣榭，孤高特立。其城東西七里，南北五里，飾表以磚，百步一樓。凡諸宮殿門臺隅雉，皆加觀榭，層甍反宇，飛檐拂雲，圖以丹青，色以輕素。當其全盛之時，去鄴六七十里，遠望苕亭，巍若仙居。

魏因漢祚，復都洛陽，以譙爲先人本國，許昌爲漢之所居，長安爲西京之遺迹，鄴爲王業之本基，故號五都也。今相州刺史及魏郡治。

崔鴻《十六國春秋》卷七六《蜀録一·李特》 更名其地爲巴郡。土有鹽、鐵、丹、漆之利。

《南史》卷一《宋本紀上》 上清簡寡欲，嚴整有法度，未嘗視珠玉輿馬之飾，後庭無紈綺絲竹之音。【略】財帛皆在外府，内無私藏。宋臺建，有司奏東西堂施局脚牀，金塗釘，上不許。使用直脚牀，釘用鐵。

《南史》卷五〇《劉之遴傳》 之遴好古愛奇，在荆州聚古器數十百種，有一器似甌可容一斛，上有金錯字，時人無能知者。又獻古器四種於東宮。其第一種，鏤銅鴟夷榼二枚，兩耳有銀鏤，銘云：「建平二年造。」其第二種，金銀錯鏤古鐏二枚，有篆銘云：「秦容成侯適楚之歲造。」其第三種，外國澡灌一口，有銘云：「元封二年，龜兹國獻。」其第四種，古製澡盤一枚，銘云：「初平二年造。」

《南史》卷五五《魚弘傳》 服翫車馬，皆窮一時之驚絕。有眠牀一張，皆是蹙柏，四面周帀，無一有異，通用銀鏤金花壽福兩重爲脚。

《宋書》卷一八《禮志五》 古者貴賤皆執笏，其有事則搢之於腰帶，所謂搢紳之士者，搢笏而垂紳帶也。紳垂三尺。笏者有事則書之，故常簪筆，今之白筆，是其遺象。三臺五省二品文官簪之。王公侯伯子男卿尹及武官不簪。加内侍位者，乃簪之。手板，則古笏矣。尚書令、僕射、尚書手板頭復有白筆，以紫皮裹之，名笏。朝服肩上有紫生袷囊，綴之朝服外，俗呼曰紫荷。或云漢代以盛奏事，負荷以行，未詳也。

劉義慶《幽明録》 漢武帝以玄豹白鳳膏磨青錫屑，以酥油和之爲燈，雖雨中燈不滅。

劉敬叔《異苑》卷二 晉康帝建元中，有漁父垂釣，得一金鎖。引鎖盡，見金牛，急挽出，牛斷，猶得鎖長二尺。【略】

晉義熙中，龐猗爲宜都太守。御人牧馬於野，見一銅鑪上焰帶鎖而行。持歸，以呈猗，遂檻盛，逸下荆州，無都北乃一作鬼忽風雨，有㕧聲，火光燭天，徑來趨船，失鑪所在。【略】

晉時錢塘浙江有樟林桁大船，每有乘者，輒漂瀁摇揚而不可禁。常鳴鼓錢塘江頭，凌浪如故，惟船吏章粤，能相制伏。及粤死，遂廢去。

朱銘盤《南朝齊會要・輿服・白虎幢》 白虎幢七丈五尺。（《南史・東昏紀》）

殷芸《殷芸小説》卷一《秦漢魏晉宋諸帝》 高祖初入咸陽宫，周行府庫，金玉珍寶，不可稱言。其尤驚異者，有青玉九枝燈，高七尺五寸，下作盤龍，以口銜燈，燈燃則鱗甲皆動，爛炳若列星而盈室焉。復鑄銅人十二枚，坐皆高三尺，列於一筵上，琴瑟笙竽，各有所執，皆點綴華彩，儼若生人。筵下有二銅管，上口高數尺，出筵後，其一管空，一管有繩，大如指，使一人吹管，一人約繩，則琴瑟笙竽等皆作，與真樂不殊。有琴長六尺，安十三弦，二十六徽，用七寶飾之，銘曰「璠璵之樂」。玉笛長二尺三寸，六孔，吹之，則見車馬山林，隱嶙相次；吹息，則不復見，銘曰「昭華之管」。有方鏡，廣四尺，高五尺九寸，表里有明，人直來照之，影則倒見，以手掩心而照之，則知病之所在，見腸胃五臟，歷然無礙。又女子有邪心，則膽張心動。始皇常以照宫人，膽張心動者則殺之。高祖悉封閉以待項羽。羽並將以東，後不知所在。【略】

武帝時，長安巧工丁緩者，爲恒滿燈，七龍五鳳，雜以芙蓉蓮藕之奇。又作卧褥香爐，一名被中香爐，本出房風，其法後絶，至緩始更爲之，機環運轉四周，而爐體常平，可致之被褥，故以爲名。又作九層博山香爐，鏤爲奇禽怪獸，窮諸靈異，皆能自然轉動。又作七輪扇，輪大皆徑尺，相連續，一人運之，則滿堂皆寒戰焉。

孫氏《瑞應圖》云：「神鼎者，文質精也。知吉凶，知存亡，能輕能重，能息能行，不灼自沸，不汲自盈，中生五味。昔黄帝作鼎，象太乙；禹治水，收天下美銅，以爲九鼎，象九州。王者興則出，衰則去。」

《説苑》云：「孝武時，汾陰人得寶鼎，獻之甘泉宫。羣臣畢賀，上壽曰：『陛下得周鼎。』侍中吾丘壽王曰：『非周鼎。』上召問之，曰：『羣臣皆謂周鼎，爾獨以爲非，何也？有説則生，無説則死。』壽王對曰：『臣安敢無説！臣聞周德者，始於后稷，成於文、武，顯於周公，德澤上暢於天，下漏於三泉，上天報應，鼎爲周出。今漢繼周，昭德顯行，六合和同，至陛下之身而踰盛，天瑞並至。昔秦始皇親求鼎於彭城而不得，天昭有德，神寶自至。此天所以遺漢，乃漢鼎，非周鼎也。』上曰：『善！』」

魏文帝《典論》亦云：「墨子曰：『昔夏后啓使飛廉折金於郴山，以鑄鼎於昆吾，使翁難乙灼白若之龜。鼎成，四定而方，不灼自烹，不舉自藏，不遷自行。』」《拾遺録》云：「周末大亂，九鼎飛入天池。」《末世書論》云：「入泗水。」聲轉，謬焉。

漢武帝過李夫人，就取玉簪搔頭。自此後宫人搔頭皆用玉，玉價倍貴焉。又以象牙爲篦，賜李夫人。

武帝爲七寶床、雜寶案、厠寶屏風、列寶帳，設於桂宫，時人謂之四寶宫。

成帝設雲帳、雲幄、雲幕於甘泉宫紫殿，世謂之三雲殿。

漢成帝好蹵鞠，羣臣以蹵鞠勞體，非尊者所宜。帝曰：「朕好之，可擇似此而不勞者奏之。」劉向奏彈棋以獻。帝大悦，賜之青羔裘、紫絲履，服以朝覲。或言始於魏文帝宫人妝奩之戲，帝爲之特妙，能用手巾角拂之。有人自言能，令試之，以葛巾低頭拂之，更妙於帝。

漢帝及侯王送死，皆用珠襦玉匣。

《舊唐書》卷一七上《敬宗紀》 （長慶四年）九月丙午朔。丁未，波斯大商李蘇沙進沉香亭子材，拾遺李漢諫云：「沉香爲亭子，不異瑶臺、瓊室。」上怒，優容之。

冬十月辛丑，吐蕃貢犛牛、鑄成銀犀牛羊鹿各一。

《全唐詩》卷五武則天《從駕幸少林寺》 陪鑾游禁苑，侍賞出蘭闈。雲偃攢峰蓋，霞低插浪旂。日宫疏澗户，月殿啓岩扉。金輪轉金地，香閣曳香衣。鐸吟輕吹發，幡摇薄霧霏。昔遇焚芝火，山紅連野飛。花臺無半影，蓮塔有全輝。實賴能仁力，攸資善世威。慈緣興福緒，於此罄歸依。風枝不可静，泣血竟何追。

《全唐文》卷二六三李邕《嵩岳寺碑》 凡人以塔廟者，敬田也，執於有爲；禪寂者，慧門也，得於無物：今之作者，居然異乎！至若智常不生，妙用不動，心滅法滅，性空色空，喻是化城，竟非住處。所以平等之觀，一洗於有無；自在之心，大通於權實。導師假其方便，法雨任其根莖，流水盡納於海壖，聚沙俱成於佛道：大矣廣矣，不可得而談也。

嵩岳寺者，後魏孝明帝之離宫也。正光元年，牓閑居寺，廣大佛刹，殫極國財。濟濟僧徒，彌七百衆；落落堂宇，踰一千間。藩戚近臣，逝將依止；碩德圓戒，作爲宗師。及後周不祥，正法無緒，宣皇悔禍，道葉中興，明詔兩京，光復二所，議以此寺爲觀，古塔爲壇。八部扶持，一時靈變，物將未可，事故獲全。隋開皇五年，隸僧三百人，仁壽一載，改題嵩岳寺，又度僧一百五十人。逮豺狼恣睢，龍象凋落，天宫墜構，劫火潛燒，唯寺主明藏等八人，莫敢爲尸，不暇匡補。且王充西拒，蟻聚洛師。文武東遷，鳳翔岩邑，風承羽檄，先應義旗，輓粟供軍，悉心事主。及傳奕進計以元嵩爲師，凡曰僧坊，盡爲除削，獨兹寶地，尤見褒崇，實典殊科，明賴洊及，不依廢省，有録勛庸，特賜田碾四所。代有都維那惠果等，勤宣法要，大壯經行，追思前人，仿佛舊貫。

十五層塔者，後魏之所立也。發地四鋪而聳，陵空八相而圓，方丈十二，户牖數百，加之六代禪祖，同示法牙，重寶妙莊，就成偉麗：豈徒帝力，固以化開。其東七佛殿者，亦曩時之鳳陽殿也。其西定光佛堂者，瑞像之戾止。昔有石像，故現應身，浮於河，達於洛，離京轂也。萬輩延請，天柱不回，惟此寺也，一僧香花，日輪俄轉。其南古塔者，隋仁壽二年置舍利於羣岳，以撫天下，兹爲極焉。其始也，亭亭孤興，規制一絶；今兹也，岩岩對出，形影雙美。後有無量壽殿者，諸師禮懺誦念之場也，則天太后護送鎮國金銅像置焉。今知福利所資，演成其廣：珠幡寶帳，當陽之鋪有三；金絡花鬘，備物之儀不一，皆光滿秋月，色陵渥丹。窮海懸之，國工得天人之神妙：逍遥樓者，魏主之所構也。引流插竹，上激登樓，菱鏡漾於玉池，金虬飛於布水。食堂前古鐵鐘者，重千斤，函二十石，正光年中寺僧之所造也。

昔兵戎孔殷，寇攘偕作，私邑竊而爲寶，公府論而作仇。後有都維那惠登，發夕通夢，遲明獨往，以一己之力，抗分衆之徒，轉戰而行，踰晷而至：雖神靈役鬼，風雨移山，莫之捷也。西方禪院者，魏八極殿之餘趾也。時有遠禪師，坐必居山，行不出俗，四國是仰，百福攸歸，明準帝庸，光啓象設。南有輔山者，古之靈臺也。中宗孝和皇帝詔於其頂，追爲大通秀禪師造十三級浮圖，及有提靈廟，極地之峻，因山之雄，華夷聞傳，時序瞻仰。每至獻春仲月，諱日齋辰，雁陣長空，雲臨層嶺，委鬱貞柏，掩映天榆。迢進寶階，騰乘星閣。作禮者便登師子，圍繞者更攝蜂王。其所由焉，所以然矣。

若不以達摩菩薩傳法於可，可付於璨，璨受於信，信恣於忍，忍遺於秀，秀鍾於今和上寂：皆宴坐林間，福潤寓内。其枕倚也，陰陽所啓，居四岳之宗；其津梁也，密意所傳，稱十方之首：莫不佛前受記，法中出家，湛然觀心，了然見性。學無學，自有證明；因非因，本來清浄。開頓漸者，欲依其根；設戒律者，將攝乎亂：然後微妙之義，深入一如；廣大之功，遍滿三界。則知和雅所訓，皆荷法乘；慈悲所加，盡爲佛子。是以無言之教，響之若山；不舍之檀，列之如市。則有和上侄寺主堅意者，憑信之力，統僧之綱，崇現前之因，鳩最後之施，相與上座崇泰、都維那曇慶等，至矣廣矣，經之營之。身田底平，福河流注，今昔紛擾，雜事夥多。是以功累四朝，法崇七代，感化可以函靈應，緣起所以廣元河。故得尊容赫曦，光聯日月，厦屋宏敞，勢蹙山川。回向有足度四生，鎮重有足安萬國，豈伊一丘一壑之異，一水一石之奇，禪林玲瓏，曾深隱見，祥河皎潔，丹蕿澄明而已哉？咸以爲表於代者，業以成形；藏於密者，法亦無相，非文曷以陳大略？非石曷以示將來？乃命道奂禪師，千里求蒙，一言書事。專精每極，臨紙屢空。愧迷津之未悟，期法主之可通。其詞曰：

西域傳，耆闍山，世尊成道於其間；南部洲，嵩岳寺，達摩傳法於兹地。天之柱，帝之宫，赫奕奕兮飛九空；禪之門，覺之徑，密微微兮通衆聖。鎮四國，定有力；開十方，慧有光。立豐碑之隱隱，表大福之穰穰。

《全唐文》卷六八八符載《蘄州新城門頌並序》 城於防，《春秋》書之，重時也。城於蘄，輿人誦之，美功也。何可謂之功？曰余得言之矣。大唐庚辰歲秋九月，岳鄂觀察使御史中丞鄭公前牧於蘄春，始佩銅虎符。是年冬十一月，蔡人不虔，天子詔諸侯之師誅破之。我有疆場，與人腹背，慮禍甚劇，爲虞落然，民大愁恐，若寇暴至。是邦也，夙昔無事，人傲慢，垂百餘祀，城隍不張，頹墉壞堞，僅爲平野。

公乃度舊址，量客土，備畚鍤，嘯丁壯，勃焉而興。於是謹刀布以索力，考鼛鼓以蕩氣，嚴進退以設令，立師伍以程課，烝徒雷呼，萬錘星飛，誅惰聳勞，間無留時。凡甲子五癸，即崒然城成矣。墉高三雉，門容兩轍，周回一千八百四十步，門臺睥睨，霞艴雲截，如崇山斷岸，邈不可向，議金湯者，我居首焉。

日者嗣曹王臯討希烈之叛，於此嘗具板幹，作爲坯築，役徒巨億，經費稱是，樹而復潰，卒無能名。風俗耉老以爲蛟螭靈怪，蟠窟固護，使人不見其績也。公躬自省視，循理辨物，心禱且計，輔之至誠，遂用堅緻。

嗚呼！蘄城，楚舊封也，疆淮蔡，邇申息，地當隘束，實生攻奪。若向時敵者驅鐵衣，出穆陵，襲我無備，摇脛而至，即江淮之南，吾見其波動矣。然俾夫大藩倚其固，屬郡抱其勢，千里士庶，高枕而卧，寇不致萌彎弓捻矢之意者，新城之謂也。繇是大君聽民間威聲聞望，以公有文武上才，秉心塞淵，可以防方隅，可以握權貴，故拔自倅牧，雄居盛府。山川幢蓋，皆舊物也，寄任之重，敻無其鄰。夫賢爲世出，績因時達，微新城，吾見公之力才事業，其堙鬱不揚乎？鯫生作頌，頌以示後。辭曰：

庚辰之歲，鶉首有彗，人用五兵。維彼蘄下，疆及風馬，實啓戎情。在昔無虞，蔑其闉闍，埤堞頹傾。我公作守，恢拓荒舊，乃新其城。百堵言言，四阿孱顔，矗如雲平。扼衡據會，寇不敢過，生人休戚。維兹盛烈，遭時而發，鴻振芳名。我有貞石，不追不琢，孰聞風聲。是用作頌，冀兹不朽，與日永明。

李肇《唐國史補》卷中　越僧靈澈，得蓮花漏于廬山，傳江西觀察使韋丹。初，惠遠以山中不知更漏，乃取銅葉製器，狀如蓮花，置盆水之上，底孔漏水，半之則沈，每晝夜十二沈，爲行道之節，雖冬夏短長，雲陰月黑，亦無差也。

李肇《唐國史補》卷下　揚州舊貢江心鏡，五月五日揚子江中所鑄也。或言無有百鍊者，或至六七十鍊則已，易破難成，往往有自鳴者。

慧立、彦悰《大慈恩寺三藏法師傳》卷九　〔顯慶元年〕夏四月八日，帝書碑并匠鐫訖，將欲送寺，法師慙荷聖慈，不敢空然待送，乃率慈恩徒衆及京城僧尼，各營幢蓋、寶帳、旛華，共至芳林門迎。敕又遣太常九部樂，長安、萬年二縣音聲共送。幢最卑者上出雲霓，旛極短者猶摩霄漢，凡三百餘事，音聲車千餘乘。至七日暝集城西安福門街。其夜雨。八日，路不堪行，敕遣且停，仍迎法師入内。至十日，天景晴麗，敕遣依前陳設。十四日旦，方乃引發，幢旛等次第陳列，從芳林門至慈恩寺，三十里間爛然盈滿。帝登安福門樓望之甚悦，京都士女觀者百餘萬人。至十五日，度僧七人，設二千僧齋，陳九部樂等於佛殿前，日晚方散。至十六日，法師又與徒衆詣朝堂陳謝碑至寺。表曰：

沙門玄奘等言。今月十四日，伏奉敕旨，送御書大慈恩寺碑，並設九部樂供養。堯日分照，先增慧炬之暉；舜海通波，更足法流之廣。豐碣巖峙，天文景燭，狀彩霞之映靈山，疑縟宿之臨仙嶠。凡在緇素，電激雲奔，瞻奉驚躍，得未曾有。竊以八卦垂文，六爻發繫，觀鳥製法，泣麟敷典，聖人能事，畢見於兹，將以軌物垂範，隨時立訓，陶鑄生靈，抑揚風烈。然則秦皇刻石，獨昭美於封禪；魏后刊碑，徒紀功於大饗。猶稱題目，高視百王，豈若親紆叡藻，俯門仙翰。金奏發韻，銀鉤絢迹，探龍宫而駕三玄，軼鳳篆而窮八體，揚春波而騁思，渧秋露以標奇。弘一乘之妙理，讃六度之幽賾，化總三千之域，聲騰百億之外。奈苑微言，假天詞而更顯；竹林開士，託神筆而彌尊。固使梵志歸心，截疑綱而祇訓，波旬革慮，偃邪山而徇道。豈止塵門之士始悟迷方，滯夢之賓行超苦際。像教東漸，年垂六百，弘闡之盛，未若於兹。至如漢明通感，尚咨謀於傅毅，吴主歸宗，猶考疑於闞澤。自斯以降，無足稱者，隨緣化物，獨推昭運，爲善必應，克峻昌基，若金輪之王神功不測，同寶冠之帝休祚方永。玄奘等謬忝朝恩，幸登玄肆，屬慈雲重布，法鼓再揚，三明之化既隆，八正之門長闢，而顧非貞懇，虚蒙奬導，仰層旻而荷澤，俯浚谷以懷慙。無任竦戴之誠，謹詣闕陳謝以聞。

碑至，有司於佛殿前東南角別造碑屋安之。其舍複拱重櫨，雲楣綺棟，金華下照，寶鐸上暉，仙掌露盤，一同靈塔。帝善楷、隸、草、行，尤精飛白。其碑作行書，又用飛白勢作「顯慶元年」四字，並窮神妙。觀者日數千人，文武三品以上表乞摸打，許之。自結繩息用，文字代興，二篆形殊，楷、草勢異，懸鍼垂露，雲氣偃波，銘石章程，八分行隸，古人互有短長，不能兼美。至如漢元稱善史書，魏武工於草、行，鍾繇閑於三體，王仲妙於八分，劉劭、張弘發譽於飛白，伯英、子玉流名於草聖。唯中郎、右軍稍兼衆美，亦不能盡也。故韋文休見二王書曰：「二王自可稱能，未是知書」也。若其天鋒秀拔，頵鬱遒健，該古賢之衆體，盡先哲之多能，爲豪翰之陽春、文字之寡和者，信歸之於我皇矣。

孟浩然《孟浩然詩集》卷二《同張明府清鏡嘆》　妾有盤龍鏡，清光常晝發。自從生塵埃，有若霧中月。愁來或取照，坐嘆生白髮。寄語邊塞人，如何久離別。

段成式《酉陽雜俎》卷六《器奇》　元和末，海陵夏侯乙，庭前生百合花，大於常數倍，異之。因發其下，得甓匣十三重，各匣一鏡，第七者光不蝕，照日光環一丈，其餘規銅而已。

王勃《王子安集》卷二《臨高臺》　臨高臺，高臺迢遞絶浮埃。瑶軒綺構何崔嵬，鸞歌鳳吹清且哀。俯瞰長安道，萋萋御溝草。斜對甘泉路，蒼蒼茂陵樹。高臺四望同，佳氣鬱葱葱。紫閣丹樓紛照曜，璧房錦殿相玲瓏。東迷長樂觀，西指未央宫。赤城映朝日，緑樹摇春風。旗亭百隊開新市，甲第千甍分戚里。朱輪翠蓋不勝春，疊榭層楹相對起。復有青樓大道中，綉户文窗雕綺櫳。錦衣晝不襞，羅幃夕未空。歌屏朝掩翠，妝鏡晚窺紅。爲君安寶髻，蛾眉罷花叢。塵間狹路黯將暮，雲間月色明如素。鴛鴦池上兩兩飛，鳳凰樓下雙雙度。物色正如此，佳期那不顧。銀鞍綉轂盛繁華，可憐今夜宿倡家。倡家少婦不須顰，東園桃李片時春。君看舊日高臺處，柏梁銅雀生黄塵。

蘇鶚《杜陽雜編》卷上　上崇奉釋氏，每春百品香，和銀粉以涂佛室。遇新羅國獻五彩氍毹，制度巧麗，亦冠絶一時。每方寸之内，即有歌舞伎樂、列國山川之象。忽微風入室，其上復有蜂蝶動摇，燕雀飛舞。俯而視之，莫辨真假。又獻萬佛山，可高一丈。因置山於佛室，以氍毹籍其地焉。萬佛山則雕沉檀珠玉以成之。其佛之形，大者或踰寸，小者七八分。其佛之首，有如黍米者，有如半菽者。其眉目口耳螺髻毫相無不悉具。而更鏤金玉水精爲幡蓋流蘇，菴羅薝蔔等樹，構百寶爲樓閣臺殿。其狀雖微，而勢若飛動。又前有行道僧徒，不啻千數。下有紫金鐘，徑闊三寸，上以龜口銜之。每擊其鐘，則行道之僧禮首至地，其中隱隱謂之梵音。蓋關戾在乎鐘也。其山雖以萬佛爲名，其數則不可勝紀。上因置九光扇於岩巘間，四月八日召兩衆僧徒入内道場禮萬佛山。是時觀者嘆非人工，及睹九色光於殿中，咸謂之佛光，即九光扇也。由是上令三藏僧不空念天竺密語於口而退。傳之於僧惟籍。【略】

元載末年，造蕓輝堂於私第。蕓輝，香草名也，出于闐國。其香潔白如玉，入土不朽爛，舂之爲屑，以涂其壁，故號蕓輝焉。而更構沉檀爲梁棟，飾金銀爲户牖，内設懸黎屏風、紫綃帳。其屏風本楊國忠之寶也。屏上刻前代美女伎樂之形，外以玳瑁水犀爲押，又絡以真珠瑟瑟，精巧之妙，殆非人工所及。紫綃帳得於南海溪洞之酋帥，即絞綃之類也。輕疏而薄，如無所礙。雖屬凝冬，而風不能入。盛夏則清凉自至。其色隱隱焉，忽不知其帳也，謂載卧内有紫氣。而服玩之奢僭，擬於帝王之家。

《全唐文補編》卷一三八佚名《莫高窟記》　右在州東南廿五里三危山上。秦建元年中，有沙門樂僔杖錫西游至此。遥禮其山，見金光如千佛之狀，遂架空鐫岩，大造龕像。次有法良禪師東來，多諸神異。復於僔師龕側，又造一龕。伽藍之建，肇於二僧。晉司空索靖題壁，號仙巖寺。

自兹以後，鐫造不絶，可有五百餘龕。又至延載二年，禪師靈隱共居士陰祖等造北大像，高一百卌尺。又開元年中，僧處彦與鄉人馬思忠等造南大像，高一百廿尺。開皇年中，僧善喜造講堂。

從初置窟至大曆三年戊申，即四百四年。又至今大唐庚午，即四百九十六年。時咸通六年正月十五記。

又佚名《張淮深造佛窟記》　再出龍城之外，騰雲嘉氣，遍滿山川。鼓樂弦歌，共奏簫韶之曲。才拜貂蟬之秩，續加曳履之榮。五稔三遷，增封萬户。寵遇祖先之上，威加大漠之中。亞夫未比於當年，忠勇有同於紀信。六州萬里，風化大開。懸魚兼去獸之歌，合浦致見珠之咏。西戎北狄，不呼而自歸；南域吐渾，擢雄風而請誓。此乃公之長策之所致乎！

時屬有故，華土不寧。公乃以河西襟帶，戎漢交馳。謀静六蕃，以爲軍勢。若乃隍中輯晏，劫虜失狼顧之心；渭水便橋，庶無登樓之患。軍食豐泰，不憂寇攘。此乃公之德政，其在斯焉。加以河西異族交雜，羌龍、嗢末、退渾數十萬衆。馳城奉質，願效軍鋒。四時通欵塞之文，八節繼野人之獻。不勢振旅，軍無□竈之傜；偃甲休戈，但有接飛之象。此乃公之威感，人皆具瞻。時因景泰，五稼豐登。深募良緣，克誠建福。宕泉金地，方擬鐫龕。公乃海量宏博，胸納百川。洞賾（擇）幽微，不爲兒戲。遂於北大像之北，欲建龍龕。以山峻崔嵬，有妨鐫鑿。遍問諸下，無敢枝梧。公乃喟然嘆曰：移山覆海，其非聖人乎？哥舒决海，貳師劈山，吾當效焉。

即日興工，横開山面，公以虔誠注意，上感天神。前驅滄海之龍，後擁雨師之卒。黄雲四合，盤旋宕谷之中；掣電明光，直上碧岩之上。才當夜半，地吼鰲聲。未及晨鷄，山摧一面。谷風凛烈，蕩石吹沙。猛獸奔竄於嵾岑，飛鳥搏空而戢翼。須臾隕石，大若盤陁。積壘堆阜於東，終截斷澗。流於西渚，既平嵽嵲，然後施工。攢鐵鎚以扣石，架鋼鑿以傍通。日往月來，俄成廣室。連雲聳出，不異鷲嶺之峰；峭狀烟霞，有似育王之室；門當峗崿，鑿成香積之宫。再换星霜，化出蓬萊之傾；金樓玉序，徘徊多奉璧之仙；靉靆祥雲，每睹瓊瑶之什；班輪妙盡，構天匠以濟功；紫殿龍軒，對鳳樓而青翠；釋迦金象，趺寶坐以垂衣；少分玉豪，想延王之初教；疑從刀利，下降人間。

八部奉寶蓋之珍，四王獻純陁之供。暉光赫奕，玉步金連。侍從龍天，悉周旋而邈塑。裝間衆人，盡瞻依體。挂仰六殊，疑聞四諦。龕内諸壁，圖繢真容。或則浄居方丈，芥納須彌；或則九會華嚴，化出百千之界；或則擊珠貧子，乘諭三車；或乃流水濟魚，共贊醫王之妙。楞伽山上，萃百億之神仙；如意寶珠，溥施羣生於有截。十二上願，定國安人。能隨喜於所求，必鑒心於至信。大悲慈氏，誕聖迹於儴伽；佉鷄山足，間捧舍蘭而作禮；寶臺指嘆，致羣迷於一如；無去無來，導有緣於五蓋；西宫極樂，池多菡萏之蓮；寶馬蘗臺，共贊本生之曲。文殊助化，鉢下降龍。大聖普賢，來自上王之國；勸持勸發，能堅護念之心；誓伏魔恐，直止無依之地；四王帝主，奉以瓊花。梵釋之天，來供妙果。虚空側塞，梵響玲玲。螺見凝空，珊瑚玉葉。階鋪異錦，滿砌紅蓮。百和旃檀，氛氲寶室。龕内丹雘，盡用真沙。駱驛長安，駕兹寶貨。家財撒施，工價兼多。慶窟設齋數千人供，慶僧薦福，已報國恩。散絲緉與工人，用酬勞苦。巍巍乎，大矣哉，勝司斯畢，功將就焉。

夫人潁川郡君陳氏。柔容美德，淑行兼仁。閨門處治理之心，撫下施貞明之愛。居尊不棄於蠶桑，在貴不忘於(下缺)亦受寵光，花箋出降於(下缺)虔誠奉托，共建蓮宫。遠(下缺)延暉、次延禮、次延興、次延嗣、次(下缺)稱龍駒。學通九部之書，更(下缺)堪柱石。他年捧鉞永德(下缺)繼擒龍之族。宗人燉煌釋門(下缺)三年之内。實效驅馳，成吾(下缺)。

《敦煌社會經濟文獻真蹟釋録》第三輯《辛未年（公元九一一年）正月六日沙州浄土寺沙彌善勝領得曆》 辛未年正月六日，沙彌善勝於前都師慈恩手上，現領得函櫃鐺鏉椀楪氈褥門户鏁鑰，一一詣實，抄録如後：拾碩櫃壹口，像鼻屈鉞並全。在李上座。柒頭櫃壹口並像鼻全。針線櫃壹口，像鼻屈鉞並全。在李老宿房。又拾伍碩新櫃壹口，像鼻屈鉞並全。叁拾碩陸脚櫃壹口。貳拾碩櫃一口。貳拾碩盛麵櫃壹口屈鉞。兩碩櫃子一口。索闍梨兩碩故櫃子壹口。大經藏壹。次經藏壹。在中院堂。小經藏子壹。在氾闍梨房。卧像幄帳子壹。大伯文經案壹。小伯文經案壹。故經案壹。無屬經案壹。在李上座。經架壹。曲伎壹。如意杖壹。漆香奩壹。方香印壹。團香印壹。木香寶子壹。金油木師子壹。石師子叁對内壹雙石銀油。骨崙坐小經架子壹。浴佛槐子壹。盛幡傘大長函壹。盛佛衣櫃子壹。盛頭冠函子壹。盛帳函子壹。盛文書函肆。在李上座。踏隔子肆片，内叁個在南院，壹片在中院。嚴師子大隔子。在衆堂。家部隔子壹。高脚子隔子壹片。亦在南院。新隔子壹。在保護。方隔子貳。在中院。魚肚隔子壹。在紹戒。牙脚大新火爐壹。故小火爐壹。安架壹。大床新舊計捌張。索闍梨施大床壹張。新六脚大床壹張。方食床壹張。新牙床壹。新踏床壹。故踏床壹。又故踏床壹，無當頭。肆尺小踏床子壹。畫油行像床子柒箇。新方床子壹。納官。捌尺牙盤壹。陸尺牙盤壹。朱神德新牙盤子壹。又故牙盤壹。無屬牙盤壹。小方牙盤壹。高脚佛盤壹。八角聖僧盤壹。新競盤壹。在李上座。故競盤壹。團盤壹。石欸律鉢競盤壹。李君君競盤壹。兩碩赤盆壹。兩碩破盆壹。在梁。叁㪷列盆壹。肆㪷新盆壹。大案板壹。故桉板壹。立食模壹。在紹戒。㪷壹具並槩。勝方壹。半勝壹。抄子壹。接子壹。士心秤壹量，並石錐鐵鈎。破黑槐子壹。木鉢壹。青剛鞍兀壹副。笿箸壹。簸箕壹。又簸箕壹在寶嚴。車壹乘並釧鍊並全。大木杓壹。小杓子壹。梧桐轂壹雙。鍾壹口。大鑊壹口。柒㪷鑊子壹欠壹耳。捌㪷釜壹口。在梁。伍㪷新釜壹口。破釜羣壹。又破釜羣壹。叁㪷煮油鐺壹口，欠壹耳。貳㪷煮油鐺壹口，欠壹耳。貳尺面傚壹，有列。叁㪷新銅鍋壹口。伍㪷銅盆壹雙。捌勝銅灌壹。李君君柒勝鐺子壹，石興興伍勝鐺子壹。在李上座。鐵鉢壹。熟銅盞壹。鏁叁具並鑰匙壹具全。小鏁子壹並鑰匙全。破鐺鏉弱鐵壹拾肆斤。銅君遲壹。在吴判官。銅香爐兩柄。大銅鈴壹。小銅鈴子壹。在信因。金銅蓮花兩枝並壹坐。好生鐵拾肆斤。幡杆龍頭壹。鐵鏶伍個。勒爐子壹並釧鍊。磁茶瓶貳。琉璃瓶子壹。鑾頭壹。在史陰。鏁腔壹。在氾吴。切刀壹具。銅爪濾壹。銅注瓶壹。盛油瓷肆口，内壹無屬量油灌頭。乾盛瓮貳。樫圖子大小肆。索闍梨施瓷瓮大小拾叁。氈毯大小叁。新裏胸衣氍毹壹。小食氍毹壹。新漆椀壹。在神會。銅佛印壹。大緋花氈壹領。故緋花氊壹領。大青花氈兩領。緋繡氈壹領。土褐花氈壹領。白氈兩碩。桃花氈壹領。新大桃花氈壹領。陜桃花氈壹領。白氈條壹。五色褥壹條。袂納氈條玖個。新漢搟白氈兩領。又新漢搟白氈兩領，内壹領緩與住住、壹領緩花氈。陰家五色花氈壹領。史家新白氈壹領。住住氈體白氈壹領。又新白氈壹領。在孫寺主。細毛持氈壹領。地衣壹。聖僧褥子貳，内壹個細緤裏。

大捌碩褐袋壹口。在神會。朱神德陸碩褐袋壹口。古黄布柒條壹。

見得花樏子廿五個。欠一個。黑樏子壹拾捌個。花盤子伍個。黑盤子伍個。楪子捌個。又得黑樏子壹。赤裏椀子柒個。見領得麥貳拾碩肆㪷。見領得粟叁拾柒碩壹㪷伍勝。見得黄麻壹拾貳碩陸㪷。見得豆拾玖碩伍㪷。黑豆壹碩叁㪷伍勝。麵柒碩捌㪷。見得油玖㪷伍勝。見得查貳拾貳餅。見布貳伯揃拾揃尺。麻壹伯肆拾肆束。門户内外好弱大小粗細新舊都計陸個。

《敦煌社會經濟文獻真蹟釋録》第三輯《庚子年（公元九四〇或一〇〇〇年）後某寺交割常住什物點檢曆》　□九日徒衆齊坐交割寺主法□香奩鈴鈴鐺鍋鏉銅罐

蓮花大床踏床什物等並分付與後寺主僧教通抄録謹具如後。

供養具　新造鍮石蓮花貳和並座具全，計大小揃拾肆葉。摩睺羅共荷葉肆事，内叁葉並鈿子壹，欠在寺主保惠，又兩葉欠在寺主明戒，又壹葉欠在寺主明信。新造鍮石金渡香爐壹柄，内有裂，並師子座具全。新木香奩壹。銅香爐壹柄，又銅香爐兩柄，内壹柄在索僧正，内壹柄在幸僧正索判官，内壹柄在保珎。舊木奩壹，在幸索僧正索判官。銅鈴伍，内壹在庫索僧正，其鈴入庫欠鐸内壹在保珎，内壹在其鈴却付與庫内，却付會陰法律惠弁，内壹在庫，内壹在行像櫃。木悉羅壹，在庫。新花盤子貳，鏡角漆楪子壹，在行像櫃。《大佛名》壹部，在經藏。新舊大悲絹像貳，大文殊新像壹，大繡像壹，漢畫地藏菩薩像壹，又絹畫像子壹，又銅香爐壹，香奩□並經桉銅鈴壹，在經藏上。又沙子脚經桉壹，在下藏。從漢畫地藏菩薩並劉僧正施入。仙童貳，板畫地藏菩薩壹，大佛屏風拾貳扇，小屏風子肆扇，大經桉壹，在後殿。小經桉貳，在庫。又經桉貳，内壹在惠弁，内壹在石中井。握帳伍，又徐法律握帳貳，内壹在法律惠興，並在寺内。大床叁，内壹在索僧正，内壹在庫，又内壹在員戒。又黄畫香奩壹，又銅鈸壹副，内有裂，並帶具全。銅水瓶貳，内壹虫嚙，壹在庫。銅磬壹，内有裂。漢摩睺羅貳。聖僧貳，壹在庫，壹在塔子。大握帳壹，在後殿。大經床壹，大牙床壹，在後殿。又經床肆條。

銅鐵器　銅鑊壹，底有裂。柒㪷釜子，破，在庫。銅罐壹，底破。陸㪷方耳鐺壹，内兩行伍㪷鐵鍋壹口，底有裂，在寺主定昌善清。薄鐵鏉壹，重肆斤。柒㪷方耳鐺壹，内有裂。陸㪷銅盆壹，在官馬院。羊印壹，在樋，庫門鐵鏁壹副並鑰匙具全。煮油鐺壹口，在庫。伍升鐺子壹口，在庫。新大鑄鏉貳，在庫，内壹有裂。王慶住折債鐺壹，在庫，破。小索僧正鐺子壹口，破，見在。又鐺子壹口，破□□□定昌二人相壹和並籤面鉀壹領，通計陸伯肆拾玖葉。又大床壹，在惠索僧正。花鏡盤壹，在庫。又花鏡盤壹，欠在寺主教珎。又鏡盤壹，欠在法超。又李僧正花鏡盤壹，在庫。又李僧正花櫃子壹，在惠索僧正，故小索僧正花櫃子壹，並鏁具全，在庫。大合盤壹副，又張午子折債新花合盤壹副。紅錦褥貳於曹庫官施入。

氈褥　伍色新花氈壹領，梁户宋員達折債入。又伍色新花氈柒領，内叁領故破；内壹領欠在寺主法興。白氈叁條，内壹條欠在□内方氈壹領寺主戒會。又白方氈兩領，欠在寺主戒會。青圓黑氈兩條。白繡氈壹領。紅繡氈壹領，内有鹿肆箇。聖僧坐花氈子壹領。漢擀白方氈伍領，内壹領欠在寺主明藏，又兩領欠在寺主法興，又壹領從拽磑來，故張法律將去。于闐氈褥壹條。方漢褥貳。氍毹褥貳。又氾鐵奴折債新花褥壹領。又娘子于闐花氈壹領。又錦褥覾白方氈兩領。又李都頭施入聖僧小胡錦褥子壹。白方氈肆領，欠在寺主保惠。又白方氈壹領，欠在寺主員會。白氈壹條，欠在寺主明信、教珎二人。白方氈伍領，欠在寺主保藏。又新白方氈壹條，欠在惠索僧正。又氈壹條，欠在寺主明信。又新白方氈叁領。又新白方氈條貳拾壹條，内壹條欠在寺主法清，内壹條欠在寺主法林。白銀椀壹枚，重揃兩半。荇僧正鏁壹副並鑰匙具全，在般若藏。又候糟頭大鏁壹副，並鑰匙具全，在雜藏。又鄧懸令鏁壹副並鑰匙具全，在花嚴藏。鏁壹副，並（後缺）

《敦煌社會經濟文獻真蹟釋録》第三輯《庚申年（公元九六〇年）七月十五日于闐公主捨施紙布花樹台子等曆》　庚申年七月十五日，于闐公主新建官造花樹新花樹陸，内壹是瓶盞樹。又新布樹壹，又舊瓶盞樹壹，又布樹壹，紙樹壹，新花葉壹伯陸拾柒葉，又舊花柒拾玖葉，新鏡花肆，舊鏡花陸，新緑葉壹拾揃，舊緑葉叁，紫台子壹拾壹，紅台子壹拾壹，青台子壹拾叁，又新五色台子叁拾揃，又舊五色台子貳拾柒，磨睺羅壹拾，瓶子揃拾肆。（鳥印）

《舊五代史》卷三八《唐書·明宗紀》（天成二年十二月）遣飛勝指揮使於契丹，賜契丹王錦綺、銀器等，兼賜其母繡被纓絡。

杜光庭《録異記》卷六《洞》　長安富平縣北定陵後通關鄉，入谷二十餘里，有二洞：一名東女學，一名西女學。其東女學崖壁懸絶，洞門在崖面，躋攀不及，夜往往聞讀書之聲。其西女學，約山有路，可到洞門，近門有一石室，可容一二十人。其洞門時有人，秉燭可入，行一二十里，兩面有五門，皆各有題記，或通蓬萊及諸仙境。近年有石摧下，遮閉洞門，不通人入。又山頂有一天井，直下深二丈許，有自然横石旁出，石下天井亦可二丈餘，可通人。過其底，旁有崖龕，梯磴而上，屈曲甚廣。龕内有道經數萬卷，皆置於柏木板床之上。有一石人，俛首憑案而坐，形如生人。天井之底，有道門所投之簡，委積朽爛，不知其數。其大順年中，富平奉道人姓徐第七，曾於洞内取《養生經》出外傳寫，却送山洞中。又向北行二十餘里，有三泉山，谷中有石嵌，可容三二百人。當谷内有三石盆，其盆各廣丈餘，制度光滑，迨非人工。三盆涌出泉水常滿，餘水流出山外。古老云，時有仙人浴此盆。大都此山有人觸犯，即立致雷雹，損傷苗稼。由是鄉里多隱避踪迹，難於尋訪。山上有仙人斗聖，踪迹極多。東女學山前有神雕一窠，常護洞門，人或侵犯者，神雕擊之，立致殞斃。古有道流，刻五石人致於山上，民有鋤禾者，爲雕所驚走，避於石人之下，置笠於石人頭上，雕即擊之，石人頭殞，於今見在其山下。通關鄉多姓公孫，賈家山上石保村多姓閻氏、麻氏。

繁陽山麻姑洞，即二十四化之第一陽平之别名也。在繁水之陽，因以爲名。《本際經》云「天師張道陵所游，太上説經之處，在成都府新都縣南。渡江十五里，衆山連接，孤峰特起」是也。神武皇帝潛龍之時，光化二年己未五月四日丙申，山土摧落，洞門自開。縣吏時康鄉、所由楊靖、道士張守真等以事申府，云自洞門開後，每日有百姓往來者。府差縣典楊澤、畫工任從與張守真同往檢覆，畫圖申上，稱：把燈燭入洞看檢，其第一門對北高二尺，闊三尺五寸。入至第二門，約五尺已來，第二洞門方一尺六寸，入内並是黑處，長一丈二尺，闊六尺。有石窟兩處，在東畔。並西南有洞門兩路。南畔一路，圓闊一尺六寸，入内長一丈二尺，闊一丈，高四尺。南畔有石窟三處，西畔兩路入内通繞門，圓闊一丈七尺，内各闊五尺、高六尺已來。門相去二丈，門屋一所，高五尺，闊四尺。從内往來，有刻科栱瓴瓦，約山作石日月，兼作日字月字。隔子房一所，闊二尺五寸，高一尺五寸，刻科栱瓴瓦。石竈一所，高一尺，闊一尺五寸，門闊五寸。石窟三處，各闊七尺。又西入洞門，圓闊一尺七寸，彎曲入向南門，屋一所，高六尺，闊四尺，從内來往，有石科栱瓴瓦。又有竈模兩所，共一床，高一尺，闊二尺三寸。門闊八尺，有石科栱。西北角又有一門，方一尺六寸，内方二丈已來。南畔、西畔、北畔各窟一所。南角又有一洞，圓闊一尺六寸已來，將燈燭近前，有黑氣出，燈火即滅，更入不得。其洞連接繁陽本山，相去三里已來。其山據諸鄉帳生張贇等狀稱：繁陽是古迹山，每準敕祭祀，其洞亦是元有，往往閉塞。元和中南康王韋皋莅蜀，洞忽開，時人咸云：洞門開，即年豐物賤。尋又閉塞。至是復開，其後果遠近豐稔。其洞本名麻姑洞，山側有麻姑宅基，蓋修道之所也。

開州後倚盛山，東枕清江，溯江而北三十餘里，至温湯井。井有湯泉。北山上麟德年因雷雨震霹，山脚摧裂，洞門自開。當門有石鐘，自然成形，如數千斤鐘大，懸身去地二尺許，外像鐘而中實，扣之無聲。門兩壁有石如金剛力士之形者數人。鐘旁有小徑，高六尺已來，有二三丈稍闊，有石碑，巨龜負之，自然而成，但無文字而已。碑側有巨屏，上與鼎相連，下有一穴，側身可入，一二尺許，自是廣闊。中有路徑，平坦與常無異。路之左右滴乳爲石，羅列衆形，龍麟、鸞鶴、頽雲、巍山，如林如柱，似動似躍，乍飛乍顧，千形萬態，不可殫紀。僅一里許，傍聳蓮臺，周回數步，高三四丈，層綴重疊，皆可攀躋。旋生乳石，如臂、如指者，以燭照之，通透瑩徹，隨折脆斷。及出洞門外，得風皆爲白石矣。自臺側三四十步，步有蓮花，羅布於地。旁有甘泉，水色温白。游洞者烹茗於此。前有横溪，湍波甚急，其聲喧汹，流出洞外。溪上有橋長二三丈，闊一丈許，非石非土，功甚宏壯。過橋得黄土坡，高四五丈，道徑險滑，行者累息，方至其頂。坡上有巨堂，四壁平静，中高數丈，壁上皆有游山之人題記年月處。堂之極處曲角有一穴，高四五尺，廣三四尺，去下丈餘，躋攀莫及。相傳云，昔有游人攀緣而入，累月之後，出於巫山洞中，自後無復敢入者。

岐府西隴州路七十餘里有魚龍洞，中有石，或大或小，隨水流出，破而看之，石中皆有魚龍形。人過洞前，並不敢語。語者便聞風雷之聲立致，驚懼奔走；但諸人不聞耳。

綿州昌明縣豆圖山，真人豆子明修道之所也。西接長崗，猶通車馬；東臨峭壁，陡絶一隅。自西壁至東峰，石笋如圖，兩崖中斷，相去百餘丈，躋攀險絶，人所不到。其頂有天尊古宫，不知所製年月。古仙曾笮繩橋以通登覽，而絚笮朽絶，已積歲年。里中有言曰：「欲知修續者，脚下自生毛。」如此相傳久矣。咸通中有道士毛意歡，山下居人，幼而爲道，常持《五千言》，誦不輟口。著弊布褐日於市誦經，乞酒醉而登山。攀緣峭險，以絶道爲橋焉。山頂多白松樹，以繩繫之，横亘中頂，布板椽於繩上，士女善者隨而度焉。行及其半，動摇將墮，而其底不測，莫敢俯視。數年，繩朽橋壞，無復緝者。咸通壬辰歲，與賓客醮山，於西峰展禮。時毛師他游，人有謂令曰：「此峰之側有小徑抱崖，才通人迹，無所攀援。意歡常游此而去，踰旬而出。」令疑其隱在穴中，座内有廣陵郭頭陀者，令請由此徑而往探求之。頭陀久之，驚眙不能語，而後言曰：「此徑去約三十餘丈，然到一穴口，才三五尺。下去平地猶數百尺，穴内可坐十餘人，中有巨木櫃，緘鎖極固。意歡讀經處石面平滑，有足膝之痕，而經卷在焉。不知意歡所之。」其家有一妻一女而已，疑其得道者也。意歡每多持燈碗度繩橋，山側居人視之，以爲常矣。山多毒蛇猛虎，里中人莫敢獨往，意歡夜歸，亦無所畏焉。常有二鴉，有客將至，鴉必飛鳴，意歡整飾賓階坐榻未畢，客果至矣。

壬子歲七月十三日，青城鬼城山因滯雨崖崩，暴水大至，在丈人觀後，高百餘丈。殿當其下，將憂催壞。俄有墜石如岸，堰水向東，竟免漂陷。觀中常汲溪水以供日食，甚以爲勞。自此暴水出處，常有流泉直注厨內，其味甘香，冬夏不絶。

東柱，西柱。金州之北，乾元之南，六十餘里，地名東柱、西柱，衆山連接，峰巒秀異，鄉人云，有山自南而來，其北有巨石而柱，山穿柱過，因以爲名。又東有數峰，峭拔，一峰最高，云是蒲仙上升之所。蒲仙山下側近崖上及溪澗中有石版篆文，凡六七處，人多不識，往往亦可尋見。

焰陽洞，古老相傳在陵州陽山之上，從來隱蔽，人莫知處。乾德三年辛巳正月十六日癸卯，井監使、保義軍使、太保馬全章中夜夢一人，紫衣束帶，巍冠古服，狀若道流，揖之俱行。至崖壁所，告之曰：「此焰陽洞也，閉塞多年，能開發護持，可以福利邦國。」又指其地近開小徑，亦可斷之，勿使常人踐踏。言訖而去。及旦，全章往尋其所，果見土勢微陷，以杖導之，深不可測。即令本軍節級侯廣之勾當人夫劚掘，漸獲踪由。相次開掘，見三重石門，其内並是細砂，一無蟲蟻他物。其洞自東入西，深三丈九尺，闊五尺三寸，其洞完全是石。洞門第一重高六尺，闊五尺二寸；第二重門高五尺五寸，闊三尺七寸；第三重門高四尺七寸，闊三尺五寸。第三重門内從頂至底一向高六尺一寸，其門三重，相去各只三四尺，鐫鑿精巧，迨非人功。第三重門内南畔石房闊七尺四寸，高四尺八寸，深四尺二寸。其後别有一小洞，元有一片石遮掩其門，旁通一縫，以燈燭照之，深不知其底。北畔石房深四尺二寸，闊七尺三寸，高五尺。其房内有石床一所。西畔小石房深二尺，闊三尺五寸，高三尺一寸。西北畔石床長三尺八寸，闊二尺八寸；西北畔石竈模長二尺三寸，門額闊七寸，竈深八寸，周圍三尺五寸。從洞門向東一直至鹽井面，相去四十一丈八尺。洞門面正東。全章召得當井監天師院主内大德道士費省真顧問，云：「天師院見有元和年刺史李正卿著《天師聖德碑》云：『張天師以東漢建安二年自沛游蜀，占乾爲分野，見陽山氣象，指門弟子曰：此山直下有鹹泉焉。』今驗此洞，正當井上，即是焰陽洞也。」

王仁裕《開元天寶遺事》卷上《自暖杯》　内庫有一酒杯，青色而有紋如亂絲，其薄如紙，於杯足上有縷金字，名曰自暖杯。上令取酒注之，温温然有氣相次如沸湯，遂收於内藏。

陶穀《清異録》卷下《裝飾門·臙脂暈品》　僖、昭時，都下倡家競事妝唇，婦女以此分妍否。其點注之工，名字差繁，其略有：胭脂暈品，石榴嬌，大紅春，小紅春，嫩吳香，半邊嬌，萬金紅，聖檀心，露珠兒，内家圓，天宫巧，洛兒殷，淡紅心，腥腥暈，小朱龍，格雙，唐媚花，奴樣子。【略】

陶穀《清異録》卷下《器具門·十二時盤》　唐内庫有一盤，色正黄，圜三尺，四周有物象。元和中偶用之，覺逐時物象變更，且如辰時花草間皆戲龍，轉巳則爲蛇，轉午則成馬矣。因號十二時盤。流傳及朱梁猶在。

李昉等《太平御覽》卷七六六《雜物部一·膠》　《周禮》曰：凡相膠，欲朱色而昔。昔也者，深瑕而澤紾而摶廉。摶，圜也。廉瑕，嚴利也。鹿膠青白，馬膠赤白，牛膠火赤，鼠膠黑，魚膠餌，犀膠黄。皆謂煮用其皮，或用角也。

《禮》曰：脂膠丹漆，無或不良，監工日號，無作淫巧，以蕩上心。《史記》曰：趙奢死，藺相如病篤，使廉頗攻秦，秦敗趙軍。秦之間言曰：「秦之所惡，獨畏趙奢之子趙括爲將耳。」趙王因以括代廉頗，相如曰：「王以名而使括，若膠柱而鼓瑟耳。括徒能讀父書傳，不知合變也。」趙王不聽，遂將之。

《漢書》曰：鼂錯上書曰：「欲兵威者，始於折膠。」秋至，膠可折，弓弩可用，匈奴可以出軍。

謝承《後漢書》曰：雷義與陳重爲交。鄉人爲之語曰：「膠漆雖堅，不如雷與陳。」

《帝王世紀》曰：昭王濟漢，船人惡之，以膠船進王，中流膠舡解，王没于水。

《中洲記》曰：鳳麟洲以鳳喙及麟角合煎作膠，名曰集弦膠，一名連金泥膠，青色如碧玉。漢武時，西王母使獻靈膠四兩，帝不知其妙，以付庫。帝幸上林苑射虎，而弩弦斷，使從駕因取一分膠，口濡以集弦射虎，而帝使武士對挽，終不脱。勝未集時。

《吕氏春秋》曰：桓公使人告魯曰：「管夷吾，寡人之讎也。願生得而親加手焉。」魯君許諾，乃使吏鞹其拳，膠其目，以革囊其手也。盛之以鴟夷，置之革車。

孔融《同歲論》曰：阿膠徑寸，不能止黄河之濁。

《本草經》曰：膠，一名鹿角膠。味甘平，治傷中勞絶腰痛瘦，補中益氣，婦人無子。

曹植《樂府歌》曰：膠漆至堅，浸之則離。皎皎素絲，隨染色移。君不我棄，讒人所爲。

李昉等《太平御覽》卷七六六《雜物部一・漆》 《書》曰：兖州厥貢漆絲，豫州厥貢漆枲。

《詩》曰：樹之榛栗椅桐梓漆。

《史記》曰：豫讓爲智伯報趙襄子，吞炭漆身。

又曰：秦二世立，又欲漆其城。優旃曰：「善。上雖無言，固將請之。漆城城滑蕩蕩，寇來不能上。欲就之易爲漆耳，難爲陰室。」於是二世笑而止。

《戰國策》曰：三晉分智氏，趙襄子怨智伯，漆其頭以爲飲器。

《漢書・殖貨志》曰：漆千大斗，亦比千乘之家。

范曄《後漢書》曰：樊重欲作器，先種漆，而鄉人笑之。積以歲月，皆得其用，向之笑者，皆取給焉。

《莊子》曰：山木自寇也，膏火自煎也。桂可食，故人伐之。漆可用，故人割之。人皆知有用之用，而莫知無用之用也。

《韓子》曰：舜作食器，斬山木而財之。削鋸循其迹，流漆墨其上，諸侯以爲益侈，國之不服者十三。

又曰：堯無膠漆之約於當世而道行。

《山海經》曰：英鞮之山其上多出漆。

《列仙傳》曰：丁次卿欲還峨眉山，語主人丁氏云：「當相爲作漆。」以罌十枚，盛水覆口，從次唾之，百日乃發，皆成漆也。

蕭廣濟《孝子傳》曰：申屠勳，字君遊，少失父，與母居。家貧傭力供養，作壽器用漆五六斛，十年乃成。

何晏《九州論》曰：平安好棗，中山好栗，真定好梨，共汲好漆。

《續述征記》曰：古之漆園在中牟，今猶生漆樹也。梁王時，莊周爲漆園吏則斯地。

《南越志》曰：綏寧白水山多漆樹，高十餘丈，刻漆常上樹端，雞鳴日出之始便刻之，則有所得。過此時陰氣淪，陽氣升，則無所獲也。凡刻漆，别有氏族以爲業，膺前緣木處，胼胝如人脚也。

沈括《夢溪筆談》卷一九《器用・透光鑒》 世有透光鑒，鑒背有銘文，凡二十字，字極古，莫能讀。以鑒承日光，則背文及二十字，皆透在屋壁上，了了分明。人有原其理，以謂鑄時薄處先冷，唯背文上差厚，後冷而銅縮多。文雖在背，而鑒面隱然有迹，所以於光中現。予觀之，理誠如是。然予家有三鑒，又見他家所藏，皆是一樣，文畫銘字無纖異者，形制甚古。唯此一樣光透，其他鑒雖至薄者皆莫能透。意古人别自有術。

沈括《夢溪筆談》卷二一《異事・古鏡》 予於譙亳得一古鏡，以手循之，當其中心，則摘然如灼龜之聲。人或曰：「此夾鏡也。」然夾不可鑄，須兩重合之。此鏡甚薄，略無焊迹，恐非可合也。就使焊之，則其聲當銑塞；今扣之，其聲泠然纖遠。既因抑按而響，剛銅當破，柔銅不能如此澄瑩洞徹。歷訪鏡工，皆罔然不測。

王讜《唐語林》卷六《補遺》 長慶中，京城婦人首飾，有以金碧珠翠；笄櫛步摇，無不具美，謂之「百不知」。婦人去眉，以丹紫三四横約於目上下，謂之「血暈粧」。

何薳《春渚紀聞》卷九《趙安定提研製》 《硯譜》稱唐人最重端溪石，每得一佳石，必梳而爲數板，用精鐵爲周郭。青州人作此，至有名家者，歷代寶□。余於崇寧間見安定郡王趙德麟丈所用一枚，作提研製。紹興四年，復拜公於錢塘涌金門賜第，出研案間，云：生平玩好，盡喪盗手。而此研常所受用，復外樣拙，貪者不取，得周旋至今。余亦撫之悵然也。近章伯深偶於錢塘鐵肆中得一枚，絶與趙類而非是也，求易余東坡所畫鵲竹而得之。工制堅密，今人不能爲也。

又《龍尾溪研不畏塵垢》 涵星研，龍尾溪石，「風」字樣。下有二足，琢之甚薄。先博士君得之於外侄黄材成伯。黄以嗜研，求爲婺源簿。既至，顧視一老硯工甚至。秩滿，而研工餞之百里，探懷出此研爲贐，且言：「明府三年之久，所收無此研也。」黄始責其不誠。工云：「凡臨縣者，孰不欲得佳研？每研必得珍石，則龍尾溪當泓爲鯨海不給也。此石歲采不過十數，幸善護之！」然研如常研，無甚佳者。但用之至灰埃垢積，經月不滌，而磨墨如新，此爲勝絶耳。先子性率不耐勤滌，得此用之終身云。莫養正爲之銘曰：「膚寸之珍，雲蒸霧出。小而有容，如摩詰室。老何肺腸，與之爲一。季子受之，周旋勿失。」

又《銅蟾自滴》 古銅蟾蜍，章申公研滴也。每注水滿中，置蜍研仄，不假人力而蜍口出泡，泡殞則滴水入研。已而復吐，腹空而止。米元章見而甚異之，求以古書博易，申公不許。後失之，或見之寶晉齋。申公之孫伯深云。

江少虞《宋朝事實類苑》卷五八《廣知博識・記里鼓》 《西京記》云：「記里鼓者，車上有二層，皆有木人，行一里，則下層擊鼓，行十里，上層擊鍾。其機法皆妙絶焉。」隋開皇九年平陳，得此車，唐得而用焉。金公亮重修此車。古制或云：「數，明抄本作「記」。里數也」，今皇朝蘇弼重修焉。

江少虞《宋朝事實類苑》卷六〇《風俗雜誌・日本扇》 熙寧末，余遊相國寺，見賣日本國扇者，琴漆柄，以鵶青紙厚「厚」字原作空格，據明抄本增。如餅，揲爲旋風扇。淡粉畫平遠山水，薄傅以五彩，近岸爲寒蘆衰蓼，鷗鷺佇立，景物如八九月間，艤小舟，漁人披蓑釣其上，天末隱隱有微雲飛鳥之狀。意思深遠，筆勢精妙，中國之善畫者，或不能也。索價絶高，余時苦貧，無以置之，每以爲恨。其後再訪都市，不復有矣。

程大昌《演繁露》卷一〇《籟》 莊周天地人皆言籟，《説文》曰：「三孔龠也。大者謂之笙，中者謂之籟，小者謂之箹。」

倪思《重明節館伴語録》 〔紹熙二年九月〕初六日早，思等與完顔兖等互相傳語萬福。同行馬赴朝見。出都亭驛，至嘉會門，思顧兖云：「連日陰雨，今早喜得稍霽。」兖云：「雲漸開。」思又顧兖云：「同簽庚甲多少？」兖云：「年四十二歲。」次至南宮門外，思等下馬，至南宮門内隔門裏，兖等下馬相揖訖，次入客省幕次。報班赴朝見訖，出殿各歸幕次。思等令通事請兖等同赴客省茶酒，兖等告各就幕，次供食，思等循例從之。供酒食畢，次報班赴垂拱殿茶酒訖，歸幕次對立，思顧兖等云：「朝見禮成，伏惟歡慶。」兖應喏。路伯達云：「極感台念。」昴顧兖等云：「朝見禮成，伏惟歡慶，侍宴良勞。」兖等應喏。次相揖，各於元下馬處上馬。同行出麗正門，近都亭驛，思顧兖云：「館中有所闕，望見諭。」兖云：「極感。」次至都亭驛中門裏，對立馬相揖，分位下馬。思等令通事轉送朝見所賜衣帶例物入位，承受劉信之等傳旨賜茶器，兖銀絲、竹絲茶匣各一副，伯達竹絲茶匣一副，荔枝圓、荔枝各二十斤。思等令通事傳語轉送入位，兖等起身祇受訖，云：「感皇帝恩。」次天使王師雄賜内中酒菓，兖等受賜訖。思等令通事請兖等以下過位排當，兖等告免，思等循例從之。次思等循例送兖等第一次私覿，各紫羅、纈羅、木綿、虔布各一十疋，龍團、鳳團茶各一斤。兖等令北引接傳語思等致謝受訖。次兖等回答思等第一次土物：各透皆五段、毛子二段、徐呂皮二張、鹿頂合兒一箇、面油二㮙、蓯蓉一斤、紅乾肉二脚，思等先辭而後循例受之，遣通事傳語致謝。至晚互相傳語安止。

初七日早，思等與完顔兖等互相傳語萬福。同行馬赴上壽，出驛，至便門，思顧兖云：「館中諸事穩便麽？」兖云：「穩便。」又云：「尚書謂思貴壽。」思云：「四十五歲。」兖云：「精神煞好。」思應喏。至南宮門外，思等下馬，至南宮門内隔門裏，兖等下馬。相揖同行，入客省幕，次分位，次報班赴上壽酒畢，歸幕，次思等令通事請兖等赴客省茶酒，兖等告免，思等循例從之。次對立，思顧兖等云：「趨班上壽，伏喜禮成。」兖應喏。路伯達云：「極感台念。」昴顧兖等云：「侍宴良勞台用。」兖應喏。伯達云：「煞感。」次相揖，各於元下馬處上馬，同行出麗正門，至都亭驛，相揖分位下馬。次兖等令北引接傳語，泛送思等各問道紵絲二段、大紵絲二段、紫紵絲一段、大透背一段、紫茸一段、白細毛子一段、毛綾二段、紫皂花羅一段、鹿頂合兒六箇、篦兒三十箇、徐呂皮三張、斜皮二張、紫紗大藥袋一枚、小藥袋二枚、便袋一箇、貂鼠尾帽一頂、氈帽一頂、皮手衣二副、氈手衣二副、奪玉石鍬鐢一副、面油六㮙、蓯蓉一斤、五味子二斤、紅乾肉四脚、松子一十斤、棗一㪷、林禽旋二裹、活羊一口。左都管泛送思大紵絲二疋、大透背一疋、紫茸一疋、紫羅二疋、黄細毛子一疋、貂鼠帽一頂、活羊一口、紫羅藥袋二箇、手衣二副、面油五㮙、鹿頂合兒三箇、便袋二箇、徐呂皮二張、篦兒三十條、松子四斤。右都管泛送昴大紵絲一疋、皂花綾二疋、大透背二疋、貂鼠帽一頂、紵絲氈帽二頂、紵絲便袋八箇、棗二盤、紫羅藥袋四箇、徐呂皮六張、篦兒八十箇、鹿頂合兒三箇、面油一十合、松子二斤、紅乾肉五脚、羊羓半箇。思等先辭而後循例受之。遣通事傳語致謝。書表引接押遞五人共送思等毛子一十段、細毛子一十段、毛羅二十段、紫皂花羅四段、青絲綾四段、徐呂皮一十張、氈帽四頂、青絲綾帽兒四箇、皮袋兒一十箇、皮手衣四副、鹿頂合兒一十箇、便袋一十箇、紅乾肉四脚、面油三十合。思等循例受之。次押伴胡樞密到驛，與兖等互傳名銜。天使宋晩賜御筵，李鼎賜酒菓，思等令通事請兖等以下受賜御筵。少頃，兖等與天使互展起居狀，樞密同思等謝坐，次兖等謝坐畢，樞密與兖等互展起居狀，同陞廳就坐喫茶訖，離位。三節人謝坐畢，復就坐，酒行至第一盞，樞密令通事傳語兖等云：「被旨伴筵，幸得相陪。館中可煞倦踻？」兖等復令北引接回傳語云：「謝差人傳示，幸得瞻際。」至第三盞，承受劉信之等押賜到酒菓食味。樞密同思等并兖等各少立，樞密與兖等各稍前，樞密傳旨宣勸兖等以下酒各一盞。兖等云：「感皇帝恩。」躬身飲酒訖，其賜到酒菓食味轉送入位。至第七盞，樞密令通事傳語兖等云：「聖恩賜宴，禮意隆厚，望體聖意，多喫酒食。」兖等復令北引接回傳語云：「感皇帝恩，煞多喫酒食。」至第九盞，樞密通事傳語兖等云：「止有此盞，且望飲盡。」兖等復令北引接回傳語云：「疊承傳誨，酒已飲盡。」御筵畢，兗等循例支散三司人例物。喫湯畢，離位立，三節人謝恩訖。各降堦，樞密同思等謝恩，次兗等謝恩，及拜表訖。兗等循例送天使土物畢，相揖分位，樞密送兗等私覿，入位，次兗等回答樞密土物，出位，至晚互相傳語安止。

初八日早，思等互相傳語萬福訖。次思等循例送兗等第一次私覿，各沉香一斤，箋香一斤，建茶盞一十隻，黑漆四星茶合一副，茶托子一十隻，走馬椀鉢一副，香疊子一副，椰子香疊子一副，犀皮四星茶合一副，減粧一副，茶筅子一十箇，分茶五十夸，建茶一百夸。兗等令北引接傳語思等致謝受訖。次兗等回答思等第二次土物，各透背一段，絨紗一段，蓯蓉二斤，斜皮二張，徐吕皮一張，鹿頂合兒一箇，面油二樑，羊羓半箇。兗等又泛送思等各大紵絲一段，大透背一段，毛綾一段，紫皂花羅一段，鹿頂合兒五箇，篦兒三十箇，徐吕皮三張，斜皮二張，紫紗大藥袋一箇，小藥袋二箇，便袋二箇，貂鼠帽子一頂，皮手衣二副，面油一十合，蓯蓉二斤，五味子二斤，紅乾肉四脚，松子一十斤，棗一㪷，林檎旋二裹，白粮米一石，西瓜二十箇。左都管泛送思等各徐吕皮二張，松子二斤，五味子一裹，便袋三箇，篦兒三十箇，皮手衣二副，面油五合，鹿頂合兒二箇，紫紗藥袋一箇，氈帽一頂，紅乾肉三脚，白毛子一段，大透背一段，紫羅一段，皂花綾一段。右都管泛送思大紫羅四段，大紫皂花羅一段；泛送昴大紵絲一段，大透背二段，大花綿紬一段，紫茸三段，毛子三段，思等先辭而後循例受之。遣通事傳語致謝。書表押遞五人共送思等毛子一十六段，毛羅四段，徐吕皮二張，皮袋兒四箇，便袋二箇，鹿頂合兒二箇，面油四合，思等亦循例受之。至晚互相傳語安止。

倪思《經鉏堂雜志》卷一《孝廟聖德・三事》 孝廟既過重華宮，有一浄齋，終日宴坐其間。止有一卓，案上沓書籍一部，圓硯一隻，筆兩管，墨一錠，紙兩軸，四旁無他物。近璫嘗奏：「高宗留下寶器圖書，不可數計。陛下當時取觀玩，略享之。」孝廟云：「不然。高廟渡江，成中興之業，功德盛大，故合享此。朕無功德，豈可享用？」璫云：「留在庫藏，久必朽蠹。取而觀玩，何損也？」孝廟云：「此皆是直錢之物，高廟所寶。萬一將出，或至損壞，便是不能守也。」至後皆鎖閉不啓。

張世南《游宦紀聞》卷七 己丑秋，孟訪一親舊，出示古物數種，皆所未見。一刀長可七、八寸，微彎。背之中有細齒如鋸，末有環。予退而考諸傳記，乃知其爲削。《考工記》「築氏爲削，長尺博寸，合六而成規」。此所以微彎也。鄭氏謂之書刃，以滅青削槧，如仲尼作《春秋》，筆削是也。蕭、曹皆秦刀筆吏。師古曰：「刀，所以削書也。古用簡牒，皆以刀筆自隨。」鄭氏又謂：「三分其金，而錫居一，謂之大刃；五分其金，而錫居二，謂之削。」如此，是刀與削，分爲二物也。鄭氏曰：「刃，刀劍之屬；削，今之書刃。」孔安國曰：「赤刀，赤刃削。」《少儀》曰：「刀卻授拊。」鄭氏曰：「穎，環也，拊，把也。」《釋名》曰：「刀，到也；其末曰『鋒』，若鋒刺之利也；其本曰『環』，形似環也。」然則直而本環者，刀也；曲而本不環者，削也。予所謂有齒如鋸者，正《釋名》所謂「若鋒刺之利者」。但其本有環，又不可名之以削。古人製作精微，必有所本，更俟請教於博洽君子云。

吴自牧《夢粱録》卷一《車駕詣景靈宫孟饗》 駕還内，其親從官皆頂球頭大帽，紅纈錦團搭，戲獅子衫，鍍金大玉腰帶，各執骨朵；文武官皆頂雙卷脚幞頭，紅上大搭，天鵝結帶寬衫；輦官頂雙曲脚幞頭，紅纈團花衫，鍍金束帶；殿前班直頂兩脚屈曲幞頭，著緋結帶，望仙花衫，跨弓劍乘馬，一扎鞍轡，執纓紼前導。數内有東三班，謂之「長入祗候」，幞頭後各以青紅頭鬚繫之，以表忠節之意。御龍直幞頭，一脚指天，一脚曲，著方勝纈衫，花看帶，鍍金束帶，執從物如校椅、金花、唾盂、水罐、次鑼、乘壘、龍鳳掌扇、纓紼之類，及執黄羅珠子、蹬百花背座御椅子並脚踏。快行家頂短小帽子，露半青頭巾，帶金巾，環綉體腰紅纈衫，金束帶，懸花看帶，手執御校椅、金花瓶、獸爐一香座、御靴、纓紼、玉拄杖、小黄羅傘、御扇等物，俱搭步行，俱口鳴打打頭起之。昔諸司庫藏，各用金刻字紅牌前執，後以黄羅罩籠扛抬前導，有本庫官乘馭掌其職分，如諸司庫藏等司屬，並衫帽隨號。幕士頂帽，紅羅纈衫，金帶，懸黄帛。御馬騏驥等院亦金字紅牌呵喝，牽轡馬匹導引。親事官各頂帽，纈衫，鍍銀帶，執紅紗貼金燭籠二百對，左右道行。

又《八日祠山聖誕》 （二月）初八日，錢塘門外霍山路有神曰祠山正祐聖烈昭德昌福崇仁真君，慶十一日誕聖之辰。祖廟在廣德軍，敕賜廟額「廣惠」，自梁至宋，血食已一千三百餘年矣。凡邦國有禱，士民有告，感通即應。其日都城内外，詣廟獻送繁盛，最是府第及内官迎獻馬社，儀仗整肅，裝束華麗。又有七寶行，排列數卓珍異寶器珠玉殿亭，悉皆精巧。後苑諸作，呈獻盤龍走鳳，精細靴鞋，諸色巾帽，獻貢不俗。各以彩旗、鼓吹、妓樂、舞隊等社，奇花異果，珍禽水族，精巧面作，諸色鍮石，車駕迎引，歌叫賣聲，效京師故體，風流錦體，他處所無。

吴自牧《夢粱録》卷六《除夜》 十二月盡，俗云「月窮歲盡之日」，謂之「除夜」。士庶家不論大小家，俱灑掃門閭，去塵穢，净庭户，換門神，挂鍾馗，釘桃符，貼春牌，祭祀祖宗。遇夜則備迎神香花供物，以祈新歲之安。禁中除夜呈大驅儺儀，並係皇城司諸班直，戴面具，著綉畫雜色衣裝，手執金槍、銀戟、畫木刀劍，五色龍鳳，五色旗幟，以教樂所伶工裝將軍、符使、判官、鍾馗、六丁、六甲、神兵、五方鬼使、竈君、土地、門户神尉等神，自禁中動鼓吹，驅祟出東華門外，轉龍池灣，謂之「埋祟」而散。是日，内司意思局進呈精巧消夜果子合，合内簇諸般細果、時果、蜜煎、糖煎及市食，如十般糖、澄沙團、韵果、蜜薑豉、皂兒糕、蜜酥、小鮑螺酥、市糕、五色萁豆、炒槌栗、銀杏等品，及排小巧玩具頭兒、牌兒、貼兒。小酒器上插□□□□□□盒子中做造像生大安輦或玉輅、九□□□□□□等。是夜，禁中爆竹嵩呼，聞於街巷。□□□□□□烟火屏風諸般事件爆竹，及送在□□□□□爆竹聲震如雷。士庶不以貧富家□□□□□如同白日。圍爐團坐，酌酒唱歌，鼓□□□□□□謂之「守歲」。

周密《癸辛雜識・前集・長沙茶具》 長沙茶具，精妙甲天下。每副用白金三百星或五百星，凡茶之具悉備，外則以大縷銀合貯之。趙南仲丞相帥潭日，嘗以黄金千兩爲之，以進上方，穆陵大喜，蓋内院之工所不能爲也。因記司馬公與范蜀公游嵩山，各携茶以往。温公以紙爲貼，蜀公盛以小黑合。温公見之，曰：「景仁乃有茶具耶？」蜀公聞之，因留合與寺僧而歸。向使二公見此，當驚倒矣。

汪大淵《島夷志略・蘇門傍》 貿易之貨用白糖、巫崙布、紬絹衣、花色宣絹、塗油、大小水埕之屬。塗油出於東埕塗中，熬曬而成。

陶宗儀《南村輟耕録》卷三〇《髹器》 黑光 凡造碗碟盤盂之屬，其胎骨則梓人以脆松劈成薄片，於旋床上膠粘而成，名曰卷素。髹工買來，刀刳膠縫，乾净平正，夏月無膠泛之患。却煬牛皮膠，和生漆，微嵌縫中，名曰梢當。去聲。然後膠漆布之，方加麄灰。灰乃磚瓦擣屑篩過，分麄、中、細是也。膠漆調和，令稀稠得所。如髹工自家造賣低歹之物，不用膠漆，止用猪血厚糊之類，而以麻筋代布，所以易壞也。麄灰過停，令日久堅實，砂皮擦磨，却加中灰，再加細灰。並如前。又停日久，磚石車磨，去灰漿，潔净停一二日，候乾燥，方漆之，謂之糙漆。再停數月，車磨糙漆，絹帛挑上聲。去漿迹，才用黑光。黑光者，用漆斤兩若干，煎成膏。再用漆，如上一半，加鷄子清，打匀，入在内，日中曬翻三五度，如栗殼色，入前項所煎漆中和匀，試簡看緊慢，若緊再曬，若慢加生漆，多入觸藥。觸藥，即鐵漿沫。用隔年米醋煎此物，乾爲末，入漆中，名曰黑光。用刷蘸漆，漆器物上，不要見刷痕。停三五日，待漆内外俱乾，置陰處晾之，然後用揩光石磨去漆中類。雷，上聲。揩光石，鷄肝石也，出杭州上柏三橋埠牛頭嶺。再用箬帉，次用布帉，次用菜油傅，却用出光粉揩，方明亮。

朱紅 修治布灰，一一如前，不用糙漆，却用贉朱桐葉色，然後用銀朱，以漆煎成膏子，調朱。如朱一兩，則膏子亦一兩，生漆少許，看四時天氣，試簡加減，冬多加生漆，顔色暗，春秋色居中，夏四五月、秋七月，此三月顔色正，且紅亮。

鰻水 好桐油煎沸，以水試之，看躁也，方入黄丹膩粉，無名異煎一滚，以水試，如蜜之狀，令冷，油水各等分，杖棒攪匀。却取磚灰一分，石灰一分，細面一分，和匀，以前項油水攪和稠粘灰器物上，再加細灰，然後用漆，並如黑光法，或用油亦可。

熊夢祥《析津志輯佚・物産》 家具之屬 鐵絡、量罐、椛架、馬槽、大小木櫃、鐙檠、盤、高麗榧子木刳成或旋成，大小不等，極爲樸質。凡碗、碟、盂、盞、托，大概俱有。櫥、矮桌、矮牀、門匡、窗隔、蒙古棺。用大木去外皮，削成圓木，以鋮開作蓋，中刳作人形，冠服，一如平時。合之以鐵條釘合之。

右此等木器多在海子橋南甚多。哈達門外亦有，然皆麄作生活。蓋朔地風沙塵土，唯用油漆塗飾窗槅，雖内廷亦不用純漆。

荆條器 笆筐、笊籃、車搭、雀籠、雜籠、米囤、無底圈、炊飯荆笆、糞筐、門籬笆、屋椽笆、挑菜筐。

《金史》卷三九《樂志上》 樂舞名數。太廟登歌，鐘一簴，磬一簴，歌工四，簫二，塤二，篪二，笛二，巢笙二，和笙二，簫二，七星匏一，九曜匏一，閏餘匏一，搏拊二，柷一，敔一，麾一，一弦琴、三弦琴、五弦琴、七弦琴、九弦琴各二，瑟四。别廟登歌並同。親祠則用金鐘、玉磬，攝祭則用編鐘、編磬。

宮縣樂三十六簴：編鐘十二簴，編磬十二簴，大鐘、鎛鐘、特磬各四簴。建鼓、應鼓、鞞鼓各四，路鼓二，路鼗二，晉鼓一，巢笙、竽笙各十，簫十，籥十，篪十，笛十，塤八，一絃琴三，三絃、五絃、七絃、九絃琴各六，瑟十二，柷一，敔一，麾一。文舞所執籥、翟各六十四，武舞所執朱干、玉戚各六十四，引舞所執旌二，纛二，牙杖二，單鼗二，單鐸二，雙鐸二，金鐃二，金錞二，金鉦二，相鼓二，雅鼓二。

有司攝祭，宮縣二十簴：編鐘四，編磬四，辰鐘十二。建鼓四，路鼓四，路鼗二，晉鼓一，巢笙、竽笙、簫、塤、篪、笛各八，一絃琴三，三絃、五絃、七絃、九絃琴各六，瑟八，柷、敔各一，麾一。登歌及二舞引舞所執與親祠同。

《金史》卷四一《儀衛志上》大定八年，黄麾半仗，攝官一百七十五人，擎執二千八十一人，編排職掌九人。

殿庭内仗。以中心東西相向一重，并面北旗幟爲中道。左行，自北西向排列。黄麾幡一首，執者三人。碧襴官一，大雉扇二。碧襴官一，中雉扇六。碧襴官一，小雉扇六。碧襴官一，朱團扇六。碧襴官一，睥睨四。碧襴官一，紅大傘一。碧襴官一，紫方傘二。碧襴官一，華蓋一。右行，東向列者，並同。面北，第一行，牙門旗八，共二十四人，分左右，留中道。第二行，監門校尉十二，分左右。第三行，長壽幢一，押旗大將軍一，居中。次東五方龍旗十五，次西五方鳳旗十五。第四行，自内而東，青龍旗五，紅龍旗二十。自内而西，青龍旗五，紅龍旗二十。第五行，同上，又君王萬歲旗一，五人居中。日旗一，五人在左。月旗一，五人在右。第六行，自内而東，天下太平旗、苣紋旗、日月合璧旗、苣紋旗、青龍旗、赤龍旗、河瀆旗、江瀆旗各一，旗五人，排仗通直官一，排仗大將一。未、午、巳、辰、卯、寅旗各一，青天王旗、白天王旗各一。自内而西，祥雲旗、五星連珠旗、祥雲旗、黄龍旗、白龍旗、黑龍旗、淮瀆旗、濟瀆旗各一，旗五人，通直官一，大將一。申、酉、戌、亥、子、丑旗各一，緋天王旗、皂天王旗各一。第七行，自内而東，孔雀旗一，五人。蒼烏旗、兕旗、犛牛旗、驄騆旗、赤熊旗、白狼旗、金鸚鵡旗、馴犀旗、角端旗、鵕鸃旗、騶牙旗、野馬旗、瑞麥旗、甘露旗各一，旗五人。自内而西者同。

外仗。在門外。左邊，西向，自北排列。第一部，第一行，侍御史、大將軍、折衝都尉各一，主帥三。第二行，絳引幡五首十五人，龍頭竿四、弓矢五、揭鼓二、龍頭竿四、儀鍠斧五、龍頭竿四、朱刀盾五、龍頭竿四、緑刀盾五、龍頭竿四、小戟五。第三行，與第一行同。第四行，與第二行同。第二部、第三部、第四部、第五部以次而南，各爲前後四行，其名數與第一部同，惟無絳引幡。右五部，東向排列，色數皆同。左第五行，從北，每大旗二，均用小紅龍旗二間之。角宿旗一，三人，均用二。亢宿旗一，三人，均用二。氐宿旗一，三人，均用二。房宿旗一，三人，均用二。心宿旗一，三人，均用二。尾宿旗一，三人，均用二。箕宿旗一，三人，均用二。斗宿旗一，三人，均用二。牛宿旗一，三人，均用二。女宿旗一，三人，龍旗并黄排襴旗各一。虚宿旗一，三人，紅、黄排襴旗二。危宿旗一，三人，紅、紫排襴旗二。室宿旗一，三人，黄、紫排襴旗二。壁宿旗一，三人，紅、黄排襴旗二。重輪旗一，三人，紅、紫排襴旗二。左攝提旗一，三人，黄、紫排襴旗二。青龍旗一，三人，紅、黄排襴旗二。木星旗一，三人，紅、紫排襴旗二。火星旗一，三人，黄、紫排襴旗二。土星旗一，三人，紅、黄排襴旗二。金星旗一，三人，紅、紫排襴旗二。水星旗一，三人，吏兵并紫排襴旗各一。北岳旗一，三人，吏兵并龍君旗各一。東岳旗一，三人，龍君并黄熊旗各一。中岳旗一，三人，黄熊并赤豹旗各一。西岳旗一，三人，赤豹并力士旗各一。南岳旗一，三人，力士并虎君旗各一。朱雀旗一，三人，虎君并天馬旗各一。右第五行，從北。奎旗一，三人。婁旗一，三人。胃旗一，三人。昴旗一，三人。畢旗一，三人。觜旗一，三人。參旗一，三人。井旗一，三人。鬼旗一，三人。皆均用二旗如前。柳宿旗一，三人，紅龍并黄排襴旗各一。星宿旗一，三人，紅、黄排襴旗二。張宿旗一，三人，紅、紫排襴旗二。翼宿旗一，三人，紫、黄排襴旗二。軫宿旗一，三人，紅、黄排襴旗二。重輪旗一，三人，紅、紫排襴旗二。右攝提旗一，三人，紫、黄排襴旗二。白虎旗一，三人，紅、黄排襴旗二。東方神旗一，三人，紅、紫排襴旗二。南方神旗一，三人，黄、紫排襴旗二。中央神旗一，三人，紅龍排襴旗二。西方神旗一，三人，紅、紫排襴旗二。北方神旗一，三人，力士并紫排襴旗各一。風伯旗一，三人，力士并虎君旗各一。雨師旗一，三人，虎君并黄熊旗二。雷公旗一，三人，黄熊并赤豹旗二。電母旗一，三人，赤豹并吏兵旗二。北斗旗一，三人，吏兵并龍君旗二。玄武旗一，三人，龍君并天馬旗二。三人執一旗者重立，二人各執小旗者亦重立。

殿門外仗，亦從北，留中道。飛麟旗、駃騠旗、鸞旗、麟旗、馴象旗各二，共十人，從中分列爲第一重。鶡鷄旗、貔旗、玉馬旗、三角獸旗、黄鹿旗各二，共十人，次外分列爲第二重。其次，第一部都尉三員，第二部至第五部俱二員，爲第三重。又其次五部，各刀盾二十，爲第四重。又其次五部，各弓矢二十，爲第五重。左右同。

黄麾細仗，攝官八十八人，擎執一千三百五人，編排職掌九人。

内仗，中道左一行，自北西向排列。黄麾幡一首，執者三人。大雉扇六、中雉扇六、小雉扇六、朱團扇六、睥睨四、紅大傘一、紫方傘二、華蓋一，凡傘扇之上皆有碧襴官一。右行東向，排次同。面北，第一行，長壽幢一，居中。牙門旗八，共二十四人，分左右。第二行，君王萬歲旗五人，居中。日旗五人，監門校尉五人，在左。月旗五人，監門校尉五人，在右。第三行，五方龍旗十五在左，五方鳳旗十五在右。第四行，紅龍旗三十四，第五行，紅龍旗三十四，皆分左右。第六行，自内而東，太平、苣紋、合璧、苣紋、赤龍、青龍旗各一，旗五人，通直一人，大將一人。未、午、巳、辰、卯、寅旗各一，青天王旗、白天王旗各一。自内而西，祥雲、連珠、祥雲、黄龍、白龍、黑龍旗各一，旗五人，通直一人，大將一人。申、酉、戌、亥、子、丑旗各一，緋天王旗、皂天王旗各一。第七行，自内而東，河瀆、江瀆、兕、赤熊、駠犀、角端、鵕鸏、綱子旗各一，旗五人。自内而西，淮瀆、濟瀆、兕、赤熊、駠犀、角端、鵕鸏、綱子旗各一，旗五人。

外仗，左邊西向，自北排列，第一行，五部，侍御史、大將軍、折衝都尉各一，主帥各二。第二行，第一部，绛引幡五首，十五人。龍頭竿四、弓矢五、揭鼓二、儀鍠斧五，龍頭竿四、弓矢五、朱刀盾五、緑刀盾五，龍頭竿四、儀鍠斧五、朱刀盾五、緑刀盾五，龍頭竿四、小戟五，龍頭竿四、小戟五。第二部至五部無绛引幡，餘色並同，以次相接而南。右五部東向，亦如之。左第三行，從北，角、亢、氐、房、心、尾、箕、斗、牛、女、虚、危、室、壁旗各一，旗三人。次重輪、左攝提、青龍旗各一，木、火、土、金、水星旗各一，北、東、中、南、西岳旗各一，旗三人。次紫排欄四、黄排欄四、紅排欄四、吏兵旗二、天馬旗一。右第三行，從北，奎、婁、胃、昴、畢、觜、参、井、鬼、柳、星、張、翼、軫旗各一，旗三人。次重輪、右攝提、白虎旗各一，東、南、中、西、北方神旗各一，風伯、雨師、雷公、電母、北斗旗各一，旗三人。次紫排欄四、黄排欄四、紅排欄四、吏兵旗二、天馬旗一。

行仗。天子非祀享巡幸遠出，則用常行儀衛。弩手二百人、軍使五人，控鶴二百人，首領四人，俱服紅地藏根牡丹錦襖、金鳳花交脚幞頭、塗金銀束帶，控鶴或皂帽碧襖，各執金鍍銀蒜瓣骨朵。長行四百人，拳脚幞頭、紅錦四褛襖、塗金束帶，二人紫衫前導，無執物，餘執列糸骨朵七十八、瓜八十八、鐙三十四，在控鶴前，金吾仗八十、金花大劍六十俱垂紅絨結子、儀鍠斧五十八，在控鶴後。其常朝、御殿、郊廟、臨幸，凡步輦出入則有近侍導從，執金鍍銀骨朵者二人，左右扇十人，拂子四人，香盒二人，香毬二人，節二人，幢二人，盂一人，唾壺一人，浄巾一人，鍁鑼一人，水罐一人，交椅一人，斧一人，皇帝出閤則分立閤門之外，導引至殿，皇帝升座則降階以俟，入閤然後放仗。

王瑩《羣書類編故事》卷二〇《器用類・寶儀鏡背》　宋太祖以乾德二年平蜀，其宫人輿至汴，有入内者鏡，背有識：「乾德四年鑄」者，帝恠之，以問翰林學士寶儀，對曰：此必蜀物，蜀主嘗有此號。帝大悦。曰：作相須用讀書人。《續編》

顧禄《桐橋倚棹録》卷一一《工作》　像生絨花，山塘亦一聚處。其店不下十餘家，拈花作葉，各有專工，散在虎丘附近一帶並城中北寺、桃塢等處。多女紅爲之，專做夾瓣、旋絨、裹絨、刮絨等對花並通草、蠟花。千筐百筥，悉售於外府州縣，尤多浙、閩及江西諸省之客，郡人間有過而問者。舒位《像生花》詩云：「剪綵作花花欲語，女紅疑是司花女。有時蘭葉蝕青蟲，或愛梅花作翠羽。」「花能相對葉相當，宛然春色偷東皇。定知有夢迷蝴蝶，不爲無香恨海棠。」「誰家著釧牽衫早，個鏡相宜倚花掃。水精簾捲十分妝，翡翠斜簪一枝好。」「吴儂作事殊等閑，不獨時花棄兩鬟。都將舊曲翻新曲，拋却真山看假山。」「那知相率趨爲僞，金錯錢刀買憔悴。一叢花當十户賦，幾朵雲收數鄉税。」「可憐名字滿頭花，花開花落委泥沙。若爲拈向靈山會，且莫攜來吏部家。」

棕櫚蠅拂作，在虎丘山塘及山門口，並有以棕綫結作花籃、火焰扇、漿刷帚、蠟帚、道冠之屬，厥制甚繁。或有以甘省濺色馬尾鬃爲揮麈、花籃及葫蘆球形者，中亦可安茉莉、夜來香。有結成枕樣或骨牌式、佛手式者，中實花椒，佩衣襟間，可辟道路穢氣，俗呼「花椒枕頭」。錢清履《棕櫚蠅拂》詩云：「横空火傘天炎曦，青蠅附熱營營飛。麾之使去欲借白羽力，棕櫚爲拂拂拂尤稱奇。蓬頭亂髪溽暑祛，鳳尾摇曳香清微。披紫直可資談柄，良朋玉屑聆霏霏。吾聞龍鬚獅尾重豪貴，奇珍不世購者稀。秦嘉氂尾製堪陋，驅塵除垢毋乃高人譏。何如纖羅縈縷翠不絶，樸毋傷雅青松枝。因知薄物亦足重，何來遽集頻頻揮。會須風流捉麈慕王謝，短章老杜長歌韋。」

紫竹器，竹之真者，色紫而純，出浙之富陽及皖省涇縣、滁州一帶。僞者以白竹用火熏黑，色黯而無澤，不入選也。凡几榻、桌椅、厨杌及小兒坐車、摇牀、牀欄、熏籠、桌面，俱輕便可愛，其肆多在半塘普濟橋一帶。沈朝初《憶江南》詞云：「蘇州好，竹器半塘精。卍字欄杆麋竹榻，月彎香几石棋枰。斗室置宜輕。」又，何炯《半塘竹器》詩云：「覓得深林帶葉枝，漫將斤斧共推移。十年勁節終難改，一段虚心苦自支。取向竹樓應更韻，攜來茅屋總相宜。山家供具須如此，不是幽人未許知。」又，錢明霽《竹榻》詩云：「何來巧匠琢琅玕，金鏤牙鑲總未安。似此林間堪坦腹，勝他翠袖倚天寒。」黄莘田《虎丘熏籠》詩云：「斑竹熏籠有舊恩，湘妃節節長情根。吴娘酷愛衣香好，個個將錢買泪痕。」

竹刻，顧詒禄《志》云：「從嘉定轉徙於山塘，凡筆筒、棋榼、界方、墨牀之屬，爲文房雅玩，多以鐵筆雕刻書畫。有以竹裹爲之者，名曰『翻黄』。」《柳南隨筆》云：「嘉定竹刻，爲他處所無。始於明朱鶴，三世操其業。」潘士淳《虎丘竹刻》詩云：「筆筒界尺製精幽，竹玩而今滿虎丘。削簡遺風知未替，幾人鳥迹細雕鎪。」

塑真，俗呼「捏相」，其法創於唐時楊惠之，前明王氏竹林亦工於塑作。今虎丘習此藝者不止一家，而山門内項春江稱能手。虎丘有一處泥土最滋潤，俗稱「滋泥」。凡爲上細泥人、大小絹人塑頭，必此處之泥，謂之「虎丘頭」，塑真尤必用此泥。然工之劣者亦如傳神之拙手，不能頰上添毫也。肢體以香樟木爲之，手足皆活動，謂之「落膝骱」，冬夏衣服，可以隨時更換。位置之區謂之「相堂」，多以紅木紫檀鑲嵌玻璃，其中或添設家人婦子，或美婢侍童，其榻椅几杌以及杯茗陳設，大小悉稱。韓崶有《贈捏相項春江》詩云：「傅巖訪夢弼，麟閣圖勛臣。顧張不可作，阿堵半失真。我本山澤癯，頰角撑嶙峋。幾經畫工手，動覺非其人。因思繪畫事，不敵塑作能。繪只一面取，塑乃全體親。百骸與九竅，一一賅而存。顧惟七尺軀，骯髒羞倚門。生前忽作俑，毋乃兒曹驚。所宜就收束，無取誇彭亨。何妨竿木場，著此傀儡身。虎丘有項伯，家與生公鄰。世傳惠之藝，巧思等絶倫。熟視若無睹，談笑忘所營。豈知掌握中，雲夢八九呑。取材片埴足，妙用兩指生。始焉胚胎立，繼配骨肉勻。按捺增損間，不使差毫分。穠纖彩色傅，上下鬚眉承。五官既畢具，最後點其睛。呼之遂欲動，對鏡笑不勝。自憐飯顆瘦，忽訝瓜皮青。周旋我與我，何者爲形神。乃謀置几榻，且復攜兒孫。居然壺公壺，盎如一家春。偉哉造物者，本以大塊稱。我亦塊中塊，萬物土生成。今以塊還塊，總不離本根。他年歸宿處，仍此藏精魂。固宜相印合，不假爐錘煩。情知皆幻質，撒手鴻毛輕。要念此天授，惟聖乃踐形。奈何逐物化，周蝶空紛紜。且寶徑寸珠，任轉萬劫輪。」又，《青溪風雨録》載歌伎雙姬《虎丘竹枝詞》云：「技藝山塘妙莫過，香泥捏像肖偏多。一身自恨同瘤贅，添個愁人做甚麽。」

虎丘耍貨，雖俱爲孩童玩物，然紙泥竹木治之皆成形質，蓋手藝之巧有遷地不能爲良者。外省州縣多販鬻於是，又游人之來虎丘者，亦必買之歸悦兒曹，謂之「土宜」，真名稱其實矣。頭等泥貨在山門以内，其法始於宋時袁遇昌，專做泥美人、泥嬰孩及人物故事，以十六齣爲一堂，高只三五寸，彩畫鮮妍，備居人供神攢盆之用，用顧竹嶠詩所云「明知不是真脂粉，也費游山蕩子錢」是也。他如泥神、泥佛、泥仙、泥鬼、泥花、泥樹、泥果、泥禽、泥獸、泥蟲、泥鱗、泥介、皮老虎、堆羅漢、蕩鞦韆、游水童，精粗不等。紙貨則有[illegible]弗倒、跟斗童子、拖鼓童、紡紗女、倒沙孩兒、坐車孩兒、牧牛童、摸魚翁、貓捉老鼠、壁貓、癡官、撮戲法、猢猻撮把戲、鳳陽婆、化緣和尚、琵琶罨子、三星、鍾馗、葫蘆酒仙、再來花甲、聚寶盆、象生百果及顛頭馬、虎、獅、象、麒麟、豹、鹿、牛、狗之屬。出彩則有一本萬利、雙魚吉慶、平升三級，皆取吉祥語。竹木之玩則有腰籃、響魚、花筒、馬桶、脚盆，縮至徑寸。又有摇鼗鼓、馬鞭子、轉盤錘、花棒槌、寶塔、木魚、琵琶、胡琴、洋琴、絃子、笙、笛、皮鼓、諸般兵器，皆具體而微。有以兩銅皮製爲鈸形者，圓如眼鏡大，小兒自擊爲戲，俗呼「津津谷」，蓋有聲無詞也。無名氏《耍貨》詩云：「紅紅白白擺玲瓏，打鼓孩兒放牧童。揀得幾叢思底事，夢回阿妾索熏籠。」又，華鼎奎《泥美人》詩云：「綽約何曾解笑顰，一般工飾粉脂勻。若爲摶作康成婢，屈膝泥中認後身。」

影戲洋畫，其法皆傳自西洋歐邏巴諸國，今虎丘人皆能爲之。燈影之戲，則用高方紙木匣，背後有門，腹貯油燈，燃炷七八莖，其火焰適對正面之孔，其孔與匣突出寸許，作六角式，須用攝光鏡重疊爲之，乃通靈耳。匣之正面近孔處，有耳縫寸許長，左右交通，另以木板長六七寸許、寬寸許，勻作三圈，中嵌玻璃，反繪戲文，俟腹中火焰正明，以木板倒入耳縫之中，從左移右，從右移左，挨次更換，其所繪戲文，適與六角孔相印，將影攝入粉壁，匣愈遠而光愈大。惟室中須盡滅燈火，其影始得分明也。洋畫，亦用紙木匣，尖頭平底，中安升籮，底洋法界畫宫殿故事畫張，上置四方高蓋，内以擺錫鏡，倒懸匣頂，外開圓孔，蒙以顯微鏡，一目窺之，能化小爲大，障淺爲深。餘如萬花筒、六角西洋鏡、天目鏡，皆其遺法。昔虎丘孫雲球以西洋鏡製擴昏眼、近光、童光等鏡，爲七十二種，又有遠鏡、火鏡、端容鏡、攝光鏡、夕陽鏡、顯微鏡、萬花鏡各種，著《鏡史》行世，詳載《府志》。兹之影戲，殆即攝光鏡之遺法，洋畫乃顯微鏡也。彭希鄭《影戲》詩云：「疑有疑無睇粉墻，重重人影露微茫。英雄兒女知多少，留住寰中戲一場。」又，《洋畫》詩云：「世間只説佛來西，何物煙雲障眼低。畢竟人情皆厭故，又從紙上判華夷。」

洋琴，虎丘只半塘吕殿揚一家製造。琴作⏢形，桐面中空，以細銅花絲四十二條，兩頭用銅鐵八角小椿夾釘，架於竹馬之上。宫商既調，始以兩小軟竹槌擊之，其聲淫靡，易動俗耳。顧元熙《洋琴》詩云：「絶異絲聲與竹聲，裁桐一樣作琴形。只因誤受夷人號，遺恨中郎爨下聽。」

牙籌，即酒籌也，亦有以骨爲之者，可以亂真。摘《西厢》詞句鎸於上，有張生訪鶯鶯之戲，又有三藏取經、許宣尋婦等名色。籌置筒中，團坐分掣，照籌上所刻儀注而行，乃飲中濟勝之具。有以天地人和爲籌，長短不齊，俗呼「籌碼」，此爲博局紀勝負之物。竹牌，出於北寺駱駝橋，虎丘人加琢磨之功，而後售於人，其值遂昂，謂之「水磨牌」。今塘岸山街有十餘店，兼賣各色骨牙簪、骨牙飾及消息、耳挖、骨牙杖、骨牙骰、骨牙牌、竹煤筒之屬。蔣賡壎《酒籌》詩云：「誰見西厢識面來，取經訪婦更疑猜。酒人燈下團圞坐，笑當花枝鬬幾回。」朱掄《牌戲》詩云：「角逐文場念已休，羣居終日竹林游。用心無所原堪惜，博局消磨到白頭。」

杖，俗呼「拐杖」，山塘亦無專店，只附售於煙筒鋪中。大抵琢取山中椰栗楂樹老幹爲之，亦有以方竹、刓藤爲之者，光潤可喜。袁枚《詠杖》詩云：「刓水雙藤健絶倫，偏於足下最殷勤。年來孤往常無路，海内相扶尚有君。小拄心知深淺雪，横拖身逐往來雲。鄧林豈少狂奔者，可奈虞淵日易曛。」

席，出虎丘者爲佳，見《姑蘇志》。山塘只一二店而已，别有蒲席、篾席兩種。昔年環山居民多種莃草，織席爲業，四方稱「虎鬚席」，極爲工緻，他處所不及也。今種莃草織席者，滸關爲甚，然虎丘地名尚有號席場衖者。

竹藤籃，四方稱「虎丘籃」，見郭《志》。山塘籃作不過三四家，餘則多附售於耍貨鋪。小兒摇籃俗呼「兒籃」，上有紫竹架，可施蚊厨，爲盛夏安卧初生嬰兒之便。

竹夫人，亦虎丘人爲之，有藤、竹兩種。董大倫《竹夫人》詞云：「彼美其誰似此君，相偎竹肉竟難分。終宵抱夢西簾下，猶作瀟湘一段雲。」「玲瓏骨相自天然，好向圓通證昔緣。應是前身瑣子骨，要人參透老婆禪。」「也曾瀟灑緑窗前，爲倚身名愛穩便。不似丫鬟柳枝性，日中三起又三眠。」「竹郎相伴已無因，長作人間尹與邢。林下風標誰貌取，人間剛有管夫人。」「清絶梅妃較若何，泠然姑射不争多。笑他擁背温柔好，堪與涪翁賽脚婆。即湯婆。」「漳蘭盆恰併牀前，茉莉球還攏枕邊。最憶紗厨涼夢醒，渾身肉影大如錢。」「七里山塘舊聘將，空空妙手鑿乎强。個中稚子分明見，欲祝孿生倩李娘。」「桐花開了定來期，柿葉翻殘欻去時。來去相隨有團扇，當伊小婢謝芳姿。」

葫蘆，爲籠蟲之玩，從初結時在枝上即扶令端正，待其長大，然後剪下，以絲繩繫之，懸風中候乾，雕爲萬眼羅及花卉之屬，中刓一竅，四旁或作四穴，各嵌象牙、骨、角、玻璃爲門。喜蓄秋蟲之人籠蟲於内，置懷間珍玩，俗呼「叫哥哥籠」。其摘頸之大者可截蓋作酒榼，小瓠爲湘簾之軏頭而已。顧莼《葫蘆蟲籠》詩云：「秋風采采緑藤牽，掩口争將骨角鐫。好向壺中藏世界，吟懷别自有蟲天。」

明刊本《諸司職掌・工部・水部・織造》 叚疋：

凡供用袍服叚疋，及祭祀制帛等項，須於内府置局如法織造，依時進送。每歲公用叚疋，務要會計歲用數目，並行外局織造。所用物料，除蘇木、明礬官庫足用，蠶絲、紅花、藍靛，於所産去處税糧内折收。槐花、梔子、烏梅，於所産令民採取，按歲差人進納該庫支用。

丹礬紅每斤染經用：

蘇木一斤，黄丹四兩，明礬四兩，梔子二兩。

黑緑每斤用：

靛青二斤八兩，槐花四兩，明礬三兩。

深青每斤用：

靛青四斤。

蠶絲：

湖州府六萬斤。

紅花：

山東七千斤，河南八千斤。

藍靛：

應天府二萬斤，鎮江府二萬斤，揚州府二萬斤，淮安府二萬斤，太平府二萬斤。

槐花：

衢州府六百斤，金華府八百斤，嚴州府六百斤，徽州府一千斤，寧國府八百斤，廣德州二百斤。

烏梅：

衢州府一千五百斤，金華府二千斤，嚴州府一千四百斤，徽州府一千五百斤，寧國府一千五百斤，廣德州五百斤。

梔子：

衢州府五百斤，金華府五百斤，嚴州府二百斤，徽州府五百斤，寧國府五百斤，廣德州二百斤。

誥勑：

凡文武官員誥勑，照依品級制度，如式製造。所用五色紵絲，誥身、誥帶黄蠟、花椒、白麵、紙劄等項，差人赴内府織染局等衙門關支。其公侯襲封鐵券，行下寶源局依式打造。所用瓜鐵、木炭，須於丁字庫抽分竹木局關支，如遇完備，進赴内府鐫嵌。

鐵券尺寸：

公：

一樣，高一尺，闊一尺六寸五分。

二樣，高九寸五分，闊一尺六寸。

侯：

三樣，高九寸，闊一尺五寸五分。

四樣，高八寸五分，闊一尺五寸。

五樣，高八寸，闊一尺四寸五分。

伯：

六樣，高七寸五分，闊一尺三寸五分。

七樣，高六寸五分，闊一尺二寸五分。

冠服：

凡製造皇帝、皇太子、親王袞冕袍服，務要擇日興工，仍擇日以進。其餘婚禮粧奩，并太常司祭服浄衣，及給賜衣服冠帶喪禮衫巾，並行移針工、巾帽二局，如法製造。其給賜衣服、冠帶，須要預先多辦，以備不時賞賜。

給賜衣服冠帶：

圓領，貼裏，紗帽，角帶。

器用：

凡供用器物，及祭祀器皿，并在京各衙門合用一應什物，行下該局，如法成造。若金銀銅鐵等器，隸寶源局。皮革，隸皮作局。竹木，隸管繕所。疋帛，隸文思院。皆須度量所料物色，委官覆實相同，不許多支妄費。

斛斗秤尺：

凡使用斛斗秤尺，着令木秤等匠計筭物料，如法成造。所用鐵力木、杉木、板枋、生鐵等項，行下龍江提舉司等衙門，照數放支。其合用錘鈎，行下寶源局督工鑄造，如是成造完備，移咨户部較勘收用。

《明宣宗實録》〔洪熙元年閏七月壬寅〕皇上初登寶位，合用鹵駕大駕，以備宣德元年正旦及郊天祭祀之用。至是，命工部繕造御仗一對，肅靖旗一對，金鉦四，黄旗四十，金鼓旗二，金四角二十四，杖鼓四，板四，笛八，鼓四十八，繡旗八十一，白澤旗四，黑纛一，紅纛二，紅節二，大紅纛一，大銅角一對，小銅角一對，五方旗各一，豹尾一，大輅一，玉輅一，大馬輦一，小馬輦一，香步輦一，板步輦一，涼步輦一，寶匣一，柘黄羅繡九，龍圓傘二，黄平羅綉圓傘四，大紅羅繡龍瑞草圓傘四，大羅紅綉花雲傘四，大紅羅繡瑞草圓傘四，黄銷金九龍圓傘二，白銷金圓傘二，皂銷金圓傘二，青銷金圓傘二，大紅羅素方傘四，紫羅素方傘四，黄油絹銷金雨傘一，黄線羅綉雙龍圓扇二十二，大紅羅雙龍圓扇二十，黄羅繡單龍圓扇十，大紅羅單龍圓扇十，青羅鸞鳳雉方扇十二，大紅羅繡花圓扇十，大紅素羅方扇二十，黄素羅圓扇二十，金節三對，響節十二對，方天戟四對，御仗二，絳引旛五對，羽葆幢五對，龍頭竿五對，信旛五對，傳教旛五對，告止旛五對，青龍白虎幢一對，朱雀玄武幢一對，黄麾一對，豹尾二對，御仗二，班劒三對，儀刀三對，梧伏三對，立瓜三對，卧瓜三對，骨朶三對，金鐙三對，金鉞三對，單戟三對，龍戟三對，紙燈三對，魫燈三對，紅紗燈六對，鳴鞭四，蠅拂子四，戈氅一十對，儀鍠氅一十對，戟氅一十對，御仗二，旗内方天戟十二對，具服屋殿一座，金交椅一，金脚踏一，金盆一，金罐一，金馬杌一，鞍籠一，金香爐一，金香盒一，金唾盂一，金唾壺一，御仗二，擺錫明甲一百副，盔一百頂，弓一百，箭三千，刀一百。其執事校尉每人鵞帽只孫衣銅帶靴履鞋一副俱全，常朝各色羅掌扇四十，各色羅絹傘一十，萬壽傘一，黄雙龍扇二，筵宴銷金羅傘四，銷金雨傘四，金龍響節十二對。

《明英宗實録》〔景泰三年十二月乙卯〕南京大理寺卿薛瑄奏：「南京細民，斫造薪炭、竹帚、鋤柄、檐杴，例當抽分。有匿不報者，法司輒科以舶商匿番貨罪，盡没入官。夫番貨，海外珍貴竹木諸物。腹裏所出粗賤，況所斫造，俱貧民以濟饑寒，又非泛海富商比。但宜論以匿税律，入半於官。」詔從之。

《明神宗實録》〔萬曆十四年三月庚子〕工科都給事中王敬民等題：「因傳造天燈等項，估費十萬餘金，雖減三分之一，然猶有七萬，此皆小民之脂膏也。當此民財匱乏之時，矧值大工方興之際，何乃營不急之工，而至有不貲之費哉！乞暫停傳造或再加裁減。」上覽奏，命于七萬兩内再減二萬五千兩。

辛丑　上視朝畢，退御暖閣，召輔臣時行等入，手授四臣所上疏。上諭云：「昨覽所奏，深切時政，宜著實議行。」時行云：「皇上祇畏天戒，軫恤民艱。臣等偶有一得之愚，煩瀆聖聽，伏蒙皇上嘉納，不勝感激。」上復諭云：「織造、燒造，原非得已，可于重者議減。」

《明神宗實録》〔萬曆二十三年八月戊辰〕南京工部奏：「南京内官監成造幪金膳卓、膳盒、擎燈、圓爐、寺器共計共料銀二十二萬六千七百餘。議分四運，二年造解一運。今第一運、第二運已完解訖，見今成造第三運，尚缺銀二萬四千有奇，准于本部應解户部新增蘆課及應天府别項堪動銀兩共支。造完其未造，四運緣庫藏匱乏，支給不敷，乞行暫停，以紓財用。」工部覆請，不允。

《明神宗實録》〔萬曆三十四年正月甲申〕御用監上聖母册封册寶冠頂合用金寶數目：本監成造金册一副，金龍鈕寶一顆，黄絲綬縧金，金鈒雲龍寶箱寶池箱三個，黄織金紵絲襯裏黄線綉黄紗寶囊金鎖鑰事件全，珠翠金累絲嵌猫睛絲青紅黄寶石珍珠十二龍十二鳳斗冠一頂，金鈒龍吞口博鬢金嵌寶石簪如意鈎全，皂羅描金雲龍滴珍珠抹額一副，金累絲滴珍珠霞帔椀兒一副、計四百十二個，珠翠面花二副、計十八件，金絲穿八珠耳環二雙，金絲穿寶石珍珠排鐶二雙，金嵌寶石珍珠雲龍墜頭一個，白漿玉穀圭一枝，金鈒雲龍嵌寶石珍珠荷葉提頭漿水玉禁步一副、計二掛開，珊瑚碧甸子金星石紫線寶黄紅線穗頭全，青紵絲描金雲龍滴珍珠舄二雙，金累緑結絲嵌寶石雙龍龍鳳鸞鳳寶花九十六對，金萬喜字鋒計五千副，索金銀萬喜字鋒計八千副，索金盛用渾貼金瀝粉雲龍紅漆創金雲龍寶匣冠盔胭脂木穀圭霞帔禁步匣九個，銅鍍金鎖鑰事全。户部辦送：足金一千四百三兩八錢，七成五色金一千兩，銀一千六百兩，猫睛二塊、重一錢八分，祖母緑六塊、重四錢二分，青寶石四百六十八塊、重二百七十四兩五錢，紅寶石五百四十七塊、重一百六十四兩一錢，黄寶石十二塊、重一兩八錢，各樣圓珍珠、大珠各一顆，頭樣珠一百二十七顆，大樣珠三百三千六顆，一樣至十樣珠共一萬二千八百十一顆，白玉料一十一斤，珊瑚料一斤三兩，瑪瑙料一斤，金星石料一斤，水晶料一斤，碧甸子一斤，翠毛一千六個。

沈德符《萬曆野獲編》卷二六《翫具・瓷器》 本朝窑器，用白地青花間裝五色，爲今古之冠。如宣窑品最貴，近日又重成窑，出宣窑之上。蓋兩朝天縱，留意曲藝，宜其精工如此，然花樣皆作八吉祥、五供養、一串金、西番蓮以至鬥鷄百鳥及人物故事而已。至嘉靖窑，則又仿宣、成二種而稍遜之，惟崔公窑加貴，其值亦第宣、成之十一耳。幼時曾於二三豪貴家，見隆慶窑酒杯茗碗，俱繪男女私褻之狀，蓋穆宗好内，以故傳奉命造此種。然漢時發冢則鑿磚畫壁俱有之，且有及男色者，書册所紀甚具，則杯盞正不足怪也。以後此窑漸少，今絶不復睹矣。

郭尚友《繕部紀略・咨》 工部尚書劉、爲旌叙賢勞司官以昭激勸事。先是本部覆奉欽依修建瑞王邸第，該内監估計，率循舊規。及查往牒，遡自福王而上，凡係府工，輒費至二十餘萬，蓋乾没於中涓、浮濫於各作所從來矣！乃營繕司郎中郭尚友，洞矚情弊，極力節裁，一木一石，必爲籌算；一匠一夫，必嚴稽覈。曾未數月，工已告成。本部會同巡視科道，公同閲視，規模壯麗，視他府有加，計用過錢糧不過二萬，較昔福府實省一十八萬有奇。本部不勝忻慰，業於十月廿七日具疏報竣矣。緣係繕修親王府第，雖節省極多，例不便特請叙陞，然賢勞如此，則不可不爲優異者也。除監督司官聶心湯、矯九高同心共濟，另行咨叙紀録外，及查郭郎中在司，其任勞任怨，克殫厥職，有不寧惟是者，如停止山臺兩廠傳造御覽物件，則歲省二萬餘金；議用三門中道舊石，免行採運，則省費十萬餘金；建豎角樓圍廊等處，則省費三萬餘金；阻抑内監傳取修理壽皇殿物料價值，則省費五萬餘金，清楚兩窑工作，則歲省一萬餘金；停止河路顧運磚料，則歲省水脚一萬五千餘金；裁兩廠安裝内宫鰲山燈架匠工，則歲省一千五百餘金；修理都重城，則省費二萬餘金；修理直房等工，則省費一萬餘金；臨清磚不行加派，則歲省一萬餘金。其他停一切不急之工，袪百務浮淫之蠹，隨事節裁，有難枚舉。總之，本官才力氣魄，既足以斥内監無厭之求；而廉潔公正，又足以服内監不泯之心。故有一分支用，必有一分工程，積弊盡釐，漏巵盡塞，一時庫積銀兩多至百有餘萬，足備異日門殿之需，真從來絶無僅有之事也。看得本官品格操持素定，文章經濟兼長；勤勞久著於釐工，節省更徵於裕國。公評騰譽，卓績罕儔，況資俸已深，推擢宜茂，相應咨叙，爲此合咨貴部，煩爲查照，即行破格加陞，以示旌酬，庶司屬咸知勸勉，賢勞益加感奮矣。

何士晉《工部廠庫須知》卷一一《器皿厂》

光禄寺成造器皿：

每年題造數，除南京應造外，其本廠應造者，查近年來或六七千件或八九千件。□項多寡不一，但計總數不得過增，今以萬曆四十二年成造數目開後，大約每年相似。

萬曆四十二年成造硃紅竹絲連二盒二千七百五十副，架杠全。硃紅竹絲連三盒六百八十副，架杠全。硃紅膳盒一百副，架杠全。硃紅大膳盒六百副，架杠全。戧金膳盒一百五十副，架杠全。戧金大膳盒四百五十副，架杠全。硃紅托盒一千五百架，架杠全。硃紅大托盒一百八十架，架杠全。戧金大托盒四百七十架，架杠全。戧金大酒盒三十副，硃紅酒盒五百副，外抬酒盒蓋架杠各五百條件，硃紅水沿木桌二百張，硃紅木水桶一百零六隻，紅油木案十張，錫鑲水桶十六隻，硃紅木方箱二十七撞，錫鑲方箱三撞，硃紅木箱四十六個，蒸籠十撞，醬蓬五十個，硃紅連椅五十張，竹籠四個，大小祭卓四十五張，供器全。黄絹單三銷金袱三千三百條，以上除黄絹銷金袱外，器皿共八千五百九十七件。照條例開載往年數溢萬件，近年數稍減矣。

謝肇淛《五雜俎》卷一二《物部四》 唐以前皆於揚州貢鏡，以五月五日取揚子江心水鑄之。凡鏡無它，但水清冽則佳矣。今之鏡北推易水，南數吴興，亦以其水也，然易鏡不迨湖鏡遠甚。

秦鏡背無花紋，漢有四釘、海馬、蒲桃，唐制鼻紐頗大及六角菱花，宋以後不足貴矣。凡鏡踰古踰佳，非獨取其款識斑色之美，亦可辟邪魅、禳火災，故君子貴之。

今山東、河南、關中掘地得古冢，常獲鏡無數，它器物不及也。云古人新死未斂，親識來吊，率以鏡護其體，云以妨尸氣變動，及殯則内之棺中，有一冢中鏡數百者。歲久爲尸血肉所蝕，又爲苔土所沁，成紅緑二色，如朱砂、鸚鵡、碧鈿諸寶相，斯爲貴矣。其傳世者光黑如漆，不能成紅緑也。然臨淄人僞爲之者最多。洛陽人取古冢中鏡破碎不全者，截令方，四片合成，加以柱而成爐焉，謂之鏡爐。制則新也，而質實舊物，置之案頭，猶勝饞鼎。

周火齊鏡暗中視物如晝，秦方鏡照人心膽，漢史良娣身毒鏡照見妖魅，隋王度鏡能却百病，唐葉法善鐵鏡鑒物如水，長安任仲宣鏡水府至寶，爲龍所奪，秦淮漁人鏡洞見五腑六臟，王宗壽鏡照見樓上青衣小兒。宋吕蒙正時朝士有古鏡，能照二百里。安陸石岩村鏡、何楚言河朔鏡，皆照十數里。徐鉉鏡只見一眼，李士寧斬轅山鏡洞見遠近。嘉祐中吴僧鏡照見前途吉凶，孟蜀軍校張敵鏡光照一室，不假燈燭。慶曆中宦者鏡背鑄兔形，影在鑒中。盧彦緒鏡背有金花承日如輪。近時金陵軍人耕田，得鏡半面，能照地中物，持之發冢掘藏，大有所得。又大中橋民陳某修宅，垣中得長柄小鏡，照之則頭痛，持與人照，無不痛者。《庚巳編》載：吴縣陳氏祖傳古鏡，患瘧者照之，見背上一物，驚去，病即瘥。余戊子歲在彭城見賣鏡者，其面如常，其背照之則人影俱倒，斯亦異矣。

修養家謂梳爲木齒丹，云每日清晨梳千下，則固髮去風，容顔悦澤。夫人一日之功全在於晨，晏眠早起，欲及時也，頭梳千下，廢時失事甚矣，縱能固髮悦顔何益？

筓不獨女子之飾，古男子皆戴之。《三禮圖》：「筓，士以骨，大夫以象。」蓋即今之簪耳。范武子怒文子，擊之以杖，折其委筓，蓋童子未冠時也。

漢惠帝時，黄門侍中皆傅脂粉。順帝時，梁冀奏李固胡粉飾貌，搔頭弄姿。曹子建以粉自傅，何晏動靜自喜，粉白不去手。蓋魏、晉以前習俗如此。夫婦人之美者猶不假粉黛，況男子乎？

以丹注面曰的，古天子諸侯媵妾以次進御，有月事者難以口説，故注此於面以爲識，如射之有的也，其後遂以爲兩腮之飾。王粲《神女賦》曰：「施華的，結羽釵。」傅玄《鏡賦》：「點雙的以發姿。」非爲程姬之疾明矣。唐王建《宫詞》：「密奏君王知入月，唤人相伴洗裙裾。」則亦無注的事也。潘岳《芙蓉賦》：「丹輝拂紅，飛須垂的。」王敬美《早梅》詩：「暈落朱唇微有的。」則又借以咏花矣。

漢中山王來朝，成帝賜食，及起而襪係解，成帝以爲不能也，於是定陶王得立。然文王伐崇，至鳳凰之墟而襪係解；武王伐紂，行至商山而襪係解；晉文公與楚戰，至黄鳳之陵而履係解。古之聖王霸主皆有然者，何獨中山王耶？

古人以跣爲敬，故非大功臣，不得劍履上殿。褚師聲子襪而登席，而衛侯怒。至於見長者，必脱屨於户外。曹公令曰：「議者以祠廟當解履。」則漢末猶然矣。

漢王喬爲葉縣令，每朝會，雙鳧飛來，網之得雙舄。盧耽爲州治，中元會不及朝，化爲白鵠回翔，威儀以帚擲之，得雙履。南海太守鮑靚嘗夜訪葛洪，達旦乃去，人訝其往來之頻而不見車騎，密伺見雙燕飛來，網之得雙履。此三事絶相類，而人但知雙鳧事也。

漢時着屐尚少，至東京末年始盛。應劭《風俗通》載：延嘉中京師好着木履，婦人始嫁，作漆畫屐，五色采爲系。後黨事起，以爲不祥。至晉而始通用，阮孚至自蠟之。謝靈運登山陟嶺，未嘗須臾離也。想即以此當履耳。《晉書・五行志》云：「初作屐者，婦人頭圓，男子頭方。至太康初，婦人屐乃頭方，與男無別。」此亦古婦人不纏足之一證。今世吾閩興化、漳、泉三郡以屐當靸，洗足竟，即跣而着之，不論貴賤男女皆然，蓋其地婦人多不纏足也。女屐加以彩畫，時作龍頭，終日行屋中閣閣然，想似西子響屧廊時也。可發一笑。

相手板法出於蕭何，或曰四皓，後東方朔見而善之。天下事之不經，莫此爲甚。宋庾道愍相山陽王休祐板，以爲多忤，後密易褚彦回者。不數日，彦回對帝，誤稱下官，大被譴訶。夫明帝，猜忌忍虐之主，故休祐見疑。若遇平世明主，此笏能令人忤乎？唐李參軍善相笏，休咎皆驗。又有龍復本者，無目，凡象簡、竹笏，以手捻之，必知官禄年壽。宋初聶長史者，相丘巒三笏異用，而皆如其言也。然則紀傳所載不足徵耶？曰：精卜筮術數者，藉物以起數，如管輅、郭璞之流耳，非專相笏也。使笏易地易人，則數又隨之變矣。

董偃卧琉璃帳，張易之爲母制七寶帳，王譓作翠羽帳，元載寵姬處金絲帳，唐武宗玳瑁帳，同昌公主設連珠帳，又大秦國金織成五色帳，有明月夜珠帳，斯條王國作白珠交結帳，侈靡極矣。然琉璃、玳瑁，玉石之屬，豈堪作帳？當是鄣字之誤耳。

孟光舉案齊眉，解者紛然，亦大可笑事。古人席地而坐，疾則憑几，食及觀書則皆用案。几即今之桌子，案似食格之類，豈可便以几爲案乎？漢王賜淮陰玉案之食，玉女賜沈羲金案玉杯，石季龍以玉案行文書，古詩「何以報之青玉案」。漢武帝爲雜寶案，貴重若此，必非巨物。楊用修以爲碗，亦非也。且漢時皇后五日一朝皇太后，親奉案上食；高祖過趙，趙王敖自持案進食甚恭。則古人之舉案爲常事，何獨孟光哉？

古人以几、杖爲優老之禮。康王疾大漸，憑玉几；孫翊謂任元褒吏憑几對客爲非禮；魏文帝賜楊彪延年杖及憑几。今之憑几對客者衆矣。

漢文帝時，魯少年拄金杖；武帝有玉箱杖；嘉平中，袁逢作三公，賜玉杖；晉佛圖澄金杖銀鉢；《劉向别傳》有麒麟角杖；曹操賜楊彪銀角桃杖。今人但用竹杖耳。漢昌邑王至滎陽，買積竹刺杖，龔遂諫曰：「積竹刺杖，少年驕蹇杖也。」今武陵有方竹，爲杖甚佳。及蜀邛州杖，巨節如鷄骨然。夫杖，扶老登山，取其輕便爲貴，金玉徒爲觀美，未必當於用也。

皮日休有天台杖，色黯而力遒，謂之華頂杖。有龜頭山疊石硯，高不二寸，其仞數百，謂之太湖硯。有桐廬養和一具，怪形拳踞，坐若變去，謂之烏龍養和。養和者，隱囊之屬也。按李泌以松膠枝隱背，謂之養和，後得如龍形者獻帝，四方争效之。今吴中以枯木根作禪椅，蓋本於此。

朱國禎《湧幢小品》卷二八《百尺彌勒》 新昌寶相寺在南明之陽，東晉曇光開山。齊永明中，僧護嘗隱於此。護始到，夜聞鐘磬仙樂之音，又時現佛像，煒煒可駭，由是啓願鑿百尺彌勒像。像成，端嚴偉特，名聞中外。其最異者，像自石中鑿出，今佛身之後，石壁之上，有自然圓暈，如大車輪，正當佛首，而四方闊狹一同，無毫厘差。佛身高廣，則咸平僧端辨嘗記之云。按劉勰舊記，齊永明四年，有浮圖氏，厥號僧護，嘗兹矢誓，期三生躬造彌勒之像。梁天監十五年二月，始經營開鑿之。洎畢，龕高一十一丈，廣七丈，深五丈，佛身通高十丈，座廣五丈有六尺。其面自髮際至頤，長一丈八尺，廣亦如之。目長六尺三寸，眉長七尺五寸，耳長一丈二尺，鼻長五尺三寸，口廣六尺二寸。從髮際至頂，高一丈三尺。指掌通長一丈二尺五寸，廣六尺五寸，足亦如之。兩膝加趺，相去四丈五尺。壯麗殊特，四八之相，罔弗畢具。諒嘉陵並郡石像外，至於斯，天下鮮可比擬者。後梁開平中，吴越王鏐賜錢八千萬貫，造閣三層，東西七間，高一十五丈。又出珍寶巨萬，建屋三百餘楹。後鏐之孫俶，又列二菩薩夾侍閣前，身高七丈。宋景德間，邑人石湛鑄銅鐘一口，董遂良等舍錢百萬，妝飾金像。又詣闕請經一藏，石氏又起轉經藏，並寶殿以安之，賜額寶相。厥後侍像亦壞。元元統二年，僧普光更爲坐像二，高六丈五尺。又以銅絲爲網，護於其前。明永樂九年，住持僧裔重建三門毗盧閣，凡三層五楹，高十三丈五尺。正統中，悉毁於火。萬曆三十一年，復爲石龕罩之，永絶火患。

文震亨《長物志》卷六《几榻》 古人制几榻，雖長短廣狹不齊，置之齋室，必古雅可愛，又坐卧依憑，無不便適。燕衎之暇，以之展經史，閲書畫，陳鼎彝，羅肴核，施枕簟，何施不可。今人製作，徒取雕繪文飾，以悦俗眼，而古制蕩然，令人慨嘆實深。志《几榻第六》。

榻 座高一尺二寸，屏高一尺三寸，長七尺有奇，横三尺五寸，周設木格，中貫湘竹，下座不虚。三面靠背，後背與兩傍等，此榻之定式也。有古斷紋者，有元螺鈿者，其制自然古雅。忌有四足，或爲螳螂腿，下承以板，則可。近有大理石鑲者，有退光朱黑漆中刻竹樹以粉填者，有新螺鈿者，大非雅器。他如花楠、紫檀、烏木、花梨，照舊式制成，俱可用。一改長大諸式，雖曰美觀，俱落俗套。更見元制榻，有長一丈五尺，闊二尺餘，上無屏者，蓋古人連床夜卧，以足抵足，其制亦古，然今却不適用。

短榻 高尺許，長四尺，置之佛堂、書齋，可以習静坐禪，談玄揮麈，更便斜倚，俗名「彌勒榻」。

曲几 以怪樹天生屈曲若環若帶之半者爲之，横生三足，出自天然，摩弄滑澤，置之榻上或蒲團，可倚手頓顙。又見圖畫中有古人架足而卧者，制亦奇古。

禪椅 以天台藤爲之，或得古樹根，如虬龍詰曲臃腫，槎牙四出，可挂瓢笠及數珠、瓶鉢等器，更須瑩滑如玉，不露斧斤者爲佳。近見有以五色芝粘其上者，頗爲添足。

天然几 以文木如花梨、鐵梨、香楠等木爲之；第以闊大爲貴，長不可過八尺，厚不可過五寸，飛角處不可太尖，須平圓，乃古式。照倭几下有拖尾者，更奇，不可用四足如書桌式；或以古樹根承之，不則用木，如臺面闊厚者，空其中，略雕雲頭、如意之類；不可雕龍鳳花艸諸俗式。近時所制，狹而長者，最可厭。

書桌 中心取闊大，四周鑲邊，闊僅半寸許，足稍矮而細，則其制自古。凡狹長混角諸俗式，俱不可用，漆者尤俗。

壁桌 長短不拘，但不可過闊，飛雲、起角、螳螂足諸式，俱可供佛，或用大理及祁陽石鑲者，出舊制，亦可。

方桌 舊漆者最多，須取極方大古樸，列坐可十數人者，以供展玩書畫。若近制八仙等式，僅可供宴集，非雅器也。燕几别有譜圖。【略】

櫥 藏書櫥須可容萬卷，愈闊愈古，惟深僅可容一册。即闊至丈餘，門必用二扇，不可用四及六。小櫥以有座者爲雅，四足者差俗，即用足，亦必高尺餘。下用櫥殿，僅宜二尺，不則兩櫥迭置矣。櫥殿以空如一架者爲雅。小櫥有方二尺餘者，以置古銅玉小器爲宜。大者用杉木爲之，可辟蠹，小者以湘妃竹及豆瓣楠、赤水、櫸木爲古。黑漆斷紋者爲甲品，雜木亦俱可用，但式貴去俗耳。鉸釘忌用白銅，以紫銅照舊式，兩頭尖如梭子，不用釘釘者爲佳。竹櫥及小木直楞，一則市肆中物，一則藥室中物，俱不可用。小者有内府填漆，有日本所制，皆奇品也。經櫥用朱漆，式稍方，以經册多長耳。【略】

床 以宋元斷紋小漆床爲第一，次則内府所製獨眠床，又次則小木出高手匠作者亦自可用。永嘉、粤東有折疊者，舟中携置亦便。若竹床及飄檐、拔步、彩漆、卍字、回紋等式，俱俗。近有以柏木琢細如竹者，甚精，宜閨閣及小齋中。

箱 倭箱黑漆嵌金銀片，大者盈尺，其鉸釘鎖鑰俱奇巧絶倫，以置古玉重器或晉唐小卷最宜。又有一種差大，式亦古雅，作方勝、纓絡等花者，其輕如紙，亦可置卷軸、香藥、雜玩，齋中宜多畜以備用。又有一種古斷紋者，上圓下方，乃古人經箱，以置佛座間，亦不俗。

屏 屏風之制最古，以大理石鑲下座，精細者爲貴。次則祁陽石，又次則花蕊石。不得舊者，亦須仿舊式爲之，若紙糊及圍屏、木屏，俱不入品。

宋應星《天工開物》卷三《彰施》 宋子曰，霄漢之間雲霞異色，閻浮之内花葉殊形。天垂象而聖人則之，以五彩彰施於五色，有虞氏豈無所用心哉？飛禽衆而鳳則丹，走獸盈而麟則碧。夫林林青衣望闕而拜黄朱也，其義亦猶是矣。君子曰，甘受和，白受采。世間絲、麻、裘、褐皆具素質，而使殊顔異色得以尚焉。謂造物而不勞心者，吾不信也。

諸色質料

大紅色：其質紅花餅一味，用烏梅水煎出，又用鹼水澄數次。或稻稿灰代鹼，功用亦同。澄得多次，色則鮮甚。染房討便宜者先染蘆木打脚。凡紅花最忌沉、麝，袍服與衣香共收，旬月之間其色即毁。凡紅花染帛之後，若欲退轉，但浸濕所染帛，以鹼水、稻灰水滴上數十點，其紅一毫收轉，仍還原質。所收之水藏於緑豆粉内，放出染紅，半滴不耗。染家以爲秘訣，不以告人。 蓮紅、桃紅色、銀紅、水紅色：以上質亦紅花餅一味，淺深分兩加減而成。是四色皆非黄繭絲所可爲，必用白絲方現。

木紅色：用蘇木煎水，入明礬、棓子。 紫色：蘇木爲地，青礬尚之。 赫黄色：製未詳。 鵝黄色：黄蘗煎水染，靛水蓋上。 金黄色：蘆木煎水染，復用麻稿灰淋，鹼水漂。 茶褐色：蓮子殼煎水染，復用青礬水蓋。 大紅官緑色：槐花煎水染，藍澱蓋，淺深皆用明礬。 豆緑色：黄蘗水染，靛水蓋。 今用小葉莧藍煎水蓋者名草豆緑，色甚鮮。 油緑色：槐花薄染，青礬蓋。

天青色：入靛缸淺染，蘇木水蓋。 葡萄青色：入靛缸深染，蘇木水蓋。 蛋青色：黄蘗水染，然後入靛缸。 翠藍、天藍：二色俱靛水分深淺。 玄色：靛水染深青，蘆木、楊梅皮等分煎水蓋。又一法，將藍芽葉水浸，然後下青礬、棓子同浸，令布帛易朽。 月白、草白二色：俱靛水微染，今法用莧藍煎水，半生半熟染。 象牙色：蘆木煎水薄染，或用黄土。 藕褐色：蘇木水薄染，入蓮子殼、青礬水薄蓋。 附：染包頭青色：此黑不出藍靛，用栗殼或蓮子殼煎煮一日，漉起，然後入鐵砂、皂礬鍋内，再煮一宵即成深黑色。

附染毛青布色法：布青初尚蕪湖千百年矣，以其漿碾成青光，邊方外國皆貴重之。人情久則生厭。毛青乃出近代，其法取松江美布染成深青，不復漿碾，吹乾，用膠水參豆漿水一過。先蓄好靛，名曰標缸，入内薄染即起。紅焰之色隱然，此布一時重用。

藍澱

凡藍五種皆可爲澱。茶藍即菘藍，插根活。蓼藍、馬藍、吴藍等皆撒子生。近又出蓼藍小葉者，俗名莧藍，種更佳。

凡種茶藍法，冬月割獲，將葉片片削下，入窖造澱。其身斬去上下，近根留數寸，薰乾，埋藏土内。春月燒净山土，使極肥鬆，然後用錐鋤其鋤勾末向身，長八寸許。刺土打斜眼，插入於内，自然活根生葉。其餘藍皆收子撒種畦圃中。暮春生苗，六月采實，七月刈身造澱。

凡造澱，葉與莖多者入窖，少者入桶與缸。水浸七日，其汁自來。每水漿一石下石灰五升，攪沖數十下，澱信即結。水性定時，澱沉於底。近來出産，閩人種山皆茶藍，其數倍於諸藍。山中結箬簍輸入舟航。其掠出浮抹曬乾者，曰靛花。凡藍入缸，必用稻灰水先和，每日手執竹棍攪動，不可計數。其最佳者曰標缸。

紅花

紅花場圃撒子種，二月初下種。若太早種者，苗高尺許即生蟲如黑蟻，食根立斃。凡種地肥者，苗高二、三尺。每路打橛，縛繩横攔，以備狂風拗折。若瘦地，尺五以下者，不必爲之。

紅花入夏即放綻，花下作梂彙多刺，花出梂上。采花者必侵晨帶露摘取。若日高露旰，其花即結閉成實，不可采矣。其朝陰雨無露，放花較少，旰摘無妨，以無日色故也。紅花逐日放綻，經月乃盡。入藥用者不必制餅。若入染家用者，必以法成餅然後用，則黄汁净盡，而真紅乃現也。其子煎壓出油，或以銀箔貼扇面，用此油一刷，火上照乾，立成金色。

造紅花餅法：帶露摘紅花，搗熟，以水淘，布袋絞去黄汁。又搗以酸粟或米泔清。又淘，又絞袋去汁。以青蒿覆一宿，捏成薄餅，陰乾收貯。染家得法，「我朱孔陽」，所謂猩紅也。染紙吉禮用，亦必用制餅，不然全無色。

張岱《陶庵夢憶》卷八《龍山放燈》 萬曆辛丑年，父叔輩張燈龍山，剡木爲架者百，涂以丹雘，帨以文錦，一燈三之。燈不專在架，亦不專在磴道，沿山襲谷，枝頭樹杪無不燈者，自城隍廟門至蓬萊崗上下，亦無不燈者。山下望如星河倒注，浴浴熊熊，又如隋煬帝夜游，傾數斛螢火於山谷間，團結方開，倚草附木，迷迷不去者。好事者賣酒，緣山席地坐。山無不燈，燈無不席，席無不人，人無不歌唱鼓吹。男女看燈者，一入廟門，頭不得顧，踵不得旋，只可隨勢，潮上潮下，不知去落何所，有聽之而已。廟門懸禁條：禁車馬，禁烟火，禁喧嘩，禁豪家奴不得行辟人。父叔輩臺於大松樹下，亦席，亦聲歌，每夜鼓吹笙簧與宴歌弦管，沉沉昧旦。十六夜，張分守宴織造太監於山巔星宿閣，傍晚至山下，見禁條，太監忙出輿笑曰：「遵他，遵他，自咱們遵他起！」却隨役，用二卯角扶掖上山。夜半，星宿閣火罷，宴亦遂罷。燈凡四夜，山上下糟丘肉林，日掃果核蔗滓及魚肉骨蠡蜕，堆砌成高阜，拾婦女鞋挂樹上，如秋葉。

相傳十五夜，燈殘人静，當壚者正收盤核，有美婦六七人買酒，酒盡，有未開瓮者。買大罍一，可四斗許，出袖中瓜果，頃刻罄罍而去。疑是女人星，或曰酒星。又一事：有無賴子於城隍廟左借空樓數楹，以姣童實之，爲簾子胡同。是夜，有美少年來狎某童，剪燭殢酒，媟褻非理，解襦，乃女子也，未曙即去，不知其地、其人，或是妖狐所化。

張潮輯《虞初新志》卷一六高士奇《記桃核念珠》 得念珠一百八枚，以山桃核爲之，圓如小櫻桃。一枚之中，刻羅漢三四尊，或五六尊。立者，坐者，課經者，荷杖者，入定於龕中者，蔭樹趺坐而説法者，環坐指畫論議者，袒跣曲拳，和南而前趨，而後侍者，合計之爲數五百。蒲團、竹笠、茶奩、荷策、瓶鉢、經卷畢具，又有雲龍風虎、獅象鳥獸、狻猊猿猱錯雜其間。初視之，不甚了了；明窗净几，息心諦觀，所刻羅漢，僅如一粟，梵相奇古。或衣文織綺綉，或衣袈裟水田絺褐，而神情風致，各蕭散於松柏岩石，可謂藝之至矣。

向見崔銑郎中有《王氏筆管記》云：唐德州刺史王倚家，有筆一管，稍粗於常用。中刻《從軍行》一鋪，人馬毛髮、亭臺遠水，無不精絶。每事復刻《從軍行》詩二句，如「庭前琪樹已堪攀，塞外征人殊未還」之語。又《輟耕録》載宋高宗朝，巧匠詹成，雕刻精妙，所造鳥籠四面花版，皆於竹片上刻成宫室人物，山水花木禽鳥，其細若縷，而且玲瓏活動，求之二百餘年，無復此一人。今余所見念珠，雕鏤之巧，若更勝於二物也。惜其姓名不可得而知。長洲周汝瑚言，吴中人業此者，研思殫精，積八九年，及其成，僅能易半歲之粟，八口之家，不可以飽，故習兹藝者亦漸少矣。噫！世之拙者，如荷擔負鋤、輿人御夫之流，惷然無知，惟以其力日役於人，既足養其父母妻子，復有餘錢，夜聚徒侣，飲酒呼盧以爲笑樂。今子所云巧者，盡其心神目力，歷寒暑歲月，猶未免於饑餒。是其巧爲甚拙，而拙者似反勝於巧也。因以珊瑚木難飾而囊諸古錦，更書答汝瑚之語，以戒後之恃其巧者。

張山來曰：末段議論，足醒巧人之夢。特恐此論一出，巧物不復可得見矣，奈何！

又宋起鳳《核工記》 季弟獲桃墜一枚，五分許，横廣四分。全核向背皆山，山坳插一城雉，歷歷可數。城顛具層樓，樓門洞敞，中有人，類司更卒，執桴鼓，若寒凍不勝者。枕山麓一寺，老松隱蔽三章，松下鑿雙户，可開闔。户内一僧，側首傾聽，户虚掩如應門，洞開如延納狀。左右度之，無不宜。松外東來一衲，負卷帙踉蹌行，若爲佛事夜歸者。對林一小陀，似聞足音僕僕前。核側出浮屠七級，距灘半黍，近灘維一舟，蓬窗短舷間，有客憑几假寐，形若漸寤然。舟尾一小童，擁爐噓火，蓋供客茗飲也。艤舟處當寺陰，高阜鐘閣踞焉。叩鐘者貌爽爽自得，睡足徐興乃爾。山頂月晦半規，雜疏星數點。下則波紋漲起，作潮來候，取詩「姑蘇城外寒山寺，夜半鐘聲到客船」之句。計人凡七：僧四，客一，童一，卒一；宫室器具凡九：城一，樓一，招提一，浮屠一，舟一，閣一，爐竈一，鐘鼓各一；景凡七：山水、林木、灘石四，星月燈火三。而人事如傳更、報曉、候門、夜歸、隱几、煎茶，統爲六，各殊致殊意，且並其愁苦、寒懼、疑思諸態，俱一一肖之。語云：納須彌於芥子，殆謂是與？然聞之，尺綃綉經而唐微，水戲薦酒而隋替，器之淫也，吾滋懼矣。先王著《考工》，蓋早辨之焉。

張山來曰：宋人以象爲楮葉，雜之真葉中，不能辨審。若是，則曷不摘真楮葉玩之乎？今之鬼工桃核，精巧絶倫，人皆以其核也而寶之，庶不虚負此巧耳。

褚人穫《堅瓠甲集》卷三《錯寫琵琶》　有人送枇杷於沈石田，誤寫「琵琶」。石田答書曰：「承惠琵琶，開奩視之，聽之無聲，食之有味。乃知司馬揮泪於江干，明妃寫怨於塞上，皆爲一啖之需耳。嗣後覓之，當於楊柳曉風、梧桐夜雨之際也。」又屠赤水、莫廷韓過袁太沖家，見帖上寫「琵琶一盒」，相與大笑。屠曰：「枇杷不是這琵琶。」袁曰：「只爲當年識字差。」莫曰：「若使琵琶能結果，滿城弦管盡開花。」一座絶倒。

劉熙《釋名》云：「枇杷，樂器，本胡琴，馬上所鼓。推手前曰枇，却手後曰杷。取鼓時以爲名也。」《六書正訛》云：「後人借枇杷字爲樂器，别作琵琶，非。」然使今人寫琵琶爲枇杷，亦必成笑話矣。

褚人穫《堅瓠乙集》卷四《鏡殿》　《藝林伐山》：唐高宗造鏡殿，武后意也。四壁皆安鏡，爲白晝秘戲之需。帝一日獨坐，劉仁軌入奏事，驚走下階，曰：「天無二日，土無二王。臣見四壁有數天子，不祥莫大焉。」帝命鏟去，武后不悦。帝崩，后復建之。楊廉夫詩：「鏡殿青春秘戲多，玉肌相照影相摩。六郎酣戰明空笑，隊隊鴛鴦漾渌波。」胡應麟云：「六郎謂昌宗，明空即曌字耳。」但鏡殿隋煬帝所造，《迷樓記》：帝設銅屏四周殿上，白晝與宫人戲樂，纖毫皆入屏中。高宗時武曌用事，中外謂之二聖。仁軌蓋假此以諷之也。

褚人穫《堅瓠丙集》卷三《剪刀詩》　《升庵詩話補遺》云：李古廉時勉。《咏剪刀》詩：「吴綾剪處魚吞浪，蜀錦裁時燕掠霞。深院響餘一作傳。春晝静，小樓工罷夕陽斜。」古廉之直節清聲，而詩嫵媚如此。

又《熨斗詩》　《駢鸞録》：鈷鉧，火斗也，俗名熨斗。明瞿宗吉有詩云：「有柄何曾挹酒漿，隨時用舍屬閨房。幹旋天上陽和氣，平帖人間錦綉香。翠袖卷紗移玉釧，金篝分火近牙床。衣成還寄征夫去，印顆何時肘後黄。」

褚人穫《堅瓠丁集》卷三《原棋》　棋有三：圍棋，《博物志》曰堯作以教丹朱。夫子曰：「不有博弈者乎？」而皮日休《原弈》則辯明始於戰國。象棋，見於《太平御覽》，爲周武王所創，然其名曰象戲，其字又有日月星辰之名，非今之象棋。《幽怪録》載：唐岑順於陝州，夜見車馬步卒之移，掘地得金象局並子。故唐以後方顯。又《説苑》：雍門周謂孟嘗君下燕則鬥象棋。是以象爲棋勢，而分陣相鬥。象棋之名，戰國時已有之。彈棋，始於劉向。因漢成帝惡蹴鞠之勞，作以獻之。其制義備於柳子厚序棋，今不傳，所傳者前之二種。雖一藝之微，皆有妙存其間，窮其趣者，終日不能完一二局。所謂「虎穴得子人皆驚，静算江山千里近」之妙。他如東坡、荆公性非不敏，亦不能造其極。東坡有「勝固欣然，敗亦可喜」之語。《遁齋閑覽》云：荆公棋將敗，則隨手斂之。嘗作詩曰：「莫將戲事擾真情，且可隨緣道我贏。戰罷兩奩收黑白，一枰何處有虧成。」

《演繁露》云：今棋方十九道，合枰爲棋子三百六十一枚。按李善注韋昭《博弈論》「枯棋三百」，引邯鄲淳《藝經》曰「棋局縱横各十七道，合二百八十九格，白黑棋子各一百五十枚」爲證。

褚人穫《堅瓠續集》卷二《簡板尺牘》　古人與朋儕往來，以漆板代書帖，又苦其漏泄，遂作二板相合，以片紙封其際，故曰簡板，或云尺牘。

上古結繩而治，二帝以來，始有簡策，以竹爲之，而書以漆。或用版以鉛畫之。故有刀筆鉛槧之説。刀筆者，記事於簡，誤則以刀削除之也。

古者以三尺竹簡書法律於上，所謂刑書也，故曰三尺法。桓寬《鹽鐵論》有二尺四寸之律，意同。

又《堯民擊壤》　堯民擊壤，壤以木爲之，前廣後鋭，長四寸，闊三寸，其形如履。將戲，先側一壤於遠三四十步，以手中壤擊之，中地上壤爲勝。蓋古戲也。

又《紙錠化真金》　鄭龍如《偶記》：南州有兄弟二人，貧窘日甚，聞人譚天雨金事，乃日夜作痴想。鄰有輕儇子厭其狀，造一大紙錠，夜静携置其門，急敲數下而去。弟啓户出視，寂無人，見有物朗然耀目，舉之不能動，急呼其兄起，共舁以入，至明視之，則真金，家遂富裕。

王士禛《古夫于亭雜録》卷三《古鏡》 宋慶曆時，有宦官蓄一古鏡，背鑄鬼形，而其影在鑑中。

又《柴窑片》 柴窑於陶器中最古，流傳至今者，碎片與金翠同價。亡友劉吏部公酨，體仁。每自詡其詩文爲「柴窑片」，雖謔語，亦有所本也。

宋犖《筠廊偶筆》卷上 常熟窑變羅漢在方塔寺内，高五六寸，瘦甚，跣足趺坐，頂上骨縫隱然，兩齒出唇外如生人，慈悲之意可掬。長安慈仁寺窑變觀音以莊嚴妙麗勝，此以奇古勝。寺内青鵰菩薩即睢陽張公巡，赤髮藍面，口銜巨蛇，如夜叉狀。余視之不可解。或曰公自矢死爲厲鬼殺賊，此蓋厲鬼像云。【略】

大内有「壽亭侯印」，方一寸，瓦鈕連環四，刻「壽亭侯印」朱文四字，翡翠燦然，旁有痕，似嵌寶玉取去者。先文康嘗印取一紙寶玩之。此印流傳不一，詳《容齋四筆》中。

曩見水晶一塊，内有物如粟，仿佛太極圖，轉側視之，必上行如蜘蛛，雖千回不易。又高脚瓷碗一，外畫西番蓮，淡青色，内「永樂年制」篆書四暗字，日午始見。其邊甚薄，以手摩之，依稀絲竹聲，可以和歌，聲聞里許，惜不久爲貴官觸破。慕廬云：「余家舊有緬磬一，以杉木離口半寸許繞幣二三轉，則有聲自遠而至，良久乃止，必銅性使然也。瓷經鍛煉能出聲，更奇矣。」【略】

汴梁相國寺大雄殿相傳建自北齊，明末没於河。順治中撫軍賈公重建，見梁木精堅，色深緑，遂易以他木，而取爲長几，儼然青玉案也。又寺内舊有葡萄一株，没地下二十餘年，近發生原處，蔓延數丈，結實累累，往來游人賦詩紀異者甚衆。【略】

碭山劉貞甫造銅器精巧絶倫，嘗爲彭城萬年少壽祺。造準提像，高二寸許，三年而成，臂十八，手中各有所持。一手擎七級浮圖，每級四面，各佛一尊，法象莊嚴，無毫髮遺憾，所謂神工鬼斧也。昔王夢澤稱施生雨能於方寸之楮作小楷數千，點畫不淆。於粒麻之上宛轉書之，成五言詩一絶，即有炯眸，非極視專瞪，數拭屢翕蓄而後張，不可得其仿佛。誠文苑之絶技，生平所未睹也。以較貞甫，恐又有難易之别。貞甫曾爲余造圖章二，一龜鈕，一天雞鈕，俱精妙可玩，後爲人盜去。

宋犖《筠廊偶筆》卷下 京師鷲峰寺在城隍廟南，有旃檀佛像。《帝京景物略》云：「像爲旃檀香木所造，鵠立上視，前瞻若俯，後瞻若仰，衣紋水波，骨法見衣表。左手舒而植，右手舒而垂，肘掌皆微弓，指微張而膚合，三十二相中鵝王掌也。勇猛慈悲，精進自在，以意求之皆備。」按《瑞像記》云：「釋迦如來初爲太子，誕七日，母摩耶棄世生忉利天。佛既成道，思念母恩，遂升忉利爲母說法。優闐國王欲見無從，乃刻旃檀爲像，目犍連尊者以神力攝三十二匠升忉利天諦觀相好，三返乃成。及佛返人間，王率臣庶自往迎佛，此像騰步空中向佛稽首，佛爲摩頂受偈曰：『我滅度千年，汝從震旦利人天。』像由是飛歷西土一千二百八十五年，龜茲六十八年，涼州一十四年，長安一十七年，江左一百七十三年，淮安三百一十七年，復至江南二十一年，至汴京一百七十七年，北至燕京十二年，北至上京二十年，南還燕京内殿五十四年，燕宫火，迎還聖安寺一十九年。元世祖迎入仁智殿十五年，遷於萬安寺一百四十餘年。復居慶壽寺一百二十餘年，嘉靖戊戌慶壽寺災，奉迎鷲峰，迄天啓丁卯共居八十八年。計優闐造像當周穆王辛卯，至熹宗丁卯凡二千六百一十餘年。以上蜀僧紹乾續記。萬曆己未寺僧濟舟在殿誦經，一士人禮拜墀下，僧睹儀觀有異，乃迎上殿，士固不可，僧固迎不已。士自通曰：『城隍也，殿有戒神呵護，我小神，不敢輕入。』語罷不見。」余康熙癸卯秋偕米紫來漢雯。同往瞻拜，三日後奉太皇太后旨，請像入大内矣。

同里楊滄嶼先生鎬。奉使高麗，得瑪瑙桃一枚，上紅點如丹砂者七，以錦袱裹之，袱上織成六字云：「此桃原現七星。」

宋犖《筠廊二筆》卷上 金明昌有七印：一曰「内府葫蘆印」，二曰「羣玉秘珍」，三曰「明昌寶玩」，四曰「明昌御覽」，五曰「御府寶繪」，六曰「明昌中秘」，七曰「明昌御府」。又宋宣和天水雙龍印，有方圓二樣，法書用圓，名畫用方。宣和、明昌二帝題籤，法書用墨，名畫用泥金。又宋高宗御府手卷畫前上白引縫間用乾卦圓印，其下用「希世藏」方印，畫卷盡處下方用「紹興」二字印，墨迹不用卷上合縫卦印，止用其下「希世」小印，其後仍用「紹興」小璽。見秀水汪玉水砢玉。《珊瑚網》。

宋犖《筠廊二筆》卷下 盤山佛燈，人多見之。每除夕，山之雲罩寺、定光佛舍利塔，與薊州獨樂寺觀音閣、通州孤山破塔，皆有燈出，互相往來，漏盡各返原處，好事者恒裹糧候之。

近得沈文端相國瓦紐玉印一，刻「帝曰中州一士神宗玉音也」。同里先賢手澤在焉，良堪寶玩。

福清葉臺山相國有白玉觀音一，高尺餘，朱唇黑髮，天然異品。又白玉帶一，亦千金物，皆得之毛帥文龍。後觀音供尼庵，毁於火，帶爲耿逆取去，相國五世孫淩云云。

宜興故相妾轉嫁平湖，携一宋制白玉太真睡像，秘藏枕函中六十餘年，近已得善價，爲武林貴官有矣。【略】

景泰朝，吴門陳緝熙祭酒鑒。收藏書畫甚富，尤善臨摹。常得褚模《禊帖》一卷，雙鈎入石，更拓數本，分綴宋人諸跋，謁當時館閣諸大老，重爲跋尾，付子孫藏弆。數年前客從徐州持褚模《蘭亭》求售，余摩挲竟日，辨其非真，而米跋小行書佳絶，韓襄毅雍。諸題俱真，良不可解。忽憶舊曾於《弇州四部稿》及文休承題跋中略悉其概，遂檢出細加研究，知爲陳祭酒狡獪伎倆無疑。以示諸賞鑒家，頗訝余爲具正法眼藏也。按此陳氏本，休承以爲唐摹，弇州以爲米摹，褚迹無從辨之矣，節録王、文二跋，以備考。

王跋宋拓褚摹《禊帖》：英景間，吴中陳祭酒緝熙得此本，謁館閣諸大老，跋凡十有三，雙鈎入石。余獲石本後十餘年而陳裔孫以墨本來售，僅餘忠安等五跋，增元陳深十三跋於前，詰之則曰近以倭難竄身，失後數紙耳，陳深書尚未登石也。余時不甚了了，損三十千收之。踰月小間，較以石本，不及遠甚。又踰年，檢都元敬《書畫見聞記》云：「祭酒殁，此卷毁於火。」余悶悶不能已，然怪所以存此五跋者，蓋陳命工更臨一本，而刻此字疑誤。此跋以授少子，今此其本也。又數年始獲此宋拓本，内有范文正仲淹、王文忠堯臣手書，杜祁公、蘇才翁印識，及米老題贊，與前本同異幾二十許字，考之米老《書史》，無一不合，而光堯秘記敷文鑒定又甚明確，始悟陳所得蓋米本耳。陳本輕俊自肆，至米跋則翩翩可喜，使他人故不易辨此，然亦不敢出入乃爾。意米老嘗别爲贋本以應人，又懼異時奪嫡，故稍錯綜之耶。此老白戰博書畫船，其自叙以王維雪景六幅，李主翎毛、徐熙《梨花》易之，損橐裝矣。能無作此狡獪變化也。余不足言，獨怪陳以平生精力，與諸老先生法眼不能辨，故詳記其事，以嘆夫真賞之不易得也。余贋本爲友人尤子求乞去，余笑曰：「售之，第無損人三十千。」

文跋唐摹《禊帖》：唐摹《蘭亭》，余見凡三本，其一在宜興吴氏，後有宋初諸名公題語，李范庵每過荆溪，必求一觀，今其子孫亦不輕出示人。其一藏吴中陳緝熙，當時已刻石傳世。陳好鈎摹，遂拓數本亂真，而又分散諸跋，爲可惜耳。其三即神龍本也。

《蘭亭》自唐至南宋，臨摹不下千種，而要以《定武》爲第一。《定武》有五字損本，「湍」、「流」、「帶」、「右」、「天」五字有損也。又「崇山」字中斷六七八行爲裂本，「亭」、「列」、「幽」、「盛」、「游」、「古」、「不」、「羣」、「殊」爲九字不全本。其「天」字全者爲《定武》肥本，「天」字小損者爲《定武》瘦本。至紹興元年刊《定武》，初拓，後有「寶」字大印及御制跋爲御府本。先是元祐四年張璪官邯鄲，摹家藏《定武》本於石，爲邯鄲本。若五字不損，更有棗木刻本。彼古今士人所藏《禊帖》即一《定武》未易殫述也。

周公謹常言《蘭亭》不列官法帖中，亦前輩選詩不入李杜之意。

槜李汪玉水《珊瑚網》云：「魯直所書《法語》，大如蒼卜華，後年月字至末，每行一字，字幾並頭菡萏，在宋白楮上，楮高尺餘，長二丈，絶無接縫。想公欲畢此紙，故大揮足之耶。崇禎壬申冬，友人盛念修欲余嘉定盆樹，姑以此卷相易。成林獨樹入畫者約百本，盆俱北定、鈞州、龍泉東青瓷、宣德填白、嘉靖回青不一，石俱靈璧、將樂英昆種種，愚父子得之於練川陳情甫輩，供玩數十年矣。今擬北游，恐培灌失課，遂割愛易去，亦喜日夕對山谷老人墨彩也。」余聞明季都門高士崔青蚓子忠。畫人物奇古，人求之不可得。性好盆景，朱魚，每灌花飼魚，有一定晷刻。一日爲執友邀至家，閉門不令歸，出絹素求畫，云：「子不畫，我將留子三日，子之樹萎魚且死。」青蚓不得已，作畫而别，較玉水所好不啻什百過之。

《珊瑚網》載千頃生所述《道山清話》云：「頃行役陝府，道間舍於逆旅，因步行田間，有村學究教授二三小兒，間與之語，言皆無倫次。忽見案間有小兒書卷，其背乃蔡襄寫《洛神賦》，已截爲兩段，其一涂汚，已不可識。問其何所自得，曰：『吾家敗籠中物也。』問更有别紙可見否，乃從壁間書夾中取二三紙，大半是襄書簡，亦有李西臺川箋所寫詩數紙，因以隨行白紙百餘幅易之，欣然見授。問其家世，曰：『吾祖亦常爲大官，吾父罷官歸，死於此。吾時年幼，養於近村學究家。今從李姓，吾祖官稱姓名皆不可得而知。頃時如此紙甚多，皆與小兒作書卷及糊窗用矣。』會日已暮，乃歸旅舍，明日天未明即登涂，不及再往，至今爲恨。」

汪玉水有紫檀界方一對，首鎸行書云：「兀坐草玄，風后爲奸。爾往鎮之，世掌我編。敬仲銘，紹美制。」界圍雕鏤花鳥，極精工，信出自名手。上飾漢玉昭文帶，一粟米文，一卧蠶文，血蝕，殊古而瑩潤，面刻「草玄閣佳器」，故楊鐵崖物也。

書聚骨扇，如今舞女在瓦礫堆上作伎，即飛燕、玉環亦爲減態，此祝京兆語也。

劉廷璣《在園雜志》卷一　鐫圖章以青田石爲佳，而青田石又以洞石爲第一，他産不及也。石俱在溪中，岸乾溪水乃得石塊，質頗燥硬，止可琢瓶尊杯斝之類。所謂洞者，又在水石之内，如石之有玉，不可多得。若燈光石者，尤爲不易。予待罪括州時曾鳩工采取，數月無一佳洞。或曰：「皆爲匠人竊去。」但地方多一土産即多一累，恐賢有司亦不樂有之也。

陸廷燦《南村隨筆》卷四《古磁》　世言：錢氏有國日，越州燒磁爲供奉之物，不得臣庶用之，故云秘色。《侯鯖録》。柴窑於陶器中最古，流傳至今者碎片與金翠同價。《夫于亭雜録》。汝窑用瑪瑙爲末作黝，當時止供御，絶難得。余倅汝，僅見温揮使家一小罌。《六硯齋筆記》。

朱象賢《印典》卷一《原始》　古印良可重矣，可以考前朝之官制，窺古字之精微，豈如珍奇玩好而涉喪志之譏哉！但去古久遠，幾昧從來，若不粤稽往昔，誰復知其根本？首録《原始》，以著肇端。

天王符璽　《春秋運斗樞》：「黄帝時，黄龍負圖，中有璽章，文曰『天王符璽』。」【略】

璽節　《周禮・掌節》：「貨賄用璽節。」注：「璽節，如今之印章。」

傳國璽　《録異記》：「歲星之精，墜於荆山，化而爲玉，側而視之色碧，正而視之色白。卞和得之，獻楚王。後入趙，獻秦。始皇一統，琢爲『受命璽』，李斯小篆其文，歷世傳之，爲『傳國璽』。」

印璽檢奸　《後漢・祭祀志》：「自五帝，始有書契。至三王，俗化雕文，詐僞漸興，始有印璽，以檢奸萌。」

朱象賢《印典》卷一《制度上》　今之沿襲，始自古人。不師先世成規，焉證後人之失？然而時代推遷，變更不一，是非詳考，鮮知取法也。茲集歷代，分别尊卑，質式，匯輯《制度》二卷，少備考據。

制六璽　馬端臨云：「秦以印稱璽，以玉，不通臣下，用制乘輿六璽，曰『皇帝行璽』、『皇帝之璽』、『皇帝信璽』、『天子行璽』、『天子之璽』、『天子信璽』。又，始皇得藍田白玉爲璽，螭虎鈕，文曰『受天之命，皇帝壽昌』。」

方寸璽　《漢舊儀》：「秦以前民，皆以金、銀、銅、犀、象爲方寸璽，各服所好。漢以來，天子獨稱『璽』，又以玉，羣臣莫敢用也。【略】

皇后璽　《漢書》：「皇后璽，文曰『皇后之璽』，金，螭虎鈕。」《舊儀》云：「皇后、婕妤乘輦，餘皆以茵，四人輿以行。皇后玉璽，文與帝同。」

後漢靈帝，册宋貴人爲后。御章德殿，太尉襲使持節奉璽紱，宗正讀册畢，后拜稱臣[妾]，住位。太尉授璽紱；中常侍、長秋太僕、高鄉侯覽長跪受璽紱，奏於殿前；女使授婕妤，長跪受，以授昭儀，受，長跪以帶后。后秩比國王，即位威儀，赤紱、玉璽也。

又，蔡邕《獨斷》云：「皇后赤綬玉璽，貴人緺綟。」按：緺綟，色似緑綬文也。

太后璽　《輿服志》：「太皇太后、皇太子及妃璽，皆以金爲之，藏而不用。太后封令書，以宫官印；皇后以内侍省印；皇太子以左春坊印；妃以内坊印。」

《文獻通考》：「皇太子黄金印，龜鈕，文曰『章』。」

璽、章、印　《漢官儀》：「諸侯王黄金璽，駱駝鈕，文曰『璽』。列侯黄金印，龜鈕，文曰『某侯之章』。丞相、高帝十一年更名相國。太尉，與三公、前後左右將軍，黄金印，龜鈕，文曰『章』。中二千石，銀印，龜鈕，文曰『章』。千石、六百石、四百至二百石以上，皆銅印，鼻鈕，文曰『印』。」

《文獻通考》：「御史大夫，銀印，青綬。凡吏秩比二千石以上，皆銀印，青綬；光禄大夫無。秩比六百石以上，皆銅印，墨綬；大夫、博士、御史、謁者、郎無。其僕射、御史治書尚符璽者，有印綬。比二百石以上，皆銅印，黄綬。」

印章五字　《文獻通考》：「漢武帝太初元年，改正朔，數用五。《紀》注：印文若丞相曰『丞相之印章』。諸卿及守相印文不足五字者，以『之』字足之。」

官印五分　《漢官儀》：「卿，秩中二千石。孝武皇帝元狩二年，令通官印方寸大，小官印五分。王公、侯金，二千石銀印，龜鈕。」

尚書令印　《漢官儀》：「尚書令，秦官也。漢初並用士人。銅印，墨綬，秩二千石。」【略】

薨贈印璽　《後漢・儀禮志》：「諸侯王、列侯薨，皆令贈印璽，玉柙，銀鏤；大貴人、長公主，銅鏤。」

復設璽印　《文獻通考》：「建武元年，復設諸侯王金璽，綟綬；公、侯金印，紫綬。九卿、執金吾、河南尹秩皆中二千石，大長秋、將作大匠、度遼諸將軍、郡大守、國傅相皆秩二千石，校尉、中郎將、諸郡都尉、諸國行相、中尉、内史、中護軍、司直秩皆二千石，以上皆銀印，青綬。中外官尚書令、御史中丞、治書侍御史、公將軍長史、中二千石丞、正、平、諸司馬、中官、王家僕、洛陽令秩皆千石，尚書、中謁者、黄門冗從、四僕射、都郡監、中外諸都官令、都候、司農部丞、郡國長史、丞、候、司馬、千人秩皆六百石，家令、侍僕秩皆六百石，洛陽市長秩四百石，王家長秩皆四百石，以上皆銅印，黑綬。諸署長、楫棹丞秩三百石，諸秩千石者其丞、尉皆秩四百石；秩六百石者，丞、尉秩三百石；四百石者，其丞、尉秩二百石。縣國丞、尉亦如之，縣國三百石長，丞、尉亦二百石。明堂、靈臺丞，諸陵校長，秩二百石。丞、尉、校長以上皆銅印，黄綬。縣國守宫令、相，或千石，或六百石。長、相，或四百石，或三百石。長、相皆以銅印，黄綬。而有秩者侍中、中常侍、光禄大夫，秩皆二千石。太中大夫，秩皆比二千石。尚書、諫議大夫、侍御史、博士，皆六百石。議郎、中謁者，秩皆比六百石。小黄門、侍郎、中黄門，秩皆比四百石。郎中，秩皆比三百石。太子舍人，秩二百石。」《輿服志》注。【略】

女官佩印 王莽簒位後，徵天下淑女。杜陵史氏女爲皇后，成同牢禮於西堂。備和嬪、美御、和人三，位視公；嬪人九，視卿；美人二十七，視大夫；御人八十一，視元士：凡百二十人，皆佩印紱，執弓韣。

魏貴人印 《魏志》：「武帝《内誡令》曰：『宫人位爲貴人，金印，藍紱。』女人爵位之極。」

印以官名 魏武《設官令》：「魏諸官印，各以官爲名印，如漢法斷，二千石者『章』。」

官級印質 杜氏《通典》：「魏黄初三年，初制：封王之庶子爲鄉公，嗣王庶子爲鄉侯，公之庶子爲亭伯。其後定制：凡國王、公、侯、伯、子、男六等，次縣侯，次鄉侯，次亭侯，次關内侯。又置名號侯爵十八級，關中侯爵十七級，皆金印紫綬；關外侯爵十六級，銅印，龜鈕，墨綬；五大夫十五級，銅印，環鈕，亦墨綬。」

晋太子璽 《文獻通考》：「晋皇太子，金璽，龜鈕，朱黄綬。四采：赤、黄、縹、紺。」

女官章印 又，貴人、夫人、貴嬪是爲三夫人，皆金章，紫綬，文曰：貴人（夫人、貴嬪）之章。淑妃、淑媛、淑儀、修華、修容、修儀、婕妤、容華、充華，是爲九嬪，銀印，青綬。【略】

公車司馬印 《晋百官表注》：「公車司馬令一人，周官也。銅印，墨綬，絳服，官品第七。」

公侯印 《晋·輿服志》：「郡公〔侯〕縣公（縣）侯大夫〔人〕、夫人，銀印，青綬。」【略】

宋諸官印 《文獻通考》：「宋，皇太子金璽，龜鈕，朱綬。諸王，金璽，龜鈕，纁朱綬。郡公，金章，紫綬。太宰、太傅、太保、丞相、司徒、司空，金章，紫綬。相國，緑綟綬。大司馬、大將軍、太尉，凡將軍位從公者，金章，紫綬。郡諸侯，金章，青朱綬。驃騎、車騎以下諸將軍，並金章，紫綬。諸王嗣子，金印，紫綬。郡公、侯嗣子，銀印，青綬。尚書令、僕射，中書令、監，秘書監，銅印，墨綬。光禄大夫，太子詹事，左、右、衛以下諸將軍、監軍，銀章，青綬。諸校尉，中郎將，銀印，青綬。縣、鄉、亭侯，金印，紫綬。鷹揚、伏波以下諸將軍，銀章，青綬。諸都尉、校尉、中尉，銀印，青綬。州、郡刺史，銅印，墨綬。御史中丞、都水使者，銀印，墨綬。諸軍司馬，銀章，青綬。匈奴、護羌諸校尉，銅印，青綬。尚書、左、右丞，秘書丞，銅印，黄綬。其下又有假青綬、假墨綬。」【略】

齊璽印制 《文獻通考》：「齊，乘輿制六璽，以金爲之，並依秦漢之制。皇太子、諸王，金璽，皆龜鈕，纁朱綬，赤、黄、縹、紺，色亦同。公、侯五等，金章。相國，緑綟綬，三采：緑、紫、紺。郡公，朱。侯、伯，青。子、男，素朱，皆三采。公嗣子，紫。侯嗣子，青。鄉、亭侯、關中、關内侯，紫綬，皆二采。郡太守、内史，四品、五品將軍，皆銀章，青綬。尚書令、僕射至諸州刺史，皆銅印。尚書令、僕射、中書監，秘書監，皆墨綬。丞，皆黄綬。其乘輿綬，黄、赤、縹、紺四采。」

梁印 《文獻通考》：「梁，乘輿印璽及皇太子、諸王、五等國封，並略如齊制。鄉、亭、關内、關中及各號侯，諸王嗣子，金印，龜鈕，紫綬。關外侯，銀印，龜鈕，青綬。大司馬、大將軍、太尉、諸位從公者，金章，龜鈕，紫綬。尚書令、僕射、尚書，中書監、令，秘書監，銅印，墨綬。左右光禄大夫，加金章，紫綬，同其位。但加金紫者，謂之『金紫光禄』；但加銀青者，謂之『銀青光禄』。太僕、廷尉以下諸卿，丹陽尹，銀章，龜鈕，青綬。諸將軍，金章，紫綬。中郎將則青綬。郡國太守，相，内史，銀章，龜鈕，青綬。諸縣署令秩千石者，州郡大中正、郡中正，銅印，環鈕，墨綬。公府令、史亦同。諸縣尉，銅印，環鈕，單衣，黄綬。」

陳璽、章、印 《文獻通考》：「陳永定元年，武帝所定乘輿服御，皆采梁舊制。以天下初定，務惟節儉。至天嘉中，乃一依梁天監舊事，比齊制。天子六璽，並依舊式。『皇帝行璽』，封常行詔、敕用之；『皇帝之璽』，賜諸王書用之；『皇帝信璽』，下銅獸符發諸州鎮兵，下竹使符拜、徵召諸刺史用之。並白玉爲之，方一寸二分，螭獸鈕。『天子行璽』，册拜外國則用之；『天子之璽』，賜外國書則用之；『天子信璽』，發兵外國、若徵召外國及有事鬼神用之。並黃金爲之，方一寸二分，螭獸鈕。又有『傳國璽』，白玉爲之，方四寸，螭獸鈕；上交蟠螭，隱起鳥篆書，文曰：『受天之命，皇帝壽昌』，凡八字，在六璽外，唯封禪，以封石函。又有『督攝萬機』印一鈕，以木爲之，長尺二寸，廣二寸五分；背上爲鼻鈕，鈕長九寸，厚一寸，廣七寸，腹下隱起篆文『督攝萬機』四字。此印常在內，唯以印籍縫，用則左戶部郎中、度支尚書奏取，印訖轉納。皇太子璽，黃金爲之，方一寸，龜鈕，文曰『皇太子璽』。宮中大事用璽，小事用門下典書坊印。諸侯印綬，二品以上，並金章、紫綬；三品，銀章、青綬。三品以上，凡是五省官及中侍中省官，皆爲印而不爲章也。四品得印者，銀印、青綬。五品、六品得印者，銅印、墨綬。四品以下，凡是開國子、男及五等散品名號侯，皆爲銀章，不爲印也。七品、八品、九品得印者，銅印、黃綬。金、銀章印及銅印，並方一寸，龜鈕。四方諸藩國王之章：上藩用金，下藩用銀，並方寸、龜鈕。佐官唯公府長史、尚書二丞，給印綬。六品以下、九品以上，唯當曹爲官長者，給印。餘自非長官，雖位尊，並不給。」【略】

北周璽印 《文獻通考》：「後周皇帝八璽，有『神璽』、『傳國璽』，皆寶而不用。皇帝負扆，則置神璽於筵前之右，置傳國璽於筵前之左。其六璽並因舊制，皆白玉爲之，方一寸五分，高一寸，螭獸鈕。三公、諸侯金印，皆方寸二分，高八分，龜鈕。七命以上，銀；四命以上，銅，皆龜鈕。三命以上，銅印，鼻鈕，其方皆寸，其高六分，文曰『某公官之印』。」

隋璽 《文獻通考》：「隋『神璽』，寶而不用。『受命璽』，封禪則用之。餘六璽，行用並依舊制。」

「隋制：皇后有金璽，盤螭鈕，文曰『皇后之璽』。冬正大朝，則並璜琮，各以笥貯，進於座隅。」

唐璽印 《文獻通考》：「唐天子有『傳國璽』及八璽，皆玉爲之。『神璽』以鎮中國，藏而不用。『受命璽』，以封禪禮神。『皇帝行璽』，以報王公書；『皇帝之璽』，以勞王公；『皇帝信璽』，以召王公；『天子行璽』，以報四夷書；『天子之璽』，以勞四夷；『天子信璽』，以召兵四夷，皆泥封。大朝會，則符璽郎進『神璽』、『受命璽』於御座。行幸，則合八璽爲五轝，函封從於黃鉞之內。初，太宗刻『受命玄璽』，以白玉爲，螭首。文曰『皇天景命，有德者昌』。至武后，改諸璽皆爲『寶』。中宗即位，復爲璽。開元六年，復爲寶。太皇太后、皇太后、皇后、皇太子及妃璽，皆金爲之，藏而不用。太皇太后、皇太后封令書，以宮官印，皇后以內侍省印，皇太子以左春坊印，妃以內坊印。天子巡幸，則京師、東都留守給留守印，諸司從行者，給從行印。」【略】

置諸官印 《唐會要》：「建中三年，詔中書、門下兩省各置印。長慶三年，鑄御史臺行從印二、出使印二。」

唐宗室李說，請爲監軍使王定遠別鑄印，上許之。監軍有印，從定遠始。《唐·文宗紀》：「太和五年，敕造諫院印一面，以『諫院之印』爲文。諫院舊無印，各於本司取印，每有疏，人多知之，故敕置印。」【略】

奏準制寶 《五代史》：「晉天福三年，中書門下奏準，勅制皇帝『受命寶』，以『受天明命，惟德允昌』爲文刻之。」

後周二寶 《文獻通考》：「周廣順三年二月，內司制國寶兩坐。詔太常具制度以聞，有司奏：按《唐六典》，符璽郎掌天子八寶。一曰神寶，二曰受命寶。其神寶方六寸，高四寸六分，高一寸七分，蟠龍鈕，文與傳國寶同。傳國寶，秦始皇以玉刻之，方四寸，鈕蟠五龍。二寶歷傳，以爲神器。又別有六寶，因文爲名，並白玉、螭虎鈕。歷代相傳，亡則補之。北朝鑄之以金。至則天朝，以『璽』字涉嫌，改爲『寶』。貞觀十六年，別制『玄璽』一坐，文曰『皇天景命，有德者昌』，白玉，螭虎鈕。同光中，制寶一坐，文曰『皇帝受命之寶』。晉天福四年，制寶一坐，文曰『皇帝神寶』。其同光、天福二寶，內司製造，不見鈕象，並尺寸制度。勑令制寶二坐，宜用白玉，方六寸，螭虎鈕。詔馮道書寶文，一以『皇帝承天受命之寶』爲文，一以『皇帝神寶』爲文。」

朱象賢《印典》卷二《制度下》宋寶制度 《文獻通考》：「宋制：凡寶用玉，篆文；廣四寸九分，厚一寸二分，填以金蟠龍鈕。係暈錦大綬、赤小綬，連玉環。玉檢，高七寸，廣二寸四分；玉斗，方二寸四分，厚一寸二分，皆飾以金裝、裹以紅錦。」

制用各寶 又，宋太祖受禪，傳周廣順中所造二寶。太宗制「承天受命之寶」；真宗制「恭膺天命之寶」。大中祥符中，又別制「恭膺天命之寶」、「天下同文之寶」用於封禪，「昭受乾符之寶」以印密詞。

禁中所用，別有三印：一曰「天下合同之印」，中書奏覆狀、流內銓歷任三代狀用之；二曰「御前之印」，樞密院宣命及諸司奏狀用之；三曰「書詔之印」，翰林詔書、敕別録、敕榜用之，皆鑄以金。又以鍮石各鑄其一。雍熙三年，並改爲「寶」，別鑄以金，舊者皆毀之。

乾興元年，作「受命寶」，命參知政事王曾書之，遣内侍詣少府監文思院視工作。

仁宗明道元年，禁中火，寶、册悉焚。其年九月，改作寶及册，命參知政事陳堯佐書「受命寶」、宰相陳執中書「欽崇國祀之寶」刻之，以代真宗爲「昭受乾符之寶」，凡齋醮表章用焉；薛奎書尊號册寶，參知政事晏殊書皇太后尊號册寶。二年成，三司言用黄金二千七百兩。爲沿寶法物，詔易以銀而涂黄金。

皇祐五年九月，作「鎮國神寶」。時閲奉宸庫得良玉，廣尺、厚半之，上以其希世之寶，不欲以爲服玩，因作「鎮國神寶」；命宰相龐籍篆，而參知政事劉沆書其上。寶成以進，召近臣、宗室觀於延和殿。太常禮院引《唐六典》次序，曰：「一『神寶』、二『受命寶』。冬至祠南郊，大駕儀仗，請以『鎮國神寶』爲前導」。自是，遂爲定式。

英宗即位，别制「受命寶」。嘉祐八年，將葬仁宗於永昭陵，翰林學士范鎮奏曰：「竊聞先朝『受命寶』及沿寶物與平生衣冠器用，皆欲舉而葬之，非所以稱大行皇帝恭儉之意也。其『受命寶』望陛下寶而用之，且示有所傳付。若衣冠器玩，則宜陳於陵寢及神御殿，歲時展視，以慰思慕。」詔檢討官披繹典故，及命兩制、禮官議。學士王珪等議曰：「『受命寶』猶昔『傳國璽』也，宜爲天子傳器，不當改作。古者藏先王衣服於廟寢，至於平生器玩，則世納於方中，亦不悉陳於陵寢。謂宜從省約，以稱先帝恭儉之實。」已而，别制「受命寶」，珪等議格不用。命參知政事歐陽修篆其文，曰「皇帝供膺天命之寶」。元豐八年五月，作「受命寶」。文與上同。

徽宗崇寧五年，有以玉印獻者，方寸，龜鈕，工作精巧，文曰「承天福，延萬億，永無極」。《受寶記》言「有以古篆進者」，謂是也。帝因次其文，仿李斯蟲魚篆作寶文。其方四寸有奇，螭鈕，方盤，上圓下方，名爲「鎮國寶」。【略】

皇后寶 《宋紀》：景祐元年，立后曹氏。命禮院詳定儀注。皇后玉册如太子制，珉簡；寶用金，方一寸五分，高一寸，文曰「皇后之寶」，盤螭鈕。服以褘衣大帶、玉珮雙綬。

《文獻通考》：「紹興十三年四月，行皇后册禮。册用珉玉五十簡；寶用玉，方一寸有半，盤螭鈕，文曰『皇后之寶』。隆興以後，悉金是制。」【略】

御書印 《史》：祥符二年，鑄龍圖閣印，文曰「龍圖閣御書記」。天禧四年，編御集，朱允中等言御制書印三，請用金鑄。從之。

諸司銅印 《文獻通考》：「宋因唐制。諸司皆用銅印，諸王及中書門下印，方二寸一分；樞密、宣徽、三司、尚書省諸司印，方二寸。惟尚書省印不涂金，餘皆涂金。節度使印，方一寸九分，涂金，餘印並方一寸八分，惟觀察使涂金。諸王、節度使、州、府、軍、監、縣印，皆有銅牌，刻文云『牌出印入，印入牌出』。或本局無印者，皆給『奉使印』。景德四年，别鑄『兩京奉使印』。又有『朱記』，以給京城及外處職司及諸軍將、校等，其制長一寸七分，廣一寸六分。士庶及寺觀亦有『私記』。大中祥符五年，詔禁私鑄，止得雕木爲文，大方寸。」

鑄三面印 《文獻通考》：「景祐三年，篆文官王文盛言於少府監曰：在京糧料院印，多僞效之，以摹券歷者。謂宜鑄三面，圓其制，而面闊二寸五分，於外圍周匝篆紀年及糧料院名，凡十二字；以圍篆十二辰，凡十二字，中央篆『正』字，上連印鈕，令可旋轉，以機穴定之。用時月份對年，中互建十二月，自寅至丑，始終循環；每改元，即更鑄之。云若此，使奸人無復措其巧矣。少府監以奏，詔三司詳定，請如文盛言。」

印式著令 又，王文盛言：舊例親王、中書印，各方二寸一分。樞密、宣徽、三司、尚書省、開封府，方二寸。節度使，寸九分。節度觀察留後、觀察使，寸八分半。防禦、團練使，轉運、州、縣印，寸八分。凡印，各上下七分，皆闊寸六分，雖各有差降，而無令式以紀其數。詔從其言，著於令。【略】

遼金玉寶 《續文獻通考》：「玉印，太宗破晉北歸，得於汴宫。穆宗應曆二年，詔用太宗舊寶。御前寶，金鑄，文曰『御前之寶』，印臣僚宣命；詔書寶，文曰『詔書之寶』，書詔批答用之；契丹寶，受契丹册儀，符寶郎奉寶置御座東；金印三，晉帝所上。」

皇后、太子寶 皇太后寶。天顯二年，應天皇太后稱制，羣臣上璽綬，册承天皇太后儀，符寶郎奉寶置太后座右。皇后印，文曰「皇后教印」。皇太子寶，重熙九年，册皇太子儀，中書令授皇太子寶。【略】

金鑄各寶 《續文獻通考》：熙宗皇統五年，始鑄金「御前之寶」一、「書詔之寶」一。世宗大定十八年，御史大夫完顏璋請制大金「受命寶」，有司以秦璽文進。上命以「大金受命萬世之寶」爲文，其制徑四寸八分、厚一寸四分，盤龍鈕，高、厚各四寸六分有半。禮部尚書張景仁、少府監張僅言領工事，詔康光慶篆之。二十三年三月，鑄「宣命之寶」，金、玉各一，徑四寸二厘，厚一寸四分，鈕高一寸九分，字深二分。敕有司議所當用，奏：「今所收八寶及皇統五年造『御前之寶』，賜宋國書及常例奏目則用之；『書詔之寶』，賜高麗、夏國詔並頒詔則用之。大定十八年造『大金受命萬世之寶』，奉敕再議。今所鑄金寶，宜以進呈爲始：一品及王、公、妃用玉寶；二品以下，用今『宣命之寶』。二十五年十二月，命範銅爲『禮信之寶』，凡賜方外禮物、給信袋則用。章宗明昌四年七月，命以銀改鑄『禮信之寶』，仍涂以金。

太皇太后、皇太后、皇后、太妃寶，皆用金。【略】

元制寶璽　《續文獻通考》：「元至元元年七月，定用御寶制：凡宣命，一品、二品用玉，三品至五品用金；其文曰『皇帝行寶』者，即位時所鑄，惟用之詔誥；別鑄『宣命』金寶行之。六年，制玉璽，大小十鈕。文宗天曆二年，開奎章閣，作二璽，一曰『天曆之寶』，一曰『奎章閣寶』，命虞集篆文。順帝作二小璽，一曰『明仁殿寶』，一曰『洪禧』，命楊瑀篆文。『洪禧』璞純白，而龜鈕黑色。至正元年，詔刻宣文、至正二寶。『宣命之寶』用玉，以玉箸篆。」

蒙古字印　一品衙門，用三臺金印；二品、三品用兩臺銀印。其餘大小衙門印，雖大小不同，皆用銅。其印文皆用八思麻帝師所制蒙古字書。

明制寶璽　《續文獻通考》：「明寶璽凡十四，寶之大者曰『奉天之寶』，爲唐宋相傳，惟祀天地用之。凡詔若赦，則用『皇帝之寶』；立、封及賜勞，則用『行寶』。詔親王、大臣、用兵，則用『信寶』。冊上尊號，則用『尊親之寶』；敕諭親王，則用『親親之寶』；祀山川鬼神，則用『天子之寶』；封外國及賜勞，則用『天子行寶』；詔外夷調兵，則用『天子信寶』；賜誥用『誥命之寶』；賜敕用『敕命之寶』；以進御座，則用『御前之寶』；獎諭臣工，則用『廣運之寶』；敕諭來朝官員，則用『敬天勤民之寶』。」

「建文三年春正月辛酉朔，『凝命神寶』成，方一尺六寸九分，帝親定其文曰『天命明德，表正萬方，精一執中，宇宙永昌』。先是帝在儲位，夢神人致上帝命，授以重寶。元年，使者還西方，得青玉於雪山，方踰二尺，質理温栗。二年正月，帝郊祀，宿齋宫，夕夢若有睹，乃驚寤。命玉人琢爲大璽。十二月，工成，名『凝命神寶』。至是，以告天地祖宗，爲文宣示遐邇，百官稱賀。」【略】

私印古制　《考古紀略》：「古人私印，質有金、銀、銅、玉，鈕有螭、龜、壇、鼻、獅、虎、兔、獸，與官印無異。又有子母印、兩面印、六面印，乃官印中所無。子母者，大印之中藏以小印，多則三、四，少則一、二；兩面者，其厚一、二分而無鈕，上下刻文，中空一竅，以綰組也；六面印者，上下四周皆刻文字，其制正方，下及傍側爲五印，上作方鈕，仿佛如鼻，成一小印也。」

朱象賢《印典》卷三《賚予》　印爲示信之物，所係非輕。故古今封拜之所及、命令之所出，非此莫憑。今考歷代帝王賜授大略，題爲《賚予》，以標鄭重。

授印説吳　《淮南子・人間訓》：「衛君朝吳，吳王囚之，欲流之於海。魯君曰：『吾欲免之而不能爲，奈何？』仲尼曰：『若欲免之，請子貢行。』魯君召子貢，授之『將軍之印』。斂躬而行。【略】

賜匈奴璽　《文獻通考》：「宣帝時，始賜匈奴單于印璽，與天子同。又，建武二十六年，賜南匈奴黄金璽、盭緺綬。《史》：漢光武賜莎車王賢西域都護印綬。【略】

通經賜印　《後漢書》：「崔駰曾祖母師氏能通《孝經》、百家之言。王莽賜號『儀成夫人』，金印，紫綬，文軒丹轂，顯於新室之世。」

請賜印綬　《東觀漢記》：「諸王當歸國，詔書選三署郎補王家長吏，除第五倫爲淮揚王醫工長。時輩除者多，綬盡，但假印。倫請於王，王賜之印綬。」【略】

賜大臣印記　明仁宗賜蹇義、夏原吉、楊士奇、黄淮、楊榮、金幼孜印記，其文俱『繩愆糾繆』；蹇義又有『蹇忠貞』，楊士奇又有『楊貞一』之印。宣宗賜蹇義曰『忠厚寬弘』，夏元吉曰『含弘貞静』，楊士奇曰『清方貞一』，楊榮曰『方直剛正』，胡濙曰『清和恭靖』又『文恭世家』，吳中曰『和敏詳達』各印記。景帝賜胡濙曰『忠良惟篤』，王文曰『忠誠匪懈』，衍聖公孔弘緒曰『謹禮崇德』各印記。世宗賜楊一清曰『耆德忠正』又『繩愆糾違』，張孚敬曰『忠良貞一』又『繩愆弼違』，又別記『永嘉張茂恭』，桂萼曰『忠誠静慎』又『繩愆匡違』，李時曰『忠敏安慎』，費宏曰『舊輔元臣』，夏言曰『學博才優』，顧鼎臣曰『經緯首選』，翟鑾曰『清謹學士』又『繩愆輔德』，方獻夫曰『忠誠直諒』，嚴嵩曰『忠勤敏達』，仇鸞曰『翔卿』各印記。其時，郭勛亦有賜印，文字未詳。萬曆間，以少師張居正乞歸葬，範銀爲圖書賜之，俾馳傳密封言事，文曰『帝賚忠良』。嘉靖間，顧鼎臣居守，用牙刻關防賜之。【略】

賜方士印　明憲宗賜方士李孜省銀圖書二，曰『妙悟通玄』，曰『忠貞和直』，得密封言事。又賜鄧常恩圖書一，曰『橐籥陰陽』；蕭崇一圖書二，曰『至真玄妙』，曰『丹霞歲月』。世宗賜真人邵元節白玉印，文曰『闡教護國』；烏玉印，文曰『太和子』。又賜真人陶仲文白玉印，文曰『凌虚子』；烏玉印，文曰『林隱』；銀記曰『秉一保國』。

朱象賢《印典》卷三《流傳》 人隨時往心思手澤後豈易見。凡有遺存，固宜以異寶目之也。至於璽印爲手專以文字較優他玩，幸得留於後世。安可忽爾置之，爰稽記載，用志流傳。【略】

巧工司馬印 《鶴岑隨筆》：「臨淄縣人耕地，得『巧工司馬』印。考諸史傳，皆無此官。維趙德夫《金石録》載：僞趙建武元年，《西門豹殿基記》有『巧工司馬』臣張由等監。蓋此官獨僞趙有之，印即此時物耳。」【略】

二十字印 《鶴岑隨筆》：「余見古銅印一枚，鼻鈕，約方三分，作白文，曰『伊寛私記，宜身至前，迫事毋閑，願君自發，封完印信』，凡二十字。青緑温潤，疑是六朝物。」【略】

名同古印 徐元懋云：「予家藏古銅印，有一龜鈕者，其文曰『子實』，古且拙，意其爲漢物也。嘉定一友潘士英，字子實，以此贈之。吾蘇劉尚書纓，號鐵柯；杜御史啓偶得一古印，亦曰『鐵柯』，因以贈之。」往往有相同者。

泥印 周減齋云：「金陵一老友以泥印贈予，云其祖曾給事海忠介，公故物也。其質以黄泥爲之，略煆以火，文曰『掌風化之官』。」

朱象賢《印典》卷六《鐫制》 有物有則，見之經典可徵。物之於法，不容少緩者也。今印章一道，識者頗罕，若不以名人之法明之，奚免執俗見而反古道乎？聊取前言，以當規矩。【略】

作印法 怡軒先生云：「作印之法，並無一定。只要轉折有情，章法自然；無拘束懶散之失，有得神得趣之妙，則細亦可，粗亦可；光亦可，不光亦可。或細或粗亦可，棱角宛然亦可，整齊端正亦可，參錯不經亦可，刓缺破損亦可。但細則俱細，粗則俱粗；粗細相間，整齊參錯皆然。若光而滑、粗而浮、細而弱、整齊而呆板，參錯而失度，無可救藥矣！」【略】

章法 甘旭云：「布置成文曰章法。欲臻其妙，務準繩古印，明六文八體之增減，畫之疏密、那讓、取巧，當本乎正，使相依顧而有情，一氣貫穿而不悖，始盡其妙。」【略】

刀法 甘旭云：「運刀之法，宜心手相應，自各得其妙。然文有朱白，印有大小，字有疏密，畫有曲直，不可一概率意。當審去住浮沉、宛轉高下，則運刀之利鈍，大則腕力宜重，小則指力宜輕；粗則宜沉，細則宜浮。曲則宛轉而有筋脉，直則剛健而有精神，勿涉死板軟俗。墨意則宜兩盡。」【略】

附印印法 《鄖事叢談》：「凡印之平正者，每印墊紙，切不可厚。大寸許者，十餘層。次之數層，再次者五六層。最小者一二層足矣。擇平正處印之，最易得神。若古印之刓缺而破者，又須厚墊，不可一概論也。其紙並須精細。」

拭印 《蝸廬筆記》：「印章用畢，當以新絮拭之。他物不能去印文中垢膩，惟新絮能去，須用之。」

朱象賢《印典》卷七《器用》 製作印章而爲之詳求古意，細考前軌，稍云備矣！然而，相副之具非精，製作之器失度，何能允稱而助其美乎？是以凡諸須用，考古辨今，爲之附贅。即鑄鐫微物，或無少遺，以俟有識者采擇焉。【略】

寸印丈綬 《漢書》：「嚴助云：『陛下以方寸之印、丈二之組，鎮撫外方，不勞一卒，不煩一戟。』師古曰：『組者，印之綬也。』」【略】

璽室 《西京雜記》：「中書以武都紫泥爲璽室，加緑綈其上。」

《隴右記》：「隴西武都紫水有泥，其色紫而粘，貢之用封璽書。故詔誥有紫泥之説。」【略】

印囊 《古今注》：「青囊，所以盛印也，古爲之印囊。奏劾者以青布囊盛印於前，示奉王法而行也；非奏劾日，則以青繒爲囊，盛印於後。謂奏劾尚質直，故用布；非奏劾日尚文明，故用繒。自晉朝以來，劾奏之官專以印居前，非奏劾之官專以印居後也。」【略】

刀 《梅庵雜志》：「作印之刀，身須厚而鋒須利，不必多備。或云：『鈍刀制印乃古』，此非知者之言。若石印鈍刀猶可，銅印如何鐫刻？聖人云『工欲善其事，必先利其器』，未聞云『鈍其器』也。制印古樸，自人爲之，豈在刀鈍乎？」【略】

床 近世作印者，俱用印床。若石印可不必，至銅章，無論刻鑿，必以床爲便也。蓋銅質堅結，堅結而身小，不用床無以著力，且易傷手。【略】

石 印石種類不一。要其可用者，凍爲上，即以下數種之精華。浙中處州之青田次之，昌化及閩中壽山又次之。楚之荆州、滇之武定等類，不足數矣。然用石不過一時美觀兼便刻者，若欲紹美古人，不如金銀銅玉之爲妙也。【略】

印色 《梅庵雜志》：「印色舊無良方，近有人用蓖麻油或茶油置玻璃瓶中，三伏時曬之漸稠，愈曬愈妙。硃砂去其磦及最重者，以磦黄而脚黑也，不可用銀硃，恐日久色變。入龍骨十之一，有八寶粉爲佳，否則止用珊瑚粉，其法頗妙。菜油性走，印印有黄迹，不可用。」【略】

印油 楊升菴云：「古方蓖麻油，或用煎糊油，皆未爲佳。近傳用川山甲油，取其不滲，試之良妙。」

《擷芳録》：「以蓖麻油每兩入去皮老姜五錢，烈日中曝至三年，乃入硃、艾，印於紙上不滲，天寒不凍，最妙法也！」

艾 艾，荆洲者爲佳。先撿去細屑及梗，再揉數百度，於光細石臼中舂之，篩净如綿絮，用泉水於瓦器中煮去黄黑色，曝燥，方可入以油、硃。

印池 甘旭云：「印池止宜用瓷器，印色歷久不壞。若金、銀、銅、錫之類，皆不可用，數日即壞。至近世，青田等石者，亦未甚佳。如用，以白蠟蠟其池内，庶不損油。」

沈淑《左傳器物宫室・器物》 隱公、桓公：

蝥弧，旗名。郜大鼎。郜國所造器也。

莊公：

金僕姑，矢名。鞶鑑，以鏡飾帶，今西方羌胡爲然。傳，臯比，虎皮。爵。飲酒器。

閔公：

魚軒，夫人車，以魚軒爲飾。重錦，偏衣，左右異色。金玦，以金爲玦。大布之衣，大帛之冠。

僖公：

屈産之乘，垂棘之璧，屈地生良馬，垂棘出美王。扉屨，麻作之曰扉。鷸冠，青羽，出交州。韅靷鞅靽，在背曰韅，在胸曰靷，在腹曰鞅，在後曰靽，言駕乘參備。大輅之服，戎輅之服，大輅金輅，戎輅戎車。彤弓一，彤矢百，玈弓矢千，彤，赤弓。玈，黑弓。秬鬯一卣秬，黑黍。鬯，香酒。卣，器名。瓊弁玉纓，弁以鹿子皮爲之，瓊玉以飾弁及纓。大旆之左旃，旃名，繫旐曰旆，通帛曰旃。遽，傳車。墨衰絰，以凶服從戎，故墨之。均服。戎事上下同服。

宣公：

丁寧，鉦也。笠轂，服云：轂之蓋如笠。杜云：兵車無蓋，尊者則邊人執笠，依轂而立，以禦寒暑。衵服，近身衣。篳路，柴車。藍縷，敝衣。菆，矢之善者。軘車，服云：屯守之車。游闕，游車補闕者。扃，車上兵闌。樓車。車上望櫓。

成公：

曲縣，諸侯軒縣三面，其形曲。轏，士車，與棧同。紀甗，玉甑。玉磬，先路，蜃炭，翰，楯旁飾。檜，楯上飾。南冠，楚冠，秦滅楚，以其冠賜近臣御史服之，即獬廌冠也。襄鐘，鄭襄公之廟鐘。巢車，車上爲櫓。跗注。戎服。

襄公：

頌琴，猶言雅琴。組甲被練，畚，簣籠。挶，上轝。櫓，大楯。旌夏，大旌。廣車，鄭云：横陳之車。羽毛，析羽爲旌，王者游車之所建，齊私有之，因謂之羽毛。吴壽夢之鼎，林鍾，鑄鍾聲應林鐘，因以爲名。丹書，魏律緣坐配没爲工樂雜户者，皆用赤紙爲籍，其卷以鉛爲軸，此古人丹書之遺法。寢戈，親近兵杖。俎壺，璽書，縞帶，紵衣。吴地貴縞，鄭地貴紵。

昭公：

豆區，四豆爲區，區斗六升。踊，刖足者屨。讒鼎，服云：疾讒之鼎，明堂位崇鼎是也。一云讒，地名，禹鑄九鼎於甘讒之地。桃弧棘矢，瑶甕玉櫝斝耳，大屈，賈云：大屈寶金，可以爲劍。大屈，金所生地名也。服、杜云：弓名。莒二方鼎，游服，游戲之服。弁髦，靈姑銔，旗名。秦復陶，秦所遺羽衣也。翠被豹舄鉞柲，柲，柄也。魯壺，密須之鼓，闕鞏之甲，國名。甲父之鼎，甲父，古國名。瓘斝玉瓚，餘皇，舟名。寶珪，牒，札也。樓句，龜所出地名。楯瓦，瓦楯脊。朐，車軛。鈹，劍也。啟服，馬前右足白，啟用以夾轅，故名。龍輔，禱旱玉也，爲龍文。刑鼎，雙琥，刻玉爲虎形。長轂，戎車。馹，傳也。無射，鍾名。

定公：

肅爽馬，爽，或作霜。賈云：色如霜紈。馬云：肅爽，雁也，其羽如練，高首而修頸，馬似之。夏后氏之璜，封父之繁弱，封父，古諸侯也。繁弱，大弓名。少帛，雜帛。綪茷，大赤。大吕，鍾名。沽洗，鍾名。文之舒鼎，衛文公之鼎。成之昭兆，衛成公得此龜灼之出兆，兆文分明，故名。定之鞶鑑，楊楯，馬褐，馬衣。貍製，製裘也。犀軒，卿車。直蓋，高蓋。蒽靈，輜車名。衝，戰車。燧象，竹刑。

哀公：

蠭旗，屬鏤，劍名。虎幄，衷甸，一轅卿車。製，雨衣。輴，桐棺。

王應奎《柳南續筆》卷二《阿膠》 山東兖州府有阿井，舊屬東阿縣，今又割屬陽穀。其井之始也，或曰由於虎跑，如杭州定慧禪院泉井之類；或曰濟水發源於王屋，其流伏而不見，神禹治水，鑿地探之，後遂成井。其性下，其質厚，用以煎膠，治癆瘵之勝藥也。按：東阿城中有狼溪，欲煎膠者，須用烏驢皮浸狼溪中百日，刮净毛垢，汲阿井水熬之，火用桑柴，三晝夜始成。以麻油收者，其色微緑；以鹿膠收者，其色微紫。並光亮如鏡，味甘鹹，無皮臭。其真者如是止矣，他説皆妄。若今之貨者，俱雜收敗革，用他水煮之，若係濟水，猶可用也。《本草》云：「真者質脆易斷，假者質軟難敲。」然以假者置石灰中，則軟者亦脆，此又不可不知也。

潘榮陛等《帝京歲時紀勝・正月・上元》 五夜笙歌，六街驕馬，香車錦轡，争看士女遊春，玉珮金貂，不禁王孫換酒。和風步，明月當頭，真可謂帝京景物也。

潘榮陛等《帝京歲時紀勝・正月・上元》《烟火》 烟火花炮之製，京師極盡工巧。有錦盒一具内裝成數齣故事者，人物像生，翎毛花草，曲盡粧顏妙。

阮葵生《茶餘客話》卷二〇《成窑酒杯》 成窑酒杯，有名「高燒銀燭照紅妝」者，一美人持燈看海棠也。錦灰堆者，折枝花果堆四面也。鷄缸者，上畫牡丹，下畫子母鷄也。秋千杯者，士女秋千也。龍舟杯者，鬥龍舟也。高士杯者，一面畫茂叔愛蓮，一面畫淵明對酒也。娃娃杯者，五嬰相戲也。其餘滿架蒲萄及香草、魚藻、瓜茄、八吉祥、優鉢羅花、西蕃蓮、梵書，名式不一，皆描畫精工，點色深淺，磁色瑩潔而極堅。鷄缸、寶燒碗、朱砂盤最貴，價在宋磁之上。朱竹垞稱芳草鷄缸，當亦牡丹之類。余舊藏數酒器，皆鷄冠花下子母鷄凡五，其式必多，當不止此數種也。

又《異物》 《高江村集》載直大内時，見三異物：一小金合，大寸有六分，内貯雕刻牙器百種，凡如几榻、舟車、盤匜、筆硯、投壺、棋局、弦管、升斗、算子之屬，具體而微，不受手指，用金鉺鉗而視之。其一鏤象爲球，周身百孔，凡九層，亦有七層五層者。以金簪自孔中撥之，圓轉活動，層層相似。又皆刮磨光澤，中藏骰子一枚，丹碧粲然。其外潔白無縫，非有粘連湊合之迹，名鬼工球。其一酒杯，二十有四，由大及小，如窣堵波，高二寸許，鏇木爲之，質黃色，有木理，薄如紙，柔軟而輕，噓氣可飛動，然能注酒。三者精巧絶倫，雖有離婁、公輸，或亦不能施其心目。元時，有神童能於芝蔴上寫「天下太平」四字。又《江南野史》：戴應用於一粒芝蔴上寫「國泰民安」四字。國初祝培之，牙牌上寫《桃源記》，留下半作圖。

曹庭棟《老老恒言》卷四《便器》 老年夜少寐，不免頻起小便，便壺實爲至要。制以瓷與錫，俱嫌取携頗重，惟銅可極薄爲之，但質輕又易傾覆。式須邊直底平，規圓而匾，即能平穩。

大便用圊桶，坐略久，即覺腰腿俱酸，坐低而無依倚故也。須將環椅於椅面開一孔，孔大小如桶，鋪以絮墊，亦有孔如椅面，桶即承其下，坐既安然，並杜穢氣。

《山居清供》曰：「截大竹整節，以制便壺。半邊微削令平作底，底加以漆，更截小竹作口，提手亦用竹片黏連。又有擇葫蘆扁瓢，中灌桐油浸透，制同於竹。」此俱質輕而具樸野之意，似亦可取。再，大便用環椅如前式，下密鑲板，另構斗室，着壁安置，壁後鑿穴，作抽替承之，此非老年所必辦。

《葆元録》曰：「飽則立小便，饑則坐小便，飽欲其通利，饑欲其收攝也。」愚謂小便惟取通利，坐以收攝之，亦非確論。至於冬夜，宜即於被中側卧小便，既無起坐之勞，亦免冒寒之慮。

膀胱爲腎之府，有下口，無上口，以氣滲入而化，入氣不化，則水歸大腸，爲泄瀉。東坡《養身雜記》云：「要長生，小便清；要長活，小便潔。」又《南華經》曰：「道在屎溺。」屎溺詎有道乎？良以二便皆由化而出，其爲難化、易化、遲化、速化，在可知不可知之間，所謂藏府不能言，故調攝之道，正以此驗得失。《衛生經》曰：「欲實脾，必疏膀胱。」愚謂利水固可實脾，然亦有水利而脾不實者，惟脾實則水無不利。其道維何？不過曰節食少飲，不飲尤妙。

欲溺即溺，不可忍，亦不可努力，愈努力則愈數而少，腎氣窒塞，或致癃閉。孫思邈曰：「忍小便，膝冷成痹。」

《元關真諦》曰：「每卧時，舌抵腭，目視頂，提縮穀道，即咽津一口，行數次然後卧，可愈頻溺。」按：此亦導引一法。偶因頻溺行之則可，若每卧時如是，反致澀滯。《内經》曰：「通調水道。」言通必言調者，通而不調，與澀滯等。

或問通調之道如何？愚謂食少化速，則清濁易分，一也；薄滋味，無黏膩，則滲泄不滯，二也；食久然後飲，胃空虛則水不歸脾，氣達膀胱，三也；且飲必待渴，乘微燥以清化源，則水以濟火，下輸倍捷，四也。所謂通調之道，如是而已。如是猶不通調，則爲病，然病能如是通調，亦以漸可愈。

《悟真録》曰：「開眼而溺。」眼中黑睛屬腎，開眼所以散腎火。又曰：「緊咬齒而溺。」齒乃腎之骨，宣泄時俾其收斂，可以固齒。《詩・魯頌》曰：「黃髮兒齒。」謂齒落復生也。此則天禀使然。養生家有固齒之法，無生齒之方，故齒最宜惜，凡堅硬物亦必慎。

腎氣弱則真火漸衰，便溏溺少，皆由於此。《菽園雜記》曰：「回回教門調養法，惟暖外腎，夏不着單褲，夜則手握腎丸而卧。」愚謂手心通心竅，握腎丸以卧，有既濟之功焉。嘗畜猴，見其卧必口含外腎。《本草》謂：「猴能引氣，故壽。」手握腎丸，亦引氣之意。又有以川椒和綿裹腎丸，可治冷氣入腎。

小便太清而頻，則多寒；太赤而短，則多熱；赤而濁，着地少頃，色如米泔者，則熱甚矣。大便溏泄，其色或淡白，或深黄，亦寒熱之辨；黑如膏者，則脾敗矣。是當隨時體察。

每大便後，進食少許，所以濟其氣乏也。如飽後即大便，進湯飲以和其氣，或就榻暫眠，氣定即起。按：《養生匯論》有擦摩臍腹及諸穴者，若無故頻行之，氣内動而不循常道，反足致疾。予目見屢矣，概不録。

《六硯齋三筆》曰：「養生須禁大便泄氣。值腹中發動，用意堅忍，十日半月，不容走泄，久之氣亦定。此氣乃谷神所生，與真氣爲聯屬，留之則真氣得其協助而日壯。」愚謂頻泄誠耗氣，强忍則大腸火鬱。孫思邈曰：「忍大便，成氣痔。」況忍愈久，便愈難，便時必致努力，反足傷氣。總之，養生之道，惟貴自然，不可纖毫着意，知此思過半矣！《黄庭經》曰：「物有自然事不煩，垂拱無爲心自安。」《道德經》曰：「地法天，天法道，道法自然。」

藍浦，鄭廷桂《景德鎮陶録》卷一《圖説・陶成圖》 取土：

陶用泥土，皆須采石制練。土人設廠采取，藉溪流爲水碓舂之。澄細淘凈，制如磚式，曰白不，以徽州祁門爲上，出坪里、葛口二山，開窑采取，剖有黑花如鹿角菜形者佳。此土色純質細，可制細器。别有高嶺、玉紅、箭灘數種，皆以所産之地名。若黄不釉果，尤作粗瓷者所必需，其采製法同。幅中爲開采，爲碓春，大略如是。

練泥：造瓷首需練泥，必以精純爲上。其法以缸浸泥，用木耙攪翻，摽渣，沉過以馬尾細籮，再澄夾層細絹袋，過泥匣内，俾水滲漿稠。復以無底木匣，下鋪磚，細布緊包，更以磚壓之。水乾成泥，用鐵鍬翻撲結實。若釉水必煉灰配合，灰出邑南鄉。幅中以曲木貫小鐵鍋耳者，調釉者也；以鍬翻撲者，練泥者也。

鍍匣：瓷坯入窑，必裝匣燒，方不粘裂，且能免風火沖突，坯有黄黑之患。匣鉢亦土作，土出景德鎮馬鞍山、里村、官莊等處，有黑紅白三色。更以寶石地所産砂土配合，則入火經燒。其造法用輪車，與拉坯同。土不必過細。匣成，陰乾，略鏇乎正。先入窑空燒一次，再裝坯燒，名曰鍍匣。若造作，則有廠居，幅中從略。

修模：圓器之造，每一器必有一模，大小款式方能畫一。其模子必須與原樣相似，但尺寸不能計算。大抵一尺之坯，經燒後得七、八寸，亦收縮之理然也，故模子必須先修模。不曰造而曰修者，一模必修數次，然後無大小參差之異。鎮修模匠另有店居，名手有數，蓋必熟諳土性窑火者，乃推能事。幅中情形頗肖。

洗料：青料爲畫瓷之用，而霽青、東青各釉色，亦需料配合。以浙江出者爲上，雲南、廣東及本省各處亦産此。商販采買，來鎮投行發賣。必先自揀選其大而圓者，色以黑黄明亮爲最。再以小黄土匣裝入窑，煉熟方可用。其用料之法，研乳極細，調水畫坯罩以白釉，經燒則現青翠。若不罩釉，則見火飛散，亦大奇也。幅中揀洗之事特詳。

做坯：圓器之制，其方棱者，則有鑲雕印削之作。而渾圓之器，必用輪車拉成。大者拉一尺以上坯，小者拉一尺以内坯。車如圓木盤，下設機局，旋轉甚便。拉者坐於車上，以小竹竿撥車使疾轉，雙手按泥隨拉之，千百不差毫黍。若琢器，其渾圓者，亦如造圓器法。其方棱者，則用布包泥，以平板拍練成片，裁方粘合。各有機巧，幅中兩擬其狀。

印坯：圓器拉成坯，必俟陰乾，不可令見日色。恐日曬則有坼裂之患，故有印坯一行。坯稍乾，則用修就模子，以手拍按，使泥坯周正匀結。其法以小輪車旋轉印拍，褪下模子陰乾，以備鏇削。幅中略具其狀。又有乳料之工，用矮橙貯料缽，上裝直木，安瓷槌，乳之。有雙手乳者，有左右乳者。疾聾老幼，多資生焉。

鏇坯：坯之尺寸定於模，而光平必需鏇削。鏇工亦用輪車，惟中心立一木樁，樁視坯之大小。其頂渾圓，名曰頂鐘，裹以絲綿，恐損坯也。將坯扣合樁上，撥輪使轉，用刀鏇削，則器之裹外皆光平矣。拉坯之時，坯足必留一把，長二、三寸，便於把握，以畫坯、蘸釉工畢，始鏇去其柄，挖足寫款。幅中鏇挖並列。

畫坯：青花畫坯，圓琢器皆有之。一器動累什百，畫者則畫而不染，染者則染而不畫，所以一其手，而不分其心也。其餘拱錐雕鏤，業似同而各習一家；釉紅寶燒，技實異而類近於畫。至如器上之邊綫青箍，原出鏇坯之手；底心之識銘書記，獨歸落款之工。花、鳥、蟲、魚，寫生以肖物爲上；宣、成、嘉、萬，倣古以多見爲精。幅中畫染分處，以爲畫一。

蕩釉：凡青花與觀、汝等器，均須上釉。舊法，長方、棱角者用毛筆拓釉，弊每失於不匀；渾圓之器，俱在缸内蘸釉，弊又失於體重多破，故全器難得。今圓器之小者，仍於缸内蘸釉。其圓琢大件，俱用吹釉法，以竹筒蒙細紗吹之。俱視器之大小，與釉之厚薄，别其吹之遍數，有三、四遍，至十七、八遍者。幅中備著其制。

滿窑：窑制長圓，形如覆瓮。高寬皆丈餘，深長倍之。上罩窑棚。其烟突圍圓，高二丈餘，在窑棚之外。瓷坯既成，裝匣入窑，分行排列。中間疏散，以通火路。其窑火，有前、中、後之分。安放坯匣，皆量釉之軟硬，以定窑位。發火時，隨將窑門磚封。留一方孔入柴，片刻不停。有試照者，熟則止火，窨一晝夜，始開。幅中滿燒備具。

開窑：瓷器之成，窑火是賴。開窑類以三日，其窑中瓷匣，尚帶紫紅色。惟開窑工匠，用布數十層，制成手套，蘸以冷水護手。復用濕布裹頭、面、肩、背，入窑搬匣。瓷器既出窑，熱窑安放新坯。因熱坯潮濕，就熱窑烘焙，可免入水坼漏之病。幅中搬運收理者，爲出窑瓷器；肩柴者，收籌者，爲現在燒窑。

彩器：圓琢白器，五彩繪畫，摹仿洋彩，須將各種顔料研細調合，必熟諳顔色火候之性，以眼明、心細、手準爲佳。其用顔料法有三：一用芸香油，一用膠水，一用清水。蓋油便於渲染，膠便於拓抹，而清水調色，則便於堆填。幅中有就棹者，有手持者，有眠側於低處者，各因器之大小，以就運筆之便。

燒爐：白瓷加彩後，復須燒煉，以固顔色，爰有明暗爐之制。小器則用明爐，口門向外，周圍炭火，置鐵輪其下，托以鐵叉，以鈎撥輪使轉，以匀火氣。大件則用暗爐，高三尺，徑二尺餘，周圍夾層貯炭火，下留風眼。將瓷器貯於爐，人執圓板，以避火氣。爐頂泥封，燒一晝夜爲度。幅中形情備悉。

以上諸説，多采唐雋公《陶冶圖説》。

藍浦，鄭廷桂《景德鎮陶録》卷三《陶務條目》 陶有窑（俗呼曰燒窑，統名風火窑）：

燒柴窑（或圇燒，或搭燒），

燒槎窑（有圇燒，亦有搭燒），

包青窑（惟燒柴窑，廠器盡搭此等窑燒，民户亦有搭燒者，亦或自造燒），

大器窑（有自造燒者，有搭他户坯燒者），

小器窑（有自造燒者，亦搭他户坯燒）。

窑有户（俗統呼曰窑户）：

燒窑户（有燒柴窑，有燒槎窑，又號叫坯窑户），

搭坯窑户（或搭柴窑，或搭槎窑），

燒圇窑户（即自燒自造户，或自造燒，亦搭一、二他户坯燒），

柴窑户（有燒户、搭户、圇窑户），

槎窑户（亦有燒户、搭户、圇窑户）。

户有工（列紀各工，人數不一，外有挑貨工及管債人，皆不列入）：

淘泥工（即兼練泥工），

拉坯工（俗呼做坯），

印坯工（俗呼拍模），

鏇坯工（俗呼利坯、挖坯），

畫坯工，

（春）〔舂〕灰工（或兼合灰），

合釉工（有配灰者，有合色者），

上釉工（有蘸上者，有吹上者），

挑槎工（柴窑不用，惟槎窑有之），

抬坯工（又呼挑坯），

裝坯工（裝坯入匣，重疊待滿），

滿掇工（有滿窑工，滿窑則招之，不在常傭内，開窑又有出窑工），

燒窑工（俗呼把莊，然分三手，有事溜火者，事緊火者，事溝火者），

開窑工（有外伴專業此務，開窑則召來者，有管債人兼作此務者），

乳料工，

舂料工，

砂土工。

彩之工附：

乳顔料工，

畫樣工，

繪事工，

配色工，

填彩工，

燒爐〔工〕。

工有作（作者，一户所作器也，各户或有兼作，統名曰作）：

官古器作，
上古器作，
中古器作，
釉古器作，
小古器作，
常古器作，
粗器作，
冒器作，
子法器作，
脱胎器作，
大琢器作，
洋器作，
雕鑲作，
定單器作，
仿古作，
填白器作，
碎器作，
柴金器作。
作有家（凡精粗分畫，各有家數，曰「家」）：
青花家，
淡描家，
各彩家。
陶所資各户：
柴户，
槎户，
匣户，
磚户，
白土户，
青料户，
篾户，
木匠户，
桶匠户，
鐵匠户，
修模户，
盤車户，
乳鉢蕩口户，
打籃户，
煉灰户，
鏇刀户（其刀如吕字、已字形）。
陶餘資用（陶中所餘，物有可資於用者）：
窑磚，
窑槎，
窑煤。
鎮瓷花式：
官古式，
上古式，
中古式，
釉古式，
小古式，
常古式，
子式，
法式，
梨式，
爐式，
撇式，
宫式，
冒式，
鍋式，
宋式，
蘭竹式，

白器式，
盌式，
蓋式，
湖窑式，
古式，
三級式，
摺邊式，
花桶式，
大琢式，
匙托式，
宣德民式，
正德民器式，
套器式，
雕鑲小器式。
以上各器式，又分多式。其爲某式，則有某式之花様，未另列。
仿古各釉色：
鐵骨大觀釉（有粉青、月白、大緑三種。）
銅骨無紋汝釉（有人面洗色澤。）
鐵骨哥釉（有米色、粉青二種。）
銅骨魚子紋汝釉。
白定釉（有粉定、土定，廠止仿其粉定一種。）
均釉（有玫瑰紫、海棠紅、茄花紫、梅子青、騾肝、馬肺、新紫、米色、天藍、窑變十種。）
宣窑霽紅釉（有鮮紅、寶石紅二種。）
宣窑霽青釉、濃紅釉（有橘皮、棕眼。）
廠官窑釉（有鱔魚黄、蛇皮緑、黄斑點三種。）
龍泉釉（有淺深二種。）
東青釉（有淺深二種。）
湘窑宋釉（有米色、粉青二種。）
油緑釉（色如窑變，如碧玉，光彩中斑駁古雅。）
爐（均）〔鈞〕釉（色如東窑、宜興挂釉之間，而花紋流淌，變化過之。）
歐窑釉（有紅紋、藍紋二種。）
廣窑釉（青點一種。）
月白無紋釉（有淺深二種，微類大觀釉，係白泥胎器。）
宣窑寶燒釉（有三魚、三果、三芝、五福四様。）
龍泉釉寶燒（新制有三魚、三果、三芝、五福四種。）
翡翠釉（有素翠、青點、金點三種。）
吹紅釉、吹青釉。
永窑脱胎、素白、錐拱等器皿。
萬、正窑五彩器皿。
成窑五彩器皿。
宣花黄地器皿。
法青釉（係新試得，較霽青、濃紅、深翠等釉無橘皮棕眼。）
西洋雕鑄像生器皿（畫法渲染，悉仿西洋筆意。）
澆黄、澆緑、錐花器皿。
澆紫器皿（有素花、錐花二種。）
錐花器皿（有各種釉色。）
抹紅、彩紅等器皿。
西洋黄色器皿，紫色器皿。
抹銀、抹金器皿。
彩水墨器（係新制。）
新制山水、人物、花卉、翎毛，仿筆墨濃淡意。
宣窑填白器（有厚薄、大小不等。）
嘉窑青花，成窑淡描青花。
米色釉（有淺深二種，與宋米色不同。）
釉里紅器皿（有通用紅釉繪畫者，有青葉紅花者。）
紫金釉（有紅、黄二種。）
淺黄五彩器皿（係新試得。）
淺緑器皿（有素地、銀花二種。）
洋彩器皿（新仿西洋珐琅畫法，山水、人物、花卉、翎毛，無不精細入神。）

拱花器皿(各種釉色俱有。)

西洋紅色、緑色器皿。

烏金釉(有黑地白花、黑地描金二種，係新制。)

西洋烏金器皿(係新制。)

東洋抹金、抹銀器皿。

配合釉料：

紫金釉(用罐水煉灰，紫金石水合成。)

翠色釉(用煉成古銅水、硝石合成。)

金黄釉(用墨鉛末、碾赭石合成。)

礬紅釉(用青礬煉紅，加鉛粉、廣膠合成。)

紫色釉(黑鉛末加石子青、石末合成。)

澆青釉(用釉水煉灰、石子青合成。)

澆緑釉(用煉過黑鉛末加古銅末、石末合成。)

豆油釉(用豆青油水煉灰、黄土合成。)

純白釉(用釉水煉灰合成，即純白器。)

澆黄釉(用牙硝、赭石合成。)

霽紅釉(用紅銅條、紫英石合成，兼配碎器、寶石、瑪瑙。)

霽青釉(用青料配釉合成。)

東青釉(用紫金釉水合成。)

龍泉釉(用紫金釉，微摻青料合成。)

爐均〔鈞〕釉(用牙硝晶料配釉合成。)

碎器釉(用碎器不出三寶棚者，細淘則成碎器，粗淘則成大紋片。)

陶彩需用色料：

鉛粉，焰硝，青礬，黑鉛，松香，黛，白炭，金箔，古銅，赭石，乳金銀，石子青，紫金石，五色石英。

藍浦鄭廷桂《景德鎮陶録》卷四《陶務方略》 景德鎮陶業，俗呼貨料，操土音登寫。器物花式，字多俗省。其不見於字書字，如砷、垽之類。其見於字書而俗借用者，如靶、琢、不之類。他如飯作反，撇作丿，同作冂，(盜)〔盞〕作才，壺作乎，圾作件之類，雖土著猶參問乃得也。

鎮陶字樣，又有通用者，如缸或作堈、鋼等字；窯或作窑、匋等字；泑或作釉、砷、油等字。羣書雜記，亦多互見。

在鎮陶作器，質粗細不一。有用官古不者，有用上古不者，有用中古不者，有用滑石者，有用釉果配高嶺者，有用滑石配白石者，有用餘干不配高嶺者，有用黄泥不者，有用撿渣者，各視所造器採用。

瓷土，自來以麻倉爲著，俗呼麻村。窑裏，又呼洞裏，屬邑東鄉，明末土竭，後復出。造成砷果，則大隝嶺爲上。性硬，白而微汗，造瓷不挫，古器中多用作骨胎。他處亦有硬白土，或不免有油，又或白而性軟耳。

釉果，凡佳器全用作質，次品亦半用之，粗器則止和水合灰，以當水釉。嘉慶三年，鄰邑樂平亦出此，爲婺人起廠舂造，塊式大於窑裏所造，陶户試用，頗不低。先是，造户裝至南港口，賄邑東人駕東港船，接裝入鎮埠，貨充窑裏。今則明貨於陶家矣。

高嶺，本邑東山名，其處取土作不。初止土著汪、何、馮、方四姓業此，今則婺邑多充户。然必假四姓名號，刻印高嶺塊上，如曰何山玉，曰汪某、方某者。近邑西李家田大州上，亦出土可用，不大下於東土。但造佳瓷者必求東埠出者耳。

高嶺，上者麻布口，次者糖口，最下磁器口。何謂磁器口？試照擘驗土塊，口如破磁片，滑平無紋而不糙，若刀切，然此土必無健性，造坯經燒必軟挫。舊有紅高嶺，出邑東方家山，塊色粉紅，經燒則仍白色。後其姓以土竭近祖塋，遂請禁絶。

高嶺不用碓舂，取土起棚，不過淘練成泥，印塊而已。若砷不土，雖亦名土，實則取石。必先洗去石上浮土，再用錐碎成小塊，然後杵臼一晝夜成土，始淘練印造。大約上舂水大，每棚碓可全舂。下年水小力微，必減幾支碓舂。水急力均，舂土稠細。水緩力輕，舂土稍粗，故所出不砷，上舂者佳，作坯亦比下年者勝。

同一不也，而有紅、黄、白之分。紅白不，皆器之細者。用黄不，則惟粗器用之。然有一種淡黄帶白色者頗佳，又不止粗器用也。

黄不，土塊大而堅，舂之杵舂，亦必堅大。白不，土稍鬆細，碓式亦次於舂。黄不者，邑東王港以上，有二十八灘，每灘皆有水碓，舂土作不。昔春黄不户半於白不，今則舂造黄不者只五、六處，餘俱改舂白不。

不之絶佳者，惟壽溪塢所産，他處載來鎮市，必曰我壽溪不，亦多可用。

瓷土，洪家坳舊出者與金家山所産同妙。後因與祁邑連界，屬一勢宦祖塋來脉，興訟永禁。

坪里土、葛口土，皆祁門縣所産。自餘干土出，而坪里、葛口之土用者少矣。近邑南有小里土，亦可用。春户多合用之，然不及餘干土也。

不之名類不一，而玉紅、提紅二種爲止。然二種不性軟，必多合高嶺方可用。餘干不性頗健，少以高嶺配合，便可用。近日高嶺所出，已不如前，陶户遂多用餘干不。

水釉號爲百家貨，陶户用罩坯外，惟蘭宋、白飯、砂宮等坯不用，惟研合釉果，和水罩外，大抵槎窑粗器，多以釉果當水釉。

滑石作器胎，惟質佳耳。所襯出釉色，反不如不泥上釉尤瑩澤耐看。故官古不多用，洋器半用，惟雕鑲小琢器肯用。然滑石瓷器畫作，亦不及好官古。

撿渣作質，頂粗之器，如冒官、冒飯、冒盂、冒令、蓮子大碗、大草撇、砂石大砂爐二及小雕削禽魚人物之類。撿渣者何？蓋大窑户所淘泥不，傾去粗沉之土渣也。凡用撿渣户雇工收撿於外，復加淘汰，練成泥方可用。

青料，以黑緑而潤澤有光色者爲上品，仿霽青器必用之。若青花淡描用青之法，先定花樣，畫坯上，然後罩上釉水，乾入窑燒。陶成，遂現青翠色。若不用釉罩，其色仍黑。或先上釉，再畫釉外，則料多燒飛。

鎮有彩器，昔不大尚。自乾隆初，官民競市，由是日漸著盛。俗呼紅店，其自稱曰爐户。皆不用古法明暗爐之制，但以磚就地圍砌如井樣，高三尺餘，徑圍三兩尺，下留穴，中置彩器，上封火而已。謂之燒爐，亦有期候。若問以明爐暗爐，多不知爲何。

凡器之高大件，最難燒造。如二尺四大盤、頂皮大碗、千圾五百圾大地瓶、五百圾大缸、三百圾花桶等器，口面既大，圾數又高，造時必倍其坯，式較劣取優者送窑，經燒難保不有蹻扁損挫之患。

脱胎器薄，起於永窑。永窑尚厚，今俗呼半脱胎。另有如竹紙薄者一式，俗以真脱胎别之。此種真脱胎，起自成窑，暨隆、萬時之民窑。但隆、萬尚蛋皮式，止一色純白者。不似今多畫青花，其净白尤澆美過之也。

上古、中古器，昔無琢類，不造小圓器，止有大碗、宫碗、七寸、五寸四大器之稱。今則小圓式亦造矣。

洋器有滑石洋器、泥洋器之分；一用滑石製作，器骨工值重，是爲滑洋器；一用不泥作，器質工值稍次，是爲粗洋器。

小琢器户，亦呼雕削。如造湯匙、挂瓶、茶托等具，畫青花淡描等花，或兼仿東青器。近聞仿造東青，新試得一法，用釉果作質，陶成則釉色襯出，而美過於前仿東青器。

滿窑一行，另有店居。凡窑户值滿窑日，則召之至，滿畢歸店。主顧有定，不得亂召。俗傳：先是樂平人業此，後挈鄱陽人爲徒，此康熙初事。其後鄱邑人又挈都昌人爲徒，而都邑工漸盛，鄱邑工所滿者反逐之。今則鎮分二幫，共計滿窑店三十二間，各有首領，俗呼爲滿窑頭。凡都、鄱二幫，滿柴、槎窑，皆分地界。

窑内各有把莊頭，亦爲燒夫。燒夫中又分緊火工、溜火工、溝火工。火不緊洪，則不能一氣成熟；火不小溜，則水氣不由漸乾，成熟色不漂亮；火不溝疏，則中、後、左、右不能燒透，而生㼦所不免矣。燒夫有潑水之法，要火路周通，使燒不到處能回焰向彼，全恃潑水手段。凡窑皆有火眼，照來焰潑去，頗爲工巧。

柴窑多燒細器，槎窑多燒粗器。前代廠制，一窑兼用柴、槎、四大配燒。今悉搭民窑，分柴、槎爲二幫，故有柴窑、槎窑之稱。其中又分大器窑、小器窑、包青窑諸號。

五曹，滿器五行之名，都邑人呼爲五乎。幾曹幾乎，皆行路之數。又傳五乎實四擔，坯匣共計三十二尊，亦有論柱數燒者。

燒窑户搭燒坯瓷，其滿燒之規：當窑門前一、二行，皆以粗器障搪恕火，三行後始有細器。其左右火眼處，則用填白器擁燎搪焰。正中幾行，則滿官、古、東青等器。尾後三四行，又用粗器擁焰。若窑沖，惟排磚靠砌而已。

自燒自造者，謂之燒囫窑。或不搭他户燒，或亦搭一二户燒。窑門前用空匣滿排以障火，如昔廠官窑滿法者。三行後，始用坯器。尾後，亦滿粗器，以搪火焰。

廠昔有大匣窑，專滿空匣，今悉入民窑先燒，惟包青窑乃可搭燒。何謂包青？蓋凡搭坯入其窑，必陶成皆青品，有苦窳不青，則另償包燒者。不獨廠官器搭如此，即諸户搭燒亦然也。

瓷器固須精造，陶成則全賴火候。大都窑乾、坯乾、柴乾，則少坼裂、色晦之患；土細、料細、工夫細，則無粗糙、滓斑之虞。

結砌窑巢，昔不可考。自元、明來，鎮土著魏姓世其業。若窑小損壞，只需補修。今都邑人得其法，遂分業補窑一行。然魏族實有師法薪傳。余嘗見其排砌磚也，一手挨排粘砌，每粘一磚，只試三下，即緊粘不動。其排泥也，雙手合舀一拱泥，向排砌一層磚中間兩分之，則泥自靠結磚兩路流至脚，砌磚者又一一執磚排粘。其制泥，稠如糖漿，亦不同泥水工所用者。

渣餅有平正細白者，是白不造成；有粗樣者，是泥土打成。大小視坯足爲度。凡坯裝匣内，必用渣餅墊足。經燒後，其足乃不粘匣底。又有用黄砂渣墊，足亦不粘匣者。五代周燒柴窑器，所謂足多粗黄土蓋此。

陶户收買砧不，先於船中提少許，捏成塊，上劃各土客字號。燒窑日，置之火眼内。待燒熟，用鐵鈎探出，驗辨貨色，謂之試照。

本燒户亦有自試火照之法。蓋坯器入窑，火候生熟，究不可定，因取破坯一大片，中挖一圓孔，置窑眼内，用鈎探驗生熟。若坯片孔内皆熟，則窑漸陶成，然後可歇火。

陶户坯作人衆，必用首領轄之，謂之坯房頭，以便稽查口類出入雇人。其有衆坯工多事，則令坯房頭處平。有惰工壞作，亦惟彼是讓。

坯房發給人工，其爲地下印利、做坯等工，則皆四月内給值，十月找滿，年終再給少許。其爲畫作上工，則按五月端節、七月半、十月半及年竣分給。至供飯一例，則闔鎮皆三月朔起，有發市錢。

窑磚，晹阜灘沿河所造。其法，埏埴泥土，用方木匣印成，長七、八寸，闊三、四寸，先貯窑燒熟，方可用。初燒者爲新磚，燒數次者爲老磚。老磚結窑佳。

俗有估堆之説。凡陶户提同口有剩下零瓷，或稍茅損色雜者，則另堆聚一處，新舊大小不等。有此路行家，覓户估買，昔多有估堆致富者。今則有外佳内窳弄巧者，俗謂「做堆」。

商行買瓷，牙儈引之議價批單，交易成，定期挑貨，必有票計器數爲憑。其挑去瓷器，有色雜茅損者，亦計其數載票，交陶户换補佳者，謂之「换票」。其瓷票、换票，皆素紙爲之，或印行號户號，加寫器數，字或全用墨寫。

商雇茭草工扎瓷，值有常規，照議如一。其稻草篾片，皆各行長雇之茭草頭已辦。稻草出吾邑者好用，而邑北尤佳。篾則婺界所析，今里村鎮市亦有。

把莊一行，凡諸路客至，必雇定把莊頭，挑收窑户。瓷器發駁，則把莊頭雇夫給力送下河。又有類色頭，匯清同口，包紙裝桶，茭草跟凳，皆有定例，俗又呼「油灰行」。

磨補瓷器，鎮有勤手之徒，挨陶户零估，收聚茅糙者磨之，缺損者補之，俗呼爲「磨茅堧店」。

過光瓷器，皆暗損未壞者，此詐僞之流，賤市而涂固之。然沾熱湯即破，只可盛乾冷物，俗呼爲「過江器」。

黄家洲蘇湖會館，近河洲地，爲小本商擺瓷灘所一大聚場也。面河，踞市中，方廣約二里許，遍地皆瓷器灘，任來往鄉俗零買，不拘同口個數。

瓷器街頗寬廣，約長二三百武，距黄家洲地半里餘。街兩旁皆瓷店張列，無器不有，悉零收販户，整治擺售，亦有精、粗、上、中、下之分。

潘家疃，在鎮之中秀渡對岸。疃内多潘姓，自國初已陶，然只坯坊陶窑。多處陶户仍居鎮中，時至疃内省視燒造。其窑則皆燒槎，其坯亦有由鎮載入疃窑燒者，亦有疃坯載送鎮窑燒者。故中渡口一帶河中，多有陶户裝坯船、裝瓷器船。

鎮又有小本旅伴，手提大籃，採販陶户諸瓷器，走黄家洲上及覓趁各瓷行零賣。其器稍有茅疵，亦或時得佳器，俗呼爲「提洲籃者」。

曹振鏞《欽定工部續增則例》卷八《營繕司·玻璃花甎掛釉》 天青、翡翠、紫色、白色、花素甎掛釉，用玻璃料。

淺地，西洋花甎每折見方壹尺，核用玻璃料貳拾貳兩貳錢玖分。

掏深疊落西洋花甎每折見方壹尺，核用玻璃料貳拾捌兩玖錢捌分。

卧砌素甎每折見方壹尺，核用玻璃料陸兩陸錢陸分。

立砌素甎每折見方壹尺，核用玻璃料叁兩捌錢。

又《玻璃瓦料》 天青色五樣玻璃：

正吻每隻用玻璃料壹百兩。

吻座每套用玻璃料陸兩。

劍靶每件用玻璃料陸兩。

背獸每件用玻璃料貳兩肆錢。

合角吻每件用玻璃料貳拾兩。

合角劍靶每件用玻璃料陸兩。

垂獸每件用玻璃料拾捌兩。

戧獸每件用玻璃料拾捌兩。

連座每件用玻璃料捌兩。

通脊每件用玻璃料貳拾兩。
垂脊每件用玻璃料拾貳兩。
博通脊每件用玻璃料拾陸兩。
戧脊每件用玻璃料拾貳兩。
三連甎每件用玻璃料叁兩。
博脊連甎每件用玻璃料叁兩。
掛尖每件用玻璃料叁兩。
羣色條每件用玻璃料貳兩。
平口條每件用玻璃料柒錢。
壓帶條每件用玻璃料柒錢。
攛頭每件用玻璃料叁兩。
列角攛頭每件用玻璃料叁兩。
攩頭每件用玻璃料叁兩。
仙人每件用玻璃料伍兩。
走獸每件用玻璃料伍兩。
套獸每件用玻璃料伍兩。
滿面黄每件用玻璃料叁兩。
正當鉤每件用玻璃料貳兩。
斜當鉤每件用玻璃料貳兩肆錢。
托泥當鉤每件用玻璃料貳兩肆錢。
筒瓦每件用玻璃料貳兩肆錢。
鉤頭每件用玻璃料叁兩。
滴水每件用玻璃料叁兩。
板瓦每件用玻璃料貳兩叁錢。
博脊瓦每件用玻璃料叁兩。
紫色五樣玻璃：
筒瓦每件用玻璃料貳兩肆錢。
天青色六樣玻璃：
正吻每隻用玻璃料捌拾兩。
吻座每套用玻璃料伍兩。
劍靶每件用玻璃料伍兩。
背獸每件用玻璃料貳兩。
垂獸每件用玻璃料拾陸兩。
博通脊每件用玻璃料拾陸兩。
博脊瓦每件用玻璃料貳兩肆錢。
羣色條每件用玻璃料貳兩。
紫色六樣玻璃：
正吻每隻用玻璃料捌拾兩。
吻座每套用玻璃料伍兩。
劍靶每件用玻璃料伍兩。
背獸每件用玻璃料貳兩。
垂獸每件用玻璃料拾陸兩。
戧獸每件用玻璃料拾陸兩。
連座每件用玻璃料捌兩。
通脊每件用玻璃料拾捌兩。
垂脊每件用玻璃料拾兩。
戧脊每件用玻璃料拾兩。
三連甎每件用玻璃料貳兩捌錢。
博脊連甎每件用玻璃料貳兩陸錢。
掛尖每件用玻璃料貳兩陸錢。
羣色條每件用玻璃料貳兩。
平口條每件用玻璃料陸錢。
壓帶條每件用玻璃料陸錢。
攩頭每件用玻璃料貳兩捌錢。
攛頭每件用玻璃料貳兩捌錢。
仙人每件用玻璃料肆兩。
走獸每件用玻璃料肆兩。
套獸每件用玻璃料伍兩。
正當鉤每件用玻璃料壹兩捌錢。
斜當鉤每件用玻璃料貳兩。

托泥當鉤每件用玻璃料貳兩。
筒瓦每件用玻璃料貳兩。
鉤頭每件用玻璃料貳兩肆錢。
滴水每件用玻璃料貳兩肆錢。
板瓦每件用玻璃料壹兩玖錢。
博脊瓦每件用玻璃料貳兩肆錢。
西洋魚鱗瓦每件用玻璃料貳兩壹錢伍分。
翡翠色六樣玻璃：
筒瓦每件用玻璃料貳兩。
板瓦每件用玻璃料壹兩玖錢。
翡翠色七樣玻璃：
正吻每隻用玻璃料陸拾兩。
吻座每套用玻璃料肆兩。
劍靶每件用玻璃料肆兩。
背獸每件用玻璃料壹兩陸錢。
合角吻每件用玻璃料玖兩貳錢伍分。
劍靶每件用玻璃料肆兩。
垂獸每件用玻璃料拾貳兩。
戧獸每件用玻璃料拾貳兩。
獸座每件用玻璃料伍兩。
通脊每件用玻璃料拾陸兩。
博通脊每件用玻璃料拾兩。
圓通脊每件用玻璃料拾兩。
垂脊每件用玻璃料捌兩。
戧脊每件用玻璃料捌兩。
三連甎每件用玻璃料貳兩柒錢。
博脊連甎每件用玻璃料貳兩肆錢。
掛尖每件用玻璃料貳兩肆錢。
圓黄道每件用玻璃料貳兩肆錢伍分。
圓混甎每件用玻璃料貳兩肆錢伍分。
羣色條每件用玻璃料壹兩陸錢。
圓羣色條每件用玻璃料壹兩陸錢。
平口條每件用玻璃料伍錢。
圓平口條每件用玻璃料伍錢。
壓帶條每件用玻璃料伍錢。
圓壓帶條每件用玻璃料伍錢。
擸頭每件用玻璃料貳兩。
攩頭每件用玻璃料貳兩。
列角擸頭每件用玻璃料貳兩。
仙人每件用玻璃料叁兩。
走獸每件用玻璃料叁兩。
套獸每件用玻璃料肆兩。
正當鉤每件用玻璃料壹兩捌錢。
圓正當鉤每件用玻璃料壹兩捌錢。
斜當鉤每件用玻璃料壹兩捌錢。
托泥當鉤每件用玻璃料壹兩捌錢。
筒瓦每件用玻璃料壹兩捌錢。
羊蹄筒瓦每件用玻璃料貳兩貳錢。
鉤頭每件用玻璃料貳兩貳錢。
滴水每件用玻璃料貳兩貳錢。
板瓦每件用玻璃料壹兩柒錢。
羊蹄板瓦每件用玻璃料貳兩貳錢。
博脊瓦每件用玻璃料貳兩貳錢。
魚鱗瓦每件用玻璃料貳兩肆錢。
護朽瓦每件用玻璃料壹兩柒錢。
西洋魚鱗瓦每件用玻璃料貳兩壹錢伍分。
翡翠色九樣玻璃：
垂獸每件用玻璃料拾兩。
獸座每件用玻璃料叁兩。
垂脊每件用玻璃料伍兩。

羅鍋垂脊每件用玻璃料伍兩。

平口條每件用玻璃料肆錢。

列角三色瓶每件用玻璃料壹兩捌錢。

壓帶條每件用玻璃料肆錢。

正當鉤每件用玻璃料壹兩陸錢。

仙人每件用玻璃料貳兩捌錢。

走獸每件用玻璃料貳兩捌錢。

筒瓦每件用玻璃料壹兩陸錢。

羅鍋筒瓦每件用玻璃料壹兩陸錢。

鉤頭每件用玻璃料貳兩。

滴水每件用玻璃料貳兩。

折腰每件用玻璃料壹兩伍錢。

板瓦每件用玻璃料壹兩伍錢。

西洋魚鱗瓦每件用玻璃料貳兩壹錢伍分。

紫色九様玻璃：

筒瓦每件用玻璃料壹兩陸錢。

板瓦每件用玻璃料壹兩伍錢。

曹振鏞《欽定工部續增則例》卷一〇《營繕司・倉廒地板壁板氣筒》

用料：

倉廒地板壁板，直縫每塊加鋸路壹分，錯縫每塊加寬荒叁分，厚荒壹分。

用工：

直縫每平面做光，折見方尺壹百貳拾捌尺，用木匠壹工。

錯縫地板壁板每叁面做光，折見方尺玖拾陸尺，用木匠壹工。

承重木每做叁拾根，用木匠壹工。

楞木每做叁拾根，用木匠壹工。

墊楞木墩子每鋸做壹百箇，用木匠壹工。

編織毛竹氣筒象眼牕，劈竹條不拘寬窄，長伍尺以内，每叁百條用劈竹匠壹工；長伍尺以外至長壹丈，每貳百捌拾條用劈竹匠壹工；長壹丈以外至長壹丈伍尺，每貳百陸拾條用劈竹匠壹工。

每鋸毛竹壹百伍拾段，用鋸竹匠壹工。

編織氣筒象眼牕，每折見方尺貳拾肆尺，用編竹匠壹工。

曹振鏞《欽定工部續增則例》卷一五《營繕司・桶隻做法》 凡成造一切圓式腰式木桶，以外面圍長丈尺作寬，分瓣剏攢，底蓋以長寬徑寸分塊核算。

用料：

木桶剏攢，每瓣加寬荒貳分，厚荒叁分，長荒壹寸。 底蓋以長寬徑寸分作塊數，每塊各加寬、厚荒叁分，長荒壹寸。

用工：

肆面做光，折見方尺，每拾伍尺用桶匠壹工。

鐵箍長丈照依外圍尺寸核算，寬厚臨期酌定。 竹箍寬壹寸，長壹丈以内，每劈壹百片用劈竹匠壹工。

每箍長寬折見方尺叁尺，用箍竹匠壹工。

如係舊桶修改，按依應添木植成數核算，竹箍亦照應添道數修補。

又《鐵箍大木桶做法》 馴象應用大木桶，每隻高貳尺陸寸，口面徑壹尺陸寸，幫底均厚壹寸，拾貳瓣，剏攢鐵箍木耳，杉木成造。

用料：

每桶壹隻，核用長貳尺柒寸、寬捌寸肆分、厚柒寸捌分杉木壹塊；

長壹尺柒寸、寬捌寸、厚貳寸陸分杉木壹塊；

鐵箍叁道，每道核重貳觔拾壹兩貳錢。

用工：

每桶壹隻核用桶匠貳工捌釐。

又《鐵箍飲水桶做法》 馴象應用飲水桶每隻高壹尺，口面徑柒寸，幫底均厚捌分，陸瓣，剏攢鐵箍木耳，杉木成造。

用料：

每桶壹隻，核用長壹尺壹寸、寬柒寸肆分、厚叁寸叁分杉木壹塊；

長柒寸、寬柒寸、厚壹寸壹分杉木壹塊；

鐵箍叁道，每道核重拾貳兩陸錢。

鐵提梁壹根，核重貳觔拾兩貳錢；

鐵環貳箇，每箇核重拾兩捌錢；

長叁寸□□肆箇，每箇核重叁兩。

用工：

每桶壹隻，核用桶匠叁分肆釐。

曹振鏞《欽定工部續增則例》卷八一《都水司·漆飾半桌做法》 半桌每張長貳尺玖寸、寬貳尺、高貳尺陸寸，安牙帶、腰棖、肩舍，松木成造。

每張計邊抹肆根，内貳根各長貳尺玖寸，貳根各長貳尺寬叁寸，厚貳寸。

心子板壹塊，長貳尺叁寸貳剟，寬壹尺肆寸，厚捌分，外肆面入槽，各深伍分。

托棖壹根，長貳尺，寬貳寸，厚壹寸伍分。

腿子肆根，各長貳尺陸寸，見方叁寸，起線做琴腿。

牙帶肆根，内貳根各長貳尺玖寸，貳根各長貳尺，寬叁寸，厚壹寸，上截起束腰落空合子心，寬捌分，下截起陽線，雕番草秋葉，寬壹寸肆分。

貼落肩舍壹層計肆根，内貳根各長貳尺捌寸，貳根各長壹尺玖寸，寬壹寸貳分，厚捌分。

腰棖肆根，内貳根各長貳尺陸寸，貳根各長壹尺柒寸，見方貳寸。

週身刮鏍做細，鑿做透榫眼陸箇，半榫眼捌箇，合角扣榫拾貳箇，平頭榫拾肆箇，起鑿板槽湊長柒尺肆寸，穿帶槽壹尺肆寸，雕番草，起束腰落空合子心，折見方尺貳尺壹寸伍分陸釐，使膠黏鬭安裝成做。

外面漆飾計桌面長貳尺玖寸，寬貳尺，摺面湊長玖尺捌寸，連牙帶、肩舍折寬柒寸。

腿子肆根，各長貳尺壹寸，折寬壹尺貳寸。 腰棖肆根，湊長柒尺肆寸，折寬捌寸，計折平面見方尺貳拾捌尺陸寸陸分，使漆灰貳道，糙漆光漆飾。

裏面油飾計桌裏長貳尺柒寸，寬壹尺捌寸，邊抹托棖摺面湊長玖尺捌寸，寬壹寸貳分。

牙帶湊長玖尺，寬叁寸，計折平面見方尺捌尺柒寸叁分，刷膠光紅土油飾。

又《漆飾長炕桌做法》 炕桌每張長貳尺玖寸、寬貳尺、高壹尺貳寸，安牙帶、腰棖、肩舍，松木成造。

每張計：

邊抹肆根，内貳根各長貳尺玖寸，貳根各長貳尺，寬叁寸，厚貳寸。

心子板壹塊，長貳尺柒寸貳剟，寬壹尺肆寸，厚捌分，外肆面入槽，各深伍分。

托棖壹根，長貳尺，寬貳寸，厚壹寸伍分。

腿子肆根，各高壹尺貳寸，見方叁寸，起線做琴腿。

牙帶肆根，内貳根各長貳尺玖寸，貳根各長貳尺，寬叁寸，厚壹寸，上截起束腰落空合子心，寬捌分，下截起陽線，雕番草秋葉，寬壹寸肆分。

貼落肩舍壹層，計肆根，内貳根各長貳尺捌寸，貳根各長壹尺玖寸，寬壹寸貳分，厚捌分。

腰棖肆根，内貳根各長貳尺陸寸，貳根各長壹尺柒寸，見方貳寸。

週身刮鏍做細，鑿做透榫眼陸箇，半榫眼捌箇，合角扣榫拾貳箇，平頭榫拾肆箇。起鑿板槽湊長柒尺肆寸，穿帶槽壹尺肆寸，雕番草，起束腰落空合子心，折見方尺貳尺壹寸伍分陸釐，使膠黏鬭安裝成做。

外面漆飾計：

桌面長貳尺玖寸，寬貳尺，摺面湊長玖尺捌寸，連牙帶、肩舍，折寬柒寸。

腿子肆根，各長柒寸，折寬壹尺貳寸。

腰棖肆根，湊長柒尺肆寸，折寬捌寸。 計折平面見方尺貳拾壹尺玖寸肆分，使漆灰壹道，糙漆光漆飾。

裏面油飾計：

桌裏長貳尺柒寸，寬壹尺捌寸，邊抹托棖摺面湊長玖尺捌寸，寬壹寸貳分。

牙帶湊長玖尺，寬三寸，計折平面見方尺捌尺柒寸三分，刷膠光紅土油飾。

又《漆飾圈椅做法》 圈椅每張面寬貳尺，進深壹尺陸寸，高壹尺陸寸，上截靠背高壹尺柒寸，順肩扶手高柒寸，安牙帶、橫順棖、月牙扶手、荷包牙子，松木成造。

每張計：

邊抹肆根，内貳根各長貳尺，貳根各長壹尺陸寸，俱寬貳寸伍分，厚壹寸伍分。

心子板壹塊，長壹尺伍寸、寬壹尺壹寸，厚捌分，外肆面入槽，各深伍分。

托棖壹根，長壹尺陸寸，寬壹寸伍分，厚壹寸貳分。

腿子肆根，内貳根各長叁尺貳寸，貳根各長貳尺貳寸，俱見方壹寸伍分，上截做圓式。

踏棖順棖各壹根，長壹尺捌寸，寬壹寸伍分，厚壹寸。

橫棖貳根，各長壹尺肆寸，見方壹寸。

牙帶叁根，内壹根長壹尺捌寸，貳根各長壹尺肆寸，俱寬壹寸貳分，厚捌分。

荷包牙子陸塊，各長叁寸，寬貳寸，厚捌分。

迎面歡門牙子叁塊，內壹塊長壹尺陸寸，貳塊各長壹尺壹寸，均寬貳寸，厚捌分。

踏根下螳螂牙子壹塊，長壹尺捌寸，寬壹寸伍分，厚捌分。

月牙扶手壹根，計叁截，內壹截長貳尺肆寸，扶手貳截，各長貳尺，俱徑壹寸伍分。

背板壹塊長壹尺陸寸，寬伍寸，厚捌分，中心雕結子花壹箇，均長陸寸，寬肆寸。

金剛摺柱貳根，各長玖寸，徑陸分。

扶手前墜腳牙子貳塊，各長貳寸，寬壹寸，厚陸分。

週身刮鏍做細，鑿做透榫眼陸箇，半榫眼叁拾貳箇，平頭榫叁拾肆箇，合角扣榫陸箇。起鑿板槽湊長伍尺貳寸，穿帶槽壹尺壹寸，雕做番草結子花，折見方尺貳寸肆分，使膠黏鬪安裝成做。

外面漆飾計：

椅面長貳尺，寬壹尺陸寸，摺面湊長柒尺貳寸，折寬貳寸伍分。

腿子肆根，內貳根各長叁尺，貳根各長貳尺，共湊長壹丈。內下截長伍尺捌寸，折寬陸寸，上截長肆尺貳寸，折寬肆寸伍分。

踏板根壹根，長壹尺陸寸，折寬肆寸貳分。

順根壹根，長壹尺陸寸，折寬伍寸。

橫根貳根，各長壹尺貳寸，折寬肆寸。

牙帶叁根，湊長肆尺，折寬貳寸。

荷包牙子陸塊，湊長壹尺貳寸，折寬叁寸捌分。

歡門牙子叁塊，湊長叁尺肆寸，折寬貳寸捌分。

螳螂牙子壹塊，長壹尺陸寸，折寬叁寸捌分。

月牙扶手壹根，湊長陸尺貳寸，折寬肆寸伍分。

背板壹塊，長壹尺伍寸，折寬壹尺壹寸陸分。

金剛摺柱貳根，各長捌寸，折寬壹寸捌分。

扶手墜腳牙子貳塊，湊長肆寸，折寬貳寸陸分。計折平面見方尺貳拾尺伍寸肆分，使漆灰壹道，糙漆光漆飾。

裏面油飾計：

椅子裏面長壹尺柒寸肆分，寬壹尺叁寸肆分，邊抹托根摺面，湊長柒尺壹寸，寬柒分。

牙帶叁根，湊長肆尺，寬壹寸貳分。

荷包牙子陸塊，湊長壹尺貳寸，寬叁寸。

歡門牙子叁塊，湊長叁尺肆寸，寬貳寸。計折平面見方尺肆尺叁寸肆分，刷膠光紅土油飾。

曹振鏞《欽定工部續增則例》卷一〇四《製造庫・紅銅鍍金香盒做法》 每箇重肆拾叁兩，通高叁寸伍分，擡鈒雲龍鑲嵌，玻璃石成造。盒身上扇圍圓壹尺玖寸，高壹寸肆分，下扇團圓壹尺玖寸，高壹寸陸分。盒面折長陸寸，內寬叁寸，盒底折長伍寸，均寬貳寸伍分。盒口團圓壹尺捌寸陸分，高叁分，盒足團圓壹尺肆寸叁分，高肆分伍釐。盒蓋罩面行龍壹條，湊長壹尺陸寸，均折寬捌分，流雲肆塊，各見方柒分。盒牆行龍捌條，各折長貳寸伍分，均折寬玖分。嵌玻璃石火燄椀捌箇，各折徑壹寸，鑲嵌紅藍玻璃石靈芝雲拾陸塊，各見方伍分。計焊縫湊長壹丈柒尺捌寸壹分，平鍍金折見方尺壹尺肆寸捌釐貳毫，鈒花鍍金折見方尺肆寸貳分柒釐陸毫，徑叁分壹釐紅玻璃石肆塊，徑叁分壹釐藍玻璃石肆塊。

又《黃銅鍍金響鈴盆做法》 每箇重壹百壹兩，通高貳寸捌分，裏外鍍金成造。

盆面徑壹尺肆寸壹分，內邊底寬壹寸伍分，外圍圓肆尺貳寸叁分，裏圍圓叁尺叁寸叁分。面除邊線分位淨寬壹寸壹分，外圍圓叁尺玖寸玖分，裏圍圓叁尺叁寸叁分，邊上圍線伏寬陸分，圍圓肆尺貳寸，盆囊牆高貳寸肆分伍釐，均圍圓叁尺伍寸，底徑壹尺壹寸壹分，均厚陸釐。計焊縫湊長捌尺貳寸捌分，裏外平鍍金折見方尺肆尺柒寸捌分肆釐陸毫。

顧祿《清嘉錄》卷一《正月・燈市》 臘後春前，吳趨坊、申衙里、皋橋、中市一帶，貨郎出售各色花燈，精奇百出。如像生人物則有老跎少、月明度妓、西施采蓮、張生跳牆、劉海戲蟾、招財進寶之屬；花果則有荷花、梔子、葡萄、瓜藕之屬；百族則有鶴鳳鵪鶉、猴鹿馬兔、魚蝦螃蟹之屬；其奇巧則有琉璃球、萬眼羅、走馬燈、梅里燈、夾紗燈、畫舫、龍舟，品目殊難枚舉。至十八日始歇，謂之「燈市」。

案：周密《乾淳歲時記》云：「元夕張燈，以蘇燈爲最。圈片大者，徑三四尺，皆五色琉璃所成。山水、人物、花竹、翎毛，種種奇妙，儼然著色便面也。」王鏊

《姑蘇志》:「吳燈，往時最多。范成大詩注有琉璃球、萬眼羅二燈，尤爲奇絶。或生綃糊方燈，圖畫史册故事。他如荷花、梔子、葡萄、鹿、犬、走馬之狀，擲空小球燈，滚地大球燈。又有魚魫、鐵絲、麥稈爲之者。一種名『栅子燈』，在魚行橋，盛氏造，今不傳。或懸剪紙人馬於傍，以火運動，曰『走馬燈』。」《舊府志》:「彩牋鐫細巧人物，出梅里，名『梅里燈』。剡紙刻花、竹、禽、魚，輕綃夾之，名『夾紗燈』。」《石湖樂府》序云:「吳中風俗，尤競上元。前一月，已賣燈，謂之『燈市』。價貴者數人聚博，勝則得之。喧盛不減燈夕。」詩云:「吳臺今古繁華地，偏愛元宵影燈戲。春前臘後天好晴，已向街頭作燈市。疊玉千絲似鬼工，剪羅萬眼人力窮。兩品争新最先出，不待三五迎東風。兒郎種麥荷鋤倦，偷閒也向城中看。酒壚博塞雜歌呼，夜夜長如正月半。災傷不及什之三，歲寒民氣如春酣。儂家亦幸荒田少，始覺城中燈市好。」今俗，市上所賣諸燈，未改古製，而鄉鎮別邑，又皆買自郡中，以是元宵前後，喧盛猶昔。聞最先元夕前後，各采松枝、竹葉，結棚於通衢，晝則懸綵，雜引流蘇，夜則燃燈，輝煌火樹。朱門宴賞，衍魚龍，列膏燭，金鼓達旦，名曰「燈市」，凡閶門以内，大街通路，燈綵遍張，不見天日。自吾生以來，此風久已歇絶，則民力之盛衰，於斯可見矣。

又《放煙火》 各鄉社廟，或放煙火，有集數十架於庭，次第傳爇，媚神以爲樂者。范來宗《金衙園觀煙火》詩云:「金衙是何園，其地曠非奥。久成荒礫場，旁建社公廟。居民思媚神，立竿光照耀。空中掣金蛇，耳畔轟火炮。争趨忘近遠，聚觀雜耄少。有客遠方來，目笑頭屢掉。儳直記禁園，盛會元宵鬧。漫天黑夜陳，遍地白日照。雉堞打襄陽，蜃樓現海嶠。垂老返江湖，百思不能到。偉哉天上觀，豈易人間肖。即此娱社公，聊乞豐年召。」

案:唐高承《事物紀原》云:「火藥雜戲，始於隋煬帝。孟襄陽謂即火樹也。」瞿宗吉《煙火戲詩》:「天花無數月中開，五色祥雲繞絳臺。」沈榜《宛署雜記》云:「燕城煙火，有響炮、起火、三級浪、地老鼠、沙碉兒、花筩、花盆諸製。有爲花草、人物等形者。花兒名百餘種，統名曰『煙火』。」趙甌北有《西廠觀煙火》詩云:「晚直郊原有未斜，昇平樂事覽繁華。九邊塵静平安火，上苑春催頃刻花。跋浪魚龍煙似海，劈空雷電礮爲車。歸途尚有餘光照，一路林巒映紫霞。」吾鄉承平氣象，無異輦下也。

顧禄《清嘉録》卷八《八月・塔燈》 村民於曠野以瓦疊成七級浮屠，中供地藏王像，四圍燃燈，謂之「塔燈」。

案:崑新風俗，是夕亦點塔燈。或用蘆粟及琉璃。郡俗，並七月晦日。或曰此以之照幽冥，非徒事游觀也。梅霜崖《中秋瓦塔》詩云:「不須縮版築峻嶒，一柱擎空七級燈。銅雀臺灰餘片片，靈光殿礫積層層。燭龍鱗甲沖霄動，蛤蚌珠璣拔地升。士女傾城齊竚望，芳辰皓月景彌增。」

梁章鉅《浪跡叢談》卷九《諸葛磚》 四川成都貢院，相傳是蜀漢宫基，至公堂上屋瓦，尚多舊物，質堅而細，與銅雀瓦相似，可以爲研，每方縱横約皆尺餘，旁有小字云:「臣諸葛亮造。」素禁竊匿，故士子出場，亦必搜檢，後因防範匪易，於乾隆三十年盡行拆卸解京。此《一斑録》所據蜀人之言，並云伊家現有瓦一片，不知確否，姑志之，亦不知解京現存何所，何以無一人得見者。

《澳門憲報中文資料輯録(1850—1911)・一八八〇年三月六日(第十號)》 管理軍器公物公所官嗎的吐奉公物會憲命，爲出字招人承辦後開什物，爲六個月所用，定於二月初二日十二點鐘在本公所投價，以最低者准其接辦。什物列左:生油、生菜油、藤絲、大小竹籮、蠟青繩、來路紙、唐人槳、各色成罐油、機器所用棉花、木油、機器所用生牛油、馬腳鐵釘、胡麻油、唐人紙、孟鴉喇番鹼、魚油燭、芭麻油、扯旗繩、煤炭油、玻璃杯、火水、木擔杆、寫字墨水、椰皮掃、筆嘴、高身木桶、矮身木桶、草繩、木桶仔、白鐵杓、快吔木來路槳、綿繩、竹掃、瀉油、蔴、蔴繩仔、粗細沙魚皮、小便盤、更香、白鐵淋花灑罐、來路擦刀磚、紅色油等物。

承辦已上之物章程在本公所，每開衙門日，自十點鐘至三點鐘可以前來看明。爲此通知。庚辰年正月二十五日字。

佚名《華州鄉土志・物産》 製造産，有絲。有蜜，白者佳，蜂房往往見山厓間。有漆汁，有漆子油，漆子油製燭與蠟等，土人所謂漆蠟也。有竹製物，有構紙、有火紙，有葦席，皆大宗。見於舊志者若侯坊之鬃器，王宿莊柳子鎮之布，土波寨之黑緑韋，嘗著聞矣。石隄峪引水推機，屑雜木作香料，沿溪數十里，輪轉軸旋，鳴聲互答，亦山區優利也。

《商務官報》光緒三十四年正月二十五日第一期《景鎮磁業公司辦事章程》

現在辦法:

一，修理原屋。

甲、廳堂，原創之意本以此屋爲本埠銷售廠，兩邊裝設櫃檯。今暫添裝房舍，作爲辦公之用。

乙、坯房，南中北三重，每重九間，車駕泥池均未設備，須一一如法添置，並擬於中加造工人宿舍，以肅工規。景鎮工人多不在廠寄宿，故易滋事。其舖位擬仿外國工廠辦法，分層安設，雖地窄人稠，仍無擁擠紊亂之弊。

丙、畫室，原有畫室十四間，擬改爲坯房，因在平地便於濬挖泥池，安置缸桶，即將畫室依山建造，仿吊脚樓式分作兩層，上下均獲實用。

丁、窑屋，窑屋必設極大柴樓，預爲囤積柴乾而便用。現屋内柴樓仍未具備，窑巢有二基礎，已定工程仍未及半，擬從速一律補建完備。

二，營造山基。

平地統無餘剩，惟珠山西北兩面劈歸公司管理，其山西高北低，均甚平敞，擬先行添設畫室、坯房、柴樓，急濟實用，再留餘地建造試驗廠、陳列所，及股東接待所，分區布置，另詳圖説。惟除實用工廠急需添置外，其餘須俟遷地與否，決議之後，再行建築。

三，購辦器具。

甲、製器之用：作車，鏇車，印車，挖車，泥缸，砷缸，灰缸，泥桶，砷桶，灰桶，雜用大小桶，泥床，曬架，坯板，大小脚凳，四脚木馬，三脚木馬，坯模，料缽，鏇刀，泥剷，彩爐，畫筆，吹筒。約言其畧，餘難枚舉。

乙、辦公之用：凡廳堂與宿舍、厨房一切必需之類，及工人舖板、飯桌等件，皆是不備齊。

四，延請執事。

甲、庶務，凡無專職管轄之事，而又不便另起一門類者，悉以屬之。總理如因事他往，有代表執行之權。

乙、文牘，辦理公文要函告白並隨時登載考察。（附書手一）專司繕寫。

丙、會計，（正賬房一）專司本公司財政大綱出入，（副賬房二）一管理内賬兼記工，一管理外賬兼買辦。

丁、監工，（總監工一）凡公司雇用工人，不論何項名目，悉歸管理。（分監工四）圓、琢、雕、彩各一。

戊、材料，（管理四）土一、柴一、匣一、料兼各彩品一。

己、成貨，（挑選三）即廠窑之選瓷房，俗稱爲稟色，同一品類，成筒成對，必資選配，儲藏擺設，分房保護，圓、琢、雕各一，（發賣二）總司批發一，專司本埠銷售所一。

庚、有不屬於以上各科，及各科人不敷用者，隨時議加。

五，雇用工人。

甲、圓器之工，淘泥，俗呼打雜。拉坯，俗呼做坯。印坯，俗呼拍模。鏇坯，俗呼利坯。合泑，拉水，盪泑，蘸泑，上四項俗呼刹合。煉灰，吹泑，乳料，畫坯，裝坯。

乙、琢器之工，與圓器略同，惟圓器以利坯之工爲主體，琢器以打雜之工（兼淘泥，刹合、裝坯三藝之稱）爲主體，各視主體之人數若干，乃定其他各工人數。

丙、雕鑲之工，凹者爲雕，凸者爲鑲，品樣不一，各有專長，工同技異，擬選其箸者。

丁、彩畫之工，配料，畫樣，繪事，填彩，燒爐。

戊、燒窑之工，抬坯，俗呼二把莊。裝窑，滿窑，燒窑，俗呼把莊，此工人中之最貴者，然分三手，有溜火，緊火，溝火之目。開窑。

六，購辦材料。

甲、白土，上品土塊，窑户須先年付價定做，否則無佳者，擬照例價定外，分派人至祁門、浮東、餘干、星子諸廠考察土質，監督淘汰，爲自開土礦預備。

乙、松柴，柴客倚柴行籌備資本，柴行又仰給於窑户，故柴船抵埠，價輕息重，多受虧折，擬以平價薄息，扶護柴客，或擇妥附股，以期陸續接濟柴用。

丙、顏色與料，景鎮普通之名稱純藍之色畫在坯胎者曰料，各種彩品畫在瓷面者曰顏色。料産原不一處，近則僅有滇料。顏色原以各種金石之品配煉而成，近且爲外國之製所侵入。開辦伊始，衹好從衆選備，然後逐漸研究。

丁、畫缽，匣廠在鎮特開場面，然同爲成瓷之用，亦附列材料一門，擬暫仿白土例，先以價定其白色土之最多者，久後當自開廠。

七，附設銀號。

瓷業爲本，銀號爲用，目下本業基礎甫築，全藉銀號爲汩注，辦法須倣外國企業公司附設銀行通行之章，且須兼寓儲蓄之義，不惟周轉流通公司利便，并可藉以維持市面，保全工資，於社會不無裨益。

八，禮延顧問。

甲、資格，擇其熟悉陶務，品望爲全鎮所交推者。

乙、名額，無一定數，本公司可隨時添聘，被聘之人，亦可隨時辭謝。

丙、姓氏，現在尚無定人，除選聘之外，尚有例聘者。景鎮大勢全在燒窑、做窑兩幫。燒窑幫以燒柴爲上窑，會曰陶慶；燒槎爲下窑，會曰陶成。歲於二會，各有一人，爲燒窑幫當年。做窑幫有九大會，每歲每會亦各輪有當年者。本公司擬於燒窑幫每歲聘其兩當年爲顧問員，而於做窑幫則於九會中歲聘其二，輪流周轉。

丁、會議，遇有大事會議，由本公司具柬一體延請。

戊、訪問，或往訪，或延致，無定事，無定時，無定人，由本公司酌就顧問。

己、餽贈，無一定規則，對於本公司實行出力者，酌量酬勞。

九、聯絡同業。

甲、本埠分門之同業，如燒窑，做窑，匣廠，料公司，白土行，柴行，瓷行，瓷客，皆有直接之關係，遇有何項規則，應行整頓，本公司一意襄助，必臻於完善爲止。或本公司力圖擴充，遇有阻礙，各門同業亦當知互有關係之義，扶助本公司增長發達，以目的達到爲止。擬每年四季，由本公司延請各門同業代表人讌會一次，以表睦念。

乙、各處分門之同業，如土客，柴客，料客，及各埠瓷商，亦皆有間接關係，遇有資本家及有聲望者到鎮，必延入公司欵洽一次，一切做造之法，銷售之路，藉備諮訪，或彼於本業遇有交涉事件，本公司當盡情兼顧。

十、挑選學生。

此間工藝不惟新理不闢，即舊法亦多失傳，配土、合料、着色、出樣，號稱能手，稀若晨星，擬就本公司工人中仰各品能手爲教習，而以年輕聰敏之徒弟爲學生，緊連工廠另備一屋，仿學堂辦法，分門類限鐘點，整齊嚴肅，一遵部署，責成總監工並帶管理，實行學堂監督之權。監督、教習於本職薪俸外酬給若干，臨時酌議。

將來辦法：

一、開採土礦。

義詳前説，宜於祁、浮之間，擇其土質相宜、轉運較便者，先行開採，安設水機舂搗。惟産土之區，多惑於風水，須呈請皖撫、江撫札飭該地方官勸導鄉民，量地給價，毋得藉詞抗阻。

二、廣興林業。

松柴之費，占瓷器成本四分之一，環鎮一二百里，砍伐幾盡，擬如前説，分自樹、勸樹兩層，用林學新法培植，滋長必速。饒州張郡守已定有保護林業規則，可無竊伐之虞，不及十年，必能取用不竭。

三、選備瓷樣。

各國瓷器形式翻新，層出不窮。擬擇其式樣之最新者，多爲選備，藉爲模範。而各國人情好尚各有不同，亦必酌量變通，不落窠（血）〔臼〕，庶可各適其用，而動外人歡迎。

四、變通窑式。

景鎮窑圈之大，爲各國陶廠所無，又拘守舊法，限于一方面入火，熱力不匀，誠如前説之病，成器之難，價由是漲，銷路遂滯。急宜倣照外國窑圖建築，或從四面開門，或從下層入火，總以熱力周到爲準。且須有熱度表以測驗火候，乃有把握。

五、改良製造。

製瓷之機，形如（輾）〔轆〕轤，其旋轉速率較之拉坯，實相什伯，即淘泥、印坯、吹釉等事，亦皆處處炙敏，以德意志、法蘭西製法爲最佳，一時難於學步，擬先做日本製法，購其全副製瓷器具試用。

六、分別印畫。

凡屬玩品及行銷外國者，在在必求精美，固宜不惜工資加意繪畫。如屬普通國民日用品，務在工省價廉，爲唯一之主義。故須一律改用印花，不惟公司銷路易見擴張，且於社會經濟不無裨補。至若學生軍人官吏用品，必擇古今中外實事可以感發其國民思想者爲圖，各從其類，以示特別。

七、聘請職司。

各國（淘）〔陶〕業分言之，則各有專長。總言之，惟有職司、職工之別。職司於瓷科學理，靡不研究洞澈，職工之動作，則悉聽職司之指揮。擬先聘日本高等職司一人，用之於試驗場，場必試驗有得者，然後令本國工人實行製造。

八、釐訂工章。

景鎮集工十數萬，分行分色，又甚多門，鬧派停工，彼此争殺，靡年蔑有，此中原因複雜，總由於各工不明相互之義，窑户放棄約束之權，所以至此，若長此不改，後患何可勝言。兹事體大，自非江省大吏派員辦理，與以特權，會同十幫九會，切實研究，斟酌損益，分別輕重，一一改訂規則，俾各共遵不可。然積習相沿已久，普通改革恐難驟期，惟有就本公司所雇之工准情酌理，另立新章，以爲之倡，且須呈請江撫曉諭，一切凡公司特別工章，不得以行色牽涉。

九，提創瓷學。

義詳前説，瓷業一門，科學深邃，惟有量力以分後先，量材以資造就，務祈工作完備，藝學發明，庶可不借材異域，亦足以媲美他邦。

十，專設陶報。

我國瓷土産處不一，近年江西之興安，河南之禹州，皆來鎮雇工，開廠製造，率歸失敗，以學理未經發明故也。擬以本公司所試驗新舊各法，詳細彙載，每月出報一册，使産有瓷土各處有所倣傚，並冀與外國工廠參訂異同，以期進化。即以本鎮而論，工藝窳敗，相安已久，公司雖在附近改用新法，必無有願自倣學者，須以報章灌輸其腦筋，庶有普通改良之望。

十一，組織議會。

景鎮各工與窑户、商户，向來隔閡，一遇爭行色鬧派頭，彼此遂視爲仇敵，即窑户、商户雖各有幫名會所，亦各自爲謀，不相聯絡，遇有交涉，動輒齟齬，而起衝突，要皆無法律之組織，所以致此。本公司擬勸合一切工商，組織一工商總會，申之以互相關係之義，仿地方議會之規法，市鎮自治之制，無事則半月會議一次，以開演説，有事則開臨時談判，集而研究。行之日久，庶可望數十萬工商各有秩序，悉入於軌物之中，互勉爲立憲國民資格。

十二，維持公安。

景鎮地狹人稠，市政不修，消防、衛生毫無預備，在在可虞。擬由本公司量力出貲，以爲倡首，設立消防會及衛生局，妥訂章程，呈請江撫札飭地方官主持其事，並將本處迷信鬼神一切無益之費，酌提歸入消防、衛生之用。再行勸導通鎮工商，分別輕重，以籌常年經費，務使生命、財産無災無害，此爲保衛公安之要務，而實業無形之保險，亦即隱厲其中。

十三，預備賽會。

環球賽會之場，靡歲蔑有，各國物品爭相赴會，鬥巧矜奇，匪惟工商之價值所關，抑亦國家之名譽所係。瓷器原爲我國著名之産，凡會場中觀藝於我國商人區内者，最先注目。近來佳製甚稀，悉遭厭棄，影響於平時輸出之路匪淺。本公司當選上品赴會，藉以比較優劣，未始非挽回名譽之一助。

十四，推廣銷路。

本公司銷售處宜先於北京、上海、漢口三處設立，其餘中外通商各埠，礙難一時徧設。但將所製器皿拍印成圖，附以説略，分寄各處，交通機關，以便按圖指購。如有商人願意代本公司分銷者，無論何省行商，經有妥實保證，亦可參用商家通行分銷辦法量予折扣，以期銷路推廣。

社會調查所《清代題本・採辦織造及各項工程》 貢物數目：

舍利子三顆，珊瑚十株共重二十四兩八錢，犀牛角四隻共重九十九兩，黄左髻帽一十六頂，紅氆氌一百八十五段，白氆氌三十九段，藍氆氌九段，黄氆氌三十一段，紫氆氌一十六段，紅氆氌綿一十三段，白氆氌綿二段，藍花氆氌二段，油緑花氆氌二段，金黄氆氌八段，黄氆氌綿二段，青氆氌綿二段，金黄氆氌綿三段，油緑氆氌一段，青氆氌一段，藍氆氌綿一段，黑香九觔，阿魏四觔，硼砂五觔，黑纓子一十三個，白海螺一十九個。

硃批：「着交與内庫察收。」

圖録

審安老人《茶具圖贊》 茶具引：

余性不能飲酒，間與客對春苑之葩，泛秋湖之月，則客未嘗不飲，飲未嘗不醉。予顧而樂之，一染指顏且酡矣，兩眸子慒上然矣，而獨耽味於茗。清泉白石可以濯五臟之汚，可以澄心氣之晢，服之不已，覺兩腋習習清風自生，視客之沉酣酩酊，久而忘倦，庶亦可以相當之。嗟乎！吾讀《醉鄉記》，未嘗不神遊焉，而間與陸鴻漸、蔡君謨上下其議，則又爽然自釋矣，乃書此以博十二先生一鼓掌云。

庚辰秋七月既望花溪里芝園主人茅一相撰并書。

《茶具圖贊》

茶具十二先生姓名字號：

韋鴻臚（文鼎、景暘、四窗閒叟。）

木待制（利濟、忘機、隔竹居人。）

金法曹（研古、元鍇、雍之舊民。

轢古、仲鏗、和琴先生。）

石轉運（鑿齒、遄行、香屋隱君。）

胡員外（惟一、宗許、貯月僊翁。）

羅樞密（若藥、傅師、思隱寮長。）

宗從事（子弗、不遺、掃雲溪友。）

漆雕秘閣（承之、易持、古臺老人。）

陶寶文（去越、自厚、兔園上客。）

湯提點（發新、一鳴、温谷遺老。）

竺副帥（善調、希點、雪濤公子。）

司職方（成式、如素、潔齋居士。）

咸淳己巳五月夏至後五日審安老人書。

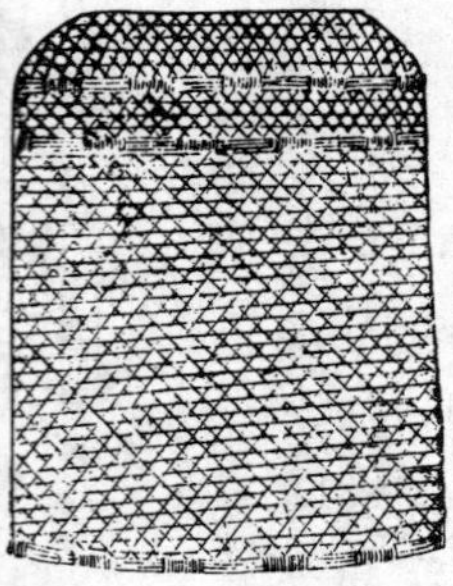

韋鴻臚

贊曰：祝融司夏，萬物焦爍，火炎崑岡，玉石俱焚，爾無與焉。乃若不使，山谷之英，墮於塗炭，子與有力矣。上卿之號，頗著微稱。

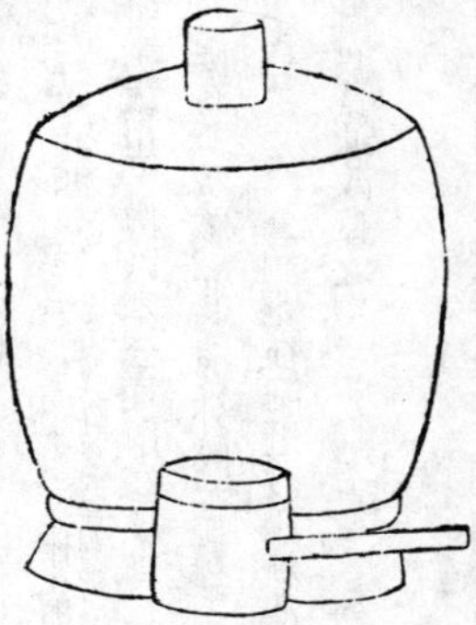

木待制

上應列宿，萬民以濟，稟性剛直，摧折彊梗，使隨方逐圓之徒不能保其身。善則善矣，然非佐以法曹，資之樞密，亦莫能成厥功。

金灋曹

柔亦不茹，剛亦不吐，圓機運用，一皆有法，使强梗者不得殊軌亂轍，豈不韙與？

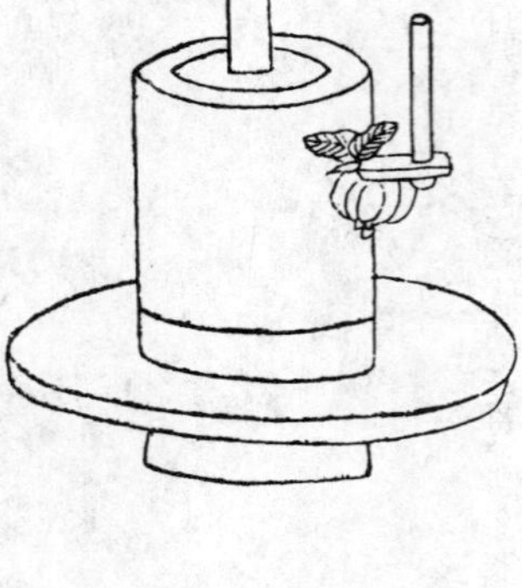

石轉運

抱堅質，懷直心，啖嚅英華，周行不怠，斡摘山之利，操漕權之重，循環自常，不捨正而適他，雖没齒無怨言。

周旋中規而不踰其閒，動靜有常而性苦其卓，鬱結之患，悉能破之。雖中無所有，而外能研，究其精微，不足以望圓機之士。

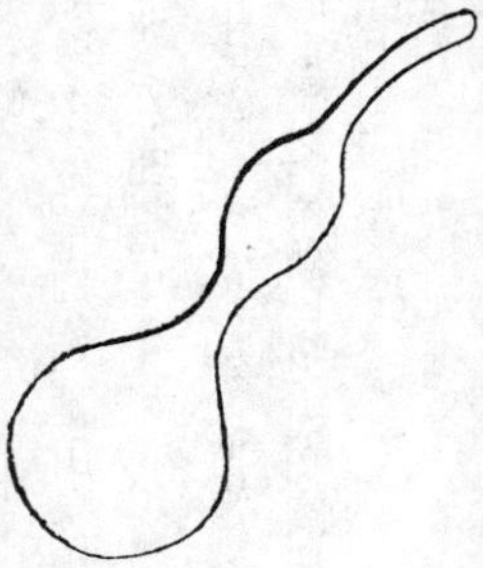

胡員外

幾事不密則害成，今高者抑之，下者揚之，使精粗不致於混殽，人其難諸，奈何矜細行而事諠譁，惜之。

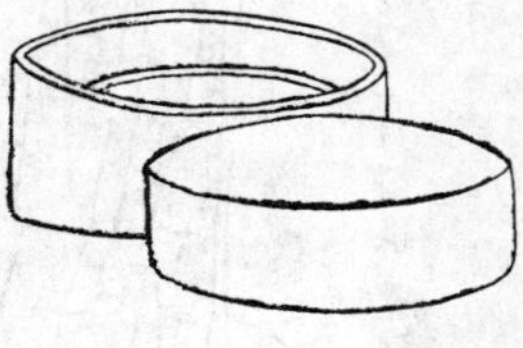

羅樞密

孔門高弟，當灑掃應對，事之末者，亦所不棄。又況能萃其既散，拾其已遺，運寸毫而使邊塵不飛，功亦善哉。

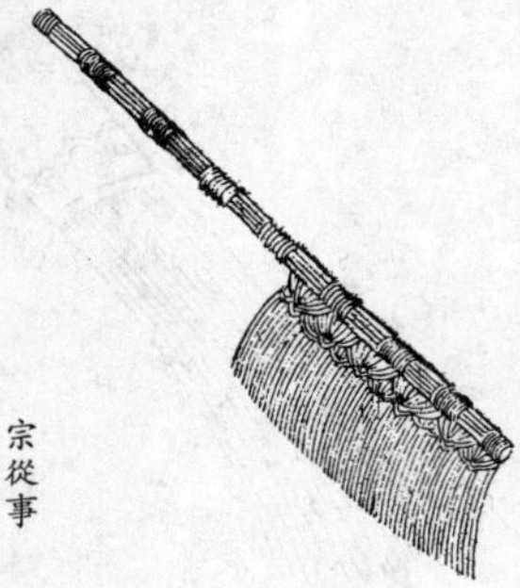

宗從事

危而不持，顛而不扶，則吾斯之未能信，以其弭執熱之，患無坳堂之覆。故宜輔以寶文而親近君子。

漆雕秘閣

出河濱而無苦窳，經緯之象，剛柔之理，炳其綳中，虛已待物，不飾外貌，位高秘閣，宜無愧焉。

陶寶文

養浩然之氣，發沸騰之聲，以執中之能，輔成湯之德，斟酌賓主間，功邁仲叔圉，然未免外爍之憂，復有內熱之患，奈何？

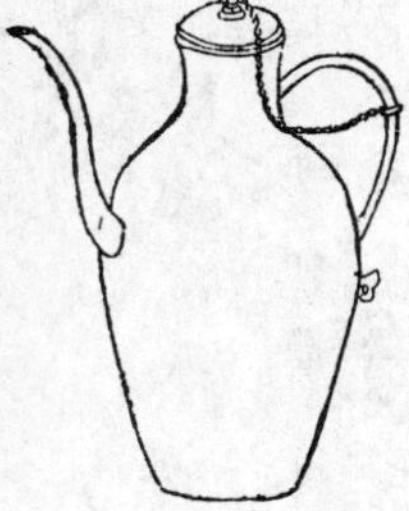

湯提點

竺副帥

首陽餓夫，毅諫於兵沸之時。方金鼎揚湯，能探其沸者幾希。子之清節，獨以身試，非臨難不顧者疇見爾。

司職方

互鄉童子，聖人猶且與其進，況端方質素，經緯有理，終身涅而不緇者，此孔子之所以與潔也。

飲之用，必先茶，而茶不見於《禹貢》。蓋全民用而不爲利，後世榷茶立爲制，非古聖意也。陸鴻漸著《茶經》，蔡君謨著《茶譜》，孟諫議寄盧玉川三百月團，後侈至龍鳳之飾，責當備於君謨。制茶必有其具，錫具姓而繫名，寵以爵，加以號，季宋之彌文。然清逸高遠，上通王公，下逮林野，亦雅道也。贊法遷固經世康國，斯焉攸寓。乃所願與十二先生周旋，嘗山泉極品以終身，此閑富貴也。天豈靳乎哉？野航道人長洲朱存理題。

林洪《文房圖贊》序　士之仕皆繇文房始，惟唐韓愈舉穎爲中書，他竟無所聞。今圖贊一十八人，擬以官酬之，俟異日請于朝，罔俾昌黎顓美有唐。嘉熙初元王春元日，和靖七世孫可山林洪龍發序。

圖贊十八學士姓名字號：

毛中書：述，君舉，盡心居士。
燕正言：玉，祖圭，體玄逸客。
楮待制：田，爲良，剡溪遺老。
石端明：甲，元樸，岩屋上人。
水中丞：潛，仲含，玉蜍老翁。
貝光禄：粲，孺文，潔菴小友。
石架閣：卓，汝格，小山真隱。
邊都護：鎮，叔重，句曲山民。妥，元安，如石静君。
黎司直：合，志齊，木訥老人。仝，季方，抱槧書生。
刁吏書：剛，克之，桂溪野客。
竺祕閣：馮，可馮，無弦居士。
曹直院：導，公路，介軒主人。
方正字：端，士直，惡圓老叟。
齊司封：敏，功父，快閣隱君。
胡都統：厚，伯固，善補疇士。
印書記：篆，少章，明信公子。
黄祕書：密，惟謹，斗室隱者。
槃都承：藏，利用，通悟先生。

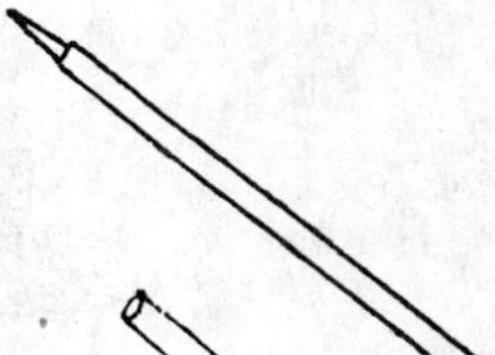
毛中書

唐中書維穎有聲，至我宋有自宛陵進者，亦穎之孫。二公在當時，帝方欲柄用，髮皆種種矣。使天相之，早仕以究所學，則昌黎、和靖翁亦安有可憐不中書之歎。嗚呼，科目資格之弊，如此夫。

燕正言

愛身而退避，固寵而膠滯，皆不足以居敢言地。以馨德聞，其惟燕氏。既剛且和，而清而麗。寘於王所，與黯何異？有所不言，言必正矣。彼黄與朱，寔同厥徒。簡在上心，雖鮮用諸，然或時贊一言，亦相觀而善之，謂摩之意與。

楮待制

士起於白屋，而寘身於清要者，不知其歷幾濯煉也？能更相汲引，苟無同類，則山林脩潔士特一草木耳。《書》曰人之有技，若己有之，吾於正言中書君有取焉。

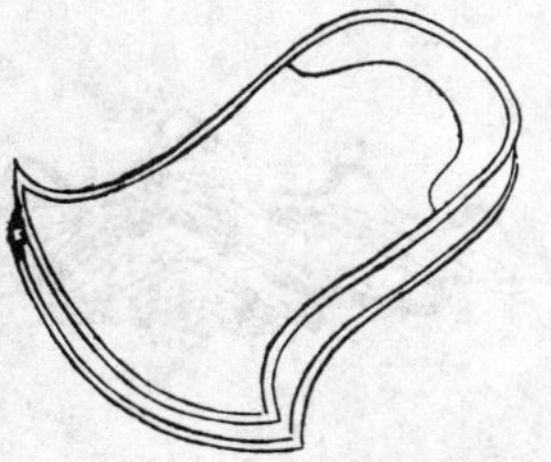

石端明

蒙嘗過萬石君之故家，憫其子若孫有剛介者，往往乏温潤，惟端明兼之，且能和平以待物，謹静以養年，器之翰墨間，厥亦宜也。有若曼卿之墮馬，視乃厥祖，得無愧焉。

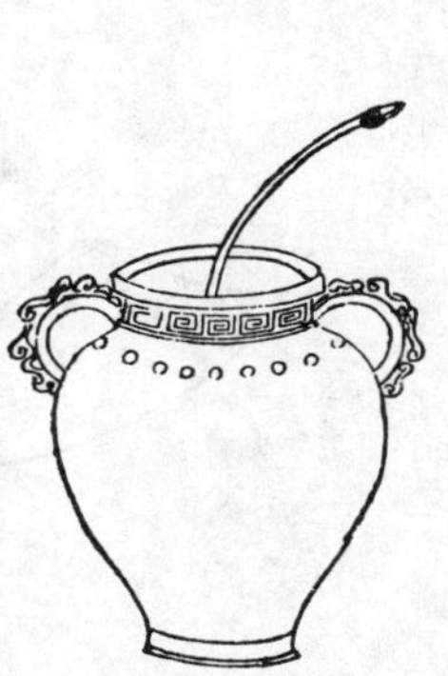

水中丞

一言之出，必有以利澤於當世，而後可以任言責。若夫當言而不言，塞也；不當言而言，泛也。不泛不塞，動有利澤，其惟水中丞之德乎？

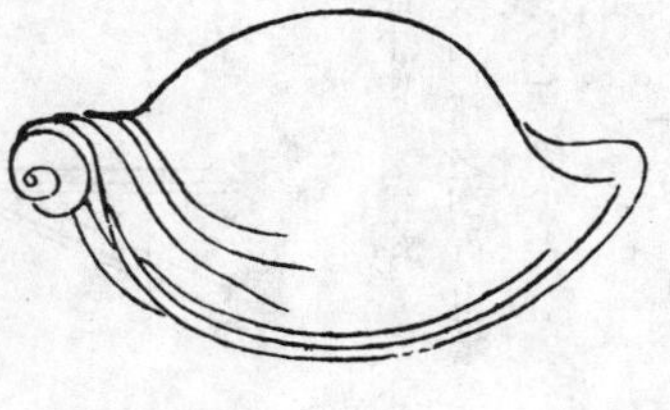

貝光禄

昔貝錦善巧言，王投之遠裔。逮漢開西南夷，其孫始得偕明珠文甲輩詣闕下，帝嘉其文，令佐寫書官。衆以其祖好譏，不相容，迺反身修德，益自磨礪，及拜光禄卿，無復訐矣。噫！周至漢幾何年，見其後尚竊惡之。彼譖人者戒之哉。

石架閣

架閣與端明同譜系，性剛峻，未仕時嘗語人曰：孔子作《春秋》，游夏不敢措一辭，以生殺所繫，非若急於矜燿者，以文章病天下。及居是官，聞之者往往閣筆而不下，蓋亦知所畏矣。烏乎，筆且不可以妄動，況爲國任賞刑者乎？

邊都護

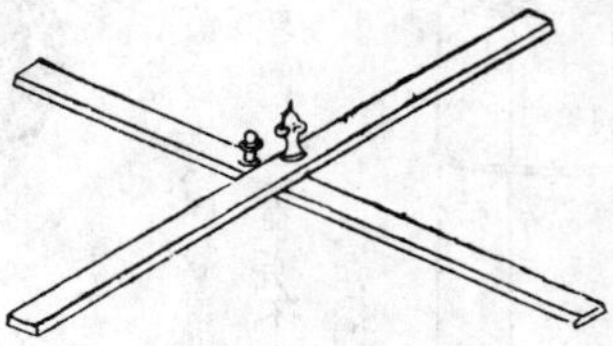

外地風寒，睈策未定，有能相與鎮壓之使，朝行晏然，邊鄙不聳，厥功亦大矣。然或不相協和，進退自用，又豈能制一時飄忽之患哉？昔郭汾陽與李臨淮最不相能，及東伐，乃執手以誼相勉，每嘆世無斯人。今見二公，良有感夫。

黎司直

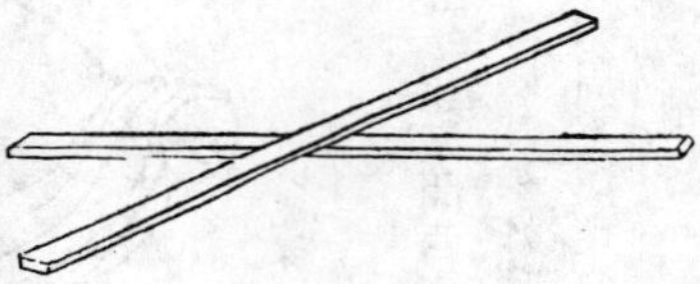

漢開石渠，黎氏以材學應詔上書，言欲總齊天下書，非一人力，因以其兄薦。帝嘉其能舉親，曰卿之弟兄，均可謂邦之司直也歟。書成，因以是官酬之。《詩》云：「周道如砥，其直如矢。」黎氏之德備矣夫。

刁吏書

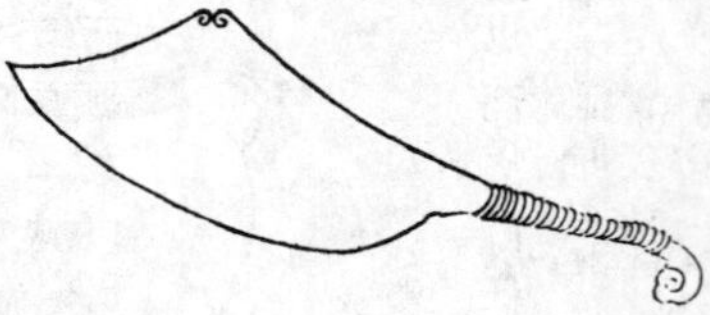

文籍散逸，吏並緣爲奸，時必得裁鑒剛明之士，斯可總齊清議。若夫昏懦椎鈍，則何所取材？惟公行無玷缺，又能砥礪廉隅，以直道行寘荷橐間，千百年一人耳。子曰才難，不其然乎？

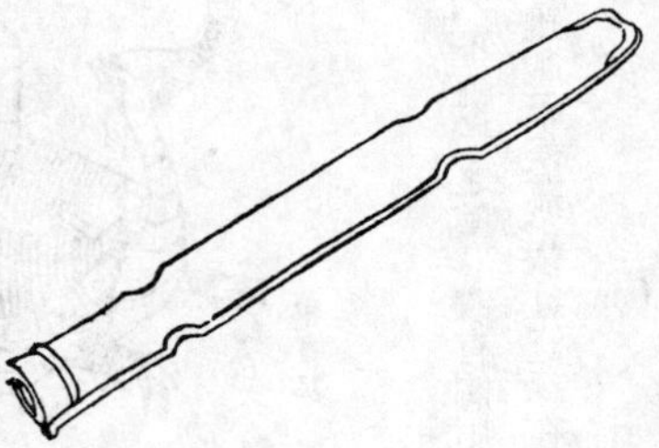

竺秘閣

盛夏天子御延英，與羣臣論治道及邊事，嘆世無頗、牧，孰可任一臂力？會公在傍，進言曰：臣雖不能任重，願試一障。帝嘉其節，令帶秘閣往焉。及事定，不言汗馬勞，翻然自號無弦居士、淵明爲琴書友，可謂功成身退者與。

方正字

方氏世居歷山，介然獨行，不屑以枉道進。至唐開書庫，乃與其黨曹氏出焉。帝嘉其直，授正字。於辯證之功固多，然一朋字未正，迄今有遺憾焉。

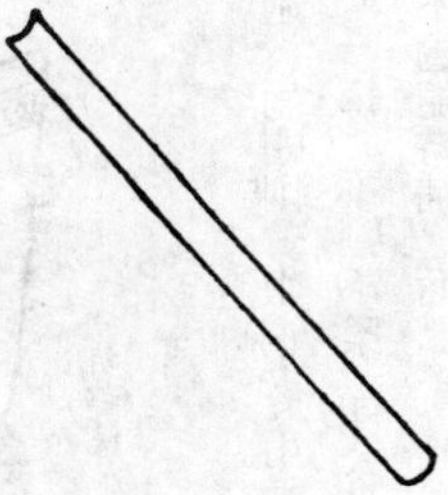

曹直院

坤，臣道也，利在方直。彼美君子，得坤之德。畀彼掌綸，如絲之出。顧瞻周行，真一繩墨。友者誰歟？正字、中書。惡曲與汚，惟正是趨。或以赤心，警戒弗渝。子曰益者三友。此三子者，可謂得友直之義乎！

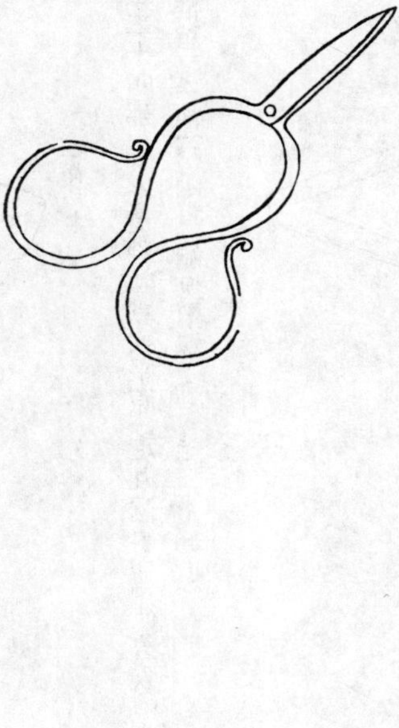

齊司封

剩裁品秩，必得剛正士，而後封賞無缺典。若高下其手，則有不齊患。惟公世居并州，以直聲聞，不可干以私，故斜封墨敕，一時咸無焉。帝分松江錫之，亦勵其直與。

胡都統

兵之逆順，猶反覆紙，過於用剛則礱生，積於用柔則解弛。必有以調集固結之，乃可以帖服百萬之師於一指。不剛不柔，如公其人，以之制敵，勝可占矣。若夫符籍散逸，行伍缺漏，不過隨時補之而已。

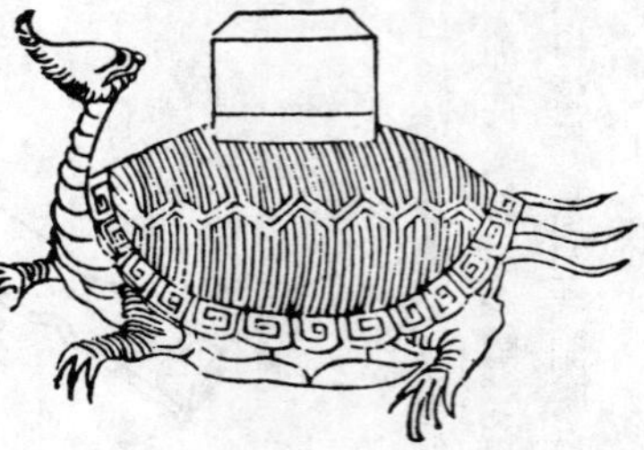
印書記

漢符璽郎，寧忤一大臣，不輒授之璽。繼有倒用以擊泚者，亦郎之孫。世以赤心事君，宜其有後也。今雖載筆侯藩，依紅泛緑在風月間，未嘗不加謹焉。視乃厥祖，可謂若合符節云。

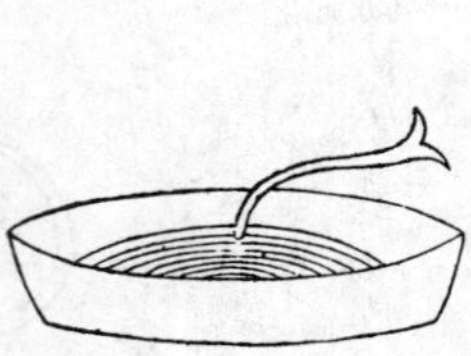
黄秘書

昔在有唐，胡雛煽熾二十四郡，鮮不畏避。歟與平原，走丸遞事，得彼魯人三緘之義，授以秘書，言惟誼耳。達空函者，能無爾媿。

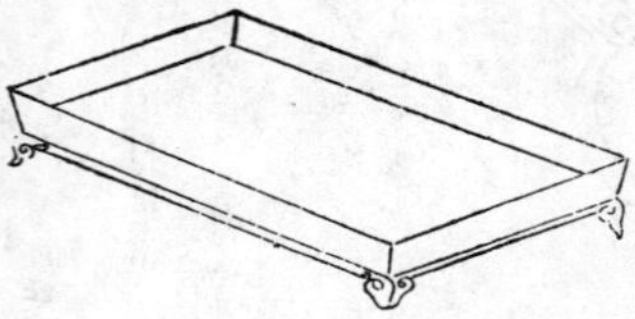
槃都承

都承旨不用院吏，奉行文書惟用士人，故陳玄毛穎輩咸預焉。後多爲顯官。今公一遵舊制，凡所蓄者，彬彬皆文墨之流，宜乎能參總機要，無所遺失。儻或後用吏，必以口頰漏事，又豈能仰承上旨歟？

黄長睿《燕几圖》序 燕几圖者，圖几之制也。初几有六，列等惟三。俱廣一尺七寸五分，高二尺八寸，而其長者二，各以廣之數而四之，積而爲長七尺也。其中者二，各以廣之數而三之，積而爲長五尺二十五分也。其小者二，各以廣之數而兩之，則長三尺五寸也。以廣倍長，而几之制以成縱横離合，變態無窮。率視夫賓朋多寡，梧盤豐約以爲廣狹之則。遂創爲二十體，變爲四十名，因體定名，因名取義，謂之骰子卓，蓋擬其六也。燕衎之餘，以之展經史，陳古玩，無施而不宜，寧不愈於世俗之泥於小大一偏之用者乎？圖成而耒陽宣君谷卿見而愛之，欲肆其布置務廣而方，則不足於一隅，乃增一小者，合而爲七，而其體始備，其名益多。余嘉其善變而適於用也，易名七星，而併圖之，名曰燕几圖。按圖設席，類有雅致。顧雖小道，亦見吾二人之智，若出於一云。

紹熙甲寅歲十二月丙午日，雲林居士黄長睿伯思序。

卓大小凡七隻圖式如右

長卓一樣二隻　縱長七尺　可坐四人
横廣一尺七寸五分，脚高二尺八寸

中卓一樣二隻　縱長五尺二寸五分　可坐三人
横廣并脚同前

小卓一樣三隻　縱長三尺五寸　可坐二人
横廣并脚同前

卓之横數，不宜太廣，則倍數太長。欲狹，亦止於一尺七寸。其長准此倍之。卓脚以低小爲雅，其圖以五寸六七分爲准。俗工每泥己見，爲卓必放脚，閣兩卓相並，中即開縫。須當斂下，廣狹與上同，則縱横布置無不齊矣。布卓或七或六以至一二。今圖頗增多於舊，以其長廣同者與其形似者各爲體，凡二十有五體，合爲七十有六名。其長廣之數，謂如函三之體，縱用一中卓二横頭，即共長八尺七寸五分，横用一長卓，即廣七尺；藏一之體，縱用一長卓、一中卓，即共長一丈二尺二寸五分，横用三横頭，即共廣五尺二寸五分。餘體大小皆倣此計之。

一之體有三

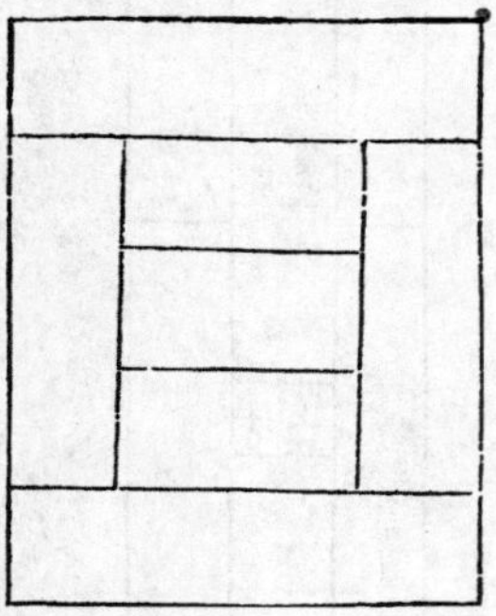
函三

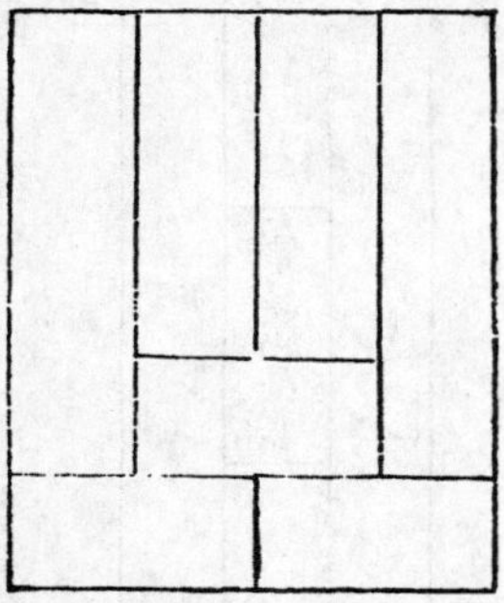
屏山

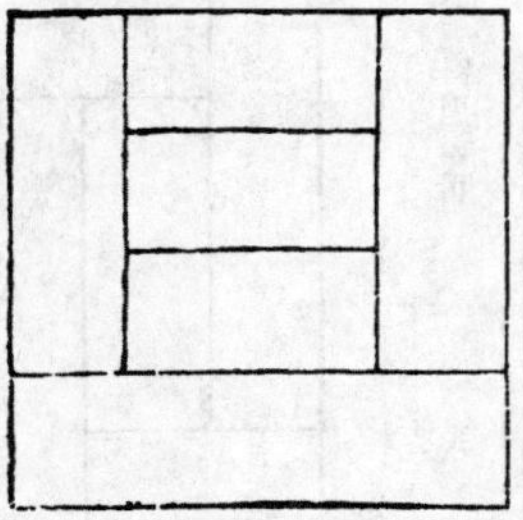
千斯

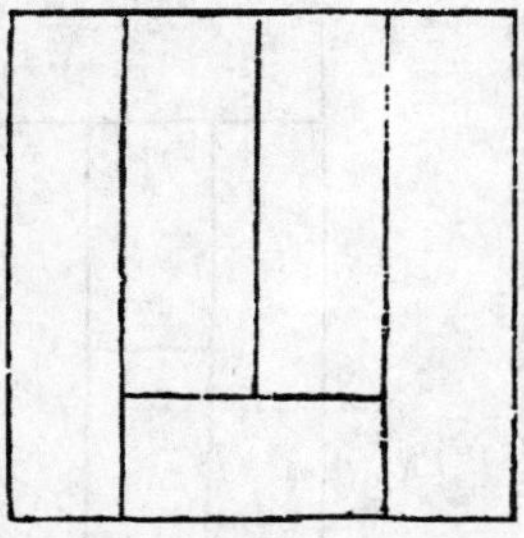
朵雲

二之體有四

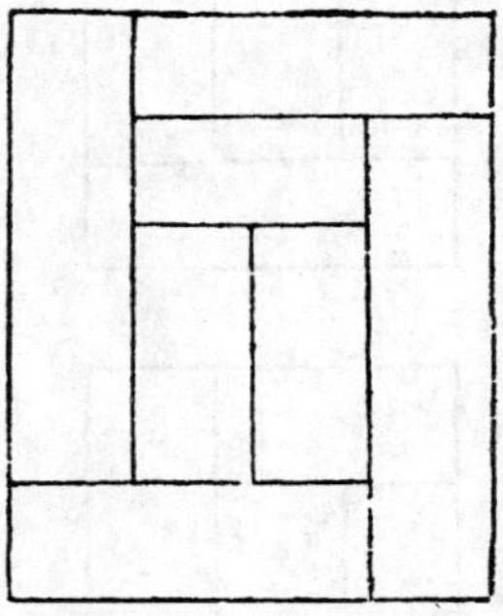
回文

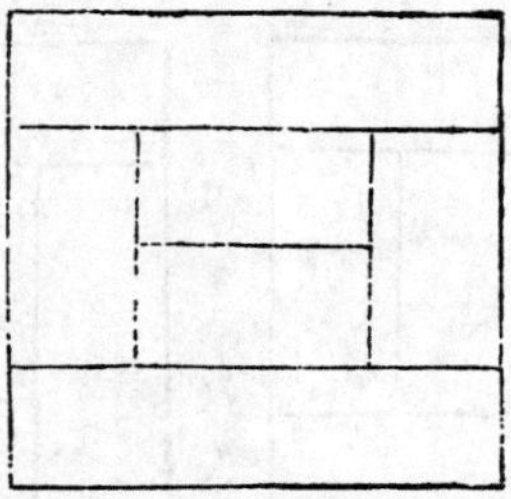
磬矩

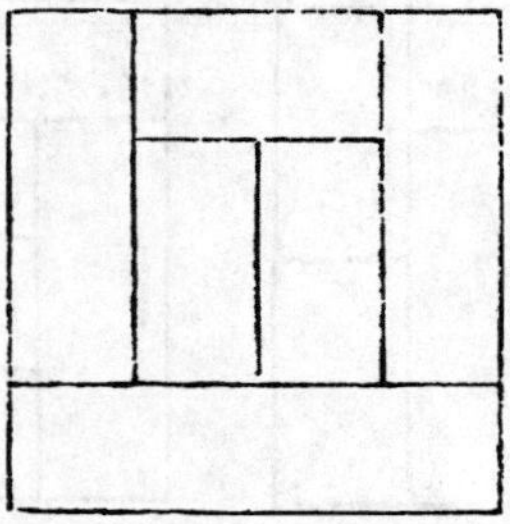
一厨

三之體有二

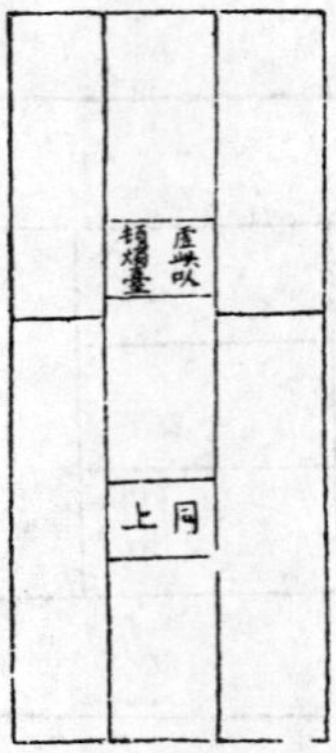

藏一

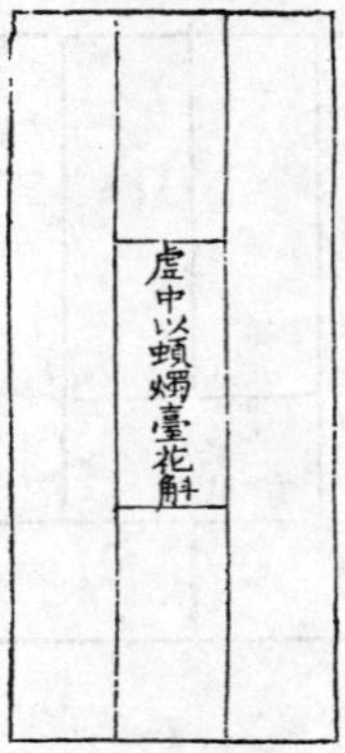

虛中

四之體有四

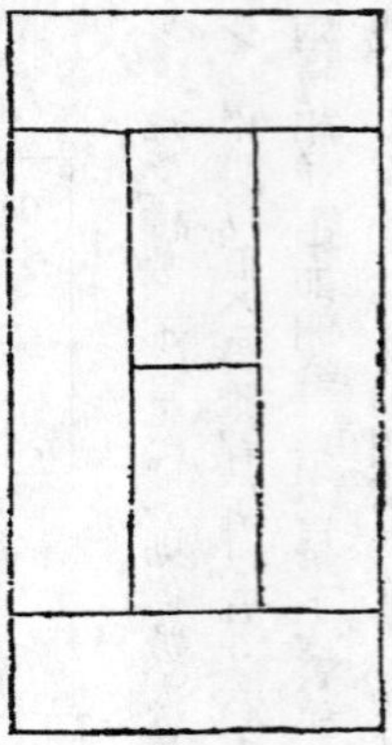

六花

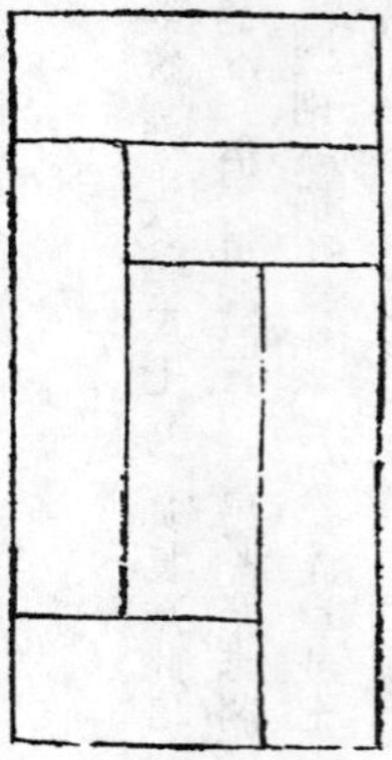

一卍

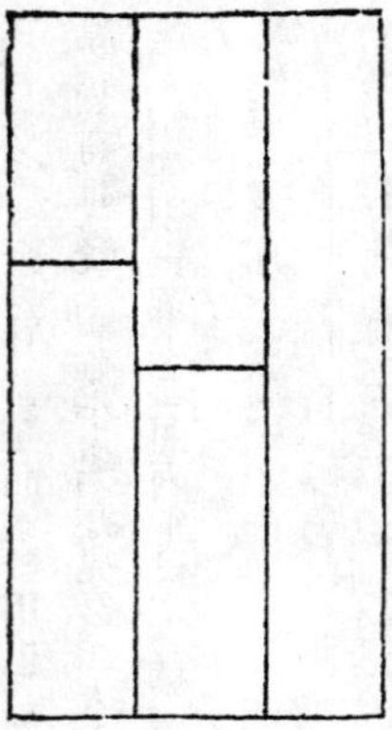

交鎖

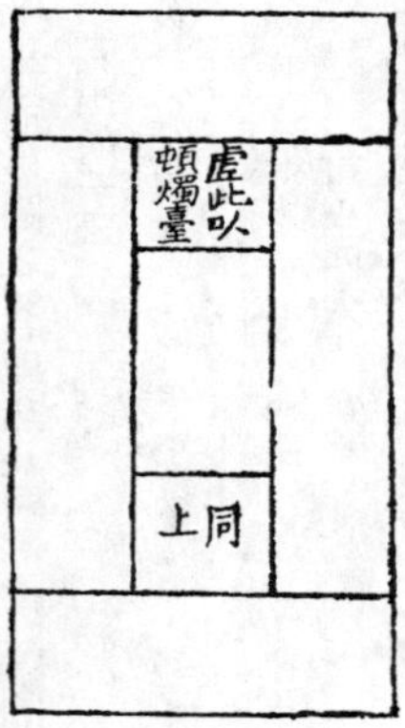

五方

五之體有二

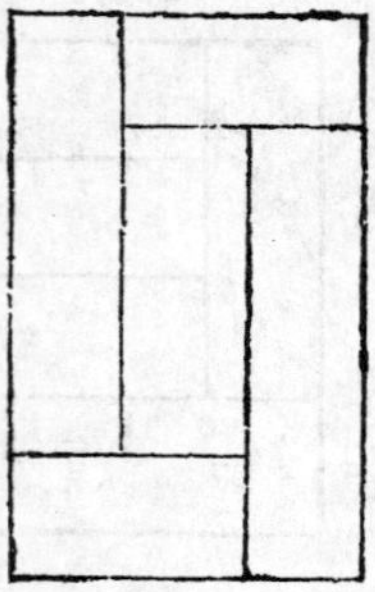

卍字

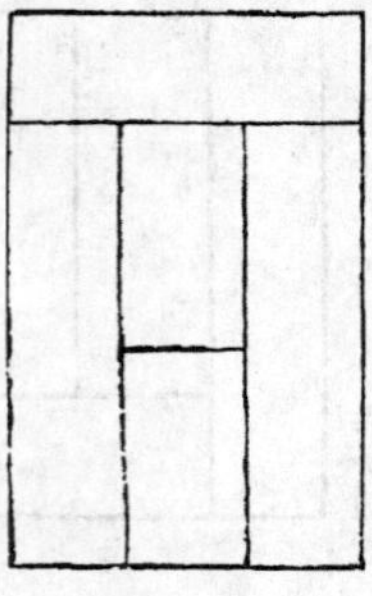

懸簾

六之體有四

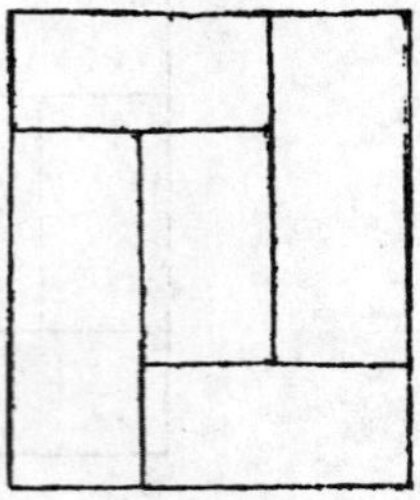

小卍

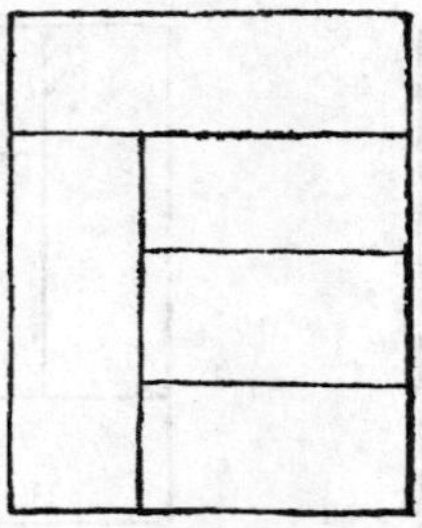

揚旗

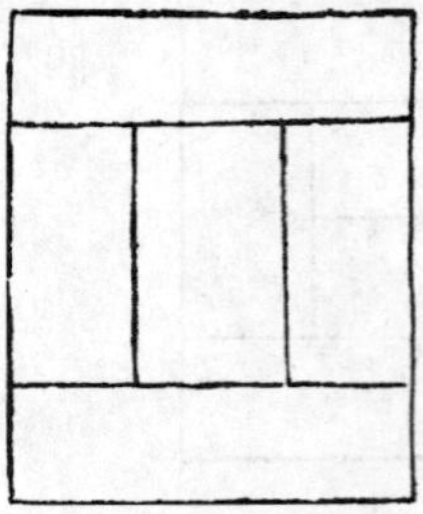

垂箔

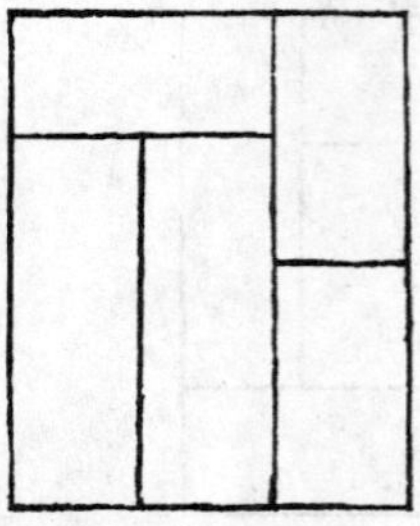

布算

七之體有二

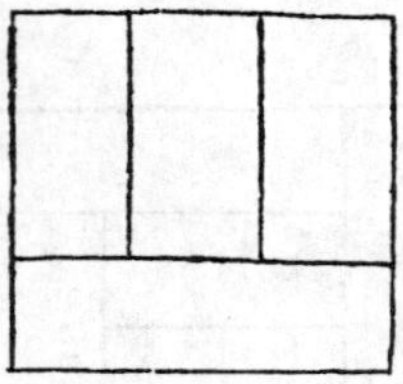

排繖

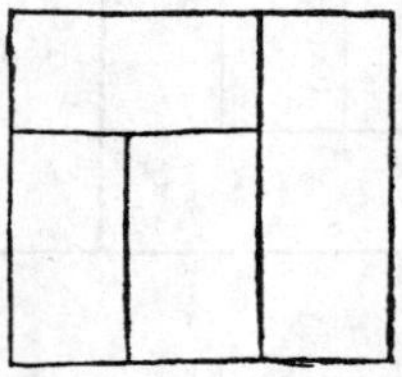

小布算

八之體有三

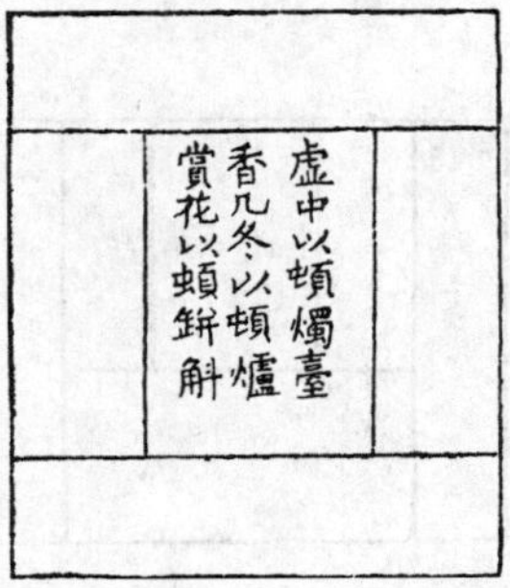

瑤池

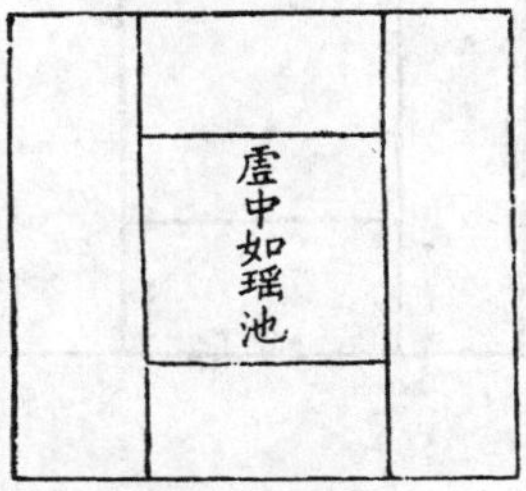

金井

九之體有五

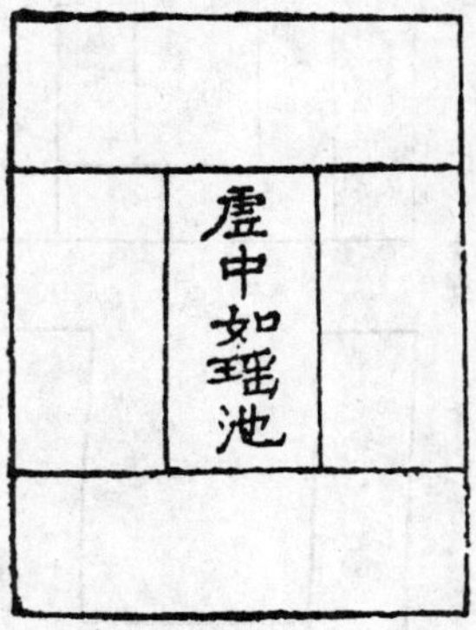

玉沼

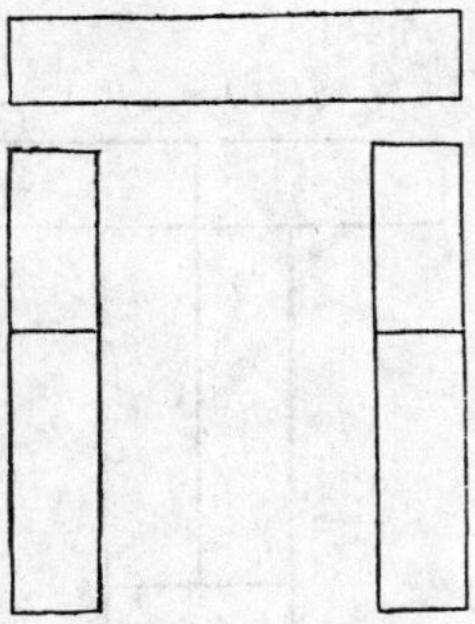
鼎峙

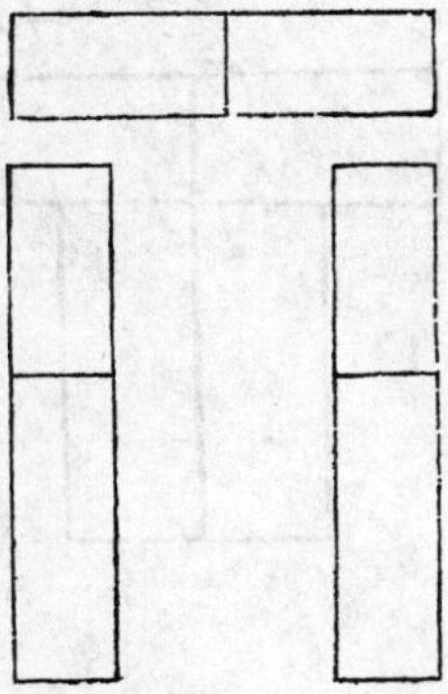
小鼎峙

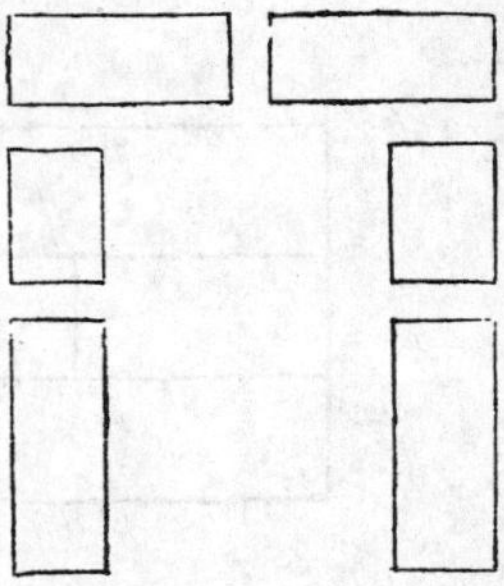
連衡折矩

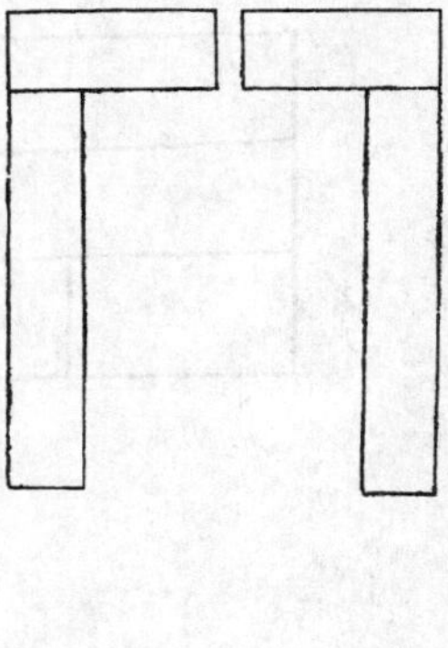
雙磬折

十之體有二

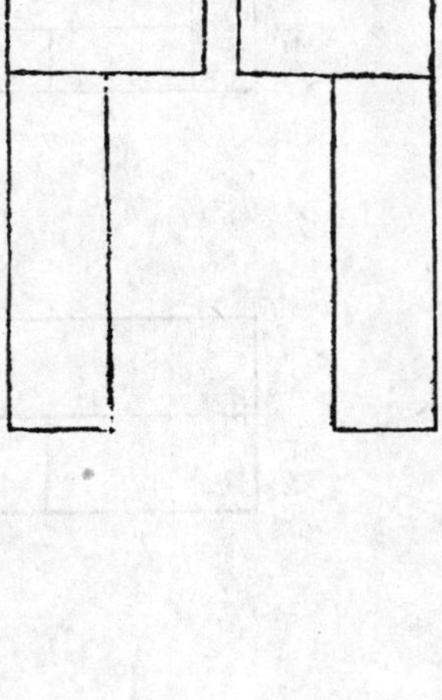
小雙磬

斗帳

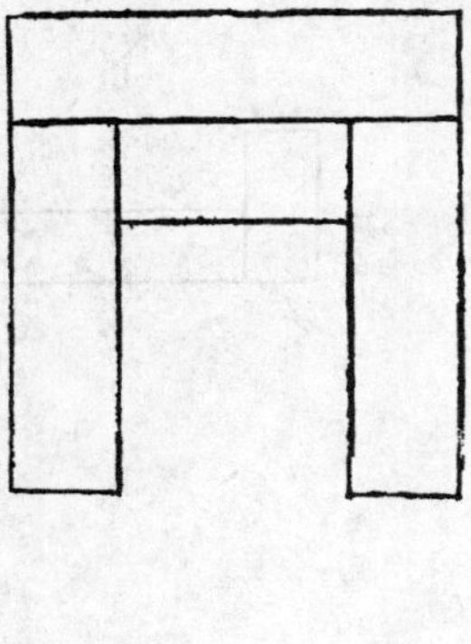
球門

十一之體有二

振衣

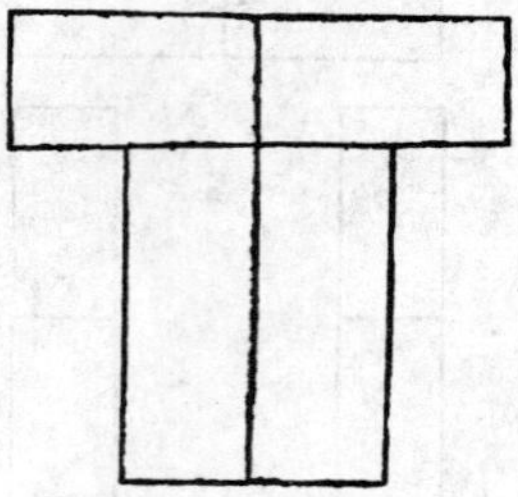
披褐

十二之體有七

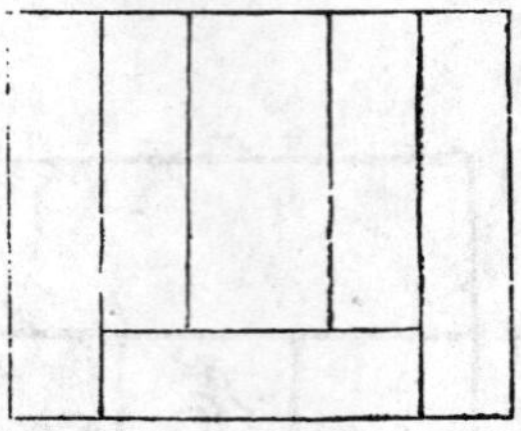
圭郕

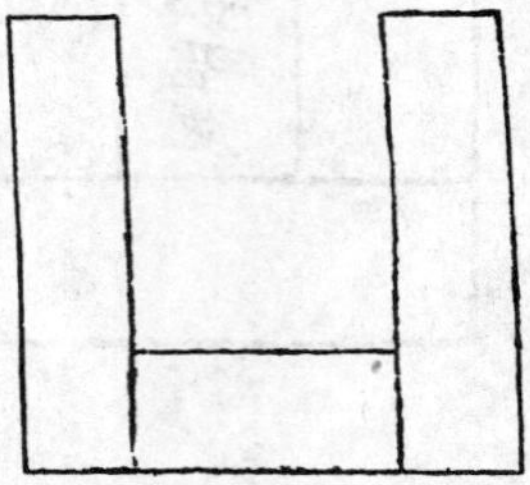
凵字

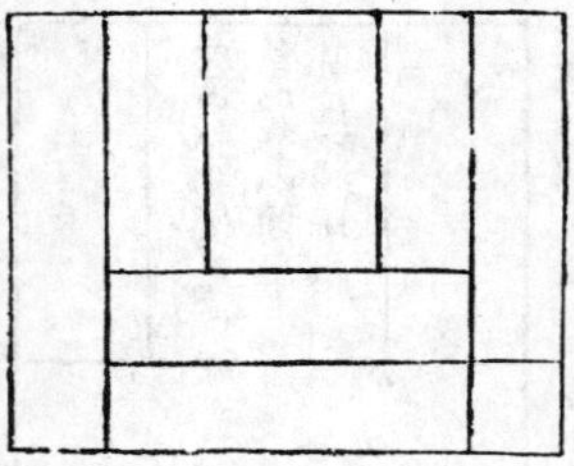
凹字

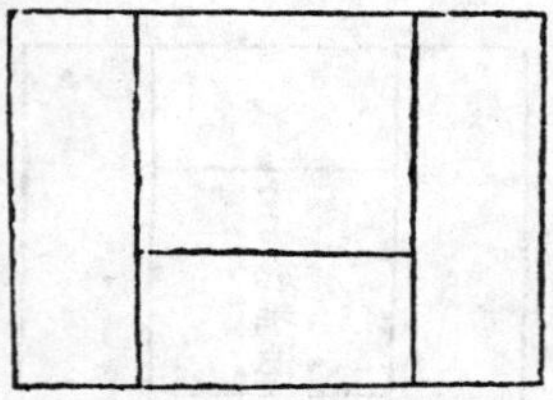
中山

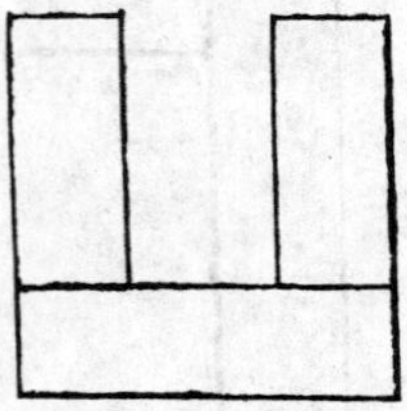
小山

十三之體有一

函石

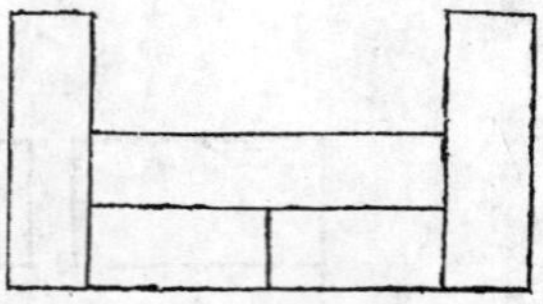
石闌

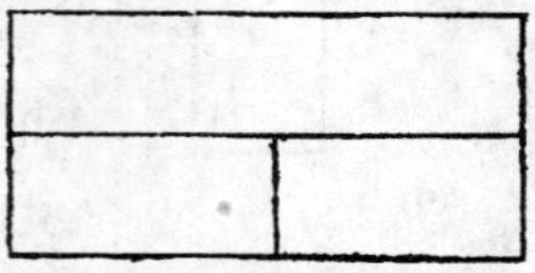
兩儀

十四之體有二

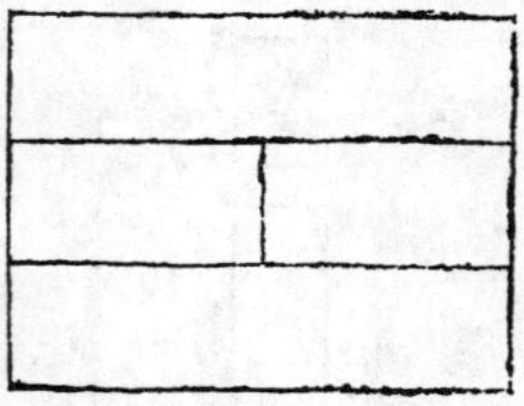
離宮

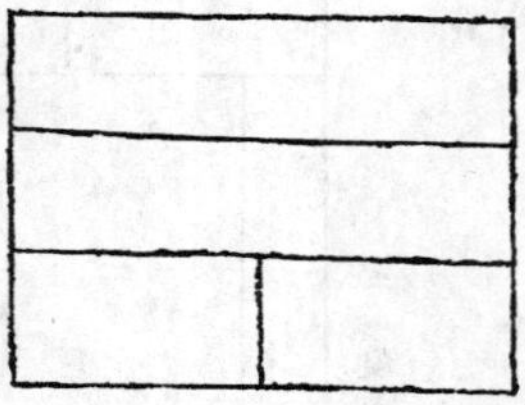
巽户

十五之體有二

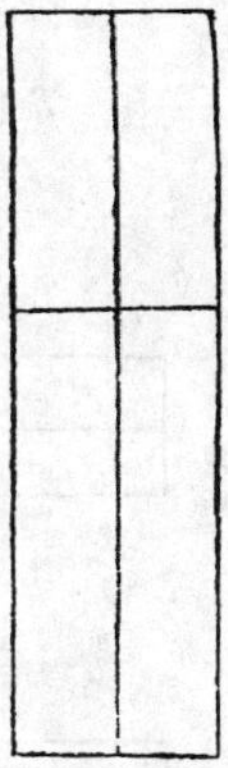

四直

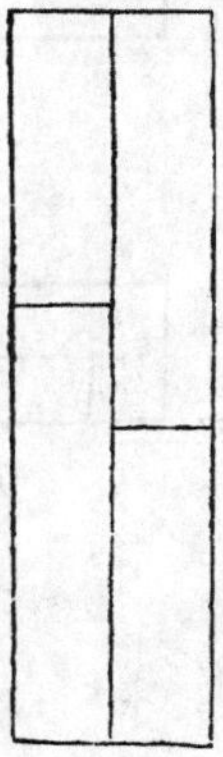

羅紋

十六之體有二

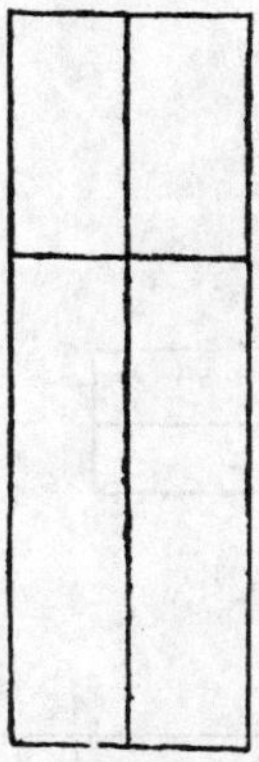

小四直

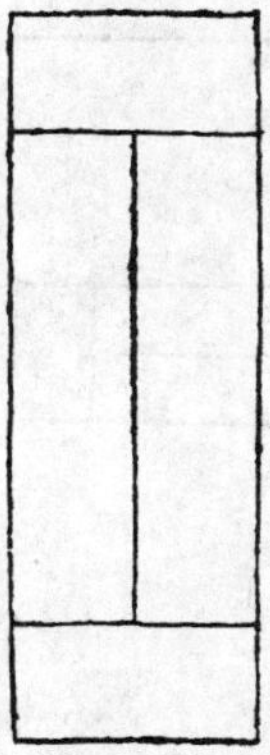

大雙開

十七之體有三

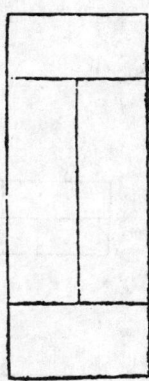

小雙關

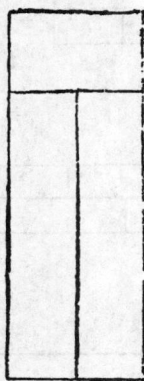

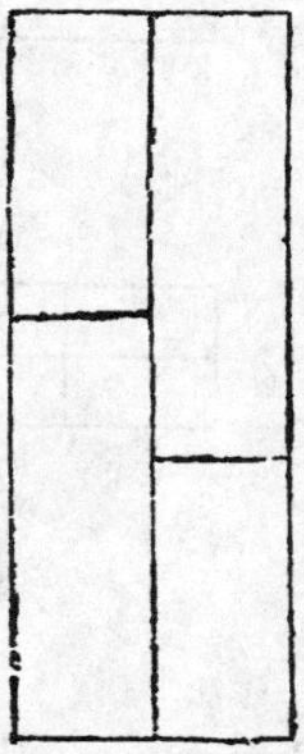

大羅紋

長釵股

十八之體有二

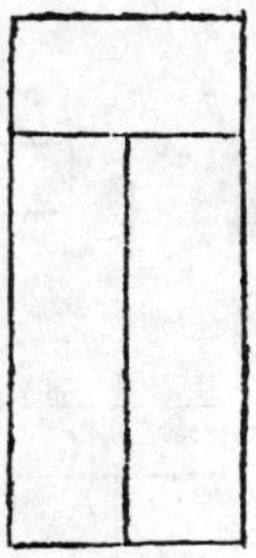

短釵股

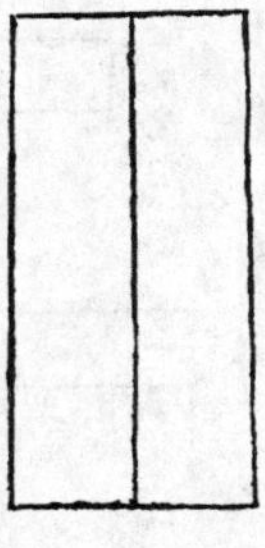

合符

十九之體有三

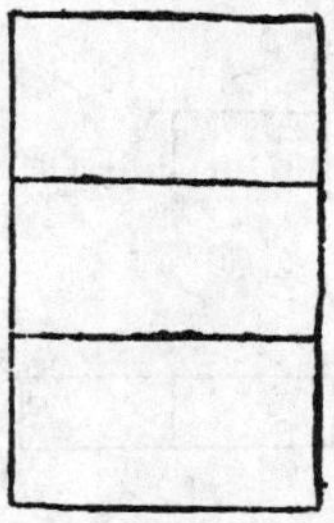

乾畫

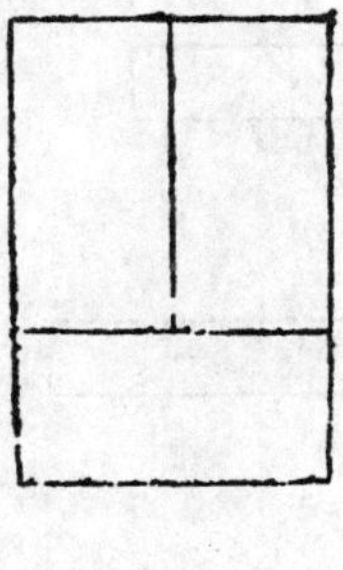

雙堠

雙魚

二十之體有一

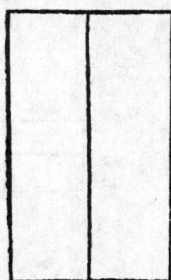

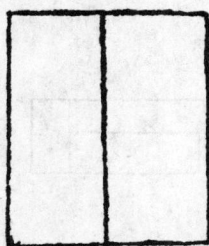

儷方

二十一之體有三

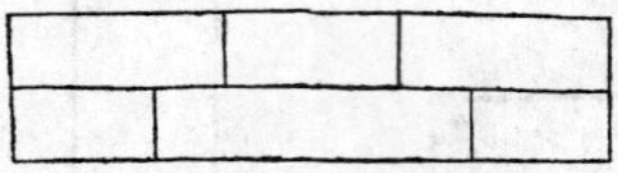
紋甃

合尺

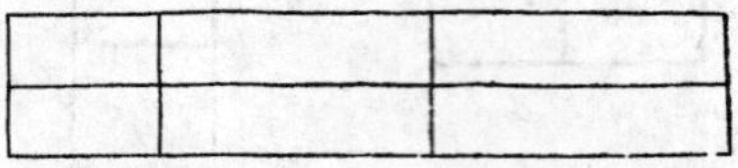
雙竹

二十二之體有五

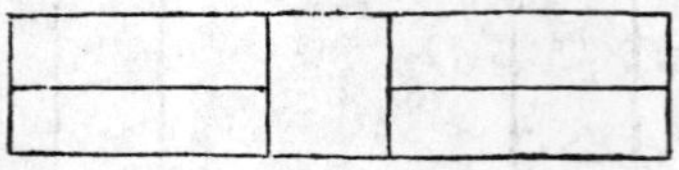
隔四

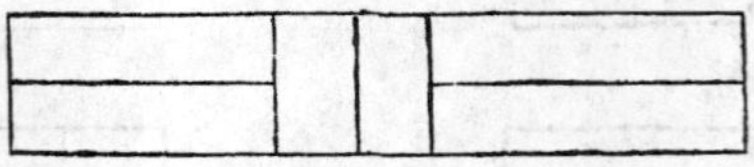
束帛

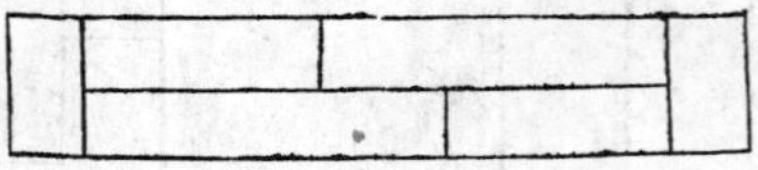
夾四

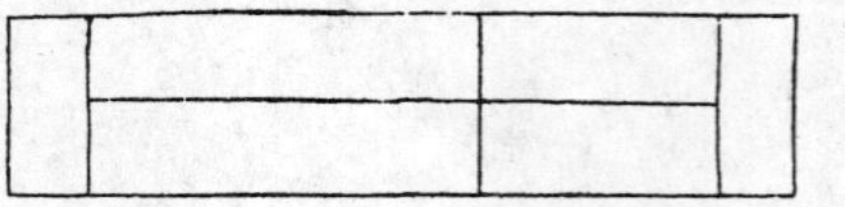
寶帶

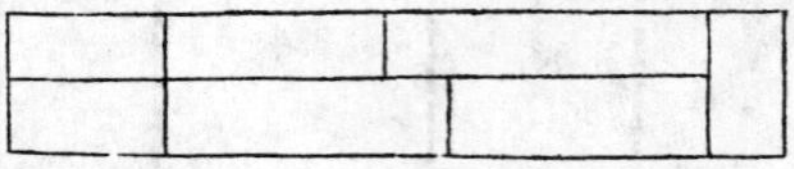
金跳蹬

二十三之體有一

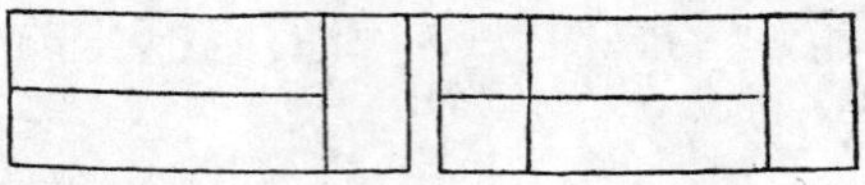
玉束西

二十四之體有六

隱几

始一

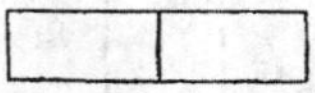
横琴

象兩

驂鸞

乘鴈

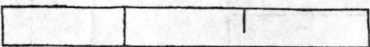

二十五之體有五

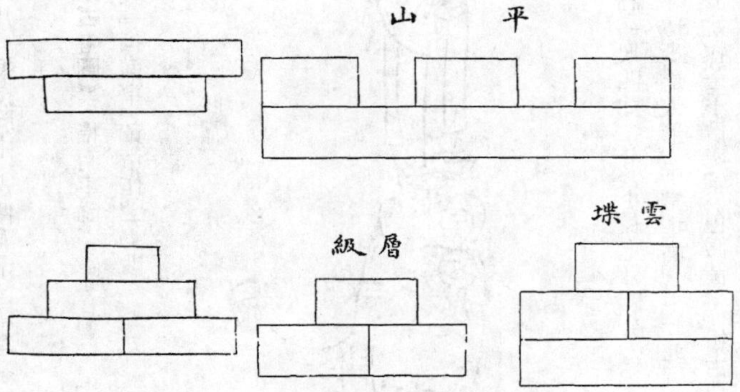

右雲林居士《燕几圖》式，其几小大凡七，長短、廣狹不齊，設之必方，或二或三或四五或六七，布置皆如法。居士謂賓客之多寡，杯盤之豐約，以爲廣狹之則，爲廿體，變四十名。又增廣七十有六，燕衍之餘，無施不可，斯亦智巧之變也。雖然古人司几筵，掌五几，授几有緝御。古者，坐必設几，所以依憑之具，然非尊者不之設，皆所以示優寵之也，其來古矣。蓋君子憑之，以輔其德，豈特爲賓朋燕衍之設也。其七乃陽數也，其變無窮，不失榘度，此雖小道，必有可觀，居士亦智矣。圖得於沈君仲說，姑録之以傳好事者。丁亥四月，慎獨痴叟陳植未方識。

吾鄉王仲遠隱君，洪武、永樂間人。平生特喜繕寫書，蓋雖文移案牘，莫不抄之，故其家號多藏書者。此《燕几圖》亦隱君所鈔者也。其子安吉丞敏道尚能保其父之手澤，迨近歲安吉之門人朱性甫乃始獲其鈔本，而吾友沈潤卿間取摹之以刻于棗，可謂博雅之一端也。賞閱之士，寧不敬羨矣乎！弘治甲子歲陽月望後五日，葑門邢參題于義方書舍。

羅先登《續文房圖贊》

陸斷蛟龍，水剸犀革。功成身退，恪守三尺。赤山之精，紫電之光。用之則行，舍之則藏。

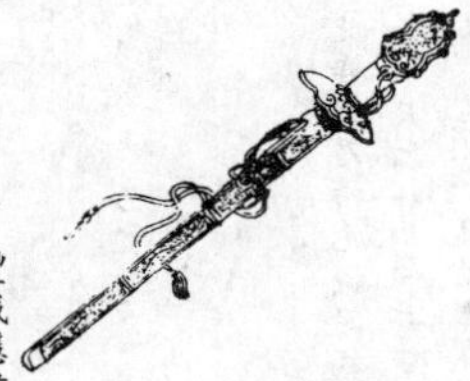

豐城隱君

如規之圓，如月之明。事至能應，物來能名。以靜觀動，以空觀色。妍醜何心，間能不惑。

圓明上座

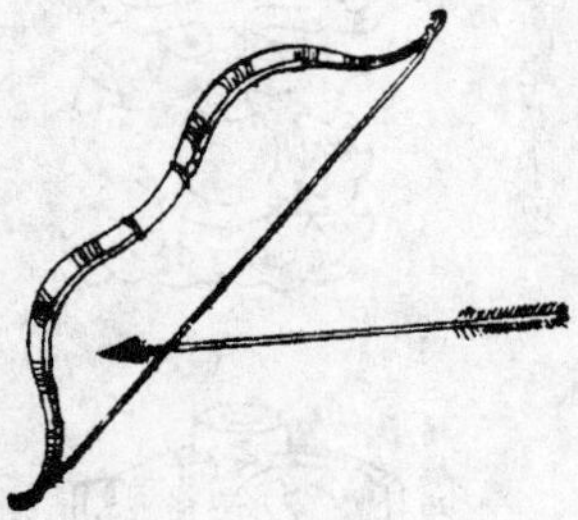

瞿圓老人

誰毀斯直，誰惡斯曲。不勉而中，不疾而速。發跡扶桑，定功天山。玉關稱老，矍圃足間。

玉川先生

毓秀蒙頂，蜚英玉川。搜攬胸中，書傳五千。儒素家風，清淡滋味。君子之交，其淡如水。

沈津《欣賞編・集古考圖》 指南車飾：減小樣製。

按崔豹《古今註》：「指南車，黄帝作。」

右車飾以黍尺度高一尺四寸二分，下長七寸四分，轄木口圓徑三寸七分，管立木口圓徑三寸四分。琢玉爲人形，手常指南，足底通圓竅，作旋轉軸，踏於蚩尤之上。延祐中獲觀於姚牧菴承旨處，玉色微黄，赤紺古色包轉，間亦有土花齕蝕處。

三螭璭琫依元樣製

琱玉蟠螭神器。

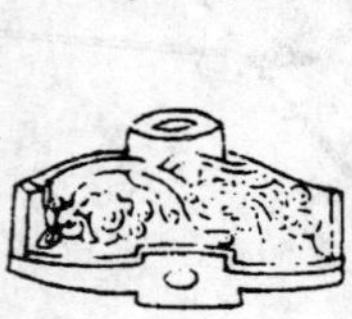

夏紫芝得於西京，傳是高辛墓中物。

右璭琫，大小如圖式。璭玉色白而古斑黑；琫玉色微青而古斑紅黑。亦三代前物也。至治中，嘗觀於奉禮郎劉衍祥家。

鹿盧

佩，劍環也。古衣服令云：鹿盧，玉具劍。

玉辟邪

右辟邪，高二寸二分，長徑四寸有半。色微白而紅，古斑斕間有水銀色處。傳是太康墓中物，陝右耕夫鋤得之，延祐中趙子昂承旨購得之以爲書鎮。

此辟邪乃楊元誠同簽自都下玉工家得之。長一尺二寸，高三寸二分。玉色微青，長尾，背有甬，蓋古鍾虡足也。

商瑚玉鈎

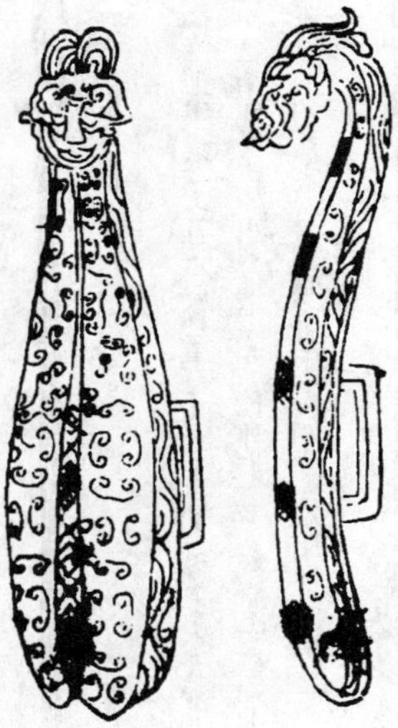

右瑚玉商鈎，長六寸七分，濶徑一寸三分，厚四分。玉色微白，古色微紅襂白。螭首利齒，腹作卧蠶，玉地作細畫水文。至治中觀於都城西直門張德常儀舍家。

璊玉充耳

蒼玉琀

黃玉珈

右三物如式

右璊玉馬，首高四寸八分，身高四寸一分，長五寸四分。玉色微青，古色紅粉，斑斕如桃花。鬉尾具完，而四足損折。至治中，南雄太守趙伯昂以古帖易得於磁器劉家，命工接完其足，姚牧菴先生以黃玉人贈之爲副，如司牧者呈馬焉。

丁寶楨等《四川鹽法志》卷三《井廠三・器具圖説》

魚尾銼：

《風物名實説》：平地開井用銼，上鋭中闊，其末斜而寬，曰魚尾銼，長一丈。按：其末廣博八九寸，大者尺一二寸，小大因井，柄長六七尺，或八九尺，柄中作環，或方或圓，曰窩弓。爲山匠用手轉旋地，銼上繫竹繩曲屈旋柄，而上交於繫銼之篾，慮用力猛銼偶折，繫之使不脱也。重百二十觔，或百七八十觔。下石圈後用此銼大口自八九尺至三十餘丈，然後下木竹焉。

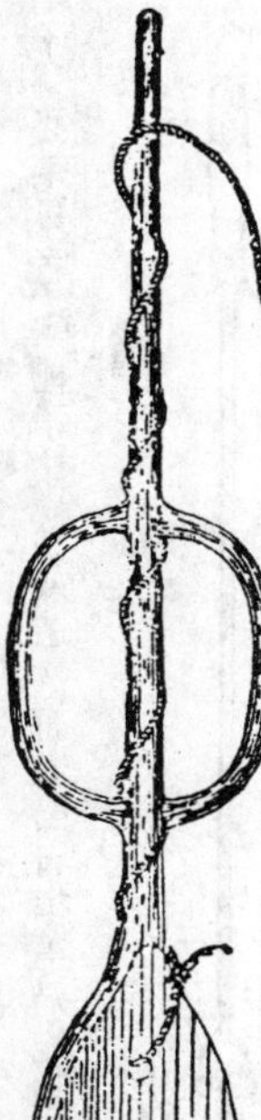

銀錠銼：

《風物名實説》：小銼長柄，大末如銀錠，謂之太平銼，重百餘觔，長丈二尺。又半邊銀錠者，名爲墊根子。按：其柄上方下圓，剖斑竹或南竹四片，長可二尺，束方柄上，曰把手。上用轉槽子或梃子，納把手上口，内束其口，可上下提挈。後凡用把手者視此。銀錠一曰吉字錠，高可六七寸，或八九寸，前後橢圓，左右中削。曰泥槽。銼井時，有泥沙可讓由中出，則銼易。下柄長丈二尺，小者七八尺，重八九十觔，或百三四十觔，視井深淺。深宜輕，重則墮，淺宜重，輕無力，下木竹後，銼小口至底皆用此。

財神銼：

按：廣博三寸，厚五分寸之一，中曲詰作紐，旁有齒柄，有把手，與銀錠銼畧同，長丈餘，圓徑一寸二三分，重百二十觔。開大口後，井中走巖遺竹絞泥沙，則

下此搗之可碎作泥，非是不恒用也。

馬蹄銼：單馬蹏、雙馬蹏。

按：柄及把手畧同銀錠，惟銼作馬蹏式，單者僅起半形，雙者兩面皆具銼。井不圜則下此，或井中遺石，大如鵝卵，小爲蝌眼，須搗如泥，乃能用吞筒吸出。銀錠銼小石易走，馬蹏形圓，著處無遺，又如井底半軟半堅，慮井眼欹斜，則用半邊馬蹏銼其堅者。

長條：

按：鑄鐵爲梗，圓徑寸許，長丈五六尺，凡器多用作柄，用何器即綴何器於末。井上皆置冶爐，臨時接釬，改用則截去別接，用以取物。其梗必視所取物，長可三尺乃適宜。

二水鑷子：

按：柄用長條把手具，丈五六尺，重百四五十觔，鑷子末大，上以漸而殺，中屈曲作紐，俗又謂之小大鑷子。四旁密齒。凡井走巖，巖渣中窒，下有遺物，用以疏浚，再用他器下取，如井底有巖渣，可用搗如泥，始用吞筒出之。

轉槽子：

按：凡銼皆繫轉槽子下，轉槽子上即懸於花滚篾條。其器鑄鐵爲梗，上廣博二指許，取篾片合而束之，有鉤距著繩穩固不脱，末大作方楞下微橢，俗曰四楞鷄脚桿。以入把手，方口束其上。又鑄鐵圓而橢，中空如懸鐘約梗上活脱，能高下轉動。俗曰蚕門，又曰鵝公泡，又曰雞蛋殼。其末既入銼，把手下井中，銼及底則把手上撞梗上鐵，必上下作聲，如篾短而銼懸與篾長，委井底，則鐵無聲，即知銼不曾下，或鐵空處爲泥沙淤塞，亦無聲，必取而除之，然後復入銼，蓋恃此爲消息也。器長四五尺，重可四十觔。

梃子：

《風物名實注》：長八九尺，畧如轉槽子，凡扇泥暨用療井病之鐵器，必以此梃繫其上，鎮之使下墜。按：轉槽子柄末製方，而此圓徑六七分，俗曰雞脚桿。轉槽子上扁，而此仍用把手，柄上仍約鐵令作聲，重五六十觔，或七八十觔，用法畧如轉槽子。必兩具者，轉槽子較輕，或遺物有窒礙者須重乃能陷入，輕則浮故也。

提鬚子：

《風物名實説注》：落篾則用柳穿魚、提鬚子、弔脚提鬚。提鬚子上剡如圭，下三楞，末作三叉，又療井之落筒者，按：重十四五觔，長四尺，大徑七八分，上用把手，中剖竹四片束之，曰一籠雞，又曰竹殼子。上狹而下闊，曰灑拉口。後凡竹殼皆視此。以取物挈而上，慮旁觸物必墜，則擊梃子使竹片徐脱下罩之，故竹片下柄有一珠以距竹口，使適與器齊不盡脱也。竹下攢六齒，再下一齒，末一齒，左右列齒皆向上，以取井中篾索者。又有羊蹏子者，柄與提鬚畧同，長五六尺，重倍之，其末如環之玦，中有倒筍，以療井之落銼者。提鬚柄三楞，羊蹏柄扁，羊蹏上尺許，剖竹之半，銜柄其中，凡井遺竹片與銼與長條，皆用此取之。未圖。

提鬚刀：

按：重十四五觔，長四尺許，柄用鐵，大徑七八分，上用把手，中束竹片，下以次列四刃，刃向上。入井以斷篾索，輕重長短，畧如提鬚子。

平頭提鬚：

按：柄上把手竹殼一如前提鬚，惟六齒攢柄末向上，如遺篾渣麻筋等積井底，以此繫梃子下，擊齒順陷入，復逆挈之，諸物隨起。又有月亮提鬚形圓。連環提鬚，分而爲二，以取筒索并遺者。未圖。

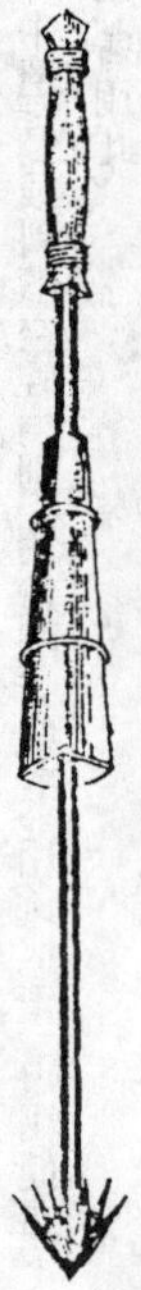

柳穿魚：

《風物名實説》：柄扁而闊，下有三叉，左右反張，以療井之落篾者。按：長四五尺，重十七八觔，鋭下。柄圜徑寸，上具把手，中攢六齒，又下兩駢齒，末一齒向上，左右錯出。凡井走巖中，爲泥沙橫塞者，用此上下左右疏剔之，曰打空腔。泥沙乃下。如墜篾太多，實井底，末鋭入齒，隨之順下而逆取，篾雖重絚，不得遽上，亦可提散，再易提鬚、木龍等物取之，并翻渣浪亦用此。

穿魚刀：

按：重十四五觔，長可四尺，柄圓徑七八分，鋭下，上具把手，三刃左右錯出，刃向上，爲割篾索用。

單刀：

按：長與重畧如穿魚刀，把手具用亦同，惟柳穿魚柄三齒，此只一齒。井遺筒帶繩者，柳穿魚齒多轉膠轕，則用單刀帶起，如繩結滯不得上，則擊梃子，索爲刀斷，作數次取出。

雙刀：

按：一曰騎馬刀，重與長一如單刀，把手具惟柄下截分兩岔，中錯列二刃。井中遺篾索及筒，單刀、柳穿魚齒側不能致者，用此挾取之，結而滯者，仍割斷作數次取出。

獨脚棒：

按：觔重形製，一如單刀，惟單刀柄圓，此上圓下扁，廣博可二指，單刀柄一刃，此二刃駢列不參差，剖半竹銜柄其中，前露刃，竹長可四尺。井遺篾索，下此探取之，又補井拓腔，亦用此束篾其上。

筍殼瓦口：

按：瓦口者，末如瓦，凹其裏而凸其外，筍殼瓦口者剡上，而長類筍葉。其柄用鐵梗絶長，可一丈四五尺，大徑寸，重百四五十觔，把手具。井爲巖沙敝淤塞過甚者，用此半銜銼柄，或銜銼末下搗，搗散再用偏尖或木龍取之。如用雙瓦口，則兩瓦口并下，以取筒銼，單瓦口只取索篾。

拐脚瓦口：

按：輕重大小用法皆與筍殼瓦口同，惟末屈曲向外，上嵌鐵齒，爲鏟銼用。又別有牛耳瓦口，末如牛耳，用亦同。未圖。

偏尖：

按：偏尖者，末銳而偏上峭厲，又如鉤，以形似名，鍊鋼爲之。其柄扁而長，可四尺，把手具中束四竹片，柄有暗槽，槽中嵌一刃，刃尖外出，在竹之下，偏尖之上，以取墜井之鐵銼長條。其置刃者，慮所墜物或爲泥沙鐵麻陷没，偏尖銳入亦陷其中，則數用梃子下撞，久之偏尖竹片所繫麻紉爲刃割開，竹殼遂張，刃盡出，即可將偏尖挈起。

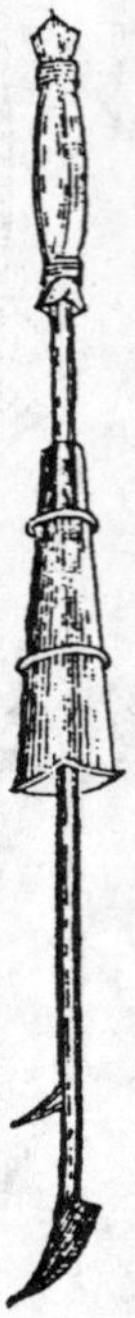

木龍：

按：削堅木爲之，亦有鐵鑄者，柄木橢而大，上有鐵齒皆逆捲，重十四五觔，柄長四尺許，大徑七八分，把手具中束竹片。井中遺銼與長條梃子，皆用此取之。

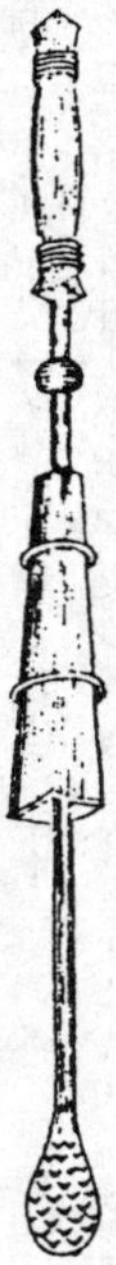

掃鐮：

按：重十四五觔，長四尺許，柄寬博，把手具，末半屈如鉤，又如農家所用腰鐮。井中遺銼，或斜攲空腔内則，用鐮四旁攪取，用鉤扶正，再用他器下取遺銼柄篾索，皆用此。

一皮草：

按：柄用長條，把手具，尺度觔重皆畧如鑷子，惟廣博而扁，下銳如草一葉，旁有齒，齒半向上，半向下，不作紐，以搗井泥篾渣，兼往上提令勿結。用法與鑷子畧同。

松毬子：

按：柄用長條，把手具尺度觔重與一皮草同，惟末微橢圓，如松樹所結實，曰松毬，用法與鑷子及一皮草畧同。

繫子：

按：重十七八觔，長四尺許，柄圓，徑八分，把手具下束竹片，再下用一鐵珠，曰棋子。末又垂一珠，曰鐵錠。以取遺井銼柄及小鐵器用。

四股鬚：

按：重十六七觔，長三尺七八寸，柄圓，徑八分，把手具下分四股爲鬚，大如指，一鬚置倒鉤二，井遺渣滓，下此取之。

五股鬚：

《鹽井圖記》：鑄鐵爲五爪如覆手狀，爪背入木數寸，以竹三尺許，劈碎一尺纏扼爪木令堅緻，上一尺亦劈碎，則活釬半墮，或止墮釬頭者，下此取之。按：此與四股鬚同，惟柄稍大，可徑一寸許，長四尺，多一鬚，用法皆同。

抱爪：催子

按：一切與四股鬚同，惟四股鬚末四齒向上，此略向下，四股鬚内斂，此外張，用時外又有長條一，末屈鐵作一圈，曰催子，蓋鬚下井皆張，俟將遺物撮起，則用催子由柄套下鬚，即斂抱物不遺。

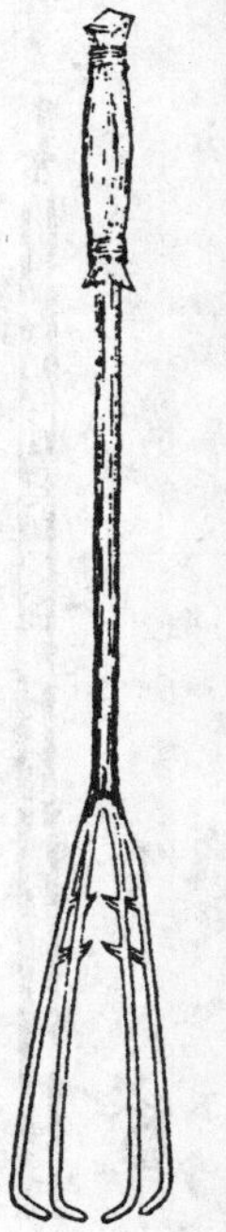

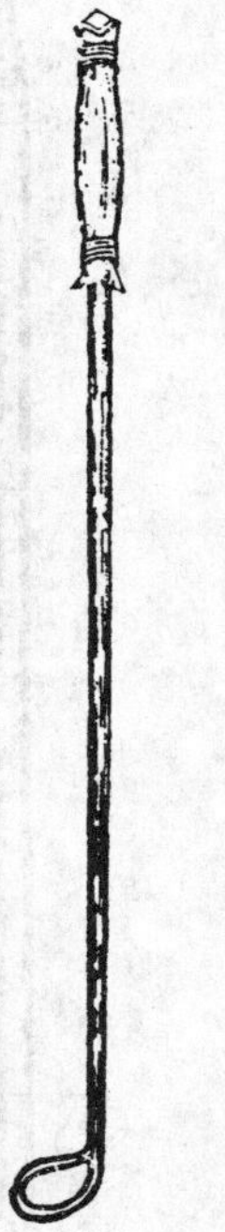

四楞子：

按：重百四五十觔，柄用長條，丈五尺，大徑寸，把手具末橢圓，而長畧如冬瓜，四楞，楞有齒向上，開槽眼用，或臼井遺鐵器已搗破，而平積井底，他器大者搗不入，則用四楞子搗之，尚大，再易三楞子，必搗作坎，方可取之，三楞子製畧同。未圖。

虎舌：

按：重百四五十觔，柄用長條，丈五六尺，圓徑寸，末寬博，下如舌而鋭，四面有鐵齒，用以撥鐵器并堅石。俗又名芝麻桿。

霸王鞭：

按：重百四五十觔，柄長丈五六尺，圓徑一寸，把手具末屈曲作數紐，長一尺許，紐皆有齒，力重能深入，下此尤易見功，或遺梃銼爲篾索堵塞，亦用此取之。

草鞋板：

按：重百四五十觔，柄用長條，丈四五尺，把手具末一鐵板，半屈中偏微彎，略以形似名，兩面皆有齒。遺銼及梃子諸鐵器，與巖渣篾渣雜塞井中，平結一片，則用此搗之，所遺鐵器觸齒皆損，便可搗開一隙，然後由此設法取之。

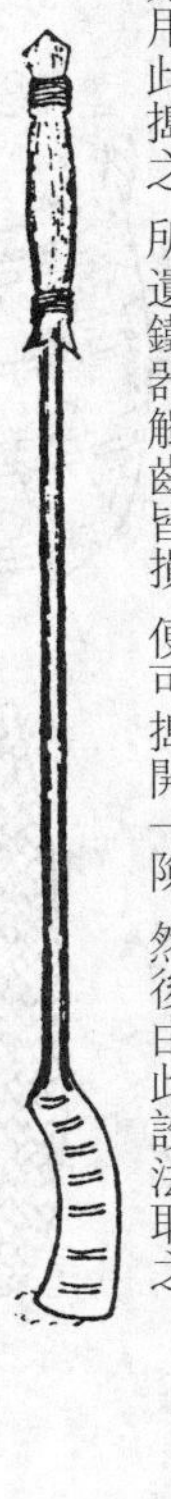

蘿葡頭：

按：柄用長條，丈四五尺，把手具末一器，橢圓形似蘿葡，四旁有齒。如遺零鐵塞井底，則用此搗之，使中分或偏積一邊，俗曰化鐵，然後以他器取之。

烏龜背：

按：柄用長條，可丈四五尺，把手具末，於左旁屈鐵作半環，中直，旁有齒如鋸，以其半圓而凸，故以龜背名。凡井遺鐵器，或斷銼頭斜欹井底，則用以扶正，始用他器下取。

蛇皮：

按：蛇皮長尺餘，寬一尺，厚數分，以鐵爲之，鍊鋼作齒，兩端用麻束銼柄上，或用四片或兩片，以備井眼不圓，或銼井轉動不匀，中稍狹者，俗曰緊口子。或井側留一梗不平，俗曰幹子。則於銼柄帶蛇皮而下，皆可治之。深者或別用長條束蛇皮於上，專治之。

吞筒子：

按：上用把手及柄如各式，下用鐵片捲作兩半竹形，上連中分下斷，其末各置兩齒，泥渣粗不能入吞筒，則下此合勢取之，抑井中巖口黏有膠泥，亦可鏟下。

夾籤子：

按：柄下用二鐵條分張之，末鋭，其右稍長，平屈交於左，中置兩齒向上，篾索遺井，則用此鉤取之。

泥孩兒：木孩兒

按：泥孩兒專爲試走巖，其名蓋承木孩兒云，其形製則殊。銼井最忌走巖，漏白水，然少能免此者。其要在能補，先於銼井時，日下幾尺或幾寸，皆簿記焉。如此井甲日前已銼下三十丈，乙日又下二尺，晚扇泥猶燥，則簿記無水，及丙日又下二尺，晚扇泥而濕，則知三十丈有四尺，必走巖。然走巖在何方，以及白水之多寡不知也，於是以此試之。曰試腔。百年前相傳用木孩兒，今改用泥孩兒。曰泥娃娃。削木爲杵，長可三四尺，半傅泥，外束以麻，大與井眼相若，而稍縮度綆懸而下，如三十丈有四尺，綆亦如之。至走巖處，頓許時取出，視其濕即知其方，溼寬者即知其腔口大，溼深者即知其水力勁，然後據以補之。木孩兒者鑿木畧如孩兒狀，用其柄懸井中度尺寸詳試，孩兒手足畧可運動，遇滲漏處，必有溼痕，遇腔口處，手足忽入，必多膠轕，亦可揣白水所在而補之，以其不甚確，今多不用。未具圖。

推水筒：

《東坡志林》：又以竹之差小者，小於井。出入井中，爲桶無底而竅，其上，懸熟皮數寸，出入水中，氣自呼吸而啟閉之，一筒致水數㪷。《風物名實説》：取堅紉斑竹或南竹，除皮通中，筒顛有鐵梃使之墜。筒底有牛皮如錢、半翕半張，方入水時，水激錢張，水盈筒內，車一推則水下墜，而錢仍翕。按：凡汲水者，水率自上入，此獨由下入，故曰吞筒。俗曰推水筒。筒無底，置牛革一片綴筒底，半用繩繫固，半啟閉，筒下，水激錢張，而水入筒，起水墜錢閉而水仍不洩。筒之長，各廠不一，大率度井之深淺而作天車，又視天車高低而製水筒，竹短則用數竹作牝牡筍，用麻綴續之，其筒杪綴鐵梗，長三四尺，重二三十觔，俗曰筒閘子。筒巨者，可盛水一石五六分，黑水鹹尤重，用數牯牛始能挽上。俗曰推水。

扇泥筒：

按：與推水筒畧同，惟水筒下用韋作錢，此用布作錢，小異。又曰吞筒。《鹽井圖記》曰刮筒。

皇桶：

按：桶以瀦鹽水，木爲之，最巨者，梘户用於上塘收水，馬車運於下塘賣水，屋以覆之，柵以守之，曰皇桶。房可瀦水一二千石，次者井旁竈旁皆有，大小不一，小者亦可瀦一二十石，亦有用石者，形製稍殊。

鹽水梡：

按：截巨竹爲之，留節作底，梡水鹹重幾何，積梡幾何爲一擔，今富順廠以三百梡爲一擔。皆有定則，各廠不一。

花鹽篾包：

按：析竹爲縷織成，密不漏粒，一包貯花鹽二百觔，耗鹽二十觔，五十包爲一引，一引一萬一千觔。包用兩層，裏層由竈户盛出，外層商人加包，懼損也。

巴鹽簖子：

按：編竹爲之，高一尺八寸，上闊下狹，上口横徑一尺，下徑四寸許。一簖盛巴鹽一百六十觔、耗鹽一觔，五十簖爲一引，一引八千又五十觔，簖重五觔，皆有定則。

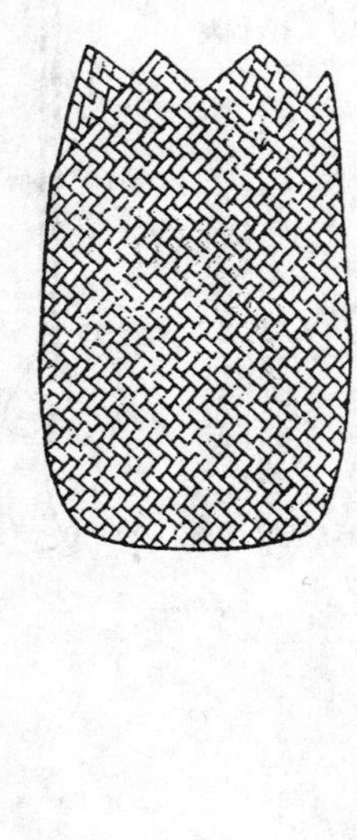

筲箕：

按：析竹爲之，鍋内取鹽渣，用離水而得渣。又曰竈笠子。

鋸子：

按：錬鐵爲之，錯作齒，以木爲柄，用解敞口花鹽。

鏟子：

按：以鐵爲之，畧如蕉葉，曲柄，鏟花鹽、渣鹽用。

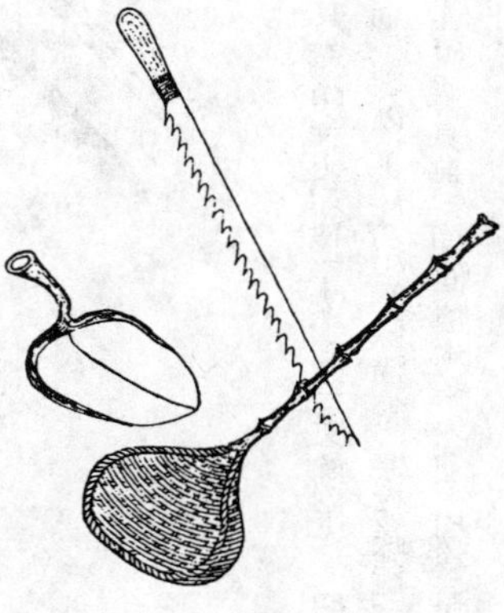

鹽鍋：鹵邊

按：鎔生熟鐵各半合鑄之，絶大者曰千觔鍋，口圓一丈二尺，逕三分其圓之一，深十七分圓之一，邊厚一寸，底心厚一寸有半，鍋厚而重，勢不能鑄深。煮鹽時，用鐵塊十二，塊重可二十觔，高九寸，上狹下闊，中可一尺，上薄下厚，薄可一分，厚五倍之。曰鹵邊。植鍋四圍，鹽和泥塗其隙。一鍋巴鹽可五十煮輙敞，傅以灰泥加鐵塊，可再煮。五十鍋内，鹽較良。曰紅鍋鹽。五十鍋後，鹽較惡。曰弔肚鹽。久煮鍋裂，則賤售小竈户煮渣鹽，再敞則還之鍋廠，仍可融生鐵鼓鑄。鍋出江津真武場者佳，一鍋直四十餘金，大率煮巴鹽者易敞，煮花鹽者一鍋可用一年。次大者曰温鍋，重可三百觔，又次者曰牛頭鍋，重五六十觔，小者曰金盆鍋，重可三四十觔，此則瀘州酆都等處，皆有鑄者，竈户用煖鹽水暨煮渣鹽。洪适《隸續》：巴官鐵盆銘「巴官三百五十斤，永平七年，第廿七西」十六字。建中靖國初，黄魯直自戎州東歸，厥弟叔向攝邑巫山，有大鹽盆積水堂下，以植蓮芡。魯直去其泥而識之，其文鑄出鐵上。《輿地紀勝》大寧監景物鹹泉注，引《輿地廣記》、圖經、舊志云：漢永平七年，嘗引此泉於巫山，以鐵牢盆盛之。今巫山縣齋有鐵盆。又《夔州碑記》云：《漢鹽鐵盆記》在巫山縣，黄太史石刻云：余弟嗣直來攝邑事，堂下有大鹽鐵盆，有款識，蓋漢時物也，其末曰永平七年。

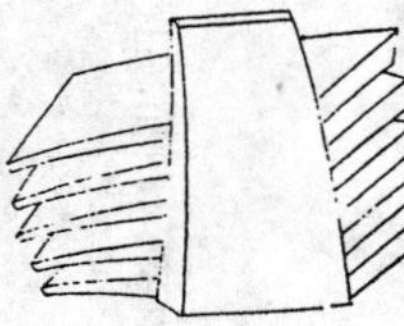

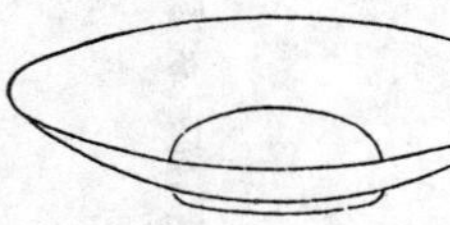

火鐔子：枕子

按：鑿石爲之，高七寸，口圓，徑三寸五分，置火井竈内接梘，火由口出達鍋底，外用泥條三，高六寸五分，方一寸八分，曰枕子。用以支鍋。

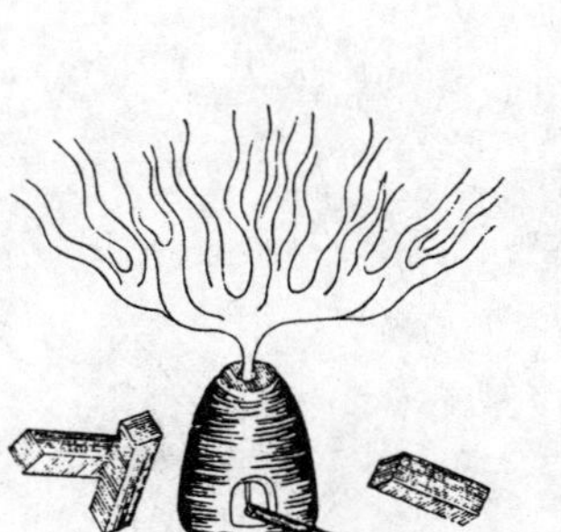

渣淵：

按：破竹密編成，如漉米藪，井廠用以漉鹽渣。

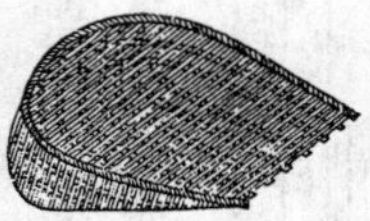

石槽子：

按：鑿石爲之，形方而長，大小深淺不一，置井旁水筒出井口，即瀉槽内，由漕注梘達皇桶。

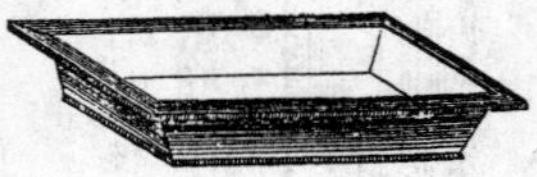

篾：

《風物名實説》：或用斑竹若南竹，破爲八或六，去節，縠草然火炙之，曰發汗。削兩端，以麻縛而續之，外包牛革以防磨損。由車子達於地滚下，又達於花滚上，懸銼銼井。按：篾寬一寸數分，用麻綴續之，長自十丈至一二百丈不等，視井深淺。

索：

按：析竹或麻或棕爲之，隨處皆用，花鹽包用尤多。

竹梘：

按：整竹中通，外傅油灰，束以麻，或有析竹爲縷束之者，兩製皆適用注鹽水，由此達彼，多行地中。有沿山置架，高下紆折行一二十里者，有置河底，覆以石槽潛注彼岸者，前馬車圖已詳。運用絶巧。

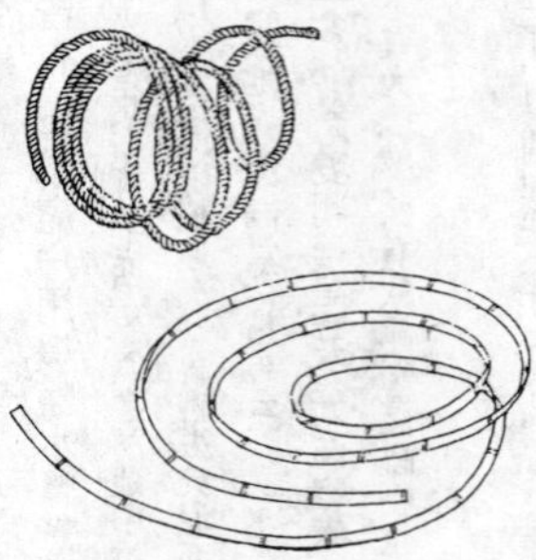

梘窩：

按：鑿石或木爲之，凡置梘接筍轉折處，必用之，所以停蓄鹽水，達於四旁也。

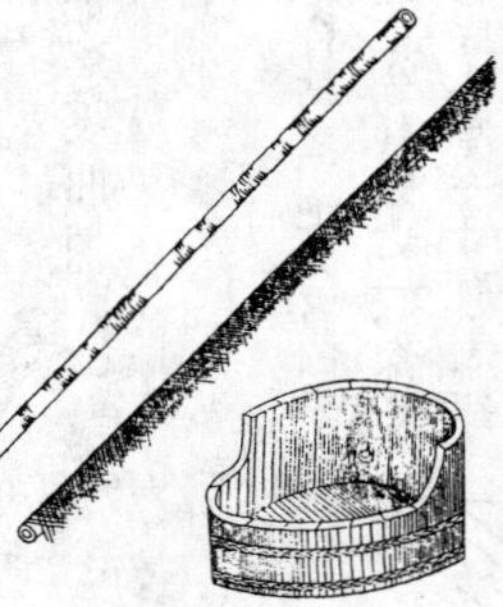

火井蓋盆：

《自流井記》：井火之發，覆以木盆，其盆高一丈，徑一丈，圍三丈餘，上狹而下豐，以束其氣。按：井見火後，上置巨桶，製以木，底用木條横斜，穿作疎櫺，視井火大小爲之，桶面列竹梘數十，引火達竈，説見前。桶面覆木留穴，上用冷箱洩氣。其井及桶及梘，人不能見，故圖以出之。

引筒：

按：以竹爲之，筒與蓋長相若，表裏相銜，外髹漆，繩貫兩耳，商人恒用綴身旁，納引其中。若行水，引鹽即沈没，筒輒浮，引亦不濡。

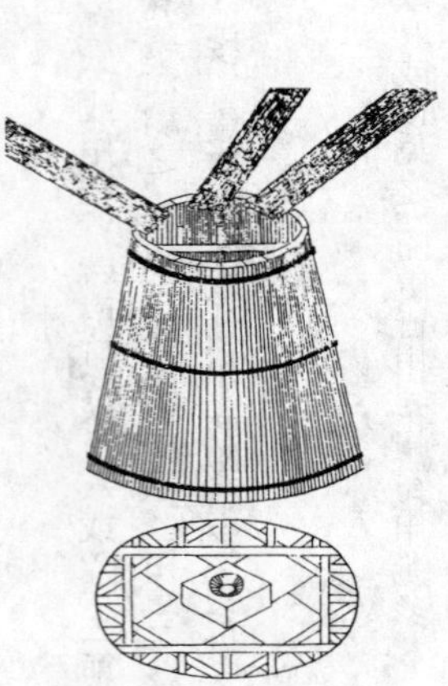

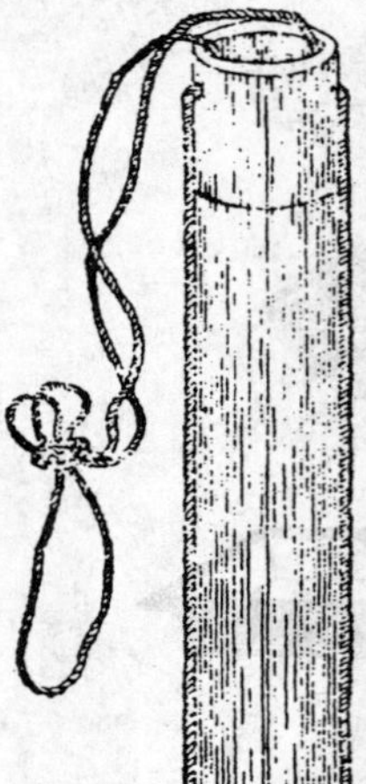

交通運輸總部

《交通運輸總部》提要

交通運輸是人類生産和生活不可須臾或離的，其對於先民生活水準的改善，對於生産效率的提高意義重大，重要性在工業經濟中自不待言。

《交通運輸總部》是《製造工業分典》的五個總部之一，包括《車部》《船舶部》和《道路部》。

本總部一般下設題解、綜述、傳記、紀事、藝文、雜録等七個緯目，盡可能地收録一九一一年以前的有關材料。在具體編纂過程中，對於緯目不强求一致，有則設，無則不設，視資料情況而定。每個緯目録文均按朝代先後順序排列，具體編排主要依據被引用材料的作者的生卒時間而定。

目録

車部

題解

許慎《説文解字》第一四上 **車**，輿輪之總名。夏后時奚仲所造，象形。凡車之屬皆从車。尺遮切。**𨏥** 籀文車。

轂，輻所湊也。从車，𣪊聲。古禄切。

輻，輪轑也。从車，畐聲。方六切。

輪，有輻曰輪，無輻曰輇。从車，侖聲。力屯切。

虞世南《北堂書鈔》卷第一四〇《車部中・輅車二》 天子所乘曰輅，《釋名》曰：天子所乘曰輅。輅，車也。謂之輅者，言行路也。玉輅以玉飾車，象輅各隨所飾名也。今案：畢校本《釋車篇》輅作路，餘同陳本。玉輅六字作金輅，以金玉飾車。仰則觀天文《大戴禮》云：古之爲輅車也，蓋圖以象天，二十八轑以象列宿，故仰則觀天文，此巾車教之道也。今案：陳本及孔巽軒補注本《保傅篇》，轑作撩，宿作星。本鈔蓋篇輻篇均引作星，惟撩仍作轑。俯則察地理《大戴禮》云：古之爲輅車也，軫方以象地，三十輻以象月，故俯則察地理，此巾車教之道也。今案：孔巽軒補注云：新書巾車作輿字。法度可以示訓摯虞《會朝堂五輅制度議》云：諸車之合於法度，可以示調者，則輅爲名，亦猶殿堂之正者，則曰路寢也。今案：張輯百三家本脱；嚴輯摯虞集據舊鈔引同，陳本路寢誤輅寢。玉輅《周官》云：王之五輅，一曰玉輅。鍚樊纓十有再就。鄭注云：玉飾諸末也。鍚馬面當盧刻金爲之，所謂鏤鍚也。樊讀如鞶，今馬大帶也。纓，今馬鞅也。玉輅之樊及纓，皆以五采罽節之十二就，就成也。王石華校以本鈔鞶誤繫，又改作繁，俱非也。今案：《周禮・春官・巾車職》輅作路，然二字通用，以後不悉校。金輅《周官》云：王之五輅金輅鉤樊纓九就。鄭注：金輅以金條諸末也。鉤婁頷之鉤也。金輅無鍚有鉤，亦以以金爲之，其樊及纓以五采罽飾之而九成。今案：《周禮》巾車注同。陳俞本鍚誤錫。象輅《周官》云：王之五輅，象輅朱樊纓七就。鄭注：象輅以象飾諸末也。象輅無鉤，以朱飾勒而已，其樊及纓以五色圖飾之而七成。今案：亦巾車職文。革輅又云王之五輅。革輅龍勒條纓五就。鄭注：輓之以革而漆之，無他飾也。龍，駹也。以白黑飾韋，雜色爲勒。條讀爲絛。其樊及纓以絛絲飾之而五成。嚴校謂舊鈔以下廿六條誤竄入一百四十二酒食穗上篇，今移正。今案：《周禮・巾車職》同。木輅又云王之五輅。木輅前樊鵠纓。鄭注曰：木輅不輓，以革漆之。而已前讀爲翦淺色也。木輅無龍勒以淺黑，飾韋爲樊鵠色飾韋爲纓，不言就數飾與革輅同。王石華校鄭上補纓字，染故漆，斬改勒。今案：《周禮・巾車職》，鄭注同。戎輅又云車僕掌戎輅之倅。鄭注倅猶副也。此五者皆兵車所謂五戎也。戎輅王在軍所乘者也。今案：《周禮・車僕職》及陳本倅作萃。雲輅玄駭六貎子駕雲輅。嚴校云雲輅一條疑即下文東京賦錯入於此論次第亦不當有此。今案：此注且有誤字，陳本删此條。

《舊唐書》卷四《高宗紀上》〔顯慶三年〕 九月，廢書、算、律學。有司奏請造排車七百乘，擬行幸載排城；上以爲勞民，乃於舊頓置院牆焉。

葉廷珪《海録碎事》卷五《巢車》 陳勝攻陳，守令皆不在，獨守丞與戰譙門中。注：譙門謂門，本爲商樓以望耳。樓一名譙，故謂美麗之樓爲麗譙。譙亦呼爲巢，所謂巢車者，亦於兵車之上爲樓以望敵也。譙巢聲相近，本一物也。

高承《事物紀原》卷八《舟車帷幄部・舟》 《淮南子》曰：見窾木浮而知爲舟。《呂氏春秋》曰：虞姁音詡作。《物理論》曰：化狐作。《墨子》曰：工倕作。《山海經》曰：番禺作。《束晳發蒙記》曰：伯益作。《世本》曰：鼓貨狄作。注云並黄帝臣。《釋名》曰：黄帝造。《拾遺記》曰：軒皇變乘桴以造舟檝。《黄帝内傳》曰：帝既斬蚩尤，内刱舟檝。《易・繫辭》曰：黄帝氏作，刳木爲舟，剡木爲檝，蓋以黄帝爲是。

高承《事物紀原》卷八《舟車帷幄部・筏》 《拾遺記》曰：軒皇變乘桴以造舟檝，則是未爲舟前，第乘桴以濟矣。筏即桴也。蓋其事出自黄帝之前，今竹木之排謂之筏是也。

高承《事物紀原》卷八《舟車帷幄部・車》 《淮南子・説山訓》曰：見飛蓬轉而知爲車，又《氾論訓》，古者肩負儋之勤，而作爲之剡輪建輿，駕馬服牛，民以致遠而不勞。《通典》曰：上古聖人覩蓬轉而爲輪，輪行可載，因物知生，復爲之輿，輿輪相承，流運罔極，任重致遠，以利天下。此車之始也，後世聖人觀於天，視斗周旋，魁方杓曲，以攜龍角爲帝車，於是曲其輈也。《春秋・命歷序》曰：人皇駕六提羽乘雲車。《蜀記》曰：三皇乘祇車出谷口。《呂氏春秋》曰：奚仲作車。《世本》曰：奚仲造車，謂廣其制度爾。《山海經》曰：番禺生奚仲，奚仲生吉光，是始以木爲車。郭璞注云：世本言奚仲作車，此云吉光，明其父子創意也。《荀子》曰：奚仲作車乘。楊倞注云：奚仲夏車正，黄帝時已有車服，故謂之軒轅。此云奚仲者，亦改制也。《古史考》曰：黄帝作車，引重致遠，其後少昊時駕牛，禹時奚仲駕馬。劉昭補注後漢志曰：服牛乘馬，以利天下，其所起遠矣。豈奚仲所爲，《世本》之誤，史考所説是也。《釋名》曰：黄帝造舟車。《黄帝内傳》曰：帝既斬蚩尤，因乘車輅。又云：帝令邑夷造車以便民。《因話録》：裴諫議問東津先生，先生曰：軒轅制車服。按《易》繫九事，言黄帝服牛乘馬，引重致遠，蓋取諸隨，則車亦宜黄帝造也。

高承《事物紀原》卷八《舟車帷幄部・小車》　蜀相諸葛亮之出征，始造木牛流馬以運餉，蓋巴蜀道阻，便於登陟故耳。木牛，即今小車之有前轅者。流馬，即今獨推者是，而民閒謂之江州車子。按《後漢郡國志》：巴郡有江州縣，是時劉備全有巴蜀之地，疑亮之創始作之於江州縣，當時云然，故後人以爲名也。

高承《事物紀原》卷八《舟車帷幄部・檐子》　《舊唐書・輿服志》曰：開成末定制，宰相三公諸司官及致仕官疾病官，許乘檐子，如漢魏載輿之制。按唐乾元以來，始用兜籠代車輿，疑自此又爲檐子之制也，亦漢魏載輿步輿之遺事云。然則今大臣，朝廷所崇敬，而老疾則賜以肩輿，蓋自開成之制也。

高承《事物紀原》卷八《舟車帷幄部・兜子》　又曰兜籠，巴蜀婦人所用，乾元以來，蕃將多著勳於朝，兜籠易於檐負，京師□用車轝，後亦以兜籠代之，即今之兜子。蓋其制起於巴蜀，而用於中朝，自唐乾元以來也。

高承《事物紀原》卷八《舟車帷幄部・簾》　《莊子》曰：有張毅者，高門懸箔，無不走也，而談藪有户下懸簾，明知是箔，則懸箔即簾矣。《荀子》有局室蘆簾之文，由此推之，疑三代物。禮曰：天子外屏，諸侯内屏，大夫以簾，士以幃。

高承《事物紀原》卷八《舟車帷幄部・牀》　《孟子》曰：象往入舜宫，舜在牀琴。《黄帝内傳》有七寶登員之牀，則牀疑始於有熊氏也。

高承《事物紀原》卷八《舟車帷幄部・胡牀》　《搜神記》曰：胡牀，戎翟之器也。《風俗通》曰：漢靈帝好胡服，景師作胡牀，此蓋其始也。今交椅是也。

高承《事物紀原》卷八《舟車帷幄部・帳幄》　周官幕人堂帷幕幄帟綬之事。注云：四合象宫室曰幄，王所居帳也，則帳幄當周制也。《左傳》：有子我有幄，又衛侯爲虎幄，皆周事云。又所寢之幄謂之帳者。《黄帝内傳》曰：王母爲帝設九真十絶妙帳，此疑帳之起也。漢武帝作甲乙武帳，蓋因此耳。

高承《事物紀原》卷八《舟車帷幄部・帳幕》　《幕人》注云：在旁曰帷，在上曰幕，皆以布爲之。《説文》亦云。然則帷幕，亦周制也。《歸藏》曰：女媧張雲幕而致古神明，雖女媧之世，有幕之名，而其物之興，豈自周始也？

高承《事物紀原》卷八《舟車帷幄部・幔》　《六韜》曰：天將雨不張幔蓋。《拾遺録》曰：周穆王有鸞章錦幔，蓋周有其物也。

高承《事物紀原》卷八《舟車帷幄部・屏風》　《周禮》掌次設皇邸。鄭司農云：邸，後板也。康成謂後板屏風。《禮記・明堂位》曰：天子負斧扆而立。陸法言云：今屏風扆遺象也。《三禮圖》曰：屏風之名，出於漢世，故班固之書，多言其物。徐堅爲《初學記》亦載漢劉安羊勝等賦，然則漢制屏風，蓋起於周皇邸斧扆之事也。

高承《事物紀原》卷八《舟車帷幄部・拂廬》　《唐書》吐蕃處於大氈帳名拂廬，高宗永徽五年獻之，高五丈，廣袤各二十七步，其後豪貴稍以青絹布爲之，其始以拂於穹廬爲號也。宋朝每大宴犒，亦設於殿庭，曰拂廬亭，此蓋其始也。

高承《事物紀原》卷八《舟車帷幄部・虎枕》　《西京雜記》曰：李廣與兄遊獵冥山北，見猛虎，一矢斃之，斷其頭爲枕，示服也。事始記爲虎枕之始。魏咸熙中，得梁冀玉虎枕，臆下有題曰帝辛九年，帝辛、即紂也。是則商紂之時，已有其制矣。

高承《事物紀原》卷八《舟車帷幄部・被》　《召南・小星》之詩曰：抱衾與裯。注云：衾，被也。裯，單被也。《論語・鄉黨》篇：孔子必有寢衣，長一身有半，此二者，商周之事也。疑三代之制。《西京雜記》：趙飛燕爲皇后，女弟昭儀上襚三十五條，有鴛鴦被。則漢始名被也。

高承《事物紀原》卷八《舟車帷幄部・氈》　《周官》：掌皮供毳毛爲氈，則周制也。或曰：黄帝作旃。旃，古氈字也。

高承《事物紀原》卷八《舟車帷幄部・褥》　《黄帝内傳》曰：王母爲帝列七寶登員之牀，敷華茸浄光之褥，疑二物此其起爾。趙昭儀上皇后襚三十五條，有鴛鴦褥。

高承《事物紀原》卷八《舟車帷幄部・席》　《淮南子》曰：席光荏葦。注云：席之先所從生，出於荏與簟葦也。《拾遺記》曰：軒皇使百辟羣臣列圭玉於蘭蒲席上，以蘭蒲爲席，而薦圭玉之重器，不嫌其陋，初有物故也。《韓子》曰：禹爲蔣席頳緣，此彌侈矣，蓋至禹始增純緣之飾也，至周司几筵掌五席，有莞藻次蒲熊之名，其純有紛畫黼之別也。

高承《事物紀原》卷八《舟車帷幄部・簟》　《詩・斯干》曰：下莞上簟。注云：竹葦曰簟。《説文》曰：簟，竹席也，又竹爲席謂之簟，則是因席遂爲簟也。故周成士之顧命曰：敷重篾席。注謂篾桃竹，其物雖已見於周初，而猶以竹名號席，則簟之名，當出於周之中葉，故宣王之雅，始見簟名焉。

高承《事物紀原》卷八《舟車帷幄部·几》 漢李尤《几銘》敘曰：黃帝軒轅仁智，恐事有闕，作輿几之法，則几創始自黃帝也。

高承《事物紀原》卷八《舟車帷幄部·杖》 《山海經》曰：夸父與日爭走，道死，棄其杖，化爲鄧林，此已見杖矣。蓋切於此乎。《大戴禮》武王有杖銘，《莊子》有神農曝然放杖之文。

高承《事物紀原》卷八《舟車帷幄部·案》 有虞三代有俎而無案，戰國始有其稱。燕太子丹與荆軻等案而食是也。案，蓋俎之遺也。

高承《事物紀原》卷八《舟車帷幄部·匱》 《國語》曰：夏之衰也，褒人之神，化爲二龍，夏后布幣而策告之，卜藏其漦，及龍亡而漦在櫝。韋昭曰：櫝，匱也。《書》武王有疾，周公作册，納之金縢之匱中。蓋櫝匱，一器也。夏后謂之櫝，周始謂之匱，然則三代之制也。

高承《事物紀原》卷八《舟車帷幄部·嬾架》 陸法言《切韻》曰：曹公作敧架，臥視書。今嬾架，即其制也，則是此器，起自魏武帝也。

高承《事物紀原》卷八《舟車帷幄部·櫝食》 《國語閑談》曰：真宗問杜鎬櫝食原於何代，鎬對曰：漢景爲太子時，帝鍾愛，既居東朝，文帝念之曰，太子之食，必料差殊，乃命所在每日具兩檐櫝以賜之。此其始也。

高承《事物紀原》卷八《舟車帷幄部·博山》 《黃帝内傳》：有博山爐，蓋王母遺帝者，蓋其名起於此爾。漢晉以來，盛用於此。

高承《事物紀原》卷八《舟車帷幄部·香毬》 《西京雜記》：長安巧工丁緩者，作臥褥香爐，一名被中香爐，本出防風，其法後絶，至緩更爲之，爲機環轉運而爐體常平，今香毬是也。

高承《事物紀原》卷八《舟車帷幄部·鑪》 《周禮》天官冢宰之屬，宫人凡寢中共爐炭，則爐三代之制也。

高承《事物紀原》卷八《舟車帷幄部·熨斗》 《帝王世紀》曰：紂欲作重刑，乃先作大熨斗，以火熨之，使人舉手輒爛，與妲己爲戲笑。今人以伸帛者，其遺意也。

高承《事物紀原》卷八《舟車帷幄部·燈檠》 《黃帝内傳》曰：王母授帝洞霄盤雲九華燈檠二，此燈有檠之始也。

高承《事物紀原》卷八《舟車帷幄部·手巾》 禮俗用二巾，上絺下綌，雖上下異用，而無異名。此三代之制也。漢王莽之斥逐王閎也，閎伏泣，元后親以手巾拭之。於是始見手巾之目，其事雖出於三代，而制名當自漢世也。

高承《事物紀原》卷八《舟車帷幄部·布袋》 召康公美公劉之厚於民也，其詩曰：乃裹餱糧，於橐於囊。《毛傳》曰：大曰橐，小曰囊。《御覽》云：古行者之食，以布囊貯糧，則是布囊爲裹糧之用，自公劉之世已然矣，蓋在夏后之世者也。

高承《事物紀原》卷八《舟車帷幄部·傘》 《通典》曰：北齊庶姓王儀同已下，翟尾扇傘，皇宗三品已上，青朱裏，其青傘碧裏，達於士人。按晉代諸臣皆乘車，有蓋無傘。元魏自代北有中國，然北俗故便於騎，則傘蓋施於騎耳，疑是後魏時始有其制也。亦古張帛爲繖之遺事也，高齊始爲之等差云，今天子用紅黃二等，而庶僚通用青，其天子之以黃，蓋自秦漢黃屋左纛之制也。

高承《事物紀原》卷八《舟車帷幄部·雨傘》 《六韜》曰：天雨不張蓋幔，周初事也。通俗文曰：張帛避雨，謂之繖蓋，即雨傘之用，三代已有也。繖傘字通，

高承《事物紀原》卷八《舟車帷幄部·薰籠》 《晉東宫舊事》曰：太子納妃，有衣薰籠，當亦秦漢之制也。

高承《事物紀原》卷八《什物器用部·什物》 《史記》曰：舜作什器於壽丘，蓋世所常用之器也。

高承《事物紀原》卷八《什物器用部·漆器》 《韓子》曰：舜作食器，黑漆其上，禹作祭器黑漆其外，朱畫其内。唐太宗曰：舜作漆器，而諫者十七人，則器之布漆，自舜始也。蓋堯啜士鉶，飯士簋故爾。

高承《事物紀原》卷八《什物器用部·尊》 《禮運》曰：禮之初始諸飲食，汙尊而抔飲。注云：鑿地爲尊，此尊名始也，後世或以瓦木爲之，取諸此也，至有虞始又以泰名尊。

高承《事物紀原》卷八《什物器用部·四尊》 禮明堂位曰：泰，有虞氏之尊也。由罍：夏后氏之尊。著，商尊也。犧象，周尊也。此四代之制也。

高承《事物紀原》卷八《什物器用部·三爵》 又曰：爵，夏后氏以琖，商以斝，周以爵，此三器之始也。然則今世所用盞，亦始於夏后之琖歟。

高承《事物紀原》卷八《什物器用部·三彝》 又曰：灌尊，夏后氏以雞彝，商以斝，周以黃目，此三彝之始也。

高承《事物紀原》卷八《什物器用部·三勺》 又曰：勺，夏后以龍勺，商以疏勺，周以蒲勺，蓋龍疏蒲，勺飾也。後王加文耳，然則勺之興，當有虞始創之，故無飾也，至夏后加龍以飾之。

高承《事物紀原》卷八《什物器用部·簠簋》 《墨子》曰：堯飯土簋。禮明堂位曰：有虞氏之兩敦，夏后氏之四璉，商之六瑚，周之八簋，皆黍稷之器也，始本於陶唐之土簋。

高承《事物紀原》卷八《什物器用部·俎》 明堂位又曰：有虞氏以梡俎。注云：斷木爲四足而已，然則斷木而爲足，不致文飾，創始爲之故也。唐太宗曰：禹雕其俎，至夏乃用雕文，則俎自虞帝始也。

高承《事物紀原》卷八《什物器用部·豆》 又曰：夏后以揭豆。注云：揭，無異物之飾也，凡造物之初，未始不本於樸素，後王以爲未足以致誠敬故因之加文焉，則豆無異飾，初爲其器也，豆疑始於夏后氏也。

高承《事物紀原》卷八《什物器用部·籩登》 《爾雅》曰：竹豆謂之籩，瓦豆謂之登，蓋二物取法於豆而製也，疑出有夏之後。

高承《事物紀原》卷八《什物器用部·鼎》 《史記》《黄帝内傳》：鍾繇疏皆云黄帝採首山之銅，鑄鼎於荆山，此鼎之始也。後至夏禹復鑄以象物。《白氏六帖》：黄帝作鼎三，象天地人，禹收九牧之金，以鑄九鼎。

高承《事物紀原》卷八《什物器用部·水罐》 盧綝市四起事曰：晉惠帝征成都，軍敗，帝渴帳下，齎五升銅罐取水就飲之。後人因有水罐之制。張敞《晉東宫舊事》曰：太子初拜有塗金澡罐一，并青絲三合繩即此也，在如意後。

高承《事物紀原》卷八《什物器用部·甌》 許慎《説文》曰：䀁音賄小甌，揚雄方言曰甌㼽。音邊 雄愼皆漢人，凡所記非戰國即秦漢制度，蓋三代飲燕之具，俱俎豆之類故也。

高承《事物紀原》卷八《什物器用部·盆》 《爾雅》曰：盎謂之缶。注云：今盆也。《吕氏春秋》曰：堯使質絡缶而擊之，則缶已爲用於堯世矣。《周官》牛人，祭祀共其盆簝，禮器。孔子曰：奥者，老婦之祭也，盛於盆，尊於瓶，此又二物之名，出於周代也。

高承《事物紀原》卷八《什物器用部·鉢》 本天竺國器也，故語謂之鉢，多羅漢云，應量器省略，彼土言故名鉢，西國有佛鉢是也。宋廬江王以銅鉢餉祖祈，則是晉宋之間，始爲中夏所用也。

高承《事物紀原》卷八《什物器用部·銚》 《唐雅》曰：銆謂之銚。《説文》云：温器也。曹操《上獻帝表》曰：臣祖騰有順帝賜純銀粉銚，疑漢人始爲之也。

高承《事物紀原》卷八《什物器用部·杓》 《禮·明堂位》曰：勺，夏后氏以龍勺，推此以考，蓋前有制矣。有夏始加以龍飾。杓，即勺也。祭祀曰勺，民用曰杓。其實一也。或以勺之所容，不過升勺命之，而杓則加廣其所受，皆取酌焉，遂異其名制也。

高承《事物紀原》卷八《什物器用部·杯》 《禮·玉藻》曰：母没則杯圈不能飲。《十州記》曰：周穆王時，西胡獻常滿杯，蓋杯，三代之制也，紂爲瓊杯是矣。

高承《事物紀原》卷八《什物器用部·盤》 《禮·大學》有湯之盤銘曰：德日新，日日新，又日新，是夏世已有盤制，而湯始銘之也。或曰盤盂，黄帝臣孔甲造，此蓋二物之所起也。

高承《事物紀原》卷八《什物器用部·盤盞》 《周官》司尊彝之職曰六彝，皆有舟。鄭司農云：舟尊下臺，若今承盤，蓋今世所用盤盞之象，其事已略見於漢世，則盤盞之起，亦法周人舟彝之制，而爲漢世承盤之遺事也。

高承《事物紀原》卷八《什物器用部·注子》 《事始》曰：唐元和初，酌酒用尊勺，雖十數人，一尊一杓，挹酒了無遺滴。無幾，改用注子，雖起自元和時，而輒失其所造之人。

高承《事物紀原》卷八《什物器用部·偏提》 又曰：太和中，仇士良惡注子之名同鄭注，乃立柄安系若茶瓶而小異，名曰偏提。

高承《事物紀原》卷八《什物器用部·托子》 又曰：建中初，崔寧女以金盞無儲，病其熨指，取楪子承盛之，既啜而傾，乃以蠟環楪子中坐之，杯遂定，即遣匠以漆環易蠟，寧奇子製名托子，遂行於代，後傳者更環其底。

高承《事物紀原》卷八《什物器用部·唾壺》 《西京雜記》曰：廣用王發魏襄王冢，得玉唾壺，蓋此物戰國時已有其制也。

高承《事物紀原》卷八《什物器用部·鏡》 《玄中記》曰：羽壽作鏡，堯臣也。《黄帝内傳》曰：帝既與王母□□□乃鑄大鏡十二面，隨月用之，則鏡蓋肇於軒轅□□□□也。

高承《事物紀原》卷八《什物器用部·鏡臺》 □□□□□鏡臺出魏宮中，

有參帶鏡臺，王子貴人公主鏡臺也。

高承《事物紀原》卷八《什物器用部・扇》 崔豹《古今注》曰：舜廣開視聽，求賢人以自輔，作五明扇。而《黄帝内傳》亦有五明扇之起，以五明而制也。陸機《扇賦》曰：昔武王玄覽造扇於前，然則今以招涼者，周武王所作云。故傳有武王扇喝之事，一曰夏禹也。

高承《事物紀原》卷八《什物器用部・羽扇》 傅玄《羽扇賦》曰：吴人取鳶鳥翼摇之，滅吴之後，翕然貴重，似爲羽扇之起，而裴啓《語林》言諸葛亮持白羽扇，指麾三軍。又在晉武滅吴之前矣。按王嘉《拾遺記》曰：周昭王時，修塗國獻丹鵲，一雌一雄，孟夏取鵲翅以爲扇，一名條蝠，一名仄影，此疑羽扇之始也。

高承《事物紀原》卷八《什物器用部・輪扇》 《西京雜記》曰：長安巧工丁緩作七輪扇，以七輪相連，一人運之，滿堂寒顫。今禁中泊宗戚貴室，亦多爲此物者，蓋起自漢丁緩云。

高承《事物紀原》卷八《什物器用部・如意》 吴時，秣陵有掘得銅匣，開之得白玉如意，所執處皆刻螭彪蠅蟬等形。胡綜謂秦始皇東遊，埋寶以當王氣，則此也。蓋如意之始，非周之舊，當戰國事爾。

高承《事物紀原》卷八《什物器用部・竈》 《淮南子》曰：炎帝王於火，死而爲竈。後漢李尤《竈・銘》曰：燧人造火竈，《續事始》則曰：竈，黄帝所置。

高承《事物紀原》卷八《什物器用部・釜甑》 《古史考》曰：黄帝始造釜甑，火食之道成矣。《詩疏》引《禮運》注云：中古未有釜甑，而中古謂神農時也。

高承《事物紀原》卷八《什物器用部・匙》 《方言》曰：匕謂之匙。《説文》曰：匕所以取飯。文王之贊易至霍曰：不喪匕鬯。《大東》之詩曰：有捄棘匕。注云：匕，所以載鼎，實則匕三王之制也。

高承《事物紀原》卷八《什物器用部・箸》 《禮記》曰：飯黍無以箸。《韓子》曰：紂爲象箸，觀之明箸，前有商紂始以象爲之耳。

高承《事物紀原》卷八《什物器用部・箕箒》 《世本》曰：少康作箕箒。

高承《事物紀原》卷八《什物器用部・飯帚》 許慎云：陳留以飯帚爲箾，今人亦呼飯箕爲梢箕，慎既漢人，所記疑皆秦漢時事耳。

高承《事物紀原》卷八《什物器用部・斧》 《周書》曰：神農作斤斧，《皇圖要紀》亦云。

高承《事物紀原》卷八《什物器用部・鋸》 《古史考》曰：孟莊子作鋸。

高承《事物紀原》卷八《什物器用部・鑿》 《古史考》又曰：鑿亦孟莊子作也。

王應麟《玉海》卷七八《周指南車》 鬼谷子肅慎氏獻白雉於文王，還恐迷路，問周公作指南車以送之。又見黄帝指南車。

馬驌《繹史》卷一五九《外録》九《名物訓詁》下《舟車》 《説文》舟，船也。古者，共鼓、貨狄刳木爲舟，剡木爲楫，以濟不通。象形。《物理論》化狐作舟。○化狐當是貨狄之訛。又按《山海經》云：「番禺始作舟。」《墨子》云：「巧倕作舟。」《吕覽》云：「虞姁作舟。」束晳《發蒙記》云：「伯益作舟。」各不同也。《淮南子》古人見竅木浮而知爲舟。《釋名》船，循也，循水而行也。又曰：「舟，言周流也。」

《爾雅》汎汎楊舟，紼纚維之。紼，𦆒也。纚，緌也。天子造舟，諸侯維舟，大夫方舟，士特舟，庶人乘泭。

《小爾雅》小船謂之艇。艇之小者曰艀。船頭謂之舳，尾謂之艫。楫謂之橈。

《方言》舟，自關而西謂之船。自關而東，或謂之舟，或謂之航。南楚、江、湘，凡船大者謂之舸。小舸謂之艖。艖謂之艒縮。小艒縮謂之艇。艇長而薄者謂之艜，短而深者謂之艀，小而深者謂之𦩷。東南丹陽、會稽之間，謂艖爲欚。泭謂之䉫。䉫謂之筏。筏，秦、晉之通語也。江、淮家居䉫中謂之薦。方舟謂之潢。艁舟謂之浮梁。楫謂之橈，或謂之櫂。所以隱櫂謂之㯓。所以縣櫂謂之緝。所以刺船謂之檣。維之謂之鼎，首謂之閤閭，或謂之艗艏。後曰舳，舳制水也。僞謂之仡，仡不安也。

《説文》車，輿輪之總名。夏后時奚仲所造。象形。《世本》奚仲始作車。○劉昭曰：「服牛乘馬，以利天下。其所起遠矣，《世本》之誤也。」《釋名》車，古者曰車，聲如居，言行所以居人也。今曰車，車，舍也，行者所處，如車舍也。

《爾雅》輿革，前謂之艱，後謂之笰。竹，前謂之禦，後謂之蔽。環謂之捐。鑣謂之钀。載轡謂之轙。轡首謂之革。

《小爾雅》車轅上者謂之轏。轅謂之輈。軫謂之枕。較謂之幹。衡，軛也。軛上者謂之烏啄。

《方言》大車謂之綦。車轊，齊謂之轆。車枸簍，宋、魏、陳、楚之間謂之筱，或謂之簦籠。其上約謂之筠，或謂之箕，秦、晉之間自關而西謂之枸簍，西隴謂之𥱼，南楚之外謂之篷，或謂之隆屈。輪，韓、楚之間謂之軑，或謂之軝，關西謂之輘。輑謂之軸。轅，楚、衛之間謂之輈。箱謂之棐。軫謂之枕。車紂，自關而東周，洛、韓、鄭、汝、潁而東，謂之緧，或謂之曲綯，或謂之曲綸，自關而西謂之紂。輨，軑，鍊鏅，關之東西曰輨，南楚曰軑，趙、魏之間曰鍊鏅。車釭，齊、燕、海、岱之間謂之鍋，或謂之錕，自關而西謂之釭，盛膏者乃謂之鍋。

《後漢書》上古聖人，見轉蓬始知爲輪，輪行可載，因物知生，復爲之輿，輿輪相乘，流運罔極，任重致遠，天下獲其利。後世聖人，觀於天，視斗周旋，魁方杓曲，以攜龍角爲帝車，於是迺曲其輈，乘牛駕馬，登險赴難，周覽八極。故《易》《震》乘《乾》謂之《大壯》，言器莫能有上之者也。自是以來，世加其飾。至奚仲爲夏車正，建其斿旐，尊卑上下，各有等級。周室大備，官有六職，百工與居一焉。一器而羣工致巧者車最多，是故具物以時，六材皆良。輿方法地；蓋圓象天；三十輻以象日月；蓋弓二十八，以象列星；龍旂九斿，七仞齊軫，以象大火；鳥旟七斿，五仞齊較，以象鶉火；熊旗六斿，五仞齊肩，以象參伐；龜旐四斿，四仞齊首，以象營室；弧旌枉矢，以象弧也。此諸侯以下之所建者也。天子五路，以玉爲飾，錫樊纓十有再就，建太常十有二斿，九仞曳地，日月升龍，象天明也。夷王以下，周室衰弱，諸侯大路。秦并天下，閱三代之禮。或曰，殷瑞山車，金根之色。漢承秦制，御爲乘輿，所謂孔子乘殷之路者也。《古今注》 金根車，秦制也。秦并天下，閱三代之輿服，謂殷得瑞山車。一曰金根車，故因作金根之車。秦乃增飾，而乘御焉。豹尾車，周制也，所以象君子豹變，尾言謙也，古軍正建之。辟惡車，秦制也。桃弓葦矢，所以祓除不祥也。警蹕，所以戒行徒也。周禮蹕而不警。秦制，出警入蹕。謂出軍者皆警戒，入國者皆蹕止也。《釋名》天子所乘曰玉輅，以玉飾車也。輅亦車也，謂之輅者，言行於道路也。象輅，金輅，木輅，各隨所以爲飾名之也。軥車，以行爲陳，鈎股曲直有正，夏所制也。胡車，東胡以罪沒入爲官奴者引之，殷所制也。元戎車，在軍前啓突敵陳，周所制也。輦車，人所輦也。墨車，漆之正黑，無文飾，大夫所乘也。重較，其較重，卿所乘也。役車，給役之車也，棧車，棧，靖也，麻靖物之車也，皆庶人所乘也。軘車，戎者所乘也。容車，婦人所載小車也，其蓋施帷，所以隱蔽其形容也。軺車，軺，遥也，遠也，四向遠望之車也。輜車，載輜重，卧息其中之車也。輜，厠也，所載衣物，雜厠其中也。軿車，軿，屏也，四面屏蔽，婦人所乘牛馬也。輜、軿之形同，有邸曰輜，無邸曰軿。檻車，上施欄檻，以格猛獸之車也。

《爾雅》素錦綢杠，纁帛縿，素陞龍于縿，練旒九，飾以組，維以縷。緇廣充幅。長尋曰旐。繼旐曰旆。注旄首曰旌。有鈴曰旂。錯革鳥曰旟。因章曰旃。

阮葵生《茶餘客話》卷七《歷代輦輅》 考歷代輦輅之屬，周制：玉路一，又曰大路。金路一，又曰綴路。象路一，又曰先路。革路一，又曰戎路。木輅一。陳氏《禮書》曰：「是謂五路之大也。」王之所在，以大爲名。玉輅、金輅、象輅以金玉象飾之，革輅鞔而漆之，木輅漆之而不鞔。鸞路一，朱路一，大路一，戎路一，元路一，是謂五時路。其制如五路。《禮記·月令》所載者，是輜車路車共十。司馬法曰：夏輦曰金車，殷曰胡奴車，周曰輜車。夏二十人而輦，殷十八人，周十五人。秦以人君所乘，去輪輿之方徑六尺，或使人輦，或駕果下馬。漢以雕玉爲之，漢制六輦，其數有六。《輿服志》云：「輦具金銀、丹青、采䕶、雕畫、蒲桃之文。」金根車一，《輿服志》注：「以金爲飾。」殷瑞山車，金根之色，殷人以爲大路，始皇作金根之車。漢承其制，御爲乘輿，安車五，制如金根。立車五，制如安車。蔡邕《獨斷》曰：「有五色，安車立車合十乘，各駕四馬，是謂五時副車。」建旗十有二，如車色。立車則豎其旗，安車斜豎之。相風烏車一，即鳴鳶之象，后改爲烏。傅玄賦：「建修竿之亭亭，栖神烏于竿首。」戎立車一，蔡邕曰：「戎立以征伐，制如金根。」三蓋車一，一名耕車，一名芝車。《輿服志》：「其飾皆如金根，親蠶耕耤所乘也。」獵車一，飾如金根。重輞縵輪，繆龍繞之。皮軒一，師古曰：「皮軒之上，以赤皮爲重蓋。」文穎曰：「以虎飾車，取《曲禮》前有士師，則載虎皮義。」鳳皇車一，以鳳爲飾。武剛車一，《輿服志》：「輕車，古之戰車。不巾不蓋。有巾有蓋，爲武剛之車，爲先驅。又爲屬車。」闟戟車一，闟，函也。取四戟函車邊。五時車五，制如金根，旗如五方之色。御軺一，小車也，一馬駕之。戟鼓車一，車上鼓吹也，駕牛二。車分左右，建戟。黄門鼓車一，車上置鼓，黄門掌之。指南車一，亦曰司南車，曰司馬車。車上立木人，舉手常指南。《黄帝内傳》：「玄女爲帝司南車。」或曰周公時作。鸞旗車一，《通考編》：「羽旄列系幢旁。」胡廣曰：「以銅作鸞鳥于車衡上，駕四馬，先路所載。」崇德車一，《古今注》：「一曰辟惡車。上有桃弧葦史，以禳祓不祥。太僕令一人在車前，執弓矢，屬車八十一。一名二車，一名左車，秦制漢因之，多寡微不同。」豹尾車一，《古今注》：「周制也，象君子豹變。言尾者，謙也。」按漢制最後一乘懸一豹尾，以前比之省中。隋制，白鷺車一，一名鼓吹車，上施層樓，有鷺栖焉。行漏輿一，刻木爲屋，中設刻漏長竿四，輿士十六人。隋所增僅此。唐以後多仍漢制，惟增記里鼓車一，四望車一，羊車一，一名輦。上如軺伏兔箱漆畫輪，腰輿一，前後長竿各二，金銅螭頭緋綉鳳裙襴，奉輿十六人。宋增芳亭輦一。明遠車即四望車，金多損減，止增逍遥輦一，平輦一，七寶輦一。元增寶輿一，方案緋羅雲龍案衣。明制，止大路一，玉路一，大馬輦一，小馬輦一，步輦一，大涼步輦一，皆如今制。按漢制共一百一十八乘，唐制四十八乘，爲最多耳。

阮元《車制圖解·輪解》 察車自輪始所以運車謂之輪：

車者，輪輿輈之總名。故《老子》曰：致數車無車，車雖有輪輿輈之分，而其用莫先於輪。故《考工記》曰：凡察車之道，必自載於地者始也。是故，察車自輪始。《說文解字》曰：有輻曰輪，無輻曰輇，是輪又爲牙輻，轂之總名矣。《考工記》曰：兵車之輪六尺有六寸，乘車之輪六尺有六寸，田車之輪六尺有三寸。今就兵車乘車爲解。

輪輞謂牙：

《考工記》曰：牙也者，以爲固抱也。司農云：牙讀如跛者訝跛者之訝，蓋輞非一木，其曲須揉。《易·説卦》坎爲矯揉，爲弓輪，《急就篇》有輮字。或合五而成規，或合六而成規。經無明文。其合抱之處，必有牡齒以相交固爲其象牙故謂之牙。《説文》曰：牙牡齒，象上下相錯之形。于車牙牙字則加木作枒，解曰車輞會也，蓋枒本車輞會合處之名本義也。因而車輞通謂之枒，此餘義也。《考工記》曰：察其菑蚤不齵，《説文》作齵齒蠹也。此益可證名牙之義。又《春秋左氏傳》曰：輔車相依。杜預曰：車牙車也，車牙與輔車互發其義也。若夫牙寬牙厚之度，則有《記》文可求。《記》曰：六分其輪，崇以其一爲之牙圍，是牙圍一尺一寸。所謂牙圍者，乃輞牙周帀之大圜圍。凡物圜者，乃謂之圍牙圍一尺一寸，即牙大圜面寬一尺一寸也。牙寬同輪崇椁漆内之例，就其身平度之。《記》又曰：參分其牙圍而漆其二，是漆其近輻之二分，寬七寸三分三釐三豪古命分法當云參分寸之一。今概用分秒法，寸下設分、釐、豪三位以析之，庶比量明晰可以閉門而造。不漆其近地之一分，寬三寸六分六釐六豪也，此《記》文本自明確無疑義。再由椁其漆内等度推之，亦無不合。又《車人》大車輪崇三柯六分，輪崇一爲牙圍，亦如此法，可以互證。自鄭康成氏誤註牙圍及漆牙之度，即爲言車制者首加一蔽。注曰不漆其踐地者也，漆者七寸參分寸之一。不漆者三寸參分寸之二。令牙厚一寸參分寸之二，則内外面不漆者各一寸也。繹鄭氏此義，蓋以牙圍一尺一寸爲牙，内外二面及建輻一邊踐地，一邊共四面之圍，然上下牙邊之厚及内外牙面之寬雖同在此一尺一寸之中，而寬厚之數尚無由定。乃令牙厚一寸六分六釐六豪，兩邊得三寸三分三釐三豪，餘七寸六分六釐六豪，内外兩面分之，以爲牙寬之數，是牙寬三寸八分六釐六豪也。復以踐地之邊厚及牙面近地之一寸不漆，是不漆者三寸六分六釐六豪爲一尺一寸之參分之一也，餘參分之二，爲建輻邊厚及近輻之牙面漆也。由今論之，此說不合者有五，《考工記》凡言圍，皆指圜者言之，所謂牙圍，實指輪輞大圜而言。平度之得數不必定，即其身而規之也。使必即其身而規之，則牙内外面及上下邊實長方形不得曰圍，其不合一也。輪人以牙在輪外踐地而行，必須堅固，故使之寬一尺一寸乃不匡敝，若以記文牙圍一面之一尺一寸爲兩面兩邊之數，則牙寬秪三寸許，太柞無此理，其不合二也。小車綆參分寸之二是牙厚二寸，記有互文，詳綆解條下。今乃令牙厚一寸六分六釐六豪，是以意命之也。豈知記於牙寬已明，言之牙厚則存於綆數之中，不啻明言之，寧待後人以意命之曰令牙厚幾許乎，且牙厚一寸許，毋乃太薄，其不合三也。不漆踐地一寸，椁其漆内得六尺四寸，中詘之三尺二寸爲轂長，轂太長，應門不能容，詳推求車度次弟解軸長條下。其不合四也。車人言大車轂徑一尺五寸，合兩輻長四尺五寸，兩牙圍三尺，其九尺爲輪崇，與輪人相證，其制益明，若以一尺一寸爲牙，四面之數，則《車人》所謂六分，其輪崇一爲牙圍，又將何說？其不合五也。

大車之牙謂之渠：

《考工記·車人》曰：渠三柯者三。鄭司農注云：渠謂車輮所謂牙。《尚書大傳》曰：散宜生之江淮之浦，取大貝大如大車之渠。鄭氏注曰：渠車輞也，是渠即牙也。

又案：《車人》大車雖以柯起度，制實相同，今釋其文竝附輪圖於後，以資牙圍綆數之互證也。《車人》曰：柯長三尺。又曰：輪崇三柯。九尺。又曰六分其輪崇，以其一爲之牙圍牙寬一尺五寸，兩牙共三尺。又曰：轂長半柯，一尺五寸。其圍一柯有半。四尺五寸，徑一尺五寸。又曰：輻長一柯有半。四尺五寸，兩輻長也，每輻二尺二寸五分。又曰：其博三寸厚三之一一寸又曰：綆寸。又曰：渠三柯者三。輪牙外周二丈七尺也，大車制觕故轂徑輪周，竝用徑一圍三之法，不似輈人皆密率也。

轂者輻所湊也轂中空謂之藪：

《考工記》曰：椁其漆内面中詘之，以爲轂長。椁者，横充物内而度之之名也。椁與光廣二聲同轉。《書·堯典》：光被四表。《漢書·王莽傳》及《後漢書·馮異傳》竝讀爲横被四表。《爾雅》桄，充也。桄即與横同義，光黄聲相近也。光轉聲爲廣，實從黄得聲，亦即有横義，故《爾雅》曰：緇廣充幅。《方言》曰：福廣爲充，此即横充而度物之義。光廣聲再轉即爲廓。《方言》曰：張小使大謂之廓。《淮南子》曰：下揆三泉，上尋九天，横廓六合，竝同斯義。廓與廣聲亦相近。《孟子》曰：知皆擴而充之矣。趙岐注曰：擴，廓也。然則《考工記》椁其漆内之椁，即與光廣一聲之轉，知其爲横充物内而度之之名矣。今案：六尺有六寸之輪，除去牙上下兩面不漆之三寸六分六釐六豪，椁之得五尺八寸六分六釐六豪。又中詘之即爲轂長，是轂長二尺九寸三分三釐三豪，此兵車之轂至長者也。故《司馬灋》曰：成方十里出長轂一乘。《詩・小戎》曰：文茵暢轂。《毛傳》曰：暢轂，長轂也。《記》又曰：以其長爲之圍，是轂長即轂圍也。《淮南子》曰：郢人有買棟者，求大三圍之木，而人予車轂，跪而度之，巨雖可，而長不足。考《儀禮注》中人扼圍九寸，三圍二尺七寸。今轂巨圍二尺九寸三分三釐三豪，故曰可也。若其轂中空處所以貫軸者，則名曰藪藪。《説文》作橾，解曰車轂中空也。《急就篇》作轑藪橾轑聲之轉也。藪爲中空之物，故量亦名之。《儀禮・聘禮記十六斗》曰：藪是也觀。《記》曰：量其藪以黍。是轂藪雖不必定如十六斗之多，而要爲物中空受物者之名，可知先後。鄭氏亦竝以藪爲轂中空。但司農讀藪爲蜂藪之藪。康成氏訓爲衆輻所趨。皆指轂外建輻之鑿爲言非轂中空之謂矣。《記》又曰：以其圍之防捎其藪。鄭康成氏註訓：防爲參分之一，此以圍防爲藪。圍誤矣。藪爲轂中空處，寬大穿、小穿之通名，大穿曰賢，小穿曰軹。其圍度則記所謂五分轂長，去一以爲賢，去三以爲軹者也。是賢軹之圍，即藪圍，安得別出藪圍大於軹而小於賢乎？且防從阜力聲，《説文》解爲地理，若《易・繫辭》之扐，《王制》之仂竝當訓餘，未嘗有參分之一之訓也。使果參分之一爲藪圍，《記》何不曰參分轂圍以其一爲藪圍，而必變其文曰：以其圍之防捎其藪乎？元案：防當依《説文》作朸，木理也。今從阜作防字相假，借理防一聲之轉，物皆有理，木亦宜然。《輪人》曰：稹理而堅，疏理而柔，此車工之木，必須順理之。《明證記》曰：以其圍之防捎其藪者，此言順轂木中直理，除去轂中心木而爲藪，非言其圍也。鄭康成氏注：捎，除也。捎有除去之義。《史記・龜策列傳》捎菟絲而去之是也。元案：捎其藪者乃抽拔去轂木中心以爲藪也。輪人捎藪，匠人梢溝。《上林賦》：捎鳳皇，《甘泉賦》梢夔魅，捎梢同義。《爾雅・釋木》曰：梢梢櫂。《方言》曰：擢，拔也。《文選注》引《蒼頡篇》曰：擢，抽也。捎藪之捎，當訓爲擢也。何以明之匠人爲溝洫，凡溝逆地防，地理也。謂之不行，水屬不理孫，謂之不行，梢溝三十里而廣倍，此文正與輪人文一例。匠人言爲溝必順地理，除去其土而爲之，猶輪人言爲藪必順木理除去其木而爲之也。《考工記》出一人之手，其文既已相同，其説安可以互異？且細繹經文，其曰：以其長爲之圍，此由直理而言及橫理也。曰以其圍之防捎其藪，此又由橫理而言及直理也。曰五分其轂之長去一以爲賢，去三以爲軹，此又由直理而言及橫理也。展轉相因，益知古人修辭之妙，若下文明言賢軹之圍而先，又別出藪圍，古人斷不若是謬戾，惟後人誤解其義，故於文體、訓詁、度數三者皆不合也。

縣輻以內爲大穿，縣輻以外爲小穿。大穿賢，小穿軹，穿者軸所貫也。大穿者在輻內，近輿之藪名。小穿者在輻外，近轄之藪名。大穿圍大，小穿圍小，蓋輻內之軸任重，故不可殺。使其穿大而轂弱，輻外之軸任輕，可以殺。使其穿小而轂強，且殺，軸亦所以限轂使不致內侵也。《記》曰：五分其轂之長，去一以爲賢，去三以爲軹。賢大穿金釭，軹小穿金釭，詳見金解。是賢圍當二尺三寸三分零七豪也。此轂太薄穿太大無此理。故鄭康成氏曰：大穿甚大佀誤矣。大穿實五分，轂長去二也，反覆此説，實爲可據。蓋五分去二，其圍一尺七寸六分也。此圍不過大轂厚，亦不易破矣。軸圍一尺三寸二分小於賢，圍數不相當者，其中爲鐧厚也。其訛去二爲去一者，蓋記文偶有缺筆耳。理無可疑，故從鄭説，但鄭氏知一爲二之誤矣。而既以防圍爲藪圍，因又有賢軹之圍，毋乃岐錯因遷就爲金厚一寸之説益非，豈知賢軹之金不滿穿中剡藪雨末以容金厚，而金釭之圍與大小穿之圍同徑，其中相平乎。

又案：小穿之軹即《周禮・大馭》祭兩軹之軹，不嫌與輿內之軹同名，戴君東原《考工記圖》，據司農大馭注曰：故書軹爲軒，謂《考工記》軹字當依此改爲軒字，爲其與輿內之軹溷淆。元案：軹名有二，在輿在轂本殊，大馭之軹故書作軒。杜子春云：軒當爲軹，已正其誤，似未可以故書一軒字略爲新奇，而遽改周禮。大馭祭兩軹。《考工記》記曰：軹崇三尺有三寸，又曰：去三以爲軹。三處之明文也。若以爲與輿內之軹溷淆，試思，輪輻名轑，蓋弓亦名轑輻；有菑蚤，蓋弓亦有菑蚤；車徹名軌，轊頭亦名軌；車轖木名軨，車轄亦名軨；皆是一名兩處，無慮溷淆也。綜貫諸義，似以作軹爲安。

輪轑謂之輻：

《考工記》曰：輻也者，以爲直指也。古者一輪三十輻。老子曰：三十輻共一轂。《淮南・泰族訓》曰：輪不運而三十輻各以其力。《大戴禮・保傅篇》曰：三十輻以象月説，竝與《考工記》同。記曰：輪輻三十以象日月，日月三十日，合朔遷一舍，輪周三十輻，在地遷一舊似之。

鄭珍《輪輿私箋》卷二 輿人爲車，輪崇、車廣、衡長參如一，謂之參稱。

注：稱，猶等也。車輿也，衡亦長容兩服。

參分車廣去一以爲隧。

注：兵車之隧四尺四寸，鄭司農云：隧，謂車輿深也。讀如鑽燧改火之燧，元謂讀如邃宇之邃。

經注竝於車之長無文本。疏云：隧謂車輿之縱，凡人所乘車，皆取橫闊，以或三乘或四乘，故橫則六尺六寸。又《春官·巾車》疏云：兵車、乘車橫廣前後短，大車、柏車、羊車皆方。孔氏《詩·小戎》疏云：兵車當輿之內，前軫至後軫深四尺四寸，大車深八尺。兵車之軫較大車爲淺，故謂之淺軫。知賈孔諸儒，竝以隧深爲即車之長也，然車箱之下不能適齊，軫邊是箱外猶有餘度四尺四寸不能盡之，江氏永謂古制蓋用雌雄筍相，著如造方箱之法，其意殆特欲使箱齊，軫邊以適合四尺四寸之數，設法可云至矣。余竊以爲，方箱及斗升等爲物常靜，雌雄筍自然堅著，車箱是搖動之物，人又須踐履其上，伏兔所不及承者，兩邊各七八寸，兩頭一尺有餘，其非雌雄筍所能勝，理勢易見，江說善補疏義，而實不能行也。近時姚氏鼐乃云：《記》曰：軫之方也，以象地也。蓋軫方六尺六寸，曰三分車廣去其一爲隧，蓋以二尺二寸爲輿後，其前廣如軫而深四尺四寸設立木焉，是爲收。毛公曰收軫也，謂輿深四尺四寸收於軫，非謂軫名收。此說名爲依經，實與經背，經於參稱者，止舉車廣，其車長之不與輪崇衡長如一已見，若是正方輿深即在長上，但云三分車長去一以爲隧，即車長輿深竝顯，何以反取數於廣乎？等方不等方要得爲方，豈象地定須等方乎？毛公以軫訓收明，是謂收即軫，如云收是收短於軫必當增，《毛傳》云：收，收軫也，而可乎，段氏因之又增出，車後亦有植者橫者以接於輢，或其制庳於式之說益非，今詳推車度其廣六尺六寸，其長輿深四尺四寸，後軫廣四寸一分，前軓之外廣四寸六分，通長五尺二寸七分。

參分其隧，一在前，二在後，以揉其式。

注：兵車之式，深尺四寸三分寸之二。

以其廣之半爲之式崇。

注：兵車之式，高三尺三寸。

以其隧之半爲之較崇。

注：較兩輢上出式者，兵車自較而下，凡五尺五寸。

式較之制，自皇甫侃、熊安生諸儒誤解，唐孔氏沿其謬，其《曲禮》尸必式，疏云：古者，車箱長四尺四寸而三分，前一後二橫一木，下去車牀三尺三寸，謂之爲式。又於式上二尺二寸橫一木，謂之爲較，去車牀凡五尺五寸，於時立乘如平常則憑較，若應爲敬，則落手隱下式而頭得俯仰，此說背經違注，貽誤千年，至江氏永糾正之，乃復見古制。其說云式有通指其地者。經云三分隧，一在前，二在後，以揉其式。注云：式深尺四寸三分寸之二，是也。有切指其木者。經云：式圍是也，崇三尺三寸，亦竝式深處言之，故式木不止橫在車前，有曲而在兩旁，左人可憑左手，右人可憑右手者，皆通謂之式。人立車前三分隧之一，皆式之地也。揉其式者，蓋揉兩曲木自兩旁合於前，不欲令折處有稜角，觸礙人手。如今人作椅子扶手，亦揉曲木也。其兩端與兩輢之植軹相接，軍中望遠亦可一足履前式，一足履旁式。《左氏傳》登軾而望是也。其制如後世紗帽形，前低後高，式崇三尺三寸，不及人之半腰，故御者可執轡，射者可引弓而憑式須小俛也。如孔氏說試思較若在橫木上，則人憑軾首觸較矣。較崇五尺五寸，及人之胸，射者亦不便於引弓。橫木在較下，必以筍貫入轛木，而轛圍甚小，如何能貫式木，又如何能登軾？式在前陰板之內，則車外不見式，《記》如何云苟有車，必見其式？式上有皮覆之爲幦，若在板内如何能覆，事事推之，皆不合此說，謹守經注，曲暢旁通，最爲精確，後有好識者，莫之能易矣。

案《說文》：輪車旁也，則輢止是車兩旁之稱。《注》云：兩輢猶兩旁也。上出式者謂兩旁之上，高出於式之平木，此平木爲較，猶較前平木爲式，式崇較崇，竝是平木距箱底之高，非指豎木，承式較者，豎木不得有此高也。本疏以較謂車箱兩旁豎者，失之。江氏永謂輢是兩旁三分隧之二者是也。其云輢止是板則非詳，康成注《考工》及他經，竝不見車兩旁，有板處謂旁，是板自賈疏其見已然。

六分其廣，以一爲之軫圍。

注：軫，輿後橫者也。兵車之軫，圍尺一寸。

康成注：加軫與轐云軫輿也。是非不以軫爲四方庇軫，軫間爲兩旁矣，而前注車軫四尺，云軫，車後橫木，別有說。此又云然者，以此經軫圍獨，爲輿後橫木之數也。知獨爲輿後橫木之數者，以左右前三面材之，圍在下，輈人也，四方皆軫，其圍宜同，而後獨異者，以輿後止人所登，下非若三面範輿任正之外，又須於上置闌，故其圍狹於三面也。四方圍數雖異，同連輿底，自歸輿人爲之，而任正圍不與軫圍同，見輿人乃見之輈人者，以軫圍出數於車廣，任正圍出數於輈長也。軫圍一尺一寸，兩邊厚一寸四分，兩面廣四寸一分，長六尺六寸。向前一邊中爲槽，深七分，以受底板，兩端爲中筍貫左右任木之鑿達於外自面椞之，以輈踵承其下當，軫中爲圓孔，連踵通之，上大下小合，時以一圓木旋轉關之，令上與軫面平，復以横桊鍵其下，若解輿則同上旋轉脱之，輈與輿固合而不稍移掉傾脱者，鉤心之後全賴此。《晉語》咎犯曰，臣從君還軫巡於天下，還即旋也，旋軫謂此也，軫之名轉琴柱之名，軫皆由斯義，輿上諸材，惟軫之四面非正方，後人皆以正方筭之，又不知軫與任正異圍之所以然，經注大旨，全失至輈輿固合之故。唐以前已無言者，阮氏元求其説，不得因於輈後端設横木，受踵用承輿後軫底以當任，正謂漢以前任正因近軫，而冒軫之名。漢以後歸軫於輿，而失任正之木，捨經傳，憑胸臆要無當矣。

參分軫圍去一以爲式圍。

注：兵車之式，圍七寸三分寸之一。

參分式圍去一以爲較圍。

注：兵車之較圍四寸九分寸之八。

式木正圓徑二寸四分四釐强，揉一木爲之，則善且堅，慎修説揉兩木，自旁交於前計長八尺餘一木揉之非難，似無須兩木也。其兩端入較柱，其下正中爲鑿，以受植輢之枘，當折向兩旁處，宜各有柱承之。前之横自軓以内，長五尺有奇，爲通櫺不固也，宜中介一柱或兩柱，分其櫺爲兩大格或三大格，柱皆正方，大如式之圍差互爲鑿視輢半厚，以受其枘。較木亦正圓徑一寸六分二釐强，兩端揉曲向下，以與柱銜接。前後柱四，正方，大如上木之圍，而銚其前柱，自式以上之外，廉以揉式推之，知不欲觸礙人手同也。其受横植軹及横轛之鑿，各視其半厚爲之。較之長自柱以内僅二尺六寸零八釐强，而高五尺三寸三分强。爲通櫺亦不固，前後柱上於軓三尺當加一横方梁，大如柱，上下差互爲鑿，以受植軹。如此則植軹不至太長勢危，又與較木相配。令柱上下牽倚得力，又令外闌横閒之木有所交附，否即内焉立寬長之窗，外焉附長狹之闌，皆杌梍不可終日矣。式較大小所以異者，人立常當式之地，式之爲人憑任也，比式爲勞，故其圍差大。

參分較圍去一以爲軹圍。

注兵車之軹圍三寸二十七分寸之七，軹輢之植者横者也，與轂末同名。

參分軹圍去一以爲轛圍。

注：兵車之轛圍二寸八十一分寸之十四，轛式之植者横者也。鄭司農云：轛讀如繫綴之綴，謂車輿軨立者也。立者爲轛，横者爲軹。書轛或作軨。元謂轛者，以其鄉人名。

軹轛凡兩端皆爲偏筍，各縱横相貫如窗櫺。然故謂之𨏥，陽虎載葱靈，寢其中而逃，葱靈即窗櫺之借。以是棧車無革輓，故稱葱靈虎蓋託士車，使人不覺也。先鄭以𨏥之立者爲轛，横者爲軹。按：軹圍大，轛圍小，以二木相交，犯大倚小之病。經文大小無并，正爲設軹轛言，故後鄭改之説文，轛車横軨也。又以轛爲横者，則必以軹爲直者矣，亦失之。軹轛同是軨木，而大小異者，較高於式，軹之任力比轛自多，故增厚三分有奇，所謂惟其稱也。

《説文》軨，車轖閒横木也。𨏥，司馬相如説：軨从霝轖，車藉交錯也。案：車軨、車轖一也。所謂車藉者，藉有承薦義，有憑依義。軨之材縱横相交，上承式較而爲人所憑倚，故訓爲車藉交錯，以其交結不解。故《九辨》稱：結軨七發稱結轖所以名𨏥者，爲其格孔玲瓏。所以名轖者，爲其枝交固嗇。若从竹之笭，乃外闌之名以闌木下，或用竹閒介成孔亦玲瓏，然故曰答又曰：籠《説文》籠，一曰笭也。以其似匡，匪可盛物。又曰篚自與車箱上之𨏥異處，因地近形類，故軨亦作笭。《士喪禮注》：幦，覆笭是也。隸寫竹頭同艸，故字又作苓。《少儀注》幦，覆苓是也。要二字不可謂一。《説文》轖注各本，俱同李善注，《七發》小顔注，《急就章》引作轖車藉交革也。《七發》注藉又誤从竹。革竝譌字，段氏據之乃以意竝改藉字爲車箱。交革云：凡革輓謂之轖。交革者，交猶庶也，以去毛獸皮輓箱外，則格孔遮蔽，故曰轖，引申爲結轖之稱。試思《七發》言中若結轖，云若則知結轖者，明是物而非虚字。枚叔蓋謂邪氣襲逆於中，如交結之軨轖耳。若革輓如何結乎。

江氏永云軹轛之植者，横者如窗櫺。然於輿内貼板爲之，以輔板而承式，較其植下筍入底板上筍入式，較中閒皆釘之板上相著，按：此蓋慎修誤，執車箱三面是用板造成求安，軹轛處而不得，故巧爲是處置耳，實未之深思也。何者？經云：揉式則式木之爲圓圍必矣。圍七寸三分三釐三不盡者，其徑二寸四分四釐四不盡。凡以方木承圓木，圓木必視方之廣狹，以消其徑之多少，方者始能承之。轛圍方五分四釐强，則式木之下亦止消其徑五分四釐强，而下即平與方合。若下有板又有轛板，必約厚一寸左右始足勝任，又加轛方五分零，則式已消去過半徑矣。至較木若是圓者徑一寸六分强，若是方者每方一寸二分强，皆不能容板及軹，須令突出其外，此皆理數易明者，以慎修且忽之何邪？

案：《注》云：軹輢之植者横者，轛式之植者横者，可見車箱三面止是𨏥，無所謂板也。輢式所以止作𨏥者，輿可以輕則輕，𨏥之視板輕數倍，格格縱横交結，其視板之堅亦數倍，古人蓋計之精矣。飾耳輓革當輓貼，𨏥内若糊窗，然棧車雖不鞔革，觀士喪禮惡車且有蒲蔽，則平時有席蔽轜內，可知不徒窗格也。

車箱三面之下，即軫之左右前三方也。其木經謂之軓。注云：軓，法也。謂輿下三面材，輢式之所樹持車正者是也。其字即法範，正字古作軋，軓笵，許君止載軓笵不取故書。借作范範。范乃正，《少儀》用作軓範，乃犯軷正字，今通爲法範，而本義奪矣。輿爲車之正軓，持此正，故謂之任正者。注云：任正得，謂輿下三面材，持車正者是也。其圍數不見輿人而見之輈人者，以其出數於輈長也。軓乃輿人所爲，而取度於輈長。猶之軸乃輈人所爲，而取度於軫閒也。凡曰範、曰模、曰型者，皆自立規式，使彼受範，圍而不過之名。若止是三方一匡其爲範也不見。且箱之兩頭，前必不盡前軓之邊，後必不盡後軫之邊。苟無定限，則軓前隧深無準，輈長之數亦難取準矣。今案：《經》云：任正者十分輈長，以其一爲之圍，其圍一尺四寸四分，由加軫與轐推之，軫之厚當一寸四分，詳後。三面與後軫必上下齊平，則任正者亦厚一寸四分，其廣五寸八分。當前橫者長六尺六寸，兩頭留五寸八分爲枘。當兩旁縱者長五尺二寸七分，後留四寸一分爲鑿以受後軫。前留五寸八分爲鑿，以受橫者。當剡其中間向內之上半厚七分，廣一寸二分爲偏槽。當橫者槽長五尺四寸四分，當縱者槽長四尺二寸八分，三面合之，其橫成輢式及底之範。此軓之所以名也，康成軓法也。一語即名，即義千古不磨，後人皆捨名而思義者矣。其槽留下半，厚七分，底板等任木之厚，而兩頭缺邊，留上半七分，合時即上下齊平，乃連板儘外爲鑿通於背，廣長如軹轛之半，厚則受軹者向內有八分弱，受轛者向內有九分許，不鑿也。合軹轛時以一橫下貼板，一橫上貼，式較令轜孔分明，則板受軹轛鉗制，不上動矣。其受較柱之鑿，內留四分，外侵四分二釐强。受式柱之鑿內留四分外侵一寸三釐强，則合材時諸枘皆是偏筍缺邊向內，而箱內立壁皆齊平，無觸礙人手處，隧深軓前之數，皆得切其前軓之槽起度矣。

車箱之底輈及伏兔是直承底，必用橫板爲之，始克受其承。而兩頭著槽乃有力其厚與軓同一寸四分，兩頭留其上半之厚，剡其下半七分，廣亦一寸二分。如偏筍合底時軓之下半與板之上半合，即上下齊平也。其板各於一邊中爲槽，一邊中爲筍，令諸板互相銜納。惟最後一板入於軫之槽最前，一板當槽不槽而爲偏筍，廣厚如兩頭以合於軓。其板背正中及兩旁量伏兔當兔所承處鑿之，深四分，廣三寸六分，長一尺四寸六分六釐强，以受伏兔，當兔之鉤車人所謂鑿其鉤法，蓋大小車相同。康成《易》注以伏兔爲鉤心之木，所鉤之心謂此。

車箱外三面皆有闌，三面材自軓以外尚寬四寸六分者，所以爲置闌地也。此事余嘗反覆求之，知古人臨戎所需，一切皆宜在其左右，而隧前一分爲人所憑立，隧後二分又登降無常，如衛蒯聵九上九下，鄭邱緩有險必下推，可見皆不容置物，其中觸礙手足，故必於輿外爲闌焉。兵器旗物，以插闌上，金鼓諸具，庋在闌中，然後可進可戰，非徒孑然一箱也。《記》文不及之者，以非車正橫直諸度皆可仿輢式消息之。其制以柱承平板，牽以橫木，交於輢式之梁柱，板上穿孔直軓下釘鐵圍篕以受插者，式外如式之長，輢外如輢之長，其名曰扃。《西京賦》旗不脫扃辥綜注扃關也。謂建旗車，上有關制之，令不動摇曰扃。每門解下之。今此門高不復脫扃，其説此制甚明。然則《左傳》成十一年晉人以廣隊不能進？楚人惎之脱扃，少進，馬還又惎之，拔斾投衡乃出，可知是斾插於扃。楚人初教之脱去，晉人不從迨復教，乃拔脱而投之耳。《正義》謂脱者，是闌木殊誤，服君《左傳》注：扃，橫木校輪間。《釋文》如此，《正義》引者多脱衍，不可讀。校與較同。橫，《説文》闌也。橫木猶言闌木，非縱橫之義。此解服君蓋以扃指左右闌爲旆插其上。若其稱一曰車前橫木也，是服君前舊説爲指前闌建旆，與服異，要可證左右前三而闌，大皆扃也。其中名笭，又名篚，又名籠。《説文》笭，車笭也。篚，車笭也。籠亦曰笭，是也。其高蓋三尺，知者昭十年公卜使王黑以靈姑銔率吉請斷三尺而用之，服君注：斷三尺使至於較，大夫旗至較《攷工記》疏引。此服君據《禮緯》諸侯旗齊軫大夫齊較爲説，緯書此制必本於古，決非杜造。服君非不讀《攷工記》者，若依車箱較崇明是五尺五寸，斷齊軫之旗三尺下於較已二尺五寸如何只得齊較，故禮緯所謂較者，是指外闌三尺之高。《新序·義勇篇》芊尹文稱，國君之旗，齊軫大夫之旗，齊軾新序所載，皆先秦故書之文。軾高三尺三寸，比外闌加崇三寸耳。言齊軾猶齊較也，可知緯。書所言較，必非高五尺五寸之較。旗插闌上其垂下者，自即就闌高爲度也。而闌亦名較者，蓋有説左右闌卑於較，似人首之有兩耳，因得車耳之稱。其崇三尺，比輪高出四寸。扃之邊自可加木穹出輪上，如今闌干多有此形。《説文》輒，車耳。反，出也。應劭《漢書注》車耳反出屏翳塵泥謂此，其名又曰輒。《説文》輒，車兩輢也。輢，《訓》車旁兩輢，猶云重輢，取耳下垂也。車耳似之，故得此稱。鄭公孫輒，字子耳。魯叔孫輒，字子張耳，外出即侈，張意名字竝相因也，又名重耳。崔豹《古今注》丰較重耳也。在車轝上重起如兩角，然此實就外闌爲説，於較爲重，於形爲耳，故名重耳。以其反出，故自前視之重起如角，晉文公之名取此。《詩》猗重較兮，毛公云重。較卿士之車，江氏永非之。謂較高於式一重，故曰重較，尊卑皆然。此不明古制，妄駁舊説。案：《士喪禮》，主人乘惡車犬服。《注》云：笭間兵服，以犬皮爲之，是足明士車有闌，故曰笭間，士以上從可知矣。若庶人所乘，《詩》所謂有棧之車者，止以柴木爲箱，安得有重較乎。則《毛傳》爲確不可易左右闌之亦得稱較甚明。《禮·緯服》注：信非虛語。《考工》疏云：天子與其臣乘重較之車，諸侯車不重較。故有三尺之較，或可服君誤説，竝同夢囈失之遠矣。此較輪間之闌，戈殳戟矛建焉，所需諸物庋焉。《説文》楇車笭中，楇楇器也。楇者，狹長。以器置狹長之笭中，故曰楇楇器。張骼輔躒取胄於櫜，及所鼓之琴，韓厥所奉之觴璧，皆其器也。其式前之闌，金鼓干盾弓矢旗旆皆在焉。宣四年，伯棼射王汰輈及鼓跗著於丁寍，可見輈之後有鼓，鼓之後有鉦。鼓有跗者，《吴語》載常建鼓。韋昭注：鼓，晉鼓也。建謂爲之楹而樹之，知古人戰車上是樹楹鼓，鼓大跗小，則中多空地鉦乃手所摇擁，其大無幾，當即繫於跗。昭二十六年，齊子淵捷射洩聲子中楯瓦繇朐汰輈匕入者三寸。又見輈之後有盾，盾必樹者，矢乃中之。《詩》龍盾之合。毛公曰合而載之。王肅謂合而載之，所以蔽車盾，所以扞身蔽目，言蔽車，則人不待言，可互證也。金鼓之下，則置矢房弓弢。哀二年，趙鞅爲軍，將執金鼓，而曰：吾伏弢嘔血，鼓音不衰。成十六年，養由基射吕錡中項死伏弢。公子重耳言：左執鞭弭，右屬櫜鞬。韋昭云：左執弓，右屬手於房以取矢，皆其驗。張侯言：師之耳目，在吾旗鼓。曹劌言：望其旗靡，衛懿以不去其旗其敗。知長帥皆各建其旗，止在左在右，無明文耳。惟襄十八年，齊殖綽、郭最，皆衿甲面縛坐於中軍之鼓下，似鼓下不能容人，然闌之長各如其輢式，則左右軓兩縱木當隧前一分及前闌兩端之外，皆有四寸六分空地，兩因坐地，鼓在其上，非坐鼓下，而何後儒皆不明此制，徒向孑然一箱，多方推説，試思若無外闌，輿深止四尺四寸，三人竝立其中，如何可容建鼓？鼓下如何更容兩因甲胄弓矢諸物？如何可容塞厠輿内干盾？如何置前令直輈而當矢矛戟等？如何插輢令不礙人之引弓於實事無一可行，則其不得於古制決矣。大抵智者創物，必順其自然之理勢以爲之。

黄以周《禮書通故》卷三四《職官禮通故》五　《釋名》云：「奉車都尉，奉天子乘輿。」辨云：「奉車都尉主乘輿，乘車尊，不敢言主，故言奉。」《御覽》二百四十一。

《釋名》云：「古者曰車，聲如居，所以居人也。今曰車，近舍，車舍也。」辨云：「古皆尺遮反，從漢以來始有居者。」《尚書》、《詩釋文》。以周案：《釋名》此條今見《釋車篇》。韋氏此説未是。

《釋名》云：「長水校尉，長于水戰用船之事。」辨云：「長水校尉典胡騎，不主水戰也。其厩近水，故以爲名。」《御覽》二百四十二。

黄以周《禮書通故》卷四六《車制通故》一　鄭衆云：「牙讀如『跛者訝跛者』之訝，謂輪輮也。世間或謂之罔，書或作輮。」阮元云：「輪輞謂之牙。輞非一木，或合五，或合六，其合抱之處，必有牡齒以相交固。《説文》『牙，牡齒，象上下交錯之形』，車牙字加木作『枒』。蓋枒爲車輞會合處之名，本義也；因而車輞通謂之枒，餘義也。」以周案：牙者，輪輮交合之名。輞者，合衆輮爲大圜之名。輞形似在網之綱，故謂之罔，《釋名》云「輞，罔也，罔羅周輪之外」是也。輞亦謂之渠，《車人》注云「渠謂罔」，《尚書大傳》注云「渠，車輞」是也。先鄭訓牙爲輪輮，云「世間或謂之罔，書或作輮」，明牙可謂之輮，不可謂之罔，故引故書以正俗稱，所以證其輪輮之義也。於《車人》注云「渠謂車輮，所謂牙」，其解渠字雖非，而牙取輮義與此正同。《説文》枒，本訓牙木，「一日車輞會也」，爲別義，而以枒爲輞之會，不直以爲車輞，不誤。若阮氏直謂車輞謂之牙，於牙義全失矣。牙廣厚之數，具見鄭注中，其長數未聞。賈疏以爲古者車輞屈一木爲之，固未可信；阮氏合五、合六，亦難爲據。」記云：「凡揉牙，外不廉而内不挫，旁不腫，謂之用火之善。」牙之難揉如此，其木之長可知。如用五六短木，可微削厚面圓之，不必揉，揉亦何患有廉挫腫之病。鄭子尹説，當是屈兩木爲兩半規，其兩端各爲筍，使相交固。存以參考。

鄭玄云：「六分其輪崇，以其一爲之牙圍者，六尺六寸之輪，牙圍一尺一寸。三分其牙圍而漆其二者，不漆其踐地者也。漆者七寸三分寸之一，不漆者三寸三分寸之二。令牙厚一寸三分寸之二，則内外面不漆者各一寸也。」鄭珍云：「凡爲輪，行澤者欲杼，行山者欲侔，至行平地，必有常度，在不杼不侔之間。此猶輈人極論大車之轅直無橈，正以見輈之不直不橈也。注所云牙厚，就牙之踐地一邊言，非兼投輻一邊謂牙上下同厚也。凡牙之厚，其度皆如輻之廣。小車輻廣三寸五分，則牙厚亦三寸五分，惟踐地一邊須不杼不侔，自不能與投輻一邊同厚。其制蓋於牙内外兩邊距地一寸之處，各微殺而下，至牙厚九分一釐三豪三不盡，則牙之踐地不削者只餘一寸六分六釐六不盡，合兩邊距地一寸圜之，得三寸六分六釐六不盡，居牙圍三分之一不漆，則此二寸者俱踐地矣。此注所以算不漆踐地者，必并内外面各一寸計之也。得此不漆之度，乃以漆者七寸三分寸之一分居投輻一邊及内外兩邊。投輻一邊如輻之廣，占三寸五分，内外兩邊各占一寸九分一釐六豪六不盡，於是一尺一寸之牙圍，其爲四面廣狹皆得的數，而轂輻諸度之根定矣。令者，以記無明文，由參互而得，不敢質言爾。下注『令輻廣三寸半』，語意亦然。」以周案：鄭注「牙厚一寸三分寸之二」爲踐地一邊内外之厚數，非以上下言，讀者皆誤會之，故紛紛駁注。子尹申注義極憭，足以破羣疑矣。顧牙數如輻廣，舊説皆然。鄭以小車輻廣三寸半，反大於大車數，實未覈今以捎藪定鑿深，以鑿深定輻廣。大車之輻廣三寸，小車小輻廣二寸五分。牙厚如輻廣二寸五分，下踐地一寸處殺之，厚一寸三分寸之二。其上下面之高三寸四分一釐六豪五不盡，合之爲牙圍一尺一寸。其去踐地内外面各一寸殺之，并下面厚一寸三分寸之二，爲不漆者三分之一。其去踐地一寸之上高二寸四分一釐六豪五不殺，并上面厚二寸五分，爲漆者三分之二。

程瑶田云：「記凡言圍而不見橢圜長方縱横之數者，圜者皆圍三而徑一，方者皆圍四而徑一。牙圍一尺一寸，不見縱横之數，其材蓋正方，四面各二寸七分半。三分其圍，不漆其踐地一分，除踐地一面，則内外面不漆者各四分五釐强。」鄭珍云：「程氏定輻廣三寸，厚一寸，明是長方也。記止言股圍、骹圍，何嘗見縱横之數。然則何以定牙圍必是正方而非長方乎？」

阮元云：「牙圍乃輞牙周匝之大圜圍。尺一寸，即牙大圍面寬之平度。參分其牙圍而漆其二，是漆其近輻之二分，寬七寸三分三釐三豪；不漆其近地之一分，寬三寸六分六釐六豪也。自鄭誤注牙圍及漆牙之度，即爲言車制者首加一蔽。凡圍皆指圓者。如注是長方，不得曰圍，不合一。牙須堅，故寬一尺一寸，若寬祇三寸許，太柞，不合二。綆三分寸之二，是牙厚二寸，互文，今令牙厚一寸許，太薄，不合三。椁其漆内得六尺四寸，中詘之三尺二寸，爲轂長，轂太長，應門不能容，不合四。《車人》言大車轂徑一尺五寸，合兩輻長四尺五寸，兩牙圍三尺，共九尺，爲輪崇，與《輪人》相證，其制益明。若以一尺一寸爲牙四面之數，則《車人》所謂六分其輪崇一爲牙圍，又將何説？不合五。」鄭珍云：「《記》諸言圍者，輻是長方而言股圍、骹圍，蓋弓是正方而言股圍、蚤圍，何以見圜者乃謂之圍，方者不得爲圍乎？其云大窄、大薄及以綆數見牙厚、以大車證牙寬，鄭時固不知經當作如此解，宜其不合也。依鄭漆輪法，徹廣八尺外，小穿各長二尺六寸，軸通長一丈三尺二寸，應門不能容，其説誠然。然應門必須兩車並行，未見出何典記。且以鄭計徹廣算之，三分轂，二在輻外，得一尺九寸，案：以此轂長三尺二寸，除輻三寸五分，又三分之而二在外，得一尺九寸。兩轂三尺八寸，内除兩綆數一寸三分零，在徹廣數内，餘三尺六寸六分零，加徹廣八尺，軸通長一丈一尺六寸六分零。其出小穿容錧者，兩端不過多二三寸。即令兩車並行，於二丈四尺之門，亦未見不能容。」以周案：牙者，輞中之一木也。圍者，匝其一木之四面也。輪之大圜謂之渠，本無牙名，故車人牙圍與渠分别言之。二寸五分爲牙之上面承輻者，一寸六分六釐六豪爲牙之下面踐地者，此皆據牙内外兩面之厚言。阮氏於此未審，而以輪之大圜當牙圍，又以大圜二丈餘，乃以此尺一寸當牙面，其説既遷就矣。自謂有合於《車人》大車之制，又不顧其有違柏車之文，而謂言車制者首加一蔽，恐不足以此議鄭也。

鄭衆云：「『椁其漆内而中詘之，以爲之轂長』。椁者，度兩漆之内相距之尺寸也。」鄭玄云：「漆内六尺四寸，是爲轂長三尺二寸，圍徑一尺三分寸之二。」戴震云：「周三尺二寸者，徑尺有五分寸之二弱。鄭注用六觚之率，周三徑一約計，非圜率也。」程瑶田云：「椁内中詘，得三尺二寸五分四釐强。」阮元云：「椁者，横充物内而度之之名也。六尺六寸之輪，除牙上下兩面不漆之三寸六分六釐六豪椁之，得五尺八寸六分六釐六豪，又中詘之，是轂長二尺九寸三分三釐三豪。此兵車之轂至長者也。」鄭珍云：「古之爲椁者，將葬陳材，每四枋縱横冓如井字，層累積之，故士喪謂之井椁。凡度物之圓圍，上取正中徑數。若即圓上量之，必有偏左偏右之差。但於圓外作一方容圓，量其方線如一，即得中徑準數矣。今取漆内中徑，其方線正是井椁之形，故曰『椁其漆内』。此與下『捎其藪』、『竑其輻廣』，並以彼象顯此象，而此象之形制益明。」以周案：當從鄭注。椁其漆内，謂不及不漆之大圜也。戴説徑數是。鄭子尹説椁字亦精。

鄭衆云：「『以其圍之防捎其藪』。捎讀爲桑螵蛸之蛸。藪讀爲蜂藪之藪，謂轂空壺中也。」鄭玄云：「捎，除也。防，三分之一也。此藪徑三寸九分寸之五。壺中，當輻菑者也。藪者，猶言趨也。蜂藪者，衆輻之所趨也。」江永、戴震説，捎空轂中如壺然，所以受軸以密率計之，徑三寸五分寸之二弱。林希逸以藪爲三十輻所建，非也。轂上三十孔受輻菑者，經謂之鑿，不謂之藪。且受菑之孔，廣必當半寸以上，方可容菑而堅牢，如以一尺有奇之地鑿三十孔，一孔僅三分有奇，以今尺折之，僅二分有奇，此孔詎能容菑乎？以周案：藪，《説文》作「橾」，云「車轂中空也，讀若藪」。藪橾音義並近。橾从喿聲，字亦作「喿」，《急就篇》碑文作「桑」，乃喿之訛，今本又加車作「⿰車喿」，其字當以《説文》爲正。《説文》

云中空者，謂其空之在中也。先鄭以爲轂空之壺中，後鄭申之云「壺中，當輻菑者」，皆以轂孔内之中空而言，所以别賢軹者也。賢即大穿，在輻内；軹即小穿，在輻外。其適當菑輻之處，謂之藪。古義如此。防者，分理之名。説文「防，地理也」，與朸爲木理、泐爲水石之理同意。凡物有分理，則其體兩分，故引申之爲兩分，爲兩分之畸，爲兩分之一。兩骨旁分謂之肋，兩手分物謂之扐，此取兩分之義也。《易》歸掛一之奇於兩分所揲之餘，謂之扐，此取兩分之畸之義也。《王制》「以三十年之通制國用」，而以其餘者先備喪祭兩分，亦謂之仂，曰「祭用數之仂」，曰「喪用三年之仂」，曰「喪祭，用不足曰暴，有餘曰浩」。國於經賦之餘，必備喪祭二分，祭用每歲中二分之一，其一不用者以備喪也。喪用三年中二分之一，其一已爲祭用也。此取兩分之一之義也。此云以其圍之防，防亦謂二分之一。藪圍在轂中，不可即其處以量，故曰量其藪以黍。以黍爲量，故變文謂之防。鄭注《王制》仂爲什一，固失其義，而以此圍防爲三分之一，其空反小於五分去三之軹，亦不可通。説者疑鄭注三分一之非，遂并中空之義不用，羣宗林希逸説，以爲輻鑿，斯更不然。藪爲轂之中空，非轂之旁空，義不得訓輻鑿。記文於建輻之空皆曰鑿，不曰藪，則藪非輻鑿明矣，且輻鑿何必用黍量邪？江、戴申鄭注，駁林説，極是；以壺中爲轂空，統賢軹而言，亦非。壺中者，當輻菑者也。鄭君此注不可易，程、阮諸儒既誤認説文中空爲内空，又嫌如鄭所解與下文賢軹之圍相複，皆江、戴之説誤之也。

程瑶田云：「《王制》防，注以爲十分之一也。防爲十分其圍之一，其數三寸二分五釐四豪不盡，於此數中捎藪以爲輻鑿之深，用其成數，深三寸，以輻廣三寸也。」以周案：程氏從林希逸説，又以防爲十分之一，則輻鑿得三寸二分强，反深於大車矣。程氏自知其説之不可通，故又云「用成數」，是遁辭也。

王宗涑云：「圍之防，謂三尺之餘，二寸也。鑿深之度與輻菑相應，廣亦二寸。寬則鑿口得三分寸之二，與輻厚相應；鑿底減半，得三分寸之一，與菑末厚相應。」以周案：王説亦從林希逸，較程氏爲可通。但輻廣二寸，既無確據，厚三分寸之二，亦屬臆説。詳後。

阮元云：「轂中空處所以貫軸者，名曰藪。藪，《説文》作『橾』，曰『車轂中空也』。《急就篇》作『轑』。藪、橾、轑，聲之轉也。先後鄭氏亦並以藪爲轂中空，但司農讀爲蜂藪之藪，康成訓爲衆輻所趨，皆指轂外建輻之鑿爲言，非矣。《易繫辭》之扐，《王制》之仂，並當訓餘，未嘗有參分之一之訓。防當依《説文》作『朸』，木理也。物皆有理。此言順轂木中直理，除去轂中心木而爲藪，非言其圍。」以周案：鄭注藪亦爲轂之中空，非謂輻鑿，故云「當輻菑」。謂之當者，明非輻鑿也。藪與賢穿皆轂内空，故鄭較下文賢穿之數，又云「如是乃與藪相稱」。阮氏誤會鄭注，固不可從；其以藪爲内空，自嫌下文明言賢軹之圍即是藪圍，義不得先於此别出，故云「藪非言其圍」以自圓其説，此又誤會《説文》之空中爲内空，故語費枝節也。破防爲朸，謂順理施鑿，於《記》文亦未甚順。

鄭玄云：「『五分其轂之長，去一以爲賢，去三以爲軹』。賢，大穿也。軹，小穿也。大穿徑八寸十五分寸之八，小穿徑四寸十五分寸之四。大穿甚大，似誤矣。大穿實五分轂長去二也。去二則得六寸五分寸之二。凡大小穿，皆謂金也。令大小穿金厚一寸，則大穿穿内徑四寸五分寸之二，小穿穿内徑二寸十五分寸之四，如是乃與藪相稱也。」鄭珍云：「《説文》：『瞖，大目也，从目臤聲。』與此賢音義皆同，或本是瞖字，寫者增目成貝。或賢有勝義，遂名賢，亦得也。轂孔頭必嵌金釭，使與軸之鐗相摩切。作孔之時，預儲嵌金厚一寸之地，圍徑自寬多二寸，深則止足容金，自内即圍徑，與軸等大，故有内徑、外徑。及嵌金之後，外亦與軸等大，而其孔是金，非仍木也，故曰『凡大小穿皆謂金也』。轂孔之長，非鑿所能穿，古亦當用鏇法。」王宗涑説，大穿倍小穿，此長轂所獨也。五分軫閒，以一爲軸圍，指軸末而言，其在輻内自大也。以周案：依記本文，大穿倍小穿。鄭意軸圍一尺三寸五分寸之一，大穿太大，故以藪軹之數差之，改「去一」爲「去二」。竊謂鄭訂大穿之數是，其穿金之説非也。大穿在輻内，徑六寸十分寸之一强，藪當輪輻，徑五寸五分寸之一弱，小穿在輪外，徑四寸四十分寸之三弱，皆據轂空内徑爲言，相去各一寸，其數相稱。鄭注誤解藪防爲三分之一，與小穿之數不合，故云「大小穿皆金」以彌縫之。子尹墨守鄭注，倬甫又好作異説，胥失之。

程瑶田云：「注於爲賢爲軹，不復計其數之出於轂長，而非出於轂圍，并不計賢軹本未見圍字，而强以賢軹之圍解之，其數終不能吻合。今據《記》文出數於其轂長，知爲飾轂之法。五分其轂長，截去一分以賢之，截去三分以軹之，中留一分不飾，以置輻，此用去字又一法。軹當爲軝，《詩》曰：『約軝錯衡。』」鄭珍云：「轂長與圍等數，隨舉皆可，何必須言圍。賢軹即是穿之名，指言圓穿，即是圍徑，非賢軹别是一物、須於其上指圍徑也。無從言圍，自不可言圍，文正與《輿人》『三分車廣，去一以爲隧』一例。如程氏，將謂『隧』下必當見『深』字，而上不當言三分車之廣乎？」以周案：子尹申鄭注，甚當。程説有四失：破軹爲軝，一失。去字作異解，二失。程既以藪爲輻鑿，又以賢軹爲轂飾，是《記》論治轂而獨不及受軸之空，舍其大而詳其細，於義爲疏，三失。《程》既以爲輻廣三寸，而此云留五分之一置輻，是輻廣又六寸四分矣，四失。鄭子尹、王倬甫駁之。

程瑶田云：「鄭注以金補空，其説太鑿。軸圍納轂，必設鐧，令礲之不敝。目驗今制，爲橢長鐵五六枚，嵌於軸圍貫轂處，與軸末齊平。釭金今制，余未目驗。然鐧金不得加高於軸，則釭金亦豈得加厚於大小穿邪？」阮元云：「鄭氏既以防圍爲藪圍，因又有賢軹之圍，毋乃歧錯，因遷就爲金厚一寸之説。豈知賢軹之金不滿穿中，剡藪兩末以容金厚，而金釭之圍與大小穿之圍同徑，其中相平乎！」鄭珍云：「正以金厚一寸，故令穿之外徑增寬一寸，爲嵌金之地。及其嵌訖，金圍自與穿内圍齊平。」王宗涑云：「軸末圍八寸八分，徑二寸八分零一豪零。釭空寬於軸末四分，徑三寸二分零一豪零。置小穿，徑四寸零七釐四豪零，以釭徑除之，餘八分七釐三豪零。半之爲小穿金厚，則小穿釭金厚得四分三釐四豪零。軸當大穿處其圍徑無明文，以大穿倍小穿例之，大穿在内而任重，其金厚亦當倍於小穿，推得大穿金厚八分六釐八豪零。」以周案：鐧金固軸，必微高於軸，而後軸不與轂礲。釭金固轂，亦必微厚於空，而後轂不與軸礲。其礲久，金平，而軸轂相切，尚有出其鐵而厚之者。程、阮議鄭，子尹守鄭，胥失之。

鄭玄云：「『容轂必直』，鄭司農讀『容』上屬，曰『軹容』。玄謂容者，治轂爲之形容也。」段玉裁云：「容如製甲必先爲容之容，先爲容轂之笵，盛轂於中以治之。」王宗涑云：「轂當作軸，聲相涉也。此句承上文説，指轂之内言也。下六句皆指轂外。先鄭讀容上屬，不辭。後鄭以容爲直轂之器，如鑄金之有範也。不知既鑿建輻容軸之空，而始謀直轂，亦昧攻木之次。」以周案：鄭注形容，謂量度其物也。量度而治之謂之容，洪範「思曰容」是也。凡空木，必先攻内而後治外，今匠家猶然，爲先外治邊薄易裂也。段氏謂先爲容轂之笵，非鄭義。王氏譏鄭非次，輒破其字，尤誤。

鄭玄云：「陳篆必正，施膠必厚，施筋必數，幬必負幹。篆，轂約也。幬負幹者，革轂相應，無贏不足。」段玉裁云：「陳篆者，刻畫其文而以革縷若絲嵌約之，而後施膠施筋，而後幬之以渾革，而丸漆之，而摩之，革青白而後朱畫之。」鄭珍云：「轂約謂之篆，鍾帶亦謂之篆，皆指其圍繞一周者。據《巾車》先鄭注『篆讀爲圭瑑之瑑，夏篆，轂有約也』，參之先鄭《典瑞》注『瑑有圻堮瑑起』，知篆以瑑起爲名。其制，於轂幹刻之，今起圻堮一周，刻此處微容，即彼處起圻堮，圻堮即篆，當不止一處。刻訖，其狀蓋如竹形。然後渾體厚播以膠，密被以筋，又播膠一層，乃以革鞔之，令革與容處，圻堮處皆緊相貼切，則瑑起者亦隨革瑑起，容突分明矣。以其周繞束轂，故曰約，非賴此約束其轂始固。」以周案：《記》「施膠必厚」以下四句申明陳篆之法。篆爲轂約。其法：先施膠而加以筋，其圻堮自瑑起，而後幬之以革，丸之，摩之，漆之。非別嵌以革縷若絲，亦非削他處微容以成此圻堮也，段、鄭兩説胥失之矣。篆亦謂之幾，少儀云「車不雕幾」，鄭彼注云：「雕，畫也。幾，附纏爲圻堮也。」圻堮即經記所謂篆，附纏即注所謂約，亦即《記》所謂筋是也。篆以筋周繞，所以束轂也。束不一處，故曰「必數」。鄭氏謂周繞如竹節，得之；云「非賴此約束」，又失其義矣。又案：段氏以篆爲匠家造嵌絲之法，本是；但不取本文膠筋，而肊以革縷與絲爲説，是其失也。鄭氏以爲即玉人瑑玉之法。但木篆祇取附纏爲圻堮，無刻容義，鄭注可據。必以瑑玉之法解之，亦泥。

鄭玄云：「既摩，革色青白，謂丸漆之，乾而以石摩平之，革色青白，善之徵也。」賈公彦云：「此謂以革鞔轂訖，得漆之，先以骨丸之，待乾乃以石摩平之。」王宗涑云：「賈意謂丸在摩前，摩在漆前，是也。今革既摩，色但青白，未漆甚明。」以周案：筋無膠不切，革非漆則罿。丸之者，所以出其圻堮也。摩之者，將以加諸漆也。丸在膠未乾之時，摩在膠既乾之後，王説摩在漆前，得之。但賈意實不如此。疏云「待乾乃以石摩」，乾謂漆乾。

《毛詩傳》云：「『約軝錯衡』，軝，長轂之軝也，朱而約之。」鄭箋云：「約軝，轂飾也。」戴震云：「以革幬轂謂之軝。朱而約之者，朱其革以幬於幹也。」段玉裁、陳奂説，《考工記》轂長三爲軹，得尺九寸二分。軹即毛詩之軝字。取此尺九寸二分，以革約之，而朱其革，所謂約軝也。鄭珍云：「約轂與幬革是兩事，諸家説皆不憭。軝即幬革，『朱而約之』乃是解『約』字。蓋孤以上之轂，既五采畫其篆約，則篆約之外皆朱漆也，故曰朱而約之。」王宗涑云：「約軝即《説文》約軔，謂軝軔周匝轂幹，如纏束然。」以周案：篆爲轂約。約轂與幬革，《記》分二事。約者，周纏其一處之篆；幬者，通冒其全體之革。如戴氏説，約幬混合不清。然詩以「約軝」與「錯衡」對文，軝必別有一物。如王倬甫説，軝即所約之軔，則約軝爲約其所約，尤爲不辭。《説文》之「軔」乃「篆」之異文，篆軔音義相近，與詩之軝字本別。約自謂篆，軝自謂幬革，故字亦从革作「軝」。爲篆之法，先施膠筋爲圻堮形，後又幬以革，其圻堮之形已隱約不可見，以朱表之，乃宛然如約軝矣。然則非朱無以見約也。故毛傳曰「朱而約之」，一以見約實在軝内，一以明《詩》之所以稱約軝，此毛傳立訓之妙也。鄭子尹知約幬之不可混，而云朱其約之外，不得其説而爲之辭。段説沿程，更謬。

段玉裁云：「『容轂』以下，渾轂所同；幬而朱之，軝所獨。」鄭珍云：「篆，惟孤以上始得爲之。幬爲上下通制。」以周案：鄭注《巾車》，以大夫夏縵爲無瑑，安得謂陳篆亦渾轂所同？士棧車爲不革輓，亦安得謂幬上下通制？胥失之矣。

《周官·巾車》：「孤乘夏篆，卿乘夏縵，大夫乘墨車，士乘棧車。」故書夏篆爲夏緣。鄭衆云：「夏，赤也。緣，緣色。或曰篆讀爲圭瑑之瑑，夏篆，轂有約也。」鄭玄云：「夏篆，五采畫轂約也。夏縵亦五采畫，無瑑爾。墨車不畫。棧車不革輓而漆之。」惠士奇云：「《夏小正》『玄校者，黑若緣色』，則緣色黑也。司農謂以赤黑色飾轂，蓋雀頭色與？《毛傳》『軝，朱而約之』，故司農以夏爲赤色。康成謂以五采畫轂約者，夏染五色故云然。《詩箋》不破傳，義得兩通。」以周案：孤以上當瑑起處朱之，曰夏篆。其不當篆處，用夏縵雜衆色。卿無瑑，故直謂之夏縵。大夫并無夏縵，用黑色，故曰墨車。孤卿大夫之車皆以色言，士軍不曰素，明有漆也。卿大夫不瑑起，而仍有革輓。士棧車，獨以木名，明無革也。鄭子尹謹守鄭注，於此獨異之云「士止幬革并不漆」，何居？

鄭玄云：「轂長三尺二寸者，令輻廣三寸半，則輻内九寸半，輻外一尺九寸。」戴震云：「輻廣不得過三寸，輻厚一寸奇。」程瑤田云：「《車人》輻『博三寸，厚三之一』。輪無大小，輻廣不得過三寸，亦不得不及三寸。輪人所造之車，轂圍較小於車人之車，其輻廣豈反加大乎！」阮元云：「牙厚二寸，輻當滿牙，其廣二寸。大車輻厚三之一，小車厚當三之二，爲六分六氂六豪。」鄭珍云：「程阮皆逞私肊，而未深求《記》文也。大車小車以有任輕任重之別，故其諸制廣狹、高卑、長短、曲直，各自爲度，無一相同，不應於輻獨同。」王宗涑云：「程糾鄭違是也；謂小車輻廣亦三寸，則非。《車人》輻廣三寸，綆得三分輻廣之一。輪人云『綆三分寸之二』，阮以爲亦得輻廣三分之一，則小車輻廣二寸明矣。」以周案：輻廣出數於鑿深，故《記》云「量其鑿深以爲輻廣」。而鑿深無見文，以出數於捎藪餘徑之數可知也。小車轂圍三尺二寸，捎藪以其圍之防，徑五寸五分寸之一弱，其餘各得二寸五分强，以爲鑿深，即小車輻廣之數也。大車轂圍四尺五寸，捎藪以其圍之防，徑七寸强，其餘各得三寸强，以爲鑿深，即大車輻廣之數，故《車人》云輻廣三寸。鄭説輻廣三寸半，《戴》説輻厚一寸奇，皆過於大車，難信。程説小車輻廣亦三寸，亦誤。阮王二説，小車輻廣二寸，其説較近。

鄭衆云：「『竑其輻廣以爲之弱』。竑讀如紘綖之紘，謂度之。」鄭玄云：「弱，菑也。今人謂蒲本在水中者爲弱，是其類也。」戴震云：「菑厚蓋大半寸，三分之二爲大。漸殺之至末，不得過三分寸之一。」程瑤田云：「菑之厚，其末必殺，而廣則本末相等也。」鄭珍云：「竑字《説文》所無，許君據故書止是紘字。紘者，用一條組，先以一頭屬左旁冕笄上，以一頭繞頤下，屈而上屬之右笄，垂餘爲飾。冠冕訖，左右組自笄斜下交於頤，成尖角形。輻菑當入轂處，其廣之兩面斜殺以至於端，與弓之股端一枚同，則是成尖角形之筍，與紘正似，故曰『紘其輻以爲之弱』。其投轂也，自入鑿至鑿心，並負轂，迤邐相承，一毫不能上僭，而轂之壓輻以弱兩邊計之，直是壓七八寸，則輻之承轂愈固而有力。若江永、戴震説，菑是方筍，於轂身毫無承託之力，承託全賴一邊二分弱未剡者，以兩輻相距之地厚三分有奇，則向内止長三寸餘之一薄木片，而欲不破析也難矣。」以周案：菑末必殺，諸説皆然。但戴程用江慎修説，以爲殺其厚而方頭，子尹又殺其廣成鋭角形，以子尹説爲長。

程瑤田云：「股圍八寸，骹圍五寸三分三不盡。」阮元云：「以股博股厚二數推得橢圜圍，股圍五寸一分四氂一豪，骹圍三寸四分二氂六豪。」鄭珍云：「八寸四分爲股圍，五寸六分爲骹圍。」以周案：股骹之説各異，由輻廣之數未定也。今定小車輻廣二寸半，厚八分三氂三豪，股圍六寸六分六氂六豪，三分去一以爲骹圍，得四寸四分四氂四豪。

鄭珍云：「菑爪爲輻上下之枘，形制宜同。菑既紘其股廣以爲尖筍，明爪亦當紘其骹廣以爲尖筍；菑之長既如鑿深而盡轂之徑，明爪之長亦當如鑿深而盡牙之廣。下文『有槷必足見』，已不啻明言之矣。自骹廣兩邊斜殺交於端一分，長二寸九分强。」以周案：輻向外一面直下爲倨，向内一面剡曲爲句。爪於倨亦直，於句亦剡曲而鋭。凡揉輪輻，先入轂鑿而後投牙。如爪端方，其揉牙時，勢難入鑿。强一邊以相就，則彼一邊亦必鬆而不固子尹説兩面相殺作鋭角，與綆數不合。

《記》：「直以指牙，牙得則無槷而固，不得則有槷必足見。」鄭衆云：「槷，摋也。蜀人言摋曰槷。」鄭玄云：「得謂倨句鑿内相應也。槷讀如涅，从木，熱省聲。必足見，言槷大也。然則雖得，猶有槷，但小耳。」賈公彦云：「輻直者爲倨，牙曲者爲句。輻牙雖有句曲，至於鑿内必正，正則相得。先鄭讀槷爲危槷之槷，後鄭讀如涅，又解槷如字，以其用木爲槷，故从木也。足乃據槷而言。」江永、戴震説，輻爪當作邊笱，成倨句形，其輻外直下爲倨，内曲剡之爲句。賈疏未得鄭義。鄭珍云：「《經》云『直以指牙』，是據投轂訖將入牙鑿時言。牙之得不得，至是而見。此時輻直牙曲，鄭所謂倨句非指此而何？賈氏於此實得之。」以周案：此記合牙成輪事，子尹説是。鄭注倨句，當以江、戴之説爲正，但爪宜剡而鋭，不可方也。子尹既從賈疏，則鄭注「鑿内」之内，當讀爲枘方通。槷，先鄭讀爲摋，摋槷皆假借字。《説文》：「楔，櫼也。櫼，楔也。」段注云：「槷摋皆楔之借。」

戴震云：「鄭用牧説，足者枘之下，枘入鑿中而獨見其足，鑿太寬之故。」程瑶田云：「足即爪也。不得，則爪牙相入處縫不齊密，爪必外露。」王宗涑云：「槷倒入枘下，小則不甚可指别，大則顯露。若枘之下，即與鑿相得，無不外見。用牧説誤，程更甚於用牧。」鄭珍云：「足，槷之末也。槷有厚薄，無長短，以不能進爲極。鑿枘有一邊鬆，即槷無不進，其末必露出踐地一面。待不能進，始削其首令齊平，此不得之徵也。」以周案：足者，槷之末也。戴、程説以足當爪，王氏知見爪之説不可通，而足仍據槷言，其槷從踐地邊倒入，則見足爲見槷之頭矣，以頭爲足，愈失其義。槷蓋施於爪之外面，自輻順入鑿，寬則槷末外見踐地處，故曰「足見」。據子尹説，輻入牙處不作倨句形，似外内二面俱施槷，一邊鬆即鬆邊見足。

阮元云：「舊説爪長同牙面寬，爪穿牙外出之，加槷，非是。槷乃横貫牙面，制牙使不脱者。」王宗涑云：「如阮説，則有槷宜固於無槷，何以反至足見乎？有槷必足見，則古槷非横貫於牙面甚明。」以周案：阮説固非，王説亦未得。槷不可見足。見足者，未得也。「有槷必見足」，詎《記》意。

《記》：「六尺有六寸之輪，綆參分寸之二。」鄭玄云：「輪箅則車行不掉也。三分寸之二者，出於輻股鑿之數也。」江永云：「菑用正枘，蚤用邊柄，上下鑿不相當。令牙出於輻股鑿三分寸之二，則輻股微隆而重勢稍偏，輪不掉向内矣。綆非别有一物，止是輪偏箅之名。」程瑶田説，爪非偏枘，居轂廣一寸六分六之中，而轂亦居牙厚二寸七分半之中，牙出轂之内外者各得五分五釐弱，謂之綆。綆在牙。注所謂綆者，不在牙而在轂。綆在轂，則輻不直指，菑爪相齵，牙必不固矣。鄭珍説，綆數斷不得於股上求之。注云出者，牙出也。牙所出於輻股鑿者，牙之内外邊不鑿者各有六分六釐六不盡，是内外不鑿之地相等，而鑿孔正居牙中也。輻股向内一邊有六分六釐六不盡出牙邊之外，牙向外之厚有六分六釐六不盡出股鑿之外，而牙自平，鑿自中，輻自直，惟牙厚與股鑿同，是三寸五分，而上下不正相對，則牙厚較股鑿爲偏出矣。以周案：程氏申注義甚詳，實非鄭意。子尹知鄭意綆在牙，不在轂；而内外邊各有六分六釐六不盡，是内外有兩綆矣，并内外綆得一寸三分强，與記所云「綆三分寸之二」不合。且綆以箅出在外得名，内面安得有綆邪？牙與輻同廣，舊説皆然。小車之輻實止二寸五分，鄭注三寸半之説，本不足據。轂廣一寸六分六釐六豪，其近爪處作倨句形，約去三分之一。牙於内一邊宜留七分，以安句；中鑿孔，廣一寸一分一釐强，以投倨之爪；外留六分六釐六豪，以爲綆之箅。綆者，箅出在外，故鄭注匠人徹廣八尺，於旁加七寸，必數綆三分寸之二。其在内一邊，安句之餘，止一分四釐强，屬轂數内，無所謂綆。程、鄭説胥失之。

阮元云：「參分輻長，股不殺者二分，轂殺者一分。但所殺之圍，衹三分輻博，殺其向外之一分，非周圍殺之。牙厚二寸，試三分分之，每分得六分六釐六豪。内一分與輻爪曲剡處相齊，中一分爲爪鑿，外一分當輻轂殺處，是曰綆。」徐養原云：「股廣二寸，其網三分去一，則轂廣一寸三分寸之一。兩廣之較，則輪之綆已。輻有廣狹之網，又有厚薄之網。厚兩邊分網，廣一邊偏網。其不網之邊仍直如弦。《車人》云『大車輻博三寸，厚三之一』，又云『大車崇三柯，綆寸』，其網法與小車同。輻博三寸，謂股博也。三分去一，則轂博二寸也。股博三寸，轂博二寸，則綆寸矣。」以周案：阮、徐二説皆以輻轂殺處當綆，則鄭注數旁加七寸，何必及綆，一失；輻轂殺外邊，二失；牙厚二寸，三失。

《輪人》：「部長二尺，桯長倍之，四尺者二。十分寸之一謂之枚。」鄭玄云：「杠長八尺，謂達常以下也。加達常二尺，則蓋高一丈，立乘也。十分寸之一謂之枚，爲下起數也，枚一分。故書『十』與上『二』合爲二十字。杜子春云，當爲『四尺者二，十分寸之一』。」賈公彦云：「故書十與上二合爲廿字，子春不從。」以周案：「二十字」謂廿也。《説文》：「廿，二十并也。」「合爲二十字」，謂故書合二十兩字爲廿，故引杜説分之。段懋堂改注二十字爲廿，非。王倬甫謂故書二十字連讀，亦未是。故書本不分讀。即連文作二十字，曰「杜子春讀四尺者二」足矣，何必迂回其辭如此也。桯長八尺，一言可了，《記》曰「倍之四尺者二」者，古達常之桯，有曲有直，《左氏》定九年《傳》云「與之犀軒與直蓋」，著蓋曰直，明有其曲者也。蓋之曲在桯，桯長八尺，其曲處之上有四尺，曲處之下又有四尺，故曰四尺者二，所以明其上下同長，且以見桯之有曲，此《記》文之簡而著者也。王伯申改經作「桯長四之二尺者四」，不足爲訓。

鄭玄云：「六尺之弓，上近部平者二尺，爪末下於部二尺。二尺爲句，四尺爲弦，求其股，股十二除之，面三尺幾半也。」戴震云：「得股長三尺四寸六分有奇。」李惇云：「鄭亦以己意爲之説耳。若爪末下部一尺，亦豈不可爲宇曲乎？以一尺爲句，四尺爲弦，則股面可得三尺八寸有奇，可以覆幹。」王宗涑云：「五尺四尺之弓，爪末下部亦皆二尺。」以周案：《輪人》記宇曲之高下，以庇軹、庇輪、庇軫爲準，學者當以弓宇之長爲弦，軹輪軫之廣爲股，以求宇曲之句。今乃各執一句之説以求其度，無怪其不能悉合也。王氏謂三蓋下部皆二尺，更謬。弓大大峻，弓小小峻，如庇軫之弓，其爲宇者僅二尺餘，而用二尺爲峻，則吐水雖疾，而霤反内入，王氏蓋未之思矣。

《記》：「弓長六尺謂之庇軹，五尺謂之庇輪，四尺謂之庇軫。」故書「庇」作「秘」。杜子春云：「秘當爲庇，謂覆幹也。」鄭玄云：「軹，轂末也。輿廣六尺六寸，兩轂并六尺四寸，旁減軌内七寸，則兩軹之廣凡丈一尺六寸也。六尺之弓倍之，加部廣，凡丈二尺六寸，有宇曲之減，可覆軹，不及幹。」以周案：杜注幹即舝，軹爲軸末之軎。鄭以六尺之弓不足及軎，故云轂末。然宇曲四尺，其減者，下注云「三尺幾半」，并近部平二尺，共得五尺四寸六分有奇，倍之又加部廣，蓋徑一丈一尺五寸三分弱。準以一丈一尺六寸之軹，尚不及七分。夫《記》謂之庇者，必過軹，非不及軹。於此知爪末下部二尺之言，非三蓋之通數也。鄭注旁減軌内七寸之説，戴東原、鄭子尹皆從之，程易疇、王倬甫皆以爲非。然轂不入輿下，於庇軹之説更不合。王倬甫因謂軫方四尺四寸，又與《輿人》之文不合。此《記》以庇軹、庇輪、庇軫爲三蓋弓宇之準，學者宜據弓宇之長及軹輪軫之廣以求弓宇之高下。軹長一丈一尺六寸，以倍弓六尺爲庇軹，其法，置六尺之弓，除近部平二尺，餘四尺爲弦，又置庇軹六尺，除部三寸，近部二尺，餘三尺七寸爲股，求其句，得一尺五寸零，爲庇軹弓宇之曲。兩輪之閒八尺，以倍弓五尺爲庇輪，其法，置五尺之弓，除近部平一尺六寸六分六釐零，餘三尺三寸三分三釐零爲弦，又置庇輪五尺，除部三寸，近部平一尺六寸六分六釐零，餘三尺零三分三釐零爲股，求其句，得一尺三寸零，爲庇輪弓宇之曲。軫六尺六寸，以倍弓四尺爲庇軫，其法，置四尺之弓，除近部平一尺三寸三分三釐零，餘二尺六寸六分六釐零爲弦，又置庇軫四尺，除部三寸，近部平一尺三寸三分三釐零，餘二尺三寸六分六釐零爲股，求其句，得一尺二寸零，爲庇軫弓宇之曲。《記》曰「上尊而宇卑，則吐水疾而霤遠」，又曰「蓋已卑是蔽目也」，申明宇之必曲而又不可過曲，過曲蔽目而霤亦反不遠，故庇軫之宇二尺餘，必不能同庇軹庇輪之句。弓大大峻，弓小小峻，此物理之一定者也。弓大句長，弓小句短，亦算法之一定者也。且宇曲依此數，即人長過八尺，除人目以上數寸，亦不至蔽目矣。賈疏謂人長九尺，蓋高丈二尺，此無稽之言也。

戴震云：「兵車、乘車軫閒六尺六寸，轂入輿下者七寸，其内地即置伏兔以承軫。」王宗涑云：「轂入與下七寸，則兩伏安得承軫？如兩伏承軫，轂安得入輿下？《輿人》所云車廣，乃左右兩輪相距之度，非軫距。軫前後左右同，皆四尺四寸，故六尺之弓自足覆幹。鄭、戴誤以車廣即軫閒，於是鄭云『旁減軌内』，戴云『轂入輿下』，皆庶幾弓之足以庇軹，即自相矛盾，亦不暇顧。」以周案：轂入輿下，却可疑處，然非此不能合徹廣之數及庇軹之度。王氏乃出其轂而少其輿，謂軫止四尺四寸，則庇軫之弓何須四尺。王氏自謂庇軫有餘，亦知其難通也，一可疑。以車廣爲輪廣，則輿人記輪度，反不記輿度，二可疑。輿人以「輪崇、車廣、衡長參如一，謂之參稱」，以車廣爲輪廣，則所謂參者兩物也，三可疑。記文下即繼之曰「參分車廣，去一以爲隧」，隧謂輿深，承上爲文。如車廣非即輿廣，則隧義無所屬，四可疑。車乘三人或四人，軫廣四尺四寸，何以容之，五可疑。王氏此説極爲時人所稱，而義之不安有如此。

鄭玄云：「鑿深二寸有半，對爲五寸，是以不傷達常也。下直二枚者，鑿空下正而上低二分也。其弓菑則撓之，平剡其下二分而内之，欲令蓋之尊終平不蒙撓也。」王宗涑云：「《記》『二寸有半』，當是『一寸有半』之誤。積鑿端二十八，凡圍二寸八分，達常圍三寸，則鑿端處之部餘於三寸者僅二分，是每鑿端相距止有七豪强，雖不傷達常，其傷部亦已甚矣，斷不能施鑿。」以周案：王氏此説可從。

鄭玄云：「蓋者，主爲雨設也。乘車無蓋。《禮》所謂潦車，謂蓋車與？」賈公彦云：「《巾車》五路皆不言蓋，以其建旌旗，故無蓋。」王宗涑云：「《巾車》『及葬執蓋』，注云：『王平生時乘車建旌旗，雨則張蓋。』當以彼注爲長。《道右》『王下則以蓋從』，是乘車本備，特非雨非暑不拔去旌旗而設蓋爾。蓋杠所入之孔，即旌旗杠所入之孔。左宣四年『射王，貫笠轂』，笠，蓋也。據此，兵車亦有時設蓋。」以周案：王氏謂乘車有蓋，是已。《道右》「掌前道車，王下則以蓋從」，《左傳》衛侯出奔，使華寅肉袒執蓋，齊侯賜敝無存犀軒直蓋，皆乘車有蓋之證。王氏引《左傳》「笠轂」以當車蓋，非也。笠轂即《孫子》所謂「籠轂」。旌旗亦非插於程空。

服虔云：「笠轂，轂之蓋，如笠，所以蔽轂，亦以禦矢。」一曰，車轂上鐵也。或曰，兵車旁幔輪，謂之笠轂。杜預云：「兵車無蓋。尊者則邊人執笠依轂而立，以禦寒暑，名曰笠轂。」以周案：轂非可依之物，杜說非也。當從服注。《吳子・圖國篇》：「革車奄户，縵輪籠轂。」笠轂者，籠轂也。或說即以縵輪當之，亦非。一說，弓宇長六尺庇軹，笠轂者，庇軹之蓋也。

黄以周《禮書通故》卷四六《車制通故》二 鄭玄說，《輿人》「輪崇、車廣、衡長參如一」，車，輿也，輿廣六尺六寸。王宗涑云：「車廣，謂兩輪之相距也。兩輪中夾一輿，謂之車廣，即《說文》『車』訓『輿輪總名』之義也。輪非輿人所爲，而車廣記於《輿人》者，因隧及式崇、軫圍皆準以起度也。輿廣當四尺四寸，同於輿隧，其形正方，《記》曰『軫之方也以象地也』，其的證也。」以周案：《記》文上言車廣，下言隧，其文相承，如車廣非即輿廣，則隧亦非輿深矣。《記》以輪、車、衡爲三物，如車即是輪，亦何得云參乎？必謂軫方象地是正方，則人頭圓象天，足方象地，足豈亦正方乎？姚姬傳以爲軫正方六尺六寸，王氏因謂軫輿正方四尺四寸，皆非也。

鄭衆云：「參分車廣，去一以爲隧，隧謂車輿深也。讀如鑽燧改火之燧。」鄭玄云：「兵車之隧四尺四寸。隧讀如邃宇之邃。」姚鼐云：「《記》『軫之方以象地』，蓋軫方六尺六寸，以後二尺二寸爲輿後，其前廣如軫而深四尺四寸，設立木焉，是爲收。毛公云『收軫也』，謂輿深四尺四寸收於軫，非謂軫名收。」以周案：姚氏此說，段懋堂深以爲然，又增出車後亦有直者横者以接於輢之說。考說文：「軝，大車後也。」輈人云：「不援其軝，必緧其牛後。」是也。小車有後，絶無經見。且軫果正方，《記》當云「三分車長」，何反取數於廣？輿果有後，《記》當依「參分其隧，一在前，二在後」之例，云「參分車長，以二爲隧，一爲後」，何得謂之去一？鄭子尹、王倬甫皆辨之詳矣。

鄭玄云：「參分其隧，一在前，二在後，以揉其式。兵車之式深尺四寸三分寸之二，高三尺三寸。較，兩輢上出式者。自較而下，凡五尺五寸。」賈公彦云：「乘車亦同。」孔穎達云：「車箱長四尺四寸，而三分，前一後二。横一木，下去車牀三尺三寸，謂之式。又於式上二尺二寸横一木，謂之較，去車牀凡五尺五寸。」江永云：「式有通指其地者，經云『三分隧，一在前，二在後，以揉其式』是也。有切指其木者，《經》云『式圍』是也。崇三尺三寸，亦並式深處言之。故式木不止横在車前，有曲而在兩旁，左人可憑左手，右人可憑右手者，皆通謂之式。人立車前，三分隧之一，皆式之地也。揉其式者，蓋揉兩曲木，自兩旁合於前，不欲令折處有稜角觸礙人手，如今人作椅子扶手然，其兩端與兩輢之植軹相接。軍中望遠，亦可一足履前式，一足履旁式，《左氏傳》『登軾而望』是也。崇三尺三寸，不及人之半腰，故御者可執轡，射者可引弓，而憑式須小俛也。如孔氏說，較在横木上，則人憑式，首觸較矣。較崇五尺五寸，及人之胸，射者亦不便於引弓。横木在較下，必以笴貫入轛木，而轛圍甚小，如何能貫式木，又如何能登軾？式在前陰板之内，則車外不見式，《記》如何云『苟有車，必見其式』？式上有皮覆之，爲帴。若在板内，如何能覆？事事不合。」以周案：江破孔疏甚詳明，但輢不是板，此又江之疏也。注「式深尺四寸三分寸之二」，謂一在前者皆式也。其長，記無明文。阮氏謂式長六尺六寸，與輿廣等，與記「一在前」之文不符。戴氏謂一在前，其上三面周以式，二在後，其上爲較，此較阮說爲精；其云式長九尺五寸三分寸之一，左右較各長二尺九寸三分寸之一，說亦未覈。式圜折，非方折，不得有九尺五寸强；較連反出之車耳，又不止二尺九寸强。王倬甫以輿方四尺四寸，式之兩偏又侈大軫半寸，云式長六尺二寸一分强，其說尤歧。

鄭衆云：「軓謂式前也。書或作軋。」鄭玄云：「軓是。句。軓，法也，謂輿下三面之材，輢式之所尌，持車正也。」以周案：當從先鄭。軫爲輿後横木之專名，軓爲輿前横木之專名。《毛詩傳》「陰揜軓」，箋以爲揜軓在式前。《少儀》「祭左右軓范」，注范讀爲軓，亦云車式前，初無輿下三面材之稱也。若通四面材言，亦謂之軫，記「軫之方也以象地」是也。「加軫與轐」，注云「軫，輿也」，亦通言例。若通前左右三面材言之，謂之「任正」，下文所言是也。如軓亦有三面材之稱，下任正句何必異其名。

鄭玄云：「『凡任木』，目車持任之材。『任正者』，謂輿下三面材，持車正者也。『衡任者』，謂兩軛之閒也。」戴侗云：「輈人專言輈、軸之法度，安得言輿下三面之材。任正者輈，衡任者軸。『任正者，十分其輈之長，以其一爲之圍』，即下文『十分其輈之長，以其一爲之當兔之圍』者也。『衡任者，五分其長，以其一爲之圍』，即下『五分其軫閒，以其一爲之軸圍』者也。」鄭珍云：「《經》於《輈人》始見軓圍者，以軫軓同工而異圍，軫圍出數於車廣，而軓圍出數於輈長，自上未著輈長，即無從著軓度，此既出軓前十尺，則輈長之度已明，故即承下著其圍數，以與衡軶同是任木，故並著衡圍，此《經》意也。世儒以爲三面材宜記於《輿人》，不應輈人爲之而論及其度。不思衡是輈人所爲，而衡長之度在《輿人》見之，軫方蓋圓及輪輻蓋弓之數，旗旟弧旃之斿，皆非輈人所爲，並詳論之，此將何說。」以周案：「凡任木」通下軸、當兔、頸、踵諸材，而爲於輈人者爲多，故於輈人言之。輿下三面材雖爲於輿人，其圍數出於輈，且與輈之當兔圍相應，故類記之耳。「任正者」，任此正也。正謂車正。車正者，輿也。輿形方正，故謂之車正。其前左右三面材之封輢式者，與古文匚正字同，故注云「任正者，輿下三面材持車正者也」。不及軫者，軫任輕，故其圍亦小也。「衡任者」，衡之任也。衡之任，重在中閒當輈頸處，故注云「兩軶之閒」。衡長已見於輿人，其圍未見，故於此著之。任正之名統於軫，見上。衡任之名統於衡，非若輈、軸有專名，記人欲明其兩任木之重處，故並以「者」字擬之。者，指事之詞也。任正、衡任必參差言之者，曰正任，疑於正下別有任材也；曰任衡，疑於輈頸之持衡也。任正者，十分其輈之長，明其出數於輈也。衡任者，五分其長，明其出數於衡也。輈軸亦任重之木，下文又別記之，明任正、衡任之非輈、軸也。如戴仲達說，《記》文任正、衡任不應參差，「五分其長」、「其」字無屬，軸、當兔上下複述，語既傷緟，衡及持車正諸圍不見文亦嫌漏，無一可通也。近儒多從其說而略變之，鄭子尹已爲之詳辨已。又案：子尹駁戴東原軸主任輿六尺六寸之說云：「轂入輿者七寸，以爲任輿，則入轂之長誰非任輿者？不以爲任輿，是承輿下者實止五尺二寸，又不與軫閒數同。」斯語是已。至輈之當兔爲任正之說，阮氏駁之云：「任正若是輈，當如衡任即言其長，不應贅一輈字。」子尹乃據下文當兔即在輈上起圍數，亦言「其輈之長」，以爲不足以破之，乃自立說曰「《經》言輈長十一者，爲當兔之圍，明不當兔即非此圍，則當兔任正，不當兔獨非任正乎？」子尹此說實亦不足以破之。彼說當兔爲任正者，即竊取鄭注兩軶之閒爲衡任之義。以此破彼，則兩軶閒爲衡任亦無以自解矣。總之，戴東原、程易疇、金輔之、宋于庭、王倬甫諸家之失，不出仲達，皆未審於記文者也。阮氏之失，王倬甫已辨之。錢獻之附會鄭注，尤不待辨。

孔穎達云：「兵車前軫至後軫，深四尺四寸，大車深八尺，兵車之軫較大車爲淺，故謂之淺軫。」賈公彥云：「兵車、乘車橫廣，前後短。大車、柏車、羊車皆方。」鄭珍云：「經注於車之長，無文。今詳推車度，其廣六尺六寸，其長輿深四尺四寸，後軫廣四寸一分，前軓之外廣四寸六分，通長五尺二寸七分。」以周案：隧四尺四寸即謂輿深，古無異說。軫廣、軓廣宜統於四尺四寸之內，不宜隧外加之。輈人「任正」注云：「輈，軓前十尺與隧四尺四寸，凡丈四尺四寸。」則任正之圍，尺四寸五分寸之二。」如子尹說，輿長五尺二寸七分，則輈之長宜丈五尺二寸七分，而任正之圍亦有尺五寸二分，無一可通者也。

鄭衆云：「轐讀如旃僕之僕，謂伏兔也。」馬融、杜預說，輹，車下縛。許慎云：「轐，車伏兔也。䡝，車伏兔下革也。輹，車軸縛也。」鄭玄云：「輹謂輿下縛木，與軸相連，鉤心之木是也。」劉熙云：「屐，似人屐也。又曰伏兔，在軸上，似之也。又曰轐。今本作「轂」，茲依畢、段校。轐，伏也，伏於軸上也。鉤心，從輿心下鉤軸也。縛在車下，與輿相連縛也。」戴震云：「輹轐實一字，其下有革，以縛於軸。」焦循、阮元說同。段玉裁云：「依許，伏兔名轐，車軸之縛名輹，迥然二物。車軸縛謂以革若絲之類纏束於軸。」以周案：伏兔與縛皆車名，伏兔爲轐，縛爲輹，《說文》、《釋名》分言最明。先鄭注轐曰伏兔，馬、鄭、杜注輹曰輿下縛，各舉其一言之。合觀其文，與《說文》、《釋名》悉符。輹非伏兔，縛爲輹之別名，非謂以革縛之，故鄭注謂之縛木，《釋名》特著其名，《說文》亦曰車軸縛，不曰革。輿與軸兩不相屬，其行時不相離者，以輿心下有輹鉤連之，故易以「說輹」爲不行象。輹，長言之曰縛木，以其用言之亦曰鉤心之木。鉤心者，別以木鉤連輿軸之心，非若後人楔孔之謂也。自隋唐時轐輹二字不分，故《易釋文》不載鄭注原文，即以伏兔當之，於是伏兔爲輹遂爲牢不可破之說，其實古無是訓也。《左氏傳》疏引子夏《易傳》有「輹，伏兔」之言，此後人僞託書，不足據。伏兔近軸之兩旁，輹爲鉤心之木，自在其中。戴氏以輹爲伏兔，段氏以縛爲束軸，皆沿舊訛而未之加察。或說伏兔有二，一在軸上，一即「無棄爾輔」之輔，更屬杜撰。又案：《車人》：「凡爲轅，三其輪崇，參分其長，二在前，一在後，以鑿其鉤。」鄭司農云：「鉤，鉤心。」其實，鉤與鉤心其制同，其名有別。大車兩轅，無伏兔，即於轅上設鉤，是鉤在旁也，故曰鉤，不曰心。小車設伏兔於兩旁，其鉤在輿心，故曰鉤心。鉤心者，小車之專名也。「以鑿其鉤」者，鑿謂鑿其納鉤之孔，鉤即其入鑿之木。其在小車，鄭注所謂「鉤心之木」是也。鉤心者，《釋》名所謂「從輿心下鉤軸」是也。凡輿軫置輈伏兔上，輈伏兔置軸上，皆空空庋著，其所以連縛輿、軫、輈、軸使四者不相分離，全恃鉤心之木。無鉤心則輿、軫、輈、軸皆離而不可行，故易以「輿說輹」爲止象，輹即鉤心之木是也。自輹轐二字不分，而伏兔與鉤心之制亦不明。江愼修知與輈相離之不可行，而謂後軫在輿下者餘一寸七分半，輈踵爲缺曲以承之，鄭子尹從其說，又謂軫中有孔，通於輈踵，以木插之。江慎修又知輿軸相離之不可行，而謂兔下有足鉗軸，其上當連於輿底，鄭子尹從其說，又謂底板厚一寸四分，鑿深四分，容鉤。此皆以意言之，於經並無見文。殊不知輿輈之相連，輿軸之相連，皆由此鉤心之木，經與注皆明著之，無煩後人肊度也。

《毛詩傳》云：「重較，卿士之車。」許慎云：「較，車騎上曲銅鉤也。各本作「車騎上曲銅也」，段氏依《文選》李注作「車輢上曲鉤也」，今依《初學記》二十五正。輢，車旁也。」劉熙云：「較在箱上爲辜較也。重較，其較重，卿所乘也。」崔豹云：「車耳，古重較也。或曰在車藩上重起，如兩角然。」范處義云：「較高於式一重，故曰重較。」戴震云：「左右兩較，望之而重，故曰重較。毛傳因《詩》辭傅會，非禮制。」陳奐云：「《漢輿服志》『金薄繆龍，爲輿倚較』，重較者，有金重飾也。」王宗涑云：「車耳反出，下垂飾之，通乎貴賤。又於反出車耳之上，刻木爲上曲之鉤，與下垂之輒相累而重，是爲重較。此貴者所獨，毛公以爲卿士軍，其證也。」以周案：《荀子》及《史記》《禮記》「彌龍以養威」，彌，《說文》作「⿱麻車」，云「乘輿金耳也」。車有耳者，《說文》云：「輒，車兩輢也，从車耴聲。」輢爲車之兩旁，耴象耳之下垂。車兩輢謂之輒，是車耳在兩輢也。《說文》又云「⿰車反，車耳反出也」。謂輢上橫木向前反出，其形下曲如垂耳，故謂之耳，亦謂之⿰車反，⿰車反亦較也。段氏云：「車耳即較，其反出者謂之⿰車反」，是也。卿士之車，於橫木之上更以銅爲耳，向上反出，形曲中鉤，謂之重耳，亦謂之重較，對下曲如耳言之也。阮氏謂「車耳反出，在輢版上」，王氏已駁之，然王氏謂「上曲鉤以本木爲之，輒別以小木」，說亦無據。《說文》于⿱麻車曰「金耳」，于較曰「上曲銅鉤」，《西京賦》亦云「倚金較」，是上鉤以金，不以木也。段注《說文》增鉤字，去銅字，非。且《說文》「上曲銅鉤」，正得周制。段氏謂周較正方有隅，以曲鉤爲漢制，尤非。

《毛詩》「鞗革」，金石家作「鋚勒」，或作「攸勒」，或作「攸革」，蓋本《三家詩》也。毛傳云：「鞗，轡也。革，轡首也。沖沖，垂飾皃。」鄭箋云：「鞗革，轡首垂也。」郭璞云：「轡首，轡靶，句。革，今作「勒」，誤。見《詩》。」段玉裁云：「《說文》無鞗有鋚。《毛詩》『鞗革』皆『鋚勒』之訛傳『鞗轡也』，轡下落『首飾』二字。鋚所以飾轡首，下云垂飾，謂此飾也。古之靶也，轡也，皆自人所把言之也。古之轡首也，勒也，皆自馬首言之也。箋絶無定說，而《采芑》尤訛。轡可言垂，轡首不可言垂。」以周案：鞗革之說不定，由轡首之義不明也。據《說文》，馬勒口之鐵謂之銜，亦謂之鑣；馬絡頭之革謂之羈，亦謂之靮。勒者，馬頭絡銜，可以爲羈銜之總名，而不能冒轡。且勒之飾有龍勒貝面，其用金者謂之錫，而亦無鋚名。轡以繩爲之，下結於勒，所以制馬也；上又接以革，所以便輓也。輓以革，故名革。亦謂之靶，《說文》「靶，轡革也」，謂當人把輓之處也。亦謂之轡首，爾雅「轡首謂之革」，謂革又在轡上也。其轡首之下垂而飾之以銅者，謂之鋚，《說文》「鋚，轡首銅」是也。郭注以轡首爲轡靶，與《說文》靶字注同。鄭箋《韓奕》以轡首有小金環，與《說文》鋚字注合。然則《毛詩》之「鞗革」，鞗當以鋚爲正；《三家詩》之「鋚勒」，勒當以革爲正。而《蓼蕭》毛傳訓鞗爲轡，革爲轡之首，沖沖爲轡首之垂飾，循文立訓，辭意亦順。革本皮革字，轡首之革必連鞗革爲文，故直訓鞗爲轡。必用《三家詩》義改易其文，失毛意矣。《采芑》箋云「轡首垂」，即用《蓼蕭傳》而合言之也。其箋《韓奕》云「謂轡首今誤作『也』。以金爲小環，往往纏搤之」；《載見》云「鞗革，轡首也；鶬，通鎗。金飾皃」。此兩箋又隨經文轡首與金飾分釋之，而意仍與《采芑》同。謂箋絶無定說，尤昧鄭意矣。至段氏以勒爲轡首，鋚爲勒飾，經傳注家無一可徵，乃引唐宋所謂金勒者當之，更謬。

《毛詩傳》云：「戹，烏噣也。」鄭箋云：「鞗革謂轡也，以金爲小環，往往纏搤之。」段玉裁云：「《小爾雅》云：『衡，扼也。扼上者謂之烏啄。』當作「扼上也，扼下者謂之烏啄」。《釋名》：『馬曰烏啄，下向叉馬頸，似烏開口向下啄物時也。』《詩》戹者，軶之假借，傳『烏噣』即《小爾雅》、《釋名》之烏啄也。鞟以爲鞃，虢以爲幦，鋚以飾勒，金以飾軶，本四事也。鄭箋不用毛義，以戹爲搤之假借，鞗革金戹爲一事。《正義》噣誤蠋，乃妄云：『戹，烏蠋，《爾雅·釋蟲》文。戹，大蟲，如指。金戹者，以金接轡之端，如戹蟲然。』其說無理。」以周案：段氏此說可從。

鄭玄云：「《士昏禮》『婦車有裧』。裧，車裳幃，《周禮》謂之容車。有容則固有蓋。」以周案：《雜記》「其輤有裧，緇布裳帷」，注云：「裧，鼈甲邊緣。裳帷，圍棺者。」與此注異。沈冠雲從彼注，以裧與裳帷爲二物。盛庸三從此注，以爲帷裳與裧實一物。竊謂車蓋之衣謂之裧，亦謂之潼容，其四旁之緇帷謂之帷裳，亦謂之輜軿，此固以雜記注爲正。然婦車之擁蔽，重在帷裳不在裧。《列女傳·貞順篇》引禮云「婦人出必輜軿」，故鄭此注直以裳帷釋之，又云「《周禮》謂之容車，有容則固有蓋」，明裧自在蓋，經舉裧以晐裳帷爾。盛氏以爲一物固非，沈氏必據《雜記》注以駁此注，亦未識鄭注經之苦心。

賈逵說：「王賜晉文公大輅之服」，大輅，金輅。服虔說：「大路越席」，大路，木路。鄭玄説，《禮》，祭天之大路爲木路，《書·顧命》之大路爲玉路。以周案：大路爲天子乘車之總名。注家隨文立解，於義自通。若必執一説以定之，勢將彼此互窒矣。

鄭玄云：「婦人不立乘，異於男子。」孔穎達云：「男子倚乘，婦人坐乘。」以周案：《賈子容經》有坐車之容，云「坐乘以經坐之容，視平衡曰經坐，見《賈子》本文。手撫式，視五旅，與巂通。欲無顧，顧不過轂」。又有立車之容，云「立乘以經立之容，固頤正視，平肩正背，臂如抱鼓，足閒二寸，端面攝纓，端股正足，體不摇肘，曰經立。右持綏而左臂詘，存劍之緯，欲無顧，顧不過轂」。是則君子在車固有坐立兩法矣。鄭意男子乘車皆立，惟安車斯坐乘，故《曲禮》「大夫致事乘安車」，注云「安車坐乘」。然考《尚書大傳》「八十、九十者朝見，乘車輲輪」，注云「乘車，安車」。則安車之異平時乘車者，在輲輪，非關坐不坐也。

鄭玄云：「『大夫致事乘安車』，安車坐乘，若今小車。」孔穎達云：「《書傳略説》『致仕以朝，乘車輲輪』，注云『安車，坐乘』也。言輲輪，明其小也。」以周案：「言輲輪，明其小也」，此孔疏釋注「若今小車」之義，非《書傳》鄭注語。《儀禮經傳通解》載《書傳》注無此七字可證。陳氏輯《書傳》并疏文輯之，非也。漢制，立乘曰高車，坐乘曰安車。高車亦曰大使車，安車亦曰小使車。大使車立乘，小使車不立乘。並見《續輿服志》及注引徐廣説。《車千秋傳》云：「千秋年老，上優之，朝見得乘小車入宮殿。」此鄭注「安車若今小車」之證也。疏從庾蔚之説「漢小車駕一馬而坐乘」，此説無據。《尚書大傳》「士乘飾車兩馬，庶人單馬木車」，則致仕之老明不乘單馬車矣。據《續輿服志》「小使車不立乘，有騑」是駕三馬也。據《史·儒林·申公傳》「安車駟馬迎申公」，是又駕四馬矣。

《禮緯》云：「天子旗九仞，十二旒，曳地；諸侯七仞，九旒，齊軫；大夫五仞，七旒，齊較；士三仞，五旒，齊首。」《新序》云：「國君之旗齊於軫，大夫之旗齊於軾。」《廣雅》云：「天子十二斿，至地；諸侯九斿，至軫；卿大夫七斿，至軹；士三斿，至肩。」以周案：旗天子曳地，諸侯齊軫，諸説皆同。《漢輿服續志》「大常十有二斿，九仞，曳地」，與《禮緯》亦同。惟大夫、士之旗，其説各異。考車制，軫高四尺，軾高於軫三尺三寸，較高於軫五尺五寸，軹爲輢之植者横者，與轂末之名軹，同名而異等。高與軾同。《新序》「齊軾」與《廣雅》「齊軹」一也。人立車上，高於軫六尺。諸侯齊軫，短於天子四尺。大夫齊軾，短於諸侯三尺三寸。士齊首，短於大夫二尺餘。若大夫齊較，則短於諸侯五尺半，高於士不及尺，非其差也。是可據《廣雅》、《新序》以訂《禮緯》之誤也。服虔注《左傳》「王黑斷靈姑鈃三尺」用《禮緯》文，失之。《新序》言司馬子期爲王旌以田，其長曳地，芊尹文斷之，使齊軫，此謂斷其旗也。《左傳》言齊侯使王黑以靈姑鈃率，請斷三尺而用之，此謂斷其杠也。服注以斷杠爲斷旗，既屬牽强，且謂斷之使齊較，而較去軫五尺半，亦何得斷三尺邪？考車旗之杠，經注並無明文。《禮緯》天子杠九仞，諸侯七仞，卿大夫五仞，士三仞，此言平時所建之杠，似亦不能施之於車。

陳祥道説，旗建於車前。朱熹説，建於車後。或説，舊圖旗建車左，據保介在右準之，當移於右，蓋建於車右之戈後也。以周案：車制右主刺，左主射，舊説戈戟殳矛建於車右是也。兵既建右，旗當建左矣。《西京賦》云「旗不脱扃」，薛綜注：「扃，關也。建旗車上，有關制之，令不動摇，曰扃。每門解下之。今此門高，不復脱扃。」《左傳》宣十二年：「晉人以廣隧不能進，楚人惎之脱扃，少進，馬還，又惎之拔旆投衡，乃出。」服注：「扃，横木較輪閒，據《釋文》文。《正義》所引多衍誤字。一曰車前横木也。」服意扃爲闌校輪閒之横木。《説文》：「横，闌木也。」《漢書·成帝紀》「大校獵」，師古云：「校謂以木自相貫穿爲闌校。」車之闌木，左右及前三面皆有之。兹云脱扃，謂脱其闌校之在輪閒者，爲旗旆建於斯也。其實旗旆建於車左之闌木，而扃又以關之，扃脱則旗靡，拔旆謂拔之於闌木也。如服注，脱扃即拔旆矣。其引一曰者，明車前亦有闌校之横木，非謂旆有建於車前也。《釋名》叙龍虎鳥蛇四旗，云「旐，兆也，建之於後」，謂龜蛇之旐居北方，亦非謂旐即建於車後也。王倬甫謂旗建於輿中蓋弓之桯孔，更鑿。

鄭珍云：「《周禮》『軍將執晉鼓』。以《韗人》計之，晉鼓之木長六尺六寸，徑四尺。古之鼓面在兩旁，若以面向人，木之占地總六尺六寸，式内外分居三尺餘，軍將即須退式後三尺餘擊之，則身必立當箱軫之際。若以面向側，四尺之面於式内亦居二尺，其木適如車廣，軍將居中，手必繞出左右兩人之外乃及擊之。若鼖鼓木長八尺，更無可者。繹夏官言仲冬教大閲，中軍以鼙令鼓，鼓人皆三鼓，則臨戰所擊，亦止是提鼙；惟仲春教振旅辨鼓鐸之用，故王以下所執不同也。古提鼙之制，其木必短，建車上者，跗必曲木折向外，令其面適當式前，高或及膺，乃便擊。」以周案：《吴語》：「十行一嬖大夫，建旌提鼓，挾經秉枹。十旌一將軍，載常建鼓，挾經秉枹。」韋注建鼓謂晉鼓，與《周官·大司馬職》「軍將執晉鼓，師帥執提鼓」文合。于嬖大夫曰提鼓，于將軍特别之曰建鼓，則建鼓即晉鼓，非提鼙明矣。鄭氏謂軍將建鼙，與《經傳》違。如謂晉鼓之大，有礙於車，豈用之于仲春教振旅遂無礙乎？知仲春教振旅可建晉鼓，則臨戰之車亦何礙於晉鼓也。《左傳》「伯棼射王，汏輈，及鼓跗」，則鼓高可知，鼓跗值輈亦可知。惟鼓高，故鼓下可坐囚。惟鼓跗值輈，則鼓切軾前，故元帥之御必居左其木曲而向外，則鼓在軾内未必居三尺餘。其車隧四尺四寸，亦無容憂其無立處矣。

黄以周《禮書通故》卷四三《六書通故》二 《考工記》「妢胡之笴」。故書笴爲笱。杜子春云：「笱當爲笴，笴讀爲槀，謂箭槀。」以周案：段氏據《唐石經》經文作「妢胡之笱」，謂注中笱字爲笴之誤。錢竹汀謂笱槀音尤相近。徐氏又謂《唐石經》所主者鄭本，何爲不從鄭作笴，反從故書作笱，全部《石經》無此例。或者故書作笱，今書作笱，杜、鄭改故書，從今書，實作笱字，唐人所見猶未誤。嚴鐵橋同徐説。竊謂故書笱爲笴字之誤，此可無疑。杜云「笱當爲笴」，以《矢人》「笴厚」及「相笴」諸文決之也。又云「笴讀爲槀」，《矢人》注所謂「笴，古文假借字」也。笱改爲笴，又讀爲槀，此與臀當爲殿，又讀爲屯，帝當爲定，又讀爲奠同例。《唐石經》作「妢胡之笱」，猶弓人「謂之參均」作「謂之不參均」，一從故書改，一從司農説改，皆《石經》之失當者也。徐、嚴據以改此經，段氏又據以改《矢人》，皆屬武斷。

《輪人》：「桯長倍之，四尺者二，十分寸之一謂之枚。」故書十與上二合爲二十字。杜子春云：「當爲四尺者二，句。十分寸之一。」賈公彦云：「故書十與上二合爲廿字。」以周案：二十字謂廿也。《説文》：「廿，二十并也。」「合爲二十字」，謂故書合二十兩字爲廿，故引杜説分之。段氏依疏言，改注二十字爲廿字，非是。或謂故書自作二十字，但連讀耳，斯説尤謬。故書本不分讀，既作二十字，注曰「杜子春讀四尺者二句」足矣，何必迂迴其辭云爾也。廿讀如入，疏謂一字爲兩讀，亦不足據。

《輈人》「軓前十尺」。鄭司農云：「軓謂式前也，書或作軋。」玄謂：「軋是。段校作「軓」。軓，段注作「軋」。法也，謂輿下三面之材，輢軾之所尌，持車正也。」以周案：「軋」當作「範」，故注訓爲法，説已詳前。其餘當依段校。段氏云：「軓是，句絶，謂當從軓也。下釋軋字之義，即經下文所謂任正者。鄭君分別軋字，與軓訓軾前不同，所以申大鄭之義。」

《鮑人》。故書線或作綜。杜子春云：「綜當爲糸旁泉，讀如絤，謂縫革之縷。」以周案：此與《廬人》「但」「絹」同例。杜、鄭皆不舉故書，而據書或字以定之，此必故書字已漫爛無可著也。後鄭則據杜鄭所定之字，乃曰「故書線」、「故書彈」，其實「線」「彈」非原文也。云「當爲糸旁泉」者，泉宗篆相似。

綜述

《周禮・春官宗伯下・巾車》 王之喪車五乘：木車，蒲蔽，犬襀，尾櫜，疏飾，小服皆疏；素車，棼蔽，犬襀，素飾，小服皆素；藻車，藻蔽，鹿淺襀，革飾；駹車，雚蔽，然襀，髹飾；漆車，藩蔽，豻襀，雀飾。

《逸周書》卷四 王又射之三發，乃右擊之以輕吕，斬之以玄鉞，縣諸小白。乃出場於厥軍。及期，百夫荷素質之旗於王前；叔振奏拜假，又陳常車，周公把大鉞、召公把小鉞以夾王。泰顛、閎夭，皆執輕吕以奏王。王入，即位於社太卒之左。

《漢書》卷九九下《王莽傳下》 或言黄帝時建華蓋以登僊，莽乃造華蓋九重，高八丈一尺，金瑵羽葆，載以祕機四輪車，駕六馬，力士三百人黄衣幘，車上人擊鼓，輓者皆呼「登僊」。莽出，令在前。百官竊言「此似輭車，非僊物也。」

徐天麟《西漢會要》卷二三《輿服上・天子車旗》 王車，黄屋左纛。《高紀》。李斐曰：「天子車以黄繒爲蓋裏。纛，毛羽幢也，在乘輿車衡左方上注之。」蔡邕曰，以犛牛尾爲之，如斗，或在騑頭，或在衡。」

文帝初立，奉天子法駕迎代邸。本《紀》。案《三輔黄圖》云：天子出，車駕次第，謂之鹵簿。有大駕，有法駕，有小駕。大駕則公卿奉引，大將軍參乘，太僕御，屬車八十一乘，作三行，尚書御史乘之，最後一乘垂豹尾，豹尾以前皆爲省中，備千乘萬騎出長安。出祠天於甘泉備之。百官有其儀注，名曰甘泉鹵簿。法駕，京兆尹奉引，侍中參乘，奉車郎御，屬車三十六乘。

宣帝初立，太僕以軨獵車奉迎曾孫。《宣紀》。文穎曰：「軨獵，小車，前有曲輿不衣也。」李奇曰：「闌輿輕車也。」師古曰：「時未備天子車駕，故且取其輕便耳。」

乘輿副車。《霍光傳》。

輜車。《張良傳》，上雖疾，强載輜車，臥而護之。

鸞旗在前，屬車在後。《賈捐之傳》。師古曰：「鸞旗編以羽毛，列繫橦旁，載於車上。大駕出，則陳於道而先行。」

屬車間豹尾中。《揚雄傳》。服虔曰：「大駕屬車八十一乘，作三行，尚書御史乘之，最後一乘縣豹尾，豹尾以前皆爲省中。」

屬車之清塵。應劭曰：「古者諸侯貳車九乘；秦滅九國，兼其車服，漢依秦制，故大駕屬車八十一乘。」師古曰：「屬者，言相連續而不絶也。塵謂行而起塵也。言清者，尊貴之意也。」見《司馬相如傳》。

甘泉法從。《揚雄傳》。注云：「從法駕也。」

翠鳳之駕。《揚雄傳》。師古曰：「天子乘車，爲鳳形而飾以翠羽也。」

千乘霆亂，萬騎屈橋。《揚雄傳》。

乘鏤象，六玉虯，張揖曰：「鏤象，象路也，以象牙疏鏤其車輅。六玉虯，謂駕六馬以玉飾其鑣勒，有似玉虯。龍子有角曰虯。」拖蜺旌，析羽毛，染以五采，綴以縷爲旌，有似虹蜺之氣也。靡雲旗，畫熊虎於旒爲旗，似雲氣。前皮軒，後道游。皮軒之上以赤皮爲重蓋。天子將出，道車五乘，游車九乘。言皮軒最居前，而道游次皮軒之後。《司馬相如傳》。

乘輿乃登夫鳳凰兮翳華芝，師古曰：「鳳凰者，車以鳳凰爲飾也。翳，蔽也。以華芝爲蔽也。」駟蒼螭兮六素虯。四、六，駕數也。螭似龍，一名地螻。流星旄以電燭兮，咸翠蓋而鸞旗。屯萬騎於中營兮，方玉車之千乘。《揚雄傳》。方，並也。

張燿日之玄旄，揚左纛，被雲梢。「梢」與「旓」同。奮電鞭，驂雷輜，鳴洪鐘，建五旗。《揚雄傳》。《漢舊儀》云皇帝車駕建五旗。蓋謂五色之旗也。以木牛承其下，取其負重致遠。

建九旒，六白虎，載靈輿。立歷天之旂，曳捎星之旃。同上。

舉洪頤，植靈旗。同上。洪頤，旗名也。

建翠華之旗。《司馬相如傳》。師古曰：「以翠羽爲旗，上葆也。」

羽葆。《韓延壽傳》。

皇太后御小馬車。《霍光傳》。張晏曰：「皇太后所駕遊宮中輦車也。漢厩有果下馬，高三尺，以駕輦。」師古曰：「小馬可於果樹下乘之，故號果下馬。」

緑車。《金日磾傳》。晉灼曰：「《漢注》，緑車名皇孫車，太子有子乘以從。」

徐天麟《西漢會要》卷二三《輿服上・百官車》 漢初，將相或乘牛車。《食貨志》。

景帝中六年，詔曰：「吏者，民之師也，車駕衣服宜稱。令長吏二千石車朱兩轓，千石至六百石朱左轓。」本《紀》。徐天麟按：《後漢志》云，景帝詔六百石以上施車轓，得銅五末，軛有吉陽筩。中二千石以上右騑，三百石以上皁布蓋，千石以上皁繒覆蓋，二百石以下白布蓋，皆有四維杠衣。賈人不得乘馬車。除吏赤畫杠，其餘皆青云。

徐天麟《東漢會要》卷九《輿服上・乘輿》 殷瑞山車，金根之色。漢承秦制，御爲乘輿，所謂孔子乘殷之輅者也。

徐天麟《東漢會要》卷九《輿服上・金根　安車　立車》 乘輿、按此乘輿二字蓋言天子也。金根、安車、立車，輪皆朱班重牙，貳轂兩轄，金薄繆龍，爲輿倚較，文虎伏軾，龍首銜軛，左右吉陽筩，鸞雀立衡，虡文畫輈，羽蓋華蚤，建大旂，十二斿，畫日月升龍，駕六馬，象鑣鏤錫，金鍐方釳，插翟尾，朱兼樊纓，赤罽易茸，金就十有二，左纛以氂牛尾爲之，在左騑馬軛上，大如斗，是爲德車。五時車，安、立亦皆如之。各如方色，馬亦如之。白馬者，朱其髦尾爲朱鬣云。所御駕六，餘皆駕四，後從爲副車。

徐天麟《東漢會要》卷九《輿服上・耕車》 耕車，其飾皆如之。有三蓋。一曰芝車，置轙耒耜之箙，上親耕所乘也。

徐天麟《東漢會要》卷九《輿服上・戎車》 戎車，其飾皆如之。蕃以矛麾金鼓羽析幢翳，轙胄甲弩之箙。

徐天麟《東漢會要》卷九《輿服上・獵車》 獵車，其飾皆如之。重輞縵輪，繆龍繞之。一曰闟豬車，親校獵乘之。

徐天麟《東漢會要》卷九《輿服上・軿車》 太皇太后、皇太后法駕，皆御金根，加交絡帳裳。非法駕，則乘紫罽軿車，雲虡文畫輈，黄金塗五末，蓋蚤。左右騑，駕三馬。

長公主赤罽軿車。

大貴人、貴人、公主、王妃、封君油畫軿車。大貴人加節畫輈。皆右騑而已。

徐天麟《東漢會要》卷九《輿服上・青蓋車》 皇太子、皇子皆安車，朱班輪，青蓋，金華蚤，黑虡文，畫轓文輈，金塗五末。皇子爲王，錫以乘之，故曰王青蓋車。

徐天麟《東漢會要》卷九《輿服上・緑車》 皇孫緑車以從。皆左右騑，駕三。

徐天麟《東漢會要》卷九《輿服上・皁蓋車》 公、列侯安車，朱班輪，倚鹿較，伏熊軾，皁繒蓋，黑轓，右騑。

中二千石、二千石皆皁蓋，朱兩轓。其千石、六百石，朱左轓。轓長六尺，下屈廣八寸，上業廣尺二寸，九文，十二初，後謙一寸，若月初生，示不敢自滿也。景帝中元五年，始詔六百石以上施車轓，得銅五末，軛有吉陽筩。中二千石以上右騑，三百石以上皁布蓋，千石以上皁繒覆蓋，二百石以下白布蓋，皆有四維杠衣。賈人不得乘馬車。除吏赤畫杠，其餘皆青云。案《郭賀傳》，舊典，傳車驂駕乘赤帷裳，唯賀爲荆州，勑去襜帷。《謝承書》曰：「孔恂字巨卿，新淦人。州别駕從事車前舊有屏星，如刺史車曲翳儀式。時刺史行部，發去日晏，刺史怒，欲去別駕車屏星。恂議曰：『明使君傳車自發晚，而欲徹去屏星，毀國舊儀，此不可行。別駕可去，屏星不可省。』即投傳去。刺史追辭謝請，不肯還，於是遂不去屏星。」《說文》曰：「車當謂之屏星。」

徐天麟《東漢會要》卷九《輿服上·夫人安車》 公、列侯、中二千石、二千石夫人，會朝若蠶，各乘其夫之安車，右騑，加交絡帷裳，皆皁。非公會，不得乘朝車，得乘漆布輜軿車，銅五末。

徐天麟《東漢會要》卷九《輿服上·大駕　法駕　小駕》 乘輿大駕，公卿奉引，太僕御，大將軍參乘。屬車八十一乘，備千乘萬騎。西都行祠天郊，甘泉備之。官有其注，名曰甘泉鹵簿。東都唯大行乃大駕。大駕，太僕校駕；法駕，黄門令校駕。

乘輿法駕，公卿不在鹵簿中。河南尹、執金吾、雒陽令奉引，奉車郎御，侍中參乘。屬車三十六乘。前驅有九斿雲罕，鳳凰闟戟，皮軒鸞旂，皆大夫載。鸞旂者，編羽旄，列繫幢旁。民或謂之雞翹，非也。後有金鉦黄鉞，黄門鼓車。

古者諸侯貳車九乘。秦滅九國，兼其車服，故大駕屬車八十一乘，法駕半之。屬車皆皁蓋赤裏，朱轓，戈矛弩箙，尚書、御史所載。最後一車垂豹尾，豹尾以前比省中。

行祠天郊以法駕，祠地、明堂省什三，祠宗廟尤省，謂之小駕。每出，太僕奉駕上鹵簿，中常侍、小黄門副；尚書主者，郎令史副；侍御史，蘭臺令史副。皆執注，以督整車騎，謂之護駕。春秋上陵，尤省於小駕，直事尚書一人從，其餘令以下，皆先行後罷。

徐天麟《東漢會要》卷九《輿服上·輕車》 輕車，古之戰車也。洞朱輪輿，不巾不蓋，建矛戟幢麾，輣輒弩箙。藏在武庫。大駕、法駕出，射聲校尉、司馬吏士載，以次屬車，在鹵簿中。諸軍有矛戟，其飾幡斿旗幟皆五采，制度從《周禮》。吴孫《兵法》云：「有巾有蓋，謂之武剛車。」武剛車者，爲先驅。又爲屬車輕車，爲後殿焉。

徐天麟《東漢會要》卷九《輿服上·大使車》 大使車，立乘，駕駟，赤帷。持節者，重導從：賊曹車、斧車、督車、功曹車皆兩；大車，伍伯璅弩十二人；辟車四人；從車四乘。無節，單導從，減半。

徐天麟《東漢會要》卷九《輿服上·小使車》 小使車，不立乘，有騑，赤屏泥油，重絳帷。導無斧車。近小使車，蘭輿赤轂，白蓋赤帷。從騶騎四十人。此謂追捕考案，有所勅取者之所乘也。

諸使車，皆朱班輪，四輻，赤衡軛。其送葬，白堊以下，灑車而後還。公、卿、中二千石、二千石，郊廟、明堂、祠陵，法出，皆大車，立乘，駕駟。他出，乘安車。

徐天麟《東漢會要》卷九《輿服上·載車》 大行載車，其飾如金根車，加施組連璧交絡四角，金龍首銜璧，垂五采，析羽流蘇前後，雲氣畫帷裳，櫖文畫曲幡，長縣車等。太僕御，駕六布施馬。布施馬者，淳白駱馬也，以黑藥灼其身爲虎文。既下，馬斥賣，車藏城北秘宫，皆不得入城門。當用，太僕考工乃内飾治，禮吉凶不相干也。

徐天麟《東漢會要》卷九《輿服上·導從車》 公卿以下至縣三百石長導從，置門下五吏、賊曹、督盗賊功曹，皆帶劍，三車導；主簿、主記，兩車爲從。縣令以上，加導斧車。公乘安車，則前後並馬立乘。長安、雒陽令及王國都縣加前後兵車，亭長，設右騑，駕兩。璅弩車前伍伯，公八人，中二千石、二千石、六百石皆四人，自四百石以下至二百石皆二人。黄綬，武官伍伯，文官辟車。鈴下、侍閤、門蘭、部署、街里走卒，皆有程品，多少隨所典領。驛馬三十里一置，卒皆赤幘絳韝云。

古者軍出，師旅皆從；秦省其卒，取其師旅之名焉。公以下至二千石，騎吏四人，千石以下至三百石，縣長二人，皆帶劍，持棨戟爲前列，揵弓韇九鞬。諸侯王法駕，官屬傅相以下，皆備鹵簿，似京都官騎，張弓帶鞬，遮迾出入稱促。列侯，家丞、庶子導從。若會耕祠，主縣假給辟車鮮明卒，備其威儀。導從事畢，皆罷所假。

徐天麟《東漢會要》卷九《輿服上·車馬飾》 諸軍之文：乘輿，倚龍伏虎，櫖文畫輈，龍首鸞衡，重牙班輪，升龍飛軨。皇太子、諸侯王，倚虎伏鹿，櫖文畫輈轓，吉陽筩，朱班輪，鹿文飛軨，旂旗九斿降龍。公、列侯，倚鹿伏熊，黑轓，朱班輪，鹿文飛軨，九斿降龍。卿，朱兩轓，五斿降龍。二千石以下各從科品。諸轓車以上，軛皆有吉陽筩。

諸馬之文：案乘輿，金鍐方釳，插翟象鑣，龍畫總，沫升龍，赤扇汗，青兩翅，燕尾。駙馬，左右赤珥流蘇，飛鳥節，赤膺兼。皇太子亦如之。王、公、列侯，鏤錫文髦，朱鑣朱鹿，朱文，絳扇汗，青翅燕尾。卿以下有騑者，緹扇汗，青翅尾，當盧文髦，上下皆通。中二千石以上及使者，乃有騑駕云。

楊晨《三國會要》卷一三《禮五・輿服》 魏武王受漢獻帝命，乘金根車，駕六馬，設五時副車。至明帝景初中，山茌縣黄龍見，以爲魏得地統，服色尚黄，戎事乘黑首白馬，建大赤之旗。《通志》：秦改周輅制爲金根，通以金薄，周匝四面，漢、魏二晉因循莫改。《魏文帝集》：以孔雀尾爲金根車蓋。

魏時，天子駕六，太子及諸侯王駕四。《宋志》。

魏因漢制，五時副車置髦頭雲罕。《宋志》：魏命晉王建天子旌旗，置旄頭雲罕。《後漢書》注引魏文帝《列異傳》：秦文時，梓化爲牛，以騎擊之，或墮地被髮，牛畏之入水，因置旄頭騎使先驅。

按漢制：大駕屬車八十一乘，法駕三十六乘，小駕減半。晉鹵簿先象車，次有五路。《玉海》引宋庠云：漢、魏有大駕、小駕之儀，其詳無考。《春秋正義》：服虔云：「纓如索帬，今乘輿大駕有之。」然則漢、魏以來，大駕之馬膺有索帬，是纓之遺象也。

漢制：耕根車有三蓋，一曰三蓋車。置轓耒耜之箙，上親耕所乘也；魏因之，建赤旗。《通志》、桓譚《新論》皆玄黄五色，飾以金玉、翠羽、珠絡、錦繡、茵席者也。獵車駕四馬，天子校獵所乘，一名闟戟車，一名蹋豬車，魏文帝改名蹋獸車。《晉書》。按《通志》作「蹋武車」，獸字、武字皆唐人避虎字諱改也。

《傅子》曰：「天子出多乘輿車。」《北堂書鈔》。

雲母車，以雲母飾，時賜王公。《御覽》。

輦，自漢以來爲人君之乘，御小出即乘之。《宋志》：魏、晉御小出常乘馬，亦多乘輿車。輿車，今之小事。

犢車，軿車之流也。漢諸侯貧者乘之，後轉見貴。孫權云車中八牛，即犢車也。《宋志》、《通考》：犢車，魏武賜楊彪七香車也，駕牛。

漢貴輜軿而賤軺車，魏重軺車而賤輜軿。三品將軍以上、尚書令、軺車黑耳有後户，僕射但有後户無耳，並皁輪也。《傅子》云：「漢世賤軺車而今貴之。」又云：「輜車即輦也。」

高貴鄉公給司馬望追鋒車，《晉志》云：「去小平蓋，加通幰，如軺車，駕二馬。」《北堂書鈔》：太祖與彪以四望通幰畫輪七香車。

黄帝作指南車，後漢張衡復造，喪亂不存。魏明帝青龍中，令博士馬鈞紹而作焉。車上有木仙人舉手常指南，車箱迴轉，所指微差。《通志》補《馬鈞傳》。

魏武帝問：「東平王有金路，何意爲是特賜非？」侍中鄭稱對曰：「天子有五路，金以封同姓。諸侯得乘金路，與天子同，此自得有，非特賜也。」《續漢志注》。《通志》作文帝。

漢皇太子、皇子皆安車，朱班輪、飛軨、青蓋，皇子爲王，賜以乘之，故曰王青蓋車。金華蚤文畫轓，金塗五末旂九斿，畫降龍；皇孫緑車以從，皆左右騑，駕三馬。名皇孫車。魏因之。《通志》：晉因魏，非法駕則乘畫輪車。

按吴孫皓時，有青蓋入洛之謡，又《孫賁傳》云：「若天下一統，青蓋北巡。」阮瑀詩：青蓋巡九州。是乘輿亦用青蓋。《江表傳》：周泰賜所用青繖蓋。又有曲蓋。《孫皓傳》，取孫和陵上鼓吹曲蓋。《孫峻傳》注：留贊不能陣，解曲蓋印綬。《唐書》：開成末定制：宰相、三公、師保、尚書令、僕射諸司長官許乘檐子，如漢、魏載輿步輿《唐會要》作「準載步輿」。之制。

《晉書》卷二五《輿服志》 玉、金、象、革、木等路，是爲五路，並天子之法車，皆朱班漆輪，畫爲櫖文。三十輻，法月之數；重轂貳轄。以赤油，廣八寸，長三尺，注地，繫兩軸頭，謂之飛軨。金薄繆龍之爲輿倚較，較重，爲文獸伏軾，龍首銜軛，左右吉陽筩，鸞雀立衡，櫖文畫輈及轓。青蓋，黄爲裏，謂之黄屋。金華施橑末，橑二十八以象宿。兩箱之後，皆玳瑁爲鵾翅，加以金銀雕飾，故世人亦謂之金鵾車。斜注旂旗於車之左，又加棨戟於車之右，皆槖而施之。棨戟韜以黻繡，上爲亞字，繫大蛙蟆幡。軛長丈餘。於戟之杪，以氂牛尾，大如斗，置左騑馬軛上，是爲左纛。輈皆曲向上，取《禮緯》「山車垂句」之義，言不揉而能自曲。

玉、金、象三路，各以其物飾車，因以爲名。革者漆革，木者漆木。其制，玉路最尊，建太常，十有二旒，九仞委地，畫日月升龍，以祀天。金路建大旂，九旒，以會萬國之賓，亦以賜上公及王子母弟。象路建大赤，通赤無畫，所以視朝，亦以賜諸侯。革路建大白，以即戎兵事，亦以賜四鎮諸侯。木路建大麾，以田獵，其麾色黑，亦以賜藩國。玉路駕六黑馬，餘四路皆駕四馬，馬並以黄金爲文髦，插以翟尾。象鑣而鏤錫，錫在馬面，所謂當顱者也。金叜而方釳，金叜謂以金叜爲文。釳以鐵爲之，其大三寸，中央兩頭高，如山形，貫中以翟尾而結著之也。繁纓赤罽易茸，金就十有二。繁纓，馬飾纓，在馬膺前，如索帬。五路皆有錫鸞之飾，和鈴之響，鉤膺玉瓌，鉤膺，即繁纓也。瓌，馬帶玦名也。龍輈華轙，輈，車轅也，頭爲龍象。轙，謂車衡上環受鸞者也。朱幩。幩，飾也，人君以朱纏鑣扇汗，以爲飾也。法駕行則五路各有所主，不俱出；臨軒大會則陳乘輿車輦旌鼓於其殿庭。

車，坐乘者謂之安車，倚乘者謂之立車，亦謂之高車。案：《周禮》，惟王后有安車也，王亦無之。自漢以來制乘輿，乃有之。有青立車、青安車、赤立車、赤安車、黃立車、黃安車、白立車、白安車、黑立車、黑安車，合十乘，名爲五時車，俗謂之五帝車。天子所御則駕六，其餘並駕四。建旂十二，各如車色。立車則正竪其旂，安車則邪注。駕馬，馬亦各隨五時之色，白馬則朱其鬣尾。左右騑驂，金叉鏤錫，黃屋左纛，如金根之制，行則從後。五牛旗，平吳後所造，以五牛建旗，車設五牛，青赤在左，黃在中，白黑在右。竪旗於牛背，行則使人輿之。牛之爲義，蓋取其負重致遠而安穩也。旗常纏不舒，所謂德車結旌也。天子親戎則舒，謂武車綏旌也。

金根車，駕四馬，不建旗幟，其上如畫輪車，下猶金根之飾。

耕根車，駕四馬，建赤旗，十有二旒，天子親耕所乘者也。一名芝車，一名三蓋車。置耒耜於軾上。魏景初元年，改正朔，易服色，色尚黃，牲用白，戎事乘黑首白馬，建大赤之旂，朝會則建大白，行殷之時也。泰始二年，有司奏：「宜如有虞遵唐故事，皆用前代正朔服色，其金根、耕根車，並以建赤旗。」帝從之。輂，案自漢以來爲人君之乘，魏晉御小出即乘之。

戎車，駕四馬，天子親戎所乘者也。載金鼓、羽旗、幢翳，置弩於軾上，其建矛麾悉斜注。

獵車，駕四馬，天子校獵所乘也。重輞漫輪，繆龍繞之。一名闟戟車，一名蹋猪車。魏文帝改名蹋獸車。《記》云「國君不乘奇車」，奇車亦獵車也。古天子獵則乘木輅，後人代以獵車也。

遊車，九乘，駕四，先驅之乘是也。

雲罕車，駕四。

皮軒車，駕四，以獸皮爲軒。

鸞旗車，駕四，先輅所載也。鸞旗者，謂析羽旄而編之，列繫幢傍也。

建華車，駕四，凡二乘，行則分居左右。

輕車，駕二，古之戰車也。前後二十乘，分居左右。輿輪洞朱，不巾不蓋，建矛戟麾幢，置弩箙於軾上。大駕法駕出，射聲校尉、司馬、吏士、戰士載，以次屬車。

司南車，一名指南車，駕四馬，其下制如樓，三級；四角金龍銜羽葆；刻木爲仙人，衣羽衣，立車上，車雖回運而手常南指。大駕出行，爲先啓之乘。

記里鼓車，駕四，形制如司南，其中有木人執槌向鼓，行一里則打一槌。

羊車，一名輦車，其上如軺，伏兔箱，漆畫輪軛。武帝時，護軍羊琇輒乘羊車，司隸劉毅糾劾其罪。

畫輪車，駕牛，以綵漆畫輪轂，故名曰畫輪車。上起四夾杖，左右開四望，緑油幢，朱絲絡，青交路，其上形制事事如輦，其下猶如犢車耳。古之貴者不乘牛車，漢武帝推恩之末，諸侯寡弱，貧者至乘牛車，其後稍見貴之。自靈獻以來，天子至士遂以爲常乘，至尊出朝堂舉哀乘之。

屬車，一曰副車，一曰貳車，一曰左車。漢因秦制，大駕屬車八十一乘，行則中央左右分爲行。

法駕屬車三十六乘。最後車懸豹尾，豹尾以前比之省中。屬車皆皁蓋朱裏云。

御衣車、御書車、御軺車、御藥車，皆駕牛。

陽遂四望繐窗皁輪小形車，駕牛。

象車，漢鹵簿最在前。武帝太康中平吳後，南越獻馴象，詔作大車駕之，以載黃門鼓吹數十人，使越人騎之。元正大會，駕象入庭。

中朝大駕鹵簿

先象車，鼓吹一部，十三人，中道。次静室令，駕一，中道。式道候二人，駕一，分左右也。次洛陽尉二人，騎，分左右。次洛陽亭長九人，赤車，駕一，分三道，各吹正二人引。次洛陽令，皁車，駕一，中道。次河南中部掾，中道。河橋掾在左，功曹史在右，並駕一。次河南尹；駕駟，戟吏六人。次河南主簿，駕一，中道。次河南主記，駕一，中道。次司隸部河南從事，中道。都部從事居左，別駕從事居右，並駕一。次司隸校尉，駕三，戟吏八人。次司隸主簿，駕一，中道。次司隸主記，駕一，中道。次廷尉明法掾，中道。五官掾居左，功曹史居右，並駕一。次廷尉卿，駕駟，戟吏六人。次廷尉主簿、主記，並駕一，在左。太僕引從如廷尉，在中。宗正引從如廷尉，在右。次太常，駕駟，中道，戟吏六人。太常外部掾居左，五官掾、功曹史居右，並駕一。次光禄引從，中道。太常主簿、主記居左，衛尉引從居右，並駕一。次太尉外督令史，駕一，中道。次西東賊倉户等曹屬，並駕一，引從。次太尉，駕駟，中道。太尉主簿、舍人各一人，祭酒二人，並駕一，在左。次司徒引從，駕駟，中道。次司空引從，駕駟，中道。三公騎令史戟各八人，鼓吹各一部，七人。次中護軍，中道，駕駟。鹵簿左右各二行，戟楯在外，弓矢在內，鼓吹一部，七人。次步兵校尉在左，長水校尉在右，並駕一。各鹵簿左右二行，戟楯在外，刀楯在內，鼓吹各一部，七人。次射聲校尉在左，翊軍校尉在右，並駕一。各鹵簿左右各二行，戟楯在外，刀楯在内，鼓吹各一部，七人。　次驍騎將軍在左，游擊將軍在右，並駕一。皆鹵簿左右引各二行，戟楯在外，刀楯在内，鼓吹各一部，七人。　騎隊，五在左，五在右，隊各五十四，命中督二人分領左右。各有戟吏二人，麾幢獨揭，鼓在隊前。　次左將軍在左，前將軍在右，並駕一。皆鹵簿左右各二行，戟楯在外，刀楯在内，鼓吹各一部，七人。　次黄門麾騎，中道。　次黄門前部鼓吹，左右各一部，十三人，駕駟。八校尉佐仗，左右各四行，外大戟楯，次九尺楯，次弓矢，次弩，並熊渠、依飛督領之。　次司南車，駕駟，中道。護駕御史，騎，夾左右。　次謁者僕射，駕駟，中道。　次御史中丞，駕一，中道。　次武賁中郎將，騎，中道。　次九遊車，中道，武剛車夾左右，並駕駟。　次雲罕車，駕駟，中道。　次闟戟車，駕駟，中道，長戟邪偃向後。　次皮軒車，駕駟，中道。　次鸞旗車，中道，建華車分左右，並駕駟。　次護駕尚書郎三人，都官郎中道，駕部在左，中兵在右，並騎。又有護駕尚書一人，騎，督攝前後無常。　次相風，中道。　次司馬督，在前，中道。左右各司馬史三人引仗，左右各六行，外大戟楯二行，次九尺楯，次刀楯，次弓矢，次弩。　次五時車，左右有遮列騎。　次典兵中郎，中道，督攝前却無常。左殿中御史，右殿中監，並騎。　次高蓋，中道，左罼，右罕。　次御史，中道，左右節郎各四人。　次華蓋，中道。　次殿中司馬，中道。殿中都尉在左，殿中校尉在右，左右各四行，細楯一行在弩内，又殿中司馬一行，殿中都尉一行，殿中校尉一行。　次擢鼓，中道。　次金根車，駕六馬，中道。太僕卿御，大將軍參乘。左右又各增三行，爲九行。司馬史九人，引大戟楯二行，九尺楯一行，刀楯一行，由基一行，細弩一行，跡禽一行，椎斧一行，力人刀楯一行。　連細楯，殿中司馬，殿中都尉，殿中校尉，爲左右各十二行。　金根車建青旂十二，左將軍騎在左，右將軍騎在右，殿中將軍持鑿腦斧夾車，車後衣書主職步從，六行，合左右三十二行。　次曲華蓋，中道。　侍中、散騎常侍、黄門侍郎並騎，分左右。　次黄鉞車，駕一，在左，御麾騎在右。　次相風，中道。　次中書監騎左，祕書監騎右。　次殿中御史騎左，殿中監騎右。　次五牛旗，赤青在左，黄在中，白黑在右。　次大輦，中道。　太官令丞在左，太醫令丞在右。　次金根車，駕駟，不建旗。　次青立車，次青安車，次赤立車，次赤安車，次黄立車，次黄安車，次白立車，次白安車，次黑立車，次黑安車，合十乘，並駕駟。建旗十二，如車色。立車正豎旗，安車邪拖之。　次蹋猪車，駕駟，中道，無旗。　次耕根車，駕駟，中道，赤旗十二，熊渠督左，佽飛督右。　次御軺車，次御四望車，次御衣車，次御書車，次御藥車，並駕牛，中道。　次尚書令在左，尚書僕射在右，又尚書郎六人，分次左右，並駕。又治書侍御史二人，分左右，又侍御史二人，分次左右，又蘭臺令史分次左右，並騎。　次豹尾車，駕一。自豹尾車後而鹵簿盡矣。但以神弩二十張夾道，至後部鼓吹，其五張神弩置一將，左右各二將。　次輕車二十乘，左右分駕。　次流蘇馬六十匹。　次金鉞車，駕三，中道。左右護駕尚書郎并令史，並騎，各一人。　次金鉦車，駕三，中道。左右護駕侍御史并令史等，並騎，各一人。　次黄門後部鼓吹，左右各十三人。　次戟鼓車，駕牛，二乘，分左右。　次左大鴻臚外部掾，右五官掾、功曹史，並駕。　次大鴻臚，駕駟，鉞吏六人。　次大司農引從，中道，左大鴻臚主簿、主記，右少府引從。　次三卿，並騎，吏四人，鈴下二人，執馬鞭辟車六人，執方扇羽林十人，朱衣。　次領軍將軍，中道。　鹵簿左右各二行，九尺楯在外，弓矢在内，鼓吹如護軍。　次後軍將軍在左，右將軍在右，各鹵簿鼓吹如左軍、前軍。　次越騎校尉在左，屯騎校尉在右，各鹵簿鼓吹如步兵、射聲。　次領護驍騎、游軍校尉，皆騎，吏四人，乘馬夾道，都督兵曹各一人，乘馬在中。　騎將軍四人，騎校、鞞角、金鼓、鈴下、信幡、軍校並駕一。功曹吏、主簿並騎從。　幰扇幢麾各一騎，鼓吹一部，七騎。　次領護軍，加大車斧，五官掾騎從。　次騎十隊，隊各五十四。將一人，持幢一人，鞞一人，並騎在前，督戰伯長各一人，並騎在後，羽林騎督、幽州突騎督分領之。　郎簿十隊，隊各五十人。絳袍將一人，騎、鞞各一人，在前，督戰伯長各一人，步，在後。　騎皆持稍。　次大戟一隊，九尺楯一隊，刀楯一隊，弓一隊，弩一隊，隊各五十人。　黑袴褶將一人，騎校、鞞角各一人，步，在前，督戰伯長各一人，步，在後。　金顏督將并領之。

皇太子安車，駕三，左右騑。　朱班輪，倚獸較，伏鹿軾。　九旒，畫降龍。　青蓋，金華蚤二十八枚。　黑櫘文畫幡，文輈，黄金塗五采。　亦謂之鸞路。　非法駕則乘畫輪車，上開四望，緑油幢，朱絲繩絡，兩箱裏飾以金錦，黄金塗五采。　其副車三乘，形制如所乘，但不畫輪耳。

王青蓋車，皇孫緑蓋車，並駕三，左右騑。

雲母車，以雲母飾犢車。臣下不得乘，以賜王公耳。

皁輪車，駕四牛，形制猶如犢車，但皁漆輪轂，上加青油幢，朱絲繩絡。　諸王三公有勳德者特加之。　位至公或四望、三望、夾望車。

油幢車，駕牛，形制如皁輪，但不漆轂耳。　王公大臣有勳德者特給之。

通幰車，駕牛，猶如今犢車制，但舉其幰通覆車上也。諸王三公並乘之。

諸公給朝車駕四、安車黑耳駕三各一乘，皁輪犢車各一乘。自祭酒掾屬以下及令史，皆皁零，辟朝服。其武官公又別給大車。

特進及車騎將軍驃騎將軍以下諸大將軍不開府非持節都督者，給安車黑耳駕二，軺車施耳後户一乘。

三公、九卿、中二千石、二千石、河南尹、謁者僕射，郊廟明堂法出，皆大車立乘，駕駟。前後導從大車駕二，右騑。他出乘安車。其去位致仕告老，賜安車駟馬。

郡縣公侯，安車駕二，右騑。皆朱班輪，倚鹿較，伏熊軾，黑轓，皁繒蓋。公旗旂八旒，侯七旒，卿五旒，皆畫降龍。

中二千石、二千石，皆皁蓋，朱兩轓，銅五采，駕二。中二千石以上，右騑。千石、六百石，朱左轓。車轓長六尺，下屈廣八寸，上業廣尺二寸，九文，十二初，後謙一寸，若月初生，示不敢自滿也。

王公之世子攝命理國者，安車，駕三，旗旂七旒，其封侯之世子五旒。

太康四年，制：「依漢故事，給九卿朝車駕四及安車各一乘。」八年，詔：「諸尚書軍校加侍中常侍者，皆給傳事乘軺車，給劍，得入殿省中，與侍臣升降相隨。」

大使車，立乘，駕四，赤帷裳，騶騎導從。舊公卿二千石郊廟上陵從駕，乘大使車，他出乘安車也。

小使車，不立乘，駕四，輕車之流也。蘭輿皆朱，赤轂，赤屏泥，白蓋，赤帷裳，從騶騎四十人。又別有小使車，赤轂皁蓋，追捕考案有所執取者之所乘也。凡諸使車皆朱班輪，赤衡軛。

追鋒車，去小平蓋，加通幰，如軺車，駕二。追鋒之名，蓋取其迅速也，施於戎陣之間，是爲傳乘。

軺車，古之時軍車也。一馬曰軺車，二馬曰軺傳。漢世貴輜軿而賤軺車，魏晉重軺車而賤輜軿。三品將軍以上、尚書令軺車黑耳有後户，僕射但有後户無耳，並皁輪。尚書及四品將軍則無後户，漆轂輪。其中書監令如僕射，侍中、黄門、散騎，初拜及謁陵廟，亦得乘之。

皇太后、皇后法駕，乘重翟羽蓋金根車，駕青輅，青帷裳，雲㯭畫轅，黄金塗五采，蓋爪施金華，駕三，左右騑。其廟見小駕，則乘紫罽軿車，雲㯭畫輈，黄金塗五采，駕三。非法駕則皇太后乘輦，皇后乘畫輪車。皇后先蠶，乘油畫雲母安車，駕六騩馬；騩，淺黑色。油畫兩轅安車，駕五騩馬，爲副。又，金薄石山軿，紫絳罽軿車，皆駕三騩馬，爲副。女旄頭十二人，持棨戟二人，共載安車，儷駕。女尚輦十二人，乘輜車，儷駕。女長御八人，乘安車，儷駕。三夫人油軿車，駕兩馬，左騑。其貴人駕節畫輈。三夫人助蠶，乘青交路，安車，駕三，皆以紫絳罽軿車。九嬪世婦乘軿車，駕三。

長公主赤罽軿車，駕兩馬，右騑。公主、王太妃、王妃，皆油軿車，駕兩馬，右騑。公主油畫安車，駕三，青交路，以紫絳罽軿車駕三爲副，王太妃、三夫人亦如之。公主助蠶，乘油畫安車，駕三。公主有先置者，乘青交路安車，駕三。

諸王妃、公太夫人、夫人、縣鄉君、諸郡公侯特進夫人助蠶，乘皁交路安車，駕三。

諸侯監國世子之世婦、侍中常侍尚書中書監令卿校世婦，命婦助蠶，乘皁交路安車，儷駕。

郡縣公侯、中二千石、二千石夫人會朝及蠶，各乘其夫之安車，皆右騑，皁交路，皁帷裳。自非公會則不得乘軺車，止乘漆布輜軿，銅五采而已。

王妃、特進夫人、封郡君，安車，駕三，皁交路。封縣鄉君油軿車，駕兩馬，右騑。

自過江之後，舊章多缺。元帝踐極，始造大路、戎路各一，皆即古金根之制也，無復充庭之儀。至於郊祀大事，則權飾餘車以周用。六師親征則用戎路，去其蓋而乘之，屬車但五乘而已。加綠油幢，朱絲路，飾青交路，黄金塗五采，其輪轂猶素，兩箱無金錦之飾。其一車又是軺車。舊儀，天子所乘駕六，是時無復六馬之乘，五路皆駕四而已，同用黑，是爲玄牡。無復五時車，有事則權以馬車代之，建旗其上。其後但以五色木牛象五時車，豎旗於牛背，行則使人輿之。牛之義，蓋取其負重致遠安而穩也。旗常纏而不舒旆，所謂德車結旌者也。惟天子親戎，五旗舒旆，所謂武車綏旌者也。指南車，過江亡失，及義熙五年，劉裕屠廣固，始復獲焉，乃使工人張綱補緝周用。十三年，裕定關中，又獲司南、記里諸車，制度始備。其輦，過江亦亡制度，太元中謝安率意造焉，及破苻堅於淮上，獲京都舊輦，形制無差，大小如一，時人服其精記。義熙五年，劉裕執慕容超，獲金鉦輦、豹尾，舊式猶存。

元帝太興三年，皇太子釋奠。制曰：「今草創，未有高車，可乘安車也。」太元中，東宮建，乘路有青赤旂，致疑。徐邈議，太子既不備五路，赤旂宜省。漢制，太子鸞路皆以安車爲名。自晉過江，禮儀疏舛，王公以下，車服卑雜，惟有東宮禮秩崇異，上次辰極，下納侯王。而安帝爲皇太子乘石出安車，制如金路，義不經見，事無所出。

中宮初建及祀先蠶，皆用法駕，太僕妻御，大將軍妻參乘，侍中妻陪乘，丹楊尹建康令及公卿之妻奉引，各乘其夫車服，多以宮人權領其職。

《晉書》卷二六《食貨志》 時濟北顔斐爲京兆太守，京兆自馬超之亂，百姓不專農殖，乃無車牛。斐又課百姓，令閑月取車材，轉相教匠。其無牛者令養豬，投貴賣以買牛。始者皆以爲煩，一二年中編户皆有車牛，於田役省贍，京兆遂以豐沃。

《晉書》卷一〇六《石季龍載記上》 季龍性既好獵，其後體重，不能跨鞍，乃造獵車千乘，轅長三丈，高一丈八尺，置高一丈七尺，格獸車四十乘，立三級行樓二層於其上，剋期將校獵。自靈昌津南至滎陽，東極陽都，使御史監察，其中禽獸有犯者罪至大辟。御史因之擅作威福，百姓有美女好牛馬者，求之不得，便誣以犯獸論，死者百餘家，海岱、河濟間人無寧志矣。

又發諸州二十六萬人修洛陽宫。發百姓牛二萬餘頭配朔州牧官。

《宋書》卷一八《禮志五》 上古聖人見轉蓬，始爲輪。輪行可載，因爲輿。任重致遠，流運無極。後代聖人觀北斗魁方杓曲攜龍角，爲帝車，曲其輈以便駕。《系本》云：「奚仲始作車。」案庖羲畫《八卦》而爲大輿，服牛乘馬，以利天下。奚仲乃夏之車正，安得始造乎。《系本》之言非也。「車服以庸」，著在唐《典》。夏建旌旗，以表貴賤。周有六職，百工居其一焉。一器而羣工致其巧，車最居多。《明堂位》曰：「鸞車，有虞氏之路也。大路，殷路也。乘路，周路也。」殷有山車之瑞，謂桑根車，殷人制爲大路。《禮緯》曰：「山車垂句。」句，曲也。言不揉治而自曲也。周之五路，則有玉、金、象、革、木。五者之飾，備於《考工記》。輿方法地，蓋圓象天，輻以象日月，二十八弓以象列宿。玉、金、象者，飾車諸末，因爲名也。革者漆革，木者漆木也。玉路，建大常以祀；金路，建大旂以賓；象路，建大赤以朝；革路，建大白以戎；木路，建大麾以田。黑色，夏所尚也。

秦閲三代之車，獨取殷制。古曰桑根車，秦曰金根車也。漢氏因秦之舊，亦爲乘輿，所謂乘殷之路者也。《禮論·輿駕議》曰：「周則玉輅最尊，漢之金根，亦周之玉路也。」漢制，乘輿金根車，輪皆朱斑，重轂兩轄，飛軨。轂外復有轂，施轄，其外復設轄，施銅貫其中。《東京賦》曰：「重輪貳轄，疏轂飛軨。」飛軨以赤油爲之，廣八寸，長三尺注地，繫兩軸頭，謂之飛軨也。以金薄繆龍，爲輿倚較。較在箱上。櫝文畫蕃。蕃，箱也。文虎伏軾，龍首銜軛，鸞雀立衡，櫝文畫轅，翠羽蓋黄裏，所謂黄屋也。金華施橑末，建大常十二旒，畫日月升龍，駕六黑馬，施十二鸞，金爲叉髦，插以翟尾。又加氂牛尾，大如斗，置左騑馬軛上，所謂左纛輿也。路如周玉路之制。應劭《漢官鹵簿圖》，乘輿大駕，則御鳳皇車，以金根爲副。又五色安車、五色立車各五乘。建龍旂，駕四馬，施八鸞，餘如金根之制，猶周金路也。其車各如方色，所謂五時副車，俗謂爲「五帝車」也。江左則闕矣。白馬者，朱其鬣，安車者，坐乘。又有建華蓋九重。甘泉鹵簿者，道車五乘，游車九乘，在乘輿車前。又有象車，最在前，試橋道。晉江左駕猶有之。凡婦人車皆坐乘，故《周禮》王后有安車而王無也。漢制乘輿乃有之。

天子所御駕六，其餘副車皆駕四。案《書》稱朽索御六馬。逸禮《王度記》曰：「天子駕六，諸侯駕五，卿駕四，大夫三，士二，庶人一。」楚平王駕白馬。梁惠王以安車駕三送淳于髡，大夫之儀。《周禮》四馬爲乘。毛詩「天子至大夫同駕四，士駕二」。袁盎諫漢文馳六飛。魏時天子亦駕六。晉《先蠶儀》，皇后安車駕六，以兩轅安車駕五爲副。江左以來，相承無六，駕四而已。

宋孝武大明三年，使尚書左丞荀萬秋造五路。《禮圖》，玉路，建赤旂，無蓋，改造依擬金根，而赤漆櫝畫，玉飾諸末，建青旂，十有二旒，駕玄馬四，施羽葆蓋，以祀。即以金根爲金路，建大青旂，十有二旒，駕玄馬四，羽葆蓋，以賓。象、革、木路，《周官》、《輿服志》、《禮圖》並不載其形段，並依擬玉路，漆櫝畫，羽葆蓋，象飾諸末，建立赤旂，十有二旒，以視朝。革路，建赤旂，十有二旒，以即戎。木路，建赤麾，以田。象、革駕玄，木駕赤，四馬。舊有大事，法駕出，五路各有所主，不俱出也。大明中，始制五路俱出。親耕籍田，乘三蓋車，一名芝車，又名耕根車，置耒耜於軾上。

戎車立乘，夏曰鉤車，殷曰寅車，周曰元戎。建牙麾，邪注之，載金鼓羽幢，置甲弩於軾上。

獵車，輞轅，輪畫繆龍繞之。一名蹋豬車。魏文帝改曰蹋虎車。

指南車，其始周公所作，以送荒外遠使。地域平漫，迷於東西，造立此車，使常知南北。鬼谷子云：「鄭人取玉，必載司南，爲其不惑也。」至於秦、漢，其制無聞。後漢張衡始復創造。漢末喪亂，其器不存。魏高堂隆、秦朗，皆博聞之士，争論於朝，云無指南車，記者虛說。明帝青龍中，令博士馬鈞更造之而車成。晉亂復亡。石虎使解飛，姚興使令狐生又造焉。安帝義熙十三年，宋武帝平長安，始得此車。其制如鼓車，設木人於車上，舉手指南。車雖回轉，所指不移。大駕鹵簿，最先啓行。此車戎狄所制，機數不精，雖曰指南，多不審正。回曲步驟，猶須人功正之。范陽人祖沖之，有巧思，常謂宜更構造。宋順帝昇明末，齊王爲相，命造之焉。車成，使撫軍丹陽尹王僧虔、御史中丞劉休試之。其制甚精，百屈千回，未常移變。晉代又有指南舟。索虜拓跋燾使工人郭善明造指南車，彌年不就。扶風人馬岳又造，垂成，善明酖殺之。

記里車，未詳所由來，亦高祖定三秦所獲。制如指南，其上有鼓，車行一里，木人輒擊一槌。大駕鹵簿，以次指南。

輦車，《周禮》王后五路之卑者也。后宮中從容所乘，非王車也。漢制乘輿御之，或使人輓，或駕果下馬。漢成帝欲與班婕妤同輦是也。後漢陰就外戚驕貴，亦輦。井丹譏之曰：「昔桀乘人車，豈此邪！」然則輦夏后氏末代所造也。《傅玄子》曰：「夏曰余車，殷曰胡奴，周曰輜車。」輜車，即輦也。魏、晉御小出，常乘馬，亦多乘輿車。輿車，今之小輿。

犢車，軿車之流也。漢諸侯貧者乃乘之，其後轉見貴。孫權云「車中八牛」，即犢車也。江左御出，又載儲偫之物。漢代賤軺車而貴輜軿，魏、晉賤輜軿而貴軺車。又有追鋒車，去小平蓋，加通幰，如軺車，而駕馬。又以雲母飾犢車，謂之雲母車，臣下不得乘，時以賜王公。晉氏又有四望車，今制亦存。又漢制，唯賈人不得乘馬車，其餘皆乘之矣。除吏赤蓋杠，餘則青蓋杠云。《周禮》王后亦有五路，重翟、厭翟、安車、翟車、輦車，凡五也。漢制，太皇太后、皇太后、皇后法駕乘重翟羽蓋金根車，駕青交絡，青帷裳，雲櫨畫輈，黃金塗五末，蓋爪施金華，駕三馬，左右騑。其非法駕則紫罽軿車。按《字林》，軿車有衣蔽，無後轅。其有後轅者謂之輜。應劭《漢官》，明帝永平七年，光烈陰皇后葬，魂車，鸞路青羽蓋，駕駟馬，龍旂九旒，前有方相。鳳皇車，大將軍妻參乘，太僕妻、御女騎夾轂，此前漢舊制也。

晉《先蠶儀注》，皇后乘油畫雲母安車，駕六騩馬。騩，淺黑色也。油畫兩轅安車，駕五騩馬爲副。公主油畫安車，駕三。三夫人青交絡安車，駕三。皆以紫絳罽軿車，駕三爲副。九嬪世婦軿車，駕二。宮人輜車，駕一。王妃、公侯特進夫人、封君皁交絡安車，駕三。

漢制，貴人、公主、王妃、封君油軿皆駕二，右騑而已。

漢制，太子、皇子皆安車，朱斑輪，倚虎較，伏鹿軾，黑櫨文畫蕃，青蓋，金華施橑末，黑櫨文畫轅，黃金塗五末。皇子爲王，錫以此乘，故曰王青蓋車。皆左右騑駕，五旂，旂九旒，畫降龍。皇孫乘綠蓋車，亦駕三。魏、晉之制，太子及諸王皆駕四。

晉元帝太興三年，太子釋奠。詔曰：「未有高車，可乘安車。」高車，即立乘車也。公及列侯安車，朱斑輪、倚鹿較、伏熊軾、黑蕃者謂之軒，皁繒蓋，駕二，右騑。王公旂八旒，侯七旒，卿五旒，皆降龍。公卿中二千石二千石郊陵法駕出，皆大車立乘，駕四。後導從大車，駕二，右騑。他出乘安車。其去位致仕，皆賜安車四馬。中二千石皆皁蓋、朱蕃，銅五末，駕二，右騑。《晉令》，王公之世子攝命治國者，安車，駕三，旂七旒，其侯世子，五旒。

傅暢《故事》，三公安車，駕三。特進駕二。卿一。漢制，公、列侯、中二千石、二千石夫人會廟及蠶，各乘其夫之安車，右騑，加皁交絡，帷裳皆皁。非公會，則乘漆布輜軿，銅五末。晉武帝太康四年，詔依漢故事，給九卿朝車駕及安車各一乘。傅暢《故事》，尚書令軺車，黑耳後户。僕射但後户無耳。中書監令如僕射。

漢制，乘輿御大駕，公卿奉引，太僕御，大將軍參乘，備千乘萬騎。屬車八十一乘。古者諸侯貳車九乘，秦滅九國，兼其車服，故八十一乘也。漢遵弗改。漢都長安時，祠天於甘泉用之。都洛陽，上原陵，又用之，大喪又用之。法駕則河南尹、洛陽令奉引，奉車郎御，侍中參乘。屬車三十六乘。凡屬車皆皁蓋赤裏。後漢祠天郊用法駕，祠宗廟用小駕。小駕，減損副車也。前驅有九斿雲罕，皮軒鸞旗，車皆大夫載之。鸞旗者，編羽旄列繫幢傍也。金鉦黃鉞，黃門鼓車，乘輿之後有屬車，尚書、御史載之。最後一車懸豹尾。豹尾以前，比於省中。每出警蹕清道，建五旗。太僕奉駕條上鹵簿，尚書郎侍御史令史皆執注以督整車騎，所謂護駕也。春秋上陵，尤省於小駕。直事尚書一人從，其餘令史以下皆從行，所謂先置也。薛綜《東京賦》注以雲罕九斿爲旌旗別名，亦不辨其形。案魏命晉王建天子旌旗，置旄頭雲罕。是知雲罕非旌旗也。徐廣《車服注》以爲九斿，斿車九乘。雲罕疑是罼罕。《詩敘》曰：「齊侯田獵罼弋，百姓苦之。」罼罕本施遊獵，遂爲行飾乎？潘岳《籍田賦》先敘五路九旗，次言瓊鈒雲罕。若罕爲旗，則岳不應頻句於九旗之下。又以其物匹鈒戟，宜是今罼網明矣。此説爲得之。皮軒，以虎皮爲軒也。徐又引《淮南子》「軍正執豹皮以制正其衆。」《禮記》「前有士師，則載虎皮」。乘輿豹尾，亦其義類乎？五旗者，五色各一旗，以木牛承其下。徐又云：「木牛，蓋取其負重而安穩也。」五旗纏竿，即《禮記》德車結旌不盡飾也，戎事乃散之。又武車綏旌，垂舒之也。史臣案，今結旌綏旌同，而德車武車之所不建。又木牛之義，亦未灼然可曉。又案《周禮》辨載法物，莫不詳究，然無相風、罼網、旄頭之屬，此非古制明矣。何承天謂戰國並争，師旅數出，懸烏之設，務察風祲，宜是秦矣。晉武嘗問侍臣：「旄頭何義？」彭推對曰：「秦國有奇怪，觸山截水，無不崩潰，唯畏旄頭，故虎士服之，則秦制也。」張華曰「有是言而事不經。臣謂壯士之怒，髮踴衝冠，義取於此。」摯虞《決疑》無所是非也。徐爰曰「彭、張之説，各言意義，無所承據。案天文畢昴之中謂之天街，故車駕以罼罕前引，畢方昴圓，因其象。《星經》，昴一名旄頭，故使執之者冠皮毛之冠也。」

輕車，古之戰車也。輪輿洞朱，不巾不蓋，建矛戟幢麾，置弩於軾上，駕二。射聲校尉司馬吏士載，以次屬車。

《漢儀》曰：「出稱警，入稱蹕。」説者云，車駕出則應稱警，入則應稱蹕也，而今俱唱之。史臣以爲警者，警戒也。蹕者，止行也。今從乘輿而出者，並警戒以備非常也。從外而入乘輿相干者，蹕而止之也。董巴、司馬彪云：「諸侯王遮迾出入，稱警設蹕。」

武剛車，有巾有蓋，在前爲先驅。又在輕車之後爲殿也。駕一。《史記》，衛青征匈奴，以武剛車爲營是也。

漢制，大行載轀輬車，四輪。其飾如金根，加施組連璧，交絡，四角金龍首銜璧，垂五采，析羽流蘇，前後雲氣畫帷裳，檴文畫曲蕃，長與車等。太僕御，駕六白駱馬，以黑藥灼其身爲虎文，謂之布施馬。既下，馬斥賣，車藏城北祕宮。今則馬不虎文，不斥賣，車則毁也。自漢霍光、晉安平、齊王、賈充、王導、謝安、宋江夏王葬以殊禮者，皆大輅黄屋，載轀輬車。

《晉令》曰：「乘傳出使，遭喪以上，即自表聞，聽得白服乘騾車，到副使攝事。」徐廣《車服注》：「傳聞騾車者，犢車裝而馬車轅也。」又車無蓋者曰科車。

晉武帝時，護軍將軍羊琇乘羊車，司隸校尉劉毅奏彈之。詔曰：「羊車雖無制，猶非素者所服。」江左來無禁也。

舊有充庭之制，臨軒大會，陳乘輿車輦旌鼓於殿庭。張衡《東京賦》云：「龍路充庭，鸞旗拂霓。」晉江左廢絶。宋孝武大明中修復。

《南齊書》卷一七《輿服志》　昔三皇乘祇車出谷口，夏氏以奚仲爲車正，殷有瑞車，山車垂句是也。《周禮》匠人爲輿，以象天地。漢武天漢四年，朝諸侯甘泉宮，定輿服制，班於天下。光武建武十三年，得公孫述葆車，輿輦始具。蔡邕創立此志，馬彪勒成漢典，晉摯虞治禮，亦議五輅制度。江左之始，車服多闕，但有金戎，省充庭之儀。太興中，太子臨學，無高蓋車，元帝詔乘安車。元、明時，屬車唯九乘。永和中，石虎死後，舊工人奔叛歸國，稍造車輿。太元中，苻堅敗後，又得僞車輦，於是屬車增爲十二乘。義熙中，宋武平關、洛，得姚興僞車輦。宋大明改脩輦輅，妙盡時華，始備僞氏，復設充庭之制。永明中，更增藻飾，盛於前矣。案《周禮》以檢《漢志》，名器不同，晉、宋改革，稍與世異，今記時事而已。

玉輅，漢金根也。漆畫輪，金塗縱容後路受福輠。兩廂上望板前優遊，通緣金塗鏤鍱，碧絞罽，鑿鏤金薄帖。兩廂外織成衣，兩廂裏上施金塗鏤面釘，瑇瑁帖。望板廂上金薄帖，金博山，登仙紐，松精。優遊上和鸞鳥立花（扶）〔趺〕銜鈴，銀帶瑇瑁筒瓦，金塗鏤鍱，刀格。織成手匡金花鈿錦衣。優遊下，隱膝，裏施金塗鏤面釘，織成衣。優遊横前，施瑇瑁帖，金塗花釘。優遊前，金塗倒龍，後梢鑿銀瑇瑁龜甲，全塗花沓。望板，金塗受福望龍諸校飾。抗及諸末，皆螭龍首。龍汗板，在車前，銀帶花獸，金塗受福，緣裏邊，鏤鍱瑇瑁織成衣。裏，金塗鏤面花釘。外，金塗博山、辟邪虎、鳳皇銜花諸校飾。斗蓋，金塗鏤鍱，二十八爪支子花，黄錦斗衣，複碧絹柒布緣油頂，絳系（終）〔絡〕，織成顔（芼）〔芚〕赭舌孔雀毛複錦，緑絞隨陰，懸珠蚌佩，金塗鈴，雲朱結，仙人綬，雜色真孔雀旄。一轅，漆畫車衡，銀花帶，衡上金塗博山，四和鸞鳥立花（扶）〔趺〕銜鈴，所謂「鸞鳥立衡」也。又龍首銜軛，又髦插翟尾，上下花沓，絳緑系的，望繩八枚。（旆）〔旒〕十二旒，畫升龍，竿首金塗龍銜火燄幡，真旄。棨戟，織成衣，金塗沓駐及受福，金塗鴈鏤鍱。漆案立牀，在車中，錦複黄絞，爲案立衣。錦複黄絞鄣泥。八幅，長九尺，緣紅錦（芼）〔芚〕帶，織成花（芼）〔芚〕的。

五輅，江左相承駕四馬，左右騑爲六。施絳系游御繩，其重轂貳轄飛（絡）〔軨〕幡，用赤油令，有紫真旄。左纛，置左騑馬軛上。金鍐，金加冠，狀如（三）〔玉〕華（汗）〔形〕，在馬鍐上。方釳，鐵廣數寸，有三孔，插翟尾其中。繁纓，金塗紫皮，紫真旄，横在馬膺前。鏤鍚，刻金爲馬面當顱。皆如古制。世祖永明初，加玉輅爲重蓋，又作麒麟頭，采畫，以馬首戴之。竟陵王子良啓曰：「臣聞車旗有章，載自前史，器必依禮，服無舛法。凡蓋員象天，軫方法地，上無二天之儀，下設兩蓋之飾，求之志録，恐爲乖衷。又假爲麟首，加乎馬頭，事不師古，鮮或可施。」建武中，明帝乃省重蓋等。

金輅。制度校飾如玉輅，而稍減少，亦以金塗。

象輅。如金輅而制飾又減。

木輅。制飾如象輅而尤減。

革輅，如大輅。建大麾。赤旗也。首施火燄幡。

宋昇明三年，錫齊王大輅、戎輅各一。乘黄五輅，無大輅、戎輅。左丞王逡之議：「大輅，殷之祭車，故不登周輅之名，而《明堂位》云『大輅，殷輅也』。注云『大輅，木輅也』。《月令》『中央土，乘大輅』。注云『殷輅也』。《禮器》『大輅繁纓一就』。注云『大輅，殷之祭天車也』。《周禮》五路，玉路、金路、象路、革路、木路。則周之木輅，殷之大路也。周革路建大白，以即戎，此則戎路也。意謂國之大事，在祀與戎，故錫以殷祭天之車，與周之即戎之路。祀則以殷，戎必以周者，明郊天義遠，建前代之禮，即戎事近，故以今世之制。《明堂位》云『魯君孟春乘大路，載十有二旒日月之章，祀〔帝〕於（帝）郊』。夫必以大輅以錫諸侯，良有以也。今木路，即大路也。」太尉左長史王儉議，宜用金輅九旒。時乘黄無副，借用五輅，大朝臨軒，權列三輅。

玉、金輅，建碧旂。象、木輅，建赤旂。永明初，太子步兵校尉伏曼容議，以爲「齊德尚青，五路五牛及五色幡旗，竝宜以先青爲次。軍容戎事之所乘，犧牲繭握之所薦，竝宜悉依尚色。三代服色，以姓音爲尚，漢不識音，故還尚其行運之色。今既無善律，則大齊所尚，亦宜依漢道。若有善吹律者，便應還取姓尚」。太子僕周顒議：「三代姓音，古無前記，裁音配尚，起自曼容。則是曼容善識姓聲，不復方假吹律。何故能識遠代之宫商，而更迷皇朝之律吕，而云當今無知吹律以定所尚，宜附漢以從闕邪？皇朝本以行運爲所尚，非關不定於音氏。如此，設有善律之知音，不宜遵聲以爲尚。」散騎常侍劉朗之等十五人竝議駁之，事不行。

皇太子象輅。校飾如御，旂九旒降龍。

皇太后皇后重翟車，金塗校具，白地人馬錦帖，廂隱膝後户，白牙的帖，金塗面釘，漆畫輪，鐵鐺，金塗縱容後路輠，師子轄、抗檐皆施金塗螭頭及神龍雀等諸飾。軛衡上施金博山，又有金塗長角巴首。蓋，金塗，爪支子花二十八，青油俠碧絹黄絞蓋，漆布裏。紫顔（笔）〔芼〕，黄絞紫絞隨陰，碧（毛）芼。外上施絳紫系絡。碧旂九旒，棨戟。宋元嘉《東宫儀記》云中宫僕御重翟金根車，未詳得稱爲金根也。

皇太子妃厭翟車。如重翟，飾微減。

指南車。四周廂上施屋，指南人衣裙襦天衣，在廂中。上四角皆施龍子（干）〔竿〕，縣雜色真孔雀旄，烏布皁復幔，漆畫輪，駕牛，皆銅校飾。

記里鼓車。制如指南，上施華蓋子，綵衣漆畫，鼓機皆在内。

輦車，如犢車，竹蓬。廂外鏨鏤金薄，碧紗衣，織成（笔）〔芼〕，錦衣。廂裏及仰（項）〔頂〕隱膝後户，金塗鏤面〔釘〕，瑇瑁帖，金塗松精，登仙花紐，緑四緣，四望紗萌子，上下前後眉，鏤鍱。轅枕長角龍，白牙蘭，瑇瑁金塗校飾。漆鄣塵板在蘭前，金銀花獸攫天龍師子鏤面，榆花（細）〔鈿〕指子摩尼炎，金龍虎。扶轅，銀口帶，龍板頭。龍轅軛上，金鳳皇鈴璅，（録）〔銀〕口帶，星後梢，瑇瑁帖，金塗香沓，銀星花獸（慢）〔幔〕竿杖，金塗龍牽，縱横長襯，背花香柒兆床副。自輦以下，二（官）〔宫〕御車，皆緑油幢，絳系絡。御所乘，雙棟。其公主則碧油幢云。《司馬法》曰「夏后氏輦曰金車，殷曰胡奴車，周曰（輺）〔輜〕車」，皆輦也。《漢書·叔孫通傳》云「皇帝輦出房」，成帝輦過後宫，此朝宴竝用也。《輿服志》云「輦車具金銀丹青采䑾雕畫蒲陶之文，乘人以行」。信陽侯陰就見井丹，左右人進輦，是爲臣下亦得乘之。晉武帝給安平獻王孚雲母輦。晉中朝又有香衣輦，江左唯御所乘。

臥輦。校飾如坐輦，不甚服用。

漆畫輪車，金塗校飾如輦，微有減降。金塗鐺，縱容後輠師子副也。御爲羣公舉哀臨哭所乘。皇后太子妃亦乘之。

漆畫牽車，小形如輿車，金塗縱容後路師子輠，鐵鐺，錦衣。廂裏隱膝後户牙蘭，轅枕梢，幰竿戍棟梁，皆金塗校飾。御及皇太子所乘，即古之羊車也。晉泰始中，中護軍羊琇乘羊車，爲司隸校尉劉毅所奏。武帝詔曰：「羊車雖無制，非素者所服，免官。」《衛玠傳》云：「總角乘羊車，市人聚觀。」今不駕羊，猶呼牽此車者爲羊車云。

輿車，形如軺車，柒畫，金校飾，錦衣。兩廂後户隱膝牙蘭，皆瑇瑁帖，刀格，鏤面花釘。幰竿成校棟梁，下施八襯，金塗沓，兆床副。人舉之。一曰小輿，小行幸乘之。皇太子亦得於宫内乘之。

衣（畫）〔書〕十二乘，檳榆轂輪，箕子壁，緑油衣，廂外緑紗萌，油幢絡，通幰，竿刺代棟梁，柚檽真形龍牽，支子花。轅後伏神抗、承泥、沓，金塗校具。古副車之象也。今亦曰五時副車。

青萌車，是謂㩉幔車。

油絡畫安車，公主、王妃、三公特進夫人所乘。漢制，皇后貴人紫罽軿車。晉皇后乘雲母油畫安車，駕六，以兩轅安車駕五爲副。公主畫安車駕六，以兩轅安車駕三爲副。公主畫安車駕三，三夫人青交絡安車駕三，皆以紫絳罽軿車駕三爲副。九嬪世婦軿車駕二，王公妃特進夫人皁交絡爲副。漢賤軺車而貴軿車，晉賤輜軿而貴軺車，皆行禮所乘。

黄屋車，建碧旂九旒，九旒，鸞輅也。漢《輿服志》云：「金根車，蓋黄繒爲裏，謂之黄屋。」今金、玉輅皆以黄地錦，唯此車以黄繒。皆金塗校具，黄隱隨陰，青毛羽，二十八爪支子花，絳系絡。九命上公所乘。

青蓋安車，朱轓漆班輪，駕一，左右騑，通幰車爲副，諸王禮行所乘。凡車有轓者謂之軒。皁蓋安車，朱轓漆班輪，駕一，通幰牛車爲副，三公禮行所乘。

安車，黑耳皁蓋馬車，朱轓，駕一，牛車爲副，國公列侯禮行所乘。

馬車，駕一，九卿、領、護、二衛、驍游、四軍、五校從郊陵所乘。晉制，三公下至九卿，又各安車黑耳一乘，公駕三，特進駕二，卿駕一，復各軺車施黑耳後户皁輪一乘。

油絡軺車，尚書令、僕射、中書監、令、尚書、侍中、常侍、中黄門、中書、散騎侍郎，皆駕一牛，朝直所乘。晉制，尚書令施黑耳後户皁輪，僕射、中書監、令直施後户皁輪，尚書無後户，皆漆輪轂，今猶然。

安車，赤屏，駕一，又軺車，施後户，爲副，太子二傅禮行所乘。

四望車，通幰，油幢絡，班柒輪轂。亦曰皁輪，以加禮貴臣。晉武詔給魏舒陽燧四望小車。

三望車，制度如四望。或謂之夾望，亦以加禮貴臣。次四望。

油幢絡車，制似三望而減。王公加禮者之(爲)常乘，次三望。

平乘車，竹箕子壁仰，檳榆爲輪，通幰，竿刺代棟梁，柚檽真形龍牽，金塗支子花紐，轅頭後梢沓伏神承泥。庶人亦然，但不通幰。三公諸王所乘。自四望至平乘，皆銅校飾。

輼輬車。四輪，飾如金根。四角龍首，施組銜璧，垂五采，析羽葆流蘇，前後雲氣錯畫帷裳，以素爲池而黼黻。駕四白駱馬，太僕執轡。貴臣薨，亦如之，羽飾駕御，微有減降。

朱銘盤《南朝宋會要·輿服·車》 五路

孝武大明三年，使尚書左丞荀萬秋造五路。《禮圖》，玉路，建赤旂，無蓋，改造依擬金根，而赤漆檳畫，玉飾諸末，建青旂，十有二旒，駕玄馬四，施羽葆蓋，以祀。即以金根爲金路，建大青旂，十有二旒，駕玄馬四，羽葆蓋，以賓。象、革、木路，《周官》、《輿服志》、《禮圖》並不載其形段，並依擬玉路，漆檳畫，羽葆蓋，象飾諸末，建立赤旂，十有二旒，以視朝。革路，建赤旂，十有二旒，以即戎。木路，建赤麾，以田。象革駕玄，木駕赤，四馬。舊有大事，法駕出，五路各有所主，不俱出也。大明中，始制五路俱出。《禮志》五。

大明四年，有司奏：「南郊改金根車爲玉路。」詔可。《禮志》五。

明帝泰始四年五月甲戌，尚書令建安王休仁參議：「天子之子，與士齒讓，達於辟雍，無生而貴者也。既命而尊，禮同上公。周制五等，車服相涉，公降王者，一等而已。王以金路賜同姓諸侯，象及革木，以賜異姓侯伯，在朝卿士，亦準斯禮。按如此制，則東宫應乘金路。自晉武過江，禮儀疏舛，王公以下，車服卑雜；唯有東宫，禮秩崇異，上次辰極，下絶侯王。而皇太子乘石山安車，義不見經，事無所出。《禮》所謂金、玉路者，正以金玉飾輅諸末耳。左右前後，同以漆畫。秦改周輅，制爲金根，通以金薄，周匝四面。漢、魏、二晉，因循莫改。逮於大明，始備五輅。金玉二制，並類金根，造次瞻覩，殆無差別。若錫之東儲，於禮嫌重，非所以崇峻陛級，表示等威。且《春秋》之義，降下以兩，臣子之義，宜從謙約。謂東宫車服，宜降天子二等，驂駕四馬，乘象輅，降龍碧旂九葉。進不斥尊，退不逼下，沿古酌時，於禮爲衷。」詔可。《禮志》五。

朱銘盤《南朝齊會要·輿服·車》 玉輅，漆畫輪，兩廂上望板前優遊，龍汗板，斗蓋，一轅，漆畫車衡，旂十二旒，棨戟，漆案立牀，錦複黄絞鄣泥。《輿服志》。

五輅，江左相承駕四馬，左右騑爲六。施絳系游御繩，其重轂貳轄飛軨幡，左纛，金鍐，方釳，繁纓，縷錫，皆如古制。世祖永明初，加玉輅爲重蓋，又作麒麟頭，采畫，以馬首戴之。竟陵王子良啓曰：「臣聞車騎有章，載自前史，器必依禮，服無舛法。凡蓋員象天，軫方法地，上無二天之儀，下設兩蓋之飾，求之志録，恐爲乖衷。又假爲麟首，加乎馬頭，事不師古，鮮或可施。」建武中，明帝乃省重蓋等。金輅。象輅。木輅。革輅，建大麾。同上。

宋昇明三年，錫齊王大輅、戎輅各一。乘黄五輅，無大輅、戎輅。左丞王逡之議：「大輅，殷之祭車，故不登周輅之名，而《明堂位》云『大輅，殷輅也』。注云『大輅，木輅也』。《月令》『中央上，乘大輅』。注云『殷輅也』。《禮器》『大輅繁纓一就』。注云『大輅，殷之祭天車也』。《周禮》五路，玉路、金路、象路、革路、木路。則周之木輅，殷之大路也。周革路建大白，以即戎，此則戎路也。意謂國之大事，在祀與戎，故錫以殷祭天之車，與周之即戎之路。祀則以殷，戎必以周者，明郊天義遠，建前代之禮，即戎事近，故以今世之制。《明堂位》云『魯君孟春乘大路，載十有二旒日月之章，祀帝於郊』。夫必以大輅以錫諸侯，良有以也。今木路，即大路也。」太尉左長史王儉議，宜用金輅九旒。時乘黄無副，借用五輅，大朝臨軒，權列三輅。同上。

玉、金輅，建碧旂。象、木輅，建赤旂。永明初，太子步兵校尉伏曼容議，以爲「齊德尚青，五路五牛及五色幡旗，並宜以先青爲次。軍容戎事之所乘，犧牲繭握之所薦，並宜悉依尚色。三代服色，以姓音爲尚，漢不識音，故還尚其行運之色。今既無善律，則大齊所尚，亦宜依漢道。若有善吹律者，便應還取姓尚。」太子僕周顒議：「三代姓音，古無前記，裁音配尚，起自曼容。則是曼容善識姓聲，不復方假吹律。何故能識遠代之宫商，而更迷皇朝之律吕，而云當今無知吹律以定所尚，宜附漢以從闕邪？皇朝本以行運爲所尚，非關不定於音氏。如此，設有善律之知音，不宜遵聲以爲尚。」散騎常侍劉朗之等十五人並議駮之，事不行。同上。

皇太子象輅。同上。《南史·王儉傳》，齊臺建，世子車服悉依東宫制度。

皇太后皇后重翟車，蓋，碧旂九旒，棨戟。《輿服志》。

皇太子妃厭翟車。同上。

指南車。同上。

記里鼓車。同上。

輦車，《輿服志》云「輦車具金銀丹青采䕶雕畫蒲陶之文，乘人以行」。臣下亦得乘之。同上。

臥輦。同上。

漆畫輪車，御爲羣公舉哀臨哭所乘。皇后太子妃亦乘之。同上。

漆畫牽車，御及皇太子所乘，即古之羊車也。今不駕羊，猶呼牽此車者爲羊車云。同上。

輿車，一曰小輿，小行幸乘之。皇太子亦得於宫内乘之。同上。

衣書車十二乘，古副車之象也。今亦曰五時副車。同上。

青萌車，是謂檐幔車。同上。

油絡畫安車，公主、王妃、三公特進夫人所乘。同上。

黄屋車，建碧旂九旒，九命上公所乘。同上。

青蓋安車，朱轓漆班輪，駕一，左右騑，通幰車爲副，諸王禮行所乘。凡車有轓者謂之軒。皁蓋安車，朱轓漆班輪，駕一，通幰牛車爲副，三公禮行所乘。同上。

安車，黑耳皁蓋馬車，朱轓，駕一，牛車爲副，國公列侯禮行所乘。同上。

馬車，駕一，九卿、領、護、二衛、驍游、四軍、五校從郊陵所乘。同上。

油絡軺車，尚書令、僕射、中書監、令、尚書、侍中、常侍、中黄門、中書、散騎侍郎，皆駕一牛，朝直所乘。尚書令施黑耳後户皁輪，僕射、中書監、令直施後户皁輪，尚書無後户，皆漆輪轂。同上。

安車，赤屏，駕一，又軺車，施後户，爲副，太子二傅禮行所乘。同上。

四望車，亦曰皁輪，以加禮貴臣。同上。

三望車，或謂之夾望，亦以加禮貴臣。次四望。同上。

油幢絡車，王公加禮者之常乘，次三望。同上。

平乘車，三公諸王所乘。自四望至平乘，皆銅校飾。同上。

輼輬車。同上。

王子侯舊乘纏帷車，西昌侯鸞獨乘下帷，儀從如素士。《明帝紀》。

明帝建武元年，海陵王昭文，給畫輪車。本《紀》。

三年三月壬午，詔「車府乘輿有金銀飾校者，皆剔除。」本《紀》。

顯達諸子與王敬則諸兒，並精車牛，當世快牛稱陳世子青，王三郎烏，吕文顯折角，江瞿曇白鼻。《陳顯達傳》。

朱銘盤《南朝梁會要・輿服・車》 乘輿諸車

天監三年，乃改五輅旗同用赤而旒不異，以從行運所尚也。《隋書・禮儀志》五。下同。

七年，帝曰：「據《禮》『玉輅以祀，金輅以賓』，而今大祀，並乘金輅。」詔下詳議。周捨以爲：「金輅以之齋車，本不關於祭祀。」於是改陵廟皆乘玉輅，大駕則太僕卿御，法駕則奉車郎馭。其餘四輅，則使人執轡，以朱絲爲之。執者武冠、朱衣。又齊永明制，玉輅上施重屋，棲寶鳳皇，綴金鈴，鑷珠璫、玉蚌佩。四角金龍，銜五綵毦。又畫麒麟頭加於馬首者。

初齊武帝造大小輦，並如軺車，但無輪轂，下横轅軛。梁初，漆畫代之。後帝令上可加笨輦，形如犢車，自兹始也。中方八尺，左右開四望。金爲龍首。飾其五末，謂轅轂頭及衡端也。金鸞棲軛。其下施重層，以空青雕鏤爲龍鳳象。

漆木横前，名爲望板。其下交施三十六横。小輿形似軺車，金裝漆畫，但施八横。元正大會，乘出上殿。西堂舉哀亦乘之。行則從後。一名輿車。

羊車一名輦，其上如軺，小兒衣青布袴褶，五辮髻，數人引之。時名羊車小史。漢氏或以人牽，或駕果下馬。梁貴賤通得乘之，名曰牽子。

畫輪車，一乘，駕牛。乘用如齊制。

衣書車，十二乘，駕牛。漢皁蓋朱裏，過江加緑油幢。朱絲絡，青交路，黄金塗五末。一曰副車。梁朝謂之衣書車。

中大通元年九月癸巳，幸同泰寺，行清浄大捨，乘小車。十月己酉，御金輅還宫。《南史武紀》。

大同五年正月丁巳，御史中丞、參禮儀事賀琛奏：「今南北二郊及籍田往還並宜御輦，不復乘輅。二郊請用素輦，籍田往還乘常輦，皆以侍中陪乘，停大將軍及太僕。」詔付尚書博議施行。改素輦名大同輦。昭祀宗廟乘玉輦。本《紀》。

五年，詔：「張纘可尚書僕射。」在職議南郊御乘素輦，適古今之衷。時並施行。《南史》本《傳》。

太清元年三月庚子，幸同泰寺，行清浄大捨，乘不輿。四月丁亥，御輦還宫。《南史・武紀》。

五牛旗，左青赤，右白黑，黄居其中，蓋古之五時副車也。《隋書・禮儀志》五。下同。

指南車，大駕出，爲先啓之乘。

記里車。

鼓吹車。

皇太子車

皇太子鸞輅，駕三馬，左右騑。朱班輪，倚獸較，伏鹿軾，九旒，畫降龍，青蓋畫幡，文輈，黄金塗五末。近代亦謂之鸞輅，即象輅也。梁東宫初建及太子釋奠，元正朝會則乘之。以畫輪爲副，若常乘畫輪，以軺衣書車爲副。畫輪車，上開四望，緑油幢，朱繩絡，兩箱裏飾以錦，黄金塗五末。

王公百官及六宫長公主公主諸王太妃采女皇女嗣侯夫人車

二千石四品已上及列侯，皆給軺車，駕牛。伏兔箱，青油幢，朱絲絡，轂輞皆黑漆。

天監二年令，三公、開府、尚書令，則給鹿幡軺，施耳，後户，皁輞。尚書僕射、左右光禄大夫、侍中、中書監令、秘書監，則給鳳轄軺，後户，皁輞。領、護、國子祭酒、太子詹事、尚書、侍中、列卿、散騎常侍，給聊泥軺，無後户，漆輪。車騎、驃騎及諸王除刺史、帶將軍，給龍雀軺，以金銀飾。御史中丞給方蓋軺，形如小傘。

諸王三公有勳德者，皆特加皁輪車，駕牛，形如犢車。但烏漆輪轂，黄金雕裝，上加青油幢，朱絲絡，通幰或四望。上臺、三夫人亦乘之，以揭幢涅幰爲副。王公加禮者，給油幢絡車，駕牛。朱輪華轂。天監二年令，上臺、六宫、長公主、公主、諸王太妃、妃，皆乘青油輿幢通幰車，揭幢涅幰爲副。采女、皇女、諸王嗣子、侯夫人，皆乘赤油揭幢車，以涅幰爲副。侍女、直乘涅幰之乘。

諸王三公並乘通幰平乘車，竹箕子壁、仰，檳榔爲輞。如今犢車，但舉幰通覆上。

方州刺史，並乘通幰平肩輿，從横施八横，亦得金渡裝較。

尊卑共乘車

天子至於下賤，通乘步輿，方四尺，上施隱膝以及襻，舉之。無禁限。載輿亦如之，但不施脚，以其就席便也。優禮者，人輿以升殿。司徒謝朏，以脚疾優之。

朱銘盤《南朝梁會要・輿服・肩輿》　益州刺史、西昌侯藻，乘平肩輿，巡行賊壘。《長沙嗣王・業附傳》。

平肩大輿。《南史・王僧辯傳》。

韋叡乘小輿，素木輿。本《傳》。

元帝承聖三年，龍光殿上所御肩輿復見小蛇縈屈輿中，以頭駕夾膝前金龍頭上。《南史》本《紀》。

朱銘盤《南朝梁會要・輿服・御舟齋舫臺舫州郡訂舫》　武帝天監六年，安成王秀爲江州刺史。將發，主者求堅船以爲齋舫。秀教以牢者給參佐，下者載齋物。本《傳》。

江革除東中郎長史，稱職，乃除都官尚書。將還，民送故依舊訂舫，革並不納，惟乘臺所給一舸。本《傳》。下同。

羊侃初赴衡州，於兩艖艄起三間通梁水齋，飾以珠玉，加之錦繢，盛設帷屏，陳列女樂。

天淵池新製鯿魚舟，形闊而短，高祖暇日，常汎此舟，在朝唯引太常劉之遴、國子祭酒到溉、右衛朱異，黄門郎陸雲公時年位尚輕，亦預焉。《雲公傳》。

中大通三年三月，太子游後池，乘彫文舸。《南史·昭明太子傳》。

朱銘盤《南朝陳會要·輿服·五輅》 陳承梁末，王琳縱火，延燒車府。至天嘉元年，勑守都官尚書寶安侯、到仲舉，議造玉金象革木等五輅及五色副車。皆金薄交龍，爲輿倚較，文貔伏軾，虯首銜軛，左右吉陽筩，鸞雀立衡，樻文畫轓，緑油蓋，黄絞裏，相思橑，金華末。斜注旂旗於車之左，各依方色。加棨戟於車之右，韜以黻繡之衣。獸頭幡，長丈四尺，懸於戟杪。玉輅，正副同駕六馬，餘輅皆駕四馬。馬並黄金爲文髦，插以翟尾，玉爲鏤錫。又以綵畫赤油，長三尺，廣八寸，繫兩軸頭，古曰飛軨，改以綵畫蛙蟆幡，綴兩軸頭，即古飛軨遺象也。五輅兩箱後，皆用玳瑁爲鶡翅，加以金銀雕飾，故俗人謂之金鶡車。兩箱之裏，衣以紅錦，金花帖釘，上用紅紫錦爲後檐，青絞純帶，夏用簟，冬用綺繡褥。此後漸修，具依梁制。《隋書·禮儀志五》。

《唐六典·太僕寺》 乘黄署：令一人，從七品下，乘黄，古神馬名，亦曰飛黄，背有角，日行萬里。《六韜》云：「乘黄震死。」《淮南子》云：「天下有道，飛黄伏皁。」然車馬職仝。後漢有未央廄令、長樂廄丞。至魏，遂改爲乘黄廄，晉因之。宋太常屬官有乘黄令一人，掌乘輿金根車及安車、追鋒諸馬車。《齊職儀》云：「乘黄，獸名也，龍翼馬身，黄帝乘之而僊，因以名廄。乘黄令品第七，秩四百石，銅印、墨綬，進賢一梁冠，絳朝服。」梁太常屬官有乘黄令、丞，三品勳位。陳因之。後魏有乘黄令、丞。北齊掌諸輦輅。隋太僕寺統乘黄署令、丞，皇朝因之，領駕士、羊車小史等。丞一人，從八品下。魏有乘黄丞，晉因之。宋、齊並有乘黄令，無丞。梁、陳、後魏、北齊、隋並有乘黄丞，皇朝因之。乘黄令掌天子車輅，辨其名數與馴馭之法；丞爲之貳。凡乘輿五輅：《周禮》：「巾車氏掌王五輅。有玉、金、象、革、木之制。至秦，唯乘金根車。漢承秦制，以爲乘輿。晉武帝始備五輅，爲天子法車。宋、齊、梁、陳相因不絶。後魏五輅各依方色，並駕五馬。後周設六官，置司輅之職。皇帝之輅十有二等：一曰蒼輅，二曰青輅，三曰朱輅，四曰黄輅，五曰白輅，六曰玄輅，七曰玉輅，八曰碧輅，九曰金輅，十曰象輅，十一曰革輅，十二曰木輅。後閲視武庫，得魏舊物，有乾象輦，駕二十四馬；又有大樓輦車，駕二十牛；又有象輦，初駕二象，後以六駞代之，皆魏天興中之所制也。宣帝以來，皆服御之，兼以賜皇后。隋開皇元年，以魏、周輿輦非古之制，皆廢毀，改造五輅也。一曰玉輅，祭祀、納后則乘之；二曰金輅，饗射、郊征還、飲至則乘之；三曰象輅，行道則乘之；四曰革輅，巡狩、臨兵事則乘之；五曰木輅，田獵則乘之。凡玉輅青質，以玉飾諸末，駕六蒼龍；金輅赤質，以金飾諸末，駕六赤騂；象輅黄質，以黄飾諸末，駕六黄騮；革輅白質，輓之以革，駕六白駱；木輅黑質，漆之，駕六黑騮也。五輅皆重輿，左青龍，右白獸，金鳳翅，畫苣文鳥獸；黄屋，左纛，金鳳一，在軾前；十二鑾，在衡；二鈴，在軾；龍輈前設鄣塵；青蓋三層，裏黄，繡飾，上設博山方鏡，下圓鏡。樹羽輪，金根、朱班、重牙；左建旂十有二旒，皆畫升龍，其長曳地，青繡綢杠；右載闟戟，長四尺，廣三尺，黻文，旂首金龍，頭銜錦結綬及緌帶，垂鈴；金鍐、方釳，插翟尾五焦；鏤錫，鞶纓十二就。旌旗、蓋、鞶、纓皆從輅質。耕根車青質，三重蓋，餘如玉輅。安車金飾；重輿曲壁；八鑾在衡；紫油通幰，紫油纁朱裏，朱絲絡網，朱鞶纓，朱覆髮具絡。四望車制同安車，金飾；八鑾在衡；青油通幰，青油纁朱裏，朱絲絡網。大駕，則太僕卿馭；五輅駕士各三十二人，並平巾幘、青衫、大口袴；千牛將軍一人陪乘。

五輅皆有副車。按：蔡邕《獨斷》云：「五輅之外，復設五色安車、立車各一乘，皆駕四馬，是爲五時副車。」故張良擊始皇，中副車。《魏志》云：「天子命太祖駕金根，六馬，設五時副車。」江左乃闕，至梁始備。隋開皇十四年始造五輅及副，皇朝因之。又有指南車、崔豹《古今注》云：「指南車，舊説云周公所作也。周公理致太平，越裳氏重譯來獻，使者迷其歸路，周公錫以輧車五乘，皆爲司南之制，使越裳氏載之，周年而至其國。故常爲先導，示服遠人，而正四方也。」秦、漢其制無聞。後漢張衡始復創造，漢末喪亂，其法不存。沈約《宋書》云：「魏明帝始令博士馬鈞造之，晉亂又亡。石虎使解飛、姚興使令狐生又造，宋武平關中，得之。其制如鼓車，設木人於車上，舉手指南。車驟回轉，所指微差。」至齊，祖沖之又造之。歷梁、陳、隋，無所變改，皇朝因之。駕四馬，正道，先啓而行。匠一人，駕士十四人。記里鼓車、崔豹《古今注》云：「車上爲二層，皆有木人執槌。行一里，下一層擊鼓；行十里，上一層擊鐲。亦名大章車，所以識道里也。」白鷺車、《隋志》名鼓吹車。上施層樓，樓上有翔鷺棲焉。鸞旗車、《晉志》云：「鸞旗車，先輅所載也。鸞旗者，謂析羽旄而編之，十二旒，列繫幢傍也。」辟惡車、崔豹《古今注》云：「秦制也，桃弓、葦矢，所以禳祓不祥。」太卜令一人在車，執弓箭，平巾幘、緋裲襠、大口袴。皮軒車、《晉志》：「以獸皮爲軒。」左金吾衛隊正一人在車，執弩，服同太卜令。自指南車皆駕四馬，正道，匠一人，駕士一十四人。耕根車、《晉志》云：「建赤旗十有二旒，天子親耕所乘也。一名芝車，一名三蓋車。置耒耜於軾上。」駕六馬，駕士三十二人。安車、《晉輿服志》云：「座乘謂之安車，倚乘謂之立車，各一乘，名五時車，俗謂之五帝車。」駕四馬，駕士二十四人。四望車、《晉志》云：「陽遂四望，繐窓、皁輪，小形車，駕牛。」《晉中朝大駕鹵簿》曰：「御四望車，駕牛，中道。」皇朝駕四馬也。羊車、周遷《輿服雜事》曰：「羊車，一名輦車，其上如軺，伏兔箱，漆畫輪軛。小兒衣青布袴褶，紫碧襻青耳屩，五辨髻，數人引之，今代名爲羊車小史。而漢代或以人牽，或以駕果下馬。」《晉志》曰：「武帝乘羊車於後宮，恣意所之，宮女掛竹葉、楊條，候帝之來。」黄鉞車、崔豹《古今注》云：

「黃鉞，三代通用以斷斬，今以黃鉞爲乘輿之飾。武王以黃鉞斬紂，故王者以爲戒。」駕二馬，左武衛隊正一人在車執之，武弁、朱衣、革帶。駕士一十二人。豹尾車，崔豹《古今注》云：「豹尾車，周制也，所以象君子豹變。尾，言謙也。古軍正建之，今唯乘輿得建焉。」《漢書》曰：「成帝以幸姬趙飛燕置屬車間豹尾中。」駕二馬，右武衛隊正一人在車執之，武弁、朱衣、革帶。駕士十二人也。屬車一十有二，屬車一曰副車，一曰貳車，一曰佐車。漢因秦制：大駕屬車八十一乘，行則中央、左、右分之；法駕屬車三十六乘，最後車懸豹尾，皆皁蓋、朱裏。蔡邕《獨斷》曰：「古者，諸侯貳車九乘。秦滅九國，兼其車服，故爲八十一乘。漢武祠太乙、甘泉皆盡用之，明帝上原陵又用之。法駕三十六乘，小駕一十二乘。」大業初，備八十一乘；三年，帝嫌其多，問閻毗，毗曰：「此起於秦，遂爲後式。宋孝建時，議準旂旒之數，設十二乘。今憲章往古，大駕依秦，法駕依漢，小駕依宋。」帝曰：「大駕宜三十六，法駕宜用十二，小駕除之可也。」皇朝因之，置十二乘，駕牛，駕士各八人。自指南車駕士皆平巾幘、緋衫、大口袴，唯耕根車青衫，羊車服則殊也。大駕則用之。若法駕，則減五副車、白鷺、辟惡、安車、四望車，四分屬車之一，餘同大駕。若小駕，又減象輅、革輅、木輅、指南車、記里鼓車、鸞旗、皮軒、耕根、羊車、屬車、黃鉞、豹尾等車，餘同法駕。若有大禮，則以所御之輅進內；既事，則受而藏之。

凡將有事，先期四十日，尚乘供馬，馬如輅色，率駕士預調習。指南等車亦如之。

《唐六典·家令率更僕寺·太子僕寺》 皇太子之車輅三，一曰金輅，二曰軺車，三曰四望車。金輅：赤質，金飾諸末，重較箱，畫苣文鳥獸，黃屋，伏鹿軾，龍輈，金鳳一在軾；前設障塵，朱蓋黃裏；畫輪朱牙；左建旂九旒，右載闟戟；旂首金龍頭，銜結綬及鈴緌；駕赤駵四；八鑾在衡，二鈴在軾；金鍐方釳，翟尾五焦；鏤錫，鞶纓九就；從祀享、正、冬大朝、納妃則供之。軺車：金飾諸末；紫油通幰，紫油纁朱裏；駕一馬；五日常朝及朝饗官臣出入行道則供之。四望車：金飾諸末；紫油通幰，紫油纁朱裏；朱絲絡網；駕一馬；弔臨則供之。凡皇太子備禮而出，則率廐牧令進輅，僕親馭焉。

杜佑《通典》卷六四《禮·嘉九》 天子車輅

上古聖人，睹轉蓬爲輪。輪行可載，因物知生，復爲之輿。輿輪相乘，流運罔極，任重致遠，以利天下。《考工記》曰：「一器而工聚者車爲多。」蓋圓象天，輿方象地，二十八撩音老象列宿，三十輻象日月。前視則聽鑾和之響，傍觀則睹四時之運。等威既辨，貴賤有序，故《書》曰：「明試以功，車服以庸。」洎乎魏晉，政教陵遲，僭逾莫禁，代有變改，異制殊狀，君臣眘亂，以致顛覆。今略舉沿革，不可畢載，征其制作，爲《車輿篇》云。

五輅唐 虞 夏 殷 周 秦 漢 後漢 魏 晉 東晉 宋 齊 梁 陳 後魏 北齊 後周 隋 大唐

昔人皇氏乘雲駕六羽，出谷口，或雲車也。及五龍氏乘龍，上下以理。《古史考》云：「黃帝作車，至少昊始駕牛，及陶唐氏制（鸞）〔彤〕車，乘白馬，則馬駕之初也。」

有虞氏因彤車而製鸞車。

夏后氏因鸞車而製鉤車，鉤之言不揉自曲。俾車正奚仲建斿旐，尊卑上下，各有等級。

殷因鉤車而製大輅。《禮緯》曰「山車（乘）〔垂〕鉤」，乃鉤車之象。昔成湯用而郊祀，有山車之瑞。山車亦謂之桑根車，以金根之色，亦謂之大輅。

周因殷輅以制木輅，約木以加飾，爲王五輅。一曰玉輅，錫，樊纓十有再就，建太常，十有二斿，以祀。錫，馬面當顱刻金爲之，所謂鏤錫也。樊，馬大帶也。纓馬鞅也。就，成也，皆以五采罽飾也。樊，音盤，下同。二曰金輅，（乘）〔無〕錫，以金爲婁頷之鉤，樊纓九就，建大旂，以賓，同姓以封。三曰象輅，無鉤，以朱飾勒而已，樊纓七就，建大赤，以朝，異姓以封。皆以玉金象飾諸末而爲名。凡言玉金象路，皆此義。樊及纓，五采罽飾之。四曰革輅，革鞔漆之，無他飾，以白黑飾韋爲龍勒條飾，樊纓五就，建大白，以即戎，以封四衛。龍，駹也。以白黑飾韋雜色爲勒。五曰木輅，不革鞔，漆之而已，以淺黑飾韋爲樊鵠色，飾韋爲纓，就數同革輅，建大麾，以田，以封藩國。

秦平九國，蕩滅典籍，舊制多亡。因金根車用金爲飾，謂金根車，而爲帝軫。

漢武帝天漢四年，始定輿服之制。郊祀所乘，謂之大駕，備車千乘，騎萬匹，玄旗皁斿，以從水德。復法水數，駕馬以六。夏太康盤游無度，昆弟五人作歌曰「若朽索之馭六馬」，則六馬非始于秦制，但法水數，故相符云爾。其儀甚盛，不必師古。及王莽篡位，武車常軔。如振反。車輪木也。赤眉之亂，文物無遺。

後漢光武平公孫述，始獲葆車輿輦。而因舊制金根車，擬周之玉輅，最尊者也。輪皆朱斑重牙，貳轂兩轄，轂外復有一轂抱轄，其外乃復設轄，抱銅置其中。《東京賦》曰：「重輪貳轄，疏轂飛軨。」注：「飛軨，（書）〔畫〕緹油，系於軸上。」「金薄繆龍，爲輿倚較，徐廣曰：「繆，交錯之形也。較在箱上。」《說文》曰：「橫文畫蕃。」蕃，箱也。《通俗文》

曰：「車箱爲較。」文虎伏軾，龍首銜軛，左右吉陽筒徒冬反。鸞雀立衡，𣟂文畫輈，羽蓋華蚤，徐廣曰：「翠羽蓋黄里，所謂黄屋車也。金華施橑末，有二十八枚，即蓋弓也。」建大旂，十有二斿，畫日月升龍，駕六馬，象鑣鏤錫，金鍐方釳，訖乞反。插以翟尾，朱兼樊纓，赤罽易茸，金就十有二，左纛以氂牛尾爲之，在左騑馬軛上，大如斗，是爲德車。大駕則御鳳凰車，以金根爲副，其駕玄馬六，因秦不改。或云始自漢制。許慎《五經異義》説天子駕六馬，以經言「時乘六龍以御天」。蓋乃因明陽之氣，乘六上下，非爲禮制。按《周官·校人》「掌王馬之政，凡擇良馬而養乘之，乘馬一師四圉」，四馬爲乘。古《毛詩》云，天子至大夫同駕駟，皆有四方之事，《詩》云「四牡彭彭」是也。

魏武王受漢獻帝命，乘金根車，駕六馬，設五時副車。至明帝景初中，山茌縣黄龍見，以爲魏得地統，服色尚黄，戎事乘黑首白馬。齊王正始中，詔出入必御輦乘輿。

晉武帝承魏陳留王命，乘金根車，駕六馬，備五時副車。及受禪，設玉、金、象、革、木五輅，并爲法駕。旗斿服用，悉取周制。文物華藻，因金根車，更增其飾。朱斑漆輪，加畫𣟂文，兩箱之後，加玳瑁爲鷁翅，金銀雕飾，時人亦謂爲金鷁車。斜注旂旗於車之左，又加棨戟於車之右，皆橐而施之。棨戟韜以黻綉，上係大蛙蟆幡。軛長丈餘。于戟之杪，以氂牛尾，大如斗，置左騑馬軛上，是爲左纛。轅皆曲，取《禮緯》「山車垂鈎」之義。玉輅駕駟以黑，金象革木駕駟，以黄金爲(文)〔叉〕髦，插以翟尾。象鑣鏤錫，金鍐方釳，繁纓赤罽易茸，金就十有二。五輅皆有錫鑾之飾，和鈴之響，鈎膺玉，龍鞅華轙，魚倚反。朱幩。音汾。法駕行則五輅〔各有所主。復制金根車，去漢之文物，駕四馬，不建旗幟〕，上如畫輪車，下猶金根之飾。

東晉元帝始建大輅、戎輅各一，以殷人祀用大輅，周人即戎用戎輅故也。因金根車飾，皆駕黑駟，是爲玄牡。安帝義熙中，平關洛，得姚興爲車輦，或時乘用焉。

宋孝武大明中，尚書左丞荀萬秋改造五輅〔玉輅〕，依晉金根車，加赤漆𣟂畫，玉飾諸末，建青旗，十有二斿，駕駟以玄，復因漢之安車，章施羽葆蓋，以祀。以金根爲金輅，建青旗，駕玄馬四，羽葆蓋，以賓。象、革、木輅，并擬玉輅，漆𣟂畫，羽葆蓋。象輅視朝，革輅即戎，二輅并建赤旗，駕玄馬四。木輅建赤麾，以田。駕赤馬四。大事法駕，五輅俱出。

齊武帝永(平)〔明〕初，伏曼容議：「齊德尚青，車旗先青，次赤，次白，次黑。軍容戎事，宜依漢道行運之色。」因宋金根車而修玉輅，畫輪金涂，兩箱上望板前優游，通緣金涂鏤鍱，音葉。碧紋箱，鑿鏤金薄帖。兩箱外織成衣，兩箱里金涂鏤(回)〔面〕釘，玳瑁帖。望板箱上帖金博山。優游上，和鸞立花趺銜鈴，銀帶玳瑁筒；優游下，隱膝，里施金涂鏤(回)〔面〕花釘，織成文。優游横前，施玳瑁帖，金涂花釘，金涂倒龍，後損鑿銀玳瑁龜甲，金涂花沓。望板，金涂受福望龍諸校飾。軛及諸末，皆螭龍首。龍形板在車前，銀帶花獸，金涂受福，緣里邊，鏤鍱玳瑁織成衣。里，金涂鏤(回)〔面〕花釘。外，金涂博山、辟邪障、鳳凰銜花。升蓋，金涂鏤鍱，二十八爪支子花，黄錦外衣，復碧絹漆布緣油頂，絳絲織成顔芚，徒昆反。赭舌孔雀毛復錦，緑紋隨陰，縣諸珠蜯佩，金涂鈴，雲朱結彩綬，雜色真孔雀旄。一轅，漆畫車衡，銀花帶，衡上金涂博山，四鸞鳥立花趺銜鈴，龍首銜軛，插翟尾，上下花沓，絳緑絲的，望繩八枚。旂(有)十〔有〕二旒，畫升龍，竿首金涂龍銜大鄒幡，真旄。棨戟，織成衣，金涂沓駐及受福，金涂雁鏤鍱。漆安立床，在車中，錦復黄紋，爲安立衣。錦復黄紋障泥，八幅，長九尺，緑紅錦芚帶，織成花。五輅江左相承駕駟，左右騑爲六。施絳絲游御繩，其重轂貳轄，飛軨幡，赤油，金紫真旄，左纛置左騑馬軛上，金鍐方釳，繁音鞶。纓，金涂紫皮帶真旄，横在馬膺前，其鏤錫皆如古制。初加玉輅爲重蓋，栖寶鳳凰，綴金鑷珠璫玉蜯佩，四角金龍銜五采旄，又麒麟頭加以彩畫，馬首戴之。竟陵王子良啓曰：「凡蓋圓象天，軫方象地。上無二天之儀，下設兩蓋之飾，求諸志録，殊爲乖衷。又假爲麟首，加乎馬頭，事不師古，鮮或可施。」至建武中，明帝乃省重蓋。金輅之飾如玉輅而減少，象輅減金輅，革輅如象輅而尤減，木輅如革輅，建大，赤麾，首施大鄒幡。玉輅、金輅建碧旂，象輅、木輅建赤旂。

梁武帝初因齊制。天監三年，五輅旗麾同用赤而旂不異，以從行運所尚也。七年，帝據《周禮》「玉輅以祀，金輅以賓」，今祀乘金輅，詔下詳議。周舍謂金輅爲齊車，本不關於祭祀。於是改陵廟皆乘玉輅，轡以朱絲。

陳初因梁。文帝天嘉初，令劉仲舉議，錯綜漢晉舊飾，造玉金象革木等五輅。皆金薄交龍，爲輿倚較，文豹伏軾，虬首銜軛，左右吉陽筒，鸞雀立稀，𣟂文畫，緑油蓋，黄紋里，相思橑，金華末。斜注旂旗於車之左，各依方色。如棨戟於車之右，韜以黻綉。獸頭幡，長丈四尺，懸於戟杪。玉輅，正副同駕六馬，餘皆駕駟。并金(文)〔叉〕髦，插(於)〔以〕翟尾，玉爲鏤錫。以彩畫蛙蟆幡，綴兩〔軸〕頭，易漢之飛軨。五輅兩箱後，皆玳瑁爲鷁翅，金銀雕飾。兩箱里，衣紅錦，金花帖釘，上用紅錦爲後檐，青紋純帶，夏花簟，冬綺綉褥。

後魏道武帝天興初，修軒冕，制乾象等輦，草創制度，多違舊章。至孝文太和中，(議)〔儀〕曹令李韶更議改正，唯備五輅，各依方色，其餘車輦，猶未能具。明帝熙平中，侍中崔光等議，大造車服，五輅并駕五馬，亦無經據。

北齊車服制度，多因後魏。天保中所乘，是太和中李韶所制五輅。

後周依《周禮》設六官，置司輅之職，掌公車之政，辨其名品物色。皇帝之輅，十有二等：一曰蒼輅，以祀昊天上帝；二曰青輅，以祀東方上帝；三曰朱輅，以祀南方上帝及朝日；四曰黄輅，以祭地祇、中央上帝；五曰白輅，以祀西方上帝及夕月；六曰玄輅，以祀北方上帝及感帝、神州。此六輅，通漆之而無他飾，即周木輅遺象也。馬皆疏面之，斿就以方色，俱十有二。七曰玉輅，以享先皇，加玄服，納后；八曰碧輅，以祭社稷，享諸先帝，食三老五更，享諸侯耕籍；九曰金輅，以祭星辰，視朔；十曰象輅，以望秩羣祀；十一曰革輅；十二曰木輅。此六輅漆畫之，用玉碧金象革物飾諸末。錫面金鉤，就以五采，俱十有二。其輅之飾，重輪重較加茸焉。皇帝之輅，輿廣六尺有六寸，畫輪輈衡以云牙，箱飾櫕文，内畫以雜獸，獸伏軾，鹿倚較。三辰之常，玄青蒼等旗，畫繢之，六仞曳地，設和鑾，以節趨行。圓蓋方輿，以象天地。

隋開皇元年，内史令李德林奏：後魏輿輦乖制，請廢，唯留後魏太和時李韶所制五輅，北齊所遵者。後著令制玉輅，青質，重箱盤輿，左龍右虎，金風翅，畫櫕文，軛左立纛，金鳳一在軾前，八鑾在衡，二鈴在軾。龍輈之上，前設障塵，青蓋〔黄〕里，綉斿帶。金博山，綴以鏡子，下垂八佩。樹四十葆羽。輪皆朱斑重牙，復轄。左建太常，十有二斿，皆畫升龍日月，其長曳地。右載闟他合反戟，長四尺，闊三尺，黻文。旗首金龍頭，銜鈴及(鏤)〔綏〕，垂以s結綬。駕蒼龍，金鍐方釳，插翟尾五焦，鏤錫，鞶纓十有二就，皆五采罽爲飾。天子祭祀、納后則乘之。金輅，赤質，左建旗，畫飛隼，右建闟戟，盤輿鳳翅等并同玉輅，駕赤騮。臨朝、會同、饗射、飲至則乘之。象輅，黄質，左建旌，畫麟，右建闟戟，駕黄騮。祀后土則乘之。革輅，白質，鞔以革，左建旗，畫騶虞，右建闟戟，駕白駱。巡狩、臨兵則乘之。木輅，黑質，漆之，左建旐，畫玄武，右闟戟，駕黑騮。田措則乘之。其五輅，并駕六馬，馬飾皆同玉輅。復制安車，重輿曲壁，紫油纁里，通幰，朱絲絡網，朱鞶纓。駕赤騮。臨幸所乘。按隋氏五輅，遠酌周禮，旗斿藻飾，近約漢制，文質相半。

大唐因隋制，玉、金、象、革、木，是爲天子五輅。玉輅，青質，重輿，左青龍，右白虎，金鳳翅，畫櫕文鳥獸，黄屋左纛，金鳳一在軾前，十二鑾在衡，正輅鑾數同副輅，耕根車則八。二鈴在軾，龍輈前設障塵，青蓋黄里三層綉飾，上設博山方鏡，下圓鏡，樹羽，輪金根朱斑重牙。左建旂十有二斿，畫升龍，其長曳地。青綉綢杠，右載闟戟，長四尺，廣三尺，黻文。旂首金龍銜錦結綬及縷帶垂鈴。金鍐方釳，插翟尾五焦，鏤錫，鞶纓十有二就。祭祀、納后則供之。金輅，赤質，餘同玉輅，駕赤騮，饗射、祀還、飲至則供之。象輅，黄質，餘同金輅，駕黄騮，行道則供之。革輅，白質，鞔以革，餘同象輅，駕白騮，巡狩、臨兵事則供之。木輅，黑質，漆之，餘同(金)〔革〕輅，駕黑騮、田獵則供之。旌旗鞶纓及蓋，皆從輅色。其蓋文里俱用黄。其鏤錫，五輅并同其飾。

武德初著令，天子鑾輅，玉金象革木五等，屬車十乘，指南車、記里鼓車、白鷺車、鸞旗車、辟惡車、皮軒車、耕根車、安車、四望車、羊車。貞觀元年十一月，始加黄鉞車、豹尾車，通爲十二乘，以爲儀仗之用。大駕行幸，則分前後，施於鹵簿之内。若大陳設行，則分左右，施於儀仗之中。

高祖、太宗大禮則乘輅。高宗不喜乘輅，每有大禮則御輦。至武太后，以爲常。玄宗以輦不中禮，廢而不用。開元十一年冬，祀南郊，乘輅而往，禮畢騎還。自是行幸邱祀，皆騎於儀仗之内。具五輅腰輿鹵薄而已。

副車五牛旗輿附　〇秦　漢　魏　晉　東晉　宋　齊　梁　陳　隋　大唐

秦平天下，以諸侯所乘之車爲副。

漢制，安車、立車各五乘，爲乘輿副車。輪皆朱斑重牙，貳轂兩轄，金薄繆龍，爲輿倚較，文虎伏軾，龍首銜軛，左右吉陽筩，鸞雀立衡，櫕文畫輈，羽蓋華蚤，建大旂，十有二斿，畫日月升龍。駕六馬，象鑣鏤錫，金鍐方釳，插翟尾，朱兼樊纓，赤罽易茸，金就十有二，左纛以牦牛尾爲之，在左騑馬軛上，大如斗。其馬各如方色。白馬者，朱其髦尾爲朱鬣云。所御駕六，餘皆駕四，後從爲副車。應劭《漢官鹵簿圖》曰：「乘與大駕則御鳳凰車，以金根爲副。」

魏因漢制，五時副車，置髦頭雲竿。

晉制，五安車、五立車，合十乘，名五時車，俗謂五帝車。建旗十二斿，各如車色。立車則正豎其旗，安車則斜注，駕馬不易漢制。左右騑，金鍐鏤錫，黄屋左纛，如金根之制，行則從後。

東晉過江，副車遺缺，有事權以馬車代之，建旗其上。其後製五色木牛，象五時車，豎旗於牛背，行則使人輿之。牛之爲義，蓋取負重致遠而安穩。旗常纏而不舒，所謂德車結旌。唯天子親戎，五旗舒旆。所謂武車綏旌。

宋因晉，而無副車。

齊王儉議，時乘輿無副，(昔周)〔借用〕五輅，大朝臨軒，權列三輅。今衣書〔車〕十二乘，櫝榆轂輪，簟子壁，緑油衣，箱外緑紗(明)〔萌〕，油幢絡，通幰，竿刺代棟梁，柚檽真形龍牽，支子花，(頭)轅〔頭〕後(仗)〔伏〕神執承幄沓，金涂鉸具，櫝音次。古副車之象也，亦曰五時副車。青萌車是謂搶他合反幰車。

梁依晉制，五牛旗車，左青赤，右白黑，黃居其中，象古之五時副車也。復制衣書車，一曰副車。

陳因舊制，五時副車，飾同五輅，并駕六馬。

隋因陳制，五時副車，色及旗章，一同正輅，唯降二等，駕用四馬。

大唐之制，副輅五乘，大駕行幸，皆次於五輅後爲副。又五牛旗舉五，黃牛旗處内，赤青在左，白黑在右，各八人執，左右威衛隊正各一人檢校。大駕鹵簿，在小舉後。

戎車周　漢　魏　晉　宋齊以後

周《巾車氏》「革輅即戎」，車僕掌戎輅之萃，音倅。廣古曠反。

杜佑《通典》卷六四《禮・嘉十》 皇太后皇后車輅　周　漢　後漢　晉　宋　齊　後魏　北齊　後周　隋　大唐

周禮，王后之五輅：重翟，鍚面朱總；重翟，翟，雉羽，兩重爲蔽，從王祭祀所乘也。厭翟，勒面繢總；厭翟，次其羽，使相迫近，厭其本也。勒面謂如玉龍勒之韋爲當面飾。繢總，以畫繒爲之，從王賓饗所乘也。安車，雕面鷖總。皆有容蓋。安車，坐乘車也。凡婦人車，皆坐乘。容謂幨車。鷖，青黑色繒爲之，無蔽。朝見於王所乘，去飾。翟車，貝面組總，有幄；翟車，不重不厭，以翟飾車之側。貝面，貝飾勒之當面。有幄則無蓋，如今輧車。後乘以出桑。輦車，組挽，有翣，羽蓋。輦車，不言飾，明無翟總之飾，後居宫從容所乘，但漆而已。爲輇輪，人挽之以行。有翣，所以御風塵。以羽作小蓋，爲翳日也。

漢皇后鸞輅，青羽蓋，駕四馬，旆九斿。

後漢太皇太后、皇太后、皇后法駕，皆御金根車，重翟，羽蓋，加青交(給)〔絡〕帷裳。其非法駕，則乘紫罽輧車，雲欂文畫輈，黃金涂五末，五末，轅一，轂二，箱二，共五也。蓋施金花。駕三馬，左右騑。應劭《漢官儀》：「明帝永平(元)〔七〕年，光烈皇(帝)〔后〕葬。魂車，鸞輅，青羽蓋，駕四馬，旂九斿，前有方相、鳳凰車。」此因前漢舊制也。

晉制，后乘重翟羽蓋金根車，加青絡，青帷裳，雲欂畫轅，黃金涂五末，蓋爪施金華，駕三馬，左右騑。其廟見小駕，則乘紫罽輧車，飾及駕馬如重翟。非法駕則皇太后乘輦，皇后乘畫輪車。先蠶，乘油畫雲母安車，駕六騩馬；騩，淺黑色。騩音貴。油畫兩轅安車，駕五騩馬，爲副；又，金博山軿、紫絳罽軿車，皆駕三騩馬。

宋因之，法駕乘重翟。先蠶乘油畫雲母安車。元嘉《中東宮儀記》云：「中宮僕御重翟金根車。」

齊因之。重翟車，加金涂校具，白地人馬錦帖，箱隱膝，后户，白牙的帖，金涂面釘，漆畫輪，鐵(鉗)〔鐺〕，金涂從容后路鍱，師子鍇，軛皆施金涂螭首及龍雀等諸飾。軛衡上施金博山，又有金涂長的巴首。蓋飾金涂爪支子花二十八，青油挾碧絹黃紋蓋，漆布箱紫顔黃紋紫紋隋陰，碧芚。徒昆反。外上施絳紫絲絡。碧旂九斿，棨戟。

後魏熙平中，有司蘇紹議：皇后之輅，其從祀則御金根車，親桑則御雲母車，歸寧則御紫罽車，游行御安車，吊問御紺罽車，并駕四馬。

北齊因之。

後周皇后之車十二等：一曰重翟，以從皇帝，祀郊禖，享先皇，朝皇太后。二曰厭翟，以祀陰社。三曰翟輅，以采桑。四曰翠輅，以從皇帝見賓客。五曰雕輅，以歸寧。六曰篆輅，以臨諸道法門。六輅皆錫面，朱總，金鈎。七曰蒼輅，以適命婦。八曰青輅，九曰朱輅，十曰黃輅，十一曰白輅，十二曰玄輅。五時常出入則供之。六輅皆疏面、繢總。

隋開皇初，李德林奏，用後魏熙平蘇紹議皇后之輅。後著令，制：里翟，青質，金飾諸末，朱輪，金根朱牙，其箱飾之重翟羽，青油幢朱里，通幰，綉紫帷，朱絲絡網，綉紫絡帶，八鸞在衡，鏤鍚，鞶纓十二就，金鑁方釳，插翟尾，朱總，駕蒼龍，受册、從祀郊禖、享廟則供之。厭翟，赤質，金飾諸末，朱輪畫朱牙，其箱飾以翟羽，紫油幢朱里，通幰，紅錦帷，朱絲絡網，紅錦帶，餘如重翟，駕赤騮，親桑供之。翟車，黃質，金飾諸末，朱輪畫朱牙，車側飾以翟羽，黃油幢黃里，通幰，白紅錦帷，朱絲絡網，白紅錦絡帶，餘如重翟，駕黃騮，歸寧則供之。諸鞶纓之色，皆從車質。安車，赤質，金飾，紫通幰朱里，駕四馬，臨幸及吊則供之。輦，金飾，同於蓬輦，通幰，班輪，駕四馬，宫苑近行則乘之。屬車三十六乘。大唐因隋制，重翟、厭翟。翟車、安車，其飾不易。又制四望車，紫油朱質，通〔幰，油〕畫絡帶，拜陵、臨吊則供之。又制金根車，朱質，紫油通幰，油畫絡帶，朱絲絡網，常行則供之。

皇太子皇子車輅 周 漢 魏 晋 東晋 宋 齊梁 陳 後魏 北齊 隋 大唐

周制，巾車氏掌王五路，金輅，建大旂，以封同姓。同姓，謂王子母弟，率以功德出封，若魯衛之屬。

漢皇太子、皇子皆安車，朱班輪，飛軨，青蓋，金花，倚虎伏鹿，樻文畫轓，吉陽筩，(文)金涂五末。旂九旒降龍。皇子爲王，錫以乘之。皇孫緑車以從。皆左右騑，三馬。名皇孫車。

魏因之。文帝問：「東平王有輅，爲是特賜乎？」鄭稱對曰：「天子五輅，金輅以封，同姓諸侯得與大子同乘金輅，非特賜。」

晋因魏。安車而駕三馬，非法駕則乘畫輪車，上開四望，緑油幢，朱絲繩絡，兩箱里飾(以金錦)，黄金(漆)涂五末。其副車三乘，形制如所乘，但不畫輪耳。王青蓋車，皇孫緑蓋車，并駕三，左右騑。

東晋安帝時，乘後山安車，制如金輅。

宋因之。皇子爲王，亦錫以皇太子之安車。皇孫緑車，亦因舊法。

齊皇太子乘象輅，校飾如御，旂旗九旒降龍。

《宋史》卷一五〇《輿服志二》 皇后之車，唐制六等：一曰重翟，二曰厭翟，三曰翟車，四曰安車，五曰四望車，六曰金根車。宋因之，初用厭翟車。其制：箱上有平盤，四角曲闌，盤兩壁紗牕，龜文，金鳳翅，前有虚匱、香爐、香寶，緋繡幰衣，絡帶，門簾，三轅鳳首，畫梯，推竿，行馬，緋繒裹索。駕六馬，金銅面，纓轡，鈴攀，緋屜。駕士三十人，武弁，緋繡衫。常出止用正、副金塗銀裝白藤輿各一，上覆椶櫚屋，飾以鳳，輦官服同乘輿平頭輦之制。

徽宗政和三年，議禮局上皇后車輿之制：重翟車，青質，金飾諸末，間以五采。輪金根朱牙。其箱飾以重翟羽，四面施雲鳳、孔雀，刻鏤龜文。頂輪上施金立鳳，耀葉。青羅幰衣一，紫羅畫雲龍絡帶二，青絲絡網二，紫羅畫帷一，青羅畫雲龍夾幔二。車内設紅褥及坐，横轅上施立鳳八。香匱設香爐、香寶，香匱飾以螭首。前後施簾，長轅三，飾以鳳頭，青繒裹索。駕青馬六，馬有銅面，插翟羽，鞶纓，攀胸鈴拂，青屜，青包尾。若受册、謁景靈宫，則乘之。厭翟車，赤質，其箱飾以次翟羽；紫幰衣，紅絲絡網，紅羅畫絡帶，夾幔錦帷，餘如重翟車。駕赤騮四。若親蠶則乘之。翟車，黄質，其車側飾以翟羽；黄幰衣，黄絲絡網，錦帷絡帶，餘如重翟車。駕黄騮四。安車，赤質，金飾，間以五采，刻鏤龜文，紫幰衣，錦帷絡帶，紅絲絡網，前後施簾，車内設褥及坐，長轅三，飾以鳳頭，駕赤騮四。凡駕馬鞶纓之飾，並從車質。四望車，朱質，青幰衣，餘同安車。駕牛三。金根車，朱質，紫幰衣，餘同安車。駕牛三。自重翟車以下，備鹵簿則皆以次陳設。藤輿，金塗銀裝，上覆椶櫚屋，以龍飾，常行之儀則用之。

龍肩輿。一名椶檐子，一名龍檐子，舁以二竿，故名檐子，南渡後所製也。東都，皇后備厭翟車，常乘則白藤輿。中興，以太后用龍輿，后惟用檐子，示有所尊也。其制：方質，椶頂，施走脊龍四，走脊雲子六，朱漆紅黄藤織百花龍爲障；緋門簾，看牕簾，朱漆藤坐椅，踏子，紅羅裀褥，軟屏，夾幔。

隆興二年正月，皇后受册畢，擇日朝謁，有司具儀物，乞乘肩輿龍檐。製造所受給使臣尹肇發，納中宫金塗銀葉椶櫚、朱漆紅黄藤織百花龍枰子、碌牙壓貼，鏤金雕木腰花泥版龍檐子一乘。金塗銀頂子，龍頭六，走脊龍四，走脊雲子六，貼絡龍四十，貼絡雲子三十，鐸子八，插拴坐龍四，環索全，鈸遮那一副，檀香龜背紅紗牕四扇，紅羅緣紅篸門簾一，瀝水全，看牕簾二，朱漆藤面明金雕木龍頭椅一，脚踏一，紅線條結一，朱漆小几二，紅羅褥全，紅羅緣肩髆席褥一十六，繫帶全，金塗銀鐵胎杆鞠四，魚鈎四，火踏一，朱漆梯盤全，朱漆衣匣二，金塗銅手把葉段拓叉二，金塗銅叉頭拖泥行馬二，金塗銀葉杠子二，紅茸扁條四，紅羅夾軟屏風、夾幔各一，襯脚席褥、靠背坐褥及踏床各一，紅絹十字帕一，竿袋四，魚鈎帕二，紅油十字帕、竿袋、魚鈎帕數同上，兜地帕一，圍裙一。

大安輦。真宗咸平中，爲萬安太后製輿，上設行龍六。乾興元年，詔皇太后御坐檐子，名大安輦。神宗嗣位，尊皇太后爲太皇太后，其行幸依治平元年之制。而皇太后、皇后常出，止用副金塗銀裝白藤輿，覆以椶櫚屋，飾以鳳。輦官服同乘輿平頭輦之制。於是詔太皇太后出入所乘，如萬安太后輿，上設行龍六，制飾率有加。金銅車，禮典不載，則如舊制。

哲宗紹聖元年，議造皇太后大安輦，中書具治平、元豐中皇太后輿服儀衛以呈，曰：「元豐中，先帝手詔，皇太后行幸儀衛，並依慈聖光獻太皇太后日例，而宣仁謙恭，不乘大安輦。」哲宗曰：「今皇太后獨尊，非宣仁比。」遂詔行幸進大安輦，已而皇太后嫌避，竟不製造。

龍輿。皇太后所乘也。東都，皇太后多垂簾，皆抑損遠嫌，不肯乘輦，止用輿而已。哲宗既嗣位，尊朱貴妃爲皇太妃，出入許乘檐子。有司請用牙魚鳳爲飾，繖用青。元祐三年，太皇太后詔有司尋繹典故，於是檐子飾以龍鳳，繖用紅。九年，羣臣議改檐子爲輿，上設行龍五，出入由宣德東偏門。哲宗以皇太后諭旨，令太妃坐六龍輿出入，進黄繖，由宣德正門。於是三省議，皇太妃坐龍鳳輿，繖紅黄兼用，從皇太后出入，止用紅。紹聖元年，禮部太常寺言：「近奉旨：『皇太后欲令皇太妃坐六龍輿，朕常思皇太妃尊奉之禮，既不敢擬隆於皇太后，又不可不逮於中宫。』今參以人情，再加詳定，伏請供進龍鳳輿。」從之。

及徽宗即位，尊太妃爲聖瑞皇太妃，詔儀物除六龍輿不用，仍進龍鳳輿外，餘悉增崇焉。紹興奉迎皇太后，詔造龍輿，其制：朱質，正方，金塗銀飾，四竿，竿頭螭首，赭牕紅簾，上覆以椶，加走龍六，内設黄花羅帳、裀褥、朱椅、踏子、紅羅黄羅繡巾二。

皇太子車輅之制。唐制三等：一曰金輅，二曰軺車，三曰四望車。太宗至道初，真宗爲皇太子，謁太廟，乘金輅，常朝則乘馬。真宗天禧中，仁宗爲皇太子，亦同此制。徽宗政和三年，議禮局上皇太子車輅之制：金輅，赤質，金飾諸末。重較，箱畫苣文鳥獸；黄屋，伏鹿軾，龍輈，金鳳一在軾前。設障塵。朱蓋黄裏。輪畫朱牙。左建旂，九旒，右載闟戟。旂首金龍頭，銜結綬及鈴綏。八鸞在衡，二鈴在軾。駕赤騮四，金鍐方釳，插翟尾，鏤錫，鞶纓九就。從祀、謁太廟、納妃則供之。軺車，金飾諸末，紫油通幰，紫油纁朱裏，駕馬一。四望車，金飾諸末，青油通幰，青油纁朱裏，朱絲絡網，駕馬一。軺車、四望車以次列於鹵簿仗内。皇太子妃，則有厭翟車，駕以三馬。出入亦乘檐子。中興簡儉，惟用藤檐子，頂梁、舁杠皆飾以玄漆，四角刻獸形，素藤織花爲面，如政和之制。

親王羣臣車輅之制。唐制有四：一曰象輅，親王及一品乘之；二曰革輅，二品、三品乘之；三曰木輅，四品乘之；四曰軺車，五品乘之。宋親王、一品、二品奉使及葬，並給革輅，制同乘輿之副，惟改龍飾爲螭。六引内三品以上乘革車，赤質，制如進賢車，無案，駕四赤馬，駕士二十五人。其緋幰衣、絡帶、旗戟、綢杠繡文：司徒以瑞馬，京牧以隼，御史大夫以獬豸，兵部尚書以虎，太常卿以鳳，駕士衣亦同。縣令乘軺車，黑質，兩壁紗牕，一轅，金銅飾，紫幰衣、絡帶並繡雉銜瑞草，駕二馬，駕士十八人。百官常朝皆乘馬。

真宗大中祥符四年，知樞密院事王欽若言：「王公車輅上並用龍裝，乞下有司檢定制度。」詔下太常禮院詳定。本院言：「按《鹵簿令》，王公已下，象輅以象飾諸末，朱班輪，八鸞在衡，左建旂畫龍，一升一降，右載闟戟。革輅以革飾諸末，左建旃，餘同象輅。木輅以漆飾之，餘同革輅。軺車，曲壁，青幰碧裏。諸輅皆朱質，朱蓋，朱旂旃，一品九旒，二品八旒，三品七旒，四品六旒，其鞶纓如之。」

神宗元豐三年，詳定禮文所言：「《鹵簿記》公卿奉引：第一開封令，乘軺車；次開封牧，隼旗；次太常卿，鳳旗；次司徒，瑞馬旗；次御史大夫，獬豸旗；次兵部尚書，虎旗，而乘革車。考之非是。謹按《周禮》巾車職曰：『孤乘夏篆，卿乘夏縵，大夫乘墨車。』司常職曰：『孤、卿建旃，大夫建物。』請公卿已下奉引，先開封令，乘墨車建物；次開封牧，乘墨車建旗；太常卿、御史大夫、兵部尚書乘夏縵，司徒乘夏篆，並建旃。所以參備九旗之制。」詔從之。

政和議禮局上王公以下車制：象輅以象飾諸末，朱班輪，八鸞在衡，左建旗，右載闟戟，駕馬四，親王昏則用之。革車，赤質，載闟戟，緋羅繡輪衣、簾、旗、韜杠、絡帶，駕赤馬四。大駕鹵簿六引，法駕鹵簿三引，開封牧第乘之。王公、一品、二品、三品備鹵簿，皆供革車一乘。其輪衣、簾、旗、韜杠、絡帶繡文：開封牧以隼，大司樂以鳳，少傅以瑞馬，御史大夫以獬豸，兵部尚書以虎。軺車，黑質，紫幰衣、絡帶並繡雉，施紅錦簾，香爐、香寶結帶，駕赤馬二。鹵簿内第一引官縣令乘之，駕馬皆有銅面，插羽，鞶纓，攀胸鈴拂，緋絹屜，紅錦包尾。

沈括《夢溪筆談》卷一九《器用·大駕玉輅》 大駕玉輅，唐高宗時造，至今進御。自唐至今，凡三至泰山登封，其他巡幸，莫記其數，至今完壯，乘之安若山岳，以措杯水其上而不摇。慶曆中，嘗别造玉輅，極天下良工爲之，乘之動摇不安，竟廢不用。元豐中，復造一輅，尤極工巧，未經進御，方陳於大庭，車屋適壞，遂壓而碎，只用唐輅。其穩利堅久，歷世不能窺其法。世傳有神物護之，若行諸輅之後，則隱然有聲。

葉珪廷《海録碎事》卷五《鑾輅》 唐武德初，著令天子鑾輅玉金象革木五等，屬車十乘：指南車，記里鼓車，白鷺車，鸞旗車，辟惡車，皮軒車，耕根車，安車，四望羊車。貞觀元年十一月，始加黄鉞車、豹尾車，通爲十二乘，以爲儀仗之用。

范成大《攬轡録》〔乾道六年八月〕丙戌，至燕山城外燕賓館。燕至畢，與館伴使副並馬行柳堤，緣城過新石橋，中以杈子隔絶。道左邊過橋，入豐宜門，即外城門也。過石玉橋。燕石，色如玉，橋上分三道，皆以欄隔之，雕刻極工。中爲御路，亦欄以杈子。兩傍有小亭，中有碑曰「龍津橋」。入宣陽門，金書額，兩旁有小四角亭，即登門路也。樓下分三門，中門爲御路，常闔，皆畫龍。兩旁門通行，皆畫鳳。入門，北望其闕。由西御廊下，轉西，至會同館。

王應麟《玉海》卷七八《周指南車》 鬼谷子肅慎氏獻白雉於文王，還恐迷路，問周公作指南車以送之。又見黄帝指南車。

王應麟《玉海》卷七九《天聖記里鼓車》 《三朝志記》里鼓車，一名大章車。赤質，四面畫花鳥，重闌鏤棋，一轅鳳首。駕四馬，駕士舊十八人，雍熙四年增爲三十人。行一里，則上層木人擊鼓。十里，則次層木人擊鐲。天聖五年十一月，内侍盧道隆剏記里皷車，其車獨轅雙輪，箱上爲兩重，刻木人手執木槌，輪一周而行地三步。其中平輪轉一周，車行一里，下一層木人擊皷。上平輪轉一周，車行十里，上一層木人擊鐲。凡用大小輪八，合二百八十五齒，還相鉤鎖，犬牙相制，周而復始。《四朝志》銅鉦、畫鼓各一，大觀元年吴德仁獻其制。

吴自牧《夢粱録》卷五《五輅儀式》 明禋止用玉輅，郊祀用五輅，俱頓於太廟側輅屋下。玉輅。按《周禮春官》：「巾車。掌王之玉輅，錫繁音盤纓十有再就，建太常十有二斿以祀。」康成注曰：「玉輅，以玉飾諸末。」今玉輅頂耀葉三層，凡八十一葉，皆鏤金間真玉龍，大蓮葉攢簇，四柱欄檻，鏤玉盤花龍鳳，懸挂照山河社稷大鏡，及懸纓旗珮。御座後真錦綉圍之，後出青綉山河龍鳳旗二面。有詩咏曰：「鏤瓊雲朵貼瑶箱，珠網雕檀七寶床。首建太常鳴大珮，玉龍耀葉發祥光。」餘金、象、木、革四輅，俱鍍金耀葉簇之。俱按《周禮·巾車職》篇曰：「金輅，鉤繁纓九就。」康成注曰：「金輅，以金飾輅。」制以「五鳳升龍間火珠，黄衣黄弁駕黄車，畫輪金輅旗裳裹，鈴響螭頭震九衢。」「象輅，朱繁纓七就。」康成注曰：「象輅，以象飾輅。」制以「銅葉金涂燦有光，貼牙櫝軾坐龍床，赤號六駕繁纓七，旗綉紅羅鳥集翔。」「革輅，龍勒條纓五就。」康成注曰：「革輅，挽之以革，而漆之無他飾。」制以「赤白飛銅六駕馳，聯翩龍虎淺黄旗，『龍虎』當作『熊虎』革挽漆制條纓五，戎弁寬裁對鳳衣。」「木輅，前繁鵠纓建大麾。」康成注曰：「木輅，不挽，以革漆之。前讀爲錙剪之剪。淺黑。」制以「鳳銜鈴珮響交加，御座華裀織百花，十六金龍齊夾轂，皂羅麾上綉龜蛇。」

吴自牧《夢粱録》卷五《明禋年預教習車象》 明堂大祀，三年一次。春首頒詔天下明禋，以九月逢上辛日大饗天地，侑以祖宗，咨爾百官，各揚乃職。此循隋、唐制也。夏首修築泥路，「選差三衛羽林兵，營築天街砥様平，黄道中間明日月，備嚴法駕欲安行。」預於兩月前教習車象。其車每日往來，歷試於太廟前，至麗正門，回車輅院一次。若僅閲車，每車須用鐵千斤壓之。如郊禋之歲，以車五乘教習。正謂「輅馬儀車五色輪，雙扶彩索稳擎云。遥知帝勢巍巍重，精鐵應須壓萬斤。」其明禋年，止一車以代玉輅。儀注，車上置青旗二面，鼓一面，駕以數馬，挾車衛士皆紫衫帽子。車前數人，擊鞭行車，前列朱旗數十面，銅鑼鼙鼓十數面，執旗鼓人，俱服紫衫帽子。後以大象二頭，每一象用一人，裹交脚幞頭，紫衫，跨象頸而馭，手執短柄銀钁，尖其刃，象有不馴者擊之。至太廟前及麗正門前，用钁使其圍轉，行步數遭，成列，令其拜，亦令其如鳴喏之勢。御街觀者如堵。市井撲賣土木粉捏妝彩小象兒，并紙畫者，外郡人市去，爲土宜遺送。

宇文懋昭《大金國志》卷三四《車轍》 後妃並用殿車，其車如五花樓之狀，上以錦緣青氈爲蓋，四圍以簾，秋冬亦用氈，並用錦緣柱廊，(白)〔月〕板護泥皆飾以金玉。或四輪，或兩輪，並朱。車之四角，後用金鳳，妃用金孔雀。如一品二品車之四角，並用銀螭頭。

國主繖或紅或黄無定，以金龍爲頂蓋。後用金鳳，太子用金龍。妃紫繖用金孔雀，一品青繖用銀浮圖，二品三品用紅浮圖，四品五品(用)青浮圖。

《金史》卷四三《輿服志上》 大定十一年，將有事於南郊，命太常寺檢宋南郊禮，鹵簿當用玉輅、金輅、象輅、革輅、木輅、耕根車、明遠車、指南車、記里鼓車、崇德車、皮軒車、進賢車、黄鉞車、白鷺車、鸞旗車、豹尾車、軺車、羊車各一，革車五，屬車十二。除見有車輅外，闕象、木、革輅，耕根、明遠、皮軒、進賢、白鷺、羊車，大輦各一，革車三，屬車四。

按《五禮新儀》，玉輅以青，金輅以緋，象輅以銀褐，革輅以黄，木輅以皂，蓋其物有合隨輅之色者，有當用別色者，如玉輅用青絲繡雲龍絡帶，青羅繡寶相花帶，青畫輪轅，青氂牛尾，此隨輅之色者也。若象、木、革輅則當用緋、用銀褐、用黄及皂。若至尊乘御步武所及，非若餘物但爲美觀，其踏床、倚背、踏道之褥皆用紅錦，座褥，及行馬褥、透壁輭簾三，用銀褐、黄、青羅錦三色。又大輦，宋陶穀創意爲之，至祥符中以其太重，減七百餘斤，可見當時亦無定制，各以意從長斟酌造之。其制，金玉輅闕，可見者象輅、革輅、木輅，耕根、皮軒、進賢、明遠、白鷺、羊車，革車，大輦，凡十有一。

象輅，黄質，金塗銅裝，以象飾諸末。輪衣以銀褐。建大赤。餘同玉輅。

革輅，黄質，鞔之以革，金塗銅裝，輪衣以黄，建大白。餘同玉輅。

木輅，黑質，漆之，輪衣以皂，建大麾。餘同玉輅。

耕根車，青質，蓋三重，制如玉輅而無玉飾。

皮軒車，赤質，上有漆柱，貫五輪相重，畫虎紋，一轅。

進賢車，赤質，如革車，緋輪衣、絡帶、門簾並繡鳳。上設朱漆床、香案，紫綾衣。一轅。

明遠車，制如屋，鋭頂，重簷，勾欄。頂上有金龍，四角垂鐸。上層四面垂簾，下層周以花板。三轅。

白鷺車，赤質，周施花板，上有漆柱，柱杪刻爲鷺鷥，銜鵝毛筩，紅綬帶。柱貫五輪相重。輪衣、皂頂、緋裙、緋絡帶，並繡飛鷺。一轅。

羊車，赤質，兩壁油畫龜紋，金鳳翅。幰衣、結帶並繡瑞羊。二轅。

大輦，赤質，正方，油畫，金塗銀葉龍鳳裝。其上四面施行龍、雲朵、火珠，方鑑、銀絲囊網，珠翠結雲龍，鈿窠霞子。四角龍頭銜香囊。頂輪施耀葉，中有銀蓮花、坐龍。紅綾裏，碧牙壓帖。内設圓鑑、香囊，銀飾勾欄臺坐，紫絲條網帉錔。中施黄褥，上置御座、曲几，香鑪、錦結綬。几衣、輪衣、絡帶並緋繡雲龍寶相花，金線壓。長竿四，飾以金塗銀龍頭。畫梯、托叉、行馬。

七寶輦，制如大輦，飾以玉裙網，七寶，滴子用真珠。宋欽宗爲上皇製，海陵自汴取而用之。

皇后之車六。一曰重翟車，青質，金飾金塗銅鈒花葉段裝釘，燿葉二十四，明金立鳳一，紫羅銷金生色寶相帷一，青羅、青油幰衣各一，朱絲絡網、紫羅明金生色雲龍絡帶各二，兩廂明金五彩間裝翟羽二，金塗鍮石長轅鳳頭三，横轅立鸞八，香鑪香寶子一副，宜男錦帶結，朱紅漆杌子、踏床各一，扶板扶魚一副，紅羅明金衣褥，紅羅襯褥一，青羅行道褥四，青羅明金生色雲鳳夾幔一，紅羅明金緣紅竹簾二，金塗銅葉段行馬二，朱紅漆金塗銀葉裝釘胡梯一，青羅胡梯尋儀褥二，踏道褥十，青絹裏大麻索二，油蒙帕一。

二曰厭翟車，赤質，倒仙錦帷一，紫羅、紫油幰衣各一，朱絲絡網、宜男錦絡帶各二，餘同重翟，惟行道褥、夾幔、尋儀褥羅及裹索等用紅。

三曰翟車，黄質，金飾鍮石葉段裝釘，宜男錦帷，黄羅油幰衣，鍮石長轅鳳頭三，而無横轅立鸞，餘同厭翟，而羅色用黄。

四曰安車，赤質，倒仙錦帷，紫、油幰衣，朱絲絡網，天下樂錦絡帶，鍮石長轅鳳頭三，無横轅立鸞及香鑪香寶子，餘同翟車，而色皆用紅。

五曰四望車，朱質，宜男錦帷，青、油幰衣，轅端螭頭二，餘並同安車。

六曰金根車，朱質，紫羅、紫油幰衣，朱絲絡網、倒仙錦絡帶各一，踏床衣褥用紅綾，尋儀褥、踏道褥並用綾，餘並同安車。

造六車成後，復改造圓輅、重簷、方輅、五華、亭頭、平頭六等之制，又增製九龍車一，高二丈、廣一丈一尺、長二丈六尺。五鳳車四，各高一丈八尺，長廣如之。圓輅車一、方輅車一、重簷車一，各高一丈七尺，長一丈八尺，廣八尺。皆駕馬四，駕士各五十人，並平巾幘、生色青緋黄三色寶相花衫、銀褐抹帶、大口袴。平頭輦一、五華輦一、亭頭輦一，各高一丈九尺，廣丈五寸，長三丈。舁士各九十六人作兩番代，並生色緋寶相花衫，餘如前製。管押人員三十五人，長脚幞頭、紫羅窄衫、金銅帶束。駕馬繁纓、涼屜、鈴拂，包尾皆從車色，金銅面，插翟尾，朱鞶，朱總。龍車合用紅羅傘一，傘子二人用本服錦帽幞帶。

又檢定扇、障等制。偏扇如仙人羽扇。行障六扇，各長八尺、高六尺，用紅羅表、朱裏，畫雲鳳，龍首竿銜鞶結，每障用宫人四。坐障三扇，各長七尺、高五尺，畫雲鳳，紅羅表、朱裏，餘同行障。錦六柱八扇，各闊二尺、高三尺，冒以錦，内給使八人執。

宫人車制如屬車，駕士八人，平巾幘、緋衫、大口袴，鞋韈，供奉宫人三十人，雲脚紗帽、紫衫束帶、緑靴。

明昌元年三月，定妃嬪車輦同鍍金鳳頭、黄結，御妻、世婦用間金鳳頭、梅紅結子。

皇太子車制。大定六年十二月，奏皇太子金輅典故制度，及上用金輅儀式，奉勅詳定。輈、旗、旂首及應用龍者更以麟爲飾，省去障塵等物。上用金輅名件色數，依上公以九爲節，減四分之一。上用輅，軾前有金龍改爲伏鹿，軾上坐龍改爲鳳，旂十二旒減爲九，駕赤騮六減爲四，及簾褥用黄羅處改用梅紅，餘並具體成造。其制，赤質，金飾諸末，重較。箱畫虞文鳥獸，黄屋。軾作赤伏鹿，龍輈。金鳳一，在軾前。設障塵。朱蓋黄裏。輪畫朱牙。左建九旒，右載闟戟。旂首銜金龍頭，結綬及鈴緌。八鸞在衡，二鈴在軾。駕赤騮四，金鍐方釳，插翟尾，鏤錫鞶，纓九就。皇帝輅自頂至地高一丈七尺，今網四分之一爲一丈三尺二寸，修廣之網亦如之。

王公以下車制。一品，轅用銀螭頭，涼棚杆子、月板並許以銀裝飾。三品以上，螭頭不得施銀，涼棚杆子、月板亦聽用銀爲飾。五品以上，轅獅頭。六品以下，轅雲頭。庶人坐車平頭，止用一色黑油。

親王鞍，塗金銀裏，仍鈒以開花。障泥用紫羅，飾以錦。鞶以塗金銀裝，束用絲結。皇家小功以上、太皇太后皇太后大功以上、皇后期親以上、并一品官、及官職俱至三品以上者，障泥許用金花。若經賜或御毬場内，不在禁限。

舊制，親王、宰執任外者，與大興尹，皆服小帽、束帶、銀鞍、絲鞭。大定中，世宗以京尹亦外官三品，而與親王無別，遂命不得御銀鞍、絲鞭，惟同外三品例，幞頭、帶、展皂視事。

承安二年，制護衛銅裝鞍轡不得借人。庶人馬鞍許用黑漆，以骨、角、鐵爲飾，不得用玉較具及金、銀、犀、象飾鞍轡。

《元史》卷七八《輿服志一・輿輅》 玉輅。青質，金裝，青緑藻井，栲栳輪蓋。外施金裝雕木雲龍，内盤碾玉福海圓龍一，頂上匝以金塗鍮石耀葉八十一。上圍九者二，中圍九者三，下圍九者四。頂輪衣三重，上二重青繡雲龍瑞草，下一重無文。輪衣内黄屋一，黄素紵絲瀝水，下周垂朱絲結網，青紵絲繡小帶四十八，帶頭綴金塗小銅鈴，青紵絲繡絡帶二。頂輪平素面夾用青紵絲。蓋四周垂流蘇八，飾以五色茸線結網五重，金塗銅鈸五，金塗木珠二十有五。又繫玉雜佩八，珩璜衝踽全，金塗鍮石鉤掛十六，黄茸貫頂天心直下十字繩二，各長三丈。蓋下立朱漆柱四。柱下直平盤，虛櫃，中檽三十，下外桄二。漆繪犀、象、鸚鵡、錦雉、孔雀，隔窠嵌裝花板。櫃周朱漆勾闌，雲拱地霞葉百七十有九，下垂牙護泥虛板，并朱漆畫瑞草。勾闌上玉行龍十，碾玉騰龍十，孔雀羽臺九，水精面火珠七，金圈焰銅照八。輿下周垂朱絲結網，飾以金塗鍮石鐸三百，綵畫鍮石梅萼嵌網眼中。輿之長轅三，界轅勾心各三，上下龍頭六。前轅引手玉螭頭三，並繫以蹲龍。後轅方罨頭三，桄頭十六，絟以蹲龍三。轅頭衡一，兩端玉龍頭二，上列金塗銅鳳十二，含以余塗銅鈴。輿之軸一，輪二。軸之挐羅二，明轄蹲龍絟，並青漆。輪之輻各二十四，轂首壓貼金塗銅轂葉八十一，金塗鍮石擎耳戀攀四。櫃之前，朱漆金裝雲龍輅牌一，牌字以玉裝綴。輅之箱，四壁雕鏤漆畫填心隔窠龜文華板。上層左畫青龍，右畫白虎，前畫朱雀，後畫玄武。輅之前額，玉行龍二，奉一水精珠，後額如之。前兩柱青茸鈴索五，貼金鸞和大響銅鈴十，金塗鍮石雙魚五。下朱漆軾櫃一，櫃上金香毬、金香寶、金香合、銀灰盤各一，並黄絲綬帶。輅之後，朱漆後軿一，金塗曲戌，黄紵絲銷金雲龍門簾一，緋紵絲繡雲龍帶二。輅之中，金塗鍮石較碾玉龍椅一，靠背上金塗圈焰玉明珠一。左建太常旂，十有二斿，青羅繡日、月、五星、升龍。右建闟戟一，九斿，青羅繡雲龍。中央黄羅繡青黑黼文兩旗，綢杠，並青羅，旗首金塗鍮石龍頭二，金塗銅鈴二，金塗鍮石鈸青纓綏十二重，金塗木珠流蘇十二重。龍椅上，方坐一，緑褥一，皆錦。銷金黄羅夾帕一，方輿地褥二，勾闌内褥八，皆用雜錦綺。青漆金塗鍮石鉸葉踏道一，小褥五重。青漆雕木塗金龍頭行馬一，小青漆梯一，青漆柄金塗長托叉二，短托叉二，金塗首青漆推竿一，青茸引輅索二，各長六丈餘，金塗銅環二，黄茸〔執〕綏一。輅馬、誕馬，並青色。鞍轡鞦勒纓拂靷，並青韋，金飾。誕馬青織金紵絲屜四〔副〕。青羅銷金絹裏籠鞍六。蓋輅黄絹大蒙帕一，黄油絹帕一。駕士平巾大袖，並青繪紵絲爲之。

至治元年，英宗親祀太廟，詔中書及太常禮儀院、禮部定擬制鹵簿五輅。以平章政事張珪、留守王伯勝、將作院使明里董阿、侍儀使乙剌徒滿董其事。是年，玉輅成。

明年，親祀御之。後復命造四輅，工未成而罷。

金輅。赤質，金粧，青緑藻井，栲栳輪蓋。外施金粧雕木雲龍，内盤真金福海圓龍一，頂上匝以金塗鍮石耀葉八十一。上圍九者二，中圍九者三，下圍九者四。頂輪衣三重，上二重大紅繡雲龍瑞草，下一重無文。輪衣内黄屋一，黄素紵絲瀝水，下垂朱絲結網一周，大紅紵絲繡小帶四十八，帶頭綴金塗小銅鈴三百，大紅紵絲繡絡帶二。頂輪平素面夾用緋紵絲。蓋之四周垂流蘇八，飾以五色茸線結網五重，金塗鍮石雜佩八，珩璜衝瑀全，金塗鍮石鉤掛十有六，黄絨貫頂天心直下十字繩二。蓋下立朱漆柱四，柱下直平盤，虛櫃，中檽三十，其下外桄二，漆繪犀、象、鸚武、錦雉、孔雀，隔窠嵌粧花板。櫃上周遭朱漆勾闌，雲拱地霞葉一百七十有九，下垂牙護泥虛板，並朱漆畫瑞草。勾闌上金塗鍮石行龍十二，金塗鍮石蹲龍十，孔雀羽臺九，水精面火珠七，金圈焰銅照八。輿下垂朱絲結網一遭，飾以金塗鍮石鐸子三百，綵畫鍮石梅萼嵌網眼中。輿之長轅三，界轅勾心各三，上下龍頭六。前轅引手金塗鍮石螭頭三，並繫以蹲寵。後轅方罨頭三，桄頭十六，繫以蹲龍三。轅頭衡一，兩端金塗鍮石龍頭二，上列金塗銅鳳十二，含以金塗銅鈴。輿之軸一，輪二。軸之挐羅二，明轄蹲龍絟，並漆以赤。輪之輻各二十有四，轂首壓貼金塗銅截葉八十有一，金塗鍮石擎耳戀攀四。櫃之前，朱漆金粧雲龍輅牌一，金塗鐵曲戌。輅之箱，四壁雕鏤漆畫填心隔窠龜文花板，上層左畫青龍，右畫白虎，前畫朱雀，後畫玄武。輅之前額，金行龍二，奉一水精珠，後額亦如之。前兩柱緋絨鈴索五，貼金鸞和大響銅鈴十，金塗鍮石雙魚五。下朱漆軾櫃一，櫃上金香毬一，金香寶一，金香合，銀灰盤一，並黄紵絲綬帶。輅之後，朱漆後轛一，金塗曲戌，黄紵絲銷金雲寵門簾一，緋紵絲繡雲龍帶二。輅之中，黄金粧鉸龍椅一，靠背上金塗圈焰玉明珠一。左建太常旂，十有二斿，緋羅繡日、月、五星、升龍。右建闟戟一，九斿，緋羅繡雲龍。中央黄羅繡青黑黼文兩旗，(裯)〔綢〕杠，並大紅羅。旗首金塗鍮石龍頭二，金塗銅鈴二，金塗鍮石鈸朱纓綏十二重，金塗木珠流蘇十二重。龍椅上，金錦方坐子一，緑可貼金錦也。褥一，銷金黄羅夾帕一，方輿地金錦褥一，緑可貼褥一。勾闌内，可貼條褥四，藍紵絲條褥四，朱漆金塗鍮石鉸葉踏道一，小可貼條褥五重。朱漆雕木塗金龍頭行馬一，小朱漆梯一，朱漆柄金塗長托叉二，短托叉二，金塗首朱漆推竿一，紅絨引輅索二，金塗銅環二，黄絨執綏一。輅馬、誕馬。並赤色。鞍轡鞦勒纓拂套項，並赤韋，金粧。誕馬紅織金紵絲屜四副，紅羅銷金紅絹裏籠鞍六。蓋輅黄絹大蒙帕一，黄油絹帕一。駕士平巾大袖，並緋繡紵絲爲之。

象輅。黄質，金粧，青緑藻井，栲栳輪蓋，外施金粧雕木雲龍，内盤描金象牙雕福海圓龍一，頂上匝以金塗鍮石耀葉八十有一。上圍九者二，中圍九者三，下圍九者四。頂輪衣三重，上二重黄繡雲龍瑞草，下一重無文。輪衣内黄屋一，黄素紵絲瀝水，下垂朱絲結網一遭，黄紵絲繡小帶四十有八，帶頭綴金塗小銅鈴三百，黄紵絲繡絡帶二。頂輪平素面夾用黄紵絲。蓋之四周垂流蘇八，飾以五色茸線結網五重，金塗銅鈸五，金塗木珠二十有五。又繫金塗鍮石雜佩八，珩璜衝瑀全，金塗鍮石鈎掛十有六，黄絨貫頂天心直下十字繩二。蓋下立朱漆柱四，柱下直平盤，虚櫃，中檽三十，下外桄二，漆繪犀、象、鸚鵡、錦雉、孔雀，隔窠嵌粧花板。櫃上周遭朱漆勾闌，雲拱地霞葉百七十有九，下垂牙護泥虚板，並朱漆畫瑞草。勾闌上描金象牙雕行龍十，蹲龍十，孔雀羽臺九，水精面火珠七，金圈焰銅照八。輿下垂朱絲結網一遭，飾以金塗鍮右鐸子三百，采畫鍮石梅萼嵌網眼中。輿之長轅三，界轅勾心各三，上下龍頭六。前轅引手描金象牙雕螭頭三，並繫以蹲龍。後轅方罨頭三，桄頭十有六，繫以蹲龍三。轅頭衡一，兩端描金象牙雕龍頭二，上列金塗銅鳳十二，含以金塗銅鈴。輿之軸一，輪二。軸之拳羅二，明轄蹲龍絟，並漆以黄。輪之輻各二十有四，轂首壓貼金塗銅轂葉八十有一，金塗鍮石擎耳戀攀四。櫃之前，朱漆金粧雲龍輅牌一，金塗鐵曲戌。輅之箱，四傍雕鎪漆畫填心隔窠鼂文花板，上層左畫青龍，右畫白虎，前畫朱雀，後畫玄武。輅之前額，描金象牙雕行龍二，奉一水精珠，後額如之。前兩柱黄絨鈴索五，貼金鸞和大響銅鈴十，金塗鍮石雙魚五。下朱漆軾櫃一，櫃上金香毬一，金香寶一，金香合一，銀灰盤一，並黄紵絲綬帶。輅之後，朱漆後轛一，金塗曲戌，黄紵絲銷金雲龍門簾一，緋紵絲繡雲龍帶二。輅之中，黄金粧鉸描金象牙雕龍椅一，靠背上金塗圈焰玉明珠一。左建太常旂一，十有二斿，黄羅繡日、月、五星、升龍。右建闟戟一，九斿，黄羅繡雲龍。中央黄羅繡青黑黼文兩旗，綢杠，並黄羅。旗首金塗鍮石龍頭二，金塗銅鈴二，金塗鍮石鈸黄纓綏十二重，金塗木珠流蘇十二重。龍椅上，金錦方坐一，緑可貼褥一。勾闌内，可貼條褥四，藍紵絲條褥四，黄漆金塗鍮石鉸葉踏道一，小可貼條褥五重。黄漆本塗金龍頭行馬一，小黄漆梯一，黄漆柄金塗長托叉二，短托叉二，金塗首黄漆推竿一，黄絨引輅索二，金塗銅環二，黄絨執綏一。輅馬、誕馬，皆黄色。鞍轡鞦勒纓拂套項，並金粧，黄韋。誕馬銀褐織金紵絲屜四副，黄羅銷金黄絹裏籠鞍六。蓋輅黄絹大蒙帕一，黄油絹帕一。駕士平巾大袖，並黄繡紵絲爲之。

革輅。白質，金粧，青緑藻井，栲栳輪蓋。外施金粧雕木雲龍，内盤描金白檀雕福海圓龍一，頂上匝以金塗鍮石耀葉八十有一。上圍九者二，中圍九者三，下圍九者四。頂輪衣三重。上二重素白繡雲龍瑞草，下一重無文。輪衣内黄屋一，黄素(地)紵絲瀝水，下垂朱絲結網一遭，素白紵絲繡小帶四十有八，帶頭綴金塗小銅鈴三百，素白紵絲繡絡帶二。頂輪平素面夾用白素紵絲。蓋之四周垂流蘇八，飾以五色絨線結網五重，金塗銅鈸五，金塗木珠二十有五。又繫金塗鍮石雜佩八，珩璜衝瑀全，金塗鍮石鈎掛十有六，黄絨貫頂天心直下十字繩二。蓋下立朱漆柱四，柱下直平盤，虚櫃，中檽三十，下外桄二，漆繪革鞔犀、象、鸚鵡、錦雉、孔雀，隔窠嵌粧花板。櫃上周遭朱漆勾闌，雲拱地霞葉百七十有九，下垂牙議泥虚板，並朱漆畫瑞草。勾闌上描金白檀行龍十，擺白蹲龍十，孔雀羽臺九，水精面火珠七，金圈焰銅照八。輿下垂朱絲結網一遭，飾以金塗鍮石鐸子三百，綵畫鍮石梅萼嵌網眼中。輿之長轅三，界轅勾心各三，上下龍頭六。前轅引手擺白螭頭三，並繫以蹲龍。後轅方罨頭三，桄頭十有六，繫以蹲龍三。轅頭衡一，兩端擺白龍頭二，上列金塗銅鳳十二，含以金塗銅鈴。輿之軸一，輪二。軸之拳羅二，明轄蹲龍絟，皆漆以白。其輪之輻各二十有四，轂首壓貼金塗銅轂葉八十有一，金塗鍮石擎耳戀攀四。櫃之前，朱漆金粧雲龍輅牌一，金塗鐵曲戌。輅箱之四傍，雕鎪革鞔漆畫填心，隔窠鼂文花板，上層左畫青龍，右畫白虎，前畫朱雀，後畫玄武。輅之前額，白檀行龍二，奉一水精珠，後額如之。前兩柱素白絨鈴索五，貼金鸞和大響銅鈴十，金塗鍮石雙魚五。下朱漆革鞔軾櫃一，櫃上金香毬一，金香寶一，金香合一，銀灰盤一，皆黄紵絲綬帶。輅之後，朱漆革輓後轊一，金塗曲戍，黄紵絲銷金雲龍門簾一，緋紵絲繡雲龍帶二。輅之中。金粧鉸白檀雕龍椅一，靠背上金塗圈焰玉明珠一。左建太常旂一，十有二斿，白羅繡日、月、五星、升龍。右建闟戟一，九斿，素白羅繡雲龍。中央黄羅繡青黑黼文兩旗，綢杠，並素白羅，旗首金塗鍮石龍頭二，金塗銅鈴二，金塗鍮石鈸素白纓綏十有二重，金塗術珠流蘇十有二重。龍椅上，金錦方座一，緑可貼褥一，銷金黄羅夾帕一，方輿地金錦褥一，緑可貼褥一。勾闌內，可貼條褥五重。素白漆雕木塗金龍頭行馬一，小白漆梯一，白漆柄金塗長托叉二，短托叉二，金塗首白漆推竿一，白絨引輅索二，金塗銅環二，黄絨執綏一。輅馬、誕馬，皆白色。鞍轡鞦勒纓拂套項，皆白韋，金粧。誕馬白織金紵絲屜四副，白羅銷金白絹裏籠鞍六。蓋輅黄絹大蒙帕一，黄油絹帕一。駕士平巾大袖，皆白繡紵絲爲之。

木輅。黑質，金粧，青緑藻井，栲栳輪蓋。外施金粧雕木雲龍，內盤描金紫檀雕福海圓龍一，頂上匝以金塗鍮石耀葉八十有一。上圍九者二，中圍九者三，下圍九者四。頂輪衣三重，上二重皂繡雲龍瑞草，下一重無文。輪衣內黄屋一，黄素紵絲瀝水，下垂朱絲結網一遭，皂紵絲繡小帶四十有八，帶頭綴金塗小銅鈴三百，皂紵絲繡絡帶二。頂輪平素面夾用檀褐紵絲。蓋之四周垂流蘇八，飾以五色絨線結網五重，金塗銅鈸五，金塗木珠二十五。又繫金塗鍮石雜佩八，珩璜衝瑀全，金塗鍮石掛鈎十有六，黄絨貫頂天心直下十字繩二。蓋下立朱漆柱四，柱下直平盤，虚櫃，中檽三十，下外桄二，漆繪犀、象、鸂鶒、錦雉、孔雀，隔窠嵌粧花板，櫃上周遭朱漆勾闌，雲拱地霞葉百七十有九，下垂牙護泥虚板，皆朱漆畫瑞草。勾闌上金嵌鑌鐵行龍十，蹲龍十，孔雀羽臺九，水精面火珠七，金圈焰銅照八。輿下垂朱絲結網一遭，飾以金塗鍮石鐸子三百，綵畫鍮石梅萼嵌網眼中。輿之長轅三，界轅勾心各三，上下龍頭六。前轅引手金嵌鑌鐵螭頭三，皆絟以蹲龍。後轅方罨頭三，桄頭十有六，繫以蹲龍三。轅頭衡一，兩端金嵌鑌鐵龍頭二，上列金塗銅鳳十二，含以金塗銅鈴。輿之軸一，輪二。軸之挐羅二，明轄蹲龍絟，並漆以黑。輪之輻各二十有四，轂首壓貼金塗銅轂葉八十有一，金塗鍮石擎耳戀攀四。櫃之前，朱漆金粧雲龍輅牌一，金塗鐵典戍。輅之箱，四傍雕鏤漆畫填心，隔窠黿文花板，上層左畫青龍，右畫白虎，前畫朱雀，後畫玄武。輅之前額，金嵌鑌鐵行龍二，奉一水精珠，後額如之。前兩柱皂絨鈴索五，貼金鸞和大響銅鈴十，金塗鍮石雙魚五。下朱漆軾櫃一，櫃上金香毬一，金香寶一，金香合一，銀灰盤一，皆黄紵絲綬帶。輅之後，朱漆後轊一，金塗曲戍，黄紵絲銷金雲龍門簾一，緋紵絲繡雲龍帶二。輅之中，金粧烏木雕龍椅一，靠背上金塗圈焰玉明珠一。左建太常旂一，十有二斿，皂羅繡日、月、五星、升龍。右建闟戟一，九斿，皂羅繡雲龍。中央黄羅繡青黑黼文兩旗，綢杠，並皂羅，旗首金塗鍮石鈸紫纓綏十有二重，金塗流蘇十有二重。龍椅上，金錦方座一，緑可貼褥一，銷金黄羅夾帕一，方輿地金錦褥一，緑可貼褥一。勾闌內，可貼條褥四，藍紵絲條褥四，黑漆金塗鍮石鉸葉踏道一，小可貼條褥五重。黑漆雕木塗金龍頭行馬一，小黑漆梯一，黑漆柄金塗長托叉二，短托叉二，金塗首黑漆推竿一，皂絨引輅索二，金塗銅環二，黄絨執綏一。輅馬、誕馬，並黑色。鞍轡鞦勒纓拂套項，皆以淺黑韋，金粧。誕馬紫織金紵絲屜四副，紫羅銷金紫絹裏籠鞍六。蓋輅黄絹大蒙帕一，黄油絹帕一。駕士平巾大袖，皆紫繡紵絲爲之。

腰輿。制以香木。後背作山字牙，嵌七寶粧雲龍屏風，上施金圈焰明珠，兩傍引手。屏風下施雕鏤雲龍牀。坐前有踏牀，可貼錦褥一。坐上貂鼠緣金錦條褥，緑可貼方坐。

象轎。駕以象，凡巡幸則御之。

《明史》卷六五《輿服志一》 天子車輅。明初大朝會，則拱衛司設五輅於奉天門，玉居中，左金，次革，右象，次木。駕出，則乘玉輅，後有腰輿，以八人載之。其後太祖考《周禮》五輅，以詢儒臣，曰：「玉輅太侈，何若祇用木輅？」博士詹同對曰：「孔子云『乘殷之輅』，即木輅也。」太祖曰：「以玉飾車，古惟祀天用之，常乘宜用殷輅。然祀天之際，玉輅未備，木輅亦未爲不可。」參政張昶曰：「木輅，戎輅也，不可以祀天。」太祖曰：「孔子斟酌四代禮樂，以爲萬世法，木輅寧不可祀？祀在誠敬，豈泥儀文。」

洪武元年，有司奏乘輿服御，應以金飾，詔用銅。有司言費小不足惜。太祖曰：「朕富有四海，豈吝乎此。第儉約非身先無以率下。且奢泰之習未有不由小而至大者也。」

六年命禮官考五輅制，爲木輅二乘。一以丹漆，祭祀用之；一以皮輓，行幸用之。是冬，大輅成。命更造大輅一，象輅十，中宮輅一，後宮車十，飾俱以鳳。以將幸中立府，故造之，非常制也。

二十六年始定鹵簿大駕之制。玉輅一，大輅一，九龍車一，步輦一。後罷九龍車。永樂三年更定鹵簿大駕，有大輅、玉輅、大馬輦、小馬輦、步輦、大涼步輦、板轎各一，具服、幄殿各一。

大輅，高一丈三尺九寸五分，廣八尺二寸五分。輅座高四尺一寸有奇，上平盤。前後車欞並雁翅及四垂如意滴珠板。轅長二丈二尺九寸有奇，紅髹。鍍金銅龍頭、龍尾、龍鱗葉片裝釘。平盤下方箱，四周紅髹，匡俱十二槅。內飾綠地描金，繪獸六，麟、狻猊、犀、象、天馬、天祿；禽六，鸞、鳳、孔雀、朱雀、翟、鶴。盤左右下有護泥板及車輪二，貫軸一。每輪輻十有八，其輞皆紅髹，抹金銅鈒花葉片裝釘。輪內車心，用抹金銅鈒蓮花瓣輪盤裝釘，軸中纏黃絨駕轅諸索。

輅亭高六尺七寸九分，四柱長五尺八寸四分。檻座皆紅髹。前二柱戧金，柱首寶相花，中雲龍文，下龜文錦。前左右有門，高五尺一寸九分，廣二尺四寸九分，四周裝雕木沉香色描金香草板十二片。門旁槅各二及明栿，俱紅髹，以抹金銅鈒花葉片裝釘，槅編以黃線條。後紅髹屏風，上雕描金雲龍五，紅髹板戧金雲龍一。屏後地沉香色，上四槅雕描金雲龍四，其次雲板如之。下三槅雕描金雲龍三，其次雲板亦如之。俱抹金銅鈒花葉片裝釘。

亭內黃線條編紅髹匡軟座，下蓮花墜石，上施花毯、紅錦褥席、紅髹坐椅。靠背上雕描金雲龍一，下雕雲板一，紅髹福壽板一并褥。椅中黃織金椅靠坐褥，四圍椅裙，施黃綺帷幔。亭外青綺緣邊紅簾十扇。輅頂并圓盤高三尺有奇，鍍金銅蹲龍頂，帶仰覆蓮座，垂攀頂黃線圓條。盤上以紅髹，其下外四面地沉香色，描金雲；內四角地青，繪五彩雲。以青飾輅蓋，亭內貼金斗栱，承紅髹匡寶蓋，鬬以八頂，冒以黃綺，謂之黃屋；中并四周繡五彩雲龍九。天輪三層，皆紅髹，上安雕木貼金邊耀葉板八十一片，內綠地雕木貼金雲龍文三層，間繪五彩雲襯板八十一片。盤下四周，黃銅釘裝，施黃綺瀝水三層，每層八十一摺，間繡五彩雲龍文。四角垂青綺絡帶，各繡五彩雲升龍。圓盤四角連輅坐板，用攀頂黃線圓條，并貼金木魚。輅亭前有左右轉角闌干二扇，後一字帶左右轉角闌干一扇，皆紅髹，內嵌雕木貼金龍，間以五彩雲。三扇共十二柱，柱首雕木貼金蹲龍及線金五彩蓮花抱柱。闌干內四周布花毯。

亭後樹太常旂二，以黃線羅爲之，皆十有二斿，每斿內外繡升龍一。左旂腰繡日月北斗，竿首用鍍金銅龍首。右旂腰繡黻字，竿首用鍍金銅戟。各綴抹金銅鈴二，垂紅纓十二，纓上施抹金銅寶蓋，下垂青線紛錔。踏梯一，紅髹，以抹金銅鈒花葉片裝釘。行馬架二，紅髹，上有黃絨匾條，用抹金銅葉片裝釘。有黃絹幰衣，即遮塵。油絹雨衣、青氈衣及紅油合扇梯、紅油托叉各一。輅以二象駕之。

玉輅，亦駕以二象，制如大輅，而無平盤下十二槅之飾。輅亭前二柱，飾以搏換貼金升龍。屏風後無上四槅雲龍及雲板之飾。天輪內用青地雕木飾玉色雲龍文。而太常旗及踏梯、行馬之類，悉與大輅同。

大馬輦，古者輦以人輓之。《周禮・巾車》後五輅，其一「輦車，組輓」。然《縣師》有「車輦之稽」，《黍苗》詩云「我任我輦」，則臣民所乘亦名輦。至秦始去其輪，而制乃尊。明諸輦有輪者駕以馬，以別於步輦焉。

其制，高一丈二尺五寸九分，廣八尺九寸五分，轅長二丈五寸有奇，輦座高三尺四寸有奇，餘同大輅。輦亭，高六尺四寸有奇，紅髹四柱，長五尺四寸有奇。檻座，高與輅同，四周紅髹條環板。前左右有門，高五尺有奇，廣二尺四寸有奇。門旁槅各二，後槅三及明栿，皆紅髹，抹金銅鈒花葉片裝釘。槅心編以黃線條。亭內制與大輅同，第軟座上不用花毯，而用紅毯。亭外用紅簾十二扇。輦頂并圓盤高二尺六寸有奇，上下俱紅髹，以青飾輦蓋。其銅龍、蓮座、寶蓋、黃屋及天輪、輦亭，制悉與大輅同。太常旗、踏梯、行馬之屬，亦同大輅。駕以八馬，備鞍韉、鞦轡、鈴纓之飾。

小馬輦，視大馬輦高廣皆減一尺，轅長一丈九尺有奇，餘同大馬輦。輦亭高五尺五寸有奇，紅髹四柱，長五尺四寸有奇。檻座，紅髹，四周條環板，前左右有門，高五尺，廣二尺二寸有奇。門旁槅各二及明栿，後屏風壁板，俱紅髹，用抹金銅鈒花葉片裝釘。亭底紅髹，上施紅花毯、紅錦褥席。外用紅簾四扇，駕以四馬。餘同大馬輦。

步輦者，古之步輓。明制，高一丈三尺二寸有奇，廣八尺二寸有奇。輦座高三尺二寸有奇，四周雕木五彩雲渾貼金龍板十二片，間以渾貼金仰覆蓮座，下雕木線金五彩雲板十二片。轅四，紅髹。中二轅長三丈五尺九寸，左右二轅長二丈九尺五寸有奇，俱以鍍金銅龍頭、龍尾裝釘。輦亭高六尺三寸有奇，四柱長六尺二寸有奇。檻座，紅髹，四周雕木沉香色描金香草板十二片，抹金銅鈒花葉片裝釘。前左右有門，高五尺七寸有奇，廣二尺四寸有奇。門旁紅髹十字槅各二扇，雕飾沉香色描金雲龍板八片，下雲板如其數。後紅髹屏風，上雕沉香色描金雲龍五。屏後雕沉香色描金雲龍板三片，又雲板如其數，俱用抹金銅鈒花葉片裝釘。餘同馬輦，惟紅簾用十扇。輦頂并圓盤高二尺六寸有奇，其蓮座、輦蓋、天輪、幰衣之屬，俱同馬輦。

大涼步輦，高一丈二尺五寸有奇，廣一丈二尺五寸有奇。四面紅髹匡，裝雕木五彩雲板二十片，間以貼金仰覆蓮座，下紅髹如意條環板，如其數。紅髹轅六：中二轅長四丈三尺五寸有奇，左右二轅長四丈有奇，外二轅長三丈六尺五寸有奇，前後俱飾以雕木貼金龍頭、龍尾。

輦亭高六尺五寸有奇，廣八尺五寸有奇，四柱紅髹。前左右有門，高五尺八寸有奇，廣二尺五寸有奇，四周描金香草板十二片。門旁槅各二，後槅三及明栿皆紅髹，編以黃線條。亭底上施墊氈，加紅錦褥并席。紅髹坐椅一，四周雕木沉香色，描金寶相花，靠背、褥、裙、帷幔與馬輦同。內設紅髹桌二；紅髹闌干香桌一，闌干四，柱首俱雕木貼金蹲龍；鍍金銅龍蓋香爐一，并香匙、箸、瓶；紅錦墩二。外紅簾三扇。輦頂高二尺七寸有奇，又鍍金銅寶珠頂，帶仰覆蓮座，高一尺三寸有奇；垂攀頂黃線圓條四。頂用丹漆，上冒紅氈，四垂以黃氈爲如意雲，黃氈緣條；四周施黃綺瀝水三層，每層百三十二摺，間繡五彩雲龍文。或用大紅羅冒頂，以黃羅爲如意雲緣條，瀝水亦用黃羅。頂下四周以紅氈爲帷，黃氈緣條，四角鍍金銅雲四。亭內寶蓋繡五龍，頂以紅髹木匡，冒以黃綺爲黃屋，頂心四周繡雲龍各一。輦亭四角至輦座，用攀頂黃線圓條四，并貼金木魚。輦亭前左右轉角闌干二扇，後一字帶轉角闌干一扇，皆紅髹，雕木渾貼金龍，間以五彩雲板。闌干內四周布席。其闌干十二柱之飾及踏梯之屬，俱與馬輦同。

轎者，肩行之車。宋中興以後，皇后嘗乘龍肩輿。又以征伐，道路險阻，詔百官乘轎，名曰「竹轎子」，亦曰「竹輿」。元皇帝用象轎，駕以二象。至用紅板轎，則自明始也。

其制，高六尺九寸有奇。頂紅髹。近頂裝圓匡蜊房窗，鍍金銅火焰寶，帶仰覆蓮座，四角鍍金銅雲朵。轎杠二，前後以鍍金銅龍頭、龍尾裝釘，有黃絨墜角索。四周紅髹板，左右門二，用鍍金銅釘鉸。轎內紅髹匡坐椅一，福壽板一并褥。椅內黃織金綺靠坐褥，四周椅裙，下鋪席并踏褥。有黃絹轎衣、油絹雨衣各一，青氈衣，紅氈緣條雲子。

嘉靖十三年謁廟，帝及后妃俱乘肩輿出宮，至奉天門降輿升輅。隆慶四年設郊祀慶成宴，帝乘板輿由歸極門出，入皇極門，至殿上降輿。

車駕之出，有具服幄殿。按《周官》大小次，木架葦障，上下四旁周以幄帟，以象宮室。明鹵簿載具服幄殿，儀仗有黃帳房，仍元制也。帳并帷幕，以黃木棉布爲之。上施獸吻，柱竿紅髹，竿首彩裝蹲獅，氈頂。

耕根車，世宗朝始造。漢有耕車，晉曰耕根車，俱天子親耕所用。嘉靖十年，帝將耕耤田，詔造耕根車。禮官上言：「考《大明集禮》，耕耤用宋制，乘玉輅，以耕根車載耒耜同行。今考儀注，順天府官奉耒耜及穜稑種置彩輿，先於祭前二日而出。今用耕根車以載耒耜，宜令造車，於祭祀日早進呈，置耒耜，先玉輅以行。第稽諸禮書，祇有圖式，而無高廣尺寸。宜依今置車式差小，通用青質。」從之。

皇后輅，一。高一丈一尺三寸有奇，平盤。前後車欞並雁翅，四垂如意滴珠板。轅長一丈九尺六寸，皆紅髹。轅用抹金銅鳳頭、鳳尾、鳳翎葉片裝釘。平盤左右垂護泥板及輪二，貫軸一。每輪輻十有八，皆紅髹，輞以抹金鈒花銅葉片裝釘。輪內車轂，用抹金銅鈒蓮花瓣輪盤裝釘，軸中纏黃絨駕轅諸索。

輅亭高五尺八寸有奇，紅髹四柱。檻座上沉香色描金香草板十二片。前左右有門，高四尺五寸有奇，廣二尺四寸有奇。門旁沉香色線金菱花槅各二，下條環板，有明栿，抹金銅鈒花葉片裝釘。後紅髹五山屏風，戧金鸞鳳雲文，屏上紅髹板，戧金雲文，中裝雕木渾貼金鳳一。屏後紅髹板，俱用抹金銅鈒花葉片裝釘。亭底紅髹，上施紅花毯、紅錦褥席，紅髹坐椅一。靠背雕木線金五彩裝鳳一，上下香草雲板各一，紅福壽板一并褥。椅中黃織金綺靠坐褥，四周有椅裙，施黃綺帷幔。或黃線羅。外用紅簾十二扇。前二柱，戧金，上寶相花，中鸞鳳雲文，下龜文錦。輅頂并圓盤高二尺有奇，抹金銅立鳳頂，帶仰覆蓮座，垂攀頂黃線圓條四。盤上紅髹，下四周沉香色描金雲文，內青地五彩雲文，以青飾輅蓋。內寶蓋，紅髹匡，闘以八頂，冒以黃綺；頂心及四周繡鳳九，并五彩雲文。天輪三層，紅髹，上雕木貼金邊耀葉板七十二片，內飾青地雕木五彩雲鸞鳳文三層，間繪五彩雲襯板七十二片。下四周黃銅裝釘，上施黃綺瀝水三層，間繡鸞鳳文。四垂青綺絡帶，繡鸞鳳各一。圓盤四角連輅座板，用攀頂黃線圓條四。

輅亭前後有左右轉角闌干各二扇，內嵌條環板，皆紅髹；計十二柱，柱首雕木紅蓮花，線金青綠裝蓮花抱柱。其踏梯、行馬之屬，與大馬輦同。

安車，本《周禮》後五輅之一。應劭《漢官鹵簿圖》有五色安車。晉皇后乘雲母安車。唐皇后安車，制如金輅。明皇后安車獨簡素。

其制，高九尺七寸有奇，平盤，前後車欞並雁翅板。轅二，長一丈六尺七寸有奇，皆紅髹，用抹金銅鳳頭、鳳尾、鳳翎葉片裝釘。平盤左右垂護泥板及輪二，貫軸一。每輪輻十有八，皆紅髹，軸中纏黃絨駕轅諸索。車亭高四尺四寸，紅髹方柱四，上裝五彩花板十二片。前左右有門，高三尺七寸有奇，廣二尺二寸有奇。門旁紅髹十字槅各二。後三山屏風，屏後壁板俱紅髹，用抹金銅鈒花葉片裝釘。亭底紅髹板，上施紅花毯、紅錦褥，四周施黃綺帷幔，外用紅簾四扇。車蓋用紅髹抹金銅寶珠頂，帶蓮座，高六寸，四角抹金銅鳳頭，用攀條四，並紅髹木魚。蓋施黃綺瀝水三層，銷金鸞鳳文，鳳頭下垂紅帉鉻。其踏梯、行馬、幰衣與輅同。

行障、坐障，自唐、宋有之。皇后重翟車後，皆有行障六，坐障三，左右夾車宫人執之。而《唐書》、《宋史》不載其制。《金史》，行障長八尺，高六尺；坐障長七尺，高五尺。明皇后用行障、坐障，皆以紅綾爲之，繪升降鸞鳳雲文；行障繪瑞草於瀝水，坐障繪雲文於頂。

太皇太后、皇太后輅及安車、行障、坐障，制與皇后同。

皇妃車曰鳳轎，與歷代異名。其制，青頂，上抹金銅珠頂，四角抹金銅飛鳳各一，垂銀香圓寶蓋并彩結。轎身，紅髹木匡，三面篾織紋簟，繪以翟文，抹金銅鈒花葉片裝釘。紅髹搁，飾以抹金銅鳳頭、鳳尾。青銷金羅緣邊紅簾并看帶，內紅交牀并坐踏褥。紅銷金羅轎衣一頂，用銷金寶珠文；瀝水，香草文；看帶并幃，皆鳳文。紅油絹雨轎衣一。

自皇后以下，皆用行障二，坐障一，第別以彩繪。皇妃行障、坐障，俱紅綾爲之，繪雲鳳，而行障瀝水繪香草。

皇太子金輅，高一丈二尺二寸有奇，廣八尺九寸。轅長一丈九尺五寸。輅座高三尺二寸有奇。平盤、滴珠板、輪輻、輪輞悉同玉輅。

輅亭高六尺四寸有奇，紅髹四柱，長五尺四寸。檻座上四周線金五彩香草板。前左右有門，高五尺有奇，廣二尺四寸有奇。門旁槅各二，編紅線條及明栿，皆紅髹。後五山屏風，青地上雕木貼金龍五，間以五彩雲文。屏後紅髹板，皆抹金銅鈒花葉片裝釘。紅髹匡軟座，紅絨墜座，大索四，下垂蓮花墜石，上施紅毯紅錦褥席。紅髹椅一，納板一并褥。椅中紅織金綺靠坐褥，四周有椅裙，施紅羅帷幔，外用青綺緣邊。紅簾十二扇。椅雕貼金龍彩雲，下線金彩雲板一。

亭內編紅線條。輅頂并圓盤，高二尺五寸有奇，又鍍金銅寶珠頂，帶仰覆蓮座，高九寸，垂攀頂紅線圓條四。盤上丹漆，下內外皆青地繪雲文，以青飾輅蓋。亭內周圍青斗拱，承以丹漆匡，寶蓋鬬以八頂，冒以紅綺，頂心繡雲龍，餘繡五彩雲文。天輪三層皆紅髹，上雕木貼金邊耀葉板七十二片，內飾青地雕木貼金雲龍文三層，間繪五彩雲襯板七十二片，四周黃銅裝釘。上施紅綺瀝水三層，每層七十二摺，間繡五彩雲龍文。四角之飾與大輅同，第圓條用紅線。

輅亭前一字闌干一扇，後一字帶轉角闌干一扇，左右闌干二扇，內嵌五彩雲板，皆丹漆。計十四柱，柱首制與大輅同。亭後建紅旗二，以紅羅爲之，九斿。每斿內外繡升龍一。左旗腰繡日月北斗，竿用抹金銅龍首。右旗腰繡黻字，竿用抹金銅戟。綴抹金銅鈴二，垂紅纓。其踏梯、行馬之屬，與玉輅同。帳房用青木棉布，竿首青緑蹲猊，餘同乘輿帳房。

東宫妃車，亦曰鳳轎、小轎，制同皇妃。行障、坐障之制亦同。

親王象輅，其高視金輅減六寸，其廣減一尺。轅長視大輅減一尺。輅座高三尺有奇，餘飾同金輅。輅亭高五尺二寸有奇，紅髹四柱。檻座上四周紅髹條環板。前左右有門，高四尺五寸有奇，廣二尺二寸有奇。門旁槅各二及明栿，後五山屏風，皆紅髹，用抹金銅鈒花葉片裝釘。亭底紅髹，施紅花毯、紅錦褥席。其椅靠、坐褥、帷幔、紅簾之制，俱同金輅。輅頂并圓盤高二尺四寸有奇，用抹金銅寶珠頂，餘同金輅。天輪三層皆紅髹，上雕木貼金邊耀葉板六十三片，內飾青地雕木五彩雲文三層，間繪五彩雲襯板六十三片，四周黃銅裝釘。上施紅綺瀝水三層，每層八十一摺，繡瑞草文。前垂青綺絡帶二，俱繡升龍五彩雲文。圓盤四角連輅座板，用攀頂紅線圓條四，并紅髹木魚。亭前後闌干同金輅，左右闌干各一扇，內嵌條環板，皆紅髹。計十四柱，柱首雕木紅蓮花，線金青緑裝蓮花抱柱，前闌干內布花毯。紅旗二，與金輅所樹同，竿上祇垂紅纓五。其踏梯、行馬之屬，亦同金輅。帳房用緑色螭頭，餘與東宫同。

親王妃車，亦曰鳳轎、小轎，制俱同東宫妃。惟鳳轎衣用木紅平羅。小轎衣二；一用礬紅素紵絲，一用木紅平羅。行障、坐障，制同東宫妃。

公主車，宋用厭翟車，明初因之。其後定制，鳳轎、行障、坐障，如親王妃。

皇孫車，永樂中，定皇太孫婚禮儀仗如親王，降皇太子一等，而用象輅。

郡王無輅，祇有帳房，制同親王。

郡王妃及郡主俱用翟轎，制與皇妃鳳轎同，第易鳳爲翟。行障、坐障同親王妃，而繪雲翟文。

百官乘車之制。洪武元年令，凡車不得雕飾龍鳳文。職官一品至三品，用間金飾銀螭繡帶，青縵。四品五品，素獅頭繡帶，青縵。六品至九品，用素雲頭青帶，青縵。轎同車制。庶民車及轎，並用黑油，齊頭平頂，皁縵，禁用雲頭。六年令，凡車轎禁丹漆，五品以上車止用青縵。婦女許坐轎，官民老疾者亦得乘之。

景泰四年令，在京三品以上得乘轎。弘治七年令，文武官例應乘轎者，以四人舁之。其五府管事，內外鎮守、守備及公、侯、伯、都督等，不問老少，皆不得乘轎，違例乘轎及擅用八人者，奏聞。蓋自太祖不欲勳臣廢騎射，雖上公，出必乘馬。永樂元年，駙馬都尉胡觀越制乘晉王濟熺朱輳椶轎，爲給事中周景所劾。有詔宥觀而賜濟熺書，切責之。惟文職大臣乘轎，庶官亦乘馬。又文臣皆許乘車，大臣得乘安車。後久廢不用。正德四年，禮部侍郎劉機言：《大明集禮》公卿大臣得乘安車，因請定轎扇傘蓋品級等差。帝以京城内，安車傘蓋久不行，却其請，而命轎扇俱如例行。

嘉靖十五年，禮部尚書霍韜言：「禮儀定式，京官三品以上乘轎，邇者文官皆用肩輿，或乘女轎。乞申明禮制，俾臣下有所遵守。」乃定四品下不許乘轎，亦毋得用肩輿。隆慶二年，給事中徐尚劾應城伯孫文棟等乘轎出入，驕僭無狀。帝命奪文棟等俸。乃諭兩京武職非奉特恩不許乘轎，文官四品以下用帷轎者，禁如例。萬曆三年奏定勳戚及武臣不許用帷轎、肩輿并交牀上馬。至若破格殊典，則宣德中少保黄淮陪遊西苑，嘗乘肩輿入禁中。嘉靖間，嚴嵩奉詔苑直，年及八旬，出入得乘肩輿。武臣則郭勛、朱希忠特命乘肩輿扈南巡蹕，後遂賜常乘焉。皆非制也。

傘蓋之制。洪武元年，令庶民不得用羅絹涼傘，但許用油紙雨傘。三年令京城内一品二品用傘蓋，其餘用雨傘。十六年令尚書、侍郎、左右都御史、通政使、太常卿、應天府尹、國子祭酒、翰林學士許張傘蓋。二十六年定一品、二品傘用銀浮屠頂，三品、四品用紅浮屠頂，俱用黑色茶褐羅表，紅絹裏，三簷；雨傘用紅油絹。五品紅浮屠頂，青羅表，紅絹裏，兩簷；雨傘同。四品、六品至九品用紅浮屠頂，青絹表，紅絹裏，兩簷；雨傘俱用油紙。三十五年，官員傘蓋不許用金繡，朱丹裝飾。公、侯、駙馬、伯與一品、二品同。成化九年令兩京官遇雨任用油傘，其涼傘不許張於京城。

鞍轡之制。洪武六年令庶民不得描金，惟銅鐵裝飾。二十六年定公、侯、一品、二品用銀鈒，鐵事件，粘用描銀。三品至五品，用銀鈒，鐵事件，粘用油畫。六品至九品，用擺錫，鐵事件，粘用油畫。三十五年，官民人等馬頷下纓并鞦轡俱用黑色，不許紅纓及描金、嵌金、天青、朱紅裝飾。軍民用鐵事件，黑綠油粘。

佚名《諸司職掌·工部·水部·河渠》 車：凡大小車輛，若有成造及修理者，務要計筭合用木植、魚膠、鐵箍等項物料，行下丁字庫等衙門，依數放支，如式修造。其有司預備車輛，必須備知其數，倘或需索使用，酌量勞逸多寡撥與。

牛車一輛合用：

榆木三根，棗木一根，槐木一根，杉木板枋一根，魚線膠一斤，鐵箍八箇，鐵釘四十枚，鐵穿四箇，車凋八條，車頭二箇。

宋應星《天工開物》卷中《舟車》九《車》 凡車利行平地，古者秦、晉、燕、齊之交，列國戰争必用車，故「千乘」、「萬乘」之號，起自戰國。楚、漢血争而後日辟。南方則水戰用舟，陸戰用步、馬。北膺胡虜，交使鐵騎，戰車遂無所用之。但今服馬駕車以運重載，則今騾車即同彼時戰車之義也。

凡騾車之制有四輪者，有雙輪者，其上承載支架，皆從軸上穿斗而起。四輪者前后各橫軸一根，軸上短柱起架直梁，梁上載〔車〕箱。馬止脱駕之時，其上平整，如居屋安穩之象。若兩輪者，馬駕行時，馬曳其前，則箱地平正。脱馬之時，則以短木從地支撑而住，不然則欹卸也。

合挂大車

凡車輪，一曰輮俗名車陀。其大車中轂俗名車腦長一尺五寸見《小戎》朱注，所謂外受輻、中貫軸者。輻計二十片，其内插轂，其外接輔。車輪之中，内集輪、外接輞，圓轉一圈者是曰輔也。輞際盡頭則曰輪輮也。凡大車脱時，則諸物星散收藏。駕則先上兩軸，然後以次間架。凡軾、衡、軫、軛，皆從軸上受基也。

凡四輪大車量可載五十石，騾馬多者或十二挂，或十挂，少亦八挂。執鞭掌御者居箱之中，立足高處。前馬分爲兩班，戰車四馬一班，分驂、服。糾黄麻爲長索，分係馬項，後套總結，收入衡内兩旁。掌御者手執長鞭，鞭以麻爲繩，長七尺許，竿身亦相等。察視不力者，鞭及其身。箱内用二人踹繩，須識馬性與索性者爲之。馬行太緊，則急起踹繩。否則翻車之禍從此起也。凡車行時，遇前途行人應避者，則掌御者急以聲呼，則羣馬皆止。凡馬索總係透衡入箱處，皆以牛皮束縛。《詩經》所謂「脅驅」是也。

凡大車飼馬，不入肆舍。車上載有柳盤，解索而野食之。乘車人上下皆緣小梯。凡遇橋梁中高邊下者，則十馬之中，擇一最强力者，係於車後。當其下坂，則九馬從前緩曳，一馬從後竭力抓住，以殺其馳趨之勢，不然則險道也。凡大車行程，遇河亦止，遇山亦止，遇曲徑小道亦止。徐、兖、汴梁之交，或達三百里者，無水之國所以濟舟楫之窮也。

凡車質惟先擇長者爲軸，短者爲轂，其木以槐、棗、檀、榆用榔榆爲上。檀質太久勞則發燒，有慎用者，合抱棗、槐，其至美也。其餘軫、衡、箱、軛，則諸木可爲耳。此外，牛車以載芻糧，最盛晉地。路逢隘道，則牛頸係巨鈴，名曰「報君知」，猶之騾車羣馬盡係鈴聲也。

又北方獨轅車，人推其後，驢曳其前，行人不耐騎坐者，則雇覓之。鞠席其上以蔽風日。人必兩旁對坐，否則攲倒。此車北上長安、濟寧，徑達帝京。不載人者，載貨約重四、五石而止。其駕牛爲轎車者，獨盛中州。兩旁雙輪，中穿一軸，其分寸平如水。横架短衡，列轎其上，人可安坐，脱駕不攲。其南方獨輪推車則一人之力是視。容載兩石，遇坎即止，最遠者止達百里而已。其餘難以枚述。但生於南方者不見大車，老於北方者不見巨艦，故粗載之。

雙縫獨轅車

南方獨推車

《清實録・世祖實録》卷一八（順治二年閏六月壬午）工部議覆：巡漕御史劉明偀疏言：舊例額造漕船，如江南、浙江、江西、湖廣則於各原衛所成造，南京、江北、中都、山東則於清江廠、龍江關成造。近年以來，兵荒擾亂，商税無出，請於臣部發帑，責委才幹司官督造。仍照例請差分司，以榷關税。庶將來成造之金錢，即可取用於抽分之税額矣。疏入。得旨：巡漕御史確算奏行。

《清實録・聖祖實録》卷五三（康熙十四年三月庚申）先是，岳州戰船遇風漂失。論兵部曰：戰船經由長江，大將軍貝勒尚善等應嚴飭所司，加意防護，乃怠忽漂失，反爲賊資。嗣後戰船往返須以纜引，遇風則泊，倍加小心，爾部其速檄諭知。至是，尚善等奏風壞沙唬船五十餘隻，沉没戰船四隻，請敕撫臣速發修船物料。上復諭：沙唬戰船，行兵急需，關係重大。侍郎納布、巡撫張朝珍等速將修船物料委賢能官員送至岳州，亟行修理。岳州船兩次被風，如果停泊得所，風豈能壞？其嚴飭大將軍貝勒等務擇地停泊，善爲防護。

《清實録・聖祖實録》卷六二（康熙十五年七月辛巳朔）定遠平寇大將軍和碩安親王岳樂疏言：逆賊船集長沙城下，我兵無戰船，難以破賊。請發江西得勝船十隻，及安慶、九江沙船五六十隻赴長沙。又長沙附近林木頗多，並乞敕巡撫韓世琦伐木造船。上諭：得勝船用之湖中，非長江所宜，其以岳州沙船轉送長沙，如安親王所請。著江西總督董衛國、巡撫佟國楨等採辦物料，僱募工匠，運赴長沙軍前，修造戰艦。如不敷用，江南總督阿席熙、安徽巡撫靳輔等速行採辦僱募，轉送江西，一并運致。仍預行安親王遣兵迎取，付韓世琦督造。

《清實録·聖祖實録》卷六五　〔康熙十六年正月壬寅〕征南將軍穆占疏言：臣抵岳州，相度形勢，江湖之間，非船不濟。今安徽巡撫造送沙船四十艘，於本月十五日到岳，應再發江南、荆州諸處沙船百余艘，齊赴岳州軍前。……上命京口將軍王之鼎發沙唬船六十艘，隨帶礮械水手人役，量配官兵，護送至岳州。并靳輔所送船足百艘之數，以備安親王岳樂、將軍穆占取用。

《清實録·聖祖實録》卷六七　〔康熙十六年六月壬子〕先是，安遠靖寇大將軍多羅貝勒尚善等疏言：得鳥船四十艘，即可破賊。上命江寧巡撫慕天顔如數速造，以資大兵之用。尋慕天顔疏言：所造鳥船甚多，必須時日，臣躬自督工，期以六閲月告竣。得旨：岳州需船甚急，若六閲月始竣，則秋冬已過，有誤破賊之期。慕天顔其晝夜并力，務於八月内竣工，遣往岳州。

《清實録·聖祖實録》卷六九　〔康熙十六年九月戊戌〕先是，上諭議政王大臣等曰：逆賊吴三桂憑江湖之險，抗拒大兵，爲日已久。若不速行剿滅，湖南民困，無有已時。聞逆賊多備鳥船戰艦，死拒我師，我師亦宜倍製鳥船、沙船，更令鹽船多載糧米，由岳江入洞庭，盡占江湖，斷賊糧道，夾攻岳州。如事屬可行，應遣賢能大臣官員會同督撫，尅期造船，多設水師營兵，同大兵齊進，期於一舉滅賊。但增船破賊，事關緊要，大將軍順承郡王勒爾錦、貝勒尚善等身在地方，與賊逼近，應否舉行，著速議以聞。至是，寧南靖寇大將軍多羅順承郡王勒爾錦等議：若令舟師入洞庭，盡占江湖，斷賊糧道，即合新舊船艦，亦不敷用。久泊風濤，我船不利。若泊於南潯港一帶，非並設陸路重兵，則我船不得傍岸，勢不能久占江湖，阻賊餉路也。但逆賊造船未已，長江關係最重，當賊舟漸增之時，我舟又非可驟得，若預行添造，甚屬有裨。鳥船、沙船可載數月之米，其鹽船似應停止。上命添造鳥船六十艘、沙船二百艘，户部尚書伊桑阿赴江南，同該撫速行督造。俟船將告竣，更添發緑旗官兵。鹽船著停止。

《清實録·聖祖實録》卷七一　〔康熙十七年二月甲寅〕先是，安遠靖寇大將軍貝勒尚善疏言：得鳥船四十艘，可以破賊。因令江南造船，如數送往。後尚善復奏：目前水小難行，俟三月後湖水既漲，添造之船，度亦告成。彼時酌量水勢，相機進取。【略】雖添造船成，又必旁借事端，稽緩時日。且公温齊率往之兵，本令剿賊，非俾駐守荆、岳也。況添造之船難期三月必成。時漸炎暑，又逾進討之期。大將軍順承郡王勒爾錦、貝勒尚善等，其公同確議，添造戰船，可否擊破湖中賊艘，具以奏聞。至是，寧南靖寇大將軍多羅順承郡王勒爾錦疏言：臣等因遠隔汛地，船成之日，能破湖賊與否，未可遥度。且水漲遲早難定。臣等前疏曾謂如有可乘之機，則率兵渡江。頃者荆州相對沿江一帶賊勢稍減，臣請調將軍鄂内舟師并岳州沙唬船五十艘來荆州，臣等即帥師渡江進取。得旨：荆州滿漢兵數甚多，攻守未爲不足。倘調鄂内兵船赴荆，仍未能進取，則往返稽遲，反誤攻岳機會。鄂内兵船，不必調往。俟船成之日，即將温齊所領及陜西調往之兵一併發赴岳州。尚善等其詳加籌度，務期破賊。

《清實録·聖祖實録》卷七二　〔康熙十七年三月庚子〕安遠靖寇大將軍貝勒尚善疏言：岳州原有鳥船，又奉旨添造鳥船一百艘、沙船四百三十八艘。官兵自陸路分布外，餘配入鳥船、沙船，兵數不敷，須再調緑旗兵五千人。

《清實録·聖祖實録》卷七七　〔康熙十七年九月辛亥〕揚威大將軍和碩簡親王喇布疏言：茶陵、攸縣水陸俱通，衡州諸處，宜造戰船及小沙船百艘備用。議政王大臣等議如所請，令勸勉紳衿百姓輸助，速行營造。得旨：造船事關緊要，令刑部侍郎禪塔海於江南動支正項錢糧，備藥礮及需用器物，前赴茶陵諸處督理修造。前尚書伊桑阿帶往造船官員，仍令偕往。

《清實録·聖祖實録》卷八一　〔康熙十八年五月甲寅〕先是，湖南用兵，令江南造鳥船百艘，送岳州軍前。至是，岳州既復，無須舟艦。上諭議政王大臣等：萬正色赴閩時，即令其領在岳鳥船并水手以行，至江南、浙江更選戰艦共百艘攜往，以資征剿。

《清實録·聖祖實録》卷八二　〔康熙十八年七月甲寅〕湖廣提督徐治都疏言：設五板船一百艘，令彝陵鎮臣胡世英統之，以備水路。臣親調官兵，偕襄陽鎮臣，水陸並發，前赴歸州興安巴東形勝之地，剿撫逆賊。得旨：所用戰艦，督撫等委官速造，毋誤軍需。徐治都即偕彝陵、襄陽總兵官赴歸州諸處討賊，剿撫並用，速奏膚功。

《清實録·聖祖實録》卷八六　〔康熙十八年十一月壬子〕先是，福建巡撫吴興祚請修理戰艦，上遣吏部郎中薩耳圖等往閩督修。至是，吴興祚又疏言：戰艦二百五十艘，見在修理，若待竣工齊發，恐誤風汛之期。請以修繕已畢者同新造鳥船配兵先發，餘俟薩耳圖等督趣告竣。上諭：戰艦乃破賊急需，其令巡撫吳興祚同薩耳圖等速行修治，無誤萬正色師期。

《清實録·聖祖實録》卷八八〔康熙十九年二月癸未〕先是，命福建總督、巡撫、提督酌定進剿海寇機宜。巡撫吳興祚疏言：臣詢之習知賊中情形者云，賊艘雖多，不如我新造鳥船堅固便捷。今鄭錦悉調舟艦，皆在海壇齊集，宜乘風汛甚利，將士方鋭，先攻取海壇，破賊藩籬，則厦門、金門自可乘勝而下。臣已與提臣萬正色決策，萬正色以水師直攻海壇，臣率標兵赴同安，同督臣姚啟聖、提臣楊捷調陸路兵，規取厦門。萬正色亦疏言：荷蘭國船遲速莫必，轉盼三四月間，南風一作，我舟師即難前進。今新舊大小船隻俱集定海大洋，撫臣吳興祚前來閱視，知其可用，臣已與決計進討。吳興祚率標兵馳赴同安，爲臣聲援；督臣姚啟聖、提臣楊捷調陸路兵，據圍頭以遏賊出入。臣定於二月初四日進取海壇。至是，萬正色疏報：臣統率官兵，由定海進發，於本月初六日抵海壇，賊乘舟逆戰，臣分前鋒兵爲六隊，直衝而入，親統巨艦繼之。又以輕舟繞出其左右，并力夾攻，礮火齊發，擊沉賊船十六艘，溺水死者三千餘人。餘賊潰遁，我舟師遂駐泊於海壇。上諭：今巡撫吳興祚、提督萬正色灼見賊勢，乘機進剿，已經克復海壇。將軍賴塔、總督姚啓聖、提督楊捷，其會商分撥滿洲緑旗水陸官兵，以策應進剿之師。

《清實録·聖祖實録》卷一〇六〔康熙二十一年十二月辛巳〕工部題：寧古塔將軍巴海等移咨修理戰船。得旨：寧古塔地方與羅刹甚近，戰船關係緊要，户部尚書伊桑阿帶領良匠前往修理，前投誠入旗林興珠等係福建人，今著彼前往演習，庶有裨益。

《清實録·聖祖實録》卷一五五〔康熙三十一年五月庚戌朔〕諭大學士等：遣往察看黄河之前鋒統領碩鼐等差回，奏稱察看黄河，自寧夏至潼關，皆可舟運。但龍王站一處，水勢陡絶，湍激不可行船。其間由陸路起剥十里，過水陡之處，即由船運，便可直至潼關西安矣。既如此，應差工部賢能司官一員，會同巡撫葉穆濟，於船窩裏地方造可載百石之船二百艘，至龍王站下停泊，預爲備用。又聞歸化城北翁俄等山産有材木，令遣八旗鐵匠、木匠，歸化城派出夫役，伐木鋸板，運至湖灘河朔津口，造裝載一百石之船二百艘。此造船所需鐵與油麻等物，自該部發往。船工既畢之後，將大同米石出殺虎口，轉運至湖灘河朔津渡泊船之處，俟彼時再議。造船之暇，自大同至湖灘河朔工所，其轉運之路，應察看詳明，預行料理。

《清實録·聖祖實録》卷一六五〔康熙三十三年十月己亥〕復設江南淮安清江廠船政同知，改江寧廠船政，歸江寧管糧同知兼理。

《清實録·聖祖實録》卷一九八〔康熙三十九年四月丙寅〕福建浙江總督郭世隆題：海船應修理，請速給物料價值，以便即行鳩工。得旨：朕去歲巡幸南方，郭世隆曾奏若不修理海船，巡察之事，必致有誤。著依該督所題修理。

《清實録·聖祖實録》卷二〇一〔康熙三十九年九月丙午〕工部議覆：郎中薊賽所奏江南省鎮江等處修造船隻一疏。以後各省修理戰船，停其交與州縣官修理，該督撫揀選賢能道府等官，於左近地方，堅固監修。如修造不堅，未至應修年分損壞者，該督撫查參，除責令賠修外，仍交該部嚴加議處。其營弁將目船隻，不行敬謹看守，以致損壞者，該督撫、將軍、提鎮等查參，亦交該部嚴加議處。從之。

《清實録·聖祖實録》卷二一三〔康熙四十二年十月甲戌〕諭大學士等：江南督撫提督著公同造洋船二十隻，俟來年春，令山東水師營官兵前往江南，取至山東候用。目前山東海盜非確係積賊，皆貿易之人，資本虧折，因肆行搶奪。可命學士常壽前往招撫，再令筆帖式三人往山東三路問賑濟事，並視民間情形，限第六日到京。朕自幼聽理政事，極其敬謹，時時惕厲於心。今已年艾，諸事更加戒懼，不敢稍有懈惰忽略也。

《清實録·聖祖實録》卷二一六〔康熙四十三年四月戊子〕山西巡撫噶禮疏言：臣遵旨查勘汾河，自河津縣至洪洞縣，船皆可行。惟自趙城至省城，石多灘淺，非製造小船，實難行走。應仿麻陽船式製造，始可濟運。下部知之。

《清實録·聖祖實録》卷二七〇〔康熙五十五年十月壬子〕諭大學士九卿等：朕南巡過蘇州時，見船廠問及，咸云每年造船出海貿易者多至千餘，回來者不過十之五六，其餘悉賣在海外，齎銀而歸。官造海船數十隻，尚須數萬金，民間造船，何如許之多？且有人條奏：海船龍骨，必用鐵梨竻木。此種不産於外國，惟廣東有之。故商人射利偷賣，即加查訊，俱捏稱遭風打壞。此中情弊，速宜禁絶。

《清實録·聖祖實録》卷二八〇〔康熙五十七年八月丁丑〕工部議覆：江南江西總督長鼐疏言：江南地方爲江海要區，額設大小船隻皆爲巡江巡海所必需，一日不宜空缺。所有各營船隻同時設造，大修小修，亦往往同時，無有更替，恐誤巡防。請嗣後各營船隻修造届期，先修一半，仍留一半，在汛巡防，以俟續修。又修造之時，令布政使確驗，不許承修官員尅減工料，如所造之船不堪，將承修承堪各官參處賠修。如有捏報當修，冒領工價者，將捏報營官參處。均應如所請。從之。

《清實録·世宗實録》卷三九〔雍正三年十二月己巳〕和碩怡親王等遵旨議覆：天津之海口爲京師重鎮。滿洲兵丁令往天津駐劄，學習水師，於海防大有裨益。其撥派兵丁二千名之處，已經奉有諭旨，官兵駐劄地方，亦奉旨派出大臣前往相度，毋庸再議外。此所派兵丁，令八旗滿洲蒙古都統等於各該旗餘丁内挑選，每滿洲旗分各派二百名，設立三佐領，蒙古旗分每旗挑選五十名，設立一佐領，立爲左右兩營。兵丁習練火器，爲鳥鎗手，并設副都統一員，令其總管。滿洲旗分，應補佐領、防禦、驍騎校各三員，每翼補協領各二員。蒙古旗分，應補佐領、防禦、驍騎校各一員，每翼補協領各一員。再駐防滿洲兵丁，應補理事同知一員，筆帖式三員。其船隻令製造大趕繒船十六隻，小趕繒船十六隻，酌量分配官兵，分爲兩班操演。其趕繒船各隨小船一隻，應令造杉板船三十二隻，僱募駕船頭舵水手，令兵丁學習熟練。從之。

《清實録·世宗實録》卷七六〔雍正六年十二月己亥〕工部議覆：盛京户部侍郎兼理奉天府尹王朝恩條奏：各省修造戰船，舊例解送總督親驗。總督或轉委中軍，以致監造文員每被需索，兼多徇隱。是以船隻工料皆屬虚糜，其實不能堅固。請嗣後修造戰船，各該督撫務須親驗。應如所請。得旨：戰船關係緊要，若僅委中軍驗看，或彼此瞻徇情面，不據實詳覆，致使物料柔脆不能經久。嗣後修造戰船，當造成之日，其船廠附近省城者，著在城之督撫、提鎮及布、按兩司親往驗看。其船廠離省遠者，著附近府城之文武大員公同驗看，務令修造堅固。倘有不能堅固及浮冒侵蝕等弊，即行題參治罪。庶承修之文職有所顧忌，不敢草率浮銷。而監工之武弁，亦可免借端需索之弊。著該部遵諭速行。

《清實録·世宗實録》卷九一〔雍正八年二月乙丑〕諭内閣：向來外省各標營沙唬、趕繒等船，原令道員會同副將監督修造。道員遴委同知通判承修，副將遴委營都司守備監修。聞承修之員備辦物料，必經監修驗看，自千把以及遊副逐層需索。及如式修造，赴各標營交收，又有驗看勒措之弊，迫交收之後，一任船隻棄置河干，雨淋日曬，船中器械繩索爲頭舵等人盜竊變賣，而該管將弁概不追究。夫始則借端勒索，後則聽其毁棄。豈非以承修之責專在文員，而監修之武弁置身局外，遂至視同陌路乎？此等錮弊，聞各處皆然，而京口將軍標下爲尤甚。嗣後修造標營船隻，著道員副將會同領價，道員遴委丞倅，副將遴委都守，協同辦理修造。如係將軍標下船隻，即遴委參領以下等官同領同辦。其船隻交收之後，在汛停泊，責令頭舵苫蓋澆洗。每歲令該管將弁出具印結，送督撫查核。如有陞遷事故，令其具結交代。至於修造船隻，有小修、大修、拆造之不同，是以工料多寡懸殊。今聞船未發廠，頭舵人等已將在船什物私行盜賣，即届小修，亦必令其折換添備，甚屬不法。嗣後著將什物一併具册移交，如有短缺，將該管將弁及頭舵人等分别參追。總之各省船隻每當修造之時及交收之後，其中種種弊端，難以枚舉。今就朕所聞，頒發諭旨，在各省將軍、督撫、提督等悉心商酌，時加訪察，以除諸弊。倘諭旨中有難於奉行之處，亦著據實陳奏。

《清實録·世宗實録》卷一一二〔雍正九年十一月乙丑〕諭大學士等：山東登州乃濱海重鎮所轄地方遼濶，查該鎮本標及所屬兵丁除水師外，額兵二千餘名，似不敷用。【略】此四處兵應否酌量增添，爾等詳查議奏。尋議：【略】再查登鎮水師，現在共兵八百五十名，趕繒船十隻，艍船七隻，所轄海面島嶼甚多，往來巡哨差使頗繁。應添艍船三隻，兵一百五十名，以足一千之數。所添兵丁，務選熟於海道及通曉水戰之人，召募充補，艍船令山東巡撫委員監造。至各處應加守備千總等員及應建營房，令總漕、總河、登鎮會同該督撫詳悉定議。從之。

《清實録·世宗實録》卷一三〔四雍正十一年八月丁丑〕諭内閣：據巡臺御史覺羅栢修等奏稱臺灣修造戰船，例係匠役糾夥深入番社，採取木植，易生事端。嗣後請令番民自行採運，即在内地成造。朕思番社産木既多，若番民赴官售賣，按數給與價值，使之獲利，又無騷擾，伊自樂從。但不預先妥議規條，難以期其必得。又恐通事人等從中作姦，更滋弊竇。目前且向内地修造，其番人自行售賣之處，著該督撫悉心定議，妥協辦理。

《清實録·高宗實録》卷五五〔乾隆二年十月癸丑〕江南提督南天祥奏：預借工價，估造巡船。得旨：此事朕殊未悉。即如所奏云拆造銀九兩，十年一拆造，自五十五年以來，均未按期拆造。則拆造之項作何動用耶？其令新督臣詳議以聞。

《清實録·高宗實録》卷六二〔乾隆三年二月庚寅〕〔吏部〕又議覆：調任江南總督慶復疏稱：江寧、蘇州、松江、鎮江、太倉五府州向無專管戰船廳員，但設總廠，以各該管道監修，委同知通判辦理，每致推諉遲誤。請以江寧府江防同知兼理江廠船政，松江府水利通判兼理蘇、松二廠船政，蘇州府海防同知兼理太廠船政，常州府水利通判移駐鎮江，改爲鎮江府船政通判，專司船廠。其常州府水利事務，將武進、陽湖、宜興、荆溪四縣歸督糧通判管理，江陰、靖江、無錫、金匱四縣歸海防同知管理。各關防換鑄頒給。均應如所請。從之。

《清實録・高宗實録》卷七二（乾隆三年七月辛酉）工部議准：福建巡撫盧焯奏稱：閩省泉廠分修金門左右營、海壇右營戰船，向例於金門、海壇鎮標各遊擊内選派一員監督。其漳廠分修水師提標五營、南澳鎮標左營、銅山營戰船，即派水師提標中營參將監督。今水師提標中左二營戰船既經改歸廈廠，請將泉廠承修之船就近歸於水師提標中營參將監督。漳廠承修之船就近歸於水師提標左營遊擊監督。從之。

《清實録・高宗實録》卷八二（乾隆三年十二月庚寅）兵部議覆：四川巡撫碩色疏言：彭山縣三江口至巫山縣鯿魚溪計程二千三百九十里，應設水塘六十六處。内舊水塘二十九處，酌移二十四處，旱塘改水八處。需哨船六十六隻，加重慶城外一隻，華陽傅家壩一隻，共六十八隻，舊有三十隻，應添三十八隻。請動支本年耗羡公用銀給造，每塘派兵四名，共二百六十四名。舊設塘兵共一百六十四名，應添一百名，請於各協營内就近酌撥。應如所請。從之。

《清實録・高宗實録》卷一二三（乾隆五年七月丙申）工部等部議准：湖廣總督班第奏：楚省三湘七澤，水勢汪洋，江夏等處，江流湍激，險阨地方，均應設立救生船。通計各處，共用船九十一隻，估需工料銀四千九百四十八兩有奇，請於司庫公項銀内動支。仍照例三年小修，五年大修，届歷十四年，如果朽壞，動項拆造。至水手工食，東湖、巴東二縣，當三峽下流，險阨尤甚，請每名年給銀七兩二錢，閏不加增。其餘各屬，俱照例月給銀五錢。需用若干名，令地方官按照船隻大小酌定數目，募充報部。懶惰偷安者責革；私索謝銀者，計贓以不枉法論罪；搶匿財物者，計贓以搶奪論罪，銀兩照追入官。從之。

《清實録・高宗實録》卷一三七（乾隆六年二月乙丑）吏部尚書署兩江總督楊超曾奉諭查奏：戰船販賃貿易，江省並無此弊，惟修造不免苟且塗飾。請每年盤查軍械時一體查驗。得旨：總在汝等督撫提臣時刻留心查察耳。不然，雖詳定律令，究無益也。

《清實録・高宗實録》卷一三九（乾隆六年三月丁亥）工部議准：閩浙總督宗室德沛奏：桅木爲戰艦首重，購買艱難，挽運不易。委任微員恐致貽誤，請照雍正年間令各道採辦。除臺灣廠遠隔海洋，仍前辦理外，其興、泉、永道承修之泉廠令興、泉、永三府州協辦。汀、漳、龍道承修之漳廠令汀、漳、龍三府州協辦。鹽法道承修之福廠令延、建、邵三府協辦。從之。

《清實録・高宗實録》卷一五六（乾隆六年十二月己亥）兵部等部議准：原署兩江總督楊超曾會議福建漳州總兵官黄有才奏：請將江南定海、崇明二鎮快哨船改照爛鼻頭船式。查江浙洋面，情勢不同。浙洋寬深無沙，出洋便可揚帆，毫無阻礙；江南則有山前暗沙，洋面較窄，沙線有礙，故設崇明四營小哨船，巡緝諸沙，並非隨帶外洋之用，未便議改。爛鼻頭船轉折便利，戧風騰駛，海船中之利快者，莫過於此。如舟師出洋哨捕，隨帶哨探，誠不可少。然水師有大隊，有正，有奇，方收先鋒哨探之用。此船梁頭不過一丈四尺，配兵不過三十名，設遇巨艦夾舟臨戰，何以禦敵？請將崇明鎮中、左、右、奇四營，並川沙、吴淞二營額設沙船内，輪届拆造之年，每營各改造爛鼻頭船一隻，隨巡外洋，其原設小哨船九隻，留資内洋巡緝。從之。

《清實録・高宗實録》卷一五七（乾隆六年十二月辛亥）兵部議覆：浙江提督裴鉽奏：請定武員干預民事之處分。應如所請。嗣後兵丁有户婚田土之事，與民結訟者，一面回明該管營員，一面赴有司呈告，聽候審斷。該營將備概不許收兵丁呈詞，加看移送。倘有違犯，照擅受民詞例議處。又奏：浙省水師，用頭號水艍船、二號趕繒船、三號雙篷船船、四號快哨船，船身俱大，淺途汊港，勢不能到。寧波各縣有釣船一種，船身四丈，面樑六尺五寸，一櫓兩槳，不論風之順逆，駕駛如飛。臣前任定海，率同官員捐備十一隻，稽察巡查，甚爲便利。請於水師各標營額設戰船外，酌派釣船二隻。亦應如所請。從之。

《清實録・高宗實録》卷一九六（乾隆八年七月丙戌）工部議覆：署兩廣總督策楞奏稱：廣東通省外海戰船向分四廠。内高、雷、廉三府屬戰船，在高州芷芋地方設廠成造。嗣因木植稀少，另設子廠於龍門地方，專造龍門協戰船。其高、雷兩府戰船，仍在芷芋成造。惟是芷芋地處偏隅，所産木植有限，自設船廠，迄今已二十年，不獨附近水次木植無餘，即深山邃谷，亦漸無可採，恐誤船工。應如所請。將芷芋一廠改設省城河南地方。高、雷二府屬戰船，届修造之期，駕赴廠所，仍令高、雷等府屬文武大員監督修造，由該管道員查核估銷。龍門子廠照舊辦理。又調任總督慶復奏：修造戰船，不必定用櫟木，不如松、杉等料更爲駕駛便益，且料易購買。亦應如所請。嗣後不必採用櫟木，以致擾民誤工。從之。

《清實録·高宗實録》卷二〇六〔乾隆八年十二月癸丑〕工部議覆：署兩廣總督策楞疏稱：廣省河南廠及芷芋廠新歸省廠修造外海船隻，原定監修之廣南韶道、高廉道駐劄窵遠。請將河南廠改歸監運司經管，芷芋廠改歸糧驛道經管。其府修内河船隻，亦令該二道各半督修，不得仍前委佐雜千把微員料理。又本地木植稀少，請於六個月前委員領銀購辦。均應如所請。從之。

《清實録·高宗實録》卷二三一〔乾隆九年十二月壬申〕署兩江總督協辦河務尹繼善奏：水師戰艦，平時操防，有警禦敵，所關甚鉅。臣留心察訪，其中積弊多端，司事之員，並未實心經理，驗收亦不詳細察查。近有狼山鎮各營大小戰船十隻，具報完工，飭鎮道赴廠驗收，多不照原估。混用舊料者，合計偷減工價銀二千餘兩。據承辦官開報，各衙門書辦及管船人等陋規浮費。除將同知嚴宗喆、都司袁文通嚴參究審外，查下江修造戰船，共設江寧、蘇、松、鎮江、淮安、太倉等廠，今既查有侵蝕等弊，各廠已可概見。所有各項陋規，現已盡行革除，其必不能省之費。與其暗中侵損，無寧明定章程，於平餘出色銀内，酌量支用，並咨會將軍、總漕、蘇撫就近嚴查，於收工時遴員逐細驗看，如有不符，即行嚴參究追。得旨：近亦有人議及此事，因汝等已參奏，故未頒發。然汝等亦不能免失察之咎也。

《清實録·高宗實録》卷二四〔九乾隆十年九月戊戌〕〔閩浙總督馬爾泰〕又奏：澎湖一協爲臺、厦扼要衝途，向設戰艦三十六隻，以供巡哨護送之用。現在被風擊壞二十四隻，應動項補造。該協目下乏船配駕，臣一面辦理，一面具奏。得旨：所奏俱悉，應上緊辦理者。

《清實録·高宗實録》卷二五六〔乾隆十一年正月丁丑〕兵部議覆：漕運總督顧琮奏稱：鹽城營額設沙船四隻，備巡哨之用。但外洋水勢隨潮消長，難以豫定，造船惟在適宜。沙船平底方頭，體骨重大，不甚利便，且洋匪乘坐快船，搶風折戧，出入靡常。凡官兵巡緝，若非帶有外洋快哨船，萬難奮追。請將鹽城營二號沙船一隻改造外洋快哨船二隻，船長七丈，較沙船所短無幾，出洋入港，甚爲利便。年例既當排造，以一改二，價無加增，船得實用。檄飭營縣及時辦料興工，無誤巡期。應如所請。從之。

《清實録·高宗實録》卷二八一〔乾隆十一年十二月辛巳〕刑部議：調任江蘇巡撫陳大受奏稱：參革江寧府江防同知嚴宗喆、狼山鎮標左營守備陞任東海營都司袁文通承造戰船，舞弊率混一案。審得嚴宗喆、袁文通實無弊混侵隱等情，但造不如法，節省價銀，不即申報，應分別罰俸。其原參革職之案，可否準其開復？得旨：戰艦備水師操演防禦之用，關係緊要，全在修造如律，方能緩急足恃。而向來承辦文武員弁往往侵蝕分肥，至經管書役以及管船人等各有陋規，因而通同作弊，朦混報銷，修造概不如法。而該管上司，不過據結題報，肯實心查驗參揭者甚少，以致承辦之員恣意朋吞，視爲故事。此本内尹繼善原參同知嚴宗喆、都司袁文通舞弊狡飾一案，所查節省銀兩先未報明，及至敗露，始行開出之處，甚爲明確。而該撫陳大受承審，乃謂尚未報銷，原非侵隱，亦無弊混等語。獨不思題參在前，該員弁詳報在後，其爲侵隱弊混，已屬顯然。即使寬其侵冒罪名，何得遽請開復？部議照覆，亦屬草率。似此已經發覺之案，尚爲姑息優容，將來承辦各官益無顧忌，積弊何由漸除？嚴宗喆、袁文通俱不准開復。此旨可傳諭各督撫知之。

《清實録·高宗實録》卷二八二〔乾隆十二年正月癸卯〕軍機大臣等議覆：陞任福建巡撫周學健奏稱：閩省大小戰船共三百一十二隻。内趕繒大船約十分之六，雙篷等小船約十分之四。大船修造價貼比小船多數倍，槓椇桅舵均加長濶，桅木購買尤艱。又船身轉折不靈，終歲停泊，不若雙篷、艍、舶等船物料既省，駕駛更速。且閩、粵水師同屬大洋，粵省每戰船十隻，趕繒大船不過配用一二隻，餘俱艍、舶拖風等船，與閩省雙篷船丈尺相符。請勅下督撫提督，將通省原配趕繒大船照粵省酌量留配，其多餘巨艦即於届期拆造各船内，漸次扣除，改造雙篷、艍、舶等船，不特帑項減省，材木亦不耗費。應如所請。其應作何扣除改造分配兵丁之處，交該督撫提督妥議。得旨：依議速行。

《清實録·高宗實録》卷二九五〔乾隆十二年七月甲寅〕大學士等議覆：閩浙總督喀爾吉善等奏：前據陞任福建巡撫周學健條奏：閩省額設趕繒船請照粵省酌量留配，其餘改造雙篷等船。經軍機大臣覆准，行令分別裁改。查閩省洋面與粵省不同，非趕繒大船難期穩便，不能照粵省之例裁減大半。請略爲變通，將淡水營趕繒船六隻裁去四隻，其餘各營酌量情形，共裁二十二隻，改造雙篷、艍、舶等船，仍留大小趕繒船一百五十三隻。至周學健原奏，請於趕繒船拆造時漸次改造。查裁去趕繒船，既應改造，請照閩省水師旗營之例，先行變價充鐧，所有應造雙篷等船，即動項興工，造竣交營差操等語。應如所請。從之。

《清實録・高宗實録》卷二九五〔乾隆十二年七月甲寅〕〔大學士等〕又議准：閩浙總督喀爾吉善等奏稱：先經浙江處州鎮總兵苗國琮奏，濱海戰艦需用桅木採運維艱，請於閩、浙等省無税官山雇覓種樹之人，多植松、杉等樹，令地方官勸加培護等語。查戰船木植自應設法栽培，惟雇覓種樹之人，必須先給工價，既種之後，乏人看管，易致損傷，設役巡查，徒滋擾累。該總兵所奏，似屬難行。請將查出無税官山許民承種柴薪，聽其收管，樹已成材，照價給買。從之。

《清實録・高宗實録》卷三二四〔乾隆十三年九月癸亥〕又諭曰：吴士端所奏各省戰船屆大小修時，請令營弁辦料鳩工，會同就近同知通判監修一摺。此奏雖爲節省帑項起見，亦不無庇護文員之意。所謂知其一不知其二。即如所云商人一船可經二三十年，營船九年，率即不可應用。不知國家立法，自應爲人留餘，不過戒其已甚焉足矣。詎可如商船自較錙銖耶。即如河工歲費數至鉅萬，河員何嘗不仰給於此？亦以當用而用，節省豈非美事，而朝廷立政，則當權宜。明季於一切經費皆裁減靳惜，此如山西富户之固吝，有何足取。究之飽中貴之貪壑，今其寺墓林立，非取給於此乎？誠使各該管官留心稽覈，工歸實用，毋滋浮冒，則亦可矣。但各督撫不過照例覈銷，未必實心督察。嗣後著慎簡幹員，以察積弊，承修之例仍舊貫。吴士端摺并發。

《清實録・高宗實録》卷三六〇〔乾隆十五年三月甲辰〕兵部議覆：浙江乍浦滿洲水師營副都統覺羅額爾登奏稱：乍浦水師營額設戰船内，大、小趕繒船各九隻，遇風行走，緩急有用。惟南繒船四隻，船身短挾，迎風折戧，較趕繒船甚慢，於操演無益，且遇小修、大修、拆造三項工程，需費至二千五百餘兩之多。請將南繒船盡裁，估價充公。再每船額定緑旗水手，大趕繒六，小趕繒五，南繒四，請將南繒船應裁水手十六，並抽從前所汰水手二名，於大、小趕繒船内，每船添給水手一，作爲掌舵兵丁，期資實用。均應如所請。從之。

《清實録・高宗實録》卷五三一〔乾隆二十二年正月壬戌〕四川提督岳鍾璜奏：川省嘓嚕棍匪出没無時。嘉陵江自陝發源，直達楚省，沿江設立塘汛，並未議給哨船，行舟經過，汛兵無從盤詰。請於朝天汛、保寧府、順慶府、蓬州四處各設哨船一，並號旗、號籌，責汛兵上下巡查，彼此兑換旗、籌。並於沿江各塘製小塘船一，令塘兵不時巡查。報聞。

《清實録・高宗實録》卷五六七〔乾隆二十三年七月庚戌〕浙江巡撫楊廷璋奏：浙省杭州下河便民船一百隻，順治年間因閩省用兵而設，日久朽壞，乾隆十二年，存尚堪修整者四十隻，經撫臣題準，每年修費銀五百八十餘兩。查此項船隻終年停泊，間有撥用，仍須另雇舵工水手，較雇募民船轉多周折，額定歲修亦恐有名無實。況該處另有聽差站船二十四隻，設遇差繁，即以修費雇船添用。應請全汰。得旨：如所議行。

《清實録・高宗實録》卷八一〇〔乾隆三十三年五月丙申〕又諭：前據工部覈駁熊學鵬估變裁汰船隻一本。閲其情節，顯係承辦之員以多報少，希圖染指分肥。當經傳諭永德，另委妥員確實估報。今據該撫覆奏，果有寧紹台道方桂弊混情節，摺參革職審擬。並請定例，凡限滿拆造般隻，不得仍循部定估變成規，逐案委員據實確勘報部變價等語。所辦甚是，已如所議行矣。此等船隻俱係動用官帑修造，每隻不下數千金，即經歷年久，拆卸變價，亦何至每隻僅止數十金之少？其爲官吏欺公肥橐，不問可知。今浙省明驗如此，則其餘各省已可概見。著將此通諭各督撫提鎮等，嗣後遇有屆限應行拆造船隻，悉照浙省所辦，嚴飭各屬悉心確估變價。務使物料皆歸實用，而帑項不致虚糜，毋任稍有中飽侵漁，自干咎戾。著爲令。

《清實録・高宗實録》卷八一四〔乾隆三十三年七月戊子〕軍機大臣等議奏：據兩江總督高晉議覆大學士陳宏謀條奏裁汰戰船一摺。江省戰船一百三十四，應裁艍、繒、沙唬船三十六，改造雙篷快槳船二十六，其舵水兵丁除派撥外，餘水兵四十四名併裁，承修請仍歸文員等語。應如所請。從之。

《清實録・高宗實録》卷八一七〔乾隆三十三年八月癸酉〕軍機大臣等議奏：據閩浙總督崔應階議覆大學士陳宏謀條奏裁汰戰船一摺。福建省擬裁船三十九，改船一十一，浙江省擬裁船五十五，改船一十五，共裁改船一百二十隻。其雇覓民船渡載班兵之議，查臺郡米穀全賴民船販運，若再令渡載班兵，恐誤販糶，應毋庸議。至修造，請仍舊歸道府會辦。均應如所奏。從之。

《清實録・高宗實録》卷八一八〔乾隆三十三年九月甲午〕兵部議奏：據兩廣總督李侍堯議覆大學士陳宏謀條奏巡察海口商船及裁汰戰船二摺。查粤東出海商船節經嚴定章程，毋庸更改。至戰船額設外海繒、艍、拖風、烏舨艉、哨船一百六十七，内河櫓、槳、急跳、快、哨、艟艚船三百八十，今請裁外海船三十二，内以繒船改造拖風船一，以繒、艍、拖風改設内河快船十。又請裁内河船五十六，内以櫓船二改造外海拖風船一，共裁船八十八，改造船十二。其承修戰船，粤省向責成道府，請仍照舊等語。俱應如所奏。從之。

《清實録・高宗實録》卷八一九　〔乾隆三十三年九月甲寅〕諭軍機大臣等：前據李侍堯奏裁汰内河櫓、槳船四隻，共止估銀八十餘兩，並未將原造價值若干聲敘，因降旨該督查覆。今據奏到此項船隻共原造工料銀二百八十餘兩，現在估變銀八十餘兩等語。此項估變船隻，較原造銀數已逾三分之一，自可毋庸查辦。若前此浙省估變船隻，較原造價值十分中尚不及一，大相懸殊。果查出承辦道員方桂朦隱情弊，即將伊革職治罪。是估變時，總當視原值爲衡，方可定其有無侵隱也。著傳諭各督撫，嗣後遇有奏聞估變案件，即將原造價值隨摺聲明，以便覈定，著於奏事之便，傳諭知之。

《清實録・高宗實録》卷八二六　〔乾隆三十四年正月丁亥〕諭軍機大臣等：征勦緬匪，由水路進兵，必需船隻。今派出署副都御史傅顯、護軍統領烏三泰，令其馳驛前往雲南軍營，監造船隻。著傳諭高晉，將湖廣善造船隻匠役多爲挑選，妥協豫備。俟傅顯、烏三泰到日，即行交與伊等，由彼帶往。

《清實録・高宗實録》卷八三三　〔乾隆三十四年四月辛未〕諭軍機大臣等：昨據傅恒等奏稱蠻暮以北，野人山頂，可得造船木料，已令傅顯帶兵一二千名，前往修造等語。此項兵丁必須滿、漢兼派方妥。彼處修造船隻，若野人稍不恭順，即應立時勦辦。此等野人不可深信，恐其佯爲恭順，陰通緬夷，務宜留心籌度。再前經降旨，著烏三泰在落卓一路進兵，已調伊爲成都副都統。今傅恒復派令造船，則落卓一路須另派一幹練領隊大臣。至造船一事，朕徹夜思之，所關甚要。觀所進地圖，野人山西北即係賊人巢穴，相距甚近，倘野人陰通緬匪來侵，有誤船工，大有關係。必須重兵駐守，方可無虞。計今歲於七八月間進兵，此山既距進兵路近，瘴氣亦輕，莫若移兵屯劄於此，以爲聲援。九月間，想船隻亦可造竣矣。如此辦理若何，可傳諭傅恒，令其察看地勢，相度事機，熟籌妥議具奏。此事甚要，朕時廑念也。

《清實録・高宗實録》卷八四六　〔乾隆三十四年十一月癸未〕兵部等部議覆：兩江總督高晉奏稱京口水師營戰船向隸鎮江府船政通判辦理，現在左右高資等營改歸督標，京口船隻應就近歸併江寧廠，交江寧江防同知兼辦。其鎮江府水利通判請專司河工，船政通判請改爲糧捕通判，換給各關防。均應如所請。從之。

《清實録・高宗實録》卷八四八　〔乾隆三十四年十二月壬子〕又諭：據傅恒奏滇省水師船隻用日無多，即有損壞，再四思維，於心實覺難安。請將用過物料價值及匠工人等所支各項查明賠補等語。所奏不可行。此次進勦緬匪兼用舟師，乃出自朕意，並非傅恒一人倡議承辦。且伊於造船一節任勞任怨，始能剋期集事。至船身大小尺寸與江路不能適合，原非可以豫料。若因此遽行引咎，自認賠補，揆之事理，既未允協，而將來遇有國家公事，大臣等誰復肯一力擔承辦理乎？傅恒所請賠補船隻之處，竟可無庸置論，並將此諭衆知之。

《清實録・高宗實録》卷八九二　〔乾隆三十六年九月乙巳〕工部議覆：浙江巡撫富勒渾奏稱：浙河舊設站船二十四隻，因舊式笨重，改造沙飛、太平等船，沙飛可裝餉鞘二十萬兩，太平可裝餉鞘十六萬兩。請將所需水脚，沙飛給九十兩，太平給八十五兩。應如所請。從之。

《清實録・高宗實録》卷一〇二七　〔乾隆四十二年二月辛酉〕兵部等部議覆：署湖廣總督陳輝祖奏稱：洞庭協中號戰船十八隻，舊式底平身笨，淺瀨平流，既不能擊揖如意，衝風折戧，又不如小號船之旋折輕靈。請一律如小號船式成造，既適於用，兼可節省工料。應如所請。從之。

《清實録・高宗實録》卷一〇三七　〔乾隆四十二年七月癸巳〕是月，浙江提督李杰龍奏：修造釣船，動項有限而名色繁多。請照製造軍裝例咨部報銷，毋庸專摺具奏。報聞。

《清實録・高宗實録》卷一二二九　〔乾隆五十年四月戊申〕諭軍機大臣等：本日據毓奇等奏四月初十日淮安一帶地方陡起暴風，大河等二十幫内有沉溺軍船淹斃人口等語。已降旨加恩賞卹矣。各省漕運，船身高大，固爲慎重天庾起見，但一遇暴風，往往有沉溺傷損之事，究因船身過於高大沉重，棹輓維艱，人力難施所致，即其尋常輓運，加纖過閘，一切照料浮送，亦覺甚難。況幫船每隻運米不過五百餘石，商販船隻載米至千石者，其船尚不及糧艘之半。現在豫、東二省漕船尺寸即較他省爲小，南漕各船自可量減船身尺寸，使行駛便利。雖一時未能全事換造，自可於各該船隻屆臨拆造時，將高寬尺寸仿照民船量爲減損，則船身便捷，既可少意外之虞，而行走並能迅速，於漕運實有裨益。至運丁各有土宜，向例准其攜售，或於軍船之外，酌量隨帶載貨小船數隻，隨幫搭配行走，亦無不可。著傳諭漕運總督毓奇會同有漕省分各督撫，將各省幫船，或經行江湖，或僅由内河行走，酌量情形，悉心籌畫，酌定船式尺寸，詳悉妥議具奏。若此中或有格礙難行之處，不防據實具奏，不必因有此旨，稍存遷就。

《清實録・高宗實録》卷一二三八　〔乾隆五十年九月己未〕又諭：據徵瑞

奏北河剥船必須喫水不過二尺，仍可受載二三百石者，方爲得用。現在開明丈尺做法清單，並燙樣進呈，以便江西、湖廣二省照辦等語。所辦甚好。北河楊村一帶多有横淺，剥運船隻自應製造合式，方能行駛便利。今徵瑞燙樣貼説進呈，辦理頗爲周到。即將所進燙樣一分寄交吴垣，令其趕緊照辦。再著徵瑞照式燙樣一分，速送軍機處發往江西，令其照式成做。仍遵前降諭旨，先造一半，或三分之一，送到直省，自可無誤。其應造船隻數目及板片厚薄分寸俱經徵瑞酌定咨明，該督撫務飭承辦各員如式造辦，毋得草率貽誤。將此傳諭吴垣、舒常，並諭徵瑞知之。

《清實録·高宗實録》卷一二三九〔乾隆五十年九月壬申〕軍機大臣等議覆：湖廣總督特成額、湖北巡撫吴垣奏稱：南北兩省備造剥船，請於武昌、漢陽、長沙、常德等府聚木之處鳩工集料，責成漢陽、長沙等府縣分領承辦。仍令藩司永慶、秦承恩總催趕造，辦竣，將承辦各員於船旁刊刻何處成造字樣，如有草率浮冒，即行指參。應如所奏。得旨：依議速行。

《清實録·高宗實録》卷一二四四〔乾隆五十年十二月辛巳〕諭：據特成額等奏派委漢陽府知府德泰承造剥船，已於十一月十五日造竣二百隻，其餘一百五十隻，十二月初間即可一律完工。又湖南長沙等縣陸續造竣一百三十六隻等語。此項剥船，該督等飭委知府德泰趕緊成造，於十二月初間即可全竣，辦理甚爲妥速。德泰現經該督派令押船運送直省，俟送至北河，著就近來京，交該部帶領引見。特成額、吴垣並著交部議敘。其該督等派出在工出力人員，亦著查明咨部，分別照例議敘。

《清實録·高宗實録》卷一二四四〔乾隆五十年十二月丙戌〕諭軍機大臣等：【略】湖北省所造剥船，前據特成額奏，已經成造三百餘隻，派員運送直省。並著傳諭該督，飭令委員趕緊行走，務於明春開壩後即行遄進，迅速抵直，以便剥運北倉米石。除就近傳諭倉場侍郎外，將此諭令劉峩、特成額知之。

《清實録·高宗實録》卷一三〇三〔乾隆五十三年四月庚戌〕又諭〔軍機大臣等〕：據劉峩、長麟奏德州境内程家莊等處間段古淺，均須起撥。現雇民船，分設五站輪番起撥。至南糧出閘後裝載尤重，請調楊村官撥船四百五十隻押赴德州，照東省現辦章程按站分設，以備起撥等語。亦祇可如所奏辦理。看此情形，東省撥船竟不可少，著傳諭浦霖、何裕城等，於江西、湖南即先動項，各造撥船一百隻，務於冬底春初派員送到東省，以期應用。所有撥船工料價值及運送之費俱罰令長麟按數賠繳。其撥船解到後，應如何分交沿河州縣收管，暨酌給經費之處，並著長麟按照直省原定章程妥議具奏。

《清實録·高宗實録》卷一三〇四〔乾隆五十三年五月癸亥〕諭軍機大臣等：前因東省撥船竟不可少，已諭令湖南、江西兩省造撥船二百隻，送至東省安設應用。本日據巡漕御史和琳奏衛河古淺之處較多，其自臨清以至德州水程四百餘里，撥船二百隻不敷應用。從前造送直隸撥船每隻裝米三百石，喫水三尺餘寸，仍不能遄行，此次新造撥船請較定制節減寬長，以二百隻工料匀造三百隻，每船可裝二百石以外，纖挽既覺輕便，工價有減無增等語。所奏甚好。撥船爲遇淺起剥而設，期於迅速遄行，原以輕便爲貴。且據和琳奏，節減寬長，以二百隻之費改造三百隻，工價仍屬相仿，是費不增而應用寬裕。自應如所奏辦理。著傳諭何裕城、浦霖即照從前所辦撥船丈尺酌量收小匀造，一面估計具奏，一面即動項辦理，每省各造一百五十隻，於冬底春初送至東省安設。其工料一切，仍遵前旨，著落長麟賠繳。

《清實録·高宗實録》卷一四八四〔乾隆六十年八月甲申〕軍機大臣等議覆：署閩浙總督長麟等奏稱：閩、浙兩省設立水師營船，船身笨重，於外洋追捕不如商船得力，請於現有官船内，照商船式酌改百餘隻。查閩、浙設立水師營船，原爲海洋巡緝之用，必須輕利便捷。兩省現額設官船四百九十五隻，該署督等請擇已届拆造大修及將届大修者，依商船式，浙省酌改五十隻，閩省酌改八十隻，其改造工料，即以應支修費及舊船變價充用。應如所請。又稱：弁兵奉差出洋，所需口糧，浙省每年有奉裁馬乾銀二萬餘兩可以動用，閩省無項可支。請於藩庫酌撥銀二十萬兩，發商行息，每年可得息銀二萬四千餘兩，以爲出洋兵弁口糧之用。亦應如所請。至所稱本年閩省水師出洋捕盜，因官船笨重，雇備商船，所需船價及弁兵口糧，伍拉納先後飭提各庫銀六千五百兩，並賞借各營弁兵一月餉銀，均未奏明辦理，有違定例，請著落伍拉納照數賠繳。又稱：廈門廳墊發船價銀八千餘兩，係於穀價項下墊支，閩縣雇備商船，船價錢四百四十四千文，尚未發給，請於司庫閒款内提銀辦理。查伍拉納身任總督，於地方營伍貽誤廢弛，業經革職拏問，若僅將提用各庫銀兩并派出弁兵一月餉銀著落賠繳，不足示懲，應請將廈門廳發過船價銀兩、閩縣未發船價錢文一併著落伍拉納照數賠繳。得旨：依議速行。

《清實録·高宗實録》卷一四八九〔乾隆六十年十月乙巳〕兵部等部議

覆：山東巡撫玉德奏稱：東省戰、艍船共十二隻，届拆造者三隻，届大修者三隻，船身笨重，請照閩浙例，俱改造商船式樣。所需價值，除應領修造銀兩及舊料拆變外，請於地丁耗羨内動支。又水師弁兵出洋巡哨，遇風不順，在島嶼寄椗，需用口糧無款可撥，亦請照閩省例，於藩庫撥銀三萬兩，發商一分生息，計每年得銀三千六百兩爲寄椗口糧，並添雇船隻之用。均應如所請。得旨：依議速行。

《清實録・高宗實録》卷一四八九〔乾隆六十年十月丁未〕又諭：據吉慶等奏請將戰船改小修造，已依議行矣。盛京錦州海船量亦遵照舊式成造，著琳寧台斐音存記，如遇拆造之年，俱照浙、粤民船式樣陸續改造。其吉林、黑龍江船隻不通海路，然亦恐笨重，不能適用，著交秀林永琨查訪，如須改造利便，即照盛京錦州例陸續改製，以歸實用。

《清實録・高宗實録》卷一四九二〔乾隆六十年十二月庚寅〕又諭〔内閣〕：據蘇淩阿奏修造驛站船隻一摺。係内河應修船隻，自應覈實辦理。因思沿海一帶設立水師戰船，原爲海洋緝捕盜匪之用，全在船身便捷，若過於笨重，豈能追捕賊匪。可見此項戰船於外洋追匪捕盜不能得力，每届修造，需費尤多，徒爲承辦之員開銷沾潤地步。節經降旨，令沿海各督撫將現有官船照依商船式樣一律改造，以爲外洋緝捕之需。著再通飭沿海各該督撫遵照前旨，將此項戰船輪届拆造之年，俱照商船式樣一律改造，既於追捕盜匪駕駛靈捷，足資應用，而於修造浮費亦大有節省。該督撫等務當實力妥辦，以歸實用而省浮費。將此通諭知之。

《清實録・仁宗實録》卷四六〔嘉慶四年六月己丑〕諭軍機大臣等：吉慶奏稱米艇艙面寬大，可放大礮，粤省追捕盜匪，護送鹽船，皆用此項船隻，而運鹽各商亦以米艇出運，賊匪貪圖米艇便捷，運鹽者間被搶奪。查有麻辣船隻，船身較小，不能安放礮位，匪徒無所貪圖。已借項將運鹽米艇改造麻辣船一百隻等語。所奏非是。米艇較他船寬闊，有大礮可以禦賊，尚不能禁賊匪之搶奪，今改造麻辣小船，既無防禦火器，設遇洋盜，豈不更易劫掠？且吉慶之意，以小船不安礮位，使匪徒無可貪圖，殊不知賊匪遇船即劫，有何揀擇？若如該督所議，未能清盜劫之源，先自失禦盜之具。著傳諭吉慶，所有此項麻辣船隻，除業經借項改造者准其攙用外，其餘均停止打造，仍舊用米艇運鹽，以昭慎重。

《清實録・仁宗實録》卷一三七〔嘉慶九年十一月己酉〕諭軍機大臣等：……再據長麟奏稱伊在兩廣總督任内曾經製造米艇若干隻，並有商民捐辦若干隻，用以出洋捕盜，最爲便利等語。聞近年來，營官以船身損壞不便駕駛，地方官則以修費不貲，互相推諉，遂致終年停泊，日久徒歸朽廢。前經倭什布等奏，請將艚艍改造之米艇三十三號，懇於關鹽盈餘項下動支銀四萬餘兩修理，業經降旨准行。又據奏，該省初造米艇九十三號，今沿海東、中、西三路各有米艇數十隻，亦經軍機大臣議令將實存船數咨部查覈。那彦成到任後，即查此項米艇現在實有若干隻，如有損壞，即應督飭地方官上緊修整，以備出洋勦捕之用。至修船等項一切均需經費，前曾據倭什布等奏請將關鹽盈餘銀十四萬兩全數留存支用，又請於武職空缺養廉及田房税羨項下每年約餘銀二三萬兩一併動用，亦經議准施行。仍著那彦成悉心設法，通盤籌畫，如該省尚有閒款可以留貯備用者，不妨奏明，歸入緝捕項下支銷。總須經費裕如，方可責成捕盜。即如海船舵工一項，聞好手多爲賊船雇用，蓋由小民趨利若鶩，在賊船中得受雇價較多，是以樂爲之用。若官爲雇用時亦酌加工價，伊等自必欣然就雇，方足資駕駛之力。那彦成惟當隨時妥籌，行之以實，轉不必稍存惜費之見，致有窒礙廢弛也。那彦成年富力强，受恩深重，尤應虚衷集益，整飭吏治，申嚴武備，緝除匪黨，肅清海洋，以副委任。將此諭令知之。

《清實録・仁宗實録》卷一四三〔嘉慶十年五月乙未〕諭軍機大臣等：玉德奏酌籌臺灣防盜善後事宜，請添造大號同安梭船三十隻，著即照所請辦理。惟稱臺灣水師兵二千五百八十六名，今添兵船不敷配用，請將陸路兵内抽撥五百名改爲水師，此則不可。陸路有巡防緝捕之責，況以不諳水師之兵調充，徒歸無益。著玉德飭知臺灣鎮道，即於該處團練之鄉勇義民熟悉水師趫健得力者挑二三百名，入水師營伍，其應行支給錢糧及如何分隸各營，定立巡防堵禦章程，並著玉德飭交愛新泰等詳籌妥議具奏。將此諭令知之。

《清實録・仁宗實録》卷一四六〔嘉慶十年閏六月壬辰〕諭内閣：前因玉德奏閩省改造戰船一節，據稱部臣於前次准銷例價，復又逐加駮減，當飭令該部明白回奏。兹據工部覆奏嘉慶五年，玉德將福州、泉州、漳州三廠分别大、中、小三號，照同安商船改造，事屬創始，是以部中即照該督册開船身丈尺，折算木料做法，覈減辦理。其時臺灣廠商船二十隻，尚未據該督造册請銷。嗣於嘉慶七年經工部奏定章程，查明何廠船隻，即照何廠原舊成規造報，以歸畫一等語。玉德此次請銷臺灣廠船隻，在部中奏定章程之後，並不按照成規比例覈辦所開各號椶繩丈尺斤兩，又率多虛糜浮冒，較之該廠成規竟至八九倍之多。似此日逐增加，漫無限制，惟藉口於近來料物昂貴，豫爲承辦人員侵冒地步，有意朦混，殊非覈實辦公之道。玉德著傳旨申飭。嗣後修造戰船各營廠，惟當遵照該部嘉慶七年六月内酌定章程，查照各廠成規覈實辦理，毋得稍有浮濫。

《清實録·仁宗實録》卷一四七 〔嘉慶十年七月乙卯〕諭軍機大臣等：據李如枚奏請造剥船一百五十隻，以速漕務而便商民，已照所請行矣。該監督因清口淤淺，是以奏請添設剥船，俾速漕運。該處河口爲咽喉重地，必須設法疏濬深通，往來船隻，始逌行無阻。若不及早籌辦，祇爲目前補苴之計，即多備剥船，亦屬於事無濟。本年甘省雨水較少，河勢直趨中泓，日見刷深，鐵保等正可趁此各工平穩之時將河口亟爲籌辦，實力疏通，俾糧艘商船均得往來通便。務期一勞永逸，諸臻妥善爲要。將此諭令知之。

《清實録·仁宗實録》卷一五八 〔嘉慶十一年三月丙寅〕諭内閣：鐵保奏查明河口剥船殘廢，據實參奏一摺。江南河口剥船，上年吴璥奏請添造船隻，裝濟漕運。朕即以剥船費帑修造，將來散交各處，無人經管，必致易於尠朽。今據鐵保查明淮關捐辦剥船三百號内，除風損尚未補造船六十一隻外，其應存船二百三十九隻，現在歸塢剥船五十六隻，船身滲漏，不堪剥米，各工運料船一百零三隻，其餘七十八隻全行損壞，不堪應用等語。此項船隻曾經兩次大修，又每年領銀歲修，如果覈實辦理，何至損壞如此之多。總由原修及接任各員草率廢弛所致，自應著落賠修，以示懲儆。所有淮關捐辦剥船三百隻，除報明風損有案各船准其照例修補外，其餘船隻即交裏河同知繆售、外河同知張文浩，勒限兩月，修補齊全，另委妥員如數驗收。並著鐵保妥立章程，將修造各船或分地面，或分船數，派員經管，以專責成，至此次修造應用銀兩一概不准開銷。著落兩次原修及接任各廳員按在任年月久暫，分別賠繳，其已故之員，無可著追，即於現任及有官可補各員名下，如數攤賠。仍查取歷任廢弛廳員、經管委員及未經查出稟辦各道職名，交部分別議處，以爲廢棄官物，不實心經理者戒。

《清實録·仁宗實録》卷一六一 〔嘉慶十一年五月庚午〕諭軍機大臣等：温承惠奏遵旨詢明閩省改造同安梭船一事，並會晤李長庚面商，請另造大同安梭船六十隻，以資緝捕等語。閩洋捕盜，全賴船隻駕駛得力，方於捕務有益。温承惠現詢據水師將備，以必得大同安梭船六十號，其堅固與商船相等，方能駕駛得用，面商李長庚意見亦屬相同。自應照所奏辦理。著派委熟習船工將弁，會同文員監造。梁頭以二丈六尺爲度，務期料實工堅，足資衝風破浪之用。至所稱每隻必需銀四千兩，除准領米艇價值應銷銀二千六百餘兩外，每隻尚不敷銀一千三兩餘兩，著照所請，先於司庫借項應用，統在道府以上各官養廉内分年攤扣歸款。該撫現行知各屬，嗣後新造拆造商船，梁頭均以一丈八尺爲率，不許製造大船，以防蔡逆劫取。自當如此辦理。

《清實録·仁宗實録》卷一八九 〔嘉慶十二年十二月甲戌〕諭内閣：工部議覆：富俊奏請造送水師戰船，並催解應需修理船隻物料，以重海防一摺。金州水師營戰船十隻，於嘉慶十年即應將三號、六號船二隻照例大修。所需料物等項，先據該將軍題請行文浙省辦解，經工部題覆咨取，至今三年之久，節經該部嚴催，並不趕緊運送，以致修理遲延，船身尠朽，殊屬懈玩。試思部臣覈覆題奏依議准行各事宜，即與特旨交辦之件無異，前經諄切訓諭，何以仍視爲具文？外省積習相沿，即此可見。所有此項應需大修船二隻，因日久遲逾，已須另行拆造。即照部議，行令閩省如式趕造，於來年迅速解送金州水師營應用。其浙省承辦遲延及督催不力之各上司職名，著該撫查明咨部分別議處。所有本年應行大修頭、二、四、五號戰船四隻，所需料物匠役，業於上年題請行取，亦未據該省解送，並著迅速委員趕運，無再遲緩。嗣後各部院題奏准行之件，儻外省並不作速查照遵辦，任意遲逾，屢催罔應，一經參奏，必當從嚴懲處不貸。將此通諭知之。

《清實録·仁宗實録》卷一九三 〔嘉慶十三年三月己酉〕諭内閣：賽沖阿奏請分別修造臺灣哨船，並稱近年官兵出洋捕盜，每因船隻低小，難以仰攻，應請酌量變通等語。臺灣戰哨各船攸關緝捕，與其多造小船，徒糜工料，莫若酌改大船，俾資得力。著將應行造補梭船十七隻裁汰，改造二丈三四尺梁頭大船八隻。其應小修之善字號船隻屢經駕捕，損動過多，並著照大修例價辦理，以便出洋捕盜之用。餘俱著照所請行。至臺灣班滿換回内渡官兵在洋遭風，淹斃漂没至二百六十餘員名之多，情殊可憫，著加恩照例卹賞。

《清實録·仁宗實録》卷二一四 〔嘉慶十四年六月乙巳〕又諭〔内閣〕：百齡等奏查明登花船難於購料成造，仍請添造米艇，以期迅速竣工，俾資緝捕一摺。粤洋勦捕匪船，米艇具有成效，前此吴熊光忽以米艇不能遠出外洋，請改造登花戰艦二十號，往來外洋緝捕，將米艇全行收入内洋防守。現經百齡等查明，此項船隻所需桅舵大料因須在外番購覓，是以二年以來未能購得。且此時即購料成造，一經風浪掣損，將來亦無料換修，仍屬不能應用。況粤洋綿亘四千餘里，止仗此二十船之力，在外洋策應捕盜，寧不顧此遺彼？此皆吴熊光全無主見，不過逞其臆度之詞，妄思更改，而於空言陳奏之外，仍無實際，斷不可行。百齡等現已估計船身價值，計其一船所需足造米艇兩隻。請將原估登花船二十隻工料銀十五萬四千餘兩改設大、中、小米艇四十號，以期節浮糜而便駕駛。所議甚是，著即照所奏辦理。

《清實録・仁宗實録》卷二三六　〔嘉慶十五年一月乙丑〕諭内閣：松筠奏江西漕船量爲改小，並造剥船隨帶一摺。江西漕船笨重，前經該撫酌擬將每年新造船隻丈尺量爲收小，並將原帶剥船改爲三百石剥船一隻，以資分裝。兹既據松筠等悉心察覈，利於輓運，自應如此辦理，統俟輪造之年陸續更换。至湖廣軍船較之江西少裝米石，若另行改小，誠恐經歷江湖，未能穩重。著交該省督撫察看情形是否仍舊，抑或倣照江西新定丈尺改造之處妥議具奏，再降諭旨。

《清實録・仁宗實録》卷二三九　〔嘉慶十六年二月辛卯〕諭内閣：同興等奏覆議湖廣漕船量爲改小一摺。該省漕船向與江西一律辦理。兹據該撫等奏稱此次新造各船亦請倣照江西新定丈尺，船身輕便，輓運可期迅速。並照江西每漕船一隻准帶可裝三百石剥船一隻，以便分裝土宜運具等語。事屬可行，著照該撫等所請，准其將新造之船照江西糧艘成造，并帶剥船，其尚未輪届改造船隻，毋許影射攙帶三百石剥船，以杜隱混。

《清實録・仁宗實録》卷二五二　〔嘉慶十六年十二月丙寅〕諭内閣：許兆椿奏江西承造河口剥船，請量加津貼緣由一摺。此項河口剥船，今冬届當拆造之年，應交江西省承辦。據稱，江西因近年疊次代造各省剥船，物料昂貴，每船定價銀一百四十兩，實有不敷，請酌加銀四十兩等語。所奏自係實在情形，著即照所請辦理。至此項津貼銀兩，江省從前承辦剥船之初，因適有調劑旗丁銀米永遠濟運之款，該旗丁等曾經捐銀六千餘兩，湊辦剥船器具。此次該旗丁仍請照數捐出外，覈與現在所需津貼銀一萬一千二百兩之數，尚不敷銀五千餘兩。該漕督以此項剥船原係六省旗丁公捐之事，請將此項不敷銀兩，在於本年江蘇、安徽、浙江、湖南、湖北五省出運船四千餘隻，每船扣出調劑銀一兩二錢。此内如有因災減歇船隻，并請於下運補還，均著照所請行。並加恩准其先於江西藩庫内動墊銀一萬一千二百兩，發交委員，督丁趕緊拆造。其各省旗丁協貼銀兩著於明春解還，江西各丁應還銀兩自今冬起分作三年扣還，以紓丁力。嗣後此項剥船每届十年成造，即照現定章程津貼辦理。

《清實録・仁宗實録》卷二九一　〔嘉慶十九年五月己酉〕諭軍機大臣等：馬慧裕、廣厚奏湖南承變原造剥船虧折銀兩，酌籌歸款一摺。此項河口盤淺剥船，先經松筠、吴璥、徐端等奏請行令湖南省分造，嗣經勒保等因船不合用，奏明酌留一二成，餘交湖南領回變價歸款。兹據奏稱前項剥船自運至江南，分派各州縣收管後，均抛置河干，日久損壞，器具不全，零星折變，虧折至二十萬六千四百餘兩之多，請於通省文職養廉内分攤歸款等語。湖南省分造剥船，本出自江南督河諸臣主見，該督等創議時並未悉心籌畫，冒昧奏請，以致窒礙難行，迨解到後，又不飭屬妥爲收管，致令漂泊損壞，均難辭咎。此時若將變價虧折銀兩全數責令湖南省賠補，殊未公允，應令江南、湖南兩省各半分賠。著百齡將從前創議成造之總督松筠、總河吴璥、徐瑞等，解到時委員查收之總督勒保、總河陳凰翔等，及查驗收管各員一一查明，按照分賠一半銀十萬三千二百兩零，酌議多寡，分別著賠，開列清單具奏。其餘一半，著照馬慧裕等所請，於湖南省攤扣歸款可也。將此傳諭知之。

《清實録・仁宗實録》卷三六四　〔嘉慶二十四年十一月戊辰〕又諭〔軍機大臣等〕：御史黄大名條陳粤東積弊一摺。【略】稱粤東承辦戰船員弁向有剋扣工料價銀成數之弊，因此戰船不能堅固，出洋弁兵益加膽怯。嗣後該督於此等船隻務須親行查驗，嚴禁剋扣，有弊即參，以期有備無患。

王士禛《古夫于亭雜録》卷四《陸機銅車》　《菽園》載：「成化間，提督徐州倉太監韋通於桓山寺鑿井，得獨輪銅車一，色緑如瓜皮，洗而視之，上有識文『陸機造』三字，重三十鈞，推之輪轉而可行。進於朝。」但不知當日造此何所用之，徐又非士衡常遊之地，何以瘞桓山地中？不可得而詳也。

周元彪輯《類珠》卷一九《雜具部》　車

大輅之制，創自黄帝，聖人觀於轉篷而輪始，製焉，任重致遠，莫有利焉者矣。少昊時加之以牛，禹時奚仲加之以馬，軫方象地蓋圓，象天處車中，以載物者輿也。挾車旁以行地者，輪也，横車前以駕馬者，衡也，中規中矩，中縣中水，直如生繼，如附所以治材也。輈有三度，軸有三理，國馬田馬駑馬之異，其駕所以殊。其材也，行澤者欲短，轂行山者欲長，轂棧車欲弇，飾車欲侈。龍旂鳥旟，熊旗龜蛇，車之所以異。其建也，戎車志軍容之盛，戰車明擊刺之雄，革車表扉履之壯，輜車徵委積之饒，微而至者咸速歟，方且金根鳴盛矣，樸而遬者歟叚歟，方且下澤徒羞矣。隱士入山挽之以鹿，君王臨幸乘之以羊，神仙出闕駕之以牛，他若文王命後以載呂望，無忌虛左以迎侯生，紀信詐乘以紿楚王，張良中副以驚秦政。且也草莽來申公之安，宮殿驟千秋之小，郡治賜黄覇之高，是車也，投轄可以留賓，埋輪可以擊奸，轂擊可變穨風，乃慶之辭三望之賜，豈非念此巾車褰帷可羡，和鑾揚鈴，誰爲推轂扶輪者哉。權輿之詠，言其始也。

曹振鏞《欽定工部續增則例》卷一四《營繕司快車做法》 拉運重大物料應用快車每輛長壹丈伍尺伍寸，安裝榆木車幫，橫根錠鐵什件成造。

用料：

每快車壹輛用長壹丈伍尺伍寸，徑壹尺榆木貳根；

長捌尺，徑捌寸榆木貳根；

長玖尺，徑捌寸榆木貳根；

長陸尺，徑捌寸榆木貳根；

長伍尺，徑捌寸榆木壹根；

生鐵車穿捌箇，每箇裏口徑伍寸，寬貳寸，厚壹寸伍分；

生鐵車鍵叁拾貳箇，每箇各長肆寸，寬厚各肆分；

熟鐵輪箍肆道每道各長柒尺伍寸，寬叁寸厚叁分；

長肆寸鐵鋦叁拾貳箇，長叁寸蘑菇釘壹百肆拾捌箇，長貳寸平面釘陸拾肆箇，長肆寸兩尖釘肆拾箇，熟鐵車攩肆根，每根各長陸寸，寬壹寸，厚伍分；

熟鐵鉤心捌根，每根各長壹尺陸寸，寬壹寸伍分，厚壹寸；

輪頭箱肆道，每道各長壹尺伍寸，寬捌分，厚貳分；

鐵梢拾根，每根各長陸寸，寬壹寸，厚伍分。

工竣之日，榆木准折耗叁成，其餘作燒柴變價，每觔價銀叁釐。

熟鐵料工完捌成收回，每觔變價銀貳分柒釐。

生鐵料工完捌成收回，每觔變價銀肆釐。

周工：

每快車壹輛用木匠拾陸工，鋸匠肆工伍分，錠鐵匠肆工。

以上成造快車應用工料按依石料大小觔重數目，令查驗官據實呈報，照例核銷。

阮元輯《太常因革禮》卷二二《總例二十二·輿服二》 輿服二

《國朝會要》：進賢車，古安車也。乾德元年八月，改赤質，兩壁紗窗，擎耳，虛匱，一轅。緋幰衣，絡帶，門簾，皆繡鳳、紅絲網。中設朱漆牀、香案。紫綾案衣，緋繒裏輓索，朱漆行馬。凡車皆有輓索行馬。駕四馬，駕士二十四人，服繡瑞麟。 明遠車，古四望車也。駕以牛。乾德元年八月，改仍駕四馬。赤質，制如屋，重欄，句欄，上有金龍，四角垂銅鐸，上層四面垂簾，下層周以花版，三轅。駕士四十人，服繡對鳳。 羊車，古輦車也，亦謂之華輪車。駕以牛，隋駕以果下馬，今亦駕以二小馬。赤質，兩壁畫龜文，金鳳翅，緋幰衣帶門簾，皆繡瑞羊。童子十八人，服繡羊。 指南車，一曰司南車。赤質，兩箱畫青龍白虎，四面花鳳，重臺句欄鏤栱，四角垂香囊，上有仙人。車雖轉，而手常南指。一轅，鳳首，駕四馬。駕士舊十八人。雍熙四年，增爲三十人，服繡孔雀。 天聖五年十一月六日，定王府記室參軍工部郎中直昭文館燕肅上言，案指南車，天子出，常爲先導，示服遠人而正四方也。自五代至於國朝，但設其車，以備法駕，而不聞得其制者。臣今創意成之，其車用獨轅，車箱外籠上有重構，立木仙人於上，引臂南指，用大小輪九隻，合齒百二十。腳輪兩隻，高六尺，圍一丈八尺。附腳立子輪二隻，徑二尺四寸，圍七尺二寸。出齒各二十四，齒間相去三寸。轅端橫木下立水輪二隻，徑三寸，鐵軸貫之。左小平輪一隻，徑一尺二寸，出齒十二。右小平輪一隻。徑一尺二寸，出齒十二。中心太平輪一隻，徑四尺八寸，圍一丈四尺四寸，出齒四十八。齒間相去三寸，中立貫心軸一條，高八尺，徑三寸，上載木仙人。其車行，木人南指。若折而東，推轅右旋，附右腳子輪，順轉十二齒，擊右小平輪一匝，觸中心太平輪，左旋四分之一，轉十二齒，車東行，木人交而南指。若折而西，推轅左旋，附左腳子輪，隨輪順轉十二齒，擊左平輪一匝，觸中心太平輪，右旋四分之一，轉十二齒，車行正西。木人交而指南。若欲北行，或東或西轉，亦如之。詔有司製造。仍付史館。 記里鼓車，一名大章車。赤質，四面畫花鳥，重臺句欄鏤栱，行一里，則上層木人擊鼓。十里，則次層木人擊鐲。一轅，鳳首，駕士舊十八人。雍熙四年，增爲三十人。服繡對鸞。天聖五年十一月，內侍盧道隆上言，記里鼓車，其車獨轅雙輪，箱上爲兩層，各安木人，手執木槌。腳輪各徑六尺，圍一丈八尺，腳輪一周，而行地三步。古法，六尺爲步，三百步爲里。今法，五尺爲步，三百六十步爲里。立輪一隻，附於左腳，徑一尺三寸八分，圍四尺一寸四分，出齒十八，齒間相去二寸三分。下平輪一隻，徑四尺一寸四分，圍一丈二尺四寸二分，出齒五十四，齒間相去與附立輪同。立貫心軸一條，上安銅旋風輪一枚，出齒三，齒間相去二寸二分。中立平輪一隻，徑四尺，圍一丈二尺，出齒百，齒間相去與旋風輪等。次安小平輪一隻，徑三寸少半寸，圍一尺，出齒十，齒間相去一寸。上平輪一隻，徑三尺少半尺，圍一丈，出齒百，齒間相去與小平輪同。其中平輪轉一周，車行一里，下一層木人擊鼓，上平輪轉一周。車行十里，上一層木人擊鐲，都用大小輪八隻，共二百八十五齒，遞相鉤鏁，犬牙相制，周而復始。亦詔有司依此製造。　白鷺車，隋所製也，一名鼓吹車。赤質，周施華板，上有珠柱，貫五輪相重。輪衣以緋，皁頂，及緋絡帶，並繡飛鷺，衡鵞毛筩，紅綬帶。一轅，駕四馬，駕士十八人，服繡翔鷺。　鸞旗車，漢制爲前驅。赤質曲壁，一轅，上載赤旗，繡鸞鳥，駕四馬，駕士十八人，服繡瑞鸞。　崇德車，本秦辟惡車也，上有桃弧棘矢，以禳卻不祥。乾德元年八月，改赤質，周施華板，四角刻辟惡獸，中載黄旗，亦繡此獸。太卜局令一人，在車中執旗。駕四馬，駕士十八人，服繡辟邪。　皮軒車，漢前驅車也。以虎皮爲軒，取《曲禮》前有士師則載虎皮之義。赤質曲壁，上有柱，貫五輪相重，畫虎文，駕四馬，駕士十八人，服繡虎。　黄鉞車，漢制，乘輿建之，在大駕後。晉鹵簿有黄鉞車，唐初無之。貞觀後。始加赤質曲壁，中設金鉞，錦囊綢杠。左武隊衛隊正一人，在車中執鉞，駕兩馬，駕士十五人，服繡對鷹。　豹尾車者，軍正建豹尾。漢制，最後車一乘垂豹尾，以前即同禁中。唐貞觀後。始加此車於鹵簿内，製同黄鉞車。上載朱漆竿，首綴豹尾，右武衛隊正一人執之。駕兩馬，駕士十五人，服繡立豹。　屬車，一曰左車。秦制，大駕屬車八十一乘，法駕三十六乘。漢法駕用三十一，小駕用十二。隋制，大駕三十六，法駕十二，小駕不用。唐大駕惟用十二乘，皇朝因之。黑質兩箱，輦裝前有曲欄，金銅飾，上施紫通幰、絡帶、門簾，皆繡雲鶴。紫絲網帉錔。每乘駕二牛，駕士十人，服繡鶴。　香鐙，唐制也。朱漆案，緋繡花龍衣，上設金塗、香爐燭臺，長竿二。輿士八人，金塗銀火鐐香□副之。　象，漢鹵簿。最在前。晉平吴後。南越獻象，作大車駕之。以載黄門鼓吹數十人，使越人騎之，以試橋梁。皇朝鹵簿，以象居先，設木蓮花座，金焦盤，紫羅繡襜絡腦，當胸、後鞦，並設銅鈴杏葉，紅氂牛尾拂跋塵，每象，南越軍一人跨其上，四人引，並華腳幞頭，緋繡窄衣，銀帶。　五牛旗，依方色，皆小輿。上刻木爲牛，背插旗，錯采爲牛旗竿，上有小盤，盤衣及輿衣，亦並繡牛形。輿士各四人，服繡五色牛。　相風鳥輿，上載長竿。梢刻木爲鳥，垂鵝毛筩，紅綬帶。下承以小盤，周以緋裙，繡鳥形。輿士四人，服繡鳥。　交龍鉦鼓輿各一，刻木爲二青龍相交，下有木臺長竿，一挂畫鼓，一挂金鉦。上皆有緋蓋，亦繡交龍。輿士各二人。　鐘鼓樓輿各一，本隋大駕鐘車鼓車也。皆刻木爲屋，中置鐘鼓，下施木臺長竿，如鉦鼓。輿士各二十四人。　行漏輿，隋大業行漏車也。制同鐘鼓樓而大。設刻漏如桶，衡首垂銅鉢，末有銅象，漆櫃貯水，渴烏注水入鉢中，長竿四。輿士六十人。　十二神輿，赤質四門，旁刻十二辰神，緋繡輪衣絡帶。輿士十二人。　自鉦鼓以下。舊禮令無文。皆開寶定禮增。　旗，皆錯采爲之，漆竿，鍮首，纛頭，錦帶，腰火燄，腳白澤提攝，金鸞金鳳獅子莖文，天下太平、君王萬歲、仙童、騰蛇、神龜，在步甲前後隊、後馬隊三隊、六軍儀仗内，並以赤、日月及合璧連珠、風雨雷電、五星二十八宿、祥雲，並以青。北斗以黑，五嶽四瀆、五方四神、十二辰、五龍五鳳、龍虎君，並以方色。天王以赤黄二色。排闌以黄紫赤三色。　皁纛，本後魏纛頭之制。唐衛尉器用，纛居其一，蓋旄頭之遺象。制同旗，無文采。去鍮首，六腳。建隆四年，將郊祀，禮儀使陶穀建議，取天文大角攝提列星之象，作攝提旗、及北斗星旗二十八宿旗，十二辰旗，龍墀十三旗，五方神旗，五方鳳旗，四瀆旗。時有貢黄鸚鵡、白兔、馴象自來，又作金鸚鵡、玉兔、馴象旗。太祖又詔别造大黄龍負圖旗一，太神旗、六日旗一，月旗一，君王萬歲旗一，天下太平旗一，獅子旗二，金鸞旗一，金鳳旗一，五龍旗五，凡二十一旗，皆有架，南郊用之。大黄龍負圖旗，陳於明德門外前。餘二旗，悉立於宿頓宫前。遇朝會册禮，亦皆陳於殿廷。　犦稍，犦，擊聲也。一云，象犦牛善鬭，字從牛。唐金吾將軍執之。今制，如節有袋，上加碧油，常置朝堂。車駕鹵簿出，則八枚前導。又四枚夾大將軍者，名衛司犦稍。　牙門旗，古者天子出，建大牙。今制，赤質，錯采爲神人象，中道前後各一門，在金吾細仗前。後在掩後隊後。左右道五門，第一門在步甲隊前，第二門在前部黄麾仗前，第三門在後部黄麾仗前，第四門在黄麾仗後，第五在步甲隊後。每門二旗，每旗二人執，四人夾並騎，分左右，每門監門校尉六人領，蓋取周禮文。立旌表門，及天子五門之制。　繖，古張帛避雨之具。今有方繖大繖，皆赤質，紫表朱裏，四角銅螭首。六引内者。其制差小。　蓋，本黄帝時有雲氣爲華藹之象，因而作也。今有華蓋、導蓋，皆赤質，如繖而圓。瀝水繡華龍。又有曲蓋，差小，繡瑞草，王公以下用之。　睥睨，漢乘輿用之，如華蓋而小。　扇，有朱團及雉尾四等，朱團繡雲鳳。黑漆柄，金銅飾，雉尾皆方，繡雉尾之狀。本漢世長柄扇，宋孝武時，詔王侯鄣扇不得用雉尾。今王公以下皆有朱團扇。　金節，隋制也。黑漆竿，上施圜盤，周綴紅絲拂八層，黄繡龍袋籠之，王公以下皆有節。制同金節。　韜以碧油。　罕罼，象罼爲天階，故爲前引。皆赤質，金銅飾，朱縢結網，金獸面。罕方。上有二螭首，銜紅絲拂，圓如扇。　幢，制如節而五層，韜以袋，繡四神，隨方色，朱漆柄，取禮行前朱雀而後玄武，左青龍而右白虎之義。王公所給幢，黑漆柄，紫綾袋。　絳麾如幢，止三層，紫羅囊蒙之，王公麾以紫綾袋。

鄭珍《輪輿私箋》鄭知同《輪輿圖序》　家大人以丁巳歲閲夏秋成此輪輿箋，其時脱稿一紙，輒舉以示知同讀之。同苦昧算術，亦未首末通詳，多不得解，僅識其形製大略而已。今年春夏，逐日課録大人經説小學諸稿副本，以備兵燹。兹編録竟爰周詳，布算頗盡厥恉。稿中偶有度數尺寸涉筆誤者，竝已是正無譌。竊以鄭注之精微，自賈疏以來不得正解，遂如墮雲霧，説者日益支蔓。得此箋而鄭義瞭若指掌，更不患其制不明。然語繁數複，猶易眩惑心目，如再得圖以實之，使讀者案圖以求其説，似尤簡易省力。遂不自揣爲蛇足，繪輪輿諸圖，敢敬坿之編末，亦取便已嘗披讀焉。辛酉七月既望，男知同敬書。

紀事

徐天麟《西漢會要》卷一四《禮八・車輅》　文帝十四年，詔：「增雍五時路車各一乘，駕被具；西時、畦時寓車各一乘，寓馬四匹，駕被具。」《郊祀志》。

《三國志》卷三《魏書・明帝紀》注引《魏略》　〔青龍三年〕使博士馬均作司南車，水轉百戲。

《晉書》卷一二八《慕容超載記》　於是張綱爲裕造衝車，覆以版屋，蒙之以皮，并設諸奇巧，城上火石弓矢無所施用；又爲飛樓、懸梯、木幔之屬，遥臨城上。

朱銘盤《南朝宋會要・兵・車營》　劉劭作大蝦蟆車載土，牛皮蒙之，三百人推以塞塹。《殷琰傳》。

《南史》卷五《齊本紀下》　〔建武三年〕三月壬午，詔車府乘輿有金銀校飾者，皆剔除之。

朱國禎《湧幢小品》卷一五《帝車》　斗爲帝車，運乎中央。説者謂斗，君象，故謂之帝；運動不居，故謂之車。又古者造車之初，有取于斗柄，下鑴龍角之象。則所謂帝車者，豈非因其象而名之與？唐有《北斗賦》，王伯恂復爲《帝車賦》，實一題也。

朱國禎《湧幢小品》卷一五《人輿》　三代時，人主乘車皆負以馬，故曰「輅車乘馬」。惟桀用人輦，謂之不道。至穆王，猶用八駿。漢，黄屋、左纛，襲秦之舊，當必用人，然未及臣下也。東漢陰就始用人，爲井丹所叱。唐宰相皆乘馬，武元衡被刺，馬歸，始知之。裴度馬上被砍，氈裹厚，得不死，猶斷鞅而去。張弘靖以宰相鎮幽州，用人輿出入，將士創見，且駭且怒，馴至於亂。是時，朝官出使，皆乘驛馬。間有乘擔子者，夫皆自雇。然惟宰相至僕射，致仕官疾病者得乘之。王荆公在金陵乘驢，有進肩輿者，怒曰：「奈何以人代畜！」朝臣有賜者，力辭乃受。南渡時，行在百官皆賜，汪淳溪有謝表，然止肩輿。秦檜入朝，施全刺之，氈裹厚不得入，則幃轎矣。今制，兩京文武三品以上乘轎，雙棍引前。四品以下，即少詹、僉都、祭酒，皆乘馬，用雙棍，京師人謂之馬棍，甚厲。若乘轎，則棍反拖后不得施矣。在外，自大吏而下，皆給馬，武官勛戚皆乘馬。惟年老公侯拜三公者賜轎，内相掌司理東廠者如之，亦必欽賜。今南中無大小，皆乘轎，惟有四人、兩人之分，猶曰留都稍自便。北京亦用肩輿出入，即兵馬指揮若衛經歷皆然，雇直甚賤。在外惟典史乘馬，恐不久亦當變矣。

有部使者王化按浙。一舉人冠員帽入謁，王問曰：「此冠起自何時？」對：「即起大人乘轎之年。」王慚，反加禮焉。蓋前此外官三品用幃轎，部使者止乘馬故也。

褚人穫《堅瓠壬集》卷二《木牛流馬》　武侯居隆中，客至，命妻黄氏具面。頃之面至，侯怪其速。后潛窺之，見數木人斫麥運磨。拜求其術，亦其制爲木牛流馬云。

藝文

《老子》第一一章　三十輻，共一轂，當其無，有車之用。【略】埏埴以爲器，當其無，有器之用。鑿戶牖以爲室，當其無，有室之用。故有之以爲利，無之以爲用。

柳宗元《柳宗元集》卷一六《說車贈楊誨之》 楊誨之將行，柳子起而送之門，有車過焉，指焉而告之曰：「若知是之所以任重而行於世乎？材良而器攻，圓其外而方其中然也。材而不良，則速壞。工之爲功也，不攻則速敗。中不方則不能以載，外不圓則窒拒而滯。方之所謂者箱也，〔孫曰〕箱，所以載。圓之所謂者輪也。匪箱不居，匪輪不塗。吾子其務法焉者乎？」曰：「然。」

曰：「是一車之說也，非衆車之說也，吾將告子乎衆車之說。澤而杼，山而侔，上而輊，下而軒且曳。祥而曠左，革而長轂以戟，巢焉而以望，安以愛老，輜以蔽內，垂綏而以畋，載十二旒，而以廟以郊義陳于庭，其類衆也。然而其要，存乎材良而器攻，圓其外而方其中也。是故任而安之者箱，達而行之者輪，恒中者軸，摑而固者蚤，長而橈，進不罪乎馬，退不罪乎人者轅，却暑與雨者蓋，敬而可伏者軾，服而制者馬若牛，然後衆車之用具。

今楊氏，仁義之林也，其産材良。誨之學古道，爲古辭，冲然而有光，其爲工也攻。果能恢其量若箱，周而通之若輪，守大中以動乎外而不變乎內若軸，攝之以剛健若蚤，引焉而宜御乎物若轅，高以遠乎污若蓋，下以成乎禮若軾，險而安，易而利，動而法，則庶乎車之全也。《詩》之言曰：四牡騑騑，六轡如琴。孔氏語曰：左爲六官，右爲執法。此其以達於大政也。凡人之質不良，莫能方且恒。質良矣，用不周，莫能以圓遂。孔子於鄉黨，恂恂如也，遇陽虎必曰諾，而其在夾谷也，視叱齊侯類畜狗，不震乎其內。後之學孔子者，不志於是，則吾無望焉耳矣。」

誨之，吾戚也，長而益良，方其中矣。吾固欲其任重而行於世，懼圓其外者未至，故說車以贈。

葉廷珪《海録碎事》卷五《平肩輿》 時乘平肩輿，出入畏人知。

葉廷珪《海録碎事》卷二〇《雲車》 尋邑圍昆陽，雲車十餘丈。

程大昌《演繁露》卷一〇《追鋒車》 《魏志》高貴鄉公注云：「帝與司馬望、王沈、裴秀、鍾會等講宴於東堂，帝性急，請召欲速。秀等在內職，到得及時。以望在外，特給追鋒車。每有集會，望輒奔馳而至。」

楊維楨《鐵崖詠史》卷七《檻車行》 檻車成，狼牙釘。狼牙鑿鑿刺人骨，鋒血點點銅花腥。建州城，未解圍，三軍不進將何爲？三軍誓得檻車子，檻車之車且勿馳。大鵬笏，如神錐，啓聖門前擊老鴟。剖鴟心，吮鴟血，一刀臠刀臠霏雪。檻車子，天好還，老鴟三日身先殘。君不見唐家鐵甕子，請兄入甕死。

文震亨《長物志》卷九《舟車》 舟之習於水也，弘舸連軸，巨檻接艫，既非素士所能辦；蜻蜓蚱蜢，不堪起居。要使軒窗闌檻，儼若精舍，室陳厦饗，靡不咸宜。用之祖遠餞近，以暢離情；用之登山臨水，以宣幽思；用之訪雪載月，以寫高韵；或芳辰綴賞，或艶女采蓮，或子夜清聲，或中流歌舞，皆人生適意之一端也。至如濟勝之具，籃輿最便，但使制度新雅，便堪登高涉遠；寧必飾以珠玉，錯以金貝，被以繢罽，藉以簟茀，縷以鈎膺，文以輪轅，絢以倏革，和以鳴鸞，乃稱周行、魯道哉？

文震亨《長物志》卷九《舟車·巾車》 今之「肩輿」，即古之「巾車」也。第古用牛馬，今用人車，實非雅士所宜。出閩、廣者精麗，且輕便；楚中有以藤爲扛者，亦佳。近金陵所制纏藤者，頗俗。

文震亨《長物志》卷九《舟車·籃輿》 山行無濟勝之具，則「籃輿」似不可少。武林所制，有坐身踏足處，俱以繩絡者，上下峻坂皆平，最爲適意，惟不能避風雨。有上置一架，可張小幔者，亦不雅觀。

陳洪綬《陶淵明故事圖》中的籃輿

文震亨《長物志》卷九《舟車・舟》 形如划船，底惟平，長可三丈有餘，頭闊五尺，分爲四倉：中倉可容賓主六人，置桌凳、筆床、酒槍、鼎彝、盆玩之屬，以輕小爲貴；前倉可容童仆四人，置壺榼、茗爐、茶具之屬；後倉隔之以板，傍容小弄，以便出入。中置一榻，一小幾。小厨上以板承之，可置書卷、筆硯之屬。榻下可置衣厢、虎子之屬。幔以板，不以篷簟，兩傍不用欄楯，以布絹作帳，用蔽東西日色，無日則高卷，卷以帶，不以鈎。他如樓船、方舟諸式，皆俗。

文震亨《長物志》卷九《舟車・小船》 長丈餘，闊三尺許，置於池塘中。或時鼓枻中流，或時系於柳陰曲岸，執竿把釣，弄月吟風。以藍布作一長幔，兩邊走檐，前以二竹爲柱，後縛船尾釘兩圈處，一童子刺之。

文震亨《長物志》卷一二《香茗・茶壺》 壺以砂者爲上，蓋既不奪香，又無熟湯氣，「供春」最貴，第形不雅，亦無差小者。時大彬所制又太小。若得受水半升，而形製古潔者，取以注茶，更爲適用。其「提梁」、「卧瓜」、「雙桃」、「扇面」、「八稜細花」、「夾錫茶替」、「青花白地」諸俗式者，俱不可用。錫壺有趙良璧者亦佳，然宜冬月間用。近時吴中「歸錫」，嘉禾「黄錫」，價皆最高，然製小而俗。金銀俱不入品。

文震亨《長物志》卷一二《香茗・茶盞》 宣廟有尖足茶盞，料精式雅，質厚難冷，潔白如玉，可試茶色，盞中第一。世廟有壇盞，中有茶湯果酒，後有「金籙大醮壇用」等字者，亦佳。他如「白定」等窑，藏爲玩器，不宜日用。蓋點茶須熁盞令熱，則茶面聚乳，舊窑器熁熱則易損，不可不知。又有一種名「崔公窑」，差大，可置果實，果亦僅可用榛、松、新笋、鷄豆、蓮實，不奪香味者；他如柑、橙、茉莉、木樨之類，斷不可用。

褚人穫《堅瓠廣集》卷一《記里鼓》 記里鼓又名記里車，車上有二層，皆有木人，每行一里，下層木人擊鼓一槌，行十里，上層木人擊鐲一槌。郎仁寶《七修》言：正德中學使嘗出以試士，舉場皆不知始於何時，創自何人。楊鐵崖有《記里鼓賦》，亦無時與人。而《三朝志》載：記里車，唐元和間金忠義所作。宋天聖間，内侍盧道隆又造之。及閲陳眉公《書蕉》載：記里鼓，劉宋高祖平姚泓所得。則知又不始於唐末矣。

《宫中檔雍正朝奏摺》第十五輯陝西總督查郎阿《奏報平涼府製造糧車均已過黄河摺》 署理陝西總督臣查郎阿謹奏爲奏聞事。竊照平涼府屬製造糧車二千三百輛，從鞏昌府屬之靖遠衛紅嘴子地方過渡黄河。前據鞏昌布政司孔毓璞詳，據平涼府知府李桐詳請，於渡口多備船隻，委員料理糧車過河，期於無悮等情。臣隨檄委署靖遠協副將丁廣，會同靖遠同知趙銓等，刻速預備船隻加謹辦理，務使糧車隨到隨渡，不致擁擠擔閣，併批行孔毓璞等轉飭承辦去後，臣又思甘省黄河，每於冬天凝凍結成冰橋，以資行走，及至春天正二月間東風解凍，天氣漸暖，河冰漸薄，冰橋既難行走，渡船又難撑駕，每多阻滯，歲以爲常。今查平涼府屬頭運糧車於正月十三日起程，計算解送至紅嘴子河口，正遇河凍將開，難施船渡之時，倘有阻礙，實非人力所能料理，臣日夜籌畫，殊無良法。再查臨洮、鞏昌二府喂養軍需騾馬，俱由蘭州過河橋，解送甘、涼，輓駕車輛，而蘭州冰橋往年俱於驚蟄前後冰融裂縫，難以行走，直至凍解冰開，而上流冰凌順水而下，浮橋既難搭造，渡船未便往來，雖有智巧，俱無所施。兹於正月初六日准甘撫臣許容咨，據靖遠同知趙銓稟稱，紅嘴子河口天氣轉和，冰漸消釋，現今船隻已可往來。蓋蘭州冰橋尚在凝凍，獨於紅嘴子一處凍而忽融，一若特爲糧車渡河而開者，誠從來未有之奇遇等因，移咨前來，又於正月二十九日據署理鞏昌布政司事西安驛傳道趙挺元詳稱，本月十七日正值驚蟄之時，有金縣知縣王錫綬押解二起騾馬八百二十頭到蘭，隨率同文武各官親詣河干，將冰橋裂縫處所俱棚木板，飭令夫役緩緩捽送，方慮三起騾馬到日，必致停留，後起必致擁擠，甘、涼糧車勢必等候不期，即於十七日酉時河冰大開，冰凌盡化，前此之騾馬業已過完，後運之騾馬即可穩渡，毫無阻礙等情。臣伏念糧車騾馬計日而行，按期而到，關係最爲重大，但歷來黄河冰凍須至二月初旬，遲則二月望後方能涣解，糧車到彼既不便履薄冰而涉險，又無從繞他道以前征，必致守候日久，挨擠不前。今紅嘴子黄河於各處冰橋未開之前先期融釋，使船隻可以利涉，糧車隨到隨渡，而蘭州冰橋恰於十七日二運騾馬，過渡甫畢，即行通開，使後運騾馬前行無滯，此皆我聖主德協清寧，功參造化，至誠感格，上應天心，是以上天錫佑，頓使寒冰堅結化成大地陽和，直與醴泉慶雲並呈上瑞幾同，和風甘雨，共效奇祥，一時競爲美談，千古傳爲盛事。臣曷勝懽忭慶悦之至，所有黄河開凍，糧車騾馬過渡無悮各緣由，臣謹恭摺本聞，伏祈皇上睿鑒，爲此謹奏。

雍正八年二月初一日具。

戴震《戴東原集》卷七《自轉車記》 車人之事，爲規長二十度，博一度。度之大小，眂其制。車之用在輪，輪有九等，積有二式。以半規之十度，爲輪之半徑，謂之十度之輪，周六十櫝。其次九度之輪，周五十有四櫝。其次八度之輪，周四十有八櫝。其次七度之輪，周四十有二櫝。其次六度之輪，周三十有六櫝。其次五度之輪，周三十櫝。其次四度之輪，周二十有四櫝。其次三度之輪，周十有八櫝。其次二度之輪，周十有二櫝。其次爲任挽之輪，周六大櫝。任挽之輪一度也，以交於十度之輪而發其櫝。十度之輪，其上爲六度之輪，謂之發輪。發輪之上，爲二度之輪，謂之接輪。接輪之軸，交於懸重之輪，大與接輪等。發輪之櫝，眡六度之輪。接輪之櫝，眡二度之輪。凡軸，周六櫝爲輪。方其軸，當輻之圍，夾軸而爲四輻。輻周之輞，輞設之櫝，大輪輻方一度，輞厚一度。小輪有輞無輻，輞厚五分度之四。凡輪，以上輪之櫝，交於下輪之軸櫝。十度之輪，其櫝交於發輪之軸櫝，接輪與發輪之櫝相交也。是故十度之輪，暨接輪之軸無櫝。十度之輪，旋轉一周，得任挽之輪，七百二十五萬七千六百周。欲車之利轉，則任挽之輪，其軸設飛輪，或二之，或三之。凡輪，均其圍而周分之以設櫝，因於輞者爲斜櫝，以鐵裹之。植於輞爲立櫝，以鐵爲之。凡軸皆用立櫝，輪皆用斜櫝。十度之輪，暨仕挽之輪，亦立櫝也。櫝端五分度之二，櫝閒空五分度之三。軸之兩端，以鐵爲之樞。樞徑五分度之三，樞長五分度之四，爲柱，以鐵穿含樞而轉之。設穿必以其輪之度，上櫝與下櫝相交，減三分度之一。接輪最上，發輪次之，十度之輪。至二度之輪，遞次而下。任挽之輪出架外，別爲之柱。架之高與立柱等，長三之二，廣三之一。

鄭觀應《易言·論火車》 夫水則資舟，陸則資車，此民生自然之利也。西人本此意而精求之，水則制火輪船，陸則制火車路，以便來往，以利轉輸，誠亘古未有之奇制也。

中國版圖廣大，苟非仿造火車鐵路，則相距萬里之遥，安能信息遽通，不違咫尺？大則轉餉調軍，有裨於國計；小則商賈貿易，有便於民生。而且郵傳信息，不慮稽遲；警報調征，無虞舛悮。況中土沃壤倍於歐洲，只爲山險路遥，轉運不便。而農民亦不知制器，因地之利以謀贏餘，僅樹藝五谷，供日用所需而已。使載物之器良便，而運物之價又廉，一切種植立可以此之有餘，濟彼之不足，而獲利恒得倍蓰，數年之後，民間蓄積自饒，當不僅如古人所云餘三餘一已也。即或旱干水溢，偶有偏災，亦能接濟運糧，藉蘇民困。昔美國西北之餘山郡，地多瀕海，曠邈無垠。當道於數年前開設火車鐵路，近通東郡，遥接金山。由是百貨流通，商賈輻輳，户口增至十有八萬。有册可稽，此富庶之明效大驗也。

嘗聞德、法搆兵時，德所以勝法者，非德兵果精於法兵，亦藉電信與火車之行軍迅速耳。當兩國未戰之先，德提督向法使言曰：「如果欲戰，我國可於十四日中，在邊境集軍十萬，糧械俱備。」後果克踐其言，大獲全勝。從前英、俄交戰，俄軍輒敗。彼時俄若鐵路先成，則勝敗尚難逆料。可知兩國交戰，總視何國能克期集兵，速而且多者即操勝算。若敵人壓境而無鐵路，非但兵不易集、糧不易征，未免部署倉皇，軍情危急矣。今俄國精於制造，如自彼國至中華地界築成鐵路，一旦用兵，不過半月可達。中國既無此路，則征兵調餉動需歲月，未及齊集而敵已過境矣。英國若於印度築鐵路至雲南邊界，則行兵不過五日可到。興言及此，曷勝悚懼！

總之，車路之設，有備無患，有益無損，在中國今日斷不能置爲緩圖者矣！然鐵路當以京都爲總匯，分支路以達各省，務使首尾相應，遠近相通。或有礙於廬墓者，當迂迴以避之，庶免滋生事端，阻撓大計。而於各州、縣偏旁之地，亦築車路，多備馬車，以資轉運往來，如輪船之有駁船，費雖多而利甚溥。苟能舉辦，則水路有輪船，内地有鐵路，有事則便於策應，無事則便於商民，利何如也。

夫天下之事，守常不變則難與圖功，因時制宜則無往不利。查西洋鐵路，其始或數十里、數百里接續而成。如慮經費不敷，先擇要道，小試其端，俾民習於見聞，知其利益，然後招商承辦，逐次推廣。今漕糧改行海運，較前已捷，而當事者虞海道不靖，欲復河運舊制。與其費巨款以復河運，何如移此款以開鐵路之爲愈也。西洋近有新式鐵路，寬徑一尺，其地面不必鋪平，下植木樁爲架，承以浮梁，用則搭，不用則卸，西國凡有兵事，用以濟急。惟是修治鐵路，固非倉卒可辦，抑且經費不貲。中國如能措款仿行，亦可以備不虞也。

或詰余曰：「鐵路造成，設鄰國有覬覦之心，倏忽可至，猝不及防，其害可勝言哉！」不知鐵路在我境中，操縱由己，何慮爲敵所據？試思歐洲各國欲到内地，必由海道。苟有齟齬，則海禁必先嚴密。所建鐵路何難調重兵以守之。倘慮俄人，而所設鐵路，惟在山右陝甘内地，不至邊城，彼終不能長驅直入。

余聞之西人云，鐵路之設，其利有五。所得運費，除支銷各項及酌提造費外，餘皆可助國用。其利一。偶有邊警，征兵籌餉，朝發夕至，平時各省惟練精兵備調，額可酌裁。其利二。既有鐵路，各處礦産均可開采，運費省而銷路速。其利三。商賈便於販運，貿易日旺，税餉日增。其利四。文遞快捷，凡有鐵路之處，驛站均可裁省。其利五。而當事之所以遲疑顧慮不敢舉行者，一則以經費難籌，再則恐奪小民之利，如操舟、駕車、遞文傳信等事，路既便捷，則若輩失業必多。殊不知鐵路雖成，舟仍不減；且鐵路旁有馬路，推車者亦可營生；至於傳信遞文，不過時日較速，仍須留用此輩，何損於民？無如官之與民，聲氣不通，每畏官之無信。如民間有認造火車路者，特免其捐輸，并保其五厘出息。如官利不足，每年由該省地丁項下扣足，以昭大信，而廣招徠。

憶中國初議造輪船時，聚訟紛如，幾於中止。幸當軸者毅然舉辦，故今商船砲舶，月盛日新。凡漕糧之轉運，兵糈之征解，商旅之往來，貨物之流通，無不輪船是賴。且海盜因以斂戢，洋面借以晏安。矧鐵路之利倍於輪船者乎？倘亦力持其議，任謗任勞，事不難集。然需費甚巨，須仿西法自造，乃爲善計。若購之西國，則失利於先。惟自造而自用之，然後行止之權自我而操，工費之需不流於外，省之又省，精益求精。庶中國富强之轉機在此一舉矣！

船舶部

題解

虞世南《北堂書鈔》卷第一三七《舟船上・舟揔篇一》 見窾木而爲舟，因垂象以造舟。貨狄作舟，番禺爲舟。巧倕作舟，虞姁作舟。刳木爲舟，剡木爲檝。舟以行水，非水不行。以濟不通，以濟萬物。任重致遠，輦重歷遠。天子造舟，諸侯維舟，大夫方舟士特舟。越舲蜀艇，越艇蜀舲。大翼小翼，水車水馬。常安，長安。飛龍，鳴鶴。青爵，赤馬。鸚鵡。晨鳧。倉隼。華淵。紫宫。青翰。赤漆。沙棠青桐五樓五會飛雲犇飛雲母曜陽升進射獵指南餘皇大白鳥浮龍舟松舟桂舟革舡膠舡漆舡油舡金舡鐵舡銅舡土舡蠡舟具舡竹舡瓠舡芥舟籃舟扁舟瓜皮掘頭舄舟龍舟，龍舟鷁首。可載萬人，上起宫室高十餘丈，旗幟加上。載萬斛，重千鈞飛盧雀室鷁首繒綵飾之文以丹漆雕刻丹鏤青蓋絳襜望之如仙望之如閣漂汎似散蓮花，遥望若一樹葉。博昌習舩渤海習舟

顧雪亭《土風録・艌船》 修船曰艌船。《正字通》云：挽舟索曰筡，本作縴。因其爲挽舟具，故从念从舟作艌，音牽去聲。今輯理舊船讀若念者，有音無義，方俗語也。案宋元字書無艌字，惟宋濂《海篇》有之，注奴店切，艌船。是其言起於元明間。

綜述

《墨子・備水》第五十八 城内塹外，周道廣八尺。備水謹度四旁高下。城中地偏下，令渠其內。及下地，地深穿之，令漏泉。置則瓦井中，視外水深丈以上，鑿城内水渠。並船以爲十臨，臨三十人，人擅弩，計四有方，必善以船爲轒轀。（二十船爲一隊，選材士有力者三十人共船，其二十人人擅有方，劍甲鞮瞀，十人人擅苗。）先養材士，爲異舍食其父母、妻子以爲質，視水可決，以臨轒轀，決外隄，城上爲射機疾佐之。

朱銘盤《南朝齊會要・輿服・舟》 東宫左右張景真白服乘畫舴艋，坐胡牀，觀者咸疑是太子。《荀伯玉傳》。

豫章玉於東府乘飛鷰東迎。同上。

李肇《唐國史補》卷下 凡東南郡邑無不通水，故天下貨利，舟檝居多。轉運使歲運米二百萬石輸關中，皆自通濟渠即汴河也。入河而至也。江淮篙工不能入黄河。蜀之三峽、河之三門、南越之惡谿、南康之贛石，皆險絶之所，自有本處人爲篙工。大抵峽路峻急，故曰「朝發白帝，暮徹江陵」。四月五月爲尤險時，故曰「灩澦大如馬，瞿塘不可下；灩澦大如牛，瞿塘不可留；灩澦大如襆，瞿塘不可觸」。揚子、錢塘二江者，則乘兩潮發櫂，舟船之盛，盡於江西，編蒲爲帆，大者或數十幅，自白沙泝流而上，常待東北風，謂之潮信。一本作信風。

七月八月有上信，三月有鳥信，五月有麥信。暴風之候，有抛車雲，舟人必祭婆官而事僧伽。江湖語云：「水不載萬。」言大船不過八九千石。然則大曆、貞元間，有俞大娘航船最大，居者養生送死嫁娶悉在其間；開巷爲圃，操駕之工數百，南至江西，北至淮南，歲一往來，其利甚博，此則不啻載萬也。洪、鄂之水居頗多，與邑殆相半。凡大船必爲富商所有，奏商聲樂，從婢僕，以據柂樓之下，其間大隱，亦可知矣。

南海舶，外國船也。每歲至安南、廣州。師子國舶最大，梯而上下數丈，皆積寶貨。至則本道奏報，郡邑爲之喧闐。有蕃長爲主領，市舶使籍其名物，納舶脚，禁珍異，蕃商有以欺詐入牢獄者。舶發之後，海路必養白鴿爲信。舶没，則鴿雖數千里亦能歸也。

范成大《吴船録》卷上 郫筒。截大竹，長二尺以下，留一節爲底，刻其外爲花紋。上有蓋，以鐵爲提梁，或朱或黑，或不漆，大率挈酒竹筒耳。《華陽風俗記》所載，乃刳竹傾釀，閉以藕絲蕉葉，信宿馨香達於外。然後斷取以獻，謂之郫筒酒。觀此，則是就竹林中爲之，今無此酒法矣。【略】

將至青城，再度繩橋。每橋長百二十丈，分爲五架，橋之廣十二繩排連之，上布竹笆，攢立大木數十於江沙中，輦石固其根，每數十木作一架，掛橋於半空，大風過之，掀舉幡然，大略如漁人曬網染家晾綵帛之狀。又須捨輿疾步，從容則

震掉不可立。同行皆失色。郡人云：「稍迂數里，有白石渡，可以船濟，然極湍險也。」

吴自牧《夢粱録》卷一二《湖船》 杭州左江右湖，最爲奇特，湖中大小船隻，不下數百舫。有一千料者，約長二十餘丈，可容百人。五百料者，約長十餘丈，亦可容三五十人。亦有二三百料者，亦長數丈，可容三二十人。皆精巧創造，雕欄畫栱，行如平地。各有其名，曰百花、十樣錦、七寶、戧金、金獅子、何船、劣馬兒、羅船、金勝、黄船、董船、劉船，其名甚多，姑言一二。更有賈秋壑府車船，船棚上無人撑駕，但用車輪脚踏而行，其速如飛。又有御舟，安頓小湖園水次，其船皆是精巧雕刻創造，俱用香楠木爲之。只是周漢國公主游玩，曾一用耳。靈芝寺前水次，有趙節齋所造湖舫，名曰烏龍，凡遇撑駕，即風波大作，坐者不安，多不敢撑出，以爲棄物。湖中南北搬載小船甚夥，如撑船賣買羹湯、時果；掇酒瓶，如青碧香、思堂春、宣賜、小思、龍游新煮酒俱有。及供菜蔬、水果、船撲、時花帶朵、糖獅兒、諸色千千、小段兒、糖小兒、家事兒等船。更有賣鷄兒、湖灤、海蜇、螺頭，及點茶、供茶果、婆嫂船、點花茶、撥糊盆、撥水棍小船，漁莊岸小釣魚船。湖中有撒網鳴榔打魚船，湖中有放生龜鱉螺蚌船，并是瓜皮船也。又有小脚船，專載賈客妓女、荒鼓板、燒香婆嫂、撲青器、唱耍令纏曲，及投壺打彈百藝等船，多不呼而自來，須是出著發放支犒，不被哂笑。若四時游玩，大小船隻，雇價無虚日。遇大雪亦有富家玩雪船。如二月八及寒食清明，須先指揮船户，雇定船隻。若此日分舫船，非二三百券不可雇賃。至日，雖小脚船亦無空閒者。船中動用器具，不必帶往，但指揮船主一一周備。蓋早出登舟，不勞爲力，惟支犒錢耳。更有豪家富宅，自造船隻游嬉，及貴官内侍，多造采蓮船，用青布幕撑起，容一二客坐，裝飾尤其精緻。

吴自牧《夢粱録》卷一二《江海船艦》 浙江乃通江渡海之津道，且如海商之艦，大小不等，大者五千料，可載五六百人；中等二千料至一千料，亦可載二三百人；余者謂之「鑽風」，大小八櫓或六櫓，每船可載百餘人。此網魚買賣，亦有名「三板船」。不論此等船，且論舶商之船。自入海門，便是海洋，茫無畔岸，其勢誠險。蓋神龍怪蜃之所宅，風雨晦冥時，惟憑計盤而行，乃火長掌之，毫厘不敢差誤，蓋一舟人命所系也。愚屢見大商賈人，言此甚詳悉。若欲船泛外國買賣，則是泉州便可出洋，迤邐過七洲洋，舟中測水，約有七十餘丈。若經崑崙、沙漠、蛇龍、烏豬等洋，神物多於此中行雨，上略起朵雲，便見龍現全身，目光如電，爪角宛然，獨不見尾耳。頃刻大雨如注，風浪掀天，可畏尤甚。但海洋近山礁則水淺，撞礁必壞船。全憑南針，或有少差，即葬魚腹。自古舟人云：「去怕七洲，回怕崑崙。」亦深五十餘丈。又論舟師觀海洋中日出日入，則知陰陽；驗雲氣則知風色順逆，毫髮無差。遠見浪花，則知風自彼來；見巨濤拍岸，則知次日當起南風；見電光則雲夏風對閃。如此之類，略無少差。相水之清渾，便知山之近遠。大洋之水，碧黑如淀；有山之水，碧而緑；傍山之水，渾而白矣。有魚所聚，必多礁石，蓋石中多藻苔，則魚所依耳。每月十四、二十八日，謂之「大等日分」，此兩日若風雨不當，則知一旬之内，多有風雨。凡測水之時，必視其底，知是何等沙泥，所以知近山有港。若商賈止到台、温、泉、福買賣，未嘗過七洲、崑崙等大洋。若有出洋，即從泉州港口至岱嶼門，便可放洋過海，泛往外國也。其浙江船隻，雖海艦多有往來，則嚴、婺、衢、徽等船，多嘗通津買賣往來，謂之「長船等隻」，如杭城柴炭、木植、柑桔、干濕果子等物，多産於此數州耳。明、越、温、台海鮮魚蟹鮝臘等貨，亦上潬通於江、浙。但往來嚴、婺、衢、徽州諸船，下則易，上則難，蓋灘高水逆故也。江岸之船甚夥，初非一色：海舶、大艦、網艇、大小船隻、公私浙江漁浦等渡船、買賣客船，皆泊於江岸。蓋杭城衆大之區，客販最多，兼仕宦往來，皆聚於此耳。

吴自牧《夢粱録》卷一二《河舟》 杭州里河船隻，皆是落脚頭船，爲載往來士賈諸色等人，及搬載香貨雜色物件等。又有大灘船，系湖州市搬載諸鋪米及跨浦橋柴炭、下塘磚瓦灰泥等物，及運鹽袋船隻。蓋水路皆便，多用船隻。如無水路，以人力運之。向者汴京用車乘駕運物。蓋杭城皆石板街道，非泥沙比，車輪難行，所以用舟隻及人力耳。若士庶欲往蘇、湖、常、秀、江、淮等州，多雇舸船、舫船、航船、飛篷船等。或宅舍府第莊舍，亦自創造船隻，從便撑駕往來，則無官府捉拿差撥之患。若州縣欲差船隻，多給官錢和雇，以應用度。杭城乃輦轂之地，有上供米斛，皆辦于浙右諸郡縣，隸司農寺所轄。本寺所委官吏，專率督催米斛，解發朝廷，以應上供支用。搬運自有綱船裝載，綱頭管領所載之船，不下運千余石或六七百石。官司亦支耗券雇稍船米與之。到岸則有農寺排岸司掌拘卸、檢察、搜空。又有下塘等處，及諸郡米客船隻，多是鐵頭舟，亦可載五六百石者，大小不同。其老小悉居船中，往來興販耳。寺觀庵舍船隻，皆用紅油艑灘，大小船隻往來河中，搬運齋糧柴薪。更有載垃圾糞土之船，成羣搬運而去。北新橋外趙十四相公府側，有殿前司紅座船，於水次管船。軍士專造紅醞，在船私沽。官司寬大，并無捉捕之憂。論之杭城輻輳之地，下塘、官塘、中塘三處船隻，及航船魚舟釣艇之類，每日往返，曾無虚日。緣此是行都士貴官員往來，商賈買賣騈集，公私船隻，泊於城北者夥矣。

趙世延、揭傒斯等《大元海運記》卷下《艘數裝泊》　艘數，泊所年例，以船料多少數目，灣泊何處，自何處開洋，合用船隻依驗歲運糧數，灣泊去處，隨户所居家步，緣户計，消長遷移不常，糧額增減無定，況船有損舊，必須修拆，或以小船三五隻，拆卸并造改作一二隻，或因大料一船不堪，却將三二小船抵運，因此艘數泊所，俱無定籍。今以至順元年爲率，用船總計一千八百隻。崑山州太倉劉家港一帶六百一十三隻，崇明州東西三沙一百八十六隻，海鹽、澉浦一十二隻，杭州江岸一帶五十一隻，嘉定州沙頭浦、官橋等處一百七十三隻，上海浦等處一十九隻，常熟白茅港一帶一百七十三隻，江陰、通州蔡港等處七隻，平陽、瑞安州飛雲渡等港七十四隻，永嘉縣外沙港一十四隻，樂清白溪、沙嶼等處二百四十二隻，黄岩州石塘等處一十一隻，烈港一帶三十四隻，紹興三江陡門三十九隻，慈溪、定海、象山、鄞縣桃花等渡，大高山堰頭茲嶼等處一百四隻，臨海、寧海、嚴嶼、鐵場等港二十三隻，奉化揭崎，昌國、秀山等嶼一帶二十三隻。

郭嚾洛納新《河朔訪古記》卷中　華林苑在臨漳縣鄴城東二里，苑後即南鄴城之西也。【略】高齊武成間增飾華林苑，若神仙所居，改曰仙都苑。苑中封土爲嶽皆隔水相望。分流爲四瀆，因爲四海，匯爲大池，曰大海。海中置龍舟六艘，其行舟處可廿五里。又爲殿十二間於海中，五嶽各有樓觀堂殿，四海中亦有宮殿。洲浦其最知名者，則北嶽之飛鸞殿，北海之密作堂也。飛鸞殿十六間，以青石爲基，珉石爲礎，鐫刻蓮花，内垂五色，珠簾緣以麒麟錦，楹柱皆金龍盤遶，以七寶飾之，柱上懸鏡。又用孔雀、山雞、白鷺毛當鏡作七寶金鳳，高一尺七寸，口銜金鈴，光彩奪目，人不能久視也。密作堂周廻廿四架，以大船浮之，以水爲激輪。堂爲三層，下層刻木人、七彈箏、琵琶、箜篌、胡鼓銅鈸、拍板、弄盤等，衣以錦繡，進退俯仰，莫不中節。

佚名《諸司職掌·工部·水部·河渠》　船隻：

凡在京并沿海去處，每歲海運遼東糧儲船隻，每年一次修理。其各衛征戰風快船隻等項，若有缺少損壞及當修理者，務要會計木釘灰油麻藤，及所用貢具，依數撥用，如有不敷，亦當頂爲規畫，或令軍民採辦，或就客商收買，或外處撥支，審度便利，定擬奏聞，行下龍江提舉司，計料明白，行移各庫放支物料。其工程物件，照依料例文册，然後興工。如或新造海運船隻，須要度量産木水便地方，差人打造。其風快小船就京打造者，亦須依例計造木料等項，就於各場庫支撥。若内外有船隻，務要周知其數，設或需索運用，酌量勢逸多寡撥與。其各湖河泊所帶辦魚油鰾，每歲催督進納備用。

一千料海船一隻合用：

杉木三百二根，雜木一百四十九根，株木二十根，榆木舵桿二根，栗木二根，櫓坯三十八枝，丁線三萬五千七百四十二箇，雜作一百六十一條箇，桐油三千一十二斤八兩，石灰九千三十七斤八兩，艌麻一千二百五十三斤三兩二錢。

船上什物：

絡麻一千二百九十四斤，黄藤八百八十五斤，白麻二十斤，棕毛二千二百八十三斤一十二兩。

四百料鑽風海船一隻合用：

杉木二百二十八根，桅心木二根，雜木六十七根，鐵力木舵桿二根，櫓坯二十枝，松木五根，丁線一萬八千五百八十箇，雜作九十四條箇，桐魚油一千一斤一十五兩，石灰三千五斤一十三兩，艌麻七百二十九斤八兩八錢。

船上什物：

絡麻五百七十四斤一十四兩四錢，黄藤三百八十三斤八兩，棕毛七百三斤白麻一十斤。

《明武宗實録》卷一一〔正德元年三月己丑〕登州衛用海船十有八隻，運青、登、萊三府布花鈔錠往遼東給軍。初，皆福建、湖廣、浙江、江西四布政司分造，弘治初，因福建守臣奏，遂改於南京龍江提舉司造之。又以料價坐派於四川等布政司并直隸、安慶等府，其徵解之弊甚多，每造一船，用銀六七千兩。既成，復不堪駕運，其遭風而毁者，所費之價，僅得四十分之一。南京科道官以爲言，工部請移大南京工部議處。至是以聞。工部覆奏言：「近者山東巡撫官奏減海船止用二十四隻矣。今宜如舊例，令湖廣、江西、各造四百料者四隻，南京遣匠往彼就料完造。浙江、福建各五百料者三隻，則定價銀五千兩，徵送本部。造完但立限責，其早完如式，期於經久，四川并直隸等司府所派料，停止勿徵。」從之。

楊宏等《漕運通志》卷五《漕船表》　三代以下，國用之資莫大於漕運，漕運之器莫大於舟楫。漢之漕舟未有詳考，然永光間河決民溺，詔謁者發河南以東漕船五百艘以賑之。厥後五鳳中，耿壽昌議：欲近糴關内之粟，築倉理船，費直百萬萬餘。則其數之多固可類推矣。

迨夫後魏，議者算汾、華等郡車絹帛，易造漕船，凡一船余絹疋七十有八、布七百八十，歲省甚廣，詔從之，而未能盡行也。

唐劉晏領漕事，乃造歇艎支江船二千艘，每船受千斛，十船爲一綱，每(綱)〔綱〕三百人，篙工五十，江、汴異運，歲漕甚利。初，晏於(楊)〔揚〕子置十場造船，每艘給錢千緡，或言所用實不及半，虚費太多。晏曰：不然，論大計者不惜小費，凡事必爲永久之慮，今始制船場，執事者衆，當先使之私用無窮，則官物堅完矣。若與之屑屑較計錙銖，安能久行乎？異日必有患，吾多而減之者半，猶可也，過此則不能運。厥後五十年，卒如其言。

宋初，詔當水運者，官爲具舟，不得調發居民，以妨農作。於是諸州歲造運舟至三千三百餘艘，分綱而運，江、汴各有攸屬，久之寖弊。發運使許元奏言，近年諸路因循，糧綱法壞，遂令汴綱至冬出江，爲它路轉漕兵不得息。宜敕諸路增船載米，輸轉搬倉充，歲如故事。既而諸路綱亦不集，數降詔切責。又詔江淮兩浙轉運司，以期年功各造船補足，至期船猶不足，汴綱既不得至江，江船亦不至京師，失商販之利，而汴綱工卒訖冬坐食苦不足，皆盜船財易錢以自給，船愈壞而漕愈不及。

元開廣新河以運，然新河候潮以入，船多損壞，又分新河軍士水手及船于揚平灤，命三省造船二千艘於濟寧河。及以朱清之議，乃造平底河船六十艘，運糧四萬餘，從海道至京師。久之，遂罷河船而專海運矣。

迨我朝洪武、永樂年間，海船、河船大小無定，數亦不一。其修造，如今所謂清江、衛河二提舉司，皆當時成議，以爲便宜可久者。累朝損益，至正統間，江南江北始限造船一萬一千七百有奇，清江十九、衛河十一。後清江該造之數復析浙江、南直隸等衛，俾歸自造，隸清江者，惟南京、鎮江、江北直隸諸衛所而已。每船料取諸江西、湖廣、四川、福建、直隸徽州諸郡縣，民苦解納，公私俱困，軍士亦往往有支料不敷、展轉(陪)〔賠〕補之患。有司以聞，朝廷采羣議，湖廣荆州、浙江杭州、直隸太平府，委部官抽分，以充清江、衛河造船之用，淮安抽分，則本司自領之。每歲例得銀二萬六百七十兩。蘇、揚、淮三府人匠銀三千三十兩，歲額造船五百二十三艘，江南諸省府不在例數内。既而漕臣復建議增入官銀二千三百七十兩，統計官給銀二萬六千七十餘兩，并各軍士舊自辦銀二萬三千七百餘兩，合而歲用銀五萬兩有餘，而軍士云：蘇矣。是故制有廠地，料有歲辦，艘有定數，造有定期、有匠、有式、有等、有號，有草場以資其用，有抽分以益其費，舟楫既利，南北會通，自刳木以來，莫過今日，猗歟盛哉！作《漕船表》第五。

船數一萬二千二百三十四。	南京衛分 一千七百六十。 江北直隸各衛所 二千六百九十四。 中都留守司 八百八十八。以上俱造於清江。 山東都司 七百七十三，原造於衛河，今改於清江。 浙江都司 二千四百十六，造於蘇州設廠。 江西都司 八百九十九，造於九江設廠。 湖廣都司 七百五十九，造於武昌等府。 江南上江 八百五十九，造於安慶等府，其南京衛分者，造於清江廠。 江南下江 八百六十三，造於蘇州等府，其南京衛分者，造於清江廠。 遮洋 五百二十五，原造於衛河，今改於清江。 原系大船如前數，後改中樣淺船如今數。
合用	一千料海船一隻。杉松榆栗櫓(還)〔坯〕雜等木，丁線雜作桐油石灰艌麻共四萬九千七百一十五根枝個條斤兩錢。 什物 絡麻黃藤棕毛共四千四百八十斤兩。 四百料鑽風海船一隻。杉松桅心鐵力櫓坯雜等木，丁綫雜作桐魚油石灰艌麻共二萬三千六百三十二根枝個條斤兩錢。 (件)〔什〕物 絡麻黃藤棕毛白麻共一千六百七十二斤兩錢。 近定造四百料淺船一隻，料不等 大約同前。除什物外，只用銀一百八十兩六錢。
限式	十年一造者爲里河淺船，爲遮洋海船。里河船在儀真、瓜洲灣泊，(顧)〔雇〕江船於水次兑運與遮洋船，以其俱不過壩，故十年一造。先是景泰以後用松者五年、杉者十年、株楠雜木者七年一造，大抵杉六、松三、雜一，故自成化十六年始定俱用楠木。 五年一造者爲江南船 是爲外江船，因其往回經壩一次故也。 凡船： 底長五丈二尺，頭長九尺五寸，稍長九尺五寸，底闊九尺五寸，船底頭闊六尺，稍底闊五尺，頭伏獅八尺，稍伏獅闊七尺，梁頭一十四座，底板厚二寸，棧板厚一寸七分，釘一尺三釘，龍口梁闊一丈、深四尺，使風梁闊一丈四尺、深三尺八寸，後斷水梁闊九尺、深四尺五寸，兩厫共闊七尺六寸。
等號	等之分有二 天順間始，蓋先年軍旗不分貧富，一概給料成造，后因逼累，始分「極貧」、「頗過」二等，遇改造之年，審定頗過，首給料自行廠造，料有不敷，運官稍爲措置，余俱本軍自補，名爲「旗造」。極貧者送本衛委官給提舉司官銀，并軍士原解銀造完，給軍領駕，名爲「廠造」。 號之分有五 永樂、宣德間，造於湖廣者爲「湖字」，江西者爲「江字」，浙江者爲「浙字」，徽州等府者爲「徽字」等號。至天順間，照各總類編，系民造者爲「民號」，軍造者爲「軍號」。又有造於提舉司，爲「運號」，遮洋過海船爲「遮號」，今用之。

廠地	淮安 工部監督居其中 其屬三總廠,各衛有官軍居宿房舍,門有牌號。 南京在廠東 其屬三十四,委官十二員。 中都在廠西 其屬十一,委官十二員。 南直隸廠在廠西 其屬十五,委官十五員。 右三總各推千、百户一員,領該衛文移,又委指揮二員總之,其地在清江浦□□淮、河、泗之所會,蓋南方之要津,故臨閘爲廠,凡東北二十里俱廠地也。 臨清 工部監督居其中 其屬三總廠,各衛有官軍居宿房舍,門有牌號。 北宜隸凡九,在廠東 委官四員。 山東凡七,在廠南 委官四員。 遮洋凡十三,在廠北南 每年本總輪官一員督軍,有守干。右三總委指揮一員總之,其地在衛河東岸,衛、汶、漳、濟之所會,蓋北方之要津,故臨閘爲廠,西北凡五里俱廠地也。
草場	京衛一處 在寶應縣瓦店鋪,東至大官莊,西至清溪溝洋塘,南至三汊河石家蕩,北至潘家(屋)基。 中都一處 在清河縣淮河東岸,七里溝起,洪澤大閘口止,長六十里,闊十八步。 直隸一處 在清河縣淮河東岸,東至淮河,西至趙信等民地,南至蔣家溝,北至雙溝,長十里,闊一十八丈。 初,清江屬廠房鋪墻垣,俱給官料苫蓋,平江伯陳鋭踏出荒閑草場三處,每廠分派一處,逐年撥軍依時斫草用之(之)。
軍餘用工辦料	南京衛分 七百七十二,用工八百一十五,辦料六百五十七,每名辦銀四兩,共銀兩二千六百二十八。 中都衛分 六百五十一,用工一百一十七,辦料五百三十四,各辦不等,共銀兩一千九百六十八。 直隸衛分 一千六百七十三,用工一百八十五,辦料一千四百八十八,各辦不等,共銀四千六百五十九。右清江軍餘共三千九十六名。 山東衛分 一百九十四,用工五十九,辦料一百三十五,每名辦銀三兩,共銀兩四百五。 北直隸衛分 二百五十二,用工七十八,辦料七十四,每名辦銀三兩,共銀兩二百二十二。 遮洋衛分看廠十三 余無。 右衛河軍餘共三百五十九名。
人匠	蘇州府 二千二百六十。 淮安府 五百六。 揚州府 一百四十八。 右清江廠一千八百四十四名,每二年一班三個月,每年一千四百二十名,每季三百五十五名半,原設俱上工,後准有力每班納銀一兩八錢,無錢則上工。 河南布政司 二百八十四。 山東布政司 九百。 鳳陽府 二百二十四。 揚州府 四百一十六。 廬州府 一百八十。 徐州 一百四十。 滁州 二十。 右衛河廠共二千三百一十八名,輪班二千二百二十八,住坐九十,每季五百六十名,納銀同清江。

佚名《船政·造修樣船完報工料銀數》 南京兵部車駕清吏司爲造修樣船以立定規事。照得造撥兩廠造修南京錦衣等四十衛快平船隻,先年係各船幇甲領銀到廠,朋認造修,費用不敷,責令賠補。

本部遵照嘉靖二十一年題准事例,官修官造,不許拘擾幇甲,已經本司重覆勘定。金吾前等衛小甲憑聰、王立等,拆造大中修樣船發廠,責令委官韓輔等,督率小甲憑聰、王立等、匠作許鸞等造修,去後。今據該廠完報到司,又該本司會同司官,督同該廠把總及委官小甲人等,親詣船所看視,上下船工牢固密厚,及查各船官簿開載實用過各項工料銀兩數目,比照題定官價及各領支年例銀兩俱有羨餘,顯是先年造修花消浪費者,十居五六,幇甲賠累,困苦何堪。今係官造官修,各甲稍得蘇息,竊恐年歲遷移,簿籍湮滅,奸貪之徒復得巧言亂法。爲此具呈,乞行造撥兩廠,將嘉靖貳拾伍年分拆造大中修樣船,各官簿開載各項工料,實用過銀兩數目,出給告示刻板張掛,諭衆通知,永遠遵守施行,須至揭帖者。

計開:

拆造小甲馮聰王立快船壹隻:

一領楠木玖根,各圍圓不等,共該價銀玖拾兩玖錢肆厘貳毫伍忽柒微玖纖叁塵。

一領杉木叁根,價銀壹兩伍錢叁分肆厘伍毫。

一領釘伍百貳拾伍斤,每百斤價銀壹兩陸錢,共銀捌兩肆錢。

一領鍋柒拾捌斤,每拾斤價銀貳錢貳分,共銀壹兩柒錢壹分陸厘。

一領桐油叁百壹拾柒斤捌兩,每百斤價銀壹兩陸錢,共銀伍兩捌分。

一領黄蔴叁百肆拾柒斤,每百斤價銀捌錢,共銀貳兩柒錢柒分陸厘。

一領縈蔴壹百柒拾斤,每百斤價銀捌錢,共銀壹兩叁錢陸分。

一領官銀收買各項料物,共銀壹拾陸兩貳錢柒分伍厘。

一給散各匠作工食銀,叁拾肆兩捌錢貳分伍厘。

一本蓬本廠鋸木識字,共領工食銀壹兩伍錢貳分。

一小工做過肆百壹拾肆工,每工工食銀叁分,共銀壹拾貳兩肆錢貳分。

一給小甲每日盤費銀壹分伍厘,共銀玖錢。

已上除舊底船外,共用過銀壹百柒拾柒兩柒錢壹分柒毫伍忽柒微玖纖叁塵,餘剩銀貳兩貳錢捌分玖厘貳毫玖絲肆忽貳微柒塵,解司貯庫。

一闗支隨船月糧貳拾捌石,先年原係本船,餘丁壹拾肆名,親身赴船值匠幇工食用,□□拘各餘每名止令出銀貳錢□□慣熟人役值匠及添用小甲家屬在蓬看守錢糧等用前米,仍給各役食用。

折造小甲賈鑾平船壹隻,本船原係出差遭風,拆回釘板,比照官價多用銀柒兩玖錢叁分陸厘陸絲柒忽貳微叁纖捌塵。

一領楠木玖根,各圍圓不等,共該價銀玖拾捌兩肆厘柒忽貳微叁纖捌塵。

一領楠木桅根壹根,價銀肆兩陸錢叁分伍毫陸絲。

一領杉木貳根，共該價銀壹兩柒分玖厘。
一領釘陸百壹拾斤，每百斤價銀壹兩陸錢，共銀玖兩柒錢陸分。
一領鍋壹百斤，每拾斤價銀貳錢貳分，共銀貳兩貳錢。
一領桐油叁百伍拾叁斤捌兩，每百斤價銀壹兩陸錢，共銀伍兩陸錢伍分陸厘。
一領黄蔴肆百肆拾玖斤，每百斤價銀捌錢，共銀叁兩伍錢玖分貳厘。
一領檾蔴壹百柒拾斤，每百斤價銀捌錢，共銀壹兩叁錢陸分。
一領官銀收買各項料物，共銀壹拾玖兩貳錢叁分伍毫。
一給散各匠作工食銀，貳拾玖兩柒錢壹厘。
一小工共做叁百肆拾貳工，每工工食銀叁分，共銀壹拾兩貳錢陸分。
一本蓬本廠鋸木識字，共領工食銀壹兩伍錢陸分叁厘。
一給小甲每日盤費銀壹分伍厘，共銀玖錢。
已上除舊底船外，共用過銀壹百捌拾柒兩玖錢叁分陸厘陸絲柒忽貳微叁纖捌塵。
一關支隨月糧同前。
拆造小甲滕儀平船壹隻：
一領楠木玖根，各圍圓不等，共該價銀玖拾兩捌錢捌分陸厘陸毫貳絲柒忽柒纖肆塵。
一領楠木桅根壹根，價銀肆兩肆錢貳分捌厘貳毫。
一領杉木叁根，共該價銀貳兩貳錢陸分陸厘。
一領釘伍百貳拾斤，每百斤價銀壹兩陸錢，共銀捌兩叁錢貳分。
一領鍋陸拾捌斤，每拾斤價銀貳錢貳分，共銀壹兩肆錢玖分陸厘。
一領桐油叁百肆拾叁斤，每百斤價銀壹兩陸錢，共銀伍兩肆錢捌分捌厘。
一領黄蔴肆百叁拾斤，每百斤價銀捌錢，共銀叁兩肆錢肆分。
一領檾蔴壹百柒拾斤，每百斤價銀捌錢，共銀壹兩叁錢陸分。
一領官銀收買各項料物，共銀壹拾柒兩伍錢貳分壹厘伍毫。
一給散各匠作工食銀，叁拾壹兩壹錢壹分玖厘。
一小工做過叁百伍拾工，每工工食銀叁分，共銀壹拾兩伍錢。
一本蓬本廠鋸木識字，共領工食銀壹兩伍錢叁分柒厘伍毫。
一給小甲每日盤費銀壹分伍厘，共銀玖錢。
已上除舊底船外，共用過銀壹百柒拾玖兩貳錢陸分貳厘捌毫貳絲柒忽柒纖肆塵，餘剩銀柒錢叁分柒厘壹毫柒絲貳忽玖微貳纖陸塵，解司貯庫。
一關支隨船月糧同前。
大修小甲任福快船壹隻：
一領楠木肆根，各圍圓不等，共該銀肆拾貳兩叁錢壹分壹毫壹絲伍忽壹微捌纖伍塵。
一領杉木壹根，價銀叁錢肆分貳厘。
一領釘貳百斤，每百斤價銀壹兩陸錢，共銀叁兩貳錢。
一領鍋貳拾斤，每拾斤價銀貳錢貳分，共銀肆錢肆分。
一領桐油叁百柒拾叁斤捌兩，每百斤價銀壹兩陸錢，共銀伍兩玖錢柒分陸厘。
一領黄蔴叁百零肆斤，每百斤價銀捌錢，共銀貳兩肆錢叁分貳厘。
一領檾蔴壹百柒拾斤，每百斤價銀捌錢，共銀壹兩叁錢陸分。
一領官銀收買各項料物，共銀捌兩伍錢柒分貳厘叁毫。
一給散各匠作工食銀，貳拾叁兩貳錢玖分伍厘伍毫。
一小工共做過貳百渠拾叁工，每工工食銀叁分，共銀捌兩壹錢玖分。
一本蓬本廠鋸木識字，共領工食銀陸錢肆分貳厘。
一給小甲每日盤費銀，壹分伍厘共銀陸錢。
已上共用過銀玖拾柒兩叁錢伍分玖厘玖毫壹絲伍忽壹微捌纖伍塵。
大修小甲張旺平船壹隻：
一領楠木肆根，各圍圓不等，共該價銀貳拾陸兩捌錢壹分柒厘肆毫陸絲柒忽伍微。
一領楠木板玖塊，各價不等，共該銀叁兩玖錢伍厘柒毫。
一領杉木壹根，價銀柒錢陸分。
一領釘壹百柒拾斤，每百斤價銀壹兩陸錢，共銀貳兩柒錢貳分。
一領鍋伍拾伍斤捌兩，每拾斤價銀貳錢貳分，共銀壹兩貳錢貳分壹厘。
一領桐油叁百玖拾伍斤捌兩，每百斤價銀壹兩陸錢，共銀陸兩叁錢貳分捌厘。
一領黄蔴叁百叁拾貳斤，每百斤價銀捌錢，共銀貳兩陸錢伍分陸厘。
一領檾蔴壹拾伍斤，每拾斤價銀捌分，共銀壹錢貳分。

一領官銀收買各項料物，共銀壹拾肆兩伍錢伍分柒厘。
一給散各匠作工食銀，貳拾貳兩叁錢貳分陸厘。
一小工共做過貳百柒拾捌工，每工工食銀叁分，共銀捌兩叁錢肆分。
一本蓬本廠鋸木識字，共領工食銀陸錢肆分貳厘。
一給小甲每日盤費銀壹分伍厘，共銀陸錢。
已上通共用銀玖拾兩玖錢玖分叁厘壹毫陸絲柒忽伍微。
中修小甲王榮快船壹隻：
一領楠木貳根，各圍圓不等，各該價銀壹拾陸兩壹錢捌分叁厘壹毫捌絲壹忽貳微伍纖。
一領楠木板陸塊，各價不等，共銀壹兩捌錢伍分貳厘柒毫。
一領杉木壹根，價銀肆錢伍分伍厘。
一領釘壹百斤每拾斤，價銀壹錢陸分，共銀壹兩陸錢。
一領鍋叁斤玖兩每斤，價銀貳分貳厘，共銀柒分捌厘叁毫柒絲伍忽。
一領桐油叁百零玖斤，每百斤價銀壹兩陸錢，共銀肆兩玖錢肆分肆厘。
一領黃蔴叁百捌拾伍斤，每百斤價銀捌錢，共銀叁兩捌分。
一領縏蔴壹百柒拾斤，每百斤價銀捌錢，共銀壹兩叁錢陸分。
一領官銀收買各項物料，共銀壹拾伍兩貳錢柒分。
一領散各匠作工食，銀壹拾肆兩伍錢玖分貳厘伍毫。
一小工做過貳百零貳工，每工工食銀叁分，共銀陸兩陸分。
一本蓬本廠鋸木識字，共領工食銀肆錢捌分壹厘。
一給小甲每日盤費銀壹分伍厘，共銀陸錢。
已上共用銀陸拾陸兩伍錢伍分陸厘渠毫伍絲陸忽貳微伍纖。
中修小甲陳剛平船壹隻：
一領楠木貳根，各圍圓不等，共該價銀壹拾捌兩捌錢陸分壹厘壹毫玖絲伍忽。
一領楠木板貳塊，各價不等，共銀壹兩壹錢貳分捌厘肆毫。
一領杉木壹根，價銀叁錢柒分伍毫。
一領釘壹百斤，每拾斤價銀壹錢陸分，共銀壹兩陸錢。
一領鍋捌斤拾兩，每斤價銀貳分貳厘，共銀壹錢捌分玖厘柒毫伍絲。
一領桐油叁百伍拾捌斤，每百斤價銀壹兩陸錢，共銀伍兩柒錢貳分捌厘。
一領黃蔴叁百捌拾斤，每百斤價銀捌錢，共銀叁兩肆分。
一領縏蔴壹百柒拾斤，每百斤價銀捌錢，共銀壹兩叁錢陸分。
一領官銀收買各項料物，共銀壹拾壹兩玖錢陸分伍厘伍毫。
一給散各匠作工食銀，壹拾伍兩陸錢伍分玖厘。
一小工做過壹百柒拾工，每工工食銀叁分，共銀伍兩壹錢。
一本蓬本廠鋸木識字，共領工食銀肆錢肆分貳厘。
一給小甲每日盤費銀壹分伍厘，共銀陸錢。
已上共用銀陸拾陸兩貳錢肆分肆厘叁毫肆絲伍忽。
嘉靖貳拾伍年肆月十九日郎中王問
員外郎李遷
主事龍翔霄

張鹵輯《皇明制書》卷二《御制大誥・成造馬船第七十二》 雲南烏撒、烏蒙、東川、芒部、水西、松潘、客疊、碉門、黎雅等處，每歲進馬不下二萬餘匹，爲是各處遞運所官夫作弊，故將船隻缺少，以致將川江船隻打過，往往不得依期回還，所以着令沿江州郡，每處添造船二十隻。其各郡欽依造完者有之，十分中完備七分者有之，惟太平府同知陳汝器，繁昌縣知縣王景東，當塗縣丞張都，蕪湖縣主簿周仁等，監工官倉大使潭演道，副使胡海、高泰、房景賢等，指以造船爲由，將合郡一槩科斂，剥削於民，止造到船二隻，及至遞運，仍缺船隻。復將川江船打過赴京，事覺，拿到問出情弊，罰各官自於龍江成造四倍，終歲不起。各官亡者，仍拿家屬，併工造完，似此奸頑，還可逞乎。

顧起元《客座贅語》卷一《寶船廠》 今城之西北有寶船廠。永樂三年三月，命太監鄭和等行賞賜古里、滿剌諸國，通計官校、旗軍、勇士、士民、買辦、書手共二萬七千八百七十餘員名。寶船共六十三號，大船長四十四丈四尺，闊一十八丈，中船長三十七丈，闊一十五丈。所經國，曰占城，曰爪哇，曰舊港，曰暹羅，曰滿剌伽，曰阿枝，曰古俚，曰黎伐，曰南渤里，曰錫蘭，曰裸形，曰溜山，曰忽魯謨斯，曰啞魯，曰蘇門答剌，曰那孤兒，曰小葛蘭，曰祖法兒，曰吸葛剌，曰天方，曰阿丹。和等歸建二寺，一曰靜海，一曰寧海。案此一役，視漢之張騫、常惠等鑿空西域，尤爲險遠。後此員外陳誠出使西域，亦足以方駕博望，然未有如和等之泛滄溟數萬里，而遍歷二十餘國者也。當時不知所至夷俗與土產諸物何似，舊傳册在兵部職方，成化中，中旨咨訪下西洋故事，劉忠宣公大夏爲郎中，取而焚之，意所載必多恢詭譎怪、遼絶耳目之表者。所徵方物，亦必不止於蒟醬、邛杖、蒲桃、塗林、大鳥卵之奇，而《星槎勝覽》紀纂寂寥，莫可考驗，使後世有愛奇如司馬子長者，無復可紀，惜哉！其以取寶爲名，而不審於《周官・王會》之義哉！或曰：寶船之役，時有謂建文帝入海上諸國者，假此踪迹之。若然，則聖意愈淵遠矣。

宋應星《天工開物》卷中《舟車》九 宋子曰，人羣分而物異産，來往貿遷以成宇宙。若各居而老死，何藉有羣類哉？人有貴而必出，行畏周行。物有賤而必須，坐窮負販。四海之内，南資舟而北資車。梯航萬國，能使帝京元氣充然。何其始造舟車者不食尸祝之報也？浮海長年，視萬頃波如平地，此與列子所謂御泠風者無異。傳所稱奚仲之流，倘所謂神人者非耶。

宋應星《天工開物》卷中《舟車》九《舟》 凡舟古名百千，今名亦百千。或以形名如海鰍、江鯿、山梭之類，或以量名載物之數，或以質名各色木料，不可殫述。游海濱者得見洋船，居江湄者得見漕舫。若局趣山國之中，老死平原之地，所見者一葉扁舟、截流亂筏而已。粗載數舟制度，其余可例推云。

宋應星《天工開物》卷中《舟車》九《漕舫》 凡京師爲軍民集區，萬國水運以供儲，漕舫所由興也。元朝混一，以燕京爲大都。南方運道由蘇州劉家港、海門黄連沙開洋，直達天津，制度用遮洋船。永樂間因之，以風濤多險，後改漕運。平江伯陳某，始造平底淺船，則今糧船之制也。

凡船制底爲地，枋爲宫墻，陰陽竹爲覆瓦。伏獅〔則〕前爲閥閲，後爲寢堂。桅爲弓弩，弦篷爲翼。櫓爲車馬，簟纖爲履鞋。綷索爲鷹、雕筋骨。招爲先鋒，舵爲指揮主帥，錨爲扎軍營寨。

糧船初制，底長五丈二尺，其板厚二寸，采巨木，楠爲上，栗次之。頭長九尺五寸，梢長九尺五寸，底闊九尺五寸，底頭闊六尺，底梢闊五尺。頭伏獅闊八尺，梢伏獅闊七尺，梁頭一十四座。龍口梁闊一丈，深四尺。使風梁闊一丈四尺，深三尺八寸。後斷水梁闊九尺，深四尺五寸。兩廒共闊七尺六寸。此其初制，載米可近二千石交兑每只止足五百石。后運軍造者私增身長二丈，首尾闊二尺余，其量可受三千石。而運河閘口原闊一丈二尺，差可渡過。凡今官坐船，其制盡同，第窗户之間寬其出徑，加以精工彩飾而已。

凡造船先從底起，底面旁靠墻，上承棧〔板〕，下親地面。隔位列置者曰梁，兩旁峻立者曰墻。蓋墻巨木曰正枋，枋上曰弦。梁前竪桅位曰錨壇，壇底横木夾桅本者曰地龍。前後維曰伏獅，其下曰拿獅，伏獅下封頭木曰連三枋。船頭面中缺一方曰水井，其下藏纜索等物，頭面眉標樹兩木以系纜者曰將軍柱。船尾下斜上者曰草鞋底，後封頭下曰短枋，枋下曰挽脚梁。船梢掌舵所居，其上曰野鷄篷。使風時，一人坐篷巔，收守篷索。

凡舟身將十丈者，立桅必兩。樹中桅之位，折中過前二位，頭桅又前丈餘。糧船中桅，長者以八丈爲率，短者縮十分之一、二。其本入窗内亦丈餘，懸篷之位約五、六丈。頭桅尺寸則不及中桅之半，篷縱横亦不敵三分之一。蘇、湖六郡運米，其船多過石瓮橋下，且無江、漢之險，故桅與篷尺寸全殺。若湖廣、江西等舟，則過湖冲江，無端風浪，故錨、纜、篷、桅必極盡制度，而後無患。凡風篷尺寸，其則一視全舟横身，過則有患，不及則力軟。

漕船

凡船篷其質乃析蔑成片織就，夾維竹條，逐塊摺疊，以俟懸挂。糧船中桅篷，合并十人〔之〕力方克湊頂，頭篷則兩人帶之有餘。凡度篷索，先系空中寸圓木關捩於桅巔之上，然后帶索腰間，緣木而上，三股交錯而度之。凡風篷之力，其末一葉敵本三葉，調匀和暢，順風則絶頂張篷，行疾奔馬。若風力洊至，則以次減下，遇風鼓急不下，以鈎搭扯，狂甚則只帶一兩葉而已。

凡風從横來，名曰搶風。順水行舟則挂篷，〔作〕「之」、「玄」游走，或一搶向東，止寸平過，甚至却退數十丈。未及岸時，捩舵轉篷，一搶向西。借貸水力兼帶風力軋下，則頃刻十餘里。或湖水平而不流者，亦可緩軋。若上水舟，則一步不可行也。凡船性隨水，若草從風，故制舵障水，使不定向流，舵板一轉，一泓從之。

凡舵尺寸與船腹切齊。若長一寸，則遇淺之時船腹已過，其梢尾舵使膠住，設風狂力勁，則寸木爲難不可言。舵短一寸，則轉運力怯，回頭不捷。凡舵力所障水，相應及船頭而止。其腹底之下，儼若一派急順流，故船頭不約而正，其機妙不可言。舵上所操柄，名曰關門棒，欲船北，則南向捩轉。欲船南，則北向捩轉。船身太長而風力横勁，舵力不甚應手，則急下一偏披水板，以抵其勢。凡舵用直木一根糧船用者圍三尺，長丈餘爲身，上截衡受棒，下截界開銜口，納板其中如斧形，鐵釘固拴以障水。梢後隆起處，亦名舵樓。

凡鐵錨所以沉水系舟。一糧船計用五、六錨，最雄者曰看家錨，重五百斤内外，其餘頭用兩枝，梢用兩枝。凡中流遇逆風，不可去又不可泊，或業已近岸，其下有石非沙，亦不可泊，惟打錨深處，則下錨沉水底。其所系緈，纏繞將軍柱上。錨爪一遇泥沙，扣底抓住。十分危急，則下看家錨。系此錨者曰「本身」，蓋重言之也。或同行前舟阻滯，恐我舟順勢急去，有撞傷之禍，則急下梢錨提住，使不迅速流行。風息開舟，則以云車絞纜，提錨使上。

凡船板合隙縫，以白麻斫絮爲筋，鈍鑿扱入，然後篩過細石灰，和桐油舂杵成團調艌。温、台、閩、廣即用蠣灰。凡舟中帶篷索，以火麻秸一名大麻。綯絞，粗成徑寸以外者，即系萬鈞不絶。若系錨纜，則破析青蔑爲之。其蔑綫入釜煮熟，然後糾絞。拽縴簟亦煮熟蔑綫絞成，十丈以往，中作圈爲接彄，遇阻礙可以掐斷。凡竹性直，蔑一綫千鈞。三峽入川上水舟，不用糾絞簟縴。即破竹闊寸許者，整條以次接長，名曰火杖。蓋沿崖石稜如刃，懼破蔑易損也。

凡木色桅用端直杉木，長不足則接，其表鐵箍逐寸包圍。船窗前道，皆當中空闕，以便樹桅。凡樹中桅，合并數巨舟承載，其末長纜系表而起。梁與枋檣用楠木、櫧木、樟木、榆木、槐木。樟木春夏伐者，久則粉蛀。棧板不拘何木。舵杆用榆木、榔木、儲木，關木棒用椆木、榔木，櫓用杉木、檜木、楸木。此其大端云。

宋應星《天工開物》卷下《舟車》一五《海舟》 凡海舟，元朝與國初運米者曰遮洋淺船，次者曰鑽風船。即海鰍。所經道里止萬里長灘、黑水洋、沙門島等處，若無大險。與出使琉球、日本及商賈爪哇、篤泥等船制度〔比〕，工費不及十分之一。凡遮洋運船制〔度〕，視漕船長一丈六尺，闊二尺五寸，器具皆同。唯舵杆必用鐵力木，艌灰用魚油和桐油，不知何義。凡外國海舶制度，大同小異。閩、廣閩由海澄開洋，廣由香山嶼。洋船載竹兩破排柵，樹於兩旁以抵浪。登、萊制度又不然。倭國海舶兩旁列櫓手攔板抵水，人在其中運力。朝鮮制度又不然。

至其首尾各安羅經盤以定方向，中腰大横梁出頭數尺，貫插腰舵，則皆同也。腰舵非與梢舵形同，乃闊板斫成刀形插入水中，亦不捩轉，蓋夾衛扶傾之義。其上仍横柄拴於梁上，而遇淺則提起。有似乎舵，故名腰舵也。凡海舟以竹筒貯淡水數石，度供舟内人兩日之需，遇島又汲。其何國何島合用何向，針指示昭然，恐非人力所祖。舵工一羣主佐，直是識力造到死生渾忘地，非鼓勇之謂也。

宋應星《天工開物》卷下《舟車》一五《雜舟》 江漢課船：身甚狹小而長。上列十餘倉，每倉容止一人卧息。首尾共槳六把，小桅篷一座。風濤之中恃有多槳挾持。不遇逆風，一晝夜順水行四百餘里，逆水亦行百餘里。國朝鹽課，淮、揚數頗多，故設此運銀，名曰課船。行人欲速者亦買之。其船南自章、贛，西自荆、襄，達於瓜〔埠〕、儀〔真〕而止。

三吴浪船：凡浙西、平江縱横七百里内，盡是深溝，小水灣環，浪船最小者名曰塘船。以萬億計。其舟行人貴賤來往，以代馬車、扉履。舟即小者，必造窗户堂房，質料多用杉木。人物載其中，不可偏重一石，偏即欹側，故俗名「天平船」。此舟來往七百里内，或好逸便者徑買，北達通、津。只有鎮江一横渡，俟風静涉過。又渡青江浦，溯黄河淺水二百里，則入閘河安穩路矣。至長江上流風浪，則没世避而不經也。浪船行力在梢后，巨櫓一枝，兩三人推軋前走，或持縴簟。至於風篷，則小席如拿，所不恃也。

浙西西安船：浙西自常山至錢塘八百里，水徑入海，不通他道，故此舟自常山、開化、遂安等小河起，錢塘而止，更無他涉。舟制箬篷如卷瓮爲上蓋。縫布

六槳課船

爲帆，高可二丈許，綿索張帶。初爲布帆者，原因錢塘有潮涌，急時易於收下。此亦未然，其費似侈於篾席，總不可曉。

福建清流〔船〕、梢篷船：其船自光澤、崇安兩小河起，達於福州洪塘而止，其下水道皆海矣。清流船以載貨物、商客。梢篷〔船〕制大，差可坐臥，官貴家屬用之。其船皆以杉木爲地。灘石甚險，破損者其常，遇損則急艤向岸，搬物掩塞。船梢徑不用舵，船首列一巨招，捩頭使轉。每幫五只方行，經一險灘，則四舟之人皆從尾後曳纜，以緩其趨勢。長年即寒冬不裹足，以便頻濡。風篷竟懸不用云。

四川八櫓等船：凡川水源通江、漢，然川船達荆州而止，此下則更舟矣。逆行而上，自夷陵入峽，挽繾者以巨竹破爲四片或六片，麻繩約接，名曰火杖。舟中鳴鼓若競渡，挽人從山石間聞鼓聲而威力。中夏至中秋，川水封峽，則斷絶行舟數月。過此消退，方通往來。其新灘等數極險處，人與貨盡盤岸行半里許，只餘空舟上下。其舟制，腹圓而首尾尖狹，所以避灘浪云。

黄河滿篷梢：其船自河入淮，自淮溯汴用之。質用楠木，工價頗優。大小不等，巨者載三千石，小者五百石。下水則首頸之際，横壓一梁，巨櫓兩枝，兩旁推軋而下。錨、纜、篷、篷制與江漢相仿云。

廣東黑樓船、鹽船：北自南雄，南達會省。下此惠、潮通漳、泉，則由海汊乘海舟矣。黑樓船爲官貴所乘，鹽船以載貨物。舟制兩旁可行走。風帆編蒲爲之，不挂獨竿桅，雙柱懸帆，不若中原隨轉。逆流憑借繾力，則與各省直同功云。

黄河秦船：俗名擺子船，造作多出韓城。巨者載石數萬鈞，順流而下，供用淮、徐地面。舟制首尾方闊均等。倉梁平下，不甚隆起。急流順下，巨櫓兩旁夾推。來往不憑風力，歸舟挽繾多至二十餘人，甚有棄舟空返者。

張岱《陶庵夢憶》卷八《樓船》 家大人造樓，船之；造船，樓之。故里中人謂船樓，謂樓船，顛倒之不置。是日落成，爲七月十五，自大父以下，男女老稚，靡不集焉。以木排數重搭臺演戲，城中村落來觀者，大小千餘艘。午後颶風起，巨浪磅礴，大雨如注，樓船孤危，風逼之幾覆，以木排爲戙索纜數千條，網網如織，風不能撼。少頃風定，完劇而散。越中舟如蠡殼，局蹐篷底看山，如矮人觀場，僅見鞋靸而已，升高視明，頗爲山水吐氣。

孫承澤《天府廣記》卷一四《倉場》漕船 漕船初造於應天龍江關提舉司。永樂年，改造於清江提舉，部爲給料。舊船三，新船七。景泰、天順間，計船萬一千七百七十五艘。又産木處每隔歲輒令有司自行派造，其後止解物料焉。又其後料解漸縮，於是有解價之議，而廠料愈不繼，船遂以無當。隆慶末年，船漂流益甚，科臣往勘還報曰：船薄而小，併糧太重，漕臣過也。漕撫王宗沐奏言：運船市木，歲責商人，商人豈不利佳木哉？一經南都，則拔其尤者爲黄馬船料矣，下瓜、儀，則市其佳者於民間造作矣，至其中空不堪者，始萃於清江。清江廠所委指揮等官晝夜營求，而又甲乙相承，莫可究詰。夫以不堪之料付之營求之人，而乘以不可究詰之勢，運船之弊，横潰四出，不亦宜耶？謂自今廠署毋註選，聽工部擇司官練達清謹者任之，三年而代，指揮等官悉罷委，别於淮安衛山陽等縣附註經歷縣丞四員，俾專制造，亦三年核其功罪而代。又請歲解銀湖廣布政司，責成糧儲道，必市美木，皆親造棟選，庶幾乎船勝漕也。報可。然木價既多，且匠作不堅，板薄釘稀，不久輒壞。兼以軍士守護經年，空船看護，種種不便，南科祝世禄具陳其苦，下部未覆。萬曆四十三年，南司馬梅守竣請復歸龍江廠，而淮廠匠作鑽營，部亦不覆，船不堪用，累及旗甲，自行僱覓。

周元彪輯《類珠》卷一九《雜具部》 舟

粵自刳木爲舟，剡木爲楫，共鼓貨狄二臣作於黃帝之世，而利涉無不濟矣。後世稽其制，則有雀之舫，鷁之首，鴨之頭，螺之形，稽其名，則有舼於越，舲於蜀，舶於秦，艅艎於吴。言其大，舸艦、迷津、青雀、黃龍之舳也，言其小，舴艋、星馳、烟舠、釣艇之捷也。於海則艆𦪇乘風，浪破波斯之舶，以戰則艨艟拒敵，勢壓樓船之利也。又豈但曰天子造舟，諸侯維舟，大夫方舟，士特舟之，各有制乎。漢宫之含烟舟，蘭杏爲櫓，影娥池之畫舫，鴻毛爲名，將見吴榜越船棹郎，是力鳴榔鼓栧錦纜齊橈，爲舟不足多歟。然則昭王之膠於漢濱也，孟明之濟河而焚也，蒼舒之刻而稱象也，王濬之造而馳馬也，李郭之共濟而仙也，舟之遺事不一矣。沙棠木爲舟則不沉，流汞渠瓦鐵亦不溺，亭長艤待於烏江，曹公見燒於赤壁，舟則同而所值異也，安得布帆之無恙乎。乘船則危，獨薛廣德能諫哉。夫舟以水載，亦以水覆，南人駕舟，恃巧乃以多溺也，慎之哉。

《欽定福建省外海戰船則例・各省外海戰船總畧》 查各省設立外海戰船，丈尺不同，各色各異，要皆隨江海之險合駕駛之宜，以供巡防操演之用也。比修造定例，康熙貳拾玖年題准：自新造之年爲始，届叁年准其小修；小修後叁年大修。再届叁年如船隻尚堪修理，仍令再次大修；如不堪修理，該督等題明拆造。乾隆貳拾陸年拾貳月内，欽奉上諭：「阿爾泰奏：登州鎮南汛貳、伍兩號戰船及東汛柒號艍船，現届拆造之年，驗明船板釘鋦尚屬堅固，毋庸拆造，應請大修一次等語，甚得核實辦公之道。向來各省修造船隻，徒循大小修及拆造例限，初不問其實在應行修造與否，在承辦者利於開銷，而上官亦但知歲月相符，並不悉心查勘，此皆故套相沿，於公事視同膜外，最爲惡習；前此已傳諭各省矣。今阿爾泰能力破流弊，加意釐正，洵可爲各省法式。着將此摺按寄各該督、撫、將軍等，令其一體實力查驗，照此辦理，毋任稍有冒濫，致滋弊竇，仍令每次具摺奏聞。欽此。」自欽奉諭旨之後，各省督撫俱於各項船隻届期修造之先，實力查勘。有届應修造而勘明船隻尚屬堅固緩修壹年者，有拆造改爲大修、大修改爲小修者，并有應拆造、大小修而所用工料銀兩較題定之數節省者，均于未經題估之先，專摺奏報，年底造册報部，彙總開單咨送軍機處查核奏聞。

至修造限期，向例小修限三個月完工，大修、拆造限肆個月完工。雍正陸年，九卿議定小修展限肆個月、大修、拆造展限陸個月完工。乾隆貳拾肆年，復經軍機大臣等定議，仍照向例辦理。

其修造船隻需用工料銀兩，有部價、協貼之分。部價係動支司庫正項錢糧，協貼則在於各州縣耗羡銀内派撥，從前並未報部有案。自雍正拾年耗羡歸公之後始行定議，將協貼銀兩在於耗羡項下動支。内江蘇、浙江二省，不論大小修、拆造，每部價壹百兩，量加津貼自壹百貳拾伍兩至壹百捌拾兩不等。山東省照正價加倍動給。廣東省，小修每百兩加肆拾兩，大修加陸拾兩，拆造加捌拾兩。福建省小修加拾、大修加玖、拆造加捌，又於應加津貼之外，每百兩另加銀叁拾兩。惟台灣遠隔重洋，一應料物運送維艱，復於應加津貼并另加叁分之外，再加運費銀貳分。所有各省報銷册籍，俱照此例開造。

至分年修造之例，先於康熙伍拾柒年定議，各省船隻届應修造之期，該督撫一併題明先修壹半，仍留壹半，在汛巡防俟前半完工，到汛即將後半續修。工完，一併題銷。嗣因各省辦理不能畫一，於乾隆貳拾肆年，據江南提督王進泰奏請，仍照舊例先後分修，經軍機大臣議覆准行，通行有船各省一體遵照在案。

惟是前項船隻，各省標營設立年久，該督撫等有以舊船丈尺做法與配駕情形未能合宜，因拆造之時將長濶丈尺稍爲更變而名色號數仍照從前編定者；有因配駕不同將丈尺做法名色號數從新更正者；又有原係分隸各營，而現在歸併一處並將此處船隻改隸他營者；亦有船身丈尺較前稍增，所用銀兩按數扣算數目過多者；並有丈尺較前減少而聲明成造堅固，兼之時價昂貴用價較前加增者：變更不一，斯章程難定。當於乾隆拾叁年，經工部奏請，通行各省督撫，將舊有各項船隻以及續行改造船隻，一體詳查，按照船身丈尺、做法、需用工料價值，酌定成規，送部查核。嗣於乾隆貳拾陸年貳月内，吏部等部會議：貴州巡撫周人驥條奏，將有關成例案件督率司員詳細檢查，如有應行增入之條，一併彙齊奏明，頒行各省一體遵循等因。隨於本年柒月内，於奏請纂輯各省物料價值則例案内，並請將戰船成規詳查更定，嗣於乾隆叁拾叁年欽奉旨，令將應裁、應改之處，悉心籌議。隨經奏明，將物料價值則例先行趕辦，繕册進呈。其各省戰船，行令各督撫詳查核議奏報到部，再行編輯成書，頒行各省，遵照辦理。

再查盛京金州水師旅順營，設有戰船陸隻，例係浙、閩二省分造駕送，凡届大、小修之期，所需物料、匠役由該將軍核明銀數，行文該二省辦解撥送。其大、小修年限先於雍正伍年議定，照内河戰船辦理。嗣於雍正拾貳年，據該將軍以前項船隻風濤衝擊，易於朽壞，題准照外海戰船之例辦理，除工料銀兩按例造報外，並無外加津貼銀兩，合併聲註。

《欽定福建省外海戰船則例・福建省外海戰船總略》 查福建省額設外海戰船叁百貳隻，有趕繒、雙篷艍哨等，名目不同，丈尺亦異。就其各船長寬丈尺相若者分別列則，計趕繒船分爲拾捌則，雙篷艍哨各船分爲拾則，於福、泉、漳、臺肆廠并閩安協督標水師營分造；節經裁改趕繒船第拾伍則、第拾捌則，雙篷艍哨等船第壹則、第貳則、第肆則、第伍則裁改無存。現存趕繒船拾陸則，計壹百肆拾壹隻；雙篷艍哨等船陸則，計壹百拾柒隻；又有杉板頭哨船捌隻，甫經改造，未歸入則：共大小戰船貳百陸拾陸隻。原送成規册内所用工料，俱以木植名色相同彙欵開列，並不按依造船應用各項料件名目次第分晰開載，亦不按依船身丈尺核用料物，并有同一料物名目所用匠工前後多寡，互異之處均難查核。今將各則船隻，按依修造用料次第，逐款開註，按料計工，分別釐定。所需料工銀兩有應行增減者，分晰核明，於逐欵項下開註，以備考核。所有各船名目、營分、號數，開列於後：

福建省外海趕繒船拾陸則

第壹則船伍隻

水師提標後營「清」字捌號
澎湖協標左營「綏」字拾號
臺灣協標右營「澄」字捌號
臺灣協標右營「澄」字拾號
淡水營「波」字肆號

第貳則船貳隻

淡水營「波」字貳號
澎湖協標右營「寧」字拾號

第叁則船肆隻

臺灣協標右營「澄」字玖號
海壇鎮標左營「永」字捌號、拾號
南澳鎮標左營「南」字玖號

第肆則船玖隻

澎湖協標右營「寧」字捌號、玖號
澎湖協標左營「綏」字捌號、玖號
臺灣協標左營「定」字拾號
臺灣協標中營「平」字拾號
南澳鎮標左營「南」字捌號
水師提標左營「國」字肆號
海壇鎮標右營「固」字拾號

第伍則船拾肆隻

水師提標左營「國」字柒號
水師提標前營「年」字捌號
臺灣協標左營「定」字玖號
澎湖協標左營「綏」字柒號
澎湖協標右營「寧」字陸號、柒號
臺灣協標右營「澄」字柒號
銅山營「紀」字柒號、捌號
南澳鎮標左營「南」字柒號
閩安協標左營「安」字捌號
閩安協標右營「瀾」字捌號
海壇鎮標右營「固」字玖號、拾貳號

第陸則船捌隻

銅山營「紀」字陸號
水師提標左營「國」字叁號、伍號
水師提標中營「海」字伍號
水師提標右營「萬」字叁號
海壇鎮標左營「永」字玖號
海壇鎮標右營「固」字拾壹號
閩安協標右營「瀾」字柒號

第柒則船叁隻

水師提標中營「海」字柒號、捌號
水師提標後營「清」字伍號

第捌則船柒隻
水師提標右營「萬」字柒號
水師提標前營「年」字陸號
海壇鎮標右營「固」字捌號
金門鎮標右營「湯」字叁號
臺灣協標中營「平」字柒號
臺灣協標左營「定」字伍號
澎湖協標左營「綏」字陸號

第玖則船貳隻
臺灣協標中營「平」字伍號、陸號

第拾則船伍拾柒隻
臺灣協標中營「平」字叁號、肆號
臺灣協標左營「定」字叁號、肆號、陸號
臺灣協標右營「澄」字肆號、伍號
水師提標中營「海」字叁號、肆號、陸號
水師提標右營「萬」字肆號、伍號、陸號
水師提標前營「年」字叁號、肆號、伍號
水師提標後營「清」字叁號、肆號、陸號、柒號
金門鎮標左營「金」字貳號、叁號、肆號、伍號、陸號、柒號、捌號
金門鎮標右營「湯」字壹號、肆號、伍號、陸號、柒號、捌號
澎湖協標左營「綏」字叁號、肆號、伍號
澎湖協標右營「寧」字叁號、肆號
海壇鎮標左營「永」字壹號、肆號、伍號、陸號、柒號
海壇鎮標右營「固」字叁號、肆號、伍號、陸號、柒號
閩安協標右營「瀾」字肆號、伍號
閩安協標左營「安」字柒號
水師旗營「爲」字叁號、肆號
烽火營「慶」字陸號
南澳鎮標左營「南」字叁號、□號
銅山營「紀」字肆號

第拾壹則船陸隻
水師提標左營「國」字貳號
水師提標後營「清」字貳號
南澳鎮標左營「南」字伍號
澎湖協標右營「寧」字伍號
臺灣協標中營「平」字玖號
臺灣協標右營「澄」字陸號

第拾貳則船陸隻
水師提標後營「清」字壹號
水師提標左營「國」字壹號
水師提標前營「年」字貳號
銅山營「紀」字伍號
閩安協標左營「安」字陸號
臺灣協標右營「澄」字叁號

第拾叁則船叁隻
閩安協標右營「瀾」字陸號
烽火營「慶」字捌號
臺灣協標左營「定」字貳號

第拾肆則船叁隻
臺灣協標右營「澄」字貳號
烽火營「慶」字伍號
閩安協標左營「安」字貳號

第拾陸則船叁隻
臺灣協標中營「平」字壹號
臺灣協標右營「澄」字壹號
水師提標前營「年」字壹號

第拾柒則船玖隻
臺灣協標左營「定」字壹號
臺灣協標中營「平」字貳號
澎湖協標左營「綏」字壹號、貳號

澎湖協標右營「寧」字壹號、貳號
閩安協標左營「安」字肆號
烽火營「慶」字壹號
銅山營「紀」字貳號

外海雙篷艍哨各船陸則

第叁則船貳隻
臺灣協標中營「波」字柒號
水師提標右營「萬」字拾貳號

第陸則船拾肆隻
金門鎮標右營「湯」字拾貳號、拾肆號
水師提標左營「國」字拾肆號
南澳鎮標左營「南」字拾號、拾伍號
閩安協標左營「安」字拾貳號、拾叁號、拾肆號
閩安協標右營「瀾」字拾叁號、拾肆號
督標水師營「靖」字壹號、貳號、叁號、肆號

第柒則船拾肆隻
閩安協標右營「瀾」字拾貳號
水師提標左營「國」字玖號、拾壹號
水師提標右營「萬」字拾肆號
水師提標後營「清」字玖號、拾號、拾貳號
水師提標前營「年」字拾號
南澳鎮標左營「南」字拾壹號、拾肆號
澎湖協標左營「綏」字拾貳號、拾叁號
烽火營「慶」字拾號、拾壹號

第捌則船貳拾陸隻
水師提標中營「海」字玖號、拾號、拾壹號、拾貳號
水師提標左營「國」字拾號
水師提標前營「年」字拾貳號、拾叁號
水師提標右營「萬」字拾壹號
閩安協標左營「安」字拾號、拾壹號
閩安協標右營「瀾」字玖號、拾號、拾壹號
銅山營「紀」字拾貳號
烽火營「慶」字玖號
海壇鎮標左營「永」字拾伍號、拾陸號、拾柒號、拾捌號、拾玖號
海壇鎮標右營「固」字拾陸號、拾捌號、拾玖號
臺灣協標右營「澄」字拾貳號、拾叁號
澎湖協標右營「寧」字拾貳號

第玖則船貳拾隻
銅山營「紀」字拾壹號、拾叁號、拾肆號
水師提標左營「國」字拾貳號
水師提標右營「萬」字玖號
金門鎮標右營「湯」字拾壹號、拾陸號
金門鎮標左營「金」字拾貳號、拾叁號、拾肆號、拾伍號、拾陸號
臺灣協標中營「平」字拾叁號
澎湖協標右營「寧」字拾壹號
澎湖協標右營「綏」字拾捌號
澎湖協標左營「綏」字拾壹號、拾肆號、拾陸號
海壇鎮標右營「固」字拾叁號
烽火營慶字拾叁號

第拾則船肆拾壹隻
水師提標中營「海」字壹號
水師提標右營「萬」字壹號、拾號
水師提標前營「年」字玖號
閩安協標左營「安」字壹號、叁號、玖號
閩安協標右營「瀾」字貳號、叁號
海壇鎮標左營「永」字貳號、叁號、拾叁號
烽火營「慶」字貳號、叁號、肆號、柒號
臺灣協標右營「澄」字拾壹號、拾伍號
臺灣協標左營「定」字拾叁號、拾肆號、拾陸號
臺灣協標中營「平」字拾壹號、拾貳號

澎湖協標左營「綏」字拾伍號、拾柒號

澎湖協標右營「寧」字拾肆號、拾伍號、拾陸號

金門鎮標右營「湯」字貳號、玖號、拾號、拾伍號

金門鎮標左營「金」字壹號、拾號、拾壹號

海壇鎮標右營「固」字壹號、貳號

南澳鎮標左營「南」字壹號

銅山營「紀」字壹號、叁號、玖號

不入則

臺協中、左、右叁營「利」字號杉板頭哨船捌隻

以上各則船隻，長、寬、丈尺畧有參差，查原送成規并節次准銷成案所開工料均屬相同，今俱按則分別訂定，届應拆造之年，按照各則一律造報。

又造送

奉天金州水師營趕繒船叁隻。

《欽定福建省外海戰船則例》卷首《奉天外海戰船做法》 福建省造送金州水師營大趕繒船叁隻，每隻身長柒丈肆尺，梁頭濶壹丈捌尺柒寸，計貳拾壹艙。

今將成造前船需用工料價值細數開後。

計開：

船底松木龍骨壹道，計叁節，連交接匙頭凑長捌丈，圍大陸尺做净，每折見方尺貳拾尺，用艦匠壹工。交接匙頭，用長貳尺釘拾陸個，長陸寸釘貳拾肆個。共核用圍大陸尺松木捌丈壹尺伍寸，長貳尺釘拾陸個，長陸寸釘貳拾肆個，艦匠貳拾肆工。

水底板長柒丈肆尺，連兩站凑寬叁丈，用長肆丈貳尺、寬捌寸、厚叁寸大吉木板陸拾玖塊，貳丈叁尺做净，每折見方尺捌拾尺，用艦匠壹工。鋸板折寬壹尺長柒丈，用鋸匠壹工。以下鋸板用工倣此。

釘縫凑長貳百玖拾貳丈壹尺，每丈用長陸寸釘叁拾個，艌縫凑長伍百捌拾肆丈貳尺，每丈用灰壹斤，桐油陸兩肆錢、網紗、竹絲各陸兩，每柒丈用艌匠壹工。春製油灰每肆拾斤用春灰夫壹名。以下艌縫用工用料倣此。共核用圍大叁尺貳寸、净長肆丈貳尺大吉木貳拾叁根柒尺柒寸，長陸寸釘捌千柒百陸拾叁個，灰伍百捌拾肆斤叁兩，桐油貳百叁拾叁斤拾壹兩，網紗貳百拾玖斤壹兩貳錢，竹絲貳百拾玖斤壹兩貳錢，艦匠捌拾工叁分叁釐，鋸匠肆拾伍工玖分，艌匠捌拾叁工肆分陸釐，春灰夫貳拾名肆分伍釐。

各艙梁座梁頭各貳拾貳道，用寬貳尺、厚肆寸樟木枋壹百捌拾壹丈捌尺玖寸，硬木棍穩弔玖根，各長壹丈叁尺，圍大捌寸。梁座梁頭每折見方尺捌拾尺，用艦匠壹工。穩弔肆拾尺，用艦匠壹工。釘縫凑長壹百玖拾叁丈伍尺玖寸，每丈用長陸寸釘叁拾個，艌縫凑長叁百捌拾柒丈壹尺捌寸。共核用：寬貳尺、厚肆寸樟木枋壹百捌拾叁丈柒尺壹寸，圍大捌寸，長壹丈叁尺硬木棍玖根，長陸寸釘伍千捌百捌個，灰叁百捌拾柒斤叁兩，桐油壹百伍拾肆斤拾肆兩，網紗壹百肆拾伍斤叁兩壹錢，竹絲壹百肆拾伍斤叁兩壹錢，艦匠壹百拾壹工肆分柒釐，艌匠伍拾伍工叁分壹釐，春灰夫拾叁名伍分伍釐。

各艙樟木極内虎頭艙極貳塊，各長壹丈貳寸。斗蓋極貳塊，各長伍尺。衝天極貳塊，各長壹丈壹尺。頭含襢極貳塊，各長壹丈柒寸。第貳第叁艙極肆塊，各長壹丈貳寸。小官廳艙極貳塊，各長壹丈壹尺柒寸。阿班貳艙極肆塊，各長壹丈壹尺貳寸。大桅艙極貳塊，水櫃艙極肆塊，擔擔艙極貳塊，油婆艙極肆塊，各長壹丈貳尺柒寸。官廳前後艙極陸塊，各長壹丈壹尺柒寸。前後通鋪舱極肆塊，繚公艙極貳塊，舵公艙極貳塊，各長壹丈貳尺柒寸。下金極貳塊，目裏極肆塊，前後八字極肆塊，下擔前極貳塊，尾楮裏極貳塊，各長壹丈貳尺。目裏極貳塊，各長叁尺。鰍魚極貳塊，各長柒尺。拜棚極貳塊，各長壹丈壹尺。肚極貳塊，頭轉水極貳塊，各長玖尺。中轉水極貳塊，各長壹丈貳尺。尾裡貳塊，百子舶拾陸塊，各長陸尺。牛頭極捌塊，各長貳尺伍寸。牛仔極拾伍塊，各長貳尺。均圍大壹尺做净，每折見方尺肆拾尺，用艦匠壹工。釘縫凑長捌拾玖丈壹尺，每丈用長陸寸釘叁拾個，艌縫凑長壹百柒拾捌丈貳尺。共核用：

圍大壹尺樟木極玖拾丈玖尺柒寸，長陸寸釘貳千陸百柒拾叁個，灰壹百柒拾捌斤叁兩，桐油柒拾壹斤肆兩伍錢，網紗陸拾陸斤拾叁兩貳錢，竹絲陸拾陸斤拾叁兩貳錢，艦匠貳拾貳工貳分捌釐，艌匠貳拾伍工肆分陸釐，春灰夫陸名貳分肆釐。

船頭正面頭獅壹架，高柒尺，寬壹丈，用大吉木横枋貳塊，各長壹丈。直枋貳塊，各長肆尺。弓枋壹塊，長壹丈叁尺，均寬捌寸、厚肆寸。獅頭板陸塊，各長壹丈，寬捌寸、厚貳寸。籤子拾陸根，各長壹丈貳尺，寬叁寸、厚貳寸。籤子木料，截下梢尖内選用架枋籤子，做净每折見方尺肆拾尺，用艦匠壹工。獅板捌拾尺，用艦匠壹工。架枋用長陸寸釘肆拾個，籤子用長陸寸釘肆拾捌個，獅板用長

肆寸釘壹百貳拾個。共核用：

圍大叁尺貳寸、净長肆丈貳尺大吉木叁丈伍尺伍寸，長陸寸釘捌拾捌個，長肆寸釘壹百貳拾個，艌匠捌工柒分陸釐，鋸匠貳工玖分叁釐。

背面頭獅坪壹架，高柒尺，寬壹丈，用大吉木直枋叁塊，各長柒尺。横枋伍塊，各長壹丈，均寬捌寸、厚肆寸。坪板陸塊，各長壹丈，寬捌寸、厚貳寸。架枋做净每折見方尺肆拾尺，用艌匠壹工。坪板捌拾尺，用艌匠壹工。架枋用長陸寸釘壹百貳拾個，坪板用長肆寸釘肆拾捌個。共核用：

圍大叁尺貳寸、净長肆丈貳尺大吉木壹根捌尺伍寸，長陸寸釘壹百貳拾個，長肆寸釘肆拾捌個，艌匠伍工柒分陸釐，鋸匠貳工柒釐。

船身兩旁走馬貳條，水蛇貳條，各長柒丈肆尺，寬捌寸，厚肆寸做净，每折見方尺肆拾尺，用艌匠壹工。走馬釘縫湊長拾肆丈捌尺，每丈用長壹天釘叁拾個，水蛇釘縫湊長拾肆丈捌尺，每肆尺用長壹尺釘叁個，艌縫湊長伍拾玖丈貳尺，共核用：

圍大叁尺貳寸、净長肆丈貳尺大吉木叁根，貳丈貳尺，長壹尺釘伍百伍拾伍個，灰伍拾玖斤叁兩，桐油貳拾叁斤拾兩玖錢，網紗貳拾貳斤叁兩貳錢，竹絲貳拾貳斤叁兩貳錢，艌匠拾柒工柒分陸釐，鋸匠伍工柒釐，艌匠捌工肆分陸釐，春灰夫貳名柒釐。

船面兩旁艥板，各長柒丈肆尺，湊寬壹丈叁尺叁寸，用長肆丈貳尺，寬捌寸，厚叁寸，大吉木板拾塊，叁丈伍尺做净，每折見方尺捌拾尺，用匠壹工。釘縫湊長壹百貳拾玖丈伍尺，每丈長陸寸釘叁拾個。艌縫湊長貳百伍拾玖丈。共核用：

圍大叁尺貳寸、净長肆丈貳尺大吉木拾根壹丈壹尺柒寸，長陸寸釘叁千捌百捌拾伍個，灰貳百伍拾玖斤，桐油壹百叁斤玖兩陸錢，網紗玖拾柒斤貳兩，竹絲玖拾柒斤貳兩，艌匠叁拾伍工陸分壹釐，鋸匠貳拾工叁分伍釐，艌匠叁拾柒工，春灰夫玖名柒釐。

兩旁舨板各長玖丈貳尺、高陸尺伍寸，用長叁丈陸尺、寬伍寸捌分、厚貳寸伍分中吉木板伍拾柒塊壹丈壹寸。舨搭肆塊，各長叁丈陸尺、寬伍寸捌分、厚貳寸伍分。浮溪木舨柱叁拾陸根，各長陸尺伍寸，净圍大壹尺柒寸，舨板做净每折見方尺捌拾尺。用艌匠壹工，舨柱肆拾尺，用艌匠壹工，舨板、舨搭、釘縫湊長貳百貳拾丈陸尺壹寸，每丈用長伍寸釘叁拾個。舨柱釘縫湊長貳拾叁丈肆尺，每丈用長陸寸釘叁拾個，舨板、舨柱，艌縫湊長肆百伍拾玖丈貳尺貳寸。共核用：

圍大貳尺伍寸、净長叁寸陸尺中吉木貳拾根，壹丈伍尺肆寸，圍大貳尺、净長叁丈貳尺浮溪木柒根壹丈，長陸寸釘柒百貳個，長伍寸釘陸千陸百拾捌個，灰肆百伍拾玖斤肆兩，桐油壹百捌拾叁斤拾壹兩，網紗壹百柒拾貳斤叁兩叁錢，竹絲壹百柒拾貳斤叁兩叁錢，艌匠伍拾伍工柒分貳釐，鋸匠貳拾陸工壹分陸釐，艌匠陸拾伍工陸分，春灰夫拾陸名柒釐。

兩舨邊舨斗捌塊，湊長叁丈貳尺；目裏貳塊，湊長壹丈肆尺：均寬壹尺貳寸。用寬伍寸、厚叁寸浮溪木板拾壹丈肆寸。樟木極舨艒叁拾陸塊，鳥嘴燕貳塊，各長肆尺；船頭龍目貳塊，各長壹尺伍寸：均圍大壹尺。做净每折見方尺肆拾尺，用艌匠壹工。舨斗、目裏釘縫湊長拾壹丈肆寸，每丈用長伍寸釘叁拾個。舨艒、鳥嘴燕、龍目，每塊用長陸寸釘肆個。舨斗、舨艒、鳥嘴燕、龍目、艌縫，湊長肆拾陸丈叁尺陸寸。共核用：

圍大貳尺、净長叁丈貳尺浮溪木壹根肆尺捌寸，圍大壹尺樟木極拾伍丈玖尺，長伍寸釘叁百叁拾壹個，長陸寸釘壹百陸拾個，灰肆拾陸斤陸兩，桐油拾捌斤捌兩柒錢，網紗拾柒斤陸兩貳錢，竹絲拾柒斤陸兩貳錢，艌匠捌工貳分玖釐，鋸匠壹工貳分陸釐，艌匠陸工陸分貳釐，春灰夫壹名陸分貳釐。

舨上前後鼠橋板肆塊，各長貳丈陸尺；壓板肆塊，各長貳丈捌尺：均寬伍寸厚貳寸，做净每折見方尺捌拾尺，用艌匠壹工。釘縫湊長貳拾壹丈陸尺，每丈用長伍寸釘叁拾個，壓板艌縫湊長貳拾貳丈肆尺。共核用：

圍大貳尺、净長叁丈貳尺浮溪木貳根捌尺，長伍寸釘陸百肆拾捌個，灰貳拾貳斤陸兩，桐油捌斤拾伍兩肆錢，網紗捌斤陸兩肆錢，竹絲捌斤陸兩肆錢，艌匠叁工柒分捌釐，鋸匠貳工壹分陸釐，艌匠叁工貳分，春灰夫柒分捌釐。

兩旁大壓貳條、笨抽貳條，各長柒丈肆尺；木戧肆條，各長叁丈柒尺：均寬陸寸陸分、厚叁寸伍分。做净每折見方尺肆拾尺，用艌匠壹工。釘縫湊長肆拾肆丈肆尺，每丈用長陸寸釘叁拾個，艌縫湊長捌拾捌丈捌尺。共核用：

圍大貳尺伍寸、净長叁丈陸尺中吉木陸根陸尺，長陸寸釘壹千叁百叁拾貳個，灰捌拾捌斤拾叁兩，桐油叁拾伍斤捌兩叁錢，網紗叁拾叁斤肆兩捌錢，竹絲叁拾叁斤肆兩捌錢，艌匠貳拾貳工肆分貳釐，鋸匠陸工肆分壹釐，艌匠拾貳工陸分玖釐，春灰夫叁名壹分壹釐。

官廳横直梁捌根，各長壹丈貳尺、寬壹尺貳寸、厚捌寸，用長壹丈貳尺，見方捌寸大吉木枋拾貳塊，做净每折見方尺肆拾尺，用艦匠壹工。共核用：

圍大叁尺貳寸、净長肆丈貳尺大吉木叁根壹丈捌尺，艦匠拾叁工肆分肆釐，鋸匠叁工捌分肆釐。

官廳上用中吉木戰櫃板貳拾塊、官廳内鋪板貳拾塊、後墻板貳拾塊，各長壹丈貳尺。兩旁猫裏墻板肆拾塊、鋪板肆拾塊，各長肆尺：均寬陸寸陸分、厚叁寸伍分。官廳門貳扇，各高柒尺、寬叁尺。虎頭艙門貳扇、猫裏門貳扇，各高伍尺、寬貳尺，用寬伍寸捌分，厚貳寸伍分板拾肆丈壹尺肆寸。官廳用木段拜棚板拾貳塊，各長壹丈肆尺，寬捌寸、厚貳寸伍分，做净每折見方尺捌拾尺，用艦匠壹工。戰櫃板、墻板、拜棚板，釘縫凑長捌拾丈捌尺，每丈用長伍寸釘叁拾個。門每扇用長肆寸釘貳拾肆個。戰櫃板、拜棚板，艌縫凑長捌拾壹丈陸尺。共核用：

圍大叁尺伍寸木段肆丈貳尺陸寸，圍大貳尺伍寸、净長叁丈陸尺中吉木拾伍根貳丈柒尺壹寸，長伍寸釘貳千肆百貳拾肆個，長肆寸釘壹百肆拾肆個，灰捌拾壹斤拾兩，桐油叁拾貳斤拾兩貳錢，網紗叁拾斤玖兩陸錢，竹絲叁拾斤玖兩陸錢，艦匠叁拾叁工陸分，鋸匠拾玖工貳分，艌匠拾壹工陸分陸釐，舂灰夫貳名捌分陸釐。

官廳兩旁用浮溪木戰櫃柱拾貳根，各長壹丈□尺，圍大壹尺柒寸。猫裏櫃上下袱捌塊，各長八尺；炕床前後上下枋肆塊，各長壹丈；兩旁上工枋肆塊，各長伍尺；直枋肆塊，各長叁尺：均寬伍寸、厚叁寸。跳板貳塊、側板肆塊，各長壹丈捌尺；小官廳鋪板貳拾伍塊，各長捌尺：均寬伍寸，厚貳寸。戰櫃上兩邊用木段樓挑貳根，各長壹丈肆尺，圍大叁尺貳寸。戰櫃柱、猫裡袱、炕床、枋、樓挑，做净每折見方尺肆拾尺，用艦匠壹工；跳板等板捌拾尺，用艦匠壹工。共核用：

圍大貳尺、净長叁丈貳尺浮溪木拾貳根貳尺柒寸，圍大叁尺伍寸木段貳丈捌尺肆寸，艦匠貳拾貳工貳分伍釐，鋸匠肆工陸分叁釐。

官廳前後通鋪板捌塊，各長壹丈柒尺；船後尾裡板拾塊，各長伍尺：均寬壹尺貳寸，厚參寸。做净每折見方尺捌拾尺。用艦匠壹工。釘縫凑長拾捌丈陸尺，每丈用長陸寸釘叁拾個，艌縫凑長叁拾柒丈貳尺。共核用：

寬壹尺貳寸、厚叁寸松木枋拾捌文捌尺陸寸，長陸寸釘伍百伍拾捌個，灰叁拾柒斤叁兩，桐油拾肆斤拾肆兩壹錢，網紗拾叁斤拾伍兩貳錢，竹絲拾叁斤拾伍兩貳錢，艦匠陸工玖分捌釐，艌匠伍工叁分壹釐，舂灰夫壹名叁分。

船面扛豆貳條，用大吉木各長柒丈，圍大貳尺玖寸。艌牛拾貳塊，用松木各長捌尺伍寸、寬壹尺貳寸、厚叁寸，做净每折見方尺肆拾尺。用艦匠壹工。扛豆用長捌寸釘貳拾貳個，艌牛釘縫凑長拾丈貳尺，每丈用長陸寸釘叁拾個。艌縫凑長肆拾捌丈肆尺。共核用：

圍大叁尺貳寸、净長肆丈貳尺大吉木叁根壹丈肆尺，寬壹尺貳寸、厚叁寸松木枋拾丈肆尺肆寸，長捌寸釘貳拾貳個，長陸寸釘叁百陸個，灰肆拾捌斤陸兩，桐油拾玖斤伍兩捌錢，網紗拾捌斤貳兩肆錢，竹絲拾捌斤貳兩肆錢，艦匠拾柒工捌分，艌匠陸工玖分壹釐，舂灰夫壹名陸分玖釐。

兩旁艌面戰棚板，各長柒丈肆尺，凑寬壹丈叁尺伍寸；用寬伍寸、厚貳寸、長叁丈貳尺浮溪木板陸拾貳塊壹丈肆尺。各艙内高洋木堵板捌百肆拾柒塊，各長叁尺伍寸、寬肆寸、厚壹寸。做净每折見方尺捌拾尺。用艦匠壹工。共核用：

圍大貳尺、净長叁丈貳尺浮溪木貳拾根貳丈陸尺，圍大壹尺陸寸、净長貳丈捌尺高洋木貳拾陸根壹丈叁尺壹寸，艦匠柒拾貳工貳釐，鋸匠肆拾壹工壹分陸釐。

船面艙蓋板壹百貳拾陸塊，各長陸尺玖寸；衝天蓋板拾貳塊，各長肆尺陸寸：均寬捌寸、厚貳寸伍分。通槽拾捌個、側槽陸個、水槽陸個，各長肆尺陸寸、圍大叁尺貳寸。蓋板做净每折見方尺捌拾尺，用艦匠壹工。通槽等槽叁拾尺，用艦匠壹工。蓋板釘縫凑長玖拾貳丈肆尺陸寸，每丈用長伍寸釘叁拾個。艌縫凑長壹百捌拾肆丈玖尺貳寸。共核用：

圍大叁尺伍寸木段叁拾柒丈捌尺柒寸，長伍寸釘貳千柒百柒拾肆個，灰壹百捌拾肆斤拾伍兩，桐油柒拾叁斤拾伍兩伍錢，網紗陸拾玖斤伍兩伍錢，□□□□□□□□□□□□□艌匠二十六工肆分貳釐舂灰夫陸名肆分柒釐。

水底上每艙用壓賽板叁塊，共陸拾叁塊，各長壹丈、寬壹尺、貳寸、厚叁寸，做净每折見方尺捌拾尺，用艦匠壹工。共核用：

寬壹尺貳寸、厚叁寸松木枋陸拾肆丈貳尺陸寸，艦匠貳拾叁工陸分叁釐。

船面兩旁牛欄肆根，凑長拾壹丈貳尺，圍大壹尺叁寸。做净每折見方尺肆拾尺，用艦匠壹工。共核用：

圍大壹尺陸寸、净長貳丈捌尺高洋木肆根，艦匠叁工陸分肆釐。

船頭斗蓋壹塊，用樟木長壹丈捌尺，圍大貳尺肆寸。蝦箍梁貳塊，各長捌尺伍寸；斗蓋下兔耳壹塊，長壹丈；托浪板下鹿肚勒壹塊，長捌尺：均寬壹尺伍寸、厚叁寸。托浪板玖塊，各長壹丈、寬壹尺叁寸、厚肆寸。斗蓋、蝦箍梁、兔耳、鹿肚勒，做净每折見方尺肆拾尺，用艦匠壹工。托浪板捌拾尺，用艦匠壹工。斗蓋用長捌寸釘拾貳個。蝦箍梁托浪板釘縫凑長拾丈柒尺，每丈用長陸寸釘叁拾個。兔耳、鹿肚勒，釘縫凑長壹丈捌尺，每丈用長伍寸釘叁拾個。蝦箍梁、托浪板、兔耳、鹿肚勒，艌縫凑長貳拾伍丈。共核用：

圍大貳尺肆寸、長壹丈捌尺伍寸樟木壹根，寬壹尺伍寸、厚叁寸樟木枋叁丈伍尺捌寸，寬壹尺叁寸、厚肆寸、長壹丈貳寸樟木玖塊，長捌寸釘拾貳個，長陸寸釘叁百貳拾壹個，□□□□□□□□□□□□□□竹絲玖斤陸兩，艦匠捌工陸釐，艌匠叁工伍分柒釐，舂灰夫捌分捌釐。

中含檀壹塊，長壹丈捌尺柒寸，見方貳尺捌寸。頭含檀壹塊，長壹丈伍尺，見方貳尺。含檀梁貳塊，各長貳丈；頭含檀閘叁塊，各長捌尺：均寬壹尺伍寸、厚叁寸。做净每折見方尺叁拾尺，用艦匠壹工。含檀梁釘縫凑長肆丈，每丈用長陸寸釘叁拾個。含檀含檀梁艌縫凑長拾肆丈柒尺肆寸。共核用：

見方貳尺捌寸、長壹丈捌尺玖寸樟木壹塊，見方貳尺、長壹丈伍尺貳寸樟木壹塊，寬壹尺伍寸、厚叁寸樟木枋陸丈伍尺，長陸寸釘壹百貳拾個，灰拾肆斤拾貳兩，桐油伍斤拾肆兩叁錢，網紗伍斤捌兩肆錢，竹絲伍斤捌兩肆錢，艦匠拾捌工陸分陸釐，艌匠貳工壹分壹釐，舂灰夫伍分貳釐。

中轉水壹塊，長壹丈捌尺、寬貳尺捌寸、厚壹尺伍寸。頭轉水壹塊，長壹丈肆尺，寬壹尺伍寸，厚捌寸。樟木極轉水鞋貳塊，各長柒尺伍寸，圍大壹尺，做净每折見方尺肆拾尺，用艦匠壹工。轉水每塊用長壹尺釘貳個，轉水鞋每塊用長陸寸釘柒個。艌縫凑長玖丈肆尺。共核用：

寬貳尺捌寸、厚壹尺伍寸、長壹丈捌尺貳寸樟木壹塊，寬壹尺伍寸、厚捌寸、長壹丈肆尺貳寸樟木壹塊，圍大壹尺樟木極壹丈伍尺肆寸，長壹尺釘肆個，長陸寸釘拾肆個，灰玖斤陸兩，桐油叁斤拾貳兩貳錢，網紗叁斤捌兩肆錢，竹絲叁斤捌兩肆錢，艦匠伍工捌分陸釐，艌匠壹工叁分肆釐，舂灰夫叁分叁釐。

尾樓板上下各寬壹丈陸尺，進深柒尺；兩旁拜棚板各長玖尺，凑寬壹丈陸尺：用寬捌寸、厚叁寸大吉木板拾壹塊貳丈貳尺貳寸。尾樓挑貳根，用中吉木凑長叁丈，圍大貳尺貳寸。拜棚槓肆根，用木段各長柒尺，圍大叁尺貳寸。尾樓板、拜棚板做净，每折見方尺捌拾尺，用艦匠壹工；樓挑、拜棚槓肆拾尺，用艦匠壹工。尾樓拜棚板釘縫凑長肆拾捌丈肆尺貳寸，每丈用長伍寸釘叁拾個。艌縫凑長玖拾陸丈捌尺肆寸。共核用：

圍大叁尺貳寸、净長肆丈貳尺大吉木叁根叁丈伍尺肆寸，圍大貳尺伍寸、净長叁丈陸尺中吉木叁丈，圍大叁尺伍寸木段貳丈捌尺捌寸，長伍寸釘壹千肆百伍拾叁個，灰玖拾陸斤拾叁兩，桐油叁拾捌斤拾壹兩捌錢，網紗叁拾陸斤伍兩，竹絲叁拾陸斤伍兩，艦匠拾柒工貳分壹釐，鋸匠柒工陸分壹釐，艌匠拾叁工捌分叁釐，舂灰夫叁名叁分玖釐。

上金壹塊，用樟木長壹丈柒尺、寬貳尺伍寸、厚壹尺。下金壹塊，長柒尺伍寸、見方貳尺伍寸。七星冠壹塊，長壹丈捌尺，寬壹尺捌寸，厚壹尺。下牮梁壹塊，長壹丈柒尺、寬貳尺柒寸、厚壹尺陸寸。尾巖梁壹塊，長壹丈捌尺，寬叁尺，厚壹尺捌寸。繚牛壹副，長柒尺伍寸、寬貳尺肆寸、厚陸寸。硬木棍下金拴貳根，繚牛觚肆根，各長陸尺伍寸、圍大捌寸。木段繚牛槓貳根，各長柒尺，圍大叁尺貳寸。上下金、七星冠、下牮梁、尾巖梁、繚牛做净，每折見方尺叁拾尺。用艦匠壹工。下金拴繚牛觚繚牛槓肆拾尺，用艦匠壹工。上金、下牮梁、尾巖梁每塊用長壹尺釘拾捌個，下金用長捌寸釘拾捌個，繚牛用長捌寸釘貳拾貳個，繚牛觚釘縫凑長貳丈陸尺，每丈用長伍寸釘叁拾個，下金艌縫凑長柒尺伍寸。共核用：

寬貳尺伍寸、厚壹尺、長壹丈柒尺貳寸樟木壹塊，見方貳尺伍寸、長柒尺柒寸樟木壹塊，寬壹尺捌寸、厚壹尺、長壹丈捌尺貳寸樟木壹塊，寬貳尺柒寸、厚壹尺陸寸、長壹丈柒尺貳寸樟木壹塊，寬叁尺、厚壹尺捌寸、長壹丈捌尺貳寸樟木壹塊，寬貳尺肆寸、厚陸寸、長柒尺柒寸樟木壹塊，圍大捌寸、長壹丈叁尺硬木棍叁根，圍大叁尺伍寸木段壹丈肆尺肆寸。長壹尺釘伍拾肆個，長捌寸釘肆拾個，長伍寸釘柒拾捌個，灰拾貳兩，桐油肆兩捌錢，網紗肆兩伍錢，竹絲肆兩伍錢，艦匠貳拾肆工壹分陸釐，艌匠壹分壹釐，舂灰夫叁釐。

船尾硬筋貳根，用木段各長壹丈肆尺，圍大叁尺貳寸。尾樓魴魚翅貳塊，各長柒尺；尾樓舨板陸塊，各長壹丈肆尺：均寬捌寸、厚肆寸。猴袋板肆塊、紗帽匙貳塊、雞母宿壹塊、尾燕板肆塊，各長壹丈肆尺、寬捌寸、厚貳寸伍分。浮溪木寄菜板肆塊、尾座板肆塊，各長壹丈貳尺、寬伍寸、厚貳寸。硬筋、魴魚翅、尾舨板做净每折見方尺肆拾尺，用艌匠壹工。猴袋各板捌拾尺，用艌匠壹工。硬筋頭尾用長陸寸釘拾貳個。尾舨板釘縫凑長捌丈肆尺，每丈用長伍寸釘叁拾個。共核用：

圍大叁尺伍寸木段拾壹丈柒尺叁寸，圍大貳尺、净長叁丈貳尺浮溪木壹根，長陸寸釘拾貳個，長伍寸釘貳百伍拾貳個，艌匠拾叁工捌分肆釐，鋸匠肆工玖分伍釐。

船尾軟筋貳塊，各長壹丈貳尺；目裏鞋貳塊，各長叁尺，朴竹肆塊，各長壹丈肆尺：均寬壹尺。太平牛頭肆塊，各長肆尺、寬壹尺伍寸，俱厚叁寸。軟筋、目裏鞋、牛頭做净，每折見方尺肆拾尺，用艌匠壹工。朴竹捌拾尺，用艌匠壹工。牛頭每塊用長陸寸釘捌個。共核用：寬壹尺、厚叁寸柯楠木枋捌丈柒尺肆寸，寬壹尺伍寸、厚叁寸柯楠木枋壹丈陸尺肆寸，長陸寸釘叁拾貳個，艌匠伍工貳分壹釐。

船尾櫓通板肆塊，各長壹丈貳尺；櫓門枋貳塊，各長壹丈；櫓床貳塊，各長柒尺；雙頭蛇貳塊，各長肆尺：均寬壹尺伍寸、厚叁寸。櫓通板做净每折見方尺捌拾尺，用艌匠壹工。櫓門枋、櫓床、雙頭蛇肆拾尺，用艌匠壹工。櫓床每塊用長捌寸釘拾貳個。櫓通板釘縫凑長肆丈捌尺，每丈用長陸寸釘叁拾個。櫓床、櫓通板，艌縫凑長拾貳丈肆尺。共核用：

寬壹尺伍寸、厚叁寸樟木枋玖丈壹尺捌寸，長捌寸釘貳拾肆個，長陸寸釘壹百肆拾肆個，灰拾貳斤陸兩，桐油肆斤拾伍兩肆錢，網紗肆斤拾兩肆錢，竹絲肆斤拾兩肆錢，艌匠伍工玖分肆釐，艌匠壹工柒分柒釐，舂灰夫肆分叁釐。

大桅座壹塊，長捌尺；頭桅座壹塊，長伍尺陸寸：俱見方貳尺伍寸。做净每折見方尺叁拾尺，用艌匠壹工。共核用：

見方貳尺伍寸、長捌尺貳寸樟木壹塊，見方貳尺伍寸、長伍尺捌寸樟木壹塊，艌匠肆工伍分叁釐。

大鹿耳貳塊，用樟木各長壹丈伍尺、寬貳尺肆寸、厚壹尺陸寸。頭鹿耳貳塊，各長壹丈壹尺、寬壹尺伍寸，厚玖寸。硬木棍鹿耳夾貳根，各長壹丈貳尺，圍大捌寸，做净每折見方尺肆拾尺，用艌匠壹工。共核用：

寬貳尺肆寸、厚壹尺陸寸、長壹丈伍尺貳寸樟木貳塊，寬壹尺伍寸、厚玖寸，長壹丈壹尺貳寸樟木貳塊，圍大捌寸、長壹丈叁尺硬木棍貳根，艌匠玖工壹分貳釐。

大桅壹根，長捌丈貳尺，圍大柒尺；頭桅壹根，長伍丈伍尺、圍大肆尺伍寸，做净每折見方尺肆拾尺，用艌匠壹工。共核用：

圍大柒尺、長捌丈貳尺桅木壹根，圍大肆尺伍寸、長伍丈伍尺桅木壹根，艌匠貳拾工伍分肆釐。

桅尾用柯楠木馬面叁塊，各長叁丈伍尺、寬壹尺伍寸、厚叁寸。樟木大桅笠壹塊，長貳尺；頭桅笠壹塊，長壹尺陸寸：均寬壹尺伍寸。中吉木大桅琵琶貳塊，各長叁尺；頭桅琵琶壹塊，長貳尺：均寬陸寸，俱厚叁寸。大桅屰壹根，長壹丈肆尺，圍大貳尺貳寸。高洋木頭桅屰壹根，長捌尺，圍大壹尺叁寸。馬面做净每折見方尺捌拾尺，用艌匠壹工。桅笠、琵琶、桅屰肆拾尺，用艌匠壹工。馬面釘縫凑長拾丈伍尺，每丈用長陸寸釘貳拾個。共核用：

寬壹尺伍寸、厚叁寸柯楠木枋拾丈伍尺陸寸，寬壹尺伍寸、厚叁寸樟木枋叁尺捌寸，圍大貳尺伍寸、净長叁丈陸尺中吉木壹丈捌尺，圍大壹尺陸寸、净長貳丈捌尺高洋木捌尺，長陸寸釘貳百拾個，艌匠陸工肆分肆釐，鋸匠壹分。

大篷擔貳根，用浮溪木各長叁丈貳尺；頭篷擔貳根，各長壹丈陸尺：均圍大壹尺柒寸。大小篷匙貳塊，凑長壹丈貳尺；篷踏貳塊，凑長壹丈肆尺：均寬壹尺貳寸，厚叁寸。用寬伍寸、厚叁寸板陸丈貳尺肆寸。做净每折見方尺肆拾尺，用艌匠壹工。篷匙、篷踏釘縫凑長陸丈貳尺肆寸，每丈用長伍寸釘叁拾個。共核用：

圍大貳尺、净長叁丈貳尺浮溪木叁根叁丈壹尺貳寸，長伍寸釘壹百捌拾柒個，艌匠陸工伍分捌釐，鋸匠柒分壹釐。

大篷車員壹根，用中吉木長貳丈；椗車員壹根，長壹丈陸尺：均圍大貳尺貳寸。大篷半車員壹根、斗頭車員壹根、尾樓車員壹根，用浮溪木凑長叁丈貳尺，圍大壹尺柒寸。樟木車耳拾塊，各長捌尺伍寸、寬壹尺柒寸，厚伍寸。浮溪木船頭車脚板貳拾肆塊，各長貳丈捌尺，寬伍寸，厚貳寸。硬木棍車子柒拾根，各長壹丈叁尺，圍大捌寸。車員、車耳做净每折見方尺叁拾貳尺，用艌匠壹工。車脚板捌拾尺，用艌匠壹工。共核用：

圍大貳尺伍寸、净長叁丈陸尺中吉木壹根，圍大貳尺、净長叁丈貳尺浮溪木捌根，寬壹尺柒寸、厚伍寸長捌尺柒寸樟木捌塊，圍大捌寸、長壹丈叁尺硬木棍柒拾根，艌匠貳拾柒工陸分叁釐，鋸匠陸工柒分貳釐。

大小篷架梁叁根，凑長貳丈柒尺；架柱陸根，凑長肆丈貳尺；架針叁根，凑長貳丈壹尺： 均寬壹尺、厚捌寸。做净每折見方尺叁拾貳尺，用艌匠壹工。共核用：

圍大叁尺伍寸木段玖丈貳尺肆寸，艌匠拾工壹分叁釐，鋸匠貳工叁分壹釐。

水櫃肆個，用樟木牛頭捌塊，各長伍尺、寬壹尺伍寸、厚叁寸。木段水櫃板壹百陸拾捌塊，各長肆尺陸寸、寬捌寸、厚貳寸伍分。水櫃柱肆根，各長陸尺伍寸；水仙門柱貳根，各長肆尺陸寸，俱圍大叁尺貳寸。牛頭、柱木做净，每折見方尺肆拾尺，用艌匠壹工。水櫃板捌拾尺，用艌匠壹工。牛頭、水仙門柱釘縫凑長肆丈玖尺貳寸，每丈用長陸寸釘叁拾個。水櫃柱釘縫凑長貳丈陸尺，每丈用長陸寸釘貳拾個。水櫃板釘縫凑長柒拾柒丈貳尺捌寸，每丈用長伍寸釘叁拾個。水櫃、牛頭、柱板艌縫凑長壹百陸拾柒丈柒尺陸寸。共核用：

寬壹尺伍寸、厚叁寸樟木枋肆丈捌寸，圍大叁尺伍寸木段貳拾叁丈叁尺陸寸，長陸寸釘貳百個，長伍寸釘貳千叁百拾捌個，灰壹百陸拾柒斤拾貳兩，桐油陸拾柒斤壹兩柒錢，網紗陸拾貳斤拾肆兩陸錢，竹絲陸拾貳斤拾肆兩陸錢，艌匠貳拾陸工柒分，鋸匠拾壹工伍分玖釐，艌匠貳拾叁工玖分柒釐，舂灰夫伍名捌分柒釐。

媽祖龕用杉木板拾貳塊、鷹板貳塊、番仔板肆塊、順風板貳塊，各長貳丈伍尺、寬陸寸、厚壹寸。高洋木媽祖旗杆壹根，長貳丈，圍大壹尺叁寸。旗杆做净每折見方尺肆拾尺，用艌匠壹工。龕板各板捌拾尺，用艌匠壹工。龕板釘縫凑長叁拾丈，每丈用長肆寸釘叁拾個。艌縫凑長陸拾丈。

共核用：

寬陸寸，厚壹寸杉木板伍拾丈肆尺，圍大壹尺陸寸、净長貳丈捌尺高洋木貳丈，長肆寸釘玖百個，灰陸拾斤，桐油貳拾肆斤，網紗貳拾貳斤捌兩，竹絲貳拾貳斤捌兩，艌匠玖工肆分，艌匠捌工伍分柒釐，舂灰夫貳名壹分。

船尾横欄杆壹面，寬壹丈柒尺、高伍尺。用横枋叁根，各長壹丈柒尺。直枋肆根，各長伍尺。兩旁欄杆貳面，各寬貳丈叁尺、高伍尺。共用横枋捌根，各長貳丈叁尺；直枋拾陸根，各長伍尺： 均見方肆寸。籤子玖拾條，各長伍尺、寬肆寸、厚貳寸。劍刀鎗肆拾貳條，各長叁尺、寬叁寸、厚貳寸。各料係截下梢尖内選用，做净每折見方尺肆拾尺。用艌匠壹工。錠欄杆用長陸寸釘貳百肆拾個。籤子劍刀鎗用長肆寸釘壹百貳拾陸個。共核用：

長陸寸釘貳百肆拾個，長肆寸釘壹百貳拾陸個，艌匠叁拾工伍釐，鋸匠捌工伍分玖釐。

船面兩旁砲架蓋捌個，每個用長肆尺陸寸、寬捌寸、厚貳寸伍分板柒塊。做净每折見方尺捌拾尺，用艌匠壹工。共核用：

圍大叁尺伍寸木段陸丈伍尺捌寸，艌匠陸工柒分陸釐，鋸匠叁工捌分陸釐。

船頭用大吉木樾壹枝，長肆丈貳尺，圍大貳尺玖寸。樟木樾牙壹塊，長伍尺，寬壹尺伍寸，厚叁寸。做净每折見方尺肆拾尺，用艌匠壹工。樾牙用長捌寸釘陸個。共核用：

圍大叁尺貳寸、净長肆丈貳尺大吉木壹根，寬壹尺伍寸、厚叁寸樟木枋伍尺壹寸，長捌寸釘陸個，艌匠叁工伍分。

船尾舵壹門用桫木舵桿壹根，長貳丈玖尺、寬貳尺、厚壹尺。舵閂板陸塊，各長壹丈捌尺，凑寬叁尺玖寸陸分，用寬伍寸捌分、厚貳寸伍分中吉木板拾貳丈貳尺玖寸；樟木極舵夾捌塊，各長肆尺；櫓尖貳個，各長壹尺伍寸：俱圍大壹尺。硬木棍舵牙貳根，各長壹丈叁尺，圍大捌寸。舵桿做净每折見方尺叁拾尺，用艌匠壹工；舵夾櫓尖舵牙肆拾尺，用艌匠壹工；舵閂板捌拾尺，用艌匠壹工。舵夾釘縫凑長叁丈貳尺，每丈用長捌寸釘伍拾個。舵夾、舵閂板艌縫凑長叁拾丈玖尺捌寸。共核用：

寬貳尺、厚壹尺、長貳丈玖尺貳寸桫木壹塊，圍大貳尺伍寸、净長叁丈陸尺中吉木壹塊伍尺，圍大壹尺樟木極叁丈陸尺，圍大捌寸、長壹丈叁尺硬木棍貳根，長捌寸釘壹百陸拾個，灰叁拾壹斤，桐油拾貳斤陸兩叁錢，網紗拾壹斤玖兩玖錢，竹絲拾壹斤玖兩玖錢，艌匠玖工柒分肆釐，鋸匠壹工肆分陸釐，艌匠肆工肆分叁釐，舂灰夫壹名捌釐。

跟隨戰船舢板船壹隻，長貳丈、寬柒尺肆寸、深叁尺伍寸，計肆艙。

舢板船龍骨壹根，用柯楠木長壹丈柒尺。托浪貳塊，各長伍尺陸寸；斗蓋壹塊，長陸尺： 均寬壹尺，厚叁寸。水底板長壹丈捌尺，凑寬壹丈貳尺。艍板捌塊，各長貳丈，凑寬肆尺貳寸肆分。堵板貳拾肆塊，各長陸尺伍寸，凑寬壹丈貳尺柒寸貳分，用寬伍寸、厚貳寸浮溪木板柒拾陸丈柒尺。龍骨做净每折見方尺肆拾尺，用艌匠壹工。斗蓋各板捌拾尺，用艌匠壹工。龍骨用長陸寸釘拾貳個。艌托浪板、水底板、艍板釘縫凑長陸拾壹丈貳尺捌寸，每丈用長伍寸釘叁拾個。艌縫凑長壹百貳拾貳丈伍尺陸寸。共核用：

寬壹尺、厚叁寸柯椈木枋叁丈伍尺，圍大貳尺、浄長叁丈貳尺浮溪木柒根叁丈壹尺柒寸，長陸寸釘拾貳個，長伍寸釘壹千捌百叁拾捌個，灰壹百貳拾貳斤玖兩，桐油肆拾玖斤肆錢，網紗肆拾伍斤拾伍兩肆錢，竹絲肆拾伍斤拾伍兩肆錢，艦匠拾伍工捌釐，鋸匠柒工陸分柒釐，艙匠拾柒工伍分壹釐，舂灰夫肆名貳分玖釐。

舢板船兩旁水蛇貳塊，各長壹丈捌尺。壓板□□，各長貳丈；水戧貳塊，各長壹丈柒尺：均寬伍寸、厚貳寸。做净每折見方尺捌拾尺，用艦匠壹工。水蛇釘縫凑長叁丈陸尺，每肆尺用長捌寸釘叁個。壓板、水戧釘縫凑長柒丈肆尺，每丈用長伍寸釘叁拾個。艙縫凑長貳拾貳丈。共核用：

圍大貳尺、浄長叁丈貳尺浮溪木壹根肆尺柒寸，長捌寸釘貳拾柒個，長伍寸釘貳百貳拾貳個，灰貳拾貳斤，桐油捌斤拾貳兩捌錢，網紗捌斤肆兩，竹絲捌斤肆兩，艦匠壹工玖分叁釐，鋸匠壹工壹分，艙匠叁工壹分肆釐，舂灰夫柒分柒釐。

舢板船樟木梁座貳塊，各長伍尺；梁頭捌塊，各長柒尺：均寬壹尺伍寸、厚叁寸。樟木極舢板梁肆塊，各長肆尺肆寸；衝天極貳塊、百子舥陸塊，各長叁尺；牛頭極拾伍塊，各長貳尺：均圍大壹尺。梁座、梁頭做净，每折見方尺捌拾尺，用艦匠壹工。舢板梁、百子舥各極肆拾尺，用艦匠壹工。釘縫凑長拾叁丈柒尺陸寸，每丈用長陸寸釘叁拾個。艙縫凑長貳拾柒丈伍尺貳寸。共核用：

寬壹尺伍寸、厚叁寸樟木枋陸丈柒尺捌寸，圍大壹尺樟木極柒丈肆尺叁寸，長陸寸釘肆百拾叁個，灰貳拾柒斤捌兩，桐油拾壹斤壹錢，網紗拾斤伍兩壹錢，竹絲拾斤伍兩壹錢，艦匠肆工柒分陸釐，艙匠叁工玖分叁釐，舂灰夫玖分陸釐。

大桅鐵箍拾貳個、頭桅箍肆個、舵頭箍叁個、槌箍貳個、椗齒陸個、櫓箍捌個、鐵環陸個，以上鐵料净重叁百貳拾伍斤。每正鐵壹斤加耗鐵壹斤，每正鐵伍斤用鐵匠壹工，每正耗鐵壹斤用炭叁斤。共核用：

生鐵陸百伍拾斤，炭壹千玖百伍拾斤，鐵匠陸拾伍工。

油畫前船共用：

桐油拾斤，淡底貳斤，烏烟貳拾捌斤，廣紅拾叁斤，銅碌肆兩，京紅伍兩，南粉貳斤，銀硃貳兩，籐黄肆兩，藍粉肆兩捌錢，杭粉壹兩，松香捌兩，水膠陸兩，墨貳塊，油畫匠拾陸工。

大小麻繩用麻肆千壹百斤。每打繩壹百斤，用繩匠叁工陸分。共核用：
麻肆千壹百斤，繩匠壹百肆拾柒工陸分。

大小棕繩用棕陸千玖百斤。每撕棕肆拾斤，用撕棕匠壹工；成繩肆拾斤用成繩匠壹工。共核用：

棕陸千玖百斤，撕棕匠壹百柒拾貳工伍分，成繩匠壹百柒拾貳工伍分。

椗舵上配用竹繩、草繩共用：

竹篾玖百陸拾斤，繩匠叁拾肆工伍分陸釐，草心貳千斤，繩匠伍拾工。

千秋踏索用：槐籐肆拾斤，籐匠捌工。

竪立大小桅用壯夫伍拾名。

前船共用大小鐵釘肆萬柒千伍百玖拾貳個。刷抹釘頭每百個用桐油陸兩肆錢，灰壹斤。每油灰拾斤用，艙匠壹工。共核用：

桐油壹百玖拾斤伍兩玖錢，灰肆百柒拾伍斤拾伍兩，艙匠陸拾陸工陸分叁釐，舂灰夫拾陸名陸分陸釐。

前船共用艦匠玖百貳拾工叁分陸釐，係照杉、松木植核定，内有樟柯等硬料用匠貳百伍拾貳工肆分肆釐，每工外加匠貳分，計加匠伍拾工肆分玖釐，共匠玖百柒拾工捌分伍釐。每百工加安裝匠拾工，計安裝匠玖拾柒工玖釐。每艦匠安裝匠壹百工，加隨匠夫貳拾名，計壯夫貳百拾叁名伍分玖釐。

以上共用：

圍大陸尺松木捌丈壹尺伍寸，計銀陸兩壹錢壹分叁釐。

圍大叁尺貳寸、浄長肆丈貳尺大吉木伍拾根貳丈陸尺捌寸，每根銀貳兩柒錢。計銀壹百叁拾陸兩柒錢貳分叁釐。

圍大貳尺伍寸、浄長叁丈陸尺中吉木肆拾伍根貳丈玖尺伍寸，每根銀壹兩伍錢。計銀陸拾捌兩柒錢貳分玖釐。

圍大貳尺、浄長叁丈貳尺浮溪木陸拾伍根貳丈叁尺壹寸，每根銀伍錢計銀叁拾貳兩捌錢陸分壹釐。

圍大壹尺陸寸、浄長貳文捌尺高洋木叁拾壹根壹丈叁尺壹寸，每根銀貳錢計銀陸兩貳錢玖分肆釐。

圍大叁尺伍寸木段壹百丈貳尺，核長壹丈肆尺段料柒拾壹根捌尺，每根銀陸錢。計銀肆拾貳兩玖錢肆分叁釐。

寬貳尺、厚肆寸樟木枋壹百捌拾叁丈柒尺壹寸，核長貳丈枋料玖拾壹塊壹丈柒尺壹寸，每塊銀貳兩柒錢壹分玖釐。計銀貳百肆拾玖兩柒錢伍分肆釐。

寬壹尺伍寸、厚叁寸樟木枋叁拾壹丈壹寸，核長壹丈柒尺枋料拾捌塊肆尺壹寸，每塊銀壹兩叁錢。計銀貳拾叁兩柒錢壹分肆釐。

寬壹尺叁寸、厚肆寸、長壹丈貳寸樟木枋玖塊，每塊銀玖錢壹釐。計銀捌兩壹錢玖釐。

寬壹尺貳寸、厚叁寸松木枋玖拾叁丈伍尺陸寸，核長壹丈柒尺枋料伍拾伍塊陸寸，每塊銀叁錢伍分。計銀拾玖兩貳錢陸分貳釐。

圍大壹尺樟木極壹百拾玖丈肆尺肆寸，核長壹丈貳尺樟木極玖拾玖塊陸尺肆寸，每塊銀貳錢。計銀拾玖兩玖錢柒釐。

寬壹尺伍寸、厚叁寸柯楠木枋拾貳丈貳尺，每丈銀伍錢柒分壹釐伍毫。計銀陸兩玖錢柒分貳釐。

寬壹尺、厚叁寸柯楠木枋拾貳丈貳尺肆寸，每丈銀叁錢捌分壹釐。計銀肆兩陸錢陸分叁釐。

圍大捌寸、長壹丈叁尺硬木棍捌拾陸根，每根銀捌分。計銀陸兩捌錢捌分。

寬陸寸、厚壹寸杉木板伍拾丈肆尺。每丈銀肆錢。計銀貳拾兩壹錢陸分。

圍大貳尺肆寸、長壹丈捌尺伍寸樟木壹塊，計銀陸錢陸分壹釐。

圍大貳尺捌寸、長壹丈捌尺玖寸樟木壹塊，計銀拾壹兩叁分玖釐。

見方貳尺、長壹丈伍尺貳寸樟木壹塊，計銀肆兩伍錢叁分。

寬貳尺捌寸、厚壹尺伍寸、長壹丈捌尺貳寸樟木壹塊，計銀伍兩陸錢玖分伍釐。

寬壹尺伍寸、厚捌寸長壹丈肆尺貳寸樟木壹塊，計銀壹兩貳錢陸分玖釐。

寬貳尺伍寸、厚壹尺長壹丈柒尺貳寸樟木壹塊，計銀叁兩貳錢叁釐。

見方貳尺伍寸、長柒尺柒寸樟木壹塊，計銀叁兩伍錢捌分伍釐。

見方貳尺伍寸、長捌尺貳寸樟木壹塊，計銀叁兩捌錢壹分捌釐。

見方貳尺伍寸、長伍尺捌寸樟木壹塊，計銀貳兩柒錢。

寬壹尺捌寸、厚壹尺、長壹丈捌尺貳寸樟木壹塊，計銀貳兩肆錢肆分。

寬貳尺柒寸、厚壹尺陸寸、長壹丈柒尺貳寸樟木壹塊，計銀伍兩伍錢叁分伍釐。

寬叁尺、厚壹尺捌寸、長壹丈捌尺貳寸樟木壹塊，計銀柒兩叁錢貳分貳釐。

寬貳尺肆寸、厚陸寸、長柒尺柒寸樟木壹塊，計銀捌錢貳分陸釐。

寬貳尺肆寸、厚壹尺陸寸、長壹丈伍尺貳寸樟木貳塊，每塊銀肆兩叁錢肆分捌釐。計銀捌兩陸錢玖分陸釐。

寬壹尺伍寸、厚玖寸、長壹丈壹尺貳寸樟木貳塊，每塊銀壹兩壹錢貳分陸釐。計銀貳兩貳錢伍分貳釐。

寬壹尺柒寸、厚伍寸、長捌尺柒寸樟木捌塊，每塊銀伍錢伍分壹釐。計銀肆兩肆錢捌釐。

寬貳尺、厚壹尺、長貳丈玖尺貳寸棪木壹塊，計銀貳拾陸兩貳錢伍分陸釐。

圍大柒尺、長捌丈貳尺桅木壹根，計銀柒拾貳兩肆錢捌分貳釐。

圍大肆尺伍寸、長伍丈伍尺桅木壹根，計銀捌兩伍分肆釐。

長貳尺釘拾陸個，每個重壹斤，計重拾陸斤。長壹尺釘陸百拾叁個，每貳個重壹斤，計重叁百陸斤捌兩。長捌寸釘貳百玖拾壹個，每伍個重壹斤，計重伍拾捌斤叁兩貳錢。長陸寸釘貳萬陸千壹百叁拾柒個，每拾伍個重壹斤，計重壹千柒百肆拾貳斤柒兩伍錢。長伍寸釘壹萬玖千壹百玖拾柒個，每貳拾個重壹斤，計重玖百伍拾玖斤拾叁兩陸錢。長肆寸釘壹千叁百叁拾捌個，每叁拾個重壹斤，計重肆拾肆斤玖兩陸錢。以上鐵釘共重叁千壹百貳拾柒斤以兩玖錢。每斤銀貳分貳釐。計銀陸拾捌兩捌錢捌釐。

灰叁千伍百貳斤捌兩，每百斤銀貳錢。計銀柒兩伍釐。

桐油壹千肆百拾壹斤柒錢，每斤銀叁分。計銀肆拾貳兩叁銀叁分壹釐。

網紗壹千壹百叁拾肆斤拾伍兩捌錢，每斤銀壹分貳釐。計銀拾叁兩陸錢貳分。

竹絲壹千壹百叁拾肆斤拾伍兩捌錢，每斤銀陸釐。計銀陸兩捌錢壹分。

生鐵陸百伍拾斤，每斤銀壹分。計銀陸兩伍錢。

炭壹千玖百伍拾斤，每百斤銀壹錢陸分。計銀叁兩壹錢貳分。

淡底貳斤，每斤銀伍分。計銀壹錢。

烏烟貳拾捌斤，每斤銀壹分伍釐。計銀肆錢貳分。

廣紅拾叁斤，每斤銀伍分。計銀陸錢伍分。

銅碌肆兩，每斤銀叁錢。計銀柒分伍釐。

京紅伍兩，每斤銀捌分。計銀貳分伍釐。

南粉貳斤，每斤銀壹分。計銀貳分。

銀硃貳兩，每斤銀陸錢肆分。計銀捌分。

滕黃肆兩，每斤銀貳錢。計銀伍分。

藍粉肆兩捌錢，每斤銀捌分。計銀貳分肆釐。

杭粉壹兩，每斤銀壹錢陸分。計銀壹分。
松香捌兩，每斤銀貳分。計銀壹分。
水膠陸兩，每斤銀肆分。計銀壹分伍釐。
墨貳塊，每塊銀壹分。計銀貳分。
麻肆千壹百斤，每斤銀壹分伍釐。計銀陸拾壹兩伍錢。
棕陸千玖百斤，每斤銀叁分。計銀貳百柒兩。
竹篾玖百陸拾斤，每百斤銀壹錢陸分。計銀壹兩伍錢叁分陸釐。
草心貳千斤，每百斤銀柒分。計銀壹兩肆錢。
槐籐肆拾斤，每斤銀貳分伍釐。計銀壹兩。

艦匠玖百柒拾工捌分伍釐、安裝匠玖拾柒工玖釐、鋸匠貳百伍拾壹工陸分捌釐、艌匠肆百玖拾玖工壹釐、鐵匠陸拾伍工、油畫匠拾陸工、繩匠貳百叁拾貳工壹分陸釐、棕匠叁百肆拾伍工、籐匠捌工、壯夫叁百捌拾陸名壹分捌釐，共匠夫貳千捌百柒拾工玖分柒釐，每工銀伍分。計銀壹百肆拾叁兩伍錢肆分玖釐。

又置備物件開後：

椗叁門，齒全，每門長貳丈、寬壹尺貳寸、厚柒寸，每門銀壹兩柒錢伍分肆釐，計銀伍兩貳錢陸分貳釐。

櫓貳枝，各長肆丈肆尺、寬玖寸厚陸寸，每枝銀貳兩肆錢貳分貳釐。計銀肆兩捌錢肆分肆釐。

舢板櫓貳枝，各長叁丈陸尺、寬捌寸、厚伍寸，每枝銀陸錢陸分。計銀壹兩叁錢貳分。

小槳肆枝，長長貳丈陸尺、寬肆寸、厚叁寸，每枝銀貳錢柒分肆釐。計銀壹兩玖分陸釐。

大小風篷貳扇，計銀柒兩。
桅餅肆個，每個銀壹錢貳分壹釐。計銀肆錢捌分肆釐。
大小無底升捌百個，每百個銀捌分。計銀陸錢肆分。
大纛純旗壹面、什長紬旗五面，彩畫貼金紅纓皮頂鐵身漆桿全，計銀捌兩伍錢肆分。
大纛兩帽壹頂，計銀貳錢貳釐。
什長旗兩帽伍頂，每頂銀壹錢伍釐。計銀伍錢貳分伍釐。
媽祖紬旗壹面，計銀貳兩貳錢。
色布旗幟，計銀伍兩叁錢貳分伍釐。
槐籐陸拾肆斤，每斤銀貳分伍釐。計銀壹兩陸錢。
大撐陸枝，各長叁丈肆尺、寬伍寸、厚叁寸，每枝銀叁錢貳分貳釐。計銀壹兩玖錢叁分貳釐。
木桶叁拾件，每件銀叁分。計銀玖錢。
鐵鍋肆口，每口銀壹錢陸分貳釐。計銀陸錢肆分捌釐。
裝塑媽祖金身像壹位，計銀捌錢。
尾樓燈壹盞，計銀叁銀貳分貳釐。
琉璃燈壹架，計銀壹錢貳釐。
刊刻「靖海」貳字描金硃漆，計銀壹錢。
金壹面重陸斤，每斤銀壹錢叁分。計銀柒錢捌分。
鼓壹面，計銀肆錢。

以上成造前船准銷成案内開，每隻需用工料及添備加增長濶料工，共銀壹千肆百叁拾捌兩伍錢伍分伍釐。今按册開丈尺做法，按條查核，與准銷銀數相符。應令該撫於前船届應更造之年，飭令承辦之員撙節妥辦。如有應行節省之處，據實核明，在於應領銀内扣除。仍令照例委員崔覓舵水人等，駕送奉天應用。

《欽定福建省外海戰船則例》卷一《福建省外海戰船做法·第壹則趕繒船》

第壹則：趕繒船伍隻。内水師提標後營「清」字捌號船壹隻：身長肆丈陸尺，船頭起航肆尺，尾起航叁尺。船頭長壹丈捌尺，面匀寬捌尺捌寸，底匀寬捌尺。船中長壹丈陸尺，面匀寬壹丈叁尺貳寸，底匀寬壹丈貳寸。船尾長壹丈貳尺，面匀寬壹丈貳尺陸寸，底匀寬玖尺肆寸。兩邊舨長伍丈貳尺陸寸，計拾伍艙，深肆尺叁寸。

今將拆造前船需用工料、價值細數開後。

計開：

船底松木龍骨壹道，計叁節：船頭壹節，長壹丈伍尺；船中壹節，連交接匙頭長叁丈壹尺；船尾壹節，長壹丈：均寬壹尺、厚捌寸。做净每折見方尺貳拾尺，用艦匠壹工。交接匙頭貳處，每處用長壹尺釘捌個；每邊用長陸寸釘拾貳個。共核用寬壹尺、厚捌寸松木枋伍丈陸尺陸寸，查成規内開大吉、中吉、浮溪、高洋四頭木植，俱截去尖梢，作欄杆灶櫃、劍子、木牌等項之用，其本身木料毋庸另加長荒外，一切杬段各料有截去壹貳尺至三四尺不等者，亦有未加長荒者，參差不一。今將杬段各料每件長五尺以內者，加長荒壹寸；伍尺以外者，加長荒貳寸。圓徑樟木料長壹丈以內者，每根如長荒二寸；長壹丈以外者，每根加長荒五寸。一律核定，餘倣此。長壹尺釘拾陸個，長陸寸釘貳拾肆個，艦匠拾工捌釐。

船底板連起⿰鬲几長肆丈陸尺，內船底勻寬玖尺陸寸柒分，兩站各勻高肆尺玖寸伍分，用長肆丈貳尺、寬捌寸、厚叄寸大吉木板貳拾捌塊。做淨每折見方尺捌拾尺，用艦匠壹工；鋸板折寬壹尺、長柒丈，用鋸匠壹工。以下鋸板用工倣此。釘縫湊長壹百拾柒丈陸尺，每丈用長陸寸釘叄拾個。艌縫湊長貳百叄拾伍丈貳尺，每丈用灰壹觔、桐油陸兩肆錢、網紗竹絲各陸兩；每柒丈用艌匠壹工。春製油灰，每肆拾斤用春灰夫壹名。以下艌縫用工、用料倣此。共核用圍大叄尺貳寸、淨長肆丈貳尺大吉木玖根壹丈肆尺，長陸寸釘叄千伍百貳拾捌個，灰貳百叄拾伍斤叄兩，桐油玖拾肆斤壹兩叄錢，網紗捌拾捌斤叄兩貳錢，竹絲捌拾捌斤叄兩貳錢，艦匠叄拾貳工叄分肆釐，鋸匠拾捌工肆分捌釐，艌匠叄拾叄工陸分，春灰夫捌名貳分叄釐。

各艙內用樟木梁座拾陸塊，湊長拾伍丈伍尺柒寸；添換艙梁拾貳塊，湊長拾貳丈：均寬壹尺伍寸、厚叄寸。松木梁頭貳拾塊，湊長貳拾陸丈捌尺、寬壹尺貳寸、厚叄寸。硬木棍穩吊玖根，各長壹丈叄尺，圍大捌寸。梁座、梁頭做淨每折見方尺捌拾尺，用艦匠壹工；穩吊肆拾尺，用艦匠壹工。釘縫湊長陸拾陸丈柒寸，每丈用長陸寸釘叄拾個。艌縫湊長壹百叄拾貳丈壹尺肆寸。共核用寬壹尺伍寸、厚叄寸樟木杬貳拾捌丈壹尺叄寸，寬壹尺貳寸、厚叄寸松木杬貳拾柒丈貳尺，圍大捌寸、長壹丈叄尺硬木棍玖根，長陸寸釘壹千玖百捌拾貳個，灰壹百叄拾貳斤貳兩，桐油伍拾貳斤拾叄兩柒錢，網紗肆拾玖斤捌兩捌錢，竹絲肆拾玖斤捌兩捌錢，艦匠貳拾肆工捌分，艌匠拾捌工捌分捌釐，春灰夫肆名陸分貳釐。

各艙添換樟木極肆拾貳塊，內：虎頭艙極貳塊，各長玖尺伍寸；衝天極貳塊、水櫃艙極貳塊、擔担艙極貳塊、油婆前極貳塊，各長玖尺；後通鋪極貳塊，各長捌尺；下金極貳塊、目裏前後八字極肆塊、下擔前極貳塊、尾堵裏極貳塊、舨上兩旁牛頭極貳塊、船後肚極貳塊、舨邊一仔極貳塊、轉水極貳塊，各長陸尺；小官廳極貳塊、一仔後極貳塊、船頭極貳塊，各長伍尺；目裏極貳塊，各長肆尺；鰍魚極貳塊，各長柒尺；拜棚極貳塊，各長壹丈壹尺：均圍大壹尺。做淨每折見方尺肆拾尺，用艦匠壹工。每塊用長陸寸釘貳個。艌縫湊長伍拾柒丈捌尺。共核用圍大壹尺樟木極貳拾玖丈陸尺陸寸，長陸寸釘捌拾肆個，灰伍拾柒斤拾叄兩，桐油貳拾叄斤壹兩玖錢，網紗貳拾壹斤拾兩捌錢，竹絲貳拾壹斤拾兩捌錢，艦匠柒工貳分叄釐，艌匠捌工貳分陸釐，春灰夫貳名貳釐。

船身兩旁走馬貳條、水蛇貳條抽換，各長肆丈貳尺、寬捌寸、厚肆寸。做淨每折見方尺肆拾尺，用艦匠壹工。走馬釘縫湊長捌丈肆尺，每丈用長壹尺釘叄拾個。水蛇釘縫湊長捌丈肆尺，每肆尺用長壹尺釘叄個。艌縫湊長叄拾叄丈陸尺。共核用圍大叄尺貳寸、淨長肆丈貳尺大吉木貳根，長壹尺釘叄百拾伍個，灰叄拾叄斤拾兩，桐油拾叄斤柒兩，網紗拾貳斤玖兩陸錢，竹絲拾貳斤玖兩陸錢，艦匠拾工捌釐，鋸匠貳工捌分捌釐，艌匠肆工捌分，春灰夫壹名壹分捌釐。

船面兩旁⿰舟敢板長肆丈陸尺，湊寬捌尺叄寸柒分，用長肆丈貳尺、寬捌寸、厚叄寸大吉木板拾貳塊。做淨每折見方尺捌拾尺，用艦匠壹工。釘縫湊長伍拾丈肆尺，每丈用長陸寸釘叄拾個；艌縫湊長壹百丈捌尺。共核用圍大叄尺貳寸、淨長肆丈貳尺大吉木肆根，長陸寸釘壹千伍百拾貳個，灰壹百斤拾叄兩，桐油肆拾斤伍兩壹錢，網紗叄拾柒斤拾貳兩捌錢，竹絲叄拾柒斤拾貳兩捌錢，艦匠拾叄工捌分陸釐，鋸匠柒工玖分貳釐，艌匠拾肆工肆分，春灰夫叄名伍分叄釐。

兩旁舨板各長伍丈貳尺陸寸、高肆尺，用長叄丈陸尺、寬伍寸捌分、厚貳寸伍分中吉木板貳拾塊。兩旁添換浮溪木舨柱拾陸根，各長肆尺、圍大壹尺柒寸。舨板做淨每折見方尺捌拾尺，用艦匠壹工。舨柱肆拾尺，用艦匠壹工。舨板釘縫湊長柒拾貳丈，每丈用長伍寸釘叄拾個；舨柱釘縫湊長陸文肆尺，每丈用長陸寸釘叄拾個。艌縫湊長壹百伍拾陸丈捌尺。共核用圍大貳尺伍寸、淨長叄丈陸尺中吉木六根貳丈肆尺，圍大貳尺、淨長叄丈貳尺浮溪木貳根，長陸寸釘壹百玖拾貳個，長伍寸釘貳千壹百陸拾個，灰壹百伍拾陸斤拾叄兩，桐油陸拾貳斤拾壹兩伍錢，網紗伍拾捌斤拾貳兩捌錢，竹絲伍拾捌斤拾貳兩捌錢，艦匠拾柒工陸分陸釐，鋸匠貳拾工伍分肆釐，艌匠貳拾貳工肆分，春匠夫伍名肆分玖釐。查成規內舨板未載舨高尺寸，今按舨柱長丈核定。

兩旁舨邊樟木舨斗肆塊，湊長壹丈陸尺、寬壹尺伍寸、厚叄寸。樟木極龍目貳塊，各長壹尺伍寸；烏嘴燕貳塊，各長叄尺；舨⿰舟莫添換拾貳塊，各長叄尺伍寸：均圍大壹尺。做淨每折見方尺肆拾尺，用艦匠壹工。舨斗釘縫長壹丈陸尺，每丈用長伍寸釘叄拾個；烏嘴燕釘縫湊長陸尺，每尺用長肆寸釘叄個。舨⿰舟莫每塊用長陸寸釘貳個，龍目每塊用長陸寸釘陸個。艌縫湊長拾叄丈肆尺。共核用圍大壹尺樟木極伍丈貳尺陸寸，寬壹尺伍寸、厚叁寸樟木枋壹丈陸尺肆寸，長陸寸釘叁拾陸個，長伍寸釘肆拾捌個，長肆寸釘拾捌個，灰拾叁斤陸兩，桐油伍斤伍兩捌錢，網紗伍斤肆錢，竹絲伍斤肆錢，艦匠貳工柒分貳釐，艌匠壹工玖分壹釐，舂灰夫肆分柒釐。

舨上前後浮溪木鼠橋板肆塊，各長壹丈伍尺伍寸；壓舨板肆塊，各長貳丈貳尺：均寬伍寸、厚貳寸。兩旁中吉木舨搭貳塊，各長叁丈陸尺、寬六寸陸分、厚貳寸叁分。兩邊木段猴袋板捌塊，各長肆尺陸寸、寬捌寸、厚貳寸伍分。做净每折見方尺八拾尺，用艦匠壹工。鼠橋、壓板、舨搭釘縫凑長貳拾貳丈貳尺，每丈用長伍寸釘叁拾個。壓板艌縫凑長拾柒丈陸尺。共核用圍大貳尺、净長叁丈貳尺浮溪木壹根壹丈捌尺，圍大貳尺伍寸、净長叁丈陸尺中吉木貳丈肆尺，圍大叁尺伍寸木段玖尺肆寸，長伍寸釘陸百陸拾陸個，灰拾柒斤拾兩，桐油柒斤陸錢，網紗陸斤玖兩陸錢，竹絲陸斤玖兩陸錢，艦匠伍工壹分玖釐，艍匠貳工玖分柒釐，艌匠貳工伍分壹釐，舂灰夫陸分貳釐。

兩旁大壓貳條、水戧貳條接換，各長叁丈陸尺、寬陸寸陸分、厚叁寸伍分。⿰舟敢面笨抽貳條，各長肆丈貳尺、寬捌寸、厚肆寸。做净每折見方尺肆拾尺。用艦匠壹工。釘縫凑長貳拾貳丈捌尺，每丈用長陸寸釘叁拾個。艌縫凑長肆拾伍丈陸尺。共核用圍大叁尺貳寸、净長肆丈貳尺大吉木壹根，圍大貳尺伍寸、净長叁丈陸尺中吉木貳根，長陸寸釘陸百捌拾肆個，灰肆拾伍斤拾兩，桐油拾捌斤叁兩捌錢，網紗拾柒斤壹兩陸錢，竹絲拾柒斤壹兩陸錢，艦匠拾貳工叁分壹釐，艍匠叁工伍分貳釐，艌匠陸工伍分壹釐，舂灰夫壹名陸分。

官廳前後用中吉木梁叁根，各長壹丈肆尺，圍大貳尺貳寸。官廳貼柱用木段陸節，各長肆尺陸寸；戰櫃上兩邊樓挑貳根，各長壹丈肆尺：俱圍大叁尺貳寸。戰櫃板捌塊，長壹丈肆尺，凑寬伍尺貳寸捌分；鋪板拾叁塊，長捌尺，凑寬捌尺伍寸捌分；衝天蓋板拾塊，長肆尺，凑寬陸尺陸寸：用寬伍寸捌分、厚貳寸伍分中吉木板貳拾玖丈壹尺叁寸。官廳內浮溪木跳板壹塊，側板壹塊，各長壹丈壹尺、寬伍寸、厚貳寸。官廳梁、柱，戰櫃樓挑，做净每折見方尺肆拾尺，用艦匠壹工。戰櫃等板捌拾尺，用艦匠壹工。戰櫃板、衝天蓋板釘縫凑長拾柒丈貳尺玖寸陸分，每丈用長伍寸釘叁拾個。艌縫凑長叁拾肆丈伍尺玖寸貳分。共核用圍大貳尺伍寸、净長叁丈陸尺中吉木叁根叁丈壹尺壹寸，圍大貳尺、净長叁丈貳尺浮溪木柒尺叁寸叁分，圍大叁尺伍寸木段伍丈陸尺陸寸，長伍寸釘伍百拾玖個，灰叁拾肆斤玖兩，桐油拾叁斤拾叁兩肆錢，網紗拾貳斤拾伍兩陸錢，竹絲拾貳斤拾伍兩陸錢，艦匠拾叁工壹分玖釐，鋸匠叁工陸分柒釐，艌匠肆工玖分肆釐，舂灰夫壹名貳分壹釐。

官廳前通鋪貳塊，各長壹丈肆尺；後通鋪貳塊，各長壹丈貳尺；坐賽板拾貳塊，各長陸尺：均寬壹尺貳寸、厚叁寸。做净每折見方尺捌拾尺，用艦匠壹工。通鋪板釘縫凑長伍丈貳尺，每丈用長陸寸釘叁拾個。艌縫凑長拾丈肆尺。共核用寬壹尺貳寸、厚叁寸松木枋拾貳丈柒尺貳寸，長陸寸釘壹百伍拾陸個，灰拾斤陸兩，桐油肆斤貳兩陸錢，網紗叁觔拾肆兩肆錢，竹絲叁觔拾肆兩肆錢，艦匠肆工陸分伍釐，艌匠壹工肆分玖釐，舂灰夫叁分陸釐。

官廳兩旁用浮溪木猫裏柱捌根，各長肆尺；猫裏櫃上下袱肆根，各長捌尺：均圍大壹尺柒寸。猫裏牆板拾塊，長壹丈壹尺，凑寬伍尺叁寸；鋪板玖塊，長柒尺，凑寬肆尺柒寸柒分；櫃底板捌塊，長柒尺，凑寬肆尺貳寸肆分：用寬伍寸、厚貳寸浮溪木板貳拾肆丈貳尺柒寸肆分。木段猫裏堵板貳拾肆塊，各長肆尺陸寸、寬捌寸、厚貳寸伍分。猫裏柱上下袱，做净每折見方尺肆拾尺，用艦匠壹工。猫裏各板捌拾尺，用艦匠壹工。牆板釘縫凑長拾壹丈陸尺陸寸，每丈用長伍寸釘叁拾個。共核用圍大貳尺、净長叁丈貳尺浮溪木肆根壹丈陸尺玖寸壹分，圍大叁尺伍寸木段貳丈捌尺貳寸，長伍寸釘叁百伍拾個，艦匠玖工捌分柒釐，鋸匠肆工捌釐。

官廳虎頭艙鋪板拾塊，長陸尺伍寸，凑寬伍尺叁寸。用寬伍寸、厚貳寸浮溪木板陸丈捌尺玖寸。做净每折見方尺捌拾尺，用艦匠壹工。共核用圍大貳尺、净長叁丈貳尺浮溪木貳丈貳尺玖寸柒分，艦匠壹工貳分壹釐，鋸匠陸分玖釐。

兩旁⿰舟敢面戰棚板添換，用長壹丈肆尺、寬肆寸、厚貳寸高洋木板拾貳塊；各艙內堵板，用長貳尺捌寸、寬肆寸、厚壹寸高洋木板貳百捌拾塊。做净每折見方尺捌拾尺，用艦匠壹工。共核用圍大壹尺陸寸，净長貳丈捌尺高洋木拾根，艦匠拾貳工叁分貳釐，鋸匠柒工肆釐。

兩旁⿰舟敢上⿰舟敢牛捌塊，各長捌尺伍寸；各艙口扛豆陸塊，各長壹丈柒尺：均寬壹尺貳寸，厚叁寸。做净每折見方尺肆拾尺，用艦匠壹工。⿰舟敢牛每塊用長陸寸釘肆個。扛豆釘縫凑長拾丈貳尺，每丈用長陸寸釘叁拾個。艌縫凑長叁拾肆丈。共核用寬壹尺貳寸、厚叁寸松木枋拾柒丈貳尺捌寸，長陸寸釘叁百叁拾捌個，灰叁拾肆斤，桐油拾叁斤玖兩陸錢，網紗拾貳斤拾貳兩，竹絲拾貳斤拾貳兩，艦匠拾貳工柒分伍釐，艌匠四工八分六釐，舂灰夫一名一分九釐。

《欽定福建省外海戰船則例》卷二《福建省外海戰船做法·第貳則趕繒船》

第貳則趕繒船貳隻，內淡水營「波」字貳號船壹隻，身長伍丈肆尺，頭起甋肆尺伍寸，尾起甋叁尺貳寸。船頭長貳丈，面匀寬壹丈叁寸，底匀寬捌尺捌寸。船中長壹丈柒尺，面匀寬壹丈伍尺柒寸，底匀寬壹丈玖寸。船尾長壹丈柒尺，面匀寬壹丈伍尺叁寸，底匀寬壹丈玖寸。兩邊舨長伍丈玖尺肆寸，計拾陸艙深伍尺叁寸肆分。

今將拆造前船需用工料價值細數開後。

計開：

船底松木龍骨壹道計叁節，船頭壹節長壹丈肆尺，船中壹節連交接趕頭長叁丈，船尾壹節長壹丈，共凑長伍丈肆尺，均寬壹尺，厚捌寸。做净每折見方尺貳拾尺，用艦匠壹工。交接趕頭貳處，每處用長壹尺釘捌個，又每邊用長陸寸釘拾貳個。共核用：

寬壹尺、厚捌寸松木枋伍丈肆尺陸寸。查成規內開大吉、中吉、浮溪、高洋肆項木植，俱截去梢尖，作欄杆、竈櫃、籤子、木牌等項之用，其本身木料毋庸另加長荒外，一切枋段各料有截去壹貳尺至叁伍尺不等者，亦有未加長荒者，參差不一。今將枋段各料，每件長伍尺以內者加長荒壹寸，伍尺以外者加長荒貳寸；圓徑樟木，長壹丈以內者，每根加長荒貳寸，長壹丈以外者每根加長荒伍寸，一律核定。長壹尺釘拾陸個，長陸寸釘貳拾肆個，艦匠玖工柒分貳釐。

船底板連起甋長伍丈肆尺，內船底匀寬壹丈伍寸，兩站各匀高陸尺叁寸柒分。用長肆丈貳尺，寬捌寸，厚叁寸大吉木板叁拾玖塊。做净每折見方尺捌拾尺，用艦匠壹工。鋸板折寬壹尺，長柒丈，用鋸匠壹工。以下鋸板用工做此。釘縫凑長壹百陸拾叁丈捌尺，每丈用長陸寸釘叁拾個；艌縫凑長叁百貳拾柒丈陸尺，每丈用灰壹斤，桐油陸兩肆錢，網紗、竹絲各陸兩，每柒丈用艌匠壹工；舂製油灰，每肆拾斤用舂灰夫壹名。以下艌縫用工用料做此。共核用：

圍大叁尺貳寸、净長肆丈貳尺大吉木拾叁根，長陸寸釘肆千玖百拾肆個，灰叁百貳拾柒斤拾兩，桐油壹百叁拾壹斤陸錢，網紗壹百貳拾貳斤拾叁兩陸錢，竹絲壹百貳拾貳斤拾叁兩陸錢，艦匠肆拾伍工伍釐，鋸匠貳拾伍工柒分肆釐，艌匠肆拾陸工捌分，舂灰夫拾壹名肆分柒釐。

各艙內抽換樟木樑座拾捌塊。內：船頭柒塊，凑長柒丈貳尺壹寸；船中柒塊，凑長拾丈玖尺玖寸；船尾肆塊，凑長陸丈壹尺貳寸。艙樑拾壹塊。內：船頭肆塊，凑長肆丈壹尺貳寸；船中肆塊，凑長陸丈貳尺捌寸；船尾叁塊，凑長肆丈伍尺玖寸：均寬壹尺伍寸，厚叁寸。松木樑頭貳拾捌塊，凑長肆拾貳丈捌尺，寬壹尺貳寸，厚叁寸。硬木棍穩吊玖根，各長壹丈叁尺，圍大捌寸。梁坐：梁頭做净，每折見方尺捌拾尺，用艦匠壹工。穩吊四拾尺，用艦匠壹工。釘縫凑長玖拾叁丈捌尺壹寸，每丈用長陸寸釘叁拾個。艌縫凑長壹百捌拾柒丈陸尺貳寸。

共核用：

寬壹尺伍寸、厚叁寸樟木枋叁拾玖丈捌尺玖寸，寬壹尺貳寸、厚叁寸松木枋肆拾叁丈叁尺陸寸，圍大捌寸、長壹丈叁尺硬木棍玖根，長陸寸釘貳千捌百拾肆個，灰壹百捌拾柒斤拾兩，桐油柒拾伍斤捌錢，網紗柒拾斤伍兩柒錢，竹絲柒拾斤伍兩柒錢，艦匠叁拾陸工捌釐，艌匠貳拾陸工捌分，舂灰夫陸名伍分柒釐。

各艙添換樟木極叁拾貳塊。內：船頭捌塊，船中捌塊，船尾陸塊，各長壹丈貳尺；官廳極貳塊，各長玖尺伍寸；鰍魚極貳塊，各長柒尺；尾堵裡極貳塊，各長陸尺伍寸；轉水極貳塊、壹仔舨極貳塊，各長陸尺：均圍大壹尺。做净每折見方尺肆拾尺，用艦匠壹工。每塊用長陸寸釘貳個，艌縫凑長陸拾陸丈捌尺。

共核用：

圍大壹尺樟木極叁拾肆丈肆寸，長陸寸釘陸拾肆個，灰陸拾陸斤拾叁兩，桐油貳拾陸斤拾壹兩伍錢，網紗貳拾伍斤捌錢，竹絲貳拾伍斤捌錢，艦匠捌工叁分伍釐，艌匠玖工伍分肆釐，舂灰夫貳名叁分肆釐。

船身兩旁走馬貳條、水蛇貳條抽換，各長肆丈貳尺、寬捌寸、厚肆寸。做净每折見方尺肆拾尺，用艦匠壹工。走馬釘縫凑長捌丈肆尺，每丈用長壹尺釘叁拾個；水蛇釘縫凑長捌丈肆尺，每肆尺用長壹尺釘叁個。艌縫凑長叁拾叁丈陸尺。共核用：

圍大叁尺貳寸、净長肆丈貳尺大吉木貳根，長壹尺釘叁百拾伍個，灰叁拾叁斤拾兩，桐油拾叁斤柒兩，網紗拾貳斤玖兩陸錢，竹絲拾貳斤玖兩陸錢，艦匠拾工捌釐，鋸匠貳工捌分捌釐，艌匠肆工捌分，舂灰夫壹名壹分捌釐。

船面兩旁鰍板長伍丈肆尺，凑寬壹丈叁寸，抽換用長肆丈貳尺、寬捌寸、厚叁寸大吉木板拾伍塊。做净每折見方尺捌拾尺，用艦匠壹工。釘縫凑長陸拾叁丈，每丈用長陸寸釘叁拾個。艌縫凑長壹百貳拾陸丈。共核用：

圍大叁尺貳寸，净長肆丈貳尺大吉木伍根，長陸寸釘壹千捌百玖拾個，灰壹百貳拾陸斤，桐油伍拾斤陸兩肆錢，網紗肆拾柒斤肆兩，竹絲肆拾柒斤肆兩，艦匠拾柒工叁分叁釐，鋸匠玖工玖分，艌匠拾捌工，舂灰夫肆名肆分壹釐。

兩旁舨板各長伍丈玖尺肆寸，高柒尺。添換用長叁丈陸尺、寬伍寸捌分、厚貳寸伍分中吉木板貳拾陸塊；兩旁添換浮溪木舨柱玖根，各長柒尺。圍大壹尺柒寸舨板，做净每折見方尺捌拾尺，用艦匠壹工；舨柱肆拾尺，用艦匠壹工。舨板釘縫凑長玖拾叁丈陸尺，每丈用長伍寸釘叁拾個；舨柱釘縫凑長陸丈叁尺，每丈用長陸寸釘叁拾個。艌縫凑長壹百玖拾玖丈捌尺。共核用：

圍大貳尺伍寸、净長叁丈陸尺中吉木捌根貳丈肆尺，圍大貳尺、净長叁丈貳尺浮溪木壹根叁丈壹尺，長陸寸釘壹百捌拾玖個，長伍寸釘貳千捌百捌個，灰壹百玖拾玖斤拾叁兩，桐油柒拾玖斤拾肆兩柒錢，網紗柒拾肆斤拾肆兩捌錢，竹絲柒拾肆斤拾肆兩捌錢，艦匠貳拾貳工壹分，鋸匠拾壹工壹分，艌匠貳拾捌工伍分肆釐，舂灰夫陸名玖分玖釐。查成規内舨板未載舨高尺寸，今按舨柱長丈核定。

兩旁舨邊換樟木舨斗貳塊，凑長捌尺、寬壹尺伍寸、厚叁寸；樟極舨艉拾貳塊，各長叁尺柒寸；龍目貳個，各長壹尺伍寸：均圍大壹尺。做净每折見方尺肆拾尺，用艦匠壹工。舨斗釘縫凑長捌尺，每丈用長伍寸釘叁拾個；舨艉每塊用長陸寸釘貳個，龍自每塊用長陸寸釘陸個。艌縫凑長拾壹丈捌寸。共核用：

寬壹尺伍寸、厚叁寸樟木枋捌尺貳寸，圍大壹尺樟木極肆丈捌尺捌寸，長陸寸釘叁拾陸個，長伍寸釘貳拾肆個，灰拾壹斤壹兩，桐油肆斤陸兩玖錢，網紗肆斤貳兩伍錢，竹絲肆斤貳兩伍錢，艦匠壹工玖分壹釐，艌匠壹工伍分捌釐，舂灰夫叁分玖釐。

舨上前後浮溪木鼠橋板肆塊，各長壹丈伍尺伍寸；壓舨板肆塊，各長叁丈貳尺：均寬伍寸，厚貳寸。兩邊木段猴袋板肆塊，各長伍尺，寬捌寸，厚貳寸伍分。做净每折見方尺捌拾尺，用艦匠壹工。鼠橋壓板釘縫凑長拾玖丈，每丈用長伍寸釘叁拾個。壓板艌縫凑長貳拾伍丈陸尺。共核用：

圍大貳尺、净長叁丈貳尺浮溪木貳根，圍大叁尺伍寸木段伍尺壹寸，長伍寸釘伍百柒拾個，灰貳拾伍斤拾兩，桐油拾斤叁兩捌錢，網紗玖斤玖兩陸錢，竹絲玖斤玖兩陸錢，艦匠叁工捌分伍釐，鋸匠貳工貳分，艌匠叁工陸分陸釐，舂灰夫玖分。

兩旁笨抽貳塊、大壓貳塊接換，各長叁丈陸尺；水戧肆塊接換，各長壹丈捌尺：均寬陸寸陸分，厚叁寸伍分。做净每折見方尺肆拾尺，用艦匠壹工。釘縫凑長貳拾壹丈陸尺，每丈用長陸寸釘叁拾個。艌縫凑長肆拾叁丈貳尺。共核用：

圍大貳尺伍寸、净長叁丈陸尺中吉木叁根，長陸寸釘陸百肆拾捌個，灰肆拾叁斤叁兩，桐油拾柒斤肆兩伍錢，網紗拾陸斤叁兩貳錢，竹絲拾陸斤叁兩貳錢，艦匠拾工玖分壹釐，鋸匠叁工壹分貳釐，艌匠陸工壹分柒釐，舂灰夫壹名伍分壹釐。

官廳前後用中吉木梁叁根，各長壹丈肆尺、圍大貳尺貳寸。浮溪木柱肆根，各長壹丈叁尺、圍大壹尺柒寸。官廳上用中吉木戰櫃板叁拾陸塊，各長壹丈捌尺，凑寬貳丈叁尺柒寸陸分；用寬伍寸捌分、厚貳寸伍分板柒拾叁丈柒尺肆寸。浮溪木鋪板拾塊，各長玖尺，凑寬伍尺叁寸。戰櫃樓挑貳塊、側板貳塊、踏板壹塊，各長壹丈叁尺，均寬伍寸；用寬伍寸、厚貳寸板拾陸丈肆寸。木段衝天蓋板拾貳塊，各長肆尺陸寸，寬捌寸，厚貳寸伍分。官廳梁、柱做净每折見方尺肆拾尺，用艦匠壹工。樓挑各板捌拾尺，用艦匠壹工。戰櫃板衝天蓋板釘縫凑長柒拾玖丈貳尺陸寸，每丈用長伍寸釘叁拾個。艌縫凑長壹百伍拾捌丈伍尺貳寸。共核用：

圍大貳尺伍寸、净長叁丈陸尺中吉木柒根叁丈伍尺捌寸，圍大貳尺、净長叁丈貳尺浮溪木叁根玖尺伍寸，圍大叁尺伍寸木段壹丈肆尺壹寸，長伍寸釘貳千叁百柒拾捌個，灰壹百伍拾捌斤捌兩，桐油陸拾叁斤陸兩伍錢，網紗伍拾玖斤柒兩壹錢，竹絲伍拾玖斤柒兩壹錢，艦匠貳拾肆工捌釐，鋸匠拾壹工壹分捌釐，艌匠貳拾貳工陸分伍釐，舂灰夫伍名伍分伍釐。

官廳前後通鋪伍塊，各長壹丈柒尺；坐賽板捌塊，各長陸尺：均寬壹尺貳寸，厚叁寸。做净每折見方尺捌拾尺，用艦匠壹工。通鋪板釘縫凑長捌丈伍尺，每丈用長陸寸釘叁拾個。艌縫凑長拾柒丈。共核用：

寬壹尺貳寸、厚叁寸松木枋拾叁丈伍尺陸寸，長陸寸釘貳百伍拾伍個，灰拾柒斤，桐油陸斤拾貳兩捌錢，網紗陸斤陸兩，竹絲陸斤陸兩，艦匠肆工玖分玖釐，艌匠貳工肆分叁釐，舂灰夫陸分。

官廳兩旁用浮溪木猫裏牆板拾塊，各長肆尺陸寸，凑寬伍尺叁寸；鋪板拾塊，櫃底板拾塊，各長柒尺，凑寬壹丈陸寸：用寬伍寸、厚貳寸板拾玖丈柒尺貳寸。木段猫裏櫃上下袱肆塊，各長柒尺，寬捌寸，厚肆寸。上下袱做净每折見方尺肆拾尺，用艤匠壹工。猫裏各板捌拾尺，用艤匠壹工。牆板釘縫湊長肆丈捌尺柒寸陸分，每丈用長伍寸釘叁拾個。共核用：

圍大貳尺、浄長叁丈貳尺浮溪木貳根壹尺柒寸，圍大叁尺伍寸木段壹丈肆尺肆寸，長伍寸釘壹百肆拾陸個，艤匠伍工壹分叁釐，鋸匠貳工肆分伍釐。

官廳內浮溪木虎頭艙門板拾塊，各長陸尺肆寸，湊寬伍尺叁寸；虎頭艙鋪板捌塊、櫃底板捌塊，各長柒尺，共湊寬捌尺肆寸捌分：用寬伍寸、厚貳寸板拾捌丈陸尺陸寸。做浄每折見方尺捌拾尺，用艤匠壹工。虎頭艙門板釘縫湊長陸丈柒尺捌寸肆分，每丈用長伍寸釘叁拾個。共核用：

圍大貳尺、浄長叁丈貳尺浮溪木壹根叁丈貳寸，長伍寸釘貳百肆個，艤匠叁工貳分柒釐，鋸匠壹工捌分柒釐。

兩旁鰍面戰棚板抽換，用長貳丈捌尺、寬肆寸、厚貳寸高洋木板貳拾肆塊，各艙內鋪板用長叁尺、寬肆寸、厚壹寸高洋木板貳百拾陸塊。做浄每折見方尺捌拾尺，用艤匠壹工。共核用：

圍大壹尺陸寸、浄長貳丈捌尺高洋木拾捌根，艤匠拾捌工壹分捌釐，鋸匠拾工叁分玖釐。

兩旁鰍上鰍牛肆塊，各長捌尺伍寸；各艙口扛豆叁塊，各長壹丈柒尺：均寬壹尺貳寸，厚叁寸。做浄每折見方尺肆拾尺，用艤匠壹工。鰍牛每塊用長陸寸釘肆個，扛豆釘縫湊長伍丈壹尺，每丈用長陸寸釘叁拾個。艌縫湊長拾柒丈。共核用：

寬壹尺貳寸、厚叁寸松木枋捌丈陸尺肆寸，長陸寸釘壹百陸拾玖個，灰拾柒斤，桐油陸斤拾貳兩捌錢，網紗陸斤陸兩，竹絲陸斤陸兩，艤匠陸工叁分捌釐，艌匠貳工肆分叁釐，舂灰夫陸分。

各艙蓋板用長肆尺陸寸、寬捌寸、厚貳寸伍分木段板柒拾貳塊；艙蓋下大通槽拾個、水槽陸個、側槽陸個，各長肆尺陸寸、寬壹尺、厚捌寸；小通槽捌個，各長肆尺陸寸，見方捌寸。艙蓋板做浄每折見方尺捌拾尺，用艤匠壹工；通槽等槽叁拾尺，用艤匠壹工。艙蓋板釘縫湊長叁拾叁丈壹尺貳寸，每丈用長伍寸釘叁拾個。艌縫湊長陸拾陸丈貳尺肆寸。共核用：

圍大叁尺伍寸木段貳拾貳丈伍尺陸寸，長伍寸釘玖百玖拾肆個，灰陸拾陸斤肆兩，桐油貳拾陸斤柒兩玖錢，網紗貳拾肆斤拾叁兩肆錢，竹絲貳拾肆斤拾叁兩肆錢，艤匠貳拾肆工柒分陸釐，鋸匠捌工肆分壹釐，艌匠玖工肆分陸釐，舂灰夫貳名叁分貳釐。

兩旁舨邊用高洋木牛欄肆根。內：船頭貳根，各長捌尺；船後貳根，各長貳丈：均圍大壹尺叁寸。做浄每折見方尺肆拾尺，用艤匠壹工。共核用：

圍大壹尺陸寸、浄長貳丈捌尺高洋木貳根，艤匠壹工捌分貳釐。

船頭斗蓋用樟木壹塊，長壹丈伍尺、圍大肆尺柒寸；蝦籠梁壹塊，長捌尺伍寸、寬壹尺；斗蓋下兔耳壹塊，長捌尺，寬壹尺伍寸；鹿肚勒壹個，長肆尺，寬壹尺貳寸；托浪板肆塊，各長捌尺，寬壹尺：俱厚叁寸。斗蓋、蝦籠梁、兔耳、鹿肚勒，做浄每折見方尺肆拾尺，用艤匠壹工；托浪板捌拾尺，用艤匠壹工。斗蓋用長捌寸釘拾貳個，蝦籠梁托浪板釘縫湊長肆丈伍寸，每丈用長陸寸釘叁拾個；兔耳、鹿肚勒釘縫湊長壹丈貳尺，每丈用長伍寸釘叁拾個。蝦籠梁、托浪板、兔耳、鹿肚勒艌縫湊長拾丈伍尺。共核用：

圍大肆尺柒寸、長壹丈伍尺伍寸樟木壹根，寬壹尺伍寸、厚叁寸樟木枋壹丈柒尺叁寸，寬壹尺、厚叁寸、長捌尺貳寸樟木板肆塊，長捌寸釘拾貳個，長陸寸釘壹百貳拾貳個，長伍寸釘叁拾陸個，灰拾斥捌兩，桐油肆斤叁兩貳錢，網紗叁斤拾伍兩，竹絲叁斤拾伍兩，艤匠肆工叁分捌釐，艌匠壹工伍分，舂灰夫叁分柒釐。

中含檀壹塊，長壹丈捌尺，圍大柒尺；頭含檀壹塊，長壹丈伍尺，圍大伍尺叁寸；含檀梁壹塊，長壹丈陸尺；頭含檀閘壹塊，長捌尺：均寬壹尺伍寸，厚叁寸。做浄每折見方尺叁拾尺，用艤匠壹工。含檀梁釘縫湊長壹丈陸尺，每丈用長陸寸釘叁拾個，含檀、含檀梁艌縫湊長玖丈捌尺。共核用：

圍大柒尺、長壹丈捌尺伍寸樟木壹根，圍大伍尺叁寸、長壹丈伍尺伍十樟木壹根，寬壹尺伍寸、厚叁寸樟木枋貳丈肆尺肆寸，長陸寸釘肆拾捌個，灰玖斤拾叁兩，桐油叁斤拾肆兩柒錢，網紗叁斤拾兩捌錢，竹絲叁斤拾兩捌錢，艤匠玖工柒分叁釐，艌匠壹工肆分，舂灰夫叁分肆釐。

中轉水貳塊，各長壹丈陸尺，寬貳尺，厚玖寸伍分。樟極轉水鞋貳塊，各長柒尺，圍大壹尺。做浄每折見方尺肆拾尺，用艤匠壹工。轉水每塊用長壹尺釘貳個，轉水鞋每塊用長陸寸釘柒個，艌縫湊長玖丈貳尺。共核用：

寬貳尺、厚玖寸伍分、長壹丈陸尺貳寸樟木貳塊，圍大壹尺樟木極壹丈肆尺肆寸，長壹尺釘肆個，長陸寸釘拾肆個，灰玖斤叁兩，桐油叁斤拾兩玖錢，網紗叁斤柒兩貳錢，竹絲叁斤柒兩貳錢，艤匠伍工柒釐，艌匠壹工叁分壹釐，舂灰夫叁分貳釐。

船尾用浮溪木尾樓舨柱肆根，各長肆尺，圍大壹尺柒寸。木段拜棚楨肆根，各長柒尺，圍大叁尺貳寸。拜棚板拾陸塊，各長柒尺，寬捌寸，厚貳寸伍分。舨柱拜棚楨做净，每折見方尺肆拾尺，用艦匠壹工；拜棚板捌拾尺，用艦匠壹工。拜棚板釘縫凑長拾壹丈貳尺，每丈用長伍寸釘叁拾個。艌縫凑長貳拾貳丈肆尺。共核用：

圍大貳尺、净長叁丈貳尺浮溪木壹丈陸尺，圍大叁尺伍寸木段伍丈柒尺陸寸，長伍寸釘叁百叁拾陸個，灰貳拾貳斤陸兩，桐油捌斤拾伍兩肆錢，網紗捌斤陸兩肆錢，竹絲捌斤陸兩肆錢，艦匠伍工捌分陸釐，鋸匠壹工陸分捌釐，艌匠叁工貳分，舂灰夫柒分捌釐。

船尾用樟木下金壹塊，長柒尺伍寸，圍大柒尺伍寸；繚牛壹副，長柒尺伍寸，寬貳尺肆寸，厚陸寸；尾樓上金壹塊，長壹丈柒尺，寬貳尺壹寸，厚捌寸；柒星冠壹塊，長壹丈捌尺，寬壹尺貳寸，厚陸寸；硬木棍下金拴貳根，繚牛瓣貳根，各長陸尺伍寸，圍大捌寸；木段繚牛槓貳根，各長柒尺，圍大叁尺貳寸。下金、繚牛、上金、柒星冠，做净每折見方尺叁拾尺，用艦匠壹工；下金拴繚牛瓣繚牛槓肆拾尺，用艦匠壹工。下金用長捌寸釘拾捌個，繚牛用長捌寸釘貳拾貳個，上金用長壹尺釘拾捌個。繚牛瓣釘縫凑長壹丈叁尺，每丈用長伍寸釘叁拾個。下金艌縫凑長柒尺伍寸。共核用：

圍大柒尺伍寸、長柒尺柒寸樟木壹段，寬貳尺肆寸、厚陸寸、長柒尺柒寸樟木壹塊，寬壹尺貳寸、厚陸寸、長壹丈柒尺貳寸樟木壹塊，圍大捌寸、長壹丈叁尺硬木棍貳根，圍大叁尺伍寸木段長壹丈肆尺肆寸，長壹尺釘拾捌個，長捌寸釘肆拾個，長伍寸釘叁拾玖個，灰拾貳兩，桐油肆兩捌錢，網紗肆兩伍錢，竹絲肆兩伍錢，艦匠拾工柒分陸釐，艌匠壹分壹釐，舂灰夫叁釐。

船尾舵邊用木段硬筋貳根，各長壹丈肆尺，圍大叁尺貳寸；尾樓舫魚翅肆塊，各長柒尺，寬壹尺，厚肆寸；柯栶木軟筋貳塊，各長壹丈壹尺、寬壹尺、厚叁寸。做净每折見方尺肆拾尺，用艦匠壹工。硬筋頭尾用長陸寸釘拾貳個。共核用：

圍大叁尺伍寸木段肆丈貳尺捌寸，寬壹尺、厚叁寸柯栶木貳丈貳尺肆寸，長陸寸釘拾貳個，艦匠伍工陸分叁釐，鋸匠伍分陸釐。

尾樓用浮溪木鋪板拾塊，各長肆尺；尾座板肆塊，各長壹丈貳尺；舨邊寄菜板貳塊，各長壹丈肆尺；碗格貳塊，各長壹丈壹尺；尾樓挑貳塊，各長壹丈叁尺：均寬伍寸，厚貳寸。做净每折見方尺捌拾尺，用艦匠壹工。尾樓鋪板釘縫凑長肆丈，每丈用長伍寸釘叁拾個。共核用：

圍大貳尺、净長叁丈貳尺浮溪木壹根貳丈貳尺柒寸，長伍寸釘壹百貳拾個，艦匠貳工捌分柒釐，鋸匠壹工陸分肆釐。

尾樓下用樟木櫓通板壹塊，長壹丈貳尺；櫓門枋壹塊、櫓床貳塊，各長伍尺：均寬壹尺伍寸，厚叁寸。雙頭蛇壹塊，長肆尺，寬壹尺貳寸，厚叁寸。櫓通板做净每折見方尺捌拾尺，用艦匠壹工；櫓門枋櫓床雙頭蛇肆拾尺，用艦匠壹工。櫓床每塊用長捌寸釘拾貳個，櫓通板釘縫長壹丈貳尺，每丈用長陸寸釘叁拾個。櫓床櫓通板艌縫凑長肆丈肆尺。共核用：

寬壹尺伍寸、厚叁寸樟木枋叁丈捌寸，長捌寸釘貳拾肆個，長陸寸釘叁拾陸個，灰肆斤陸兩，桐油壹斤拾貳兩貳錢，網紗壹斤拾兩肆錢，竹絲壹斤拾兩肆錢，艦匠貳工壹分玖釐，艌匠陸分叁釐，舂灰夫壹分伍釐。

水仙門兩旁用浮溪木柱肆根，各長肆尺陸寸，圍大壹尺柒寸；樟木極百子舦肆塊，各長壹丈貳尺，圍大壹尺。做净每折見方尺肆拾尺，用艦匠壹工。百子舦釘縫凑長肆丈捌尺，每丈用長陸寸釘叁拾個。艌縫凑長玖丈陸尺。共核用：

圍大貳尺、净長叁丈貳尺浮溪木壹丈捌尺肆寸，圍大壹尺樟木極肆丈捌尺，長陸寸釘壹百肆拾肆個，灰玖斤拾兩，桐油叁斤拾叁兩肆錢，網紗叁斤玖兩陸錢，竹絲叁斤玖兩陸錢，艦匠壹工玖分捌釐，艌匠壹工叁分柒釐，舂灰夫叁分肆釐。

大桅座壹塊，長捌尺、見方貳尺肆寸；頭桅座壹塊，長伍尺陸寸、圍大肆尺陸寸。做净每折見方尺叁拾尺，用艦匠壹工。共核用：

見方貳尺肆寸、長捌尺貳寸樟木壹塊，圍大肆尺陸寸、長伍尺捌寸樟木壹段，艦匠叁工肆分貳釐。

大鹿耳貳塊，各長壹丈貳尺、寬貳尺貳寸、厚壹尺壹寸；頭鹿耳貳塊，各長玖尺捌寸、寬壹尺捌寸、厚捌寸；硬木棍鹿耳夾貳根，各長壹丈叁尺、圍大捌寸；柯栶木目裏鞋壹塊，長叁尺，寬壹尺、厚叁寸。做净每折見方尺肆拾尺，用艦匠壹工。共核用：

寬貳尺貳寸、厚壹尺壹寸、長壹丈貳尺貳寸樟木貳塊，寬壹尺捌寸、厚捌寸、長壹丈叁尺硬木棍貳根，寬壹尺、厚叁寸柯栶木叁尺壹寸，艦匠柒工貳分貳釐。

大桅壹根，長陸丈、圍大肆尺伍寸；頭桅壹根，長伍丈、圍大肆尺叁寸。做净每折見方尺肆拾尺，用艦匠壹工。共核用：

圍大肆尺伍寸長陸丈桅木壹根，圍大肆尺叁寸長伍丈桅木壹根，艦匠拾貳工壹分叁釐。

桅尾用柯楠木馬面貳塊，各長叁丈伍尺、寬壹尺伍寸、厚叁寸；樟木大桅笠壹塊，長貳尺、寬壹尺貳寸；大桅琵琶壹塊，長叁尺、寬壹尺；頭桅琵琶壹塊，長貳尺、寬陸寸：均厚叁寸。木段大桅竚壹根，長壹丈貳尺；頭桅竚壹根，長玖尺：均圍大叁尺貳寸。馬面做净每折見方尺捌拾尺，用艦匠壹工。桅笠、桅竚、琵琶肆拾尺，用艦匠壹工。馬面釘縫凑長柒丈，每丈用長陸寸釘貳拾個。共核用：

寬壹尺伍寸、厚叁寸柯木柒丈肆寸，寬壹尺伍寸、厚叁寸樟木枋肆尺陸寸，圍大叁尺伍寸木段貳丈壹尺肆寸，長陸寸釘壹百肆拾個，艦匠伍工貳分柒釐。

大風篷壹扇，長肆丈捌尺、寬貳丈柒尺捌寸；頭風篷壹扇，長貳丈捌尺、寬壹丈肆尺；浮溪木大篷擔貳根，各長貳丈柒尺捌寸；頭篷擔貳根，各長壹丈肆尺：均圍大壹尺柒寸。做净每折見方尺肆拾尺，用艦匠壹工。共核用：

寬貳丈柒尺捌寸、長肆丈捌尺風篷壹扇，寬壹丈肆尺、長貳丈捌尺風篷壹扇，圍大貳尺、净長叁丈貳尺浮溪木貳根壹丈，玖尺陸寸，艦匠叁工伍分伍釐。

大篷架用木段横梁壹根，長壹丈肆尺；頭篷架横梁壹根，架針叁根，各長柒尺：均寬壹尺，厚捌寸。做净每折見方尺叁拾貳尺，用艦匠壹工。共核用：

圍大叁尺伍寸木段肆丈叁尺，艦匠肆工柒分叁釐，鋸匠壹工捌釐。

大篷車員用中吉木壹根，長壹丈肆尺；半車員壹根、斗頭車員壹根，各長陸尺；椗車員壹根，長壹丈：均圍大貳尺貳寸。浮溪木車脚直板肆塊，各長壹丈；斜板肆塊，各長柒尺：均寬伍寸，厚貳寸。硬木棍車子貳拾伍根，各長壹丈叁尺，圍大捌寸。車員做净每折見方尺叁拾貳尺，用艦匠壹工。車脚斜直板捌拾尺，用艦匠壹工。共核用：

圍大貳尺伍寸、净長叁丈陸尺中吉木壹根，圍大貳尺、净長叁丈貳尺浮溪木貳丈貳尺柒寸，圍大捌寸、長壹丈叁尺硬木棍貳拾伍根，艦匠叁工陸分柒釐，鋸匠陸分捌釐。

水櫃用樟木牛頭陸塊，各長伍尺、寬壹尺伍寸、厚叁寸；木段水櫃柱肆根，各長柒尺，圍大叁尺貳寸；水櫃閘肆塊，各長柒尺、見方捌寸；水櫃板叁拾陸塊，各長肆尺陸寸、寬捌寸、厚貳寸伍分。水櫃柱閘、半頭，做净每折見方尺肆拾尺，用艦匠壹工；水櫃板捌拾尺，用艦匠壹工。水櫃柱每根用長陸寸釘貳拾個。牛頭釘縫凑長叁丈，每丈用長陸寸釘叁拾個；水櫃釘縫凑長拾陸丈伍尺陸寸，每丈用長伍寸釘叁拾個。艙縫凑長伍拾丈叁尺貳寸。共核用：

寬壹尺伍寸、厚叁寸樟木枋叁丈陸寸，圍大叁尺伍寸木段玖丈玖尺玖寸，長陸寸釘壹百柒拾個，長伍寸釘肆百玖拾柒個，灰伍拾斤伍兩，桐油貳拾斤貳兩，網紗拾捌斤拾叁兩玖錢，竹絲拾捌斤拾叁兩玖錢，艦匠拾壹工伍分叁釐，鋸匠叁工壹分貳釐，艙匠柒工壹分玖釐，舂灰夫壹名柒分陸釐。

媽祖龕用杉木板貳拾丈，尾樓劍刀鎗及兩旁砲眼窓用板拾丈，均寬陸寸、厚壹寸。做净每折見方尺捌拾尺，用艦匠壹工。釘縫凑長貳拾丈，每丈用長肆寸釘叁拾個。艙縫凑長肆拾丈。共核用：

寬陸寸、厚壹寸杉木板叁拾丈陸尺，長肆寸釘陸百個，灰肆拾斤，桐油拾陸斤，網紗拾伍斤，竹絲拾伍斤，艦匠伍工貳分伍釐，艙匠伍工柒分壹釐，舂灰夫壹名肆分。

船面兩旁砲架陸個并蓋，每個用長肆尺陸寸、寬捌寸、厚貳寸伍分木段板陸塊。做净每折見方尺捌拾尺，用艦匠壹工。共核用：

圍大叁尺伍寸木段肆丈貳尺叁寸，艦匠肆工叁分伍釐，鋸匠貳工肆分捌釐。

船頭用中吉木樾壹根，長叁丈陸尺、圍大貳尺貳寸。做净每折見方尺肆拾尺，用艦匠壹工。共核用：

圍大貳尺伍寸、净長叁丈陸尺中吉木壹根，艦匠壹工玖分捌釐。

船尾舵壹門，用楮木舵桿壹根，長壹丈捌尺、寬壹尺肆寸、厚捌寸；中吉木舵閃板叁塊，各長壹丈肆尺，凑寬壹尺玖寸捌分，用寬伍寸捌分、厚貳寸伍分板肆丈柒尺柒寸玖分；樟木極舵夾捌塊，各長肆尺、圍大壹尺；硬木棍舵牙扼貳根，各長壹丈叁尺、圍大捌寸。舵桿做净每折見方尺叁拾尺，用艦匠壹工；舵夾舵牙肆拾尺，用艦匠壹工；舵閃板捌拾尺，用艦匠壹工。舵夾釘縫凑長叁丈貳尺，每丈用長捌寸釘伍拾個。舵夾舵閃板艙縫凑長拾伍丈玖尺伍寸捌分。共核用：

寬壹尺肆寸、厚捌寸、長壹丈捌尺貳寸楮木壹根，圍大貳尺伍寸、净長叁丈陸尺中吉木壹丈伍尺玖寸叁分，圍大壹尺樟木極叁丈貳尺捌寸，圍大捌寸、長壹丈叁尺硬木棍貳根，長捌寸釘壹百陸拾個，灰拾伍斤拾伍兩，桐油陸斤陸兩壹錢，網紗伍斤拾伍兩柒錢，竹絲伍斤拾伍兩柒錢，艦匠肆工玖分伍釐，鋸匠伍分柒釐，艌匠貳工貳分捌釐，舂灰夫伍分陸釐。

跟隨戰船舢板船用柯楠木龍骨壹根，長壹丈肆尺；斗蓋壹塊、托浪板壹塊，各長伍尺：均寬壹尺、厚叁寸。浮溪木水底板陸塊，各長壹丈陸尺，凑寬叁尺壹寸捌分；舦板肆塊，各長壹丈捌尺，凑寬貳尺壹寸貳分；堵板拾貳塊，各長陸尺，凑寬陸尺叁寸陸分：用寬伍寸、厚貳寸板貳拾伍丈肆尺肆寸。能骨做浄每折見方尺肆拾尺，用艦匠壹工；斗蓋各板捌拾尺，用艦匠壹工。龍骨用長陸寸釘拾貳個。托浪板、水底板、舦板釘縫凑長拾捌丈叁尺捌分，每丈用長伍寸釘叁拾個。托浪板、水底板、舦板、艌縫凑長叁拾陸丈陸尺壹寸陸分。共核用：

寬壹尺、厚叁寸柯楠木枋貳丈肆尺肆寸，圍大貳尺、浄長叁丈貳尺浮溪木貳根貳丈捌寸，長陸寸釘拾貳個，長伍寸釘伍百肆拾玖個，灰叁拾陸斤拾兩，桐油拾肆斤拾兩叁錢，網紗拾叁斤拾壹兩柒錢，竹絲拾叁斤拾壹兩柒錢，艦匠伍工陸分玖釐，鋸匠貳工伍分肆釐，艌匠伍工貳分叁釐，舂灰夫壹名貳分捌釐。

舢板船兩旁水蛇貳根，各長壹丈陸尺；壓板貳，塊各長壹丈捌尺；水戧貳根，各長壹丈伍尺：均寬伍寸，厚貳寸。做浄每折見方尺捌拾尺，用艦匠壹工。水蛇釘縫凑長叁丈貳尺，每肆尺用長捌寸釘叁個。壓板水戧釘縫凑長陸丈陸尺，每丈用長伍寸釘叁拾個。艌縫凑長拾玖丈陸尺。共核用：

圍大貳尺、浄長叁丈貳尺浮溪木壹根柒寸，長捌寸釘貳拾肆個，長伍寸釘壹百玖拾捌個，灰拾玖斤拾兩，桐油柒斤拾叁兩肆錢，網紗柒斤伍兩陸錢，竹絲柒斤伍兩陸錢，艦匠壹工柒分貳釐，鋸匠玖分捌釐，艌匠貳工捌分，舂灰夫陸分玖釐。

舢板船用樟木舢板⿰舟包伍個，各長肆尺、寬伍寸、厚叁寸；樟極舢板梁肆塊，各長肆尺肆寸；牛頭仔極拾伍塊，各長貳尺；衝天極貳塊牛頭極肆塊，各長貳尺捌寸：均圍大壹尺。做浄每折見方尺肆拾尺，用艦匠壹工。舢板⿰舟包梁釘縫凑長叁丈柒尺陸寸，每丈用長陸寸釘叁拾個。衝天極、牛頭極每塊用長陸寸釘貳個。舢板⿰舟包、梁衝天極、牛頭極、艌縫凑長拾丈捌尺捌寸。共核用：

寬壹尺伍寸、厚叁寸樟木枋陸尺捌寸，圍大壹尺樟木極陸丈陸尺玖寸，長陸寸釘壹百貳拾伍個，灰拾斤拾肆兩，桐油肆斤伍兩陸錢，網紗肆斤壹兩叁錢，竹絲肆斤壹兩叁錢，艦匠貳工肆分壹釐，艌匠壹工伍分伍釐，舂灰夫叁分捌釐。

大桅鐵箍陸個，各長肆尺陸寸；頭桅箍肆個，各長肆尺肆寸；舵頭箍叁個，各長肆尺柒寸；槌箍貳個，各長叁尺肆寸：俱寬貳寸，厚伍分。椗齒叁個，各長壹尺、寬陸寸、厚伍分；櫓箍肆個，各長貳尺肆寸、寬壹寸、厚叁分；鐵鐶肆個，各圍大陸寸。以上鐵料共浄重壹百捌拾貳斤拾貳兩；每正鐵壹斤，加耗鐵壹斤。每正鐵伍斤，用鐵匠壹工。每正、耗鐵壹斤，用炭叁斤。共核用：

生鐵叁百陸拾伍斤捌兩，炭壹千玖拾陸斤捌兩，鐵匠叁拾陸工伍分伍釐。

油畫前船共用：

烏烟叁斤伍兩，廣紅伍斤，銅碌肆兩，京紅肆兩，南粉貳斤，銀硃壹兩，籐黄肆兩，藍粉肆兩，杭粉壹兩，松香捌兩，水膠陸兩，墨貳塊，桐油肆斤，淡底壹斤，油畫匠拾工。

麻大桅縴索貳條，各長柒丈貳尺，大陸寸貳分；頭桅縴索貳條，各長陸丈，大肆寸伍分；大踏索貳條，各長陸丈，大肆寸伍分；小踏索貳條，各長伍丈，大叁寸；大繚母壹條，長肆丈，大柒寸；小繚母壹條，長貳丈肆尺，大叁寸陸分；大幫襯陸條，各長壹丈陸尺，大貳寸；小幫襯玖條，各長伍尺，大壹寸伍分。以上麻繩共重肆百斤，每百斤用繩匠叁工陸分。共核用：

麻肆百斤，繩匠拾肆工肆分。

棕正椗索壹條，長肆拾貳丈，大捌寸；副椗索壹條，長肆拾丈，大柒寸；大篷筋壹條，長陸丈陸尺，大壹寸捌分；小篷筋壹條，長叁丈叁尺，大壹寸；繚仔繚耳共拾捌條，各長貳丈壹尺，大貳寸；椗奴貳條，各長壹丈伍尺，大柒寸；大小摘尾貳條，共長拾貳丈，大伍寸；舵弔壹條，長叁丈，大陸寸。以上棕繩共重肆百叁拾斤。每撕棕肆拾斤，用匠壹工；成繩肆拾斤，用匠壹工。共核用：

棕肆百叁拾斤，撕棕匠拾工柒分伍釐，成繩匠拾工柒分伍釐。

衝風旗壹面，長、寬各壹丈陸尺；壹條龍旗壹面，長陸丈，寬叁尺；媽祖旗壹面，長、寬各伍尺；大小定風旗叁面，內壹面長陸尺，貳面各長肆尺伍寸，均寬壹尺。共核用：

幅寬壹尺色布伍拾丈，苧線拾兩，裁縫匠伍工。

中椗貳門齒全，各長壹丈捌尺、寬壹尺、厚陸寸。

中櫓貳枝各長肆丈貳尺、寬捌寸、厚伍寸。

舢板櫓壹枝，長貳丈伍尺、寬柒寸、厚肆寸。

大、小桅餅柒個，大、小無底升肆百伍拾個。

椗舵上配用竹繩、草繩，共用：竹篾叁百玖拾斤，繩匠拾肆工肆釐，草心叁百柒拾肆斤，繩匠玖工叁分伍釐。查原送成規内開，打造竹繩草繩所用匠工，多寡不齊，今照棕麻繩索用工之例，一律核定。

篷上配用大小繚毬、攝子、兔耳，共用：槐籐貳拾叁斤，籐匠肆工陸分。

刻字用：刻字匠叁工。

竪立大小桅用：壯夫叁拾伍名。

前船共用大小鐵釘貳萬壹千玖百叁拾捌個，刷抹釘頭每百個用桐油陸兩肆錢、灰壹斤。每油灰拾斤，用艌匠壹工。共核用：

桐油捌拾柒斤拾貳兩，灰貳百拾玖斤陸兩，艌匠叁拾工柒分壹釐，舂灰夫柒各陸分捌釐。

前船共用艦匠叁百捌拾工叁分叁釐，係照杉松木植核定，内有樟、柯等硬料用匠捌拾捌工肆分柒釐。每工外加匠貳分，計加匠拾柒工陸分玖釐，共匠叁百玖拾捌工貳釐。每百工加安裝匠拾工，計安裝匠叁拾玖工捌分。每艦匠安裝匠壹百工，加隨匠壯夫貳拾名，計壯夫捌拾柒名伍分陸釐。

以上拆造前船共用：

寬壹尺、厚捌寸松木伍丈肆尺陸寸，每丈銀肆錢壹分肆釐，計銀貳兩貳錢陸分。

查原送成規内開：松木按依拾陸則丈尺計算，每丈核銀肆錢捌分壹釐零至叁錢肆分壹釐不等，多寡參差均分核計，每丈需銀肆錢壹分肆釐。今照肆錢壹分肆釐之數，一律核定。

圍大叁尺貳寸、净長肆丈貳尺大吉木貳拾根，每根銀貳兩柒錢，計銀伍拾肆兩。

圍大貳尺伍寸、净長叁丈陸尺中吉木貳拾貳根叁尺柒寸叁分，每根銀壹兩伍錢，計銀叁拾叁兩壹錢伍分伍釐。

查原送成規内開：中吉木貳拾根。今按丈做法核算，應增貳根叁尺柒寸叁分。

圍大貳尺，净長叁丈貳尺，浮溪木貳拾壹根壹叁寸，每根銀伍錢，計銀拾兩伍錢貳分。

查原送成規内開：浮溪木貳拾根。今按丈尺做法核算，應增壹根壹尺叁寸。

圍大壹尺陸寸、净長貳丈捌尺高洋木貳拾根，每根銀貳錢，計銀肆兩。

圍大叁尺伍寸木段伍拾捌丈陸寸，核長壹丈肆尺段料肆拾壹根陸尺陸寸，每根銀陸錢，計銀貳拾肆兩捌錢捌分叁釐。

查原送成規内開：木段肆拾貳根。今按丈尺做法核算，應減柒尺肆寸。

寬壹尺伍寸、厚叁寸樟木枋伍拾貳丈壹尺陸寸，核長壹丈柒尺枋料叁拾塊壹丈壹尺陸寸，每塊銀壹兩叁錢，計銀叁拾玖兩捌錢捌分柒釐。

查原送成規内開：樟枋叁拾柒塊。今按丈尺做法核算，應減陸塊伍尺肆寸。

寬壹尺、厚叁寸、長捌尺貳寸樟板肆塊，每塊銀肆錢壹分捌釐，計銀壹兩陸錢柒分貳釐。

查原送成規内開：樟木梁座、梁頭壹則至拾柒則，各長壹丈柒尺、寬壹尺伍寸、厚叁寸，每塊銀壹兩叁錢。托浪樟木板第壹則長陸尺伍寸、寬壹尺、厚叁寸，每塊開銀伍錢；第貳則至拾柒則各長捌尺、寬壹尺、厚叁寸，每塊亦開銀伍錢，價值參差。今俱照梁座梁、頭之價，一律核定。

寬壹尺貳寸、厚叁寸松木枋陸拾伍丈伍尺陸寸，核長壹丈柒尺枋料叁拾捌塊玖尺陸寸，每塊銀叁錢伍分，計銀拾叁兩肆錢玖分捌釐。

查原送成規内開：松枋叁拾捌塊。今按丈尺做法核算，應增玖尺陸寸。

圍大壹尺樟木極伍拾伍丈貳尺壹寸，核長壹丈貳尺樟極肆拾陸塊壹寸，每塊銀貳錢，計銀玖兩貳錢貳釐。

查原送成規内開：樟極肆拾陸塊。今按丈尺做法核算，應增壹寸。

寬壹尺伍寸、厚叁寸柯梅木枋柒丈肆寸，每丈銀伍錢柒分壹釐伍毫，計銀肆兩貳分叁釐。

寬壹尺、厚叁寸柯梅木枋肆丈玖尺玖寸，每丈銀叁錢捌分壹釐，計銀壹兩玖錢壹釐。

查原送成規内開：柯梅木馬面壹則至拾柒則各長叁丈伍尺、寬壹尺伍寸、厚叁寸，每塊開銀貳兩。軟筋及舢板、龍骨等料壹則至伍則各長貳丈伍尺、寬壹尺、厚叁寸，每塊開銀壹兩；陸則至拾柒則各長叁丈伍尺、寬壹尺、厚叁寸，每塊開銀貳兩，價值參差。今俱照馬面之價，一律核定。

圍大捌寸長壹丈叁尺梗木棍肆拾根，每根銀捌分，計銀叁兩貳錢。

寬陸寸、厚壹寸杉木板叁拾丈陸尺，每丈銀肆錢，計銀拾貳兩貳錢肆分。

圍大柒尺、長壹丈捌尺伍寸樟木壹根，計銀柒兩玖分捌釐。

圍大伍尺叁寸、長壹丈伍尺伍寸樟木壹根，計銀叁兩肆錢玖釐。

見方貳尺肆寸、長捌尺貳寸樟木壹塊，計銀肆兩肆錢叁分捌釐。

圍大肆尺陸寸、長伍尺捌寸樟木壹段，計銀玖錢陸分。

寬貳尺壹寸、厚捌寸、長壹丈柒尺貳寸樟木壹塊，計銀貳兩柒錢壹分肆釐。

圍大柒尺伍寸、長柒尺柒寸樟木壹段，計銀叁兩叁錢玖分壹釐。

寬貳尺貳寸、厚壹尺壹寸、長壹丈貳尺貳寸樟木貳塊，每塊銀貳兩柒錢柒分叁釐，計銀伍兩伍錢肆分陸釐。

寬壹尺捌寸、厚捌寸、長壹丈樟木貳塊，每塊銀壹兩叁錢伍分叁釐，計銀貳兩柒錢陸釐。

寬貳尺、厚玖寸伍分、長壹丈陸尺貳寸樟木貳塊，每塊銀貳兩捌錢玖分貳釐，計銀伍兩柒錢捌分肆釐。

圍大肆尺柒寸、長壹丈伍尺伍寸樟木壹根，計銀貳兩陸錢捌分壹釐。

寬壹尺貳寸、厚陸寸、長壹丈捌尺貳寸樟木壹塊，計銀壹兩貳錢叁分壹釐。

寬貳尺肆寸、原陸寸、長柒尺柒寸樟木壹塊，計銀壹兩肆分貳釐。

查原送成規内開：壹則至拾柒則，每則用樟木含檀等料拾貳欵，所開價值，逐欵核計，俱屬參差；均匀計算，每折見方壹尺需銀玖分叁釐玖毫陸絲。今照玖分叁釐玖毫陸絲之數一律核定。

寬壹尺肆寸、厚捌寸、長壹丈捌尺貳寸楮木壹根，計銀拾陸兩。

圍大肆尺伍寸、長陸丈桅木壹根，計銀貳拾叁兩。

圍大肆尺叁寸、長伍丈桅木壹根，計銀柒兩。

長壹尺釘叁百伍拾叁個，每貳個重壹斤，計重壹百柒拾陸斤捌兩；長捌寸釘貳百陸拾個，每伍個重壹斤，計重伍拾貳斤；長陸寸釘壹萬壹千捌百貳拾陸個，每拾伍個重壹斤，計重柒百捌拾捌斤陸兩肆錢；長伍寸釘捌千捌百玖拾玖個，每貳拾個重壹斤，計重肆百肆拾肆斤拾伍兩貳錢；長肆寸釘陸百個，每叁拾個重壹斤，計重貳拾斤。以上鐵釘共重壹千肆百捌拾壹斤拾叁兩陸錢，除選用舊釘陸百柒拾伍斤貳兩柒錢外，添新捌百陸斤拾兩玖錢，每斤銀貳分貳釐，計銀拾柒兩柒錢肆分柒釐。

灰壹千柒百叁拾玖斤捌兩，每百斤銀貳錢，計銀叁兩肆錢柒分玖釐。

桐油陸百玖拾玖斤拾貳兩貳錢，每斤銀叁分，計銀貳拾兩玖錢玖分叁釐。

網紗伍百柒拾斤肆錢，每斤銀壹分貳釐，計銀陸兩捌錢肆分。

竹絲伍百柒拾斤肆錢，每斤銀陸釐，計銀叁兩肆錢貳分。

生鐵叁百陸拾伍斤捌兩，每斤銀壹分，計銀叁兩陸錢伍分伍釐。

炭壹千玖拾陸斤捌兩，每百斤銀壹錢陸分，計銀壹兩柒錢伍分肆釐。

烏烟叁斤伍兩，每斤銀壹分伍釐，計銀伍分。

廣紅伍斤，每斤銀伍分，計銀貳錢伍分。

銅碌肆兩，每斤銀叁錢，計銀柒分伍釐。

京紅肆兩，每斤銀捌分，計銀貳分。

南粉貳斤，每斤銀壹分，計銀貳分。

銀硃壹兩，每斤銀陸錢肆分，計銀肆分。

滕黃肆兩，每斤銀貳錢，計銀伍分。

藍粉肆兩，每斤銀捌分，計銀貳分。

杭粉壹兩，每斤銀壹錢陸分，計銀壹分。

水膠陸兩，每斤銀肆分，計銀壹分伍釐。

松香捌兩，每斤銀貳分，計銀壹分。

墨貳塊，每塊銀壹分，計銀貳分。

淡底壹斤，計銀伍分。

麻肆百斤，每斤銀壹分伍釐，計銀陸兩。

棕肆百叁拾斤，每斤銀叁分，計銀拾貳兩玖錢。

幅寬壹尺色布伍拾丈，每丈銀壹錢，計銀伍兩。

苧線拾兩，每斤銀壹錢貳分，計銀柒分伍釐。

椗貳門齒全，各長壹丈捌尺、寬壹尺、厚陸寸，每門銀壹兩壹錢貳分柒釐，計銀貳兩貳錢伍分肆釐。

中櫓貳枝，各長肆丈貳尺、寬捌寸、厚伍寸。每枝銀壹兩柒錢壹分叁釐，計銀叁兩肆錢貳分陸釐。

舢板櫓壹枝，長貳丈伍尺、寬柒寸、厚肆寸，計銀叁錢貳分壹釐。

大風篷壹扇，長肆丈捌尺、寬貳丈柒尺捌寸，計銀肆兩壹錢陸分壹釐。

頭風篷壹扇，長貳丈捌尺、寬壹丈肆尺，計銀壹兩貳錢貳分貳釐。

查原送成規内開：壹則至拾柒則，大篷每扇銀伍兩伍錢，頭篷每扇銀壹兩伍錢。所開丈尺大篷長肆丈捌尺至柒丈，寬自貳丈陸尺至叁丈叁尺不等。頭篷長自貳丈肆尺至叁丈伍尺，寬自壹丈肆尺至壹丈陸尺伍寸不等，俱屬參差；均匀核計，每折見方壹丈需銀叁錢壹分壹釐捌毫。今照叁錢壹分壹釐捌毫之數分別核定。

大小桅餅柒個，每個銀柒分，計銀肆錢玖分。

大小無底升肆百伍拾個，每百個銀捌分，計銀叁錢陸分。

竹篾叁百玖拾斤，每百斤銀壹錢陸分，計銀陸錢貳分肆釐。

草心叁百柒拾肆斤，每百斤銀柒分，計銀貳錢陸分貳釐。

槐籐貳拾叁斤，每斤銀貳分五釐，計銀伍錢柒分伍釐。

艌匠叁百玖拾捌工貳釐，安裝匠叁拾玖工捌分，鋸匠壹百肆工伍分柒釐，艌匠貳百肆拾柒工捌分伍釐，鐵匠叁拾陸工伍分伍釐，油畫匠拾工，繩匠叁拾柒工柒分玖釐，棕匠貳拾壹工伍分，裁縫匠伍工，籐匠肆工陸分，刻字匠叁工，壯夫壹百捌拾叁名肆分柒釐。以上匠夫共壹千玖拾貳工壹分伍釐，每名銀伍分，計銀伍拾肆兩陸錢捌釐。

又置備物件開後：

木桶貳拾件，每件銀叁分，計銀陸錢。

鐵鍋貳口換新，每口貼工料銀壹錢貳分，計銀貳錢肆分。

鼓一面脩理換皮，計銀肆錢捌分。

金壹面重肆斤換新，每斤貼工料銀柒分，計銀貳錢捌分。

以上拆造前船成規內開：共需工料銀肆百伍拾肆兩叁錢叁分捌毫，內部價銀貳百拾陸兩叁錢肆分捌釐，加捌津貼并另加叁分銀貳百叁拾柒兩玖錢捌分貳釐捌毫，臺廠運費銀肆拾叁兩貳錢陸分玖釐陸毫。今按條查核，分別增減更正，需用工料銀肆百伍拾叁兩捌錢叁分柒釐，內部價錢貳百拾陸兩壹錢壹分叁釐，加捌津貼并另加叁分銀貳百叁拾柒兩柒錢貳分肆釐，毫廠運費銀肆拾叁兩貳錢貳分叁釐。計飭減工料銀肆錢玖分叁釐捌毫，運費銀肆分陸釐陸毫。行令該撫於前船届應拆造之期，將節減銀兩，在於應領銀內扣除。至大小脩理成規內開：大脩工料銀叁百玖兩柒錢柒分壹釐，內部價銀壹百肆拾兩捌錢伍釐，加玖津貼并另加叁分銀壹百陸拾捌兩玖錢陸分陸釐，臺廠運費銀貳拾捌兩壹錢陸分壹釐，小脩工料銀貳百貳拾貳兩貳錢壹分貳釐，內部價銀玖拾陸兩陸錢壹分肆釐，加拾津貼并另加叁分銀壹百貳拾伍兩伍錢玖分捌釐，臺廠運費銀拾玖兩叁錢貳分叁釐。其餘壹船倣此。

户部《漕運則例纂》卷二《通漕運艘・漕船額數》　各省原額漕船共一萬一百二十九隻，內永折裁併灰石減荒洒帶各船，歲無定數。雍正四年清查各省額船共七千九百八十隻，內除灰石、洒帶、坍荒減存各船外，實運船七千一百二十隻，題准作爲定額，所有各省衛所船隻細數，備載於後。

江南省：

江安糧道屬

江寧府屬江淮、興武二衛，原額漕船一千六百一十六隻，內永折裁併灰石、減荒、洒帶各船，歲無定額。雍正四年清查額報漕船一千二百七十四隻，內除灰石減船二十隻四分，洒帶減船五十隻八分，坍荒減船九隻四分，減存零船九隻四分，共減船九十隻，額定實運船一千一百八十四隻。

安慶府屬安慶衛，徽州府屬新安衛，寧國府屬宣州衛，太平府屬建陽衛，原額漕船四百八十三隻，內永減、荒減、洒帶、停協各減船，歲無定數。雍正四年清查額報漕船三百八十二隻，內洒帶減船五十隻，輪運減船三十隻，共減船八十隻，此外仍有永減船四隻，額定實運船三百二隻。

廬州府屬廬州、六安二衛，鳳陽府屬鳳陽、鳳陽前、鳳陽後、鳳陽中、鳳陽左、鳳陽右、長淮、懷遠、壽州、泗州、洪塘、宿州、武平十三衛所，滁州屬滁州衛，徐州屬徐州衛，原額漕船一千六百五十九隻，內永減荒減灰石停協洒帶各船，歲無定數。雍正四年清查額報漕船一千一百七十六隻九分，內除灰石減船十八隻三分，洒帶減船一百一十四隻三分，減存零船八隻三分，荒減船三隻，蠲減船一隻，共減船一百四十四隻九分。此外仍有暫減船九隻一分，荒減船十二隻，共減船二十一隻一分，額定實運船一千三十二隻。

淮安府屬淮安、大河、邳州三衛，揚州府屬揚州、高郵、儀徵三衛，鹽城、興化、通州、泰州四所，原額漕船一千一百二十九隻，內永減、灰石、減存各船，歲無定額。雍正四年，清查額報漕船八百三十三隻，內灰石、減船四隻七分，洒帶減船十九隻三分，減存零船五分，暫減船六隻，舊減并坍荒減船八隻五分，共減三十九隻。又歸併原高郵衛減船一百二隻，此外仍有永減船八隻，積缺船一百四十八隻，又輪減船一隻，額定實運船六百九十二隻。

以上江安糧道所屬共實現運船三千二百一十隻，內撥派協運河南現運船一百二十六隻，又撥派協運蘇、松、常、鎮太倉等府州漕糧現運船二千一百二十隻，內抽運蘇、松、常三府白糧現運船二百三十九隻，又該屬舊有撥協山東船二百三十二隻，於康熙二十一年，撤回撥協江西船六十三隻，又康熙三十年，部議撥船七十八隻，至康熙三十三年停撥。

蘇松糧道所屬蘇州、太倉、鎮海、金山、鎮江六衛，松江一所原額漕船六百四十八隻。雍正四年清查額報仍原額漕船六百四十八隻，内除灰石減船九隻一分，洒帶減船二十四隻四分，減存不用零船二隻五分，又坍荒減船六隻，圈沙缺糧減船十四隻，截留京口兵糧停造船四十八隻，以上共減船一百四隻，額定實運船五百四十四隻，内抽運蘇、松、常、太四府州白糧，實現運船五十四隻。

浙江省：

浙江糧道所屬杭州、杭州右、紹興、寧波、台州、温州、處州、海寧八衛，金華、衢州、嘉興、湖州、嚴州五所，原額漕船一千九百九十九隻。又原嘉興協運江南撤回船四十一隻，内永減、漂燬、酌定、洒減各船，歲無定數。雍正四年清查額報共漕船一千五百五十八隻，内除灰石減船二十九隻，減存零船七隻，洒帶船三百七隻，共船三百四十三隻，額定實運船一千二百一十五隻，内抽運嘉、湖二府白糧現運船一百二十六隻。

江西省：

江西糧道所屬南昌、袁州、贛州、九江四衛，吉安、安福、永新、撫州、建昌、廣信、鉛山、饒州八所，原額漕船一千三隻，内除併造減淺各船七十四隻，止存額船九百二十九隻。雍正四年，清查額報漕船九百二十九隻，内減存未造未運船二十一隻，貧疲未造船四隻，逃絶船四十六隻，貧疲積缺船一百三十六隻，朋併缺額船一十四隻，共減船二百二十一隻，額定實運船七百八隻。

湖廣省：

湖廣省九衛一所，内分武昌、武昌左、黄州、蘄州、襄陽四衛，德安一所，屬湖北糧道。荆州、荆左、荆右、沔陽、岳州五衛，屬湖南糧道。原額漕船八百二十六隻，内停協缺船原無定數。雍正四年，清查定額漕船四百二十隻，並無增減虧缺。内湖北實現運船二百二十八隻，湖南實現運船一百八十二隻。

山東省：

山東糧道所屬德州、濟寧、東平、東昌、臨清、濮州四衛二所，運本省漕糧任城、德州、左平山三衛，係協運河南漕糧，原額漕船七百二十七隻，内荒減、撥協各船，歲無定數。雍正四年，清查額報漕船并自備船共七百三十一隻，内輪流減存船二十一隻，又撥派協運河南船三百二十七隻，内輪流減存船三十九隻，額定實運本省船七百八隻，内自備船三百一十二隻，漕船三百九十六隻，協運河南船二百八十八隻。

河南省：

河南糧道所屬原無出運衛所，船隻俱係直隸、山東、江南三省船隻，就近協運。雍正四年，清查額定撥協實運船四百五十一隻，内江南省協運船一百二十六隻，山東省協運船二百八十八隻，直隸通州、天津二所，共船三十七隻。

李斗《揚州畫舫録》卷一八《舫扁録》　揚州畫舫，始於「鼓棚」。鼓棚本泰州駁鹽船，至朽腐不能裝載，輒牽入内河，架以枋楣椽柱。大者可置三席，謂之「大三張」，小者謂之「小三張」。駁鹽船之脚船，枋楣椽柱如瓜菰架者，謂之「絲瓜架」。木頂船謂之「飛仙」，制如蘇州酒船，本於城内沙氏所造，今謂之「沙飛」，皆用篙戧。沙飛梢艙有竈，無竈者謂之「江船」，用櫓者爲「摇船」，前席棚后木頂者謂之「牛舌頭」，用槳者爲「划子船」，雙槳爲「雙飛燕」，亦曰「南京篷」。杭堇浦《道古堂集》中所謂「八柱船開蕩槳斜」，謂此。沙飛重檐飛艫，有小卷棚者謂之「太平船」，覆棕者爲「棕頂」，以玻璃嵌窗者謂之「玻璃船」。至於四方客卿達官以及城内仕宦向有官船，皆住北門馬頭，非游人所得乘也。

順治間舫扁：筆錠如意、胡敬德洗馬、小秦王跳澗。前明湖中游船，謂之「游湖船」。船皆有扁，扁上皆用繪事，式如句容剃頭擔等發盤上繪事。至康熙中，乃易佳名。此三扁尚爲前明舫扁，李嘯村得之于天寧門街骨董鋪中。

康熙間舫扁：盧大眼高棚子、棚子即「大三張」。其時畫舫無考，惟盧大眼以販鹽犯罪，改業爲舟子，故至今稱之。　紅橋爛、大三張，無竈，惟此船設茶竈於船首，可以煮肉，自馬頭開船，至紅橋則肉熟，遂呼此船爲「紅橋爛」。　芙蓉舟、虎頭牌、船户之面如是，在便益門馬頭。　一脚散，是船極薄，人以是語笑之，船遂得名。

雍正間舫扁：平安吉慶，自國初至此，以繪事爲扁，此爲碩果耳。　野樂、水馬、舫扁書嘉名自此始。二字本張芝叟『小舟勝養馬』句。　勝景游、王家富絲瓜架，自舫扁書嘉名，凡船皆用粉扁，以待游人題名，無人題者，皆以舟子之名呼之。　曹世芳絲瓜架、乾隆間舫扁：雙柿、扇面，二者皆舫扁式也，因無人題，遂以其扁式呼之。　樂也，一條梁，船底用一木，此江船制法也。摇船自此入内河。、平山堂、季元普，此舟子名也，三字筆勢遒勁，不知何人所書。　蓮舟、殷實舟、太平船、太平舟、錦春游、富春游，舫扁至此，漸有佳名，此皆丁丑以前之船，迨丁丑後，鑿蓮花埂，浚河通平山堂，遂爲巨津，畫舫日增，馬頭分焉，故丁丑後畫舫，另分之於十二馬頭。

高橋舫扁：星槎、乘龍、發財、凌風舸、如意船、相江行、空明舟、大如意船雪篷烟艇、花月雙清、菊嶼荷塘、且暫蕭閑、李家大三張、王林絲瓜架、李三划子船、高二划子船、王三西餅船、王七虎大三張、潘寡婦大三張、陳三驢絲瓜架、冷大娘絲瓜架、桃花庵划子船、黄毛毛匠大三張。

便益門舫匾：分波、水仙、載鶴、鏡中游、碧湖春、錦湖行是舫有鄭板橋聯句云：「摇到四橋烟雨里，撥開一片水雲天。」、黄金錠、如意舟、便宜船、春蕙舫、駕雲游、彩鷁舟、奪金魁、駕葉舟、衣香人影、元寶絲瓜架、宋上橋絲瓜架、何奶奶划子船小張二大三張、大張三大三張、小張三大三張小張三即大張三之子，是二船本一船也。駱家酒店划子船。

廣儲門舫匾：代步、依李、大發、一舸、尋春、大元寶、第一舟、黄花舟、沙棠舟、可以游、吉祥舟、滿天星舟子名。、明月舟、宋七江船、孫划子船、飛江江摇船、王家沙飛船、孔五牛舌頭、一捌一個洞、是船本小秦王跳澗，至是已朽，李復堂題此五字，遂得名。、王奶奶划子船、馬回子牛舌頭、方世章大三張、沈胡子草上飛、王氏兄弟划子船。

天寧門舫匾：舫如、扁舟、觀流、舫居、問虹、飛虹、一方、栖雲、代步、問渠友溪、太平舟、太平船、如意舟、得意舟、下鷗舫、鏡中行、歌峽舫、不系園、飛湖引、水雲天、《夢香詞》云：「揚州好，畫舫是飛仙。十扇紗窗和月淡，一枝柔櫓撥波圓。人在水雲天。」富春舟、書石舟、剡溪舟、壑藏舟、錦春游、天受引、落霞孤鶩、小太平船、王七江船、亦名「水馬」，已無其扁。袁九大馬溜、落日放船好、顧家飛雲罩、王奶奶划子船、薛二和尚牛舌頭、孫二侉子大摇船、曹大寶官划子船。

北門舫匾：静觀、四槳西洋船、是二船皆官船，北人謂之「水住房」，南人謂之「水公館」，非達官不能乘，故每閑泊嶼渚，以資榜人晝眠。蓬萊、系園、帶月、訪戴、舟子湯酒鬼，卯飲午醉，醉則睡，睡熟則大呼酒來，故每載人至夜歸，皆舟中客理篙楫，至岸杯盤狼藉，任客收拾，惟聞船尾鼻息鼾鼾而已。田雁門爲題是扁。翔鳧、艋舟、宛在、水月、鳴鶴、雲鰲、一葉、輕舫、野航、原詩本「野艇却受兩三人」。以航爲大舟，不止受兩三人。見《清波雜志》。是扁以誤傳誤耳。却受、容與、欸乃、一葦、渠花艓、康樂舟、昌齡舟、小自在、映花游、金沙舟、蘇石舟、書畫舫、米家船、青雀舫、詞人方竹樓嘗題黄秋厓妻吴静嫻《秋山讀書圖》云：「幾番幽訪，携上晴湖青雀舫。」即此。歌峽舫、水一方、季卿葉、寶卿葉、孔三張、此大三張也，中有孔東塘書「壺觴須就陶彭澤，風俗猶傳晉永和」一聯。合漏船、是船二人合撑，因有是名。余家玻璃船、趙家划子船、湯家划子船、笏板絲瓜架、棕頂沙飛船、頂上以棕覆之。唐寡婦划子船、許椿子划子船、韓錢氏划子船、是婦以債結訟，共傳爲韓錢氏，遂呼是名。十七點划子船、舟子某以十七點得會金，乃造是船，遂名。葉道人雙飛燕、是船亦名南京涼篷。道人上元人，四十不茹葷，五十辟谷，方笠白袷，打槳白蘋紅蓼間，旁若無人。南京老唐涼篷、慧因寺智慧舫、關帝廟划子船、僧平川之舟。蓮性奇玻璃、僧傳宗之舟。陶肉頭没馬划子船。是船夜宿渚嶼，日駕游人，特馬頭船數足額，不能在岸招客，惟於湖中覓生計耳。時人嗤之，謂之肉頭，即以没馬頭之名呼其船也。

小東門舫匾：是地畫舫本二十有七，今增至三十有三，其六船無爲，舟子姓名亦不可考。步月仙樓、同春、駕雲、舫如、小天游、一卷書、玻璃船、太平船、百花舟、白雲舟百花洲、且逍遥、暫蕭閑、固始艓、烟波畫船、謝氏划子船、洗澡划子船、余家划子船、姜茶爐江船、俞家私鹽船、此外河私鹽船，歸塢變價，牽入内河者。沈金鐲划子船、劉大鐲划子船、以泥金涂欄干上連環，謂之金鐲。是門划子船，以此爲勝。金教官雪上船、此棕亭先生畫舫也。陳妙常牛舌頭、舟子陳七，美丰姿，時人呼爲陳妙常。蘇高三划子船、王寡婦七號划子船、烟月舫。

大東門舫匾：芥隱、本宋龔頤正書室名，有《芥隱筆記》卷子。觀瀾、畫舫、大發財、玉鏡光、天然圖畫、鄭家蒲鞋頭。亦名「闕快」。「闕快」即滸墅闕快船也。

南門上下兩馬頭舫匾：泳庵、鄭氏影園舟名。聽簫、却要、北門有「却受」舫扁，此改「受」爲「要」。考昔李庚有女奴名却要，可知此二字出處。有余、元寶、冶春、迪吉、載鶴、飛雲、鶴航、南浦、借樹、春螺、雲淡、福雲舟、駕葉舟、志和舫、采珠游、西溪行、一湖春色、何消説江船、舟子與人言，以「何消説」三字作助語詞，時人譏之，遂以此名之。五四划子船、通天篙樓船、汪府大三張、有高西園書「桐間月上，柳下風來」横扁。九峰園彩舫。

西門舫匾：飛鴻、百福、移園、梳烟、春才、春財、一葉、法二划子船、陳家小三張、高二小二張。

虹橋舫匾：流霞、觀濤、鳴鶴、陳胡子餅船、孔大芹菜船、王家灰糞船、船長三丈，闊五尺，以栽灰糞爲生，惟清明節龍船市洗净載人，間逢司徒廟演戲，則載戲箱。桃花庵划子船。庵中道人陳大駕是舟，牛湘南太守爲之修艙。陳大死，其子苟子秀出，打槳如飛。

平山堂舫匾：元寶、童奶奶絲瓜架、法净寺五泉水船。

佚名《錢穀挈要》卷一〇《修造》　船隻

一　河内戰船自新造之年爲始，届三年，准其小修；小修之後，再届五年，准其大修；大修之後（准其）五年，仍准其小修。此小修之後，再届三年，如船隻尚堪修理應用，仍准其大修；如果船隻朽壞，不堪修理，督撫查明保題，到日准其折造。外海戰船自新造之年爲始，届三年，准其小修；小修之後，再届三年，准其大修。大修之後再屆三年，如船隻尚堪修理應用，仍准大修；如果船隻朽壞，不堪修理，該督撫查明保題，到日准其折造。若未至應修年限損壞者，將承修之員革職，督修之員降二級調用。仍承六、督四，分別賠修。吏

一　凡將不應修理船隻，限前混行申詳修理者，府州縣降二級調用，轉報之司道降一級調用，具題之督撫罰俸一年。吏

一　承修官將未經修完船隻，揑以完工轉報者，革職，督修官降二級調用，督撫降一級調用。如承修官申報未完，督修官作完工申報者革職，承修官照限議處。如承修官、督修官申報未完，督撫揑報完工者革職，承修、督修各官，照限議處。吏

一　福建等省於修期兩個月之前，預先估計造册申報。督撫一面具題，一面檄行監修之員預撥銀兩辦理。台灣於修期四個月之前領銀備辦。如承修之員將應領之帑，挨延不行請領者，降一級調用，上司故意勒措以致違延者，降二級調用。吏

一　水師修造戰船，如有營員希圖射利包修者，將承修官與同修官俱革職，督修官降三級調用，督撫降一級留任。吏

一　交收戰船時，武弁縱令兵丁人等，借端勒索使費，將失察之道府等官罰俸一年。如有通同狥隱者，降三級調用。吏

一　各省修造標營船隻，着道員、副將會同領價。道員遴委同知、通判，副將遴委都司、守備，協同辦料修造。如係將軍標下船隻，即遴委參領以下等官，同領同辦。倘承修之員修不如式，貽悮軍工以及監驗查收之員需索勒措，并船工之物不即交代清楚，兵丁私行盜賣，以致短少殘缺者，即將該管將弁指名題參。其頭舵人等，照例治罪，分別着追。如該管上司不行查察，故爲狥阬，照例議處。例

一　部咨：嗣後修造戰船，先收完工者先行題銷，後修完工者續後題銷。二十五年

一　部咨：閩省各鎮標協營戰船，分設四廠，各委道員承修。除台灣一股，向係專案題估，照舊辦理外，嗣後將福、泉、漳三廠應修之船，俱照定例，預期確估，分案詳題起限具修。三十六年

一　福藩德奏明，閩省額設各營戰船三百一十四隻，自成造交營之日爲始，屆三年小修，再三年大修。其大修之後，雖例得折造，向來各營結報，水師提督移咨巡撫，行司再委府所驗看，如果朽壞不堪，造册出結，司道方准轉詳保題折造。若係尚堪修理者，仍止准其再大修一次。嗣後凡遇大小應修船隻，亦照折造之例。如驗係完好，即飭該營再行駕駛一年，不得拘定年限，遽行交廠請修。二十七年

一　部咨：閩省各營飄黄船隻，應行修理者，照例令粵省地方官，按照該省成規造報，統限兩個月送部核銷。如有核減，知會閩省追繳還項。至粵至省借墊銀兩，閩省在於司庫存公銀内，照數撥解歸欵。二十七年

一　部咨：嗣後除戰船(站船)仍專案題奏外，其凡係例限應修船隻，每年先行委員逐一確勘，將寔係朽壞不堪駕駛，及船身尚屬堅固，堪以改修各緣由，毋論大小船隻，俱於年終彙造奏聞。二十八年

一　福建各廠船工，原奉諭旨，派委道員承辦，副將參遊監督修造。迨後各廠事務繁多，又復詳委廠員在廠辦理。餘載採辦。三十六年省例

一　部咨：修造戰船，應改奏爲咨，隨案報部備核。六十年

一　候邑、鐵嶺等七溪渡船，定例自新造之年爲始，屆三年小修，再屆五年大修，又屆三年仍小修。又屆三年，如果朽爛，准其折造。向以折造完竣之日爲始，起限扣計，并非報部核銷，始行起扣。修造准工部咨，嗣後凡遇大小折造，俱遵照本部估准之日起限扣計，至此案折下舊料，委員確估變價，於報銷案内扣抵報部。嘉慶四年

一　部覆衢鎮英奏，嗣後各省營房云云至巡船哨船，凡遇修造年限，仍移交各縣丞辦，遲延參處。嘉慶五年

一　工部奏明：嗣後凡遇屆修各項船隻，先期委員查驗。如非刻不可緩，僅係循照年例應修者，仍欽遵諭旨停其辦理。其寔係損壞，應行修整者，查照工部奏定章程，銀數在三百兩上下者，准其咨部核銷；如數逾五百兩以上，奏明辦理。務照定例於估准後，起限具修，工完再行按限報銷。並於報銷案内，聲明興工日期，將來再屆應修年分，即以此次估准後，工完起限，不得仍以上次屆修年分起限，致有冒銷。倘有仍前估報逾期，挪移工竣年分，希圖揑銷者，即將册報違例之員照例查參。仍將用過銀兩，不准開銷。再此外各項工程一律照例先估後修，毋得挪移工竣年月，致滋牽混。嘉慶八年

一　工部奏准：船隻一項，如遇下次屆修，而上次修理尚未估報者，概不准補行估銷。嘉慶十年

改造船隻

一　六十年奉上諭：「沿海水師各營戰船，輪屆折造之年，俱照商船式樣一律改造。」欽此。

一　工部奏准：福建水提中營海字九號船一隻，在洋遭風擊碎，照依商船式樣，題准動項造補。嗣後該省改造船隻，在內洋巡哨者，准其照原船丈尺改造；其外洋緝捕船隻，仍照一、二、三號商船改造，以歸畫一。嘉慶六年

一　工部奏定戰船成規：凡初造、折造，俱有核定工料。至大修、小修，查成規內，向無工料細數，係就原造之數，以次遞減，核定銀數。近年閩省改造同安梭商船并米艇，事屬創始。其初造工料，節經比照別項戰船，准修在案。至大、小修，因向有定，額銀數，册報工料，多寡不等，自應仿照戰船成規，照定原造之數，以次核定銀數，以歸畫一。謹擬照各省各廠成規，折中核定。令各督撫加意節省，核寔造報，總不得逾此次核定之數。

一　福建改造，同安商船，并添造米艇船隻，下届折造及大小修，應照該省舊設繒船折造，大、小修需用部價銀兩，遞減之數核定。查閩省一則至七則繒船折造，照原造之數，減銀三成；其大修照折造之欵，減銀三成四分四厘至三成五分六厘八毫不等；小修較大修之數，減銀三成一分一厘至三成二分不等。今折中核定：大修較折造減銀三成五分四毫；小修較大修減銀三成一分五厘五毫。計：

一號商船原造，准用部價銀五百七兩九錢七分五厘；

折造，核用部價銀三百五十五兩五錢　分二厘；

大修，二百三十兩九錢八分六厘；

小修，一百五十八兩一錢一分。

二號商船原造准用部價銀三百九十九兩七錢一分四厘；

折造，核用部價銀二百七十九兩八錢；

大修，一百八十一兩七錢五分八厘；

小修，一百二十四兩四錢一分一厘。

三號商船原造，准用部價銀三百七十二兩一錢二分六厘；

折造，核用部價銀二百六十兩四錢八分八厘；

大修，一百六十九兩二錢一分三厘；

小修，一百一十五兩八錢二分六厘。

米艇船原造，准用部價銀九百三十八兩六錢九分四厘零五毫；

折造，核用部價銀五百八十七兩八分六厘一毫；

大修，三百八十一兩三錢七分二厘；

小修，二百六十一兩四分八厘；

再此項船隻定例：折造，每部價銀一百兩，加津貼銀八十兩；大修，加津貼銀九十兩。小修每部價銀一百兩，加津貼銀一百兩。再浙江米艇船，係在閩省成造，照閩省價值開報。嗣後折造，大小修，應在浙省辦理。將來造報到日，應照浙省成規遞減，數目畫一核給。嘉慶十年

一　部覆閩省阿等奏，福建四廠戰船，於六十年間，原有贈艍船隻笨重，奏准改造，同安校式陸續改造，并捐造米艇船隻，以利緝捕。查閩省添造大船，前據福撫溫以所用物料價值，每隻以四千兩核銷，尚屬不敷，請造二丈四尺樑頭與二丈六尺之船，一體報銷銀二千六百餘兩。奏蒙恩准：今該二省米艇船隻，請照原用銀二千六百一十八兩零之數報銷，應如所奏辦理。其在浙省成造船隻，並准加給運脚。再閩、浙二省同安米艇船隻，閩省折造船，照原造之數減銀三成，大修照折造之數減銀三成五分四厘，小修照大修之數減銀三成一分五厘五毫，奏明在案。同安米艇船隻，凡屆折造，大、小修所需工料銀數，仍照奏定酌中遞減之數，核寔報銷。俟届期折造時，仍照舊例，選用三成舊料，并將換下舊料，照例估變抵用。嘉慶十二年

再，換下不堪選用舊料，向來各省折造之案，俱係變抵二成。前奏敘及。

曹振瑭等《欽定工部續增則例》卷一四《營繕司・旱船做法》　拉運重大物料，應用旱船，每隻長貳丈，寬捌尺，幇高壹尺壹寸，成造用料：

每旱船壹隻用長貳丈伍寸，徑壹尺叁寸，榆木幇貳根。

長玖尺伍寸，徑壹尺榆木長棖肆根。

長柒尺伍寸，徑壹尺榆木短棖叁根。

長壹丈貳尺，徑捌寸榆木橇捌根。

長壹丈，徑捌寸榆木橇捌根。

長玖尺，徑壹尺榆木滾子叁拾貳根。

長捌寸，見方壹寸，熟鐵梢捌根。

工竣變價照快車例核算。

用工：每旱船壹隻用木匠叁拾肆工，鋸匠玖工伍分。

以上旱船應用工料，按依石料大小輕重數目，令查驗官據實呈報，照例核銷。

户部《户部海運新案》卷八

蘇州府屬：

長洲縣派裝漕糧船五十隻，白糧船二隻。

元和縣派裝漕糧船四十八隻，白糧船二隻。

吴縣派裝漕糧船三十五隻，白糧船二隻。

吴江縣派裝漕糧船四十九隻，白糧船二隻。

震澤縣派裝漕糧船五十三隻，白糧船二隻。

常熟縣派裝漕糧船五十二隻，白糧船二隻。

昭大縣派裝漕糧船四十五隻，白糧船二隻。

崑山縣派裝漕糧船三十七隻，白糧船三隻。

新陽縣派裝漕糧船三十八隻，白糧船二隻。

松江府屬：

華亭縣派裝漕糧船二十三隻，白糧船二隻。

奉賢縣派裝漕糧船二十七隻，白糧船二隻。

婁縣派裝漕糧船二十七隻，白糧船二隻。

金山縣派裝漕糧船三十四隻，白糧船三隻。

上海縣派裝漕糧船三十八隻，白糧船二隻。

南匯縣派裝漕糧船三十五隻，白糧船三隻。

青浦縣派裝漕糧船三十九隻，白糧船三隻。

川沙廳派裝漕白糧船四隻，

太倉州屬：

太倉州派裝漕糧船三十二隻，白糧船二隻。

嘉定縣派裝漕糧船五隻，白糧船一隻。

鎮洋縣派裝漕糧船三十五隻，白糧船一隻。

寶山縣派裝漕糧船四隻，白糧船二隻。

籌補派裝漕糧船一百隻。

長洲縣：

派裝漕白糧船二十四隻：

第一號上字周孝昌，四月十九日進天津口。

第二號上字沈元順，四月十七日進天津口。

第三號崑字沈協茂，四月十四日進天津口。

第四號崑字沈協隆，四月二十五日進天津口。

第五號吴江奚恒茂，五月二十九日進天津口。

第六號通字姚福隆，四月二十五日進天津口。

第七號崑字沈協貞，四月十五日進天津口。

第八號崑字奚恒慶，四月十五日進天津口。

第九號上字沈協禄，四月二十五日進天津口。

第十號崑字沈協康，四月十五日進天津口。

第十一號贛字胡大來，四月二十二日進天津口。

第十二號贛字蔣源裕，三月二十七日進天津口。

第十三號贛字蔣源增，六月二十四日買補。

第十四號通字郁隆順，三月二十七日進天津口。

第十五號通字郁隆增，四月初一日進天津口。

第十六號元字諸元禎，三月二十七日進天津口。

第十七號寶字沈元泰，四月十九日進天津口。

第十八號元字郭長興，四月二十三日進天津口。

第十九號寶字沈長源，四月二十九日進天津口。

第二十號贛字沈洪順，三月十九日進天津口。

第二十一號崇字王源興，三月二十九日進天津口。

第二十二號寶字黄遇發，四月十七日進天津口。

第二十三號通字崔天申，四月十七日進天津口。

第二十四號寶字黄長慶，四月二十三日進天津口。

鄭觀應《易言·船政》 今欲維時局、擴遠圖、飭邊防、簡軍實，上則固我疆圉，屹雄鎮於海防；次則富我商民，通外洋之貿易，乘時發奮，思患豫防。其必以船政爲急先務矣。

計自閩、滬設廠仿造輪船以來，華人頗能通西法、造機器、充船主，日進不已，厥功甚偉。蓋費千萬之帑金，積十年之功力，蕲而有此，而議者猶謂機器可廢，工廠可停，獨何心哉？雖然，欲收制船之效，必先籌養船之資。考西洋船制，有商船、有兵船。以兵船之力衛商船，即以商船之税養兵船，是以船雖多而餉無缺。兵船長而中狹，商船短而中寬，其輪機之明暗，喫水之淺深，需煤之多寡，截然不同，而各適於用。今聞各廠所造乃合二者而參用之，運載既不逮商船之多，戰守又不如兵船之利，兩求其便，轉致兩失其宜，甚非計也。且華匠縱多巧思，粗窺奥窔，而限於聞見，未能曲暢旁通，成本既多，程功又緩，一船甫就，而西人已別出新奇，遠勝舊制，如是而欲其相敵，蓋亦難矣。

爲今之計，宜選上等華匠，及出洋幼童之聰穎者，親赴外洋各廠，參互考證，有能精通制造，自出胸臆者，優給廩餼，奏保官職。他日藝成返國，神明變化，用廣其傳，且即以綜理廠務，使工匠之賢否，經費之多寡，燭照數計，洞悉隱微，庶幾造藝用人，無欺無濫。

往年中國特設輪船招商局，奪洋人之所恃，收中國之利權，洵爲良策。然各廠不能造新式之船，其價又反貴於外洋，所以租造者至今寥寥。蓋洋廠機器日新，價廉功倍，以故羣商趨赴。往往有華商集資附入西人公司股分，不願居華商之名者。良以華商創始不得其人，官亦不爲提倡。即提倡矣，而一歸官辦，枝節横生，或贏或虧，莫敢過問。果能開誠布公，釋其疑畏之隱，由衆商公推一人總司其事，官局、商局并行不悖，將見源源租造，迭出不窮。商船既盛于懋遷，兵船亦資其接濟。興商務即以培船政，権商船即以養兵船，强富之基，不外是矣。

且泰西船政，有專門名家之學，其法須先通數國言語文字，并嫻天算、地輿諸術，官爲考校。如涉大海，則應隨處皆知船在經緯綫若干度、若干分，及各處風信、潮汐，各國海口船旗，以至礁石之有無，水勢之深淺，如遇大風雨，則應知如何駕駛，如何趨避，如何測驗表度，風雨表也。如何措置器機。必皆合法，然後充副舵工，閱歷有年，再考較之，升爲正舵工。如果心靈手敏，游刃有餘，可操全船之權，方爲船主。如有失事壞船，則選擇一二老練船主，會審其壞事之由。果該船主操置不善，則繳其憑，褫其職，入其罪，籍其家産，賠償船費；倘人事已盡，天實爲之，則船主與舵工免議。查西例大伙、二伙、三伙、船主、舵工，皆先到水師衙門考取執照，方可任職。今中國雖仿此制，然恐總管、統帶，或未明其理，或不惜其才，因一事之抗差，一言之犯上，小則降爲伙長，大則褫其功名。且或學業雖優，而拙于酬應，吹毛求疵，互相抑置。自非得精研西學、知兵之大帥，專其節制，齊其號令，公其賞罰，每年會操一二次，察各船主之勤惰，駕駛之利鈍，以訓練而黜陟之，正未易作人材而收實效矣。

抑又思之：自外洋人口通商而後，不特占各路商船之利，兼侵内地商民之利。使華商能租造輪船，出洋販運，漸次推廣，固塞漏卮，而華商得與洋人歲時相接，聲氣相通，利弊情形見聞真切，遇有交涉事件，亦可調停折服，弭息禍源。聞華人之經商、佣工寄寓於外洋者，計吕宋一島約四五萬，新加坡、檳榔嶼諸島約數十萬，美國舊金山及其近埠約十四萬，越南西貢等處約三十萬，古巴、秘魯各十餘萬。其他若日本，若新金山，若太平洋檀香山，數或逾萬，或不及萬，均建有會館，設有董事，特以路遠勢孤，每爲彼國所輕侮。曩日閩中船政局「揚武」兵船游歷東南洋各島，吕宋客居華民鼓舞歡呼，至於感泣，謂百年來未有之光榮。一埠如斯，他埠可想。況西洋通例，雖二三等之國，皆有兵船游弋外埠，名爲保護商人。堂堂天朝，何難辦此。似宜照會駐札各國公使，如各埠華民，有願得兵船保護者，當自籌歲費，報明領事，請公使轉咨船政酌派兵船往來鎮衛。或一年或年半更調他船，藉資游練。其一埠不能養一船者，即數埠共養之。如是則廠局有養船之費，海疆有戰守之資，中外有聲勢之聯，商旅有利運之益，一舉而數善備焉。

傳記

《後漢書》卷二四《馬援傳》 援將樓船大小二千餘艘，戰士二萬餘人，進擊九真賊徵側餘黨都羊等，自無功至居風，斬獲五千餘人，嶠南悉平。援奏言西於縣户有三萬二千，遠界去庭千餘里，請分爲封溪、望海二縣，許之。援所過輒爲郡縣治城郭，穿渠灌溉，以利其民。條奏越律與漢律駮者十餘事，與越人申明舊制以約束之，自後駱越奉行馬將軍故事。

《三國志》卷二八《魏書·鄧艾傳》 ［甘露四年］冬十月，艾自陰平道行無人之地七百餘里，鑿山通道，造作橋閣。山高谷深，至爲艱險，又糧運將匱，頻於危殆。艾以氈自裹，推轉而下。將士皆攀木緣崖，魚貫而進。先登至江由，蜀守將馬邈降。蜀衛將軍諸葛瞻自涪還緜竹，列陳待艾。【略】

艾言司馬文王曰：「兵有先聲而後實者，今因平蜀之勢以乘吴，吴人震恐，席卷之時也。然大舉之後，將士疲勞，不可便用，且徐緩之；留隴右兵二萬人，蜀兵二萬人，煮鹽興冶，爲軍農要用，並作舟船，豫順流之事，然後發使告以利

害，吳必歸化，可不征而定也。今宜厚劉禪以致孫休，安士民以來遠人，若便送
禪於京都，吳以爲流徙，則於向化之心不勸。宜權停留，須來年秋冬，比爾吳亦
足平。以爲可封禪爲扶風王，錫其資財，供其左右。郡有董卓塢，爲之宫舍。爵
其子爲公侯，食郡内縣，以顯歸命之寵。開廣陵、城陽以待吳人，則畏威懷德，望
風而從矣。」

《三國志》卷二八《魏書・鍾會傳》 景元三年冬，以會爲鎮西將軍、假節都督關中諸軍事。文王勅青、徐、兗、豫、荆、揚諸州，並使作船，又令唐咨作浮海大船，外爲將伐吳者。

《三國志》卷六四《吳書・諸葛恪傳》 恪以建興元年十月會衆於東興，更作大隄，左右結山俠築兩城，各留千人，使全端、留略守之，引軍而還。魏以吳軍入其疆土，恥於受侮，命大將胡遵、諸葛誕等率衆七萬，欲攻圍兩塢，圖壞隄遏。恪興軍四萬，晨夜赴救。遵等敕其諸軍作浮橋度，陳於隄上，分兵攻兩城。城在高峻，不可卒拔。恪遣將軍留贊、吕據、唐咨、丁奉爲前部。時天寒雪，魏諸將會飲，見贊等兵少，而解置鎧甲，不持矛戟。但兜鍪刀楯，倮身緣遏，大笑之，不即嚴兵。兵得上，便鼓譟亂斫。魏軍驚擾散走，争渡浮橋，橋壞絶，自投於水，更相蹈藉。樂安太守桓嘉等同時并没，死者數萬。故叛將韓綜爲魏前軍督，亦斬之。獲車乘牛馬驢騾各數千，資器山積，振旅而歸。進封恪陽都侯，加荆揚州牧，督中外諸軍事，賜金一百斤，馬二百匹，繒布各萬匹。

錢儀吉《三國會要》卷三一《兵二・雜録・舟師》 《江表傳》曰：「孫權乘『飛雲』大船。」『飛雲』、『蓋海』，吳樓船之有名者，皆雕鏤彩畫，有軒橫華檻之船也。（文選・吳都賦注）

孫權裝大船，名曰「長安」，亦曰「大舶」，載坐直之士三千人，舉羣臣泛舟江津，值風起，欲西取蘆洲，谷利不從，拔刀急上，令取樊口，船至岸而敗。（水經・江水注）

《晉書》卷四二《王濬傳》 武帝謀伐吳，詔濬修舟艦。濬乃作大船連舫，方百二十步，受二千餘人。以木爲城，起樓櫓，開四出門，其上皆得馳馬來往。又畫鷁首怪獸於船首，以懼江神。舟楫之盛，自古未有。濬造船於蜀，其木柿蔽江而下。

《晉書》卷六六《陶侃傳》 時造船，木屑及竹頭悉令舉掌之，咸不解所以。後正會，積雪始晴，聽事前餘雪猶溼，於是以屑布地。及桓温伐蜀，又以侃所貯竹頭作丁裝船。其綜理微密，皆此類也。

《晉書》卷一〇六《石季龍載記上》 季龍謀伐昌黎，遣渡遼曹伏將青州之衆渡海，戍蹋頓城，無水而還，因戍於海島，運穀三百萬斛以給之。又以船三百艘運穀三十萬斛詣高句麗，使典農中郎將王典率衆萬餘屯田於海濱。又令青州造船千艘。使石宣率步騎二萬擊朔方鮮卑斛摩頭破之，斬首四萬餘級。

《晉書》卷一二三《慕容垂載記》 翟遼死，子釗代立，攻逼鄴城，慕容農擊走之。垂引師伐釗於滑臺，次於黎陽津，釗於南岸距守，諸將惡其兵精，咸諫不宜濟河。垂笑曰：「豎子何能爲，吾今爲卿等殺之。」遂徙營就西津，爲牛皮船百餘艘，載疑兵列杖，溯流而上。

《北史》卷四一《楊素傳》 上方圖江表。先是秦數進取陳計，未幾，拜信州總管，賜錢百萬、錦千段、馬二百匹遣之。素居永安，造大艦，名曰五牙，上起樓五層，高百餘尺，左右前後置六檣竿，並高百五十尺，容戰士八百人，旗幟加於上。次曰黄龍，置兵百餘人。自餘平乘、舴艋等各有差。及大舉伐陳，以素爲行軍元帥，引舟師趣三硤。至流頭灘，陳將戚欣以青龍百餘艘屯兵守狼尾灘，以遏軍路。其地險峭，諸將患之。素曰：「負勝在此一舉，若晝日下船，彼則見我，灘流迅激，制不由人，則吾失其便。」乃夜掩之。素親率黄龍千艘，銜枚而下，遣開府王長襲從南岸擊欣別柵，令大將軍劉仁恩趣白沙北岸。比明而至，擊之，欣敗。虜其衆，勞而遣之，秋豪不犯，陳人大悦。素率水軍東下，舟艦被江，旌甲曜日。素坐平乘大船，容貌雄偉，陳人望之，懼曰：「清河公即江神也。」

《北史》卷八七《元弘嗣傳》 大業初，煬帝潛有遼東意，遣弘嗣於東萊海口監造船。諸州役丁苦其捶楚，官人當作，晝夜立水中，略不敢息，自腰已下無不蛆生，死者十三四。尋遷黄門侍郎，轉殿中少監。

《宋書》卷四二《王弘傳》 時農務頓息，末役繁興，弘以爲宜建屯田，陳之曰：「近面所諮立屯田事，已具簡聖懷。南畝事興，時不可失，宜早督田畯，以要歲功。而府資役單刻，控引無所，雖復厲以重勸，肅以嚴威，適足令囹圄充積，而無救於事實也。伏見南局諸冶，募吏數百，雖資以廩贍，收入甚微。愚謂若回以配農，必功利百倍矣。然軍器所須，不可都廢，今欲留銅官大冶及都邑小冶各一所，重其功課，一准揚州，州之求取，亦當無乏，餘者罷之，以充東作之要。又欲二局田曹，各立典軍募吏，依冶募比例，并聽取山湖人，此皆無損於私，有益於公者也。其中亦應疇量，分判番假，及給廩多少，自可一以委之本曹。親局所統，必當練悉，且近東曹板水曹參軍納之領此任，其人頗有幹能，自足了其事耳。頃年以來，斯務弛廢，田蕪廩虚，實亦由此。弘過蒙飾擢，志輸短効，豈可相與寢

默，有懷弗聞邪！至於當否，尊自當裁以遠鑒。若所啓謬允者，伏願便以時施行，庶歲有務農之勤，倉有盈廩之實，禮節之興，可以垂拱待也。」

《南齊書》卷五二《文學・祖冲之傳》 冲之解鍾律，博塞當時獨絶，莫能對者。以諸葛亮有木牛流馬，乃造一器，不因風水，施機自運，不勞人力。又造千里船，於新亭江試之，日行百餘里。

（日）真人元開《唐大和上東征傳》 榮叡、普照留學唐國，已經十載，雖不待使，而欲早歸。於是，請西京安國寺僧道航、澄觀，東都僧德清，高麗僧如海；又請得宰相李林甫之兄林宗之書，與揚州倉曹李湊，令造大舟，備糧送遣。又與日本國同學僧玄朗、玄法二人，俱下至揚州。是歲，唐天寶元載冬十月。日本天平十四年，歲次壬午。

要約已畢，始於東河造船，揚州倉曹李湊依李林宗書，亦同撿校造〔舟〕、備糧。大和上、榮叡、普照師等同在既濟寺備辦乾糧。〔但〕云將供具往天台山國清寺，供養衆僧。

洪邁《容齋四筆》卷一一《船名三翼》 《文選》張景陽《七命》曰：「浮三翼，戲中沚。」其事出《越絶書》，李善注頗言其略，蓋戰船也。其書云：「闔閭見子胥，問船運之備。對曰：『船名大翼、小翼、突冒、樓船、橋船。大翼者，當陵軍之車；小翼者，當陵軍之輕車。』」又，《水戰兵法内經》曰：「大翼一艘，廣一丈五尺三寸，長十丈；中翼一艘，廣一丈三尺五寸，長九丈；小翼一艘，廣一丈二尺，長五丈六尺。」大抵皆巨戰船，而昔之詩人乃以爲輕舟。梁元帝云「日華三翼舸」，又云「三翼自相追」，張正見云「三翼木蘭船」，元微之云「光陰三翼過」。其它亦鮮用之者。

《明神宗實録》卷三二五 （萬曆二十六年八月戊辰）八月戊辰，督餉侍郎張養蒙條陳餉務五事：「其一，謂江南造船工料不堅，重費修艌。宜申嚴督委侵冒之令。二，謂海運數千里，稽延時日且多，駕言漂損，乘機侵漁。宜嚴押運後時之罰，以祛積習。」

紀事

呂不韋等《呂氏春秋》卷三《季春紀・季春》 是月也，天子乃薦鞠衣於先帝，命舟牧覆舟，五覆五反，乃告舟備具於天子焉。天子焉始乘舟。薦鮪於寢廟，乃爲麥祈實。

劉歆《西京雜記》卷六 昆明池中有戈船，樓船各數百艘。樓船上建樓櫓，戈船上建戈矛，四角悉垂幡旄，旍葆麾蓋，照灼涯涘，余少時猶憶見之。

徐天麟《西漢會要》卷五六《兵一・樓船》 外有樓船。《刑法志》。又《漢官儀》，見上「材官」條注。

枚乘説吴王曰：「漢知吴有吞天下之心也，遣羽林黄頭循江而下，襲大王之都。」《枚乘傳》。蘇林曰：「羽林黄頭郎，習水戰者也。」

鄧通以濯船爲黄頭郎。本《傳》。師古曰：「濯船，能持濯行船也。土勝水，其色黄，故刺船之郎皆著黄帽，因號曰黄頭郎也。濯，讀曰櫂，音直孝反。」

吴王伐江陵之木以爲船。《伍被傳》。

伍被爲淮南王畫計，曰：「有尋陽之船。」同上。

閩越王入燔尋陽樓船。《嚴助傳》。師古曰：「漢有樓船貯在尋陽也。」

武帝建元三年，嚴助浮海救東甌。《嚴助傳》。

粤欲與漢用船戰逐，乃大修昆明池，列館環之。治樓船，高十餘丈，旗幟加其上，甚壯。元鼎五年，南越反，因南方樓船士二十餘萬人擊之。《食貨志》。

元鼎五年，南越王相呂嘉反。遣伏波將軍路博德出桂陽，下湟水；樓船將軍楊僕出豫章，下湞水；歸義越侯嚴爲戈船將軍，出零陵，下離水；甲爲下瀨將軍，下蒼梧。皆將罪人，江淮以南樓船十萬人。越馳義侯遺別將巴蜀罪人，發夜郎兵，下牂柯江，咸會番禺。本《紀》。

卜式願與博昌習船者擊呂嘉。本《傳》。

武帝欲伐閩越，淮南王安諫曰：「越處谿谷之間，篁竹之中，習於水鬭，便於用舟，地深昧而多水險。今發兵抒舟而入水，水道上下擊石，死傷者必衆矣。前時南海王反，陛下先臣使將軍間忌擊之，會天暑多雨，樓船卒水居擊櫂，未戰而疾死者過半」云云。《嚴助傳》。

元鼎六年，東越王反，攻殺漢將吏。遣横海將軍韓説、中尉王温舒出會稽，樓船將軍楊僕出豫章，擊之。又遣浮沮將軍公孫賀出九原，匈河將軍趙破奴出令居。本《紀》。

東越數反，拜買臣爲會稽太守，詔到郡治樓船，備糧食、水戰具。《朱買臣傳》。

元封二年，遣樓船將軍楊僕從齊浮渤海，擊朝鮮。《朝鮮傳》。

《三國志》卷三《魏書·明帝紀》 〔紹漢元年〕詔青、兗、幽、冀四州大作海船。

《晉書》卷一〇〇《盧循傳》 初，道覆密欲裝舟艦，乃使人伐船材於南康山，僞云將下都貨之。後稱力少不能得致，即於郡賤賣之，價減數倍，居人貪賤，賣衣物而市之。贛石水急，出船甚難，皆儲之。如是者數四，故船版大積，而百姓弗之疑。及道覆舉兵，案賣券而取之，無得隱匿者，乃并力裝之，旬日而辦。遂舉衆寇南康、廬陵、豫章諸郡，守相皆委任奔走。鎮南將軍何無忌率衆距之，兵敗被害。

循遣道覆寇江陵，未至，爲官軍所敗，馳走告循曰：「請并力攻京都，若克之，江陵非所憂也。」乃連旗而下，戎卒十萬，舳艫千計，敗衛將軍劉毅於桑落洲，逕至江寧。

《晉書》卷一〇六《石季龍載記上》 咸康二年，使牙門將張彌徙洛陽鍾虡、九龍、翁仲、銅駝、飛廉於鄴。鍾一没於河，募浮没三百人入河，繫以竹絙，牛百頭，鹿櫨引之乃出。造萬斛舟以渡之，以四輪纏輞車，轍廣四尺，深二尺，運至鄴。季龍大悦，赦二歲刑，賚百官穀帛，百姓爵一級。

《陳書》卷二〇《華皎傳》 文帝以湘州出杉木舟，使皎營造大艦金翅等二百餘艘，并諸水戰之具，欲以入漢及峽。

《魏書》卷三八《刁雍傳》 〔真君〕七年，雍表曰：「奉詔高平、安定、統萬及臣所守四鎮，出車五千乘，運屯穀五十萬斛付沃野鎮，以供軍糧。臣鎮去沃野八百里，道多深沙，輕車來往，猶以爲難，設令載穀，不過二十石，每涉深沙，必致滯陷。又穀在河西，轉至沃野，越度大河，計車五千乘，運十萬斛，百餘日乃得一返，大廢生民耕墾之業。車牛艱阻，難可全至，一歲不過二運，五十萬斛乃經三年。臣前被詔，有可以便國利民者動静以聞。臣聞鄭、白之渠，遠引淮海之粟，泝流數千，周年乃得一至，猶稱國有儲糧，民用安樂。今求於牽屯山河水之次，造船二百艘，二船爲一舫，一船勝穀二千斛，一舫十人，計須千人。臣鎮内之兵，率皆習水。一運二十萬斛。方舟順流，五日而至，自沃野牽上，十日還到，合六十日得一返。從三月至九月三返，運送六十萬斛，計用人功，輕於車運十倍有餘，不費牛力，又不廢田。」詔曰：「知欲造船運穀，一冬即成，大省民力，既不費牛，又不廢田，甚善。非但一運，自可永以爲式。今别下統萬鎮出兵以供運穀。諸卿鎮可出百兵爲船工，豈可專廢千人？雖遣船匠，猶須卿指授，未可專任也。有益國利民如此者，續復以聞。」

《魏書》卷六二《高道悦傳》 時宫極初基，廟庫未構，車駕將水路幸鄴，已詔都水回營構之材，以造舟檝。道悦表諫曰：「臣聞博納輿言，君上之宗務；規箴匡正，臣下之誠節。是以置鼓設謗，爰自曩日；虚襟博聽，義屬今辰。臣既疏魯，濫蒙榮貫，司兼獻弼，職當然否，佩遇恩華，願陳聞見。竊以都作營構之材，部别科擬，素有定所。工治已訖，回付都水，用造舟艫。闕永固居宇之功，作暫時遊嬉之用，損耗殊倍，終爲棄物。且子來之誠，本期營起，今乃修繕舟檝，更爲非務，公私回惶，僉深怪愕。又欲御泛龍舟，經由石濟，其沿河挽道，久以荒蕪，舟檝之人，素不便習。若欲委棹正流，深薄之危，古今共慎；若欲挽牽取進，授衣之月，裸形水陸，恐乖視人若子之義。且鄴洛相望，陸路平直，時乘沃若，往來匪難，更乃捨周道之安，即涉川之殆，此乃愚智等慮，朝野俱惑，進退伏思，不見其可。又從駕羣僚，聽將妻累，舟檝之間，更無限隔，士女雜亂，内外不分。當今景御休明，惟新式度，裁禮調風，軌物寰宇，竊惟斯舉，或損洪猷，深失溥天順則之望。又氐胡犯順，玉帛未恭，西戎内侵，介胄仍襲，南寇紛擾，對接近畿，蠻民疏戾，每造不軌。闚覦間隙，或生慮外。愚謂應妙選懿親，撫寧後事，令姦回息覬覦之望，邊寇絶闚疆之心。臣稟性愚直，知而無隱，區區丹志，冒昧以聞。」詔曰：「省所上事，深具乃心。但卿之立言半非矣，當須陳非以示謬，稱是以彰得，然後明所以而不用有由而爲之。不爾，則未相體耳。回材都水，暫營嬉遊，終爲棄物；修繕非務，舟檝無部，士女雜亂，此則卿之失辭矣。深薄之危，撫後之重，斯則卿之得言也。」於是，高祖遂從陸路。

朱銘盤《南朝宋會要·輿服·船舫》 景平元年，廬陵王義真爲南豫州刺史，將之鎮，列部伍於東府前，既有國哀，義真所乘舫單素，不及母孫修儀所乘者。義真與謝靈運、顔延之、慧琳道人等共視部伍因宴舫内，使左右剔母舫函道以施己舫，而取其勝者。《義真傳》。

孝武初，臧質爲江州刺史。之鎮，舫千餘乘，部伍前後百餘里，六平乘並施龍子幡。本《傳》。

泰始五年，南東海太守蕭惠開自京口請假還都，有舫十餘。本《傳》。

元嘉二十八年，新蔡蠻破大雷戍，略公私船舫。《豫州蠻傳》。

朱銘盤《南朝宋會要·輿服·御船》 少帝夕游天淵池，即龍舟而寢。本《紀》。

文帝御所乘蒼鷹船。《江夏王義恭傳》。

孝武南巡，晉熙王坐斥皇太后龍舟，免開府。《晉熙王昶傳》。

《南史》卷六三《羊侃傳》 初赴衡州，於兩艖艀起三間通梁水齋，飾以珠玉，加之錦繢，盛設帷屏，列女樂。乘潮解纜，臨波置酒，緣塘傍水，觀者填咽。

《隋書》卷三《煬帝紀上》 〔大業元年〕三月丁未，詔尚書令楊素、納言楊達、將作大匠宇文愷營建東京，徙豫州郭下居人以實之。戊申，詔曰：「聽採輿頌，謀及庶民，故能審政刑之得失。是知昧旦思治，欲使幽枉必達，彝倫有章。而牧宰任稱朝委，苟爲徼幸以求考課，虛立殿最，不存治實，綱紀於是弗理，冤屈所以莫申。關河重阻，無由自達。朕故建立東京，躬親存問。今將巡歷淮海，觀省風俗，眷求讜言，徒繁詞翰，而鄉校之內，闕爾無聞。恒然夕惕，用忘興寢。其民下有知州縣官人政治苛刻，侵害百姓，背公徇私，不便於民者，宜聽詣朝堂封奏，庶乎四聰以達，天下無冤。」又於皁澗營顯仁宮，採海內奇禽異獸草木之類，以實園苑。徙天下富商大賈數萬家於東京。辛亥，發河南諸郡男女百餘萬，開通濟渠，自西苑引穀、洛水達於河，自板渚引河通於淮。庚申，遣黃門侍郎王弘、上儀同於士澄往江南採木，造龍舟、鳳艒、黃龍、赤艦、樓船等數萬艘。

《隋書》卷四八《楊素傳》 素居永安，造大艦，名曰五牙，上起樓五層，高百餘尺，左右前後置六拍竿，並高五十尺，容戰士八百人，旗幟加於上。次曰黃龍，置兵百人。自餘平乘、舴艋等各有差。

《舊唐書》卷九《玄宗紀下》 〔天寶十年〕秋八月乙卯，廣陵郡大風，潮水覆船數千艘。

《舊唐書》卷一七上《敬宗紀》 〔寶曆元年七月〕己未，詔王播造競渡船二十隻供進，仍以船材京内造。時計其功，當半年轉運之費。諫議大夫張仲方切諫，乃改進十隻。

《舊唐書》卷三七《五行志》 天寶十載，廣陵郡大風架海潮，淪江口大小船數千艘。【略】

天寶二年六月七日，東都應天門觀災，延燒左右延福門，經日不滅。九載三月，華嶽廟災。十載正月，大風，陝州運船失火，燒二百一十五隻，損米一百萬石，舟人死者六百人，又燒商人船一百隻。其年八月六日，武庫災，燒二十八間十九架，兵器四十七萬件。

寶應元年十一月，迴紇焚東都宜春院，延及明堂，甲子日而盡。

廣德元年十二月二十五夜，鄂州失火，燒船三千艘，延及岸上居人二千餘家，死者四五千人。

〔日〕圓仁《入唐求法巡禮行記》卷一 〔開成三年七月廿五日〕自海陵縣去宜陵館五十里餘，去州六十五里。巳時到仙宮觀，直行不休，未時到禪智橋東側停留。橋北頭有禪智寺，延曆年中，副使忌日之事，於此寺修。自橋西行三里，有揚州府。大使爲通國政，差押官等遣府遲來，申時發去。江中充滿大舫船，積蘆舡，小船等不可勝計。申畢，行東郭水門，酉時到城北江停留。大使等登陸宿住，未逢府司，請益、留學僧等未離船上。入夜雨下，辛苦尤劇。

《宋史》卷三《太祖紀三》 〔開寶六年〕二月丙戌朔，棣州兵馬監押、殿直傅延翰謀反伏誅。丙申，曹州饑，漕太倉米二萬石振之。己亥，吳越國進銀裝花舫、金香師子。

《宋史》卷四《太宗紀》 〔太平興國三年二月〕辛未，幸西綾錦院，命近臣觀織室機杼，還幸崇文院觀書。詔鑿金明池。甲申，禁沿邊諸郡闌出銅錢。製西京新修殿名。

〔三年〕夏四月乙卯朔，命羣臣禱雨。召華山道士丁少微。丙辰，禁民自春及秋毋捕獵。庚午，幸建隆觀，遂幸西染院，又幸造船務。

宇文懋昭《大金國志》卷九《紀年・熙宗孝成皇帝一》 〔天會十三年〕興燕雲、兩(路)〔河〕夫四十萬人之蔚州交牙山，採木爲筏，由唐河及開創河道，運至雄州之北虎州造戰船，欲由海道入侵江南。是役始於是歲之夏，以百姓大困，嘯聚蠭起，海道之行遂成中輟。

此劉豫遣人持海道圖及木作戰船小樣獻於大金，故有是役。

《元史》卷一二《世祖紀九》 〔至元十九年九月〕壬申，敕平灤、高麗、耽羅及揚州、隆興、泉州共造大小船三千艘。

《元史》卷四三《順帝紀六》 〔至正十四年〕帝於内苑造龍船，委内官供奉少監塔思不花監工。帝自製其樣，船首尾長一百二十尺，廣二十尺，前瓦簾棚、穿廊、兩暖閣，後吾殿樓子，龍身并殿宇用五彩金粧，前有兩爪。上用水手二十四人，身衣紫衫，金荔枝帶，四帶頭巾，於船兩旁下各執篙一。自後宮至前宮山下海子内，往來游戲，行時，其龍首眼口爪尾皆動。

《元史》卷一五〇《何伯祥傳》 丁酉，從主帥察罕伐宋，伯祥拔三十餘柵，獲戰艦千餘艘，又破芭蕉、望鄉、大洪、張家等寨，俘獲甚衆，器械山積。察罕以其功聞，賜錦衣、金甲。

佚名《大元海運記》卷上 〔至元〕二十二年二月，以濟州運糧船數闕，命三省續造三千艘。參政不魯迷失海牙等奏：自江南每歲運糧一百萬石，從海道來者十萬石，阿八赤、樂實二人新挑河道運者六十萬石，濟州奧魯赤所挑河道運者二十萬石。今闊闊你敦等言濟州河道缺少船隻，臣等議令三省造船三千艘，准奏。是年七月，支運糧梢水口糧，省准户部呈，利津海道萬户，府自江淮省，起遣到新附梢水二千名，合照運糧梢水例，每名月支粳米四斗，行下濟州漕運司放支。

《明宣宗實録》卷七十二 〔宣德五年十一月戊申〕罷松花江造船之役。初，命遼東運糧造船於松花江。將遣使往奴兒干之地招諭，至是總兵官都督巫凱奏虜寇犯邊。上曰：「虜覘知邊實，故來鈔掠。」命悉罷之。

《明武宗實録》卷五 〔弘治十八年九月甲午〕南京兵部尚書王軾奉詔條陳馬快船隻事宜。言：「每船大約一歲一差，計用米幾二百石，銀幾百兩。軍民勞困，誠所當恤。以歲運言之，如南京工部之器皿、馬槽，光禄寺之醬酒，内官監之銅器，膳盒，在京針工、巾帽二局内使督染於南之布、絹，并給散之衣被、巾帽，此正明詔所謂在京給料，可以自造者也。宜以器皿之類，即令工部及諸司辦料成造；内官衣帽，則兩京各隨便縫製給散，不必往來煩費。至如司禮等監内官監起運竹木、板枋、竹器，亦宜於任京所税者取之，不足則令工部各處委官擇其所税之堅好者，附入京官民船隻載至張家灣，以便取用，歲可省差撥之船二百八十餘隻矣。又南京内守備及神宫監司苑局，歲進諸果菜，醃臘用船百十餘隻，其核桃、栗子、銀杏、芥菜、薹紫、蘇糕、密煎、櫻桃、石榴、柿子、鰣魚，皆明詔所謂北産優於南者，自今宜於北取之。至於苗薑、種薑、芋嬭不急之物，量爲減免。藕鮮、芋薺、青梅、枇杷、楊梅、鮓魚、糟鮮、冬笋等物，除備上供外，餘亦宜量減十五。又江淮、濟川二衛水夫，以田畝丁糧僉充者，十年則審編更易。遇有消乏，宜如舊僉替。若洪武間欽取夫船并免軍充役者後有逃亡本宗丁盡户絶，宜遵詔即與除免。又快船每歲約用五百隻外，餘三百隻在塢，宜斟酌暫停一百五十隻勿修，以其守船正卒改應他役，可歲省月糧二萬七千石。又南京諸司，歲用六百料馬船八十八隻運送蘆柴、城甎、白土及竹木、板枋，每船費月糧二百四十餘石、銀一百餘兩，而往來留滯所運不償所費。今蘆柴之類，宜預積水次，使無守候之艱；至即驗收，使無留難之苦。則船可減半，而所運之物實倍於前。若竹木板枋，用之南京者，宜取於龍江關瓦屑壩所税，以省裝運。蓋此皆省費便民之急務也。」章下兵部，謂其言皆可行。惟成造器皿、馬槽之類物料不足，須南京原造，有司徵價解補。果品有關供用，取上裁。詔：「苗薑并藕鮮等物，俱勿減。餘准議行。」

李昭祥《龍江船廠志》歐陽衢《序》 我聖祖奄有四海，定鼎金陵。環都皆江也，四方往來，省車挽之勞，而樂船運之便。洪武初年，即於龍江關設廠造船，以備公用，統於工部，而分司於都水。然官無專主，歲惟部堂札委司官一員，監督提舉司官造焉。後定都燕京，南北相距水程數千餘里，百凡取辦於南畿。船日多，工役日繁，奸弊日滋。正德十三年，議准咨吏部注選本司主事一員，居廠專理。然歲無定法，損益因革，或同或異，未有成志。

嘉靖庚戌，李子元韶由名進士出宰劇邑，更歷老練，擢任斯職。慨規制之弗一，患記載之靡悉，是上無道揆，下無法守也。財殫力疲，利未見而害有甚焉者矣，豈國家建官之初意哉！於是潛心盡力，博考載籍，名物度數，沿革始末，一一書之。越兩寒暑，萃成爲志。授予讀之，予觀其目録有八：首之以《訓典》，曰《謨訓》、曰《典章》，具載焉，尊王命政令自上行者也。然《訓典》者何？故次之以《舟楫》，曰《制額》、曰《器數》、曰《圖式》，具載焉。而非人孰尸之，故次之以《官司》，曰《郎中》、曰《主事》、曰《提舉》，凡役於廠者具載焉。然人非周知其所莅，亦奚以從事？故凡廠以内曰《山川》、曰《道里》、曰《署宇》、曰《坊舍》，具載焉。動資於財，故次之以《斂財》，曰《地課》、曰《木價》、曰《單板》、曰《雜料》，凡廠之所需者具載焉。財聚弊生，故次之以《孚革》，曰《律己》、曰《收料》、曰《造船》、曰《收船》、曰《佃田》、曰《看料》，具載焉。然處之過不及其失均也，故次之以《考衷》，曰《稍食》、曰《量材》，具載焉。七者備矣，而曰《創制》、曰《設官》、曰《遺迹》，有一弗詳，亦焉得爲全書？故次之以《文獻》終焉。綱目相屬，先後有倫。上不得以立異，下不得以行私；財不告匱，人不告勞，觸之迎刃而解矣。豈非司廠者之一大快哉！

昔周公相周，以大聖人之才智，豈不有余裕哉？而著爲《周禮》。無亦曰：「文武之政，布在方册」，舉而措之，易易耳！我朝《諸司職掌》、《大明會典》、《周禮》也。此志固一船事耳，然非元韶之才識宏遠，思慮周密，亦安得補遺典於百年之餘哉？即微以占巨，由今以觀後，予於李子將來之樹立得之矣。李子名昭祥，雲間人，予丁酉主試應天取士也。因序之。

嘉靖癸丑日長至。賜進士及第、奉政大夫、南京尚寶司卿、前翰林院侍講、國史編修、司經局洗馬、經筵講官、校正歷朝《寶訓》、《實録》、同修《會典》、《宋史》，泰和歐陽衢撰。

李昭祥《龍江船廠志》卷一《訓典志・謨訓》 洪武年敕

昔聖人也樸，民俗亦厚，制不飾華。六曹之設內，工官居數中之一耳。其所司之工者，皆無異伎，國無奇役。然而公務雖簡，其成也必精，其廢也必當。一舉而無再爲，一廢矣無復造。所以民逸者多，勞者少，因是而官賢，稱君聖德。今之人受職任事，則又不然矣。凡臨事之際，必因公而役私，因私以弊上。於國則不利，於民爲害。是以神人共怒，禍及身家，往往有之，未嘗有福臻而愆消者也。然罪者已往，存者復爲，是不隔禽獸也。所以古人重其事而選人，在福民之福，固國以奉天地。是以前賢能體君心，而以務事工，得家保而國昌。今朕設工部，實法古制，特以爾某爲工部某官，當敬事信工，無弊上下，咸合汝貞。良哉！

宣德三年敕

朕惟工部掌天下百工、山澤之政令，度民力、因地利、天時，以成國家之務。夫天地生人，雖有貴賤之分，而好逸惡勞，情無不同。過用人力，則不堪命。惟以身體人，用人之力如己力，斯民不病焉。國家用度，皆出於民，過用於上，必過取於下，財匱民貧，何以爲國？惟以身體國，用民之財如己出，斯財不竭焉。凡所舉作，審度緩急，爲之節制，以息民力，以紓國用，斯爲良哉！古者役民於農隙，當思用之以時；古者山林川澤有厲禁，當思用之有制。今天下工匠，數倍祖宗之世，而畏避卜逸者日多，當思撫綏安養之道。至若屯田、水利之政，皆有成法。比年因循廢弛，罔聞實效，當思興舉作新之方。爾其懋哉！夫侈用傷財，掊克之端；厲民循欲，斂怨之階。《書》曰：「民爲邦本，本固邦寧。」節用所以愛民，愛民所以愛國。臣之職，以道事君。尚率爾屬，惟公惟清，輔予於治，庶幾明良相成之美爾！惟欽哉。故諭。

嘉靖六年旨

訪得南京進貢船隻，起數甚多。管運內官，廉靖守法者固有，貪刻害人者不無。沿途多索人夫，勒要折乾銀兩，不遂所欲，動輒搜求。甚至毆打職官，綁縛夫役，里河一帶俱被其害，甚非朝廷恤民之意。便着兵部行南京內外守備，查進貢起數，可省則省，可并則并。如起數系定額，難以省并，裝運之時，照例着科道、兵部官監視。務要盡船裝載，不許多撥，聽其夾帶私貨，搭人索錢。其管運內官，務選老成安靜的去。凡奸貪刻剥，好生事端之人，俱不許差遣。都察院還出榜禁約，人夫照例上水二十名，下水十名。合用廩給口糧，俱照關文應付。敢有似前多索夫役，措要折乾銀兩，生事害民的，撫按、巡河、兵備等官，將本船爲首一人，拿與被害之人對問明白，干礙應參官員，指實具奏。

按，舟楫之務，冬官之一端耳。然敬事信工，節財愛民，則無異道焉。竊嘗伏讀仰窺，我祖宗及皇上惓惓之意，惟欲損上益下，俾家國俱昌，公私并利，以臻至治而已。至於洞察留都貢獻船隻之擾民，并省從約，嚴禁運官，諄諄不已如此，其節愛盛心，即虞廷咨。吁，交儆之義，何以加焉！方今造船者，能無成之不精，廢之不當，因公營私，病國而害民乎？能無侈用傷財，厲民徇欲，而不知以身體國乎？撥船者，其無不稽厥實，多與以滋夾帶之弊乎？聖靈孔赫，國典於昭，有一於此，知不免矣。《書》曰：「率作興事，慎乃憲。欽哉！屢省乃成。」《詩》曰：「王之藎臣，無念爾祖。」敬揭首卷，相與佩服焉！

李昭祥《龍江船廠志》卷一《訓典志・典章》 《諸司職掌》凡在京并沿海去處，每歲海運遼東糧儲船隻，每年一次修理。其各衛征戰、風快船隻等項，若缺少損壞，當修理者，務要會計木、釘、灰、油、麻、藤及所用工具，依數撥用。如有不敷，亦當預爲規畫，或令軍民采辦，或就客商收買，或外處撥支。審度利便，定擬奏聞。行下龍江提舉司計料明白，行移各庫放支物料。其工程物件，照依料例文册，然後興工。如或新造海運船隻，須要度量産木各便地方，差人打造。其風快小船，就京打造者，亦須依例計造。木料等項，就於各場庫支撥。若內外有船隻，務要周知其數，設或需索運用，酌量勞逸多寡撥與。其各河泊所帶辦魚油、鰾，每歲催督進納備用。

《大明律》凡造作不如法者，笞四十。若造軍器不如法者，笞五十。若不堪用及應改造者，各并計所損財物及所費工錢，重者坐贓論。其應供奉御用之物加二等。工匠各以所由爲罪，局官減工匠一等，提調官吏又減局官一等，并均賠物價、工錢還官。

凡造作局、院頭目、工匠，多破物料入己者，計贓以監守自盜論，追物還官。局官并覆實。官吏知情符同者，與同罪；失覺舉者，減三等罪，止杖一百。

《會典》國初造黄船，制有大小，皆爲御用之物。至洪熙元年，計三十七隻。正統十一年，計二十五隻。常以十隻留京師河下聽用。成化八年，本部奏準：照快船事例，定限五年一修，十年成造。其停泊去處，常用廠房苫蓋，軍夫看守。

新江口戰船，永樂五年，額設一百三十一隻。宣德以後，增至三百一十九隻。至成化十年，堪操者止一百四十隻。拆卸未造內三、四百料者，俱改造二百料快船。

洪武初，置江淮、濟川二衛馬快船，及南京錦衣衛等風快船，以備水軍進征之用。既建北京，遂專以運送郊廟香帛、上供品物、軍需器仗及聽候差遣，俱屬南京兵部掌管。

又，永樂五年，改造海運船二百四十九隻，備使西洋諸國。

正統七年，令南京造遮洋船三百五十隻，給官軍由海道運糧赴薊州等倉。

登州衛每年裝送花、布、鈔錠，原設海船一百隻，正統間，止存三十一隻。

《職掌條例》凡修造戰巡等船，先年，本部札委司屬官一員，前去龍江提舉司督造。正德十三年，本部會議題準：注選本司主事一員駐紮管理。

又，凡留京預備黄船一十隻，例該五年一修，十年一造。如遇該修造之年，官軍領駕，咨送本部，札付督造主事，督同提舉司官吏、匠作料計合用物料。會有者，行龍江抽分竹木局等衙門關支；會無者，行拘上、江二縣鋪户買辦，給作修造。遵照欽限完工，仍付原差官軍領駕。料價支蘆課，工食支班匠銀兩。

又，南京各衛，永樂年間，額設大黄船二十四隻，内渡江并千料遠年朽爛在塢，不堪修造船九隻，止有一十五隻。又設小黄船三十六隻，俱照例五年一修，十年一造。先年，該修理者，就行督造主事并提舉司官吏、匠作會辦修理。結申到部，奏行工部，轉行本部，覆查明白，奏奉欽依，然後改造。

正德十四年，該南京外守備衙門題準：今後大小黄船例該改造者，南京工部委官覆勘明白，即便會計工料，奏行本部，轉行成造，不必覆查回奏。其會有、會無物料，工價俱同前。

又，嘉靖七年，咨送到預備黄船五隻，内三隻該修艙者系是楠木。内二隻該改造者，系是川杉等木。本部差官賫價四路收買，絶無川杉木植。題奉聖旨：這船隻既限期緊急，准暫用楠木改造，欽此。

又，新江口戰船，原額一百七十八隻，划船三十七隻，三板船三十隻，巡船九十隻。

正德九年奏添哨船一百隻，造完九十七隻，除正德十五年行取四十隻赴京，見在五十七隻。通共三百九十二隻。該五年一修，十年一造。

先年，修理物料以五分爲率，官出三分，軍出二分。

成化二十三年，南京内外守備題稱：會同南京工部議得，巡船冲冒風浪，易於損壞，比之戰船不同。除修理戰船仍照原擬事例遵行外，其見今及以後巡船并在船浮動什物，但遇損壞，俱行南京工部支給官料修理。如各官軍不行看守用心撑駕，以致不久損壞并遺失器具者，痛加懲治、追賠等因。

工部覆奏：備行本部從公查照，如果前項巡船曾經會議，相應修理，别無違礙，就將該用物料查會，關支采辦。仍委官一員，嚴督龍江提舉司官吏匠作，及南京中軍都督府差撥官軍，同原船旗軍相兼用工。如或本部雖經會議，事有窒礙者，宜從徑自奏請定奪等因。到部時，本部右侍郎黄，因曾經會議，不復奏請，即將戰巡等船概與出料修理，自後各船官軍不復出辦。

弘治十六年，本部因料價不敷，題准將改造戰巡等船會無物料，分派直隸蘇、松等一十二府，廣、和二州征解應用。其匠作工食：系修理者，本司隨宜斟定；系改造者，定立則例榜示，俱於班匠銀内支給。

又，嘉靖七年，爲議處重大事宜，請聖裁以裨修省事，南京禮部等衙門條陳内，一嚴點閘，减修造，以紓財用。據督造船隻主事方鵬呈稱：本職督造新江口戰巡等船四百隻，每船一隻，成造費銀二百餘兩，修理亦不下五十餘兩。例約五年一修，十年一造，動費料銀數萬兩。切見船之所以速於修造者，其弊在於撑駕官軍視爲官物，不加愛惜，及將隨船什物私相借貸，以致易壞故耳。合無比照先年題準正陽等門查點軍器事例，本部委官時臨泊船處所點閘，及將前船十隻編作一幫，每日輪流一軍看守等因。

該工部覆：看得前項處置，甚切時弊，相應依擬。但事干兵務，恐非工屬一官所宜獨任。又一月二次點閘，不無煩瑣。合無添差兵部委官一員，公同兵科給事中一員，每遇季終會同點閘。如有官軍不行愛惜，抛棄磕損及將隨船什物私相借貸，輕則責令賠修，重則公同參究提問。其編幫輪守之規，亦依所議施行，仍每季終，取具管船官軍不致遺失損壞結狀查較。如此則法令既嚴而戰具常完，修造亦有節矣。

奉聖旨：是，依擬行。欽此。

又，嘉靖十三年，爲條陳操巡急務，以修職業，以靖江洋事，該操江兼管巡江、南京都察院右副都御史潘題稱：新江口戰船，見在兩班止用一百二十二隻，余船無軍領駕，置之無用。欲於一百二十二隻之外，添存二十八隻，共湊作一百五十隻。外，再欲將原船改造輕淺利便船五十隻，共定作二百隻，發營駕操。其余船隻俱要除革等因。該本部修造戰船，雖系本部職掌，其應添應减事體，例系兵部掌行，本部難以議擬，復咨兵部議處。今該前因通查案呈到部。臣等看得南京兵部尚書劉龍等議開，操江都御史潘所奏，裁革新江口戰巡等船事情，與先年南京工部右侍郎何塘所奏大略相同。但船料大小，船隻名色各異。操演取用之際，亦各有所宜。必須斟酌應用多寡，量爲去留。要將四百料戰座船量留二隻，二百料者量留三十八隻，一百五十料者量留十二隻，一百料者量留十六隻，三板船量留十一隻，巡船量留十五隻，巡沙船量留五隻，一顆印四百料巡座船量留一隻，划船量留十五隻，浮橋船量留五隻，哨船量留三十隻，共一百五十隻。就將見堪用者存留，應造應修者照數補完。其餘不堪應用船隻木料，發回提舉司改造輕淺利便船，務合式樣，大小適中，可以遇風，可以容衆，便於撑駕者五十隻，共二百隻。比與本宮原奏減數目相同。及仍要遵照舊例修造一節，爲照前項船隻，既經南京各官會同議處，事體已爲允當，相應依擬。合候命下本部，一咨兵部轉行南京兵部，將前項戰巡等船，悉依原議大小名色，照數存留并修造二百隻，其餘船隻盡行裁革；一行南京工部查照舊例，照依年限修造。其該管官員務要嚴督，造作如法，不許板薄釘稀。仍令領駕各軍小心愛惜。若不及年限損壞者，照例責令看守之人賠修還官。如此則船非虛設，財無妄費，江防不弛而警急有備矣。

奉聖旨：是。欽此。以上戰巡船例。

佚名《船政・案呈》 南京兵部爲遵明例立定規，以永恤幇甲事。車駕清吏司案呈奉本部，送該本司郎中王問呈：照得本部車駕司見行事務，莫大於修造船隻，南京錦衣等四十衛軍餘，困苦莫甚於幇甲，嘉靖二十一年，該本部題奉明例，各衛船隻官修官造，不許拘擾幇甲。該廠踵習舊弊，於領給官銀之外，仍開幇甲，自備幇助銀兩數目，造册完報。此外冒濫科派更多，各衛軍餘未能蘇息。嘉靖二十四年六月内，續蒙本部禁約申明，前例斷在必行。又經劄委羽林左衛指揮張壽松等，召商和買水料，羽林右衛指揮高旻等，驗勘臨差船隻，及行該廠督率委官甲匠人等造修，自興事之日迄於竣工，一應費用工料，應增應革事宜，俱係該司參酌擬議，稟請裁定修造各項樣船，置立官簿，具數覈實。今據造船廠完報，小甲馮聰、王立等，拆造樣船六隻，撥船廠完報，小甲、任福等大修樣船七隻，王榮等中修樣船六隻，開載工料銀兩，止彀題定數目，並不用幇甲一人到廠幇助，亦不用別項賠貱支取。本職竊恐官之遷改不常，人之奸僞易起，此例一行，貪夫不便，必思巧立事端，百計阻壞，一中其説，日後幇甲復罹前害，爲此呈乞，將本部題例禁約，并本年行過事宜，刊刻成書，散與各甲，被害之日，許執赴部陳告。及行該司將本年但係修造船隻，收買木料各項文卷印記，另櫃收貯，司堂立石大書，以記其事，則永遠有所稽查。成法難於變動，及照各衛修造船隻，前後雖殊，事體則一，天理人心，衆所同具，後之君子一覩斯弊，必不至聽憸夫之讒賊，以壞良法，取軍餘之膏血，以利奸宄。禁例照然，成規具在，誰肯自傷慈惠之心，以開千萬人怨讟之口哉！等因，呈部。奉批據呈，足見老成深遠之慮，即如擬施行，等因，送司奉此擬合就行，爲此，今將各該修造支剩年例銀内動支雇覓工匠打造碑記，刊刻書籍，給散各衛幇甲，永遠遵守。等因。案呈到部，合就連送本司，仰將前銀照數動支，覓工勒石，刊書給甲，遵守施行。

計開打造碑記，刊刻書籍，置櫃等項，共動支銀

一勒石碑記

一刊刻書籍

一給散書籍，曉諭各該幇甲遵守。

嘉靖二十五年正月初六日

佚名《船政・題例》 南京兵部尚書臣熊 等謹

題爲查處快船事宜以蘇軍餘困苦事。車駕清吏司案呈奉本部，送該南京通政使司連狀送，據南京旗手等衛軍餘方欽等連名告稱：先年蒙僉快船幫甲，每船或四五名，或七八名，各照分數出銀。如遇有差，共出銀二十兩，付與小甲應役無差，年分共出銀十兩，以助小甲出水。近年以來，一應修船造船等費，俱令幫甲出銀陪補，少則五六十兩，多則百十餘兩，往往將各家産子女變賣，猶不能辦。如金吾後衛幫甲朱昇，因修船無措，夫婦二人同溺死於水。羽林右等衛幫甲蔡清、徐勝、陳清等，亦因修船，逼迫自縊身死。留守左衛幫甲周隆，受逼不過，自刎身死。其他挈家逃走者不計其數，欽等見在者，累苦不堪，情實可憐，只得告乞垂憫，早爲議處，增添修造料價，依期官修官造，免令幫甲陪銀困累。止照舊例，出辦年例貼差銀兩，庶使各役得脱塗炭少，遂安生，等情到部。送司查得旗手等衛，原額快平船共八百隻，先年奏革一十七隻，見在船七百八十三隻，每船小甲一名，月支米一石，送船餘丁十四名，月各支米五斗。正德八年，因差繁難，每船僉取軍餘三五名，名曰垛甲，照分出銀，幫助小甲出水。嘉靖九年，本部右侍郎萬鏜題奉欽依，快船每二十年一造，十年一大修，五年一中修。每年造船四十隻，每隻除舊船底心作銀二十兩，官給工料銀一百三十兩，於南京户部商

税、工部蘆課、及本部武庫司缺官柴薪銀内支給。大修官給銀五十兩，中修三十兩，俱將本部扣追違限月糧，及幫甲年例銀内支給。其每年小修及修造不足之數，又將餘丁月糧扣補。隨該本部車駕司主事林文華奏，將快船每年止造十數隻，不必拘四十隻之例，以致停造年久，敗船滿塢。近因差使繁多，幾於無船可撥。嘉靖拾貳年，又該本部尚書王廷相題，餘丁月糧，無差年分，通革不支，各船每遇修造，官給銀少，既不足用，餘丁月糧，又無扣補。加以小甲及委官匠作人等，通同作弊，虚冒侵費，每造船壹隻，用銀多至叁百餘兩，不足之數，俱逼令幫甲陪賍，遂至傾家蕩産，鬻女賣男，甚至死喪逃移，情委可憫，相應議處。案呈到部，看得前項快船，本備差撥赴京等項公用，例應官修官造，其幫甲之設，原止令出分銀以助小甲出水，今修船造船，乃遂一槩逼使陪銀，以致困累如此。且南京各衛所軍士，近來逃亡過半，所僉幫甲共該六七千名，餘丁不足，多將營操正軍掣補，行伍日虚，武備漸弛。至如豹韜等陸柒衛，尤稱疲敝。舊僉幫甲，類多消乏，訴告日至，紛紛逃亡，尤難僉撥。及今不爲計處，將來益見不堪。查得年例起運進貢赴京等項差使，所用馬快船，不過四百隻；叁柒兼撥快船，止用二百五十隻；三年一差，共止用船七百五十隻。其三十三隻似爲多餘，合無將前項快平船共留七百五十隻，多餘三十三隻，查各疲敝衛分照數減革，遺下幫甲分貼，見存各船送船餘丁，發營操備，及當别差。其造船規則，近該本部差委車駕司主事諸傑，同指揮胡椿先造樣船一隻，該用木料釘灰等項，親自估計收買，先年冒費等弊盡行革去，總計實用過銀二百兩。以後造船，合就准此爲式。仍查照本部右侍郎萬鏜先年題准事例，再加損益。每年造船三十五隻。每船工料等項，該用銀二百兩；除船身作銀二十兩外，官給銀一百八十兩。照舊於南京户部商税銀内支取二千五百兩，工部蘆課銀内支取一千六百二十兩，本部武庫司缺官柒薪銀内支取一千八十兩，餘該銀一千一百兩。查得本部車駕司，收貯江濟貳衛歇役水夫銀内，可以通融支給，以足前數。每遇成造之時，本部該司官，會同工部委官，嚴加督察，務要成造堅固，不許該廠官通同夫匠人等作弊侵費。各該幫甲，仍照先年編定事例，每年每分出銀壹兩，本衛照數徵收，解部存貯。該司官庫，但遇出差年分，照例將前銀支出一十兩，再令各甲出銀一十兩，共二十兩，以助小甲出水費用。其十年大修，官給銀七十兩。五年中修，給銀五十兩。每年小修，亦各呈請委官驗估，合用工料銀兩，俱於前銀及扣追違限月糧、并前歇役水夫銀内支用，不許再令幫甲陪累，庶船隻得以及時成造，既無老朽不堪之弊，甲役亦各少獲蘇息，可免死亡流離之苦矣。伏望皇上軫念根本重地，軍士疲困已極，勑下該部議擬施行，地方不勝幸甚。緣係查處快船事宜以蘇軍餘困苦事理，未敢擅便，爲此具本專差冠帶舍人史宗，齎捧謹題。奉聖旨：該部知道。欽此。欽遵。嘉靖二十一年八月十九日，少保兼太子太保兵部尚書張等覆題，奉聖旨：准議行。

佚名《船政・勘船單》 南京兵部車駕清吏司爲造修船隻以備差撥事。照得南京錦衣等四十衛快平船隻，雖經題奉明例驗估，給銀官修官造，不許科擾幇甲，但覓利之徒已成槽局。船一興工，便登壟斷，官甲因而泒價，匠作利於冒工材猶可用，指摘瑕纇而斬爲爨薪，工尚未完，假托棄餘，而取爲私器，祇圖科歛之多，全無撙節之意。再照成造快船，先年議有式樣，如遇損壞，止據撥船廠揭帖開報年分淺深、損壞多寡，定與成造并大中修理；本司俱是臨時查驗，未經細勘，將船車絞上岸；該廠稱説損壞數多給領官價之外，不免泒甲陪補。工完之日，亦止據該廠申報工料銀兩數目，揭册查照，其間科害花銷之弊，難與覈實。此貧甲所以愈困，德意所以不流也。爲此除稟堂外，今置文册，開立衛分委官、小甲、幇甲、餘丁姓名，曾否造修，遠近年分，備將船身處所長短、廣狹，并一應什物，空立前件，刊刻印定發。仰會同撥船廠把總等官，先將各衛嘉靖貳拾伍年分，輪撥船隻順序、灣泊塢内登船，逐一細勘，於前件項下批註損壞長短、濶狹、丈尺多寡，在船壞處仍油灰抹書號，候本司覆勘的實，酌量工程大小，定其成造大中修理，庶事無遁情，而人難欺蔽矣。須至單者。

右附訖

嘉靖二十四年八月十五日給

司押

衛委官千户 第 號快船 小甲	幇甲 名	餘丁拾肆名
底板 前件	左右幇底板 前件	左右拖泥板 前件
左右棧板 前件	左右插稍板 前件	左右廉當板 前件
左右出脚 前件	左右廉 前件	搪浪板 前件

（續表）

猪嘴梁壹座 前件	提頭梁壹座脚梁如梁拐梁 前件	頭桅後第壹座班頭梁脚梁加梁 前件
第貳座滿梁脚梁加梁 前件	第叁座馬口倉梁脚梁加梁拐梁 前件	第肆座馬口倉梁脚梁加梁拐梁 前件
第伍座馬口倉梁脚梁加梁拐梁 前件	第陸座使風梁脚梁加梁 前件	第柒座滿梁脚梁加梁 前件
第捌座太平倉梁脚梁加梁拐梁 前件	第玖座水倉梁脚梁加梁拐梁 前件	第拾座神堂倉梁脚梁加梁拐梁 前件
第拾壹座下官倉梁脚梁加梁拐梁 前件	第拾貳座下官倉梁脚梁加梁拐梁 前件	第拾叁座正鋪後梁脚梁加梁 前件
第拾肆座斷水梁脚梁加梁 前件	大龍骨貳根 前件	夾桅龍骨貳桃挑稍龍骨貳根 前件
伏獅頭壹根 前件	鋪頭板壹副托梁肆根 前件	左右厫堂板 前件
悶頭小厫板 前件	左右稍小厫板并子口貳根 前件	將軍柱貳箇 前件
將軍柱面梁壹塊 前件	頭桅面梁壹塊 前件	大桅面梁壹塊 前件
挽脚梁壹根 前件	土墻板貳塊 前件	頭拿獅貳根撒當板貳條 前件
左右頭護腮板貳塊 前件	左右攔水 前件	稍伏獅壹根挑稍板壹塊 前件
稍拿獅貳根撒當板貳條 前件	左右稍護腮板 前件	左右稍接脚板 前件
闞稍板陸塊 前件	花梁板叁塊壹字梁板壹塊 前件	草鞋底貳塊 前件
皂門梁壹座 前件	眠肘貳根 前件	左右竪肘陸根 前件

（續表）

落倉柱拾貳根 前件	管頭枋壹塊地脚枋壹塊 前件	管頭照面板壹槽 前件
左右掛枋貳根 前件	左右地脚枋肆根 前件	左右平盤板貳塊 前件
長棲板壹副 前件	長灣梁伍根 前件	左右老鼠橋貳根 前件
神堂倉雲頭板貳塊靠身梁壹座 前件	悶頭鎖伏板并子口梘槽 前件	日曬鎖伏板 前件
梘槽拾貳塊 前件	夾桅鎖伏板 前件	八尺鎖伏板 前件
鋪稍板壹副托梁肆根 前件	梳背梁壹座柱子貳根 前件	狗腦梁壹塊 前件
上下舵斤貳塊闞門棒壹根 前件	舵枕貳箇絞關壹箇 前件	厠板伍塊 前件
左右紅黑雨搭貳拾扇 前件	大桅成後腰裝板壹槽上下枋貳根 前件	左右掛鈎貳拾箇 前件
官倉壁尺拾根 前件	官倉抱柱肆根 前件	搶車貳箇 前件
上官倉正鋪床面壹張 前件	上下官倉地平共拾柒扇 前件	桅後倉平門肆扇 前件
上官倉平門肆扇 前件	裙板貳塊 前件	脚踏貳箇 前件
左右亮槅拾貳扇 前件	暖槅肆扇 前件	神堂壹座 前件
下官倉叁鋪床面 前件	下官倉梯子壹張 前件	稍蓬桁條肆根并竹篇 前件
千斤木貳根 前件	稍蓬架壹座板壹槽 前件	登脚槅子壹根板壹塊 前件

（續表）

碗厨壹座　前件	中路鋥伏板　前件	悶頭倉内肆鋪板　前件
上官倉正鋪板　前件	下官倉叁鋪板　前件	八尺下面鋪板　前件
頭桅壹根綁鈴壹根　前件	頭桅夾貳塊範曰壹箇　前件	大桅壹根綁鈴壹根哨杆壹根　前件
大桅夾貳塊範白壹箇　前件	頭大桅拴貳根桅點壹根　前件	頭大桅挨亶貳根　前件
舵扇板　前件	舵桿壹根舵牙壹根　前件	舵中夾下夾　前件
舵搭腦夵夾　前件	更蓬壹座　前件	替獅木壹根登脚槅子貳根　前件
隨船浮動什物	大跳壹塊　前件	小跳壹塊　前件
頭蓬壹扇　前件	大蓬壹扇　前件	櫓貳張　前件
槽跳板肆塊　前件	槁子拾伍根連拐罇　前件	招杆壹根　前件
挽子貳把　前件	捎棍肆根　前件	鐵錨壹口　前件
戽斗壹箇　前件	水牌壹面　前件	水桶壹副　前件
吊捅壹箇　前件	淘米盆壹箇　前件	板凳貳條　前件
牌架壹座　前件	澆管壹箇　前件	榔頭壹箇　前件
水撅貳箇　前件	梛子壹箇　前件	黨衆壹副　前件
鐵攀頭壹副　前件	大黄旗壹面　前件	夜不收旗壹面　前件

（續表）

旗杆貳根　前件	明瓦燈籠貳箇　前件	水缸壹口　前件
鍋竈貳箇　前件	走三叁掛　前件	擸撩貳根　前件
迎亶壹根　前件	上馬索壹根　前件	櫓崩繩貳根　前件
猫本身壹根　前件	猫頂壹根　前件	吊舵繩壹根　前件
箍頭繩壹根　前件	攀頭繩壹根　前件	脚索貳副　前件
旗線索壹根　前件	度力貳根　前件	牽亶貳根　前件
拔披貳根　前件	攸蓬貳根　前件	本船　年成造　年大修　年中修　年小修
帶纜貳根　前件	寶纛旗鎗并架　前件	

《船政·修船單》　南京兵部車駕清吏司爲慎修理以節財用事。照得南京錦衣等四十衛快平船，隻每大中修，該廠匠作希圖修艌日久，破冒工銀，不顧船身好歹，恣意拆毀。各衛委官小甲人等，只要多泒幇銀，全不省惜，以致工料倍費，船不堅牢，深爲未便。爲此除禀堂外，仰該廠把總官，將發去修船單，照對勘單，責令委官督率小甲匠作人等，從實拆修，逐一填註前件項下中間損壞，有勘單未註拆動纔知者，有因修壞處傍及别板者，具揭呈稟填註。并計筭大修船用大水匠若干，細木匠若干，艌匠若干，鋸匠若干，打灰拽鑽幇工各若干，拽船上岸下水用人若干，該作工食若干，及油畫匠工價若干。中修者，分照各色所用工食亦若干，其估定工食，不論限内，工完早晚，任從各匠添人幇造。但有先完者，一併准給原定工食，仍將用過木植、油灰、釘鋦、蔴觔，并搭棚費用銀兩的確數日開報，以憑稽考。匠作姓名，亦要書記。修不堅牢，責追工銀陪艌。該廠把總官，務體部堂節財至意，嚴加覺察，毋沿舊習，視作泛常，查訪得出，一體參究不恕，

須至單者。

右附訖

嘉靖二十四年　月　日給

司押

衛委官千户

第　號船　匠作

小甲

底板以下前件同勘船單

合用各色匠作人役

大木匠　前件	細木匠　前件	艌匠　前件
鋸匠　前件	打灰匠　前件	拽鑽幇工　前件
拽船上岸下水　前件	畫匠　前件	油匠　前件

合用木植釘灰油蔴等項料物

楠木　前件	榆木　前件	杉木　前件
栢木　前件	桐油　前件	釘　前件
鍋　前件	黄蔴　前件	檾蔴　前件
石灰　前件		

平船勘修二單同快船單

快船單内第二座滿梁，第七座滿梁，落倉柱管頭，枋管頭，照面板，左右掛枋，長灣梁，神堂，倉雲頭板，靠背梁，夾桅，鎖伏板，左右紅黑雨搭，官倉抱柱，搶車桅，後倉上官，倉平門，正鋪床，正鋪板，裙板，左右亮槅，暖槅，中路鎖伏板，平船無。其第二座拐梁，第七座拐梁，照面雲頭板，照面常平門，捲樓板并左右雲頭板，短平門，左右披水，左右子口，蓬架梢，蓬照面板，平船有，快船無。

《船政・造修快平船只刊定銀兩則例》 南京兵部車駕清吏司爲造修船隻事。照得造撥兩廠，先年遇船造修，俱係幇甲承認，完工合用各色匠作、幇工、筭識工食，未曾立有定規，以致浪費。今該本司已經造修樣船，覈實酌擬，稟堂裁定，發廠遵守施行，須至揭帖者。

計開：

每拆造船壹隻

一領楠木玖根，共圍圓肆拾玖尺，共長叁拾伍丈。此准頭圍給領，以原木見單板共柒百片貳尺捌寸，每一片折銀壹錢叁分貳厘，共該折銀玖拾貳兩肆錢叁分柒厘其以叁折圍減折，及鋸線殲角標皮斵削折板俱在内。

一領杉木叁根，

一領釘陸百斤，

一領鍋壹百斤，

一領桐油叁百捌拾斤，

一領黄蔴肆百伍拾斤，本船舊繩在内。

一領檾蔴壹百柒拾斤，

一買石灰捌百斤。

議定各匠作工食：

一大木匠，工銀捌兩，食銀叁兩，

一艌匠快船工銀柒兩，平船工銀陸兩伍錢，食銀貳兩□錢相同。

一細木匠快船工，銀叁兩，食銀壹兩伍錢。平船工，銀壹兩伍錢，食銀陸錢。

一鋸匠，工銀叁兩，食銀壹兩伍錢。

一打灰匠，工銀壹兩貳錢，食銀陸錢。

一煊釘匠，煊净釘壹百斤，工食銀叁錢。

煤炭本匠自備。煊小净銀□工食銀三厘五毫，接舊銀□□□食銀一厘。

一打繩匠，打過通船繩索，工食銀叁錢叁分。

一畫匠，工食銀貳錢，桐油官給，顔料本匠自備。

一油漆匠，工食銀叁錢，桐油官給，顔料本匠自備。

一搭蓬匠，每日工食銀叁分。

一風蓬匠，大小風蓬貳扇，價銀叁兩。

一做泥水拽船，工食銀肆錢。
一小工，每日工食銀叁分。
一書寫官簿識字官驗給食銀壹分伍厘，雇覓者叁分伍厘。
此係拆造有底船，議定釘鋦數目，如遇接駕拆卸回還船隻，臨時驗看釘板多寡，另行稟請定奪。
每大修船壹隻：
一領楠木，照船身損壞大小，計合用板片，開單領木，送鋸木官照單鋸板給用。筭價俱以原木見單板法計用，過板數見銀兩數目。
一領杉木貳根，如大桅稍頭桅損壞者，領用，堪可者不領。
一領釘貳百斤，
一領鋦肆拾斤，
一領桐油叁百柒拾斤，
一領黄蔴伍百斤，本船舊繩在內。
一領檾蔴壹百柒拾斤，
一買石灰壹千斤。
議定各匠作工食：
一大木匠計工給銀，每日工食銀五分。
一艌匠計工給銀，每日工食銀肆分。
一細木匠計工給銀，每日工食銀肆分。
一鋸匠計工給銀，每日工食銀叁分伍厘。
一打灰匠計工給銀，每日工食銀肆分。
一煊釘匠煊净釘壹百斤，工食銀叁錢。煊小净釘一斤，工食銀三厘五毫。接舊鋦一箇，工食銀一厘。煤炭本匠自備。
一打繩匠打過通船繩索用蔴肆百叁拾斤，工食銀叁錢叁分外，打絞船慢繩用蔴壹百伍拾斤，工食銀捌分。
一畫匠，工食銀貳錢，桐油官給，顔料本匠自備。
一油漆匠，工食銀貳錢伍分，桐油官給，顔料本匠自備。
一搭篷匠，每日工食銀叁分。
一風篷匠，大小風篷貳扇，係舊船篷大價銀叁兩伍錢，係新船篷小價銀叁兩。修換大篷壹葉，價銀捌分。頭篷壹葉，價銀肆分。
一車船上岸起底落墩下水，共工食銀壹兩貳錢。
一小工，每日工食銀叁分。
一本蓬本廠書寫官簿公文、并鋸木識字，係官驗者，每日給飯食銀壹分伍厘；雇覓者，每日工食銀叁分伍厘。
每中修船壹隻：
一領楠木，照船身損壞大小，計合用板片，開單領木，送鋸木官照單鋸板給用。筭價俱以原木見單板法計用，過板數見銀兩數目。
一領杉木貳根，如大桅稍頭桅損壞者領用，堪可者不領。
一領釘壹百伍拾斤，
一領鋦叁拾斤，
一領桐油叁百貳拾斤，
一領黄蔴肆百捌拾斤，本船舊繩在內。
一領檾蔴壹百柒拾斤，
一買石灰壹千斤。
議定各匠作工食，與大修船同。
已上俱照造修上等立則，其原勘造修中下貳等工料差少，因有扣剩銀兩，照數解司貯庫。
嘉靖貳拾伍年四月十九日郎中王
員外郎李
主事龍

俞大猷《洗海近事》卷上《呈總督軍門張》 二年七月十二日

鎮守廣西地方總兵官平蠻將軍前軍都督府署都督同知俞爲緊急平務事。照得欲滅海賊其策不能外福建造船募兵、整器備糧，遵海而來，隨賊向往而追滅之，此本職一向慷慨，以爲已任，如不收功，甘赴海而死，何待刑誅乎。今者軍門俯從所議，欲往福建造大福船二十隻，冬仔船二十隻，可謂獨斷矣。本職竊恐所造船數尚少，自彼來此，忽遇賊於洋中，收功不全，人又得以罪本職，本職又得以爲辭，悔何及哉。自古二廣討賊之師，每賊徒一萬，必調兵十萬，擅十圍五攻之勢，負太山壓卵之形，無一次不收全功，故曰有征無戰也。今日用兵，只爲錢糧欠乏，未能堂堂大舉，然去歲一舉而用數萬，今歲亦用數萬，皆與東風俱散矣。近又欲姑狥外議造大烏船二十隻，并募兵備器，計用銀三萬。烏船在廣，福船在閩，一時未能合併，各爲孤軍。莫如移此三萬之銀，總去福建造大福船，面闊三丈者十五隻，面闊二丈八尺者十五隻。冬仔船，面闊二丈二尺者十五隻，面濶二丈者十五隻，面闊一丈八尺者二十隻。大福船每隻用兵一百名上下，冬仔船每隻用兵四十名上下。一面差的當官，選的當頭目，往彼興工成造。其銀陸續解運去湊，九十月畢工。乘□前來，隨處遇賊，隨處追擊，則一鼓奇勳指日可計。事完將各兵船分六水寨防守。此間一面行各州縣大出告示，聽民間造船買賣，並免其告狀納税諸事。唯造完之日，乃報名於官，五年之間如有竊發海寇，官府自有兵船可剿，決不調於民間，如此則民間造船趨利者如市，五年之後船有不可勝用矣。爲此備由具呈，伏乞照詳施行。

計開：

一大福船面濶三丈共十五隻

本船木料槓椇

中艙長四丈五尺。頭艙長三丈二尺。尾艙長二丈。大抽四條，用杉木。含檀長二丈九尺，濶三尺，厚一尺五寸。大桅挾長一丈八尺，濶二尺，厚一尺。下金長七尺，濶一尺八寸。鋤頭柄六十枝。桅楮用杉木一條，三丈三尺。桅座長七尺，濶二尺，厚一尺六寸。頭勘舫長一丈五尺。頭龍樑一片，長一丈四尺，濶二尺，厚八寸。頭含檀長一丈六尺，濶一尺八寸，厚一尺。頭桅挾二片，每片長一丈五尺，濶一尺五寸，厚五寸。小頭桅長六丈，圍四尺。大桅長九丈，圍大七尺。橫樑肚壁四百片，長二丈，厚三寸五分。船艕三百片，每片長二丈五尺，厚二寸。褒板戰棚用松板五百五十片不等，每片厚薄一寸五分，長三丈，濶一尺五寸，如原來板短窄，凑其數。褒柱并尾樓牽抽用杉木一百五十枝。上金樟木長二丈七尺，大二尺，厚一尺。雙筋二條，每條長三丈，用杉，圍三尺。尖櫃枋三十片，每片厚二寸，闊一尺，用杉木板。水櫃一口，濶六尺，高五尺，用杉木二條，圍三尺。小水櫃一口，濶四尺，高三尺五寸。頭戰棚板五十片，每片長三丈。戰棚橫樑用杉木十條，長三丈二尺。龍鬚極二片，長九尺，大一尺。舵二扇，每扇長三丈三尺，用鐵力木。舵頭長一丈四尺，扇一丈八尺。舵閃每扇四片，用杉木，厚二寸五分，長一丈八尺，濶一尺二寸。舵枋用樟木，每扇八片，厚一寸。大平車一條，二丈五尺，園三尺。中車心二條，每條長七尺，園三尺。車圈六十枝。大櫓二枝，長五丈二尺。頭梢一條，用杉木，長四丈二尺，圍二尺五寸。舵牙舵筋共三十枝，長一丈。走馬板二條，厚二寸五分，濶一尺，長三丈。抱欅用樟板三十片，大小八尺，長短一丈，彎曲可用。舵六門，長二丈，濶一尺。椶欖二條，每條七十丈。篋纜綵四條，每條長六十丈。黄麻什費等綵一千斤。大風篷，濶五丈五尺，長六丈。頭篷濶二丈四尺，長三丈。桐油一千二百斤。灰八十石。鐵釘三十片。草根一千五百斤。脚艇一隻，面濶七尺。櫓三枝。中艙，用杉木一條，長二丈四尺。頭艙五尺五寸。尾艙六尺，用杉。下底艕用杉木三條，圍三尺。肚樑十二倉，樟木可用。小釘八十斤。油五十斤。草根一百斤。竹甲褒用笋竹四百枝。小鈎釘二百五十斤。海中清二件。

已上每隻用銀一百九十兩。

本船軍火器械

鐵佛朗檢鋭八架，每架重一百斤。帶子銃六件，每架價銀四兩五錢，共銀三十六兩。鏢鎗一千五百枝，每枝一分五厘，共銀二十二兩五錢。透甲鎗四十枝，帶柄，每柄銀七分，共銀二兩八錢。斬刀二十柄，每柄銀八分，共銀一兩六錢。鈎鐮鎗二十枝，帶柄，每柄銀八分，共銀一兩六錢。長竹鎗六十枝，每枝銀三分五厘，共銀二兩一錢。藤牌六十面，每面銀三錢，共銀一十八兩。黎頭鏢三十枝，每枝銀三分五厘，共銀一兩五分。烏銃二十門，每門銀一兩，共銀二十兩。大銃硝六擔，銀十八兩。磺一百二十斤，銀三兩六錢。烏銃藥硝一擔，銀三兩。磺三十斤，銀九錢。大銃鉛子，照各銃大小不等，共三百五十斤，每斤銀四分，共銀一十四兩。鼓一面，價銀五錢。銅鑼一面，重七斤，價銀六錢三分。神機箭一百枝，每枝銀四分，共銀四兩。大黄布旗一面，用布四疋，每疋銀二錢五分，共銀一兩。號帶一條，布二丈一尺，銀一錢五分。綿紗繩重十三斤，每斤銀一錢五分，共銀一兩九錢五分。噴筒三十枝，每枝銀二錢，共銀六兩。大桅斗衣一副，用五色布三疋，每疋銀二錢五分，共銀七錢五分。頭桅斗衣一副，用五色布三疋，每疋銀二錢五分，共銀七錢五分。大桅帳頂布篷一番，用布六十六丈，共布二十疋，每疋銀二錢五分，共銀五兩。另黄麻一百斤，共銀七錢。繚鈎十枝，帶柄，每柄銀七分，共銀七錢。割繚刀十柄，每柄銀五分，共銀五錢。斧頭八柄，每柄銀八分，共銀六錢四分。鋸仔四張，每張銀五分，共銀二錢。大鼎五個，每個銀一錢五分，共銀七錢五分。大桅號帶一條，用布一疋，銀二錢五分。大火筒帶鐵泊三十枝，每枝銀七錢，共銀二十一兩。大小錐鑽四把，每把銀四分，共銀一錢六分。鉋刀四把，每把銀四分，共銀一錢六分。大小鑒八把，每把銀三分，共銀二錢四分。又備用鐵釘五十斤，每斤銀三分五厘，共銀一兩七錢五分。桐油一百斤，價銀四兩。灰二百斤，銀二錢。麻一百斤，價銀一兩五錢。

已上每隻用銀一百九十八兩六錢三分。一大福船面濶二丈八尺共十五隻

本船木料槓椇中䑸長四丈二尺，週圍大六尺。頭䑸長三丈，圍五尺。尾䑸長一丈八尺。抽四條用杉木。含檀二丈七尺，大二尺，厚一尺八寸。鋤頭柄七十枝。大桅挾長一丈八尺，大二尺，厚一尺。下金長六尺五寸，大一尺八寸。桅楮用杉木三丈二尺。桅座六尺五寸，大二尺，厚一尺五寸。頭勘舸長一丈五尺五寸。頭龍樑一片，長一丈四尺。頭含檀長一丈六尺，大一尺六寸，厚八寸。頭桅挾二片，每片長一丈四尺，濶一尺五寸，厚五寸。小頭桅長五丈八尺，圍四尺。大桅長八丈五尺，圍七尺。横樑肚壁三百五十片，長二丈，厚三寸。船膀二百八十片，每片長二丈五尺，厚二寸。褒板戰棚用松木五百二十片不等，每片厚薄一寸五分，長三丈，濶一尺五寸，如原來板短窄，凑足其數。褒柱尾樓牽抽用杉木一百二十枝。上金樟木，長二丈四尺，大二尺，厚一尺。雙筋二條，每條長三丈，用杉木，圍三尺。尖櫃板二十八片，每片厚二寸，濶一尺，長二丈五尺，用杉板。水櫃一口，濶六尺，高五尺，用杉板，厚二寸。小水櫃一口，濶四尺，高三尺五寸。頭戰棚板四十五片，長二丈。戰棚横樑，用杉木十條，每條長三丈。龍鬚極二片，每片長九尺。舵二扇，每扇長三丈，用鐵力木。舵頭長一丈三尺，扇一丈七尺。舵閃每扇用杉板四片，每片長一丈七尺，厚二寸五分，濶一尺。舵甲樟板，每舵八片，厚一寸。太平車一條，長三丈四尺，用松木。尾舵車一條，長二丈二尺，圍二尺。中心車二條，每條長六尺五寸。車間五十枝。大櫓二枝，長五丈。頭稍一條，用杉木，長四丈，圍二尺五寸。舵牙䑨筋二十五枝，長九尺。走馬板二條，每條厚二寸，濶一尺，長三丈。抱極用樟板三十片，大小八尺，長短一丈，灣曲可用。䑨六門，每門長一丈九尺，濶一尺。棕纜二條，每條長六十五丈。竹纜綜四條，每條長六十丈。黄麻什費等綜一千斤。大風篷濶五丈三尺，長六丈。頭篷濶二丈二尺，長二丈八尺。桐油一斤一百斤。灰七十石。鐵釘二千七百斤。草根一千三百斤。脚艇一隻，面濶六尺五寸。中䑸用杉木一條，長二丈。頭䑸五尺。尾䑸六尺，用杉木。下底膀用杉木三條，圍三尺。肚樑十二倉，樟木可用。小釘八十斤。油四十斤。草根八十斤。脚艇櫓二枝，每枝長三丈二尺。竹甲褒，用筟竹三百三十枝。小鈎釘二百斤。海中清二件。

已上每隻用銀三百六十兩。

本船軍火器械

大銃八門，每門帶子銃六件，每門價銀四兩五錢，共銀三十六兩。硝六擔，每擔銀三兩，共銀一十八兩。磺一百二十斤，每斤銀三分，共銀三兩六錢。鉛子八百斤，每斤銀四分，共銀三十二兩。烏銃二十門，每門銀一兩，共銀二十兩。綿紗綜三十斤，每斤銀一錢五分，共銀四兩五錢。火箭一百枝，每枝銀四分，共銀四兩。籐牌五十面，每面銀三錢，共銀一十五兩。透甲鎗四十枝，帶柄，每柄銀七分，共銀二兩八錢。鏢鎗一千枝，每枝銀一分五厘，共銀一十五兩。斬刀二十柄，每柄銀八分，共銀一兩六錢。火筒三十枝，每枝銀七錢，共銀二十一兩。斬斧二十柄，每柄銀八分，共銀一兩六錢。繚鈎十柄，每柄銀七分，共銀七錢。割繚鋏十柄，每柄銀五分，共銀五錢。斧頭八柄，每柄銀八分，共銀六錢四分。鋸仔四張，每張銀五分，共銀二錢。竹篙鎗六十枝，每枝銀三分五厘，共銀二兩一錢。金鼓一副，共銀一兩一錢。大旗一面并號帶一完，共布五疋，每疋銀二錢五分，共銀一兩二錢五分。大小望斗衣二副，用五色布六疋，每疋銀二錢五分，共銀一兩五錢。大桅帳頂布篷一番，用布二十疋，每疋銀二錢五分，共銀五兩。大桅號帶一條，用布一疋，銀二錢五分。大鼎四個，每個銀一錢五分，共銀六錢。大小錐鑽四把，每把銀四分，共銀一錢六分。鉋刀四把，每把銀四分，共銀一錢六分。大小鑿八把，每把銀三分，共銀二錢四分。備用鐵釘五十斤，每斤銀三分五厘，共銀一兩七錢五分。桐油一百斤，價銀四兩。灰二百斤，價銀二錢。麻一百斤，價銀一兩五錢。

已上每隻用銀一百九十六兩九錢五分。

一冬仔船面濶二丈二尺共十五隻

本船木料槓椇

中䑸長三丈六尺，用松木，圍五尺。頭䑸長一丈五尺，圍四尺。尾䑸長一丈六尺。含檀長二丈一尺，濶一尺八寸，厚一尺四寸。下底膀共一百九十片，每片長三丈，厚一尺五分。肚壁横樑共一百七十片，厚三寸，長二丈，長短可用。下金長六尺五寸，大一尺八寸，厚一尺六寸。桅座長六尺五寸，大一尺七寸，厚一尺七寸。大桅挾長一丈五尺，大一尺六寸，厚九寸。小桅挾長九尺，大一尺五寸，厚五寸五分。雙筋二條，每條長一丈六尺。頭勘舸長一丈一尺，大一尺。頭龍樑長一丈二尺，大一尺六寸，厚六寸。頭照水枋樟板，大一尺五寸，長一丈二尺，厚一寸五分。上金枹枋長一丈五尺，大一尺七寸，厚七寸。龍鬚極二條，每條長一丈一尺，大一尺二寸，厚六寸。照水褒枋大一尺四寸，厚一寸。尖櫃枋長

二丈，大一尺五寸，厚一寸八分，用杉木。褒柱并尖櫃横梁，用杉三十五條，圍三尺。水櫃一口，用杉二條，圍三尺，鋸枋厚二寸。鐵釘一千五百斤。油五百斤。草根七百斤。灰三十三石。大桅長六丈五尺，圍五尺。頭桅長四丈九尺，圍三尺。舵二門，每門長二丈五尺。舵閂杉枋長一丈六尺，厚二寸。椗四門，用硬柴，每門長一丈七尺，大八寸。椗齒八個，每個長七尺五寸。尾櫓二枝，每枝長四丈。頭稍一條，長四丈，用杉木。大風篷，濶四丈二尺，長五丈五尺。頭風篷，濶二丈二尺，長三丈二尺。黄麻九百斤。舵牙并車圈椗筋共八十枝。棕纜繂二條，每條長六十丈。篾纜繂二條，每條長六十丈。小艇一隻，面濶六尺，用杉木二條，圍三尺。小釘六十斤。油三十斤。草根六十斤。灰二石。竹甲褒，用竽竹二百二十枝。小鈎釘二百斤。小艇櫓二枝，每枝長三丈三尺。游中清二件。

已上每隻用銀一百八十兩。

本船軍火器械

大銃六門，每門帶子銃六件，每門價銀四兩五錢，共銀二十七兩。硝四擔，每擔銀三兩，共銀一十二兩。磺一百一十斤，每斤銀三分，共銀三兩三錢。鉛子六百斤，每斤銀四分，共銀二十四兩。烏銃十六門，每門銀一兩，共銀一十六兩。綿紗繂二十五斤，每斤銀一錢五分，共銀三兩七錢五分。火箭八十枝，每枝銀四分，共銀三兩二錢。藤牌三十面，每面銀三錢，共銀九兩。透甲鎗三十枝，每枝帶柄銀七分，共銀二兩一錢。鏢鎗八百枝，每枝銀一分五厘，共銀一十二兩。斬刀廿二柄，每柄銀八分，共銀九錢六分。火筒二十枝，每枝銀七錢，共銀一十四兩。斬斧十二柄，每柄銀八分，共銀九錢六分。繚鈎十柄，每柄銀七分，共銀七錢。割繚鋏十柄，每柄銀五分，共銀五錢。斧頭四柄，每柄銀八分，共銀三錢二分。竹篙鎗四十枝，每枝銀三分五厘，共銀一兩四錢。鋸仔三張，每張銀五分，共銀一錢五分。金鼓一副，共銀一兩。大旗一面并號帶一完，用布五疋，每疋銀二錢五分，共銀一兩二錢五分。大小桅望斗衣二副，用布十疋，每疋銀二錢五分，共銀二兩五錢。大桅號帶一條，用布一疋銀二錢五分。鼎四個，每個銀一錢五分，共銀六錢。大小錐鑽四把，每把銀四分，共銀一錢六分。鉋刀四把，每把銀四分，共銀一錢六分。大小鑿八把，每把銀三分，共銀二錢四分。備用鐵釘五十斤，每斤銀三分五厘，共銀一兩七錢五分。桐油一百斤，價銀四兩。灰二百斤，價銀二錢。麻一百斤，價銀一兩五錢。

已上每隻用銀一百四十四兩九錢五分。

一冬仔船面濶二丈共十五隻

本船木料槓椇

中艙長三丈三尺，用松木，圍四尺。頭艙長二丈三尺。尾艙長一丈四尺。含檀長一丈九尺，濶一尺八寸，厚一尺二寸。下底松板共一百五十片，每片長三丈，厚一寸五分。肚壁横樑共一百二十片，厚一寸，每片長二丈，長短亦可用。下金長六尺，大一尺六寸，厚一尺六寸。桅座長六尺，闊一尺六寸，厚一尺五寸。大桅扶長一丈四尺，大一尺六寸，厚八寸。雙筋二條，每條長一丈四尺。小桅挾二片，每片長八尺，大一尺三寸，厚四寸。頭勘舫長一丈，濶八寸。頭龍樑長一丈，濶一尺五寸，厚五寸。頭照水板樟枋，濶一尺五寸，厚一寸四分。上金枹枋，長一丈二尺，大一尺五寸，厚七寸。龍鬚極長一丈，濶一尺，厚五寸。照水褒枋大一尺四寸，厚一寸。尖櫃板長一丈八尺，大一尺五寸，厚一寸五分，用杉木。褒柱并尖櫃横樑，用杉木三十條，圍二尺五寸。水櫃一口，用杉木二條，闊三尺，厚二寸。鐵釘一千二百斤。油四百斤。草根六百斤。灰三十石。大桅長六丈圍五尺。頭桅長四丈八尺，圍三尺。舵二門，每門長二丈二尺。舵閂杉枋長一丈四尺，厚二寸。椗四門，用硬柴，每門長一丈五尺。椗齒長七尺。櫓二枝，每枝長三丈六尺。頭稍長三丈八尺，用杉木。大風篷濶三丈八尺，長五丈。小風篷濶一丈八尺，長二丈五尺。舵牙并車圈椗筋共六十枝。黄麻八百斤。棕纜繂二條，每條長五十丈。篾纜二條，每條長五十丈。小脚艇一隻，面濶六尺，用杉木二條，圍二尺五寸。櫓二枝。小釘五十斤。油二十五斤。草根五十斤。灰一石八斗。竹甲褒，用竽竹一百八十枝。小鈎釘一百二十斤。海中清二件。

已上每隻用銀一百六十兩。

本船軍火器械

大銃四門，每門帶子銃六件，每門價銀四兩五錢，共銀一十八兩。硝四擔，每擔銀三兩，共銀一十二兩。磺八十斤，每斤銀三分，共銀二兩四錢。鉛子五百斤，每斤銀四分，共銀二十兩。烏銃十六門，每門銀一兩，共銀一十六兩。火箭四十枝，每枝銀四分，共銀一兩六錢。綿紗繂二十斤，每斤銀一錢五分，共銀三兩。藤牌二十六面，每面銀三錢，共銀七兩八錢。透甲鎗三十枝，每枝帶柄銀七分，共銀二兩一錢。鏢鎗六百枝，每枝銀一分五厘，共銀九兩。火筒十五枝，每枝銀七錢，共銀十兩五錢。斬刀十柄，每柄銀八分，共銀八錢。斬斧十柄，每柄銀八分，共銀八錢。繚鈎十柄，每柄銀七分，共銀七錢。割繚鋏八柄，每柄銀五分，共銀四錢。斧頭四柄，每柄銀八分，共銀三錢二分。竹篙鎗三十枝，每枝銀三分五厘，共銀一兩五分。鋸仔二張，每張銀五分，共銀一錢。金鼓一副，共銀一兩。大旗一面并號帶一完，用布四疋，每疋銀二錢五分，共銀一兩。大小桅望斗衣二副，用布九疋，每疋銀二錢五分，共銀二兩二錢五分。大桅號帶一條，用布一疋，銀二錢。鼎三個，每個銀一錢五分，共銀四錢五分。大小錐鑽四把，每把銀四分，共銀一錢六分。鉋刀四把，每把銀四分，共銀一錢六分。大小鑿八把，每把銀三分，共銀二錢四分。備用鐵釘五十斤，每斤銀三分五厘，共銀一兩七錢五分。桐油一百斤，價銀四兩。灰二百斤，價銀二錢。麻一百斤，價銀一兩五錢。

已上每隻用銀一百一十九兩四錢八分。

冬仔船面濶一丈八尺共十二隻

本船木料槓椇

中艕長三丈。副艕長一丈九尺。尾艕長一丈三尺。含檀長一丈六尺五寸，厚一尺，濶一尺八寸。下底艕板厚一寸四分，長三丈，濶一尺五寸，共一百二十片，如原來板長短不等，湊足其數。樟下金長五尺，大一尺五寸。倉橫樑厚三寸，長一丈八尺，長短俱可，共一百斤。桅座長五尺，大一尺六寸。大桅挾長一丈一尺，大一尺五寸，厚七寸。雙抽筋二條，每條長一丈二尺。頭勘舫長一丈。頭樑長一丈。頭照水板樟枋厚二寸。上金板長一丈，大一尺，厚五寸。龍鬚極長八尺。照水褒枋鋸厚一寸。尖櫃枋長一丈四尺，厚一寸五分，用杉木。褒柱并尖櫃橫樑用杉木。水櫃一口，用杉木。鐵釘七百斤。桐油三百斤。草根六百斤。灰二十石。大中桅長六丈二尺。小頭桅長三丈五尺。舵二扇，每扇長一丈八尺。舵閂杉枋長一丈二尺，厚二寸。椗四門，用硬柴，身長一丈四尺，齒長六尺。櫓二枝。頭招一枝，長三丈五尺，用杉。大風篷一扇，濶三丈二尺，長四丈五尺。黃麻六百斤。小風篷濶一丈五尺，長二丈二尺。舵牙四枝并硬柴五十枝，用小木長六尺。脚艇一隻。櫓二枝。椗縤四條。竹甲褒，用竻竹一百五十枝。小鉤釘八十斤。海中清二件。

已上每隻用銀一百四十兩。

本船軍火器械

生鐵發貢一門，重四百五十斤，價銀二十兩，只用大石子。硝四擔，每擔銀三兩，共銀一十二兩。磺七十斤，每斤銀三分，共銀二兩一錢。大銃四門，每門帶子銃六件，每門價銀四兩五錢，共銀一十八兩。硝四擔，每擔銀三兩，共銀一十二兩。磺八十斤，每斤銀三分，共銀二兩四錢。鉛子五百斤，每斤銀四分，共銀二十兩。烏銃十四門，每門銀一兩，共銀一十四兩。綿紗縤二十斤，每斤銀一錢五分，共銀三兩。火箭四十枝，每枝銀四分，共銀一兩六錢。藤牌二十二面，每面銀三錢，共銀六兩六錢。透甲鎗二十五枝，每枝帶炳銀七分，共銀一兩七錢五分。鏢鎗四百枝，每枝銀一分五厘，共銀六兩。斬刀八柄，每柄銀八分，共銀六錢四分。斬斧八柄，每柄銀八分，共銀六錢四分。火筒十枝，每枝銀七錢，共銀七兩。繚鈎十柄，每柄銀七分，共銀七錢。割繚鋏八柄，每柄銀五分，共銀四錢。竹篙鎗二十五枝，每枝銀三分五厘，共銀八錢七分五厘。斧頭三柄，每柄銀八分，共銀二錢四分。鋸仔二張，每張銀五分，共銀一錢。金鼓一副，共銀一兩。大旗一面，并號帶一完，用布三疋零，每疋銀二錢五分，共銀八錢五分。大小桅望斗衣二副，用布八疋，每疋銀二錢五分，共銀二兩。大桅號帶一條，用布一疋，銀二錢。鼎三個，每個銀一錢五分，共銀四錢五分。大小錐鑽四把，每把銀四分，共銀一錢六分。鉋刀四把，每把銀四分，共銀一錢六分。大小鑿八把，每把銀三分，共銀二錢四分。備用鐵釘五十斤，每斤銀三分五厘，共銀一兩七錢五分。桐油一百斤，價銀四兩。灰二百斤，價銀二錢。麻一百斤，價銀一兩五錢。

已上每隻用銀一百四十二兩五錢五分五厘。每名色，把總一員，協總二員，各造大福船一隻。每哨官五員，各造冬仔船一隻，共爲一哨。旗熾服色俱一樣。

一天字哨

名色把總一員王宗義造三丈面一隻。

協總二員

王宗道造三丈面一隻。

王宗明造二丈八尺面一隻。

哨官五員

王必容造二丈二尺面一隻。

王大輔造二丈面一隻。

洪眷造二丈面一隻。

謝安造一丈八尺面一隻。

陳腆造一丈八尺面一隻。此條減去。

一地字哨

名色把總一員王奇聰造三丈面一隻。
協總二員
黃勝造二丈八尺面一隻。
楊福造二丈八尺面一隻。楊福改楊塸。
哨官五員
楊喬造二丈二尺面一隻。
梁化造二丈二尺面一隻。
洪春造二丈面一隻。
林秀造一丈八尺面一隻。
王榮寵造一丈八尺面一隻。此條減去。
一風字哨
名色把總一員洪道謙造三丈面一隻。
協總二員
洪時喬造二丈八尺面一隻。
洪大旭造二丈八尺面一隻。
哨官五員
王寧盛造二丈二尺面一隻。
洪祖聖造二丈二尺面一隻。
朱禄造二丈面一隻。
郭敬造一丈八尺面一隻。
洪大蘭造一丈八尺面一隻。凡條減去。
一雲字哨
名色把總一員王可興造三丈面一隻。
協總二員
陳良貴造三丈面一隻。
楊文哲造二丈八尺面一隻。
哨官五員
郭愛禮造二丈二尺面一隻。
蔡益造二丈面一隻。
黃丕謨造二丈面一隻。
楊昌造一丈八尺面一隻。
李華造一丈八尺面一隻。此條減去。
一龍字哨
名色把總一員余正造三丈面一隻。
協總二員
李魁秀造三丈面一隻。
黃明造二丈八尺面一隻。
哨官五員
張宣造二丈二尺面一隻。
徐烈造二丈二尺面一隻。
楊勝造二丈面一隻。楊勝改江福。
黃章造一丈八尺面一隻。
江寬造一丈八尺面一隻。此條減去。
一虎字哨
名色把總一員林應繼造三丈面一隻。
協總二員
阮顯造三丈面一隻。
莊回春造二丈八尺面一隻。
哨官五員
林世德造二丈二尺面一隻。
莊貴造二丈面一隻。
徐光造二丈面一隻。
林士訓造一丈八尺面一隻。
黃君成造一丈八尺面一隻。此條減去。
一鳥字哨
名色把總一員陳亮造三丈面一隻。
協總二員
余義造三丈面一隻。
許玉造二丈八尺面一隻。
哨官五員

洪七造二丈二尺面一隻。

張興造二丈面一隻。

張憲造二丈面一隻。

黄宗興造一丈八尺面一隻。

林瑶造一丈八尺面一隻。此條減去。

一蛇字哨

名色把總一員林弘冲造三丈面一隻。

協總二員

劉君宜造二丈八尺面一隻。

汪珊造二丈八尺面一隻。

哨官五員

李密造二丈二尺面一隻。

劉君榮造二丈二尺面一隻。

周以遜造二丈面一隻。

許節造一丈八尺面一隻。此條減去。

林義造一丈八尺面一隻。

一中軍哨

名色把總一員黄處造三丈面一隻。

協總一員吴杞造二丈八尺面一隻。

哨官四員

余學源造二丈二尺面一隻。

鄭聰造二丈面一隻。

林洪造一丈八尺面一隻。

王明德造一丈八尺面一隻。此條減去。

名色把總一員林友造三丈面一隻。

協總一員李君素造二丈八尺面一隻。

哨官三員

柯魁造二丈二尺面一隻。

史朝寶造二丈面一隻。

李章順造一丈八尺面一隻。

名色把總一員周孟岐造二丈八尺面一隻。

協總一員徐謙造二丈八尺面一隻。

哨官三員

阮遷造二丈二尺面一隻。

周孟振造二丈面一隻。

楊太造一丈八尺面一隻。此條減去。

申時行等《明會典》卷二七《户部十四・漕運・漕船》 永樂十二年，令湖廣造淺船二千餘隻，於淮安各倉支運。○宣德五年奏准：運糧官軍船隻，南京中都留守及直隸衛所，於淮安修理，有司給與材料。○正統八年，令糧船損壞，撥附近地方，木料辦納，於清江提舉司修造。工部差官一員監督。各衛所仍差撥官軍，蓋立廠房，相兼匠作用工及貼辦物料。○十三年題准，遮洋船三百五十隻，原係南京、淮、揚等衛官軍駕使。每歲由直沽以東三汊河過，赴林南東店等倉交納。梁閥底深，閘河水淺難行。以後糧完日，仍在臨清閘下灣泊，于衛河提舉司關支物料修艌。○天順二年題准：衛河、通州、淮安船廠修造船隻，松木二年小修，三年大修，五年改造；杉木三年小修，六年大修，十年改造。小修者軍士自備修理，大修及改造者撥支木料，於各衛運糧官軍數内，摘留在廠，同清江衛河二提舉司官匠修造。仍催未到木料，拖欠班匠應用。○成化十六年題准：將浙江、湖廣、蕪湖三處抽分木植，大者盡送清江衛河提舉司，小者變賣准作脚價，餘數解部。每年該兑民糧三百三十萬石，每石加耗一斗，着落各把總官員，照時價賣銀，解二提舉司給軍，其有司木料價銀停止。○二十三年議准：該造遮洋運船，照依淺船裏河木料，一例打造。○正德十四年題准：運船料價，以十分爲率。軍辦三分，民辦七分。○嘉靖三年題准：輕齎羨餘銀，差官解淮安府，聽漕司將漂流船隻，次第補造，俱限百兩一隻。查有缺船衛所，先將本衛補足，方通融于本總，定日給領。至灣，聽巡倉坐糧官看驗印烙。○十四年，令上運船隻，原定行糧三十三石，其有損壞，就將行糧存者，解赴漕司，聽作小修工費。○又題准：各衛運船，遇有損壞修理不完者，一體俱作存省。各船旗軍，俱令在衛查照漕規辦料，解赴漕運衙門，聽作小修工費。如糧多，船隻不敷，許令各船分載，不許借支存省旗軍行糧。○二十年題准：將南京户部貯庫鹽引紙價積餘銀，每年支一千七百四十八兩，兵部武庫司收貯缺官柴薪銀，每年支一千兩，聽候總督、漕運差官支領造船。○二十四年題准：將軍三民七船料，責令有司軍衛依期徵扣，八月以裏給發興工。如至九月終不完者，住俸半年；十月終不完者，住俸一年。應造船隻，限十月終，駕赴水次。如十月以裏造船不完，底船不到廠，管廠各委官，住俸半年；十一月終不完、不到，各住俸一年；十二月終不完、不到，各降二級。○三十二年議准：漕運各總原額淺船一萬二千一百餘隻，分隸各廠管造。自今年爲始，比照軍船不到水次事例，如遇年正月終船造不完、底船不到廠者，將管廠并押底船官各住俸半年；二月終不完、不到廠者，將領運指揮、該廠造船千百户并押底船官各住俸一年；若至三月終不完、不到廠者，連管廠把總并廠運指揮、千百户，各提問降二級。俱聽漕司勘明、覈實，具題參降。其造船完日，具呈漕運衙門驗明印烙，給軍領駕。若湖廣等廠路遠，隨幇過淮，一體查驗印烙。或有釘稀板薄，造不如式，侵費料價、底板，船不能完者，坐以贓罪，從重問擬。干礙把總官，一體參究。○三十八年題准：浙江糧船行令北新關設廠，工部抽分主事，兼理打造。○隆慶六年題准：上江總四衛淺船，在安慶廠打造，聽新設副使提調。九江衛在本處打造，聽九江道提調。下江總六衛，在蘇州廠打造，聽糧儲參政提調。原設把總等官，盡行裁革。○萬曆九年議准：浙江漕船，先因瓜洲車壩，將雜木作底，五年一更。後因建閘，得免車盤，改限七年。今改楠木，計價一百二十七兩，必駕運十年以外，方許另造。

沈德符《萬曆野獲編》卷一七《兵部・南京貢船》　南都入貢船，大抵俱屬龍江、廣洋等衛水軍撑駕，掌之者爲車駕司副郎，專給關防行事。入貢抵潞河，則前運俱歸，週而復始。每年必往還，南北不絕，歲以爲常。聞係文皇帝初遷北平所設，定制有深慮存焉，其貢名目不一。每綱必以宦官一人主之，其中不經者甚多，稍可紀者，在司禮監則曰神帛筆料，守備府則曰橄欖茶橘等物，在司苑局則曰荸薺芋藕等物，在供用庫則曰香稻苗薑等物，御用監則銅絲紙帳等物，御馬監則惟苜蓿一物，印綬監則誥敕軸，內官監則竹器。尚膳監則天鵝、鷓鴣、櫻菜等物。其最急冰鮮，則尚膳監之。鮮梅、枇杷、鮮筍、鰣魚等物，然諸味尚可稍遲，惟鮮鰣則以五月十五日進鮮於孝陵，始開船，限定六月末旬到京，以七月初一日薦太廟，然後供御膳。其船晝夜前征，所至求冰易換，急如星火。然實不用冰，惟折乾而行，其魚皆臭穢不可嚮邇。余於夏月北上，曾附其舟，幾欲嘔死。偶鄰舟友人邀會文，則舫齋芳潔，不減吳下沙棠，怪問之，乃知納賂主者，盡徙貢物於他舫耳。其魚到京，始洗刷進充玉食，上頒賜閣部大臣，及經筵日講詞臣。先人時叨恩賚，次日早朝謝恩，貴璫輩雜調雞豕筍葅，以亂其氣。用以銀沙鑼餉遺近臣，侈爲珍味，然實不堪下箸，亦何止海上之癖也。有一守備大璫，新赴南任，夏月忽呼庖人，責以饌無鮮鰣魚。庖人以每頓必進爲言。璫怒不信，索至諦視之，始疑訝曰：「其狀頗似，但何以不臭腐耶。」聞者捧腹。

金陵城外臨江，舊設鰣魚廠。每打魚時，內官出視，科索百端，大爲漁户及地方之害。十年前礦税盛行，閹人流毒，輒於寶坻縣創爲銀魚廠，與南對峙。乃至冬月椎冰，令漁者跣立打捕。又課富室折乾潤橐，民不聊生。近年聞上知其弊，已革去矣。

冰鮮船在途驛騷日久。弘治初，上欲革之，以中貴人進言，祖宗時薦爲重，遂得不罷。舊京土産上供寢園，即勞民亦不爲過。而孝宗聖德，軫念郵傳，自節口腹至此。以視大業之責食車，天寶之貢荔子，不亦霄壤哉。今上頃年，以湖廣魚鮓不潔，斥左布政使武尚耕爲編氓。蓋祖宗時食，在聖主孝思，又須虔恪，守土大吏，不舉其職，自當議罪。此又用漢世酎金失侯例，所謂先聖後聖，其揆一也。

近年龍袍船，尤爲恣横，遠出冰鮮之上。即凶惡如漕卒糧船，亦斂避不敢較。至仕紳乘傳者，爲其所凌，噤不敢出聲，何況行旅。按龍衣之進，止在南京，其後增入蘇杭，初猶以鎮守中臣兼領，及世宗革鎮守，始特設內臣管織造，至隆慶登極革回，止留南京舊設者。至三年復遣太監李祐，往涖其事，至六年二月再遣，以迄於今，遂成故事。中貴以此差爲登仙，其名下小閹，踞以爲外府。春秋二運，往來如織矣。

沈德符《萬曆野獲編》卷一七《兵部・火藥》　古來禦兵，唯用兵仗。故鼂錯之言曰：勁弩長戟，匈奴之弓弗能格也。即有用火者，大都乘風縱勢，如即墨、赤壁是也。其大礮等物，不過曹操霹靂車之屬而已。本朝以火器禦虜，爲古今第一戰具。然其器之輕妙，實於文皇帝平交趾始得之。即用其僞相國、越國大王黎澄爲工部官，專司督造，盡得其傳。今禁軍內所稱神機營者，其兵卒，皆造火藥之人也。當時以爲古今神技，無可復加，然亦相傳所稱大將軍蒺藜砲之類耳。弘治以後，始有佛郎機砲，其國即古三佛齊，爲諸番博易都會，粤中因獲通番海艘，没入其貨，始並砲收之。則轉運神捷，又超舊制數倍，各邊遵用已久。至今上初年，戚繼光帥薊門，又用火鴉、火鼠、地雷等物，虜胡畏之，不敢近塞，蓋火器之能事畢矣。數年來，因紅毛夷入寇，又得其所施放者，更爲神奇，視佛郎機爲笨物。蓋藥至人斃，而敵猶不覺也，以此横行天下，何虜敢當之。但恐守砲者畏怯，虜未來而先放，比對陣，則藥盡，反速戰士之奔，此自來通病也。

正德十五年，滿剌加國爲佛郎機所併，遣使請救。御史何鼇，言佛郎機砲精利，恐爲南方之禍，則其器入中國本不久。至嘉靖十二年，廣東巡檢何儒，招降佛郎機國，又得其蜈蚣船銃等法，論功陞上元縣主簿，令於操江衙門督造，以固江防。三年告成，再陞宛平縣丞。中國之佛郎機，盛傳自此始。而儒老於選調，不聞破格用之，可歎也。

周昌晉《鹺政全書》卷上《鹽船》 西路海船原額五十一隻，爲因大小不齊，於萬曆三十三年間題請奉旨拆造一式。每隻從頭至尾直長五丈三只五寸，除頭遮浪虛板七尺，實長四丈六尺五寸，計鐵索二百四十五股，釣二個。又除頭三艙，尾空一艙裝貯損棖衣糧併梢水眠宿外，實裝鹽二十三艙，直長三丈五尺，深六尺八寸，量頭橫濶一丈三尺五寸，用鐵索兜圍。頭截裝鹽，第一艙長三丈六尺三寸，計鐵索二百一十四股，釣一個。中截裝鹽，過洋艚，第五艙長三丈一尺八寸，計鐵索二百五十三股，釣一個。尾截裝鹽，第十三艙長三丈八尺九寸，計鐵索二百五十二股，釣一個。從頭至尾，銅尺鐵索圍量合式印路聽商僱用。

《清實録·聖祖實録》卷二五〔七康熙五十二年十二月癸巳〕先是，九卿等遵旨會議，各省邊海地方設立戰船，以備急需應用。今江南江西總督赫壽因撥運米石，前赴廣東，奏稱京口戰船已屆大修之期，不能裝載米石。則平時修理船隻，皆係虛名，情弊顯然。應行查江南將軍、督撫等衙門，令各據實回奏。又山東、浙江、福建、廣東等省，凡設立戰船之處，俱應一體行查。奉有依議之旨。至是，據各省將軍、督撫等覆疏會覈，除山東等省戰船照常免議外，惟江南京口水師戰船，將軍侯馬三奇於從前承修之時，並未如式修造，又私買民船十隻，混入充數。戰船關係軍務，應將馬三奇照貽誤軍務例革職。該督撫等從前並未糾參，迨奉旨確查之後，始行陳奏。相應一體照例議處。得旨：馬三奇著革退將軍，以伊侯爵，隨旗行走。餘依議。

《清實録·高宗實録》卷一六七〔乾隆七年五月丁亥〕户部議覆：漕運總督顧琮疏稱，漕船成造，各有定額，若額內減少，固慮裝運不敷，額外加增，徒致虛糜料價。查浙省之台前等三幫船隻，因減存年久，歷將應兑漕糧，分灑通幫裝運，並無挂欠負重之虞，可議長減。又寧、嚴、衢三幫船隻，兑運額糧，原非負重，不應增船分運。至溫州前幫增船四隻，杭州前衛後幫增船三隻，因各該幫每船裝米九百餘石，船身負重，現在均勻裝運，相安無異。且前項增減漕船，統計一千二百一十四隻，較之雍正四年原定額數止少一隻，亦無多寡懸殊等語。應如所請，將台前等三幫減船八隻，並額外增設之寧波前幫九隻、嚴州所三隻、衢州所二隻，均令減歇。其溫、杭二幫船七隻，原在通省定額內。即以現在應運漕白共船一千二百一十四隻，作爲定額，嗣後如有不肖官丁任意增減，該督據實參處治罪。從之。

《清實録·高宗實録》卷二〇二〔乾隆八年十月丁巳〕户部議覆：漕運總督顧琮議奏漕船變通事宜。一、漕船當大造之年，遇有減歇，請將減歇之船停造一年，則與先運之船年限參差，將來可無需同年配造。……一、賠造之船，多因原船已出若干運，現止須補出若干運，是以造船多未堅固。請嗣後將賠造之船，接算原船已滿十運，再能多出二運者，准其將船在通變賣。一、滿號之船無論堅固與否，向俱分年抽造，其中有實在堅固可以加修者，交總漕慎加選擇，令加修出運一次，准其留通變賣。均應如所請行。從之。

《清實録·高宗實録》卷二〇三〔乾隆八年十月甲戌〕〔户部等部〕又議覆：漕運總督顧琮遵旨詳議湖南按察使明德條奏漕船事宜。一、東省自備漕船，直停簽報副丁之例。查各省漕船添設副丁，原因到淮盤少，留一丁買米趕幫、一丁駕運北上；如抵通掛欠，則留一丁追比，一丁駕空回南。今東省自備丁船，既不過淮，又不回空。副丁虛設，應免簽。一、東豫二省各幫，有先後量存船三十九隻，宜全裁。查此項存船，原在現運漕船之外，留備糧增及不時撥補之用，歷年輪減，例不支給苫蓋、銀米，軍丁拮据難支，不得不藉各丁公出幫貼。是以辦運之資，貼減歇之用，未免兩困。且十年滿號，一體領價請造，徒糜帑項。漕糧定額已久，有增亦可雇船兑運，實可全裁。均應如所議辦理。從之。

《清實録·高宗實録》卷二四一〔乾隆十年五月丙申〕户部議覆：倉場侍郎覺羅吳拜等疏稱，石壩白糧經紀，應領排造銀兩，較大通橋雖多一倍有餘，而所排船隻，亦較大通橋船料加倍有餘。經部議令開明船長寬厚尺寸開報。查大通橋剥船，船底兩幫并鋪面，計折見方丈十三丈八尺一寸九分，厚一寸二分，梁頭計折見方丈五丈二尺八寸，厚一寸八分零。排造銀一百三十兩。至白糧經紀剥船，船底兩幫并鋪面，計折見方丈二十六丈二尺五寸七分，厚一寸五分，梁頭計折見方丈十一丈四尺九寸一分，厚二寸。較大通橋剥船二隻之外，尚多折見方丈十丈有零，實需銀三百餘兩。應如所請辦理。從之。

《清實録·高宗實録》卷二五二〔乾隆十年十一月戊寅〕户部議淮：漕運

總督顧琮疏稱，派兑江寧府屬漕糧之江淮九幫、興武二幫，内有船六十三隻，應兑句容、六合漕糧，與在上元、江寧兑漕之船，每年不能一同開行，運隨各官，勢難兼顧。請嗣後輪年派兑，如江淮九幫輪兑句、六漕糧之年，缺船三隻，如數撥興武二幫額船，歸江淮九幫受兑，即屬江淮九幫隨運官管押；興武二幫輪兑之年，缺船十一隻，亦照江淮九幫例，撥兑管押。從之。

《清實録・高宗實録》卷三六〇　〔乾隆十五年三月丁未〕户部議覆：漕運總督瑚寶疏稱，湖北各衛所丁船幫次，向係籤掣輪運，每年幫次無定，且別衛素不相識之人，同幫共事，各不相關，不若圖本衛之丁，同運一幫爲便。請將武昌衛船三十五，蘄州衛船二十五，定爲頭幫；武左衛船四十、黄州衛船二十，定爲二幫；襄陽衛船二十四、德安所船二十六、武昌衛船一十，定爲三幫。無庸掣籤，其水手人等，召募充用。至領運千總，請即以本衛之弁，押本衛之幫。俱應如所請。從之。

《清實録・高宗實録》卷四七七　〔乾隆十九年十一月丙申〕户部議覆：倉場侍郎雙慶等疏稱，白糧經紀并土壩車户等剥船，已滿十運，例應另造；但閘河剥船，與漕船經涉江黄者不同，請嗣後行運十五年，方准更换等語，應如所請。從之。

《清實録・高宗實録》卷五九一　〔乾隆二十四年閏六月丁未〕户部議覆：據漕運總督楊錫紱奏稱，江西各幫極疲丁稀之船六十餘隻，累年辦理拮据，酌議於額船七百八十隻内，加一裁減，尚存六百三十八隻。每丁可得加裝增益錢糧並裁船撥歸屯協等費，歲運既覺寬餘，修造複多節省等語。查各省實運糧船，節次裁減，僅存六千餘隻，若再行議減，不特長途負重難行，輓運更多賠累。前奏請裁江浙二省漕船，經臣部議駁，江西事同一轍。所請加一裁減之處，應毋庸議。得旨：户部議覆江西裁減漕船一案，昨詢問楊錫紱奏，江西幫船，原與江浙等省不同，可以通融裁減，且於辦公有益。著即照所請行。

《清實録・高宗實録》卷七〇七　〔乾隆二十九年三月己卯〕户部議覆：漕運總督楊錫紱奏稱，江浙東豫各省漕船雖當十運届滿，應行成造之年，例不准如他省聽旗丁留通變賣，如運糧抵通，仍須由通放回，及歸本處水次。此等舊板，不足以資配造，徒爲丁旅苦累。請嗣後准其在通變價，再買補之船，未經滿運，或中途遇有風火，向須拆板帶回，亦徒滋運費，並請准其就地拆變。均應如所請。從之。

《清實録・高宗實録》卷一二四〇　〔乾隆五十年十月丁丑〕諭軍機大臣等：前以本年大河、淮安等幫，有遭風沉溺之事，據阿桂奏稱，漕船過於高大，棹挽維艱，似應酌量改小等語。朕以其所言或與漕運有益，因降旨令薩載、毓奇會同有漕省分各督撫，悉心籌畫，或可將船身酌量改小，以期行走便利。嗣據該督等酌減尺寸，會同具奏，並經大學士九卿等議覆准行。今又據嵇璜面奏，薩載等所定尺寸，據現在出運漕艘船身，不過收小一丈上下，其寬深亦衹改減一二尺，是大小不甚相懸，恐屬無益。且重運北上，總藉河水浮送，若運河水足，歷來糧運船隻，並未濡遲貽誤；若運河水淺，即再行收小，恐亦難以行駛；不若仍舊，於漕米貨物，均有裨益等語。所奏亦屬近理。且船身收小，旗丁等例帶土宜，或至不敷裝載，自斷無將漕米減去，轉載貨物之理。而漕船所帶貨物，俱民間日用所需，若令其減帶，則京師百物，不無騰貴，殊非便民恤丁之道。前此薩載等於議改漕船時，曾奏請令該旗丁於例外加帶土宜七十餘石。試思船既收小，其例帶土宜，尚恐不敷裝載，又安能於例外再行加帶？可見薩載等前奏之非是，已降旨申飭。況河水設遇短淺，無論現改船式減去尺寸無多，難以行走，即使再行收小，亦斷不能小於民船，豈能行走迅速耶？著傳諭阿桂等再行詳晰會商妥議。與其更張煩擾，自不若仍舊，毋庸改造之爲便也。阿桂等當乘此未經改作之時，即行妥速定議，據實覆奏。尋奏：現在改減各船丈尺，足敷裝載土宜，並有空餘，以備灑帶米石。應照原議。江浙漕船長八丈、深六尺，喫水以三尺四寸爲度；江廣漕船長九丈五尺，深六尺九寸，喫水以三尺九寸爲度。立定限制，旗丁不致私增尺寸及例外多帶貨物，遇水淺可無阻滯。得旨：是不必屢經改議矣。

《清實録・高宗實録》卷一二四五　〔乾隆五十年十二月甲午〕諭曰：舒常奏，江西省應造剥船，業經造成三百隻，委員於十二月初九日起程運送赴通，其餘三百隻，亦趕緊制造，於明春運通應用等語。此項剥船，該署撫派員經理，現已造成三百隻，其餘船隻，明正即可全竣，辦理甚爲妥速。舒常著照湖廣之例，交部議敍。其派出在工出力人員，亦著查明咨部，分别照例議敍。

《清實録・高宗實録》卷一二六四　〔乾隆五十一年九月乙亥〕諭軍機大臣等：據徵瑞奏，現在剥船一千二百隻，尚不敷用。請於每年商交二錢款項内，撥銀九萬兩，添造剥船三百隻，仍交江西、湖廣。即於今冬趲造，來春南漕未到之先，運送至津備用等語。剥船多爲豫備，於漕運事宜，更爲有濟。著傳諭李世傑、何裕城、浦霖，即照上年辦送剥船之例，就近動項，飭委熟諳幹員，迅速妥造，務於開春南漕未到以前，運送至津備用。並著傳諭徵瑞，查照舊式燙樣，分咨各省，照樣成造。

《清實録·高宗實録》卷一三〇九 〔乾隆五十三年七月己丑〕湖南巡撫浦霖奏：遵旨改造撥船，酌定船身長五丈三尺，前寬七尺三寸，中一丈一寸，後七尺四寸；共八艙，每艙深二尺八寸；每隻估需工料銀一百五十四兩八錢三分四釐。已先趕造樣船一隻，臣親驗得裝米二百二十石，喫水一尺九寸，於運河淺阻之處，允堪遄行無滯。報聞。

《清實録·高宗實録》卷一四二九 〔乾隆五十八年五月丁未〕諭軍機大臣曰：蘇寧阿奏請添雇撥船一摺。經軍機大臣會同梁肯堂議駁，已依議行矣。天津、山東兩處，設立官船，原以備漕艘遇淺，輪轉起撥，儘足敷用。即或值實在水弱之年，官船不敷，亦可隨時雇覓民船，無虞缺乏。何必常川添雇至九百隻之多，必致商賈裹足。況近年以來，漕運迅速，河水並無短缺。今歲水勢更屬充裕，六月内幫船已可掃數抵壩，蘇寧阿所請，尤屬無關緊要。看來此事，非由字識營書等慫恿該鎮，希圖從中需索霑潤，即係誤聽地方官吏之言，欲藉端額外封雇，爲漁利地步，殊屬非是。蘇寧阿著傳旨嚴行申飭，嗣後若再不知小心悛改，或有干與地方之事，一經查出，必當重治其罪，決不寬貸也。

《清實録·仁宗實録》卷二二九 〔嘉慶十五年五月乙丑〕諭軍機大臣等：本日據吴璥奏，漕運關繫至要，河口通塞靡常，酌擬剥運江廣各幫，俾免誤漕，兼利河務。所奏不爲無見。河漕本相輔而行，而經權須相濟而理。所有試辦海運一節，既屬格礙難行，而欲求河漕兩治之道，總不免於兩妨。似此年復一年，無日不籌治河，亦無時不虞誤運，正不可不隨時酌劑，量爲變通。江浙各幫，於春夏之交，趕緊渡黄，尚可無虞淤阻，江廣船身笨重，最爲滯累，該三省漕船共計十九幫，若徑用剥船分載，則全漕抵通較易，而江浙回空，得免江廣阻壓之虞，自可遞年趕早。一交伏汛，如黄高於淮，即堵閉禦黄壩，使清水由運河暢注，而黄水亦全力東趨，以黄刷黄，以清刷運，皆可日漸深通。如此權宜籌辦，或於漕運河防兩有裨益。至計需剥船二千隻，所需銀一百萬兩，亦尚易於集事。一俟河道順暢，即將此項剥船，分交北河之天津、楊村，東河之臨清、汶上，南河之邳宿等處，以備剥淺之用，亦不爲無濟。其應如何籌辦之處，著江南、湖廣、江西各督撫，會同漕運總督妥議具奏。

《清實録·仁宗實録》卷二三六 〔嘉慶十五年十一月己卯〕又諭：松筠、許兆椿奏請減造江廣剥船，以裕修費一摺。據稱前因江廣漕船笨重，偶值河口水淺，即難輓渡，請添造剥船一千五百隻，所需造費共一百二十萬兩，已交湖南、湖北、江西三省酌覈成造。兹體察江廣漕船行走情形，即遇河口淺滯，祇係最後各幫難以輓渡，向無全幫停阻之事。其在後各幫，應須過壩盤剥米石，爲數亦不過五、六十萬之間，以現造剥船裝米七百石而計，止須添造一千隻即敷剥運。所有減造剥船五百隻，節省銀四十萬兩，請分撥江廣三省發商生息，以爲隨時修艌之費等語。所奏甚是。著照該督等所請行。

《清實録·仁宗實録》卷二五五 〔嘉慶十七年三月甲戌〕又諭：户部議覆許兆椿等奏，浙省各幫造船應添造費，請旨遵行一摺。浙省每年成造漕船，每船於應得造費銀二百八兩零外，只屯田一頃零，無別項可以幫貼。其所請加給造費，動撥減存行月銀兩一項，從前本係給丁之款，自裁船以後，始行入撥歸公，今該省造船賠累，自應仍以此項添給。著加恩准其照江廣置造剥船之例，每船除例給銀二百八兩零外，再添給銀五百九十餘兩，計每船給銀八百兩，以十六年新造爲始。所需銀兩，即於裁船減存行月款内動撥，以裕丁力。

《清實録·仁宗實録》卷二五九 〔嘉慶十七年七月壬申〕諭内閣：許兆椿奏請停造浙省疲幫船隻一摺。浙江温州後等五幫，前於嘉慶七年，經漕督鐵保以旗丁疲乏，奏明停造船十八隻，將所有糧米，灑帶本幫，其應領錢糧，即照灑帶米數，分給各丁，俟十年後察看情形，如果丁力漸殷，再行成造。兹届十年期滿，據許兆椿查明奏稱，現在丁力仍屬拮据，承僉造船，實屬不易；且該五幫自停造疲船以來，本幫灑帶漕米，每船祇多裝六、七十石，並無負重之慮，每年各丁攤給錢糧三、四十兩，於現運亦多有益，請將疲船永遠停造，以省幫累等語。著照所請，將温州後、台州後、處州後、金衢所、嚴州所等五幫，前次停造之疲船十八隻，永遠停其成造，照舊將糧米灑帶本幫起運，以紓丁力。

《清實録·仁宗實録》卷二八七 〔嘉慶十九年三月癸巳〕諭軍機大臣等：廣惠奏，官造剥船到齊，請旨申明定例一摺。向年漕艘北上時，官剥船不敷輪轉，添雇民船協濟，地方官遂封留民船，胥吏藉端勒索賣放，以致船户畏懼避匿，有礙蘆鹽挽運。嗣經蘆商捐造剥船一千五百隻，又籌款生息官造剥船一千隻，現在所造之船，已於上年全數解到，計共剥船二千五百隻，足敷輪轉剥漕之用。此項剥船所費不貲，若不妥爲經理，領用未久，漸就損壞，安能常爲添造？著那彦成詳議章程，應如何分派經管，其經管之員應如何立限保固，限内如有損壞船隻，應如何分别成數議定處分，其已滿年限全無損壞者，應如何量加鼓勵，分别勸懲，以專責成，並檢查從前舊有條例，如有未協未備之處，斟酌改擬奏明，候旨飭辦。再每年糧船入境約用剥船若干隻，著先行詳明總督。如在二千五百隻以内，即不許封雇民船，若實遇轉運棘手之年，所用剥船須在二千五百隻以外，亦令先行報明約須添雇民船若干隻，方准照數封雇。儻地方官私封牟利，查明隨時參辦，著一併議入規條。將此論令知之。尋奏上，復下部議。嗣議，據直隸總督那彦成稱，新舊剥船派沿河天津等十八州縣分管，召募船户。自領船日始，保固十年，責成天津道暨楊村通判隨時查驗。如有限内損壞，及器具不全者，將經管官議處。天津道及楊村通判失察，亦分别議處。限外完全者，酌加獎勵。其剥船調集輪轉，專委楊村通判經理。抵通騰空事宜，歸通永道督催等語，均應如所議行。惟稱如遇南糧入直太遲，添雇民船協濟一節，查此時新船已添有一千隻，即遇轉運棘手之年，亦儘敷輪剥，應毋庸添雇，以省擾累。從之。

《清實録・仁宗實録》卷三四七（嘉慶二十三年九月丁巳）諭内閣：孫玉庭等奏，酌議糧船歸併裝兑，以節縻費一摺。江蘇東臺縣應運漕糧，不過一萬七千餘石，乃歷來派裝漕船至七十餘隻，米少船多，幫丁藉端勒索，徒爲地方之累。著照該督等所請，自今冬爲始，將該縣額徵正耗米一萬五千三百九十餘石，改歸興化、通州、鹽城三所二十八船裝運，其以鳳還漕正耗米一千七百餘石，即派裝兑之二十八船分裝灑帶。計所裝米數與各幫情形相等，毫無偏枯，此外毋許多派一船，致滋弊竇。至此項漕米，既經歸併裝載，原設船隻，計有贏餘，並著該督等查明，除應行拆修者照例變價外，其尚勘兑運船隻，遇有他幫屆限應造之船，即撥歸抵用，以節繁費。

楊錫紱《漕運則例纂》卷二《通漕運艘・僉造漕船》全書工料則例併入此册。

漕船料價，向例各省多寡不一，除通、津各衛係旗丁自備漕船外，其山東、江南、江西、浙江等衛所，每船原給料價銀二百八十三兩二錢七分零。順治十七年，題准山東各衛，并江南之江、興、廬、鳳、淮、揚、徐、滁各衛，減銀四十八兩五錢；康熙十一年，題准又減銀十兩四錢；康熙十七年，題准又減銀一十五兩六錢；康熙十九年題准又減銀三十一兩六錢一分。其安、新、宣、建、蘇、太、鎮、金各衛，康熙十七年減銀七十四兩五錢零；康熙十九年減銀三十一兩六錢一分零。浙江各衛所，康熙十七年減銀二十二兩二錢四分零；康熙十九年減銀三十九兩五錢四分零。江西各衛，康熙十九年減銀四十二兩九錢零。湖廣各衛，原給料價銀二百五十兩，康熙十九年減銀七十二兩八錢四分零。康熙二十二年定例，將各省漕船，統給料價銀一百七十七兩一錢五分零。康熙二十六年，因船小載重，遲滯難行，漕運總督慕天顔題定通漕一例，每船給料價銀二百八兩七錢七分三厘，其船式量加寬大成造。所有裁減增定料價數目并載於後：

清江廠裁減料價數目：照舊例開載。成造漕船，每隻原定大小料什物人工銀二百三十四兩七錢七分三厘八毫一絲六忽，每船減大料銀九兩，小料頭大桅櫓木銀一兩四錢，實共大小料物人工銀二百二十四兩三錢七分三厘八毫一絲六忽。

内海船大料銀一百八兩，今減去銀九兩，實該銀九十九兩。

每船桐油一百五十斤，價銀十五兩。黄麻三百斤，價銀七兩八錢。共該銀二十二兩八錢。

每船頭大桅櫓、木桅夾、面樑、舵桿、草鞋底、篾簟、白麻、風篷、乾灰、鐵葉什物等件，共銀三十六兩六錢一分八厘八毫一絲六忽，今頭大桅櫓木減銀一兩四錢，實該銀三十五兩二錢一分八厘八毫一絲六忽。

每船合用人匠工食，該銀二十九兩四錢二分五厘。

每船釘鋜九百斤，該銀三十二兩四錢。

每船煊釘煤工銀五兩五錢三分。

康熙二十六年改定料價數目，每船大料木植銀九十四兩九錢一分。

每船小料釘鋜九百斤銀三十一兩五分。

每船煊釘鋜、鐵葉、小釘煊打鐵葉、煤炭、工食銀五兩三錢。

每船黄麻銀五兩七錢六分。

每船桐油一百五十斤銀十兩五分。

每船石灰、白麻、大桅、頭桅、櫓木、桅夾、面樑、舵桿、草鞋底、大小篾簟、頭篷、大篷，共銀三十三兩四錢六分三厘。

每船合用人匠工食銀二十八兩二錢四分。

一各省造船料價，舊隸船政同知管理，除動支額編軍三民七銀兩外，倘有不敷，或動開税，或動減存并支剩行月銀兩，或動輕賫及蘆課銀兩，均係漕督臨時題請撥補。雍正二年題定船政同知已經裁革，統歸糧道管理，所有不敷料價，即於道庫減存銀内動支，其蕪湖、淮安、杭州等開額供造船銀兩，飭令解部。

一江淮興武，并廬州、鳳陽、滁州、徐州、淮安、大河、揚州、儀徵等衛船隻，舊例於江寧、清江等廠成造，令船政同知管理。康熙二十八年題准，將江、清二廠，裁去給發各丁料價，自行成造。康熙三十三年題准，復設江、清二廠。雍正二年，將二廠船政同知一併裁去，統歸糧道管理。

一安慶、新安、宣州、建陽、金山、鎮江、鎮海、蘇州、太倉等衛，并江西省各衛所船隻，定例給各丁料價，令該丁在本地方設廠成造。議單舊本。

一浙江省各衛所船隻，例於錢塘、仁和二廠成造。康熙三十四年題准，添設船政同知，專理歲造。雍正二年，裁去同知，統歸糧道管理，給發各丁銀兩，自行成造。

一湖廣省各衛所船隻，定例糧道將料價分發武昌、漢陽二糧廳，在於武、漢二廠均分成造。議單舊本。

一湖北省糧船，將屆歲造之期，該撫預將解部漕項銀兩留貯道庫按限查盤，仍先期備料，以資成造。雍正十二年例。

一山東省不産桱木，每年應造船隻，先期造冊送部，一面給價，令老成旗丁二三名并委員，預往南省採辦木植。回日，按船計給。各衛備親督監造，如有不肖官丁將木價高擡，扣剋銀兩者，將該糧道并同往購買之官丁一體題參。造竣，呈報出廠，登水之日，候總漕親加查驗，倘不合式及木料不堅者，着糧道賠造濟運，并將該衛所等官查明題參，交部議處。

一徐州衛河南後幫船五十三隻，向在清江廠成造。乾隆十四年題准，在臨清塢成造，每屆僨造之年，委候運千總一員，督同各丁赴南省採辦木料，將所買數目，呈報糧道，給發關文執照，以便關津閘座驗放前行。其料價銀兩，仍在江安糧道庫内給發，照例委出運員弁赴臨清監工，再委衛備督催，一經工竣報完，仍呈請河南糧道照例驗烙。乾隆十四年例。

一徐州衛河南前幫軍船五十餘隻，乾隆十六年題准在夏鎮戚城地方成造，其各丁預行領銀辦料，并督造驗看印烙，俱照後幫之例行。

一江、興二衛，因無屯田幫貼，順治十二年題准，給鑽夫銀五十兩，底料銀五十一兩。鑽夫銀兩並無增減，底料銀兩係十分計算，每分銀五兩一錢，若無底料者，全給銀五十一兩零。或有底料不足，則照不足分數補給。康熙二十一年，部議將鑽夫銀兩停其支給。康熙二十六年題准，復給。康熙四十二年題明，駁追。雍正九年，奉旨復給。其銀兩在於徵收餘丁協濟銀内動支，糧道當堂給發，取結送部。

一山東省及江南之廬、鳳等衛成造漕船，定例將舊船解廠充作底料，如並無底板解廠，勒交銀五十兩。雍正八年例。

一漕船造完，將委官匠作姓名及打造年月刻鑿船尾，漕院衙門驗烙，倘先期損壞者，追治監造員役。議單舊本。

一漕船料價，令糧道親身如數給發，如有侵尅等弊，總漕將糧道等官題參議處，侵扣銀兩，嚴追入官。雍正三年例。

一各省應造漕艘，務將料價照數給發，毋許需索使費陋規。如造不如式，將監造官參處。至空船南下，漕臣逐加查驗，諭令歸次速領三修銀兩，上緊加修，接濟新運。如旂丁有以朽腐漕艘，撞觸民船，藉端勒詐者，即將該幫弁丁究處。

一各省漕船十年滿號，舊例照額船數目，凡運船十隻，每年成造一隻。康熙十三年，部議再令加修出運。康熙二十六年定例，仍按各衛所現運船隻，每年加一成造。雍正四年題定，湖南、湖北現運漕船，俟運滿十年，一律請造。其餘各省，仍每年照十分之一，咨部請造。

一湖廣省糧艘，向例通幫限滿，一齊修造，工料草率，易致朽腐。乾隆六年題准，嚴飭衛備旗丁，遵例按式成造，并飭糧道查驗，總漕於過淮時復加詳查，如有造不堅固，出運七八年便朽腐者，據實題參。

一各省漕船十年限滿，康熙四年定例，嗣後必需嚴查，確實應打造者打造，應修艌者修艌，仍將每年修造船隻若干造冊題報。再各項船隻總漕，親身查驗，委實不堪者，方准改造。倘有可用舊船，不行驗明駕運，該督撫查明題參。其有過號旗船自行造買赴廠領銀者，概行禁止。康熙七年題准，漕船改造司造之官，親身查驗，如有仍可加修再運者，即於歲徵造船料價銀内，量給加修之費，仍令再行駕駛，照年扣算。

一各省停運漕船，雖係十年限滿，然未經駕駛出運，仍令加修兑運。康熙十九年例。

一乾隆二十四年，部行嗣後各省滿號漕船不堪修整者，即行造報，如驗明實堪加修者，即取具保固出運各結送部，毋得違例，率行詳請成造。

一漕船當滿號之年，不照例請造，混請朋併減存以致缺少者，將督造不力及擅減各職名，查參議處。乾隆八年例。

一各省滿號漕船，令糧道先期詳請成造，預備料物。一俟原船回次，即刻興工。倘隱匿不造及請造遲延，將衛備參革。如將舊船掩飾及造不如式，將監造官，衛備、旗丁究擬賠造。其該省糧道不親身赴次查驗，及狥隱不揭報者，一併參處。雍正十一年例。

一官員奉委修造漕船，或謊報朽爛，或修造未竣報稱已完，或將朽爛船隻册報掩飾者，俱降二級調用。承造船隻推諉不行，監造或不能依限完竣者，各降一級調用。該管官督催不力者，罰俸一年。如朽爛船隻不估價申報者，亦罰俸一年。議單舊本。

一湖廣省漕船，例用樟、桱等木，如十年滿號之船混用栢木成造者，將所造之栢木船隻，本年暫令出運，責令下年賠造，將違例之衛備降二級調用。乾隆十二年例。

一造船係衛備專責，而湖南船隻水次俱在岳州，止岳州一衛駐劄其地，其荆州三衛、沔陽一衛俱在湖北，因有徵收屯餉之責，並不赴次，又不委員監，視多有草率，乾隆二十四年奏准，責成各幫千總監造，如有不能堅固合式者，幫弁、衛備一并參處。

一各省漕船僉造遲延至開兑之時，尚無丁無船者，經僉之員降一級調用，同知罰俸一年。乾隆十七年例。

一各省漕艘未經足運，遽行詳請成造者，糧道罰俸六個月。乾隆十七年例。

一乾隆二十一年咨准，各省滿號船隻，減存之日，即令概行拆卸，聽候配造，以免風濤漂失之患。

一雍正十三年題定，凡漕船年限不足致朽壞者，並遇有事故者，賠造、買補、雇募，分別年分，三項並行。如出廠新船至五、六年及未至五、六年而有風火事故者，責令賠造；七八年而有事故者責令買補；九年而有風火事故及朽腐不堪者，責令雇募賠造。則照式成造買補之船，倉場仍給限單，運回水次；雇募之船，倉場不給限單，船不回次。

一向例各省漕船五運六運及未至五六運者，遇有風火事故，責令賠造。如違例雇募兑運，將衛所官弁查參。惟湖廣漕船程途較遠，乾隆六年題准，如五、六運及未至五、六運之船，已經過淮失事，回次即届受兑新漕，賠造不及，將該船暫減一年，從容賠造堅固，糧米准其洒帶。其未經過淮失事者，仍勒令本年賠造兑運。

一乾隆二十四年題准，各省漕船失風，米石係責本丁賠補。沉溺漕船如運至五、六年者，亦應本丁賠造。賠米、賠船，責之數月之内，丁力難支，嗣後凡難丁應行賠造之船，本年新漕，暫准雇募一次，俟次年配造，以恤窮丁。

一乾隆二十三年咨准，各省成造漕船，有已滿出廠年分，因減歇未足十運之數，而木植朽爛，萬難修理，必資成造者，取具衛所各印結，糧道加結，送部隨咨，一併聲明。仍飭糧道，不得混行詳請。

一各省減歇漕船，不及時詳請僉造，致逾限年久者，糧道罰俸九個月。乾隆十七年例。

一杭州頭、二兩幫紹興前後兩幫海寧所幫乾隆十七年，漕糧截留船全減歇者，俱緩至下年成造。有出運有減存者，分別應出運者，本年成造；不出運者，仍緩至下年。

一湖北省滿號船隻，遇截留漕糧之年内應出運京糧者，如數配造其應減各船，緩至下年配造。乾隆八年例。

一賠造之船應照軍船式樣成造，倘有短窄及板木不堅厚者，照例將監造官弁及糧道一併題參。雍正八年例。

一漕船遭風漂没，因候部覆未到，新漕已届，賠造不及，漕米准其暫行洒帶通幫。漂没船隻，令於回次時賠造。

明亮等《欽定中樞政考》卷三二《八旗・營造》　東三省駐防工程限期：

一盛京、吉林、黑龍江等處，建修戰哨巡船，大修限六箇月，小修限四箇月。其餘一切工程，令該將軍，量工程大小緩急，酌定限期，不得概以四箇月爲限，統於估報案内聲明，仍委員督催，及時趕辦完結。

明亮等《欽定中樞政考》卷一八《緑營・漕運》　修造漕船

一漕船出運十年滿限，該衛守備先期請價成造。儻有遲延致誤冬兑冬開，或捏報成造，或釘稀板薄，造不合式，以及奉委成造漕船推諉不行監造，並朽爛船隻不估價申報者，各照例議處。例載《處分則例・漕運》。

一各省成造漕船，先行咨部，每船額給料價銀兩，俱令糧道親身如數給發取具，各弁丁並無需索尅減，印甘各結送部，儻有侵扣等弊，總漕查明題參，將捏具甘結之員議處。例載《處分則例・漕運門》。糧道交吏部查議。

一漕船未滿年限，遽請成造，及尚未朽爛之船謊報朽爛，或朽爛之船估報不實，或將已届滿限之船，留於水次，另雇民船出運者，將衛所官照例議處。例載《處分則例・漕運》。

張德彝《航海述奇》卷一　（同治三年正月）二十八日戊子，早晨天金黃色，風沙撲面。至巳正，同衆赴紫竹林登「行如飛」輪船。此船長二十二丈，廣三丈許，通身鐵制，内包橡木，上寬下狹，狀如魚腹，前尖後圓，形似瓜種。面上四圍鐵闌，高約三尺，前挂白布油圈二個，名曰「保險圈」，俗名「救命圈」，長約三尺，寬三寸，中有油繩四根作錢孔形。如船遇險，將此圈横套於身上，投在水面，順海飄流，以待救援。又有小砲二尊，麻球四個，若遇并船之時，置於中間，以防擠損等事。左右小舟四只，爲上下大船而用者。

此后有舵房一間，内一車輪，二人把持，往來轉弄。上繞鐵鏈二根，直通後舵。船主在内，指向行途。又一銅盤，上横鐵柄，盤面有「遲、速、行、止」等字；移柄向何字，則下面亦是何字，以示火機使者，令其進退有節。房後有地圖、千里眼等物，又有各色花旗二十餘事，以便對面來船彼此交談而用者。中立一桅極高，上横二木，所用風篷形如工字，系白布所作，卷放在下，皆有輪繩。前後亦有如厶字形，系爲行左右風者。又一銅烟筒，高約二丈，周有四圍。兩邊小水筒十餘個，長繩鎖鏈數盤。

後有藤椅四五只，系上客閒坐之處，次客不得過帆竿之後。左右有長形鷄鴨籠四個，吃食木房一小間。此後又有定南針、定時鐘。其鐘按時人打，若一點鐘則打二下，二打四，三打六，四打八；五打二，六打四，七打六，八打八；九打二，十打四，十一打六，十二打八。烟筒旁有一氣筒，若對面來船，拽則自鳴以備讓路。以上各處，每日早晨自有活水上吸，洗滌一番。

船内下分三層，頭層前有水手卧室、厨房、净房。下客睡床皆兩層鐵架，緑油色，自行立起，并無衾褥。中間系火輪機，其形長方，上有玻璃罩。左右各有小屋三間，系火輪機使者與管船衆等寢處之所。再後兩腮有鐵門二扇，以便裝卸貨物，中亦有下客睡床。此後左右二門，内皆上客艙。每間以白色漆油，粉飾睡槅二層。上放白布床褥、頭枕、絨氈、單被，前挂紅呢帳幔。下有三藍花瓷溺器，置於篋内。壁上小皮兜各一，以便盛什物者。下横坐床一張，靠背坐褥皆紅洋絨者，厚三寸許。每屋有花瓷面盆二個，帽架一，面鏡二，玻璃水瓶、水杯、挂燈、胰盒、手巾、銅水壺等物，以奉起居。

兩艙之中各一净房，亦有劃門。入内有净桶，提起上蓋，下有瓷盆，盆下有孔通於水面，左右各一銅環，便溺畢則抽左環，自有水上洗滌盆桶。再抽右環，則污穢隨水而下矣。右邊末間，系船主卧室。左邊末間爲茶水房。尾後爲書飯廳，正中卵形大圓桌一張，上鋪花紅洋氈。桌後坐床一行，上亦皆鋪絨褥。前有紫檀椅六張。桌後正面懸一天文表，表後堆積書卷棋枰等物。桌之左右挂大面鏡各一，亦有書槅二架，各處極其精巧，上下皆有樓梯與唤人自鳴鈴。通船皆燃川魚油與石油之燭，銅燈玻璃罩，不必剪燭花而燭無燼。船雖摇，而燈能左右前後動轉。其上所用冷熱水，皆有螺絲鐵管，四通八達，任人取用。第二、三層皆載客人、行李與貨物者。

每日三次點心，兩次大餐。飯時桌上先鋪白布，每人刀、插、盤、匙、飯罩各一，玻璃酒杯三個。先所食者，無非燒炙牛、羊、鷄、魚，再則面包、糖餅、蘋果、梨、橘、葡萄、核桃等。飲則涼水、糖水、熱牛奶、菜肉湯、甜苦洋酒，更有牛油、脊髓、黄薯、白飯等物。下客數人一籃白米飯，無菜無茶，較之惡草具以進者差勝。此蓋英國小船，所有器皿一切多不齊備，而船中零星奇巧物件極多，非楮墨所能罄。

其火輪機系以火蒸水，水滚則上下鐵輪自轉，輪轉則船自行矣。船初開時，黑烟直上，既走則晝夜永聞丁東之聲。船能日行一千三四百里，終日有人察看道路，計算里數，照料客人，管理奴僕，整齊之至。是日未初開船，但見兩岸馳驅飛去，不覺輪船半步移動。戌刻停泊口内待潮，由天津至大沽，計水程二百二十五里。

《清實録・穆宗實録》卷三二九（同治十一年二月甲申）諭軍機大臣等：

「前因内閣學士宋晉奏：『製造輪船，糜費太重，請暫行停止。』當諭文煜、王凱泰，斟酌情形，奏明辦理。兹據奏：『閩省製造輪船，原議製造十六號，定以鐵廠開工之日起，立限五年，經費不逾三百萬兩。現計先後造成下水者六號，具報開工者三號，其撥解經費，截至上年十二月止，已撥過正款銀三百十五萬兩，另解過養船經費銀二十五萬兩，用款已較原估有增。造成各號輪船，雖均靈捷，較之外洋兵船，尚多不及。其第七八號船隻，計本年夏間方克蕆工，第九號出洋尚無準期。應否即將輪船局暫行停止，請旨遵行』等語。左宗棠前議創造輪船，用意深遠。惟造未及半，用數已過原估，且禦侮仍無把握。其未成之船三號，續需經費尚多，當此用款支絀之時，暫行停止，固節省帑金之一道。惟天下事創始甚難，即裁撤亦不可草率從事。且當時設局，意主自强。此時所造輪船，既據奏稱較之外洋兵船，尚多不及，自應力求制勝之法，若遽從節用起見，恐失當日經營締造之苦心。著李鴻章、左宗棠、沈葆楨，通盤籌畫，現在究竟應否裁撤，或不能即時裁撤，並將局内浮費如何減省以節經費，輪船如何製造方可以禦外侮各節，悉心酌議具奏。如船局暫可停止，左宗棠原議五年限内，應給洋員洋匠辛工，並回國盤費加奬銀兩，及定買外洋物料勢難退回應給價值者，即著會商文煜、王凱泰，酌量籌撥。該局除造輪船外，洋槍、洋礮、火藥等件，是否尚須製造，及船廠裁撤後，局中機器物料，應如何安置存儲之處，並著妥籌辦理。已經造成船隻，文煜等以撥給股商駕駛，殊爲可惜。擬將洋藥票税一款，仍作爲養船經費，酌留兩號出洋訓練，即著照所議辦理。其餘各船，俟各省咨調時，分别派往。將此由五百里各密諭知之。」

《清實録・德宗實録》卷二十〔光緒元年十月乙卯〕諭軍機大臣等：「沈葆楨奏：『起程赴任』一摺。沈葆楨現赴兩江新任，船政一切事務仍著與丁日昌隨時商辦。至所稱經費萬難，亟應設法支持，著文煜、李鶴年、王凱泰悉心籌商，所有舊欠款項，即行設法補足，其按月協濟之款，亦須如期解濟。丁日昌到閩後，即將應辦事宜，實心經理。所造輪船，務期工堅料實，庶不致徒耗饟需也。將此由五百里各諭令知之。」

《清實録・德宗實録》卷三十五〔光緒二年六月〕督辦福建船政候補三品京堂吴贊誠奏：「船工情形，及鐵脅廠布置，並自置輪機，酌改省煤新式。」又奏：「派總兵吴世忠，帶同各船出洋操練。」均報聞。

《清實録・德宗實録》卷二百七〔光緒十一年五月〕諭軍機大臣等：「現在和局雖定，海防不可稍弛，亟宜切實籌辦善後，爲久遠可恃之計。前據左宗棠奏：『請旨飭議拓增船礮大廠。』昨據李鴻章奏：『仿照西法，創設武備學堂』各一摺。規畫周詳，均爲當務之急。自海上有事以來，法國恃其船堅礮利，横行無忌。我之籌畫備禦，亦嘗開設船廠，創立水師，而造船不堅，製器不備，選將不精，籌費不廣。上年法人尋釁疊次開仗，陸路各軍，屢獲大勝，尚能張我軍威。如果水師得力，互相援應，何至處處牽掣。當此事定之時，懲前毖後，自以大治水師爲主。船廠應如何增拓，礮臺應如何安設，槍械應如何精造，均須破除常格，實力講求。至於遴選將才，籌畫經費，尤應謀之於豫，庶臨事確有把握。著李鴻章、左宗棠、彭玉麟、穆圖善、曾國荃、張之洞、楊昌濬，各抒所見，確切籌議，迅速具奏。江蘇、廣東本有機器局，福建本有船廠，然當時僅就一隅創建，未合全局通籌。現應如何變通措置，或扼要設總匯之所，或擇地添設分局，以期互相策應，呼應靈通，併著李鴻章等妥議奏辦。總之海防籌辦多年，糜費業已不貲，迄今尚無實濟。由於奉行不力，事過輒忘，幾成錮習。該督等俱爲朝廷倚任之人，務當廣籌方略，行之以漸，持之以久，毋得蹈常襲故，摭拾從前敷衍之詞，一奏塞責。李鴻章、左宗棠摺，著分别鈔給閲看，將此由六百里各諭令知之。」

（日）國府犀東著，趙必振譯《最近揚子江之大勢・長江之汽船》（一）汽船開航之沿革

長江汽船航運之開始，頗未能詳，自占據上海爲根據，傍及天津、廣東等之航海，進而爲長江之汽船。咸豐七年之頃，以美商公正洋行開其始，次之者則置根據於上海，以從事海運者，則爲英商廣隆洋行，其營業孰永，及其船數船名等，今則無由知之。其後同治七年之頃，美商旗昌洋行，上海物語千八百六十二年所創立。以「快也堅」、「俾物樂」、「飛似海馬」、「杭州」、「河南」、「氣拉度」等之輪船，開長江天津、廣東等之航路。當時自上海至漢口，下等艙之船客，甲板客悉房艙故云。運賃五十兩。綿一包之運賃，三兩。南京之艀船賃，三串文。旗昌洋行，一時乃大發達。招商局當其事業擴張之時，迄收買之，遂稱極盛云。

次之者，同治十年之頃，英商太古洋行，以「北京」、「漢口」、「上海」、「宜昌」以上皆輪船名。等之輪船，從事於長江之航運，創立於同治十三年，至光緒元年一八七五始開業。至若招商局，其同局當時之資本，實皆官吏數人之放資，其額三十萬兩，又自政府借入三十萬兩，以都合六十萬兩之資金，購「洞庭」、「漢陽」、「永寧」、「福星」、「永德」、「富有」、「利運」、「日新」以上亦輪船名。等八輪船，開天津、長江、廣東之航路。光緒十年前後之頃，旗昌洋行之船舶全部收購之時，又於其翌年，增加資本金二百萬兩，此近來之事，是招商局成立之概況。次招商局而起者，則爲麥邊洋行。光緒二年之頃，次麥邊洋行而起，則爲怡和洋行。光緒三四年之頃，又有鴻安公司。光緒十七年即千八百九十一年十月。之創立，原稱和興公司，至光緒十九年一月，乃改稱鴻安公司。

上文所述者，滬漢區之航運也。漢宜區之進輪船者，爲英商立德洋行，其開始在光緒四年，有輪船號「彝陵」，其翌年招商局之輪船號「江通」者回航，乃借「彝陵」爲招商局之借船，其借貨料即租金。每月六百兩，然不過小形船，其昂如此。至光緒十二年，上海道某氏其所有船號「廣濟」者，又回航，亦招商局之取扱。

其翌年，號「寶華」者，又回航，乃謀上溯於重慶，大起四川人民之激昂，竟起交涉。其翌年，遂爲中國政府所購買，以其輪船，付之於招商局。光緒十五年，怡和洋行之輪船號「公和」者，十六年，太古洋行之輪船號「沙市」者，怡和洋行之輪船號「昌和」者，皆回航，招商局之號「快利」者，亦於光緒十九年回航。大阪商

船會社之「大元丸」，於明治三十二年即光緒二十五年。亦回航。怡和洋行之號「福和」者，是年八月又回航，是爲長江輪船開始沿革之大概。

二　現在之汽船

（一）滬漢區

滬漢區之航運，其現在之汽船，録之於左：

招商局，江裕、江孚、江永、江寬。

怡和洋行，元和、瑞和、吉和。

太古洋行，鄱陽、大通、安慶。

鴻安公司，德興、長安、益和、寶華。

麥邊洋行，華利、萃利。

大阪商船會社，大貞、大利、大亨。

橋本喜造，瓊港。

瑞記洋行，美有、美利、美大、美順。

美最時洋行，瑞安、瑞泰等是也。

滬漢區，於明治三十二年以來，汽船之增加，德商美最時洋行亞諾爾德卡巴之汽船二艘，瑞記洋行蔑利支耶士之汽船四艘，大阪商船會社之新造船三艘，當時之「天龍川」、「大井川」亦並航行焉。

自來二年之間，外國諸會社之新造船，亦無增加者，其餘亦未有增加船舶者。

（二）漢宜區

漢宜區之航運，其現在之汽船，録之於左：

招商局，快利、固陵。

怡和洋行，昌和、福和。

太古洋行，沙市。

大阪商船會社，大元、大吉。

瑞記洋行、美最時洋行，共通一隻，噸數未審。

漢宜區於明治三十二年以來，汽船更迭增加，德商美最時洋行蔑利支耶斯之汽船一隻，與瑞記洋行亞諾爾德卡巴一隻，共通供用，其航通於滬漢區者，未審其爲何艘，又加大阪商船之大吉丸，其外有怡和洋行之號德和者，太古洋行之號新隄者，既已落成，乃交換昌和沙市之二隻，以昌和沙市，爲使用廣東省之西江云。

（三）宜渝區

宜渝區，現在航通之汽船，唯光緒二十三年英國立德洋行之小輪船號利川者，溯航於重慶。於急灘，則加用人力，以曳揚之，當時之航通宜渝者，惟此一艘。既而英國長江，專有砲艦號烏德曲克者，於明治三十二年初夏，溯航至途中之新灘而止。是年晚秋，又溯航至於歸州。爾來烏德曲克、烏德支亞克兩砲艦，航於此間，往來不絶，尋而德國之砲艦繼之，而法人亦從事於此。

現時專以中國之行帆船以營航運者，其數三千隻左右，有各幫各幫者各自組合之意。之區別。重慶幫大紅旗船七百餘隻，萬幫大白旗船六百餘隻，忠州幫紅旗船三百餘隻，歸州幫船旗色不詳。三百餘隻，黄陵廟幫蜈蚣旗船八百餘隻，宜昌幫蜈蚣旗白帶船一百餘隻，各幫船約三千餘隻，一年往復之數，約五千次云。

宜渝區於明治三十二年以來，航行之汽船，英商立德洋行之汽船，載貨一百噸，速力十五浬，長百八十呎，幅三十呎，深十呎，喫水最輕六呎六吋之一隻，立德之計設，頗有效。德商蔑支耶士，其形相同，亦築造一隻，今之航行者。此外英國砲艦二隻，常上下於此間。法國砲艦，亦聞有航行此間者。

（四）各汽船會社汽船表

從事長江航路者，就各汽船會社使用之船舶，記其梗概，並及其英語對照之船名及登録噸數，列爲一覽表於左：

上海漢口線：

大阪商船會社，日章旗。大利丸，二、二四七噸。大亨丸，二、二四三噸。大貞丸，二、七一二噸。

招商局，黄龍旗。江裕，二、二三七噸。江孚，一、四六八噸。江永，一、〇三七噸。江寬，一、〇三〇噸。

怡和洋行，英國國旗。吉和，二、二〇〇噸。瑞和，一、九三一噸。元和，一、三三一噸。

太古洋行，英國國旗。鄱陽，一、八九二噸。大通，一、八八二噸。安慶，一、七一九噸。

鴻安公司，英國國旗。德興，九三七噸。長安，七八九噸。益和，五一九噸。寶華，四三四噸。

麥邊洋行，英國國旗。華利，七八二噸。萃利，六七二噸。

美最時洋行，德國國旗。美有，噸數未詳。美利，同上。美大，同上。美順，同上。

瑞記洋行，德國國旗。瑞泰，同上。瑞安，同上。

橋本喜造，瓊港丸，二八九噸。

漢口宜昌間：

大阪商船會社，大吉丸，二二〇〇噸。大元丸，一六九五噸。

招商局，快利，八七九噸。固陵，約三五〇噸。

怡和洋行，昌和，六九六噸。福和，七六四噸。

太古洋行，沙市，八一一噸。洞庭，約二〇〇〇噸。

三　長江汽船之特質

（一）長江汽船之構造

諸汽船會社長江使用之汽船，大抵模倣歐美之河蒸汽船式。使用於香港、澳門，廣東間，及西江之梧州航路，並上海寧波之航路者，皆爲同一之式或鐵或鋼製，其外形與日本之利根川淀川之河蒸汽船酷似。然其外輪船者絶少，大抵雙暗車船，其容積總噸數不過三千噸。喫水量甚淺，若使用於滬漢區者，普通喫水量，最深者十一呎。使用漢宜區者，普通喫水量，最深者七呎。

其喫水量之淺既已如此，在減水之候江福之大者，如鄱陽湖口，動遭淺擱。而宜漢區中如荆河口之上流，在減水之候，日中之航運者，遇江幅闊大水底平淺之所，每用小汽艇前行，以探澪筋，徐進而過，而淺擱之事，仍不能免。

船内之式，其最下層與第二層，多爲荷物艙，即貨艙也。第三層爲客艙。其配置之法，於船首設爲洋人上等式，其次則中國上等式，即所謂官艙也。又其次則爲中國中等式，即所謂房艙也。於船尾則爲中國下等式，即所謂統艙也。現稱大艙。乘組士官即船主。室，多設於第四層。然洋人上室，又間有設於第四層者。又房艙亦或設於第四層，無有一定。但招商局之船，房艙之數頗多，蓋中國之婦人，除家族之外，不與他人同室，欲望船客之多數者，惟以婦人之搭載者愈多爲愈，蓋婦人多一人一房艙，而隨從之人又多故也。

（三）船内食事

長江之汽船中，頗極混雜。有賄食務者，其食事分洋食與中國食二種：洋食者，賄長之所關；中國食者，買辦之所關；乘組船員，各自辦之，分二種類。

賄長所關之洋食，供洋人與上等船客及洋人水先人與乘組一等士官以上之所用者。船客賄者，日三食，三元乃至二元。乘組船員，就船客同桌者，一月一人三十元。就二等食桌之乘組士官，一月一人二十五元。

關於買辦之賄，以供官艙、房艙、統艙之船客，其賄費請負其運賃之一割，部下之賄，由買辦之支給。

其外乘組船員之自炊者，水夫賄、火夫炭夫賄、油差水番賄、舵手、水夫長、木匠、燈番賄、中國水先人賄等，各自依其給料之高低，其賄之程度相違與之等。其賄所即厨房也。之混雜，幾不可片刻立於其地。

供給上等船客之賄記其概畧，朝則波列西、魚、皿物三品，冷肉二品，果物、咖啡、茶，晝則斯敷、魚、皿物三品，冷肉二三品，菓子、菓物、咖啡、茶等。曹達水、希里泊，無論何等船，皆無其料，即如大古洋行之船，而葡萄酒亦無其料。此外朝則燒麵包、茶、咖啡，午後三四時頃，又供果子及茶、咖啡等，是其例也。

中國食者，有普通之二食，除官艙房艙者，此外則供粥。食事之皿數，官艙五六品，房艙四五品，統艙者，則除鹽菜之外，或二三品。據所聞者，統艙一食之價，尚不足三十文云。

四　長江航業之必要

（一）長江章程

長江之汽船營航運之業者，别定長江之章程，經由領事之手，必受免狀，此其大畧也。

（二）船渠

對於長江航運業所必要者，船渠、鐵工、石炭、油脂、食料、飲料、水夫、火夫、給仕等之供給。

船渠，製鐵於上海，有三所，舊船渠、新船渠、東洋船渠等。其長大概三百七十四尺，乃至三百八十五尺。其幅五十二尺，乃至七十五尺。其深十四尺，乃至二十一尺。其料三日間二千噸以下者，一噸付七十七仙位。鐵工之業，造船、造機，造鑵等，皆備之。

朱壽鵬《光緒朝東華録》卷一四〔光緒三年二月丁亥〕楊昌濬奏：准工部題銷浙江省沿海水師各營歷年購辦廣艇用過工料銀兩由咨改題一案，内開，購辦各項師船以及修換篷索燂洗等項，需用銀洋錢文，既據該撫聲稱，前項師船購買洋商造成之物，風損修換篷索亦均購自外洋，由洋匠議價成辦，委無成例可援，應如所請准其照原册開銷。嗣後届限修造各營師船及大小修成修換篷索燂洗，仍遵照本部舊章題定成規辦理，以符定制等因。光緒二年三月初五日題。

本月初七日，奉旨，依議。欽此。咨行欽遵到浙，經臣行據軍需報銷局詳覆前因，並無成例可循，是以由局將同治十年以前用過購船修換各款據實造銷等情，復經飭據布政使衛榮光詳稱：伏查前奉轉行同治三年七月初十日奉上諭：同治三年六月以前，各處辦理軍務未經報銷之案，免其造報。其自本年七月起，一應軍需，凡有例可循者，務當遵例支發。其例所不及，有應酌量變通者，先行奏咨備案等因。欽此。遵經查明浙省軍需案内，正雜各款爲成例所不及者，詳經前撫臣開單奏明，購買紅單廣艇等船尚未足數，且價值多少不齊，應專案辦理等因在案。今同治十年以前由軍需局造報水師各營購辦及修造船隻並篷索燂洗等項經費，奉准工部核覆照銷。而同治十一年起至現在止，先已由各營將届限大小船隻次第修造完竣，均由各鎮道飭令承辦船工之員造具銷册送司，由司陸續分起咨送軍需局核銷。統計動用經費，爲數已屬不少。若照局詳，自同治十一年起由司查照舊章題定成規辦理，無論司中現無成規可循，難以造辦。況時已四年有餘，各營修造船隻，當興工時，並未議定成規，移行照估，此時再飭補造，其勢萬難照辦。所有自同治十一年起修造完竣各項師船用過經費並給過篷索燂洗等項，與造銷同治十年以前之案，事同一律，惟有仍遵奏案，由軍需局專案造册報銷，以昭核實。至前項題定成規，兵燹之後，燬失無存。經各撫臣暨臣先後行令各營，前赴閩、粵等省購造紅單、艇、釣、快蟹、搭波等船物料，多採自外洋，工匠比昔昂貴，名目不一，大小不齊，價值既未能一律造報，又無例可援。且是項經費，動支捐款，並非司庫錢糧，是以同治十年以前用過銀洋錢文，盡由軍需局核實造報，已奉准銷，事有成式。所有同治十一年以後用過修造師船及修換篷索燂洗等項經費，合無仰懇天恩，俯准仍照前案造銷以歸一律。得旨：如所請行。

藝文

李時漸《三臺文獻録》卷四林公輔《野航記》 范子俊，雲間人也。厭其居之陋，近遂擇材於山，求匠於野，作小舟廣幾丈，而長加倍之。中置古今聖賢圖書，與夫秦漢以下鍾鼎彝器。日泛漾沙洲淺渚際，逢山翁野子，必呼飲於其間，扣絃而歌，若不可以事羈者，人皆曰其遊方之外乎。余自經揚子至松澤適與之遇，見其神氣内蘊，而微充於眉目，於是並舟而進，揖其人曰：「子何居而至是乎。」子俊曰：「吾居於是，以是爲室，以水爲基，以岸曲爲藩墻，以魚鱉爲鄰戚也。采芹藻而煮之，挹波瀾而飲之。」予曰：「異哉，子之爲人也。且古聖人樹宮室以居其安，造舟楫以濟其危，安可常處危不可頻涉也。天下之廣深山大野，豈無措足之地可以藏子，而棄安以就危乎，亦可謂不善擇矣。」子俊曰：「子知室安也，吾請爲子危之，且所樹之室。不在千家之市，必在百家之村，其相與隣者，抑皆夷惠之徒歟，抑亦非夷惠之徒歟。乘之以貨，通之以賄，標之以是非之艢，設之以有機之柂，張之以冒利之帆，而鼓之以勢力之槳，泛於溟溟之海，驚風怒濤，駭觸前後，百怪雜遝而進，則吾之身不爲所溺者幾希矣。不然，室雖安，居乎室者何在也。後之人指吾室而過焉，徒見檣傾柱側，鼯鼠亂走而已。且吾今當風波不興，鮫鱷遠遁，漫流千里，水花發而獻秀，清颷至而效涼。月色一頃，霜雪浩然，目變神融，尚知所謂危乎。以是而觀，則子所謂安者，未必皆安，所謂危者，未必皆危也。吾去子矣。」遂刺舟而去。余嘆曰：「此學道之士也哉。」吾聞得道之人，常不與人近，渤海之東，瀛洲之上，是其居也。賢者遇之，可飛化霄漢，下者遇之，亦可得久視之術，若子俊其有所遇乎。不然，何其言之類夫道也。

畢自嚴《餉撫疏草》卷四《四年鮮運事竣奏報疏》 題爲四年鮮運事竣，謹遵例奏報，並敘在事効勞文武官員，以彰激勸事。案照本年五月内，該臣會同督餉御史林有臺題，爲海外望餉最殷，聖諭責成綦切，恭報發過鮮運實數及開洋日期，以慰聖明東顧事，内稱，天啓四年，鮮運以二十萬爲額，據贊司餉道呈報，挑選津淮官民船一百三十六隻，又差守備高登、千總趙治本招募山東濱州樂安一帶官民船九十一隻，共得船二百二十七隻，俱堪鮮運。即以毛帥差來催糧都司王學易帶管總理鮮運諸務，隨船渡海沿途催□。遂分明王慎德四幇，運船一百隻爲前幇，而以實授守備王文憲、胡遠、俞明，加御守備張允昌統之，仍以王文憲爲前幇之首。分四夷咸賓四幇，運船一百二十七隻爲後幇，而以實授守備王成龍、高登、王應龍、劉九逵統之，仍以王成龍爲後幇之首。共計發過前後八幇，漕米一十四萬七千一百五十六石二斗六升八合、粳稻米八千五十七石五斗六升、小米七千四百三十□石五斗、屯撫屯田小麥五千八十八石、□田糙米二千石、屯院屯田合米二百三十石。又都司林龍驤押江淮營沙船六隻，帶裝粳米二千一百石。去冬開運颶至，登州守凍改充鮮運，船户陳應祖等十船，共裝漕米六千八百九十九石一斗五升五合、小米一千石、黑豆九百二十石。又闗運颶至金□船

□□黑豆六百一十石，亦抵新運之數。以上通共米、麥、黑豆一十八萬一千四百九十八石四斗八升三合。每糧百石，帶葦蓆二十領，共蓆三萬三千三百一十領，以爲交卸之資。又帶運天津置買青梭布一萬，雜色平機布一萬，通共布二萬疋。【略】又差海運遊擊張性徵等齎銀前往登萊收買，以待回空船隻作爲二運，務足二十萬之數等因。隨奉聖旨：這奏報鮮運糧餉布疋器械等項，知道了，未完無多，還着作速催發，運務經管各官，事竣即與題敘，該部知道。欽此。該臣又經通行贊司餉道，及領運召買官員，申飭催發去後，續於八月内，據總理海運遊擊張性徵呈稱，查得鮮糧二十萬石，除前後八幇運過一十八萬一千四百九十八石四斗八升三合，朱孔昭在登買運過二千六百九十石，天津配發臨清小米三千四百石，實應在登買補一萬二千四百一十一石五斗一升七合，照數買完發運，共足二十萬石。計續發糧三次，共帶蓆三千七百領等因。續於本年十一月内，據總理鮮運都司僉書王學易呈稱，蒙本院部題，委卑職總理鮮運事務，原裝發明王慎德四夷咸賓八幇，糧料二十萬石，除漂失外，實收過糧料一十九萬五千二百六十四石五斗，并盔甲、布疋、軍火、器械、硝磺、皮張、蔴、鐵、葦蓆等項，俱已交卸平遼毛總鎮軍前，取具印信、全運總實收齎銀，以便奏繳。竊照今年鮓運，十完九九，實銀本院部苦心運務，鼇選堅完船隻，裝載以時，且冒雨海濱，躬親禱祀，一念精誠感格，遂致海上□虞使，遠戍三軍□□□卒歡呼，卑職與各運官所爲戰慄遵承□役驚濤，以期無負任使者也。又據齎到平遼總兵官左軍都督府都督同知毛文龍實收内開，據標下坐營參將陳繼盛收到總理鮮運都司王學易，督押明王慎德四夷咸賓八幇運官守備王文憲、王成龍等，船户趙子魁、王永盛等糧船二百六十七隻，漕米一十五萬三千三百二十五石二斗六升八合、粳小米一萬五千四百二十六石一斗五升五合、屯米粳稻米六千七十三石五斗六升、小麥六千九百九十九石二斗、屯田白米二百二十石、黄豆二千四百三十八石、黑豆二千七百二石五斗、高糧八千七十九石八斗一升七合。通共糧料十九萬五千六百二十四石五斗，葦蓆共三萬六千五百一十二領，青白各色布共一萬九千七百疋。【略】又據專理遼餉兵備山東按察司按察使錢士晉呈稱，准總理鮮運都司王學易手本爲海外之捷音可喜等事，該本道查得今年鮮運糧料共計二十萬石，裝運船隻官船十居其七，民船十居其三，雖加意遴選，而海濤叵測，每以波臣之不仁爲懼，今據毛鎮實收其總運都司王學易，明王慎德四夷咸賓八幇運官實授守備王文憲等，船户趙子魁等，運到糧料共收過一十九萬五千二百六十四石五斗，并收隨船軍器、布疋、皮張、葦蓆等項，統加核算，十完九九。夫以自津抵登之沙礁抵觸，自登抵島之大洋浩瀚，而運艘安瀾，糧料萬全，非本院部之精誠孚格，安能令海不揚波而兵不艱食若此哉。即今統運諸弁，伏波涉險，沐雨櫛風，艱阻倍嘗，勞績可紀，所當照例優敘，以示激勸等因到臣，該臣逐一磨算，天津原發官民船二百二十七隻，又林龍驤兵船六隻，關運颶登守凍船十一隻，二運登津續發運船三十隻，以上共船二百七十四隻，今毛帥實收報到船二百六十七隻，實止少船七隻。原題八幇在津發運糧料一十八萬一千四百九十八石四斗八升三合，續經在津配發臨清小米三千四百石，指揮朱孔昭糴買登糧二千六百九十石，遊擊張性徵等糴買登糧一萬二千四百一十一石五斗一升七合，總計二十萬石。今毛帥實收報到收過糧料一十九萬五千三百六十四石五斗，净計短少糧料四千七百三十五石五斗，内除船户程茂廣掛欠米九十三石原係在登守凍花費之數，法應追補，船户侯相原裝漕米五百十三石五斗，因颶至覺華島，在彼收卸，取有實收，作爲開運之數，船糧原無疎虞，實在失風糧料僅四千一百二十九石，委係漂没之數，所當照例開銷者也。此外又有萊陽商人高光原領永平召買銀兩日久未清，臣於舊卷檢出，責令委官守備王裕國押同高光就近運糧赴鮮，據報運到小麥九百二十六石三斗、高糧五百七十二石、黄黑豆一千六百五十三石七斗、大麥二十四石，共計三千一百七十六石，已經毛帥給有公移執照赴津銷算歸結，是又在於原發鮮運二十萬石之外以爲接濟者也。至於布疋、葦蓆、軍器、皮張等項，强半通完，虧折尤少，海外士馬賴藉殊多，斯亦遭逢之幸矣。該臣看得毛帥揚旌海外，牽制逆奴，遼民之歸附愈多，平島之聲靈愈震，所需糧料最殷且夥，此今歲鮮運所爲改十二萬而爲二十萬者也。各糧有發自天津，有糴自登萊，亦有關運颶登守凍因而改撥赴島者，各船有津淮官船，有東省民船，亦有調去兵船，因而帶裝糧料者。臣先行令司道府佐等官，加意遴選，惟恐有舟航苦窳之虞，先期料理，惟恐誤初夏清和之候，要在隨方合節，以餉絶域，不敢守株待兔，以隘皇仁。維時司道府佐將領等官，罔不同心戮力趨事，惟謹天時既良，運艘且堅，津門初發運船共計二百四十四隻，止於未到四隻，餘俱得抵平島交卸無恙。逮於二運津登發船共三十隻，而以漸入秋深，亦復壞船三隻，不則收全功矣。共計鮮糧二十萬石，止於失風四千餘石。大海蒼茫，風波叵測，即關運若此猶難之，况鮮運乎。即此陽侯順軌，足覘天心之助順，滄海安瀾，益徵胡運之將衰，此誠聖明之感孚有素，而皇穹之錫佑匪淺者也。除將毛帥原來實收咨送户兵工三部查驗存案外，所有發運文武各官終歲經營幸而竣事，例應急爲題敘。如原任贊理遼餉户部河南司主事何意，凑發運價，盈縮咸宜；如專理遼餉山東按察使錢士晉，料理船糧，方圓曲當；如天津管糧河間府同知張懋德，催儹裝運，錙銖不爽；如總理海運遊擊張性徵，糴買登糧，跋涉弗憚。一時舳艫蔽空，溟渤効順，各官之功懋焉。但臣於關運疏中已經奏薦，兹不再贅，仍應一體從優敘録者也。廼若總理鮮運實授都司王學易，持節凛若冰稜，敷惠藹如春煦，氣吞氈酪，誠格馮夷。鮮運平島收糧平遼總兵坐營參將陳繼盛，傳宣恪慎，出納公平，大振萬里長風，克裕三軍神氣。統理鮮運前幇實授守備王文憲，智珠坐照，才刃恢遊，乘桴欲走康莊，輸粟盡成京坻。統理鮮運後幇實授守備王成龍，矢心質直無回，策事纖毫皆中，弁流强項，海道指南。管理鮮運實授守備高登，募舟咄嗟立辦，領運波濤不驚，舊績素超，新勞益懋。管理鮮運實授守備胡遠冲，齡遠志潔守長才，領運青雀遄飛，赴事神駒在騁。管理鮮運實授守備王應龍，素節嚼冰，壯猷破浪，累運程能有効，萬鍾覈數無逋。管理鮮運加御守備張允昌，朗神映水，赤膽包身，得火器虜穴之中，濟軍糈鯨波之内。管理鮮運實授守備俞明，鳴榔紫海恬瀾，仗劒青萍射斗，一帆利濟，三運功高。管理鮮運實授守備劉九逵，報効不辭戴星，飛輓無憖流水，異域腹果，絶島煙增。以上十弁，皆領運收糧之良，有功鮮運，所當一體薦揚者也。又若屯撫中軍管理屯田都司僉書石公衎，丰標玉立，識趣珠員，治屯方略獨嫺，積粟關鮮攸濟。登州買糧天津左衛指揮朱孔昭，小心翼翼，壯志桓桓，遇事綽有擔當，持已絶無點染。以上二弁，在石公衎，屯田助餉，遠輸關鮮；在朱孔昭，赴登買糧，克襄運事，所當並薦者也。又如登州買糧天津左衛候缺經歷高射斗，任事不辭櫛沐，急公克佐纘醪。登州買糧聽用千總韓惟忠，介守絲毫無染，練才菽粟兼收。招募山東民船聽用千總趙治本，奔馳水陸惟勤，招募梯航有禆。以上三官，在高射斗、韓惟忠與遊擊張性徵同糴糧於登州，趙治本與守備高登同募船於東省，今張性徵業以關運薦，高登亦以鮮運薦，三官名位雖卑，勞瘁則均於義，似難獨遺，亦應附薦者也。内王文憲已經鮮運三載，今歲復回津登，押二運船三十隻再往平島，勞瘁倍常，似當加以都司職衔。張允昌已經鮮運二次，人皆實授，彼止虚衔，難以頡頏共事，似當實授守備職衔，用示鼓舞者也。再照去歲鮮運，原有加御守備張鵬舉，管押運器，初疏可查，後至登州患病，赴鮮愆期，冬深繇鮮回津，與子俱没波濤之中，拮据王事，竟葬魚腹，良可哀也。又有兵糧同知王從諫，素著清操，今歲劻勷關鮮運務，夙夜在公，暑雨匪懈，竟以勞勩成疾隕生，前報鮮運開洋疏中，臣會列其職名，而今已矣。原奉聖旨，有事完題敘之語，在聖明雖徵功畢録，在愚臣詎存亡異心，此二官者，似當酌量優卹，以酬忠魂者也。臣謹會同提督省直援遼軍餉事務巡按監察御史林有臺，具疏以請，伏祈勑下户兵工三部，將前項鮮運糧料、布疋、軍器等項再一查算，内已獲實收者准其開銷，遭風漂失者中，多人船俱没，姑與免究，起卸掛欠者，在本船户名下照例追補。而尤於効勞司道府佐將領大小等官，分别紀録優敘，王文憲、張允昌量與加衔，物故二官酌議優卹，庶海外有飽騰之師，而運務成臂指之勢矣。爲此具本，謹題請旨。

天啓四年十二月十三日具題。本月二十日奉聖旨：該部知道。

邵廷采《思復堂文集》卷四《盱眙縣丞周橋廳壁記己卯》 淮自南陽胎簪經汝、蔡，歷江汭之廬、鳳而下，東至於臨淮，又東北折百二十里，道盱眙，合清和、靈壁、桃源以與黄河會。清、桃、盱、泗、山陽之間有湖曰洪澤，全淮正道也。以受河衝，反退鬱而爲湖，漫衍數百里。東西一堤，由盱眙蜿蜒而來，至武家墩，北折就河。其堤之同塗而各名，曰高家堰，曰高良澗，曰周家橋，號稱險工。巨石壘築，風濤怒來，木石并去，人馬顛隮，往往而是。春秋潦降，土田不可辨識，猶餘洪澤村廬數十，浮沉於洪濤中。堰一瀉決，則高、寶、興、鹽、江都、通、泰七屬皆爲巨浸。棄之不可，遷之不能。力以一堤兼障兩瀆，竭海内半賦，官民全力，委之泥沙。有司吏河、淮間者，其佐貳率委其職事，聽長吏勾攝，身奉大府檄，奔走河上，相度緩急修塞。傳呼勞問，不絶道路。或至親負土石，日晏不食。其艱且勞如此。

周橋故有盱眙主簿一人，近詔減去，移丞駐。而山陰施君自西適，承其後。君嘗因余窮《易》義，意趣闊遠，不屑屑爲章句業。既從其先君子走四方，求利病，習吏事，能鞍馬劒弓，馳捕盜偷。其再仕直兹土，則獨跳身堤上，而並孥盱署。己卯冬，余過周橋訪之，見其斬茅爲庭，旁二室，室可容膝，服食寢處與客俱。庭無公座，吏抱牘白階下，立語剖去。庭距堤以遠纔數十武，風水徐泊，聲如球鐘。客旅無事，則二五手譚，或時吟誦其内。而君率昧早跨騎，周巡工築，比晚歸以爲度。余喜其强敏惠下，謂：「真用世人！而困於一堤，不能去。」君斂手曰：「小子將妄言，以是堤爲基始矣。」

夜向午，忽有聲如萬雷從西北來，驚起引衣。詰曉，登堤平望，則湖水重重山立，狀龍虎豹虬，起伏萬千。風凛不可留，遂書於庭壁，策馬舍之東去。

「國立」故宮博物院《宮中檔雍正朝奏摺》第八輯浙江提督石雲倬《奏報酌定戰船丈尺名號摺》 提督浙江等處地方總兵官署都督僉事臣石雲倬謹奏爲酌定戰船丈尺名號以昭畫一以垂永遠事。竊照浙屬海洋，南連閩粵，北接江蘇，綿亘數千餘里，設立水艍船貳拾隻、水中艍船貳隻、犁䑸船拾陸隻、中犁䑸船陸隻、雙篷䑩船叁拾玖隻、小雙篷䑩船叁隻、雙篷艍船貳隻、趕䑸船伍隻、小趕䑸船壹隻、沙船陸隻、唬船貳隻、哨船貳拾肆隻，共船壹百貳拾陸隻；配駕官兵砲械遊巡扼守，以託身命，以保封疆，所係亦甚重也。但所需船隻大小名目既已不同，乃有同一船隻大小不齊式樣各異者，務使一式成造，不致此短彼長，名同式異，庶頭緒省而稽察易，規制定而檔案清也。臣到任以來，仰體我皇上親理萬幾，無事不求至當，臣身任海疆，目擊營伍凋殘，務期畫一整理。近見水師各鎮營咨報修造戰船文內有稱水艍、犁䑸、趕䑸、雙篷䑩、沙船、哨船、唬船各種名目，又有中水艍、中犁䑸等各種名目，又有小雙篷䑩、小趕䑸、雙篷艍等各種名目。至所開船身樑頭丈尺，亦有今昔不同彼此互異者，若逐項陳奏，則不勝枚舉。臣謹畧陳大槩：如水艍一項，部定樑頭俱壹丈捌尺，而定標則現造樑頭貳丈及貳丈伍寸柒寸不等，黃標則造梁頭貳丈壹尺零及貳丈貳尺捌寸至貳丈叁尺貳寸，温標則造樑頭貳丈壹尺；其水艍船身，部定俱捌丈玖尺，而定標船身則有捌丈柒尺、捌丈玖尺以至九丈者，黃標船身則有柒丈叁尺叁寸、柒丈捌尺陸寸及捌丈叁尺壹寸零、捌丈玖尺壹寸與玖丈柒寸者，温標船身又係柒丈捌尺、柒丈玖尺者：此水艍一項之互異如此。查犁䑸一項，部定樑頭俱壹丈捌尺，而定標現造樑頭貳丈及貳丈柒寸不等，黃標則造樑頭貳丈至貳丈貳尺叁寸，温標則造貳丈貳尺及貳丈貳尺伍寸；其犁䑸船身，部定俱捌丈玖尺，而定標船身則有捌丈玖尺及玖丈者，黃標則有捌丈叁尺壹寸伍分至捌丈柒尺者，温標則有柒丈捌尺以及捌丈壹尺者：此犁䑸壹項之互異如此。再查雙篷䑩一項，部定定標樑頭有壹丈壹尺至壹丈貳尺，今定標所造則有壹丈伍尺伍寸遞增至壹丈捌尺者；黃標雙篷䑩，部定樑頭有壹丈壹尺、壹丈貳尺至壹丈肆尺，今黃標所造則有壹丈叁尺伍寸伍分至壹丈陸尺壹寸伍分者；温標雙篷䑩部定樑頭有壹丈壹尺及壹丈貳尺，今温標所造則自壹丈伍尺陸寸起遞增至壹丈柒尺伍寸者。其雙篷䑩船身部定定標有肆丈叁尺至肆丈伍尺柒尺，今定標現造則有陸丈至陸丈柒尺者；黃標船身部定有肆丈伍尺以至伍丈，今黃標所造船身則有肆丈叁尺起遞增至伍丈壹尺陸寸者；温標船身部定俱肆丈伍尺，今温標所造則有自伍丈貳尺起遞增至陸丈壹尺者：此雙篷䑩一項之互異如此。但就三鎮約畧而言，其現造之丈尺，已與部定之丈尺互異如此，至於他營，更難縷悉。臣心竊疑之，隨遇有熟諳水師之將弁以及捕舵人等，必細心詰問。據稱，浙者船隻現比部式增長加濶者，皆緣昔年海氛未靖，戰船俱扼守海邊，未嘗衝風破浪，不妨短狹。今自開海弛禁以來，凡係戰船，俱涉歷大洋，若船身短則戧駛不靈，樑頭狹則兵械難配；設或遇有奸匪，必以大制小，方可以操必勝，是以逐漸加長增濶。但既有增加，則不無互異。臣思居今之計，丈尺固須增加，而名目亦須清理，庶幾頭緒分明而規制從此永定。臣隨傳集現在寧廠監督船工之定標右營遊擊施世澤、原委督造天津戰船之臣標中營守備胡御珂及捕舵船匠人等，從長計議，將一切戰船名目定爲水艍、趕䑸、雙篷䑩、快哨肆樣，除原係水艍、趕䑸、雙篷䑩叁樣船隻仍用原名外，其餘大小相同者歸併二項，不必多立名目。如犁䑸船與水艍相同，盡改水艍名色，每船酌定樑頭貳丈貳尺，船身捌丈柒尺玖寸，去其犁䑸名目。再有中水艍、中犁䑸，查與趕䑸長濶相同，應俱改作趕䑸名目，每船酌定樑頭貳丈壹尺，船身捌丈肆尺，去其中水艍、中犁䑸名目。又有舊名小雙篷䑩、小趕䑸及雙篷艍等船隻，與雙篷䑩長濶相同，應俱改爲雙篷䑩名目，每隻酌定樑頭壹丈捌尺，船身柒丈貳尺，去其小雙篷䑩、小趕䑸、雙篷艍等名目。至於沙船、唬船、哨船等船，原以備內洋沿邊港汊巡哨往來之用，一槩改爲快哨船，每隻酌定樑頭壹丈肆尺，船身伍丈玖尺，一併去其沙船、唬船、哨船各名目，以上各船長濶丈尺，俱係歷年各營現造之式，嗣後遇拆造年分，即令各標營遵照請定丈尺，一式成造。凡浙屬之定海、黃巖、温州、瑞安、鎮海、磐石、乍浦等柒標營所有各船之名目，一經歸併，既不苦其繁多。再各船之字號，配搭分明，尤易辨其營分，今臣謹擬「運」、「際」、「河」、「清」、「海」、「宴」、「時」七字，每標各認一字，如定標之船，則認「運」字一號、二號，以次挨編。黃標之船，則認「際」字一號、二號，以次挨編。至於温標之船，則認「河」字。瑞安之船，則認「清」字。鎮海認「海」字，磐石認「宴」字，乍浦認「時」字，俱照號挨編。如此則丈尺有準，名目不繁，營分有辨，字號可憑，斯頭緒清而稽察易，規制定而檔案清矣。所有請定規制，續屆拆造年分，遵式成造，其丈量遵照部頒尺式。再量船之法，船身必自楞頭量起，至船梢舵盤樑止，其樑頭必從正桅面樑量計，而以兩傍舨邊外明爲準。至底碗船艙之深濶，如面樑寬壹丈者，則底平寬柒尺，船艙深肆尺。量船之法既定，併可預杜承造時彼此互異，數年以後，戰船畫一，水師亦歸畫一矣。此臣一己之管見，除開明某鎮某營各項船隻字號，并現在丈尺與部定丈尺長短寬狹不符緣由，同臣酌定各船名目丈尺字號一併造册移咨督臣高其倬、撫臣李衛會商酌議外，理合備敘情由，繕摺奏，明伏乞皇上睿鑒施行。爲此具摺，謹遣臣標把總盧耀熊賫捧，謹具奏聞。

右謹奏聞。

雍正伍年柒月拾壹日提督浙江等處地方總兵官署都督僉事臣石雲倬謹具摺。

「國立」故宫博物院《宫中檔雍正朝奏摺》第十輯兩廣總督孔毓珣《奏報改修戰船摺》 兩廣總督臣孔毓珣謹奏爲奏明具題原改戰船式樣事。竊廣東額設外海戰船壹伯柒隻，内河戰船貳伯捌拾玖隻，當設立之時，規制初定，各營洋汛之繁簡，船隻之多寡，與夫式樣之利鈍，俱未盡合宜，因而各鎮協營陸續呈請改造。自康熙肆拾貳年起，至康熙陸拾壹年止，歷經前任督撫提督臣批准，平海、碣石等鎮協營以内河戰船改外海戰船者伍拾伍隻，左翼香山等鎮協營内河舡艚急跳等船改内河適用櫓槳等船者貳拾壹隻，共計柒拾陸隻，每遇届修之年，添需工料，文武捐應，其造册報部，仍照原額，未將改造式樣據實題明。查外海船隻易于朽壞，修造之期較内河爲速，而工料加多，一遇修理，承修文職，執部式爲詞，藉端諉延，往往遲逾。臣上年陛見因前任碣石總兵官陳良弼具摺條奏，經臣將改造情由奏聞，蒙聖恩諭，臣回任據實具題，今臣遵旨另疏題請入爲定額，其本年貳叁肆月間内河戰船已届期修理内，有原改外海不應重修者，臣俱行扣除，亦有雖改而應行修理者，仍領舊時料價，候恩允之日，再于下届改領。至外海外河原改造船柒拾陸隻題明定額，一應料價銀兩，統計小修大修拆造彙總核算，十年之内，共應加銷錢糧壹萬叁千兩零，合并聲明奏聞。謹奏。

雍正陸年肆月拾壹日。

「國立」故宫博物院《宫中檔雍正朝奏摺》第十一輯荆州總兵杜森《奏報修理戰船摺》 駐劄湖北荆州府彝陵州城總兵官臣杜森跪奏爲據實奏明仰祈睿鑒事。竊臣介胄武夫，毫無知識，荷蒙皇上聖恩，畀以封疆重任，早夜兢兢，無可圖報，惟於營伍事宜小心料理，乃有舊例相沿，無裨實際，兼致貽悮軍實者，不揣冒昧，敬爲我皇上陳之。如臣標前後水師貳營伍板戰刷襄船柒拾隻，定例大修叁個月完工，小修兩個月完工，俱以部文到省之日爲始，遲則即干處分。向來承修各官恐違限期，每先捏報竣工，又恐督提查驗，則又急遽，匆忙包與工匠，油艌、釘板潦草塞責，外施彩畫亦似焕然，及入水年餘，滲漏如故，空費朝廷之帑金，徒飽匠役之谿壑。臣察詢既確，心切難安，揆厥所由，實因期限太迫之所致耳。今臣標前後貳營伍板戰刷船陸拾隻，正届小修之年，查部文於雍正陸年叁月貳拾陸日到省，督臣照會到臣，隨飭該營差弁前赴布政司衙門請領工料銀兩，於伍月貳拾叁日回營，程途往返耽延伍拾柒日，以兩個月部限計之僅餘叁日，而應修戰船陸拾隻，即有神工亦莫能及。臣思修理戰船關係重大，豈敢稍有瞻狥，苟且了事，遂一面循例轉咨報竣，一面嚴飭該管將弁不許草率包工，務採上好材料，親赴船廠，督率匠作，逐細監修，務極堅固。然工程甚鉅，晝夜併工至捌月初旬方克告竣。臣一一驗視，其釘板、油艌，較之往歲不啻徑庭矣。似此同一興修急則虛應故事，緩則有裨實用，揆之別地，未免皆然。臣深受聖恩，不敢緘默，自蹈欺罔，謹據實直陳，伏懇皇上睿裁。嗣後修理戰船，稍寬期限，或於舊例之外再展數旬，或於領銀到營之時立限扣算，依限完工，庶爲日既舒，承修各官得以盡心辦理，則包工之弊可除，戰艘自然堅固，壯水師而資巡禦，營伍大有裨益矣。臣管窺愚見，是否可採，仗乞皇上睿鑒施行。爲此薰沐繕摺，差官楊文芳賫捧謹具奏聞。

雍正陸年捌月貳拾肆日。

《雍正朝内閣六科史書·户科·漕運總督張大有題報江淮興武二衛造漕船用過工料價銀數目造册送部查覈本》 漕運總督臣張大有謹題爲考覈事：「該臣看得江寧廠，康熙六十一年分歲造漕舡，經臣咨准部覆准造，檄行江安糧道遵炤去後，今據江安糧道葛森詳稱：『原任江寧府舡政同知劉鑑册報，經造江淮、興武二衛康熙六十一年分歲造漕舡一百一十五隻，俱經造完濟運，炤依額定料價，共用過工料艮二萬四千八兩九錢，將收支料價艮兩及各衛造舡旂丁姓名造具管收除在清册詳送，具題覈銷。』前來。除原册送部查核外，相應具題，伏乞皇上睿鑒，敕部核覆施行，謹題請旨。」雍正六年十一月初六日題。本月二十九日奉旨：「該部察核具奏。」

《雍正朝内閣六科史書·户科·漕運總督張大有題爲泰州知州褚世暄照數解交造船料價銀請准開復本》 漕運總督臣張大有謹題爲廠造料價等事：「該臣看得清江廠，雍正三年分各州縣衛額解造舡銀兩案内，泰州未完軍三小料銀兩，前因一年限滿元完，經臣將泰州牧褚世暄職名咨參，部議：降俸二級，代罪督催在案。今據江安糧道葛森詳稱，泰州未完雍正三年分軍三小料銀一百六十四兩六錢，續據該州炤數解交道庫等因，將泰州牧褚世暄原參降俸二級，代罪督催之案，詳請開復前來，相應具題，伏乞皇上睿鑒，勅部議覆施行，謹題請旨。」雍正六年十一月初十日題。本月二十九日奉旨：「該部察議具奏。」

《雍正朝内閣六科史書・户科・漕運總督張大有題爲報銷雍正五年寧波等衛各幫歲造漕船用過工料價銀本》 漕運總督臣張大有謹題爲考覈事：「該臣看得浙省雍正五年分，寧波等衛各幫歲造漕舡，經臣咨准部覆成造當經檄行浙江糧道遵炤去後，今據浙江糧道蔡仕舢詳稱，奉准部造漕舡一百一十七隻，造竣出廠，共開銷銀二萬四千四百二十六兩四錢。造具管收除在并衛所旗丁姓名清册詳報前來。除原册送部外，相應具題，伏乞皇上睿鑒，勅部核覆施行，謹題請旨。」雍正六年十一月初十日題，本月二十九日奉旨：「該部察核具奏。」

《雍正朝内閣六科史書・户科・總理户部事務怡親王允祥等題准發給排造五閘限滿剥船需用工料銀兩本》 總理户部事務和碩怡親王臣允祥等謹題爲炤例請發排造銀兩事：「倉場侍郎岳爾岱等題，前事雍正六年十月初八日題，本月十四日奉旨：『該部議奏，欽此。』該臣等查得倉場侍郎岳爾岱等疏稱：『漕糧運進倉内剥舡最爲緊要，舊例十運排造一次。今閘五剥舡内有二十隻係康熙五十七年排造，至雍正六年已滿十運，相應炤例動輕賫艮兩排造。每隻給價銀二百九十八兩三錢，責令排造其給過銀兩，炤例仍於各經紀應領脚價内，六年匀扣還庫。』等因前來。查五閘額設剥舡一百隻，定限十年限滿准其排造。今前項請造剥舡二十隻，係康熙五十七年成造，至雍正六年已滿十運，與例相符，應如倉場侍郎岳爾岱等所題，動輕賫銀兩排造。其給過銀兩，炤例於各經紀脚價内，六年匀扣還庫。仍造入通濟庫奏銷案内，具題查核可也。謹題請旨。」雍正六年十二月十一日題。本月十三日奉旨：「依議。」

「國立」故宫博物院《宫中檔雍正朝奏摺》第十二輯河東總督田文鏡《奏請山東添加巡哨之雙篷艍船摺》 河東總督臣田文鏡謹奏爲請添雙篷艍船以資巡哨以重海疆事。竊臣一介庸愚，蒙皇上天恩，畀以總督河東之重任，則登、萊一帶地方濱海尤爲緊要，首當料理。臣於雍正陸年拾壹月初拾日由濟南府起程，親詣登萊貳府及膠州查視海口情形，經臣題報在案。臣查登州鎮標原水師營有哨船拾叁隻，額設守備壹員，千總壹員，把總貳員，水兵叁百捌拾陸名。至康熙肆拾貳年，總兵官王文雄題請添改戰船貳拾隻，遊擊壹員，守備壹員，千總肆員，把總陸員，在中右并外協等貳拾陸營内抽兵捌百壹拾肆名，連原設水兵叁百捌拾陸名，共壹千貳百名。奉旨：海洋船貳拾隻，或沙船或趕繒船，并船上應用什物等項，著江南總督、巡撫、提督公同在江南捐造完備堅固，俟來春著山東水師營官兵前往取赴東省留用，欽此。經江南造成趕繒船貳拾隻，於康熙肆拾叁年領赴東省，改爲水師前、後兩營。康熙伍拾叁年，准部文將繒船拾隻撥給金州，止留拾隻，并裁汰後營止留前營，又將水師兵丁挑選伍百名，其餘柒百名仍各發回本營，分爲兩汛，登州府爲北汛，膠州爲南汛，各分哨船伍隻，每船壹隻配兵伍拾名，於肆月間出洋巡哨，玖月終回汛。登州哨船伍隻停泊在天橋口内。查天橋一帶海港，因海潮帶沙進出，浮沙沉落口内，日積月累，以致水勢平淺。每年哨船進出必須預爲刨挖，動經月日。兼之船身長大，欲其浮動，必須水深柒尺；欲其行舵駕駛，必須水深壹丈壹尺，且必待朔望大潮方能進出。是刨沙需時，候潮又必需時，遇有緊要巡查，一時實難猝及，此北汛哨船進出之情形也。膠州哨船伍隻，從前原泊在塔埠頭港内，亦應候大潮方得出入，經前撫臣塞楞額題明，移泊頭營子口。今出入雖較前似易，但自安東營至成山頭一帶港灣頗多，深淺不一，大船往來亦未便捷，此南汛哨船出入之情形也。臣查趕繒船船身長大，出入既多不便，遍查登、膠各海口，又别無可以移泊便易之處，臣再四思維，惟有雙篷艍船一項，船身較小，於趕繒船又復輕泛，喫水不深，其在登州北汛，不待刨挖沉沙，亦不待朔望大潮，不拘何時，可以駕行無阻。其在膠州南汛往來港灣間，更可無慮水之深淺。臣行詢總兵官萬際瑞水師前營遊擊謝雲均稱，艍船亦可出洋巡哨，且進出往來甚爲輕便，臣即令該鎮營確估，每艍船壹隻，約需工料價銀壹千餘兩，每船配兵叁拾名，除舵工阿班大料頭椗肆名不用軍器外，其貳拾陸名内配鳥鎗手拾貳名、大砲手陸名、籐牌手貳名、弓箭手貳名、長鎗手貳名、大刀手貳名。南北兩汛共應添設艍船柒隻，分撥北汛肆隻、南汛叁隻，共用兵貳百壹拾名以資巡查，似不可少然。臣非謂設有艍船，其原有之趕繒船便可置之無用，蓋原有之趕繒船數止拾隻，分爲兩汛，且每船止配兵伍拾名，原屬船少兵單。今酌添艍船柒隻，似於現在之拾隻外有所加增，而較於從前之貳拾隻中尚不及半；不過將添設之艍船令其於緊要時先行出哨，其趕繒船仍令刨挖海港深通，俟有大潮，全數續出於大洋海面，四散分巡。臣於每年出哨之時嚴行稽查，倘趕繒船上弁兵，因有艍船先行或逗遛不出，或出口藏泊港灣之間不到大洋，定將該管將備題參請旨，同兵丁照遲悮軍機律治罪。再趕繒船壹隻止配兵伍拾名，人尚不敷，應請仍照舊例每船加配拾名，共陸拾名，與柒隻艍船之貳百壹拾名，通共需兵貳百柒拾名。查東省既分爲登、兖兩鎮，且各協營原屬汛廣兵單，不便仍行抽撥，應請額外加增。再查南汛額設千總壹員、把總貳員；北汛止有千總壹員、把總壹員，原不敷用；今北汛之艍船較南汛又多壹隻，則弁員更不敷矣。應請於北汛添設把總壹員，以資巡哨之用。其打造艍船工料價值，與夫船内所用旗炮器械兵餉等項，應令文武會同確實估計。至木料工匠採買雇覓之處，應照定例，令承造文武各官公同領銀，先赴江浙採辦，俟打造完工之日，扣限小修、大修、拆造，如此添船增兵，則於巡哨有資，於海洋有益，誠非淺鮮。是否可行，伏候皇上睿裁批示。容臣行令山東布政司會同登州鎮委員確估造册，臣與署撫臣岳濬會核具題請旨，勅部議覆施行。爲此謹奏。

雍正陸年拾貳月拾陸日河東總督臣田文鏡。

「國立」故宫博物院《宫中檔雍正朝奏摺》第十二輯户部左侍郎署江蘇巡撫王璣《奏陳戰船宜歸軍營修理摺》 户部左侍郎署理蘇州巡撫印務臣王璣謹奏爲戰船宜歸營修利弊久邀睿照據實直陳仰祈聖主採擇事。恭讀雍正二年閏四月二十二日硃批：諭沿海督撫提鎮等，戰船出洋巡哨最爲緊要。舊例地方官承修營員，每多勒索，不顧州縣賠累；地方官惟知交結營員，囑其收受，其修造竟不求堅固；彼此俱有私心，以至出洋船隻易至朽壞重修。朕深知其弊，欲改歸營員修造，使州縣無賠累之苦，而於軍政似甚有裨益，爾等可速速確議具奏。若有不可行處，不可迎合，强以爲是。特諭，欽此。欽遵。是修船利弊，久在聖主洞鑒之中。乃邇年以來承修規制幾經酌議，迄今未爲盡善者，豈非聖訓之外别無長策。不揣冒昧，敬將宜歸營修之故，爲我皇上陳之。查此案前督臣查弼納任内遵旨確議時所以定爲蘇、鎮、揚三總廠，委令道將總理，仍各遴委廳備，分司其事。而不竟歸營修者，惟恐鳩工辦料，呼應不靈。且地處濱海，物料皆非土産，遠道購求，盤剥多費；而營員亦以人不敷用，恐悮汛守爲辭。臣查修船匠料，原俱平價僱買，小民之手藝營生，與商賈之挾資貿易，均之求利而已，初不因文官而樂趨，亦不因武職而畏阻也。況油鐵各項，出自江楚，既不盡産蘇、揚，而樟杉巨材出自閩浙，更以運送沿海爲便，惟是官弁委用必須熟籌，汛守所關，不容不慮。因查本營之船隻，即令本營之官承修，則人船原未相離，初無礙於汛守。且常川管工自有本船捕舵，其於平時操練更屬兩不相妨。而採辦料物，止用一員，或遊或守，均可經理其事。今總廠之設，本營將備若令其在廠，則不但飲食供奉勢所必需，而巡防操練實多廢缺；若不令在廠，則交船之際又往往嘖有煩言。兼之在廠捕舵斷不能裹糧從事，所以禁例雖嚴，未得風清弊去。此臣任江常鎮道之日，總理三廠，奔馳二年，每以歸營之説陳於督撫而不得上請密鑒者也。再查上年九月内因東省船工貽悮，奉有諭旨，議定修理不堅處分并寬限完竣，當經九卿等將承修、督修各官處分及寬展限期，違限處分，逐一定議在案。第查戰船一項，修理不堅，自屬承修之責。若管駕不慎，燂洗不勤，亦足以致損壞，此理甚明。乃定例内止議承修督修之文職，而管駕燂洗之營員未經議及，倘營員漠不關心，將來遇有損壞，文武互争，在所不免，此尤臣所鰓鰓過慮者也。今鎮海將軍臣祖秉衡留意船工，分晰奏請，業蒙聖主嘉獎，所議三年小修改爲歲修，誠屬所費少而所全多，且議不必定泒文員，莫若責成兩營將領就近承修，即令該旗之參協領監修。倘有工程草率，錢糧踈漏之處，即將承修監修之官參處分賠。是歲修之舉業已任之營員，則大修拆造正可倣照而行。乃該將軍奏内仍議多委文員者，誠恐船多官少，必至用及長隨，用及吏胥，難免侵漁踈漏。而臣竊計，兩江廳員往往不敷差委，不若歸之營修，則上而將備，下而弁目，皆可臂指相使，軍紀之約束，非長隨吏胥可比。夫朝廷公事，文武總屬一體。前項戰船既歸營員承修，則部價而外應於司庫耗羨内動支之協貼銀兩，亦歸營員照數領辦。在伊等既無賠累，自可不致藉諉矣。總之承修責在文職，則營員痛癢無關；承修責在營員，庶船隻方知愛惜。此實人情之常，非臣一偏之論。是以改歸營修，其便有三：營弁捕舵與船相習，則購買物料自必件件適用，一也。戰船爲水師託命之所，文官修理雖堅，營員未能深信，今歲修既身親其事，若大修拆造一并責成，自必倍加堅固，二也。文官支領錢糧，承胥或有素扣，今既歸營領，即與兵餉一例，錢糧盡歸實用，三也。而其間尚有至便者，修船雖用工匠，然在船兵目，亦當素爲諳曉，所以水師弁兵薦拔考語，多有熟悉船務字樣。從前因文官承修，伊等多不留心，今既已歸營，則兵與匠習斧鑿刀鋸之事，日相親近，久而兵可爲匠於船工更爲有益。臣因戰船關係緊要，冒昧瀆陳，是否可行，仰祈聖主睿鑒指示。爲此謹奏。

雍正柒年肆月拾叁日。

《雍正朝内閣六科史書·户科·工部右侍郎仍辦理催漕事務張大有題報湖南岳州等衛漕船催造竣工撥兑新漕及價銀清册本》 工部右侍郎仍辦理催漕事務降一級加一級又降三級臣張大有謹題爲漕船十年滿造等事：「該臣看得湖南荆州等衛漕船一百八十二隻，於雍正元二兩年應輪配造。經臣咨准部覆，給價成造。仍將動用款項，細數造册題銷等因移臣，臣即檄行湖南糧道遵照去後，嗣據前任湖南糧道謝旻詳稱：『滿料漕船一百八十二隻，應給料價銀三萬七千九百九十六兩六錢八分六厘，按照各衛船隻給發成造。惟岳州衛旗丁呂添麟等九船，仍用舊船出運。周辛二等三十四船，間用雜木，灰艌未密，原領價銀，飭追貯庫。武昌左衛旗丁李冬兒一船，預行墊價，照依舊式成造，迨奉部定新式，改造不及，仍將原船出運，料價銀兩追繳貯庫，照式重造。』今據湖南糧道楊馝詳報俱已催造竣工，撥兑新漕。將各衛成造丁名，支領料價銀兩數目，造册詳報前來，除册分送部科道外，相應具題，伏乞皇上睿鑒，勅部覈覆施行，謹題請旨。」雍正七年四月二十日題。五月初八日奉旨：「該部察核具奏。」

「國立」故宫博物院《宫中檔雍正朝奏摺》第十四輯寧遠將軍岳鍾琪《奏報戰車輪輞加裝鐵瓦摺》 寧遠大將軍臣岳鍾琪謹奏爲奏明事。竊查戰車本取輕利，是以原式輪輞並無用鐵鑲裹之處。續因鞏昌司道孔毓璞等議，以肅州口外沿途砂石甚多，戰車輪輞從不便滿施鐵瓦，亦當於輞之接縫處束以鐵扣，以防磕硼。經臣批准，該司等以一千六百輛加用鐵扣。及大兵出口，届期臣因口外郭壁最多，沿途缺水，將馬步車兵派撥十二起，每起俱分五路進發。臣率領頭一起馬步車兵，遵欽定上吉日期，於閏七月二十一日卯時起程出口，至次日即留心看驗戰車輪輞，見有鐵扣處自屬堅完，而無鐵扣處即易擦損，若長途日久，輪輞缺囓便不圓轉。臣飛檄甘、涼、肅各地方官，將已出口之戰車，打造鐵瓦，飛速僱運趕送行營；其未出口之戰車，悉令暫留，連夜加包鐵瓦，將馬步官兵仍令逐起挨程出口。惟車兵則暫令其駐歇甘、涼、肅，派副將冒重光等管領約束，俟鐵瓦包完之日，于十二起以後出口，仍分隊陸續進發。再歸化城等口外，因四月缺雨，五月青草未生，所買車馬不能起解；直至六七月牧放起膘，於閏七月二十外，方解到寧夏；而寧夏一帶又以秋雨連綿不能遽解甘、涼。臣於閏七月望前約計車馬不能即到，恐悞出口日期，已令將車兵之馱馬輓駕戰車，而以車兵之行李令甘、涼、肅地方官代爲僱車運送。今因出口後驗看輪輞，行令加包鐵瓦，將未出口之戰車，俱令改于十三起之後方行，則時日從容，計寧夏所解車馬亦可次第趕到。凡未出口之車兵行李，惟于口内僱運，其僱運巴爾庫爾之煩費俱可省矣。臣在甘、涼時，凡遣赴哈密并巴爾庫爾一帶踏勘道路之員弁回日，俱稱巴爾庫爾等處今年天氣較暖。於前臣自甘肅出口以至赤金時屆深秋尚饒暑氣，方信來員所言甚確，即沿邊一帶皆比往常之時令加倍和暖。此皆聖主誠敬格天默爲佑助，使塞外早寒之地倍暖於前。臣是以酌令車兵於十二起官兵之後行走，以現在天氣即稍遲不至寒冷。所有戰車應加鐵瓦，并車兵出口稍後緣由，擬合繕摺恭奏。其北路戰車應否打造鐵瓦運往阿爾太包裹之處，應請勅詢靖邊大將軍臣傅爾丹斟酌奏定。爲此具摺奏明，伏乞皇上睿鑒施行。謹奏。

〔御批〕北路戰車皆用鐵料，前因帥處東輞想自然亦同，所以未曾諭及，今如此添造，甚是。

雍正七年八月初九日具。

「國立」故宫博物院《宫中檔雍正朝奏摺》第十四輯四川提督黄廷桂《奏請添設哨船摺》 提督四川等處地方總兵官署都督同知仍帶拖沙喇哈番臣黄廷桂謹奏爲陳請添設哨船以重江防事。伏查川江一帶水路上接成都，下通重、夔，直抵彝陵荆襄等處，江流湍急，風帆迅速，匪類易於潛滋，故自巫山營起至附近成都之三江口止，沿江邊岸或二三十里，或四五十里即設水塘一處，每塘兵丁三名五名不等。此項塘兵並不遞送公文，原爲防護商船，查拿盜賊而設。第各塘名曰水塘，其實仍居旱地，往往見有一種船隻三五連䑸，聚集多人，並無眷屬，又非客商，形踪可疑。雖加盤詰，置若罔聞，竟從江心直過。倘遇失事之時，客民雖赴塘聲報，塘兵悉在高岸，賊艘順流，倏忽遠颺無踪，實有莫可如何之勢。是塘兵徒有防範之名，並無緝捕之實，幾同虚置，更何能以肅清水汛，弭盜保商。臣於重夔鎮協所屬將弁進見之時，每親加細詢，確知沿江水塘情狀，留心講求。似應仰懇恩鑒，俯准添設哨船三十隻，酌量塘□遠近，分交汛兵，嚴飭該管將弁不時稽察，無事責令塘兵駕船更番巡查，有事即便協力救擒。如此則沿江汛弁塘兵不得借口推諉，而盜賊自易緝獲，過客行商均往來於安瀾浩蕩之中矣。再查哨船每隻約需價銀八兩，共哨船三十隻，共約需銀二百餘兩，應請即於公費銀内動用製造。每船需用舵夫一名、水手四名，計船三十隻，共用舵夫水手一百五十名，毋庸另行僱覓。查重、夔所屬兵丁子弟，多係熟知水性，堪用駕舟，應請即於餘丁内揀選充當。每舵夫一名，給守糧一分；水手二名，給守糧一分，以爲養贍。查舵夫既食守糧，應將姓名造入兵册，歸該營管轄，其水手雖係合食守糧，亦應仍令暇時習熟弓箭鳥鎗，以備驗試拔補。臣愚昧之見是否允協，伏祈皇上訓示遵行。爲此具摺，謹差臣標外委把總馬世榮齎摺奏聞。

雍正柒年捌月拾貳日。

「國立」故宫博物院《宫中檔雍正朝奏摺》第十五輯廣東總督郝玉麟《奏報粵

省修造戰船摺》 廣東總督臣郝玉麟謹奏爲敬陳粵東外海內河戰船情形分別小修歲修以收實效事。竊照粵東海道綿亘，接壤外彝，抑且海港多歧，易於藏奸，出巡會哨，所關甚重。故通省設有水師外海繒艍拖風等船一百六十二隻，內河櫓槳急跳等船二百三十四隻，配兵遊巡，分班出海；一切船隻限年修理，船身堅固，駕駛無虞；弁兵輪班出哨，更無遲悞。本年四月二十三日准到部咨，奉旨：祖秉衡所奏小修改爲歲修甚屬得理，着通行有戰船之地方，一體遵行欽此。仰見我皇上慎重海防，務期戰艦堅固至意。前督臣孔毓珣接准部咨，當經轉行，欽遵在案。茲據布政使王士俊詳准，水師各鎮協營均請仍照舊例小修等由到臣，該臣查得粵省戰艦等船有外海內河之分，查內河船隻亦有可以出海者，除現檄行布政使分別查明議詳外，其不能出海內河船隻遵照歲修之例修理，實屬妥便。惟出海戰船礙難畫一。臣查粵東外海與京口內河水性鹹淡不同，且外海風巨浪猛，洪濤衝擊，而出洋戰艦易於朽壞。是以定例海洋戰船自新造之年爲始，歷三年准其小修，再歷三年准其大修；再歷三年，如船隻尚堪修理，仍准其大修；如果朽爛，不堪修理，保題拆造；與京口沙船歷九年而始大修，十六年而後拆造者又自不同。今若照京口沙船之例，將小修改爲歲修，匀給工料有限，歲歲粘補無多。新造之一二年，船身堅固，工程簡洛，尚可足用。若至數年以後屢經鹹水浸灌，蠔蟲蛀蝕，雖勤加燂洗而船身不堅，釘銹木腐。更換新料則工價不敷，照依歲修則粘補無益，竊恐未届大修拆造之期，而船已朽壞不堪，關係甚鉅。再歲修之例定期於每年五六月內，正值雨水之時，潮氣炎蒸，船板濕潤，若加油艌補，不能透入木內，油艌徒爲虛費，且五六月間正係出海巡哨之期，勢又不能齊集廠下一體修艌。案查康熙三十二年間，粵省各項戰船曾改爲歲修，後因分年領銀，承修員弁苟且塞責。年後一年船隻漸至朽腐不堪，隨經前督臣郭世隆於康熙四十二年間題准改復小修之例，迄今遵行無悞。是歲修之例難行於粵東，從前已有明驗。臣叨任封疆，於水師事務敢不悉心籌畫，而戰船一事尤爲粵省急需。今考查舊案，細察情形，詢之輿論在粵，言粵戰船歲修之例，似未便與京口沙船一體舉行也。仰懇聖恩，俯念粵海不同京口，除內河槳哨等船內有不能出海者俟查明若干遵照歲修外，所有外海戰船請停歲修准照舊例，限年分別小修、大修、拆造。飭令文員監修，武員協理，工完照例驗看核實題銷，則修造船隻堅固，海疆實有裨益。臣仰體皇上博采用中，事事務求至當用，敢以戰船歲修之不便者據實陳奏，伏祈睿鑒批示遵行。臣玉麟謹奏。

雍正七年十一月十八日具。

「國立」故宮博物院《宮中檔雍正朝奏摺》第十七輯鎮海將軍王鈇《奏報查出修船需索陋弊摺》 鎮海將軍三等伯臣王鈇謹奏爲奏聞修船需索陋弊事。竊臣自分愚昧，毫無寸長，蒙皇上格外擢用，自到任以來，惟有謹慎操持，勤加訓練，凡任內一切事件，竭蹶辦理，以期仰報天恩。更念修船一事，尤關緊要，向來積弊甚多。臣每見將弁以及捕舵人等，時時嚴誡，務求一洗從前陋習。且近奉上諭：修船錮弊，各處仍然，而京口爲尤甚。臣跪讀之下不勝悚惶，留心密察，訪得外委把總捕舵人等，果有需索之處，自百十兩以至三五兩不等。大凡修理一船，即有需索，雖多少不一，俱不能無。臣思此等積弊雖日事告誡，此輩終不知儆，必得嚴加懲治，方可懲既往以戒將來，但槩行查參，其中亦有得銀不多而株連頗衆，非仰體我皇上寬仁之意，若槩予姑容草率完結，又無以立法儆頑。臣將其中得銀最多而人復狡猾者，於十月十九日另行具疏題參。其得銀少而人卑微者，臣陸續責革外，所有查出情由并臣愚昧辦理之見，謹繕摺先行據實奏聞。謹奏。

雍正八年十月十八日。

「國立」故宮博物院《宮中檔雍正朝奏摺》第十七輯兩江總督高其倬《奏報修造戰船情形摺》 兩江總督臣高其倬謹奏爲奏聞事。江南戰船修造一事，臣到任檢查卷案，雖木植之價較閩省稍貴，而江省協貼之銀兩較閩頗多，實力辦理不係極難之事。無如各員辦理遲緩弊玩成風，文員一經委辦，始則設法堅辭，繼則借端推卸；而上司亦此委修船彼差他事隨委隨換，屢易其人，以至僅一料估，即經年屢月，造報不前。現在各船無一不遲，而動手起工竟無時日，及至動工，其船久停廠地，雨淋日曬。小修者竟須大修，大修者竟須拆造矣。因而修造各員，遂紛紛求增協貼，嘵嘵無已；領銀到手，又不親住廠地，身自辦理，但假手親友以及家人長隨，恣其中飽；遂致物力不敷，自貽賠墊，措借不來，愈致遲久，此文員貽誤之大略也。武員則往往不遵協辦之例，巧於躲閃，置身事外，自圖乾净。而其中不肖者則千方需索，百事掯難，無銀到手，雖好物美材槩謂單薄；有銀到手，則薄板稀釘一任裝造。而千把捕舵因之競皆勒掯，共索銀錢，當船應駕廠之時，則換舵換纜，以舊易新。及至造成駕回之時，又任擱沙灘並不照管，以致船隻不到年限而損壞已甚，文員正修之外賠累更多，此武員貽誤之大略也。各習不除，船工終難妥協。臣現徹底嚴查，嚴飭各員詳切訓勵，悛改者令勉力補過，不悛者察實嚴參。又有積年勒索刁措之兵目陶國暹，臣現已提拏到省審懲。併飭藩司會同承修各道，將一切痼弊，徹底詳細查議速詳，應禁懲者禁懲，應調劑者調劑。并飭此後派定修船之員，必令一手修理到底，不許各員推卸，亦不許該司詳換，違者查參。即使本員或有事故，一經領銀，亦必責令修完，不許另替，以杜巧脱之弊，以挽推卸之風。并令一經派定一員承造承修，即分行詳明各上司衙門記册，不必另派差使，俾不藉口推脱。總之臣期於料理數月半年之内，必令修造副期，戰艦妥協，臣心始安。至於各船安設及操演哨巡之處，亦有尚須籌酌料理之處，容臣細查妥確，再行具奏請旨。所有現在江省船工情節，臣謹先繕摺奏聞。謹奏。

雍正玖年叁月初陸日。

「國立」故宫博物院《宫中檔雍正朝奏摺》第十八輯福建布政使潘體豐《奏報修造戰船事摺》 福建布政使司臣潘體豐跪奏爲遵旨辦理戰船事。竊查脩造戰船，乃海疆重務。但積習日久，其中弊實多端，仰蒙聖明洞照，特降俞旨：嗣後脩造標營船隻，着道員副將，會同領價道員，遴委丞倅副將，遴委都守協同辦料脩造。等因。欽此。臣恭繹上諭，至聖至明。所以令文武同領同辦者，並非令監督之武職亦分承脩之任，誠以文武既不協和辦公，迨物料到廠復逐層需索交收驗看，又藉端勒捐，事事假公濟私，是以恩綸特沛。着令同領同辦，此不但可以杜監督之勒索，兼可省承脩之浮費。文武臣工正當同心協力集乃公事詎，閩省承脩各道員與監督之副將，尚猶拘泥成見，未能深契聖心。在道員以武職同領同辦，如有浮用，必欲分任賠補；而副參等官又以武職，責在監督，從無分賠之例，彼此互諉，意見各異。臣查閩省現在脩造船工，除正價外，又分別另給津貼銀兩，合計加增之數已逾正價，若果文武實心協辦，儘足敷用，即文員亦無須賠補之處，何況武職。臣未敢稍爲瞻顧悞公，敬將欽奉上諭細心闡發，通詳督撫二臣，恪遵俞旨辦理。惟以文武既有爭執，則於協辦之中有不得不爲之條分縷晰以杜其漸者。如道員、副將協同辦理，其所委之丞倅都守若不詳慎遴選，致有通同侵冒情弊，此等劣員應令彼此互相查察，據實詳報督撫參究。若道員副將徇隱不報，經督撫查出，將原委之上司一併附參，其侵冒之項，仍着落分賠，以重其責。至於採買物料銀兩，須歸文員執掌，而發領價銀，當同武職面交，務令出入公明，而偏私自可悉化。再如交廠脩造之船，或拆造或大小脩，正價津貼既係同領，則何樣船隻應用何項物料，並何樣物料應於何地方採買之處，在丞倅文員或有不諳，而都守武職練習船務，無不熟悉，自應通盤打算，酌量購覓。凡一切應辦物料及應相配合者，務必件件適用，採買合宜，則廠無廢物而料既節省，工尤易成。倘該都守置身局外，任聽丞倅混買浮開，以致料不堪用，虚糜價銀，則原委之副將不得辭其責；若協辦之丞倅不細心商酌，任性自專或致料不合式，船不堅固，則原委之道員不得卸其過。總期事無兩岐，責有攸歸，俾承脩與監督各官，均安心實力協理，則軍工可保無悞，庫帑可免糜費，而文武和衷共濟，始無負我皇上慎重海疆體恤臣工之至意。業經督撫二臣批示，通行在案。所有微臣遵旨辦理事宜，理合恭摺奏聞，伏乞皇上睿鑒。謹奏。

雍正玖年陸月　日。

「國立」故宫博物院《宫中檔雍正朝奏摺》第十八輯廣東右翼總兵李惟揚《奏報修理船隻并補造盔甲等物摺》 鎮守廣東韶州等處地方副將管右翼總兵官事帶紀録二次臣李惟揚謹奏爲奏聞事。竊照臣標叁營，馬步戰守兵丁叁千名，所有鳥鎗大砲尚堪適用。惟盔甲一項，存城伍百餘身，半皆潮舊，不甚壯觀；至於各汛盔甲，亦皆舊爛，不堪披戴。再查叁營各汛，原有文武會捐不入報部額數槳船叁拾貳隻，久已朽爛。此項應候頒給朋銀修整外，尚有各汛三板塘船叁拾陸隻，將備巡河樓子船壹隻，俱皆壞爛。此項船隻，例應營修，從前並未修理。至於較場演武廳壹所，此係操演兵丁之地，前鎮拆廢亦未修復。臣到任之後，查三板塘船叁拾陸隻，將備巡河樓子船壹隻，係屬河道急需，經臣飭修，已經告竣，現在分發巡防。再兵丁盔甲，尤爲營伍要務，但因公費有限，一時難以完備。合先製造馬步盔甲伍百身，其餘容臣陸續製造補足，給兵操防，庶營伍不致廢弛。其新添守兵叁百肆拾伍名，執用器械，已於入伍之日將公費置備給發巡防。併較場演武廳壹所，臣亦現在備辦木料，鳩工創造。凡臣職分應辦之事，自當實力舉行。謹據實具摺奏明，伏乞皇上睿鑒施行。

雍正玖年柒月貳拾壹日，鎮守廣東韶州等處地方副將管右翼總兵官事帶紀録二次臣李惟揚。

「國立」故宫博物院《宫中檔雍正朝奏摺》第十九輯高雷廉總兵蔡添略《奏報浙江趕繒雙篷艍仔船之木料橄椇丈尺數目摺》 廣東高雷廉副將管總兵官事駐劄高州府城臣蔡添路跪奏，謹將浙江趕繒雙篷艍膨仔船所配木料槓椇丈尺開列恭進御覽。

浙江趕繒船所配木料槓椇丈尺，俱係閩浙魯班尺。

船艕長陸丈伍尺。

船身長柒丈玖尺。

面樑肚闊壹丈玖尺伍寸，船底平墨闊壹丈貳尺肆寸，直墨高壹尺肆寸，面樑大團圓柒尺捌寸，長貳丈零伍寸。大肚樑闊貳丈貳尺，船底平墨闊壹丈肆尺肆寸，直墨高壹尺壹寸伍分。

船艙港路淺平墨深伍尺捌寸，甕高玖寸，共深陸尺柒寸，港路深平墨深陸尺捌寸，甕高壹尺伍寸伍分，共深捌尺叁寸伍分。

水底極用杉木厚貳寸玖分，每壹尺用叁釘，用樟木厚貳寸，每壹尺用伍釘。

頭把水闊玖尺柒寸。

尾把水闊壹丈陸尺。

樑頭貳拾貳道。

船艙貳拾壹個。

大桅長柒丈捌尺，大團圓陸尺捌寸伍分。

頭桅長肆丈柒尺，大團圓叁尺捌寸。

大桅夾長壹丈伍寸，闊貳尺貳寸，厚壹尺。

頭桅夾長捌尺，闊壹凡肆寸，厚陸寸伍分。

上節樑長壹丈陸尺伍寸，高貳尺壹寸，厚壹尺壹寸伍分。

船舵長貳丈伍尺伍寸，閃長壹丈玖尺伍寸。

正椗長貳丈壹尺，闊捌寸伍分，厚伍寸伍分，配椶繩長肆拾壹丈，大團圓壹尺。

副椗長壹丈玖尺伍寸，闊捌寸，厚伍寸貳分，配椶繩長叁拾捌丈，大團圓玖寸伍分。

叁椗長壹丈玖尺，闊柒寸陸分，厚伍寸，配藤椗繩長叁拾伍丈，大團圓玖寸。

肆椗長壹丈捌尺，闊柒寸貳分，厚肆寸捌分，配藤椗繩長叁拾貳丈，大團圓捌寸伍分。

大篷長伍丈捌尺伍寸，闊叁丈柒尺伍寸。

頭篷長貳丈玖尺，闊壹丈伍尺。

大櫓貳枝，各長伍丈叁尺。

槳肆把，每把長貳丈捌尺。

浙江雙篷艍船所配木料槓椇丈尺，俱係閩浙魯班尺。

船艕長伍丈伍尺。

船身長陸丈陸尺。

面樑肚闊壹丈柒尺伍寸，船底平墨闊壹丈壹尺貳寸，直墨高壹尺貳寸伍分，面樑大團圓柒尺，長壹丈捌尺伍寸。

大肚樑闊壹丈玖尺伍寸，船底平墨闊壹丈叁尺，直墨高壹尺零肆分。

船艙港路淺平墨深伍尺壹寸，甕高玖寸，共深陸尺，港路深平墨深陸尺貳寸，甕高壹尺肆寸，共深柒尺陸寸。

水底板用杉木厚貳寸伍分，每壹尺用叁釘，用樟木厚壹寸捌分，每壹尺用伍釘。

頭把水闊捌尺柒寸。

尾把水闊壹丈肆尺。

樑頭壹拾陸道。

船艙壹拾伍個。

大桅長陸丈捌尺，大團圓陸尺壹寸。

頭桅長肆丈貳尺，大團圓叁尺肆寸。

大桅夾長壹丈，闊貳尺，厚玖寸。

頭桅夾長柒尺伍寸，闊壹尺叁寸，厚陸寸。

上節樑長壹丈伍尺。

船舵長貳丈肆尺，閃長壹丈柒尺伍寸，闊肆尺柒寸。

正椗長壹丈玖尺，闊柒寸陸分，厚伍寸，配椶繩長叁拾捌丈，大團圓玖寸。

副椗長壹丈柒尺伍寸，闊柒寸，厚肆寸捌分，配椶繩長叁拾伍丈，大團圓捌寸伍分。

叁椗長壹丈柒尺，闊陸寸捌分，厚肆寸柒分，配藤椗繩長叁拾叁丈，大團圓捌寸叁分。

肆椗長壹丈陸尺伍寸，闊陸寸肆分，厚肆寸伍分，配藤椗繩長叁拾丈，大團圓捌寸。

大篷長伍丈壹尺，闊叁丈肆尺。

頭篷長貳丈伍尺，闊壹丈叁尺。

大櫓貳枝，各長肆丈伍尺。

槳肆把，每把長貳丈陸尺。

浙江艕仔船所配木料槓椇丈尺，俱係閩浙魯班尺。

船艕長肆丈叁尺。

船身長伍丈貳尺。

面樑頭闊壹丈叁尺，面樑團圓大伍尺叁寸，長壹丈叁尺伍寸，船底平墨闊柒尺捌寸。

大肚樑頭闊壹丈肆尺伍寸，船底平墨闊捌尺伍寸。

船艙港路淺連甕深肆尺柒寸，港路深連甕深伍尺肆寸。

水底板用杉木厚貳寸貳分，每壹尺用叁釘，用樟木厚壹寸柒分，每壹尺用伍釘。

頭把水闊陸尺。

尾把水闊壹丈壹尺肆寸。

樑頭壹拾伍道。

船艙壹拾肆個。

大桅長伍丈貳尺，大團圓肆尺肆寸。

頭桅長叁丈叁尺，大團圓貳尺伍寸。

大桅夾長柒尺伍寸，闊壹尺伍寸伍分，厚柒寸。

頭桅夾長陸尺，闊玖寸，厚肆寸。

上節樑長壹丈壹尺伍寸。

正椗長壹丈肆尺伍寸，闊陸寸，厚肆寸，配椶繩長叁拾丈，大團圓陸寸伍分。

副椗長壹丈叁尺，闊伍寸捌分，厚叁寸伍分，配椶繩長貳拾捌丈，大團圓陸寸。

叁椗長壹丈貳尺伍寸，闊伍寸伍分，厚叁寸叁分，配藤椗繩長貳拾伍丈，大團圓伍寸伍分。

船舵長壹丈玖尺，內長壹丈伍尺，闊叁尺伍寸。

大篷長叁丈柒尺，闊貳丈伍尺。

頭篷長貳丈肆尺，闊壹丈壹尺。

大櫓貳枝，每枝長叁丈伍尺。

槳陸把，每把長貳丈伍尺。

雍正玖年拾壹月初貳日。

「國立」故宮博物院《宮中檔雍正朝奏摺》第二一輯**巡視臺灣監察御史覺羅栢修《奏報臺灣軍工船隻宜歸內地修造摺》**

巡視臺灣陝西道監察御史臣覺羅栢修巡視臺灣兼理學政兵科掌印給事中臣高山謹奏爲敬陳軍工船隻宜歸內地修造仰祈睿鑒事。竊查臺灣戰船計有九十六隻，向在福建省城修造。自康熙三十五年始歸臺灣各縣分修，繼歸知府衙門，後歸臺灣道經管。其採取木料原在界內山場。因近山砍伐已盡，雍正八年遷移生番界外龔箕湖地方設廠，彼時隨有射傷匠役，殺死匠首陳勳等事，尚懸案未結。雍正十年十一月二十七日，有匠人鄭恭、車夫郭有明進山鋸板，被生番放箭射傷；十二月初五日，通事盧賜魯仲奇往軍工藔廠，到加六堂地方被生番射傷；十二月二十五日，弓役洪德社、丁林緝往枋藔口查看料廠，行至率蒙社地方，突有生番放箭射傷；雍正十一年正月初三日有匠役韓琛入山尋取木料，被生番殺死，報案纍纍。前督臣高其倬、御史赫碩色等條奏，嚴立界限，禁止出入，原期相安無事。今以軍工所需木植給票出界採取，匠首糾夥，數百成羣，深入番社，文武稽查莫及，烏合之衆難免假公濟私，騷擾地方，且奸宄不法之徒，不無勾通作弊，交易違禁物件。現今內山竟有刀鎗等物，豈無由來，恐因循日久，實多未便。況臺灣所出木料僅有猴栗樟板，其桅舵大椗等木并釘鐵、油蔴無不出自內地，運載來臺，亦不爲易。臣等思閩省延、建、邵三府所屬近河各縣，俱係產木之區，沿溪順流直抵省城，每歲商民從此裝運出海至江浙兩省發賣，採辦實不爲難，今在臺地承修似非萬不得已，況進內山取木，累致殺傷匠役，終非經久長策。臣等請嗣後臺灣軍工船隻，仍照從前舊例，或在廈門廠或仍在福廠一體按期修造似爲妥便。如有仍藉軍工名色差役出界採取木料者，照濫差累民例從重議處。若禁採之後通事奸民人等私出界外，照越度緣邊關塞律治罪。營汛不行查拏，嚴加議處。如此則軍工不致有悞，而匠役無得越界滋擾自無殘殺命案，文武員弁可以一意防閑，民自爲民而番自番，地方得永寧謐矣。伏乞皇上睿鑒施行，爲此謹奏。

雍正拾壹年叁月　初叁　日巡視臺灣陝西道監察御史臣覺羅栢修巡視臺灣兼理學政兵科掌印給事中臣高山。

《雍正朝內閣六科史書·户科·山東巡撫岳濬題請撥給登鎮水師南汛新添舟船兵丁建蓋營房需用工料銀兩本》

巡撫山東等處地方督理營田兼理軍務都察院右副都御史臣岳濬謹題爲欽奉上諭事：「該臣看得登鎮水師南汛新添艍船兵丁應建營房一案，前准户部咨文，行令於登鎮水師添設艍船三隻，兵一百九十名應建營房，令登鎮會同該督撫酌議具題等因，復經咨准部示，新添艍船三隻內登州北汛分添一隻，膠州南汛分添二隻，應添兵丁按船均配等因，遵照在案。查北汛水師駐扎登州水城原無營房，其南汛水師前由膠州移駐靈山衛頭營子巷內地方，各兵營房俱於雍正九年建造，嗣准登鎮咨開南汛，新添兵一百一十名，應添造營房一百一十間移咨具題等因。隨行布政司查估去後，玆據布政使鄭禪寶詳稱，查新添艍船兵丁，應建營房一百一十間，移准水師營會估，應接連舊設營房蓋造，其進深高下、物料、工匠價值，照依前次估造題銷原案每間需銀四兩七錢六分，共計需錢二百十三兩六錢，應於司庫雍正十年地丁銀內照數動支發給。仍令據寔節省建造，俟工完之日確核報銷。相應核題，聽候部議撥給。據該司備具清册呈詳前來，臣覆查無異，謹題請旨。」雍正十一年三月二十六日題。四月十四日奉旨：「該部議奏。」

「國立」故宮博物院《宮中檔雍正朝奏摺》第二一輯福建陸路提督署水師提督王郡《奏報催修戰艦摺》 福建陸路提督總兵官暫行署理水師提督印務臣王郡謹奏爲奏聞事。竊臣看得固守海疆，最重戰艦。届期修造，動支錢糧，倘有遲誤，應得處分。此在船廠承修監修文武各員，固當愛惜國帑，慎重軍工，遵限完竣，交營駕駛，方爲妥協。今查福建通省水師各標鎮協營，現經具題撥歸福、泉、漳、臺肆廠修造者共有叁案。船工內估報貳拾捌隻一案，係雍正拾年陸月初拾日起，限至拾年拾貳月初拾日滿限。又估報叁拾隻一案，係拾年玖月貳拾日起，限至拾壹年叁月貳拾日滿限。又估報陸拾肆隻一案，係拾年拾壹月貳拾日起限，內小修各船，內地至拾壹年叁月貳拾日滿限，臺澎至肆月貳拾日滿限。其大修改造各船，內地臺澎俱至拾壹年伍月貳拾日滿限。以上叁案，共交廠戰船壹百貳拾貳號。臣自本年叁月拾貳日署任以來即行清查，除前後報竣交營柒拾叁號外，在廠尚有肆拾玖號，經臣嚴檄叠催，又陸續報竣共有叁拾伍號，其餘壹拾肆號尚在各廠。其中有完竣未配桅者，亦有届限未完竣者，更有逾限未交營者，似此擔延，洵非長法。又經臣以飭查各案船工有無照限報竣事通咨督臣郝玉麟、撫臣趙國麟嚴催查參，去後謹據實奏明。爲此具摺，伏乞皇上睿鑒施行。

右謹奏聞。

雍正拾壹年伍月貳拾捌日福建陸路提督總兵官暫行署理水師提督印務臣王郡謹具摺。

《雍正朝內閣六科史書・户科・總理户部事務果親王允禮題令總漕將揚州衛未完停造船隻應追底板銀兩分四年追繳本》 總理户部事務和碩果親王臣允禮等謹題爲酌定輓運之漕船以省成造之料價事：「總漕魏廷珍題，前事雍正十一年七月十九日題，八月初八日奉旨：『該部議奏。』該臣等查得先經原任漕臣張大有疏稱，揚州衛二幫減存船六十六隻內，請將三十四隻停其打造，每船追底板銀五十一兩，可省歲造料價；仍留船三十二隻，俟滿號輪造等因。經臣部覆准奉旨依議，欽遵知照去後，嗣據署總漕性桂將前項漕船底板銀兩，咨請分作四年追繳等因，復經臣部行令具題去後，今據總漕魏廷珍疏稱，揚州衛二幫減存船內，原請停造船三十四隻，每隻追底板銀五十一兩一案。查該船原係朽腐呈請停造，及雍正七年奉咨，至雍正十年始奉部覆，此四年之內該船停泊河干，不動不修，原易朽爛，其爲底板誠不無有名無寔之處，請分作十四年追解，再照該幫應繳底板銀共一千七百三十四兩內已完解道銀三百九十一兩七錢九分，統於雍正十一年秋撥季册彙報，聽候酌撥，相應具題等因前來。查雍正七年五月內，經總漕張大有題請山東停造船四十四隻，江南揚州衛停造船三十四隻，每船追底板銀五十一兩，臣部以額設漕船，不便遽減，行令漕臣張大有會同山東巡撫、蘇州巡撫核寔確議具題，續於雍正七年十二月內，據總漕張大有會同蘇州巡撫尹繼善將江南揚州衛減停船三十四隻，寔係停泊河干請停造緣由議覆，臣部以原題內係山東江南合題之案，應俟山東減船議覆到日一併具題。至雍正九年十一月內，總漕性桂將山東減存船四十四隻不堪加修，應請停造緣由議覆，臣部隨將兩案科抄，一併議覆，停其打造，每船仍照例追底板銀五十一兩，於雍正九年十二月內題請，本旨依議欽遵在案。嗣於雍正十年十一月內，總漕性桂咨請揚州衛停造船隻應追底板銀兩，分作四年追繳，臣部以原係具題着追之案，不便據咨遽議行令具題去後，今該督疏稱前項停造船三十四隻，每船應追底板銀五十一兩，緣各船停泊河干，原易朽爛，請分作四年追解等語，相應行令總漕魏廷珍將前項未完底板銀一千三百四十二兩二錢一分，自雍正十一年起，分作四年按數追繳。其已完銀三百九十一兩七錢九分，造入季報册內，咨部酌撥可也。臣等未敢擅便，謹題請旨。」雍正十一年十一月二十五日題。本月二十七日奉旨：

「依議。」

《雍正朝內閣六科史書・户科・大學士兼兵部尚書事鄂爾泰題准貴池縣四號差船小修工料銀於額編修船銀內動支本》 少保保和殿大學士世襲一等伯兼管吏部兵部尚書事務加十二級紀録二次臣鄂爾泰等謹題爲請旨事：「該臣等議得安慶巡撫徐本疏稱，貴池縣四號差船一隻，自雍正八年拆造之後至雍正十一年已届小修之期，需用工科銀一十五兩，請於額編修船銀內動支興修等因具題前來。查貴池縣四號差船一隻，於雍正七年内拆造，八年内完工，今該撫疏稱扣至十一年已屆小修之期，需用銀一十五兩，於額編修船銀内動支興修等語。查於題定小修之例相符，相應准其小修。仍令該撫將用過銀兩數目，造入該年驛站奏銷册内具題查核可也。臣等未敢擅便，謹題請旨。」雍正十一年十二月十八日題。本月二十日奉旨：「依議。」

《雍正朝内閣六科史書·户科·大學士兼兵部尚書事鄂爾泰等題安慶等府差紅等船大修不敷銀請動用各縣支剩銀本》 少保保和殿大學士世襲一等伯兼管吏部兵部尚書事務加十二級紀録二次臣鄂爾泰等謹題爲請旨事：「該臣等議得安慶巡撫徐本疏稱，安、池、太三府屬額設差紅等船四十一隻，自雍正九年少修及貴池縣參革知縣黄良慶補修之後，筭至雍正十一年，已屆大修之期。共該工科銀八百六十四兩，將雍正十一年額編修船銀五百一十五兩動用，不敷銀三百四十九兩於本年各縣驛支剩銀内動給興修等因，具題前來。查册開大修船四十一隻内，長七文以上船一隻，六文以下船二十二隻，四文餘船四隻，三文餘船一十四隻，係雍正九年小修，題明在案，今雍正十一年已屆大修之期。該撫疏稱共需工科銀八百六十四兩，除將雍正十一年額編修船銀五百一十五兩動用外不敷銀三百四十九兩，於本年各縣驛支剩銀内動用等語。相應准其動用修造，完竣報部。仍將用過銀數造入該年驛站奏銷册内查核可也。臣等未敢擅便，謹題請旨。」雍正十一年十二月十九日題。本月二十一日奉旨：「依議。」

《雍正朝内閣六科史書·户科·漕運總督魏廷珍題報臨清東昌等衛雍正六年建造漕船所需料價銀數造册分送部科本》 兵部尚書兼都察院右副都御史總督淮揚等處地方提督漕運海防軍務兼理糧餉帶前任降三級降一級降二級留任紀録二次臣魏廷珍謹題爲考核事：「該臣看得臨清、東昌等衛雍正六年分應造漕船，經陞任漕臣張大有咨，准部覆准造，檄行山東糧道儹造去後，茲據山東糧道副使廣壽詳稱，准造漕船四十五隻，所需料價錢糧，一舊管雍正五年分考核案内存剩料價銀八千一百七十兩二錢七分五厘八毫零，新收銀八千一百六十六兩八錢七分四厘九毫零；開除造過漕船四十五隻，共銷銀九千三百九十四兩七錢八分五厘，寔在存剩料價銀六千九百四十二兩三錢六分五厘七毫零。造具管收除在四柱清詳請核題前來，除原册分送部科道查核外，相應具題，伏乞皇上睿鑒，勅部核覆施行。謹題請旨。」雍正十二年二月二十七日題。三月十五日奉旨：「該部察核具奏。」

《雍正朝内閣六科史書·户科·漕運總督魏廷珍題報江寧廠雍正三年分舊管新收開銷實在造船需用銀兩數目本》 兵部尚書兼都察院右副都御史總督淮揚等處地方提督漕運海防軍務兼理糧餉帶前任降三級降一級降二級留任紀録二次臣魏廷珍謹題爲考核事：「該臣看得江寧廠雍正三年分歲造漕舡，經前漕臣張大有咨，准部覆准造在案。今據署江安糧道王恕詳稱，江興二衛歲造漕舡需用料價錢糧，舊管銀一百二十三兩七錢零，新收銀一萬八千九百五十兩二錢零；造過漕舡一百六隻，共開除銀二萬二千一百二十兩二分二厘零，寔存銀二千九百四十三兩九錢零。造册請題前來，除册送部外，相應具題。伏乞皇上睿鑒，勅部核覆施行。謹題請旨。」雍正十二年四月十五日題。五月初二日奉旨：「設部察校具奏。」

《雍正朝内閣六科史書·户科·漕運總督魏廷珍題報江寧廠雍正五年分舊管新收開銷實在造船需用銀兩數目本》 兵部尚書兼都察院右副都御史總督淮揚等處地方提督漕運海防軍務兼理糧餉帶前任降三級降一級降二級留任紀録二次臣魏廷珍謹題爲考核事：「該臣看得江寧廠雍正五年分歲造漕舡，經前漕臣張大有咨准部覆准造在案。今據署江安糧道王恕詳稱，江興二衛歲造漕舡需用料價錢糧，舊管銀四百三十一兩零，新收銀二萬五千七百四十三兩一錢零；造過漕舡一百一十九隻，共開除銀二萬四千八百四十四兩八分四厘零，寔存銀一千三百三十兩一錢零。造册請題前來，除册送部外，相應具題。伏乞皇上睿鑒，勅部核覆施行。謹題請旨。」雍正十二年四月二十七日題。五月十二日奉旨：「該部察核具奏。」

《雍正朝内閣六科史書·户科·漕運總督魏廷珍題報雍正四年分舊管新收開銷實在造船需用銀兩數目本》 兵部尚書兼都察院右副都御史總督淮揚等處地方提督漕運海防軍務兼理糧餉帶前任降三級降一級降二級留任紀録二次臣魏廷珍謹題爲考核事：「該臣看得江寧廠雍正四年分歲造漕舡，經前漕臣張大有咨，准部覆，准造在案。今據署江安糧道王恕詳稱，江興二衛歲造漕舡需用料價錢糧，舊管銀二千九百四十三兩九錢零，新收銀二萬五千九百一十四兩零；造過漕舡一百三十三隻，共開除銀二萬七千七百六十六兩九錢一分七厘零，寔存銀一千九十一兩零。内除前道馬世炌預動銀六百六十兩，續經詳參應聽參案歸結，寔存銀四百三十一兩零。造册請題前來，除册送部外，相應具題。伏乞皇上睿鑒，勅部覈覆施行。謹題請旨。」雍正十二年四月二十七日題。五月十二日奉旨：「該部察核具奏。」

《雍正朝内閣六科史書·户科·漕運總督魏廷珍題報江寧廠雍正七年舊管新收開除實在造船需用錢糧數目本》兵部尚書兼都察院右副都御史總督淮揚等處地方提督漕運海防軍務兼理糧餉帶前任降三級降一級降二級留任紀録二次臣魏廷珍謹題爲考核事：「該臣看得江寧廠雍正七年分歲造漕船，經前漕臣張大有咨，准部覆准造在案。今據署江安糧道王恕詳稱，江、興二衛歲造漕船需用料價錢糧，舊管銀七百二十八兩四錢零，新收銀二萬五千八百兩一錢零；造過漕舡一百二十七隻，每舡料物銀二百八兩七錢七分三厘八毫一絲六忽，共開除銀二萬六千五百一十四兩二錢零，寔存銀一十四兩三錢零。造册請題前來，除册送部處，相應具題。伏乞皇上睿鑒，勅部核覆施行。謹題請旨。」雍正十二年五月十八日題。六月初二日奉旨：「該部察核具奏。」

《雍正朝内閣六科史書·户科·漕運總督魏廷珍題報江寧廠雍正六年舊管新收開除實在造船需用錢糧數目本》兵部尚書兼都察院右副都御史總督淮揚等處地方提督漕運海防軍務兼理糧餉帶前任降三級降一級降二級留任紀録二次臣魏廷珍謹題爲考核事：「該臣看得江寧廠雍正六年分歲造漕舡，經前漕臣張大有咨，准部覆，准造在案。今據署江安糧道王恕詳稱，江、興二衛歲造漕船需用料價錢糧，舊管銀一千三百三十兩一錢零，新收銀二萬二千九百八十九兩七錢零；造過漕船一百一十三隻，每舡料物銀二百八兩七錢七分三厘八毫一絲六忽，共開除銀二萬三千五百九十一兩四錢零，寔存銀七百二十八兩四錢零。分別管收除在造册請題前來。除册送部外，相應具題。伏乞皇上睿鑒，勅部核覆施行。謹題請旨。」雍正十二年五月十八日題。六月初一日奉旨：「該部察核具奏。」

《雍正朝内閣六科史書·户科·漕運總督魏廷珍題報江寧廠雍正九年舊管新收開除實在造船需用錢糧數目本》兵部尚書兼都察院右副都御史總督淮揚等處地方提督漕運海防軍務兼理糧餉帶前任降三級降一級降二級留任紀録二次臣魏廷珍謹題爲考核事：「該臣看得清江廠雍正九年分歲造漕船，經前漕臣性桂咨，部覆准造在案。今據署江安糧道王恕詳稱，廬、鳳等衛歲造漕舡需用料價錢糧，舊管銀二千四百七十七兩九錢零，新收銀四萬三千九百二十三兩一錢零；造過漕船一百九十九隻，共開除銀四萬一千五百四十五兩八錢零，實存銀四千八百五十五兩三錢零。造册請題前來，除册送部外，相應具題。伏乞皇上睿鑒，勅部核覆施行。謹題請旨。」雍正十二年五月十八日題。六月初一日奉旨：「該部察核具奏。這本面頁玷污不合著飭行。」

《雍正朝内閣六科史書·户科·漕運總督魏廷珍題報江興二衛舊管新收開除實存造船需用料價銀數目造册送部本》兵部尚書兼都察院右副都御史總督淮揚等處地方提督漕運海防軍務兼理糧餉帶前任降三級降一級降二級留任紀録二次臣魏廷珍謹題爲考覈事：「該臣看得江寧廠雍正八年分歲造漕舡，經前漕臣性桂咨，准部覆准造在案。今據署江安糧道王恕詳稱，江、興二衛歲造漕舡需用料價錢糧，舊管銀一十四兩三錢零，新收銀二萬三千四百四十四兩九錢零；造過漕舡一百一十隻，每舡料物銀二百八兩七錢七分三厘八毫一絲六忽，共開除銀二萬二千九百六十五兩一錢零，實存銀四百九十四兩一錢零。分別管收除在造册請題前來。除册送部外，相應具題。伏乞皇上睿鑒，勅部覈覆施行。謹題請旨。」雍正十二年五月二十八日題。六月十二日奉旨：「該部察核具奏。」

《雍正朝内閣六科史書·户科·廣西巡撫金鉷題請銷柳慶二府協解貴州古州鎮歲需兵米修船等項銀數目本》巡撫廣西等處地方提督軍務兼都察院右副都御史駐劄桂林府革職留任臣金鉷謹題爲謹陳粵西倉穀等事：「該臣看得黔省新設古州鎮營，歲需兵糧一案，准部咨行於粵西柳、慶二府屬存倉穀内，按數動支碾米，解運交收，按年造册奏銷。至每石八錢之米價及運米夫役船隻等費共計若干，即於粵西餘存錢糧銀内照數支出，作爲協黔兵餉等因，當經檄行轉飭遵照在案。兹據布政使張鉞詳，據柳、慶二府會詳稱，各州縣解運古州月糧，前打造船隻分撥裝運，但由粵之黔乃新闢苗疆，水路雖通，而河道淺窄，怪石交錯，險灘陡峻，所有分給官船板底每致損壞，篙槳、篷索時時添補，必需艌修拆造等情，各造册到司。備查協解古州雍正十二年月糧一萬五千石，應需船脚等項共銀六千五百二十九兩八錢零三厘零。官糧船八十隻，自雍正九年正月打造接運起，每年應小修，一年零六個月應大修，需用各費必須動支領補所有艌船及應拆造修船之期，共需銀一千零四十兩，連前兵米船脚合計共銀七千五百六十九兩八錢零三厘零，均應一併請於正項地丁銀内動銷。統於雍正十二年彙造兵米船脚等項，分晰造册詳繳等情前來。臣覆核無異，謹會題請旨。」雍正十二年十月二十五日題。十二月初一日奉旨：「該部議奏。」

《雍正朝内閣六科史書·户科·大學士管户部尚書事務張廷玉題准銷上年浙江寧波等衛各幫歲造漕船用過工料價銀本》經筵講官少保兼太子太保保和

殿大學士仍管吏部户部尚書事加六級臣張廷玉等謹題爲考核事：「總漕魏廷珍題，前事雍正十二年九月十八日題，十月初九日奉旨：『該部察核具奏。』該臣等查得總漕魏廷珍疏稱，浙省雍正十一年分寧波等衛各幫歲造漕船二百四隻，每船料價銀二百八兩七錢七分三厘，共開銷銀二萬一千七百二十二兩三錢九分二厘，造册具題等因前來。查定例漕船十年滿號，方准成造，每隻給料價銀二百八兩七錢七分三厘。今前項新造船隻，臣部於歲造等事案内，以寧波等幫運丁汪殿候等請造船一百三隻，與上屆歲造案内丁名年分相符，准其成造。至温州衛前幫運丁鄭文一船，係康熙五十年成造出廠，因何至今始請成造，行令查明報部去後，嗣據總漕魏廷珍覆稱，鄭文一船，係頂減丁余國禧名下號船，因余國禧於康熙五十五年革運減存鄭文於雍正十年冬接頂起運，是以始行請造等因，臣部以余國禧漕船於康熙五十五年革運始歷四運，自應另僉新丁接頂，何致竟行減歇，以致朽腐，其應作何賠補之處，仍令該督查明報部在案。除旗丁汪殿候等請造船一百三隻給過料價銀二萬一千五百三兩六錢一分九厘，查與該年漕項奏銷册内數目相符應准開銷外，其給過旂丁鄭文一船料價銀二百八兩七錢七分三厘，俟彼案咨覆到日，查核歸結可也。臣等未敢擅便，謹題請旨。」雍正十二年十一月二十九日題。十二月初一日奉旨：「依議。」

顧禄《桐橋倚棹録》卷一二《舟楫》 沙飛船，多停泊野芳浜及普濟橋上下岸，郡人宴會與估客之在吳貿易者，輒賃沙飛船會飲於是。船制甚寬，重檐走轤，行動捩舵撑篙，即昔之蕩湖船，以揚郡沙氏變造，故又名「沙飛船」。今雖有捲艄、開艄兩種，其船制猶相仿佛也。艄艙有竈，酒茗肴饌，任客所指。艙中以蠡殼嵌玻璃爲窗寮，桌椅都雅，香鼎瓶花，位置務精。船之大者可容三席，小者亦可容兩筵。凡治具招攜，必先期折柬，上書「水窗候光，舟泊某處，舟子某人」。相沿成俗，寖以爲禮。迓客於城，則別僱小舟。入夜羊燈照春，鳧壺勸客，行令猜枚，歡笑之聲達於兩岸，迨至酒闌人散，剩有一堤煙月而已。沈朝初《憶江南》詞云：「蘇州好，載酒捲艄船。几上博山香篆細，筵前冰碗五侯鮮。穩坐到山前。」蓋承平光景，今不殊於昔也。

郡城燈船，日新月異，大小有三十餘舟。每歲四月中旬，始搭燈架，名曰「試燈」。過木犀市，謂之「落燈」。多於老棚上竪楣枋椽柱爲櫱，有鐠有鐵。燈以明角朱鬚爲貴，一船連綴百餘。上覆布幔，下舒錦帳，艙中綺幕綉簾，以鮮艷奪目較勝。近時船身之寛而長幾倍於昔。有以中排門扃錮，別開兩竇於旁，如戲場門然。中艙卧炕之旁，又有小衖可達於尾。艙頂間有啓一穴作洋臺式者，穹以蠡窗，日色照臨，纖細可燭。炕側必安置一小榻，與欄楯桌椅，競尚大理石，以紫檀紅木鑲嵌。門窗又多雕刻黑漆粉地書畫。陳設則有自鳴鐘、鏡屏、瓶花。茗碗、吐壺以及杯箸肴饌，靡不精潔。值客必以垂髫女郎貢煙遞茶，其人半買自外城，間有船娘已出者，大致因伺佳麗之登舟者而設也。佳麗來自院中，與長年相表裏，有主人攜至佐酒者，有所招之客挈至自娱者。酒酣席散，無論主賓與侑觴之伎，各以番錢相餉，有幺三、幺四之目，幺則給與值艙之舟女，三、四則給與榜人，俗呼「酒錢」。良辰令節，狎侶招游，謂之「下虎丘」。必先小泊東溪，日晡，與諸色游船齊放中流，篙櫓相應，迴環水中，俗呼「水轡頭」。少選，紅燈一道，聯尾出斟酌橋，迤邐至野芳浜，亦必盤旋數匝，謂之「打招」，與月輝波光相激射。傳餐有聲，賭爵無算，茉莉珠蘭，濃香入鼻，能令觀者醉心。設有不欲明燈者，亦任客所指。其頭中尾艙，必燃燈一二十盞，以自别於快船。予時駕小艇，盡滅燈火，往來其間，或匿身高閣與樹林深處，遠而望之，不啻近斗牛而觀列宿也。吳周鈐《燈船歌》云：「水嬉吳下盛，絶麗推燈船。操船十七户，多住白堤邊。蘭橈桂楫芳塘路，曾與龍舟誇競渡。待到秋來月上弦，正宜秉燭晚涼天。盤螭舞鳳翻新樣，費出豪門不計錢。賓攜幸舍驕珠履，妓選傾城耀翠鈿。玉樹歌聲傳夜半，銀河星采即筵前。夜夜銀河恣歡樂，舟師便是填橋鵲。買笑金多盡許分，黄頭氣焰銅山托。爭睹當場熱戲豪，那知轉盼驚波作。呵禁朝來下急符，咸行赤棒敢支吾。星橋火樹俱銷歇，剩有湖心片月孤。莫訝官司如束濕，由來薪突防宜急。金穴何堪逐水流，崑岡也慮飛灰及。寄語烏衣白面郎，歡場彈指易炎涼。秋風破屋人多少，宵燭何妨賜末光。」

快船之大者即燈船之亞，亦以雙櫓駕摇，行運甚速，故名曰「快船」，俗呼「摇殺船」，有方棚圓棚之别。户之綺，幕之麗，簾窗之瓊綉，金碧千色，鬼眼晃面，與燈船相仿佛，但不設架張燈耳。有等舟身甚小，位置精潔，只可容三四客者，謂之「小快船」，行動更疾如駛，即舒鐵雲詩所謂「吳兒駛船如駛馬」是也。泊船之處，各占一所，俗呼「船渦」。捧軸理棹者多婦女，故顧日新有「理楫吳娘年二九，玉立人前花不偶。步摇兩朵壓香雲，跳脱一雙垂素手」之句。

有本船自蓄歌姬以待客者，近亦葺歌院，可以登岸追歡。其船多散泊於山塘橋、楊安浜、方基口、頭擺渡等處。運動故作遲緩之勢，似舟行逆水中，俗呼「逆水船」。其人間有負一時盛名者，分眉寫黛，量髻安花，雖未能真個銷魂，直欲真個銷金，蓋亦色界之仙航，柔鄉之寶筏也。船中絃索侑酒，又必別置辮髮雛姬，女扮男裝，多方取悦於客，俗呼「鼻烟壺」，言其幼小未解風情，只堪一嗅而已。舒鐵雲詩「不男不女船中娘」，正謂此也。閨秀席蕙文《虎丘竹枝詞》云：「畫舫珠簾競麗華，玻璃巧代碧窗紗。吴歈宛轉香喉滑，小調新翻剪靛花。」林焕《畫舫雛姬詞》云：「陽春二三月，揚柳垂堤邊。柔波戛鳴櫓，劃破桐橋煙。豪貴扣舷坐，賓從何聯翩。嬌癡十齡女，短髮垂雙肩。豈知夢雲樂，故作眉語傳。一吹引鳳簫，再撥鵾鷄絃。新歌翻子夜，博取黄金千。黄金有時盡，白璧終難堅。安得大海波，净洗出水蓮。」

虎丘游船，有市有會。清明、七月半、十月朝爲三節會，春爲牡丹市，秋爲木犀市，夏爲乘涼市。一歲之中，惟龍船市婦女出游爲最盛，船價亦增數倍。小户婦女，多僱小快船，自備肴饌，載以俱往。豪民富室率賃燈船，羅袂藻水，脂香漲川，女從如雲，語言嘈雜。燈船停泊之處，散在上津橋、接官亭、楊安浜、通貴橋、八房河頭一帶。城河狹窄，路通而不能入，以是女眷出游，每肩輿至閶門馬頭或接官亭、釣橋登舟。夜歸則僕從候久，棄水登旱，輿簾下垂，花香徐拂，道旁行客知人家眷屬歸也。李福《虎丘游船詞》云：「秋羅衫子艷於霞，雅鬟争簪茉莉花。偷眼何人在篷底，東船西舫本無遮。」「忽然歸棹又相逢，人影燈殘花氣濃。上得香輿如駛去，静聽街鼓響冬冬。」

有等小本經紀之人，專在山塘河中賣水果爲生。每值市會，操小划子船，載時新百果，往來畫舫之間，日可得數百錢，俗呼「水果船」。

雜耍之技，來自江北，以軟硬工夫、十錦戲法、象聲、間壁戲、小曲、連相、燈下跳獅、煙火等藝擅長。每歲競渡市，合夥駕欄杆駁船，往來於山浜及野芳浜等處，冀售其技。每至一舟，則必葛袍纓帽，手遞戲目，鞠躬聲喏於前艙。搬演一齣，索值一二百文不等。又有一名堂者，乃嘉興人，能以一人打十番鑼鼓，並爲崑腔、攤簧諸戲，手動足踹，音節悉合，亦日坐小艇，來往游船之際，以技覓食，過十五日，棄之他往。有等游民，呼朋引侣，自僱小舟，敲動粗細鑼鼓，並爲盤杠、盤叉、舞火把諸戲，自得其樂。閨秀徐映玉詩云：「戎戎山市翳煙蘿，斟酌橋西柳蔭多。春晝畫船相次泊，氍毹小部拂雲和。」

虎丘每逢市會，有等老嫗或鄉間之人，操疲舟，駕朽櫓，泊山浜、野芳浜，於燈船雜沓之際，渡人至上下塘買物或游玩樂便，每人只乞一二文，謂之「擺渡船」。然乘危履險，識者有覆溺之慮，寧行紆道，不敢褰裳也。

人有於虎丘、滸關等處或入城勾當者，多僱乘小艇，往來代步，其值甚廉。艇制短小而窄，創於滸關之税廳，一篙一櫓，行動捷如飛鳧，俗呼「關快」，亦名「七里乩」。泊處有九：一在小普陀，一在花園衖口，一在快呫場，一在桐橋，一在缸甏河頭，一在白姆橋，一在新橋，一在通貴橋，一在山塘橋。操舟者皆西郭橋八都、九都之鄉人，不務農桑，專在水面日覓升合之供。犁旦已鼓枻而出，迨暮仍欸乃而還，雖寒暑晴雨無間也。

鄭觀應《救時揭要・論中國輪船進止大略》 《瀛寰瑣記》所論《内地輪船進止議》，深合符節，實獲我心。余故參以鄙見，合質高明。

夫泰西輪船、機器、火砲之精，泄天地造化之奇，爲軍國所利用，以此致强，以此致富。若中土仿而行之，勢必雄跨四海。然制造之精工與否，特其事之一端。其最要者，則在經費之多，且在乎駕駛之熟也。

泰西各國官與商，財貨互相流通。蓋官力則有窮，而商資則易集。即國債一事，君之逋欠於民間者動輒數萬。官之所需，商皆立應。商不慮官之無信，官亦不借商爲可恥。凡各國每舉大役，興大利，鑿山通道，動以千百萬計。在我國人聞之狂駭咋舌，斷不遽信，在泰西人則視爲尋常。不特朝廷可爲之，官商可爲之，即一介細民，倡一新論，實可操左券，爲衆論所許者，則在官、在商、在民，皆可凑股助益之。一人建議，萬人集資。一旦獲益，則創其事與助其事者皆分其利，故成事較易。即偶有萬不能成，而徒滋糜費者，亦必至計窮力竭而後中止。外人并不以爲非，絶無譏刺，且尊敬之，體諒之，以爲此人真肯用心，而非以空言嘗試也。彼中習尚如此，豈中土萬餘年來，吝惜涣散之風氣所能效之乎？

中土非無博達之士，多因貧乏，無能制作，或有絶技困於律例，不敢自炫。如朝廷有示體恤商賈，任天下之人自造輪船，尤能制一奇巧之物，於國家有益者，則賞其頂戴，限其自造多少年數，然後别人方能造。則人皆樂創樂助，事必易成，而且精於技藝者必多，亦未始非富民之道也。較諸文士筆下千言，胸無一策，或習武藝，聞砲相驚者，雖掇高科，於國家有何益哉！然泰西駕駛之船主，行兵之將帥，無不精習天文，廣識地理，通曉中外各國言語文字。即兵船司砲之官，皆善於測量高下、遠近。其大小砲位，每發必中。其在船之兵終日所司職事，目不旁瞬，足無停趾，堅忍果毅。法律尤嚴，鮮有無故上岸及在船酣卧者。其桅篷高至十數丈，緣索而登，捷於猿鳥。雖其國之水師提督、王子、貴人，苟在行伍，亦須事事皆能，文案自理焉，槍砲自燃焉；即至粗至賤之事，皆不憚辛瘁而畢試之。上與下有督責而無等威，俸餉至優，克減皆絶。一旦臨敵，誓不反顧，船碎亦不聞叫號。其兵心之堅如此。豈中士之兵囂凌怯魯所能效之乎？

具此兩大不能，即使魯般操斤，公輸造器，事事物物駕乎其上，而一旦與之相持相搏，亦力有不能繼，勢有所難争矣！此情理之顯然。而中土局外局中，無一思議及之者，良可長太息也。

輪船停，固損國體；不停，亦不足張國威。然則如何而後可？愚則以爲停、不停皆可也。得其道則轉敗爲功，失其道則雖利亦害。請先言其不停者，無他，但改官造爲商造一言而已。中土之商，雖任事之心不如西國，而謀利則一。現在上海長江輪船多至十七八隻，計其本已在一二百萬，皆華商之資，附洋行而貿易者十居其九。其所以不樂自居華商之名，而甘附洋商之尾者，其隱情可以理度之矣。又上海沙船，盛時五千號，今祇五百號，有日少無日多，而海運天庾，皆賴此以濟。不早思變計，亦必大礙於京倉。又福建已成輪船五六隻，每年歲修之需亦復不貲，方在交商承領，鮮有應者。與其官造之，而仍望商用之，又何如從此而令商造乎？官停造，則廠基機器費無可補，人工匠役身無所靠。若果招商接任之，則前之所費皆可收回，工役之人無失業之嘆。

説者謂：「華商久以資附洋賈，此時忽强之自造，又豈能樂從？」不知別有道焉。夫商之不願者，畏官之威，與畏官之無信而已。即如少有警報，官紳措詞勒捐，富貴之家，飽己囊橐，多有迫民爲盜者。誠能盡袪其畏官之隱衷，而予謀生之大道，則凡閩省之鹽商，上海、寧波之號商，皆可羅而致也。姑以二十隻輪船而言，每隻用銀十萬兩，則器具已極精良，計二十隻，本資二百萬兩耳。江浙海運一百二三十萬石，加以江西、安徽、湖南、湖北亦可酌提本色七八十萬石，由長江東下，歸於海運。計每年照二百萬石計，每石水脚六錢，即有銀一百二十萬兩。每隻盡載米一萬石，二十隻一月兩次，即可四十萬石。自正月至五月，五個月中，此二百萬皆可運竣矣。此一百二十萬水脚之中，除去每船每月用度至多一萬兩，二十船二十萬兩，五個月一百萬兩，尚有二十萬餘利。以二百萬資本，得二十萬餘利，不爲過薄矣。此外五、六、七、八、九、十六個月，載南北往還之貨，亦另有利焉。洋人連年奪取沙船之利，亦可一旦攘歸其半。籌本既非太巨，得利亦復甚優，乃華商卒不敢任者，以官之言不足信也。沙船之商不樂輪船海運者，以沙、輪難并立故也。假如用輪船海運，即以向業沙船者令其改操輪船，則業沙船者有靠。否則半歸海運，半歸河運，有事之秋，無防(制)〔掣〕肘，此亦萬全之策，無慮生計之無出也。商人造，則資用可以源源不窮；商人造，則該事系商人身家性命所關，即無人督責，亦不慮其不造乎精巧。是一轉移間，同一造輪，而精粗美惡自有天淵之別矣！誠如是，則官無費用之籌，而海滿有輪船之用。數年之後，商力日復，制造自日精，其有益於海運不更深乎？自後再令每有商船四隻，帶造兵船一隻。二十船可捐造大兵船五隻，以此年年遞加，積久兵船正不知凡幾。無事則護商捕盜，有事則聽官調遣。在古寓兵於農，今寓兵於商。從此月餉斂之商，訓練責之商，是朝廷安坐而日收其無形之富强，於公家真有萬種之益，而無一絲之損矣。此較官中籌款竭蹶不遑，而又歲修無出、駕駛不精者，孰難孰易哉？

議者皆知泰西之長技，而不知操泰西立法之大旨本源焉。豈虎賁中郎、衣冠優孟，而即又自詡得其真種子乎！上海一縣號商凑五十萬，崇明五十萬，寧波、福建、廣東亦如之，不甚難也。然此則指不停造閩省一局言也。閩省之用倍於江蘇。故必以商造代任，方可將已用帑金歸還原款。

至於江蘇一局，則又別有説矣。機者總名也，泰西無事不有機器。如種田、刈稻、織布、提絲，甚而至於陶、冶、金、鑿百工之事，皆以器代人。中土兵燹之後，工價無一不昂。誠能以局中大機，分造一切小機器，如農、桑兩項之物，精益求精，靈便適用，則數百金一器，即可敵農夫數十人之用。工商農販必争購之，其利易溥，而惟上海一局司其柄，其官中利權，專而美矣。又河内小輪船不准洋人行駛，恐其奪中土之民業耳。若准中土之商爲内河之用，則上海一局，則專造小輪船，而停大輪船；專造民間機器，而不尚兵船機器。用力愈省，收斂愈多，官帑不必籌，而年年轉有所獲。

是停、不停皆可之説，非騎墻之顢頇語。固分別蘇、閩情形，各得其宜，而專主以商代官之長策也。萬不如《瀛寰瑣記》所論。或於某省豢養兵船十隻，可於内地設一制造局，精鑄砲械，及造小輪於各府州縣，以代民船，護商緝盜。擇一能員統帶，習練兵法，總歸某部，年年查驗，不得搔擾百姓，陽奉陰違，振作於始，因循於終。須安不忘危，實心恒志以行之。誠如是，整頓軍威以保社稷，復取西洋各國之兵法裕國足民，成充國用，而富强之道不亦偉哉！因勢利導，轉弱爲强，願天下有心人，研思而深體之。

鄭觀應《易言・論船政》 今欲維時局、擴遠圖、飭邊防、簡軍實，上則固我疆圉，屹雄鎮於海防；次則富我商民，通外洋之貿易，乘時舉事，思患豫防。此船政之所經始也。

計自閩、滬設廠仿造輪船以後，華人皆能通西法、造機器、充船主，日新月盛，著有成功。無如制造愈多，經費愈絀，議者不察，動謂輪船可廢，工廠可停。曾亦思：莫爲之前，雖美弗彰；莫爲之後，雖盛弗繼。西人每造一船，制一器，其初勞費常十倍於中華，不竟其功不止。先難後獲，凡事皆然。今中國費千萬之帑金，積十年之功業忽然中綴，長敵人之氣，減志士之心，失策莫甚於此。

然欲收制船之效，必先籌養船之資。嘗查西洋船制，有商船，有兵船，以兵船之力衛商船，即以商船之税養兵船。所以船雖多而餉無缺。所造輪船制度，備戰者則長而中狹，運貨者則短而中寬。其輪機之明暗，喫水之淺深，用煤之多寡，截然不同。推原閩、滬造船之初心，蓋欲合商船、兵船而參用之。故運載既不逮商船之多，戰守又較遜兵船之利，兩求其便，轉覺兩失其宜矣。

竊謂：嗣後各廠宜擇請著名西匠，仿造新式槍砲、上等戰船，方爲有濟。以華匠雖粗窺其奥窔，不過仿其規模，成本固多，成功又緩。迨中國造就，而西人已另有新硎，一律更换。若欲神明變化，必須上等華匠及習算之學生，親赴外洋各廠參互考證，乃能自出胸裁，戛戛獨造。現在出洋肄業幼童，其中不乏聰穎之人。擬飭管帶各員分别察看，有能通製造之法者優給廩餼，奏保官職，令其竭慮殫心，精求絶技。他日藝成返國，因心作則，用廣其傳，庶不致倚人爲强，虚糜巨款。將來辦有成效，拾級超遷，洊升總辦。則工匠之賢否，經費之多寡，燭照數計，洞悉隱微，然後造藝用人無欺無濫，窮神達化，乃能頡頏西人。

往年中國特設輪船招商局，奪洋人之所恃，收中國之利權，洵爲良策。無如造船各廠不能造新式之船，價比外洋更貴。所以租造者，至今尚屬寥寥。蓋洋廠機器日新，價廉功倍，以故羣商就價，趨赴外洋。往往有華商集資附入西人公司股分，不願居華商之名者。一則因華商創始不得其人，官亦不爲提倡；再則歸官創辦，不能昭大信而服商人：赢則借事勒捐，虧則多生枝節。誠能祛其畏官之隱衷，予以謀生之大道，准由公正精明之商總精擇洋匠，開設船廠，實力監工，彼將視爲身心性命之圖，制造必精，程功必速，成本必廉，虚費必省。官局、商局并行不悖，將見源源租造，迭出不窮。商船既盛於懋遷，兵船可資其接濟。興商務即以培船政，権商船即以養兵船，强富之基，不外是耳。

若夫目前權宜之方，補救之策，如直、奉、東、楚、江、浙、閩、粤等省，各調輪船一二號，供給歲費，藉其資助，出洋巡緝，亦可稍紓廠力。不知節於此仍費於彼，行之暫難矢諸常。惟有察飭沿海各省水師舊式之舢舨、紅單艇船、拖船等一律撤裁，不准再造；又酌減各省緑營兵額，以餉力并養輪船，或能經久不匱。

至泰西船政之學，須先通數國言語文字，并嫻天文、地理、算法。若涉大海，浩無津涯，隨處皆知船在經緯綫若干度、若干分，各處風信潮汐，各國海口船旗，礁石之有無，水勢之深淺，遇大風雨應如何駕駛趨避，器機器者驗風雨表篷桅之類，機者汽機也。應如何措置得宜。考選後爲副舵工，閲歷有年，再考爲正舵工。如果心靈手敏，游刃有餘，可操全船之權，方爲船主。如有失事壞船，有司須擇請一二老練船主，會審其壞事之由。果該船主操置不善，則繳其憑，褫其職，入其罪，籍其家産，賠償船費；倘人事已盡，天實爲之，則船主與舵工免議。此定例也。中國既仿行此制，尤須得精研西學、諳練知兵之大帥，專其節制，齊其號令，每年會操一二次，察各船主之勤惰，駕駛之利鈍，以訓練而黜陟之。庶中國多造一船，即多得一船之用矣。

雖然，猶未也。自外洋入口通商而後，不特奪各路商船之利，兼侵内地商民之利。使華商能租造輪船出洋販運，漸次推廣，固塞漏卮。而華商與洋人歲(相)時相洽，聲氣相通，利弊情形見聞真切，遇有交涉事件，亦可調停折服，弭息禍源。

聞華人之經商佣工寄寓於外洋者，計吕宋一島約四五萬，新加坡、檳榔嶼諸島約數十萬，美國、舊金山及其近埠約十四萬，越南、西貢等處約三十萬，古巴、秘魯各十餘萬。其他若日本，若新金山，若太平洋檀香山，數或逾萬，或不及萬，均各建有會館，設有董紳，特以路遠勢孤，每爲彼國所輕侮。曩日閩中船政局「揚武」兵船游閲東南洋各島，而吕宋客居華民鼓舞歡呼，至於感泣，謂百年來未有之光榮。一埠如斯，他埠可想。況西洋通例，雖二三等之國，皆有兵船游弋外埠，名爲保護商人。堂堂天朝，何難辦此！更宜照會駐札各國公使：如各埠華民，有願得兵船保護者，當自籌歲費，報明領事，請公使轉咨船政酌派兵船，或一年或年半，分别調還，再换他船，藉資游練。如一埠不能養一船者，則數埠共養一船，使之往來鎮衛。中國有事則悉數召回，以備調遣。夫如是，則廠局有養船之費，海疆有戰守之資，中外有聲勢之聯，商旅有利運之益。蓋一舉而數善備焉。是在當軸者全局統籌，全神廣運，餉項不虞其支絀。庶幾軼美於前人，國家永慶乎升平，不且銘功於後日也哉！

鄭觀應《易言·論水師》 今夫保國之模，曰安内，曰攘外；而練兵之要，曰陸路，曰水師。陸兵則不憚關塞之崎嶇，自足掃欃槍而清沙漠；水師須狎習風濤之險怪，始能御外侮而固海疆。從前發、捻披猖，迭經統兵大員倍加振頓，陸軍則精練湘、淮，水勇則兼資閩、粵，用兵廿稔，大難卒平。非不立有良規，收其成效。無如後先異致，今昔不同。外患日深，强鄰日逼。若復膠於舊制，罔變新章，感以之制陸地則有餘，以之御海防則不足也。何則？方今口岸通商，防閑盡潰，凡所謂天生險阻，足以固吾圉而控遠人者，皆有洋船駐泊，出没無常。而關河之要害，海道之情形，較之内地兵民，尤爲熟悉，直不啻寢我卧榻，據我户庭。在中國幾無可守之區，更無藉守之具矣。

不知有治人斯能行治法，知所短乃能用所長。彼夫惡虎豹而服其皮，取其温暖也。斥夷狄而師其法，取其利用也。昔法國拿破侖第一精於制造輪船，天下莫强，惟英國水師足相頡頏。其後歐洲各國競相仿效，極深研幾，日新月盛。雖曰奇兵守險，地利先資，善政宜民，人和足恃，然無砲臺以守其要害，無輪船以擊其往來，無火器以破其戰船，無電綫以速其征調，竊慮一朝告警，萬里乞師，赴援之勁旅未來，而壓境之强鄰已至也。

且中國自道光年間海上交兵以來，沿海砲臺悉遭毁壞。故論者皆以砲臺爲不足恃，然非砲臺之無用，實砲之制不得其法，臺之式不合其宜，守臺不得其人，演砲不得其準。查西國砲臺之式，下廣上鋭，或作尖錐三角形。臺上四面安砲，迤邐起伏，首尾相顧。臺下環之以池，其制與中國砲臺迥異。凡海口重地，莫不森列砲臺，嚴爲防範，似重城池反不若其重砲臺也。邇來江西、湖南，皆於城外添築空心砲臺，與城内相通，亦仿此意。竊謂嗣後沿海要溢，築臺必照西式之堅，製砲必如西法之精，守臺必求其人，演砲必求其準。使與外洋之水師輪船，表里相資，奇正互用。庶海濱有長城之固，敵人泯覬覦之心。兵法云：「知己知彼，百戰百勝。」倘知己而不知彼，則臨事張皇，議戰守而一籌莫展；知彼而不知己，則存心徼幸，輕嘗試而百出無功。不知彼又不知己，小憤亦輕於一戰，好謀非出於萬全，其不至於喪師辱國者亦幾希矣。

邇來洋人麇至，交涉糾纏，稍有違言，動開邊釁。況俄人蠶食於西北，倭人狙伺於東南，禍變之迭乘，尤屬端倪顯著者也。中國海疆遼闊，防不勝防，更宜握要以圖，自强不息。以水師爲折衝之用，以陸兵爲守御之資。查前代但言海防，在今日當言海戰。考攻敵之具有四：曰鐵冲船，曰鐵甲船，曰轉輪砲船，曰蚊子船。守險之具亦有四：曰砲臺，曰水雷，曰水中冲拒，曰浮鐵砲臺。鐵冲船宜于水戰，轉輪砲船宜於肆擊，鐵甲船、蚊子船宜於攻堅。此外如木輪船、田鷄砲船，皆在其次。而守險之具，又須視其口岸之所宜。無水雷則砲臺不能守，無冲拒則水雷無所依。舉凡難設砲臺之區，又須恃浮鐵砲臺，即以鐵甲戰艦環峙海中，以資捍蔽，上置轉輪巨砲，隨岸上下，循環策應，相需爲用，乃能相濟以成。

間嘗綜計天下海防，莫如分設重鎮，勢成犄角，以静待動，以逸待勞。擬合直、奉、東三口爲一鎮，江、浙、長江爲一鎮，福建臺灣一鎮，粤省自爲一鎮。編分四鎮，各設水師，處常則聲勢相聯，緝私捕盜；遇變則指臂相助，扼險環攻。

夫津門爲京畿屏蔽，而要口則在奉、東。咸豐十年英、法犯津，其兵船輜重皆分駐於威海崆峒各島。今津門雖屯勁旅，而奉、東二口并無牽綴之兵，是北洋之防未固也。江、浙僅設内防，長江僅立砲臺，而外海尚無大隊水師以備衝突控馭，是中洋之防未固也。閩省海口可守，而厦門之守則難。粤省逼近香港、澳門，與敵共險。臺灣内地新辟，不善創置，適爲他族所垂涎。是南洋之防未固也。

爲今計，宜合直、奉、東三省之力，以鐵甲船四艘爲帥，以蚊子船四艘、輪船十艘爲輔，與砲臺相表里，立營於威海衛之中，使敵先不敢屯兵於登郡各島。而我則北連津郡，東接牛莊，水程易通，首尾相應。彼不能赴此而北，又不便舍此而東。就令一朝變起，水陸夾攻，先以陸兵挫其前鋒，後以舟師搗其歸路。即幸而勝我，彼亦不敢久留；敗則只輪片帆不返，則北洋之防固矣。長江之險，内守已嚴，能於鎮江海島亦照前設立水師，彼自不敢遽入長江，腹背受敵，則中洋之防固矣。臺灣爲七省門户，臺地新開，更宜仿設水師於澎湖，以爲閩省之重防，以杜敵人之窺伺。粤省則華夷逼處，洋船紛屯，較他省似難爲力。然而財賦充斥，人物精强亦如前，練兵簡器，密設水師，盡能自固藩籬，不資援助。則南洋之防固矣。

其餘各省濱海要區，惟宜精練陸兵，嚴爲防守。而水師又必須往來游弋，或會操，或會哨，分設電報，聲息相通。至東、西各洋，宜每洋輪派一鐵艦，巡游各埠，以資歷練，以衛商民。且北省濱海地方，多積淤灘，南省多背山嶺，舍舟深入，屯聚爲難。地固非形勝所必争，土又非膏腴所畢萃。更可汰兵節餉，爲四重鎮厚集其勢，專責其功，兵不致分守而力單，餉不致協籌而力絀。收防海之實用，不徒務防海之虚名。水師之强基於此矣。

然而用兵之要首在得人，經世之規尤須持久。蓋洋人之所以雄峙海外、虎視宇內者，非徒恃其船砲之堅利，將領之精鋭，而後能軍也。蓋先由養兵餉足，志專一而心不紛，而後能令出惟行，令行而後能少以制衆也。況海面之水師，與江上之水勇迥然不侔。江則廣艇、舢板、小輪船已爲利器，海則非有鐵艦輪船，配用巨砲，斷不足與敵争衡。江則兩湖、三江之人，皆可以召募；海則風潮掀簸，非閩、廣、寧波沿海之人，往往嘔吐委頓，不能便習重洋。江則支河小港一望可知；海則浩無津涯，非練習多年不能測淺深而定方向。即如江面得力之將弁，用之海上，亦深恐遷地弗良。今輪船雖迭已造成，未必盡如其術；槍砲雖迭經操練，尚難遽造其精。兵凶戰危，措施匪易，心精力果，教訓可成。惟能求艾於三年，庶可即戎於一日耳。

我皇上鑒前毖後，思患豫防，遏已著之兵端，消未形之邊禍，惟有設立四鎮。特考取水師中善於管駕，精於武備者，分爲統帥，督練水師，加其廉俸，重其委任。而各省之水師提督，可以另派一統理海防水師大臣，專一事權，遥爲節制。時其黜陟，察其材能。事不兼攝乎地方，權不牽制於督、撫。優其爵賞，重其責成。取西法之所長，補營規之所短。除弊宜急，立志宜堅，用賢期專，收功期緩，行之以漸，持之以恒。至輪船管駕將官，必須洞悉測風防颶，量星探石，辨認各國兵舶，識别各口沙礁者，方膺是任。兵弁亦須選年富力强及沿海熟識水性之人，配入輪船，隨時操演，拾級而升。槍砲務求其準的，不事虛機；駕駛務極其精明，不求速效。更采西國水師操練之法，輪船戰守之方，砲位施放之宜，號令嚴齊之訣。截敵人之奔岸，練水面之陣圖，察益加察，精益求精。庶幾將盡知兵，士皆用命，振亞夫之旗鼓，豈徒破敵於寰中；麾允文之艨艟，不且争雄於域外哉！

鄭觀應《南游日記・西貢出入口報關并附帶書信章程》 船只初到港門，地名急臣占，俗名頭墊，又名芹滁。塔燈山管理人以千里鏡見該船，即由電綫報知西貢正埠船政署，并升旗於竿上，使內外咸知。

船隻到埠，該船主或親身，或托代理莊口人，或托代辦該船局董，將牌照并由某埠開行之船政官所給放行票，及其國該埠領事官放行票，并該埠驛務館書信及攬載貨物總單，帶赴船政官署呈報。如貨物單用他國文字，由局董轉翻法文。即日卸貨上貨。其所帶書信，須交驛務處派送本人，不得私派。倘須本人親送，將書信即送驛務處繳納信資，加貼士擔，方得自送。

船隻訂期出口，將墩位船鈔及出入口帶水等款清訖，預備三函，開明某日某時本船開行，先二十四點鐘，一報船政署，請派出口帶水一員；一報驛務署，准定某時本船代理人走領書信；一報華民政務河面差館，請查驗搭客出口放行票。

船隻出口日，攜帶納清王家銀庫墩位船鈔收票，及支清出入口帶水銀收票，并出口攬載貨物總單，又報明船上人若干名，出口客若干名單各一紙，統呈船政官驗明。隨即領出放行票方得開行。

薛福成《薛福成選集・籌洋芻議・船政》 今將乘時勢，規遠圖，修利器，上之固我藩籬，成軍於海嶠，次之興我貿易，藏富於商民，則整理船政，其急務矣。自閩滬設廠仿造輪船以來，迄於今日，華匠能以機器造機器，華人能通西法作船主，功効不爲不著。然造船愈多，則養船之費愈重，閩廠以經費支絀告者屢矣。局外不察，從而議之，至謂工廠可撤，輪船可廢，不知西人每造一器，成一藝，其勞費倍蓰於中國，先難後獲，凡事皆然。夫爲之而旋輟，不如其勿爲。擲千百萬之巨欵，忽棄已成之功，灰志士之心，長敵人之氣，失策莫甚於此矣。雖然，欲理船政，必先籌費，船政日漸擴充，而專待公家之帑項，其勢固有所不及，往歲議華商僱買輪船章程，然自招商局外，並無商人在廠租造輪船者，何則？中國商務既未甚興，即有一二購船之商，亦遠赴外洋各廠，蓋以洋廠購船之價，較廉於華廠造船之價也。然則中國之船政，欲廣招徠，莫如研求廠務，俾船價與外洋相等，必無舍近圖遠之人，欲謀持久，莫如經營商務，俾用船與外洋相等，必無日新月盛之象。況商船既多，則入廠修船者迭至而不窮。而租船造船之商，皆事勢所必有。他日由一廠分爲數廠，而公家之帑項可無甚費，且商船既盛，而兵船不患無養之之資。是論今日之船政，舍振興商務無他術矣。若夫目前補救之策，如直隸、奉天、山東、浙江等省，已各調輪船一二號，爲巡洋捕盗之用，而供其歲費，所以稍紓船廠之力也。然節於此，仍費於彼，亦非可久之道。是宜察沿海水師之可減者，若紅單艇船，若潤頭舢板，各裁去數十號，或分防陸勇，裁去數百人，均可養兵輪船一號。在各省大吏，相其形勢而酌劑之，而輪船之分隸各省者，又當得精研洋學，閎達沈毅，知兵之大帥，統歸節制，以壹號令，每歲會操一二次，察各統將之勤惰能否，而進退之。庶中國多造一船，可多得一船之用矣。雖然猶未也，聞華民之寓居外洋也，往往以勢孤氣餒，爲他國之人所輕侮。蓋西洋通例，雖一二三等之國，莫不有兵船巡歷外埠，名爲保護商人。曩者「揚武」練船，遊歷東南洋各島，而吕宋旅居華民喜色相慶，至於感泣，以爲百年未有之光寵。一埠如此，他埠可知。間嘗取海外華人之數，合備工商賈併計之，吕宋一島，約四五萬人，新加坡及檳榔嶼諸島約十萬，美國舊金山及其近埠約十四萬，流寓越南及西貢等處約三十萬，古巴、秘魯各十餘萬，其他若日本、若新金山、若太平洋之檀香島厥數或逾萬或不及萬。凡華人聚居之處，莫不有會館，有經董，彼皆自願集貲，引領以望華官之至也久矣。而兵船抑無論也，蓋養一兵船歲費不過二萬兩，以一埠六萬人計之，每三人而蠲費一兩，尚易爲力，況其中必有殷實商人爲之倡者，彼畧有所費而，藉華船保護，稍張聲勢，便足與諸洋人齒偶，有交涉隱受無窮之益，此必華民所樂聞者也。爲今之計，宜告駐劄各國公使，如各埠華民有願得中國兵船以壯聲威者，自籌歲費，報明領事，領事請公使，咨船政，船政酌度撥遣或一年調還，或半年調還，再遣他船，更番前往，藉資遊練如一埠不能養一船者，或數埠共養一船，使之往來於其間。中國有事，則悉數召歸，以備調遣。夫如是，船廠無養船之費，而獲捍禦之資，兵船無坐食之名，而有歷練之實，商賈備工蠲費不多，頗霑利益。公使、領事權力雖弱，亦倚聲援，蓋一舉而數善備焉。而中國商船之遠適他邦，未始不以此爲之嚆矢，是又振興商務之要端也夫。

左宗棠《左文襄公奏疏·初編》卷三八《請派重臣接管輪船局務摺同治五年九月二十三日》　奏爲請旨簡派重臣總理船政接管輪船局務以便開局試辦恭摺馳奏仰祈聖鑒事。竊維試造輪船兼習駕駛一事，臣詳加諮度，始敢據以入告。欽奉諭旨：允行。比即緘知原議之洋員日意格令轉告德克碑速來定議。時日意格方充江漢關稅務司，得信後來閩，一面緘寄德克碑，德克碑時方在安南海濱也。日意格於七月初十日來閩，臣與詳商一切事宜，同赴羅星塔，擇定馬尾山下地址，寬大一百三十丈，長一百一十丈，土實水清，深可十二丈，湖上倍之，堪設船槽鐵廠船廠及安置中外工匠之所。議程期、議經費、議製造、議駕駛、議設廠、議設局，冀由粗而精，由暫而久，盡輪船之長，並通制器之利。日意格立約畫押後，候德克碑未至，返滬見法國總領事白來尼畫押擔保。八月二十七日德克碑自安南來閩，臣出示條約無異詞，惟慮馬尾山下土色黄鬆，積淤沙所，致未能遥決。臣比令開掘取驗，泥多沙少，色青質膩，知非淤成，德克碑乃信其真可用也。正議令其到滬見白來尼，並約日意格及始議之按察使銜福建補用道胡光墉等同來定議，此事係德克碑、日意格兩人承辦，非齊來面訂，不可定約。臣亦非俟條約訂定，不敢率行陳奏也。九月初六日奉到恩命調督陝甘，時德克碑正在臣署議事，比即令其遄赴寧波約日意格，據稱日意格江漢關稅務司已經辭退，惟向例須三月始能離任，恐不能同來，臣謂日意格已經面議畫押，即不偕來亦可。惟該洋員到總領事白來尼處畫押後須速來此，以便面訂移交後任德克碑即覓輪船，於十三日赴滬，大約十月初旬內外始可回閩也。臣維輪船一事，勢在必行，豈可以去閩在邇忽爲擱置。且設局製造一切繁難事宜，均臣與洋員議定。若不趁臣在閩定局，不但頭緒紛繁，接辦之人無從諮訪，且恐要約不明，後多異議，臣尤無可諉咎，臣之不能不稍留三旬，以待此局之定者此也。惟此事固須擇接辦之人，尤必接辦之人能久於其事，然後一氣貫注，衆志定而成功可期，亦研求深而事理愈熟。再四思維，惟丁憂在籍前江西撫臣沈葆楨，在官在籍，久負清望，爲中外所仰，其慮事詳審精密，早在聖明洞鑒之中。現在里居侍養，愛日方長，非若宦轍靡，常時有量移更替之事，又鄉評素重，更可堅樂事赴功之心。若令主持，此事必期就緒，商之英桂、徐宗幹亦以爲然。臣曾三次造廬商請，沈葆楨始終遜謝不遑。可否仰懇皇上天恩，俯念事關至要，局在垂成，温諭沈葆楨，勉以大義，特命總理船政，由部頒發關防，凡事涉船政，由其專奏請旨，以防牽制。其經費一切會商將軍督撫，臣隨時調取，責成署藩司周開錫不得稍有延誤。一切工料及延洋匠、雇華工、開藝局，責成胡光墉一手經理，緣胡光墉才長心細，熟諳洋務，爲船局斷不可少之人，且爲洋人所素信也。此外尚有數人可以裨益此局者，臣當咨送差遣，庶幾製造駕駛確有把握，微臣西行萬里，異時得幸觀茲事之成，區區微忱亦釋然矣。至此事係臣首議試行，倘思慮未周，致多疏漏，將來察出，仍請旨將臣交部議處，以爲始事不慎者戒。謹瀝悃馳陳，伏乞皇太后、皇上訓示施行。謹奏。

左宗棠《左文襄公奏疏·初編》卷三八《詳議創設船政章程購器募匠教習摺同治五年十一月初五日》　奏爲詳議創設船政章程飭洋員回國購器募匠來閩教習恭摺奏祈聖鑒事。竊臣前議習造輪船曾將應辦情形及請簡總理船政大臣接管籌發購器募匠銀兩各緣由業經迭次陳明。臣於交卸督篆後駐營城外東教場，嚴裝以待洋員之至，本月二十三日，道員胡光墉偕日意格、德克碑來閩，據日意格等稟呈保約條議清摺合同規約各件，業經法國總領事官白來尼印押擔保，臣逐加覆核，均尚妥洽，所有鐵廠船槽船廠學堂及中外公廨工匠住屋築基砌岸一切工程，經日意格等覓中外殷商包辦，由臣核定，計共需銀二十四萬餘兩。船槽尤爲通局最要之件，應用法國新法購辦鐵板運來船廠嵌造成槽。此外一切局中應用什物，由護撫臣周開錫委員估置，日意格、德克碑俟廠工估定，即回法國購買機器輪機鋼鐵等件，並購大鐵船槽一具，募僱員匠來閩，一面開設學堂，延致熟習中外語言文字洋師，教習英、法兩國語言文字、算法、畫法，名曰：求是堂。藝局挑選本地資性通敏穎悟、通文字義子弟入局肄習。並採辦銅鐵木料，一俟船廠造成，既先修造船身，庶來年機器輪機運到時，可先就現成輪機配成大小輪船各一隻，此後機器輪機可令中國匠作學造，約計五年限內，可得大輪船十一隻，小輪船五隻。大輪船一百五十匹馬力，可裝載百萬觔，小輪船八十匹馬力，可裝載三四十萬觔，均照外洋兵船式樣，總計所費不逾三百萬兩。惟採買物料一切，有此月需多，彼月需少者，勢難劃一，應將關稅每月協撥兵餉五萬兩，劃提四萬兩歸需局庫，另款存儲，以便隨時隨付，而前後牽計，仍不得踰每月四萬之數，以示限制抑。區區之愚，有不敢不盡者，茲局之設，所重在學造西洋機器以成輪船，俾中國得轉相授受，爲永遠之利也，非如僱輪買船之徒取濟一時可比，其事較僱買爲難，其費較僱買爲鉅。臣德薄能淺，不足爲其難，又去閩在即，不能爲其難，當此時絀舉盈之際，凡費宜惜，鉅費尤可惜，而顧斷斷於此者。竊謂海疆非此，兵不能强，民不能富，僱募僅濟一時之需，自造實無窮之利也。於是則雖難有所不避，雖費有所不辭，然而時需五載，銀需二百數十萬兩，事屬創舉，成否未可預知，幸而學造有成，縱局外議論紛紛，微臣尚有以自解，設學造未能盡洋技之奇，即解造輪船不能自作船主曲盡駕駛之法，則費此五年之時日，二百數十萬之帑金，僅得大小輪船十六號、機器一分、鐵廠、船槽、船廠及各房屋，雖所造輪船較尋常購買各色輪船精堅適用，而估計所費多於買價一倍，於大局仍少裨益，責以糜帑，咎何可辭？凡此皆宜預爲綢繆，而不能預爲期必者。故此局之定，愛臣者，多以異時之咎責，爲臣慮局外阻撓，爲臣疑即日意格，亦言此時局面既更，勢難兼顧，如欲停止，願將已領之銀仍即繳回。臣答以事在必行，萬無中止之理，但願二謹守條約，盡心經畫，共觀厥成，如有差謬，當自請朝廷嚴加議處。而已察看情形尚可望其有成，合將日意格、德克碑合緊保約條議清摺合同規約照抄，咨呈軍機處總理各國事務衙門存案外，謹臚舉船政事宜十條，另繕清單，恭呈御覽，謹會同兼署閩浙總督臣英桂恭摺具奏。伏乞皇太后、皇上聖鑒訓示施行。謹奏。謹將船政事宜，臚列十條，繕具清單，恭呈御鑒。

一洋員應分正、副督監也。日意格、德克碑各有所長，臣前摺曾陳及之，現經上海總領事白來尼以日意格通曉官話漢書，辦事安詳，令德克碑推日意格爲正監督，德克碑爲之副，各咨商允洽，均無異詞，一切事務均責成該兩員承辦。

一宜優待藝局生徒以拔人才也。藝局之設，必學習英、法兩國語言文字，精研算草，乃能依書繪圖，深明製造之法，並通船主之學，堪任駕駛。是藝局爲造就人才之地，非厚給月廩，不能嚴定課程；非優予登進，則秀良者無由進用。此項學成製造駕駛之人，爲將來水師將材所自出。擬請，凡學成船主及能按國監造者，准授水師官職。如係文職文生入局學者，仍准保舉文職官階用之水營，以昭獎勸，庶登進廣而人材自奮矣。

一限程期期應分別酌定也。輪船一局，實專爲習造輪機而設。俟鐵廠開設，即爲習造輪機之日。故五年之限，應以鐵廠開廠之日爲始，一面造鐵房屋，一面購運鐵廠機器，計自法國購運來閩，約須十箇月、十一箇月不等，日意格、德克碑兩員回國後，一員約五箇月帶船廠洋匠來閩開船廠造船槽，一員俟機器等件齊備，交鐵廠洋匠管解起程後，先趁輪船來閩，八九箇月可到。一定輪機馬力並搭造小輪船也。大輪船輪機馬力以一百五十匹爲準，除擬買現成輪機兩副外，其餘九副，皆開廠自造。鐵廠造輪機頗費時日，船廠配造成船轉爲迅速，恐船廠閒曠，虛糜辛工，因議於大輪船十一隻外，另購八十四馬力輪機五副，其式與外國梗婆子兵船相近，乘船廠閒工，加造小輪船五隻。

一飭洋員與洋匠要約也。洋人共事，必立合同。船局延洋匠至三十餘名之多，其中賞罰進退，辛工路費，非明定規約，無以示信，已飭日意格等擬定合同規約，由法國總領事鈐印畫押，令各洋匠一律遵守。

一宜預定獎格以示鼓舞也。洋員及師匠人等，須優定獎格，庶期盡心，教導可有成效。現已與日意格等議定，五年限滿，教習中國員匠能自按圖監造，並能自行駕駛，加獎日意格、德克碑銀各二萬四千兩，加獎各師匠等共銀六萬兩，計定獎格銀共十萬八千兩。如果有成，則日意格、德克碑之忠順尤爲昭著，應更懇天恩再加獎勵以示優異。

一購運機器等件來閩須籌小費也。各項器具物料由外洋運載來閩，非按洋法包紮，恐多損壞，非交洋行保險，難免疎虞，此項包紮保險銀兩，已一并議給。

一凡需用紋銀之項應准開銷銀水也。閩省通行銀色，向較江浙廣東爲低，番銀到閩，無論官民，皆不辨花樣，但用鐵鏨烙印以辨真假。行之他省，外洋即減程色，船局支發各款，除在閩境採辦物料無庸補水外，其採買洋料等用款，應准將補水銀兩作正開銷。

一宜講求採鐵之法也。輪機水缸需鐵甚多，據日意格云，中國所産之鐵與外國同，但開鑛之時，鎔鍊不得法，故不合用。現擬於所僱師匠中擇一兼明採鐵之人，就煤鐵兼産之處開爐提鍊，庶幾省費適用。此事須臨時斟酌辦理。

一輪船中必需之物宜籌備也。輪船中應用星宿盤、量天尺、風雨鏡、寒暑鏡、羅盤、水氣表、千里鏡、玻璃管，以及墊輪機之軟皮，即音陳勒索等件，現飭日意格等回國採問製造器具價值，如所費不過數千金，即由日意格等籌購一分，並約募工匠一人同來，一並教造。

曾國藩《曾國藩全集・奏稿》卷二七《新造輪船摺》同治七年九月初二日

奏爲新造第一號輪船工竣，并附陳上海機器局籌辦情形，恭摺仰祈聖鑒事。

竊中國試造輪船之議，臣于咸豐十一年七月復奏購買船砲摺内，即有此説。同治元、二年間，駐扎安慶，設局試造洋器，全用漢人，未雇洋匠。雖造成一小輪船，而行駛遲鈍，不甚得法。二年冬間，派令候補同知容閎出洋購買機器，漸有擴充之意。湖廣督臣李鴻章自初任蘇撫，即留心外洋軍械。維時丁日昌在上海道任内，彼此講求禦侮之策，制器之方。四年五月，在滬購買機器一座，派委知府馮焌光、沈保靖等開設鐵廠。適容閎所購之器，亦於是時運到，歸并一局。始以攻剿方殷，專造槍砲。亦因經費支絀，難興船工。至六年四月，臣奏請撥留洋税二成，以一成爲專造輪船之用。仰蒙聖慈允准！於是撥款漸裕，購料漸多。蘇松太道應寶時及馮焌光、沈保靖等朝夕討論，期於必成。

查制造輪船，以氣爐、機器、船殼三項爲大宗。從前上海洋廠自制輪船，其氣爐機器均系購自外洋，帶至内地裝配船殼，從未有自構式樣，造成重大機器、汽爐全具者。此次創辦之始，考究圖説，自出機杼。本年閏四月間，臣赴上海察看，已有端緒。七月初旬，第一號工竣，臣命名曰「恬吉輪船」，意取四海波恬，廠務安吉也。其汽爐、船殼兩項，均系廠中自造；機器則購買舊者，修整參用。船身長十八丈五尺，闊二丈七尺二寸。先在吳淞口外試行，由銅沙直出大洋，至浙江舟山而旋。復於八月十三日，駛至金陵，臣親自登舟試行，至采石磯。每一時上水行七十餘里，下水行一百二十餘里，尚屬堅致靈便，可以涉歷重洋。原議擬造四號，今第一號系屬明輪，此後即續造暗輪。將來漸推漸精，即二十餘丈之大艦，可伸可縮之烟囱，可高可低之輪軸，或亦可苦思而得之。上年試辦以來，臣深恐日久無成，未敢率爾具奏。仰賴朝廷不惜巨款，不責速效，得以從容集事。中國自强之道，或基於此。各委員苦心經營，其勞勛亦不可没也。

溯自上海初立鐵廠，迄今已逾三年。先後籌辦情形，請爲皇上粗陳其概。開局之初，軍事孔亟。李鴻章飭令先造槍砲兩項，以應急需。惟制造槍砲，必先有制槍制砲之器，乃能舉辦。查原購鐵廠修船之器居多，造砲之器甚少。各委員詳考圖説，以點綫面體之法，求方圓平直之用。就廠中洋器，以母生子，觸類旁通，造成大小機器三十餘座。即用此器以鑄砲爐，高三丈，圍逾一丈，以風輪煽熾火力，去渣存液，一氣鑄成。先鑄實心，再用機器車刮旋挖，使砲之外光如鏡，内滑如脂。制造開花、田鷄等砲，配備砲車、炸彈、藥引、木心等物，皆與外洋所造者，足相匹敵。至洋槍一項，需用機器尤多，如輾卷槍筒、車刮外光、鑽挖内膛、旋造斜棱等事，各有精器，巧式百出。槍成之後，亦與購自外洋者無異。此四、五年間先造槍砲，兼造制器之器之情形也。

該局向在上海虹口暫租洋廠，中外錯處，諸多不便。且機器日增，廠地狹窄不能安置。六年夏間，乃於上海城南興建新廠，購地七十餘畝，修造公所。其已成者曰氣爐廠，曰機器廠，曰熟鐵廠，曰洋槍樓，曰木工廠，曰鑄銅鐵廠，曰火箭廠，曰庫房、棧房、煤房、文案房、工務廳暨中外工匠住居之室，房屋頗多，規矩亦肅。其未成者，尚須速開船塢，以整破舟；酌建瓦棚，以儲木料；另立學館，以習翻譯。蓋翻譯一事，系制造之根本。洋人制器，出於算學，其中奥妙，皆有圖説可尋。特以彼此文義扞格不通，故雖日習其器，究不明夫用器與制器之所以然。本年局中委員於翻譯甚爲究心，先後訂請英國偉烈亞力、美國傅蘭雅、瑪高温三名專擇有裨制造之書，詳細翻出。現已譯成《氣機發軔》、《氣機問答》、《運規約指》、《泰西采煤圖説》四種，擬俟學館建成，即選聰穎子弟，隨同學習。妥立課程，先從圖説入手，切實研究，庶幾以理融貫，不必假手洋人，亦可引伸，另勒成書。此又擇地遷廠，及添建翻譯館之情形也。

茲因輪船初成之際，理合一并附奏。該局員等殫精竭慮，創此宏規，實屬卓有成效！其尤爲出力各員，可否吁懇天恩，給予獎叙！恭候命下遵行！如蒙俞允，臣當與李鴻章、丁日昌酌核清單，由新任督臣馬新貽會奏。所有新造第一號輪船工竣，并附陳機器局籌辦情形，謹會同湖廣總督臣李鴻章，江蘇巡撫臣丁日昌，恭折具陳，伏乞皇太后、皇上聖鑒訓示！謹奏。

張之洞《張文襄公全集》卷一一《試造淺水輪船摺》光緒十一年五月二十五日

竊惟海防之要，無論戰守，必有水師戰船以援礮臺，礮臺以護戰船，臺船相輔，其用乃宏。南北洋尚有快船衛船數艘，粵東則并此無之，僅有閩廠撥來舊製飛雲、濟安兩兵船。去年六月初旬，聞法船集於馬尾，即日派往赴援，督帶官參將高騰雲戰没，兩船皆燬。此外本省中、小各輪，皆非戰船，僅可供捕盗緝私轉運之用。其洋製仿製文子船兩艘，不能出海，即用之内河，而礮笨船脆，受敵則不固，運駛則不靈。亦欲購製戰艦，而時日既難猝辦，經費亦無所出。惟有經營礮臺，廣購軍火，以爲陸防陸戰之計。然而虎門廣闊，五門紛歧，西江後路時有擣虚拊背之憂，望洋興歎，終非長策。且日視法艦之往來港越濟餉濟兵，竟無從稍梗凶鋒，實深憤懣。因與署水師提督臣方耀籌議，巨艦快船，固不可期，若有淺水輪船十餘艘，縱不能縱横於大洋，亦可馳逐於六門之内外。其時海警方殷，未知所屆，若不反求諸己，探討經營，三年之艾，何由而得。適於冬間有闈姓捐餉之舉，蒙恩允准，決計酌提此款，創始爲之。查黄埔向有船澳，係光緒三年，前督臣劉坤一購之英商者，乃博訪水師將弁，招致香港工匠，采取香港華洋船廠圖式，令明於算理者推究斟酌，度華工之所能爲者，擬成一式，大率長英尺十一丈，廣一丈八尺，艙深八尺六寸，喫水六尺，馬力七十八匹。内用康邦卧機，冷水氣櫃，雙輪暗車，前後兩桅，桅身上半可以伸縮，下用鐵脅，旁施鋼板，船頭後膛巨礮一，船尾中等後膛礮一，前後桅盤懸連珠礮各一，船腰兩旁配連珠礮各一。取其身淺行速，可於六門内外貫穿往來，内可過黄埔以至省河，外可出虎門以達香港。至於沿海近岸，亦尚可行。其機器物料，分購於外洋。香港上海創辦之始，蓋造廠屋，置辦鑪具，所費較多，造成數艘以後，算校漸確，器用漸備，工役漸熟，當可較省。先於闈姓款内提洋銀二十萬元，交署提臣方耀應用，當經派委臬司沈鎔經、候補道施在鈺，會同署提臣督飭各員弁細心試辦。去年十二月定議，本年正月募匠、購料、修廠、置器，二月興工，先造四艘，約八月内可成二艘，十月内可成二艘。四艘成後，如尚利用，即當籌款續造。察其機鑪馬力是否靈捷堅固，船身礮位是否量配停匀，儻有不精，隨時修改，俟有募到洋匠，更可與之商榷。有此船十艘，可以衛虎門，有三十艘，可以徧防五門，旁扼西海。謹當隨時籌畫造船，養船專款，量力爲之。船成以後，所有額設緑營水師紅單船，概行裁汰，捕盗緝私，以此代之。其船費兵餉亦可併養此項淺輪。語云，大輅始於椎輪。又云，不素何獲。從此員弁工匠，身親其事，心通其法，自當益造益精，未嘗非練習人材之一道。所有用費，應俟工竣時，核實奏報要之。此船但爲守禦六門而設，若欲攻擊，羣舸出没重洋，非有鐵甲穹甲快船之屬不可，體大法精，需費亦鉅，工料稍差，即成棄物。且中國學製，廠地、機器、工師、物料，諸須創爲，成工亦太遲緩，此時惟有專籌巨款，購之外洋，以應急需。及此三數年間，練駕駛於中華，學製造於西國，兩者確有把握，方可舉辦，謹當另疏籌議上陳。旨：據奏試造淺水輪船，現已先造四艘，著俟造成後詳加察看，如果合用，再行奏明辦理。該衙門知道。欽此。

張之洞《張文襄公全集》卷二一《續造兵輪摺光緒十三年六月十四日》 竊查粤海爲東南首衝，不可一日無備，海戰固須鐵甲巨艦，即爲自守計而輔助礮臺，扼截内港，亦非兵輪不可。南北洋歲有各省關協撥經費，或百餘萬，或數十萬用，能寬裕經營，船械具備；而粤省無之，歷年支持不暇，無從議及兵輪，僅有巡緝供差輪船亦不甚大。光緒十年，臣之洞到任之日，已爲海防戒嚴之時，事機緊迫，患在門庭，海戰既無從猝謀，内河自不能不備。乃先其所急籌款集工，囑水師提督方耀、前藩司沈鎔經試造廣元、廣亨、廣利、廣貞淺水兵輪四艘，聊以資内河扼守之具。是年年底定議，次年畢工。曾經遣赴瓊州、汕頭等處近洋，尚可駛行，若風浪馳逐，究無把握。現在合計四淺輪併舊有中小輪船共二十九號，除分撥瓊、廉應用及各營要差外縣巡緝外，省河内外止有十四號，僅資緝捕轉運之用。至光緒十二年，海防大定，臣之洞欽奉懿旨，籌議海軍，環顧海疆，懲前毖後，乃與司道將領百計經營，苦於無從籌此鉅款。適據籍隸粤省之署廣州協副將鄧安邦、順德協副將利輝等稟請，邀集文武官紳，分年捐資，廣造兵輪，無事緝匪，有事應敵。自光緒十二年起，至十四年秋間，止可集銀四十二萬兩。又經督飭運司勸諭鹽埠各商，竭力襄助。嗣據各商稟請分三年籌捐造船經費，亦自光緒十二年起，至十四年年底止，可集銀三十八萬兩。兩宗捐款皆據稱保衛桑梓，肅清引地，不敢邀請奬敘。惟自造則萬萬不敷，船小則又無大益，乃於去冬姑先試造較大之淺水兵輪兩艘，并函詢署福建船政大臣裴蔭森，以歷年閩廠製撥南北洋各口輪船之長闊深淺，駛行速率若何，用資考較。適是時閩廠爲南洋代造三船均竣，器全工暇，遂商爲協造辦法，粤濟閩經費之不足，閩助粤工力所有餘，如此則就此現有之款，可造出海兵輪。與臣大澂核計熟商，并飭司道等籌議僉以爲便，於是定議協造鐵脅快輪一艘，穹甲快輪三艘共四艘，擬名曰「廣甲」、「廣乙」、「廣丙」、「廣丁」。「廣甲」馬力一千六百匹，長約二百二十一英尺，寬約三十三尺有奇，喫水極深處約十三尺有奇，全船載重一千二百九十六頓，每半時約行四十七中里，鐵脅木舨製仿兵輪機器新式。乙、丙、丁三艘，均馬力二千四百匹，長約二百三十五英尺，寬約二十七尺，喫水極深處約十三尺，全船載重一千頓，每半時約行五十五中里，鋼脅，鋼舨，鋼礮罩，穹甲斜厚一寸，活桅兩枝，能助鐵甲出洋攻擊。自本年夏初起製，約三十箇月以次完竣。其廣甲一艘，係閩廠已造之船，本年九月可成駛粵應防，共協銀三十六萬兩。又協造河海並用中號兵輪四艘，擬名曰「廣庚」、「廣辛」、「廣壬」、「廣癸」，每艘馬力四百匹，長約一百四十四英尺，寬約二十尺，喫水約十尺，每半時約行三十六中里，鋼脅，木䑧，鋼板，鋼礮罩，活桅兩枝，亦可行大洋抵津滬，自本年閏四月起製，約十六箇月可成兩艘，又八箇月可成兩艘，共協銀一十二萬兩。臣之洞先於上年十一月委派前臬司于蔭霖、員外郎熊方柏，就黄埔設立船廠，選匠開造淺水兵輪二艘，擬名曰「廣戊」、「廣巳」，每艘馬力四百匹，長一百五十英尺，寬二十尺，喫水七尺，每半時約行三十三中里，鐵脅，木䑧，鐵礮罩，活桅兩枝，足駛近洋内港，限今年九月、十二月次第工竣，共需銀五萬數千兩。其各船所需礮位，甲、乙、丙、丁四艘，每船船頭十五生長礮一尊，船尾十二生長礮一尊，船腰荷乞開士聯珠礮二尊。戊、巳、庚、辛、壬、癸六艘，船頭十二生長礮一尊，船尾十生半長礮一尊，船腰桅盤荷乞開士聯珠礮共四尊，彈各三百顆，實心開花酌配，棕色藥餅，照式配足。除閩廠定購者撥歸粵用，照付原價外，其餘向克虜伯廠訂購。粵省軍械局舊存聯珠礮十餘尊，一併儘數湊配。約計十輪礮械，共需銀二十六萬兩。通計船礮兩項，共需銀八十萬兩。已於三月、閏四月、六月陸續匯解福建船政衙門船價礮價共三十二萬一千餘兩。船成以後，擬將舊有巡輪酌量裁併，大率裁去舊輪兩號，可敷養新輪一號，不致另增經費。至帶船之員，總以武職曾經歷練者爲主，將來粵省兵輪，擬選派明白勇敢之將弁，充當管駕，以收實效。惟是此次所造十輪，僅屬中等，戊、巳、庚、辛、壬、癸六艘，平日雖亦能出海，有戰事時，止能守口巡洋。甲、乙、丙、丁四艘，尚可在大洋助戰，較之南北洋在外洋所購巨艦，相去尚遠，實由粵力已竭，粵防難弛，衆情激發，集壤成山，然猶集資寛以三年，通工及乎隣省，始克勉成此舉。若欲禦大敵於重洋，則必如臣之洞，光緒十一年九月初四日具奏籌議海軍摺内所請水帶鐵艦三艘，鐵甲雷船六艘，併酌配快船，方能自成一軍，鞏衛瓊廉門户。然需款甚鉅，應俟朝廷裁奪，次第規畫施行。至此十船中，閩製者均可駛行南北洋，將來造竣後，當令駛赴天津，聽候海軍衙門閱驗。此係外籌捐辦，不動庫款，將來亦不請獎敘，應請敕部，免其造册報銷。再臣等前於本年五月初旬，欽遵四月二十九日懿旨，電請海軍衙門核示，旋准五月十三日覆電開，十船成後，裁舊養新，尤合海署命意，且係捐辦，於經費無所出入。又在奉旨以前，即由粵自奏。等因。合併聲明。硃批：該衙門知道。欽此。

張之洞《張文襄公全集》卷二八《續造兵輪片光緒十五年十月十八日》 再，廣東船局製成廣戊兵輪一艘，業於光緒十三年十一月間附片奏明在案。十四年四月間，廣已一艘，亦經完竣，試洋察看，船身機器即駛行速率，均屬及格，與廣戊大略相同。經臣先後遴員管帶分駐巡防，嗣因惠、潮、高、廉一帶海面尚在需輪，而該局歲修各船，工作多暇，曠廢可惜，所有委員工匠等，必須日有所事，庶可講求精純。當飭接續起製鐵脅鋼䑧鋼殼雙桅兵輪，經總辦船局分省補用道王葆辰、幫辦廣東試用知府熊方柏，遴選船局差遣軍功黄福華，繪具圖説，飭令承造。計船長英尺一百五十尺，寬二十三尺，喫水極深十尺，配康邦新式卧機馬力五百四，船前耳臺擬安十二生礮兩尊，船後擬安十一生礮一尊，中桅上擬安五管荷乞開士聯珠礮一尊，以能出大洋爲度，每半時約行三十三中里。礮價在外，估計全船工料銀五萬七千餘兩。擬共造兩艘，一名廣金，備欽州海面常川巡防之用；一名廣玉，備瓊州海面常川巡防之用。廣金於本年六月間開造，兹於本月安上鐵板龍骨，限明年春間一律工竣試洋。一面添調閩廠出洋藝成學生候選知縣鄭成、候選縣丞曾宗瀛兩員到工常川，測量較定，以臻精密。臣查粵廠船工，不比他省鉅廠，所籌者零星之捐款，所用者土著之工匠，鋭意發端，冥思創造，只如椎輪大輅，小試其端，今由木殼漸製鐵殼，由淺水漸駛大海，風氣可望日開。該局總辦王葆辰、熊方柏等，精勤詳實，熟習竅要，考求督察，不憚煩勞，洵屬殫心出力，有裨實用。所需經費，仍係照案外籌捐辦，應請敕部查照奏准戊、己兩艘成案，免其造册報銷。至閩廠協造各艘節次准船政大臣裴蔭森電咨廣庚一艘，已於本月上旬造竣，經臣遴委都司張斌酌帶柁手人等赴閩接帶，日内即可回粵，派撥巡洋。其廣乙一艘，業經下水，年底亦可竣工。

硃批：該衙門知道。欽此。

張之洞《張文襄公全集》卷九三《札司道開設船局光緒十二年七月初九日》 照得粵省海防善後，尤以造船爲第一要務。其鐵快各艦，工用繁博，力不能及，應聽候海軍衙門籌度議辦。惟有製造淺水兵輪，以資防護海口内河，較爲切近易辦。前經籌欵，撥交水師提督方，會同升東藩司沈，前臬司候補道施道，設局製造淺水四艘，尚爲合用。惟爲數過少，自應續行製造。昨據署廣州協副將鄧安邦，署大鵬協副將賴鎮邊，順德協副將利輝等，稟請捐助製辦淺輪經費，當經飭交督糧道專款存儲備用在案。本部堂統加核計，擬就現籌之款，以一年半爲期，造成淺水兵輪十艘，配齊應用礮械。此十艘即按興造之次序編爲船名，第一艘名曰「廣甲」，第十艘名曰「廣癸」，應即就黄埔原設船局刻期舉辦。查東按察司于臬司廉正核實，堪以督辦局務，候補道施道在鈺船務明晰，堪以會辦局務除提調監工各員另札派委並咨行外，爲此札仰該司道等即便督飭該提調等，訪求得力通曉員匠，詳考成法，核計工料，就廣元等四輪作法，斟酌損益，一律皆用縮氣冷水櫃，酌擬圖式，呈候核定，即日開辦。務期事事核實，堅利迅速，兼可巡駛近洋，方臻美善。尤須計日程功，不得曠時糜費。即將該局事宜，詳加籌度，選定員生工役，妥議章程，隨時詳稟。應行采辦物料，迅速分別購定，所需款項，隨時赴糧道庫，移支應用。此因粤省海防未備，鉅款難籌，故本部堂苦心羅掘，量力經營，期於必成。此舉惟賴該司道殫心實力，廣集羣材，成此利器，以宏遠謨，有厚望焉。

雜録

劉敬叔《異苑》卷二　海西太和中，會稽山陰縣起倉，鑿得兩大船，船中有錢，皆輪文。時日向暮，鑿者馳以告官。官夜遣防守甚嚴，至明旦，失錢所在，惟有船存。視其狀，悉有錢處。

施德操《北窗炙輠録》卷上　諸司造船，吏胥緣爲盜，每造七百料船，率破釘四百斤。曾處善爲某路轉運使，偶見破艦一，閣灘上，乃遣人拽上以焚之，人亦不測其意。既焚，得釘二百斤，於是始知用釘之實。朝廷於是立例，凡造七百料船，給釘二百斤，自處善始。

洪皓《松漠紀聞續》　長白山在冷山東南千餘里，蓋白衣觀音所居。其山禽獸皆白，人不敢入，恐穢其間，以致蛇虺之害。黑水發源於此，舊云粟末河，契丹德光破晉，改爲混同江。其俗刳木爲舟，長可八尺，形如梭，曰梭船。上施一槳，止以捕魚，至渡車則方舟，或三舟。後悟室得南人，始造船如中國運糧者，多自國都往五國頭城載魚。

西樓有蒲，瀕水叢生，一干，葉如柳，長不盈尋丈，用以作箭，不矯揉而堅，《左氏》所謂「董澤之蒲」是也。

朱國禎《湧幢小品》卷一五《椓船》　戰國時，楚頃襄王遣將莊蒙伐夜郎，軍至且蘭，椓船於岸，步戰滅夜郎。後人以且蘭有椓船牂柯處，乃名其地爲牂柯。牂柯，系船筏也。

褚人穫《堅瓠丙集》卷一《紙蓮船》　宸濠曾賞元宵，用紙造蓮船一只，頭設二獅子，口俱銜錢，旁列五道士，冠皆斜側，一竿半清，至尾則否。遍游各街，問有曉其意者召來。一士見之云甚有意，召去問之，對曰：「好一白蓮船，兩司俱要錢。五道官不正，一竿清不全。」濠喜留宴，賞元寶一個。蓋江西有五道太守，姓甘，初政頗清故云。

道路部

綜述

曹振鏞等《欽定工部則例》卷八一《橋道·修治集賢門外道路》 一每年逢丁祭先師孔子，恭遇皇上親詣行禮，所有集賢門外東西栅欄以外街道，平墊黄土，歸步軍統領衙門辦理外，其東西栅欄以內，集賢門外，以及櫺星門外，太學門外至持敬門等處道路，平墊黄土，俱歸工部辦理。工部於接准國子監咨文後，即派員前往查估，將應行平墊處所丈尺數目逐一確查，限即日詳細開單加結，呈遞派員前往，會同查估之員妥協辦理，并預給銀五兩，錢五串，毋致稍有遲誤。并派員隨工查驗，俟工竣之日，將平墊過處所丈尺數目據實開單加結呈遞。

又《修墊溝坎》 一凡恭遇皇上差辦理道路，如係十餘年未經舉行之差務，該州縣境內止須建搭橋梁，並無應墊溝坎，仍照常年差務之例，由工部查道官臨時履丈，毋庸先期奏明，由部派員查勘。其有必須修墊溝坎之處，務令各該督撫先期奏明，由工部派員前往查勘，再行興工填墊，俟工竣核實報銷，若先期並未奏明，所有修墊溝坎工程概不准其開銷。

曹振鏞《欽定工部保固則例》卷三《石道等工》 一各處石道、甬路、石橋等工，凡新修石料並連地脚拆修處所不走車輛者，保固十五年。至通衢大路軍輛經由者，保固十年。拆修不動地脚、挑換石料伍成以上者，不走車輛處所，保固十年；車輛經由者，保固八年。伍成以下不走車輛者，保固八年，車輛經由者，保固六年。　舊石改墁並黏修者，均保固三年。　其石拜臺一項應照不走車輛石工之例，一律分别保固。

紀事

《隋書》卷二四《食貨志》 又造龍舟鳳艒，黄龍赤艦，樓船篾舫。募諸水工，謂之殿脚，衣錦行幐，執青絲纜挽船，以幸江都。帝御龍舟，文武官五品已上給樓船，九品已上給黄篾舫，舳艫相接，二百餘里。所經州縣，并令供頓，獻食豐辦者，加官爵，闕乏者，譴至死。又盛修車輿輦輅，旌旗羽儀之飾。課天下州縣，凡骨角齒牙，皮革毛羽，可飾器用，堪爲氅毦者，皆責焉。徵發倉卒，朝命夕辦，百姓求捕，網罟徧野，水陸禽獸殆盡，猶不能給，而買於豪富蓄積之家，其價騰踴。是歲，翟雉尾一，直十縑，白鷺鮮半之。

明年，帝北巡狩。又興衆百萬，北築長城，西距榆林，東至紫河，緜亘千餘里，死者太半。四年，發河北諸郡百餘萬衆，引沁水，南達于河，北通涿郡。自是以丁男不供，始以婦人從役。

王溥《唐會要》卷八六《道路》 貞觀十四年七月三十日，移五嶠道於莎栅，復舊路。

開元二十八年正月十三日，令兩京道路並種果樹，令殿中侍御史鄭審充使。

天寶三載五月，京兆尹蕭炅奏請於要道築甬道，載沙實之，至於朝堂，從之。九月，炅又奏廣之。

七載四月，河南尹韋濟奏於偃師縣東山下開驛路，通孝義橋，廢北坡義堂路也。

廣德元年八月勅：「如聞諸軍及諸府皆於道路開鑿營種，衢路隘窄，行李有妨，苟徇所資，頗乖法理。宜令諸道諸使及州府長吏，即差官巡檢，各依舊路，不得輒有耕種，并所在橋路，亦令隨要修葺。」

大曆八年七月勅：「諸道官路，不得令有耕種及斫伐樹木，其有官處，勾當填補。」

貞元七年八月，商州刺史李西華請廣商山道，又别開偏道，以避水潦。從商州西至藍田，東抵內鄉，七百餘里皆山阻，行人苦之。西華役功十餘萬，修橋道，起官舍。舊時每至夏秋，水盛阻山澗，行旅不得濟者或數日，糧絶無所求糴。西華通山間道，謂之偏路，人不留滞，行者爲便。

大和二年二月，鄭州刺史楊歸厚奏：「當州郭下管城，不置在州城內，使命往來，出入非便。伏請准汝州例，驛路於城西。」勅旨：「宜依。」

其年，定州奏：「當管白石嶺南路，官驛險峻，請移於易州西紫荆嶺路修置。」從之。

開成元年四月，昭義節度使奏請開夷儀山路，通太原、晉州，從之。

大中三年十一月，山南西道節度使鄭涯、鳳翔節度使李玭等奏：「當道先准勑新開文川谷路，從靈泉驛至白雲驛，共一十所，並每驛側近，置私客館一所。其應緣什物糧料遞乘，並作大專知官，及橋道等開修制置畢。其斜谷路創置驛五所：平州驛一所，連雲驛一所，松嶺驛一所，靈谿驛一所，鳳泉驛一所，並已畢功訖。」勑旨：「蜀漢道古今攲危，自羊腸九曲之盤，入鳥道三巴之外，雖限戎夷，誠爲要害，而勞人御馬，常困險難。鄭渥首創厥功，李玭繼成巨績，校兩路之遠近，減十驛之途程，人不告勞，功已大就。偃師開路，祇爲通津，桂陽列亭，止於添驛。此則通千里之險峻，便三川之往來，實爲良能，克當寄任，宜依所奏，仍付史館。」

四年六月，中書門下奏：「山南西道新開路，訪聞頗不便人，近有山水，摧損橋閣，使命停擁，館驛蕭條，縱遣重修，必倍費力。臣等今日延英面奏，宣旨卻令修斜谷舊路及館驛者。臣等商量，望詔封敖及鳳翔節度使、觀察使，令速點檢，計料修置。或緣館驛未畢，使命未可經通，其商旅及私行者，任取穩便往來，不得更有約勒。」勑旨依奏。

其年八月，山南節度使封敖奏：「當道先准詔令臣檢討，卻修置斜谷路者。臣當時差軍將所由領官健人夫，併力修置道路橋閣等，去七月二十日畢功，通過商旅騾馬擔馱往來，七月二十二日已具聞奏訖。其館驛先多摧毀破壞，併功修樹，今並已畢。臣已散牒緣路管界州縣，及牒鳳翔、劍南東西、南川觀察使，並令取八月十五日以後，於斜谷路過使命，謹具如前。」勑旨：「宜依，仍付所司。」

佚名《銅政便覽·雜款》 修理官房道路：

凡各廠修建官房，例准支銷銀兩者計十處：

湯丹廠：原建官房一所，計五十三間，准銷工料銀一千八百五十五兩零，於耗銅變價及尋甸節省銀內開銷。乾隆六年補修一次，准銷銀三百七十九兩零。十二年補修一次，准銷銀四百四十六兩零。十七年補修一次，准銷銀四百七十六兩零。二十三年補修一次，准銷銀一百一十兩零。二十六年補修一次，准銷銀二百四十八兩零。三十年補修一次，准銷銀二百二十八兩零。三十四年補修一次，准銷銀二百六十六兩零。四十一年補修一次，准銷銀三百六十一兩零。四十八年補修一次，准銷銀六百五十兩零，均於東威搭運節省項下支銷。

碌碌廠：原建官房一所，計六十六間，准銷工料銀九百一十八兩零。乾隆二十六年補修一次，准銷銀一百九十二兩零。三十六年補修一次，准銷銀四百一十六兩零。五十七年補修一次，准銷銀六百三十五兩零。

大水溝廠：原建官房一所，計三十三間，准銷工料銀三百二十兩零。乾隆三十年補修一次，准銷銀二百四十兩零。三十五年補修一次，准銷銀三百三十九兩零。四十年補修一次，准銷銀三百六兩零。

茂麓廠：原建官房一所，准銷工料銀四百三十八兩零。乾隆四十年補修一次，准銷銀二百七十六兩零。

白羊廠：原建官房一所，計十四間，准銷工料銀二百四十九兩零。

大功廠：原建官房一所，計二十四間，准銷工料銀四百九兩零。

甯台廠：原建官房一所，計十五間，准銷工料銀二百三十二兩零。

義都廠：原建官房一所，計三十二間，准銷工料銀三百三十七兩零。

大興廠：原建官房一所，計二十四間，准銷工料銀三百八兩零。以上各廠建修官房准銷工料銀兩，均在東威搭運節省項下支銷。

發古廠：原建官房一所，計十八間，准銷工料銀一百七十一兩零。於金沙、樂馬二廠歸公銀內支銷。

凡廠店發運銅斤，經由道路橋梁，例准官給銀兩者計十五處：

湯丹廠，自廠至東川府城，計陸路二站，經過道路橋梁，每補修一次約需銀五六百兩。

碌碌廠，自廠至東川府城，計陸路三站半，經過道路橋梁，每補修一次約需銀三百八十九兩。

大水溝廠，自廠至東川府城，計陸路三站半，經過道路橋梁，每補修一次約需銀三百四五十兩。

茂麓廠，自廠至東川府城，計陸路七站半，經過道路橋梁，每補修一次約需銀三百二三十兩。

大風嶺廠，自廠至東川府城，計陸路六站，經過道路橋梁，每補修一次約需銀三百一二十兩。以上道路橋梁均五六年補修一次，於搭運節省項下發給，由該管之東川府承領補修，造册報銷。

義都廠，自廠至省城計陸路六站，經過道路橋梁，每十八九年補修一次，由該管之易門縣領銀承修，每次約需銀二百八九十兩或三百兩。亦在搭運節省項下發給。

東川府承運昭通京銅，自東川府城起至交界之江底止，計陸路三站半，經過道路橋梁，每五六年補修一次，由東川府領銀承修，每次約需銀七八百兩。

昭通府承運京銅，自交界之江底起，至昭通府城止，計陸路二站。又自昭通至永善縣經管之黄草坪，計陸路三站半，經過道路橋梁，每五六年補修一次，由昭通府領銀承修，每次約需銀八九百兩。

昭通府城至大關同知經管之豆沙關，計陸路六站，經過道路橋梁每五六年補修一次，由大關同知領銀承修，每次約需銀八九百兩。

池東道由尋甸承運京銅，自尋甸至威甯州城計車站十五站，經過道路橋梁五六年補修一次，由池東道領銀承修，每次約需銀一千四五百兩。

貴州威甯州承運京銅，自威甯至鎮雄州城計陸路五站，經過道路橋梁，每五六年補修一次，由威甯州領銀承修，每次約需銀七八百兩。

鎮雄州承運京銅，自鎮雄至雨洒河計陸路二站，經過道路橋梁，每五六年補修一次，由鎮雄州領銀承修，每次約需銀七八百兩不等。以上六處銀兩，於搭運節省項下撥給，造册報銷。

鎮雄州承運瀘店京銅，自羅星渡至南廣均係水路，每年酌給修灘工費銀三百兩。

大關同知承運瀘店京銅，自鹽井渡至瀘州均係水路，每年酌給修灘工費銀三百兩。以上二處銀兩均於正額節省項下酌給，按年造册報銷。

永善縣承運京銅，自黄草坪至瀘州店均係水路，每年給修灘工費銀一千兩，於銅息項下動支，按年造册報銷。修理官房、道路及修江各款，《户部則例》無。

《礦務檔・一般礦政・抄送通籌鐵路辦法分别緩急次第摺暨硃批》 欽命總理各國事務衙門，爲咨行事，光緒二十四年十一月初一日，本衙門會同礦務鐵路總局具奏，通籌鐵路辦法，分别緩急次第一摺，本日奉硃批：依議，欽此。相應恭録，並鈔原奏，咨行貴大臣欽遵可也。須至咨者，粘鈔。右咨庫倫辦事大臣。光緒二十四年十一月拾肆日。

《礦務檔・一般礦政・抄送鐵路檔案》〔光緒二十七年〕九月二十九日，署黑龍江等處地方將軍齊齊哈爾副都統薩文稱，本年五月二十九日，准全權大臣便宜行事兼總理各國事務衙門和碩慶親王咨開。京城自上年猝遭兵燹，所有鐵路礦務局檔案，全行遺失。遇有應辦事件，無從稽核。相應咨行貴將軍。將有關鐵路礦務來往奏咨文件，以及表譜合同，一律補送，以備核辦。務於文到兩個月，迅速咨送本衙門可也等因前來。伏查署中所存檔案，自康熙年間起，至光緒二十六年止，均被俄人强行搜取一空。礦務之案，向在署中，並被搜去，無憑查送。惟交涉處向在署外租賃民宅，作爲公所，經亂之時，雖挪移藏避，尚未全失，已飭該處澈底清查。僅將接到來文自光緒二十二年起，至二十五年，現有關緊鐵路表譜合同，以及奏咨要件，並呈復之文，自光緒二十三年起，至光緒二十六年止，查明抄録清册二本呈送。相應咨呈欽命總理各國事衙門鑒奪施行。

《大清新法令》卷二《外交・合同・膠濟公司代修小清河義路合同》 大清國總辦山東全省農工商務局候補道朱布政使尚特用道蕭

大德國駐扎青島總辦山東膠濟鐵路事務錫斯

今爲彼此便通商務起見，擬將膠濟鐵路接修至小清河義路一段，公議代修及租回條款，訂立合同於後：

一　此段義路自濟南府東關車站起，接修至小清河南岸止，連灣路計共長叁千米，約合中國陸里之數，若按直路算只貳里之譜。

二　查曹州條約及膠濟鐵路專章并未聲有此段義路，今山東商務局奉撫臺札準外務部來文以此義路應由商務局自行修築。商務局以此路工太小不便獨自起造，故與膠濟鐵路公司議明，仍交公司承辦。

三　此段義路應需地價青苗遷墳費、土方、橋梁、涵洞、鋼軌、枕板石料、工資各項現由商務局籌出膠平銀二萬零八百八十三兩，交於鐵路公司承辦。但實需之後斷不敷用，今公司允以不敷之款，公司自行認備，仍由公司開報實用清單存局立案。

四　此段義路太短，只益便通商務，難期利息，今公司既將此路租回，允將商務局所出資本膠平銀二萬零八百八十三兩，按照膠濟鐵路陸十份股票一樣派息。每届年終付息之時由商務局用印收作爲憑據，倘股票後有額外利益亦應一律均沾，不得兩歧。

五　此段義路既歸公司承辦，所有以後養路修改費以及往來貨物上下搭客應收車費利益并行車一切章程，均歸公司管理，商務局一概不問。惟遇有便商取益防損之事，仍隨時彼此和平商辦。

六　此段義路倘日後商務局有意收回，除已付資本銀二萬余兩外，須照修築時實用數目全行補還公司。其如何收回之處可照膠濟鐵路專章第二十八款一律辦理。

七　將來中國如欲在小清河等處開辦大小鐵路轉運貨物，倘須相接，此段義路或膠濟干路及别路必須先與鐵路公司商允後始可接連。

八　此項合同商務局與膠濟鐵路公司議定簽字，系用華文、德文繕就，其中語意彼此相符，并須詳報山東撫臺批准，再各候咨報北京外務部柏林總公司核準，以昭慎重。如或有改訂之處，仍應照辦。

大清國總辦山東全省農工商務局候補道朱布政使尚特用道蕭

大德國駐紮青島總辦山東膠濟鐵路事務錫斯

大清光緒三十年十二月　日

大德一千九百五年正月　日

《大清新法令》卷二《外交・合同・日本交付奉天新民屯鐵路并機頭車輛物件材料條款光緒三十三年》　山海關内外鐵路總局總辦二品頂戴候選道周長齡

南滿洲鐵路公司理事久保田政周

各奉委任茲商定交付奉天新民屯之鐵路并機頭車輛物件材料條款如下：

列名人互相確認各承本國政府之委任，按照左開條款將奉天新民屯之間鐵路及附近物件并輪車材料等照數付交中國鐵路局查收，爲此訂立合同，中國文、日本文各貳分，署名後彼此各存壹分爲據。

第一條　應交中國政府之物件仍照另單目次開列交付。

第二條　交付日期定爲明治四十年六月一日，即光緒三十三年四月二十一日爲始，所收之款并行車一切事宜統歸中國鐵路局管理。如在未交付以前仍歸南滿洲鐵路公司收款。

第三條　現在該路内執事并使用人等由滿洲鐵路公司，自交路之日起至七日爲限，系屬暫爲借用。俟中國鐵路局派委員司人等再行替換，至該七日所需薪費等項，由南滿洲鐵路公司支給以便交代而申友誼。

第四條　現將該路職員使用人名單壹張交付中國委員，倘中國鐵路局意欲聘用續用南滿洲鐵路公司應從本人自願。

第五條　該路交付之後，如未改築鐵路期内行車一事於彼此派員議妥以便連絡。

第六條　第一條所定交付物件之外，於未改築鐵路期内預備修理車輛軌道物件必需應用者，照南滿洲鐵路公司另單所開物件贈與中國鐵路局，但就其所在之地交付。

第七條　前條所開物件之外，倘中國鐵路局應需要件與南滿洲鐵路公司無礙以平價值讓給。

第八條　第一條所定應交輪車材料之外，於未改築鐵路期内中國鐵路局如有急需之物，南滿洲鐵路公司無甚妨礙以公平借費貸與。

第九條　於未改築鐵路之期内，中國鐵路局需用之煤并水，南滿洲鐵路公司無甚妨礙，以公平價值應付。

第十條　該路交付之後如在該路搬運，南滿洲鐵路公司不在應交各物産。由新民屯運往南滿洲鐵路者，由中國鐵路局不取運費并照料一切。如該公司職員及使用人并家屬家具等亦同以陸個月爲期，逾限不在此例。

第十一條　除已開各條事項外倘以後若有要事彼此臨時會同商定。

光緒三十三年四月十六日

明治四十年五月二十七日

《大清新法令》卷二《外交・合同・九廣鐵路購定漢陽廠鐵軌等件合約附鑄軌章程》　光緒三十四年二月十二日（西歷一千九百零八年三月十四號），九廣鐵路總辦并總工程司（此後條款均稱九廣路局）與漢陽鐵廠（此後條款均稱鐵廠）立此合約。訂立本合約原爲遵照所列條約料件價目鑄軌章程并照圖式代製以下料件交付粤東應用。

計開

鋼軌，一萬三千五百噸（每碼應重八十五磅）；鋼魚尾片，六百七十五噸；鋼狗頭釘，四百噸。

條約

一　現聘大英工程司（此後條約均稱驗收員）一人在漢陽鐵廠，爲九廣鐵路代表人，其職守系驗試所製料件，經其許可而後裝運。當製造材料時鐵廠應爲驗收員預備一切，俾便於試驗。

二　九廣路局與鐵廠若有爭執合約意旨條例價目或章程各事，彼此應會請在華英工程司一人持平論斷，各宜聽從。

三　所製各種料件，自簽約日期起十六個月内裝運到粤，噸數每種少不可過於四分之一，多不可過於一半，二十六個月内將所需各料照數全繳。

四　鐵廠倘非因天災不測之故，竟不能按第三節内所限日期交料，九廣路局自有權衡立，將第五節所載應留材料款項二成全行抹銷，并將合約注銷，鐵廠不得異言。

五　驗收材料須照驗收員所定件數匯集成束，經其驗妥之後即由鐵廠裝運來，粵九廣路局接到驗收員所核準報關行收單并保險公司保單，即照以下所列價目付給八成，扣留二成。俟各料照約全辦妥貼之後，將所留二成再行給付各料價目列下：

鋼軌，每噸銀五十二兩（漢口津例銀）；鋼魚尾片，每噸銀六十七兩（同上）；鋼狗頭釘，每噸銀九十七兩（同上）。

以上各件運到粵省付交。

光緒三十四年二月十二日（西歷一千九百零八年三月十四號）

總辦李維格代漢陽鐵廠押

漢陽鐵廠總辦證見人顏押

漢陽鐵廠工程總理呂伯押

九廣路局總辦魏瀚押

證見人顏押

九廣路局總工程司格魯扶押

總辦并總工程司證見人賴德押

附鑄軌章程

平脚鋼軌每碼八十五磅

一　鐵廠應照附黏圖式制一軌模送總工程司處核準，并照製一模呈驗，收員核準，經驗收員寫明准用即行開鑄。至工程司所核準軌模應用驗收員交還鐵廠，一面照製軌模兩付勒鐫九廣鐵路字樣，并注明重八十五磅，存工程司處。照製一付，存驗收員處。

二　路軌須用鋼製成。

三　每次所備製軌之鋼應含炭磷兩質，務經製軌人化驗，若炭質不及一百分之三十分，或過於一百分之四十五分，磷質過一百分之七分半，則鋼便不合用，無論何時，驗收員可入化驗所隨意取驗，各鋼其成色如何，應由驗收員給以憑單。尚應詳細化驗之處，其日期時刻，應請驗收員自主，所製鐵軌每五百噸中應取一條，請公正礦苗師詳細化驗。應需成色開列於下：

炭質少不得過一百分之三十分，多不得過一百分之四十五分；砂養二質多不得過一百分之十分；磷質多不得過一百分之七分半；硫磺不得過一百分之六；錳質多不得過一百分之八十分。

不論化驗何軌，若非以上所列成色，則所用製軌之鋼概不准用。鐵廠必須另製軌樣化驗，路軌之礦苗師應由驗收員聘請經總工程司核準。其化驗如何鐵廠不得異言。所有化驗費用均歸鐵廠料理。路軌長應一律須與模型不差，并須格外堅固平直，不得有破裂罅隙渣銹。各節當製造路軌時，間或拗曲，只可用壓力抒直，不得用椎路軌，首尾必須平直，不得有刀鋸痕迹。路軌須憑核準模型鑄準，每碼應重八十五磅，每軌之重不能逾一百分之一分，亦不能少一百分之一分，每軌之長應三十六英尺。然或百條中有六條應用三十三英尺與三十英尺者并臨時酌定尺寸者，應需照配。如有應用短軌之時，準製軌人揀長軌之有破玷者，俟凍冰後截去其破玷而用之再者，路軌經拉製之後不得再用火燒。軌之長短應照所定尺寸過長，不能逾英尺一分過短，亦不能少英尺一分。短軌須另標記俾與長軌有區别，鋼軌首尾兩旁各鑽兩孔徑口，直綫應一英寸零十六分之三。孔內必須磨光平直孔邊，外面亦不得有凹凸形迹鑽孔之處，須照附黏圖式所定方向不得差錯。鐵廠所用之孔模應由總工程司核準。若鑽孔之處以及孔之周回大小差逾一英寸之三十二分一，則將原軌駁還。凡孔不得先鑿鑽而後刨，鑽軌旁應鐫明OKR三字（即華文九廣鐵路）并注每碼重若干與製造廠名以及年分。

試驗鐵軌有兩法列下：

一　每五十噸中抽取六英尺長之鐵軌一條，用兩鐵架分列兩旁，中離三英尺六寸，將鐵軌橫置其上首尾，平均中用二十八噸重物懸至半點鐘之久，低垂不可過至一英寸之十六分五，所懸重物之處亦不可有缺陷痕迹。

二　已經試驗之鐵軌如前法安置，架上用一噸重鐵塊升高二十英尺，居中從空撞下，連撞兩次，鐵軌并無炸裂痕迹，其首次所撞陷痕不得逾四英寸，連撞兩次之後，鐵軌低垂不得過八英寸，以後隨意撞擊經驗收員驗明軌上痕迹許可後，方爲合用。

如驗後未能照以上效果，則凡屬此等鋼料概不得用。所有制成之軌首尾須鐫明系用何等鋼質制造，其數目以及製造年月各字樣須連貫簽印分明，不得模糊零落。

試驗鐵軌應搭鐵架器具以及人工各費用，系鐵廠料理，至搭架基址并搭架處所以及如何搭法如何試驗，均遵驗收員之意辦理。試驗後不合用之鐵軌鐵廠不得索價。所用試驗之鐵架鐵竿下應置堅固木料一塊，平方十八英寸將鐵竿安插其上。其木塊之下應放石一塊，厚二尺以制撞擊之壓力，所用以撞擊軌之鐵塊，其底直綫不得逾二十四英寸。如鐵廠欲以破玷廢用之軌爲試驗鋼質之用，亦可准其照辦。每次所製鐵軌之條數若干，丈數若干與所用鋼料若干，及製造日期或日工或夜工，均須登册記載明白，每日早晨照抄一分，呈驗收員察閱。所制鐵軌於未交驗收員之先，鐵廠務自行籌選，將所有破玷之軌另置一處，其合用之軌經驗準後，始得運載來粤。驗收員驗收及試驗所用器具人工費用一切均鐵廠自理，即化驗一切費用亦鐵廠自理。所有駁還廢軌首尾裝點紅色爲記另置一處，如要移動時應先告明驗收員爲是。

鋼魚尾片重應八十五磅。

鐵廠應照附粘圖式制一魚尾片模型，送總工程司處核準，并照製一模呈驗收員核準，經驗收員寫明准用即行開鑄。至工程司所核準模型應由驗收員交還鐵廠一面照製模型兩付，勒鐫廣九鐵路字樣，并注明重八十五磅存工程司處，照制一付存驗收員處，以後凡有所制之魚尾片，均照此一律不得參差。魚尾片須用鋼料制成鋼塊，必須熔化至開花時，平面處不可逾六英寸，墜結處不可逾三十六英寸，而後制成長式鋼塊，首尾切去一尺，以期堅固。於鋼料未冷時照所定尺寸鋸成鋼片，再將鋼片用機器擊通四孔，并印成四凹。其鋼片用壓力平鋪首尾要平直，不得有痕迹，務期與所定尺寸相符。邊旁亦應切平孔口，尺寸不得逾附粘圖式所定者，孔内要停匀不得大小，參差鑿孔。工程須經驗收員監督方可。恐其於鑿孔時有凝鋼片以致廢用，并可監察孔邊崎嶇處，令其收拾完妥。所製魚尾片務須與核準原模形式毫無差錯方可。如輕重或逾至一百分之一分，均作廢物，每付魚尾片應重八十五磅，每片内須載明CKR三字（即華文廣九鐵路）并注明重八十五磅以及製造廠名與制造年月，將模配用壓直機器印成以上各字樣，惟須趁鐵片熱時印於四孔之間，較見分明。如驗收員以字迹不甚明白，則當另換新模所用以制片之鋼料，每方寸所受拉力少不能差至二十八噸，多不能逾至三十二噸。每十英寸可以拉長至一百分之二十三分者，方爲合用。魚尾片於鑿孔後及凍後匯十噸爲一束，每束中聽驗收員隨意抽取五片拗折試驗，如中有未經拗至曲尺形式便有破裂痕迹者，則全束概不堪用。每次熔化造片鐵塊，須由鐵廠自行先取鐵樣，化驗炭磷兩質成色若何，如炭質逾至一百分之十五分或少至一百分之十分，磷質逾至一百分之七分半，則所熔化之鐵塊，均不適用。鐵廠務將魚尾片時刻詳加化驗，所化驗成色驗收員未能滿意，應聽驗收員將此等魚尾片概行剔駁不用，魚尾片應含成色列下：

炭質不得逾一百分之十五分；砂養二質不得逾一百分之十分；硫質不得逾一百分之六分；磷質不得逾一百分之七分半；錳質不得逾一百分之六十分。

化驗魚尾片間或應由驗收員另請公正練礦司辦理，其一切費用亦歸鐵廠料理。

魚尾片數目若干，與所用鋼料若干，及制造年月或日工或夜工，應一一登册，每早照抄一分，呈驗收員察閱。

所製魚尾片於未交驗收員之先，鐵廠務自行籌選將所有破玷之魚尾片，另置一處，其合用之料經驗收員驗後始得綑捆。鐵廠須自備一種鐵質器具，照圖内所指處將鐵器具鑲四個大鋼釘，直徑應一英寸，此種器具須經驗收員核準以後，將魚尾片安置其上考驗量準配制螺釘之孔。若考驗後魚尾片與鐵器具相配，不準顯與核準模樣不符，不合章程所載，則此片即不合用。其驗收與試驗所需器具人工費用一切均鐵廠自理。即化驗一切費用亦鐵廠自理，所有不適用之片首尾裝點紅色爲記另置一處，如要移往他處時應先告明驗收員爲是。

凡魚尾片經驗準之後，趁冷凍時用沸胡麻子油浸之，俟干後再用鋼綫綁捆成束，每束四片，以便交付，每十束照驗收員所示標志爲記。

鋼狗頭釘

製狗頭釘鋼料必須特别好料，照附粘圖式鑄造不得有斑點裂痕以及魚鱗痕迹。

製狗頭釘之鋼料，每方寸所受拉力應有二十五噸與二十八噸之間，每八寸應得拉長之數不可少於一百分之二十五分。其原鋼條不拘冷熱與熏至鎮紅火度，放入法表八十二度水内之後，經拗折兩次，均無破裂形式，方爲適用。由鋼制成狗頭釘之後，亦當如是。釘頭熱時用椎椎之，椎至釘頭尺寸比釘尾闊三倍後，而無罅隙破裂形式，方爲合用。制釘鋼樣驗收員，隨時可以選取以驗拉力，并可隨時拗折，如驗之後未能照以上效果，則凡屬此等料件，概不得用。每條狗頭釘之釘頭須鐫明CKR，三字（即華文九廣鐵路）。

所制狗頭釘之鋼料試驗之後，更當時時化驗，化驗後如磷質硫質砂養二質與錳質太多，概不合用，茲將應含各質成色列下：

磷質至多至一百分之七分半；硫質至多至一百分之六分；砂養二質至多至一百分之十分；錳質至多至一百分之七十分。

所有製釘鋼料，應由驗收員籌選，就該廠内監督試驗總工程司，間或另請局外練礦師將製釘料樣再行試驗，所有費用均鐵廠自理，即廠内化驗與試驗一切費用亦鐵廠自理，驗收員應用所有器具及人工費用亦應由鐵廠備辦。狗頭釘製成之後經驗收員核準驗收後，鐵廠仍須隨時拂拭勿致生斑。後用沸胡麻子油浸之，干後始行裝入箱内，外用鐵環綁捆，每箱貯滿不可逾五百磅。箱面應載明所裝何件并重若干以及記號，以上各字樣不得印刷墨字，須用烙印照驗收員所示辦理。

光緒三十四年二月十二日（西歷一千九百零八年三月十四號）

總辦李維格代漢陽鐵廠押

漢陽鐵廠總辦證見人顔押

漢陽鐵廠工程總理吕伯押

證見人顔押

廣九路局總辦魏瀚押

廣九路局總工程司格魯扶押

總辦并總工程司證見人賴德押

王景春等編《中國鐵路借款合同全集》下册《粤漢川漢鐵路借欵合同》 湖北湖南兩省境内粤漢鐵路湖北省境内川漢鐵路借欵合同

（訂立合同兩造名義）

此合同係宣統三年四月二十二日，即西歷一千九百十一年五月二十號，在北京訂立。其訂立合同之人，一係郵傳部大臣，已奉旨允准訂立合同，一係德華銀行、匯豐銀行、東方匯理銀行，及美國資本家。以後即簡稱曰「銀行等」，至美國資本家乃紐約城開設之摩根公司、昆勒貝公司、第一國立銀行、國立城市銀行四家合成者。兹議定條欵如左。

第一欵　（借欵總數及名稱）

大清政府，准銀行等辦五厘利息金鎊借欵，數目係英金六百萬鎊。此次借欵期限，由發售債票之日起算，名爲大清政府一千九百一十一年湖廣鐵路五厘利息遞還金鎊借欵。

第二欵　（借欵宗旨）

此借欵係爲籌備資本。一爲贖回前美國合興公司代大清政府所發售而未贖回之金圓債票，計美金二百二十二萬二千圓，並此票按每百分應加價二分半，及應付之息。一爲建造官鐵路幹綫，由湖北省城武昌府，經過岳州，湖北省城長沙府，至湖南省南界郴州境内宜章縣，接連廣東省所造粤漢路綫爲止。此路綫以後，名爲湖北湖南兩省境内粤漢鐵路。估計共約長一千八百華里，約合九百啓羅邁當。又官鐵路幹綫，由湖北省附近廣水京漢路綫之處起，經過襄陽荆門州至宜昌，估計約長一千二百華里，合六百啓羅邁當。又由宜昌起至四川夔州府止，此段路綫係抵補截去之荆門州至漢陽枝路。估計約長六百華里，合三百啓羅邁當。以後名爲湖北省境内川漢鐵路。二共長約一千八百華里，約合九百啓羅邁當。其勘量路綫。均由郵傳部核定，以上所言金圓債票。一經銀行等禀請收回後，大清政府應允照辦。其贖票需用之欵，銀行等由此次借欵進項内撥用。此項贖回之債票作廢後，即呈交與大清政府，大清政府收到已贖回之債票後，即將從前案内所訂以粤漢鐵路作抵押之字樣，全行註銷，並函知銀行等。現並聲明贖取上開叛國合興公司所售金圓債票，所需虚數五十萬鎊。俟該票全數收回後，倘尚有餘欵。此所餘之欵，應撥歸上所載兩鐵路項内。

第三欵　（借欵用途竣工期限及墊欵）

此借欵所備之資本，除第二欵内所載贖回金圓債票之用欵外，其餘專爲建造以上指明各鐵路購辦地段車輛，及一切應配物料，並經營行車，又於造路期内，付還借欵利息，均在其内。其建造工程，自實在開工之日起，估計約需三年造竣。惟宜昌至夔州路綫，工程艱難，期限准其稍長。此合同畫押後，於六個月内，在武昌長沙廣水宜昌四起，同時開工，該銀行等亦於此期限内，須備六十萬鎊知會郵傳部。如有需用欵項之時，或測量路綫，或建造工程，或訂購材料，或由大清政府，收取該兩省已造之路，聽其或在歐洲，或在美洲，或匯中國提用，作爲銀行等代墊出售債票進欵。此六十萬鎊全數，或經實在提用之數，並其利息，均由出售債票進欵，儘先扣除。其利息按週年六釐計算。此合同未畫押以前，所有湖北湖南兩省。已由各該省籌欵築造之路綫，並該兩省鐵路之產業，應即收歸粤漢川漢鐵路官局管理。及照第十五欵所載，將來郵傳部因建築湖北湖南兩省境内粤漢川漢幹路綫，欵項不敷之故，續籌之欵，均作爲湖北湖南兩省境内粤漢川漢幹綫項之成本。惟此項成本應收之進欵，不得有妨礙此次借欵歸還本利之處。

第四欵　（息率及付息）

此項借欵週年利息，按票面本金虚數百分之五計算。每半年一次，交與執債票之人。該利息自借欵發售之日起算，由大清政府付給。於造路期内，或由此次借欵進項，或由他欵指撥。鐵路工程告竣後，先由該鐵路進項，次由大清政府以爲合宜之他項進欵交付。自借欵發行之日起算，按本合同附表開列數目，照西歷每半年應交付之日期前十二天交付。

第五欵（借欵期限並還本）

此項借欵期限，定爲四十年。除後開第六欵所載外，自發行借欵之日期後，第十一年始還本。每年應付還之數，由各該鐵路進項，或由大清政府以爲合宜之他項進欵交付。每半年按照此合同附表數目，於西歷日期前十二天交付銀行等。

第六欵（提前還本之制限）

自發行借欵之日起，至第十年後，無論何時，若大清政府欲將借欵全數清還，或欲先還合同附表所載未到期之數若干，均可照辦。惟未滿第十七年以前，照債票面額加價二鎊半，即每一百鎊債票一張，還一百零二鎊半。滿第十七年後，無須加價。每次預還若干，大清政府應於六個月之前，用函知會銀行等。其預還之數，照借欵招帖内載拈鬮日期，多加鬮數，一俟借欵全數還清，本合同即時作廢。其已廢之債票息票，由銀行等順次收齊，交與中國出使英德法美大臣，所有已經抽出之債票及息票，自每次本息到期之日起，三十年之内，不來領取，則該項本息，銀行等應悉數繳回大清政府。

第七欵（交付本利之時期地點及小費）

本合同第四五欵所載，每半年應還本利，按照此合同附表所訂數目日期前十二天由郵傳部，或在上海以規銀，或在漢口以洋例紋銀，及或新國幣，一俟此項國幣行有實效。足敷在歐美洲交還金鎊之數，均分交付銀行等。其鎊價與銀行等同日訂定，郵傳部亦可於還本利期前六個月内，無論何時，皆可隨意同時與銀行等訂定。大清政府遇有金欵，實在存於歐美洲，並非爲還此欵而匯去者，亦可於到期前十二天，在歐美洲用以付還到期之本利，每年付還借欵之本利。銀行等於每百兩計收用銀二錢五分，作爲經理費用。

第八欵（不敷還付本利之補助）

此合同借欵之本利，大清政府承認到期如數照付。若各該鐵路進項，或借欵進項，不敷到期還足本利之數，郵傳部奏明，由大清政府設法以他項欵項補足，按期交付銀行等，清還本利。

第九欵（抵押品及抵押品之保管）

本合同内借欵六百萬鎊，並第十五欵所載之第二批債票之本利，以下列之欵，作爲頭次之抵押。

湖北省百貨釐金每年關平銀約二百萬兩。

湖北省川淮鹽局江防經費每年關平銀約四十萬兩。

湖北省川淮鹽新加二文捐每年關平銀約三十萬兩。

兩湖賑糶捐鄂欵每年關平銀計二十五萬兩。

湖南省百貨釐金每年關平銀約二百萬兩，湖南鹽道庫正釐每年關平銀計二十五萬兩。以上各釐捐，每年共計關平銀五百二十萬兩，特此聲明。並無牽連於他項債欵征納抵押情事。此項借欵本利，按期交付，則不得干預各該省之釐捐。惟其本利，倘屆期無著，除展緩公道時日外，則應將湖北湖南足敷歸還以上所開之釐捐，及他項合宜之内地捐，即行交與海關管理，以保執票人之本利。此項借欵，或全數，或一分，未還清以前，倘再有將以上釐捐，作他項抵押，或作質保等用，總須先儘此項借欵本利還清。除第十五欵所載之本借欵第二批債票外，更不得有他項借欵押欵，或征納各事，加於此次借欵之上，亦不得與平行。無論如何，不能損害其此借欵之擔保利權，又在此借欵之後，他項借押欵，或征納各事，由指上文所開定各釐捐欵抵付者，必先儘此借欵有餘，再及他欵，並須於在後他項借欵押欵，或征納各事之約内載明。以上第二節所載金元小票贖回以後，此借欵未還清以前，不得將各該鐵路及其收欵抵押他人。此借欵未還清以前，倘遇大清政府議定修改海關税則，減免釐捐，特彼此聲明。一則不得因此借欵係釐捐抵押，而阻止修改税則，一則不得將此次所指釐捐減免。如欲減免，應先向銀行等商明，務於新增關税内，如數撥足，儘先補抵。

第十欵（債票之發印及毀失）

此項借欵，准銀行等按總額數目發售金鎊債票與承購之人，其債票每張數目，由銀行等斟酌定奪。債票式樣文字，由銀行等與郵傳部，或中國駐柏林、倫敦、巴黎、或華盛頓、出使大臣核定。並將郵傳部大臣簽名字樣及其關防均摹印於上，以省其親自一一簽押。未發售債票以前，可聽憑銀行等，請中國駐柏林、或倫敦、或巴黎、或華盛頓、出使大臣逐張蓋印，並其簽名字樣，加印於上。以爲中國政府允准及承認發售此項債票之憑證。銀行等之駐柏林、倫敦、巴黎、或紐約代表人，亦須在債票上加簽，以證其爲發售債票經理人。倘此借欵發出之債票，或遺失，或被竊，或經焚燬，資本家及或銀行，或銀行等，隨即知會郵傳部，由中國駐柏林、倫敦、巴黎、或華盛頓、出使大臣。飭知資本家及或銀行，或銀行等，在報紙刊登告白，聲明已失之票，不能憑以取欵，並設法按各該國例章辦理。倘所失之票，已過資本家，及或銀行等所定之期限，仍未覓回，則中國駐柏林、倫敦、巴黎、或華盛頓、出使大臣，應照原數重發別票，加蓋關防，交資本家。及或代表該票主之銀行，或銀行等，所需一切費用，概由資本家，及或銀行等，代失票主擔任。

第十一欵　（免税）

所有此借欵之債票息票，以及收付各欵，在借欵期内，不納中國各様釐税。

第十二欵　（借欵招帖）

所有借欵招帖，以及付利還本，一切詳細辦法，未經本合同詳細載明者，由銀行等，會商大清國駐柏林、倫敦、巴黎、及華盛頓，出使大臣核訂，兹允准銀行等，於本合同簽押後，將招帖從速分發。由大清政府飭知駐柏林、倫敦、巴黎、及華盛頓，出使大臣，遇有應會同辦理之事件，即與銀行等，協同酌辦，並簽押此項借欵招帖。

第十三欵　（發售債票）

此借欵六百萬鎊，俟本合同簽押後，全數從速一次出售，不得延過十二個月外。其價值係按照虚數九五折交付。大清政府、銀行等在歐美洲及在中國，招人購買，中國人與歐美洲人，一律照章辦理。若大清政府定購，自應儘先照給，但須於未發出借欵招帖以前，至少四日定購。發出借欵招帖日期，由銀行等先七日告知大清政府。

第十四欵　（票欵之交付存匯及支用）

（賬目之管理稽核及報告）

借欵進項，或在中國、或在柏林、或在倫敦、或在巴黎、交付德華匯豐匯理各銀行，或在紐約交付美國資本家，或在中國交其現所指定之花旗銀行，或以後隨時指定之他銀行收存，歸入湖廣官辦鐵路帳内。至此欵收帳辦法，係按照購票章程内所載，購票人交付票欵之日期辦理。其在柏林、倫敦、巴黎、紐約所存之欵項，按週年三釐給發利息。在中國所存之欵項，作爲往來帳，其利息隨後酌定。借欵進項，暨生發之利息，除照本合同第二欵第三欵所載，應先交付各欵外，所餘净數，歸銀行等收存，聽候郵傳部提用。在中國所需欵項，可由郵傳部定奪。向德華匯豐匯理各銀行，及美國資本家現所指定之花旗銀行，或隨後指定之他銀行，匯至中國。惟每一禮拜，不得逾二十萬鎊之數。凡由歐美洲。匯寄借欵來華，以及在中國由銀行等撥交欵項，與以下所指定之中國銀行等，或其數目，須設法使各銀行相等。每次由歐美匯欵，其匯價由郵傳部與匯欵之各銀行同於當日訂定。郵傳部亦可隨意於匯欵之日以前，六個月之内，任選一日或數日，預先商定匯價，由各銀行匯撥欵項。倘難以使其數目均匀，則郵傳部應與銀行等，定一彼此以爲妥善之匯欵辦法。郵傳部可自行核奪，將以上所載净數之一半，存於郵傳部所指定爲經理此事之交通銀行，及或大清銀行，歸入湖廣官辦鐵路帳内。此項存於中國銀行之欵，全爲大清政府所擔任。在中國所存於銀行等，及所指定之中國銀行之欵，隨時由郵傳部，按照預估造路工程一月所需之欵，撥交德華銀行收入鄂境川漢造路帳内，並交匯豐銀行收入湖南湖北二省境内粤漢造路帳内，以期於造路工程無所間斷爲要。郵傳部每一季，應將存於所指定中國銀行此次之借欵，報告於銀行等。爲使下文所載之查帳員，易於明瞭，除爲撥入以上所言造路帳内外，概不得提撥。由此造路帳内提撥欵項，總辦應照下開辦法，以銀兩提用。至於提出之欵，如何由中國票莊分派於需欵之處，均聽總辦遵郵傳部命令辦理。凡提用欵項，應按照建造鐵路工程隨時所需，由各該鐵路總辦，或其代辦，出支欵憑單，向匯豐銀行，或德華銀行提用。並須將所提用之欵，先兩日另出兩單，聲明緣由，一單交該銀行，一單交該查帳員。如查帳員於所支欵項，有以爲不應開支之處，可一面向總辦詳細詢商，如總辦仍不能解決，該查帳員可呈請郵傳部示遵。各該鐵路帳目，用中文及英文登記，按照妥善新法辦理，並佐以收支單爲據。於造路期内，該帳目並收支憑單，隨時任由銀行等自給薪水僱用之粤漢川漢各查帳員查看。該查帳員之責，專爲銀行等，查察此項借欵是否按照本合同第三欵所載提用開支，并查明按照第十八欵内載鐵路總局每月所購外洋材料帳目。鐵路總局每一年結帳時，將鐵路進欵用中英文刊印，以便任人取閲。

第十五欵　（借欵數目不敷或有溢數）

設若此次借欵，並生發之利息，除付本合同第三欵所載，贖回金圓債票所需用之欵，並於建造鐵路期内，付借欵利息外，所餘之欵。不敷修造第二欵所言之各鐵路，以及裝配一切，其不敷之數，先由中國欵項提付，以免延誤建造工程。如有不敷，則再由銀行等，照本合同條欵，續售此借欵之第二批債票。其數不適四百萬鎊，此第二批債票，即以本合同第九欵所指內地餉源平行抵押。至於發行該批債票日期，准銀行等自行酌定。倘以後尚須再借洋欵，以完該路工程，其辦法各節，届時商訂。倘若鐵路造成後，鐵路項下，尚有存欵，可將此未用之欵，移入後項第二十欵內所載借欵利息公積項下，以備大清政府撥還此合同承認應還之欵，或撥作於該各鐵路改良及有益各事之用。

第十六欵　（債票滯銷）

倘於未發此次借欵招帖以前，遇有政治上或財政上意外之事，以致大清政府現在市面之債票價值有礙，銀行等以爲此次借欵，未能按章辦理，准予銀行等展緩公道期限。如於商准期限內，仍未發行此次借欵，則本合同即行作廢。大清政府，除按照本合同第三欵，應交還預支欵及其應有之息外，毫無他項酬費。

第十七欵　（用人權限）

此鐵路建造工程，以及管理一切之權，全歸大清政府獨自辦理。建造此項工程，大清政府自行選用英國人一名，爲建總工程司復自行選用德國人一名。爲建造湖北省廣水至宜昌境內川漢鐵路之總工程司，又自行選用美國人一名。爲建造宜昌至夔州府境內川漢鐵路之總工程司，一面知照該銀行等，若銀行等以所選之總工程司爲不合宜，須將其實在不合宜之切實理由聲明，此總工程司一切自應聽命於督辦大臣，及總辦，或其代辦。所有布置造路各事，須遵照郵傳部之意辦理。其平日行爲，須敬重郵傳部與督辦大臣，及總辦。該總工程司合同，由郵傳部訂立。至鐵路上派用專門人員，分派各該員應辦各事，以及辭退各該員，均由督辦大臣，及總辦，或其代辦，與總工程司商酌。若遇有意見不合，可商請郵傳部判斷。判定後，彼此均不得有異言。工程造竣後，在借欵未清還以前，大清政府仍派歐洲人、或美洲人、作爲各該鐵路總工程司，但其選派不須與銀行等商酌。

第十八欵　（購料及購料人之權利與義務）

建造湖北湖南兩省境內粤漢鐵路，及湖北境內川漢鐵路，建造期內，中英公司，及德華銀行，分別作爲購買外洋各材料機器什物之經理人。除鋼軌一項，并其附件等，郵傳部奏明，應由漢陽鐵廠自行製造供用。其價目一切，由郵傳部與鐵廠比較他路歐美購運鋼軌之時值訂立，惟不得遲誤。倘漢陽鐵廠不及按時供應該鐵路所應需者，即應令該經理人由外洋購買不敷之軌。所有購買一切緊要材料，由督辦大臣或總辦招人投票。若所購之材料貨物，係購由外洋者，該經理人，須以於鐵路最合宜之價購買。按照原買實價，每百分加用錢五分。惟定購材料，及支取費用，非經督辦大臣，或總辦核准簽字，不能照行。中英公司，及德華銀行，既得上文所詳之用錢，自應各在其路內，代爲監購鐵路所需建造裝配各外洋材料。此等材料，須在於公共市場擇價值最廉而質料最佳者購買，并用專門工程司之由郵傳部所選聘者驗看此項貨物。此等專門之驗費，由郵傳部及該經理人等均匀分給。至英法德美所製貨物，若質料及價值與他外國所製者相同，應先儘由英法德美公平購買。郵傳部鐵路總局，如欲在中國，或欲在外國，招他人經理購買各項外洋材料，以爲更覺合宜者，可以有權照辦，惟用錢仍照上所詳，給該經理人。其輪船運費及保險費等，須選用最廉者，並將其帳單及所有原來買貨單驗單等項，呈送督辦大臣及各該總辦查核。所有各項回用扣頭，均歸入鐵路項下。所有該經理人，購買各材料，須有製造廠原賣單，並驗單爲據。該經理人除得上文所詳用錢外，別無他項用錢，惟遇有聘用工程顧問人員，其酬費由鐵路總局鐵路項下提給。中國材料及經在中國各廠製造之貨物，若質料價值與英法德美或他外國材料相同者，由郵傳部派用之驗貨料員，會同總工程司商酌定奪，儘先購買，以鼓勵中國工藝。購買中國材料，不給用錢。全路造竣後，於此借欵未還清以前，鐵路總局，若爲此兩路內購買外洋材料，應先儘向由中英公司及德華銀行經理購買。其辦法章程，嗣後彼此商酌辦理。

第十九條　（接展路綫）

大清政府，或將來爲有裨益於該地方起見，以爲須將本合同第二欵內所言之鐵路展長，自應由大清政府，先以中國欵項自行建造。如須用外國資本，倘銀行等所給之條欵利益不少於別家，則先儘銀行等商辦。

第二十欵　（提存餘利備償利息）

此合同未滿以前，歷年除付借欵本利外，鐵路總局，將本年鐵路凈進欵盈餘之內，酌提足敷交付來年到期借欵利息之數，在漢口或在上海存放銀行等。所存放之欵。隨時按照市面情形，給與利息。

第二十一欵　（小費）

所有經理此項借欵之費用，如分給外國各行經紀費、分售費、分售經用電報告白郵票刊印招帖債票各費、印花稅、律師酬費等，及其餘一切用項，概由承辦銀行等擔任。

第二十二欵　（銀行分任）

此項借欵，係德華銀行、匯豐銀行、東方匯理銀行、及美國資本家，均分承辦，惟彼此均無互相擔任之責。

第二十三欵（讓渡）

德華銀行與匯豐銀行、東方匯理銀行及美國資本家，可將其本合同應有之權利及責任，或全體或分別過割，或付託與德國他公司，英國他公司、法國他公司、美國他公司、或董事等，或經理人等接辦，或再轉過割，或付託代辦，惟其接辦代辦，均須先請郵傳部核准。

第二十四欵（簽定及照會）

本合同係宣統三年四月二十二日、即西歷一千九百十一年五月二十號，欽奉諭旨允准簽字，並由外務部，用正式公文照會德國、英國、法國、美國駐京大臣。

第二十五欵（英文爲準）

本合同繕寫華英文各八分，大清政府執收華英文各四分，銀行等執收華英文各四分。如文意有疑難之處，以英文爲準。

宣統三年四月二十二日、即西歷一千九百十一年五月二十號，本合同兩造，在北京簽押。

郵傳部印郵傳大臣盛宣懷押

各銀行代表蓋印簽押

藝文

姚淶《明山先生存集》卷一《廣平府中新街記》 幽州之南爲洺，今廣平郡也。當元之季，歲以兵爭山東，民困於寇。其入職方，則洪武改元之初；而列之封畿，則永樂之六年也，時民始遂蘇息。城府之地，室廬落落，未見其綺分而鱗次也。

國家承平百餘年，散者欲聚，隘者欲辟矣，然皆即故廛而葺之。已而民益稠，市益喧，城中之隙地，則潦得以鐘，蒿得以叢。民雖甚病，卒莫敢規尺寸焉。

廼者郡守蔣子原，學以秋官郎來知是邦，閔敏矜恕，爲政有經，念前之非度而爲之改厘。於是，核田定稅而賦始均，延師育材而士始振，建倉登粟而食始充，凡此數者，皆列城所未行也。至於勤民之隱，不逆其施，弱者翼，勞者節，逋者復，梗者鋤，媮者勵，民既植其生矣。

偶一日登城，謂其僚曰：「曠城邑而不修，陋制也；茀道途而不治，廢政也。洺民之繁也，其居弗能容而猶襲舊，以爲安非父母？洺民意也。吾將斥而營之，以利吾民。」

遂謀諸同事，下所司治之。聽民以其便，移于閑壤。營表既定，規畫有方，民競於卜而奠厥宅里。

連庶吉士礦爲之次其治狀，以永年令宋瑛之意來請記於余。余索圖觀之，城之南爲街曰「興行」，轉而東則曰「遵道」、曰「懷仁」、曰「近賢」；城之東爲街曰「遵義」，轉而北則曰「太和」、曰「懷德」、曰「時雍」；城之西爲街曰「德化」，轉而南則曰「存信」、曰「親睦」、曰「敦俗」；城之北爲街曰「樂户」，由是以西則曰「尚禮」、曰「禮讓」、曰「太平」、曰「返樸」、曰「新興」、曰「勸善」。城之四隅爲街，亦各有四，皆以角名之，從方言也。

總一城論之，街之在北者爲多，四鄙九邑之衆，朝夕聚於府治以聽令於牧，宜民居之庶，且密也。自興行以至勸善，街二十有三，皆今所新創而其舊弗列也。舊街自「承宣」、「牧民」之外，凡十有六，盡易以嘉名，亦自今始。

名以義起，義以職思，屬之上者寓諸諷，屬之下者寓諸教。疏而布之，經緯相錯；曲而導之，長短相屬；表而析之，保助相守。

列肆羅隧，棼橑構焉；方軌納駟，冠蓋游焉；舉袂揮汗，質劑交焉；填城溢郭，士女嬉焉。洺始得以樂土稱美哉！三輔之巨麗也。

或曰：「司空不視途，單子以是知陳政之衰。季春開通道路，毋有障塞，則《月令》之所誡也。蔣子之爲政，其得周人之遺意乎？然余觀當時所論，謂「道途已設，而懼其或墜厥功」，非如今日之創制爲也。蔣子慮以仁，斷以義，興不費之惠，舉不勞之役，開無窮之利，蓋得於周人法意之外而令德之則，垂之百年後之人，永庇而休焉。以世載其德而歌其功，必將與茲壤俱敝矣。吾是以記之。

陳子龍等《明經世文編》卷二四五徐階《漕運新渠記》 先皇帝之四十四年秋七月，河決而東注。自華山出飛雲橋，截沛以入昭陽湖。於是沛之北，水逆行，歷湖陵、孟陽至谷亭，四十里。其南溢於徐，渺然成巨浸，運道阻焉。

事聞，詔吏部舉大臣之有才識者，督河道都御史、直隸河南山東之撫臣、洪閘之司屬概諸藩臬有司治之。得今萬安朱公衡，爰自南京刑部尚書，改工部尚書兼都察院右副都御史，奉璽書總理其事。

公至，駕輕舠，凌風雨，周視河流，規復沛渠之舊。而時豬者爲澤，淤者爲沮洳，疏與塞俱不得施。公喟然曰：「夫水之性下，而兹地下甚，不獨今不可治也，即能治之，他歲河水至，且復淪没，若運事何？」召諸吏士及父老而問計，或曰：「道南陽折而南，東至於夏村，又東南至於留城，其地高，河水不能及。昔中丞盛公應期嘗議鑿渠於此，而不果就。其迹尚存，可續也。」公率僚屬視之，果然。馳疏以請，先皇帝從之。工既舉，而民之規利，與士大夫之泥於故常者，争以爲復舊渠便。先皇帝若曰：「兹國之大事，謀之不可不審也。」敕工科給事中何君起鳴勘議焉。何君具言舊渠之難復者五，急宜治新渠，而增其所未備，以濟漕運。詔工部集廷臣議，僉又以爲然，詔報可。

公乃廬於夏村，晝夜督諸屬。程役以工，授匠以式，測水之平，鏟高而實下；導鮎魚諸泉、薛沙諸河，會其中；壩三河口，以杜浮沙之壅；堤馬家橋，遏河之出飛雲者，盡入於秦溝；滌泥沙，使不得積。凡鑿新渠，起南陽迄留城，百四十一里有奇；疏舊渠，起留城迄境山，五十三里。建閘九、減水閘十有六；爲月河於閘之旁者六；爲壩十有三，石壩一；堤於渠之兩涯，以丈計者四萬一千六百有奇，以里計者五十三，爲石堤三十里；又疏支河九十六里二千六百餘丈，修其堤六千三百四十六丈，而運道復通，由徐達於濟，舟行坦然，視舊加捷。

階惟國家建都燕薊，百官六軍之食咸仰給於東南。漕運者，蓋國之大計也。自海運罷而舟之轉漕，獨兹一綫之渠，其通與塞，又國之大利大害也。河勢悍而流濁，塞之則復决，浚之則輒淤。事在往代及先朝者姑弗論，即嘉靖間疏築之役屢矣，而卒未有數歲之寧。則今徙渠而避焉，城計之所必出也。然當議之初上也，或以爲方命，或以爲厲民，嘩之以衆口，撓之以貴勢，誣之以重謗，脅之以危言。於其時，公之身且不能自保，况敢冀渠之成哉？賴先皇帝明聖，不怒不疑，徐以公論，付之諫臣，擇兩端之中，而因得夫久遠之策。由是公始得竭智畢力，以竟其初志，而實其謀之非迂然。然則兹渠之成，固公之功，實先皇帝成之也。昔禹受治水命於堯，盡舍前人湮塞之圖，而創疏導之説。彼其驟聞焉者，豈無或駭且謗乎？惟堯信之深，任之篤，歷八年而不二，禹是以得建萬世永賴之績，奉玄圭以告厥成。則洪水底平，雖謂堯之功可也，而虞夏之史臣與後世之文人學士，咸知稱禹而莫知頌堯。嗚呼！此堯之德所以爲無能名歟。洪惟先皇帝力持國是，以就兹渠，功德之隆，較之帝堯，可謂協矣。

階曩歲備員内閣，嘗奉治河之論。邇謝政南歸，復得親至新渠，觀其水土而考論其事之始末，追感往昔，不自知涕泗之交頤也。遂因公請，僭爲之記，且以告夫修實録者。

役始於四十四年十一月二十四日，成於次年九月初九日，用夫九萬一千有奇，銀四十萬。贊其議者：河道都御史孫公慎、潘公季馴。綜理於其間者：工部郎中程道東、游季勛、沈子木、朱應時、涂淵；主事陳楠、李汶、吴善言、李承緒、王宜、唐煉、張純；參政熊桴；副使梁夢龍、徐節、胡涌、張任、陳奎、李幼滋；僉事董文采、黎德克、郭天禄、劉贄。并列名左方。

劉文征《滇志》卷一九《藝文志·新建松華壩石閘碑記》　萬曆戊午歲，滇水利憲副朱公請於御史南海潘公言：「滇城東北郭，故有松華壩。邵甸之水走盤龍江者，使東注於河，河曰金棱，土人呼曰金汁，由金馬麓過春登里，七十餘里而入海。沿河支流以數十，遞而下，涵洞如級，田以次受灌，不知幾萬畝也，而是壩獨橐籥之。非壩，則小旱易涸，而河不任受蓄；小漲易溢，而河亦不任受瀉。蓄瀉不任，則腴田多蕪，而民與糧逋。河資壩，所從來矣。

第壩故支以木、築以土而無閘，勢若堵墻，遇浸輒敗，歲修，費闔司椿錢不貲。有司草草持厥柄，力龐而功暇，僅同築舍。蓋費於壩者尚付之烏有，况其不至於壩者也！於河奚資焉，而反以病。予謂壩而不閘，蓄瀉何恃？即木而匪石，終漂梗耳。與其歲糜多錢而民無利也，孰與合數歲之費而甃以石，通以閘？自閘以往，若牛舌尖中馬頭，皆冲流也，胥石乃固，矧地與石鄰！夫以畝科，至便計也；木椿之額，累歲可問，非他索也。良吏經紀，能吏分勞；功者賞，否者罰。事成，設以守，時其翕縱而周防之，如漕閘然，此百世利也。」爰捐助銀一百六十餘金。潘公遂捐一百金，撫院河源李公亦捐二十金。迄新撫院歸安沈公、按院南昌楊公至，申請如前，三公皆如議，交給以費。藩習嘉興施公、闔司金陵尹公扣征停挖木椿之逋負者，又得四百九十餘金。計若巨若細，悉從金出，而世鎮沐公又慨然以近閘石山任其采用。

於是，吏人各如檄起程，募健伐堅，創閘口高一丈三尺，長三丈二尺五寸，廣一丈七尺五寸，牛舌尖中馬頭高一丈三尺，長二十六丈六尺。皆選石之最堅厚者，長短相制，高下相紐，如犬牙，如魚貫，而鈐以鐵，灌以鉛。閘仿諸漕，扁以巨枋，啓閉如式。東西兩涯之間，駢珉壁屹，水龍若控。

經始於萬曆四十六年七月二十六日，至四十八年二月二十六日告成，仍名曰「松華閘」。計費凡八百七十七兩有零，匠作田夫五萬七千餘數，力取諸隙，續底以漸。時率雲南少府楊公亦捐助九十六金，且日日上壩，勞以肥布酒食，公私爲一。故紓而不勞，終始不虐用一人、强取一料，故功成而人安之。時與三司諸大夫登壩上觀，壁如屹如立，河膴膴，地有安流而天不能災。

是歲大稔，諸父老咨嗟嘆息曰：「朱公再造我也！」歸之朱公，朱公不有。某幸睹成事，繆爲記略，而申以銘。朱公名芹，蜀富順人，進士，政務興革，利民多若此。楊公名繼統，秦南鄭人。其與有勞者，書之陰。銘曰：

湯湯金棱，邵甸溯源，建瓴忽分，東西決川。壩枳而東，如龍飲泉，爪攫翌張，百道蜿蜒。割流膏野，萬畦濡沾，土耶木耶，昔何闕然！蕭葦捍沖，歲糜金錢。自公之來，嘉與更始。亦有施公尹公，悉賦成美，楊公承之，動有經紀。稟成諸臺，規茲永利。

金石岩岩，當其射激；閘門言言，時其啓閉。閉視其沍，水弗外泜；啓視其漲，水弗内潰。畚授於農，農隙乃至；工食於官，官厚其餼。再閱春冬，經始勿亟；乃奏厥功，乃立安既。

於乎鬱哉！河肇咸陽。洪源自公，明德廣遠。人代天工，匪閘無河。毋恃絕巘，毋易逝波。其流可穿，其堅可磨。蟻穴必窒，如避黿鼉。有泐必新，毋仍斧柯。百爾君子，保障弘多。庶綿斯澤，礪山帶河。

鄭觀應《易言・論郵政》 中國自開海禁，與各邦通商互市，攘往熙來，已數十年於茲矣。凡事取其所長，補我所短，於國計民生有裨者，悉次第舉行。惟書信館尚屬缺如，似當推廣及之者也。

夫朝廷之詔旨，臣工之章奏，文武之照會咨稟，寮寀之案件關移，凡有涉於政事者，無不形諸公牘。要件則用馬遞，常事仍由驛站。如慮時稽道阻，又復專弁飛賚。故古者既設行人之官，復置郵傳之驛，皆所以布德音、集衆議、達下情焉。至商旅工役人等出謀衣食，欲報平安，或飛信以達價值，或具函以匯款項。雖由各信局分別寄交，每有浮沉，無從追究。近來通商各口信局附由輪船，已較往時便捷。然僅能施於輪船所到之處，若關河阻隔，則驛使難逢。且華人寄迹外洋，如新舊金山、星架波、東南洋各島，中外隔絶，病苦難知。使中國亦仿照西法，遍設書信館，雖萬里如在一堂，何致受外人欺凌，情難自達哉！

按泰西各國，其前亦如中華設站專送公文，不寄私信。迨乾隆年間，上、下院會議謂此法止便於國，未便於民，因於國中城埠鎮鄉，凡商民聚集之區遍設書信館，統以大臣，派員經理。凡公文、私信莫不通傳，罔有歧視。近日上海復設工部局總理其事。日本亦仿而行之。其經費所從，即出自商民之信資，而公文往來，資以津貼。每年除支繳外，所餘巨款，悉歸國用。而商民私信，無論遠近，隨時往返，從無失誤，取資極廉，其利國便民也如此。

或謂：「明季嘗因裁撤驛站，致滋盜賊，貽禍無窮。覆轍堪虞，前車可鑒。」不知其時盜賊蜂起，饑饉洊臻。而所裁驛夫，又不善爲安集，流亡莫撫，賑恤無聞，故迫而從賊耳。今雖仿照西法，而傳遞需人，此輩仍可受役公家，以資熟手。惟必須與泰西諸國聯合一氣，乃爲緊要關鍵。總期利民益國，經始得人。若徒存中外之見，作畛域之分，值今之勢，爲今之人，必有所不能者矣。

鄭觀應《易言・鐵路》 夫水則資舟，陸則資車，民生自然之利也。西人本此意而精求之，水則有火輪船，陸則有火車路，以便往來，以利轉輪，誠亘古未有之奇制也。中國版圖廣大，輪船之利亦既小試有效矣，獨火車鐵路，屢議無成，竊未見其可也。

昔美國西北佘山郡瀕海曠遠，自數年前設鐵路，近通東郡，遥接金山，由是百貨流通，商賈輻輳，户口增至十有八萬。德、法構兵時，德提督謂法使曰：「如戰則我國可於十四日中，在邊境集軍十萬，糧械具備。」後果踐其言，獲全勝。蓋明效大驗如此。今俄國精於制造，若自彼至此，築成鐵路，一旦用兵，不半月可達英國。若於印度築成鐵路，至雲南邊界，則五日可達，而我征兵調餉，動需歲月，急遞甫行，敵已逼境矣。可不懼哉！

考西洋鐵路，其始或數十里、數百里接續而成。今若仿造，而慮經費不充，可先擇要道小試之，俾民間習於見聞，共知其利，然後招商承辦，逐漸推廣。又聞外國有行軍鐵路，寬徑尺餘或二尺，地面不必鋪平，下植木樁，架以鐵楞，用則搭，不用則卸，仿而行之，運兵載糧似更簡易。火車以美國之式爲最廉，工價則中國較廉，故舊金山車路，皆雇中國人造。至鐵軌需費尤巨，必須仿照自造，若購之西國，則先失利矣。

且自漕糧改行海運以來，輪船往還費省而效捷，彰彰然矣。而議者或虞海道不靖，欲復河運舊制，勞費無等，不遑恤焉。夫苟勞費無等以復河運，何如移之以開鐵路之爲愈也。蓋嘗訪諸西人，其利有五：所得運費除支銷各項及酌提造費外，餘皆可助國用。其利一。偶有邊警，征兵籌餉，朝發夕至，則平時各省兵額可以酌減。其利二。各處礦産，均可開采，運費省而銷路速。其利三。商賈便於販運，貿易日旺，稅餉日增。其利四。文報便捷，驛站經費亦可量裁。其利五。已有五利，而無一害，復何憚而不爲耶？

或者謂：「奪鋪驛夫役之利，一害也。廬舍墳墓，當其沖者必拆毀，二害也。猝爲敵所乘，禍發倍速，三害也。」不知鐵路之旁，本有馬路。火車所拖各車之貨物、文件，應於所過某處截卸者，仍需當處人夫、車馬接運，何害之有？凡遇山嶺水曲之不能避者，梁空可行，廬舍墳墓，亦猶是也，何害之有？各國兵輪、商舶，海道暢通，苟有齟齬，必先封堵，何至於鐵路而疑之，且獨不可宿兵守之乎，何害之有？往昔議造輪船時，羣疑衆難，幾幾不成。既而毅然舉行，至今已十年，所謂疑難者安在耶？鐵路之利，倍於輪船，正可爲殷鑒矣。

鄭觀應《易言・電報》 電報昉於美國，雖山阻海深，頃刻可達，故各國多效之。英國電報設於王家，商民欲通信者收其費，歲以所入濟局用，往往致贏，而軍行出奇制勝尤爲捷要。昔普、法構兵，普人行軍處遍設電綫，而盡毀法人所設，遂以敗法。蓋兵貴神速，所謂先發者制人，後發者制於人，莫電綫若矣。

國家版圖式廓，各省距京師遠或萬里，近亦數千、數百里，而沿海要害及東三省、內外蒙古諸部落，頃復番舶暢行，強鄰逼處。夫兵難隃度，瞬息萬變，一旦疆埸有事，飛章之告，廟算之頒，動經數日，而彼以電綫指揮，捷如影響，恐未易與從前新疆、西域回部諸役可以遥授機宜者同日語焉。津沽爲近畿水道門户，宜先設一電綫，達兩江、吳淞等處，由是而閩、浙，而粵東，凡屬海疆及西北際邊諸關隘次第舉行。平時與民共之，以便商旅、佐餉需，有事乃守以專員，審察其往來，使無誤漏。其通商口岸，更設爹厘風以佐之。爹厘風者，某國新制，略如傳聲器，而亦藉電以行，數十百里間勁氣直達，不假書函，如晤對焉。各國商埠多用之，收費尤廣。

夫輪船、槍砲等物，中國仿行有年，損益猶或參半，電報則有益無損，何不一試之耶？或疑：「路長費多，籌措匪易。」不知電行海底，費固不貲，若設於旱道，縱越江湖，亦不甚巨。或又疑：「轉輾翻譯，難免漏泄。」不知近有電報新書，純用華文，且可隨時密改號數，如空谷傳聲之法，則即經理者尚不知某號爲某字，況他人乎？是皆不足慮也。

麥仲華《皇朝經世文新編》卷一三下《郵運・(户部)請設鐵路總公司摺》

奏爲統籌南北鐵路，擬請設立總公司以一事權而便展拓，恭折仰祈聖鑒事。

光緒二十二年八月初九日，直隸督臣王文韶、湖廣督臣張之洞，復陳蘆漢鐵路另籌辦法各折片。奉旨：王文韶、張之洞會奏請設鐵路公司，并保盛宣懷督辦一折。直隸津海關道盛宣懷着即飭令來京，以備諮詢。欽此。當經臣衙門恭録電寄王文韶、張之洞，欽遵辦理，并准軍機處鈔交王文韶、張之洞摺片。

八月十六日，盛宣懷親賫咨文來署，臣等公同接晤，遵旨咨詢并據盛宣懷呈遞説帖所論官辦之難、商辦之難、合洋股之難、借洋債之難，均確有見地。所擬招股四千萬兩，先借用部款一千萬兩，由南北洋撥官款三百萬兩，招集商股七百萬兩，借洋債二千萬兩，洋債則擬借諸美國，此其大略也。

部款一千萬兩，臣等自當如數籌濟，以彰國家維持鐵路公司之盛意。南北洋之三百萬兩，系現成存款，亦不難就近撥用。至該道所擬，先啓商股七百萬兩，事權有屬，當可招徠。即擬借洋債二千萬兩，亦歸該道自行籌辦，由公司訂借，商借商還，條理亦甚明晰。核之王文韶、張之洞原奏，大致吻合，自應妥速定議，毋爲道旁築室之謀。

臣等以爲鐵路亟宜興辦，官款不吝通融。惟事期有成，總當前後貫澈。臣等擬就英德款内，提存銀一千萬兩備撥，俟該道將商股招足，洋債借定，即行應付，以符王文韶、張之洞原奏「一面招商，一面借款」之意。庶幾官商維系，成茲鉅工。惟此，公司自必合南北統籌，始能展拓蘇滬、粵漢，亦當次第舉辦督辦之員，亦必隆以事權體制，然後呼應始靈。王文韶、張之洞所奏，誠不易之理也。

臣等更有請者，中國擬辦鐵路，規畫逾年。既定以蘆漢爲干路，各國觀聽所屬，非雙軌不足爲各路之倡。雙軌加費，亦復有限。況湖北鐵廠鋼軌精良，則雙軌之工更不宜惜。此外，測量道里、制造工需與夫設棧用人，一切未盡事宜，條緒紛繁，應由王文韶、張之洞與盛宣懷逐一詳議奏明，辦理所有。臣等統籌南北鐵路，請設總公司緣由，理合恭折具陳；并將盛宣懷所遞説帖，一并鈔呈。御覽伏乞皇上聖鑒訓示。謹奏。

麥仲華《皇朝經世文新編》卷一三下《郵運・(盛宣懷)擬辦鐵路説帖》 謹將盛宣懷擬辦鐵路説帖敬繕清單恭呈御覽。

竊爲蘆漢爲南北一大干路，於拱衛京師大有益，於轉運商貨在其次。此中利弊，謹縷晰陳之。

或曰：「官本官辦，直捷痛快，無如巨款難籌。」尤恐將來督撫志趣各殊，辦理紛歧，因噎廢食。如福建船政創辦之初，左宗棠、沈葆楨言之何其鄭重，卒至虛糜公費，不能推廣造船。在人以爲利器，在我以爲漏卮。以彼例此，勢必相同，此籌官辦之難也。

或曰：「商本商辦，便宜干净。無如華商眼光極近，魄力極微，求利又極奢。」問路工何日可成，答以四五年；問路本實需若干，答以四千余萬；問路息歲獲若干，答以四五年。全工未竣，無利可給，聞者無不爽然而去。夫華商本無遠識，紳富則暗置恒産，有錢惟恐人知。商賈則挾貲營運，一日不能無利。此集華股之難也。

或曰：「并合洋股，款足易成。無如洋人合股之公司，事權全屬洋人。」此路原爲征調而設，苟遇緊急之秋，彼守局外之例，不准運兵餽餉。適與造路本意相左，恐這一路予人以開各執利益同沾之例，相與要求，必將路路被人占造。今日路屬何國，即他日地屬何國。此合洋股之難也。

或曰：「借用洋債事半功倍，無如國債，向以海關實款質抵，故各國趨之若鶩。」儻由公司出名，商借商還，只能以鐵路抵押，而路未造成之際，本利全屬蹈空。洋人以操爲縱勢，必多方要挾，仍須國家批准保其本利有着而後可行。此借洋債之難也。

又查盧漢地當上游，東南各省之貨客、江浙兩省之漕糧，由滬至津與由滬至漢，輪船運貨日期相埒，萬無輪船由滬運漢之後，再轉輪車之理。是車運僅有雲貴川湘之貨客，路長而費繁，本重而利輕，華商熱籌已久。況路經鄂、豫、直三省，無甚富商大賈，故欲專指盧漢而招股，恐直無人過問。蓋洋務、商務，惟粵、滬風氣先開，乃居粵、滬之商人而視盧漢之公司，以爲遠矣。此鐵路專指盧漢而招股尤難也。

又查，此項干路據德國工師錫樂巴云，由信陽州形似弓弦約二千八百里，由襄樊形似弓背，約三千二百里，照津盧二百十六里，估價二百四十餘萬兩，約平路每里將及一萬二千兩。加之黄河大橋，并鑿山填湖，共估四千萬兩左右。勘路繪圖，分頭開造，至速必須四五年。似此艱難曠遠之鉅工，付諸位卑望淺之外吏，士夫讀書稽古，必詫爲曠代未有之奇。不解公司條例，銀錢俱屬股商公舉之，總董經手，或仍誤會；利權操於一人，稍不遂欲，謗議横生。能使功成而後退，成敗自有定論，若竟墮半途，一身不足惜，其如大局何？此鐵路委諸宣懷而任事，尤難也。

以上情形，宣懷在津、在鄂，業已據實禀明。兹奉飭傳到京，仰蒙諮詢所及，遵當直抒所見，以備采擇。

一、請特設鐵路總公司。先造盧漢干路，其餘蘇滬粵漢等處，亦准該公司次第議請展造，不再另設公司。似此，西北造路，東南商股，方能號召。且可泯各國窺伺之心，斷却無數葛藤。即使各國來議，或可援照電綫，飭交公司查照公法理論，亦可稍助公家之力，隱消萌芽不少。

謹查，直督湖督會奏，蘇滬鐵路歸并盧漢公司，不再另設，系恐南北兩路同時并舉，商力愈難，更恐南商專力南路，轉致北路落後，莫如通力合作，庶可先成北路。及八月初四日，調回新加坡領事張振勛到滬，面稱南洋各埠及粵港華商，均以盧漢不願入股，無法招徠，如准其帶廣東鐵路，粵人方願入股等語。查許應鏘招股章程内本有「續由漢口至廣東，以期筋節貫通」之語，擬請先立公司，不以盧漢限制，并非迹涉恢張，實系注重干路。

一、請由鐵路總公司招集商股四十萬股，每股銀百兩，共總收齊計銀四千萬兩，自開工日起，至工竣日止。擬先收商股七百萬爲公司根基，并請暫入官股三百萬兩爲天下倡。率官股亦照商股掣發，公司股票申送户部存諸。俟大工告成之日，官商股分一律收利，將來或永遠列作官股，或俟商股充足，隨時歸還，悉聽官便。

謹查南洋請辦吴淞至金陵鐵路，原奏内稱「估計七百萬兩爲度，所借瑞記洋款尚餘二百五十萬兩。體察兩年後，兩淮鹽務尚有再籌一百萬兩，共計可得三百五十萬兩，足敷成本之半，其餘一半，概招商股。先令造吴淞至蘇州一路，再令造蘇州至鎮江一路，以達金陵」等語，令會奏，請將蘇滬鐵路歸并盧漢，合一公司所有。備存蘇滬造路官款二百五十萬兩，可否照原奏，撥作鐵路總公司之官股。至兩淮鹽務之一百萬兩，恐不可靠，擬請將直隸所收海防税款，撥銀五十萬兩，共成官股三百萬兩之數目。前擬先造吴淞至上海一路，將來續造上海至蘇州一路，俱無庸再請官本。

一、請由公司先借官款一千萬兩，續借洋款二千萬兩。五年之後，分作二十五年歸還，每年應還官債本銀四十萬兩、洋債本銀八十萬兩。按商股四十萬股，每股每年僅須繳付本銀三兩，中國商民不富而庶，零星積攢，輕而易舉。照西例，買票後有需錢用者，股票聽具售與他人。但執票者不准不依限續繳，如不繳，即作廢紙。約至十餘年後，各人已執有股票五十兩，以六厘利息計之，即可將利繳本矣。公司忠信爲主，揣度此案似可通行。

謹查，商股必在路成之日有利可收，方能招集。洋債亦須俟工將及半，有路可指，方能抵借。所以，除官商股分千萬之外，必須先借官債千萬，趕緊造軌，分道開工。俟造成軌道一段，再向洋商貸借一款，擬以實抵，不作空久。先與該洋商訂定合同，庶不至受其要挾。至公司請借官款，官亦無非將所借之洋款挪撥。一俟路工告成，即當與公司洋債一律按期繳息，分限歸本。惟路工未完之先，暫免繳利，仍俟將來余利充足，如數補繳，并擬定公司股分得利在一分五厘之外，酌提余利一半歸官，籍伸報效。

一、請鐵路悉照公司章程辦理。應遴選各省公正殷實、聲望素養之體面紳商，舉充總董十二員。又選身家殷實、熟悉商務之幫董二十四人。公同招股，再由三十六人公舉。銀錢總管、工程總管、參督監察諸執事，俱按西國規模，盡除官場習氣。如有絲毫弊竇，准由有股商人指實究辦，并由户部及直、湖兩督，隨時派員，到工查察。如果查出員董有弊，即可隨時指發究辦，一面由鐵路督辦另議撤换。

謹查，鐵路必先遴選頭等工程洋師勘路繪圖，謀定後動。否則毫厘千里之謬，難以半途更改。擬借何國之款，即募何國之匠。美國未貸官債，并於中國無所覬覦，鐵路工程尤精，如借美債，用美匠，各國忌心稍遲。中國於鐵路工程，尚無專門之學，駕馭洋匠，教習華徒，考求工料，研究地形，隨在俱缺。緊要而用人理財，尤非精神貫注，不能取精用宏、風清弊絶。宣懷管窺蠡測，略責所知，斷難驅策羣材，肩斯重任。惟乞另簡賢能，早成要舉，大局幸甚！

金屬總部

《金屬總部》提要

人類對於金屬的認識和利用通過了一個漫長的過程，其與社會生活和社會生産密不可分。就我國傳統社會而言，青銅器的發明，創造了夏、商、周時代的燦爛文明，學術界將其稱爲青銅器時代。而春秋戰國時期鐵器的廣泛利用，則加速了社會的進程，進一步創造了中華文明。

《金屬總部》是《製造工業分典》的五個總部之一，根據金屬製作的主要内容，設《鑄幣部》《兵器部》《器物部》和《雜器部》。

本總部一般下設題解、綜述、傳記、紀事、藝文、雜録、圖録等緯目，盡可能地收録一九一一年以前的有關材料。在具體編纂過程中，對於緯目不强求一致，有則設，無則不設，視資料情況而定。每個緯目録文均按朝代先後順序排列，具體編排主要依據被引用材料的作者的生卒時間而定。

目録

鑄幣部

題解

許慎《説文解字》第一四上 鏤，剛鐵可以刻鏤。从金，婁聲。《夏書》曰：梁州貢鏤。一曰鏤，釜也。盧候切。
鑄，銷金也。从金，壽聲。之戍切。
鍊，冶金也。从金，柬聲。郎甸切。
鎔，冶器法也。从金，容聲。金封切。
鍛，小冶也。从金，段聲。丁貫切。

董逌《錢譜》 古錢：《管子》曰：湯七年之旱，禹五年之水，湯以莊山之金，禹以歷山之金，並鑄幣以救人之困也。至周始以金銀爲錢，太公立九府圜法，始名爲錢。錢之形，以圓含方，輕重以銖。《國語》注云：「古曰泉，後轉而曰錢。」《食貨志》曰：「禹湯始用金鑄錢。周立九府圜法，貨寶於金，利於刀，流於泉，布於布，束於帛，言錢之流布，通於泉流。」秦鑄「半兩」錢，漢高祖鑄「八銖」錢，文帝鑄「四銖」錢，武帝鑄「五銖」錢，又鑄「半兩」錢，又鑄「赤側」錢，一當五。漢興，有「楡莢」錢。以前錢難用，更鑄「楡莢」小錢，以一當百，狀如楡莢。王莽鑄「貨泉」，徑六分，重一銖，曰「小錢」，一當一；三銖曰「么錢」，一當十；五銖曰「幼錢」，一當二十；七銖曰「中錢」，一當三十；九銖曰「壯錢」，一當四十；并大錢，一當五十，立爲九品。漢公孫述鑄鐵錢，梁王鑄鵝眼錢。《食貨志》曰：「貯藏曰泉，流行曰布。」古文錢「半兩」。《漢志》曰：「秦始皇鑄，質如周，錢重如之。」其文曰「半兩」。漢吕后鑄重八銖，文帝鑄重四銖。應劭曰：「今民間『半兩』中，最小輕者是『四銖』錢也。」漢武帝建元元年，鑄重三銖如錢，文曰「三銖」。封演曰：「三銖又有別銖，穿下有三竪文，恐以此三畫爲三銖之別。」銖重三銖，文曰「半兩」，今有折二小錢，共六樣，皆篆文「五銖」。漢武帝元狩五年罷半兩錢，行五銖錢。王莽廢。光武復興。魏帝黄初二年鑄，西晉、南朝宋武帝亦鑄小五銖錢，謂之「帷」。文帝後，魏宣帝、魏文帝又有「鷄目五銖」。隋文帝鑄小五銖，其制輕小，八九萬緡滿半斛。唐高祖武德四年，廢「五銖」錢，行「開元」錢，今以篆文推之，有七樣。大五銖錢，今有内廓者。小五銖錢亦有内廓者，而前文之面後有點兩星，大五銖錢無内廓者，錢之背有點四星者。昔人《錢譜》引錢合曰：「五銖又有穿上一星，五字上下各一星，南朝梁、宋名『兩柱錢』」。鏝面傍一星至三星者，五字之内上下各一星，上或有小星字，或有五字，穿上横文，穿下横文。外四角缺文，有廓無廓闊，緣不可窮盡，疑皆當時工人之意，非有别於年代。今考於古四角缺之有廓、無廓，自是一種，總未嘗考也。又封演曰：「別有最小五銖，文字輕薄未見。」《晉志》曰：「吴興沈充又鑄小五銖錢，謂之『沈郎錢』是也。」四道五銖，後漢靈帝鑄，背内廓四角有路抵於外輪。《漢書》云：「靈帝中平三年鑄四出文錢，流布四海。」

《錢譜》曰：「五銖錢有四出道於邊緣，俗謂之『角錢』」。或謂豈非此錢既成，京師將壞而出，流布四海乎！至董卓焚宫，乃刼鑾西幸長安，悉壞五銖錢矣。傳形五銖，封演曰：「傳形『五銖』，劉備所鑄，文字、輕重、大小，與五銖無别。但以五字在左，銖字在右，謂之傳形。」今考古蜀嘗鑄矣，但不言傳形耳。

「貨泉」，王莽所鑄，徑一寸，重五銖。今又有内廓者，有重廓者，其後光武起春陵泉鄉，文成白水真人，是驗其讖也。「大泉五十」，國語《注》云：「王莽鑄大錢五十，徑一寸二分，重十二銖，直如其文。」今有折二錢，又有小鑄，亦不多見。今見鏝有斗劒龜蛇之文者，未之考也。

「大泉五百」，吴王孫權嘉禾五年鑄，一當五百文。

「大泉二千」，未詳所鑄年代，一當二千。

「大泉當千」，吴孫權赤鳥元年鑄，一當千。

「太平百錢」，未詳所鑄年代，一當百。

「四銖」，南朝宋文帝鑄，又宋世祖鑄，比重四銖。

「直百五銖」，南朝梁武帝鑄，一當百。

「布泉」，陳文帝天嘉二年鑄，錢文曰：「布泉」。一當百，與五銖並行。後周武帝保定元年亦鑄布泉，以一當五。今有玉筯篆者，有柳葉篆文，有重廓者，董逌《錢譜》云：「藏曰泉，流曰布。」又引石氏曰：「錢徑一寸，重四銖。」懸針書者，自梁武帝以來有之。文曰：「布泉」，世謂之男錢。《梁書》曰：「布泉，徑一寸；重四銖半。婦人佩之，即生男也。天子頻下詔，非勑鑄之錢，並不許用敦素。」疑王莽時鑄，亦無所據。後周布泉字皆玉筯，與此甚異。

「大貨六銖」，《陳書・宣帝紀》曰：「大建十一年七月辛卯，初用『大貨六銖」，《隋志》曰：「陳宣帝鑄大貨六銖，以一當五銖之十，與五銖並行。」後復當一，人皆不從，乃相與訛言六銖錢有不利縣官之象。徐氏曰：「謠言大貨六銖，有類人義腰哭。」未幾，宣帝崩，竟至陳亡。嶺南諸州多以鹽米布交易，俱不用此錢矣。

「五行大布」，後周《武帝紀》曰：「建德三年六月壬子，更鑄五行大布錢，以一當十，與布泉並行。」四年七月，又以邊境之人多盜鑄，乃禁「五行大布」錢，不得入四關。張台曰：「小者至徑八分，舊錢之文，上『五』，下『行』，又有上『大』，下『布』者，皆古篆文『永通萬國』」後周《宣帝紀》曰：「大象元年十一月初鑄」文曰「永通萬國」徑一寸三分，重十二銖，背面肉好。又有徑一寸二分半，重八銖，皆一當十。「永通泉貨」，後周宣帝鑄，「永通泉貨」以一當十。南唐李璟亦鑄大錢，以一當十。《大定録》曰：「顯德五年七月，江南李氏鑄『永通泉貨永安五銖』」。

「大和五銖」後魏獻文帝皇興年中鑄，其文曰：「大和五銖」，徑一寸，重五銖。「常平五銖」，北齊文帝天保三年改鑄，其文曰「常平五銖」，徑八分，重五銖，皆篆文。

以上古錢計二十一樣，自秦至隋，所鑄之錢，其錢之大小，文之篆籀，廓之有無，推之共五十三樣。董逌曰：「又有所謂異錢，雖不見於傳記，然制作之近古者，今録之。」如：李唐鑄撒帳錢，其文有曰「長命富貴」、「金玉滿堂」，又有「忠孝傳家」、「五男二女」、「天下太平」、「封侯拜相」之類。又博戲之錢背有字皆鏝者，不及録。

平錢：

「開元通寶」，《唐會要》曰：「唐高祖武德四年七月十七日鑄」歐陽詢制詞及書，字含八分篆隸二體，俗謂之「開元通寶」，其錢徑八分，重十二銖，積十錢，僅重一兩，得重輕大小之中。今「開元通寶」錢縵有文如初月者，《談賓録》曰：「武德初，行『開元通寶』錢。」初進樣時，文德皇后掐一粉甲痕，因不復改。鄭虔《會粹》云：「熙寧中劉斧攢青瑣」，高議且曰：「事由明皇貴妃，彼徒見錢文有開元字，便乃謂明皇亦不考實之過。」又有左挑開元錢，雙挑開元錢，篆字開元錢。封演曰：「武宗會昌五年，鑄開元錢時，廢天下佛寺。」宰相李德裕請以廢寺銅鐘佛像，及僧瓶碗等物，命所在鑄錢。楊州節度使李紳，乃以所廢寺品鑄錢，背加昌字，以表年號。又有勑令鑄錢所，各加本郡州號名爲背文：京，京兆。洛，河南。興，鳳翔。梁，汴梁。荆，江陵。桂，廣西。潭，湖南。廣，廣東。福，福州。越，浙東。洪，江西。潤，鎮江。昌，成都。鄂，湖廣。兖，兖州。梓，東川。襄，襄州。丹，河北。益，西川。宣，宣州。平，燕山。楊，楊州。藍。藍田。共貳拾叁件。

「乾封泉寶」，《唐會要》高宗祀昊天上帝於泰山，改乾封年，鑄徑一寸，重十二銖六分，以一當十。其年凡舊錢皆廢，明年因穀價湧貴，商賈不行。又明年，詔罷之。仍行開元錢。洎「乾封泉寶」，唐肅宗乾元二年，第五錡請鑄小錢，徑寸，每緡重十斤，與「開元通寶」參用，以一當十今有折二錢，又有小錢，第五錡復爲相，命鑄「重輪乾元」錢，徑一寸四分，重十二銖，其文「承目」，背之外廓爲之「重輪」，又爲之「重稜」，每緡重十二斤，以一當五十。法既屢易，物貨騰湧，米斗錢至七十，餓死者滿道。上元元年，減「重輪」錢一當二十。開元舊錢與乾元錢皆以一當十。代宗即位，乾元小錢一當二，重輪大錢一當三。元載作相，凡大小錢皆以一當一。唐書謂之「重寬錢」。今有當三折二小錢。

「大曆元寶」，唐代宗鑄。

「建中通寶」，唐德宗鑄。

「天成元寶」，後唐明宗年號，至德年間安慶緒亦改元天成，未知鑄錢否。

「天福鎮寶」，晉氏舊史，以爲趙石晉所鑄。

「漢元通寶」，後漢劉知遠年號。

「周元通寶」，後周世宗，毀天下銅佛鑄。

以上錢係大唐至於五代末所鑄，共四十二樣。

僭爲錢：

「得一元通寶」，《唐史》思明僭鑄。

「順天元寶」，見上。

「保大元寶」，江南王璟鑄。

「唐國通寶」。

「大唐通寶」，南唐世家鑄。《五代史》不載，又有錢子。

「天感元寶」，未詳所鑄之地。

「壽昌元寶」，遼道宗壽昌年鑄。

「大興平寶」，錢之鏝有丁字，疑五代僭僞錢也。

「天德重寶」，僞殷王建所鑄之，鏝有殷字者。

「乾亨重寶」，僞漢劉儼所鑄。

「永平元寶」，前僞蜀王建鑄。

「通政元寶」。

「天漢元寶」。

「光天元寶」俱同上。

「乾德通寶」，前僞蜀王衍鑄。

「咸康元寶」，前僞蜀王衍鑄。

「廣政通寶」，前僞蜀孟杲改元。

以上係唐末并五代間僭僞所鑄，共二十四樣。

北地錢：

「乾亨通寶」，宋太平興國七年，耶律隆序鑄。

「統和元寶」，宋太平興國八年，耶律隆序鑄。

「太平元寶」，宋天禧五年，耶律隆序鑄。

「清寧通寶」，宋至和二年，耶律隆序鑄。

「咸雍通寶」，宋治平二年，耶律洪基鑄。

「太康元寶」，宋寧熙七年，耶律洪基鑄。

「大康通寶」同上。

「大安元寶」，宋神宗元豐七年，洪基鑄。

「乾統元寶」，徽宗崇寧元年，延禧鑄。

「天慶元寶」，宋政和二年，契丹國主在燕山府鑄。

「阜昌重寶」，宋高宗建炎四年，知濟南府劉豫叛降金，金人以山東、河南、陝西爲齊國立豫，僭號，改元阜昌。

以上並載于《聖政録》及見《紀年通譜》。

「大定元寶」，金世宗鑄，鏝有申酉字。

「正隆元寶」，金海陵王鑄於大元府。

以上係北地錢，共一十三樣。

「三韓重寶」，楷書一樣。「東國通寶」，楷書篆二樣。

「東國重寶」。「海東通寶」。

「海東重寶」。「朝鮮通寶」。《貢書》

以上係海東番錢，共八樣。董逌《錢譜》引徐氏曰：「又有屋駝國錢，徑七分，厚薄肉好，不異中夏。」敦素曰：「字文若梵書，凡十樣。」

宋朝錢：

「聖宋元寶」，宋太祖鑄。「宋元通寶」，同上。

「太平通寶」，宋太宗鑄。「至道元寶」，宋真宗鑄。

「淳化元寶」，「咸平元寶」，「景德元寶」，「大中通寶」，「祥符通寶」，「天禧通寶」，已上宋真宗鑄。「天聖元寶」，「景祐元寶」，「皇宋通寶」，「慶曆重寶」，「明道元寶」，「至和元寶」，「至和通寶」，「至和重寶」，「嘉祐元寶」，「嘉祐通寶」，已上宋仁宗鑄。「治平元寶」，「治平通寶」，英宗鑄。「熙寧元寶」，「熙寧重寶」。

西湖散人輯《新鐫雅俗通用珠璣藪》卷七《珍寶》 鏐，紫磨金也，又黄金美者。鐐，銀之美者。鏹，銀也，一曰錢貫。銷，銀銷也。鏢，金銀色變也。汞，即水銀也。錬，治金也，與煉同。鍄，錬金也。

黄金，金黄色，故曰黄金。又，一兩曰一金。兼金，精金，精錬，並好金也。王袞曰：精錬出于鏞璞。白銀，元寶，松文，塊頭，煎餅，傾錠，程色，糝銅，釣銅，鋪銅，插錫，灌鉛，細絲，畫絲，水絲，□鏨，悶白，對衝，紙韜，吹灰，龜背，鼎銀，鹽燒，藥蓋，車殼，鑽鉛，點茶，油槽，紙蓋，搽花，梅白，火爉，攩邊，宕底，水銀，黄白，金銀也。《淮南王傳》曰：「言神仙黄白之術。」鑛，鏷金、銀、銅、鐵、錫，生者曰鑛、曰鏷。

朱提銀，朱提，縣名，出美銀，重八兩爲一流。出《食貨志》。金如粟，言多也，張涣語。江山白，華光橋，神仙餅，面，錢有字，謂之面。幕，錢漫曰幕，又曰「幕皮」。《師古》曰：「呼錢背爲幕皮者，謂其平而無文也。」鋊，銅屑也。摩錢漫面，以取其屑，更以鑄錢也。鐵，黑金也。古作銕，或作□，俗作鐵鐵，並誤。鏽，鐵上衣也，亦作鏥銹。鈔鋼，鐵鋒。

銅錢，青蚨□，銅錢也。青蚨，蟲名，似蟬，稍大，母子不離，取其子，母即飛來，以母血塗錢八十一文，子血塗錢八十一文。或先用母錢，或先用子錢，皆復飛歸，輪環無已。神物，錢也，又曰如兄。孔方，錢之表字也，又曰：「孔方兄」。並出《錢神論》。僞錢，私鑄之錢。緡繦，穿錢索也。刀泉，《食貨志》曰：「利于刀，流于泉。」如淳曰：「名錢爲刀者，以其利于民也，流行如泉也。」鑞錫，鉛錫，青金，鉛錫。青錢，文之美者比青銅錢。唐張鷟文：「詞猶青錢，萬選萬中。」造幣，鑄錢也。出《錢神論》。

我家兄，呼錢也，出《錢神論》。贖命物，錢可買命也。鍮鉐銅，銅，似金。阿堵物，口不言錢也。晉王衍妻喜聚斂，衍疾其貪鄙，故口未嘗言錢。妻欲試之，令婢以錢遶床，使不得行。衍早起見錢，謂婢曰：「舉此阿堵物去。」阿堵，眼中也，以錢爲眼中之物，終不言錢也。

無位而尊，論錢之功也。又曰「錢可使鬼」。又曰「錢無耳？可闇使。」又曰「開難發之口，解嚴毅之顔」。

親愛如兄。人敬錢也。並出《吕氏春秋》

徐鼒《讀書雜釋》卷一《周易・得其資斧》《易・旅卦》:「得其資斧。」《釋文》云:「資,如字。《子夏傳》及衆家並作『齊斧』。張軌云:『齊斧,蓋黄鉞斧也。』虞喜《志林》云:『齊當作齋,齋戒入廟而受斧也。』」《漢書・王莽傳下》:「司徒尋初發長安,亾其黄鉞,尋士房揚素狂直,迺哭曰:『此經所謂「喪其齊斧」者也。』自劾去。」注引應劭曰:「齊,利也。亾其利斧,言無以復斷斬也。」《叙傳下》述《荆燕吴傳》曰:「雖戒東南,終用齊斧。」注引張晏曰:「齊斧,越斧也,以整齊天下也。」蔡邕《太尉橋公碑》:「爰將度遼,亦由齊斧。」陳琳《檄吴將校部曲》:「孫權小子,未辨菽麥,要領不足以膏齊斧,名字不足以洿簡墨。」《晉書・樂志》:「乃整元戎,以膏齊斧。」注説並同《易釋文》。惟沈約《宋書・文帝紀》,元嘉二十九年丙申詔曰:「未勞資斧」,與王氏本同。鼒按:李鼎祚《周易集解・旅卦》引虞翻注云:「離爲資斧,故得其資斧。」《巽卦》引虞翻注云:「巽爲齊,離爲斧,故喪其齊斧。」是虞本《旅卦》爲「資斧」,《巽卦》爲「齊斧」,較然不同。又《王莽傳》所云「喪其齊斧」亦引《巽卦》文,非《旅卦》文,則或資斧、齊斧義各有當也。又按:讀「齊」爲「齋」,良是。《卦例》:「上爲宗廟。」《集解》引荀爽曰:「軍罷師旋,亦告於廟,還斧於君,故喪齊斧,正如其故,不執臣節,則凶。故曰:喪其齊斧,貞凶。」受斧、還斧,均因齋戒入廟。據此則與《旅》之「資斧」迥别,不得以此而溷彼矣。

綜述

《國語》卷三《周語下・單穆公諫景王鑄大錢》 景王二十一年,將鑄大錢。單穆公曰:「不可。古者,天災降戾,於是乎量資幣,權輕重,以振救民。民患輕,則爲作重幣以行之,於是乎有母權子而行,民皆得焉。若不堪重,則多作輕而行之,亦不廢重,於是乎有子權母而行,小大利之。

「今王廢輕而作重,民失其資,能無匱乎?若匱,王用將有所乏,乏則將厚取於民。民不給,將有遠志,是離民也。且夫備有未至而設之,有至而後救之,是不相入也。可先而不備,謂之怠;可後而先之,謂之召災。周固羸國也,天未厭禍焉,而又離民以佐災,無乃不可乎?將民之與處而離之,將災是備禦而召之,則何以經國?國無經,何以出令?令之不從,上之患也,故聖人樹德於民以除之。

「《夏書》有之曰:『關石、和鈞,王府則有。』《詩》亦有之曰:『瞻彼旱麓,榛楛濟濟。愷悌君子,干禄愷悌。』夫旱麓之榛楛殖,故君子得以易樂干禄焉。若夫山林匱竭,林麓散亡,藪澤肆既,民力彫盡,田疇荒蕪,資用乏匱,君子將險哀之不暇,而何易樂之有焉?

「且絶民用以實王府,猶塞川原而爲潢汙也,其竭也無日矣。若民離而財匱,災至而備亡,王其若之何?吾周官之於災備也,其所怠棄者多矣,而又奪之資,以益其災,是去其藏而翳其人也。王其圖之!」

王弗聽,卒鑄大錢。

二十三年,王將鑄無射,而爲之大林。單穆公曰:「不可。作重幣以絶民資,又鑄大鍾以鮮其繼。若積聚既喪,又鮮其繼,生何以殖?且夫鍾不過以動聲,若無射有林,耳弗及也。夫鍾聲以爲耳也,耳所不及,非鍾聲也。猶目所不見,不可以爲目也。夫目之察度也,不過步武尺寸之間;其察色也,不過墨丈尋常之間。耳之察和也,在清濁之間;其察清濁也,不過一人之所勝。是故先王之制鍾也,大不出鈞,重不過石。律度量衡於是乎生,小大器用於是乎出,故聖人慎之。今王作鍾也,聽之弗及,比之不度,鍾聲不可以知和,制度不可以出節,無益於樂,而鮮民財,將焉用之!

「夫樂不過以聽耳,而美不過以觀目。若聽樂而震,觀美而眩,患莫甚焉。夫耳目,心之樞機也,故必聽和而視正。聽和則聰,視正則明。聰則言聽,明則德昭。聽言昭德,則能思慮純固。以言德於民,民歆而德之,則歸心焉。上得民心,以殖義方,是以作無不濟,求無不獲,然則能樂。夫耳内和聲,而口出美言,以爲憲令,而布諸民,正之以度量,民以心力,從之不倦。成事不貳,樂之至也。口内味而耳内聲,聲味生氣。氣在口爲言,在目爲明。言以信名,明以時動。名以成政,動以殖生。政成生殖,樂之至也。若視聽不和,而有震眩,則味入不精,不精則氣佚,氣佚則不和。於是乎有狂悖之言,有眩惑之明,有轉易之名,有過慝之度。出令不信,刑政放紛,動不順時,民無據依,不知所力,各有離心。上失其民,作則不濟,求則不獲,其何以能樂?三年之中,而有離民之器二焉,國其危哉!」

王弗聽,問之伶州鳩。對曰:「臣之守官弗及也。臣聞之,琴瑟尚宫,鍾尚羽，石尚角，匏竹利制，大不踰宫，細不過羽。夫宫，音之主也。第以及羽，聖人保樂而愛財，財以備器，樂以殖財。故樂器重者從細，輕者從大。是以金尚羽，石尚角，瓦絲尚宫，匏竹尚議，革木一聲。

「夫政象樂，樂從和，和從平。聲以和樂，律以平聲。金石以動之，絲竹以行之，詩以道之，歌以詠之，匏以宣之，瓦以贊之，革木以節之。物得其常曰樂極，極之所集曰聲，聲應相保曰和，細大不踰曰平。如是，而鑄之金，磨之石，繫之絲木，越之匏竹，節之鼓而行之，以遂八風。於是乎氣無滯陰，亦無散陽，陰陽序次，風雨時至，嘉生繁祉，人民龢利，物備而樂成，上下不罷，故曰樂正。今細過其主妨於正，用物過度妨於財，正害財匱妨於樂。細抑大陵，不容於耳，非和也。聽聲越遠，非平也。妨正匱財，聲不和平，非宗官之所司也。

「夫有和平之聲，則有蕃殖之財。於是乎道之以中德，詠之以中音，德音不愆，以合神人，神是以寧，民是以聽。若夫匱財用，罷民力，以逞淫心，聽之不和，比之不度，無益於教，而離民怒神，非臣之所聞也。」

王不聽，卒鑄大鍾。二十四年，鍾成，伶人告和。王謂伶州鳩曰：「鍾果和矣。」對曰：「未可知也。」王曰：「何故？」對曰：「上作器，民備樂之，則爲和。今財亡民罷，莫不怨恨，臣不知其和也。且民所曹好，鮮其不濟也。其所曹惡，鮮其不廢也。故諺曰：『衆心成城，衆口鑠金。』三年之中，而害金再興焉，懼一之廢也。」王曰：「爾老耄矣！何知？」二十五年，王崩，鍾不和。

《史記》卷三〇《平準書》 漢興，接秦之弊，丈夫從軍旅，老弱轉糧饟，作業劇而財匱，自天子不能具鈞駟，而將相或乘牛車，齊民無藏蓋。於是爲秦錢重難用，更令民鑄錢，一黄金一斤，約法省禁。而不軌逐利之民，蓄積餘業以稽市物，物踊騰糶，米至石萬錢，馬一匹則百金。【略】

至孝文時，莢錢益多，輕，乃更鑄四銖錢，其文爲「半兩」，令民縱得自鑄錢。故吴，諸侯也，以即山鑄錢，富埒天子，其後卒以叛逆。鄧通，大夫也，以鑄錢財過王者。故吴、鄧氏錢布天下，而鑄錢之禁生焉。【略】

於是縣官大空，而富商大賈或蹛財役貧，轉轂百數，廢居居邑，封君皆低首仰給。冶鑄煮鹽，財或累萬金，而不佐國家之急，黎民重困。於是天子與公卿議，更錢造幣以贍用，而摧浮淫并兼之徒。是時禁苑有白鹿而少府多銀錫。自孝文更造四銖錢，至是歲四十餘年，從建元以來，用少，縣官往往即多銅山而鑄錢，民亦閒盜鑄錢，不可勝數。錢益多而輕，物益少而貴，有司言曰古者皮幣，諸侯以聘享，金有三等，黄金爲上，白金爲中，赤金爲下。今半兩錢法重四銖，而姦或盜摩錢裏取鋊，錢益輕薄而物貴，則遠方用幣煩費不省。」乃以白鹿皮方尺，緣以藻繢，爲皮幣，直四十萬。王侯宗室朝覲聘享，必以皮幣薦璧，然後得行。

又造銀錫爲白金。以爲天用莫如龍，地用莫如馬，人用莫如龜，故白金三品：其一曰重八兩，圜之，其文龍，名曰「白選」，直三千；二曰以重差小，方之，其文馬，直五百；三曰復小，撱之，其文龜，直三百。令縣官銷半兩錢，更鑄三銖錢，文如其重。盜鑄諸金錢罪皆死，而吏民之盜鑄白金者不可勝數。

於是以東郭咸陽、孔僅爲大農丞，領鹽鐵事；桑弘羊以計算用事，侍中。咸陽，齊之大煮鹽，孔僅，南陽大冶，皆致生累千金，故鄭當時進言之。弘羊，雒陽賈人子，以心計，年十三侍中。故三人言利事析秋豪矣。

法既益嚴，吏多廢免。兵革數動，民多買復及五大夫，徵發之士益鮮。於是除千夫五大夫爲吏，不欲者出馬；故吏皆(通)適令伐棘上林，作昆明池。【略】

有司言三銖錢輕，易姦詐，乃更請諸郡國鑄五銖錢，周郭其下，令不可磨取鋊焉。

大農上鹽鐵丞孔僅、咸陽言：「山海，天地之藏也，皆宜屬少府，陛下不私，以屬大農佐賦。願募民自給費，因官器作煮鹽，官與牢盆。浮食奇民欲擅管山海之貨，以致富羨，役利細民。其沮事之議，不可勝聽。敢私鑄鐵器煮鹽者，釱左趾，没入其器物。郡不出鐵者，置小鐵官，便屬在所縣。」使孔僅、東郭咸陽乘傳舉行天下鹽鐵，作官府，除故鹽鐵家富者爲吏。吏道益雜，不選，而多賈人矣。

商賈以幣之變，多積貨逐利。於是公卿言：「郡國頗被災害，貧民無産業者，募徙廣饒之地。陛下損膳省用，出禁錢以振元元，寬貸賦，而民不齊出於南畝，商賈滋衆。貧者畜積無有，皆仰縣官。異時算軺車賈人緡錢皆有差，請算如故。諸賈人末作貰貸賣買，居邑稽諸物，及商以取利者，雖無市籍，各以其物自占，率緡錢二千而一算。諸作有租及鑄，率緡錢四千一算。非吏比者三老、北邊騎士，軺車以一算；商賈人軺車二算；船五丈以上一算。匿不自占，占不悉，戍邊一歲，没入緡錢。有能告者，以其半畀之。賈人有市籍者，及其家屬，皆無得籍名田，以便農。敢犯令，没入田僮。」【略】

而孔僅之使天下鑄作器，三年中拜爲大農，列於九卿。而桑弘羊爲大農丞，筦諸會計事，稍稍置均輸以通貨物矣。

始令吏得入穀補官，郎至六百石。

自造白金五銖錢後五歲，赦吏民之坐盜鑄金錢死者數十萬人。其不發覺相殺者，不可勝計。赦自出者百餘萬人。然不能半自出，天下大抵無慮皆鑄金錢矣。犯者衆，吏不能盡誅取，於是遣博士褚大、徐偃等分曹循行郡國，舉兼并之徒守相爲(吏)〔利〕者。而御史大夫張湯方隆貴用事，減宣、杜周等爲中丞，義縱、尹齊、王温舒等用慘急刻深爲九卿，而直指夏蘭之屬始出矣。

而大農顔異誅。初，異爲濟南亭長，以廉直稍遷至九卿。上與張湯既造白鹿皮幣，問異。異曰：「今王侯朝賀以蒼璧，直數千，而其皮薦反四十萬，本末不相稱。」天子不説。張湯又與異有郤，及有人告異以它議，事下張湯治異。異與客語，客語初令下有不便者，異不應，微反脣。湯奏當異九卿見令不便，不入言而腹誹，論死。自是之後，有腹誹之法(以比)〔比〕，而公卿大夫多諂諛取容矣。

天子既下緡錢令而尊卜式，百姓終莫分財佐縣官，於是(楊可)告緡錢縱矣。

郡國多姦鑄錢，錢多輕，而公卿請令京師鑄鍾官赤側，當五，賦官用非赤側不得行。白金稍賤，民不寶用，縣官以令禁之，無益，歲餘，白金終廢不行。【略】

其後二歲，赤側錢賤，民巧法用之，不便，又廢。於是悉禁郡國無鑄錢，專令上林三官鑄。錢既多，而令天下非三官錢不得行，諸郡國前所鑄錢皆廢銷之，輸其銅三官。而民之鑄錢益少，計其費不能相當，唯真工大姦乃盜爲之。

卜式相齊，而楊可告緡徧天下，中家以上大抵皆遇告。杜周治之，獄少反者。乃分遣御史廷尉正監分曹往，即治郡國緡錢，得民財物以億計，奴婢以千萬數，田大縣數百頃，小縣百餘頃，宅亦如之。於是商賈中家以上大率破，民偷甘食好衣，不事畜藏之産業，而縣官以鹽鐵緡錢之故，用益饒矣。

《史記》卷一二九《貨殖列傳》　蜀卓氏之先，趙人也，用鐵冶富。秦破趙，遷卓氏。卓氏見虜略，獨夫妻推輦，行詣遷處。諸遷虜少有餘財，爭與吏，求近處，處葭萌。唯卓氏曰：「此地狹薄。吾聞汶山之下，沃野，下有蹲鴟，至死不飢。民工於市，易賈。」乃求遠遷。致之臨邛，大喜，即鐵山鼓鑄，運籌策，傾滇蜀之民，富至僮千人。田池射獵之樂，擬於人君。

程鄭，山東遷虜也，亦冶鑄，賈椎髻之民，富埒卓氏，俱居臨邛。

宛孔氏之先，梁人也，用鐵冶爲業。秦伐魏，遷孔氏南陽。大鼓鑄，規陂池，連車騎，游諸侯，因通商賈之利，有游閑公子之賜與名。然其贏得過當，愈於纖嗇，家致富數千金，故南陽行賈盡法孔氏之雍容。

魯人俗儉嗇，而曹邴氏尤甚，以鐵冶起，富至巨萬。然家自父兄子孫約，俛有拾，仰有取，貰貸行賈徧郡國。鄒、魯以其故多去文學而趨利者，以曹邴氏也。

《漢書》卷二四下《食貨志下》　凡貨，金錢布帛之用，夏殷以前其詳靡記云。太公爲周立九府圜法：黄金方寸，而重一斤；錢圜函方，輕重以銖；布帛廣二尺二寸爲幅，長四丈爲匹。故貨寶於金，利於刀，流於泉，布於布，束於帛。【略】

秦兼天下，幣爲二等：黄金以溢爲名，上幣；銅錢質如周錢，文曰「半兩」，重如其文。而珠玉龜貝銀錫之屬爲器飾寶臧，不爲幣，然各隨時而輕重無常。

漢興，以爲秦錢重難用，更令民鑄莢錢。黄金一斤。而不軌逐利之民畜積餘贏以稽市物，痛騰躍，米至石萬錢，馬至匹百金。天下已平，高祖乃令賈人不得衣絲乘車，重税租以困辱之。孝惠、高后時，爲天下初定，復弛商賈之律，然市井子孫亦不得(宦爲吏)〔爲官吏〕。孝文五年，爲錢益多而輕，乃更鑄四銖錢，其文爲「半兩」。除盜鑄錢令，使民放鑄。賈誼諫曰：

法使天下公得顧租鑄銅錫爲錢，敢雜以鉛鐵爲它巧者，其罪黥。然鑄錢之情，非殽雜爲巧，則不可得贏；而殽之甚微，爲利甚厚。夫事有召禍而法有起姦，今令細民人操造幣之勢，各隱屏而鑄作，因欲禁其厚利微姦，雖黥罪日報，其勢不止。乃者，民人抵罪，多者一縣百數，及吏之所疑，榜笞奔走者甚衆。夫縣法以誘民，使入陷阱，孰積於此！曩禁鑄錢，死罪積下；今公鑄錢，黥罪積下。爲法若此，上何賴焉？

又民用錢，郡縣不同：或用輕錢，百加若干；或用重錢，平稱不受。法錢不立，吏急而壹之虖，則大爲煩苛，而力不能勝；縱而弗呵虖，則市肆異用，錢文大亂。苟非其術，何鄉而可哉！

今農事棄捐而采銅者日蕃，釋其耒耨，冶鎔炊炭，姦錢日多，五穀不爲多。善人怵而爲姦邪，愿民陷而之刑戮，刑戮將甚不詳，奈何而忽！國知患此，吏議必曰禁之。禁之不得其術，其傷必大。令禁鑄錢，則錢必重；重則其利深，盜鑄如雲而起，棄市之罪又不足以禁矣。姦數不勝而法禁數潰，銅使之然也。故銅布於天下，其爲禍博矣。

今博禍可除，而七福可致也。何謂七福？上收銅勿令布，則民不鑄錢，黥罪不積，一矣。僞錢不蕃，民不相疑，二矣。采銅鑄作者反於耕田，三矣。銅畢歸於上，上挾銅積以御輕重，錢輕則以術斂之，重則以術散之，貨物必平，四矣。以作兵器，以假貴臣，多少有制，用別貴賤，五矣。以臨萬貨，以調盈虛，以收奇羨，則官富實而末民困，六矣。制吾棄財，以與匈奴逐爭其民，則敵必懷，七矣。故善爲天下者，因禍而爲福，轉敗而爲功。今久退七福而行博禍，臣誠傷之。

上不聽。是時，吴以諸侯即山鑄錢，富埒天子，後卒叛逆。鄧通，大夫也，以鑄錢財過王者。故吴、鄧錢布天下。

《漢書》卷二四下《食貨志下》　其明年，山東被水災，民多飢乏，於是天子遣使虛郡國倉廩以振貧。猶不足，又募豪富人相假貸。尚不能相救，乃徙貧民於關以西，及充朔方以南新秦中，七十餘萬口，衣食皆仰給於縣官。數歲，貸與產業，使者分部護，冠蓋相望，費以億計，縣官大空。而富商賈或墆財役貧，轉轂百數，廢居居邑，封君皆氐首仰給焉。冶鑄鬻鹽，財或累萬金，而不佐公家之急，黎民重困。

於是天子與公卿議，更造錢幣以澹用，而摧浮淫并兼之徒。是時禁苑有白鹿而少府多銀錫。自孝文更造四銖錢，至是歲四十餘年，從建元以來，用少，縣官往往即多銅山而鑄錢，民亦盜鑄，不可勝數。錢益多而輕，物益少而貴。有司言曰：「古者皮幣，諸侯以聘享。金有三等，黄金爲上，白金爲中，赤金爲下。今半兩錢法重四銖，而姦或盜摩錢質而取鋊，錢益輕薄而物貴，則遠方用幣煩費不省。」乃以白鹿皮方尺，緣以繢，爲皮幣，直四十萬。王侯宗室朝覲聘享，必以皮幣薦璧，然後得行。

又造銀錫白金。以爲天用莫如龍，地用莫如馬，人用莫如龜，故白金三品：其一曰重八兩，圜之，其文龍，名「白撰」，直三千；二曰以重差小，方之，其文馬，直五百；三曰復小，橢之，其文龜，直三百。令縣官銷半兩錢，更鑄三銖錢，重如其文。盜鑄諸金錢罪皆死，而吏民之犯者不可勝數。

於是以東郭咸陽、孔僅爲大農丞，領鹽鐵事，而桑弘羊貴幸。咸陽，齊之大鬻鹽，孔僅，南陽大冶，皆致產累千金，故鄭當時進言之。弘羊，洛陽賈人之子，以心計，年十三侍中。故三人言利事析秋豪矣。

法既益嚴，吏多廢免。兵革數動，民多買復及五大夫、千夫，徵發之士益鮮。於是除千夫、五大夫爲吏，不欲者出馬；故吏皆適令伐棘上林，作昆明池。

其明年，大將軍、票騎大出擊胡，賞賜五十萬金，軍馬死者十餘萬匹，轉漕車甲之費不與焉。是時財匱，戰士頗不得禄矣。

有司言三銖錢輕，輕錢易作姦詐，乃更請郡國鑄五銖錢，周郭其質，令不可得摩取(鉛)〔鋊〕。

大農上鹽鐵丞孔僅、咸陽言：山海，天地之臧，宜屬少府，陛下弗私，以屬大農佐賦。願募民自給費，因官器作鬻鹽，官與牢盆。浮食奇民欲擅斡山海之貨，以致富羨，役利細民。其沮事之議，不可勝聽。敢私鑄鐵器鬻鹽者，釱左趾，没入其器物。郡不出鐵者，置小鐵官，使屬在所縣。」使僅、咸陽乘傳舉行天下鹽鐵，作官府，除故鹽鐵家富者爲吏。吏益多賈人矣。

商賈以幣之變，多積貨逐利。於是公卿言：「郡國頗被災害，貧民無產業者，募徙廣饒之地。陛下損膳省用，出禁錢以振元元，寬貸，而民不齊出南畝，商賈滋衆。貧者畜積無有，皆仰縣官。異時算軺車賈人之緡錢皆有差，請算如故。諸賈人末作貰貸賣買，居邑貯積諸物，及商以取利者，雖無市籍，各以其物自占，率緡錢二千而算一。諸作有租及鑄，率緡錢四千算一。非吏比者、三老、北邊騎士，軺車一算；商賈人軺車二算；船五丈以上一算。匿不自占，占不悉，戍邊一歲，没入緡錢。有能告者，以其半畀之。賈人有市籍，及家屬，皆無得名田，以便農。敢犯令，没入田貨。」

是時，豪富皆争匿財，唯卜式數求入財以助縣官。天子乃超拜式爲中郎，賜爵左庶長，田十頃，布告天下，以風百姓。初，式不願爲官，上强拜之，稍遷至齊相。語自在其傳。孔僅使天下鑄作器，三年中至大司農，列於九卿。而桑弘羊爲大司農中丞，管諸會計事，稍稍置均輸以通貨物。始令吏得入穀補官，郎至六百石。

自造白金五銖錢後五歲，而赦吏民之坐盜鑄金錢死者數十萬人。其不發覺相殺者，不可勝計。赦自出者百餘萬人。然不能半自出，天下大氐無慮皆鑄金錢矣。犯法者衆，吏不能盡誅，於是遣博士褚大、徐偃等分行郡國，舉并兼之徒守相爲利者。而御史大夫張湯方貴用事，減宣、杜周等爲中丞，義縱、尹齊、王温舒等用急刻爲九卿，直指夏蘭之屬始出。而大農顏異誅矣。初，異爲濟南亭長，以廉直稍遷至九卿。上與湯既造白鹿皮幣，問異。異曰：「今王侯朝賀以倉璧，直數千，而其皮薦反四十萬，本末不相稱。」天子不説。湯又與異有隙，及人有告異以它議，事下湯治。異與客語，客語初令下有不便者，異不應，微反脣。湯奏當異九卿見令不便，不入言而腹非，論死。自是後有腹非之法比，而公卿大夫多謟諛取容。

天(下)〔子〕既下緡錢令而尊卜式，百姓終莫分財佐縣官，於是告緡錢縱矣。

郡國鑄錢，民多姦鑄，錢多輕，而公卿請令京師鑄官赤仄，一當五，賦官用非赤仄不得行。白金稍賤，民弗寶用，縣官以令禁之，無益，歲餘終廢不行。是歲，湯死而民不思。其後二歲，赤仄錢賤，民巧法用之，不便，又廢。於是悉禁郡國毋鑄錢，專令上林三官鑄。錢既多，而令天下非三官錢不得行，諸郡國前所鑄錢皆廢銷之，輸入其銅三官。而民之鑄錢益少，計其費不能相當，唯真工大姦乃盜爲之。

楊可告緡徧天下，中家以上大氐皆遇告。杜周治之，獄少反者。乃分遣御史廷尉正監分曹往，（往）即治郡國緡錢，得民財物以億計，奴婢以千萬數，田大縣數百頃，小縣百餘頃，宅亦如之。於是商賈中家以上大氐破，民媮甘食好衣，不事畜臧之業，而縣官以鹽鐵緡錢之故，用少饒矣。益廣（開）〔關〕，置左右輔。

初，大農（幹）〔斡〕鹽鐵官布多，置水衡，欲以主鹽鐵；及楊可告緡，上林財物衆，乃令水衡主上林。上林既充滿，益廣。是時粵欲與漢用船戰逐，乃大修昆明池，列館環之。治樓船，高十餘丈，旗織加其上，甚壯。於是天子感之，乃作柏梁臺，高數十丈。宮室之修，繇此日麗。

《漢書》卷二四下《食貨志下》 宣、元、成、哀、平五世，亡所變改。元帝時嘗罷鹽鐵官，三年而復之。貢禹言：「鑄錢采銅，一歲十萬人不耕，民坐盜鑄陷刑者多。富人臧錢滿室，猶無厭足。民心動摇，棄本逐末，耕者不能半，姦邪不可禁，原起於錢。疾其末者絶其本，宜罷采珠玉金銀鑄錢之官，毋復以爲幣，除其販賣租銖之律，租税禄賜皆以布帛及穀，使百姓壹意農桑。」議者以爲交易待錢，布帛不可尺寸分裂。禹議亦寢。

自孝武元狩五年三官初鑄五銖錢，至平帝元始中，成錢二百八十億萬餘云。

王莽居攝，變漢制，以周錢有子母相權，於是更造大錢，徑寸二分，重十二銖，文曰「大錢五十」。又造契刀、錯刀。契刀，其環如大錢，身形如刀，長二寸，文曰「契刀五百」。錯刀，以黄金錯其文，曰「一刀直五千」。與五銖錢凡四品，並行。

莽即真，以爲書「劉」字有金刀，乃罷錯刀、契刀及五銖錢，而更作金、銀、龜、貝、錢、布之品，名曰「寶貨」。

小錢徑六分，重一銖，文曰「小錢直一」。次七分，三銖，曰「幺錢一十」。次八分，五銖，曰「幼錢二十」。次九分，七銖，曰「中錢三十」。次一寸，九銖，曰「壯錢四十」。因前「大錢五十」，是爲錢貨六品，直各如其文。

黄金重一斤，直錢萬。朱提銀重八兩爲一流，直一千五百八十。它銀一流直千。是爲銀貨二品。

元龜岠冉長尺二寸，直二千一百六十，爲大貝十朋。公龜九寸，直五百，爲壯貝十朋。侯龜七寸以上，直三百，爲幺貝十朋。子龜五寸以上，直百，爲小貝十朋。是爲龜寶四品。

大貝四寸八分以上，二枚爲一朋，直二百一十六。壯貝三寸六分以上，二枚爲一朋，直五十。幺貝二寸四分以上，二枚爲一朋，直三十。小貝寸二分以上，二枚爲一朋，直十。不盈寸二分，漏度不得爲朋，率枚直錢三。是爲貝貨五品。

大布、次布、弟布、壯布、中布、差布、厚布、幼布、幺布、小布。小布長寸五分，重十五銖，文曰「小布一百」。自小布以上，各相長一分，相重一銖，文各爲其布名，直各加一百。上至大布，長二寸四分，重一兩，而直千錢矣。是爲布貨十品。

凡寶貨五物，六名，二十八品。

鑄作錢布皆用銅，殽以連錫，文質周郭放漢五銖錢云。其金銀與它物雜，色不純好，龜不盈五寸，貝不盈六分，皆不得爲寶貨。元龜爲蔡，非四民所得居，有者，入大卜受直。

百姓憒亂，其貨不行。民私以五銖錢市買。莽患之，下詔：「敢非井田挾五銖錢者爲惑衆，投諸四裔以御魑魅。」於是農商失業，食貨俱廢，民涕泣於市道。坐賣買田宅奴婢鑄錢抵罪者，自公卿大夫至庶人，不可稱數。莽知民愁，乃但行小錢直一，與大錢五十，二品並行，龜貝布屬且寢。

莽性躁擾，不能無爲，每有所興造，必欲依古得經文。國師公劉歆言周有泉府之官，收不讎，與欲得，即《易》所謂「理財正辭，禁民爲非」者也。莽乃下詔曰：「夫《周禮》有賒貸，《樂語》有五均，傳記各有斡焉。今開賒貸，張五均，設諸斡者，所以齊衆庶，抑并兼也。」遂於長安及五都立五均官，更名長安東西市令及洛陽、邯鄲、臨甾、宛、成都市長皆爲五均司市（稱）師。東市稱京，西市稱畿，洛陽稱中，餘四都各用東西南北爲稱，皆置交易丞五人，錢府丞一人。工商能采金銀銅連錫登龜取貝者，皆自占司市錢府，順時氣而取之。

又以《周官》税民：凡田不耕爲不殖，出三夫之税；城郭中宅不樹藝者爲不毛，出三夫之布；民浮游無事，出夫布一匹。其不能出布者，冗作，縣官衣食之。諸取衆物鳥獸魚鼈百蟲於山林水澤及畜牧者，嬪婦桑蠶織紝紡績補縫，工匠醫巫卜祝及它方技商販賈人坐肆列里區謁舍，皆各自占所爲於其在所之縣官，除其本，計其利，十一分之，而以其一爲貢。敢不自占，自占不以實者，盡没入所采取，而作縣官一歲。

諸司市常以四時中月實定所掌，爲物上中下之賈，各自用爲其市平，毋拘它所。衆民賣買五穀布帛絲緜之物，周於民用而不讎者，均官有以考檢厥實，用其本賈取之，毋令折錢。萬物卬貴，過平一錢，則以平賈賣與民。其賈氐賤減平者，聽民自相與市，以防貴庾者。民欲祭祀喪紀而無用者，錢府以所入工商之貢但賒之，祭祀無過旬日，喪紀毋過三月。民或乏絶欲貸以治産業者，均授之，除其費，計所得受息，毋過歲什一。

羲和魯匡言：「名山大澤，鹽鐵錢布帛，五均賒貸，斡在縣官，唯酒酤獨未斡。酒者，天之美禄，帝王所以頤養天下，享祀祈福，扶衰養疾。百禮之會，非酒不行。故《詩》曰『無酒酤我』，而《論語》曰『酤酒不食』，二者非相反也。夫《詩》據承平之世，酒酤在官，和旨便人，可以相御也。《論語》孔子當周衰亂，酒酤在民，薄惡不誠，是以疑而弗食。今絶天下之酒，則無以行禮相養；放而亡限，則費財傷民。請法古，令官作酒，以二千五百石爲一均，率開一盧以賣，讎五十釀爲準。一釀用麤米二斛，麴一斛，得成酒六斛六斗。各以其市月朔米麴三斛，并計其賈而參分之，以其一爲酒一斛之平。除米麴本賈，計其利而什分之，以其七入官，其三及醩胾灰炭給工器薪樵之費。」

羲和置命士督五均六斡，郡有數人，皆用富賈。洛陽薛子仲、張長叔、臨菑姓偉等，乘傳求利，交錯天下。因與郡縣通姦，多張空簿，府臧不實，百姓俞病。莽知民苦之，復下詔曰：「夫鹽，食肴之將；酒，百藥之長，嘉會之好；鐵，(曰)〔田〕農之本；名山大澤，饒衍之臧；五均賒貸，百姓所取平，卬以給澹；鐵布銅冶，通行有無，備民用也。此六者，非編户齊民所能家作，必卬於市，雖貴數倍，不得不買。豪民富賈，即要貧弱，先聖知其然也，故斡之。每一斡爲設科條防禁，犯者辠至死。」姦吏猾民並侵，衆庶各不安生。

後五歲，天鳳元年，復申下金銀龜貝之貨，頗增減其賈直。而罷大小錢，改作貨布，長二寸五分，廣一寸，首長八分有奇，廣八分，其圜好徑二分半，足枝長八分，間廣二分，其文右曰「貨」，左曰「布」，重二十五銖，直貨泉二十五。貨泉徑一寸，重五銖，文右曰「貨」，左曰「泉」，枚直一，與貨布二品並行。又以大錢行久，罷之，恐民挾不止，乃令民且獨行大錢，與新貨泉俱枚直一，並行盡六年，毋得復挾大錢矣。每壹易錢，民用破業，而大陷刑。莽以私鑄錢死，及非沮寶貨投四裔，犯法者多，不可勝行，乃更輕其法：私鑄作泉布者，與妻子没入爲官奴婢；吏及比伍，知而不舉告，與同罪；非沮寶貨，民罰作一歲，吏免官。犯者俞衆，及五人相坐皆没入，郡國檻車鐵鎖，傳送長安鍾官，愁苦死者什六七。

《漢書》卷五《賈山傳》 秦非徒如此也，起咸陽而西至雍，離宮三百，鍾鼓帷帳，不移而具。又爲阿房之殿，殿高數十仞，東西五里，南北千步，從車羅騎，四馬鶩馳，旌旗不橈。爲宮室之麗至於此，使其後世曾不得聚廬而託處焉。爲馳道於天下，東窮燕齊，南極吳楚，江湖之上，瀕海之觀畢至。道廣五十步，三丈而樹，厚築其外，隱以金椎，樹以青松。爲馳道之麗至於此，使其後世曾不得邪徑而託足焉。死葬乎驪山，吏徒數十萬人，曠日十年。下徹三泉合采金石，冶銅錮其内，桼塗其外，被以珠玉，飾以翡翠，中成觀游，上成山林。爲葬薶之侈至於此，使其後世曾不得蓬顆蔽冢而託葬焉。秦以熊羆之力，虎狼之心，蠶食諸侯，并吞海内，而不篤禮義，故天殃已加矣。臣昧死以聞，願陛下少留意而詳擇其中。

《漢書》卷九一《貨殖傳》 猗頓用盬鹽起，邯鄲郭縱以鑄冶成業，與王者埒富。

《漢書》卷九九上《王莽傳上》 〔居攝〕二年春，竇況等擊破西羌。五月，更造貨：錯刀，一直五千；契刀，一直五百；大錢，一直五十，與五銖錢並行。民多盗鑄者。禁列侯以下不得挾黄金，輸御府受直，然卒不與直。

徐天麟《西漢會要》卷五三《食貨四》 錢幣雜録附

秦兼天下，幣爲二等：黄金以溢爲名，上幣；銅錢質如周錢，文曰「半兩」，重如其文。而珠玉龜貝銀錫之屬爲器飾寶藏，不爲幣，然各隨時而輕重無常。漢興，以爲秦錢重難用，更令民鑄莢錢。黄金一斤。而不軌逐利之民蓄積贏餘以稽市物，痛騰躍，米至石萬錢，馬至匹百金。《食貨志》。

高后二年，行八銖錢。《本紀》。應劭曰：「本秦錢，質如周錢，文曰『半兩』，重如其文。漢更鑄莢錢，民患其太輕，至此復行八銖錢。」

六年，行五分錢。《本紀》。即謂莢錢。

文帝五年四月，除盗鑄錢令。應劭曰：「聽民放鑄也。」更四銖錢。《本紀》。文帝以五分錢太輕小，更作四銖錢，文亦曰「半兩」。

武帝建元元年，行三銖錢。《本紀》。壞四銖造此也，重如其文。

五年，罷三銖錢，行半兩錢。《本紀》。

自孝文更造四銖錢，至元狩四年四十餘年，從建元以來，用少，縣官往往即多銅山而鑄錢，民益盗鑄，不可勝數。錢益多而輕，物益少而貴。有司言曰：

「今半兩錢法重四銖，而奸或盜摩錢質而取鋊，鋊，銅屑也。錢益輕薄而物貴，則遠方用幣煩費不省。」乃令縣官銷半兩錢，更鑄三銖錢，重如其文。其明年，有司言三銖錢輕，輕錢易作奸詐，乃更請郡國鑄五銖，周郭其質，令不得磨錢取鋊。《食貨志》。按《本紀》，元狩五年，罷半兩錢，行五銖錢。今以《食貨志》考之，乃罷三銖，非罷半兩。《通鑒考異》亦云《紀》誤。

元鼎二年，郡國鑄錢，民多奸鑄，錢多輕，而公卿請令京師鑄官赤仄，應劭曰：「所謂子紺錢也。」如淳曰：「以赤銅爲其郭。」一當五，賦官用非赤仄不得行。其後二歲，赤仄錢賤，民巧法用之，不便，又廢。於是悉禁郡國毋鑄錢，專令上林三官鑄。錢既多，而令天下非三官錢不得行，諸郡國前所鑄錢皆廢銷之，輸入其銅三官。而民之鑄錢益少，計其費不能相當，唯真工大奸乃盜爲之。《食貨志》。下同。

自孝武元狩五年三官初鑄五銖錢，至平帝元始中，成錢二百八十億萬餘。

宣、元、成、哀、平五世，亡所變改。

王莽居攝，變漢制，以周錢有子母相權，於是更造大錢，徑寸二分，重十二銖，文曰「大錢五十」。又造契刀、錯刀。契刀，其環如大錢，身形如刀，長二寸，文曰「契刀五百」。錯刀，以黄金錯其文，曰「一刀直五千」。與五銖錢凡四品，並行。此以後乃莽即真後事，不復録。

雜録

元帝時，貢禹言：「古者不以金錢爲幣，專意于農，故一夫不耕，必有受其饑者。今漢家鑄錢，及諸鐵官皆置吏卒徒，攻山取銅鐵，一歲功十萬人已上，中農食七人，是七十萬人常受其饑也。鑿地數百丈，銷陰氣之精，地臧空虚，不能含氣出雲，斬伐林木亡有時禁，水旱之災未必不繇此也。自五銖錢起已來七十餘年，民坐盜鑄錢被刑者衆，富人積錢滿室，猶亡厭足。民心動揺，商賈求利，東西南北，各用智巧，好衣美食，歲有十二之利，而不出租税。農夫父子暴露中野，不避寒暑，捽屮杷土，手足胼胝，已奉穀租，又出稾税，鄉部私求，不可勝供。故民棄本逐末，耕者不能半。貧民雖賜之田，猶賤賣以賈，窮則起爲盜賊。何者？末利深而惑于錢也。是以姦邪不可禁，其原皆起于錢也。疾其末者絶其本，宜罷採珠玉金銀鑄錢之官，亡復以爲幣。市井勿得販賣，除其租銖之律，租税禄賜皆以布帛及穀。使百姓壹歸于農，復古道便。」議者以爲交易待錢，布帛不可尺寸分裂。禹議亦寢。《貢禹傳》及《食貨志》。

有上書言：「古者以龜貝爲貨，今以錢易之，民以故貧，宜可改幣。」上以問師丹，丹對言可改。章下有司議，皆以爲行錢以來久，難卒變易。丹老人，忘其前語，後從公卿議。《師丹傳》。

錢禁

孝文五年，除盜鑄錢令，使民放鑄。賈誼諫曰：「法使天下公得顧租鑄銅錫爲錢，敢雜以鉛鐵爲它巧者，其罪黥。然鑄錢之情，非殽雜爲巧，則不可得贏；而殽之甚微，爲利甚厚。夫事有召禍而法有起姦，今令細民人操造幣之勢，各隱屏而鑄作，因欲禁其厚利微姦，雖黥罪日報，其勢不止。乃者民人抵罪，多者一縣百數，及吏之所疑，榜笞奔走者甚衆。夫縣法以誘民，使入陷阱，孰積于此！曩禁鑄錢，死罪積下；今公鑄錢，黥罪積下。爲法若此，上何賴焉？又民用錢，郡縣不同：或用輕錢，百加若干；或用重錢，平稱不受。法錢不立，吏急而壹之乎，則大爲煩苛，而力不能勝；縱而弗呵乎，則市肆異用，錢文大亂。苟非其術，何鄉而可哉！今農事棄捐，而采銅者日蕃，釋其耒耨，冶鎔炊炭，姦錢日多，五穀不爲多。善人怵而爲姦邪，愿民陷而之刑戮，刑戮將甚不詳，奈何而忽！國知患此，吏議必曰禁之。禁之不得其術，其傷必大。令禁鑄錢，則錢必重；重則其利深，盜鑄如雲而起，棄市之罪又不足以禁矣。姦數不勝而法禁數潰，銅使之然也。故銅布于天下，其爲禍博矣。今博禍可除，而七福可致也。何謂七福？上收銅勿令布，則民不鑄錢，黥罪不積，一矣。僞錢不蕃，民不相疑，二矣。采銅鑄作者反于耕田，三矣。銅畢歸于上，上挾銅積以御輕重，錢輕則以術斂之，重則以術散之，貨物必平，四矣。以作兵器，以假貴臣，多少有制，用别貴賤，五矣。以臨萬貨，以調盈虚，以收奇羡，則官富實而末民困，六矣。制吾棄財，以與匈奴逐爭其民，則敵必懷，七矣。故善爲天下者，因禍而爲福，轉敗而爲功。今久退七福而行博禍，臣誠傷之。」上不聽。是時，吴以諸侯即山鑄錢，富埒天子，後卒叛逆。鄧通，大夫也，以鑄錢財過王者。故吴、鄧錢布天下。《食貨志》。

文帝除盜鑄錢令，賈山上書諫，以爲變先帝法，非是。章下詰責，對以爲：「錢者，亡用器也，而可以易富貴。富貴者，人主之操柄也，令民爲之，是與人主共操柄，不可長也。」其後，復禁鑄錢。《賈山傳》。

景帝立，人有告鄧通盜出徼外鑄錢，下吏驗問，頗有，遂竟案，盡没入之。《本傳》。

中六年，定鑄錢僞黄金棄市律。《本紀》。

武帝元狩中，盜鑄諸金錢罪皆死，而民之犯者不可勝數。《食貨志》。

自造白金五銖錢後五歲，而赦吏民坐盜鑄金錢死者數十萬人。其不自發覺相殺者，不可勝計。赦自出者百餘萬人。然不能半自出，天下大氐無慮皆鑄金錢矣。同上。

白金皮幣

武帝元狩中，縣官大空。而富商賈或墆財役貧，轉轂百數，冶鑄鬻鹽，財或累萬金，而不佐公家之急，黎民重困。于是天子與公卿議，更造錢幣以澹用。是時，禁苑有白鹿而少府多銀錫。有司言曰：「古者皮幣，諸侯以聘享。金有三等，黄金爲上，白金爲中，赤金爲下。今半兩錢法重四銖，而姦或盜摩錢質而取鋊，錢益輕薄而物貴，則遠方用幣煩費不省。」乃以白鹿皮方尺，緣以繢，爲皮幣，按《本紀》，元狩四年，造白金及皮幣。直四十萬。王侯宗室朝覲聘享，必以皮幣薦璧，然後得行。

又造銀錫白金。以爲天用莫如龍，地用莫如馬，人用莫如龜，故白金三品：其一曰重八兩，圜之，其文龍，名「白撰」，直三千；二曰以重差小，方之，其文馬，直五百；三曰復小，橢之，其文龜，直三百。其後，官鑄赤仄，白金稍賤，民弗寶用，縣官以令禁之，無益，歲餘終廢不行。《食貨志》。

元鼎二年，罷白金。《武紀》。

《三國志》卷四《魏書・少帝紀》

〔正始元年〕秋七月，詔曰：「《易》稱損上益下，節以制度，不傷財，不害民。方今百姓不足，而御府多作金銀雜物，將奚以爲？今出黄金銀物百五十種，千八百餘斤，銷冶以供軍用。」【略】

〔景元三年〕夏四月，遼東郡言肅慎國遣使重譯入貢，獻其國弓三十張，長三尺五寸，楛矢長一尺八寸，石砮三百枚，皮骨鐵雜鎧二十領，貂皮四百枚。

《三國志》卷四七《吴書・吴主傳》

〔嘉禾〕四年夏，遣吕岱討桓等。秋七月，有雹。魏使以馬求易珠璣、翡翠、瑇瑁，權曰：「此皆孤所不用，而可得馬，何苦而不聽其交易？」

五年春，鑄大錢，一當五百。詔使吏民輸銅，計銅畀直。設盜鑄之科。

《晉書》卷二六《食貨志》

中平二年，南宫災，延及北闕。於是復收天下田畝十錢，用營宫宇。帝出自侯門，居貧即位，常曰：「桓帝不能作家，曾無私蓄。」故於西園造萬金堂，以爲私藏。復寄小黄門私錢，家至巨億。於是懸鴻都之牓，開賣官之路，公卿以降，悉有等差。廷尉崔烈入錢五百萬以買司徒，刺史二千石遷除，皆責助治宫室錢。大郡至二千萬錢，不畢者或至自殺。獻帝作五銖錢，而有四道連於邊緣。有識者尤之曰：「豈京師破壞，此錢四出也。」

及董卓尋戈，火焚宫室，乃劫鑾駕，西幸長安，悉壞五銖錢，更鑄小錢，盡收長安及洛陽銅人飛廉之屬，以充鼓鑄。又錢無輪郭，文章不便。時人以爲秦始皇見長人於臨洮，乃鑄銅人。【略】

漢錢舊用五銖，自王莽改革，百姓皆不便之。及公孫述僭號於蜀，童謡曰：「黄牛白腹，五銖當復。」好事者竊言，王莽稱黄，述欲繼之，故稱白帝。五銖漢貨，言漢當復併天下也。至光武中興，除莽貨泉。建武十六年，馬援又上書曰：「富國之本，在於食貨，宜如舊鑄五銖錢。」帝從之。於是復鑄五銖錢，天下以爲便。及章帝時，穀帛價貴，縣官經用不足，朝廷憂之。尚書張林言：「今非但穀貴也，百物皆貴，此錢賤故爾。宜令天下悉以布帛爲租，市買皆用之，封錢勿出，如此則錢少物皆賤矣。又，鹽者食之急也，縣官可自賣鹽，武帝時施行之，名曰均輸。」於是事下尚書通議，尚書朱暉議曰：「王制，天子不言有無，諸侯不言多少，食禄者不與百姓争利。均輸之法，與賈販無異。以布帛爲租，則吏多姦。官自賣鹽，與下争利，非明王所宜行。」帝本以林言爲是，得暉議，因發怒，遂用林言，少時復止。

桓帝時有上書言：「人以貨輕錢薄，故致貧困，宜改鑄大錢。」事下四府羣僚及太學能言之士，孝廉劉陶上議曰：

臣伏讀鑄錢之詔，平輕重之議，訪覃幽微，不遺窮賤，是以藿食之人，謬延逮及。蓋以當今之憂，不在於貨，在乎人飢。是以先王觀象育物，敬授民時，使男不逋畝，女不下機，故君臣之道行，王路之教通。由是言之，食者乃有國之所寶，百姓之至貴也。竊以比年已來，良苗盡於蝗螟之口，杼柚空於公私之求。所急朝夕之食，所患靡鹽之事，豈謂錢之厚薄，銖兩之輕重哉！就使當今沙礫化爲南金，瓦石變爲和玉，使百姓渴無所飲，飢無所食，雖皇羲之純德，唐虞之文明，猶不能以保蕭牆之内也。蓋百姓可百年無貨，不可以一朝有飢，故食爲至急也。議者不達農殖之本，多言鑄冶之便，或欲因緣行詐，以賈國利。國利將盡，取者争競，造鑄之端，於是乎生。蓋萬人鑄之，一人奪之，猶不能給，況今一人鑄之則萬人奪之乎！雖以陰陽爲炭，萬物爲銅，役不食之民，使不飢之士，猶不能足無厭之求也。夫欲民財殷阜，要在止役禁奪，則百姓不勞而足。陛下聖德，愍海内之憂戚，傷天下之艱難，欲鑄錢齊貨，以救其弊，此猶養魚沸鼎之中，棲鳥烈火之上。木水，本魚鳥之所生也，用之不時，必至焦爛。願陛下寬鍥薄之禁，後冶鑄之議也。

帝竟不鑄錢。

及獻帝初平中，董卓乃更鑄小錢，由是貨輕而物貴，穀一斛至錢數百萬。至魏武爲相，於是罷之，還用五銖。是時不鑄錢既久，貨本不多，又更無增益，故穀賤無已。及黄初二年，魏文帝罷五銖錢，使百姓以穀帛爲市。至明帝世，錢廢穀用既久，人間巧僞漸多，競溼穀以要利，作薄絹以爲市，雖處以嚴刑而不能禁也。司馬芝等舉朝大議，以爲用錢非徒豐國，亦所以省刑。今若更鑄五銖錢，則國豐刑省，於事爲便。魏明帝乃更立五銖錢，至晉用之，不聞有所改創。孫權嘉禾五年，鑄大錢一當五百。赤烏元年，又鑄當千錢。故吕蒙定荆州，孫權賜錢一億。錢既太貴，但有空名，人間患之。權聞百姓不以爲便，省息之，鑄爲器物，官勿復出也。私家有者，並以輸藏，平卑其直，勿有所枉。

晉自中原喪亂，元帝過江，用孫氏舊錢，輕重雜行，大者謂之比輪，中者謂之四文。吴興沈充又鑄小錢，謂之沈郎錢。錢既不多，由是稍貴。孝武太元三年，詔曰：「錢，國之重寶，小人貪利，銷壞無已，監司當以爲意。廣州夷人寶貴銅鼓，而州境素不出銅，聞官私賈人皆於此下貪比輪錢斤兩差重，以入廣州，貨與夷人，鑄敗作鼓。其重爲禁制，得者科罪。安帝元興中，桓玄輔政，立議欲廢錢用穀帛。孔琳之議曰：

《洪範》八政，貨爲食次，豈不以交易所資，爲用之至要者乎！若使百姓用力於爲錢，則是妨爲生之業，禁之可也。今農自務穀，工自務器，各隸其業，何嘗致勤於錢。故聖王制無用之貨，以通有用之財，既無毁敗之費，又省難運之苦，此錢所以嗣功龜貝，歷代不廢者也。穀帛爲寶，本充衣食，分以爲貨，則致損甚多。又勞毁於商販之手，耗棄於割截之用，此之爲弊，著自於曩。故鍾繇曰，巧僞之人，競溼穀以要利，制薄絹以充資。魏世制以嚴刑，弗能禁也。是以司馬芝以爲用錢非徒豐國，亦所以省刑。錢之不用，由於兵亂積久，自致於廢，有由而然，漢末是也。今既用而廢之，則百姓頓亡其利。今括囊天下之穀，以周天下之食，或倉廩充溢，或糧靡并儲，以相資通，則貧者仰富。致富之道，實假於錢，一朝斷之，便爲棄物。是有錢無糧之人，皆坐而飢困，以此斷之，又立弊也。且據今用錢之處，不以爲貧，用穀之處，不以爲富。又人習來久，革之必惑。語曰，利不百，不易業，況又錢便于穀邪！魏明帝時錢廢，穀用既久，不以便於人，乃舉朝大議。精才達政之士莫不以宜復用錢，下無異情，朝無異論。彼尚舍穀帛而用錢，足以明穀帛之弊著於已誠也。世或謂魏氏不用錢久，積累巨萬，故欲行之，利公富國，斯殆不然。晉文後舅犯之謀，而先成季之信，以爲雖有一時之勳，不如萬世之益。于時名賢在列，君子盈朝，大謀天下之利害，將定經國之要術。若穀實便錢，義不昧當時之近利，而廢永用之通業，斷可知矣。斯實由困而思革，改而更張耳。近孝武之末，天下無事，時和年豐，百姓樂業，穀帛殷阜，幾乎家給人足，驗之實事，錢又不妨人也。頃兵革屢興，荒饉荐及，飢寒未振，實此之由。公既援而拯之，大革視聽，弘敦本之教，明廣農之科，敬授人時，各從其業，游蕩知反，務末自休，同以南畝競力，野無遺壤矣。於此以往，將升平必至，何衣食之足卹！愚謂救弊之術，無取於廢錢。

朝議多同琳之，故玄議不行。

《魏書》卷五八《楊播傳》 時所用錢，人多私鑄，稍就薄小，乃至風飄水浮，米斗幾直一千。侃奏曰：「昔馬援至隴西，嘗上書求復五銖錢，事下三府，不許。及援徵入爲虎賁中郎，親對光武申釋其趣，事始施行。臣頃在雍州，亦表陳其事，聽人與官並鑄五銖錢，使人樂爲，而俗弊得改。旨下尚書，八座不許。以今況昔，即理不殊。求取臣前表，經御披析。」侃乃隨事剖辨，孝莊從之，乃鑄五銖錢，如侃所奏。

《魏書》卷七七《高崇傳附高謙之傳》 於時朝議鑄錢，以謙之爲鑄錢都將長史。乃上表求鑄三銖錢曰：

蓋錢貨之立，本以通有無，便交易。故錢之輕重，世代不同。太公爲周置九府圜法，至景王時更鑄大錢。秦兼海內，錢重半兩。漢興，以秦錢重，改鑄榆莢錢。至文帝五年，復爲四銖。孝武時，悉復銷壞，更鑄三銖，至元狩中，變爲五銖。又造赤仄之錢，以一當五。王莽攝政，錢有六等，大錢重十二銖，次九銖，次七銖，次五銖，次三銖，次一銖。魏文帝罷五銖錢，至明帝復立。孫權江左，鑄大錢，一當五百。權赤烏年，復鑄大錢，一當千。輕重大小，莫不隨時而變。竊以食貨之要，八政爲首；聚財之貴，詒訓典文。是以昔之帝王，乘天地之饒，御海內之富，莫不腐紅粟於太倉，藏朽貫於泉府，儲畜既盈，民無困敝，可以寧謐四極，如身使臂者矣。昔漢之孝武，地廣財豐，外事四戎，遂虛國用。於是草萊之臣，出財助國；興利之計，納税廟堂。市列榷酒之官，邑有告緡之令。鹽鐵既興，錢幣屢改，少府遂豐，上林饒積。外鬬百蠻，內不增賦者，皆計利之由也。今羣妖未息，四郊多壘，徵稅既煩，千金日費，資儲漸耗，財用將竭，誠楊氏獻說之秋，桑、兒言利之日。夫以西京之盛，錢猶屢改，並行小大，子母相權，況今寇難未除，州郡淪敗，民物凋零，軍國用少，別鑄小錢，可以富益，何損於政，何妨於人也？且政興不以錢大，政衰不以錢小，惟貴公私得所，政化無虧，既行之於古，亦宜效之於今矣。昔禹遭大水，以歷山之金鑄錢，救民之困。湯遭大旱，以莊山之金鑄錢，贖民之賣子者。今百姓窮悴，甚於曩日，欽明之主豈得垂拱而觀之哉？臣今此鑄，以濟交乏，五銖之錢，任使並用，行之無損，國得其益，穆公之言於斯驗矣。臣雖術愧計然，識非心算，暫充錢官，頗覩其理。苟有所益，不得不言。脫以爲疑，求下公卿博議。如謂爲允，即乞施行。【略】

詔將從之，事未就，會卒。

於時用錢稍薄，道穆表曰：「四民之業，錢貨爲本，救弊改鑄，王政所先。自頃以私鑄薄濫，官司糾繩，挂網非一。在市銅價，八十一文得銅一斤，私造薄錢，斤餘二百。既示之以深利，又隨之以重刑，罹罪者雖多，姦鑄者彌衆。今錢徒有五銖之文，而無二銖之實，薄甚榆莢，上貫便破，置之水上，殆欲不沉。此乃因循有漸，科防不切，朝廷之愆，彼復何罪。昔漢文帝以五分錢小，改鑄四銖，至武帝復改三銖爲半兩。此皆以大易小，以重代輕也。論今據古，宜改鑄大錢，文載年號，以記其始，則一斤所成止七十六文。銅價至賤五十有餘，其中人功、食料、錫炭、鉛沙，縱復私營，不能自潤。直置無利，自應息心，況復嚴刑廣設也。以臣測之，必當錢貨永通，公私獲允。」後遂用楊侃計，鑄永安五銖錢。

《宋書》卷七五《顔竣傳》 先是元嘉中，鑄四銖錢，輪郭形制，與五銖同，用費損，無利，故百姓不盜鑄。及世祖即位，又鑄孝建四銖。三年，尚書右丞徐爰議曰：「貴貨利民，載自五政，開鑄流圜，法成九府，民富國實，教立化光。及時移俗易，則通變適用，是以周、漢俶遷，隨世輕重。降及後代，財豐用足，因循前貫，無復改創。年曆既遠，喪亂屢經，堙焚剪毀，日月銷減，貨薄民貧，公私俱困。不有革造，將至大乏。謂應式遵古典，收銅繕鑄，納贖刊刑，著在往策，今宜以銅贖刑，隨罰爲品。」詔可。所鑄錢形式薄小，輪郭不成就。於是民間盜鑄者雲起，雜以鉛錫，並不牢固。又剪鑿古錢，以取其銅，錢轉薄小，稍違官式。雖重制嚴刑，民吏官長坐死免者相係，而盜鑄彌甚，百物踴貴，民人患苦之。乃立品格，薄小無輪郭者，悉加禁斷。

始興郡公沈慶之立議曰：「昔秦幣過重，高祖是患，普令民鑄，改造榆莢，而貨輕物重，又復乖時。太宗放鑄，賈誼致譏，誠以采山術存，銅多利重，耕戰之器，曩時所用，四民競造，爲害或多。而孝文弗納，民鑄遂行，故能朽貫盈府，天下殷富。況今耕戰不用，采鑄廢久，鎔冶所資，多因成器，功艱利薄，絕吴、鄧之資，農民不習，無釋耒之患。方今中興開運，聖化惟新，雖復偃甲銷戈，而倉庫未實，公私所乏，唯錢而已。愚謂宜聽民鑄錢，郡縣開置錢署，樂鑄之家，皆居署内，平其准式，去其雜僞，官斂輪郭，藏之以爲永寶。去春所禁新品，一時施用，今鑄悉依此格。萬稅三千，嚴檢盜鑄，并禁剪鑿。數年之間，公私豐贍，銅盡事息，姦僞自止。且禁鑄則銅轉成器，開鑄則器化爲財，翦華利用，於事爲益。」

上下其事公卿，太宰江夏王義恭議曰：「伏見沈慶之議，『聽民私鑄，樂鑄之室，皆入署居。平其準式，去其雜僞』。愚謂百姓不樂與官相關，由來甚久，又多是人士，蓋不願入署。凡盜鑄爲利，利在僞雜，僞雜既禁，樂入必寡。云『斂取輪郭，藏爲永寶』。愚謂上之所貴，下必從之，百姓聞官斂輪郭，輪郭之價百倍，大小對易，誰肯爲之。强制使換，則狀似逼奪。又『去春所禁新品，一時施用』。愚謂此條在可開許。又云『今鑄宜依此格，萬稅三千』。又云『嚴檢盜鑄，不得更造』。愚謂禁制之設，非惟一旦，昧利犯憲，羣庶常情，不患制輕，患在冒犯。今入署必萬輸三千，私鑄無十三之稅，逐利犯禁，居然不斷。又云『銅盡事息，姦僞自禁』。愚謂赤縣内銅，非可卒盡，比及銅盡，姦僞已積。又云『禁鑄則銅轉成器，開鑄則器化爲財』。然頃所患，患於形式不均，加以剪鑿，又鉛錫衆雜，止於盜鑄銅者，亦無須苦禁。」

竣議曰：「泉貨利用，近古所同，輕重之議，定於漢世，魏、晉以降，未之能改。誠以物貨既均，改之僞生故也。世代漸久，弊運頓至，因革之道，宜有其術。今云開署放鑄，誠所欣同。但慮採山事絕，器用日耗，銅既轉少，器亦彌貴。設器直一千，則鑄之減半，爲之無利，雖令不行。又云『去春所禁，一時施用』。是欲使天下豐財。若細物必行，而不從公鑄，利已既深，情僞無極，私鑄剪鑿，盡不可禁，五銖半兩之屬，不盈一年，必至於盡。財貨未贍，大錢已竭，數歲之間，悉爲塵土，豈可令取弊之道，基於皇代。今百姓之貨，雖爲轉少，而市井之民，未有嗟怨，此新禁初行，品式未一，須臾自止，不足以垂聖慮。唯府藏空匱，實爲重憂。今縱行細錢，官無益賦之理，百姓雖贍，無解官乏。唯簡費去華，設在節儉，求贍之道，莫此爲貴。然錢有定限，而消失無方，剪鑄雖息，終致窮盡者，亡應官開取銅之署，絕器用之塗，定其品式，日月漸鑄，歲久之後，不爲世益耳。」

時議者又以銅轉難得，欲鑄二銖錢。竣又議曰：「議者將爲官藏空虛，宜更改鑄，天下銅少，宜減錢式，以救交弊，賑國紓民。愚以爲不然。今鑄二銖，恣行新細，於官無解於乏，而民姦巧大興，天下之貨，將靡碎至盡。空立嚴禁，而利深難絶，不過一二年間，其敝不可復救。其甚不可一也。今鎔鑄獲利，不見有頓得一二億之理，縱復得此，必待彌年。歲暮税登，財幣暫革，日用之費，不贍數月，雖權徵助，何解乏邪，徒使姦民意騁，而貽厥愆謀。此又甚不可二也。民懲大錢之改，兼畏近日新禁，市井之間，必生喧擾，遠利未聞，切患猥及，富商得志，貧民困窘。此又甚不可三也。若使交益深重，尚不可行，況又未見其利，而衆弊如此，失算當時，取誚百代乎。」

前廢帝即位，鑄二銖錢，形式轉細。官錢每出，民間即模効之，而大小厚薄，皆不及也。無輪郭，不磨鑢，如今之剪鑿者，謂之耒子。景和元年，沈慶之啓通私鑄，由是錢貨亂敗，一千錢長不盈三寸，大小稱此，謂之鵝眼錢。劣於此者，謂之綖環錢。入水不沉，隨手破碎，市井不復料數，十萬錢不盈一掬，斗米一萬，商貨不行。太宗初，唯禁鵝眼、綖環，其餘皆通用，復禁民鑄，官署亦廢工，尋復並斷，唯用古錢。

《南齊書》卷三〇《何尚之傳》　先是患貨少，鑄四銖錢，人間頗盜鑄，多翦鑿古錢以取銅，上患之。二十四年，録尚書江夏王義恭議，以一大錢當兩，以防翦鑿，議者多同。尚之議曰：「凡創制改法，宜順人情，未有違衆矯物而可久也。泉布廢興，未容驟議。前代赤仄白金，俄而罷息，六貨憒亂，人泣於市。良由事不畫一，難用遵行。自非急病權時，宜守長世之業。若今制遂行，富人之貲自倍，貧者彌增其困，懼非所以欲均之意。」中領軍沈演之以爲若以大錢當兩，則國傳難朽之寶，家贏一倍之利，不俟加憲，巧源自絶。上從演之議，遂以一錢當兩。行之經時，公私非便，乃罷。

《南齊書》卷三七《劉悛傳》　宋代太祖輔政，有意欲鑄錢，以禪讓之際，未及施行。建元四年，奉朝請孔覬上《鑄錢均貨議》，辭證甚博。其略以爲「食貨相通，理勢自然。李悝曰『糴甚貴傷民，甚賤傷農』。民傷則離散，農傷則國貧。甚賤與甚貴，其傷一也。三吴國之關閫，比歲被水潦而糴不貴，是天下錢少，非穀穰賤，此不可不察也。鑄錢之弊，在輕重屢變。重錢患難用，而難用爲累輕；輕錢弊盜鑄，而盜鑄爲禍深。民所盜鑄，嚴法不禁者，由上鑄錢惜銅愛工也。惜銅愛工者，謂錢無用之器，以通交易，務欲令輕而數多，使省工而易成，不詳慮其爲患也。自漢鑄五銖錢，至宋文帝，歷五百餘年，制度世有廢興，而不變五銖錢者，明其輕重可法，得貨之宜。以爲宜開置泉府，方牧貢金，大興鎔鑄。錢重五銖，一依漢法。府庫已實，國用有儲，乃量奉禄，薄賦税，則家給民足。頃盜鑄新錢者，皆効作翦鑿，不鑄大錢也。摩澤淄染，始皆類故；交易之後，渝變還新。良民弗皆淄染，不復行矣。所鬻賣者，皆徒失其物。盜鑄者，復賤買新錢，淄染更用，反覆生詐，循環起姦，此明主尤所宜禁而不可長也。若官鑄已布於民，(使)〔便〕嚴斷翦鑿，小輕破缺無周郭者，悉不得行，官錢細小者，稱合銖兩，銷以爲大。利貧良之民，塞姦巧之路。錢貨既均，遠近若一，百姓樂業，市道無争，衣食滋殖矣。」時議者多以錢貨轉少，宜更廣鑄，重其銖兩，以防民姦。太祖使諸州郡大市銅〔炭〕會晏駕事寢。永明八年，悛啓世祖曰：「南廣郡界蒙山下，有城名蒙城，可二頃地，有燒鑪四所，高一丈，廣一丈五尺。從蒙城渡水南百許步，平地掘土深二尺，得銅。又有古掘銅坑，深二丈，並居宅處猶存。鄧通，南安人，漢文帝賜嚴道縣銅山鑄錢，今蒙山近青衣水南，青衣(在)〔左〕側竝是故秦之嚴道地。青衣縣又改名漢嘉。且蒙山去南安二百里，案此必是通所鑄。近喚蒙山獠出，云『甚可經略』。此議若立，潤利無極。」并獻蒙山銅一片，又銅石一片，平州鐵刀一口。上從之。遣使入蜀鑄錢，得千餘萬，功費多，乃止。

《梁書》卷一八《康絢傳》　於鍾離南起浮山，北抵巉石，依岸以築土，合脊於中流。〔天監〕十四年，堰將合，淮水漂疾，輒復決潰，衆患之。或謂江、淮多有蛟，能乘風雨決壞崖岸，其性惡鐵，因是引東西二冶鐵器，大則釜鬵，小則鋘鋤，數千萬斤，沉于堰所。猶不能合，乃伐樹爲井幹，填以巨石，加土其上。緣淮百里内，岡陵木石，無巨細必盡，負擔者肩上皆穿。夏日疾疫，死者相枕，蠅蟲晝夜聲相合。高祖愍役人淹久，遣尚書右僕射袁昂、侍中謝舉假節慰勞之，并加蠲復。

朱銘盤《南朝梁會要·食貨·錢》　梁初，唯京師及三吴、荆、郢、江、湘、梁、益用錢。其餘州郡，則雜以穀帛交易。交、廣之域，全以金銀爲貨。武帝乃鑄錢，肉好周郭，文曰「五銖」，重如其文。而又别鑄，除其肉郭，謂之女錢。二品並行。百姓或私以古錢交易，有直百五銖、五銖、女錢、太平百錢、定平一百、五銖雉錢、五銖對文等號。輕重不一。天子頻下詔書，非新鑄二種之錢，並不許用。而趣利之徒，私用轉甚。至普通中，乃議盡罷銅錢，更鑄鐵錢。人以鐵賤易得，並皆私鑄。及大同已後，所在鐵錢，遂如丘山，物價騰貴。交易者以車載錢，不復計數，而唯論貫。商旅姦詐，因之以求利。自破嶺以東，八十爲百，名曰東錢。江、郢已上，七十爲百，名曰西錢。京師以九十爲百，名曰長錢。中大同元年，天子乃詔通用足陌。詔下而人不從，錢陌益少。至于末年，遂以三十五爲百云。《隋書·食貨志》。

武帝普通四年十二月戊午，用給事中王子雲議，始鑄鐵錢。《南史·武紀》。

中大同元年七月丙寅，詔曰：「朝四而暮三，衆狙皆喜，名實未虧，而喜怒爲用。頃聞外間多用九陌錢，陌減則物貴，陌足則物賤，非物有貴賤，是心有顛倒。至於遠方，日更滋甚。豈直國有異政，乃至家有殊俗，徒亂王制，無益民財。自今可通用足陌錢。」《本紀》。

敬帝太平元年三月壬午，班下遠近，並雜用今古錢。《南史·敬紀》。

二年四月己卯，鑄四柱錢，一准二十。壬辰，改四柱錢一准十。丙申，復閉細錢。《敬紀》。

《隋書》卷二四《食貨志》 梁初，唯京師及三吳、荆、郢、江、湘、梁、益用錢。其餘州郡，則雜以穀帛交易。交、廣之域，全以金銀爲貨。武帝乃鑄錢，肉好周郭，文曰「五銖」，重如其文。而又別鑄，除其肉郭，謂之女錢。二品並行。百姓或私以古錢交易，有直百五銖、五銖、女錢、太平百錢、定平一百、五銖雉錢、五銖對文等號。輕重不一。天子頻下詔書，非新鑄二種之錢，並不許用。而趣利之徒，私用轉甚。至普通中，乃議盡罷銅錢，更鑄鐵錢。人以鐵賤易得，並皆私鑄。及大同已後，所在鐵錢，遂如丘山，物價騰貴。交易者以車載錢，不復計數，而唯論貫。商旅姦詐，因之以求利。自破嶺以東，八十爲百，名曰東錢。江、郢已上，七十爲百，名曰西錢。京師以九十爲百，名曰長錢。中大同元年，天子乃詔通用足陌。詔下而人不從，錢陌益少。至于末年，遂以三十五爲百云。

陳初，承梁喪亂之後，鐵錢不行。始梁末又有兩柱錢及鵝眼錢，于時人雜用，其價同，但兩柱重而鵝眼輕。私家多鎔錢，又間以錫鐵，兼以粟帛爲貨。至文帝天嘉五年，改鑄五銖。初出，一當鵝眼之十。宣帝太建十一年，又鑄大貨六銖，以一當五銖之十，與五銖並行。後還當一，人皆不便。乃相與訛言曰：「六銖錢有不利縣官之象。」未幾而帝崩，遂廢六銖而行五銖。竟至陳亡。其嶺南諸州，多以鹽米布交易，俱不用錢云。

齊神武霸政之初，承魏猶用永安五銖。遷鄴已後，百姓私鑄，體制漸別，遂各以爲名。有雍州青赤，梁州生厚、緊錢、吉錢，河陽生澀、天柱、赤牽之稱。冀州之北，錢皆不行，交貿者皆以絹布。神武帝乃收境内之銅及錢，仍依舊文更鑄，流之四境。未幾之間，漸復細薄，姦僞競起。文宣受禪，除永安之錢，改鑄常平五銖，重如其文。其錢甚貴，且制造甚精。至乾明、皇建之間，往往私鑄。鄴中用錢，有赤熟、青熟、細眉、赤生之異。河南所用，有青薄鉛錫之別。青、齊、除、兗、梁、豫州，輩類各殊。武平已後，私鑄轉甚，或以生鐵和銅。至於齊亡，卒不能禁。

後周之初，尚用魏錢。及武帝保定元年七月，及更鑄布泉之錢，以一當五，與五銖並行。時梁、益之境，又雜用古錢交易。河西諸郡，或用西域金銀之錢，而官不禁。建德三年六月，更鑄五行大布錢，以一當十，大收商估之利，與布泉錢並行。四年七月，又以邊境之上，人多盜鑄，乃禁五行大布，不得出入四關，布泉之錢，聽入而不聽出。五年正月，以布泉漸賤而人不用，遂廢之。初令私鑄者絞，從者遠配爲户。齊平已後，山東之人，猶雜用齊氏舊錢。至宣帝大象元年十一月，又鑄永通萬國錢。以一當十，與五行大布及五銖，凡三品並用。

高祖既受周禪，以天下錢貨輕重不等，乃更鑄新錢。背面肉好，皆有周郭，文曰「五銖」，而重如其文。每錢一千，重四斤二兩。是時錢既新出，百姓或私有鎔鑄。三年四月，詔四面諸關，各付百錢爲樣。從關外來，勘樣相似，然後得過。樣不同者，即壞以爲銅，入官。詔行新錢已後，前代舊錢，有五行大布、永通萬國及齊常平，所在用以貿易不止。四年，詔仍依舊不禁者，縣令奪半年禄。然百姓習用既久，尚猶不絶。五年正月，詔又嚴其制。自是錢貨始一，所在流布，百姓便之。是時見用之錢，皆須和以錫鑞。錫鑞既賤，求利者多，私鑄之錢，不可禁約。其年，詔乃禁出錫鑞之處，並不得私有採取。十年，詔晉王廣，聽於揚州立五鑪鑄錢。其後姦狡稍漸磨鑪錢郭，取銅私鑄，又雜以錫錢，遞相放效，錢遂輕薄。乃下惡錢之禁。京師及諸州邸肆之上，皆令立榜，置樣爲准。不中樣者，不入於市。十八年，詔漢王諒，聽於并州立五鑪鑄錢。是時江南人間錢少，晉王廣又聽於鄂州白紵山有銅鉚處，錮銅鑄錢。於是詔聽置十鑪鑄錢。又詔蜀王秀，聽於益州立五鑪鑄錢。是時錢益濫惡，乃令有司，括天下邸肆見錢，非官鑄者，皆毀之，其銅入官。而京師以惡錢貿易，爲吏所執，有死者。數年之間，私鑄頗息。大業已後，王綱弛紊，巨姦大猾，遂多私鑄，錢轉薄惡。初每千猶重二斤，後漸輕至一斤。或翦鐵鍱，裁皮糊紙以爲錢，相雜用之。貨賤物貴，以至於亡。

《新唐書》卷五四《食貨志四》 凡銀、銅、鐵、錫之冶一百六十八。陝、宣、潤、饒、衢、信五州，銀冶五十八，銅冶九十六，鐵山五，錫山二，鉛山四。汾州礬山七。麟德二年，廢陝州銅冶四十八。

開元十五年，初稅伊陽五重山銀、錫。德宗時户部侍郎韓洄建議，山澤之利宜歸王者，自是皆隸鹽鐵使。

元和初，天下銀冶廢者四十，歲采銀萬二千兩，銅二十六萬六千斤，鐵二百七萬斤，錫五萬斤，鉛無常數。

開成元年，復以山澤之利歸州縣，刺史選吏主之。其後諸州牟利以自殖，舉天下不過七萬餘緡，不能當一縣之茶稅。及宣宗增河湟戍兵衣絹五十二萬餘匹，鹽鐵轉運使裴休請復歸鹽鐵使以供國用，增銀冶二、鐵山七十一，廢銅冶二十七、鉛山一。天下歲率銀二萬五千兩、銅六十五萬五千斤、鉛十一萬四千斤、錫萬七千斤、鐵五十三萬二千斤。【略】

〔開元〕二十六年，宣、潤等州初置錢監，兩京用錢稍善，米粟價益下。其後錢又漸惡，詔出銅所在置監，鑄開元通寶錢，京師庫藏皆滿。天下盜鑄益起，廣陵、丹楊、宣城尤甚。京師權豪，歲歲取之，舟車相屬。江淮偏鑪錢數十種，雜以鐵錫，輕漫無復錢形。公鑄者號官鑪錢，一以當偏鑪錢七八，富商往往藏之，以易江淮私鑄者。兩京錢有鵝眼、古文、綫環之別，每貫重不過三四斤，至翦鐵而緡之。

宰相李林甫請出絹布三百萬匹，平估收錢，物價踴貴，訴者日萬人。兵部侍郎楊國忠欲招權以市恩，揚鞭市門曰：「行當復之。」明日，詔復行舊錢。天寶十一載，又出錢三十萬緡易兩市惡錢，出左藏庫排斗錢，許民易之。國忠又言錢非鐵錫、銅沙、穿穴、古文，皆得用之。

是時增調農人鑄錢，既非所習，皆不聊生。內作判官韋倫請厚價募工，繇是役用減而鼓鑄多。天下鑪九十九：絳州三十，揚、潤、宣、鄂、蔚皆十，益、郴皆五，洋州三，定州一。每鑪歲鑄錢三千三百緡，役丁匠三十，費銅二萬一千二百斤、鑞三千七百斤、錫五百斤。每千錢費錢七百五十。天下歲鑄三十二萬七千緡。

肅宗乾元元年，經費不給，鑄錢使第五琦鑄「乾元重寶」錢，徑一寸，每緡重十斤，與開元通寶參用，以一當十，亦號「乾元十當錢」。先是諸鑪鑄錢窳薄，鎔破錢及佛像，謂之「盤陀」，皆鑄爲私錢，犯者杖死。第五琦爲相，復命絳州諸鑪鑄重輪乾元錢，徑一寸二分，其文亦曰「乾元重寶」，背之外郭爲重輪，每緡重十二斤，與開元通寶錢並行，以一當五十。是時民間行三錢，大而重稜者亦號「重稜錢」。法既屢易，物價騰踴，米斗錢至七千，餓死者滿道。初有「虛錢」，京師人人私鑄，并小錢，壞鍾、像，犯禁者愈衆。鄭叔清爲京兆尹，數月榜死者八百餘人。肅宗以新錢不便，命百官集議，不能改。上元元年，減重輪錢以一當三十，開元舊錢與乾元十當錢，皆以一當十，碾磑鬻受，得爲實錢，虛錢交易皆用十當錢，由是錢有虛實之名。

史思明據東都，亦鑄「得一元寶」錢，徑一寸四分，以一當開元通寶之百。既而惡「得一」非長祚之兆，改其文曰「順天元寶」。

代宗即位，乾元重寶錢以一當二，重輪錢以一當三，凡三日而大小錢皆以一當一。自第五琦更鑄，犯法者日數百，州縣不能禁止，至是人甚便之。其後民間乾元、重稜二錢鑄爲器，不復出矣。

當時議者以爲「自天寶至今，户九百餘萬。《王制》：上農夫食九人，中農夫七人。以中農夫計之，爲六千三百萬人。少壯相均，人食米二升，日費米百二十六萬斛，歲費四萬五千三百六十萬斛，而衣倍之，吉凶之禮再倍，餘三年之儲以備水旱凶災，當米十三萬六千八十萬斛，以貴賤豐儉相當，則米之直與錢鈞也。田以高下肥瘠豐耗爲率，一頃出米五十餘斛，當田二千七百二十一萬六千頃。而錢亦歲毀於棺瓶埋藏焚溺，其間銅貴錢賤，有鑄以爲器者，不出十年錢幾盡，不足周當世之用」。諸道鹽鐵轉運使劉晏以江、嶺諸州，任土所出，皆重粗賤弱之貨，輸京師不足以供道路之直。於是積之江淮，易銅鉛薪炭，廣鑄錢，歲得十餘萬緡，輸京師及荆、揚二州，自是錢日增矣。

大曆七年，禁天下鑄銅器。建中初，户部侍郎韓洄以商州紅崖冶銅多，請復洛源廢監，起十鑪，歲鑄錢七萬二千緡，每千錢費九百。德宗從之。

江淮多鉛錫錢，以銅盪外，不盈斤兩，帛價益貴。銷千錢爲銅六斤，鑄器則斤得錢六百，故銷鑄者多，而錢益耗。判度支趙贊採連州白銅鑄大錢，一當十，以權輕重。貞元初，駱谷、散關禁行人以一錢出者。諸道鹽鐵使張滂奏禁江淮鑄銅爲器，惟鑄鑑而已。十年，詔天下鑄銅器，每器一斤，其直不得過百六十，銷錢者以盜鑄論。然而民間錢益少，繒帛價輕，州縣禁錢不出境，商賈皆絶。浙西觀察使李若初請通錢往來，而京師商賈齎錢四方貿易者，不可勝計。詔復禁之。二十年，命市井交易，以綾、羅、絹、布、雜貨與錢兼用。憲宗以錢少復禁用銅器。時商賈至京師，委錢諸道進奏院及諸軍、諸使富家，以輕裝趨四方，合券乃取之，號「飛錢」。京兆尹裴武請禁與商賈飛錢者，廋索諸坊，十人爲保。

鹽鐵使李巽以郴州平陽銅坑二百八十餘，復置桂陽監，以兩鑪日鑄錢二十萬。天下歲鑄錢十三萬五千緡。

命商賈蓄錢者，皆出以市貨；天下有銀之山必有銅，唯銀無益於人，五嶺以北，採銀一兩者流他州，官吏論罪。元和四年，京師用錢緡少二十及有鉛錫錢者，捕之；非交易而錢行衢路者，不問。復詔采五嶺銀坑，禁錢出嶺。六年，貿易錢十緡以上者，參用布帛。

蔚州三河冶距飛狐故監二十里而近，河東節度使王鍔置鑪，疏拒馬河水鑄錢，工費尤省，以刺史李聽爲使，以五鑪鑄，每鑪月鑄錢三十萬，自是河東錫錢皆廢。

自京師禁飛錢，家有滯藏，物價寖輕。判度支盧坦、兵部尚書判户部事王紹、鹽鐵使王播請許商人於户部、度支、鹽鐵三司飛錢，每千錢增給百錢，然商人無至者。復許與商人敵貫而易之，然錢重帛輕如故。憲宗爲之出内庫錢五十萬緡市布帛，每匹加舊估十之一。

會吴元濟、王承宗連衡拒命，以七道兵討之，經費屈竭。皇甫鎛建議，内外用錢每緡墊二十外，復抽五十送度支以贍軍。十二年，復給京兆府錢五十萬緡市布帛，而富家錢過五千貫者死，王公重貶，没入於官，以五之一賞告者。京師區肆所積，皆方鎮錢，少亦五十萬緡，乃争市第宅。然富賈倚左右神策軍官錢爲名，府縣不敢劾問。民間墊陌有至七十者，鉛錫錢益多，吏捕犯者，多屬諸軍、諸使，譁集市人彊奪，毆傷吏卒。京兆尹崔元略請犯者本軍、本使涖決，帝不能用，詔送本軍、本使，而京兆府遣人涖決。穆宗即位，京師鬻金銀十兩亦墊一兩，糴米鹽百錢墊七八。京兆尹柳公綽以嚴法禁止之。尋以所在用錢墊陌不一，詔從俗所宜，内外給用，每緡墊八十。

寶曆初，河南尹王起請銷錢爲佛像者以盜鑄錢論。大和三年，詔佛像以鉛、錫、土、木爲之，飾帶以金銀、鍮石、烏油、藍鐵，唯鑑、磬、釘、鐶、鈕得用銅，餘皆禁之，盜鑄者死。是時峻鉛錫錢之禁，告千錢者賞以五千。

四年，詔積錢以七千緡爲率，十萬緡者期以一年出之，二十萬以二年。凡交易百緡以上者，匹帛米粟居半。河南府、揚州、江陵府以都會之劇，約束如京師。未幾皆罷。

八年，河東錫錢復起，鹽鐵使王涯置飛狐鑄錢院於蔚州，天下歲鑄錢不及十萬緡。文宗病幣輕錢重，詔方鎮縱錢穀交易。時雖禁銅爲器，而江淮、嶺南列肆鬻之，鑄千錢爲器，售利數倍。宰相李珏請加鑪鑄錢，於是禁銅器，官一切爲市之。天下銅坑五十，歲采銅二十六萬六千斤。

及武宗廢浮屠法，永平監官李郁彦請以銅像、鍾、磬、鑪、鐸皆歸巡院，州縣銅益多矣。鹽鐵使以工有常力，不足以加鑄，許諸道觀察使皆得置錢坊。淮南節度使李紳請天下以州名鑄錢，京師爲京錢，大小徑寸，如開元通寶，交易禁用舊錢。會宣宗即位，盡黜會昌之政，新錢以字可辨，復鑄爲像。

昭宗末，京師用錢八百五十爲貫，每百纔八十五，河南府以八十爲百云。

王溥《唐會要》卷五九《尚書省諸司下・鑄錢使》 開元二十五年二月，監察御史羅文信充諸道鑄錢使。天寶三載九月，楊慎矜除御史中丞，充鑄錢使。四載十一月，度支郎中楊釗充諸道鑄錢使。上元元年五月，劉晏除户部侍郎，充句當鑄錢使。其年五月二十五日，殿中監李輔國加京畿鑄錢使。寶應元年六月二十八日，劉晏又除户部侍郎，充句當鑄錢使。廣德二年正月，第五琦除户部侍郎，充諸道鑄錢使。其年六月三日，禮部尚書、除兼御史大夫李峴，充江南西道句當鑄錢使。永泰元年正月十三日，劉晏充東都、淮南、浙東西、湖南、山南東道鑄錢使，第五琦充京畿、關内、河東、劍南、山南西道鑄錢使。大曆四年三月，劉晏除吏部尚書，充東都、河東、淮南、山南東道鑄錢使，五年三月二十六日停。

王溥《唐會要》卷五九《尚書省諸司下・延資庫使》 會昌五年九月，勅置備邊庫，收納度支、户部、鹽鐵三司錢物，至大中三年十月，勅改延資庫。初以度支郎中判，至四年八月，勅以宰相判。右僕射、平章事白敏中、崔鉉相繼判。其錢三司率送，初年户部每年二十萬貫疋，度支、鹽鐵每年三十萬貫疋，次年以軍用足，三分減其一，諸道進奉助軍錢物則收納焉。

咸通五年七月，延資庫使夏侯孜奏：「鹽鐵、户部先積欠當使咸通四年已前延資錢絹三百六十九萬餘貫疋，内户部每年合送錢二十六萬四千二百八十五貫疋，從大中十二年至咸通四年九月已前，除納收外，欠一百五十萬五千七百一十四貫疋。當使緣户部積欠數多，先具申奏，請於諸道州府場監院，合納户部所收八十文除陌錢内割一十五文，屬當使自收管。勅命雖行，所送稽緩。今得户部牒，稱所收管除陌錢，除錢絹外，更有諸雜貨物。延資庫徵收不便，請起今年，合納延資庫錢物，一時便足。其已前積欠，候物力稍充，積漸填塞。其所割十五文錢，即當使仍舊收管。又緣累歲已來，嶺南用兵，多支户部錢物，當使不欲堅論舊欠，請依户部商量，合納今年一年額色錢絹須足，明年即依舊制，三月、九月兩限送納畢。其已前積欠，仍令户部自立填納期限者。」勅旨依之。

八年九月，延資庫使曹確奏：「户部每年合送當使三月、九月兩限絹二十一萬四千一百疋、錢五萬貫，自大中八年已後至咸通四年，積欠一百五十萬五千七百餘貫疋。前使杜悰申奏，起請咸通二年正月以後，於諸道州府場監院合送户部八十文除陌錢内割十五文，當使收管，以填積欠。續據户部牒，稱州府除陌錢有折色零碎，請起咸通五年所合送延資庫錢絹，逐年兩限須足，其除陌十五文，當司仍舊收管。前使夏侯孜具事由申奏，且請依户部論請期限。其咸通五年錢絹，户部已送納，自六年至八年，其錢絹依前不全送，又積欠三十六萬五千五百七十貫文者。伏以所置延資庫，初以備邊爲名，至大中三年，始改今號。若財貨不充，則名額虚設。當置之時，所令三司逐分減送當使收管元勅，只有錢數，但令本司減割送庫，不定色目。以此因循，漸墮舊制，年月既久，積欠轉多。既無計以徵收，乃指色以取濟，稍稱備邊名號，得遵元勅指揮，乃割户部除陌八十文内十五文收管，及户部請逐年送庫，須且稟從。今既積欠又多，終慮不及期限，臣今酌量，請諸道州府場監院合送户部錢絹内分配，令勒留不合送延資庫數目，令本處別爲綱運，與户部綱同送上都，直納延資庫，則户部免有逋懸，不至累年積欠。」從之。

王溥《唐會要》卷八九《泉貨》 武德四年七月十日，廢五銖錢，行「開元通寶」錢，徑八分，重二銖四絫，十文重一兩，一千文重六觔四兩。以輕重大小，最爲折衷，遠近甚便之。其錢文，給事中歐陽詢製詞及書，時稱其工。其字含八分及篆、隸三體。其詞先上後下，次左後右讀之。自上及左，迴環讀之，其義亦通，流俗謂之「開通元寶」錢。鄭虔《會粹》云：「詢初進蠟樣，自文德皇后掐一甲跡，故錢上有掐文。」十八日，置錢監於洛、并、幽、益等諸州，秦王、齊王賜三鑪鑄錢，裴寂賜一鑪。敢有盜鑄者，身死，家口籍没。至五年三月二十四日，桂州置錢監。

顯慶五年九月，以天下惡錢多，令官私以五惡錢酬一好錢贖取。至十月，以好錢一文博惡錢兩文。至儀鳳四年四月，以天下惡錢甚多，令東都出遠年糙米及粟，就市糶，斗別納惡錢百文。其惡錢令少府、司農相知，即令鑄破，其厚重徑合斛兩者，任將行用。至先天元年九月二十七日，京中用錢惡，貨物踴貴，諫議大夫楊虛受上疏曰：「伏見市井用錢，不勝濫惡，有加鐵錫，即非公鑄，虧損正道，惑亂平民。銅錫亂雜，僞錢豐多，正刑漸失於科條，明罰未加於守長。帝京三市，人雜五方，淫巧競馳，侈僞成俗。至於商賈積滯，富豪藏鏹，兼并之人，歲增儲蓄，貧素之士，日有空虚。公錢未益於時須，禁法不當於世要。其惡錢臣望官爲博取，納鑄錢州，京城並以好錢爲用。」書奏，付中書門下詳議，以爲擾政，不行。至開元六年正月十八日，勅禁斷惡錢，行三銖四絫已上舊錢，更收人間惡錢，鎔破復鑄，準樣式錢。勅禁出之後，百姓喧然，物價搖動，商人不甘交易。宰相宋璟、蘇頲奏請出太府錢五萬貫，分於南、北兩市平價買百姓間所賣之物堪貯掌官須者，庶得好錢散行人間，從之。又降勅：「近斷惡錢，恐人少錢行用，其兩京文武官夏季防閤、庶僕，宜即先給錢，待後季任取所配物貨賣，準數還官。」

七年二月詔：「天下惡錢，並令禁斷，錢令初下，或恐艱辛，宜量出米十萬石，令府縣及太府寺選交易穩便處所分置，依時價糶與百姓，收取惡錢，便送少府監搥碎。」

乾封元年五月二十三日，盜鑄轉多，遂改鑄新文，曰「乾封泉寶」。錢徑寸，重二殊六分，其「開元通寶」必舊錢並行用。其新錢一文，當舊錢之十。周年之後，舊錢並廢。其後悟錢文之誤，米、帛增價，乃議卻用舊錢。至二年正月二十九日，詔：「比以僞濫斯起，所以採乾封之號，改鑄新錢，静而思之，將爲未可。高祖撥亂反正，爰創軌模；太宗立極承天，無所改作。今廢舊造新，恐乖先旨。其『開元通寶』宜依舊施行，爲萬世法。乾封新鑄錢令所司貯納，更不須鑄。仍令天下置鑄之處，並鑄『開元通寶』錢。」至乾元元年七月十六日，詔：「錢貨之興，其來久矣。蓋代有沿革，時爲重輕。周興九府，實啓流泉之利；漢造五銖，亦弘改鑄之法。必令大小兼適，母子相權，事有益於公私，理宜循於通變。但以干戈未息，帑藏猶虚，卜式獻軍之誠，弘羊興國之算，静言立法，諒在便民。御史中丞第五琦奏請改錢，以一當十，別爲新鑄，不廢舊錢，冀實三官之資，用收十倍之利。所爲於民不擾，從古有經。宜聽於諸監別鑄一當十錢，其文曰『乾元重寶』」。而重其輪以別之，一當五十，以二十斤成貫，仍令鑄錢使即勾當起鑄。至三年十二月，詔：「頃屬權臣，變法非良，遂使貨物相沿，穀帛騰踴，求之輿議，弊實由斯。今欲仍從舊貫，漸罷新錢，又慮權行，轉資艱急。如或猶循所務，未塞其源，實恐物價虚騰，黎元失業。静言體要，用藉良圖。宜令文武百官九品以上，並於尚書省集議，委中書門下詳議聞奏。」至上元元年六月七日，詔：「其『重稜五十價』錢，宜減作三十文行用。其『開元』舊錢，宜一錢十文行用。『乾元當十』錢，宜依前行用。仍令京中及畿縣内依此處分，諸州待後進止。」至七月二十五日，勑：「先造『重稜五十價』錢，先令畿内減三十價行，其天下諸州，並宜準此。」至十二月二十九日，詔：「應典貼莊宅、店鋪、田地、碨碾等，先爲『實錢』典貼者，令還以『實錢』價。先以『虚錢』典貼者，令以『虚錢』贖。其餘交關，並依前用『當十』錢。」由是錢有虚、實之稱。至寶應元年五月十九日，赦文：「集『開元』、『乾元重稜』錢，並宜準一文用，不須計以虚數。」

開元二十二年三月二十一日勑：「布帛不可以尺寸爲交易，菽粟不可以秒忽貿有無。古之爲錢，以通貨幣，豈無變通？往者漢文之時，已有放鑄之令，雖見非於賈誼，亦無費於賢君。古往今來，時移事異，亦欲不禁私鑄，其理如何？公卿百寮詳議可否。」秘書監崔沔議曰：「夫國之有錢，時所通用，若許私鑄，人必競爲。各循所求，小如有利，漸忘本業，大計斯貧。是以賈生之陳七福，規于更漢令；太公之創九府，將以殷貧人。況依法則不成，違法則有利，謹按《漢書》，文帝雖除盗鑄錢令，而不得雜以鉛鐵爲他巧者。然則雖許私鑄，不容奸錢；錢不容奸，則鑄者無利；鑄者無利，則私鑄自息。斯則除之與不除，爲法正等。能謹於法而節其用，則令行而詐不起，事變而奸不生，斯所以稱賢君也。今若聽其私鑄，嚴斷惡錢，官必得人，人皆知禁誡，則漢政可侔，猶恐未若皇唐之舊也。今若税銅折役，則官冶可成，計估度庸，則私錢無利。易而可久，簡而難誣，謹守舊章，無越制度。且錢之爲物，貴以通貨，利不在多，何待私鑄然後足用也。」左監門録事參軍劉秩議曰：「古者以珠玉爲上幣，黄金爲中幣，刀布爲下幣。管子曰：『夫三幣，握之則非有補于煖也，捨之則非有損于飽也。先王以守財物，以御人事，而平天下也。』是以命之曰衡。衡者，使物一高一下，不得有常。故與之在君，奪之在君。是以民戴君如日月，親君如父母，用此術也，是爲人主之權。今之錢，即古之下幣也。陛下若捨之任人，則上無以御下，下無以事上，其不可一也。夫物賤則傷農，錢輕則傷賈。故善爲國者，觀物之貴賤，錢之輕重。夫物重則錢輕，錢輕由乎物多，多則作法收之使少，少則錢重，重則作法布之使輕。輕重之本，必由乎是，奈何而假於人？其不可二也。夫鑄錢不雜以鉛鐵則無利，雜以鉛鐵則惡，不重禁不足以懲惡。方今塞其私鑄之路，人猶冒死以犯之，況啓其源而欲人之從令乎？是設陷穽而誘之入，其不可三也。夫許人鑄錢，無利則人不鑄，有利則人去南畝者衆；去南畝者衆，則草萊不墾；草萊不墾，又鄰於寒餒，其不可四也。夫人富溢則不可以賞勸，貧餒則不可以威禁，故法令不行，民之不治，皆由貧富之不齊也。若許其鑄錢，則貧者必不能爲。臣恐貧者彌貧而服役於富室，富室乘之則益恣。昔漢文之時，吴濞，諸侯也，富埒天子；鄧通，大夫也，財侔王者。此皆鑄錢所致也。必欲許其私鑄，是與人利權而捨其柄，其不可五也。陛下必以錢重而傷本，工費而利寡，則臣願言其失，以效愚計。夫錢重者，猶人鑄日滋於前，而爐不加於舊。又公錢重，與銅之價頗等，故盗鑄者破重錢爲輕錢。禁寬則行，禁嚴則止，止則棄矣，此錢之所以少也。夫鑄錢用不贍者，在乎銅貴；銅貴之由，在於採用者衆矣。夫銅以爲兵則不如鐵，以爲器則不如錫，禁之無害，陛下何不禁於人？禁於人，則銅無所用；銅無所用，則銅益賤；銅賤則錢之用給矣。夫銅不布下，則盗鑄者無因而鑄；無因而鑄，則公錢不破，公錢不破，則人不犯死刑，錢又日增，末復利矣。是一舉而四善兼也，伏維陛下熟察之。」

其年十月六日勑：「貨物兼通，將以利用，而布帛爲本，錢刀是末，賤本貴末，爲弊則深，法教之間，宜有變革。自今已後，所有莊宅，以馬交易，並先用絹、布、綾、羅、絲、綿等，其餘市價至一千以上，亦令錢物兼用，違者科罪。」

二十六年，於宣、潤等州置錢監。

乾元元年七月，户部侍郎第五琦以國用未足，幣重貨輕，乃先鑄「乾元重寶」錢，以一當十用，行之。及作相，請更鑄「重輪乾元」錢，以一當五十，與「乾元」、「開元寶」錢三品並行。既而物價騰貴，餓迫死亡，枕籍道路。又盗鑄争起，中外皆以爲琦變法之弊，封奏日聞，遂貶忠州長史。

建中元年九月，户部侍郎韓洄上言：「江淮錢監，歲出錢四萬五千貫，輸於京師。度工用轉送之費，每貫計錢二千，是本倍利也。今商州紅崖冶出銅益多，又有洛源監，久廢不治。請增工鑿山以取銅，洛源故監置十鑪鑄之，歲計出錢七萬二千貫，度工用轉送之費，貫計錢九百，則利浮本矣。其江淮七監請皆停罷。」從之。

二年八月，諸道鹽鐵使包佶奏：「江淮百姓近日市肆交易錢，交下粗惡，揀擇納官者，三分纔有二分，餘並鉛錫銅盪，不敷斤兩，致使絹價騰貴，惡錢漸多。訪聞諸州山野地窖，皆有私錢，轉相貨易，奸濫漸深。今委本道觀察使明立賞罰，切加禁斷。」

四年六月，判度支、侍郎趙贊以常賦不足用，乃請採連州白銅鑄大錢，以一當十，權其輕重。

貞元九年正月，張滂奏：「諸州府公私諸色鑄造銅器雜物等，伏以國家錢少，損失多門。興販之徒，潛將銷鑄。每銷錢一千，爲銅六斤，造寫雜物器物，則斤直六千餘。其利既厚，銷鑄遂多，江淮之間，錢實減耗。伏請凖從前勅文，除鑄鏡外，一切禁斷。」

十年六月勅：「今後天下鑄造買賣銅器，並不須禁止。其器物約每斤價值，不得過二百六十文，委所在長吏及巡院同勾當訪察。如有銷錢爲銅，以盜鑄錢罪論。」

十四年十二月，鹽鐵使李若初奏請：「諸道州府，多以近日泉貨數少，繒帛價輕，禁止見錢，不令出界，致使課利有缺，商賈不通，請指揮見錢，任其往來，勿使禁止。」從之。

元和元年二月，以錢少，禁用銅器。

二年二月，詔曰：「錢貴物賤，傷農害工，權其輕重，須有通變。比者鉛錫無禁，鼓鑄有妨，其江淮諸州府收市鉛銅等，先已令諸道知院官勾當，緣令初出，未各頒行，宜委諸道觀察使等與知院官專切勾當，事畢日，仍委鹽鐵使據所得數類會聞奏。」四月，禁鉛錫錢。

三年五月，鹽鐵使李巽上言：「得湖南院申：郴州平陽、高亭兩縣界，有平陽冶及馬跡、曲木等古銅坑，約二百八十餘井，差官檢覆，實有銅錫。今請郴州舊桂陽監置鑪兩所，採銅鑄錢，每日約二十貫，計一年鑄成七千貫，有益於民。」從之。

其年六月，詔曰：「泉貨之法，義在通流。若錢有所壅，貨當益賤，故藏錢者得乘人之急，居貨者必損己之資。今欲著錢令以出滯藏，加鼓鑄以資流布，使商旅知禁，農桑獲安，義切救時，情非欲利。若革之無漸，恐人或相驚。應天下商賈先蓄見錢者，委所在長吏，令收市貨物，官中不得輒有程限，逼迫商人，任其貨易，以求便利。計周歲之後，此法遍行，朕當別立新規，設蓄錢之禁。所以先有告示，許其方圓，意在他時，行法不貸。又天下有銀之山，必有銅鑛。銅者可資於鼓鑄，銀者無益於生民，權其重輕，使務專一。天下自五嶺以北，見採銀坑，並宜禁斷。恐所在坑户，不免失業，各委本州府長吏勸課，令其採銅，助官中鑄作。仍委鹽鐵使作法條流聞奏。」

四年閏三月，京城時用錢，每貫頭除二十文，陌内欠錢及有鉛錫錢，准貞元九年三月二十六日勅：「陌内欠錢，法當禁斷，慮因捉搦，或亦生奸，使人易從，切於不擾。自今以後，有因交關用欠陌錢者，宜但令本行頭及居停主人、牙人等檢察送官。如有容隱，兼許賣物領錢人糾告，其行頭主人、牙人，重加科罪。府縣所由祇承人等，並不須干擾。若非因買賣，自將錢於街衢行者，一切勿問。」

其年六月勅：「五嶺已北所有銀坑，依前任百姓開採，禁見錢出嶺。」

六年二月制：「公私交易十貫錢已上，即須兼用疋段。委度支、鹽鐵使及京兆尹即具作分數，條流聞奏。茶商等公私使换見錢，並須禁斷。」

其年三月，河東節度使王鍔奏請於當管蔚州界加置爐鑄銅錢，廢管内錫錢。詔許之，仍令加至五爐。

七年五月，兵部尚書，判户部事王紹，户部侍郎、判度支盧坦，鹽鐵使王播等奏：「伏以京都時用，多重見錢，官中支計，近日殊少。蓋緣比來不許商人便换，因兹家有滯藏，所以物價轉輕，錢多不出。臣等今商量，伏請許令商人于户部、度支、鹽鐵三司，任便换見錢，一切依舊禁約。伏以比來諸司諸使等，或有便商人錢，多留城中，逐時收貯，積藏私室，無復流通。伏請自今以後，嚴加禁約。」從之。

八年四月，勅以錢重貨輕，出内庫錢五十萬貫，令兩常平收市布帛，每疋段估加十之一。

十一年九月勅：「今後應内外支用錢，宜每貫除墊一陌外，量抽五十文，仍委本道、本司、本使據數逐季收計。其諸道錢便差綱部送度支收管，以備軍需。」時以淮西用兵，從有司之請也。

十二年正月勅：「泉貨之設，古有常規，將使重輕得宜，是資斂散有節，必通其變，以利於人。今繒帛轉賤，公私俱弊。宜出見錢五十萬貫，令京兆府揀擇要便處開場，依市價交易，選擇清强官吏，專切勾當。仍各委本司先作處置條件聞奏，必使事堪經久，法可通行。」又勅：「近日布帛轉輕，見錢漸少，皆緣所在擁塞，不得通流。宜令京城内自文武官寮，不問品秩高下，並公、郡、縣主，中使等已下，至士庶商旅等，寺觀坊市，所有私貯見錢，並不得過五十貫。如有過此，許從勅出後，限一月内任將別物收貯。如錢數校多，處置未了，其任便於限内於地界州縣陳狀，更請限。縱有此色，亦不得過兩月。若一家内别有宅舍店鋪等，所貯錢並須計同此數。其兄弟本來異居曾經分析者，不在此限。如限滿後有違犯者，白身人等，宜付所司，痛杖一頓處死；其文武官及公主等，並委有司聞奏，當重科貶；戚屬中使，亦具名銜聞奏。其贓貯錢不限多少，並勒納官。數内五分取一分充賞錢數，其賞錢止於五千貫。此外察獲，及有人論告，亦重科處，並量給告者。」時京師里閭區肆所積多方鎮錢，如王鍔、韓弘、李惟簡，少者不下五十萬貫。於是競買第屋，以變其錢，多者竟里巷傭僦，以歸其直。而高貲大賈者，多依倚左右軍官錢爲名，府縣不得窮驗，法竟不行。

十四年六月敕：「應屬諸軍諸使，更有犯時用錢每貫除二十文，足陌內欠錢及有鉛錫錢者，宜令京兆府枷項收禁，牒報本軍本使府司，差人就軍及看決二十。如情狀難容，復有違拒者，仍令府司聞奏。」

十五年八月，中書門下奏：「伏準羣官所議鑄錢，或請收市民間銅物，令州郡鑄錢。當開元以前，鹽鐵使未置，亦令州郡勾當鑄造。今若兩稅納疋段，或慮兼要通用見錢。欲令諸道公私銅器，各納所在節度、團練、防禦、經略使，便據元敕給與價直，並折兩稅。仍令本處軍民鎔鑄。其鑄本請以留州，留使年支未用物充，所鑄錢便充軍府州縣公用。當處軍人，自有糧賜，亦校省本，所資衆力，並收衆銅，天下併功，速濟時用。待一年後，鑄器物盡則停。其州府有出銅鉛可以開爐鑄處，具申有司，便令同諸監治例，每年與本充鑄。其收市銅器期限，並禁鑄造買賣銅物等，待議定，便令有司條流聞奏。其上都鑄錢及收銅器，請各處分。將欲頒行，尚資周慮，請令中書門下兩省，尚書省、御史臺並諸司長官商量，重議聞奏。」從之。

寶曆元年八月敕令：「銷鑄見錢爲佛像者，同盜鑄錢論。」

長慶元年九月敕：「泉貨之義，所貴流通。如聞比來用錢，所在除陌不一。與其禁人之必犯，未若從俗之所宜，交易往來，務令可守。其內外公私給用錢，從今以後，宜每貫一例除墊八十，以九百二十文成貫，不得更有加除及陌內少欠。」

大和三年六月，中書門下奏：「準元和四年閏三月敕，應有鉛錫錢，並合納官，如有人糾得一錢，賞百錢者。當時敕條，貴在峻切，今詳事實，必不可行。祗如告一錢賞百錢，則有告一百貫錫錢，須賞一萬貫銅錢，執此而行，事無畔際。昨因任清等犯罪，施行不得，遂參酌事理，量情科賞。或恐已後民間更有犯者，宜立節文，令可遵守。臣等商量，自今已後，有用鉛錫錢交易者，一貫已下，以州府常行杖決脊杖二十；十貫以下，決六十，徒三年；過十貫以上，所在集衆決殺。其受鉛錫錢交易者，亦準此處分。其所用鉛錫錢，仍納官。其能糾告者，每貫賞錢五千文，不滿一貫，準此例，累賞至於三百千，仍且取當處官錢給付。其所犯人罪不至死者，徵納家資，充填賞錢。其元和四年閏三月敕，便望刪去。」可之。

四年十一月敕：「應私貯見錢家，除合貯數外，一萬貫至十萬貫，限一周年內處置畢；十萬貫至二十萬貫以下者，限二周年內處置畢。如有不守期限，安然蓄積，過本限，即任人糾告，及所由覺察，其所犯家錢，並準元和十二年敕納官。據數五分取一分，充賞糾告人賞錢，數止於五千貫。應犯錢法人色目決斷科貶，並準元和十二年敕處分。其所由覺察，亦量賞一半。」事竟不行。

五年二月，鹽鐵使奏：「湖南管內諸州百姓，私鑄『造到』錢，伏緣衡、道數州，連接嶺南，山洞深邃，百姓依模監司錢樣，競鑄『造到』脆惡奸錢，轉將賤價博易，與好錢相和行用。其江西、鄂岳、桂管、嶺南等道，應有出銅錫之處，亦慮私鑄濫錢，並請委本道觀察使條流禁絶。」敕旨：「宜依。」

會昌六年二月敕：「緣諸道鼓鑄佛像鐘磬等，新錢已有次第，須令舊錢流布，絹價稍增。文武百僚俸料，宜起三月一日，並給見錢。」其一半先給虚估疋段，對估價支給。」敕：「比緣錢重幣輕，生民坐困，今加鼓鑄，必在流行，通變救時，莫切於此。宜申先甲之令，以戒居貨之徒。京城及諸道起今年十月以後，公私行用，並取新錢，其舊錢權停三數年。如有違犯，同用鉛錫惡錢例科斷，其舊錢並納官。」事竟不行。

天祐二年四月敕：「準向來事例，每貫抽除外，以八百五十文爲貫，每陌八十五文。如聞坊市之中，多以八十爲陌，更有除折，今後委河南府指揮市肆交易，並須以八十五文爲陌，不得更有改移。」

《舊五代史》卷一四六《食貨志》　唐同光二年二月，詔曰：「錢者，古之泉布，蓋取其流行天下，布散人間，無積滯則交易通，多貯蔵則士農困，故西漢興改幣之制，立告緡之條，所以權蓄賈而防大姦也。宜令所司散下州府，常須檢察，不得令富室分外收貯見錢，又工人銷鑄爲銅器，兼沿邊州鎮設法鈐轄，勿令商人般載出境。」

三月，知唐州晏駢安奏：「市肆間點檢錢帛，內有錫鑞小錢，揀得不少，皆是江南綱商挾帶而來。」詔曰：「帛布之幣，雜以鉛錫，惟是江湖之外，盜鑄尤多，市肆之間，公行無畏，因是綱商挾帶，舟檝往來，換易好錢，藏貯富室，實爲蠹弊，須有條流。宜令京城、諸道，於坊市行使錢內，點檢雜惡鉛錫錢，並宜禁斷。沿江州縣，每有舟船到岸，嚴加覺察，不許將雜鉛錫惡錢往來換易好錢，如有私載，並行收納。」

天成元年八月，中書門下奏：「訪聞近日諸道州府所賣銅器價貴，多是銷鎔見錢，以邀厚利。」乃下詔曰：「宜令遍行曉告，如元舊係銅器及碎銅，即許鑄造器物。仍生銅器物每斤價定二百文，熟銅器物每斤四百文，如違省價，買賣之人，依盜鑄錢律文科斷。」

清泰二年十二月，詔御史臺曉告中外，禁用鉛錢，如違犯，准條流處分。

晉天福二年，詔：「禁一切銅器，其銅鏡今後官鑄造，於東京置場貨賣，許人收買，於諸處興販去。」

周廣順元年三月，勅：「銅法，今後官中更不禁斷，一任興販，所在一色即不得瀉破爲銅器貨賣，如有犯者，有人糾告捉獲，所犯人不計多少斤兩，並處死。其地分所由節級，決脊杖十七放，鄰保人決臀杖十七放，其告事人給與賞錢一百貫文。」

江南因唐舊制，饒州置永平監，歲鑄錢；池州永寧監、建州永豐監，並歲鑄錢；杭州置保興監鑄錢。

王溥《五代會要》卷二七《泉貨》 後唐同光二年三月敕：「泉布之弊，雜以鉛錫，惟是江、湖之外，盜鑄尤多，市肆之間，公行無畏。因是綱商夾帶，舟載往來，換易好錢，藏貯富室，實爲蠹弊，須有條流。宜令京城及諸道，於行市行使錢內點檢，雜惡鉛錫，並宜禁斷。沿江州縣，每有舟船到岸，嚴加覺察，若私載往來，並宜收納。」

天成元年八月，中書門下奏：「訪聞近日諸道州府所買賣銅器價貴，多是銷鎔見錢，以邀厚利。」敕：「宜便行曉告，如原舊破損銅器及碎銅，即許鑄造器物；如生銅器物，每斤價定二百；熟銅器物，每斤四百。如違省價，買賣之人，依盜鑄錢律文科斷。」其年十一月六日敕：「諸道州府約勒見錢，素有條制，若全禁斷，實匪通規。宜令遍指揮三司及諸道州府，其諸城門所出見錢，如五百已上，不得放出。如稍違犯，即准舊條指揮。其沿淮諸州縣鎮，亦准元降敕命處分。」其年十二月敕：『行使銅錢之內，如聞夾帶鐵鑞，若不嚴設條流，轉恐私家鑄造。應中外所使銅錢內，鐵鑞錢即宜毀棄，不得輒更有行使。如違，其所使錢，不計多少，並納入官，仍科深罪。」

二年七月十二日，度支奏：「三京、鄴都並諸道州府，市肆買賣，所使見錢等，每有條章，每陌八十文。近訪聞在京及諸道街坊市肆人户，不顧條章，皆將短陌轉換長錢，但恣欺罔，殊無畏忌。若不條約，轉啓倖門。請更嚴降指揮，及榜示管界州府縣鎮軍人、百姓、商旅等，凡有買賣，並須使八十陌錢。兼令巡司、廂界節級、所由點檢覺察。如有無知之輩，依前故違，輒將短錢興販，便仰收捉，委逐州府枷項收禁勘責。所犯人，准條奏處斷訖申奏。其錢盡底没納入官。」奉敕：「宜依度支所奏。」

四年九月敕：「先條流三京、諸道州府，不得於市使錢內夾帶鉛鐵錢，雖已約束，仍聞公然行使。今後有人於錢陌內捉到一文至兩文，所使錢不計多少，並納入官，所犯人准條流科罪。」

清泰二年十二月敕：「御史臺宜曉告中外，不得使用鉛錢。如違犯者，准條流處分。」

晉天福三年三月敕：「歷代鑄錢，濟時爲寶，久無監務，已絕增添。近來趨利之人，違法甚衆，銷鎔不已，毀蠹日滋。禁制未嚴，奸弊莫止，須行重法，以息濫源。宜令鹽鐵使禁止私下行造鑄瀉銅器。」其年十一月詔曰：「國家所資，泉貨爲重，銷蠹則甚，添鑄無聞。爰降條章，俾臻富庶。宜令三京、鄴都、諸道州府，無問公私，應有銅者，並許鑄錢。仍以「天福元寶」爲文，左環讀之。委鹽鐵司鑄樣頒下諸道，令每一錢重二銖四參，十錢重一兩。或慮諸色人接便將鉛鐵鑄造，雜亂銅錢，仍令三京、鄴都、諸道州府，依舊禁斷。尚慮逐處銅數不多，宜令諸道應有久廢銅冶處，許百姓取便開鍊，永遠爲主，官中不取課利。其有生熟銅，仍許所在中賣入官，或任自鑄錢行用。其餘許鑄外，不得接便別鑄銅器。如有違犯者，並准三年三月敕條處分。」其年十二月敕：「先許鑄錢，仍每一錢重二銖四參，十錢重一兩。切慮逐處缺銅，難依先定銖兩，宜令天下無問公私，應有銅處，有鑄錢者，一任取便酌量輕重鑄造。因兹不得入鉛并鐵，及缺漏不堪久遠流行。仍委鹽鐵使明行曉示，餘准元敕指揮。仍付所司。」

四年七月敕：「先令天下州府公私鑄錢，近聞以鉛錫相參，缺薄小弱，有違條制，不可久行。今後祇官鑄錢，私鑄錢下禁依舊法。」

周廣順元年三月二十八日敕：「銅法今後官中更不禁斷，一任興販。所有錢一色即不得銷鑄爲銅器貨賣。如有犯者，有人糾告捉獲，所犯人不計多少斤兩，並處死。其地分所由節級，徒一年，鄰保人杖七十，其告事人給與賞錢一百貫。」

顯德二年九月一日敕：「國家之利，泉貨爲先，近朝已來，久絕鑄造，至於私下，不禁銷鎔，歲月漸深，奸弊尤甚。今採銅興冶，立監鑄錢，冀便公私，宜行條制。起今後，除朝廷法物、軍器、官物及鏡，并寺觀内鐘、磬、鈸、相輪、火珠、鈴鐸外，其餘銅器，一切禁斷。應兩京、諸道州府銅象器物，諸色裝鉸所用銅，限敕到五十日内，並須毀廢送官。其私下所納到銅，據斤兩給付價錢。如出限及有隱藏及埋窖使用者，一兩至一斤，所犯人及知情人徒二年，所由節級、四鄰杖七十，捉事、告事人賞錢十貫；一斤至五斤，所犯及知情人各徒三年，所由節級、四鄰杖九十，捉事、告事人賞錢二十貫；五斤已上，不計多少，所犯人處死，知情人徒三年，配役一年，所由節級、四鄰杖一百，捉事、告事人賞錢三十貫。其人户若納到熟銅，每斤官中給錢一百五十，生銅每斤一百。其銅鏡令官中鑄造，於東京置場貨賣，許人收買，於諸處興販。其朝廷及諸州見管法物、軍器、官物，舊用銅製造并裝飾者，候經使用破壞，即時改造，仍今後不得更使銅。内有合使銅者，奏取進止。」

四年二月十一日，宣命指揮：「限外有人將銅器及銅於官場貨賣，支給價錢，如是隱藏及使用者，並准元敕科斷。其熟銅令每斤添及二百、生銅每斤添及一百五十收買。所有諸處山場野務採鍊淘沙到，舊例銅每二十兩爲一斤，今特與一十六兩爲一斤，給錢一百三十收買。」

《宋史》卷四《太宗紀一》〔太平興國七年夏四月〕庚辰，左僕射、平章事沈倫罷爲工部尚書。禁河南諸州私鑄鉛錫惡錢及輕小錢。是月，潤州大水。【略】

八月庚申朔，太子太師王溥薨。己卯，詔川峽諸州官織錦綺、鹿胎、透背、六銖、欹正、龜殼等悉罷之，民間勿禁。

《宋史》卷一〇《仁宗紀二》〔景祐二年〕八月壬子朔，詔輕强盗法。甲寅，宴紫宸殿，初用樂。甲戌，幸安肅門砲場閱習戰。己卯，置提點銀銅坑冶鑄錢官。

〔康定元年〕冬十月乙未，製銅符、木契、傳信牌。【略】

十二月癸未，出内藏庫絹一百萬助糴軍儲。丙戌，詔以常平緡錢助糴軍儲。癸卯，宋綬卒。戊申，鑄「當十」錢權助邊費。

《宋史》卷三四《孝宗紀二》〔乾道〕六年春正月癸丑，雅州沙平蠻寇邊，焚碉門砦。四川制置使晁公武調兵討之，失利。乙卯，修楚州城。丁巳，復强盗舊法，其四年十一月指揮勿行。癸亥，初降金字牌下四川宣撫司，備邊奏。乙丑，增築豐儲倉。庚午，以奉國軍承宣使、知廬州郭振爲武泰軍節度使。

二月乙酉，詔户部侍郎二人分領諸路財賦。丁亥，復置舒州同安監，鑄鐵錢。辛卯，王炎遣人約沙平蠻歸部，稍捐邊税與之。丙申，廣西路復行鈔鹽法，仍增收通貨錢四十萬緡，以備漕計。壬寅，詔諭大臣：均役法，嚴限田，抑游手，務農桑。己酉，置應城縣孳生監。庚戌，以曾覿爲福州觀察使。遣司農寺丞許子中詣淮西，措置鐵錢。

〔淳熙元年〕十二月丁巳，以吏部尚書李彦穎簽書樞密院事。壬戌，遣吴琚等賀金主生辰。丙寅，罷鐵錢，改鑄銅錢。

《宋史》卷三五《孝宗紀三》〔淳熙六年〕冬十月乙酉朔，蠲連州被寇民租税。辛卯，遣陳峴等使金賀正旦。丙申，詔太學兩優釋褐，與殿試第二人恩例。庚子，四川行「當三」大錢。再蠲四川鹽課十七萬餘緡。【略】

七年春正月甲子，減廣西諸州歲賣鹽數。乙丑，劉焞以平李接功，擢集英殿修撰，將佐幕屬吏士進官、減磨勘年有差。己卯，詔京西州軍並用鐵錢及會子；民户銅錢，以鐵錢或會子償之，滿二月不輸官，許告賞。庚辰，蠲淮東民貸常平錢米。

《宋史》卷三七《寧宗紀》〔慶元三年〕閏月甲戌，内出銅器付尚書省毀之，命申嚴私鑄銅器之禁。乙亥，遣衛涇賀金主生辰。甲午，詔留正分司西京，邵州居住。是夏，廣東提舉茶鹽徐安國遣人捕私鹽于大奚山，島民遂作亂。

《宋史》卷九八《禮志》初，議禮局之置也，詔求天下古器，更制尊、爵、鼎、彝之屬。其後，又置禮制局於編類御筆所。於是郊廟禋祀之器，多更其舊。既有詔討論冠服，遂廢韡用履，其他無所改議，而禮制局亦罷。【略】

《宋史》卷一八〇《食貨志下二》錢有銅、鐵二等，而折二、折三、當五、折十，則隨時立制。行之久者，唯小平錢。夾錫錢最後出，宋之錢法至是而壞。蓋自五代以來，相承用唐舊錢，其別鑄者殊鮮。太祖初鑄錢，文曰「宋通元寶」。凡諸州輕小惡錢及鐵鑞錢悉禁之，詔到限一月送官，限滿不送官者罪有差，其私鑄者皆棄市。銅錢闌出江南、塞外及南蕃諸國，差定其法，至二貫者徒一年，五貫以上棄市，募告者賞之。江南錢不得至江北。

《宋史》卷一八一《食貨志下三》高宗紹興元年，有司因婺州屯兵，請樁辦合用錢，而路不通舟，錢重難致。乃造關子付婺州，召商人入中，執關於榷貨務請錢，願得茶、鹽、香貨鈔引者聽。於是州縣以關子充糴本，未免抑配，而榷貨務又止以日輸三分之一償之，人皆嗟怨。六年，詔置行在交子務。臣僚言：「朝廷措置見錢關子，有司寖失本意，改爲交子，官無本錢，民何以信？」於是罷交子務，令榷貨務儲見錢印造關子。二十九年，印公據、關子，付三路總領所：淮西、湖廣關子各八十萬緡，淮東公據四十萬緡，皆自十千至百千，凡五等。內關子作三年行使，公據二年，許錢銀中半入納。

三十年，户部侍郎錢端禮被旨造會子，儲見錢，於城內外流轉，其合發官錢，並許兑會子輸左藏庫。明年，詔會子務隸都茶場。三十二年，定僞造會子法。犯人處斬，賞錢千貫，不願受者補進義校尉。若徒中及庇匿者能告首，免罪受賞，願補官者聽。當時會紙取於徽、池，續造於成都，又造於臨安。會子初行，止於兩浙，後通行於淮、浙、湖北、京西。除亭户鹽本用錢，其路不通舟處上供等錢，許盡輸會子；其沿流州軍，錢、會中半；民間典賣田宅、馬牛、舟車等如之，全用會子者聽。

孝宗隆興元年，詔會子以「隆興尚書户部官印會子之印」爲文，更造五百文會，又造二百、三百文會。置江州會子務。乾道二年，以會子之弊，出內庫及南庫銀一百萬收之。三年，以民間會子破損，別造五百萬換給。又詔損會貫百錢數可驗者，並作上供錢入輸，巨室以低價收者坐之。四年，以取到舊會毀抹付會子局重造，三年立爲一界，界以一千萬貫爲額，隨界造新換舊。以户部尚書曾懷同共措置，鑄「提領措置會子庫」印。每道收靡費錢二十足，零百半之，凡舊會破損，貫百字存、印文可驗者，即與兑換。五年，令行在榷貨務、都茶場將請算茶、鹽、香、礬鈔引，權許收換第一界，自後每界收換如之。其州縣諸色綱錢，以七分收錢，三分收會。九年，定捕造僞會之賞。

淳熙元年，詔左藏南上庫給會子二十五萬，收買臨安、平江、紹興、明秀州額外浮鹽，其齎到鈔錢，令榷貨務月終輸封樁庫，以備循環換易會子。三年，詔第三界、四界各展限三年，令都茶場會子庫以第四界續印會子二百萬貯南庫。當時户部歲入一千二百萬，其半爲會子，而南庫以金銀換收者四百萬，流行於外者纔二百萬耳。光宗紹熙元年，詔第七、第八界會子各展三年。臣僚言：「會子界以三年爲限，今展至再，則爲九年，何以示信？」於是詔造第十界立定年限。

慶元元年，詔會子界以三千萬爲額。嘉定二年，以三界會子數多，稱提無策，會十一界除已收換，尚有一千三百六十萬餘貫，十二界、十三界除燒毀尚有一萬二百餘萬貫。十二界四千七百萬餘貫，十三界五千五百萬餘貫。詔封樁庫撥金一十五萬兩，兩爲錢四十貫。度牒七千道，每道爲錢一千貫。官告綾紙、乳香，乳香每套一貫六百文。湊成二千餘，添貼臨安府官局，收易舊會，品搭入輸。十一界會子二分，十二、十三界會子各四分。以舊會之二，易新會之一。泉州守臣宋均、南劍州守臣趙崇亢、陳宓，皆以稱提失職，責降有差。

紹定五年，兩界會子已及二億二千九百餘萬。端平二年，臣僚言：「兩界會子，遠者曾未數載，近者甫及朞年，非有破壞塗汙之弊，今當以所收之會付封樁庫貯之，脱有緩急，或可濟事。」有旨從之。淳祐二年，宗正丞韓祥奏：「壞楮幣者只緣變更，救楮幣者無如收減。自去年至今，楮價粗定，不至折閲者，不變更之力也。今已罷諸造紙局及諸州科買楮皮，更多方收減，則楮價有可增之理。」上曰：「善。」三年，臣僚言：「今官印之數雖損，而僞造之券愈增；且以十五、十六界會子言之，其所入之數，宜減於所出之數。今收換之際，元額既溢，來者未已，若非僞造，其何能致多如是？大抵前之二界，盡用川紙，物料既精，工製不苟，民欲爲僞，尚或難之。迨十七界之更印，已雜用川、杜之紙，至十八界則全用杜紙矣。紙既可以自造，價且五倍於前，故昔之爲僞者難，今之爲僞者易。人心循利，甚於畏法，況利可立致，而刑未即加者乎？臣愚以爲抄撩之際，增添紙料，寬假工程，務極精緻，使人不能爲僞者，上也；禁捕之法，厚爲之勸，厲爲之防，使人不敢爲僞者，次也。」七年，以十八界與十七界會子更不立限，永遠行使。十一年，以會價增減課其官吏。景定四年，以收買逾限之田，復日增印會子一十五萬貫。

咸淳四年，以近頒見錢關子，貫作七百七十文足，十八界每道作二百五十七文足，三道準關子一貫，同見錢轉使，公私擅減者，官以贓論，吏則配籍。五年，復申嚴關子減落之禁。七年，以行在紙局所造關子紙不精，命四川制司抄造輸送，每歲以二千萬作四綱。

川引自張浚開宣府，趙開爲總餉，以供糴本，以給軍需，增印日多，莫能禁止。七年，川、陝副帥吳玠請置銀會於河池，不許。蓋前宋時，蜀交出放兩界，每界一百二十餘萬。今三界通行，爲三千七百八十餘萬，至紹興末，積至四千一百四十七萬餘貫；所貯鐵錢，僅及七十萬貫，以鹽酒等陰爲稱提。是以餉臣王之望亦謂添印錢引以救目前，不得不爲朝廷遠慮。詔添印三百萬，之望止添印一百萬。孝宗隆興二年，餉臣趙沂添印二百萬。淳熙五年，以蜀引增至四千五百餘萬，立額不令再增。光宗紹熙二年，詔川引展界行使。寧宗嘉泰末，兩界出放凡五千三百餘萬緡，通三界出放益多矣。

開禧末，餉臣陳咸以歲用不足，嘗爲小會，卒不能行。嘉定初，每緡止直鐵錢四百以下，咸乃出金銀、度牒一千三百萬，收回半界，期以歲終不用。然四川諸州，去總所遠者千數百里，期限已逼，受給之際，吏復爲姦。於是商賈不行，民皆嗟怨，一引之直，僅售百錢。制司乃諭人除易一千三百萬引，三界依舊通行，又檄總所取金銀就成都置場收兑，民心稍定。自後引直鐵錢五百有奇，若關外用銅錢，引直百七十錢而已。

嘉定三年春，制、總司收換九十一界二千九百餘萬緡；其千二百萬緡，以茶馬司羨餘錢及制司空名官告、總所椿金銀、度牒對鑿，餘以九十三界錢引收兑；又造九十四界錢引五百萬緡，以收前宣撫程松所增之數；凡民間輸者，每引百貼八千。其金銀品搭，率用新引七分，金銀三分，其金銀品色官稱，不無少虧，每舊引百，貼納二十引。蓋自元年，三年兩收舊引，而引直遂復如故。昔高宗因論四川交子，最善沈該稱提之説，謂官中常有錢百萬緡，如交子價減，官用錢買之，方得無弊。

九年，四川安撫制置大使司言：「川引每界舊例三年一易。自開禧軍興以後，用度不給，展年收兑，遂至兩界、三界通使；然率以三年界滿，方出令展界，以致民聽惶惑。今欲以十年爲一界，著爲定令，則民旅不復懷疑。」從之。

寶祐四年臺臣奏：「川引、銀會之弊，皆因自印自用，有出無收。今當拘其印造之權，歸之朝廷，倣十八界會子造四川會子，視淳祐之令，作七百七十陌，於四川州縣公私行使。兩料川引並毀，見在銀會姑存。舊引既清，新會有限，則楮價不損，物價自平，公私俱便矣。」有旨從之。咸淳五年，復以會板發下成都運司掌之，從制司抄紙發往運司印造畢功，發回制司，用總所印行使，歲以五百萬爲額。

紹興末，會子未有兩淮、湖廣之分，其後會子太多而本錢不足，遂致有弊。乾道二年，詔別印二百、三百、五百、一貫交子三百萬，止行用於兩淮，其舊會聽對易。凡入輸買賣，並以交子及錢中半。如往來不便，詔給交子、會子各二十萬，付鎮江、建康府榷貨務，使淮人之過江、江南人之渡淮者，皆得對易循環以用。然自紹興末年，銅錢禁用於淮而易以鐵錢，會子既用於淮而易以交子，於是商賈不行，淮民以困。右司諫陳良祐言交子不便，詔兩淮郡守、漕臣條其利害，皆謂所降交子數多，而銅錢并會子不過江，是致民旅未便。於是詔銅錢并會子依舊過江行用，民間交子許作見錢輸官，凡官交，盡數輸行在左藏庫。

三年，詔造新交子一百三十萬，付淮南漕司分給州軍對換行使，不限以年；其運司見儲交子，先付南庫交收。紹熙三年，詔新造交子三百萬貫，以二百萬付淮東，一百萬付淮西，每貫準鐵錢七百七十文足，以三年爲界。慶元四年，詔兩淮第二界會子限滿，明年六月，更展一界。嘉定十一年，造兩淮交子二百萬，增印三百萬。十三年，印二百萬，增印一百五十萬。十四年、十五年，皆及三百萬。自是其數日增，價亦日損，稱提無術，但屢與展界而已。

初，襄、郢等處大軍支請，以錢銀品搭。孝宗隆興元年，始措置於大軍庫儲見錢，印造五百并一貫直便會子，發赴軍前，並當見錢流轉。印造之權既專，印造之數日益；且總所所給止行於本路，而荆南水陸要衝，商賈必由之地，流通不便。乾道三年，收其會子印板。四年，以淮西總所關子二十萬，都茶場鈔引八十萬，付湖北漕司收換，輸左藏庫，又命降銀錢收之。五年，詔户部給行在會子五十萬，付荆南府兑換。淳熙七年，詔會子庫先造會子一百萬，降付湖廣總所收換破會。十一年，臣僚言：「湖北會子創於隆興初，迄今二十二年，不曾兑易，稱提不行。」詔湖廣總領同帥、漕議經久利便。帥、漕、總領言：「乞印給一貫、五百例湖北會子二百萬貫，收換舊會，庶幾流轉通快，經久可行。」從之。

十三年，詔湖廣會子仍以三年爲界。紹熙元年，詔湖廣總所將見行及樁貯新舊會取數，倣行在例立界收換。餉臣梁總奏：「自來不曾立界，但破損者即行換易。除累易外，尚有五百四十餘萬，見在民間行用。乞別樣制作兩界，印造收換。」從之。

嘉定五年，湖廣餉臣王釜，請以度牒、茶引兑第五界舊會，每度牒一道，價千五百緡，又貼搭茶引一千五百緡，方許收買，期以一月。然京湖二十一州止置三場，不便。制臣劉光祖乃會總所以第六界新會五萬緡，令軍民以舊楮二而易其一；繼又令軍民以一楮半而易其一；又請于朝添給新楮十萬，軍民賴之。十四年，造湖廣會子三十萬易破會。十七年，造湖廣第六界會子二百萬。嘉熙二年，撥第七界湖會九百萬付督視參政行府。寶祐二年，撥第八界湖會三百萬貫付湖廣總所，易兩界破會，自後因仍行之。

《宋史》卷一八五《食貨志下七》 凡金、銀、銅、鐵、鉛、錫監冶場務二百有一：金産商、饒、歙、撫四州，南安軍。銀産鳳、建、桂陽三州，有三監；饒、信、虔、越、衢、處、道、福、汀、漳、南劍、韶、廣、英、連、恩、春十七州，建昌、邵武、南安三軍，有五十一場；秦、隴、興元三州，有三務。銅産饒、處、建、英、信、汀、漳、南劍八州，南安、邵武二軍，有三十五場；梓州有一務。鐵産徐、兗、相三州，有四監；河南、鳳翔、同、虢、儀、蘄、黄、袁英九州，興國軍有十二冶；晉、磁、鳳、澧、道、渠、合、梅、陝、耀、坊、虔、汀、吉十四州，有二十務；信、鄂、連、建、南劍五州，邵武軍，有二十五場。鉛産越、建、連、英、春、韶、衡、汀、漳、南劍十州，南安、邵武二軍，有三十六場、務。錫産河南、南康、虔、道、賀、潮、循七州，南安軍，有九場。水銀産秦、階、商、鳳四州，有四場。朱砂産商、宜二州，富順監，有三場。

開寶三年，詔曰：「古者不貴難得之貨，後代賦及山澤，上加侵削，下益彫弊。每念兹事，深疚于懷，未能捐金於山，豈忍奪人之利。自今桂陽監歲輸課銀，宜減三分之一。」民鑄銅爲佛像、浮圖及人物之無用者禁之，銅鐵不得闌出蕃界及化外。

至道二年，有司言：「定州諸山多銀礦，而鳳州山銅礦復出，採鍊大獲，而皆良焉。請置官署掌其事。」太宗曰：「地不愛寶，當與衆庶共之。」不許。東、西川鹽酒商税課半輸銀帛外，有司請令二分入金。景德三年，詔以非土産罷之。

天聖中，登、萊採金，歲益數千兩。仁宗命奬勸官吏，宰相王曾曰：「採金多則背本趨末者衆，不宜誘之。」景祐中，登、萊饑，詔弛金禁，聽民採取，俟歲豐復故。然是時海内承平已久，民間習俗日漸侈靡，糜金以飾服器者不可勝數，重禁莫能止焉。景祐、慶曆中，屢下詔申敕之，語在《輿服志》。大率山澤之利有限，或暴發輒竭，或採取歲久，所得不償其費，而歲課不足，有司必責主者取盈。仁宗、英宗每降赦書，輒委所在視冶之不發者，或廢之，或蠲主者所負歲課，率以爲常；而有司有請，亦輒從之，無所吝。故冶之興廢不常，而歲課增損隨之。

皇祐中，歲得金萬五千九十五兩，銀二十一萬九千八百二十九兩，銅五百一十萬八百三十四斤，鐵七百二十四萬一千斤，鉛九萬八千一百五十一斤，錫三十三萬六百九十五斤，水銀二千二百斤。

其後，以赦書從事或有司所請，廢冶百餘。既而山澤興發，至治平中，或增冶或復故者六十有八，而諸州阬冶總二百七十一：登、萊、商、饒、汀、南恩六州，金之冶十一；登、虢、秦、鳳、商、隴、越、衢、饒、信、虔、郴、衡、漳、汀、泉、建、福、南劍、英、韶、連、春二十三州，南安、建昌、邵武三軍，桂陽監，銀之冶八十四；饒、信、虔、建、漳、汀、南劍、泉、韶、英、梓十一州，邵武軍，銅之冶四十六；登、萊、徐、兗、鳳翔、陝、儀、邢、虢、磁、虔、吉、袁、信、澧、汀、泉、建、南劍、英、韶、渠、合、資二十四州，興國、邵武二軍，鐵之冶七十七；越、衢、信、汀、南劍、英、韶、春、連九州，邵武軍，鉛之冶三十；商、虢、虔、道、賀、潮、循七州，錫之冶十六；而水銀、丹砂州冶，與至道、天禧之時則一，皆置吏主之。是歲，視皇祐金減九千六百五十六，銀增九萬五千三百八十四，銅增一百八十七萬，鐵、錫增百餘萬，鉛增二百萬，又得丹砂二千八百餘斤，獨水銀無增損焉。

熙寧元年，詔：「天下寶貨阬冶，不發而負歲課者蠲之。」八年，令近阬冶坊郭鄉村并淘採烹鍊，人並相爲保；保内及於阬冶有犯，知而不糾或停盜不覺者，論如保甲法。

元豐元年，諸阬冶金總收萬七百一十兩，銀二十一萬五千三百八十五兩，銅千四百六十萬五千九百六十九斤，鐵五百五十萬一千九十七斤，鉛九百十九萬七千三百三十五斤，錫二百三十二萬一千八百九十八斤，水銀三千三百五十六斤，朱砂三千六百四十六斤十四兩有奇。

先是，熙寧七年，廣西經略司言：「邕州右江填乃洞産金，請以鄧闢監金場。」後五年，凡得金爲錢二十五萬緡，闢遷官者再焉。元豐四年，始以所産薄罷貢，而虔、吉州界鉛悉禁之。七年，户部尚書王存等請復開銅禁，各展磨勘年有差。是歲，阬冶凡一百三十六所，領於虞部。

紹聖元年，户部尚書蔡京奏：「岑水場銅額寖虧，而商、虢間苗脉多，陝民不習烹採，久廢不發。請募南方善工詣陝西經畫，擇地興冶。」於是以許天啓同管幹陝西阬冶事。元符三年，天啓罷領阬冶，以其事歸之提刑司。初，新舊阬冶合爲一司，而漕司兼領。天啓爲同管幹，欲專其事，慮有所牽制，乃請川、陝、京西路阬冶自爲一司，許檢束州縣，刺舉官吏，而漕司不復兼阬冶。至是，中書奏天啓所領，首末六歲，總新舊銅止收二百六萬餘斤，而兵匠等費繁多，故罷之。

崇寧元年，提舉江、淮等路銅事游經言：「信州膽銅古阬二：一爲膽水浸銅，工少利多，其水有限；一爲膽土煎銅，土無窮而爲利寡。計置之初，宜增本損息，浸銅斤以錢五十爲本，煎銅以八十。」詔用其言。諸路阬冶，自川、陝、京西之外，並令常平司同管幹。所收息薄而煩官監者，如元符、紹聖敕立額，許民封狀承買。四年，湖北旺溪金場，以歲收金千兩，乃置監官。廣東漕臣王覺自言嘗領常平，講求山澤之利，岑水一場去年收銅，比祖額增三萬九午一百斤，較之常年亦增六十六萬一千斤。遂增其秩。是歲，山澤阬冶名數，令監司置籍，非所當收者別籍之，若弛興、廢置、移併，亦令具注，上於虞部。

大觀二年，詔：「金銀阬發，雖告言而方檢視，私開淘取者以盜論。阬冶舊不隸知縣、縣丞者，並令兼監，賞罰減正官一等。」有治地，知縣月一行點閱。言者論其職在宣導德澤，平征賦獄訟，不宜爲課利走山谷間，遂已之。八月，提舉陝西阬冶司改併入轉運司。

政和元年，張商英言：「湖北産金，非止辰、沅、靖溪峒，其峽州夷陵、宜都縣，荆南府枝江、江陵縣赤湖城至鼎州，皆商人淘採之地。漕司既乏本錢，提舉司買止千兩，且無專司定額。請置專切提舉買金司，有金苗無官監者，許遣部内州縣官及使臣掌幹。」詔提舉官措畫以聞，仍於荆南置司。廣東漕司復奏：「端州高明、惠州信上立溪場皆宜停閉；韶州曹峒場、英州銀岡場皆併入英之清溪場，惟黄阬場欲權存，俟歲終會所入別奏；惠州楊梅東阬、康州雲烈、潮州豐政、連州元魚銅阬黄田白寶、廣州大利宜禄、韶州伍注岑水銅岡、循州大佐羅翊、英州鍾峒凡十六場，請並如舊；循之夜明、英之竹溪、韶之思溪、連之同安請更遣攝官。」從之。

三年，尚書省言：「陝西路阬冶已遣官提轄措置，川路金銀阬冶興發，慮失利源。」詔：「令陝西措置官兼行川路事。阬冶所收金、銀、銅、鉛、錫、鐵、水銀、朱砂物數，令工部置籍籤注，歲半消補，上之尚書省。」自是，户工部、尚書省皆有籍鉤考，然所憑唯帳狀，至有有額而無收，有收而無額，乃責之縣丞、監官及曹部奉行者，而更督遞年違負之數。九月，措置陝西阬冶蔣彝奏：本路阬冶收金千六百兩，他物有差。詔輸大觀西庫，彝增秩，官屬各減磨勘年。四年，令監司遣官同諸縣丞遍視阬冶之利，爲圖籍籤注，監司覆實保奏，議遣官再覆，酌重輕加賞，異同、脱漏者罪之。六年，川、陝路各置提轄措置。阬冶官劉芑計置萬、永州産金，一歲收二千四百餘兩，特與增秩。十二月，廣東漕司言：「本路鐵場阬冶九十二所，歲額收鐵二百八十九萬餘斤，浸銅之餘無他用。」詔令官悉市以廣浸，仍以諸司及常平錢給本。尚書省奏：「五路阬冶已有提轄措置專司，淮南、湖北、廣東西亦監司兼領，其餘路請並令監司領之。」於是江東西、福建、兩浙漕臣皆領阬冶。

七年，提舉東南九路阬冶徐禋奏：「太平瑞應，史不絶書。今部内山澤、阬冶，若獲希世珍物及古寶器，請赴書藝局上進。」蓋自政和初，京西漕臣王璹奏太和山産水精，知桂州王覺奏枕門等處産金及生花金田，提轄京西阬冶王景文奏汝州青嶺鎮界産瑪瑙，其後湟州界蕃官結彪地内金阬千餘，收生熟金四等，凡百三十四兩有奇。蔡京請宣付史館，帥百官表賀，故禋復有是請焉。是時，河北、京東西及徐禋所領九路興修阬冶，類鑿空擾下，抑州縣承額，於是降黜河北提轄官，遣廉訪使者鄭諶并諸路廉訪悉究陳利病真僞。八月，中書奏阬冶寖已即緒，詔京東西、河北路并提舉東南九路阬冶並罷。十一月，尚書省言：「徐禋以東南黑鉛留給鼓鑄之餘，悉造丹粉，鬻以濟用。」詔諸路常平司以三十萬輸大觀西庫，餘從所請。

明年，令諸路鐵倣茶鹽法榷鬻，置鑪冶收鐵，給引召人通市。苗脉微者聽民出息承買，以所收中賣於官，私相貿易者禁之。先是，元豐六年，京東漕臣吴居厚奏：「徐、鄆、青等州歲製軍器及上供簡鐵之類數多，而利國、萊蕪二監鐵少不能給。請鐵從官興煽，所獲可多數倍。」自是，官榷鐵造器用以鬻於民，至元祐罷之。其後大觀初，入内皇城使裴絢爲涇原幹當，奏上渭州通判苗冲淑之言：「石河鐵冶既令民自採鍊，中賣於官，請禁民私相貿易。農具、器用之類，悉官爲鑄造，其冶坊已成之物，皆以輸官而償其直。」乃禁毋得私相貿易，農具、器用勿禁，官自賣鐵唯許鑄瀉户市之。

政和初，臣僚言：「鹽鐵利均，今鹽筴推行已備，而鐵貨尚未講畫。請即冶户未償之錢，收其已鍊之鐵，爲器鬻之。兼京東二監所出尤多，河北固鎮等冶並官監，其利不貲，而河東鐵、炭最盛，若官榷爲器，以贍一路，旁及陝、雍，利入甚廣，且以銷盜鑄之弊。又夏人茶山鐵冶既入中國，乏鐵爲器，聞以鹽易鐵錢於邊，若官自爲器，則鐵與錢俱重，可伐其謀。請榷諸路鐵，擇其最盛者，可置監設官總之，概諸路不越數十處，餘止爲鑄瀉之地，屬之都監或監當官兼領。凡農具、器用皆官鑄造，表以字號，官本之餘，取息二分以上，仍置鐵引以通諸路，儲其錢助三路鈔本。」詔户部下諸路漕臣詳度。會次年，廣東路請以可監之地如舊法收其净利，苗脉微者召人承買，官不榷取，遂并諸路詳度之旨不行。至是，臣僚復以爲言，故嚴貿易之禁，而鐵利盡榷於官，然農具、器用從民鑄造，卒如舊法。

四月，廣東廉訪黄烈等言：「廣惠英康韶州、興慶府，政和中，寶貨司立阬冶金銀等歲額，或苗脉微，或無人承買，而浮冗之人虚託其名，發毀民田，騷動邀賂。」詔：「政和六年所立額並罷，舊有苗脉可給歲課者如故。」十一月，復諸路元罷提舉阬冶官，其江南路仍令江西漕臣劉蒙同措置。

宣和元年，石泉軍江溪沙磧麩金，許民隨金脉淘採，立課額，或以分數取之。十月，復置相州安陽縣銅冶村監官。先是，詔留邢州綦村、磁州固鎮兩冶，餘創置治並罷，而常平司謂銅冶村近在河北，得利多，故有是命。六年，詔：「阬冶之利，二廣爲最，比歲所入，稽之熙、豐，十不逮一。令漕臣鄭良提舉經畫，分任官屬典掌計置，取元豐以來歲入多數立額，定爲常賦，阬冶司毋預焉。」時江、淮、荆、浙等九路，阬冶凡二百四十五，鑄錢院監十八，歲額三百餘萬緡。五月，詔：「阬冶舊隸轉運司者，如熙、豐、紹聖法；崇寧以後隸常平司者，如崇寧法；其江、淮等路阬冶官屬，如熙、豐員數，餘路官屬並罷，仍令中書選提點官。」

靖康元年，諸路阬冶苗礦既微，或舊有今無，悉令蠲損，凡民承買金場並罷。宋初，舊有阬冶，官置場監，或民承買以分數中賣於官。初隸諸路轉運司，本錢亦資焉，其物悉歸之內帑。崇寧已後，廣搜利穴，榷賦益備。凡屬之提舉司者，謂之新阬冶，用常平息錢與剩利錢爲本，金銀等物往往皆積之大觀庫，自蔡京始。政和間數罷數復，然告發之地多壞民田，承買者立額重，或舊有今無，而額不爲損。欽宗即位，詔悉罷之。

南渡，阬冶廢興不常，歲入多寡不同。今以紹興三十二年金、銀、銅、鐵、鉛、錫之冶廢興之數一千一百七十，及乾道二年鑄錢司比較所入之數附之：

湖南、廣東、江東西金冶二百六十七，廢者一百四十二；湖南、廣東、福建、浙東、廣西、江東西銀冶一百七十四，廢者八十四；潼川、湖南、利州、廣東、浙東、廣西、江東西、福建銅冶一百九，廢者四十五。舊額歲七百五萬七千二百六十斤有奇，乾道歲入二十六萬三千一百六十斤有奇。

淮西、夔州、成都、利州、廣東、福建、浙東、廣西、江東西鐵冶六百三十八，廢者二百五十一，舊額歲二百一十六萬二千一百四十斤有奇，乾道歲入八十八萬三百斤有奇。

淮西、湖南、廣東、福建、浙東、江西鉛冶五十二，廢者一十五，舊額歲三百二十一萬三千六百二十斤有奇，乾道歲入一十九萬一千二百四十斤有奇。

湖南、廣東、江西錫冶一百一十八，廢者四十四，舊額歲七十六萬一千二百斤有奇，乾道歲入二萬四百五十斤有奇。

宋初，諸冶外隸轉運司，內隸金部；崇寧二年，始隸右曹；建炎元年，復隸金部、轉運司。隆興二年，阬冶監官歲收買金及四千兩、銀及十萬兩、銅錫及四十萬斤、鉛及一百二十萬斤者，轉一官；守倅部內歲比祖額增金一萬兩、銀十萬兩、銅一百萬斤，亦轉一官；令丞歲收買及監官格內之數，減半推賞。

慶元二年，宰執言：「封樁銀數比淳熙末年虧額幾百五十萬。今務場所入歲不滿三十萬，而歲奉三宮及册寶費約四十萬，恐愈侵銀額。欲權以三分爲率，一分支銀，二分支會子。」上曰：「善。」

端平三年，赦曰：「諸路州縣阬冶興發，在觀寺、祠廟、公宇、居民墳地及近墳園林地者，在法不許人告，亦不得受理。訪聞官司利於告發，更不究實，多致擾害。自今許人户越訴，官吏并訟者重寘典憲。及有阬冶停閉、苗脉不發之所，州縣勒令阬户虚認歲額，提點鑄錢司覈實追正。」

楊億《楊文公談苑・諸監爐鑄錢》 江南因唐舊制，饒州置永平監鑄錢，歲六萬貫。江南平，增爲七萬貫，常患銅少。張齊賢任轉運使。求得江南舊承旨丁釗，盡知信、建等州各銅鉛處，齊賢即調發丁夫采之。初年增十數倍，明年得銅鉛八十五萬斤，錫六十萬斤，因雜爲鉛錫錢鑄三十六萬貫，以釗爲殿前承旨，領三州銅山。先是永平監所鑄錢，用開通元寶錢法，肉好周郭精好。至是雜用鉛錫，兼失古制，數雖增而錢惡。其後信州鉛山縣出銅無算，常十余萬人采鑿，無賴不逞之徒，萃於淵藪。官所市銅錢數千余萬斤，大有余羨，而銅山所出益多，有司議減銅價，鑿山者稍稍引去。饒州官市薪炭不能給鼓鑄，分於池州置永寧監，建州置永豐監，并歲鑄錢二十萬貫，以鉛山銅給之。既有所泄，價乃復舊，而工徒并集。杭州置保興監，凡四監，歲鑄百余萬貫，爲極盛矣。唐天寶之制，絳、揚、潤、宣、鄂、蔚、益、郴十州，共置九十九爐，鑄錢一爐役丁匠三十人。每年六七月停，余十月作十一番。爐約用銅二萬一千二百三十斤，白鑞三千七百九十斤，黑錫五百四十斤，每爐鑄錢三千三百貫，計一工日可鑄錢三百余。國家之制，一工日千余，用銅鉛鑞之法亦異於古，其數雖倍，而錢稍惡，每系擲亦多缺。予在史局，因録唐制與今王丞相，後數月，有詔暑月諸監減半工，蓋主上勤恤之至也。《類苑》卷二十一

沈括《夢溪筆談》卷一二《官政二》 國朝初平江南，歲鑄錢七萬貫。自後稍增廣，至天聖中，歲鑄一百餘萬貫；慶曆間至三百萬貫；熙寧六年以後，歲鑄銅鐵錢六百餘萬貫。

沈括《夢溪筆談》卷一九《器用》 熙寧中，嘗發地，得大錢三十餘千文，皆「順天得一」。當時在庭皆疑古無得一年號，莫知何代物。余按唐書史思明僭號，鑄順天得一錢，順天乃其僞年號，得一特以名鑄錢耳，非年號也。

莊綽《鷄肋編》卷中 蔣仲本論鑄錢事云，熙寧、元豐間，置十九監，歲鑄六百餘萬貫。元祐初，權罷十監。至四年，又於江、池、饒三監權住添鑄內藏庫錢

三十五萬貫。見今十監，歲鑄二百八十一萬貫，而歲不及額。自開寶以來，鑄宋通、咸平、太平錢，最爲精好。今宋通錢每重四斤九兩。國朝鑄錢料例，凡四次增減。自咸平五年後來用銅鉛錫五斤八兩，除火耗，收净五斤。景祐三年，依開通錢料例，每料用五斤三兩，收净四斤十三兩。慶曆四年，依太平錢料例，又減五兩半，收净四斤八兩。慶曆七年，以建州錢輕怯粗弱，遂却依景祐三年料例。至五年以錫不足，減錫添鉛。嘉祐三年，以有鉛氣方始依舊。嘉祐四年，池州乞減鉛錫各三兩，添銅六兩。治平元年，江東轉運司乞依舊減銅添鉛錫。提點相度乞且依池州擘畫，省部以議論不一，遂依舊法，用五斤八兩，收净五斤到今。其説以爲錢輕有利，則盗鑄難禁。殊不知盗鑄不緣料例，而開通錢自唐武德至今四百余年，豈可謂輕怯而易壞乎？緣物料寬剩，適足以資盗竊。今依景祐三年料例，據十監歲額二百八十一萬貫，合減料八十七萬八千余斤，可鑄錢一十六萬九千余貫。

江少虞《宋朝事實類苑》卷二一《官政治績·諸監鑪鑄錢》 江南因唐舊制，饒州置永平監鑄錢，歲六萬貫。江南平，增爲七萬貫，常患銅少。張齊賢任轉運使，求得江南舊承旨丁釗，盡知信、建等州谷銅鉛處，齊賢即調發丁夫采之。初年增十數倍，明年得銅鉛八十五萬斤，錫六十萬斤，因雜爲鉛錫錢鑄三十六萬貫，以釗爲殿前承旨，領三州銅山。先是永平監所鑄錢，用開通元寶錢法，肉好，周郭精好。至是雜用鉛錫，兼失古制，數雖增而錢惡。其後信州鉛山縣出銅無筭，常十餘萬人采鑿，無賴不逞之徒，萃於淵藪。官所市銅錢數千餘萬斤，大有餘羨，而銅山所出益多，有司議減銅價，鑿山者稍稍引去。饒州官市薪炭不能給，鼓鑄分於池州，置永寧監，建州永豊監，並歲鑄錢二十萬貫，以鉛山銅給之。既有所泄，價乃復舊，而工徒並集。杭州置保興監，凡四監，歲鑄百餘萬貫，爲極盛矣。唐天寶之制，絳、揚、潤、宣、鄂、蔚、益、柳十州，共置九十九鑪鑄錢，一鑪役丁匠三十人。每年六七月停，餘十月作十番。一鑪約用銅二萬一千二百三十斤、白鑞三千七百九十斤、黑錫五百四十斤，每鑪鑄錢三千三百貫，計一工日可鑄錢三百餘。國家之制，一工日千餘，用銅鉛鑞之法亦異於古，其數雖倍，而錢稍惡，每繫擲亦多缺。予在史局，因録唐制與今王丞相，後數月，有詔暑月諸監減半工，蓋主上勤恤之至也。談苑。

李燾《續資治通鑑長編》卷二四八《神宗熙寧八年》〔二月甲子〕永興軍等路轉運司言：「見管私鐵錢，轉運司九萬餘緡，常平司十一萬餘緡，并買民間私鐵錢數十萬斤，并當改鑄省樣錢。欲除永興、華、河中、陝銅錢監添匠鼓鑄外，更於商、虢、洛南增置三監，耀、鄜權置兩監，共九監改鑄。永興、鄜、耀、河中、陝去鐵冶遠，第改鑄僞錢一年可畢；商州、洛南、華、虢最近鐵冶，可以久行。鄜州等五處，候改鑄罷，工匠併入商州等四監，然後專鑄大錢。」從之，仍委皮公弼總制營辦。先是，安撫、轉運司出牓收買四等私錢，一切禁斷舊通用錢，而以銅錢易之，以官庫見管并换到通用私小鐵錢重行鼓鑄。而熊本以爲如此則公私未便，乃下逐司申明前後條約，推揀闕薄漏貫、字樣不明等私錢，犯者依法施行，入官銷毁。應自來通用錢，竝令行使如故。其官庫不堪用鐵錢等，即别置錢監，增圓物料，比省樣微加别異，鑄「熙寧重寶」封樁，俟向去豐熟，奏取指揮。乃詔逐司具官司合改造錢數各計若干及如何措置以聞。至是，轉運司條具來上，故有是詔。熊本奏請，墨史見七年九月二十七日壬戌，朱史并入八年二月二日甲子，今兩存之。七年十二月十一日，熊本體量吴中復等。八年正月二十四日皮公弼云云，又三月四日云云，可考。《新紀》書：增陝西鐵官，改鑄大錢。《食貨志》第六卷：八年，皮公弼又言：「今已得私鑄大錢二十餘萬緡，并買民間私錢亦數十萬斤，皆應以省樣改鑄，請商、虢、洛南增三監，耀、鄜權置兩監，通永興、華、河中、陝舊監爲九，以給改鑄。永興、鄜、耀、河中、陝去鐵冶遠，請改鑄一年罷之；商、洛南、華、虢最近鐵冶，可久行。五監罷。竝其工作歸四監，專鑄大錢。」皆公弼首議，命專領之，而詔鑄大鐵錢才令補所廢僞錢，及可以待交子所用即止。《志》所稱私鑄大錢二十餘萬緡，與《實録》不同，《實録》但稱九萬餘緡，當考，或用《志》，即削去《實録》所書，更詳之。

李燾《續資治通鑑長編》卷二六八《神宗熙寧八年》〔九月庚午〕詔罷河北東路增募崇武兵。岷州置鑄錢監，令知熙州高遵裕、轉運副使張穆之提舉。以遵裕言「威遠監所鑄折二錢用工少而得利多。今岷州鐵冶暴發，若增置一監，歲可得緡錢四十萬」，故命置監焉。仍遣左班殿直孟璋選秦鳳、永興兩路配軍充工役，以五百人爲額。不足，即選鄰路。既而遵裕言，本路無坑冶工匠，乞下商虢州應副。從之。後賜監名曰滔山。坑冶工匠，乃十一月十八日事；監名，又九年五月事，今并書。

李燾《續資治通鑑長編》卷四九四《哲宗元符元年》〔二月庚子〕户、工部言：「江、淮、荆、浙等路發運副使兼制置鹽、礬、茶事吕仲甫奏，五指山銅礦饒衍，堪任鑄錢，欲官自興置場冶，委官監轄。乞下河東路提點刑獄司檢踏施行，如堪置場，即關報轉運司相度保明聞奏。」詔令河東路轉運使相度措置。

謝維新《古今合璧事類備要》外集卷六一《財貨門·銅》 天下歲采，凡銀、銅、鹽鐵之冶一百六十八所。元和，天下歲采銅二十六萬六千斤。及宣宗歲，率銅六十五萬六千斤。《食貨志》江南多出。張齊賢初除轉運使，辭日，太宗皇帝曰：「江南多出銅，爲朕密經營之。」齊賢乃訪得江南承旨丁釗，歷指饒、信、處州山谷産銅、鉛、錫之所，又求前代鑄法。惟饒州永平監用唐元錢料堅實可久，由是定取其法，歲鑄三十萬貫，凡用銅八十五萬斤，鉛三十六萬斤，錫十六萬斤。齊賢即詣闕面陳其事，可之。然唐永平錢法肉好，周郭精妙，齊賢所鑄雖歲增數倍，而稍爲磊惡矣。《長編太平興國八年》天下歲産。本朝銅坑冶者，閩蜀湖廣江淮浙路皆有之，祖宗時天下歲産七百五萬斤有奇。渡江後其數日減，至紹興末，江東西、福建、廣西、湖南、潼川府、利路十四州歲産銅二十六萬三千一百六十九斤九兩，信州膽銅九萬六千五百斤，饒州膽銅二萬三千四百斤，韶州膽銅八萬八千九百斤，黄銅二百斤，潭州膽銅三千四百斤，建寧府黄銅八千三百斤，連州黄銅二千八百斤，池州膽銅四百斤，汀州黄銅六十斤，邵武軍黄銅二百斤，潼州府黄銅六千斤，利州黄銅七千斤，興州黄銅一千六百斤，南劍州黄銅三千六百斤，視祖額纔及四釐皆弱。東南鐵悉輸岑水鉛山永興興利四場浸銅，爲泉司之用。舊婺州銅坑廢，凡銅場十四云。《朝野雜記》

佚名《羣書會元截江網》卷一一《錢帛·皇朝事實》 太祖開寶九年，昇州言所鑄銅錢，一年共鑄三十萬貫，乃命江南運司應采銅處，經度採取，以給其用。【略】咸平二年，初鑄錢，但用饒州永平、池州永豐二監。至是宰臣張齊賢言：「今錢貨未多，望擇使臣按行出銅易得薪炭之處，增監鑄錢。」乃命虞部員外郎馮亮等至建州置豐國監，江州置廣寧監。【略】《通略》徽宗崇寧元年，游經奏：「自興鉛山場膽銅，已收九十萬斤，緣左坑有膽水、膽土。膽水侵銅，工少利多，其水有限；膽土煎銅，工多利少，其土無窮。」

《遼史》卷六〇《食貨志下》 坑冶，則自太祖始併室韋，其地産銅、鐵、金、銀，其人善作銅、鐵器。又有曷朮部者多鐵；「曷朮」，國語鐵也。部置三冶：曰柳濕河，曰三黜古斯，曰手山。神册初，平渤海，得廣州，本渤海鐵利府，改曰鐵利州，地亦多鐵。東平縣本漢襄平縣故地，産鐵礦，置採煉者三百户，隨賦供納。以諸坑冶多在國東，故東京置户部司，長春州置錢帛司。太祖征幽、薊，師還，次山麓，得銀、鐵礦，命置冶。聖宗太平間，於黄河北陰山及遼河之源，各得金、銀礦，興冶採煉。自此以訖天祚，國家皆賴其利。

鼓鑄之法，先代撒剌的爲夷離堇，以土産多銅，始造錢幣。太祖其子，襲而用之，遂致富强，以開帝業。太宗置五冶太師，以總四方錢鐵。石敬瑭又獻沿邊所積錢，以備軍實。景宗以舊錢不足於用，始鑄乾亨新錢，錢用流布。聖宗鑿大安出，取劉守光所藏錢，散諸五計司，兼鑄太平錢，新舊互用。由是國家之錢，演迤域中。所以統和出内藏錢，賜南京諸軍司。開泰中，詔諸道，貧乏百姓，有典質男女，計傭價日以十文，折盡，還父母。每歲春秋，以官錢宴饗將士，錢不勝多，故東京所鑄至清寧中始用。是時，詔禁諸路不得貨銅鐵，以防私鑄，又禁銅鐵賣入回鶻，法益嚴矣。道宗之世，錢有四等：曰咸雍，曰大康，曰大安，曰壽隆，皆因改元易名。其肉好、銖數亦無所考。第詔楊遵勗徵户部司逋户舊錢，得四十餘萬繦，拜樞密直學士；劉伸爲户部使，歲入羨餘錢三十萬繦，擢南院樞密使；其以災沴，出錢以振貧乏及諸宫分邊戍人户。是時，雖未有貫朽不可較之積，亦可謂富矣。至其末年，經費浩穰，鼓鑄仍舊，國用不給。雖以海雲佛寺千萬之助，受而不拒，尋禁民錢不得出境。天祚之世，更鑄乾統、天慶二等新錢，而上下窮困，府庫無餘積。

《金史》卷四八《食貨志三》 錢幣。金初用遼、宋舊錢，天會末，雖劉豫「阜昌元寶」、「阜昌重寶」亦用之。海陵庶人貞元二年遷都之後，户部尚書蔡松年復鈔引法，遂製交鈔，與錢並用。正隆二年，歷四十餘歲，始議鼓鑄。冬十月，初禁銅越外界，懸罪賞格。括民間銅鍮器，陝西、南京者輸京兆，他路悉輸中都。三年二月，中都置錢監二，東曰寶源，西曰寶豐。京兆置監一，曰利用。三監鑄錢，文曰「正隆通寶」，輕重如宋小平錢，而肉好字文峻整過之，與舊錢通用。

世宗大定元年，用吏部尚書張中彦言，命陝西路參用宋舊鐵錢。四年，浸不行，詔陝西行户部、并兩路通檢官，詳究其事。皆言：「民間用錢，名與鐵錢兼用，其實不爲準數，公私不便。」遂罷之。

八年，民有犯銅禁者，上曰：「銷錢作銅，舊有禁令，然民間猶有鑄鏡者，非銷錢而何。」遂併禁之。

十年，上諭户部臣曰：「官錢積而不散，則民間錢重，貿易必艱，宜令市金銀及諸物。其諸路酤榷之貨，亦令以物平折輸之。」十月，上責户部官曰：「先以官錢率多，恐民間不得流通，令諸處貿易金銀絲帛，以圖流轉。今知乃有以抑配反害百姓者。前許院務得折納輕賫之物以便民，是皆朕思而後行者也，此尚出朕，安用若爲。又隨處時有賑濟，往往近地無糧，取於它處，往返既遠，人愈難之。何爲不隨處起倉，年豐則多糴以備賑贍，設有緩急，亦豈不易辦乎，而徒使錢充府庫，將安用之。天下之大，朕豈能一一偏知，凡此數事，汝等何爲而使至此。且户部與它部不同，當從宜爲計，若但務因循，以守其職，則户部官誰不能爲。」

十一年二月，禁私鑄銅鏡，舊有銅器悉送官，給其直之半。惟神佛像、鐘、磬、鈸、鈷、腰束帶、魚袋之屬，則存之。

十二年正月，以銅少，命尚書省遣使諸路規措銅貨，能指坑冶得實者，賞。上與宰臣議鼓鑄之術，宰臣曰：「有言所在有金銀坑冶，皆可採以鑄錢，臣竊謂工費過於所得數倍，恐不可行。」上曰：「金銀，山澤之利，當以與民，惟錢不當私鑄。今國家財用豐盈，若流布四方與在官何異。所費雖多，但在民間，而新錢日增爾。其遣能吏經營之。」左丞石琚進曰：「臣聞天子之富藏在天下，錢貨如泉，正欲流通。」上復問琚曰：「古亦有民自鑄錢者乎？」琚對曰：「民若自鑄，則小人圖利，錢益薄惡，此古所以禁也。」

十三年，命非屯兵之州府，以錢市易金帛，運致京師，使錢幣流通，以濟民用。

十五年十一月，上謂宰臣曰：「或言鑄錢無益，所得不償所費。朕謂不然。天下如一家，何公私之間，公家之費私家得之，但新幣日增，公私俱便也。」

十六年三月，遣使分路訪察銅鑛苗脉。

十八年，代州立監鑄錢，命震武軍節度使李天吉、知保德軍事高季孫往監之，而所鑄斑駁黑澀不可用，詔削天吉、季孫等官兩階，解職，仍杖季孫八十。更命工部郎中張大節、吏部員外郎麻珪監鑄。其錢文曰「大定通寶」，字文肉好又勝正隆之制，世傳其錢料微用銀云。十九年，始鑄至萬六千餘貫。二十年，詔先以五千進呈，而後命與舊錢並用。

初，新錢之未行也，以宋大觀錢作當五用之。二月，上聞上京修内所，市民物不即與直，又用短錢，責宰臣曰：「如此小事，朕豈能悉知，卿等何爲不察也。」時民間以八十爲陌，謂之短錢，官用足陌，謂之長錢。大名男子斡魯補者上言，謂官私所用錢皆當以八十爲陌，遂爲定制。

二十年十一月，名代州監曰阜通，設監一員，正五品，以州節度兼領。副監一員，正六品，以州同知兼領。丞一員，正七品，以觀察判官兼領。設勾當官二員，從八品。給銀牌，命副監及丞更馳驛經理。二十二年十月，以參知政事粘割斡特剌提控代州阜通監。二十三年，上以阜通監鼓鑄歲久，而錢不加多，蓋以代州長貳廳幕兼領，而奪於州務，不得專意綜理故也。遂設副監、監丞爲正員，而以節度領監事。

二十六年，上曰：「中外皆言錢難，朕嘗計之，京師積錢五百萬貫亦不爲多，外路雖有終亦無用，諸路官錢非屯兵處可盡運至京師。」太尉丞相克寧曰：「民間錢固已艱得，若盡歸京師，民益艱得矣。不若起其半至都，餘半變折輕齎，則中外皆便。」十一月，上諭宰臣曰：「國家銅禁久矣，尚聞民私造腰帶及鏡，託爲舊物，公然市之。宜加禁約。」

二十七年二月，曲陽縣鑄錢別爲一監，以利通爲名，設副監、監丞，給驛更出經營銅事。

二十八年，上謂宰臣曰：「今者外路見錢其數甚多，聞有六千餘萬貫，皆在僻處積貯，既不流散，公私無益，與無等爾。今中都歲費三百萬貫，支用不繼，若致之京師，不過少有輓運之費，縱所費多，亦惟散在民爾。」

章宗大定二十九年十二月，雁門、五臺民劉完等訴：「自立監鑄錢以來，有銅鑛之地雖曰官運，其顧直不足則令民共償。乞與本州司縣均爲差配。」遂命甄官署丞丁用楫往審其利病，還言：「所運銅鑛，民以物力科差濟之，非所願也。其顧直既低，又有刻剥之弊。而相視苗脉工匠，妄指人之垣屋及寺觀謂當開採，因以取賄。又隨冶夫匠，日辦淨銅四兩，多不及數，復銷銅器及舊錢，送官以足之。今阜通、利通兩監，歲鑄錢十四萬餘貫，而歲所費乃至八十餘萬貫，病民而多費，未見其利便也。」宰臣以聞，遂罷代州、曲陽二監。

初，貞元間既行鈔引法，遂設印造鈔引庫及交鈔庫，皆設使、副、判各一員，都監二員，而交鈔庫副則專主書押、搭印合同之事。印一貫、二貫、三貫、五貫、十貫五等謂之大鈔，一百、二百、三百、五百、七百五等謂之小鈔，與錢並行，以七年爲限，納舊易新，猶循宋張詠四川交子之法而紓其期爾，蓋亦以銅少，權制之法也。時有欲罷之者，至是二監既罷，有司言：「交鈔舊同見錢，商旅利於致遠，往往以錢買鈔，蓋公私俱便之事，豈可罷去。止因有釐革年限，不能無疑，乞削七年釐革之法，令民得常用。若歲久字文磨滅，許於所在官庫納舊換新，或聽便支錢。」遂罷七年釐革之限，交鈔字昏方换，法自此始，而收斂無術，出多入少，民寖輕之。厥後其法屢更，而不能革，弊亦始於此焉。

交鈔之制，外爲闌，作花紋，其上衡書貫例，左曰「某字料」，右曰「某字號」。料號外，篆書曰「僞造交鈔者斬，告捕者賞錢三百貫」。料號衡闌下曰「中都交鈔庫，准尚書户部符，承都堂劄付，户部覆點勘，令史姓名押字」。又曰：「聖旨印造逐路交鈔，於某處庫納錢換鈔，更許於某處庫納鈔換錢，官私同見錢流轉。」其鈔不限年月行用，如字文故暗，鈔紙擦磨，許於所屬庫司納舊換新。若到庫支錢，或倒換新鈔，每貫剋工墨錢若干文。庫掐、攢司、庫副、副使、使各押字，年月日。印造鈔引庫子、庫司、副使各押字，上至尚書户部官亦押字。其搭印支錢處合同，餘用印依常例。

初，大定間定制，民間應許存留銅鍮器物，若申賣入官，每斤給錢二百文。其弃藏應禁器物，首納者每斤給錢百文，非器物銅貨一百五十文，不及斤者計給之。在都官局及外路造賣銅器價，令運司佐貳檢校，鏡每斤三百十四文，鍍金御仙花腰帶十七貫六百七十一文，五子荔支腰帶十七貫九百七十一文，擡鈒羅文束帶八貫五百六十文，魚袋二貫三百九文，鈸鈷鐃磬每斤一貫九百二文，鈴杵坐銅者二貫七百六十九文，鍮石者三貫六百四十六文。明昌二年十月，勅減賣鏡價，防私鑄銷錢也。

舊嘗以夫匠逾天山北界外採銅，明昌三年，監察御史李炳言：「頃聞有司奏，在官銅數可支十年，若復每歲令夫匠過界遠採，不惟多費，復恐或生邊釁。若支用將盡之日，止可於界内採煉。」上是其言，遂不許出界。

五月，勅尚書省曰：「民間流轉交鈔，當限其數，毋令多於見錢也。」

四年，上諭宰臣曰：「隨處有無用官物，可爲計置，如鐵錢之類是也。」或有言鐵錢有破損，當令所司以銅錢償之者，參知政事胥持國不可，上曰：「令償之尚壞，不償將盡壞矣。若果無用，曷别爲計？」持國曰：「如江南用銅錢，江北、淮南用鐵錢，蓋以隔閡銅錢不令過界爾。如陝西市易亦有用銀布薑麻，若舊有鐵錢，宜姑收貯，以備緩急。」遂令有司籍鐵錢及諸無用之物，貯於庫。

八月，提刑司言：「所降陝西交鈔多於見錢，使民艱於流轉。」宰臣以聞，遂令本路榷税及諸名色錢，折交鈔。官兵俸，許錢絹銀鈔各半之，若錢銀數少，即全給交鈔。

五年三月，宰臣奏：「民間錢所以艱得，以官豪家多積故也。在唐元和間，嘗限富家錢過五千貫者死，王公重貶没入，以五之一賞告者。」上令參酌定制，令官民之家以品從物力限見錢，多不過二萬貫，猛安謀克則以牛具爲差，不得過萬貫，凡有所餘，盡令易諸物收貯之。有能告數外留錢者，奴婢免爲良，傭者出離，以十之一爲賞，餘皆没入。

又諭旨有司，凡使高麗還者，所得銅器令盡買之。

《元史》卷五《世祖紀二》 三年春正月癸亥，修宣聖廟成。庚午，罷高麗互市。諸王塔察兒請置鐵冶，從之；請立互市，不從。忽剌忽兒所部民饑，罷上供羊。命銀冶户七百、河南屯田户百四十，賦税輸之州縣。命匠户爲運者仍爲軍，其軍官當考第富貧，存恤無力者。

孔齊《至正直記》卷三《古錢》 古錢置之圖書印傍，久而色赤，亦古氣類使然也。

又《半兩錢》 半兩錢，古者煆而酒服，可續折骨，五銖次之。浙東斗尺皆仍故宋遺制。斗謂之百合足，比之今官數八升也。謂官數有二十合。尺謂之百分，比今之官數八寸。吾鄉絶無此様，皆用官様。至宜興，則間有之。杭城人有七升斗、七寸尺者，謂之小百合、小百分也。考其此制尚存古法，則是今之制差增大耳。鄞俗則有二樣：二斗五升者曰料，五斗曰篝。

《明史》卷八一《食貨志五》 錢幣之興，自九府圜法，歷代遵用。鈔始於唐之飛錢，宋之交會，金之交鈔。元世始終用鈔，錢幾廢矣。

太祖初置寶源局於應天，鑄「大中通寶」錢，與歷代錢兼行。以四百文爲一貫，四十文爲一兩，四文爲一錢。及平陳友諒，命江西行省置貨泉局，頒大中通寶錢，大小五等錢式。即位，頒「洪武通寶」錢，其制凡五等：曰「當十」、「當五」、「當三」、「當二」、「當一」。「當十」錢重一兩，餘遞降至重一錢止。各行省皆設寶泉局，與寶源局並鑄，而嚴私鑄之禁。洪武四年改鑄大中、洪武通寶大錢爲小錢。初，寶源局錢鑄「京」字於背，後多不鑄，民間無「京」字者不行，故改鑄小錢以便之。尋令私鑄錢作廢銅送官，償以錢。是時有司責民出銅，民毁器皿輸官，頗以爲苦。而商賈沿元之舊習用鈔，多不便用錢。

七年，帝乃設寶鈔提舉司。明年始詔中書省造大明寶鈔，命民間通行。以桑穰爲料，其制方，高一尺，廣六寸，質青色，外爲龍文花欄。横題其額曰「大明通行寶鈔」。其内上兩旁，復爲篆文八字，曰「大明寶鈔，天下通行」。中圖錢貫，十串爲一貫。其下云：「中書省奏准印造大明寶鈔與銅錢通行使用，僞造者斬，告捕者賞銀二十五兩，仍給犯人財産。」若五百文則畫錢文爲五串，餘如其制而遞減之。其等凡六：曰一貫，曰五百文、四百文、三百文、二百文、一百文。每鈔一貫，準錢千文，銀一兩；四貫準黄金一兩。禁民間不得以金銀物貨交易，違者罪之；以金銀易鈔者聽。遂罷寶源、寶泉局。越二年，復設寶泉局，鑄小錢與鈔兼行，百文以下止用錢。商税兼收錢鈔，錢三鈔七。十三年，以鈔用久昏爛，立倒鈔法，令所在置行用庫，許軍民商賈以昏鈔納庫易新鈔，量收工墨直。會中書省廢，乃以造鈔屬户部，鑄錢屬工部，而改寶鈔文「中書省」爲「户部」，與舊鈔兼行。十六年，置户部寶鈔廣源庫、廣惠庫；入則廣源掌之，出則廣惠掌之。在外衛所軍士，月鹽皆給鈔，各鹽場給工本鈔。十八年，天下有司官禄米皆給鈔，二貫五百文準米一石。

二十二年詔更定錢式：生銅一斤，鑄小錢百六十，折二錢半之，「當三」至「當十」，準是爲差。更造小鈔，自十文至五十文。二十四年諭榷税官吏，凡鈔有字貫可辨者，不問爛損，即收受解京，抑勒與僞充者罪之。二十五年設寶鈔行用庫於東市，凡三庫，各給鈔三萬錠爲鈔本，倒收舊鈔送内府。令大明寶鈔與歷代錢兼行，鈔一貫準錢千文，提舉司於三月内印造，十月内止，所造鈔送内府充賞賚。明年罷行用庫，又罷寶泉局。時兩浙、江西、閩、廣民重錢輕鈔，有以錢百六十文折鈔一貫者，由是物價翔貴，而鈔法益壞不行。三十年乃更申交易用金銀之禁。

成祖初，犯者以姦惡論，惟置造首飾器皿，不在禁例。永樂二年詔犯者免死，徙家戍興州。陝西都司僉事張豫，坐抵易官鈔論戍。江夏民父死，以銀營葬具，當戍邊。帝以其迫於治葬，非玩法，特矜宥之。都御史陳瑛言：「比歲鈔法不通，皆緣朝廷出鈔太多，收斂無法，以致物重鈔輕。莫若暫行户口食鹽法。天下人民不下千萬户，官軍不下二百萬家，誠令計口納鈔食鹽，可收五千餘萬錠。」帝令户部會羣臣議。大口月食鹽一斤，納鈔一貫，小口半之。從其議。設北京寶鈔提舉司，税糧課程贓罰俱折收鈔，其直視洪武初減十之九。後又令鹽官納舊鈔支鹽，發南京抽分場積薪、龍江提舉司竹木鬻之軍民，收其鈔。應天歲辦蘆柴，徵鈔十之八。帝初即位，户部尚書夏原吉請更鈔板篆文爲「永樂」。帝命仍其舊。自後終明世皆用洪武年號云。

仁宗監國，令犯笞杖者輸鈔。及即位，以鈔不行詢原吉。原吉言：「鈔多則輕，少則重。民間鈔不行，緣散多斂少，宜爲法斂之。請市肆門攤諸税，度量輕重，加其課程。鈔入官，官取昏軟者悉燬之。自今官鈔宜少出，民間得鈔難，則自然重矣。」乃下令曰：「所增門攤課程，鈔法通，即復舊，金銀布帛交易者，亦暫禁止。」然是時，民卒輕鈔。至宣德初，米一石用鈔五十貫，乃弛布帛米麥交易之禁。凡以金銀交易及匿貨增直者罰鈔，府縣衛所倉糧積至十年以上者，鹽糧悉收鈔，秋糧亦折鈔三分，門攤課鈔增五倍，塌房、店舍月納鈔五百貫，果園、贏車並令納鈔。户部言民間交易，惟用金銀，鈔滯不行。乃益嚴其禁，交易用銀一錢者，罰鈔千貫，贓吏受銀一兩者，追鈔萬貫，更追免罪鈔如之。

英宗即位，收賦有米麥折銀之令，遂減諸納鈔者，而以米銀錢當鈔，弛用銀之禁。朝野率皆用銀，其小者乃用錢，惟折官俸用鈔，鈔壅不行。十三年復申禁令，阻鈔者追一萬貫，全家戍邊。天順中，始弛其禁。憲宗令内外課程錢鈔兼收，官俸軍餉亦兼支錢鈔。是時鈔一貫不能直錢一文，而計鈔徵之民，則每貫徵銀二分五釐，民以大困。

弘治元年，京城税課司，順天、山東、河南户口食鹽，俱收鈔，各鈔關俱錢鈔兼收。其後乃皆改折用銀。而洪武、永樂、宣德錢積不用，詔發之，令與歷代錢兼用。户部請鼓鑄，乃復開局鑄錢。凡納贖收税，歷代錢、制錢各收其半；無制錢即收舊錢，二以當一。制錢者，國朝錢也。舊制，工部所鑄錢入太倉、司鑰二庫；諸關税錢亦入司鑰庫。共貯錢數千百萬，中官掌之，京衛軍秋糧取給焉，每七百當銀一兩。武宗之初，部臣請察覈侵蝕；又以錢當俸糧者，僅及銀數三之一，請於承運庫給銀。時中官方用事，皆不聽。已而司鑰庫太監龐瑮言：「自弘治間榷關折銀入承運庫，錢鈔缺乏，支放不給，請遵成化舊制，錢鈔兼收。」從之。正德三年，以太倉積錢給官俸，十分爲率，錢一銀九。又從太監張永言，發天財庫及户部布政司庫錢，關給徵收，每七十文徵銀一錢，且申私鑄之禁。嘉靖四年，令宣課分司收税，鈔一貫折銀三釐，錢七文折銀一分。是時鈔久不行，錢亦大壅，益專用銀矣。

明初鑄洪武錢。成祖九年鑄永樂錢。宣德九年鑄宣德錢。弘治十六年以後，鑄弘治錢。至世宗嘉靖六年，大鑄嘉靖錢。每文重一錢三分，且補鑄累朝未鑄者。三十二年鑄洪武至正德九號錢，每號百萬錠，嘉靖錢千萬錠，一錠五千文。而税課抽分諸廠，專收嘉靖錢。民患錢少，乃發内庫新舊錢八千一百萬文折給俸糧。又令通行歷代錢，有銷新舊錢及以銅造像製器者，罪比盜鑄。先是，民間行濫惡錢，率以三四十錢當銀一分。後益雜鉛錫，薄劣無形製，至以六七十文當銀一分。翦楮夾其中，不可辨。用給事中李用敬言，以制錢與前代雜錢相兼行，上品者俱七文當銀一分，餘視錢高下爲三等，下者二十一文當銀一分；私造濫惡錢悉禁不行，犯者置之法。小錢行久，驟革之，民頗不便。又出内庫錢給文武官俸，不論新舊美惡，悉以七文折算。諸以俸錢市易者，亦悉以七文抑勒予民，民亦騷然。

屬連歲大侵，四方流民就食京師，死者相枕藉。論者謂錢法不通使然。於是御史何廷鈺條奏，請許民用小錢，以六十文當銀一分。户部執不從。廷鈺訐奏尚書方鈍及郎中劉爾牧。帝怒，斥爾牧，採廷鈺議，命從民便。且定嘉靖錢七文，洪武諸錢十文，前代錢三十文，當銀一分。然諸濫惡小錢，以初禁之嚴，雖奉旨間行，竟不復用，而民間競私鑄嘉靖通寶錢，與官錢並行焉。

給事中殷正茂言：「兩京銅價大高，鑄錢得不償費。宜採雲南銅，運至岳州鼓鑄，費工本銀三十九萬，可得錢六萬五千萬文，直銀九十三萬餘兩，足以少佐國家之急。」户部覆言：「雲南地僻事簡，即山鼓鑄爲便。」乃敕巡撫以鹽課銀二萬兩爲工本。未幾，巡撫王昺言費多入少，乞罷鑄。帝以小費不當惜，仍命行之。越數年，巡按王諍復言宜罷鑄。部議：「錢法壅滯者，由宣課司收税以七文當一分。姦民乘機阻撓，錢多則惡濫相欺，錢少則增直罔利，故禁愈繁而錢愈滯。自今準折聽民便，不必定文數，而課税及官俸且俱用銀。」乃罷雲南鑄錢，而從户部議。

時所鑄錢有金背，有火漆，有鏇邊。議者以鑄錢艱難，工匠勞費，革鏇車用鑪鍚。於是鑄工競雜鉛錫便剉治，而輪郭粗糲，色澤黯黲。姦僞倣效，盜鑄日滋，金背錢反阻不行。死罪日報，終不能止。帝患之，問大學士徐階。階陳五害，請停寶源局鑄錢，應支給錢者悉予銀。帝乃鞫治工匠侵料減工罪，而停鼓鑄。自後税課徵銀而不徵錢。且民間止用制錢，不用古錢，而私鑄者多。

隆慶初，錢法不行，兵部侍郎譚綸言：「欲富民，必重布帛菽粟而賤銀；欲賤銀，必制錢法以濟銀之不足。今錢惟布於天下，而不以輸於上，故其權在市井。請令民得以錢輸官，則錢法自通。」於是課税銀三兩以下復收錢，民間交易一錢以下止許用錢。時錢八文折銀一分，禁民毋得任意低昂。直隸巡按楊家相請鑄大明通寶錢，不識年號。部議格不行。高拱再相，言：「錢法朝議夕更，迄無成説。小民恐今日得錢，而明日不用，是以愈更愈亂，愈禁愈疑。請一從民便，勿多爲制以亂人耳目。」帝深然之。錢法復稍稍通矣。寶鈔不用垂百餘年，課程亦鮮有收鈔者，惟俸錢獨支鈔如故。四年始以新鑄隆慶錢給京官俸云。

萬曆四年命户工二部，準嘉靖錢式鑄「萬曆通寶」金背及火漆錢，一文重一錢二分五釐，又鑄鏇邊錢，一文重一錢三分，頒行天下，俸糧皆銀錢兼給。雲南巡按郭庭梧言：「國初京師有寶源局，各省有寶泉局，自嘉靖間省局停廢，民用告匱。滇中産銅，不行鼓鑄，而反以重價購海肥，非利也。」遂開局鑄錢。尋命十三布政司皆開局。採工部言，以五銖錢爲準，用四火黄銅鑄金背，二火黄銅鑄火漆，粗惡者罪之。蓋以費多利少則私鑄自息也。久之，户部言：「錢之輕重不常，輕則斂，重則散，故無壅閼匱乏之患。初鑄時，金背十文直銀一分，今萬曆金背五文，嘉靖金背四文，各直銀一分，火漆鏇邊亦如之。僅踰十年，而輕重不啻相半，錢重而物價騰踴，宜發庫貯以平其直。」從之。時王府皆鑄造私錢，吏不敢訐。古錢阻滯不行，國用不足，乃命南北寶源局拓地增爐鼓鑄。而北錢視南錢昂直三之一，南鑄大抵輕薄。然各循其舊，並行不廢。

天啓元年鑄泰昌錢。兵部尚書王象乾請鑄當十、當百、當千三等大錢，用龍文，略倣白金三品之制，於是兩京皆鑄大錢。後有言大錢之弊者，詔兩京停鑄大錢，收大錢發局改鑄。當是時，開局遍天下，重課錢息。

崇禎元年，南京鑄本七萬九千餘兩，獲息銀三萬九千有奇；户部鑄錢獲息銀二萬六千有奇。其所鑄錢，皆以五十五文當銀一錢，計息取盈，工匠之賠補，行使之折閱，不堪命矣。寶泉局銅本四十萬兩，舊例錢成還本太倉，次年再借，至是令永作鑄本。三年，御史饒京言：「鑄錢開局，本通行天下，今乃苦於無息，旋開旋罷，自南北兩局外，僅存湖廣、陝西、四川、雲南及宣、密二鎮。而所鑄之息，不盡歸朝廷，復苦無鑄本，蓋以買銅而非採銅也。乞遵洪武初及永樂九年、嘉靖六年例，遣官各省鑄錢，採銅於産銅之地，置官吏駐兵，倣銀礦法，十取其三。銅山之利，朝廷擅之，小民所採，仍予直以市。」帝從之。是時鑄廠並開，用銅益多，銅至益少。南京户部尚書鄭三俊請專官買銅。户部議原籍産銅之人駐鎮遠、荆、常銅鉛會集處，所謂採銅於産銅之地也。帝俱從之。既，又採絳、孟、垣曲、聞喜諸州縣銅鉛。荆州抽分主事朱大受言：「荆州上接黔、蜀，下聯江、廣，商販銅鉛畢集，一年可以四鑄。四鑄之息，兩倍於南，三倍於北。」因陳便宜四事，即命大受專督之。遂定錢式，每文重一錢，每千直銀一兩。南都錢輕薄，屢旨嚴飭，乃定每文重八分。初，嘉靖錢最工，隆、萬錢加重半銖，自啓、禎新鑄出，舊錢悉棄置。然日以惡薄，大半雜鉛砂，百不盈寸，捽擲輒破碎。末年敕鑄當五錢，不及鑄而明亡。

初制，歷代錢與制錢通行。自神宗初，從僉都御史龐尚鵬議，古錢止許行民間，輸税贖罪俱用制錢。啓、禎時廣鑄錢，始括古錢以充廢銅，民間市易亦擯不用矣。莊烈帝初即位，御平臺召對，給事中黄承昊疏有銷古錢之語。大學士劉鴻訓言：「北方皆用古錢，若驟廢之，於民不便。」帝以爲然。既而以御史王燮言，收銷舊錢，但行新錢，於是古錢銷毀頓盡。蓋自隋世盡銷古錢，至是凡再見云。

鈔法自弘、正間廢，天啓時，給事中惠世揚復請造行。崇禎末，有蔣臣者申其說，擢爲户部司務。倪元璐方掌部事，力主之，然終不可行而止。

《明史》卷八一《食貨志五》 鐵冶所，洪武六年置。江西進賢、新喻、分宜，湖廣興國、黄梅，山東萊蕪，廣東陽山，陝西鞏昌，山西吉州二，太原、澤、潞各一，凡十三所，歲輸鐵七百四十六萬餘斤。河南、四川亦有鐵冶。十二年益以茶陵。十五年，廣平吏王允道言：「磁州産鐵，元時置官，歲收百餘萬斤，請如舊。」帝以民生甫定，復設必重擾，杖而流之海外。十八年罷各布政司鐵冶。既而工部言：「山西交城産雲子鐵，舊貢十萬斤，繕治兵器，他處無有。」乃復設。已而武昌、吉州以次復焉。末年，以工部言，復盡開，令民得自採鍊，每三十分取其二。永樂時，設四川龍州、遼東都司三萬衛鐵冶。景帝時，辦事吏請復陝西、寧遠鐵礦，工部劾其違法，下獄。給事中張文質以爲不宜塞言路，乃釋之。弘治十七年，廣東歸善縣請開鐵冶，有司課外索賂，唐大鬢等因作亂，都御史劉大夏討平之。正德十四年，廣州置鐵廠，以鹽課提舉司領之，禁私販如鹽法。嘉靖三十四年開建寧、延平諸府鐵冶。隆、萬以後，率因舊制，未嘗特開云。

銅場，明初，惟江西德興、鉛山。其後四川梁山，山西五臺，陝西寧羌、略陽及雲南皆採水銀、青緑。太祖時，廉州巡檢言：「階州界西戎，有水銀坑冶及青緑、紫泥，願得兵取其地。」帝不許。惟貴州大萬山長官司有水銀、硃砂場局，而四川東川府會川衛山産青緑、銀、銅，以與外番接境，虞軍民潛取生事，特禁飭之。成化十七年封閉雲南路南州銅坑。弘治十八年裁革板場坑水銀場局。正德九年，軍士周達請開雲南諸銀礦，因及銅、錫、青緑。詔可，遂次第開採。嘉靖、隆、萬間，因鼓鑄，屢開雲南諸處銅場，久之所獲漸少。崇禎時，遂括古錢以供爐冶焉。

《諸司職掌・工部・虞部・窑冶》 鑄錢：

凡在京鼓鑄銅錢，行移寶源局，委官於内府置局，每季計筭人匠數目，其合用銅炭油麻等項物料，行下丁字庫等衙門放支。如遇鑄完收貯，奏聞差官，類進内府司鑰庫交納，取批回實收長單附卷。若在外各布政司一體鼓鑄，本部類行各司，行下寶源局，委官監督，人匠照依在京則例。鑄完錢數，就於彼處官庫收貯，聽候支用。

則例：

當十錢一千箇，爐模用油一十一兩三錢，鑄錢連火耗，用生銅六十六斤六兩五錢，炭五十三斤一十五兩二錢。

當五錢二千箇，爐模用油一斤四兩，鑄錢連火耗，用生銅六十六斤六兩五錢，炭五十三斤一十五兩二錢。

當三錢三千三百三十三箇，爐模用油一斤一十四兩，鑄錢連火耗，用生銅六十五斤九兩二錢五分，炭五十三斤八兩三錢五分。

折二錢五千箇，爐模用油二斤五兩五錢，鑄錢連火耗，用生銅六十六斤六兩五錢，炭五十三斤一十五兩二錢。

小錢一萬箇，爐模用油一斤四兩，鑄錢連火耗，用生銅六十六斤六兩五錢，炭五十三斤一十五兩二錢。

穿錢麻：

當十錢，每串五百箇用一兩。當五錢，每串五百箇用八錢。當三錢，每串一千箇用一兩。折二錢，每串一千箇用七錢。小錢，每串二千箇用五錢。

銅一斤，鑄錢不等：外增火耗一兩

當十錢一十六箇，折小錢一百六十文。當五錢三十二箇，折小錢一百六十文。當三錢五十四箇，折小錢一百六十文。折二錢八十箇，折小錢一百六十文。小錢，一百六十文。

鑄匠每一名一日鑄：

當十錢一百二十六箇，當五錢一百六十二箇，當三錢二百三十四箇，折二錢三百二十四箇，小錢六百三十箇。

銼匠每一名一日銼：

當十錢二百五十二箇，當五錢三百二十四箇，當三錢四百六十八箇，折二錢六百四十八箇，小錢一千二百六十箇。

各處爐座錢數：

山東二十二座半，每歲鑄錢一千二百一十二萬二千文。

山西四十座，每歲鑄錢二千三百三十二萬八千文。

河南二十二座半，每歲鑄錢一千三百一十二萬二千文。

浙江二十座，每歲鑄錢一千一百六十六萬四千文。

江西一百一十五座，每歲鑄錢六千七百六十萬八千文。

北平二十一座，每歲鑄錢一千二百八十三萬四百文。

廣西一十五座半，每歲鑄錢九百三萬九千六百文。

陝西三十九座半，每歲鑄錢二千三百三萬六千四百文。

廣東一十九座半，每歲鑄錢一千一百三十七萬二千四百文。

四川一十座，每歲鑄錢五百八十三萬二千文。

陸容《菽園雜記》卷一四 韶粉，元出韶州，故名。龍泉得其製造之法，以鉛熔成水，用鐵盤一面，以鐵杓取鉛水入盤，成薄片子。用木作長櫃，櫃中仍置缸三只，于櫃下掘土，作小火，日夜用慢火薰蒸。缸内各盛醋，醋面上用木櫃，疊鉛餅，仍用竹笠蓋之。缸外四畔用稻糠封閉，恐其氣泄也。旬日，一次開視，其鉛面成花，即取出敲落。未成花者，依舊入缸添醋，如前法。其敲落花入水浸數日，用絹袋濾過其滓，取細者別入一桶，再用水浸。每桶入鹽泡水并焰硝泡湯，候粉墜歸桶底，即去清水。凡如此者三，然后用磚結成焙，焙上用木匣盛粉，焙下用慢火薰炙，約旬日后即干。擘開，細膩光滑者爲上，其絹袋内所留粗滓，即以酸醋入焰硝、白礬泥、礬鹽等，煉成黄丹。

裴應章、彭遵古等《鄖臺志》卷七《兵防・軍器》 鄖陽衛，原額軍器八萬一千三百八十七件，内堪補修軍器四千七百二十九件，俱貯府庫。房縣所，原額一萬八千一百三十九件，堪用一萬五千七百三件，補修二千四百三十六件，俱貯縣庫。軍三料銀千二兩，遞年徵解行都司。竹山所，原額四百八十五件。

襄陽衛，原額軍器一萬一千五百二十三件（副），貯庫。均州所，原額軍器二萬二千五百三十二件，貯庫。

荆州衛，原額軍器八萬三千一百八件，貯庫。荆州右衛，原額軍器二萬二千五百三十二件，貯庫。瞿塘衛，原額軍器三萬，今實在一萬一千七百四十八件（副），貯庫。枝江所，堪用軍器五千二百七十四件（副），貯庫。夷陵所，堪用軍器共七千七百四十九件（副），内一千六百四十件（副），貯所庫。六千一百九件（副），貯州庫。遠安所，二萬九千七百一十八件（副），存。長寧所，原額軍器二千二百七十件（副），堪用二千一百八十件（副），貯所。忠州所，歲造軍器三百九十件（副）。

南陽衛，頒降軍器九千二百八十九件（箇）。唐縣所、鄧州所，南陽衛所屬五所，歲造年例軍器共三千件，枝節年赴省打造，掣批。

漢中衛，軍器二千九百六十件（副、枝）。寧羌衛，軍器三千九百二十件（副、枝）。沔縣所，軍器八百八十二件（副、枝）。興安州，軍器一千件（副、枝）。

申時行等《明會典》卷一七〇《刑部一二・律例一一・刑律三・詐僞》

僞造寶鈔

凡僞造寶鈔，不分首從及窩主，若知情行使者皆斬，財産並入官。告捕者，官給賞銀二百五十兩，仍給犯人財産。里長知而不首者，杖一百。不知者不坐。其巡捕守把官軍知情故縱者與同罪。若搜獲僞鈔，隱匿入己，不解官者，杖一百，流三千里。失於巡捕及透漏者，杖八十，仍依强盗，責限根捕。若將寶鈔挑剜補輳描改，以真作僞者，杖一百，流三千里。爲從及知情行使者，杖一百，徒三年。其同情造僞人，有能悔過，捕獲同伴首告者，與免本罪，亦依常人一體給賞。

私鑄銅錢

凡私鑄銅錢者絞。匠人罪同。爲從及知情買使者，各減一等。告捕者官給賞銀五十兩。里長知而不首者，杖一百。不知者不坐。若將時用銅錢，剪錯薄小，取銅以求利者，杖一百。若僞造金銀者，杖一百，徒三年。爲從及知情買使者，各減一等。

一私鑄銅錢。爲從者問罪。用一百斤枷，枷號一個月。民匠舍餘，發附近充軍。旗軍調發邊衛食糧差操。若販賣行使者，亦枷號一個月，照常發落。

一僞造假銀。及知情買使之人，俱問罪，於本地方枷號一個月發落。

于慎行《穀山筆麈》卷一二《賦幣》 漢幣用黄金，雜以泉貨。唐純用錢，開元、天寶間，天下錢鑄九十九爐，歲入百萬，至元和、長慶間，鑄才十餘爐，入方十五萬，盈虧之較可覩矣。其時兩河、太原雜用鉛鐵，嶺南雜用金銀、丹砂、象齒，他皆用錢，白金猶未多用也。宋始用白金及錢，間以交子。勝國寶鈔盛行，與銀錢并用矣。本朝惟白金與錢，黄金不用爲幣，而雲南用海巴，即古之貝也。

梁武時，以民間私錢不能禁，乃盡罷銅錢，更鑄鐵錢，今世無鐵錢，間有土中掘出一二，皆梁錢也。

唐錢有開元錢，即五銖也。肅宗時有乾元大錢，一當十，又有重輪錢，一當五十，與開元同行，謂之三品。是時天下鑄錢之爐九十有九，而絳州有三十爐，乾元重輪皆絳州所鑄。

元時鈔法有三：初造中統交鈔；歷歲既久，復造元寶鈔；又三十餘年，改造至大銀鈔。錢法有二：曰至大通寶，一文準銀一釐；曰至元大寶，一文準銀一分。

楮幣之制起於漢之皮幣而無所交質，成於宋之交子而不及四方。金人以銅少，造鈔一貫、二貫、三貫、四貫、五貫、十貫五等，謂之大鈔，一伯、二伯、三伯、五伯，七伯五等，謂之小鈔，頒之四方，與錢并用，而鈔法始通行矣。

南宋事金，歲貢銀二十五萬兩，絹二十五萬疋，生辰正旦，每賀金茶器千兩，銀酒器萬兩，錦綺千疋。金人來賀正旦，金酒器六事，色綾羅紗三百段，馬六匹而已。

今九邊坐派錢糧，舊有定數，大約宣府八十三萬餘兩，大同七十七萬餘兩，遼東三十八萬餘兩，延綏二十八萬餘兩，寧夏二十二萬餘兩，甘肅三十八萬餘兩，六邊共計三百七萬有奇。俱山、陝、河南、山東、北直并本鎮屯田糧草解納。已而歲用不敷，每年議發年例并開派兩淮、山東、兩浙、長蘆引鹽，宣府一十九萬餘兩，遼東二十萬兩，延綏九萬兩，寧夏十六萬餘兩，六邊共計九十一萬。此其大略也。

何士晉《工部廠庫須知》卷七《寶源局》 寶源局條議：

鎔化銅斤：惟驗銅爲鼓鑄要領，在爐役利於耗多，在商人利於耗少，稍有低昂，難令心服。舊規東西二爐通融定耗，似已得平，但二爐所化不過二包，每包不過百斤，而奸商射利，銅難一律，以數十萬之銅，而定耗於二百斤之内，偶值其高，則加耗少而爐役虧，偶值其低，則折耗多而商人虧。今後鎔銅，相應添設二爐，臨時抽銅八包，每包取銅五十斤，共四百斤，秤兑下爐，則是合八包而鎔其半，通四爐而酌其中，折耗多寡，庶幾得平，而商爐各輸，服矣。

酌用水錫：凡鑄錢萬文，用四火黄銅九十斤，必加水錫五斤十一兩二錢，從來久矣。近來商銅日低，錫似宜裁，但銅性燥烈，非用錫引，則稜角不整，字畫不明。倘有四火黄銅，則水錫廼必需之物。前任王員外呈議，以錫易銅，歸重錢内。蓋欲錢體厚重，期於久遠。惟是錢自有定式，如果合式則錢自不輕。與其以錫换銅，而以四斤五兩四錢八分之數，加重於一萬文之中，不若計銅增錢，而以四斤五兩四錢八分之數，加多於一萬文之外。蓋水錫五斤十一兩二錢，價銀四錢五分六厘，照價買净銅四斤五兩四錢八分，可鑄錢四百八十三文，如鑄錢十萬，即多四千八百三十文錢矣。積而累之，其數無窮。如此則公家有水錫之費，而亦有水錫之利，爐役無乾没之弊，而亦無冒領之名。若後果有四火黄銅相應，仍用水錫，庶不失立法初意，至於嚴禁低銅成色不足者，依法重處，尤正本清源第一議也。

顧起元《客座贅語》卷四《鑄錢》 南都自開國至嘉靖中，開局鑄錢，獨洪武、宣德、弘治、嘉靖四種耳。正、嘉中民間用古錢，其後慳濫之極，至剪鐵葉錫片僞爲之，後乃稍稍厭棄，而更用「開元通寶」錢至今。上十年前，始用「萬曆通寶」錢而與嘉靖、隆慶制錢相兼行使，自後工部遂議就局鑄造矣。庚子辛丑間，又别造大廠，與寶源局并行鼓鑄，增多至百二十余爐，於是户部與操院亦議并鑄。久之，京府亦别起爐韝，鑄錢于常平倉矣。所鑄之錢既多，而行錢止于都城之内，久則錢益多而其直反賤，諸軍役匠作應受錢者，咸不樂三七搭支。又銅商以抽税多，故昂其直，而部所給之銅價不可增，則銅不時至。於是乃減所增鑄爐，斥停鑄者各歸其家，而私鑄之犯者衆矣。向也未行廣鑄，局中供役者不過世業舊工，自廣鑄而召募多人，于是撥砂、看火、醒眼、錯邊之法，人人具曉之。身既不隸于官而無所牟利，則往往私鑄以市，而其錢頗與官鑄者埒，且又減其直以讎於市之貿錢者，而私錢乃盈地。至官以法禁之，小民以死抵突，不可止也。故曰：「魚不可脱于淵，國之利器不可假人。」又曰：「利出于一孔者，國無敵。」噫，誠然哉！

又《金陵古今鑄錢》 吴大帝赤烏元年，鑄一當千錢、一當五百錢。

宋文帝元嘉七年，鑄四銖錢。

宋孝武帝建初□年，鑄孝建錢，一邊文爲四銖。

宋廢帝景和二年，鑄二銖錢。時私鑄錢多無輪廓，不剪鑿者謂之耒子，尤薄。輕者謂之荇葉；一千錢長不盈三寸，大小稱此，謂之鵝眼錢；劣于此者，謂之綖環錢，入水不沉，隨手破碎。

梁武帝鑄五銖錢，又别鑄除其肉郭，謂之女錢。

普通中，議盡罷銅錢，更鑄五銖鐵錢。

梁末，又有兩柱錢。

陳文帝天嘉五年，鑄五銖錢。

宣帝大建十一年，鑄六銖錢。

隋文帝于開皇十年詔晋王廣聽于揚州，立五爐鑄錢。

唐高宗乾封二年，詔天下鑄開元通寶錢。

唐玄宗天寶□年，詔揚州置十爐鑄開元通寶錢。

南唐元宗保大元年，鑄唐國通寶錢、大唐通寶錢、保大元寶錢。

皇明洪武初，置寶源局，于應天府鑄大中通寶錢。凡五等：一兩、五錢、三錢、二錢、一錢。重各如之。

令户部及各行省鑄洪武通寶錢。

宣德九年，令南京工部鑄宣德通寶錢。

弘治十八年，鑄弘治通寶錢。

嘉靖八年、二十一等年，鑄嘉靖通寶錢。國朝皆紀在南京鑄者。

朱國禎《湧幢小品》卷二《内庫銀錢》 國朝内庫以甲、乙、丙、丁、戊爲號，而不及己。戊，茂也，取財物盈滿之意。己，已也，止也，從此漸耗，故避不取。然勢亦有所必至矣。

北工部用銀千以上者題請，南自百以上即題，然亦未嘗數數也。

錢一緡計一千，值銀一兩。唐鹽利四十萬緡，劉晏爲轉運使，至大曆末，六百余萬緡，以絹代錢者，每緡加錢二百，以備將士春服。其曰每貫者，八百五十文爲一貫，今《大明律》與之迥異。

黄道周《博物典彙》卷一四《錢幣》 總論錢幣：

黄氏曰：「生民所資，曰衣與食。物之無關於衣食，而實適於用者，珠玉五金」。先王以爲衣食之具，未足以周民用也。於是以適用之物，作爲貨幣以權之。故上古之世，以珠玉爲上幣，黄金爲中幣，刀布爲下幣。然珠玉黄金，爲世難得之貨，至若權輕重，通貧富，而可以通行者，惟銅而已。故九府圜法，自周以來，未之有改也。然古者俗朴而用簡，故錢有餘；後世俗侈而用靡，故錢不足。於是錢之直日輕，錢之數日多。數多而直輕，則其致遠也難。自唐以來，始制爲飛券鈔引之屬，以通商賈之厚齎貿易者。其法蓋執券引以取錢，而非以券引爲錢也。宋慶曆以來，蜀始有交子。建炎以來，東南始有會子。自交會既行，而始直以楮爲錢矣。夫珠玉黄金，可貴之物也。銅雖無足貴，而適用之物也。以其可貴且適用者，制幣而通行，古人之意也。至於以楮爲幣，則始以無用爲用矣。舉方尺腐敗之券，而足以奔走一世，寒藉以衣，貧藉以富，蓋未之有。然銅重而楮輕，鼓鑄繁難，而印造簡易，今捨其重且難者，而用其輕且易者，而又不免犯銅之禁，上無搜銅之苛，亦便也。

銅幣之始：以下論錢

《管子》曰：「湯七年旱，禹五年水，人之無糧，有賣子者。湯以莊山之金，鑄幣而贖人之無糧賣子者，禹以歷山之金，鑄幣以救人之困。」又曰：「以珠玉爲上幣，以黄金爲中幣，以刀布爲下幣。三幣握之，則非有補於煖也，食之則非有補於飽也。先王以守財物，以御人事，而平天下也。是以命之曰衡，衡者，使物一高一下，不得有調也」。

九府圜法：

太公立九府圜法，黄金方寸而重一斤，錢圜函方，輕重以銖，布帛廣二尺二寸爲幅，長四丈爲疋，故貨寶於金，利於刀，流於泉，布於布，束於帛。

成周錢布之官：

司市以商賈，阜貨而行布，國凶荒札喪，則市無征而作布。鄭玄曰：「金銅無荒年，因物貴，大鑄錢以饒民。」外府掌邦布之入出，以共百物，而待邦之用。凡祭祀、賓客、喪紀、會同、軍旅，共其財用之幣，齎賜御之財用，凡邦之小用皆受焉。泉府掌以市之征布，斂市之不售，貨之滯於民用者。

子母相權之説：

周景王時患錢輕，將更鑄大錢，單穆公曰：「古者天降災戾，於是乎量資幣，權輕重，以賑救民。民患輕，則爲之作重幣以行之，於是乎有母權子而行，民皆便焉。若不堪重，則多作輕而行之，亦不廢重，於是乎有子權母而行。小大利之。今王廢輕而作重，民失其資，能無匱乎？若匱，王用將有所乏，乏則將厚取於民，民不給，將有遠志，是離民也！」王弗聽，卒鑄大錢，文曰「寶貨」，内外皆有周郭，以勸農贍不足，百姓蒙利焉。丘氏曰：錢有文始此。

半兩錢：

秦兼天下，幣爲二等：黄金爲上幣。銅錢質如周錢，名曰「半兩」，重如其文，爲下幣。而珠玉龜貝銀錫之屬爲器飾寶藏，不爲幣。

八銖錢　莢錢：

漢高后三年，行「八銖」錢，即秦半兩錢也。六年行「五分」錢，即「莢」錢。

除盜鑄錢令　四銖錢　五銖錢　當千錢：

漢文帝五年，爲錢益多而輕，乃更鑄「四銖」，其文爲「半兩」，除盜鑄錢令，使民自鑄。丘氏曰：「後世弛私錢禁，始此。」是時，吴王濞即山鑄錢，富埒天下，後即叛逆。鄧通以鑄錢，財過王者。故吴、鄧錢，布天下。漢武帝時，有司言：「『三銖』錢輕，輕錢易作姦詐，乃更請郡國鑄五銖錢，周郭其質，令不得磨錢取鋊。」丘氏曰：「秦世八銖，失之太重，漢凡榆莢，失之太輕，武帝罷『三銖』錢，鑄『五銖』錢，最得輕重之宜。」吴孫權始鑄「當千」錢，既太貴，但有空名，人間患之。丘氏曰：「後世鑄大錢，始此。」

開元通寶錢：

唐高祖武德四年，廢「五銖」錢，鑄「開元通寶」。每錢十錢，重一兩，計一千重六斤四兩，得輕重大小之中。丘氏曰：「太公《九府圜法》：『凡錢輕重以銖』，今之一兩，師古之二十四銖，計一錢，則重二銖半以下，古秤比今秤三之一，則今之一錢，爲古之七銖以上。

宋錢：

宋初錢文曰：「宋元通寶」，太平興國後，又鑄「太平通寶」。自後改元，必更鑄，以年號爲文。自王安石爲政，始罷銅禁，姦民日銷錢爲器，邊關海船，不復譏錢之出，國用日耗。

本朝錢：

聖祖未建極之前，即創「大中通寶」。既登基之後，又鑄「洪武通寶」，既太宗鑄「永樂通寶」，宣宗鑄「宣德通寶」，百年之間，僅此四鑄錢。迨弘嘉以後，則每更一號，必鑄一錢矣。

鑄錢之弊：

南齊高帝時，奉朝請孔覬上書曰：「鑄錢之弊，在於輕重屢更。重錢之患，在於難用，而難用爲無累。輕錢之弊，在於盜鑄，而盜鑄爲禍矣。人所以盜鑄而嚴法不能禁者，由上鑄錢惜銅愛工也。所以惜銅愛工者，謂錢無用之器，以通交易，務欲令銅輕而數多，使省工而易成，不詳慮其患也。自漢鑄「五銖」錢，至宋文帝四百餘年，制度有廢興，而不變五銖者，其輕重可得貨之宜也。以爲開置錢府，大興鎔鑄，錢重五銖，一依漢法，則府庫以實，國用有餘。黃氏曰：自《太府圜法》以來，以銅爲錢，或爲「半兩」，或爲「榆莢」，或爲「八銖」，或爲「四銖」，不知幾變矣。惟漢之「五銖」，爲得其中。「五銖」之後，或爲「赤仄」，或爲「當千」，或爲「鵝眼」，「綖環」，或爲「荇葉」，又不知其幾變矣！惟唐之開元，爲得其中。二者之外，或以一當三，或以一當十，或以一當百，然皆行之不久而遽變。惟其質制如開元者，則至今通行焉。惜乎！世道降而巧僞滋，古錢之存于世者無幾，凡市肆流行而通使者，皆盜鑄之僞物耳！其文雖舊，其器則新。律非無明禁也，彼視之若無，作之者無忌，用之者無疑，銷古以爲今，廢真而售贋，滔滔皆然，卒莫如之何也！已矣，爲今之計，莫若拘盜鑄之徒以爲工，收新造之錢以爲銅，本孔覬之說，別爲一種新錢，以新天下之耳目，通天下之物貨，革天下之宿弊，利天下之人民！

楮弊之始：以下論錢。

《周禮》：「以官府之八成經邦治，四曰聽稱責以傳別。」丘氏曰：「傳別，謂券書也。稱，謂貸之以物，責，謂責其所償，此乃後世契券文約之始，特民間私相以爲符驗耳，非以交易也。然用券書以通貨物之有無，與後世交會楮銘，其用雖不同，而其以空文質實貨，其原皆兆於是矣」。

白鹿皮幣：

漢武帝元狩四年，有司言：「縣官用度大空，而富商大賈財或絫萬金，不佐國家之急。請更錢造幣以贍用，而摧浮淫并兼之徒。」乃以白鹿皮方尺，緣以藻繢爲皮幣，直四十萬，王侯宗室朝覲聘享，必以皮幣薦璧，然後得行。丘氏曰：後世楮幣肇端于此，然其用皮爲幣，用之以薦璧，以朝覲聘享爾，非以此爲用也。其制雖與後世楮鈔不同，然不用金銀銅錫爲幣，而以他物代之，則權輿于此也。

飛錢：

唐憲宗時，令商賈至京師，委錢諸路進奏院，及諸軍諸使，富家以輕裝趨四方，合券乃取之，號「飛錢」。丘氏曰：「此楮法所由起也。然委錢而令券以取，而錢與券猶是二物，非若今之鈔，即以鈔爲錢而用之也」。宋太祖時，許商人入錢左藏庫，以諸州錢給之，而商旅先經三司投牒，乃輸於庫，所由司計一緡，私刻錢二十，尋置便錢務。丘氏曰：「此即唐人飛錢之法」。

交子會子之法：

真宗時，張詠鎮蜀，患蜀人鐵錢重，不便貿易，設質劑之法。一交一緡，以三年爲一界而換之，六十五年爲二十二界，謂之「交子」。富足十六户主之。其後富民金貲稍衰，不能償所負，爭訟數起。寇瑊守蜀，乞禁「交子」。轉運使薛田張若谷議：「廢『交子』，則貿易不便，請官爲置務，禁民私造。」詔從其請，置益州「交子」務。丘氏曰：自古之幣，皆以金若銅，未有用他物者，用楮爲幣，始于此。天聖中，界以百二十五萬六千三百四十緡爲額。至神宗時，改「交子務」爲錢引務。丘氏曰：「交子每三年一換，謂之界，更換之際，新舊相易，上下相關，不免勞擾。」我朝鈔法，一定而不更，可謂便矣。高宗紹興三十年，户部侍郎錢端禮被旨造會子，内外流轉，其合發官錢，並許兑會子，輸左藏庫。丘氏曰：「宋朝『交子』，至是更名會子」。不特此也，又謂之錢引，又謂之「關子」，又謂之關會，其實一而已矣。考夫唐之飛錢合券，特以通商賈之厚齎貿易者，蓋執券以取錢，而非以券爲錢也。宋自真宗以後，蜀始有「交子」。高宗以後，東南始有「會子」。而始直以紙爲錢矣。

平準稱提之法：

宋高宗論「交子」之弊曰：「如沈該稱提之説，但官中常有百萬緡，遇『交子』

減價，自買之，即無弊矣。」戴《註》曰：自物貨難於阜通，於是假圜法以流轉，故言錢則曰平準，所以見有是錢，必有是物，而後可準平也。錢多易得，則物價貴踴，此漢唐以後議論也。自商賈憚於般挈，於是利「交子」之兑换，故言楮則曰稱提，所以見有是楮，必有是錢，以稱提之也。楮多易得，則金錢貴重，其宋紹興以後議論也。平準稱提，皆以權衡取義，而低昂有在，於重輕明矣。陸贄謂錢多則輕，必作法以斂之。趙開謂楮多則輕，必作錢以收之。」丘氏曰：今世鈔法，遇有不行，亦有準此稱提之法，出内帑錢以收之，則流行矣。

金元交鈔之法：

金循宋四川「交子」法，置「交鈔」，自一貫至十貫五等，謂之「大鈔」；自一百至七百五等，謂之「小鈔」。以七年爲限，納舊易新，其後罷七年釐革之限，字有昏者方换之。丘氏曰：「鈔之名，始於此。」元世祖始造「交鈔」，以絲爲本，每銀五十，可易絲鈔一千兩，諸物之直，並從絲例。其後又造「中統元寶鈔」，以十計者四等，以百計者三等，以貫計者二等。每一貫同交鈔一兩，兩貫同白銀一兩，元寶交鈔，行之既久，物重鈔輕。

本朝鈔法：

本朝制銅錢寶鈔相兼行，使百年于兹，未之或改。然行之既久，意外弊生，錢之弊在於僞，鈔之弊在於多，是以至今日，錢在天下，有行有不行，而鈔，則絶不以之貿易也。

傅維鱗《明書》卷八一《食貨志一》 錢法：洪武初置寶源局于應天，鑄大中通寶錢，與歷代古錢兼行。以四百爲一貫，四文爲一錢。其貨錢相貿，從民便，設官以主其事，已敕户部及各行省鑄洪武通寶錢，當十、當五、當三、折二。若小錢凡五等，當十錢重一兩餘，各如其當之數，而小錢以一錢爲率。嚴私鑄之禁。工侍郎秦逵請令郡縣收民間廢銅，以資鼓鑄。上曰：「鑄錢本以便民，今欲取民廢銅，朕思天下廢銅有限，斯令一出，有司急於奉行，小民迫于誅責，勢必至毁器物以輸，其爲民害甚矣。」其已之。八年，罷寶源局。九年，罷行省錢局。十年，令各布政司設寶泉局，專鑄小錢，二十年復停。二十三年，復定錢制，小錢一文，用銅一錢二分，餘折當者遞增之。凡鈔一貫，准錢一千文。二十六年，獨户部鑄，而各省之鑪復罷。永樂九年，令差官於浙江、江西、廣東、福建鑄永樂通寶錢，嗣後，凡改元，鑄其年號錢，皆與古錢兼行。天順中，令民間除假錢錫錢外，凡古今錢，依數折行，不許挑揀。正德中，嚴錢禁令，職官折俸，以十分爲率，一分給錢。里甲收受錢糧，准收銅錢。嘉靖中，議以洪武通寶有當十、當五諸制，見今堪用，復有一錢七十文及一百四十、二百一十之異三等，任從民便，而嚴銷鎔舊錢造作佛像及器用之禁，犯者比盜鑄錢律。十九年，以鑄錢得不償費，停止之。二十三年復鑄，時御史閻隣上言，「國朝所用錢幣有二，曰制錢，則列聖所鑄，如洪武、永樂等通寶是也。次曰舊錢，如開元、祥符等錢是也。二錢並用，民咸利之。雖僞造，不過竊真售贋，其於原制尤不甚相遠也。邇者京師之錢輕裂薄小，觸手可碎，字文雖存，而點畫莫辨，甚則不用銅而用鉛鐵，不以鑄而以剪裁，麤具肉好，即名曰錢，每三百文才值銀一錢，作之者無忌，用之者不疑，而制錢反爲壅遏。乞敕下緝捕衙門，許以制舊二錢通行，其僞造私藏者，期以半月自行銷毁，犯者論如律。因以所獲僞錢進呈。」上惡其濫惡詭異，命牓示如章。已南京吏部司務朱希皋復上言，「納例開礦以濟用，不若倣採銅充賦，設官鑄錢，及禁其僞，行其真，新錢既成，貿易轉輸，賜予俸給，皆于此取之，甚便。」上曰：「今天下郡縣則壞，成賦以籍爲定，若復採銅充賦，未免紛紜。且兩京俱有寶源局，未嘗廢，可特令補鑄制錢數及盜鑄者。」後以錢法不通，户部言，「由輕重二弊未能迭相爲用，請以新舊二錢爲則，官司收税，亦准此例，不得輒有增損，有阻壞者，治之。」上命以七十文爲一錢，舊錢倍之。復諭工部鑄洪武至正德紀元錢，每號歲百萬，嘉靖錢歲一千萬。先是，民間行用濫惡錢，無復形製，名之曰皮棍，倒好，至以六七十文易銀一分，狡僞者或剪楮夾其中。因給事中李用敬言，乃詔公私用錢如洪武例，而嘉靖錢以七文准一分，洪武等及古錢上品者如制錢，餘不過二十文准一分，其濫惡者禁止之，犯者如律。是時，小錢行用久，驟革之，小民頗稱不便。又以大學士嵩請，出内庫錢八千一百萬，給官俸并軍糧，尋令不論年號，悉以七文折筭，由是，市易者官及軍匠，悉以七文抑勒予民，民益騷然。屬連歲大祲，四方流民就食京師，死者相枕藉。議者謂錢法不通所致，於是御史何廷鈺上言，「乞許民以小錢六十當一分，其庫貯諸錢仍以七文行。」而户部駁以爲濫錢，法所當禁，若官令用之，見開私鑄之門，以王者利柄假盜賊也。且方下厲禁，未期月，輒更，法令不信，格之。小錢雖不復用，而民間競私鑄嘉靖通寶錢，與制錢通行。四十三年，罷寶源局。初，上以廷議，命寶源局及南京、雲南造制錢，發民間貿易。既而所鑄不一，有金背、火漆、旋邊諸名，民行久之，言官建議鑄錢艱難，工匠勞費，請革其鏇車，只鑢盪代之，從之。於是鑄工競雜鉛錫便琢治，而輪廓粗糲，色澤昏暗，與前所造大不侔，由是姦僞之徒益多盜鑄，滋濫惡，貿易不通，至有朝入手而即廢棄者，商民悔忿，并佳者皆不受授，閭閻大困，其盜鑄者立斬，終不能止。上憂之，召大學士階問弊源，階奏言：「臣惟濫僞諸錢既不能强民通行，而寶源局仍鑄不已，有五害焉，户、工二部每歲以二萬八千餘金投諸無用之地。一、中奸猾之計，開私賄之門；二、朝廷以此給賞中外臣工，而蒙賞者受而無用，虚皇上之恩；三、官府以此給與商民，而領受者有虧苦之怨；四、局中之人，坐享其利，而朝廷之錢法日阻，禁嚴之令，因之不行，虧損國體；五、臣以爲不若停止寶源局鑄造，其應給錢者，即以錢本銀代之。」上從之。已上諭工部曰：「近來錢法阻滯，由于私鑄盛行，其立法嚴治，而寶源局向所鑄錢輕小，蓋由于官匠侵料減工所致，爾部究懲之。」乃逮作官及爐頭工匠，送法司讁遣有差。穆宗即位，令貿易貨物，一錢以上者，銀錢兼用，以下者止許用錢，而以制錢及舊錢皆以八文爲一分，勿低昂，乃鑄隆慶通寶，每文重一錢三分。尋以京城内外錢法不通，命廷臣議，于是户部奏「錢法之弊，其説有三，當嘉靖初年崇文門等處税課，皆徵錢，官吏俸給，小民貿易皆資于錢，故錢之用廣。其後鋪户濫受惡錢，以充俸鈔，錢稍不售，及税課專徵銀，又民間止用制錢，不用古錢，故錢法始壅，一也。又法令踈闊，私鑄者多真僞混淆，則煩揀擇，揀擇太精，則礙行使，二也。又無知小民聽信訛言，轉相煽惑，謂制錢且罷，遂格不行，三也。臣等以爲，僞錢濫惡者可禁，其洪武以來制錢及古錢，俱宜聽民間兼行，其税課房號諸銀，俱令收錢，如僞造及低昂價直者重罪之。」詔從其議。已總督薊遼侍郎譚綸言，「足國必先富民，欲富民必重布帛菽粟而賤銀，欲賤銀必行錢法，以濟銀之不及。今之議錢法者，皆曰鑄錢之費，與銀相當，朝廷何利焉。臣以爲歲鑄錢一萬金，則國家增一萬金之錢流布海内，鑄錢愈多則增銀亦愈多，是藏富之術也。又謂錢雖鑄，民不可强，夫錢者泉也，謂其流行而不息也。今之錢惟欲布之於下，而不惟輸之於上，故其權在市井而不在朝廷。又識以年號，亦不免有壅而不通之患。臣請朝廷歲出工銀一百二十萬，發兩京户、工部及各省開局，設官專任其事，其所鑄錢，即以備次年官軍俸糧兼支折色之用。以後鑄錢益多，則工本當益省。錢制必輕重適均，定以十文值銀一分，不足則稍重其制，以五文爲一分。其錢俱以大明通寶爲識，期可行之萬世。從前制錢及古錢，悉聽民便，新錢盛行則舊錢自止。又令民得以錢輸官，如税糧折色則銀六錢四，存留及俸廩軍糧，俱從中半收錢。如此皆以行錢爲便，雖欲强其用銀不可得矣。」上如綸言，而大明通寶錢終不鑄。

萬曆四年，令南北直隸及十三布政司俱開局鑄錢，每處發錢式，詔雲南留前鑄佐海肥之用。十年，停各布政鑄局。二十六年，給事中郝敬陳錢事甚悉曰，「責專官，定規則，廣鑄局，鑄大錢，採礦銅，處工本，嚴稽筭，禁盜鑄，筭歲息，重賞罰，曉愚夫，聽販賣。」上善其言而不行。已户部奏錢法，上曰：「今公帑匱乏，制錢宜多鑄濟用，不但餉軍給商，亦可供俸禄賞賚，須如法鼓鑄，務期上下通行，不得隨時低昂，以滋阻壞。監局司官若能殫心任事，効有勞績者優叙之。」天啓初，以光宗在值不久，未遑鑄錢，命鑄泰昌通寶錢一年，以存一代之號。崇禎中，内帑大竭，命各鎮有兵馬處皆開爐鼓鑄，以資軍餉，而錢式不一，盜鑄孔繁，末年每銀一兩，易錢五六千文，錢有煞兒大眼賊、短命官諸號，因兆李自成之亂，洪武時天下共開錢鑪三百二十五座，歲鑄錢一萬八千九百四十一萬四千八百文，後多盈縮，不可得而考云。

鈔法。洪武初，中書省及在外行省各置局鑄錢。有司責民出銅，民間皆毁銅器輸官，鼓鑄甚勞，姦民多盜鑄。又商賈貿易，錢重道遠不便，上以宋有交會法，而元時亦嘗造交鈔，及中統至元寶鈔易於流轉，可以去鼓鑄害。遂詔中書省行工部造大明寶鈔。工部造鈔屢不就，太祖一夕夢神告以當用秀才心肝爲之，既寤未得其計，因語孝慈皇后曰：「神豈殺士而爲之耶？」后曰：「不然，士子苦心程業，其文課即心肝也。」太祖喜，曰：「得之矣。」明日取太學生課簿搗而製之，遂成。以皇太子董其事，仍嚴僞造之禁，以桑穰爲料，制方高一尺，潤六寸許，色青黑，外爲龍文，闌横題其額曰：「大明通行寶鈔。」闌中爲三方，上方爲篆文，即題額，中、上兩旁復篆文八字曰：「大明寶鈔，天下通行」，中圖錢貫狀，十串則爲一貫，其下楷書曰：「户部奏准」。印造大明寶鈔，與銅錢通行使用，僞造者斬，告捕者賞銀二百五十兩，仍給犯人財産。若五百文，則畫鈔文爲五串，餘如其制而遞減之。每鈔一貫，折銅錢一千文，銀一兩，其餘以是爲差。其等凡六，曰一貫、五百文、四百文、三百文、二百文、一百文。每鈔四貫，易赤金一兩。禁民間不得以金銀貨物貿易，違者罪之。告發者，即以其物充賞。若有以金銀易鈔者，聽。凡商税課，錢鈔兼收，錢三銀七。一百文以下則用錢。十三年，在京在外各置行用庫，令軍民倒鈔貫，百昏爛者，許入庫易換，收工墨價。已復諭天下不許取鈔料，但有字貫可辨直僞者，不問破爛油污紙補，即收解京。抑勒者及不堪辨驗真僞解京者，罪。太宗即位，言鈔板歲久，篆文磨滅，且皆洪武年號，今改元，宜併更之。太宗曰：「板歲久則當易，但不必改洪武爲永樂，蓋朕所遵用皆太祖成憲，雖永用洪武可也。」故鈔終皆洪武年號。尋以鈔法不通，令諸有以金銀貿易者，以奸惡論，告捕者以所易金銀充賞。鈔昏爛，仍許入庫換易，收工墨直。蓋國家欲以寶鈔統天下利權，而銅錢佐爲，使通行之制甚設，然鈔易昏爛難久藏，雖有倒換之令，然收受艱難，終廢不行也。宣德中，令于順天、應天、蘇、松、鎮、常、揚、儀真、杭州、嘉興、湖州、福州、建寧、武昌、荆州、南昌、吉安、臨江、清江、廣州、開封、濟南、濟寧、德州、臨清、桂林、太原、平陽、蒲州、成都、重慶、盧，計三十三處，皆立署曰鈔關。又諭令天下凡菜果園，及塌房車房店舍停商賈者，菜地月納舊鈔三百貫，果樹十株百貫，房舍每間五百貫，差御史同户部官催勊之。又令凡以車載貨物者，每輛納鈔二百貫至五十貫，以小大爲差。船如之。若油房、磨房之類，皆納鈔。久之，民嗟怨，上命之減三之一。正統中，復申行之。先是，永樂中令大口月食鹽一斤，納一貫，小口月食鹽半斤，納百文，而笞罪以下，准以鈔贖，至是亦復申其制。成化中，令天下税糧，皆錢鈔兼收。及弘治六年，令各鈔關，每鈔一貫，折銀三厘，每錢七文，折銀一分，至是，鈔漸微而錢行。計太祖時，賜鈔千貫，則爲銀千兩，金二百五十兩。而永樂中，千貫猶作銀十二兩，金止二兩五錢矣。及弘治時，賜鈔三千貫，僅銀四兩餘矣，而鈔愈難行。于是上議者以爲，請倣古三幣之法，以銀爲上幣，鈔爲中幣，錢爲下幣，以中下二幣爲公私通用之具，而一准上幣以權之焉。蓋自國初以來有銀禁，恐其或閡錢鈔也。而錢之用，不出于閩、廣，宣德以來，錢始行于西北。自天順來，鈔之用益微，必欲如寶鈔屬鏹之形，一貫准錢一千，銀一兩，復初製之舊，非用嚴刑不可也。然嚴刑非盛世所宜有，竊以爲今日制用之法，莫若以銀與錢鈔相權而行，每銀一分，易錢十文。新鈔每貫亦十文。四角完全未甚折者，每貫五文。中折者三文。昏爛而有一貫字者一文。通詔天下，以爲定制，而嚴立擅自加減之罪。雖物生有豐歛，貨值有貴賤，而銀與錢鈔交易之數一定，而永不可易矣。上不聽。先是，成化中，南京鎮守言鈔法圮不行，遣御史鄺埜往按之，衆以爲非起大獄，申著令法，不可得而行也，埜念著令已峻，非法意，往獨捕一二市豪以獻，曰市人聞令下皆震懼，今鈔法通矣。事遂已。孝宗知其難行，不嚴督，聽民便。正德中，以内庫鈔匱乏，無以給賜，令天下鈔關徵解本色，從之。嘉靖中，御史魏有本上言，國初關税全徵鈔貫，嗣後改令錢鈔兼收。邇年以來，鈔法不通，錢法亦弊，而關税仍收錢鈔，無益于國，有損于民。以收鈔言之，每鈔一張爲一貫，每千張爲一塊，時價每塊值銀八錢，官價每塊准銀三兩，是官以三兩之銀，反易八錢之鈔，此則上損國用。以收錢言之，各處低錢盛行，好錢難得，官價銀一錢，值好錢七十文，時價每銀一錢，易好錢不過三十文，是小民費銀二錢以上，充一錢之數，此則下損民財。每銀約一萬兩，内五千收鈔，該鈔將二千塊，計用大櫃五百方。又五千兩收錢，該錢四千串，用櫃四百方，而水陸脚價進納猶難計議。疏入，上命錢鈔留各地方，而内庫用銀，則錢鈔皆不入矣。厥後鈔益無用，而各關皆徵銀，雖朝廷賜予終用鈔，得之者爲無用之物，置之而已。懷宗時以國用匱缺，議鑄銅鈔，製樣已具，而未及行。

《清實録·聖祖實録》卷一一六〔康熙二三年七月戊辰〕諭刑部、都察院及監察御史等官：近見奸徒……私燬制錢，鑄造小錢，爲首之人不曾拏獲，致牽連之衆，見禁刑部獄中。皆由五城巡捕、三營步軍不行嚴緝之故。設立監察御史、巡捕三營官員、步軍副尉、步軍校及步軍統領總尉等官，所司何事？爾等必曉諭該管官弁將爲首之人嚴加稽查，盡行拏獲。若有疎縱，或旁人首告，或朕訪出，將爾等照錢法堂司官員議罪例處分。所司官員毋得借此緝拏之端妄行擾害良民。

《清實録·世宗實録》卷六五〔雍正六年正月癸酉〕諭内閣：朕於雍正二年即聞直隸滄州地方有偷鑄私錢之匪類，因飭令總督李維鈞嚴行查拏，伊回奏已經嚴查，並無私鑄。今步軍統領阿齊圖奏稱，番役因公前往滄州，拏獲私鑄之劉七等夥黨多人，並獲私鑄器皿。觀此，則滄州姦民私鑄之弊由來已久，而地方大吏漫無覺察，今始敗露。夫私鑄錢文，大干法紀，且私錢不息，則錢法不能畫一，而銷燬制錢等弊皆由此而生，何以便民間之用？畿輔近地尚有此等姦民，則各省遠方安保必無此弊。著通行申飭，倘直省督撫中有似此疎縱者，一經察出，必照溺職例處分。

《清實録·世宗實録》卷一一七〔雍正一〇年四月己酉〕邢部議覆：安徽巡撫程元章疏言：亳州、壽州私鑄兩案俱起於雍正七年夏秋間，或鑄一月，或鑄二三月，即行停止。亳州案内，爲首之柳四、丁林公及匠人陳三良、潘瑞等應擬斬立決，傭工炊爨之柏雲、唐章，知情鄉約之李維，買錢使用之李大回子等均應擬絞立決。壽州案内，受賄不報之捕役蘇標應擬絞監候，商同私鑄，未經鑄成之貝爾明、楊聖遠等俟獲日另結。俱應如所請。得旨：亳州、壽州等處姦民私鑄錢文，經朕訪聞確實，於雍正七年秋間敕令步軍統領差役前往，拏獲多人，則其合夥私鑄爲時已久，事理顯然。今該督撫等將各案查審具奏，俱稱私鑄起於雍正七年之夏秋，或鑄一月，或鑄二三月，即行停止。朕體察情由，其中顯有草率支飾等弊。私鑄大干法紀，若督撫究問疎忽，將來何以示懲。至於亳州案内柏雲、唐章、李維、李大回子等俱以知情不報擬以立絞，又覺太重，況壽州案内，受賄疎縱之捕役蘇標止於擬絞監候，則柏雲等之罪不應在蘇標之上。又亳州案内，有商同私鑄，因無人掌爐，未經鑄成者，亦應酌量議減。此數案内私鑄日期及錢文多寡之處，著該督撫再加確審，務得實情，不得草率結案。其情罪稍有可原之人，分別治罪，亦著另行審結。

《清實録・高宗實録》卷四一〔乾隆二年四月丁亥〕河南按察使隋人鵬疏報查拏私鑄錢文、私造賭具案件。得旨：覽。一切刑名案件務須依限速結，以免無辜拖累之苦。然又不可疎忽，致有失出失入之咎也。

《清實録・高宗實録》卷一一三〔乾隆五年三月庚午〕〔安徽巡撫陳大受〕又奏：阜陽縣拏獲容留私鑄之紀明亮，鳳臺縣拏獲謀害人命之吴桂、吴英、陶二等八犯，現已批飭審究。得旨：此事辦理殊屬可嘉。

《清實録・高宗實録》卷一六三〔乾隆七年三月己丑〕江西巡撫陳宏謀奏：拏獲私鑄首夥。得旨：好。勉力妥協爲之。

《清實録・高宗實録》卷三三二〔乾隆一四年正月甲子〕又諭〔軍機大臣等〕：據福建巡撫潘思榘奏稱制錢攸關民用，各省開鑪鼓鑄，期於泉布流通，源源利賴。乃不法舖户竟敢剪邊易换，奸商越省興販至八九十千之多。現據閩縣、侯官、長汀三縣拏獲奸販鄭梅梅等，並起有剪邊錢文及器具碎銅等項，飭發司府嚴審定擬等語。制錢爲民生日用所必需，奸棍營私射利，敢將錢質剪銼，偷販外省，以致錢文日少，錢價益昂，殊屬不法。閩廣既有此弊，他省或不能無。著傳諭各督撫，令其轉飭各屬員留心稽察。如有前項弊端，立即查拏究處，以示懲警。事關錢法，定例綦嚴，毋得視爲具文，虚應故事，亦不得任聽胥役藉端滋擾。

《清實録・高宗實録》卷三三六〔乾隆一四年三月戊午〕刑部等部議覆：福建巡撫潘思榘疏稱：民人賴膽私造鉛錢，除攙和行使各輕罪不論外，應照私鑄爲首例擬斬決。得旨：刑部議覆此案與昨所題湖南羅朝倫一案同係私鑄，而一擬斬決，一擬斬候。雖私鑄例内原有銅鉛砂殼之分，但條例既殊，援引反難畫一，議法者轉得高下其手，以出入人之生死。若以爲斬決之例過重，因增出砂殼一條，則既同一私鑄，何不歸併斬候，以從輕比？朕意私銷之罪應重於私鑄，而外省題到案件多屬私鑄，並未見有拏獲私銷之案，可見私銷較難查拏，而私鑄之人未必不即係私銷之人，地方官辦理私鑄之案，從不究及私銷，殊非禁遏奸匪之道。嗣後私銷應照私鑄之例一體研鞫查禁。其作何另行妥辦定議之處，著九卿詳悉定議具奏。

《清實録・高宗實録》卷三三九〔乾隆一四年四月癸巳〕又諭：制錢爲民用所必需，私鑄私銷均干嚴例，而私銷之罪浮於私鑄，其難於緝獲亦較私鑄爲甚。邇來錢價踴貴，皆私銷之故，棍徒潛處作奸，形跡詭秘，地方兵役幸能躧緝，而得之良非易事，自應按律定擬以挽其頹。今署蘇撫雅爾哈善具題上元縣民陳彦章私燬制錢一案，雖按例擬以斬決，復爲聲明燬錢僅止二次，爲數無多，情有可原等語。夫陳彦章燬錢既經二次，已屬積慣私銷，祇圖射利，罔顧法紀之犯，尚有何情之可原？而該署撫之意，乃欲爲之祈寬重辟耶？雅爾哈善素有沽名邀譽之習，經朕屢加訓飭，毫不悛改，而此疏尤爲舛謬，著交該部嚴察議奏。

《清實録・高宗實録》卷三四一〔乾隆一四年五月辛未〕諭軍機大臣等：據廣東巡撫岳濬奏增城縣奸民謝錫奇等違禁私鑄，拒捕毆差一摺。該縣陳綬來辦理此案，固屬庸懦無能，不稱司牧之任，但奸民未經治罪，遽將該縣參革，則未足以肅官常，而先已長民風之刁惡，於輕重緩急之宜殊有未協。著傳諭岳濬將此案作速嚴究。

《清實録・高宗實録》卷三九九〔乾隆一六年九月辛卯〕諭軍機大臣等：開泰奏普安縣紅藤箐地方奸徒私鑄錢文一摺。看來私鑄必由私銷，而私銷治罪例嚴，私鑄尚得秋後處決。地方官查獲奸徒，往往以私鑄定案，而私銷之由即不復深究，乃向來積弊。此案務將私銷實情徹底嚴究，不可草率。況在深山密箐之中聚集多人，且賄買里長地棍，通同庇護，種種不法，其情罪重大，於地方實有關係。開泰已起身赴京，著即飭交該護撫從嚴辦理。

《清實録・高宗實録》卷四四〇〔乾隆一八年六月丙戌〕諭軍機大臣等：從來錢文私銷之弊甚於私鑄，是以律載罪名較重。朕前經降旨，令各省督撫實力嚴查，乃近年來拏獲私鑄者尚或有之，拏獲私銷者殊少，蓋因地方官不過奉行故事，私鑄易於犯案，而私銷非實心訪察，難以根尋，遂致奸徒漏網耳。今日進呈本内，河南巡撫蔣炳題訪獲私鑄，究出私銷一案，辦理甚屬可嘉，可見伊於地方諸事尚屬留心。至刑部覈覆張師載訪獲翦邊私鑄案，該犯等既將制錢翦邊改鑄，即與私銷無異，但此案爲首之犯已歸入私鑄案内，問擬斬候，是以照部議完結。可傳諭各督撫，嗣後應飭屬詳悉確查，嚴行究審，不特現獲盜銷之案固應治以本罪，即私鑄之案或有私銷情弊，務須究出實情，按律定擬，不得以私鑄混行結案。

《清實録・高宗實録》卷四四九　〔乾隆一八年一〇月辛亥〕江西按察使范廷楷奏：翦邊制錢向例分別十千上下定擬。竊思十千以下或因發覺日早，爲數無多，或因問官草率，任其狡飾，法輕易犯，不足杜奸。臣現審崇仁縣鄧集風私鑄一案，究出剪邊情由，將該犯即照私銷例定擬，並請勅部通行各省照辦。得旨：是。

《清實録・高宗實録》卷四五〇　〔乾隆一八年一一月庚申〕諭軍機大臣等：今日刑部進呈議覆河南巡撫蔣炳訪獲私鑄一本。蔣炳因訪拏私鑄究出私銷，將聽從銷鑄之李紹臣依銷毀制錢爲從例，擬絞立決，所辦甚爲合宜。從來錢文私銷之弊甚於私鑄，然私鑄易於發覺，而私銷非實心訪察，難以根尋。前經降旨，令各督撫飭屬嚴查，而近年來拏獲私鑄，不過就案完結，未有能實力根查，於私鑄之中究出私銷者。積習因循，徒使奸徒漏網，何以示懲？嗣後各該督撫等均應照蔣炳所辦嚴飭各屬實力奉行，務須究出銷燬確情，按律定擬，不得混行結案，可於伊等奏事之便，再行傳諭知之。

《清實録・高宗實録》卷七九五　〔乾隆三二年九月庚申〕諭軍機大臣等：據明德奏拏獲長洲縣民王裕元等私銷制錢，分別治罪一摺，已批交三法司覈擬速奏矣。私銷之罪重於私鑄，而此等人犯別無器具蹤跡，躧緝更難得實。所有拏獲此案罪犯之守備韋永福、把總蔡飛鵬看來尚屬能事，著明德即將該員弁等出具考語，送部引見。

《清實録・高宗實録》卷八〇五　〔乾隆三三年二月乙酉〕諭：前據江寧將軍富椿奏：據協領錫蘭泰、八十等呈報，查出步甲明阿圖勾引私鑄民人劉七等僦賃馬甲額勒登房屋，將明阿圖交地方官審擬，並將該協領等參奏。朕即以富椿所奏不甚明晰，降旨令高晉查明此事，如實係該協領等查出呈報，則是幹員，何得參奏？若地方官先行查拏，而富椿以該協領等查出具奏，則竟屬欺誑矣。今據高晉覆奏上元縣知縣杜世祥拏獲私鑄民人，稟知將軍，交協領錫蘭泰等將旗人明阿圖、額勒登拏交地方官查辦等語。竟不出朕之所料，富椿含糊具奏，甚屬無恥，著交部嚴加察議，錫蘭泰等亦著交部察議。

《清實録・高宗實録》卷八一九　〔乾隆三三年九月癸卯〕諭軍機大臣等：本日閱刑部進呈四川省秋審招册內，九卿等從緩決改入情實者至有四起之多。如張運開因忿争追毆，輒用刀戳人殞命，楊玉先以錢財細故砍殺胞弟，彭谷隆因妬姦生恚，持斧傷人，段廷章邀人私鑄鉛錢，數在十千以上，俱屬法所難逭，九卿改擬甚是。阿爾泰久經封疆，於秋讞大典何以寬縱若是？念其向來辦理諸事尚能實心，姑從寬免其交部，著傳旨申飭。嗣後覈辦刑名案件，務須細心酌覈，期得情法之平，毋再意存姑息，致干咎戾。

《清實録・高宗實録》卷八二三　〔乾隆三三年一一月庚子〕諭軍機大臣等：聞江南、江西等省民間行用制錢內多有攙入翦邊小錢者，雖經地方官查禁，其風總未能止息。此等匪徒敢將制錢私自翦邊銷毀，殊干法紀。雖間有查出治罪者，不過民間零星使用。究之伊等所翦錢邊碎銅非另鑄私錢，即改造器皿，售賣時必有蹤跡可尋，若即將零銅鎔化總賣，亦必有銅舖向其收買。市井細民安得盈千累百之銅，其形跡更易於推究。若於此嚴密訪拏，方爲正本清源之道。著傳諭高晉、彰寶、馮鈐、吴紹詩等即督飭所屬實力上緊緝拏，務將窩主及售賣店家嚴行追訊，使奸徒無從潛匿，以杜根株，毋得僅以具文塞責。

《清實録・高宗實録》卷八三五　〔乾隆三四年五月丙午〕諭軍機大臣等：據永德奏浙省查獲小錢案犯內有陳茂榮等，係廣東潮陽縣人，現住縣城南門外海邊嶺口，於上年十二月內裝載小錢，從粤省航海，帶至乍浦等語。此等奸徒存積小錢，運浙消售至數百千之多，其中必有夥局私鑄及銷燬官錢、鎔化改造情事，非尋常轉販攙用者可比。即應密緝嚴拏，務期要犯盡獲，不得稍有漏網。現據永德奏，已咨粤省查辦。著傳諭李侍堯、鍾音即按各該犯住址速行緝拏到案，研訊確供，毋任支延狡卸。有應知會浙省者，一面速行知會查辦，有應解犯質訊者，即遴委妥員小心管解，毋令兔脱自戕。至陳茂榮販運小錢多至如許，其中必有私鑄窩囤之人，在粤省豈竟無行使犯案，何以從未見該督撫奏及？或案情發覺，該督撫曲爲消弭，或潛匿作奸，地方官漫無稽察，皆非實力辦公之道。著李侍堯等即行詳切查明，據實覆奏。

《清實録・高宗實録》卷八三七　〔乾隆三四年六月戊辰〕又諭〔軍機大臣等〕：前因浙江等省攙用僞薄小錢，傳諭各督撫實力查禁。近聞各處民間仍前行使，此風並未止息，而蘇州地面爲尤甚。可見督撫等奉到諭旨，不過多張告示，一時塞責，官民均視爲具文，其於正本清源之道，究未悉心籌畫也。在小民彼此交易錢文，原難一一加之搜剔，其錢行舖户乃錢所滙集之處，理應設法查辦。若將所有小錢竟行勒令交官，致伊等貲本有虧，轉恐利計錐刀之徒巧於藏匿，如照小錢分量折中定價，按數收買，其法最爲兩便。但聞胥吏人等從中舞弊，或有將交官之錢仍行夾雜使用，自圖餘利者，似此積蠹相沿，奸弊何由整剔。嗣後凡給價交官之錢在省城現有鑄局者，莫若即令交到之日立即令其入鑪鎔化，即各屬州縣亦令於公署設立銅鑪，當時如法傾銷，倘不肖書吏尚有潛爲隱匿存留者，該管廠員及州縣等即當查明，治以官法，有通同徇隱者，督撫即行參處，如此，庶小錢可以净盡，而閭閻亦不致滋擾。其私鑄私翦及窩頓販賣之人仍應加緊訪拏治罪，不得因專辦鎔錢一節轉致稍有懈弛。仍將各省現在行使小錢情形有無止息之處據實具摺奏聞。

《清實録・高宗實録》卷八三七 〔乾隆三四年六月乙亥〕又諭〔軍機大臣等〕曰：永德奏浙省查獲小錢一案，據供有廣東潮陽縣人陳茂榮於上年十二月從粤省航海帶至乍浦等語。已傳諭李侍堯、鍾音照該撫咨開住址實力嚴行查緝，徹底根究矣。但廣東距浙甚遠，陳茂榮所有小錢無難就近行使，何必遠涉海洋，赴浙銷售，此必吴七事發到官，捏招遠省無賴之人，希圖狡飾，亦未可定。且積錢至數百千之多，其中必有本地奸徒夥局私鑄，並銷燬官錢情事。江浙地面犯案最多，則銷鑄之犯自必潛匿該處。即如去年江蘇巡撫彰寶查辦私鑄案犯，供出行家舖户俱在浙江海寧縣長安鎮翁家埠等處，乃其明驗。著傳諭永德，一面將案内各犯悉心推鞫，務得確情，並設法嚴密查拏，使私鑄窩販要犯均無漏網，毋任藉詞狡展，致稽延時日。

《清實録・高宗實録》卷八三八 〔乾隆三四年七月甲午〕諭軍機大臣等：據李侍堯等覆奏陳茂榮及私鑄匠人等俱已拏獲究擬。並稱粤省私鑄之案每歲多有拏獲，隨時審明，按律定擬完結等語。所奏殊未確實，已於摺内批示矣。私鑄小錢敢於公然窩頓販運，其作奸已非一日。設果如該督等所云時有拏獲，何至毫無畏忌若此？且陳茂榮一案經浙省發覺，朕傳旨詢問，始行緝獲，則地方官平日之漫無覺察，且該督等之不以爲事，概可想見。不但失察之州縣應行查參，即李侍堯、鍾音亦應附摺奏請交部議處。將此傳諭知之。

《清實録・高宗實録》卷八三九 〔乾隆三四年七月乙巳〕〔浙江巡撫覺羅〕又覆奏：審得吴七家小錢實係廣東人陳茂榮存貯，非近地夥鑄之錢，亦無銷毁官錢之事。得旨：此不過外省彼此相推諉之陋習，殊難信也。即如江蘇小錢皆云來自汝浙省，汝等爲督撫大臣，而如此居心行事，朕復何望？實愧之。

《清實録・高宗實録》卷八四一 〔乾隆三四年八月戊寅〕又諭〔軍機大臣等〕：據李侍堯等覆奏查辦粤省行使小錢摺内所稱，現在錢舖易換錢文，每千文有唐、宋、元、明古錢一百餘文，行用已久，似應免其查禁，俾錢價不致昂貴等語。所辦殊未妥協。前代錢文閲時既久，存者應已寥寥，豈有唐、宋、元、明錢文至今尚盈千累萬，與現在制錢一體流行之理。此必係私鑄之徒知僞造國寶將干重罪，因而變爲狡計，假託前代名目肆行銷鑄，既顯售其攙和射利之奸，又得陰蓋其盜鑄制錢之迹，其爲害於錢法尤甚。若以聽民自便之故不行查禁，留此罅隙，致若輩益得潛蹤滋弊，豈正本清源之道？著傳諭李侍堯等將該省行使古錢之處一併嚴行查禁，其現在所有古錢概令照小錢之例交官鎔燬，仍酌量給價。該督等其飭屬實力辦理，務俾私鑄根株永遠杜絶，而閭閻不致滋擾，方爲妥協。李侍堯向稱能事，近每覺姑息不認真，宜改之。著將此傳諭知之。

《清實録・高宗實録》卷九三七 〔乾隆三八年六月戊申〕諭：據陳輝祖奏宜昌府知府席芑、署東湖縣知縣楊朝宗於截抄宋元俊之子宋嵦舟次貲物並不嚴密清釐，以致失去同舟之張永烈銀兩，據稟不問，並將船户水手私販錢文濫行給領不究，任聽胥役乘機索詐。迨經飭查，仍復朦朧具覆，請旨革職審擬等語。席芑、楊朝宗著革職交與該撫，提同案内有名人犯，一併嚴審定擬具奏。

《清實録・高宗實録》卷九四三 〔乾隆三八年九月甲戌〕諭軍機大臣等：閲刑部進呈安徽省秋審册内陳孝等私鑄錢文一案，又胡克己、胡克昌致斃胡孔賢父子一案，文張二扎死宋恒一案，裴宗錫所辦均未妥協。私鑄錢文之案係陳孝起意，伊叔陳掄聽從入夥，該撫原擬陳掄已故，輒援罪坐家長之條，以陳掄當其重罪，將陳孝僅擬杖流，是何意見？經刑部議駁，始行改正。

《清實録・高宗實録》卷一二八二 〔乾隆五二年六月壬寅〕諭軍機大臣等：據奎林奏將私行銷毁制錢，鑄造普爾錢之回人密爾呬等定擬具奏一摺，已依議行矣。回人等膽敢作此不法，自因獲利甚厚。伊犁地方如是，烏什、葉爾羌、阿克蘇等處皆設局鑄錢，理宜一體悉心訪查，務將私燬制錢者嚴緝究辦。喀什噶爾地方曾否開鑄，如亦經設局，應令明亮等嚴查私燬。所有伊犁、烏什、葉爾羌、阿克蘇等處現鑄錢文及回疆普爾錢各行取數文，遇便呈覽。

《清實録・高宗實録》卷一二八三 〔乾隆五二年六月戊午〕諭軍機大臣等：據明亮等奏鄂斯璊遣伊屬人將私鑄普爾錢之爲從回匪薩木薩克等四人拏獲，審明照例定擬，並行知塔琦，將已回葉爾羌回人呼圖魯克蘇丕、圖爾第蘇丕緝拏等語。鄂斯瑺急公如此，甚屬可嘉，著加恩賞給大荷包一對，小荷包一對。所有拏獲回匪即照明亮等所擬完結。呼圖魯克蘇不等既回至葉爾羌，著塔琦即將伊等查拏，照例審辦。從前鄂斯瑺曾拏獲私鑄回匪呢雅斯，經朕賞給大緞，今又查出此案，葉爾羌亦必有似此藐法私鑄者，色提巴爾第務宜留心躧緝，果能飭屬嚴查，朕當照鄂斯瑺一例加恩，但不可濫及無辜也。

《清實録・高宗實録》卷一三五一（乾隆五五年三月甲辰）又諭（軍機大臣等）：前據孫士毅奏川省地方向有攙和小錢之弊，請定價收買銷燬，另行改鑄制錢。已降旨傳諭該署督嚴禁私鑄，以絶弊源，並令四川、雲貴鄰近各省一體嚴行查辦矣。昨叩閽民人吕鳳翔具控呈詞内有陜西安康縣私鑄小鐵錢一款，可見陜西地方竟有奸民等私鑄之弊。又聞浙江商民市易亦多將破爛小錢攙和行使，其弊與川省相同，不可不嚴行查辦。從前整頓錢法，曾經通行飭禁，不得擅用小錢，近年以來地方官視爲具文，因循不問，遂致小錢充斥，夾雜行使。奸民等希圖射利，必至私毁制錢，將一文改鑄數文，質地輕薄，殊干例禁。但相沿日久，若一時嚴行查禁，恐市肆錢價驟昂，於小民生計亦有關係，自應將破爛小錢收買改鑄。其尚堪行用之錢，定以易换價值，使之無利可圖，行之以久，爲之以實以漸，其弊不杜自絶。斷不可稍事張皇，使市儈聞之，居奇昂價。至奸民等既能私鑄，必致私銷，弊源實在於此。各督撫務須不動聲色，督飭所屬密行查禁。倘再顢頇不辦，使小錢仍復流通，則惟該督撫是問。除就近面行傳知梁肯堂、長麟外，將此諭令各省督撫知之。

《清實録・高宗實録》卷一三五二（乾隆五五年四月癸亥）又諭（軍機大臣等）：本日浦霖覆奏到查禁私錢二摺。朕初閲其第一摺内稱訪查郴桂等屬及滇、黔下游商販處所，嚴禁偷鑄夾帶等弊，先後拏獲私鑄六起，咨部完結，現在奸民頗知斂戢等語。朕即疑其所言未必皆實，且所稱拏獲私鑄六起，亦從未奏聞，已於摺内批示。及閲其第二摺内稱民間日用小錢久已剔除，其餘官板制錢因行使日久，稍有邊幅不整及顔色微黯者，現飭呈繳給價，解局改鑄等語。是其所奏前後自相矛盾。可見該省官局鼓鑄已不能如式，久有小錢夾雜行使，官錢且然，安能使民間私鑄小錢查禁净盡耶？各省設立官局鼓鑄錢文，大小輕重本有一定之制，自應遵照京局寶泉、寶源式樣觔秤，如法鼓鑄。民間既概用官錢，則私鑄小錢自無從夾雜行使。乃該撫始則稱民用商販無偷鑄夾帶之弊，言已不實，繼又稱官板制錢有邊幅不整及顔色微黯之處，則是官鑄已有小錢，不啻自行呈告，大屬不可。著傳諭浦霖，務須督飭所屬實力查辦。先清其官鑄之源，始能杜私鑄之弊，不得仍以顢頇了事。至畢沅管轄二省，湖南官鑄既有小錢，湖北官局有無鼓鑄不能畫一之處，及民用商販是否禁絶私錢，前經降旨詢問，何以尚未覆奏？著傳諭該督，將官局鼓鑄及民間偷鑄、商販夾帶之弊，如何嚴行查禁之處據實覆奏，不得視爲具文，致壞錢法也。

《清實録・高宗實録》卷一三五二（乾隆五五年四月甲子）又諭（軍機大臣等）：前因江、浙、四川、湖廣、陜、甘、雲、貴等省多有私鑄小錢，業經通飭各省嚴行查禁。昨據浦霖覆奏稱官板制錢因行用曰久，稍有邊幅不整及顔色微黯者，飭令地方官毋得挑剔太奇，以致市儈居奇昂價等語。可見小錢净盡之語本未確實。各處錢局鼓鑄錢文，大小輕重本有一定之制。在京錢局專有錢法侍郎稽查辦理，是以向來俱係如式鼓鑄，並無弊竇。外省錢局有係臬司及他道專管者，總在督撫實力查察，庶局員不敢任意舞弊。若專委該司等漫無整頓，恐有不肖之員或竟藉鑄小錢，希圖多得羡餘，從中漁利。總之外省督撫果能嚴飭所屬，認真辦理，原可諸弊肅清。即如近來漕務遲滯，經朕嚴行飭辦，本年漕運始得迅速抵通。可見地方應辦事務必須朕降旨督飭方肯留心辦理，及事過之後，仍復因循玩忽，又安用督撫大吏爲耶？嗣後除京師行用錢文俱係寶源、寶泉二局鑄造，向無攙和小錢，並直隸、山東業經面諭梁肯堂、長麟實心辦理外，著再傳諭各省督撫，所有鼓鑄局錢務須各督撫實力稽察，毋任局員稍有弊混，其民間私鑄尤須隨時嚴辦，毋得視爲具文，一奏了事。倘私鑄未能净絶，而官板制錢又復不能如式，一經查出，朕必將該督撫一併治罪。至民可使由，不可使知，該督撫惟當妥爲辦理，毋令胥吏藉以滋擾，市儈聞風居奇，方於國計民生均有裨益也。

《清實録・高宗實録》卷一三五三（乾隆五五年四月己巳）又諭（軍機大臣等）：前據浦霖奏查禁小錢摺内稱先後拏獲私鑄六起，現在奸民頗知斂戢，無須官爲查禁等語。朕即疑所言未必皆實，而拏獲私鑄亦未據該撫專摺奏聞，玆交刑部查明。浦霖任内拏獲私鑄共有六案，俱係咨部完結，則是湖南各屬奸民私鑄小錢，犯案者已不一而足，其餘僻遠地方私銷私鑄之弊豈能悉行禁絶？今浦霖因到任後曾經拏獲六起，即以爲奸民已知斂戢，無須官爲飭禁，各屬等必致心存怠玩，不復嚴行查辦，甚或諱飾不報，更屬不成事體，前已降旨通行飭禁。著再傳諭浦霖，務須實力嚴查禁絶，勿謂已辦六案塞責，遂以私鑄净盡，竟不留心查禁也。

《清實録・高宗實録》卷一三五三〔乾隆五五年四月庚辰〕雲貴總督富綱、雲南巡撫譚尚忠奏：……再查滇省銅鉛各廠砂丁貪私賣得價，奸民因以盜買私鑄。現嚴飭廠員留心稽查，毋許偷漏。並將廠民應得商銅酌增價值，官爲收買，俾其有利可圖，不致暗中走漏。得旨：似汝等中材祇可如此辦理，去其已甚可也。

《清實録・高宗實録》卷一三七一〔乾隆五六年元月庚子〕諭軍機大臣曰：長麟奏訪拏收藏小錢之黄甲一犯，訊係此項小錢從湖北開張緞店之屈恒太、鍾嘉茂處得來。查驗背面清字，多係寶黔、寶雲、寶源字樣，現在咨明湖廣、雲貴各省確查嚴辦等語。所辦好。小錢攙雜流行，於錢法大有關礙，節經降旨，通諭各督撫一體認真嚴禁。乃黄甲、屈恒太等並不遵例繳銷，膽敢輾轉藏寄，若各省奸商從而效尤，則官爲收買查禁之例仍屬有名無實，不可不嚴究以絶根株。其小錢背面所鑄寶黔、寶雲字樣，自係雲、貴二省私鑄，由湖廣流行到蘇。該二省向來有私鑄小錢之弊，雖經上年嚴定章程，通行禁止，而地方官奉行不力，積弊未能一時肅清。著譚尚忠、額勒春嚴飭所屬上緊查拏，勒限呈繳。如再視爲具文，該處奸商仍將小錢私行販賣，一經查出係寶黔、寶雲字樣，惟該省督撫是問。至寶源係工部錢局字樣，官鑄斷無此等小錢，想係奸商等見通行錢文内有寶源字樣，私銷倣鑄，並著湖廣督撫逐一根查，此樣小錢究竟何處私鑄，嚴辦示儆。【略】將此各傳諭知之。

《清實録・高宗實録》卷一三七四〔乾隆五六年三月丙子〕諭：上年孫士毅奏川省地方向有攙和小錢之弊，請定價收買銷燬，另行改鑄制錢。節經降旨通諭各督撫一體收買查禁。乃奉行未久，本年正月内，據長麟奏稱在蘇州地方訪獲收藏小錢，訊係由湖廣、雲、貴流行到蘇，復降旨令該省根查嚴禁。本日又據姚棻奏拏獲在吴城鎮沿河一帶擺賣錢桌之龔洪烈等，起出小錢六十二千，現在嚴行訊究等語。可見各省私銷私鑄之弊雖屢經飭令設法禁止，而小民趨利若鶩，地方官又不認真查辦，或且局錢不能如式，以致奸民影射，積習難除，即官爲收買之例，亦屬有名無實。此事總在督撫等行之以實，要之以久，而於官局不任透漏舞弊，始能盡絶根株。若不能正本清源，即定例綦嚴，亦復何益？嗣後各督撫務須一體嚴行飭禁，毋得日久懈弛，僅以查無私鑄一奏塞責。若經此次飭諭之後再有小錢攙雜流行，惟該督撫及管錢局之員是問。將此通諭知之。

《清實録・高宗實録》卷一三七四〔乾隆五六年三月丙子〕署江西巡撫姚棻奏：本年正月，據新建縣知縣等訪得吴城鎮錢桌有私攙小錢之弊，隨委員密往查拏，於龔洪烈等家起出小錢六十二千，俱係舊錢。經飭司提犯嚴訊。據供，因見官買每制錢一換小錢五，該犯等起意用制錢一換小錢三，小民樂於私售，積有成數，即在沿河擺桌攙用，並非私鑄轉販。批：即非私鑄，亦當嚴處。又奏：制錢一文換小錢五文係本省定價，奸商等因而作弊，請仍照部例，按觔兩給價，小民自不肯私換。至吴城鎮距省不遠，既經拏獲，恐各處未敗露者尚多，現嚴飭各屬查辦。批：行之在人，爾等不實辦，定例何益？又奏：江西界連廣東、福建、浙江、湖南、湖北地方，嚴飭各該縣督同營汛實力堵緝。得旨：以實爲之，不可以一奏了事。

《清實録・高宗實録》卷一四五九〔乾隆五九年八月癸酉〕又諭〔軍機大臣〕曰：吉慶覆奏酌籌錢法情形一摺。内稱浙省小錢多由湖廣、江西一帶客販攙和，私運來浙。嚴飭管税官役於稽查商税時嚴行查察，拏獲二起，均不過數千文。當經照例責儆，錢文入官等語。浙省既有客販攙和夾帶之事，他省自必大略相同，何以自查禁小錢以來，從未見各省有奏及拏獲私販小錢，治罪入官之案？可見不過虚應故事，並未實力稽查。著再傳諭各該督撫於本境私鑄奸民固應嚴密搜查，盡法懲治。即外來私販，尤應責成水陸入境地方州縣及關津税口仿照吉慶所辦嚴密查拏，毋得仍前偷漏，致干咎戾。

《清實録・高宗實録》卷一四六〇〔乾隆五九年九月丁亥〕諭軍機大臣曰：畢沅奏拏獲邪教案犯陳金玉、陳光玉及王大烈等一摺。是此案搶匿各犯皆已就獲。本日據福康安奏拏獲桐梓縣私鑄要犯劉榮厚等一摺，所辦好。就福康安所奏情形，此案聚夥私鑄竟在貴州地方，非馮光熊所能辦。現在邪教一案，統計四川、陝西、湖北三省獲犯業將及二百名，而首犯已在湖北地方拏獲。搶匿之陳金玉弟兄亦俱就擒，易於辦理。著再傳諭福康安，如伊接奉前旨已回至襄陽一帶，即就近將現獲邪教各犯速行審明具奏，再往滇省。如已過重慶至桐梓一帶，目下雲貴錢法諸務正關緊要，福康安即當徑往貴州，將私鑄一案督率審辦，俟大局明白，亦即由該處速赴新任，較爲便捷。至邪教一案，川省所獲皆非正犯，看來此案起事非在湖北，即在河南。昨已將福寧補授湖廣總督，其才尚足倚辦。所有邪教一案著專交與福寧，駐劄湖北、河南交界地方董率辦理，究出首犯嚴辦。並將供出之牛八、朱紅桃搜緝務獲，以副委任。其川省所獲之謝添繡等並著福康安酌量，如無關緊要，即留於川省，交與孫士毅審明定擬，如有應行質訊之處，即解往湖北，交與福寧歸案審辦，以期案犯得以速結，方爲妥善。其湖北拏獲要犯之委員等若有實在出力者，交與福寧，於定案時查明咨部議敘。將此由六百里各諭令知之。

《清實録・高宗實録》卷一四六〇 〔乾隆五九年九月甲午〕諭軍機大臣曰：福康安奏拏獲私鑄匪犯，審辦大概情形一摺。據稱，該犯等開鑪私鑄，所用銅、鉛自係該處官廠奸商透漏，或係水摸人等撈獲盜賣等語。此事弊端自當不出此數條，現在此案首夥各犯俱已拏獲，惟當切實根究，以清弊源而示懲儆。但該犯等糾夥多人，私行改鑄，除現獲各犯外，恐尚有逃竄潛匿者，福寧應飭所委員弁搜捕净盡，毋使倖逃法網。其曾石保一犯聞拏逃逸，經兵丁李廷賡搜獲擒縛，尚爲出力，應酌量獎賞，授以把總之職，以示鼓勵。所有署桐梓縣范崑即行革職嚴審。惟此案據劉榮厚供，去年十月内即與曾石保商量收買小錢，私鑄取利，是該犯等私鑄已及一年之久，該撫馮光熊及司道府並該管之鎮協營汛並未查拏，所司何事？著福康安即行詳悉查明，一併據實嚴參辦理。看來馮光熊竟不能勝巡撫之任，俟福康安查參到日，候朕另行簡放。至私鑄一案，現在拏獲首夥各犯已有二百餘名，而邪教一案，川省及陝西、湖北先後獲犯業已將及二百名，此外在逃及究出未獲之犯尚多。以兩案合計，不下五六百人，審明後自當嚴辦示懲。但私鑄一事，不過無業奸民骫法牟利，尚無聚衆拒捕等事，其邪教各犯亦祇係愚民惑衆騙錢，俱尚非重大案件可比，若概予駢誅，於心究有所不忍。將來定擬時，此兩案爲首起意之犯自當按律問擬，其爲從夥犯在邪教案内者，應發往黑龍江等處，給索倫達呼爾爲奴，其私鑄案内者即可發往回疆，庶於懲創之中仍寓矜恤之意。又據福康安奏私鑄人犯審明定擬後，邪教一案亦可趕緊完結等語。所辦甚好。……且貴州地方恐不僅此私鑄一事，尚有亟須整飭事件，福康安若遠駐他省，雲貴總督事務乏人督辦，殊深廑注。福康安竟應由重慶迅速馳赴新任，將應辦事宜實力整頓，方足以副委任。……將此由五百里傳諭知之。仍著將查拏私鑄於何日業經辦竣，何日即由重慶馳赴雲貴新任之處，迅速具奏。

《清實録・高宗實録》卷一四六四 〔乾隆五九年一一月戊子〕諭軍機大臣曰：奇豐額奏拏獲販賣小錢人犯張世揚等，訊據供稱係買自湖北漢口鎮開張船行之劉天泰鋪内。現將該犯等枷號，並飛咨福寧，提拏劉天泰到案，訊取確供，俟移咨到日再行定罪等因一摺。所辦好。私鑄小錢起自四川、湖廣一帶，屢經降旨飭令嚴拏究辦。現當整飭錢弊，功令森嚴之際，劉天泰等敢於存積小錢，私相售買，販運至二百餘串之多，可見私運小錢總在水路一帶，而湖北漢口鎮尤爲衝要之所。現在張世揚等販運小錢，行至江南地方即被拏獲，則漢口地方屯匿小錢必不止此，不可不徹底查辦，以清積弊。現在邪教案犯諒已辦竣，著傳諭福寧即親赴漢口鎮，提訊劉天泰，嚴究供情，從嚴定擬，並查此外有無屯貯，一體嚴拏懲辦，俾奸民知所儆畏，用盡根株。其現獲之張世揚等犯並著奇豐額於福寧知會到日一併按例從嚴定罪。至長洲縣知縣於私販人犯過境即能拏獲稟解，尚屬留心，著送部引見，以示鼓勵。

孫承澤《天府廣記》卷二二《寶源局》 寶源局在城之東，蓋石亨舊宅也。初，内官監爲忠國公石亨造宅三百八十六間，亨伏誅，宅没入官。嘉靖中，賜仇鸞。鸞敗，復没入官，因改爲錢局。虞衡司員外郎監督其事。所屬有寶源局大使。國初鼓鑄之事惟屬工部。至天啓二年，始增寶泉局，其政屬於户部，而工部之所鑄者微矣。

明初置寶源局，鑄大中通寶錢，與歷代錢兼行，以四百爲一貫，四十爲一兩，四文爲一錢，置官治之。即位以後，鑄洪武通寶錢，當十、當五、當三、折二若小錢，凡五等。當十錢重一兩，當五重五錢，當三、折二，重如其當之數，而小錢重一錢。六年，禁私鑄。八年，罷寶源局，造大明寶鈔，每鈔一貫准錢千文，銀一兩，其餘以是爲差。曰一貫、五百文、四百文、三百文、二百文、一百文，凡六等。每鈔四貫，易赤金一兩。禁民間不得以金銀物貨交易，違者治罪，告發者就以其物給賞。有以金銀易鈔者聽，凡商税課程諸色，錢鈔兼收，錢十之三，鈔十之七，百文以下則用錢。十年，置各布政司寶泉局，鑄小錢與鈔兼行。十三年，令在外在京各置行用庫，令民間鈔貫舊昏爛者，入庫易換，量收工墨價值。二十二年，令造小錢一十文至五十文，以便民用，每生銅一斤鑄小錢一百六十，折二錢八十，當三錢五十四，當五錢三十二，當十錢一十六。二十三年，定錢制。每小錢一文銅二分，其餘四等錢依小錢制遞增。二十四年，令諸商税課程，但鈔貫有字可辨真僞者，不問破爛、油污、水跡、紙補，即與收受。二十六年，罷各布政司寶泉局，其明年，禁行錢，專用鈔。永樂元年，以鈔法不通，令民間有用金銀交易者以奸惡論，有能首捕者，以所交易金銀充賞。五年，令各色税程課程俱准折鈔，以重鈔法。七年，設寶鈔提舉司於北京。八年，鑄永樂通寶錢於天下，而錢復兼鈔矣。宣德、正統中，並重鈔法。至景泰四年，聽民間錢鈔相兼行使。成化十三年，嚴鑄私錢之禁。十六年，嚴揀錢之禁。但係囫圇錢即便行使，勿拘年代遠近。弘治中，民間往往有盜鑄錢者，遂有新錢及鉛錫、薄小、低錢、倒好、皮棍等名色。於是鑄弘治通寶錢，官吏俸薪並給通寶錢，諸税課衙門一半收洪、永、宣三朝制錢，如無三朝制錢者，折收舊錢二文以示懲罰。正德七年，令職官折色俸給，十分爲率，一分折錢，九分關銀。嘉靖三年，令民間用好錢每銀一錢七十文，低錢每銀一錢者倍之。四年，令收税課每鈔一貫折銀三釐，每錢七文折銀一分。六年，鑄嘉靖通寶錢，每文重一錢三分，與洪武錢相兼行使。隆慶元年，令民間貨鬻值銀一錢以上，銀錢兼使，一錢以下，止許用錢。國朝制錢，凡歷代舊錢每八文折銀一分，不許任意低昂。四年，鑄隆慶通寶錢成，命户部量放京官折俸。萬曆造金背火漆錢，每六文作銀一分。崇禎末，户部司務蔣臣請行鈔法，錢法侍郎王鰲永力主之，然卒不能行。

鑄錢則例：洪武間當十錢一千箇，燻模用油一十一兩三錢，鑄錢連火耗用生銅六十六斤六兩五錢，炭五十三斤一十五兩二錢。當五錢二千箇，燻模用油一斤四兩，鑄錢連火耗用生銅六十六斤六兩五錢，炭五十三斤一十五兩二錢。當三錢三千三百三十三箇，燻模用油一斤一十四兩，鑄錢連火耗用生銅六十五斤九兩二錢五分，炭五十三斤八兩三錢五分。折二錢五千箇，燻模用油二斤五兩五錢，鑄錢連火耗用生銅六十六斤六兩五錢，炭五十三斤一十五兩二錢。小錢一萬箇，燻模用油一斤四兩，鑄錢連火耗用生銅六十六斤六兩五錢，炭五十三斤一十五兩二錢。弘治十八年，題准每銅一斤加好錫二兩。銼匠每一名一日銼當十錢二百五十二箇，當五錢三百二十四箇，當三錢四百六十八箇，折二錢六百四十八箇，小錢一千二百六十箇。嘉靖中則例：通寶錢六百萬文合用二火黄銅四萬七千二百七十二斤，水錫四千七百二十八斤，炸塊一十四萬五千斤，木炭二萬斤，木柴二千三百五十斤，白麻七百七十七斤，松香一千五百六十六斤，牛蹄甲十萬箇，砂罐三千五百二十個，鑄匠工食每百文銀三分八釐。萬曆中則例：金背錢一萬文合用四火黄銅八十五斤八兩六錢一分三釐一毫，水錫五斤一十一兩二錢四分八毫八絲，炸塊二百三十九斤八兩一錢一分六釐七毫，木炭四十五斤六兩二錢四釐四毫，白麻一十一兩六分六釐六毫，松香二斤一十三兩六錢二分四釐四絲，砂罐六箇，鑄匠工食銀三兩六錢五分。火漆錢一萬文合用二火黄銅斤兩同，牛蹄甲一百八十五箇，一分八釐。餘皆同前。凡在外各處鑄錢：北平二十一座，每歲鑄錢一千二百八十三萬四百文；廣西一十五座半，每歲鑄錢九百三十萬九千六百文；陝西三十九座半，每歲鑄錢二千三百三十萬六千四百文；廣東一十九座半，每歲鑄錢一千一百三十七萬二千四百文；四川一十座，每歲鑄錢五百八十三萬二千文；山東二十二座半，每歲鑄錢一千二百一十二萬二千文；山西四十座，每歲鑄錢二千三百三十二萬八千文；河南二十二座半，每歲鑄錢一千三百一十二萬二千文；浙江二十一座，每歲鑄錢一千一百六十六萬四千文；江西一百一十五座，每歲鑄錢六千七百六萬八千文。

工部條議：鑄錢必用水錫者，以銅性燥烈，非用錫引則積角不整，字畫不明，倘有四火黄銅，則水錫乃不需之物。近商銅日低，錫似宜裁。前任王員外呈議以錫易銅歸錢內，蓋欲錢體厚重，期於久遠。惟是錢自有定式，如果合式，則錢自不輕，與其以錫換銅，而以四斤五兩四錢八分之數加重於一萬文之内，不若計銅增錢，而以四斤五兩四錢八分加多於一萬文之外。蓋水錫五斤一十一兩二錢價銀四錢五分六釐，照價買净銅四斤五兩四錢八分可鑄錢四百八十三文，如鑄錢十萬即多四千八百三十文錢矣。積而累之，其數無窮。如此則公家有水錫之費，而亦有水錫之利。爐役無乾没之弊，而亦無冒領之名。若後果有四火黄銅，相應仍用水錫，庶不失立法初意。至於嚴禁低銅成色不足者，依法重處，尤正本清源第一義也。

寶泉局，户部錢局也。天啓二年，於皇城東北增設錢局，以佐軍興。本部右侍郎督理之，名錢法堂。

崇禎八年七月十七日，户科都給事中王家彦疏云：初設錢局，原爲藉錢息濟軍興。惟天啓二三年，督臣李宗延、陳于廷相繼受事，用過銅本銀二十萬九千五十四兩，獲息十二萬八千六百六兩八錢零。四年，舊督臣鄭三俊用過銅本銀一十四萬三千四百四十一兩四錢，獲息一十二萬八千九百三十二兩。計得利七八分不等，爲十餘年來登然足音矣。夫鼓鑄，化銅爲銀，非無利也。利歸之胥役爐匠與官，而上不得受也。查長安内外與法錢雁行於市者，皆私鑄也。而私鑄之難詰，莫過官局之爐頭。此輩或隙屏兩部，或朋合諸夥，册上莫辨其名，或埋銅窖中，或遞錢局法，夜間莫識其氣。私鑄不已，繼必夾鑄。私鑄則乘官司之不覺，至夾鑄則每爐加銅數十斤，官實與匠瓜分。此弊盛於南廠，而北廠亦然。廉其人而用之，而弊乃可得而釐也。然得人矣，不久任以專責成可乎？夫爐匠鑄役皆老於其局，長子孫於其中，以一年報滿汲汲欲去之人，而御長子孫之役，欲責其爬梳無遺，挽中滿之利，以盡歸於上，其數必不勝也。至於并局舍，約爐座，以便省試，削人數，核出入，嚴干掫，以防夾帶，十日一領銅，五日一交錢，爐事如流水，以使之工無旁及，所謂需其人而後行者也。得人久任，其於鼓鑄之道思過半矣。

王士禛《古夫于亭雜録》卷一《鐵錢》 南唐李氏鑄鐵錢，宋太宗始令收民間鐵錢鑄農器，給江北流民復業者。仁宗慶曆初，詔江、饒、池三州鑄鐵錢助陝西經費，民苦之，後停罷，其患方息。山谷詩「紫參可斸宜包貢，青鐵無多莫鑄錢」，蓋謂此也。

傅恒等《平定準噶爾方略》續編卷一六 〔乾隆二十七年〕辛未，諭喀什噶爾辦事尚書永貴等暫緩採辦銅觔。上諭軍機大臣曰：「永貴等奏稱回部鼓鑄錢文，仍須採礦，方足應用，現派員役率領回人三十名，在碩爾布拉克等處試採，得銅頗旺，復添派回人，裹帶口糧前往採辦等語。昨據達桑阿請，多採銅觔，曾諭以恐累回人，不必添派。今永貴之意與達桑阿相同。回部新鑄錢文尚多，採銅原非急需，著暫緩辦理。」

戊寅，申諭：喀什噶爾辦事尚書永貴等採辦銅觔，不必添派勒限。上諭軍機大臣曰：「永貴、海明和其衷奏稱，阿克蘇所添採銅回人，因豁免伊等應交糧石，呈乞代奏謝恩。又稱各城回人等添採銅觔，以四年爲限等語。採辦銅觔原以裕官兵回人之用，自當從容辦理，惟就現在所得之銅，源源鼓鑄，即稍有遲滯，亦無甚關係，何必添派回人，勒定年限？昨諭達桑阿等不必添採銅觔，永貴似尚未奉到，故如此陳奏。至永貴等所奏，回衆僉稱情願連年添採銅觔之處，大臣等面詢回人，伊等焉敢以不願爲詞，即謂回人愛重新錢，亦事之所有。但既非鑄錢賞給伊等，且仍收其普爾，又令其採銅爲鼓鑄之資，謂皆出於本願，恐未必盡然。凡事當權其輕重，緩急不可張皇欲速。著傳諭永貴等知之。」

張澍《續黔書》卷六《官鑄》 黔中錢局二，設於貴陽大定，局事即以知府領之。采辦滇銅，鼓鑄搭放兵饟。余初至黔，見市錢猶肉好完具，厥後省局私鑄小錢，不可用。余上書署藩臺董觀橋前輩言之，其略曰：國家嚴私鑄之律者，所以防奸民也，今不聞奸民之盜磨取鎔，另起鑪竈，而峨峨守牧，行固駔儈，顯犯王章之所不赦。市廛之中，充然堆積者，無輪廓，無夌易，一千之貫，不滿五寸，比於鵝眼、綖環，同其薄劣，入水不沉，隨手破裂，斗米萬錢，指貨，千錢，小民日用，難權子母，藏之不可爲泉，行之不可爲布，甚非所以愛養閭閻通惠商旅也。

法式善《陶廬雜録》卷二 《唐書·食貨志》：憲宗以錢少，商賈委錢諸道進奏院及諸軍諸使，以輕裝趨四方，合券取之，號飛錢。王圻《稗史類編》謂置關子是也。方以智《通雅》：盧坦請許於三司飛錢，每千增百錢。顧炎武《日知録》謂飛錢即今之會票。

《元史》劉宣曰：交鈔漢唐以來未嘗有，宋紹興初，軍餉不繼，造此以誘商旅，民甚便之。稍有滯礙，即用見錢，尚存古人子母相權之意。趙孟頫亦言鈔乃宋時所創，施於邊郡。

宋真宗時，張詠鎮蜀，設質劑之法。一交一緡，以三年爲一界而換之，六十五年爲二十二界，謂之交子，富民主之。後富民貲衰，轉運使薛田、張若谷請置益州交子務，私造者禁之。大觀元年詔改爲錢引務，後增印日多，以十年爲一界。曾鞏《隆平集》曰：天聖中，民訟不已，知益州寇瑊請禁之。上曰：蜀民用交子久矣，罷之可乎？李心傳《建炎以來朝野雜記》：大觀元年改交子爲錢引，分一貫及五百。

《楮幣譜》：蜀民製楮爲券，表裏印記隱密題號，朱墨間錯，私自參驗書緡之數，以便貿易，謂之交子。凡遇出納，本一貫取三十錢爲息。後官爲置務。熙寧間，戴蒙請置鈔紙院，改交子務爲錢引務。所鑄印凡六，曰敕字，曰大料例，曰年限，曰背印，皆以墨；曰青面，以藍；曰紅團，以朱。六印皆花紋，紅團背印則以□。故事監官一員，元豐元年增一員，掌典十人。貼書六十九人，印匠八十一人，雕匠六人，鑄匠二人，雜役凡一十二人。所用之紙，初自置場，後慮其有弊，以他官董其事。隆興元年特置官莅之，移寓淨衆寺。紹興五年始創抄紙場於寺旁。抄匠六十一人，雜役三十人。凡引一界滿，納舊易新。率千人取錢六十四，曰貫頭錢。其納換不盡者，曰水火不到錢。今一界所收，併貫頭錢，凡一百九十萬道，總領所榷取以供軍儲。所印之數，自元豐元年兼收兩界之後，屢增其額，至慶元三年，凡一百二十年，合四千九百三十七萬一千六百八十道矣。而又僞造竊行，引日益增，錢日益銷，子母不能相權。然有稱提之法，以錢稱提者，引價低，則官出藏鏹增價與民市引是也。以法稱提者，凡民以錢輸官，當折引，則以一貫二百八十爲限是也。蓋有錢則有引。天聖所印之數，視錢以爲準者也。自軍興增科，鑿空爲錢，天下大計，仰給於紙。猶幸守和議，引之出納有常，半藏諸司之庫，半流轉於民，維持不壞，識者有憂，其在軍旅之際乎？

宋潞州交子：熙寧三年，轉運司以其法行則鹽礬不售，奏罷之。

陝交子：文彦博言其不便。

《宋史·食貨志》：潞州交子務，熙寧二年置。陝西交子務，熙寧四年置。

京西北路交子務，熙寧三年置。行在交子務，紹興六年置。

高宗紹興元年，神武軍分屯婺州，朝廷以水道不通，始置見錢關子，召商人入中，其法入見錢於婺州，執關子赴杭越榷貨務請錢。《食貨志》：紹興三十年，户部侍郎錢端禮造會子，儲見錢於城，内外流轉。明年，詔會子務隸都茶場。三十二年，定僞造會子法。洪《容齋三筆》：印造益多，不勝其弊，壽皇出内庫銀三百萬兩售於市，以錢易楮。《文獻通考》：乾道元年户部侍郎林安宅乞別給會子背印，宋世鈔制有交子會子關子之別，鈔之名始見於此。賴有《楮幣譜》文字形製，約略可考。邱濬謂宋之交會，南渡後取紙於徽池，猶是別用紙爲之，而印文書字於其上。金元之鈔，則以桑皮就造爲鈔而印以字紋也。

金自貞元至大安中間，交鈔之制凡四改。始大小鈔並行，後專行小鈔。《春明夢餘録》：金人循交子法置交鈔，自一貫至五貫五等，謂之大鈔。自一百至七百五等，謂之小鈔。《稗史類編》：一貫至五貫，名大鈔。一百文至七百文，名小鈔，以七年爲限，新舊易跡。

金元鈔制：以桑皮故紙爲之。《金史》言鈔制，爲闌作花紋，其上衡書貫例，左曰某字料，右曰某字號。《大學衍義補》曰：左書號，右書料。料號外篆書僞造交鈔者斬，告捕者賞錢三百貫。料號衡闌下，曰中都交鈔庫準尚書户部符承都堂劄付户部覆點勘，令史姓名押字。又曰聖旨印造，逐路交鈔，於某處庫納錢換鈔，更許於某處庫納鈔換錢，官司同見錢流轉，其鈔不限年月。如字文故暗，鈔紙擦磨，許於所屬司庫納舊換新，支錢換錢，剋工墨錢，官爲押字。《稗史類編》所云經由行换之法及印章花押者是也。貞元初，設印造鈔引庫及交鈔庫，鈔文云不限年月，則是章宗以後更定者。泰和七年十月，楊序言交鈔料號不明，年月故暗，雖令赴庫易新，然外路無設定庫司，欲易無所，遠者直須赴都。上以問高汝礪，對曰：今官軍凡納昬鈔者，受而不支，於鈔背印記官吏姓名，是官吏姓名又有印記於鈔背者。范成大《攬轡録》：七年納，换到給錢，七十爲陌。與《金史》稍異。其曰七年納，蓋大定鈔制如此。至興定四年，鎮南軍節度使温迪罕思敬上書言，宜令以銀鑄錢爲數等，文曰興定，而未之行。至元光，珍貨以綾印製，則又鈔制之異者矣，元之中統銀貨所由昉也。

《元史・食貨志》：鈔以物爲母，鈔爲子，子母相權而行。世祖中統元年造交鈔，以絲爲本。蘇天爵《元文類》：銀五十兩易絲鈔一千兩，每一貫同交鈔一兩，兩貫同白銀一兩。王惲《秋澗集》：諸路通行壹拾文、貳拾文、叁拾文、伍拾文、壹伯文、貳伯文、叁伯文、伍伯文、壹貫文省、貳貫文省。元註。文省如七十足陌、八十足陌。若使同銅錢，便省官私利益，鈔文故先作文省二字。葉子奇《草木子》：元海運自朱清、張瑄始，朝廷以二人功，賜鈔印，聽其自印，鈔色比官造加黑，印硃加紅。《輟耕録》：葉公李獻至元鈔樣，世皇嘉納，使用鑄版。《春明夢餘録》：世祖後造至元鈔大行，以一當五，名曰金鈔子。道園《學古録》：至大銀鈔，視中統一當其二十五，自中統元年至天曆二年，七十五年中，中統鈔共一千五百九十三萬五千三百九十五錠，至元鈔共三千六百一十八萬一千九百二十九錠，至大銀鈔一百四十五錠，外三百六十六錠，字闕，不知是某鈔。共計五千二百一十一萬七千八百三十七錠，可謂富盛矣。惟至大三年所印止五百一十三錠，蓋是年兼行錢法也。至順元年以後，三十九年中所印造鈔數，《元史》未載，元至正十一年後，每日印造，不可數記矣。

《明史・食貨志》：太祖洪武七年設寶鈔提舉司，明年始詔中書省造大明寶鈔，命民間通行，以桑穰爲料。其制方：高一尺，廣六寸，質青色，外爲龍文花欄，横題其額曰「大明通行寶鈔」。其内上兩旁，復爲篆文八字，曰「大明寶鈔天下通行」。中圖錢貫，十串爲一貫，其下云：「中書省奏準印造」。大明寶鈔與銅錢通行使用，僞造者斬，告捕者賞銀二十五兩，仍給犯人財産。若五百文，則畫錢文爲五串，餘如其制而遞減之。其等凡六：曰一貫，曰五百文、四百文、三百文、二百文、一百文。每鈔一貫，準錢千文、銀一兩，四貫準黄金一兩。十三年以鈔用久昬爛，立倒鈔法，令所在置行用庫，許軍民商賈以昬鈔納庫易新鈔，量收工墨直。會中書省廢，乃以造鈔屬户部，鑄錢屬工部，而改寶鈔文中書省爲户部，與舊鈔兼行。十五年置户部寶鈔廣源庫廣惠庫，入則廣源掌之，出則廣惠掌之。二十二年詔更造小鈔，自七文至五十文。二十五年設寶鈔行用庫於東市，凡三庫，各給鈔三萬錠爲鈔本，倒收舊鈔送内府，令大明寶鈔與歷代錢兼行，鈔一貫準錢千文，提舉司於三月内印造，十月止。所造鈔送内府充賞賚，明年罷行用庫，又罷寶泉局。時兩浙、江、閩、廣民重錢輕鈔，有以錢一百六十文折鈔一貫者，由是物價翔貴，而錢法益壞不行。成祖永樂二年設北京寶鈔提舉司，帝初即位，户部尚書夏原吉請更鈔版篆文爲永樂，帝命仍其舊。自後終明世皆用洪武年號云。宣德初，民間交易惟用金銀，鈔滯不行。天順中，鈔一貫不能直錢一文。隆慶初，寶鈔不用，垂百餘年。天啓時，給事中惠世揚復請造行。崇禎末，有蔣臣者申其説，擢爲户部司務。倪元璐方掌部事，力主之，然終不可行而止。《春明夢餘録》曰：寶鈔局始於洪武八年，永樂仍建局於北京，後廢。造鈔之法，用桑穰料。其制方：高一尺，闊六寸許，以青色爲質，外爲龍文花欄，横題其額曰：「大明通行寶鈔」。内上兩旁復爲篆文八字，曰「大明寶鈔天下通行」。中圖鈔貫狀，十串則爲一貫，其下曰「户部奏準印造」。大明寶鈔與銅錢通行使用，僞造者斬。告捕者賞銀二百五十兩，仍給犯人財産。若五百文，則畫鈔文爲五串，餘如其制而遞減之。每鈔一貫，折銅錢一千文，紋銀一兩，其餘以是爲差。其等凡六：曰一貫，五百文，四百文，三百文，二百文，一百文。每鈔四貫，易金一兩。禁民間不得以金銀貨物交易，違者治罪。按明初有銀禁，恐其或滯錢鈔也，而錢之用不出於閩、廣。宣德正統以後，始用於西北。自天順成化以來，鈔之用益微。《稗史類編》曰：今之鈔蓋始於金而元承其制也，本朝沿襲之。聞洪熙宣德間猶有百文鈔，今但有貫文者。每貫值銀三釐，錢二文，非復國初之直矣。今鈔之制以桑楮皮爲之，竪長一官尺，横八寸，額上横作楷書云：「大明通行寶鈔」。中作楷書一貫二字，字下圖一貫錢形，左右作疊篆各四字：云「大明寶鈔天下通行」。其下楷書鈔法禁例，上下鈐户部印，四圍花文闌。張爾岐《蒿庵閒話》曰：明朝寶鈔之制，用綿紙，厚如錢，色青黎，外用墨欄週界，界内上端横書「大明通行寶鈔」六字。其下復爲龍文欄，界寬寸許，中一横墨線。界爲兩方，上方横書「一貫」二大字，字上畫錢索之形。兩旁篆書「大明寶鈔天下通行」八字。下方細書七行，書云：「户部奏準印造」。大明寶鈔與銅錢通行使用，僞造者斬，告捕者賞銀二百五十兩，仍給犯人財産。洪武年月，識以兩朱印，印文不可辨，背面下截爲花文欄，界内横書「一貫」兩大字，字下亦爲錢索形，上截空處，亦識以一朱印，一貫，五百文、四百文、三百文、二百文、一百文，凡六等。制並同，惟横書字錢索形，各如其數。嘗聞之一木工云，鈔正面墨欄之長，即鈔尺也。墨欄之一長一横，即民間市尺也，語似有本。又曰：世傳明鈔，大學生課本倣紙爲之，其青黎色是紙墨雜合所致。按宋孝宗造湖廣會子，亦下江西、湖南漕司根刷舉人落卷及毀抹茶引，應副抄造，以宋例明，當不誣。

法式善《陶廬雜録》卷五　漢幣用黄金，雜以泉貨。唐純用錢，開元、天寶間，天下錢鑄九十九爐，歲八百萬。至元和長慶間，鑄纔十餘爐，入方十五萬。盈虧之較，可覩矣。其時兩河太原，雜用鉛鐵，嶺南雜用金銀丹砂象齒，他皆用錢。白金猶未多用也。宋始用白金及錢，間以交子。元寶鈔盛行，與銀錢並用矣。今惟白金與錢，黄金不用爲幣。

元時鈔法有三，初造中統交鈔，歷歲既久，復造元寶鈔，又三十餘年，改造至大銀鈔。錢法有二，曰至大通寶，一文准銀一釐。曰至元通寶，一文准銀一分。

【略】

宋初平江南，歲鑄錢七萬貫，自後稍增廣。至天聖中，歲鑄一百餘萬貫。慶曆至三百萬貫。熙寧六年以後，歲鑄銅錢六百餘萬貫。【略】

宋蜀中交子，自祥符辛亥至熙寧丙辰，六十五年，二十二界。雖知巧有不能易，至熙寧五年，接續兼放兩界，遂徧於蜀之四路。天聖措置之初，一界一百二十五萬，至紹聖則增爲一百四十萬，至元符則增爲一百八十萬。辛巳用兵，中外之數，有數百萬。淳熙而後，十倍於此。紹熙、慶元而後，溢錢至千萬之數。向者止行兩界，每界所印，三千六百萬爲率。寶祐增至三界，共有一億四千餘萬。則宋世所行楮幣，何其盛也。天下增一億四千餘萬緡，又增市舶錢二百萬緡，宜乎其富於今日也。

交子之法，起自宋之祥符，流通於蜀。其後民以爲便，遂行江、淮、閩、浙間。楮賤，官出錢以斂之。楮貴，官出楮以散之。居者以藏鏹爲得，行者以挾券爲便，一夫可帶千萬緡，而無關津譏征之費。官府之折納，商坊之課税，悉取足於楮。是以錢楮兩重，宋世賴之。今則不然，官徵現錢，而予民則以楮幣，宜乎楮幣之難行也。須依倣鈔法，不泥其迹，用銅鑄造，如漢世貨布契刀之式，當千當百之製，貨布闊下而鋭首，中爲一竅，以通貫索。契刀其上如錢，而下如刀式，當千當百，製亦如錢，而形體稍大，須規模其式而損益之。周遭鑄成花紋，明著當千當百字樣，如鈔法行用。每省置官務，官爲散斂，如宋四川、河東、湖北、兩淮交子之法。凡州縣交納税銀，許納銅幣，准數收貯，民間赴遠地生理，許納現銀給領銅幣前路行用。如此則權其利於民，握其利於官，斂散周流，錢幣爲一，誠能行用百萬，則朝廷增錢百萬，行用千萬，則朝廷增錢千萬，不必徵斂民間，而坐收千萬緡之利。下省民力，上紓國計。舍是而別無策矣。

法式善《陶廬雜録》卷六　舊皆用小鐵錢，十當銅錢之一。景德二年，令知益州張詠、西川轉運使黄觀，同裁度嘉、邛二州所鑄大鐵錢，每貫用二十五斤八兩，成直銅錢一，小鐵錢十，相兼行用。後以鐵重，多盜鎔爲器，每二十五斤，鬻之直二千。大中祥符七年，知益州淩策言：錢輕則行者易齎，錢小則鎔者鮮利，請減景德二年之制，其現使舊錢，亦令仍舊行用。從之。

宋朝鼓鑄，饒永平池永豐江州廣寧建寧府豐國四監，歲鑄銅錢百三十四萬緡，充上供。衡、舒、嚴、鄂、韶、梧州六監，歲鑄百五十六萬緡，充逐路支用。建炎兵革，州縣困敝，鼓鑄皆廢。紹興初，併廣寧監於虔州，併永豐監於饒州，歲鑄纔及八萬緡。以銅鐵鉛錫之入，不及於舊。而官吏廩稍工作之費，視前日自若也。每鑄錢一千，率用本錢二千四百文。時范汝爲作亂，權罷建州鼓鑄。二年，復鑄錢十二萬緡，泉司應副銅錫六十五萬餘斤。光宗紹熙二年，臣僚言江北公行以銅錢一准鐵錢四。禁之。當時銅錢之在江北者，自乾道以來，悉以鐵錢收換。或以會子一貫，換錢一貫，省其銅錢、解赴行在。及建康、鎮江沿江州軍關津去處，委官檢察。又於江之南北，各置官庫，以銅鐵錢交換，凡沿江私渡及極邊徑路，嚴禁透漏。

王慶雲《石渠餘紀》卷五《紀制錢品式》 聖清太祖肇基東土，丙辰建元，鑄「天命通寶」錢，分滿漢文二品。天聰紀元，鑄錢如舊制。世祖奄有天下，置寶泉局於户部，寶源局於工部，明直省局皆稱泉源。鑄「順治通寶」錢，頒行各省開爐鼓鑄。自後列聖改元，沿爲故事。惟純廟行授受大典，嘗令乾隆、嘉慶各半分鑄。後改乾隆二成，六年乃全鑄嘉慶。順治之錢有數品，初有一錢、一錢二分、一錢二分五釐三品，其幕初無文。十年增鑄漢文一釐於幕之左，其右京局鑄户工，各省鑄局名，亦有單鑄一字者。十四年更鑄重錢，重一錢四分。圜函輝潤，近古罕比。凡錢圜徑十分寸之八。凡鑄錢先鏨鑿塊銅曰祖錢，乃鑄無文而圜者，曰母錢。然後印鑄函方而成制錢。凡鑄治之工八，曰看火、翻沙、刷灰、雜作、剉邊、滚邊、磨錢、洗眼，治之各以其序。於是始兼用滿漢文。京局曰源若泉，直省則以局名。江甯曰甯，一釐錢曰江。江西曰江，一釐錢曰昌。浙江曰浙。福建曰福。湖廣曰昌，一釐錢曰武。河南曰河。山東曰東。山西曰原。陝西曰陝。雲南曰雲。其密雲、薊鎮、宣府、臨清、大同，則用密、薊、宣、臨、同字。大同局先設陽和，文亦曰陽。以辨良楛，而殿最之。各省有分局。各府、各鎮者，旋開旋停。康熙初年增設各省局，其文湖南曰南，江蘇曰蘇，甘肅曰鞏。時布政司駐鞏昌，此局旋罷。四川曰川，廣東曰廣，廣西曰桂，貴州曰貴，後開福建臺灣、漳州兩局，文曰臺，曰漳。二十三年定鑄錢之齊以銅六鉛四，蓋銅性燥烈，必和以鉛。唐宋以來皆用之。明之四火黄銅，二火黄銅，即紅銅與白鉛相和而成者。大率以銅七鉛三爲準，至是始定分數遵行。先是，各局鼓鑄，或闕差採辦銅鉛，或官收廢銅舊器，分生熟銅配鑄。是年鑄輕錢。四十一年復重錢。故康熙錢有輕重二品。輕錢重一錢，重錢重一錢四分。雍正錢亦二品，元年令各省錢幕用滿文鑄局名二字，是爲後此遵行之定式。五年改錢齊爲銅、鉛各半。七年更定各省錢文。直隸曰寶直，江西曰寶昌，湖北曰寶武，山東曰寶濟，山西曰寶晉，雲南東川曰寶東。旋開江蘇、安徽錢局，文曰寶蘇、寶安。十二年改錢重爲一錢二分。乾隆五年以私燬者多，改鑄青錢。浙江布政使張若震奏，言錢價之貴，由於私燬。訪之爐匠，咸云配合銅鉛，加入點錫，即成青錢。唐謂之白錢。銷燬無利，山藪之奸可不禁自止。令户部試鑄百分，其齊紅銅仍五十分，減白鉛爲四十一分有半，用黑鉛六分有半，加點錫二分。所鑄青錢，試鎔爲銅，錘擊即碎，不能更造器具。時再試以接爐提銅之法，每串僅復原銅二十二兩。廷議以可杜私銷，照式頒行。歷代黄錢之法，至是一變。雖暫免銷燬，然質雜而脃，其易於消磨則一也。自雍正改爲一錢二分，輕重適中。後雖錢齊不同，而品式無改，惟供用内廷者爲樣錢，樣錢百重一斤，其齊仍銅六鉛四。又案：見行則例，京局配鑄凡百斤，用紅銅五十四斤，白鉛四十二斤又四分斤之三，黑鉛三斤又四分斤之一。各省局或純用白鉛，或雜黑鉛，而皆不用點錫云。

又《紀户部局鑄》 國初，户部年鑄三十卯，以萬二千八百八十串爲一卯。遇閏加三。康熙、雍正兩朝各增十卯，乾隆六年增二十卯，次年增勤爐十座，年鑄六十一卯，得錢六十九萬餘串。十六年以後因餘銅加鑄，至三十八年定爲七十五卯，歲得錢九十三萬串有奇。末年裁勤爐，復銅六鉛四之制，仍爲三十卯。嘉慶初年漸復，五年設俸爐，鑄搭京俸。後銅鉛不敷，亦旋減旋復。自國初以來，皆户部鑄二，工部鑄一，今則例寶泉局正爐之外，有勤爐、俸爐加鑄，歲出錢百十三萬串，閏加四萬串。寶源局有勤爐，歲出錢五十三萬串，閏加四萬串，各有奇。案近日鑄錢之數，多於往時，而公私均無朽貫之積。一由生齒日繁，多一人即多一人之用，且昔之食時用禮者，今或踵事增華，流轉之數愈多，則錢愈見少；一由銀貴，市票盛行，一兩之銀可以易兩串之票，市肆雖以票易銀，不得不蓄錢以待用，而冒禁私銷者，尚不在此數。此所以鼓鑄日多，而流通日少也。

通考案鑄錢之期曰卯，宋以後始有畫卯、點卯之名，蓋取其時之早，相沿既久，遂以一期爲一卯。

案今則例，各省局出錢歲額，除山東、河南、安徽、甘肅久已停爐，餘省歲其出錢一百一十一萬餘串，自銀價愈昂，錢本愈貴，大半皆停爐減卯。民用不足，私鑄能無起乎！

鑄大錢説帖：

今日之銀，少矣。非獨銀少，錢亦少也。國家歲歲鑄錢，積至於今日，宜乎山不能藏，海不能納矣。然使一月停爐，則局支立匱，況廠嵩之告疲，銅運之不繼。其勢岌岌，迫不及待。此猶可蹈常襲故而不思變計哉！今欲不添銅，不加卯，使局錢變少爲多，莫若酌提卯銅，配鑄本直相當之大錢，爲易行而無弊。自銀價昂貴，今之制錢蓋工本二而鑄錢一。局中鑄一串之錢，即糜一串之帑，歲常以數十萬金置之無用之地，此何爲者？誠使以制錢五文工本，鑄當五大錢；以十文工本，鑄當十大錢，是一而鑄一也。雖制錢民閒行用固不可廢，要不妨與大錢配鑄配行，局中減鑄制錢一串，明省一串之虧折，此人所共知，至配鑄大錢一串，隱留一串之盈餘，人或未必知。即知之，又慮其不能行，是在當事者實力講求所以行之之術而已。凡作事謀始，未計其利，先防其弊。前此議加鑄者，必曰收銅；收之不至，則議禁銅，而銅卒不可禁。其請鑄大錢者，又欲以數兩之幣，當百當千，名實乖違，公私欺罔，利未一而弊已百。今但減制錢，鑄大錢，銅斤取諸卯額，經費不必別籌也。一枚工本與一枚價直相當，私鑄無利，又不禁自止矣。且價與工本相當，昔之糜費一倍者，固已節省其半矣。從來貨幣之所以不行，每由上專其利，而下不能流通。如前明造鈔，而禁民用金銀。究之鈔日以輕，金銀日以重，無他，上之所行非其所令也。今欲兼行大錢，不患不能搭放，而患不能搭收。官不收而使民用之，其廢格不行可立而待，故其始必收放相權，立爲規制。及乎鑄漸多，用亦漸廣，利權操於上，而民用便於下。異日之大錢，即今日之制錢。流布轉移，有不必遽期其效者。惟是鑄造之法必精，收放之令必信。設誠致行，存乎其人。今謹條四事於左：

一曰錢制。以今日鑄制錢之工與料鑄大錢，則不如其不鑄。何也？其麤不利用，其脃不久存也。故大錢必選高銅，或加煎煉，勿雜黑鉛砂錫，十分其劑。以康熙二十三年所定銅六鉛四爲準，或近年銅色不高，則照國初以銅七鉛三配鑄。竝見通考。其色其質，務與順治、康熙一錢四分重之錢相等。至於銅價、鉛價、工料、局費四項，通謂之錢本。凡當五當十，必計錢本與錢直，名實相副。不妨多費分豪，斷不可吝惜錙銖，以生奸僞。考前明洪武時，鑄當十至當一錢五種。今畧仿其法而不用當三當二者，從簡便也。輪郭勿太寬，以免翦邊之弊。

一曰錢工。銅質雖浄，鑄治不精，示人以樸則易於僞爲，而行之不遠。案康熙閒鑄造黃錢，其工有八，曰看火、翻砂、刷灰、雜作、剉邊、滚邊、磨錢、洗眼。治之各以其序，而務極其精。自改鑄青錢，漸至粗雜，惜工省費，日就苟且。今以鑄制錢五文之工食，鑄治當五者一文，可期磨洗匀浄，積至當十。工費加多，枚數加少，自能精益求精。至於爐匠工作，侵盜固所宜禁，粗率亦所必懲。工食務足贍其身家，不使剋扣絲豪，致囂然有疾視之意，庶圜法日久而常新。

一曰搭放。凡大錢用抵制錢與銀搭放，則可；徑以大錢抵銀搭放，則不可。蓋銀價長落無常，錢質一成不易也。今部庫搭放，以制錢一千，準銀一兩，宜仍其舊。惟先就制錢中配放大錢二成，如搭放一串，以制錢八百，當十大錢二十；或制錢八百，當五大錢四十。量配放之數，爲配鑄之數。或分爐，或分卯，必度其宜。大抵配放之始，宜少不宜多。少則易散亦易斂，斂散易則流通疾，流通疾則錢見重，錢見重則存於民者必多，而官無朽貫之慮。疾爲斂之，正所以廣爲散之。此善取不奪之道也。

一曰搭收。或由鹽課，或由關稅，此當俟諸異日，而必自户部常捐及雜項倡之，然後法立而人不疑。凡搭收亦以二成爲準，不足乃以銀。民知官之樂爲收也，必争儲以待用，其事猶有不行者乎！至於通變不倦，鼓舞盡神，則必使上與下公其利；欲公其利，莫若以當五之三百六十文，與當十之一百八十文，直制錢一千八百，即許準銀一兩交納。或曰：今銀價每兩二千，如是則便於民不便於官。然自官計之，常時銀一兩鑄錢一串，又以錢一串抵銀一兩，名爲搭放，實無盈餘。今以銀一兩鑄大錢，其直兩串。準直搭放，是一兩之鑄獲二兩之用也。即以一千八百搭收一串之外，尚有八百之餘也。何必取盈於二千之數哉！且使民閒得大錢常有什一之利，商賈通行，民用便利，以視制錢必有倍加寶貴者。小利在民，即大利在國。慎勿藉口於難行哉！或曰：如前所謂搭放之數，既取諸按卯之配鑄而足矣，若復源源搭收，大錢不壅於官乎？然此爲民閒不行用言之耳。民之所棄，而官收之，其壅固宜。誠使鑄爲大錢，質既厚重，工復精純，領之官而有什一之利，納之官而無折閱之慮。不蠹不腐，可藏可沽，獲輕齎倍蓰之便，免短陌攙和之患，其爲流通利用無可疑者。夫一室儲錢百，則萬家有百萬之藏。京師百萬户，可使萬萬大錢流通於下。若乃物則質雜而工粗，法則朝行而夕改。小有通塞，不議停放，輒議停收，出納不平，掊克貽誤，一朝沮格，歸咎於立法之人。平心論之，此人不行法之過邪，抑法不可行之過邪？再考本朝錢法，順治初每文重一錢，七文準銀一分，後更鑄重一錢二分，以新錢七文準銀一分，舊錢十四文準銀一分。是新錢一當二也。十年行一釐錢十文準銀一分。十四年更鑄重一錢四分，新錢一亦當舊錢二。康熙二十三年復爲一錢。四十一年仍爲一錢四分，舊錢十當新錢七。輕重相權，實國家之故事，而非創自今日。至於收納職掌之所，官役勸懲之法，面幕文字之式，在當事者討論故實，熟思審計，取自上裁，非下走之所敢議也。

戊申十一月江翊雲給諫上請鑄大錢疏，竊意其法可行，惟所請徑以大錢抵銀搭放，爲思之未熟。事下樞府，友人屬爲説帖，因兼取汪衡甫京兆以二千搭放，以一千八百搭收之議，率成四條，會事寢未上。其年十二月，五城禁市肆私錢短陌，不數日銀價每兩由二千驟減至一千四五百文。時民間方倚錢度歲，典物者質庫不肯納，一時譁然。卒弛禁而銀復昂然。則今日錢價之賤，由局錢不精，奸僞溷雜。是篇所言，銀少錢亦少者，非意之也。

又《紀銅政》國初户局銅由各關辦運，工局差司員督買。康熙初併歸各關，以蘆課佐之。十八年收廢銅及淘洗餘銅，兼令鹽差採買。二十年停。二十五年增銅價，時各關藉口銅貴，徵税多浮。聖祖恤商民之困，增舊價六分五釐爲一錢。後交内務府商人承辦。四十四年總督貝和諾請立滇省官銅店，以各廠抽納税銅，變價報部。抽納見礦政。兼收買餘銅以售官商之承辦京運者。收以三四分，售以九分，獲息歸公，謂之銅息。考滇省山礦，元、明止有金銀之課，民間日用海𧴩，未嘗用錢。明嘉靖、萬曆間，暫開旋罷。至是，地寶乃漸出矣。至五十四年商欠誤運，改令各省委員辦解，歲需四百四十餘萬斤，增價二分五釐。先是，各關辦銅，捐水脚五分。至是，於價外給水脚三分，節省二分解部，是爲銅斤水脚解部之始。次年以各省辦銅伊始，暫收舊銅充鑄。而奸民轉將小制錢銷售。禁之。六十年并歸江、浙採辦。以東洋條銅在二省收泊也。又聽商民往安南採辦。雍正初，雲南青龍金釵廠産日旺，巡撫楊名時請解京局銅一百萬斤。廷議道遠費多，不如留滇開鑄，并許運散各省。罷官店餘銅，聽民販運。次年以江、浙運不足額，分閩、粤二省購洋銅。湖、廣二省購滇銅，運輸京局。旋以雲南産銅日旺，鼓鑄外餘二百餘萬斤，許運售各省。時議洋銅至京，每百斤價十七兩有半；滇銅僅十二兩有奇，内運費三兩。價大省，可以停購洋銅。然至乾隆初年，猶滇、洋各半。於是開東川局鑄，運往陝西。而貴州威甯之銅，與大定之鉛，皆大出。十三年令捐納貢監，收銅不足，乃用銀。高宗即位，以各省購辦滇銅解部，莫若即令滇省就近鑄錢出蜀之永甯，水運至漢口，附漕至京，可省京鑄之半。巡撫張允隨請開局廣西府，鑄錢三十四萬串，出粤之百色，運至漢口轉輸。乾隆元年令商民自運洋銅，官爲收買。次年總督尹繼善奏：「湯丹廠歲餘銅三百餘萬斤，以内地餘銅售之商販，而京局之需，又辦自外洋，不免舍近求遠。莫若令江、浙來滇收買運京。」次年直隸總督李衛亦以爲請，乃從之。是年停雲南鑄運京錢，以原銅百八十餘萬運至漢口，分撥站船運京，加卯鼓鑄。是爲滇銅之加運。户部議從前令雲南鑄錢運京，原因就近礦廠，而永甯水路可達京師，水脚多省。嗣因近蜀地方無可建局，遂於廣西府開爐，陸運至板蚌下船，抵粤之百色。山川修阻，較永甯迥別。請照原定銅斤解部。臣思銅運可由永甯，錢運何以必由百色？近蜀之東川府，雍正間久已開爐，何以運京之錢必開局於廣西州？昔爲府。允隨之請，户部之議，皆臣所未解也。時京銅始盡歸滇運。其運道，半由尋甸至威甯，半由東川經昭通、鎮雄，皆轉至永甯水運，每年預撥銅本一百萬兩。每斤工本九分二釐，連廠費約需五六十萬兩，脚價役食十餘萬，解司銅息二十餘萬。凡運銅有加耗，百分之八有餘銅百分之三沿途催趲稽查沈失。至今銅運章程半皆允隨所定。其時正運四百三十餘萬斤，加運一百八十餘萬斤，納户局三之二，工局三之一，即見行則例。解京正耗餘三項銅六百二十九萬餘斤之數也。六年滇省開金沙江通四川水道，乃於東川開局，改威甯陸運，由小江口至瀘州。然滇錢運京之法，卒無有議復者。十八年以粤需滇銅，滇需粤鹽，令彼此互換，免齎價之煩。次年撥滇省銅息五十萬充餉。三十一年總督楊應琚奏：滇省礦廠日開，砂丁聚集，每處數十萬人，糧價昂貴。礦廠無業之徒，向有米之家借糧，名曰米分。以米分多寡，均分礦利。開採無益，請禁老廠子廠四十里外不得私開。時各廠歲報獲銅千二百餘萬斤。至末年礦産尤盛，額銅之外，贏千三百餘萬斤。於是有帶解之銅。先是，銅質低潮者，由局煎煉。嘉慶初令選運純浄之銅，局驗低潮，運員治罪。然自是以後，銅斤無減於舊，而錢質漸以麤雜。議者謂不盡由銅低之故。臣讀會典，見國初以來局役包攬買交有禁，成色不足有禁。或設對牌，或較法馬。臨兑之際，撒手敲平，所以防收銅之詐僞者至纖且悉，則何如就滇鼓鑄運京之簡易哉！

附載鉛錫：

國初鑄錢之鉛，由各關兼辦。康熙二十三年始發商辦解，五十九年以湖南桂陽州税鉛十二萬斤解京配鑄。雍正初大定産鉛漸多，十二年停商辦，令貴州歲辦額鉛。自五年改錢齊爲銅、鉛對鑄。歲增京鉛至三百六十餘萬斤，而黔廠所出，實不止此數。雖倍舊價爲一兩三錢，而較商辦之直省七之五。蓮花銖砂之産，不踁而至。時黔鉛日旺，而楚産漸微。蓋五金與水同性，溢於此，必消於彼。向之滇銅出而洋銅稍衰，亦是理也。乾隆初改鑄青錢，減貴州白鉛五十萬斤，運黑鉛。後黑鉛與湖南迭辦，時有增減。初令廣東辦點錫十五萬，隨開礦抽課，竝收餘錫。後又收買洋錫。黔鉛百斤價一兩五錢，粤錫百斤十三兩有奇。十年黔鉛歲産至一千四百餘萬斤，是爲白鉛之極旺。二十七年定白鉛歲額四百二十四萬。再逾年增十有五萬。今則例歲額四百三十九萬餘斤是也。今黑鉛歲額，黔運四十七萬，楚運二十五萬。其點錫配鑄之法，自乾隆五十九年以後，即不復用。惟貴州鉛本歲需二十九萬兩，猶當時所定云。

附載新疆西藏錢：

西藏葉爾羌市易用普爾錢，紅銅爲之，重二錢，制小而厚，外有輪郭，中無方孔。每五十謂之騰格。舊以此輸準夷之賦。策旺阿拉布坦時錢面鑄其名，用準字，背回字，噶爾丹策淩亦如之。我朝平定回疆，仍以此輸賦。乾隆二十四年以後，開葉爾羌阿克蘇錢局，即其地徵銅萬斤鑄制錢，仍其俗用紅銅，枚重二錢，幕鑄城名，左滿文，右回文。更定百普爾爲一騰格，準銀一兩。四十年平伊犂，設寶伊局。面文皆如内地。伊犂鑄錢每千需銅料銀三兩八錢，顧皆賦糧折納，不由採辦。五十二年折給七城兵丁鹽菜百六十，準銀一兩。嘉慶以後仍兼鑄乾隆錢，以準回諸部皆高宗所戡定也。自西藏隸我版圖，以地不産銅，令寶藏局及商工鑄銀錢，面漢字，幕唐古忒字，邊郭鑄年分。重者一錢，輕者五分。其準銀皆長十之一，爲工火費。唐書謂泥婆羅國錢不穿孔。三朝國史謂天竺錢實其中不穿貫。今西北之錢猶其遺制也。今伊犂各城雜賦普爾錢九百萬有奇。

附載洋錢：

閩廣近海之地，多行洋錢，來自西南二洋。約有數等，大者曰馬錢，爲海馬形；次曰花邊；次曰十字。花邊大者重七錢有奇，鑄宫室人物，環以番字。《漢書》言安息、大秦諸國用銀錢是也。質不及銀，而價視銀爲高下。始番舶捆載而來，歲數百萬，與東南貨幣相流通。顧昔以洋錢易貨而來，今以貨易銀而去。其流入内地者，鏨鑿銷耗，亦漸以難得矣。

附鐵：

舊例鐵器不得闌出外境，而海舶或販廢鐵及鐵鍋千百出洋。雍正初乃禁之。八年，總督孫嘉淦奏湖南州縣産鐵，百姓自採以供農器，閒往鄰邑售賣，應聽商民自便，即《鹽鐵論》所謂輓運阡陌之閒，各得所欲者也。乾隆十年閩浙總督喀爾吉善奏雲和、永嘉等縣土瘠民貧，採鐵爲業。封禁以後，陽奉陰違，徒資吏胥需索。各縣俱係内地，與近海産鐵之甯臺等處不同，乃弛其禁，照舊開採，酌量起科。二十九年以後准四川屏山、江油、宜賓開採鐵礦，十分抽二，變價充餉，雖稍稍税之，而卒不立鐵官。

附銅運改道議：

滇銅兩運，寄存武昌，數月矣。此後江路即通，而豐工漫溢河湖，底定無期。京局之銅，何以爲繼？昨議由武昌船運入襄河，北抵樊城。新野水路見後。再由樊城陸運經内黄楚望入衛河滑縣道口見後。北上。其首尾襄、衛兩水，舳艫相望。豫省又有軍船可資灑帶，兩運之銅一百十萬斤，抵米不過一萬七八千石。豫省軍船三百餘隻，每船不過附裝五六十石。南北利涉，雜無疑義。所難者陸運千三百里耳。驛程見後。事屬創始，人多疑慮。然但能體卹車户，責成攬載，亦可必成而無弊。常見商販藥材布匹，皆以貨物責成車户攬載，未嘗逐車使人管押，而從不短少偷竊者，以雇價足供人馬料食，而無牽制剋減之累也。若拘執文法，官兵護送，吏役稽查，繁費誨盜，終亦不行而已。

案銅鉛各運，向例沿江溯淮，經三閘五壩，泝流而上。其閒讓漕插檔，阻風守凍，甚而挖淺撥運；又甚而沈溺打撈，勞力傷財，經年累月，其不虧短者尠矣。若果陸運得有把握，以後銅、鉛各運，擬自荆州至大澤口盤隄換船，更省沿江泝漢之路千有餘里。案水道提綱漢水至潛江縣北境大澤口，有支津西通荆州府，諸湖交會，即古之雲夢澤。又案圖書集成，自荆府之沙市，在大江北岸。至潛江縣之大澤口，在漢水南岸。其閒有大白、紅馬諸湖。《方輿紀要》所謂江陵東北三海八櫃，與漢水通者是也。此處盤隄，當必不遠。

自樊城至内黄縣楚望陸運驛程

湖北襄陽府北岸爲樊城，陸運由此啟程六十里襄陽縣吕堰驛，以下均照兵部驛站里數開列。六十里新野縣湍陽驛，如由漢江入白河，水路可至新野，省陸程百一二十里。《水道提綱》云：白河源流行七百餘里，合湍、唐諸水，南陽全府羣流畢會，實入漢之巨川也。六十里南陽縣林水驛，六十里南陽縣宛城驛，六十里南陽縣博望驛，六十里裕州赭陽驛，六十里葉縣保安驛，六十里葉縣滍水驛，六十里襄城縣新城驛，六十里長葛縣石固驛，五十五里新鄭縣永新驛，自此以上爲雲貴大道。四十五里新鄭縣郭店驛，五十里鄭州管城驛，四十里滎澤縣廣武驛，渡黄河。七十里獲嘉縣元郜驛，六十里新鄉縣新中驛，五十里汲縣衛源驛，五十里淇縣淇門驛，由此東北達濬、滑兩縣，皆臨衛河，水盛則大船亦可至滑縣之道口鎮。六十里湯陰縣宜溝驛，七十里彰德府安陽縣鄴城驛，自此以上爲西大道。百十里内黄縣，由前淇縣湯陰道上東北可達内黄，省陸路百里。三十里楚望集入衛河。衛河由此東過大名、冠縣、館陶至臨清州，與南運河合流，北抵直沽，無閘座。

以上陸路驛程計一千三百五里。

黄以周《禮書通故》卷三八《錢幣通故附市糴》

《管子》云：「珠玉爲上幣，黄金爲中幣，刀布爲下幣。」太公爲周立九府圜法，黄金方寸而重一觔；錢圜函方，輕重以銖；布帛廣二尺二寸爲幅，長四丈爲匹。故貨寶于金，利于刀，流于泉，布于布，束于帛。賈逵云：「虞夏商周金幣三等，或赤，或白，或黄。黄爲上幣，銅鐵爲下幣。」鄭玄云：「《外府》『掌邦布之出入』。布，泉也。其藏曰泉，其行曰布。泉始蓋一品，周景王鑄大泉而有二品。至漢，惟有五銖久行。王莽改貨，多至十品。」韋昭云：「單穆公言古者有母平子、子權母而行，則二品之來古而然矣，鄭君省之不詳耳。」以周案：幣有三品，《管子》爲備。錢有二品，韋説爲長。

李奇云：「九府圜法，圜即錢也。圜一寸而重九兩。」顔師古云：「此説非也。《周官》太府、玉府、内府、外府、泉府、天府、職内、職金、職幣，皆掌財幣之官，故云九府。圜謂均而通也。」王應麟説，九府即《爾雅》八方之八材，中原之五穀魚鹽。惠士奇説，《周官》夫布、里布、辟布、絘布、總布、質布、罰布、廛布、儳布，是爲布貨九品。

《漢食貨志》云：「周景王時患錢輕，更鑄大錢，文曰『寶貨』，肉好皆有周郭。」唐固云：「景王鑄大錢，重十二銖，文曰『大泉五十』。」韋昭云：「鄭後司農説《周禮》云：『王莽時錢有十品，今存於民多者，有貨布、大泉、貨泉。大泉，徑寸二分，重十二銖，文曰大泉五十。』則唐君所謂大泉者，乃莽時泉，非景王所鑄明矣。或曰文曰寶貨，皆非事實。」以周案：《漢志》又言莽即真，更作金銀龜貝錢布之品，名曰寶貨；小錢、幺錢、幼錢、中錢、壯錢，因前「大錢五十」，是謂錢貨六品。則寶貨、大錢五十，俱係莽制明矣。韋氏説是。

鄭玄云：「王莽改貨作泉布。貨布重二十五銖，直貨泉二十五；大泉重十二銖，直十五貨泉；貨泉重五銖，直一。」賈公彦云：「《食貨志》『大泉直五十』。言十五者，誤。」以周案：《周語》景王將鑄大錢，韋注引後司農説，正作「大泉五十」，唐固舊注亦云「大錢重十二銖，文曰大泉五十」。

鄭衆云：「『泉府』，故書泉或作錢。」韋昭云：「古曰泉，後轉曰錢。」鄭樵云：「錢字作泉，言其形如泉文。」王聘珍云：「故書者，古文先秦書也。作錢，乃《周禮》之本字。其作泉者，後人所改。太公立九府圜法，錢圜函方，輕重以銖。周景王更鑄大錢，文曰『寶貨』，或曰『大泉五十』，其形仍是外圜函方，並未嘗爲泉字形也。其爲泉形者，乃王莽所作之貨布。聞制字象物之形，不聞制物象字之形也。」以周案：指其物曰錢，曰布帛，語其通行謂之泉布。泉府之泉不必改作錢。其象泉文之貨，自是莽作也。

《漢食貨志》云：「王莽所定：大貝四寸八分以上，二枚爲一朋，直二百一十六。壯貝三寸六分以上，二枚爲一朋，直五十。幺貝二寸四分以上，二枚爲一朋，直三十。小貝寸二分以上，二枚爲一朋，直十。不盈寸二分，不得爲朋，直錢三。」鄭《詩箋》云：「古者貨貝，五貝爲朋。」孔穎達云：「鄭因經廣解之，言有五種之貝，貝中以相與爲朋，非總五貝爲一朋。」以周案：孔疏據王莽制以言，殊非鄭義。《淮南子·道應訓》注、《廣韵》「朋」字注，並曰「五貝爲一朋」。

《司市》：「國凶荒札喪，則市無征而作布。」鄭玄云：「有災害，物貴。金銅無凶年，因物貴，大鑄泉以饒民。」以周案：凶荒鑄錢，讀者多疑之。先君子曰：「《國語》單穆公云：『古者天降災戾，于是乎量資幣，權輕重，以振救民。』《管子》云：『湯七年旱，禹五年水。湯以莊山之金鑄幣，而贖人之無饘賣子者；禹以歷山之金鑄幣，救人之困。』以是知年凶鑄錢，三代同之矣。凶年穀貴錢賤，因大鑄錢，俾糴者得儲錢，糴穀者不窘于錢，其非凶歲，則舊所行之錢自給民用也。後世或歲鑄錢，民閒錢不加多，則銷錢爲器者衆。議救此弊者有二，曰平銅價，曰禁銅器。」

《泉府》：「掌市之征布，斂市之不售、貨之滯于民用者，以其賈買之，物揭而書之，以待不時而買者，買者各從其抵」。鄭衆云：「物揭而書之，物物爲楬書，書其賈，楬著其物也。抵，故賈也。」鄭玄云：「抵實柢字，本也，本謂所屬吏主有司是也。」賈公彦云：「先鄭抵故賈，後鄭不從。假令官前買時貴，後或賤，今依故賈與之即損民，故不得依故賈以解抵也。」馬端臨云：「買之于方滯之時，賣之于欲買之際，此與常平賤糴貴糶之意同。泉府則以錢易貨，常平則以錢易粟，其本意皆以利民，非謀利也。然後世常平之法，轉而爲和糴，且以其儲供它用而不以濟民，失其本意矣。」以周案：「各從其柢」，即下文從主、從有司，後鄭之説自確。據先鄭意，貨至不售而官斂之，其價必賤，故令買者從其抵，不忍因貨之乏，貴其價以病民也。其説亦通。先君子曰：「管仲、李悝之法，糴糶斂散祇行于穀甚賤傷農，穀甚貴傷民之時，觀時弊而行，非常法也。法有可暫行者，不宜執爲一定而概以施之。後世行此術者，定爲歲例，糴不于賤之時，糶不于貴之時，糴則抑價，糶則昂價。《泉府》言貨滯則買之，後世非滯而買之矣。《泉府》言待不時之買，後世定之以時，抑勒分配矣。」

《泉府》：「凡賒者，祭祀無過旬日，喪紀無過三月。凡民之貸者，與其有司辨而授之，以國服爲之息」。鄭衆云：「貸者，謂從官借本賈也。故有息，使民弗利，以其所賈之國所出爲息也。假令其國出絲絮，則以絲絮償；其國出絺葛，則以絺葛償。」鄭玄云：「以國服爲之息，以其于國服事之税爲息也。于國事受園廛之田而貸萬泉者，則朞出息五百。王莽時，民貸以治産業者，但計贏所得受息，無過歲什一。」陳傅良云：「還本之後，計日服國事以爲息。」一説，令國服役以償所貸。息，即保息之息。一説，《周官》有賒無貸，此莽、歆所竄。一説，國服即《管子》之「國軌」，亦曰「國準」。軌爲法，準爲平。以穀與幣相權，振其不贍，斂其有餘，自有什倍之息。一説，上文「凡賒者」，謂賒于官；下云「凡民之貸者」，謂民自相貸。民貸于民，泉府必與其有司辨其貨物，定價而後授之，其息之多寡，各有舊俗，不得增加，故曰以國服爲之息。服，字書訓習，訓行。國所習行，謂舊俗也。以周案：據先鄭注，貸謂借官本以貿易，國服謂其國所出之物。據後鄭注，貸謂借官本以治産，國服謂受國園廛之事。《載師》云「國宅無征，園廛二十而一」，故曰貸萬泉出息五百。陳君舉以國服爲服國役，不言所貸何事。先君子曰：「《泉府》所言，祇因祭祀喪紀之乏，權以賒之，以役事償之。下云『凡國事之財用取具』，謂貨入于泉府，用之者取于泉府，非謂取于所賒之息也。《周官》本經，其義甚憭。熙寧貸收之法，行之通國貧富等户，歲有常例，此謀利之術，不得援《周官》以自解。」以周復合羣説考之，後一説以上文「凡賒者」爲賒于官，此云「凡民之貸者」爲民自相貸，其解甚正；而以國服爲舊俗，仍未得也。兹可據《秋官・朝士》文解之。《朝士》云：「凡有責者，有判書以治，則聽。」注：「故書判爲辨。」即此所謂與有司辨而授之也。又云：「凡民同貨財者，令以國法行之，犯令者刑罰之。」即此所謂以國服爲之息也。服，古之𠬝字，治也，法也。從又從卩，會意。卩，事之制也。國服國法一義。以國服爲之息，明取息不得浮于國法也。浮于國法即是犯令。國服之息，今謂之官利，歲無過什一。林樾亭云：「漢時加責取息，坐臧。如旁光侯殷坐取息過律免，陵鄉侯訢坐貸穀息過律免之類，皆有程限。大抵歲取什一，如國取民之事，不得有逾。」考旁光侯殷之免，在元鼎元年，則國服爲息之法，漢初猶行。但周定此制爲民自相貸之法，漢初行之于官長，至王莽又取而行之于國也。

《旅師》：「掌聚野之耡粟、屋粟、閒粟而用之，凡用粟，春頒而秋斂之」。鄭玄云：「耡粟，民相助作，一井之中所出九夫之税粟也。屋粟，民有田不耕，所罰三夫之税粟。閒粟，閒民無職事者所出一夫之征粟。用之以賙，以國服爲之息。」江永云：「耡粟，農民合出之，因合耦于助，故名耡粟。猶隋唐社倉、義倉，每歲出粟少許，儲之當社，以待年飢之用者也。旅師所聚，以耡粟爲主。耡粟無多，恐不足以給，又以載師之屋粟、閒粟益之。『而用之』連上爲一句。此粟可不收息。」以周案：王介甫青苗法引此文爲證。朱子社倉與青苗法不甚異，行之得其人，青苗猶社倉也。魏元履建社倉不收息，朱子憂其難久，魏氏亦病朱子祖介甫聚斂之餘謀矣。介甫爲鄞令，行之無大弊矣。行之失其人，社倉亦青苗也。司馬君實言青苗之弊云：「富者不願取，使者以多散爲功，一切抑配，恐其逋負，必令貧富相保。春算秋計，展轉日滋，貧者既盡，富者亦貧，十年之後，百姓無復存者。」先君子言朱子社倉之法云：「朱子議社倉不願置立之處，官司不得抑勒；置立之處，人户不願請貸，不得抑勒。其給之也以穀不以金，其行之也必以慘怛忠利之心，不用聚斂亟疾之謀。議固甚善。然熙寧創立青苗之法亦已言及此矣，卒至抑勒也，給以金也，聚斂亟疾也。法立而弊生，弊漸流而漸大，法之所不能盡絶。使人主舉社倉之法，强天下以通行之，其弊亦然。産錢六百文以上、衣食不闕者，不得請貸，則請貸者皆極貧下户，而收納之時，不鞭扑而能得之邪？十人結爲一保，逃亡物故，同保均備納足，如貸者皆貧户，其何以堪之。如謂同保中有富者，則十人中貧富相閒矣。令富者貸粟而出二分之息，又令其償逃亡物故之穀，非抑勒之，而富者甘爲之邪？朱子集中所載《社倉記》，建昌軍南城縣之社倉，吴伸、吴倫發私粟四千斛爲之；婺州金華縣之社倉，潘叔度出穀五百斛爲之。是倉主之富而好義者，意在濟人，不求肥己，無各户之勒貸，無逃亡物故之索償，少倉穀出入之費，省官吏監察之資，事之所益者大，而行之可久。不能出此，而以官吏强行之，則弊百出矣。」

《周官司市》「辟布」，故書辟作辭。鄭衆云：「辭訟泉物也。」鄭玄云：「辟布，謂市之羣吏考實諸泉入，及有遺忘。」惠士奇云：「辭布，辭之言眥也，猶漢之眥錢。或説辟，法也，辟布猶法錢。」

《周官・廛人》：「掌斂市絘布、總布、質布、罰布、廛布，而入于泉府」。鄭衆云：「絘布，列肆之税布。杜子春云，總當爲儳，謂無肆立持者之税也。」鄭玄云：「總讀如租穗之穗。穗布，謂守斗斛銓衡者之税也。質布者，質人之所罰犯質劑者之泉也。罰布者，犯市令者之泉也。廛布者，貨賄諸物邸舍之税。」惠士奇云：「緫布，市中思次、介次之布也。質布，質劑賣價之布。罰布，質人所罰犯禁者之布。廛布，門關征廛之布。傀布者，無肆立持之布。《集韵》：『傀，蹔也。』徐邈讀。」《詩》云『抱布』，抱此。《管子》云『握路』，握此也。」江永云：「緫布，謂肆長總斂在肆諸物之布，此商賈之正賦，猶農之九穀，工之器物，《大宰》所謂市賦，《閭師》所謂任商以市事，貢貨賄也。質布，謂償質劑之布。古大券小券皆以帛爲之，質劑蓋官作之，其上當有璽印，是以量取買賣者之泉以償其費，猶後世契紙有錢也。」

《職内》：「凡受財者，受其貳令而書之」。鄭玄云：「受財，受于職内以給公用者。貳令，若今御史所寫下本奏，王所可者書之。」王與之説，職内掌入不掌出，鄭注與職歲相亂。所謂受財者，受財之入也。以周案：有入必有出，有出必有入。職内掌入，非不出也。職歲掌出，非無入也。知職歲掌出必有所入，可無疑于職内掌入非終不出矣。王氏駁注，殊悖。

《職幣》：「掌式法以斂官府都鄙與凡用邦財者之幣，振掌事者之餘財」。鄭玄云：「幣謂給公用之餘。凡用邦財者，謂軍旅。振猶抍也，檢也。掌事，謂以王命有所作爲。先言斂幣，後言振財，互之。」賈公彦云：「以財與之謂之抍，知其足剩謂之檢。上文直言斂，亦振之；下言振財有餘，亦斂之，故言互之。」以周案：職幣掌式法，而聽均節于大宰、司會。其所斂官府都鄙之幣，即斂司會所貳之官府、郊野、縣都之百物財用；其所「與凡用邦財者之幣」，即予大宰九式之祭祀、賓客、喪荒、羞服、工事、幣帛、芻秩、匪頒、好用之幣也。「掌事」承上「用邦財者」爲言，以所斂之幣，予掌事之邦用，而掌事者有餘財，亦振而收之。記「振河海而不洩」，注：「振猶收也。」此注訓抍、檢。《廣雅》：「抍，收也。」《孟子注》：「檢，斂也。」惠半農以巾車毁折之所入，泉府賒貸之所納，爲掌事者之餘財，其説固偏；又謂凶荒無征，以其餘供法用，與《經》「詔王小用賜予」之文亦悖。

《周官·大府》：「頒其貨于受藏之府，頒其賄于受用之府」。鄭玄云：「受藏之府，若内府也。受用之府，若職内也。凡貨賄皆藏以給用耳。良者以給王之用，其餘以給國之用。受藏受用貨賄，皆互文。」以周案：鄭意固是，然皆屬互文，《經》何必别白言之。貨賄本通文，此云「頒其貨」，據其良者言，「受藏之府」，即下玉府、内府是也。玉府、内府皆藏貨賄之良，以待王之大用。大用不常有，故謂之受藏之府，明不遽出也。「受用之府」，即下之外府是也。外府所受爲邦布，布取流行，隨入隨出，故謂之受用之府爾。

鄭玄云：「内府，主良貨賄藏在内者。外府，主泉藏在外者。」以周案：内府藏良貨賄，以待邦之大用；外府藏泉布，以待邦之小用。内外府以地言，無分于公私也。鄭注甚明。胡五峯以漢唐之季置私庫疑之，何不察經注之意邪？但内府之大用，謂祭祀、賓客、喪紀、會同、軍旅之大財用也。鄭注專以朝覲之頒賜言，似偏。

《司會》：「掌國之官府、郊野、縣都之百物財用凡在書契版圖者之貳，以逆羣吏之治，而聽其會計。」賈公彦云：「舉官府以表邦中，其實官府不出賦也。」曾釗説，此職不掌賦，掌其百物財用之在書契版圖者之貳耳。上二句當連讀，書契謂官府之書契，版圖謂郊野縣都之版圖，百物財用謂官府郊野縣都之出入。賈疏讀「財用」絶句，誤矣。以周案：曾氏説是。

《司會》：「以參互考日成，以月要考月成，以歲會考歲成」。鄭玄云：「參互，謂司書之要貳與職内之入、職歲之出。故書互爲巨。」王昭禹云：「以三考之爲參，以兩考之爲互。以職内考其入，以職歲考其出，以職幣考其餘，是所謂參也。以職内及會以逆職歲，職歲以式法贊逆會，是所謂互也。」薛季宣云：「二説皆不通。《周官》三百六十，分職任事，皆有日成，何獨于三官言之。蓋以凡考目，以目考數，以數考凡，是謂參。凡與數相考，數與目相考，是謂互。」以周案：《宰夫職》「正以治要，師以治凡，司以治目，旅以治數」。數以日計，目與凡，數之參參相積者也。參而互之，又以旬計日謂十日。日成謂旬日之成，猶浹旬謂之浹日也。《宰夫職》又云「歲終令正歲會，月終令正月要，旬終令正日成」，文義與此相同，則日成爲十日之成可知也。日爲之數，參其數爲之目，又參其目而互治之爲之凡，時在旬終，故曰「旬終令正日成」。參互以考日成，所以正其旬内之數目也。又參其旬爲之要，時在月終，故曰「月終令正月要」，考月成所以正月要也。至十二月又爲之會，故曰「歲終令正歲會」，考歲成所以正歲會也。王氏訓互爲兩，無據。薛氏沿其説，于參兩尤膠轕。

《周官·玉府》：「凡王之獻金玉、兵器、文織、良貨賄之物，受而藏之。」鄭玄云：「謂百工爲王所作，可以獻遺諸侯。古者致物于人，尊之則曰獻。《春秋》曰：『齊侯來獻戎捷。』」林喬蔭云：「此王字，《國語》所謂『荒服終王』者。凡四方之幣獻，入之于内府。其九州之外，謂之蕃國，世一見，各以其所寶貴爲摯。

此所謂世一見，即《國語》之所謂王。鄭氏箋《詩》云『世見曰王』是也。因來王而以其寶貴爲摯，故曰王之獻。以非常有之物，故入于玉府而藏之。」以周案：鄭以「凡王之獻」與下文「凡王之好賜」對文，獻字句絶。林以「凡王之獻」與內府「凡四方之幣獻」對文，獻字下屬爲義。玩「受而藏之」文，林説爲長。

《周官・內宰》：「凡建國，佐后立市」。鄭玄云：「王立朝而后立市，陰陽相承之義。」或説，周制，國君、夫人、世子、命夫、命婦過市，皆有罰，而內宰佐后與市井之事，其義何居？以周案：古者后親蠶躬桑，又獻種以佐王耕，凡宮中布帛菽粟之事，皆后主之，所以知其衣食之艱難也。市中之事，以布帛菽粟爲最大，而布帛之度，菽粟之量，皆準諸后，故后出其度量淳制以平之，此后立市之義也。設次、置敍、正肆、陳貨賄，內宰佐之；出度量淳制，祭以陰禮，后自主也。

《澳門憲報中文資料輯録（一八五〇—一九一一）・一九〇七年八月十七日（第三十二號）》　大西洋國海外匯理銀行：本銀行係有限銀行，實備資本銀壹萬二千兆鼇士即二千四百萬元，已收資本銀五千四百兆鼇士即一千萬零八十萬元。爲廣告事。

自本告白頒佈之日起，本銀行在澳門簽發每張一百元銀紙通行使用，是以玆將該款紙式解明如左：此銀紙長二百零八個美利味度，闊一百三十八個。面：紙身四圍白色，均有浮水印。西字上簷正中係大西洋國銀行，左右係一百，下簷係海外匯理，左右係一百，左右直簷各係一百。上簷花邊頂下正中有一彎月形之尺，角頭，掩以海棠花形，向內角尖西文一百。四圍雙圓狗牙花邊，深紅色直簷花邊之中藏華字壹百元，下簷正中一圓頭橫尺列西文大字澳門，左右華字中藏西文一百元一句，花邊之中一長橫尺列華字大西洋國海外匯理銀行，左右澳門。紙心全幅排雙鈎藕節間圓花之花紋，每圓花之中藏數碼一百，每藕節圈之上畫內藏西字大西洋澳門銀行，圈之下畫內藏西字海外匯理，中藏一百數碼。此數碼字以二橫行壓住，中藏西文一百元一句。紙心各花紋上半截青緑色，下半截深黃色。紙心印深紅色一帆船航海圖，印此爲本銀行之表記。此圖印之上横印西字一行，係大西洋國海外匯理銀行。此圖印之下簷係三摺帶形每摺西文二字係外省商務農務，兩旁兩横尺內列銀紙之號數，對下西字一横行，係澳門分行總理銀庫，憑此銀紙支給現銀。又一横尺西字一百元，又下大西字一横行，係此紙已收現行通用之銀。又下係理斯波京都及de字兩個及一千九百零六年正月初一日等文。又下係銀行正總理副總理司理人簽名。又正中藍色雙鈎大個西字數碼一百字。畫之中排密細字西文一百。又上幅左角西洋國印，右角三花相連形，中藏西字數碼壹百元，對下華文大寫壹百圓，又對下白印壹顆。背：紙身四圍白色蝴蝶花邊深紅色所有紙心色水及內藏花紋字號均同紙面一式無異。中有深紅色大橢圓一個，橢圓圈內密排細字西文一百元。圈之上畫內藏西文澳門銀行，圈之下畫內藏西文海外匯理，另中心小横尺數碼一百元。橢圓左右兩尖角各綴海棠花樣圈，圈內各有國印。上下四角各華文壹百元。丁未年七月初六日。

《政治官報・諭旨・光緒三四年正月十四日第一百六號》　正月十三日內閣奉上諭：京師人煙稠密，貧户孔多，食用物價稍涉昂貴，小民生計立形困難。近日銀價陡漲，物值因亦增高，嗟我黎庶，其何以堪！著度支部迅即撥銀五十萬兩，發交順天府府尹承領，即責成該府尹妥擇官商銀號，代爲貶價收錢，以平銀值。一面嚴禁各商肆任意抬高物價，其有私運大宗銅元入京者，由崇文門監督、郵傳部認真查禁，倘有奸民私鑄銅元潛銷充斥者，著責成民政部、直隸總督、順天府、步軍統領嚴密查拿，盡法懲治。俟銀價物價皆平，由該府尹將承領銀兩解繳部庫，其貶價虧耗之款，准其核實，開單奏銷。尚書陳璧，前在府尹任內，辦理銀錢平價尚屬得法，並著該尚書會同府尹妥籌辦理，務使操縱得法，國帑不至虛糜，用副朝廷體恤民困之至意。欽此。同日軍機大臣面奉諭旨：前以制錢缺乏，各省鼓鑄當十銅元，以期相輔而行。乃近來銅元益多，制錢益少，銅元一枚不足抵制錢十文之用，而奸商折扣盤剥，頗足爲害市面，且小民因制錢太少，零星日用諸多不便。當各省鼓鑄之始，原期準作十文與制錢兩無軒輊，而錢少元多，遂至錢貴元賤，不但物價騰漲，大礙小民生計，抑且鑄本日虧，並足損礙餉源，自非鑄用一文之錢，令一文本位常存，不足以顯銅元當十之數，保銅元行銷之利。前年湖北廣東等省曾奏鑄一文新錢，當經度支部議奏通行，而各省搭鑄一文新錢者仍不多見，蓋由於鑄造一文新錢成本較重，不免稍有虧耗，然以鑄當十銅元餘利，酌量提補虧耗，尚不至無著，所失無多，所全甚大。著度支部通行各省廠，凡鑄當十銅元，必須於定額之外，加鑄三成一文新錢，以資補救，其形式、重量、銅質、鑄本，均須預爲核算，妥爲配合，又必須與當十銅元工料成本大致相準，則兑換價值銅元一枚，必當新鑄制錢十文，庶利推行而資信用。至此項一文新錢，或宜黃銅，或宜紫銅，或宜有孔，或宜無孔，並著該部詳晰考校，悉心釐定，迅速奏聞，務期子母相權，大小相維，以便民生而正圜法。欽此。

佚名《銅政便覽·局鑄(上)》《説文》曰：古者貨貝而寶龜，至周有泉，秦乃廢(員)〔貝〕行泉。滇自唐宋以前，皆用貝子，至元大德九年，始以鈔貝參用。明嘉靖三十四年，詔滇省鑄錢三千三百餘萬串送部，雲南之鑄錢自此始。後或仍解京或充黔餉，大抵民間猶用海貝，初不以此爲重也。國朝順治十七年，雲南設局開鑄，始停於康熙九年，再開於二十一、四、七等年，旋以錢法壅賤，復行停止，中間興廢不一。至雍正元年而章程始備。夫滇産銅斤運京，所供採買，凡以爲鼓鑄。一則滇南本省之鼓鑄，實於銅政之成。雖産銅之區，官錢而外，治鎔煉炭罔敢作姦。而增置損益，時有廢通。固操籌總算者，所當於開採鎔煉之外，更謀調劑者焉，志局鑄。

雲南省局：

雲南省城錢局：雍正元年十二月設爐二十一座，每爐每月鼓鑄三卯，以銅六鉛四配鑄。每爐每卯正鑄用銅六百斤，每百斤加耗銅十三斤，計加耗銅七十八斤，二共正耗銅六百七十八斤。白鉛四百斤，不加耗。計正鑄浄銅鉛一千斤。每百(斤)給銼磨折耗九斤，共折耗銅(鑄)〔鉛〕九十斤，實鑄浄銅鉛九百一十斤。每錢一文，鑄重一錢四分，共鑄錢一百零四串。內除支銷爐匠工食銀十二串，物料錢六串二百文，實存浄錢八十五串八百文。又帶鑄用銅六十斤，每百斤加耗十三斤，計加耗銅七斤十二兩八錢，二共正耗銅六十七斤十二兩八錢。白鉛四十斤，不加耗。計帶鑄浄銅鉛一百(月)〔斤〕。給銼磨折耗九斤，實鑄浄銅鉛九十一斤。每錢一文，鑄重一錢四分，共鑄錢十串四百文。不給工食，只給物料浄錢六百二十文，實存浄錢九串七百八十文。又外耗用銅五十四斤，每百斤加耗銅十三斤，計加耗銅七斤零三錢二分，二共正耗銅六千一斤三錢二分。白鉛三十六斤，不加耗，計外耗浄銅鉛九十斤。不給銼磨折耗。每錢一文，鑄重一錢四分，共鑄錢十串二百八十五文七毫。不給工食物料，只給局中官役廉食等項錢四串五十七文七毫，實存浄錢六串二百二十七文三毫。計正鑄、帶鑄、外耗三項共用銅鉛一千九十一斤，鑄錢一百二十四串六百八十五文七毫，除支銷工食物料等項錢二十二串八百七十七文七毫，實存浄錢一百一串八百八文。二十一爐年鑄七百五十六卯，共錢七萬六千九百餘串。搭放兵餉、廪糈、驛堡、夫馬、工料等項之用，每錢一串扣收銀一兩，共扣收銀七萬六千九百餘兩，又每年七百五十六卯，共用各廠正銅五十三萬九千七百八十四斤，耗銅七萬一百七十一斤十四兩七錢二分，除耗(錦)〔銅〕不另給價外，每正銅百斤價脚銀九兩二錢，共該銅價銀四萬九千六百六十兩一錢二分八釐。又用卑浙、塊澤二廠白鉛三十五萬九千八百五十六斤，每百斤給價銀二兩，脚銀一兩五錢，該價脚銀一萬二千五百九十四兩九錢六分，二共銅鉛價脚銀六萬二千二百五十五兩八分八釐，於前項扣獲錢本銀内計除外，每年共獲鑄息銀一萬四千六百四十餘兩。其每鑄浄銅一百斤給炒費銀三錢，係於銅息項下動支給發。雍正五年二月添設(瀘)〔爐〕四座，連原設二十一座共二十五座。年鑄九百卯，仍以銅六鉛四配鑄。每錢一文鑄重一錢四分，年共鑄錢九萬一千六百餘串。除歸還銅鉛本脚外，計獲鑄息銀一萬七千餘兩。雍正十二年十一月減發銅鉛，改爲每錢一文鑄重一錢二分。仍以銅六鉛四配鑄，每(外)〔卯〕鑄、帶鑄、外耗共用銅六百一十一斤十五兩九錢九分八釐九毫二絲，白鉛四百七斤十五兩九錢九分八釐二毫八絲，年共鑄錢九萬一千六百二十餘串。除歸還銅鉛本脚外，計獲鑄息銀二萬八千餘百兩。乾隆元年改爲每錢一串二百文扣收銀一兩，至今並無(夏)〔更〕易。又鉛斤運脚每百斤原給銀一兩五錢，改爲給銀七錢二分。又(瀘)〔爐〕役工食並外耗開銷照舊發給，惟正鑄物料原給錢六串二百文，改爲發給錢五串三百三十三文八毫。帶鑄物料原給錢六百二十文，改爲發給錢五百三十三文二毫，至今亦無更易。鑄錢九萬二千四百八十餘串。除歸還銅鉛水脚外，計獲(銷)〔鑄〕息銀(二)〔一〕萬六千四百餘兩。乾隆五年十二月添設爐十座，連原設爐二十五座，共計三十五座，照前鼓鑄，年鑄一千二百六十卯，共鑄錢一十二萬九千四百八十餘串，除歸還銅鉛本脚外，計獲鑄息銀二萬二千九百餘兩。乾隆六年十二月，改爲四色配鑄，每百斤用銅五十斤，白鉛四十三斤八兩，黑鉛三斤八兩，錫三斤。黑鉛每百斤價銀一兩四錢八分，脚銀七錢二分，錫每百斤價銀二兩九錢二分七釐，脚銀七錢三分六毫七絲八忽，年共(計)〔鑄〕錢一十二萬九千四百八十(二)〔一〕串。除歸還銅鉛本脚外，計獲息銀三萬一千餘兩。乾隆十五年減爐十座，配留二十五座，照前配鑄，年共鑄錢九萬二千四百八十餘串。除歸還銅鉛本脚外，計(幾)〔獲〕鑄息銀二萬二千二百餘兩。乾隆十七年，將白鉛運脚每百斤原給銀七錢二分，改爲給銀四錢五分。黑鉛每百斤原給銀七錢二分，改爲給銀六錢二分。年鑄錢九萬二千四百八十餘串，除歸還銅本鉛脚外，計獲鑄息二萬三千三百餘兩。乾隆三十年五月起，每爐每卯正鑄項下加添米炭價錢二串四百七十文。鑄錢九萬二百餘串，除歸還銅本鉛脚外，計獲鑄息銀二萬一千四百餘兩。乾隆四十五年減爐四座，配留(一十)〔二十〕座照前配鑄。年共鑄錢七萬二千二百餘串，除歸還銅鉛(下)〔本〕脚外，計獲鑄息銀一萬七千一百餘兩。乾隆四十六年正月，將大理局八爐移於省局添設，連原設二十座共二十八座，照前鼓鑄。應需銅斤改爲每百斤加耗銅十斤四兩，計一千零八卯，年共鑄錢十萬一千九十餘串。除歸還銅鉛本脚外，計獲鑄息銀二萬四千一兩。至五十九年六月，將二(一)〔十〕八爐全行裁。嘉慶二年(一七九七年)二(另)〔月〕復設爐二十八座，以銅六鉛四配鑄。每錢一文，鑄重一錢二分，計一千零八卯，年共鑄錢十萬一千九十餘串。除歸還銅鉛本脚外，計獲鑄息銀一萬七千四百餘兩。嘉慶五年四(另)〔月〕改爲三色配鑄，每百斤用銅五十一斤，白鉛四十一斤八兩，黑鉛六斤八兩。

年共鑄錢十萬一千九十餘串。除歸還銅鉛(奎)〔本〕脚外，計獲鑄息二萬三千二百餘兩。六年四月改爲三色配鑄，每百斤用銅五十四斤，白鉛四十二斤十二兩，黑鉛三斤四兩。每爐每卯正鑄用銅四百六十二斤十三兩七錢一分四釐二毫零，每百斤加耗銅十斤四兩，計加耗銅四十七斤七兩八分五釐七毫零，二共正耗銅五百一十斤四兩七錢九分九釐九毫零。(百)〔白〕鉛三百六十六斤六兩八錢五分七毫零，黑鉛二十七斤十三兩七錢一分四釐二毫零，均不加耗。計正鑄淨銅鉛八百五十七斤二兩二錢八分五釐七毫。每百斤給銼磨折耗九斤，共折耗銅鉛七十七斤二兩二錢八分五釐七毫，實鑄淨銅鉛七百八十斤。每錢一文鑄重一錢二分，共鑄錢一百四串。內除支銷匠役工食錢一十二串，物料錢五串三百三十二文八毫零，加添米炭價錢二串四百七十文，實存淨錢八十四串一百九十七文一毫零。又帶鑄用銅四十六斤四兩五錢七分一釐三毫零，每百斤加耗銅十斤四兩，計加耗銅四斤十一兩九錢八釐五毫零，二共正耗銅五十一斤四錢七分九釐九毫零。白鉛三十六斤十兩二錢八分五釐六毫零，黑鉛二斤十二兩五錢七分一釐四毫零，均不加耗。計帶鑄淨銅鉛八十五斤十一兩四錢二分八釐五毫零。每百斤給銼磨折耗九斤，共折耗鉛銅七斤十一兩四錢二分八釐五毫，實鑄淨銅鉛七十八斤。每錢一文鑄重一錢二分，共鑄錢十串四百文，不給工食，只給物料錢五百三十三文二毫零，實存淨錢九串八百六十六文七毫零。又外耗用銅四十一斤十兩五錢一分三釐三毫零，每百斤加耗銅十斤四兩，計加耗銅四斤四兩三錢一分七釐六毫零，二共正耗銅四十五斤十四兩八錢三分九毫零。白鉛三十二斤十五兩六錢五分六釐四毫零，黑鉛二斤八兩一(銀)〔錢〕一分四釐二毫零，均不加耗。計外耗淨銅鉛七十七斤二兩二錢八分四釐，不給銼磨折耗。每錢一文，鑄重一錢二分，共鑄錢一十串二百八十五文七毫。不給工食物料，只給局中官役廉食等項錢四串五十七文七毫，實存淨錢六串二百二十八文。計正鑄、(盤)〔帶〕鑄、外耗(二)〔三〕項共用鉛銅一千一十九斤十五兩九錢九分八釐二毫，共鑄錢一百二十四(兩)〔串〕六百八十五文七毫。內除支銷物料等項錢二十四串三百九十三文(分)〔八〕毫零，實(有)〔存〕淨錢一百串二百(凡)〔九〕十二文。二十八爐年計一千零八卯，共錢一十萬一千九十四串一百九十三文，搭放廠本、運脚、養廉、鞭祭、舖飆、驛堡之用四十五兩一錢六分。又每年一十八卯共用各廠正銅五十五萬五千二百六斤五兩四錢二分，耗銅五萬六千九百八斤十兩四錢九分五釐五毫。除耗銅不另給價外，每正銅百斤價脚銀九兩三錢，共該銅價銀五萬一千七十八兩九錢八分三釐。又用卑浙、塊澤二廠白鉛二十一萬九千七百六十九斤三兩八錢一分二釐，每百斤給價銀一兩八錢二分，脚銀六錢三分，該價脚銀五千三百八十四兩三錢四分五釐。又用者(梅)〔海〕廠白鉛二十一萬九千七百六十九斤二兩八錢一分二釐，每百斤給價銀二兩，脚銀四錢五分，該價脚銀五千三百八十四兩三錢四分五釐，用卑浙、塊澤二廠黑鉛三萬三千四百一十五斤三兩一錢四分一釐，每百斤給價銀一兩四錢八分，脚銀六錢二分，該價脚銀七百一兩七錢一分九釐，共用鉛銅(領)〔價〕脚銀六萬二千五百四十九兩三錢九分二釐。於前項扣獲錢本銀兩計除(卯)〔外〕，每年共獲鑄息銀二萬一千六百九十餘兩。嘉慶九年將需用銅斤，改爲每百斤撥用各廠八成，照舊加耗，又於下關店存貯甯(每)〔台〕銅內撥用二成，(等)〔每〕百斤加局耗銅八斤，三共銅一百八斤。又每百斤加煎耗銅一十七斤八兩，計加煎耗銅一十八斤十四兩四錢，二共銅一百二十六斤十四兩四錢。又每百斤加民耗銅三斤二兩，計加民耗銅三斤十五兩四錢五分，總計每百斤加局耗、煎耗、民耗銅三十斤十三兩八錢五分。照各廠淨銅之例，每百斤價脚銀〔九兩二錢〕。

東川舊局：

東川舊局，雍正十二年九月設爐二十八座。每爐每月鼓鑄三卯，以銅六鉛四配鑄。每爐每卯正鑄用銅五百一十四斤四兩五錢七分一釐四毫零，每百斤加耗銅八斤，計加耗銅四十一斤二兩二錢八分五釐七毫零，二共正耗銅五百五十五斤六兩八錢五分七釐一毫零。白鉛三百四十二斤十三兩七錢一分四釐二毫零，不加耗。正鑄淨銅鉛八百五十七斤二兩二錢八分五釐七毫。每百斤給銼磨折耗九斤，共折耗銅鉛七十七斤二兩二錢八分五釐七毫，實鑄淨銅鉛七百八十斤。每錢一文，鑄重一錢二分，共鑄錢一百四串。內除支銷匠役工食錢一十二串，物料錢五串三百三十二文八毫零，實存淨錢八十六串六百六十七文一毫零。又帶鑄用銅五十一斤六兩八錢五分七釐一毫，每百斤加耗銅八斤，計加耗銅四斤一兩八錢二分八釐五毫零，二共正耗銅五十五斤八兩六錢八分五釐六毫零。白鉛三十四斤四兩五錢七分一釐四毫，不加耗。計帶鑄淨銅鉛八十五斤十一兩四錢二分八釐五毫。每百斤給銼磨折耗九斤，共折耗銅鉛七斤十一兩四錢二分八釐五毫，實鑄淨銅鉛七十八斤。每錢一文，鑄重一錢二分，共鑄錢十串四百文。不給工食，只給物料錢五百三十三文二毫零。實存淨錢九串八百六十六文七毫零。又外耗用銅四十六斤四兩五錢七分四釐，每百斤加耗銅八斤，計加銅三斤十一兩二錢四分五釐六毫零，二共正耗銅四十九斤十五兩八錢一分六釐零。白鉛三十斤十三兩七錢一分三釐六毫，不加耗。計外耗淨銅鉛七十七斤二兩二錢八分四釐，不給銼磨折耗。每錢一文鑄重一錢二分，共鑄錢一十串二百八十五文七毫。不給工食物料，只給局中官役廉食等項錢四串九百四十七文四毫零。實存淨錢五串三百三十八文二毫零。計正鑄帶鑄外耗三項，共用鉛銅一千一十九斤十五兩九錢九分八釐二毫，共銅錢一百二十四串六百八十五文七毫。除支銷工食物料等項錢二十二串八百一十三文六毫，實存淨錢一百一串八百七十二文一毫。二十八爐年鑄一千零八卯，共錢十萬二千六百一串。每錢一串合銀一兩，共合銀十萬二千六百餘兩。又每年一千零八卯，共用各廠正銅六十一萬六千八百九十五斤，耗銅四萬九千三百五十一斤。除耗銅不另給價外，每正銅百斤價腳銀九兩二錢，共該銅價銀五萬六千七百五十四兩三錢四分。又用卑浙、塊澤二廠白鉛四十一萬一千二百六十三斤，每百斤給價銀二兩，腳銀一兩五錢，該價腳銀一萬四千三百九十四兩二錢，二共銅鉛價腳銀七萬一千一百四十八兩五錢四分，於前項扣獲錢本銀内計除，每年共獲鑄息銀三萬一千四百餘兩，共每鑄淨銅一百斤給炒費銀三錢，係於銅息項下動支發給。乾隆元年三月，將二十八爐全行裁撤。乾隆六年五月，復設爐二十座。年鑄七百二十卯，改爲四色配鑄。每百斤用銅五十斤，白鉛四十三斤八兩，黑鉛三斤八兩，錫三斤。黑鉛每百斤給價銀一兩四錢八分，腳銀七錢二分，錫每百斤給價銀二兩九錢二分七釐，腳銀一兩四錢六分四毫零，正鑄項下加添米價錢二串四百七十文。又外耗項下原給官役廉食錢四串九百四十七文四毫零，改爲給錢四串五十七文七毫，其餘照舊辦理。年共鑄錢七萬二千二百餘串，除歸還銅鉛本腳外，計獲鑄息銀一萬三千六百餘兩。十八年，將白鉛運腳原給銀一兩五錢改爲給銀三錢。年獲鑄息銀一萬七千四百餘兩。十九年二月添爐五座，連原設二十座共計二十五座，照前鼓鑄。年鑄九百卯，共錢九萬〔三〕百餘串，除歸還銅鉛本腳外，計獲鑄息銀二萬一千八百餘兩。四十四年三月減爐九座，酌留十六座照前鼓鑄。年鑄五百七十六卯，年共錢五萬七千七百餘串。除歸還銅鉛本腳外，計獲鑄息銀一萬三千九百餘兩。四十六年減爐六座，酌留十座照前鼓鑄。年鑄三百六十卯，共錢三萬六千一百一串。除歸還銅鉛本腳外，計獲鑄息銀八千七百餘兩。五十九年六月底，將十爐全行裁散。嘉慶四年正月，因改鑄收買小錢，咨明户部於東川府設爐六座，就近改鑄。東川、昭通二府屬小錢，至五年鑄竣，將爐裁撤。十五年五月，題請仍復爐十座。三色配鑄，每百斤用銅五十四斤，白鉛四十二斤十二兩，黑鉛三斤四兩。每爐每卯正鑄用大風嶺、紫牛坡、獅子尾三廠淨銅二百三十一斤七兩七錢三釐七毫零，用湯丹、碌碌、大水溝、茂〔釐〕〔麓〕四廠通商淨銅二百三十一斤六兩一分五毫零，二共銅四百六十二斤十三兩七錢一分四釐二毫零。每百斤加耗銅八斤，計加耗銅三十七斤四錢五分七釐一毫。二共正耗銅四百九十九斤十四兩一錢七分一釐四毫零。白鉛三百六十六斤六兩八錢五分七釐一毫零，黑鉛二十七斤十三兩七錢一分四釐二毫零，均不加耗。計鑄淨銅鉛八百五十七斤二兩二錢八分五釐七毫。每百斤給銼磨折耗九斤，共折耗銅鉛七十七斤〔上〕〔二〕兩二錢八分五釐七毫，實鑄淨銅鉛七百八十斤。每錢一文鑄重一錢二分，共鑄錢一百零四串文。内除支銷匠役工食錢一十一串。又物料錢五串三百三十二文八毫，加添米炭錢二串四百七十文，實存〔洋〕〔淨〕錢八十四串一百九十七文一毫零。又帶鑄用大風、紫牛、獅子尾三廠淨銅二十三斤二兩三錢七分三毫零，用湯丹、碌碌、大水溝、茂麓四廠通商淨銅二十二斤二兩二錢一釐零。二共銅七十六斤四兩五錢七分一釐三毫零。每百斤加耗八斤，計加耗銅三斤十一兩二錢四分五釐七毫零。二共正耗銅四十九斤十五兩八錢一分七釐一毫零。白鉛十六斤十兩二錢八分五釐六毫零，黑鉛二斤十二兩五錢七分一釐四毫零，均不加耗。計帶鑄淨銅八十五斤十一兩四錢二分八釐五毫。每百斤除銼磨折耗九斤，共折耗銅鉛七斤十一兩四錢二分八釐五毫，實鑄淨銅鉛七十八斤。每錢一文，鑄重一錢二分，共鑄錢十串四百文。不給工食，只給物料錢五百三十三文二毫零，實存淨錢九串八百六十六文七毫零。又外耗用大風、紫〔半〕〔牛〕、獅子尾三廠淨銅二十斤十三兩三錢三分三釐三毫零，用湯丹、碌碌、大水、茂麓四廠通商淨銅二十斤十三兩一錢八分零，二共銅四十一斤十兩五錢一分三釐三毫零。每百斤加耗八斤，計加耗三斤三兩三錢二分一釐零，二共正耗銅四十四斤十五兩八錢三分四釐四毫零。白鉛三十二斤十五兩六錢五分六釐四毫零，黑鉛二斤八兩一錢一分四釐二毫零。均不加耗。計〔卯〕〔外〕耗淨銅鉛七十七斤二兩二錢八分四釐，不給銼磨折耗。每錢一文，鑄重一錢二分，共鑄錢一十串二百八十五文七毫。不給工食，只給局中官役廉食等項錢四串五十七文七毫，實〔有〕〔存〕淨錢八串二百二十八文，〔設〕〔計〕正鑄、帶鑄、外耗三項共用銅鉛一千一十九斤十五兩九分八釐三毫，共鑄錢一百二十四串六百八十五文七毫。内除支銷工食物料等項錢三十四串三百九十三文八毫零，實〔行〕〔存〕淨錢一百串二百九十一文八毫零。十爐年鑄三十六卯，共錢三萬六千一百五串七十文，搭放廠本、運腳、養廉等項之用，每錢一串二百文，扣收銀一兩，共扣收銀三萬零八十七兩五錢五分八釐。又每年三十六卯，共用各廠正銅二十一萬四千一百五十一斤二錢六分二釐，内撥用大風嶺廠銅七萬二千斤，紫牛坡廠銅二萬九千七百斤，獅子尾廠銅五千四百斤，三共銅十萬七千一百斤。除耗銅七千九百三十三斤五兩三錢三分三釐七毫，不另給價外，實該淨銅九萬九千一百六十六斤十兩六錢六分六釐三毫。每百斤給腳銀九兩二錢，共該腳價銀九千一百二十三兩三錢三分三釐。又用湯〔舟〕〔丹〕，碌碌、大水、茂麓四廠通商銅十萬七〔十〕〔千〕五十一斤二錢六分二釐，每百斤給價銀七兩。又自湯丹廠發運到局，每百斤需腳銀二錢五分；碌碌廠發運到局。每百斤需腳銀四錢，大水溝廠發運到局，每百斤需銀四錢，茂麓廠由大水溝轉運局，每百斤需腳銀八錢五分六釐五毫。各程站遠近不一，腳銀多少不等，牽扯折中合算，每百斤合給運腳銀四錢七分六釐五毫，連銅價銀七兩，每百斤合價腳銀七兩四錢七分八釐五毫，該銀八千零三兩六錢六分九釐。又用〔六〕〔者〕海廠白鉛〔一〕十五萬六千九百七十七斤十五兩七錢二分三釐，每百斤給價銀二兩，腳銀三錢，該銀三千六百一十兩四錢九分四釐。用阿那多廠黑鉛一萬一千九百三十三斤十五兩九錢七分九釐，每百斤給價銀一兩六錢八分四釐，腳銀五錢一分六釐，該銀二百六十二兩五錢四分八釐，三共銅鉛價腳銀二萬一千兩零四分四釐三毫。於前項扣獲錢本銀内計除外，每年共獲鑄息銀九千八十餘兩，作爲湯丹等廠提拉水洩工費之用。

東川新局：

東川新局於乾隆十八年設爐五十座，每爐每月鼓鑄三卯，銅鉛對配。每卯正鑄用銅四百二十八斤九兩一錢四分二釐八毫零，每百斤加耗銅八斤，計加耗銅三十四斤四兩五錢七分一釐四毫零，二共正耗銅四百六十二斤十三兩七錢一分四釐二毫零。白鉛三百七十二斤十三兩七錢一分四釐二毫零，黑鉛二十九斤十五兩九錢九分九釐九毫零，均不加耗。淨錫二十五斤十一兩四錢二分八釐五毫零，每百斤加耗錫六斤，計加耗錫一斤八兩六錢八分五釐七毫零，二共正耗錫二十七斤四兩一錢一分四釐二毫零，計正鑄淨銅鉛八百五十七斤二兩二錢八分五釐七毫。每百斤給銼磨折耗九斤，共折耗銅鉛錫七十七斤二兩二錢八分五釐七毫，實鑄淨銅鉛錫七百八十斤。每錢一文鑄重一錢二分，共鑄錢一百零四串，內除支銷匠役工食錢十二串，物料錢五串三百三十二文八毫零，加添米炭價錢二串四百七十文，實存淨錢八十四串一百九十七文一毫零。又帶鑄用銅四十二斤十三兩七錢一分四釐二毫零，每百斤加耗銅八斤，計加耗銅三斤六兩八錢五分七釐一毫零，二共正耗銅四十六斤四兩五錢七分一釐三毫零。白鉛三十七斤四兩五錢七分一釐二毫零，黑鉛二斤十五兩九錢五分九釐九毫零，均不加耗。淨錫二斤九兩一錢四分二釐八毫零，每百斤加耗錫六斤，計加耗錫二兩四錢六分八釐五毫零，二共正耗錫二斤十一兩六錢一分一釐四毫零。計帶鑄淨銅鉛錫八十五斤十一兩四錢二分八釐五毫，每百斤給銼磨耗折九斤，共折耗銅鉛錫七斤十一兩四錢二分八釐五毫，實鑄淨銅鉛錫七十八斤，每錢一文鑄重一錢二分，共鑄十串四百文。不給工食，只給物料錢五百三十三文二毫零。實存淨錢九串八百六十六文七毫零。又外耗用銅三十八斤九兩一錢四分二釐，每百斤加耗銅八斤，計加耗銅三斤一兩三錢七分一釐三毫零，二共正耗銅四十一斤十兩五錢一分三釐三毫零。白鉛三十三斤八兩九錢一分三釐五毫零，黑鉛二斤十一兩一錢九分九釐九毫零，均不加耗。淨錫二斤五兩二分八釐五毫零，每百斤加耗錫六斤，計加耗錫二兩二錢二分一釐七毫零，二共正耗錫二斤七兩二錢五分二毫零，計外耗淨銅鉛錫七十七斤二兩二錢八分四釐，不給銼磨折耗。每錢一文鑄重一錢二分，共鑄錢一十串二百八十五文七毫。不給工食物料，只給局中官役廉食等項錢四(由)〔串〕零五十七文七毫，實存淨錢六串二百二十八文。計正鑄、帶鑄、外耗三項共用銅、鉛、黑鉛、錫一千零一十九斤十五兩九錢九分八釐二毫，共鑄錢一百二十四串六百八十五文七毫，除支銷工食物料等項錢二十四串三百九十三文七毫，實存淨錢一百串二百九十二文。計五十爐年鑄一千八百卯，年共鑄錢十八萬五百二十五串六百文。搭放廠本運項之用，每錢一串二百文扣收銀一兩，共扣收銀一十五萬四百二十八兩。又每年一千八百卯，共用銅九十一萬七千九百九十九斤，耗銅七萬三千四百三十九斤，餘耗銅不另給價外，每正銅百斤價腳銀九兩二錢，該銀八萬四(十)〔千〕五十五兩九錢八釐，又用者海廠白鉛七十九萬八千六百五十九斤，每百斤價銀二兩，腳銀三錢，該銀一萬八千三百六十九兩一錢五分，又用阿那多廠黑鉛六萬四千二百五十九斤，每百斤價銀一兩六錢八分四釐，腳銀五錢一分六釐，該銀一千四百一十三兩六錢九分八釐，用個舊廠淨錫五萬五千零七十九斤，每正耗錫百斤給價銀二兩九錢二分七釐，腳銀二兩四錢六分四釐零，該銀二千五百六十一兩五錢九分。四共銅鉛錫斤價腳銀十萬六千八百兩三錢四分六釐。於前項扣獲錢本銀內計除外，每年共獲鑄息銀四萬三千六百餘兩。其每鑄淨銅一百斤給炒費銀三錢，係於銅息項下發給。乾隆二十七年七月，減爐二十五座，酌留二十五座，照前鼓鑄。年鑄九百卯，共錢九萬二百餘串，除歸還銅鉛本腳外，計獲鑄息銀二萬一千八百餘兩。至三十五年，將二十五爐全行裁撤。四十二年五月復設爐十五(康)〔座〕照前鼓鑄，年鑄五百西十卯，共錢五萬四千一百餘串，除歸還銅鉛本腳外，計獲鑄息銀一萬三千餘兩。四十二年八月，減爐七座，酌留八座，照〔前〕鼓鑄。年鑄二百八十八卯，共錢二萬八千八百餘串，除歸還銅鉛本腳外，計獲鑄息銀六千九百餘兩。至四十四年二月，將八爐全行裁撤。

廣西局：

廣西府即今之廣西州於乾隆元年四月設爐九十四座，每爐每月鼓鑄三卯，以銅六鉛四配鑄。每爐每卯正鑄用銅五百一十四斤四兩五錢七分一釐四毫二絲，每百斤加耗銅八斤，計加耗銅四十斤二兩二錢八分五釐七毫零，(三)〔二〕共正耗銅五百五十五斤六兩八錢五分七釐一毫零。白鉛三百四十二斤十三兩七錢一分四釐二毫零，不加耗。計正鑄淨銅鉛八百五十七斤二兩二錢八分五釐七毫，每百斤給銼磨折耗九斤，共折耗銅鉛七十七斤二兩二錢八分五釐七毫，實鑄(添)〔淨〕銅鉛七百八十斤。每錢一文鑄重一錢二分，共鑄錢一百四串。內除支銷匠役工食錢一十二串，物料錢四串三百七十二文八毫零，實(在)〔存〕淨錢八十七串六百二十七文一毫零。又帶(錢)〔鑄〕用(剥)〔銅〕五十一斤六兩八錢五分七釐一毫，每百斤加耗銅八斤，計加耗銅四斤一兩八錢二分八釐五毫零，二共正耗銅五十五斤八兩六錢八分五釐六毫零。白鉛三十四斤四兩五錢七分一釐四毫，不加耗。計帶鑄淨銅鉛八十五斤十一兩四錢二分八釐五毫。每百斤除銼磨折耗九斤，共折耗銅鉛七斤十一兩四錢二分八釐五毫，實鑄淨銅鉛七十八斤。每錢一文鑄重一錢(三)〔二〕分，共鑄錢十串四百文。不給工食，只給物料錢四百三十七文二毫零，實存淨錢九串九百六十二文七毫零。又外耗用銅四十六斤四兩五錢七分四毫，每百斤加耗銅八斤，計加耗銅三斤十一兩二錢四分五釐六毫零，二共正耗銅四十九斤十五兩八錢一分六釐零。白鉛三十斤十三兩七錢一分三釐六毫，不加耗。計外耗净銅鉛七十七斤二兩二錢八分四釐，不給（錢）〔銼〕磨折耗。每錢一文鑄重一錢二分，共鑄錢一十串二百八十五文七毫。不給工食，只給局中官役廉食等項錢五串二百五十五文九毫零，實存净錢五串二十九文七毫零。計正鑄、帶鑄、外耗三項共用銅鉛一千零一十九斤十五兩九錢九分八釐二毫，共鑄錢一百二十四串六百八十五文七毫，除支銷工食、物料等項錢二十二串六十六文一毫零，實存净錢一百二串六百一十九文五毫零。九十四爐年鑄三（十）〔千〕三百八十四卯，共錢三十四萬七千二百六十四串六百六文一毫零，內除核減物料錢二千六百三十三串六十九文六毫零添作運錢官役盤費之用，實存錢三十四萬四千六百三十二串三百三十七文五毫。又每年三千三百八十四卯，共用各廠正銅二百零七萬一千零七斤零，耗銅一十六萬五千六百八十（月）〔斤〕零，除耗銅不另給價外，每正銅百斤價腳銀九兩二錢，共該銅價銀一十九萬五百三十二兩七錢一分四釐零，又用卑浙、塊澤二廠白鉛一百三十八萬六百七十一斤零，每百斤給價銀二兩，腳銀五錢，計價腳銀三萬四千五百一十六兩七錢九分六釐，二共銅鉛價腳銀二十二萬五千零四十九兩五錢一分一釐。照協餉之例，按年酌撥解滇應用。共每鑄净銅一百斤給炒費銀三錢，係於銅息項下動支發給。乾隆五年三月，將爐座全行裁撤，將銅斤解京交收。乾隆十六年（一七五一年）正月復設爐十五座，年鑄五百四十卯，改爲四色配鑄。每百斤用銅五十斤，白鉛四十三斤八兩，黑鉛三斤八兩，錫三斤。黑鉛每百斤價銀一兩四錢八分，腳銀五（銀）〔錢〕。錫每百斤價銀二兩九錢二分七釐，腳銀六錢二分六釐四毫零。又原給爐匠工錢錢一十二串，改爲給錢一十二串三百文。正鑄項下原給物料錢四串三百七十二文八毫，改爲給錢三串三百二十文八毫零。帶鑄項下原給物料錢四百二十七文二毫零，改爲給錢三百三十二文零。外耗項下原給官役廉食等項錢五串二百五十五文九毫零，改爲給錢四串零五十七文七毫。年共鑄錢五萬六千四百餘串，搭放兵餉每錢一串三百文扣收銀一兩，除歸還銅鉛本腳，年計獲鑄息銀一萬四千七百餘兩。二十六年將白鉛工本銀二兩改爲給銀一兩八錢二分，共鑄錢五萬六千四百餘串，除歸還銅鉛本腳外，計獲鑄息銀一萬五千餘兩。三十一年，將白鉛運腳原給銀五錢改爲給銀二錢五分，年共鑄錢五萬六千四百餘串，除歸還銅鉛本腳外，計獲鑄息銀一萬五千七百餘兩。三十五年將白鉛運腳給銀二錢五分仍改爲給銀三錢，年共鑄錢五萬六千四百餘串，除歸還銅鉛本腳外，計獲鑄息銀一萬五千餘百兩。是年八月底，十五爐全行裁撤。四十二年八月復設爐八座，照前鼓鑄，年鑄二百八十八卯，共鑄錢三萬一百餘串，除歸還銅鉛本腳外，計獲鑄息銀八千餘兩。四十四年三月減爐四座，酌留四座照前鼓鑄，年鑄一百四十四卯，共鑄錢一萬五千餘串，除歸還銅鉛本腳外，計獲鑄息銀四千餘兩。至四十五年底，將四爐全行裁撤。

佚名《銅政便覽·局鑄（下）》

順甯局：

順甯局於乾隆二十九年（一七六四年）正月設爐八座，每月每爐鼓鑄三卯，銅鉛對配。每卯正鑄用甯台廠净銅四百二十八斤九兩一錢四分二釐八毫零，每百斤加耗銅八斤，二共銅一百零八斤。每百斤照湖北省採辦事例，加煎耗銅一十七斤八兩，計加耗銅一十八斤十四兩四錢，二共銅一百二十六斤十四兩四錢。又每百斤加民耗銅三斤二兩，計民耗銅三斤十五兩四錢五分，通共每百斤加局耗、煎耗、民耗銅三十斤十三兩八錢五分，共計加耗銅一百三十二斤四兩四錢九分九釐零，二共正耗銅五百六十二斤十三兩六錢四分二釐零。白鉛三百七十二斤十三兩七錢一分四釐二毫，黑鉛二十九斤十五兩九錢九分九釐九毫零，均不加耗。净錫二十五斤十一兩四錢三分八釐五毫零，每百斤加耗錫六斤，計加耗錫一斤八兩六錢八分三釐七毫零，二共正錫二十七斤四兩一錢一分四釐二毫零。計鑄净銅、鉛、錫八百五十七斤二兩二錢八分五釐七毫，每百斤給銼磨折耗九斤，共折耗銅、鉛、錫七十七斤二兩二錢八分五釐七毫，實鑄净銅、鉛七百八十斤。每錢一文鑄重一錢二分，共錢一百四串，內除支銷匠役工食錢一十二串，物料錢五串三百三十二文八毫零，加添米炭價錢二串四百七十文，實存净錢八十四串一百九十七文一毫零。又帶鑄用銅四十二斤十三兩七錢一分四釐二毫，每百〔斤〕照前加耗銅三十斤十三兩八錢五分，計加耗銅一十三斤三兩六錢四分九釐九毫零，二共正耗銅五十六斤一兩三錢六分四釐二毫零。白鉛三十七斤四兩五錢七分一釐三毫零，黑鉛二斤十五兩九錢九分九釐九毫零，均不加耗。净錫二斤九兩一錢四分二釐八毫零，每百斤加耗錫六斤，計加耗錫二兩四錢六分八釐五毫零，二共正耗錫二斤十一兩六錢一分一釐四毫零。計帶鑄净銅、鉛、錫八十五斤十一兩四錢二分八釐五毫，每百斤給銼磨折耗九斤，共折耗銅、鉛、錫七斤十一兩四錢二分八釐五毫，實鑄净銅、鉛、錫七十八斤。每錢一文鑄重一錢二分，共鑄錢十串四百文。不給工食，只給物料錢五百三十三文二毫零，實存净錢九串八百六十六文七毫零。又外耗用銅三十八斤九兩一錢四分二釐，照前每百斤加耗銅三斤十三兩八錢五分，計加耗銅一十一斤十兩四錢八分四釐七毫零，二共正耗銅五十斤七兩六錢二分六釐七毫零，白鉛三十三斤八兩九錢一分三釐五毫零，黑鉛二斤十一兩一錢九分九釐九毫零，均不加耗。淨錫二斤五兩二分八釐五毫零，每百斤加耗錫六斤，計加耗錫二兩二錢二分一釐七毫零，二共正耗錫二斤七兩二錢五分二釐零。計加外耗淨銅、鉛、錫七十七斤二兩二錢八分四釐，不給銼磨折耗。每錢一文鑄重一錢二分，共鑄錢一十串二百八十五文七毫。不給工食物料，只給局中官役廉食等項錢四串零五十七文七毫，實存淨錢六串二百二十八文。計正鑄、帶鑄、外耗(二)〔三〕項，共用銅、鉛、錫一千零一十九斤十五兩九錢九分八釐二毫。共鑄錢一百二十四串六百八十五文七毫，除支(鑄)〔銷〕工食物料等項錢二十四串三百九十三文七毫，實存淨錢一百串二百九十二文。八爐年鑄二百八十八卯，共錢二萬八千八百八十四串九十六文。搭放兵餉、鞭祭、舖餼等項之用，每錢一串二百文扣收銀一兩，共扣收銀二萬四千七十兩零。又每年二百八十八卯，共用銅一十四萬六千八百七十九斤，耗銅四萬五千三百三十五斤，除耗銅不另給價外，每正銅百斤價腳銀一兩二錢，該銀一萬三千五百一十二兩八錢六分八釐。又用卑浙、塊澤二廠白鉛一十二萬七千七百八十五斤，每百斤給價銀一兩八錢一分，腳銀二兩四錢四分一毫零，該銀五千四百四十三兩八錢一釐。又用各廠黑鉛一萬二百八十一斤，每百斤給價銀一兩四錢八分，腳銀七錢二分，該銀二百二十六兩一錢八分二釐。用個舊廠淨錫八千八百一十二斤，每正耗百斤給銀二兩九錢二分七釐，腳銀二兩四錢五分八釐零，該銀五百零二兩二錢七分一釐。四共銅、鉛、錫斤腳價銀一萬九千六百八十五兩一錢二分二釐，於價項扣獲錢本銀內計除外，每年共獲餘息銀四千三百餘兩。其每鑄淨銅一百斤給炒費銀三錢，係於銅息項下發給。三十五年二月十日，將八爐全行裁撤。

永昌局：

永昌府保山局於乾隆四十一年正月設爐八座，每爐每月鼓鑄三卯，銅鉛對配。每卯正鑄用銅四百二十八斤九兩一錢四分二釐八毫零，每百斤加耗銅二十四斤，計加耗銅一百零二斤十三兩七錢一分四釐二毫零，二共正耗銅五百三十一斤六兩八錢一分七釐一毫零。白鉛三百七十一斤十三兩七錢一分四釐二毫零，黑鉛二十九斤十五兩九錢九分九釐九毫零，均不加耗。淨錫二十五斤十一兩四錢二分八釐五毫零，每百斤加耗錫六斤，計加耗錫一斤八兩六錢八分五釐七毫零，二共正耗錫二十七斤四兩一錢一分四釐二毫零，計正鑄淨銅、鉛、錫八百五十七斤二兩二錢八分五釐七毫。每百斤給(錢)〔銼〕磨折耗九斤，共折耗銅、鉛、錫七十七斤二兩二錢八分五釐七毫，實鑄淨銅、鉛、錫七百八十斤。每錢一文鑄重一錢二分，共鑄錢一百四串，內除支銷匠役工食錢一十二串，物料錢五串三百三十二文八毫零，實存淨錢八十六串六百六十七文一毫零。又帶鑄用銅四十二斤十三兩七錢一分四釐二毫零，每百斤加耗銅二十四斤，計加耗銅十斤四兩三錢七分一釐四毫零，二共正耗銅五十三斤二兩二錢八分五釐六毫零。白鉛三十七斤四兩五錢七分二釐三毫零，黑鉛二斤十五兩九錢九分九釐九毫零，均不加耗。淨錫一斤九兩一錢四分二釐八毫零，每百斤加耗錫六斤，計加耗錫二兩四錢六分八釐五毫零，二共正耗錫二斤十一兩六錢一分一釐四毫零。計帶鑄淨銅、鉛、錫八十五斤十一兩四錢二分八釐五毫，每百斤給銼磨折耗九斤，共折耗銅、鉛、錫七斤十一兩四錢二分八釐五毫，實鑄淨銅、鉛、錫七十八斤。每錢一文鑄重一錢二分，共鑄錢十串四百文。不給工食，只給物料錢五百三十三文二毫零，實存淨錢九串八百六十六文七毫零。又外耗用銅三十八斤九兩一錢四分二釐，每百斤加耗銅二十四斤，計加耗銅九斤四兩一錢一分四釐，二共正耗銅四十七斤十三兩二錢五分六釐。白鉛三十三斤八兩九錢一分三釐五毫零，黑鉛二斤十一兩一錢九分九釐九毫零，均不加耗。淨錫二斤五兩二分八釐五毫零，每百斤加耗錫六斤，計加耗錫二兩二錢二分一釐七毫零，二共正耗錫二斤七兩二錢五分二釐零。計外耗淨銅、鉛、錫七十七斤二兩二錢八分四釐，不給銼磨折耗。每錢一文鑄重一錢二分，共鑄錢一十串二百八十五文七毫。不給工食物料，只給局中官役廉食等項錢四串零五十七文七毫，實存淨錢六串二百二十八(支)〔文〕，計正鑄、帶鑄、外耗三項共用銅、黑鉛、錫一千零一十九斤十五兩九錢九分八釐二毫，共鑄錢一百二十四串六百八十五文七毫。除支銷工食物料等項錢二十一串九百二十三文七毫，實存淨錢一百二串七百六十二文。計八爐年鑄二百八十八卯，共錢二萬九(十)〔千〕五百九十五串四百五十六文。搭放(共)〔兵〕餉、鞭祭、舖餼之用，每錢一串二百文扣收銀一兩，共扣收銀二萬四千六百餘兩。又每年二百八十八卯，共用銅一十四萬六千八百七十九斤，耗銅三萬五千二百五十斤，除耗銅不另給價外，每正銅百斤價腳銀九兩二錢，該銀一萬三千五百一十二兩八錢六分八釐。又用卑浙、塊澤二廠白鉛一十二萬七千七百八十五斤，每百斤給價銀一兩八錢一分，腳銀三兩一錢一分七釐七毫零，該銀六千三百零九兩七錢四釐。又用各廠黑鉛一萬零二百八十一斤，每百斤給價銀一兩四錢八分，腳銀七錢二分，該銀二百二十六兩一錢八分二釐。用(價)〔個〕舊廠淨錫八千八百一十二斤，每正耗錫百斤給價銀二兩九錢一分七釐，腳銀二兩一錢二分八釐四毫零，該價腳銀五百一十五兩六錢七分一釐。四共銅、鉛、錫斤價腳銀二萬零六百一十四兩四錢二分五釐，於前項扣獲錢本銀内計除外，共獲鑄息銀四(十)〔千〕餘兩。其每鑄淨銅一百斤，給炒費銀三錢，係於銅息項下發給。乾隆四十二年正月添爐四座，連原設爐八座，共計一十二爐，(將)〔照〕前鼓鑄，年鑄四百三十二卯，共錢四萬四千三百餘串，除歸還銅鉛本腳外，計獲鑄息銀六千餘兩。四十二年八月裁減二爐，酌留十爐照前鼓鑄，年鑄三百六十卯，共錢三萬六千九百餘串，除歸還銅鉛本腳外，計獲鑄息銀五千餘兩。至四十三年底，將十爐全行裁撤。嘉慶四年因改(錢)〔鑄〕收買小錢，咨明户部於永昌府設爐十座，就近改鑄。永昌府所屬小錢至五年鑄竣，將爐座裁撤。

曲靖局:

曲靖局乾隆四十二年四月設爐十八座，每月每爐鼓鑄三卯，銅鉛對配。每卯正鑄，用甯台廠淨銅四百二十八斤九兩一錢四分二釐八毫零，每百斤加耗銅八斤，二共銅一百零八斤。又每百斤照湖北省採辦事例，加煎耗銅一十七斤八兩，該加煎耗銅一十八斤十四兩四錢，二共銅一百二十六斤十四兩四錢。又每百斤加民耗銅三斤二兩，該民耗銅三斤十五兩四錢五分，通共每百斤加局耗、煎耗、民耗銅三十斤十三兩八錢五分，共該加耗銅一百三十二斤四兩四錢九分九釐九毫零，二共正耗銅五百六十斤十三兩六錢四分二釐八毫零。白鉛三百七十二斤十三兩七錢一分四釐二毫零，黑鉛二十九斤十五兩九錢九分九釐九毫零，均不加耗。淨錫二十五斤十一兩四錢二分八釐五毫零，每百斤加耗錫六斤，計加耗錫一斤八兩六錢八分五釐七毫零，二共正耗錫二十七斤四兩一錢一分四釐二毫零。計正鑄淨銅、鉛八百五十七斤二兩二錢八分五釐七毫。每百斤給銼磨折耗一斤，共折耗銅、鉛、錫七十七斤二兩二錢八分五釐七毫，實鑄淨銅、鉛、錫七百八十斤。每錢一文鑄重一錢二分，共鑄錢一百四串，内除支銷匠役工食錢一十二串，物料錢五串三百三十二文八毫，實存淨錢八十六串六百六十七文一毫零。又帶鑄用銅四十二斤十三兩七錢一分四釐二毫零，每百斤照前加耗銅三十斤十三兩八錢五分，計加耗銅一十三斤三兩六錢四分九釐九毫零，二共正耗銅五十六斤一兩三錢六分四釐二毫零。白鉛三十七斤四兩五錢七分一釐三毫零，黑鉛二斤十五兩九錢九分九釐九毫零，均不加耗。淨錫二斤九兩一錢四分二釐八毫零，每百斤加耗錫六斤，計加耗錫二兩四錢六分八釐五毫零，二共正耗錫二斤十一兩六錢一分一釐四毫零。計帶鑄淨銅、鉛、錫八十五斤十一兩四錢二分八釐五毫，每百斤給銼磨折耗九斤，共折耗銅、鉛、錫七斤十一兩四錢二分八釐五毫，實鑄淨銅、鉛七十八斤。每錢一文鑄重一錢二分，共錢十串四百文。不給工食，只給物料錢五百五十三文二毫零，實存淨錢九串八百六十六文七毫零。又外耗用銅三十八斤九兩一錢四分二釐，照前每百斤加耗銅三十斤十三兩八錢五分，計加耗銅一十一斤十四兩四錢八分四釐七毫零，二共正耗銅五十斤七兩六錢二分六釐七毫零。白鉛三十三斤八兩九錢一分三釐五毫零，黑鉛二斤十一兩一錢九分九釐九毫零，均不加耗。淨錫二斤五兩二分八釐五毫零，每百斤加耗錫六斤，計加耗錫二兩二錢二分一釐七毫零，二共正耗錫一斤七兩二錢五分二毫零。計外耗淨銅、鉛、錫七十七斤一兩一錢八分四釐，不給銼磨折耗。每錢一文鑄重一錢二分，共鑄錢十串二百八十五文七毫。不給工食物料，只給局中官役廉食等項錢四串五十七文七毫，實存淨錢六串二百二十八文。計正鑄、帶鑄、外耗三項共用銅、鉛、黑鉛、錫一千一十九斤十五兩九錢九分八釐二毫，共鑄錢一百二十四串六百八十五文七毫。除支銷工食物料等項錢二十一串九百二十三文七毫，實存淨錢一百零二串七百六十二文。計一十八爐，年鑄六百四十八卯，共錢六萬六千五百餘串，搭放錢本運腳之用，每錢一串二百文扣收銀一兩，共扣收銀五萬五千四百餘兩。又每年六百四十八卯，共用銅三十三萬四百七十九斤，耗銅一十萬二十零四斤，除耗銅不另給價外，每正銅百斤價腳銀九兩二錢，共該銅價銀三萬四百四兩。又用卑浙、塊澤二廠白鉛二十八萬七千五百一十七斤，每百斤給價銀一兩八錢二分，腳銀三錢一分五釐，該價腳銀六千一百三十八兩。又用卑浙、塊澤二廠黑鉛二萬三千一百一十一斤，每百斤給價銀一兩四錢八分，腳銀五錢，該價腳銀四百五十八兩。又用個舊廠淨錫一萬九千八百二十八斤，每正耗錫百斤給價銀二兩九錢二分七釐，腳銀一兩零四分三釐四毫二絲七忽九微一纖七塵九渺二僕，該價腳銀八百三十四兩五錢四釐，四共銅、鉛、錫斤價腳銀三萬七千八百三十四兩五錢四釐，於前項扣獲錢水銀内計除外，共獲鑄息銀一萬七千六百餘兩。其每鑄淨銅一百斤給炒費銀一錢，係於銅息項下發給。乾隆四十三年八月減爐十座，酌留八座照前鼓鑄，年鑄一百八十八卯，共錢二萬九千五百餘串，除歸還銅、鉛本腳外，計獲鑄息銀七千八百餘兩。至四十四年十月底，將八爐全行裁撤。

臨安局：

臨安局於雍正元年十二月設爐六座，每爐每月鼓鑄三卯，以銅六鉛四配鑄。每卯正鑄用銅六百斤，每百斤加耗銅十三斤，計加耗銅七十八斤，二共正耗銅六百七十八斤。白鉛四百斤，不加耗，計正鑄淨銅鉛一千斤，每百斤給銼磨折耗九斤，共折耗銅鉛九十斤，實鑄淨銅鉛九百一十斤。每錢一文鑄重一錢四分，共鑄錢一百零四串，內除支銷爐匠工食錢一十二串，物料錢六串二百文，實存淨錢八十五串八百文。又帶鑄用銅六十斤，每百斤加耗銅一十三斤，計加耗銅七斤十二兩八錢，二共正耗銅六十七斤十二兩八錢。白鉛四十斤，不加耗，計帶鑄淨銅鉛一百斤，給銼磨折耗九斤，實鑄淨銅鉛九十一斤。每錢一文鑄重一錢四分，共鑄錢十串四百文，不給工食，只給物料錢六百二十文，實存淨錢九串七百八十文。又外耗用銅五十四斤，每百斤加耗銅一十三斤，計加耗銅七斤三錢一分，二共正耗銅六十一斤三錢二分，白鉛三十六斤，不加耗，計外耗淨銅鉛九十斤，不給銼磨折耗。每錢一文鑄重一錢四分，共鑄錢十串四百八十五文七毫，不給工食物料，只給局中官役廉食等項錢四串五十七文七毫，實存淨錢六串二百二十七文三毫。計正鑄、帶鑄、〔外耗〕三項，共用銅鉛一千九十一斤，共鑄錢一百二十四串六百八十五文七毫，除支銷工食物料等項錢二十二串八百七十七文七毫，實存淨錢一百一串八百八文。計六爐正鑄二百一十六卯，共錢二萬一千九百餘串，搭放兵餉之用。每錢一串扣收銀一兩，共扣收銀二萬一千九百餘兩。又每年二百一十六卯共用各廠正銅一十五萬四千二百二十四斤，耗銅二萬零四十九斤，餘耗銅不另給價外，每正銅百斤價腳銀九兩二錢，共該銅價銀一萬四千一百八十八兩六錢八釐。又用卑浙、塊澤二廠白鉛一十萬二千八百一十六斤，每百斤給價銀二兩，腳銀一兩五錢，該價腳銀三千五百九十八兩五錢六分，二共銅鉛價腳銀一萬七千七百八十七兩一錢六分八釐，於前項扣獲錢本銀內計除外，每年共獲鑄息銀四千二百餘兩。其每鑄淨銅一百斤給炒費銀三錢，係於銅息項下動支發給。雍正五年二月添設爐五座，連原設六座共計十一爐，年鑄三百九十六卯，仍以銅六鉛四(酌)〔配〕鑄。每錢一文鑄重一錢四分，年共鑄錢四萬三百一十餘串，除歸還銅鉛本腳外，計獲鑄息銀七千七百餘兩。十二年十一月減發銅鉛，改爲每錢一文鑄重一錢二分，仍以銅六鉛四配鑄，每卯正鑄、帶鑄、外耗共用銅六百一十一斤十五兩九錢九分八釐九毫二絲，白鉛四百七斤十五兩九錢九分九釐二毫八絲，年共鑄錢四萬三百〔一〕十餘串，除歸還銅鉛本腳外，計獲鑄息銀一萬二千三百餘兩。乾隆元年改爲一串二百文扣收銀一兩，又鉛斤運腳每百斤原給銀一兩三錢，改爲給銀一兩，其爐匠工食並外耗支銷照舊發給，惟正鑄物料原給錢六串二百文，改爲給錢五串三百三十三文八毫，帶鑄物料原給錢六百二十文改爲給錢五百三十三文二毫。年共鑄錢四萬六千九十餘串，除歸還銅鉛本腳外，計獲鑄息銀六千七百六十餘兩。五年十二月添設爐五座，連原設十一座共爐一十六座，照前鼓鑄。年鑄五百七十八卯，年共鑄錢五萬九千一百餘串，除歸還銅鉛本腳外，計獲鑄息銀九千八百餘兩。六年十二月改爲四色配鑄，每百斤用銅五十斤，白鉛四十三斤八兩，黑鉛三斤八兩，錫三斤。黑鉛每百斤價銀一兩四錢八分，腳銀七錢二分，錫每百斤價銀二兩九錢二分七釐，腳銀二錢九釐四毫零。年共鑄錢五萬九千二百九十餘串，除歸還銅鉛本腳外，計獲鑄息銀一萬三千五百九十餘兩。十五年正月減爐八座，酌留八座，照前鼓鑄。年鑄二百八十八卯，其白鉛改用普馬廠鉛斤，每百斤廠價銀二兩，腳銀二錢七分二釐七毫，年共鑄錢二萬九千五百九十餘串，除歸還銅鉛本腳外，計獲鑄息銀七千七百二十餘兩。十九年將黑鉛運腳每百斤原給銀七錢二分，改爲給銀九分九毫，年共鑄錢二萬九千五百九十餘串，除歸還銅鉛本腳外，計獲鑄息銀七千七百九十餘兩。三十年五月，每爐每卯正鑄項下，加添米炭價錢二串四百七十文。年共鑄錢二萬八千八百餘串，除歸還銅鉛本腳外，計獲鑄息銀七千一百餘兩。至三十五年八月，將八爐全行裁撤。四十一年正月復設爐一十二座，照前鼓鑄。年鑄四百三十二卯，年共鑄錢四萬三千三百餘串，除歸還銅鉛本腳外，計獲鑄息銀一萬七百九十一兩。四十二年八月減爐四座，酌留八座，照前鼓鑄。年共鑄錢二萬八千八百餘串，除歸還銅鉛本腳外，計獲鑄息銀七千一百餘兩。至四十四年二月底將八爐全行裁撤。嘉慶四年，(四)〔因〕改鑄收買小錢，咨明户部於臨安府揞爐六座，就近改鑄。臨安、普洱二府屬小錢，於是年鑄竣，即將爐座裁撤。

霑益局：

霑益局於雍正元年(一七二三年)十二月設爐十五座，每爐每月鼓鑄三卯，銅六鉛四配鑄。每爐每卯正鑄用銅六百斤，每百斤加耗銅十三斤，計加耗銅七十八斤，二共正耗銅六百七十八斤，白鉛四百斤，不加耗，計正鑄淨銅鉛一千斤。每百斤給銼磨折耗九斤，共折耗銅鉛九十斤，實鑄淨銅鉛九百一十斤。每錢一文鑄重一錢四分，共鑄錢一百四串，內除支銷爐匠工食錢十二串，物料錢六串二百文，實存淨錢八十五串八百文。又帶鑄用銅六十斤，每百斤加耗銅一十三斤，計加耗銅七斤十二兩八錢，二共正耗銅六十七斤十一兩八錢，白鉛四十斤，不加耗，計帶鑄淨銅鉛一百斤。給銼磨折耗九斤，實鑄淨銅鉛九十一斤。每錢一文鑄重一錢四分，共鑄錢十串四百文。不給工食，只給物料錢六百二十文，實存淨錢九串七百八十文。又外耗用銅五十四斤，每百斤加耗銅十三斤，計加耗銅七斤三錢三分，二共正耗銅六十一斤三錢二分。白鉛三十六斤，不加耗，計外耗淨銅鉛九十斤，不給銼磨折耗。每錢一文鑄重一錢四分，共鑄錢十串二百八十五文七毫。不給工食物料，只給局中官役廉食等項錢四串五十七文七毫，實存淨錢六串二百二十七文二毫。計正鑄、帶鑄、外耗三項共用銅鉛一千九十一斤，共鑄錢一百二十四串六百八十五文七毫，除支銷工食物料等項錢二十二串八百七十七文七毫，實存淨錢一百一串八百八文。十五爐正鑄五百四十卯，共錢五萬四千九百七十六串三百二十文，搭放兵餉之用。每錢一串扣收銀一兩，共扣收銀五萬四千九百七十六兩三錢二分。又每年五百四十卯，共用各廠正銅三十八萬五千五百六十斤，加耗銅五萬一百二十二斤十二兩八錢不另給價外，每正銅百斤價腳銀九兩二錢，共該銅價銀三萬五千四百七十一兩五錢二分。又用卑浙、塊澤二廠白鉛二十五萬七千四十斤，每百斤給價銀二兩，腳銀一兩五錢，共該價腳銀八千九百九十六兩四錢，二共銅鉛價腳銀四萬四千四百六十七兩九錢二分，於前項扣獲錢本銀內計除外，每年共獲鑄息銀一萬五百餘兩。其每鑄淨銅一百斤給炒費銀三錢，係於銅息項下動支發給。至雍正五年正月底，將十五爐全行裁撤。

大理局：

大理局於雍正元年十二月設爐五座，每爐每月鼓鑄三卯，以銅六鉛四配鑄。每爐每卯正鑄用銅六百斤，每百斤加耗銅十三斤，計加耗銅七十八斤，二共正耗銅六百七十八斤，白鉛四百斤，不加耗，計正鑄淨銅鉛一千斤，每百斤給銼磨折耗九斤，共折耗銅鉛九十斤，實鑄淨銅鉛九百一十斤，每錢一文鑄重一錢四分，共鑄錢一百四串。內除支銷爐匠工食錢十二串，物料錢六串二百文，實有淨錢八十五串八百文。又帶鑄用銅六十斤，每百斤加耗銅十三斤，計加耗銅七斤十二兩八錢，二共正耗銅六十七斤十二兩八錢，白鉛四十斤，不加耗，計帶鑄淨銅鉛一百斤。給銼磨折耗九斤，實鑄淨銅鉛九十一斤。每錢一文鑄重一錢四分，共鑄錢十串四百文。不給工食，只給物料錢六百二十文，實存淨錢九串七百八十文。又外耗用銅五十四斤，每百斤加耗銅十三斤，計加耗銅七斤零三錢二分，二共正耗銅六十一斤三錢二分，白鉛三十六斤，不加耗，計外耗淨銅鉛九十斤，不給銼磨折耗。每錢一文鑄重一錢四分，共鑄錢十串二百八十五文七毫，不給工食物料，只給局中官役廉食等項錢四串零五十七文七毫，實存淨錢六串二百二十七文三毫。計正鑄、帶鑄、外耗三項共用銅鉛一千零九十一斤，共鑄錢一百二十四串六百八十五文七毫，除支銷工食物料等項錢二十二串八百七十七文七毫，實存淨錢一百一串八百八文。計五爐年鑄一百八十卯，共錢一萬八千三百二十五串四百四十文，搭放兵餉之用，每錢一串扣收銀一兩，共扣收銀一萬八千三百二十五兩四錢四分。又每年一百八十卯，共用各廠正銅一十二萬八千五百二十斤，耗銅一萬六千七百七斤九兩六錢，除耗銅不另給價外，每正銅百斤價腳銀九兩二錢，共該銅價銀一萬一千八百二十三兩八錢四分。又用卑浙、塊澤二廠白鉛八萬五千六百八十斤，每百斤給價銀二兩，給腳銀一兩五錢，該價腳銀二千九百九十八兩八錢，二共銅鉛價腳銀一萬四千八百二十二兩六錢四分，於前項扣獲錢本銀內計除外，每年共獲鑄息銀三千五百餘兩。其每鑄淨銅一百斤給炒費銀三錢，係於銅息項下動支給發。雍正五年正月，將五爐全行裁撤。乾隆九年十一月復設爐十五座，年鑄五百四十卯，改爲四色配鑄。每百斤用銅五十斤，白鉛四十三斤八兩，錫三斤。白鉛每百斤價銀二兩，舊發給腳銀原給銀一兩五錢改爲給銀二兩零七分五釐二毫五絲。黑鉛每百斤價銀一兩零五分六釐，腳銀一兩一錢四分四釐。錫每百斤價銀二兩九錢二分七釐，腳銀二兩零八分五釐九毫零。又正鑄項下原給物料錢六串二百文，改爲給錢五串三百三十二文八毫。加添米炭價錢二串四百七十文。帶鑄項下原給物料錢六百二十文，改爲給錢五百二十三文二毫零。年共鑄錢五萬四千一百餘串文，除歸還銅鉛本腳外，計獲鑄息銀八千七百餘兩。二十四年將白鉛工本原給銀二兩，改爲給銀一兩八錢二分，年共鑄錢五萬四千一百餘串，除歸還銅鉛本腳外，計獲鑄息銀九千一百餘兩。至三十五年八月，將十五爐全行裁撤。四十一年正月復設爐十五座，照前鼓鑄，年鑄五百四十卯，共錢五萬四千一百餘串，除歸還銅鉛本腳外，計獲鑄息銀九千一百餘兩。惟銅斤係用甯台銅斤，每百斤加煎耗、民耗、局耗銅三十斤十三兩八錢五分，每正銅百斤價銀九兩二錢。乾隆四十二年(一七七七年)正月添設爐三座，連原設爐十五座共計一十八爐，照前鼓鑄。年鑄六百四十八卯，共錢六萬四千九百餘串，除歸還銅鉛本腳外，計獲鑄息銀一萬零九百餘兩。四十二年(一七七七年)八月裁減十座，酌留八爐，照前鼓鑄。年鑄二百八十八卯，共錢二萬八千八百餘串，除歸還銅鉛本腳外，計獲鑄息銀四千八百八十餘兩，至四十五年，將八爐移於省局添設鼓鑄。嘉慶四年(一七九九年)正月，因改鑄收買小錢，咨明户部，於(次)〔大〕理府下關地方設爐二十二座，就近改鑄。大理、麗江、順甯、鎮沅、永北、蒙化、景東、威遠等府廳州縣所屬小錢，至七年鑄竣，即將爐座裁撤。

楚雄局：

楚雄府向未設爐，嘉慶四年(一七九九年)因改鑄收買小錢，咨明户部於楚雄府設爐十座，就近改鑄楚雄府屬及黑白琅三井小錢，至五年鑄竣，即將爐座裁撤。

廣南局：

廣南府向未設局，嘉慶五年因改鑄收買小錢，咨明户部於廣南府設爐六座，就近改鑄。開化、廣南二府屬小錢，於是年鑄竣，將爐座裁撤。

傳記

《史記》卷一〇六《吳王濞列傳》 會孝惠、高后時，天下初定，郡國諸侯各務自拊循其民。吳有豫章郡銅山，濞則招致天下亡命者（益）〔盜〕鑄錢，煮海水爲鹽，以故無賦，國用富饒。

又 吳楚反書聞，兵未發，竇嬰未行，言故吳相袁盎。盎時家居，詔召入見。上方與鼂錯調兵笇軍食，上問袁盎曰：「君嘗爲吳相，知吳臣田祿伯爲人乎？今吳楚反，於公何如？」對曰：「不足憂也，今破矣。」上曰：「吳王即山鑄錢，煮海水爲鹽，誘天下豪桀，白頭舉事。若此，其計不百全，豈發乎？何以言其無能爲也？」袁盎對曰：「吳有銅鹽利則有之，安得豪桀而誘之！誠令吳得豪桀，亦且輔王爲義，不反矣。吳所誘皆無賴子弟，亡命鑄錢姦人，故相率以反。」

《史記》卷一二五《佞幸列傳・鄧通》 孝文時中寵臣，士人則鄧通，宦者則趙同、北宮伯子。北宮伯子以愛人長者；而趙同以星氣幸，常爲文帝參乘；鄧通無伎能。鄧通，蜀郡南安人也，以濯船爲黄頭郎。孝文帝夢欲上天，不能，有一黄頭郎從後推之上天，顧見其衣裻帶後穿。覺而之漸臺，以夢中陰目求推者郎，即見鄧通，其衣後穿，夢中所見也。召問其名姓，姓鄧氏，名通，文帝説焉，尊幸之日異。通亦愿謹，不好外交，雖賜洗沐，不欲出。於是文帝賞賜通巨萬以十數，官至上大夫。文帝時時如鄧通家遊戲。然鄧通無他能，不能有所薦士，獨自謹其身以媚上而已。上使善相者相通，曰「當貧餓死」。文帝曰：「能富通者在我也。何謂貧乎？」於是賜鄧通蜀嚴道銅山，得自鑄錢，「鄧氏錢」布天下。其富如此。

劉歆《西京雜記》卷三 文帝時，鄧通得賜蜀銅山，聽得鑄錢，文字肉好，皆與天子錢同，故富侔人主。時吳王亦有銅山鑄錢，故有吳錢微重，文字肉好，與漢錢不異。

酈道元《水經注》卷六《汾水》 劉淵族子曜嘗隱避於管涔之山，夜中忽有二童子入，跪曰：「管涔王使小臣奉謁趙皇帝。獻劍一口，置前，再拜而去。以燭視之，劍長二尺，光澤非常，背有銘曰：「神劍御，除衆毒。」曜遂服之，劍隨時變爲五色也，后曜遂爲胡王矣。

《三國志》卷四七《吳書・吳主傳》注引 《江表傳》曰：是歲，權詔曰：「謝宏往日陳鑄大錢，云以廣貨，故聽之。今聞民意不以爲便，其省息之，鑄爲器物，官勿復出也。私家有者，敕以輸藏，計畀其直，勿有所枉也。」

《晉書》卷九四《隱逸・魯褒傳》 元康之後，綱紀大壞，褒傷時之貪鄙，乃隱姓名，而著《錢神論》以刺之。其略曰：

錢之爲體，有乾坤之象，内則其方，外則其圓。其積如山，其流如川。動靜有時，行藏有節，市井便易，不患耗折。難折象壽，不匱象道，故能長久，爲世神寶。親之如兄，字曰「孔方」，失之則貧弱，得之則富昌。無翼而飛，無足而走，解嚴毅之顔，開難發之口。錢多者處前，錢少者居後。處前者爲君長，在後者爲臣僕。君長者豐衍而有餘，臣僕者窮竭而不足。《詩》云：「哿矣富人，哀此煢獨。」

錢之爲言泉也，無遠不往，無幽不至。京邑衣冠，疲勞講肄，厭聞清談，對之睡寐，見我家兄，莫不驚視。錢之所祐，吉無不利，何必讀書，然後富貴！昔呂公欣悦於空版，漢祖克之於嬴二，文君解布裳而被錦繡，相如乘高蓋而解犢鼻，官尊名顯，皆錢所致。空版至虚，而況有實；嬴二雖少，以致親密。由此論之，謂爲神物。無德而尊，無勢而熱，排金門而入紫闥。危可使安，死可使活，貴可使賤，生可使殺。是故忿爭非錢不勝，幽滯非錢不拔，怨讎非錢不解，令問非錢不發。

洛中朱衣，當途之士，愛我家兄，皆無已已。執我之手，抱我終始，不計優劣，不論年紀，賓客輻輳，門常如市。諺曰：「錢無耳，可使鬼。」凡今之人，惟錢而已。故曰軍無財，士不來；軍無賞，士不往。仕無中人，不如歸田。雖有中人，而無家兄，不異無翼而欲飛，無足而欲行。蓋疾時者共傳其文，褒不仕，莫知其所終。

《北史》卷二四《崔叔義傳》 叔仁弟叔義，魏孝莊時爲尚書庫部郎。初，叔義父休爲青州刺史，放盜魁，令出其黨，遂以爲門客。在洛陽，與兄叔仁鑄錢。事發，合家逃逸，叔義見執。時城陽王徽爲司州牧，臨淮王彧以非其身罪，驟爲致言。徽以求婚不得，遂停赦書而殺之。

《北史》卷四一《楊侃傳》 時所用錢，人多私鑄，稍就薄小，乃至風飄水浮，米斗幾直一千。侃奏聽人與官並鑄五銖，使人樂爲，而俗弊得改。莊帝從之。

《北史》卷五〇《高道穆傳》 於時用錢稍薄，道穆表曰：「百姓之業，錢貨爲本，救弊改鑄，王政所先。自頃以來，私鑄薄濫，官司糾繩，挂網非一。在市銅價，八十一文得銅一斤，私鑄薄錢，斤餘二百。既示之以深利，又隨之以重刑，得罪者雖多，姦鑄者彌衆。今錢徒有五銖之文，而無二銖之實，薄甚榆莢，上貫便破，置之水上，殆欲不沈。因循有漸，科防不切，朝廷失之，彼復何罪。昔漢文帝以五分錢小，改鑄四銖。至武帝復改三銖爲半兩。此皆以大易小，以重代輕也。論今據古，宜改鑄大錢，文載年號，以記其始。則一斤所成，止七十六文。銅價至賤，五十有餘，其中人功、食料、錫炭、鉛砂，縱復私營，不能自潤。直置無利，自應息心，況復嚴刑廣設也？以臣測之，必當錢貨永通，公私獲允。」後遂用楊侃計，鑄永安五銖錢。

又《高謙之傳》 時朝議鑄錢，以謙之爲鑄錢都將長史，乃上表求鑄三銖錢曰：

蓋錢貨之立，本以通有無，便交易，故錢之輕重，世代不同。太公爲周置九府圜法。至景王時，更鑄大錢。秦兼海內，錢重半兩。漢興，以秦錢重，改鑄榆莢錢。至文帝五年，復爲四銖。孝武時悉復銷壞，更鑄三銖。至元狩中，變爲五銖。又造赤仄之錢，以一當五。王莽攝政，錢有六等：大錢重十二銖，次九銖，次七銖，次五銖，次三銖，次一銖。魏文帝罷五銖錢，至明帝復立。孫權江左鑄大錢一當五百。權赤烏年，復鑄大錢，一當千。輕重大小，莫不隨時而變。

竊以食貨之要，八政爲首，聚財之貴，詒訓典文。是以昔之帝王，乘天地之饒，御海內之富，莫不腐紅粟於太倉，藏朽貫於泉府，儲畜既盈，人無困弊，可以寧謐四海，如身使臂者矣。昔漢之孝武，地廣財饒，外事四戎，遂虚國用。於是草茅之臣，出財助國，興利之計，納税廟堂，市列榷酒之官，邑有告緡之令，鹽鐵既興，錢幣屢改，少府遂豐，上林饒積。外闢百蠻，内不增賦者，皆計利之由也。

今羣妖未息，四郊多壘，徵税既煩，千金日費，倉儲漸耗，財用將竭，誠楊氏獻税之秋，桑兒言利之日。夫以西京之盛，錢猶屢改，並行大小，子母相權；況今寇難未除，州郡淪敗，人物彫零，軍國用少，别鑄小錢，可以富益，何損於政，何妨於人也？且政興不以錢大，政衰不以錢小，唯貴公私得所，政化無虧，既行之於古，亦宜效之於今矣。昔禹遭大水，以歷山之金鑄錢，救人之困。湯遭大旱，以莊山之金鑄錢，贖人之賣子者。今百姓窮悴，甚於曩日，欽明之主，豈得垂拱而觀之哉？臣今此鑄，以濟交乏，五銖之錢，任使並用，行之無損，國得其益。

詔將從之，事未就，會卒。

《北史》卷五三《王則傳》 則性貪，在州不法，舊京諸像，毁以鑄錢，于時號河陽錢，皆出其家。

《南史》卷二七《孔琳之傳》 （桓）玄時議欲廢錢用穀帛，琳之議曰：

《洪範》八政，以貨次食，豈不以交易之所資，爲用之至要者乎。故聖王制無用之貨，以通有用之財，既無毁敗之費，又省難運之苦，此錢所以嗣功龜貝，歷代不廢者也。穀帛爲寶，本充衣食，今分以爲貨，則致損甚多，又勞煩於商販之手，耗棄於割截之用，此之爲弊，著於自曩。故鍾繇曰：「巧僞之人，競濕穀以要利，制薄絹以充資。」魏世制以嚴刑，弗能禁也。是以司馬芝以爲「用錢非徒豐國，亦所以省刑」。今既用而廢之，則百姓頓亡其利，是有錢無糧之人，皆坐而飢困，此斷之之弊也。魏明帝時，錢廢穀用四十年矣，以不便於人，乃舉朝大議，精才達政之士，莫不以爲宜復用錢。彼尚舍穀帛而用錢，足以明穀帛之弊著於已試也。

《南史》卷三三《范泰傳》 又言事者多以錢貨減少，國用不足，欲更造五銖。泰又諫曰：

臣聞爲國拯弊，莫若務本。「百姓不足，君孰與足」，未有人貧而國富，本不足而末有餘者也。故囊漏貯中，識者不吝，反裘負薪，存毛實難。王者不言有無，諸侯不説多少，食禄之家，不與百姓争利。故拔葵所以明政，織蒲謂之不仁。是以貴賤有章，職分無爽。今之所憂，在農人尚寡，倉廩未充，轉運無已，資食者衆，家無私積，難以禦荒耳。夫貨存貿易，不在少多，昔日之貴，今者之賤，彼此共之，其揆一也。但令官人均通，則無患不足。若使必資貨廣以收國用者，則龜貝之屬，自古所行。尋銅之爲器，在用也博矣，鍾律所通者遠，機衡所揆者大，夏鼎負《圖》，實冠衆瑞，晉鐸呈象，亦啓休徵。器有要用，則貴賤同資，物有適宜，則家國共急。今毁必資之器，而爲無施之錢，於貨則功不補勞，在用則君人俱困，校之以實，損多益少。伏願思可久之道，探欲速之情，弘山海之納，擇芻牧之説。

《南史》卷三四《顔延之傳》 先是，元嘉中鑄四銖錢，輪郭形制與五銖同，用費損無利，故百姓不盗鑄。及孝武即位，又鑄孝建四銖，所鑄錢形式薄小，輪郭不成，於是人間盗鑄者雜以鉛錫，並不牢固。又翦鑿古錢以取其銅，錢轉薄小，稍違官式。雖重制嚴刑，人吏官長坐死免者相係，而盗鑄彌甚，百物踊貴，人患苦之。乃立品格，薄小無輪郭者悉加禁斷。始興公沈慶之議：「宜聽人鑄錢。萬税三置署，樂鑄之家皆居署内。去春所禁新品，一時施用，今鑄悉依此格。

千，嚴檢盜鑄，并禁翦鑿。數年之間，公私豐贍，銅盡事息，姦僞自止。禁鑄則銅轉成器，開鑄則器化爲財。」上下其事於公卿，竣議曰：「今云開署放鑄，誠所欲同，但慮采出事絶，器用日耗。銅既轉少，器亦彌貴。設器直一千，則鑄之減半，爲之無利，雖令不行。」時議者又以銅難得，欲鑄二銖錢。竣又議曰：「今鑄二銖，恣行新細，於官無解於乏，而人姦巧大興，天下之貨將靡碎至盡。空曰嚴禁，而利深難絶，不過一二年間，其弊不可復救。此其甚不可一也。使姦人意騁，而貽厥愆謀，此又甚不可二也。富商得志，貧人困窘，此又甚不可三也。若使交益深重，尚不可行，況又未見利，而衆弊如此，失算當時，取笑百代乎。」前廢帝即位，鑄二銖，形式轉細，官錢每出，人間即模効之，而大小厚薄皆不及也。無輪郭，不磨鑪，如今之翦鑿者，謂之耒子錢。景和元年，沈慶之啓通私鑄，由是錢貨亂敗，一千錢長不盈三寸，大小稱此，謂之鵝眼錢；劣於此者謂之綖環錢。貫之以縷，入水不沈，隨手破碎，市井不復料數，十萬錢不盈一掬。斗米一萬，商貨不行。明帝初，唯禁鵝眼、綖環，其餘皆通用。復禁人鑄，官署亦廢，尋復普斷，唯用古錢。

《南史》卷三九《劉悛傳》 永明八年，悛啓武帝曰：「南廣郡界蒙山下有城名蒙城，可二頃地，有燒鑪四所，高一丈，廣一丈五尺。從蒙城度水南百許步，平地掘土深二尺，得銅。又有古掘銅坑深二丈，并居宅處猶存。鄧通南安人，漢文帝賜通嚴道縣銅山鑄錢。今蒙山近在青衣水南，青衣左側並是故秦之嚴道地。青衣縣，文帝改名漢嘉。且蒙山去南安二百里，案此必是通所鑄處。近喚蒙山獠出，云『甚可經略』。此議若立，潤利無極。并獻蒙山銅一片，又銅石一片，平州鑄鐵刀一口。」上從之。遣使入蜀鑄錢，得千餘萬，功費多乃止。

《宋書》卷四五《劉道濟傳》 初，道濟以五城人帛氏奴、梁顯爲參軍督護，費謙固執不與。遠方商人多至蜀土資貨，或有直數百萬者，謙等限布絲綿各不得過五十斤，馬無善惡，限蜀錢二萬。府又立冶，一斷民私鼓鑄，而貴賣鐵器，商旅吁嗟，百姓咸欲爲亂。

《宋書》卷五六《孔琳之傳》 桓玄時議欲廢錢用穀帛，琳之議曰：「《洪範》八政，以貨次食，豈不以交易之所資，爲用之至要者乎。若使不以交易，百姓用力於爲錢，則是妨其爲生之業，禁之可也。今農自務穀，工自務器，四民各肆其業，何嘗致勤於錢。故聖王制無用之貨，以通有用之財，既無毁敗之費，又省運置之苦，此錢所以嗣功龜貝，歷代不廢者也。穀帛爲寶，本充衣食，今分以爲貨，則致損甚多。又勞毁於商販之手，耗棄於割截之用，此之爲敝，著於自曩。故鍾繇曰：『巧僞之民，競蘊濕穀以要利，制薄絹以充資。』魏世制以嚴刑，弗能禁也。是以司馬芝以爲用錢非徒豐國，亦所以省刑。錢之不用，由於兵亂積久，自至於廢，有由而然，漢末是也。今既用而廢之，則百姓頓亡其財。今括囊天下之穀，以周天下之食，或倉庾充衍，或糧靡斗儲，以相資通，則貧者仰富，致之之道，實假於錢。一朝斷之，便爲棄物，是有錢無糧之民，皆坐而饑困，此斷錢之立敝也。且據今用錢之處不爲貧，用穀之處不爲富。又民習來久，革之必惑。語曰：『利不百，不易業。』況又錢便於穀邪？魏明帝時，錢廢穀用，三十年矣。以不便於民，乃舉朝大議。精才達治之士，莫不以爲宜復用錢，民無異情，朝無異論。彼尚舍穀帛而用錢，足以明穀帛之弊，著於已試。世或謂魏氏不用錢久，積累巨萬，故欲行之，利公富國。斯殆不然。昔晉文後舅犯之謀，而先成季之信，以爲雖有一時之勳，不如萬世之益。于時名賢在列，君子盈朝，大謀天下之利害，將定經國之要術。若穀實便錢，義不味當時之近利，而廢永用之通業，斷可知矣。斯實由困而思革，改而更張耳。近孝武之末，天下無事，時和年豐，百姓樂業，便自穀帛殷阜，幾乎家給人足，驗之事實，錢又不妨民也。頃兵革屢興，荒饉薦及，飢寒未振，實此之由。公既援而拯之，大革視聽，弘敦本之教，明廣農之科，敬授民時，各順其業，遊蕩知反，務末自休，固以南畝競力，野無遺壞矣。於是以往，升平必至，何衣食之足卹。愚謂救弊之術，無取於廢錢。」

宋祁《景文集》卷二九《奏疏·直言對》 翰林侍讀學士兼龍圖閣學士宋某昧死言：「【略】臣又聞南方鑛冶地寶不乏，但轉運司與州縣莫適爲謀，昔之本錢數十萬，慶曆以來爲官司侵耗畧盡矣。今既無糧貨，不能聚人，上下掩閉，止以坑穴不發爲解，采鑿烹煉反爲奸人所盜，利奪于下，貨失于官，禁帑之錢日朘月削。今若留數十萬緡置于饒、信，權爲本錢，精擇材臣，委之經度，自令舉吏，專建官司，庶幾銅溢於山，錢流於府，此可以責數年之效，未可以驗于目前也。銅足錢多，此亦富國之一助耳。臣智識庸暗，不足上當清問，輕率狂狷，惟陛下裁貸其誅。」

《明神宗實録》卷七七 〔萬曆六年七月壬子〕巡撫湖廣左副都御史陳瑞條上疏通錢法四事：一增置錢局，泉貨之開鑄不多，則流布不廣。若會省正開一局，則錢既不多，行自難徧。宜於省城開局外，再於荆、衡二府，各開一局，分工鼓鑄。一酌地供錢，該省地理險遠，解運艱難，則錢當就近分發爲便。省城錢局照數領錢外，以後武漢黄德岳州五府屬解布政司。承天郧襄辰常五府屬解荆州府。永州長寶郴清五府州屬解衡州府。庶幾解運易而脚價可省。一定派工役，荆衡二府開局，工作頗多，若再行召募匠役，則工費日滋，宜於省城錢局撥精熟匠役每處各二十名，其餘於州縣民壯内每處撥給伶利者二名，武漢等五府屬赴省城，荆承等六府屬赴荆州，衡永等六府屬赴衡州，各依分定局所充役。一議行勸懲，官司勤惰，錢法流滯所關，局宜定上中下三等，分别具奏，每年終聽該道查核，撫按從公獎戒，庶幾人心知勸而錢法無壅滯之患。報可。

錢泳《履園叢話》卷二《閱古・錢範》　翁宜泉太守有《錢母説》，即朱竹垞所謂泉範，以銅爲之，所以鼓鑄也。今官局鼓鑄，皆用翻砂，所云板板六十四者。余嘗親至錢局看鼓鑄，有一板成二三十，有一板成四五十不等，未必定是六十四也。今錢範亦不等，有五銖泉一板成八枚者，有大泉五十一板成六枚者，亦有四枚、兩枚者。範必兩塊合成，中有二小笋，作牝牡形，所以符合，取不移動也。惟古來博古家總未及此。余所見有四五種，近亦漸少矣。

鮑康《觀古閣泉説・序》　《泉譜》始見隋《經籍志》顧烜《錢譜》、《錢圖》，封演《續錢譜》、張台《錢録》、姚元澤《錢譜》、陶岳《貨泉録》、金光襲《錢寶録》、李孝美《歷代泉譜》、錢氏《錢譜》、杜鎬《鑄錢故事》、羅泌《錢幣考》、董逌《錢譜》、于公甫《錢譜》，皆不傳。傳者，洪遵《泉志》而已，近李竹朋丈著《古泉匯》，至爲詳備。國朝爲《泉譜》之學，無多於此者，其素所相與商榷者，則惟鮑丈臆園先生，先生自束髮以來，蓄泉最富，耽玩四十餘年，故於源流正變，真僞美惡，辨别精嚴，當世無其比也。蔭嘗勸其著一書以傳世，力請再三，先生乃先舉所見所聞，以及耆舊風流交游韻事，録成《泉説》二卷，而以題詠附焉。其中遺事逸聞，實足資後人之考訂，非泛然論古之作也，當與戴文節《古泉叢話》、劉方伯《論泉絶句》鼎足而三矣。若蔡氏《癖談》、盛氏《泉史》、張氏《錢志新編》，詎能望其項背哉！同治癸酉五月，吴縣潘祖蔭謹序。

紀事

《漢書》卷三五《吴王濞傳》　會孝惠、高后時天下初定，郡國諸侯各務自拊循其民。吴有豫章郡銅山，即招致天下亡命者盗鑄錢，東煮海水爲鹽，以故無賦，國用饒足。

《漢書》卷五一《賈山傳》　其後文帝除鑄錢令，山復上書諫，以爲變先帝法，非是。又訟淮南王無大罪，宜急令反國。又言柴唐子爲不善，足以戒。章下詰責，對以爲「錢者，亡用器也，而可以易富貴。富貴者，人主之操柄也，令民爲之，是與人主共操柄，不可長也。」其言多激切，善指事意，然終不加罰，所以廣諫争之路也。其後復禁鑄錢云。

《漢書》卷九三《佞幸傳・鄧通》　文帝時間如通家游戲，然通無他伎能，不能有所薦達，獨自謹身以媚上而已。上使善相人者相通，曰：「當貧餓死。」上曰：「能富通者在我，何説貧？」於是賜通蜀嚴道銅山，得自鑄錢。鄧氏錢布天下，其富如此。

《後漢書》卷九《孝獻帝紀》　董卓壞五銖錢，更鑄小錢。

徐天麟《東漢會要》卷三一《食貨・錢幣》　初，王莽亂後，貨幣雜用布、帛、金、粟。建武初，馬援在隴西上書言，宜如舊鑄五銖錢。事下三府，三府奏以爲未可許，事遂寢。及援還，從公府求得前奏，難十餘條，乃隨牒解釋，更具表言。帝從之。馬援傳。

建武十六年，始行五銖錢，天下賴其便。《光武紀》及《馬援傳》。

建武時，長安鑄錢多姦，第五倫爲督鑄錢掾，領長安市。倫平衡銓，正斗斛，市無阿枉，百姓悦服。《傳》。

桓帝時，有上書言，人以貨輕錢薄，故致貧困，宜改鑄大錢。事下四府羣僚及太學能言之士。劉陶上議曰：「當今之憂，不在於貨，在乎民飢。竊見比年已來，良苗盡於蝗螟之口，杼柚空於公私之求，所急朝夕之餐，所患靡盬之事，豈謂錢貨之厚薄，銖兩之輕重哉？蓋民可百年無貨，不可一朝有飢。議者不達農殖之本，多言鑄冶之便，或欲因緣行詐，以賈國利。國利將盡，取者争競，造鑄之端於是乎生。蓋萬人鑄之，一人奪之，猶不能給；况今一人鑄之，則萬人奪之乎？雖以陰陽爲炭，萬物爲銅，役不食之民，使不飢之士，猶不能足無厭之求也。夫欲民殷財阜，要在止役禁奪，則百姓不勞而足。陛下愍海内之憂戚，傷天下之艱難，欲鑄錢齊貨以救其弊，此猶養魚沸鼎之中，棲鳥烈火之上。水木本魚鳥之所生也，用之不時，必至燋爛。願陛下寬鍥薄之禁，後冶鑄之議，聽民庶之謡吟，問路叟之所憂，瞰三光之文耀，視山河之分流。天下之心，國家大事，粲然皆見，無有遺惑者矣。當今地廣而不得耕，民庶而無所食。羣小競起，進秉國之位，鷹揚天下，烏鈔求飽，吞肌及骨，並噬無厭。誠恐卒有役夫窮匠，投斤攘臂，登高遠呼，使愁怨之民，響應雲合，八方分崩，中夏魚潰。雖方尺之錢，何能有救其危！」帝竟不鑄錢。《劉陶傳》。

靈帝中平三年，鑄四出文錢，錢皆四道。識者竊言侈虐已甚，形象兆見，此錢成，必四道而去。及京師亂，錢果流布四海。《宦者傳》。

獻帝初平元年，董卓壞五銖錢，更鑄小錢，悉取洛陽及長安銅人、鐘虡、飛廉、銅馬之屬，以充鑄焉。故貨賤物貴，穀石數萬。又錢無輪郭文章，不便人用。《董卓傳》。

《三國志》卷六《魏書・董卓傳》 悉椎破銅人、鐘虡，及壞五銖錢。更鑄爲小錢，大五分，無文章，肉好無輪郭，不磨鑢。于是貨輕而物貴，穀一斛至數十萬。自是後錢貨不行。

《北史》卷七《齊紀中》 自魏末用永安錢，又有數品，皆輕濫，己丑，鑄新錢，文曰常平五銖。

《北史》卷一〇《周紀下》 更鑄錢，文曰布泉，以一當五，與五銖並行。

《魏書》卷九《肅宗紀》 〔孝昌三年正月〕甲申，詔峻鑄錢之制。

《魏書》卷四九《崔鑒傳》 又於州內冶銅以爲農具，兵民獲利。

《魏書》卷五七《崔挺傳》 先是，州內少鐵，器用皆求之他境，挺表復鐵官，公私有賴。

《周書》卷五《五帝紀上》 〔保定元年秋七月〕更鑄錢，文曰「布泉」，以一當五，與五銖並行。

《周書》卷六《武帝紀下》 〔建德四年秋七月〕己未，禁五行大布錢不得出入關，布泉錢聽入而不聽出。

《周書》卷六《武帝紀下》 〔建德五年春正月〕廢布泉錢。戊申，初令鑄錢者絞，其從者遠配爲民。

《南史》卷二《宋本紀中》 孝建以來，又立錢署鑄錢，百姓因此盜鑄，錢轉僞小，商貨不行。

朱銘盤《南朝宋會要・食貨・鹽鐵》 文帝元嘉中，益州立冶，一斷民私鼓鑄，而貴賣鐵器，商旅吁嗟，百姓咸欲爲亂。《劉粹傳》。

《宋書》卷七《前廢帝紀》 〔永光元年二月〕庚寅，鑄二銖錢。

《宋書》卷七《前廢帝紀》 孝建以來，又立錢署鑄錢，百姓因此盜鑄，錢轉僞小，商貨不行。

朱銘盤《南朝齊會要・曆數・符瑞》 古錢古器

昇明三年，左里村人於宮亭湖得穀戟二枚，傍有古字，文遠不可識。《祥瑞志》。

泰始中，世祖於青溪宅得錢一枚，文有北斗七星雙節，又有人形帶劍。及治盆城，又得一大錢，文曰「太平百歲」。《祥瑞志》。

永明七年，齊興太守劉元寶治郡城，於塹中獲錢百萬，形極大，以獻臺爲瑞，世祖班賜朝臣以下各有差。十年，齊安郡民王攝掘地得四文大錢一萬二千七百十枚，品製如一。同上。

《梁書》卷三《武帝紀下》 〔普通〕十二月戊午，始鑄鐵錢。

《南史》卷五一《梁宗室上・蕭昱傳》 普通五年，坐於宅內鑄錢，爲有司所奏，下廷尉，得免死，徙臨海郡。

《南史》卷一〇《陳本紀下》 〔禎明二年〕五月甲午，東冶鑄鐵，有物赤色，大如數升，自天墜鎔所，有聲隆隆如雷，鐵飛出牆外，燒人家。

《陳書》卷六《後主紀》 〔禎明三年五月〕甲午，東冶鑄鐵，有物赤色如數斗，自天墜鎔所，有聲隆隆如雷，鐵飛出牆外燒民家。

許嵩《建康實録》卷二《吳中・太祖下》 〔嘉禾〕五年春，議鑄大錢，一當五百。詔吏民輸銅畀直。設盜鑄之科。**【略】**

〔赤烏元年〕春正月，侍御史謝宏奏更鑄大錢，一當千，以廣貨，帝許之。

《舊唐書》卷一二《德宗紀上》 〔建中元年〕九月戊辰，判度支韓洄奏請於商州紅崖冶洛源監置十鑪鑄錢，江淮七監每鑄一千費二千文，請皆罷，從之。

《舊唐書》卷一四《憲宗紀上》 天下銀坑，不得私採。

又 〔元和四年夏四月〕壬午，裴均進銀器一千五百兩，以違敕，付左藏庫。

《舊唐書》卷一七下《文宗紀下》 〔大和八年二月〕己亥，蔚州飛狐鎮置鑄錢院。

《舊五代史》卷一一五《周書六・世宗紀二》 〔顯德二年〕九月丙寅朔，詔禁天下銅器，始議立監鑄錢。

李燾《續資治通鑑長編》卷一七九《至和二年》 〔三月癸未〕詔三司，韶州岑水場銅大發，其令轉運司益募工鑄錢。

李燾《續資治通鑑長編》卷二七八《神宗熙寧九年》 〔十月戊子〕詔饒州鑄

錢監添招匠人，歲增鑄錢二十萬緡，充信州買銀。

范成大《攬轡録》〔乾道六年八月〕丁卯，過東御園，即宜春苑也。頽垣荒草而已。二里，至東京，虜改爲南京。入新宋門，即朝陽門也，虜改曰弘仁門。彌望悉荒墟。入舊宋門，即麗景門也，虜改爲賓曜門。過大相國寺，傾簷缺吻，無復舊觀。横入東御廊門，絶穿橋北馳道，出西御廊門，過交鈔處。交鈔所者，虜本無錢，惟煬王亮嘗一鑄正隆錢，絶不多，餘悉用中國舊錢，又不欲留錢於河南，故倣中國楮幣，於汴京置局造，官會謂之交鈔，擬見錢行使，而陰收銅錢，悉運而北，過河即用見錢，不用鈔。鈔文曰：「南京交鈔所，准户部符尚書省批，降檢會昨奏南京置局，印造一貫至三貫例交鈔，許諸人納錢給鈔，河南路官、私作見錢流轉。若赴局支取，即時給付，每貫輸工墨錢十五文。七年納换，别給錢，以七十爲百。僞造者斬，捕告者賞錢三百千。」前後有户部幹當令、使幹當官、交鈔庫使副書押，四圍畫雲鶴爲飾焉。

《元史》卷五《世祖紀二》〔至元四年〕夏四月庚戌朔，以漏籍户一萬一千八百，附籍户四千三百於各處起冶，歲課鐵四百八十萬七千斤。戊戌，以禮部尚書馬月合乃兼領潁州、光化互市，及領已括户三千，興煽鐵冶，歲輸鐵一百三萬七千斤，就鑄農器二十萬事，易粟四萬石輸官。河南隨處城邑市鐵之家，令仍舊鼓鑄。

《元史》卷一二《世祖紀九》〔至元十九年二月乙酉〕立鐵冶總管府，罷提舉司。

孔齊《至正直記》卷一　銅錢牌

宋季銅錢牌或長三寸有奇，闊一寸，大小各不同，皆鑄「臨安府」三字。面鑄錢貫。文曰壹伯之等之類。額有小竅，貫以致遠，最便于民。近有人收以爲鑰匙牌者，亦罕得矣。

楮幣之患

楮幣之患，起于宋季置會子、交子之類以對貨物，如今人開店鋪私立紙票也。豈能久乎。至正壬辰，天下大亂，鈔法頗艱。

胡我琨《錢通》卷二《正朔一統二》　今山西無礦可開，無錢可鑄，以鹽法則盡通矣，以屯田則盡闢矣，以耕作則盡力矣。而財用之詘乏日甚，臣謂除節省外無策焉。靳學顔疏

臣又見近世之言，【略】夫礦不可開，開蓋無益也。一禁而不可弛，弛則亂矣。【略】何則？鑄錢之須，一曰銅料，一曰炭，一曰轉致，一曰人工，夫此四者，在民間計之，銀一分而得錢四分，誠十不酬五矣。自臣愚計之，皆可不用銀而取辦者，誠將天下出産銅料之處，贖軍徒以下之罪，而定其則，以收銅于西山。産煤之窯，以法司有罪之人，而准其罪以納炭。其運銅則通水路者，附以官民之舟，如臨清帶甎之例；通陸路者資以驛遞之力，而給之官庫之錢。其運炭則請出府庫見貯之錢，或于京城，或于近縣，或于營軍，如係官身，則量給以工食；如係民户，則平給以脚價。如是，而患無材與夫轉致之難，臣不信也。至于人工，取之見役而皆足，則又不煩銀兩而可辦也。臣不知工部及寶源局原額匠役，若於見今坐食與否耶？即以營軍九萬人論之，抽用其一二千人足矣，而謂妨訓練耶？今京城之内鍛金刺綉、聲技力作之徒，與夫靠衙門而衣食者，孰非營軍，奚啻一二千也，而未嘗患其妨。凡此皆不用銀而可以成務，固無本利之足較矣。

《清實録·世祖實録》卷七七〔順治一〇年七月乙卯〕户部會同九卿議奏疏通錢法。以後鑄錢，務照定式，每文重一錢二分五釐，精工鑄造，背面鑄一釐兩字，每千文作銀一兩。嚴飭内外上下，畫一通行，如有不遵者，治以重罪。其見行舊錢，原有高低厚薄不等，難以强齊，一切貿易，似應暫從民便。至外省錢法，應責成右布政使專督嚴查。得旨：錢法難行，皆因設爐太多，鑄造不精所致。見今官鑄，該部酌減爐座，務要精工如式，背面添一釐二字，上下通行，有不遵者，依律治罪。已行制錢，姑從民便。各省責成右布政使專理，設法稽察。聞向來官爐夾帶私鑄，尤爲病國。再犯者，照枉法贓坐罪。其私鑄姦民，不時嚴緝，若仍前違犯，事發，並該地方官根究重處。

《清實録·世祖實録》卷一一一〔順治一四年九月己巳〕諭户部：鼓鑄之法，原以裕國便民。今在京寶泉局外，各省開爐太多，鑄錢不精，以致姦民乘機盜鑄，錢愈多愈賤，私錢公行，官錢壅滯，官民兩受其病。欲使錢法無弊，再四思維，莫若鼓鑄歸一，各省鑄爐，當一概停止，獨令寶泉局鼓鑄。務比舊錢體質稍加潤厚，磨鑢精工，仍兼用滿漢字，俾私鑄難於僞作。其見行之錢，姑准暫用。三年以後，止用新鑄制錢，舊錢盡行銷毁。著議政王貝勒大臣、九卿詹事科道，會議具奏。

《清實録·聖祖實録》卷四〔順治一八年八月乙卯〕平西王吴三桂疏言：遵旨鑄行滿漢字制錢，其雲南厘字錢，應請停鑄。下部知之。

《清實録·聖祖實録》卷四〔順治一八年八月戊辰〕户部題請改鑄康熙字

錢，輕重如舊制。從之。

《清實録・聖祖實録》卷五 〔順治一八年一〇月丁未朔〕户部進呈寶泉局鑄成康熙錢式。

《清實録・聖祖實録》卷八 〔康熙二年三月丙辰〕先是，順治十八年，户部請禁厘字錢，上恐不便於民，命俟二年三月收毁。至是，户部復請嚴禁，本部給價收買，發寶泉局改鑄新錢，暫停各關買解銅觔。從之。

《清實録・聖祖實録》卷八四 〔康熙一八年九月乙巳〕諭大學士等：今聞錢法漸弛，鼓鑄收銅等項，滋生弊端，以致制錢日少，價值騰貴。著户部、工部、都察院堂官，同詣錢局親察。每鑄錢一文，必重一錢。應作何釐剔弊端，俾制錢充裕，永可遵行，著徹底確察，逐一定議具奏。至於部院衙門各處，所有廢銅器皿、毁壞銅鍾及廢紅衣大小銅礮，並直隸各省所存廢紅衣大小銅礮，著盡行確察，解部鼓鑄。

《清實録・聖祖實録》卷八五 〔康熙一八年一〇月丙寅〕户部等衙門會議錢法十二條：一、順治錢，初重一錢，後改鑄重一錢二分五厘，又改鑄重一錢四分，今應仍鑄一錢四分重之錢行使。【略】十一、京城錢少價貴，應頒發制錢式樣，行令各省巡撫鼓鑄。【略】從之。

《清實録・聖祖實録》卷一一四 〔康熙二三年三月丙戌〕户部等衙門議覆錢法，侍郎李仙根將寶泉局康熙二十二年分鼓鑄，用過銅觔具題。得旨：管理錢法，俱應另行選差。將鑄錢事宜并耗費等項，詳加察看，親督鑄造，務期盡除積弊，永爲定式。應差各官，該部開列具奏。尋户部將各部院堂官列名請旨。上命吏部侍郎陳廷敬、兵部侍郎阿蘭泰、刑部侍郎佛倫、都察院左副都御史馬世濟，管理錢法。

《清實録・聖祖實録》卷一一六 〔康熙二三年七月丙寅〕九卿等議覆：管理錢法侍郎陳廷敬等疏言，民間所不便者，莫甚於錢價昂貴。定例每錢一串，值銀一兩，今每銀一兩，僅得錢八、九百文不等，錢日少而貴者，皆由奸宄不法之徒，燬錢作銅牟私所致。【略】欲除燬錢之弊，求制錢之多，莫若鼓鑄稍輕之錢，每錢約重一錢，燬錢爲銅既無厚利，則燬錢之弊自絶，錢價平而有利於民。【略】相應俱照所請，通行各省遵行。得旨：依議。

《清實録・聖祖實録》卷二一〇 〔康熙四二年一〇月乙巳〕大學士等奏：九卿等會議制錢改鑄大式，停止鼓鑄小錢。上曰：私鑄之弊，朕知之甚悉。欲禁止何難。但必洞徹錢法利弊，始可行之。爾等可會同九卿，再加詳議，務使永遠遵行無弊可也。尋議：鑄錢每文重一錢四分，停止舊式小錢鼓鑄，三年内許大小互用。大錢足用，則小錢可漸次銷燬。從之。

《清實録・世宗實録》卷二 〔康熙六一年一二月戊寅〕户部奏雲南鑄錢事宜。得旨：依議。部議錢上清字，鑄雲泉。京城二局係寶泉、寶源字樣。錢乃國家之寶，其雲南鑄錢清字，著鑄寶雲。四川鑄寶川。此外別省，俱將寶字爲首，次將各本省字樣鼓鑄。

《清實録・世宗實録》卷五〇 〔雍正四年十一月辛亥〕户部議覆：甘肅巡撫石文焯疏言，請動支庫銀二萬兩，收買小錢，開爐鼓鑄大錢，即將大錢再收小錢，源源收鑄，收盡停止。應如所請。從之。

《清實録・世宗實録》卷七六 〔雍正六年二月辛卯〕户部議覆：西安布政使署甘肅巡撫張廷棟奏言，甘省由前任巡撫石文焯收買小錢，改鑄大錢，擾民已甚，請暫停鼓鑄。應如所請。得旨：從前禁止小錢之時，伊都立曾奏請收買小錢，朕嚴飭伊都立，以民間行使小錢已久，今若將小錢盡收入官，倘一時未能多鑄大錢，則民間市易不敷所用，大有不便。伊都立遵朕諭旨而止。甘肅巡撫石文焯又奏請發帑收買小錢，暫開鼓鑄。朕批諭云，所陳開鑄一事，朕詳細斟酌再諭，若因不能禁止小錢，欲藉此爲良策，恐未必所燬錢銅能敷新鑄之用也。小錢之禁，不可急驟，暫寬候旨。乃石文焯並不遵奉候朕再降諭旨，復具摺懇請收錢開鑄。朕以石文焯身在地方，屢次懇切陳奏，必確有所見，是以允其所請，交部准行。不意收錢開鑄之弊，煩擾驛站，貽累官民，至於如此。是石文焯之屢奏，不過固執己見，文過飾非而已。石文焯身爲封疆大臣，不將所行之事籌畫萬全，遽行屢次陳奏，甚屬草率。著將石文焯交部議處。

《清實録・世宗實録》卷一二一 〔雍正一〇年七月癸卯〕管理工部果親王允禮條奏：寶源局鼓鑄錢文，事關重大，新派之員，未能諳練。嗣後請於期滿之時，將滿漢人員内，酌保一員，留任一年，新舊輪番更替，庶局務得以諳練。從之。

《清實録・世宗實録》卷一〇四 〔雍正九年三月己巳〕吏部等衙門議覆：浙江總督李衛條奏江南蘇郡地方營制事宜。【略】一、各處青藍布匹俱於蘇郡染造，踹坊多至四百餘處，踹匠不下萬有餘人，多係單身烏合，防範宜嚴。請照保甲之法設立甲長、坊長，與原設坊總互相稽查。一、踹匠多係外來傭作，必由人引進，號曰包頭。應著落包頭查明來歷，取具互結，送駐防文武員弁存案，以便稽查。均應如所請。從之。

《清實録·世宗實録》卷一一三〔雍正九年一二月癸巳〕廣東布政使楊永斌條奏：定例，鐵器不許出禁貨賣，而洋船私帶禁止尤嚴。粤東所産鐵鍋每連約重二十觔。查雍正七、八、九年夷船出口，每船所買鐵鍋少者自一百連二三百連不等，多者至五百連併有至一千連者。計算每年出洋之鐵約一二萬觔，誠有關係。應請照廢鐵之例一體嚴禁，違者船户人等照例治罪，官役通同徇縱，照徇縱廢鐵例議處。嗣後，令海關監督詳加稽察。至商船煮食器具，銅鍋砂鍋俱屬可用，非必盡需鐵鍋，亦無不便外夷之處，於朝廷柔懷遠人之德意並無違礙。得旨：鐵觔不許出洋，例有明禁，而廣東夷船每年收買鐵鍋甚多，則與禁鐵出洋之功令不符矣。楊永斌所奏甚是。嗣後稽察禁止及官員處分、商人船户治罪之處悉照所請行。粤東既行查禁，則他省洋船出口之處亦當一體遵行，永著爲例。

《雍正朝内閣六科史書·户科·署户部右侍郎兼理京省錢法事務托時等題報寶錢局一年内鑄錢及用過銅鉛等項數目本》 署户部右侍郎兼理京省錢法事務内閣侍讀學士臣托時等謹題爲年終奏報事。該臣等查得寶錢局監督雙德、王璣造册奏銷呈報前來，查前任監督諾穆圖、魯國華任内康熙六十年奏銷後，原存庫銅一百七十九萬八千二百二十四斤十二兩九錢零，鉛九十五萬一千一百五十二斤七兩二錢零，不計價鐵銅一千一百七十三斤一兩，不計價法馬銅一千一百五十斤，新收銅三百二十一萬三千五百二十八斤八兩五錢零，鉛二百零九萬一千五百二十斤十二兩一錢。共鑄錢三十七卯，用銅二百六十六萬四千斤，鉛一百七十七萬六千斤，内除耗銅耗鉛外，共鑄每文一錢四分重錢四十六萬一千七百六十串文，内除爐匠工料錢八萬七千六百四十五串六百文，浄餉錢三十七萬四千一百一十四串四百文外，補串繩錢六百六十六串文，以上餉錢併串繩錢共三十七萬四千七百八十串四百文。再查爐頭徐宗禮等虧欠借領四項案内，每月應扣錢七百五十串文，自六十一年正月起至十二月止，計十二個月共扣過錢九千串文。以上餉、工二項共錢三十八萬三千七百八十串四百文，俱經解部訖。又給發鑄造監引銅版銅八百四十四斤十二兩八錢，鉛五百六十三斤三兩二錢，除不計價鐵銅一千一百七十三斤一兩，不計價法馬銅一千一百五十斤存庫外，實在銅二百三十四萬六千九百八斤八兩六錢零，鉛一百二十六萬六千一百一十斤一錢零，交與該督雙德、王璣於雍正元年自正月起給發爐匠鼓鑄，仍俟年終奏銷可也。除寶泉局細數文册送部查核外，爲此謹題請旨。雍正元年四月十六日題。本月十八日奉旨：著察核，該部知道。

《雍正朝内閣六科史書·户科·廣西巡撫孔毓珣題請於本省省城開局鼓鑄錢文以便兵民需用本》 廣西巡撫臣孔毓珣謹題爲敬陳粤西鼓鑄之議以通國寶以利民生事：「欽惟我皇上宵旰懋勤，無刻不以民生爲念。以錢法爲民間日用所需，關係甚切，特命京師錢局加卯鼓鑄，復令雲南、四川俱行鼓鑄，誠利益民生之盛舉也。臣伏念粤西雖通水路而距京甚遠，京局制錢從未頒到。臣到任以來，查昔年所鑄之錢年久殆盡，現今民間所用或係前代舊錢，或係薄小低錢，相沿雜用，甚不畫一。查得五十二年奉有聖祖俞旨：凡各省有礦之處，無産窮民不禁採挖，以資養贍粤西小民。臣請將本省之銅儘數公平採買，再往雲南購買，於湖南採買白鉛，在省城開局鼓鑄。并請將京局所鑄雍正通寶錢樣頒發到粤，臣當遴選賢能官員督理，遵照京局制錢輕重鼓鑄。所需工本於藩庫内動支，其銅斤以便兵民日用，需省京師發運之費，國寶流通，邊民無不共沾聖澤。俟鼓鑄足用之日，另行具題停止。謹題請旨。」雍正元年五月十五日題。六月二十五日奉旨：「該部議奏。」

《雍正朝内閣六科史書·户科·署江寧巡撫何天培題報上年江南額辦銅斤及動用價銀數目并造册分送會考府户部查覈本》 鎮海將軍署理江寧巡撫臣何天培謹題爲欽奉上諭事。該臣看得江南應辦五省銅斤，前准部文嗣后每年額辦銅數、動用銀兩、併承辦管解各官、及有無拖欠之處，逐一分晰註明，于年終造册題□，仍呈明會考府等因。行據布政鄂爾太詳稱，元年上下兩運，實該辦銅二百二十五萬二千二百四十九斤零，該給部價銀三十二萬六千五百七十六兩零。原據□海防革任同知趙光謨于前司李世仁任内領銀□辦，先因趙光謨承辦上□銅斤違限報參，奉部議，革任追銀，另委□員辦解，已經逐一清查，將給價未辦銅斤詳奉題參，見候部伏。所有元年銅斤動用價值銀兩，照例造册詳送會題等情前來。臣伏核無異，相應具題，所部查核，除册分送會考府併户部外，謹題請旨。雍正元年十二月二十日題。二年二月十二日奉旨：該部察核具奏。

《雍正朝内閣六科史書·户科·雲南巡撫楊名時題報每年應鑄實得錢文及動用工本工料錢數目及請加給工匠口米本》 雲南巡撫臣楊名時謹題爲遵旨敬陳鼓鑄等事。該臣看得滇省鼓鑄，核准部文，令將銅鉛折耗鑄錢糧數目，併爐座器具等項各若干，查明定議等因。兹行據布政使毛文銓詳，據總理錢局順寧府知府□溥詳稱，鼓鑄前請銅七鉛三，應掮爐四十座，奉文照以四六搭配，應再添七座，共設爐四十七座。滇匠不知火色，折耗甚多，今奉部文，折耗九斤，現在調劑，寔難再省。其工料昔年銀米兼給，今奉文止給工料錢一千八百二十文，爲數益減，屢據各匠申訴，請每名日加米八合三勺，詳候部議。又查每爐日鑄銅鉛百斤，除折耗九斤，每錢一文重一錢四分，應鑄錢十千四百文，每年共鑄錢一十七萬五千九百六十八串文。內除工料銅鉛定價外，共應得錢二萬一千三百一十九串二百文。又除爐座器具外，寔得錢一萬九千三百八十三串二百七十文。又每爐一座食米六十二石零，共二千九百四十九石零。四局蓋造爐房共動銀九千餘兩，應于一萬九千三百餘串錢文內銷算，年終報銷。再鼓鑄工本需銀十四萬兩，題奉部行於廠課銀九萬兩內動支，除遵支用外，緣創始需用甚緊，又續動司庫銀五萬兩，俟鑄出錢文易銀還項併聲明每年應多鑄銅一萬五千二百斤等情轉請具題前來。臣覆查無異，相應會題，謹題請旨。雍正二年二月初六日題。三月二十三日奉旨：該部議奏。

《雍正朝內閣六科史書·户科·督京省錢法户部右侍郎托時等題報寶泉局上年鼓鑄錢文及用過銅鉛等項數目本》 督理京省錢法户部右侍郎臣托時等謹題爲年終奏銷報事。該臣等查得寶泉局監督雙德、史大倫造册奏銷呈報前來，查監收督雙德、王機任內康熙六十一年奏銷後，原存庫銅二百三十四萬六千九百八斤令，鉛一百二十六萬六千一百一十斤令，不計價鐵銅一千一百七十三斤一兩，不計價法馬銅一千一百五十斤，新收銅一百八十五萬八千六百三十四斤令，鉛二百五十一萬九千一百六十九斤令。共鑄錢四十卯，用銅二百八十八萬斤，鉛一百九十二萬斤，內除耗銅耗鉛外，共鑄每文一錢四分重錢四十九萬九千二百串文。內除爐匠工料錢九萬四千七百五十二串文，淨餉錢四十萬四千四百四十八串文外，補串繩錢七百二十串文。以上餉錢併串繩錢共四十萬五千一百六十八串文。再查爐頭徐宗禮等虧欠借領四項案內，每月應扣錢七百五十串文，自雍正元年正月起，至十二月止計十二個月，共扣過錢九千串文，以上餉工二項共錢四十一萬四千一百六十八串文，俱經解部訖。又給發鑄造茶引銅版銅一十三斤三兩零，除不計價鐵銅一千一百七十三斤令，不計價法馬銅一千一百五十斤存庫外，實在銅二百三十二萬五千五百三十斤令，鉛一百八十六萬五千二百七十斤令，交與該監督雙德史大倫，于雍正二年自正月起給發爐匠鼓鑄，仍俟年終奏銷可也。除寶泉局細數文册送部查核外，謹題請旨。雍正二年三月二十九日題。四月初三日奉旨：該部察核具奏。

「國立」故宮博物院《宮中檔雍正朝奏摺》第九輯雲南總督鄂爾泰《奏報鑄造錢文摺》 雲南總督臣鄂爾泰謹奏爲鑄錢日多請增發運事。雍正六年正月初八日准户部咨，欽奉上諭：江西巡撫布蘭泰奏稱，江西所有制錢不敷流通，請每歲多撥滇錢一萬貫運至漢口，江西省動庫銀一萬兩，委員前往漢口交易，運回之日照京中制錢搭放之例，每滇錢一千作餉銀一兩，均匀搭放，俾流通交易等語。從前鄂爾泰奏請，將滇省所鑄錢文，除本省搭放外，每年以四萬貫發運楚省川江兩廣等處，已經俞允，著户部行文鄂爾泰，於此四萬貫內以一萬貫運至漢口，將起運日期預行知會布蘭泰，令其委員接運。欽此。移咨到臣，臣查滇省制錢，先經題明，每年運發外省四萬貫，雍正五年分運過廣東錢二萬貫，易銀二萬兩，已解交司庫。運廣西錢二萬貫，所易之銀計日可到。今江西撫臣布蘭泰以該省制錢不敷流通，奏請每歲多撥滇錢一萬貫，運至漢口，該省動庫銀一萬兩，委員前往漢口交易，奉諭旨，著臣於四萬貫內以一萬貫運至漢口，欽此。欽遵。伏念錢法貴於流通，錢文宜於多運，若於四萬貫內運發江西一萬，則他省運錢僅三萬貫，仍不敷流通。臣先因滇省鑄錢日增，錢價日賤，設法調劑，曾檄令雲南布政司暫動鹽餘公用銀兩，照時價收買，市錢陸續搭放兵餉，抵出新錢存庫，以備發運外省銷售，其中原有盈餘之錢，足敷脚價，現存新錢三萬五千六百餘貫。提標與大理城守營兵餉，向係錢文搭放，前因大理停局，若將省局之錢運至大理搭放，往返多費，應停其搭錢，放給全銀，經臣具題，荷蒙聖恩俞允，則搭放兵餉之錢每年計多二萬一千二百餘貫。且各爐役每年有額外帶鑄息錢三千七百餘貫，而霑益局尚存舊鑄之錢，省中又有鹽斤賣獲錢文均需易銀，統計每年約可運外省錢十萬貫。惟是發運脚價，遠者每貫約需銀二錢五六分，近者每貫約需二錢三四分，以十萬貫計，脚價銀近二萬五千兩，所以不能全運。今除每年運往外省錢四萬貫仍照舊運售外，應請將鹽餘銀收買搭放兵餉，抵出新錢內動支一萬貫，委員運赴漢口交江西撫臣委員接運，領銀回滇還項，每貫約需運脚銀二錢六分，即於盈餘錢內發給，尚餘抵出新錢二萬一千八百餘貫，亦以錢作運脚，委員運往川、粵二省易銀，現在另疏具題。餘存之錢，俟今歲運赴漢口、鎮江銅斤易銀回滇，獲有額外息銀可以通那，自雍正七年爲始，每歲運錢十萬貫前往楚省川粵兩江易銀，則滇錢不致壅滯，各省之錢亦敷流通，於國計民生均有裨益矣。緣係詳籌錢法事，理合先奏明，伏乞聖主睿鑒。臣爾泰謹奏。

雍正六年二月初十日。

《雍正朝内閣六科史書·户科·總理户部事務怡親王允祥等題准嗣後鼓鑄錢文銅鉛千斤外加鑄九十斤工本銀照數支給本》 總理户部事務和碩怡親王臣允祥等謹題爲詳請雍正六年鼓鑄工本銀兩事：「雲南總督兼理雲南巡撫鄂爾泰題，前事雍正六年八月十七日題，九月二十九日奉旨：『該部議奏，欽此。』該臣等查得雲南總督兼理雲南巡撫印務鄂爾泰疏稱，滇省寶雲錢局鼓鑄工本每年向交銀一十四萬兩，迨雍正五年分減去霑、理二局，詳領工本銀一十二萬四千一百四十二兩。兹據總理錢局糧儲道元展成詳稱，准布政司移開雍正六年分正耗帶鑄工本，共需銀一十萬三千八百三十五兩五錢。又經移請照雍正五年領銀舊例，在於局内通融爲正額帶鑄以及外耗銅鉛工本。查節年鼓鑄工本報部雖止正額帶鑄，而其實尚有外耗銅、鉛工本，皆在領銀之内通融合筭。至外耗之所以帶鑄者，因報部册内每爐每卯止議給工食錢一十二串，多不敷用，是以當日開局時奉部每爐每卯鑄正額銅鉛一千斤内扣折耗九十斤，只作正鑄九百一十斤，今於一千斤之外加鑄銅鉛九十斤名曰外耗，計鑄獲錢十串二百八十五文，除歸還工本錢六串二百二十八文外，獲息錢四串五十七文，三十六爐共獲息錢五千二百五十七串八百七十二文，以爲添給爐役食米並官役養廉工食一切之用。若將外耗工本竟不飭發，勢必停止外耗，有悞鑄務。工本銀兩，雖從前按額發領，原無計閏之例，今將三十六爐外耗銅、鉛，無閏則發工本銀八千七十一兩四錢，遇閏則發工本銀八千七百四十四兩，按年給發，以便附入正額帶鑄之末，一體奏銷等情。臣查省城錢局自鼓鑄起，一應需用食米燈油等項俱不時添補，原無額設開銷，故有加鑄外耗錢文以資公用，但未題報，不可爲例，且恐日久牽扯難以清筭。隨親赴錢局查察，現在之爐户，果與報部名數較多，又有迴爐折耗並修補一切器具之費，在局官役俱需給以養廉工食，若照每爐每卯止給工食錢一十二串何能濟用，是外耗錢文工本應請給發，在工本原自除還而鑄務亦可接濟等因前來。查滇省鼓鑄制錢，從前原定每銅、鉛百斤准其折耗九斤，並無加鑄外耗，今該督鄂爾泰既稱省城錢局自鼓鑄起，一應需用食米燈油等項多不敷用，是以當日開局時，每爐每卯鑄正額銅鉛一千斤内扣折耗九十斤，只作正鑄九百一十斤。今於一千斤之外加鑄銅鉛九十斤，名曰外耗。鑄獲錢文除歸還工本外，一年共獲息錢五千二百五十七串八百七十二文，以爲添給爐役食米並官役養廉工食之用。若將外耗工本竟不飭發，勢必停止。再一應需用食米等項，俱不時添給，原無額設開銷，故加鑄外耗錢文以資公用，但未題報，不可爲例，且恐日久牽扯，難以清筭。今將三十六爐外耗銅、鉛，無閏則發工本銀八千七十一兩四錢，遇閏則發工本銀八千七百四十四兩一錢，應請按年給發，附入正額帶鑄之末，一體奏銷等語。應如所請，嗣後鼓鑄錢文，每銅鉛一千斤之外准其加鑄九十斤，所需工本銀兩亦准其照數動給。鑄出錢文俱造入正額鼓鑄奏銷案内報部查核，所獲息錢除添給食米養廉之外，如有贏餘，據實報部。倘有不肖管局官員侵隱情弊，即行題參可也。謹題請旨。」雍正六年十二月初五日題。本月初七日奉旨：「依議。」

《雍正朝内閣六科史書·户科·總理户部事務怡親王允祥等題准江西設局開爐鑄錢並飭各屬陸續收買銅器接濟原料本》 總理户部事務和碩怡親王臣允祥等謹題爲欽奉上諭事：「署理江西巡撫印務張坦麟奏，前事雍正七年正月二十二日奉硃批：『該部議奏。』該臣等查得署理江西巡撫印務張坦麟奏稱，江省自雍正五年十月起共收生、熟銅器六萬四千八百七十餘斤，又據各屬續收銅二萬七百八十餘斤。江省歲需兵餉二十五萬九千餘兩，以一成錢搭放，該錢二萬五千九百串，應需净銅二十二萬六千七百斤。今前後收銅止八萬五千六百餘斤，可鑄錢九千二百五十餘串，即就一成搭放，雖不及十分之五，然陸續收買亦可源源接鑄，但所收銅器止有生、熟二種，隨傳詢打造銅器之工匠設爐先試，而生、熟對半者銅質不甚匀净，四六搭配者錢文亦不清楚，後用熟銅七分生銅三分，鑄出錢文，始能如式。每錢一千，用毛銅九斤十兩六錢二分六厘，内有折耗銅十四兩六錢二分六厘，計筭銅器部定價值共一兩八分九厘四毫七絲七忽五纖。又銅匠不善鑄錢，工費不無多用，每錢一千需銀二錢七分五厘，共計銀一兩三錢六分四厘零。而搭放兵餉，定例作銀一兩，較之銅本工價相去懸殊。現在另覓諳練匠役，將來開鑄，工費自可節省，然即照從前鼓鑄時每錢一千需工費二錢六厘四毫零，合之生三熟七銅價亦需一兩二錢九分五厘零，究與搭放兵餉價值不符。再京城所收生、熟銅器，現今作何配搭，匠役各費需用若干，合計每千共銀若干，即爲各省程式，請定議頒行等因前來。查各省收買銅器，欽奉諭旨：『行令設爐鑄錢，不必拘定一成二成方行開鑄。』今江西省先後所收銅器共八萬五千六百餘斤，該署撫張坦麟既稱可鑄錢九千二百五十餘串，陸續收買亦可源源接鑄等語。應如所奏，將現在所收銅器，遴委能員料理開鑄，仍嚴飭各屬陸續收買，源源接濟，以期流通廣布。又稱每鑄錢一千用熟銅七分生銅三分，共銅九斤十兩六錢二分六厘，内有折耗銅十四兩六錢二分六厘，計筭價值共一兩八分九厘四毫三絲七忽五纖，又鑄錢工費銀二錢六厘四毫零，共銀一兩二錢九分五厘零，而搭放兵餉定例作銀一兩，較之銅本工價相去懸殊等語。查寶泉局收買廢銅鼓鑄錢文，每卯用銅十二萬斤，以五成價銀合筭，共一萬二千四百五十兩，净得錢一萬一百二十九串二百文，每錢一串需銅本工料銀一兩二錢二分九厘一毫一絲九忽零。今江西省工料等項，較之京師自必價值稍賤，而每串需銀一兩二錢九分五厘零，浮多銀六分六厘，又京局每銅十斤折耗十四兩四錢，而該撫稱每銅九斤十兩六錢二分六厘折耗十四兩六錢二分六厘，較之京局折耗爲數亦多，應令該署撫張坦麟將所收生、熟銅器均匀搭配，併僱募熟悉鼓鑄之人核實銅斤工本，毋致冒費。再查從前各省開鑄之時，江西省鑄局設立於南昌，錢背鑄『昌』字，應令該撫即於南昌設局開爐，寶泉局鑄造『寶昌』字樣錢式，頒發該局照式鼓鑄。仍將所鑄錢文，報部呈樣可也。臣等未敢擅便，謹題請旨。」雍正七年三月初六日題。本月初八日奉旨：「依議。」

《雍正朝内閣六科史書·户科·陝西巡撫武格題報收貯各屬運交生熟銅斤數目本》 巡撫陝西等處地方贊理軍務兵部右侍郎兼都察院右副都御史世襲二等阿達哈哈番加一級臣武格謹題爲欽奉上諭事：「該臣看得各省收貯銅觔數目，奉旨：『著各該督撫於每年冬底奏報。』欽遵在案。今據布政使張廷棟呈稱：『陝省自雍正四年奉文日起，至雍正六年歲底止，委員公所共收貯各屬運交生、熟荒銅四萬五千九百八十五斤六兩，共折生、熟净銅二萬八千五百九十九觔六錢，共私錢一百六十六千三百二十九文。照依部定價值，共給銀三千三十五兩七分一厘二毫零。其銅斤價值，需用生、熟細數，前已按季分晰造册送部。』等情呈報前來，臣謹會同督臣岳鍾琪合詞具題，伏乞皇上睿鑒，勅部施行，爲此謹具題聞。」雍正七年四月二十六日題。五月十六日奉旨：「該部知道。」

《雍正朝内閣六科史書·户科·總理户部事務怡親王允祥等題爲山西各屬未解收買生熟銅器令該撫催解司庫接濟鼓鑄本》 總理户部事務和碩怡親王允祥等謹題爲遵旨查奏事：「山西巡撫覺羅石麟題，前事雍正七年三月初十日題，本月二十五日奉旨：『該部察核具奏。』該臣等查得山西巡撫覺羅石麟疏稱：『晉省雍正六年分收買銅器，據署布政司印按察使蔣泂詳稱，各屬收買黄銅計共一十九萬三千九百八十五斤零。内解貯司庫熟銅一十萬六千七百三十六斤零，每斤給價銀一錢一分九厘零，共應給銀一萬二千八百兩八錢七分零。生銅七萬六千九百二十八斤零，每斤給價銀九分五厘零，共應給銀七千三百八十兩八錢一分零。以上生、熟銅價共銀二萬一百八十一兩六錢九分零。内各屬領過銀一萬九千七百五十六兩一錢八分零，尚未領銀四百二十五兩五錢零，現在催領，應於庫貯雍正四年地丁銀内動給。至各屬未解銅一萬三百二十斤零，因未解司，無憑分別生、熟，價難豫定，俟解庫之日一併報銷等情。臣覆核無異，相應具題。』等因前來，查晉省雍正六年收買生熟銅器共一十九萬三千九百八十五斤零。内解貯司庫熟銅一十萬六千七百三十六斤七錢，每斤價銀一錢一分九厘九毫三絲，共應給銀一萬二千八百兩八錢七分六厘零。生銅七萬六千九百二十八斤六兩，每斤價銀九分五厘九毫四絲四忽，共應給銀七千三百八十兩八錢一分零。臣部核筭，數目相符，應令該撫石麟將未領銀兩速催給發，並各屬未解銅器，作速照數催解司庫，接濟鼓鑄。仍按生、熟成色分別給價，如有掯勒短給等情，指名題參。所給銅價銀兩，造入各該年奏銷册内報部查核可也。臣等未敢擅便，謹題請旨。」雍正七年五月初四日題，本月初七日奉旨：「依議。」

《雍正朝内閣六科史書·户科·總理户部事務怡親王允祥等題爲浙省減半設爐所需爐蹋地價及爐房工料銀俟核實動給本》 總理户部事務和碩怡親王臣允祥等謹題爲欽奉上諭事：「浙江總督管巡撫事李衛題，前事雍正七年三月初七日題，本月二十九日奉旨：『該部議奏。』該臣等查得浙江總督管巡撫事李衛疏稱：『雍正六年共收過銅七十萬有奇，奉查是否可以開鑄，亦經將未敷一成搭放兵餉之數咨部在案。臣因銅斤自可源源續收，而鼓鑄必須豫爲籌畫。先已查明浙省從前開鑄事宜，將錢文之輕重，用銅之多寡，爐座之數目，工料之支銷，逐一確核。並將錢文關乎民用，務使開鑄所得與現在民間流通制錢相等，方能轉輸速而運用廣。又復咨部請示錢文成樣，選發京局良工數人到浙教導。一面購買錢局基地，建造房屋，耑候部覆舉行間，隨據布政使高斌將收過生熟銅斤數目分晰開報。併稱浙省每年支給兵餉，足放一成，計需銅八十餘萬，今已收至七十萬有餘，現在陸續收買等因。臣覆核無異相應具題。』等因前來。查各省收買銅器，欽奉諭旨：『不必拘定足放一成二成餉錢方行開鑄。』臣部欽遵行文在案。今浙省所收銅器，該督李衛疏稱已收至七十萬有餘，現在陸續收買等語，應令將現在所收銅器，設局建爐開鑄，仍遴委能員耑司其事。所有樣錢，臣部行文錢法衙門，照例一面鑄『雍正通寶』漢字，一面鑄『寶浙』清字。每文計重一錢四分，頒發該督，令其照式鼓鑄。併將所鑄錢文送部查驗，按季造報，歲底具題。仍嚴飭各屬，陸續收買，源源接鑄。其開鑄事宜，先經該督以從前原設爐二十座，今應減設一半，併銅、鉛折耗數目，錢文輕重，需用工料等項，咨請部示。臣部議，將爐座照該督所請減設一半。至京局所鑄錢文，每文計重一錢四分，每銅、鉛百斤折耗九斤，净錢一串共重八斤十二兩，除將錢文輕重併折耗數目俱照京局之例；其餘工料等項，原係因地制宜，自難比照京局。又稱銅斤、工料俱動正項錢糧，應請酌留雍正六年地丁銀五萬兩動給。至舊時錢局已改倉厫，今另擇基地，所有地價及爐房工料銀兩應動何項等語，臣部以收買銅器價銀，原准動用司庫正項錢糧，其所需工料併爐局地價及爐房工料銀兩，因未估計數目，不便遽議，已經行文該督逐一確核具題在案。應仍令該督李衛將鼓鑄錢文需用工料等項，俱照本省時價，據實核明報部。所有爐局地價及工料銀兩共需若干，作速料估核實，題明動給可也。臣等未敢擅便，謹題請旨。」雍正七年五月十五日題。本月十七日奉旨：「依議。」

《雍正朝内閣六科史書・户科・總理户部事務怡親王允祥等題爲江西收買生熟銅器價銀准於五年錢糧内動給本》 總理户部事務和碩怡親王臣允祥等謹題爲欽奉上諭事：「署理江西巡撫印務張坦麟題，前事雍正七年三月二十四日題，四月二十日奉旨：『該部察核具奏。』該臣等查得署理江西巡撫印務張坦麟疏稱：『收買銅器一案，據布政使李蘭詳稱：自雍正五年十月内奉文起，至六年冬季止，收買銅器共八萬六千七十一斤零。内除各官所交熟銅三千三百一十四斤零，生銅九百九十四斤零自願交充鼓鑄，不領價值，實給價收買熟銅六萬一千三百八斤零。遵照部頒價值，每斤一錢一分九釐九毫三絲，共銀七千三百五十二兩七錢五分九釐零。生銅二萬四百五十三斤零，每斤九分五釐九毫四絲四忽，共銀一千九百六十二兩四錢二分五毫零。總共收買生、熟銅八萬一千七百六十二斤零，共價銀九千三百一十五兩一錢七分九釐零。造册請銷併聲明所發價值係動支司庫雍正五年錢糧，嗣後仍陸續動支收買等因。臣覆核無異，會同署督臣范時繹合詞具題。』等因前來。查前項所收生、熟銅器八萬一千七百六十二斤零，給過價銀九千三百一十五兩一錢七分九釐零。臣部照依原定價值核筭，數目相符，應准動給。其所收銅器，該署撫張坦麟已經奏請設爐鼓鑄，臣部覆准，奉旨依議遵行在案。應仍令該署撫嚴飭各屬陸續收買，源源接鑄，所給價值銀兩，應如該署撫張坦麟所請，於雍正五年錢糧銀内動給可也。臣等未敢擅便，謹題請旨。」雍正七年五月二十八日題。六月初一日奉旨：「依議。」

《雍正朝内閣六科史書・户科・暫署湖北巡撫徐鼎題報雍正五年收買黄銅器設廠照式樣鼓鑄錢文本》 暫行署理湖北巡撫印務湖北武昌等處承宣布政使司布政使加二級臣徐鼎謹題爲欽奉上諭事：「該臣看得鼓鑄錢文，實關利民要務。蒙我皇上屢頒諭旨，令動正項錢糧收買黄銅器皿，又令將收買之銅設局開鑄，俾錢法流通。仰見聖主愛養元元，利濟民生至意。今據湖北武昌布政使徐鼎詳稱，自雍正五年設廠起，收買過黄銅器皿共重一十三萬五千九百一十九斤零，各屬現在接續收買，似可源源鼓鑄。查從前之寶源局，原係倉基，自停鑄之後仍改作倉，現貯穀石，未便移易。今所需錢局，查有城内東南隅官房一所，請動公項銀兩，畧加修葺，改爲錢局。酌設爐二十座，請部頒發樣錢，照式鼓鑄。每一月酌量鑄錢二卯，每爐每卯共用生、熟净銅二百五十六斤十二兩，共鑄錢二十九千三百四十三文。内除應給工食物料等項錢三千一百九十三文零，實得在官正錢二十六串一百四十九文零，每千文值銀一兩，共值銀二十六兩一錢四分零，除抵還本銀二十五兩四錢九分零外，應得盈餘息銀六錢五分零。共設爐二十座，每月二卯，共用净銅一萬二百七十斤，共得正錢一千四十五串九百六十三文零，共計獲息二十六兩一錢三分零。再該司總理通省錢糧，事務繁重，未能分身辦理，應另委大員監督，今議有武昌道徐聚倫堪勝此任，儻各屬所收銅器，尚有耗贈盈餘之處，於交局稱估之時，仍令該監督稽查覈寔具報。至開鑄錢文，應聽部頒錢式，以便遵照。所得錢文，作何配搭支放，亦應聽部覈議等情，呈詳前來。覆覈無異，臣等未敢擅便，謹題請旨。」雍正七年六月十八日題。七月初八日奉旨：「該部議奏。」

《雍正朝内閣六科史書・户科・雲南巡撫沈廷正題報省城臨安二局鼓鑄錢文所用工料等項動用並實存銀兩數目本》 巡撫雲南兼建昌畢節等處地方贊理軍務兼督川貴兵餉都察院右副都御史加一級紀録三次降一級留任又降一級留任又降一級留任又加二級駐劄雲南府臣沈廷正謹題爲遵旨敬陳鼓鑄事宜等事：「該臣看得滇省錢文所需工料銅、鉛等項，准咨令將各項需用銀兩于年底奏銷。兹據布政使張允隨詳，准總理錢局糧儲道黄士傑移稱，准調任按察使元展成移交舊管共錢一十三萬六千三百六十四串零，存局工本放給兵餉驛站易出預借共銀一十九萬八千二百三十三兩零，新收支領工本銀一萬二千六百九十八兩一分，管、收共工本銀二十一萬九百三十一兩零。省城、臨安二局三十六爐，共鑄銅、鉛用過工本銀九萬四千八百六十七兩二錢。銅、鉛内除折耗鑄出錢一十三萬四千七百八十四串。内工本錢九萬四千八百六十七串二百文，息錢三萬九千九百一十六串八百文。除還預借工本銀四萬兩，一放標鎮協營俸餉、驛堡官夫廩食，省臨二局物料匠役工食，發運外省本息錢一十七萬五千四百四串六文，實存各局本息錢九萬五千七百四十四串零。又帶鑄錢文，省、臨二局爐卯共鑄銅、鉛用過工本銀八千九百六十八兩零。銅、鉛内除折耗鑄出錢一萬三千四百七十八串四百文，内除運發外省制錢脚價另册報銷，寔鑄出工本錢九千七百七十一串八百四十文，内放給爐卯物料外，寔存工本錢八千九百六十八串零。以上通共存正額本息帶鑄工本錢一十萬四千七百一十三串零，實存局工本銀六萬七千九十六兩零。造册詳題前來。臣覆查無異，除册送部查核外，臣謹會疏具題。謹題請旨。」雍正七年六月十三日題。七月二十四日奉旨：「該部察核具奏。」

《雍正朝内閣六科史書・户科・湖南巡撫王國棟題請照晉省例設爐鑄錢不敷銅本工價等項於地丁項下開銷本》 駐劄長沙府城巡撫湖南等處地方提督軍務兼理糧餉都察院右副都御史加三級臣王國棟謹題爲遵旨查奏事：「該臣看得收買黃銅器皿，設局鼓鑄一案，經臣咨准部覆欽奉諭旨：『各省所收之銅，可以設局開爐，即當鼓鑄，俾錢法流通，不必拘定足放一成二成兵餉方行開鑄。』行據駐劄長沙府城湖南布政使在任守制趙城詳，據署長沙府事靖州知州楊輔臣詳稱，查湖南共收買銅一十六萬四百六十一斤零，俱存公所。今奉文設爐鼓鑄，請照晉省之例，每錢一文體重一錢四分，每净銅一百斤，可鑄錢一十一串四百二十八文。每日每爐鑄銅一百斤，共需炭本工料錢一千六百二十九文六毫。俱照時從減，並無浮冒。至所收廢銅器皿，不無折耗，應否請照晉省將不敷銅本工價等項，請于雍正七年地丁項下開銷。查晉省收買銅四十五萬八千八百九十九斤有奇，止設爐十座，每月鑄銅三萬斤。今湖南共收買銅一十六萬四百六十一斤零，應減半，止設爐五座，每月鑄銅一萬五千斤。再查所鑄錢樣，應欽遵上諭，將『寶』字爲首，次將本省字樣鑄造清字。今湖南擬以『寶長』字樣請發樣錢到日，以便覓匠開鑄。又郡城原設錢局一所，歷今年久，坍塌損壞必須修葺等情。本司覆查無異，應如該署府所議，照依晉省議題之例，俟發樣錢至日，以憑覓匠鼓鑄。至修理錢局各項，亦應照晉省之例，于雍正七年地丁項下開(鑄)〔銷〕。其監鑄之員，應委長沙府知府護理岳常道孫元等董理其事，所鑄錢文按日解司收貯，另請搭放兵餉等因前來。臣覆查無異，相應據詳具題，謹會題請旨。」雍正七年六月三十日題。七月二十四日奉旨：「該部議奏。」

《雍正朝内閣六科史書・户科・總理户部事務怡親王允祥等題爲查覈寶錢局上年用過銅鉛鑄過錢文收買廢銅領過銀數本》 總理户部事務和碩怡親王臣允祥等謹題爲按年奏報事：「兼理京省錢法署理户部左侍郎事務常德壽題，前事雍正七年五月二十九日題，六月初二日奉旨：『着察核該部知道。』該臣等查得兼理京省錢法署理户部左侍郎事務常德壽以寶錢局監督馬禮善等呈報雍正六年分用過銅鉛，鑄過錢文及收買廢銅領過銀兩數目，一并造册奏銷前來。據册開：

一舊管銅一百六十六萬二千五百七十四斤零，鉛二十五萬四千一百五十六斤零，舊器皿銅九十五萬八千七十三斤零，沙板捶邊廢錢銅一千七十斤，不計價鐵銅一千一百七十三斤零，不計價法馬銅一千一百五十斤。收買廢銅下剩銀二萬三百八十九兩五錢五分六厘六毫六絲等語。查與雍正五年奏銷册内寔在存庫各項數目相符，應毋庸議。

一新收紅銅二百八十八萬五百四十斤零，蠏殼銅六十八萬六千四百四十六斤零，鉛二百一十四萬四千七百六十七斤零，又收買廢銅六十二萬五千六百四十六斤零等語。查前項收過銅、鉛、廢銅，臣部照册核筭，數目相符，應毋庸議。

一開除鑄錢四十一卯，内五成搭配三十一卯，四六搭配十卯，又加鑄九卯。共用紅銅一百八十六萬斤，蠏殼等銅七十二萬斤，鉛二百三十四萬斤，舊器皿等銅一百八萬斤。内除銅、鉛每百斤折耗九斤，共折耗五十四萬斤，净銅鉛五百四十六萬斤。共鑄錢六十二萬四千串文，除給爐頭四十九卯工料錢十一萬六千七十一串二百文，净餉錢五十萬五千五百六十串文，又捐出一卯工料錢二千三百六十八串八百文，外補串繩錢九百串文。以上餉錢并串繩錢及捐出一卯工料錢共五十萬八千八百二十八串八百文，俱經解部等語。查前項鑄過錢文，用過銅、鉛并耗銅、耗鉛等項，與歷年奏銷數目相符。所給工料錢文係應給之項，其解部錢文，俱經解到，付庫查收掣批在案，應毋庸議。

一寔在存庫紅銅二百三十五萬五千一百十五斤零，蠏殼銅二十九萬四千四百四十六斤零，鉛五萬八千九百二十四斤零，舊器皿銅五十萬四千七百八十九斤零，不計價鐵銅一千一百七十三斤零，不計價法馬銅一千一百五十斤。所領庫銀四萬兩并舊存銀二萬三百八十九兩五錢五分六厘六毫六絲，二共銀六萬三百八十九兩五錢五分六厘六毫六絲。收買五成舊器皿銅三十七萬七千九百九斤零，每斤給銀一錢三厘七毫五絲，共銀三萬九千二百八兩一錢一分零。四成舊器皿銅一十五萬四千八百四十八斤零，每斤給銀九分五厘五毫，共銀一萬四千七百八十八兩四分三厘零。寔存庫銀六千三百九十三兩四錢二厘零等語。除將不計價鐵銅、法馬銅仍令該監督收貯在庫外，至存庫銅、鉛并舊器皿銅，應令該監督同新收銅、鉛鼓鑄錢文。其下剩銀兩，仍照例收買銅器，一并造入雍正七年奏銷册内查核可也。臣等未敢擅便，謹題請旨。」雍正七年七月二十三日題，本月二十五日奉旨：「依議。」

《雍正朝内閣六科史書·户科·總理户部事務怡親王允祥等題議准令貴州畢節縣屬大鷄廠開採鉛礦照例抽課本》

總理户部事務和碩怡親王臣允祥等謹題爲稟明開採裕課便民事：「貴州巡撫張廣泗題，前事雍正七年五月十二日題，六月十四日奉旨：『該部議奏。』該臣等查得貴州巡撫張廣泗疏稱，畢節縣大鷄廠地方出産倭鉛，該縣介錫周騐煎試，頗覺興旺。據布政使鄂彌達詳稱，自雍正五年十月内詳報煎試，于十一月十一日遵例二八抽收起，至雍正六年十二月止，抽課鉛二十八萬四千七百七十八斤。内雍正六年四月内解過課鉛一千八百七十五斤，又修理官房並辦事書役工食、紙筆等項，該縣照丁頭山之例，在于課鉛内賣過三萬五千三百四十斤，現存廠課鉛二十四萬七千五百陸十三斤。該廠開採以來，所出倭鉛，寔有成效。且鼓鑄現議于畢節縣開爐，而大鷄廠至畢節縣僅止二站，脚價辦運較他處省便，令將所出鉛斤存留鼓鑄，詳請題報開採。併稱倭鉛每百斤照例抽課二十斤，以歸局内之用，其商民所得餘鉛，悉聽本省買運，以供鼓鑄等因。臣覆查無異，會同督臣鄂爾泰合詞具題等因前來。查黔省畢節縣屬大鷄廠出産倭鉛，先經總督鄂爾泰奏明在案。今該撫張廣泗疏稱煎試有效，且現議畢節縣開爐鼓鑄脚價省便，題請開採，每百斤照例抽課二十斤以歸局内之用。又修理官房並辦事書役工食、紙筆等項，在于課鉛内賣過三萬五千三百四十斤支給等語。應如所請，將大鷄廠鉛礦准令開採，所出鉛斤務令全數開報，照例二八抽收，按季造册咨送，歲底具題。如有妨礙民田、廬墓，不得混行刨挖。并嚴飭該管文武官弁不時巡查，倘有不肖棍徒藉端生事擾民，即行題參治罪。所抽課鉛運交該縣留充鼓鑄，商民所得餘鉛，亦聽本省買運。但鉛斤價值疏内並未聲明，應令作速查明報部，以憑核筭。又查畢節縣詳稱雍正五年十月十一日燒煉白鉛，秤明二千五百一十斤内抽收五百零二斤，是否在于抽收課鉛二十八萬四千七百七十八斤之内，疏内亦未聲明，應令該撫張廣泗會同該督鄂爾泰將前項所抽課鉛數目，逐一詳查，據寔題報可也。臣等未敢擅便，謹題請旨。」雍正七年七月二十五日題。本月二十七日奉旨：「依議。」

《雍正朝内閣六科史書·户科·貴州巡撫張廣泗題爲威寧府屬羊角廠銀礦出課稍有增益懇准開採本》

巡撫貴州兼理湖北川東等處地方提督軍務都察院右僉都御史加六級紀録一次駐劄貴陽府臣張廣泗謹題爲懇准開廠裕課便民事：「該臣看得威寧府屬白蠟、柞子、羊角三廠出産銀礦，經前撫臣何世璂行司查明題報准有部覆，將白蠟、柞子二廠准其開採，羊角一廠有無成效據實確查題報，令將所獲課銀鉛斤折價銀兩，收貯司庫候文撥餉，並令另委賢能府佐管理廠務等因。經前署撫臣祖秉圭行司遵照去後，今據布政使鄂彌達詳稱，遵即行委威寧府通判魏鎰管理，並令將羊角廠有無成效確查詳報。嗣因該通判辦理軍務不能兼顧，暫委照磨李曜承理。續據威寧府楊永斌詳稱，接受糧驛道篆益距窵遠，更難照應，查通判魏鎰雖奉檄委亦難兼顧，詳請批委平遠州知州朱粲英管理。並稱羊角一廠從前出課無幾，今稍有增益，應請一例開採，所出課銀儘收儘解，並同白蠟、柞子廠一併奏銷，請照猴子等廠之例，於年底統造細册題報等因前來。臣覆查無異，謹會題請旨。」雍正七年七月初三日題。閏七月初七日奉旨：「該部議奏。」

《雍正朝内閣六科史書·户科·貴州巡撫張廣泗題報丁頭山等廠造報抽收課鉛變價數目并無侵隱情弊本》

巡撫貴州兼理湖北川東等處地方提督軍務都察院右僉都御史加六級紀録一次駐劄貴陽府臣張廣泗謹題爲詳請開採等事：「該臣看得丁頭山、齊家灣、馬鬃嶺等廠，自雍正四年九月初一日起，連閏至雍正五年八月底止，據各委員造報抽收課鉛八萬零二十斤四兩八錢零，交與雲南委員晉寧州知州朱源淳運滇供鑄，各廠鉛斤計價不等，共該變價銀一千一百五十六兩九錢一分零，照數解黔收貯司庫，造册詳請題銷。因所抽課鉛較之上屆短少，經前署撫臣沈廷正駁飭該司委員確查取結詳報去後，兹據布政使鄂彌達詳，准雲南布政司，覆據蒙化府同知朱源淳報稱，遵查丁頭山等廠課鉛，俱係黔員抽收稱送領運，按照實數領報，並無扶同侵隱等情。又據委查廠務開州知州馬天驤詳稱，確查丁頭山等廠造報收課變價數目，與各爐户煎熬礦沙底簿對核，與造報之數相符，並無以多報少侵隱情弊，取據各廠官印結，該州加具，並無扶同印結，由司核轉，並呈清册前來。臣覆核無異，相應會題，伏乞皇上睿鑒，勅部議覆施行，謹題請旨。」雍正七年七月初三日題。閏七月初七日奉旨：「該部察核具奏。」

《雍正朝内閣六科史書・户科・貴州巡撫張廣泗題報馬鬃嶺等廠漸衰抽課無多不敷工食并無抽多報少情弊本》 巡撫貴州兼理湖北川東等處地方提督軍務都察院右僉都御史加六級紀録一次駐劄貴陽府臣張廣泗謹題爲詳請開採等事：「該臣看得黔省馬鬃嶺、齊家灣、丁頭山等鉛廠，自雍正五年九月初一日起，至雍正六年八月底止，一年期滿，例應題報。茲據布政使鄂彌達詳稱，催據接管廠務大定州陳嘉會等具報，三廠共收獲課鉛變價銀一千一百三兩一錢八分一厘零，隨經移查滇省造册報銷，誠恐管廠之員有借端銷蝕侵隱情弊，復行移查並檄委威寧南籠二府確查詳報，嗣准雲南布政司咨，准雲按察司，行據蒙化府同知朱源淳詳稱，自雍正五年九月初一日起，至六年八月底止，共收黔廠課鉛七萬四千三百九斤六兩，以各廠價值計算，該銀一千一百三兩一錢八分一厘零。內除支給各廠辦事人役工食等項銀一千一百四十二兩四錢，除將前項課銀抵放外，尚有不敷長支銀三十九兩二錢一分零，應於六年九月起收獲課鉛內扣抵。其黔廠課鉛，俱照各委員稱交寔數領運，並無通同冒銷侵蝕等弊。又據威寧、南籠二府查覆，馬鬃嶺、齊家灣、丁頭山等廠委管各員，俱已儘收儘報，全數交與滇員收運。因各廠日漸衰微，抽課無多，不敷工食，委無抽多報少侵隱情弊。取據各廠官並委員印結詳報前來。臣覆查無異，除結送部外，臣謹會題，伏乞皇上睿鑒，勅部查照施行，謹題請旨。」雍正七年七月初三日題。閏七月初七日奉旨：「該部察核具奏。」

《雍正朝内閣六科史書・户科・總理户部事務怡親王允祥等題雲南鑄錢除留需用外餘錢發運廣西搭放官俸兵餉等項本》 總理户部事務和碩怡親王臣允祥等謹題爲直陳粤西私錢廢錢等事：「雲南貴州廣西總督鄂爾泰題，前事雍正七年六月初八日題，七月十一日奉旨：『該部議奏。』該臣等查得雲南貴州廣西總督鄂爾泰疏稱：『粤西左江鎮總兵官齊元輔奏請，雲南臨安局設爐鼓鑄，將錢運粤西給發官役俸工、驛站併搭放兵餉一案，據布政使張允隨、糧儲道黄士傑詳稱：滇省各廠，雍正六年分，通共辦獲銅二百七十一萬二千四百七十二斤，內供六、七兩年鼓鑄及賣給客商鋪户共銅一百三十六萬一千五百二十六斤外，餘銅一百三十五萬九百四十六斤，運貯永寧聽貴州收買鼓鑄，滇省已無剩銅，臨局不能添爐，亦不能再令吴、楚二省買運。京局至雍正七年分廠出銅斤有無盈絀，難以豫定，應俟年底再爲查報。如有餘剩，聽各省採買，無庸再運吴、楚。其省、臨二局，每年鑄錢一十三萬四千七百八十四串，內除爐役工食物料，又除每年搭放兵餉、驛站共錢七萬一千八百餘串，尚存錢六萬二千八百餘串，併帶鑄錢九千七百七十餘串，二共錢七萬二千六百餘串。內留支鞭祭、鋪兵、餼糧三項錢一萬六百餘串，餘錢六萬二千餘串，可以發運廣西搭放官役驛站兵餉之用。俟發運之日移知粤撫易銀回滇還項等情。臣覆查無異，會同撫臣沈廷正合詞具題。』等因前來。查雍正六年十月，廣西左江鎮總兵官齊元輔以廣西水道上通雲南廣南府屬之剥隘，較之他省輓運稍易。目前雲南之銅，差員運去漢口、鎮江，若以有餘之銅，於臨安添爐鼓鑄，照前二萬串之例，運交粤西給發通省文職官俸役食及驛站錢糧，歲可銷錢四萬餘串。再於兵餉搭放十分之一，則可支銷三萬餘串。至運錢到粤，惟桂林一府運交藩庫，其餘悉於經過之處截留，即不經過之太、思、柳、慶四府，亦俱於水道相通之南、潯、梧三府截留，取各該府印收赴藩庫，領銀回滇，其於運費更可少省等因具奏。臣部議，令雲南總督，將滇省每年所有銅斤，約可餘出若干，臨安局約可添爐幾座，或鑄錢四萬串或可多鑄之處，酌量定議等因題覆，奉旨依議，欽遵行文在案。今該督鄂爾泰既稱滇省各廠雍正六年分共辦銅二百七十一萬二千四百七十二斤，內供六、七兩年鼓鑄及賣給客户共銅一百三十六萬一千五百二十七斤，餘銅一百三十五萬九百四十六斤，運貯永寧，聽貴州收買鼓鑄，滇省已無剩銅，臨局不能添爐。其省、臨二局每年額鑄、帶鑄共錢一十四萬四千五百五十餘串，內除爐役工料、兵餉、驛站、鞭祭、鋪兵、餼糧等項共錢八萬二千四百餘串，餘錢六萬二千餘串，可以發運廣西等語。應如所請，以雍正七年爲始，將滇省每年鑄出錢文，除留本省需用外，餘錢六萬二千餘串照數發運廣西。仍令廣西巡撫將運到錢文發文職官俸役食及驛站、兵餉均匀搭放。照例每錢一串易銀一兩，於應給各項銀內如數扣出給發，滇員領回，歸還原動工本。至發運錢文，應照齊元輔所奏，惟桂林一府運交藩庫，其餘悉於經過之處截留，取具各該府印收赴藩庫領銀，庶不致靡廢脚價。仍令該督將運至何處截留，所需脚價若干，細數分晰報部查核。再吴、楚二省雍正庚戌年解部銅斤，原經雲督題明收買滇省雍正六年銅斤，後經該督以雍正六年所出滇銅共二百七十餘萬，除留本省供鑄一百三十六萬一千五百二十六斤外，餘銅一百三十五萬俱已發運永寧招商銷變。臣部以事關鼓鑄，未便缺額，已行令吴、楚各撫，將雍正庚戌年解部銅斤，於各處另行採買，不可專俟滇銅方行辦運。至滇省雍正七年以後所出銅斤，仍於歲底核數報部，以便酌議辦運在案。今雲督稱雍正七年分廠出銅斤有無盈絀，難以豫定，俟年底再爲查報，如有餘剩，聽各省採買等語。應將庚戌年以後採買銅斤，仍令蘇州、湖南、湖北各該撫按依原額，一面各處採買照舊辦運，一面將滇省每年所出銅斤除留本省供鑄及賣給客商舖户外，尚有餘銅若干，可令吴、楚採買之處咨商雲督，雲督於歲底核筭餘銅數目，亦即豫行知會吴、楚巡撫，以便辦運，庶于京局鼓鑄不致有悮。臣等未敢擅便，謹題請旨。」雍正七年閏七月二十五日題。本月二十七日奉旨：「依議。」

「國立」故宫博物院《宫中檔雍正朝奏摺》第十四輯南贛總兵劉章奏報添製弓箭已分發存貯摺　江西南贛總兵官臣劉章謹奏爲奏聞事。竊臣因南贛各營馬步弓箭兵丁，除撒袋插箭之外，並無存貯戰箭，隨以敬陳管見，仰祈睿裁事，繕摺具奏，荷蒙皇上硃批：覽，應報部者報部存案，欽此。欽遵。臣隨造成戰箭式樣，通飭所轄壹拾陸營將備，照各營馬步弓箭兵丁名數，如式製造，一切物料工價，動用公費糧銀，不許攤派兵丁絲毫，俟造齊送臣驗明，發回分給，馬兵各叁拾枝，步兵各貳拾枝。謹將欽奉硃批奏摺，於雍正柒年陸月初貳日具摺恭繳訖。兹據各營將備陸續造齊戰箭送臣驗看，果皆合式，隨飭營員領回，照馬步弓箭兵丁數目，逐名分發取領存案。飭令加謹收貯，小心經理，毋致敝鈍，官弁按季點驗，倘有損失，責懲賠補。遇有兵丁事故，按數查收，轉給新兵存貯。臣仍不時察核，如官弁稽查不力致有損壞，亦即坐賠議處。併據各營造報給兵戰箭細數清册前來，臣查壹拾陸營馬戰兵伍百陸拾壹名，分給戰箭壹萬陸千捌百叁拾枝，步戰守弓箭兵壹千陸百壹拾伍名，分給戰箭叁萬貳千叁百枝，統計馬步戰守弓箭兵貳千壹百柒拾陸名，共分給存貯戰箭肆萬玖千壹百叁拾枝，除彙册咨呈署江南總督臣范時繹轉咨内部存案並咨明署江西巡撫臣張坦麟外，所有造竣戰箭分發各營馬步戰守兵承領存貯彙册報部各緣由，理令具摺奏明。伏乞皇上睿鑒施行。爲此具摺，謹遣臣家人劉繼宗賫捧謹具奏聞。

右謹奏聞

雍正七年閏七月　二十六　日江西南贛總兵官臣劉章謹具摺。

《雍正朝内閣六科史書·户科·總理户部事務怡親王允祥題准湖南設爐開鑄銅錢一面用雍正通寶漢字一面用寶南清字本》　總理户部事務和碩怡親王臣允祥等謹題爲遵旨查奏事：「湖南巡撫王國棟題前事，雍正七年六月三十日題，七月二十四日奉旨：『該部議奏。』該臣等查得湖南巡撫王國棟疏稱：『收買銅器設局鼓鑄一案，據布政使趙城詳稱：雍正五、六兩年併七年春季，共收買銅一十六萬四百六十一斤零，請照晉省之例，每净銅一百斤，可鑄錢一十一串四百二十八文。每日每爐鑄銅一百斤，共需炭本工料錢一千六百二十九文六毫，生銅每百斤價銀九兩五錢九分零，熟銅每百斤價銀一十一兩九錢九分零，併攙鼓鑄。每百斤鑄錢一十一串四百二十八文，較之生銅計筭，除還銅本工料外，實餘息錢二百四文；以熟銅扣筭，則不敷銅本工料銀二兩一錢九分零。至所收銅器，雖經確估，將來銷煉，不無折耗。應否將不敷銅本工價以及折耗等項，照晉省題請，於雍正七年地丁項下開銷。再湖南收買銅一十六萬四百六十一斤零，止可設爐五座，每月鑄銅一萬五千斤，應遵上諭，將本省字樣鑄造清字。今湖南擬以『寶長』字樣，請頒樣錢，以便開鑄。又查郡城原設錢局一所，歷今年久，坍塌損壞，必須修葺，應飭長沙縣估計工料，安爐五座，需費若干之處另行造報。至應需各費，應否在於雍正七年地丁項下開銷。其監鑄之員，委長沙府知府護理岳常道孫元、衡州府同知李夢熊董理其事。所鑄錢文，按日解司貯庫。另請搭放兵餉等情，臣覆查無異。會同督臣邁柱合詞具題。』等因前來。查各省收買銅器，欽奉諭旨：『不必拘定足放一成二成餉錢方行開鑄。』今湖南所收銅器，該撫王國棟疏稱共收銅一十六萬四百六十一斤零，請頒樣錢，以便開鑄。其監鑄之員，委長沙府知府孫元、衡州府同知李夢熊董理其事等語，應如所請。准令設爐五座，即行開鑄。所有樣錢，該撫請用『寶長』字樣，查清文『寶長』與江西『寶昌』音語相同，恐將來難以分别。臣等查得康熙六年湖南設爐鼓鑄錢背文用南字，今應仍照舊例，行文錢法衙門，一面鑄雍正通寶漢字，一面鑄『寶南』清字，每文計重一錢四分，頒發該省，令其照式鼓鑄。所鑄錢文，送部查驗。仍按季造報，歲底具題。併嚴飭監鑄之員，務令實心辦理，該管上司，不時稽察。凡經手錢糧如有侵那虧空，即行題參。至所需工料等項，該撫疏稱照晉省之例。查晉省所開不敷銅本工料銀二兩一錢八分四厘零，臣部以生、熟銅器，若按成色對搭停匀，不敷之數自可減省，業經行令晉撫據實核明報部在案。今湖南所需工料等銀，亦應行令該撫將生、熟銅器，按成色對搭均匀，照依本省時價，據實確訪核明報部動給。又稱所收銅器雖經確估，將來銷煉不無折耗等語。查鑄錢定例每月銅、鉛百斤，原准折耗九斤，今湖南所收銅器鼓鑄錢文，每百斤應照例准其折耗九斤，此外不得過於浮冒。又稱郡城原設錢局一所，年久坍塌，必須修葺，應飭長沙縣估計工料併安爐各費請於雍正七年地丁項下開銷等語。應令該撫王國棟嚴飭該委員，一面動銀修葺，一面將需用各項細數據實確估，報部查核。其鑄出錢文，以所鑄若干計筭，均匀搭放兵餉。仍嚴飭各屬陸續收買銅器，源源接鑄可也。臣等未敢擅便，謹題請旨。」雍正七年八月初三日題。本月初五日奉旨：「依議。」

「國立」故宮博物院《宮中檔雍正朝奏摺》第十四輯署廣東巡撫傅泰《奏報鼓鑄錢文摺》 署廣東巡撫臣傅泰謹奏爲奏請聖示以裕鼓鑄事。竊照收買黃銅器皿，設局鼓鑄一事，甚關緊要。前因粤東收買舊銅無多，不敷鼓鑄，隨經繕摺奏明，俟催齊各屬解到，如果足供鼓鑄，即行題請開鑄等因，奉硃批：王士俊摺內批諭甚明，問他，欽此。臣即欽遵轉問布政使王士俊，據云摺內奉到硃批，交部議。俟旨行如將解部銅觔，留爲粤省鼓鑄，何不經之論至於此極，欽此。嗣准部議，粤東去雲南尚近，今雲南又開濬水道，廣東若于滇省採買銅觔由廣西而下，所費水脚無多，應令王士俊詳加確訪，以定粤省開鑄之事等因，奉旨，依議欽此。移咨到臣，隨經轉行遵照去後，旋據王士俊詳稱，遵即差遣家人前往雲南，訪得雲南水道雖經開濬，舟楫難以驟通，又訪得滇省客銅，每携至广西百色地方發賣，況廣西現在開礦獲銅必多，議即委員賫價赴買銅觔運回鼓鑄等因，現經臣咨明户部在案，俟百色地方倘果買有銅觔，臣即酌定鼓鑄事宜，設局處所具疏題請開鑄外，臣又訪得惠州府屬向有礦徒私挖銅觔，從前原賣與本省及別省辦銅官湊同解部，自去年督臣孔毓珣將辦銅之糧驛道何師儉糾參之後，辦銅官不敢赴買，而收銅客商遂將銅觔私行藏匿不敢出售。臣思此項銅觔，業已挖出煎成，並非在山礦砂可比，況鼓鑄正在需銅，若任其藏匿不爲示買，乃以有用之物置諸無用之地，似覺可惜。但原係礦銅，若不奏明請旨，又不敢私向購買，可否容臣出示曉諭，令將從前刨挖煎成之銅，許其赴官繳出，按照成色給與價值，以供鼓鑄。至有礦各山仍行嚴禁，不許藉名收銅混行偷挖，如此則現在之銅不致久匿，在山之礦仍禁私刨，於公事似有裨益。是否可行，謹具摺請旨，伏乞皇上睿鑒施行。

雍正七年八月　初六　日。

《雍正朝内閣六科史書·户科·大學士管户部尚書事張廷玉等題議准四川巡撫所請開採各處銅鉛礦廠并鼓鑄各項事宜本》 户部等部經筵講官少保兼太子太保保和殿大學士仍管吏部户部尚書事臣張廷玉等謹題爲皇圖遠届聖治彌隆臣愚思効仰祈睿鑒事：「四川巡撫憲德題，前事雍正七年十一月初六日題，十二月初三日奉旨：『該部議奏。』該臣等會查得四川巡撫憲德將川省開採各處銅、鉛礦廠併鼓鑄事宜，逐一分晰，會同署督臣查郎阿、建昌鎮臣趙儒，合詞具題前來。查川省建昌所屬會川之迤北、興隆二廠，寧番之紫古哵、沙基二廠並九龍廠出產紅、白銅礦一案，先經建昌總兵官趙儒奏請，於添設營汛之後，弛禁開採，臣部議准行令四川巡撫憲德逐一詳查，妥議具題等因，奉旨依議遵行在案。今該撫憲德疏稱，迤北、興隆等廠，並不有礙田園、廬墓，營汛已經安設，自應招商開採。但從前廠客多係四方之人，伊等素習其業，若止許本省商人，恐不善挖礦。應請通融四方殷實商人，自備資本赴廠開採，先交銅斤後領價值，銅價銀六、七兩不等，每百斤照例加三抽課，餘銅全數交官等語。查建昌等處，向多苗彝，兼有各省匪類往來混雜，是以臣部議覆趙儒案內，將開採礦廠許令召募本省商人，令川省荷蒙皇上特派科臣清丈地畝，現今具題報竣，而各處營汛又已添設分防，凡屬兵民，莫不安土樂業，是各廠自應准其開採。今該撫既稱本省商人不善挖礦，應准其召募四方殷實商人，許其自備資本赴廠開採，所出紅銅除三分抽課外，其餘俱照本省時價賣充鼓鑄之用。如用侵隱盜賣，題參治罪。至九龍廠所出白銅，鼓鑄無需。應令該撫將九龍廠所出白銅照例抽收，變價貯庫，餘銅俱聽商民買用。

一疏稱會川之沙溝嶺廠出產黃礦、青礦，黃礦燒煉點化紅銅，青礦燒煉點化黑鉛，俱夾銀砂。公母廠出產紅銅，黎溪廠出產白銅，皆可開採抽課。但白銅礦砂必用紅銅點化方成，應令白銅廠官查報所需紅銅若干，赴紅銅廠買用。至沙基廠出產黑鉛夾有銀砂，仍鼓鑄必需，所出鉛斤照例每百斤給價銀四兩，均以加三抽課等語。查趙儒奏請開採案內，止有迤北、興隆、紫古哵、沙基並九龍等廠，今會川之沙溝嶺公母廠、黎溪廠，該撫既續經查明出產銅、鉛，亦應准其開採，照例抽課。但鼓鑄所需係白鉛、紅銅，其廠內所出紅銅除抽課外，餘銅俱令買存供鑄。至黑鉛、白銅，均無藉鼓鑄之用，其所抽課銅、課鉛，應令照數變價，商人所得黑鉛、白銅不必賣充官用。再沙溝嶺之黃礦、青礦併沙基廠所出黑鉛，既稱夾有銀砂，則所出銀兩，應照定例以三分抽課，務令據實開報，毋致侵隱。又白銅礦廠既需紅銅點化，應將白銅廠所需紅銅若干，准赴紅銅礦廠買用，仍將賣出銅斤數目造入季報册內送部查核，該廠所賣價銀併前項變價銅鉛及所抽課銀，一併按季解交司庫，候文撥餉。

一疏稱派員司事之處，請以大廠於各府通判內、小廠於各府經歷內選擇賢能管理，將所出銅斤抽課數目，按季册報，管理之官，一年一換等語。應將經管各廠之員，准於各府通判、經歷內遴選賢能赴廠管理，務令儘得儘報，儘收儘解，一年期滿，造册交代，另選能員接管。如有侵那盜賣等弊，即行題參。其各廠每年原獲數目，抽課若干，照例按季造報，歲底具題。

一疏稱廠務既多，若不設立專員，恐致漫無統率，請於寧遠府特設同知一員，專管各廠税務，如有漢彝混雜生事、約束不嚴以及出多報少情弊，許其詳揭參究等語。相應准其添設同知一員，專管各廠税務併稽察各廠官員，倘有漢彝生事，約束不嚴，出多報少等弊，該同知立即報參。如該同知狥庇容隱，以致該上司察出併別有發覺之日，從重參處。其所設同知員缺，應令該督撫於通省同知内，揀選廉幹明敏之員題請調補。

一疏稱設汛安塘，應於通廠路徑駐兵巡查，各廠内派把總一員帶兵彈壓，文員專司收課，武弁分佈兵防等語。應如所請，於通廠路徑設汛安塘，駐兵巡查，各廠派把總一員帶兵彈壓。如遇偷挖私煎、盜賣漏税及聚集匪類生事者，令其巡察拿治。如該把總兵丁有失察故縱併借端需索科派商人者，該上司亦即究處。

一疏稱川省鼓鑄一案，經前署撫臣塞爾圖查有永寧等處出産白鉛可供鼓鑄，請俟軍務事竣確查定議在案。所有設局安爐與一切物料器具等項及鉛礦如何開採之處，容臣另疏具題。至鼓鑄錢文除不通水道各處外，其餘制營皆可以銀七錢三搭放。再各處鉛、銅礦廠收買輓運以及鼓鑄事務，請於省城派一道員總理，即於守巡各道中選擇派委，其特設同知衙署官房書後人等，統俟確估建造，照例召募設立等語。應將鼓鑄事宜及搭放兵餉併永寧等處鉛礦如何開採之處，俟該撫具題到日再議。至總理礦廠等事，准於守巡各道中遴委其所屬文武官弁，嚴加約束。開採商人既非本地土民，恐有不肖匪類混行攙雜亦未可定，該撫轉飭該管官員不時巡查，如有藉端生事擾累民間者，即行嚴拿治罪。倘敢狥隱不報，將該管各官一併題參，照例分別議處。至寧遠府特設同知所有官署，該撫憲德會同該署督查郎阿公同確估建造，仍將料估數目報部查核。書役人等，應准其照例設立可也。臣等未敢擅便，謹題請旨。」雍正八年三月二十一日題。

本月二十三日奉旨：「依議。」

《雍正朝内閣六科史書·户科·河東總督田文鏡題爲覆查雍正七年秋冬二季鼓鑄錢文支給工匠及搭放兵餉銀數本》 太子太保兵部尚書兼都察院右副都御史總督河南山東等處地方軍務督理營田兼理河道加十一級臣田文鏡謹題爲欽奉上諭事：「該臣看得鼓鑄錢文一案，部咨行令歲底具題等因，行據布政使趙國麟詳稱，雍正七年六月二十六日開爐起，至雍正七年十二月二十九日，共鑄錢六千七百六十串文，共用生、熟銅六萬五千斤。除銅匠工食錢八百四十五串文外，寔在解交司庫錢五千九百一十五串文。雍正七年十一、十二月搭放兵餉共支發過錢二千四百八十四串一百六十九文，存貯司庫錢三千四百三十串八百三十一文。于雍正八年搭放兵餉、再局内需用工料等項、添修家伙共用銀三百二十八兩零，係動雍正七年地丁銀兩支給。所有雍正七年秋冬二季鑄過錢文，支給工匠食用及解司搭放過兵餉，存貯錢數，同局内需用工料等項添修家伙銀兩造册前來。臣覆查無異，除册送部外，謹題請旨。」雍正八年四月初二日題。本月十七日奉旨：「該部察核具奏。」

《雍正朝内閣六科史書·户科·大學士管户部尚書事張廷玉等題爲查覈江寧織造隋赫德管理西新關任内徵收税銀數目本》 經筵講官少保兼太子太保保和殿大學士仍管吏部户部尚書事臣張廷玉等謹題爲考核任内錢糧事：「該臣等查得西新關，每年額徵税銀三萬三千六百八十四兩，銅斤水脚銀七千六百九十二兩三錢一分二厘五毫。江寧織造隋赫德管理一年，應徵額税銅斤水脚銀共四萬一千三百七十六兩三錢一分二厘五毫，今徵收過銀四萬一千三百七十六兩三錢二分五厘，又盈餘銀一萬四千八百九十八兩七錢八分七厘，俱經解部查收，與該織造隋赫德所送册檔查對數目相符，應毋庸議。臣等未敢擅便，謹題請旨。」雍正八年四月十八日題。本月二十日奉旨：「依議。」

《雍正朝内閣六科史書·户科·貴州巡撫張廣泗題核查大定府柞子等廠抽獲正課并爐底鉛斤變價銀因何多寡不一本》 巡撫貴州兼理湖北川東等處地方提督軍務都察院右僉都御史加六級紀録一次駐劄貴陽府臣張廣泗謹題爲懇准開廠裕課便民事：「該臣看得大定府屬柞子、白蠟、羊角等廠，自雍正五年三月内開採起，至雍正六年三月止，共抽獲正課并爐底鉛斤變價銀九千五百六十九兩六錢五分零。經臣據册會疏題報，嗣准部覆，内開前項正課竝鉛斤爐底變價銀兩，行令收貯候撥。竝令將爐底鉛斤變價，因何多寡不一，逐一詳查分晰題報等因，行司查報去後，今據布政使鄂彌達詳，據大定府知府陳悳榮詳稱，柞子等廠洞所出礦沙，原有高低不等，如礦沙貭分高，煎煉之後銀多鉛少，則爐底變價自不能同于正課；若礦沙貭分低，煎煉之後銀少鉛多，則爐底變價較之正課之數或係相等，或有倍增。是以各廠之正課并爐底鉛斤變價銀兩，各有多寡不一。今據該司詳覆前來，臣覆查無異，相應會題，伏乞皇上睿鑒，勅部查核施行，謹題請旨。」雍正八年三月十七日題。四月二十一日奉旨：「該部察核具奏。」

《雍正朝内閣六科史書·户科·江蘇巡撫尹繼善題報雍正七年收繳黄銅器皿並私鑄錢文用過銀錢數目本》 總理糧儲提督軍務巡撫江寧等處地方都察院右僉都御史協理河工事務加二級臣尹繼善謹題爲欽奉上諭事：「該臣看得江蘇等屬收繳黄銅器皿併私鑄錢文，行據布政使高斌會同蘇松太巡道副使王澄慧詳稱：各屬雍正七年春季起至歲底，共收生、熟銅一十一萬八千七百七十六斤零，内熟銅六萬七千九十七斤零，生銅五萬一千六百七十九斤零。共給價銀一萬三千五兩零，内動雍正五年地丁銀二百七兩八錢零，雍正六年地丁銀七千五百兩五錢零，雍正七年地丁銀五千二百九十六兩八錢零。又收繳私錢七千七百六十文，動支雍正六年地丁銀二兩七錢零。分別造册呈詳前來。臣覆核無異，除册送部外，臣謹會題請旨。」雍正八年八月十八日題。九月初六日奉旨：「該部察核具奏。」

《雍正朝内閣六科史書·户科·江蘇巡撫尹繼善題報蘇州老軍倉舊廠設立寶蘇局建造爐房鼓鑄事宜及開爐日期本》 總理糧儲提督軍務巡撫江寧等處地方都察院右僉都御史協理河工事務加二級臣尹繼善謹題爲遵旨行文事：「該臣看得收買黄銅器皿，欽奉諭旨：『設爐鼓鑄江蘇等處收過銅數先經題報，部覆酌量設爐，遴員專司。其錢文輕重併折耗數目，悉照京局定例。至需匠工料等項，妥議具題。』等因，行據布政使高斌、蘇松太巡道副使王澄慧會詳稱：見于蘇城老軍倉舊廠設立寶蘇局，建造爐房，設爐十二座。一月兩卯，每卯爐一座，用生、熟均匀對搭銅二千四百斤，計爐十二座，去耗净銅二萬六千二百八斤，每錢重一錢四分，給發工料外，净得餉錢二千五百六十三串二百文，通計二十四卯，净得餉錢六萬一千五百一十六串八百文，值銀六萬一千五百一十六兩八錢。共用生、熟銅六十九萬一千二百斤，該銅本銀七萬四千六百六兩零，計不敷銅本銀一萬三千八十九兩零。至鎔銅炭價，先于司庫發銀一千二百兩買用，統于工料錢内扣還。其鼓鑄一切事宜，專責蘇州府通判鄭謙寔力奉行。再查蘇州府照磨熊國壽辦事勤謹，原任淮安莞瀆場大使，王定遠熟諳鼓鑄，併委在局協辦，司道時加稽察。至官員書役薪水工食與心紅紙張每年共需銀三百六十七兩零，應用天平等項共銀一十三兩零，均于司庫撥濟，同前發修造爐房銀八百二十六兩零，統歸存公項下報銷。見擇七月二十五日開爐興工等情前來，臣覆核無異。除鑄出錢文另行送部呈樣外，所有鼓鑄事宜工料等項及興工日期相應會題請旨。」雍正八年八月三十日題。九月二十日奉旨：「該部議奏。」

《雍正朝内閣六科史書·户科·大學士管户部尚書事張廷玉題令將貴州畢節縣大鷄鉛廠抽收課鉛留鑄俟鑄出錢文撥還本》 經筵講官少保兼太子太保保和殿大學士仍管吏部户部尚書事臣張廷玉等謹題爲稟明開採裕課便民事：「貴州巡撫張廣泗題前事，雍正八年七月十六日題，八月二十日奉旨：『該部察核具奏。』該臣等查得貴州巡撫張廣泗疏稱，畢節縣大鷄鉛廠所抽課鉛，例應按年題報。兹據布政使鄂彌達詳稱，該廠自雍正七年正月初一日起至十二月底止，共抽課鉛三十萬七千五百五斤零，内除動支開銷各役工食賣過課鉛四萬二百一十三斤外，寔存供鑄課鉛二十六萬七千二百九十二斤零。每百斤照定價一兩五錢計算，共該價銀四千零九兩三錢八分九厘，俟鑄出錢文撥還課價之日，另詳題報，造具課鉛細册詳送。臣覆核無異，謹會同雲貴廣西總督鄂爾泰合詞具題等因前來。查黔省畢節縣屬大鷄鉛廠，該撫張廣泗疏稱，自雍正七年正月初一日起至十二月止，共抽課鉛三十萬七千五百五斤零，内除開銷各役工食賣過鉛四萬二百一十三斤外，寔存供鑄課鉛二十六萬七千二百九十二斤零。每百斤價銀一兩五錢計算，共銀四千九兩三錢八分九厘，俟鑄出錢文撥還課價等語。應令該撫將前項所抽課鉛二十六萬七千二百九十二斤零，照數留存本省鼓鑄，俟鑄出錢文之日，將應得課鉛價值即行撥還貯庫，仍一面報部，候文撥用。其開銷各役工食賣過課鉛四萬二百一十三斤零，應照雍正六年之例准其支銷所抽課鉛。如有以多報少侵隱情弊，該撫張廣泗即將經管各員照例題參。至嗣後所抽課鉛，仍照原題按季造報，歲底具題可也。臣等未敢擅便，謹題請旨。」雍正八年九月二十五日題。本月二十七日奉旨：「依議。」

《雍正朝内閣六科史書·户科·大學士管户部尚書事張廷玉等題查覈貴州大定府柞子等廠抽收正課並爐底鉛斤變價銀本》 經筵講官少保兼太子太保保和殿大學士仍管吏部户部尚書事臣張廷玉等謹題爲懇准開廠裕課便民事：「貴州巡撫張廣泗題，前事雍正八年九月初一日題，十月初六日奉旨：『該部察核具奏。』該臣等查得貴州巡撫張廣泗疏稱，大定府屬柞子、白蠟、羊角三廠，雍正六年分所抽正課並爐底鉛斤變價共銀三萬二千四百二十四兩零，未變課鉛一十萬五千七百二十九斤，經臣造册題報，部覆以爐底鉛課因何多寡不一，行令確查題報。今據署布政司糧驛道王廷琬詳，據大定府知府陳悳榮詳稱：各廠所出礦砂原有高低不等，如礦砂貭分高，煎煉之後銀多鉛少；礦砂貭分低，煎煉之後銀少鉛多。是以爐底鉛課較之正課之數，或係相等，或係減增。並稱存廠課鉛，俟變解詳報等因。臣覆查無異，會同雲貴廣西督臣鄂爾泰合詞具題等因前來。查黔省大定府屬柞子等廠，雍正六年分所抽正課並爐底鉛斤變價銀兩，先經該撫張廣泗造册題報。臣部以各廠所抽爐底鉛斤變價銀兩，有較正課未及十分之二，有與正課之數稍減，更有較正課未及十分之一者，因未分晰緣由，是以行令確查題報去後。今該撫疏稱各廠所出礦砂，原有高低不等。如礦砂贶分高，煎煉之後銀多鉛少；礦砂贶分低，煎煉之後銀少鉛多。是以爐底鉛課較之正課之數，或係相等，或係減增等語。既經分晰聲明，應毋庸議。仍將前項所抽正課併爐底變價銀三萬二千四百二十四兩零，行令該撫照數收貯司庫，候文撥餉。其未變課鉛一十萬五千七百二十九斤，嚴飭經管各員，作速變價解貯司庫。如有侵那虧缺，該撫張廣泗據寔題參可也。臣等未敢擅便，謹題請旨。」雍正八年十一月初一日題。本月初三日奉旨：「依議。」

《雍正朝内閣六科史書・户科・大學士管户部尚書事張廷玉等題爲核查湖南省收買銅斤鼓鑄所得錢文支存數目本》 經筵講官少保太子太保保和殿大學士仍管吏部户部尚書事臣張廷玉等謹題爲遵旨查奏事：「湖南巡撫趙弘恩題，前事雍正八年十月初三日題，本月二十七日奉旨：『該部察核具奏。』該臣等查得湖南巡撫趙弘恩疏稱收買銅斤鼓鑄錢文一案，據布政使楊永斌詳稱，湖南鼓鑄錢文，部令生熟對搭。今現收生銅一萬八千四百二十六斤零，熟銅一十八萬二千五百一十四斤零。除一萬八千四百二十六斤零配搭生銅鼓鑄外，尚餘熟銅一十六萬四千八十七斤零，無生銅可配。應請每百斤外加白鉛二十斤，與銅鉛對搭之例相符核筭，共應加白鉛三萬二千八百一十七斤零，請于司庫領餉採買。至生、熟對搭合筭，每百斤該價銀一十兩七錢九分三厘零，鑄錢十串四百文，除工料錢一千六百二十九文零，寔解司庫錢八千七百七十文零。又補串繩錢一十五文，較收銅價值折耗二兩八厘零再以加鉛合筭。每百斤該銀一十一兩三分五厘零，折耗二兩二錢五分四毫零。共設爐五座，每日鑄錢五十二串，除給工料錢八串一百四十八文，又補串繩錢七十五文，寔解司庫四十三串九百二十七文，每季寔解司庫錢三千八百八十七串五百三十九文零，照例于各營兵餉内搭放等情。臣覆核無異，理合具題等因前來。查湖南收買銅器開爐鼓鑄一案，該撫趙弘恩既稱現收生銅一萬八千四百二十六斤零，熟銅一十八萬二千五百一十四斤零。除一萬八千四百二十六斤配搭生銅鼓鑄外，尚餘熟銅一十六萬四千八十七斤零，無生銅可配。請每百斤加白鉛二十斤，共應加白鉛三萬二千八百一十七斤零，于司庫領餉採買等語。查熟銅每百斤外白鉛二十斤，與銅鉛對搭之例相符，應如所請。准其動銀照依時價採買以供鼓鑄。仍將買鉛價值報部查核，如有浮冒，據寔題參。又稱生、熟對搭，每百斤該價銀一十兩七錢九分三厘零，鑄錢十串四百文，除工料錢一千六百二十九文零，寔解司庫錢八千七百八十五文，較收銅價值折耗銀二兩八錢零以配搭鉛斤合筭。每百斤該價銀一十一兩三分五厘零，折耗銀二兩二錢五分四毫零。共設爐五座，每季寔解庫錢三千八百八十七串五百三十九文零，照例搭放兵餉等語。查京局廢銅鼓鑄，每百斤該價銀十兩三錢七分五厘，寔鑄净錢八千四百二十六文，每串合銅本銀一兩二錢三分一厘三毫零。今湖南加鉛鼓鑄，每百斤該價銀一十一兩三分五厘零，寔鑄净錢八千七百八十五文，每串合銅本銀一兩二錢五分六厘一毫三絲零，較京局每串多費銀二分四厘有餘。應令該撫趙弘恩將所需工料内酌量核減，于鑄出錢文内動給，寔解司庫錢文，照例于各營兵餉内搭放，易出銀兩歸還收買銅器工本。仍將所給工料併搭放兵餉錢文以及折耗數目，造入鼓鑄奏銷册内，送部查核可也。臣等未敢擅便，謹題請旨。」雍正八年十二月初一日題。本月初三日奉旨：「依議。」

《雍正朝内閣六科史書・户科・安慶巡撫程元章題報本省雍正七年分收買生熟黄銅器皿及支過銀兩數目本》 巡撫安慶等處地方提督軍務都察院右副都御史加二級臣程元章謹題爲欽奉上諭事：「該臣看得收買黄銅器皿，欽奉上諭：『著各省督撫將所買銅器每年歲底奏聞，其所發價值報部奏銷。』一案，經前撫臣魏廷珍接准部咨檄行江寧布政司遵照。今據署理江寧布政司事按察使劉柟詳稱，安徽各州縣收買黄銅器皿給過價值，自雍正七年正月起，至歲底止，收買過生、熟黄銅器皿二十三萬一千九百八十二斤八兩三錢四分零，動用價值銀二萬六千五百八十五兩一錢九分九厘零。除經按季造報銅數以及動給價值銀欵詳咨外，所有雍正七年共收買生熟黄銅器皿數目并動給價值各銀款數，造册呈送會題等情前來。經臣覆核無異，除册揭送户部科查核外，謹會題請旨。」雍正九年正月二十一日題。二月十六日奉旨：「該部察核具奏。」

《雍正朝内閣六科史書・户科・山東巡撫岳濬題報雍正五年十月至八年十二月收買民銅及採買銅斤支存數目本》 巡撫山東等處地方督理營田兼理軍務都察院右副都御史臣岳濬謹題爲欽奉上諭事：「該臣看得東省收買銅斤一案，據布政使孫國璽詳稱：『查東省收買銅斤，自雍正五年十一月起，至十二月底止，共收各州縣及省城民銅三萬四千七百五十三斤一兩。又於雍正六年三月起，至十二月底止，共收省城民銅及各州縣採買銅三萬六千三百一十四斤十一兩。又於雍正七年二月起，至雍正八年正月底止，共收各州縣銅六萬二千一百九十三斤。又於雍正八年二月起，至十二月底止，共收各州縣銅一萬六千八百二十五斤。通共收買銅一十五萬八十五斤十二兩。內除自雍正五年十一月初五日起，至雍正七年九月十二日止共收銅十萬七百四十斤十二兩，已經發局鼓鑄，將鑄出錢文搭放兵餉，業經咨部在案。今見貯司庫銅四萬九千三百四十五斤。所有實在存庫銅斤數目相應呈請核題。』等情，據該司呈詳前來，除批令轉飭各屬，將所發存剩價銀嚴催，上緊採買，源源解兑，接濟鼓鑄外，臣謹會同督臣田文鏡合詞具題，伏祈皇上勅部查核施行，謹會題請旨。」雍正九年二月十八日題。三月初三日奉旨：「該部察核具奏。」

《雍正朝內閣六科史書・户科・河東總督田文鏡題報豫省雍正八年分收買生熟黃銅及用過銀兩數目本》 太子太保兵部尚書兼都察院右副都御史總督河南山東等處地方軍務督理營田兼理河道加十三級臣田文鏡謹題爲欽奉上諭事：「該臣看得收買黃銅器皿一案，欽奉上諭：『每年歲底奏聞，其所發價值報部奏銷。欽此。』接准部咨，業行布政使司遵照在案。茲據署布政使司陳世倕詳稱：『雍正八年分春夏秋冬四季收買生銅一萬五百一十一斤十五兩六錢，用銀一千八兩伍錢六分零，收買熟銅四萬四千五百二十斤十四兩五錢，用銀五千三百三十九兩三錢九分零，二項生熟共銅五萬五千三十二斤十四兩一錢，共用銀六千三百四十七兩九錢五分零。』等情，造册詳報前來。臣覆核無異，除册送部外，謹題請旨。」雍正九年三月初四日題。本月二十日奉旨：「該部察核具奏。」

《雍正朝內閣六科史書・户科・大學士兼管户部尚書事張廷玉等題報核查湖北鼓鑄錢文需用工料及耗折數目等情本》 經筵講官少保兼太子太保保和殿大學士仍管吏部户部尚書事臣張廷玉等謹題爲欽奉上諭事：「原任湖北巡撫魏廷珍題，前事雍正八年十二月初九日題，九年二月初七日奉旨：『該部議奏。』該臣等查得原任湖北巡撫魏廷珍將湖北鼓鑄錢文需用工料以及耗折數目逐一分晰，會同督臣邁柱合詞具題前來。

一疏稱：『湖北鼓鑄錢文，當日止議生熟各半配鑄，原未計及民間所用銅器生少熟多。本年開鑄以來，所收生銅僅足七卯，其餘純用熟銅，不特餘息全無，且每爐每卯虧折銅本銀二兩一錢七分零，請於三分耗羨銀內動補。查現今已買與續買未解共銅器七萬二千四百餘斤，尚有存局熟銅二萬五千五百七十餘斤，生銅七百六十餘斤，不敷配搭，此後所鑄勢必仍用熟銅。』等語。查湖北收買銅器鼓鑄錢文一案，先經原署撫徐鼎題請開鑄案內，以生熟銅器配搭鼓鑄，每爐每卯用銅二百五十六斤十二兩，合銅本銀二十五兩四錢九分，鑄出錢文除抵還工本銀兩外，得餘息銀六錢五分零。今原任巡撫魏廷珍疏稱所收生銅僅足七卯之用，其餘純用熟銅，不特餘息全無，且每爐每卯虧折銅本銀二兩一錢七分零，請於三分羨餘銀內動補等語。但查湖南所收銅器，亦以生少熟多，難以配搭，經該撫趙弘恩題請，每熟銅百斤外加白鉛二十斤，與銅鉛對搭之例相符，其白鉛價值請於司庫領銀採買，臣部議覆准行在案。今湖北所收銅器既係生少熟多，似可亦照湖南之例，每熟銅百斤外加白鉛二十斤配搭鼓鑄，其工本銀兩或稍有節省，應令該撫酌量妥議報部。至虧折工本銀兩，該撫請以三分耗羨銀內動補，但羨餘銀兩係備地方公用之項，不便墊補鼓鑄錢文之需，應將該撫所請之處毋庸議。

一疏稱：『湖北康熙二十七年鼓鑄工料，每爐共需錢四千六百七十二文零。前署撫徐鼎以每爐給匠役工料錢三千一百九十三文，不惟匠役每名一日僅得工食錢二十文，餬口養家不能兩顧，而煤炭物料亦屬不敷。請照從前之例，每百斤給工食物料錢一千五百五十七文，以三百斤計算，共合工料錢四千六百七十二文，較之京局每百斤給錢一千九百七十四文，尚少四百一十六文零。又原題案內每爐銅二百五十六斤零，數目零星，每月鑄錢二卯，工匠多有餘暇，今請每卯每爐給銅三百斤，每月鑄錢三卯。』等語。查京局鼓鑄，每百斤需用工料錢一千九百七十四文，湖北鼓鑄工料原請開鑄案內每爐每卯用銅二百五十六斤十二兩，給工料錢三千一百九十三文零。今該撫以所給工料錢文不敷，請照從前之例，每百斤給工料錢一千五百五十七文。臣部核算照京局尚有節省，應如所請，每百斤准給工料錢一千五百五十七文，每卯准給銅三百斤，每月鼓鑄三卯，其工料錢文，於鑄出錢文內照數動給，如有浮冒扣剋，據實查參。

一疏稱：『民間所用銅器低潮有七八九成不等，通盤合算止有八成色，是每百斤有正銅八十斤，即帶色耗銅二十斤。如有正銅一百斤即帶色耗銅二十五斤，今每爐正銅三百斤，即帶色耗銅七十五斤，計熟銅三百斤，該價銀三十五兩九錢七分九厘，今於折耗銅七十五斤內除正耗二十七斤，仍多耗四十八斤，值銀伍兩七錢五分六厘零，歸作銅本，每卯實用銅本銀三十兩二錢二分二厘零，共鑄錢三十四串二百八十五文，內除工料錢四千六百七十三文，仍餘二十九千六百十二文，以一千作一兩與銅本相較，每爐虧折銀六錢一分零。』等語。查前所收銅器既有九成八成七成不等，則所給價值亦應按依成色，於原價一錢一分九厘九毫三絲内照數減發。今以潮銅給發高銅價值，以致銅本有虧。況京局所收銅器鼓鑄錢文，每百斤止准折耗九斤，現在各省畫一遵行。湖北鑄銅三百斤，照例止應折耗二十七斤，今於正耗之外又多耗四十八斤，有違定例，不便准銷。再該撫疏去多耗四十八斤銅價銀五兩七錢五分六厘零，歸作銅本計算，每爐止虧折銅本銀六錢一分零，但此項折耗價值既虧，銅本不便開除，且熟銅三百斤，核銀三十五兩九錢七分九厘，鑄出錢文除給工料外，寔得錢文與銅本相較，每爐實虧銅本銀六兩三錢六分七厘。今如照湖北之例加鉛配鑄，將來折耗有無減省，應俟該撫酌議報部，到日再議。

一疏稱：『從前鑄過十二夘，係連牌串秤收，共有補牌串錢五十二千六百六十三文，一併歸作正錢搭放兵餉。嗣後令去牌串秤收。又解局銅斤係零收總兑，自開局起至本年四月止共有積餘生銅八十斤，熟銅一百三十五斤，亦應作正發爐鼓鑄。至銅斤成色不等併有不足八成者，統俟年底彙算。』等語。應令新任巡撫王士俊將前項積餘生熟銅斤，准令收作正數發爐鼓鑄，所補牌串錢文照數歸入正鑄錢内搭放兵餉。至嗣後秤收錢文，嚴飭監鑄之員，除去牌串秤收務須分兩準足，其所收銅器如有不足八成者，按依成色給價收買可也。臣等未敢擅便，謹題請旨。雍正九年四月初五日題。本月初七日奉旨：「依議。」

《雍正朝内閣六科史書・户科・湖北巡撫魏廷珍題請將上年司庫存貯銀撥補辦解銅斤價脚之項以供本年春撥兵餉本》 巡撫湖北等處地方兼提督軍務兵部右侍郎兼都察院右副都御史降三級留任臣魏廷珍謹題爲詳請題明事：「該臣看得湖北雍正九年分應辦上下二運額銅五十五萬四千三百九十九斤零，該價脚銀九萬七千一十九兩九錢七分零，先於銅礦大旺等事案内請在雍正八年地丁銀内動支，委員安陸府知府談九叙、德安府知府偉璱採辦及運解之用。前已咨部再帶辦前撫臣張連登分賠銅六萬二百三十三斤零，該價脚銀一萬五百四十兩八錢二分零，於歲底奏報事案内，請在雍正八年地丁銀内動支，辦解復行咨部在案。茲據湖北布政使徐本詳稱：『雍正八年分地丁銀兩續奉部咨撥供雍正九年本省兵餉一十萬兩，但查所撥銀兩已經給發辦解銅斤用訖，而八年地丁司庫尚未續收，所撥兵餉緊要，不便遲緩，詳請題明，將雍正八年秋撥册内司庫存貯酌留銀一十萬兩之内，除封貯一萬三千三百三十六兩零外，尚存銀八萬六千六百六十三兩零，抵還辦解雍正九年上下二運額銅併帶辦前撫臣張連登應賠銅斤各價脚之項，以供春撥兵餉。其餘不敷撥數及酌留司庫等銀，請仍於續收雍正八年地丁併各案銀内如數動支補項。』等情，經臣查覈無異，相應據詳具題，請將雍正八年秋撥册内司庫存貯，酌留銀八萬六千六百六十三兩零，撥補辦解銅斤價脚之項，以供雍正九年春撥兵餉。至於不敷數銀及酌留司庫銀兩，仍於續收雍正八年地丁併各案銀内照數動支還項。臣等未敢擅便，謹題請旨。」雍正九年三月二十一日題。四月十三日奉旨：「該部議奏。」

《雍正朝内閣六科史書・户科・雲南巡撫張允隨題報支借庫銀收買羅平州二鉛廠堆積餘鉛運銷情形本》 巡撫雲南兼建昌畢節等處地方贊理軍務兼督川貴兵餉都察院右副都御史加四級紀録六次駐劄雲南府臣張允隨謹題爲詳請題明借支倭鉛工本事：「該臣看得羅平州屬卑浙、塊澤二廠所出鉛斤，從前委令武定府知府朱源淳辦運供鑄在案。茲據布政使葛森會詳，據武定府知府朱源淳詳稱：『羅平州屬卑浙、塊澤二廠所出鉛斤，除供省臨二局鼓鑄之外，每年堆積餘鉛不下百餘萬斤，若不設法收買，廠民工本無措。今援照從前收買黔省鉛斤運銷之例，酌借庫銀六萬兩，以作收買工本運脚之費，照廠價每百斤給銀二兩收買，雇脚發運漢口銷售。俟變價回滇除還工本運費外，按照從前題明每百斤餘息一兩歸公，此外盈餘銀兩，俟收買發運易銀到日，一併儘數造册充公，不敢隱匿。』等情。相應在于司庫捐納銀内酌借銀六萬兩，發給朱源淳收買發運，俟變價回滇除還工本及運費外，照以每百斤餘息一兩歸公，此外盈餘銀據實報出充公。倘有虧缺及侵隱等弊，查出參究。事關動支庫項，詳請題明前來，臣覆查無異，相應會題請旨。」雍正九年四月二十四日題。六月初五日奉旨：「該部議奏。」

《雍正朝内閣六科史書・户科・大學士管户部尚書事張廷玉等題准用庫銀抵還辦解上下二運額銅並前撫分賠脚價銀本》 經筵講官少保兼太子太保保和殿大學士仍管吏部户部尚書事臣張廷玉等謹題爲詳請題明事：「原任湖北巡撫魏廷珍題，前事雍正九年三月二十一日題，四月十三日奉旨：『該部議奏。』該臣等查得原任湖北巡撫魏廷珍以湖北雍正九年分應辦上下二運額銅五十五萬四千三百九十九斤零，該價脚銀九萬七千一十九兩九錢七分零，先於銅礦大旺等事案内，請在雍正八年地丁銀内動支，委員採辦及運解之用。再帶辦前撫臣張連登分賠銅六萬二百三十三斤零，該價脚銀一萬五百四十兩八錢二分零，於歲底奏報事案內，請在雍正八年地丁銀內動支辦解，咨部在案。茲據布政使徐本詳稱：『雍正八年分地丁銀兩，續奉部咨，撥供雍正九年本省兵餉一十萬兩，但查所撥銀兩，已經給發辦解銅斤用訖，而八年地丁司庫尚未續收，所撥兵餉緊要，不便遲緩，詳請題明，將雍正八年秋撥册內司庫存貯酌留銀一十萬兩之內，除封貯銀一萬三千三百三十六兩零外，尚存銀八萬六千六百六十三兩零，抵還辦解雍正九年上下二運額銅，併帶辦前撫臣張連登應賠銅斤各價脚之項以供兵餉，其餘不敷撥數及酌留司庫等銀，仍於續收雍正八年地丁併各案銀內如數動支補項。』等情。經臣查核無異，相應據詳題請等因，會同湖廣總督邁柱具題前來。查湖北雍正九年兵餉，先經臣部議將雍正八年地丁銀十萬兩湊給供支等因，行文去後，今據原任巡撫魏廷珍以湖北應辦雍正九年上下二運額銅價脚併帶辦前撫臣張連登分賠銅斤價脚共銀十萬七千五百六十兩七錢九分零，於銅礦大臣等事案內，請在雍正八年地丁銀內動支辦解在案，奉部撥雍正九年兵餉，動支雍正八年地丁銀十萬兩尚未續收。兵餉緊急，不便遲緩，請將雍正八年秋撥册內司庫存貯，酌留銀一十萬兩之內，除封貯銀一萬三千三百三十六兩零外，尚存銀八萬六千六百六十三兩零，抵還辦解雍正九年上下二運額銅併帶辦前撫臣張連登分賠銅斤價脚之項，以供兵餉。其餘不敷動支兵餉等銀，仍於續收未完雍正八年地丁併各案銀內如數補項。』等語，應如所請。准其在於酌留銀內動支銀八萬六千六百六十三兩零，其餘不敷動支兵餉等銀，行令該撫在於雍正八年地丁併各案銀內徵收湊支。仍行造入秋撥册內，報部查核可也。臣等未敢擅便，謹題請旨。」雍正九年六月初三日題。本月初五日奉旨：「依議。」

《雍正朝內閣六科史書・户科・大學士管户部尚書事張廷玉等題議雲南鼓鑄錢文所需工料銅鉛用過銀兩所獲息錢數目本》 經筵講官少保兼太子太保保和殿大學士仍管吏部户部尚書事臣張廷玉等謹題爲轉請具題展限事：「雲南巡撫張允隨題前事雍正九年正月二十四日題，三月初五日奉旨：『該部察核具奏。』該臣等查得雲南巡撫張允隨，將滇省雍正七年分鼓鑄錢文所需工料銅鉛、用過銀兩、所獲息錢數目造具清册，會同總督鄂爾泰合詞具題前來，據册開：

一『舊管存局本息錢共一十萬四千七百一十三串一百四十一文，工本銀一十二萬八千九百一十二兩八錢八分八厘。』等語。查前項存局工本銀錢，與上年實在項下存剩數目相符，應毋庸議。

一『新收發運廣西、四川錢，易銀五萬九千四百一十五兩七錢八分六厘，領作工本，舊管新收共銀一十八萬八千三百二十八兩六錢七分四厘。買銅八十四萬二千四百斤，每百斤價銀九兩二錢，共該銀七萬七千四百七十五兩七錢五分三厘九毫；買鉛五十六萬一千六百斤，每百斤價銀四兩五錢，共該銀二萬五千二百七十二兩；二共工本銀一十萬二千七百四十七兩七錢五分三厘九毫。省城臨安二局三十六爐，自雍正七年正月初一日起，至十二月三十日，每爐鑄錢三十九卯，每卯用銅六百斤，鉛四百斤，共銅八十四萬二千四百斤，鉛五十六萬一千六百斤，共鑄一千四百零四卯，共銅鉛一百四十萬四千斤，除每百斤折耗九斤，共折耗一十二萬六千三百六十斤外，净銅一百二十七萬七千六百四十斤，每鑄錢一文重一錢四分，共鑄錢一十四萬六千一十六串文。內工本錢一十萬二千七百四十七串七百五十四文，息錢四萬三千二百六十八串二百四十六文，再採買鉛五十六萬一千六百斤，每百斤節省銀一兩，共節省銀五千六百一十六兩，以作發運外省制錢脚價之費。』等語。查前項鑄過錢文，用過銅鉛併折耗數目，與上年准銷之數相符，應毋庸議。至採買鉛五十六萬一千六百斤，每百斤價銀四兩五錢計算，共該銀七萬七千四百七十五兩七錢五分三厘九毫，內每百斤節省銀一兩，共節省銀五千六百一十六兩，其節省銀兩該撫既稱留爲發運外省制錢脚價之費，應俟發運錢文易銀回滇之日，將實在所需脚價數目另造清册題銷。其採買銅八十四萬一千二百七十一斤零，又收買銅器一千一百二十八斤零，其收買銅器先經陞任巡撫沈廷正請就近解交錢局接濟鼓鑄，業經臣部咨覆在案二項銅價銀七萬七千四百七十五兩七錢五分三厘零，照册核算數目相符，應准支給。

一開除放給雍正六年分驛站官夫廩食、馬匹料草等錢八千七百四十九串三百九十三文，又放給兵餉錢四萬六千一百四十七串六百一十九文，又鞭祭舖兵餼糧等錢九千九百九十一串三百八十一文，又支給各局工料錢二萬五千五百五十二串八百文，此項工料錢文於雍正六年分存局息錢內動支，又發運川省錢三萬串，廣西錢六萬二千串，廣東錢三萬串，以上通共放過併支給及發運外省本息錢二十一萬二千四百四十一串一百九十三文，內工本錢一十二萬二千六百二十一串四百四十一文，息錢八萬九千八百一十九串七百五十二文。』等語。查前項放給驛站官夫廩食、馬匹料草等錢八千七百四十九串三百九十三文，臣部移查兵部，回稱數目相符，已經准銷，又放給鞭祭舖兵餼糧等項共錢九千九百九十一串三百八十一文，先經該撫造册題銷，臣部核對數目亦屬相符，均毋庸議。至搭放兵餉錢四萬六千一百四十七串六百一十九文，兵部於兵馬奏銷案内，以實在官兵馬匹數目不符駁查在案，應俟該撫題覆准銷之日，另造清册送部查核。其所給工料錢二萬五千五百五十二串八百文，係應給之項，應准開銷。所有發運川、廣等省錢共十二萬二千串，俟易銀回滇之日，歸還原動工本，報部查核。

一『實在存局息錢三萬八千二百八十七串九百四十八文。』等語。應令該撫將前項所存錢文造入雍正八年鼓鑄奏銷册内，送部查核。

一『詳籌錢法等事案内，帶鑄錢文自雍正七年正月初一日起至十二月底，共帶鑄銅八萬四千二百四十斤，鉛五萬六千一百六十斤，共用工本銀九千七百一十五兩六錢八分，鑄出本息錢一萬四千六百一串六百文内，除息錢四千一十五串四百四十文奉部准作運錢脚價另册報銷外，實鑄工本錢一萬五百八十六串一百六十文内，動給物料錢八百七十串四百八十文，實存工本錢九千七百一十五串六百八十文。』等語。查前項帶鑄錢文需用銅、鉛物料等項，核算數目相符。至存局錢文，照數留存鼓鑄工本，如有虧缺，即行查參。其帶鑄錢内所獲息錢四千一十五串四百四十文，該撫疏稱留作運錢脚費，另册報銷等語，應令該撫俟發運錢文易銀回滇之日，將實給脚價細數，另造清册題銷。

一『詳請雍正六年鼓鑄工本銀兩事案内，准鑄外耗錢文，自雍正七年正月初一日起至十二月底共鑄外耗銅七萬五千八百一十六斤，鉛五萬五百四十四斤，共用工本銀八千七百四十四兩一錢一分二厘，鑄出本息錢一萬四千四百四十一串一百四十七文内除息錢五千六百九十七串三十五文奉部准作局内爐役食米以及官役養廉工食等項之用，實鑄工本錢八千七百四十四串一百一十二文。』等語。查前項鑄過外耗錢文需用銅鉛工本銀兩數目，核算相符。至所獲息錢，該撫雖稱奉部准作局内爐役食米以及官役養廉工食等項之用，但所給各項細數，奏銷册内亦應聲明，應令該撫將雍正七年分鑄出外耗所獲息錢，開銷數目，據實造册送部。

一『存正額帶鑄外耗工本等錢五萬六千七百四十七串七百四十文，存局工本銀六萬七千一百二十一兩一錢二分八厘一毫。』等語。應令該撫張允隨將前項存局銀錢，除酌留下年鼓鑄工本外，如有餘剩，解交司庫歸還原借工本，倘有虧缺短少，即行題參可也。臣等未敢擅便，謹題請旨。」雍正九年六月三十日題。七月初二日奉旨：「依議。」

《雍正朝内閣六科史書・户科・大學士管户部尚書事張廷玉題核銷京省寶泉局用過銅鉛鑄過錢文及收買廢銅領過銀數本》 經筵講官少保兼太子太保保和殿大學士仍管吏部户部尚書事臣張廷玉等謹題爲按年奏報事：「督理京省錢法户部右侍郎俞兆晟題，前事雍正九年五月初六日題，本月初八日奉旨：『著察核該部知道。』該臣等查得督理京省錢法户部右侍郎俞兆晟以寶泉局監督馬禮善等呈報雍正八年分用過銅鉛，鑄過錢文及收買廢銅領過銀兩數目，一併造册具題前來，據册開：

一『舊管紅銅二百六十七萬九千二百七十七斤零，水條銅五萬八千七百一十一斤零，蝌殼銅四十九萬三千九百七十六斤零，鉛一十二萬八千六十七斤零，舊器皿銅一十二萬一千五百八十斤零，不計價鐵銅一千一百七十三斤零，不計價法馬銅一千一百五十斤，收買廢銅下剩銀九千五百七十八兩九錢二分零。』等語。查與雍正七年奏銷册内實在存庫數目相符，應毋庸議。

一『新收紅銅八萬五百九十二斤零，水條銅六十八萬九千九百三斤零，蝌殼銅五十七萬一千一百一十七斤零，六五配搭銅二萬三千四百九十八斤零，鉛二百三十九萬七千三百六十一斤零。又收買廢銅一十七萬六千三百五十九斤零。』等語。查前項收過銅、鉛、廢銅，臣部照册核算，數目相符，應毋庸議。

一『開除鑄錢四十三卯，内五成配搭二十一卯，銅五五、鉛四五搭配六卯，銅六鉛四搭配十四卯，又廢銅加鑄二卯。共用紅銅一百二十六萬斤，水條銅三十九萬六千斤，蝌殼銅一百萬八千斤，鉛二百二十五萬六千斤，舊器皿銅二十四萬斤，内除銅、鉛每百斤折耗九斤，共折耗四十六萬四千四百斤，净銅、鉛四百六十九萬五千六百斤，共鑄錢五十三萬六千六百四十串文。除給四十二卯工料錢九萬九千四百八十九串六百文，净餉錢四十三萬四千七百八十一串六百文，捐出一卯工料錢二千三百六十八串八百文外，補串繩錢七百七十四串文，以上共餉錢四十三萬七千九百二十四串四百文。俱經解部。』等語。查前項鑄過錢文，用過銅、鉛併耗銅耗(銅)(鉛)等項與歷年奏銷數目相符，所給工料錢文係應給之項，其解部錢文俱經解到付庫查收，掣批在案。應毋庸議。

一『實存庫紅銅一百四十九萬九千八百七十斤零，水條銅三十五萬二千六百一十四斤零，蝌殼銅五萬七千九十三斤零，六五配搭銅二萬三千四百九十八斤零，鉛二十六萬九千四百二十九斤零，舊器皿等銅五萬七千九百四十斤零，不計價鐵銅一千一百七十三斤，不計價法馬銅一千一百五十斤。所領庫銀二千兩併舊存銀九千五百七十八兩九錢二分零，二共銀一萬一千五百七十八兩九錢二分零。收買五成舊器皿銅七萬七千八百三十斤，每斤給銀一錢三厘七毫五絲，共銀八千七十四兩八錢六分二厘零，四成舊器皿銅二萬八千三百九斤，每斤給銀九分五厘五毫，共銀二千七百三兩五錢九厘零，實存庫銀八百兩五錢四分八厘零。』等語。除將不計價鐵銅、法馬銅仍令該監督收貯在庫外，至存庫銅、鉛併舊器皿銅，應令該監督同新收銅鉛一併鼓鑄，其下剩銀兩，仍照例收買銅器，造入雍正九年奏銷册内，送部查核可也。臣等未敢擅便，謹題請旨。」雍正九年七月初七日題。本月初九日奉旨：「依議。」

《雍正朝内閣六科史書·户科·雲南巡撫張允隨題報滇省雍正八年金銀銅錫各廠課銀數目本》 巡撫雲南兼建昌畢節等處地方贊理軍務兼督川貴兵餉都察院右副都御史加四級紀録六次駐劄雲南府臣張允隨謹題爲題明事：「該臣看得滇省金銀銅錫各廠課銀，例應按年奏銷。茲據布政使葛森詳稱：雍正八年分，共該課銀九萬一千五百四十七兩零，内有各銅廠課息銀一萬八百二十五兩零，底母餘息銀三千二百五十三兩零。又募迺廠課銀，欽奉俞旨，以八年爲始，收銀三百兩，已收司庫。又錫斤未變價銀四千兩，錫斤盈餘銀三千二百七兩零存廠，尚未變價。又卑浙、塊澤二廠，自雍正七年冬季起，至八年冬季止，課鉛未變價銀六千六百八十三兩零，現有鉛斤運銷尚未變價。今收獲共銀七萬七千六百五十五兩零，内有抽收不足之石羊等銀廠共缺額銀二萬三千三百五十八兩零，業經詳請奏明，每年個舊廠錫斤票税餘銀六千七百六十二兩零抵補。内只收司庫銀三千五百五十四兩零，其餘銀三千二百七兩零尚未變價。又各金廠餘金一百三十五兩二錢五分五釐，變解銀一千一十四兩零，俱經撥抵缺課外，仍缺額銀一萬五千五百八十一兩零。照依原奏，將鹽規盈餘撥補，但八年鹽餘銀兩，只准鹽道移解銀四千五百四十九兩零，尚未撥補銀一萬一千三十一兩零，移請詳明於司庫收存鹽餘銀内暫抵敷額。其撥抵銀兩，俟鹽道催解，再爲補還，原款另於下年造報。以上銀、銅，各廠解交司庫，共收銀七萬七千六百五十五兩零。内除底母餘息銀三千二百五十三兩零，業經題明歸入銀廠課内造報，以充公用在案外，共實收銀七萬四千四百二兩零。雍正八年分，奉撥兵餉銀七萬九千五百兩，尚不敷銀五千九十七兩零，亦經詳明於司庫收存鹽餘銀内暫行撥抵，其撥抵銀兩現有錫斤，俟變價解司收庫照數還款另於下年開造，共實收銀八萬二千七百五十三兩零。内奉撥兵餉餘息歸公銀兩課金五十九兩五錢六分。至未變錫斤銀兩又未變錫斤餘銀，俟變解收庫，以五千九十七兩零歸還原借鹽餘項下，其餘二千一百九兩零收歸錫斤未變項下，另於下年開造。未變課鉛價銀，准令將收過課銀歸入該年廠課案内題報。但據武定府知府朱源淳申稱，抽獲課鉛因無商販承買，尚未變價，俟運銷變價回滇解司收庫，另於下年開造相應分晰造册呈請具題，并雍正八年給過各商錫票七百零八合收獲課銀三千一百八十六兩，一併造册詳請具題前來。臣覆核無異，除册送部查核外，相應會題請旨。」雍正九年五月二十九日題。七月十一日奉旨：「該部察核具奏。」

《雍正朝内閣六科史書·户科·大學士管户部尚書事張廷玉題議山西雍正八年收購銅斤價銀准其動給並催徵未解銅斤本》 經筵講官少保兼太子太保保和殿大學士仍管吏部户部尚書事臣張廷玉等謹題爲遵旨查奏事：「山西巡撫覺羅石麟題，前事雍正九年五月初四日題，本月十七日奉旨：『該部察核具奏。』該臣等查得山西巡撫覺羅石麟疏稱：『收買銅器，據布政使蔣洞詳稱：雍正八年分，共收銅二萬一千九百八十斤零。内解司熟銅七千九百七十四斤零，每斤價銀一錢一分九厘零，共給銀九百五十六兩三錢五分零。生銅一萬三千三百九十四斤，每斤價銀九分五厘九毫零，共給銀一千二百八十五兩七分零。生熟共銀二千二百四十一兩四錢三分零。内領過銀二千二百一十六兩四錢三分零，尚未找領銀二十四兩九錢九分零，現在催領，俱應在於司庫雍正四年地丁銀内動給。至未解銅六百一十一斤零，因未解司，無憑分別生、熟，價難豫定，應俟解貯司庫於雍正九年收買銅斤之日一併報銷等情。臣覆核無異，相應具題。』等因前來。查晉省雍正八年分，共收銅二萬一千九百八十斤零。内解司庫生熟共銅二萬一千三百六十八斤零，共給價銀二千二百四十一兩四錢三分零。臣部照依生、熟價值，按册核算，數目相符，應准其在於雍正四年地丁銀内動給。其未經找領銀兩，作速催領給發。至未解銅六百一十一斤零，該撫既稱因未解司庫，無憑分別生熟，價難豫定等語，應令該撫石麟作速催令解交司庫，照依生、熟價值給發，彙入雍正九年續收數目，按季造報，歲底具題可也。臣等未敢擅便，謹題請旨。」雍正九年七月十五日題。本月十七日奉旨：「依議。」

《雍正朝内閣六科史書·户科·大學士管户部尚書事張廷玉題准滇撫所請借動司庫銀收買鉛廠積餘鉛斤發運漢口銷售本》 經筵講官少保兼太子太保保和殿大學士仍管吏部户部尚書事臣張廷玉等謹題爲詳請題明借支倭鉛工本事：「雲南巡撫張允隨題，前事雍正九年四月二十四日題，六月初五日奉旨：『該部議奏。』該臣等查得雲南巡撫張允隨疏稱：『羅平州屬卑浙、塊澤二廠所出鉛斤，據布政使葛森糧儲道黄士傑詳稱，除供省臨二局鼓鑄之外，每年堆積餘鉛不下百餘萬斤，若不設法收買，廠民工本無措。今援照從前收買黔省鉛斤運銷之例，在於司庫捐納銀内酌借銀六萬兩，發給武定府知府朱源淳收買發運漢口，每百斤給銀二兩，俟變價回滇，除還工本運脚外，照以每百斤餘息一兩歸公，此外盈餘銀兩，據實報出充公。事關動支庫項，詳請題明等情。臣覆查無異，會同雲貴廣西督臣鄂爾泰合疏具題。』等因前來。查滇省羅平州屬之卑浙、塊澤二廠所出鉛斤，該撫張允隨疏稱除供省臨二局鼓鑄外，每年堆積餘鉛不下百餘萬斤。援照從前收買黔鉛運銷之例，於司庫捐納銀内酌借銀六萬兩，發給武定府知府朱源淳收買發運漢口，照廠價每百斤給銀二兩，俟變價回滇，除還工本運費外，照每百斤餘銀一兩歸公，此外盈餘銀兩據實報出充公等語。應如所請，於司庫捐納銀内准其借動銀六萬兩，照時價收買發運漢口銷售，俟變價回日，照數歸還。原動工本所獲息銀一兩歸公，此外盈餘銀兩全數開報充公。如有侵那虧缺等弊，即行題參。并將發運鉛斤數目以及所需運脚若干之處，仍令該撫張允隨俟該員回滇之日據實造册，報部查核可也。臣等未敢擅便，謹題請旨。」雍正九年八月初一日題。本月初三日奉旨：「依議。」

《雍正朝内閣六科史書・户科・大學士管户部尚書事張廷玉題議廣東雍正八年收買黄銅器皿支過價銀准於地丁内撥給本》　經筵講官少保兼太子太保保和殿大學士仍管吏部户部尚書事臣張廷玉等謹題爲欽奉上諭事：「廣東巡撫鄂彌達題，前事雍正九年五月初十日題，六月十七日奉旨：『該部察核具奏。』該臣等查得廣東巡撫鄂彌達疏稱：『收買黄銅一案，據布政使王士俊詳稱：雍正八年分收貯黄銅器皿，除廣州府拏獲陳政斯黄銅古錢四十四斤不給價外，共收買黄銅器皿四千二百七十斤零，内和净紅銅一千五百七十一斤零，净鉛二千六百九十九斤零，共支過價銀三百九十一兩五錢七分八厘零。自雍正六年四月開設公所起，至八年年底，共收銅器七萬六千八百五十斤零，寔支雍正六年地丁銀七千七百九十九兩三錢七厘零。造册呈詳，臣覆核無異，臣謹具題。』等因前來。查粤東省收買銅器，自雍正六年起，至雍正七年年底，共收生熟銅器七萬二千五百三十五斤零，共給價銀七千四百七兩七錢二分九厘零。經原署撫傅泰造册題銷，臣部覆准在案。今雍正八年分收買銅器除拏獲黄銅古錢四十四斤不給價外，共收買黄銅器皿四千二百七十斤零，内扣净紅銅一千五百七十一斤零，净鉛二千六百九十九斤零，共支過價銀三百九十一兩五錢七分八厘零。臣部按依册内所開銅、鉛價值核算，數目相符，應准於雍正六年地丁銀内動給。其續收銅器併所給價值銀兩，應令該撫鄂彌達照例按季造報，歲底具題可也。臣等未敢擅便，謹題請旨。」雍正九年八月十一日題。本月十三日奉旨：「依議。」

《雍正朝内閣六科史書・户科・山西巡撫石麟題報本省收買銅器小錢稀少請暫停開爐鼓鑄本》　巡撫山西太原等處地方提督鴈門等關軍務兼理雲鎮都察院右副都御史加一級紀録一次降一級留任臣覺羅石麟謹題爲遵旨行文事：「該臣看得晋省收買銅器、小錢，經臣題請開爐鼓鑄寶晋錢文在案。茲據布政使蔣泂詳稱：『自雍正四年十月二十九日各州縣收買起，至雍正九年三月底止，共解貯司庫生、熟銅器并私小錢文及各官繳解銅器又加積零成色餘銅，通計生、熟銅共六十四萬四千九百五十二斤零，配搭發局鼓鑄。自雍正七年六月二十九日開爐造樣錢模錢，七月初九日開爐大鑄起，至雍正九年三月二十五日停爐止，每銅一百斤，除耗銅九斤，該正净銅九十一斤。共除耗銅五萬八千四十五斤零，該正净銅五十八萬六千九百六斤零。每文重一錢四分，共鑄錢六萬七千七十五串零。内除給爐頭匠役工食并雜色物料共錢一萬四百十一串零外，實解司庫錢五萬六千六百六十三串零。查現在所鑄錢文，雖不敷搭放兵餉一成之數，實緣晋地素不産銅，節年所收銅器，皆係民間由外省携帶舊有之物，各屬多方收買，接濟鼓鑄。今已稀少，不能應用。如發價自南省採買，脚運費繁，自宜暫行停爐。仍督飭各屬，悉心收買，俟銅斤收有成數，再行開爐鼓鑄。』等情造册呈詳前來，臣覆核無異。除册送部外，謹題請旨。」雍正九年八月十二日題。本月二十五日奉旨：「該部議奏。」

《雍正朝内閣六科史書・户科・湖南巡撫趙弘恩題造報寶南局雍正八年鼓鑄錢文用過工料銀及搭放兵餉數目本》　駐劄長沙府城巡撫湖南等處地方提督軍務兼理糧餉都察院右副都御史加二級臣趙弘恩謹題爲頒發樣錢事：「該臣看得湖南寶南局鼓鑄錢文，原准部咨，所需工料等項於年底造報等因，行據駐劄長沙府城湖南布政使張璨詳：『准總理錢局岳常澧道孫元移稱，寶南局自雍正八年三月初二日開爐鼓鑄起至底，共計二百九十四日，共用過銅、鉛一十四萬七千斤，共價銀一萬六千一百五十二兩四錢五分零。前項銅、鉛内照例折耗，又加補串繩錢，除給過工料外，又節省彌補共得餉錢一千三百一十六萬三千三百四十一文等情。查前項（寶）〔實〕得餉錢，每千文准銀一兩，值銀一萬三千一百六十三兩三錢零。内除春夏二季錢文搭放雍正八年冬季兵餉，又秋冬二季錢文搭放雍正九年春夏二季兵餉，共扣出錢本銀一萬二千九百一十四兩五錢零，現貯在庫尚餘錢二十四萬八千八百三文，現存錢局。俟易出銀兩另報。其不敷原動地丁收買銅鉛價銀二千九百八十九兩一錢一分零，仍應歸於逐年地丁項下銷筭。所有雍正八年春夏秋冬用過銅、鉛，鼓鑄錢文搭放兵餉扣出錢本歸還庫項造册詳賫。』等因前來，臣覆查無異。除册送部外，相應具題，謹會題請旨。」雍正九年八月初四日題。本月三十日奉旨：「該部察核具奏。」

《雍正朝内閣六科史書・户科・大學士管户部尚書事張廷玉題核查江蘇鼓鑄錢文用過銅器工料及支給工薪等銀數目本》 户部等部經筵講官少保兼太子太保保和殿大學士仍管吏部户部尚書事臣張廷玉等謹題爲遵旨行文事：「蘇州巡撫今署理江南總督印務尹繼善題，前事雍正九年六月二十九日題，七月二十一日奉旨：『該部察核具奏。』該臣等會查得蘇州巡撫（金）〔今〕署理江南總督印務尹繼善鼓鑄錢文用過銅器、工料、搭放兵餉錢文併支給薪水工食等項，以及修建錢局爐房用過銀兩數目，造册具題前來。

一册開：『收買銅器，至雍正八年冬季，共收生、熟銅一百一十九萬六千六百三十二斤零。自雍正八年七月二十五日開鑄起，至十二月二十四日共鑄錢十卯，用銅二萬八千八百斤，共用生、熟銅二十八萬八千斤，共該銅本銀三萬一千八十五兩八錢五分六厘，照例每百斤折耗九斤，共折耗銅二萬五千九百二十斤，淨銅二十六萬二千八十斤。每錢一文，重一錢四分，共鑄錢二萬九千九百五十二串文，加補串繩錢四十三串二百文，二共錢二萬九千九百九十五串二百文。每鑄銅百斤，原題給工料錢一千五百一十五文，今每日需用收拾剉刀人工併鐵木等器具，從前未經議及，確價，亦屬不敷，共鑄錢十卯，除六卯外，自第七卯起，每百斤加給工料錢一百二十五文，自七卯至十卯共應增錢一百三十二串四百八十文，合算每銅百斤，應給工料錢一千六百三十文，通共給工料錢四千四百九十五串六百八十文。合之寶泉局所需工料，尚爲節省。寔得餉錢二萬五千四百九十九串五百二十文，俱經解庫。每錢一串，值銀一兩，共值銀二萬五千四百九十九兩五錢二分，計不敷銅本銀五千五百八十六兩三錢三分六厘，請部核銷。』等語。查前項鑄出錢文用過銅器以及折耗數目，臣部核算與京局鼓鑄之例相符，應毋庸議。至所需工料錢文，先經該撫尹繼善題請，每銅百斤給工料錢一千五百一十五文，臣部議准在案。今該撫以需用收拾剉刀器具人工等項，原題未經議及確價，亦屬不敷，自第七卯起，每百斤加給工料錢一百一十五文，共應增錢一百三十二串四百八十文等語，應如所請。每鑄銅百斤於原題請給工料錢一千五百一十五文外，自第七卯起每卯准加工料錢一百一十五文，共給工料錢一串六百三十文，應准其於鑄出錢文内照數動給。其不敷銅本銀兩，俟收買銅器鑄錢完日，備造清册，送部查核。

一册開：『雍正八年秋冬二季共鑄餉錢二萬五千四百九十九串五百二十文，除於本年十一月十二月一成搭放各營兵餉錢一萬五百一十六串二百六十五文外，寔存餉錢一萬四千九百八十三串二百五十五文，俟雍正九年搭放兵餉之日另行造報部。』等語。應令該署撫喬世臣將前項搭放兵餉錢文易出銀兩，照數歸還。收買銅器，原動欵項其寔存錢文，於雍正九年應給兵餉銀内均匀搭放，造入季報册内，送部查核。

一册開：『局内員役人夫薪水工食併應用心紅紙張等項，每月共支銀三十兩六錢。雍正八年秋冬二季鑄錢十卯，共計五個月應支銀一百五十三兩。又應用天平器具等項，共需銀一十三兩三錢三分。俱於司庫存公銀内照數給發。』等語。查錢局官役人夫薪水工食併應用心經紙張等項銀兩，先經該撫題請，臣部議准給發在案，應得前項需用銀一百六十六兩三錢三分，於存公銀内准其照數動給。

一册開：『修理錢局爐房，需用物料、工價等項，共銀八百二十六兩六錢九分八厘零。』等語。查册開修建錢局爐房，並未將簷高、面闊、進深丈尺逐一開載；砌築墻垣亦未能頂寛、根闊詳細分晰；至所用木料、磚瓦、灰斤等項，既無長徑、寛厚、尺寸、斤兩數目；一應匠夫，只據載有總數，並不按料計工；均難查核，未便准銷。應令該撫另造細册，送部查核。

一册開：『寔存生、熟銅九十萬八千六百三十二斤零，現在按卯鼓鑄。』等語。應令該署撫喬世臣轉飭監鑄之員，將前項存貯銅器照數收存，按卯給發鼓鑄。仍將用過數目，造入該年鼓鑄奏銷册内送部查核可也。臣等未敢〔擅〕便，謹題請旨。」雍正九年十一月十九日題。本月二十五日奉旨：「依議。」

《雍正朝内閣六科史書・户科・大學士管户部尚書事張廷玉等題爲查覈湖南鼓鑄錢文用過銅鉛及給過工料等項數目本》 經筵講官少保兼太子太保保和殿大學士仍管吏部户部尚書事臣張廷玉等謹題爲頒發樣錢事：「湖南巡撫趙弘恩題，前事雍正九年八月初四日題，本月三十日奉旨：『該部察核具奏。』該臣等查得湖南巡撫趙弘恩疏稱，湖南鼓鑄錢文一案，據布政使張璨詳稱：『自雍正八年三月初二日開鑄起，至年底共用過生銅一萬四千五百斤，熟銅一十一萬二千八百三十三斤零，白鉛一萬九千六百六十六斤零，共銅、鉛價銀一萬六千一百五十二兩四錢五分六厘零。前項銅、鉛除照例折耗外，共鑄錢一萬五千二百八十八串文，又補串繩錢二十二串五十文，通共錢一萬五千三百一十串零五十文。內除給工料錢二千三百九十五串五百十二文，內核減工料錢二百四十八串八百零三文，共净錢一萬三千一百六十三串三百四十一文。內搭放雍正八年冬季兵餉錢五千一百八十三串三百八十六文，又放雍正九年春夏二季餉錢七千七百三十一串一百五十二文，共易出銀一萬二千九百一十四兩五錢三分零，現存在庫尚餘錢二百四十八串八百三文。俟搭放兵餉易出銀兩另報，共不敷銅本銀二千九百八十九兩一錢一分五厘零，應歸逐年地丁項下銷筭。』等情。臣覆查無異，會同湖北督臣邁柱合詞具題等因前來。查湖南雍正八年鼓鑄錢文需用銅、鉛併折耗數目以及給過工料等項，臣部按册核筭，俱與從前題定之數相符，應毋庸議。至搭放兵餉易出銀一萬二千九百一十四兩五錢三分八厘，應令該撫趙弘恩照數收貯司庫，歸還從前收買銅器原動欵項。仍將歸還數目，報部查核。再查收買銅器應給價值銀兩，從前原係按年陸續動給，今不敷銅本銀二千九百八十九兩一錢一分五厘，該撫既稱應歸逐年地丁項下銷筭等語，應將前項不敷銅本銀兩准其歸入逐年地丁項下銷筭。尚存錢二百四十八串八百零三文，應彙入續鑄錢文內，均勻搭放兵餉。仍將易出銀兩數目報部，歸還原欵可也。臣等未敢擅便，謹題請旨。」雍正九年十二月初一日題。本月初三日奉旨：「依議。」

《雍正朝內閣六科史書・户科・雲南巡撫張允隨題爲覆查雍正六年鼓鑄錢文所需工料銅鉛用過銀兩及息銀數目本》 巡撫雲南兼建昌畢節等處地方贊理軍務兼督川貴兵餉都察院右副都御史加四級紀録六次駐劄雲南府臣張允隨謹題爲遵旨敬陳鼓鑄等事：「該臣看得滇省雍正六年分鼓鑄錢文，所需工料、銅、鉛，用過銀兩，所獲息錢數目，經陞任撫臣沈廷正查核具題接准，部覆行查，當即檄行查造并屢催去後，茲據布政使葛森詳准糧儲道黃士傑移稱：『奉部行查新收項下支領銀一萬二千六百九十八兩一分，查此領過工本銀兩，係雍正四年鑄出錢文內，發運廣西省易回銀二萬兩內動支。又奉查發運錢文脚價動支節省銀兩造册題銷，查運過廣西省錢五萬串，易回銀五萬兩，又運四川省錢四萬串，易回銀四萬兩，俱經解交司庫，其所需脚價造册移送。又奉查存局銀錢二十三萬三千六百二十六兩零，除存留鼓鑄工本，如有餘存，解交司庫歸還原借工本，查存局銀兩已經採買節年外耗銅鉛并雍正七年分應鑄銅鉛，至于存局錢文，業已搭同雍正七年分放剩錢文，發運四川省錢三萬串，廣西省錢六萬二千串，廣東省錢三萬串，俟易銀回日還庫外，通共只存局正額息錢并帶鑄外耗工本錢五萬六千七百四十七串七百四十文存俟搭放兵餉。又奉查雍正六年分有無外耗銅、鉛給發本工以及鑄出錢文數目，查節年外耗銅鉛，係于存局工本銀內通融給發，所有雍正元年十二月二十日開鑄起，至雍正六年十二月底，止鑄出外耗錢文，分晰造册移司，本司覆查，發運四川省錢四萬串，易銀四萬兩，已于詳籌錢法等事案內歸還原欵，咨明內部，再此四萬兩并運廣西錢五萬串，易銀五萬兩，俱于雍正七年地丁收支册內造報，至六年分預借工本銀四萬兩，業經收歸司庫正欵項下，所有移送清册，詳請查核具題。』等情前來，臣覆查無異，除册送部查核外，臣謹會題請旨。」雍正九年十月十六日題。十二月初四日奉旨：「該部察核具奏。」

《雍正朝內閣六科史書・户科・雲南巡撫張允隨題爲核查糧儲道黃士傑管理銅廠錢局務任內辦過銅斤等銀數目本》 巡撫雲南兼建昌畢節等處地方贊理軍務兼督川貴兵餉都察院右副都御史加四級紀録六次駐劄雲南府臣張允隨謹題爲題明事：「該臣看得滇省銅廠錢局事務，例應按年奏銷。今雍正八年，緣糧儲道黃士傑染患瘡疾，將銅廠錢局事務暫委陞任驛鹽道馮光裕管理，後因黃士傑瘡疾已愈，馮光裕又經題陞按察司，將銅廠錢局事務，仍詳歸糧道黃士傑管理，因交代未清，難以依限奏銷，當經據詳具題，展限在案。茲據布政使葛森詳准，糧儲道黃士傑移稱：『雍正八年，自正月起至五月初十日止，乃糧儲道黃士傑經管，其自五月十一日起，至歲底止，乃按察司馮光裕于驛鹽道任內接管，通共辦獲新舊例各廠共銅一百二十九萬三千四百八十八斤半，內被烏蒙東川猓賊作叛搶失丹普等廠銅斤并工本銀兩，已于報明事案內，經督臣鄂爾泰審明具題在案外，寔共辦獲銅一百二十一萬七千四百四十斤半，內有金釵坡廠銅斤共除去耗銅一十四萬一千一百八十八斤外，寔獲净銅一百零七萬六千二百五十二斤半，每百斤九兩二錢，共變價銀九萬九千一十五兩二錢三分。內除銅本、運脚、廠費、廠欠、全年額課供鑄正額銅斤、人工、炭火等費外，寔約獲息銀一萬五十五兩六錢九分四厘。又糧道奉文發運永寧銅斤，按察司馮光裕接管共發過銅一百一十九萬五千八百零四斤半，共變獲銀一十五萬三千五百七十三兩七錢六分九厘。內除原本以及水陸運脚等項外，約可獲餘銀一萬六千四百五十三兩三錢零。又抽獲各廠課白銅並顔色青碌變價約共銀三千七百九十七兩九錢零，連前辦獲銅斤餘息並發賣銅斤餘銀，共寔約餘銀三萬三百六兩九錢八分零，應俟銅斤變價完日，一併起解。再查雍正八年分，止辦獲銅一百二十餘萬斤，緣因該年春季湯丹等廠忽遇火災，夏季又因雨水過多，至九月内烏賊作叛，將丹普等廠搶散，以致辦銅短少，相應分晰造册，移請轉詳核題。』前來。臣覆核無異，除册分送部科查核外，相應會題請旨。」雍正九年十月十九日題。十二月初五日奉旨：「該部察核具奏。」

《雍正朝内閣六科史書・户科・雲南巡撫張允隨題爲核查糧儲道黄士傑管理銅廠錢局任内鑄出錢文及用過工本銀本》 巡撫雲南兼建昌畢節等處地方贊理軍務兼督川貴兵餉都察院右副都御史加四級紀録六次駐劄雲南府臣張允隨謹題爲遵旨敬陳鼓鑄等事：「該臣看得滇省銅廠錢局事務，例應按年奏銷。前緣糧儲道黄士傑染患瘡病，暫委陞任驛鹽道馮光裕管理，後因黄士傑瘡疾已逾，馮光裕又經題陞本省按察司，當將銅廠錢局事務，仍詳歸糧道黄士傑管理，因交代未清，難以依限奏銷，當經據詳具題展限在案。兹據布政司葛森詳准，糧儲道黄士傑移准，按察使馮光裕移交滇省鼓鑄：『雍正八年分舊管存局正額帶鑄、外耗本息共錢五萬六千七百四十七串七百四十文，存局工本銀一十三萬二千九兩五錢零。新收自雍正元年十二月二十日開鑄起，至雍正六年十二月底止，外耗工本共錢四萬九千八百五串三百一十六文。支領工本銀四萬七千一十八兩六錢零，舊管新收共工本銀一十七萬九千二十八兩一錢三分零。省臨二局共鑄銅、鉛除折耗外，鑄出錢一十三萬四千七百八十四串文，舊管新收共錢二十四萬一千三百三十七串五十六文。開除自雍正元年十二月二十日開鑄起，至雍正六年十二月底止，共採買外耗銅、鉛動支節年留存工本銀四萬九千八百五兩三錢零，搭放兵餉、驛站等錢外，寔存錢九萬五千六百一十五串六百七十二文。又詳籌錢法等事案内，帶鑄錢共鑄銅、鉛除折耗外，鑄出錢一萬三千四百七十八串四百文，内除息錢三千七百六串五百六十文作發運制錢脚價另册報銷，寔鑄出工本錢九千七百七十一串八百四十文，放給爐夘物料錢八百零三串五百二十文，存錢八千九百六十八串三百二十文。又詳請雍正六年鼓鑄工本銀兩事案内准鑄外耗錢文，共鑄銅、鉛鑄出錢一萬三千三百三十串二百八十六文，内除息錢五千二百五十八串七百九十八文作局内官役養廉工食另册報銷，存局工本錢八千七十一串四百八十八文。以上通共存正額息錢、帶鑄、外耗工本錢一十一萬二千六百五十五串四百八十文，内正額息錢五萬四千六百一十七串五百四十八文，帶鑄工本錢八千九百六十八串三百二十文，外耗工本錢四萬九千六十九串六百一十二文，存局工本銀一萬七千三百一十五兩八錢零。再詳籌錢法等事案内，節省倭鉛銀五千一百八十四兩，作運錢脚價，另册報銷，造具清册，轉請查核。』具題前來，臣覆核無異，除册送部查核外，相應會題請旨。」雍正九年十月十九日題。十二月初五日奉旨：「該部察核具奏。這本貼黄内『愈』字訛寫『逾』字不合，著飭行。」

《雍正朝内閣六科史書・户科・貴州巡撫張廣泗題請於司庫捐納正項銀内動撥委員赴滇買銅斤鼓鑄錢文搭放兵餉本》 巡撫貴州兼理湖北川東等處地方提督軍務都察院右僉都御史加六級紀録一次駐劄貴陽府臣張廣泗謹題爲遵旨查奏事：「該臣看得黔省寶黔局開設鼓鑄一案，所需工本使費借動帑項，并分別成數搭放兵餉、俸工養廉一切應行事宜，先據署布政司事糧驛道王廷琬議詳，業經督臣鄂爾泰會疏題明并飭令知照在案。今據布政使常安詳稱：『按現在錢局安設十爐需銅計筭，歲需再買滇銅二十五萬一千三百一十四斤始敷供鑄。今議以一年三次分買，每次買銅八萬三千七百七十一斤零，照滇省運來威寧定價，每百斤價銀九兩八錢，該銀八千二百九兩五錢九分零。目今在局之銅，僅供九月内之用，購買刻不可緩，但從前借動正項銀四萬六千兩，業已建造爐房、爐座，置備器具物料並三次購買滇銅支用無存，其鑄出錢又原議搭放俸餉養廉工食易銀歸欵，今據畢節縣陸續運交司庫錢一萬一千六百八十六串，除各官請領養廉工食搭過錢四千五百七十七串零，扣出錢價銀四千五百七十七兩零，其存司庫餘錢及在局未解錢文因未准部覆，尚未搭放兵餉，則今需買滇銅價銀，應請仍於捐納正項再動銀八千二百九兩五錢九分零，委員領賫赴滇買銅八萬三千七百七十一斤零，再動銀五千兩，以三千兩，發交威寧州，收買本省各廠銅斤運局接濟，以二千兩發交畢節縣，俾作運錢來省脚價，庶鼓鑄不致遲悮。俟准部覆，即將錢文搭放兵餉，扣除錢價先歸還今借之一萬三千二百九兩五錢九分零外，再歸前動支銀四萬六千兩。』等情詳請題明前來。臣覆查無異，相應會題，伏乞皇上睿鑒。勅部議覆施行，謹題請旨。」雍正十年正月二十二日題。二月二十六日奉旨：「該部議奏。」

《雍正朝内閣六科史書・户科・貴州巡撫張廣泗題爲詳請封禁畢節縣屬大鷄鉛廠本》 巡撫貴州兼理湖北川東等處地方提督軍務都察院右僉都御史加六級紀録一次駐劄貴陽府臣張廣泗謹題爲詳請封閉鉛廠事：「該臣看得畢節縣屬

大鶏鉛廠，前據司道會詳，因洞老山空，礦沙無出緣由，臣隨批令委員確查具結詳報去後，今據布政使常安糧驛道王廷琬會詳，據大定府陳悳榮行委署平遠州蘇松前往查勘，實係洞老山空，礦沙無出，爐民採辦艱難，委無裨益，於雍正九年六月底停爐。訖出具不致容隱印結，由司道會核詳報前來。臣查開採礦廠，原期裕課利民。今大鶏一廠既因開挖已久，礦沙無出，爐民採辦艱難，業俱他往，無裨課項。據委員勘明，出具印結詳齎，經臣覆核無異，除批飭嚴行封禁，暨將印結送部外，臣謹會題，伏乞皇上睿鑒，勅部核覆施行，謹題請旨。」雍正十年二月初十日題。三月十七日奉旨：「該部議奏。」

《雍正朝内閣六科史書・户科・貴州巡撫張廣泗題爲詳請禁封大定府屬大興鉛廠本》 巡撫貴州兼理湖北川東等處地方提督軍務都察院右僉都御史加六級紀録一次駐劄貴陽府臣張廣泗謹題爲詳請封閉鉛廠事：「該臣看得大定府屬之大興鉛廠，前據司道會詳，礦沙衰微，爐座停歇緣由，臣隨批令委員確查具結詳報去後，今據布政使常安糧驛道王廷琬會詳，據大定府陳悳榮行委署平遠州蘇松查勘，該廠實係礦沙無出，採辦維艱，廠民業已他往，於雍正九年六月底即已停爐並無虛飾，出具不致捏報容隱印結，由司道會核詳報前來，臣查開採礦廠，原期裕課利民，今大興一廠既已礦沙衰微，無裨課項。據委員勘明，出具印結詳齎。經臣覆核無異，除批飭嚴行封禁，暨將印結送部外，臣謹會題，伏乞皇上睿鑒，勅部核覆施行，謹題請旨。」雍正十年二月初十日題。三月十七日奉旨：「該部議奏。」

《雍正朝内閣六科史書・户科・湖南巡撫趙弘恩題爲查覈寶南局雍正九年分鼓鑄錢文數目本》 駐劄長沙府城巡撫湖南等處地方提督軍務兼理糧餉都察院右副都御史加二級降二級從寬留任臣趙弘恩謹題爲頒發樣錢事：「該臣看得湖南寶南局鼓鑄錢文，原准部咨，所需工料等項，於年底造報等因，行據駐劄長沙府城湖南布政使張璨詳准，總理錢局岳常澧道孫元移稱：『寶南局自雍正九年正月初六日開爐鼓鑄起，至九月十九日停爐，共用過銅鉛一十二萬四千六百六十二斤一兩六錢零，除不給價銅斤外，實給銅、鉛價銀一萬三千四百九十七兩二錢零，前項銅、鉛内照例折耗又加補串繩錢，除工料給發外，又節省彌補，共得餉錢一千一百一十五萬四千二百八十文，每千准銀一兩，值銀一萬一千一百五十四兩二錢零。實不敷收買銅鉛價銀二千三百四十二兩九錢零。遵照部文在於逐年地丁項下開銷外，又雍正八年鼓鑄錢文奏銷案内未經搭放兵餉餘剩錢二十四萬八千八百三文，合前項雍正九年分通共鼓鑄錢一千一百四十萬三千八十三文，内一百萬文係衡永郴道許登瀛將欽工銀一千兩兑换支給修建舵桿洲工匠之用，餘錢一千四十萬三千八十三文，搭放雍正九年秋冬二季兵餉共扣出錢本銀一萬一千四百三兩八分零，現貯在庫。』等因造册前來。臣覆查無異，除册送部外，相應具題，謹會題請旨。」雍正十年五月初九日題。閏五月初三日奉旨：「該部察核具奏。」

《雍正朝内閣六科史書・户科・盛京工部侍郎對琳題請再撥熟鐵價銀採買貯庫備用並用過熟鐵細數造册送部本》 盛京工部侍郎加三級臣對琳謹題爲題銷熟鐵事：該臣查得雍正八年十一月内，原任侍郎晨福壽題銷熟鐵案内，實在存庫熟鐵三千五百六十七斤九兩四錢九分，爲數不多。題請熟鐵三萬斤，尚存荒鐵五萬六千五百零五斤無庸補領等因具題，經部議覆，將用過熟鐵案内，核減四百九十二斤七兩七錢二分。題請熟鐵三萬斤發給價值銀一千一百四十兩採買備用等因在案。臣查前項存庫并核減採買熟鐵共三萬四千零六十斤一兩二錢一分，自雍正八年十一月初一日起，至雍正十年閏五月初四日，供應三陵及各處并黑龍江寧古塔等處修理船隻，共用過熟鐵二萬一千四百八十五斤九兩三錢八分，餘剩熟鐵一萬二千五百七十四斤七兩八錢三分，爲數不多，倘有多用之處，一時難以採買，相應題請熟鐵四萬斤，每斤定價銀三分八厘，共計銀一千五百二十兩。臣部差六品官李秉桂從部領回，照數採買，貯庫備用。應將用過熟鐵細數造具清册送部查核，其存庫荒鐵五萬六千五百零五斤，内用過荒鐵三十斤，仍存庫荒鐵五萬六千四百七十五斤。合并陳明，伏乞皇上勅部議覆施行。臣等未敢擅便，謹題請旨。」雍正十年閏五月初七日題。本月二十八日奉旨：「該部議奏。」

《雍正朝内閣六科史書・户科・大學士管户部尚書事張廷玉題查覈江西收買銅器鼓鑄錢文用過工料銀及鑄錢數目本》 經筵講官少保兼太子太保保和殿大學士仍管吏部户部尚書事臣張廷玉等謹題爲欽奉上諭事：「江西巡撫謝旻題，前事雍正十年三月二十八日題，四月二十日奉旨：『該部察核具奏。』該臣等查得江西巡撫謝旻疏稱，江西省收買銅器鼓鑄錢文一案，自雍正九年正月起至歲底，鑄出錢文，用過銅本工料銀兩。據布政使李蘭詳稱准總理鑄務驛鹽道副使魏錫祚册開共用銅本銀四千五十八兩四錢三分一厘零，物料工食銀四百九十七兩六錢六厘零。生熟銅三萬六千斤，内除折耗銅三千二百四十斤外，實净銅三萬二千七百六十斤。鑄過錢三百七十四萬四千文，又淘鑄渣沫錢九萬六千文，俱已解貯司庫。又連前雍正八年存錢一百三十六萬二千文，共錢五百二十萬二千文。内搭放兵餉錢三百五十八萬六千文，易出銀三千五百八十六兩歸還原欵外，尚存錢一百六十一萬六千文，現在搭放兵餉。其雍正八年存銀三百七十七兩一錢七分六厘零，併續領司庫銀八百兩，（共銀八百兩）共銀一千一百七十七兩一錢七分六厘零。内除動用前項物料工食等項銀四百九十七兩六錢六厘零，尚餘銀六百七十九兩五錢七分存，俟動用之日另報。等因。臣覆核無異。再用過銅本銀兩已於收買銅器案内請銷在案。謹會同署理江南總督臣尹繼善合詞具題等因前來。查江西鼓鑄錢文，自雍正九年正月起至歲底，共用生熟銅三萬六千斤，内除每百斤折耗九斤外，實净銅三萬二千七百六十斤，鑄出錢三千七百四十四串文，每文以一錢四分核算，與京局鼓鑄之例相符，其所需銅本銀四千五十八兩四錢三分一厘零，已據該撫謝旻於收買銅器案内題銷在案。前項鑄出錢文并淘鑄渣沫等錢，以及雍正八年搭放存錢，三共五千二百二串文，内搭放兵餉錢三千五百八十六串文，易出銀三千五百八十六兩歸還收買銅器原動工本，所有實存錢一千六百一十六串文，照數搭放兵餉。仍將歸還欵項，報部查核。至續領司庫銀八百兩，并雍正八年支存銀三百七十七兩一錢七分六厘零，二共銀一千一百七十七兩一錢七分六厘零，内給過工料銀四百九十七兩六錢六厘零，尚存銀六百七十九兩五錢七分。應令該撫謝旻，俟動用之日報部查核。仍將用過銀錢數目，照例造入雍正十年鼓鑄奏銷册内，送部查核可也。臣等未敢擅便，謹題請旨。」雍正十年閏五月二十八日題。本月三十日奉旨：「依議。」

《雍正朝内閣六科史書・户科・雲南巡撫張允隨題爲查覈滇省雍正九年鼓鑄錢文所需工料銅鉛等項用過銀兩本》 巡撫雲南兼建昌畢節等處地方贊理軍務兼督川貴兵餉都察院右副都御史加四級紀録六次駐劄雲南府臣張允隨謹題爲遵旨敬陳鼓鑄等事：「該臣看得滇省奉文鼓鑄錢文所需工料銅鉛等項，准部咨，令將各項需用銀兩，統於年底奏銷。除雍正八年分鼓鑄錢文，業經奏銷在案。今據布政使葛森詳准，糧儲道黄士傑移稱：『滇省鼓鑄，雍正九年分舊管存局正額帶鑄外耗本息共錢一十一萬二千六百五十五串四百八十文，存局工本銀七萬五千四百四十九兩零，新收支領工本銀五萬三千七百七十二兩零，舊管新收工本共銀一十二萬九千二百二十二兩零。省臨二局共鑄銅、鉛除折耗外，實鑄銅、鉛一百一十七萬九千三百六十斤，共鑄出錢一十三萬四千七百八十四串，舊管新收共錢二十七萬七千四百三十九串四百八十文。開除搭放兵餉驛站等項外，實存錢一十萬四千四十九串零四文。又詳籌錢法等事案内，帶鑄錢文共鑄銅、鉛，除折耗外，實鑄銅鉛一十一萬七千九百三十六斤，共鑄出錢一萬三千四百七十八串四百文。内除息錢三千七百六串五百六十文作發運制錢脚價，另册報銷外，實鑄出工本錢九千七百七十一串八百四十文。放給爐卯物料錢八百三串五百二十文，存局錢八千九百六十八串三百二十文。又詳請雍正六年鼓鑄工本銀兩事案内准鑄外耗錢文，共鑄銅、鉛一十一萬六千六百四十斤，鑄出錢一萬三千三百三十串二百八十六文。内除息錢五千二百五十八串七百九十八文作局内官役養廉、工食等項之用另册報銷，實存局工本錢八千七十一串四百八十八文。以上通共存正額息錢，帶鑄、外耗工本錢一十二萬一千八十八串八百一十二文。内正額息錢七萬九百四十七串一百四十八文，帶鑄工本錢一萬七千九百三十六串六百四十文，外耗工本錢三萬二千二百五串二十四文。存局工本銀一萬七千三百一十五兩八錢一分零，再節省倭鉛銀五千一百八十四兩作運錢脚價。又鑄出外耗息錢五千二百五十八串七百九十八文，作局内官役養廉、工食各項，另册報銷，造具清册，轉請查核。』具題前來，臣覆核無異。除册送部查核外，相應會題請旨。」雍正十年五月二十九日題。六月十三日奉旨：「該部察核具奏。」

《雍正朝内閣六科史書・户科・大學士管户部尚書事張廷玉等題議廣東省雍正九年收買銅器價銀應准支給本》 經筵講官少保兼太子太保保和殿大學士仍管吏部户部尚書事臣張廷玉等謹題爲欽奉上諭事：「廣東巡撫今署理廣東總督印務鄂彌達題，前事雍正十年四月初六日題，五月十四日奉旨：『該部察核具奏。』該臣等查得廣東巡撫今署理廣東總督印務鄂彌達疏稱，收買黄銅器皿一案，據布政使楊永斌詳稱，雍正九年分收貯黄銅器皿，除南海、順德二縣拿獲胡明彩等銅器、銅條、銅片、烟斗共二百三十三斤零不給價外，實收買銅器二千六百六十八斤零，内扣净紅銅一千二百九十六斤零，净鉛一千三百七十二斤零。支過價銀二百六十九兩八錢九分九厘零。自雍正六年起至九年底，共收銅器七萬九千七百五十二斤零，實支雍正六年地丁銀八千六十九兩二錢六厘零，造册呈詳。臣覆核無異，臣謹具題等因前來。查粤東收買銅器，自雍正六年至八年底，共收生、熟銅器七萬六千八百五十斤零，共給價銀七千七百九十九兩三錢七厘零，已經該撫造册題銷，臣部覆准在案。今雍正九年收買銅器，除拿獲私藏銅器二百三十三斤零不給價外，共收買黄銅器皿二千六百六十八斤零，内扣净紅銅一千二百九十六斤零，净鉛一千三百七十二斤零，共支過價銀二千六十九兩八錢九分九厘零，連前共收銅七萬九千七百五十二斤零，共給過價銀八千六十九兩二錢六厘零。臣部照依册内所開鉛、銅價值合筭，數目相符，應准支給。其續收銅器，仍令該撫鄂彌達照例按季造報，歲底具題可也。臣等未敢擅便，謹題請旨。」雍正十年六月二十日題。本月二十二日奉旨：「依議。」

《雍正朝内閣六科史書・户科・大學士管户部尚書事張廷玉等題議湖北省收買銅器價銀應准支給等事本》經筵講官少保兼太子太保保和殿大學士仍管吏部户部尚書事臣張廷玉等謹題爲欽奉上諭事：湖北巡撫王士俊題，前事雍正十年四月十六日題，五月初九日奉旨：「該部察核具奏。」該臣等查得湖北巡撫王士俊疏稱，湖北收買銅器鼓鑄一案。據布政使徐本詳稱，自雍正五年至九年夏季，共發庫銀二萬八千八百六十四兩二錢七分零，共收生、熟銅二十萬七千四百三十六斤零，共給價銀一萬九千七百七十二兩五錢零。共鑄銅、鉛一十九萬二千一百八十八斤零，内生銅一萬九千五百九十斤，熟銅一十七萬一千五百八斤零，共該銅本銀一萬八千二百三十三兩八錢八分一厘，鉛一千九十斤，該鉛本銀四十九兩五分，共該銅、鉛工本銀一萬八千二百八十二兩九錢三分零。共鑄出錢二萬一百五十串九百四十八文零，内除給工料錢二千二百三十一串二十二文零外，實得净錢一萬七千九百一十九串九百二十五文零。又補牌串等錢七十六千四十八文，二共錢一萬七千九百九十五串九百七十三文，共值銀一萬七千九百九十五兩九錢七分三厘，除抵還銅、鉛本銀外，實不敷本銀二百八十六兩九錢五分零，應於存公耗羡銀内動支歸補。再收買銅器實存銀九千九十一兩七錢七分四厘零，存局生、熟銅一萬六千三百三十八斤零，俟各州縣將銅斤解足再行開鑄。又各屬所解銅器内有荆州將軍原解生熟銅一萬一千七十二斤零，發給銀一千一百一十五兩七錢九分零，將銅發交漢陽縣收貯，今已解局生銅四百八十五斤零，餘銅俟該縣起解到局，另册報銷等情。臣覆核無異，會同督臣邁柱合詞具題等因前來。查湖北收買銅器，自雍正五年起至九年夏季，共收生熟銅二十萬七千四百三十六斤零，共給價銀一萬九千七百七十二兩五錢五厘零，臣部照依生、熟價值按册核筭，數目相符，應准支給。至鼓鑄案内共需銅、鉛一十九萬二千一百八十八斤零，該工本銀一萬八千二百八十二兩九錢三分一厘零，核筭與從前所定銅鉛價值相符。共鑄出錢二萬一百五十串九百四十八文零，内除應給工料錢二千二百三十一串二十二文零外，連補牌串等錢共得净錢一萬七千九百九十五串九百七十三文，值銀一萬七千九百九十五兩九錢七分三厘，除還本銀外不敷銀二百八十六兩九錢五分零，該撫王士俊既稱於存公耗羡餘銀内動支歸補等語，應毋庸議。再原領庫銀二萬八千八百六十四兩二錢七分零，除給發銅價外尚存銀九千九十一兩七錢七分四厘零，應令該撫王士俊轉飭各屬，上緊收買，據實報銷。其所收銅器共二十萬七千四百三十六斤零，除給發鼓鑄外實存局銅一萬六千三百三十八斤零，照數收貯局庫，彙同續收數目，按季造册送部查核，仍俟銅器收足之日，再行開鑄。所有漢陽縣存貯荆州將軍原解銅器，即令照數解局，報部核銷可也。臣等未敢擅便，謹題請旨。」雍正十年六月二十日題。本月二十二日奉旨：「依議。」

《雍正朝内閣六科史書・户科・護理貴州巡撫印務常安題爲懇請題明開採大定府威寧州屬銅廠以供鼓鑄本》護理貴州巡撫印務布政使司布政使加二級駐劄桂陽府臣常安謹題爲懇請題明開採銅廠以供鼓鑄以利民生事：「該臣看得大定府威寧州屬格得、八地二廠，産有銅礦，前廠民張國相、廖拔士等呈請開採，經前司鄂彌達詳，奉陞任撫臣張廣泗批，委原威寧府令改大定府經歷沈士魁管理，開採抽課以供鼓鑄。嗣因礦洞散漫，復委南籠、威寧二州查勘，將攻採處編號收課。正採有成效，值烏逆悖叛，廠民驚散，該府、州等亦委辦軍需，迨軍務事竣，復招商開採。格得廠自雍正七年七月十六日開課起，至雍正十年二月十五日共抽課銅一萬二千九百五十八斤，每百斤定價八兩五錢，共得銀一千一百一兩四錢零，除開銷廠内官役盤費等項共銀八百八十二兩零外，實餘銀二百一十九兩三錢零。又八地廠自雍正七年十一月十六日開課起，至雍正八年八月烏逆悖叛，又自雍正九年七月初一日復招採起，至雍正十年二月十五日，共抽課銅二千八百八十三斤，每百斤定價八兩五錢，共銀二百四十五兩零。除開銷工伙等費共銀二百三十八兩外，實餘銀七兩零。查黔省鼓鑄需銅甚急，向有猓木果等銅廠稍資接濟，近因採挖年久，礦沙微薄，所獲銅斤供鑄不及十分之二，餘則購買滇銅湊用。今格得、八地二廠抽課無多，除收買餘銅供鑄，較赴滇購買實有節省，請將格得爲正廠，八地爲子廠，編連字號，奏銷時分晰造報。至抽課，猓木果廠之例，每百斤抽課銅十斤，餘銅每百斤照鼓鑄案内定價八兩，向商民收買運局，但八地廠既編立字號，前設客課書巡等役不敷應用，請照格得廠例設立，每月准銷銀二十六兩六錢，二廠共銀五十三兩二錢，於正課内支給。抽收課銅運局，於局中工（木）〔本〕内每百斤照猓木果廠以八兩五錢扣出銅價，解司候撥，統於年底造册報銷，以清欵項。今據布政使常安詳請題明，准其開採等情前來。臣覆查無異，相應會題。伏乞皇上睿鑒，勅部議覆施行，謹題請旨。」雍正十年閏五月十八日題。六月二十四日奉旨：「該部議奏。」

《雍正朝内閣六科史書·户科·署蘇州巡撫喬世臣題報寶蘇局鼓鑄錢文用過銅鉛工料俸工等項細數本》 署理蘇州巡撫印務通政使司右通政加三級臣喬世臣謹題爲遵旨行文事：「該臣看得寶蘇局鼓鑄錢文，原准部文，行令按季册報，歲底具題。除雍正八年七月二十五日開鑄起，至雍正八年十二月二十四日鑄過十卯錢文併動給工料等項先經題報，部覆令將修建爐房簷高、面濶、進深丈尺逐一開載，另造細册送核。存貯銅器照數收存，按卯給發鼓鑄，將用過數目造入該年鼓鑄奏銷册内送部等因。行據布政使白鍾山會同蘇松巡道副使王澄慧詳稱，寶蘇局自雍正八年十二月二十五日起，至雍正九年十二月二十四日共計鑄過二十四卯，共用生銅四十一萬二千八百斤，熟銅四十四萬七千三百六十斤，倭鉛一千一百五十二斤，白鉛二千六百八十八斤，共銅、鉛本銀九萬三千四百五十四兩一錢零。去耗銅、鉛七萬七千七百六十斤，净銅、鉛七十八萬六千二百四十斤，照依部頒様錢，鼓鑄出錢八萬九千八百五十六串，加補串繩錢一百二十九串六百，二共錢八萬九千九百八十五串六百文，内應給工料錢一萬四千八十二串二百文，實得餉錢七萬五千九百二串四百文，俱經解貯司庫，搭放兵餉。每錢一串值銀一兩，共值銀七萬五千九百二兩四錢，通計不敷銅本銀一萬七千五百五十一兩七錢零，遵照部文造報。至在局員役薪水工食，自雍正八年十二月二十五日起，至雍正九年十二月二十四日共支過銀三百六十七兩二錢。又原報修建爐房銀八百二十六兩六錢零，續添爐房銀二百二十二兩四錢零，俱於存公銀内動給，分晰造册。併將爐房簷高、面濶、進深丈尺，另造細册，呈詳前來。臣覆核無異，除册送部外，臣謹會題請旨。」雍正十年六月初十日題。七月初一日奉旨：「該部察核具奏。」

《雍正朝内閣六科史書·户科·護理貴州巡撫印務常安題爲詳請題明收買廠餘黑鉛獲有息銀留充買本事本》 護理貴州巡撫印務布政使司布政使加二級駐劄貴陽府臣常安謹題爲詳請題明收買廠餘黑鉛獲有息銀留充買本事：「該臣看得威寧州屬柞子等廠所出黑鉛，除抽課外，商民餘鉛先經陞任布政使鄂彌達、糧驛道楊永斌於收買鉛斤案内會議詳明，照白鉛之例，一體收買，於司庫捐納銀内動支銀九千二百七十九兩三錢八分零作收買工本，旋以此項黑鉛獲息甚少，行銷甚難，恐經題報不便，遽請停止，飭將前買黑鉛變解還欵充公等情詳奉陞任撫臣張廣泗批准在案。今據布政使常安詳稱，查自雍正七年九月起，至雍正十年三月底，據委管官平遠州吏目戴光祖、試用知縣高騰蛟、思南府經歷費殿臣，先後共買餘鉛二百六十九萬四千三十六斤零，每百斤一兩一二錢不等，共價銀二萬九千六百五十三兩八錢五分零。詳委按察司照磨吴英、貴陽府同知朱東啓領鉛五萬斤，分運永寧漢口試銷，共用脚費銀六百四十六兩四錢四分零，運往鉛斤賣價不等，共獲銀一千五百四十九兩六錢四分零，餘鉛二百六十四萬四千三十六斤零。因運銷甚難，止就廠銷售，每百斤一兩四五六錢不等，共賣銀三萬七千九百一十五兩四錢八分零。連運銷二共銀三萬九千四百六十五兩一錢二分零，内歸還司庫銀九千二百七十九兩三錢八分零，又除借廠課及賣鉛本息併脚費共銀二萬一千二十兩九錢一分零外，實獲餘息併節省平頭銀水秤頭等項共銀九千八百二十九兩一錢八分零，已解司庫銀九千三十六兩五錢二分零，俱作雍正八九兩年公用，尚存廠未解餘息等銀七百九十二兩六錢六分零，現在收買工本。此廠收售，雖經詳報批允，未曾題明，屢催費殿臣，未有册報，改委試用州同苑文彬將費殿臣等經手銀鉛造報，買售事務即委該員接管。查所買鉛斤，獲息無多，但事關收售，如馬鬃嶺、小洪關等廠，皆係題明遵行，應將存廠未解銀兩留作工本，其買售鉛斤價銀數目，按月造報，年底彙銷。賣獲銀兩，除還工本，仍留廠備作買價，另有餘息，解司充公，其自收買起，至本年三月底，收買及賣獲餘息數目另册報銷，將該廠買售借還工本，獲解餘息併以餘息留廠作本各數目，分晰詳報前來。臣覆查無異，相應會題。伏乞皇上睿鑒，勅部議覆施行，謹題請旨。」雍正十年閏五月二十六日題。七月初四日奉旨：「該部議奏。」

《雍正朝内閣六科史書·户科·廣西巡撫金鉷題報雍正九年分開採礦廠抽收各項税課銀數本》 巡撫廣西等處地方提督軍務兼都察院右副都御史駐劄桂林府革職留任臣金鉷謹題爲敬陳開採等事：「該臣看得粤西各屬出産銀、鉛、銅、錫等礦，經臣奏准部覆，召募本地殷實商人，自備資本，各認壠口開採，委員管理，抽收其所抽各項税課，例應按年奏報。查自雍正七年七月開採起，至雍正八年年底，抽收各項税課銀兩，經臣繕疏具題，接准部覆在案。兹據署布政司事按察使張鉞詳稱，雍正九年自正月起，至十二月底止，抽收過臨桂縣屬水槽、野鷄等廠銀課共銀七千八百六十兩四錢一分七厘零，又臨桂、義寧、宣化、恭城等處礦廠共收鉛課銀一千五百五十兩五錢六分一厘零，賀縣共收錫課銀五百二十九兩六錢八分，河池州共收錫課銀二十七兩四錢三分二厘零，南寧府果化土州共收雄黄課銀七十二兩九錢一分五厘零，俱已解司兑收訖。又太平府恩城土州硃砂課二百三十六斤九兩七錢六分，每斤約變銀三錢五分，共約變銀八十二兩八錢一分三厘五毫，現在飭催變價報解，以上雍正九年通共銀一萬六十九兩八錢二分六毫零，内已解司銀九千九百八十七兩七厘零，未變硃砂銀八十二兩八錢一分三厘五毫。又雍正八年分奏銷册報未變鉛銀六百五十四兩四錢五分三厘，未變雄磺銀四十兩，俱已解司兑收訖，以上雍正八、九兩年通共解收司庫銀一萬七千八百一十三兩三錢二分五毫零，内雍正八年分奏銷册報解司銀七千一百三十一兩八錢六分四毫零已經造入雍正十年春撥册内候撥外，實在雍正九年分併雍正八年奏銷册報未變已完共銀一萬六百八十一兩四錢六分一毫零，未變雍正八、九兩年硃砂共銀二百三兩三厘五毫等情，併分晰造册詳繳前來。臣覆核無異，除册分送部科外，臣謹會題。伏乞皇上睿鑒，勅部核覆施行，謹題請旨。」雍正十年閏五月二十九日題。七月初五日奉旨：「該部察核具奏。」

《雍正朝内閣六科史書·户科·大學士管户部尚書事張廷玉等題議湖南九年鑄錢不敷銅鉛價銀准其歸入地丁項下開銷本》　經筵講官少保兼太子太保保和殿大學士仍管吏部户部尚書事臣張廷玉等謹題爲頒發樣錢事：「湖南巡撫趙弘恩題，前事雍正十年五月初九日題，閏五月初三日奉旨：『該部察核具奏。』該臣等查得湖南巡撫趙弘恩疏稱，湖南鼓鑄錢文一案，據布政使張璨詳稱，自雍正九年正月初六日起，至九月十九日停爐止，共用過生銅八千五百三十二斤零，熟銅九萬八千一百九十六斤零，白鉛一萬七千九百三十二斤零。除不給價生、熟銅九百四十五斤零外，共價銀一萬三千四百九十七兩二錢零。前項銅、鉛除照例折耗外，共鑄錢一千二百九十八萬三千五百五十八文。内除給工料錢二百三萬一千四百九十三文，又核減工料錢二十萬二千二百一十六文，共净錢一千一百一十五萬四千二百八十文，值銀一萬一千一百五十四兩二錢八分零，實不敷銅、鉛價銀二千三百四十二兩九錢七分三厘零，在於逐年地丁項下開銷。又雍正八年餘剩錢二十四萬八千八百三文，通共錢一千一百四十萬三千八十三文，内支給修建舵桿洲工匠錢一百萬文，餘錢搭放雍正九年秋冬二季兵餉，二共易出銀一萬一千四百三兩八分三厘零，現貯在庫等情。臣覆查無異，會同湖北督臣邁柱合詞具題等因前來。查湖南雍正九年分鼓鑄錢文用過銅鉛折耗數目以及給過工料等項，臣部按册核算，俱與題定之數相符，應毋庸議。所有搭放兵餉等項易出銀一萬一千四百三兩八分三厘零，應令該撫趙弘恩照數收貯司庫，歸還從前原動欵項，報部查核。再查收買銅器應給價值銀兩，從前原係按年動給，今不敷銅、鉛價銀二千三百四十二兩九錢七分三厘零，該撫既稱在於逐年地丁項下開銷等語，應將前項不敷銅本銀兩，准其歸入逐年地丁項下開銷，仍將開銷數目報部查核可也。臣等未敢擅便，謹題請旨。」雍正十年七月初三日題。本月初五日奉旨：「依議。」

《雍正朝内閣六科史書·户科·大學士管户部尚書事張廷玉等題爲查議川省鼓鑄錢文及搭放兵餉事宜本》　經筵講官少保兼太子太保保和殿大學士仍管吏部户部尚書事臣張廷玉等謹題爲皇圖遠届聖治彌隆臣愚思効仰祈睿鑒事：「四川巡撫憲德題，前事雍正十年四月二十日題，五月十七日奉旨：『該部議奏。』該臣等查得四川巡撫憲德將川省鼓鑄錢文建造爐房併需用銅、鉛工料以及搭放兵餉數目逐一分晰，會同督臣黄廷桂合詞具題前來。

一疏稱川省從未開鑄，經前布政使戴鐸詳請咨查雲南錢局現行事宜，但事屬創始，若照雲南設爐座數，恐銅鉛一時不能接濟。今酌量開爐一十五座，每爐每日化銅、鉛一百斤，一年共可化銅、鉛五十一萬三千斤，内照部覆銅、鉛均配，除每百斤折耗九斤外，净銅、鉛四十六萬六千八百三十斤，每錢一文重一錢四分，共鑄錢五萬三千三百五十二串文等語。查川省鼓鑄錢文一案，該撫憲德既稱事屬創始，若照雲南設爐座數，恐銅鉛不能接濟等語。應如所請，准其設爐一十五座，其鼓鑄折耗併鑄錢文數目，臣部核算與京局之例相符，應毋庸議。仍令該撫轉飭監鑄人員，將所鑄錢文務須顔色黄亮、輪廓分明，如有缺邊漏風、分兩輕短等弊，即行查明題參。其鑄出錢文，照例按季造報，歲底具題。

一疏稱每爐一座需用各項器具銀四十一兩一錢九分，計爐一十五座，共該銀六百一十七兩八錢五分，應請先行發銀備辦，於鑄出錢文内分作四季扣除還項，嗣後如有損壞，即着爐頭添補，不給官價等語。查鼓鑄錢文，局内需用各項器具，例應動銀給辦。今該撫既經核明共需銀六百一十七兩八錢五分，應准其照數動銀備辦，仍於鑄出錢文内扣除還項，併將動銀欵項報部查核。

一疏稱每爐每日鑄銅鉛一百斤，照雲南例給工料錢一千八百二十文，計銅、鉛五十一萬三千斤，共該工料錢九千三百三十六串六百文。又雲南爐局每工匠一名每日捐給食米八合三勺，川省無從捐給，所有工匠共三百一十五名，應將每年共需食米九百二十五石五斗二升三合，請動正項錢糧，照兵米折價之例，每石價銀八錢五分，共銀七百八十六兩七錢三厘，按日支給，仍俟鑄出錢文之日陸續扣補還項等語。查鼓鑄錢文需用工料，各省時價貴賤不等。今該撫既請照滇省之例，每鑄銅、鉛百斤共需工料錢一千八百二十文。應如所請，准於鑄出錢文内照數給發。至每年工匠共需食米九百二十五石五斗二升三合，該撫雖稱無從捐給，請動正項錢糧按日折給等語，但查京外各省鼓鑄錢文，並無於應給工料之外另給食米之例，今川省所請匠役食米與例不符，不便准給。

一疏稱一年鑄錢五萬三千三百五十二串文，於同城滿漢兵餉等項銀八錢二搭放；離城營汛州縣，如近省者每銀百兩給銀八十五兩搭錢一十五串；稍遠者銀九錢一搭放；更遠者每銀百兩給銀九十五兩搭錢五串；其各官養廉亦照遠近分別搭支等語。應將川省每年鑄出錢文照該撫所議，於放給兵餉養廉銀内，分別遠近，酌量搭放。仍將放給錢文，易出銀兩，報部查核。

一疏稱建造錢局房屋於貢院西偏嚴密寬廠之處，現今一切人工、物料，委府、縣各員估計修造，另册登明。倘將來增添爐座，即於局内隙地添造等語。查川省鼓鑄錢局建造爐房需用工料等項銀兩，先經該撫造册咨報，臣部將原册移送工部料估在案，應俟工部核明議結之日報部核銷。至將來增添爐座，亦准於局内隙地添造，所需工料，照例造册，咨送工部核銷。

一疏稱迤北、興隆等廠，已各委員開採，所挖銅斤照例三次抽課，其餘紅銅，儘數交官，每百斤給價七兩，自廠運至省城，給脚價銀二兩，請於襍税銀内動支，俟鑄出錢文扣補還項等語。查川省開採迤北、興隆等八處礦廠，已經臣部奏請封禁，奉旨行文在案。其未經封閉之前各廠所獲銅斤需用脚價銀兩，應准於襍税銀内照數支給。仍令該撫俟鑄出錢文易出銀兩之日，照數扣還原項報部查核。

一疏稱永寧阿什廠出産白鉛，該地方已隸貴州，應請從貴州每年撥解鉛三十萬斤供川省鼓鑄之用等語。查川省鼓鑄錢文需用白鉛，先經該撫咨請於貴州每年撥解白鉛三十萬斤，運至永寧交川省委員接運供鑄，臣部恐滋彼此往返跋涉，已經行令川撫每年委員赴黔採買運供鼓鑄在案。應令該撫俟該委員採買鉛斤回日，將實在需用價脚銀兩數目，據實造册送部核銷。

一疏稱錢局事務，議委松茂道鄭其儲總理，夔州府知府周彬協辦，至散給工食查驗錢文、稽查匠役等項，遴選崇寧縣典史蔣國樑專司錢庫，慶符縣典史錢兆熊專司巡查等語。應如所請，松茂道鄭其儲、夔州府知府周彬，准其總理、協辦錢局事務；崇寧縣典史蔣國樑，准其專司錢庫；慶符縣典史錢兆熊，准其專司巡查。該撫轉飭各委員，務令實心辦理，局内匠役嚴加董率，其一切經手錢糧如有侵那虧缺，該撫憲德即行據實查明題參可也。臣等未敢擅便，謹題請旨。」雍正十年七月初九日題。本月十一日奉旨：「依議。」

《雍正朝内閣六科史書・户科・督理京省錢法户部右侍郎長有等題報寶泉局雍正九年各項銅鉛細數本》 督理京省錢法户部右侍郎正紅旗蒙古副都統仍兼理鑲藍旗滿洲副都統事務加二級臣長有等謹題爲按年奏報事：「該臣等查得寶泉局監督齊士齊等造册奏銷呈報前來，查雍正八年奏銷後原存庫銅五鉛五搭配銅一百四十九萬九千八百七十斤三兩六錢八分零，銅五五鉛四五搭配銅三十五萬二千六百一十四斤十一兩八分零，銅六鉛四搭配銅五萬七千九十三斤十二兩五錢一分零，銅六五鉛三五搭配銅二萬三千四百九十八斤四兩，鉛二十六萬九千四百二十九斤八兩八錢三分零，六成舊器皿黃銅一萬五千七百八十一斤，五成舊器皿黃銅二萬六千七百六十三斤十五兩，四成舊器皿黃銅一萬五千三百九十五斤八兩五錢，不計價鐵銅一千一百七十三斤一兩，不計價法馬銅一千一百五十斤。又實存局庫收買舊器皿黃銅銀八百兩五錢四分八厘七毫八絲五忽，新收銅五鉛五搭配銅二百二十九萬二百五十二斤三兩七錢七分一厘四毫五絲，銅五五鉛四五搭配銅一百三萬一千一百九十七斤四兩六錢五分，銅六鉛四搭配銅七十四萬七千十七斤十二兩四分六厘四毫，銅六五鉛三五搭配銅九萬八百五十七斤十三兩八錢三分八厘四毫，鉛三百九十二萬三千五百六十七斤五兩五錢四分六厘四毫。又收入官李綜等案内銅六鉛四搭配銅十五斤八兩，五成黃銅三百九十斤，四成黃銅十七斤三兩五錢。又零星收買黃銅器皿歸併得餘五成黃銅八千三百二十五斤。又收買八旗五城舊器皿黃銅，自雍正九年正月起至十二月底，共領過户部庫銀一萬三千兩。以上舊存新領共銀一萬三千八百兩五錢四分八厘七毫八絲五忽。收買五成舊器皿黃銅七萬五百八十八斤，每斤價銀一錢三厘七毫五絲，給發過價銀七千三百二十三兩五錢五厘；收買四成舊器皿黃銅二萬四百三十七斤十二兩，每斤價銀九分五厘五毫，給發過價銀一千九百五十一兩八錢五厘一毫二絲五忽；以上共收買過舊器皿黃銅九萬一千二十五斤十二兩，通共給發過價銀九千二百七十五兩三錢一分一毫二絲五忽。共鑄錢四十八卯，内三十卯用銅五鉛五搭配銅一百八十萬斤，鉛一百八十萬斤；十一卯用銅五五鉛四五搭配銅七十二萬六千斤，鉛五十九萬四千斤；六卯用銅六鉛四搭配銅四十三萬二千斤，鉛二十八萬八千斤；一卯用六成舊器皿黃銅一萬五千七百八十一斤，五成舊器皿黃銅八萬八千四百三十八斤，四成舊器皿黃銅一萬五千七百八十一斤。內除耗銅耗鉛外，共鑄每文一錢四分重錢五十九萬九千四十串文，內除爐匠四十七卯工料錢十一萬一千三百三十三串六百文，净餉錢四十八萬五千三百三十七串六百文，捐出一卯工料錢二千三百六十八串八百文，外補串繩錢八百六十四串文，以上四十八卯餉錢併捐出一卯工料錢及外補串繩錢共四十八萬八千五百七十串四百文，俱經解部訖。除不計價錢銅一千一百七十三斤一兩，不計價法馬銅一千一百五十斤存庫外，實存庫銅五鉛五搭配銅一百九十九萬一百二十二斤七兩四錢五分零，銅五五鉛四五搭配銅六十五萬七千八百十一斤十五兩七錢三分零，銅六鉛四搭配銅三十七萬二千一百二十七斤五錢五分零，銅六五鉛三五搭配銅十一萬四千三百五十六斤一兩八錢三分零。盤出歷年贏餘銅十一萬一百八十斤，內銅六鉛四搭配銅六萬三百六十斤，銅六五鉛三五搭配銅四萬九千八百二十斤。鉛一百五十一萬九百九十六斤十四兩三錢七分零，五成舊器皿黃銅一萬七千六百二十八斤十五兩，四成舊器皿黃銅二萬六十九斤八兩。又實存局庫收買黃銅銀四千五百二十五兩二錢三分八厘六毫六絲。一併交與該監督齊士齊等，於雍正十年自正月起，所存各項銅、鉛給發爐匠鼓鑄，存庫銀兩收買黃銅，仍俟按年奏銷可也。除寶泉局細數文册送部查核外，爲此謹題請旨。」雍正十年七月二十六日題。本月二十八日奉旨：「著察核，該部知道。」

《雍正朝內閣六科史書・户科・大學士管户部尚書事張廷玉題議黔省大定府屬格得八地二銅廠准其開採抽課以供鼓鑄本》 經筵講官少保兼太子太保保和殿大學士仍管吏部户部尚書事臣張廷玉等謹題爲懇請題明開採銅廠以供鼓鑄以利民生事：「護理貴州巡撫印務布政使常安題，前事雍正十年閏五月十八日題，六月二十四日奉旨：『該部議奏。』該臣等護理貴州巡撫印務布政使常安疏稱，大定府屬格得、八地二廠產有銅礦，前據廠民張國相等呈請開採，經委大定府經歷沈士魁管理開採，抽收課餘，以供鼓鑄。嗣因烏逆悖叛，廠民四散，迨軍務事竣，復招商開採。格得廠自雍正七年七月十六日起，至十年二月十五日共抽課銅一萬二千九百五十八斤，每百斤照定價八兩五錢，共得銀十千一百一兩四錢三分，除開銷廠內官役盤費、紙筆、燈油、修蓋官房等項共銀八百八十二兩一錢一分外，實餘銀二百一十九兩三錢二分。又八地廠自雍正七年十一月十六日開採起，至十年二月十五日共抽課銅二千八百八十三斤，每百斤定價八兩五錢，共得銀二百四十五兩五分五厘，除開銷工伙等費共銀二百三十八兩外，實餘銀七兩五分五厘。請將格〔得〕爲正廠，八地爲子廠，照猓木果廠之例，每百斤抽課十斤，餘銅照鼓鑄案內定價八兩計算收買，但八地廠既編立字號，前設書役不敷應用，似應照格得廠例設立，每月准銷銀二十六兩六錢，二廠共銀五十三兩二錢，於正課內支給。所抽銅運交錢局，於工本內每百斤八兩五錢計算，扣出銅價解司候撥，於年底造册報銷。據布政使常安詳請開採，臣覆查無異，會同署雲貴廣西總督高其倬合詞具題等因前來。查貴州大定府屬格得、八地二廠，該護撫常安既稱產有銅礦，請將格得爲正廠，八地爲子廠，照猓木果廠之例，開採每百斤抽課十斤，餘銅照鼓鑄案內定價每百斤八兩計算收買，以供鼓鑄等語。應如所請，准其照例開採抽課；餘銅一併收買，運交錢局以供鼓鑄。至雍正十年以前所抽課銅變價銀兩，除開銷二廠官役盤費等項外，共餘銀二百二十六兩三錢七分五厘，應令該署撫元展成照數收貯司庫，候文撥餉。又疏稱八地廠前設書役不敷應用，似應照格得廠例設立，每月銷銀二十六兩六錢，二廠共銀五十三兩二錢，於正課內支給等語。查格得廠現據該護撫題報，共抽課銅一萬二千八百八十三斤，較格得廠所抽之數僅止五分之一，抽課既薄，則所需人工物料諒亦無多，其廠中之費，亦應隨礦銅所出之盈縮並鼓鑄易銀之多寡計算酌給，今以子廠之費照正廠之例，不無糜費錢糧，應令該署撫元展成另議酌給，報部查核。其廠內每年所獲銅斤數目，照例于歲底造册題報，併飭該地方文武官弁不時巡查，如有混行刨挖生事擾民，即行題參可也。臣等未敢擅便，謹題請旨。」雍正十年八月初七日題。本月初九日奉旨：「依議。」

《雍正朝內閣六科史書・户科・大學士管户部尚書事張廷玉等題爲查覈川省封閉礦廠並鼓鑄錢文用銀及採買銅鉛情形本》 經筵講官少保兼太子太保保和殿大學士仍管吏部户部尚書事臣張廷玉等謹題爲遵旨議奏事：「四川巡撫憲德題，前事雍正十年七月二十七日題，八月二十五日奉旨：『該部議奏。』該臣等查得四川巡撫憲德將川省封閉礦廠併鼓鑄錢文、需用工本等項銀兩以及採買滇黔兩省銅鉛之處逐一分晰具題前來。

一疏稱：會川、寧番等處銅、鉛礦廠，於雍正九年六月委員招商赴廠開採，今奉部咨將現開各廠概行封閉，令商民各回本籍。現今各廠俱經陸續封閉，但民商尚有積存在廠礦砂及未煉茅銅等項，應令星速煎煉，照例抽買併收拾用物資本，清查秤收銅、銀數目。料理完畢，然後各令回籍，庶商本得以無虧等語。查川省所開寧番等處銅、鉛礦廠，已據該撫憲德咨報於雍正十年閏五月二十五等日封閉在案，其廠内所有積存礦砂、茅銅等項，應令該撫作速飭令煎煉，照例抽課，所餘銅、鉛買供鼓鑄。所有各項數目，嚴飭各委員星速查明，料理完畢即令各商散回原籍，不得任其逗遛，仍將查明數目併抽收銅鉛等項報部查核。

一疏稱：川省錢局自雍正十年正月二十八日開爐以來，將雍正元、二等年採買存貯銅、鉛併收買廢銅及各廠陸續運到銅斤先後供給鼓鑄，今廠奉封閉，前此之銅已屬無多，此後又無銅接濟，應將現存銅鉛查歸一處，悉心配鑄完畢，以清局務等語。應將廠内現存銅、鉛，該撫轉飭各委員作速照數運赴錢局接供鼓鑄。

一疏稱：川省開廠開局均屬創始，原議修造錢局、製備器具及修蓋廠房、收買銅斤等項，先於藩庫動銀給發，俟鑄出錢文抽收課銀扣補還項。今廠既封閉，則動過庫帑不便虛懸，應俟查明支存確數併現存銅斤配鑄完畢，核實錢文扣還庫項外如有盈餘，應請充公，倘或不敷，另議著補等語。應令該撫於各廠封閉之後，將原動庫帑工本銀兩作速照數歸還庫項外，如有盈餘，照該撫所請，准其充公，倘有不敷，即行著補。

一疏稱：銅、鉛二項乃鼓鑄所必需，其價值、運費必先確查核筭始可定議舉行。除咨詢滇、黔兩省將該省銅、鉛價值及由彼處運至川境脚價各若干數目查明移覆至日確核等語。應令該撫憲德將採買滇、黔兩省銅鉛價脚銀兩若干，俟查明咨覆之日報部查核可也。臣等未敢擅便，謹題請旨。」雍正十年十一月十一日題。本月十四日奉旨：「依議。」

《雍正朝内閣六科史書・户科・江西巡撫謝旻題報本省設局開鑄錢文及用過銅斤數目並請暫行停鑄本》 巡撫江西等處地方兼理軍務都察院右副都御史加一級紀録六次臣謝旻謹題爲欽奉上諭事：「該臣看得江西省收買銅器鼓鑄錢文，經臣題准部覆，於雍正七年十一月初八日設爐開鑄，按季造報在案。今據署布政司事按察使李蘭詳，准管局官移稱：自雍正七年十一月初八日開鑄起，至十年九月底止，共計鑄過錢文三十五卯零，共用過生熟銅一十三萬六千二百斤零，連歷年盈餘銅斤併另買配搭鉛斤俱已用完並無餘存，雖現在嚴催各州縣陸續收買，但江省銅斤本少，每月收買無多，似宜暫行停鑄，俟收有成數再請開鑄等因前來。相應具題聽候部議，臣謹會疏請旨。」雍正十年十一月十二日題。十二月初六日奉旨：「該部議奏。」

《雍正朝内閣六科史書・户科・大學士管吏部户部尚書事張廷玉等題議准撥給直隸歲内收買生熟黄銅器皿用過銀兩本》 經筵講官少保兼太子太保保和殿大學士仍管吏部户部尚書事臣張廷玉等謹題爲欽奉上諭事：直隸總督李衛題，前事雍正十年十二月十九日題，十一年二月初七日奉旨：「該部察核具奏。」該臣等查得直隸總督李衛疏稱，直屬收買黄銅器皿一案，據布政使王謩呈稱，雍正九年冬季至十年秋季共收買過生、熟黄銅二萬零九十八斤，内生銅一萬二千三百三十八斤零，每斤價銀九分五厘九毫四絲四忽，共銀一千一百八十三兩八錢二分零；熟銅七千七百五十九斤零，每斤價銀一錢一分九厘九毫三絲，共銀九百三十兩五錢六分零；共應給價銀二千一百一十四兩三錢零等因。臣覆核無異，理合具題等因前來。查直屬雍正九年冬季至十年秋季共收買生熟黄銅二萬零九十八斤，共給價銀二千一百一十四兩三錢零。臣部照依生、熟價值按册核算，數目相符，應准動給。仍令該署督唐執玉將前項動給銀兩造入該年奏銷册内送部查核，併將動銀欵項查明報部可也。臣等未敢擅便，謹題請旨。」雍正十一年三月初七日題。本月初九日奉旨：「依議。」

《雍正朝内閣六科史書・户科・江寧巡撫喬世臣題報各屬雍正十年收繳黄銅器皿私鑄錢文支過銀兩數目本》 總理糧儲提督軍務巡撫江寧等處地方都察院右僉都御史臣喬世臣謹題爲欽奉上諭事：「該臣看得江蘇等屬收繳黄銅器皿私鑄錢文，行據布政使白鍾山會同蘇松巡道副使王澄慧詳稱，各屬雍正十年春季起至歲底，共收生熟銅一萬八千三百七十四斤零，共給銀二千四十兩零，内動雍正十年地丁銀一十七兩零，雍正九年地丁銀一千三百二十四兩零，雍正八年地丁銀四百三十五兩零，雍正七年地丁銀二十八兩零，雍正六年地丁銀一百四十兩零，雍正五年地丁銀九十五兩零。又蘇州府屬報收私錢八十三千五百七十文内，除查出廢錢五十六千二百七十文不給價外，寔收繳私錢二十七千三百文，給價銀一十三兩零，内動雍正九年地丁銀一十二兩零，雍正十年地丁銀九錢零，分別造册呈詳前來。臣覆核無異，除册送部外，臣謹會題請旨。」雍正十一年三月三十日題。四月二十日奉旨：「該部察核具奏。」

《雍正朝内閣六科史書・户科・督理京省錢法户部右侍郎長有等題爲查覈寶泉局監督造報上年收買黄銅器皿用過價銀本》 督理京省錢法户部右侍郎鑲藍旗滿洲副都統加二級紀録二次臣長有等謹題爲按年奏報事：「該臣等查得寶

泉局監督齊士齊等造册奏銷呈報前來，查雍正九年奏銷後原存庫：銅五鉛五搭配銅一百九十九萬一百二十二斤七兩四錢五分零，銅五五鉛四五搭配銅六十五萬七千八百十一斤十五兩七錢三分零，銅六鉛四搭配銅四十三萬二千四百八十七斤五錢五分零，銅六五鉛三五搭配銅十六萬四千一百七十六斤一兩八錢三分零。鉛一百五十一萬九百九十六斤十四兩三錢七分零。五成舊器皿黃銅一萬七千六百二十八斤十五兩，四成舊器皿黃銅二萬六十九斤八兩。不計價鐵銅一千一百七十三斤一兩，不計價法馬銅一千一百五十斤。又實存局庫收買舊器皿黃銅銀四千五百二十五兩二錢三分八厘六毫六絲。奏銷後薪收：銅五鉛五搭配銅六十五萬四千三百五斤十三兩三錢五分，銅五五鉛四五搭配銅三十七萬四百六十斤十一兩一錢九分九厘，銅六鉛四搭配銅八十七萬三千一百九十一斤一兩四錢一分八厘七毫五絲，銅六五鉛三五搭配銅五十四萬二千三百六十一斤三分七厘五毫，銅七鉛三搭配銅二十三萬三千九百九十三斤四兩。鉛五百六十一萬三千七百七十九斤十三兩九錢八分六厘二毫。收入官吳四等案內銅五鉛五搭配銅二十七斤，銅五五鉛四五搭配銅四十八斤八兩，五成黃銅二百七十五斤。

又收本部小制錢併廢印六成銅二萬一千四百四十七斤三兩四錢四分。又收買八旗五城舊器皿黃銅。自雍正十年正月起至十二月底，共領過户部庫銀五千兩。以上舊存新領共銀九千五百二十五兩二錢三分八厘六毫六絲。收買五城舊器皿黃銅四萬五百七十三斤六兩，每斤價銀一錢三厘七毫五絲，給價銀四千二百九兩四錢八分七厘六毫五絲六忽二微五纖。又收買四成舊器皿黃銅一萬二千五百四十一斤，每斤價銀九分五厘五毫，給價銀一千一百九十七兩六錢六分五厘五毫。以上共收買過舊器皿黃銅五萬三千一百一十四斤六兩，共給發過價銀五千四百七兩一錢五分三厘一毫五絲六忽二微五纖。共鑄錢四十七卯，內十九卯用銅五鉛五搭配(錢)〔銅〕一百十四萬斤，鉛一百十四萬斤；拾卯用銅五五鉛四五搭配銅六十六萬斤，鉛五十四萬斤；十二卯用銅六鉛四搭配銅八十萬四千斤，鉛五十七萬六千斤；五卯用銅六五鉛三五搭配銅三十九萬斤，鉛二十一萬斤；一卯用六成錢印銅二萬一千四十七斤三兩四錢四分，五成舊器皿黃銅五萬七千七百七十七斤十三兩，四成舊器皿黃銅三萬二千四百四十六斤十二兩，銅五鉛五搭配銅五千五百四斤一兩三分六厘，鉛三千二百二十四斤二兩五錢二分四厘。內除耗銅耗鉛外，共鑄每文一錢四分重錢五十八萬六千五百六十串文，內除爐匠四十六卯工料錢十萬八千九百六十四串八百文，净餉錢四十七萬五千二百二十六串四百文，捐出一卯工料錢二千三百六十八串八百文，外補串繩錢八百四十六串文，以上四十七卯餉錢併捐出一卯工料錢及外補串繩錢共四十七萬八千四百四十一串二百文，俱經解部訖。除不計價鐵銅一千一百七十三斤一兩，不計價法馬銅一千一百五十斤存庫外，實存庫：銅五鉛五搭配銅一百四十九萬八千九百五十一斤三兩七錢六分零，銅五五鉛四五搭配銅三十六萬八千三百二十一斤二兩九錢三分零，銅六鉛四搭配銅四十四萬一千六百七十八斤十一兩九錢七分零，銅六五鉛三五搭配銅三十一萬六千五百三十七斤一兩八錢七分零，銅七鉛三搭配銅二十三萬三千九百九十三斤四兩，鉛四百六十五萬五千五百五十二斤九兩八錢四分零，五成舊器皿黃銅六百九十九斤八兩，四成舊器皿黃銅一百六十三斤十二兩。又實存局庫收買黃銅銀四千一百十八兩八分五厘五毫三忽七微五纖，一併交與該監督齊士齊等，於雍正十一年自正月起所存各項銅、鉛給發爐匠鼓鑄；存庫銀兩收買黃銅，仍俟按年奏可也。除寶泉局細數文册送部查核外，爲此謹題請旨。」雍正十一年六月十五日題，六月十七日奉旨：「著察核，該部知道。」

《雍正朝內閣六科史書・户科・大學士管吏部户部尚書事張廷玉等題議各省刷引銅板印信鑄换事本》 經筵講官少保兼太子太保保和殿大學士仍管吏部户部尚書事臣張廷玉等謹題爲刷引銅板印信字跡糢糊題明鑄换事：「案查臣部刷引銅板兩淮十四塊，長蘆十一塊，山東六塊，河東六塊，花馬大池一塊，小池三塊，漢中府西和縣、漳縣二塊，兩浙八塊，四川一塊，兩廣八塊，以上銅板共六十塊，俱係康熙六十一年鑄造。又臣部山東司監引銅印二顆，於雍正六年换鑄；又陝西司銅司印一顆，於康熙四十五年九月换鑄；迄今字跡均屬糢糊，理合鑄换。恭候命下之日，將銅板交與寶泉局照式鑄造；其山東司監引銅印二顆、陝西司銅司印一顆交與禮部照式鑄造。均候鑄造成日，將舊銅板六十塊交與寶泉局銷燬；舊銅印三顆咨繳禮部銷燬可也。臣等未敢擅便，謹題請旨。」雍正十一年八月初二日題。本月初四日奉旨：「依議。」

《雍正朝內閣六科史書・户科・雲南巡撫張允隨題報覆查辦雍正十年鼓鑄錢文所需銅鉛物料等項支放數目無異本》 巡撫雲南兼建昌畢節等處地方贊理軍務兼督川貴兵餉都察院右副都御史加四級紀録六次駐劄雲南府臣張允隨謹題爲遵旨敬陳鼓鑄等事：「該臣看得滇省鼓鑄錢文所需銅鉛物料等項支放數目，例應按年造册奏銷。兹據布政使陳弘謀詳稱，署糧儲道黃士傑移稱，滇省雍正十年分舊管存局共錢一十二萬一千八十八串八百一十二文，存局工本銀七萬五千一百一十九兩零，新收支領工本銀六萬三千四百二十九兩零。省、臨二局共鑄正額銅、鉛一百四十萬四千斤，除折耗外，共鑄出本息錢一十四萬六千一十六串文。內工本錢一十萬二千七百七十二串八百文，息錢四萬三千二百四十三串二百文，開除搭放兵餉驛站等項錢八萬三千六百五十二串二百三十八文外，寔在存局本息錢一十八萬三千四百五十二串五百七十四文。又帶鑄錢文，省、臨二局共鑄銅、鉛一十四萬四百斤，除折耗外，共鑄出錢一萬四千六百一十六文，內除息錢四千一十五串四百四十文准作發運錢脚價，寔鑄出工本錢一萬五百八十六串一百六十文，(開)〔內〕除放給三十六爐物料共動支工本錢八百七十串四百八十文外，寔存局工本錢九千七百一十五串六百八十文。又鑄外耗錢文，省臨二局共鑄銅、鉛一十二萬六千三百六十斤，共鑄出錢一萬四千四百四十一串一百四十三文，內除息錢五千六百九十七串三十一文准作局內爐役食米等項之用外，寔存局工本錢八千七百四十四串一百一十二文。以上通共存正額本息、帶鑄、外耗工本錢二十萬一千九百一十二串三百六十六文，存局工本銀一萬七千三百一十五兩零。再節省倭鉛、銀五千六百一十六兩作運錢脚價外，耗息錢五千六百九十七串三十一文，准作局內爐役食米、官役養廉工食各項外，所有移送各册，轉詳具題前來。臣覆查無異，除册送部查核外，相應會題請旨。」雍正十一年六月三十日題。八月初八日奉旨：「該部察核具奏。」

《雍正朝内閣六科史書・户科・大學士管吏部户部尚書事張廷玉等題令廣西巡撫將雍正十年收買銅斤餘息銀貯庫候文撥餉本》

經筵講官少保兼太子太保保和殿大學士仍管吏部户部尚書事臣張廷玉等謹題爲敬陳開採等事：「廣西巡撫金鉷題，前事雍正十一年五月二十四日題，六月二十八日奉旨：『該部察核具奏。』該臣等查得廣西巡撫金鉷疏稱，粵西開採銅礦一案，據驛鹽道徐嘉賓詳稱，雍正十年正月起〔至〕十二月底，經陞任驛鹽道耿鱗奇將商辦銅斤照例每百斤抽課二十斤，餘銅八十斤每斤給價六分，脚價八厘收買，計共抽課銅七千三百四十一斤零，共收買餘銅二萬九千三百六十五斤零。又官辦銅九萬五千五百五十一斤零，以上共銅一十三萬二千二百五十八斤零。照現在價值每百斤以十三兩變價，共變獲銀一萬七千一百九十三兩五錢五分三厘，內除銅價運脚等費外，約獲餘息銀五千三百二十兩二錢三分二厘零等情。臣覆核無異，會同雲督尹繼善合詞具題。再雍正八年辦獲餘息銀五千四百七十兩二錢五分五厘零，又九年餘息銀八千六十五兩九錢三分零，應解司庫，候撥兵餉，但各廠需本接濟銅斤尚未變完，統俟變完銅斤之日，分年起解歸欵，合併聲明等因前來。應令該撫金鉷將雍正十年分收買銅斤餘息銀五千三百二十兩二錢三分二厘零照數收貯司庫，候文撥用。其雍正八、九兩年所獲餘息銀兩，該撫既稱各廠需本接濟銅斤尚未變完，統俟變完之日分年起解歸欵等語。應將雍正八、九兩年辦獲餘息銀兩，俟銅斤辦完之日照數分年起解歸欵，如有侵那虧缺，該撫金鉷即行查明題參可也。臣等未敢擅便，謹題請旨。」雍正十一年九月初二日題。本月初四日奉旨：「依議。」

《雍正朝内閣六科史書・户科・大學士管吏部户部尚書事務張廷玉題令晉撫催領給發收買私錢並銅器價銀未解銅器私錢解司本》

經筵講官少保兼太子太保保和殿大學士仍管吏部户部尚書事臣張廷玉等謹題爲欽奉上諭事：「山西巡撫覺羅石麟題，前事雍正十一年六月二十六日題，七月初十日奉旨：『該部察核具奏。』該臣等查得山西巡撫石麟疏稱，收買錘邊沙板等錢併黄銅器皿年底具題一案。兹據署布政使温而遜詳稱，雍正十年分共收錘邊沙板等錢一十四萬六千七百一十一文，內解貯司庫錢一十二萬三千一十六文，在於司庫雍正四年分地丁銀內給過價銀五十六兩二錢五分零；未解錢二萬三千六百九十五文，俟解司庫查收之日，將給過價銀未領銀數一併另報。又雍正十年分共收買黄銅器皿三千一百六十六斤零，內解司庫熟銅一千六百五十斤，每斤價銀一錢一分九厘九毫三絲，共給銀一百九十七兩九錢二分零；解司庫生銅一千三百六十九斤零，每斤價銀九分五厘九毫四絲四忽，共給銀一百三十一兩三錢五分零；以上生、熟銅共應給價銀三百二十九兩二錢七分零，內領過銀三百二十八兩七錢九分零，未領銀四錢八分零，現在催領，俱在於司庫收貯雍正四年分地丁銀內動給。至未解銅一百四十七斤，俟解司分別生、熟，於造報雍正十一年收買銅斤之日，一併報銷等情。臣覆核無異，相應具題等因前來。查晉省雍正十年分共收買錘邊沙板等錢一十二萬三千一十六文，給過價銀五十六兩二錢五分零外，尚有未領銀五兩二錢五分五厘零。臣部照依私錢一串，量給官錢半價之數核算相符。又收買生、熟銅器共三千一十九斤零，共給過價銀三百二十八兩七錢九分五厘零外，尚有未領銀四錢八分零，照依生、熟銅價按册核算，數目相符，俱應准其在於雍正四年地丁銀內動給。其未領銅價、錢價銀兩，應令該撫石麟作速催領給發。未解銅器、私錢，速催解司，彙入續收銅器、私錢數內按季造報，歲底具題可也。臣等未敢擅便，謹題請旨。」雍正十一年九月初八日題。本月初十日奉旨：「依議。」

《雍正朝内閣六科史書・户科・陝西巡撫史貽直等題報陝省雍正十一年收貯銅斤及支給價銀數目本》經筵講官户部尚書仍暫留西安總理巡撫並一切軍需事務加四級臣史貽直等謹題爲欽奉上諭事：「該臣等看得各省收貯銅斤數目，奉旨：『於每年冬底奏報。』欽遵在案。今據布政使楊馝詳稱，陝省雍正十一年收貯生、熟共荒銅三千九百三十一斤四兩，折净銅一千七百六十一斤六兩四錢，給價銀一百七十七兩九錢五分四厘零。查陝省自奉文日起，至十一年冬底止，通共公所收貯各屬交到折净銅七萬九百五十四斤三兩一錢，私錢一百六十六千三百二十九文，共給價銀七千五百七十九兩三錢九分一厘零。爲數無幾，不足議請鼓鑄，合併聲明等情詳報前來。臣等謹會同署督臣劉於義合詞具題，伏祈皇上睿鑒勅部施行。爲此謹具題聞。」雍正十二年四月初九日題。本月二十六日奉旨：「該部察核具奏。」

《雍正朝内閣六科史書・户科・總理户部事務果親王允禮等題議江西雍正十一年收買銅斤價銀准其動給並造册查覈本》總理户部事務和碩果親王臣允禮等謹題爲欽奉上諭事：護理江西巡撫印務布政使宋筠題，前事雍正十二年三月初一日題，本月二十四日奉旨：『該部查核具奏。』該臣等查得護理江西巡撫印務布政使宋筠疏稱，收買黄銅器皿一案，據署布政使宋筠詳稱，雍正十一年春季起，至本年歲底，收買熟銅二千二百八斤一兩，照部價每斤一錢一分九厘九毫三絲，共銀二百六十四兩八錢一分二厘九毫零。生銅一千一百一十五斤一十四兩，每斤價銀九分五厘九毫四絲四忽，共銀一百七兩六分一厘五毫零。共收買生、熟銅三千三百二十三斤一十五兩，共給價銀三百七十一兩八錢七分四厘零。至所發價值，係動支司庫雍正五年地丁銀二百五十九兩一錢四分九厘零，雍正十一年地丁銀一百一十二兩七錢二分五厘零等情，臣覆核無異，會同署理江南督臣趙弘恩合詞具疏等因前來。查江西省雍正十一年分共收買生、熟銅三千三百二十三斤一十五兩，共給價銀三百七十一兩八錢七分四厘零，臣部照依生、熟價值按册核算，數目相符，應准動給。仍令該護撫宋筠將前項動用價值銀，造入各該年地丁奏銷册内，送部查核可也。臣等未敢擅便，謹題請旨。」雍正十二年四月二十九日題。五月初一日奉旨：「依議。」

《雍正朝内閣六科史書・户科・總理户部事務果親王允禮等題爲核查浙省雍正十一年收買銅器用過價銀數目准其動給本》總理户部事務和碩果親王臣允禮等謹題爲欽奉上諭事：「浙江總督管巡撫事程元章題，前事雍正十二年三月初五日題，本月二十七日奉旨：『該部察核具奏。』該臣等查得浙江總督管巡撫事程元章疏稱，收買黄銅器皿，例應歲底題報。兹據署布政司事鹽驛道副使張若震詳稱，雍正十一年分各屬報收銅器，寔動支司庫雍正三年地丁銀兩，共收過生銅伍萬一千七百二十斤二兩，每斤價銀九分五厘九毫四絲四忽，共給銀四千九百六十二兩二錢三分五厘零。共收過熟銅二萬八千七百八十五斤一十三兩五錢，每斤價銀一錢一分九厘九毫三絲，共給銀三千四百五十二兩二錢捌分六厘零。等情。理合具題等因前來。查浙省雍正十一年分共收買生熟銅器八萬五百五斤拾五兩五錢，共給過價銀八千四百一十四兩五錢二分一厘零，臣部按依生熟價值核算，數目相符。應准於雍正三年地丁銀内動給，仍令該督程元章將前項動給價值銀兩，造入該年地丁奏銷册内，送部查核可也。臣等未敢擅便，謹題請旨。」雍正十二年五月初四日題。本月初七日奉旨：「依議。」

《雍正朝内閣六科史書・户科・總理户部事務果親王允禮等題爲核查安徽雍正十年收買銅器所用價銀數目准其動給本》總理户部事務和碩果親王臣允禮等謹題爲欽奉上諭事：「安慶巡撫王紘題，前事雍正十二年三月十五日題，四月初六日奉旨：『該部察核具奏。』該臣等查得安慶巡撫王紘疏稱，收買黄銅器皿一案。據布政使李蘭詳稱，雍正十年正月起，至歲底共收過生熟黄銅器皿一萬八千一十九斤四兩，共動用價值銀二千三十六兩六錢五分一厘零。所有雍正十年分收買生、熟黄銅器器皿數目，併動給價值各銀欵數造册呈送等情，臣覆核無異，會同署理江南江西總督趙弘恩合詞具題等因前來。查安慶雍正十年分共收買生、熟黄銅器皿一萬八千一十九斤四兩，共給過價銀二千三十六兩六錢五分一釐零。内熟黄銅一萬二千八百三十三斤，該價銀一千五百三十九兩六分一厘六毫九絲。生黄銅五千一百八十六斤四兩，該價銀四百九十七兩五錢八分九厘五毫七絲。臣部照依〔生〕熟價值，按册核算，數目相符，應准動給。仍令該撫王紘將前項動用價值銀兩造入各該年丁地奏銷册内，送部查核可也。臣等未敢擅便，謹題請旨。雍正十二年五月初九日題。本月十一日奉旨：「依議。」

《雍正朝内閣六科史書・户科・總理户部事務果親王允禮等題核銷寶泉局雍正十一年分鑄錢用過銅鉛及收買廢銅數目本》總理户部事務和碩果親王臣允禮等謹題爲按年奏報事：「督理京省錢法户部右侍郎托時等題，前事雍正拾貳年陸月拾叁日題，本月拾伍日奉旨：『著察核該部知道。』該臣等查得督理京省錢法户部右侍郎托時等，據寶泉局監督託庸等呈報雍正拾壹年分用過銅鉛鑄過錢文以及收買廢銅數目，一併造册具題前來。據册開：

一舊管銅伍鉛伍搭配銅壹百（壹百）肆拾玖萬捌千玖百伍拾壹斤零，銅伍伍鉛肆伍搭配銅三十六萬八千三百二十一斤零，銅六鉛四搭配銅四十四萬一千六百七十八斤零，銅六五鉛三五搭配銅三十一萬六千五百三十七斤零，銅七鉛三搭配銅二十三萬三千九百九十三斤零。鉛四百六十五萬五千五百五十二斤零。舊器皿銅八百六十三斤零，不計價鐵銅一千一百七十三斤零，不計價法馬銅一千一百五拾斤。收買銅器下剩銀四千一百十八兩八分五釐零等語。查與雍正十年奏銷册内實在存庫數目相符，應毋庸議。

一新收銅五鉛五搭配銅九萬九千五百六十八斤零，銅五五鉛四五搭配銅三十萬六千五十六斤零，銅六鉛四搭配銅六十九萬九千七百六十五斤零，銅六五鉛三五搭配銅十六萬六千七百五斤零，銅七鉛三搭配銅二十八萬七千七百五十一斤，鉛五十一萬二千九百九十斤零又收買舊器皿三萬一千七百七十斤零等語。查前項收過銅、鉛、舊器皿銅，臣部照册核算，數目相符，應毋庸議。

一開除鑄錢四十一卯，内銅五鉛五搭配二十四卯，銅五五鉛肆五搭配五卯，銅六鉛四搭配八卯，銅六五鉛三五搭配一卯，銅七鉛三搭配三卯，共用過銅、鉛四百九十二萬斤。内除每百斤折耗九斤，共折耗四十四萬二千八百斤，净銅、鉛四百四十七萬七千二百斤。共鑄錢五十一萬二千六百八十串文，内除給四十卯工料錢九萬四千七百五十二串文，净餉錢四十一萬四千五百五十九串二百文。又捐出一卯料錢二千三百六十八串八百文，外補串繩錢七百三十八串文，以上共餉錢四十一萬七千六百六十六串文，俱經解部訖。又工部鑄造法馬，發給五成舊器皿黄銅六千斤，本部鑄造鹽引銅板，發給銅五鉛五搭配銅七百九十二斤，鉛五百二十八斤等語。查前項鑄過錢文、用過銅、鉛併折耗等項，與歷年奏銷數目相符，所給工料錢文係應給之項。至給過鑄造法馬、鹽引銅板銅斤，查（與錢）與錢法衙門從前咨報之數相符。其解部錢文，俱經解到付庫查收掣批在案，俱毋庸議。

一應存銅五鉛五搭配銅十五萬七千七百二十七斤零，銅五五鉛四五搭配銅三十四萬四千三百七十七斤零，銅六鉛四搭配銅五十六萬五千四百四十四斤零，銅六五鉛三五搭配銅四十五（千）（萬）二百四十二斤零，銅七鉛三搭配銅二十六萬九千七百四十四斤零，以上應存銅一百七十四萬二千五百三十六斤零，將高低成色通折均勻合算得八九一銅色寬餘升算，俱作九成四六搭配鼓鑄。鉛二百九十二萬四千一十五斤零。内除前任監督齊士齊、費我衡虧空銅四千八百三十九斤零，鉛七萬八千四百九十八斤零，實存銅六鉛四搭配銅一百七十三萬七千六百九十七斤零，鉛二百八十四萬五千五百一十七斤零，舊器皿銅二萬六千六百三十三斤零，不計價鐵銅一千一百七十三斤零，不計價法馬銅一千一百五十斤。舊存銀四千一百十八兩八分五釐零。收買五成舊器皿銅一萬六千五百五十五斤零，每斤給價銀一錢三釐七毫五絲，共銀一千七百一十七兩六錢三分三釐零；四成舊器皿銅五千五百五十八斤零，每斤給價銀九分五釐五毫；共銀五百三十兩八錢一分二釐零。實存局庫銀一千八百六十九兩六錢三分九釐零等語。查前項銅五鉛五搭配之十成銅斤毋庸議減外，銅五五鉛四五搭配之九五銅每斤應減價銀七釐五毫，銅六鉛四搭配之九成銅每斤減價一分三釐七毫五絲，銅六五鉛三五搭配之八五銅每斤減價一分九釐三絲八忽零，銅七鉛三搭配之八成銅每斤減價二分三釐五毫七絲一忽零。臣部已經行文各該撫，於每斤原價一錢四分五釐内，照數扣減報銷在案。前項存庫銅斤，該監督既將高低成色通折均勻合算八九一銅色寬餘升算，俱作九成鼓鑄，應毋庸議。至前任監督齊士齊等虧空銅鉛銀兩，臣部摺奏奉旨：『齊士齊患病數年，寶泉局監督事務原不能辦理；所有虧空銅、鉛銀兩，俱在費我衡名下勒追還項，不必在齊士齊名下著追，欽此。』欽遵行文浙督著落費我衡的屬作速勒限催追在案，前項銀兩，應於參案内催追完報。所有不計價鐵銅、法馬銅，仍令該監督收貯在庫。其存庫銅、鉛併舊器皿銅，應令該監督同新收銅、鉛一併鼓鑄，下剩銀兩仍照例收買銅器，造入雍正十二年鼓鑄奏銷册内，送部查核可也。臣等未敢擅便，謹題請旨。」雍正十二年七月二十九日題。八月初二日奉旨：「依議。」

《雍正朝内閣六科史書·户科·湖廣總督邁柱題請撥給楚等三省額辦滇銅鑄錢運赴漢口搭附漕船解京水脚銀兩本》 總督湖北等處地方軍務兼理糧餉兵部尚書兼都察院右副都御史加二級紀録十六次降二級留任臣邁柱謹題爲欽奉上諭事：「該臣看得湖北、湖南、廣東三省額辦滇銅，即令滇省鑄錢運赴漢口搭附漕船解京一案，准部咨，務於漕運錢文兩無貽誤等因，行據湖北武昌布政使李世倬、湖南長沙布政使張璨等會詳稱，滇省添鑄三省錢文，應定限委解至漢交貯，聽候糧船均勻搭解起運。惟是漕船已屬重載，若再添運錢文，運遲違限，關係匪輕，每隻酌量裝錢四百串，庶與漕運兩無貽悮。其餘錢文，查北南原設紅座舡隻同一無需水脚，湖北撥運三十五隻，湖南撥運十隻，共可裝錢一十八萬有零。合之漕船所裝一十六萬四千串，適符滇省鑄出錢文三十四萬三千六十二串陸百四十七文之數，於漕運錢文兩可無誤。再長途解送，應於滇省用堅匣裝載，鎖箍封固，註明錢文斤串、木匣數目，即無偷盜冒侵之弊。至漕船領運員弁，兑運等項，是其專責，若運送錢文應北、南各委府州佐貳官三員管押，其站船亦每榜委官一員管押至通，毋容議給水脚外，其由通至京脚價銀兩已經部定，在於司庫正項錢糧銀內支給，事竣令委員造册核算。再查從前每運銅斤解官一員，定例每加水脚銀三分，內除扣出户部工部飯食銀外，餘付解員盤費以及水次公用；今改運制錢，兩省計委六員，所需盤費未便照解銅每斤議給，致糜經費，府佐議給銀二百四十兩，州縣佐雜議給銀八十兩，俱於在公項內撥給，以爲往返日食之資。更查漕船設遇阻淺，必須起撥，抑且船過揚州，尤須加添縴夫，應先酌量寬給加添縴夫盤灘過淺之用，并令布政司給與印簿，交解員會同押運官弁逐日登填，如河流順暢，餘剩繳還司庫造册報銷，毋許侵冒，致干參究。至漕站等船裝運錢文，應飭沿河地方文武各官協同防護催趲，務保無虞，倘或遭風失水，報明地方官打撈補解，如或虧折，照例分賠議并嚴飭錢一體救護。所有北、南漕船搭運錢文不敷需用，另撥站船，委員應行事宜，聽候部議等情前來。臣覆查無異，謹會題請旨。」雍正十二年十一月初八日題。十二月初二日奉旨：「該部議奏。」

《雍正朝內閣六科史書·户科·總理户部事務果親王允禮等題查覈滇省十一年鼓鑄錢文所需工科銀并所獲息錢數目本》 總理户部事務和碩果親王臣允禮等謹題爲移請轉詳等事：「雲南巡撫張允隨題，前事雍正十三年正月二十八日題，三月初十日奉旨：『該部察核具奏。』」該臣等查得雲南巡撫張允隨將滇省雍正十一年分鼓鑄錢文所需銅、鉛工料，用過銀兩并所獲息錢數目造具清册，會同雲貴督臣尹繼善合疏具題前來。據册開：

一舊管存局本息錢二十萬一千九百一十二串三百六十六文，存局工本銀一萬七千三百一十五兩八錢一分二厘零。又存局搭放兵餉等項錢文易出銀五萬八千九十九兩四錢三分八厘等語。查前項存局銀錢與雍正十年實在項下存剩數目相符，應毋容議。

一新收支領司庫工本銀五萬三千八百七兩五錢七分，連舊管共銀一十二萬九千二百二十二兩八錢二分一毫。內買銅七十七萬七千六百斤，每百斤價銀九兩二錢，該價銀七萬一千五百三十九兩二錢；買鉛五十一萬八千四百斤，每百斤價銀四兩五錢，該價銀二萬三千三百二十八兩；二共工本銀九萬四千八百六十七兩二錢。共鑄銅、鉛一百二十九萬六千斤，內除每百斤折耗九斤共折耗銅、鉛一十一萬六千六百四十斤外，實鑄銅、鉛一百一十七萬九千三百六十斤。鑄出本息錢一十三萬四千七百八十四串文，連舊管共錢三十三萬六千六百九十六串三百六十六文。再採買鉛斤每百斤節省鉛價銀一兩，共節省銀五千一百八十四兩，以作發運外省制錢脚價之費等語。查前項鑄出錢文，用過銅鉛數目，俱與上年准銷之數相符，應毋容議。其節省鉛價銀五千一百八十四兩，應照原題，准其留作發運外省制錢脚價之費，仍俟運錢易銀回滇之日，將實在需用脚價細數造册報銷。至採買銅、鉛價值銀兩，除買銅價值查與歷年准銷之數相符應准開銷外，其鉛斤一項，先經該撫題明添鑄運陜錢文節省銀兩案內，以滇省倭鉛每百斤價脚三兩五錢，若再額外節省，較運用黔鉛尚屬省便，業經臣部行文該撫，將運用滇鉛實在尚可節省若干之處，即速確查報部在案，今前項用過鉛斤價值銀兩實在尚可節省若干之處，應俟該撫查覆到日另行核銷。再查滇省雍正十一年分鼓鑄工本銀兩，據該撫陸續咨報於司庫收存節年地丁銀內共動用銀十一萬一千九百七兩八厘在案，今該撫册內造報支領司庫工本銀五萬三千八百七兩五錢七分因何與該撫從前咨報動支之數不符，應一併查明報部。

一開除解交司庫存局工本銀一萬七千三百一十五兩八錢一分二厘零，放給雍正十一年分兵餉錢三萬六千二百七串六百二文，又放給驛堡官夫廪食、馬匹料草等錢八千一十八串九百四十六文，又放給鞭祭、舖兵餼糧等錢一萬四百八十二串六百六十八文，又補放開化府雍正十年分廪糧錢二串四百文，共放錢五萬四千七百一十一串六百一十五文，易出銀五萬四千七百一十一兩六錢一分五厘。又支給各局工料錢二萬三千五百八十七串二百文，此項(工)料錢文於雍正十年存局息錢內動支。又發運廣西錢六萬二千串，以上通共放過錢一十四萬二百九十八串八百一十五文，實存錢一十九萬六千三百九十七串五百五十一文等語。查前項搭放兵餉錢三萬六千二百七串六百二文併放給鞭祭、舖兵餼糧等錢一萬四百八十二串六百六十八文，臣部於該撫造報兵馬地丁錢糧册內查對，數目相符。至補放開化府廪糧錢二串四百文，先經該撫以雍正十年分廪生餼糧應放錢四千五百五十五串四百文前，遺造開化府廪生一名餼糧錢二串四百文，照數補放，俟造報雍正十一年鼓鑄册內造入，以符支放之數等因咨明在案，均毋容議。其放給驛堡官夫廪食、馬匹料草等錢八千一十八串九百四十六文，臣部移查兵部回稱數目相符，亦毋容議。再前項解交司庫工本銀一萬七千三百一十五兩八錢一分二厘零，應令該撫照數歸還原動工本，仍將歸還欵項報部查核。至所給工料錢二萬三千五百八十七串二百文，係應給之項，應准開銷。其發運廣西錢六萬二千串，應俟易銀回滇之日，照數解交司庫，仍將收明數目，發運日期，查明報部。其實存錢一十九萬六千三百九十七串五百五十一文，應令該撫收貯局庫，造入雍正十二年鼓鑄奏銷册内，送部查核。

一詳籌錢法等事案内奉文帶鑄錢文，雍正十一年分共帶鑄銅七萬七千七百六十斤，每百斤價銀九兩二錢，該價銀七千一百五十三兩九錢二分；鉛五萬一千八百四十斤，每百斤價銀三兩五錢，該價銀一千八百一十四兩四錢；共用工本銀八千九百六十八兩三錢二分。共鑄銅、鉛一十二萬九千六百斤，内除每百斤折耗九斤，共折耗銅鉛一萬一千六百六十四斤外，實鑄銅一十一萬七千九百三十六斤。鑄出本息錢一萬三千四百七十八串四百文，内除息錢三千七百六串五百六十文奉部准作運錢脚價，另册報銷外，實鑄工本錢九千七百七十一串八百四十文，内動給物料錢八百三串五百二十文，實存工本錢八千九百六十八串三百二十文等語。查前項帶鑄錢文需用銅、鉛等項，核算數目均屬相符，應毋容議。實存工本錢八千九百六十八串三百二十文，應與正額實存錢文彙貯局庫。其帶鑄錢内所獲息錢三千七百六串五百六十文，該撫既稱留作運錢脚價另册報銷等語，應令該撫俟發運錢文易銀回滇之日，將實給脚價細數另造清册送部查核。其動給物料錢八百三串五百二十文，係應給之項，應准支銷。至用過銅、鉛價值銀兩，除買銅價值查與歷年准銷之數相符，應准開銷外，其鉛斤價值實在尚可節省若干之處，應照正鑄鉛斤價值一體確查，報部到日另行核銷。

一詳請雍正六年鼓鑄工本銀兩事案内奉文准鑄外耗錢文，雍正十一年分共鑄外耗銅六萬九千九百八十四斤，每百斤價銀九兩二錢，該價銀六千四百三十八兩五錢二分八厘；鉛四萬六千六百五十六斤，每百斤價銀三兩五錢，該價銀一千六百三十二兩九錢六分；共用工本銀八千七十一兩四錢八分八厘。共鑄銅、鉛一十一萬六千六百四十斤，鑄出本息錢一萬三千三百三十串二百八十六文，内除息錢五千二百五十八串七百九十八文，奉部准作局内爐役食米以及官役養廉工食等項之用，實鑄工本錢八千七十一串四百八十八文等語。查前項鑄過外耗錢文需用銅、鉛工本銀兩數目核算相符，應毋容議。實存工本錢八千七十一串四百八十八文，應與正額實存錢文彙貯局庫。其所獲息錢，先經該督題明作局内爐役食米及官役養廉等項之用，臣部議准在案，應將前項外耗息錢准其動用。至用過銅、鉛價值銀兩，除買銅價值銀兩，查與歷年奏銷之數相符應准開銷外，其鉛斤價值實在尚可節省若干之處，應照正鑄鉛斤價值一體確查，報部到日另行核銷。

一通共實存正額、帶鑄、外耗三項本息錢二十一萬三千四百三十七串三百五十九文，又搭放兵餉等項錢文易出銀五萬四千七百一十一兩六錢一分五厘等語。應令該撫張允隨將前項存局錢二十一萬三千四百三十七串三百五十九文照數收貯局庫，易出銀兩留充下年鼓鑄工本。其存局銀五萬四千七百一十一兩六錢一分五厘，應令該撫照數解交司庫，歸還原動鼓鑄工本，仍將歸還數目欵項報部查核。經管人員如有侵那虧缺情弊，即行據實題參。併將歷年領過工本已、未歸還數目，逐一分晰造具清册，送部查核可也。臣等未敢擅便，謹題請旨。」雍正十三年五月二十日題。本月二十二日奉旨：「依議。」

《雍正朝内閣六科史書・户科・督理錢法户部右侍郎托時等題令寶泉局監督將銅鉛給發爐匠鼓鑄存庫銀收買黄銅本》 督理京省錢法户部右侍郎降三級又降一級留任臣托時等謹題爲按年奏報事：「該臣等查得寶泉局監督安圖等造册奏銷呈報前來，查雍正十一年奏銷後，原存庫銅六鉛四搭配銅一百七十三萬七千六百九十七斤四錢柒分零，鉛二百八十四萬五千五百十七斤二兩七錢四分零，五成舊器皿黄銅二萬八百三十五斤，四成舊器皿黄銅五千七百九十八斤十二兩，不計價鐵銅一千一百七十三斤一兩，不計價法馬銅一千一百五十斤。又實存局庫收買舊器皿黄銅銀一千八百六十九兩六錢三分九厘五毫三忽七微伍纖。新收銅五五鉛四五搭配銅三十三萬九千五百七十斤五錢三分零，銅六鉛四搭配銅二百四十五萬三千五百九十九斤四兩一錢九分零，銅六五鉛三五搭配銅九十五萬八千四百一十七斤十二兩七分零，銅七鉛三搭配銅三萬八千五百四十五斤，鉛三百五萬七千四百五十七斤十五兩五錢四分零。收入官王林生等案内五成黄銅共一百二十九斤八兩，四成黄銅共二百斤四兩。收本部舊引銅板六成黄銅共六百三十四斤四兩。又收買八旗五城舊器皿黄銅自雍正十二年正月起至十二月底收買五成舊器皿黄銅八千一百四斤八兩，每斤價銀一錢三厘七毫五絲，給價銀八百四十兩八錢四分一厘八毫七絲五忽。收買四成舊器皿黄銅三千二百七十一斤十二兩，每斤價銀九分五厘五毫，給價銀三百十二兩四錢五分二厘一毫二絲五忽。共收買過舊器皿黄銅一萬一千三百七十六斤四兩，共給發過價銀一千一百五十三兩二錢九分四厘。共鑄錢四十一卯上，内鑄每文一錢四分重錢十九卯，用銅六鉛四搭配一百三十六萬八千斤，鉛九十一萬二千斤；又經九卿議覆，將現行錢文改鑄一錢二分等因，奉旨依議欽遵在案，隨遵鑄每文一錢二分重錢二十二卯，用銅六鉛四搭配銅一百三十五萬七千七百一千四斤四兩五錢七分零，鉛九十萬五千一百四十二斤十三兩七錢一分零，共用過銅六鉛四搭配銅二百七十一萬五千七百十四斤四兩五錢七分零，鉛一百八十一萬七千一百四十二斤十三兩七錢一分零。内除耗銅耗鉛外，共鑄錢五十一萬一千六百八十串文，内除爐匠十九卯工料錢四萬五千七串二百文，又二十一卯工料銀四萬六千六百四十五串二百二十一文，共除四十卯工料錢九萬一千六百五十二串四百二十一文，内將銅斤飯銀捐給爐匠扣抵工料錢一百四十七串五百九十九文，以補照□捐出一卯工料錢文之數，實給工料錢九萬一千五百四串八百二十二文，計四十一卯浄餉錢四十一萬四千五百五十九串二百文。又改鑄錢文二十二卯節省銅、鉛、裁減煤礶物料錢三千二百四十七串一百七十八文，照舊捐出一卯工料錢二千三百六十八串八百文外，補串繩錢七百三十八串文，以上四十一卯餉錢併節省銅、鉛、裁減物料錢捐出一卯工料錢及外補串繩錢共四十二萬九百一十三串一百七十八文，俱經解部訖。又工部鑄造法馬，共給發五成黄銅一千三百五十斤，又本部鑄造茶引銅板，給發銅六鉛四搭配銅十三斤三兩二錢，鉛八斤十二兩八錢。除不計價鐵銅一千一百七十三斤一兩，不計價法馬銅一千一百五十斤存庫外，實存庫銅五五鉛四五搭配銅三十三萬九千五百七十斤五錢三分零，銅六鉛四搭配銅一百四十六萬五千五百六十八斤十二兩八錢九分零，銅六五鉛三五搭配銅九十五萬八千四百十七斤十二兩七分零，銅七鉛三搭配銅三萬八千五百四十五斤，以上存庫各色紅銅共二百八十萬二千一百一斤九兩五錢一分零。業經該監督安圖等將高低成色通折均匀合筭，得八成八分七厘零銅色，照原奏内寛餘升筭，俱作九成，四六搭配鼓鑄，呈報在案。又實存鉛四百八萬五千八百二十三斤七兩七錢七分零，六成舊引銅板黄銅六(六)百三十四斤四兩，五成舊器皿黄銅二萬七千七百一十九斤，四成舊器皿黄銅九千二百七十斤十二兩。又實存局庫收買黄銅銀七百一十六兩三錢四分五厘五毫三忽七微五纖。一併交與該監督安國等，於雍正十三年自正月起，所存各項銅、鉛給發爐匠鼓鑄。存庫銀兩收買黄銅，仍俟按年奏銷可也。除寶泉局細數文册送部查核外，爲此謹題請旨。」雍正十三年六月初四日題。本月初六日奉旨：「著察核，該部知道。」

《雍正朝内閣六科史書・户科・總理户部事務果親王允禮等題議湖南省郴州九架夾銀鉛各礦准其封閉本》 總理户部事務和碩果親王臣允禮等謹題爲呈報停採等事：「禮部侍郎署理湖南巡撫印務鍾保題，前事雍正十三年四月二十七日題，閏四月二十三日奉旨：『該部議奏。』該臣等查得禮部侍郎署理湖南巡撫印務鍾保疏稱，郴州九架夾鉛礦，先據布政使張璨詳，據京商范毓馪等以壠深砂微，工本不敷，呈請停採。經臣題達，接准部覆，並無保題字樣，不便遽議。令委能員據實確查，如果並無以旺報衰，隱匿税課情弊，俟保題到日再議等因。當經委員確勘去後，兹據布政使張璨詳，據委員永州府知府連際穎詳稱：遵即前往郴州會同該州知州華文振親歷九架夾各礦口，逐一確查，委因壠深砂微，工本不敷，情願停採，並無以旺報衰及隱匿税課情弊等情。併據該委員永州府知府連際穎具結，由布政使張璨加結，詳賫前來。臣覆查無異，相應保題，謹會同湖北督臣邁柱合詞具題等因前來。查湖南郴州九架夾鉛礦，先經該署撫疏稱，九架夾黑白銀、鉛各礦，刨挖年久，壠深砂微，商人工本不敷，情願停採，廠圍人夫久已解散，各礦壠口俱已填塞封禁等因。臣部以該署撫雖稱壠深砂微，商人工本不敷，情願停採，但並無保題字樣，不便遽議。行令遴委能員據實確查，如果並無以旺報衰隱匿税課情弊，該撫保題到日再議去後，今該署撫既稱逐一確查，委因壠深砂微，工本不敷，情願停採，並無以旺報衰隱匿税課情弊，相應保題封閉等語。應將郴州九架夾銀、鉛各礦准其封閉，仍令該署撫鍾保嚴飭該地方文武官弁不時巡查，如有偷挖私煎侵漏税課等弊，即行題參治罪可也。臣等未敢擅便，謹題請旨。」雍正十三年六月十六日題。本月十八日奉旨：「依議。」

《清實録・高宗實録》卷一五九 〔乾隆七年正月庚寅〕江西布政使彭家屏奏：分咨勒追各前司應賠穀石，通飭州縣，錢糧不許銀匠包傾包解。得旨：好。勉力爲之。

《清實録・高宗實録》卷二二九 〔乾隆九年一一月癸卯〕〔雲南總督張允隨〕又奏：……滇省向無蠶桑之利，布匹亦取給外省，通飭各屬製造機軸，教令紡織，十餘年來，漢夷婦女皆能習熟。

《清實録・高宗實録》卷三三八 〔乾隆一四年四月辛卯〕户部等部議覆：浙江巡撫方觀承奏稱，南洋地不産銅，現查浙海關出洋紅黄銅貨，以準江南、廣東、福建各海口所出，每年不下十餘萬觔，積年所耗實多。應如所請。嗣後一應銅器銅觔，俱嚴禁出洋，不許携售，并將各海口通禁。如圖利私販爲首者，照奸民潛將鐵貨出洋貨賣例，百觔以下者，杖一百，徒三年，百觔以上者，發邊衛充軍，爲從及船户減等，貨物船隻入官。其不行搜查之關汛文武官弁，均照出洋漁船夾帶硝磺等物，將汛口官員革職例革職。若止失察者，照內地商人貿易外國偷帶禁物，守口官不行查出例，降一級調用。從之。

《清實録·高宗實録》卷三九四〔乾隆一六年七月庚午〕軍機大臣等議奏：臣等遵旨，將民間禁用銅器一事與總督尹繼善悉心酌議。竊思制錢日用所需，欲錢法流通，市價平減，必先使銅無耗。民間販銅有限，用器無窮，其出於私燬明甚。今請銅器之現在民間者仍聽民用，不必收買，以致抑勒交官之弊，惟此後毋許復造。銅器舖及工匠等悉令改業。已成器者定限變賣，至未經成器及民間廢銅，願繳者，州縣設局，就銅之高低定價之多寡，隨到隨收。第從前但禁黃銅，奸匠將諸銅攙和染色，制錢仍可銷燬，且紅銅加以倭銅即成黃銅，弊端未絶。并請無論黃、紅、白銅，概禁制器。從之。

《清實録·高宗實録》卷九七五〔乾隆四〇年正月丙寅〕諭軍機大臣等：近日閲米芾墨蹟，其紙幅有「勤有」二字印記，未能悉其來歷。及閲內府所藏舊板《千家注杜詩》向稱爲宋槧者，卷後有「皇慶壬子，余氏刊於勤有堂」數字。皇慶爲元仁宗年號，則其板是元非宋。繼閲宋板古《列女傳》，書末亦有「建安余氏靖菴刊於勤有堂」字樣，則宋時已有此堂。因考之宋岳珂相臺家塾論書板之精者稱建安余仁仲，雖未刊有堂名，可見閩中余板在南宋久已著名，但未知北宋時即以「勤有」名堂否？又他書所載明季余氏建板猶盛行，是其世業流傳甚久，近日是否相沿，并其家刊書始自北宋何年，及「勤有堂」名所自，詢之閩人之官於朝者，罕知其詳，若在本處查考，尚非難事。著傳諭鐘音於建寧府所屬訪查余氏子孫現在是否尚習刊書之業，并建安余氏自宋以來刊印書板源流，及勤有堂昉於何代何年，今尚存否，或遺蹟已無可考，僅存其名，并其家在宋時曾否造紙，有無印記之處，或考之志乘，或徵之傳聞，逐一查明，遇便覆奏。此係考訂文墨舊聞，無關政治，鐘音宜選派誠妥之員善爲詢訪，不得稍涉張皇，尤不得令胥役等借端滋擾。將此隨該督奏摺之便諭令知之。尋奏：據余氏後人余廷勷等呈出族譜，載其先世自北宋遷建陽縣之書林，即以刊書爲業，彼時外省板少，余氏獨於他處購選紙料，印記「勤有」二字，紙、板俱佳，是以建安書籍盛行。至「勤有堂」名相沿已久，宋理宗時有余文興，號勤有居士，亦係襲舊有堂名爲號。今余姓現行紹慶堂書集，據稱即勤有堂故址，其年代已不可考。報聞。

《清實録·高宗實録》卷一〇一九〔乾隆四一年一〇月乙卯〕諭：據曹學閔奏請禁水烟一摺雖屬無關緊要，但火烟已屬無益，因相沿日久，未便飭禁，今更流爲水烟，尤非所宜。著交步軍統領衙門暨五城御史概行禁止，並著甘肅等省一體飭禁。

《清實録·仁宗實録》卷二八八〔嘉慶一九年三月癸丑〕諭軍機大臣等：蔣攸銛等覆奏粵省查辦匪徒情形一摺。粵省地廣民稠，良莠不齊，全在地方官實力整飭，以期漸革澆風。摺內所稱六浮山及回肚面山二處有商人黃大通等鐵廠、鍋廠三座，每處工丁一二百名，因恐人衆難於稽查，俱飭令封禁，令該商將各工丁妥爲遣散等語。所辦尚未妥協。上年陝省南山匪徒即因木商停工乏食而起。粵省山內鐵、鍋等廠，該商等久已利爲恒業，而工丁等亦藉以謀食。今驟加封禁，此數百名失業工丁豈一二商人即能將其散遣，俾無失所？此等無藉游民轉致流而爲匪。所有此數處廠座無庸封禁，應官爲設立章程，或編造丁册，令該商等遞加保結，地方官再按季考察，使各貧民有餬口之地，又不致藏垢納汙，方爲正辦。

《清實録·高宗實録》卷六一八〔乾隆七年九月丁丑〕兵部議准：雲南巡撫張允隨疏稱，黑鉛一項，原係製備鉛彈，以供鎗礮之用，當嚴禁出口。而馬白界連交趾，與都竜廠地僅隔一河。該廠五方雜處，奸宄潛藏，現在交地未寧，若任黑鉛出口，不無滋釁。應請仍照原議，將馬白稅口黑鉛，禁止販運出口。所抽稅銀，請照乾隆三年抽收商販貨稅之數，以一千一百九十六兩三錢四分釐五毫作爲定額，飭令經管之員，據實抽收報解。如有侵隱，查實嚴參。從之。任商販私行攜帶，減價售賣，內地商販無多，亦易於稽查禁止也。

王先謙《東華録·康熙》三四〔康熙三十三年九月丙寅〕九卿等議覆：「管理錢法侍郎陳廷敬等奏，民間所不便者，莫甚於錢價昂貴。定例每錢一串，值銀一兩，今每銀一兩僅得錢八九百文不等，錢日少而貴者，皆由奸宄不法之徒毁錢作銅牟利所致。銅價每斤值銀一錢四五分不等，計銀一兩僅買銅七斤有餘，而毁錢一串得銅八斤十二兩，即以今日極貴之錢，用銀一兩换錢八九百文，銷毁可得銅七斤七八兩，尚浮於買銅之所得，何况錢價賤時乎？欲除毁錢之弊，求制錢之多，莫若鼓鑄稍輕之錢，每錢約重一錢，毁錢爲銅既無厚利，則毁錢之弊自絶，錢價平而有利於民。再查産鉛銅地方，因地方官收稅種種作弊，小民無利，不行開採，此後停其收稅，任民採取，則銅日多而價自平。相應俱照所請，通行各省遵行。」得旨：「依議。開採銅斤聽民自便，地方官仍不時稽察，毋致爭鬬搶奪，藉端生事，致滋擾害。」

《〔光緒〕湖南通志》卷五七《食貨志三·錢法》　崇禎三年御史饒京言，鑄錢開局本通行天下，今乃苦於無息旋開旋罷，自南北兩局外，僅存湖廣、陝、西、四川、雲南及宣密二銀，而所鑄之息不盡歸朝廷，復苦無鑄本，蓋以買銅而非采銅也。乞遵洪武初及永樂九年嘉靖六年例，遣官各省鑄錢，采銅於産銅之地，置官吏駐兵，倣銀礦法，十取其三。銅山之利朝廷擅之，小民所采仍予直以市。帝從之。《明史・食貨志》。

朱壽朋《光緒朝東華録》卷八八 （光緒十四年二月甲申）張之洞等奏：「瓊州府昌化縣境内大艷山，《府志》名峻靈山，多産銅及石緑，故亦名爲石緑山，前經香山職員張廷鈞招集股分，購備機器，前往開採，業經奏明在案。查石緑爲銅苗所結，下有銅礦，精華上溢，融爲石緑。每石緑百斤，佳者可鍊銅十餘斤至二十斤不等，其不能鍊銅者，賣作顔料。兹查大艷山地近黎境，道路既遠，瘴癘尤重，出産雖佳，工費甚昂，現在黎境甫通，礦務創始，倘無確利可圖，必致觀望自阻，惟有減輕成本，始足以徠商販而惠民黎。兹擬將昌化石緑及銅斤凡販運出瓊州海口者，自光緒十四年起，三年之内所有山税及關税、釐金概行暫免，俟開採所銷大旺，再將税釐酌量抽收，其餘瓊屬五金等礦，如有集資開辦，亦即一律辦理，暫免税釐，庶幾通商惠工，利興而島民裕矣。」下户部知之。

《澳門憲報中文資料輯録（一八五〇—一九一一）》一八八四年十一月二十二日（第四十七號） 大西洋欽命澳門理事官辦理華政事務何爲出示嚴禁事。照得現據本澳眾華商稟稱，近來多攜帶爛錢入澳發售，顯干刑律部之例禁。蓋律例所載，無論本國與外國金銀錢文，不得私鑄假造，並不得攜帶入境，又不得通行運用。如有違犯，例禁綦嚴，從重辦理等語。緣干此例禁，向有損害民人，兹本澳多有爛錢入境，實屬於貿易場中居住民人大有干礙，是以出示曉諭爾等商賈民人知悉：嗣後所有金銀錢文，毋許私鑄假造、攜帶入境、通行運用。至於爛錢，更毋許私鑄，或帶入，或通用等情。倘敢抗違，自當從嚴究辦，決不姑寬。今特將此示粘在常貼告示之處，俾衆咸知，各宜凜遵毋違。特示。甲申年十月初十日示。

藝文

桓寬《鹽鐵論》卷一錯幣第四 大夫曰：交幣通施，民事不及，物有所併也。計本量委，民有飢者，谷有所藏也。智者有百人之功，愚者有不更本之事。人君不調，民有相妨之富也。此其所以或儲百年之餘，或不厭糟糠也。民大富，則不可以禄使也；大强，則不可以罰威也。非散聚均利不齊。故人主積其食，守其用，制其有餘，調其不足，禁溢羨，厄利涂，然後百姓可家給人足也。

文學曰：古者，貴德而賤利，重義而輕財。三王之時，迭盛迭衰。衰則扶之，傾則定之。是以夏忠、殷敬、周文，庠序之教，恭讓之禮，粲然可得而觀也。及其後，禮義弛崩，風俗滅息，故自食禄之君子，違於義而競於財，大小相吞，激轉相傾。此所以或儲百年之餘，或無以充虚蔽形也。古之仕者不穡，田者不漁，抱關擊柝，皆有常秩，不得兼利盡物。如此，則愚智同功，不相傾也。《詩》云：「彼有遺秉，此有滯穗，伊寡婦之利。」言不盡物也。

大夫曰：湯、文繼衰，漢興乘弊。一質一文，非苟易常也。俗弊更法，非務變古也，亦所以救失扶衰也。故教與俗改，弊與世易。夏后以玄貝，周人以紫石，後世或金錢刀布。物極而衰，終始之運也。故山澤無征則君臣同利，刀幣無禁則奸貞併行。夫臣富則相侈，下專利則相傾也。

文學曰：古者，市朝而無刀幣，各以其所有易所無，抱布貿絲而已。後世即有龜貝金錢交施之也，幣數變而民滋僞。夫救僞以質，防失以禮。湯、文繼衰，革法易化，而殷、周道興。漢初乘弊，而不改易，畜利變幣，欲以反本，是猶以煎止燔，以火止沸也。上好禮則民暗飾，上好貨則下死利也。

大夫曰：文帝之時，縱民得鑄錢、冶鐵、煮鹽。吴王擅鄣海澤，鄧通專西山。山東奸猾咸聚吴國，秦、雍、漢、蜀因鄧氏。吴、鄧錢布天下，故有鑄錢之禁。禁御之法立而奸僞息，奸僞息則民不期於妄得，而各務其職，不反本何爲？故統一，則民不二也；幣由上，則下不疑也。

文學曰：往古，幣衆財通而民樂。其後，稍去舊幣，更行白金龜龍，民多巧新幣。幣數易而民益疑。於是爲天下諸錢，而專命水衡三官作。吏匠侵利，或不中式，故有薄厚輕重。農人不習，物類比之，信故疑新，不知奸貞。商賈以美貿惡，以半易倍。買則失實，賣則失理，其疑或滋益甚。夫鑄僞金錢以有法，而錢之善惡無增損於故。擇錢則物稽滯，而用人尤被其苦。《春秋》曰：「算不及蠻夷則不行。」故王者外不鄣海澤以便民用，内不禁刀幣以通民施。

蘇轍《龍川略志》卷八《議罷陝西鑄錢欲以内藏絲紬等折充漕司》 陝西歲鑄錢，折二錢二百萬貫，用本一百萬貫。鐵賤銅貴，而與銅錢並行，又重而難徙。

由此陝西幣輕物重，商販沿邊者回，無以爲貨，非換鹽鈔，則負銅錢以出，故銅錢日少，鐵錢日多。官吏卒伍月得料錢，每一千當六百而已。而入中邊糧，及販賣絲絹者，率要重價。户部一造飛鈔以給邊郡，邊郡以給商賈，持入元豐庫請錢，尤爲私便。是時，四方商賈不行，惟陝西道路如織。微仲陝人，意尤主之。議者言陝西舊不鑄錢，而内藏庫歲以紬絲賜陝西漕，西邊苦寒，得之易售，而今皆不行，故陝西尤困。元祐七年，劉忱、張景先以漕事同至京師，見予於東府，予問之曰：「聞鐵錢甚爲漕司之患，今欲罷鑄一百萬貫，漕司既收鑄本五十萬貫矣，其餘五十萬貫，以内藏紬絲綿止據元價折充，漕司自以人般運於邊郡，依時價出賣，以收軍糧，於君便否？」景先起謝曰：「本司之幸也。」忱觀望而不答。然竟議不合而止。

江少虞《皇朝類苑》卷二一《諸監鑪鑄錢》 江南因唐舊制，饒州置永平監，鑄錢歲六萬貫。江南平，增爲七萬貫，常患銅少。張齊賢任轉運使，求得江南舊承旨丁釗，盡知信建等州谷銅鉛處，齊賢即調發丁夫采之，初年增十數倍，明年得銅鉛八十五萬斤，錫六十萬斤，因雜爲鉛錫錢，鑄三十六萬貫，以釗爲殿前承旨，領三州銅山。先是永平監所鑄錢用開通元寶，錢法肉好周郭精好，至是雜用鉛錫，兼失古制，數雖增而錢惡。其後信州鉛山縣出銅無筭，常十餘萬人采鑿，無賴不逞之徒萃於淵藪，官所市銅錢數千餘萬斤，大有餘羨，而銅山所出益多。有司議減銅價，鑿山者稍稍引去，饒州官市薪炭不能給鼓鑄，分於池州置永寧監，建州永豐監，並歲鑄錢二十萬貫，以鉛山銅給之，既有所泄，價乃復舊，而工徒並集。杭州置保興監，凡四監，歲鑄百餘萬貫，爲極盛矣。唐天寶之制，絳楊潤宣鄂蔚益柳十州，共置九十九鑪鑄錢，一鑪役丁匠三十人，每年六七月停，餘十月作十番，一鑪約用銅二萬一千二百三十斤，白蠟三千七百九十斤，黑錫五百四十斤，每鑪鑄錢三千三百貫，計一工日可鑄錢三百餘。國家之制，一工日千餘，用銅鉛鑞之法亦異於古，其數雖倍，而錢稍惡，每繫擲亦多缺。予在史局，因録唐制與今王丞相，後數月有詔，暑月諸監減半工，蓋主上勤恤之至也。《談苑》。

游日章《駢語雕龍》卷四《錢》 以沈郎而得名。《晉書》曰：沈充鑄小錢。謂之沈郎錢。聞成公之著論。成公綏《錢神論》曰：路中紛紛，行人悠悠。戰馳載驅，惟錢是求。始興加戲於袁淑，反求裒益之書。《宋書》曰：始興王濬，嘗送錢三萬餉袁淑。一宿復遣追取，欲以戲淑。淑致書曰：聞之前志。七年之中，一予一奪。義士猶或非之，况密邇旬次。何其裒益之亟也。易曰：君子以裒多益寡，稱物平施。郄愔任取於嘉賓，豈識義方之教。《郄愔别傳》曰：愔，太宰鑒子也。愔好聚斂。有錢數千萬。愔愛其子超。嘗令開庫任意取用。超遂一日散施都盡。《左傳》曰：公子州吁有寵而好兵，公弗禁。石碏諫曰：臣聞愛子教之以義方，弗納於邪，驕奢淫逸，所自邪也。鑿井久稱於龐儉，得銅起時人之謡。《風俗通》曰：魏郡龐儉，因亂失父。後鑿井得錢鉅萬，遂富。堂上作樂老蒼頭竊言曰：堂上老母，我婦也。呼問事實，復爲夫婦。時人語曰：廬里龐公，鑿井得銅，買奴得翁。繫樹致辨於邴原，斂錢興社供之制。《邴原别傳》曰：原常行，得遺錢，以繫樹枝，後繫者遂多，謂之神樹云。原惡其淫祀，乃辨之里中，遂斂其錢以爲社供。武寧作郡，笑江禄之鍾鳴。《梁書》曰：江禄爲武寧郡，積錢於壁，壁爲之倒迮。銅物皆鳴。人戲之曰：所謂銅山西傾，洛鍾東應者也。鴻都買官，朝崔烈之銅臭。摯虞《文章志》曰：崔烈乃駰之孫也。餘見上司徒註。送謝譓而稱愧，《梁書》曰：謝譓爲東陽内史。及還，五官還錢一萬。止留一百。答曰數多留少，更以爲愧。餞劉寵以表廉。《續漢書》曰：劉寵自會稽太守被徵。山谷間五六老翁相率送寵，人賫百錢。寵選受一大錢已。其清如是。魏文家事之占兆。降罪於貶爵。《魏書》曰：文帝夢磨錢文，欲令滅而更明。周宣占曰：此陛下家事。帝欲治弟植，逼於太后，但加貶爵。淮陰亭長之賜慨，爲德之不終。《漢書》曰：韓信從南昌亭長寄食。妻患之，不爲具食。信怒，絶去。及爲楚王召，亭長賜錢百曰：公小人，爲德不卒。往賀得刺史之權，《梁書》曰：宋季雅居吕僧珍宅側。僧珍生子，季雅往賀，署函曰一千。閽人少之，弗爲通，强之乃進。僧珍疑其故，親發之，乃金錢也。遂言於帝，陳其才能，以爲衡州刺史。受賂愧文帝之賜。《漢書》曰：文帝時，張武受賂金錢。追覺，更加賞賜，以愧其心。三字牛明于額上，《録異記》曰：永徽中，涿州路伯達負人錢一千。與錢主誓曰：若我未還。願死爲公家牛。踰年而死。錢主牛果産一赤犢。額上白毛。爲路伯達三字。萬數蝶飛於禁中。《杜陽編》曰：唐穆宗時，禁中有蛺蝶數萬，飛集花間。上令張網空中，得數萬。待明視之，皆庫中金玉錢也。樹下徘徊，正欹甕於夜夢。徐鉉《稽神録》曰：建安有村人採薪至山半樹下。有大甕。錢滿而少欹。因推正，取五百歸。率家人往取，而亡其所，徘徊不忍去。夜夢人曰：錢有主，不可取也。向爲甕欹。以五百顧爾正之耳。屋子塞破，賜萬貫於寂思。楊文公《談苑》曰：宋太祖與趙普議事不合，曰：安得宰相如桑維翰者與之謀乎。普曰：維翰愛錢。上曰：與十萬貫，則塞破屋子矣。貯壺致泉路之通，《齊書》曰：趙僧若常以一壺自隨。一旦謂弟子曰：吾今夕當死。壺中大錢一千以通九泉之路。至夜而亡。掛杖侈酒肆之飲。《晉書》曰：阮孚日常杖頭掛百錢，造市店，酣飲而歸。塗文母子，變奇術於青鳧。《搜神記》曰：南方有蟲，其形若蟬，名青鳧。其子著草葉如蠶種。得子以歸，其母飛來就之。殺母塗錢，以子塗貨，用錢貨市旋則自還。故淮南子術用之也。更名貨泉，兆真人於白水。《漢官儀》曰：王莽篡位，作小錢名貨泉，其文乃「白水真人」。此世祖中興之瑞也。紫標掛庫，適興錢愚之讖。《南史》曰：梁武帝弟蕭宏，錢千萬一庫，掛一紫標。如此三十餘間。武帝少子綜，作《錢愚論》譏之。元寶刻文，爰啟王老之呼。《南部新書》曰：王元寶，富厚。人以錢文有元寶字，因呼錢爲王老。武子移第，侈號金溝。《世説》曰：王武子移第近北邙，人多地貴。武子好馬射，買地作埒，編錢布地竟埒，時人號爲金溝。夷甫繞床，目爲阿堵。《晉書》曰：王衍妻貪鄙。衍口不言錢。妻候其睡，令婢以錢繞牀足。及起，呼婢舉郤阿堵物。文育詣卜，誰敢望夫封侯。《南史》曰：周文育詣卜者。曰：君南入則爲公侯。曰：足錢便可，誰望封侯。鄭均與兄，遂克成夫廉吏。《事文類聚》曰：鄭均兄爲縣游擊，受禮遺。均諫不聽，即出傭作。得數萬錢與兄曰：錢盡可復得。爲吏坐贓，終身殯素。兄感其言。遂有廉潔稱。奉勤一帖，致嘆通神。《幽閒鼓吹》曰：張延賞聞度支有一冤獄，久不決。公期以旬日平反。視事日，案上一帖云，奉錢三萬貫，乞不問其獄。公怒，收吏禁之。次日盥洗處，又一帖奉錢十萬。公曰：錢至十萬，可通神矣，無不可回之事。吾懼及禍。不得不止。出減三錢，沈括《筆談》曰：漢隱帝時，三司使王章，每出官錢減三錢，以七十七爲百。肇稱省陌。《侯鯖録》曰：五代王章掌財賦。令入者以八十，出者七十七，謂之省陌。

胡我琨《錢通》卷二《正朔一統二》　然鑄之大患在于無銅，年前有商七人，今或亡或逃，存者二人而已。究銅之所難得，則凶年物貴，盤運爲艱，關津重疊，抽税不一。及至都城，則户部索其税，工部索其銅，衙門之使費滋擾，借貸之賠累難堪，鞭策囚繫，勉强支應。今欲甦其困以示招徠，莫若户部銅商改隸工部，或收其本色作税，而于税外别買低昂，悉照當時給直，或將其税銀特免，而較數歲爲常，豐凶無二價，但責完銅。商不苦于煩費，官不苦于權分，此不可不議也。蕪湖關控扼大江，爲陪京門户，私鑄姦豪盤聚其處，每銅商船至，則羣擁邀截，高價强買，佯作倭鉛，點造黄銅器玩，而寔則轉輸深僻之處，競鑄私錢。今宜盡驅其人，遍毁其爐，令就内城錢局軍廠近處，或點綴黄銅，或發賣紅銅，使川貴之銅悉萃聚于鍾阜石城之内，毋令散逸爲豪右資，此不可不議也。又《大明律・錢法》一欵，私錢坐絞，古錢兼用，其旨總歸之便民。若乃器用，則民間除軍器、鏡子、寺院鐃鈸外，餘應廢棄者皆輸之官，私相賣買者有罪。蓋收下之銅而歸之上，即賈生所云，銅不布下則上權不分之意也。今百姓鎔冶鏤刻，作無用之器，極神工之巧，華靡僭擬，秦鍾漢鼎，商彜堯鐏，皆可僞鑄，一爐千金，破産無悔，拐騙傷俗。不若申飭律禁，一切收之官府，量給銅價，凑鑄銅錢，即縉紳世家土瓷木石器具，儉樸日用甚適，豈必用銅？唐劉秩謂銅之爲物，以爲兵則不如鐵，爲器則不如漆，即禁之無害，禁則銅之費不廣而價日賤，並可挽俗，此不可不議也。銅既易足，工冶具火，齊得贏利，可以坐取。不此之務，而務礦税何爲哉？

陸容《菽園雜記》卷一四　五金之礦，生於山川重復高峰峻嶺之間。其發之初，唯於頑石中隱見礦脉，微如毫髮。有識礦者得之，鑿取烹試。其礦色樣不同，精粗亦異。礦中得銀，多少不定，或一籮重二十五斤，得銀多至二三兩，少或三四錢。礦脉深淺不可測，有地面方發而遽絶者；有深入數丈而絶者；有甚微，久而方闊者；有礦脉中絶，而鑿取不已，復見興盛者，此名爲過壁；有方採於此，忽然不現，而復發於尋丈之間者，謂之蝦蟆跳。大率坑匠採礦，如蟲蠹木，或深數丈，或數十丈，或數百丈。隨其淺深，斷絶方止。舊取礦攜尖鐵及鐵錘，竭力擊之，凡數十下，僅得一片。今不用錘尖，惟燒爆得礦。礦石不拘多少，採入碓坊，舂碓極細，是謂礦末。次以大桶盛水，投礦末於中，攪數百次，謂之攪粘。凡桶中之粘分三等：浮於面者謂之細粘，桶中者謂之梅沙，沉於底者謂之粗礦肉。若細粘與梅沙，用尖底淘盆，浮於淘池中，且淘且汰，泛揚去粗，留取其精英者。其粗礦肉，則用一木盆如小舟然，淘汰亦如前法。大率欲淘去石末，存其真礦，以桶盛貯，璀璨星星可觀，是謂礦肉。次用米糊搜拌，圓如拳大，排於炭上，更以炭一尺許覆之。自旦發火，至申時住火，候冷，名窖團。次用烰銀爐熾炭，投鉛於爐中，候化即投窖團入爐，用鞴鼓扇不停手。蓋鉛性能收銀，盡歸爐底，獨有滓浮於面。凡數次，爐爬出熾火，掠出爐面滓。烹煉既熟，良久以水滅火，則銀鉛爲一，是謂鉛駝。次就地用上等爐灰，視鉛駝大小，作一淺灰窠，置鉛駝於灰窠内，用炭圍疊側，扇火不住手。初鉛銀混泓，然於灰窠之内，望泓面有烟雲之氣，飛走不定，久之稍散，則雪花騰涌，雪花既盡，湛然澄澈。又少頃，其色自一邊先變渾色，是謂窠翻。乃銀熟之名。烟雲雪花，乃鉛氣未盡之狀。鉛性畏灰，故用灰以捕鉛。鉛既入灰，惟銀獨存。自辰至午，方見盡銀。鉛入於灰坯，乃生藥中蜜陀僧也。

吳亮《萬曆疏鈔》卷二七《錢鹽》　疏通錢法以裕經用疏

周良寅户科給事中，萬曆四年三月。

竊惟天地有自然之利，行法貴通變之權。夫即山鑄錢，古今稱富饒之效，蓋明驗章章矣。然法之行也，每至於齟齬壅遏而不可通，是果法之不便哉？經久之規不定，拘攣之見不破，而因循苟且之習，日以滋也。伏惟我皇上臨御以來，法度修明，百廢具興。近諭户工二部鑄萬曆錢，而雲南建議，特允部臣覆請，所以殫精勤之思，爲生財足用計者亦既諄切矣。但鑄錢而終或壅塞，法猶未周也，行之一省而不通行天下，利猶未溥也。臣待罪該科，職掌攸係，敢不陳壅塞之弊與通行之利，以推廣德意於萬一乎。臣謹按我國家設立寶源局，鼓鑄銅錢，通濟民用。弘正以前法之興廢無論已。即嘉靖、隆慶間所製，金背、鏇邊、火漆，名色不同，而折價遞異，是宜輕重多寡，當折相兼，無時而不便矣。乃民間交易多用鏇邊，而火漆間之，金背則或用或否，且時又有出鏇邊以收金背，而各門市肆，鮮以金背而貿易者。又同一金背、鏇邊、火漆，隆慶所鑄，非有減於嘉靖也，乃隆慶通寶竟不肯與嘉靖通寶而並行者。興廢靡常，紀法不定，以昭代之制錢尚如此，則前而開元等錢可知也。在輦轂之下尚如此，則遠而各省又可知也。臣竊求之，蓋其故有四焉，火漆價低，民情所不願用，金背價高，分折有不便宜，且三項每雜錯以估筭，小民易任意以行私，此名額之不齊一也。每年自宣課司收税外，市闤所貿遷者皆細瑣貨物，納贖追徵，率無所藉，官散於民，而民不得輸於官，觀望疑惑，莫知所貴，此公私之未通融二也。鑄工一興，弊端百出，錢糧經手，動輒侵漁，吏皂垂涎以需索，匠役染指而營私。造作既不如法，則美惡必至低昂，隆慶通寶之不行，大率坐此，此姦弊之未除三也。富豪巨賈，利析秋毫，造計多方，憑依城社，或騰湧乎市價，或陰撓以譸張，無知小民，見積錢之無所用，不得不委而棄之，彼且廣布資本，賤以售其直也。待夫私槖既聚，民間之錢既少，然後彙緣，機會一起，而貴糶之。訪得嘉靖季年，京師錢法，率此輩所阻，此法令之未嚴四也。夫錢之爲言泉也，泉疏則流，淤則滯。遵鑄錢之定制，至於滯而不通，此今日之不可不經畫者也。京師用制錢而不通於各省，各省有古錢而不達於京師，用之則爲錢，可以當金與幣，不用則爲銅，不過鉛錢等耳。流布未廣，將何以導利於天下耶。議者謂鑄一錢，費一錢，用銀一萬而鑄錢數萬，縱使通行，利亦有幾？臣愚以爲用銀以鑄錢，則天下多數萬之錢，即多一萬之銀，損而益之，所以藏富於民也。矧山澤之利，取之不竭乎？苟其初，各省將文武官員折俸銀兩，每年總該若干，暫爲工本鼓鑄，即以備二年折半支用。以後年分將贖罪者，令其輸古錢或令輸銅人官，悉隸寶源局量處工資，其折俸銀兩亦可以遞減添造，仍申明廢銅赴官中賣之律，通融出入，俾銅價工資不必悉出内帑，則錢益充溢與金帛而相濟矣。以是爲利薄而不議，則彼盜鑄者豈皆懵不畏罪，輕以其身而陷於刑憲哉。議者謂錢法之設，本以從民願也。行之天下，苟物議沸騰，其何能堪？臣愚以爲，寶鈔之法，在國初猶通用之。而閩與東粤多用古錢，民便至今，果誰所强也。且既行於兩省，獨不可行於各省，既用古錢，獨不可用今錢。若歸併工本，多鑄鏇邊，其金背、火漆少鑄之，以存古制。仍約所價值，每銀一分，定錢幾文，務彼此俱利。而又賦税正供除本折外，存留歲額則與銀半徵之，紙價贖罪除上穀外，折色亦與銀半徵之，一切驛遞軍餉等費習，權其分數，取辦於錢，則名制畫一，估折不虧，公私兩便，民志不惑，久而習且安焉。雖禁使勿用，亦將不能矣。矧所謂不便者，特官吏無所遂其貪，商賈無所肆其巧乎哉。議者又謂王者之政，不與民争利，錢法一行，則私鑄有律，阻塞有禁，筭子母，較錙銖，寧無病於争利乎。臣愚以爲，利之所在，人必趨之，私鑄阻塞之令嚴者，正所以用其權而興利者也。今夫千金之家，操其奇(嬴)〔贏〕，猶能奔走鼓舞，使人樂爲之用，而惟其所欲爲，況朝廷握利權以運用天下，至使張弛盈縮，商賈得以制之，是徒假姦猾，以媒利之資，而三尺之法，曾不得伸於天下也，於鑄錢亦何賴哉。議者又謂古錢難銷，不若新舊間用，但當權其價值，賤古而貴今。臣愚以爲，古錢固不必銷，但世遠僞滋，真假莫辨，民間不用亦不必禁，且新錢盛行，舊錢必至於廢格，革故鼎新，視聽不易，亦同律度信法令之一端也。伏乞勑下户部，如果臣言於鑄錢有裨，詳加酌議施行，仍立爲條式，頒布天下，令南直隸於南工部，十三省於各布政司，專管置局，俾其一體遵依行事，則行之數年，將錢滿天下而貫朽可立致矣。再照議論多而成功少，古今之通患也，可與樂成而不可興慮始，天下之恒情也。鑄錢之利，人知之矣，用錢之便，人知之矣，知之而效驗罔臻，非無議論之病也，持法不堅之病耳。往者儲蓄告匱，建議諸臣，屢以爲請，該部題覆，鋭意方行，而阻者紛紛，今日令之，明日收之，曾不旋踵而報罷矣。畫餅談河，無裨饑渴，朝甲暮乙，築室道傍，使古今所稱利者，徒爲紙上之談，此則臣愚之所不識也。伏乞聖明宸斷，毅然必行，勿從中止，庶法立而可久，利廣而無方矣。

吴亮《萬曆疏鈔》卷二七《國匱民窮修舉錢法以開財源以寬民力疏》 趙世卿 户部尚書・萬曆三十六年八月

萬曆二十七年三月內，該工部咨開，户科給事中郝敬欵題，設官立局，廣鑄制錢，官民兼用。查得户部軍糧商價歲計九十餘萬兩，銀錢三七兼支，計該鑄錢銀二十七萬餘兩，今計鑄錢一萬文，合用銅價工料費銀一十四兩，以五十文支放，則可值二十兩矣。共可充銀三十八萬有奇。其鑄錢四火，黄銅選定殷實商人買辦，隨鑄隨送，照例兼支等因到部。又於二十九年正月內准工部咨稱，本部商人不多，業苦難支，欲將户部錢銅，改令自行召買等因到部。隨於本年四月內，單派宛平等縣，僉報商人朱萬壽等三名買辦黃銅六十萬斤，每斤價銀一錢，共該價銀六萬兩，當於太倉預支銀二萬四千兩，責令在京買納。又該各商告稱，黃銅貨賣，原在蕪湖等處，乞准輕齎等因。該本部移文兩淮鹽運使司，於歲課銀內量給三萬六千兩，共給過銀六萬兩，而各商經年有餘尚欠黃銅十萬斤，見在追比。今據三十年分，又該鑄錢黃銅六十萬斤相應召買。竊照制錢原爲貨泉，則採銅自關國計，第以六萬之金，漫付數商之手，公免課税，私假經營，遷延不免於侵漁，程督動稱夫賠累，是採銅之通弊也。工部原擬五十文支放，故謂十四兩之銀可得二十兩之錢，計其利當什四，今市錢以六十文行，而各商所領銅價之外，又有告免税銀，計其利不當，始議之半矣。費重用輕，無益均輸之計，朝三暮四，徒滋多事之煩，又鑄錢之流弊也。則國家亦何利焉？查得各商具述黃銅聚於蕪湖等處，若就彼買辦，非惟銅無雜僞，抑且價必懸殊，則錢利或可不失原議矣。合無移文應天撫按衙門，將本府歲額應解太倉銀三萬五千七百餘兩，及倉院屯院贓罰銀一千二百兩，盡數動支，或有不足，量於太平等府額銀內動支湊用，就便給發。蕪湖等處責委材能官員，照依尋常時價買辦黃銅，差官驛解赴部給鑄。案呈到部。看得採銅鼓鑄，實爲平準之權宜，而給驛轉輸，尤免侵牟之積蠹，相應題請，合候命下，本部移咨應天巡撫及咨都察院，轉行巡按御史，將應天府額解銀三萬五千七百餘兩，及倉院屯院贓罰銀一千二百兩，盡數動支，不敷外仍於太平等府額銀量支湊用，就便給發。蕪湖等縣，責委廉能佐貳官一員，照依尋常時價買辦四火黃銅，造成文册，給與勘合，沿途不許阻滯，本官亦不許挾帶私貨，騷擾驛遞，務要星馳解部，轉送工部寶源局鑄錢應用。至若買辦解運官員果能勤身佐國，潔已奉公，仍容臣部咨送吏部紀録優叙。若或自同賈竪，致悮軍需及有挾帶騷擾情弊，亦容臣等從重參處。

吳亮《萬曆疏鈔》卷二七《錢鹽》《都城錢重制令宜遵嚴明禁以裨實用疏》

趙世卿戶部尚書，萬曆三十六年。

看得疏通錢法，禁止盜僞，累經奉有明旨，不啻三令五申。原議制錢官民並用，凡軍糧商價，俱要銀錢三七兼支。每銀一錢，以五十文爲率。按以時估，於民固無虧損，計以本費，於國稍有積贏，誠公私兩利之術也。奈沿襲漸久，銀錢價值，低昂屢變，向猶增至六十餘文，今則六十七八文矣，將來消長，尚未可知，惟就今日亦可謂濫觴之極者。彼估賤而貴用之則衆口譁，因其賤而賤用之則國本蠹，至使欽定信額不遵，率於輦轂之間，而臣子區區籌畫，尤苦於掣肘而難行，臣憂滋甚。夫等一制錢耳，何先後貴賤懸殊乃爾，臣以爲錢法之害有四，曰盜鑄之與雜用也，市價之多岐，而流行之未廣也。制錢固自有真，乃姦宄之徒，以彼私造贋物，與制錢贗行於市，非以僞亂真，而陰壞吾法者乎。官爐之制惟一，然閭閻流布，顧有所謂紅黑背面，色樣光薄之類，不勝指數，非以雜溷純，而觭勝吾法者乎。市價之平宜辨也，自假雜之錢出，而五文之數窮，斯真僞同類而共賤之矣，是低昂任柄而撓吾法者也。令甲之遵宜同也，今寶源每歲巨萬之鑄，旋轉僅在都門百里之間，過此即格而弗通焉，是壅塞爲患而阻吾法者也。抑四者之害雖同，而盜鑄爲甚。頃者錦衣衛都督王之楨緝獲人犯，私鑄如魏廷遷，買使如康進林輩，公行私假，明有其人矣。調停錢法，臣部司之。禁緝奸盜，在柄法諸臣司之。僞者不革而望真者之通，臣之所不敢必也。臣見連年匱詘，蒿目焦心，不能別出他籌，豈以國家成憲，任奸宄之徒公然壞之，不爲問詰。用是不避瑣屑，披瀝敷陳，伏候命下，容臣咨行各該衙門一體欽遵。更望天語叮嚀，申諭廠衛及各巡城御史，嚴督五城兵馬司官禁示曉諭，專委員役巡緝，遇有盜鑄者擒拏到官，依律重治。民間貿易出入，俱要真正制錢，其外來溷雜及私鑄假錢等項，令其銷毁爲銅，不許仍復攙行，以滋騰涌。行使假錢者，坐以私鑄之律，溷用低雜者，減等枷號問罪。巡緝員役，告捕得獲，如律加賞，縱容賄脱，罪與犯同。凡銀庫開納，宣課收税，通州草場，河西鈔務並畿内府屬，各宜通行真正制錢，禁約法令，永爲確遵，假雜之錢既禁而不用，則真正制錢自日以增貴，錢真價平，即軍糧商價，各照原題額數支給，亦將樂需實惠而無復巷議之萌矣。倘議可推而民稱便，即由是通行天下可也。

陳仁錫《皇明世法録》卷三三《鈔法》國初寶鈔，通行民間，與銅錢兼使，立法甚嚴。其後鈔賤不行，而法尚存，今具列于此。其折禄折俸罪贖及各項則例，輕重不等，詳見各部。

洪武八年，令中書省造大明寶鈔，取桑穰爲鈔料，其制方高一尺，闊六寸許，以青色爲質，外爲龍文花攔，横題其額曰：大明通行寶鈔。内上兩旁復爲篆文八字，曰大明寶鈔，天下通行。中圖鈔貫狀，十串則爲一貫，其下曰：戶部奏准印造大明寶鈔，與銅錢通行使用，僞造者斬，告捕者賞銀二百五十兩，仍給犯人財產。若五百文，則畫鈔文爲五串，餘如其制而遞減之。每鈔一貫，折銅錢一千文，銀一兩，其餘以是爲差。其等凡六，曰一貫、五百文、四百文、三百文、二百文、一百文。每鈔四貫，易赤金一兩。禁民間不得以金銀物貨交易，違者治罪，告發者就以其物給賞。若有以金銀易鈔者聽。凡商税課，錢鈔兼收，錢十之三，鈔十之七，一百文以下，則止用銅錢。十三年，令在京在外各置行用庫，凡軍民倒鈔，令軍分衛所、民分坊廂，輪日收换，鄉民商旅則以户帖路引爲驗，其鈔務貫伯、昏爛，方許入庫易换，量收工墨價直。二十四年，榜諭各處商税衙門河泊所官吏，每遇收辦課程，不許勒要料鈔，但有字貫可辨真僞者，不問破爛油污水跡紙補，即與收受解京。若官吏巡攔刁蹬不收，及因而以不堪辨驗真僞鈔解京者，俱罪之。二十五年，設寶鈔行用庫於東市，凡三庫，庫給鈔三萬錠爲鈔本，倒收舊鈔送内府。二十六年，定凡印造大明寶鈔，與歷代銅錢相兼行使，每鈔一貫，准銅錢一千文。其寶鈔提舉司，每歲於三月内興工印造，十月内住工。其所造鈔錠，本司具印信長單及關領勘合，將實進鈔錠照數填寫，送赴内府庫收貯，以備賞賜支用。其民間行使，及税課司局、河泊所收受課鈔，除挑描僞鈔外，其餘不分油污水跡破爛，務要收受，如有阻壞，照依户部原給鈔法榜文内事例治罪。其合用桑穰數目，本部每歲預爲會計，行移浙江、山東、河南、北平及直隸、淮安等府出産去處，依例官給價鈔收買，所在官司，應付脚力，差人起解赴京，仍申達本部，本部將來文立案，劄付寶鈔提舉司交收，及出給印信長單，具手本赴内府關領勘合填寫付差來人，於承天門照進赴提舉司交收，取獲實收回部入卷備照。二十七年，罷寶鈔行用庫，令軍民商賈所有銅錢，有司收歸官，依數换鈔，不許行使。

永樂元年，以鈔法不通，禁用金銀交易，犯者准奸惡論。有能首捕者，以所交易金銀充賞。其兩相交易，而一人自首者免坐，賞與首捕同。若置造首飾器皿，不在禁例。五年，奏准於京城設官庫一所，凡官員軍民人等，但有以金銀易鈔者，不拘多寡，聽於本庫收數，各驗成色，照時值倒换官鈔行使。在外於府州縣倒换。令各處税糧課程贓罰，俱准折收鈔。米每石三十貫，小麥、豆每石二十五貫，大麥每石一十五貫，青稞、蕎麥每石一十貫，絲每斤四十貫，綿每斤二十五貫，大絹每疋五十貫，小絹每疋三十貫，小苧布每疋二十貫，大苧布每疋二十五貫，大綿布每疋三十貫，小綿布每疋二十五貫。金每兩四百貫，銀每兩八十貫。茶每斤一貫，鹽每大引一百貫，蘆柴每束三貫。其有該載不盡之物，俱照彼中時價折收。七年，設北京寶鈔提舉司。八年，令内外税課司局河泊所等衙門，該收課程鈔，不問一十文至五十文，一百文至五百文，皆照舊收，其買賣行使，亦不許沮滯。二十年，令河東、山東、福建、長蘆四運司，并廣東鹽課提舉司鹽課，許軍民人等於京庫報納舊鈔，填給勘合，赴各運司提舉司，不拘資次支鹽。

宣德元年，令各處贓罰俱折收鈔，不分新舊昏軟悉收，不願納鈔者，聽納本色。又令商賈以金銀交易，及藏匿貨物，高增價值者，皆罰鈔。四年，令順天、應天、蘇、松、鎮江、淮安、常州、揚州、儀真、浙江杭州、嘉興、湖州、福建福州、建寧、湖廣武昌、荆州、江西南昌、吉安、臨江、清江、廣東廣州、河南開封、山東濟南、濟寧、德州、臨清、廣西桂林、山西太原、平陽、蒲州、四川成都、重慶、瀘州，共三十三府州縣，市鎮店肆，門攤，税課加五倍，候鈔法通止。又令榜諭兩京軍民官員人等，菜園、果園，及塌房、車房、店舍停塌客商貨物者，不分給賜自置，凡菜地每畝月納舊鈔三百貫，果樹每十株歲納鈔一百貫，房舍每間月納鈔五百貫，差御史同户部官各一員，按月催收送庫。如有隱瞞不服，及不納鈔者，地畝樹株房舍没官，犯人治罪。其園地自種食用，非發賣取利者，不在納鈔之例。又令民間行使驢嬴車裝載物貨者，每輛納鈔二百貫，牛車五十貫。又令受雇裝載船，自南京至淮安，淮安至徐州，徐州至濟寧，濟寧至臨清，臨清至通州，俱每百料納鈔一百貫。其北京直抵南京，南京直抵北京者，每百料納鈔五百貫。若止載柴草糧米及空舡回還者，不在納鈔之例。又令兩京及各處買賣之家，門攤課鈔，按月於都税宣課司税課司局交納。酒醋課程，於該縣交納，給與繇帖執照，每月一次點視查考。如違期不納，及隱瞞不報者，依律治罪，仍罰鈔一千貫。袪褙鋪月納鈔三十貫，□院店月納鈔二千貫。又令油房、磨房，每座逐月連納門攤鈔四百貫。堆賣木植，燒造甎瓦，逐月連納門攤鈔五百貫。牛車受雇裝載貨物者，納鈔五十貫，小車十貫。又令浙江、江西、山東、山西、河南、陝西等都司，并直隸衛所軍職官，及各處鎮守内外官家下開墾田土，每畝歲納舊鈔三十貫，菜地每畝、果樹每十株，歲納舊鈔五十貫，候鈔法通止。六年，令各處地畝菜園鈔皆減半，每畝止納鈔一百五十貫。八年，令在京在外見收車船等項一應課鈔，除舊額與先次減免者不動，但係新增之數，皆以三分爲率減一分。九年奏准，凡兩京各庫所收鈔，不分軟爛破損油污水跡，但有一貫二字可辨真僞者，俱不揀退，其各司府州税課司局等衙門，及沿河監收船料鈔官亦如之。若有挑描僞鈔無一貫二字，及幾十文幾百文，不成張片破碎之數，年終本庫類奏燒毁，在各布政司府州縣者，奏報差官燒毁。令各處見收税課及船車門攤地畝果木等項一應鈔，除正額，但爲鈔法加增之數，以十分爲率減四分。又令各處諸色課程舊折收金銀皆照例折鈔。又令各處抄没官房，及没官牛隻，每年倒塌及倒死者，所納房鈔及牛租即與除豁。

正統三年，令京城内外菜地、果園税鈔。四年，令塌房及車輛鈔，皆減半徵收。其自己房屋，與人寄筐櫃者免納鈔。六年，令兩京果樹、菜園、小車免納鈔。塌房每間月納鈔一百貫五百文，驢贏車每兩四十一貫，牛車每輛一十一貫。七年，定在京都税宣課二司收鈔例，每季段子鋪納鈔一百二十貫，油磨糖機粉茶食木植剪裁繡作等鋪，三十六貫，餘量貨物取息，及工藝受直多寡取之。二年，令驢贏車每輛納鈔二十貫。牛車每輛納鈔八貫。三年，禁京城各處街市交易行使銅錢，阻壞鈔法。在外按察司并巡按御史一體禁約。

景泰三年，題准驢贏車每輛納鈔八貫，牛車每輛納鈔四貫，單牛車每輛納鈔二貫，馱煤等項驢贏每頭各納鈔一貫。四年，奏准錢鈔聽民相兼行使。五年，令兩京户部都察院委官，各將地方自置塌房、庫房、店房、菜園果株并大小鋪行，但係發賣取利者，通行取勘，該收鈔貫，不分輭爛，徑汭内府天財庫交納，堪中好鈔，在收備用，不堪之數，照例年終會官燒毁。

弘治二年，令勢要之家，賣鈔事覺，依律論罪，鈔没官，司府州縣官受囑聽從者，以枉法論。

錢法

洪武初置寶源局於應天府，鑄大中通寶錢，與歷代錢兼行。以四百爲一貫，四十爲一兩，四文爲一錢，設官專管。江西等行省，各置貨泉局。大中通寶大小五等錢，設官鑄造。令户部及各行省鑄洪武通寶錢，其制凡五等，當十錢重一兩，當五錢重五錢，當三當二，重皆如其當之數，小錢重一錢。六年，禁民間私鑄銅錢，凡私鑄者，許作廢銅送官，每斤給官錢一百九十文。諸税課内，如有私錢，亦爲更鑄。八年，罷寶源局鑄錢。九年，罷各布政司寶源局。十年，令各布政司復設寶泉局，鑄小錢與鈔兼行。二十二年，令造小錢一十文至五十文，以便民用。每生銅一斤，鑄小錢一百六十，折二錢八十，當三錢五十四，當五錢三十二，當十錢一十六。二十三年，復定錢制，每小錢一文，用銅二分，其餘四等錢，依小錢制遞增。凡鈔一貫，准錢一千文。二十六年，復罷各布政司寶泉局。

永樂九年，令差官於浙江、江西、廣東、福建四布政司鑄永樂通寶錢。

宣德九年，令南京工部并浙江等布政司鑄宣德通寶錢。

景泰四年，令民間將銅錢折鈔，阻壞鈔法者，依律究治。

天順四年，令民間除假錢錫錢外，凡歷代并洪武、永樂、宣德銅錢，及折二當三，依數准使，不許挑揀。成化三年，令内外課程，俱錢鈔中半兼收。如該納一貫者，止納鈔一貫，不在兼收之例。商税課程船料等項鈔，一體兼收銅錢，該起運或支給者，相兼撥付，每一貫收錢四文，除破碎并錫錢，其餘不拘新舊，盡數驗收。十三年，奏准私鑄銅錢，爲首并匠人依律論罪。爲從者問罪，用一百斤枷枷號一箇月。民匠舍餘，發附近充軍。旗軍調發邊衛食糧差操。若販賣行使者，亦枷號一箇月，照常發落。十六年，奏准京城衙門及都税宣課司等衙門收錢，照律除破碎并僞造錫錢不使外，其餘不拘年代遠近，但係囫圇錢，即便行使，不許刁難挑揀，阻滯錢法。仍出榜禁約，及令兩廠并巡城御史等官，用心緝訪，如有揀錢并僞造之人，拏送法司，枷號滿日究問。十七年，令京城内外軍民人等，買賣交易，止許行使歷代及洪武、永樂、宣德舊錢，每錢八文，折銀一分，八十文折銀一錢，不許將私造新錢攙和，阻壞錢法。如違及販賣并私造之人枷號，依律照常發落。有能告捕者，官爲給賞。鄰里人等知情不首者，事發連坐。仍行南北直隸及河南、山東等布政司府行錢地方，通爲禁約。

弘治元年，令京城九門都税宣課司，順天等八府，并山東、河南二布政司，户口食鹽，全收鈔貫。淮安、臨清、揚州、蘇州、杭州、九江等板閘船料鈔關，俱令鈔錢兼收，送庫支用。十八年，令兩京内府司鑰等庫，及南北直隸府州，并十三布政司，查盤洪武、永樂、宣德等錢，并鑄完弘治通寶，發與太常寺等衙門買辦等項支領，及折與軍衛有司衙門官吏旗軍准作俸糧，并柴薪皂隸等項之數，不許留難刁蹬，致悮街市行使。仍行内外問刑衙門，及税課司等衙門，照例一半收歷代舊錢，一半收洪武等錢，如無洪武等錢者，折收舊錢二文，以示懲罰。在内緝事衙門，并巡城御史兵馬司，在外巡按官，務要嚴加訪察，有擅自阻當及私自鑄造，并知情買使者，照律例施行。

正德五年，題准將新鑄鉛錫薄小低錢，倒好皮棍等項名色盡革，將洪武、永樂、洪熙、宣德、弘治通寶，及歷代真正大樣舊錢，相兼行使。七年，令職官折色俸給以十分爲率，一分折錢，九分關銀。及在京九門税課，在外各鈔關，并官府買辦估價，里甲收受錢糧，俱收舊錢與國朝銅錢，相兼使用。

嘉靖三年，令户部出給榜文，曉諭京城内外買賣人等，今後只用好錢，每銀一錢七十文，低錢每銀一錢一百四十文，著緝事衙門及五城御史緝訪違犯之人，發人煙去處，枷號示衆。四年，令宣課分司收税，每鈔一貫，折銀三釐，每錢七文，折銀一分，查照應納課程，收送内承運庫，以備光禄寺等衙門買辦應用。六年，奏准鑄造嘉靖通寶一千八百八十三萬四百文，南京寶源局鑄造二千二百六十六萬八百文，每文重一錢三分。又議准各鹽局官吏，今後解到錢鈔，准兼收洪武、永樂等錢，遇光禄寺買辦物料，行令順天府各鋪行，支給使用。户部仍通行兩京及各司府，轉行所屬州縣衙門，將一應起運户口鹽糧，并船料商税門攤等項，兼收洪武、永樂、宣德、弘治銅錢進納。民間交易，一體遵行。敢有把持行市，不遵行使者，問以違例罪名，枷號示衆。又令曉諭京城内外商賈及鋪行人等，但有收積新錢，限一月内，盡數赴府縣并各城兵馬司出首，具呈户部，照銅價給與價銀，免其私販之罪。例後敢有隱藏不出首者，事發比照私鑄銅錢爲從者例問罪，枷號發遣。其大小鋪行，仍前盜買販賣，一體究治。收過新錢即與銷化貯庫，聽候鑄造大明通寶取用。又令曉諭京城内外行户人等，今後除私鑄新破鉛鐵等項，首官易買不用外，但係囫圇中樣舊錢，每一百四十文，准銀一錢，與洪武、永樂等錢隨便行使。又令工部查照永樂、宣德年間事例，差官於直隸并河南、閩、廣鑄造嘉靖通寶，解京貯内府司鑰庫，給軍官折俸并給光禄寺買辦物料，每錢七百文，准銀一兩。十九年，題准量發制錢數百萬文，給大同鎮官軍折俸。二十八年，議准軍民交易，將洪武、永樂、宣德、弘治、嘉靖制錢，并歷代銅錢相兼行使，敢有私鑄鉛錫假錢，并客商解人販賣解納者，照例問發。三十二年，議准洪武通寶有當十、當五、當三、當二之制，見今堪用者，復有一錢七十文、一錢一百四十文、一錢二百一十文三等，任從民便，相兼行使。又題准錢法行使，悉依歷代年號，隨錢高下，咸得通行。但有銷鎔舊錢及今鑄錢造作銅像銅器等項者，比盜鑄律科斷。四十三年，以私鑄盛行，錢法阻滯，令内外各衙門嚴加訪治，寶源局匠役人等，侵料減工，致輕小濫惡不堪行使者，該部拏送法司，從重問罪，以後該局鑄造，暫行停止。户部每年將南京、雲南及税課司解收好錢一千萬文，送部轉送司鑰庫，以備賞賜之用。

隆慶元年，令買賣貨物，值銀一錢以上者，銀錢兼使。一錢以下者，止許用錢。國朝制錢及先代舊錢每八文折銀一分，不許任意低昂。其崇文門税錢并太倉收貯南京解錢，給與在京各衙門官吏，爲折俸之用，以後按季銀錢兼支。崇文門課鈔，除該銀三兩以上者收銀，其三兩以下者及九門各城房號行户，俱令收錢行使。四年，令以新鑄隆慶通寶送户部，發太倉庫，量放京官折俸。

萬曆四年，題准行雲南布政司，督令所屬開局鑄錢，遵照新制萬曆通寶，與國朝制錢相兼行使，以佐海肥之用。又題准通行天下開鑄制錢，與本地方舊錢相兼行使，著各撫按官設法經理，務在便民，毋致勞擾。五年令崇文門收税，除二兩以下者盡數收錢，二兩以上者亦銀錢中半上納。京城各門税課，五城兵馬司房號等項，盡數收錢。其文武官員支俸，照例銀錢關給外，餘各項商人應領料價，量擬銀八分錢二分并行支給。六年，覆准將嘉靖、隆慶、萬曆制錢，遵照前奉欽依每金背八文准銀一分，火漆鏇邊各十文准銀一分。洪武等項與前代舊錢，各十二文准銀一分，相兼行使。又令崇文門税銀，自三兩以下，盡數收錢，三兩以上，銀錢中半兼收。八年，題准雲南地方既不用錢，不必鑄造，其在庫錢，著貴州差人於該省搬取，以充兵餉。十年，詔各處開局鑄錢地方，暫行停止，如錢法疏通，願仍前鼓鑄者，聽從其便。

何橋遠《名山藏・錢法記》 高皇帝未即位之前，置寶源局，鑄大中通寶錢，與歷代錢兼行，以四百爲一貫，四十爲一兩，四文爲一錢，置官治之。即位以後，鑄洪武通寶錢當十、當五、當三、折二、若小錢凡五等。當十錢重一兩，當五重五錢，當三、折二，重如其當之數，而小錢重一錢。六年，禁私鑄。八年，罷寶源局，造大明寶鈔，取桑穰爲料。制方高一尺，闊六寸許，以青色爲質，外爲龍文，花欄横題其額曰：大明（通行）寶鈔天下通行，中圖鈔貫狀十串，則爲一貫，其下曰：户部奏准印造大明寶鈔與銅錢通行。使用僞造者斬，告捕者賞銀二百五十兩，仍給犯人財産。若五百文，則畫鈔文爲五串，餘如其制而遞減之。每鈔一貫，准錢千文、銀一兩，其餘以是爲差，曰一貫、五百文、四百文、三百文、二百文、一百文凡六等。每鈔四貫，易赤金一兩。禁民間不得以金銀物貨交易，違者治罪，告發者就以其物給賞。有以金銀易鈔者，聽。凡商税課程諸色錢鈔兼收錢十之三，鈔十之七，百文以下則用錢。十年，置各布政司寶泉局鑄小錢，與鈔兼行。十三年，令在外在京各置行用庫，令民間鈔貫伯昏爛者入庫易换，量收工墨價直。二十二年，令造小錢一十文至五十文，以便民用，每生銅一斤鑄小錢一百六十，折二錢八十，當三錢五十四，當五錢三十二，當十錢一十六。二十三年，定錢制，每小錢一文，銅一分，其餘四等錢，依小錢制遞增。二十四年，令諸商税課程，但鈔貫有字可辯真僞者，不問破爛、油污、水跡、紙補，即與收受。二十六年，罷各布政司寶泉局，其明年，禁行錢，專用鈔。永樂元年，以鈔法不通，令民間有用金銀交易者，以奸惡論，有能首捕者，以所交易金銀充賞。五年，令各色税程、課程，俱准折鈔，以重鈔法。七年，設寶鈔提舉司於北京。八年，鑄永樂通寶錢於天下，而錢復兼鈔矣。宣德正統中，竝重鈔法。至景泰四年，聽民間錢鈔相兼行使。成化十三年，嚴私鑄錢之禁。十六年，嚴揀錢之禁，但係囫圇錢，即便行使，勿拘年代遠近。弘治中，民間往往有盜鑄錢者，遂有新錢及鉛錫薄小低錢倒好皮棍等項名色，於是鑄弘治通寶錢，官吏俸薪竝給通寶錢，諸税課衙門，一半收歷代舊錢，一半收洪永宣三朝制錢，如無三朝制錢者，折收舊錢二文，以示懲罰。正德七年，令職官折色俸給，十分爲率，一分折錢，九分關銀。嘉靖三年，令民間用好錢，每銀一錢七十文，低錢每銀一錢者倍之。四年，令收税課每鈔一貫折銀三釐，每鈔七文折銀一分。六年，鑄嘉靖通寶錢，每文重一錢三分，與洪武錢相兼行使。隆慶元年，令民間貨鬻值銀一錢以上，銀錢兼使，一錢以下，止許用錢。國朝制錢，凡歷代舊錢，每八文折銀一分，不許任意低昂。四年鑄隆慶通寶錢成，命户部量放京官折俸。

郎曰，余讀鄧元錫函史曰，幣有三品，物理自然，豈智計哉，釋金錢不用，而欲以桑穰工墨之力，善昏爛不可復之物爲上幣以權金錢，宜其不行也。且鈔昏爛即當更造，乃設官置局，諸工墨費，顧鉅浩不貲，此於利權何當哉。此説是也。民間之用，當其行時如行水，及其壅淤，雖日刑一人不能禁也。相煽以風，相鍥以持，莫知其然，故善用民者順之而已。予生長民間，幼時見民間雜銅於金錯而鎔之，遞有成色，今則第用精鏐，而以物價爲差。又滇南之民多行海肥，此豈可積貯鎔化者，從其宜也。今海内所在，多用宋錢，可見宋錢精且多，是以能久。閩廣之間則銀從西南夷來，彼國山礦充溢地中，不如中國開鑿之餘僅絲縷矣。鈔也者，結繩之意也，新國之制也，烏能久哉！烏能久哉！

葉珍《明紀編遺》卷一《錢法大略》 寶錢之行，非錢法行之，而氣運行之也。洪武設官置寶源局於應天府，鑄大中通寶錢，以四百爲一貫，四十爲一兩，四文爲一錢，頒省直通行。又令户部及各行省鑄洪武通寶錢，其制凡五等，當十錢重一兩，當五錢重五錢，當三、當二，皆如其數，小錢重一錢。大錢皆鑄京字於背，其後各從省鑄，民間以二等大錢無京字者不行，乃令各藩司寶泉局改鑄小錢，以便民用。每生銅一觔，鑄小錢一百六十文，禁民間私鑄，依律論罪。是時上以裕軍餉，下以厚民生，皆錢爲之用也。成化十七年，許用歷代及洪武、永樂、宣德舊錢，每錢八文，折銀一分，八十文折銀一錢，不許私鑄攙和，阻壞錢法，下惟令矣。嘉靖朝錢制盡善，錢一千文值銀一兩，四海通行，最爲久遠。萬曆改元，命主計鑄大錢，京師民庶多積嘉靖錢，恐用萬曆新錢不用舊錢，人情以爲不便，乃依嘉靖錢式鑄造，以兩代錢兼行，錢式精工，銅色明亮，萬民見之，無不心喜，即有私鑄，呼名醬燒，衆共棄之，不煩禁約，兩朝享祚長久，此亦一徵也。天啓時豪猾阿附内璫，廢公行私，故四方私鑄可得而問，京城内外之私鑄不可得而問也。京城内外私鑄不可問，則四方私鑄亦終不可得問也。崇禎之初通用官錢，既而壅滯，凡私鑄每千文折銀五錢。至壬午癸未，銀三錢兑私錢一千文，純尚鉛蠟，不見銅質，時人謂之薄小穿，其弊甚於鵞眼，而民間又好行私鑄，藐不知有制錢矣。若夫弘光錢、大明錢、隆武錢、永曆錢，雖依舊式開鑄，而行之不能歲計者，又非崇禎錢所可擬也，嗚呼！此其所以爲氣運歟。

孫承澤《天府廣記》卷二二《寶源局》 户部尚書侯恂條陳鼓鑄事宜

一、議興鑄利。古者寶龜而貨貝，後世易之以金幣。然自太昊高陽以來，則已有錢矣。虞夏之際，幣爲三品：曰黄，曰白，曰赤。兼行龜貝，不純用錢。管子亦云：先王以珠玉爲上幣，黄金爲中幣，刀布爲下幣。所以守財物御人事而平天下也，故命之曰衡。謂之衡者，將以行輕重之術，使一高一下乃可權制，利門悉歸於上也。秦兼天下，幣二等，黄金爲上幣，銅錢爲下幣，而珠玉龜貝銀錫之屬爲器飾寶藏，不爲幣。漢自建元後，即山鑄錢，而又用白鹿皮爲幣，造銀錫爲白金，有三品。未幾皆廢。唐於銅錢外有飛錢。宋以鐵錢與銅錢兼行，又倣飛錢爲交子，爲關子，始以楮爲錢。南宋造會子，有大鈔小鈔之别，凡十等，又謂之錢引，亦謂之關會，實一而已。元造交鈔，以鈔一貫權銅錢千文。無何，物價騰踴十倍，積鈔不售，國用大詘。明興，右鈔抑錢，旋令錢鈔兼行，禁民間不得以金銀貨物交易，違者治罪，告發者即以其物給賞。若有以金銀易鈔者聽，一百文以下止用銅錢。永樂中，以鈔法圮而峻金銀錢物貿易之誅。然究之鈔易昏爛，收換艱難，制雖設而法不行。今天下自京師達四方，無慮皆用白銀，乃國家經賦，專以收花文銀爲主，而銀遂踞其極重之勢，一切中外公私咸取給焉。民用不贍，而國安得不貧？幸賴稍稍用錢耳。安得不亟行鼓鑄以救其乏乎？夫錢出於銅，銅不鑄錢，則銅而已。鑄之爲錢而可以爲民用，則是盡天下之銅皆已變而爲銀也。利孰大焉？以錢濟銀之窮而已，用錢殺銀之勢，使錢廣布民間，則可陰斂銀以歸之上。於是用銀爲母，錢爲子，而因以行其高下之術。昔先臣丘濬欲倣古三幣之法，寶鈔銅錢通行上下，而一權之以銀。夫鈔恐難行矣，舍鈔言錢可也。

一、議遏銅流。自三品之貢興，而黄白赤金世爲天下幣。漢而後，佛老象教盛行於域中，寺若觀糜黄金者億億計，而天下刻鏤織作錘冶爲冠服衣履什物者又不可勝原。故黄金日銷而赤金乃大行，已亦漸貴，固其理也。夫有利之源，有利之權。利源之消長在天地，利權之操縱在人主。昔之善議鑄者無若漢二賈。山之言曰：民不應與主共柄。誼之言曰：銅畢歸於上則博禍可除，而七福可致。今天下奸民私鑄，陰持主柄以厲公錢。果如誼言，上收銅勿令布下，民安所得銅而私鑄之？故收銅之説，持柄息奸之要術也。劉秩曰：鑄錢之用不贍者，在乎銅貴。銅貴之由在於採用者衆耳。夫銅以爲兵則不如鐵，以爲器則不如漆，禁之無害。使銅無所用，則銅益賤，銅賤則錢之用給矣。又銅不布下，則盜鑄者無因而鑄，無因而鑄則公錢不破，公錢不破，則人不犯死刑，錢又日增，末複利矣。斯言可謂曲盡。自漢先主取帳鈎銅鑄錢以充國用。唐大曆中，嚴天下用銅器之禁。貞元九年，張滂奏稱國家錢少，損失多門，興販之徒，潛將銅錢一千爲銅六斤，造寫器物，則斤直六百餘，有利既厚，銷鑄遂多，江淮之間，錢實滋耗。伏請除鑄鏡外，一切禁斷，如有銷錢爲銅者，以盜鑄錢罪論。宋朝鑄錢比前代最多，銅禁最嚴，大抵國計仰給於此。自熙寧間王安石一變其法，而國用日耗。聖祖始定天下，令軍民惟鑄鑑及軍器又禪門鐘磬鐃鈸得用銅，此外并收之官，有私藏者禁。嘉靖六年，題准但有銷鎔舊錢及今制錢造作銅像銅器等項者，比盜鑄律科斷。隆慶元年，部議：軍民之家，但有廢銅願賣者，聽赴所在有司易錢易銀，照舊給價。宜申明前例，嚴藏銅之禁，行收銅之法。民間私藏銅器及造作銅像銅器被告發者，比盜鑄律罪無赦。市有鬻銅器者，罪亦如之，官收民銅，給錢若銀，視銅之直。如有爐座處所，於存留錢糧内動支，其銅即以充鑄，如無爐座處所，於起解錢糧内動支，准將銅估抵解京。夫民以無用之銅易有用之鏹，其何苦而不輸之官？官可藉爲續鑄之資，而無費於公帑之金，又何憚而不收之民？況藏銅於民，銅祇銅耳，而私藏有罪，銅一入官，銅盡錢也，而國家日富。聖王所以獨持大柄而利天下者，無出於此。

一、議省鑄局。錢以銅鉛參雜而成，而銅鉛各有産處，搬運重難。是以歷代多即坑冶附近之所置監鑄錢。唐有八監，宋有三十六監，惟永平者爲最久，永通者爲最多。然至熙寧，歲輸六百萬貫，則幾不可繼矣。夫天子藏富於山川，冶鑄太煩，則民力耗竭。漢武帝時專令上林三官鼓鑄，而天下非三官錢不得行，諸郡國前所鑄錢皆廢銷之，輸其銅三官。誠見利源所在，不得不謹節其流耳。國初置寶源局於應天府，已令天下藩司各置貨泉局，又更名爲寶泉局，其後罷置不一。嘉靖以來，止令兩京鑄造。萬曆四年，通行天下一體開鑄。至十年，奉詔停止。天啓元年，以遼餉匱乏，增置户部寶泉局。無何又令各省直藩司開爐鼓鑄，每年坐定鑄息共八十二萬兩。徒存虚額，無一踐者。諸局爐亦相繼報罷，所存止湖廣、陝西、四川、雲南、密雲、宣大、遼東數處而已。崇禎二年，奉旨：利權本自上操，舊制只兩京鑄錢，嗣因軍興煩費，遼東宣大奏請權宜，近乃紛紛開鑄，致私錢殽雜，反自外來，紊制病國，大非法紀。著查出通行禁止。維時户部以秦、楚、蜀、滇四省以係銅斤出産地方，就便鼓鑄稱便，未議概停。後江西復以開局請，至如南京兵部操江及應天府亦各紛紛鑄錢，然皆自鑄自用，又大小輕重不一其制。於是滯鏹愈多，銅鉛愈窘，不獨户部不得其尺寸之用，而寶泉一局亦已成眢井矣。每見議錢法者，皆以廣鑄局爲言。而乃惓惓欲議省者，誠見爐座繁興，銅産有限，唯局省則銅源裕，錢制一則弊絶。較諸廣局之利，虚實得失孰多也？不然，昔之鑄局不爲不廣矣，而不效，何哉？

一、議禁私販。昔唐陸贄之論錢法也，以爲宜廣即山殖貨之功，峻用銅爲器之禁。二策並行，不可偏廢者也。今或離銅場頗遠，則其勢不得不出於買，乃私販之禁，有不可不與銅器俱嚴者。夫一處之銅而止供一處之用，則銅價平矣。一處之銅而供數十處之用，則銅價踴矣。以今銅之流行，徧天下皆是。召買嗇於公家，斂藏溢於私室，人人吴鄧，處處爐錘。銅産幾何，能不勝踴？而況以官買與私買争，其數不敵。何者？官價估有定例，其價必平。私買乘隙暗投，其價多侈。官買或有別費，而給發不無稍緩。私買並無破冒，而交兑略不踰時。市井嗜利，誰肯舍此就彼？其流弊必至銅盡歸於私鑄而官買束手矣。考嘉靖三十四年，嚴禁商賈人等不許私販銅錫，以致價值騰踴，謂宜著爲厲禁。凡往産銅鉛處所，收買銅鉛，必告投本處官司給有批文，方許運發，經過關津，驗批免税。除兩京及滇、蜀、秦、楚四省聽商人從便往賣報官收買，如驗無批文及闌出他省，致被覺獲，即比依盜掘銅錫律人論罪，貨没官。至若私鑄關頭，尤在於點造。蓋鑄錢之銅，必將紅銅配鉛點造成黄而後可鑄。請勅天下，凡有私設點爐者，罪即比於私鑄。知而不舉，即與連坐。庶幾私鑄可絶，而官買乃可繼也。

一、議垂定制。周太公立九府圜法，錢圜函方，至今仍之，而輕重無常，代有變革。秦錢如周，重十二銖，漢興變爲莢錢，重三銖，已變爲八銖，又變爲四銖，其重爲赤仄以一當五，而得中者惟元狩之五銖。降而蜀之直五，吴之當千，則愈變而愈重，晉之四文沈錢，宋之夾子、荇葉，甚而爲鵝眼、綖環，則愈變而愈輕，而得中者惟武德之開元通寶。從來美錢制者皆以二錢之式並言，而其重實未始相類也。謹按古權法，十黍爲絫，十絫爲銖，八銖爲錙，二十四銖爲兩。今開元通寶，其錢徑八分，重止二銖四絫，則比五銖錢爲輕二銖六絫矣。故五銖錢二文而重一兩，開元必積十文而重一兩。洪武初，勅户部及各行省鑄錢，大小凡五等，當十錢重一兩，當五、當三、當二，重皆如其當之數。小錢重一錢，蓋即開元舊法。至嘉靖六年，始令兩京工部鑄造制錢，每文重一錢三分。崇禎元年，從錢法侍郎孫居相議，改爲一錢二分五釐，雖視開元錢稍重，而較之漢五銖尚輕。然體質堅厚，又磨鋊莫施，輕重得宜，人情便之。至其鑄法，每錢一文必令用黄銅二錢，剉磨之餘，只存一錢二分五釐，如此然後可以革減銅多鑄之弊。蓋局中每有減銅多鑄而創爲補秤之説以塗耳目者，實明許商匠之私鑄而陰收其利。今若著爲定數，按月按期必令報完，俾貪吏無所容其通，而奸商奸匠無所容其屏，亦執簡御煩之術也。其收錢每五千文爲一錠，上用竹牌寫爐頭匠頭及綑錢人姓名，各堆一處，聽督鑄官照爐抽驗。遇有漏風、缺邊、縮字等樣，綑錢人重責，錢輕色淡者責匠頭，沙眼多者責翻沙匠，邊粗糙者責滚剉匠，磨不亮者責磨洗匠，灰不净者責刷灰匠，選退錢搥碎回火。如犯前弊多者，責爐頭，仍發看錢人挑選，通同容隱，看錢人重責。如是則錢制既精，殺雜自難，若夫當十、當五等錢，鎔造似易，工本較省。然私鑄者競爲捷趨，識微者謂非久道，不鑄可也。

一、議重制錢。錢法之弊，由於盜鑄者多。盜鑄非薄劣則無所得贏，往往摩官錢取鋊，而殺之以鉛錫。於是減輕其價，以與制錢雁行於市。愚民簧惑，莫知適從，奸商當鋪因而爲奸。每於通衢闤隘倡言某錢盛行，某錢不行，轉相煽弄。既貴賣其所積以圖目前之利，又賤收其所棄以圖他日之利。時而私錢得與官錢並價，此其所積者多而欲出也；時而私錢二三文折官錢一文，此其所收者少而欲入也。若輩操其利權，錢法受其壅滯。豈可無整齊之術，聽奸錢日生而莫之禁乎？今有捷法於此。大凡盜鑄者，每鑄新錢而不鑄舊錢，蓋舊則真僞難欺，而新則耳目易眩。請勅天下，除雜年號錢難以畫一，惟崇禎通寶體制色澤務取相同，每錢一文重一錢二分五釐。如有輕重不合式者，即係盜鑄。推究所由，真犯匠人，依天啓三年令擬斬無赦，其知情買使及販賣行使者，查照律例從重問擬。令下限三月内許民間將前所收買私鑄錢自行首出倒换，依嘉靖六年例，照銅價給與價銀，免其私販之罪。敢隱藏不出首者，事發比照私鑄銅錢爲從者律問罪。收過新錢，即與銷化爲銅，以俟改鑄。如是則於官法獲全，而於民情不厲。其下令於流水無疑也。若夫前代古錢及歷朝舊錢，流通已久，方俗所便，不必禁斷。官民出納，惟崇禎通寶不許留難，而其他雜錢，第聽民間自爲轉輸，官不許收一文。天下曉然，見雜錢與制錢貴賤不敵，積漸以往，勢必棄雜錢不用。如願赴官倒换，亦准爲照銅價收買，而後一王無偶之利柄於是可全收也。

一、議計本息。泉局之錢，發太倉作官俸者十之三，發邊鎮充月餉者十之七。原奉聖諭定六十五文估銀一錢，今已習而安之矣。請依此數以權鼓鑄之本息可乎？謹按銅礦産於石中，用鋼鑽打入，每得礦百斤，用木炭百斤，將礦燒鍊，一火成銅鉛，二火成黑銅，三火成紅銅。每礦百斤，上者燒銅十五斤，次者十二十一不等。其用錘手並燒爐匠共二十名，每日給工食共銀八錢，用造飯運水夫二名，每日給工食六分，用幫扯提礦小夫四名，每日給工食銀一錢二分，用鋼鑽三十根，每根鋼二斤，日費一斤，約銀一錢，以上共費銀一兩二錢，約得銅礦二百斤。而又用木炭一百六七十斤，約價四錢，三火成紅銅三十斤，則共前項費銀一兩五錢。是每斤費本只五六分耳。復用窩鉛點化之，則爲四火黄銅。計窩鉛每斤價銀不過三四分，據今見行配鑄則例，每紅銅五十七斤入窩鉛四十三斤，作黄銅一百斤。益以搬載之費，每斤量估一分，大約黄銅一斤，所費至七八分而止。若夫市銅鑄錢，原無甚利。據京局舊例，紅銅價不出一錢四分，黄銅不出一錢，窩鉛不出七分，後漸騰踴。部議以紅銅點化成黄，既失本質，易於攙和，遂革黄銅不用。但買紅銅與窩鉛，如今法配搭，定價紅銅每斤一錢四分三釐，窩鉛每斤七分七釐，計配成黄銅一百斤，該價銀十二兩。給爐頭鼓鑄，應交錢一萬一千一百一十文。其行使以錢六百五十文估銀一兩，計共估銀十七兩九分四釐。除該給各項匠役煤罐米菜工價錢二千二百九十五文，估銀三兩五錢三分二釐零，并除銅本外，實存息銀一兩五錢六分一釐零，計僅浮本銀十分之一耳。近據陝西撫臣練國事疏報：自天啓二年開鑄起，至崇禎四年止，計十年間只動過本銀一萬二千四百餘兩，陸續獲息銀十一萬七千八十兩零，則所得幾於本銀相準。又查南部錢廠所得加五有奇，蓋銅鉛出産輳集地方，獲息原自不貲。今秦、楚、蜀、滇四局見在議開，姑未預畫成數，但令其自行認報，即最少亦當以加五爲率。滇、蜀、楚三省則取其息以解京充作新餉，按季交納。秦中之息專留該省充餉以抵京運可也。乃議者多謂萬曆中曾以錢五十五文作銀一錢，亦自通行無滯。以爲母既處貴，子不應處賤。欲於六十五文之内稍縮其數行之，而獨慮取利頗奢則盜鑄者將如雲而起。自古論錢法多矣，惟孔顗不惜銅不愛工二語爲不可易。政以本多費巨，縱復私營，初無厚潤，應自息心，無俟嚴刑廣設耳。先臣譚綸有言：鑄錢之費與銀相當，似於朝廷無利。然歲鑄錢一萬金，則國家增一萬金之錢，流布海内，鑄錢愈多，則增銀亦愈多。是藏富之術也。

一、議權出納。幣有出有入，流而不息，故曰泉府。若上自爲壅而求下之疏，即日肆人於市無爲也。漢律，人出一算，算百二十錢，則民賦以之矣。館陶主爲其子求郎不許，賞錢千萬，則恩賚以之矣。隆慮主以錢千萬爲其子贖死，則罰鍰以之矣。又募豪民入粟縣官，而内錢於都内，則開納以之矣。諸胡降者，贍以少府禁錢，及時出内庫錢賜軍士，則餉賞皆以之矣。今有承行錢之令出，則無慮不普發於民，而納則不肯收一文，是自賤之也。自賤之而欲人貴之，其勢焉得？民愚相扇，閉匿觀望，每至聚市而譁，而錢遂不可行矣。夫解京之入，濟邊之出，其有待於銀也似也。以其爲物輕微易藏，可以多致也。錢固重質，而若各項存留爲地方用者即以錢出入焉，誰曰不可？誠令郡縣於存留銀内只徵其半，而以其半入錢，則贖金亦兼輸之。自大吏監司而下，倣在京文武官嘗禄例，以錢充俸薪。其師生廩餼驛站兵糧各役工食及公費供億之類，但不關起解者，悉取給於錢。而遺下不發之銀，即可盡行解京，則所得錢息即在乎其中。行之十年而天下之銀盡輦而歸之於京師矣。況乎錢下而不上，則其權在市井；上而不下，則其權在朝廷。誠實得其貴賤用斂散之法，以在官者爲母，在民者爲子，當其賤則存留錢糧盡行收錢，而賤者可貴，當貴則各項關給盡行散錢，而貴者可賤。蓋錢太賤則病官，太貴則病民，故用此法以均之。管子所謂使之一高一下不得有調，賈誼所謂輕則以術斂之，重則以術散之，以調盈虚，以收奇羨，皆此意也。然有司之不肯爲此者，有二端焉。或以貪，或以朦，凡銀之出納，有耗有羨，而錢則一文不過一文已耳。利無所漁，必故爲齟齬以破壞之。其自飽者貪也，其中於胥役之口者朦也。

唐夢賚《籌餉卮言》卷五《或問九》 有闕或問之説，而議之者曰：使自古而有鑄鈔之法，則古之君相已先我而爲之矣。今以一兩之銅，纔值錢數文，而當銀一兩，民間駭愕，必不樂受，是虐政也。儒生之言恐迂而無當。而或人之問之疏也，乃應之曰：考古今鑄幣，其體不一，莫不審一時之利害而輕重之，以爲理財治世之大法焉。周立九府，黄金方寸，而重一斤。景王鑄大錢，漢興，爲秦錢重難用，更令民鑄錢一，黄金一斤。《史記·平準書》曰：白金三品，一曰重八兩，圜之，其文龍，名曰「白選」，直三千，馬文、龜文者次之。又造赤側錢一當五，賦官用，非赤側不得行。又《食貨志》曰：錯刀，以黄金錯，其文曰：「一刀。」直五千。後漢、吴、隋，皆有直百五銖，直百者，一錢其直百文也。吴又有當千大錢，當千者，一文當千文也。宋文帝初行大錢一當兩，則錢之至貴者也。湖南故事曰：楚馬殷置鐵冶鑄大錢，可六寸圍重非銖兩，用九文爲貫，則錢之至重者也。《宋史·食貨志》曰：宋錢有銅鐵二等，而折二、折三、當五、當十，則隨時立制。宋太宗有御書錢，宋仁宗鑄當十錢權助邊費。宋元豐閒，西師大舉，邊用匱闕，凡增置鑄錢監十四。又《文獻通考》曰：元豐閒，畢仲衍所進中書備對，言諸路鑄錢，摠二十六監。《遼史》曰：太祖以土産多銅，始造錢幣，遂致富强。《元史·食貨志》曰：大元通寶一文，準至大通寶十文。明初鑄洪武通寶錢，每銅一斤，外增火耗一兩，鑄錢不等，有當十、當五、當三、折二、小錢之别。

歷觀前代鼓鑄之法，所以通財貨之窮，而軍興之時，以佐國用尤急。然古今流通阻滯之故多端，大約一言以盡之，曰行于民而不行于官也。官不以之收税，則勢必買銀以税，官銀之價不能使之低，則錢之輕重銀操之。而阻滯者，一官無所用以買物，而必發于民，則錢之通塞民操之。强民以用錢，則民怨而阻滯者一，今既鈔關用以納税，州縣用以納糧，則直作銀用，不作錢用矣。鈔之輕重，銀不得而操之，而又非强民以用鈔，蓋官用之以糴穀，則鈔之通塞，民不得而操之矣。其流通而無害也必矣。且本朝錢制亦屢更矣，然向來俱是當錢用，非當銀用，故其利息不多。故明天啓年閒，亦有當兩錢矣。然但行之于京畿三輔，而又不以之納税。如故明亦曾以寶鈔賜百官矣，但以賜百官，而不能通行民閒，與一張故紙何異乎！嘗考零陵《先賢傳》曰：「劉昭烈初攻劉璋，與士衆約，若事定，府庫百物，孤無預焉。及拔成都，士衆皆捨干戈，赴諸藏，競取寶物，以致軍用不足，昭烈甚憂之。劉巴曰：『易耳，但當鑄直百錢，平諸物價，令吏爲官市。』昭烈從之，數月之閒，府庫充實。」此官以買物，而財貨流通之大驗也。目今國家方有吉慶大典，試先令京局鑄此當銀一兩、當銀五錢及二錢之鈔，以充賞賚，尤目前通融之要務也。但大利所在，奸民盜鑄必多，夫盜鑄豈因之以廢事哉。凡國家興一事皆有一弊，此載在往册，不可勝舉。即以銀而論，有七成、八成銅鼎，紙蓋三傾挖枯等弊，豈以此廢銀哉。凡有利于國者，亦治之而已，且盜鑄者亦姦民耳。其奉公守法者敢爲之耶？盜鑄即害民，較往事之加派預征者害孰多乎？然考之漢文帝，乃有除私鑄之禁，其居心又何等也。

唐夢賚《籌餉卮言》卷五《或問十二》 或謂鼓鑄誠爲百倍之息矣，然愚民嗜利，無知盜鑄，將來罹于刑辟者必多，皆抝爲是説者之陷之也，且奈何？曰：此似爲仁人之言，而實非知者之言也。夫鑄鈔之利，其利于國者，已娓娓言之矣。其利于民者，亦指不一屈。蓋今日穀賤極矣，以山東論，斛斗四五石，纔可納官銀一兩，濱海之地，幾于八九石纔納一兩，民間有穀熟遍野，算收之，尚不足以供正賦，乃棄家而逃者有之矣。誠鑄鈔糴穀，則穀之數必稍稍流通，此利民者一。穀之賤方極，而銀之價又臨深以爲高，蓋穀之賤亦以銀而賤也，今夫販銀者常累月而不至，蓋河北物産甚少，而銀之輸解不向南則向北，銀何術而復歸，固無怪其不至也。若在官征糧，銀鈔各半，則民間受銀之累亦減半，利民者二。且銀有低潮，銀有耗羡，封糧之時，打印傾銷，種種費民。今納鈔則無是累也，利民者三。且直省糴米，則窮民轉粟百里，冬春之間，皆有以爲生，利民者四。若軍前買豆芻，則軍前之民無運糧之苦；養馬處買豆芻，則養馬處之民無運草豆之苦。利民者五。若天倉既足而白糧可折，則東南之民力稍紓，利民者六。況軍需無憂，必不至有加派預征之事，良民之利，不可億計矣。盜鑄者皆姦民耳，良民之受利也如此，乃不爲國與良民計，而爲姦民計，智者必不然矣。今夫造化所以生人也，然飲食也而有鴆者，居室也而有荒者，若不論其鴆與荒之非，而曰：厥初生民流禍至此，是五刑之屬三千皆委其咎于太極，謂之通論，得乎？仁人于此抑有一説焉。民間即粟紅貫朽，何妨于治。若由漢文帝除盜鑄之令而深思之，或者私鑄之罪較之强盜與殺人尚輕一等。倘罪止于流徒而不至于繯首。是乃仁術也。或曰《漢書》有云：「每一易錢，民用破業而大陷刑。」然則其説非與？曰：愚不知漢事，請以時事推之。朝凡三易錢矣。國初行順治錢，一當故明錢三文。後又鑄釐錢，每文作銀一釐，當順治錢三文。今上登極，鑄康熙錢，一當釐錢二文。當鑄錢之時，民間不無私鑄，然亦間一有之，未至如今日盜案之繁多也。故曰：盡信書不如無書。或人之言不可不審聽。

童華《童氏雜著・銅政條議》 予以雍正七年秋，自正定移守蘇州。舊例，新太守承辦一運銅斤，或兩府公辦一運僅二十七萬。諸公視爲畏塗，文到寢食俱廢，海船出口，則心如懸旌，剋日以望，禱祀以求。動稱賠累四五千金，少者亦至一、二千。而予兩年之中，先後承辦新舊銅及租照銅百有六萬，船俱到岸，銅俱到部，雖無盈餘，亦無虧缺。惟雍正十年，部中定估色之例，乃墊賠數百金。予抵任之初，舊倭照二十七張，封貯府庫，予取視之，已隔兩年矣。若本年不出，必致銷燬，則國帑商本俱無歸着。詳請領出召租，力争旬日，始蒙憲允，及抵洋後，換新照二十七張，約值銀十四萬，又收照租五六萬金，皆爲舊商抵還欠項，計其所得，豈曰小補。若復數年，悉心經理，則積欠可清，惜不能久於其任耳！

查上江、江西、福建三省，俱在蘇州辦銅，每年上下兩運，例委道府二員，每運守候二年方能到齊，此二年之中，常有道府七八員在蘇守候，其原缺委員署理，署員未必能實心任事，先後延誘，於地方不無貽悞。蘇州繁華靡麗之地，各官坐守二年，漸爲聲色玩好所摇動，畜妾買優，飲食宴會，或致有玷官方，所繫匪細。似宜專設一道，承辦江南、浙江、福建、江西四省銅斤，以省差官往來費用。委署紛更之繁，將江、浙兩省有照洋商，明立花名册，挨次輪流發辦，則鑽營攙越之弊可杜。不時訓飭各商，令其謹身節用，服飾房舍不令踰制，則花費虧空之源可絶。貨物出洋，向有定欵，粗貨一月可齊，細貨兩月可得，先後催押上船，取海關報税單呈驗，則出口之銅本皆全。銅船回岸，關官報明該道，照數押交上棧，不致沿途盜賣，則進口之銅斤無缺。更有便者，一官承辦，一運發船四隻。海洋風汛難定，一船未到，三船之銅租棧守候，不無火燭偷盜之虞。且解部遲延，有誤鼓鑄。若以一員承辦，隨到隨解，源源起運，以足歲額，甚爲省捷。且各商分領，各省銅價，漠不相顧。今若輪流公辦，着令連環互保，計照商八十餘家預立議約，如有一船破壞，每商幫銀一百二十兩，頃刻可補，則掛欠查追之案可省，禍福既同，守望相助，日久親睦，使知急公尚義，則從□□□争競之習可改。查各省解銅水脚，每箱領銀三兩，江蘇止領二兩二錢，並無缺誤，各省一例在蘇起解，每箱可省水脚八錢，計三省每年可省解費八千餘兩，以爲道員建署及養廉工食之費有盈無縮。若將海關另委管理，即以蘇松道承辦銅斤，更可不必另設官役。

再查江蘇舊商掛欠銅斤至四、五百萬斤之多，皆係從前官吏貪污需索無厭，既逼成虧空，又捏報節省，以致承追日久，未能完足，非盡商人之罪也。況乏商有照者多，無着者少，每照一張，租運一次，可得租銅百箱或百二十箱。以之漸次補苴，内中有走洋年久老成練達之人，不妨令其領辦新銅，帶完舊欠，則三四年之中積欠全清，似於銅務有益。

辦銅之害，莫甚於偷竊。竊銅一條，值銀八、九分，自海船起剥以至上棧改綑，自出棧起運以至到部交兑，無時無地，□不被竊，防之愈嚴，其□愈甚，然亦有稽查之法焉。

島人以薄板箱裝銅，及到内口，破損者居半，當以蔴布綑好起剥，到棧時仍留蔴布改綑。

條銅上棧後，易箱爲綑，謂之改綑。向來每綑止八十四、五斤，解官到部，先議使費，議妥即以原綑交兑，添五、六斤至十餘斤不等，以所議使費，有多寡不齊故也。今既徹底澄清，而每綑仍用八十五斤，則一路僱船、僱車，照綑議價，有損無益。是每綑必當秤準百斤，不必以虛數自欺矣。綑銅較秤之時，人多手雜，易於踈失。又此輩皆積年偷銅之人，防之甚難。予嘗以夏月改綑諸人，解衣而進，袒裼而出，復加搜檢，以爲無弊矣，而不知仍有暗竊者。棧夫以大巾拭汗，及其如厠，則裹短銅於巾中，或藏袴腰内，埋之假處，俟事後取出。若當時搜查及遣人密視，俱可現獲，否則相視形邊，亦可掘而得之。又一日見棧夫有曳厚底大履者，既不稱足又覺其底重，脱而驗之，則預空其底，實以短銅用碎布塞之。此等現獲竊犯，必須重責，大枷於棧房門首示衆，其勤力奉公者，量加賞予，則棧夫俱知鼓勵，偷竊之風，可以漸息。

綑銅用竹箍一道，將銅□緊，外用蔴布縫好，再加繩綑，可謂細密矣。出棧之日，用小船剥至大船，逐包過秤，交與船户。至天津，上官棧，僱車運送兩部。自大小船户、棧夫、車夫、部中看堂人，無不偷竊。其法用尖頭鐵鉗一把，從蔴布眼中用力鉗出一條，則鬆而易取矣。沿途俱用此法，而車夫之肆竊尤甚，每包有竊去十餘條者，若□小木桶將銅裝入桶内，外用蔴布綑包，木桶有底有蓋，鐵鉗不能鑽取。計桶一個，費銀八九分，止值洋銅一條，況可帶回專用，或用皮桶亦可。倘有刁惡車夫，故將木桶跌碎，以掩其偷竊之迹，則部中司務廳即當將破包過秤，着落車夫賠補，再加責懲，自知畏戢矣。

夫臣之義，知無不言，言無不盡。則部中收銅之弊，何可竟置不議？向來兩部收銅，户部用平，工部用秤，故户部每多掛欠，工部從無兑缺，以平不如秤之靈而易見也。今工部亦用平矣。百斤法馬，輕重難準，爐頭將被竊破包，故意揀在一處，彈兑十包，勢皆兑缺，又將木片添平，輕不壓重，漆至數十百片，然後用小秤秤明木片，以此十包例數千百包之銅，通算掛批，銅不入庫，即分給爐頭添補之銅，亦飽其壑。故爐頭日富，不須講究，而坐獲厚利，於國計無益也。似應頒發部秤，令外省收銅官，遵照部秤收進，解部之日，帶原頒部秤一桿，當堂兑較，將破損銅包，秤明缺少數目，另貯一處。此外將原包不損者，任取一、二十包秤明核算，即欲以平較秤，亦當用銅條添平，使官商少免賠累，愈當踴躍趨公矣。洋銅到部，從不估色。近年有遭滰没撈獲之銅，海水浸黑，色不鮮明，爐頭嫌其昏暗，始夾看成色，估以八九成不等，着落承辦官轉着原商賠補。商人在倭收銅，查點箱數而已，即有攙和，亦係倭人作弊，商人實不能知，亦不敢過問，今輒轉着賠，經年不結，此其所以愈加畏縮也。若能照舊查收，固爲寬政，即不然將估退之銅發還解官，聽其在京變價，或准其自行傾銷，則商累稍輕，所謂寬得一分，受一分之惠也！

竊計倭人所以挾制商人者，以銅爲中國所必需，而商人急遽求懇之狀現於詞色，可以任意凌鑠，故延歲月，勒索重價，不數年而商困已極，公私交病，雖有智者，無以善其後。聞雍正六年，因倭照被封，商船赴島者止二十餘艘，倭人憂形於色，奉命惟謹，各商俱獲重利。而歸自後，船到日多，復輕唐貨。其實藥材、絲紬爲東洋必不可缺之物，且長崎八十餘街分值客船，一船不到，則一街之民仰食於官。今當由辦銅衙門行文島中，明白曉諭，酌定銅價并回南限期，如不遵依，則一年不發一船，島中官民乏用，倉皇失措矣。使其迫而聽命，然後可以中國之法稍爲節制，亦居重馭輕居中馭外之道也。《孫子》曰：善戰者致人，而不致於人。豈獨用兵然哉！

《管子》曰：天下出銅之山，四百六十有七。當時之天下也，於今不過三分之一，今吴楚、巴蜀、滇黔、閩粤俱入版圖。太史公曰：銅鐵千里山出碁置。舍中國自然之利，不以備鼓鑄、資貧民，而求之風波浩渺之外，使内地官商受制於倭奴，不亦異乎！若云恐其深山聚衆，則今之礬山、煤洞、海濱鹽場，民夫蟻聚，未嘗見其生事，在官法制之耳！《禮》曰：貨惡其棄於地也。當必起而議之者。

各省開礦之後，將來内地銅多，必又有建禁洋之議者，此甚不可。明代嚴洋禁，而倭寇江、浙幾二百年。

本朝自通洋以後，從無倭患，蓋倭人需用中國之絲繒藥物勢不可少，又以商貨轉易紅毛之貨，得其所欲，何所利而入寇。若禁絶貨船，斷其貿易，有無不能相通，不得不迫而爲盜。且長崎迫近内地，商船往來，音耗常通，奸民不能煽誘。禁洋則嗜利走險之徒，闌出禁物於島中，或轉爲嚮導，奸弊叢生。但當聽洋商自備貲本，照常交易，自不受其挾制，而倭人安坐而得所需，亦無興兵搆怨之心矣。

傅恒等修《欽定户部鼓鑄則例·奏疏》 經筵講官太保保和殿大學士議政大臣領侍衛内大臣兼管吏部户部事務御前大臣總管内務府大臣管理三庫事務兼管理藩院事務一等忠勇公傅恒等謹奏爲請纂輯鼓鑄則例以昭畫一以便查核事。

竊查臣部辦理鹽漕事務，均有誌書可遵。惟鼓鑄一項，向未著有明條。伏查鼓鑄錢文，上動帑金，下資民用。所有寶泉、寶源二局，歲需鼓鑄銅、鉛點錫，題定於雲南、貴州、廣東、湖南等省採辦，委員解京。其各省廳辦數目，以及沿途需用水陸運脚，官役廉食，及起剥打撈等項，頭緒紛雜，欵項繁多。兼之雲、貴、川、廣、楚、陝等省，開採礦廠，抽課收買，支銷條款各別。又各省設局鼓鑄，所用銅、鉛、點錫，委員前赴滇、楚等省採辦，應需脚費、飯食等項，多寡不一。其間有題定章程者，有咨準成案者，雖銷算查核，歷係比照往例辦理，但欵案塵積，檢查匪易，且歷年准駁，條欵紛繁，若非畫一訂正，亦恐易滋弊端。臣等公同酌議，請將臣部所辦鼓鑄項下題咨各案，悉行查出，即令該司司員公同參校，分欵紀年，摘敘詳明，纂成則例，其辦運銅、鉛，起剥、打撈、雜費等項，查照歷年准銷數目，妥酌定議，則章程畫一，查辦瞭如指掌，弊竇亦可不生。至所需供事，即在該司書吏内選用，俟編纂成帙，繕造黄册，恭呈御覽後，臣部刊刻頒行，各省督撫遵照。倘日後各省有尚需變通者，即令該督撫等奏明，臣部另行定議，請旨遵行，庶查核銷追，均有定則，内外得所法守，辦理不致參差，於鼓鑄實有裨益矣。爲此謹奏。等因。於乾隆二十二年十一月三十日奏。本日奉旨：依議。欽此。

傅恒等修《欽定户部鼓鑄則例·奏疏》 經筵講官太保保和殿大學士議政大臣領侍衛内大臣兼管吏部户部事務御前大臣總管内務府大臣管理三庫事務兼管理藩院事務一等忠勇公傅恒等謹奏爲請旨事。查得臣部辦理雲南、貴州、湖南、廣東等省，每年辦運京局銅、鉛、點錫，及各省採買銅、鉛、錫觔價脚、雜費等項銀兩，又雲南、貴州、四川、廣東、廣西、湖南等省開採礦廠，抽課收買支銷各欵銀數，并寶泉局各省鼓鑄錢文，先經臣等，因欵項繁多，難以檢查，且歷年准駁條欵紛繁，必須畫一訂正，奏請將各欵題咨案件，悉行查出，摘敘詳明，纂成則例，俟編纂成帙，繕册進呈等因具奏。奉旨：依議。欽此。欽遵在案。當即令該司司員，揀選書吏，充爲供事，將京外各省鼓鑄，及礦廠各事宜，自雍正元年起，至乾隆三十年所有題咨案件，悉行查出，逐欵酌定，編纂成帙，共計三十五卷，共五百二十五條。業經臣等公同參校，纂成則例，理合繕寫正本，恭呈御覽，伏候欽定。俟命下之日，臣部交武英殿刊刻頒行，各省一體遵照辦理。除臣等及該司司員均毋庸置議外，所有在館効力之供事等，可否照例議敘之處，出自聖恩。再，此後或奉有諭旨，及臣工條奏准行，應入則例者，於未經刊刻以前，隨時添輯，合併聲明。爲此謹奏請旨。等因。乾隆三十一年六月二十五日奏。本日奉旨：依議。欽此。

陳廷敬《午亭文編》卷三〇《奏疏·制錢銷毁滋弊疏》 再察，前經户部等衙門議覆錢法，侍郎田六善條奏，令天下産銅鉛地方，聽民開採，行令直省督撫，於産銅、鉛處令道官總理，府佐官分管，州縣官專責，稅其二分，分別紀録加級。至今開採寥寥，皆因地方官征收其稅，滋爲弊端，以致徒爲收稅之名，而無開採之實。此後應一切停罷，聽民自便，或有開採，則銅日多，而錢價亦因可以得平也。

祁韻士《己庚編》卷上《議覆銅額運務摺》 大學士王　等謹奏爲遵旨會議具奏事。

據雲南布政使陳孝昇奏請，將湯丹等廠酌減銅額，并八運京銅改分六運，及管廠各員按照多獲銅數分別議敘一摺，嘉慶四年九月十一日奉硃批：「大學士會同户部妥議具奏。欽此。」欽遵到部，臣等謹按款酌議，敬呈御覽。

一各廠年額銅斤，請照現在辦獲數目酌定報銷一款，據稱，湯丹、碌碌、大水溝三廠，開採年久，礦少質薄，應請將湯丹廠額辦銅三百一十六萬五千餘斤，酌減八十六萬五千餘斤，以二百三十萬斤爲定額；碌碌廠額辦銅八十二萬三千餘斤，酌減二十萬三千餘斤，以六十二萬斤爲定額；大水溝廠額辦銅五十一萬斤，酌減一十一萬斤，以四十萬斤爲定額。統俟嘉慶四年爲始，按照減定各數，飭令經營之東川府如數辦運。至該三廠酌減額銅，查有新開之得寶坪廠，上年奏明額辦銅一百二十萬斤，兹據該廠具報嘉慶三年分實辦獲銅二百萬九千餘斤，較額辦之數多辦銅八十萬餘斤，通計寧臺、大功、香樹坡、得寶坪、茂麓及各小廠現辦銅斤，並湯丹、碌碌、大水溝三廠酌定銅數，通盤核算，較每年應運京銅六百二十九萬餘斤及帶解買補銅三十七萬餘斤之數尚屬有盈無絀等語。

查滇省各廠額辦銅斤，向來遇有礦砂衰薄，獲銅短缺，例准題請減額，其獲銅豐旺，多於舊額者，亦准據實報增，節年遵照在案。今該藩司以湯丹等三廠礦少質薄，奏請減額，并稱新開之得寶坪廠産銅豐旺，可以多辦銅斤，固爲調劑盈縮起見。但查每年該省額運京銅六百二十九萬餘斤，年額攸關，不容稍有短少。湯丹、碌碌、大水溝三處，在各銅廠中爲最大之廠，向因出銅較旺，是以定額較多，已歷年久，今遽請減去一百一十七萬斤，爲數未免過多，恐啟偷漏之弊。即云所減銅數可將得寶坪廠多辦八十萬斤之銅抵補，但較原運之額究屬虧短。且查得寶坪係甫開新廠，若令每年連正額加辦廠銅至二百萬斤，是否出銅可期，源源接濟，設有短絀，又將何廠銅斤抵補？得寶坪廠坐落迤西地方，較迤東之湯丹等廠，運送瀘州，路途遠近是否相等，運脚銀兩果否不致多糜，原奏均未籌及，臣等難以懸擬。相應請旨，飭交該督撫，將各該廠果否應減應增情形，確勘結報，另行核實，奏明辦理，以昭詳慎。

一每年正、加八起京銅，應請仍改六起，俾運員較少，不致有虛員，缺一款據稱，滇省自乾隆四年起，每年辦運正銅四百四十一萬七千八百斤，分爲八起；乾隆五年改爲四起；乾隆六年因廣西局停鑄，將原用銅一百八十八萬一千九百餘斤分爲正運四起，協運四起，加運四起，一併運京；自乾隆九年起至二十三年止，又改爲正運四起，加運兩起；乾隆二十四年復改爲正運三起，加運一起；乾隆二十六年定爲正運六起，加運兩起。每起派委丞倅州縣各一員承運，惟是運銅委員往返必須三年之久甫能回滇，員缺每多，虛懸辦理，亦形竭蹶。查乾隆五十八年以前，正運六起，每起運銅七十三萬六千餘斤，連帶解買補銅斤，共計運銅七十五萬餘斤；其加運二起，每起運銅九十四萬餘斤，連帶解買補銅斤，共計九十六萬餘斤。自乾隆五十九年至今，正運六起，每起加運各廠多辦銅二十萬餘斤，共計九十五萬餘斤，與加運銅數約略相同。今各廠多辦銅斤，帶解至本年止，秖有未運銅九萬三千餘斤，應於庚申年分起帶解外，應請將正運六起京銅四百四十一萬餘斤，分爲四起，每起委丞倅州縣一員，各承運銅一百一十萬餘斤。其加運二起，每起應運京銅及帶解買補銅斤，並正運六起帶解買補銅斤，分給加運二起帶解，計每起共應運銅一百一十二萬餘斤，核與正運四起委員應運銅數所增無多，較之黔省每起運鉛一百二三十萬斤之數尚屬減少，滇省即可少派運官二員，於地方公事不無有裨等語。

查滇省辦運京銅，正、加四運，分爲八起。今該藩司陳孝昇以委運銅差，缺多虛懸，並多辦銅斤，將及運竣，請將正運六起減爲四起。查京銅重務，頭緒繁多，屢經酌議，未能允協。自乾隆四年起，每年額辦銅四百四十一萬七千餘斤，原定正運八起，計運官八員。嗣因廣西停鑄，於原額之外，加運京銅一百八十八萬一千餘斤，爲數較多。另增四起，合前爲十二起，計運官十二員。至乾隆二十六年，經户部錢法堂奏定，分爲正運六起，運官六員，運銅四百四十餘萬斤；加運二起，運官二員，運銅一百八十餘萬斤。仍與乾隆四年原定章程，前後相符，久經遵辦在案。自乾隆五十九年後，各廠有多辦銅斤，飭令正運六起，帶解銅多船衆，運官業已極力照應，時懼疏失，今若因多辦已竣，減去正運二起，合加運爲六起，計每員責令承運京銅一百一十餘萬斤，誠恐致滋偷漏情弊，難期妥善。又所稱，較之黔省運鉛每起一百二三十萬之數尚爲減少。查銅鉛情形各異，鉛係整塊，每塊五十斤，易於稽查，銅大小零星散碎不等，沿途交替換船過壩，必須較兑過秤，倘數目太多，勢必久延時日，有悮限期，非比鉛斤容易，經理該藩司所奏，於銅務殊無裨益，不過爲節省運官二員起見，以滇省七十餘廳州縣委運八員本不爲多，且向來官員不敷委用，例准奏請揀發，亦無員缺多虛之虞，所有奏請每年正加八起京銅請改六起之處，應毋庸議。

一各廠較額多辦銅斤議敘之例過優，請酌量變通一款，據稱從前管廠之員，止按年核計功過，至乾隆四十四年，經户部議准，照鹽課之例，以十分核計，按其缺額并多辦分數，分別議處議敘。今查各廠年辦額銅自數千斤，以至數百萬斤不等，多寡懸殊。而一概以十分爲定在額銅數，千斤之小廠經管廠員，秖須多辦銅數千斤，即可援照多辦銅十分以上之例，准加四級。其額銅二、三百萬斤之大廠，經管之員必須多辦銅二三十萬斤，始足一分之數，照例紀録一次，未足以昭平允。除各廠短辦銅斤處分，仍照舊例查參外，所有額外多辦銅斤議敘之例，應請毋庸核計分數，統以多獲銅數爲定。凡額銅自數千斤至十萬餘斤之各小廠，多辦銅五萬斤以上者，准其紀録二次；十萬斤以上紀録三次；十五萬斤以上加一級；三十萬斤以上加二級；五十萬斤以上加三級；七十萬斤以上加四級。其額銅自二、三十萬至二、三百萬斤之各大廠，按照額數辦足，即准紀録一次；如多辦銅十萬斤以上紀録二次；二十萬斤以上紀録三次；三十萬斤以上加一級；四十萬斤以上加二級；五十萬斤以上加三級；六十萬斤以上加四級。該管直隸州及府道總理藩司，亦照多辦數目，分別議敘等語。

查滇省銅政考成，向止核其一歲獲銅之多寡，並未稽其每月交銅之盈絀，管廠各員因此虧數漸多，不敷供運。是以乾隆十六年，經原任撫臣愛必達、並四十三年督臣李侍堯等，先後奏請，照鹽課之例，統以十分核計考成。經户部議，令大小各廠俱按出銅確數，劃分十二股，按月計數勒交，如有缺額，令於一兩月内補足，倘於月額之外多獲銅斤，以及缺額不能補交，即於考成案内分別議處議敘，奏准遵行在案。是管廠各員，按月核計獲銅確數，並在任月日久暫，統以十分計考，畫一辦理，勸懲並用，不使畸重畸輕，立法最爲公允。若如該藩司所請缺額處分，仍照舊按分數計算，而溢額議敘，則又按銅數計算辦理，殊屬兩岐。且所稱原額數千斤及十萬餘斤之各小廠，必須多辦銅五萬斤以上，始准紀録二次，恐小廠人員無所鼓勵，勢必催辦不力，漸致廢弛。其額辦二、三十萬斤至二、三百萬斤之各大廠，照額辦足，即准紀録一次，甄敘過寬，亦不足以昭平允。況考成止論銅數，並不按月核計分數，仍恐漫無稽查，致有採辦虧短之虞，於銅政有礙。該藩司所奏按照銅數核計議敘之處，應毋庸議。以上三款，臣等公同籌酌，是否有當，伏候皇上訓示遵行。再，此摺係户部主稿，合併聲明，爲此謹奏請旨。嘉慶四年十月初二日奏，本日奉旨：依議。欽此。

王培荀《聽雨樓隨筆》卷六 蜀之嚴道，舊銅山也。其他採銅之處，亦多商賈，及土人有能識礦苗者。礦苗既現，攻之入山，仍需二三十丈或一二百丈，然後得礦，是爲礌硐。礌硐既得，然後招募炭窑等户，建設爐房箱甑，以爲煎煉之具。當時油米食物無一不賤，山林樹木隨處燒炭，故資本少而獲利多。攻採煎煉又各視其人，如甲與乙同赴一山，礌硐相望，甲所獲或數倍，乙所獲無幾。或同一硐，共一爐，遇甲煎銅，每爐或多至四五十觔，遇乙則又少至四五十觔。自廠衰之後，油米食物無不騰貴，山林樹木各有地主，炭窑日遠，供送不易，煎煉愈難，銅廠衰憊，攻採愈艱。百姓開墾既衆，深山老林率歸糧業，居民往往霸距山林，與廠民互相搆釁，故採銅甚不易言也。

錢泳《履園叢話·閲古·古泉》 古者金、貨、布、幣、刀俱謂之泉，其名始見於《史記·平準書》及《食貨志》。梁顧烜有《泉譜》，宋陶岳有《貨泉録》，杜鎬有《鑄泉故事》，羅泌《路史》有《泉幣考》，金光襲有《泉寶録》，李孝美、董逌俱有《泉譜》，洪遵、徐象梅俱有《泉志》。近方氏嵩年有《錢譜》十卷，朱氏近漪又有《古金待問録》，華氏師道有《錢幣考》，翁氏宜泉有《古錢攷異》，所載貨布幣刀大備。

案《管子》言：「燧人氏以來，未嘗不以輕重爲天下也。」蓋謂制貨以權輕重，此即用幣之始，而其制則未聞。或謂太昊氏以前已有錢矣，高陽氏謂之金，有熊氏謂之貨，陶唐氏謂之泉，夏、商謂之幣，亦謂之布，齊人謂之刀。曰泉、曰布者，取流通之義也。故太公作九府圜法，周景王鑄寶貨，秦鑄半兩，漢興亦有半兩，又三銖、四銖、五銖、八銖。而王莽又鑄貨泉小泉直一、么泉一十、幼泉二十、壯泉四十、大泉五十，及貨布契刀五百、一刀平五千、大布黄千之類。又東漢正品亦有五銖，蜀漢正品有直百、直百五銖，又有曰大泉五百、大泉當千者，皆古泉也。

晉初用魏五銖，吴興沈充又鑄小錢，徑三分，名沈郎錢。又有趙石勒鑄豐貨，成李壽鑄漢興之類。宋有四銖、五銖、二銖、孝建、孝建四銖、景和、永光之類，年號入錢文自此始。齊、梁有五銖、五朱、大通五銖、大富五銖、大吉五銖，拓跋魏有太和五銖、永安五銖之類，陳有大貨六銖，宇文周有五行大布、永通萬國布泉，隋亦有五銖錢。至唐初始有開元通寶、乾封錢寶、乾元重寶、大曆元寶、建中通寶、咸通元寶之類，而開元通寶最爲繁多。其幕有字，乃武宗時所鑄，如京、洛、兗、福、興、平、昌、潤、襄、益、鄂、丹、梓、洪、梁、越、潭、宣、廣、荆、桂、藍之字，猶如本朝順治通寶幕文有同、福、臨、東、江、宣、原、西、薊、昌、南、河、荆、雲、浙、陽、鞏、陝、延、襄是也。即如五代十國所載鑄錢之事，如後唐、後晉、後漢、後周，以及南唐、前蜀、後蜀、南漢、楚、閩、吴諸國流傳之錢，亦日漸日少矣。

嘉慶三年，海州嵇家溝鄉民濬池得巨甕二，發之，中實大泉五十、大布黄千皆滿，土花剥蝕，蒼翠可愛。

嘉慶戊寅春，紹興西郭門外西彝山下，土人掘得一墓，皆大甎砌成，狀如隧道，其中空洞無物，外有砂缸二具，不甚古，中貯五銖錢數萬枚，並無青緑。郡人陳圭堂親見之，攜以示余。余謂漢、蜀、兩晉時無窑器，唐、宋無五銖錢，皆事之不可解者。

吴江翁海村言：迪化州有屯兵墾地，得坎窞，深不踰丈，下見牆屋，積米盈倉，青蚨一堆，大徑寸，文曰「永安一千」，皆是鐵鑄。此又前人之所未及者也。

乾隆己酉歲，荆州築隄取土，得古錢無數。余時在武昌節署，偶渡江至漢口，見肆中有古錢三千枚，皆購得之。其錢文曰「宋通元寶」、「太平通寶」、「淳化元寶」、「至道元寶」、「咸平元寶」、「景德元寶」、「祥符元寶」、「天禧通寶」、「天聖元寶」、「明道元寶」、「景祐元寶」、「皇宋通寶」、「康定元寶」、「慶曆重寶」、「皇祐元寶」、「至和元寶」、「嘉祐通寶」、「治平元寶」、「熙寧重寶」、「元豐通寶」、「元祐通寶」、「紹聖元寶」、「元符通寶」、「聖宋元寶」、「崇寧通寶」、「崇寧重寶」、「大觀通寶」、「政和通寶」、「重和通寶」、「宣和通寶」、「宣和元寶」、「靖康元寶」、「建炎通寶」、「紹興通寶」、「隆興元寶」、「乾道元寶」、「淳熙元寶」、「紹熙元寶」、「慶元通寶」、「嘉泰元寶」、「開禧通寶」、「嘉定元寶」、「嘉定之寶」、「大宋元寶」、「紹定通寶」、「端平元寶」、「嘉熙重寶」、「淳祐元寶」、「皇宋元寶」、「開慶通寶」、「景定元寶」、「咸淳元寶」、「德祐元寶」，皆有宋一代之錢。余爲分次甲乙，計五十三種。幕中友洪稚存、徐朗齋、方子雲、孫香泉輩見之，半被分去。

案：高宗南渡建都，改杭州曰臨安府，鑄銅牌行用，其文曰「臨安府行用」五字，其陰面曰「準叁伯文省」，亦有「準伍伯文省」者。是當時國貧，補救變通之法。其牌最少。

嘉慶十八年三月，高郵州城北攩軍樓後，爲加築河工隄岸，民夫掘土得鐵錢數萬枚，並古鏡刀劍之屬，又有銅盤磁椀甚多。其錢文曰「祥符」、「天聖」、「熙寧」、「元豐」、「元祐」、「紹聖」、「崇寧」、「政和」、「宣和」、「乾道」，背有同元等字。

「淳熙」、同十五，春十四，春十六。「紹熙」、春元，春三，春四，春五，同二，同五。「慶元」、春二，漢四，漢三，同六。「嘉泰」、春元，同三。「開禧」、春元，春二，漢二，漢三。「嘉定」、春四，春十一，春十三，漢元，漢二，漢十三，漢十四。「紹定」、春三，春五。「淳祐」、「景定」、「皇宋」、「大宋」，計二十餘種，余皆見之，其中亦有銅者。

按《宋史・食貨志》，兩宋錢幣，本有銅鐵二等，而折二、折三、當五、折十，則隨時立制。太祖初鑄錢，俱用銅，凡諸州輕小惡錢及鐵鑞錢，悉禁之。蜀平後，仍用鐵錢，其所謂小平錢、夾錫錢最後出，然亦不能通行郡縣。大觀二年，蔡京復相，江南東西、福建、兩浙始許鑄使鐵錢。至紹興末年，淮、楚屯兵，月費五十萬，南北貿易，緡錢之入境者，不知其幾，于是沿邊皆用鐵錢。乾道初，詔兩淮、京西亦用鐵錢。司農許子中以舒、蘄、黄皆産鐵，請各置監鼓鑄，舒州有同安監，蘄州有新春監，廣州有齊安監，江西有廣寧監，興國有富民監、大冶監，臨江有豐餘監，撫州有裕國監，湖北有漢陽監，是以大小鐵錢，通行于兩淮。今諸錢之背有文曰「同」、曰「春」、曰「漢」者，即同安、新春、漢陽諸監之所鑄也。

錢泳《履園叢話・閱古・錢笵》 翁宜泉太守有《錢母説》，即朱竹垞所謂泉範，以銅爲之，所以鼓鑄也。今官局鼓鑄，皆用翻砂，所云板板六十四者。余嘗親至錢局看鼓鑄，有一板成二三十，有一板成四五十不等，未必定是六十四也。今錢範亦不等，有五銖泉一板成八枚者，有大泉五十一板成六枚者，亦有四枚兩枚者。範必兩塊合成，中有二小筍，作牝牡形，所以符合，取不移動也。惟古來博古家總未及此。余所見有四五種，近亦漸少矣。

王慶雲《石渠餘紀》卷五《紀户部局鑄・鑄大錢説帖》 今日之銀，少矣。非獨銀少，錢亦少也。國家歲歲鑄錢，積至於今日，宜乎山不能藏，海不能納矣。然使一月停爐，則局支立匱，況廠峝之告疲，銅運之不繼。其勢岌岌，迫不及待。此猶可蹈常襲故而不思變計哉！今欲不添銅，不加卯，使局錢變少爲多，莫若酌提卯銅，配鑄本直相當之大錢，爲易行而無弊。自銀價昂貴，今之制錢蓋工本二而鑄錢一。局中鑄一串之錢，即縻一串之帑，歲常以數十萬金置之無用之地，此何爲者？誠使以制錢五文工本，鑄當五大錢；以十文工本，鑄當十大錢，是一而鑄一也。雖制錢民閒行用固不可廢，要不妨與大錢配鑄配行，局中減鑄制錢一串，明省一串之虧折，此人所共知，至配鑄大錢一串，隱留一串之盈餘，人或未必知。即知之，又慮其不能行，是在當事者實力講求所以行之之術而已。凡作事謀始，未計其利，先防其弊。前此議加鑄者，必曰收銅；收之不至，則議禁銅，而銅卒不可禁。其請鑄大錢者，又欲以數兩之幣，當百當千，名實乖違，公私欺罔，利未一而弊已百。今但減制錢，鑄大錢，銅斤取諸卯額，經費不必別籌也。一枚工本與一枚價直相當，私鑄無利，又不禁自止矣。且價與工本相當，昔之糜費一倍者，固已節省其半矣。從來貨幣之所以不行，每由上專其利，而下不能流通。如前明造鈔，而禁民用金銀。究之鈔日以輕，金銀日以重，無他，上之所行非其所令也。今欲兼行大錢，不患不能搭放，而患不能搭收。官不收而使民用之，其廢格不行可立而待，故其始必收放相權，立爲規制。及乎鑄漸多，用亦漸廣，利權操於上，而民用便於下。異日之大錢，即今日之制錢。流布轉移，有不必遽期其效者。惟是鑄造之法必精，收放之令必信。設誠致行，存乎其人。今謹條四事於左：

一曰錢制。以今日鑄制錢之工與料鑄大錢，則不如其不鑄。何也？其麤不利用，其脆不久存也。故大錢必選高銅，或加煎煉，勿雜黑鉛砂錫，十分其劑。以康熙二十三年所定銅六鉛四爲準，或近年銅色不高，則照國初以銅七鉛三配鑄。竝見通考。其色其質，務與順治、康熙一錢四分重之錢相等。至於銅價、鉛價、工料、局費四項，通謂之錢本。凡當五當十，必計錢本與錢直，名實相副。不妨多費分豪，斷不可吝惜錙銖，以生奸僞。考前明洪武時，鑄當十至當一錢五種。今畧仿其法而不用當三當二者，從簡便也。輪郭勿太寬，以免翦邊之弊。

一曰錢工。銅質雖浄，鑄治不精，示人以樸，則易於僞爲而行之不遠。案康熙閒鑄造黄錢，其工有八，曰看火、翻砂、刷灰、雜作、剉邊、滾邊、磨錢、洗眼。治之各以其序，而務極其精。自改鑄青錢，漸至麤雜，惜工省費，日就苟且。今以鑄制錢五文之工食，鑄治當五者一文，可期磨洗匀浄，積至當十。工費加多，枚數加少，自能精益求精。至於爐匠工作，侵盗固所宜禁，麤率亦所必懲。工食務足贍其身家，不使剋扣絲豪，致囂然有疾視之意，庶圜法日久而常新。

一曰搭放。凡大錢用抵制錢與銀搭放，則可；徑以大錢抵銀搭放，則不可。蓋銀價長落無常，錢質一成不易也。今部庫搭放，以制錢一千，準銀一兩，宜仍其舊。惟先就制錢中配放大錢二成，如搭放一串，以制錢八百，當十大錢二十；或制錢八百，當五大錢四十。量配放之數，爲配鑄之數。或分爐，或分卯，必度其宜。大抵配放之始，宜少不宜多。少則易散亦易斂，斂散易則流通疾，流通疾則錢見重，錢見重則存於民者必多，而官無朽貫之慮。疾爲斂之，正所以廣爲散之。此善取不奪之道也。

一曰搭收。或由鹽課，或由關稅，此當俟諸異日，而必自户部常捐及雜項倡之，然後法立而人不疑。凡搭收亦以二成爲準，不足乃以銀。民知官之樂爲收也，必争儲以待用，其事猶有不行者乎！至於通變不倦，鼓舞盡神，則必使上與下公其利；欲公其利，莫若以當五之三百六十文，與當十之一百八十文，直制錢一千八百，即許準銀一兩交納。或曰：今銀價每兩二千，如是則便於民不便於官。然自官計之，常時銀一兩鑄錢一串，又以錢一串抵銀一兩，名爲搭放，實無盈餘。今以銀一兩鑄大錢，其直兩串。準直搭放，是一兩之鑄獲二兩之用也。即以一千八百搭收一串之外，尚有八百之餘也。何必取盈於二千之數哉！且使民閒得大錢常有什一之利，商賈通行，民用便利，以視制錢必有倍加寶貴者。小利在民，即大利在國。慎勿藉口於難行哉！或曰：如前所謂搭放之數，既取諸按卯之配鑄而足矣，若復源源搭收，大錢不壅於官乎？然此爲民閒不行用言之耳。民之所棄，而官收之，其壅固宜。誠使鑄爲大錢，質既厚重，工復精純，領之官而有什一之利，納之官而無折閲之應。不蠹不腐，可藏可沽，獲輕齎倍蓰之便，免短陌攙和之患，其爲流通利用無可疑者。夫一室儲錢百，則萬家有百萬之藏。京師百萬户，可使萬萬大錢流通於下。若乃物則質雜而工麤，法則朝行而夕改。小有通塞，不議停放，輒議停收，出納不平，掊克貽誤，一朝沮格，歸咎於立法之人。平心論之，此人不行法之過邪，抑法不可行之過邪？再考本朝錢法，順治初每文重一錢，七文準銀一分，後更鑄重一錢二分，以新錢七文準銀一分，舊錢十四文準銀一分。是新錢一當二也。十年行一釐錢十文準銀一分。十四年更鑄重一錢四分，新錢一亦當舊錢二。康熙二十三年復爲一錢。四十一年仍爲一錢四分，舊錢十當新錢七。輕重相權，實國家之故事，而非創自今日。至於收納職掌之所，官役勸懲之法，面幕文字之式，在當事者討論故實，熟思審計，取自上裁，非下走之所敢議也。

戊申十一月江翊雲給諫上請鑄大錢疏，竊意其法可行，惟所請徑以大錢抵銀搭放，爲思之未熟。事下樞府，友人屬爲説帖，因兼取汪衡甫京兆以二千搭放，以一千八百搭收之議，率成四條，會事寢未上。其年十二月，五城禁市肆私錢短陌，不數日銀價每兩由二千驟減至一千四五百文。時民閒方倚錢度歲，典物者質庫不肯納，一時譁然。卒弛禁而銀復昂然。則今日錢價之賤，由局錢不精，奸僞溷雜。是篇所言，銀少錢亦少者，非意之也。

王慶雲《石渠餘紀》卷五《紀制錢品式》 聖清太祖肇基東土，丙辰建元，鑄「天命通寶」錢，分滿漢文二品。天聰紀元，鑄錢如舊制。世祖奄有天下，置寶泉局於户部，寶源局於工部，明直省局皆稱泉源。鑄「順治通寶」錢，頒行各省開爐鼓鑄。自後列聖改元，沿爲故事。惟純廟行授受大典，嘗令乾隆、嘉慶各半分鑄。後改乾隆二成，六年乃全鑄嘉慶。順治之錢有數品，初有一錢、一錢二分、一錢二分五釐三品，其幕初無文。十年增鑄漢文一釐於幕之左，其右京局鑄户工，各省鑄局名，亦有單鑄一字者。十四年更鑄重錢，重一錢四分。圜函輝潤，近古罕比。凡錢圜徑十分寸之八。凡鑄錢先塹鑿塊銅曰祖錢，乃鑄無文而圜者，曰母錢。然後印鑄函方而成制錢。凡鑄治之工八，曰看火、翻沙、刷灰、雜作、剉邊、滚邊、磨錢、洗眼，治之各以其序。於是始兼用滿漢文。京局曰源若泉，直省則以局名。江寧曰寧，一釐錢曰江。江西曰江，一釐錢曰昌。浙江曰浙。福建曰福。湖廣曰昌，一釐錢曰武。河南曰河。山東曰東。山西曰原。陝西曰陝。雲南曰雲。其密雲、薊鎮、宣府、臨清、大同，則用密、薊、宣、臨、同字。大同局先設陽和，文亦曰陽。以辨良楛，而殿最之。各省有分局。各府、各鎮者，旋開旋停。康熙初年增設各省局，其文湖南曰南，江蘇曰蘇，甘肅曰鞏。時布政司駐鞏昌，此局旋罷。四川曰川，廣東曰廣，廣西曰桂，貴州曰貴，後開福建臺灣、漳州兩局。文曰臺，曰漳。二十三年定鑄錢之齊以銅六鉛四，蓋銅性燥烈，必和以鉛。唐宋以來皆用之。明之四火黄銅、二火黄銅，即紅銅與白鉛相和而成者。先是，各局鼓鑄，或關差採辦銅鉛，或官收廢銅舊器。分生熟銅配鑄。大率以銅七鉛三爲準，至是始定分數遵行。是年鑄輕錢。四十一年復重錢。故康熙錢有輕重二品。輕錢重一錢，重錢重一錢四分。雍正錢亦二品，元年令各省錢幕用滿文鑄局名二字，是爲後此遵行之定式。五年改錢齊爲銅、鉛各半。七年更定各省錢文。直隸曰寶直，江西曰寶昌，湖北曰寶武，山東曰寶濟，山西曰寶晉，雲南東川曰寶東。旋開江蘇、安徽錢局，文曰寶蘇、寶安。十二年改錢重爲一錢二分。乾隆五年以私燬者多，改鑄青錢。浙江布政使張若震奏，言錢價之貴，由於私燬。訪之爐匠，咸云配合銅鉛，加入點錫，即成青錢。唐謂之白錢。銷燬無利，山藪之奸可不禁自止。令户部試鑄，百分其齊，紅銅仍五十分，減白鉛爲四十一分有半，用黑鉛六分有半，加點錫二分。所鑄青錢，試鎔爲銅，錘擊即碎，不能更造器具。時再試以接爐提銅之法，每串僅復原銅二十二兩。廷議以可杜私銷。照式頒行。歷代黄錢之法，至是一變。雖暫免銷燬，然質雜而脆，其易於消磨則一也。自雍正改爲一錢二分，輕重適中。後雖錢齊不同，而品式無改，惟供用内廷者爲樣錢，樣錢百重一斤，其齊仍銅六鉛四。又案：見行則例，京局配鑄凡百斤，用紅銅五十四斤，白鉛四十二斤又四分斤之三，黑鉛三斤又四分斤之一。各省局或純用白鉛，或雜黑鉛，而皆不用點錫云。

王慶雲《石渠餘紀》卷五《紀户部局鑄》 國初，户部年鑄三十卯，以萬二千八百八十串爲一卯。遇閏加三。康熙、雍正兩朝各增十卯，乾隆六年增二十卯，次年增勤爐十座，年鑄六十一卯，得錢六十九萬餘串。十六年以後因餘銅加鑄，至三十八年定爲七十五卯，歲得錢九十三萬串有奇。末年裁勤爐，復銅六鉛四之制，仍爲三十卯。嘉慶初年漸復，五年設俸爐，鑄搭京俸。後銅鉛不敷，亦旋減旋復。自國初以來，皆户部鑄二，工部鑄一，今則例寶泉局正爐之外，有勤爐、俸爐加鑄，歲出錢百十三萬串，閏加四萬串。寶源局有勤爐，歲出錢五十三萬串，閏加四萬串，各有奇。案近日鑄錢之數，多於往時，而公私均無朽貫之積。一由生齒日繁，多一人即多一人之用，且昔之食時用禮者，今或踵事增華，流轉之數愈多，則錢愈見少；一由銀貴，市票盛行，一兩之銀可以易兩串之票，市肆雖以票易銀，不得不蓄錢以待用，而冒禁私銷者，尚不在此數。此所以鼓鑄日多，而流通日少也。

通考案鑄錢之期曰卯，宋以後始有晝卯、點卯之名，蓋取其時之早，相沿既久，遂以一期爲一卯。

案今則例，各省局出錢歲額，除山東、河南、安徽、甘肅久已停爐，餘省歲其出錢一百一十一萬餘串，自銀價愈昂，錢本愈貴，大半皆停爐減卯。民用不足，私鑄能無起乎！

王慶雲《石渠餘紀》卷五《紀銀錢價直》 歷代寶貨與錢竝行者，有幣有鈔。金元以來，黄金漸少，始以銀爲通行之幣。國初用不足，嘗一造鈔。時歲造十二萬貫。不久停罷。自後與錢兼權而并用者，惟銀而已。銀之直以兩計者。金時折錢二貫。明代自五六百文至千文，逮夫末季，一兩直錢五六千，而錢法大壞。蓋銀不自爲直，因錢之貴賤以爲直。權之之法曰輕重，曰多寡，曰斂散。輕重與斂散，其權操之自上；多寡之權，則上不能獨操之。勢之所趨，有未易以文法禁者。故爲錢必適輕重之中，而後時爲斂散之令，以齊其多寡之數。然爲法終不能以數十年而不敝。我朝順治初元，鑄錢文重一錢，始以七文準銀一分。旋更鑄重一錢二分，又改鑄重一錢二分五釐，官徵民納，皆新鑄七文準銀一分，舊鑄一錢重者倍之。先是，工部侍郎葉初春以錢價日增，請鑄當五當二錢，以便民。不允。然新錢實一而當二。十年行一釐錢十文準一分。雖著爲令，而民患錢輕，乃罷之。改鑄重一錢四分，其準銀之直，新錢以十，舊錢仍以十四。康熙十年令民以從前之小制錢交納正賦。時奸民多燬重錢。二十三年錢漸貴，銀一兩直不及千。侍郎陳廷敬言：欲除燬錢之弊，求制錢之多，莫若鑄稍輕之錢。燬錢無利，其弊自絕。乃改鑄，仍爲一錢。四十一年又以錢小盜鑄者多，復舊制一錢四分，千文準銀一兩，舊重一錢之千文，準銀七錢。至雍正十二年銅貴，錢本多虧，乃酌輕重之中，定一錢二分之制。自是以後，鑄質雖有不同，而輕重頗若畫一。其有不齊，則局匠冒禁偷減，非功令有所改易。此本朝以來錢法輕重之大略也。權之以多寡者，錢少而貴，則局有增爐，爐有增卯，又有勤爐、俸爐之設。多而賤，則酌其數而減之閉之。凡以劑銀價而使之平也。考康熙中錢價過昂，有銀一兩不足一千之禁。及末年自八百數十文遞減至七百數十文。皆指重錢。於是發五城平糶米價以易銀。或言康熙間鑄錢最精亦最少，不知固由當時之銀易得而價賤也。雍正元年設官牙以平其直。乾隆三年革錢行經紀。七年諭曰：「錢爲國寶，固貴流通。然必輕重得其平，方能無弊。若錢價過賤，物價必虧，姦弊從此而起。」嗣後銀一兩祇許换大制錢一千。蓋其時錢驟賤，故又立法以禁之。九年以户部卯錢及五城平糶錢二十四萬串，設局兑换，定價銀一兩易錢九百五十文至一千文爲率，禁市儈賤買貴賣之長短錢。乾隆二十六年又以平糶錢易銀。時一兩二錢僅易錢一千。三十六年各省皆以價平請減鑄，諭督撫豫爲籌畫，務期錢直常平。案康熙以前制錢準銀之數，自七文增至十四文，已有日趨於賤之勢。康熙、雍正間立法維持，時貴時賤。惟乾隆一代錢價平時少而貴時多，或以爲由銷燬古錢，或以爲由私燬重錢，故錢少而貴。然實當時上下銀多之故。案雍正十三年令捐納貢監，皆收銅，不足乃用銀。乾隆九年定官員領帑除夫匠工價外，民間日用除零星粟布外，概不許用錢。向非上下銀多，安能嗇於用錢。如是且列朝鑄錢之多，亦無如乾隆時者。而初年部庫積銀三千萬，末年至七千餘萬，輕重兩幣，皆充牣而流通。故昔之銀錢，均無獨能久貴之勢。嘉慶初年錢仍貴，民間以銀易錢，虧失踰倍。詳十年五月聖訓。乃嚴飭各省毋減卯，毋虛報。竊意其時數歲軍需散部庫七八千萬於外，民間銀易得，故錢見貴。未必盡由於停爐減卯也。自嘉慶末年錢法日久而敝，嘉慶十七年有江蘇鑄錢攙和沙子錢質脆薄之諭，二十五年御史王家相奏：江南以官銅偷鑄小錢，每千不及四斤，民間號爲局私，流通寖廣，以致銀價日貴，竝見聖訓。而銀之外洩亦日多。詳後。由是錢價一賤近三十年即不復貴，至今日每兩易錢二千，較昔錢價平時蓋倍之，較貴時幾及三倍。

屢經調劑，未覩實效。殆所謂勢之所趨，未易以文法禁者乎！若夫斂散之法，則視錢之多寡。在官者多，則散之；在民者滯，則斂之。案順治十二年始令以制錢搭放俸餉。康熙初令各省存留雜支配錢三成，自後配搭隨時增減。惟康熙五十八年、六十年及嘉慶六年，均以錢貴令半銀搭餉，爲最多之數，餘或減於三成之内。詳會典事例。凡加成搭餉，以錢貴加惠兵丁，非爲節省用銀之故也。乾隆閒，令各衙門公費皆給錢。又或發官錢，設官局以平市價。乾隆二年發工部餘錢，設官錢局十處，出易以平市價。其斂之也，順治十二年令州縣計搭放之數刊入，由單徵收。再踰年以制錢壅滯，令銀七錢三完納。銀以運解，錢抵存留。輕重之貨，竝行不悖。康熙閒民賦猶兼用錢，自奉行日久，各省漸不畫一，銀則浮收，錢則浮折。是以雍正閒安徽巡撫徐本以民賦槩用銀，零星稱收不便，奏定每一分連秏羨收錢十文。乾隆閒又以直隸民賦多以錢作銀，爲數較重，令一錢以上者，不必勒令交錢。蓋自秏羨歸公，徵斂或不如法。大吏所孜孜調劑者，又不在錢法之貴賤矣。邇來錢不加多，而公私秏銀之途日廣，於是銀之貴賤，不係錢之多寡；而錢之貴賤，轉係銀之多寡。圜法子母之權移於銀幣，此積重之勢也。

嘉慶十九年正月諭：「蘇楞額奏請嚴禁海洋私運一摺，據稱『近年以來夷商賄通洋行商人，藉護回夷兵盤費爲名，每年將内地銀兩偷運出洋，至百數十萬之多，夷商已將内地足色銀兩私運出洋，復將低潮洋錢運進，欺矇商賈，以致内地銀兩漸行短絀』等語。夷商交易，原令彼此貨物相準，通易有無，以便民用。若將内地銀兩每年私運出洋百數十萬，歲積月累，於國計民生均有關係，著蔣攸銛、祥紹查明每歲私運若干，應如何嚴密禁止，妥議具奏。」二十年十一月諭旨：「近年内地銀兩爲夷人貿易攜去者，動踰百萬，日久幾同漏卮。」以上竝見聖訓。又十九年閏二月侍講學士蔡之定請行用鈔幣，諭「所奏泥古迂謬，斷不可行。前代用鈔，其弊百端。小民作僞，必致獄訟繁興，麗法者衆，殊非利用便民之道。且國家經費量入爲出，不致遽行匱乏，何得輕改舊章？該學士以文學之臣，迂腐陳奏，著交部議處，以爲妄言亂政者戒。」

王慶雲《石渠餘紀》卷五《紀錢銅禁令》 從來利孔藪姦，文網所不能制。國初承故明錢法極敝之後，首禁舊錢，官收買以供鼓鑄。惟崇禎錢暫許行用，舊錢每斤給直八分。旋以削平諸藩，禁僭號僞錢，定官爐夾帶私鑄計贓以枉法論。加私鑄爲首絞候律爲斬候再加爲斬決。時銅不足，每新鑄輒燬舊錢。康熙初申嚴官員失察私鑄之例，重者至褫職。私銷罪與私鑄同。時奸徒毀錢製器，獲利以倍，非嚴立科條不能禁止，故網稍密焉。十八年禁市肆鑄造黃銅器具。已成器及五斤以下者不禁。二十四年福建巡撫金鋐以閩省多用前代舊錢，請禁之，下閣臣集議。學士徐乾學議略曰：自古皆古今錢兼行以從民便。考梁太平時詔雜用古今錢。宋泰始時斷新錢，專用古錢。魏熙平初以新鑄五銖及太和錢、古錢通行。金大定中以宋大觀錢一當五用之。明太祖鑄大中通寶錢，與歷代兼行，民咸利之。錢者，歷代通行之貨。自漢五銖以來，未有廢古而專用今者。若隋之盡銷古錢，明天啟以後括古錢充廢銅，此錢之變也。昔時錢法之敝，鵞眼綖環，無代不有。然歷代之錢尚存。旬日之閒小錢便可淘汰。若舊錢已盡，即良工更鑄，海内之廣，一時難徧。欲一市價而裕民財爲稍難矣。聖祖韙其言，爲寬舊錢廢錢之禁。時湖廣所鑄色紅而輕小，乃禁之。四十五年山東請鑄大錢，適命侍郎恩丕緝獲長山縣私鑄，上以不嚴禁私錢而鑄大錢，奸民必毀大鑄小，今鑄私錢必須收取。乃下令來歲山東錢糧每兩折錢二千，俟錢盡時，折收銅器。不出一年，私錢自盡。蓋亦一時之權也。雍正初禁錢之沙板錘扁翦邊者。四年復嚴禁黃銅器皿，時不禁紅白銅，三品以上許用黃銅。定限三年以後照私藏禁物論罪，製造者照私毀制錢爲從律。通考。案是時收銅百斤，給銀十一兩有奇，除工料祗鑄錢八串四百，以銀兩直千計之。是爲十而鑄七。十年申販運囤積之禁。自禁銅以後，私銷愈多。十餘年來京師康熙之錢日少。見雍正十三年諭旨。乾隆元年户部尚書海望疏陳禁銅四弊，略曰：銅器散在民閒，相習既久，一旦禁使勿用，往往遷延而不交，交納而不盡。胥吏需索，刁民訛詐，得賄則賣官法，不得則入人罪，搜括殆盡，用法不均，其弊一；有司未必皆賢，有侵蝕剋扣僅給半價者，有除去使費空手而歸者，名爲收銅，實同勒取，其弊二；此等銅質本極麤雜，加之鏽壞，鎔化秏折，徒費帑金，無益鼓鑄，其弊三；況黃銅乃紅銅配鉛而成，今禁黃銅，不禁紅銅，是又多費紅銅，而適以昂黃銅之價直，速其私燬，且黃銅一禁，白銅轉多，皆奸匠銷燬制錢，攙藥煮白，其弊四。自古銅貴錢重，則私銷；銅賤錢輕，則私鑄。是以錢文輕重，必隨銅價低昂而增減之。世宗因私銷之弊，飭減分數，每文重一錢二分，所以調劑銅貴錢重者，自有成效，不必屑屑於禁銅之末矣。於是收銅禁銅之令皆停，惟南洋私販銅器者有禁。自改鑄青錢，銷燬之餘以熄，禁鑄用鉛錢。二十二年開廢錢之禁，諭曰：「前代廢錢流傳至今，已屬無幾，攙和行使，相沿已久，若盡行查禁，轉使吏役得以滋擾，如唐、宋、元、明舊錢，不妨仍聽民便。至僞號錢文，則當禁革，但辦理不善，恐民情不願。准民閒檢出，官爲收換以供鼓鑄。案故明諸藩僞號如宏光、隆武、紹武，皆亡於順治二三年，惟永曆亡於順治十八年，爲稍久。然崎嶇轉徙之間，所鑄亦僅矣。寬之以收換之，令以俟其自盡。」聖人之宏如此！自國初以來，私鑄之禁恒與收繳給價竝行。立法非不寬大，顧民賣禁物於官，愿者畏罪而空輸，黠者翫法而踵至。故臣以爲收買私錢，不獨法不可，亦勢不行也。嘉慶初以小錢收繳，仍未盡訛索賣放，百弊叢生。而民間行使，均由他處攙雜而來，不清其源。於事無益，乃嚴員匠偷減及奸民私鑄之禁。諭曰：「如官無小錢，民無私鑄，弊源可絶。其民間行使，轉可不必查禁，以免擾累。」十四年以京局輪郭模糊，外省偷減倡薄，飭禁之。夫奸民趨利，扞網不顧，必也制錢不過重以啟私銷，不過輕以招私鑄。利權操於上，而奸藪清於下，是亦措刑之一術也。

康熙九年姚文然疏言：「臣年來見部中疏通錢法，將存留錢糧，一槩收錢放錢，用心甚周，立法甚善。」案搭放搭收，歷有舊章。此則存留一槩用錢，蓋當時已有此議。

王慶雲《石渠餘紀》卷五《紀銅政》 國初户局銅由各關辦運，工局差司員督買。康熙初併歸各關，以蘆課佐之。十八年收廢銅及淘沙餘銅，兼令鹽差採買。二十年停。二十五年增銅價，時各關藉口銅貴，徵税多浮。聖祖恤商民之困，增舊價六分五釐爲一錢。後交内務府商人承辦。四十四年總督貝和諾請立滇省官銅店，以各廠抽納税銅，變價報部。抽納見礦政。兼收買餘銅以售官商之承辦京運者。收以三四分，售以九分，獲息歸公，謂之銅息。考滇省山礦，元、明止有金銀之課，民間日用海肌，未嘗用錢。明嘉靖、萬曆間，暫開旋罷。至是，地寶乃漸出矣。至五十四年商欠誤運，改令各省委員辦解，歲需四百四十餘萬斤，增價二分五釐。先是，各關辦銅，捐水脚五分。至是，於價外給水脚三分，節省二分解部，是爲銅斤水脚解部之始。次年以各省辦銅伊始，暫收舊銅充鑄。而奸民轉將小制錢銷售。禁之。并罷收買之令，再增銅價二分。六十年并歸江、浙採辦。以東洋條銅在二省收泊也。又聽商民往安南採辦。雍正初，雲南青龍金釵廠產日旺，巡撫楊名時請解京局銅一百萬斤。廷議道遠費多，不如留滇開鑄，并許運散各省。罷官店餘銅，聽民販運。次年以江、浙運不足額，分閩、粵二省購洋銅。湖、廣二省購滇銅，運輸京局。旋以雲南產銅日旺，鼓鑄外餘二百餘萬斤，許運售各省。時議洋銅至京，每百斤價十七兩有半；滇銅僅十二兩有奇，内運費三兩。價大省，可以停購洋銅。然至乾隆初年，猶滇、洋各半。於是開東川局鑄，運往陝西。而貴州威寧之銅，與大定之鉛，皆大出。十三年令捐納貢監，收銅不足，乃用銀。高宗即位，以各省購辦滇銅解部，莫若即令滇省就近鑄錢，出蜀之永寧，水運至漢口，附漕至京，可省京鑄之半。巡撫張允隨請開局，廣西府鑄錢三十四萬串，出粵之百色，運至漢口轉輸。乾隆元年令商民自運洋銅，官爲收買。次年總督尹繼善奏：「湯丹廠歲餘銅三百餘萬斤，以内地餘銅售之商販，而京局之需，又辦自外洋，不免舍近求遠。莫若令江、浙來滇收買運京。」次年直隸總督李衛亦以爲請，乃從之。是年停雲南鑄運京錢，以原銅百八十餘萬運至漢口，分撥站船運京，加卯鼓鑄。是爲滇銅之加運。户部議從前令雲南鑄錢運京，原因就近礦廠，而永寧水路可達京師，水脚多省。嗣因近蜀地方無可建局，遂於廣西府開爐，陸運至板蚌下船，抵粵之百色。山川修阻，較永寧迥別。請照原定銅斤解部。臣思銅運可由永寧，錢運何以必由百色？近蜀之東川府，雍正間久已開爐，何以運京之錢必開局於廣西州？昔爲府。允隨之請，户部之議，皆臣所未解也。時京銅始盡歸滇運。其運道，半由尋甸至威寧，半由東川經昭通、鎮雄，皆轉至永寧水運，每年預撥銅本一百萬兩。每斤工本九分二釐，連廠費約需五六十萬兩，脚價役食十餘萬，解司銅息二十餘萬。凡運銅有加耗，百分之八有餘銅百分之三沿途催趲稽查沉失。至今銅運章程半皆允隨所定。其時正運四百三十餘萬斤，加運一百八十餘萬斤，納户局三之二，工局三之一，即見行則例。解京正耗餘三項銅六百二十九萬餘斤之數也。六年滇省開金沙江通四川水道，乃於東川開局，改威寧陸運，由小江口至瀘州。然滇錢運京之法，卒無有議復者。十八年以粵需滇銅，滇需粵鹽，令彼此互換，免賫價之煩。次年撥滇省銅息五十萬充餉。三十一年總督楊應琚奏：滇省礦廠日開，砂丁聚集，每處數十萬人，糧價昂貴。礦廠無業之徒，向有米之家借糧，名曰米分。以米分多寡，均分礦利。開採無益，請禁老廠子廠四十里外不得私開。時各廠歲報獲銅千二百餘萬斤。至末年礦產尤盛，額銅之外，贏千三百餘萬斤。於是有帶解之銅。先是，銅質低潮者，由局煎煉。嘉慶初令選運純淨之銅，局驗低潮，運員治罪。然自是以後，銅斤無減於舊，而錢質漸以麤雜。議者謂不盡由銅低之故。臣讀會典，見國初以來局役包攬買交有禁，成色不足有禁。或設對牌，或較法馬。臨兑之際，撤手敲平，所以防收銅之詐僞者至纖且悉，則何如就滇鼓鑄運京之簡易哉！

王慶雲《石渠餘紀》卷五《附載鉛錫》 國初鑄錢之鉛，由各關兼辦。康熙二十三年始發商辦解，五十九年以湖南桂陽州稅鉛十二萬斤解京配鑄。雍正初大定産鉛漸多，十二年停商辦，令貴州歲辦額鉛。自五年改錢齊爲銅、鉛對鑄。歲增京鉛至三百六十餘萬斤，而黔廠所出，實不止此數。雖倍舊價爲一兩三錢，而較商辦之直省七之五。蓮花鉄砂之産，不踁而至。時黔鉛日旺，而楚産漸微。蓋五金與水同性，溢於此，必消於彼。向之滇銅出而洋銅稍衰，亦是理也。乾隆初改鑄青錢，減貴州白鉛五十萬斤，運黑鉛。後黑鉛與湖南迭辦，時有增減。初令廣東辦點錫十五萬，隨開礦抽課，竝收餘錫。後又收買洋錫。黔鉛百斤價一兩五錢，粤錫百斤十三兩有奇。十年黔鉛歲産至一千四百餘萬斤，是爲白鉛之極旺。二十七年定白鉛歲額四百二十四萬。再踰年增十有五萬。今則例歲額四百三十九萬餘斤是也。今黑鉛歲額，黔運四十七萬，楚運二十五萬。其點錫配鑄之法，自乾隆五十九年以後，即不復用。惟貴州鉛本歲需二十九萬兩，猶當時所定云。

王慶雲《石渠餘紀》卷五《附載新疆西藏錢》 西藏葉爾羌市易用普爾錢，紅銅爲之，重二錢，制小而厚，外有輪郭，中無方孔。每五十謂之騰格。舊以此輸準夷之賦。策旺阿拉布坦時錢面鑄其名，用準字，背回字，噶爾丹策淩亦如之。我朝平定回疆，仍以此輸賦。乾隆二十四年以後，開葉爾羌阿克蘇錢局，即其地徵銅萬斤鑄制錢，仍其俗用紅銅，枚重二錢，幕鑄城名，左滿文，右回文。更定百普爾爲一騰格，準銀一兩。四十年平伊犂，設寶伊局。面文皆如内地。伊犂鑄錢每千需銅料銀三兩八錢，顧皆賦糧折納，不由採辦。五十二年折給七城兵丁鹽菜百六十，準銀一兩。嘉慶以後仍兼鑄乾隆錢，以準回諸部皆高宗所戡定也。自西藏隸我版圖，以地不産銅，令寶藏局及商工鑄銀錢，面漢字，幕唐古忒字，邊郭鑄年分。重者一錢，輕者五分。其準銀皆長十之一，爲工火費。唐書謂泥婆羅國錢不穿孔。三朝國史謂天竺錢實其中不穿貫。今西北之錢猶其遺制也。今伊犂各城雜賦普爾錢九百萬有奇。

王慶雲《石渠餘紀》卷五《附載洋錢》 閩廣近海之地，多行洋錢，來自西南二洋。約有數等，大者曰馬錢，爲海馬形；次曰花邊；次曰十字。花邊大者重七錢有奇，鑄宫室人物，環以番字。漢書言安息、大秦諸國用銀錢是也。質不及銀，而價視銀爲高下。始番舶捆載而來，歲數百萬，與東南貨幣相流通。顧昔以洋錢易貨而來，今以貨易銀而去。其流入内地者，鏨鑿銷耗，亦漸以難得矣。

王慶雲《石渠餘紀》卷五《附鐵》 舊例鐵器不得闌出外境，而海舶或販廢鐵及鐵鍋千百出洋。雍正初乃禁之。八年，總督孫嘉淦奏湖南州縣産鐵，百姓自採以供農器，閒往鄰邑售賣，應聽商民自便，即鹽鐵論所謂輓運阡陌之閒，各得所欲者也。乾隆十年閩浙總督喀爾吉善奏雲和、永嘉等縣土瘠民貧，採鐵爲業。封禁以後，陽奉陰違，徒資吏胥需索。各縣俱係内地，與近海産鐵之寧臺等處不同，乃弛其禁，照舊開採，酌量起科。二十九年以後准四川屏山、江油、宜賓開採鐵礦，十分抽二，變價充餉，雖稍稍税之，而卒不立鐵官。

王慶雲《石渠餘紀》卷五《附銅運改道議》 滇銅兩運，寄存武昌，數月矣。此後江路即通，而豐工漫溢河湖，底定無期。京局之銅，何以爲繼？昨議由武昌船運入襄河，北抵樊城。新野水路見後。再由樊城陸運經内黄楚望入衛河滑縣道口見後。北上。其首尾襄、衛兩水，舳艫相望。豫省又有軍船可資灑帶，兩運之銅一百十萬斤，抵米不過一萬七八千石。豫省軍船三百餘隻，每船不過附裝五六十石。南北利涉，豪無疑義。所難者陸運千三百里耳。驛程見後。事屬創始，人多疑慮。然但能體卹車户，責成攬載，亦可必成而無弊。常見商販藥材布匹，皆以貨物責成車户攬載，未嘗逐車使人管押，而從不短少偷竊者，以雇價足供人馬料食，而無牽制剋減之累也。若拘執文法，官兵護送，吏役稽查，繁費誨盜，終亦不行而已。

案銅鉛各運，向例沿江溯淮，經三閘五壩，泝流而上。其閒讓漕插檔，阻風守凍，甚而挖淺撥運；又甚而沈溺打撈，勞力傷財，經年累月，其不虧短者尟矣。若果陸運得有把握，以後銅、鉛各運，擬自荆州至大澤口盤隄换船，更省沿江泝漢之路千有餘里。案水道提綱漢水至潛江縣北境大澤口，有支津西通荆州府，諸湖交會，即古之雲夢澤。又案圖書集成，自荆府之沙市，在大江北岸。至潛江縣之大澤口，在漢水南岸。其閒有大白、紅馬諸湖。方輿紀要所謂江陵東北三海八櫃，與漢水通者是也。此處盤隄，當必不遠。

自樊城至内黄縣楚望陸運驛程

湖北襄陽府北岸爲樊城，陸運由此啟程：六十里襄陽縣吕堰驛，以下均照兵部驛站里數開列。六十里新野縣湍陽驛，如由漢江入白河，水路可至新野，省陸程百二十里。《水道提綱》云：白河源流行七百餘里，合湍、唐諸水，南陽全府羣流畢會，實入漢之巨川也。六十里南陽縣林水驛，六十里南陽縣宛城驛，六十里南陽縣博望驛，六十里裕州赭陽驛，六十里葉縣保安驛，六十里葉縣湕水驛，六十里襄城縣新城驛，六十里長葛縣石固驛，五十五里新鄭縣永新驛，自此以上爲雲貴大道。四十五里新鄭縣郭店驛，五十里鄭州管城驛，四十里滎澤縣廣武驛，渡黄河。七十里獲嘉縣元郙驛，六十里新鄉縣新中驛，五十里汲縣衛源驛，五十里淇縣淇門驛，由此東北達濬、滑兩縣，皆臨衛河，水盛則大船亦可至滑縣之道口鎮。六十里湯陰縣宜溝驛，七十里彰德府安陽縣鄴城驛，自此以上爲西大道。百十里内黄縣，由前淇縣湯陰道上東北可達内黄，省陸路百里。三十里楚望集入衛河。衛河由此東過大名、冠縣、館陶至臨清州，與南運河合流，北抵直沽，無閘座。

以上陸路驛程計一千三百五里。

又案《方輿紀要・引志》云：衛水，小水也。後漢建安九年，曹操於淇水口下大枋木，遏淇水東入白溝，衛水至濬縣名白溝，是時淇水入大河，以操遏使東北流。以便漕運。然則衛本小水，得淇而始可通漕，故元初漕舟亦自封邱陸運至淇門，衛輝府東北五十里有淇門鎮，淇水入衛處。入於御河，達於京師。御河即衛河。若銅運由淇門鎮上船，比楚望又省陸程二百餘里。

王慶雲《石渠餘紀》卷五《紀礦政》 天下之礦政，掌於户部。廣西司凡五金之廠，銅、鉛、銀、金、鐵。曾經開採納課者，會典皆詳載之。顧金與水同性，其氣行於地中者，流而不停，焉能汲而不竭。或先無而後有，或昔旺而今微，非可按籍而索也。本朝懲前代礦税之害，與礦徒之擾，每内外臣工奏請開採，中旨常慎重其事。雖或抽税以充鼓鑄，亦不設之專官，防滋擾也。康熙十四年定各省開採銅、鉛抽税十之二。按抽税隨時不同，大抵官税十分之二，四分發價官收，四分聽民販運。或一成抽課，餘皆官買。或三成抽課，餘聽商自賣。或官發工本，招商承辦。又有竟歸官辦者。四十六年户部議增雲南廠税，諭以雲南年徵八萬兩，兵餉已敷，此外不得增加。五十一年四川總督能泰奏請開礦，又稱江中有銀，派官監視撈取。諭曰：「朕爲人君，豈有令江中撈銀之理！觀此二事，即知能泰必貪。」次年四川提督奏報：一盌水地方聚集萬餘人開礦，差官力行驅逐。諭以此等偷開礦廠，皆係貧民。若盡行禁止，何以爲生？地方文武官作何設法，使窮民獲有微利，但不得聚衆生事。乃令廷臣集議，諭曰：「有礦地方，初開時禁止乃可，若久經開採，貧民藉爲衣食之計，忽然禁止，恐生事端。總之，天地間自然之利，當與民共之，不當以無用棄之。要在地方官處置得宜耳。」乃定未經開採者，仍行嚴禁。雍正元年巡撫金世揚奏：貴州漢、苗雜處，每場市貿易，少則易鹽，多則賣銀，行錢不便，請停採銅鼓鑄。二年總督孔毓珣請開採以濟窮民。諭曰：「昔年粵省開礦，聚集多人，致盜賊漸起，是以永行封禁。夫養民之道，惟在勸農務本，若舍本逐末，游手望風而至，豈能別其姦良？況礦砂乃天地自然之利，非人力種植可得焉。保其生生不息，今日有利，聚之甚易；他日利絶，散之甚難。若招商開廠，以致聚衆藏奸，則斷不可行也。」三年江西巡撫裴倖度奏：廣信府封禁山相傳産銅，舊名銅塘山，明代即經封禁。其中樹石充塞，荒榛極目，無沃土可以資生。康熙五十九年捡獲匪類之後搜查，竝無藏匿，請仍封禁爲便，尋又封禁。雲南中甸銅廠，又以湖南撫臣布蘭泰疏奏開礦事宜，亦諭以逐末之民，易聚難散。六年賜安南國鉛山四十里，時粵西請採銅以供鼓鑄。梧州芋莢山報産金砂，旋准開滇、蜀銅、鉛各廠。八年湖廣總督孫嘉淦奏：會同宜昌金礦及各縣礦廠，或屬苗疆，或妨田園廬墓，或産砂細微，應嚴加封禁。惟郴、桂二州，既非苗疆，又無妨礙，應聽開採抽税，於鼓鑄有裨。九年總督那蘇圖以粵東鼓鑄難緩，見有礦廠可開，兼爲撫養貧民之計，宜酌量試採。砂旺即開，砂弱即止。至金、銀二礦，民多競趨，恐轉礙鼓鑄，應照舊封閉。十六年湖南巡撫楊錫紱奏：黑鉛礦内銀、鉛竝産。康熙、雍正間銀氣旺盛，是以經商開挖，報抽銀税。後經封閉。乾隆七年復開，出銀無幾，改爲砂課。今銀氣復旺，應復銀税，另立科條。二十六年甘肅開騷狐泉磺礦。自後滇之通海、彌勒，黔之清平，廣西融縣，先後報開鉛廠。五十一年總督福康安奏開甘肅沙州金砂。嘉慶四年廣東於黎地試採石碌銅斤，總督吉慶以地濱海洋，且額已短缺，奏准停止。聖訓。

王慶雲《石渠餘紀》卷五《紀硝磺》 雍正十年經略鄂爾泰奏：武備軍威，火器最重，火藥宜精。惟是揀材置料，硝易而磺艱，硝賤而磺貴。外省採買，價費浩繁。肅州地處極邊，磺一斤直銀一二錢，艱於接濟。查嘉峪關外金佛寺堡所屬汛地，自南山隘口抵朱魯郭迆西，有磺山周環四五十里，竝無番夷住牧。若開採煎熬，工費不過五分，而出産甚多，用之不竭。得旨開採，固爲有益。但日久不無盜賣之弊，著開採足用，即行請旨。時以河南、湖南出産硝，禁私販。乾隆二十一年令各省辦磺，附辦民磺，爲煎銀煉藥之用。二十六年總督楊應琚請復開甘肅皋蘭騷狐泉磺礦，竝濟口外軍需。大學士傅恒覆查，今回部庫車等處，俱有磺礦。從前用兵曾經採用。即伊犂一帶，當日準夷亦用槍礮，可見口外不乏磺斤，應交各大臣體訪採購，以省内地辦運之煩。時湖南湘鄉、安化煤礦夾産硫磺，自二十五年定煤聽民用，磺則官收。至二十八年巡撫陳宏謀奏：積磺至九萬餘斤，計湖南北領買每歲不過五千餘斤，若因磺多封禁，則禁磺兼以禁煤，於民未便，恐至私刨偷漏。請令鄰省赴買，又以各省軍火需磺少而需硝多。硝出土中，視陰晴爲衰旺，向來鄰省委員零星收買，硝户轉得私售，莫若令地方官於出硝時即收買貯局，以備鄰省赴買之用。二十九年湖北各營歲需硝五萬餘斤，於松滋、巴東、鶴峯、長樂等處煎用土硝。從總督吴達善請也。先是皆從豫省採買。五十一年西安局貯火藥三十餘萬斤，火繩三十餘萬丈，恐年久朽壞，請酌撥各營，以供操演。

鮑康《觀古閣泉説》 上古結繩而治，太昊以前，安得有泉幣。且文字復不奇古。舊譜每沿路史之失追溯至尊，盧葛天殊，不足辨。安邑諸布，與列國布制作不同，劉青園釋爲虞夏贖金，説尚近理。其餘刀布，大率列國所鑄，無三代以上物，刪書斷自唐虞，余於古泉亦云。

古文偏旁點畫，初無一定，或繁或簡，或移之上下左右，不獨鐘鼎款識，即泉幣亦然。潘伯寅所謂當日並無許氏《説文》也。譜家宜會萃衆論，折衷一是，或兩存其説，庶不失傳信、傳疑之義。吾人生百世之下，料乎百世之上，必別創一解，謂彼説皆不足憑，毋亦果於自信乎？

余寓秦最久，所得秦、漢、新莽，及唐泉爲多，圜法居其八，齊刀出山左，小布出山右，鏟布出中州，小刀出畿服，余皆身經其地，惟未至大江以南，故所收仍未備耳！鐵泉萃於蜀，最後出。

泉備五金，不獨銅也。新莽大泉五十，有鉛土合成者，錯刀之一刀二字，直以黄金錯其文，宋招納信寶，有金銀銅三種，但流傳絶少。漢劉龑乾亨重寶，銅鉛並行，而余所得「會昌」、「開元」、「趣」字、「益」字二種，已有鉛鑄。又得宋元豐篆書折二一品，亦鉛鑄，「豐寶」二字，傳形尤不可解。鐵冶始自公孫述，乃余在秦獲新莽厚「貨泉」，即有鐵鑄者三枚。迨南宋則各監並作，益多不勝收。惟漢武帝白金三品，僅有是説，未見是泉。

鐘鼎足重者，以文字可寶貴，非説文所能賅也。泉幣雖文字較少，允宜並重。其與鐘鼎合者，李氏《古泉匯》所載，視初氏《吉金録》尤詳。

泉幣之好，萃於山左，同時如初渭園、劉燕庭、吴子苾、陳壽卿、李竹朋，極一時之盛，當以燕庭爲最，壽卿金石之富則甲於同人，金丈至九百種，古印至四千餘，海内罕有其匹。咸豐同治間，繼之者爲鍾麗泉、王戟門，余詩所謂「那期後起得鍾王」也。未數年，兩君皆玉折，而竹朋刊成《古泉匯》，遂獨有千古矣！

秦中，古帝王州，銅器時時出土，無款識者居其半，當日只以花文色澤及完好者是珍也。自燕庭宦秦，曉以文字多者爲貴，雖殘缺亦無傷，從此古器幾無完膚，雖寸許銅造象，亦必於背上補鐫年月。有蘇氏兆年兄弟，最善搜抉，重趼百舍，求之荒邨古冢，所得尤多。又有張氏，號鳳眼張。精於鐫刻，雖尊彝腹中深處，亦能以長削，隨方就圜刻之，磨以沙石，埋置土中，復使繡蝕，經年取出，巨眼亦不易辨矣！時人呼爲張二銘。余謂燕庭曰：「蘇張之害，流毒至今，丈寶啟之。」燕庭亦大笑。「古泉」復有薛刻一種亂真，見余所作「泉辨」，時人呼爲「薛重泉」，蓋鑄泉易識，刻泉難識。以余之深知情僞，亦曾得一泉，與燕庭反覆審視，不能下斷語，況流傳千百年後乎！他日譜家必有矜爲創獲，謂吾輩當日並未及見者，大抵皆薛刻也。

壽卿致余書，謂余一生心力，萃於泉幣，宜多□□□並云：有李斯而古篆亡，有中郎而古隸亡，有右軍而書法亡，皆以行款姿態，有人之見存，而筆力與法，遂失其真。此與世父覺生公論詩所云「自趙秋谷叛新城，而山左之詩壞，厲樊榭開浙派，而浙江之詩壞，袁簡齋趙甌北相繼起，而江南北之詩無不壞」，同爲横絶一世之論，不顧俗眼驚者也。

余蓄泉五十餘年，凡同時藏泉家，其精品大率皆丐歸，拓數紙存之，積成廿餘册，蓋非經手拓不能詳審其制作也。竹朋泉按時代裝成書帙，便於取攜，余悉數假歸，故所拓較備，亦間有一二品可疑者，取備格耳。拓泉宜雨過涼生，紙墨俱潤，用蘇州汪六吉棉連紙，第十七刀者良。復晝長人静，心無一事，聞登登聲輒覺怡然，近十餘年，馳逐輭紅，久不獲此興趣，有索余墨本者，但屬人代拓而已。壬申解組旋京師，得稍尋舊樂，胡石查、吴清卿摹拓尤精，曾悉索余泉選拓之，世間多得一二真本流傳，詎非金石之壽耶！

竹朋致余書云：近代收藏家，無過百年者，如儀徵阮氏、大興翁氏、漢陽葉氏、洪洞劉氏、諸城劉氏，没僅數年，諸物已星散人間，不勝感慨係之。余則謂吾輩嗜此，不能不悉力搜羅，以廣見聞，要當視作過眼雲煙，況悠悠身後，更何足計，如後人亦知珍愛，自不失爲佳子弟，否則尚不若持贈同癖，猶足以永其傳，儻落賈人之手，以雅物而充奇貨，詎不令古器減色耶！至巧偷豪奪，尤覺無謂，奪人之財，謂之盜；奪人之所好，轉謂之高雅乎？竹朋爲囅然。

九棘一種，相傳干盾之形，譜家多載之。余亦得二枚，制作微不同，均甚古，然竟目爲泉，殊難附會。

安邑蒲坂諸「布」，曰「一斤金」、「二斤金」，或讀「金化」，其「斤」、「金」二字，無不平列者，青園云：當讀作「釿」。王廉生亦著《説釿》一篇，頗有援據。

尖足「布」，有大、小二種，又有空首者尤大，制作稍別，長五寸，譜家珍之。燕庭得一枚，右肩上二小字，舊釋「甘井」，《泉匯》釋作「甘丹」云：甘乃邯省，丹則罼之諧聲也。今在余處。燕庭藏泉，余僅購得此品，對之，如見我故人矣！

小「布」有作「閔」者，文極明析，流傳復多，方足、尖足、圜足，各種皆有之，而獨不可識。或釋作「魯」、或釋作「藺」、或釋作「黄父」、或釋作「關」，壽卿疑爲「陝郟」之異文，迄無定論。識字難於讀書，信然。

「空首布」，俗呼「鏟布」，狀絶類鏟首，厚數分，作方孔，中空可以納柄，不知其義何取。孫澄之云：詩「庤乃錢鎛」，是錢亦田器，故形製可以從同耶。

「齊刀」，出土尚多，四字者一種，三字、五字、六字者各二種，三字者多不緻，餘並字畫寬長，或瘦勁可喜，大率相類，其著地名者，不加齊字以別之。近出九字者一種，麗泉所藏《泉匯》釋其文曰：「齊酇陵昌左邑之法化。」則國號、地名並著，字小而謹嚴，與習見者迥異。

石查近亦得「九字刀」一品，云：燕庭故物，字體與麗泉所藏相似。石查釋其文曰：「齊遲陽賦結信之寳化。」旁通曲證，著説數千，言齊刀不乏流傳，惟此二刀僅見。

「磬折刀」，俗呼「莒刀」。《泉匯》釋作「明刀」。翁宜泉曾見新出土者，知古人皆於刀柄近刃處，以繩縛之，十刀爲一束，土花上繩索痕宛在，斯亦攷古之軼聞。

「寳三化」、「寳六化」，山左時有之。惟寳化一種絶少，壽卿曾貽一枚，舊《譜》率誤爲「天贊」，左讀。殊可笑。竹朋尚有寳一化寳二化兩種，殊不可信，著《泉匯》時，勸其删之矣。

東周「泉」，惟青園與余有之，字、畫如出一模，圜孔、背平，不能斷其時代。費虹舟云：十六國時，有築東周城，鑄泉者疑爲斯時物，然詢其見於何書，則亦不能確指，制作絶類半兩，非漢以後物也。近聞壽卿亦得一枚，尚未之見。余在長安曾見西周「泉」，似出薛刻。

馬愛林有古「泉」三，大踰當十，極厚重，面微有郭，背平，篆文曰：「第一重四兩，第五重四兩，第九重四兩。」精妙古樸，藏泉家所未有也。胡安之乞得第五一品，後贈青園，今在余處。其第一、第九二品，燕庭得之，近聞已歸繼幼雲矣。《泉匯》載之，目爲「權泉」。

「古圜法」有「大泉」，甚厚重，背平，面作篆文曰：「第一、第十、第十六、第十九、第十十。」諸品古雅可玩，字有在穿左右、穿上下之殊。韓季卿云：金釭銜壁，是爲列錢，豈宮殿壁間所用。背平，取其易嵌歟。

余所得「古圜法」，尚有重一兩十二銖，重一兩十四銖等品，圜孔，背平，篆書極古茂，回環讀之，銖旁從王，上著一畫刀布，不紀銖兩，泉制至此而一變，遂開半兩五銖之先矣。

渭園有「五鳳泉」，字在穿左右，甚工。余曾得拓本，似好事者所爲。青園復拓示三金一品，則顯出改刻，至三銖金旁從「全」，其有作「金」者，皆五銖所改者也。

戴文節泉話云：人皆有一絶，莽爲泉絶，蓋新莽之「刀布」諸品，無一不精。余謂新莽事事法古，吾輩好古者，無妨瓣香祝之。聞者皆大笑！

新莽「泉布」，錬銅最精，往往作「水銀青」，「小泉」一種尤多，俗呼「水銀古」是也。他如列國「刀布」，秦漢「圜泉」，率只作紅緑色。亦有二千餘年之泉，絶無色澤者，俗呼「黑漆」。古以未曾入土故耳。秦中市肆鑒别古器有二目，一曰出土，一曰傳世。

新莽「十布」，惟「大布」最多，「六泉」惟大，「小泉」最多，餘皆稀如星鳳。燕庭宦秦，得「第布」而「十布」乃全，其穿上小豎，或有或無，判然兩種，余亦缺第布，而「壯布」復爲壽卿易去。「六泉」，則吕堯仙與余全有之。「中壯」余且有兩枚，燕庭亦尚缺「壯泉」。竹朋之「壯泉」，「泉」字獨大，疑「大泉」所改刻，不知當日「中壯二泉」，何以所鑄尤少耶。

「壯布」，自貽壽卿後，廿年來遂不復見，壬申冬，石查赴保陽，竟得一枚，甚精，物之可遇不可求如此。

《吉金所見録》壯布繪丌，百作七，次布繪而，百作九，殆未見原「泉」耳。至他譜所載，往往只作「某布」兩字者，尤不足道也。初氏復謂，確有大黄「布刀」一種，其字體板拙，一望而知，何吴柳門誤收之，渭園亦誤信之乎。

新莽「金錯刀」南中有作僞者，「金」字凸出，《泉話》所謂，隔三尺遠即知之。道光丙午丁未間，秦中忽出土刀胚百餘枚，並有毛邊未翦，穿孔未磨鑢者，或偏體紅緑，或水銀古極厚，殊可寳玩，只未錯「一刀」二字耳。余與燕庭所收不少，曾笑語燕庭曰：「此物不宜多留，市肆一經張二銘、薛重泉輩，補填金字，則又足亂真矣！」

「榆莢半兩」，秦中出土，輒千百並有，四圍僅餘分許，文只作二三畫，並不類「半兩」字者，觸手破碎。新莽「大泉五十」小者殊少，道光末年，秦中掘地，得一罌，皆薄小如榆莢，而文字完好，其細如髮。余收百十枚，並分餉同人。《泉話》

謂莽爲泉絶，豈當日盜鑄亦復不苟耶！

新莽「大泉五十」，復有鉛土雜鑄者，甚厚，字皆陰文反書，確非僞作。余在秦於小攤上得二枚，其一背亦有文。石查藏一品，亦兩面同文，細思不解其故。【略】

鄭觀應《易言·論鑄銀》 洋銀之入中華也，自乾隆年間始，名曰洋錢。但制度不同，式樣各異，初亦不甚通行。自立約通商以來，凡洋人履迹所經，無論通邑窮鄉，通用洋錢，而中國紋銀反形窒礙。非以其便於行旅攜帶，商賈貿易只須辨其真僞乎？

今中國所行洋錢不敷市廛之用，是以西國每年陸續運至總在百萬圓以外。西人知中國一時不能自鑄也，又稟請其國開局鑄造，以濟中國之需用，蓋深知鑄造洋錢，大可獲利耳。請以鷹洋論之：鷹洋每圓計重七錢二分，運入中國，其極貴時可抵紋銀八錢，即平常市價亦總在七錢四五分之間。是其利至厚，其用至便，了然可睹矣。

夫錢有金、銀、銅三品，其行於世也，統謂之國寶。自應一國有一國之寶，不應悉用他國之寶也。中國何不自行鼓鑄，列年號於其上，名正言順，獨擅利權。若購自外洋，每圓加銀多則七八分，少亦三四分，不亦失其厚利乎？

或謂：「自行鑄造，經費過多。」不知每圓所加之銀，其息已厚。且銀由外洋鑄造，尚有銅、鉛攙和其中，以攙和所餘之數，移作鑄造之費，已綽然有餘裕。是所昂之價，即所溢之利也。但西人好利而守信，故成色均歸一律；華人嗜利而寡信，故流弊遂至百端。昔林文忠公撫吳時，見民間洋價日增，遂鑄七錢三分銀餅以代之。初亦甚便於用，未幾而僞者日出，遂使美意良法廢而不行。惜哉！

竊謂：中國鑄銀錢須仿寶泉等局事例，嚴定章程，僅準户部設一專局，功罪攸歸，非但不許民間鑄銀，并不許各省官員開鑄。迨户部鑄成之後，頒行天下，令其可繳錢糧，可作捐款，則流通必暢，而洋銀反不能通行矣。試觀直隸藩庫之錢糧銀錁，每以二兩爲率，銀色甚佳，江西之方寶亦然，他省均不能及。可見事有專責，則弊無由生，舉而行之，誠裕國便民之大計也，而何至利權爲西國所獨擅也哉！

中國第一歷史檔案館編《清代檔案史料叢編》第一輯《户部檔·户部奏遵旨會議廣用銀圓以維圜法情形折》（光緒二十五年八月初九日）

户部謹奏，爲遵旨議奏事。

光緒二十五年七月二十五日軍機大臣面奉諭旨：御史吴鴻甲奏銀價日落，制錢奇絀，請廣用銀圓，以維圜法一折，着户部議奏。欽此。欽遵。由軍機處抄交到部。

據原奏内稱：現在京師市面，每銀一兩兑當十錢不足五百，未抵制錢一千之用，而物價仍一切騰貴，官民交困。伏查今日中國之困，由現銀異常短絀，而錢價復如此奇昂者，以洋銅甚貴，銷毁日多，現錢日少故也。近年物貴錢荒，直省幾同一轍。各疆臣苦籌補救，莫不出於多鑄龍圓之一法。誠以銀圓之用日多，則銅錢之用可少，目前救急之方無他策矣。以故南則遍於各省，北則遠至吉林，莫不特此維持圜法，兼杜漏卮。現雖未復舊規，而每銀一兩。約摸制錢一千三百餘文，民困皆以稍紓，屢見抄報。獨京師爲首善之區，而錢荒之弊年甚一年，幾苦束手無可補救者。一則部款出納爲書丁奸窟所在，深恐變通成法，則侵蝕克扣之伎倆頓無所施。一則士大夫或生長北方，於南省龍圓便民之利與洋圓漏卮之害向所未睹，故於鑄圓之議阻之甚力。又以前年粤東所解銀圓三十萬，户部有搭放而無搭收，出入未能一律，故行之未著大效也。今鑄圓一事，已於四月二十七日遵奉諭旨，命軍機大臣會同户部試辦。惟設廠購器爲日尚長，而小民之困於錢者，實有迫不急待之勢。朝廷以天下爲家，取之外省與鑄之京師，其利一也。現在南北洋廣東各省，均廣爲鑄造。目前之法，似不若令湖北、江南、廣東各省將應解京餉多以龍圓抵解，且令浙江等省京餉徑解天津，由津局鑄成龍圓運京，并令户部於各項捐例率以五成龍圓上兑，及順天各屬官項均準以龍圓抵繳，每圓作銀若干，懸示定價收放，不準兩歧。如此行之，不獨京城錢價日平，即南省龍圓亦必愈加銷暢。等語。

臣等伏查京師銅錢短少，價值奇昂，每議參用銀圓，借輔銅錢之不足。是以臣部前年奏令廣東提京餉三十萬兩，鼓鑄大小銀圓解京，放工程官俸，并奏定章程搭放，以後亦準搭收，凡在部庫報捐暨崇文門左右兩翼交税，均準以官鑄銀圓搭交一二成。又奏明鐵路、電報、郵政，均應以中國銀圓交納。是臣部設法疏通銀圓，正所以極救錢荒之弊。乃自遞次具奏以後，銀圓總未見流通，内有商民以銀圓兑易銅錢，較之散碎紋銀價值更形跌落。蓋西北風氣尚未大開，銀圓驟難暢行，亦其勢然也。今御史吴鴻甲復奏請廣用龍圓，以維圜法，亦因銅錢缺乏，急圖補救起見。臣等謹就該御史所奏各節，縷晰陳之。

如原奏請令湖北、江南、廣東各省將應解京餉多以龍圓抵解一節。查京城製造銀圓，雖已奉旨試辦，然創建廠屋，安直機器，尚需時日。就目前而論，如急欲搭用銀圓，自應先令鼓鑄銀圓，各省再於應解京餉内酌足成數，搭解部庫備用。廣東省前經奉旨免其籌解制錢，準以銀圓一成，按批搭解部庫有案。臣部亦擬令江蘇、湖北兩省查明廣東搭解成數，在於應解京餉項下提出一成，由本省銀圓局鼓鑄大小銀圓，解交部庫兑收。其提京餉一成鼓鑄銀圓，除開支工料外，應得盈餘銀兩若干，亦由各該省核明數目，一并鼓鑄搭解，毋稍蒂欠。仍令各該督撫轉飭局員，務將銀圓成色分兩一一較準，絕無絲毫低潮輕短，庶解京以後，易於暢銷。至浙江等省業已停鑄，原奏擬將應解京餉改解天津，再由津局鑄成銀圓運京，未免周折，應請毋庸置議。

又原奏令户部於各項捐例率以五成龍圓上兑一節。查京城銀圓銷路未暢，商號積存亦屬無幾，若驟令各項捐輸搭交五成銀圓，誠恐一時未能購齊，捐輸不免減色。臣等公同商酌，擬將部庫新海防捐輸及常例捐輸，除搭交一成制錢不計外，按現在實收銀數作爲十成，準其以三成銀圓搭交。每大銀圓一枚，即照鑄定之數作爲紋銀庫平七錢二分，其五角以下小銀圓，亦均按原鑄輕重數目核算，不許庫吏稍有挑剔。凡捐項由商號上兑，即於銀圓上蓋用該號印記，以憑查驗。惟此項上兑銀圓，專指中國各省銀圓局鑄造者而言，其外國洋圓雖市肆通行，仍不准交納部庫，以示區别。又原奏所稱順天府各屬官項均准以龍圓抵繳，究竟何項官款可用龍圓抵繳，及抵繳數目若干，應由順天府府尹察酌情形，據實奏明辦理。

以上臣部所擬辦法，意在漸圖擴充，將來察看京城市面，如果銀圓可以暢行，即令各該省將搭解之數以及部庫搭交之數均酌量加增，以期推行盡利。至於搭收以後，如可搭放，應俟部庫銀圓收有確數，由臣部將搭收各款隨時具奏，奉旨遵行。

所有議奏緣由，理合恭折具陳，伏乞皇太后、皇上聖鑒。謹奏。

光緒二十五年八月初九日具奏奉旨：依議。欽此。

中國第一歷史檔案館編《清代檔案史料叢編》第一一輯《户部檔·恩壽爲派員解運銅圓赴京備用事咨户部文》（光緒二十八年五月十七日）

賞戴花翎頭品頂戴兵部侍郎兼都察院右副都御史江蘇巡撫部院恩，爲詳咨事。

據蘇州布政使陸元鼎詳稱：案奉札準户部咨，廣西司案呈，内閣抄出光緒二十七年十二月二十四日奉上諭：近來各省制錢缺少，不敷周轉，前經福建、廣東兩省鑄造銅圓，輪廓精良，通行市肆，民間稱便。近日江蘇仿照辦理，亦極便利，并可杜私鑄私銷之弊。著沿江沿海各督撫籌款仿辦，即就各該省搭鑄通行。至京師制錢，亦應照辦。著福建、廣東、江蘇等省，將所鑄銅圓趕緊各解數十萬圓，投交户部頒發行便，期於利用便民，以維圜法。欽此。欽遵。相應恭録諭旨，飛咨江蘇巡撫遵照辦理可也。等因到院，札司欽遵查照辦理。等因。當經移會江南銀圓局加工趕鑄五十萬圓去後。

兹準咨稱，如數鑄成，解交上海道庫暫行收存，請派員赴滬領解前來。查有候補知縣魏允濟堪以管解，除飭令該員領賫文批，趕赴道庫領錢，附搭輪船運津，再由天津運京赴部投納外，相應備批詳請驗掛繕給户部科都察院江南道咨移文，并請繕給護照一張，發司轉給投收，暨咨直隸督院查照，飭屬應付撥護。再，此次所解銅圓，未准銀圓局將計重若干、合成本若干，核明移知，以致未能隨案聲叙。容俟開移到日，由司連同解員運費水脚一切銀兩，另行確核，援照從前批解制錢成案，詳咨劃抵京餉，以歸簡易。合并聲明。等情到院。

據此，除驗掛解批并繕給護照暨給咨委解外，相應咨達。爲此合咨貴部，請煩查照施行。須至咨者。

右咨户部。

中國第一歷史檔案館編《清代檔案史料叢編》第一一輯《户部檔·岑春煊爲抄送擬請自鑄銀圓折事咨户部文（附原折）》（光緒二十八年六月初一日）

欽命頭品頂戴兵部尚書山西巡撫兼管提督鹽政印務節制太原城守尉岑，爲咨明事：

案照本部院於光緒二十八年五月十七日，具奏晉省行用銀圓搭鑄維艱，擬自行設局鑄造，以維圜法而便商民一折。除候奉到硃批另行恭録咨明外，擬合抄折咨送。爲此合咨貴部，請煩查照施行。須至咨者。

計抄送原折一紙。

右咨户部。

附：原折

奏爲晉省行用銀圓搭鑄維艱，擬請自行設局鑄造，以維圜法而便商民，恭折具陳，仰祈聖鑒事。

竊於光緒二十七年七月十三日内閣奉上諭：近年各省所鑄銀圓，惟廣東、湖北兩省成色較準，沿江沿海各省均已通行，應即就該兩省多籌銀款，源源鑄造，仍以每元庫平七錢二分爲準，并兼鑄小銀圓，以便民用。每屆報解京餉，準其搭用三成。所有鑄造餘利，盡數核實歸公。此外，各省并可撥款附鑄，不必另行設局，亦準搭解京餉。務使收發一律，毫無畸重畸輕，自可逐漸暢行。俟行後再行按成遞闡，以期行用日廣。著户部及各直省一體遵照辦理。等因。欽此。當即恭録轉行，欽遵辦理。

旋據署布政使吴廷斌詳稱：晉省制錢缺乏已久，官民交困日甚一日，是以前撫臣胡聘之奏明在湖北銀圓局搭鑄大小銀圓，運晉備用，究因撥款難多，搭鑄有限，止用於省垣之内，而難資各屬推行。兹奉諭旨，殷殷以行用日廣爲言，仰見朝廷權衡百度，因時制宜之至意。自應欽遵切實推行，惟發款附鑄具有數難，似不如籌款自鑄之爲便。查銀圓既行於通省，必須儲不竭之需。晉省藩運兩庫歲出銀五百萬兩有奇，如搭解銀圓三成，是需銀圓二百餘萬圓，計附鑄之款即當籌一百數十萬兩，加以用之民間者，每年必須增數百萬圓始能周轉。近日庫儲奇絀，此項巨款即分期解寄，亦屬無可騰挪。若僅撥數萬或數十萬暫行附鑄，則爲數仍屬無多，不過如前，此所爲只能點綴省垣，而於通行之説究無實際。附鑄少則利不能興，附鑄多則力不能繼。其難一也。晉省附鑄銀圓，自以湖北爲近，而距此亦三千餘里，陸運既延時日，航海又患風波，煩費太多，難規餘利，實不如沿江沿海各省之便於往來。其難二也。各省既廣用銀圓，其所需之數必不能少於晉省，合之已爲數千萬。聞湖北、廣東兩廠，每廠每年僅能鑄銀一千萬上下，以兩廠供天下之取求，倘或應付後期，在待用之區即不免左支右絀。此不獨晉省爲然，而晉則僻在遠方，踰多窒礙。其難三也。大抵附鑄必先解巨款，而銀圓之到總須以數月爲期，勢必窮於轉輸，未能推行盡利。惟提款自鑄，則不爲蠆而爲零。今日提銀若干以鑄銀圓，明日即可取所鑄銀圓以共支用，挹注既易，機勢自靈。即以日鑄大小銀圓一萬數千計之，三月以外即可得百餘萬圓，較之借助遠省，實爲彼難而此易。若慮成色不准，則天下無無弊之法，總在經理之得人。應即慎選局員及工匠人等，加意講求，務期銀質光明，花紋精緻，與湖北、廣東所鑄者無毫髮之參差，并時以所鑄之圜用西法化分等考究，以杜弊端。一俟開廠有期，自當妥訂章程辦理。至於購機建廠及各項經費，擬先核實估計，由司設法籌墊，即於前數年盈餘項下扣還，以後盈餘盡數報部候撥。等情。詳請具奏前來。

臣當以該署司所陳搭鑄之難及自鑄之便，洵系實在情形，惟晉省究無諳悉之員，深恐所鑄成色萬一稍有參差，則未見通行，先淆幣政，未敢據以率請，仍飭令陸續籌款搭鑄。無如庫儲極絀，欲解刻不容緩之銀款，以易累月運到之銀圓，實有萬難多籌之勢，以故自奉諭旨迄今，已踰半載，銀圓仍未暢行。正與該署司籌議奏請自行設局鑄造間，適奏調道員朱榮璪到晉。該員前在浙江曾辦銀圓局事宜，深知此中利弊，亦力請奏懇自行設局。臣伏維諭旨飭令行用銀圓，原所以整齊銀幣，利便商民，剔除吏弊，自非通行無以收整齊之效，非廣鑄無以浚通行之源。前者江南請仍設局鑄造，仰邀特准，具見朝廷惟以廣鑄通行爲重。今晉省墊款附鑄之難如此，轉運煩費之難如此，民間行用儲積之數尤微，倘不籌自鑄之方，恐雖需以歲時，仍無通行之望。合無仰懇天恩，俯念晉省行用銀圓搭解維艱，准其自行設局鑄造，以維圜法而便商民。如蒙踰〔俞〕允，謹當督飭局員，選擇良匠，認真經理，恪遵上年七月十三日諭旨，嚴明賞罰。至經費一切，即當飭司局設法籌借，核實開支，以期於國於民均有裨益。

所有擬請自鑄銀圓各緣由，理合恭折具陳，伏乞皇太后、皇上聖鑒訓示。謹奏。

中國第一歷史檔案館編《清代檔案史料叢編》第一一輯《户部檔·岑春煊奏請設官錢局行用票紙片》（光緒二十八年六月初二日）

再，據署布政使吴廷斌詳稱：晉省各屬制錢日缺，銀價日落，市面萬分窘迫，各錢鋪無法周轉，皆難支持，有以一鋪關閉害及多家者，有以現錢匱乏盡用撥抵者，以致兵丁之易餉，商貨之懋遷，民間之完糧完釐，無一不受其累。前經護撫臣何樞奏開寶晉局鑄造制錢，無如購銅維艱，工價太貴，每月出錢無多，現已銅源告竭，已飭暫停。欲圖維持補救，自非仿照湖北、陝西等省設立官錢局不可。擬先於省城設立晉泰官銀錢總局，由司庫借給該總局成本銀二萬兩，揀派妥實商人經理，俟辦有端緒，再行推及各屬。并仿照湖北辦法，由東洋刷印官局定制銀錢銀圓等票紙，花紋務臻精美，准民間以票紙完納丁糧稅課，俾利推行。等情。請具奏前來。

臣復查晉省錢法弊壞，至今而極，前已迭飭籌款，由湖北搭鑄銀圓，以期稍濟闤闠之困。無如庫儲極絀，每次所籌搭鑄之款，勢不能多，且道遠運艱，緩難濟急。該司擬請設立官銀錢局，行用票紙各節，系爲濟圜法之窮起見，似尚可行。

除批飭照辦外，所有暫停鼓鑄暨設立官銀錢局緣由，謹附片具陳，伏乞聖鑒。謹奏。

中國第一歷史檔案館編《清代檔案史料叢編》第一一輯《户部檔・增祺奏試造銀銅各圓以維圜法而利民生折》（光緒三十年二月二十日）

奴才增祺跪奏，爲現在試造銀銅各圓，以維圜法，而利民生，恭折具陳，仰祈聖鑒事。

竊奉省甲午亂後，曾經前任將軍依克唐阿奏設機器局，以備制造軍火，兼搭造銀圓，藉資疏通地面。奴才到任後，復加擴充，添蓋廠房，續購機器，規模始爲粗備。時值省城現錢缺乏，不敷周轉，尚用土法鼓鑄制錢數十萬吊，并以機器試造四分重銅錢，其錢式均經奏呈御覽。正在試造紫銅當十錢文，忽届拳匪事起，該局機器緊要各件，已盡歸烏有。第值大亂甫定，商民元氣未復，市面銀錢俱缺，并難周轉，詳加考查，是非整頓圜法不可，而整頓圜法，又非制造銀銅各圓不可。隨即派委花翎補用知府朱雲錦等，將該局現有殘損機器招募工匠重加修配，其缺短必需器料等項赴滬添購，先爲制造銀銅各圓之計。查内地各省現均仿外洋制造二種銅圓，重四錢者當制錢二十文，重二錢者當十文，重一錢者當五文，便利通行，自應仿照辦理。但各省印花機器甚多，則每日制錢亦多，故能獲有餘利。而奉省亂後，款項奇絀，只得圖易就簡，以爲續後擴充之地。是以先盡修妥舊式機器，每項一部，并在滬添購新式印花機器一部，暨採買銅鉛鋼鐵一切應用料件，試造當十銅圓。正面鐫光緒元寶四字，内加清文奉省二字，四圍鐫奉天省造，并干支年分暨當制錢十文字樣，背面鐫龍紋，周圍鐫英文，譯曰奉天省造當十。業於上年七月間開工。以所造紫銅當十銅圓核計，需本較重，賠折甚多。復經考查南省均已改用黄銅，現已仿南省章程，以紫銅七十斤，大白鉛三十斤，點錫四兩合熔配造，藉以少輕成本。所造頭等銀圓正面鐫光緒元寶四字，内鐫清文奉寶二字，四圍鐫奉天省造并干支年分暨庫平七錢二分字樣，背面中鐫龍紋，周圍鐫英文，譯曰奉天省造庫平七錢二分。查南北洋往年規仿泰西鷹洋，制造龍洋，分爲大小五種，并别成色三等，重七錢二分者攙銅一成，三錢六分者攙銅一成四分，其一錢四分四釐并七分二釐暨三分六釐者，均攙銅一成八分，原期抵制鷹洋以塞漏卮，幾非特不能抵制，轉爲奸商借口，龍洋成色不一，市價任意高低，以致行用不暢。現在奉省開造銀圓，必須量爲變通，擬三種銀圓概用足銀八成五分，攙銅一成五分，熔碾制造。則成色大小劃一，市價不致參差，民間自便行使。惟印花機現在僅有兩部，只敷制造當十銅圓、搭造頭等銀圓之需，仍須添購印花機三部，四十四馬力行(引)擎一部，滾邊機三部，粗細碾機各一部，二百盞電燈一副，八尺車床一部，六尺車床二部，横刨刨床一部，方可將三種銅圓、五種銀圓一律制造。各等情。據制造銀圓局先後呈請奏咨前來。

奴才查奉省亂後銀錢極缺，制造銀銅各圓以維市面，實屬不可稍緩之事。現雖款項支絀，亦不能不竭力圖維，統盤核計。所有修葺各廠，添配機器，續購機器，以及各項應用料件，約需銀十萬兩之譜，現已由荒價項下提出銀十萬兩作爲開辦成本，請旨飭部在案。目前甫經開辦，機器尚少，一時尚無盈餘，亦皆盡數歸公，似此權宜辦理，既可周轉地面，亦籌款之一端也。

謹將銀圓銅圓式樣分裝兩匣，咨送軍機處恭呈御覽并分咨查照外，謹會同奉天府府尹奴才廷杰臺詞恭折具陳，伏乞皇太后、皇上聖鑒訓示。謹奏。

光緒三十年二月二十日奉硃批：户部知道。欽此。

中國第一歷史檔案館編《清代檔案史料叢編》第一一輯《户部檔・增祺奏東錢折銀標準情由片》（光緒三十年二月二十日）

再，鼓鑄銀銅各圓，固宜求行銷無滯，而奸商之販運尤宜預爲之防。查奉省制錢奇絀，市廛行使錢文均以紙幣充數，致銀價較高，每兩合東錢十二千有奇。若以當十銅圓抵算，須一百八十餘枚始可易銀一兩。以視南北各省，每銀一兩换當十銅圓一百十餘枚，其價懸殊太甚。現鑄銅圓，若仍照制錢十文行銷，不惟虧耗甚巨，且一經發出，必致展轉運售，是徒損公款，於圜法地方轉多窒礙。現經體查情形，酌定變通銷法，每當十銅圓一枚，暫作爲東錢一百文，出入一律。如此，則民間行使既稱便利，而販運之弊亦不禁自絶。一俟銀價稍平，再行改符前數。至於銀圓，津滬市面均系以銀核計。奉省所鑄銀圓，大圓每圓庫平七錢二分，仍作庫平七錢二分行使，其餘小角即以十角作一大圓，不准稍有參差及貼水加色。所有完納各項錢糧税捐官款，均一例照收。似此權宜辦理，似於抵制漏卮，疏通地面，均有裨益。

是否有當，謹附片具陳，伏乞聖鑒。謹奏。

光緒三十年二月二十日奉硃批：户部知道。欽此。

中國第一歷史檔案館編《清代檔案史料叢編》第一一輯《宫中硃批奏摺・廷杰奏整頓圜法并設立官銀號以維市面折》（光緒三十二年十月二十一日）

奴才廷杰跪奏，爲熱河整頓圜法，并設立官銀號，以維市面，而通商情，恭折仰祈聖鑒事。

竊熱河地面，自庚子以來，圜法腐敗，官錢缺少，銀價奇昂，百物亦異常騰貴，商民交困久矣。推原其故，一由於歷年禁運糧石不能出境，而銀之來路少；一由於口外銀值昂於內地，各商進口置貨不以銀而以錢，而錢之去路多，銀錢兩荒。私錢乘虛而入，以致銀價物價相率奇昂，市面遂大受其影響。奴才到任察看情形，欲整圜法，惟有嚴禁私錢，欲禁私錢，惟有多備銅幣。當於求治局礦税各款騰挪凑撥，疊次派員赴津購領銅幣，先後運到銅幣一千五百餘萬枚，發商行使，商民稱便，於是私錢不禁而自絶。惟在津以銀一兩易銅幣百五十枚，到熱則每兩僅合百三十八九枚。蓋幣重路遥，運費繁巨，若按原領價發商，官不勝其虧折，若不按原領價發商，商又不勝其虧折。計惟有銅幣紙幣兼行，現銀與銀帖互用，方足以濟一時之窮而行諸久遠。然邊地商賈本小利微，未便任其虚出憑帖，惟有設立官銀號，以取信於商民，而又非多籌貲本不可。熱河款項入不敷出，籌辦實非容易。

茲查有求治局原存荒價礦課銀四萬餘兩，又由本年税捐項下匀撥銀數千兩，共凑足庫平銀五萬兩，作爲官銀號原本，由津招來殷實妥商候選同知胡維憲承領，試辦熱河官銀號。所有該號一切事宜，均歸該商總董，不用委員，以杜向來官場辦事積習。并按商部奏定公司章程，參以内地錢號通行規例，酌定條約，俾資遵守。仍與該商面訂，此次設立銀號，系爲維持市面開通商情起見，銀錢出入必須公平，不得仍蹈商號積習，任意傾跌，以昭大信。目前成本較少，應照天津、奉天官銀號辦法，開給銀洋錢三項紙幣，俾資周轉。仍酌定成數，不得漫無限制，致蹈虚空。擬於十月初八日開設，試辦伊始，有無成效，尚無把握。然熱地市面疲困已極，舍此別無整頓良圖。謹將酌擬章程八條，繕具清單，恭呈
御覽。

至此項成本系由官款提撥，將來遇有交卸，應請列入正項照數移交，合并陳明。

除分咨度支部、農工商部查照立案外，所有熱河整頓圜法并設立官銀號緣由，理合恭折具陳，伏乞皇太后、皇上聖鑒訓示。謹奏。

硃批：度支部議奏，單并發。

中國第一歷史檔案館編《清代檔案史料叢編》第一一輯

《宮中硃批奏摺・楊士驤奏請東省試鑄銀圓以資補救折》 頭品頂戴山東巡撫臣楊士驤跪奏，爲東省銀價昂貴，財政艱窘，各國銀圓逐漸灌入，利源外溢，請試鑄銀圓，以資補救，恭折仰祈聖鑒事。

竊查東省臨河濱海，水患頻仍，居民夙稱貧瘠，庫儲亦極空虚。甲午以前，無事之年，出入尚敷相抵。庚子以後，添籌償款暨練兵經費，已屬左支右絀。幸銀價甚平，兩次酌提各屬錢漕等項盈餘八十餘萬，數年以來，認籌賠款練兵興學等費，倍於他省，得以接濟無誤，實借盈餘挹注。自銅圓暢行各省，承辦之員既多方擴充，市儈奸商復牟利浸灌，銀價遂日漲一日。民間雖已通用，仍百端顧忌，相戒不肯存積，輸之於官以十作十，行之於市以十作八，即不明分區別，而暗中高擡價值，禁無可禁。州縣經征錢漕全收銅圓，則盈餘無着，搭收制錢則群疑勒掯，實屬上下交受其困。前之每銀一兩，易京錢二千一二百文者，今則易銅圓一百六七十枚，核京錢二千三四百文矣。

各牧令因公賠累，無可彌補，難保不啓虧挪之漸。臣因思州縣爲親民之官，職司綦重，必先養其廉隅，方能責其治理。已先後酌減盈餘三十餘萬兩，尚乏補助之策，財政異常艱窘。此病之在官者也。

東民素稱儉樸，日用之需，向以三文五文交易往來。自銅圓通行，遂以十文起碼，小民食用不侈自費。且秋收以後，農民向系糶糧易錢，儲以御冬，近因不存銅圓，相率積儲糧石，以致糧價陡漲，百物居奇。江皖鄰省水災，購糧者源源而來，糧價益昂，銀價益貴。如小康者尚可存活，貧民勢將不堪，盗竊輕生，百弊由是而起。此又病之在民者也。

自膠崴議租，濟南辟開商埠，輪船火車絡繹於途，各國銀圓逐漸灌入，洋行鐵路首先收受，商民因無平色之殊，而有取攜之便，又可通行各省，遂相與信使。近洋商又多攙以鈔票，幾視國幣爲可有可無，久必授利於人，不堪設想。上海等處鈔票盛行，可爲殷鑒。此又全省財政之大可慮者也。

臣忝膺疆寄，内憂民困，外惕鄰交，中夜焦思。日與司道等熟籌審計，僉謂宜試鑄銀元或可稍資補救。據布政司吴廷斌詳請具奏前來。臣查造幣分廠業經財政處奏明裁并，銀幣、銅幣又定有一兩至一錢，十文至一文之制，一經實行，自能補弊救偏。惟銀幣非一二年内所能實行，一文銅圓又非即時所能遍及，款絀如此，民困如此，權衡利害，自應暫行變通。擬請就原有廢置機器試鑄七錢二分至七分二釐等銀圓，精其制造，足其成色，錢漕關税准其一律交納，膠濟鐵路公司暨沿路各礦廠亦應商令行使，以挽利權。合無仰懇天恩，俯念東省情形與

他省不同，准予暫行試鑄銀圓，庶民間信用，市廛流通，糧價可減，銀價可平，民困可蘇，洋元可以抵制，利源得免外溢，銀價不致再漲，盈餘可望有着，與東省情形大有關係。一俟幣制實行，即行停止，以示限制。

除咨度支部外，謹恭折具陳，伏乞皇太后、皇上聖鑒訓示。謹奏。

硃批：度支部議奏。

震鈞《天咫偶聞》卷三《東城》 寶泉局，在北新橋南大街路西，户部局也。咸豐三年，軍旅數起，餉需支絀。東南道路梗阻，滇銅不至。刑部尚書周祖培、大理司卿恒春、御史蔡紹洛先後請改鑄大錢，以充度支。下其議於户部，時祁文端爲權尚書，力贊成之。三月，先鑄當十錢一種，文曰：咸豐重寶。重六錢，與制錢相輔而行。八月，增鑄當五十一種，重一兩八錢。十一月，因巡防王大臣之請，又增鑄當百、當五百、當千三種。當千者重二兩；當五百者重一兩六錢，銅色紫；當百者重一兩四錢，銅色黃，皆磨鑢精工，光澤如鏡，文曰：咸豐元寶。而減當五十錢爲一兩二錢，當十錢爲四錢四分，繼而又減爲三錢五分，再改爲二錢六分。四年正月，命寶源局鑄當五錢一種，重二錢二分；三月，鑄鐵當十錢；六月，鑄鉛制錢，亦頗可行。然未及一年，盜鑄蠭起，雖禁以棄市之律，不能止。未幾旋部臣請停鑄當千、當五百，御史慶惠請停鑄二、三、四百者，得旨允之。七年正月，忽訛言，一日而時，當百與當五十亦均不行，惟當十銅、鐵二種獨行。初令大錢與制錢並行，其後，京鐵錢頓廢，比户諭之，終不聽，從此銅當十獨行。光緒九年，御史城遂不用制錢。出城數十里，即不用大錢，亦不知誰爲之限制。十四年，户部尚書閻敬銘請廢當劉恩溥請出示令相輔而行，後以惑觀聽而止。十，仍用制錢。遂奉旨以三年爲限，錢局遂停鑄當十。所有交官之項，以制錢出，以大錢入，限三年收盡大錢。然大錢用已三十年，人無間言。蓋名爲當十，而民間則以大錢一當制錢二，交易皆准此算之。及此令下，市肆大擾。貧人買物錢稍小，商賈輒不收，以錢局不收私鑄也，因遂有自戕於市者。數日之間，民怨大沸。私鑄即停，官錢少，銀價驟落，富人亦苦之。未幾，閻去位，前令亦不復行。咸豐之初，銀一兩易錢七千餘。同治初則易錢十千。光緒初至十七千。十四年以後又減至十四千，又至十二千。二十三年以後減至十千有餘，不及十一千。

中國第一歷史檔案館編《清代檔案史料叢編》第一一輯《瑞方檔·袁世凱爲論銀幣利弊事致張之洞等電》（光緒三十三年五月二十六日）

武昌張宫保、南京端制臺、盛京徐制臺鑒：洪。部奏試鑄通用銀幣一折，諒已咨達冰案。兹事關係各省財政甚巨，不審尊見以爲如何？鄙意行用七錢二分銀幣，弊害滋多，試縷述之。

各國貨幣自有制度，如英之先零，俄之盧布，德之馬克，法之佛郎，美之托臘，日之金銀圓，皆各適其宜，不相沿襲。中國向用生銀，本無幣制，今欲釐正圜法，制定國幣，乃務爲苟簡，沿用外人之程式，坐昧經國之遠圖，如政體何？如國計何？害一。

中國用銀向以兩計，今制爲七錢二分之銀幣，將廢兩不用耶？其勢萬辦不到；將用圓而仍存兩耶？是圜法終不劃一，徒滋人疑，莫定民志，而將來實行，商約仍難免於更張。害二。

既名國幣，各庫自應收放，如仍按兩折合，則畸輕畸重，弊混叢生，勢難一律，而胥吏駔儈益得因緣爲奸，是謂病民；如徑按元收納，則丁糧、鹽課、貨釐、關稅及一切關項，公家喫虧甚巨，是謂病國。害三。

中國惟無幣制，故墨圓得以侵入，今鑄造銀幣，而分量輕重悉準墨圓，非惟無以示抵制，且不啻招其浸灌，而助之推行也。害四。

綜而言之，圜法者一國之内政，不必强用；權量者百代之大法，不容輕易。若以七錢二分定爲幣制，則是破壞律度，放棄主權，外增漏卮，内滋紛擾，全局通籌，未見其可。而部議方謂規仿墨幣，主於流通而便民，殊不知墨圓所以能行者，以我國初衰，銀幣自易輸入，并非因輕重之適宜也。即如俄之盧布行於東三省，印度之羅批行於西藏，其分量又各不同，是其明證。況墨圓僅行於通商口岸，并不遍行於腹省内地，恐不抵生銀千分之一，又烏得執一隅以概全局哉？民烏乎便？法烏乎通？

若部議所謂大小輕重易於携帶之説，則自兩以下有五錢、二錢、一錢，其重量皆較七錢二分輕便。竊以爲中國不劃定幣制則已，如劃定幣制，則重量宜以一兩爲準，成色應以九八爲宜。蓋先以銀爲本位，不可不擡高其質。若以九成銀爲之，鼓鑄之初，雖贏厚利，而將來收納暗虧必多。慮其虧而另外加色，即又不足示信。且銀圓初行，生銀驟難盡廢，若銀圓成色太低，勢必不敵，銷必不暢，初未可强用壓力，使人甘受其虧。惟按九八成鑄造，則與現在通行寶銀約足相埒，又無挑剔平色之弊，民自樂從，而國家收款亦不至暗中受虧，即將來更革熔毀都可無慮。不過按此鑄造，工本稍大，難免稍有折耗。然鑄造宗旨，原爲上正圜法，下適民用，内以杜絶中飽，外以抵遏洋圓，無形之中，大利自普，固非斤斤然權子母逐什一也。況折耗斷不致太巨，并可參鑄各種小圓以補助之。凱不諳計學，竊謂規定幣制，道不外此。若如部議，特未嘗統籌而熟計耳。

三帥公忠體國，考求有素，如不以鄙言爲謬，擬會臺銜合詞疏争。其或言之不當，亦祈糾而正之，幸甚。凱。宥。

中國第一歷史檔案館編《清代檔案史料叢編》第一一輯《瑞方檔·袁世凱爲銀幣應以兩爲單位事致張之洞等電》（光緒三十三年六月初一日）

武昌張中堂、南京端制臺鑒：洪。接徐菊帥復電，論銀幣利弊甚爲透澈，擬增入疏稿，謹照録奉達。文如下：

部奏試鑄通用銀幣，流弊甚大。中國用銀向以兩計，如能廢兩不用，則部鑄銀幣尚可通行，倘不能廢兩，則部議兩岐，非久制也。蓋嘗論中國不能廢兩之故，一則由於進款以關税爲大宗，每年約四千餘萬兩，進口貨完税皆以兩計，今若欲用七錢二分之銀幣，則必更張商約，轉相折合，更增漏卮；一則由於出款以賠款爲大宗，以銀合磅價已有虧累之時，若再以七錢二分合算，則恐更有虧折。且部議先鑄一千萬兩銀幣，區區之數，何能周轉，勢必市面仍不通行新幣。兩湖曾鑄一兩銀幣，獨不能通行者，全國即無信用之效力，非新幣之咎也。故欲劃定幣制重量，宜以一兩爲準，成色應以九八爲宜，鄙見與尊旨正復相同。但以一兩爲銀本位，更宜多鑄半兩以補助之，則攜帶較七錢二分爲尤便。即請主稿會敝銜入奏云。凱。東。

中國第一歷史檔案館編《清代檔案史料叢編》第一一輯《瑞方檔·瑞澂爲幣制難期劃一事致端方電》（光緒三十三年六月初五日）

南京督憲鈞鑒：奉冬電，以劃一銀幣，袁、徐兩帥擬九八色，每圓一兩定爲本位，飭令考察能否通行，有無窒礙，以備參酌等因。仰見鄭重幣制，若谷虛暄，不勝欽佩。兹事體大，如澂愚昧，深懼未能洞澈，已轉囑商會傳集錢業中人考證確議。

惟查從前寧省曾鑄龍圓，輕重大小一如墨制，内地大多通用，而上海獨不通行。由於墨銀分兩成色較勝，龍圓有所不及，銀行專用墨銀，不收龍圓，故滬市不得不隨銀行爲向背。此次劃一幣制，原因出於洋商。蓋因中國爲用銀之國，傾熔批估之權操之衆商，往往此省之生銀運至彼省，平既參差，成色亦估批互異，洋商久受其累，故有要求立定一律國幣之約。果能立定劃一銀幣，照會各國遵照完納各項税課，并付一切用款，廢去生銀，并此外非本國之幣一概不用，無論每圓爲一兩，爲七錢二分，當無不可按數核算，亦無患其不可通行。何創行之始，銀幣無多，不敷周轉，勢不能不兼用生銀，仍不免平色參差之弊。此難期劃一者一。

滬市華洋貿易通以寶銀計算，若銀幣不過供各業門面之需，各錢莊以寶銀輸之銀行，各銀行亦運銀條以待銀幣之兑換，銷場既大，因之銀幣與生銀之價值亦視其積□之多少，以爲漲落。無論龍圓，即墨圓亦總不能别其一定之本位。今如定一兩之幣爲本位，不能稍有增減，其價值又不能廢生銀不用。此難期劃一者二。

廣鑄新幣辦法，無非以新幣兑換生銀，更番周轉。如以九八之新鑄兑十足之紋銀，勢不能行。設若補水，則不免有失新幣之價格。此難期劃一者三。

第一節尚系積習□沿，不難徐爲改正。若第二、第三兩節，則關於新制甚大，若無以維持其本位，使之不稍摇動，將來之影響全局必多。伏思鄂廠新幣行之在先，何以不能通行？此中頗堪研究。

除再督飭詳加討論，并籌其所以維持本位，免除窒礙之策，一俟復到，即行詳核禀陳。澂。歌。印。

中國第一歷史檔案館編《清代檔案史料叢編》第一一輯《瑞方檔·張之洞爲鑄幣仍應十足成色事致袁世凱等電》（光緒三十三年六月十九日）

（萬急）天津袁宫保、南京端制臺、盛京徐制臺：津文電讀悉，具見藎畫調停之深意。惟從前部員所慮中國寶銀本無足色，只在九八、九之間，苟鑄十足，恐洋商以寶銀抵換盤剥，熔化牟利一節，似未盡確。

查中國寶銀向有庫寶市寶之分，庫寶即上藩庫解京餉之寶，均系庫平足色，各省皆同。雖中國化驗未精，大致無甚岐異。市寶即各埠行用之寶，成色不一，無論何省，如遇兑交庫款，均系按照各省市寶向來行用成色，補足庫寶成色，然後作算。即以湖北估寶而論，武漢通用作爲九九二成色，如解藩庫，以之折合庫寶，每百兩仍須加補成色銀八錢。如解部庫，則須聽部庫官吏飭補，絲毫不能含糊。此京外各省現行事例之明證也。今者擬鑄庫平庫色一兩銀幣，即現在之庫平庫色一兩足銀，除官鑄庫寶始準與新鑄一兩十足銀幣平均兑換外，如各埠市面行用寶銀以及生銀錠塊，均須按照成色申補。即外洋來之銀條，華商亦不能作爲十足，每一千兩亦須分别酌補數錢數分。是新鑄一兩銀幣，與各省市面行用寶銀判然兩途，各不相混，既不能抵換盤剥，更不能熔化牟利，此理不辯自明。

部員於庫寶，市寶成色未加辨明，是以稍存過慮。今承慰帥主持挈銜，剴切電達，當必豁然。蓋中國市面寶銀本無足色，然其交庫本不能作足色計算，市面亦并未照足色行使。至中國庫寶向系十足成色，今擬鑄之一兩新幣，其成色即向來之十足庫寶，名異實同，無所謂受虧太巨也。果使國幣暢行，則其間工火、雜貨稍有些微虧耗之處，以紙幣、匯票之大利補之，此區區之數，不足計矣。至慰帥前電雖有九八之説，乃系未定初稿，并非定議。如果足色之説可採，似無妨折衷歸於一途。

查前年鄂省原奏仍系九成紋銀，亦未議及足色，此次奏内似可聲叙，鄂省前年所奏色系九成，此次直省初稿擬用九八。今經公同商酌，反復研究，考諸商論，撥之詳情，今以足色爲最善，是以擇善而從，均不敢拘泥前説。目前有便商民行紙幣之利，將來即爲銀幣定本位之基。云云。蓋集議雖採三省，裁斷仍系慰帥也。或奏尾稍參活筆，暫請試辦一年，抑或另行設法措詞，稍作斡旋之處，統請慰帥卓裁核定。惟出奏時應請慰帥領銜至要，不惟各省憲綱次序應然，且此議實慰帥發之也。萬勿客氣。至禱至感。即候電示。洞。效。

中國第一歷史檔案館編《清代檔案史料叢編》第一一輯《瑞方檔・張之洞爲鑄幣應以足色爲宜事致袁世凱等電》（光緒三十三年六月二十日）

天津袁宫保，南京端制臺、盛京徐制臺：洪。津宥、東兩電悉。慰帥崇論閎議，佩敬萬分，鬱悶經旬，讀之霍然病已。中國幣豈有用墨銀重量七錢二分之理，敝處光緒三十年七月奏内已詳。乃度支忽創此議，真愚愚蒙所不解。慰帥來電所言損失國體，貨幣兩岐，折合病民，引銷墨圓四害，透澈無遺。

至度支部咨文所言，陳尚書璧在鄂，詢知鄂鑄一兩銀幣不能行，已收回銷毁一節，殊非事實。鄂鑄一兩銀幣本省通行，已發出七十餘萬，不惟藩庫商民，即江漢關税亦按庫平足文一律收用，此爲行銷明征。嗣因部文改鑄一兩零六分者，不得不將舊鑄者陸續收回，然至今尚有十餘萬散在民間。此乃迫於部章，并非鄂省自願銷毁。當日陳尚書在鄂，與鄙人并未言及，僅隨帶司員向局員談及，局員告以部章既另定新式，現已遵照將舊鑄收回，聽候頒發新模，并無一兩之幣不能行銷之語。可質天日，不知隨員何以誤會。菊帥電鄂鑄一兩不能通行之語，務請酌量更正。

惟津電成色用九六一節，似乎尚未完備。此次創定國幣，自須毫髮無憾，無往不宜，無施不可，方爲盡善。若色止九六，本國商民流通自屬可行，上下出納已稍有不便。至於買磅還債，洋人必仍以九八色計算，斷不認爲足銀。中國今日以銀爲本位，則所鑄國幣必宜使中外同認，毫無貼補，則以後凡一切有關幣制本位等事，方能推行盡利。竊謂銀色必以十足爲宜。考日本鑄造金圓表，凡值銀五圓者，其金色重二錢四分四釐，其中足金實有二錢，蓋將其銅料雜質二成剔除不計，仍作足金二錢計算，故能通行無滯。聞英國官商言，英國金磅亦是足算足金之數，并云他國皆然。各國金幣辦法既皆如此，我斷不能不一律照辦。近日詳加化驗試造，若每一枚用足銀一兩，加入雜質三分，共重庫平一兩零三分，銀質并不嫌軟，聲音亦甚清亮。

至於工火虧耗一節，計每銀幣一萬兩，須折耗二百兩零。外省銀幣局因生銀漸少，銀條漸貴，每一局每日僅能鑄銀二萬兩，通年不過鑄銀六百萬兩。統計中國鑄幣分局不過五六處，虧耗約共一百二十萬兩，盡可參鑄各種小圓，以爲補助。惟小圓銀定爲足銀九成，限定鑄數不得過大圓十分之一，方能通行。價值照大圓一律，不准壓價。小圓一萬兩，可有盈餘四五百兩，約可抵補十之七八。即使再有折耗，一省所攤無幾，爲數甚微。保國權，利民用，自有無形大利，豈如市儈專計盈餘哉。且銀幣信則紙幣行，其大利豈争此區區哉。慰帥擬聯銜疏争，此萬不可少之舉。洞願附驥，但成色必宜慎重。鄙説有無可採，統請裁酌速示。

管見總以足色爲宜，全闔大無懈可擊，且與各國一律，中外誠信相孚，其利大矣。鵠候示復。洞。號。

中國第一歷史檔案館編《清代檔案史料叢編》第一一輯《瑞方檔・張之洞爲更正所舉日本造幣重量事致袁世凱等電》（光緒三十三年六月二十一日）

（急）天津袁宫保，南京端制臺，盛京徐制臺：洪。昨號電想達。電内日本鑄造金圓表，凡值銀十圓者，其金圓重二錢二分二釐，十圓誤爲五圓，二分二釐誤爲四分四釐。造幣分局不過五六處。虧耗約共七十二萬兩，誤爲一百二十萬兩，抵補十之二三，誤爲十之七八。均系筆誤。請更正。洞。箇。

中國第一歷史檔案館編《清代檔案史料叢編》第一一輯《瑞方檔・端方爲討論幣制改革事致張之洞等電》（光緒三十三年六月二十二日）

武昌張中堂，天津袁宫保，盛京徐制臺鑒：辰。鄂效電，津文、箇電，均悉。一兩幣制，用十足成色，至當不易，欽佩之至，即請慰帥定稿。菊帥删電謂宜多鑄半兩之幣，與一兩成色相同，尤屬至論。蓋分兩輕則便於行用，成色足則不虞虧折，與一兩本位相輔而行，不以補助貨相視，更足推行盡利。此層似宜用特筆聲叙，庶着眼不致忽略。請酌之。禡。印。

中國第一歷史檔案館編《清代檔案史料叢編》第二輯《瑞方檔・端方爲補助幣必須出入一律事致袁世凱電》（光緒三十三年六月二日）

天津袁宫保鑒：辰。熊道面陳一函，計達覽。銀幣事，方前復玉蒼文中所慮各節，實恐現時國家財力未能包舉，故不能不作依附之想。昨接香帥來電，亦力主一兩之説，其通籌久遠，與公意吻合。方亦極表同情。惟各國本位值與純質相當，其補助貨雖值浮於質，而國家悉按值收入，故能取信通行。中國必須自部庫以至各省官庫，皆能出入一律，不稍折扣，乃能收效。此爲最要關鍵，尚祈於折内切實聲叙。疏稿定後，并祈挈列鄙銜入奏。其餘未盡之言，由熊道面陳。侵。

中國第一歷史檔案館編《清代檔案史料叢編》第二輯《宫中硃批奏摺・載澤等奏進呈新鑄通用銀幣并議定成色章程折（附清單二）》（光緒三十三年七月初九日）

度支部尚書奉恩鎮國公臣載澤等謹奏，爲進呈新鑄通用銀幣，并議定成色分量章程，恭折仰祈聖鑒事。

竊臣部於本年三月二十八日，奏請先行試鑄通用銀幣。等因。當經奉旨允准在案。數月以來，妥議章程，一面籌撥鑄本，安設機器，業於五月二十四日由臣部造幣總廠開機試鑄。竊以銀幣較銅幣尤關重要，開鑄伊始，所有分量成色益當詳慎研究，以昭信用，而利推行。臣載澤於本月初七日赴津，親莅總廠考察一切，鼓鑄尚稱合法。當於初八日回京，兹將新鑄各種樣幣裝盛十二匣，并將前項成色分量章程分别繕具清單，恭呈御覽。

竊維劃一幣制，理應先定本位。臣部前奏本位幣制一折，業經奉旨交議，以重幣制。此次試鑄通用銀幣，系爲便於行用起見。近日山東、奉天先後奏陳，均以市面需用銀幣爲言，自不能不趕先鑄造，以資民用。

所有進呈銀幣及議定成色分量章程各緣由，謹恭折具陳，伏乞皇太后、皇上聖鑒。謹奏。

附：清單一

謹將酌擬鑄造銀幣分量成色章程，恭呈御覽。

一、新式銀幣成色分量，均按從前各省所鑄銀圓鑄造，以期暫時通用。查中國現在通用銀圓，以化學法分之，實得純銀不過六錢四分零。今鑄造銀幣，擬定每圓用九成，化浄純銀六錢四分八釐，配合浄銅七分二釐，其重量適合庫平七錢二分。其次補助銀幣三種：一重庫平三錢六分，擬用八成五，化浄純銀三錢零六釐，配合一成五，浄銅五分四釐；一重庫平一錢四分四釐，擬用八成一，化浄純銀一錢一分八釐八絲，配合一成八，浄銅二分五釐九毫二絲；一重庫平七分二釐，擬用八成二，化浄純銀五分九釐四絲，配合一成八，浄銅一分二釐九毫六絲。以重三錢六分者二枚作一大銀圓；以重一錢四分四釐者五枚作一大銀圓；以重七分二釐者十枚作一大銀圓。市面通用此項大小銀幣，不准任意折扣，致礙幣制。違者，查出從嚴懲辦。

一、新銀幣既通用以後，一圓銀幣自可不限行用之數。其補助之小幣，每一次授受只能用至值銀十圓，即大銀幣十枚爲限。十圓以上，不得全用小銀幣付給，否則受者可以不收。其銅幣與銀幣兑换，限制行用數目，俟隨時體察市面情形，再行核定。

一、各省需用新幣，均准以生銀交造幣總廠代爲鑄造。

一、各國鑄造貨幣，其成色分量皆明定公差，以便鑄造而嚴考核。此次新鑄銀幣，自應分别酌定，以資遵守。兹擬成色分量公差，均以千分之三爲准，過此以不合式論。

一、新幣成色分量奏定之後，由臣部飭造幣總廠照章精確鑄造。造成之幣，由臣部隨時派員抽驗，如所差之數過於奏定公差，即由臣部分别奏明議處，以重幣制。

附：清單二

謹將試鑄通用銀幣四種，恭呈御覽。

一圓銀幣四百枚。每匣一百枚，計裝四匣。

五角銀幣四百枚。每匣一百枚，計裝四匣。

二角銀幣四百枚。每匣二百枚，計裝二匣。

一角銀幣四百枚。每匣二百枚，計裝二匣。

以上共計十二匣。

中國第一歷史檔案館編《清代檔案史料叢編》第二輯《瑞方檔・袁世凱爲録送會奏銀幣折稿事致張之洞等電》（光緒三十三年七月十一日）

（加急）武昌張中堂、南京端制臺、盛京徐制臺：洪。會奏銀幣稿擬就如下：

奏爲部議試爲通用銀幣不無窒礙，擬請敕下度支部從長計議，另定分量成色，以昭幣制而正國法，恭折會陳仰祈聖鑒事。

竊臣等前準度支部咨開，本部奏請試鑄通用銀幣一折，於光緒三十三年三月二十八日具奏，奉旨：依議。欽此。相應刷印原奏，恭録諭旨，咨行欽遵查照。等因前來。

臣等查閲原奏，互相籌商，迭加討論。竊以爲法必規諸遠大，事無憚其繁難。偏見者取便一時，而苟簡適以滋後患。深識者綜籌全局，而得失乃有所折衷。即如此次部議試鑄銀幣，其重量主用七錢二分。臣等詎不知此項幣式，中國商埠沿用稍久，習慣不驚，仿而行之，自易爲力，顧於事雖較易，而爲法則已非，且其弊又甚巨。何以言之？蓋既制爲國幣，必當熟權統計，有昭示中外之宏規，而未可苟且補苴，爲涂飾目前之政策已也。

夫創修幣制，本爲一國自有之特權。而審定分量之重輕與夫成色之高下，須適合乎至當不易之準則，而不必有依附摹擬之見存。中國向系用銀之國，從前幣制未立，僅用生銀，官民出納，皆以兩錢分釐計算。海通以來，墨西哥之鷹洋乘間流入，自通商口岸逐漸灌輸於内地，以彼低潮之成色，易我純足之寶銀，虧耗無形，歲糜千萬。近年各省自造龍圓，借爲抵制，而仍以墨圓七錢二分之重量爲準，此僅可謂仿造銀圓，而不得爲制定國幣。臣世凱、臣之洞向主造一兩重銀幣之議，前年財政處會同户部奏定鑄造重庫平一兩銀幣，定爲本位，更鑄五錢、二錢、一錢三種銀幣，與現鑄之銅圓、舊有之制錢相輔而行，公私收發款項一律行用，洵足以垂定制而昭大信。兹準部議酌定銀幣分量，仍改從七錢二分之制，在部臣不憚遲回審慎，一再改良。按原奏所稱，系爲利推行而期畫一起見，其用意固未可厚非。然臣等呐鶩過慮，竊恐推行未必盡利，而弊害已伏其中，畫一更屬難期，而紛擾且因而起，有不得不縷晰陳之者：

查各國貨幣自有制度，如英之先零，俄之盧布，德之馬克，法之佛郎，美之蘇臘，日本之金銀圓，并適其宜，各不相襲。中國制定國幣，乃務爲簡易，沿用外人之程式，坐昧經國之遠圖，如幣制何？如政權何？害一。

中國用銀向以兩計，今制爲七錢二分之銀幣，將廢兩不用耶？勢必不能。將用圓而仍存兩耶？何名畫一，徒滋人疑，莫定民志，而將來實行商約，仍難免於更張。害二。

既名國幣，各庫自應收放。如仍按兩折合，則畸輕畸重，弊混叢生，斷難一律。而胥吏駔儈益得因緣爲奸，是謂病民。如徑按圓收納，則一切應收官項，公家喫虧甚巨，是謂病國。害三。

中國惟無幣制，故墨圓得以侵入。今鑄造銀幣，而分量輕重悉視墨圓，非特無以示抵制，且不啻招其浸灌而助之推廣也。害四。

有此四害，則七錢二分之幣，是遷就之法而絶非久遠之謨，是沿襲之爲而并非規定之制，上損國體，下失民信，内便中飽，外長漏卮，全局通籌，未見其可。

竊謂宜仍用前年財政處、户部奏定一兩重量，庶以正圜法而昭幣制。顧主七錢二分之説者，每謂一兩之未易行，其論多端，大要不外二者：一謂七錢二分便於商民，而一兩不便於商民；一謂七錢二分便於與外國交涉，而一兩不便於與外國交涉。臣等請再陳之：

查墨圓之所以能行於中國者，以我國初無銀幣，自易輸入，非因其輕重之適宜也。即如俄之盧布行於東三省，印度之羅批行於西藏，分量又各不同，是其明證。況墨圓僅行於通商口岸及東南各省，其内地及西北各省，率皆習用生銀。恐墨圓不敵生銀百分之一，烏得執一隅以概全局？且民間應納丁漕釐税，定例悉以兩計，與其用畸零之圓而折合兑交，何如用整齊之兩而簡捷完解？其不及一兩者，即有找補，亦較省事。此一兩之便於商民者也。

中國與外國款項交涉，進款以洋税爲大宗，而海關歲收三四千萬，皆以兩計。況釐定國幣，訂在商約，外國商民悉應遵用。今定爲庫平一兩之銀幣，其餘各平，將來必應盡廢。雖納關税者一時尚用關平核計，然以庫平一兩之幣折合關平之銀，較之以七錢二分之圓折合關平之銀，亦爲便利。出款以賠款爲大宗，而公約所定四百五十兆亦以兩計，且以銀折合金磅，價已有虧累之時，若再以七錢二分合算，則恐更有虧折。此一兩之便於與外國交涉者也。

以彼四害，行此兩便，則國幣宜用一兩之制，自無疑義。若部議所謂大小輕重易於攜帶之説，則自兩以下有五錢、二錢、一錢，其重量皆較七錢二分輕便。蓋有一兩以爲本位之幣，又有五錢、二錢、一錢以爲輔助之幣，自可暢行無阻。

部議又謂：七錢二分之銀圓，用以折合銀幣、制錢，易於操縱。如大銀幣一圓折合七分二釐之小銀幣十角，小銀幣一角折合十文之銅幣十枚，銅幣一枚折合制錢十文，均以十進位。而一兩銀幣重量不同，多以爲不便行用。等語。其説甚辯。不知銀幣無論如何制定，皆不能舉銅幣、制錢而廢去之。銀幣以一兩爲主達於一錢爲止，猶之小圓達於一角爲止，自錢、角下仍有銅幣、制錢交資并濟，又何不便之有？今試以一兩新幣姑照制錢一千五百文定價，實合十文之銅幣一百五十枚。其五錢者合七十五枚，二錢者合七十枚，一錢者合十五枚。再等而下之，一分應合制錢十五文，一釐應合制錢一文半。夫一文有半，似近破碎矣，然勢非得已也。若必有整無碎，則部奏所謂均以十進位者，其小銀幣一角當以十分計算，而不當用七分二釐，其大銀幣一元，當以十錢計算，而不當用七錢二分。是破碎之咎，此僅屬找付之細，彼且占正位之中，果孰得而孰失也？況中國用銀之地，究較多於用圓之地，若如部議，則向系專用銀兩未通銀圓之處，其於銅幣制錢遂無折合之時耶！即謂折合多不畫一，試問通行銀圓各省，其折合果已畫一否耶？且制爲一兩銀幣，正因其數目分明，可免挑剔，平色之幣，固自爲整頓畫一計也。

部議又謂：東西國幣形式重量大半相類，墨國新幣值當美幣一托臘之半，今中國從七錢二分之制，重適相等。將來與各國比例固易折算，不知各國幣制重量實多懸殊。姑就日本言之。日金一圓，約可抵美之半弗，德之半馬克，俄之一盧布，尚屬相類也。然以例法之佛郎，則僅抵十之四矣。以合英磅，且僅抵十之一矣。重量參差如此，尚謂之大半相類耶？故隨人步足，良可不必。至於一兩之視七錢二分折算，孰爲難易，更無俟煩言而解。

部議又謂：鄂鑄一兩銀幣未甚行用，已收回熔毀。所言實未盡符合。臣之洞查鄂鑄一兩銀幣，本省通行，前已發出七十餘萬，不惟藩庫收發，商民信用，即江漢關稅亦按庫平足紋一律收納，此爲行銷明征。嗣因部文改鑄一兩零六分者，不得不將舊鑄陸續收回，然至今尚有十餘萬散在民間。此乃迫於部章，并非鄂省自願銷毀，部臣原奏未免誤會。

夫重量既審，則成色宜定。竊謂此次創定國幣，必須力求完備，毫髮無憾，無往不宜，無施不可，方爲盡美。前年部定成色系用九六，或謂宜用九八，然皆非足色。既非足色，則本國上下出納已有不便，若買磅還債，洋人必仍按其成色計算，不肯認爲足銀。既以銀爲本位，則所鑄國幣必使中外同認，毫無貼補，以後一切有關幣制本位等事方能施措□宜。故重量必以一兩爲歸，成色尤必以十足爲準。然足色純銀質軟，易敝。考日本鑄造金圓表，凡值銀十圓者，其金圓重二錢二分二釐，其中足金實有二錢，蓋將其銅料雜質二成扣除不計，仍作足金二錢計算，故能通行無滯。英人言英國金磅亦僅計足金之數，他國亦然。各國鑄幣辦法既大略相同，我斷不能不一律照辦。近由鄂省詳加化驗試造，若每一枚用足銀一兩加入雜質三分，共重庫平一兩零三分，銀質并不嫌軟，聲音亦甚清亮。至於工火虧耗，計每銀幣一萬兩，須折耗二百兩零，盡可參鑄各種小幣，以爲補助。惟小幣須定爲足銀九成，限定鑄數不得過大幣十分之一，方能通行。價值照大幣一律遞算，不准抑壓小幣，一萬兩可得盈餘四五百兩，約可抵補十之二三。再有折耗爲數無多，而保國權，利民用，自有無形大利，固不若市儈之操奇贏逐什一也。且銀幣保則紙幣行，中外誠信相孚，其大利所在，尤不争此區區之盈絀。

或者謂：中國寶銀本無足色，只在九八、九之間，苟鑄十足，受虧太巨，且恐洋商收我十足，而以寶銀抵我盤剥，或熔化牟利。此説似是，而實亦不盡然。查中國寶銀例有庫寶、市寶之分，庫寶即兑藩庫解京餉之寶，均系庫平庫色，各省皆同。雖中國化驗未精，大致無甚歧異。市寶即各埠行用之寶，成色不一，如遇兑交庫款，均須按各埠行用成色，補足庫寶成色。今擬鑄庫平庫色一兩銀幣，即現在之庫平庫色一兩足銀，除官鑄庫寶始准與新鑄一兩十足銀幣平均兑换外，其各埠市面行用寶銀，以及生銀錠塊，并外來銀條，均須按照成色申補，各不相混。既不能抵换盤剥，更不能熔化牟利，此理較然甚明，無所謂受虧太巨也。

幣制關係重大，不厭詳求，臣等往返電商，均主一兩之議。臣端方前此詢謀南省紳商，曾以七錢二分爲便。兹准臣世凱、臣之洞所議統籌辦法，意見相同。至十足之議，查前年鄂省奏鑄仍系九成紋銀，未經議及足色。此次世凱初電，亦擬用九八成色。今經公同商酌，反覆研究，考諸商論，揆諸洋情，仍以足色爲最善，是以擇善而從，均不敢拘泥前説。

所有鑄造銀幣宜用一兩重量，十足成色，臣等爲昭幣制，正圜法起見，究應如何折衷至當之處，應請旨敕下度支部核議施行。謹合詞恭折縷陳，伏乞皇太后、皇上聖鑒訓示。

再，此折系由臣世凱主稿，合并陳明。謹奏。云。

祈斧政示復，以便繕奏。凱。真。

中國第一歷史檔案館編《清代檔案史料叢編》第一一輯《瑞方檔・袁世凱爲各省小幣應減成色事致張之洞等電》（光緒三十三年七月十六日）

武昌張中堂、南京端制臺：洪。鄂咸電悉。列銜一節，香相一再諄命，自當遵辦。頃接菊帥電疏稿，尚有略須商酌之處。各省小幣系補助貨〔幣〕，本可減成。惟目前財政機關未備，先以商民信用爲主。若明定九成，恐民間行用仍不免折扣抑壓之弊，馴致摇動本位，不無可慮。似應仍用足色，以便通行。又今擬鑄庫平庫色一兩銀幣，准與前之官鑄庫寶平均兑换，恐公家喫虧過甚。按照庫鑄最高之寶銀，不過九八、九九，若準均平兑换，市儈必取巧，終日以庫寶兑换庫圓。查中國寶銀既無十足，從前各省解款雖有補成之説，不過胥吏緣以爲奸，實則官鑄寶銀亦非十成足色。鄙意宜與各埠通行寶銀，以及生銀塊錠，外來銀條，按照市價分别申補成色。且既鑄新幣，即當禁絶舊式，若官鑄寶銀與新幣平均兑换，是仍得通行無滯，於新幣大有阻礙。此中總宜稍示區别，方可維持不敝云。祈速核覆，再繕定奏稿。凱。銑。

中國第一歷史檔案館編《清代檔案史料叢編》第一一輯《瑞方檔·端方爲同意小幣全用足色事致袁世凱電》（光緒三十三年七月十八日）

天津袁宫保鑒：洪。真、銑電均悉。奏稿體大思精，菊帥所商小幣全用足色一層，尤爲周密。各國補助幣皆不用足色者，以行用有限制，國庫包兑换，故能信用通行。中國地大權分，政令不一，恐尚未能取信，即不免折扣抑壓之弊，不能無動摇本位之慮。不如一律足色爲妥。如慮小幣工本虧折，或二錢一錢之幣用九成，而官包兑换，仍照菊帥前電多鑄足色五錢之幣，與一兩并行。緣一兩幣重，五錢較輕，便於行用，必用足色，乃能與一兩相輔通行也。至無論官鑄寶銀及通行各銀，其按實在成色，分别申補，更屬核實。此兩端皆合鄙意，請俟香相復到，即查照核定，挈銜拜發爲幸。嘯。印。

中國第一歷史檔案館編《清代檔案史料叢編》第一一輯《瑞方檔·袁世凱爲論幣制折稿酌議一段事致端方電》（光緒三十三年七月二十日）

（至急）南京端制臺鑒：洪。嘯電悉。遵將原擬折稿，聲音亦甚清亮之下，幣制關係重大之上，酌易一段。其文如下：

至於工火虧耗，計每銀幣一萬兩，須折耗二百兩零，其數不爲不巨。然臣等聞東西洋商之善於懋遷，精於會計者，率多深謀遠慮，不務小利近功。雖營業之初，屢經折耗，糜財無算，而彼明知大利在後，輒不憚投擲資本，甘心受虧。久之成效昭然，非但恢母金，并且增益巨産，由所見大而所持堅也。貿易者尚如此，況於謀國計乎？此次宗旨專爲創定幣制，改正圜法，齊一民聽，保存國權，大利自在無形之中，固不若尋常市儈之徒操奇贏而逐什一，雖極知其虧耗，猶毅然而爲之。且銀幣信則紙幣行，中外誠信相孚，其大利所存，收效尤遠，何争此一時盈絀？或謂須參鑄各種小幣，均定爲足銀九成，藉資補助，此已將小幣成色擡高，用意至爲矜慎。然按此計之，小幣一萬兩均可得盈餘四五百兩，而大幣每萬兩須虧至二百兩有奇，且小幣尚須限定鑄數，恒不得過大幣十分之一，則此區區盈餘，不過僅能抵補十之二三。此外，折耗尚多，仍難彌補，似不如均用足色，則絲毫不失信用，而遐邇更易普通。今日固屬便民，異日正以利國。迨民信既久，將來酌劑盈虚之道，操縱仍在國家，尚何復折耗之足患？惟查各國補助幣皆無用足色者，以其行用有限制，國庫包兑换，故舉國皆信從而後行之。中國地廣權分，政令未一，而財政機關尤屬未備，此事首以取信商民爲主。若小幣減成，民不見信，恐仍不免折扣抑壓之弊，即不能無動摇本位之慮。故無論大小各幣，均以一律足色爲宜。如慮小幣工本復巨，非但無盈餘可得，而且有虧折堪虞，則萬不得已，或於二錢、一錢之幣參用九成，而由公家包爲兑换。至五錢之幣，較一兩爲輕，便於行用，必須十足成色，且須多爲鑄造，俾與一兩并行，庶可相維不敝。或又謂國力未裕，鑄本尚難籌添，折耗更浮何堪？不知規遠大之圖者，即不應憚煩難之舉，臣等固已言之矣。合全力以經營，或衆擎而易舉。即謂現在財政困難，然部議試鑄之幣似必須迅速停罷，則此等正當幣制以後尚有推行之時，若必仿造七錢二分之洋圓，究於幣制名義胡涉？且於推行阻礙甚多，恐如所謂非徒無益而又害之者也。

或又謂中國寶銀本無足色，只在九八、九之間，苟鑄十足，損失必多，且恐洋商收我新幣，而以寶銀抵换盤剥，或熔化牟利。此説亦不爲無見。查中國寶銀原有庫寶、市寶之分，庫寶即兑藩庫解京餉之寶，市寶即各埠行用之寶。庫寶雖名爲庫平庫色，而已非真正十足。市寶尤成色不一。如遇兑交庫款，例皆以庫平庫色爲衡，其非庫寶者，均須按各埠行用成色，補足庫寶成色。實則吏胥高下其手，頗滋弊竇。今擬鑄庫平庫色一兩銀幣，確系真正十足，除將來專行肢〔紙〕幣，凡各項紋銀均須逐漸禁絶外，現在兑换新鑄十足之銀幣，無論官鑄庫寶及各埠市面行用寶銀，以逮生銀錠塊并外來銀條，在鏹按照真正十足成色分别申補，各不相混。既不能抵换盤剥，更不能熔化牟利，此理較然甚明，固無容慮其損失也云。

祈速核覆，以便將奏稿即日會銜繕發。立盼，立盼。凱。哿。

中國第一歷史檔案館編《清代檔案史料叢編》第一一輯《瑞方檔·端方爲同意繕發聯銜奏摺事致袁世凱電》（光緒三十三年七月二十一日）

（急）天津袁宫保鑒：洪。哿電悉。折稿酌易一段，詳明周妥，佩甚。即請定稿，挈銜繕發。箇。印。

中國第一歷史檔案館編《清代檔案史料叢編》第一輯《瑞方檔·袁世凱爲參鑄小幣成色仍須十足事致張之洞等電》（光緒三十三年七月二十三日）

武昌張中堂、南京端制臺鑒：洪。鄂、寧箇電均悉。正在遵將折稿繕發，頃接菊帥電稱：此次新鑄銀幣，首以取信於民爲要義，若以九成之一錢、二錢抵補一兩半兩之虧耗，必多流弊，似非完美辦法。總之，新圓不過定爲國幣之本位，民間一信用，自然暢銷紙幣，不必盡用銀圓。此項目前耗虧不足計較，且有銅圓相輔而行。一錢、二錢者不宜多，或只鑄百分之一以爲輔助，然成色仍須用十足，方昭大信，且免私鑄，尤省折扣兑换，希裁定入奏。等語。兹事體大，研求討論不厭精詳，好在香相行將北上，擬俟面商妥協後，再行電商午帥并菊帥會奏。凱。漾。

中國第一歷史檔案館編《清代檔案史料叢編》第一輯《瑞方檔·張之洞爲小元幣制事致袁世凱等電》（光緒三十三年七月二十七日）

北京袁宫保、南京端制臺：洪。漾電悉。菊帥之論甚醒透，一錢、二錢小幣亦宜足色，及止鑄百分之一兩節，最爲老到。蓋小元用足色，雖非外國通例，然中國習氣較深，法律較疏，留一分之孔隙，即必生三四分之流弊。若准減成色，必致額外多鑄圖利，斷非定章所能限也。總之，大利在紙幣不在小圓。鄙人向來論理財以先賠錢爲主義，特不敢明言，恐招當代會計家之呵罵。菊帥既亦如此説，請慰帥即照改定議，或即繕發，或俟鄙人到京面商，均無不可，統聽慰帥裁酌。洞。沁。

中國第一歷史檔案館編《清代檔案史料叢編》第一輯《瑞方檔·端方爲贊同小幣全用足色事致張之洞電》（光緒三十三年七月二十八日）

武昌張中堂鑒：洪。沁電悉。一錢、二錢之幣全用足色，實屬顛撲不破辦法，悉聽公與慰帥主持繕發。勘。印。

中國第一歷史檔案館編《清代檔案史料叢編》第一輯《瑞方檔·電諭各省督撫改革幣制以兩以元爲準應各抒所見據實奏聞》（光緒三十三年十一月二十六日）

天津制臺、武昌制臺、廣東制臺、福州制臺、雲南制臺、蘭州制臺、成都制臺、吉林制臺、濟南撫臺、太原撫臺、開封撫臺、西安撫臺、迪化撫臺、蘇州撫臺、杭州撫臺、長沙撫臺、貴陽撫臺、廣西撫臺、南昌撫臺、安慶撫臺、盛京撫臺，吉林、黑龍江巡撫請由盛京巡撫改譯東密轉遞。

奉旨：現當整飭庶政，幣制關係重要。近來内外臣工，有謂宜鑄一兩暨五錢重十足銀圓以爲主幣，一錢暨五分重九成銀圓以爲輔幣者。其説蓋以各國貨幣自有制度，不相沿襲。中國用銀向以兩計，一切田賦釐金官俸軍餉以及洋税賠款，無不准兩核算，官民沿用，久成習慣，如以七錢二分九成銀定爲幣制，收發出入必須折合，弊竇滋多，勢難信用。與墨圓輕重相等，更易浸灌，數年之内，必致墨圓充滿全國，致成莫大漏卮。且中國商務除通商口岸外，南北各省仍是用兩者多，用圓者少，至於農工商業，軍民生計，國用出納，大率皆以兩計數，更不待言，未可以少宜多，致啓紛擾。迨兩幣鑄有成數，并造行紙幣，厚儲銀本，隨時以銀市金，鑄存金幣，自可漸躋實金本位。而主七錢二分之説者，意在不用兩錢分正名目，只須以枚計算，期與他國貨幣相通，爲金本位之預備，不宜執守舊日成見。而銀錢流轉，以商家貿易、民生日用爲大宗，國家税項特其一端，若概用一兩幣制，揆之通國生計程度未能盡合，且貨幣通弊□，則私銷亦須預防。二説相岐，莫衷一是。惟中國與各國議立商約，必須畫一幣制。如存兩，則不能以七錢二分銀圓爲國幣，如用圓，則官民習慣之兩勢難遽廢，且數年之内，國幣所鑄無多，則生銀斷不能遽廢，豈能不以兩計？如兩、圓同爲主幣，又非畫一之制。此事重大，不厭詳考，著各督撫體察該省官商軍民市鄉情形，暨銀兩銀圓約計行用孰居多數，何者宜存，何者宜廢，各抒所見，限一月内據實電奏，以憑核定。欽此。樞。二十六日。

中國第一歷史檔案館編《清代檔案史料叢編》第一輯《宫中雜檔·電諭各省督撫速將幣制及成色事并案議復》（光緒三十三年十二月初二日）

天津制臺、武昌制臺、廣東制臺、福州制臺、雲南制臺、蘭州制臺、成都制臺、濟南撫臺、太原撫臺、開封撫臺、西安撫臺、迪化撫臺、蘇州撫臺、杭州撫臺、長沙撫臺、貴陽撫臺、廣西撫臺、南昌撫臺、安慶撫臺、盛京制臺撫臺、吉林撫臺、齊齊哈爾撫臺：

奉旨：前經降旨，飭議幣制。近日諸臣條議，有謂若鑄十成一兩、五錢兩種之銀圓，其雜質工耗虧賠甚巨，宜照減成鑄造，以免虧折。又有謂既以一兩、五錢兩種銀圓爲主幣，必須十成足色，商民出納方能簡易無弊，於交涉款項亦免折算受虧。盡可搭鑄九成之一錢、五分兩種小圓，以其所餘補主幣工耗之虧，不患不敷彌補。果能主幣流通，中外信用，自可暢行紙幣，以資周轉。統計有盈無紬，且國家財政計畫要在便商便民，貴在收永久之效，不宜圖目前有形之利。等語。二説孰是，著即遵照前旨速即并案議復。欽此。樞。冬。

中國第一歷史檔案館編《清代檔案史料叢編》第十一輯《宮中雜檔・憲政編查館條議幣制改革文》（光緒三十三年）

幣制條議

幣制進化之理，由銅本位躋於金本位，必歷銀本位之一階級。今擬定用銀本位制，實於國力民情斟酌周至。惟銀幣單位有一兩與七錢二分之別，二者折衷未易遽定。今試推究利弊，分別陳之。

如以一兩爲單位，其利有三：幣制獨立，不隨他人爲輕重，利一；國權獨伸，不使異幣相混淆，利二；公私出入向以兩計，人識定名，市無變價，利三。然主七錢二分者則有説焉，兩爲權名，圓乃幣制，欲避模仿墨銀之名，轉致混合權量之制，且與銀塊無所區別，則利不勝弊矣。銀塊交易必以兩計，日本小幣亦計錢分，而幣制單位必名爲圓。英金稱磅，而與權衡之磅迥殊，蓋幣必計枚，使脱習用生銀之俗。物理同等相競，乃能相拒。中國初鑄龍圓，原爲抵制墨銀，今龍圓漸行，又改一兩，國制所頒與人情所便，必致各自流通，且兩幣相争，又蹈泰西經濟家言惡貨驅逐良貨之患，幣制既難確立，墨銀愈易推行，則利又不勝弊矣。國庫出入固多計兩，民間貿易仍是用錢居多，錢糧釐税各省平色不同，但以銅錢折算，以十五進位，既不如七錢二分價近千錢以十進位之簡便，且用庫平較之關平税則仍須折算之煩，并權衡亦不能畫一，則利又不勝弊矣。如用七錢二分，無論錢糧關税經一定折合之後，悉可化除兩名，而向來平色繞算之弊，轉可一掃而空。

尤有大者，日本金井博士有言，貨幣單位比於民生程度過高，民將不識不知，流於侈奢。以泰西之富，而法郎、馬克均較七錢二分爲低。中國東南各省近雖通用銀圓，全賴小角爲之調劑，各造幣廠近皆多鑄小角，少鑄大圓，民情可見。然較西北通用制錢已爲侈靡。銅圓通行又較用制錢時生活爲貴，物情又可見。即向用銀兩交易之貨，并無庫平足色，新幣若行令照原平折減，則市情必擾，令照新幣伸算，則物價已騰，而鑄造携帶之不便，猶其後耳！此有礙於民生者一也。

新幣通行必敷全國民生之用。歷年鑄造大小龍圓，何止億千萬數，各省尚難普及，若改一兩，則主幣助幣毫無憑藉，工本無著，畫一無期，既難實踐商約，所有大小舊幣，欲用爲補助，而子母不能相權，欲比於生銀而改鑄，更多虧耗。且外國銀圓之未入口者，縱能禁之不來，已入口者，不能廢之不用。日本前鑄貿易銀，專以排斥墨銀，迨後改定幣制，廢貿易銀，而新幣一圓量值仍與相準，亦因民情習慣，順如流水，去如拔山。此有礙於本制者二也。

至於十成足色之説，國幣重量對於生金銀塊及外國之交易，自以内含純銀核算。如與内國市情物價相權，則自有幣值與塊值之不同，鑄幣不能無攙和一二成之雜質，即用幣不能無抛高一二成之比價，官民信用，惟在鑄造收發之一律。各國幣制皆然。其助幣較主幣成色雖減，而兑换相均，以行使有限制，故信用無窒礙也。現鑄龍圓内含純銀不過六錢四分强，而有六錢八九分之用，蓋幣值自在，并非强迫。國家造幣不必取贏，亦不能任耗，中國向用寶銀，并無十成足色。部庫收款雖有補色，而發款從無補色之事，若必改用庫平足色，則收舊鑄新之耗已不知紀極，財政困難，何從彌補？即各造幣廠亦須另鑄經費，方能開鑄。此有礙於國計者三也。

有爲補救之説者謂：一兩幣重難行，可多鑄五錢，而一兩以紙幣代之，仿日本現制只用五十錢而一圓代以紙幣之法，輕便易齊，又與民生程度不甚相違，似於前第一弊略可補救。然於新舊衝突之間，公私盈虧之數，仍苦無善法彌縫，而内外私毁之弊，尤難浄絶。且以兩、錢計算，終較圓、角爲高，物價增昂，恐仍不免。貨幣關係甚大，且用銀本位後，恐金貨流出愈多，將來改金本位尤難措手，此亦不可不深長慮者。日本改革幣制設調查局，會議至三十餘次，成書二巨册，始行决議。應再如何詳議審定之處，伏候鈞裁。

中國第一歷史檔案館編《清代檔案史料叢編》第十一輯《度支部檔・李積穠議幣制改革辦法文》（光緒三十四年）

欽州直隸州知州李積穠議：

我國圜法之壞，不自今日始矣。往者讀財政處、户部會奏整頓圜法一折，及財政處條奏酌擬鑄造銀幣分兩成色并行用章程，其大略均以劃一幣制，定準分量成色，使全國一律流通。其用意不可謂不善。但卑職所不解者，財政處、户部會奏之折，既謂查中國鑄造銀圓始於廣東，意在抵制洋圓，兼以補制錢之不足，惟以所鑄銀圓規模絶異，成色分量又不免各有參差，以致民間顯分畛域，此省所鑄往往不能行於彼省，仍不如墨西哥銀圓之南北通行。是鑄造銀圓明明足以抵制洋圓，爲大部所知者也。特所嫌者，其形式既省與省異，而分量成色又復參差不齊，以此信用不能發達，遂不能如墨西哥銀圓之一律通行。其得失比例顯而易見，乃財政處奏酌擬鑄造銀幣章程十條，則以鑄造庫平一兩之銀幣定本位，豈不大相矛盾？

不知通商以來，南北各省習用外洋銀圓者爲本多數，若一旦改造一兩重之銀幣，不僅不能抵制外洋銀圓之輸入，且以創敵因勢，必爲歐銀所役使，而於貨幣前途流弊滋大。其不可行者一也。

查我國自粤東創鑄銀圓，江、鄂、直、閩各省相繼競起，至今已歷十餘年，所鑄之圓，散布流通，不下萬萬。且東西各國銀圓之輸入，尚不可數計。若如財政處所議，將外國銀圓以及以前各省所鑄之龍紋，均由官局一律收回更鑄，吾恐國家未必有此巨款，縱有此款，當此國權未張之時，禁絶洋銀一層，亦恐力難做到。其不可行者二也。

今各國紙幣皆准以銀圓，即粤、鄂現行紙幣，亦分爲一圓、五圓、十圓三種，交易之際咸稱利便，且足與外洋紙幣互相頡頑〔頏〕，行用既久，未嘗不可以挽回外溢之利權。若改用新式銀幣，則以一兩、五錢、二錢、一錢核算，於中外紙幣兑换實形不便。其不可行者三也。

論貨幣性質，用純金純銀，則性多柔軟，必略攙銅幣使得堅硬，而免磨損。故各國幣制皆於百分之中和銅數分，其數尚未劃一。若將來貨幣同盟日益關切，則必有各國通爲一律之時。今財政處奏定章程内稱：每圓用化净純銀九錢六分，配合净銅一錢，定爲庫平足式銀一兩；其次用庫平純銀四錢五分，配合净銅五分，定爲庫平足色銀五錢；又次用庫平純銀一錢七分，配合净銅三分，定爲庫平足色銀二錢；最少用庫平純銀八分五釐，配合净銅一分五釐，定爲庫平足色銀一錢。是以成色論既不能如外國銀圓之高，以信用論自不能如外國銀圓之有價。其不可行者四也。

夫國家欲整頓圜法，而關於貨幣之職務尚未能完全，是整頓之與不整頓相去幾何？且政府此次整頓之目的，爲内部計，固冀其裕國便民，爲外部計，尤冀其與萬國圜法劃一，而後商約易於訂定，商務易於維持，此其最要者也。查財政處、户部會奏，明謂與各國新訂商約已有立定一律國幣之條，若任各省自爲風氣，恐於劃一幣制之意去之愈遠，是以制定國幣爲與商約極有密切之關係者也。乃財政處奏擬鑄造銀幣章程一折，則有謂從前各省所鑄銀圓成色分量均仿墨西哥，系屬一時權宜，未可垂爲定制。詳考各國國幣，如英之先令，俄之盧布，德之馬克，法之佛郎，以及美、日之金圓，皆各行其國之所宜，彼此未嘗沿襲。中國丁漕租税征收多用庫平，民間銀兩往來亦均以兩錢分釐核算。竊以爲欲定國幣之制，似可即照庫平一兩，精其鑄造，足其成色。尤要在户部京餉首先收受。部庫既收，各省藩庫即無不收。部庫藩庫既收，則州縣征收錢糧及一切公欵自無不收之理。是據此則只知國幣不相沿襲而已，不知有萬國圜法劃一之議者也，只知丁漕租税但求合於公家而已，不知中外互市商民仍有補貼圜水之虧者也。

昔美人精琦氏嘗謂，欲應中國所請而求最善之策，當會同中國辦理各事，務出萬全。大要在改新圜法，而使銀價交易，必以有定之金價爲依據。善哉言乎！蓋中國現時程度既不能以金幣爲本位，而所借各債及昔年賠款，則又俱以金磅計算，外人預料還時金價必騰，故争以債借之。借時價低，還時價漲，非但明出利息，又須暗吃磅虧。故精奇氏謂，觀察現象，莫如虚懸一金本位額，而市上仍用銀合金價計算。其説爲各國有識之學者默認，惜吾政府不能採用。於是近數月來，又有鑄行金幣之説。夫世界各國既皆用金，則不用金之國其受害自不待言。但以中國經濟之現象，尚不足語於金本位，與其東施傚顰，令經濟上生非常之困難，曷若虚懸一金本位額，以俟諸異日。而惟於現時之所急者，兢兢致意，則有數事：一曰統查全國貨幣流通額應需若干，以酌鑄造出納之數；二曰收回紋銀一律改鑄銀圓及雙單銀角，以期抵制外洋銀圓；三曰提高成色，定準分量，務求全國一律；四曰丁漕租税，一切公款，皆改收銀圓，如昔準紋銀一兩者合折收銀圓若干，將原有傾銷火耗等費概行豁免；五曰虚懸一金本位額，而市上仍用銀合金價計算；六曰推廣官銀行，發行紙幣，其形式略仿歐制，以期補塞漏卮；七曰配鑄銅圓制錢，以爲銀圓之輔，俾得找换流通。夫如是，則磅價既均，市面自平，按之通商裕國便民，在在皆爲適協，即外來貨幣亦足以互相抵制，而不致權操於人，我甘其弊矣。

所擬是否有當，伏乞採擇施行。

中國第一歷史檔案館編《清代檔案史料叢編》第一一輯《度支部檔・李本銘議幣制文》（光緒三十四年）

潮州府海陽縣知縣李本銘議：

竊維五洲通商以來，情勢日異，世界皆趨於大同。時會相乘，自無長此不變之局。如幣制一事，環球各國皆用金本位，中國特用銀本位，以情勢論之，自不能不變而用金。查用銀之國改用金幣者始於德，繼於日。兩國皆以戰勝之餘，得賠款巨金，遂以改用。我國現無如此巨款，惟有虚定金本位，而以銀代之。上年在廷諸大臣業經定議具奏矣。惟持用一兩爲一圓與用七錢二分爲一圓猶未折衷一是。其持七錢二分爲一圓者，謂自墨銀流入中國已歷數十年，由通商口岸以至内地無不通用，近年各省鑄造龍圓亦莫不以七錢二分爲準，人情以習慣成自然，順民所習，則事輕而易舉，且七錢二分價近千錢，子母相權，進位亦較爲直捷，似以仍舊貫爲便。其持一兩爲一圓者，則謂國體宜求獨立，不可棄主權以從人，況公私出入之數亦無不以兩合錢，若悉改爲圓，則卷尾抹零轉滋紛擾，即各國交際之間，洋款則以銀兩折還，關税亦以庫平申算，洋商貿易概合銀盤，磅價盈虧亦依銀市，且湖北、新疆等省業經鑄造一兩銀幣，行之數年，并無窒礙，似宜一律推行爲便。

竊維貨幣之行，不徒爲國家制用之端，實乃修信之道，無論持一兩爲一圓，持七錢二分爲一圓，要皆以成色重量劃一不二爲主。其成色不必高於洋幣，惟審定之後必須通國一律，不得稍有低昂。其重量既於表面鑄明，亦不得稍有輕減。如此，則與洋幣相較，不至退讓，自無貼水補平之事。尤必通飭各行省，凡有完糧納税各公項，一概征收中國大小銀幣，不用洋圓，各省所鑄一律通用，不分畛域，不許抑勒補水，使商民信用，永遠推行，一洗從前顛倒紊亂之弊，庶足以利國而便民。將來國庫充盈，然後實行金本位，以與環球各國共趨於大同富强之基，此其一端乎。

中國第一歷史檔案館編《清代檔案史料叢編》第一一輯《度支部檔・崔炳炎議幣制事宜文》（光緒三十四年）

潮陽縣知縣崔炳文議：

中國自古雖三品并行，而圜法實維銅鑄。泰西則多鑄金錢，與銀銅相權。英吉利始鑄金磅，每磅值銀錢名先令者二十，值銅錢名便士者十二，實利用金本位，亦曰單本位。金本位者，以金爲通行幣，過二十先令例用金，不准用銀，斯密亞丹原富所謂法價是也。自泰西自由貿易，與各國貨幣交换，互相流通，金錢遂握環球貨幣輕重之柄。各國審明重可馭輕，輕不可馭重，以故美、法、俄、德、意、奥、日本無不踵而行之，除中國、越南外，殆無專用銀者。中國向無銀圓，嘉慶間，美洲墨西哥銀錢盛行海疆，厥後吕宋、日本踵至，以九成之銀圓易十成之銀塊，暗中既已受虧。自海國不靖，賠洋款，借外債，皆以現銀易彼金磅，彼族操其漲落，擡價居奇，折虧每不可數計。近因受洋債金磅折虧甚巨，紛然以鑄金抵制爲言。鑄金誠至當矣，但今日中國有數難焉：

一、中國素少藏金，又金礦利未大開；二、既無金，必廣收之外洋，金必大貴；三、勉鑄若干金幣，不足供數日之用，欲續鑄則不能，仍用銀則不可；四、洋商設法收取，數日即可售賣。此鑄之難也。

一、錢肆之阻格；二、錢肆高價值；三、奸商屯積居奇；四、西人不肯信用。此行之難也。

故論中國近日資格與其儲備，均未便輕於學步，以滋擾亂。中國向來以銅爲本位，近宜進爲銀本位，且用銀幣亦非無利。惟銀賤，故出口貨以價賤而易售；惟金貴，故進口貨以價貴而滯銷。果改良工商實業，足與洋貨敵，雖銀圓未始無利，若今各省鑄幣模範重量不歸劃一，故各省難於流通。夫銀塊與銀幣勢不并行，欲多鑄銀圓，勢必不能統於一局，分則重量與摻和或不能一致，固已是有監督之道焉。法以每省每次所鑄銀圓，標明時日，任取其一歲之彙解京局，使化學師化分，驗其偷減與否，有則罪之，執行堅定，則不一之弊可除。又查中國之弊，患錢肆足以轉移官府，官府不能轉移錢肆。轉移非可强迫，在信而已。幣制既劃一，無論何省銀圓，官款一律收用，則錢肆自難操其漲落，市廛交易庶免挑剔。若官府先有差别，又何怪市廛准此行之？英洋信用，或未必加於龍圓也。粤東銀毫换大圓固須貼水銀紙或否，是仍在轉移之而已。至一兩一圓之議論，重量既不便利，與外來洋圓又致參差，洋圓不能禁其不輸入，則一兩之銀圓恐未如洋圓之利用也。世益趨於輕便，故大洋不如銀毫，銀毫又不如銀紙。聞近來日本政府盡取舊日所鑄之大圓改鑄銀毫，或亦持此議乎。

中國第一歷史檔案館編《清代檔案史料叢編》第一一輯《度支部檔・董崇舒議幣制事宜文》（光緒三十四年）

瓊州府文昌縣知縣董崇舒議：

以上各條，謹按文昌地方情形，參以省港形勢及全國大局，詳細言之。

查東西洋幣制各有不同。用金爲本位者，我國力有不及。光緒三十三年六月内閣各部院雖有會議行用金幣之奏，然系虚定金本位，識者早決其不行，可無論矣。中國現在情形，惟以銀爲本位，以銅爲輔助品，切莫慕用金之虚名，鑄成大錯。而輔助品之有貼水補平，已成習慣，銀毫成色低減，不得不貼水，而平頭短少，此則幣廠作法自弊也。爲今之計，亟宜補足平頭，革去補平之弊，庶於顛倒紊亂之中，猶可挽回一二。至此省銀幣不能流通於他省，其原因已於第六條答復，無煩贅述。彼東西洋學者論制定本位，貨幣本質重量與表面價值必須相符，即我國所謂本重則私銷、本輕則私鑄之説，又論補助貨幣實價表面雖有差異，不可過甚，即我中國彌補鼓鑄工本之説，非東西洋學者獨得之秘也。至謂補助貨幣價本低廉，奸人無厚利可圖，不致生私鑄之弊，所以不妨差異，此言殊非確論。手摇機器轉捩即成私鑄，成色更低，每毫得錢數十，何云亦無厚利？從前大錢改鑄砂薄，個錢微利，嚴禁尚且無功，何況銀毫？是惟有遵奉新章，嚴施禁令而已。至龍洋换英洋，毫子换大圓，皆須貼水。幣制紊亂，由於内外價值不齊，略論業已著明，何妨改照英洋成色鼓鑄，世不聞有私銷英洋者。特中國幣廠開銷過巨，於是減輕大洋成色，自失其信用耳。

現在度支部整頓圜法，制定本位，有持一兩而爲一圓之議，有仍七錢二分爲一圓之議，持論不決，廣搜見聞，吁度支部早知一兩爲一圓之必不可行。特以此言發自項城，繼之以東三省總督而重違其議，故不能決耳。不然上海商學公會上度支部論鑄銀幣一書，載在丁未商務官報第三十册，議論精深，條理透切，何不採擇而行？從前部議謂各督撫議復主用兩者十一省，主用七錢二分者九省，取三占從二之義，欲定以兩爲圓。不思從前閉關之時，此九省猶是用兩者也，今則非銀圓不行矣。再過數年，恐用圓省分較多於用兩之省，又將奚若？即就目前而論，用圓省分已不能復舊改而用兩，而用兩省分爲銀圓流入且無止期，行見銀圓普遍全國，則以七錢二分爲一圓之説，竟可決然無疑。今若不早體時勢以立言，故爲好高之論，而謂中國用五，外國用六，聚訟紛如，治絲益棼，其流弊可勝道哉！

中國第一歷史檔案館編《清代檔案史料叢編》第一一輯《度支部檔·李光疇議幣制事宜文》（光緒三十四年）

會同縣知縣李光疇議：

嘗論貨幣之於世，猶水之在地乎。平洋之際，經旬大雨，水未見略漲，數月不雨，水未見其略消，所以然者，因其平而通也。惟其能通，故能以彼之有餘，補此之不足，其分補之速率，與電光同度，故無有見其漲消也。而山澤之地則不然，數日之雨，溪水暴漲，數日不雨，其水頓涸，所以然者，因其險而阻也。惟其多阻，故有餘不足，均堪爲患。貨幣亦猶是也。水陸交通之國，貨幣之價罕有漲落，即或漲落，亦必通國一致。故銀之視金，銅之視銀，其相去之價，通國常有一定之例。國家制幣，因其定而爲之，則准以若干枚之銅圓易一銀，又准以若干枚之銀圓易一金，其相去之率，常合乎金銀銅相去之原價，民間用之，通國一律，何有所謂補貼者乎？而中國現未能也。乾嘉之間，中國銅幣充物内地者已二百年，邇者外洋之銀流入中國，漸運制錢而去，故通商口岸銀圓多而制錢少；内地諸省鐵軌未通，自鑄銅幣限於一隅，故銀圓少而銅圓多。英儒斯密氏曰：錢幣亦天地間一貨物也，多則供溢於求，欲其價之不賤可得乎？少則供不足以應求，欲其價之不貴可得乎？夫口岸以銅之貴易銀之賤，内地以銅之賤易銀之貴，價之相去遠甚。今欲定其銀銅之幣，准以銅圓若干易銀圓一枚，而又令通國一律，其事可得而行乎？此本位貨幣之所以未可遽定也。

至於以銀易銀，其有補水貼平者，固由於水陸未通，供求各異者半，由於成色高低，質有貴賤者半。然亦有成色本高，而有時爲人所抑，而高者忽低，成色本低，有時爲人所擡，而低者忽高。其高低非由原質不可以持久，然足以使人貴賤其物。譬諸水之於物，輕者浮，重者沉，半輕重者半浮沉，此其理也。然有物以附之，則重者可浮，有物以累之，則輕者亦沉，此其勢也。外國銀圓成色非必盡高，然有時用力擡之，則其價亦能驟起。往者瓊郡米貴，市面法銀之價遽高，細查其故，由米商赴海防購米。海防法界也，非法銀不用，近處法銀搜羅一空，其價之忽漲，何關成色之高低乎？中國龍圓其價素低，然邇者北京用北洋龍圓，其價之高與站人洋等，以京津鐵路運價非此不用也。此非價由人擡之明征乎？夫擡之可高，即抑之可低。近日各省龍圓之制，大小不一，成色不一。小圓之字業已磨滅，尚未收回重鑄，此已不足令民間信用，而完糧納税，又不限以必用龍圓，此無異抑之使低也。譬諸可浮之木已失所附，而又爲物所累，其欲不沉可得乎？此龍圓與他圓互易，所以不能不貼水補平也。要而言之，鐵軌未通，本位貨幣未可遽定銀銅相易之價，即定之亦不能通行，其必待數年之後，鐵路大通而後可。若夫龍圓之未通行者，以少所附而多所累也。察其附者何在，竭力以圖之，又察其累者何在，竭力以去之，庶乎其可也。

至於制幣之式，或持一兩，或仍七錢二分，均能持之有理。然竊觀中國近日大勢，似不如以七錢二分之爲便。蓋中國龍圓重本七錢二分，行之已久，洋圓之重率亦同，商店貿易，華洋互市，實用財之大宗，無不以七錢二分核算。今忽改易其制，譬諸閉門造車，出而不與人合轍，其惡能推而行之乎？謹議。

中國第一歷史檔案館編《清代檔案史料叢編》第一一輯《度支部檔·周汝敦議幣制事宜文》（光緒三十四年）

廣州府番禺縣知縣周汝敦議：

按粵省市面習慣每圓重七錢二分，行用已久，與外國圓毫重量亦同一律，故覺利便。雖商行交易仍以兩錢分釐計算，皆將銀圓銀毫照平，重量無大出入。倘改用一兩銀幣，與舊幣權量固諧，在泥古者亦多贊成，且於賦課租稅舊制既得省折算之力，且免平碼輕重之争，惟於蔀屋窮民，爲害良非淺鮮。蓋邇來各省市面暢用圓毫，一食一用皆以毫計，改用一兩銀幣，則平日只須七分二釐者，必加用至一錢矣。方今財盡民窮之會，小民日用無故頓增二八數之開除，窮黎何堪有此耗削？愚昧之見，莫若改用五錢爲成圓之本位，以五分爲一毫，以一錢爲雙毫，以二分五釐爲半毫，惟成色則須較洋毫稍高，方能使商民樂從改用。照此，則民生一面既用重量減輕，得蒙享節省之利益，而征收賦税只須用二合一，按數照收，亦可免庫吏於平碼上意爲輕重刻剥商民之幣(弊)，似於國計民生均有裨益。但行用之初，必須仍與七二龍毫并行不悖，俟日久習慣，再行全用銀幣，否則恐民間久慣用銀毫，本省既不制造，則洋毫價值更居奇也。

至龍洋兑換英洋須貼銀水一層，良由銀色實有高低，兼因通商以來，洋貨日行，與洋商交易須用英洋所致。倘能土貨日就精良，土貨之行銷外洋者，我國商賈同心合德，必須用本國銀圓交易，而本國銀圓成色重量亦必認真，無有低欠，方可抵制，否則恐無善法。

至此省銀圓不能行諸他省，或云由於各省商賈交易較少，民智未盡開通，是亦不爲無因，而實因各省鑄局自存私見，不樂他省之圓毫行銷，且成色重量亦各省互異，無一相同，遂致强分畛域。將來改鑄銀圓，模範統由部定，務使各省一律，并於表面不再標明某省所鑄字樣，使其無從區分，或可一律通用也。

是否有當，伏候鈞察。

中國第一歷史檔案館編《清代檔案史料叢編》第一一輯《度支部檔・覃壽堃議幣制事宜文》（光緒三十四年）

新寧縣知縣覃壽堃議：

救弊必在於合籌全局，合籌全局必在於比較人民國勢之程度。中國今日幣制之壞，是有數原因：一由於發行紙幣之無制限也，一由於銅圓私鑄者之多也。然是二者尚曰非銀貨本身之弊也。試以銀貨本位言之。銀貨本位之弊，一在於無一定之度量衡也。庫平與市平不同，各省與各屬之市平又不同，因之而補平之弊生。此其一也。一在於銀貨本質也。用銀圓而准兼用銀兩，是即銀質之弊所由生。銀圓之額面未有小毫大圓相當之定價，是小毫大圓參差之所由生。約而言之，貼水之弊即生於是。此又其一也。一在於中國行政之機關不一，而省界之心太深。奚以言之？中國國立銀行尚在幼稚時代，伴乎銀行之規條又毫無明文，以故駔儈商賈，以意輕重於其間，此又彼省之銀圓不能通用於此省之弊之所由生也。抑又聞之，人民之程度與國勢互爲增進者也。墨銀不僅行用於中國，亦常行用於歐洲，在彼則不苦其侵入，而在我則大受其影響者，彼人民生活之知識高，生活之程度高，以金爲本位，而我以銀爲本位故也。

今欲救正圜法，必除以上數者之弊，是固不待言。然尤有重焉者，即一兩爲一圓，與七錢二分爲一圓之二説也。以一兩爲一圓者，是從用銀兩處而著眼者也。以七錢二分爲一圓者，是從世界而著眼者也。然以蒙意論之，今誠廢用銀兩，專用銀圓，以銀圓規定折算之方法，則必兼收數利。一民間之蓄藏朱提者，必盡出現於市面，而銀圓可以多鑄，是一利也。銀圓以七錢二分計算，奸商狡賈無所用其欺，是二利也。七錢二分較之墨銀雖小參差，尚無過重過輕之弊，而可以抵制之，是三利也。由是觀之，則鑄一兩爲一圓者，不如鑄七錢二分爲一圓之爲得也。

謭陋管見，未敢云當，聊以土塊附泰山，蹄涔注河海耳。謹此議上。

光緒三十四年《政治官報・摺奏類・正月十六日第一百八號・兩廣總督張人駿奏錢局出力人員懇仍照原案給奬摺》

奏爲辦理廣東錢局出力人員籲懇天恩仍照原案給奬以資鼓勵恭摺仰祈聖鑒事。竊照光緒三十二年九月，前署督臣岑春煊以廣東錢局歷年鼓鑄銀圓、銅圓盈餘甚鉅，援照光緒二十六年前署督臣德壽奏准保奬成案，請將在事出力人員，分别異常、尋常勞績，開列清單，奏請奬勵，欽奉硃批：該部議奏，單併發。欽此。嗣經度支部議覆，以粵省從前請奬，係專指鑄造銀圓，而銀圓之有奬案，實因創辦有效，即准將來續保，要以初次盈餘銀數爲比例。今岑春煊續奬錢局人員，係將銀圓、銅圓之盈餘銀兩合併計算，另摺所開清單，亦未列出銀圓盈餘若干，無憑核辦。該局自二十六年開鑄銅圓，歷年以來，是否仍舊鑄造銀圓，從未奏報，亦未造册咨部，即使該銀圓盈餘足敷請奬，亦應俟各年鑄造清册送部，照數核明方能議給奬叙，自不得以銅圓盈餘含混請奬等因，奏奉諭旨，咨行到粵，即經前督臣周馥轉行，欽遵查照在案。兹據廣東造幣分廠會同善後局司道詳稱，本案奉駁之由，實因歷年所鑄銀圓、銅圓，各得盈餘，未經分别清楚，鑄造清册亦未開造送部，以致無憑核奬。查開鑄銅圓之後，實係仍鑄銀圓並未停歇，兹經遵照指飭各節，督飭員司逐年分别核算，自光緒二十六年起至三十一年止，專計銀圓盈餘，已得三百零三萬八千二百九十餘兩，較前案已多二十八萬零，照案擬保，實屬有盈無絀。至銅圓盈餘，亦已積至一百六十餘萬，今遵部議剔出，俾免牽混。至兩項盈餘銀兩，均經歷年解由善後局列入正款隨時支銷，合將銀圓、銅圓各得盈餘及鑄造數目，分年列册，並將前保各員開具清單詳情，仍照原案奏奬等情前來。臣查粵省開鑄銀圓，本爲利用便民，維持幣制起見，前署督臣德壽初次保奬之案，經行在户部議覆，以後開保，不拘年限，如積至盈餘二百八十餘萬兩，即准保奬一次，其保奬人數照案，異常勞績九員，尋常勞績十一員，分別給奬等因，今自光緒二十六年起至三十一年止，所鑄銀圓既得盈餘銀三百萬兩有奇，是已踰於原定奬案盈餘之數，各該員歷年在事督造認真，用能鑄數增多，餘利充溢，廣東庫儲久窘，一切解支款項，幾於羅掘俱窮，而廣西頻歲用兵，前署督臣岑春煊兩次督師由粵籌濟餉械，爲數尤鉅，深賴此款挹注，藉資周轉，所有辦理各員，洵屬有勞足録，查核原保並無冒濫，核與部章相符，謹照案分別異常、尋常勞績，繕具清單，恭呈御覽，合無仰懇天恩，俯准照給奬叙，俾資鼓勵，出自踰格鴻施。除將清册送部查核外，謹恭摺具奏，伏乞皇太后、皇上聖鑒訓示，謹奏。光緒三十三年十二月十三日奉硃批：該部議奏，單併發。欽此。

光緒三十四年《政治官報·摺奏類·正月二十四日第一百十六號·度支部議覆兩廣總督張奏粵廠鑄造銅幣請仍由善後局經理行銷摺》 奏爲遵旨議奏恭摺仰祈聖鑒事。内閣抄出兩廣總督張人駿奏粵廠鑄造銅幣請仍由善後局經理行銷一片，光緒三十三年十二月十三日奉硃批：度支部議奏。欽此。欽遵到部。查原奏内稱，據廣東造幣分廠，會同善後局司道詳稱，奉部劄行議覆，考查銅幣大臣陳璧奏核定畫一章程内開，嗣後各廠行銷銅幣，無論官商領兑，均須按價繳足現銀，徑行赴廠交易，官錢局不得從中壟斷，稍涉把持。經此次改章以後，一切鑄造行銷事宜，同歸該廠經理等因，奏行到粵，自應遵辦。惟查造幣廠原係廣東分局，光緒十三年創鑄制錢，十六年開造銀圓，二十六年創造銅圓，廠中專司鑄造，一切採辦紋銀以及銅鉛焦煤各種物料，皆由善後局經管，鑄成銀銅圓制錢，逐日解交善後局行銷，所得盈餘由局作正開支，二十年來辦理尚無流弊。若將行銷事宜歸併粵廠，則採辦銀銅物料亦須由廠經理，縱使廠員事事核實，而成本數十萬，非由善後局隨時應付，即須另籌專款，廠中一時無此財力，擬請仍照舊章辦理等情。臣查粵省開辦造幣以來，悉由局廠分任事權，並無壟斷把持之弊，所陳係屬實在情形，擬請准予照辦，以免更張等語。臣等伏查貨幣之流通，全在行銷有法，近年各省鑄造銅圓，往往因官局商號争運争銷，以致流弊日出，是以臣部改設各省分廠，由考查銅幣大臣陳璧核訂章程，將鑄造行銷事宜，統歸各分廠經理以資整頓，經臣部議覆奏准在案。今據兩廣總督張人駿奏陳前因，查廣東一廠自光緒十三年即已開辦，一切籌撥工本，行使錢幣，歷由善後局經理多年，既據聲稱局廠分任鑄造行銷，交相維繫，尚無官局壟斷把持之弊，自不必强令該省另行籌措，致一時辦理爲難，該督所請鑄出銅幣，仍由善後局行銷之處，應即照准。惟粵廠係經奏明作爲臣部分廠，該省善後局既任分廠行銷事宜，即應遵照臣部通行各廠章程，將每日行銷價值數目及工本餘利各款，隨時知照分廠，會同造具表册依限送部，並將應提之四成練兵經費及五釐花紅内一成部飯銀兩，按結從速報解，不得因事分兩處，稍涉推延，致有貽誤。至該局行使銅元舊章，歷經臣部咨催，尚未送部，現在應否再加釐訂，應由該督核明，咨報臣部立案，以憑查考。所有臣等遵議緣由，理合恭摺具陳，伏乞皇太后、皇上聖鑒，謹奏。光緒三十四年正月十六日奉旨：依議。欽此。

光緒三十四年《政治官報·摺奏類·二月二十九日第一百五十一號·度支部奏請令各廠暫行停鑄銅元摺》 奏爲現時銅元太多擬令各廠暫行停鑄恭摺具陳仰祈聖鑒事。竊惟近年以來，各省銅元局鑄造日多，不免充斥爲害，經前財政處會同臣部奏定鑄額嚴爲限制，並將各局大加歸併，改爲臣部造幣分廠，以便審察盈虛，隨時消息。上年核覆考察銅幣大臣陳璧奏訂章程聲明，如再有充斥之患，即應停鑄等因奏准在案。現查京外各處銅元益見其多，民間減折行使，以致銀價日貴，物價愈昂。仰蒙欽派郵傳部尚書陳璧，會同順天府辦理銀錢平價，業經臣部遵撥庫款銀五十萬兩收買市面銅元，自未便仍舊鑄造，且現時總分各廠正在籌鑄一文新錢，尤應趕緊尅期開鑄，俾得迅速推行，以救銅元低折之弊。所有各種大小銅元，擬令各該廠一律暫行停鑄。至一文新錢鑄數，係按所鑄當十銅元枚數加鑄三成，今擬停鑄銅元，自可各就機力，僅鑄一文新錢，至少以原定三成爲度，不得再有減少。仍按月仿照鑄造銅元辦法，將每日鑄數銷數填表報部，此項新錢工本不免虧折，原案係將銅元餘利酌量提補，今銅元一經停鑄，餘利提補無著，然事關整頓圜法，公家即有虧耗亦所不惜，應由臣部飭令各該廠設法籌辦，如數月以後察看幣價較平，届時仍當復鑄銅元以資應用。再官鑄既停，若非將私鑄私運嚴行禁絶，仍恐難以補救，應責成在京該管各衙門及各省督撫飭屬一律嚴禁，以維圜法。如蒙俞允，應請明降諭旨宣示，俾衆咸知，一體欽遵辦理。所有臣等擬請暫行停鑄銅元緣由，是否有當，謹恭摺具陳，伏乞皇太后、皇上聖鑒。謹奏。光緒三十四年二月二十七日奉旨：已録。

雜録

《史記》卷一二二《酷吏列傳・張湯傳》 會渾邪等降，漢大興兵伐匈奴，山東水旱，貧民流徙，皆仰給縣官，縣官空虚。於是丞上指，請造白金及五銖錢，籠天下鹽鐵，排富商大賈，出告緡令，鉏豪强并兼之家，舞文巧詆以輔法。

《漢書》卷九一《貨殖傳》 蜀卓氏之先，趙人也，用鐵冶富。秦破趙，遷卓氏之蜀，夫妻推輦行。諸遷虜少有餘財，争與吏，求近處，處葭萌。唯卓氏曰：「此地陿薄。吾聞㟭山之下沃壄，下有蹲鴟，至死不飢。民工作（市）〔布〕，易賈。」乃求遠遷。致之臨邛，大憙，即鐵山鼓鑄，運籌算，賈滇、蜀民，富至童八百人，田池射獵之樂擬於人君。

程鄭，山東遷虜也，亦冶鑄，賈魋結民，富埒卓氏。

程、卓既衰，至成、哀間，成都羅裒訾至鉅萬。初，裒賈京師，隨身數十百萬，爲平陵石氏持錢。其人彊力。石氏訾次如、苴，親信，厚資遣之，令往來巴蜀，數年間致千餘萬。裒舉其半賂遺曲陽、定陵侯，依其權力，賒貸郡國，人莫敢負。擅鹽井之利，期年所得自倍，遂殖其貨。

宛孔氏之先，梁人也，用鐵冶爲業。秦滅魏，遷孔氏南陽，大鼓鑄，規陂田，連騎游諸侯，因通商賈之利，有游閒公子之名。然其贏得過當，瘉於孅嗇，家致數千金，故南陽行賈盡法孔氏之雍容。

魯人俗儉嗇，而丙氏尤甚，以鐵冶起，富至鉅萬。然家自父兄子弟約，頫有拾，卬有取，貰貸行賈徧郡國。鄒、魯以其故，多去文學而趨利。

《漢書》卷九九中《王莽傳中》 又曰：「予前在大麓，至于攝假，深惟漢氏三七之阸，赤德氣盡，思索廣求，所以輔劉延期之（述）〔術〕，靡所不用。以故作金刀之利，幾以濟之。然自孔子作《春秋》以爲後王法，至于哀之十四而一代畢，協之於今，亦哀之十四也。赤世計盡，終不可强濟。皇天明威，黄德當興，隆顯大命，屬予以天下。今百姓咸言皇天革漢而立新，廢劉而興王。夫『劉』之爲字『卯、金、刀』也，正月剛卯，金刀之利，皆不得行。博謀卿士，僉曰天人同應，昭然著明。其去剛卯莫以爲佩，除刀錢勿以爲利，承順天心，快百姓意。」乃更作小錢，徑六分，重一銖，文曰「小錢直一」，與前「大錢五十」者爲二品，並行。欲防民盜鑄，乃禁不得挾銅炭。

《南史》卷三九《劉勔傳附劉悛傳》 初，高帝輔政，有意欲鑄錢，以禪讓之際，未及施行。建元四年，奉朝請孔覬上《鑄錢均貨議》，辭證甚博，其略以爲：

食貨相通，理勢自然。李悝曰：「糴甚貴傷人，甚賤傷農。」人傷則離散，農傷則國貧。甚賤與甚貴，其傷一也。三吴國之關奥，比歲時被水潦，而糴不貴，是天下錢少，非穀穰賤，此不可不察也。鑄錢之弊，在輕重屢變。重錢患難用，而難用爲累輕；輕錢弊盜鑄，而盜鑄爲禍深。人所盜鑄，嚴法不禁者，由上鑄錢惜銅愛工也。惜銅愛工，謂錢無用之器，以通交易，務欲令輕而數多，使省工而易成，不詳慮其爲患也。

自漢鑄五銖至宋文帝，歷五百餘年，制度世有廢興，而不變五銖錢者，明其輕重可法，得貨之宜。以爲宜開置泉府，方牧貢金，大興鎔鑄。錢重五銖，一依漢法。若官鑄已布於人，便嚴斷翦鑿，輕小破缺無周郭者，悉不得行。官錢細小者，稱合銖兩，銷以爲大。利貧良之人，塞姦巧之路。錢貨既均，遠近若一，百姓樂業，市道無争，衣食滋殖矣。

時議多以錢貨輕轉少，宜更廣鑄，重其銖兩，以防人姦。高帝使諸州郡大市銅炭，會晏駕事寢。

陳子昂《陳伯玉集》卷八《雜著・上益國事一條》 臣聞古者富國彊兵未嘗不用山澤之利，臣伏見西戎未滅，兵鎮用廣，内少資儲，外勤轉餉，山澤之利伏而未通。臣愚不識大體，伏見劍南諸山多有銅鑛，採之鑄錢可以富國。今諸山皆閉，官無採銅，軍國資用，惟斂下人，乃使公府虚竭，私室貧弊，而天地珍藏委廢不能。以臣所見，請依舊式，盡令劍南諸州准前採銅，於益府鑄錢。其松潘諸軍所須用度皆取以資，給用有餘者，然後使緣江諸州遞運，散納荆衡鄂諸州，每便以和糴，令漕運委神都大倉。此皆順流乘便，無所勞擾，外得以事西山諸軍，内得以實中都倉廩，蜀之百姓免於賦斂，軍國大利，公私所切要者，非神皇大聖，誰能用之？管仲云，聖人用無窮之府，蓋言此也。

祝穆《古今事文類聚外集》卷九《諸提舉部》洪邁《論岑水場事宜劄子》 臣前日進對，伏蒙聖慈垂問坑冶利害，及韶州岑水場興廢曲折。頃歲，先臣謫處嶺外，臣隨侍往來，數至其處，問父老所談，見石刻題識。方其盛時，場所居民至八九千家，歲採銅、鉛以斤計者至數百萬。自建炎以來，湖湘多盜，浸淫及於英、韶，焚掠死徙無有寧歲。今所存坑户不能滿百，利入既鮮，饑寒切身，無由盡力，爲國興利。地不愛寶，銅山固自若也。今陛下留意泉貨，方大興鼓鑄，非多得銅不可。雖使提點一司朝暮趣辦，然必州縣有之，乃能副急，故其要莫若博議復興此場，興之之要在於多得坑户。而瘴癘之地黄茅極目，人不樂居，其勢不可徙民，又不可徙兵，是豈終無策乎？臣竊見諸路所治兇惡强盜，及枉法受贓、殺人可愍而特旨貸命者，大抵皆配廣南，終身不得歸，一歲之間亡慮數百輩，日月益久，多復沈命。若使自今以往，一切配此場爲兵，俾之鑿山採銅，隨所得中分之，以其半入官，其半與之，而官以平直就買，仍與之約。若至場以後不逃佚，不犯罪者，量其元犯輕重，所入多寡，分爲三等，各立配役年限，限滿則爲給公據，還鄉爲民。此等雖惡黠不逞，知有自新之路，又有半直可以贍生，必將欣然樂於赴役，萬萬不疑。所患獨盜賊，而此曹之力自足扞禦，不與異時平日比也。至於養兵、築室、器用之費，非韶州所能給，當仰轉運司。轉運司亦或不繼，獨廣東鹽事司有所當賣鹽寬剩錢貯於都倉，其數不鮮，取而用之，未足爲損，但亡命羣聚，意外不可無防，事須官軍彈壓。韶州舊屯殿前左翼軍數百人，有統領官一員，可以就付節制，而令上隸提點刑獄司，使之察軍中刻剥侵牟，及非理役使之過，蓋提刑司實同共評議，上其所當行者，及别下坑冶司治其條目，俟其奏至，却令刑部立所謂配役及放還之法。苟如此策行之三年，當有日新之利。臣區區管見，未詢於衆，所懷如此，不敢不盡，乞賜聖察進止。

竇儀《宋刑統》卷二六　諸私鑄錢者，流三千里。作具已備未鑄者，徒二年，作具未備者，杖一百。若磨錯成錢令薄小，取銅以求利者，徒一年。

【疏】諸私鑄錢者，流三千里。作具已備未鑄者，徒二年，作具未備者，杖一百。【議曰】私鑄錢者，合流三千里。其作具已備，謂鑄錢作具並已周備，而未鑄者，徒二年。若作具未備，謂有所欠少，未堪鑄錢者，杖一百。若私鑄金銀等錢，不通時用者不坐。

又云，若磨錯成錢令薄小，取銅以求利者，徒一年。

【議曰】時用之錢，厚薄大小並依官樣。輒有磨錯成錢，令至薄小，而取其銅以求利潤者，徒一年。

【准】刑部格敕，私鑄錢及造意人，及句合頭首者，並處絞，仍先決杖一百。從及居停主人加役流，仍各先決杖六十。若家人共犯，坐其家長。若老弱殘疾不坐者，則歸罪其以次家長。其鑄錢處，鄰保配徒一年，里正、坊正、村正各決杖六十。若有糾告者，即以所鑄錢毁破，并銅物等賞糾人。同犯自首告者免罪，依例酬賞。

王遽《清江三孔集》卷二九《表·江淮提點謝到任表》　奉饟二年，訖無善狀，督鑄諸道，即拜命書，已及官期。祗承局事。中謝。伏念臣奮身卑薄，涉世曲蘸，無有尺寸之長，可應朝廷之用。矧屬擇人之際，尤當出使之行。此蓋伏遇皇帝陛下盛德溥臨，至仁兼覆，不遺菅蒯之賤，雜用薪櫄之材。如臣之愚，猶在所取，臣敢不効勤奔走，悉意經營？謹課入于銅山，視工程于金冶，庶收微効，仰報大恩。

謝深甫《慶元條法事類》卷二九《榷禁門》二《私錢博易勑令格》

勑

雜勑

諸博易私錢以規利者，杖一百，一百文加一等，過徒三年，一貫加一等，十貫配本城，三犯徒鄰州編管。即將私錢博易官錢者，加二等，罪止配鄰近錢監。鄰近無錢監，即配鄰近牢城，各不得過五百里。引領博易人准此。以上許人告。

諸巡檢、縣尉、都監，任内失覺察鋌銷及磨錯翦鑿錢取銅以求利，以私錢博易同。或私造銅器，謂以任内失覺察，除親獲或他人獲已斷數互相比折外，計其餘數理。一斤以上，展磨勘半年，十斤以上，展磨勘一年，五十斤以上，展磨勘二年，百斤以上，奏裁。廂耆巡察人杖一百。

賊盜勑

諸錢綱押綱人、部綱兵級本船梢工同。以私錢貿易所運錢，雖應計其等，依監主自盜法，罪至死者，減一等配千里。本紅軍人及和雇人犯者，亦以盜所運官物論。

諸以私錢貿易綱運所般錢監上供錢者，許人捕。

令

賞令

諸備賞應以犯人財産充而無或不足者，博易私錢責停止知情人，又不足，責鄰保廂耆均備。

格

賞格

諸色人

告獲博易私錢規利者：杖罪，錢五十貫；徒罪，錢七十貫；流罪，錢一百貫；編管，錢一百二十貫；配，錢一百五十貫。
獲以私錢貿易綱運所般錢監上供錢者，錢三百貫。

命官

巡檢、縣尉、都監任滿獲鉟銷及磨錯、翦鑿錢取銅以求利以私錢博易同。或私造銅器者：謂以任内親獲，除失覺察或他人獲已斷數互相比折外，計其餘親獲數理。一斤以上，減磨勘半年；十斤以上，減磨勘一年；五十斤以上，減磨勘二年；百斤以上，奏裁。

賊盜敕

旁照法

諸梢工盜本船近運官物者，依主守法，徒罪勒充牽駕，流罪配五百里。本船軍人及和雇人盜者，減一等，流罪，軍人配本州，和雇人不刺面配本城。

諸竊盜得財，杖六十，四百文杖七十，四百文加一等，二貫徒一年，二貫加一等，過徒三年，三貫加一等，二十貫配本州。

諸監臨主守自盜財物，罪至流，配本州，謂非除免者。三十五匹，絞。

謝深甫《慶元條法事類》卷三二《財用門》三《鼓鑄勑令格式》

勑

廐庫勑

諸鑄錢抑勒於功限外鼓鑄及令夜作者，以違制論。

擅興勑

諸鑄錢虧額，依課利場務虧欠法，因闕功料致虧者，除其數，即揀退錢滿一釐，監官衝替。額外增鑄應保奏者，聽折免。

諸納到新鑄上供錢，有揀退者，元看揀官與監鑄官同罪。

諸鑄錢司錢物，州縣輒侵借支使者，依擅支封樁錢物法。

諸酒務監專應宿不宿者，杖一百，錢監監官、監門官准此。

令

職制令

諸轉運司奉行鑄錢職事，謂舊鑄錢司併入者。比元額鼓鑄增虧分數，歲終委提點刑獄司分兩路者，每歲互輪。取索，具職位姓名，限次年三月終保明申尚書工部。

場務令

諸鑄錢監所鑄錢，每貫熟重四斤五兩。轉運、提點鑄錢司巡歷所至，依樣校驗。

倉庫令

諸受納新鑄錢而粗怯不如樣者，退換，若數多即申所屬。

諸錢監鑄上供錢，並依元樣，州差官看揀訖方得起發，內抽取一貫申納尚書省。

諸裝發錢監上供錢，每綱於所裝錢內取樣，不得揀選，監專與綱梢管押人同封書印，一百文入急脚遞，傳送至交納處，一貫隨綱，仍於裝發錢數外取別同樣錢，一貫留本州作住樣，以備照驗。轉般者，裝發日將元隨綱樣錢重加封印。以樣比驗交納。若不如樣者，申所屬驗實，據數發回元鑄錢監驗認，送所屬究治。

諸入錢監點檢官，除隨行吏人外，聽留從人二人，餘即時押出。

諸錢監監官與監門官互宿。

賞令

諸監鑄錢官，以敷租額理賞者，不分大小銅鐵，仍不用折數，若不滿任而敷及三年額者，依任滿推賞；在任二年以上者，以監過年額對比。

諸監鑄錢官額外增鑄者，一百萬貫增一分，餘及五萬貫，並具數保明奏裁。

營繕令

諸鑄錢監每月具鑄過錢數，限次月五日以前申尚書工部。

諸錢監工匠收全功，節級減半，即不得貪儹功程，軍頭、十將、都作頭、大小作頭並免。

諸錢監小作頭闕，於工匠內選試精巧人充，大作頭於小作頭，都作頭於大作頭內選尤精者充。若工匠造作不如法及工程不敷，即時注籍，大小作頭每季，都作頭每半年，比較分數，最多者並降充別作工匠。

吏卒令

諸錢監係工人，謂作匠、兵級、將校、專典、貼司、揀掏庫子之類。每五人爲一保。不及者附保。

格

賞格

命官

監鑄錢三年任滿敷租額：

三十萬貫以上，不滿任，對比敷額有退欠者，退，謂有揀退粗弱滿半釐；欠，謂少欠官物直不滿一百貫。下文稱「退欠」各准此。 陞半年名次。
三十萬貫以上有退欠，及不滿任，對比敷額或六十萬貫以上不滿任，對比敷額有退欠者，免試。
三十萬貫以上或六十萬貫以上有退欠，及不滿任，對比敷額，或一百萬貫以上，不滿任，對比敷額有退欠者，減磨勘一年，仍陞一年名次。
六十萬貫以上或一百萬貫以上，有退欠及不滿任，對比敷額，減磨勘二年；一百萬貫以上減磨勘三年。

式

賞式

保明鑄錢監官酬賞狀

某州

據某官姓名狀，監某處鑄錢監，任内鑄錢敷額，乞酬賞，今勘會下項：

一某官姓名，自某年月日到任，至某年月日滿罷，係理某資序。

一本監年額合鑄若干貫萬。

一幹辦鑄到若干，某年月日至年終鑄到若干，餘年月日依此。

以上對比租額年月日共計若干，本官前項年月日鑄到若干，敷及額。如有增剩，計若干貫百。

一下項係補填閏月差出、在假月日，閏月鑄到若干，如無，即聲説無。餘依此。差出若干月日，鑄到若干；在假若干月日，鑄到若干；補填月日，鑄到若干。

以上逐項仍指定合與不合作任内鑄到錢比較推賞，如合作任内比較錢數，亦紐算合趁租額若干。

一有無闕工料住功月日。如有，即開某年月日至某年月日，計若干年月日。

一有無揀退粗弱並交欠少官物。如有揀退粗弱，滿與不滿半釐，所少物直計若干。

一有無監淘野料鑄錢。如有，即具若干貫萬。

一不曾犯贜並私罪重、曾犯私罪稍重者，具元犯事因。公罪降官，或因本職坐罪而事理重，及不係因體量過犯離任。

一檢准令格云云。

右件狀如勘會某官姓名，監某處鑄錢敷額，准令格該某酬賞，保明並是詣實。如有額外增鑄錢及得貫萬，即聲説已奏聞。謹具申尚書工部。謹狀

年月　日依常式

場務式

轉運司申鑄錢計帳

某路轉運司

今具某年某州某監《鑄錢計帳》：

一前帳應在見管數，已在今帳應在項内作舊管聲説。

一前帳見在，只撮計都數。某色若干，餘色依此。

一收，物料：只具銅鉛錫，餘項准此。銅若干，鉛、錫依此；錢若干，若干銅、鉛、錫本脚錢；若干諸色縻費錢；若干轉運司錢；若干某處錢。

一支，如係支前帳見數，亦依或開破。物料：銅若干，鉛、錫依此；錢若干。

一應在，舊管，謂前帳見管名數撮計逐色都數。如今帳開破不盡，即併入見管項内收。新收，開破，並前帳見管。如今帳開破，亦如此項。見管。

一見在。並前帳見在。如今帳開破不盡，並併入此項。

右件狀如今攢造到某年某州某監《鑄錢物料計帳》一道，謹具申尚書某部。謹狀

年月　日依常式

諸州鑄錢監申鑄錢物料帳

某州某監

今供某年《鑄錢物料帳》：

一年額若干。

一前帳應在見管數，已在今帳應在項内作舊管聲説。

一前帳見在，只撮計都數。某色若干，餘色依此。

一新收，每色撮計都數，支破應在、見在項准此，所收各開請納未處名因事色、耗剩、蹩頭、零頭子數。錢若干，若干某名色，若干餘名色，餘色依此。

一支破，則例，鑄錢每貫料例銅若干，餘色合使物料依此；率分錢每貫合支若干，内破若干分充公使，若干分收買動使，若干分與人匠等；實支，數内賣買物開説價例、色數。如係支前帳見在數，亦依此開破。下項物料，鑄到錢若干：銅若干，餘色若干。尚書户部銅、鉛、錫本脚錢若干，轉運司諸色縻費錢若干。率分錢若干，若干充公使，細具破使。若干收買動使，已於某年月日附本監什物簿收係訖，具件色名件並價錢。若干人匠等工錢。

上供並支赴別場務、別州如未送納，即説已在新收項内管係。錢若干，支赴某處

作何支使，附某處某年某色帳收，餘色依此。直使破帖除破者，即説名色事因。

一應在，舊管，謂前帳見管名數撮計逐色都數。如今帳開破不盡，即併入見管帳內收。新收，具所支名數、未破事因。開破，具名數、附帳歸着或憑由除破並前帳見管，如今帳開破，亦入此項。見管。每色撮計都數。

一見在，並前帳見在，如今帳開破不盡，並併入此項。錢若干，餘色依此。

右件狀如前。今攢造到某年《鑄錢物料帳》一道，謹具申轉運司。謹狀

年月　日依常式

旁照法

厩庫勅

諸課利場務年終比較租額，監專公人管兩務以上，若州縣鎮寨當職官各隨所部場務，並通比。虧二釐，酒匠攔頭之類同。笞五十，專副減一等，並聽贖；滿五釐各加一等。監官罰俸半月，每一分又各加一等，至三分五釐止。添差者減正官二等，令佐、都監、添差都監減正都監二等。寨主減監官一等，知州、緣邊者免。通判職官、曹官又減一等。不滿二釐，次年併計科罰。【略】

葉廷珪《海録碎事》卷一五《契刀錯刀》　王莽造契刀，錯刀。契刀其鐶如大錢，身形如刀，長二寸，文曰：契刀。直五百。錯刀以黄金錯其文曰：錯刀。直五千。

徐松《宋會要輯稿·食貨三四·坑冶雜録》　李煜嘗因唐舊制，於饒州永平監歲鑄錢六萬貫，江南平，增爲七萬貫。常患銅少不克用。張齊賢任轉運使，求得江南舊承旨丁釗，盡知饒、信、處等州山谷出銅，即調發諸縣丁夫採之。

孔齋《至正直記》卷一《銅錢牌》　宋季銅錢牌，或長三寸有奇，闊一寸，大小各不同，皆鑄「臨安府」三字，面鑄錢貫，文曰壹伯之等之類，額有小竅，貫以致遠，最便於民。近有人收以爲鑰匙牌者，亦罕得矣。

孔齋《至正直記》卷一《楮幣之患》　楮幣之患，起於宋季。置會子、交子之類以對貨物，如今人開店鋪私立紙票也，豈能久乎？至正壬辰，天下大亂，鈔法頗艱。癸巳，又艱澀。至於乙未年，將絶於用，遂有「觀音鈔、畫鈔、折腰鈔、波鈔、熝不爛」之説。觀音鈔，描不成，畫不就，如觀音美貌也。畫者，如畫也。折腰者，折半用也。波者，俗言急走，謂不樂受，即走去也。熝不爛者，如碎絮筋查也。丙申，絶不用，交易惟用銅錢耳。錢之弊亦甚。官使百文，民用八十文，或六十文，或四十文，吴、越各不同。至於湖州、嘉興，每貫仍舊百文，平江五十四文，杭州二十文，今四明漕至六十文。所以法不歸一，民不能便也。且錢之小者、薄者，易失壞，愈久愈減耳。予嘗私議用三等，金銀皆作小錠，分爲二等，須以精好者鑄成，而鑿幾兩重字，旁鑿監造官吏工人姓名，背鑿每郡縣名，上至五十兩，下至一兩重。第三等鑄銅錢，止如崇寧當二文、大元通寶當十文二樣。餘細錢，除五銖、半兩、貨泉等不可毁，存古外，唐、宋諸細錢并用毁之。所鑄錢文曰「大元通寶」，背文書某甲子字，如大定背上卯西字是也。凡物價高者，用金，次用銀，下用錢。錢不過二錠，蓋一百貫也。銀不過五十兩，金不過十兩，每金一兩重，准銀十兩。銀一兩，准錢幾百文。必公議銅價工本輕重，定爲則例可也。如此則天下通行，無阻滯亦無僞造者。縱使作僞，須金銀之精好，錢之得式，又何患焉。近趙子威太守亦言之頗詳，其法與此小異耳。

張文炎輯《國朝名公經濟文鈔》卷九丘濬《論銅楮二》　本朝制銅錢、寶鈔相兼，行使百年，於兹未之改也。然行既久，意外弊生。錢之弊在於僞鈔之弊，在於多革僞錢之策，臣既陳於前矣。所以通行鈔法者，臣請稽古三幣之法，以銀爲上幣，錢爲中幣，鈔爲下幣。以中、下二幣爲公私通用之具，而一準上幣以權之焉。蓋自國初以來有銀禁，恐其或閡錢鈔也，而錢之用不出于閩廣。宣德正統以後，錢始用於西北。自天順、成化以來，鈔之用益微矣。必欲如寶鈔屬鏹之刑，每一貫准錢一千，銀一兩，以復初製之舊，非用嚴刑不可也。然嚴刑非聖世所宜有，夫以法治民之刑，可行於一時，不若以理服民之心，可施於悠久也。蓋本天之理，制事之宜，以爲民之利，因時立法，隨時以處中，聖賢制事之權也。竊以爲今日制用之法，莫若以銀與錢鈔相權而行，每銀一分，易錢十文。新製之鈔，每貫易錢十文。四角完全未中折者，每貫易錢五文；中折者三文；昏爛而有一貫字者一文。通詔天下，以爲定制。而嚴立擅自加減之罪。雖物生有豐歉，貨殖有貴賤，而銀與錢鈔交易之數一定而永不易，行之百世，通之萬方。如此則官籍可稽，而無那移之弊，民志不惑，而無欺詒之患，商出途，賈居市，皆無折閲之虧矣。

畢自嚴《度支奏議》卷九《新餉司題覆會議採銅鼓鑄五欵疏》　題爲遵旨條議採銅鼓鑄規則以濬利源，以裨國計事：專理新餉山東清吏司案呈案。查先該本部題爲借一日之震惕，開萬禩之靈長等事，崇禎三年三月十五日奉聖旨：採銅廣鑄，用佐軍興。爾部既已商確，依議行。還着各撫、按嚴飭經管官立法慎

防，務使利出于地，害不及民，亦不許影借挖取銀礦，致生他端。屯鹽二項着條便宜具奏。欽此。□該江西道監察御史饒京題爲再伸錢鹽之法仰祈廟堂力行以佐軍需事：本年三月二十六日奉聖旨：鑄山煮海原係從古足國上策。這錢法鹽政即着饒京同該部科併集羣議條列規則來看，務□利歸公家，永絶私蠹，方爲長便。該部知道。欽此。欽遵通抄到部送司，隨將饒御史原題疏章刊刻成書，分送部院卿寺并六科十三道衙門，諮□規則去後，今該各衙門移送議單前來，相□□覆案呈到部。該臣等會同户科都給事中玄□看得天地之利藏于山澤，故齊以鹽筴致富强，漢以屯田破先零，唐以鹽鐵足國用，太祖養兵百萬，不費民間一粒粟者，正藉此三大政耳。顧年月寖久，桑滄變易，屯田每甌脱而失其故，鹽法因浮課以壅其流，鼓鑄雖設，終鮮子母。臣部幾經講求，幾經申飭，第任事之竭忠，未必如議事之嘔心。未幾而扞格，未幾而廢弛，臣部所爲欲借箸于諸臣者素矣。今因臺臣之條奏，參諸臣之議論，除屯鹽二欵新奉聖諭焕頒，容再行考覈確奏外，所有採銅鼓鑄□□取效最捷議者，謂商賈之銅實出于礦中，而□禁官採者惑也。惟是得失相倚，利害參半，明旨所謂立法慎防，務使利出于地，害不及民，真可謂長慮而却顧矣。謹將開採爲五款臚列如左，以聽聖裁。

計開

一議慎重開端，議之者憲臣易應昌，臺臣饒京、沈猶龍、史莖、張茂梧也。該臣等看得鑄山之利從古記之，然當久封之後，而忽爲創舉，未免駭人耳目，大懼未能獲利，先以釀亂，誠不可不慎也。臣前備兵秦塞，該省秦州、蘭州、階州、文縣、禮縣等處，皆有金、銀礦砂，小民私自掘採，不呼而聚，動至千萬，官兵驅逐，或至拒捕。今若一旦下採山之令，金銀襍揉，人競趨羶，地方騷動，萬分可慮。今議秦中□悍而多盜，似不宜先開多開。即開亦□可擇真正銅礦，量開數處，各以土兵□而守之，其北直、河南、山東、山西亦然。□開得金銀者，仍遵新奉明旨，亟行封閉。倘私自開採不報者，經管官從重治罪。其省直原無銅礦者免開。蓋他郡□有，平原自無耳，惟滇、蜀遠省，風氣和□，可無深禁。夫有礦附近地方，必有□□兩道所養之兵及額設民壯人等，縱不能臨陣殺賊，獨不能自衛於開採？數□之間而消弭其或然之變乎？合無行令撫按，擇銅山利厚者，酌議開採。選委□能贍識道臣提挈於上，清勤敏練府佐分理於下，設法關防，多方調劑。要在朝廷實受鼓鑄之利，而海内不驚開採之名。善乎！臺臣沈猶龍之言曰，訪得一二廉幹之臣，先行一二路，約取利而多防害，令行禁止，然後取其成法，折製爲式，推□□務斷貪人僥倖之根，而後事可永□□弊。此今日之確論也。

一、議謹防流弊，議之者樞臣郭尚賓，憲臣易應昌也。該臣等看得大凡開採處所，有等市儈積棍叢集爲奸，借口識礦□，望人之墳墓，指人之房屋，而混行開□者，監督官失於覺察，反爲假借恐嚇，蚩蚩小民，一爲陷害，如墮機阱。即使賄□買免，而使費已是不貲，財産幾於半耗矣。朝廷未得其利，閭閻先受其害，是官廠反成騙局，甚非立法之初意也。今後但報産銅地方開採處所，俱令經管道臣親身踏驗，指授可否。果係墳墓、房屋所在，即令有礦，亦准豁免。至於場圃、耕牧之所，一槩不論，勢族豪右，不得把持阻撓。所有取砂開爐各工作食費，俱取給於該市政司，□□□□□□□□用□鼓□□，行補還其差□，府佐務親臨礦廠，□□查驗。要見每日採砂若干？鎔銅若干？□日一報該道，該道十日一報撫按，撫按每雙月造册報部查考。若工繁利寡，得不償失者，許申明停止。更聞昔年開採之時，有派里長，派殷實，按擔石之儲責以領銀買銅，中間賠墊有差。甚之銅已輸官，銀領無期，黔首靡所呼籲，上司若罔聞知，則厲民亦豈所以濟公乎？仍宜痛加禁革，毋視民艱爲膜外者也。

一、議收買銅砂，議之者臺臣史莖也。該臣等看得鑿山取銅必用礦夫工役，各經管官，第責成礦頭議給工食，使採砂盡數交官，非不可防夾帶之弊，但工食按日而支，此輩亦惟計日求食止矣，又誰肯擽苦工爲公家用者。恐取值之心終不勝其捷得之心，則支給工食之議，終不如官民照例分取□爲便也。但恐自爲鎔冶，則有私爐，即有私販，是又明開以竊取之路，而銅之利亦不復盡爲公家有。合無以官六民四定額，而於銅廠内多立官爐，除入官六分酌議工值，照數支給責令鎔化外，即礦夫應得四分亦令□爐併鑄。即一時鎔化不及，不妨量行□鑄。如每砂百斤可煎銅若干，每銅百斤值銀若干，定爲畫一之規，盡行收買入官。易銅於開採之所，其價值自省且取數更奢也。若買砂之銀聽該布政司通融借用，但要隨用隨補，不許竟自開銷，致虧正額。如是，則銅之利盡爲朝廷用，而私販者無所行其奸，私鑄將不禁而自絶矣，又何憂錢法之壅乎？至産銅處所，除官山無論外，若係民間額賦田畝，又無容奪取之，或爲豁糧，或爲議租，匆令利歸官而害貽民，斯生財之善術矣。

一議廣行鼓鑄，議之者科臣許世蓋、劉□儒，臺臣喻思恂也。該臣等看得向來因遼餉不敷，令十三省各開鑄局，取其□息以供臣部之用。議以本省右布政任之，乃旋行而旋罷者，祇以銅、鉛價值大貴，除鑄本工費外，爲息無多耳。今開採者自公家，而銅爲官銅，亦可省商買之價值矣。合議産銅地方附近州縣，不許鼓鑄，止於省□開爐，仍總其成於右布政使。其本省無銅而取銅隣境者，亦如之。若地僻道遠而不願鼓鑄者聽。如各省差官赴隔省採買，各給印信、批文，經過關津地方嚴查斤數，磨對批文，不許夾帶作弊。其本地管廠官亦須查照原估，當官公賣，但不許私相授受，致嫌瓜李。即内供紅黄二銅，亦准於此中採買，聽監督道臣收貯。如在京寶泉寶源二局差官取用，□備水脚免給工食。至於各省鑄造銅錢，務求輪廓精好如京錢式，三七四六□搭，給散官俸并工食等項，除還過水□爐役工費等項，每季採鑄得息，若干□存留銀兩一體解京充餉，但據其息□有無利之多寡，即可以定開採司鑄錢之殿最矣。又恐開採伊始，一處難以□應各省之求，如本地商販堆有銅鉛□不妨平價買之，以佐鼓鑄之不給，第不許夾帶私販漸積生奸耳。

一、議委任得人，議之者憲臣易應昌，通政使劉重慶，科臣孫紹統、馮杰也。該臣等看得開採之役事屬創舉，臣前疏責成撫按委任就近道臣以董其事矣。夫委任非難，而得人善任爲難。如道臣責任地方，有兵馬錢穀，有官評訟獄，事務煩劇，難以兼理，即憲司多賢者，果能人與地相宜乎？議者之口果能如任者之□乎？此一役也，非有幹辦之才具，不能□核；非有沉静之識力，難以彈壓。何以防奸民之盜侵，何以消無藉之亂萌□，□理于平時而應機于一朝者，亦不堪任。有或吏部遴選，或本處調用，顓委有才望有心計道臣，給以專勅督理開採事務。總理即有分任，州縣正官，萬不能舍民社而别營，非府佐不可。然果皆皎皎自好者乎？必須選委廉能精細府佐或甲科推官，俾其一意料理，稽查出入，剔釐奸弊，聽自展布，無掣手足，勿養奸，勿生事，其撫按部科殿最總以採銅之多寡爲主，有闒茸染指者，不時參處。果能經理著績，不妨破格超擢。道臣優以節鉞，府佐即晉清華，爲賢者勸，語曰有治人無治法，則得人專任，又今日之急務矣。以上五款防擾害而杜私竇，權子母而重責成，無非言開採之規，則□鼓鑄之大端，但疆域各别，措置異宜。臣等聞見未必盡真，推行未必盡利，所賴撫按諸臣，提綱挈領，同心共濟，不撓旁議，不阻勢豪，就中或另有喫緊機局的確情形，不妨隨時條議入告，聽自宸斷，以導利源，以助軍興者也。恭候命下臣部，移文各該衙門，一體遵奉施行。

崇禎三年五月初八日具。

黄宗羲《明夷待訪録・財計一》 後之聖王而欲天下安富，其必廢金銀乎？

古之徵貴、徵賤，以粟帛爲俯仰。故公上賦稅，有粟米之徵、布縷之徵是也。民間市易，《詩》言「握粟出卜」，《孟子》言「通工易事，男粟女布」是也。其時之金銀，與珠玉無異，爲饋問、器飾之用而已。

三代以下，用者粟帛而衡之以錢，故錢與粟帛相爲輕重。漢章帝時，穀帛價貴，張林言：「此錢多故也，宜令天下悉以布帛爲租，市買皆用之，封錢勿出，物皆賤矣。」魏明帝時，廢錢用穀。桓玄輔晉，亦欲廢錢。孔琳之曰：「先王制無用之貨，以通有用之財，此錢之所以嗣功龜貝也。谷帛本充衣食，分以爲貨，勞毀於商販之手，耗棄於割截之用，此之爲弊者，著自於曩。」然則昔之有天下者，雖錢與穀帛雜用，猶不欲使其重在錢也。梁初唯京師及三吴、荆、郢、江、湘、梁、益用錢，其餘州郡雜以穀帛，交、廣之域全以金銀爲貨。陳用錢兼以錫、鐵、粟、帛，嶺南多以鹽、米、布，交易不用錢。北齊冀州之北，錢皆不行，交貿者皆絹布。後周河西諸郡，或用西域金銀錢，而官不禁。

唐時民間用布帛處多，用錢處少。大曆以前，嶺南用錢之外，雜以金銀、丹砂、象齒。貞元二十年，命市井交易，以綾羅、絹布、雜貨與錢兼用。憲宗詔天下：有銀之山必有銅，唯銀無益於人，五嶺以北，採銀一兩者流他州，官吏論罪。元和六年，貿易錢十緡以上參布帛。太和三年，飾佛像許以金銀，唯不得用銅。四年，交易百緡以上者，粟帛居半。按唐以前，自交、廣外，上而賦稅，下而市易，一切無事於金銀，其可考彰彰若是。

宋元豐十二年，蔡京當國，凡以金銀絲帛等貿易勿受，夾錫錢者以法懲治。蓋其時有以金銀爲用者矣。然重合之令，命官之家，留見錢二萬貫，民庶半之；餘限二年聽易金銀之類。則是市易之在下者，未始不以錢爲重也。紹興以來，歲額金一百二十八兩，銀無額，七分入内庫，三分歸有司。則是賦稅之在上者，亦未始以金銀爲正供，爲有司之經費也。及元起北方，錢法不行，於是以金銀爲母，鈔爲子，子母相權而行，而金銀遂爲流通之貨矣。

明初亦嘗禁金銀交易，而許以金銀易鈔於官，則是罔民而收其利也，其誰信之！故至今日而賦稅市易，銀乃單行，以爲天下之大害。蓋銀與鈔爲表裏，銀之力絀，鈔以舒之，故元之稅糧，折鈔而不折銀。今鈔既不行，錢僅爲小市之用，不入貢賦，使百務并於一途，則銀力竭。元又立提舉司，置淘金户，開設金銀場，各路聽民煽煉，則金銀之出於民間者尚多。今礦所封閉，間一開採，又使宫奴主之，以入大内，與民間無與，則銀力竭。二百餘年，天下金銀，綱運至於燕京，如水赴壑。承平之時，猶有商賈官吏返其十分之二三，多故以來，在燕京者既盡洩之邊外，而富商大賈、達官猾吏，自北而南，又能以其資力盡斂天下之金銀而去。此其理尚有往而復返者乎？

夫銀力已竭，而賦稅如故也，市易如故也。皇皇求銀，將於何所！故田土之價，不當異時之什一，豈其壤瘠與？曰：「否。不能爲賦稅也。」百貨之價，亦不當異時之什一，豈其物阜與？曰：「否。市易無資也。」

當今之世，宛轉湯火之民，即時和年豐無益也，即勸農沛澤無益也，吾以爲非廢金銀不可。廢金銀，其利有七：粟帛之屬，小民力能自致，則家易足，一也。鑄錢以通有無，鑄者不息，貨無匱竭，二也。不藏金銀，無甚貧甚富之家，三也。輕賫不便，民難去其鄉，四也。官吏贓私難覆，五也。盜賊胠篋，負重易迹，六也。錢鈔路通，七也。然須重爲之禁，盜礦者死刑，金銀市易者以盜鑄錢論而後可。

黄宗羲《明夷待訪録・財計二》 錢幣所以爲利也，唯無一時之利，而後有久遠之利。以三四錢之費得十錢之息，以尺寸之楮當金銀之用，此一時之利也。使封域之內，常有千萬財用流轉無窮，此久遠之利也。後之治天下者，常顧此而失彼，所以阻壞其始議也。

有明欲行錢法而不能行者：一曰惜銅愛工，錢既惡薄，私鑄繁興。二曰折二折三，當五當十，制度不常。三曰銅禁不嚴，分造器皿。四曰年號異文。此四害者，昔之所同。五曰行用金銀，貨不歸一。六曰賞賚、賦稅，上行於下，下不行於上。昔之害錢者四，今之害錢者六。

故今日之錢，不過資小小貿易，公私之利源皆無賴焉，是行錢與不行等也。誠廢金銀，使貨物之衡盡歸於錢。京省各設專官鼓鑄，有銅之山，官爲開採，民間之器皿，寺觀之像設，悉行燒毀入局。千錢以重六斤四兩爲率，每錢重一錢，制作精工，樣式畫一，亦不必冠以年號。除田土賦粟帛外，凡鹽酒徵榷，一切以錢爲稅。如此而患不行，吾不信也。

有明欲行鈔法而不能行者，崇禎間，桐城諸生蔣臣，言鈔法可行，歲造三千萬貫，一貫直一金，歲可得金三千萬兩。户部侍郎王鰲永主其説，且言初年造三千萬貫，可得五千萬兩，所入既多，將金與土同價。上特設内寶鈔局，晝夜督造，募商發賣，無肯應者。大學士蔣德璟言，以一金易一紙，愚者不爲。上以高皇帝之行鈔難之。德璟曰：「高皇帝似亦神道設教，然賞賜折俸而已，固不曾用之兵餉也。」

按鈔起於唐之飛錢，猶今民間之會票也，至宋而始官制行之。然宋之所以得行者，每造一界，備本錢三十六萬緡，而又佐之以鹽酒等項。蓋民間欲得鈔，則以錢入庫；欲得錢，則以鈔入庫；欲得鹽酒，則以鈔入諸務。故鈔之在手，與見錢無異。其必限之以界者，一則官之本錢，當使與所造之鈔相準，非界則增造無藝；一則每界造鈔若干，下界收鈔若干，詐僞易辨，非界則收造無數。宋之稱提鈔法如此。即元之所以得行者，隨路設立官庫，貿易金銀，平準鈔法。

孫承澤《天府廣記》卷二二《户部・户部尚書侯恂條陳鼓鑄事宜》 一、議興鑄利。古者寶龜而貨貝，後世易之以金幣。然自太昊高陽以來，則已有錢矣。虞夏之際，幣爲三品：曰黄，曰白，曰赤。兼行龜貝，不純用錢。管子亦云：先王以珠玉爲上幣，黄金爲中幣，刀布爲下幣。所以守財物御人事而平天下也，故命之曰衡。謂之衡者，將以行輕重之術，使一高一下，乃可權制利門悉歸於上也。秦兼天下，幣二等，黄金爲上幣，銅錢爲下幣，而珠玉龜貝銀錫之屬爲器飾寶藏，不爲幣。漢自建元後，即山鑄錢，而又用白鹿皮爲幣，造銀錫爲白金，有三品。未幾皆廢。唐於銅錢外有飛錢。宋以鐵錢與銅錢兼行，又倣飛錢爲交子，爲關子，始以楮爲錢。南宋造會子，有大鈔小鈔之別，凡十等，又謂之錢引，亦謂之關會，實一而已。元造交鈔，以鈔一貫權銅錢千文。無何，物價騰踴踰十倍，積鈔不售，國用大詘。明興，右鈔抑錢，旋令錢鈔兼行，禁民間不得以金銀貨物交易，違者治罪，告發者即以其物給賞。若有以金銀易鈔者聽，一百文以下止用銅錢。永樂中，以鈔法圮而峻金銀錢物貿易之誅。然究之鈔易昏爛，收換艱難，制雖設而法不行。今天下自京師達四方，無慮皆用白銀，乃國家經賦，專以收花文銀爲主，而銀遂踞其極重之勢，一切中外公私咸取給焉。民用不贍，而國安得不貧？幸賴稍稍用錢耳，安得不亟行鼓鑄以救其乏乎？夫錢出於銅，銅不鑄錢，則銅而已。鑄之爲錢而可以爲民用，則是盡天下之銅皆已變而爲銀也。利孰大焉？以錢濟銀之窮而已用錢殺銀之勢，使銀廣布民間，則可陰斂銀以歸之上。於是用銀爲母，錢爲子，而因以行其高下之術。昔先臣丘濬欲倣古三幣之法，寶鈔銅錢通行上下，而一權之以銀。夫鈔恐難行矣，舍鈔言錢可也。

一、議遏銅流。自三品之貢興，而黄白赤金世爲天下幣。漢而後，佛老象教盛行於域中，寺若觀糜黄金者億億計，而天下刻鏤織作錘冶爲冠服衣履什物者又不可勝原。故黄金日銷而赤金乃大行，已亦漸貴，固其理也。夫有利之源，有利之權。利源之消長在天地，利權之操縱在人主。昔之善議鑄者無若漢二賈。山之言曰：民不應與主共柄。誼之言曰：銅畢歸於上則博禍可除，而七福可致。今天下奸民私鑄，陰持主柄以厲公錢。果如誼言，上收銅勿令布下，民安所得銅而私鑄之？故收銅之説，持柄息奸之要術也。劉秩曰：鑄錢之用不贍者，在乎銅貴。銅貴之由在於採用者衆耳。夫銅以爲兵則不如鐵，以爲器則不如漆，禁之無害。使銅無所用，則銅益賤，銅賤則錢之用給矣。又銅不布下，則盜鑄者無因而鑄，無因而鑄則公錢不破，公錢不破，則人不犯死刑，錢又日增，末復利矣。斯言可謂曲盡。自漢先主取帳鈎銅鑄錢以充國用。唐大曆中，嚴天下用銅器之禁。貞元九年，張滂奏稱國家錢少，損失多門，興販之徒，潛將銅錢一千爲銅六斤，造寫器物，則斤直六百餘，有利既厚，銷鑄遂多，江淮之間，錢實滋耗。伏請除鑄鏡外，一切禁斷，如有銷錢爲銅者，以盜鑄錢罪論。宋朝鑄錢比前代最多，銅禁最嚴，大抵國計仰給於此。自熙寧間王安石一變其法，而國用日耗。聖祖始定天下，令軍民惟鑄鑑及軍器又禪門鐘磬鐃鈸得用銅，此外并收之官，有私藏者禁。嘉靖六年，題准但有銷鎔舊錢及今制錢造作銅像銅器等項者，比盜鑄律科斷。隆慶元年，部議：軍民之家，但有廢銅願賣者，聽赴所在有司易錢易銀，照舊給價。宜申明前例，嚴藏銅之禁，行收銅之法。民間私藏銅器及造作銅像銅器被告發者，比盜鑄律罪無赦。市有鬻銅器者，罪亦如之，官收民銅，給錢若銀，視銅之直。如有爐座處所，於存留錢糧内動支，其銅即以充鑄，如無爐座處所，於起解錢糧内動支，准將銅估抵解京。夫民以無用之銅易有用之鏹，其何苦而不輸之官？官可藉爲續鑄之資，而無費於公帑之金，又何憚而不收之民？況藏銅於民，銅衹銅耳，而私藏有罪，銅一入官，銅盡錢也，而國家日富。聖王所以獨持大柄而利天下者，無出於此。

一、議省鑄局。錢以銅鉛參雜而成，而銅鉛各有産處，搬運重艱。是以歷代多即坑冶附近之所置監鑄錢。唐有八監，宋有三十六監，惟永平者爲最久，永通者爲最多。然至熙寧，歲輸六百萬貫，則幾不可繼矣。夫天子藏富於山川，冶鑄太煩，則民力耗竭。漢武帝時專令上林三官鼓鑄，而天下非三官錢不得行，諸郡國前所鑄錢皆廢銷之，輸其銅三官。誠見利源所在，不得不謹節其流耳。國初置寶源局於應天府，已令天下藩司各置貨泉局，又更名爲寶泉局，其後罷置不一。嘉靖以來，止令兩京鑄造。萬曆四年，通行天下一體開鑄。至十年，奉詔停止。天啓元年，以遼餉匱乏，增置户部寶泉局。無何又令各省直藩司開爐鼓鑄，每年坐定鑄息共八十二萬兩。徒存虛額，無一踐者。諸局爐亦相繼報罷，所存止湖廣、陝西、四川、雲南、密雲、宣大、遼東數處而已。崇禎二年，奉旨：利權本自上操，舊制只兩京鑄錢，嗣因軍興煩費，遼東宣大奏請權宜，近乃紛紛開鑄，致私錢殽雜，反自外來，紊制病國，大非法紀。着查出通行禁止。維時户部以秦、楚、蜀、滇四省以係銅斤出産地方，就便鼓鑄稱便，未議概停。後江西復以開局請，至如南京兵部操江及應天府亦各紛紛鑄錢，然皆自鑄自用，又大小輕重不一其制。於是滯鏹愈多，銅鉛愈窘，不獨户部不得其尺寸之用，而寶泉一局亦已成智井矣。每見議錢法者，皆以廣鑄局爲言。而乃惓惓欲議省者，誠見爐座繁興，銅産有限，唯局省則銅源裕，錢制一則弊絶。較諸廣局之利，虛實得失孰多也？不然，昔之鑄局不爲不廣矣，而不效，何哉？

一、議禁私販。昔唐陸贄之論錢法也，以爲宜廣即山殖貨之功，峻用銅爲器之禁。二策並行，不可偏廢者也。今或離銅場頗遠，則其勢不得不出於買，乃私販之禁，有不可不與銅器俱嚴者。夫一處之銅而止供一處之用，則銅價平矣。一處之銅而供數十處之用，則銅價踴矣。以今銅之流行，徧天下皆是。召買啇於公家，斂藏溢於私室，人人吴鄧，處處爐錘。銅産幾何，能不騰踴？而況以官買與私買争，其數不敵。何者？官價估有定例，其價必平。私買乘隙暗投，其價多侈。官買或有别費，而給發不無稍緩。私買並無破冒，而交兑略不踰時。市井嗜利，誰肯舍此就彼？其流弊必至銅盡歸於私鑄而官買束手矣。考嘉靖三十四年，嚴禁商賈人等不許私販銅錫，以致價值騰踴，謂宜著爲厲禁。凡往産銅産鉛處所收買銅鉛，必告投本處官司，給有批文，方許運發，經過關津，驗批免税。除兩京及滇、蜀、秦、楚四省聽商人從便往賣報官收買，如驗無批文及闌出他省，致被覺獲，即比依盜掘銅錫律人論罪，貨没官。至若私鑄關頭，尤在於點造。蓋鑄錢之銅，必將紅銅配鉛點造成黄而後可鑄。請勑天下，凡有私設點爐者，罪即比於私鑄。知而不舉，即與連坐。庶幾私鑄可絶，而官買乃可繼也。

一、議垂定制。周太公立九府圜法，錢圜函方，至今仍之，而輕重無常，代有變革。秦錢如周，重十二銖，漢興變爲莢錢，重三銖，已變爲八銖，又變爲四銖，其重爲赤仄以一當五，而得中者惟元狩之五銖。降而蜀之直五，吴之當千，則愈變而愈重，晉之四文沈錢，宋之夾子、荇葉，甚而爲鵝眼、綖環，則愈變而愈輕，而得中者惟武德之開元通寶。從來美錢制者皆以二錢之式並言，而其重實未始相類也。謹按古權法，十黍爲絫，十絫爲銖，八銖爲錙，二十四銖爲兩。今開元通寶，其錢徑八分，重止二銖四絫，則比五銖錢爲輕二銖六絫矣。故五銖錢二文而重一兩，開元必積十文而重一兩。洪武初，勅户部及各行省鑄錢，大小凡五等，當十錢重一兩，當五、當三、當二，重皆如其當之數。小錢重一錢，蓋即開元舊法。至嘉靖六年，始令兩京工部鑄造制錢，每文重一錢三分。崇禎元年，從錢法侍郎孫居相議，改爲一錢二分五釐，雖視開元錢稍重，而較之漢五銖尚輕。然體質堅厚，又磨鎔莫施，輕重得宜，人情便之。至其鑄法，每錢一文必令用黄銅二錢，剉磨之餘，只存一錢二分五釐，如此然後可以革減銅多鑄之弊。蓋局中每有減銅多鑄而創爲補秤之説以塗耳目者，實明許商匠之私鑄而陰收其利。今若著爲定數，按月按期必令報完，俾貪吏無所容其通，而奸商奸匠無所容其屏，亦執簡御煩之術也。其收錢每五千文爲一鍉，上用竹牌寫爐頭匠頭及綑錢人姓名，各堆一處，聽督鑄官照爐抽驗。遇有漏風、缺邊、縮字等樣，綑錢人重責，錢輕色淡者責匠頭，沙眼多者責翻沙匠，邊粗糙者責滚剉匠，磨不亮者責磨洗匠，灰不净者責刷灰匠，選退錢搥碎回火。如犯前弊多者，責爐頭，仍發看錢人挑選，通同容隱，看錢人重責。如是則錢制既精，殽雜自難，若夫當十、當五等錢，鎔造似易，工本較省。然私鑄者競爲捷趨，識微者謂非久道，不鑄可也。

一、議重制錢。錢法之弊，由於盗鑄者多。盗鑄非薄劣則無所得贏，往往摩官錢取鎔，而殽之以鉛錫。於是減輕其價，以與制錢雁行於市。愚民簧惑，莫知適從，奸商當鋪因而爲奸。每於通衢闤隘倡言某錢盛行，某錢不行，轉相煽弄。既貴賣其所積以圖目前之利，又賤收其所棄以圖他日之利。時而私錢得與官錢並價，此其所積者多而欲出也；時而私錢二三文折官錢一文，此其所收者少而欲入也。若輩操其利權，錢法受其壅滯。豈可無整齊之術，聽奸錢日生而莫之禁乎？今有捷法於此。大凡盗鑄者，每鑄新錢而不鑄舊錢，蓋舊則真僞難欺，而新則耳目易眩。請勅天下，除雜年號錢難以畫一，惟崇禎通寶體製色澤務取相同，每錢一文重一錢二分五釐。如有輕重不合式者，即係盗鑄。推究所由，真犯匠人，依天啓三年令擬斬無赦，其知情買使及販賣行使者，查照律例從重問擬。令下限三月内許民間將前所收買私鑄錢自行首出倒換，依嘉靖六年例，照銅價給與價銀，免其私販之罪。敢隱藏不出首者，事發比照私鑄銅錢爲從者律問罪。收過新錢，即與銷化爲銅，以俟改鑄。如是則於官法獲全，而於民情不厲。其下令於流水無疑也。若夫前代古錢及歷朝舊錢，流通已久，方俗所便，不必禁斷。官民出納，惟崇禎通寶不許留難，而其他雜錢，第聽民間自爲轉輸，官不許收一文。天下曉然，見雜錢與制錢貴賤不敵，積漸以往，勢必棄雜錢不用。如願赴官倒换，亦准爲照銅價收買，而後一王無偶之利柄於是可全收也。

一、議計本息。泉局之錢，發太倉作官俸者十之三，發邊鎮充月餉者十之七。原奉聖諭定六十五文估銀一錢，今已習而安之矣。請依此數以權鼓鑄之本息可乎？謹按銅礦産於石中，用鋼鑽打入，每得礦百斤，用木炭百斤，將礦燒錬，一火成銅鉛，二火成黑銅，三火成紅銅。每礦百斤，上者燒銅十五斤，次者十二十一不等。其用錘手並燒爐匠共二十名，每日給工食共銀八錢，用造飯運水夫二名，每日給工食六分，用幫扯提礦小夫四名，每日給工食銀一錢二分，用鋼鑽三十根，每根鋼二斤，日費一斤，約銀一錢，以上共費銀一兩二錢，約得銅礦二百斤。而又用木炭一百六七十斤，約價四錢，三火成紅銅三十斤，則共前項費銀一兩五錢。是每斤費本只五六分耳。復用窩鉛點化之，則爲四火黄銅。計窩鉛每斤價銀不過三四分，據今見行配鑄則例，每紅銅五十七斤入窩鉛四十三斤，作黄銅一百斤。益以搬載之費，每斤量估一分，大約黄銅一斤，所費至七八分而止。若夫市銅鑄錢，原無甚利。據京局舊例，紅銅價不出一錢四分，黄銅不出一錢，窩鉛不出七分，後漸騰踴。部議以紅銅點化成黄，既失本質，易於攙和，遂革黄銅不用。但買紅銅與窩鉛，如今法配搭，定價紅銅每斤一錢四分三釐，窩鉛每斤七分七釐，計配成黄銅一百斤，該價銀十二兩。給爐頭鼓鑄，應交錢一萬一千一百一十文。其行使以錢六百五十文估銀一兩，計共估銀十七兩九分四釐。除該給各項匠役煤罐米菜工價錢二千二百九十五文，估銀三兩五錢三分二釐零，并除銅本外，實存息銀一兩五錢六分一釐零，計僅浮本銀十分之一耳。近據陝西撫臣練國事疏報：自天啓二年開鑄起，至崇禎四年止，計十年間只動過本銀一萬二千四百餘兩，陸續獲息銀十一萬七千八十兩零，則所得幾於本銀相準。又查南部錢廠所得加五有奇，蓋銅鉛出産輳集地方，獲息原自不貲。今秦、楚、蜀、滇四局見在議開，姑未預畫成數，但令其自行認報，即最少亦當以加五爲率。滇、蜀、楚三省則取其息以解京充作新餉，按季交納。秦中之息專留該省充餉以抵京運可也。乃議者多謂萬曆中曾以錢五十五文作銀一錢，亦自通行無滯。以爲母既處貴，子不應處賤。欲於六十五文之内稍縮其數行之，而獨慮取利頗奢則盗鑄者將如雲而起。自古論錢法多矣，惟孔顗不惜銅不愛工二語爲不可易。政以本多費巨，縱復私營，初無厚潤，應自息心，無俟嚴刑廣設耳。先臣譚綸有言：鑄錢之費與銀相當，似於朝廷無利。然歲鑄錢一萬金，則國家增一萬金之錢，流布海內，鑄錢愈多，則增銀亦愈多。是藏富之術也。

一、議權出納。幣有出有入，流而不息，故曰泉府。若上自爲壅而求下之疏，即日肆人於市無爲也。漢律，人出一算，算百二十錢，則民賦以之矣。館陶主爲其子求郎不許，賞錢千萬，則恩賚以之矣。隆慮主以錢千萬爲其子贖死，則罰鍰以之矣。又募豪民入粟縣官，而內錢於都內，則開納以之矣。諸胡降者，贍以少府禁錢，及時出內庫錢賜軍士，則餉賞皆以之矣。今有承行錢之令出，則無慮不普發於民，而納則不肯收一文，是自賤之也。自賤之而欲人貴之，其勢焉得？民愚相扇，閉匿觀望，每至聚市而譁，而錢遂不可行矣。夫解京之入，濟邊之出，其有待於銀也似也。以其爲物輕微易藏，可以多致也。錢固重質，而若各項存留爲地方用者即以錢出入焉，誰曰不可？誠令郡縣於存留銀內只徵其半，而以其半入錢，則贖金亦兼輸之。自大吏監司而下，倣在京文武官嘗禄例，以錢充俸薪。其師生廩餼驛站兵糧各役工食及公費供億之類，但不關起解者，悉取給於錢。而遺下不發之銀，即可盡行解京，則所得錢息即在乎其中。行之十年而天下之銀盡輦而歸之於京師矣。況乎錢下而不上，則其權在市井；上而不下，則其權在朝廷。誠實得其貴賤用斂散之法，以在官者爲母，在民者爲子，當其賤則存留錢糧盡行收錢，而賤者可貴，當貴則各項闕給盡行散錢，而貴者可賤。蓋錢太賤則病官，太貴則病民，故用此法以均之。管子所謂使之一高一下不得有調，賈誼所謂輕則以術斂之，重則以術散之，以調盈虛，以收奇羨，皆此意也。然有司之不肯爲此者有二端焉。或以貪，或以朦。凡銀之出納，有耗有羨，而錢則一文不過一文已耳。利無所漁，必故爲齟齬以破壞之。其自飽者貪也，其中於胥役之口者朦也。

又附：《鈔法》 洪武八年三月朔，詔造大明寶鈔。時中書省及在外各行省皆置局以鼓鑄銅錢。有司責民出銅，民間皆毀器物以輸官，鼓鑄甚勞而奸民復多盜鑄者。又商賈轉易，錢重道遠，不能多致，頗不便。上以宋有交會法，而元時亦嘗造交鈔及中統至元寶鈔，其法省便，易於流轉，可以去鼓鑄之害，遂詔中書省造之。取桑穰爲鈔料。其制方高一尺，闊六寸許，以青色爲質，外爲龍文花欄而橫題其額曰大明通行寶鈔。內上兩旁復爲篆文八字曰大明寶鈔天下通行。中圖錢貫狀，十串則爲一貫，其下云：中書省奏准印造大明寶鈔，與銅錢通行使用，僞造者斬，告捕者賞銀二百五十兩，仍給犯人財産。若五百文則畫錢爲五串，餘如其制而遞減之。每鈔一貫，准銅錢一千，銀一兩，其餘皆以是爲差。其等凡有六：曰一貫，曰五百文，四百文，三百文，二百文，一百文。禁民間不得以金銀物貨交易，違者治其罪，有告發者即以其物給之。若有以金銀易鈔者聽。凡商税課税錢鈔兼收，錢什三，鈔什七，一百文以下則止用銅錢。

畢振姬《西北文集》卷二《議·禁銅改鑄議》 開采加派之議行，兵餉有出，出於百姓，未有以佐百姓之急，猶絀也。開采所入，工作役徒主藏之吏私其入，百姓分毫不與也。開采不入，則坐以折閱而賠累及百姓，加派所出，胥役里長徵解之吏私其出，百姓分毫不免也。加派不出，則誘之拖欠而攤納及百姓，百姓安得不急哉？百姓不足，君孰與足？【略】

銅少奈何，請即濟以開采之銅。川蜀嶺海不可問。崔亮奏弘農郡銅青谷鑛一斗得銅五兩四銖，葦池谷鑛一斗得銅五兩，鸞帳山鑛一斗得銅四兩，王屋山鑛一斗得銅八兩。南有青州、花燭山、齊州、商山，往昔銅官并準開采。宋商州皮仲容采虢州青水冶青銅，置阜民、朱陽二監；陝西張奎采儀州竹尖嶺黃銅，置博濟一監，此江北之銅也。江南吴王濞鑄銅山錢半天下，晉王廣鑄鄂渚之白紵，李巽以郴州銅坑二百八十餘所，奏置桂陽二鑪，此江南之銅也。開采入鑪，銅盡爲錢。鄧通不以輸邊，錢能不以載內，其何不濟？緩不及事。請先資以見在之銅，【略】然錢以銅、鉛、薪炭而成，銅、鉛、薪炭難致，前代多即坑始附近之所，置監鑄錢，不則軍東鑄錢，今鑄大錢於開采之坑，兵屯之處，使百姓不近寶，盜鑄可息。盜鑄終不可息，有私鑄，有奸錢，銅使之然也。管子曰：「守物之終始，終身不竭，是謂人主之權，莫如禁民蓄銅。銅不布下，則奸民無因而鑄；奸民無因而鑄，則公錢不破；公錢不破，則人不犯死刑，錢在日增。」賈誼以爲七福，劉秩以爲四美。請禁蓄銅，官爲收市，請持銅器者没官，請勑官僚、士庶、商旅、寺觀、坊市貯錢不得過五千貫，多即市易別物。請勑高貲大賈，依左右軍官錢撓法，事覺并治没官，錢之一半充賞。請勑匿銅五斤以上，分別成死。請限五十日或兩月自占，請以御府銅器付泉司，大索民間銅器，告者有賞。請申錢幣出關之禁，西不以錢入川，〔南〕不以錢踰嶺，西南不以錢過湖，立銅錢出界徒流編配首從之法，恐其齎盜糧資敵人與馬禁等。國家有禁必行，何憚於銅，憚其驚擾百姓。銅於百姓無入也，禁銅於百姓無出也。銅既出，爲鼓鑄之用，百姓便。銅不入，爲奸商盜鑄，盜鑄之錢不爲豪猾兼并，而害大錢制錢，百姓又便。抑何籍夫不可爲食，不可爲衣之銅驚擾百姓哉？不禁銅而禁盜鑄，盜鑄公鑄皆無補於百姓之急，開采加派未可與權也。

湯斌《湯子遺書》卷二《奏疏・詳陳蘆課辦銅之艱疏》 江省非産銅之地，必採買於外省，定價不敷，請照各屬額徵蘆課多寡，分行州縣多方購覓，以速起解，當經咨明部臣在案。除康熙二十四年所派銅觔已飭各屬勉力採辦赴部交收外，兹據江蘇布政使章欽文詳稱，康熙二十五年蘆課銅觔飭行各屬遵照採買，各州縣咸以賠補艱難，籲請停辦前來。臣查錢局需用銅觔，向於各關稅銀内動支辦解，因蘆課錢糧當年亦差蘆政部司經收，故照關差一例辦銅，迨後蘆政衙門奉裁課銀歸併有司徵解，時因銅價騰貴，外省停鑄，惟京局所需之銅止令關差動支稅銀辦買，而不及於蘆課。誠以此項銀兩，在小民係計畝輸將，在州縣按則徵解，歲有定數，非若關稅按貨征收歲額之外，稍有盈餘可以通融補劑者。比今部定銅價，每觔止銀六分五釐，而各處時值則有一錢五六分，以至一錢七八分不等，是時價之與定價不啻三倍。況江寧所屬每年派辦十七萬觔，爲數既多，一時採買，價值更加騰湧，重以領解員役舟車盤剥，需費浩繁，雖康熙二十四年各州縣勉力捐賠，辦完起解，然後難爲繼。今康熙二十五年，各屬紛紛具詳。臣查銅觔定價既有不敷，採買交解更多賠累，若不變通，將來各官賠補無力，必至科派那移，官民交困。仰請皇上俯鑒蘆課與關稅不同，停其辦買銅觔，其應徵之銀照舊充餉，如或錢局必需，萬不可缺，亦懇皇上勅部於每觔定價六分五釐之外，照依時值酌量加增，庶承辦之官不至有賠累之苦，則那移錢糧科派洲民之弊可免，而京局鼓鑄急需亦得無悞矣。

梁章鉅《浪跡叢談》卷五《請鑄大錢》 近日銀貴錢賤，官民交困，羣思補救之方計，惟有請鑄大錢，尚是通變宜民之一法。余前在廣西撫任，即經切實上陳，爲户部議格不行。復緣江蘇撫任引疾得請，附謝恩摺内上陳，則留中未發。近聞京中臺諫亦有請鑄大錢之摺，上曾向樞廷索取余原摺呈覽，又聞此事已交各直省督撫悉心妥議，而迄未見有切實敷陳者。昨安徽王曉林中丞植，向吴紅生太守索余兩次疏稿，余以第二疏即係申明前疏未盡之意，且係留中之件，未便宣布，而第一疏已經部議，各省周知，因即録副與之，而索閱者愈多，遂鈔付手民如左以應之。其詞云：竊謂今日銀價之貴，固由銀少，亦由錢多，錢非能真多也，由於私鑄之錢充斥，遂至銀、錢兩不得其平。臣竊以爲今日變通之計，莫如籌錢之有餘，以補銀之不足，銀之産有限，銅之産無窮，考《禹貢》「惟金三品」，銅實與金、銀並重，當王者貴，其貴賤之權亦操之自上耳，上之權可以頃刻變人之貴賤，獨不可以頃刻變物之貴賤乎？古者泉刀之設，皆取資於銅，周時圜法，輕重銖兩雖不可考，然觀其遺制，有徑尺者，有數寸者，可知當千當百，自有等差，而歷代值錢法之窮，因之有大錢之制，所謂窮則變，變則通也。現在江、浙、閩、廣東南數省，習用洋錢，即外國之大錢也，不過取其輕利便於交易耳。今若鑄爲大錢，其利用即與洋錢無異，與其用外國之大錢，何如用中國之大錢！惟利之所在，私鑄在所必防，然防大錢之私鑄，較之防小錢爲易，但須輪廓分明，刻畫工緻，磨洗淳净，多用清、漢文以經緯其間，品愈貴者，其製愈精，則僞造者不難立辨，即如今日洋錢有洋鑄、土鑄之分，民間一目了然，則大錢之官鑄、私鑄，又何難瞭如指掌？且錢質精好，工本不輕，私鑄者無從獲利，即可不禁而自止。然後將民間舊有私鑄之小錢，隨地設局收買，以備改鑄大錢之用。其大錢之等差，或酌用當十、當五十，及當百、當五百、當千，分爲五品，仍令與制錢相輔而行。查現在一錢之重，不過一錢二分，惟當十大錢不必用十錢之銅，當百大錢不必用百錢之銅，製造雖精而工本不致過費，銅亦日見有餘。此法一行，將民間舊積之私錢並外國所來之洋錢，皆當自廢。查新疆錢法，舊以五十普兒爲一騰格，今定以百普兒爲一騰格，每騰格直銀一兩，即合於古者當十之大錢，當日定制，似即因銀少之故，迄今行之，並無格礙難通，則内地又何妨仿照辦理。臣愚昧之見，所論似駭聽聞，然於古有據，於今爲宜，誠使大錢之法一行，則天下之銅皆將與銀同貴，可使旬日一月之間財源驟裕，何慮而不出此？或謂大錢之行，後必有弊，此則全視乎行法之人，即如捐例之開，亦孰敢保其無弊？應請飭下親信重臣，會同部臣，博考舊章，從長計議。凡立法不能無弊，而理財全在用人，得其人則弊自輕而利自重，否，則如廣東之六百萬銀，徒以資寇而毫不見功，豈不重可惜哉！

請行鈔法

昨聞有請以人家赤金濟銀之不足，並申金器首飾之禁者，尚未知部議如何。余謂銀雖不足而金則如故，若並此而括索之，藏富於民之謂何？且今日之漏卮，病在通銀於夷，然其事未嘗不繁重難行，若變爲通金於夷，則簡便莫過於此，其勢將有莫之能禦者矣。於是又有以開礦爲生財之源者，又有以行貝爲助銀之用者，而非常之原，黎民懼焉，無已，則不如請行鈔法之爲便。行大錢有利而不能無弊，行鈔法亦有利而不能無弊，而集事之易，鈔法較勝於大錢。憶余官京師時，聞蔡生甫學士以奏請行鈔鐫秩，嘗惜其不知本朝故事。伏查皇朝《三通》中，備載順治八年曾造鈔十二萬有奇，至十八年因國用充裕而止，學士不知考此，而但泛引明制，於議實踈然。即前明十便之説，未始不「犁然有當於人心」：一曰造之之本省，二曰行之之途廣，三曰賫之也輕，四曰藏之也簡，五曰無成色之好醜，六曰無稱兑之輕重，七曰無工匠之奸偷，八曰無盗賊之窺伺，九曰不用錢，用鈔，則銅悉可以鑄軍器，十曰鈔法行，則民間貿易不用銀，天下之銀可盡入内庫。真乃十全善法，何不可行？語云：「窮則變，變則通。」或變爲大錢，或變爲鈔法，實爲今日之亟務，皆足以充財用而致富强，若長守而不變，則不但不能通，且恐不知所屆矣。近在江南讀王亮生學博所撰《錢幣芻言》，至詳且確，謝默卿郡丞又㮚括爲《鈔貫説》，至簡而明，皆可坐而言、起而行者。成書具在，毋庸贅述，惟近許辛木農部又著《鈔幣論》以闢之，則不過闘妍騁巧於文字間，不得謂後起者勝矣。

開礦議

礦利之興古矣，周禮有廾人之職，廾即礦也，「掌金、玉、錫、石之地，而爲之厲禁以守。若以時取之，則物其地圖而授之，巡其禁令。」此即後代廠税之始。《漢書・地理志》言朱提山、益州山皆出銀，後魏延昌中，有司奏長安驪山有銀礦，又恒州白登山有銀礦，唐貞觀初，侍御權萬紀奏宣、饒二州銀大發，采之歲可得數百萬，東漢劉承鈞國用日削，五臺山僧繼容募民鑿山，取礦烹銀以輸，劉氏賴以足用。宋太宗至道末，天下歲入銀十四萬餘兩，真宗天禧末，天下歲入銀八十八萬餘兩，神宗元豐初元，冶銀二十一萬餘兩，金世宗大定間，許民采銀，二十分取一爲税。明洪武間，陝西商縣有鳳凰山銀坑八所，福建尤溪縣有銀屏山坑冶八所，浙江温、處等屬有銀場，永樂間福建浦城縣有馬鞍等銀坑三所，貴州有葛溪銀場，雲南（此下疑脱一「有」字）大理銀冶，萬曆間歲有進礦税銀三百餘萬兩。今人無不言開礦有害者，大都鑒於前明之用宦官監收礦税耳，不知委用宦官，則凡事皆有害，何獨開礦？我朝康熙五十二年，大學士、九卿議禁開礦，上諭曰：「天地自然之利，當與民共之，不當以無用棄之，要在地方處置得宜，毋致生事。」又乾隆四年兩廣總督奏英德縣銅坑錬出銀，該縣洪磜礦出銀過多，請封閉，上諭曰：「銀亦天地間自然之利，可以便民，何必封禁？」煌煌聖諭，仁義並行，固不欲興利以擾民，亦未嘗閉地而塞利。嘉慶年間，英煦齋師亦嘗抗疏云：「中國銀有日減，無日增，安得不短絀？則莫如取諸礦廠，或官爲經理，或任富商經理，即使官吏難保侵漁，富商或飽囊橐，總係取棄置之物，以濟生民之用。且可養贍窮民，雖聚集多人，而多人即藉以謀生，未始無益。」皆通達政體之言，非迂儒所能識，斯固籌國用者所宜體察而施行也。

梁章鉅《浪跡三談》卷六《收銅器議》　前因銀少錢貴，公私交困，因請變通錢法，以裕國便民，專摺上陳，昨奉到硃批，交部議奏，而部中准駁尚未奉有明文。伏思錢法爲濟時急需，而銅政實爲錢法根本，銅之來路不充而日勤鼓鑄之事，銅之去路不禁而徒嚴盗鑄之條，非拔本塞源之計也。夫以甚有用之銅，而聽其爲民間私家不急之物，古人所謂貨惡其棄於地者，莫此爲甚。大約風氣之華靡，以漸而開，由今追溯四、五十年以前，銅之爲用尚少，比年則銅器充斥，而東南數省爲尤甚，如一煖手足之鑪，雖小户亦家有數具，一閨閣之鏡，乃徑寬至一、二尺，重至一、二十斤，一盥盆、一炭盆、一壺、一鑊，動重數斤，又如大小鉦鐃與鼓相配而鳴者，爲歲首戲樂之具，從前惟富户乃有之，近則中小户亦多有之。舉此三數端，則其餘可以概見。皆由豪家相尚，踵事增華，所謂作無益害有益也。而於省會之銅器店以百計，郡城以數十計，縣城亦不下數家，至究其銅所由來，並非經商販運，間有以廢銅易錢者，亦千百中之一、二耳。然則其銅何自而得乎？則皆銷燬制錢而爲之也。近日市中行用，不見有順治、康熙、雍正三朝之錢，即乾隆、嘉慶亦甚寥寥矣，非皆燬而爲器之故乎？然則居今日而議錢法，舍禁民間銅器，其流不得而塞，即其源無由而清，然徒禁之而抑令呈繳，甚至不繳則從而搜括之，則滋擾之弊亦不可不預爲之防。且常用之物，驟爲厲禁，亦無以服小民之心。竊以爲宜令牧令設局公堂，以漸收買之，十里以内限一月，十里以外限兩月，皆輸繳净盡，每觔給以價銀一錢五分，如是則民不擾而浮議亦不起。雖然山僻小縣，庫中附貯之項，皆别有所抵，徵地丁，則隨徵隨解，安得餘銀以爲收銅之資？竊又以爲宜從權變通，准其開常平倉，或即照銀價以穀給民，或出糶得錢以給之，隨時變通，民亦可以無擾，總在奉行之得人耳。收銅既净，即以原物統歸省城總局，然後酌量分别鑄造，不過數月，便可集事。但鑄造磨礲必極工緻，而米炭工資必照時價給發，使鑪匠有以養身家，然後行之可久。如現在各直省錢局之價，皆照康熙年間舊定者給發，其中賠貼太甚，則其弊更不可言矣。錢既鑄成，令當商每家領去，使民行用，而兵丁口糧及各工程雜款，皆以此種錢給之，即百姓持此錢以完錢糧，亦一例收之，然後免其疑貳，可以暢行而無礙矣。

錫良《錫良遺稿・奏稿》卷一《寶南局暫行停鑄片》　（光緒二十五年十一月十九日）

再，光緒二十五年正月初六日，本任巡撫臣俞廉三承准軍機大臣字寄：「光緒二十四年十二月十五日奉上諭：『現在京師制錢短少，亟應推廣鼓鑄。各直省近年多有開局鑄錢之舉，著各督撫一律查照辦理。各省已經設局者，速即開爐鼓鑄；未經設局者，即行查照舊章，一體開辦』等因。欽此。遵旨寄信前來。」等因。承准此。當經俞廉三督飭在省司道，悉心籌畫。

茲據署布政使但湘良、署鹽法長寶道陳璚會詳稱：「湖南省寶南局停鑄多年，至光緒二十一年經前撫臣陳寶箴籌議開爐，查照舊章，酌量變通，委令在籍江西候補道朱昌琳綜理其事，奏明在案。嗣因銅鉛不敷應用，時鑄時止，鑄獲錢文爲數無幾。伏查開辦之初，原擬採取本省礦産，以供鼓鑄；後因礦砂未能暢旺，改買洋銅，價值高昂，虧折甚多。現在各屬仍未覓得高等銅礦，收買些微廢銅，無益於事；洋銅價昂，需費尤鉅，湘省庫款支絀，無從籌墊。惟有暫行展緩。仍由礦務局上緊訪查，一俟得有豐裕銅礦，即行開採供鑄」等情，具詳前來。

奴才覆加查覈，委係實在情形。謹附片陳明，伏乞聖鑒。謹奏。

光緒三十四年《政治官報·電報奏咨類·正月二十七日第一百十九號·度支部奏釐定一文錢制摺》 奏爲遵旨具奏恭摺仰祈聖鑒事。准軍機處片交，光緒三十四年正月十三日軍機大臣面奉諭旨：前以制錢缺乏，各省鼓鑄當十銅圓，以期相輔而行。乃近來銅圓益多，制錢益少，銅圓一枚，不足抵制錢十文之用，而奸商折扣盤剥，頗足爲害市面。且小民因制錢太少，零星日用，諸多不便。當各省鼓鑄之始，原期準作十文與制錢兩無軒輊，而錢少圓多，遂至錢貴圓賤，不但物價騰漲，大礙小民生計，抑且鑄本日虧，並足損礙餉源，自非鑄用一文之錢，令一文本位常存，不足以顯當十銅元之數，保銅元行銷之利。前年湖北、廣東等省曾奏鑄一文新錢，當經度支部議奏通行，而各省搭鑄一文新錢者仍不多見，蓋由於鑄造一文新錢成本較重，不免稍有虧耗，然以鑄當十銅元餘利，酌量提補虧耗，尚不至無著，所失無多，所全甚大。著度支部通行各省廠，凡鑄當十銅元，必須於定額之外，加鑄三成一文新錢，以資補救，其形式、重量、銅質、鑄本，均須預爲核算，妥爲配合，又必須與當十銅元工料成本大致相準，則兑換價值銅元一枚，必當新鑄制錢十文，庶利推行而資信用。至此項一文新錢，或宜黄銅，或宜紫銅，或宜有孔，或宜無孔，並著該部詳晰考校，悉心釐定，迅速奏聞，務期子母相權，大小相維，以便民生而正圜法。欽此。欽遵抄交到部，臣等欽奉之下，仰見朝廷體念民依，垂意幣制，感佩莫名。查一文銅錢，自光緒三十二年七月間，即經財政處會同臣部奏准各省一律仿鑄，近因京外制錢缺乏，民間日用小數實多不便，復於上年十月通行各省籌辦開鑄，報部查核，現在尚無具報仿鑄一文錢之案。今奉諭旨，飭於各省銅元定額之外加鑄三成，並由臣等釐定制錢，臣等當即劄行造幣總廠遵照，並令將錢制、鑄本考查明晰，以憑核定。旋據總廠署監督内閣學士兼禮部侍郎銜瑞豐等呈稱，前項加鑄三成一文錢，總廠遵即迅將應用機器配置齊全刻日開鑄，其各省應用祖模，仍當由總廠趕緊製造，輪廓字畫鐫刻精細，正面照當十銅幣模式鐫刻龍紋，背面刊明一文字樣並加識省分，以期鑄造與否有所考查。俟祖模造成，頒發各廠，限領到後兩月内翻刻子模，一律鑄造，概按所鑄當十銅幣枚數加鑄三成，不准稍有減少。至形式、重量、銅質、鑄本，事關國幣配合，不厭求詳。查廣東所鑄形式，中鑿圓孔，係爲便於貫串，與舊式制錢具體而微，升任湖廣總督張之洞復經奏請，以一文錢模式，必與當十銅幣模式相等。現奉上諭諄諄以一文新錢，期與當十銅幣子母相權，則是以子輔母，一氣相承，形式未可兩歧，當以無孔爲斷。其重量、銅質，廣東係用紫銅六成鎔配白鉛四成，每文重三分二釐。湖北用紫銅九十五分配鉛五分，亦重三分二釐。此項新錢工費甚鉅，即以廣東黄銅成色而論，每千文合工料銀八錢二分一釐，揆諸近日錢價，折耗已復不少，如用紫銅九十五分配鉛五分，恐虧累益多，未能與當十銅元工料成本大致相準，價值亦必不能一律。是成色當以黄銅爲宜，擬請定爲紫銅六成白鉛四成，重量三分二釐，每枚内實含净銅一分九釐零，每十枚恰與當十銅元内含净銅一錢九分者略等，雖工本仍有虧耗，然以當十銅幣餘利撥補，盈縮相權，自可顧全成本等情呈覆前來。臣等復詳加考核，廣東原鑄有孔之錢，係與舊日制錢同式，取其習用已久。湖北原奏擬不用孔，意在與銅幣一律。是以臣部議覆摺内聲明，體察各省銅幣情形，再行通盤籌定等因在案。現查舊有制錢各省俱形缺乏，以致銅元不能實當制錢十文，欲救其弊，惟有準銅元之式，鑄造一文新錢，使銅元自以子母相權，其於幣制亦較完備，但當十銅元重二錢，析爲十文，每文銅鉛合計只重二分，體質太微，取攜尤屬非便，廣東所鑄係於應有銅質外加配白鉛，雖係黄銅三分二釐，而内含紫銅成色一分九釐零，銅質並無短少。核計工料之虧耗彌補亦易，此次鑄造一文新錢重量、成色，擬照廣東酌合，形式擬照湖北無孔辦理。其餘該署監督所擬各節，均尚妥協，擬請照辦，如蒙俞允，臣等即通行總分各廠，限令尅日照式開鑄，並將鑄出樣錢恭呈御覽。所有臣等遵擬新錢辦法緣由，謹恭摺具陳，伏乞皇太后、皇上聖鑒。謹奏。光緒三十四年正月二十三日奉旨：依議，欽此。

張之洞《張文襄公全集》卷二五《開鑄制錢及行用情形摺光緒十五年八月初六日》　竊照光緒十三年三月初五日奉上諭：户部奏，遵議張之洞奏，廣東購辦機器試鑄制錢銀元，並擬令督辦鑛務大臣兼理瀘州鑄錢事宜各一摺，覽奏均悉。現議規復制錢，必應廣籌鼓鑄，變通辦理，以輔各局之不足。張之洞擬於廣東購用機器鑄造制錢，自係因地制宜之策。惟創辦之始，應將工本一切確切估計，方免將來掣肘。該督摺内始稱價本及火耗等項，與鑄成所值銀數不致虧折，又有目前粤鑄兼用中外銅鉛虧折過鉅等語，究竟鑄錢一千所值銀數有無虧折，仍著詳細核算，據實覆奏。至所奏兼鑄銀元一節，事關創始，尚須詳慎籌畫，未便率爾興辦，著聽候諭旨遵行。該督摺内所稱，弛禁商人，酌議挪借，究係何項商人，並著明晰具奏等因。欽此。查機器鑄錢，事屬創始，一切價本、火耗、工費，非開鑄之後，無從核計準數，故一時未能覆奏。此項機器於光緒十三年四月間由使英大臣劉瑞芬，向英國喜頓廠定購，訂期十八箇月造成，分三批運粤，至上年十二月底一律到齊。當經委派候選道蔡錫勇、江蘇知縣薛培榕，籌度建廠鑄造。其廠屋，先經擇地於東門外一里之黄華塘，買地八十二畝有奇，貼近東濠，加開寬深，便於轉運，照圖建廠，至本年二月間廠屋落成，所有機器亦陸續安設齊備，於四月二十六日開爐試鑄。先將日本紫銅六成，參配英國白鉛四成，鎔成扁塊，再用火烘熱，以機輪輾成銅片，次用機器軋出方孔錢胚，摇洗磨光，然後印字成錢，計展轉十餘手，無一不取資於機器，其運動健捷匀準，實非人力所能及，故所成之錢輪廓光潔，字體精好，私鑄斷難仿傚。謹將錢樣一千枚分裝二匣，恭呈御覽。論機器全副之力，每日能造錢二千六百緡。惟開鑄之初，人與器不相習，洋匠僅有四名，分教未能徧及，開用機器不及十分之一，每日成錢不過百餘緡。邇來匠徒所學漸臻純熟，添募工匠，加開機器，目下每日已能成錢五百緡，再過數月，逐漸增多，至於機器全開，每日即可成錢二千餘緡。此開局後數月以來，鑄錢之大略情形也。至核計工本、火耗一節，此時機器尚未全開，工匠亦未募足，而且諸少熟手，本難遽定確數，大約就粤省已買之銅鉛價值核算，每日成錢在千緡以上，則可免於虧折。若在千緡以下，則遞有些微虧耗。將來匠徒日習日熟，如能日鑄二千緡以上，則可有盈無絀。即銅價稍長，亦尚無妨。蓋發軔雖藉馬力，成物則在機器，如馬力可動機器十座，今只用其五，馬力減用其半，則煤火虚耗一倍矣。諸如此類，莫得準數，故必盡機器之力量，始可定火耗之多寡。今就每日成錢五百緡計之，洋匠每七日休息一日，一月作工二十五日，得制錢一萬二千五百緡。每錢一文重庫平一錢，每千文重一百兩，折合六斤四兩。内配銅六成，鉛四成，洋銅每百斤值銀十一兩七錢二分，洋鉛每百斤值銀五兩五錢，連傾鎔火耗，共用銅四萬八千零四十七斤，值銀五千六百三十餘兩，用鉛三萬三千九百八十四斤，值銀一千八百七十兩。合計銅鉛價本、火耗合共銀約七千五百餘兩。煤炭泥罐鋼模，約銀二千六百四十餘兩。委員、司事、華洋匠役薪工，各費約銀二千七百餘兩。總計銅鉛價本、工火等費，每一月約需銀一萬三千兩。鑄成制錢一萬二千五百緡，若以銀一兩易錢一千文計之，尚不敷銀數百兩。此指日鑄五百緡而言，若同此匠役人數而技藝純熟，一日可鑄千緡，一月以作工二十五日計之，可鑄錢二萬五千緡，核計價本工費約二萬四五千兩，便可敷用，是則不至於虧折矣。此核計價本工費之大略情形也。溯當光緒十三年，臣購辦機器之初，東洋銅價頗平，今雖洋銅頓長，然較之滇銅，價仍懸殊，故前奏稱，用上等洋銅、洋鉛，價本、火耗不致虧折，若兼中外銅鉛，則虧折必鉅。查粤省滇銅甚少，並無準價，白者珍貴過甚，只可製器，不能鑄錢。紅者每百斤二十四兩，貴於洋銅已將一倍，雖質比洋銅爲佳，而虧折過鉅。此外則有内地舊銅、廢銅，每百斤價十二兩，搜買既屬無多，銅質又復不浄，難受機器軋力，雖經提煉仍易酥裂，不足以充鼓鑄。以故目前未能兼用滇銅，應俟滇省礦務辦有起色，銅價大減，再行商定。銅價運費采辦參用，雖少有虧折，究屬以中國之銀易中國之銅，其利不至外溢。即使以後洋銅之價漸平，年年漏巵，亦非長策。此則礦務之不可不亟圖鼓舞振興者也。自開局至今，已鑄成制錢二萬餘緡，應即定價行用。臣督飭東藩司游智開、道員蔡錫勇等，詳加核議，現定爲每錢一千值銀一兩，百文值銀一錢，十文值銀一分，一文值銀一釐，整齊畫一，無論官民收支出入，皆准此數，永無增減。每百每貫皆係足陌收發，皆不准扣底減數。先行搭放官項，每月善後局支發薪糧公費采辦雜支等項，均定搭放二成，至本省現開鄭工捐局振捐局。凡報捐者，准以新錢上兑，由司局自行以應發銀款，通融抵收，將來解部時，仍按定例銀數起解。一切釐税捐款繳官之項，均准搭交出入，均照每錢一千作銀一兩。官發只搭二成，官收則自二成以上，以至全用新錢抵銀。交納者聽不限成數，意在發從少而收從多，官先貴而民自重。至新錢雖經通行，其市面舊錢，仍准照舊行用，嚴禁奸商藉端擡舊錢之價，以免物價增昂，軍民受累。至行用新錢，除發給藩運兩司官銀店承領行銷外，其餘省城各銀店，俱准取保赴錢局領回存店代銷。民間如願以銀易錢者，即赴各銀店，按每千一兩之定價兑換。如願以新錢易銀者，准赴官錢局，亦按每千一兩之定價兑換。私鑄私銷，照例嚴禁。總之每錢一分，質重一錢，值銀一釐以示簡，出入同價以示平，價值永無增減以示定，有發有收以示通，准赴官局换銀以示信，市錢不禁以示自然。業由司局出示曉諭，於八月初三日開用。民間以新錢銖兩齊一，質文俱精，莫不先覩爲快。各處銀店，争來局領回發兑。城鄉商民，俱遵照定價交易，貨物行用尚屬暢利，市面並無紛擾，此定價開用新錢之大略情形也。現計購置鑄錢機器全副，並附鑄造銀元大號機器四架及鎸刻各種綱模，共價值運脚保險費銀三十一萬五千餘兩。購買民地，建造廠屋、局房、橋道，並開濬河濠水池，安放機爐，製辦器具雜物，共用工料價銀一十四萬六千餘兩。至前奏所稱，與弛禁商人代向富商挪借應用，即指誠信、敬忠兩堂，截緝闈姓之商人而言，此項借款係屬暫時挪移，已由善後局陸續籌款歸還。

硃批：覽奏均悉，各省錢様，向有成式，該省鑄錢應用清文「寶廣」二字，並不必添鑄「庫平一錢」字様。該部知道。欽此。

《大清新法令》卷六《税務大臣咨請飭各關嚴禁外洋銅元手摇機器札飭各海關道遵照文宣統元年六月**》**　准度支部咨稱，前准外務部迭次咨稱：「駐京各國使臣因華商銀行發行銀票既無限制又無準備，恐有危險，又謂畫一國幣關係重要，請從速定期通行，以代現用複雜之各類銀錢，以保中國市面之名譽，及維持各國貿易之利益。又謂中國圜法過形紛擾，其故有二：一因銅幣减價，一因票紙叢出。若不設法挽救，恐生極大之困難，請速籌辦。」各等因。咨部查照見覆。等因。查釐定幣制，事體繁重，本部現正設局調查預備劃一之規，至應行籌辦各事，現已逐件舉辦。如官商銀錢行號濫發票紙，釐定專章，以維幣制一節，本部業經具奏，通咨在案。至銅元奏請停鑄，已經年餘，各省業已陸續停鑄，現正飭令造幣總廠，照現在市面通用銀元，精鑄銀幣，以代現用各種銀元，爲劃一國幣之基礎。惟查外國商人在我國發行紙票爲數不少，實爲商民借口之資，嗣後外商所發票紙，不載人名期限，類於紙幣者，至五年限滿禁止出票之時，中國商民一概不准行用，庶辦理可期劃一而圜法得以整齊。至若私鑄通用貨幣、私造紙幣以及供給此項材料者，各國大都立法嚴禁。近聞沿海僻静處所，時有奸民，私購外國銅餅，用手摇機件壓成銅元，販入市面，是官鑄雖停，仍難保價值之不减。除咨覆外務部外，應咨行通飭各海關，嚴密稽查，禁止等因。前來查嚴禁外國銅元、銅餅暨手摇機器私運進口，迭經本處通飭，遵辦在案，兹準前因相應咨行貴大臣，查照轉飭各關，監督遵照辦理地可也。

《大清新法令》卷六《農工商部咨行各省仿照貴州酌留度量權衡舊器辦法文宣統元年六月**》**　宣統元年四月二十五日，接准貴州巡撫咨開據農工商局司道松堮等詳稱，黔省僻處荒陬，商路閉塞，小民每拘守一隅之見，沿其習慣，所有度量權衡各器，極爲複雜。今遵部章，先將度量權衡舊器酌留一種省城辦法，已飭商會公議，逐條議覆。據稱度以公議尺爲通用。查該尺比較部頒營造尺新圖恰長一寸，量以上年官較之斛斗爲通用，權以拾陸兩爲通用，衡以公估砝碼爲通用。以上四種商會公議酌留，至於外屬辦法，即以省城擬留之四種，由本屬飭匠各制一標準器，札發各府，爲各屬府州縣比較留用之標準。各屬得有此標準器，舊器合者留之，稍不合者改之，大不合者雖不便盡改，但使一切交易照此標準器折算，亦與改留無異。將來部中新器頒到，再飭改用。庶商民不致驚，爲創舉畫一，較易爲力。所有酌留度量權衡舊器辦法等情詳，由貴州巡撫轉咨前來，本部詳閲所陳，酌留舊器辦法，極爲扼要。所擬以省城酌留之四種，各制一標準器，發爲各屬比較用器之準，合則留用，不合則改，大不合則折算，執簡馭繁，較之本部奏定推行章程第二十二條，以各州縣所留者折合府城之一種，再以府城所留者折合省城及商埠之一種，再以省城商埠所留者折合官器之辦法，較爲直截。在本省亦易於通行，洵足匡本部定章之所不逮，應將此法通行各省酌量仿辦，以冀易於劃一。除另文分别咨行各省外，相應節叙原文，咨請貴將軍督撫等查照飭遵，并希將上年十一月咨商各節，現在如何籌辦，以及官衙局所究須應用官器若干，一併查明見覆，以憑核辦可也。

《大清律集解附例》卷二四《兵律・關津・私鑄銅錢》　凡私鑄銅錢者，絞；監候。匠人罪同。爲從及知情買使者，各减一等。告捕者，官給賞銀五十兩。里長知而不首者，杖一百；不知者，不坐。若將時用銅錢，剪錯薄小，取銅以求利者，杖一百。若以銅、鐵、水銀，僞造金銀者，杖一百、徒三年；爲從及知情買使者，各减一等。金銀成色不足，非係假造，不用此律。

條例

一、私鑄銅錢，爲從者問罪，用一百觔枷，枷號一月；民匠、舍餘，發附近充軍；旗軍調發邊衛，食糧差操。若販賣行使者，亦枷號一月，照常發落。

一、僞造假銀，及知情買使之人，俱問罪，於本地方枷號一個月，發落。

李元慶《國朝先正事略》卷二《石忠勇公事畧子華善、石琳，孫石文炳、石文晟》 一、建水州自明時設參將，歲派村寨陋規銀三百餘兩，糧八十餘石，三桂遂編入正額，宜裁革。一、新平縣之銀場、易門縣之銅廠，礦斷山空，宜盡豁課税。疏下所司知之。

李元慶《國朝先正事略》卷一六《名臣·陳文恭公事略曾孫繼昌》 先是，鹽使者令淮商於税額外，歲輸銀助國用。自雍正元年始，積數十萬，率以空數報部，及部檄移取，始行追徵，然實陰虧正課，公奏停之。在雲南時，【略】增銅廠工本，除抽課外，聽民得自賣礦銅，民争趨之，更鑿新礦，銅日盛，遂罷購洋銅之令。

《雍正朝内閣六科史書·户科·川陝總督年羹堯題爲陝甘兩省并不産銅無法開爐鼓鑄制錢本》 川陝總督公臣年羹堯謹題爲欽奉上諭事：「該臣看得鼓鑄制錢一案，准户部咨開陝西、甘肅有無出産銅、鉛，鑄錢與民有無裨益，令督撫具題等因。隨行據西安布政使傅胡期、恒鞏昌布政使傅德各呈稱：鼓鑄錢原與民間有益，但陝、甘兩屬並不産銅，無憑鼓鑄，若從他處購買，脚價盤費徒費公帑等情。臣查鼓鑄制錢原期便民，今陝、甘兩屬既不産銅，若從別省轉運銅斤，不惟脚價盤費徒費帑金，而採辦遲誤，豈能隨時鼓鑄。既據該司等呈詳前來，臣謹合詞具題請旨。」雍正元年五月二十日題。六月十七日奉旨：「該部知道。」

《雍正朝内閣六科史書·户科·貴州巡撫金世揚題爲請停本省開爐鼓鑄錢文本》 貴州巡撫臣金世揚謹題爲請旨事：「該臣看得鼓鑄錢文，原以上資國用，下益民生。准部咨，行令查明黔省所産銅、鉛，一年可得若干萬斤，鑄錢可得若干萬串，與民有無裨益具題(具題)等因。臣查黔省地僻荒陬，山窮水盡，銅斤原無出聚，間有一二礦廠，久經封閉，若令開採鼓鑄，無論工本，需費浩大，一時難以獲效。且錢文流，惟期裨益民生，貴州漢彝雜處，蠻獠種類不一，每逢場市貿易，少則易鹽，多則賣銀，外來商賈貨物，惟冀賣銀，以便携帶。若令使錢文，漢民慮蠢苗之畏匿，商賈恐悍苗之刼奪，俱非情愿。若以配充兵餉，領運既難，流通無時，自亦生因。若是黔省鼓鑄，並無裨益。今據司道等會詳，黔省用銀，沿習已久，請照舊例停開，民苗均得相安。等情前來。臣會題請旨。」雍正元年五月二十七日題。七月初五日奉旨：「該部知道。」

《雍正朝内閣六科史書·户科·總理户部事務怡親王允祥等題爲廣西巡撫所請採買銅鉛開爐鼓鑄錢文等情毋庸議本》 總理户部事務和碩怡親王臣允祥等謹題爲敬陳粤西鼓鑄之議以通國寶以利民生事：「該臣等查得廣西巡撫孔毓珣疏稱，欽惟我皇上以錢法爲民間日用所需，關係甚切，特命京師錢局加卯鼓鑄，復令雲南、四川俱行鼓鑄，誠利益民生之盛舉也。伏念粤西雖通水路而距京甚遠，京局制錢從未頒到，昔年所鑄之錢年久殆盡，現今民間所用之錢，或係前代舊錢，或係薄小低錢，甚不畫一。粤西向非産銅之地，五十二年奉有聖祖命旨：『凡各省有礦之處，無産窮民，不禁採挖。』近年以來漸得銅砂，亦可少佐本省鼓鑄之用。請將本省之銅盡數公平採買，再往接界之雲南購買銅斤，于湖南採買白鉛，在粤西省城開局鼓鑄。并請京局所鑄雍正通寶錢樣頒發到粤，臣當遴選官員督理，遵照制錢鑄鼓。所需工本于藩庫内動支，鑄出錢文即行搭放兵餉。俸工每錢一千文准銀一兩，扣除歸還藩庫。俟鼓鑄足用之日，另行具題停止。再現今所用雜錢，相沿日久，一時不便遽行禁，況鼓鑄之初制錢不能即時敷用，又不得不從民便，而爲權宜之計。請將現在雜錢二文，止作制錢一文，暫行兼用，俟制錢流通後，雜錢不禁而自止。等因前來。查六十一年十一月内經王大臣等欽奉上諭：『會議雲南、四川兩省設爐鼓鑄，并不通水路之山西、陝西、甘肅三省有無出銅鑄錢，與民有無裨益之處，行令各該督撫聲明具題。其通水路之福建等省並未行令設爐鼓鑄。』業經奉旨依議，欽遵在案。今該撫題請粤東設爐鼓鑄，既稱粤西向非産銅之地，近年不過漸得銅砂，所屬銅、鉛仍欲赴楚、滇二處採買等語。則不但徒多運費，抑且楚、滇銅、鉛價值必致昂貴。況現今川撫蔡珽具題鼓鑄疏内，已有訪聞隣省果因零南開鑄鉛價頓昂之語，是粤西亦不便前赴隣省採買銅、鉛。且粤西接壤雲南，彼省現令開爐，鑄出錢文搭放兵餉，將來商民轉輾貿易，自然漸次流通，非若不通舟楫等省難以搬運可比。至錢文大小兼用，原悉從民便，而上年九月内荷蒙聖祖軫念錢價未平，已有大小兼用，錢價並未見長，於民亦甚便利之諭，應將該撫所請採買銅、鉛設爐鼓鑄，并現今所用雜錢二文止作制錢一文之處，均無庸議可也。謹題請旨。」雍正元年七月二十四日題。本月二十六日奉旨：「依議。」

《雍正朝内閣六科史書·户科·四川巡撫蔡珽題報本省實無白鉛可開採請停止開爐鑄錢本》 巡撫四川臣蔡珽謹題爲欽奉上諭事：「該臣看得鼓鑄一案，先部准咨奉旨允，令在川省出産銅、鉛處所，聽商民開採，賣克官用到，臣隨委叙永同知杜士秀召募商民，於建昌東川等處地方踹勘去後，嗣因商民以並無白鉛苗引，恐開採不出，轉報到臣，請以三月爲期，有鉛則開爐，無鉛則停鑄，會題在案。臣仍一面復令商民，各赴山箐，細行踹勘。今據叙永同知杜士秀報，據商民遍行踹勘，實無鉛礦苗引，無可採之處，詳覆前來。查鼓鑄錢文，必需白鉛搭配，今既無白鉛可採，難以開爐，相應題請停止鼓鑄。臣謹合詞具題，伏祈睿鑒施行，謹具題(知)〔旨〕。」雍正元年九月初三日題。十月初八日奉旨：「這鼓鑄事件，曾著會同年羹堯議奏，蔡珽但稱往商，並未會同年羹堯具奏，殊屬不合。著行文年羹堯，將設爐鼓鑄之處定議具奏。該部知道。」

《雍正朝内閣六科史書·户科·浙江巡撫李馥題參嘉興府知府吴永芳辦銅遲誤本》 浙江巡撫臣李馥謹題爲嚴行查參事：「該臣看得浙省雍正元年分，上下二運銅斤，先委嘉興府知府吴永芳領銀辦解，已經辦齊上運額銅，解部在案。所有下運額銅，應于十月内解部，今時届九月，屢催尚不報解，據布政使傅澤淵開列該府職名揭請參前來，除飭爰查有無虧缺著追另報外，所有辦銅遲誤之嘉興知府吴永芳，相應題參。伏乞皇上睿鑒，勅部議覆施行。再照吴永芳經臣另參溺職在案合并陳明。謹題請旨。」雍正元年九月十四日題。十月初十日奉旨：「吴永芳著議處具奏。該部知道。」

《雍正朝内閣六科史書·户科·督理京省錢法户部右侍郎塞德等題查覈寶泉局監督雙德史大倫任内收支銅斤價銀數目本》 督理京省錢法户部右侍郎臣覺羅塞德等謹題爲年終奏報事：「該臣等查得寶泉局監督雙德、史大倫造册奏銷呈報前來，查監督雙德、史大倫任内，雍正元年奏銷後，原存庫銅一百三十二萬五千五百三十斤四兩六錢零，鉛一百八十六萬五千二百七十斤五兩四錢零，不計價鐵銅一千一百七十三斤一兩，不計價法馬銅一千一百五十斤，新收銅二百零一萬三千九百六十三斤一兩一錢零，鉛八十一萬三千二百三十斤十兩一錢零，舊鹽銅版銅七百六十九斤，收買淘洗渣末銅五千二百六十二斤八兩。又收買舊器皿廢銅，于雍正二年六月起至十二月終止，共領過户部庫銀二萬兩，收買舊器皿廢銅一十五萬四百五十九斤，每斤給發價銀一錢一分九釐零，共給發過價銀一萬八千四十四兩五錢零。共鑄錢四十卯，用銅二百八十萬八千斤，鉛一百八十七萬二千斤，舊器皿廢銅一十二萬斤，内除耗銅耗鉛外，共鑄每文一錢四分重錢，四十九萬九千二百串文，内除爐匠工料錢玖萬四千七百五十二串文，净餉錢四十萬四千四百四十八串文外，補串繩錢四十萬五千一百陸十八串文。再查爐頭徐宗禮等虧空、欠、借、領四項案内，每月應扣錢七百十五串文，自雍正二年正月起連閏至十二月止，計十三個月，共扣過錢九千七百五十串文。以上餉、工貳項，共錢四十一萬四千九百一十八串文，俱經解部訖。除不計價鐵銅斤併不計價法馬銅斤存庫外，寔在存局庫收買舊器皿廢銅價銀一千九百五十五兩零，銅五十三萬一千四百九十三斤零，鉛八十六萬六千五百斤零，舊鹽銅引版銅斤、淘洗渣末銅斤、舊器皿廢銅斤，交與該監督雙德、史大倫，于雍正三年自正月起給發爐匠鼓鑄，仍俟年終奏銷可也。除寶泉局細數文册送部查核外，因五月十八日前任户部右侍郎托時補授倉場總督，臣于是日補授户部右侍郎，十九日前往祭陵，于二十六日回來，復細加查對，未及于五月限内具題。謹題請旨。」雍正三年六月初三日題。本月初五日奉旨：「該察核，該部知道。」

《雍正朝内閣六科史書·户科·總理户部事務怡親王允祥等題議奏銷寶泉局用過銅鉛鑄遇錢文工料等項錢糧本》 總理户部事務和碩怡親王臣允祥等謹題爲年終奏報事：「該臣等查得督理京省錢法户部右侍郎覺羅塞德等，以寶泉局監督雙德、史大倫呈報雍正二年分用過銅、鉛，鑄過錢文及爐頭等扣還數目，收買廢銅一併奏銷前來。據册開：一舊管銅一百三十二萬五千五百三十斤零，鉛一百八十萬五千二百七十斤零，不計價鐵銅一千一百七十三斤零，不計價法馬銅一千一百五十斤等語。查與雍正元年奏銷册内存庫銅、鉛數目相符，應毋容議。

一新收銅二百一萬三千九百六十三斤零，鉛八十一萬三千二百三十斤零，又收舊鹽引銅版銅七百六十九斤，又收淘洗渣末銅五千二百六十二斤零，又領過庫銀二萬兩，收買過廢銅十五萬四百五十九斤。鑄錢四十卯，用銅二百八十萬八千斤，鉛一百八十七萬二千斤，廢銅十二萬斤，内除耗銅、耗鉛四十三萬二千斤，净銅、鉛四百三十六萬八千斤。共鑄錢四十九萬九千二百串文，除給爐頭工料錢九萬四千七百五十二串，净餉錢四十萬四千四百四十八串文外，補串繩錢七百二十串文，以上餉錢并串繩錢共四十萬五千一百六十八串文。再爐頭徐宗禮等虧欠借領四項案内，每月于工料錢内扣還七百五十串文，自雍正二年正月起連閏至十二月止，共扣過錢九千七百五十串文，俱經解部等語。查前項鑄過錢文，用過銅、鉛、廢銅數目，照銅六鉛四搭配，合筭相符；至耗銅耗鉛數目，與定例每百斤折耗九斤合筭，亦屬相符；支給工料錢文，係應給之項；解部餉錢并爐頭徐宗禮等繳還應扣工料錢文，俱經解到赴庫查收掣批在案，均毋容議。

一寔在存剩銅五十三萬一千四百九十三斤零，鉛八十萬六千五百斤零，廢銅三萬四百五十九斤，不計價舊鹽引銅版銅七百六十九斤，淘洗銅五千二百六十二斤零，不計價鐵銅一千一百七十三斤零，不計價法馬銅一千一百五十斤。

所領庫銀二萬兩，收買廢銅每斤給銀一錢一分九釐九毫三絲，買過銅十五萬四百五十九斤，給過銀一萬八千四十四兩五錢四分七釐八毫七絲，寔存庫銀一千九百五十五兩四錢五分二釐一毫三絲等語。除將不計價鐵銅、法馬銅仍令該監督收貯在庫外，其存庫銅、鉛廢銅、銅版、淘洗銅，應令該監督同新收銅、鉛鼓錢鑄文，收買廢銅下剩銀兩，照例收買廢銅，一併造入雍正三年奏銷册内查核可也。謹題請旨。」雍正三年九月十七日題。本月十九日奉旨：「依議。」

《雍正朝内閣六科史書・户科・雲南巡撫鄂爾泰題請封閉中甸銅廠已辦銅斤飭管理之員變賣歸本本》 雲南巡撫管雲貴總督事臣鄂爾泰謹題爲備陳中甸善後事宜等事：「該臣看得中甸銅礦一處，前督臣高其倬題請委員抽買鼓鑄制錢。部覆，應據寔確查題報。行據布政使常德壽會同糧儲道張允隨詳稱，中甸銅廠自雍正二年開採起，至雍正四年四月止，發過銀二千二百六十八兩八錢六分，只辦獲銅二萬三千八百一十六斤半，每銅百斤，該價銀九兩四錢零。如有中甸開鑄，只可設一爐。以銅六鉛四配鑄，十日一卯，用銅六百斤，約價銀五十六兩四錢，用鉛四百斤，省局運至中甸需銀三十四兩，又人工物料銀一十八兩二錢，通共需工本一百八兩八錢。一卯用銅鉛一千斤，折耗九十斤，實鑄銅鉛九百一十斤。每錢一文重一錢四分，共鑄出錢一百零四串，以錢一串作銀一兩，不惟竟無餘息，尚不敷工本。況中甸寒冷，諸物艱貴，更有修理爐房等費，筭難開鑄。若抽買銅斤運入内地，通盤合筭，每百斤該價銀九兩四錢有零，工費已踰内地，設再收買，無從銷售，必致庫帑虚懸。中甸銅廠應請嚴行封閉，所有已辦之銅，飭行管理中甸之員在彼陸續變價歸本等情前來。臣覆查無異，謹會題請旨。」雍正四年十月初四日題。十一月二十一日奉旨：「該部議奏。」

《雍正朝内閣六科史書・户科・總理户部事務怡親王允祥等題核查雍正三年雲南鼓鑄錢文所需工料銅斤用過銀兩數目本》 總理户部事務和碩怡親王臣允祥等謹題爲遵旨敬陳鼓鑄事宜等事：「總督管雲南巡撫事務楊名時題，前事雍正四年六月初九日題，七月二十四日奉旨：『該部察核具奏，欽此。』該臣等查得總督管雲南巡撫事務楊名時將滇省雍正三年分鼓鑄錢文，所需工料銅鉛用過銀兩，所獲錢息數目，造册具題前來。據册開：

一舊管存局工本等錢五萬六千三百五十一串三十七文，又存工本等銀共九萬六千六十三兩一錢零等語。查前項所存銀錢與上年存剩數目相符，應毋庸議。

一新收支領工本銀六萬三千四百九十三兩四錢，併舊管新收共銀一十五萬九千五百五十六兩五錢零。買銅一百一萬五千二百斤，每百斤價銀九兩二錢，共該價銀九萬三千三百九十八兩四錢；買鉛六十七萬六千八百斤，每百斤價銀四兩五錢，共該價銀三萬四百五十六兩；二共銀一十二萬三千八百五十四兩四錢。省城、霑益、臨安、大理四局，設爐四十七座，每爐各鑄錢三十六卯，每卯用銅六百斤，共銅一百一萬五千二百斤；用鉛四百斤，共鉛六十七萬六千八百斤；共銅鉛一百六十九萬二千斤。每百斤折耗九斤，共折耗一十五萬二千二百八十斤，浄銅鉛一百五十三萬九千七百二十斤。鑄錢一文重一錢四分，共鑄錢一十七萬五千九百六十八串，内除工本錢一十二萬三千八百五十四串四百文外，息錢五萬二千一百一十三串六百文等語。查前項鑄過錢文，用過銅鉛併折耗數目，雖與題定數目相符，但所需鉛斤從前該撫開報俱向楚黔採買，每百斤需銀四兩五錢，但貴州巡撫何世瑾題報雍正三年九月起所收税鉛賣交雲南鑄局每百斤止獲價銀一兩四、五、六錢不等。今册開每鉛百斤需銀四兩五錢，其鉛價若干，脚價若干之處並未聲明，應令該撫楊名時分晰報部。

一開除放給雍正三年分兵餉、驛站官夫廪食、馬匹草料等錢共八萬六千七百二十二串八百一十七文，於工本錢文項下動支；又支給四局物料錢一萬四百九十串四百文，於雍正二年存庫息錢項下動支；又支給四局匠役工食錢二萬三百四串文於息錢項下動支等語。查支給物料工食錢文，係應給之項，應准開銷。至放給兵餉、驛站等項錢文，曾否造報，是否此數之處，臣部移查兵部回稱，滇陽等驛堡，安寧等州縣官夫廪食、馬匹草料等錢共八千三百二十五串二十三文，數目相符。其支給各營兵餉錢七萬八千三百九十七串七百九十四文並未造報等因，應將支給驛堡等官夫廪食等錢，毋庸議。至兵餉錢文，應令該撫楊名時查明造報兵部之日，報部查核。

一應存錢一十一萬四千八百一串八百二十文，應存工本併放給兵餉等錢易出銀共一十二萬二千四百二十五兩，内除原管錢局順寧府被劾知府范溥虧空錢二萬二千一十二串一百九十六文，併領出易銀錢一萬二千串，又私借給爐頭米錢九千八串八百二十九文，又虧空銅八萬三千二十斤八兩。私借給爐頭銅五萬二千七百七十一斤，應賠折耗銅一萬八千七百二十斤，每百斤價銀九兩二錢，共該銀一萬四千一百六十九兩零。又虧空鉛四萬二千七百六十一斤，私借給爐頭鉛一萬八千一百六十一斤，應賠折耗鉛一萬二千四百八十斤，每百斤價銀四兩五錢，共該銀三千三百三兩零。又虧空工本銀五千五百五十四兩零。又私借給爐頭炭一十六萬五千一百斤，每百斤價銀三錢七分，共該銀六百一十兩八錢零。業經題參外，實存錢八萬六百九十串七百九十五文，銀九萬八千七百八十七兩九錢零，留爲採辦雍正四年銅鉛等語。除將前項虧空銀錢、銅、鉛等項，仍令該撫楊名時於原參案內審追完報外，所存銀錢造入雍正四年奏銷册內，報部查核可也。謹題請旨。」雍正四年十二月初一日題。本月初三日奉旨：「依議。」

《雍正朝內閣六科史書・户科・總理户部事務怡親王允祥等題准將雲南中甸銅礦即行封閉從前已採銅斤作速變價報部本》 總理户部事務和碩怡親王臣允祥等謹題爲備陳中甸善後事宜仰祈睿鑒事：「雲南總督鄂爾泰題，前事雍正四年十月初四日題，十一月二十一日奉旨：『該部議奏，欽此。』該臣等查得雲南總督鄂爾泰疏稱，中甸銅廠自雍正二年開採起，至雍正四年四月止，發過銀二千二百六十兩八錢六分，只辦獲銅二萬三千八百一十六斤半。如在中甸開爐，止可設一爐。以銅六鉛四配鑄，十日一卯，用銅六百斤，約價銀五十六兩四錢，用鉛四百斤，省局運至中甸約需銀三十四兩，又人工物料銀一十八兩二錢，共需工本一百八兩八錢，每卯實鑄錢一百零四串，以錢一串作銀一兩，不惟竟無餘息，尚不敷工本。況中甸寒冷，諸物艱貴，人工物料難以內地同論。更有修理爐房等費，實難開貯。若抽買銅斤運入內地，脚費更多，內地銅價每百斤九兩二錢，中甸所出銅斤通盤合筭，每百斤該價銀九兩四錢有零，工本費用已踰內地，設再收買，既難開設鼓鑄，又無餘息裕課且無從銷售，必致庫帑虚懸。中甸銅廠應請嚴行封閉，所有已辦之銅，飭行管理之員陸續價歸本等因。會同總督管雲南巡撫事務楊名時合詞具題前來。查中甸番人報出銅礦，先經調任總督高其倬條奏，運入內地需費甚多，但番人甚喜制錢，以爲利便。請將銅礦抽收鼓鑄，俟所鑄之錢足用，題請停止等因。兵部會同臣部以番地鼓鑄事宜，事屬創始，行令該督據實確查題報等因，議覆奉旨依議欽遵行文去後，今該督鄂爾泰等疏稱，所獲之銅需價已踰內地，若設爐鼓鑄，又無餘息裕課且無從銷售，必致庫帑虚懸等語。應如所題，將中甸銅礦即行封閉。從前已辦之銅，飭令管理之員作速變價歸本，報部查核可也。謹題請旨。」雍正五年二月初六日題。本月初八日奉旨：「依議。」

《雍正朝內閣六科史書・户科・陝西巡撫西琳題報委派專員收繳民間生熟銅斤及私錢數目情形本》 陝西巡撫臣西琳謹題爲嚴禁私燬制錢事：「該臣查得節奉上諭：『以鼓鑄之錢日增，錢文不見其多，錢價仍復不減，恐無以便民間之用，上厪聖懷。今民間將黄銅器皿盡行交官領價，更令各省督撫設立公所，於屬員中選澤廉謹老成之人專司其事，將所收銅斤年終奏聞。』欽遵俱行。據布政司張廷棟詳稱，未設專員管理之先，據咸寧、長安二縣及直隸同州具報，共收貯生、熟銅斤一萬七千八百八十一斤一十五兩，共拆浮銅一萬二千八百三十三觔一兩，共收私錢一百一十五千五百一十二文，照依部定價值，在于庫貯雍正四年秋撥册造當雜税銀內動支艮一千五百一十六兩三錢。今據委員西安通判張勤寵詳稱，自雍正四年奉文起，至雍正五年年終止，該州縣所收銅斤、私錢，俱各解交公所確估，並無浮冒不足情弊。至司庫查出舊貯小錢、烟袋，共荒銅二千九百三十三觔，毋庸給價，前已報明咨部，見在移交公所，俟委員確估浄銅數目另報。其具漢鎮兵丁首出錘邊等錢五十千八百一十七文，給過半價銀二十五兩四錢，業蒙咨部，見飭運交公所，其雍正六年催令各屬解交，俟到日另報等情，造册呈齊前來。除册送部外，臣謹會同督臣岳鍾琪合詞具題。伏乞皇上睿鑒，勅部施行。爲此謹具題聞。」雍正六年四月十六日題。五月初三日奉旨：「該部知道。」

《雍正朝內閣六科史書・户科・總理户部事務怡親王允祥等題核銷雍正五年寶泉局鑄過錢文及收買廢銅用銀數目本》 總理户部事務和碩怡親王臣允祥等謹題爲年終奏報事：「督理京省錢法户部右侍郎傅泰題，前事雍正六年五月二十四日題，本月二十六日奉旨：『著察核，該部知道。欽此。』該臣等查得督理京省錢法户部右侍郎傅泰以寶泉局監督馬禮善等呈報，雍正五年分用過銅鉛、鑄過錢文及收買廢銅領過銀兩數目一併造册奏銷前來。據册開：

一舊管銅一百二十二萬四千八百五十八斤，鉛三十二萬一千八百二十八斤，廢銅五十九萬二千九百五十二斤，不計價鐵銅一千一百七十三斤，不計價法馬銅一千一百五十斤，又收買廢銅下剩艮九分五釐一毫三絲五忽等語。查與雍正四年奏銅册內實在存庫各項數目相符，應毋庸議。

一收銅二百八十九萬七千七百一十六斤，鉛二百一十三萬二千三百二十八斤，又在局收買廢銅一百三十四萬五千一百二十一斤，又沙板捶邊廢殘銅一千七十斤。鑄錢四十六卯，用銅二百四十萬斤，鉛二百一十四萬斤，廢銅九十八萬斤，內除銅、鉛每百斤折耗九斤，共折耗四十九萬六千八百斤，浄銅鉛五百二萬三千二百斤。共鑄錢五十七萬四千八十串文，除給爐頭工料錢十萬八千九百六十四串八百文，浄泂錢四十六萬五千一百一十五串二百文外，補串繩錢八百二十八串文。又添鑄一卯，用銅六萬斤，鉛六萬斤，除耗銅、耗鉛一萬八百斤，淨銅鉛十萬九千二百斤。應鑄錢一萬二千四百八十串文外，補串繩錢十八串文，以上四十七卯洵錢，併補串繩錢及捐出添鑄一卯工料錢共四十七萬八千四百四十一串二百文，俱經解部等語。查前項鑄過錢文，用過銅、鉛併耗銅、耗鉛等項，與歷年奏銷數目相符。所給工料錢文，係應給之項。其解部錢文，俱經解到付庫查收掣批在案，應毋庸議。

一實在存剩銅二百六十六萬二千五百七十四斤，鉛二十五萬四千二百五十六斤，廢銅九十五萬八千七十三斤，沙板捶邊廢錢銅一千七十斤，不計價鐵銅一千一百七十三斤，不計價法馬銅一千一百五十斤。所領庫銀一十五萬五千兩，併舊存銀九分五釐一毫三絲五忽，二共銀一十五萬五千九分五釐一毫三絲五忽。收買六成廢銅四十三萬二千五百二十三斤，每斤給銀一錢一分九釐九毫三絲，共銀五萬一千八百七十二兩四錢；五成廢銅四十四萬五千七百斤，每斤給銀一錢三釐七毫五絲，共銀四萬六千二百四十一兩四錢；四成廢銅三十八萬二千一百六十三斤，每斤給銀九分五釐五毫，共銀三萬六千四百九十六兩六錢；實存庫銀二萬三百八十九兩五錢等語。

除將不計價鐵銅、法馬銅仍令該監督收貯在庫外，其存庫銅、鉛、廢銅，應令該監督同新收銅、鉛、鼓鑄錢文收買廢銅，下剩銀兩照例收買廢銅，一併造入雍正六年奏銷冊内查核可也。謹題請旨。」雍正六年七月初一日題。本月初三日奉旨：「依議。」

《雍正朝内閣六科史書・户科・雲貴總督鄂爾泰題准滇省鼓鑄錢文外耗工本銀兩附入正額帶鑄之末一體奏銷本》 雲貴總督臣鄂爾泰謹題爲詳請雍正六年鼓鑄等事：「該臣得滇省寶雲錢局鼓鑄工本，每年嚮支銀一十四萬兩，迨減去霑、理二局詳領工本銀一十二萬四千一百四十二兩。茲據總理錢局糧儲道元展成詳稱，准布政司移開，雍正六年分正耗帶鑄工本共需銀一十萬三千八百三十五兩，外耗工本前經署司劉業長詳明於局内通融無庸司庫發給等因。查節年請領鑄本報部冊内，每爐每卯止議給工食錢一十二串，多不敷用。是以當日開局時議籌酌議原奉部文，每爐每卯鑄正額銅鉛一千斤内，扣折耗銼磨九十斤，只作正鑄九百一十斤。今照依銅陸鉛四，于一千斤之外加銅鉛九十斤，名曰外耗，計鑄獲錢十串二百八十五文，除歸還銅鉛工本錢六串二百二十八文外，獲息錢四串五十七文，三十六爐年共獲息錢五千二百五十七串八百七十二文，爲添給爐役食米並官役養廉工食及一切之用，尚有不敷，皆屬總理捐給。若將外耗工本竟不飭發，有誤鑄務。工本銀兩雖從前則按額發領，今應將三十六爐三十六卯外耗銅、鉛，無閏則發工本銀八千七十一兩，遇閏則發工本銀八千七百四十四兩，按年給發應用。竝請奏明，以便將外耗工本銀兩附入正額帶鑄之末，一體奏銷，等情前來。臣查省城錢局自起鑄起，一應需用食米、燈油、罐渣、繩索、沙盒、鈐銼、金磚等項，俱不時添補，原無額設開銷，故有加鑄外耗錢文以資公用，但竝未題明報部，不可爲例，且恐日久牽搭并難以清算。臣據該道詳，隨親赴錢局查察，爐户果與報部名數較多，應添食米，又有迴爐折耗并修補一切器具之費，在局官役俱需給以養廉工食，若照每爐每卯止給工食錢一十二串，何能濟用。是外耗錢文工本，應如該道所請，仍循舊例給發供鑄，在工本原自除還而鑄務亦可接濟矣。臣謹題請旨。」雍正六年八月十七日題。九月二十九日奉旨：「該部議奏。」

《雍正朝内閣六科史書・户科・署理直隸總督何世瑾等題爲酌撥銀兩收買銅器以敷鼓鑄本》 吏部右侍郎署理直隸總督事務何世瑾等謹題爲遵旨行文事：「該臣等看得收買銅器以敷鼓鑄一案，查直屬兵餉共銀九十六萬三千六百九十六兩七錢，該搭放一成錢九萬六千三百六十九串六百七十文。該淨銅九十六萬三千六百九十六斤十一兩二錢，除現存收銅并砂板等錢通計共銅一十八萬八千九百八斤，尚需銅七十七萬四千七百八十八斤，始敷鼓鑄之用。今斟酌州縣之大中小，量撥銀七萬七千一百兩，應在雍正六年分庫貯地糧銀内動撥採買。謹題請旨。」雍正六年九月二十九日題。十月初十日奉旨：「該部議奏。」

《雍正朝内閣六科史書・户科・署江蘇巡撫印務王璣題請委派大員專司鼓鑄以專責成本》 户部左侍郎署理蘇州巡撫印務仍兼管清查錢糧事加三級臣王璣謹題爲江藩之公務日繁等事：「該臣看得設爐鼓鑄，上通國寶，下利民生，最爲緊要。欽奉俞旨：『收買黄銅器皿，核筭鼓鑄。』先經前撫臣尹繼善，行據前署司事江安，督糧道副使葛森，通查各屬收過黄銅器皿數目，將見在料理開鑄緣由題明在案。今據布政使趙向奎詳稱，江藩公務繁多，民欠錢糧侵那案件，俱由稽核，鼓鑄事宜，難以分身兼顧，詳請題委大員專司錢法前來。臣查設爐鼓鑄，果應委員料理，以專責成。除經檄委新任蕪松太巡道王澄慧預爲經理外，所有委員專司鼓鑄緣由謹具奏聞。雍正七年三月二十五日題。四月十七日奉旨「該部知道。」

《雍正朝內閣六科史書·户科·總理户部事務怡親王允祥等題爲札行寶泉局鑄雍正通寶樣錢頒發江蘇於蘇州設局開鑄本》 總理户部事務和碩怡親王臣允祥等謹題爲遵旨行文事：「蘇州巡撫尹繼善題，前事雍正七年二月二十三日題，三月十四日奉旨：『該部知道。』該臣等查得蘇州巡撫尹繼善疏稱，設爐鼓鑄，上通國寶，下利民生，最爲緊要。欽奉俞旨：『收買黄銅器皿鼓鑄。』行據署布政司事江安、糧道副使葛森詳稱，黄銅器皿總計各屬收過生、熟銅共六十九萬四百二十八斤零，詳請題報開爐鼓鑄。再皷鑄銅色是否必須扣足銅六鉛四之熟銅，抑或生銅熟銅作何配搭，每百斤耗銅若干，每爐一座需匠若干名，日給食米鹽菜手工若干，每座每月鑄錢若干秤，每秤鑄錢若干，又用炭若干，需罐若干，所鑄錢文每文是否重一錢四分，除歸銅本之外其餘一切工費倘有不足作何報銷，寶泉等局自有成規，並請逐一查示等情，除將開鑄日期另行題明外，所有收過銅數并現在料理開鑄緣由，會同署督臣范時繹合詞具題等因前來。查各省收買銅器，欽奉上諭：『不必拘定足放一成二成方行鼓鑄。』今江蘇所收銅器，該撫尹繼善疏稱，共有六十九萬四百二十八斤零，是否扣足銅六鉛四之熟銅或生熟作何配搭，每百斤耗銅若干并爐座匠役食米炭罐等項及一切工費作何報銷，寶錢局自有成規，請逐一查示。又據該撫咨請頒發樣錢等因。查臣部寶泉局收買廢銅鼓鑄錢文，每卯用廢銅十二萬斤，按成色均匀配搭，並無生熟之分。每百斤准其折耗九斤，所鑄錢文每文重一錢四分，每卯除給工料外寔鑄餉錢一萬一百二十九串二百文。至各省開鑄原係因地制宜，視銅器之多寡，定爐座之若干。其所需人工、食米、炭罐等項，各省時價貴賤不等，應令該撫尹繼善、署撫王璣將該省所收銅器，酌量設爐幾座，遴委幹員專司其事，其錢文輕重并折耗數目，悉照京局定例。至需匠若干及所需工料食用等項，俱據寔核定，妥議具題，再查江蘇康熙八年開鑄，設局于蘇州，應令該撫等即于蘇州建局開鑄。臣部劄行寶泉局監督一面鑄『雍正通寶』漢字，一面鑄『寶蘇』清字樣錢，頒發該撫等照式鼓鑄，即將鑄出錢文送部呈樣。開鑄之後，將所鑄錢文解交司庫搭放兵餉。并嚴飭各屬陸續收買，源源接鑄，仍照例按季造報，歲底具題可也。臣等未敢擅便，謹題請旨。」雍正七年四月二十四日題。本月二十六日奉旨：「依議。」

《雍正朝內閣六科史書·户科·總理户部事務怡親王允祥等題爲湖南所收銅器應令該撫王國棟作速酌議設局開鑄本》 總理户部事務和碩怡親王臣允祥等謹題爲欽奉上諭事：「湖南巡撫王國棟題，前事雍正七年二月十八日題，三月二十日奉旨：『該部察核具奏。』該臣等查得湖南巡撫王國棟疏稱，收買黄銅器皿一案。欽奉上諭：『各省將已收銅器每年歲底奏聞。』等因遵照在案。茲據布政使趙城詳稱，自雍正五年三月初八日起，至雍正六年四季止，通共收買生、熟銅一十五萬六千二百六十六斤三兩零，内除盤出浮多生雜并各官情願繳官不領價共銅九百六十五斤十四兩零外，餘銅一十五萬五千三百斤五兩零。遵照銅、鉛核筭并分生、熟價值，共給發價銀一萬八千二百二十六兩四錢四分二釐零，内動支雍正五年地丁銀一萬六千三十一兩九錢七分零，又動支雍正六年地丁銀二千一百九十四兩四錢六分零等因。臣覆查無異，謹會同湖北督臣邁柱合詞具題等因前來。查湖南所收生、熟銅器共一十五萬六千二百六十六斤三兩零，内除盤出浮多生雜并各官情願繳官不領價銅九百六十五斤十四兩零外，寔應領價銅一十五萬五千三百斤五兩零，共給過價銀一萬八千二百二十六兩四錢四分二釐零。臣等按册分晰生、孰銅、鉛價值核筭，數目相符，應毋庸議。再雍正七年正月欽奉諭旨：『不必拘定足放一成二成餉錢方行開鑄。』臣部欽遵通行各省在案。今湖南所收銅器有一十五萬六千二百六十六斤三兩零，應令該撫王國棟作速遵旨酌議設局開鑄。仍嚴飭各屬陸續收買，照例按季造報，歲底具題，并將前項給過價值銀兩，造入各該年奏銷册内，報部查核可也。臣等未敢擅便，謹題請旨。」雍正七年四月二十五日題。本月二十七日奉旨：「依議。」

《雍正朝內閣六科史書·户科·署山東巡撫印務岳濬題請頒發錢文字樣於山東省城開局設爐照式鑄造本》 署理山東巡撫印務布政使臣岳濬謹題爲欽奉上諭事：「該臣看得東省收買銅器設局鼓鑄一案，欽奉諭旨：『各省所收之銅，可以設局開爐，即當鼓鑄，俾錢法流通。不必拘定足一成、二(土)成兵餉方行開鑄。欽此。』隨行布政使速議開鑄去後，茲據布政使費金吾詳稱：『查東省自雍正五年十一月内收買銅器起，至雍正六年冬季，共收存司庫銅七萬一千六十七斤十二兩。又據各州縣續報，起解銅共九千五百二十六斤，四通計收銅八萬五百九十四斤。查康熙七年東省開局鼓鑄，每爐一座，每月鑄錢二十四包，每包用銅一百一十八斤，耗銅一十三斤，淨銅一百零五斤，每文重一錢四分，計鑄錢一十二千，需用工費銀二兩五錢，俱有舊例可循。惟查廢銅折耗，每十斤止應耗銅一十四兩四錢，應於舊例内減去銅二斤九兩九錢零。每包用廢銅一百一十五斤六兩零，照五成銅核價，共銀一十一兩九錢七分零，又加工費銀二兩五錢，共計銀一十四兩四錢七分零。鑄錢一十二千，每錢一千合銀一兩二錢五釐零。今收存廢銅八萬五百九十四斤，分鑄六百九十八包，共用銅八萬五百三十一斤零，可得錢八千三百七十六串。除見在預發價值，嚴飭各屬上緊收買，以期源源接濟。理合遵旨於山東省城開局設爐，遴委濟南府知府金允彝監理總局，濟南府同知徐關寶、布政司經歷范從徹專管其事。本司不時稽察，加謹料理。懇祈轉請大部頒發字樣錢文，照式鑄造。再查東省陸續收買銅器，有六成、五成、四成不等，今遵例以五成銅核價，鑄造之時均勻搭配，以合價值。其需用工費各項銀兩，請於雍正七年地丁項下動支，工竣造册報銷，合併聲明。」等情前來，臣覆查無異。謹會同督臣田文鏡合詞具題，伏祈皇上勅部議覆施行，謹會題請旨。」雍正七年四月三十日題。五月十六日奉旨：「該部議奏。」

《雍正朝內閣六科史書・户科・署户部左侍郎兼京省錢法事務常德壽題爲奏銷寶泉局各項銅鉛數目本》　署理户部左侍郎事兼理京省錢法事務臣常德壽謹題爲按年奏報事：「該臣查得寶泉局監督馬禮善等造册奏銷呈報前來，查雍正五年奏銷後，原存庫銅一百六十六萬二千五百七十四斤十二兩二錢四分零，內蝌殼銅三十二萬八千斤，淨紅銅一百三十三萬四千五百七十四斤十二兩二錢四分零。鉛二十五萬四千一百五十六斤八兩五錢六分零。舊器皿黄銅九十五萬八千七十三斤二兩，內六成黄銅二十五萬二千八百八十六斤二兩，五成黄銅四十三萬七千二百五十斤六兩，四成黄銅二十九萬七千九百三十六斤十兩，沙板捶邊五成廢錢銅一千七十斤。不計價鐵銅一千一百七十三斤一兩，不計價法馬銅一千一百五十斤。又實存局庫收買舊器皿黄銅銀二萬三百八十九兩五錢五分六釐六毫六絲，新收紅銅二百八十八萬五百四十斤十兩九錢八分七釐五毫，蝌殼銅六十八萬六千四百四十六斤二兩一錢五分。鉛二百一十四萬四千七百六十七斤八兩二錢四分九釐八毫。又收入官併歸化城等處五成黄銅七萬五百九十六斤四兩，四成黄銅二萬二千二百九十二斤。又收買八旗五城舊器皿黄銅，自雍正六年正月起，至十二月止，共領過户部庫銀四萬兩。以上舊存新領共銀六萬三百八十九兩五錢五分六釐六毫六絲。收買五成舊器皿黄銅三十七萬七千九百九斤八兩，每斤價銀一錢三釐七毫五絲，給發過價銀三萬九千二百八兩一錢一分六毫二絲五忽。收買四成舊器皿黄銅一十五萬四千八百四十八斤十兩，每斤價銀九分五釐五毫，給發過價銀一萬四千七百八十八兩四分三釐六毫八絲七忽五微。以上共收買過舊器皿黄銅五十三萬二千七百五十八斤二兩，通共給發過價銀五萬三千九百九十六兩一錢五分四釐三毫一絲二忽五微。共鑄錢五十卯。內五成搭配三十一卯，用紅銅一百八十六萬斤，鉛一百八十六萬斤；四六搭配十卯，用蝌殼等銅七十二萬斤，鉛四十八萬斤；加鑄九卯，用六成舊器皿黄銅二十二萬斤，四成舊器皿黄銅二十二萬斤，五成舊器皿黄銅六十三萬八千九百三十斤，五成沙板捶邊錢銅一千七十斤。內除耗銅耗鉛外，每文重一錢四分共鑄錢六十二萬四千串文，內除爐匠四十九卯工料錢十一萬六千七十一串二百文，淨餉錢五十萬五千五百六十串文，捐出一卯工料錢二千三百六十八串八百文外補串繩錢九百串文，以上五年卯餉錢，併捐出一卯工料錢，及外補串繩錢，共五十萬八千八百二十八串八百文，俱經解部訖。除不計價鐵銅一千一百七十三斤一兩，不計價法馬銅一千一百五十斤存庫外，實存庫紅銅二百三十五萬五千一百十五斤七兩二錢三分零，蝌殼銅二十九萬四千四百四十六斤二兩一錢五分，鉛五萬八千九百二十四斤八錢一分零，舊器皿黄銅五十萬四千七百八十九斤八兩，內六成黄銅二千八百八十六斤二兩，五成黄銅二十四萬六千八百二十六斤二兩，四成黄銅二十五萬五千七十七斤四兩。又實存局庫收買黄銅銀六千三百九十三兩四錢二釐三毫四絲七忽五微，一併交與該監督馬禮善等，於雍正七年自正月起所存各項銅鉛給發爐匠鼓鑄，存庫銀兩收買黄銅，仍俟按年奏銷可也。除寶泉局細數文册送部查核外，爲此謹題請旨。」雍正七年五月二十九日題。六月初二日奉旨：「著察核，該部知道。」

《雍正朝內閣六科史書・户科・總理户部事務怡親王允祥等題爲雲南應給鞭春祭祀鋪兵餼糧等項准於鼓鑄局錢內支給本》　總理户部事務和碩怡親王臣允祥等謹題爲地丁錢叁不敷支放詳請題明似便局錢兼支事：「雲南巡撫沈廷正題，前事雍正七年三月十三日題，四月二十二日奉旨：『該部議奏。』該臣等查得雲南巡撫沈廷正疏稱，滇省每年應放官役俸食、鞭春祭祀、鋪兵餼糧等項銀六萬六千三百餘兩。而每年地丁項下額徵錢，三錢僅只五萬六千三百兩零，不敷一年支放之數。舊例，原以本年所收地丁錢文搭同局錢兼放，繼因局錢支放通完，又經題明銀錢兼支在案。兹據布政使張允隨詳稱，本省開爐鼓鑄，自應仍以局錢支放，但節年尚有奏銷存剩錢，三錢存庫，今扣至雍正五年報銷，只存錢七千四百五十兩零，搭同六年應徵地丁錢五萬六千三百餘兩，僅足供放雍正六年鞭春等項。其雍正七年現有鼓鑄局錢不便，又以銀錢兼支，請將應給鞭春祭祀、鋪兵餼糧，自雍正七年爲始，於鼓鑄局錢內支給，歲底彙册報銷等因。臣覆查無異，會同雲南督臣鄂爾泰合疏具題等因前來。查雲南省每年應給官役俸食、鞭春祭祀、鋪兵餼糧等項，例係地丁項下額徵錢三錢內坐放。今該撫沈廷正疏稱，本省開爐鼓鑄，節年存剩錢三錢併六年應徵地丁錢文，僅足供放雍正六年鞭春等項，請將應給鞭春祭祀、鋪兵餼糧，自雍正七年爲始，於鼓鑄局錢內支給等語。應如所請，行令該撫沈廷正將節年存剩錢三錢併雍正六年應徵地丁錢文，放給六年鞭春等項外，其雍正七年應給鞭春祭祀、鋪兵餼糧，准於鼓鑄局錢內支給。仍將給過局錢數目併七年存剩額徵地丁錢文，造入地丁奏銷册內，具題查核可也。臣等未敢擅便，謹題請旨。」雍正七年六月初九日題。本月十一日奉旨：「依議。」

《雍正朝內閣六科史書・户科・貴州巡撫張廣泗題報畢節縣大鷄廠地方開採倭鉛開爐鼓鑄照例抽課本》 巡撫貴州兼理湖北川東等處地方提督軍務都察院右僉都御史加六級紀録一次駐劄貴陽府臣張廣泗謹題爲稟明開採裕課便民事：「該臣看得畢節縣屬大鷄廠地方出産倭鉛，前據廠民劉廷重等躧出報縣，當經該縣介錫周驗明煎試具報，前司飭令招丁開採，經前署撫臣祖秉圭批查，委令該縣管理，并飭調劑裕課利民妥議詳報。嗣據該司詳，據該縣介錫周詳稱，大雞廠地方倭鉛廠，查明并無干礙民間田園、廬墓，現在開採，頗覺興旺。并將抽收課鉛呈解。應題明准其開採，照例抽課，歸公鼓鑄，年底報銷。又經署撫臣沈廷正飭查去後，今據布政使鄂彌達詳稱，護威寧府事大定州知州陳嘉會先因辦理軍務，未暇查勘，迄今事竣，行據該護府詳稱，大雞廠自雍正五年十月內詳報煎試，於十一月十一日遵例二八抽收起，至雍正六年十二月歲底止，共抽課鉛二十八萬四千七百七十八斤。內雍正六年四月內解過課鉛一千八百七十五斤，又修理官房并書役工食等項，該縣照丁頭山之例，在於前項抽收課鉛內共賣過三萬五千三百四十斤支給，統俟年底造册報銷，現存廠課鉛二十四萬七千五百六十三斤。查該廠開採以來，廠民漸多，爐座漸增，所出倭鉛實有成效。且鼓鑄現議於畢節縣開爐，而大雞廠至畢節僅止二站，脚價辦運較之他處省便。飭縣將所出鉛斤存留鼓鑄，詳請題報開採。并稱倭鉛每百斤抽課二十斤，儘收儘解，以歸局內之用，按年造册報銷外，其商民所得餘鉛，悉聽本省發本委員買運鼓鑄等因前來。臣覆查無異，謹合詞具題，伏乞皇上睿鑒，勑部議覆施行，謹題請旨。」雍正七年五月十二日題。六月十四日奉旨：「該部議奏。」

《雍正朝內閣六科史書・户科・總理户部事務怡親王允祥等題准奉天府屬本年收過銅器由驛站解送寶泉局鼓鑄本》 總理户部事務和碩怡親王臣允祥等謹題爲遵旨行文事：「盛京刑部侍郎兼管署理奉天府府尹事王朝恩題，前事雍正七年四月十五日題，五月初七日奉旨：『該部議奏。』該臣等查得盛京刑部侍郎兼管署理奉天府府尹事王朝恩疏稱，收買黄銅器皿一案，雍正六年夏秋冬三季，奉天府屬承德等州縣共收生、熟銅器四萬一千九百三十餘斤，動支雍正五年地丁銀四千九百四十兩七錢六分零。嗣後或有交納，亦爲數無多。若開鼓鑄，爐廠工費浩繁，匠役召募乏人，未便設爐鼓鑄。請將所收銅器，解交户部，轉發寶泉、寶源二局鼓鑄。查銅器交送户部，路途遥遠，應由驛站撥給車輛支應，委員押解户部交投。併將所收銅器，給發銀兩，細數造册送部查核。據各屬詳議，理合具題等因前來。

查各省收買銅器，欽奉諭旨，令各省設爐鼓鑄。臣部遵奉通行在案。今該署府尹王朝恩疏稱，所收銅器止四萬一千九百三十餘斤。嗣後交納，恐爲數無多。若開鼓鑄，工費浩繁，未便設爐鼓鑄。請將所收銅器，解交户部，轉發錢局鼓鑄。交送銅器應由驛站撥給車輛支應，委員解交户部等語。是奉天府屬所收銅器爲數無多，將來勢難開鑄，且奉天府地方距京甚邇，京局所鑄錢文流通甚易。應如所請，將現在收過銅器，由驛站車輛委員解送寶泉局，所有給過價值銀四千九百四十兩七錢六分零。臣部按依册開生熟成色核筭，數目相符。應仍令該署府尹王朝恩將前項給過銀兩，造入該年地丁奏銷册內，報部查核。嗣後所收銅器，照例每於歲底解送寶泉局可也。臣等未敢擅便，謹題請旨。」雍正七年六月十二日題。本月十四日奉旨：「依議。」

《雍正朝內閣六科史書・户科・總理户部事務怡親王允祥題湖北收買銅器准其設爐開鑄錢文以武昌道專司局務本》 總理户部事務和碩怡親王臣允祥等謹題爲欽奉上諭事：「署理湖北巡撫印務布政使徐鼎題，前事雍正七年六月十八日題，七月初八日奉旨：『該部議奏。』該臣等查得暫行署理湖北巡撫印務布政使徐鼎疏稱收買銅器鼓鑄一案，據布政使徐鼎詳稱：『湖北自雍正五年起，收買過銅器共一十三萬五千九百一十九斤零，各屬現在接續收買，似可開鑄。第查從前鑄局，原係倉基，自停鑄之後仍改作倉，現貯穀石。今有城內東南隅官房一所，請動公項銀兩，畧加修葺，改爲錢局。酌設爐二十座，每月酌量鑄錢二卯，每爐每卯用生、熟銅器二百五十六斤十二兩，內生銅一百二十八斤六兩，每斤部價九分零，熟銅一百二十八斤六兩，每斤部價銀一錢一分零，二共銅本銀二十七兩七錢一分零。又收買銅器，原係估照成色，每百斤約有贈耗銅一十七斤，今以原銅配搭鼓鑄，照京局例，每百斤除折耗九卯，尚有餘銅八斤，亦應作正計筭，每爐每卯用生銅一百二十八斤六兩，應贈餘銅一十斤四兩三錢二分，值銀九錢八分零，熟銅一百二十八斤六兩，應贈餘銅一十斤四兩三錢二分，值銀一兩二錢三分零，通共可節省銀二兩二錢一分零歸作銅本外，每爐每卯止用銅本銀二十五兩四錢九分，計每錢一文，重一錢四分核筭，該鑄錢二十九千三百四十三文。內除給匠役工食物料等項錢三千一百九十三文零，實得錢二十六串一百四十九文零，每千值銀一兩，共銀二十六兩一錢四分九釐零。除抵還本銀二十五兩四錢九分零外，應得盈餘息銀六錢五分零，共爐二十座，每月二卯，共用浄銅一萬二百七十斤，共得正錢一千四十五串九百六十三文零，計獲息銀二十六兩一錢三分零。委武昌道徐聚倫監督，倘所收銅器尚有耗贈盈餘之處，令該監督核實具報。至開鑄錢文，應聽部頒錢式，以便遵照。所鑄錢文，作何配搭支放，亦聽部議等情，臣覆查無異，會同督臣邁柱合詞具題。』等因前來。查各省收買銅器，欽奉諭旨：『不必拘定足放一成二成餉錢方行開鑄。』今湖北所收銅器，該署撫徐鼎既稱共有一十三萬五千九百一十九斤零，似可開鑄。城内東南隅官房一所，請動公項銀兩，畧加修葺，改爲錢局，設爐二十座，每月鑄錢二卯，每爐每卯用生熟銅二百五十六斤十二兩，共該銅本銀二十七兩七錢一分零。又收買銅器原係估色，每百斤有贈耗銅一十七斤，除折耗九斤，尚有餘銅八斤亦應作正計筭，每爐每卯應贈餘銅二十斤八兩六錢四分，共節省值銀二兩二錢一分零，歸作銅本外，止用銅本銀二十五兩四錢九分，鑄錢二十九千三百四十三文。內除給工料等錢三千一百九十三文，實得錢二十六串一百四十九文零，每千值銀一兩，共值銀二十六兩一錢四分九釐零，除抵還銅本外，應得息銀六錢五分零。共爐二十座，每月每爐鑄錢二卯，共獲息銀二十六兩一錢三分零。委武昌道徐聚倫監督，開鑄錢文應聽部頒錢式，以便遵照等語。均應如所請，准令設爐開鑄，以武昌道徐聚倫專司局務，令其實心辦理。該管上司仍不時稽查，凡經手錢糧如有那移虧缺，即行題參。所有樣錢，臣部行文錢法衙門，一面鑄『雍正通寶』漢字，一面鑄『寶武』清字，每文計重一錢四分，頒發該省，令其照式鼓鑄。所鑄錢文送部查驗，併將錢文數目及需用銅器等項，照例按季造報，歲底具題。其鑄出錢文，以所鑄若干，計筭均匀，搭放兵餉。其續收銅器，仍令該署撫徐鼎嚴飭各屬，上緊收買，源源接鑄可也。臣等未敢擅便，謹題請旨。」雍正七年閏七月二十一日題。本月二十三日奉旨：「依議。」

《雍正朝內閣六科史書・户科・廣西巡撫金鉷題請一面具題一面動借司庫銀兩收買商銅本》巡撫廣西等處地方提督軍務兼都察院右副都御史駐劄桂林府臣金鉷謹題爲敬陳開採末議等事：「該臣看得粵西各屬地方，凡有產礦山場，先經臣奏明，所得銅礦，用價採買，并本省所收銅器，以供鼓鑄。奉旨：『依議，欽此。』欽遵移咨到臣，經臣行司飭令各屬礦場，將所出一切銅觔，除抽收稅稞外，其一應商銅，均應照定價，隨時儘數收買，庶免走漏，商本亦得展舒。并專委按察使元展成總理銅礦及鼓鑄事務。嗣據具詳，請于藩庫內動借銀一萬兩收買商銅，俟開爐鼓鑄領本之日照數還項。隨經批飭酌動借給詳報去後，兹據布政使張元懷詳稱，查雍正庚戌年應徵地丁銀兩已經奉旨蠲免，其現徵雍正七年地丁等銀，將來又須湊撥兵餉。似應即于司庫所存公同封貯銀二十四萬三千二百兩零之內，將銀一萬兩照數借給，轉發在廠官員，將所有商銅隨時儘數照價收買，以備鼓鑄。查動借庫貯錢糧，應行題明，候部議覆至日，照數動借。但鼓鑄與收買商銅，應隨時給價，粵西距京窵遠，若俟部覆至日方行借給，未免往返需時，不無有悮收買。詳請一面具題，一面照數動借給發收買。又查粵西各處礦場現在開採，將來商銅必需價銀收買，如再有支用之處，俱在封貯項內支給，仍將支給過數目隨即咨部查核等情前來。除批司照數動借，仍將給發過銀兩數目、日期，另詳咨部外，事關動借錢糧，臣謹會題，伏乞皇上睿鑒，勅部議覆施行，謹題請旨。」雍正七年九月初七日題。十月初八日奉旨：「該部議奏。」

《雍正朝內閣六科史書・户科・工部右侍郎仍管總漕印務張大有題參江蘇鎮江衛前幫運官王鎮邊等過淮違限本》總理户部事務和碩怡親王臣允祥等謹題爲詳請題明事：「貴州巡撫張廣泗題，前事雍正七年七月二十一日題，閏七月二十四日奉旨：『該部議奏。』」該臣等查得貴州巡撫張廣泗疏稱：『威寧府屬猓子、膩書等廠爐底鉛斤變價等銀一案，據布政使鄂彌達詳稱，膩書、猓子等廠，康熙五十九年以前初行開採，所出爐底鉛斤，從前管廠各官係交商民變價，照正課之例，每變價一兩，收課三錢，入于正課銀兩報解。至康熙五十九年以後方行分晰，除正課之外，另抽爐底變價起解。是以從前報銷册內俱係開報每銀一兩抽課三錢，並無爐底字樣。至觀音廠，自康熙五十七年十二月開採起，至康熙五十九年十二月停爐止，一切經手課簿，俱係管承寵經理，并未移交，有無隱匿，亦無底册可查。原開硐夫爐户，自該廠封閉之後，俱各四散，無憑訊問。其管承寵供出爐底變價銀七十餘兩，應在管承寵、楊書名下着追分賠，但管承寵已經解部發落，楊書陞任之後業犯流罪，現發陝西西安府地方，應請就近着追。又據南籠、安順等府詳稱，普安縣兩路口倭鉛廠，即現今開採丁頭山之坡脚，前任知縣姚應鶴于康熙五十七年九月二十四日具詳，經護撫遲炘批允，開抵濫水橋廠水銀課額羨餘儘收儘解。至雍正元年停爐之處，前縣姚應鶴即爲稟報，于冬底封閉，復于雍正二年正月，又據爐户周鼎玉等以丁頭山産有倭鉛，因兩路口礦砂全無，不待封閉，即搬上丁頭山開採。是兩路口雖未題請封閉，而封閉之日，即係丁頭山開採之日也。但前任普安縣知縣姚應鶴不將兩路口停爐之處詳明封閉，應否議處，統候部奪。銅仁府知府姚謙完解鉛斤變價銀兩已貯司庫，候文撥餉等情，臣覆查無異。會同督臣鄂爾泰合詞具題。』等因前來。查黔省威寧府屬猴子、膩書等廠，自康熙五十七年起，至五十九年止，所有爐底鉛斤變價一案，先經署理貴州巡撫印務雲南巡撫沈廷正疏稱，係前正署布政使遲炘等經收之項，已入各年報銷正課，每兩抽銀三錢項下等因。臣部以歷年奏報册内，俱係每兩抽課三錢，並無爐底變價字樣，恐有侵隱情弊，行令確查題報去後，今該撫張廣泗疏稱，康熙五十九年以前初行開採，係交商民變價，後照正課之例，每變價一兩，收課三錢，入于正課銀兩報解。至康熙五十九年以後方行分晰，除正課之外另抽爐底變價，是以從前報銷册内並無爐底字樣，寔無侵隱情弊等語。但前項爐底銀兩果無扶同侵隱，理應據寔保題，應仍令該撫詳悉確查，會同該督鄂爾泰保題到日再議。至觀音一廠未封以前，有無爐底鉛斤變價銀兩，該撫疏稱，自康熙五十七年開採起，至五十九年止，一切經手課簿，俱係管承寵經理，并未移交，有無隱匿亦無底册可查。其管承寵供出爐底變價銀七十餘兩，應在管承寵、楊書名下分賠，管承寵已經解部發落，楊書業犯流罪，現發陝西西安府地方，請就近着追等語。查觀音一廠久經封閉，其經手課簿之原任安順府知府管承寵有無侵隱之處，臣部又經傳詢，據管承寵供稱，爐底變價銀兩，從前並未題報，亦未立有底册，只有賬簿一本，是爐户課長們掌管，到廢員被參遞解回京後，所有賬簿並不經手，上年供的爐底變價銀七十餘兩，因未題明，是以動發課長工食，寔止七十八兩，此外並無隱匿。今着落廢員與楊書二人分賠，廢員不敢推諉，情願設措分賠。如虛，甘罪等語。應將前項供出爐底變價銀七十八兩，着落管承寵、楊書名下，各分賠銀三十九兩，行文該旗都統并陝西巡撫，照數着追完報。又該撫張廣泗疏稱，普安縣屬之兩路口倭鉛礦廠，即係現今開採丁頭山之坡脚，前任知縣姚應鶴具詳，經護撫遲炘批允，開採抵補水銀課額，復因兩路口礦砂全無，不待封閉即搬上丁頭山開採，是兩路口鉛廠雖未題請封閉，而封閉之日即丁頭山開採之日也。但姚應鶴不將兩路口停爐之處詳明封閉，應否議處，統聽部奪等語。查丁頭山于雍正二年九月報明開採，而兩路口于雍正元年冬底即行封閉，因何年月不符，其間八個月之内，有無抽收課鉛爐底銀兩並未查明，恐有侵隱情弊。除將從前不行詳明封閉之前任普安縣知縣姚應鶴交與吏部查議外，應仍令該撫將兩路口封閉。因何年月不符并管廠人員有無侵隱之處，據寔確查題報。又稱調任銅仁府知府姚謙應解威寧府任内收過膩書廠鉛斤變價銀三百一十六兩二錢六分，已完解司庫等語，應令該撫張廣泗將前項存庫銀兩，造入該年奏銷册内報部查核可也。臣等未敢擅便，謹題請旨。」雍正七年十月初九日題。本月十一日奉旨：「依議。」

《雍正朝内閣六科史書・户科・貴州巡撫張廣泗題爲威寧府猓木果廠所産銅斤照例定價抽課年底報銷本》 巡撫貴州兼理湖北川東等處地方提督軍務都察院右僉都御史加六級紀録一次駐劄貴陽府臣張廣泗謹題爲詳請題明開採以資鼓鑄以利民生事：「該臣看得威寧府屬猓木果地方産有銅礦，前據商民劉國相等結報，經督臣批司委員協同商民採試去後，今據布政使鄂彌達詳稱：『查得威寧府屬猓木果廠出産銅礦，經前任威寧府今陞糧驛貴東道楊永斌親詣廠所勘明煎試，頗有成效。委令龍泉縣典史陳宗聖前往管理，招商開採抽課。復委威寧府司獄陸璋接管，并飭該府就近稽查，務期開採有效，詳請具題。嗣因米貼動兵，前任威寧府楊永斌委辦軍務，繼陞糧驛貴東道并接護府事，大定州陳嘉會亦委辦軍糈，未暇詳查。今據署威寧府陳悳榮親詣該廠逐細查勘，並調取各簿底册核對，自雍正五年十月初五日開採抽課起，至雍正七年二月底止，通共抽獲課銅一萬九千零六十一斤八錢。内除變賣過一萬五千一百七十五斤八錢，價值不等，共變獲價銀一千三百四十三兩五錢三分五釐，内除開銷官役工食、蓋造房屋等項費銀六百六十五兩五錢零，寔獲銅價銀六百七十八兩零，尚存銅三千八百八十六斤，似屬稍有成效。至該廠抽課事例，每銅一百斤抽課銅十斤，每月額定廠中辦事工食等費需銀三十三兩三錢，均在正課銅内動支變價開銷。并聲明該廠山形瘦小，礦薄汁微，日後衰旺難以預定。又黔省鼓鑄，現議于畢節地方開局，需銅甚急，而該廠銅斤運至畢節較省他處，相應題明，准其開採。其所出之銅斤，每百斤抽課銅十斤，以歸局内之用。今所收課銅，應請每百斤照時價定以八兩五錢，統于年底造册報銷，以清欵項。至商民所得餘銅，悉聽本省定價，發本委員買備，以資鼓鑄。』等情前來，臣覆查無異，相應會題，伏乞皇上睿鑒，勅部議覆施行，謹題請旨。」雍正七年九月初九日題。十月十二日奉旨：「該部議奏。」

《雍正朝内閣六科史書・户科・總理户部事務怡親王允祥等題令黔撫將各廠爐底鉛斤變價銀兩緣何多寡不一詳查具題本》 總理户部事務和碩怡親王臣允祥等謹題爲懇准開廠裕課便民事：「貴州巡撫張廣泗題，前事雍正七年閏七月二十六日題，九月初二日奉旨：『該部察核具奏。』該臣等查得貴州巡撫張廣泗疏稱：『黔省威寧府屬柞子、白蠟礦廠，經前撫臣何世琪題准開採。其羊角一廠有無成效，並准部咨確查。嗣據布政司詳覆，該廠從前出課無幾，今稍有增益，應請一例開採。經臣題明，例應按年奏報。今據布政使鄂彌達詳稱，柞子廠自雍正五年三月二十五日開採起，至六年三月止，抽獲課銀八千九十八兩二錢五釐零，爐底鉛課變價銀八百六十三兩九錢六分零。又白蠟廠自雍正五年閏三月初一日起，至六年三月止，抽獲課銀二百五十三兩六錢零，爐底變價銀二百五十四兩一錢四分六釐零。又羊角廠自雍正五年閏三月初一日起，至六年三月止，抽獲課銀三十六兩五錢六分一釐零，爐底變價銀六十三兩一錢七分八釐。以上三廠正課並鉛斤變價共銀九千五百六十九兩六錢五分零。造册詳報，臣覆查無異，會同總督鄂爾泰合詞具題。』等因前來。查黔省威寧府屬柞子等廠所抽課銀，該撫張廣泗疏稱，柞子廠自雍正五年三月二十五日起，至六年三月止，抽獲課銀八千九十八兩二錢五釐，爐底變價銀八百六十三兩九錢六分零。白蠟廠雍正五年閏三月初一日起，至六年三月止，抽獲課銀二百五十三兩六錢零，爐底變價銀二百五十四兩一錢四分六釐零。羊角廠自雍正五年閏三月初一日起，至六年三月止，抽獲課銀三十六兩五錢六分一釐零，爐底變價銀六十三兩一錢七分八釐等語。應將前項正課并鉛斤爐底變價銀共九千五百六十九兩六錢五分零，照數收貯司庫，候文撥餉。但各廠爐底鉛斤變價銀兩内，有較正課未及一半，有與正課之數相同，又有倍于正課者，其中因何多寡不一，疏内未經分晰緣由。應令該撫張廣泗將前項爐底鉛斤變價銀兩逐一詳查，據寔分晰題報可也。臣等未敢擅便，謹題請旨。」雍正七年十月十二日題。本月十四日奉旨：「依議。」

《雍正朝内閣六科史書・户科・大學士管户部尚書事張廷玉等題爲核查雲南雍正六年鼓鑄錢文工料用過銀兩等項數目本》 經筵講官少保兼太子太保保和殿大學士仍管吏部户部尚書事臣張廷玉等謹題爲遵旨敬陳鼓鑄事宜等事：「雲南巡撫沈廷正題，前事雍正七年六月十三日題，七月二十四日奉旨：『該部察核具奏。』該臣等查得雲南巡撫沈廷正將滇省雍正六年分鼓鑄錢文所需工料、銅鉛，用過銀兩，所獲息錢數目，造册具題前來。據册開：

一舊管存局本息錢一十三萬六千三百六十四串八百二十七文，工本等銀一十九萬八千二百三十三兩五錢九分二釐等語。查上年實在項下共存銀一十四萬二千一十三串七百九十三文，存銀一十五萬八千二百三十三兩五錢九分二釐。今該撫沈廷正册内將霑益州被劾知州張棨虧空錢四千六百四十八串九百六十六文，此案業經題參，除另案追結外，實存錢十三萬六千三百六十四串八百二十七文，合算數目相符。至存局工本銀兩，該撫將雍正五年十二月，總督鄂爾泰具題，經調任按察使元展成於麗江府任内豫借六年司庫銀四萬兩歸併，實存銀内，共應存局銀一十九萬八千二百三十三兩五錢九分二釐，查得數目均屬相符，應毋庸議。

一新收工本銀一萬二千六百九十八兩一分，舊管新收共銀二十一萬九百三十一兩六錢二釐。買銅七十七萬七千六百斤，每百斤價銀九兩二錢，共該銀七萬一千五百三十九兩二錢；買鉛五十一萬八千四百斤，每百斤價銀四兩五錢，共該銀二萬三千三百二十八兩；二共銀九萬四千八百六十七兩二錢。省城、臨安貳局，三十六爐，自雍正六年正月初一日起，至十二月三十日止，每爐鑄錢三十六卯，每卯用銅六百斤，共銅七十七萬七千六百斤；用鉛四百斤，共鉛五十一萬八千四百斤；共一千二百九十六卯，用銅、鉛一百二十九萬六千斤。每百斤折耗玖斤，共折耗一十一萬六千六百四十斤，净銅鉛一百一十七萬九千三百六十斤。每鑄錢一文，重一錢四分，共鑄錢一十三萬四千七百八十四串文。内工本錢九萬四千八百六十七串二百文，息錢三萬九千九百一十六串八百文。再採買鉛伍十一萬八千四百斤，每百斤節省銀一兩，共節省銀五千一百八十四兩，以作發運外省制錢脚價之費等語。查前項鑄過錢文用過銅、鉛併折耗數目，與上年准銷之數相符。至新收項下支領一萬二千六百九十八兩一分，所動欵項疏内並未聲明，應令該撫查明報部。其發運錢文所需脚價，動支節省銀兩之處，俟易銀回日，將實在所需脚價若干另造清册題銷。

一開除解還調任按察使元展成於麗江府任内豫借司庫雍正六年分工本銀四萬兩，放給雍正六年分兵餉、驛站官夫廪食、馬匹草料等錢六萬一千八百一十六串八百六文。又支給各局工料錢二萬三千五百八十七串二百文，此項工料錢文，於雍正五年存局息錢項下動用。又發運川省錢四萬串，廣西錢五萬串，以上通共放過併支給及運發外省本息錢一十七萬五千四百四串六文，内工本錢一十五萬一千八百一十六串八百六文，息錢二萬三千五百八十七串二百文等語。查前項支給工料錢文，係應給之項，應准開銷。至支給驛站官夫廩食、馬匹草料等錢，臣部移查，兵部回稱，前項放給錢文，經該撫造册題報，尚未核銷等語，應俟兵部題覆准銷之日，另造清册報部查核。其解還雍正六年豫借工本銀四萬兩，應令該撫將前項解還銀兩照數收貯司庫，歸還原動欵項。又發運川、廣二省制錢九萬串，俟易銀回滇之日報部，歸還從前原動工本。

一實存本息錢九萬五千七百四十四串八百二十一文，内工本錢一萬九百五十串三百六十七文，息錢八萬四千八百三十九串四百五十四文等語。應令該撫將前項所存錢文，造入雍正七年分鼓鑄奏銷册内報部查核。

一詳籌錢法等事案内，帶鑄錢文自雍正六年正月初一日起，至十二月止，共帶鑄銅七萬七千七百六十斤，鉛五萬一千八百四十斤，共用工本銀八千九百六十八兩三錢二分，鑄出本息錢一萬三千四百七十八串四百文。内除息錢三千七百陸串五百六十文，奉部准作運錢脚價另册報銷外，實鑄工本錢九千七百七十一串八百四十文。内動給物料錢八百三串五百二十文，實存工本錢八千九百六十八串三百二十文。以上共存正額帶鑄本息錢一十萬四千七百一十三串一百四十一文，存局工本銀六萬七千九十六兩八分二釐。又搭放兵餉、驛站等項錢文易出銀六萬一千八百一十六兩八錢六釐等語。查前項帶鑄錢文，需用銅、鉛物料等項，核算數目相符。至存局銀共一十二萬八千九百一十二兩八錢八分八釐，存局錢一十萬肆千七百一十三串一百四十一文，二共銀錢二十三萬三千六百二十六兩二分九釐，應令該撫將前項存局銀錢，除酌量存留鼓鑄工本外，如有餘存，解交司庫，遵照原題歸還原借工本，倘有虧缺短少即行查參。仍將存留解司數目，報部查核。其帶鑄錢内所獲息錢三千七百六串五百六十文，該撫疏稱留作運錢脚費，另册報銷等語，應令該撫俟發運錢文領銀回滇之日，將實給脚價數目，另造清册，具題核銷。再查雍正六年八月總督鄂爾泰具題，以滇省節年鼓鑄工本報部，雖止正額帶鑄，而其實尚有外耗銅、鉛，其工本若不飭發，勢必有悞。今將三十陸爐外耗銅鉛，無閏發工本銀八千七十一兩四錢八分八釐，過閏發工本銀八千七百四十四兩一分二釐，按年給發，附入正額帶鑄之末，一體奏銷等因，臣部覆准在案。今雍正六年分有無外耗銅、鉛，給發工本以及鑄出錢文數目，疏内並未聲明，應令該撫沈廷正據實確查，逐一造册分晰具題，到日再議可也。臣等未敢擅便，謹題請旨。」雍正七年十一月初五日題。本月初七日奉旨：「依議。」

《雍正朝内閣六科史書・户部・貴州巡撫張廣泗題爲請准威寧大定府州所屬沙朱等地方開採鉛廠以供鼓鑄本》 巡撫貴州兼理湖北川東等處地方提督軍務都察院右僉都御史加六級紀録一次駐劄貴陽府臣張廣泗謹題爲詳請題明開採鉛廠以供鼓鑄事：「該臣看得威寧大定府州所屬沙硃大興地方産有倭鉛，前據布政司詳，據商民呈報採試緣由，經臣批行採試議詳去後，今據布政使鄂彌達詳，據署威寧府知府陳悳榮、大定州知州陳嘉會詳稱：沙硃廠於雍正七年七月二十五日得礦起，至九月二十二日，燒出倭鉛八萬八千六百四十五斤。内照例每百斤二八抽，獲課鉛共一萬七千七百二十九斤。又大興廠自本年八月二十日得礦起，至十一月初二日，燒出倭鉛六萬九千二百五十五斤。内照例每百斤二八抽，獲課鉛共一萬三千八百五十一斤。是二廠既有成效，應請開採，照例抽課運局供鑄，每百斤定價一兩五錢，俟鑄出錢文，撥還課價，按年造報。其廠内人役工食及修蓋房屋等項，請照例於正課内動支，統於年底課鉛册内登報開除。其沙硃廠，委令威寧州管理；大興廠，委令大定府管理。並飭該府、州將沙硃廠自九月二十三日以後，大興廠自十一月初三日以後所抽課鉛逐一確查分晰，一併於年底造報察核等情，具詳前來。臣覆查無異，相應會題請旨。」雍正七年十二月二十一日題。八年二月十三日奉旨：「該部議奏。」

《雍正朝内閣六科史書・户科・大學士管吏部户部尚書事張廷玉等題爲核銷江西省設立錢局鼓鑄錢文所用工料等項本》 經筵講官少保兼太子太保保和殿大學士仍管吏部户部尚書事臣張廷玉等謹題爲欽奉上諭事：「署理江西巡撫印務太常寺卿謝旻題，前事雍正柒年拾壹月拾貳日題，十二月初七日奉旨：『該部議奏。』該臣等查得署理江西巡撫印務太常寺卿謝旻將江西省鼓鑄錢文設立錢局修估工料，併生、熟銅器搭配鼓鑄需用工費等項銀兩以及委官監鑄之處，逐一分晰，會同署督臣范時繹合詞具題前來。查江西省收銅器鼓鑄錢(一)文一案，先經原署撫張坦麟將收過銅斤試鑄搭配併需用工料價值等項奏請定議頒行，臣部議覆案内行令將生、熟銅斤均匀搭配，所需工費等項銀兩、銅斤折耗數目及雇募熟悉匠人核實鼓鑄工本，併將樣錢頒發該省，照式鼓鑄去後，今該署撫謝旻疏稱，南昌城内舊有錢局坍塌已久，若復建造需費甚繁。今有入官之舊天主堂房屋，雖不敷用，猶可安爐作局，葺治頗易，估計工料銀壹拾玖兩貳錢陸分，已經發銀修竣等語。

應將入官之舊天主堂，照該署撫所請，准其改爲錢局設爐開鑄，其所需估計工料銀壹十九兩二錢六分應准開銷，仍將所用工料細數，造册送部查核。

一疏稱雲南咨送爐頭湯士弘等三名到江，隨行南昌府同該爐頭斟酌核減，每錢一千文用生、熟銅玖斤玖兩八錢肆分陸釐零，内照京局折耗銅一十三兩八錢四分陸釐零，净銅八斤十二兩，共合銅本銀一兩八分三釐玖毫八絲二忽零。又爐匠工食、炭、罐、串繩四項，共需銀一錢三分二釐玖毫七忽零，通計每錢一千，共需銅本工費銀一兩二錢一分六釐八毫玖絲零，較原估銅本工費銀一兩二錢玖分伍釐零核減銀七分八釐零。照京局需銀一兩二錢二分玖釐一毫零，節省銀一分二釐二毫零。其折耗銅斤，亦照京局計算，每十斤止折耗一十四兩四錢，委無浮冒等語。查江西省每鑄錢一千，合銅本工費銀一兩二錢一分六釐八毫玖絲零，臣部核算與原署撫所報一兩二錢玖分五釐零之數，實減銀七分八釐零，較京局所需一兩二錢二分玖釐一毫零又節省銀一分二釐二毫零。其折耗銅斤亦與京局折耗之數相符，應照該署撫所議，轉飭監鑄之員，將所收生、熟銅器配搭鼓鑄。所需工費銀兩，照依現在核明之數按卯給發，如有扣減，即行查參。

一疏稱滇省爐頭止有三名，每名止可管爐一座，應先設爐三座，俟江省匠人學習諳練併銅斤充足之日再行添爐。其每月鑄錢一卯，每卯用銅一千斤，鑄錢一十萬四千文，三爐共用銅三千斤，共鑄錢三十一萬二千文。至江省銅斤，自雍正五年十月内收起，至七年玖月止共收生熟銅一十萬肆千玖伯一十三斤零，應交監督官收發等語。查江省爐匠既未諳練，雲南咨送又止三名，若令多設爐座，誠恐艱於照料，應如該署撫所請，先設爐三座，每爐每月鑄錢一卯，俟本省匠人學習諳練併銅斤充裕之日，再議添爐加鑄。其已收銅器一十萬四千九百一十三斤零，俱交與監鑄各員，公同收發。至所鑄錢文，照頒發式樣鼓鑄，務須輪廓分明，顔色黄亮。如有缺邊、漏風、分兩輕微等弊，即將經管各員題參議處，鑄錢匠役照律治罪。

一疏稱監督必須才能大員方克勝任，而協辦稽查之官俱不可少，請以驛鹽道魏錫祚總理鑄務，南昌府知府許鎮協理稽查，同知高以静嵩司督工，照磨秦起龍、南昌縣縣丞李垕等巡防任吏，共勸厥事。鑄出錢文，按日解司貯庫。每錢一千，作銀一兩，搭放兵餉。仍將鑄過錢數、用過工料，按季造册送部等語。查鑄錢監督併協理稽查等官，原應遴選能員，方可勝任。今該署撫既請以驛鹽道魏錫祚總理鑄務，南昌府知府許鎮協理稽查，同知高以静嵩司督工，照磨秦起龍等巡防任使，均應如所請，嚴飭各員，務令寔心辦理，匠役人等，嚴加彈壓。鑄出錢文解貯司庫併將用過工料等項，照例按季造報，歲底具題。仍將作何搭放兵餉之處，該署撫酌議報部。其局内一切收放錢糧，如有侵那情弊，即將經管之員據寔題參。

一疏稱現今添修錢局墻屋及一切工料併置備家伙銀兩，應於司庫雍正七年地丁項下支給，除發過銀五百兩外，俟用完之日再行給發。其將來添爐建房併陸續添補家伙等項所需銀兩，請一併於地丁項下開銷。今已於十一月初八日開爐起鑄等語。查現今添修錢局墻屋及一切工料併置備家伙及將來添爐建房、陸續添補家伙等項需用銀兩，該署撫疏稱請於司庫雍正七年地丁項下支給，除發過銀五百兩外，俟用完之日再行給發等語。應將前項需用銀兩，俱准於雍正七年地丁項下支給。至各項工料併置家伙等銀，嚴飭經管之員據寔開報，仍造具各項動支細册報部。鑄出錢文，遵照原題，送部查驗。續收銅器，應嚴飭各屬上緊收買，源源接鑄。再查修葺錢局，前據開報工料銀一十九兩二錢六分，已經發銀修竣。今動銀五百兩内又有現今添修錢局字様，則前項所動修葺銀一十九兩二錢六分，是否在於五百兩之内，疏内未經聲明，應令該署撫謝旻分晰報部可也。臣等未敢擅便，謹題請旨。」雍正八年三月初一日題。本月初三日奉旨：「依議。」

《雍正朝内閣六科史書・户科・甘肅巡撫許容題報寶鞏錢局動支藩庫銀兩鼓鑄錢文數目及經管各官并無虧缺本》巡撫甘肅寧夏臨鞏等處地方贊理軍務兼理茶馬都察院右副都御史加四級紀録一次降一級留任臣許容謹題爲籲請暫開鼓鑄等事：「該臣看得甘省寶鞏錢局鼓鑄錢文一案，經前撫臣石文焯奏准動支藩庫銀二萬兩，收買小錢改鑄大錢，以所鑄大錢再收小錢，源源鼓鑄。于雍正五年四月十二日開爐收鑄，于七年三月初一日奉文停鑄，俱各報部在案。嗣准部覆，令作速造册題銷。臣行據按察使李世倬呈稱，自開鑄日起至停鑄日止，共收古雜户釐小錢毛銅三十六萬一千六百一十二斤零。每百斤除耗九斤，寔净銅九十一斤。每大錢一文重一錢四分，共鑄大錢三萬七千六百七串六百六十五文。每大錢一串，扣串底錢四文，共扣錢一百五十串四百三十文。每卯銅屑、銅渣帶鑄大錢二十四串，共錢一千四百四十七串二百文。三項共大錢三萬九千二百五串二百九十五文，除發工料錢五千五百六十六串九百五十四文，銅價錢二萬六千六百八十串九百五十九文，寔存錢六千九百五十七串三百八十二文。共原動藩庫銀二萬兩，除發銅價六千九百五十七兩三錢零外，該存銀一萬三千四十二兩六錢零。内各屬解繳未完銀三千四百五十八兩八錢四分七釐，又停鑄後收穫古雜小錢四千八百七斤，又户釐小錢四百串，共作銀六百一十八兩。又存局器具作銀五十八兩一錢五分一釐，寔存銀八千九百七兩六錢零。又存剩盈餘錢七百九十一串五百二文，盈餘銅一百六十七斤，盈餘銀一千一百六十九兩三錢四分四釐，統計前任按察使李元英、署事洮岷道吴廷偉、見任李世倬各任内，經管鼓鑄並無虧缺等情造册前來。臣覆核無異，除原册送部外，謹題請旨。」雍正八年四月初三日題。本月二十六日奉旨：「該部察核具奏。」

《雍正朝内閣六科史書・户科・署户部侍郎阿山題爲查覈寶泉局監督馬禮善等造册奏銷本年所存各項銅鉛數目本》署理户部侍郎事務督理京省錢法内閣學士臣阿山謹題爲按年奏報事：「該臣查得寶泉局監督馬禮善等造册奏銷呈報前來，查雍正六年奏銷後，原存庫紅銅二百三十五萬五千一百十五斤七兩二錢三分零；蠏殼銅二十九萬四千四百四十六斤二兩一錢五分；鉛五萬八千九百二十四斤八錢一分零；舊器皿黃銅五十萬四千七百八十九斤八兩，内六成黃銅二千八百八十六斤二兩，五成黃銅二十四萬六千八百二十六斤二兩，四成黃銅二十五萬五千七十七斤四兩；不計價鐵銅一千一百七十三斤一兩；不計價法馬銅一千一百五十斤。又實存局庫收買舊鐵器皿黃銅銀六千三百九十三兩四錢二釐叄毫四絲七忽五微。新收紅銅一百八十八萬四千一百五十一斤十四兩四錢五分，水條銅三十二萬二千七百十一斤八兩五錢三分七釐五毫，蠏殼銅一百六萬三千五百三十斤九兩七錢五分，鉛二百三十六萬一千一百四十三斤十四兩六錢七分九釐八毫，又收入官併長蘆等處紅銅十斤，五成黃銅五千九百二十七斤五兩，四成黃銅八千一百七斤六兩五錢。又收買八旗五城舊器皿黃銅，自雍正七年正月起，至十二月底，共領過户部庫銀三萬兩。以上舊存、新領共銀三萬六千三百九十三兩四錢二釐三毫四絲七忽五微。收買五成舊器皿黃銅二十萬八千六百三十一斤十二兩，每斤價銀一錢三釐七毫五絲，給發過價銀二萬一千六百四十五兩五錢四分四釐六絲二忽五微；收買四成舊器皿黃銅五萬四千一百二十五斤，每斤價銀九分五釐五(毛)毫，給發過價銀五千一百六十八兩九錢三分七釐五毫；以上共收買過舊器皿黃銅二十六萬二千七百五十六斤十二兩，通共給發過價銀二萬六千八百十四兩四錢八分一釐五毫六絲二忽五微。共鑄錢四十七卯，内五成搭配二十五卯，用紅銅一百五十萬斤，鉛一百五十萬斤；銅五五、鉛四五搭配四卯，用水條銅二十六萬四千斤，鉛二十一萬六千斤；銅六、鉛四搭配十二卯，用蠏殼銅八十六萬四千斤，鉛五十七萬六千斤。加鑄六卯，内三卯用陸成舊器皿黃銅二千八百八十六斤二兩，五成舊器皿黃銅三十五萬四千二百二十七斤十二兩；紅銅搭配三卯，用四成舊器皿黃銅三十萬斤，紅銅六萬斤。内除耗銅耗鉛外，共鑄每文一錢四分重錢五十八萬六千五百六十串文，内除爐匠四十六卯工料錢十萬八千九百六十四串八百文，浄餉錢四十七萬五千二百二十六串四百文。捐出一卯工料錢二千三百六十八串八百文，外補繩錢八百四十六串文。以上四十七卯餉錢併捐出一卯工料錢及外補串繩錢共四十七萬八千四百四十一串二百文，俱經解部訖。除不計價鐵銅一千一百七十三斤一兩，不計價法馬銅一千一百五十斤存庫外，實存庫紅銅二百六十七萬九千二百七十七斤五兩六錢八分零；水條銅五萬八千七百十一斤八兩五錢三分零；蠏殼銅四十九萬三千九百七十六斤十一兩九錢，鉛十二萬八千六十七斤十五兩四錢九分零；舊器皿黃銅十二萬一千五百八十斤十五兩五錢，内五成黃銅十萬七千一百五十七斤七兩四成黃銅一萬四千四百二十三斤八兩五錢。又實存局庫收買黃銅銀九千五百七十八兩九錢二分七毫八絲五忽，一併交與該監督馬禮善等，于雍正八年自正月起，所存各項銅、鉛給發爐匠鼓鑄，存庫銀兩收買黃銅，仍俟按年奏銷可也。除寶泉局細數文册送部查核外，爲此謹題請旨。」雍正八年六月初三日題。本月初五日奉旨：「着察核，該部知道。」

《雍正朝内閣六科史書・户科・大學士管吏部户部尚書事張廷玉題爲覈查晉省開爐鼓鑄得錢文及支存數目情形本》經筵講官少保兼太子太保保和殿大學士仍管吏部户部尚書事臣張廷玉等謹題爲遵旨行文事：「山西巡撫覺羅石麟題，前事雍正八年四月初八日題，本月二十一日奉旨：『該部察核具奏。』該臣等查得山西巡撫覺羅石麟疏稱，晉省開爐鼓鑄一案，據布政使蔣泂詳稱，自雍正七年七月初九日開爐起，至雍正七年十二月二十九日止，共領銅二十萬一千斤，内熟銅一十二萬六千二十七斤；生銅六萬四千九百二十三斤；小錢銅一萬五十斤合配鼓鑄。每百斤耗九斤，共除折耗一萬八千九十斤，浄銅一十八萬二千九百一十斤。每文重一錢四分，共鑄錢二萬九百四串，内除給爐匠工食並物料等項錢三千二百四十四串七百四十三文，實解庫錢一萬七千六百五十九串二百五十七文等情。臣覆查無異，相應具題等因前來。查前項鼓鑄錢文需用生、熟銅器併小錢銅，每百斤折耗九斤，與京局折耗之數相符。至鑄銅二十萬一千斤，支用工料錢三千二百四十四串七百四十三文，核算與從前該撫所報，每鑄銅百斤給工料錢一千六百一十四文零數目亦屬相符，應准動給。實存庫錢一萬七千六百五十九串二百五十七文，應令該撫石麟以銀七錢三搭放兵餉，易出銀兩歸還原動欵項，仍將易銀數目，分晰報部查核可也。臣等未敢擅便，謹題請旨。」雍正八年六月十四日題。本月十六日奉旨：「依議。」

《雍正朝内閣六科史書・户科・雲南巡撫沈廷正題請展限造册奏銷本省銅廠錢局課息銀兩本》 巡撫雲南兼建昌畢節等處地方贊理軍務兼督川貴兵餉都察院右副都御史加一級紀録三次降一級留任又降一級留任又降一級留任又加二級又降三級留任又降三級留任駐劄雲南府臣沈廷正謹題爲轉請具題展限事：「該臣看得滇省銅廠錢局，欽奉上諭，交與糧道黄士傑辦理在案。近緣士傑因患瘡病，查銅廠錢局事務，所關匪細，經督臣鄂爾泰同臣會檄，暫委驛鹽道馮光裕管理，據報於雍正八年五月十一日接管視事，現今據詳另疏題明外，兹據布政使張允隨詳，准驛鹽道馮光裕移稱，查錢銅課息，例應於五月内造册奏銷，但接管未及經旬，盤查均需時日，今奏期已届，交代尚未清楚，安敢造册奏報。且定例交代錢糧至十萬兩以上者，准展限二個月，兹銅廠錢局各項收發數目，約共數十萬兩，一時未能查清，不克如期奏報。轉詳具題展限，一有清緒，當即造册，補行奏銷等情移司轉詳，具題展限前來，除批飭速催造册送核外，臣謹會題請旨。」雍正八年五月二十七日題。七月初八日奉旨：「該部議奏。」

《雍正朝内閣六科史書・户科・雲南巡撫沈廷正題報委員接管銅廠錢局事務并借支藩庫銀兩接濟銅廠買辦銅斤本》 巡撫雲南兼建昌畢節等處地方贊理軍務兼督川貴兵餉都察院右副都御史加一級紀録三次降一級留任又降一級留任又降一級留任又加二級又降三級留任又降三級留任駐劄雲南府臣沈廷正謹題爲詳請題明事：「該臣看得滇省銅廠錢局事務，欽奉上諭，交與糧道黄士傑辦理在案。近緣士傑因患瘡病，經督臣鄂爾泰同臣會檄，暫委驛鹽道馮光裕管理。兹據驛鹽道馮光裕詳稱，遵於雍正八年五月十一日接管視事，准糧儲道黄士傑移交銅廠存剩工本銀兩無幾，陸續發給外，今雍正八年各廠現在需銀收買銅斤，詳請具題，請借動藩庫銀一十萬兩，以作買辦銅斤工本脚價，俟變獲價銀，照數還庫。再目下急需工本接濟，勢難緩待。若濡滯時日，硐氏不能及時攻採，則銅斤銅息不能多得。請於在此一十萬兩之内，先領銀四萬兩以便及時給發，其餘陸續支領。所有接管銅廠錢局事務日期，并循例借動庫銀接濟銅廠工本緣由，詳請題明前來。臣覆查無異，除行布政司在此一十萬兩之内先動銀四萬兩預給該道接濟，其餘陸續支領外，臣謹會題請旨。」雍正八年五月二十七日題。七月初八日奉旨：「該部議奏。」

《雍正朝内閣六科史書・户科・大學士管户部尚書事張廷玉題查覈甘省收買小錢改鑄大錢并用過工料折耗等動支銀兩本》 經筵講官少保兼太子太保保和殿大學士仍管吏部户部尚書事臣張廷玉等謹題爲籲請暫開鼓鑄以清錢法以裕民用事：「甘肅巡撫許容題，前事雍正八年四月初三日題，本月二十六日奉旨：『該部察核具奏。』該臣等查得甘肅巡撫許容將甘屬收買小錢改鑄大錢併原動銀兩，需用工料，折耗數目以及贏餘錢銅銀兩等項，逐一造册，分晰具題前來。查甘肅收買小錢改鑄大錢一案，先經原任巡撫石文焯奏請，先動庫銀二萬兩收取小錢，遵照雍正制錢式樣，設爐改鑄大錢，即以所鑄之大錢再收小錢，源源鼓鑄等因。臣部議，准奉旨依議遵行在案。今據册開：

一原任按察使李元英、署事洮岷道吴廷偉、現任按察使李世倬等三任内，共收過小錢銅三十六萬一千六百一十二斤零。内李元英鑄錢四十五卯半，吴廷偉鑄錢八卯，李世倬鑄錢六卯零八日，共五十九卯零。每卯用小錢銅六千斤，共用銅三十六萬一千六百一十二斤零，每百斤折耗九斤，每文鑄重一錢四分，每卯鑄錢六百二十四串，共鑄錢三萬七千六百七十串六百六十五文，每串外加串底錢四文，共錢二千四百九十六文。又每卯將銅屑、銅渣帶鑄錢二十四串。以上三任鼓鑄，帶鑄併串底錢共三萬九千二百五串二百九十五文等語。查原任洮岷道吴廷偉，現任按察使李世倬任内收買小錢鑄出大錢併扣出串底帶鑄錢文及折耗數目，臣部按冊核筭數目，均屬相符。其原任按察使李元英任內經收錢文等項目雖屬相符，但册内所開鑄錢四十五卯半，共該錢二萬八千三百九十二串，今以細數合筭，止二萬八千三百八十二串，較之總數少錢十串，是否舛錯，因何數目不符之處，應令該撫許容據實詳查，另造清册送部。

一每卯給人工物料併祭爐犒賞等錢九十二串三百五十六文，共鑄錢五十九卯零，共給工料併祭爐、犒賞等錢五千五百六十六串九百五十四文等語。查甘肅鼓鑄錢文，每月祭爐二次，每次用錢三串，爲數甚多，其中恐有浮冒。至犒賞錢文，并非例所應給，未便遽爲核銷。應令該撫據實確查報部。

一收買小錢共重三十六萬一千六百一十二斤零，應給價銀三萬三千六百三十八兩三錢四分七毫，内以銀、錢兼給，共給錢二萬六千六百八十串九百五十九文，給銀六千九百五十七兩三錢八分一釐七毫等語。查收買小錢，原借動庫銀二萬兩。從前具題案內，原令俟鑄出大錢，再行收買小錢，源源鼓鑄。今收買小錢該給價銀三萬三千六百三十八兩三錢四分七毫，內給錢二萬六千六百八十串九百五十九文，給銀六千九百五十七兩三錢八分一釐七毫，核算數目相符，應毋庸議。

一鑄出錢文除給發收買小錢價值外，實應存錢六千九百五十七串三百八十二文。又李世倬任內將銅屑、銅渣另鑄錢九百二十串八百一十六文，內給工料錢一百二十九串三百一十四文，實贏餘錢七百九十一串五百二文。以上實存錢併贏餘錢七千七百四十八串八百八十四文，內已交藩庫錢七千七百四十串，存局庫錢八串八百八十四文等語。應令該撫將前項存局錢八串八百八十四文作速催解藩庫，彙同已交錢文一併照數搭放兵餉，易出銀兩歸還從前原借欵項。仍將易銀數目報部查核。

一原借銀二萬兩，除給發收買小錢價值外，實應存銀一萬三千四十二兩六錢一分八釐三毫。內平番縣知縣顧雲虧空銀五百一十四兩一錢四分，肅州廳毛鳳儀虧空銀二千九百一十一兩七錢七釐。又蘭州廳承追未完煤炭、砂錫價銀三十三兩，已經揭參，應於各彼案催追。又停鑄之後各屬解到古雜錢四千八百七斤，户釐錢四百串，共合價銀六百一十八兩，應照原價交與布政司收貯。又局內應用器具價值除帶銷外，該價銀五十八兩一錢五分一釐，今止估銀三十七兩六錢一釐五毫，尚少銀二十兩五錢四分九釐五毫，應於現任按察使李世倬照數賠補。止實存銀八千九百七兩六錢二分三毫。又李元英任內，將銅屑、銅渣鑄錢一千八十六串三百一十四文，易銀一千八十六兩三錢一分四釐。又吴廷偉任內，節省工料併各屬報出餘平及制錢易銀所有餘出銀兩共一百八十三兩三分。以上共實存銀一萬一百七十六兩九錢六分四釐三毫。內已交藩庫銀九千七百六十七兩二錢一分，存局庫銀四百九兩七錢五分六釐三毫。又贏餘銅一百六十七斤等語。應令該撫將前項存局庫銀四百九兩七錢五分六釐三毫，作速照數催解藩庫，彙同已交銀兩，一併歸還從前原借欵項。其續收小錢併贏餘銅斤，即令解交收銅公所，俟收買銅器足供鼓鑄之日一併鼓鑄。至應用器具價值除帶銷併現今估值銀兩外，尚少銀二十兩五錢四分九釐五毫，李世倬既願照數賠補，應於該員名下速追完報。所存器具等項，留爲將來收買銅器開爐之用。原任平番縣知縣顧雲等虧空各案銀兩，應令該撫許容於各該員名下作速照數嚴追完報，如再遲延，將承追不力之員照例題參可也。臣等未敢擅便，謹題請旨。」雍正八年六月十九日題。本月二十一日奉旨：「依議。」

《雍正朝内閣六科史書・户科・貴州巡撫張廣泗題報丁頭山馬鬃嶺鉛廠一年收支鉛課銀兩數目本》 巡撫貴州兼理湖北川東等處地方提督軍務都察院右僉都御史加六級紀録一次駐劄貴陽府臣張廣泗謹題爲詳請開採等事：「該臣看得黔省丁頭山、馬鬃嶺等鉛廠，例應按年題報。茲據布政使鄂彌達詳稱，據委管丁頭山鉛廠普安縣知縣鄧瀾、馬鬃嶺鉛廠大定州知州陳嘉會各册報，自雍正六年九月初一日起，至雍正七年八月底止，一年共抽獲課鉛一十萬七千七百三十七斤五兩。內除運滇供鑄課鉛一萬四百八十六斤五兩，共該價銀一百五十七兩一錢二分零。除支過上年不敷工食銀三十九兩二錢一分零外，實解司庫銀一百一十七兩九錢零，存廠未運課鉛九萬七千二百五十一斤，內除開銷各役工食扣去鉛四萬二千九百五十九斤外，實存供鑄課鉛五萬四千二百九十二斤。照各廠定價計算，共該價銀七百八十兩八錢零。俟鑄出錢文，撥還課價之日，另詳題報造具煎抽課鉛變價存鉛細數，由司彙册詳送前來。臣覆加查核無異，除册送部外，臣謹會題，伏乞皇上睿鑒，勅部核覆施行，謹題請旨。」雍正八年六月十七日題。七月二十二日奉旨：「該部察核具奏。」

《雍正朝内閣六科史書・户科・大學士管户部尚書事張廷玉題令貴州巡撫將大鷄鉛廠解過課鉛轉發貴陽府鑄造樣錢本》 經筵講官少保兼太子太保保和殿大學士仍管吏部户部尚書事臣張廷玉等謹題爲稟明開採裕課便民事：「貴州巡撫張廣泗題，前事雍正八年四月二十四日題，六月初二日奉旨：『該部察核具奏。』該臣等查得貴州巡撫張廣泗疏稱，大鷄鉛廠自雍正五年十一月十一日開採抽課起，至雍正六年十二月底止，抽收課鉛例應按年報銷。茲據布政使鄂彌達詳稱，陞任畢節縣知縣介錫周任內，經收課鉛共二十八萬四千七百七十八斤，內除解過樣鉛一千八百七十五斤發貴陽府鑄造樣錢外，又動支脩蓋官房支給各役工食賣過課鉛三萬五千三百四十斤，實存供鑄課鉛二十四萬七千五百六十三斤，每百斤照定價一兩五錢計算，共該價銀三千七百一十三兩四錢四分零，俟鑄出錢文撥還課價之日另行造報等情。臣覆核無異，會同雲貴廣西督臣鄂爾泰合詞具題，等因前來。查雍正七年五月該撫張廣泗疏稱，黔省大鷄廠鉛礦雍正六年分共抽課鉛二十八萬四千七百七十八斤，內解過課鉛一千八百七十五斤，又脩理官房併書役工食等項賣過課鉛三萬五千三百四十斤，現存廠課鉛二十四萬七千五百六十三斤，存留畢節縣開爐鼓鑄等因。臣部業經覆准奉旨依議，欽遵行文在案。今該撫疏稱，將解過課鉛一千八百七十五斤，轉發貴陽府鑄造樣錢，其作何配搭銅斤鼓鑄及可得錢若干，應令該撫張廣泗轉飭經理之員確查報部可也。臣等未敢擅便，謹題請旨。」雍正八年七月二十七日題。本月二十九日奉旨：「依議。」

《雍正朝内閣六科史書・户科・大學士管户部尚書事張廷玉等題查覈江蘇設立鑄局鼓鑄錢文需用銅斤及工料等項銀兩本》 經筵講官少保兼太子太保保和殿大學士仍管吏部户部尚書事臣張廷玉等謹題爲遵旨行文事：「蘇州巡撫尹繼善題，前事雍正八年八月三十日題，九月二十日奉旨：『該部議奏。』該臣等查得蘇州巡撫尹繼善將江蘇鼓鑄錢文設立鑄局，併生、熟鉛器搭配鼓鑄需用工料等項動用銀兩數目以及委員監鑄之處逐一分晰，會同署督臣史貽直合詞具題前來，查江蘇收買銅器鼓鑄錢文一案，先經該撫尹繼善以生、熟銅斤作何配搭，需用工費等項，寶泉局自有成規，題請逐一查示等因，臣部以寶泉局收買廢銅鼓鑄錢文按成色均匀配搭，每百斤折耗九斤，每文重一錢四分。至工料等項，原係因地制宜，各省時價貴賤不等，行令該撫酌量據實核定妥議具題去後。今該撫疏稱，於蘇城老軍倉舊廠設立寶蘇局，建造爐房，共爐十二座。定限一月兩卯，每卯爐一座，用生、熟均匀對搭銅二千四百斤，計爐十二座，共用銅二萬八千八百斤。内每百斤耗銅九斤，净銅二萬六千二百八斤，每錢重一錢四分，鑄錢二千九百九十五串二百文等語。查江蘇鼓鑄所用銅斤折耗數目，鑄錢輕重，臣部核算，俱與京局之例相符。應令該撫轉飭監鑄之員，遵照臣部所頒樣錢，照式鼓鑄，務須字畫清楚，輪廓分明，鑄出錢文送部查驗。

一疏稱每百斤給工料錢一串五百一十五文，共鑄銅二萬八千八百斤，共應給工料錢四百三十六串三百二十文，得净餉錢二千五百五十八串八百八十文，加串繩錢四串三百二十文，共餉錢二千五百六十三串二百文。通計二十四卯，净餉錢六萬一千五百一十六串八百文，值銀六萬一千五百一十六兩八錢。共用生、熟銅六十九萬一千二百斤，該銅本銀七萬四千六百六兩五分零，計不敷銅本銀一萬三千八十九兩二錢五分零等語。查寶泉局每鑄銅百斤，需用工料錢一串九百七十四文零。今江蘇每鑄銅百斤，止給工料錢一串五百一十五文，應照所議，於鑄出錢文内照數動給。其不敷銅本銀兩，仍造入該年鼓鑄奏銷册内報部核銷。至需用銅器並鑄出錢文數目以及給過工料等項，照例按季造(造)報歲底具題。

一疏稱鎔銅炭價雖於工料項下銷算，因須豫買，先於司庫存公項下豫發銀一千二百兩買用，統於應支工料錢内扣算還項等語。應令該撫照數動給備用，俟鑄出錢文於應給工料錢内即行扣還原項。

一疏稱鼓鑄一切事宜，專責蘇州府通判鄭謙實力奉行。再查蘇州府照磨熊國壽辦事勤謹，原任淮安莞瀆場大使王定遠熟諳鼓鑄，併委在局協辦司道時加稽察等語。查鼓鑄一切事宜，該撫既請專責蘇州府通判鄭謙併委蘇州府照磨熊國壽、原任淮安莞瀆大使王定遠等在局協理，司道時加稽察。應令該撫嚴飭各該員實力奉行，鑄出錢文按卯觧貯司庫搭放兵餉，匠役人等嚴加彈壓。其局内一切收放錢糧如有侵那虧空，據實題參。併將作何搭放兵餉之處，酌議報部。

一疏稱官員書役薪水工食與心紅紙張，每年共需銀三百六十七兩零。又局内應用天平等項共銀一十三兩零，均應於司庫撥給，同前發修爐房銀八百二十六兩零統歸存公項下彙報核銷。現擇於七月二十五日開鑄等語。查監鑄官役薪水工食等項，該撫既稱每年需銀三百六十七兩零，又局内應用天平等項共銀一十三兩零，應准在於司庫存公項下動給。至修造爐房銀八百二十六兩零，亦應統歸存公項下彙報核銷。仍令該撫尹繼善將備辦物料、用過細數另造清册送部核銷可也。臣等未敢擅便，謹題請旨。」雍正八年十月二十三日題。本月二十五日奉旨：「依議。」

《雍正朝内閣六科史書・户科・貴州巡撫張廣泗題報派員赴天柱縣屬黄花廠召夫開採金礦緣由本》 巡撫貴州兼理湖北川東等處地方提督軍務都察院右僉都御史加六級紀録一次駐劄貴陽府臣張廣泗謹題爲詳請題明開採事：「該臣看得黎平府天柱縣屬黄花廠出産金礦，先經前署撫臣沈廷正據詳，批司轉飭該縣洪運興查勘開採，每金一兩，抽課三錢，按季報解。嗣據陞任布政使鄂彌達詳，據黎平府天柱縣詳請題明臣因該廠已經開採年餘，課項甚爲微薄，恐不能發旺。復又批令轉飭確查議詳，去後茲據署布政司事粮驛道王廷琬詳稱，據思州府褚世暐詳稱，蒙委查得黄花廠，現今止有磨山上下二洞，招集沙夫開採，亦有附近居民前來合夥分利，總非巨商大賈可比。並取礦之際，有竟無所得者，即得有礦沙，又獲金多寡懸遠者。因之始初𡒄户領開三十九洞，迨見微效者不過五六洞，乃今出礦止有磨山上下二洞，遂致抽課無幾。據各𡒄户僉稱，已費工本，容俟竭力採辦，以期發旺等語。該府以黔省邊瘠之區，地少山多，民人艱於營運，此廠自開採以來，實爲天地自然之利，益若竟請封閉，殊爲可惜。況於本年入秋之後，較之上年稍覺見效，請飭專員督率殷實𡒄户，廣招沙夫採辦，可冀克濟等情。經該署司覆，查黄花廠自開採以來，迄今仍未發旺，所抽課項無幾，似應詳請封閉。但據該府查詢情形，既屬天地自然之利，自當聽民採辦以資生計。

且現在礦沙有出，又毋庸以課項之厚薄，而始定其開閉也。除遴委能員前赴該廠專管調劑，令殷實墾户招夫開採，以冀成效，據實抽課，按年造册報銷。若仍舊衰微無所裨補，即行詳請封閉等情詳覆前來。臣覆加確查無異，相應會題，伏乞皇上睿鑒，勅部議覆施行，謹題請旨。」雍正九年正月二十六日題。三月初四日奉旨：「該部議奏。」

《雍正朝内閣六科史書・户科・河東總督田文鏡題報豫省收買銅斤開爐鼓鑄錢文情形並請暫停鼓鑄本》 太子太保兵部尚書兼都察院右副都御史總督河南山東等處地方軍務督理營田兼理河道加十三級臣田文鏡謹題爲欽奉上諭事：「該臣看得豫省收買銅斤鼓鑄錢文壹案，自雍正五年十二月起，至雍正捌年十二月止，共收生、熟銅二十二萬八千六十二斤六兩。自雍正七年六月二十六日開爐起，至雍正八年十一月二十六日停爐止，共鑄錢二萬三千七百一十二串文，俱經用完。今據署布政司事驛鹽道張建德詳稱：『鼓鑄錢文所收生銅，按成色收耗及併出稱頭併銅渣内提出，通共餘銅二萬五千二百七十九斤一十五兩五錢，充作生銅，將所收生、熟銅配搭鎔鑄，仍存熟銅二萬三百斤十二兩肆錢，低耗銅五千四十一斤九兩一錢。又自雍正九年正月起，至三月底止，收買生銅一千一百四十九斤六兩，又鑄過錢二千四百四十四串文，除支給銅匠工食錢三百五串五百文，現解司庫錢二千一百三十八串五百文。用過生、熟併耗銅二萬三千五百斤，仍存銅二千九百九十一斤一十一兩五錢。民間銅器日少，交官寥寥，不能接濟搭配鼓鑄，工匠人役未便停爐等候，似應暫停鼓鑄。仍飭再行收買，俟收有成數，再行題請同現存之銅一併開鑄，庶鼓鑄有資而工匠不致守候。』等情。臣覆查無異，謹題請旨。」雍正九年五月十五日題。六月初一日奉旨：「該部察核具奏。」

《雍正朝内閣六科史書・户科・廣西巡撫金鉷題報梧州府蒼梧縣芋莢山采獲金砂並所用各項銀兩數目本》 巡撫廣西等處地方提督軍務兼都察院右副都御史駐劄桂林府臣金鉷謹題爲敬陳開採等事：「該臣看得廣西梧州府屬蒼梧縣之芋莢山出産金砂，經臣題明，遵旨動支工本，歸官辦理，當經行委陞任驛鹽道按察使張體義辦理，委員坐廠督工開採。嗣因開採年餘，壠空砂薄，自雍正八年九月以後獲砂漸微，不敷工本。據報於雍正八年十一月十五日停工，隨查該山廠地遼闊，舊壠既無高砂，仍應酌留工役人等遍覓新壠開採，不便遽行停止，當批該司轉飭遵照。嗣據申報於雍正九年正月二十二日復行試採，各處搜採並無砂路，只在官廠砂地等處搜淘獲金十餘兩，即於本年三月十五日槩行停工等情前來，當即批飭將一切舊開壠口槩行填塞，不時稽查封禁并飭將現獲金兩作速變換造報去後。兹據按察使張體義詳稱：『自雍正七年七月初六日獲砂舂淘起，至雍正九年三月十五日停工止，共採獲實金三千一百四十二兩零四分四厘。内除前繳進呈樣金一十兩外，實在收實金三千一百三十二兩零四分四厘。共換得紋銀二萬五千一百三十四兩六錢五分三厘一毫，内除還開採支用工本銀一萬零五百五十七兩五錢八分一厘一毫，實在贏餘銀一萬四千五百七十七兩零七分二厘。又查官廠停工後，召募商人分地搜刮，其所得之金每兩議抽課金二錢，共抽得課金一十兩零一錢四分六厘，共換得紋銀八十一兩一錢九分二厘一毫五絲。所有贏餘銀兩及課金換銀，現在移解藩庫收貯，聽候部覆遵照外，相應一併造具清册詳請題報。』等情造册詳繳前來。臣覆核無異，除册分送部科外，臣謹會題，伏乞皇上睿鑒，勅部核覆施行，謹題請旨。」雍正九年五月二十九日題。七月初五日奉旨：「該部察核具奏。」

《雍正朝内閣六科史書・户科・江寧巡撫尹繼善題爲寶蘇局鼓鑄錢文並銅本工料銀兩造報核銷本》 總理糧儲提督軍務巡撫江寧等處地方都察院右僉都御史協理河工事務加三級臣尹繼善謹題爲遵旨行文事：「該臣看得寶蘇局鼓鑄錢文事宜，先經題報開爐，部覆：『令將不敷銅本銀兩，造入該年鼓鑄奏銷册内送部核銷。需用銅器，鑄出錢數，給過工料等項，按季册報，歲底具題。』等因。行據布政使高斌會同蘇松巡道副使王澄慧詳稱：『寶蘇局鼓鑄錢文，自雍正八年七月二十五日開鑄起，至歲底共十卯十二爐，共用生、熟對半均匀配搭銅二十八萬八千斤，銅本銀三萬一千八十五兩零，去耗銅二萬五千九百二十斤，淨銅二十六萬二千八十斤。照依部頒樣錢鼓鑄出錢二萬九千九百五十二串，加補串繩錢四十三串二百文，一共錢二萬九千九百九十五串二百文。内應給原定工料錢四千三百六十三串二百文，又加給錢一百三十二串四百八十文，實得餉錢二萬五千四百九十九串五百二十文。俱解司庫，加一搭放兵餉，每錢一串，值銀一兩，共值銀二萬五千四百九十九兩零。計不敷銅本銀五千五百八十六兩零，遵部造報核銷。至在局員役薪水、工食併心紅紙張共支銀一百五十三兩，備辦天平等項器具銀一十三兩零，修建爐房工料銀八百二十六兩零，俱於存公項下動給。』分別造册前來，臣覆核無異。除册送部外，臣謹會題請旨。」雍正九年六月二十九日題。七月二十一日奉旨：「該部察核具奏。」

**《雍正朝内閣六科史書・户科・大學士管吏部户部尚書事張廷玉題議豫省

收買銅器鼓鑄易出銀兩還項報部並暫停鼓鑄事務本》 經筵講官少保兼太子太保保和殿大學士仍管吏部户部尚書事臣張廷玉等謹題爲欽奉上諭事：「河東總督田文鏡題，前事雍正九年五月十五日題，六月初一日奉旨：『該部察核具奏。』該臣等查得河東總督田文鏡疏稱：『收買銅斤鼓鑄錢文一案，自雍正五年十二月起，至雍正八年十二月，共收生、熟銅二十二萬八千六十六斤零，共用銀二萬六千四百五兩四錢八分零。自雍正七年六月二十六日開鑄起，至八年十一月二十六日停爐止，共鑄錢二萬三千七百一十二串文。內除工食錢二千九百六十四串文，解庫錢二萬七百四十八串文，內搭放兵餉等錢一萬八千九百四十八串文，支給河工錢一千八百串，解還銀一千八百兩。所鑄錢文，俱經用完。今據署布政司事驛鹽道張建德詳稱：鼓鑄每爐用銅一百斤，以熟七生三配鑄。但所收生銅數目，不敷品搭。民間交官銅斤，係按成色收買，每斤收耗色銅三、四、五兩間有，最低銅色有加五及對折秤收不等。除陸續收耗及併出秤頭，通共餘銅二萬五千二百七十九斤零，充作生銅，二八配鑄。又收過廢錢二千二百三斤，係原錢重鑄，毋庸品搭外，除將所收熟銅一十八萬八千四百七十七斤零內，將生銅三萬七千三百八十一斤零配熟銅八萬七千二百二十三斤零；餘下八分熟銅八萬九百五十三斤零配搭二分耗銅二萬二百三十八斤零。鎔鑄訖，仍存熟銅二萬三百斤零，低耗銅五千四十一斤零。又雍正九年春季收買生銅一千一百四十九斤零，用銀一百一十兩二錢七分零，連前存剩銅共二萬六千四百九十一斤零。內又用過銅二萬三千五百斤，鑄過錢二千四百四十四串，除給工食錢三百五串五百文，現解司庫錢二千一百三十八串五百文，仍存熟銅二千九百九十一斤零，現貯在廠。但今民間銅器日少，交官寥寥，不能接濟鼓鑄，工匠未便停爐等候，似應暫停鼓鑄，俟收有成數，再行題請開鑄等情。臣覆查無異，相應具題。』等因前來。查豫省收買銅器用過銀兩併鑄出錢文、搭放兵餉等項，所有易出銀兩歸還原動司庫工本數目，俱經該督田文鏡按年造册題銷在案。今雍正九年春季所收生銅一千一百四十九斤零，該督既稱將前存熟銅併耗銅二萬五千三百四十一斤零一併配搭鼓鑄，鑄出錢文除給工料錢三百五串五百文外，共解庫錢二千一百三十八串五百文。其貯庫錢文照例搭放兵餉至續給河工錢一千八百串文，既據易出銀一千八百兩，應將易出銀兩還項報部。又稱今民間銅器交官日少，不能接濟，工匠人役未便等候，應暫停鼓鑄，俟收有成數，再行題請開鑄等語，應如所請，暫停鼓鑄。將廠內所存銅二千九百九十一斤零併一應器具等項，轉飭經管人員，照數封貯。仍嚴飭各屬，上緊收買，俟約可開鑄之日，即行咨報。再雍正九年春季收買銅器用過銀一百一十兩二錢七分零，應令該署撫張元懷彙入續收銅器歲底具題册內，送部查核可也。臣等未敢擅便，謹題請旨。」雍正九年八月十六日題。本月十八日奉旨：「依議。」

《雍正朝內閣六科史書·户科·大學士管户部尚書事張廷玉等題議閩省寧洋縣缺額爐税銀於雍正九年起准其豁免除糧本》 經筵講官少保兼太子太保保和殿大學士仍管吏部户部尚書事臣張廷玉等謹題爲欽奉上諭事：「福建巡撫趙國麟題，前事雍正十年四月初三日題，五月初四日奉旨：『該部議奏。』該臣等查得福建巡撫趙國麟以閩省閩縣等各廳州縣原報續報溢額銀米，業經具題，造入雍正七年奏銷，并聲明各廳縣缺額無徵銀兩，俟查明缺額確數，另請題豁在案。嗣據建軍等廳縣將缺額無徵銀兩詳請具題，亦經前撫臣劉世明取具司府印結題請，奉准部覆豁免訖。兹據布政使潘體豐呈，據寧洋縣詳稱，該縣地丁錢糧欵內鐵爐税課銀一百二十兩，實因爐廢課存，久屬有額無徵，并繳各結到司，覆加查核，此項税課銀兩，委係缺額，應於雍正九年起請豁，加具印結同府、縣各結詳送請題。臣覆查無異，除結送部外，謹會同福督劉世明合詞具題等因具題前來。查閩省各廳縣缺額無徵銀兩一案，前經臣部行令查明確數，另行題豁。嗣據陞任福撫劉世明將建軍等廳縣無徵銀兩取具印結具題，業經臣部覆准奉旨豁免在案。今福撫趙國麟疏稱寧洋縣地丁欵內鐵爐税銀一百二十兩，查明委因爐廢無徵，以致缺額，取具司府印結照例題請豁免。應如所請，行令該撫將寧洋縣缺額爐税銀一百二十兩，於雍正九年起，准其豁免除糧可也。臣等未敢擅便，謹題請旨。」雍正十年七月初十日題。本月十二日奉旨：「依議。」

《雍正朝內閣六科史書·户科·安慶巡撫程元章題爲太平府知府李暲承辦銅斤延遲實出有因請暫免摘印勒限督辦本》 巡撫安慶等處地方提督軍務都察院右副都御史加二級臣程元章謹題爲據實陳奏事：「該臣看得太平府知府李暲承辦雍正九年上運銅斤一案，前因請展之限已届，未據辦解，經臣照例會核題參，嗣准部覆，照例革職留任，戴罪承辦等因。隨經檄行江寧布政使遵照轉飭辦解去後，臣復不時查催。今據布政使馮景夏詳稱，此案吏部議覆處分之文，係本年四月十二日准咨二參，例限應扣至七月十一日届滿，雖據該府李暲申詳，前經親身赴蘇嚴催，計筭各舡今年八月內準可到蘇，俟銅舡一到，星即稱收趕解。但迄今例限已滿，仍無銅斤報解，開列該府承辦遲延職名，詳參前來，除飭取委辦各職名補參外，所有辦銅遲延之太平府革職留任知府李暲相應循例題參。至辦銅二參遲延，例應革任，臣查知府李暲居官勤慎，辦事有才，其所領銅價，俱經招商出洋，并各具有限狀，歷歷報明有案，寔因海洋風信不常，一時未及趕到，並非該員敢於玩誤。仰懇聖恩，暫免摘印，勒限兩個月嚴督辦齊趕解，以資鼓鑄。如再遲延，即行摘印治罪，另委員接辦。謹會題請旨。」雍正十年八月二十三日題。九月十四日奉旨：「該部議奏。」

《雍正朝内閣六科史書・户科・大學士管吏部户部尚書事張廷玉等題議安徽太平府革任知府辦銅踰限應否准暫免摘印勒辦本》 户部等部經筵講官少保兼太子太保保和殿大學士仍管吏部户部尚書事臣張廷玉等謹題爲據實陳奏事：「陞任安慶巡撫程元章題，前事雍正十年八月二十三日題，九月十四日奉旨：『該部議奏。』該臣等會查得陞任安慶巡撫程元章疏稱，太平府知府李暲承辦雍正九年上運銅斤一案，前因請展之限已屆，未據辦解，經臣照例題參，部覆革職留任，戴罪承辦等因，隨行遵照去後。今據布政使馮景夏詳稱：此案吏部議覆處分之文，係本年四月十二日准咨二參，例限應扣至七月十一日屆滿，今例限已滿，仍無銅斤報解，開列該府承辦遲延職名詳參前來，除飭取委辦各職名補參外，所有辦銅遲延之太平府革職留任知府李暲相應循例題參。至辦銅二參，例應革任，臣查知府李暲居官勤慎，辦事有才，其所領銅價俱經招商出洋，寔因海洋風信不常，一時未及趕到，並非該員敢於玩悞，仰懇聖恩暫免摘印，勒限兩個月嚴督辦齊趕解，如再遲延，即行摘印治罪，另委員接辦。謹會同署理江南總督尹繼善合詞具題等因前來。查定例，報解銅斤初次踰限，將承辦官革職留任，許其展限四個月，戴罪承辦；如仍未完，將承辦官革任，交部從重治罪等語。除委辦各職名，行令該撫作速補參到日再議外，應將辦銅遲延之太平府革職留任知府李暲照例革任，交與刑部從重治罪。再該督撫既稱李暲居官勤慎，辦事有才，所領銅價俱經招商出洋，寔因海洋風信不常，未及趕到，並非該員敢於玩悞等語。其應否准其暫免摘印，勒限兩個月辦齊，如再遲延，即行摘印治罪之處，恭候欽定。臣等未敢擅便，謹題請旨。」雍正十年十二月初四日題。本月初六日奉旨：「李暲該督撫既稱居官勤慎，辦事有才，著照所請，勒限辦理。如再遲延，即行摘印治罪。」

《雍正朝内閣六科史書・户科・福建巡撫趙國麟題報覆查雍正八年上下兩運辦解銅斤及脚價銀兩數目無異本》 巡撫福建等處地方提督軍務都察院右副都御史紀録一次降二級留任駐劄福州府臣趙國麟謹題爲洋銅出産不敷辦解等事：「該臣看得閩省雍正八年上半運銅斤，經前撫臣劉世明批，委糧儲道參議張廷枚採辦，福州府海防同知李錫爵領解；下半運銅斤，經前撫臣劉世明批，委延建邵道副使莊令翼採辦，經臣批，委延平府通判胡國英領解；各領正價銀四萬一百九十三兩零，水脚銀八千三百一十五兩零，俱經咨部在案。茲據布政使劉藩長詳，雍正八年上下兩運應辦額銅，俱據各委員呈報解部，投納明白，掣批回銷。將用過價脚銀兩造册詳請題銷前來。臣覆查無異，除册送部外，謹題請旨。」雍正十年十二月十七日題。十一年二月初四日奉旨：「該部察核具奏。」

《雍正朝内閣六科史書・户科・直隸總督李衛題報覆核雍正九年收買生熟黄銅及用過價銀數目無異本》 太子少保兵部尚書兼都察院右副都御史總督直隸等處地方紫荆宓雲等關隘贊理軍務兼理糧餉加八級紀録二次又軍功紀録一次駐劄保定府臣李衛謹題爲欽奉上諭事：「該臣看得直屬收買黄銅器皿一案，欽奉諭旨：『將所買銅器斤兩，每年歲底奏聞。』欽遵在案。臣莅任後，曉諭民間遵旨將銅器盡行繳官，飭令各屬公平給價，毋許稍有虧短。今據布政使王謩呈稱，雍正九年冬季至雍正十年秋季共收買過生、熟黄銅二萬零九十八斤，共應給價銀二千一百一十四兩三錢零，造册呈送題報前來，臣覆核無異。除册咨部并仍令源源收買外，謹具題聞。」雍正十年十二月十九日題。十一年二月初七日奉旨：「該部察核具奏。」

《雍正朝内閣六科史書・户科・總理户部事務果親王允禮等題准晉省雍正八年收買銅器未領銀於司庫地丁銀内給發本》 總理户部事務和碩果親王臣允禮等謹題爲遵旨查奏事：「該臣等查得山西巡撫覺羅石麟疏稱，晉省雍正八年分收買銅器，部覆將未領銀兩速催給發，未觧銅器催觧司庫。茲據署布政使温而遜詳稱，雍正八年原報各屬未觧銅六百一十一斤零。催據各屬觧過熟銅三百一十六斤零，每斤價銀一錢一分九厘零，共應給價銀三十七兩九錢八分零，又生銅二百九十五斤，每斤價銀九分五厘零，共應給價銀二十八兩三錢零，二共銀六十六兩二錢九分零，並從前觧過銅斤未領銀二十四兩九錢九分零，俱於司庫收貯雍正四年地丁銀内動給等情。臣覆核無異，相應具題等因前來。查晉省雍正八年收買銅器内原報各屬未觧銅六百一十一斤零，今該撫石麟催據各屬觧過熟銅三百一十六斤零，應給價銀三十七兩九錢八分零，又生銅二百九十五斤，應給價銀二十八兩三錢零，二共銀六十六兩二錢九分零，臣部照依生、熟價值按册箅核，數目相符；其未領銀二十四兩九錢九分零，係應給之項；俱應准於司庫收貯雍正四年地丁銀内照數動給。仍令該撫石麟將前項動用銀兩，造入該年地丁奏銷册内，送部查核可也。臣等未敢擅便，謹題請旨。」雍正十一年十二月初七日題。本月初九日奉旨：「依議。」

《雍正朝内閣六科史書・户科・四川巡撫憲德題報核查川省鼓鑄錢文用過工本銀及所得錢文等項數目本》 巡撫四川等處地方提督軍務都察院右僉都御史降三級又降一級留任紀録三次臣憲德謹題爲皇圖遠届等事：「該臣看得川省鼓鑄錢文一案，准部咨，令將開鑄起，至停鑄止，鑄出錢文、用過各項數目造册題銷。臣查川省鼓鑄所有採辦銅、鉛各官原領庫銀、又建昌各廠開採銅斤工本等項總共銀四萬四千七百一十四兩三錢七分五厘零，内除各廠支剩工本等銀共六千四百六十二兩七錢九分四厘零，寔收貯庫。又原任東川府周彬等應賠繳銅、鉛價銀一千二百三十九兩九錢四分六厘零另追還項，其採辦銅鉛價脚等項共用過銀三萬七千一十一兩六錢三分三厘零，内除各廠建房等費遵照於抽收課銀内扣除還項訖，總計用過工本銀三萬五千二百兩四錢零。 採買紅銅二十六萬二百三十七斤零，黄銅九千五百六十一斤零，白鉛三十一萬八百四十六斤，内除發爐正銷帶銷銅、鉛共五十三萬一千五百五斤零，寔存錢局白鉛四萬九千一百三十九斤零。查前項發爐銅、鉛共鑄正餘錢五萬七千五百七十一串六百三文，内除支給爐匠工料等項，寔存正餘錢共四萬七千六百二十三串二百三十四文。以上開採鼓鑄動支各項銀兩除解繳追賠扣還外，共用過工本銀三萬五千二百兩四錢零，又除存剩淨鉛四萬九千一百三十九斤零，計箅工本銀二千一百一十兩七錢六分一厘零外，寔用過工本銀三萬三千八十九兩六錢四分五厘零。今鑄出正餘錢共五萬七千五百七十一串六百零，内除支用過錢九千九百四十八串三百六十九文，又歸還工本銀三萬三千八十九兩六錢四分五厘零計錢三萬三千八十九串六百四十五文，共盈餘錢一萬四千五百三十三串五百八十九文。 查前院年羹堯買貯並各廠課銅應歸庫項，今照價該銀三千六百一十九兩三錢六分九厘零，計錢三千六百一十九串三百六十九文貯庫候撥外，寔在盈餘錢一萬九百一十四串二百二十文，請照部覆充公。 茲據總理錢局松茂道鄭其儲、布政使劉應鼎分晰管收除在造册詳齎前來，臣覆核無異。除册送部科外，臣謹合詞具題，伏祈皇上勅部核銷施行，謹題請旨。」雍正十一年十月二十五日題。十一月二十五日奉旨：「該部察核具奏。」

《雍正朝内閣六科史書・户科・總理户部事務果親王允禮等題爲核銷黔省發運鉛斤用過工本及所獲餘息銀兩本》 總理户部事務和碩果親王臣允禮等謹題爲詳明籌辦廠務並懇題請借帑買運餘舡以便廠民以濟公項事：「貴州巡撫元展成題，前事雍正十二年正月二十一日題，二月二十六日奉旨：『該部察核具奏。』該臣等查得貴州巡撫元展成，將黔省發運鉛斤，用過工本並獲餘息銀兩數目，會同雲貴廣西總督尹繼善合詞具題前來。

查前項舊存鉛斤原本銀兩，與上年存剩數目相符，應毋庸議。

一疏稱，據署理糧驛道事按察使方顯詳稱，前署道事大定府丁憂知府陳悳榮接准布政使常安各任内雍正十年三月底舊存收買未運及已運未售鉛四百九十九萬二千三百一十四斤零，原用工本銀八萬七千四百三十八兩三錢零等語。

一疏稱，自雍正十年四月起，至雍正十一年三月底，收買馬鬃嶺等四廠餘鉛三百九十伍萬八千八百六十九斤零，每百斤自一兩一錢七分六厘至一兩二錢七分四厘價值不等，共用銀四萬八千三百兩六錢零。又收買課鉛共一百七十六萬四千七百四十三斤，每百斤自一兩四錢至一兩六錢價值不等，共用工本銀二萬六千四百一十七兩八錢零。自廠發運永寧等處鉛七百三十七萬六千二百七十五斤零，每百斤用脚費自六錢六分至九錢不等，共用銀五萬二千二十三兩一錢零。總計舊管新收運鉛價脚共用工本銀二十一萬四千一百七十九兩八錢零，内除原動司庫工本及借支餘息共銀八萬七千四百三十八兩三錢零外，不敷銀一十二萬六千七百四十一兩五錢零。於永寧等處賣過鉛四百九十九萬八千五十一斤零，每百斤自三兩八錢至伍兩一錢三分三厘二毫價值不等，共賣獲銀一十九萬二千三十五兩三錢零，内除歸還前項不敷銀一十二萬六千七百四十一兩五錢零外，寔存餘息銀六萬五千二百九十三兩七錢零等語。 應令該撫元展成將前項所賣鉛價銀一十九萬二千三十五兩三錢零内，將前項不敷銀一十二萬六千七百四十一兩伍錢零照數歸還，仍俟下年銷售之日，將所獲餘息銀兩數目造册報部核銷。其寔存餘息銀六萬五千二百九十三兩七錢零，於收獲公費銀兩項下一并查核。

一疏稱，舊管新收共鉛一千七十一萬五千九百二十六斤零，内除賣過四百九十九萬八千五十一斤零，寔存收買未運及已運未售鉛五百七十一萬七千八百七十五斤零，共用工本脚費銀一十一萬一千六百八十六兩六錢零，內照原用工本脚費少存銀四忽零，查係合計項下渺茫零星，不能收入之數，於州內聲明登答外，又存廠未買課(沿)〔鉛〕七十六萬二百九十六斤零，於運銷時造册報銷等語。應令該撫將前項收買(收買)未運及已運未售鉛斤，轉飭經管人員照數發運銷售，所變價銀除歸還原用工本外，獲息若干據寔開報，毋致侵隱。至所存未買課鉛，亦即照價收買，運銷變價回日，將用過價值銀兩造册送部查核。再前項原用工本脚費少存銀四忽零，該撫既經聲明，係合計項下渺茫零星不能收入之數，應毋庸議。

一疏稱，正課餘鉛之外，有爐底零星所積及灰渣鎔成黑鉛，並陸續拿獲私販黑白鉛斤，盈餘秤頭等項存收買未運及已運未售黑渣鉛七萬一千六百七十斤，原用工本銀一千一百九十五兩五錢零。又存黑白私鉛三萬二千一百六十八斤零，原用工本銀一百九十四兩二錢零。又存秤頭鉛二十萬三千四百一十七斤零，原用脚費銀二百四十七兩六錢零等語。查前項舊存黑渣等項鉛斤各項原用工本銀兩，與上年存剩數目相等，應毋庸議。

一疏稱，新收買馬鬃嶺等四廠小菜鉛四十七萬七千九百三十一斤，共用工本銀四千六百九十兩九錢零。又收買黑渣鉛三萬一千九百四十九斤，用工本銀二百五十兩四錢零。又拿獲私販黑白鉛六千九百五十六斤，賞給銀九錢零。又收穫盈餘秤頭鉛二萬九千九百二十七斤零，自廠發運小菜鉛四十七萬七千九百三十一斤，用脚費銀三千四百七十八兩三錢零。又發運黑渣鉛一萬三千二百七十一斤，用脚費銀一百九兩八錢零。又發運私販黑白鉛一萬五千八百六十五斤，用脚費銀一百六兩五分零。又發運秤頭鉛一十萬四千二百四斤，用脚費銀八百七兩一分零。以上舊管新收、買運小菜等項鉛斤共用工本脚費銀一萬一千八十一兩七分零，內銷售小菜鉛四十七(兩)〔萬〕七千九百三十一斤，每百斤三兩八錢，共賣獲銀一萬八千一百六十一兩三錢七分零，除還原用工本脚費銀八千一百六十九兩三錢零外，獲息銀九千九百九十二兩七分零。又銷過黑鉛七萬五百九斤，每百斤自二兩至二兩九錢七厘四毫五絲價值不等，共賣獲銀一千九百七十六兩四錢二分零，除還原用工本脚費銀一千二百兩二錢零外，獲息銀七百七十六兩二錢二分零。又賣過私鉛二萬伍百九十九斤，每百斤叁兩八錢，賣獲銀七百八十二兩七錢六分零，除還原用工本脚費銀一百二十六兩七錢一分零外，獲息銀六百五十六兩五分零。又賣過秤頭鉛二十一萬八百六十三斤，每百斤三兩八錢，賣獲銀八千一十二兩七錢九分零，除還原用脚費銀一千五十三兩零外，獲息銀六千九百五十九兩七錢八分零。以上銷售小菜等項共鉛七十七萬九千九百二斤，共賣獲銀二萬八千九百三十三兩三錢六分零。內除歸還各原本脚費銀一萬五百四十九兩二錢二分零，共獲餘息銀一萬八千三百八十四兩一錢三分零。內因已收未售黑渣等項鉛七萬四千一百一十六斤所需工本脚費不敷，動支餘息銀五百三十一兩八錢五分零，俟銷售歸還外，寔存餘息銀一萬七千八百五十二兩二錢八分零等語。應令該撫將前項已收未售黑渣等項鉛七萬四千一百一十六斤，轉飭經管人員照數發運銷售，所獲價銀除歸還不敷動支外，一併仍歸此項餘息銀內，報部候撥。其寔存餘息銀兩，應於收獲公費銀兩項下一併查核。再前項已收未售黑渣等項鉛斤，按册核算係七萬四千一百一十七斤八兩，今疏內開係七萬四千一百一十六斤，較册內所開數目少鉛一斤八兩，應令該撫查明報部。

一疏稱，各商承辦鉛斤共收獲公費銀五千七百二十六兩零，總計運銷正雜鉛斤共獲餘息銀八萬八千八百七十二兩零。又雍正十年三月底存剩餘息銀一十三萬三百二十八兩六錢六分零。二共餘息銀一十八萬九千二百兩六錢六分零。內解還先後原借司庫工本銀八萬兩，又解貯司庫充公銀八萬三千五百四十八兩一錢七分零，又支給奏銷飯食、辦事官役養廉、工食、夫馬、盤費、鎮廠守兵鹽菜並本省零星公事等項銀七千八十兩二錢一分零，三共解支過銀一十七萬六百二十八兩三錢九分零，尚存道庫銀一萬八千五百七十二兩二錢七分零。以備各廠工本之用，於下年辦獲餘息銀內一併解貯公用等語。應令該撫將前項解還原借工本銀八萬兩，照數彈收貯庫，歸還原借司庫捐納銀欵項。又解司充公銀八萬三千五百四十八兩一錢七分零，照數貯庫充公，俟動用之日報部查核。其支過各項公費銀七千八十兩二錢一分零，照册核算，數目相符，應准支給。再前項支給各項公費銀內應解部飯銀四百兩，業經臣部開單奏明，行文該撫批解在案，今據册開解部飯銀六百兩，應令該撫遵照原行飯銀四百兩起批解部，其續加銀二百兩，仍令解交貯庫，統于該省公項內動支報銷。至尚存道庫銀一萬八千五百七十二兩二錢七分零，應准留存各廠工本之用，俟下年辦獲餘息銀內，一併解司留充公用。

一疏稱，革職糧道王廷琬及參革倉大使王定銘虧折侵扣銀兩，並各廠員首出未報私那節省等項内，除各廠員首出銀二千七百一十九兩六錢零已令賠出造入各年奏銷册内登報在案，其王廷琬名下應追銀六千三百七兩九錢零，王定銘名下應追銀三百二十一兩四錢零，俟續追完日另報等語。應令該撫將王廷琬各名下應追銀兩，作速勒限着追完報，如限滿無完，即將承追未完各員照例查參。至各廠員首出銀兩，該撫既稱已令賠出，造入各年奏銷册内登報在案，應毋庸議。以上各項銀兩，如有那移虧缺併侵隱冒銷情弊，該撫元展成即行據寔題參可也。臣等未敢擅便，謹題請旨。」雍正十二年五月十一日題。本月十四日奉旨：「依議。」

《雍正朝内閣六科史書・户科・安徽巡撫王紘題報安屬開爐鼓鑄需用銅器應給工料銀及所得錢文等項數目本》 巡撫安慶等處地方提督軍務都察院右副都御史臣王紘謹題爲欽奉上諭事：「該臣看得安屬收買銅器設爐鼓鑄一案。經前撫臣程元章題，准部覆，將所鑄錢文、需用銅器、應給工料等項，照例按季造報，歲底具題等因。行據布政使李蘭會同江南驛鹽道副使包括詳稱，自雍正十年三月十九日開爐起，至該年十二月十八日底，寶安局鑄錢二十卯，用過生、熟對搭銅器十九萬二千斤，該價銀二萬七百二十三兩九錢四錢。共去耗銅一萬七千二百八十斤，浄銅十七萬四千七百二十斤。每錢一文，重一錢四分，計鑄出錢一萬九千九百六十八串，除應給工料錢二千九百八串八百文，又加補串繩錢二十八串八百文，寔得餉錢一萬七千八十八串解司搭放兵餉。每錢一串，值銀一兩，計銀一萬七千八十八兩，合筭計不敷銅本銀三千六百三十五兩九錢四厘。除季季造報外，所有鑄出錢文、需用銅器、應給工料等項，照例造具年底清册呈送前來。臣覆核無異，除册分送户部科道外，謹會題請旨。」雍正十二年五月初四日題。本月二十五日奉旨：「該部察核具奏。」

《雍正朝内閣六科史書・户科・江寧巡撫高其倬題爲造報雍正十一年收繳黄銅器皿及私鑄錢文用過價銀數目本》 太子太保兵部右侍郎兼都察院右副都御史總理糧儲提督軍務巡撫江寧等處地方世襲三等阿思哈尼哈降三級又降二級留任臣高其倬謹題爲欽奉上諭事：「該臣看得江蘇等屬收繳黄銅器皿私鑄錢文，行據布政使白鍾山會同蘇松巡道副使王澄慧詳稱，各屬雍正十一年春季起，至歲底共收生熟銅一十九萬八千三百二十六斤零，共給價銀二萬一十二兩零，内動雍正八年地丁銀一十一兩零，雍正九年地丁銀四百一十二兩零，雍正十年地丁銀七百四兩零，雍正十一年地丁銀一萬八千八百八十五兩零，造册呈詳併聲明私錢未據各屬報收前來。臣覆核無異。除册送部外，臣謹會題請旨。」雍正十二年七月三十日題。八月二十一日奉旨：「該部察核具奏。」

《雍正朝内閣六科史書・户科・總理户部事務和碩果親王允禮等題准展限奏銷雲南各銅廠鼓鑄工本銅鉛物料等項本》 總理户部事務和碩果親王臣允禮等謹題爲移請轉詳具題展限事：「雲南巡撫張允隨題，前事雍正十二年六月初四日題，七月十八日奉旨：『該部議奏。』該臣等查得雲南巡撫張允隨疏稱，滇省銅廠鼓鑄，例(年)〔應〕按年奏銷，兹據布政司陳弘謀詳，准署按察使張無咎移稱，鼓鑄工本、銅、鉛、物料等項欵數煩多，臨局鑄務總歸省局銷筭，寔難一時清查，本署司接管鑄務兩月交代之期已滿，業經援照交代錢糧至十萬兩以上者准展限兩個月之例，咨部在案。今交代各册尚未清查而奏銷之期已屆，所有雍正十一年分鼓鑄報銷各册難以依限造報，移請轉詳具題展限。又准糧儲道祝宏移稱，雍正十一年分滇省銅廠正二月係迤東黄士傑經管，銅斤工本因各銅廠距省窵遠，盤查需時，已同糧道交代援照錢糧十五萬兩以上准展限三個月之例咨部在案，今交代尚未查清，相應詳請具題展限前來。臣覆查無異，會同雲貴廣西總督尹繼善合疏具題前來。查滇省鼓鑄錢文，例應按年造册題報。今該撫張允隨疏稱鼓鑄物料欵項煩多，署按察使張無咎接管鑄務，兩月交代之限已滿，業經援准展限兩月之例咨部在案，今交代各册尚未查清，難以依限造報，具題展限等語，應准其展限兩月。又該撫張允隨疏稱，滇省銅廠係迤東黄士傑經管，因各銅廠距省窵遠，盤查需時，業同糧道交代援准展限三個月之例咨部在案，今交代尚未查清，難以奏銷，具題展限等語，應准其展限三個月。仍令該撫張允隨轉飭經管各員，務于所展限内作速造册奏銷，如再遲延，即行題參可也。臣等未敢擅便，謹題請旨。」雍正十二年八月二十九日題。九月初二日奉旨：「依議。」

藍鼎元《鹿洲初集》卷一四《考・錢幣考》 欲將滇銅購運，則慮道遠費繁，似當于湖南特設錢官，開鑪鼓鑄，以銷滇南之銅，裕江浙等省之用。廣東銅礦亦可開採，即于閩廣之交，命官開鑪，併買洋銅鼓鑄，以裕沿海各省之用。部頒錢文體式無使參差，選方正清望之臣領之，如第五倫爲督錢掾，長安無奸巧；劉晏、第五琦領鑄錢使，而江淮政平。任得其人，何奸弊之足患？民殷國富，海宇蒙樂利之休，其爲利也溥矣。

楊錫紱《四知堂文集》卷九《遵旨陳明苗疆銅礦毋庸開採疏》 爲欽奉上諭事，乾隆十二年九月初八日，准尚書傅恒字寄内開，八月十八日奉上諭：「據署廣西巡撫鄂昌奏稱，桂林府屬義寧縣龍勝以内之獨車地方與湖南綏寧縣連界，該處有耙冲嶺坐落楚地，銅礦甚旺，應行開採等語。朕思開採一事雖有益於鼓鑄，每易於滋事，而界接苗疆，辦理尤宜慎重。今所奏綏寧一帶既係苗猺地方，必須悉心詳查徹始徹終細加籌酌，將來開採之後，萬無一失，方可舉行。若於苗疆稍有未便，斷不可因目前之微利，啟將來之患端，不如慎之於始，照常封禁，以杜聚集奸匪之漸。可將此摺抄寄湖南巡撫楊錫紱，令其加意查察，將應否開採之處據實奏聞。欽此。」寄信到臣，臣當將綏寧縣耙冲嶺銅礦情形，臣尚未深悉。現在密札布按二司委員前赴確加勘驗查察，俟覆到，將應否開採之處據實奏聞緣由恭摺覆奏，十月二十七日奉到硃批：「知道了。欽此。」今於十一月十五日據布政使温福、按察使周人驥會稟内稱，據委員辰州府同知朱燕會同署綏寧縣知縣明英稟稱，卑職等同至耙冲地方查看得，該地四面俱係苗寨，與廣西義寧、懷遠兩縣苗寨連界，其出礦之處，周圍丈量共止九十五丈，因從前開挖下截，已塌爲平坡，上段亦已破裂，中有仙旺等五洞，係乾隆四年招商開採，後因衆苗紛争，焚卡搶物，審詳咨部封禁有案。乾隆八年，兩廣慶督院咨商開採，經前任知縣董琰查明議詳，仍請封禁。乾隆九年，前任鄂督院飭委湖北安陸府同知岳都查勘刨試，於舊礦左右復開六洞，深至二三丈，因出砂有限，又行封禁，各在案。今卑職等於舊開最旺之新興洞旁，挖深二丈有餘，并無礦砂，又於洞左再挖一洞，有黑色礦砂，用水淘洗兩次，煎煉費過五十一工，實得净銅八觔九兩。詢之爐户砂夫，俱稱從前初開原有緑色好砂，自乾隆四年以後，刨挖便只有黑砂，實銅砂之最下者。又勘得山下即係苗田，詢據苗頭楊仁萬等，僉供從前開採壓壞苗田，現有痕跡可驗，此地糧田數千畝，全仗溪水灌蔭，若開採，必在溪内淘洗礦砂，有礙灌田。再，每逢天雨，水從廠上流下，俱有銅銹氣汁，禾苗被傷，更兼聚集外來多人，柴米俱貴，實多不願等語。本司等查，耙冲礦山既不寬廣，砂又不旺，深在楚粵苗寨之中，聚衆開採，淘砂之水既礙苗田，柴米價昂又礙民食，雖有文武官彈壓，難保不生釁端，似應仍前封禁等情到臣。臣查開採銅礦雖以資鼓鑄，然地在苗疆，即使銅砂果旺，亦應籌畫萬全。今綏寧縣之耙冲地方，經臣委員確勘，出礦之山既不寬廣，刨挖銅砂又屬低下，是目前本無利益，且深處苗穴，於田畝民食俱有所礙。乾隆四年開採，已有苗民焚搶之案，則其地之易於滋事已可槩見，誠如聖諭，斷不可因目前之微利，啟將來之患端也。所有耙冲礦廠，臣悉心詳查，應請仍舊封禁爲便。臣謹據實恭摺覆奏，伏乞皇上睿鑒。

梁章鉅《歸田瑣記》卷二《請鑄大錢》 余在廣西巡撫任内，曾有請鑄大錢之奏，爲户部議格不行。嗣由江蘇巡撫任内引疾得請，於陳謝摺内復申此説，則留中未發。比年於邸報中，知某御史亦有以此事陳請者，大約亦必被部駁不行。韓詩所謂「中朝大官老於事，詎肯感激徒媕婀」者，蓋不自今日始也。今年回福州，廖儀卿觀察鴻藻亦主此議，知余已經入告，索閲舊稿，因並録前後二稿示之。近日復讀吾鄉許畫山作屏《青陽堂文集》中亦有請鑄大錢一疏稿，畫山官職，非可奏事，當是爲某大僚所擬，或僅存其説而未發，或已經奏入而未行，均不可知。其疏後所擬十欵，則皆切實可行，有輔余前稿所未及者，急備録之，以待施行者採擇焉。

一曰嚴收銅。收銅之法，不在嚴刑，而在重價。令各直省州縣軍民人等，按東西南北四鄉，分春夏秋冬四時交銅。除佛像不毁外，一切紅銅器具盡行交官。官照庫秤設秤二面，委就近之吏目巡檢典史等員，監督妥書，眼同該花户當堂稱准，隨即散給領價執照。每觔給銀六兩，照内將銅觔銀數開載分明，期以第三年，仍按方按時赴官支領。如有不肖官吏抑勒銅觔，剋減銀價，許該交銅各花户赴就近道府衙門呈控，審實，按贓依枉法科罪。交銅之後，各花户倘尚有不實不盡者，限一年内許陸續呈繳，一年以外，州縣官率同所屬吏目巡檢典史等員，仍按東南西北四鄉，依春夏秋冬四時分路嚴查。如有隱匿紅銅一觔以下者，罪杖一百。一觔以上者，罪滿流。十觔以上者，發近邊充軍。有能提銅首報一家藏匿紅銅十觔以上者，審實，官給首報人賞銀二十兩。五觔以上者，給首報人賞銀十兩。如虚，予杖八十。銅收盡後，由該州縣運送各該省藩庫存貯。運費，每銅觔在藩庫領脚費銀五分。似此既以重價鼓舞之於前，復立嚴刑督責之於後，天下紅銅，自然盡歸於官矣。

二曰嚴採銅。採銅之法，令天下凡採紅銅之山，由督撫轉委道府大員監採。如有透漏銅觔者，本犯按數科罪。一觔以下者，杖一百。一觔以上者，滿流。五觔以上者，發近邊充軍。十觔以上者，絞監候。監採道府，訊不知情，依失察從重議處。如或知情故縱，革職。或通同舞弊分贓，計贓准枉法論罪。停採之時，嚴行封閉，請專設守鑛官一員，以正八品佐貳等官主之，就近建置衙署，以便巡查。倘有奸徒私行盜採者，准透漏銅觔律論罪。守鑛官論罪，亦與監採之道府同。緣民間紅銅，現存較少，誠恐不足以供鼓鑄之用，故須隨時開採，以廣財源也。

三曰精選銅。選銅之法，請專用紅銅。我朝五代之錢。惟雍正錢間有用紅銅者，然多經私毀，改造銅器，民間現存者，百不得一。餘順治、康熙、乾隆、嘉慶，並前代偶存古錢，皆係白銅，與紅銅銅色迥別。奸民即欲毀小爲大，希圖重利，而劑色不同，無能參亂。此專用紅銅，所以絶盜鑄禍本也。

四曰妙給價。給價之法，每銅觔既定給銀六兩，如必闕支國帑，則數無慮千萬，一時斷難應給。今定以交銅之第三年正月，令各直省藩司，將各州縣所解到銅觔，開局鼓鑄。先鑄當千大錢及當五百大錢，當千者，作銀一兩，當五百者，作銀五錢。每花户交銅一觔，給當千者三枚，計作銀三兩，又給當五百者六枚，計作銀三兩，共合銀六兩。似此以民之利，還之於民，民間輸銅一觔，即得銀六兩，不須損上，自然益下，此所謂藏富於民者也。

五曰擅贏餘。贏餘之法，每銅一觔，可鑄當千大錢八枚，作銀八兩，除鼓鑄工料之費，每銅觔去銀四錢，又除州縣運銅脚費，每銅觔去銀五分，運錢脚費，每銅觔去銀五分，共去銀五錢，實存銀七兩五錢。今以六兩給花户作銅價，計每銅觔净餘銀一兩五錢。通計各直省共一千三百餘州縣，每州縣通算約三萬家，家輸紅銅約五觔，每縣可得銅十五萬觔，各直省通算約可得銅一萬九千五百萬觔。每銅觔餘銀一兩五錢，通算約得銀二萬九千二百五十萬。且隨時開採，每得銅一觔，除礦費運費鼓鑄各等費，總可净餘銀六兩有零。此則不資之富，取之無窮，不須損下，自然益上，是又所謂藏富於君者也。

六曰精鼓鑄。鼓鑄之法，當千大錢，陽文右曰「當千」，左曰「重二兩」，陰文曰「嘉慶通寶」。當五百大錢，陽文右曰「當五百」，左曰「重一兩」。當三百大錢，陽文右曰「當三百」，左曰「重六錢」。當二百大錢，陽文右曰「當二百」，左曰「重四錢」。當百大錢，陽文右曰「當百」，左曰「重二錢」，陰文皆同，皆用漢文楷書，以便民間別識。由户部先精製錢樣，頒發各直省，省立一局，委道員監鑄，

銅劑首要潔净，鼓鑄必極精緻，輪郭必要分明，肉好亦要均得，倘有雜和鉛錫，及鑄不精工等情弊，將該監鑄之員，嚴審定擬。果有侵蝕銅觔，照壞亂錢法罪，絞監候。

七曰審銖兩。銖兩之法，每銅觔鑄當千大錢三枚，枚重二兩，計三枚共重六兩。鑄當五百大錢四枚，枚重一兩，計四枚共重四兩。鑄當三百大錢四枚，枚重六錢，計四枚共重二兩四錢。鑄當二百大錢六枚，枚重四錢，計六枚共重二兩四錢。鑄當百大錢六枚，枚重二錢，計六枚共重一兩二錢。每銅一觔，共鑄五品錢二十三枚，共重十六兩。似此大小輕重，各依其直，折半遞減，奸民即欲燬小爲大，竊取厚利，而銖兩適合，並無盈餘，無可爲利。盜鑄之源，不禁又絶矣。

八曰禁剪鑿。剪鑿之禁，依古有之。今令如有剪鑿輪郭而損缺者，或有盜磨錢質而取鉛者，重不如其文，皆廢勿用。其敢於作奸損壞之人，准左右隣及地保族屬人等舉首。審實，賞舉首人當千大錢五十枚。作奸損壞人，准盜鑄律論罪。

九曰廣流通。流通之法，令當千大錢，作紋銀庫平一兩。當五百者，作銀五錢。當三百者，作銀三錢。當二百者，作銀二錢。當百者，作銀一錢。其奇零小用，仍照現在當一制錢，以便行使。凡民間交易，皆准此定價，永遠遵行。並農民完糧，商人納課，俱准作銀，照數輸將。其有牙行市儈，敢於把持抑阻者，一經發覺，照違制律，從重發近邊充軍。

十曰慎示信。示信之法，於未收銅之先，由户部刊刻頒發各直省告示，令民間除佛像不毀外，凡一切紅銅器具，盡行呈繳，按東南西北四鄉，分春夏秋冬四季，該花户親自賫銅赴各州縣衙門，眼同官胥稱准，州縣官每日委吏目典史等官，督同當堂上兑，兑明，隨給各花户領價印照，每銅觔給價紋銀六兩，將銅觔銀數開載分明，期以交銅之第三年，仍按春夏秋冬，赴官領價。倘該管官吏有抑勒銅觔，尅減銀數等情，許該花户赴就近道府衙門喊告。該道府即行嚴訊，審實，按數以枉法贓論罪。軍民人等，如有呈繳未盡者，准一年內續交。一年以外，該州縣官及所屬之吏目巡檢典史等員，分路親赴嚴查。倘花户等敢於隱匿不繳者，查出每銅一觔以下者，予杖責。一觔以上者，滿流。十觔以上者，發近邊充軍。有能持銅呈首者，酌量銅觔多少，官予賞銀。此户部刊刻頒布收銅給價之

明示也。此示只明告以交銅之利，匿銅之罪，不必令民間預知將以更鑄大錢，以防匿銅不交之弊。俟銅觔收清之後，於第三年春初，再由户部刊刻頒布各直省改鑄大錢告示，凡新收紅銅，精選潔浄，令各直省巡撫委道員就省開局鼓鑄當千大錢，枚重庫平二兩，作紋庫銀一兩。當五百大錢，枚重一兩，作銀五錢。當三百大錢，枚重六錢，作銀三錢。當二百大錢，枚重四錢，作銀二錢。當百大錢，枚重二錢，作銀一錢。凡民間交易，并完糧納課，俱准依數作銀作錢，兩下行用，其奇零小數，仍用常行當一制錢，以便行使。自更鑄之後，永遠遵行，萬年不易。倘有牙行市蠹，膽敢阻抑者，一經發覺，照違制律，從重發近邊充軍。仍將錢樣依式刊示於後，注明非真足紅銅，及重不如其文者，准勿用，以防盜鑄雜鉛及剪鑿諸弊。此户部刊刻頒發改鑄錢文，永遠遵行之明示也。

按余在廣西陳奏此事，初奉到批回，交部議奏，而部中准駁，尚未奉有明文，因復私擬一稿，以備續陳。既奉部行，以現在錢法無弊，毋庸更張，則後稿亦遂束之高閣，兹並録附以示儀卿云。

伏思錢法爲濟時急需，而銅政實爲錢法根本。銅之來路不充，而日勤鼓鑄之事；銅之去路不禁，而徒嚴盜鑄之條，猶非拔本塞源之計也。夫以甚有用之銅，而聽其爲民間私家不急之物，古人所謂貨惡其棄於地者，莫此爲甚。大約風氣之華靡，以漸而開，由今追溯四五十年以前，銅之爲用尚少，比年則銅器充斥，而東南數省爲尤甚。如一煖手足之鑪，雖小户亦家有數具。一閨閣之鏡，乃徑寬至一二尺，重至一二十觔。一盥盆，一炭盆，一壺一鑊，動重數觔。又如大小鉦鐃，與鼓相配而鳴者，爲歲首戲樂之具，從前惟富户乃有之，近則中小户亦多有之。舉此三數端，則其餘可以概見。皆由豪家相尚，踵事增華，所謂作無益，害有益也。而於是省會之銅器店以百計，郡城以數十計，縣亦不下數家。至究其銅所由來，並非經商販運，間有以廢銅易錢者，亦千百中之一二耳。然則其銅何自而得乎？則皆銷燬制錢而爲之也。近日市中行用，不見有順治、康熙、雍正三朝之錢，即乾隆、嘉慶錢，亦甚寥寥矣，非皆燬而爲器之故乎？

然則居今日而議錢法，舍禁民間銅器，其流不得而塞，即其源無由而清。然徒禁之而抑令呈繳，甚至不繳，則從而搜括之，則滋擾之弊，亦不可不預爲之防。且常用之物，驟爲厲禁，亦無以服小民之心。竊以爲宜令牧令設局公堂，以漸收買之，十里以内，限一月，十里以外，限兩月，皆輸繳浄盡，每觔議定給以價銀若干。如是則民不擾，而浮議亦不起。雖然，山僻小縣，庫中附貯之項，皆別有所抵，所徵地丁，則隨徵隨解，安得餘銀以爲收銅之資。竊又以爲宜從權變通，准其開常平倉，或即照銀價，以穀給民，或出糶得錢以給之，隨時變通，民亦可以無擾，總在奉行之得人耳。收銅既浄，遠者或令銷鎔，近者或即以原物徑解省城總局，然後酌量分別，約上等銅若干，可鑄當千、當五百錢；中等銅若干，可鑄當百、當五十錢；下等銅若干，可鑄當十、當五錢。不過數月，便可集事。但鑄造磨礲，必極工緻，而米炭工費，必照時價給發，使鑪匠有以養身家，然後行之可久。如現在各直省錢局之價，尚是照康熙年間舊定者給發，其中賠貼太甚，則其弊更不可言，是亦所當議及者也。

馮桂芬《(同治)蘇州府志》卷一九《採辦》 乾隆三十六年，户部覆：「蘇撫李湖奏江蘇省年額辦解物料甚多，内惟高錫黄蠟，係委員自行辦解，致啟浮開冒銷之端。其餘節年辦解紅黄熟銅、銀硃、桐油、明礬、燈草、胭脂、紅土、白蠟、烏梅等項。【略】

一、黄熟銅

年額採辦二千九百九十三斤九兩八錢八分四釐，定例每斤動地丁銀一錢一分，耗羨銀一錢三分七釐九毫。

朱壽朋《東華續録》光緒一五七 〔光緒二十五年，十二月〕戊寅，唐炯奏：「雲南辦廠全恃春秋冬三季，冬季每月可得銅十一二萬，春秋兩季每月可得銅七八萬不等，夏季地氣上升，礌硐積水，難於攻採，民間至時停歇，公司則不惜工本另開，通風洩水，以便攻採，每月尚可得銅四萬，常年廠情大率如此。本年自四月至五月杪，連月大雨，中間晴霽不過數日，公司所辦巧家、永北、宣威、威寧各廠礌硐悉被水淹，甚或坍塌，不能採礦。辦廠以柴炭爲第一要需，各廠在萬山中，柴炭皆購之三四百里外，雨多路險，轉運迺難，遂爾缺乏，不能煎鍊。又爐座爲濕氣浸漬，火力不順，礦砂往往不能團結，煎鍊十爐只成四五，總計夏秋兩季每月得銅二萬餘斤，多止三萬，較之往年短缺過甚，而公司賠累因之亦鉅。臣每接公司稟報，午夜焦灼，現在天氣晴霽，已飭公司設法趕辦。惟修理礌硐、爐座，開通水洩，轉運柴炭，展轉躭延，煎鍊尚需時日。本年銅斤實不能辦足一批，此則天時所致，非公司人力有未盡，亦臣意料所不及。理合據實縷陳，仰求聖慈垂鑒。」得旨：「知道了，即著督飭公司設法趕辦，儘數起運。」

朱壽朋《東華續録》光緒二〇八 〔光緒三十三年，秋七月〕甲寅，度支部奏：「考查銅幣大臣郵傳部尚書陳璧奏籌議開採銅礦一片，光緒三十三年五月初八日奉旨：『該部議奏。欽此。』欽遵由軍機處鈔交前來。據原奏内稱，各省鑄造銅幣購用洋銅實爲絶大漏卮，近年銅價奇昂，大利尤多外溢。查中國各省礦産甚饒，即如江西、雲南所産之銅前經度支部總廠鎔化試驗，頗合造幣之用，銅質提鍊未净，鎔鑄工耗稍多，若能廣行開採，精加提鍊，嗣後造幣需用即無須取給外洋。臣此次奉命考查銅幣，贛、滇兩省均經奏明派員前往，即飭順道採訪銅礦。兹據赴贛考查司員呈稱，贛礦苗旺質佳。又據赴滇考查司員電稱，東川等處銅礦尚旺各等語。贛、滇礦産豐富，銅質亦佳，足供鑄造，擬請飭部切實調查，籌議開採。此外，如有佳礦亦宜推廣籌辦，實於幣制、礦務均有裨益等語。臣等伏查中國銅礦，滇省最富，歷經分批辦運，以供京師鼓鑄之需。臣部近設總廠，亦經提取滇銅鎔化試驗，但能提鍊加精，即可用以鑄幣，徒以銅本艱窘，該省歲辦京運時虞竭蹶，而各廠造幣轉須購買洋銅，以致利權外溢。臣部爲收回利權起見，亟思振興礦務，以塞漏卮。近聞贛省發見銅礦苗旺質佳，又經電提二千斤交總廠試驗，頗合造幣之用。贛省既有此佳礦，尤宜亟籌開採，冀於滇礦而外，增一利源，業於上年十二月間議覆。御史徐定超奏請興復滇礦摺内，奏請飭下雲貴總督體察籌辦，俾得切實辦法，由臣部寬籌資本，力與維持。並聲明江西礦産甚佳，乞飭切實調查，迅圖興舉，以挽利權，而恢銅政等因，奏准行知在案。嗣於本年五月，據兩江督臣端方、江西撫臣瑞良奏報，江西贛縣隴下及長排嶺銅礦苗脈豐厚，銅質甚良，實爲上等佳礦，採法宜用機器，兼築小枝鐵路輸運，經營試辦，約需經費四十萬兩，寧、贛各認銀二十萬兩，核撥開辦等語。該督撫等合兩省之力，開濬利源，一俟辦有成效，則各廠鑄造銅幣均可赴贛訂購，毋庸仰給外洋，漏卮杜塞，利莫大焉。至雲南銅礦，本年四月間，因臣部所派丁憂主事余晉芳至滇考查造幣分廠事宜，該廠尚未開辦，電飭就近調查礦務，並電知雲貴總督派員會同往勘。嗣準雲貴督臣錫良電稱，派道員劉孝祚偕往東川，據報礦旺民貧，恃官接濟。查滇銅每百斤給價銀二十兩，用以造幣，雖須改鍊，小有折耗，現在洋銅日貴，以四十餘兩之重價購之外人，不若加價興辦滇礦，免致利權外溢，擬照官價每百斤酌加價銀，較用洋銅仍屬合算，且能保我廠利，冀圖擴充。該員等現赴昭通等處查勘，容再籌酌電聞等語。臣部當以滇銅困於例價，出産日衰，至爲可惜，現各省鑄幣用銅甚多，如提鍊純净，足合造幣之用，自當酌加價值。惟礦産是否豐旺，仍令轉飭詳細調查，如果確有把握，集資之事自當内外合力通籌，闢此利源，飭等議覆等因。電覆去後，現尚未□聲覆應，俟該督續報到日察核情形，應如何内外協力籌集資本，從事開採之處，再由臣部奏明辦理。農工商部：「查銅礦事關幣政，自應及時開採，以塞漏卮，至一切辦事章程應仍按照臣部奏定礦章辦理，以歸劃一。」得旨：「如所議行。」

圖録

唐夢賫《籌餉卮言》卷五《大錢古式十三》 歷代大錢，可爲銅鈔之式者：

周　太公九府錢，黄金，方寸，而重一斤。錢圜，函方。輕重以銖。銖十分。

荀悦《漢紀》曰：「周制錢有文，外圓，内方。」

李奇曰：「圜一寸，重九兩。」

顧煊曰：「重十二銖。」

景王大錢，文曰：「寶貨。」

漢 高后八銖錢，文曰：「半兩。」重如其文。

武帝白金三品

重八兩，圓之，其文龍，名曰：「白選。」直三千。

重六兩，方之，其文馬，直五百。

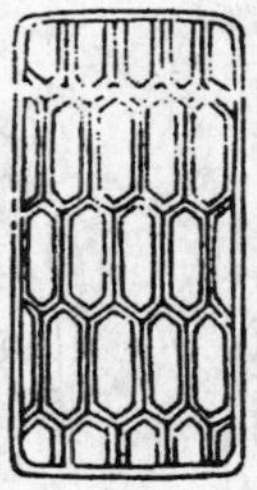

重四兩，狹長，其文龜，直三百。

王莽錯刀，以黃金錯，其文曰：「一刀。」直五千。

後漢 昭烈帝，直百錢。

吴大帝，大泉五百。

朱楓《古金待問録》

右一品，《路史》：昔寶鼎尉王鎛家有一布，長寸六分，肩廣八分，首廣五分，爲足間二分，重六銖。面文作行昊，乃帝昊字。幕文作引。李彦美所謂了旁斜畫者，蓋羲字也。錢書目爲異布。又董令昇家有一種，長寸八分，額廣六分，肩廣寸一分奇，閒五分，重十二銖。面文作父昊，幕文作爽，皆大昊字也。攷之盄音昭。鐘，帝直作二，則此立之爲刂，信爲帝字。又封禪文昊作炅，此幣鉤畫甚精，與王鎛之布大小略同，面有文爲刂，乃帝字左文爲昃，當爲昊字。其閒有乚，疑爲貨字。幕文亦不失了旁斜畫之形。三代以上之文，皆有小異，故定以爲「太昊之幣」。

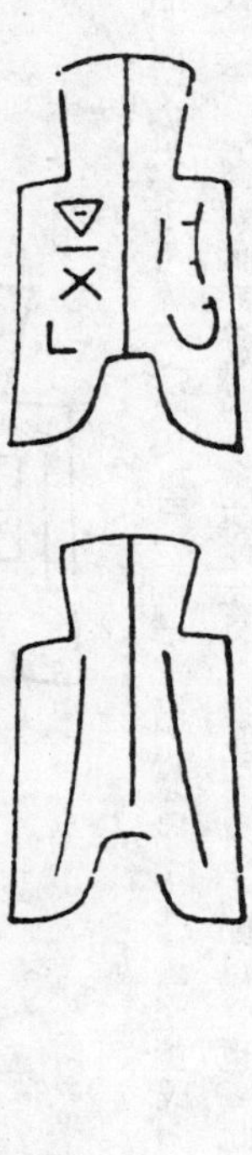

右一品，面文右字不可識。其左文爲昊字，與《路史》所引封禪文昊作炅合，幕作斜直文。

右一品，面文右一字不可識。左文爲爽字，此與《路史》所載董令昇家之幣大小略同。其重不過六銖爲異耳。詳第一品太昊幣下。雖字之在面在幕各有不同，究不得不謂之昊與爽也。

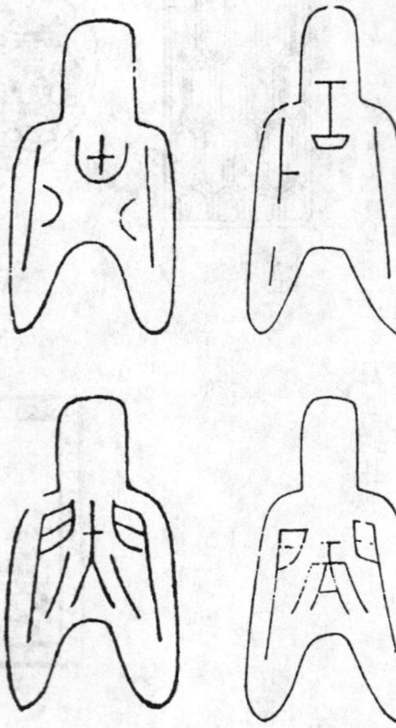

右二品，前一品面文作金字，後一品面文微有不同。幕文皆如門，其内如夾。《路史》：「幕文作爽，皆太昊字。」此幣之門字，略如爽字之兩百字夾字，則爽所固有也。欲不謂之太昊幣不得矣。前一品爲諸幣中之極長者，後一品首上有好，乃近人所鑽，銅色如新，不著于圖。

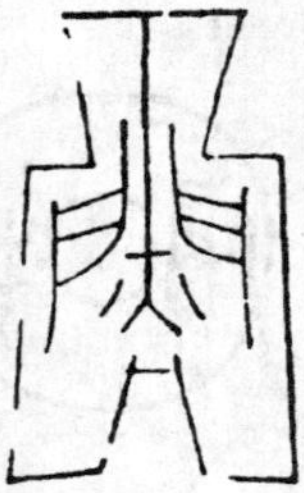

右一品，以昊字作面，文在面在幕，前已言之矣。

右一品，面文右字不可識。《路史》云：「葛天氏興貨幣。」《注》云：「董氏譜云：葛天氏之幣，字雖質而與今隸無異。」從土從日，乃古之合字，即爲聲也。此幣左文□，當是葛，與從土從日雖有小異，諸幣皆然，故定爲「葛天氏之幣」，依外紀入于太昊之後。

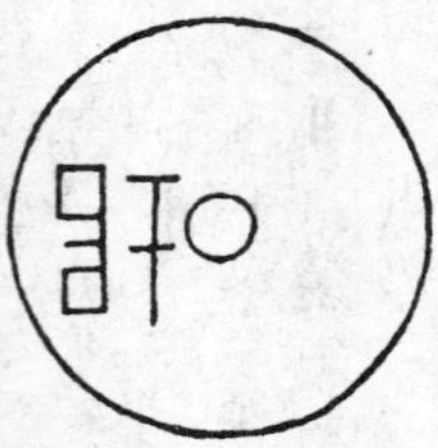

右一品，《路史》：「神農皆有一大錢，徑寸五分，重七銖。好圓無輪廓，狀如半兩，銅色純赤。左有□字，鉤畫甚精，神字也。」此幣與《路史》所載大小、輕重、形狀、銅色悉合。其神字中一畫微斷，有小異耳。似應以《路史》爲據，定爲「神農之幣」。

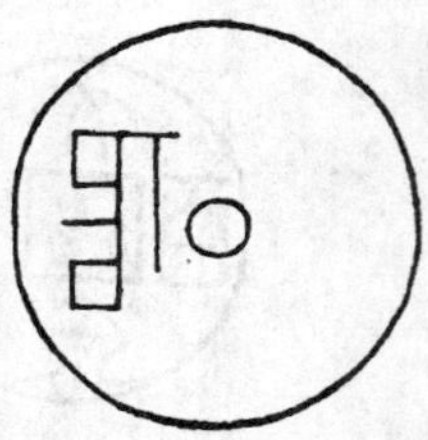

右一品，與《路史》所載神農幣悉同，其神字之中一畫不過右，爲小異。考

《路史》有「神農貨其爲幣泉」之語，泉則或有小異，不可棄記之，以備參攷。

右一品，與《路史》所載之神農幣，大小、輕重、形製、銅色悉同。其文周匝五六字，不可識。《路史》又載神農錢無周廓，面七字，縱橫。此品面文五六字，亦縱橫，又與路史符合，故記于神農幣之後。

右神農幣三，皆銅色純赤，乃運錘而成，不經融鑄。此《路史》所以稱其鈎畫甚精也。其重與秦之「半兩」纔及其半，大且過之。經數千年無纖毫缺蝕，及銅花斑駁之狀，神農之外，皆用鑄矣。此說未見于記載，其物具存，可以意會，非臆斷也。

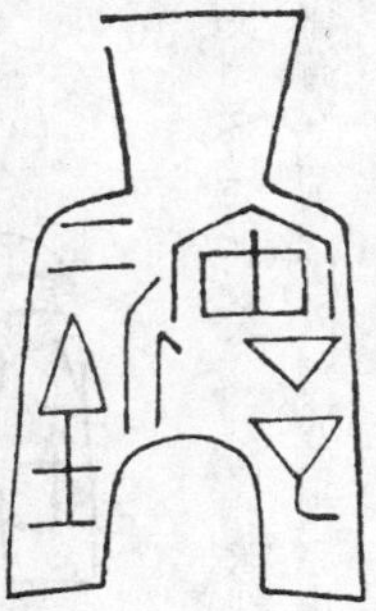

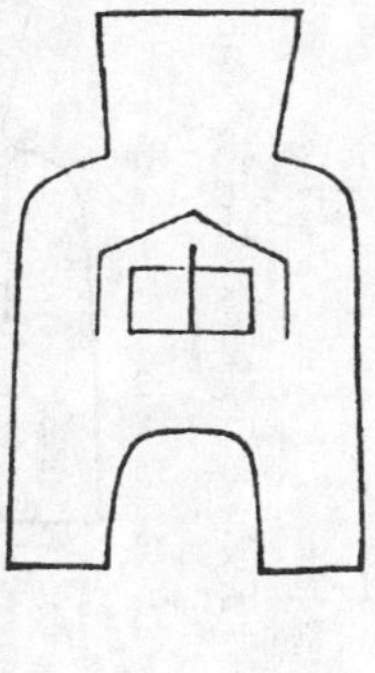

右一品，《路史》：「黃帝貨其文作□□二□，全幕文□。」此幣與路史所載字皆同，惟《路史》之□字，與此幣之□字小異。考三代以上字多倒書者，此幣第一字似以山字倒書于中之上，其實一也。又《路史》云：黃帝貨又二種，大小輕重與此正等，六字亦同，但倒書之。其□作□，以此驗之，□字既可作□，獨不可作□乎？可不煩言而自明也。又幕文與面文第一字同，故定爲「黃帝貨」。

右一品，大小面文與前同。但面文之字，倒書于幣上耳。又第一□字之下，前幣作□，今作中，益見前言山下安中之未妥也。

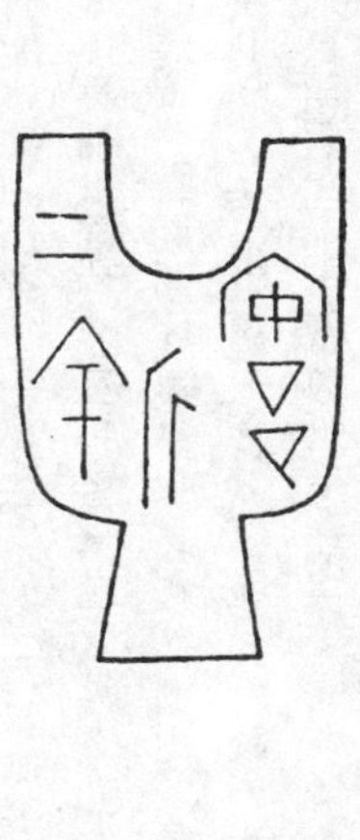

劉師陸《虞夏贖金釋文》

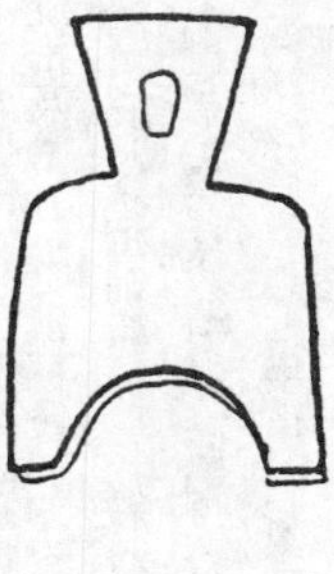

右幣其文右作□，左作□，合之乃虞。一釿三字倒書且反書者也。□者虍也，□者吳也，此古文虞字。《説文》：釿，劑斷也。宜引切，玉篇作牛引切，廣韻始入欣部。劑之言齊，斷之言截。古幣初鑄成者，必兩相連屬，此幣之足正對彼幣之足，自其連處齊而截之，然後兩幣判然始便於用，商連布文作四比當一斤者可證。此命名曰釿之由來也。此幣之文曰虞一釿，當是舜幣無疑。尚書疏舜居虞地，以虞爲氏，堯封之虞，爲諸侯，遂爲有天下之號。今案古幣有蒲反一釿，反即坂字，蒲坂亦舜所都，未審與此孰先孰後。釿又與斤同，四比當一斤，枎比當十斤，皆省去金傍，但作斤。有二義，一爲斤鋸，字義與劑斷相近；斤鋸亦有从金者。一爲斤兩。字《説苑》云：十六兩爲一斤。貨幣以輕重爲用，故命名亦有取焉。謂之一釿者，其直一也。此種面背俱有周郭。

右幣面文曰安邑，一釿幕文曰安。據《路史》：舜都蒲及安邑，禹亦都安邑。此幣爲虞、爲夏固不可知，然贖刑肇自虞廷，而書序有穆王訓夏贖刑之語，贖刑說詳乘正尚金當爰下。蓋舜創制而禹因之，不必定屬之夏也。若今世所見晉陽一釿，方是夏幣耳。一釿說見前。

右文曰安邑二釿，幕文曰安。較上一品差大，此一枚當彼二枚，故曰二釿。兩品幕皆有安字者，所以別於倒書者也。

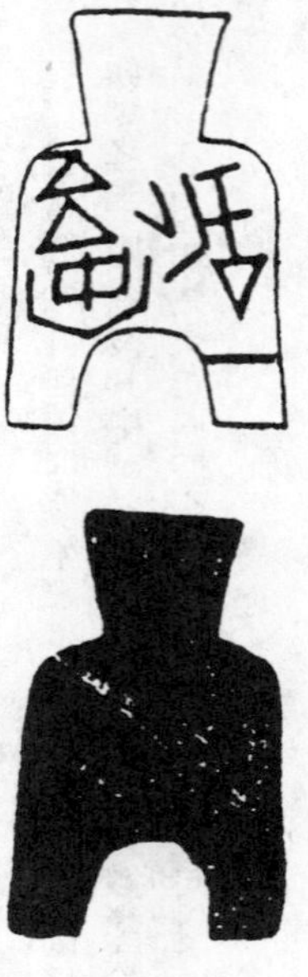

右文作安邑一釿，而倒書之。

右文作安邑二釿，亦倒書之。此與上一品，幕皆無字，以是知背文安字者，皆正書之，別帝世不識不知之民，未必盡諳文義，正書、倒書，幣之貴賤分焉。於是即幕文示以區別，俾易識而無或濫用，而聖人利用前民之精義寓焉矣。

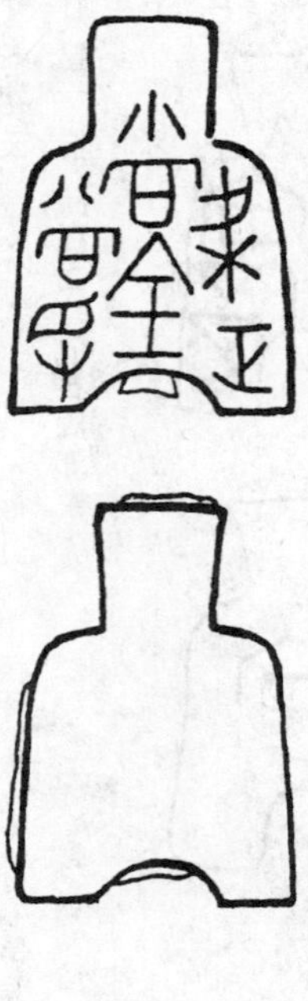

右文曰：乘正尚金當爰。案《管子·臣乘馬》篇曰：虞國得筴乘馬之數矣。《乘馬數》篇曰：有虞筴乘馬已行矣。《山至數》篇曰：請問幣乘馬之名矣。雖未明言其幣之形制若何，文字若何，而有虞之幣，固有乘馬之名矣。故羅長源《路史》發揮所引舜策乘馬長二寸，上廣寸二分，下寸三分，首長廣各七分，足間五分。正圓文作尚全朿疋侖，一本作侖，夅。一本作乎。背面肉好，皆有周郭。是蓋嘗親見此幣者，而未能詳釋其文。羅苹後紀注云：詳董氏譜，其文，當爲尚，策爲乘，馬爲正。竊謂策，乘馬之義，可以意會，不當沾沾於名目間。【略】

鮑康《大錢圖録·序》 咸豐三年，軍務日滋，滇銅不能繼，壽陽相國權户部議請鑄當十大錢，兼增鐵冶，以供度支。旋推及當五十、當百錢，巡防王大臣續請鑄當五百、當千兩種，並以銅當五暨鉛鐵當一制錢相輔而行。初亦公私稱便，未幾私鑄蠭起，利之所在，雖頻置重典而不畏，因之各錢漸廢，僅銅鐵當十尚暢行，户部復請遣員赴山西購鐵，分局鼓鑄，鐵錢滋益多。七年正月，忽訛言遽徧五城，一日而鐵錢頓廢，官役比户曉諭，民不信從，遂只存銅當十一種。都城以外雖仍行銅制錢，鉛鐵錢未久即罷。而城中市肆，什餘年行使當十，已習爲固然。第銀直日以昂，銀一兩可易銅當十錢六七百。各直省或鑄而未行，或行之不久，或僅頒母錢，僅呈樣錢，迄未開鑄。余時窮而在下，所收亦弗能徧，特略存梗概，儻更百十年，必無有能述其制作者。光緒紀元乙亥，殘臘無事，姑檢舊藏，摹載之未備者，繼幼雲振復爲補卅餘拓，並互相定正，遂成是編。至一應奏議及行使章程，錢制輕重，卯額增減，省局開停，采辦艱易，具在國史。余則但詳形製，等於不賢識小，其得失利病，亦不復贅說。寶鈔、官票各坿載一式，與閻丹初論鈔書並列於後，實事求是，用紀一朝之掌故焉。歙鮑康識。

咸豐重寶當十錢。幕清文曰：寶泉户部寶泉局鑄。大小凡十品，輪郭不同，面幕寶字俱間異。繼幼雲所收，尚有錫鑄裹以銅者，乃私鑄不載。

咸豐重寶當十鐵錢。寶泉局鑄，大小凡六品。時設有分局，故寶字有从珤、珎、玪、珍之殊。幕清文寶字，亦間有異者。

咸豐重寶當十錢。亦寶泉局鑄，幼雲所收，云以精錫和鉛鑄成，乃僅呈錢樣，未經允行者，坿載之。

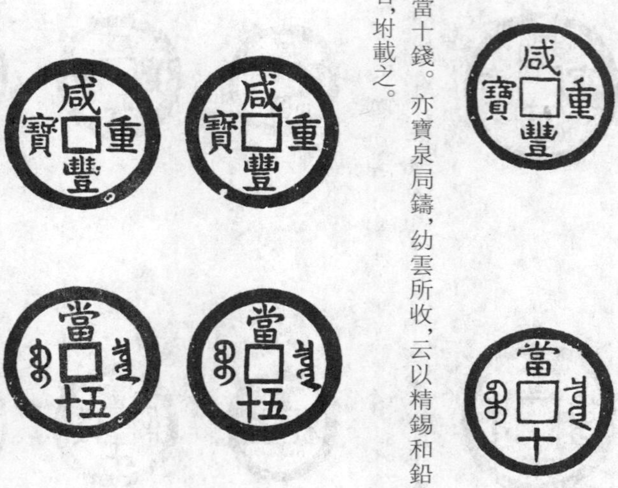

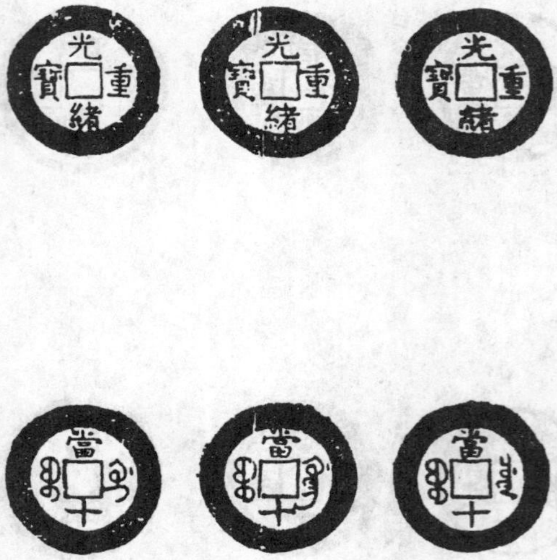

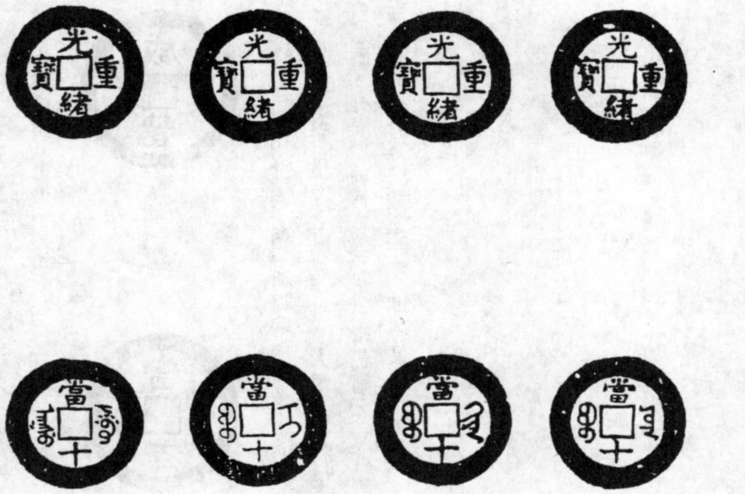

光緒重寶當十錢，幕文曰：寶直、寶蘇、寶浙、寶昌、寶福、寶武、湖北鑄。寶南、湖南鑄。寶晉、寶陝、寶川、寶廣、寶桂、寶雲、寶黔、寶伊、伊犂鑄。阿克蘇。右清文、左回子文。十六種。乃户部所頒母錢，五金雜鑄，故倍緻。時安徽、河南、山東、甘肅不鼓鑄，俱未頒。雲南設二局，一在東川府。貴州設二局，一在大定府。許福卿工部景福，爲寶泉局監督，贈余各錢甚備，並就詢局中掌故，輒坿載之。

案：同治初元，各省亦頒有當十母錢，但未經鼓鑄，或僅呈樣錢塞責，故少流傳，録中未載。福卿云：每改元鑄新錢，先選至潔之象牙，刻作錢樣，呈錢法堂侍郎鑒定，然後以精銅鑿成祖錢。惟老故盛齋頂帶鋪精此技，印範不挂沙。其穿孔，局呼金口。非錢局人不能鑿。再用祖錢翻沙鑄母錢，以後開鑄，則悉用母錢。印範頒發各省者，亦謂之母錢。外省呈進者爲様錢。咸豐朝各省初鑄當十錢，率以二成與制錢搭配，試行初，尚相安。未幾，即仍重制錢，當十者一枚，僅當二、三文，因而漸廢。當百、當五百、當千者，所鑄尤少，惟都中市肆流布尚多。諸品既廢之後，則相率持當百以上諸錢赴質庫取物，質庫弗敢拒也。

新疆各錢：

道光通寶當五、當十錢各一品，幕文曰：「阿克蘇」。說見前。

案：乾隆朝平定新疆後，葉爾羌、阿克蘇、烏什各城，皆以赤銅鑄制錢，殊厚重。幕志地名，兼用回子文，俗呼普爾錢是也。道光八年，擒張格爾，收復四城所鑄者。幕穿上平列「八年」二字，穿下增五字、或十字，固久開當五、當十之先矣。

咸豐通寶當五、當十錢各一品，幕文曰：「阿克蘇」。亦赤銅鑄。幼雲所收。云似取道光舊錢印範，剷去「八年」字，印以當字，故次品。「當」字直掩及外郭之半，說殊近理。

咸豐通寶當十錢，幕文曰：「烏什。」亦兼回子文。新疆鑄。案：以上三品，幕文雖曰當五、當十，而制作大小，一仍普爾錢之舊，故面文亦不曰「重寶」。

咸豐重寶當五十錢，阿克蘇鑄。

咸豐元寶當百錢，亦阿克蘇鑄。案：新疆鑄錢無多，旋值兵燹，故傳入内地者絶少。以上三品，皆幼雲所收，存之以見一斑。大錢乃一時權宜之計，利少而弊多，李竹朋《古泉匯》亦歷舉前代大錢之失。陳壽卿云：米鹽瑣屑，豈能翦大而爲小，遂至不便，不能行於至窮微之小民，即不便於天下矣！余輯是編，但詳形製，他不具論。

兵器部

題解

《孟子》卷一一《告子上》 孟子曰：「羿之教人射，必志於彀。學者亦必志於彀。大匠誨人，必以規矩，學者亦必以規矩。」

許慎《説文解字》一二 匠，木工也。从匚、从斤，斤所以作器也。疾亮切。弓，以近窮遠，象形。古者揮作弓。《周禮》六弓，王弓、弧弓，以射甲革甚質。夾弓、庾弓，以射干侯鳥獸。唐弓、大弓，以授學射者。凡弓之屬皆从弓。居戎切。

馬總《意林·物理論卷十六》 始皇冢令匠人作機弩，有人穿者，即射之。以人魚膏作燭。

始皇遠游並海，而不免平臺之變。及葬驪山，尋見發掘。

今有鉛錫之鋌，雖歐冶百煉，猶不如瓦刀。有駑駘之馬，雖造父駕之，終不及飛兔、絶景，質鈍故也。土不可作鐵，而可以作瓦。

指南車見《周官》，亦見《鬼谷子》。先生作給事中，與高堂隆、秦朗争指南車。二子云：「古無此車，記虚言耳。」先生曰：「争虚空言，不如試之效也。」言於明帝，明帝詔使作之，車乃成。

構大廈者，先擇匠而後簡材；治國家者，先擇佐而後定民。

人之學，如渴而飲河海。大飲則大盈，小飲則小盈；大觀則大見，小觀則小見。

金以利用，錢以輕流。此二物饑不可食。

高承《事物紀原》卷九《戎容兵械部·五兵》戎容兵械部第四十九凡三十六事 兵者，戈戟矛劍之總名也。《太白陰經》曰：神農以石爲兵，黄帝以玉爲兵，蚩尤乃鑠金爲兵，割革爲甲，始制五兵。《吕氏春秋》曰：蚩尤作五兵，戈、殳、戟、酋矛、夷矛也。《世本》：蚩尤以金作兵器，然則兵蓋始於炎帝，而鑄金爲刃即自蚩尤始矣。

高承《事物紀原》卷九《戎容兵械部·黄鉞》 《輿服志》曰：黄鉞，皇帝置。内傳曰：帝將伐蚩尤，玄女授帝金鉞以主殺，此其始也。

高承《事物紀原》卷九《戎容兵械部·牙旗》 黄帝出軍決曰：牙旗者，將軍之精，金鼓者，將軍之氣，一軍之形候也。即知牙旗之製，始自置軍之時，疑有征伐則置之也，吴孫權因之作黄龍大牙。

高承《事物紀原》卷九《戎容兵械部·衣甲》 《世本》曰：杼作甲，杼或作與，少康子也。《墨子》亦云。《太白陰經》曰：蚩尤割革爲甲。《管子》亦云。《黄帝内傳》曰：玄女請帝制甲冑，以備身也。

高承《事物紀原》卷九《戎容兵械部·抹額》 《二儀實録》曰：禹娶塗山之夕，大風雷電，中有甲卒千人，其不被甲者，以紅綃帕抹其頭額，云海神來朝，禹問之，對曰：此武士之首服也。秦始皇至海上，有神朝，皆抹額緋衫大口袴，侍衛自此抹額，遂爲軍容之服。

高承《事物紀原》卷九《戎容兵械部·兜鍪》 冑也，《黄帝内傳》所述，蓋玄女請帝製之以備身也。《淮南子·氾論訓》曰：有鍪頭而綣領，以王天下者矣。許慎注曰：蓋三皇所以鍪頭者兜鍪帽也，則是黄帝之制冑。亦以古鍪頭之事耳，故自古兜鍪爲首鎧之名。

高承《事物紀原》卷九《戎容兵械部·干戈》 王子年《拾遺記》曰：庖犧造干戈以飾武，此干戈之始也，則兵爲起於大昊矣。《吕氏春秋》云：蚩尤造五兵，蓋其一也。

高承《事物紀原》卷九《戎容兵械部·劍》 《管子》曰：昔葛天盧之山，發而出金，蚩尤受而制之，以爲劍鎧矛戟。此劍甲之始也。

高承《事物紀原》卷九《戎容兵械部·戟》 又《管子》：黄帝問於伯高，伯高曰：雍狐之山，發水出金，蚩尤受而制之，以爲雍狐之戟，此戟之始也。《實録》謂自夏后氏始，非也。《吕氏春秋》云：蚩尤造五兵，戟其一也。《龍魚河圖》曰：蚩尤造戟也。續事始曰：魏武加蝦蟆頭幡。

高承《事物紀原》卷九《戎容兵械部·刀》 《龍魚河圖》曰：黄帝時，蚩尤造立刀戟。郭憲《洞冥記》曰：黄帝採首山之銅，始爲鑄刀。《二儀實録》曰：刀之制，自黄帝與蚩尤戰即有之。

高承《事物紀原》卷九《戎容兵械部·槍》 《實録》曰：黄帝與蚩尤戰時即有槍。漢諸葛亮始以木作之，長丈二，以鐵爲頭。續事始曰：亮置苦竹槍長二丈五尺也。

高承《事物紀原》卷九《戎容兵械部·矛》《世本》曰：杼作矛。《管子》曰：蚩尤爲劍鎧矛戟。《呂氏春秋》：蚩尤作五兵，有酋矛夷矛。則矛，蓋蚩尤所作也。

高承《事物紀原》卷九《戎容兵械部·馬槊》梁簡文帝馬槊譜序：馬槊爲用，雖非遠法，近代相傳，稍以成藝。按曹操父子，横槊賦詩於鞍馬之閒，則馬槊之事，已見於此矣。豈其事之所起乎？

高承《事物紀原》卷九《戎容兵械部·匕首》漢王莽傳曰：莽避火坐宣室前殿，持虞帝匕首。則匕首之制，堯舜已爲其物矣。然兵械之原，多出於黄帝，亦其時事耶。按《左氏》魯曹沫執匕首劫齊桓公。

高承《事物紀原》卷九《戎容兵械部·弓矢》《太白陰經》曰：庖犧氏弦木爲弓，剡木爲矢。《易·繫辭》曰：神農氏没，黄帝堯舜氏作，弦木爲弧，剡木爲矢，弧矢之利，以威天下，蓋取諸睽。《山海經》曰：少皥生般，始爲弓矢。《世本》曰：牟夷作矢，揮作弓。宋衷注云：牟夷、揮，皆黄帝臣，郭璞：弓矢一器，而作者兩人，於理可疑。以般爲是。《墨子》曰：羿作弓。《荀子》曰：倕作矢。《呂氏春秋》曰：夷羿作弓。張敦昊録曰：揮觀弧星始爲弧。司馬遷著《史記》曰：黄帝之弓曰烏號，然則當以繫辭爲是。員半千《射決》曰：蚩尤作亂，黄帝始制弧矢。

高承《事物紀原》卷九《戎容兵械部·弩》《古史》曰：黄帝作弩。《吴越春秋》：陳音對越王曰：弩生於弓，弓生於彈，彈生於古之孝子。楚琴氏以弓矢之勢，不足以威天下，乃横弓著臂，施機設郭，加之以力，即是弩之始出於楚琴氏也。而周官司弓矢，掌六弓四弩，其名物有唐大來庚之制，則弩之起遠矣。《龍魚河圖》則曰：黄帝時，蚩尤造五兵，杖刀戟大弩也。

高承《事物紀原》卷九《戎容兵械部·神臂弓》《筆談》曰：熙寧中，李定獻偏架弩，似弓而施榦鐙，以鐙拒地而張之，射三百步能洞札，謂之神臂弓，最爲利器。定党項羌酋，歸朝死於防團，蓋神臂弓之爲國用，自定始也。

高承《事物紀原》卷九《戎容兵械部·弓袋》《實録》曰：器仗皆自有虞氏始，韣鹿施弓袋，通謂之三仗，蓋大將備儀也。《左傳》曰：左橐鞬右鞭弭是也。《禮樂記》曰：武王克商，倒載干戈，包之以虎皮，名之曰建橐。注：建讀爲鍵，兵甲之衣曰橐。

高承《事物紀原》卷九《戎容兵械部·箭筒》又曰：箭筒，自有虞氏始也，周禮有矢箙。

高承《事物紀原》卷九《戎容兵械部·射的》《虞書》曰：侯以明之。注云：作射侯之禮，以明善惡，則射侯始見於堯舜矣。至周有熊虎麋豻三五正侯，後世就簡，但爲射的，蓋侯之遺意也。射以暈計之，亦三正五正之遺事也，俗亦曰射帖。

高承《事物紀原》卷九《戎容兵械部·鳴鏑》《前漢·匈奴傳》曰：冒頓作鳴鏑。應劭曰：驍箭也，遂以射殺頭曼單于者。

高承《事物紀原》卷九《戎容兵械部·斬馬刀》漢成帝時，朱雲請上方斬馬劍斷張禹頭，以厲其餘，則斬馬劍之名，已見於漢代矣。宋朝神宗熙寧中，又製斬馬刀，其犀利則莫比，蓋亦取漢氏舊名爲稱也。

高承《事物紀原》卷九《戎容兵械部·六纛》《實録》曰：商有纛，皁絲爲之，似蚩尤首。《黄帝内傳》曰：玄女爲帝制玄纛十二以主兵，是則纛自黄帝始。

高承《事物紀原》卷九《戎容兵械部·旗幟》《列子》曰：黄帝與炎帝戰，以鵰鶡鷹隼爲旗幟，故今旗物或綵錯爲鵰鶡，取諸此也。《太白陰經》曰：蚩尤建旗幟。《黄帝内傳》曰：玄女請帝制旗幟以象雲物，此蓋旗幟之始也。

高承《事物紀原》卷九《戎容兵械部·五方旗》《通典》曰：黄帝振兵設五旗。《黄帝内傳》曰：帝制五彩旗，指顧向背。《黄帝出軍決》曰：攻伐作五彩牙旗，青引東，赤南，白西，黑北，中黄是也。亦自黄帝制之。

高承《事物紀原》卷九《戎容兵械部·鉦》《黄帝内傳》曰：玄女請帝鑄鉦鐃，以擬雹擊之聲，今銅鑼其遺事也。

高承《事物紀原》卷九《戎容兵械部·鐸》《鬻子》曰：禹治天下，以五聲聽，爲銘書於簨簴曰：告寡人以事者振鐸，禹世已有此也。

高承《事物紀原》卷九《戎容兵械部·角》徐廣車服儀制曰：角，前書記所不載，或云本出羌胡，一云出於越。《黄帝内傳》曰：玄女請帝製角二十四，以警衆像。禮義纂曰：蚩尤師魑魅，與黄帝戰，帝命始吹角作龍鳴以禦之，蓋角肇於黄帝氏也。谷儉角賦：夫角，蓋黄帝會羣臣於泰山，作清角之音，號令之限度也。軍中置之，以司昏曉，故角爲軍容也。

高承《事物紀原》卷九《戎容兵械部·鞞》《唐韻》曰：鼙，騎上鼓。鞞，裨也，裨助鼓節，亦作鞞，今軍行馬上所擊是也。《黄帝内傳》曰：玄女請帝制鼓鼙以當雷霆，是則黄帝製之以伐蚩尤也。《呂氏春秋》曰：帝嚳令倕作鼙鼓之樂。

又云：倕作鞞以節鼓。

高承《事物紀原》卷九《戎容兵械部・鞀》　《吕氏春秋》曰：倕作鞀。鬻子曰：禹爲銘書於簨簴，語寡人以獄訟者揮鞀。音挑

高承《事物紀原》卷九《戎容兵械部・鞍轡》　桓寬《鹽鐵論》云：古者繩鞚草鞮皮薦而已，後代以革鞍而不飾。六韜曰：車騎之將，軍馬不具，鞍勒不備者誅。推此當是三代之制，蓋黄帝始服牛乘馬，疑車騎也。

高承《事物紀原》卷九《戎容兵械部・鞭》　《説文》所爲驅遲者也，古用革以爲之。《左傳》曰：鞭之長不及馬腹是也，後世代之以竹，故或謂之策，蓋策之以箠馬，太王杖馬箠去邠是也。《虞書》曰：鞭作官刑，則得名於堯舜之代，始以爲薄刑之用。

高承《事物紀原》卷九《戎容兵械部・鐵蒺藜》　《事始》云：鐵蒺藜菱角等，起於隋煬帝征遼東，置之要路水中以刺人馬，非也。按諸葛亮與司馬懿相持於武功五丈原，亮卒，懿追之，亮長史楊儀多布鐵蒺藜，則三國之際，已有其物，非自隋煬帝始也。漢文帝時，晁錯言守邊議云，具藺石，布渠荅。注云：渠荅，鐵蒺藜也。此又漢初事爾。雖然，非三代仁義之守也。

高承《事物紀原》卷九《戎容兵械部・楯》　《山海經》曰：羿與鑿齒戰於草疇之野，羿持弓矢，鑿齒持楯。《春秋元命包》曰：帝嚳戴干。宋衷曰：干，楯也。王嘉《拾遺記》曰：庖犧造干，此則楯之起也。

高承《事物紀原》卷九《戎容兵械部・旁排》　《實録》曰：旁排，自牟夷始也。或曰旁排，近世兵杖中有鏢牌。蓋出溪洞之蠻。熙寧中，王師征交阯，其法乃盛傳於中國。至神宗設於行陣，令諸軍習之也。《宋朝會要》曰：太宗聞南方以標槍旁排爲兵，令蕭延皓取廣德軍習之，軍士之用標牌，此其始也。

高承《事物紀原》卷九《戎容兵械部・柝》　《易・繫辭》曰：重門擊柝，以待暴客，蓋取諸豫。説文欜，夜行所擊，今擊木爲聲，以代更籌者是。俗曰蝦蟆更欜，即柝，乃古今字耳。

沈括《夢溪筆談》卷一九《器用・吴鉤》　唐人詩多有言「吴鉤」者。吴鉤，刀名也，刃彎，今南蠻用之，謂之「葛黨刀」。

沈括《夢溪筆談》卷一九《器用》　古劒有「沈盧」、「魚腸」之名。沈音湛。「沈盧」謂其湛湛然黑色也。古人以劑鋼爲刃，柔鐵爲莖榦，不爾則多斷折。劒之鋼者，刃多毁缺，巨闕是也，故不可純用劑鋼。「魚腸」即今「蟠鋼劒」也，又謂之「松文」。取諸魚燔熟，褫去脅，視見其腸，正如今之「蟠鋼劒」文也。

葉廷珪《海録碎事》卷二十《七重犀》　劒懸三尺鞘，鎧有七重犀。

葉廷珪《海録碎事》卷二十《六屬鎧》　文犀六屬鎧，寶劒七星光。

程大昌《演繁露》卷一〇《銅作兵》　《食貨志》賈誼言「收銅勿布以作兵器。」注：「古以銅爲兵。」按：此則漢猶以銅爲兵也。

程大昌《演繁露》卷一四《金爲兵器》　孫愐《唐韻》釋鎧曰：「甲也。」管子云：「葛廬之山，發而出黄金，蚩尤制以爲鎧。」謂蚩尤鑄鎧，不知管子何所本。然是以知周世之鎧必已用金也。漢《嚴安傳》曰：「今天下鍛甲磨劍，矯箭控弦。」許叔重《説文》曰，兜鍪，首鎧也。釬，臂鎧也。錏鍜，頸鎧也。自身鎧之外，鍪、釬、錏、鍜，循首以至頸臂，悉皆有鎧，而字又從金。仲長統《昌言》曰：「古者以兵車戰，而甲無鐵札之制，今誠以革甲當强弩，亦必喪師亡國。」則甲用鐵札，西都已然，不待漢末也。

范成大《桂海虞衡志・志器》　南州風俗，猱雜蠻瑶，故凡什器，多詭異。而外蠻兵甲之制，亦邊備之所宜知者。

竹弓，以熏竹爲之。筋膠之制，一如角弓。惟揭箭不甚力。

黎弓，海南黎人所用長弰木弓也。以藤爲弦，箭長三尺，無羽，鏃長五寸，如茨菰葉。以無羽，故射不遠三四丈。然中者必死。

蠻弩，諸峒瑶及西南諸蕃，其造作略同。以硬木爲弓，椿甚短，似中國獵人射生弩，但差大耳。

瑶人弩，又名編架弩，無箭槽，編架而射也。

藥箭，化外諸蠻所用。弩雖小弱，而以毒藥濡箭鋒，中者立死。藥以蛇毒草爲之。

蠻甲，惟大理國最工，甲胄皆用象皮，胸背各一大片，如龜殼，堅厚與鐵等；又聯綴小皮片，爲披膊護項之屬，制如中國鐵甲，葉皆朱之。兜鍪及甲身内外，悉朱地間黄黑漆，作百花蟲獸之文，如世所用犀毗，器極工妙。又以小白貝纍纍，駱甲縫及裝兜鍪，疑猶傳古貝胄朱綅遺制云。

黎兜鍪，海南黎人所用，以藤織爲之。

雲南刀，即大理所作。鐵青黑，沉沉不錔，南人最貴之。以象皮爲鞘，朱之，上亦畫犀毗花文，一鞘兩室，各函一刀，靶以皮條纏束，貴人以金銀絲。

峒刀，兩江州峒及諸外蠻，無不帶刀者，一鞘二刀，與雲南同，但以黑漆雜皮

爲鞘。

黎刀，海南黎人所作，刀長不過一二尺，靶乃三四寸，織細藤纏束之。靶端插白角片尺許，如鴟鴞尾，以爲飾。

張玉書等《康熙字典・寅集下・弓部》 弓 唐韻》居戎切。集韻 韻會 居雄切。正韻 居中切，並音宮。說文 弓，以近窮遠，象形。釋名 弓，穹也。張之，穹穹然也。山海經 少皞生般，是始爲弓。荀子解蔽篇 倕作弓，浮游作矢，而羿精於射。周禮冬官考工記 弓人爲弓，取六材必以其時，六材既聚，巧者和之，幹也者，以爲遠也；角也者，以爲疾也；筋也者，以爲深也；膠也者，以爲和也；絲也者，以爲固也；漆也者，以爲受霜露也。又車蓋橑。周禮冬官考工記輪人 弓鑿廣四枚。註 弓蓋橑也。疏 漢世名弓蓋爲橑子也。又射侯之數。儀禮鄉射禮 侯道五十弓。疏 六尺爲步，弓之古制六尺，與步相應而云弓者，侯之所取數宜於射器也。周禮天官司裘註 凡侯道，虎九十弓，熊七十弓，豹麋五十弓。

張玉書等《康熙字典・卯集中・戈部》 戈 唐韻 集韻 韻會 正韻 並古禾切，音鍋。說文 平頭戟也。徐鍇曰 戟小支上向則爲戟，平之則爲戈。一曰戟偏距爲戈。禮曲禮 進戈者前其鐏，後其刃。正義曰 戈，鉤孑戟也，如戟而橫安刃，但頭不向上，爲鉤也。直刃長八寸，橫刃長六寸，刃下接柄處長四寸，並廣二寸，用以鉤害人也。周禮冬官考工記 戈柲六尺有六寸。又 戈廣二寸，內倍之，胡三之，援四之。註 內，謂胡以内接柲者也，胡，其孑也。援，直刃也。釋名 戈，過也。所刺擣則決，所鉤引則制之，弗得過也。書牧誓 稱爾戈。註 戈，短兵也。人執以舉之，故言稱也。又典略 周有孤父之戈。又國名，在宋鄭之閒，寒浞子豷封于戈，少康滅之。

段玉裁《說文解字段注》第一二篇下 弓，窮也。補此二字，以疊韻爲訓之例也。吕近窮遠者，者字今補。象形，居戎切，古音在六部，讀如肱。古者揮作弓。郭景純引《世本》曰：牟夷作矢，揮作弓。此等皆當出《世本》作篇。揮，黃帝臣。周禮六弓，王弓弧弓，吕躲甲革甚質。夾弓庾弓，吕躲干侯鳥獸。唐弓大弓，吕授學躲者。夏官司弓矢文也。說詳鄭注：甚質，今作椹質，按故書作報。大鄭云：報當爲椹，許書無椹字，蓋許從鄭，鄭本作甚也。干，今作豻。凡弓之屬皆从弓。

徐鼒《讀書雜釋》卷四《造舟爲梁》 《大明》詩「造舟爲梁」。毛傳用《爾雅》云：「天子造舟，諸侯維舟，大夫方舟，士特舟。」鄭箋云：「天子造舟，周制也。殷時未有等制。」孔疏引王基云：「自殷以前質略，未有造、維、方、特之差。周公制禮，因文王敬太姒，重初昏，行造舟，遂即制之以爲天子禮，著尊卑之差，以爲後世法。」又郭璞注《爾雅》「造舟」云：「比船爲橋。」其注《方言》「艁舟謂之浮梁」云：「即今浮橋。」《公羊》疏引舊說云：「以舟爲橋，詣其上而行過，故曰造舟。言以舟爲梁，故謂之造。造，成也。」杜預《左注》云：「造舟爲梁，則河橋之謂也。」穎達《詩疏》云：「造舟者，比船於水，加板其上，即今之浮橋。」鼒謂訓「造」爲「成」，正以對「維」之言連四船，「方」之言併兩船，「特」之言單船。成，全也。謂其比舟於水上者如平地然，故言成也。若訓「造」爲「作」，則《詩》既云「造舟」，又云「爲梁」，爲不辭矣。《說文》云：「艁，古文造，从舟。」艁爲造之古文，則據《方言》以釋《毛詩》。《爾雅》所云「艁舟謂之浮梁」者，豈得云「作舟謂之浮梁」乎？此《集傳》誤也。《爾雅》、《左傳》作「造舟」，《方言》作「艁舟」，《方言》用古文也。又《積古齋鐘鼎彝器款識》載《羊子戈銘》云：「羊子之艁戈。」《郲戈銘》云：「郲大□□□之艁戈」，皆「造」之古文也。

綜述

《墨子・備城門》第五十二 子墨子曰：何攻之守？禽滑釐對曰：今之世常所以攻者，臨、鉤、衝、梯、堙、水、穴、突、空洞、蟻傅、轒轀、軒車，敢問守此十二者奈何？

《墨子・備城門》第五十二 子墨子曰：我城池修，守器具，推、粟足，上下相親，又得四鄰諸侯之救，此所以持也。

凡守圍城之法：城厚以高。壕池深以廣。樓撕揗。守備繕利。薪食足以支三月以上。人衆以選。吏民和。大臣有功勞於上者多。主信以義，萬民樂之無窮。不然，父母墳墓在焉。不然，山林草澤之饒足利。不然，地形之難攻而易守也。不然，則有深怨於適而有大功於上。不然，則賞明可信而罰嚴足畏也。【略】此十四者具，則民亦不宜上矣，然後城可守。十四者無一，則雖善者不能守矣。

且守者雖善（而君不用之），則猶若不可以守也。若君用之守者，又必能乎守者；不能而君用之，則猶若不可以守也。然則守者必善而君尊用之，然後可以守也。

故凡守城之法，備城門爲縣門沈機，長二丈，廣八尺，爲之兩相如；門扇數令相接三寸，施土扇上，無過二寸。塹中深丈五，廣比扇，塹長以力爲度，塹之末爲之縣，可容一人所。

客至，諸門户皆令鑿而慕孔之，各爲二慕，一鑿而繫繩，長四尺。

救熏火：爲烟矢射火城門上，鑿扇上爲杙，塗之，持水麻斗、革盆救之。門扇薄植皆鑿半寸(二寸)，一涿弋，弋長二寸，見一寸，相去七寸，厚塗之以備火。城門上所鑿以救門火者，各一垂水，容三石以上，小大相雜。

門植關必環錮，以錮金若鐵鍱之。門關再重，鍱之以鐵，必堅。梳關，關二尺，梳關一莧，封以守印，時令人行貌封及視關入桓淺深。門者皆無得挾斧、斤、鑿、鋸、椎。

城上二步一渠，渠立程，長丈三尺，冠長十尺，辟長六尺。二步一荅，荅廣九尺，表十二尺。

二步置連梃，長斧、長椎各一物；槍二十枚，周置二步中。

二步一木弩，必射五十步以上。及多爲矢，即毋竹箭，以楛、趙椀榆可。益求齊鐵矢，播以射衝及櫳樅。

二步積石，石重中鈞以上者五百枚。毋石以亢，疾犂、壁皆可善方。

二步積苣，大一圍，長丈，二十枚。

五步一罌，盛水。有奚蠡，奚蠡大容一斗。

五步積狗屍五百枚；狗屍長三尺，喪以茅，兑其端，堅約弋。

十步積摶，大二圍以上，長八尺者二十枚。

二十五步一竈，竈有鐵鐕容石以上者一，戒以爲湯。及持沙，毋下千石。

三十步置坐候樓，樓出於堞四尺，廣三尺，廣四尺，板周三面密傅之，夏蓋其上。

五十步一藉車，藉車必爲鐵纂。

五十步一井屏，周垣之，高八尺。

五十步一方，方尚必爲關籥守之。

五十步積薪，毋下三百石，善蒙塗，毋令外火能傷也。

百步一櫳樅，起地高五丈；三層，下廣前面八尺，後十三尺，其上稱議衰殺之。

百步一木樓，樓廣前面九尺，高七尺，樓軌居坫，出城十二尺。

百步一井，井十甕，以木爲繫連。水器容四斗到六斗者百。

百步一積雜秆，大二圍以上者五十枚。

百步爲櫓，櫓廣四尺，高八尺。

爲衝術。

百步爲幽隫，廣三尺高四尺者十。

二百步一立樓，城中廣二丈五尺，長二丈，出樞五尺。

城上廣三步到四步，乃可以爲使鬭。

俾倪廣三尺，高二尺五寸。

陛高二尺五寸，廣、長各三尺，遠廣各六尺。

城上四隅童異，高五尺四尉舍焉。

城上七尺一渠，長丈五尺，貍三尺，去堞五寸；夫長丈二尺，臂長六尺。半植一鑿内，後長五寸。夫兩鑿，渠夫前端下堞四寸而適。貍渠、鑿坎，覆以瓦，冬日以馬夫塞，皆待命，若以瓦爲坎。

城上五十步一表，長丈，棄水者操表搖之。

五十步一廁，與下同圂。之廁者不得操。

城上三十步一藉車，當隊者不用。

城上五十步一道陛，高二尺五寸，長十步。

城上五十步一樓扻勇，樓扻勇必重。

土樓百步一，外門發樓，左右渠之。爲樓加藉幕，棧上出之以救外。

城上皆毋得有室，若也可依匿者盡除去之。

城下州道内百步一積薪，毋下三千石以上，善塗之。

城上十人一什長，屬一吏士。

百步一亭，垣高丈四尺，厚四尺，爲閨門兩扇，令各可以自閉。亭一尉，尉必取有重厚忠信可任事者。

二舍共一井爨，灰、康、粃、柸、馬矢皆謹收藏之。

城上之備：渠譫、藉車、行棧、行樓、到、頡皋、連梃、長斧、長椎、長兹、距、飛衝、縣□、批屈樓。

五步一堞，下爲爵穴，三尺而一。

爲薪，皋二圍，長四尺半，必有絜。

瓦石重二斤以上，上城上。

沙五十步一積，竈置鐵鐕焉，與沙同處。

木大二圍，長丈二尺以上，善耿其本，名曰長從，五十步三十。

木橋長三丈，毋下五十。

復使卒急爲壘壁，以瓦蓋復之。

用瓦木罌盛水，且用之，容十斗以上者五十步而十，五斗者十步而二。

甀、檠，七尺一，檠有銻。

居屬，五步一。壘五。

長斧，柄長八尺。

十步一長鎌，柄長八尺。

十步一鬭。

長椎，柄長六尺，頭長尺，兌其兩端，三步一。

城四面四隅皆爲高磿𧝓，使重室子居其上候適，視其能狀與其進退、左右所移處；失候斬。

適人爲穴而來，我亟使穴師選士，迎而穴之，爲之具内弩以應之。

民室材木、瓦石可以益城之備者，盡上之，不從令者斬。

守法：五十步丈夫十人、丁女二十人、老小十人計之，五十步四十人。城下樓卒率一步一人，二十步二十人。城小大以此率之，乃足以守圉。

客馮面而蛾傅之，主人則先之知，主人利，客病。

客攻以遂，十萬之衆，攻無過四隊者；上術廣五百步，中術三百步，下術百五十步，諸不足百五十步者主人利而客病。廣五百步之隊，丈夫千人，丁女子二千人，老小千人，凡四千人而足以應之，此守術之數也。使老小不事者，守於城上不當術者。

城持出必爲明填，令吏民皆知之。從一人百人以上，持出不操填章，從人非其故人及其填章也，千人之將以上止之，勿令得行；行及吏卒從之，皆斬，具以聞於上，此守城之重禁也，大姦之所生也，不可不審也。

大鋌前長尺，蚤長五寸，兩鋌交之，置如平，不如平不利，兌其兩末。

穴隊若衝隊，必審如攻隊之廣狹，令邪穿其穴，令其廣必夷客隊。

疏束樹木，令足以爲柴摶，毋前面；樹長丈七尺一，以爲外面。以柴摶從(縱)横施之，外面以强塗，毋令土漏，令其廣厚能任三丈五尺之城以上，以柴、木、土稍杜之，以急爲故。前面之長短，豫蚤接之，令能任塗，足以爲堞，善塗其外，令毋可燒拔也。

大城丈五爲閨門，廣四尺。爲郭門，郭門在外，爲衡，以兩木當門，鑿其木，維敷上堞。爲塹縣梁，聆穿斷城，以板橋邪穿外，以板次之，倚殺如城勢。城内有傅堞，因以内堞爲外。鑿其間，深丈五尺，室以樵，可燒之以待適。令耳，屬城爲再重樓，下鑿城外堞，内深丈五，廣丈二。樓若令耳，皆令有力者主敵，善射者主發，佐皆厲矢。治裾。諸延堞高六尺，部廣四尺，皆爲兵弩簡格。

轉射機，機長六尺，貍一尺，兩材合而爲之輼，輼長二尺；中鑿夫之爲通臂，臂長至桓，二十步一，令善射之者，佐一人，皆勿離。

城上百步一樓，樓四植，植皆爲通舄，下高丈，上九尺，廣、長各丈六尺，皆爲寧。

三十步一突，長九尺，廣十尺，高八尺，鑿廣三尺、長二尺爲寧。

城上爲攢火，夫長以城高下爲度，置火其末。

城上九尺一弩、一戟、一椎、一斧、一艾，皆積纍石、蒺藜。

渠長丈六尺，夫長丈二尺，臂長六尺，其埋者三尺；樹渠毋傅堞五寸。

藉莫長八尺，廣七尺，其木也廣五尺，中藉莫爲之橋，索其端；適攻，令一人下上之，勿離。

城上二十步一藉車，當隊者不用此數。

城上三十步一礱竈。

持水者必以布麻斗、革盆，十步一。爲斗，柄長八尺，斗大容二斗以上到三斗。

敝裕、新布，長六尺，中拙柄，長丈，十步一，必以大繩爲箭。

城上十步一鈂。

水甀容三石以上，小大相雜，盆、蠡各二具。

爲卒乾飯，人二斗，以備陰雨，而使積燥處。令使守爲城内堞外行餐。

置器備殺沙礫、鐵，皆爲壞斗。

令陶者爲薄甀，大容一斗以上至二斗，即取用，三祕合束堅。

城上隔棧，高丈二，剡其一末。

爲閨門，閨門兩扇，令可以各自閉也。

救闉池者以火與争，鼓橐，馮垣外内，以柴爲燔。

靈丁，三丈一，犬牙施之。

十步一人，居柴、納弩；柴半，爲狗犀者環之。

牆七步而一。

城上爲爵穴，下堞三尺，廣其外，五步一；爵穴大容苣，高者六尺，下者三尺，疏數自適爲之。

人擅苣，長五節；寇在城下，聞鼓音，燔苣，復鼓，内苣爵穴中，照外。

穿外塹，去格七尺；爲縣梁。城筵陜不可塹者勿塹。

城上三十步一聾竈。

諸藉車皆鐵什。藉車之柱，長丈七尺，其貍者四尺；夫長三丈以上至三丈五尺，馬頰長二尺八寸，試藉車之力而爲之困，夫四分之三在上。（藉車，夫長三丈，四之三在上，馬頰在三分中。馬頰長二尺八寸，夫長二（十）（丈）四尺，以下不用。治困以大車輪。藉車，桓長丈二尺半。諸藉車皆鐵什。復車者在之。）

寇闉池來，爲作水甬，深四尺，堅幂貍之，十尺一，覆以瓦而待令。以木大圍長二尺四分而中鑿之，置炭火其中而合幂之，而以藉車投之。

爲疾犂投，長二尺五寸，大二圍以上。

涿弋，弋長七寸，弋間六寸，剡其末。

狗走廣七寸，長尺八寸，蚤長四寸，犬牙施之。

子墨子曰：守城之法，必數城中之木，十人之所舉爲十挈，五人之所舉爲五挈，凡輕重以挈爲人數。爲薪樵挈，壯者有挈，弱者有挈，皆稱其任。（凡挈輕重所爲，使人各得其任。）

去城門五步大塹之，高地丈五尺，下地至泉，三尺而止，施棧其中，上爲發梁而機巧之，比傅薪土，使可道行，旁有溝壘，毋可踰越，而出佻且北，適人遂入，引機發梁，適人可禽。適人恐懼，而有疑心，因而離。

《墨子·備城門》第五十二 禽滑釐問於子墨子曰：由聖人之言，鳳鳥之不出，諸侯畔殷周之國，甲兵方起於天下，大攻小，强執弱，吾欲守小國，爲之奈何？子墨子曰：何攻之守？禽滑釐對曰：今之世常所以攻者，臨、鉤、衝、梯、堙、水、穴、突、宛洞、蟻傅、轒轀、軒車，敢問守此十二者奈何？子墨子曰：我城池修，守器具，推粟足，上下相親，又得四鄰諸侯之救，此所以持也。且守者雖善，則猶若不可以守也。若君用之，守者又必能乎？守者不能，而君用之，則猶若不可以守也。然則守者必善，而君尊用之，然後可以守也。

故凡守城之法，備城門，爲縣門沈機，長二丈，廣八尺，爲之兩相如。門扇數，令相接三寸，施土扇上，無過二寸。塹中深丈五，廣比扇，塹長以力爲度，塹之末爲之縣，可容一人所。

客至，諸門户皆令鑿而慕孔孔之，各爲二幕，二一鑿而繫繩，長四尺。救車火爲烟矢，射火城門上，鑿扇上爲棧，塗之，持水麻斗、革盆救之。門扇薄植皆鑿半寸，一寸一涿弋，弋長二寸，見一寸，相去七寸，厚塗之以備火。城門上所鑿以救門火者，各一垂水，容三石以上，小大相雜。

門植關必環錮，以錮金若鐵鍱之。門關再重，鍱之以鐵，必堅。梳關關二尺，梳關一莧，封以守印，時令人行貌封，及視關入桓淺深。門者皆無得挾斧、斤、鑿、鋸、椎。

城上二步一渠，渠立程丈三尺，冠長十尺，辟長六尺。二步一荅，廣九尺，袤十二尺。

二步置連梃、長斧、長椎各一物，槍二十枚，周置二步中。

二步一木弩，必射五十步以上。及多爲矢，節毋以竹箭，楛、趙、搜、榆可蓋。求齊鐵夫，播以射衙及櫳樅。

二步積石，石重中鈞以上者五百枚。毋百以亢，疾犂、壁皆可善方。二步積苙，大一圍，長丈二十步一罌成水有奚，奚蠡大容一斗，五步積狗屍五百枚，狗屍長三尺，喪以弟，瓮其端，堅約弋。十步積摶，大二圍以上、長八尺者二十枚。二十五步一竈，竈有鐵鐕容石以上者一，戒以爲湯。及持沙，毋下千石。

三十步置坐候樓，樓出於堞四尺，廣三尺廣四尺，板周三面密傅之，夏蓋亓上。五十步一藉車，藉車必爲鐵纂。五十步一井，屏周垣之，高八尺。五十步一方，方尚必爲關籥守之。五十步積薪，毋下三百石，善蒙塗，毋令外火能傷也。百步一櫳樅，起地高五丈，三層，下廣前面八尺、後十三尺，亓上稱議衰殺之。百步一木樓，樓廣前面九尺，高七尺，樓軥居坫，出城十二尺。百步一井，井十甕，以木爲繫連，水器容四斗到六斗者百。百步一積雜秆，大二圍以上者五十枚。百步爲櫓，櫓廣四尺，高八尺。爲衝術。百步爲幽贖，廣三尺、高四尺者千。二百步一立樓，城中廣二丈五尺二，長二丈，出樞五尺。城上廣三步到四步，乃可以爲使鬬。俾倪廣三尺，高二尺五寸。陛高二尺五寸，廣長各三尺，遠唐各六尺。城上四隅童異，高五尺，四尉舍焉。

城上七尺一渠，長丈五尺，貍三尺，去堞五寸，夫長丈二尺，臂長六尺。半植一鑿內，後長五寸。夫兩鑿，渠夫前端下堞四寸而適。貍渠鑿坎覆以瓦，冬日以馬夫寒，皆待命，若以瓦爲坎。城上五十步一表，長丈，棄水者操表摇之。五十步一厠，與下同圂，之厠者不得操。城上三十步一藉車，當隊者不用。城上五十步一道陛，高二尺五寸，長十步。城上五十步一樓梎勇，梎勇必重。土樓百步一，外門發樓，左右渠之。爲樓加藉幕，棧上出之以救外。城上皆毋得有室，若也可依匿者，盡除去之。城下州道內，百步一積藉，毋下三千石以上，善塗之。

城上十人一什長，屬一吏士，一亭尉。百步一亭，高垣丈四尺，厚四尺，爲閨門兩扇，令各可以自閉。亭一尉，尉必取有重厚忠信可任事者。

二舍共一井爨，灰、康、粃、杯、馬矢，皆謹收藏之。城上之備，渠譫、藉車、行棧、行樓、到、頡皋、連梃、長斧、長椎、長兹、距、飛衝、縣□、批屈。樓五十步一，堞下爲爵穴，三尺而一。爲薪皋，二圍，長四尺半，必有潔。瓦石重二斤以上，上。城上沙五十步一積，竈置鐵鐕焉，與沙同處。木大二圍、長丈二尺以上，善耿亓本，名曰長從，五十步三十。木橋長三丈，毋下五十。復使卒急爲壘壁，以蓋瓦復之。用瓦木罌容十升以上者，五十步而十，盛水且用之。五十二者，十步而二。

城四面四隅，皆爲高磨襛，使重室子居亓上候適，視亓能狀與亓進退左右所移處，失候，斬。適人爲穴而來，我亟使穴師選本，迎而穴之，爲之且內弩以應之。民室材木瓦石，可以益城之備者，盡上之。不從令者，斬。

昔築，七尺一。居屬，五步一。壘五。築有銻。長斧，柄長八尺，十步一。長鎌，柄長八尺，十步一。鬬。長椎，柄長六尺，頭長尺，斧亓兩端，三步一。

凡守圍城之法：厚以高；壕池深以廣；樓撕脩；守備繕利；薪食足以支三月以上；人衆以選；吏民和；大臣有功勞於上者多；主信以義，萬民樂之無窮；不然，父母墳墓在焉；不然，山林草澤之饒足利；不然，地形之難攻而易守也；不然，則有深怨於適而有大功於上；不然，則賞明可信而罰嚴足畏也。此十四者具，則民亦不宜上矣，然後城可守。十四者無一，則雖善者不能守矣。

守法：五十步丈夫十人，丁女二十人，老小十人，計之五十步四十人。城人樓本，率一步一人，二十步二十人。城小大以此率之，乃足以守圍。客馮面而蛾傅之，主人則先之知，主人利，客適。客攻以遂，十萬物之衆，攻無過四隊者。上術廣五百步，中術三百步，下術五十步。諸不盡百五步者，主人利而客病。廣五百步之隊，丈夫千人，丁女子二千人，老小千人，凡千人，而足以應之，此守術之數也。

使老小不事者守於城上，不當術者。城持出必爲明填，令吏民皆智知之。從一人百人以上，持出不操填章，從人非亓故人，乃亓填章也，千人之將以上止之，勿令得行。行及吏卒從之，皆斬，具以聞於上。此守城之重禁也，大姦之所生也，不可不審。

諸藉車皆鐵什，藉車之柱長丈七尺，亓貍者四尺，夫長三丈以上至三丈五尺，馬頰長二尺八寸，試藉車之力而爲之困，夫四分之三在上。藉車夫長三尺，四二三在上，馬頰在三分中。馬頰長二尺八寸、夫長二十四尺以下不用。治困以大車輪，藉車桓長丈二尺半。諸藉車皆鐵什，復車者在之。寇闉池來，爲作水甬，深四尺，堅慕貍之，十尺一，覆以瓦而待令。以木大圍長二尺四分而早鑿之，置炭火亓中，而合慕之，而以藉車投之。爲疾犂投，長二尺五寸，大二圍以上。涿杙，杙長七寸，杙閒六寸，剡亓末。狗走，廣七寸，長尺八寸，蚤長四寸，犬牙施之。

子墨子曰：守城之法，必數城中之木，十人之所舉爲十挈，五人之所舉爲五挈，凡輕重以挈爲人數。爲薪樵挈，壯者有挈，弱者有挈，皆稱亓任。凡挈輕重所爲，吏人各得亓任。城中無食，則爲大殺。去城門五步，大塹之，高地三丈，下地至泉。施賊亓中，上爲發梁，而機巧之，比傅薪土，使可道行，旁有溝壘，毋可踰越，而出佻且北，適人遂入，引機發梁，適人可禽。適人恐懼而有疑心，因而離。

《墨子·旗幟》第六十九　守城之法，木爲蒼旗，火爲赤旗，薪樵爲黃旗，石爲白旗，水爲黑旗，食爲菌旗，死士爲倉英之旗，竟士爲虎旗，多卒爲雙兔之旗，五尺童子爲童旗，女子爲姊妹之旗，弩爲狗旗，戟爲菇旗，劍盾爲羽旗，車爲龍旗，騎爲鳥旗，凡所求索，旗名不在書者，皆以其形名爲旗。城上舉旗，備具之官致財物，物足而下旗。

凡守城之法：石有積，樵、薪有積，菅茅有積，雚葦有積，木有積，炭有積，沙有積，松柏有積，蓬艾有積，麻脂有積，金錢有積，粟米有積；井竈有處，重質有居；五兵各有旗；節各有辨；法令各有貞；輕重分數各有請；主慎道路者有經。

亭尉各爲幟，竿長二丈五，帛長丈五、廣半幅者六。

寇傅攻前池外廉，城上當隊鼓三，舉一幟。到水中周，鼓四，舉二幟。到藩，鼓五，舉三幟。到馮垣，鼓六，舉四幟。到女垣，鼓七，舉五幟。到大城，鼓八，舉六幟。乘大城半以上，鼓無休。夜以火，如此數。寇卻解，輒部幟如進數，而無鼓。

城將爲絳幟，長五十尺。四面四門將長四十尺。其次，三十尺；其次，二十五尺；其次，二十尺；其次，十五尺；高無下十五尺。

城中吏、卒、民、男女皆辨異衣章徽，（令男女可知。）城上吏置之背，卒於頭上；城下吏、卒置之肩，左軍於左肩，右軍於右肩，中軍置之胷，各一。

鼓，中軍一，每鼓三，十擊之，有鼓之吏，謹以次應之；當應鼓而不應，不當應而應鼓，主者斬。

道廣三十步，於城下夾階者各二其井，置鐵罋。於道之外爲屏，三十步而爲之圜，高丈。爲民圂，垣高十二尺以上。

巷術通周道者必爲之門，門，二人守之，非有信符，勿行，不從令者斬。

諸守柞格者三出却適，守以令召賜食前，予大旗，署百户邑若他人財物，建旗其署，令皆明白知之，曰某子旗。柞格内廣二十五步，外廣十步，長以地形爲度。

勒卒中教，解前後、左右，卒勞者更休之。

《周禮·夏官司馬四·司戈盾》 司戈盾掌戈盾之物而頒之。祭祀授旅賁殳、故士戈盾，授舞者兵亦如之。軍旅、會同，授貳車戈盾，建乘車之戈盾，授旅賁及虎士戈盾。及舍，設藩盾，行則斂之。

《周禮·夏官司馬四·司弓矢》 司弓矢掌六弓、四弩、八矢之法，辨其名物，而掌其守藏，與其出入。中春獻弓弩，中秋獻矢箙。

及其頒之，王弓、弧弓以授射甲革、椹質者，夾弓、庾弓以授射豻侯、鳥獸者，唐弓、大弓以授學射者、使者、勞者。其矢箙皆從其弓。

凡弩，夾、庾利攻守，唐、大利車戰、野戰。

凡矢，枉矢、絜矢利火射，用諸守城、車戰。殺矢、鍭矢用諸近射、田獵。矰矢、茀矢用諸弋射。恒矢、庳矢用諸散射。

天子之弓合九而成規，諸侯合七而成規，大夫合五而成規，士合三而成規。句者謂之弊弓。

凡祭祀，共射牲之弓矢。澤，共射椹質之弓矢。大射、燕射共弓矢如數，并夾。大喪，共明弓矢。凡師役、會同，頒弓弩各以其物，從授兵甲之儀。田弋，充籠箙矢，共矰矢。凡亡矢者，弗用則更。

《周禮·夏官司馬四·繕人》 繕人掌王之用弓、弩、矢、箙、矰、弋、抉、拾。掌詔王射，贊王弓矢之事。

凡乘車，充其籠箙，載其弓弩，既射則斂之。無會計。

《周禮·夏官司馬四·槁人》 槁人掌受財於職金，以賫其工。

弓六物爲三等，弩四物亦如之。矢八物皆三等，箙亦如之。春獻素，秋獻成，書其等以饗工。乘其事，試其弓弩，以下上其食而誅賞。乃入功於司弓矢及繕人。

凡賫財與其出入，皆在槁人，以待會而考之，亡者闕之。

《周禮·夏官司馬四·戎右》 戎右掌戎車之兵革使，詔贊王鼓，傳王命於陳中。

會同，充革車。盟，則以玉敦辟盟，遂役之。贊牛耳、桃茢。

《周禮·秋官司寇·掌客》 王巡守、殷國，則國君膳以牲犢，令百官百牲皆具。從者，三公視上公之禮，卿視侯伯之禮，大夫視子男之禮，士視諸侯之卿禮，庶子壹視其大夫之禮。

凡諸侯之禮：上公五積，皆視飧牽。三問皆脩，群介行人宰史皆有牢。飧五牢，食四十，簠十，豆四十，鉶四十有二，壺四十，鼎、簋十有二，牲三十有六，皆陳。饔餼九牢，其死牢如飧之陳，牽四牢，米百有二十筥，醯醢百有二十罋，車皆陳；車米視生牢，牢十車，車秉有五籔，車禾視死牢，牢十車，車三秅，芻薪倍禾，皆陳。乘禽日九十雙。殷膳大牢。以及歸，三饗、三食、三燕；若弗酌，則以幣致之。凡介、行人、宰、史，皆有飧、饔餼，以其爵等爲之牢禮之陳數，唯上介有禽獻。夫人致禮：八壺、八豆、八籩，膳大牢，致饗大牢，食大牢。卿皆見，以羔，膳大牢。

侯伯四積，皆視飧牽。再問皆脩。飧四牢，食三十有二，簠八，豆三十有二，鉶二十有八，壺三十有二，鼎簋十有二，腥二十有七，皆陳。饔餼七牢，其死牢如飧之陳，牽三牢，米百筥，醯醢百罋，皆陳；米三十車，禾四十車，芻薪倍禾，皆陳。乘禽日七十雙。殷膳大牢。三飧、再食、再燕。凡介、行人、宰、史皆有飧、饔餼，以其爵等爲之禮，唯上介有禽獻。夫人致禮：八壺、八豆、八籩，膳大牢，致饗大牢。卿皆見，以善，膳特牛。

子男三積，皆視飧牽。壹問以脩。飧三牢，食二十有四，簠六，豆二十有四，鉶十有八，壺二十有四，鼎簋十有二，牲十有八，皆陳。饔餼五牢，其死牢如飧之陳，牽二牢，米八十筥，醯醢八十瓮，皆陳；米二十車，禾三十車，芻薪倍禾，皆陳。乘禽日五十雙。壹饗、壹食、壹燕。凡介、行人、宰、史，皆有飧、饔餼，以其爵等爲之禮，唯上介有禽獻。夫人致禮：六壺、六豆、六籩，膳視致饗。親見卿，皆膳特牛。

凡諸侯之卿、大夫、士爲國客，則如其介之禮以待之。

凡禮賓客，國新殺禮，凶荒殺禮，札喪殺禮，禍災殺禮，在野、在外殺禮。

《道德經》第七十七章 天之道，其猶張弓與？高者抑之，下者舉之；有餘者損之，不足者補之。天之道，損有餘而補不足。人之道，則不然，損不足以奉有餘。孰能有餘以奉天下，唯有道者。是以聖人爲而不恃，功成而不處，其不欲見賢。

《道德經》第八十章 小國寡民。使有什伯人之器而不用；使民重死而不遠徙。雖有舟輿，無所乘之；雖有甲兵，無所陳之。使民復結繩而用之。甘其食，美其服，安其居，樂其俗。鄰國相望，鷄犬之聲相聞，民至老死，不相往來。

《逸周書》卷二 降以列陣，無悗□怒。

按道攻巷，無襲門户。

無受貨賂，攻用弓弩。

上下禱祀，靡神不下。具行衛梯，振以長旗。

懷戚思終，左右憤勇。無食六畜，無聚子女。羣振若雷，造于城下。鼓行參呼，以正什伍。

上有軒冕，斧鉞在下，勝國若化，故曰明武。

劉安撰、高誘注《淮南鴻烈解》卷一三 故劍工惑劍之似莫邪者，唯歐冶能名其種，歐冶，良工也。玉工眩玉之似碧盧者，唯猗頓不失其情。碧盧，或云碔砆。猗頓，魯之富人，能知玉理，不失其情也。

《晉書》卷一〇六《石季龍載記上》 又敕河南四州具南師之備，并、朔、秦、雍嚴西討之資，青、冀、幽州三五發卒，諸州造甲者五十萬人。兼公侯牧宰競興私利，百姓失業，十室而七。船夫十七萬人爲水所没、猛獸所害，三分而一。

《北史》卷三七《奚康生傳》 時梁聞康生能引强弓，故特作大弓兩張，長八尺，把中圍尺有二寸，箭粗殆如今之長笛，送與康生。康生便集文武，用之平射，猶有餘力。觀者以爲絶倫。弓即表送，置之武庫。後梁遣都督臨川王蕭宏勒甲十萬規寇徐州，詔授康生武衛將軍，一戰敗之。

《魏書》卷二四《崔玄伯傳》 國家西至長安，東盡即墨，營造器甲，必盡堅精，晝夜不息者，於兹數載。

《宋書》卷三六《州郡志二》 建安太守，本閩越，秦立爲閩中郡。漢武帝世，閩越反，滅之，徙其民於江、淮間，虚其地。後有遁逃山谷者頗出，立爲冶縣，屬會稽。司馬彪云，章安是故冶，然則臨海亦冶地也。張勃《吴録》云：「閩越王冶鑄地，故曰安閩王冶。此不應偏以受名，蓋句踐冶鑄之所，故謂之冶乎？閩中有山名湛，疑湛山之鑪鑄劍爲湛鑪也。」後分冶地爲會稽東、南二部都尉。東部，臨海是也；南部，建安是也。吴孫休永安三年，分南部立爲建安郡。領縣七。户三千四十二，口一萬七千六百八十六。去州水二千三百八十。去京都水三千四十，並無陸。

朱銘盤《南朝梁會要・兵・器仗》 天監六年，曹景宗等破魏軍於邵陽洲，收其器械，積如山岳。本《傳》。

九年，始興王憺遷益州，魏襲巴南，西圍南安，憺遣軍救之，魏人退走，所收器械甚衆。本《傳》。

十年，馬仙琕大破魏軍。收其器械，不可勝數。本《傳》。

大寶元年，邵陵王綸大修兵甲，將討侯景。《綸傳》。

邵陵王綸，初鎮京口，大造器甲，既涉聲論，投之于江。及後出征，戎備頗闕，乃歎曰：「吾昔造仗，本備非常，無事涉疑，遂使零散。今日討抄，卒無所資。」《南史》本《傳》。

永安侯確兵敗，賊使負礟，不之知也。《南史・邵陵王附傳》。

大同三年，少府新造兩刃矟成，長二丈四尺，圍一尺三寸，因賜羊侃馬，令試之。《羊侃傳》。

羊侃入直殿省，啓尚方仗不堪用。上大怒，坐者非一。及侯景作逆，果弊于仗粗。景至新林，軍人争入武庫，自取器甲，所司不能禁。《南史・侃傳》。

侯景以臺所給仗，多不能精，啓請東冶鍛工，欲更營造，敕並給之。本《傳》。

中大通二年，廬陵王續爲雍州刺史，多聚馬仗。本《傳》。

大通元年，韋放逐北至渦陽。渦陽城主以城降，器仗充牣。本《傳》。

敬帝紹泰元年十一月，石頭、采石、南州悉平，收獲馬仗，不可勝計。《陳書・武紀》上。

李林甫等《唐六典·衛尉宗正寺》 武庫令：兩京各一人，從六品下；《周禮》有司甲下大夫、司弓矢下大夫、司兵中士、司戈盾下士，並武庫之任也。漢屬執金吾。後漢太僕屬官有考工令、丞，主作兵器，弓、弩、刀、鎧之屬，成則付執金吾入武庫。又云：「武庫令，六百石。」魏、晉因之。宋尚書庫部屬官有武庫令，掌軍器；齊因之。梁衛尉卿統武庫令。北齊衛尉寺統武庫署令、丞，掌甲兵及吉凶儀仗。後周依《周官》。隋衛尉寺統武庫署令二人，皇朝因之，後減一人。丞一人，從八品下；漢、魏、晉時並有武庫丞，北齊亦同。隋有武庫丞二人，皇朝因之，後減一人。監事一人，正九品上。武庫令掌藏天下之兵仗器械，辨其名數，以備國用；丞爲之貳。凡軍鼓之制有三：一曰銅鼓，二曰戰鼓，三曰鐃鼓。《世本》曰：「巫咸作鼓。」《周官》云：「鼓人掌教六鼓、四金之音聲，以節聲樂，以和軍旅，以正田役。以鼖鼓鼓軍事。」然鼓名實繁，享祀所用，並具太樂、鼓欠署令。銅鼓蓋南中所置。軍旅之間，即有戰鼓，復有鐃鼓焉。金之制有四：一曰錞，二曰鐲，三曰鐃，四曰鐸。《周禮》云：「以金錞和鼓，以金鐲節鼓，以金鐃止鼓，以金鐸通鼓。」鄭玄云：「鐲，鉦也，軍行鳴之以節鼓。鐃，如鈴無舌，鳴之以止鼓。鐸，大鈴，振以通鼓。」《司馬職》曰：「卒長執鐃，兩司馬執鐸，公司馬執鐲，司馬振鐸。行軍，鳴鐲鼓；退，鳴鐃且却。兵戰，擊鼓以進之，擊金以止之。弓之制有四：一曰長弓，二曰角弓，三曰稍弓，四曰格弓。《釋名》曰：「弓，穹也，張之穹然。其末曰『肅』，言肅邪也；以骨爲之曰『弭』。中央曰『柎』，所撫持也。」今長弓以桑柘，步兵用之；角弓以筋角，騎兵用之；稍弓，短弓也，利於近射；格弓，綵飾之弓，羽儀所執。弩之制有七：一曰擘張弩，二曰角弓弩，三曰木單弩，四曰大木單弩，五曰竹竿弩，六曰大竹竿弩，七曰伏遠弩。《釋名》曰：「弩，怒也，有怒勢也。其柄曰『臂』，似人臂也。鉤弦者曰『牙』，似牙齒也。牙外曰『郭』，爲牙之規郭也。合名之曰『機』，言如機之巧也；亦言如門户樞機，開闔有節也。」蔡邕曰：「冀州强弩，幽州突騎，天下之精也。」《漢書》有《遠望連弩射法》十五篇。華嶠《後漢書》云：「陳敬王寵善弩射，其秘法以天覆地載參連爲奇；又有三微、三小，三微爲經，三小爲緯，萬勝之方。然要在機牙，其射至十發十中，皆仝孔。」《魏氏春秋》曰：「諸葛亮損益連弩，謂之『元戎』。以鐵爲矢，矢長八寸，一弩十矢俱發。」《周禮》：「司弓掌六弓、四弩。」今擘張弩、小弩，步兵所用；角弓弩，騎兵所用；木單、竹竿、伏遠等弩，其力益大，所及漸遠。箭之制有四：一曰竹箭，二曰木箭，三曰兵箭，四曰弩箭。《周禮》：「司弓矢掌八矢之法：枉矢、絜矢利火射，用諸守城，車戰；殺矢、鍭矢用諸近射、田獵；矰矢、茀矢用諸弋射；恒矢、痺矢用諸散射。」《方言》曰：「自關而東謂之矢，江、淮之間謂之鏃，關西謂之箭。」其本曰「鏑」，體曰「幹」，其旁曰「羽」，其矢末曰「栝」，其栝旁曰「義」。又《通俗文》曰骨鏃，曰骲鐵鏃，曰鏑鳴箭，曰骹霍葉，曰鈚，皆古之制也。竹箭以竹爲笴，諸箭亦通用；木箭以木爲笴，唯利射獵；兵箭剛鏃而長，用之射甲；弩箭皮羽而短，用之陷堅也。刀之制有四：一曰儀刀，二曰鄣刀，三曰横刀，四曰陌刀。《釋名》曰：「刀末曰『鋒』，其本曰『環』。」今儀刀蓋古班劍之類，晉、宋已來謂之御刀，後魏曰長刀，皆施龍鳳環；至隋，謂之儀刀，裝以金銀，羽儀所執。鄣刀蓋用鄣身以御敵。横刀，佩刀也，兵士所佩，名亦起於隋。陌刀，長刀也，步兵所持，蓋古之斷馬劍。槍之制有四：一曰漆槍，二曰木槍，三曰白幹槍，四曰樸頭槍。《釋名》曰：「矛，冒也，刃下冒矜也。長八尺曰『矟』，馬上所執。」蓋今之漆槍短，騎兵用之；木槍長，步兵用之；白幹槍，羽林所執，樸頭槍，金吾所執也。甲之制十有三：一曰明光甲，二曰光要甲，三曰細鱗甲，四曰山文甲，五曰烏鎚甲，六曰白布甲，七曰皁絹甲，八曰布背甲，九曰步兵甲，十曰皮甲，十有一曰木甲，十有二曰鎖子甲，十有三曰馬甲。甲，似物之浮甲以自衛也。《史記》曰：「楚人鮫革以爲甲。」《漢書》曰：「魏氏武卒衣三屬之甲。」謂上身一，髀褌一，兜鍪一，凡三屬也。今明光、光要、細鱗、山文、烏鎚、鎖子皆鐵甲也，皮甲以犀兕爲之，其餘皆因所用物名焉。彭排之制有六：一曰膝排，二曰團排，三曰漆排，四曰木排，五曰聯木排，六曰皮排。《釋名》曰：「彭，旁也，在旁排敵禦寇也。」《纂文》曰：鹵，木楯也，今謂之彭排。故諸葛亮曰：『帳下持彭排百枚。』」其膝、團、漆、木、皮，皆古制也，蓋亦因其所用物爲名焉。旗之制三十有二：一曰青龍旗，二曰白獸旗，三曰朱雀旗，四曰玄武旗，五曰黄龍負圖旗，六曰應龍旗，七曰龍馬旗，八曰玉馬旗，九曰鳳凰旗，十曰鸞旗，十一曰鵕鸃旗，十二曰太平旗，十三曰麒麟旗，十四曰飛麟旗，十五曰飛黄旗，十六曰駃騠旗，十七曰白澤旗，十八曰五牛旗，十九曰犀牛旗，二十曰金牛旗，二十一曰兕旗，二十二曰三角獸旗，二十三曰角端旗，二十四曰吉利旗，二十五曰騼䮷旗，二十六曰騶牙旗，二十七曰黄鹿旗，二十八曰白狼旗，二十九曰赤熊旗，三十曰辟邪旗，三十一曰苣文旗，三十二曰刃旗。《周禮》：「司常掌九旗之名物：日月爲常，交龍爲旂，通帛爲旃，雜帛爲物，熊虎爲旗，鳥隼爲旟，龜蛇爲旐，全羽爲旞，析羽爲旌。」《列子》曰：「黄帝與炎帝戰于阪泉之野，以鵰、鶡、鷹、鳶爲旗。」今白澤旗、朱雀、辟邪、玄武等旗，金吾隊所執；青龍、白獸、麒麟、角端、赤熊等旗，左、右衛隊所執；鳳凰、飛黄、吉利、兕旗、太平等旗，驍衛隊所執；五牛、飛麟、駃騠、鸞旗、犀牛、鵕鸃、騼䮷等旗，武衛隊所執；應龍、三角獸、玉馬、白狼、龍馬、金牛等旗，領軍隊所執；黄龍負圖、黄鹿、騶牙、蒼烏等旗，威衛隊所執。苣文旗，脚爲苣文；刃旗，火爛燔也。袍之制有五：一曰青袍，二曰緋袍，三曰黄袍，四曰白袍，五曰皁袍。《説文》曰：「袍，襺也。」以絮曰襺，以緼曰袍。」今之袍皆繡畫以武豹、鷹鸇之類，以助兵威也。器用之制有八：一曰大角，《樂録》曰：「角者，説云：『蚩尤氏率魑魅與黄帝戰于涿鹿，帝乃始命吹用爲龍鳴以禦之。』」至魏武北征烏丸，度沙漠，而軍士思歸，於是減爲中鳴，而尤更悲矣。胡角者，本以應胡笳之聲，後漸用之。故有長鳴、中鳴、胡角，凡三部。今唯有大角，金吾主之也。二曰纛，後漢有纛頭，每天子行幸及大軍征伐，則建于旗上。隋煬帝親征遼左，每百人置一纛，皇朝因而用之。三曰鉞斧，《石氏星經》曰：「天鉞一星，在井旁。」《輿服志》曰：「鉞，黄帝所造，塗以黄金，行則載以車，可以斬戮。」《傳》云：「湯伐昆吾，躬把大鉞。武王入商國，周公把大鉞，畢公把小鉞，以夾王。」以鐵爲之。《六韜》云：「武王軍中有大柯斧，刃廣八寸，重八斤，名爲天鉞。」即今之大鉞也。魏、晉已來，上公親征，猶假其器。四曰鐵蒺莉，《漢書》：晁錯上疏云「磊石、渠荅」，《注》云：「渠荅，鐵蒺莉也。」至隋煬帝征遼，布鐵菱於地，亦其類也。五曰棒，太公《六韜》曰：「方扇及鐵棓，重十二斤，柄長五尺，千二百枚。一名天棓。」《星占》云：「天棓五星，天之枝也。」六曰鉤，《越絶書》云：「船軍之備，必備長斧，長鉤。」長鉤者，所以鉤引敵船也。七曰鐵盂，古謂之盂，蓋今之鐵鍋也，爲軍中食器也。八曰水斗。《漢書》云：「斗，所以量多少。」今軍中用斗以汲水。

李林甫等《唐六典》卷二〇《兩京諸市署》　京、都諸市令掌百族交易之事；丞爲之貳。凡建標立候，陳肆辨物，按《周禮》：「肆長各掌其肆之政令，陳其貨賄，名相近者，相遠也；實相近者，相邇也，而平正之。」以二物平市，謂秤以格，斗以概。以三賈均市。精爲上賈，次爲中賈，麁爲下賈。凡與官交易及懸平贓物，並用中賈。其造弓矢、長刀，官爲立樣，仍題工人姓名，然後聽鬻之；諸器物亦如之。

《宋史》卷一九七《兵志十一》　器用之制。其工署則有南北作坊，有弓弩院，諸州皆有作院，皆役工徒而限其常課。南北作坊歲造塗金脊鐵甲等凡三萬二千，弓弩院歲造角弝弓等凡千六百五十餘萬，諸州歲造黄樺、黑漆弓弩等凡六百二十餘萬。又南北作坊及諸州别造兵幕、甲袋、梭衫等什物，以備軍行之用。京師所造，十日一進，謂之「旬課」，上親閲視，置五庫以貯之。嘗令試牀子弩於郊外，矢及七百步，又令别造步弩以試。戎具精緻犀利，近代未有。

又　咸淳九年，沿邊州郡，因降式製回回砲，有觸類巧思，别置砲遠出其上。且爲破砲之策尤奇。其法，用稻穰草成堅索，條圍四寸，長三十四尺，每二十條爲束，别以麻索繫一頭於樓後柱，搭過樓，下垂至地，栿梁垂四層或五層，周庇樓屋，沃以泥漿，火箭火砲不能侵，砲石雖百鈞無所施矣。且輕便不費財，立名曰「護陴籬索」。是時，兵紀不振，獨器甲視舊制益詳。

沈括《夢溪筆談》卷一九《器用》　青堂羌善鍛甲，鐵色青黑，瑩徹可鑒毛髮，以麝皮爲絤旅之，柔薄而韌。鎮戎軍有一鎧甲，櫝藏之，相傳以爲寶器。韓魏公帥涇原，曾取試之，去之五十步，强弩射之不能入。嘗有一矢貫扎，乃是中其鑽空，爲鑽空所刮，鐵皆反卷，其堅如此。凡鍛甲之法，其始甚厚，不用火，冷鍛之，比元厚三分減二，乃成。其末留筋頭許不鍛，隱然如瘊子，欲以驗未鍛時厚薄，如浚河留土筍也，謂之「瘊子甲」。今人多於甲札之背隱起，僞爲瘊子，雖置瘊子，但元非精鋼或以火鍛爲之，皆無補於用，徒爲外飾而已。

王闢之《澠水燕談録》卷五《官制》　舊制，郊祀禮成，駕還闕門，有勘契之儀。其制：以劄爲箭，長三尺，鏤金飾其端，緘以泥金絳囊，金吾掌之。金塗銅爲鏃，長三寸，其端所以合符者也，貯以泥金紫囊，駕前掌之。駕至端門，閤吏闔扉以問曰：「南來者爲誰？」駕前司告曰：「天皇皇帝。」奏請行勘箭之儀，交勘奏曰：「勘訖」。又審曰：「是否」？贊者齊聲曰：「是」。三審，乃啓扉，列班起居，駕乃入。契刻檀爲魚，金飾鱗鬣。别刻檀板爲坎，足以容魚。駕前掌魚，殿前掌板，駕過殿門，合魚乃啓扉，其制如勘箭之儀。熙寧中，詔罷其制。

江少虞《皇朝類苑》卷五二《書畫伎藝・造弓》　予伯兄善射，自能爲弓。其弓有六善，一者往體少而勁，二者和而有力，三者久射力不屈，四者寒暑力一，五者絃聲清實，六者一張便正。凡弓，往體少則易張而壽，但患其不勁，欲其勁者，妙在治筋，凡筋生長一尺，乾則減半，以膠湯濡而梳之，復長一尺，然後用則筋力已盡，無復伸弛。又揉其材，令仰，然後傅角與筋，此兩法，所以爲筋也。凡弓，節短則和而虚，虚謂挽過吻則無力。節長則健而柱，柱謂挽過吻則木强，而不來節謂把梢，裨木長則柱，短則虚。節若得中則和而有力，仍絃聲清實。凡弓初射當天寒，則勁强而難挽射久，天暑則弱而不勝矢，此膠之爲病也。凡膠欲薄，而筋力盡强弱，任筋而不任膠，此所以射久乃不屈，寒暑力一也。弓所以爲正者材也，相材之法視其理，其理不因矯揉而直中繩，則張而不跛，此弓人之所當知也。

李燾《續資治通鑑長編》卷二九四《神宗元豐元年》　〔十一月己亥〕詔軍器監戒勵弓作監官，令三司遣官驅磨作匠有無稽違工限、減刻物料。先是，軍器監進弓，上疑不如法式，因命取日習馬軍所弓十張，較其輕重長短，與元付樣頗重，而斗力稍閃，又皆不同故也。十二月六日丙午席延賞銜替，可并此。

王象之《輿地紀勝》卷一《行在所》　軍器監，舊在修文坊，今在御厨營前。《朝野雜記》云：元豐官制，置軍器監，有御前軍器所，軍匠三千七百人。東西作坊工匠五千人。紹興初，役兵才千人而已，久之增至千六百餘人。又於諸道增差二千九百餘人，於是內庫造作累年，兵械山積。二十六年春，工匠以二千人，雜役兵以五百人爲額。舊軍器所得專達。建炎中，以大閹董愨提舉，未踰年即罷之。紹興五年春，始隸工部。三月戊午後，復以中人典領，工部軍器監，有不得預聞者。三十年秋，董通老爲侍郎，請得隸屬稽考之，詔依條按察，孝宗受禪有旨，增置提點官一員，內省都知李綽爲之，稱提舉所有隸工部等指揮，勿行。張真父時爲御史，力論其不然，上乃命仍隸工部，詳見軍器所。

楊仲良《皇宋通鑑長編紀事本末》卷七五《軍器監》 熙寧六年六月己亥，置軍器監，總內外軍器之政，具所總攝，並依將作。仍以吕惠卿、曾孝寬爲判監，所置官屬，令逐官奏舉。軍器舊領於三司胄案，三司事叢，判案者又數易，至是始案唐令置監，而廢胄案焉。先是，上語輔臣：「河北兵械，皆不可用。」王安石曰：「兵械非可以一朝一夕具，須預具之。」上乃議置監，設官提舉，翌日，遂有是命。

《明英宗實録》卷四九 〔正統三年十二月〕庚午，行在工部奏：「先奉旨給與守衛官軍盔甲、刀鎗各三千八百一十餘件。然其所給，皆准備給與邊軍者。今總兵官都督譚廣等遣人關領，請補造給與。」從之。

霍□《軍政事例》卷一《軍衛條例・成造軍器》 一天下衛所，照依原定則例，督匠按季成造軍器。完日，會原辦物料有司掌印官員查點，見數如法，試驗堪中，仍用油漆調硃，於點過軍器背面書寫某衛、某所、某年、某季成造字樣，候至五年，本部通行各該巡按御史查盤。若各該衛所官旗人等，仍前侵欺物料，以致缺料成造及不如法者，將指揮千百户各降一級叙用，不許管事；旗甲人等，各發極邊衛分充軍。成化二年。

又《查驗軍器》

一各處軍器局造作長鎗、斬馬刀、牌、甲、弓、箭不如法者，都布按三司堂上委官，各府衛掌印官，并管局委官參問降級。

又《查驗軍器》

一各處巡按御史都布按三司分巡分守官查盤軍器，若衛所官旗人等侵欺物料，那前補後，虛數開報，及三年不行造册奏繳者，官降一級，帶俸差操旗軍人等，發邊衛充軍，其各該都司并分巡分守官怠慢誤事者，參究治罪。

又《督造軍器》

一督造軍器，自嘉靖三十年起，江北違限四箇月之上，江南違限八箇月之上，該衛所掌印管局官俱住俸參提，違限一年之上，都司管造官亦住俸參提。仍行各該巡按御史，在各省，則專委按察司清軍官，在兩直隸，則專委各府清軍官，催辦軍三民七料價，但有稽遲及侵扣等項情弊，巡按御史參拏重治。

申時行等《明會典》卷一九二《工部十二・軍器軍裝一》 洪武二十六年定：凡軍器專設軍器局，軍裝設鍼工局，鞍轡設鞍轡局掌管。時常整點，若有缺少件數，隨即行下本局算計物料，委官監督定立工程，如法造完，差人進赴內府該庫收貯。如遇軍職衙門關支，仍須計較可否，果係應合關人數，即便奏聞，照依軍法定律支給。軍法定律：每一百户銃手一十名，刀牌手二十名，弓箭手三十名，鎗手四十名。如係舊管征差軍士，不應關給者，行移駁問。馬鞍務要查勘本軍，先前曾無關過，或轉納何處，要見明白纔方放支，不許含糊一槩支給。若直隸及各布政司呈稟成造，亦須定奪具奏，行下依式造完，明白支撥，仍拘收原關舊損件數，入官修理。若各處有司歲造之數起解到部，務要辨驗堪中，行下該庫交收，如有不堪者，就將原經手人員取問。其軍裝衣鞋別無定例，若有奉旨給賞，臨期下庫支給。

軍器：

凡盔甲。洪武七年令：線穿甲悉易以皮。○十六年，令造甲每副，領葉三十片，身葉三百九片，分心葉十七片，肢窠葉二十片，俱用石灰淹裹軟熟皮穿。浙江沿海并廣東衞所用黑漆鐵葉綿索穿，其餘俱明甲。○二十六年，令造柳葉甲鎖子頭盔六千副，給守衛皇城軍士。○弘治九年，令甲面用厚密青白綿布，釘甲用火漆小丁。○又定青布鐵甲每副用鐵四十斤八兩，造甲每副重二十四斤，至二十五斤。○十六年，令南方衛所鐵甲，改用水牛皮造綿繩穿弔。○嘉靖二十二年，令盔甲廠改鹿皮鞓帶爲透甲牛脂皮鞓帶，改直領對襟擺錫丁甲爲圓領大襟。○二十九年題准：各處歲解斬馬刀，折造盔甲。○四十三年題准：行各衛所將六瓣明盔盡改造八瓣帽兒盔，其大甲一半改紫花布長身大甲新式，一半照舊式，惟布身加長二寸。共修造甲一萬一千三百一十二副，即用二十九年以後停造長牌圓牌工料補添，免行加派。所造盔甲，每年限七月以裏解部。○萬曆十年，令在京兩廠造明盔甲五千副給京營軍士，以五年爲期，每年千副。

凡弓箭弦條。洪武二十三年，以天下歲造弓箭擾民，令工匠輪班赴京成造。○永樂元年奏准：造弓式，面闊三指，其力自七十斤至四十斤分爲四等，造箭尖鋭如錐。○弘治九年，令弓用絲綿寸札，外用堅漆。○十七年，令兵仗局將先年降去各處式樣弓箭弦，送戊字庫監收。內外官處櫃藏鑰送工料掌管，遇各處解到日，取出比驗收進。○嘉靖元年奏准：浙江、江西、福建、湖廣布政司并南直隸蘇州等府，歲額民弓箭弦，徵價解部，於軍器局雇匠團造。○四年奏准：仍解本色。○三十年奏准：南方民弓箭弦通行折價解京，分發附近各省府。山東、山西、河南三布政司各五千副，真定等七府各一千副，委官如式成造，其有不堪，追陪究治。〇隆慶元年，頒京廠清油大弓及小鐵頭紅箭線弦式樣，令各省有司每歲如式造解。〇三年題准：各處弓箭弦條俱徵解物料。

凡弩弓。洪武四年，以腳蹬弩給各邊將士，仍令天下軍衛如式製造。〇弘治十三年，令兵仗局造神臂弩五千張并箭。〇嘉靖二十一年題准：行兩廣選取强弩藥箭巧匠，令軍器局督造發邊。後令該省成造弩弓一千張，并藥箭解部。〇二十七年，題造硬弩二，仍每年造毒藥三十斤，限六月以裏解到，尋議停止。〇二十七年，題造硬弩二，一并發二矢，一并發三矢，比神臂爲遠，定名克敵弩。令寶源局造送各邊應用，每邊一千張。

凡刀鎗等器。永樂元年奏准：腰刀靶通用斜皮爲飾。〇成化十五年題准：各衛歲造長鎗，每三根改造麻紮大砍刀一把。〇弘治十三年，令各司府造斬馬大刀解部。山東二千五百把，河南二千把，浙江四千把，福建二千把，江西一千五百把，南直隸二千五百把。〇又奏准：成造拒馬木二千架，竹牌二千面，滾刀五千把。〇十六年令：南方衛所攢竹長鎗，改用木笴成造。〇正德四年奏准：以遼東各衛先年所造弩弓及瀋陽海州二衛麻紮斬馬刀，教人學古射馬砍馬之法。又以金州衛斬馬刀，分給遼陽東西邊堡軍隨宜試用。〇嘉靖三十二年，令盔甲廠造拒馬鎗九百六十件，分給八營試演。

在京成造衙門

軍器局。洪武初，設軍器、鞍轡二局，永樂間京師設局亦如之。令併歸軍器局。宣德二年，設盔甲廠成造軍器，後又設王恭廠分造十分之三，統於該局。每年額造盔甲、腰刀等器三千六百件，其餘長鎗、銃礮、撒袋等項數目不等。正統初，令工部侍郎提督，成化間以郎中代之，嘉靖四十三年以郎中陞遷不常，題准行吏部改註選主事。〇二廠原額各色人匠九千二百餘名，分兩班定四季成造，各匠五年一清查。隆慶五年查實，在軍匠止一千五百九十二名，食糧自一石至四斗不等，議定各匠分工以食糧爲差，每石准銀五錢，不及者以次遞減，通融得銀八百餘兩，爲一年工食，自役者照算，雇役者查給，著爲例。

兵仗局。洪武間設，永樂間設如南京。正統二年，設南京兵仗局前廠。今兵仗局成造修理擺朝，上直，圍子手。錦衣衛官旗將軍及都知監帶刀長隨，兑領盔甲軍器工部具料，本局三年一次成造，用銀二萬四千兩。嘉靖四十二年，減爲一萬六千兩，隆慶三年減爲八千三百兩。五年題准：每年修造換給，今該一年一題，用銀三千七百餘兩。又有弓弩火器，本局不時成造。其各邊闞領及夷王奏討軍器，俱行局查給。若近侍長隨及各營總兵官所披執盔甲、繡春刀，則屬御用監，本無年例，遇缺該監題行補造。〇該局匠數一千七百餘名。詳見營繕司工匠條下。成化四年題准：收各匠家丁并在外通曉藝業之人二千名充匠，錦衣衛鎮撫司月給糧一石，歲給冬衣布花。分兩班上工，該班者，光禄寺日支白熟粳米八合。〇又本局水和炭，一百萬斤，舊例撥囚全運。嘉靖十四年題准：以十分爲率，五分行法司撥囚搬運，五分工部召商買辦。

國初定軍器局造：

二意角弓，交阯弓，
黑漆鈚子箭，有蠟弓弦，
無蠟弓弦，魚肚鎗頭，
蘆葉鎗頭，馬軍鴈翎刀，
步軍腰刀，將軍刀，
馬軍叉，紅油團牌，
水磨鐵帽，水磨頭盔，
水磨鎖子護頂頭盔，
紅漆齊腰甲，水磨齊腰鋼甲，
水磨柳葉鋼甲，水銀摩挲長身甲，
併鎗馬赤甲。

鞍轡局造：

鞍，轡，
鞭。

弘治間定軍器、鞍轡二局每年一造。

硃紅油鐵圓盔三千六百頂，青甲三千六百副，
腰刀三千六百把，長鎗一千八百條，
鐵牌盔二百四十頂，圓牌二百四十面，
撒袋一千八百副，腰刀鞓帶三千六百條。

今兵仗局造：

抹金鳳翅盔，鍍金護法頂香草壓縫六瓣明鐵盔，
鍍金十字鈴杵頂香草壓縫六瓣明鐵盔，鍍金寶珠頂勇字壓縫腰箍口箍六瓣明鐵盔，

鍍金寶珠頂勇字腰箍口箍鐵壓縫明鐵盔，
黄銅寶珠頂香草壓縫六瓣明鐵盔，
黄銅寶珠頂勇字壓縫腰箍口箍六瓣明鐵盔，
黄銅橄欖頂勇字腰箍壓縫六瓣明鐵盔，黄銅十字鈴杵頂勇字壓縫明鐵盔，
黄銅勇字腰箍口箍鐵壓縫六瓣明鐵盔，黄銅寶珠頂勇字口箍鐵壓縫六瓣明鐵盔，
黄銅四勇字明鐵盔，一把蓮八瓣黄銅腰箍口箍明鐵盔，
一把蓮明鐵盔，鍍金護法頂壓縫六瓣鐵盔，
黄銅寶珠頂勇字硃紅漆鐵盔，黄銅寶珠頂口箍渾貼金鐵盔，
紅頂纓硃紅漆鐵盔，四瓣明鐵盔，下五樣盔，皆一年一修造。
玉簪瓣明鐵盔，有二等，一、紫花布火漆丁釘頓項襯盔，黑纓花皂絹盔旗；一、青紵絲頓項青綿布襯盔盔襻黑纓花皂絹紅月盔旗。
擺錫尖頂鐵盔，硃紅漆貼金勇字鐵盔，
硃紅漆貼金勇字鐵盔，
抹金甲，青織金雲紵絲裙襴魚鱗葉明甲，
青織金界地錦紵絲裙襴紅絨縧穿匙頭葉齊腰明甲，
紅絨縧穿齊腰明甲，緑絨縧穿齊腰明甲，
緑絨縧穿方葉齊腰明甲，緑絨縧穿魚鱗葉齊腰明甲，
匙頭葉齊腰明甲，青紵絲鍍金平頂丁釘齊腰甲，
青紵絲黄銅平頂丁釘齊腰甲，青紵絲鍍金丁釘齊腰甲，
紅絨縧穿齊腰甲，青綿布火漆丁釘齊腰甲，
青紵絲黄銅平頂丁釘曳撒甲，紫花布火漆丁釘圓領甲，
黑纓紅銅鏡馬甲，大葉明甲下四樣甲，皆一年一修造。
青紵絲火漆丁釘齊腰甲，青紵絲縧穿齊腰甲，
青綿布繩穿齊腰甲，桑木弰黑漆弓，
桑木弰雀樺硬弓，雀樺弓，
神臂弓，黑漆弓，下二樣弓皆一年一修造。
黑漆鯊魚皮邊弓，黑鵰翎樺木桿鏨子鐵箭，
黑鵰翎竹桿偏脊鐵箭，黑鵰翎竹桿射馬鐵箭，
黑鵰翎竹桿三不齊鐵箭，黑鵰翎碌扣三不齊鐵箭，下二樣箭皆一年一修造。
黑鵰翎碌扣破甲鐵箭，明鐵鎗頭蹲黄銅核桃箍黑漆攢竹桿馬鎗，
黑漆桿黑披纓長鎗，一年一修造。旗鎗拐子，
緑線紮靶紅斜皮描金鞘黄銅事件摩挲刀，黑斜皮鞘羊皮紮靶黄銅事件摩挲刀，
紅鯊魚皮靶黑斜皮鞘減金芝麻花十字隔手事件腰刀，
黑漆靶黑斜皮鞘紅銅事件倭滾刀，黑漆鞘靶火漆鐵事件滾刀，
黑漆鞘羊皮紮靶黄銅事件黄蓮刀，黑斜皮鞘靶火漆鐵事件米昔刀，
黑漆鞘靶黄銅刀盤眼錢噙口火漆鐵事件開腦大刀，
紅斜皮鞘大樣摩挲刀，下九樣刀皆一年一修造。黑漆鞘靶摩挲刀，
黑漆鞘靶腰刀，硃紅漆鞘靶滾刀，
黑漆長靶滾刀，紅鯊魚靶黑斜皮鞘減銀事件倭腰刀有二等隨用皆青線鞓帶挽手一有小拴
黑漆皮鞘靶米昔刀，黑斜皮鞘黄蓮刀，
黑漆鞘靶馬刀，脂皮刀鞓帶，下二樣皆一年一修造。
青線縧緑線寶蓋紅線繐刀挽手，描藤黄麻子油真皮撒袋，
黑真皮面藍斜皮開族團花雲撒袋，硃紅油描金撒袋，下二樣撒袋皆一年一修造。
麻子油真皮撒袋，黄銅骨朵，下二樣皆一年一修造。
青線縧緑線寶蓋紅線繐骨朵挽手，硃紅漆鯊魚皮靶黄銅瓜
渾鐵瓜，大樣貼金鐵瓜，下二樣瓜皆一年一修造。
黄銅瓜，貼金彩畫挨牌，
硃紅漆攢竹桿步叉，下二樣步叉皆一年一修造。硃紅漆攢竹桿長靶步叉。

在外成造衙門

洪武十一年定，天下歲造軍器盔甲等項，一萬三千四百六十五件，馬步軍刀二萬把。〇二十年，令天下都司衛所各置局，軍士不堪征差者，習弓箭穿甲等匠，免致勞民。〇永樂二年奏准，各處成造軍器合用顔料，係軍衛者，軍衛自辦；係有司者，有司支撥。不許將不係土産硃漆等項高貴之物，一槩科擾。〇宣德四年，令天下各衛所所造軍器，每月具報；湖廣銅鼓等衛路遠者，歲終一報。〇景泰二年定，每衛歲造軍器一百六十副，每所四十副。〇弘治二年，令各

減半成造。〇九年，令兵仗局造精緻盔甲腰刀各二十件，送浙江、福建、江西、河南、山東、南北直隸撫按鎮守官處，各督所屬依式成造。〇十三年奏准，各軍器局造長鎗、斬馬刀、牌甲、弓箭不如法者，三司堂上委官各府衛掌印官，并管局委官參問降級。〇又奏准，各處解到軍器工部收候，類送該庫交收，敢有刁難需索者，從重治罪。

弘治間各都司每歲造解

浙江都司十六衛五所：

全造二千七百六十副，每副盔甲、腰刀各一件，弓一張，弦一條，箭三十枝，撒袋一副，鋭箭五枝。每二副加團牌一面，長鎗一根，各都司同。弘治九年，改是鎗爲斬馬刀，團牌爲長牌。

減造一千三百八十副。

江西都司四衛十一所：

全造一千八十副，減造五百四十副。

福建都司十一衛：

全造一千七百六十副，減造八百八十副。

福建行都司五衛一所：

全造八百四十副，減造四百二十副。

山東都司十六衛五所：

全造二千七百六十副，減造一千三百八十副。

河南都司九衛三所：

全造一千五百六十副，減造七百八十副。

大寧都司十一衛一所：

全造一千八百副，減造九百副。

北直隸三十八衛四所：

全造六千二百四十副，減造三千一百二十副。

南直隸三十七衛五所：

全造六千一百二十副，減造三千六十副。

各邊衛所軍器留本處備用，造册歲報。

各有司每歲造解

浙江，弓二萬二千七十七張，箭二十萬枝，弦一十一萬七千七百八十五條。

江西，弓二萬五千八百九十六張，箭一十九萬八千七百九十六枝，弦一十二萬九千二百九十二條。

福建，弓一萬六千張，箭一十九萬九千九百六十二枝，弦七萬九千九百六十三條。

湖廣，弓五百七十四張，箭一十九萬一千三百三十枝，弦二千八百六十二條。

南直隸，弓二千九百六十張，箭三十三萬枝，弦一萬四千八百條。

今各軍衛有司歲額軍器共一萬二千三百七十四副。料價以十分爲率，軍三分，民七分。隆慶四年以前，或本色或折徵。五年以後，俱徵本色。

浙江：

杭州前衛，杭州右衛，海寧衛，
處州衛，紹興衛，臨山衛，
寧波衛，定海衛，觀海衛，
昌國衛，台州衛，海門衛，
金鄉衛，温州衛，松門衛，
磐石衛。

以上十六衛，每衛八十副。

海寧所，湖州所，三山所，
金華所，衢州所，嚴州所，
龍山所，三江所，瀝海所，
桃渚所，新河所，健跳所，
楚門所，隘頑所，平陽所，
昌國前所，昌國後所，瑞安所，
海安所，沙園所，蒲門所，
壯士所，蒲岐所，寧村所，
中左所，大嵩所，霩衢所，
爵谿所，乍浦所，澉浦所，
海寧後所，中中所，海門前所，
定海後所，錢倉所，磐石後所。

以上三十六所，每所二十副。

江西：

南昌衛，贛州衛，袁州衛。
以上三衛，每衛八十副。
吉安所，永新所，安福所，
撫州所，會昌所，建昌所，
饒州所，南安所，廣信所，
鉛山所，信豐所，
以上十一所，每所二十副。
福建：
福州左衛，福州右衛，鎮東衛，
以上三衛，每衛一百副。
福州中衛，福寧衛，泉州衛，
永寧衛，興化衛，平海衛，
漳州衛，建寧左衛，建寧右衛，
延平衛，邵武衛，汀州衛。
以上十二衛，每衛八十副。
鎮海衛六十副。
將樂所，武平所，大金所，
定海所，蒲禧所，龍巖所，
中左所，高浦所，福全所，
銅山所，玄鍾所，六鼇所，
永安所，萬安所，金門所，
崇武所，梅花所，上杭所。
以上十八所，每所二十副。
河南：
宣武衛，河南衛，睢陽衛，
信陽衛，南陽衛，彰德衛。
潁川衛，弘農衛，
以上八衛，每衛八十副。
陳州衛六十四副。
懷慶衛六十副。
潁上所，衛輝所，嵩縣所，
禹州所，汝寧所，磁州所。
以上六所，每所二十副。
山東：
濟南衛，平山衛，濟寧衛，
寧海衛，臨清衛，鰲山衛，
靈山衛，成山衛，大嵩衛，
青州左衛，安東衛，登州衛，
萊州衛，德州衛，德州左衛，
威海衛，靖海衛，
以上十七衛，每衛八十副。
東昌衛四十副。
滕縣所，肥城所，東平所，
奇山所，諸城所，武定所，
寧津所，膠州所，海陽所。
雄崖所。
以上十所每所二十副
直隸：
真定衛，神武右衛，興州中屯衛，
河間衛，瀋陽中屯衛，天津衛，
天津右衛，寧山衛，定州衛，
潼關衛。
以上十衛，每衛八十副。
保定中衛，保定左衛，保定前衛，
保定後衛，茂山衛，涿鹿衛，
涿鹿左衛，平安所。
以上八衛，所每衛所四十副。
天津左衛六十四副。
保定右衛三十副。
蒲州所二十副。
大同中屯衛，滄州所。
以上二衛，所各一十六副。

神武中衛，通州左衛，通州右衛，定邊衛。

以上四衛，每衛四十副。

直隸：

蘇州衛，太倉衛，鎮海衛，

廬州衛，六安衛，儀真衛，

高郵衛，揚州衛，徐州衛，

九江衛，滁州衛，徐州左衛，

新安衛，建陽衛，鎮江衛，

淮安衛。

以上十六衛，每衛一百六十副。

金山衛二百八十副。

大河衛，鳳陽衛，鳳陽中衛，

鳳陽右衛，泗州衛，留守中衛，

留守左衛，皇陵衛，壽州衛，

長淮衛，宿州衛，懷遠衛，

武平衛，安慶衛，邳州衛，

宣州衛，歸德衛，本色該衛徑解，折色派徵河南。

以上十七衛，每衛八十副。

泰州所，興化所，通州所。

以上三所，每所四十副。

鹽城所，洪塘所，海州所，

嘉興所。內蘇州衛分解十副。

以上四所，每所二十副。

陝西、山西、湖廣、雲南、貴州、廣東、廣西、四川、遼東，俱留本處備用。

各有司歲額民弓六萬六千七百六十七張，箭一百三萬四千二百一十二枝，弦三十三萬五千九百七十五條。隆慶二年以前，或折徵或本色。三年以後，俱徵解物料。

浙江，弓二萬二千張，箭二十萬枝，弦一十一萬條。內杭州府弓二千張，箭一萬八千二百枝，弦一萬條。嘉興府、湖州府、嚴州府、金華府、衢州府、處州府、紹興府、寧波府、台州府、温州府，各弓二千張，箭一萬八千一百八十枝，弦一萬條。比舊額弓少七十七張，弦少七百八十五條，箭同。

江西，弓二萬五千八百七十三張，箭一十九萬八千八百七十九枝，弦一十三萬二千零八條。內南昌府弓二千八百五十張，箭二萬九千枝，弦一萬三千五百條。饒州府弓二千六百一十四張，箭一萬八千四百八十三枝，弦一萬二千九百八十一條。廣信府弓二千張，箭一萬七千枝，弦一萬條。南康府弓五百張，箭七千枝，弦二千五百四十五條。九江府弓三百張，箭五千枝，弦一千五百條。建昌府弓一千八百五十九張，箭一萬五千七百九十六枝，弦九千二百九十二條。撫州府弓二千九百五十張，箭二萬二百枝，弦一萬六千九百九十條。臨江府弓二千七百張，箭一萬六千四百枝，弦一萬三千條。吉安府弓三千六百張，箭二萬枝，弦一萬七千二百條。瑞州府弓二千張，箭一萬五千枝，弦一萬條。袁州府弓二千張，箭二萬枝，弦一萬條。贛州府弓二千張，箭一萬枝，弦一萬條。南安府弓五百張，箭五千枝，弦五千條。比舊額弓少二十三張，箭多八十三枝，弦多二千七百一十六條。

福建，弓一萬六千張，箭二十萬枝，弦七萬九千五百條。內福州府弓一千七百二十八張，箭四萬三千九百四十二枝，弦八千六百四十條。福寧州弓二百七十二張，箭九千四百五十八枝，弦一千八百六十條。泉州府弓二千一百張，箭二萬九千一百一十枝，弦一萬五百條。建寧府弓二千張，箭二萬九千三百枝，弦一萬條。建平府弓二千三百九十二張，箭三萬三百五十三枝，弦一萬一千七百一十條。汀州府弓二千一百張，箭一萬五千二百枝，弦一萬五百條。邵武府弓二千一百張，箭一萬七千五百枝，弦一萬五百條。興化府弓一千一百五十八張，箭四千三百二十四枝，弦五千七百九十條。漳州府弓二千五十張，箭二萬八百一十三枝，弦一萬條。比舊額箭多三十八枝，弦少四百六十三條，弓同。

湖廣，弓五百七十四張，箭一十九萬一千三百三十三枝，弦二千八百六十七條。內武昌府弓二百張，箭七萬枝，弦一千條。岳州府弓一百張，箭三萬二千五百枝，弦五百條。常德府弓二百七十四張，箭八萬八千八百三十三枝，弦一千三百六十七條。比舊額箭多三枝，弦多五條，弓同。

直隸蘇州府，弓三百二十張，箭四萬枝，弦一千六百條。比舊額少弓六百四十張，箭八萬枝，弦三千一百條。

徽州府，弓二千張，箭二萬枝，弦一萬條。

松江府箭三萬四千枝。比舊額少箭六千枝。

鎮江府箭三萬枝。

常州府、寧國府、太平府、淮安府、揚州府、廣德州各箭二萬枝。

劉若愚《明宮史・內府職掌》 兵仗局：

掌印太監一員，管理、僉書十餘員，軍器庫提督一員，掌闢防掌司一員，掌司、寫字、監工數十員。職掌成造刀鎗、劍戟、鞭斧、盔甲、弓矢各樣大小神器。又，火藥局一處，屬之宫中。元宵上鰲山頂上之燈，例點放神器三位，則監工事也。每年七夕，宫中乞巧小針，并御前鐵鎖、鎚鉗、針剪之類，及日月蝕救護鑼鼓響器，宫中做法事鐘鼓、鐃鈸法器，皆隸之。是以亦稱爲「小御用監」也。逆賢擅政時，凡解寧遠、皮島等處佛郎機等件，本局庫中物爲多。【略】

盔甲廠即鞍轡局：

建署於都城内之東南隅。掌廠太監一員，貼廠、僉書數十員。轄匠頭九十名，小匠若干名。專管營造鐵盔甲、銃砲、弓矢、火藥之類。萬曆年間，火藥忽燃者再。其三十三年九月丙申申時，忽響一聲，起烟如靈芝，燒死京營領藥把總等官九員，軍人六十三名，重傷者二十一名，燬房屋若干間。禮科蕭近高所題燒死不下數百人。凡於工部領銀一萬兩，則此廠六千，王恭廠四千，分造之。工部主事一員監督之。近因東西南北不便，復增主事一員，各監督之。

《明熹宗實録》卷九〔天啟元年四月〕甲戌，湖廣道御史方震孺開陳目前急務：「一京城火器，盡喪于遼，存者又未必中用。宜責成工部星夜督造，委科道官一員驗看。一大工宜暫停止。應工夫役或修　慶陵，或濬城河，宜責成工部尚書王佐。【略】一少詹事徐光啓，尚駐天津，即刻取回，以製火器，修敵臺。

一崇文門外大通石橋，關係城壕，作何料理，宜責成工部侍郎姚思仁。一城外尚無重砲，當即日修造，宜責成工部侍郎姚思仁。以上各款，乞皇上面召閣臣商確，嚴切舉行。」得旨：「朕嗣登大寶，雖在冲齡，未聞有翰林協贊閣臣者，不得開此款端。朕思皇考簡用閣臣葉向高等，著該部行文，馬上催采任事。其餘諸款，該部看議具覆。」

宋應星《天工開物》卷下《佳兵》　宋子曰：兵非聖人之得已也。虞舜在位五十載，而有苗猶弗率。明王聖帝，誰能去兵哉？「弧矢之利，以威天下」，其來尚矣。爲老氏者，有葛天之思焉，其詞有曰：「佳兵者，不祥之器。」蓋言慎也。

火藥機械之竅，其先鑿自西番與南裔，而後乃及於中國，變幻百出，日盛月新。中國至今日，則即戎者以爲第一義，豈其然哉！雖然，生人縱有巧思，烏能至此極也？【略】

弧矢：凡造弓以竹與牛角爲正中干質，東北夷無竹，以柔木爲之，桑枝木爲兩梢。弛則竹爲内體，角護其外。張則角向内，而竹居外。竹一條而角兩接，桑弰則其末刻鍥以受弦彄。其本則貫插接笋於竹丫，而光削一面以貼角。

凡造弓先削竹一片，竹宜秋天伐，春夏則朽蛀。中腰微亞小，兩頭差大，約長二尺許。一面粘膠靠角，一面鋪置牛筋與膠而固之。牛角當中牙接，北虜無修長牛角，則以羊角四接而束之；廣弓則黄牛明角亦用，不獨水牛也。固以筋膠。膠外固以樺皮，名曰暖靶。凡樺木關外産遼陽，北土繁生遵化，西陲繁生臨洮郡，閩、廣、浙亦皆有之。其皮護物，手握如軟綿，故弓靶所必用。即刀柄與槍干，亦需用之。其最薄者，則爲刀劍鞘室也。

凡牛脊梁每只生筋一方條，約重三十兩。殺取曬乾，復浸水中，析破如苧麻絲。胡虜無蠶絲，弓弦處皆糾合此物爲之。中華則以之鋪護弓干，與爲棉花彈弓弦也。凡膠乃魚脬、雜腸所爲，煎治多屬寧國郡，其東海石首魚，浙中以造白鯗者，取其脬爲膠，堅固過於金鐵。北虜取海魚脬煎成，堅固與中華無異，種性則别也。天生數物，缺一良弓不成，非偶然也。

凡造弓初成坯後，安置室中梁閣上，地面勿離火意。促者旬日，多者兩月，透干其津液，然後取下磨光。重加筋膠與漆，則其弓良甚。貨弓之家不能俟日足者，則他日解釋之患因之。凡弓弦取食柘葉蠶繭，其絲更堅韌。每條用絲綫二十餘根作骨，然後用綫横纏緊約。纏絲分三停，隔七寸許則空一、二分不纏。故弦不張弓時，可摺疊三曲而收之。往者北虜弓弦，盡以牛筋爲質，故夏月雨霧防其解脱，不相侵犯。今則絲弦亦廣有之。涂弦或用黄蠟，或不用亦無害也。凡弓兩弰系彄處，或切最厚牛皮，或削柔木爲小棋子，釘粘角端，名曰墊弦，義同琴軫。放弦歸返時，雄力向内，得此而抗止，不然則受損也。

凡造弓視人力强弱爲輕重。上力挽一百二十斤，過此則爲虎力，亦不數出。中力減十之二、三，下力及其半。彀滿之時，皆能中的。但戰陣之上，洞胸徹札，功必歸於挽强者。而下力倘能穿楊貫虱，則以巧勝也。凡試弓力，以足踏弦就地，稱鈎搭掛弓腰，弦滿之時，推移枰錘所壓，則知多少。其初造料分兩，則上力挽强者，角與竹片削就時，約重七兩。筋與膠、漆與纏約絲繩，約重八錢，此其大略。中力減十分之一、二，下力減十分之二、三也。

凡成弓，藏時最嫌霉濕，霉氣先南後北，嶺南穀雨時，江南小滿，江北六月，燕、齊七月。然淮、揚霉氣獨盛。將士家或置烘厨烘箱，日以炭火置其下，春秋霧雨皆然，不但霉氣。小卒無烘厨，則安頓竈突之上。稍怠不勤，立受朽解之患也。近歲命南方諸省造弓解北，紛紛駁回，不知離火即壞之故，亦無人陳説本章者。

凡箭笴，中國南方竹質，北方萑柳質，北虜樺質，隨方不一。杆長二尺，鏃長

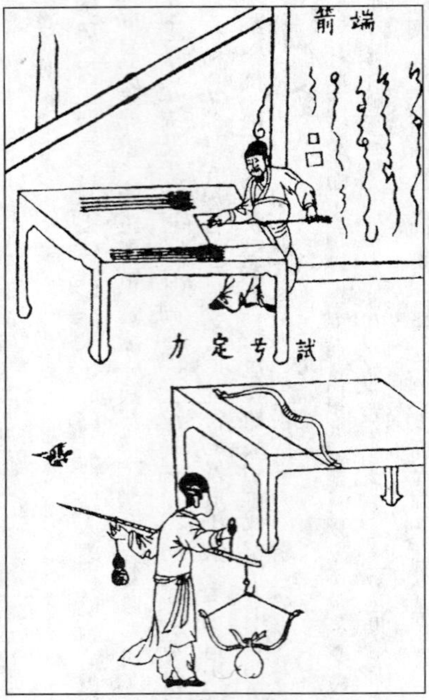

端箭、試弓定力

一寸，其大端也。凡竹箭削竹四條或三條，以膠粘合，過刀光削而圓成之。漆絲纏約兩頭，名曰「三不齊」箭杆。浙與廣南有生成箭竹，不破合者。柳與樺杆，則取彼圓直枝條而爲之，微費刮削而成也。凡竹箭其體自直，不用矯揉。木杆則燥時必曲，削造時以數寸之木刻槽一條，名曰「箭端」。將木杆逐寸戛拖而過，其身乃直。即首尾輕重，亦由過端而均停也。

凡箭，其本刻銜口以駕弦，其末受鏃。凡鏃，冶鐵爲之，《禹貢》砮石乃方物，不適用。北虜制如桃葉槍尖，廣南黎人矢鏃如平面鐵鏟，中國則三棱錐象也。響箭則以寸木空中錐眼爲竅，矢過招風而飛鳴，即《莊子》所謂「嚆矢」也。凡箭行端斜與疾慢，竅妙皆系本端翎羽之上。箭本近銜處，剪翎直貼三條，其長三寸，鼎足安頓，粘以膠，名曰箭羽。此膠亦忌霉濕，故將卒勤者，箭亦時以火烘。

羽以雕膀爲上，雕似鷹而大，尾長翅短。角鷹次之，鴟鷂又次之。南方造箭者，雕無望焉，即鷹、鷂亦難得之貨，急用塞數，即以雁翎，甚至鵝翎亦爲之矣。凡雕翎箭行疾過鷹、鷂翎〔箭〕，十餘步而端正，能抗風吹。此虜羽箭多出此料。鷹、鷂翎作法精工，亦恍惚焉。若鵝、雁之質，則釋放之時，手不應心，而遇風斜竄者多矣。南箭不及北〔箭〕，由此分也。

弩：凡弩爲守營兵器，不利行陣。直者名身，衡者名翼，弩牙發弦者名機。斫木爲身，約長二尺許。身之首橫拴度翼，其空缺度翼處，去面刻定一分稍後則弦發不應節，去背則不論分數。面上微刻直槽一條以盛箭。其翼以柔木一條爲者，名扁擔弩，力最雄。或一木之下加以竹片疊承其竹一片短一片，名三撑弩，或五撑、七撑而止。身下截刻鍥銜弦，其銜旁活釘牙機，上剔發弦。上弦之時，唯力是視。一人以脚踏强弩而弦者，《漢書》名曰「蹶張」材官。弦放矢行，其疾無與比數。

凡弩弦以苧麻爲質，纏繞以鵝翎，涂以黄蠟。其弦上翼則緊，放下仍松，故鵝翎可扱首尾於繩内。弩箭羽以箬葉爲之。析破箭本，銜於其中而纏約之。其射猛獸藥箭，則用草烏一味，熬成濃膠，蘸染矢刃。見血一縷則命即絶，人畜同之。凡弓箭强者行二百餘步，弩箭最强者五十步而止，即過咫尺，不能穿魯縞矣。然其行疾則十倍於弓，而入物之深亦倍之。

國朝軍器〔監〕造神臂弩、克敵弩，皆并發二矢、三矢者。又有諸葛弩，其上刻直槽，相承函十矢，其翼取最柔木爲之。另安機木，隨手扳弦而上，發去一矢，槽中又落下一矢，則又扳木上弦而發。機巧雖工，然其力綿甚，所及二十餘步而已。此民家防竊具，非軍國器。其山人射猛獸者，名曰窩弩，安頓交迹之衢，機旁引綫，俟獸過帶發而射之。一發所獲，一獸而已。

張弩、連發弩

干：凡「干戈」名最古，干與戈相連得名者，後世戰卒短兵馳騎者更用之。蓋右手執短刀，則左手執干以蔽敵矢。古者車戰之上，則有專司執干，并抵同人之受矢者。若雙手執長矛與持戟、槊，則無所用之也。凡干長不過三尺，杞柳織成尺徑圈，置於項下，上出五寸，亦鋭其端，下則輕竿可執。若盾名「中干」，則步卒所持以蔽矢并拒槊者，俗所謂旁牌是也。

火藥料：火藥、火器，今時妄想進身博官者，人人張目而道，著書以獻，未必盡由試驗。然亦粗載數頁，附於卷内。凡火藥以硝石、硫黄爲主，草木灰爲輔。硝性至陰，硫性至陽，陰陽兩神物相遇於無隙可容之中。其出也，人物膺之，魂散驚而魄齏粉。凡硝性主直，直擊者硝九而硫一。硫性主横，爆擊者硝七而硫三。其佐使之灰，則青楊、枯杉、樺根、箬葉、蜀葵、毛竹根、茄秸之類，燒使存性，而其中箬葉爲最燥也。

凡火攻有毒火、神火、法火、爛火、噴火。毒火以砒、硇砂爲君，金汁、銀銹、人糞和制。神火以朱砂、雄黄、雌黄爲君。爛火以硼砂、瓷末、牙皂、秦椒配合。飛火以朱砂、石黄、輕粉、草烏、巴豆配合。劫營火則用桐油、松香。此其大略。其狼糞烟晝黑夜紅，迎風直上，與江豚灰能逆風而熾，皆須試見而後詳之。

硝石：凡硝，華夷皆生，中國專産西北。若東南販者不給官引，則以爲私貨而罪之。硝質與鹽同母，大地之下潮氣蒸成，現於地面。近水而土薄者成鹽，近山而土厚者成硝。以其入水即消溶，故名爲消。長、淮以北，節過中秋，即居室之中隔日掃地，可取少許以供煎煉。凡硝三所最多，出蜀中者曰川硝，生山西者俗呼鹽硝，生山東者俗呼土硝。

凡硝刮掃取時墻中亦或迸出，入缸内水浸一宿，穢雜之物浮於面上，掠取去時，然後入釜注水煎煉。硝化水干，傾於器内，經過一宿即結成硝。其上浮者曰芒硝，芒長者曰馬牙硝皆從方産本質幻出，其下猥雜者曰樸硝。欲去雜還純，再入水煎煉。入萊菔數枚同煮熟，傾入盆中，經宿結成白雪，則呼盆硝。凡制火藥，牙硝、盆硝功用皆同。凡取硝制藥，少者用新瓦焙，多者用土釜焙，潮氣一干，即取研末。凡研硝不以鐵碾入石臼，相激火生，則禍不可測。凡硝配定何藥分兩，入黄同研，木灰則從後增入。凡硝既焙之後，經久潮性復生，使用巨砲多從臨期裝載也。

硫黄：詳見《燔石》章。凡硫黄配硝而後，火藥成聲。北狄無黄之國空繁硝産，故中國有嚴禁。凡燃砲，拈硝與木灰爲引綫，黄不入内，入黄則不透關。凡碾黄難碎，每黄一兩和硝一錢同碾，則立成微塵細末也。

火器：西洋砲。熟銅鑄就，圓形若銅鼓。引放時半里之内人馬受驚死平地爇引砲有關捩，前行遇坎方止。點引之人反走墜入深坑内，砲聲在高頭，放者方不喪命。

紅夷砲。鑄鐵爲之，身長丈許，用以守城。中藏鐵彈并火藥數斗，飛激二里，膺其鋒者爲齏粉。

凡砲爇引内灼時，先往後坐千鈞力，其位須墻抵住，墻崩者其常。

大將軍、二將軍。即紅夷之次，在中國爲巨物。佛朗機。水戰舟頭用。三眼銃、百子連珠砲。

地雷。埋伏土中，竹管通引，冲土起擊，其身從其炸裂。所謂横擊，用黄多者引綫用礬油，砲口覆以盆。

混江龍。漆固皮囊裹砲沉於水底，岸上帶索引機。囊中懸吊火石、火鐮，索機一動，其中自發。敵舟行過，遇之則敗，然此終痴物也。

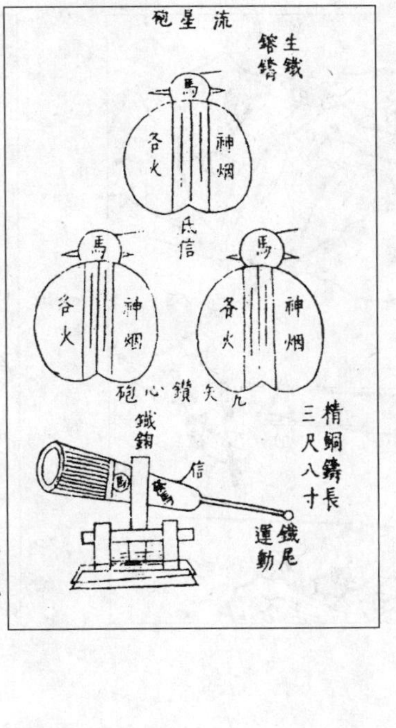

流星砲

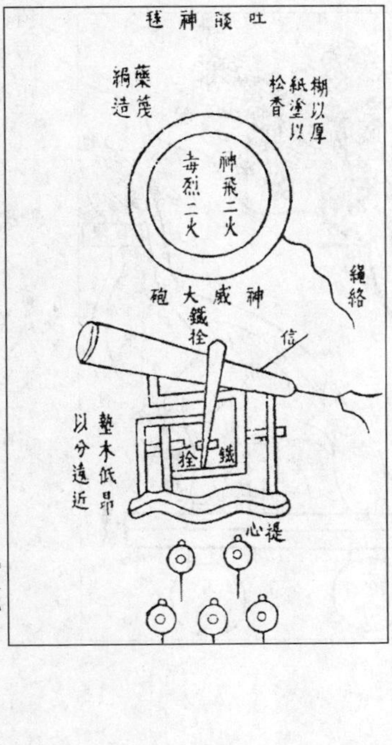

神威大砲

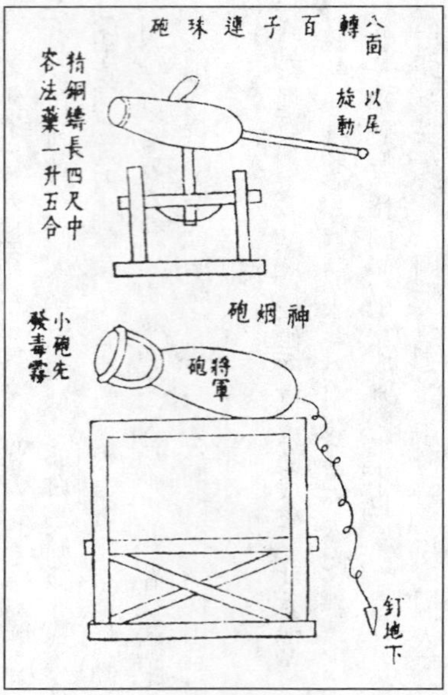

百子連珠砲

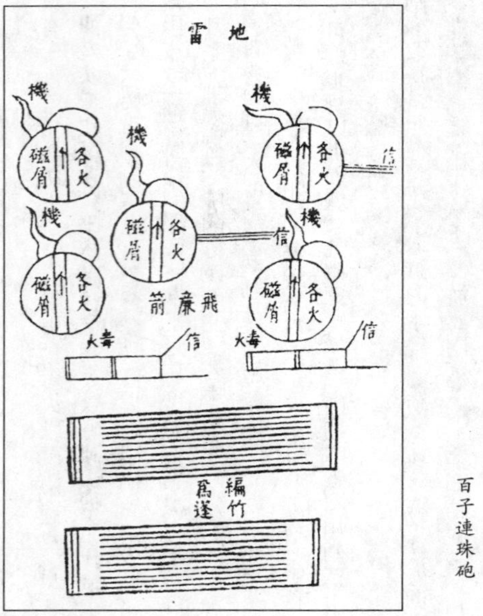

地雷

鳥銃。凡鳥銃長約三尺，鐵管載藥，嵌盛木棍之中，以便手握。凡錘鳥銃，先以鐵挺一條大如箸者爲冷骨，裹紅鐵錘成。先爲三接，接口熾紅，竭力撞合。合後以四稜鋼錐如箸大者，透轉其中，使極光净，則發藥無阻滯。其本身近處，管亦大於末，所以容受火藥。每銃約載配硝一錢二分，鉛鐵彈子二錢。發藥不用信引嶺南制度，有用引者，孔口通内處露硝分厘，捶熟苧麻點火。左手握銃對敵，右手發鐵機逼苧火於硝上，則一發而去。鳥雀遇於三十步内者，羽肉皆粉碎，五十步外方有完形，若百步則銃力竭矣。鳥槍行遠過二百步，制方仿佛鳥銃，而身長藥多，亦皆倍此也。

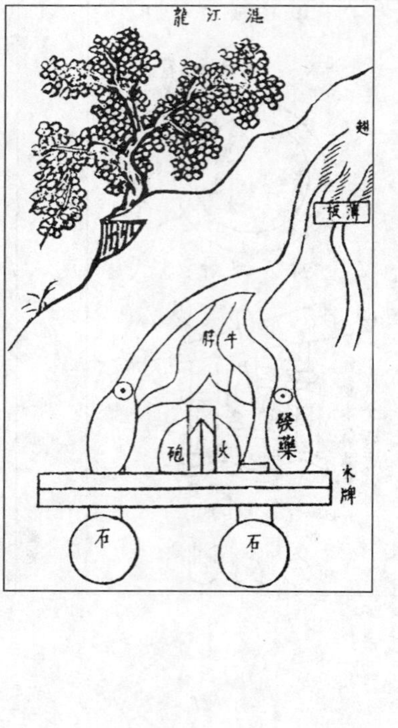

混江龍

鳥銃

萬人敵。凡外郡小邑，乘城却敵，有砲力不具者，即有空懸火砲而痴重難使者，則萬人敵近制隨宜可用，不必拘執一方也。蓋硝、黄火力所射，千軍萬馬立時糜爛。其法，用宿干空中泥團，上留小眼，築實硝黄火藥，參入毒火、神火，由人變通增損。貫藥安信而後，外以木架匡圍。或有即用木桶，而塑泥實其内郭者，其義亦同。若泥團，必用木框，所以防擲投先碎也。敵攻城時，燃灼引信，抛擲城下。火力出騰，八面旋轉。旋向內時，則城墻抵住，不傷我兵。旋向外時，則敵人馬皆無辜。此爲守城第一器。而能通火藥之性、火器之方者，聰明由人。作者不上十年，守土者留心可也。

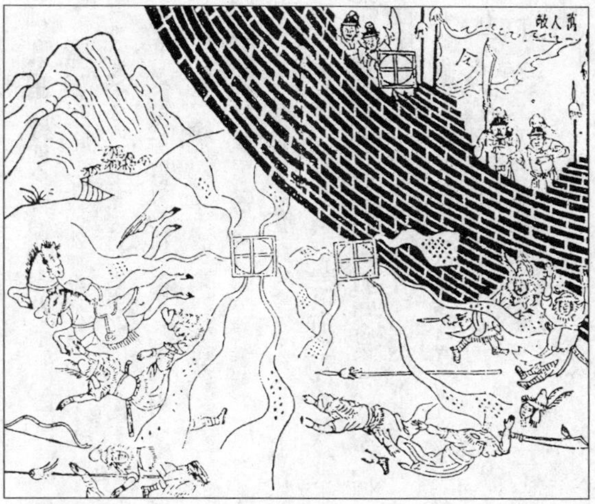

萬人敵

何士晉《工部廠庫須知》卷七《寶源局》　鑄錢規則：

每鑄錢萬文，用净銅九十斤，水錫五斤十一兩二錢，今不用炸塊二百三十九斤，木炭四十五斤六兩二錢四分，松香五斤五兩零，砂礶六個，工價三兩二錢五分二厘一毫九絲。

何士晉《工部廠庫須知》卷八　《盔甲王恭廠》

虞衡分司註差主事三年，有關防二廠兼領專掌修造軍器，所屬有軍器局。

年例軍器，

每年成造：

成造連珠砲鉛彈二十萬箇。

會有節慎庫南鉛一萬八千七百一十三斤八兩，每斤銀四分五厘，該銀八百四十二兩六分二厘五毫。

匠頭自備炸塊二千二百五十斤，每百斤銀一錢三分，該銀二兩九錢二分五厘。木炭二千二百五十斤，每百斤銀三錢，該銀六兩七錢五分。

以上二項共銀九兩六錢七分五厘。

工食銀四十二兩。

前件連珠鉛彈條例每箇重一兩四錢五分，四十年該本司議減二錢五分，每箇重一兩二錢。

成造夾靶鎗鉛彈二十萬箇。

會有節慎庫南鉛五千一百六十二斤八兩，每斤銀四分五厘，該銀二百三十二兩三錢一分二厘五毫。

匠頭自備炸塊六百二十五斤，每百斤銀一錢三分，該銀九錢一分二厘五毫。木炭六百二十五斤，每百斤銀三錢，該銀一兩八錢七分五厘。

以上二項共銀二兩七錢八分七厘五毫。

工食銀三十六兩。

前件夾靶鉛彈條例每箇重四錢，四十年本司議減五分，每箇重三錢五分。

以上二項鉛彈，係京營年例春秋二操支領，向來京營濫領至二百六十餘萬箇，萬曆三十九年，部科酌議裁減，移會京營查取每年操演的數大小鉛彈二百六萬七千二十個，本部復減六萬七千二十個。四十一年議題，每年定額連珠鉛彈四十萬個，夾靶鉛彈一百六十萬個，該領南鉛六萬六千九百五十斤，該銀三千零一十二兩七錢五分，匠頭自備該炸塊八千三百六十八斤，每百斤銀一錢三分，該銀一十兩八錢七分八厘四毫，該木炭八千三百六十八斤，每百斤銀三錢，該銀二十五兩一錢四厘。以上二項共銀三十五兩九錢八分二厘四毫，該工食銀三百七十二兩。

又遼東年例關領鉛彈，俟移文大小多寡數目，按前佑鉛斤工食炸炭成造。

成造夾靶鎗火藥三十萬斤內，

夾靶鎗火藥一十五萬斤。

會有廣積庫盆浄焰硝一十萬三百一十二斤八兩，每斤銀二分五厘，該銀二千五百七兩八錢一分二厘五毫。硫黄一萬九千六百八十七斤八兩，每斤銀四分，該銀七百八十七兩五錢。

以上二項共銀三千二百九十五兩三錢一分二厘五毫。

召買柳木炭三萬斤，每百斤銀四錢二分，該銀一百二十六兩。

工食銀三百三十兩。

成造連珠砲火藥一十五萬斤。

會有廣積庫盆浄焰硝一十萬六千八百七十五斤，每斤銀二分五厘，該銀二千六百七十一兩八錢七分五厘。

硫黄二萬六百二十五斤，每斤銀四分，該銀八百二十五兩。

以上二項共銀三千四百九十六兩八錢七分五厘。

召買柳木炭二萬二千五百斤，每百斤銀四錢二分，該銀九十四兩五錢。

工食銀三百六十七兩五錢。

前件照條例每年成造。

成造鳥明銃火藥三萬斤。每百斤會有物料三項，共銀一兩八錢四分四厘一毫。

召買物料二項，共銀二錢四分九厘四毫八絲。

工食銀三兩一錢三分四厘二毫。外減銀六錢。

前件工食減去銀一錢三分四厘二毫，每斤銀三分。

成造迅藥三萬斤。每百斤會有物料三項，共銀一兩八錢六分六厘二毫。

召買物料二項，共銀三錢七分三厘二毫三絲。

工食銀三兩二錢三分四厘二毫。外減銀六錢。

前件工食銀減去二錢三分四厘二毫，每斤銀三分。

以上鳥、迅藥京營春秋二操關領，火藥粗細二八兼支，每年該鳥、迅藥各三萬斤。因兩廠先年細葉未完數多，已經呈明知會科院，抵充年例暫停，俟完日每年照條例成造六萬斤。

成造藥線三十萬條。除藥線包藥不料外，召買物料　銀一十八兩。

工食銀四十五兩。

前件每藥一斤用藥線一條，每年成造粗藥三十萬斤，應造藥線三十萬條。

成造起火屏風。

物料十二項，共銀六錢三分。順天府辦送。

前件查得每年旗手衛祭旗纛等神，應用順天府派料辦送，照條例每年成造。

修理鐵心長鎗七百桿。

會有甲字庫黄丹四斤六兩，每斤銀三分七厘，該銀一錢六分一厘八毫。

無名異四斤六兩，每斤銀四厘，該銀一分七厘五毫。

丁字庫桐油四十三斤十二兩，每斤銀三分六厘，該銀一兩五錢七分五厘。

【略】

麻子油七斤十二兩，每斤銀二分，該銀一錢五分五厘。

白麪二十一斤十四兩，每斤銀八厘，該銀一錢七分五厘。

石灰二十一斤十四兩，每百斤銀一錢二厘，該銀二分二厘三毫。

瓦灰二十一斤十四兩，每百斤銀五分，該銀一分九毫。

烟子七斤，每斤銀五厘，該銀三分五厘。

木柴一百五斤，每百斤銀一錢五分六厘，該銀一錢六分三厘八毫。

頭髮六十五斤十兩，每斤銀一錢，該銀六兩五錢六分二厘五毫。

麻線七百條，每百條銀二分，該銀一錢四分。

以上八項，共銀七兩二錢六分四厘五毫工食銀二十兩三錢。

前件係京營官軍三年赴廠兑換，應二年一次修理，其量修工料遞減，每百桿會有四項共銀八錢二分七厘八毫一絲二忽五微，召買七項共銀七錢六分五厘八毫一絲二忽五微，工食銀一兩五錢俱經科道會估，以後照此修理。

成造五龍槍一萬一千桿每一桿。

會有節慎庫建鐵二十四斤，每斤銀一分六厘，該銀三錢八分四厘。

蘇州銅一兩五錢，每斤銀三分六厘五毫，該銀三厘四毫二絲一忽八微。

甲字庫

黄丹三分，每斤銀三分七厘，該銀六絲九忽四微。

無名異三分，每斤銀四厘，該銀七忽五微。

苧布八寸，每疋銀二錢，該銀五厘三毫。

水膠一錢，每斤銀一分七厘，該銀一毫六忽。

通州抽分竹木局

青皮猫竹一段，長三尺九寸，圍六寸，照四號折得八分四厘二毫，每根銀五分，該銀四分二厘一毫。

丁字庫

桐油一兩，每斤銀三分六厘，該銀二厘二毫五絲。

紅銅五分，每斤銀七分，該銀二毫一絲八忽七微。

魚線膠二兩，每斤銀八分，該銀一分。

白麻五錢，每斤銀三分，該銀九毫三絲七忽五微。

盔甲廠

牛觔二兩，每斤銀一錢二分七厘，該銀一分五厘八毫七絲五忽。

以上十二項，該銀四錢六分四厘二毫八絲五忽九微。

召買麻子油二錢，每斤銀二分，該銀二毫五絲。

白麪五錢，每斤銀八厘，該銀二絲五忽。

石灰五錢，每百斤銀一錢二厘，該銀三絲一忽八微。

瓦灰五錢，每百斤銀五分，該銀一忽六微。

烟子一錢，每斤銀五厘，該銀三絲一忽二微。

桑皮紙半張，每百張銀三分，該銀一毫五絲。

白麻繩一條，重二兩，每斤銀二分八厘，該銀三厘五毫。

木炭八錢，每百斤銀三錢五分，該銀一厘七毫五絲。

以上八項，共銀五厘七毫三絲九忽六微。

匠頭自備

炸塊六十斤，每百斤銀一錢三分，該銀七分八厘。

木炭六斤，每百斤銀三錢，該銀一分八厘。

以上二項，共銀九分六厘。

工食銀六錢。

前件條例内未及開載，查係京營兑换軍器，遇缺該營移文成造，每次多寡不等。近四十二年，京營移造一萬一千桿，併送新樣已經山西廠科院部會估改造。内增荒鐵八斤、人工二工，以後遇缺成造，其量修工料遞減，每桿會有九項，共銀三分二厘一毫四絲五忽六微，召買七項，共銀一厘九毫八絲九忽五微，工食銀一錢二分，皆經科院會估以後照此修理。

成造夾靶鎗五千桿。

會有甲字庫黄丹六斤四兩，每斤銀三分七厘，該銀二錢三分一厘二毫五絲。

無名異六斤四兩，每斤銀四厘，該銀二分四厘。

水膠六十二斤八兩，每斤銀一分七厘，該銀一兩六分二厘五毫。

丁字庫魚線膠六百二十五斤，每斤銀八分，該銀五十兩。

桐油三百一十二斤八兩，每斤銀三分六厘，該銀一十一兩二錢五分。

白麻九十三斤十二兩，每斤銀三分，該銀二兩八錢一分二厘五毫。

戊字庫廢鐵二萬三千一百二十五斤，每斤銀三分二厘，該銀七百四十兩。

節慎庫鐵八萬六千二百五十斤，每斤銀一分六厘，該銀一千三百八十兩。照條例加四萬斤，係新增。

盔甲廠牛觔六百二十五斤，每斤銀一錢二分七厘，該銀七十九兩三錢七分五厘。

通州抽分竹木局

青皮猫竹一萬片，每片銀六厘五毫，該銀六十五兩。

以上十項，共銀二千三百二十九兩七錢五分五厘二毫五絲。照條例加銀四百六十兩，係新增。

匠頭自備炸塊二十七萬三千四百三十七斤八兩，每百斤銀一錢三分，該銀三百五十五兩四錢六分八厘七毫五絲。照條例加十萬斤，係新增。

木炭二萬七千三百四十三斤十二兩，每百斤銀三錢，該銀八十二兩三分一厘二毫五絲。照條例多一萬斤，係新增。

以上二項共銀四百三十七兩五錢。照條例加銀一百六十兩，係新增。

召買白麪七十八斤二兩，每斤銀八厘，該銀六錢二分五厘。

麻子油六十二斤八兩，每斤銀二分，該銀一兩二錢五分。

石灰九十三斤十三兩，每百斤銀一錢二厘，該銀九分五厘六毫。

烟子三十一斤四兩，每斤銀五厘，該銀一錢五分六厘二毫。

瓦灰九十三斤十二兩，每百斤銀五分，該銀四分六厘六毫。

木柴三百一十二斤八兩，每百斤銀一錢五分六厘，該銀四錢八分七厘五毫。

木炭三百一十二斤八兩，每百斤銀三錢五分，該銀一兩九分三厘七毫。

以上七項，共銀三兩七錢五分四厘。照舊不增。

工食銀二千七百兩。照條例已增六百兩，係新增。

前件照京營新式造成四十三斤，三月内經科院會議每桿内加荒鐵八斤，人工二工，因新增工料數如右遇缺題造，若修理則工料遞減。查四十二年新經科院會估，凡大修每百桿估用物料二兩八錢八分六厘八毫五絲五忽，工食銀二十一兩。小修每百桿估用物料八分五厘七毫五絲九忽三微，工食銀六兩，俱有估册存廠備照，以後照此分別修理。

成造快鎗二千桿

會有丁字庫桐油二十五斤，每斤銀三分六厘，該銀九錢。

甲字庫水膠三十七斤八兩，每斤銀一分七厘，該銀六錢三分七厘五毫。

無名異二斤八兩，每斤銀四厘，該銀一分。

黃丹二斤八兩，每斤銀三分七厘，該銀九分二厘五毫。
戊字庫廢鐵四千五百斤，每一斤銀三分二厘，該銀一百四十四兩。
節慎庫鐵二萬五千斤，每斤銀一分六厘，該銀四百兩。
以上六項，共銀五百四十四兩。查條例今止二百八十九兩六錢四分，已加銀二百六十四兩二錢六分，係新增。
召買榆木把二千根，每根銀五分四厘，該銀一百八兩。
紅土五十斤，每斤銀五厘，該銀二錢五分。
烟子三斤十二兩，每斤銀五厘，該銀一分八厘七毫。
麻子油十二斤八兩，每斤銀二分，該銀二錢五分。
以上四項，共銀一百八兩五錢一分八厘七毫。照依條例，原估數不增。
匠頭自備炸塊七萬三千七百五十斤，每百斤銀一錢三分，該銀九十五兩八錢七分五厘。照條例多四萬斤，係新增。
木炭七千三百七十五斤，每百斤銀三錢，該銀二十二兩一錢二分五厘。照條例多四千斤，係新增。
以上二項，共銀一百一十八兩。照條例多六十四兩，係新增。
工食銀七百七十兩。條例止五百三十兩，今新增二百四十兩。共得此數
前件照京營新式成造，四十三年三月内經科院會議，每桿内加荒鐵八斤，人工二工，因增工料如右遇缺題造，若修理則工料遞減。查得四十二年科院會估，凡大修每百桿估用物料銀二兩七錢四分二厘二毫，工食銀一十二兩。小修每百桿估用物料銀二分三厘一毫九絲，工食銀六兩，以後照此分別修理。
造修鉤鐮四百桿
會有甲字庫無名異一斤四兩，每斤銀四厘，該銀五厘。
黃丹三斤八兩，每斤銀三分七厘，該銀一錢二分九厘五毫。
麻布一十六疋，每疋銀二錢，該銀三兩二錢。
丁字庫
魚膠六十斤，每斤銀八分，該銀四兩八錢。
白麻三十一斤，每斤銀三分，該銀九錢三分。
桐油三十斤，每斤銀三分六厘，該銀一兩八分。
丙字庫白綿八兩，每斤銀五錢，該銀二錢五分。
通州抽分竹木局猫竹一百一十二段，照四號折得二百十六根，每根銀五分，該銀十兩八錢。
盔甲廠牛觔四十四斤，每斤銀一錢二分七厘，該銀五兩五錢八分八厘。
戊字庫廢鐵一百二十五斤，每斤銀三分二厘，該銀四兩。
節慎庫建鐵二百五十斤，每斤銀一分六厘，該銀四兩。
鋼十二斤八兩，每斤銀三分六厘五毫，該銀四錢五分。
以上十二項，共銀三十五兩二錢三分二厘五毫。
召買炸塊九百六十八斤，每百斤銀一錢二分七厘五毫，該銀一兩二錢三分四厘二毫。
石灰七十六斤，每百斤銀一錢二厘，該銀七分七厘五毫二絲。
桑皮紙一百五十張，每百張銀三分，該銀四分五厘。
木炭九十六斤十二兩，每百斤銀三錢五分，該銀三錢三分八厘六毫二絲五忽。
白麫一百三十二斤，每斤銀八厘，該銀一兩五分六厘。
瓦灰一百六十斤，每百斤銀五分，該銀八分。
雜油十四斤，每斤銀二分三厘，該銀三錢二分二厘。
香油一斤二兩，每斤銀二分八厘，該銀三分一厘五分。
杉木鎗心四百桿，每根銀六分，該銀二十四兩。
烟子十一斤，每斤銀五厘，該銀五分五厘。
以上十項，共銀二十七兩三錢三分九厘八毫四絲五忽。
工食銀四十三兩五錢五分。
前件查係京營官軍三年兑換軍器，合應二年一次，照該營兑換下數目，分別造修。
造修虎叉四百桿。
會有甲字庫無名異一斤四兩，每斤銀四厘，該銀五厘。
苧布一十六疋，每疋銀二錢，該銀三兩二錢。
黃丹三斤八兩，每斤銀三分七厘，該銀一錢二分九厘五毫。
丙字庫白綿八兩每斤銀五錢，該銀二錢五分。
丁字庫桐油三十斤，每斤銀三分六厘，該銀一兩八分。
魚膠六十斤，每斤銀八分，該銀四兩八錢。
白麻三十一斤，每斤銀三分，該銀九錢三分。
通州抽分竹木局猫竹一百一十一段，照四號折得二百一十六根，每根銀五

分，該銀十兩八錢。

盔甲廠牛觔四十四斤，每斤銀一錢二分七厘，該銀五兩五錢八分八厘。

戊字庫廢鐵二百八十七斤，每斤銀三分二厘，該銀九兩二錢。

節慎庫鐵五百七十五斤，每斤銀一分六厘，該銀九兩二錢。

鋼二十斤八兩，每斤銀三分六厘五毫，該銀七錢四分八厘六毫。

以上十二項，共銀四十五兩九錢三分一厘。

召買雜油十四斤，每斤銀二分三厘，該銀三錢二分二厘。

烟子十一斤，每斤銀五厘，該銀五分五厘。

桑皮紙一百五十張，每百張銀三分，該銀四分五厘。

香油一斤二兩，每斤銀二分八厘，該銀三分一厘五毫。

杉木鎗心四百桿，每桿銀六分，該銀二十四兩。

白麪一百三十二斤，每斤銀八厘，該銀一兩五分六厘。

石灰七十六斤，每百斤銀一錢二厘，該銀七分七厘五毫二絲。

瓦灰一百六十斤，每百斤銀五分，該銀八分。

炸塊二千二百六斤四兩，每百斤銀一錢二分七厘五毫，該銀二兩八錢一分二厘八毫六絲八忽。

木炭二百二十斤，每百斤銀三錢五分，該銀七錢七分。

以上十項，共銀二十九兩二錢四分九厘八毫八絲八忽。

工食銀七十兩七錢七分六厘。

前件查係京營兑換軍器，合應二年一次，照該營兑換數目分別造修。若小修，則工料遞減，查四十二年科院會估量，修每百桿用物料五分五厘二毫，工食一兩，以後照此分別修理。

修理大滚刀一千把。

會有甲字庫白麻一十八斤十二兩，每斤銀三分，該銀五錢六分二厘五毫。

苧布二十三疋一丈，每疋銀二錢，該銀四兩六錢六分六厘。

無名異一十三斤八兩，每斤銀四厘，該銀五分。

丁字庫魚膠一百八十七斤八兩，每斤銀八分，該銀十五兩。

桐油二百五十斤，每斤銀三分六厘，該銀九兩。

通州抽分竹木局青皮猫竹二千片，每片銀六厘五毫，該銀一十三兩。

盔甲廠牛觔一百八十七斤八兩，每斤銀一錢二分七厘，該銀二十三兩八錢二分九厘五毫。

以上七項，共銀六十六兩一錢八厘。

召買麻子油三十一斤四兩，每斤銀二分，該銀六錢二分五厘。

白麪六十二斤八兩，每斤銀八厘，該銀五錢。

石灰一百二十五斤，每百斤銀一錢二厘，該銀一錢二分八厘五毫。

瓦灰一百二十五斤，每百斤銀五分，該銀六分二厘五毫。

烟子六斤四兩，每斤銀五厘，該銀三分一厘。

木柴二百五十斤，每百斤銀一錢五分六厘，該銀三錢九分。

以上六項，共銀一兩七錢三分七厘。

工食銀一百兩。

前件查係京營兑換軍器，合應二年一次，照該營兑換數目分別修理。

修理戊字庫紅盔、青布擺錫釘甲、鐵帽兒盔、紫花布擺錫釘甲、黑油腰刀共三萬頂副把內。

修理紅盔一萬頂。

自有甲字庫黄丹六十二斤八兩，每斤銀三分七厘，該銀二兩三錢一分二厘五毫。

丁字庫桐油九百三十七斤八兩，每斤銀三分六厘，該銀三十三兩七錢五分。

甲字庫藤黄二十五斤，每斤銀五分，該銀一兩二錢五分。

水花硃二百五十斤，每斤銀四錢三分五厘，該銀一百八兩七錢五分。

無名異六十二斤八兩，每斤銀四厘，該銀二錢五分。

水膠九十三斤十二兩，每斤銀一分七厘，該銀一兩五錢九分三厘九毫五絲。

光粉二十五斤，每斤銀一分，該銀二錢五分。

丙字庫白綿三斤二兩，每斤銀五錢，該銀一兩五錢六分二厘五毫。

以上八項，共銀一百四十九兩七錢一分八厘七毫五絲。

召買麻子油二百五十斤，每斤銀二分，該銀五兩。

燒造紅土二百五十斤，每斤銀五厘，該銀一兩二錢五分。

白麪四百三十七斤八兩，每斤銀八厘，該銀三兩五錢。

石灰三百一十二斤八兩，每百斤銀一錢二厘，該銀三錢一分八厘七毫五絲。

瓦灰三百一十二斤八兩，每百斤銀五分，該銀一錢五分六厘二毫五絲。

木柴五千斤，每萬斤銀十五兩六錢，該銀七兩八錢。

以上六項共銀一十八兩二分五厘。

工食銀二百一十四兩四錢，運價在内。

修理鐵帽兒盔二萬頂内。

補造盔九千頂。

會有甲字庫烏梅二百二十五斤，每斤銀二分，該銀四兩五錢。近年不用。

細三梭布七百三疋四尺，每疋長三丈二尺，闊一尺八寸，每丈銀八分四厘，該銀一百八十九兩。

粗白綿布七百三疋四尺，每疋長三丈二尺，闊一尺八寸，銀三錢，該銀二百一十兩九錢三分七厘五毫。

丁字庫白硝羊皮四百五十張，每張銀一錢，該銀四十五兩。

高錫二百二十五斤，每斤銀八分，該銀一十八兩。近年不用。

戊字庫廢鐵一萬一千九百四十三斤十二兩，又原運破爛盔刀作廢鐵一萬八千一百五十斤，共三萬九十三斤十二兩，每斤銀三分二厘，該銀九百六十三兩。

節慎庫熟建鐵六萬一百八十七斤八兩，每斤銀一分六厘，該銀九百六十三兩。

丁字庫菉豆鐵線八百四十三斤十二兩，每斤銀四分，該銀三十三兩七錢五分。

以上六項，共銀二千四百四兩六錢八分七厘五毫。

召買香油五百六十二斤八兩，每斤銀二分八厘，該銀一十五兩七錢五分。

紫白綿線十三斤八兩，每斤銀一錢二分，該銀一兩六錢二分。

以上二項，共銀一十七兩三錢七分。

匠頭自備炸塊二十二萬五千七百三斤二兩，每百斤銀一錢三分，該銀二百九十三兩四錢一分。

木炭二萬二千五百七十斤五兩，每百斤銀三錢，該銀六十七兩七錢一分。

以上二項，共銀三百六十一兩一錢二分。

染户變染紫花布七百三疋四尺，每疋銀三分，該銀二十一兩九分三厘七毫。三十五年會估，每疋加銀一分，三十七年會估，每疋減五厘，仍舊三分五厘。

工食銀五千六百八十二兩九錢六分，運價在内。

修理一等盔二千頂。會有甲字庫細三梭白布九十三疋二丈四尺，每疋長三丈二尺，闊一尺八寸，每丈銀八分四厘，該銀二十五兩二錢。

粗白綿布四十三疋二丈四尺，每疋長三丈二尺，闊一尺八寸，銀三錢，該銀一十三兩一錢二分五厘。

丁字庫白硝羊皮一百張，每張銀一錢，該銀十兩。

以上三項共銀四十八兩三錢二分五厘。

召買香油一十六斤四兩，每斤銀二分八厘，該銀四錢五分五厘。

紫白綿線二斤八兩，每斤銀一錢二分，該銀三錢。

以上二項，共銀七錢五分五厘。

染户變染紫花布九十三疋二丈四尺，每疋銀三分，該銀二兩八錢一分二厘五毫。三十五年會估，每疋加銀一分，三十七年會估，減五厘，仍舊三分五厘。

工食銀八十二兩八錢八分，運價在内。

修理二等盔九千頂。

會有丁字庫白硝羊皮四百五十張，每張銀一錢，該銀四十五兩。

戊字庫廢鐵一千一百二十五斤，每斤銀三分二厘，該銀三十六兩。

節慎庫熟建鐵二千二百五十斤，每斤銀一分六厘，該銀三十六兩。

甲字庫細三梭白布四百二十一疋二丈八尺，各長三丈二尺，闊一尺八寸，每丈銀八分四厘，該銀一百一十三兩四錢。

粗白綿布一百九十六疋三丈八尺，每疋長三丈二尺，闊一尺八寸，銀三錢，該銀五十九兩六分二厘。

丁字庫菉豆鐵線四百五十斤，每斤銀四分，該銀一十八兩。

以上六項，共銀三百七兩四錢六分二厘。

召買香油七十三斤二兩，每斤銀二分八厘，該銀二兩四分七厘。

紫白綿線一十一斤四兩，每斤銀一錢二分，該銀一兩三錢五分。

以上二項，共銀三兩三錢九分七厘。

匠頭自備炸塊八千四百三十七斤八兩，每百斤銀一錢三分，該銀一十兩九錢六分八厘七毫五絲。

木炭八百四十三斤十二兩，每百斤銀三錢，該銀二兩五錢三分一厘二毫五絲。

以上二項，共銀一十三兩五錢。

染户變染紫花布四百二十一疋二丈八尺，每疋銀三分，該銀一十二兩六錢五分六厘二毫五絲。三十五年會估每疋加銀一分，三十七年會估每疋減五厘，仍舊三分五厘。

工食銀五百五十二兩九錢六分，運價在内。

修理青甲一萬副。

會有甲字庫烏梅九百三十七斤八兩，每(月)〔斤〕銀二分，該銀一十八兩七錢五分。

細三梭白布三千三百七十五疋，每疋長三丈二尺，濶一尺八寸，每丈銀八分四厘，該銀九百七兩二錢。

粗白綿布三千三百一十二疋一丈六尺，每疋長三丈二尺，闊一尺八寸，銀三錢，該銀九〔百九十三〕兩七錢五分。

丁字庫白硝羊皮四千張，每張銀一錢，該銀四百兩。

高錫八百四十三斤十二兩，每斤銀八分，該銀六十七兩五錢。

戊字庫廢鐵一萬一千二百五十斤，每斤銀三分二厘，銀三百六十兩。

節慎庫熟建鐵二萬二千五百斤，每斤銀一分六厘，該銀三百六十兩。

以上七項，共銀三千一百七兩二錢。

召買松香七百五十斤，每斤銀二分，該銀一十五兩。

生挣牛皮一百二十五張，每張銀四錢，該銀五十兩。

青白綿線三百一十二斤八兩，每斤銀一錢二分，該銀三十七兩五錢。

以上三項，共銀一百二兩五錢。

匠頭自備炸塊八萬四千三百七十五斤，每百斤銀一錢三分，該銀一百九兩六錢八分七厘五毫。

木炭八千四百三十七斤八兩，每百斤銀三錢，該銀二十五兩三錢一分二厘五毫。

以上二項，共銀一百三十五兩。

染户變染青布三千三百七十五疋，每疋銀七分五厘，該銀二百五十三兩一錢二分五厘。三十五年會估每疋加銀二分五厘，三十七年會估減一分，每疋九分。

工食銀三千一十四兩四錢，運價在内。

修理紫花布甲二萬副。

會有甲字庫烏梅一千八百七十五斤，每斤銀二分，該銀三十七兩五錢。

細三梭白布六千七百五十疋，每疋長三丈二尺，闊一尺八寸，每丈銀八分四厘，該銀一千八百一十四兩四錢。

粗白綿布六千六百二十五疋，每疋長三丈二尺，闊一尺八寸，銀三錢，該銀一千九百八十七兩五錢。

丁字庫白硝羊皮八千張，每張銀一錢，該銀八百兩。

高錫一千八百七十五斤，每斤銀八分，該銀一百五十兩。

戊字庫廢鐵二萬二千五百斤，每斤銀三分二厘，該銀七百二十兩。

節慎庫熟建鐵四萬五千斤，每斤銀一分六厘，該銀七百二十兩。

以上七項，共銀六千二百二十九兩四錢。

召買紫白綿線六百二十五斤，每斤銀一錢二分，該銀七十五兩。

松香一千八百七十五斤，每斤銀二分，該銀三十七兩五錢。

木柴一萬斤，該銀十五兩六錢。

牛挣牛皮二百五十張，每張銀四錢，該銀一百兩。

以上四項，共銀二百二十八兩一錢。

匠頭自備炸塊一十六萬八千七百五十斤，每百斤銀一錢三分，該銀二百一十九兩三錢七分五厘。

木炭一萬六千八百七十五斤，每百斤銀三錢，該銀五十兩六錢二分五厘。

以上二項，共銀二百七十兩。

染户變染紫花布六千七百五十疋，每疋銀三分，該銀二百二兩五錢。三十五年會估每疋加銀一分，三十七年會估每疋減五厘，仍舊三分五厘。

工食。銀六千二十八兩八錢，運價在内。

修理二等腰刀一萬五千把。

會有甲字庫苧布二百九十五疋一丈，每疋銀二錢，該銀五十九兩六分二厘。

黄丹四十六斤十四兩，每斤銀三分七厘，該銀一兩七錢三分四厘。

丁字庫魚線膠三百七十五斤，每斤銀八分，該銀三十兩。

桐油一千一百二十五斤，每斤銀三分六厘，該銀四十兩五錢。

白麻二百八十一斤四兩，每斤銀三分，該銀八兩四錢三分七厘。

丙字庫荒絲一十八斤十二兩，每斤銀四錢，該銀七兩五錢。

甲字庫無名異四十六斤十四兩，每斤銀四厘，該銀一錢八分七厘。

以上七項，共銀一百四十七兩四錢六分。

召買香油九十三斤十二兩，每斤銀二分八厘，該銀二兩六錢二分五厘。

椵木一千三百五十丈，折得八百一十丈，每丈銀二錢五分，該銀二百二兩五錢。

麻子油三百七十五斤，每斤銀二分，該銀七兩五錢。

石灰四百六十八斤十二兩，每百斤銀一錢二厘，該銀四錢七分六厘。

瓦灰四百六十八斤十二兩，每百斤銀五分，該銀二錢三分四厘。

烟子九十三斤十二兩，每斤銀五厘，該銀四錢六分八厘。

木柴一千八百七十五斤，每百斤銀一錢五分六厘，該銀二兩九錢二分五厘。

白麪四百六十八斤十二兩，每斤銀八厘，該銀三兩七錢五分。

白硝牛脂皮二百十四張二分，每張錢四錢六分，該銀九十八兩五錢三分二厘。

以上九項，共銀三百一十九兩一分。

工食銀六百八兩四錢，運價在內。

修理三等腰刀一萬五千把。

會有丁字庫白麻二百八十一斤四兩，每斤銀三分，該銀八兩四錢三分七厘。

魚線膠五百六十二斤八兩每斤，銀八分該銀四十五兩。

桐油一千一百二十五斤，每斤銀三分六厘，該銀四十兩五錢。

甲字庫苧布三百四疋二丈二尺，每疋銀二錢，該銀六十兩九錢三分七厘。

黃丹四十六斤十四兩，每斤銀三分七厘，該銀一兩七錢三分四厘。

丙字庫荒絲一十八斤十二兩，每斤銀四錢，該銀七兩五錢。

甲字庫無名異四十六斤十四兩，每斤銀四厘，該銀一錢八分七厘。

丁字庫菉豆鐵線七十五斤，每斤銀四分，該銀三兩。

紅銅九十三斤十二兩，每斤銀七分，該銀六兩五錢六分。

以上九項，共銀一百七十三兩八錢五分五厘。

召買香油九十三斤十二兩，每斤銀二分八厘，該銀二兩六錢二分五厘。

椵木一千四百二十五丈，折得八百五十五丈，每丈銀二錢五分，該銀二百一十三兩七錢五分。

麻子油三百七十五斤，每斤銀二分，該銀七兩五錢。

白麪四百六十八斤十二兩，每斤銀八厘，該銀三兩七錢五分。

石灰四百六十八斤十二兩，每百斤銀一錢二厘，該銀四錢七分九厘。

瓦灰四百六十八斤十二兩，每百斤銀五分，該銀二錢三分四厘。

烟子九十三斤十二兩，每斤銀五厘，該銀四錢六分八厘。

木柴一千八百七十五斤，每百斤銀一錢五分六厘，該銀二兩九錢二分五厘。

紫膠九十三斤十二兩，每斤銀一分五厘，該銀一兩四錢六厘。

熟鐵葉一萬五千片，折得一萬片，每片銀二分，該銀二百兩。

黃蠟九斤六兩，每斤銀一錢二分，該銀一兩一錢二分五厘。

白硝牛脂皮二百十四張二分，每張銀四錢六分，該銀九十八兩五錢三分二厘。

以上十二項，共銀五百二十二兩七錢九分四厘。

匠頭自備炸塊一萬九千六百八十七斤八兩，每百斤銀一錢三分，該銀二十五兩五錢九分。

木炭五千六百二十五斤，每百斤銀三錢，該銀一十六兩八錢七分。

以上二項，共銀四十二兩四錢六分。

工食銀七百五十八兩四錢，運價在內。

前件條例内開修理盔甲刀三萬頂副把，係官軍兑换，披戴匠頭半給預支半□□□誠不可缺，但查工料比別項年例錢糧最爲浩鉅，條例開載有議減一萬副者，有議減七千副者，每年議論紛紜，築舍靡定，反致停閣，合應照條例修理三萬副，酌議三年一次舉行。

預造盔甲二千五百副。

會有甲字庫細三梭白布一千三十九疋二尺，每疋長三丈二尺，闊一尺八寸，每丈銀八分四厘，該銀二百七十九兩三錢。

粗白綿布一千七百五十七疋一丈零，各長三丈二尺，闊一尺八寸，每疋銀三錢，該銀五百二十七兩三錢四分。

烏梅六百二十五斤，每斤銀二分，該銀一十二兩五錢。

丁字庫白硝羊皮一千三百七十五張，每張銀一錢，該銀一百三十七兩五錢。

高錫六百二十五斤，每斤銀八分，該銀五十兩。

丁字庫廢鐵四萬五千八百五十九斤六兩，每廢鐵一斤作熟建鐵二斤，每斤銀一分六厘，該銀一千四百六十七兩五錢。

節慎庫熟建鐵九萬一千七百一十八斤十二兩，每斤銀一分六厘，該銀一千四百六十七兩五錢。

甲字庫粗白綿布八百二十八疋四尺，每疋長三丈二尺，闊一尺八寸，銀三錢，該銀二百四十八兩四錢三分七厘五毫。

丁字庫菉豆鐵線三百二十二斤八兩，每斤銀四分，該銀一十二兩五錢。

以上九項，共銀四千二百二兩五錢七分七厘五毫。

召買松香一千二百五十斤，每斤銀二分，該銀二十五兩。

香油四百六十八斤十二兩，每斤銀二分八厘，該銀一十三兩一錢二分五厘。

紫白綿線九十三斤十二兩，每斤銀一錢二分，該銀一十一兩二錢五分。

生挣牛皮五十張，每張銀四錢，該銀二十兩。

木柴二千五百斤，每百斤銀一錢五分六厘，該銀三兩九錢。

以上五項，共銀七十三兩二錢七分五厘。

匠頭自備炸塊三十四萬三千九百四十五斤，每百斤銀一錢三分，該銀四百四十七兩一錢二分八厘五毫。

木炭三萬四千三百九十四斤八兩，每百斤銀三錢，該銀一百三兩一錢八分三厘五毫。

以上二項，共銀五百五十兩三錢一分二厘。

染户變染紫花布一千三十九疋二尺，每疋銀三分，該銀三十一兩一錢七分一厘九毫二絲。三十五年會估，每疋加銀一分，三十七年會估，每疋減五厘，仍舊三分五厘。

工食銀五千九百五十兩。

前件查得盔甲係十六門官軍兑换，既有修理紫花盔甲，此項似緩合于五年一次舉行。

丁壬年折價盔甲廠查盤軍器，僱夫銀五十三兩。

前件查得本廠五年一次清選軍匠，查盤軍器，僱夫銀兩俟五年一次查明給發。不□年分。

折修京營明盔二百五十頂。

會有盔甲廠二珠線四斤十一兩，每斤銀一兩六錢，該銀七兩五錢。

甲字庫粗白綿布二十八疋六尺七寸，每疋長三丈二尺，闊一尺八寸，每疋銀三錢，該銀八兩四錢六分三厘。

以上二項，共銀十五兩九錢六分三厘。

召買香油七斤十三兩，每斤銀二分八厘，該銀二錢一分八厘七毫五絲。

紅潞紬七疋二尺九寸八分，每疋長三丈六尺，闊一尺八寸，銀二兩六錢，該銀一十八兩四錢一分五厘二毫。

緑潞紬一疋二丈六尺二寸二分，每疋長三丈六尺，闊一尺八寸，銀二兩六錢，該銀四兩四錢九分三厘八毫。

熟猷黃羊皮二百張，每張銀一錢七分，該銀三十四兩。

絨繩三斤二兩，每斤銀九錢，該銀二兩八錢一分二厘五毫。

以上五項，共銀五十九兩九錢四分。

工食銀一百二十兩。以後不用鎖緝線三道，每副議減二工，計五百工，共減銀三十兩，實該工食銀九十兩。

染户變染紅扣線四斤十一兩，每斤工料銀一錢八分，該銀八錢四分三厘七毫五絲。

量修明盔二百五十頂。

召買香油七斤十三兩，每斤銀二分八厘，該銀二錢一分八厘七毫五絲。

絨繩三斤二兩，每斤銀九錢，該銀二兩八錢一分二毫五絲。

以上三項共銀三兩二分九厘。

工食銀六十兩。

折修明甲二百副。

會有盔甲廠扣線四百一十斤，每斤銀九錢，該銀三百六十九兩。

甲字庫粗白綿布四十八疋四尺五寸，每疋長三丈二尺，闊一尺八寸，每疋銀三錢，該銀一十四兩四錢四分。

以上二項，共銀三百八十三兩四錢四分。

召買香油一百五十斤，每斤銀二分八厘，該銀四兩二錢。

紅潞紬一十二疋九尺二寸一分六厘，每疋長三丈六尺，闊一尺八寸，銀二兩六錢，該銀三十一兩八錢六分。

緑潞紬一疋三丈八寸八分，每疋長三丈六尺，闊一尺八寸，銀二兩六錢，該銀四兩八錢三分八毫。

熟猷黃羊皮二百張，每張銀一錢七分，該銀三十四兩。

鹿皮條二十六張八分，每張銀四錢八分，該銀十二兩八錢六分四厘。

以上六項，共銀八十七兩七錢六分。

工食銀一千五十六兩。以後背心不用鎖緝線三道，每副議減十工，計二千工，共減銀二百二十兩，實該工食銀九百三十六兩。

染户變染紅扣線四百一十斤，每斤工料銀一錢八分，該銀七十三兩八錢。

量修明甲一百五十副。

會有盔甲廠，扣線一百五十七斤八兩，每斤銀九錢，該銀一百四十一兩七錢五分。

甲字庫粗白綿布三十六疋三尺二寸，每疋長三丈二尺，闊一尺八寸，每疋銀三錢，該銀十兩八錢三分。

以上二項，共銀一百五十二兩五錢八分。

召買紅潞紬九疋六尺九寸一分三厘，每疋長三丈六尺，闊一尺八寸，銀二兩六錢，該銀二十三兩八錢九分九厘。

緑潞紬一疋一丈四尺一寸六分，每疋長三丈六尺，闊一尺八寸，銀二兩六錢，該銀三兩六錢二分三厘一毫。

鹿皮條二十張一分，每張銀四錢八分，該銀九兩六錢四分八厘。

以上三項，共銀三十七兩一錢七分。

工食銀三百四十二兩。以後背心不用鎖緝線三道，每副議減十工，計一千五百工，共減銀九十兩，實該工食銀二百五十二兩。

染户變染紅扣線一百五十七斤八兩，每斤工料銀一錢八分，該銀二十八兩三錢五分。

連補明甲一百五十副。

會有盔甲廠扣綿七十五斤，每斤銀九錢，該銀六十七兩五錢。

召買紅潞紬一疋一丈三尺九寸九分，每疋長三丈六尺，闊一尺八寸，銀二兩六錢，該銀三兩六錢一分。

工食銀七十二兩。

染户變染紅扣線七十五斤，每斤工料銀一錢八分，該銀一十三兩五錢。

修理臂手五百副。

會有盔甲廠扣線十五兩，每斤銀九錢，該銀八錢四分三厘七毫五絲。

召買香油六十二斤八兩，每斤銀二分八厘，該銀一兩七錢五分。

絹線帶三千條，每條銀七厘，該銀二十一兩。

狗皮二百五十張，每張銀三分五厘，該銀八兩七錢五分。

紅潞紬三十三疋二丈三寸三分，每疋長三丈六尺，闊一尺八寸，銀二兩六錢，該銀八十七兩二錢六分八厘四毫八絲。

熟軟黄羊皮三百張，每張銀一錢七分，該銀五十一兩。

以上五項，共銀一百六十九兩七錢六分八厘四毫八絲。

工食銀三百三十兩。

染户變染紅扣線一十五兩，每斤工料銀一錢八分，該銀一錢六分八厘七毫五絲。

成造纓頭木桶五百個。旗槍事件全。

明盔皮套五百件。

明甲皮包五百件。

臂手皮包五百副。

會有甲字庫粗白綿布一百九十二疋，每疋銀三錢，該銀五十七兩六錢。

節慎庫熟建鐵一千斤，每斤銀一分六厘，該銀一十六兩。

丁字庫桐油一千八百七十五斤，每斤銀三分六厘，該銀六十七兩五錢。

甲字庫黄丹五斤一兩，每斤銀三分七厘，該銀一錢八分七厘三毫一絲二忽五微。

水膠二百五十斤，每斤銀一分七厘，該銀四兩二錢五分。

以上五項，共銀一百四十五兩五錢三分七厘三毫一絲二忽五微。

召買麻子油十五斤十兩，每斤銀二分，該銀三錢一分二厘五毫。

紅真牛皮五百張，各見方五尺，每張銀四錢七分五厘，該銀二百三十七兩五錢。

驢皮三十張，每張銀三錢，該銀九兩。

牛脂皮二十五張，各見方五尺，每張銀四錢六分，該銀一十一兩五錢。

無名異四斤十一兩，每斤銀四厘，該銀一分八厘七毫五絲。

茜紅羊毛一十五斤十兩，每斤銀一錢二分，該銀一兩八錢七分五厘。

茜紅馬尾三十七斤八兩，每斤銀五錢，該銀十八兩七錢五分。

入油紅土六斤四兩，每斤銀五厘，該銀三分一厘二毫五絲。

生絲四十六斤十四兩，每斤銀五錢，該銀二十三兩四錢三分七厘五毫。

麻線五百條，每條銀二毫，該銀一錢。

黄蠟六十二斤八兩，每斤銀一錢六分，該銀七兩五錢。

椵木七十丈，每丈銀一錢五分，該銀一十兩五錢。

以上十二項，共銀三百二十兩五錢二分五厘。

匠頭自備炸塊二千五百斤，每百斤銀一錢三分，該銀三兩二錢五分。

木炭二百五十斤，每百斤銀三錢，該銀七錢五分。

以上二項共銀四兩。

工食銀一百五十兩。

前件盔甲臂手本司萬曆三十九年題准，每年照例修理五百副。但前項盔甲俱用潞紬絲絨，工料最鉅，軍士收藏□不如法，即浥爛不堪，殊爲可惜，且前項盔甲止備聖駕謁陵郊祀京營選鋒披戴，以肅儀衛，合行暫停。俟有命駕之日，該營先期題請修造木桶、皮包。京營盛貯明盔甲臂手以防浥爛銹蠹，誠不可缺。條例内未經開載，萬曆三十九年，會同科院本司酌議增造，俟題造明盔甲之日，照估成造此項增入。

修理戰車二百輛。

會有甲字庫靛花九斤八兩，每斤銀八分，該銀七錢五分。

定粉十八斤十二兩，每斤銀五分，該銀九錢三分七厘五毫。

銀硃七斤十四兩，每斤銀四錢三分五厘，該銀三兩四錢二分五厘六毫。

黄丹四十三斤，每斤銀三分七厘，該銀一兩五錢九分一厘。

無名異一十七斤八兩，每斤銀四厘，該銀七分。

水膠一百八十九斤，每斤銀一分七厘，該銀三兩二錢一分三厘。

丙字庫土絲四斤八兩，每斤銀四分，該銀一錢八分。

丁字庫川白麻一百八十三斤，每斤銀三分，該銀五兩四錢九分。

魚膠十二斤，每斤銀八分，該銀九錢六分。

桐油五百四十八斤，每斤銀三分六厘，該銀一十九兩七錢二分八厘。

戊字庫廢鐵三千一百八十六斤，每斤銀三分二厘，該銀一百一兩九錢五分二厘。

節愼庫鐵六千三百七十一斤，每斤銀一分六厘，該銀一百一兩九錢五分二厘。

以上十二項，共銀二百四十兩二錢四分九厘一毫。

召買轅條榆木四十根，每根銀一兩五分，該銀四十二兩。

前扒頭榆木三根，每根銀二錢五分，該銀七錢五分。

車枕榆木十根，每根銀一錢八分，該銀一兩八錢。

推桿榆木五十二根，每根銀二錢六分，該銀一十三兩五錢二分。

梯檔榆木四十六根，每根銀三分，該銀三兩三錢八分。

斜仙榆木九根，每根銀一錢，該銀九錢。

後扒頭榆木一十一根，每根銀一錢六分，該銀一兩七錢六分。

柁工榆木四十根，每根銀二分，該銀八錢。

車頭槐木一百八個，每個銀五錢五分，該銀五十九兩四錢。

車網棗木八百六十六塊，每塊銀一錢五分五厘，該銀一百三十四兩二錢三分。

車輻槐木一千九百一十六根，每根銀二分七厘，該銀五十一兩七錢三分二厘。

車軸檀木八根，每根銀九錢，該銀七兩二錢。

框檔榆木二百五十根，每根銀一錢八分，該銀四十五兩。

車椿撑檔榆木一百根，每根銀五厘，該銀五錢。

柳木車椿脚一百根，每根銀二分，該銀二兩。

順樘榆木四十九根，每根銀二分，該銀九錢八分。

鴈翅板用散木六根，每根銀二兩一錢，該銀十二兩六錢。

生鐵車間三百七十七根，重五十五斤，每斤銀一分，該銀五錢五分。

生鐵川十四副，重七百三十斤，每斤銀一分，該銀七兩三錢。

黄蠟一斤四兩，每斤銀一錢二分，該銀一錢五分。

雜油一百三十六斤八兩，每斤銀二分三厘，該銀三兩一錢二分九厘五毫。

紅土三百三十斤，每斤銀五厘，該銀一兩六錢五分。

漆碌七斤十二兩，每斤銀七分，該銀五錢四分二厘五毫。

漆黄二斤十五兩，每斤銀三分，該銀八分八厘一毫。

瓜兒粉十七斤八兩，每斤銀二厘，該銀三分五厘。

土黄九斤，每斤銀三分，該銀二錢七分。

炸塊二萬三千八百九十八斤十二兩，每百斤銀一錢二分七厘五毫，該銀三十兩四錢七分九毫。

木炭二千三百八十九斤十四兩，每百斤銀三錢五分，該銀八兩三錢六分四厘五毫六絲。

以上二十八項，共銀四百二十九兩一錢二厘五毫六絲。

工食銀共七百二兩一錢二厘五毫。

前件舊例每年京營送戰車廠修理。自三十六年，該營送廠二百五十輛極壞不堪。四十一年料計題造一百輛近營議改輕偏俟該營題請舉行。

造修戰車圍裙二百條。

會有甲字庫銀硃一斤十兩，每斤銀四錢三分五厘，該銀七錢六厘八毫七絲五忽。

定粉三斤十四兩，每斤銀五分，該銀一錢九分三厘七毫五絲。
靛花一斤十四兩，每斤銀八分，該銀一錢五分。
無名異八兩，每斤銀四厘，該銀二厘。
黃丹一斤，該銀三分七厘。
水膠五斤，每斤銀一分七厘，該銀八分五厘。
白綿布四十二疋二丈四尺，每疋銀三錢，該銀十二兩八錢一分。
丙字庫土絲四兩，每斤銀四分，該銀一分。
丁字庫桐油三十五斤，每斤銀三分六厘，該銀一兩二錢九分五厘。
以上九項，共銀一十五兩二錢八分九厘六毫二絲五忽。
召買雜油四斤，每斤銀二分三厘，該銀九分二厘。
土黃一斤十二兩，每斤銀三分，該銀五分二厘五毫。
漆碌一斤十兩，每斤銀七分，該銀一錢一分三厘七毫五絲。
漆黃十兩，每斤銀三分，該銀一分八厘七毫五絲。
瓜兒粉三斤八兩，每斤銀二厘，該銀七厘。
白綿線五兩六錢，每斤銀一錢二分，該銀四分二厘。
以上六項，共銀三錢二分六厘。
工食銀一十三兩一錢六分八厘。
前件係戰車停修，亦宜停造，統俟該營題請舉行。
修造盾牌四百面。
會有甲字庫銀硃六斤四兩，每斤銀八錢三分五厘，該銀五兩二錢一分八厘七毫五絲。
定粉一十五斤，每斤銀五分，該銀七錢五分。
靛花七斤八兩，每斤銀八分，該銀六錢。
黃丹四斤，每斤銀三分七厘，該銀一錢四分八厘。
無名異二斤，每斤銀四厘，該銀八厘。
水膠十一斤，每斤銀一分七厘，該銀一錢八分七厘。
丁字庫桐油七十斤，每斤銀三分六厘，該銀二兩五錢九分。
丙字庫土絲八兩，每斤銀四分，該銀二分。
以上八項，共銀九兩五錢二分一厘七毫五絲。
召買楊木板三百一十三面，每面銀一錢，該銀三十一兩三錢。
穿帶榆木四百三十根，折得三百五十九根，每根銀一分，該銀三兩五錢九分。
提子榆木二百六根，折得二百六十五根，每根銀二分，該銀五兩三錢。
棗核釘二十一斤，每斤銀三分，該銀六錢三分。
襍油十五斤，每斤銀二分三厘，該銀三錢四分五厘。
土黃七斤四兩，每斤銀三分，該銀二錢一分七厘五毫。
雙連釘二百四十斤，每斤銀三分，該銀七兩二錢。
雨點釘四十二斤，每斤銀五分，該銀二兩一錢。
白硝牛皮條三張五分，每張銀三錢六分，該銀一兩二錢六分。
生血黃牛皮一百五十張，每張銀三錢七分，該銀五十五兩五錢。
漆碌六斤四兩，每斤銀七分，該銀四錢三分七厘五毫。
漆黃二斤五兩，每斤銀三分，該銀六分九厘三毫七絲五忽。
瓜兒粉一十四斤，每斤銀二厘，該銀二分八厘。
紅土三十斤，每斤銀五厘，該銀一錢五分。
以上十四項，共銀一百八兩一錢二分七厘三毫七絲五忽。
工食銀六十三兩四錢五分六厘。
造修大小日月旗各四百面。
會有甲字庫黃丹五斤四兩，每斤銀三分七厘，該銀一錢九分四厘。
苧布二十疋，每疋銀二錢，該銀四兩。
無名異二斤，每斤銀四厘，該銀八厘。
丙字庫白綿二兩，每斤銀五錢，該銀六分二厘五毫。
丁字庫魚膠三十斤，每斤銀八分，該銀二兩四錢。
白麻一十五斤八兩，每斤銀三分，該銀四錢六分五厘。
桐油五十五斤，每斤銀三分六厘，該銀二兩三分五厘。
通州抽分竹木局猫竹五十六段，照四號折得一百八根，每根銀五分，該銀五兩四錢。
盔甲廠牛觔二十二斤，每斤銀一錢二分七厘，該銀二兩七錢九分四厘。
戊字庫廢鐵二百斤，每斤銀三分二厘，該銀六兩四錢。
節慎庫鐵四百斤，每百斤銀一兩六錢，該銀六兩四錢。
鋼二十五斤，每斤銀三分六厘五毫，該銀九錢一分二厘五毫。

以上十二項，共銀三十一兩七分一厘二毫。

召買白麪六十六斤，每斤銀八厘，該銀五錢二分八厘。

石灰三十八斤，每百斤銀一錢二厘，該銀三分八厘七毫六絲。

瓦灰八十斤，每百斤銀五分，該銀四分。

綿紬一百三疋一丈六尺，每疋銀八錢，該銀八十二兩八錢。

紅真牛皮八分，每張銀五錢，該銀四錢。

白麻線八十條，折得一百八十六條，每百條銀二分，該銀三分七厘二毫五絲。

杉木槍心二百桿，每桿銀六分，該銀一十二兩。

桑皮紙七十三張，每百張銀三分，該銀二分一厘九毫。

雜油七斤，每斤銀二分三厘，該銀一錢六分一厘。

炸塊一千五百六十二斤八兩，每百斤銀一錢二分七厘五毫，該銀一兩九錢九分二厘一毫八絲。

木炭一百五十六斤四兩，每百斤銀三錢五分，該銀五錢四分六厘八毫七絲五忽。

烟子五斤八兩，每斤銀五厘，該銀二分七厘五毫。

香油一斤二兩，每斤銀二分八厘，該銀三分一厘五毫。

茜紅羊毛十七斤，每斤銀一錢三分，該銀二兩二錢一分。

白綿線帶八百八十條，每條銀三厘，該銀二兩六錢四分。

□□一斤該銀八錢七分。

柳木小旗槍桿二百根，折得七十三根八分，每根銀五分，該銀三兩六錢九分。

紅土十二斤，每斤銀五厘，該銀六分。

以上一十八項，共銀一百八兩九分四厘九毫六絲五忽。

工食銀九十三兩五錢八分。

前件盾牌日月旗俱係戰車内錢糧，俟造修戰車之日一併議舉。

造修摥刀四百桿，每桿會有物料十項，共銀六分八厘七毫六忽二微。

召買物料七項，共銀六分二厘四毫二絲五忽。

以上二項，共銀一錢三分一厘一毫三絲一忽二微。

匠頭自備炸塊三斤二兩，每百斤銀一錢三分，該銀四厘六絲二忽五微。

木炭五兩，每百斤銀三錢，該銀九毫三絲七忽五微。

以上二項共銀五厘。

工食銀二錢二分四厘七毫五絲。

前件查係條例未載，合應增入，遇修造戰車每一輛修造二把。

修理羊角槍四百桿。

會有甲字庫黄丹一斤十二兩，每斤銀三分七厘，該銀四分六厘二毫五絲。

無名異十二兩，每斤銀四厘，該銀三厘。

丁字庫桐油十五斤，每斤銀三分六厘，該銀五錢五分五厘。

以上三項，共銀六錢四厘二毫五絲。

召買柳木二百根，折得九十四根八分，每根銀五分，該銀四兩七錢四分。

香油一斤二兩，每斤銀二分八厘，該銀三分一厘五毫。

雜油一斤，該銀二分三厘。

紅土十一斤，每斤銀五厘，該銀五分五厘。

以上四項，共銀四兩八錢四分九厘五毫。

工食銀二十一兩六錢。

修理拒馬槍六百桿。

召買銼磨香油一斤二兩，每斤銀二分八厘，該銀三分一厘五毫。

工食銀一十七兩一錢。

修理毛槍一千桿。

會有甲字庫黄丹九斤六兩，每斤銀三分七厘，該銀三錢四分六厘八毫。

無名異九斤六兩，每斤銀四厘，該銀三分七厘五毫。

丁字庫魚線膠二百八十一斤四兩，每斤銀八分，該銀二十二兩五錢。

桐油二百五十斤，每斤銀三分六厘，該銀九兩。

白麻六十二斤八兩，每斤銀三分，該銀一兩八錢七分五厘。

盔甲廠牛觔一百八十七斤八兩，每斤銀一錢二分七厘，該銀二十三兩八錢一分二厘五毫。

通州抽分竹木局青皮猫竹一千段，各長六尺，圍八寸，每根銀五分，該銀五十兩。

以上七項，共銀一百七兩五錢七分一厘八毫。

匠頭自備木炭九十三斤十二兩，每百斤銀三錢，該銀二錢八分一厘二毫五絲。

召買桑皮紙一千張，每百張銀三分，該銀三錢。

瓦灰一百二十五斤，每百斤銀五分，該銀六分二厘五毫。

麻子油三十一斤四兩，每斤銀二分，該銀六錢二分五厘。

烟子一十八斤，每斤銀五厘，該銀九分三厘七毫五絲。

白麪一百二十五斤，每斤銀八厘，該銀一兩。

石灰一百二十五斤，每百斤銀一錢二厘，該銀一錢二分七厘五毫。

木柴二百五十斤，每百斤銀一錢五分六厘，該銀三錢九分。

以上七項，共銀二兩五錢九分八厘七毫五絲。

工食銀七十兩。

前件毛鎗、拒馬鎗、羊角鎗查非兑换數内似應暫停，俟該營取討題請舉行。

成造湧珠砲六百位。

會有戊字庫廢鐵一萬八千斤，每斤銀三分二厘，該銀五百七十六兩。

節慎庫熟建鐵三萬六千斤，每斤銀一分六厘，該銀五百七十六兩。

以上二項共銀一千一百五十二兩。

匠頭自備炸塊一十三萬五千斤，每百斤銀一錢三分，該銀一百七十五兩五錢。

木炭一萬三千五百斤，每百斤銀三錢，該銀四十兩五錢。

以上二項共銀二百一十六兩。

工食銀八百二十八兩。

成造連珠砲八百位。

會有戊字庫廢鐵六千斤，每斤銀三分二厘，該銀一百九十二兩。

節慎庫熟建鐵一萬二千斤，每斤銀一分六厘，該銀一百九十二兩。

以上二項，共銀三百八十四兩。

匠頭自備炸塊四萬五千斤，每百斤銀一錢三分，該銀五十八兩五錢。

木炭四千五百斤，每百斤銀三錢，該銀一十三兩五錢。

以上二項，共銀七十二兩。

工食銀四百一十六兩。

前件查得湧珠砲、連珠砲二項係京營兑换火器，俟該營移文成造照例舉行。

修理兩廠庫藏作房。

前件查得庫房收貯各項軍器關係最重，舊例三年一小修、五年一大修，如遇天雨連綿坍塌，不拘年分修理，條例未載合應增入。

成造軍器規則：

成造迅砲，每一位會有物料八項，共銀三分九厘九毫一絲五忽。

召買物料六項，共銀一分一厘七毫三絲五忽。

工食銀三分六厘。

成造大鐵銃，每一位會有物料一項，銀一兩六錢。

工食炸炭銀一兩四錢。

成造大鐵銃鉛彈，每百個會有物料一項，銀一兩一錢二分五厘，工食炸炭銀六分三厘四毫三絲七忽。

成造鳥嘴銃，每一把會有物料三項，共銀五錢二分九厘二毫八絲。

工食炸炭銀一兩四錢九分。

成造鳥嘴銃鉛彈，每百個會有物料一項，銀八分七厘一毫三絲五忽。工食炸炭銀一分九厘一毫。

成造黑油長鎗，每一桿會有物料十項，共銀二錢一厘七毫二絲。

召買物料八項，共銀二厘八毫七絲六忽。

工食炸炭銀三錢九分二厘

成造大砍刀，每一把會有物料八項，共銀二錢二分三厘四毫一絲。

召買物料六項，共銀一厘八毫六絲一忽。

工食炸炭銀五錢三分。

修理硃紅長鎗，每一桿會有物料九項，共銀九分五厘三毫八絲。

召買物料六項，共銀五厘九毫。

工食銀七分。

成造闊面弓一張、箭三十枝、弦二條，會有物料十六項，共銀三錢五分六毫六絲。

召買物料九項，共銀八分一厘二絲四忽。

工食炸炭銀五錢二分二厘五毫四絲。

成造隨銃牛皮大裕連，一副會有物料六項，共銀八厘四毫五忽。

召買物料三項，共銀二錢七分一厘三絲五忽。

工食銀三分五厘。

成造大杏黃旗，每一面會有物料二項，共銀一兩八錢六分二厘。
召買物料六項，共銀四兩八錢八分一厘二毫。
工食銀一兩五錢九分六厘。
成造小杏黃旗，每一面會有物料二項，共銀六錢四分八厘。
召買物料七項，共銀四錢二分九毫六絲八忽。
工食銀七錢四分一厘。
前件以上各項緩急不等，俟各衙門移文成造。
成造大佛朗機一架、提砲六個，事件全。
會有物料二項，共銀六兩四錢五分九厘。
工食炸炭銀三兩八錢六分四厘七毫。
前件鐵佛朗機、提砲係京營官軍兑换，火器最爲喫緊，三年一次赴廠兑换，若干按數分别工料修理，如遇該營兑换缺額不拘年分造成。
成造戰車一輛。
會有物料一十九項，共銀四兩八錢五分八厘四絲五忽。
召買物料四十七項，共銀一十五兩五錢一分七厘三毫八絲九忽。
木匠等匠工食銀九兩四分五厘七毫五絲。
前件京營車兵營十枝，額設戰車一千二百輛，因營車朽爛不堪修理，始移文成造補額，今議改輕偏等車俟該營移文成造。
成造火箭一架計三十枝。
會有物料三項，共銀二分二厘一毫二絲四忽。
召買物料五項，共銀一錢七分一厘四毫三絲七忽。
工食銀一錢八分。
成造鐵箭頭三十個。
會有物料二項，共銀一錢一毫六絲。
召買物料三項，共銀二分六厘二毫四忽。
工食銀一兩二錢。
成造箭溜一根。
會有物料四項，共銀五分二厘五毫六絲六忽。
召買物料九項，共銀四分七毫七忽。
工食銀六分。
成造箭罩一個。
會有物料六項，共銀一分二厘八毫八絲。
召買物料五項，共銀一錢六分四厘一毫五絲。
工食銀一錢二分。
成造藥桶三十個。
會有物料二項，共銀三分七厘六毫。
召買物料四項，共銀九分八厘九毫七絲五忽。
工食銀七錢八分。
成造木架一座。
會有物料二項，共銀七分五毫。
召買物料七項，共銀二錢八分四厘五毫。
工食銀六分。
每架隨用火藥并藥線。
會有物料三項，共銀一錢八厘一毫六絲二忽。
召買物料四項，共銀二分三厘八絲五忽。
工食銀在藥桶内。
每棕木桶一個會有物料二項，共銀九分五厘五毫。
召買物料七項，共銀一錢五分四厘八毫一絲五忽。
工食并炸炭銀九錢六分八厘。
此項條例未藏，火藥發營必須合應增入。
前件查得國家禦侮惟恃火攻，火箭爲最喫緊。萬曆三十六年，該兵部尚書李□條議多造火箭除將未完，三十三年條造三千架，催料嚴督造完，第此項成造□艱，或五年成造千架以備急需。
成造令旗令牌每一面會有物料十七項，共銀三錢八分八厘八毫六絲五忽。
召買物料一十九項，共銀四錢九分八毫五絲。
工食銀二錢五分六厘五毫。
前件令旗、令牌，兵部題催各邊鎮官不時給發，本廠造完送貯本司庫内，俟完日另行題造。
成造玄武門更鼓一面，會有物料一十七項，共銀三十一兩一錢一分一厘。
召買物料二十一項，共銀一十三兩一錢三分三厘。

工食銀八兩二錢八分。
成造國子監更皷一面，會有物料五項共銀二錢八分七厘。
召買物料九項，共銀一十一兩四錢七分二厘。
工食銀五兩七錢。
成造西直門更皷一面，會有物料十三項，共銀一十一兩六錢八分。
召買物料九項，共銀二兩一錢三分三厘。
工食銀三兩一錢二分。
前件各項更皷，俱係各衙門年久破壞不堪，題請移文料估，不拘年分成造應用。

徐學聚《國朝典彙》卷一五二《兵部十六·戰具》 洪武五年，詔造獨轅車，魏國公徐達督山西、河南造八百輛，曹國公李文忠督北平、山東造一千輛。

永樂九年，巡按陝西御史劉璧言：潼關等衛補造軍器，料買銅鐵、丹漆、牛觔、魚鰾、生漆、黃蔴，皆非土產，請令所司係本土產者先辦，其餘官給價，於出產處收買。從之。

五月，工部侍郎劉仲廉言：遼東三萬衛成造軍器乏缺，宜依定遼左衛例設鐵場，撥畸零軍一百十二名，以其半炒鐵備用，半屯田以給。從之。

二十二年九月，工部奏修軍器，請徵漆布於民。仁宗曰：兵器不可不修，但方下詔恤民，民瘼未蘇，何忍復有徵斂。命給鈔市之。

洪熙元年三月，鎮守萬全右衛都指揮黃直，私造應禁軍器，事覺降，指揮使發口外立功。

八月，遼東都司奏廣寧等十八衛修理衣甲，請支綿布二萬四千餘疋，工部尚書吴中請給其半。上曰：邊軍守禦，須仗甲兵，彼衛身無甲，則膽氣衰，何以責其禦敵？若甲仗堅利，紀律嚴明，士氣自振，足以慴服寇戎，修甲何可惜費，其即與之。

九月，陝西都司奏擬造鐵盔青甲萬副，所用物料乞令布政司支官鈔買辦。上從之。謂工部尚書吴中曰：邊防國家重事，其切用者兵器，兵器有備然後可以制敵。古者郡國有庫兵，京師有武庫，今西陲極邊，兵器安可無備？其令速造，官給其費，毋科擾於民。又謂中曰：內外衛所軍器，皆須遣人閱視，凡損壞者官給物料修理。

正統初，勑工部曰：今軍器缺用，爾工部會同五府六部、錦衣衛司禮監、內府各監局，往年退出諸色軍匠，擇其精壯者令在營操備，老弱者仍送原衙門，與見在匠役成造軍器。爾工部司禮監各遣官提督，務在堅利，使可經久，宜用物料在京各庫支用，勿復科派有司擾民，每季仍以造完數目具奏，以憑稽考，不得通同作弊，假公濟私，以取罪戾。

八年十二月，甘肅總兵官寧遠伯任禮奏：今成造軍器物料多非地產，欲遣人詣湖廣地方採取，緣往返路遠且桑竹沈重，乞令經過有司應付車輛接運，庶不誤事。上曰：邊軍艱辛且操備是急，豈可遠敝其力，桑竹果無出產，本地豈無雜木，採之成造，但在堅固而已。

景泰二年九月，詔令廷臣共議備邊長策，李賢上言：虜所以敢輕中國者，恃其弓馬之强而已。臣觀今日之拒馬木止能拒馬，不能避箭，挨牌止能避箭，不能拒馬，今中國長策，惟有所謂戰車，若衛青之武剛車可以御之。又有取勝之道，則火鎗是也。論中國之長技，無出於此，臣觀戰車，四圍箱板，內藏其人，下留銃眼，上開小窻，長一丈五尺，高六尺五寸，前後左右，横排鎗頭。每車前後占地五步，若用車一千輛，一面二百五十輛，約長四里，欲行則行，欲止則止，謂之有腳之城。內藏軍馬、糧草、輜重，以此禦敵，使馬不得衝陣，箭不得傷人，彼若近前，火砲齊發，奇兵繼出，備邊長策，莫善於此。

成化元年二月，寧夏總兵張泰言：臣嘗奏准創造兵年，以爲戰守之具，此實御虜良法。兵部覆奏，謂泰久在寧夏，虜屢犯邊，未聞泰以此破敵，宜令巡守等官會議。

三年，國子監學録黄明善疏陳都掌禦寇事宜，請用毒毬行烟，謂毒毬所薰，口眼出血，行烟所向，咫尺莫辨。

十二年八月，左都御史李賓言：古者用戰車取勝，乞製偏箱車五百輛，鹿角榨五百具，參用每小車一輛榨一具，共用十人，通用五千人，行則爲方陣，止則爲方營，乞命所司會臣計造。并選閱精兵五千，命內臣并文武大臣各一人，統領教練，俟警調用。更諭令各邊俱如式製造，以備戰守，事下兵部，尚書項忠言：陝西諸邊收蓄兵車數千輛，及京營亦嘗因定襄伯郭登之言，製小車二千五百輛，日久無用，俱已毀廢。【略】今將士終歲操習，自永樂到今，止於馬步相參教閱，騎射不習車戰，恐一旦咈其所素習，强其所不能，臨陣應用，違悞非便，乞如賓言，遣御史及工部官督工，如式先置車十輛，榨十具，送赴教場，仍令賓會同內外官驗其規制，何以施行，如虜輕騎剽掠，何以分布追之，阨險邀遮，何以乘危禦之，開闔奇正之妙，推挽進退之法，宏綱大畧，俱要講明，俟車製成日以聞。至是車成，兵部以請命賓及忠等詣教場，會三大營内外掌兵官，如擬分兵列陣以驗之。既試，忠等覆奏謂所造車榨，若兩軍對壘之際，用以守城安營，可以禦矢石防衛突。若追逐奔北，登高致遠，履險涉危，恐非所宜，宜行工部，以漸成造，付教場操習，若制有宜損益者，仍聽臣等會總兵等官酌量。上曰：既登高涉險不便，其已之。

二十年二月，總督宣大尚書余子俊言：大同地方，山川平曠，宣府地方，一半相等，門庭寇至，車戰爲宜。今爲軍之計，大率以萬人爲一軍，戰車五百餘輛，用步軍千人駕拽，行則縱以爲陣，止則横以爲營，車空缺去處，用鹿角榨補塞，凡戰士器械，不勞馬馱，乾糧不煩自齎，若是虜賊合衆對壘，彼用弓矢只有百步技能，我用銃砲動有三四百步威勢，如相持過久，彼將分散搶掠，我則出兵，或首遏其驕横，或尾擊其惰歸，前項車營取便策應，此億萬年守邊簡易之法也。復具圖本五，其一下兵車營圖，其二擡兵車營圖，其三擡鹿角榨營圖，其四下椿繩營圖，其五擡椿城營圖，其説甚詳。上可之。

弘治十三年初，天下都司衛所造完軍器，解至京師，皆貯之九門城樓，以便關領。至是内官監太監陳良始請内庫交收，由是留難需索費用不貲，大爲解人之苦。

正德七年三月，遣中□□軍器于南京。

嘉靖八年，都御史汪鋐奏：廣東佛郎機銃致遠，克敵屢奏奇功，請如式製造，兵部覆議詔鑄造三百，分發各邊。

十二年，初廣東巡檢何儒常，招降佛郎機國番人，因得其蜈蚣船銃等法，以功陞上元主簿，令於操江衙門監造，以備江防，至是三年秩滿，吏部録其前功，請陞宛平縣丞，中國之有佛郎機諸火器自儒始。

二十四年，大同鎮奏請軍器工部言盔甲弓箭等器係備團營及出征官軍用非以給邊給邊起於郭勛妄請非舊例不宜與惟神鎗神砲沿邊不敢輕造，應發之。詔可。

二十五年七月，總督宣大侍郎翁萬達言：臣嘗倣古火器之制造定三出連珠百出先鋒鐵棒雷飛母子火獸布地雷等砲，屢經試驗，比之佛郎機鎗等器輕便利用，因奏討帑銀二萬兩督造，分發宣大三關并外邊城堡應用。兵部試驗言三出連珠百出先鋒鐵棒雷飛，俱便利用，則宜多造。其火獸布地雷砲，用之昏夜劫營則可，用之行陣，似非所宜，似應量造。報可。

八月，巡按山東御史張鐸進十眼銅砲，大彈可及七百步，小彈可八百步，四眼鐵鎗可四百步，皆足以陷陣摧鋒，詔工部如式製。

二十七年，錦衣衛軍匠馮經獻所製雙矢弩、三矢弩。詔下所司，驗試中用，上賜名克敵弩，命工部如式製發團營及各邊，并令經赴軍門教演，有功陞賞。【略】

四十三年，先是兵部覆巡視京營科道辛自修等議：請將軍器、兵仗二局所造盔甲、火器，俱付巡視衙門及本部官督理，有詔允行。已而兵仗局内臣執造本局掌造上供御器，例不關白外廷，詔部再議，部復奏：臣等初議欲委官至該局清查，乃軍器非御器也，軍器亦止欲造完之後付外廷驗其中否，與該局事體原不相侵。得旨：軍器係戰守所資，該局每遇造完，如擬開數，送部委官查驗，爾部中仍預報各邊合用器械，以便成造。

四十四年，初盔甲廠用工部郎中一員，管理遷代頻數，至是巡視給事中楊樞言其不便，詔吏部註選主事一人，專督候考滿乃遷。

隆慶□年，先是巡視京營御史趙可懷議：工部所收弓箭堪用者少，宜令各處以物料工食解部添官督造，聽京營協理大臣調度。至是工部遂以料費送京營，協理侍郎王遴謂，營中無貯器之所，如御史議亦第令臣等調度耳，非屬之工作也，且國制造完軍器，收貯内庫，所以防微杜漸，意甚遠宜，仍遵成憲，令工部專委司官督造，有不如式者，許臣等及巡視科道參治。上是之。

張燧《經世挈要》卷一一《軍中器具》 弓矢

弓矢以近中爲難

凡用弓矢，近中易，遠中難。近則力强，遠則力弱。所以之箭，必近發，必奇中。而中國反是謂宜今後習射，不用張鵠，只以尺許長小圓棍置地四十步内，射之則棍自轉動，射到矢矢中棍，射賊必無虚發矣。

參連矢

《周禮》六射之目，其二曰叅連，謂前放一矢，後放三矢，連續而去也。《後漢書》云，弩射以參連爲奇，誠能以古叅連法教士卒，使當矢后之間，一射而連放三矢，則是一人而兼三人之用也。意者李廣以二千騎當四萬之圍，所謂大黄，即六韜所謂大黄參連乎。

弩

弩以腰開爲貴

中國之利器，曰弓與弩，自漢以後，虜弓日强，遂不可復及。惟弩之用爲最，弩之力腰開者，可十石。蹶張者可二三石。古所云弓之强者不及也。晉馬隆平樹機能，猶藉腰開弩。至宋而其法不傳，故《武經》所載黑漆、黄樺、跳鐙等弩，皆蹶張也。㓶子、牀子等弩雖最强，然費人多，可以守，不可以戰也。宋末始有神臂弩，其法亦蹶張而稍勝之，遂以破。本朝劉司馬天和用之，而其法始傳。又有名克敵弩者，即跳鐙也。今苗人皆用弩，然强而不便。宣湖射虎，用竹弩二弩者，皆藉力於藥，未可謂之强也。又有諸葛弩，可置十矢，以次發，東南人喜用之，然力輕而不能傷人。近世程宗猷得古銅機，斟酌竹弩，而爲古弩，則勝之矣。宗猷又自以其意，合古人之説，而爲腰開弩，强者可十石，下者亦可七石，此千載久廢之器，復啟於斯人，奇已。

近自蹶張弩成，人皆趨便，然致遠洞堅，必竟腰開，有穿石摧壁之勢，今惟力弱者用蹶張，力雄者仍用腰開，則一人已有兼人之用，如再要弩力雄大，必非多人不可張，即此與蹶張遠，近相爲表裏，亦覺曲盡。【略】

刀

腰刀造法

腰刀鐵要多煉，刀用純鋼。自背起，用平剷平削至刃，刃芒平磨，無肩乃利，妙尤在尖。近時匠役將刀打厚，不肯用工平磨，止用側銼横出芒兩下有肩，砍入不深，刀芒一禿，即爲頑鐵矣，此當辨之。刀要與手相輕，柄要短，形要彎，庶宛轉，牌下不爲所礙，蓋就牌勢也。【略】

鎧甲

紙鎧綿甲

紙鎧，起於唐宣宗時，河中節度使徐商劈紙爲之，勁矢不能入。商，有功五世孫也。

綿甲，以綿花七斤，用布縫如夾襖，兩臂過肩五寸，下長掩膝，麤線逐行横直縫緊，入水浸透，取起鋪地，用脚踹實，以不胖脹爲度，曬乾收用，見雨不重，黴黰不爛，鳥銃不能大傷。紙甲，用無性極柔之紙，加工鎚軟，疊厚三寸，方寸四釘，如遇水雨浸濕，銃箭難透。

甲冑密法

元太宗攻金，懷孟人李威從軍，患世之甲冑不堅，得其婦兄杜坤密法，創蹄筋、翎根別爲之，太宗親射不能入，寵以金符。威每戰先登，不避矢石，帝勞之曰：「汝縱不自愛，獨不爲甲冑惜乎？」謂諸將曰：「能捍蔽爾，爲國家之功名者，威之甲也。」

火器

火鎗

利莫利於弩，自神機之枝出，猛烈便利，蓋十倍焉。永樂以來弩遂廢，近神機愈出愈奇，如地槍五子數百步，及快槍二子亦數百步，并佛郎機、毒火諸兵，又出神鎗之上矣。

神機火鎗者，用鐵爲矢鏃，以火發之，可至百步之外，聲聞而矢即至矣。永樂中，平南交交人所製者尤巧，命内臣如其法監造，士卒執此鎗而用之也。人持一具，臨時自實以藥，一發之後，倉卒烟以繼之，敵知其然，凡臨戰陣，必伏其身，俟我火發聲聞之後，即衝突而來。請自今而後，凡火鎗手，必五人爲伍，就其中擇一人或二人，心定而手捷目疾者，專司持放，其三四人者，互爲實藥，番遞以進，專俾一人司放，其視一發即退，心志不定，而高下無準者又間矣。又宜用紙爲爆，其聲與火鎗等者，每發一鎗，必連放三四紙爆，或前或後，以混亂之，使敵不知所避。

大將軍砲

火器莫過於大將軍，薊一年止放一次，以勢大人不敢放也。銃身一百五十斤，以一千斤銅母裝發。葉夢熊改銃身爲二百五十斤，其長三倍之，約六尺。不用銅母，徑四尺，於滚車上發之，可及八百弓。内大鉛彈七斤，爲公彈；次三斤，子彈；又次一斤，爲孫彈。三兩三錢者，二百爲羣孫彈。名曰公領孫，以鐵磁片，用班毛毒藥煮過者佐之，重二十斤，可傷人馬數百。若沿邊以千萬架而習熟之，真絶技也。運之以車，登高涉遠皆宜，國初出塞，專恃神銃爲破虜先鋒。天順六年，造兵車，各有載大銅銃車。成化元年，造各樣大將軍三百個，載砲車五百輛。《會典》神鎗神銃，俱内府兵仗局掌管，其慎重如此。葉公有新製滅虜砲，運以滚車打放，一發可五六百步，鉛子總一斤。

神砲

神砲，出自紅毛夷國。今廣東濠鏡澳夷，亦能造之。此實天意，假手澳夷，以固我金湯者。前廣東所解頗少，以未有處置澳夷，故廣東不敢擅，而夷目不肯應也。今邊疆如此，則需用尤甚，宣請敕書一道，宣諭澳夷咨兩廣總督，擬價酬之，庶多多益善，而我封疆皆堅壁矣。

張燧《經世挈要》卷一二《軍中器具下》　軍中器具總説馮應京

夫火器之用，無間古今，無間攻守，其種實多，如發熕即神機大將軍、二將軍、三將軍，威猛無敵，破敵可成血路，攻城可使立碎。古惟銅鐵鑄成者，自廣東葉軍門，始以熟鐵打造。架以三輪之車，一放之後，輪向後走十數步，以殺其威猛之勢，其架不振壞，實爲圓機。或間有損傷，緣匠有工拙，其體甚大，而煮火不到使然。或倉惶之際，裝藥有多寡，用子有輕重大小之異。或素不敬重，有所觸污。此物乃神器，一砲之出，數百生靈所係，豈小哉。但體勢重大，難以輕舉遠到，惟攻已困之城，而塞要衝之口，非此不足以示威也。其次則滅虜砲、馬腿砲、虎蹲砲、虎尾砲、連珠砲，若連施疊放，雖百萬之衆，可使落膽。至佛郎機，內用子銃，提放不竭，其母銃若長，可得數百步之遠，更看照星真的，可以取將擒王，但未免用銅用鐵，體骨亦重，今用堅木作母銃，一人可挽而走。多備子銃，軍中可稱利器。其次則三眼銃與鳥嘴銃，鳥銃宜南而不宜北，三眼銃宜北而不宜南，何也？北方地寒風冷，鳥銃必用手擊，常日爲勞，一開火門，其風甚猛，信藥已先吹去，用碾信，則火門易壞，一放之後，虜騎如風而至，又不便執此爲拒放之具。近有制竹鳥銃及自閉火門鳥銃，亦一時之奇，然終是費事。惟三眼銃一捍三銃，每銃可着鉛子二三個，惟伺敵三四十步內對真方放，一砲三放，其聲不絕，未有不中者。虜馬闖至，則執此銃以代悶棍，虜縱有鐵盔鐵甲，雖利刀所不能入者，惟此銃能擊之，故在北方，鳥銃不如三眼。南方所禦，惟倭與苗，其人多係步戰，其來之勢，不得如馬之疾，勢之衝，風氣柔和，不在山谷，則在蹊田之內，鳥銃照定施放，中敵極準。按定班次，一上一下，雖三放銃熱不可再放，若每人以布數尺，用水打濕，三放之後，以布濕銃，可以長放不歇。有狼筅挨牌之類，在前縱衡來，此足拒之。若三眼銃，其桿甚短，其去不遠，對真不如鳥銃之準，執之以禦倭刀，利鈍相懸，人易生畏心，故在南方，三眼銃不如鳥銃。大約天下之器原無鈍，惟在習之何如耳。鳥銃三放之外曰袂，鎗之制筒少長，可以五放，兩頭相同，可以十放，俗稱十面埋伏銃是也。但五六寸間，即鑽一眼，先入藥築實，方入鉛子，一層又入土一寸餘，又築實，剛與上眼平，層層如此裝去，一頭可五放。若下層不築實，上層再築下去，其下層之藥，又沉於眼之下，放多不準，不然總作一銃放出矣。若兩頭十銃連放不絕，則敵人莫測，可稱神器矣。惟有力者能持之，運於車上用，更妙。此外又有火箭之用，其勢猛，其力大，敵見生畏，過於弓弩。善造者可得六七百步之遠，然造之不易，一枝約打二萬鎚方能濟，頭上須用回火約十分之二，水戰方可焚帆，陸戰方可焚寨。其鏃必用茨菰頭點鋼長信，入箭腹中三寸，信外銼一肩，與箭竹相凑合，不然火箭力大，一蹴則鏃入箭腹，傷人不深。其竹鐵交接處，須用觔纏堅固，用漆漆過，其翎花亦用漆下，方耐風雨濕氣，此火箭之制也。至於今時之用，見敵惟啚高遠放去，敵望而避之甚易，是以有用之物，而施於無用之地，甚可惜也。南方之製，多聚百枝，或三五十枝，裝入木籠內，名曰一窩鋒，又曰火籠。少者九枝，曰九龍筒。或其狀差小者，名曰湧箭。馬上亦可施放，各立名色甚多，其實一而已矣。又有火毬、火磚、火礶之制，三者一法，均爲驚心駭目之具，使其亂而取之之意也。

湯若望授、焦勗述《火攻挈要》卷上《鑄造戰攻守各銃尺量比例諸法》 西洋鑄造大銃，長短大小，厚薄尺量之制，着實慎重。未敢徒恃聰明，創臆妄造，以致悞事。必依一定真傳，比照度數，推例其法，不以尺寸爲則，只以銃口空徑爲則。蓋謂各銃異制，尺寸不同之故也。惟銃口空徑，則是就各銃論，各銃以之比例推算，則無論何銃，亦自無差悞矣。戰銃空徑三寸起，至四寸止。身長，從火門至銃口三十三徑。火門前銃牆厚一徑，耳前牆厚七分五釐徑，銃口牆厚半徑，銃底厚一徑。尾珠在外，其珠之長大，各得一徑。銃耳之長大，俱各一徑。火門至耳際，得十三徑，耳得一徑。耳前至銃口徑，得十九徑。此係四六比例之法。火門距耳得十分之四，帶耳至銃口得十分之六也。其體重五百觔，至千觔止，亦有頂大重三千觔者。其彈重四觔至十觔止。

飛龍銃空徑三寸起至五寸止。子母銃身共長五十五徑。大號用子銃三門，小號用子銃五門。子銃身長五徑，底一徑，用牆得一徑。子銃口凑簨宜深，後拴鎮壓處，當緊簨處，得一徑，拴處得半徑。子銃火門至母銃耳際，得二十二徑，耳得一徑，耳前至銃口得三十二徑，餘悉照前。此亦狼機之制，因能遠發，故名飛龍。

象銃，口下空，徑五寸。火門前裝藥處，空徑二寸五分。身長，從火門至銃口八徑。塘内裝藥，窄處得二徑，藥前寬處得六徑。裝藥，牆厚半徑。銃口牆厚二分五釐徑，銃底厚一徑。尾珠銃耳長大各六分徑。火門至耳際二徑，耳得六分徑，耳前至銃口得五徑四分。此係四分比例之法，謂火門距耳得一分，帶耳至銃口得三分，蓋以銃前塘寬體輕故也。又以塘口極寬，故名象銃。

噴銃口下空徑一尺，火門前空徑五寸。身長從火門至銃口四徑，塘内從底至口，一直往上，如敞口喇叭之形，不比象銃分寬窄兩截也。火門前牆厚二寸五分，銃口牆厚一寸二分五釐，底厚三寸。尾珠銃耳長大各三寸，餘悉照前。此亦象銃之類，但體更輕，所裝彈藥更多。攻銃空徑四寸起至六寸止，身長十八徑至二十二徑止。火門至耳際得八徑，耳得一徑，耳前至銃口得十一徑。彈重十觔，至五十觔。銃塘更宜光直，用彈定要緊貼，藥上且與塘內毫無寬縫漏火，則發彈遠射，而且有力，餘悉照前。

虎嘯銃空徑六寸起，至一尺止。身長二十徑。彈用五十觔，至百觔止。銃身較戰銃，可加厚三五分，餘悉照前。

獅吼銃空徑一尺，至一尺五寸止。長十五徑。彈用一百觔，至三百觔。銃身照戰銃，可加厚半徑，餘悉照前。飛彪銃口下空徑二尺，火門前裝藥處空徑一尺。身長，從火門至銃口四徑。塘內裝藥，窄處二徑，藥前寬處二徑。口下牆厚半徑，裝藥處牆厚七分五釐徑，底厚七分五釐徑。尾珠銃耳長大各半徑。火門至耳際得徑半，耳得徑半，耳前至銃口得三徑。

守銃空徑三寸起，至五寸止。身長十六徑，至八徑止。彈用四觔至十觔止，餘照前。

西洋製守銃殊短之意，蓋備敵人攻城時之所用也。若敵人屯營遠窺，必藉長戰銃遠擊，以亂其營，使彼不敢久停。若蟻聚蜂擁，逼臨城下，又必藉大象銃，以爲擊寬斃衆之計。若高築敵臺，負固對擊，則更必藉火銃攻銃，以爲摧堅之用。總之遠近寬窄，隨宜酌用，變化在人，又豈可拘泥名色，而自誤實用之功效哉！但守銃之制，大約以銃口距耳，應得身度三分之二，帶耳至火門，應得三分之一。蓋謂守銃利於朝下放故也。其城守之象銃，較戰陣之象銃，又必加長四徑，共得十二徑，方可遠擊而斃敵也。若止於八徑，則火力短，而出彈近，及至中敵已無勁矣。

又《造作銃模諸法》 用乾久楠木或杉木，照本銃體式，鏇成銃模，兩頭長出尺許，做成軸頭，軸頭上加鐵轉棍，安置鏇架之上，以便鏇轉上泥。木模既成，將銃耳、銃箍、花頭字樣等模安上，用羅細煤灰，勻刷一層，候乾，用上好膠黃泥，和篩過細砂，二八相參，或用本色砂泥亦可，用羊毛抖開，參入泥內，和勻作經，不可太乾，亦不可太濘，如塗牆之泥爲準。泥或塗在模上，每次約可寸許，塗勻將轉棍轉動，用員口木板，盪蘸水盪平候乾，照前再上。其泥之厚薄，照銃口空徑一徑六分，如銃口徑五寸，則模泥用八寸厚是也。俟上泥厚至三分之二，則以粗條鐵線，從頭密纏至尾，纏畢，照前上泥。俟上至十分之九，則以指大鐵條，照依模長，大號模用十六根，次號十二根，小號八根，勻擺模上作骨。隨用一寸寬五分厚鐵箍，大號用八道，次號六道，小號四道，照泥模頭尾，自度大小，勻箍鐵條之外，又照前上泥，上完盪勻，候乾透，然後可用。其乾之日期，大號銃模，約待四個月，次號三個月，小號兩個月，可必乾矣。俟乾畢，將木心敲出，用炭火入模內，一則煉乾泥模，二則燒化銃耳銃箍及花頭字樣等件，成灰候冷，用雞毛箒掃出灰渣，將木銃模底安定，再安尾珠，悉照前法上泥。上完候乾，取出木底，用炭火燒化尾珠，俟冷淨，聽候下窑鑄造。

模心用鐵，照本銃空徑長短，打成鐵心，其徑之大小，即照本銃空徑之半，如空五寸，則鐵心當用二寸五分，周圍之泥，共得二寸五分。心尾打方孔，深三寸許，另安鐵轉棍在內，以便鏇轉。其鐵心之首，長出二尺，折轉五寸，爲扒頭，以便拴繩提放之用。鐵心二三寸之下，留一方孔，安鐵轉棍，鐵心之下尺許，留十字方孔，以穿寸大鐵條，以便下模閣置外模之上。鐵心既成，安於鏇架之上，照前法上泥，漸次上完，用羅細煤灰上勻，候乾聽用。

又《下模安心起重運重引重機器圖說》 凡大銃之模輕者數千餘觔，重者數萬餘觔，若非預製機器，運重爲輕，則斷不能隨手轉動也。

起重用六寸徑，二丈長，堅木三根作柱。柱頭用鐵箍，箍下鑿一圓孔，二寸徑大。用圓鐵拴一根，長二尺四寸，將三柱穿綰一處。鐵拴之兩頭，用鐵箭箭住，將柱品字豎立於中柱。穿拴之下，隔二寸許，鑿圓孔二寸徑大，拴繫雙銅盤滑車，上下二具，以徑寸粗麻繩二根，穿入上下滑車之內。於二柱下脚，離地二尺五寸許，開半規，用五寸徑豎木一根爲軸，約長七八尺，納柱半規之內，外用木二尺，亦開半規，幫釘軸外十字穿心，勻安木擔四根，長四尺，將上繩拴繫軸上，下繩拴繫模尾，用四人絞轉軸木，則繩漸升而模自起矣。凡起重物俱可例用。

此器人用者頗多，但上懸滑車，止有單盤一輪，所以起重猶費力耳。茲則妙在滑車有上下二具，雙層銅盤，共有二十二輪，上下繩索，宛轉活利，較之尋常省力數十倍矣。

運重用堅木一根，一尺二寸徑，三丈長，爲總柱。鈎分兩截，上截長一丈，頭用鐵箍，箍下四寸許，開馬口方孔，二尺高，八寸寬，孔內之下，安二寸徑鐵圓拴一根，以便含架橫擔。孔下鐵箍一道，柱之下頭，亦用鐵箍，箍內嵌以鐵盤，中開方孔，徑二寸五分，深一尺五寸，納以方頭鐵心，下餘一尺爲圓鋜，鋜頭尖圓，插入下截柱內，以便轉動。下柱長二丈，將一丈埋入土內，土上存一丈，頭用鐵箍，箍內嵌以鐵盤，中間圓孔徑三寸，深一尺二寸，孔底嵌以鐵臼。鐵臼中心圓窩，外體方形，徑二寸五分，厚二寸。孔塘鑲嵌鐵筒，其長照塘厚一分。上下兩柱交插之際，上柱微粗，下柱微細，以便轉動。其柱心鐵鋜略長二三分，柱木相接處，略短二三分，則轉動之時，庶不壓住，而活便隨手矣。柱外用木圈四個，小柱五根，長一丈，徑大四寸，造成套式，安置大柱居中之處，上半截實釘柱上，下半截爲活套，稍寬二分，套上安置拉壓等木，以便轉動。所用擔壓等木，或榆，或檀，擔木八寸寬，一尺厚，一丈二尺長。於擔身三分居二之際，鑿二寸徑七分圓，以便含架。柱頭鐵圓拴之上，在下壓木見方六寸大，一丈三尺長。居中壓木長六尺，見方四寸。拉木各長五尺，厚二寸，寬三寸。兩旁夾木厚三寸，闊四寸。其拉壓之際，各用寸徑鐵圓箕，以便轉動。在上擔木之末，用二寸徑粗麻繩安套，以挽模首。在下壓木之末，用徑寸麻繩安套，以便拉挽。

此器中國名爲天秤，但止用柱頂橫擔一根，所以用力猶難。兹用拉壓三層，繇短漸長，上下牵拽，左右轉動，用人極少，而得力極大矣。

引重轉軸絞擔，悉宜高與胸平，則轉絞便於用力。其餘法製，簡約顯明，看圖自知，不另立說。

下模先於模體半乾之時，將火門之上，開一方孔，寬半徑，長一徑，外口略寬，以便安置鐵摺。將原泥仍照孔做成泥塞，煉乾以備塞孔之用，俟模已乾，用運重繩拴住模首，用起重引重繩，各拴住模尾。拴繫既定，將運重起重，一齊升挽，離起原所，以運重壓柄，向前轉送，以引重前拽。引至窑井受模之處，將模漸落，安對模窩。次以模首引扶端正，於火門之上所開方孔，用折疊圓圈十字鐵摺折轉，送入模內，展開安置穩當。其摺徑之鐵條，或五六分大，或一寸大，於模口二尺之外，亦用折疊鐵摺，折轉放進模內，展開，從下擠上安妥，用壯繩四根，各拴鐵鉤，鉤住鐵擋，將繩頭各拴繫模外，聽候安心。

安心先將模心照前升挽，引至模口，極力升起端正，正對摺內，從容放落，插入下插之內安妥，將鐵心之上十字鐵拴架平，緊縛兩傍夾柱之上，將下口塞緊，上鈎取出，四圍用乾土築實，底下用法以通濕氣。

又《製造銃車尺量比例諸法》 大銃之必用車，猶利劍之必用柄也。劍非柄則無以把握，銃非車則難以運動。故銃車之制，必長短厚薄，大小尺量，比例合法，庶擊放之際，不致搖撼，戰陣之間，可追奔而輕便矣。其尺量等法，亦以銃口空徑爲則。以大木爲牆，牆厚一徑，長如銃身，加十分之二，牆頭四徑半，牆尾寬三徑。自頭距尾，十分得六之處，微彎下重。牆頭至身，照牆寬徑一方之處，安車軸。於軸位之上，往前半截，開半規，鑲以一分厚鐵片，以架銃耳。上下均安鐵箍三道，頭一道闊二寸五分，打釘十八個。中一道闊二寸，用釘十六個。尾箍闊一寸五分，用釘十四個。箍厚各二分，釘長二寸。牆頭包裹鐵片，寬八分徑，長二十徑，厚三分，各用釘十六個，長各三寸。兩牆相合，用木橫拴，三根見方一徑，上二根長四徑半，俱半箕，其一距牆頭一方徑，居軸之上。牆之中心，其一距牆頭九分之三。牆之下面，與軸相平，其一距牆尾二徑，居牆之中心，長七尺半，透出牆外一徑，用鐵箭箭之。上覆墊板，長十徑，闊三徑弱，厚分一徑之三，外用透箕鐵箭拴三根，方半徑，長七徑。其一居牆頭木拴之後，其一距牆頭九分之四。牆之中心二者，兩頭俱用鐵箭箭之，其一居牆尾木拴之前，兩頭貫以鐵環，以便拴繩拉拽，進退高下。車軸長十七徑，大二徑，中爲方箕，透出牆外，距牆半徑鑿圓，徑半之大，穿入輪轂。挨轂之處，用鐵箭箭之，每箭長二徑餘，一寸寬，四分厚。兩端用鐵箍，箍闊一寸，厚二分，挨箍嵌鐵鍵二轉，每八條務與軸平，以擋轂內鐵圈。每鍵長二寸，厚四分，闊一寸。車輪共十二徑大，轂長四徑，大亦如之，外用鐵箍四道，每道闊一寸，厚二分。轂內空塘一徑七分，兩頭嵌以生鐵穿，其穿鐵之徑，各一寸。車輻每輪十四根，各長五徑三分，寬一徑，厚八分。徑車輞各七塊，厚一徑二分，闊二徑，長五徑一分。釘八個，務透輞木，長一徑五分，見方七分。鐵眼錢八個，以便轉釘脚。包輞縫鐵條各七塊，每塊長五徑一分，闊一徑，厚三分。用碾頭釘六個，各長一徑，頭大半徑。

《清實録・世祖實録》卷三 〔順治元年二月丁卯〕以創造紅衣礮功，授丁啓明爲牛録章京。

《清實録・聖祖實録》卷四九 〔康熙十三年八月壬寅〕諭兵部：大軍進剿，急須火器。著治理曆法南懷仁鑄造火礮。輕利以便登涉。

《清實録・聖祖實録》卷五八 〔康熙十四年十一月庚子〕定遠平寇大將軍和碩安親王岳樂疏言：逆賊吴三桂聞臣進取長沙，必固守要害，非緑旗兵無以搜其險阻，非紅衣礮不能破其營壘。提督趙國祚久在行間，熟練火器，兼統緑旗兵三千，屯墾都督陳平有兵二千，乞俱令隨臣進討。其廣東送來紅衣礮甚重，路險難致，西洋礮輕利，便於運動，乞發二十具，爲攻勦之用。上諭：勦滅逆賊，平定湖南，俱賴安親王。練習宿將，及精兵、火器俱不可闕。提督趙國祚、都督陳平并所屬官兵悉依安親王所請。南懷仁所造火礮，著官兵照數送至江西，轉運安親王軍前。王不必待礮到始行，亟由吉安或袁州進發。

《清實録・聖祖實録》卷六六 〔康熙十六年三月乙巳〕定遠平寇大將軍和碩安親王岳樂疏言：臣軍中礮小，且復無多，乞將吉安、荆州或西安大礮運至長沙，以便攻城。疏入，下議政王大臣等議。尋議：今時勢，攻取長沙，勦滅湖南逆賊，最爲要務。宜撥新鑄大紅衣礮二十具，令兵、工二部官員驛送南昌。自南昌至袁州，令江西總督董衛國撥兵護送，由袁州到長沙，令董衛國動支正項銀兩，多僱夫役，以備轉運。侯温代至袁州，即管領此礮，與安親王所遣馱礮馬匹官兵一路同行。上諭：解送馬礮關係重大。將軍穆占親統官兵，赴袁迎接。倘未便親往，選同去大臣一員前來接應，直達長沙，勿致疎虞。

《清實録・聖祖實録》卷八三〔康熙十八年八月癸亥朔〕諭議政王大臣等：攻擊海賊營壘，宜用火礮。内造西洋礮甚利，且輕便易運。可令湖廣巡撫張朝珍以湖廣所有西洋礮二十具，委官遞送福建總督姚啟聖軍前，用資勦禦。

《清實録・聖祖實録》卷九〇〔康熙十九年六月辛未〕諭大學士等：直隸各省銅、鐵紅衣大小礮甚多，或遣部院堂官、賢能司官逐省察明大小礮數、丈尺觔兩，酌量每省應用者，以鐵礮存留，其銅礮及所餘鐵礮堪用者俱取至京，不堪用鐵礮悉令銷燬。可令議政王大臣等會議以聞。尋議政王大臣等議覆：應遣官分省察驗，並定嚴禁私鑄火礮之例。從之。

《清實録・聖祖實録》卷一〇二〔康熙二十一年四月丁亥〕加欽天監治理曆法通政使南懷仁工部右侍郎銜，以製造礮位精堅議敘也。

《清實録・聖祖實録》卷二六六〔康熙五十四年十一月丁酉〕兵部議覆：山西太原總兵官金國正疏言：臣標下向無子母礮，今願捐造二十二位，分給各營操練。應如所請。上諭大學士等曰：子母礮係八旗火器，各省概造，斷乎不可。前師懿德、馬見伯曾請造子母礮，朕俱不許，此事不准行。

《清實録・聖祖實録》卷二七九〔康熙五十七年五月戊辰〕諭議政大臣等：將軍傅爾丹等曾奏請大礮，今一百二十觔之礮造完八位，攜帶行走，甚是便利，駝隻亦可馱載，裝載之車已經造完。應發往何所，作何送到之處，爾等另行議奏。

《清實録・世宗實録》卷五六〔雍正五年四月丙午〕諭議政王大臣等：雍正三、四年以來，外省將軍、督撫、提鎮等多有請於該地方添設子母礮者，經議政王大臣及兵部議行。昨閲聖祖仁皇帝《實録》内載山西總兵官金國正願捐造子母礮一疏，奉諭旨：子母礮係八旗火器，各省概造，斷乎不可。皇考必另有聖意，朕因不知當時曾有此旨，遂爾准行。今既已錯誤，應如何辦理，著議政王大臣定議具奏。尋議：子母礮原係内製，不便通給外省，前議准行，實臣等錯誤。今議盛京寧古塔、近海、黑龍江與鄂羅斯接壤，三處仍照前設立子母礮一百位，此外各省舊存子母礮及捐造者，悉令查明送部。至礮位係軍中必需之器，查各省每兵一千名，設立威遠礮四位，子母礮六位，應行令該將軍、督撫、提鎮查明本省礮位，咨明臣等按册酌撥，以符原額礮位之數。若本省不足，或於鄰省移取，或動正項錢糧製造。得旨：各處應設礮位，俟撥給齊備之後，將彼地所有子母礮賫送來京交部。

《清實録・世宗實録》卷一二五〔雍正十年十一月庚子〕大學士伯督巡陝甘經略軍務鄂爾泰疏言：武備軍威，火器最重，貴速利遠，火藥宜精。若硝味不淡，炭體不輕，磺色不净，而又配合不匀，工夫不細，則氣滯不靈，三軍難恃以爲勇。臣因經由邊郡，見各標營堡施放鎗礮火烟不直，且半濃黑，知製藥多不如法。曾經嚴飭，指示大略。惟是揀材置料，硝易而磺難，硝賤而磺貴，惜費省工，輒以藉口。而陝甘兩省素稱地不産磺，必赴外省採買，運費工價未免浩繁。肅州極邊，每磺一觔價值一錢至二錢不等，軍需要地，接濟維艱。查肅州嘉峪關金佛寺堡之所管汛地内南山隘口，抵朱魯郭，迤邐而西，有硫磺山一座，周圍四五十里遍産硫磺。環山遠近並無番夷住牧，若委員開採，依法煎熬，合算人工運費，每净磺一觔值不過五分，而出産甚多，用之不竭，不獨便利軍需，亦足接濟陝甘兩省標營需用。事關邊陲武備，現與劉於義面商，委員經理。一面先支銀數百兩交總兵沈力學作本開工，理合奏聞。得旨：開採硫磺固於軍需有益，但行之日久，不無私販盜賣之弊。著署督劉於義飭令總兵沈力學派兵防護，實力稽查，俟開採足用後奏聞請旨。

《清實録・高宗實録》卷一二九〔乾隆五年十月丁卯〕貴州提督王無黨奏：黔省山箐深險，無排兵布陣之地，故軍營利用，莫如火器。查子母礮一項，臣先於提標試放，多有不準者，現飭修整改造。必子礮與母礮圓徑不差釐毫，礮門堅穩，堂口光净，方資實用。并挑選礮手，專司熟習。業移行各鎮協營照式修整。又造有纏絲叉鎗一項，長三尺九寸，裝藥施放，可二百五十弓，甚有準頭。現已捐造四十桿，分配四營習熱。撫標及各協營亦有照式製造者。得旨：如此事事留心，實屬可嘉也。

《清實録・高宗實録》卷一六一〔乾隆七年二月己未〕湖廣提督王無黨奏：湖省軍裝殘缺，向以買馬餘朋銀兩陸續領修，勢難畫一。請照黔省辦理，不拘動用何項，將餘朋銀兩按年補還。再演試本標子母礮、鳥鎗，均係口敞堂寬，食藥輕薄，不能致遠取準。現飭修造，并檄各營畫一整理。得旨：知道了。然須用之實際，若徒爲營員開銷之計，則將來汝不能辭其責也。

《清實録·高宗實録》卷二三三〔乾隆十年正月壬寅〕兩廣總督那蘇圖奏：粵省鳥鎗製造演放皆不得法，因另創新式。令六營各造一百桿，臣仍不時考校，使嫻習純熟。得旨：是。時常留心，以期實效可也。

《清實録·高宗實録》卷二六三〔乾隆十一年閏三月乙丑〕〔兩廣總督策楞〕又議覆：廣西提督豆斌奏稱通省鳥鎗輕重大小不一，請照陝省纏絲鎗式一律改造。并請借動藩庫銀兩，分作五年，在各營公費内扣還等語。查粵西鳥鎗舊式參差，難收實用，應如該提督所奏，一律改造。但廣西地丁錢糧現輪應蠲免，藩庫存項難以借動，惟西省額兵百名，祇扣二名，作爲公費。請自乾隆丁卯年爲始，另扣一名，每年通計，可得餉銀四千八百兩，作爲修造鳥鎗之費。統限兩年修竣，即各補足額。得旨：扣糧之説，不必開此例。若火器必應改造，俟過蠲免之年，爲借動之舉可耳。

《清實録·高宗實録》卷二八一〔乾隆十一年十二月庚寅〕大學士管川陝總督公慶復等奏：籌備川省軍械事宜。一、鳥鎗宜添造纏絲大鎗。查川省各營鳥鎗，乾隆三年奏准改造纏絲體重六七觔不等，尚未能攻堅致遠。請於原設鳥鎗每百桿内添造纏絲大鎗十桿。每桿以十觔爲率，食五錢重藥，打五錢重子，按數分給各營演習。其原設鳥鎗，仍日行操演，不得廢弛。一、馬步弓箭，宜分别製備。查習射之弓均皆梢長面窄，原爲扯拉靈巧。川省征行，多係叢林深箐，並霧雨瘴烟，一經潮濕，必致歪斜無用。請於各營馬步兵丁每百名内另製短梢寬面弓二十張，俱要五六力以上，用纏筋生漆。戰箭酌量弓力長短配合改造，另换點鋼利鏃，翎花不必過大，用纏絲上油，以備應用。一、劚刀宜改爲雙手帶。查川省各營劚刀靶長刃寬，有名無實，請將各營劚刀均改造雙手帶式樣，刀長二尺五六寸，近刀盤處寬一寸二分，由刀盤漸次稍窄，以至刀尖更須鋭利，背如魚脊，靶長一尺，加鋼精造。飭令刀法純熟之人教習，以收實用。得旨：著照所請行。

《清實録·高宗實録》卷三一七〔乾隆十三年六月庚辰〕户部議覆：四川巡撫紀山彙題進勦金酋籌辦軍務事宜。一、製大礮及鐵胎木礮所需煤、炭、鐵省城不敷，分飭各州縣購運。至調鑄礮鐵匠及於滇陝調取者，分别給安家銀及工食口糧。一、京頒大礮十位，運送之員分别給添備行裝銀，並鑼鍋帳房，及出口鹽糧。又九節礮十位，分撥各路，留一在省，照式製造。一、礮夫給安家銀並工食口糧。一、頒發九節礮尚不敷用，照式趕造十位。一、現鑄大小礮子七萬六千二百餘顆，鐵炭匠工並背夫照例給銀。又軍營所需銅鐵分行蒲江、邛州等處買解。一、自滇來川礮匠，時值嚴寒，請添給路費銀。又赴營修理道路之石匠、木匠各給安家銀。【略】一、章谷、札初二渡船隻不敷，應每渡造大船一隻。又馬邦軍營失陷，札果渡船沈江無存，應造大船二隻。均應如所議辦理。得旨：依議速行。

《清實録·高宗實録》卷三二一〔乾隆十三年閏七月戊寅〕工部議覆：兩廣總督策楞疏稱：粵東需用硝不敷，請於南海、順德二縣試採。俟足敷補還挪項及各營操演之用，即將原採之增城等四邑内酌停二處。應如所請。至招商承辦，恐滋透漏，應令官辦。從之。

《清實録·高宗實録》卷三二八〔乾隆十三年十一月丙辰〕〔大學士等〕又議准：閩浙總督喀爾吉善奏稱：營伍所需鎗礮、牌刀、盔甲、旗幟等項，每年陸續添造改製，而民間私造私藏之弊，不可不防。閩省山海奥區，外接重洋，尤宜加意。從前該省製造軍械，原於省城立局，後因距省遥遠之營盤運費多，守候稽遲，是以定例各營設局自製。然定例後，仍有僻遠之區難於購料覓工，仍向省城製造者。請將通省各營分爲六局，省城之外，厦門、泉州、南澳、漳州、福寧五鎮各立一局，各按附近所轄營分歸併製造，餘各營概不準設局。至臺灣各營軍械，係奏准動支鹽羨輪年製换，例由理事同知製造交營。應如其舊。從之。

《清實録·高宗實録》卷四二〇〔乾隆十七年八月辛丑〕工部議准：貴州巡撫開泰疏稱：黔省各標、鎮、協、營及各屯衛歲需硝觔，請三年開採一次，令承辦各官煎熬運局，各營衛按照年額分領，俟將次領竣，再行採辦。并於黔西州附近地方另躧新硐熬解，以備支用。至省府二局，舊庫窄狹，請在上下兩游適中之地添建硝庫二處。從之。

《清實録·高宗實録》卷四二八〔乾隆十七年十二月戊戌〕諭軍機大臣等：軍機大臣會同兵部議覆黄廷桂所奏礮局事竣，及舊礮照舊存留事宜一摺。已降旨依議。黄廷桂辦理此事，未免錯誤。陝甘各標營既距省遠隔數千里，又兼山路陡險，所有各項礮位，自應即於各提鎮駐劄地方就近改鑄，何必設局省城鑄造。今應行銷毁之舊礮，雖議令即在本營銷毁變價，而新鑄之礮位逐一遠行運送，豈不徒滋勞費耶？此雖永常在提督任内奏辦之事，黄廷桂統轄兩省軍務，到任以後，何亦竟未詳悉籌畫？著即遵照部議辦理。將此傳諭知之。

《清實録・高宗實録》卷五六五〔乾隆二十三年六月辛未〕又諭〔軍機大臣等〕：據黄廷桂奏稱甘肅現存礮位年久不堪應用，現在雇覓良工，趲造大神礮二三十位，請交松阿哩監造，就近演放，交臣轉解等語。軍營現需礮位自宜製作精堅。著傳諭松阿哩督同鎮道等員監視工匠加意鑄造。但必俟全數鑄就始行轉解，未免稽遲時日，且解送亦殊繁費，惟酌量鑄成三四位或五六位，即爲一起轉解可也。

《清實録・高宗實録》卷五七九〔乾隆二十四年正月丁未〕軍機大臣等奏：查呼倫貝爾打牲官兵應補造箭六萬五千餘枝。請交武備院，於應造十萬枝内如數借給，另造補數。報聞。

《清實録・高宗實録》卷八〇八〔乾隆三十三年四月丁卯〕又諭〔軍機大臣等〕：據阿里衮奏稱從前金川兵鑄造九節大銅礮，甚屬得力。此項礮分節易駝，即遇狹窄處所，亦可攜行。現咨阿爾泰選挑從前造礮匠役派監造官一同前往等語。但金川用兵以來，業經二十餘年，從前造礮匠役尚難必其有無。著傳諭阿爾泰，四川如有從前礮匠，即照阿里衮所奏，將匠役、監造官一併遣往，如無舊時匠役及現在照式能造者，阿爾泰速行奏聞，將京内有善鑄造者派往。併傳諭阿里衮知之。

《清實録・高宗實録》卷八一〇〔乾隆三十三年五月辛丑〕又諭〔軍機大臣等〕曰：阿里衮等奏稱四川現無能造九節礮匠役，舊有礮十尊，請解永昌備用，移咨阿爾泰等語。昨據阿爾泰奏四川現無能造九節礮之匠，從前有造成礮十尊，如用，解送雲南。即經降旨，本年又不進兵，且不用礮，無庸解滇，惟以鉛子之輕重、礮之長短録寫尺寸，隨時具奏。著傳諭阿里衮、阿爾泰仍遵前旨行，無庸解送永昌，如已起程，即聽其解送。

《清實録・高宗實録》卷八一二〔乾隆三十三年六月壬戌〕諭軍機大臣等：據阿爾泰奏到九節銅礮圖説，按所開礮身礮子均較京城礮位加重。著傳諭阿爾泰，於川省現存銅礮十尊内，先將四尊運往永昌，交與阿里衮豫行演試。其礮子一項，據阿爾泰單開計重三觔以上，並未分晰銅、鐵。而京城所有礮子，純鐵者僅重一觔八兩，其銅包鉛子雖大小一樣，而分兩重至二觔八兩。若川省三觔以上礮子原係純鐵，則依銅包鉛法製造，分兩自可更重。況滇省銅、鉛素多，製用自必甚易。著阿里衮於收到礮位後，擇地做架木城，將兩種礮子演放試看，銅包鉛子是否得力，並此項礮位果否宜於攻打木城之處，即行明晰奏聞。再將川省餘礮應送應停酌量辦理。尋阿爾泰奏：遵旨將川省九節銅礮撥出四尊，配礮子四十個，委員妥解。至礮子重三觔以上，俱係純鐵製就。報聞。

《清實録・高宗實録》卷八一九〔乾隆三十三年九月甲寅〕浙江巡撫覺羅永德奏：浙省需用硝觔向俱附同營硝，由杭州協委員赴江、豫等省採買。嗣因該省産硝稀少，據傾銷餉課之銀匠等呈請自備資本，隨同營員前往，買運濟用。詎各匠自此以後，遂爾居奇壟斷。應請革除官匠，停其自買，仍照舊歸營採辦。得旨：如所議行。

《清實録・高宗實録》卷八二八〔乾隆三十四年二月庚申〕兵部等部議准：貴州巡撫良卿奏稱：黔省各營先後調撥進勦緬匪兵一萬三千名，所有防隘及陣亡、病故、遣回各兵，遺損軍裝器械，應補製修整。其現在留駐永昌兵九千餘，前經咨准督臣阿里衮覆稱業於滇省新製軍裝内撥給，毋庸再籌。餘陣亡，咨黔募補等兵三千餘。查黔省召募赴滇補伍新兵案内，製造鳥鎗、腰刀等項，除分給外，尚餘十之五，應以照數補給。所餘留貯各營，造册存案。遇損失需補時，照緑營自備軍裝例換給，按原值於各營公糧内扣留歸款。其弓箭、鳥鎗、藤牌、旗幟等項，營中現無製存，應動項給辦，以備調撥。從之。

《清實録・高宗實録》卷八三二〔乾隆三十四年四月己未〕經略大學士公傅恒奏：三月二十四日已抵雲南，詢問緬匪情形，專恃木柵抗拒我師，向來用尋常鎗礮攻取，無濟於事。臣訪聞茂隆廠一帶有善造大礮之人，將來進兵時，兵弁各帶銅、鐵一觔，遇攻柵時隨地暗鑄大礮，出其不意，自可立破賊寨。用過後，仍可鎔化攜帶。批：果破一二大寨，亦自如破竹之勢，賊望風而散矣。

《清實録・高宗實録》卷八三五〔乾隆三十四年五月庚戌〕貴州巡撫良卿奏：經略傅恒路過貴陽時，令臣覓鑄礮工匠數名。臣隨留心訪覓，有黔民王事成、甘聞捷等八名諳鑄大礮，試令鑄造驗放，實堪應用，現派員帶往軍前。得旨：嘉奬。

《清實録・高宗實録》卷八三七〔乾隆三十四年六月壬申〕經略大學士公傅恒等奏：鑄礮工匠現已熟悉，本月初五日製得大礮一位，用銅二千餘觔。中安大鐵子一，重十六兩，群子十餘，各重二兩。豎立木柵，約三里外安礮施放，礮子直衝木柵，復迸散山石，入土五六尺。若將模子略放，即三千觔重礮，亦屬易辦。查鑄礮先分節做成泥坯模子，臨時將模子封縫，埋入土坑，然後灌入銅觔，閲三時礮身可就，土坯必竣自乾，不可火烘。又中間所用鐵桿亦須豫造，用時將官員兵役分帶銅觔立時鎔化，即可成鑄。礮身熱退約須二日，掘取土坑以及鑽打火門統不過四五日，即可對敵施放。無論木寨、磚城無不應手立破。得旨：欣慰覽之。

《清實録·高宗實録》卷八四五 〔乾隆三十四年十月己巳〕又諭：現在經略大學士傅恒等剋期進勦，火藥一項尤爲軍營緊要必需之用，官兵等自騰越起程時，齎帶未必能寬裕。又未聞續有運送，臨時設有不敷，所關非小。著傳諭彰寶、明德將該處備貯火藥并應配鉛丸即速設法迅運至銅壁關一帶，聽軍營調取，即速運往應用。或所存不甚寬餘，即上緊如法配合，務在多多益善，毋得稍有延誤。明德近來疲玩成習，恐所辦緩不及時，彰寶頗知認真出力，於此事自必籌辦妥速。但前已諭令彰寶前赴老官屯，此時如已起程，則火藥一事，更屬明德專責。務須痛自淬厲，實力措運，以供急需，或可藉以稍贖往咎，若仍如辦馬辦糧之因循怠誤，明德自問當得何罪。仍將何日運往，約計若干，及如何運送之處，即行奏聞。

《清實録·高宗實録》卷八九六 〔乾隆三十六年十一月甲辰〕大學士管四川總督阿爾泰奏：小金川因官兵連次克捷，遂踞約咱要隘，悉力固守。臣在軍營鑄成三千觔重大礮一位，食藥十二觔，配用生鐵礮子，重二十觔。二十三日擊其堅碉，目擊碉尖坍卸，兵丁勇氣加倍，從此儘力轟擊，一得險要，即與董天弼併力夾攻。又奏：前在約咱，因見尋常礮位不甚得力，是以趕鑄大礮，近已鑄成。日逐轟打，以大礮之力，原能打透碉牆，第賊匿碉內，礮勢一過，旋即在內填補。今復用靖遠劈山等礮，隨同大礮一齊迸發，使賊番不及補苴。且賊碉受礮處既多，被擊時復久，修築雖堅，必歸傾塌。并選勇壯官弁兵練伏於我碉之下，稍有傾塌可乘，即奮勇往奪。

《清實録·高宗實録》卷九〇九 〔乾隆三十七年五月甲子〕陝甘總督文綬奏：前督臣明山奏明陝甘軍械除本屬完整與尚可修理者仍留備用外，其炸裂廢壞之物銷毀變價。荷蒙俞允在案。今查估變册開，熟鐵鎗刀等項每觔估銀數分，生鐵礮位每觔估銀數釐。緣此等非民間所用之物，故所值無多。但鎗礮刀刃等物雖皆破爛而本質可用，以之製造鎗礮，較荒鐵千觔，僅煉成淨鐵百餘觔，工料浩繁。現在陝西撫臣勒爾謹擬請製造鳥鎗一千桿，查甘省所存鳥鎗亦屬無多，亦請添造一千桿以備應用。與其採買荒鐵，不若由各營拆取，稱明觔兩，解送西安、蘭州二處，製造鳥鎗，實與戎行有益。得旨：嘉奬。

《清實録·高宗實録》卷九一一 〔乾隆三十七年六月癸巳〕陝西巡撫勒爾謹奏：西安寶陝局現存黑鉛六萬一千五百餘觔。從前陝局製錢，係高銅、白鉛、點錫、黑鉛配用，嗣因高銅稀少，委員採買金釵低銅，以高七低三配鑄，此項黑鉛，即無所用。若以之改造鉛丸，於軍務殊爲有益。再舊存火藥動撥無存，雖各屬尚有捐備火藥，但閲久火性減退，必須加料修製，始堪適用。現俱調解來省，分別試驗，一面採辦硝磺，趕緊製辦，以備軍需。得旨：嘉奬。

《清實録·高宗實録》卷九二五 〔乾隆三十八年正月辛亥〕諭軍機大臣等：軍營鑄礮需銅不宜刻緩。現今温福、阿桂兩路皆應趕鑄大礮，所需銅觔尤多。著劉秉恬加緊督催承辦人員，即速趲運軍營供用。至各處賊碉，需礮轟擊者多，而攻得一處，礮位難於移運，又須隨地另鑄。是各路均應酌量多貯銅觔，以備將軍等調取。若銅觔稍有不敷，即將錢局存銅暫行借用，亦無不可。所謂急則治其標，又當斟酌重輕，籌其先務也。再官軍上年攻剿賊卡，所鑄大礮，其曾經轟碉立功，加以封號者，自應存貯鎮守，不宜燬棄。若不過尋常施放，并未攻得碉卡者，仍可改作材料，移運應用，較爲省便。劉秉恬即當實力妥辦，温福、阿桂、豐昇額並宜一併查照辦理。

《清實録·高宗實録》卷九二五 〔乾隆三十八年正月己未〕定邊右副將軍陞任尚書阿桂、領隊大臣副都統銜明亮奏：當噶爾拉山高路峭，艱於仰攻。臣等令各領隊及鎮將等將營卡日逐上移，距賊碉已不過二三里。所鑄食十六觔子之大礮已於十八日造成，其三、四號礮位亦俱運到，逼近賊碉，轟摧得力。

《清實録·高宗實録》卷九二六 〔乾隆三十八年二月壬戌〕諭軍機大臣等：近聞西藏所用鐵鍋，因彼處地勢較高，不宜鑄造，皆由他處鑄成運送。推原其故，或因高處多風，鑄造不能堅固，亦未可定。礮之與鍋雖係兩物，而範金則同。温福等所鑄之礮每易炸壞，諒以番境鮮有平地，而温福等又不知此理，總於山上鑄造，徒費物材，不濟於用，朕深爲繫念。著傳諭温福、阿桂、豐昇額等，此後鎔鑄巨礮，須擇卑下少風之地，妥爲成造。

《清實録·高宗實録》卷九二七 〔乾隆三十八年二月甲申〕定邊右副將軍尚書公豐昇額、參贊大臣副都統舒常奏：連日趕鑄大礮，施放甚爲得力，忽於旁午時炸裂。今鑄成食二十觔子大礮一位，與去冬所鑄食十六觔子之礮接續轟擊，乘此士氣奮揚，分道前進。

《清實録・高宗實録》卷九三一〔乾隆三十八年閏三月己卯〕諭軍機大臣等：豐昇額等奏進攻日旁。又據阿桂等奏分攻納圍、納扎木，殺賊各情形。……又豐昇額奏新鑄之礮同日忽俱炸裂，皆由銅質不净之故。已傳諭劉秉恬等妥辦矣。軍營所需大礮甚爲緊要，銅觔一到，即行趕鑄應用，自不肯多延時日。但鑄礮期於經久，而購辦銅觔原難必其十分純净，若鎔練不到，屢次炸裂，不能應手，則又莫如略寬其期，精鍊妥鑄，以資永遠利用。俗語所謂搶遲不搶錯也。此後鑄造礮位，應令工匠等細加試驗，如實係足色净銅，即行入爐成造，若其中帶有鉛沙及將裂礮另鑄者，務宜淘鍊極净，再爲鎔鑄。毋止圖速成，不計工候，又致另煩鑪冶，轉多周折稽延。再豐昇額奏礮位輪流轟擊，各放十餘礮，即俱炸裂，而阿桂亦稱大礮轟擊過多，又經裂損。是礮之屢炸，未必非施放太急，不復察其冷熱得宜所致。即如鳥鎗連放數次後，鎗筩即熱，須待稍冷續放，方爲妥利。礮體較鎗身數百倍之大，熱更久而冷更難，若急於裝藥，不令消停，以火力逼熱銅，難保其不燥烈旁出，此亦自然之理。各路軍營用礮時，皆不可不加審慎。

《清實録・高宗實録》卷九三一〔乾隆三十八年閏三月辛巳〕諭軍機大臣等：鑄礮銅觔，關係最爲緊要，自應購備净銅，以資利用。即銅色不能一律，亦當淘鍊極净，再行解往，方於造礮有益。今豐昇額軍營鑄成之礮屢經炸裂，皆由内地運送銅觔未純所致。承辦之員實難辭咎。著傳諭劉秉恬、富勒渾確查此項銅觔係自何員承辦，據實參奏。現在豐昇額軍營另鑄礮位，需銅甚急。著劉秉恬、富勒渾飭屬購辦純净足色銅觔，迅速解送應用。其温福、阿桂兩路，並著該督等一體辦理，毋得稍有貽誤。

《清實録・高宗實録》卷九四四〔乾隆三十八年十月癸巳〕署四川總督、湖廣總督文綬奏：軍營火藥硝觔必須設法採辦，以資接濟。請於石硅之川硐子、琵琶硐，廣元之博子麻灣，筠連、高、珙等縣之烏雲、穿山、黄昌、雪花，合江之月亮、清涼、梁山，酆都之仙女、昌雄等處招商採煎。工本每百觔以五兩爲率，較鄰省發運費用節省。報聞。

《清實録・高宗實録》卷九五六〔乾隆三十九年四月己丑〕盛京將軍弘晌、副都統額爾德蒙額奏：盛京舊有銅、鐵大小礮七十九，鳥槍一千三百三十八，礮子六千八百，分貯臣等衙門，其中因潮濕銹朽者，礮三十九，礮子一千八百，鳥鎗俱不堪用。查盛京工程需用銅、鐵俱動正項採買，請將此項銹朽鎗礮等銷化備用。得旨：嘉奬。

《清實録・高宗實録》卷九六一〔乾隆三十九年六月癸卯〕又諭：現阿桂等分路進剿，而阿桂一路尤爲得力，自可剋期深入。若官兵攻至勒烏圍時，賊衆必更并力守拒，攻擊尤爲緊要。而制勝之道，自必用礮轟摧。但賊人碉卡石牆甚厚，礮力未必即能擊透。因思昔年曾以衝天礮擊賊，即俗所稱西瓜礮者，用之頗爲得力。若施放有準，礮子墜入碉中，隨藥烘發，碉内之賊，無難一礮而斃，較之抛擲大彈，豈不勝至百倍。現在派出乾清門侍衛阿彌達，令其馳驛送往軍營，但必須試演定準解往，方能得濟。阿彌達自熱河起身，至京尚需兩三日。著傳諭舒赫德、英廉即將所有西瓜礮取出試看，並於造辦處選派諳習機綫之人，於欽天監選派精於測量之人，同至演礮處所，約計賊碉高寬丈尺，紥縛木架，或就山岡處立架，使有高下形勢，比平地算演更準。如演放數礮，視其礮子俱能正墜碉架之中，藥線遲速俱能合法，則用之自必有效。可將派出之造辦處、欽天監人員辦給應得分例，俟阿彌達到京，即令帶領由驛前往。其解礮應用之車馬夫役並迅速傳知各該省按站遞送，毋稍稽誤。再衝天礮體重，自三百觔至三百八十觔不等，恐進棧以後，人夫運送，稍覺費力。此礮銅、鐵皆可鑄，現在軍營鑄礮銅、鐵源源運往，鑪匠俱可供用，止須按礮式大小製就木樣，令諳習成造施放之人齎帶應用之螺旋欒線及礮子烘藥等項，同往軍營，就近成鑄配用，則行程既速，應用尤爲利便。至其四輪礮車更可至彼成造，祇須按其程式開明尺寸，作爲小樣帶往，更覺省事。均著舒赫德、英廉豫爲妥辦，俟阿彌達到京後，即令起程。至所需鑄礮銅、鐵必須鍊净，方爲有益。著阿桂於接奉此旨後，將銅、鐵豫鍊備用，則所派人員一到軍營，即可供鑄，尤爲迅捷。並有賞給阿桂、豐昇額、色布騰巴勒珠爾大小荷包各一對，亦令阿彌達齎往。

《清實録・高宗實録》卷一〇四〇〔乾隆四十二年九月丁丑〕又諭〔軍機大臣等〕：此次平定兩金川，攻碉擊寨，每資大礮轟摧。所有鑄礮工匠，聞其極爲嫻熟。但大功告竣，恐該省或視爲無關緊要，遂致日久失傳，亦未可定。雖國家嗣後斷無復有用兵之事，而此等行軍利器，不可一日不備。著傳諭文綬查明該匠，令其入伍食糧，以資養贍。並於本營挑選數人，令其授徒學習，以傳久遠。仍將如何酌辦之處，隨便奏聞。

《清實録・高宗實録》卷一〇五三〔乾隆四十三年三月己丑〕工部議覆：大學士管雲貴總督李侍堯疏稱：滇省各標營需用硝磺向係營員自行採辦，應覈定章程，以杜偷漏。請將附近緬彝之騰越、龍陵、順寧、緬寧等處礦硐嚴行封閉，其餘出産硝磺處所自乾隆四十三年正月起，設廠募工採煎，解貯省局，定限五年封閉，俟將届用完之二三年前，再行題開。合計五年内，需用硝四十萬觔，磺十五萬觔，其工本先於藩庫借發，俟一年後於該營公糧内覈扣，以原裁督標後營守備衙署作爲局房。至各營現有存貯火藥，請挨次新陳易用，概以五年定額。均應如所請。從之。

《清實録·高宗實録》卷一一〇五 〔乾隆四十五年四月壬申〕〔福康安〕又會同盛京工部侍郎德福奏盛京配造火藥事宜。查盛京每年應用火藥、烘藥一萬二千餘觔，黑龍江每年應用一萬餘觔。向例黑龍江需用火藥自盛京動用驛車由吉林遞送，今吉林既自配造，似可就近運往，但吉林所出之硝不敷兩省之用，且磺鉛等項仍由盛京採辦，不如將黑龍江火藥歸併盛京配造，照例解往。至盛京工部現貯火藥三萬一千五百餘觔，除盛京、黑龍江二處本年應用，尚屬有餘。惟查盛京礮位八門，應備存火藥一萬二千餘觔，烘藥一百二十觔，此内尚短火藥三千六百餘觔，烘藥一百一十餘觔，今於本年春季添造足數外，仍配造二年火藥貯庫。嗣後按年配造，出陳易新，則常有二年火藥備用。其添演鳥鎗，需用鉛子，現查工部庫貯尚足敷東三省九年之用，暫且無庸鑄造。惟礮位需用鐵子，應照礮口分寸，每位酌鑄存二百個。又盛京兵丁每年摻演並不演放礮位，竟同虚設。請選用礮四位，於春、秋二季如法演放。其需用鐵子，查將軍衙門舊有存者，先令擇用，俟回殘報銷，另請鎔鑄。報聞。

《清實録·高宗實録》卷一一二六 〔乾隆四十六年三月癸未〕武備院奏：庫貯成造梅針箭，前因存貯十萬五百枝，其未擰翎簳十萬枝，奏准停其黏擰。惟匠夫閑曠日久，技藝恐致生疎，仍應接續打造。查箭匠四十二名，向例每日造一百十枝，現存箭尚多，酌令每日接辦四十二枝，務使分外堅韌。至現辦數目較減，其每月由領侍衛内大臣派員查辦一次之例，應併請旨更定。得旨：所有庫中原貯已經成做梅針箭十萬五百枝，著撥五萬枝，分裝木匣，交西寧存貯安福艫艙内。如安福艫不能全貯，即分裝翔鳳艇艙内。所有艙底原裝載之物即按箭枝木匣分兩減去，並著西寧妥辦。其庫貯未擰翎簳箭十萬枝，著即黏擰五萬枝，抵補撥貯安福艫之數，再將所貯箭頭配造箭桿五萬枝，以補足原貯未擰翎簳十萬枝之數。其查驗箭枝，著於每歲四月、十月各奏派一次。

《清實録·高宗實録》卷一一七八 〔乾隆四十八年四月癸酉〕兵部等部議准：山東巡撫明興奏稱：兖州鎮屬十四協營，現在操演礮位，惟劈山礮最爲得力，請將年久銹壞之佛郎機二十六位改鑄劈山礮。從之。

《清實録·高宗實録》卷一二〇二 〔乾隆四十九年閏三月癸亥〕烏嚕木齊都統海禄奏：向例各營舊存礮位内有不堪用威遠、子母等礮及損壞鳥鎗，一體銷燬。並於鐵廠添撥鐵觔，改造大神劈山礮，由内地調取匠役，經前任都統明亮奏明，嗣調到匠役二名，均稱但能打造鳥鎗、大神礮，向未製過劈山礮。因發給成式，令其照造，演放總未妥協。查明亮原擬各營應需大神礮二十九位，劈山礮一百二十七位，爲數過多。今覈實應造大神礮十七位，劈山礮一百零四位，計算鐵觔價值，炭火人工，較之内地靡費數倍。兼之所調工匠難得熟手。大神、劈山礮位爲軍營利器，製造必須精良。查内地凉州府匠役輻輳，産鐵充盈，從前曾經打造各礮位，應請移咨陝甘總督，轉飭凉州鎮，會同凉州府製造各礮位，運送至哈密等處，分給各營，實爲省便。報聞。

《清實録·高宗實録》卷一二九九 〔乾隆五十三年二月壬戌〕閩浙總督李侍堯奏：前因閩省添募新兵二萬，陸續添造鳥鎗一萬六千桿。今新兵業已議裁，此項多餘鳥鎗存貯，徒滋銹壞。查上年浙、粤兩省調赴臺灣官兵一萬三千餘名，節次打仗後，器械必多損失，請通融撥給，各兵歸營，毋庸動項另製。其原造工價，仍咨明兩省照數扣移歸款。得旨：所思周到。好。

《清實録·高宗實録》卷一三〇一 〔乾隆五十三年三月壬辰〕兩廣總督孫士毅、廣東巡撫圖薩布奏：赴臺勦匪之粤東滿漢兵丁共一萬三千五百名，現在分起内渡，軍械稍有損壞，即須補給。除鳥鎗一項已准閩浙督臣知會，現敷撥用，此外排刀、腰刀等項必須另製。查從前收繳民間鳥鎗，尚有未經改鑄，又各命盗案内凶器均係熟鐵，不須煅煉費工，較爲銛利，已飭通省各衙門逐一查繳，照數改造，並飭知粤西一體照辦。得旨：諸凡妥協。知道了。

《清實録·高宗實録》卷一三五一 〔乾隆五十五年三月壬寅〕又諭：據保寧奏稱伊犁各營兵丁所用角弓年深漸壞，該處購買維艱，請交陝西巡撫製造一萬一千餘張，陸續解交備用。又庫存箭枝亦多朽壞，並請暫動公項，於内地購買箭翎桃皮等物令兵丁製造等語。所奏殊屬未妥。伊犁乃極邊要地，駐防兵丁一應器械皆當堅利，至弓箭尤爲我朝利器，兵丁等皆宜自行製造。且京城及東三省、内外蒙古扎薩克所用弓箭俱係本處自行備辦，從未聞有他處代造者。我滿洲舊習以弓馬爲要務，所用向皆自製，保寧寧不知耶？且伊犁滿洲、索倫、錫伯、厄魯特等所用弓箭，又將誰爲代製？若如所奏，久之兵丁不惟不能自製，並騎射亦生疎矣。伊犁各營及緑旗兵丁内自有能造弓箭者，即使無多，儘可多派數人，令其學習。且箭翎桃皮等物皆口外所出，伊犁購之甚易，筋角膠鰾等類，伊犁每年既捕魚鹿，亦應敷用，何待内地辦解乎？現在所需弓箭，著暫由内地辦解一半，其餘著保寧於各營及緑旗兵丁内擇其能造弓箭者數人，令教習兵丁製補。不惟省内地代辦之繁，而兵丁等亦不失舊業，轉相傳習，尤於公務有益。保寧仍著傳旨申飭。

《清實録・高宗實録》卷一四二一〔乾隆五十八年正月乙卯〕軍機大臣會同大學士九卿議覆：欽差大學士公管兩廣總督福康安等奏酌籌藏内善後章程。【略】一、西藏官兵所需火藥，工布地方産磺，製造火藥較運從内地費省，請就近製運。其鉛丸火繩由川省運解。【略】均應如所請。從之。

《清實録・仁宗實録》卷三一二〔嘉慶二十年十一月乙酉〕諭軍機大臣等：常明等會議前後藏需用火藥均由川省製運一摺。已降旨依議行矣。藏中需用火藥，原額本止二千餘斤，嗣經松筠條奏，添設行操合操，每年需用火藥四千八百餘斤，加增至一倍有餘。此時前後藏應用火藥統歸川省採辦，工料脚價費用較繁。著喜明等查明西藏舊例，每年各營共操演若干次，自松筠奏添行操合操後，每年共操演若干次，悉心籌酌，將後添之行操合操次數量爲覈減，較之舊例次數仍屬加增。其每年動用火藥，約計以三千斤内外爲率，於製運略爲節省，而錢糧亦歸覈實。將此諭令知之。

《清實録・世祖實録》卷五二〔順治八年正月己未〕户部尚書覺羅巴哈納等入奏事畢，上問曰：外間錢糧有無益之費否。巴哈納等奏曰：有。京師營建用磚，因臨清土質堅細，遣官一員燒造，分派漕船裝載抵通，又由五閘撥運至京，給與脚價。上曰：營造宫殿，京師燒磚儘可應用。若臨清燒造苦累小民，又費錢糧撥運，甚屬無益。況漕船載運漕糧，遠涉波濤，已稱極苦，再令裝載帶運，益增苦累，朕心甚爲不忍。臨清燒造城磚，著永行停止，原差官撤回。

《清實録・世祖實録》卷五二〔順治八年正月壬戌〕江西進額造龍碗。得旨：朕方思節用，與民休息。燒造龍碗，自江西解京，動用人夫，苦累驛遞，造此何益？以後永行停止。

《清實録・高宗實録》卷九〇二〔乾隆三十七年二月壬申〕又諭曰：御史費南英奏請官設磚瓦、灰觔二廠，動帑辦造，以待各工應用一摺。所見不達事理。上年秋間，因雨水較多，官私房屋同時購料修葺，所有磚瓦灰觔，市價遂致加昂。然並非常有之事，遲俟一年半載，物料自可漸平，何必鰓鰓過計及此。摺内援引琉璃窯、木倉二處爲例，尤所謂擬不於倫，見理全不明晰。向來官設琉璃窯座，特爲官工所用陶埴式樣，本非民間所當用。即木倉存貯木植，亦由各省運到，如架木等件，儲備各處取支，並非以建造所資，一切巨楹細桷，悉行取給於此也。至磚瓦一項，如官工所用無多，即向民間平價購買，如城工爲數較夥，則管理工程處早已奏明，官爲燒造，又何庸慮及官民争購，價值日增耶？至灰觔必由近山地方燒運，若設立官廠，其勢不得不仍取給於窯户。伊等藉口官辦，於民用反致居奇。該御史所言，真乃知其一不知其二，於事皆不可行。原摺著發還，仍將此通諭知之。

《清實録・高宗實録》卷一〇六九〔乾隆四十三年十月癸未〕又諭〔軍機大臣等〕：據蘇凌阿覆奏九江關窑工節省銀兩一摺。所奏殊未明晰，隨令軍機大臣傳詢全德。據稱向例每年於關税項下動支銀一萬兩爲燒造窑器之用，各年實用銀七八千餘兩不等。又給發窑廠工價，俱用市平市色，按照庫銀每兩扣銀八分，已敷市間平色。覈計二項，每年約共節省銀二千餘兩，解交造辦處充公。此項每兩扣銀八分之處，誠非木榜所載，但歷任俱如此辦理，即蘇凌阿將來亦不能不如此辦理等語。自係該處實在情形。

《清實録・高宗實録》卷一二三六〔乾隆五十年八月乙酉〕諭：據留京王大臣奏傳詢金簡、德成質對製造庫改設匠役一事，彼此辯駁，不能歸於一是，惟當以所費之多寡爲斷。既據金簡通盤覈算，添設石、鋸二匠，不致空曠糜帑，添設瓦匠一項，較之外雇，更爲節省，應如軍機大臣原議，准其改設等語。著即照軍機大臣原議完結。

鄂爾泰等《欽定中樞政考》卷一四《營造》　採伐弓胎：

一採伐弓胎，於八旗内，揀選諳練弓匠固山大一名，每旗派木昆達一名，弓匠十名，各騎官馬，給領四十日盤費，每年伐弓胎，弓梢五千二百副。武備院，揀取二千副，餘剩三千二百副，每旗分散四百副，以備製造賞弓之用。於隣近驛站，支取車輛，運送至京。其採取木胎，所用有餘，隔年採取。如不敷用，再行具奏添採。

採取樺皮：

一寧古塔將軍，隔一年派撥官兵，採取樺皮七萬二千二百張，送部。内五千張進上，二萬五千二百張交武備院，四萬二千張交下五旗，每旗分散八千四百張，以備製弓之用。

造弓：

一製造官弓，交八旗弓匠固山大成造，係軍需應用者，由兵部挑取好者，差員解送。係各處支領者，由該處差領之員，同該旗弓匠固山大等挑取。至各省督撫、提鎮、將軍、都統、副都統等，及武狀元等賞給弓張，俱係八旗弓匠成造，兵部支取給發。

弓箭不合式：

一滿洲匠役，製造弓箭，擅改式樣貨賣者，鞭五十，所造之物入官。

箭價高擡：

一青鶴翎配頭等弓者，每把箭五枝，原價銀一兩五錢，不得過一兩八錢。二等者，原價銀一兩四錢，不得過一兩六錢。三等者，原價銀一兩二錢，不得過一兩四錢。蟬鵝翎配頭等弓者，原價銀一兩四錢，不得過一兩七錢。二等者，原價銀一兩三錢，不得過一兩五錢。三等者，原價銀一兩一錢，不得過一兩三錢。鷲老翎頭等者，原價銀一兩二錢，不得過一兩四錢。二等者，原價銀一兩一錢，不得過一兩三錢。三等者，原價銀八錢，不得過一兩。鸛翎頭等者，原價銀九錢，不得過一兩。二等者，原價銀七錢，不得過八錢。鵃翎頭等者，原價銀六錢，不得過七錢。二等者，原價銀五錢，不得過六錢。芝蔴鵰戰箭，每百枝，原價銀六兩五錢，不得過八兩。雁雜等翎，每百枝，原價銀四兩，不得過五兩。定價之後，倘鋪户任意高擡時價者，許兵丁首告，照把持行市賣物以賤爲貴者，杖八十律，治罪。

製造軍器：

一官員製造緊急軍器，不行速完，遲誤者，革職。若遲誤預備軍器者，降一級調用。

監工失察：

一凡不應在內行走之人，入內偷出飛金及紫禁城內楠木，槅扇上所釘紅銅頁等物，不行嚴察者，守門官，各罰俸六個月。若在內當差應行走之人偷盜者，守門官各罰俸一個月。其做工匠役偷盜者，監工官員各罰俸六個月。如外旗人等，及民人入內偷盜者，監工官員各罰俸一個月。

給發駐防弓箭什物：

一造給各處駐防弓箭，每弓一張，用棉布二尺五寸，綵麻半觔，小竹桿一根。每箭十枝，用山西毛頭紙一張。戰箭三百枝爲一捆，大披箭、長披箭二百枝爲一捆，每捆用棉布五尺，油紙二張，寬四尺，長三尺，黑氊一塊，細麻繩一丈五尺，箭囊一個。再每弓一張，連包裹計重三觔。箭囊裝戰箭在內，每個計重五十二觔。箭裝大披箭、長披箭在內，每個計重四十五觔。每六百觔，需車一輛。每車一輛，需用油布單一塊，長六尺，寬四尺，麻繩一根，徑七分，長三丈，丈蓆二領。以上棉布、山西毛頭紙、油紙等項，行文户部支領。綵麻每觔，折給連二繩一觔。小竹桿、黑氊、油布單、麻繩、箭囊、丈蓆等項，行文工部支領。如遇秋冬、雨水稀少，油單毋庸支領。車輛、兵牌、勘合，兵部給發。

鄂爾泰等《欽定中樞政考》卷一五《營造》 製造軍器：

一凡官員製造緊急軍器，不依限速完，以致遲誤者，革職。若遲誤預備軍器者，降一級調用。

查驗各營兵丁腰刀：

一各營汛兵丁所帶腰刀，該管官不時點驗，遇有損壞，即行修整。如有白鐵無鋼者，經該督撫提鎮委員查出，將兵丁重責，革伍。該管官，罰俸一年。

修整器械：

一直省各標營盈餘器械，及弓箭衣甲等項，該管官查明應行修整者，據實詳報，動支盈餘公費銀兩，及時修整。完日，造册報明工部查核。其貯備鐵器，安置高燥處所，時常演放鏳磨。倘將盈餘器械，混行銷燬，或弓箭衣甲等項，不按時修整，併修整而仍銹壞，或將貯備鐵器，堆貯潮濕地方以致銹壞者，俱將該管官罰俸六箇月，仍令照數賠補。

修造戰船：

一各省修造戰船，副將會同道員領價，副將遴委都司守備等官，協同府佐辦料修造。如將軍標下船隻，遴委參領以下等官，同領同辦。凡届修造之年，各該營於五箇月前，將應行小修大修拆造船隻，查明呈報，該上司核實轉咨，一面移會承修官，查照題定小修大修拆造之價值，備具册結領銀。廣東、福建、浙江、江南、江西、湖廣等省，於修期兩箇月之前，領銀備料；粤之瓊州、閩之臺灣，於四箇月前，領銀備料；山東、天津，於八箇月前，領銀備料。各該營俱於届修之前一月底，將船隻駕赴廠所，承修官即於次月興工，依限報竣。如該營員於届修之年，不將應修船隻，依限查明申報，及届修之前一月底，不將船隻駕赴廠所遲延者，俱照遲延事件例議處。如承修之員，玩視船工，將應領之帑，延挨請領者，降一級調用。倘該上司故意勒掯，以致遲延者，將該上司，降二級調用。承修官，免議。

一承修督修各官，如有修不如式，不能堅固，未至應修年分損壞者，著落承修官賠六分，督修官賠四分。仍將承修官革職，督修官降二級調用。至小修，限四箇月完工，大修、拆造，限六箇月完工。倘有貽誤船工，違限未及一月者，承修官罰俸一年，督修官罰俸六箇月，將軍提鎮罰俸三箇月；違限一月以上者，承修官降一級調用，督修官罰俸一年，將軍提鎮罰俸六箇月；違限兩月以上者，承修官降二級調用，督修官降一級留任，將軍提鎮罰俸一年；違限三月以上者，承修官降三級調用，督修官降一級調用，將軍提鎮降一級留任；違限四月以上者，承修官降四級調用，督修官降二級調用，將軍提鎮降二級留任；違限五月以上者，承修官革職，督修官降三級調用，將軍提鎮降三級留任。

一承修官將未經修完船隻，揑以完工轉報者，承修官革職，督修官降二級調用，將軍提鎮降一級調用。如承修官申報未完，督修官作完申報者，督修官革職，承修官照限議處。如承修、督修官申報未完，將軍提鎮揑報完工者，將軍提鎮革職，承修督修官照限議處。

一交戰船時，兵丁人等藉端勒索使費者，將該管將弁，照衙役犯贓例議處。詳載《衙役犯贓例》內。若武弁需索者，革職提問。總兵官，知所屬員弁需索情弊，不行揭報題參者，降二級調用。至届修造之期，該管船隻將弁，若不將船上什物交代清楚，致頭舵兵丁人等私行偷賣，因而短少殘缺者，除頭舵兵丁人等治罪，分別追賠外，將該管將弁降一級調用。不行查參之該管上司，降一級留任。

修造内河巡哨船隻：

一修造内河巡哨船隻，照戰船扣限，如有踰違不及一月者，免其議處；一月以上者，承修官罰俸六箇月；兩月以上者，罰俸一年；三月以上者，罰俸二年；四月以上者，降一級留任；五月以上者，降一級調用。督修之員，違限一月以上者，罰俸三箇月；兩月以上者，罰俸六箇月；三月以上者，罰俸一年；四月以上者，罰俸二年；五月以上者，降一級留任。

混詳修船：

一凡不應修理船隻，限前混行申詳修理者，都司、守備、千總、把總，降二級調用；轉報之副將、參將、遊擊，降一級調用；具題之提鎮，罰俸一年。

修造墩臺營房：

一各省墩臺營房，該汛弁會同地方文職，查明修建。嚴督兵丁，加謹保護。如該汛弁，疎縱兵丁任意作踐拆毀者，降一級調用，著落賠修；兵丁重責，革伍；該管將備，不行查出揭報者，罰俸一年。至汛弁離任時，將墩臺營房交代取具接任官戳結詳報存查，倘在任之日，不肯查明，協同文職修葺，經後官詳揭者，將該汛弁降一級調用，仍著落賠修。若該弁無力，著落平日不嚴查之將備分賠。如接任官濫接，即著落接受之弁賠修。或墩臺營房並無缺損，接任官故意勒掯者，照交代例議處。

一墩臺營房，遇有坍塌傾圮之處，專汛武弁，隨即詳報該管官，移知文員，按照地方衙僻，協同次第修理。如專汛之弁，不即詳報者，該管將備揭報題參，將該汛弁，照承查遲延例議處。

《欽定福建省海外戰船則例》卷二〇《第八則雙蓬船》 第捌則雙篷船貳拾陸隻，内水師提標中營海字玖號船壹隻，身長肆丈玖尺，頭起⿰鬲几肆尺，尾起⿰鬲几叁尺。船頭長貳丈，面勻寬玖尺，底勻寬柒尺。船中長壹丈陸尺，面勻寬壹丈叁尺伍寸，底勻寬壹丈。船尾長壹丈叁尺，面勻寬壹丈貳尺捌寸，底勻寬捌尺捌寸。兩旁舨板長伍丈肆尺捌寸。計拾伍艙，深肆尺陸寸貳分。

今將拆造前船需用工料價值細數開後：

計開：

船底松木龍骨壹道，計叁節，船頭壹節長壹丈肆尺，船中壹節連交接匙頭長叁丈肆尺，船尾壹節長壹丈。湊長伍丈捌尺，見方捌寸。做淨每折見方尺貳拾尺，用艌匠壹工。交接匙頭貳處，每處用長壹尺釘捌個。又每邊用長捌寸釘拾貳個。共核用：

見方捌寸松木伍丈捌尺陸寸，

長壹尺釘拾陸個，

長捌寸釘貳拾肆個，

艌匠玖工貳分捌釐。

船底板連起⿰鬲几長肆丈玖尺，内船底勻寬玖尺貳寸叁分，兩站各勻高伍尺肆寸叁分。抽換用長叁丈陸尺，寬陸寸肆分，厚貳寸叁分。中吉木板貳拾肆塊，做淨每折見方尺捌拾尺，用艌匠壹工。鋸板折寬壹尺，長柒丈，用鋸匠壹工。以上鋸板用工倣此。釘縫湊長捌拾陸丈肆尺，每丈用長陸寸釘叁拾個。艌縫湊長壹百柒拾貳丈捌尺，每丈用灰壹斤，桐油陸兩肆錢，網紗竹絲各陸兩，每柒丈用艌匠壹工，春製油灰每肆拾斤用春灰夫壹名，以下艌縫用工用料倣此。共核用：

圍大貳尺伍寸、淨長叁丈陸尺中吉木捌根，

長陸寸釘貳千伍百玖拾貳個，

灰壹百柒拾貳斤拾叁兩，

桐油陸拾玖斤壹兩玖錢，

網紗陸拾肆斤拾貳兩捌錢，

竹絲陸拾肆斤拾貳兩捌錢，

艦匠拾捌工柒分玖釐，

鋸匠拾工柒分肆釐，

艌匠貳拾肆工陸分玖釐，

春灰夫陸名伍釐。

各艙抽换樟木梁座拾叁塊，內船頭伍塊，船中伍塊，船尾叁塊，共凑長貳拾貳丈柒尺。艙梁拾壹塊，內船頭肆塊，凑長叁丈肆尺。船中陸塊，凑長捌丈捌寸。船尾壹塊，長壹丈叁尺貳寸。均寬壹尺伍寸，厚叁寸。松木梁頭拾肆塊，內船頭陸塊，船中伍塊，船尾叁塊，共凑長貳拾壹丈貳尺，均寬壹尺貳寸，厚叁寸。硬木棍穩弔拾根，各長壹丈叁尺，圍大捌寸。梁座梁頭做淨，每折見方尺捌拾尺，用艦匠壹工。穩弔肆拾尺，用艦匠壹工。釘縫凑長陸拾玖丈柒尺，每丈用長陸寸釘叁拾個。艌縫凑長壹百叁拾玖丈肆尺。共核用：

寬壹尺伍寸、厚叁寸樟木枋叁拾伍丈玖尺捌寸。

寬壹尺貳寸、厚叁寸松木枋貳拾壹丈肆尺捌寸，

圍大捌寸、長壹丈叁尺硬木棍拾根，

長陸寸釘貳千玖拾壹個，

灰壹百叁拾玖斤陸兩，

桐油伍拾伍斤拾貳兩貳錢，

網紗伍拾貳斤肆兩肆錢，

竹絲伍拾貳斤肆兩肆錢，

艦匠貳拾陸工伍分叁釐，

艌匠拾玖工玖分壹釐，

春灰夫肆名捌分捌釐。

各艙用樟木極叁拾塊，內冲天極貳塊，小官廳極貳塊，各長陸尺。阿班艙極貳塊，各長柒尺伍寸。大桅艙極貳塊，通鋪艙極貳塊，各長壹丈。水櫃艙極貳塊，鰍魚極貳塊，各長捌尺。擔担艙極貳塊，舵工艙極貳塊，各長玖尺伍寸。斗蓋極貳塊，目裹極貳塊，各長肆尺。油婆艙極貳塊，各長壹丈貳尺。官廳艙極貳塊，各長壹丈壹尺。拜棚極貳塊，各長柒尺。下金極貳塊，各長伍尺。均圍大壹尺，做淨每折見方尺肆拾尺，用艦匠壹工。每塊用長陸寸釘貳個，艌縫凑長肆拾柒丈。共核用：

圍大壹尺樟木極貳拾肆丈肆寸，

長陸寸釘陸拾個，

灰肆拾柒斤，

桐油拾捌斤拾貳兩捌錢，

網紗拾柒斤拾兩，

竹絲拾柒斤拾兩，

艦匠伍工捌分捌釐，

艌匠陸工柒分壹釐，

春灰夫壹名陸分伍釐。

船身兩旁走馬貳條，水蛇貳條，抽换各長肆丈，均寬柒寸，厚叁寸叁分。做淨每折見方尺肆拾尺，用艦匠壹工。走馬釘縫凑長捌丈，每丈用長壹尺釘叁拾個。水蛇釘縫凑長捌丈，每肆尺用長壹尺釘叁個。艌縫凑長叁拾貳丈。共核用：

圍大叁尺、淨長肆丈大吉木貳根，

長壹尺釘叁百個，

灰叁拾貳斤，

桐油拾貳斤拾貳兩捌錢，

網紗拾貳斤，

竹絲拾貳斤，

艦匠捌工貳分肆釐，

鋸匠貳工叁分伍釐，

艌匠肆工伍分柒釐，

春灰夫壹名壹分貳釐。

船面兩旁艥板長肆丈玖尺，湊寬壹丈，抽換用長叁丈陸尺，寬陸寸肆分，厚貳寸叁分。中吉木板拾貳塊，做浄每折見方尺捌拾尺，用艦匠壹工。釘縫湊長肆拾叁丈貳尺，每丈用長陸寸釘叁拾個。艌縫湊長捌拾陸丈肆尺。共核用：

圍大貳尺伍寸、浄長叁丈陸尺中吉木肆根，

長陸寸釘壹千貳百玖拾陸個，

灰捌拾陸斤陸兩，

桐油叁拾肆斤玖兩，

網紗叁拾貳斤陸兩肆錢，

竹絲叁拾貳斤陸兩肆錢，

艦匠玖工肆分，

鋸匠伍工叁分柒釐，

艌匠拾貳工叁分肆釐，

舂灰夫叁名貳釐。

兩旁抽換浮溪木舨板叁塊，各長叁丈貳尺，寬伍寸，厚貳寸。做浄每折見方尺捌拾尺，用艦匠壹工。釘縫湊長玖丈陸尺，每丈用長伍寸釘叁拾個。艌縫湊長拾玖丈貳尺。共核用：

圍大貳尺、浄長叁丈貳尺浮溪木壹根，

長伍寸釘貳百捌拾捌個，

灰拾玖斤叁兩，

桐油柒斤拾兩玖錢，

網紗柒斤叁兩貳錢，

竹絲柒斤叁兩貳錢，

艦匠壹工陸分捌釐，

鋸匠玖分陸釐，

艌匠貳工柒分肆釐，

舂灰夫陸分柒釐。

兩旁用樟木極舨艨拾貳塊，各長肆尺，圍大壹尺。樟木舨斗貳個，各長叁尺，寬壹尺伍寸，厚叁寸。做浄每折見方尺肆拾尺，用艦匠壹工。舨艨每塊用長陸寸釘貳個。舨斗釘縫湊長陸尺，每丈用長伍寸釘叁拾個。艌縫湊長拾丈捌尺。共核用：

圍大壹尺樟木極肆丈玖尺貳寸，

寬壹尺伍寸、厚叁寸樟木枋陸尺貳寸，

長陸寸釘貳拾肆個，

長伍寸釘拾捌個，

灰拾斤拾叁兩，

桐油肆斤伍兩壹錢，

網紗肆斤捌錢，

竹絲肆斤捌錢，

艦匠壹工柒分肆釐，

艌匠壹工伍分肆釐，

舂灰夫叁分捌釐。

兩旁艥面用浮溪木笨抽貳根，抽換各長叁丈貳尺，寬伍寸，厚叁寸。中吉木大壓貳根，水戧貳根，各長叁丈陸尺，寬陸寸陸分，厚叁寸。做浄每折見方尺肆拾尺，用艦匠壹工。釘縫湊長貳拾丈捌尺，每丈用長陸寸釘叁拾個。艌縫湊長肆拾壹丈陸尺。共核用：

圍大貳尺伍寸、浄長叁丈陸尺中吉木貳根，

圍大貳尺、浄長叁丈貳尺浮溪木壹根，

長陸寸釘陸百貳拾肆個，

灰肆拾壹斤拾兩，

桐油拾陸斤拾兩貳錢，

網紗拾伍斤玖兩陸錢，

竹絲拾伍斤玖兩陸錢，

艦匠玖工肆分柒釐，

鋸匠貳工柒分壹釐，

艌匠伍工玖分肆釐，

舂灰夫壹名肆分陸釐。

官廳梁貳根，用高洋木各長壹丈肆尺，圍大壹尺叁寸。浮溪木戰櫃板拾貳塊，各長玖尺，均寬伍寸，厚貳寸。戰櫃槓叁根，各長壹丈叁尺捌寸，貼柱肆根，各長壹丈貳尺，均圍大壹尺柒寸。樟木太平牛頭貳塊，各長肆尺，寬壹尺伍寸，厚叁寸。官廳梁、戰櫃槓貼柱、太平牛頭做浄，每折見方尺肆拾尺，用艦匠壹工。

戰櫃板捌拾尺，用艦匠壹工。戰櫃板釘縫凑長拾丈捌尺，每丈用長伍寸釘叁拾個。太平牛頭每塊用長伍寸釘拾貳個，戰櫃板槓艙縫凑長貳拾玖丈捌尺捌寸。共核用：

圍大壹尺陸寸、浄長貳丈捌尺高洋木壹根，圍大貳尺、浄長叁丈貳尺浮溪木叁根貳丈玖尺肆寸，

寬壹尺伍寸，厚叁寸樟木枋捌尺貳寸，

長伍寸釘叁百肆拾捌個，

灰貳拾玖斤拾肆兩，

桐油拾壹斤拾伍兩貳錢，

網紗拾壹斤叁兩叁錢，

竹絲拾壹斤叁兩叁錢，

艦匠柒工叁分貳釐，

鋸匠壹工捌釐，

艌匠肆工貳分柒釐，

舂灰夫壹名伍釐。

官廳前通鋪板叁塊，各長壹丈叁尺。後通鋪板叁塊，各長壹丈貳尺伍寸。繚跳肆塊，各長捌尺。均寬壹尺貳寸，厚叁寸。做浄每折見方尺捌拾尺，用艦匠壹工。通鋪釘縫凑長柒丈陸尺伍寸，每丈用長陸寸釘叁拾個。通鋪艌縫凑長拾伍丈叁尺。共核用：

寬壹尺貳寸、厚叁寸松木枋拾壹丈伍寸，長陸寸釘貳百叁拾個，

灰拾伍斤伍兩，

桐油陸斤壹兩玖錢，

網紗伍斤拾壹兩捌錢，

竹絲伍斤拾壹兩捌錢，

艦匠肆工柒釐，

艌匠貳工壹分玖釐，

舂灰夫伍分肆釐。

官廳内用浮溪木鋪板拾伍塊，各長捌尺壹寸，寬伍寸，厚貳寸。兩旁木段茄裏牆板拾捌塊，茄裏堵板拾捌塊，各長肆尺陸寸，寬陸寸肆分，厚貳寸叁分。做浄每折見方尺捌拾尺，用艦匠壹工。茄裏牆板釘縫凑長捌丈貳尺捌寸，每丈用長陸寸釘叁拾個。牆板艌縫凑長拾陸丈伍尺陸寸。共核用：

圍大貳尺、浄長叁丈貳尺浮溪木壹根捌尺伍寸，

圍大貳尺伍寸木段伍丈陸尺肆寸，

長陸寸釘貳百肆拾捌個，

灰拾陸斤玖兩，

桐油陸斤拾兩，

網紗陸斤叁兩肆錢，

竹絲陸斤叁兩肆錢，

艦匠伍工柒分叁釐，

鋸匠叁工貳分柒釐，

艌匠貳工叁分柒釐，

舂灰夫伍分捌釐。

兩旁艙面用高洋木戰棚板貳拾肆塊，各長壹丈肆尺，寬肆寸，厚貳寸。各艙内堵板壹百貳拾捌塊，各長叁尺叁寸，寬肆寸，厚壹寸。木段各艙蓋板柒拾柒塊，各長肆尺陸寸，寬陸寸肆分，厚貳寸叁分。通槽玖個，側槽陸個，各長肆尺陸寸，寬陸寸陸分，厚陸寸。通槽等槽做浄，每折見方尺叁拾尺，用艦匠壹工。戰棚各板捌拾尺，用艦匠壹工。艙蓋板釘縫凑長叁拾伍丈肆尺貳寸，每丈用長伍寸釘叁拾個。艙蓋板艌縫凑長柒拾丈捌尺肆寸。共核用：

圍大壹尺陸寸、浄長貳丈捌尺高洋木玖根貳丈壹尺陸寸，

圍大貳尺伍寸木段拾玖丈壹尺壹寸，

長伍寸釘壹千陸拾叁個，

灰柒拾斤拾叁兩，

桐油貳拾捌斤伍兩肆錢，

網紗貳拾陸斤玖兩，

竹絲貳拾陸斤玖兩，

艦匠貳拾叁工捌分貳釐，

鋸匠拾壹工伍分肆釐，

艌匠拾工壹分貳釐，

舂灰夫貳名肆分捌釐。

兩旁艤上艤牛貳塊，各長玖尺伍寸。前後艙扛豆伍塊，各長壹丈陸尺。中

艙扛豆叁塊，各長壹丈柒尺。均寬壹尺貳寸，厚叁寸。做浄每折見方尺肆拾尺，用艦匠壹工。鰍牛每塊用長陸寸釘肆個。扛豆釘縫凑長拾叁丈壹尺，每丈用長陸寸釘叁拾個。鰍牛、扛豆艌縫凑長叁拾丈，共核用寬壹尺貳寸、厚叁寸松木枋拾伍丈貳尺，

長陸寸釘肆百壹個，

灰叁拾斤，

桐油拾貳斤，

網紗拾壹斤肆兩，

竹絲拾壹斤肆兩，

艦匠拾壹工貳分伍釐，

艌匠肆工貳分玖釐，

舂灰夫壹名伍釐。

兩旁舨上用高洋木牛欄肆根，内船頭貳根，各長壹丈陸尺。船尾貳根，各長壹丈貳尺。均圍大壹尺叁寸。做浄每折見方尺肆拾尺，用艦匠壹工。共核用：

圍大壹尺陸寸、浄長貳丈捌尺高洋木貳根，

艦匠壹工捌分貳釐。

船頭斗蓋壹塊，用樟木長壹丈貳尺，寬捌寸，厚柒寸。蝦箍梁壹塊，斗蓋下兔耳壹塊，各長捌尺，均寬壹尺伍寸，厚叁寸。托浪板伍塊，各長捌尺，寬壹尺，厚叁寸。斗蓋、蝦箍梁、兔耳做浄，每折見方尺肆拾尺，用艦匠壹工。托浪板捌拾尺，用艦匠壹工。斗蓋用長捌寸釘拾貳個，兔耳、蝦箍梁、釘縫凑長壹丈陸尺，每丈用長伍寸釘叁拾個。托浪板釘縫凑長肆丈，每丈用長陸寸釘叁拾個。蝦箍梁、兔耳、托浪板艌縫凑長拾壹丈貳尺。共核用：

寬捌寸，厚柒寸、長壹丈貳尺貳寸樟木壹塊，

寬壹尺伍寸，厚叁寸樟木枋壹丈陸尺肆寸，

寬壹尺，厚叁寸、長捌尺貳寸樟木板伍塊，長捌寸釘拾貳個，

長陸寸釘壹百貳拾個，

長伍寸釘肆拾捌個，

灰拾壹斤叁兩，

桐油肆斤柒兩柒錢，

網紗肆斤叁兩貳錢，

竹絲肆斤叁兩貳錢，

艦匠叁工陸分肆釐，

艌匠壹工陸分，

舂灰夫叁分玖釐。

中含檀壹塊，長壹丈貳尺，寬壹尺伍寸，厚壹尺伍寸。頭含檀壹塊，長捌尺，寬壹尺貳寸，厚伍寸。含檀梁壹塊，長壹丈肆尺。含檀閘壹塊，長壹丈貳尺。均寬壹尺伍寸，厚叁寸。做浄每折見方尺叁拾尺，用艦匠壹工。含檀梁釘縫長壹丈肆尺，每丈用長陸寸釘叁拾個。含檀、含檀梁艌縫凑長陸丈捌尺。共核用：

寬壹尺貳寸、厚壹尺伍寸、長壹丈貳尺貳寸樟木壹塊，

寬壹尺伍寸、厚伍寸、長捌尺貳寸樟木壹塊，

寬壹尺伍寸、厚叁寸樟木枋貳丈陸尺肆寸，

長陸寸釘肆拾貳個，

灰陸斤拾叁兩，

桐油貳斤拾壹兩伍錢，

網紗貳斤捌兩捌錢，

竹絲貳斤捌兩捌錢，

艦匠陸工肆分叁釐，

艌匠玖分柒釐，

舂灰夫貳分肆釐，

轉水貳塊，各長壹丈壹尺，寬壹尺，厚陸寸。做浄每折見方尺肆拾尺，用艦匠壹工。每塊用長壹尺釘貳個，艌縫凑長肆丈肆尺。共核用：

寬壹尺、厚陸寸、長壹丈壹尺貳寸樟木貳塊，

長壹尺釘肆個，

灰肆斤陸兩，

桐油壹斤拾貳兩貳錢，

網紗壹斤拾兩肆錢，

竹絲壹斤拾兩肆錢，

艦匠壹工柒分陸釐，

艌匠陸分叁釐，

舂灰夫壹分伍釐。

船尾用樟木下金壹塊，長伍尺伍寸，寬壹尺伍寸，厚壹尺伍寸。繚牛壹副，長陸尺，寬貳尺，厚陸寸。尾樓上金壹塊，長壹丈叁尺，寬壹尺伍寸，厚柒寸。柒星冠壹塊，長壹丈陸尺，寬壹尺貳寸，厚陸寸。硬木棍下金拴貳根，繚牛鰍肆根，各長陸尺伍寸，圍大捌寸。下金、繚牛、上金、柒星冠做淨，每折見方尺叁拾尺，用艌匠壹工。下金拴、繚牛鰍肆拾尺，用艌匠壹工。下金用長捌寸釘拾捌個，繚牛用長捌寸釘拾捌個，上金用長壹尺釘拾捌個。繚牛鰍釘縫湊長貳丈陸尺，每丈用長伍寸釘叁拾個。下金艌縫長伍尺伍寸。共核用：

寬壹尺伍寸、厚壹尺伍寸、長伍尺柒寸樟木壹塊，
寬貳尺、厚陸寸、長陸尺貳寸樟木壹塊，
寬壹尺伍寸、厚柒寸、長壹丈叁尺貳寸樟木壹塊，
寬壹尺貳寸、厚陸寸、長壹丈陸尺貳寸樟木壹塊，
圍大捌寸、長壹丈叁尺硬木棍叁根，
長壹尺釘拾捌個，
長捌寸釘叁拾陸個，
長伍寸釘柒拾捌個，
灰玖兩，
桐油叁兩伍錢，
網紗叁兩叁錢，
竹絲叁兩叁錢，
艌匠陸工玖分玖釐，
艌匠捌釐，
舂灰夫貳釐。

船尾用木段硬筋壹根，長壹丈肆尺，圍大貳尺貳寸。樟木極百子舶陸塊，各長肆尺，圍大壹尺。做淨每折見方尺肆拾尺，用艌匠壹工。硬筋頭尾用長陸寸釘拾貳個。百子舶釘縫湊長貳丈肆尺，每丈用長陸寸釘叁拾個。百子舶艌縫湊長肆丈捌尺。共核用：

圍大貳尺伍寸木段壹丈肆尺貳寸，
圍大壹尺樟木極貳丈肆尺陸寸，
長陸寸釘捌拾肆個，
灰肆斤拾叁兩，
桐油壹斤拾肆兩柒錢，
網紗壹斤拾貳兩捌錢，
竹絲壹斤拾貳兩捌錢，
艌匠壹工叁分柒釐，
艌匠陸分玖釐，
舂灰夫壹分柒釐。

船尾用樟木櫓通板壹塊，長壹丈。櫓牀貳塊，各長肆尺。均寬壹尺伍寸，厚叁寸。櫓通板做淨，每折見方尺捌拾尺，用艌匠壹工。櫓牀肆拾尺，用艌匠壹工。櫓牀每塊用長捌寸釘拾貳個，櫓通板釘縫長壹丈，用長陸寸釘叁拾個。艌縫湊長叁丈陸尺。共核用：

寬壹尺伍寸、厚叁寸樟木枋壹丈捌尺肆寸，
長捌寸釘貳拾肆個，
長陸寸釘叁拾個，
灰叁斤拾兩，
桐油壹斤柒兩，
網紗壹斤伍兩陸錢，
竹絲壹斤伍兩陸錢，
艌匠壹工壹分柒釐，
艌匠伍分壹釐，
舂灰夫壹分叁釐。

大桅座壹塊，用樟木長陸尺伍寸，寬壹尺貳寸，厚柒寸。頭桅笠壹個，長貳尺，寬壹尺伍寸，厚叁寸。木段頭桅尖壹個，長柒尺，圍大貳尺貳寸。桅座做淨，每折見方尺叁拾尺，用艌匠壹工。桅笠桅尖肆拾尺，用艌匠壹工。共核用：

寬壹尺貳寸、厚柒寸、長陸尺柒寸樟木壹塊，
寬壹尺伍寸、厚叁寸樟木枋貳尺壹寸，
圍大貳尺伍寸木段柒尺貳寸，
艌匠壹工叁分玖釐。

大鹿耳貳塊，各長壹丈貳尺，寬壹尺貳寸，厚壹尺。頭鹿耳貳塊，各長柒尺，寬壹尺貳寸，厚肆寸伍分。硬木棍鹿耳夾貳根，各長壹丈叁尺，圍大捌寸。做淨每折見方尺肆拾尺，用艌匠壹工。共核用：

寬壹尺貳寸，厚壹尺，長壹丈貳尺貳寸樟木貳塊，
寬壹尺貳寸，厚肆寸伍分，長柒尺貳寸樟木貳塊，
圍大捌寸，長壹丈叁尺硬木棍貳根，
艦匠肆工叁分貳釐。

大桅壹根，長陸丈，圍大肆尺伍寸。頭桅壹根，長叁丈，圍大貳尺陸寸。做净每折見方尺肆拾尺，用艦匠壹工。共核用：
圍大肆尺伍寸長陸丈桅木壹根，
圍大貳尺陸寸長叁丈桅木壹根，
艦匠捌工柒分。

大風篷壹扇，長肆丈捌尺，寬貳丈貳尺。頭風篷壹扇，長貳丈肆尺，寬壹丈壹尺。浮溪木大篷擔壹根，長貳丈貳尺。頭篷擔壹根，長壹丈壹尺。均圍大壹尺柒寸。做净每折見方尺肆拾尺，用艦匠壹工。共核用：
寬貳丈貳尺、長肆丈捌尺風篷壹扇，
寬壹丈壹尺、長貳丈肆尺風篷壹扇，
圍大貳尺、净長叁丈貳尺浮溪木壹根壹尺，艦匠壹工肆分。

大篷架横梁壹根，用木段長壹丈肆尺。頭篷架壹根，長柒尺，均圍大貳尺貳寸。樟木頭篷踏壹塊，長伍尺，寬壹尺伍寸，厚叁寸。做净每折見方尺叁拾貳尺，用艦匠壹工。共核用：
寬壹尺伍寸、厚叁寸樟木枋伍尺壹寸，
圍大貳尺伍寸木段貳丈壹尺肆寸，
艦匠貳工。

大篷車員壹根，椗車員壹根，用浮溪木，各長壹丈肆尺，圍大壹尺柒寸。硬木棍車子貳拾捌根，各長壹丈叁尺，圍大捌寸。車員做净，每折見方尺叁拾貳尺，用艦匠壹工。共核用：
圍大貳尺、净長叁丈貳尺浮溪木貳丈捌尺，
圍大捌寸、長壹丈叁尺硬木棍貳拾捌根，
艦匠壹工肆分玖釐。

水櫃用樟木牛頭貳塊，各長伍尺伍寸，寬壹尺伍寸，厚叁寸。木段水櫃柱肆根，各長柒尺，圍大貳尺貳寸。水櫃閘肆塊，各長柒尺，寬陸寸陸分，厚陸寸。水櫃板貳拾肆塊，各長肆尺陸寸，寬陸寸肆分，厚貳寸叁分。牛頭、水櫃柱、閘做净，每折見方尺肆拾尺，用艦匠壹工。水櫃板捌拾尺，用艦匠壹工。水櫃柱每根，用長陸寸釘貳拾個。牛頭水櫃板釘縫湊長拾貳丈壹尺肆寸，每丈用長伍寸釘叁拾個。艌縫湊長叁拾伍丈肆尺捌寸。共核用：
寬壹尺伍寸、厚叁寸樟木枋壹丈壹尺肆寸，
圍大貳尺伍寸木段玖丈伍尺貳寸，
長伍寸釘叁百陸拾肆個，
長陸寸釘捌拾個，
灰叁拾伍斤捌兩，
桐油拾肆斤叁兩壹錢，
網紗拾叁斤肆兩玖錢，
竹絲拾叁斤肆兩玖錢，
艦匠陸工柒分，
鋸匠壹工捌分捌釐，
艌匠伍工柒釐，
舂灰夫壹名貳分肆釐，

媽祖龕用杉木板玖塊，各長壹丈玖尺。虎頭艙鋪板拾塊，各長陸尺玖寸。均寬陸寸，厚壹寸。做净每折見方尺捌拾尺，用艦匠壹工。媽祖龕板釘縫湊長拾柒丈壹尺，每丈用長肆寸釘叁拾個，龕板艌縫湊長叁拾肆丈貳尺。共核用：
寬陸寸、厚壹寸杉木板貳拾肆丈叁尺捌寸，
長肆寸釘伍百拾叁個，
灰叁拾肆斤叁兩，
桐油拾叁斤拾兩玖錢，
網紗拾貳斤拾叁兩貳錢，
竹絲拾貳斤拾叁兩貳錢，
艦匠肆工貳分，
艌匠肆工捌分玖釐，
舂灰夫壹名貳分。

船頭用中吉木[木超]壹根，長叁丈陸尺，圍大貳尺貳寸。樟木[木超]牙壹塊，長肆尺，寬壹尺貳寸，厚叁寸。做净每折見方尺肆拾尺，用艦匠壹工。[木超]牙用長捌寸釘陸個。共核用：

圍大貳尺伍寸、浄長叁丈陸尺中吉木壹根，
寬壹尺伍寸、厚叁寸樟木枋叁尺貳寸捌分，
長捌寸釘陸個，
艌匠貳工貳分捌釐。

船尾舵壹門用楮木舵桿壹根，長壹丈伍尺，寬壹尺貳寸，厚捌寸。浮溪木舵閂板肆塊，各長壹丈叁尺伍寸，寬伍寸叁分，厚貳寸伍分。樟木極舵夾陸塊，各長肆尺，圍大壹尺。硬木棍舵牙扼貳根，各長壹丈叁尺，圍大捌寸。舵桿做浄，每折見方尺叁拾尺，用艌匠壹工。舵夾舵牙肆拾尺，用艌匠壹工。舵閂板捌拾尺，用艌匠壹工。舵夾釘縫湊長貳丈肆尺，每丈用長捌寸釘伍拾個。舵閂板、舵夾艌縫湊長拾伍丈陸尺。共核用：

寬壹尺貳寸、厚捌寸、長壹丈伍尺貳寸楮木壹塊，
圍大貳尺、浄長叁丈貳尺浮溪木貳丈柒尺，
圍大壹尺樟木極貳丈肆尺陸寸，
圍大捌寸、長壹丈叁尺硬木棍貳根，
長捌寸釘壹百貳拾個，
灰拾伍斤拾兩，
桐油陸斤叁兩捌錢，
網紗伍斤拾叁兩陸錢，
竹絲伍斤拾叁兩陸錢，
艌匠肆工壹分柒釐，
鋸匠陸分，
艌匠貳工貳分叁釐，
春灰夫伍分伍釐。

跟隨戰船舢板船用浮溪木水底板拾塊，各長壹丈肆尺。舨板陸塊，各長壹丈肆尺肆寸。堵板拾陸塊，各長肆尺陸寸。均寬伍寸，厚貳寸。做浄每折見方尺捌拾尺，用艌匠壹工。水底板、舨板釘縫湊長貳拾貳丈陸尺肆寸，每丈用長伍寸釘叁拾個。水底板、舨板艌縫湊長肆拾伍丈貳尺捌寸。共核用：

圍大貳尺、浄長叁丈貳尺浮溪木叁根肆尺，
長伍寸釘陸百柒拾玖個，
灰肆拾伍斤肆兩，
桐油拾捌斤壹兩捌錢，
網紗拾陸斤拾伍兩柒錢，
竹絲拾陸斤拾伍兩柒錢，
艌匠伍工貳分伍釐，
鋸匠叁工，
艌匠陸工肆分柒釐，
春灰夫壹名伍分捌釐。

舢板船兩旁水蛇貳塊，大壓貳塊，各長壹丈肆尺肆寸，均寬伍寸，厚貳寸。做浄每折見方尺捌拾尺，用艌匠壹工。大壓釘縫湊長貳丈捌尺捌寸，每丈用長伍寸釘叁拾個。水蛇釘縫湊長貳丈捌尺捌寸，每肆尺用長捌寸釘叁個。艌縫湊長拾壹丈伍尺貳寸。共核用：

圍大貳尺、浄長叁丈貳尺浮溪木壹丈玖尺貳寸，
長捌寸釘貳拾貳個，
長伍寸釘捌拾陸個，
灰拾壹斤捌兩，
桐油肆斤玖兩柒錢，
網紗肆斤伍兩壹錢，
竹絲肆斤伍兩壹錢，
艌匠壹工壹釐，
鋸匠伍分捌釐，
艌匠壹工陸分伍釐，
春灰夫肆分。

舢板船用樟木極舢板梁叁塊，各長肆尺。舨極陸塊，各長貳尺。冲天極貳塊，各長貳尺伍寸。牛頭極陸塊，各長貳尺肆寸。均圍大壹尺。做浄每折見方尺肆拾尺，用艌匠壹工。舢板梁釘縫湊長壹丈貳尺，每丈用長陸寸釘叁拾個。各極每塊用長伍寸釘貳個，艌縫湊長捌丈陸尺捌寸。共核用：

圍大壹尺樟木極肆丈伍尺壹寸，
長陸寸釘叁拾陸個，
長伍寸釘貳拾捌個，
灰捌斤拾壹兩，

桐油叁斤柒兩陸錢，
網紗叁斤肆兩壹錢，
竹絲叁斤肆兩壹錢，
艦匠壹工玖釐，
艌匠壹工貳分肆釐，
春灰夫叁分。

大桅鐵箍陸個，各長肆尺陸寸。頭桅鐵箍叁個，各長貳尺柒寸。舵頭箍叁個，各長肆尺壹寸。樋箍貳個，各長叁尺叁寸。俱寬貳寸，厚伍分。椗齒貳個，各長壹尺，寬柒寸，厚叁分。櫓箍叁個，各長貳尺柒寸，寬壹寸，厚叁分。鐵鐶肆個，各圍大伍寸。以上鐵料，共浄重壹百伍拾貳斤拾貳兩，每正戲壹斤，加耗鐵壹斤。每正鐵伍斤，用鐵匠壹工。每正耗鐵壹斤，用炭叁斤。共核用：
生鐵叁百伍斤捌兩，
炭玖百拾陸斤捌兩，
鐵匠叁拾工伍分伍釐。

油畫前船共用：
烏烟叁斤伍兩，
廣紅叁斤，
銅碌叁兩貳錢，
京紅叁兩，
籐黄貳兩肆錢，
南粉壹斤捌兩，
銀硃捌錢，
杭粉捌錢，
藍粉叁兩，
墨貳塊，
松香肆兩，
水膠肆兩，
淡底壹斤，
桐油叁斤，
油畫匠捌工。

麻大桅絆索貳條，各長柒丈貳尺，大陸寸貳分。頭桅絆索貳條，各長陸丈，大肆寸陸分。大踏索貳條，各長陸丈，大肆寸捌分。小踏索貳條，各長叁丈，大叁寸貳分。大繚母壹條，長肆丈，大陸寸。小繚母壹條，長貳丈肆尺，大叁寸伍分。大幫襯陸條，各長壹丈伍尺，大貳寸。小幫襯玖條，各長伍尺，大壹寸貳分。以上麻索，共重叁百陸拾斤，每百斤用繩匠叁工陸分。共核用：
麻叁百陸拾斤，
繩匠拾貳工玖分陸釐。

棕正椗索壹條，長肆拾貳丈，大柒寸。副椗索壹條，長肆拾丈，大陸寸貳分。大篷筋壹條，長陸丈，大貳寸。小篷筋壹條，長叁丈，大壹寸貳分。繚仔繚耳共拾伍條，各長壹丈捌尺，大貳寸。椗奴貳條，各長壹丈伍尺，大陸寸伍分。大小摘尾貳條，共長拾貳丈，大伍寸。舵弔壹條，長叁丈，大伍寸。以上棕繩，共重叁百捌拾斤，每撕棕肆拾斤，用匠壹工，成繩肆拾斤，用匠壹工。共核用：
棕叁百捌拾斤，
撕棕匠玖工伍分，
成繩匠玖工伍分。

冲風旗壹面，長寬各壹丈貳尺。條龍旗壹面，長陸丈，寬貳尺。媽祖旗壹面，長寬各肆尺伍寸。大、小定風旗叁面，内壹面長肆尺，貳面各長叁尺，均寬壹尺。共核用：
幅寬壹尺色布叁拾丈，
苧線肆兩，
裁縫匠叁工。

椗貳門，齒全，各長壹丈肆尺，寬捌寸，厚伍寸。
櫓貳枝各長叁丈貳尺，寬柒寸，厚肆寸。
槳捌枝，各長貳丈。
舢板櫓壹枝，長貳丈伍尺，寬柒寸，厚肆寸。
大小桅餅柒個。
大小無底升肆百個。
椗舵上配用竹繩草繩。共核用：
竹篾肆百叁拾斤，
繩匠拾伍工肆分捌釐，

草心伍百拾陸斤，

繩匠拾貳工玖分，

查原送成規内開，竹篾、草繩所用匠工多寡不齊。今照棕麻繩索用工之例，一律核定。

篷上配用大小繚毬攝子兔耳，共用：

槐籐拾玖斤，

籐匠叁工捌分。

刻字用：

刻字匠叁工。

竪立大小桅用：

壯夫貳拾陸名。

前船共用大小鐵釘壹萬貳千伍拾叁個，刷抹釘頭，每百個用桐油陸兩肆錢，灰壹斤，每油灰拾斤，用艌匠壹工，共核用：

桐油肆拾捌斤叁兩肆錢，

灰壹百貳拾斤捌兩，

艌匠拾陸工捌分柒釐，

春灰夫肆名貳分貳釐。

前船共用艦匠貳百拾工叁分捌釐，係照杉松木植核定，内有樟楮等硬木用匠伍拾捌工捌分玖釐，每工外加匠貳分，計加匠拾壹工柒分捌釐，共匠貳百貳拾貳工壹分陸釐。每百工加安裝匠拾工，計安裝匠貳拾貳工貳分貳釐。每艦匠、安裝匠壹百工，加隨匠壯夫貳拾名，計壯夫肆拾捌名捌分捌釐。

以上折造前船共用：

寬捌寸、厚捌寸松木伍丈捌尺陸寸，每丈銀叁錢叁分壹釐，

計銀壹兩玖錢肆分。

查原送成規内開，松木按依丈尺計算，價值參差。今照繒船寬壹尺厚捌寸每丈核銀肆錢壹分肆釐核算，每丈需銀叁錢叁分壹釐之數，一律核定。

圍大叁尺、浄長肆丈大吉木貳根，每根銀貳兩伍錢，計銀伍兩。

圍大貳尺伍寸、浄長叁丈陸尺中吉木拾伍根，每根銀壹兩伍錢，計銀貳拾貳兩伍錢。

查原送成規内開，中吉木拾叁根。今按丈尺做法核算，應增貳根。

圍大貳尺、浄長叁丈貳尺浮溪木拾叁根貳丈壹尺壹寸，每根銀伍錢，計銀陸兩捌錢叁分。

查原送成規内開，浮溪木拾叁根。今按丈尺做法核算，應增貳丈壹尺壹寸。

圍大壹尺陸寸、浄長貳丈捌尺高洋木拾貳根貳丈壹尺陸寸，每根銀貳錢，計銀貳兩伍錢伍分肆釐。

查原送成規内開，高洋木拾叁根。今按丈尺做法核算，應減陸尺肆寸。

圍大貳尺伍寸木段叁拾捌丈伍尺伍寸，核長壹丈肆尺叚料貳拾柒根柒尺伍寸，每根銀叁錢，計銀捌兩貳錢陸分壹釐。

查原送成規内開，木叚貳拾玖根。今按丈尺做法核算，應減壹根陸尺伍寸。

寬壹尺伍寸、厚叁寸樟木枋肆拾伍丈柒尺貳寸捌分，核長壹丈柒尺枋料貳拾陸塊壹丈伍尺貳寸捌分，每塊銀壹兩叁錢，計銀叁拾肆兩玖錢陸分捌釐。

查原送成規内開，樟木枋貳拾柒塊。今按丈尺做法核算，應減壹尺柒寸貳分。

寬壹尺、厚叁寸、長捌尺貳寸樟木板伍塊，每塊銀肆錢壹分捌釐，計銀貳兩玖分。

查原送成規内開，樟木梁座長壹丈柒尺、寬壹尺伍寸、厚叁寸，每塊銀壹兩叁錢□□。板長捌尺寬壹尺厚叁寸，每塊銀伍錢，價值參差。今照梁座之價，一律核定。

寬壹尺貳寸、厚叁寸松木枋肆拾柒丈柒尺叁寸，核長壹丈柒尺枋料貳拾捌塊壹尺叁寸，每塊銀叁錢伍分，計銀玖兩捌錢貳分柒釐。

查原送成規内開，松木枋叁拾塊。今按丈尺做法核算，應減壹塊壹丈伍尺柒寸。

圍大壹尺、樟木極叁拾捌丈叁尺玖寸，核長壹丈貳尺樟極叁拾壹塊壹丈壹尺玖寸。每塊銀貳錢，計銀陸兩叁錢玖分捌釐。

查原送成規内開，樟木極叁拾貳塊。今按丈尺做法核算，應減壹寸。

圍大捌寸、長壹丈叁尺硬木棍肆拾伍根，每根銀捌分，計銀叁兩陸錢。

寬陸寸、厚壹寸杉木板貳拾肆丈叁尺捌寸，每丈銀肆錢，計銀玖兩柒錢伍分貳釐。

寬捌寸、厚柒寸長壹丈貳尺貳寸樟木壹塊，計銀陸錢肆分貳釐。

寬壹尺伍寸、厚壹尺伍寸、長壹丈貳尺貳寸樟木壹塊，計銀貳兩伍錢柒分玖釐。

寬壹尺貳寸、厚伍寸、長捌尺貳寸樟木壹塊，計銀肆錢陸分貳釐。

寬壹尺、厚陸寸、長壹丈壹尺貳寸樟木貳塊，每塊銀陸錢叁分壹釐，計銀壹兩貳錢陸分貳釐。

寬壹尺伍寸、厚壹尺伍寸、長伍尺柒寸樟木壹塊，計銀壹兩貳錢伍釐。

寬貳尺、厚陸寸、長陸尺貳寸樟木壹塊，

計銀陸錢玖分玖釐。

寬壹尺伍寸、厚柒寸、長壹丈叁尺貳寸樟木壹塊，計銀壹兩叁錢貳釐。

寬壹尺貳寸、厚陸寸、長壹丈陸尺貳寸樟木壹塊，計銀壹兩玖分陸釐。

寬壹尺貳寸、厚柒寸、長陸尺柒寸樟木壹塊，

計銀伍錢貳分玖釐。

寬壹尺貳寸、厚壹尺、長壹丈貳尺貳寸樟木貳塊，每塊銀壹兩叁錢柒分陸釐，計銀貳兩柒錢伍分貳釐。

寬壹尺貳寸、厚肆寸伍分、長柒尺貳寸樟木貳塊，每塊銀叁錢陸分伍釐，計銀柒錢叁分。

查原送成規内開，樟木含檀等料拾壹欵，所開價值，逐欵核算，俱屬參差。今照繒船每折見方壹尺核銀玖分叁釐玖毫陸絲之數，一律核定。

寬壹尺貳寸、厚捌寸、長壹丈伍尺貳寸楮木壹塊，計銀拾貳兩。

圍大肆尺伍寸、長陸丈桅木壹根，

計銀貳拾兩。

圍大貳尺陸寸、長叁丈桅木壹根，計銀壹兩。

長壹尺釘叁百叁拾捌個，每貳個重壹斤，計重壹百陸拾玖斤。長捌寸釘貳百肆拾肆個，每伍個重壹斤，計重肆拾捌斤拾貳兩捌錢。長陸寸釘柒千玖百伍拾捌個，每拾伍個重壹斤，計重伍百叁拾斤捌兩伍錢。長伍寸釘叁千個，每貳拾個重壹斤，計重壹百伍拾斤。長肆寸釘伍百拾叁個，每叁拾個重壹斤，計重拾柒斤壹兩陸錢。以上錢釘共重玖百拾伍斤陸兩玖錢，除選用舊釘貳百柒拾肆斤拾兩壹錢外，添新陸百肆拾斤拾貳兩捌錢，每斤銀貳分貳釐。

計銀拾肆兩玖分捌釐。

灰壹千拾肆斤陸兩，每百斤銀貳錢。

計銀貳兩貳分玖釐。

桐油肆百捌斤拾貳兩叁錢，每斤銀叁分。

計銀拾貳兩貳錢陸分叁釐。

網紗叁百叁拾伍斤叁兩肆錢，每斤銀壹分貳釐。

計銀肆兩貳分叁釐。

竹絲叁百叁拾伍斤叁兩肆錢，每斤銀陸釐。

計銀貳兩壹分壹釐。

生鐵叁百伍斤捌兩，每斤銀壹分。

計銀叁兩伍分伍釐。

炭玖百拾陸斤捌兩，每百斤銀壹錢陸分。

計銀壹兩肆錢陸分陸釐。

烏烟叁斤伍兩，每斤銀壹分五釐。

計銀伍分。

廣紅叁斤，每斤銀伍分。

計銀壹錢伍分。

銅碌叁兩貳錢，每斤銀叁錢。

計銀陸分。

京紅叁兩，每斤銀捌分。

計銀壹分伍釐。

膽黃貳兩肆錢，每斤銀貳錢。

計銀叁分。

南粉壹斤捌兩，每斤銀壹分。

計銀壹分伍釐。

銀硃捌錢，每斤銀陸錢肆分。

計銀叁分貳釐。

杭粉捌錢，每斤銀壹錢陸分。

計銀捌釐。

藍粉叁兩，每斤銀捌分。

計銀壹分伍釐。

墨貳塊，每塊銀壹分。

計銀貳分。

松香肆兩，每斤銀貳分。

計銀伍釐。

水膠肆兩，每斤銀肆分。

計銀壹分。

淡底壹斤，
計銀伍分。
麻叁百陸拾斤，每斤銀壹分伍釐。
計銀伍兩肆錢。
棕叁百捌拾斤，每斤銀叁分。
計銀拾壹兩肆錢。
幅寬壹尺色布叁拾丈，每丈銀壹錢。
計銀叁兩。
苧線肆兩，每斤銀壹錢貳分。
計銀叁分。
椗貳門，齒全，各長壹丈肆尺，寬捌寸，厚伍寸，每門銀壹兩。
計銀貳兩。
櫓貳枝，各長叁丈貳尺，寬柒寸，厚肆寸，每枝銀柒錢。
計銀壹兩肆錢。
槳捌枝，各長貳丈，每枝銀貳錢。
計銀壹兩陸錢。

查原送成規內聲稱，槳惟平底船需用，雙篷船不用，所買價值爲數無幾，毋庸議給。今照册開價值核入，凡遇雙篷船隻折造之時，仍照舊扣除。

□壹枝長貳丈伍尺，寬柒寸，厚肆寸，
計銀叁錢貳分壹釐。
大風篷壹扇，長肆丈捌尺，寬貳丈貳尺，
計銀叁兩貳錢玖分叁釐。
頭風篷壹扇，長貳丈肆尺，寬壹丈壹尺，
計銀捌錢貳分叁釐。

查原送成規內開，各則風篷，價值參差，今照繒船每折見方壹丈核銀叁錢壹分壹釐捌毫之數，一律核定。

大小桅餅柒個，每個銀柒分。
計銀肆錢玖分。
大小無底升肆百個，每百個銀捌分。
計銀叁錢貳分。
竹篾肆百叁拾斤，每百斤銀壹錢陸分。
計銀陸錢捌分捌釐。
草心伍百拾陸斤，每百斤銀柒分。
計銀叁錢陸分壹釐。
槐籐拾玖斤，每斤銀貳分伍釐。
計銀肆錢柒分伍釐。
安裝匠貳拾貳工貳分貳釐，
艦匠貳百貳拾貳工壹分陸釐，
鋸匠肆拾肆工捌釐，
艌匠壹百肆拾肆工伍分捌釐，
鐵匠叁拾工伍分伍釐，
繩匠肆拾壹工叁分肆釐，
油畫匠捌工，
棕匠拾玖工，
裁縫匠叁工，
籐匠叁工捌分，
刻字匠叁工，
壯夫壹百拾名肆分。
以上匠夫，共陸百伍拾貳工壹分叁釐，每工銀伍分。
計銀叁拾貳兩陸錢柒釐。
又置備物件開後：
木桶貳拾件，每件銀叁分。
計銀陸錢。
鐵鍋貳口，換新，每口貼工料銀壹錢貳分。
計銀貳錢肆分。
鼓壹面，脩理換皮，
計銀肆錢捌分。
金壹面，重肆斤，換新，每斤貼工料銀柒分。
計銀貳錢捌分。

以上折造前船成規内開，共需工料銀貳百陸拾伍兩伍錢貳釐，内部價銀壹百貳拾陸兩肆錢叁分，加捌津貼并另加叁分銀壹百叁拾玖兩柒分貳釐，臺廠運費銀貳拾伍兩貳錢捌分陸釐。今按條查核，分別增減更正，需用工料銀貳百陸拾伍兩壹錢玖分壹釐，内部價銀壹百貳拾陸兩貳錢捌分壹釐，加捌津貼并另加叁分銀壹百叁拾捌兩玖錢壹分，臺廠運費銀貳拾伍兩貳錢伍分陸釐，計節減工料銀叁錢壹分壹釐，運費銀叁分。行□該撫於前船届應折造之期，將節減銀兩在於前領銀内扣除。至大小脩理成規内開，大脩工料銀貳百貳拾叁兩叁錢叁分陸釐，内部價銀壹百壹兩伍錢壹分陸釐，加玖津貼并另加叁分銀壹百貳拾壹兩捌錢貳分，臺廠運費銀貳拾兩叁錢叁釐，小脩工料銀壹百叁拾玖兩叁錢柒分，内部價銀陸拾兩伍錢玖分陸釐，加拾津貼并另加叁分銀柒拾捌兩柒錢柒分肆釐，臺廠運費銀拾貳兩壹錢壹分玖釐。其餘貳拾伍船，倣此。

曹振鏞《欽定工部則例》卷三四《軍需》修理礮車　一八旗漢軍每年赴盧溝橋操演礮位，其所需礮車以五年一次小修，十年一次大修，届期由各該旗查明報部，工部派員確查辦理。

礮子揀回分數：一各省滿漢各營演放礮位鳥鎗所用鐵子鉛丸，除盛京、西安、江寧、杭州、涼州、廣州滿營，廣西緑營係全數揀回，向不開銷，貴州一省山徑叢雜，奏明揀六銷四外，其餘各處俱揀回七成，開銷三成，以昭畫一。

令旗令牌：一各省督撫提鎮等令旗、令牌，如有不加謹收貯，以致損折者，照例罰俸六個月，其或因水火盜賊損失者，免其置議。

裁兵器械：一各省如遇裁兵，即將所遺盔甲器械各數目於年終彙册送部，以備查核。

製造礮靶：一江寧金子潤地方每年演放礮位，製造礮靶，并祭礮等項，共需銀二十八兩七錢三分九釐零，在於存公銀内動支，按年造册咨部核銷。

董誥等《欽定軍器則例》卷一《條例》　稽察官兵器械

乾隆十五年奉上諭：八旗官兵器械缺少者，均咨部官爲造給器械。内弓箭尤爲緊要，惟賴不時整理，善爲收貯。從前兵部八旗都統會議，訓飭八旗官兵，將器械善爲收貯，曾經奏准施行。今都統等或因日久廢弛，不以爲事，亦未可定，著再行傳諭，務遵原奏，留心訓飭稽察。欽此。

禁止營伍細樂

乾隆二十二年三月内奉上諭：今日朕至杭州省城，其接駕之緑營兵丁，有奏簫管細樂者，夫身隸行伍，當以騎射勇力爲重，戍樓鼓角，不過用肅軍容。即古者鐃歌鼓吹之詞，亦以鳴其得勝之氣耳。若彈絲吹竹技近優伶，豈挽强引重之夫所宜相效，此等緑營陋習，各省均所不免，可傳諭各該督撫提鎮等，轉飭所屬標營，嗣後營伍中但許用鉦鼓銅角，其簫管細樂，概行禁止。欽此。

病故征兵免賠遺失軍械

乾隆三十六年六月内奉旨：病故人等，應行賠補殘壞軍器銀兩，雖應賠補，但伊等已經病故，若照現今所議，著落伊等家屬賠補，朕心不忍，著施恩從寬，免其著落伊等家屬賠補。餘依議。欽此。

演習鳥鎗實盛鉛丸

乾隆六十年九月内奉旨：嗣後兵丁演習鳥鎗，必實在盛入鉛丸演習，斷不可空放鳥鎗。欽此。

各省演習雲梯

嘉慶元年三月内奉上諭：昨據畢沅奏，賊匪屯聚當陽城内，現用礮轟擊等語。此等么麽烏合，各路大兵雲集，自早已悉數殲除，但以礮轟城，虚縻火藥與磚石爲敵，實爲拙計。業經降旨訓飭，因思健鋭營向設有雲梯一項，專挑兵丁習演，最爲趫捷，即如目下荆州剿捕賊匪，若該處滿兵習用雲梯，豈不易於蕆事，何至用礮攻擊，致耽時日。嗣後外省有駐防滿兵處所，該將軍等亦當倣法，挑選數百名演習雲梯，而緑營中兵數較多，每省督撫提鎮標下，亦可酌挑一、二千名，使之隨時演習，俾臻精熟，兵可百年不用，不可一日無備，所謂凡事豫則立，但不可有名無實耳。將此各諭令知之。欽此。

各省兵丁兼習長矛額數

嘉慶十一年十二月内奉上諭德楞泰等奏，酌議陝甘各標營，於弓箭兵内，挑十分之二兼令習矛，製造丈尺有定，不得過長，等語一摺，營伍軍器，以弓箭鳥鎗爲重，必當操演精熟，以昭武備。至長矛一項，祇係挑刀、籐牌等雜技中之一，前因河北鎮總兵蔡鼎奏請，於弓箭兵丁内酌派十分之二兼習長矛，曾諭令各省營制，酌定額兵演習。因思長矛究非營伍緊要技藝，兵丁於練習弓箭鳥鎗外，兼習其技，以資刺擊，原無不可，若因練習長矛，於弓箭鳥鎗轉致生疎，殊屬輕重失宜，非所以飭戎器而講武藝也。且矛杆過長，於運用不靈，尤不足資擊刺，若云深林密箐，長矛較爲便利，則更無此理。嗣後各省營制訓練卒伍，總當以操演弓箭鳥鎗爲正技，長矛祇可令其兼習。並著於額兵内祇酌定十分之一，不許過額。

其製造矛杆，不得過一丈，如有違式製用者，經該管大員查出，即嚴行懲治，並將該將領一併參處。將此通諭知之。欽此。

曹振鏞《欽定工部續增則例》卷四一《虞衡司·法貢礮車做法》 每輛長玖尺伍寸，寬壹尺肆寸伍分，幫高壹尺貳寸，貳輪各高肆尺，安裝車幫橫棖，底板硃紅油飾成造。

木料項下：

車幫貳根，各長玖尺伍寸，寬壹尺貳寸，厚貳寸伍分榆木，前雕雲頭。

橫棖肆根，內貳根各長壹尺玖寸，貳根各長貳尺叁寸，見方肆寸榆木。

木梢拾陸箇，各長柒寸，寬壹寸伍分，厚壹寸榆木。

底板壹塊，長壹尺肆寸，寬玖寸伍分，厚貳寸榆木。

車輪貳箇，各高肆尺，內車頭貳箇，各長壹尺，徑壹尺伍寸槐木。

車輞拾捌塊，各外口圍長壹尺肆寸，裏口圍長壹尺壹寸，寬肆寸伍分，厚叁寸棗木。

輻條叁拾陸根，各長壹尺捌寸，見方壹寸捌分槐木。

車軸壹根，長伍尺肆寸，徑柒寸榆木。

木梋叁拾陸箇榆木。

鐵料項下：

蓋面箍貳道，各長捌尺，寬貳寸伍分，厚叁分，每道用長肆寸蘑菇釘貳拾陸箇。

提梁肆道，各長貳尺捌寸，寬壹寸，厚肆分，每道用長貳寸平面釘□箇。

壓梁貳根，各長壹尺，均寬壹寸柒分，厚陸分。

鈾鐼肆箇，各長陸寸，寬叁分，厚貳分。

鐵索貳條，各長壹尺貳寸。

幫箍捌道，各長貳尺伍寸，寬壹寸柒分，厚叁分，每道用長叁寸平面釘捌箇。

鐵棖叁根，各長壹尺玖寸，見方壹寸。

幫環陸箇，各折長捌寸，徑叁分。

鈾鐼陸箇，各長捌寸，寬肆分，厚叁分。

輪頭箍捌道，各長肆尺伍寸，寬壹寸，厚肆分。

鐵瓦拾捌塊，各長壹尺叁寸伍分，寬貳寸伍分，厚肆分，每塊用長叁寸伍分，見方伍分，釘肆箇。

過輞釘每輞壹塊用長肆寸，均見方伍分，釘拾叁箇，見方捌分，厚壹分，眼錢拾叁箇。

古頭箍貳道各折長貳尺壹寸，寬壹寸，厚叁分。

軸頭箍貳道各折長壹尺，寬壹寸，厚叁分。

車攩貳根，各長捌寸，寬壹寸，厚肆分。

車穿肆箇，各折長壹尺伍寸，寬捌寸，厚壹寸生鐵。

鐵鍵貳拾肆根，各長叁寸，見方叁分生鐵。

鉤心肆根，各長捌寸，寬壹寸，厚柒分。

油飾項下：

車幫貳根，各長玖尺伍寸，折寬貳尺玖寸。

橫棖肆根，內貳根各長壹尺玖寸，貳根各長貳尺叁寸，折寬壹尺貳寸。

底板壹塊，貳面湊長貳尺，寬玖寸伍分。

車頭貳箇，各折長肆尺伍寸、寬壹尺，兩面各徑壹尺除，軸分位徑叁寸。

車輞拾捌塊，各折長壹尺貳寸伍分，折寬壹尺伍寸。

輻條叁拾陸根，各長捌寸，折寬柒寸貳分。

車軸壹根，長貳尺玖寸，折寬貳尺壹寸。

以上糙油、墊光、油光、硃紅、油飾所需一切工料，均照尺寸按例核算。

礮苫做法：

礮苫每箇長捌尺壹寸，尖高壹尺肆寸，寬貳尺，用松木橫直斜棖，竹片壓錠，竹席貳層，外面光硃、紅油、彩畫、雲龍，裏面紅土、油飾成造，計：

直棖叁根，各長捌尺壹寸，見方貳寸。

橫棖貳根，各長貳尺貳寸，見方貳寸。

立柱貳根，各長壹尺肆寸，見方貳寸。

斜棖拾根，各長壹尺柒寸、寬壹寸，厚捌分。

山花板貳塊，各長貳尺，尖高壹尺肆寸，厚壹寸。

順竹片叁塊，各長捌尺壹寸、寬壹寸，每塊用頭號雨點釘拾柒箇。

橫竹片拾塊，各長壹尺柒寸、寬壹寸，每塊用頭號雨點釘伍箇。

竹席貳層，各長捌尺壹寸，折寬叁尺肆寸。

鉤搭釘鉼肆副，各長叁寸。

鈾鐼肆箇，各長叁寸。

油飾礮苫長捌尺壹寸，折寬叁尺肆寸，外面糙，油光硃紅，油彩，畫五彩雲龍貳條，各長玖尺，折寬壹尺，裏面糙，油光紅土油飾。

山花板貳塊，各長貳尺，折寬柒寸，外面糙，油光硃紅油彩畫流雲伍成，裏面糙，油光紅土油飾，所需一切工料，均照尺寸按例核算。

曹振鏞《欽定工部續增則例》卷四一《虞衡司・子母礮車做法》　每輛長叁尺肆寸，寬柒寸，高壹尺陸寸，前後肆輪各徑肆寸，安裝托板腿子横順根，錠鐵什件，硃紅油飾成造。

木料項下：

前托板壹塊，長貳尺壹寸肆分，寬柒寸，厚壹寸榆木。

後托板壹塊，長壹尺貳寸陸分，寬柒寸，厚壹寸榆木。

腿子肆根，各長貳尺貳寸，徑貳寸榆木。

順根肆根，内貳根各長壹尺陸寸伍分，貳根各長壹尺，俱寬壹寸貳分、厚壹寸榆木。

横根伍根，内貳根各長壹尺肆寸，貳根各長壹尺貳寸，壹根長叁寸，俱寬壹寸貳分、厚壹寸榆木。

鐵料項下：

前托板上鐵圓盤壹箇，徑肆寸伍分、厚貳分，用頭號雨點釘拾貳箇。

下襯鐵方盤壹箇，見方貳寸肆分，厚貳分。

朝天凳壹箇，折長壹尺、寬貳寸捌分，厚陸分，把長叁寸，徑壹寸貳分。

橘盤壹箇，徑貳寸貳分，高壹寸捌分。

鐵梢貳箇，各長肆寸、寬肆分、厚貳分。

鐵索貳條，各長陸寸。

鈾鐶貳箇，各折長貳寸，寬貳分，厚壹分。

前托板上安錠如意雲鐵葉肆塊，内貳塊各長壹尺、寬壹寸捌分，貳塊各長捌寸、寬伍分，俱厚壹分，每塊用頭號雨點釘拾捌箇。

後托板上安錠如意雲鐵葉肆塊，内貳塊各長陸寸，貳塊各長伍寸伍分，俱寬陸分，厚壹分，每塊用頭號雨點釘拾陸箇。

肆腿上如意雲鐵葉捌塊，内肆塊各長貳寸捌分、寬陸分，肆塊各長叁寸肆分、寬捌分，俱厚壹分，每塊用頭號雨點釘捌箇。

鐵箍肆道各長陸寸、寬陸分、厚壹分，每塊用頭號雨點釘肆箇。

順根如意雲鐵葉肆塊，内貳塊各長叁寸、寬叁分、厚壹分，每塊用頭號雨點釘肆箇。貳塊各長捌寸、寬陸分、厚貳分，每塊用頭號雨點釘拾捌箇。

横根如意雲鐵葉捌塊，内肆塊各長柒寸，肆塊各長捌寸伍分，俱寬陸分、厚壹分，每塊用頭號雨點釘拾陸箇。

鐵輪肆箇，各徑肆寸内，

車輞折長壹尺貳寸，寬肆寸厚壹分。

車頭壹箇，徑壹寸壹分，厚叁分。

輻條拾貳根，各長壹寸，見方壹分貳釐。

鐵梢肆箇，各長叁寸，徑叁分。

鐵圈肆箇，各長壹寸貳分，徑壹分。

鈾鐶肆箇，各折長貳寸、寬壹分貳釐、厚壹分。

釘鉬貳副，各長壹寸貳分，寬肆分，厚壹分。

油飾項下：

前後托板湊長叁尺肆寸，折寬壹尺陸寸。

腿子肆根，各長貳尺貳寸，徑貳寸。

順根肆根，内貳根各長壹尺陸寸伍分，貳根各長壹尺，折寬肆寸肆分。

横根伍根，内貳根各長壹尺肆寸，貳根各長壹尺貳寸，壹根長叁寸，俱折寬肆寸肆分。

以上糙油、墊光、油光、硃紅、油飾所需一切工料，均照尺寸按例核算。

工部《欽定工部續增則例》卷四二《虞衡司・四輪無敵礮車做法》　每輛長壹丈伍寸，面寬貳尺肆寸，前後肆輪各高肆尺貳寸，安裝車幫、横根、底板、拽車、絆錠鐵什件，硃紅油飾成造。

木料項下：

車幫貳根，各長壹丈伍寸、寬壹尺肆寸、厚叁寸榆木。

前根壹根，長貳尺肆寸，寬伍寸厚肆寸榆木。

中根壹根，長貳尺肆寸，寬伍寸厚肆寸榆木。

後根壹根，長貳尺陸寸，寬伍寸厚肆寸榆木。

蓋面枋壹根，長貳尺陸寸、寬伍寸、厚肆寸榆木。

輪頭枋壹根，長貳尺叁寸、寬伍寸、厚肆寸榆木。

底板壹塊，長貳尺捌寸、寬壹尺肆寸、厚貳寸榆木。

木梢捌箇，各長陸寸、寬壹寸、厚柒分榆木。
車輪肆箇，各高肆尺貳寸，内：車頭肆箇，各長壹尺壹寸，徑壹尺貳寸槐木。
車輞貳拾捌塊，各外口圍長壹尺捌寸，裏口圍長壹尺肆寸，寬伍寸，厚貳寸伍分棗木。
輻條伍拾陸根，各長壹尺柒寸，見方貳寸槐木。
車軸貳根，各長伍尺玖寸，徑陸寸榆木。
木榍伍拾陸箇榆木。
拽車横棖壹根，長伍尺、寬肆寸、厚叁寸伍分榆木。
順棖貳根，各長肆尺、寬肆寸、厚叁寸伍分榆木。
鐵料項下：
蓋面箍貳道，各長陸尺肆寸、寬叁寸、厚叁分，每道用長伍寸蘑菇釘貳拾貳箇。
幫箍陸道，各長叁尺肆寸、寬壹寸伍分、厚叁分，每道用長伍寸釘陸箇。
幫環肆箇，各折長壹尺貳寸，徑柒分。
鈾鎖肆箇，各折長壹尺貳寸、寬伍分、厚肆分。
提梁肆道，各長貳尺、寬壹寸、厚肆分，每道用長叁寸釘陸箇。
壓梁貳根，各長壹尺貳寸、寬貳寸、厚柒分。
鈾鎖肆箇，各折長陸寸，寬肆分，厚叁分。
鐵索貳條，各長壹尺貳寸。
鐵棖貳根，各長貳尺柒寸，見方壹寸伍分。
輪頭杤上護眼鐵貳塊，各長陸寸，寬伍寸，厚叁分。
鐵掐陸道，各長壹尺壹寸、寬壹寸貳分、厚叁分，每道用長貳寸釘陸箇。
鉤心肆根，各長壹尺肆寸、寬貳寸厚柒分。
車頭箍拾陸道，各長叁尺陸寸、寬壹寸壹分、厚貳分。
㐁頭箍肆道，各長壹尺捌寸、寬壹寸、厚叁分，每道用長貳寸釘肆箇。
軸頭箍肆道，各長壹尺伍分、寬柒分、厚叁分。
鐵瓦貳拾捌塊，各長壹尺捌寸、寬貳寸、厚柒分，每塊用長伍寸，均見方柒分，釘拾壹箇。
過輞釘每輞壹塊，用長肆寸，均見方柒分，釘貳拾箇，見方壹寸，厚貳分，眼錢貳拾箇。
車穿捌箇，各折長壹尺捌寸、寬貳寸、厚壹寸伍分生鐵。
鐵鍵肆拾捌根，各長叁寸，見方肆分生鐵。
每輞壹塊，用長壹尺肆寸、寬貳寸、厚柒分，鐵掐壹塊，每塊用長貳寸釘捌箇。
每幅條壹根，用長捌寸、寬柒分、厚貳分，如意雲掐子壹箇，每箇用頭號雨點釘貳箇。
車攩肆根，各長柒寸、寬壹寸、厚柒分。
拽車絆捌道，内肆道各長肆尺陸寸肆道。
各長貳尺捌寸，俱寬壹寸貳分、厚叁分。
每道用長肆寸蘑菇釘五箇。
鐵環陸箇，各折長玖寸，徑肆分。
鈾鎖陸箇，各長壹尺貳寸，寬陸分，厚肆分。【略】
横竹片拾塊，各長壹尺柒寸，寬壹寸，每塊用頭號雨點釘伍箇。
鉤搭釘錦肆副，各長肆寸。
鈾鎖肆箇，各長肆寸。
油飾礮苫長玖尺柒寸，折寬叁尺肆寸，外面糙，油光硃紅油彩畫，五彩雲龍貳條，各折長壹丈貳尺，寬壹尺，裏面光，紅土油飾。
山花板貳塊，各長壹尺捌寸，折寬柒寸伍分，外面糙，油光硃紅油彩畫，五彩流雲，伍成裏面光紅土油飾。所需一切工料均照尺寸按例核算。

明亮等《欽定中樞政考》卷三二《八旗・營造》 伊犁管理軍器廠妥協議敘：
一伊犁管理軍器廠官員，一年内妥協無誤，各給與紀録二次，兵丁記名，於揀選處列名。
駐防將軍等旗色：
一將軍、都統、副都統纛旗，由工部製給。
盛京、西安、江寧、伊犁將軍，熱河、察哈爾都統，用鑲黄旗色。綏遠城將軍，用三角鑲黄旗色。吉林、寧夏、杭州、福州將軍，歸化城、青州、山海關、張家口副都統，用正黄旗色。黑龍江、荆州、廣州、成都將軍，凉州、密雲副都統，用正白旗色。
鎗靶定式：
一各省駐防旗營鎗靶式樣，毋得過於寬大。演放坐鎗，其靶高二尺，寬九寸，厚一寸，座長一尺二寸，寬五寸，厚三寸。演放立鎗，其靶高五尺，寬二尺，厚六分。

箭靶定式：

一各省營中演箭布靶式樣，高四尺七寸，寬一尺。如有擅用高寬布靶者，查明參奏，照違制例議處。

承造箭枝腰刀撒袋：

一在京八旗，及各省駐防，凡遇行取箭枝、腰刀、撒袋等項，由兵部核准後，將箭枝、撒袋，交武備院製造；腰刀交造辦處製造。

兵丁修補鳥鎗：

一八旗兵丁等，鳥鎗損壞，報明該管大臣，查明原製原修年分，咨報兵部，由部按例覈准，轉送兩翼鐵匠局補造。

採伐弓胎：

一採伐弓胎，於八旗内，揀選諳練弓匠固山達一名，每旗派弓匠頭目一名，弓匠十名，各騎官馬給領四十日盤費，每年於昌平、密雲等處，伐弓胎，弓弰五千二百副。武備院揀取二千副，餘剩三千二百副，每旗分散四百副，以備製造賞弓之用，於鄰近驛站支取，車輛運送至京。其採取木胎所用有餘，隔年採取如不敷用，再行具奏添採。

採取樺皮：

一吉林將軍，隔一年派撥官兵採取樺皮二萬張。除進上三千張，交武備院二千張外，其餘一萬五千張送兵部，交下五旗，每旗分散三千張，以備製弓之用。

製造弓張：

一製造官弓，交八旗弓匠固山達成造。係軍需應用者，由兵部挑取好者，差員解送。係各處支領者，由該處差領之員，同該旗弓匠固山達等挑取。至各省總督、巡撫、提督、總兵、將軍、都統、副都統等，及武狀元等賞給弓張，俱係八旗弓匠成造，兵部支取給發。

弓箭不合式：

一八旗匠役製造弓箭，擅改式樣貨賣者，鞭五十，所造之物入官。【略】

給發駐防弓箭包裹車輛：

一造給各處駐防弓箭，每弓一張，用棉布二尺五寸，絲麻半觔，小竹桿一根。每箭十枝，用山西毛頭紙一張。戰箭三百枝爲一捆，大鈚箭長鈚箭二百枝爲一捆，每捆用棉布五尺，油紙二張，寬四尺，長三尺，黑氊一塊，細麻繩一丈五尺，箭囊一箇。再每弓一張，連包裹，計重三觔。箭囊，裝戰箭在内，每箇計重五十二觔；裝大鈚箭、長鈚箭在内，每箇計重四十五觔。每六百觔需車一輛，每車一輛需用油布單一塊，長六尺，寬四尺，麻繩一根，徑七分，長三丈，丈席二領。以上棉布、山西毛頭紙、油紙等項，行文户部支領。絲麻每觔折給連二繩一觔，小竹桿，黑氊、油、布單，麻繩、箭囊、丈席等項，行文工部支領。如遇秋冬，雨水稀少，油單毋庸支領。車輛、兵牌、勘合，兵部給發。

預指俸餉製造軍器：

一在京各旗營官兵，自備之弓箭、撒袋、腰刀等項，遇有缺少，及年久損壞無力修製者，准其預指俸餉製造。該參領佐領查明，呈報都統，造具細册，分送該部，照定式製造給與。其工價銀兩，官員於俸銀内，作四季扣完；兵丁於錢糧内，作二十箇月扣完，俱造入俸餉册内，咨明户部坐扣。至各直省駐防官兵自備軍械，有無力修製者，呈報將軍、都統、副都統查明，咨報兵部，覈准後准其預指俸餉製造，官員於俸銀内，作四季扣完，兵丁於錢糧内作二十箇月扣完，册報户部查覈。

修製軍械踰限：

一直省各旗營，修製行軍攜帶軍械，應聽各該省將軍、都統、副都統酌量緩急，臨時定限辦理。如不依限速完，以致遲誤，將承修承製、督修督製之員，嚴參議處。修製尋常操演、及換防需用各軍械，俟報明兵部覈准後，即令領項興工。如物料工價，二百兩以内者，限一箇月；五百兩以内者，限兩箇月；一千兩至二千兩以内者，限三箇月；三千兩至五千兩以内者，限四箇月。承修官員，依限修製，如式完竣，即行詳請將軍、都統、副都統，派委妥員，逐細查驗，造具册結，將何日奉到部准日期，及興工、完工各日期，於覈銷工料文内，詳細聲明，以憑稽覈。如不依限完竣者，將承修承製、督修督製之員，附參議處。

一凡官員製造緊急軍器，不依限速完遲誤者，承製官、督製官及將軍、都統、副都統，分別議處。若修製尋常操演，及換防需用各軍械，如有貽誤，承修、承製官，踰違不及一月者，免其議處；自一月以上至五月以上者，按違限月分，分別議處。督修、督製之員，違限自一月以上至五月以上者，亦按違限月分，分別議處。將軍、都統、副都統，違限一月以上者免議，自兩月以上至五月以上者，亦按違限月分，分別議處。如承修承製之員玩視軍儲，將應領之帑，延挨請領者，按其違限月日，照修製踰限例，分別議處。倘該上司故意勒掯，以致遲誤者，將該上司照例議處，承修承製官免議。例載《處分則例・營造門》。

修整軍器：

一直省各旗營額設軍械，無論銅錢、木革、綢布，均應妥爲收貯。遇有損壞，詳請將軍、都統、副都統，派委參佐領，令其切實查明，已踰應製應修年分，實在損壞者，造具册結，送部准其動項修製。工竣之日，委員查驗，造具册結，報部覈銷。換下銅鐵，回火抵用，每十觔，准折耗二觔，不准作荒銅鐵覈銷，其餘舊料，變價抵用。倘有未屆年限，竟至損壞者，如係經管之員，收藏不慎，照例議處，仍將原械開銷之價，按其未滿年限，作爲分數，勒令賠補。如係承辦之員，偷減工料，查明不及定限之半者，責令全行賠補；已踰定限之半者，將原械開銷之價，按其未滿年限，作爲分數，勒令賠補。承辦之員，追不足數，於各上司，及驗收之員名下追賠，仍將承辦之員革職提問，失察之上司，及查驗不實之委員，各照例議處。例載《處分則例・營造門》。

屯防處所庫貯軍械損壞：

一新疆屯防處所，庫貯鎗礮，遇有操演年久，損壞炸裂，不敷配用，准該處據實報部，行令該省督撫，於各標營盈餘軍器內，酌量撥給，交換班官兵，帶往補換。其損壞之件，仍交班滿兵丁，帶回內地標營辦理。【略】

換防兵丁攜帶軍械修製限期：

一直隸、山西、陝西、甘肅等省兵丁，前往西北兩路，新疆換防，攜帶盔甲等項，均按照例限修製。至銅罐等項，如實有損壞，令各該省確切查明報部，准其隨時修製。修製年限，詳見《軍器則例》。

出師官兵攜帶軍械，如有損壞，隨時修製：

一出師官兵，攜帶軍裝器械，先期咨報兵部備案，於凱撤回營之時，派委妥員，會同該管官員，確切查驗，將帶回堪用之件，儘數歸額，其損壞各件，准其隨時修製。如有浮冒，經部查出，或別經發覺，將查驗及承辦各員，嚴參議處。

在京各旗營修製軍械先期報部：

一在京各旗營，額設軍械，如例應動用官項銀兩修製；及由工部內務府武備院造辦處鐵匠營支領之件；俱應先期查明原製原修，原領年分，造册報部，由兵部按例覈准後，再行修製支領。

修製軍裝器械分別奏咨辦理：

一直省各旗營，遇有應行修製軍裝器械，需用銀數在一千兩以上，將軍、都統、副都統，先將撥缺帶缺，並添新及踰限各械，開明名目件數，原製原修年分，及損壞實在情形，於摺內詳細聲敘，專摺具奏。俟兵部覈准後，再行造具册結題估，估准後再行動項辦理。如銀數在一千兩以下，仍造册咨報兵部，按例覈明，俟覆准之日，方准動項修製請銷。如同一標營，同時修製軍裝器械，需用銀數在一千兩以上者，不准分案咨報，仍照例具奏。如不先行分別奏咨，不待題估，以及不候兵部覆准，擅自動項修製報銷者，將承辦轉詳出咨各官，照添建營房率行請銷例議處。【略】

庫貯銅鐵軍器回火抵用

一直省各旗營，廢鎗廢礮，及一切火器，皆係熟銅鐵，報部存案，妥爲收貯，不准變價。遇有製造軍器之時，即取此項銅鐵，回火抵用，報部開銷。

《政治官報・摺奏類・光緒三十四年正月十八日第一百十號・兩江總督端方奏製造火藥積存過多酌量減造歸併片》 再金陵製造洋火藥局，每年額造槍礮洋火藥三十六萬磅，由金陵防營支應局動撥湘平銀五萬三百四十四兩，閏年加造三萬磅，加撥湘平銀四千一百九十五兩有奇，造成之藥均解交江南軍械局收存，以便分發各軍及各局卡州縣巡防之用。惟所發之數歷年均有餘存，加以上海製造局造解之藥以致省城各庫共積存有一百餘萬磅之多，經前署督臣周馥飭令局員查明議復停造四成仍製六成，即將常年經費及閏年加撥之款，自三十二年起按六成動支，計騰出四成經費銀二萬一百三十餘兩，湊撥添建修改江陰一帶藥庫並置備散熱風扇及避電鋮桿等用項，附片奏明在案。近來各藥庫積存，多因年久變性，惟勢極危險，一再剔除報廢。奴才察核情形，若不核實遞減，未免虛糜可惜。復經飭，據各局員確切查復，各庫所存槍藥尚有八十餘萬磅，礮藥尚有七十餘萬磅，統計每年需用三十萬磅左右，照現存之數，在無事時約可敷用四、五年，擬自三十四年正月起再行減造一成，實計照額製造五成，每年動支經費銀二萬五千一百七十二兩。照六成經費核算，又可騰出銀五千三百餘兩。統計節省五成經費銀二萬五千一百七十二兩，均照案由財政局專款存儲，湊撥修建各路藥庫及留備改良製造購辦無烟藥機器暨添設無烟藥廠之用，期於實濟有裨。至該局火藥既已減造五成，事務較簡，並令酌量歸併，暫附屬於金陵製造局，即由辦理金陵製造局道員劉體乾兼管，藉以收兼籌並顧之益。仍俟數年後，察看庫存火藥若干，應否添造，再行奏咨辦理。除飭將收支五成經費按年核實報銷並先行咨部查照外，謹附片陳明，伏乞聖覽，謹奏。光緒三十四年正月初八日奉硃批：該部知道，欽此。

傳記

張華《博物志》卷六《器名考》　寶劍名：純鈞、湛盧、豪曹、魚腸、巨闕，五劍皆歐冶子所作。龍泉、太阿、工市，三劍皆楚王所問者。風胡子因吳王請干將、歐冶子作。

干將陽龍文，莫邪陰漫理，此二劍吳王使干將作。莫邪，干將妻也。夫妻甚喜作劍也。

赤刀，周之寶器也。

酈道元《水經注》卷一七《渭水》　魏明帝遣將軍太原郝昭築陳倉城，成，諸葛亮圍之。亮使昭鄉人靳祥説之，不下，亮以數萬攻昭千餘人，以雲梯、衝車、地道逼射昭，昭以火射連石拒之，亮不利而還。今汧水對亮城，是與昭相禦處也。

《三國志》卷六《魏書・袁紹傳》注引《英雄記》曰：公孫瓚擊青州黄巾賊，大破之，還屯廣宗，改易守令，冀州長史無不望風響應，開門受之。（袁）紹自往征瓚，合戰于界橋南二十里。瓚步兵三萬餘人爲方陳，騎爲兩翼，左右各五千餘匹，白馬義從爲中堅，亦分作兩校，左射右，右射左，旌旗鎧甲，光照天地。紹令麴義以八百兵爲先登，彊弩千張夾承之，紹自以步兵數萬結陳于後。義久在涼州，曉習羌鬬，兵皆驍鋭。瓚見其兵少，便放騎欲陵蹈之。義兵皆伏楯下不動，未至數十步，乃同時俱起，揚塵大叫，直前衝突，彊弩雷發，所中必倒，臨陳斬瓚所署冀州刺史嚴綱甲首千餘級。瓚軍敗績，步騎奔走，不復還營。義追至界橋，瓚殿兵還戰橋上，義復破之，遂到瓚營，拔其牙門，營中餘衆皆復散走。紹在後，未到橋十數里，下馬發鞍，見瓚已破，不爲設備，惟帳下彊弩數十張，大戟士百餘人自隨。

《魏書》卷四一《源賀傳》　賀以年老辭位，詔不許。又詔都督三道諸軍，屯于漠南。是時，每歲秋冬，遣軍三道並出，以備北寇，至春中乃班師。賀以勞役京都，又非禦邊長計，乃上言：「請募諸州鎮有武健者三萬人，復其徭賦，厚加賑恤，分爲三部。二鎮之間築城，城置萬人，給強弩十二床，武衛三百乘。弩一床，給牛六頭；武衛一乘，給牛二頭。多造馬槍及諸器械，使武略大將二人以鎮撫之。冬則講武，春則種殖，並戍並耕，則兵未勞而有盈畜矣。又於白道南三處立倉，運近州鎮租粟以充之，足食足兵，以備不虞，於宜爲便。不可歲常舉衆，連動京師，令朝庭恒有北顧之慮也。」

《魏書》卷七三《奚康生傳》　時蕭衍聞康生能引强弓，力至十餘石，故特作大弓兩張，送與康生。康生得弓，便會集文武，乃用平射，猶有餘力。其弓長八尺，把中圍尺二寸，箭粗殆如今之長笛，觀者以爲希世絶倫。弓即表送，置之武庫。

《北史》卷八九《藝術・綦母懷文傳》　懷文造宿鐵刀，其法，燒生鐵精以重柔鋌，數宿則成剛。以柔鐵爲刀脊，浴以五牲之溺，淬以五牲之脂，斬甲過三十札。今襄國冶家所鑄宿柔鋌，是其遺法，作刀猶甚快利，但不能頓截三十札也。懷文又云：「廣平郡南幹子城，是干將鑄劍處，其土可瑩刀。」

《宋書》卷一《武帝紀上》　（義熙五年十月）張綱治攻具成，設諸奇巧，飛樓木幔之屬，莫不畢備。城上火石弓矢，無所用之。六年二月丁亥，屠廣固。（慕容）超踰城走，征虜賊曹喬胥獲之，殺其王公以下，納口萬餘，馬二千疋，送超京師，斬于建康市。

《梁書》卷一一《鄭紹叔傳》　（天監）四年，以紹叔爲使持節、征虜將軍、司州刺史。紹叔創立城隍，繕修兵器，廣田積穀，招納流民，百姓安之。

王得臣《麈史》卷上《朝制》　神宗留意軍器，設監以侍臣董之，前後講究制度，無不精致，卒著爲式，合一百一十卷，蓋所謂《辨材》一卷，《軍器》七十四卷，《什物》二十一卷，《雜物》四卷，《添修及制造弓弩式》一十卷是也。

宋次道《東京記》説八作司之外又有廣備攻城作，今東西廣備隸軍器監矣。其作凡十一目，所謂火藥、青窑、猛火油、金火、大小木、大小爐、皮作、麻作、窑子作是也，皆有制度作用之法，俾各誦其文，而禁其傳。

岳珂《桯史》卷五《鳳凰弓》　鄭華原居中在宥府，和子美詵知雄州，嘗以事詣京師，召與語而悦之，遂薦於徽祖。數奏明剴，大契宸旨，進横階一等，俾還任。詵因上制勝彊遠弓式，詔施行之。弓製實弩，極輕利，能破堅於三百步外，即邊人所謂「鳳凰弓」者。紹興中，韓蘄王世忠因之稍加損益，而爲之新名曰「剋敵」，亦詔起部通製，至今便焉。洪文敏《容齋三筆》謂祖熙寧神臂之規，實不然也。詵知兵，嘗沮伐燕之議，以及於責；北事之作，未及用以死，蓋兩河名將云。

黃瑜《雙槐歲鈔》卷八《車戰器械》 成化甲辰七月，余公子俊爲總督尚書，上言邊務曰：「自古命將出師，誅暴禁亂。見可而進，知難而退。進退之間，非車不可。成周之世，如臨沖之伐崇墉，檀車之戰牧野，罪人斯得，明效足徵。迨至後世，如武剛車之走匈奴，偏厢車之平突厥，亦皆效其遺意，未嘗不成戰功。仰惟我朝制兵之法，超越前古，凡有征伐，所向無前。但承平已久。正統十四年，京師戒嚴；成化十九年，大同失利，振揚威武，正在此時。追憶天順年間，臣守西安，曾辦車料，送至寧夏，成造兵車，用無不利，至今賴之。臣今奉命以來，熟看大同地方，山川平曠，宣府地方，一半相等門庭。寇至，車戰爲宜。臣等議得爲軍之計，大率以萬人爲一軍，戰車五百餘輛，用步軍十人駕拽。行則繼以爲陣，止則横以爲營。營車空闕去處，以鹿角柞補塞。凡戰士器械，不勞馬馱，乾糧不煩自賫。別處伏兵，亦以鹿角柞如車營，自衛以俟。若使虜賊合衆對壘，彼用弓矢，止有百步技能，我用槍砲，動有三四百步威勢。如相持過久，彼將分散搶掠，我則隨處起其伏兵，或首遏其驕横，或尾擊其惰歸。前項車營，取便策應，運無足之城，策不飼之馬，此億萬年守邊簡易之法也。乃具圖本。其一，《下兵車營圖》。周圍用車五百輛，每輛轅長一丈二尺。拽車者每輛十人，鹿角柞五百副，肩柞者每副一人，俱步軍。共用五千五百人之上。車外壕闊深各一丈，營内可容馬隊官軍一萬五千人之上，可禦虜賊萬餘。其二，《抬兵車營圖》。周圍外層用兵車五百輛，拽車者每輛十人；里層用鹿角柞五百副，肩柞者每副一人，俱步軍。營内可容馬隊并官軍一萬五千之上，可禦虜賊萬餘。其三，《抬鹿角柞營圖》。周圍用鹿角柞五百副，每副長五尺，用鐵打箍頭，鉤環聯絡。每副肩柞馬軍一人，共用五百名之上。營内可容馬隊官軍四五千人之上，可御虜賊千餘人。其四，《下椿繩營圖》。周圍用椿繩五十副，每副椿十二根、繩十條，長五丈、闊一丈。椿繩外，壕深闊各一丈。營内可容馬隊官軍二三千之上，可御虜賊二三百餘。其五，《抬椿繩營圖》。周圍用椿繩五十副，每副椿十二根、繩十條，長五丈、闊一丈，步軍一十二人持之，共用六百人。内可容馬隊官軍二三千之上，可御虜賊二三百餘。凡器械，神槍以竹爲翎，神炮以木爲矢、以鐵爲鏃，俱可致三四百步。每步隊十人，駕拽戰車一輛，輛用繩二條，圓牌二，旗一，炮四，車箱内安其三，虎尾上安其一。火桶二，各藏火箭十枝。炮上用狼頭送子、馬子圓石子，并一窠蜂鐵彈、碎石子，包定火藥。每馬隊則圓牌五，神槍五，炮二，鹿角柞連繩鐵鍬及钁各二，斧及剪錐各一，其鑼鍋、皮渾脱、火鐮、火藥，與步隊同。此中國之長技也。予得其詳，賦二詩以志喜，曰：「靈夏城邊沙草春，賀蘭山下少閒人。神槍火炮兼天起，河套年年靖虜塵。」「車騎連雲砲震雷，邊牆如月接墩臺。娘娘灘上河冰合，不見胡兒牧馬來。」於戲！若余公，亦可謂壯猷者矣。

《大清新法令》卷三《軍政・軍器旗式・附税務處新定槍枝子彈進口章程十條光緒三十三年　月》 一　凡中國軍營以及官局購運槍枝、子彈，須由各該管將軍、督撫先將定購名色、件數、由某處入口運抵某處電知陸軍部，由陸軍部核准後，一面電復該將軍、督撫發給護照，一面知照本處，分別札知各該關監督及轉飭總税務司，札知各該關税務司驗明護照及所運件數，相符，方准起岸。仍將進口日期申復本處，轉咨陸軍部查照。

一　凡洋商欲運營中作様槍枝、子彈，須由定購槍枝之中國軍營或官家局所先行知照該關監督，請給准運護照，俟貨到日，憑照報關後，方能起貨。每次只准報運様槍一支，子彈一千顆。

一　凡外洋商人附船來華，行李内如帶有防身手槍，每人只准携帶一枝，其子彈不得踰一百顆，於進口時應報明關差，查明放行，倘漏報，查出即行扣留入官。其向在中國居住者，欲購置打獵及防身槍枝、子彈，須於進口之前，先請本國領事照會監督，請發准運護照，俟貨到日，憑照報關後，方准起貨。每人只准報運一次，獵槍一枝，子彈不得踰五百顆，手槍一枝，子彈不得踰二百顆。

一　凡各國體面官員附船來華，行李内所帶之槍枝、子彈并駐華洋官報運入口專爲防身打獵之用者，其報關請照一切，應照商人辦法辦理。惟所帶所報之數目較商人限制數目如果有踰限，應由各國領事將實在確數照會監督，由監督核准，亦可通融辦理。

一　凡領事照會監督請發准運護照，如監督查明有不便發照之處，可照復領事不允發給。

一　凡外洋官商所運防身、打獵槍彈，系專指散子鳥槍并懷身短式手槍而言，其餘他項營用槍枝、子彈，必須爲中國軍營官局作様或購置，有確實憑照，經關道認可者方准進口。其洋人運來自用者，不得以此影射。

一　各口每次運進槍枝、子彈，應由監督及税務司將報運人姓名、國籍及進口日期、槍枝件數詳細登册，并所收税項若干，逐一註明。其有中國軍營或官局購運者，亦應將某營某局所購之貨及由某省將軍、督撫發給護照次數、件數登明册内，年底呈送本處查核。各口税務司所造之册，仍由總税務司轉申。

一　凡營用槍枝、子彈非爲軍營官局定購者，仍須照約，一概不准入口。

一　凡准運進口如第二、第三、第四條之槍枝、子彈，均按值百抽五徵稅。

一　凡外洋官商購運防身、打獵槍枝、子彈，其貨如須在滬轉船寄至購主所住之口岸者，須由駐滬領事照會海關，聲明購主姓名并所運件數，方准轉船。候貨轉運到口，仍由購主請該口領事向關道請發進口護照，呈關查驗完稅放行。

按：此章程系因前次津海關道議定《進口槍枝子彈辦法條款》其第二、第三兩條，長沙關指稱礙難照辦，故由稅務處將津海關道前擬辦法條款作廢，另定此新章十條，通行各關遵照辦理。

紀事

《六韜》第四篇《虎韜・軍用》　武王問太公曰：「王者舉兵，三軍器用，攻守之具，科品衆寡，豈有法乎？」

太公曰：「大哉！王之問也。夫攻守之具，各有科品，此兵之大威也。」

武王曰：「願聞之。」

太公曰：「凡用兵之大數，將甲士萬人。法用：武沖大扶胥三十六乘，材士强弩矛戟爲翼，一車二十四人推之，以八尺車輪，車上立旗鼓，兵法謂之震駭；陷堅陳，敗强敵。武翼大櫓矛戟扶胥七十二具，材士强弩矛戟爲翼，以五尺車輪，絞車、連弩自副；陷堅陣，敗强敵。提翼小櫓扶胥一百四十具，絞車、連弩自副，以鹿車輪；陷堅陣，敗强敵。大黄參連弩大扶胥三十六乘，材士强弩矛戟爲翼，飛鳧、電影自副，飛鳧赤莖白羽，以銅爲首；電影，青莖赤羽，以鐵爲首。晝則以絳縞，長六尺，廣六寸，爲光耀；夜則以白縞，長六尺，廣六寸，爲流星；陷堅陣，敗步騎。大扶胥衝車三十六乘，螳螂武士共載，可以擊縱横，可以敗敵。輜車騎寇，一名電車，兵法謂之電擊；陷堅陣，敗步騎。寇夜來前。矛戟扶胥輕車一百六十乘，螳螂武士三人共載，兵法謂之霆擊；陷堅陣，敗步騎。

「方首鐵棓維朌，重十二斤，柄長五尺以上，千二百枚，一名天棓；大柯斧，刃長八寸，重八斤，柄長五尺以上，千二百枚，一名天鉞；方首鐵鎚，重八斤，柄長五尺以上，千二百枚，一名天鎚；敗步騎群寇。飛鈎，長八寸，鈎芒長四寸，柄長六尺以上，千二百枚，以投其衆。

「三軍拒守，木螳螂劍刃扶胥，廣二丈，百二十具，一名行馬；平易地，以步兵敗車騎。木蒺藜，去地二尺五寸，百二十具，敗步騎，要窮寇，遮走北。軸旋短沖矛戟扶胥，百二十具，黄帝所以敗蚩尤氏，敗步騎，要窮寇，遮走北。狹路微徑，張鐵蒺藜，芒高四寸，廣八寸，長六尺以上，千二百具，敗步騎。突暝來前促戰，白刃接，張地羅，鋪兩鏃蒺藜，參連織女，芒間相去二寸，萬二千具。曠野草中，方胸鋋矛，千二百具；張鋋矛法，高一尺五寸；敗步騎，要窮寇，遮走北。狹路，微徑、地陷，鐵械鎖，參連百二十具；敗步騎，要窮寇，遮走北。

「壘門拒守：矛戟小櫓十二具，絞車、連弩自副。三軍拒守：天羅虎落鎖連一部，廣一丈五尺，高八尺，百二十具。虎落劍刃扶胥，廣一丈五尺，高八尺，五百二十具。

渡溝塹：飛橋一間，廣一丈五尺，長二丈以上，着轉關轆轤八具，以環利通索張之。渡大水：飛江，廣一丈五尺，長二丈以上，八具，以環利通索張之。天浮鐵螳螂，矩内圓外，徑四尺以上，環絡自副，三十二具。以天浮張飛江，濟大海，謂之天潢，一名天舡。

「山林野居，結虎落柴營：環利鐵索，長二丈以上，千二百枚。環利大通索，大四寸，長四丈以上，六百枚。環利中通索，大二寸，長四丈以上，二百枚。環利小微縲，長二丈以上，萬二千枚。天雨，蓋重車上板，結枲鉏鋙，廣四尺，長四丈以上，車一具，以鐵杙張之。

「伐木大斧，重八斤，柄長三尺以上，三百枚。棨钁，刃廣六寸，柄長五尺以上，三百枚。銅築固爲垂，長五尺以上，三百枚。鷹爪方胸鐵把，柄長七尺以上，三百枚。方胸鐵叉，柄長七尺以上，三百枚。方胸兩枝鐵叉，柄長七尺以上，三百枚。芟草木大鐮，柄長七尺以上，三百枚。大櫓刀，重八斤，柄長六尺，三百枚。委環鐵杙，長三尺以上，三百枚。椓杙大鎚，重五斤，柄長二尺以上，百二十具。

「甲士萬人，强弩六千，戟楯二千，矛楯二千，修治攻具，砥礪兵器，巧手三百人。此舉兵軍用之大數也。」

武王曰：「允哉！」

又《軍略》　武王問太公曰：「引兵深入諸侯之地，遇深溪大谷險阻之水。吾三軍未得畢濟，而天暴雨，流水大至。後不得屬於前，無舟梁之備，又無水草之資。吾欲畢濟，使三軍不稽留，爲之奈何？」

太公曰：「凡帥師將衆：慮不先設，器械不備，教不素信，士卒不習。若此，不可以爲王者之兵也。凡三軍有大事，莫不習用器械。若攻城圍邑，則有轒轀、臨衝；視城中，則有雲梯、飛樓。三軍行止，則有武衝、大櫓前後拒守。絶道遮街，則有材士強弩，衝其兩旁。設營壘，則有天羅、武落、行馬、蒺藜。晝則登雲梯遠望，立五色旌旗；夜則設雲火萬炬，擊雷鼓，振鼙鐸，吹鳴笳。越溝塹，則有飛橋、轉關轆轤、鉏鋙。濟大水，則有天潢、飛江。逆波上流，則有浮海、絶江。三軍用備，主將何憂。」

《史記》卷二五《律書》 王者制事，立法物，度軌則，壹稟于六律，六律爲萬事根本焉。其於兵械尤所重，故云「望敵知吉凶，聞聲效勝負」，百王不易之道也。

王嘉《拾遺記》卷五《前漢上》 漢太上皇微時，佩一刀，長三尺，上有銘，其字難識，疑是殷高宗伐鬼方之時所作也。上皇遊豐沛山中，寓居窮谷裏有人冶鑄。上皇息其傍，問曰：「此鑄何器？」工者笑而答曰：「爲天子鑄劍，慎勿泄言！」上皇謂爲戲言而無疑色。工人曰：「今所鑄鐵鋼礪難成，若得公腰間佩刀雜而冶之，即成神器，可以剋定天下，星精爲輔佐，以殲三猾。木衰火盛，此爲異兆也。」上皇曰：「余此物名爲匕首，其利難儔，水斷虬龍，陸斬虎兕，魑魅罔兩，莫能逢之；斫玉鐫金，其刃不卷。」工人曰：「若不得此匕首以和鑄，雖歐冶專精，越砥斂鍔，終爲鄙器。」上皇則解匕首投於鑪中。俄而烟焰衝天，日爲之晝晦。及乎劍成，殺三牲以釁祭之。鑄工問上皇何時得此匕首。上皇云：「秦昭襄王時，余行逢一野人，於陌上授余，云是殷時靈物，世世相傳，上有古字，記其年月。」及成劍，工人視之，其銘尚存，叶前疑也。工人即持劍授上皇。上皇以賜高祖，高祖長佩於身，以殲三猾。及天下已定，吕后藏於寶庫。庫中守藏者見白氣如雲，出於户外，狀如龍蛇。吕后改庫名曰「靈金藏」。及諸吕擅權，白氣亦滅。及惠帝即位，以此庫貯禁兵器，名曰「靈金内府」也。

《南史》卷一《宋本紀上》 帝躬提幡鼓，命衆軍齊力擊之，軍中多萬鈞神弩，所至莫不摧陷。帝自於中流蹙之，因風水之勢，賊艦悉薄西岸，岸上軍先備火具焚之，大敗。循還尋陽，遂走豫章，悉力柵左里。丙申，大軍次左里，將戰，帝麾之，麾竿折，幡沉于水，衆咸懼，帝笑曰：「昔覆舟之役亦如此，今勝必矣。」攻其柵，循單舸走，衆皆降。師旋，晉帝遣侍中黄門勞師于行所。

《南史》卷八〇《賊臣·侯景傳》 又以臺所給仗多不能精，啓請東冶鍛工欲更營造，敕並給之。景自渦陽敗後，多所徵求，朝廷含弘，未嘗拒絶。

《宋書》卷一《武帝紀上》 公方治攻具，城上人曰：「汝不得張綱，何能爲也。」綱者，超僞尚書郎，其人有巧思。會超遣綱稱藩於姚興，乞師請救。興僞許之，而實憚公，不敢遣。綱從長安還，泰山太守申宣執送之。乃升綱於樓車，以示城内，城内莫不失色。於是使綱大治攻具。超求救不獲，綱反見虜，轉憂懼。乃請稱藩，求割大峴爲界，獻馬千疋。不聽，圍之轉急。河北居民荷戈負糧至者，日以千數。

《周書》卷三五《薛善傳》 又於夏陽諸山置鐵冶，復令善爲冶監，每月役八千人，營造軍器。善親自督課，兼加慰撫，甲兵精利，而皆忘其勞苦焉。加通直散騎常侍，遷大丞相府從事中郎。

酈道元《水經注》卷三《河水》 并造五兵，器鋭精利，乃咸百煉，爲龍雀大鐶，號曰「大夏龍雀」。銘其背曰：「古之利器，吴、楚湛盧，大夏龍雀，名冠神都，可以懷遠，可以柔逋，如風靡草，威服九區。世甚珍之。又鑄銅爲大鼓，及飛廉、翁仲、銅駝、龍虎，皆以黄金飾之，列於宫殿之前。

陶弘景《古今刀劍録》 夫刀劍之由出，已久矣。前王後帝，莫不鑄之。但以小事記注者，不甚詳録，遂使精奇挺異，空成堙没。慨然有想，遂爲記云。

夏禹子帝啓在位十年，以庚戌八年鑄一銅劍，長三尺九寸，後藏之秦望山，腹上刻二十八宿，文有背面，面文爲星辰，背記山川日月。

啓子太康在位二十九年，歲在辛卯三月春，鑄一銅劍，上有八方，面長三尺二寸，頭方。

孔甲在位三十一年，以九年歲次甲辰，採牛首山鐵鑄一劍，銘曰：「夾。」古文篆書。

殷太甲在位三十二年，以四年歲次甲子鑄一劍，長二尺，文曰：「定光。」古文篆書。長四尺一寸。

武丁在位五十九年，以元年歲次戊午鑄一劍，長三尺，銘曰：「照膽。」古文篆書。

周昭王瑕在位五十一年，以二年歲次壬午鑄五劍，各投五嶽，銘曰：「鎮嶽尚方。」古文篆書，長五尺。

簡王夷在位十四年，以元年歲次癸酉，鑄一劍，長三尺，銘曰：「駿。」大篆書。

秦昭王稷在位五十二年，以元年歲次丙午，鑄一劍，長三尺，銘曰：「誡。」大篆書。

秦始皇在位三十七年，以三年歲次丁巳，採北祇銅鑄二劍，銘曰：「定秦。」小篆書，李斯刻，埋在阿房宮閣下，一在觀臺下，長三尺六寸。

前漢劉季在位十二年，以始皇三十四年於南山得一鐵劍，長三尺，銘曰：「赤霄。」大篆書。及貴常服之，此即斬蛇劍也。

文帝恒在位二十三年，以初元十六年歲次庚午鑄三劍，長三尺六寸，銘曰：「神龜。」多刻龜形，以應大橫之兆。帝崩，命入玄武宮。

武帝徹在位五十四年，以元光五年歲次乙巳鑄八劍，長三尺六寸，銘曰「八服。」小篆書。嵩、恒、霍、華、太山五嶽皆埋之。

宣帝詢在位二十五年，以本始四年鑄二劍，長三尺，一曰「毛」，二曰「貴」，以足下有毛故爲之，皆小篆書。

平帝衎在位五年，以元始元年歲次辛酉掘得一劍，上有帝名，因服之。大篆書。

王莽在僞位十七年，以建國五年，歲次庚午，造威斗及神劍，皆練五色石爲之，銘曰：「神勝萬里伏。」小篆書。長三尺六寸。

更始劉聖公在僞位二年，自造一劍，銘曰：「更國。」小篆書。

後漢光武秀在位三十三年，未貴時在南陽鄂山得一劍，文曰：「秀霸。」小篆書。帝常服之。

明帝莊在位十八年，以永平元年歲次戊午鑄一劍，上作龍形，沉之於洛水中，水清時常有見之者。

章帝炟在位十三年，以建初八年鑄一金劍，令投於伊水中以厭人膝之怪。按《水經》：「伊水有一物如人，膝頭有爪，人浴輒没，不復出。」

安帝祜在位十九年，以元初六年鑄一劍，藏蛾眉山，疑山王也。

順帝保在位十九年，以永建元年鑄一劍，長三尺四寸，銘曰：「安漢。」小篆書。後改年號。

靈帝宏在位二十二年，以建寧三年鑄四劍，文曰：「中興。」一劍無故自失。並小篆書。

魏武帝曹操以建安二十年，於幽谷得一劍，長三尺六寸，上有金字，銘曰：「孟德。」王常服之。

齊王芳以正始六年鑄一劍，常服之，無故自失，但有空匣如故。後有禪代之事，兆始於此，尋爲司馬氏所廢。

蜀主劉備以章武元年，歲次辛丑，採金牛山鐵鑄八劍，各長三尺六寸。一備自服，一與太子禪，一與梁王理，一與魯王永，一與諸葛亮，一與關羽，一與張飛，一與趙雲。並是亮書，皆作風角處所，有令稱。元造刀五萬口，皆連環，及刃口列七十二鍊，柄中通之，兼有二字。房子容曰：唐人尚書郎李章武，本名方古，貞元季年，爲東平帥李師古判官，因理第掘得一劍，上有章武字。方古博物亞張茂先，亦曰蜀相諸葛孔明所佩劍也，乃改名，師古爲奏請爲章武焉，蓋蜀主八劍之一也。

後主禪延熙二年造一大劍，長一丈二尺，鎮劍口山，往往人見光輝，後人求之不獲。

吴王孫權以黄武五年，採武昌銅鐵，作千口劍，萬口刀，各長三尺九寸，刀頭方，皆是南銅越炭作之，文曰：「大吴。」小篆書。又赤烏年中，有人得淮陰侯韓信劍，帝以賜周瑜。

孫亮以建興二年鑄一劍，文曰：「流光。」小篆書。

孫皓以建衡元年鑄一劍，文曰：「皇帝吴王。」小篆書。

晉武帝司馬炎以咸寧元年造八千口刀，銘曰：「司馬。」

懷帝熾以永嘉元年造一劍，長五尺，銘曰：「步光。」小篆書。

成帝衍以咸和元年造十三口刀，銘曰：「興國。」

穆帝聃以永和五年於房山造五口劍，銘曰：「五方單符。」隸書。

孝武帝昌明以大元元年，於華山頂埋一劍，銘曰：「神劍。」隸書。

宋武帝劉裕以永初元年鑄一刀，銘其背曰：「定國。」小篆書。長四尺。後入於梁。

少帝義符以景平元年造一刀，銘曰：「五色。」小篆書。

後廢帝昱以元徽二年於蔣山頂造一劍，銘曰：「永昌。」篆書。

順帝準以昇明元年掘得一刀，銘曰：「上血其刀照一室。」帝奇之。至二年七月，帝使楊玉候織女，玉候女不得，懼死，用以弑帝。果如銘。

齊高帝蕭道成以建元二年造一刀，銘曰：「定業。」長五尺，篆書，自制之。

明帝鸞以建武二年造一刀，銘曰：「朝儀。」長四尺，小篆書。

梁武帝蕭衍以天監二年即位，至普通中，歲在庚子，命弘景造神劍十三口，用金、銀、銅、錫、鐵五色合爲之，長短各依劍術法，文曰：「服之者永治四方。」並小篆書。

前趙劉淵以元熙二年造一刀，長三尺九寸，文曰：「滅賊。」隸書。

後趙石勒以建平二年造一刀，用五百金，工用萬人，頭尖長三尺六寸，銘曰：「建平。」隸書。勒未貴時耕地得一刀，銘曰：「石氏昌。」篆書。

石季龍以建武十四年造一刀，長五尺，銘曰：「皇帝石氏。」隸書。

後蜀李雄以晏平元年造刀五百口，文曰：「騰馬。」隸書。

前凉張寔造刀百口，無故刀盡失，文曰：「霸。」

後魏昭成帝拓跋犍，以建國元年於赤冶城鑄刺刀十口，金鏤赤冶字。

道武帝珪以登國元年於嵩阿鑄一劍，銘曰：「鎮山。」隸書。

明元帝嗣以泰常元年造一劍，長四尺，銘背曰：「泰常。」至真君元年，有道士繼天師白爲帝造劍，長三尺六寸，隸書，因改元真君。

宣武帝恪以景明元年於白鹿山造一刀，文曰：「白鹿。」隸書。

前秦苻堅以甘露四年造一刀，用五千工，銘曰：「神術。」隸書。

前燕慕容儁以元璽元年造刀二十八口，銘曰：「二十八將。」隸書。

後燕慕容垂以建興元年造二刀，長七尺，一雄一雌，隸書，若別處之則鳴。

後秦姚萇以建初元年造一刀，銘曰：「中山。」長三尺七寸，隸書。

西秦乞伏國仁，以建義三年造一刀，銘曰：「建義。」隸書。

後凉吕光以麟嘉元年造一刀，銘背曰：「麟嘉。」長三尺六寸。

南凉秃髮烏孤以太初三年造一刀，狹小，長二尺五寸，青色。匠人曰：「當作之時，夢見一人被朱服，云：『吾是太一神，來看汝作。』云此刀有獻必鳴。」後落突厥可汗所有也。

南燕慕容玄明以建平元年作刀四口，文曰：「建平。」隸書。

西京李暠以永建元年造珠碧刀一口，銘曰：「百勝。」隸書。

北凉沮渠蒙遜以永安三年造刀百口，銘曰：「永安。」隸書。

夏州赫連勃勃，以龍昇二年造五口刀，背刃有龍雀環，兼金鏤作一龍形，長三尺九寸，銘曰：「古之利器，吴楚湛盧。大夏龍雀，名冠神都。可以懷遠，可以柔邇。如風靡草，威服九區。」宋王劉裕破長安，得此刀，後入於梁。

周瑜作南郡太守，造一刀，背上有盪寇將軍字，八分書。

蔣欽拜列郡司馬，造一刀，文曰：「司馬。」隸書。

陶穀《清異録》卷四《十二機弩》 宣武廳子都尤勇悍，其弩張一大機，則十二小機皆發，用連珠大箭，無遠不及，晉人極畏此。文士戲呼爲急龍車。

文瑩《玉壺清話》卷八 太宗居晉邸，知客押衙陳從信者，心計精敏，掌功官帑，輪指節以代運籌，絲忽無差。開寶初，有司秋奏：「倉儲止盡明年二月。」太宗因詰之。信曰：「但令起程即計往復日數，以糧券并支，可責其必歸之限。運至陳留，即預關主司，戒運徒先候於倉，無淹留之弊，每運可減二十日。楚、泗至京，舊限八十日，一歲止三運，每運出淹留虚程二十日，歲自可增一運。」太宗以白太祖，遂立爲永制。一歲，晉邸歲終籌攢年費，何啻數百萬計，惟失五百金，屢籌不出。一蒼頭偶記之：「晉王一日登府樓，遥觀尋橦者，賞嘆精捷，令某府取庫金與之。時信不在，後失告之。」魏丕爲作坊使，舊制，床子弩止七百步。上令丕增至千步，求規於信。信令懸弩於架，以重墜其兩端，弩勢負，取所墜之物較之，但於二分中增一分以墜新弩，則自可千步矣。如其製造，後果不差。

蔡絛《鐵圍山叢談》卷二 玉輅始作自唐高宗，繇高宗、武后、明皇及聖朝真宗皇帝，凡三至岱宗，一至崧高，然行道摇頓，仁廟晚患之，詔創爲一輅。及告成，因幸開寶寺，垂簾於寺門，命有司按行於通衢，親親之焉。新輅既先，次引舊輅，而舊輅輒有聲如牛鳴，不肯前，衆力挽之，堅不動而止。仁廟未幾登遐，終不克御前新輅也。別本「終」並作「而」。其後，神祖苦風眩，每郊祀，益惡舊輅之不安。又詔別創之，乃更攷古制，加以嚴飭甚美。新輅既就，天子未及御。元豐八年之元日，適大朝會，有司宿供張，設輿輅、儀物於大慶殿下，新輅在焉。遲明撤去幙，屋壞，遂毁，玉輅爲之碎，因殺傷儀鸞司士數十人。未幾，神祖復登遐。是後有司乃不敢易，但進舊輅，以奉至尊。靖康中，議者將持玉輅以遺金人，然地遠不得聞厥詳，舊輅之能神否也，獨書其所聞者。

玉輅者，迺商人之大輅，古所謂「黄屋左纛」是也。色本尚黄，蓋自隋暨唐譌而爲青，疑以謂玉色爲青蒼，此因循繆爾。政和閒，禮制局議改尚黄，而上曰：「朕乘此輅郊，而天真爲之見時青色也，不可易以黄。」迺仍舊貫，有司遂不敢更，而玉輅尚青，至今譌也。

江少虞《宋朝事實類苑》卷五二《書畫伎藝・造弓》 予伯兄善射，自能爲弓。其弓有六善：一者性體少而勁，二者和而有力，三者久射力不屈，四者寒暑力一，五者絃聲清實，六者一張便正。凡弓性體少則易張而壽，但患其不勁，欲其勁者，妙在治筋。凡筋生長一尺，乾則減半，以膠湯濡而梳之，復長一尺，然後用，則筋力已盡，無復伸弛。又揉其材令仰，然後傅角與筋，此兩法所以爲筋也。凡弓節短則和而虚，虚謂挽過吻則無力。節長則健而柱，柱謂挽過吻，則木强而不來。節謂把梢，裨木長則柱，短則虚。節若得中，則和而有力，仍絃聲清實。凡弓初射，當天寒，則勁强而難挽。射久，天暑，則弱而不勝矢，此膠之爲病也。凡膠欲薄而筋力盡，强弱任筋則不任膠，此所以射久乃不屈，寒暑力一也。弓所以爲正者，材也。相材之法，視其理，其理不因矯揉而直中繩，則張而不跛，此弓人之所當知也。

李燾《續資治通鑑長編》卷二三三《神宗熙寧五年》（五月庚辰） 命供備庫副使陳珪管勾作坊，造斬馬刀。初，上匣刀樣以示蔡挺，刀刃長三尺餘，鐔長尺餘，首爲大環，挺言：「制作精巧，便於操擊，實戰陣之利器也。」遂命内臣領工置局，造數萬，分賜邊臣。斬馬刀局蓋始此。八年四月二十八日并五月十七日可考。

洪邁《容齋三筆》卷一六《神臂弓》 神臂弓出於弩遺法，古未有也。熙寧元年，民李宏始獻之入内，副都知張若水方受旨料簡弓弩，取以進。其法以檿木爲身，檀爲弰，鐵爲蹬子鎗頭，銅爲馬面牙發，麻繩札絲爲弦，弓之身三尺有二寸，弦長二尺有五寸，箭木羽長數寸，射二百四十餘步，入榆木半笴。神宗閲試，甚善之。於是行用，而他弓矢弗能及。紹興五年，韓世忠又侈大其制，更名「克敵弓」，以與金虜戰，大獲勝捷。十二年詞科試日，主司出《克敵弓銘》爲題云。

宇文懋昭《大金國志》卷一四《紀年·海陵煬王中》（正隆四年二月） 是月，主再修汴京，令左丞張浩、參知政事敬嗣（徽）〔暉〕董其役，集諸路夫匠大興宫室，極其侈靡，將遷都焉。

九月，修造方殷，其謀始露，南宋疑之。乃遣樞密院王綸等來使。至是，綸等回南，言鄰國恭順和好無他。

時主再役諸路夫匠造諸軍器于燕京，令左丞李通董之，又令户部尚書蘇保衡、侍郎韓錫造戰船于潞河，夫匠死者甚衆。

《明憲宗實録》卷二六五 〔成化二十一年閏四月〕乙酉命都指揮使倪端、張玘，都指揮同知殷偕、袁林，都指揮僉事劉俊、周全，指揮使李應琪，指揮同知董永昌、李璥，指揮僉事趙福、殷順、劉節、毛祥、李傑，正千户蔣茂、張俸，副千户高明、馬贇，大使張靖，副使杜林俱復全俸。靖、林緣事仍免置理，端、靖初由錦衣軍匠，玘、福、贇俱錦衣衛舍人，偕府軍指揮，袁林人匠，俊、永昌、祥俱金吾官軍籍，全太監金英義兒，璥金吾百户，順府軍指揮家人，節富峪官籍，俸大興百户，杜林武功軍匠，俱以繪事進，應琪錦衣衛指揮，傑府軍所鎮撫，俱以銀作進，茂、明武功錦衣軍匠，俱以表背服役，貪緣造請馴至優秩，頃以災異稍黜倖進猶給半俸，至是旋復自陳乞全給，户部參究以覆詔復之，且諭後不爲例。

褚人穫《堅瓠己集》卷三《淬鐵》 宋歐陽程，永州府營道人。少爲郡吏，郡後有池，常淬鐵爲戎器，名鐵作池，植亭其旁。一日太守於吏牘間得副紙，記池亭之勝，有「寒影倒吞凌漢樹，冷光高浴半天星」之句，問知爲程詩，大驚異之，與之金，使歸爲學。登進士第，累官屯田員外郎。

「國立」故宫博物院《宫中檔雍正朝奏摺》第二一輯江南提督南天祥《奏報儲備軍營火藥摺》 提督江南總兵官臣南天祥謹奏爲陳奏事。竊臣質本庸陋，荷天恩簡任海疆，凡一切職守，當爲惟有勉竭愚誠，悉心辦理，務使地方寧謐，兵民和協，營伍整飭，紀律嚴明，以期仰報高厚於萬一。兹有請者，伏念軍中利器，鳥鎗爲先，則所需火藥，最關緊要。按江省各標協營鳥鎗現動公糧改造將次整齊畫一，而火藥一項，查下江各營除逐年製備以供操演外，其間有稍爲存貯者，有全無餘剩者，更有如崇明鎮標沿海各營，因上年柒月間海潮泛溢，將舊日所存悉行沖失者，是江省營伍事宜莫有急於製備火藥者矣。仰惟聖明睿慮周詳，無微不及，先經督撫提鎮臣於遵旨議奏事案内會同酌議，除上江各營舊有存貯火藥未經撥動無庸添造外，擬以督標中左貳營及江寧城守營蘇撫標左右貳營及蘇州城守營京口水師標左右貳營及鎮江營爲省會巖疆重地應備火藥伍年，其漕標河標臣標與崇明、狼山兩鎮標暨各協營凡屬沿江沿海者，俱爲扼要之區，然地多潮濕，恐易黴黰，故擬儲備火藥叁年。再内地偏僻處所如溧陽、平望、常州中左右叁軍及孟河、靖江、泰州、泰興等營，止擬量加添造。以上各項火藥，除存貯數目抵補外，實應添造火藥壹拾肆萬玖千肆百柒拾柒觔零，俱擬動支司庫存公銀兩採辦製備，業於雍正玖年貳月内分晰條欵咨覆内部在案，尚未奉文准行。臣覆加查核，所見相符。但上年被潮各營，據報漂失存貯火藥共計叁萬貳千陸百肆拾伍觔零，更須亟行補造，以足前項擬定之額。至每年操演所需，或係捐備，或取辦於公欵，仍照舊例遵行，不與儲備火藥一體動項製造也。惟是儲備之數，有伍年、叁年不等，則需用硝磺甚多，一時不能齊辦，臣請於沿江沿海各營先行製備，其餘亦酌量次第竣事，庶軍實無不充裕，營伍大有利賴矣。臣以遵旨議奏事件不容久稽，謹冒昧奏請。倘蒙天恩俞允，伏乞勅下署督臣魏廷珍、蘇撫臣喬世臣速行會同酌核動項採辦，設局興造，照數存貯，其委員經管造册報部，以及將每年操演火藥與儲備火藥，遞行出陳易新等事宜，一併條晰辦理，以免日久滋弊。爲此恭摺專差家人林玉齎捧奏聞。所有前奉硃批奏摺壹合相應恭繳合併奏明。仰祈皇上睿鑒施行。謹奏。

雍正拾壹年正月貳拾日。

李心衡《金川瑣記》卷四《兵器》 夷人多膂力，類能手挽强弓。然弓小如箕，弦控牛筋，復麤笨不相稱。箭鏃利甚，卻無翎羽，是以射近能飲石，不能及百步之遠。又善用火鎗，鎗製亦與中華小異。綏靖有飛鎗手十餘人，能殪飛鳥，亦屯練中表表者。

《同治朝籌辦夷務始末》卷七八 〔同治九年十月庚申〕李鴻章又奏，再欽奉十月十二日寄諭：天津機器局應如何斟酌添製開拓之處，著李鴻章妥爲籌畫，奏明辦理。該督於此事講求有素，務當督飭津局委員，事事悉心研究，將此中機巧，竟委窮源，庶可有裨實用等因。欽此。臣查製器與練兵相爲表裏，練兵而不得其器，則兵爲無用，製器而不得其人，則器必無成。西洋軍火，日新月異，不惜工費，而精利獨絶，故能横行於數萬里之外。中國若不認真取法，終無以自强。竊謂士大夫留心經世者，皆當以此爲身心性命之學，庶幾學者衆，而有一二傑出，足以强國而瞻軍。臣自愧智短力分，迄無成就，前在江蘇督撫任内，創設上海、金陵機器兩局，分造輪船、槍礮、火箭、銅帽等件，略有端緒，歷年軍中撥用，實利賴之。惟馳驅在外，未能躬親督率，常以有初鮮終爲懼。洋槍炸礮，皆非洋火藥施放，不能取準而及遠，臣軍每向西國購運，其價較中國土藥微昂，究不若自製洋藥之多且便矣。

總理衙門奏，令崇厚在津購辦機器，設局造藥，足補南局所未備，且隱寓防患固本之意，極爲遠慮深謀，其初不得不雇洋人指授，所望内地員匠，學其器而精通其意，久之自能運用，轉相傳習，乃爲經久之道。又凡仿製洋器，每年所用工料銀，較之每年所出之貨，必比採買之價稍貴，即稍貴亦係值得，不爲虚糜。崇厚奏稱，據密妥士云：再添研藥機器三分，則所出火藥，可增三倍，較之採買即可節省等語。臣昨與成林親往該局查看，面詢密妥士，又不敢據爲成説，蓋其夸大之詞也。

惟該局規模粗具，垣屋尚須加修，機器尚須添製，火藥亦尚未開造，自應就此基緒，逐漸擴充，逐事覈實，非廉正熟悉而有條理之員不足與謀。查有湖北補用道沈保靖，前經臣委令督辦上海機器局，事事皆賴其創制，如雇用洋匠，進退由我，不令領事税務司各洋官經手，以免把持。定購外國機器貨料，自擇各洋商評訂，收貨給銀，務取該國發貨洋文單爲憑，委員各有專司，其冗食不究心者汰去之。華匠學徒，按日點工給價，無稍冒混，立法最稱精善。是以滬局開設數年，已造成輪船四隻，洋槍、大小開花礮、洋火箭等項，接濟各軍應用者，均不下數千件，出貨較多，而用款並不甚費。以視閩局專任税務司法人日意格，津局專任領事官美人密妥士，將成尾大不掉之勢，似稍勝耳。

沈保靖因臣平捻後，軍器可減，久任勞怨，力辭局務，隨營差遣，臣不得已緘商前兩江督臣馬新貽，撫臣丁日昌，暫令道員馮焌光，知府鄭藻如，照舊接辦滬局。頃以天津機器局，奉旨交臣籌畫辦理，臣即密屬沈保靖留心察度，擬即遴委該員總司其事，該員再三固辭，大抵關涉洋務，自好者已不願爲。洋務而又兼出納銀錢，更多望而却步，隨俗則恐無實濟，認真則必叢怨尤，然惟其不願爲者，乃可與有爲。此等苦情，諒邀聖明俯鑒。沈保靖與臣交近三十年，堅明耐苦，絲毫不欺不苟，實所深信。可否請旨飭令該員總理天津機器局事務，以資熟手，臣當督同該員，監管中外各員匠，逐細講求，悉心研究，務期有裨軍用，仰副聖鑒。惟係已成之局，牽涉洋人，窒礙殊多，更張不易，密妥士屢次來謁，臣諄諄誥誡，以覈實利用爲要，該領事人尚和平要好，或可相與有成，容再察酌妥辦，並一切整頓開拓章程，隨時督飭沈保靖相機籌議具奏。

藝文

《孫子》卷上《作戰篇》 國之貧於師者遠輸，遠輸則百姓貧。近於師者貴賣，貴賣則百姓財竭，財竭則急於丘役。力屈、財殫，中原内虚於家。百姓之費，十去其七；公家之費，破車罷馬，甲胄矢弩，戟楯蔽櫓，丘牛大車，十去其六。

《墨子》卷一四《備梯》 子墨子曰：「問雲梯之守邪？雲梯者，重器也，亓動移甚難。守爲行城，雜樓相見，以環亓中。以適廣陜爲度，環中藉幕，毋廣亓處。行城之法，高城二十尺，上加堞，廣十尺，左右出巨各二十尺，高、廣如行城之法。爲爵穴煇鼠，施荅亓外。機、衝、錢、城，廣與隊等，雜亓間以鐫、劍，持衝十人，執劍五人，皆以有力者。令案目者視適，以鼓發之，夾而射之，重而射之，披機藉之，城上繁下矢、石、沙、炭以雨之，薪火、水湯以濟之。審賞行罰，以静爲故，從之以急，毋使生慮。若此，則雲梯之攻敗矣。

「守爲行堞，堞高六尺而一等，施劍亓面，以機發之。冲至則去之，不至則施之。爵穴三尺而一，蒺藜投必遂而立，以車推引之。

「裾城外，去城十尺，裾厚十尺。伐裾，小大盡本斷之，以十尺爲傳，雜而深埋之，堅築，毋使可拔。二十步一殺，殺有一鬲，鬲厚十尺，殺有兩門，門廣五尺。裾門一，施淺埋，弗築，令易拔。城希裾門而直桀。

「縣火，四尺一鉤枳，五步一竈，竈門有爐炭。令適人盡入，煇火燒門，縣火次之。出載而立，亓廣終隊。兩載之間一火，皆立而待鼓而燃火，即具發之。適人除火而復攻，縣火復下，適人甚病，故引兵而去。則令我死士左右出穴門擊遺師。令賁士、主將皆聽城鼓之音而出，又聽城鼓之音而入。因素出兵施伏，夜半城上四面鼓噪，適人必或。有此必破軍殺將。以白衣爲服，以號相得，若此，則雲梯之攻敗矣。」

《六韜》卷三《龍韜·陰符》　太公曰：「主與將，有陰符。凡八等：有大勝克敵之符，長一尺；破軍擒將之符，長九寸；降城得邑之符，長八寸；却敵報遠之符，長七寸；誓衆堅守之符，長六寸；請糧益兵之符，長五寸；敗軍亡將之符，長四寸；失利亡士之符，長三寸。諸奉使行符，稽留，若符事聞，泄者告者皆誅之。八符者，主將秘聞，所以陰通言語，不泄中外相知之術。敵雖聖智，莫之能識。」

武王曰：「善哉。」

《韓非子》卷一一《外儲説左上》　夫新砥礪殺矢，彀弩而射，雖冥而妄發，其端未嘗不中秋毫也，然而莫能復其處，不可謂善射，無常儀的也。設五寸之的，引十步之遠，非羿、逢蒙不能必全者，有常儀的也。有度難而無度易也。有常儀的，則羿、逢蒙以五寸爲巧；無常儀的，則以妄發而中秋毫爲拙。故無度而應之，則辯士繁説；設度而持之，雖知者猶畏失也，不敢妄言。今人主聽説，不應之以度而説其辯；不度以功，譽其行而不入關。此人主所以長欺，而説者所以長養也。

吕不韋等《吕氏春秋》卷二五《别類》　相劍者曰：「白所以爲堅也，黄所以爲牣也，黄白雜則堅且牣，良劍也。」難者曰：「白所以爲不牣也，黄所以爲不堅也，黄白雜則不堅且不牣也。又柔則錈，堅則折。劍折且錈，焉得爲利劍？」劍之情未革，而或以爲良，或以爲惡，説使之也。故有以聰明聽説，則妄説者止；無以聰明聽説，則堯、桀無别矣。此忠臣之所患也，賢者之所以廢也。

劉向《説苑》卷二〇《反質》　經侯往適魏太子，左帶羽玉具劍，右帶環佩。左光照右，右光照左。坐有頃，太子不視也，又不問也。經侯曰：「魏國亦有寶乎？」太子曰：「有。」經侯曰：「其寶何如？」太子曰：「主信臣忠，百姓戴上，此魏之寶也。」經侯曰：「吾所問者，非是之謂也，乃問其器而已。」太子曰：「有徒師沼治魏，而市無豫賈；郄辛治陽，而道不拾遺；芒卯在朝，而四鄰賢士無不相因而見。此三大夫，乃魏國之大寶。」於是經侯默然不應，左解玉具，右解環佩，委之坐，懋然而起，默然不謝，趨而出，上車驅去。魏太子使騎操劍佩逐與經侯，使告經侯曰：「吾無德所寶，不能爲珠玉所守。此寒不可衣，饑不可食，無爲遺我賊。」於是經侯杜門不出，傳死。

曹操《曹操集·文集》卷三《百辟刀令》　往歲作百辟刀五枚適成，先以一與五官將。其餘四，吾諸子中有不好武而好文學，將以次與之。

又《軍策令》　孤先在襄邑，有起兵意，與工師共作卑手刀。時北海孫賓碩來候孤，譏孤曰：「當慕其大者，乃與工師共作刀耶？」孤答曰：「能小復能大，何苦！」袁本初鎧萬領，吾大鎧二十領；本初馬鎧三百具，吾不能有十具。見其少遂不施也，吾遂出奇破之。是時士卒精練，不與今時等也。

夏侯淵今月賊燒郤鹿角。鹿角去本營十五里，淵將四百兵行鹿角，因使士補之。賊山上望見，從谷中卒出，淵使兵與鬭，賊遂繞出其後，兵退而淵未至，甚可傷。淵本非能用兵也，軍中呼爲「白地將軍」，爲督帥尚不當親戰，況補鹿角乎。

又《軍令》　吾將士無張弓弩于軍中，其隨大軍行，其欲試調弓弩者，得張之，不得著箭。犯者鞭二百，没入。吏不得于營中屠殺賣之，犯令，没所賣，及都督不糾白，杖五十。始出營，豎矛戟，舒幡旗，鳴鼓，行三里，辟矛戟，結幡旗，止鼓。將至營，舒幡旗，鳴鼓，至營訖，復結幡旗，止鼓。違令者髡翦以徇。軍行，不得斫伐田中五果桑柘棘棗。

錢儀吉《三國會要》卷三一《兵二·雜録》　《魏武帝令》曰：「作百辟刀五枚。」曹植賦：建安中，造寶刀五枚，以龍、熊、鳥、雀爲識。（楊）

《典論》曰：「造寶刀三：曰靈寶、含章、素質。又作露陌刀。」蒲元爲諸葛亮鑄刀，淬以蜀江之水，因曰神刀。《御覽》。（楊）

《晉書》卷五五《張載傳》 大夫曰：「楚之陽劍，歐冶所營，邪谿之鋌，赤山之精，銷踰羊頭，鍱越鍛成。乃鍊乃鑠，萬辟千灌。豐隆奮椎，飛廉扇炭，神器化成，陽文陰漫。既乃流綺星連，浮采艷發，光如散電，質如耀雪，霜鍔水凝，冰刃露潔，形冠豪曹，名珍巨闕，指鄭則三軍白首，麾晉則千里流血。豈徒水截蛟鴻，陸灑奔駟，斷浮翮以爲工，絶重甲而稱利云爾而已哉！若其靈寶，則舒辟無方，奇鋒異模，形震薛燭，光駭風胡，價兼三鄉，聲貴二都，或馳名傾秦，或夜飛去吴。是以功冠萬載，威曜無窮，揮之者無前，擁之者身雄，可以從服九國，横制八戎，爪牙景附，函夏承風。此蓋希世之神兵，子豈能從我而服之乎？」公子曰：「余病未能也。」

庾信《庾子山集》卷一二《銘・刀銘三首》 風伯吹爐，雨一作雲。師煉冶。鐵焰朝流，金精夜下。價重十城，名高千馬。

千金穎合，百鍊鋒成。光連斗氣，欻動山精。身文水動，刃古珠生。斗精遥降，山靈下從。水文千曲，蛇鱗百重。燕砥劒刃，蜀水開鋒。氣生分景，環成屈龍。

白居易《白居易集》卷一《諷諭一・李都尉古劍》 古劍寒黯黯，鑄來幾千秋。白光納日月，紫氣排斗牛。有客借一觀，愛之不敢求。湛然玉匣中，秋水澄不流。至寶有本性，精剛無與儔。可使寸寸折，不能繞指柔。願快直士心，將斷佞臣頭。不願報小怨，夜半刺私讎。勸君慎所用，無作神兵羞。

白居易《白居易集》卷四《諷諭四・鴉九劍　思決壅也》 歐冶子死千年後，精靈暗授張鴉九。鴉九鑄劍吴山中，天與日時神借功。金鐵騰精火翻焰，踊躍求爲鏌鋣劍。劍成未試十餘年，有客持金買一觀。誰知閉匣長思用，三尺青蛇不肯蟠。客有心，劍無口，客代劍言告鴉九。君勿矜我玉可切，君勿誇我鍾可刜。不如持我決浮雲，無令漫漫蔽白日。爲君使無私之光及萬物，蟄蟲昭蘇萌草出。

李白《李太白文集》卷二《古詩・寶劍》 寶劍雙蛟龍，雪花照芙蓉。精光射天地，雷騰不可衝。一去別金匣，飛沉失相從。風胡殁已久，所以潛其鋒。吴水深萬丈，楚山邈千重。雌雄終不隔，神物會當逢。

劉禹錫《劉禹錫集》卷四《碑下・夔州始興寺移鐵像記》 佛薪盡于乾竺，而象教東行。是法平等，故所至爲浄土。是身應供，故隨念如降生。先是魚復人有以利金爲彌勒像者，重千鈞，睟容瑞相，人天兩足。鳧氏卒事而他工未備，故寓于西偏，不知其幾年矣。寺僧法照，瞻禮發信，赤肩白足，入諸大城，乃至聚落，無空過者。積十餘年，得信財無量。繇是購工以嘗巧，募徒而畢力。四輩增增，工麾以肱。中樞外脈，陰轉陽動。欻如地踴，岌如山行。大匠無言，尊容嚮明。青蓮承趺，金獸捧持。藻井花鬘，蔥蘢四垂。邑人膜拜，如佛出世。法照以願力能就，泣于佛前，因持片石，乞詞以示後。

按此寺始於宇文周初，瀕江坤庳。皇唐神龍中，爲水所壞。有波那賴耶國僧廣照浮海而至，頓錫不去，遂移於今道場所，山曰磨刀，嶺曰虎岡。其經始與克脩，皆蓄僧是力。後之有志者，豈無人哉？

法照，夔人，姓穆氏。年十有五出家，依江陵名僧受具。肇自貞元二十年甲申，歸此寺願，崇建有爲，凡脩大殿，立菩薩，大弟子侍佛左右。逮長慶癸卯有成，其善植德本者歟！

曾鞏《曾鞏集》卷二四《工部尚書制》 昔舜咨於衆：疇若予工？羣臣薦垂，往祇厥叙。蓋繕修興造，程衆藝，飭五材，國家之務，不可以不屬之其人。今中臺起曹，實踐其任，矧屯田、虞衡、平水之職，莫不隷焉。正名之初，其選尤重。某材力强敏，周於計畫。更閱内外，時稱汝能。俾服冬官，蔽自朕志。夫詳明品式，以訓匠建事，使費省於國，力寬於人，至於墾地、山林、溝洫之政，莫不畢舉，皆汝守也。其尚懋哉，以率厥屬。

又《工部侍郎制》 夫飭五材，程匠事，國家之務所不可已也。故共工之貳，任屬非輕。朕方若稽舊章，財正官號，思得智能之士，以副采擇之詳。某開達敏强，明習典故。冬官寵列，俾介厥司。考究制度之文，紀綱修善之政。在爾能舉其職，以稱吾經理萬事之心。其尚懋哉，往祇厥服。

又《庫部制》 甲盾弓矢之器，乘輿鹵簿之式，武藏之任，郎選甚高。得士於朝，屬任惟允。夫稽功實以勸賞，朕方必行；悉忠力於事爲，爾尚無懈。

葉廷珪《海録碎事》卷二〇《彎明月》 劒決浮雲氣，弓彎明月輝。《李白集》。

又《攫玉弩》 攫玉弩，摧狼狐，洗清天地。《李白集》。

又《白猿啼》 丈八蛇矛出隴西，彎弧拂箭白猿啼。《李白詩》。

李燾《續資治通鑑長編》卷一三二《仁宗慶曆元年》（五月甲戌） 十二曰：工作器用，中國之所長，非外蕃可及。今賊甲皆冷鍛而成，堅滑光瑩，非勁弩可入。自京齎去衣甲皆軟，不足當矢石。以朝廷之事力，中國之伎巧，乃不如一小羌乎？由彼專而精，我漫而略故也。今請下逐處，悉令工匠冷砧打造純剛甲，旋發赴緣邊，先用八九斗力弓試射，以觀透箭深淺而賞罰之。聞太祖朝舊甲絕爲精好，但歲久斷綻，乞且穿貫三五萬聯，均給四路，亦足以禦敵也。

李燾《續資治通鑑長編》卷二六四《神宗熙寧八年》（五月丁丑） 軍器監奏：「自置監以來，比之舊額，軍器數十倍，少亦不減一兩倍，漸見倫緒。惟是在京上等人匠並差在御前生活所，以此有妨製造。今據中書批問事件，謹具分析下項添修創造衣甲，共七千八百五副，比未置監已前，共增造四千八百九件，人工一十四萬七百餘工。御前生活所不係本監統轄，乞自朝廷取索人數。比較造箭一百三十八萬四千餘隻，比未置監已前增造箭三十三萬三千五百隻，多一萬七千五百餘工。內儹剩工二千一百二十一工，并擘畫添起逐色造箭工限，向去所省工料不少，弓弩造到工限比未置監已前，增得二萬九千二百餘工。」

上批：「中書、樞密院可再子細看詳軍器監所具析，未知依與不依得朝廷問目？其有內稱即向去所減工料不少之類，不審是何成績及節目，如何考驗？今且於其中比較軍器監與御前生活所所造鞍轡，軍器監每副二百六十一工八分七釐九毫九絲，御前生活所六工六分四釐五毫六絲。」已上見《御集》第六十七卷五月十七日。

王韶言：「陛下如此，恐內外相傾成俗。向來軍器監點檢內臣折剥弓弩，自此成隙。今卻以內臣比較，按軍器監，則內外相傾無已。」上曰：「比屢說軍器監事，若不比較見事實，即中外更以爲聽小臣譖愬。今比較見事實行法，乃以明曲直。」王安石曰：「誠要如此，若每事分曲直，明信誕，使功罪不蔽，則天下治久矣。」上曰：「如程昉敢向前勾當，亦爲中書察知，故敢盡力。如昨來衛端之該減降，只合科杖罪放，特追兩官。內小臣有罪，行之必不肯少貸。」安石曰：「外臣若如衛端之壞卻許多官物，亦未嘗有科杖罪放卻者。如程昉亦恃陛下以公道主張，故敢盡力。然比苟簡偷惰之衆人，則其危殆亦已甚矣。凡如昉者，衆之所疾，有十件罪發，未抵別人一件。緣別人更相容庇，如昉則衆共攻之，若非人主保庸，即何由自立！不知大臣、執政於內外庶官有何適莫？但內臣即要深行，非內臣即便末減，如此用心，必是姦人內懷愛惡利害，欺罔人主。不知如此人，陛下何故使之執政？」上曰：「如卿有道，豈肯如此，然他人豈免如此！」已上見《日録》五月十五日，今并書。

王韶又言軍器監事不須比較。上以爲事不比較，無由見枉直。安石曰：「誠然。庭者，直也。朝廷治事，惟欲直而已，若不考校，何由知其枉直。若爲其有勞，且欲含容，亦須待考校見曲直，然後計其勞與罪孰多，加恩末減可也。不然，則無罪之人或蒙譏謗，乃誤受含容之恩，而實遭誣汙之累矣。」已上見六月三日，今并書。

他日，又進呈軍器監比較文字，上曰：「如御前生活所改變橋瓦省功，豈是有指揮令軍器監不如此改變？」安石曰：「自祖宗以來，只是用全木爲橋瓦，今御前改爲木合成，即未經外庭試驗經久牢固比舊如何。假令比較與舊牢固一般，又省費，即御前生活所可獎。軍器監官員未爲有罪，以所造橋瓦是祖宗以來承用法式故也。如昨來三司有人言造三竈，留滯言事，令二年甚困苦，而不爲之定奪。及中書差官試驗，果有利如此，乃可以責三司，然朝廷亦不責三司也。今橋瓦事又未嘗有人言此利便於軍器監，而監官沮抑不行，若比三司，尤不可責也。」已上見《日録》六月二十一日，今并書。上曰：「『周道如砥，其直如矢。』匹夫亦須令自盡，況勾當生活所使臣？」安石曰：「御前生活所使臣何緣不獲自盡？中書既比較了便，送與看詳，彼自不肯看詳，不知令比較官如何措置？陛下若尚疑未盡，即容臣等檢尋文字，子細進呈。」上疑比較不盡，蓋比較官向宗儒與生活所宋用臣有隙故也。上曰：「如生活所支食錢，只令依實比較，然卻言緣生活所支食錢，乞朝廷詳酌指揮，便取工匠狀。若支食錢，亦乞依得生活所便憑虛比較。」安石曰：「若謂御前生活所使臣皆陛下近習，當依違之，則誠如聖旨。陛下於宮中、國中，宜爲一體，陟罰臧否不宜異同。即有司如此比較，不爲過當。且軍器監自然支得食錢，即亦造得如何，抑亦辭以爲造不得？若依所乞，支與食錢，待彼造不得，然後重罰，彼亦何辭？若未見其造不得，即令用其說比較，兼已依實比較，然後別更作一節聲說。如此比較，非不平直也。」翌日，進呈比較文字，照驗甚明，上乃大悟。

曾公亮等《武經總要前集》卷一三《器圖》 古稱工欲善其事，必先利其器。蓋士卒猶工也，兵械猶器也。器利而工善，兵精而士彊，勢則然矣。故曰兵不精利，與空手同；甲不堅密，與袒裼同；弩不及遠，與短兵同；射不能中，與無矢同；中不能入，與無鏃同；鬭而不勇，與無守同。其法五不當一，然則五兵者，三軍所以恃而爲勇也，可不謹乎？

謝深甫《慶元條法事類》卷八《職制門》五《漏泄傳報敕令格》 擅興勅

諸軍器樣制與模法式同。傳寫漏泄者，徒二年，許人捕。若製造輒改樣及減功料者，杖一百。

諸神臂弓若官司置藏不密，致私傳習並私習學製造者，以違制論，並許人告。

呂祖謙《詩律武庫後集》卷七《寶器門》　歐冶五劍

《吴越春秋》云：吴王聘歐冶子五劍，一曰純鈎，二曰湛盧，三曰豪曹，四曰魚腸，五曰巨闕。秦客薛燭善相劍，王取豪曹、巨闕等示之。燭曰：「皆非寶劍。」乃取純鈎示之，燭曰：「光乎如屈陽之華，沉之如芙蓉始生於湖，觀其文如列星之行，覩其光如水溢于塘。」故坡詩云：「少年别有贈，含笑看吴鈎。」吴鈎即劍也。

劍有雌雄

《列士傳》：楚王夫人常於夏納涼而抱鐵柱，心有感，遂懷孕，産一鐵。楚王命鏌鋣鑄爲雙劍，三年乃成，一雌一雄。鏌鋣乃留雄而以雌進王，劍在匣中常悲鳴。王問羣臣，對曰：「劍有雌雄，鳴者以雌憶雄耳。」王大怒，遂殺鏌鋣。故杜詩有「雄劍鳴開匣」之句。

干將鏌鋣

《吴越春秋》：吴王闔閭使干將造劍二枚，一曰干將，二曰鏌鋣。鏌鋣者，干將之妻。干將作劍，金鐵之精未肯流，干將夫妻乃斷髪翦爪投之爐中，金鐵乃濡，遂以成。陽曰干將，而作龜文；陰曰鏌鋣，而作漫理。故郭元振《寶劍歌》云：「精光黯黯青蛇走，文章片片緑龜鱗。」是也。

步光

步光，寶劍名。《史記》：越王使大夫種奉屈盧之矛、步光之劍，以賀吴。故坡詩有「屢把鉛刀齒步光」之句。

修月斧

《酉陽雜俎》：太和中。鄭仁本表弟當與王秀才遊嵩山，忽迷路，見一人方睡熟，呼之曰：「君知向官道無？」其人坐曰：「君知月乃七寶合成乎？月勢如丸，其影日爍，其凹處也，常有八萬二千户修之，予即一數。」因開襆，有斤鑿數事，玉屑飯兩裹授與二人曰：「分食此，雖不足長生，可一生無疾耳。」乃起，與二人指一支徑曰：「由此自合官道矣。」言已不見。故荆公詩有「玉斧修成寶月團」之句。而東坡詩亦云：「從來修月手，合在廣寒宫。」是也。

楊維楨《鐵崖逸編》卷二《李鐵槍歌》　古鐵槍，五代烈。今鐵槍，萬人傑。紅蠻昨夜斬關來，防關老將泣如孩。鐵槍手持丈二材，鐵馬突出擒紅魁。磔紅頭，釁紅骨。誓紅不同生，滅紅倒紅窟。君不見錢塘城中十萬家，十萬甲兵赭如血，一夜南風吹作雪。

《明憲宗實録》卷六四　〔成化五年閏二月〕癸未，工部奏：「先因成造上用九龍九鳳橋亭并硃紅戧金膳禽等器，本部一時造辦不全，已依例奏准分半南京工部成造。今南京奏稱地方災傷，欲得量減。乞從所言，暫俟秋成陸續成造，庶供用不缺而民困亦甦。」從之。

《明憲宗實録》卷二六三　〔成化二十一年三月戊戌〕工部議覆：「南京吏部尚書陳俊等應詔陳言内二事。其一、言差去内臣匠作成造擺朝軍器者，宜如所言取回。已派物料，令南京兵仗局造完解京。其二、直隸蘇、松等府買辦年例供應物料及四川布政司歲辦折納皮張等物，宜令有司徑解折價轉送應天府官庫收候支用。中間或有積出餘銀，明立簿籍，准作下年之數。」奏上。上曰：「差去内官匠作都取回，軍器造完者就令解來，未完者令守備太監督造，陸續解京。買辦物料俱准議行。」

《明神宗實録》卷三四四　〔萬曆二十八年二月庚寅〕騰驤右衛百户李盤上陳錢法九事：「一、請特給關防。一、支放須定錢價。一、官員月俸、師生廪餼、各役工食，俱兼搭錢銀；罪贖俱准納錢。一、嚴禁私鑄。一、式様務遵欽給。一、廠局捧衙門空闊易于關防。一、散錢必專責，方有條緒。一、湖廣地廣州縣窵遠，乞照府分欽定廉幹舍人十五名，給與官帶，督同料理。一、鼓鑄須慣匠，提領俱照寶源局事例，年終計鑄錢給工食。」上以其事屬之稅監陳奉，關防不准給。

龐尚鵬《軍政事宜》　一、各軍見用器械制造弗精，施用無法，以故臨陣不能破賊成功。各將官務率所屬，從新整理，加意習學。軍中最利，無踰火器，火器之利，又莫踰於鳥嘴銃、佛郎機者。夫鳥銃習學，必久乃精，人皆畏難。各將官務於各部曲中，選取年力精壯，身材輕捷，資性伶俐者，編爲鳥銃手，即令習學。如習學不精，一隊則罪隊長，一哨則罪哨長，以次及于把總坐營官。其他器械，亦必以真能擊賊爲利，如筤筅，如佛郎機，如鎗棍、鈀丫、藤牌、腰刀之類，俱要教師勤習，以一教十，以十教百，務求可濟實用，不許徒習虛文。

余繼登《典故紀聞》卷一一　正統初，敕工部曰：「今軍器缺用，爾工部會同五府、兵部、錦衣衛、司禮監、内府各監局，往年退出諸色軍匠，擇其精壯者，令在營操備，老弱者仍送原衙門，與見在匠役成造軍器。爾工部、司禮監各遣官提督，務在堅利，使可經久，宜用物料，在京各庫支用，勿復科派，有司擾民。每季仍以造完數目具奏，以憑稽考，不得通同作弊假公營私以取罪戾。」

吳從先《小窗自紀》 烈士須一劍，則芙蓉赤精，不惜千金購之。士人惟此寸管，映日干雲之氣，那得不重值相索。

畢自嚴《餉撫疏草》卷四《四年鮮運事竣奏報疏》 題爲四年鮮運事竣，謹遵例奏報，並敘在事効勞文武官員，以彰激勸事。案照本年五月内，該臣會同督餉御史林有臺題，爲海外望餉最殷，聖諭責成綦切，恭報發過鮮運實數及開洋日期，以慰聖明東顧事，内稱：天啓四年，【略】又帶運兵部差官通政司經歷吕知思解到翼虎砲一百位，連珠砲五十位，湧珠砲五十位佛，郎機五十架，隨架子砲二百四十九箇，鐵盔三千頂，鐵甲二千二百五十三領，鐵甲七百四十七領，長鎗一百桿，夾靶鎗三百桿，鈎鎗三百桿，鋭扒一百桿，腰刀五十把，斬馬刀一百把，清硝二十萬斤，硫磺五萬斤，建鐵十萬斤，西熟鐵五萬斤，鐵彈子一萬斤，黑礬三百斤，桐油二千斤。又帶運兵部差官大理寺評事孟兆祥解到黄牛皮五千張，水牛皮一千張，川蔴一萬斤，箭竹十五萬枝，魚鰾一千斤，牛觔一千斤，翎毛五十萬枝。前四幫於四月初七日出洋，後四幫於五月二十日出洋，所欠鮮運不滿二萬。【略】又收附帶工部鐵盔二千九百七十四頂，鐵甲紙二千九百七十四領，長鎗一百桿，鈎鎗一百桿，夾靶鎗三百桿，鋭扒一百桿，腰刀五十把，斬馬刀一百把，連珠砲五十位，湧珠砲五十位，翼虎砲一百位，小佛郎機五十架，内小子砲二百四十九位，清硝八百包共二十萬斤，硫磺二百一十二包半共五萬一千斤，建熟鐵鐵彈六百三十五包共一十五萬八千七百五十斤，桐油一十二簍共一千八百斤，黑礬二簍共三百斤，黄牛皮四千九百五十張，水牛皮九百六十五張，牛觔一十包共一千斤，翎毛一十一包共五十萬枝，箭竹四十九包共一十四萬七千枝，魚鰾一十包共一千斤，又一小包重三十斤，方細川蔴二十三包共三千四百五十斤，長細川蔴四十九包共六千四百五十六斤，又三小包共五百零四斤，俱各收明，給散兵丁，訖所收是實。

徐光啓《徐光啓集》卷三《練兵疏稿一・恭承新命謹陳急切事宜疏萬曆四十七年九月十五日》 奏爲恭承新命，展轉徊徨，度時據例，不敢控辭，謹陳急切事宜，仰祈聖鑒即賜施行事。七月二十四日該吏部等衙門會同奏請，用臣監護朝鮮。本月二十六日奉聖旨：「徐光啓昨科臣祝耀祖説，不依遠差，著在京用，欽此。」續於本月二十八日該兵部題爲救時莫急戎務，責實惟在用人，謹陳目前切要事。八月初二日奉聖旨：「是，徐光啓曉暢兵事，就着訓練新兵，防禦都城。吏部便擬應陞職銜來説，欽此。」續於八月二十一日該吏部題爲都城防禦宜周，乞允訓練之臣以固根本事。九月初九日奉聖旨：「是，徐光啓陞詹事府少詹事兼河南道監察御史，管理練兵事務，欽此。」臣猥以淺陋，職在詞垣，兵旅之事，向未經歷。頃因東事急迫，屢疏論列，苟求效芻蕘之益，非敢爲媒進之階也。誤辱聖恩，三頒綸命，擢貳端尹，兼列臺銜，驟越四階，躐超前輩。未成一割之用，先蒙三錫之恩，臣感激之餘，彌懷慚赧。旋念京官四品，例無辭免，況皇上以時危注意，稍涉盤桓，便嫌規避。用時躊躇再四，不敢控陳。然以不材之資，值孔棘之會，度德揣時，恐終不勝其任也。至於選練一法，將欲使智勇材藝，人盡其長；工械技巧，物究其極，然後可以折勁敵之衝，保金湯之固。此則臣之愚見，臣之夙心，始終不敢於君父之前轉换一言，亦不能於僚友之間遷就一字，必依臣言，必用臣法，則臣之三疏具在矣。一一致行而兵不可用，臣任其咎。如言之不用，臣亦知言之不用，而但就目前事勢，冒昧支吾，日復一日，倉卒有警，伊誰之責！譬如醫師治病，不憑其方，不用其藥，但以他人之方藥，令其炮製修合，甚且并炮製修合之器具材料而靳予之，爲醫師者，得無拱手而承不效之罪乎？即使百凡如志，而教練未就，遽使從征，與夫烏合之衆相去何幾？是猶摘未熟之果，必不適於口；服未成之衣，必無救於寒矣。伏望皇上大奮乾斷，俯允臣言，使得展布四體，以圖尺寸之效。如或不然，恐無補於事，有悮於國，即負拔擢之恩，且傷皇上知人之明也。爲此先將一二急切事宜，畫一上請，伏乞敕下該部作速施行。其餘容臣陸續條奏。臣不勝願望祈懇之至。

計開

一、請欽命 臣仰奉明旨，專典兵戎，機務所關，更兼衙門職掌，全是剏立，乞降專敕，遵奉施行。仍請欽降關防旗牌及大小勘合火牌，以便行事。伏乞聖裁。

一、議駐劄 臣惟新兵教練，本爲防禦都城，應於都城内外擇取空閑教場，屯駐操演。但遠來兵衆，棲身無所，乞敕工部速造營房一千間，以便羣居肄習。臣與文武將吏合用公所，似應擇取空閑衙門；不足，或暫借就近庵觀寺院應用。若屯駐近畿州縣，就於該地方衙門駐劄。伏乞聖裁。

一、議副貳 臣惟官司必有佐貳，軍師必有副倅，所以資謀斷、備不虞也。況今所練新兵，皆非素習，一切選練，雖有將領教師，皆須臣經目經口，日閱二三百人則二三萬人須百日而遍。乃至製造器甲，亦須躬親指授，逐一試驗。時事甚急，無一手獨拍之理。而臣才智短淺，加以早衰多病，必須一二材略之臣，以爲佐助。臣看得禮部議制清吏司郎中須之彦，介性宏才，深心遠識，兩任劇縣，再歷部司，循良卓異，累著聲績。且精勤敏練，勝臣十倍。及查之彦部資，應得陞轉儀郎，晉陟京卿，亦係舊例；矧今破格用人之際，乞敕吏部，將之彦陞授相應京卿職事，爲臣副貳。此外更差户部司屬一員，專理餉務，不拘内外臣僚，選取一二員爲臣贊畫。使臣與諸臣朝夕謀議，手口拮据。臣若罷駑不稱，當籍其補苴，儻或尺寸可效，必速於奏績矣。伏乞聖裁。

一、議將領　臣自三月至今訪得中外名將，以待薦達。今經臣熊廷弼取用略盡，臣豈敢多求，以掣任事之肘。但今教練新兵，藝須兼通，步騎法亦參用南北，不得一二經事南將就近取用，何以措手？臣看得天津署遊擊事錢世楨、京營參將王光有熟諳兵機，經歷世務，驅之行陣，不在虓闞搏擊之科；俾以訓齊，實有駕輕就熟之用。伏望勅下該部，特留二臣聽用。此外待臣再行諮訪，與樞臣酌議，應奏請者陸續奏請，應委用者徑自委用。伏乞聖裁。

一、議待士　臣聞古之兵皆稱爲士，居四民之首；或稱君子，貴之也。貴之者，所以勸爲士也。後世視如隸役，有身家顧體面者不入其中。十人之英，便欲登爲將領，所以卒皆孱弱，軍無練鋭。岳飛治兵，角其勇力，層累擢用。其尤者別置親隨背嵬軍，諸軍統制而下，與之抗禮。犒賞異常，勇健無比，凡有堅敵，當之即破。然臣尚恨岳家軍不能盡爲背嵬也。臣願一軍皆依此法，初到募兵，除不及等者退去不用外，收用者考其勇力捷技，分爲隊兵鋒兵二等，一體教練。隊兵進益，陞爲鋒兵；鋒兵之尤者陞爲壯士；壯士之尤者陞爲上士。上士待之如武舉之禮，壯士待之如武學生之禮。每隊長哨官缺，于上士中角技補之；千把總缺，於隊長哨官中角技補之；將領缺，於千把總中角技補之。其有殊材異能，比併無對，可徑補將領以及上士者，不在陞等之例。其隊兵、應照例給月糧一兩二錢，四等兵士每加六錢；上士照東征事例，月給三兩而止。若給本色以時估扣算，其操賞銀又須從厚，以示激勵。及冬衣布花，皆不在餉銀之數。至於大小將領，臣欲使於兵士，不得尅減一文。但不恤其私情，優其俸給，徑束以法，是使人不以道也；即恤其私，犯者不貸，而又激以忠義，勗以功名，向上者必多矣。祇今遼左用餉不貲，司農束手，臣又一一求多，實是點金無術。似此勉强支持，不得不從其薄，臣又何術可以濟其不足？臣又何心必欲强其不能？臣所知者，養士如買市物，價高一分，貨值一分。臣請與兵部約曰：「量有若干之餉，可付若干之兵。」請與户部約曰：「欲練何等之兵，即發何等之餉。」如臣所謂隊兵者，只可以守堵；所謂鋒兵者，可爲守城游奕；所謂壯士，可以小戰取捷；所謂上士，可以大戰破敵。用之多寡，以敵之多寡强弱爲度，如是而已。倘謂今京營之軍月米一二石，何事新兵、獨須厚餉！不知營軍操日不多，且質明而散，正須各尋生業以餬其口。若食餉一二石，又須日日肄習，必皆化爲餓殍矣。營軍所以不振而易譁者，病根在此，非獨性異人也。今之新兵可使各尋生業乎？都下貧民，傭工一日得錢二十四五文，僅足給食；三冬之月，衣不蔽體。臣故言新兵日用最少者必須四分，差等而上，愈精愈厚。按《復國要編》東征兵士月餉三兩六錢，朝鮮供億在外，然而功實未著，當時諸臣不能無罪。臣雖竭其駑鈍，但能使無虚糜耳；食今日傭工之食，而欲收岳飛背嵬之效，臣不能也。必爲都城萬全計，是在皇上而已。伏乞聖裁。

一、議揀選　遼左用兵多而不精，前效已見。兵不選而遽練，如鎔鐵求金，舂砂作米，畢竟無有，虚費工力也。因循用之，有名無實。自知難以勝敵，心念只在脱逃，所以臨敵先潰，覆敗接踵。臣之初議謂須精選勇力捷技之士者，謂其體質本領既是人間英物，必能以忠義自許，必願以功名自見，如此而加之政教服習，取數既少，即糧餉可以從厚，器甲可以求精，以之禦敵，能保全勝也。目今調募，未見畫一規格，恐地方奉行，無所依准。臣願與部司議定册式，頒行各該地方，每募到一名，試驗填註，必期合式，方准收用。選畢，依式造册，報部驗收。庶其不合式而濫選者，與册本合式而點驗不對者，除照例退歸外，仍各罪所由。庶幾糧無虚糜，人有實用。所定格式，大略以膂力、便捷、技藝三事，分別等第。其膂力能提石二百斤以上，行動如常，躍起高三尺以上，跳越過六尺以上，形軀大而雄猛，小而精悍，年十六以上、四十以下者，即准合式。等而上之，乃至力及千斤，捷踰丈數，日行數百里者，各第高下，分爲三等。其現有技藝者，分爲諳曉、純熟、精玅三等。若力不及格，年過四十，而便捷技藝有一在上等者，亦准合式。三等人數，安家銀兩，量行差等厚薄，候着伍之日，再行考驗，上下其餉。教練之後，日成月要，升降其等。內外募兵官員若一處人數不足，應於他處通融足數，不必拘泥取盈，多費有用之餉，遠致無能之人也。伏乞聖裁。

一、議軍資　臣惟凡人之情，皆有保國保家之公心，皆有好高好勝之習氣，强壯之人無有不可戰者，顧處置何如耳。我能制敵，何憚而不戰；敵能制我，何恃而戰？從前屢敗，皆敵能制我，我無以制敵故也。欲我制敵先議器械，欲敵不能制我先議盔甲。奴賊盔甲面具，極是精堅，所用長鎗、飛鎗、透甲箭，極是鋒利。今欲制其利兵，必用通身純鐵精甲，又須輕便。欲制其堅甲，必用如式鳥銃，更加奇巧。此二物每人一具，斷不可少。其甲衣、甲裳、頭盔、面具、護項、護肩、掩心、臂手、鞋帶等，皆須熟建鐵十斤折一，并皮氈、布襯、煤炭工食，欲求精好，所費不貲，酌量中等費用，每副非十二兩不可。鳥銃欲求精利，所費亦多，酌量中價非四兩不可。此外每人用鎗叉等長短兵器一具，腰刀一把及挨牌奇器等，其材料工食，酌量中價，非每人三兩不可。已上諸項，皆須給銀付餉司兼管，臣等監督將士，自行製造，方得對身對手。且身命所係，惟恐不精，必無濫惡。至於目下操演，合用內府廠庫原貯盔甲兵器大小神器硝黄等項，容臣等酌量移會，應給發者徑自給發，應奏請者另行奏請。若戰車之制，臣擬用數等：一輜重大車，只須臨時查刷民車賃用。一雙輪戰車，一獨輪輕車，一大小砲車，須工部給價付本營自造。兑馬市馬，止堪騎坐；必用戰馬，須本營將士自買自養。其買價，或太僕寺動支庫銀，或於俵馬地方改折解寺給發。其養料，或户部撥給牧地，或於寄食地方改折料銀，解太僕寺給發。目今先祈敕下工部，速發料價銀數萬兩，并會有材料鳩工局造。伏乞聖裁。

一、議近募　新營創造，百無一有，各執事員役雜流，皆須逐一選用召募，皆須俸給，遠者更用安家銀兩。新兵出自民間，全無武藝，急須選取各色教師；一應置造，又須召募工匠。或材官武士現來投充者，亦宜收録，以開嚮用之路，皆須急用安家糧餉。并臣衙門公費，乞敕户兵二部，速行議措餉銀數萬兩應用。其教師工匠投充人等，每募到若干，可省遠方召募若干，容臣等不時移會兵部，行文扣減。伏乞聖裁。

一、議徵求　軍中所需精好器甲、大小神器及軍火器材料，教師、巧匠，有遠方所有近地所無者，須一一徵求，以便傳授製造。乞敕兵部移文南直隸撫按募送長鎗、叉鎲、鈎鐮等教師各十數名；浙江募送長鎗、刀牌等教師各十數名，買解二丈竹鎗五千根，二丈以下硬桿木鎗一千根，虎藥數十斤；福建募送俞家棍教師十數名，製造大小銅鐵神銃巧匠十數名，買解二丈竹鎗五千根，二丈以下椆木鎗桿三千根，一丈以上椆木棍桿二千根；廣東募送能造西洋大小神銃巧匠、盔甲巧匠各十數名，買解西洋大小諸色銃砲各十數具，鐵盔甲十數副；湖廣募送土司刀牌藥弩教師、永保鈎鎗教師、苗刀鐵匠各數名，買解弩藥數十斤，苗刀百口；雲南募送土司皮甲匠十數名，買送皮盔甲十數副，沅江麗江及土舍蔣郎藥弩各數十張，藥數十確；貴州買解銅仁土苗木鎗桿數百根，苗刀數十口；河南買解嵩縣長鎗木桿二千根；山西買解五臺檀桿五千根；山東募送鎗鎲鈎鐮竿子等教師各十數名，買解木鎗桿二千根；宣府大同寧夏甘肅各募送善造盔甲火器鐵匠、善製生熟皮匠各數名。其他名師、名工、名器，容臣等再行體訪，或行文本處，或差官召募置買。臣又見延綏原任遊擊趙鳳岐深諳火器，善造敵臺，合行移文調取，仍令携二匠前來，聽候委用。福建監生伍繼彩自言同鄉有能造海洋極大銃砲者，及教師林某等皆須自往訪覓，亦應作速遣行，從厚給資，趨令星夜前來，聽候委用。其合用錢糧，行本處撫按官，作速設處，於應解餉銀料價內扣除。二官若因未備辦，自費資用，通候到京照數補給。若別有名師、名器、名工前項開載未盡者，若地方官能一一訪求，量行募送買解，具見體國忠誠，合行紀録。伏乞聖裁。

一、議勸義　伏見兵興以來臣民慕義捐資者，如委壑逝波，不見其益，且未立賞格，人誰樂從？臣以爲輸財助餉，不若使輸餉募兵也；官選兵，不若使人人選兵也。請定爲三義激勸之法：其一、有財者告明官司，自選壯士，給與安家銀兩盤費到京，依式置造精好器甲，着伍之後，官給糧餉者名曰義募；所募之士，聽臣等選中，類爲一營曰協忠營。後來兵士得有功級，其募者酌依部斬事例，每二十級准敍一級。其一、有財者自選自餉，安家器甲行月糧俱不煩官，止於本地告官驗送，着伍之後，不論年月，通行資給，名曰義餉；所餉之士，聽臣等選中，類爲一營，曰大義營。後兵士得功一級，其餉者亦敍一級。此外有不能輸貲而能招徠豪傑，於所在官司驗試起送着伍者，名曰義薦；聽臣等選中，即於兵士册籍填入薦者姓名，給與執照。後來所薦之士有積功至指揮僉事，積賞至十級以上者，薦者分敍一級，願賞者聽。其三項義人陞至指揮僉事以上，願就文職者分别品級，從優改授，與恩蔭官等；願以功贖罪者，酌量情罪輕重，功級多寡，准與減免；文武職官廢閑在籍者，酌量起用。若三義人身在行間，別有親斬部斬功級者，另自陞賞，不相侵併。其餉至十名以上，募至三十名以上，薦至五十名以上者，所在官司或送扁額，或行奬賞，先示勸勵。如此人自擇人，搜採必精，義士不枉費，兵伍得實益矣。但臣所統率盡是腹裏平民，生來不見兵革，若非厚餉重賞、精甲利器、堅車良馬、教練成就，尚不堪爲援遼之用，況於自募自餉者、豈容勉强調發，以塞嚮義之途？亦須練成之後，人人賈勇，然後惟皇上所用耳。伏乞聖裁。

按聖旨云：新兵者先經廷議部覆，於山陝河南僉派民兵，防禦都城，久已駐劄；通州昌平又經挑選出關，此云就着訓練者，即選存中下兵丁也。此時全未知其可練與否，故疏中娓娓尚言所欲言，尚望爲所欲爲；及至兵間，知其難爲力矣，迨聞贍家更番二議，益難爲力矣。故隨時就事，委曲調停，極費心力，詳見向後諸疏。至樞部簡汰加糧覆疏，尤直截痛快，試一寓目，知非奉命以後自行招募之兵也。

《宮中檔雍正朝奏摺》第八輯陝西提督路振揚《奏報修製軍器摺》 提督陝西固原等處地方總兵官署都督僉事加五級臣路振揚謹奏爲奏聞事。竊臣於去歲伍月間到任，查點臣標伍營存貯鐵棉盔甲，因歷年出征巴里坤西藏各處，以致破損缺額，查得馬戰兵應添修繡蟒鐵盔甲伍拾貳頂副，素鐵盔甲壹千頂副，棉盔甲壹百陸拾伍頂副。臣愚昧無識，因公費不敷，奏懇皇上賞賜正項錢糧修製添補。蒙硃批諭旨，詳悉指示，臣欽遵動用馬駝餘剩銀兩，委員置辦物料，覓工照數製造，今已添補足額。計繡蟒鐵盔甲每頂副費銀肆兩柒錢肆分零，素鐵盔甲每頂副費銀貳兩肆分零，棉盔甲每頂副費銀壹兩壹錢伍分零，共製造錢棉盔甲壹千貳百壹拾柒頂副，共費過銀貳千肆百捌拾肆兩叁分零。至於臣屬各協營路缺額盔甲等物，經臣查明，隨即飭令該營官弁陸續以公費修補，務期齊全，事涉瑣碎，不敢煩瀆天聽。所有臣標修製過鐵棉盔甲及動用過銀兩數目，理合恭摺奏報，伏祈皇上睿鑒，爲此謹具奏聞。

雍正伍年陸月拾伍日提督陝西固原等處地方總兵官署都督僉事加五級臣路振揚。

《宮中檔雍正朝奏摺》第八輯直隸總督宜兆熊《奏報添撥火藥摺》 吏部尚書仍署理直隸總督事臣宜兆熊禮部右侍郎協辦直隸總督事臣劉師恕謹奏爲請旨事。案照保定駐防新添鳥鎗壹百伍拾杆，滄州駐防新添鳥鎗壹百杆，先據布政使張适詳稱，准各城守尉移取火藥等項銀兩節次駁減去後，而各該駐防回稱，每兵每日演鎗拾伍回，每鎗用火藥叁錢，轟藥叁分，又每日用火繩伍尺并鉛子等項，保定駐防週年拾貳個月，共需銀壹千柒百陸拾壹兩捌錢零，滄州駐防週年拾貳個月，共需銀壹千貳百肆拾捌兩等情，因事關錢糧，未便草率，隨經關查山東德州，并訪察山西太原各事例去後，隨據德州知州陳留武覆稱，德州新添鳥鎗貳百杆，咨請部示，照江南等省之例，每年演放捌個月，每月演放陸日，每日放鎗伍出，每出用火藥貳錢肆分并火繩、鉛子，週年捌個月共需銀陸拾陸兩陸錢伍分。其太原駐防亦經關會，週年共需火藥等銀壹百肆拾捌兩伍錢零等情。據此臣等當經咨請部示去後，嗣准部覆，將寔需數目具題到日再議，准此。臣等伏查德州、太原新添鳥鎗各貳百杆，德州止需銀陸拾陸兩有奇，太原亦止需銀壹百肆拾餘兩，今保定駐防新添鳥鎗止壹百伍拾杆，需火藥等銀壹千柒百陸拾餘兩，滄州駐防新添鳥鎗壹百杆，需火藥等銀壹千貳百肆拾捌兩，比之德州、太原新增之鎗數較少，而應用之錢糧多至壹貳拾倍不等。經臣等屢飭布政使張适，與各該駐防商確定議裁減去後，而各駐防堅不肯減，今准部覆，行令查明寔數具題。但事關動用錢糧，若照所需扶同請撥，則開銷寔屬浮冒。是以未敢遽行定議，草率具題，應否比照江南、山東、山西等省之例，臣等核寔數目刪除定議題撥，未敢擅便，理合奏聞，伏乞皇上睿鑒批示遵行，謹奏請旨。

雍正五年七月初五日。

《宮中檔雍正朝奏摺》第八輯正定總兵張起鵬《奏報捐造鈚鎗摺》 直隸正定總兵臣張起鵬謹奏爲捐造鈚鎗給兵操演以收實效以壯軍容事。竊營中器械，所關甚鉅，最利者莫如火器，而火器之最便疾者莫如鈚鎗。查臣標各營器械，有鳥鎗、鈚鎗，大半不堪，不惟鎗式之長短不齊，而出火之遠近亦異，臣今捐資購造鈚鎗二百桿，給與存城各兵操演進步連環，務令精練純熟，不獨隊伍籍以可觀，而于軍容實有裨益。但事關軍器，理合奏明。臣另有請者，臣抵任後，每逢朔望，宣講聖諭廣訓，闔營兵丁踴躍懽呼，無不叩首跪感。但查兵丁內識字者甚少，其子弟亦因無力讀書，以致性質粗暴，習氣難遷，臣擬于左右二營設立東西兩義學，延請塾師訓誨開導，用廣皇仁，仰求聖主准于臣標左右二營，每營賞給守餉一分，以作塾師修膳之資，俾兵家子弟咸知禮法，將見忠信可爲甲冑，禮義可爲干櫓矣。臣冒昧謹奏，伏乞睿鑒恩准施行，謹奏。

雍正五年八月二十二日。

《宮中檔雍正朝奏摺》第八輯韶州總兵馬紀勳《奏報補造軍器摺》 鎮守廣東韶州等處地方右翼總兵官右都督加壹級駐劄韶州府城臣馬紀勳謹奏爲恭繳硃批奏摺事。竊臣於川北總兵官任內，敬具摺子，恭奉硃批，謹遵旨恭繳，伏祈睿鑒。

壹件爲奏明事，臣以營中盔甲旗幟大半禮損，經臣咨商提臣，動支公費補造，奉硃批：凡百只以據實好，欽此。臣躬沐天恩，至深至厚，凡屬應辦事務敢不實心整理。今欽承諭旨，惟有益加黽勉，以期仰酬殊卷。惟是臣奉命調補廣東右翼總兵官，於本年叁月貳拾壹日自川北起程時，其步兵盔甲已經造成貳百叁拾肆頂副，號褂肆百件，餘因公費不足，尚未造竣，臣已飭行該標中軍遊擊萬炳，令其陸續製造，以壯軍容。所有硃批奏摺壹扣，理合奏覆，專差家人張德恭繳，伏祈皇上睿鑒。

雍正伍年玖月初貳日。

《宫中檔雍正朝奏摺》第九輯陝西總督岳鍾琪《奏報估造戰車摺》 陝西總督臣岳鍾琪謹奏爲奏聞事。竊臣前以估造戰車奏明工價一摺，荷蒙硃批諭旨：價較京中之費，每輛少三兩餘，恐不敷用，萬不可令地方賠墊。欽此。臣正在繕摺恭奏間，又奉到臣進呈鎗炮一摺，復蒙硃批諭旨：鎗炮式樣甚好，大概與京中所造者約畧相同，即當如式開爐製造。但炮位據怡親王説，京中打造尚止可能百位，製造五百其勢不能，況亦爲數太多，裹帶火藥錢糧亦甚費力，王言是今北路定炮百位，陝省亦造百位可也。再工價怡親王言，若依此價不敷，若如此卿命人打造，萬不可賠補，今雖奏此數製造時，便過些不妨，只以不令浮冒而已，不可令不足用也。欽此。仰見我皇上體恤臣民，至周且渥。臣跪誦恩綸，益深悚切。伏查陝、甘兩省所造戰車内，西安先造一千輛，臣估造之時，誠恐發交州縣製造，不無地方賠墊之累，是以遴委西安府知府蔡琎，令其確估承辦，俾臣得以就近看驗，不時稽察。查前所造戰車一輛，物料工價實止需銀八兩五錢有零，俱係照依時價實給，並無虧短，現今西安木料工價，原比京師稍賤，臣復加確查，委無賠墊。但物料時價不齊，地方出産各别，似難一例估造。將來甘省造車二千輛，彼處釘鐵木料等項價值，較之西安不無低昂之處，臣當細訪市價，據實估計，另摺奏請外，至於製造炮位原開工料内所用之鐵炭等物，委係照市價平買，一切匠役工銀，亦係按日給發。且監造之把總朱國傑，又係武職微員，不惟不能賠墊，抑且派累無由。惟查西安地方，民間僱用工匠，止有工銀，不給飯食，是以此番製造車炮之匠役，亦照民間止給工價不給飯食。但此等匠役於每日飯時，既有往返奔走之煩，自不得盡其終朝之力，況在官工匠，承造一應工程，均係預先估定，監造之員督率自嚴，若每日飯時仍令往返，未免難於尅期完報，且現今車炮並造所需匠役甚多，自應每名每日加給飯銀一分，令其買備米糧，即在工匠炊爨，以便專力辦造，庶各工匠役感沐皇恩格外之施，不致延緩時日，於工作甚有裨益。再查前估造車輛鎗炮樣式之時，木植釘鐵等項悉係購買零星現成裁料其價本平，且所用匠役亦少，是以即據給過銀兩數目，據實陳奏。今蒙皇上睿慮周詳，特降諭旨，指訓甚明，臣欽遵之下，敢不仰體聖心，詳加查訪，確實市價給發，承造務使毫無賠累，亦不使稍有浮冒。倘將來所造既多，一切物料若比現在所估之價果有不敷，臣當據實奏聞，斷不敢膠執前議，以辜聖主軫念臣民之至意也。其製造車輛鎗炮所需銀兩，臣已於西安藩庫公費項下動支採買備造，合併奏明。所有欽遵諭旨緣由，理合繕摺恭奏，伏乞睿覽，爲此謹奏。

雍正六年二月十七日具。

《宫中檔雍正朝奏摺》第九輯直隸提督楊鯤《奏報添造火藥摺》 直隸全省提督臣楊鯤謹奏爲奏明宣鎮火藥銀兩事。竊宣化鎮臣李如柏，以該鎮所有製造火藥羨餘銀兩，請自雍正陸年爲始歸公存貯，遇有兵丁調遣，辦備行裝等因具摺陳奏，奉旨：令與臣商議，應如何行，即如何行，欽此。欽遵移商到臣，該臣查得宣鎮每年演放炮位，共需火藥叁千貳百餘斤，舊係宣府所屬各州縣輪流製造，開銷正項銀陸拾貳兩。嗣因州縣造不如法，恐悮軍需，每藥壹斤，折銀壹錢陸分，共折銀伍百壹拾叁兩，除開銷正項銀陸拾貳兩外，州縣實自墊賠銀肆百伍拾壹兩，交納宣鎮衙門自爲製辦。然此項火藥計費工本實止用銀壹百貳拾捌兩有零外，羨餘銀叁百捌拾餘兩向皆歸入鎮臣，由來已久，今鎮臣李如柏以雍正伍年所有羨餘，業已捐造鳥鎗，其自雍正陸年爲始，俱請歸公存貯，原爲儲備營伍起見。但臣細查州縣解交火藥銀兩，現今俱稱不便，仍願輪流自辦，以免賠累。伏思我皇上聖明遠照，弊絶風清，臣仰遵聖訓，事事期於秉公，何敢因營伍沾有羨餘之利，而令州縣長貽賠墊之累，用是詳爲籌酌，莫如將前項火藥查照往例，咨明督臣，准令州縣照舊輪辦，方爲妥協。但恐文職自製而事屬隔手，營員或又指稱造不如法，致有刁難亦未可定。臣擬於每年製藥之時，即令宣鎮遴委熟諳守備壹員，監同製造，庶無籍口，如此則營中之火藥不悮，而州縣之積累亦甦。所有鎮臣李如柏請將羨餘存貯之處，似可毋庸置議也。是否允協，臣謹具摺奏明，伏乞皇上睿鑒。微臣可勝惶懼屏營之至。謹奏。

雍正陸年貳月　日直隸全省提督臣楊鯤。

《宫中檔雍正朝奏摺》第十輯延綏總兵孫繼宗《奏報添造軍器摺》 陝西延綏總兵官臣孫繼宗跪具摺爲奏聞事。臣思軍中器械，火器最爲緊要。每兵百名，必得鳥鎗叁肆分，始於戰征防守兩有敷用。查臣標肆營，除城守營額設守兵肆百名，置立鳥鎗壹百桿，止够汛防墩舖之用，其中左右叁營，共設馬兵壹千伍百名，步兵壹千伍百名，止有鳥鎗伍百伍拾桿。臣到任後細加操演，挑出不堪使用貳百肆拾壹桿，俱如數補造完畢，給兵操演情，由於雍正伍年捌月内具摺奏聞外，臣思延鎮乃三邊重地，倘有事調遣行走，每營千名兵止有鳥鎗壹百捌拾桿，近今派赴西藏征兵執去叁百柒拾桿，下剩止有壹百捌拾桿，內外征防或再有調遣行走委屬不敷。查前借支補造鑼鍋、帳房司庫銀貳千兩，今按季將已扣完，其殘缺器械漸次俱已修整，獨慮鳥鎗尚少，臣欲再添造鳥鎗叁百伍拾桿，共合玖百桿，每營執持叁百桿，始無慮前出後空不敷之處。再查肆營步守兵盔甲尚缺少鐵碗盔貳百肆拾玖頂，細揀原案，係原任延綏總兵官柯彩題明捐造，迄未造完，是以缺少至今。臣一併補造足數，總以公費辦公，以裨營伍。緣係奏請添造鳥鎗軍器，伏祈皇上睿鑒批示以便遵行。爲此謹具摺奏以聞。

雍正陸年叁月初拾日陝西延綏總兵官臣孫繼宗。

《宫中檔雍正朝奏摺》第十輯南贛總兵張溥《奏報添造鳥鎗摺》 署理江西南贛總兵印務副都統奴才張溥謹奏爲奏聞事。竊照奴才欽遵訓旨，抵贛署事，敢不竭盡駑駘，少圖報稱，現今輕騎減從，親赴所轄之寧都、南安、吉安等大小壹拾貳營閱看營伍官兵地方形勢，所有閱過各營官兵，俱頗精壯，尚無老弱，營伍亦皆整理，不致廢弛，火器頗熟，弓箭軟弱，間有壹貳備弁操練未能深諳者，奴才詳晰教導，嚴加告誡，令其勤速操練，務使營伍整齊，倘再任意懈忽，奴才另行揭參。其各營地方悉在萬山之中，惟寧都縣上叁鄉士民甚是刁頑，餘俱安靜。但叢山峻嶺，密菁深林，界連閩、粵、湖廣，實屬險隘之區，一切查緝巡防，鳥鎗最爲利便，且各營兵丁弓箭勁硬者少，不若因地制宜，多設鳥鎗，操練純熟，更資實用。奴才愚見，於每兵百名內設鳥鎗伍拾桿，現在按營酌添，似於營伍地方均有裨益。理合具摺奏明，伏乞皇上睿鑒施行。爲此具摺謹具奏聞。

右謹奏聞。

雍正陸年叁月拾叁日署理江西南贛總兵印務副都統奴才張溥謹具摺。

《宫中檔雍正朝奏摺》第十輯兩廣總督孔毓珣《奏報製造軍裝摺》 兩廣總督臣孔毓珣謹奏爲奏明製造軍裝事。竊營伍中盔甲器械，關係緊要。臣蒙聖恩，畀以封疆重寄分應料理，自廣西巡撫署提督并任事總督以來，俱以臣名下茶果銀兩，歷年均有製造分給各營。上年雲貴督臣鄂爾泰咨會備兵安南臣飭各標營挑選精壯，臣一面置備盔甲、器械、鑼鍋、帳房等項以備軍需。查臣於雍正叁年間署廣東巡撫，清理藩庫錢糧，有陞任布政使圖理琛前任巡撫年希堯任內支發過辦解雍正貳年物料不敷及解餉飯食等項，共銀壹萬陸千肆伯貳拾陸兩零，各屬尚未將火耗解補，以致司庫懸項，臣隨與前任告病布政使朱絳各分認銀捌千貳伯壹拾叁兩墊補清完，嗣據各屬陸續還項解司收貯還臣，內除海陽縣知縣蔡遴元、瓊山縣知縣邱志晟身故不能解還共銀捌伯餘兩零，并支臣署巡撫任內起解太平關稅羨短平銀貳伯拾捌兩零，支給高州鎮總兵劉章製造鑼鍋、帳房等項銀伍伯兩。又臣於雍正肆年內，因米價昂貴，暫借惠州府平糶倉穀貳千石，借給平海等柵灶丁接濟後扣回穀價不敷買補支出銀肆伯兩添補買穀還倉外，餘銀支出臣製造盔甲、鎗械、帳房等項，臣標俱已製備，散給其各營，俱令開報舊壞缺少數目添造，今外營有已經造完領給者，亦有尚未造完者，現在陸續製造分發，俟製發完畢，另將數目奏聞。至臣從前奏貯銀壹萬兩，上年欽奉聖諭，爲料理營伍公用，今臣已有司庫還臣銀兩，此係臣署廣東巡撫任內關稅火耗，應與從前修理海塘圍基等銀兩同充公用之項。今製造軍械係屬公事，正應動用，如有不敷，再於臣存貯壹萬之內動支，但臣存貯之項亦係從前皇上恩賜積存，臣受恩深重，非實在有益之事亦必不敢輕動妄費也。合行奏明，謹奏。

雍正陸年叁月貳拾貳日。

《宫中檔雍正朝奏摺》第十輯陝西總督岳鍾琪《奏報現製鳥鎗發給各營摺》

陝西總督臣岳鍾琪謹奏爲奏聞事。竊查軍裝器械，首重鳥鎗。前因陝甘各營自屢次出兵行走後，營中舊日鳥鎗率多損缺，經臣奏請製造一萬二千桿，分發各標營收領，先令操演，俟有行走，即用此鎗。隨奉諭旨，准動正項銀兩製辦。臣當即欽遵，於西安城內設立局廠，委員監造，臣復不時驗試，計現今所造鳥鎗，俱係體質堅固，演放利便，今已製造鳥鎗八千餘桿，若俟造完之日，奏請發給各標。而現今製造鳥鎗甚多，既難堆貯，且恐日久生銹，不如隨時分發各標，便於演放爲佳。臣因即移行陝甘提鎮各標協營，酌定桿數，令其委員赴領回營，照號給兵演放，如兵丁遇有事故開除，即將原領鳥鎗按號收貯，俟募補新兵仍行給與。即該管營員或有陞革事故，離任亦將原領鳥鎗若干桿，按號造册，交代後員查收，均不得私相抵換更易，方可用於永遠。除俟鳥鎗造足分發各標營領完之日，臣將造過鳥鎗并動用銀兩各數目造册題報外，所有現製鳥鎗發給各營緣由，理合繕摺奏聞。伏祈皇上睿鑒，爲此謹奏。

雍正六年七月十三日具。

《宫中檔雍正朝奏摺》第十一輯南贛總兵劉章《奏報軍營添製弓箭摺》 江西南贛總兵官臣劉章謹奏爲敬陳管見仰祈睿裁事。竊惟營中利器，弓矢居先，整頓良籌，備存爲上。臣識陋才庸，欣逢盛世，荷蒙我皇上兩畀封疆重寄，惟思殫心整飭，仰報聖恩。抵贛以來，查詢各營軍器如鎗、砲、籐牌等項，經前任總兵臣石雲倬、王郡等以奏准公費陸續改修，頗堪敷用。惟弓箭壹項，行據各營將備呈覆，查得各兵除撒袋所插之外，別無存貯戰箭，間有數營回報，各兵存箭拾數枝者，未免舊敝參差，難資實用。前臣服官山西歷有年所，凡馬步弓箭兵丁，各有存貯戰箭叁貳拾枝不等，官弁按季稽查，以備緩急之需。迨臣出兵赴陝，所領兵丁各將戰箭隨帶，調遣甚易，且見陝西之兵亦皆如是。今南方營伍或因地土潮濕，收貯維艱，遂多無存貯戰箭者，設有不時調遣，倉猝何能立辦。臣仰體我皇上安益求安，有備無患至意，伏思燥濕雖有不同，收貯總須得法，若以備存之箭彙收准積，則經理頗難，不無損壞。若分給於兵，自爲執掌，則收存既易，何至踈虞。況現蒙天恩，准存公費，正宜以公濟公，陸續造備。以臣愚見，凡馬步弓箭兵丁，除撒袋所插戰箭拾枝之外，馬兵應另存戰箭叁拾枝，步兵應另存戰箭貳拾枝，以備調遣之用，一切物料工價皆於公費動支。即令該管將備，督工承製造作，務期堅利，用度加意節省，不許攤派兵丁絲毫，俟造竣之後，經臣驗明，發回各營將備，按馬步兵丁分給，飭令加謹存貯，不時經理，毋致敝鈍，官弁按季點驗，倘有踈忽損失者，責懲賠補，遇有兵丁事故，按數查收，轉給新兵存貯，庶調遣有資，不至臨期倉迫而收存必謹，自無損壞之虞，或亦整頓營伍之一籌也。事關造備軍器，臣愚不敢擅便，是否可行，伏候皇上睿裁批示，欽遵奉行。爲此具摺謹具奏聞。

右謹奏聞。

雍正陸年拾壹月初陸日江西南贛總兵官臣劉章謹具摺。

《宮中檔雍正朝奏摺》第十一輯江西布政使李蘭《奏報修理存庫軍器摺》

江西等處承宣布政使司布政使加一級臣李蘭謹奏爲奏明各屬存庫軍器年久銹爛仰祈聖鑒事。竊惟軍器關係武備，理宜加謹收貯，不時修整。我國家聖治隆平，海宇寧謐，江省各屬舊日存庫軍器，自康熙拾肆年及康熙貳拾貳叁等年，陸續交下，有裁兵餘剩者，有投誠繳納者，有臨陣收獲者，當日各鎮協移交册內已註明銹爛字樣，嗣後承平日久，置之不用，至康熙伍拾叁年，前撫臣佟國勷任內，查據各屬覆稱，皆係久經行陣之物，本來殘缺居多，歷年久遠，漸次朽爛，每逢盤曬，更加剥落，並無堪用器物等語。惟饒州壹府分晰堪用與不堪用，估造工費册，詳請動項修補，亦未批允。雍正叁年前撫臣裴徫度任內，奉部行查各屬軍器，亦止將各營現用者造册咨覆，而各屬存貯軍器未曾造報，亦未據實聲明。前任布政使王承烈於雍正伍年拾月內詳明，前撫臣布蘭泰請將軍器造入交盤以耑責守，奉批再行各屬通查，俟覆齊定奪在案。臣伏查此項軍器册註存營者不過拾分之叁，所有南昌等壹拾玖處府州縣庫，約共存鐵盔壹萬餘頂，鐵甲叁千餘副，綿甲捌千餘副，弓壹萬餘張，箭貳拾壹萬餘枝，各項火砲貳百叁拾位，鳥鎗壹萬貳千餘桿，腰刀貳萬捌千餘把，各項刀鎗器械伍萬餘件，旗纛帳房鞍韉插袋等物壹千餘件，約估工費需銀柒捌萬兩。向來府縣不過於接受交代之際報明朽爛，而上司亦不過批飭修整，從未見有一處報修者，迄今肆伍拾年軍裝俱已朽蠹，即鐵器亦銹爛不堪，若復因循，是徒有存貯之名，並無軍器之實矣。臣思器物原有堅脆不等，如旗纛帳房鞍韉弓弝箭桿以及盔甲中之綿布，原非經久不敝之物，年深朽爛，事有可原，自在聖明洞鑒之中。至於鐵器雖銹而鐵質猶存，如有缺少，即係典守不慎，自應責令歷任地方官及該管上司照數賠補，今各屬概稱朽爛，甚且册註無存，其中恐有捏飾。臣就近將南昌新建貳縣庫存軍器備細查驗，據鐵匠估稱，堪以修整者不過拾之壹貳，其餘俱成廢鐵。至於皮革、筋膠、綿布等物，已經蛀爛成堆，器數莫辨，臣現在詳明署撫臣委員會同各府確估清查，俟各屬覆齊之日彙册詳咨送部查核，應作何立法賠補，聽部奏請睿裁，庶庫存軍械不至有名無實，日後地方官亦無推諉之處。臣因軍器關繫重大，理合據實奏明，伏乞皇上聖鑒。臣謹奏。

雍正陸年拾壹月　日奏。

《宮中檔雍正朝奏摺》第十二輯宣化總兵李如柏《奏報添造鳥槍兵丁火藥摺》

鎮守宣化府等處地方副將充總兵官加一級紀録一次臣李如柏謹奏爲鳥鎗兵丁火藥不敷臣謹據實奏明事。竊查宣鎮各營路空糧捌拾陸分，製造盔甲工竣，臣已另摺奏明，惟是盔甲造完，所有空糧即應分發原伍招補，但查臣屬各營路鳥鎗兵丁共計貳千肆百伍拾貳名，前鎮臣黄廷桂奏准，請給空糧叁拾分製造火藥，以爲演放之用。今查每年春秋兩季開操，按日演放，率多不敷，兵丁火藥既缺，技藝難於熟練。臣查古北提屬各營每鎗手壹百名，留給空糧貳分製造火藥，宣鎮鳥鎗手兵事同一轍，亦應援照此例設留空糧，除原有叁拾分外，現今盔甲造完，即請於此捌拾陸分空糧內，再行扣給貳拾分添造火藥，以符每鎗手百名留給空糧貳分之數，庶火藥足資演放，洵於營伍有益。倘蒙俞允，尚餘空糧陸拾陸分，查臣現荷天恩，賞給親丁名糧陸拾分，而臣標左右兩營一時驟爲開除，恐有滋累之處，合無並懇聖慈，准將此項名糧暫留陸拾分以爲養廉，俟臣標陸續出有糧缺，一面扣抵，一面將此空糧發還原營招補方爲妥便。再有外餘空糧陸分，應先發還各營，臣經會商提臣楊鯤是否允協可行，微臣未敢擅便，謹先繕摺奏明，伏乞皇上睿鑒施行。謹奏。

雍正陸年拾貳月初柒日鎮守宣化府等處地方副將充總兵官加一級紀録一次臣李如柏。

《宮中檔雍正朝奏摺》第十三輯寧遠大將軍岳鍾琪《奏報製造軍營軍器摺》

寧遠大將軍臣岳鍾琪謹奏爲奏明事。竊查進剿兵丁所需鎗炮，經臣奏請，在於西安製造炮一百位，鳥鎗一萬二千桿。每炮一位，需工料銀一十九兩九錢八分，每鎗一桿，需銀二兩一錢四分，共需銀二萬七千六百七十八兩，俱經奏明并造册具題在案。伏查所製鎗炮，每炮一位，除購買物料之外，應需各項匠役一百六十八工，每鎗一桿，應需一十七工，原係製造呈樣鎗炮之時確估之數及至併工攢造，而各項匠役内中手法有巧拙不同，是以完工前後參差不一，雖照估打造者居多，而省工造竣者亦有，每位每桿自節省一、二工以至五、六、七、八工各不等，統計製造鎗炮共需各項匠役二十二萬八百工，内共節省二萬七千四百餘工，每工計銀六分，共省銀一千二百四十四兩零。唯是此項工價銀兩，乃係各項匠役完工遲速不同，計日給發按工節省之項，若照所造工數分晰造報，未免工價多寡不齊，礙難報銷。臣思軍中所需軍器甚多，必須製備隨帶以利器用，隨將餘剩工價銀兩，製造鐵蒺藜十萬箇，每百箇計工料銀四錢一分零，長靶劚刀五百口，每口計工料銀一兩九錢三分二釐，鈎鐮鎗三十桿，每桿計工料銀二錢三分四釐，車兵隨舟備帶板斧四千五百把，每把計工料銀一錢六分。又製造配合籐牌手、鴛鴦隊所用十字鐮二百桿，每桿計工料銀七錢二釐，以上共銀一千二百四十四兩二錢八分零。即將前項節省銀兩製備訖所有製造鎗炮匠役手工遲速不一節省工價另製軍器緣由，理合繕摺奏明，伏祈皇上睿鑒。爲此謹奏。

雍正七年七月初十日具。

《宮中檔雍正朝奏摺》第十五輯揚州知府陳弘謀《奏陳修造戰船事摺》

江南揚州府知府仍帶御史銜臣陳弘謀謹奏爲敬陳管見仰祈睿鑒事。竊臣天末寒微，疊荷聖恩，備員部院于去歲典試事竣，奉特旨簡授揚州府知府，請訓之日，教誨周詳。又蒙賞賜優渥，榮及雙親。臣清夜自思，皇上之恩榮，爲此生報答不盡，皇上之訓誨，尤此生恪守難忘。抵任以來，除本任内事宜盡心整飭照例通詳督撫舉行外，所有別屬事件，敬將末議繕摺奏聞。查江南各標營沙唬趕繒等船，從前州縣修造，弊竇叢生，雍正二年題定，專委道員會同副將監督。道員于同知、通判内遴委分修，副將于營都司守備内遴委監修。但船有大修小修拆造之不同，小修大修不過于朽爛之處剔換修整，非若拆造之盡行拆卸重造，是以工料有多寡之別。今則無論修造，當船未發廠，頭舵捕盜，將在船什物盡行盜賣，及到廠後雖屆小修，必令盡行拆換添備，且一板一木必候監修之員驗看方許開工，自千把以及遊副，自驍騎校以及參協領，層層驗看，需索刁難及修造工竣，赴各標營交收，該管將弁參協復需索驗看，掯不接收，是以承修之員已修者不能交收，未修者不敢承領。迨船隻交收之後一任棄置河干，雨淋日曬，在船器械繩索，聽憑頭舵捕盜變賣，該管將弁概不追究，總由文員承修武員監修，是武員始終置身局外無，所責成宜其痛養不相關也。此等錮弊，各處皆有，而京口將軍標下爲尤甚。臣請嗣後修造營船，即令監督之道員、副將會同領價，道員遴委丞倅，副將遴委都守，協同辦料修造。如係將軍標下船隻，即令遴委參協以下等官同領同辦。及至船隻交收，在汛停泊，責令頭舵苫蓋澆洗。每歲令該管將弁出具印結，送督撫查核。如值修造之時在船物料雖有朽壞，亦必照册將原物移交，如有短少將該管將弁頭舵人等分別參追治罪，庶承修之員不受刁難勒索，而已修之船可保堅固適用矣。如果臣言可採，伏乞皇上勅下議覆施行，謹奏。

〔御批〕各標營修船情弊奏聞可嘉，朕自另有諭旨。

雍正八年二月初八日。

《宮中檔雍正朝奏摺》第十五輯河東總督田文鏡《奏報添修豫省各營軍器摺》

河東總督臣田文鏡謹奏爲添修豫省各營軍器仰祈睿鑒事。臣查兵丁甲械帳房，關係軍需，以備差操行走，其有缺少朽敝者，自應查明添修，務令堅固齊全，以資實用。經臣屢檄通飭，前據臣標左右兩營並南北兩鎮各將所缺盔甲、鳥鎗、帳房、鑼鍋等項，呈請修製前來。臣查各營舊存軍器中如不堪披用之棉甲以及銹廢之鎗鐵等物，存貯無用，年久愈致朽爛，自應拆銷添補以省繁費，當經飭司會同鎮營確查妥議，並飭將應添應修各項分別查明，勿令濫開浮冒，仍將需用添修價值，逐一開造清册，詳送核奏。隨據署布政司事按察使陳世倕會同查明，臣標左右貳營馬兵，舊有盔甲朽敝不堪，應按數製造馬兵花盔甲貳百頂副，步兵舊有鐵盔甲朽爛不堪，且行走難於攜帶，應改造棉盔甲輕利有益，除出征兵丁製過棉盔甲壹百玖拾貳頂副並現有棉盔甲貳拾肆頂副外，尚應添造棉盔甲伍百伍拾頂副；除舊有堪用鳥鎗外，應修整鳥鎗玖拾桿；除雍正陸年新製帳房肆拾叁頂外，尚應添造不敷帳房玖拾貳頂，應添製梅花樁壹百叁拾伍副；除舊有鑼鍋堪用外，尚應添製不敷鑼鍋貳拾貳口；共需銀貳千伍拾伍兩零。南陽鎮屬柒營，除雍正叁年内新製並舊有堪用各步兵棉盔甲外，尚應修整棉盔甲陸百柒拾捌頂副；除雍正貳年新造鳥鎗外，尚應改造鳥鎗貳百肆拾桿，添造鳥鎗捌百捌拾叁桿；除雍正陸年新製並舊有堪用各帳房外，尚應添造不敷帳房叁百壹拾柒頂，應添製梅花樁陸百壹拾柒副；除雍正陸年内新製並舊有堪用各鑼鍋外，尚應添造不敷鑼鍋貳百柒拾玖口；共需銀叁千柒百柒兩零。河北鎮屬玖營除舊有馬兵花盔甲堪用外，尚應添造馬兵花盔甲壹頂副；除雍正叁年新製並舊有堪用各步兵棉盔甲外，尚應添造棉盔甲玖拾貳頂副；除舊有堪用鳥鎗外，尚應修製鳥鎗貳百零捌桿；除舊有堪用帳房外，尚應添造不敷帳房肆拾貳頂，應添製梅花樁叁百捌拾陸副；共需銀陸百捌拾柒兩零。以上臣標左右兩營南北兩鎮通計估用銀陸千肆百肆拾玖兩零。謹將各項工料數目，另繕清摺，恭呈御覽。臣查修製標鎮各營甲械，應動庫存公項銀兩。惟是南陽鎮衙門查有收貯前任革職總兵佟世麟所收節禮陋規銀壹千捌百叁拾叁兩零，又前任署總兵李永陞收受軍政舊規銀貳千肆百玖拾兩，又前任鎮標中軍遊擊王瑞材收受佟世麟所給盤費銀陸拾兩，以工共銀肆千叁百捌拾叁兩零，現俱存貯該鎮衙門留備公用之需，今該鎮各營添修盔甲、鳥鎗、帳房、鑼鍋等項需銀叁千柒百柒兩零，即應在此項存貯銀内令其照數動用，不必另行撥給銀兩動用之外，尚應剩銀陸百柒拾餘兩，仍飭該鎮照舊存貯，俟有公用再爲奏明動支。至臣標左右兩營需銀貳千伍拾伍兩零，河北鎮屬需銀陸百捌拾柒兩零，俱應在藩庫所存公項銀内照數撥給，速爲修理，俟事竣確查如有節省之處，臣再核減報銷，並將南鎮所動存貯銀兩一併查取清册咨部。理合恭摺具奏，仰請諭旨遵行。再此案臣屢經行催豫省各營應添軍器，業于歲前查明册報到臣，臣意欲俟東省登、兖兩鎮估報到日，統爲確核彙奏。今查登鎮各册尚無送到，而兖鎮送到清册亦未查造妥協，復經駁查尚無呈覆，除現在檄催造送到日，容臣核明另奏外，所有豫省各鎮營添修軍器，未便久延，是以先行奏請，合併聲明。伏乞睿鑒，爲此謹奏。

雍正捌年貳月貳拾伍日河東總督臣田文鏡。

《宮中檔雍正朝奏摺》第十六輯陝甘總督查郎阿《奏覆川省兵丁添造軍器摺》 署理陝西總督臣查郎阿謹奏爲欽奉上諭事。竊臣前將四川各標營兵丁演習軍器事宜繕疏題報，今准兵部咨，雍正八年三月十二日奉旨：查郎阿原奏内稱步兵弓箭鳥鎗手於鎗棒二項，應聽伊等自行學習。至藤牌一項，軍中固不可少，亦不必專兵學習，有願習者仍聽演用等語，夫藤牌既爲軍中所不可少，何又云不必專兵習學，既不必專兵習學，而又云有願習者聽其演用，兵丁技藝全在訓練，督率況於本分之外未有禁兵丁不許復習他技之條也，倘願習者乏人則又徒託空言，於軍務有何裨益。查郎阿所奏前後自相矛盾，甚屬支離背謬，而部覆之駁令定議，則暗令禁兵丁分外習他技之論也，亦屬糊塗。將原本發回，着查郎阿另行具奏。欽此。計發紅本一個，粘單一紙等因移咨到臣，臣跪讀諭旨，仰見聖鑒周詳，而臣議奏之時未經備細分晰，實屬背謬。臣查軍器中之弓箭、鎗砲以及長鎗、棍棒、𠝹刀、藤牌等項，前既分別製造，原爲備用而設，惟因演習紛更，奉旨酌議，以垂永遠，誠以營務綦重兵丁之技藝不可不訓練精熟也。前於陝甘二屬議派兵丁操演事宜，經督臣岳鍾琪議將弓箭鎗砲三事最利軍行，應令派兵專習，其長鎗棍棒無庸耑派兵丁以杜應名塞責之弊。議令馬兵弓箭手兼習長矛，馬兵鳥鎗手兼習棍棒，遇有行走，俱隨帶馬上，乘便兼用。而步兵弓箭鳥鎗手行走之際，難於携帶他物，其鎗棒二項聽伊等自行學習，不必分派。至於𠝹刀藤牌亦營中不可不備之器械，將營中原有者俱加謹收貯，倘弓箭鳥鎗兵丁願於兼習者，聽其演使，俾兵丁跳躍趫捷等因，酌定疏稿，移臣具題。嗣准部覆，照議分演。在案。其四川省屬兵丁，應如何操練，用何軍器之處，臣恭繹上諭，奉有因地所宜，酌定規制之諭旨，而川省兵丁應演之器械，是否與陝甘相同，未便槩定，臣因移會撫臣憲德、提臣黄廷桂，併將陝甘議稿録送以便參酌定議，節准撫臣憲德、提臣黄廷桂等議稱，川省係苗疆重地，應照沿邊省分定例，每兵一千名設立鳥鎗四百桿，同弓箭砲位二項，俱應耑兵熟演，其長鎗棍棒亦照陝甘之議，令馬兵兼習，遇有行走，携帶馬上，以備兼用。至𠝹刀一項，向係耑派守兵演習，因川省林深箐密，𠝹刀可戳可斫，轉折捷便，又可護衛砲位，應仍令派兵耑演。惟藤牌一項，川省止有提標設立二百面，應行加謹收貯，如步兵弓箭鳥鎗手有願兼習者，仍聽其演使，不必按兵分派。等因。臣查撫臣憲德、提臣黄廷桂所議，應設鳥鎗數目，同弓箭砲位耑兵演習，併令馬兵兼習鎗棒之處俱屬允協。而𠝹刀又爲川省利用之器，議令派兵耑習，是即因地所宜，亦於營務有益。惟藤牌一項，既稱止有提標設立二百面，不必按兵分派，聽願習兵丁自行演習，臣因思川省地勢山嶺險峻，道路崎嶇，密箐深林，藤牌或難施展，從前各標營俱未設立者，或亦職此之故。至於步兵技藝，除弓箭鳥鎗之外，其行走之際，鎗棒等械難於携帶，是以各照所議，併將藤牌一項俱不派兵專演。而臣於題報疏内未經詳細分晰聲明，又以藤牌爲軍中固不可少，實皆臣之疎忽，誠如聖諭前後自相矛盾，甚屬支離背謬也。今臣欽遵諭旨，復加斟酌，如前議馬兵弓箭鳥鎗手兼習鎗棒，應令於操演之時與耑習之弓箭鳥鎗一體訓練，各臻純熟，以資兼用。再步兵弓箭鳥鎗手於行走之際難以携帶他物，其鎗棒等械應請仍照原議令其自行兼習。至提標原設藤牌二百面，應於提標額設守兵六百八十三名内派兵二百名耑習藤牌，務令操練精熟，遇有行走，自可備用，是馬兵弓箭鳥鎗手又有兼習之鎗棒，而步守兵丁皆有耑習之技藝。仍嚴飭該管營員凛遵諭旨，加意訓練督率，於軍務實有裨益矣。除將原議情節併現今遵旨另行議奏緣由容臣於本内聲明具題外，臣謹繕摺恭奏，伏祈皇上睿鑒，爲此謹奏。

雍正八年四月二十八日具。

《宮中檔雍正朝奏摺》第十九輯高雷廉總兵蔡添略《奏報製造火炮與鉛彈摺》 廣東高雷廉副將管總兵官事駐劄高州府城臣蔡添略跪奏爲奏聞事。竊照臣屬高雷廉叁府水陸地方，臣經自備行糧，巡查遍閱，凡設險安防控禦桿衛已極盡善，而無遺議。至城汛壹寨戰船，安設各項砲位，自壹百斤起以至貳千斤止，俱皆相度安置碁佈得宜，亦可謂嚴密周詳，臣不敢妄爲置喙。然臣竊思，砲位一項，爲火攻第一要具，既有砲位之設，必須配子合宜，方可以資備禦。今各營之砲比配其現存之子，則多大小不符，更有有子而無砲，有砲而無子者，又有有子亦不足以備用者，是有砲之名，似同於無砲之實。臣愚以爲，如大砲之壹千斤以至貳千斤者，每砲應備子伍拾個，每子壹個，配窩蜂羣子貳拾個。陸百斤至玖百斤者，每砲應備子壹百個，每子壹個，配窩蜂羣子拾個。壹百斤至伍百斤者，每砲應備子壹百個，每子壹個，配窩蜂羣子伍個。行營砲每位應備子壹百個，每子壹個，配窩蜂羣子伍個。若河塘班鳩砂砲獨彈等砲，俱隨營操演，每砲應備鉛子壹百個。至砲位之輕重不一，其膛口之大小亦復不齊，當計其膛口圍圓之尺寸，而逐砲比配，俾令符合。若現在之子足數者，不必多設。如或全無與不足者，俱應另鑄，有不合配者，即當改鑄，其一切需用鐵炭工價銀兩，查營中業蒙聖恩，照例存留公糧修理軍裝，即此項之費應就公糧支銷，但各營爲數繁多，公糧不能敷用，相應請動帑項製造，以備汛防。然此雖曰千年不用，亦云不可一日不備者也。臣愚慮所及，業經計營造册，呈咨督臣郝玉麟，撫臣鄂彌達，提臣張溥，觀風臣焦祈年酌議會核。去後，理合具摺奏聞。伏乞皇上睿鑒施行。爲此具摺，謹遣臣家人申禄齎捧，具奏以聞。

雍正玖年拾壹月初貳日。

《宮中檔雍正朝奏摺》第十九輯福州將軍陸路提督阿爾賽《奏報動支公糧銀製備軍裝軍械摺》 福州將軍署理陸路提督印務臣阿爾賽謹奏爲奏聞公糧整理軍械事。竊臣奉命署理陸路提篆，隨飭查閩省各鎮協營所製軍裝器械，據中軍參將江化龍摺稟，閩省軍裝先經前任石提督奏請，每百名兵存留公糧三分，以爲備造之需。提標五營自雍正六年五月起至七年十月止，各官捐銀一千三百三十二兩陸，續收過公糧銀一千四百二十兩二，共二千七百五十二兩。除製造軍裝用銀三千九百三十四兩，尚不敷銀一千一百八十二兩，於雍正七年十二月内，又經前任石提督具摺奏明在案，兹自七年十一月起至九年十月止共收過公糧銀三千六百兩零，除抵還前用不敷銀一千一百八十二兩，實收銀二千四百一十八兩零，今自七年十一月起至九年十月止，製造盔甲、號衣、盔襯、旗纛、帳房、刀鎗、子母砲位及領餉僱夫脚費等項，共用過銀一千六百四十五兩零，現在實貯公糧銀七百七十三兩零。等因。除臣現在通飭各鎮協營造册報查，並令該中軍造具總撒細册呈核，俟臣察核確實，酌定各鎮協營應行添造何項器械之處，容臣次第飭造，另行奏報外，所有提標五營製備軍裝，動用過公糧銀數，合先繕摺奏聞。伏乞皇上睿鑒。謹奏。

雍正玖年拾貳月貳拾日。

《宮中檔雍正朝奏摺》第十九輯河東總督田文鏡《奏請軍營製造追風鎗摺》 河東總督臣田文鏡謹奏爲請旨事。竊惟軍營最重火器，然營中交鎗大率用藥叁錢，入鉛彈貳錢，準頭止有伍陸拾步。至過山鳥，又嫌鎗身過長，施放未便。惟追風鎗又名威遠鎗，尤爲利捷。署理河北鎮總兵官范毓馪因公至省，與臣面商并製造壹桿送臣試驗。據稱喫藥壹兩，入鉛彈壹兩貳錢，打準頭有壹百捌玖拾步。臣親加試驗，準頭尚屬未穩，用藥亦覺過多，施放不免後坐。臣隨將堂口大小及火門高低，減用鉛藥之處，逐一面諭臣標中軍副將王來祐另造試用，今已如式製就兩桿，壹桿身重柒觔肆兩，長貳尺，連木托長叁尺壹寸，用藥柒錢，入鉛彈壹兩，實有壹百柒拾步準頭。若苗頭稍放向高，即可至貳百餘步，壹桿身重柒觔，用藥陸錢，入鉛彈捌錢，實有壹百伍拾步準頭，臣屢加試驗，在秋冬施放，可以連打叁肆拾鎗方熱，在春夏施放，亦可連打柒捌拾餘鎗而後熱。臣思火器全在力大致遠，今威遠鎗所用之藥，比交鎗止加一倍有餘，而鉛彈加重，準頭甚遠，較勝於交鎗多矣。且不長不重，攜帶甚便，施放亦易，其較勝於過山鳥之處亦多，若演放嫻熟，連環排打，使無間斷，不但敵騎不敢向前衝突，即回身逃遁，從背後追打，亦能遠及，實屬軍中利器。今特遣臣家人毛天相并帶鎗手張禮齎送至京，恭呈御覽，如蒙試驗合式，可爲軍營之用。臣請河南滿營製造壹百桿，臣標營製造貳百桿，豫省南北兩鎮，東省登兖兩鎮，每鎮製造壹千桿，令各營摻演。所有製造銀兩，統于司庫存公銀内動支，核實報銷，合併陳明。伏乞睿鑒。爲此謹奏。

雍正拾年叁月貳拾捌日河東總督臣田文鏡。

《宮中檔雍正朝奏摺》第二〇輯大同總兵李如柏《奏報貯庫火藥硝磺配藥給兵操演摺》　暫署山西大同總兵官印務署太原鎮事直隸宣化副將充總兵官加壹級紀録壹次臣李如柏謹奏爲密奏事。竊查臣於請旨事案内，請將臣屬各城堡貯庫堪用不堪用之火藥硝磺，與其聽其廢棄，不如配藥給兵操演，不至以有用之物置之無用。蒙恩准其動用。臣共製火藥貳拾萬觔有奇，足供全鎮叁年操演鎗砲之需。而今兵丁俱有火藥，無不人人鼓舞，争自奮勉，以習技藝。嗣後兵丁操演火藥，又蒙皇恩准動正項錢糧製造，從此源源相接，每年出陳易新，不惟操練有資，而緩急均有所恃。再臣於恭懇聖恩等事案内，請將臣屬積貯穀麥餘租易價銀兩，並舊存廢鐵動用製造長鎗鈎鐮等項，俾兵兼習，長以衛短，短以濟長，蒙恩俞允，臣隨先製陸千件給兵兼習，現今馬步兵丁馬上步下既射箭打鎗，而又能使長鎗鈎鐮，封閉擊刺，俱堪實用，較之蒙古借馬力而用鎗直刺者大相徑庭。臣查古北宣鎮附近京畿，爲北門之鎖鑰，陝西各鎮俱沿邊之要地，臣未經親歷者不敢懸議，臣前任薊協山永協延綏宣鎮皆知有舊貯之火藥硝磺，若配造火藥，亦足以濟兵丁貳叁年之需，可以供操練，可以資防禦。臣曩恐火藥日久，即加硝磺未必堪用，是以不敢冒言，今大同鎮將不堪用之土硝篩揀煎熬，同不堪用之火藥配成好藥既有明驗，其古北宣鎮延綏似亦可照此辦理，以資實用。至於長鎗鈎鐮等項，古北鎮有斗給銀，延綏鎮有公費，宣鎮亦有房租地租，其廢壞鎗刀各處皆有，若將此項銀兩並廢鐵，照大同製造長鎗鈎鐮等械給兵兼習，而於戰守防禦均有裨益。臣受恩深重，縱捐糜頂踵不足仰報萬一，既見有成效，不敢不據實密陳。是否可採，伏乞皇上睿鑒施行。爲此具摺專差臣長隨姚天章賫捧謹奏。

雍正拾年拾月拾陸日。

《宮中檔雍正朝奏摺》第二〇輯潮州總兵范毓裿《奏請整修軍營衣甲兵械摺》　廣東潮州總兵臣范毓裿謹奏爲敬陳修整軍器以重海疆懇祈睿鑒事。竊查營中一切衣甲器械均關緊要，必須預行修整，務使件件堅利，物物鮮明。平素配給各兵操演巡防，設遇調遣則披堅執鋭，庶無俟臨時補足，以仰副聖朝修明武備之至意。臣蒙皇上天恩，無可報効，惟思整飭營務，冀少伸犬馬愚忱。查潮州一鎮，依山沿海，在在緊要，臣到任後即將各營所有軍火器械按册逐細點驗，查得各處城池以及沿海砲臺所設銑鐵砲位砲身尚皆邊用，其隨營操防之子母威遠等砲内有火門鋯子敝壞者宜加整理。至各兵執用鳥槍，有係營中向有者，有係續後製造者，多有膛口寬窄不匀，星斗不對，火機不一，準頭無定，亦宜逐細修整。又藤牌一項，爲南兵長技，有操演多年不甚堅固者，亦宜重加整造。至於盔甲旗幟，除近年動支公費銀兩修造者，俱整齊完好外，其有披執年久未經修整者，或盔有銹壞，或甲有破爛，或旗幟有過於襌舊，必須修補，方能齊備。再查各營現存火藥甚是缺少，雖於雍正捌年遵旨議奏事案内，因邊海巖疆宜多預備，業經前署鎮臣李萬倉據各營將備酌議，呈請預備叁年火藥，潮鎮所屬八協營，共應添製火藥肆萬捌千捌百陸拾餘觔，因未奉文尚未置備。而鉛子爲火器必需之物，當時並未議及，今亦宜酌量添備。又每營帳房只有貳叁拾項，鑼鍋只有壹貳拾口，設有調遣，何能敷用，均應預爲酌量添製。至於戰箭，原係各兵自備，每兵必須叁拾枝方爲足用，今查各兵現存戰箭多有不堪用者，且數又不敷，亦應添製分給。以上應修應備各項，於海疆營伍俱皆緊要。臣隨委員會同各該營將備據實確估，應需銀兩數目列造清册，臣覆加細核，實應需銀肆千貳百餘兩。查鎮屬各營公費名糧，一年合計共該銀貳千肆百兩有零，内除三分之一以爲營中祭祀領餉造册演砲等項費用，尚有大半可以動支，但錢糧係按月支領，若零星製辦，不特新舊參差，兼且遞年雇覓工匠，巧拙不齊，監督修造不一，其人未能盡行合式，必至虛糜無用。況臣既知各項俱關營中要務，若不急爲製備，臣心實有所不安。今可否向藩庫於耗羨項下暫借領銀肆千兩濟用，得以雇募上等工匠剋日興工修整，臣親加督率，統俟置辦完日列册呈報督臣并提臣查核。其借領銀分作三年，將各營公費名糧内隨即扣還補項，庶武備完整於海疆，似有裨益，是否可行，伏乞皇上睿鑒訓示遵行。謹奏。

雍正拾年拾壹月初叁日。

《宮中檔雍正朝奏摺》第二〇輯廣東提督張溥《奏報改鑄或添鑄砲位之鐵彈摺》　廣東提督臣張溥謹奏爲奏聞事。竊照粵屬各鎮協營水陸城汛砲臺戰艦大小砲位應配彈子一案，先據高州鎮臣蔡添署條議，臣隨會同督臣行令所屬各將營中砲位，較量砲身輕重，膛口大小，原設鐵彈羣子窩蜂各項，現在有無足用，是否合配不合配，尚應添鑄改鑄者，應需鐵炭工價，一并確查妥議，列册通繳會核。緣地方遼闊，營訊遠近不一，陸續准據造繳前來，查該鎮原議請動庫項製造，但營中各有公費名糧，原爲修理軍裝器械而設，此案需用鐵炭工價銀兩，自應動支公費製備業又通行遵照作速購買工料，各將應行添鑄改鑄鐵彈羣子窩蜂各項刻日製足，列册報銷，現已准據報有製竣者，俟催報製齊足用之日另彙清册送部查核存案外，合將製造鐵彈緣由先行奏聞，伏乞皇上睿鑒。爲此具奏。

雍正拾年拾壹月拾捌日廣東提督臣張溥。

《宫中檔雍正朝奏摺》第二〇輯王士俊《奏報撥運火藥剿捕九股逆苗摺》

臣王士俊謹奏爲密陳事。竊照黔省九股苗人，感戴皇上天恩，輸誠向化，經大學士臣鄂爾泰開闢版圖數千餘里，使從古未通聲教之區咸沐天朝雨露，豐功懋烈，超越古今。臣黔人也，邊方式廓，聖澤遐宣，曷勝慶抃無已。前者風聞臺拱地方偶有不靖，隔越遥遠，未悉情形，初意苗性不常，恩威並濟，自可徐爲經理，未致猖獗。今於十一月十五、十八等日，兩接湖南巡撫臣趙弘恩密咨，方知逆苗横阻，傷害官兵，現在貴州提督領兵前至施秉調度勦捕，咨調湖南提標撫標及鎮筸鎮辰州協洞庭協各標將弁，領兵三千名赴黔聽候調遣。因湖南局貯火藥鉛子不敷應用，飛咨到臣，查火藥爲軍營第一利用，必須多爲預備，不容缺少。臣即密飭布政司查北省存貯火藥僅有一萬三千九百餘斤，爲數無幾，隨經先撥火藥一萬斤，大小鉛子鐵彈各一萬斤，於十一月十七日委員星夜趕解常德府轉交行營應用，一面即將庫貯各項硝磺逐一查出，添造火藥五萬斤貯候續撥，不敢稍有遲誤。雖逆苗横肆指日自可勦除，即將來或可不須解應，而火藥無妨多備，以資緩急，仍即會同督臣邁柱將添製火藥另疏具題外，所有多備火藥緣由，合先具摺密陳。伏乞睿鑒。謹奏。

雍正拾年拾壹月貳拾伍日。

《宫中檔雍正朝奏摺》第二一輯宣化總兵補熙《奏報製辦軍營鳥鎗火藥摺》

署理宣化總兵官印務奴才補熙謹奏爲製辦火藥鳥鎗以收營伍實用事。雍正十年十月内，奴才進京恭請聖訓，蒙大學士張廷玉交發一單，内開李如栢奏稱，大同鎮將不堪用之土硝篩揀熬煎，同不堪用之火藥配成好藥已有明驗，其古北、宣鎮、延綏似可照此辦理。至於長鎗、鈎鐮等項，古北鎮有斗級銀，延綏鎮有公費，宣鎮亦有房租地租，其廢壞刀鎗各處皆有，若將此項銀兩並廢鐵照大同製造長鎗、鈎鐮等械，給兵兼習，於戰守有益等語，令赴宣化任後，酌量辦理，總在因地制宜，不必拘執成見。奉此，奴才到任後隨將鎮屬庫貯舊火藥細加查點，内有堪用火藥二萬餘觔及不堪用火藥九千餘觔，二項均已試驗，量加硝磺配合，皆成好藥，共得三萬餘觔。伏思邊方重地，必得多貯火藥，方爲要計。查庫貯土硝不及一千觔，舊存硫磺除不堪用外，其堪用者約四萬觔，應於此内動用磺觔并添買硝觔，再合火藥五萬觔，連前有火藥共成八萬餘觔，分給各營，足供三年操練之用。但火藥積久，藥性不無減退，應請自雍正甲寅年起支用給兵操練，俟年終時將各營原設火藥公費錢糧，統合一年火藥，照數補還原額，出陳易新，週而復始，使各營常貯兩年富餘火藥，既可爲邊方儲備要需，并免各營零星採買，致滋不肖弁目尅扣公費錢糧少給兵丁火藥之弊，實於營伍有益，如蒙俞允，俟製造完日造册報部存查。至購買硝觔配合工匠器具等項，奴才現在獨石等協營製造新兵器械内通融備辦，約可節省銀一千二百餘兩應用另行繕摺具奏。至長鎗、鈎鐮等械，先經李如柏題請改換籐牌一疏，奉旨：大凡各處營伍所用器械，原無一定之制，每視該上司之所好尚以爲轉移，是非訓練專精之道也。凡事久則熟，熟則生巧，除騎射最爲緊要天下通行學習外，其餘各種軍器，宜令各省會同畫一，酌定規制奏聞，永遠遵行。欽此。續經直省督撫提鎮議定，各營兵丁除騎射最爲緊要通行學習外，其鳥鎗、砲位迅速致遠，自應畫一專習。至於宣鎮請將長鎗等械改換籐牌，係因地制宜，相應更換，以此定爲規制等因，經部覆題准在案。查營伍器械既有馬步弓箭、鳥鎗、砲位、籐牌、腰刀，是山谷平陽遠近皆能克敵，規制實爲全備，且宣鎮兵丁技藝尚在生疎，若令兼習别項器械，未免顧此失彼，誠如欽奉諭旨，非訓練專精，熟能生巧之道也，則長鎗、鈎鐮等械可毋庸添設。至各營子母砲位，現於遵旨酌議事案内議設戰箭、腰刀、籐牌已足敷用。惟鳥鎗一項除部發新兵三百桿尚屬利用，其舊有鳥鎗長短不齊，膛口大小不一，實非利器，請遵照敬獻蒭言事案内將庫貯不堪用器械鎔化打造好鎗，一切工價費用，俱於總兵衙門每年應得房地租銀五百兩内，陸續製造齊全，給兵應用，毋庸動支正項錢糧。所有查明辦理緣由，謹繕摺奏聞。伏乞皇上睿鑒施行。謹奏。

雍正十一年三月十二日。

《宫中檔雍正朝奏摺》第二一輯宣化總兵補熙《奏請換製牌兵衣甲并選用舊存器械事摺》　署理宣化總兵官印務奴才補熙謹奏爲酌換牌兵衣甲並選用舊存器械事。竊照牌兵衣甲，貴在輕便，方於跳躍敏捷。兵丁器械，總在利用，不以新舊爲拘，有應更定變通者，自當因事制宜，庶爲有裨營伍。查鎮標三營籐牌，兵部發盔甲，俱與步兵盔甲一體製造。惟是牌兵起伏，進退滚跌，全以輕便爲先，臨陣克敵，恃牌護身，不恃甲胄。是以各處籐牌兵多用虎衣虎帽，不特便捷，亦且壯觀。但盔甲已製，另行改造，不無虚費錢糧。查鎮屬添設兵丁，各協營路領銀製造盔甲器械，奴才擬將鎮標籐牌兵盔甲三百頂副，轉發附近張家口路，作爲步兵盔甲，即將該營應領步兵盔甲價銀，改製牌兵虎衣虎帽，一轉移間，彼此俱便。步兵盔甲每副需銀三兩五錢，牌兵虎衣每副約需銀一兩，此内可節省銀七百餘兩。再查鎮屬各營庫貯腰刀，祇因鞘柄廢壞，刀頭發銹，從前俱以不堪用報部，奴才逐加調驗，鋼鐵皆好，一加磨礪，鋒刃照舊，已經挑有八百餘口更換刀鞘刀柄，俱屬堪用。又各營庫貯舊戰箭，有箭頭箭幹俱好者共一萬餘枝，只須重翎端整即成好箭，已將此項刀箭飭令各營脩飾給兵應用。計脩整工價與原估腰刀每口價銀八錢，原估戰箭每枝四分五釐，約可節省銀五百餘兩。以上共節省銀一千二百餘兩，即充爲製造火藥工價費用，倘或不敷，尚有舊存親丁餘剩銀三百餘兩留充營中公用者可以添辦。再各營現今領價添製盔甲器械，俟造完日，如有節省，一併據實造册報銷。如此通融辦理，則牌兵衣甲便於操練，營伍器械亦復利用，而積貯火藥以備軍需，更於邊方有益。但奴才愚昧之見是否有當，伏乞皇上睿鑒施行。謹奏。

雍正十一年三月十二日。

《宫中檔雍正朝奏摺》第二一輯南贛總兵康華齡《奏報改造軍營鳥鎗摺》

署江西南贛總兵官奴才康華齡謹奏爲改造鳥鎗以資利用事。竊照鳥鎗爲營中緊要之器具。奴才操閲本標中左後城守肆營兵丁，其鳥鎗長短輕重多有不齊，鎗身微薄，每放至肆伍次則鎗熱難持甚至暴裂，且膛口窄小，用藥不多，準頭不定，施放鉛彈不能及遠。奴才隨經督飭肆營將備，現照京城鎗式與工改造，以資營伍利用。總計肆營鎗砲兵丁配執鳥鎗共捌百肆拾肆桿，一切改造工價於各該營公糧動支，並將原有舊鎗分作肆次，陸續銷出鐵觔，添補應用，既可節省公銀，亦且免致遺棄，而改造新鎗之時，仍有舊鎗暫行操演。奴才並嚴飭各將備，確核工價，加意節省。造備、用數細册，奴才核實之後，報明督撫貳臣一體稽核。其外屬壹拾貳營所有鳥鎗，奴才亦現在行查，有不合式者亦飭令一律改造，庶準頭及遠利用攸資似於營伍稍有裨益。事關改造鳥鎗，理合繕摺奏報。伏乞皇上睿鑒施行。爲此具摺，謹具奏聞。

右謹奏聞。

雍正拾壹年伍月貳拾捌日署江西南贛總兵官奴才康華齡謹具摺。

《雍正朝内閣六科史書·户科·暫理陝西巡撫史貽直等題爲請銷固鎮新募兵丁製造盔甲應需銀兩本》 經筵講官户部尚書仍暫留西安總理巡撫並一切軍需事務加四級紀録八次臣史貽直等謹題爲叩懇聖裁事：「該臣等看得固鎮新募兵丁製造盔甲銀兩，經前署督臣查郎阿准部咨作正開銷等因，行據布政使程仁圻等詳稱，製造鐵棉盔甲八百四十六頂副内，製造鐵盔甲四百頂副，共用銀一千八十四兩一錢三分九厘零，製造棉盔甲四百四十六頂副，共用銀九百三十一兩七錢六分零，二項共用軍需銀二千一十五兩九錢。所有動用過軍需銀兩相應造册，請銷等情前來。臣等覆查無異，除册分送部科外，謹會同署督臣劉於義合詞具題。伏祈皇上睿鑒，勑部核覆施行。爲此謹題請旨。」雍正十三年閏四月二十五日題。五月十三日奉旨：「該部察核具奏。」

王啅《兵仗記》 古有文事者，必有武備。《易》曰：君子以除戎器戒不虞。蓋自庖犧始造干戈，蚩尤繼作五兵，而後兵之器遂日多。干，一名盾，即今旁排是也。宋太宗聞南方以標槍傍牌爲兵，令蕭延皓取廣德軍習之，軍士之用標牌，此其始也。有大而平者曰吴魁，本出于吴，爲魁帥者所持也。狹而長者曰步盾，步兵所持，與刃相配者也。狹而短者曰孑盾，車上所持者也。孑，小稱也。戈如戟而横安刃，直刃長八寸，横刃長六寸，刃下接柄處長四寸並廣二寸，柄長六尺六寸，用主于胡，胡即孑之旁出者，胡過于直則倨，但可以刺，胡過于曲則句，但可以鈎，人惟得其中制，往無不利。夫蚩尤所謂五兵者，戈、殳、戟、酋、矛，而《周官》即以爲車之五兵。戈居五兵之先者，以五兵之所以便于用者惟戈也。殳即杸也。禮書作八觚形，或曰如杖，長丈三尺而無刃，主于擊。戟，《釋名》曰格也。旁有枝格也，長丈六尺。《實録》曰：如鎗兩歧置刃謂之戟，有手所持摘之戟曰手戟，有車上所持之戟曰車戟。《風土記》曰：用戟奮揚俯仰能兼五兵。酋即矛也。矛長二丈者爲酋矛，酋之爲言就也，近而就之也。矛，《通俗文》曰：長八尺謂之矟矟者，馬上所持，言其矟矟，便殺也，一曰激矛激截也，可以激截敵陣之矛也。若夫頭有三叉者曰仇矛，言可以討仇敵也。長九尺者曰殺矛殺霍也，言所中霍然即破裂也。長丈八尺者曰蛇矛，劉曜曰丈八蛇矛左右盤是也。至于周之步卒五兵，則以弓、矢、戈、殳、矛。《漢書》注五兵，則又矛、戟、弓、劍、戈也。弓長六尺六寸謂之上制，六尺三寸謂之中制，六尺謂之下制。弓末曰簫，弓中央曰弣，弓閃面曰淵。矢末曰括，矢根曰鏑，又曰鏃。以角曰弓，以木曰弧，以竹曰箭，以木曰矢。邱濬曰：凡兵所及，不過丈尺之間，惟弓矢則有百步之威，折其勢于未至，挫其鋭于尚遠，兵器誠莫有先之者也。故曰：弧矢之利，以威天下。弓之施臂而機發者曰弩，古之神弩大黄偏架雖失其傳，近世臨敵，多用伏弩以及跳鐙合蟬，運臂手射雙弓，牀三弓，牀次三弓，諸弩亦發，無不中者。劍，檢也。所以防檢非常也，厚脊短身頗稱便。用劍之最短者曰匕首，其頭類匕，故曰匕首。長一尺八寸，刀之中亦有短者曰拍髀，帶時拍髀旁也。其大刀曰鈹，刃端可以披決也。斬馬刀，一名砍刀，長七尺，刃長三尺，柄長四尺。下用鐵鑽，馬步水陽咸可用。也有形如眉尖者曰眉尖刀，如鳳嘴者曰鳳嘴刀，如偃月者曰偃月刀。頭屈者曰屈刀，面方者曰方刀。更有鈎刀，手刀，鋸刀，棹刀，太平刀，定武刀，朝天刀，開天刀，開陣刀，畫陣刀，偏刀，單刀。各因其人所使家數以斬伐，到其所乃擊之也，與戈矛同以刺爲用者鎗爲利。《實録》曰：黄帝與蚩尤戰即有槍。《續事始》曰：諸葛亮制苦竹槍，長二丈五尺。第長鎗之法獨精楊氏，號爲梨花，變幻莫測，後世鮮得其奥。迄今行于世者曰沙家鎗，曰馬家鎗，曰金家鎗，曰張飛神鎗，曰五顯神鎗，曰拐突鎗，曰拐刀鎗，曰峨嵋鎗，曰月鎗，曰地舌鎗。至步兵所宜用者爲素木鎗，若錐鎗，鴉頸鎗，太寧筆鎗，則其類也。執牌人所用者爲標鎗，若梭鎗，搗馬突鎗，犁頭標，紫金標則其類也。外此鈀之制有二，曰鐵鈀，曰木鈀。鐵鈀之頭直刃，横齒皆鐵。木鈀鐵刃，木横上施鐵齒，鐵皮裹釘。其使鈀之家五：曰雄牛出陣鈀，曰山門七埋伏鈀，曰番王倒角鈀，曰直行虎鈀，曰稍欄跟進鈀。叉之制有二：曰钂叉，曰魚尾叉。钂叉純鐵爲頭，下用鐵鐏。魚尾叉連靶長一尺五寸左右。有魚尾叉，刃向上者長，向下者短，中有響鐵圓葉，此四者皆以椆檀木爲桿，長各七八尺，秖魚尾叉桿五尺耳，進退攻擊可殺可禦皆善也。鎚之制有二：曰鐵鎚，曰流星鎚。鐵鎚蒜頭短柄，重四十斤，即朱亥嘗用鎚殺晉鄙者也。流星鎚狀若稱錘，飛若流星，即張良嘗用誤擊副車者也。棒之制有六，咸取堅重木爲之，長四五尺。一、鐵裹其上者，謂之訶藜棒。一、首施鋭刃下作倒雙鈎者，謂之鈎棒。一、無刃而鈎以鐵抓，謂之抓子棒。一、直針于上如狼牙者，謂之狼牙棒。一、如狼牙本末均大者，謂之杵棒。一、如農夫打麥之枷，以鐵飾之，利于自上擊下者，謂之鐵連夾棒。有形一而名殊者，大斧是也，本長柯一面刃而名，有開山、静燕、日華、無敵之不同。有名殊而形似者，斧鉞是也。斧爲戚，鉞爲揚，而實行斧小鉞大之各異。有與劍相類者爲鐵簡。無刃，起四稜，言方稜似簡也。有與簡爲類者爲鐵鞭，純鐵爲之，狀如竹根節也。鞭簡大小長短，各隨力所勝用之人，若欲進步則鑿，縮步則劄。莫如天蓬鏟，形類半月，四向皆利刃，柄長八九尺，下用鐵鑽，洵兵器中之最利者。至如棍，本非戰陣所宜用，然習諸兵，先宜習棍，能盡此中之陰陽奇正，手足進退伸縮之法，則諸技推類易精。棍以椆檀木爲之，用者雖多，而美善羣推少林，兩軍相當，兵刃矢石疊至，而欲爲行伍之藩蔽，則非狼筅藤牌不可，筅之竹宜節密枝堅，杪加利刃，務選力大之人授之，用器而不爲器所累則工。牌制古有圓、長二式，近以藤爲團牌，體輕而堅，不畏雨濕，步兵用此稱便。但二者能禦而不能殺，主衛而不主刺，非有諸利器相資，鮮有成功。雖然，五兵之用，長短兼制，俱相須而不可偏廢也，能長以衛短，短以濟長，神而明之，是在善用兵者矣。

褚人穫《堅瓠壬集》卷四《鐵椎銘》 宋翰林學士王德耀文炳，爲王千户著撰《鐵椎銘》：「朱亥貢金，張良受之。合以忠義，鍛成此椎。銅山可破，椎不可缺。金埒可碎，椎不可折。噫！亂臣滔滔，四海嗷嗷。長蛇其毒，封豕其饕。上帝憤之，以椎畀著。椎不自奮，假手於汝。數未莫先，時來敢後。曾不一揮，元凶碎首。匪椎之重，唯義之勇。雖椎之功，唯人之忠。長僅數尺，重才數斤。物小用大，策此奇勛。椎在人亡，再用者誰。藏之武庫，永鎮奸回。」

周士彪輯《類珠》卷一八《武具部》 劍

劍之爲用，黿其文，龍其藻，陰其縵，陽其文，古今著美矣。楚之龍淵，魏之步光，吴之干將、莫邪，晉之龍泉、太阿，越之湛盧、魚腸，以及桓公之慈，太公之闕，文公之琢，莊公之忽，皆天下之良也。青萍之焰與芙蓉之氣並衡，紫電之鋒與青霜之刃争鋭，豈區區金錢之質耶。是故提於高祖，英主之槩也；請於朱雲，直臣之風也；彈于馮驩，俠客之氣也；解于趙祥，志士之懷也；相於薛燭，通人之識也；弄于蘭子，術士之技也。他若上之殿陛，寵異之隆也；守之道路，改行之美也；掛之隴樹，心許之信也。赤霄以之斷蛇，青銅以之斬蛟，庫焚冒烽烟而去，墓發從霄漢而騰，津渡臨延平而躍，非神物也哉。歐冶涸若耶而出銅，破赤堇而出錫，鑄固有獨奇歟。古之所記，冶之名劍五，風胡子之劍三，勾踐之劍八，吴大帝之劒六，歷有著稱矣。若夫神禹之定光，光武之照膽，王母之佩分影，上元夫人之佩流黄揮精，豈耳目可玩乎。昆吾之石，非文玉通犀飾蒯緱也。

刀

器中有刀，上應宿文，大房虚星主之，中利王法，九府泉布通之。大夏、龍雀，價乃重之千金，青犢、漏影，名固標之第一，或謂孟勞，或謂龍鱗，或謂脱光，可以戒不虞，可以討不庭，亦可以辟不祥者也。鄭之刀，宋之斤，魯之削也。周穆之時，西戎所獻者，切玉如泥。秦皇之世，西羌所貢者，削玉如木。鳴鳳刀以賜方朔，朔知雄者飛，而雌獨在。金錯刀失於昌齡，齡緣鯉入舟，而刀已還。朱暉持之以向賊矣，孫權拔之以斫案矣，庖丁硎之以解牛矣，龔遂賣之以買犢，龐娥市之以殺仇矣。斯固寶器傳名，火精協數，超巨闕而踰太阿也者。若吕虔以三公之佩贈祥及覽，王濬以三刀之夢信得益州，刀固不有其神靈者哉。床頭之捉，洵有意云。雖然，鉛刀不可以任割也，而并刀代以爲利，牛刀未可以小試也，而鷄刀尚可以屠。魏延夢頭上之角，信爲凶矣，鱄諸雖魚隱其刀，猶未若笑中之刀爲隱深也。炎帝采首山之金以鑄刀，以利用也，而寧虞其爲兵始耶。

旗

鶡鶚鷹鳶以爲旗，神農實始之。旗者，掌之司常，名以蝥弧，稱以姑篋，熊虎爲儀，象其猛也，翼星明而旌旗用。禮著交龍之文，雅釋有鈴之義。殷之太白及五方四獸也，周之太赤及雲翹翠蕤也。雲罕，天子之旗也。楚有前茅，秦有翠鳳，皆與士卒相期，其下者也。畫星者主指，戴雲者逶迤，蔽日者連翩，一指而八表澄清者之具也，豈徒曳以慧星，而熊旂五斿，龍旂九斿，美具瞻乎。且也武王受之以興周，韓信樹之以疑趙，耿弇張之以據城，楊儀偃之以誤懿，旗之爲用詎可一二指歟。

武具總

論武功者，曰鞭弭從事，沙場高骨戰之山，櫜鞬臨戎，溝壘鬪馘俘之捷，片甲無存，隻輪不返，枯萬骨以成一將功者，勇夫雋焉，仁人之所不忍居也。是故長刀大劍，輕利剽遫，非不可以標一時之烈，堅甲利兵，所向克詰，非不可以誇不世之奇。豈知免胄而趨風，焉能使鳴鏃無聞也。解弢而卧月，難以言刁斗不事也。屬鏤銛矣，誰爲棄甲之于思？鏌鋣擲矣，誰爲埋旗之飛將？連軺結駟矣，誰爲投鞭而斷流？控鏑鳴弦矣，誰爲揮戈而返日？吾始知避矟而奪矟，勇力震三軍也。吾始知屈槊而伸槊，威武傾一世也。然則善戰者必使不勝者全勝，而樹順昌之旗幟，慎毋使常捷者不捷，而失神亭之兜鍪也。自神農造干戈以飾武而兵事興，所以禦强暴，討不庭耳，何末世之以戰雋也。王者以不殺爲威，《春秋傳》曰：善爲國者不師，善師者不陣，善陣者不戰，至於對壘交鋒，劍戟相撞，末矣。孟子曰：威天下不以兵革之利。仁人其識之。

戴震《戴東原集》卷一一《序劍》 方君友璜，以《檢書看劍圖》示余，且曰：「非偉其事也，志也，願得一言以明之。」余持之孰視，遂稱曰：「君子於書，懼其不博也。既博矣，懼其不審也。既博且審矣，懼其不聞道也。七十子之徒，親得聖人以爲依歸，能聞道者，不多數焉。君雖檢於書若不及，能必道之聞乎？」曰：「未能。」余又稱曰：「夫劍上制，重九鋝，長三尺。中制，重七鋝，長二尺有半尺。下制，重五鋝，長二尺。夫人而帶之，夫人而利用之，以形貌節之。度今君於劍之用，豈能之乎？」曰：「未能。」「二者皆未能，而圖奚以之書？以志乎道，奚志於劍也？余聞劍之説，其握莖，莖者固，固者信；其後鐔，鐔者文，文者讓；其前首，首者止，止者禮；其中背，背者鯁，鯁者廉；其厢臘，臘者平，平者法；其刃鍔，鍔者斷，斷者義；其末鋩，鋩者鋭，鋭者勇。其内之也，襲之以夫襓，而深諸匱中，似乎智之藏；其出之也，以備君子之德，威而不尚其猛，似乎仁之發。乃信，乃讓，乃禮，乃廉，乃法，乃義，乃勇，乃智，乃仁。是故劍有九德焉，是故古之君子，恒佩劍焉。余聞君子之於物也，右之左之，維其儀之，左之右之，維其有之。案《北史・長孫紹遠傳》，言「左之右之，君子宜之，右之左之，君子有之」。此文句與《北史》正同，但《北史》誤倒失韻耳。苟君之未能者劍之用，而能者劍之德，孰謂道遠，終必至之。是故《易》之言曰：『君子多識前言往行，以畜其德。』劍其書也，書其劍也。非其劍若書也，其人也，故好之不倦。」語未畢，方君肅然起謝曰：「謹志此。」於是序劍以贈。

郭嵩燾《郭嵩燾奏稿・修築廣東省城砲臺片》 再，户部尚書羅惇衍奏請修築廣東省城砲臺，經前署督臣晏端書、前撫臣黃贊湯，勘明城北永康、耆定、保厘、保極、拱極五臺，派員估修，勸捐籌辦，奏奉諭旨允准在案。旋以捐款所收無幾，各路軍餉隨時撥放，砲臺工程需費甚巨，至今未能興修。

伏查廣東沿海各口，嘉慶年間設立砲臺一百二十餘座，道光以後添修至一百六十餘座。由省河以達虎門，砲臺林立，添修者爲多，所以防洋船之出入也。

道光二十一年，洋人攻毁虎門砲臺，次年重修砲臺十四座、内河砲臺四座，用銀四十一萬有奇，制備砲值亦不下數十萬。咸豐七年，洋人滋擾省城，大小砲臺復遭平毁，無幾存者。就廣東海洋大勢論之，西、北兩江之水經省河合東江南流，匯爲内洋，大虎山扼其冲，實踞全省形勝之地。而東、西江支流分注外洋，如順德之龍江、新會之熊海，皆上受西江之水以注於海。故論粤海形勢，以虎門爲東江正流，以新會之厓門爲西江正流，而香山之蕉門、涌口門、第一角海，新會之虎跳門等處，海船皆可出入。即虎門之大角、横檔、水軍寮、九宰山諸砲臺，峙立大洋，四面皆通舟楫，港汊紛歧，在處繞越，獨洋船入水最深，必經虎門，爲能扼之。其實自古設險之地，亦因天時人事與爲輕重。現今虎門之上，約百里爲大洲，洋人於此修造船隻；再上二十里爲黄埔，洋船於此屯泊；附城沙面地方，亦屬之洋人。所須防者，洋盜之駛入而已。虎門砲臺局勢雄闊，工程浩大，萬無經費可以籌辦，亦并非目前切要之舉。

伏讀聖諭，飭將省城内河及城北各地方砲臺擇要興修，誠爲扼要。臣等察看省河東、西兩江，一水襟帶，左右控扼。西路之大黄滘、沙腰砲臺二座，經於咸豐十一年修復。東路之中流沙、獵德等處，向設砲臺四座，亦應酌量修復。省城以北，陸路則白雲山、馬鞍山蜿蜒南趨，入城爲越秀峰，城垣横跨山腹。其外岡阜羅列，永康砲臺正當其北，俗謂之四方砲臺。稍東曰耆定，俗謂之圓砲臺，當白雲山飛鵝嶺之冲。又迤西曰拱極，曰保極，當三元里西村之冲，皆距城咫尺，次第修復，足資保障。又東北曰保厘，則距城較遠，應從緩議修。

專就省垣附近緊要各臺估計，爲數已巨。值庫款艱乏、捐輸疲難之際，各路軍餉隨處搜括，欲兼籌修理砲臺巨案，尤應通籌工料，有可移東補西者，不妨變通辦理。因查内河砲臺，基石全無，赴新安山中開採石料，頗屬艱煩。虎門砲臺十四座，加以兩岸新涌、蕉門二座，大半傾毁，而基石存留尚多。其間鎮遠、横檔、大角砲臺三四座，爲嘉慶年間基址，應酌量存留，以符舊制。其續經添造砲臺，本圖以壯觀瞻，不盡扼要，其勢萬難修復，所有殘廢基石，亦無庸存留。現在議修城北中流沙砲臺，需用石料，可否即將虎門砲臺殘廢基石，移爲内河各處工程之用，於費爲省，於工爲便。查虎門上至中流沙等處砲臺，向歸水師提標經管；城北等處及省河東西砲臺，向歸廣州協標經管。現因省河西砲臺及虎門大角、大虎，并東岸内港之九宰、竹洲、新涌，西岸内港之蕉門各砲臺，基址完全照舊，撥兵看守，支發口糧，亦應分別查勘是否地方均屬扼要，應行照舊存留，統候諭旨准將虎門殘廢砲臺基石移修内河砲臺，再由臣會商水師提督酌量辦理。

愚昧之見，是否有當，伏乞聖鑒訓示。謹奏。

虎門等處及各海口砲臺，原由水師各營派兵護守。道光二十二年，增修虎門以内砲臺，無故添設額兵數百千名，以其時清查溢坦，歲得租課數萬金，借此支銷。咸豐七年以後，砲臺全毁，而添設額兵支銷餉銀如故。鄙人以水陸額兵七萬有奇，欠餉過多，欲以此款改充正餉。水師提督持之甚力，至請制軍移咨，以相搪抵。聊以此折一發鄙心之鬱結而已。自記

羅文彬編《丁文誠公遺集》卷一二《機器局置器造廠規模大備摺光緒二年十月初三日》

奏爲山東創設機器局，購置機器，蓋造廠房，規模全備，恭摺仰祈聖鑒事。竊臣上年曾將東省設立機器製造局試辦軍火，派道銜候選郎中徐建寅總司其事，並派按察使銜濟東泰武臨道薛福辰會同辦理各緣由，歷次奏明在案。臣初與徐建寅、薛福辰等商辦之時，即謂東省設立此局，實爲自强起見，非徒增飾外觀，所有一切建廠造屋及備辦機器，並將來製造各項，均須自爲創造，不准雇募外洋工匠一人，庶日後操縱由我，外人無從居奇，乃於國家有利。徐建寅等頗解臣意，當開局之初，先在省城外濼口迤東，相度形勢高亢之區，價買民地三百餘畝，一面委員採買木石雜料，復開窑自造甎瓦，於去冬先落成工務堂一座，以資委員、司事人等辦公棲止。旋飭赴滬定購外洋機器物料，雇募本地各色熟手工匠，並飭調來閩省之萬年青輪船載運。該員徐建寅於今春二月間回東後，續即興工建造各廠屋，工料齊備，人夫輻輳，而委員司事人等，亦復督趲勤勞，寒暑靡間，自春及秋，業將機器廠、生鐵廠、熟鐵廠、木樣房、畫圖房、物料庫、東西廂文案廳、工匠住房，大小十餘座，一律告成。其火藥各廠，如提硝房、蒸磺房、熖炭房，以及碾炭房、碾硫房、碾硝房、合藥房、碾藥房、碎藥房、壓藥房、成粒房、篩藥房、光藥房、烘藥房、裝箱房，亦次第告竣。其各廠煙筒，高自四十丈至九十丈，大小十餘座，亦俱完工。外國購到機器亦陸續運東，徐建寅躬親布置裝配，一俟内地採買硝、硫、煤炭各料購齊，即行分別開工製造。核計全廠告成，爲期不踰一年，辦理既速，撙節尤多，將來著名利器，如格林克虜伯各礮，林明敦馬氏呢等槍，均可自行添造，不必購自外洋。雖自强之本，原不在區區末藝，亦見我中國技巧，幾與西人之累世專攻者等，風氣既開，未始不日有起色也。臣統籌此

局，就現時情形而論，其利確有數端：設廠內地，不爲彼族所覬覦，萬一別有他事，仍可閉關自造，不致受制於人，利一也。附近章邱、長山等縣煤、鐵、礦産素饒，民間久經開採，但就內地採料，已覺取資無窮，縱有閉關之時，無虞坐困，利二也。秦、晉、豫、燕、湘、鄂各省，由黃運溯流而上，一水可通，將來製造軍火有餘，可供各省之用，轉輸易達，利三也。從前中國各廠雇用洋匠，少或七八名至一二十名，每名工值歲費二、三千金，統計各洋匠一歲所費已踰鉅萬，而招募路程有費，死傷卹賞有費，遣散舟資有費，加以該洋匠等墨守師法，不肯略爲遷就，往往一材一料，稍不中於繩墨，即在屏棄之列，甚或營造及半，忽然變計，重復毁改，虛糜工料極多，此皆由本局無深明機器之人，故一切受制於洋匠。今該員徐建寅胸有成算，親操規削，一人足抵洋匠數名，猶復估料程功，力求撙節，綜覈精密，人不能欺，故一切皆歸實用，不稍虛糜。又因粤匠工值較昂，專雇浙江、直隸熟手工匠，而招東省土著心地明白之人，相間學習，是以勤奮過於洋匠，而工資不及一半，每年節省既鉅。異時籌款稍覺從容，從此精益求精，庶幾機器精良，軍儲充裕，自可奪外人之長技，不致見絀於相形，此則微臣創辦時所不敢料，而深幸以後之所謂自强者於此真得實際，自可期日新而月盛也。至該局員等或創辦重大工程，或轉運外洋機器以及萬年青輪船官弁，歷涉重洋，承運迅速，不無微勞，足録其尤爲出力各員，可否援照滬局輪船廠工告成請奬成案，仰懇天恩，容臣擇尤酌保數員，奏請奬敘，則各該員弁益當感激奮發。如蒙俞允，臣當悉心酌核清單，無敢稍涉冒濫。所有創設機器局規模全備各緣由，謹恭摺具陳。伏乞皇太后、皇上聖鑒訓示。謹奏。

黃以周《禮書通故》卷四〇《軍禮通故》二 鄭玄云：「車僕掌戎路、廣車、闕車、苹車、輕車之萃。萃猶副也。五者皆兵車，所謂五戎也。戎車，王在軍所乘也。廣車，横陳之車也。闕車，所用補闕之車也。苹猶屏也，所用對敵*自蔽隱之車也。輕車，所用馳敵致師之車也。故書苹作平，杜子春云，平車當爲軿車，其字當爲苹。」以周案：乾時之戰，魯莊公喪戎路，漢淮之軍，楚鬬丹獲其戎車，皆君所乘也。齊有貳廣，杜注「公副車」，楚子之戎，分爲二廣，杜注「楚王更迭載之」，是所謂戎車之萃也。楚子二廣，各十五乘，是所謂廣車之萃也。古人車戰，前後整齊，必有護衛，故不致敵人直輅其君。韓原之戰，輅秦伯，將止之，爲廣車之不設也。楚子又使潘黨率游闕四十乘，從唐侯，即所謂闕車，觀兵陳薄處，從而補之，以防敗失。苹車當作軿車，謂輜重。

《周書》云：「五陣，春牝陣，弓爲前行；夏方陣，戟爲前行；季夏圓陣，矛爲前行；秋牡陣，劍爲前行；冬伏陣，楯爲前行。」見《通典》。《司馬法》云：「弓矢圍，殳矛守，戈朝助。凡五兵，長以衛短，短以救長。」見《司右》注。《管子》云：「東方矛，南方戟，西方劍，北方脅盾。」《淮南子》云：「春其兵矛，夏其兵戟，季夏其兵劍，秋其兵戈，冬其兵鎩。」《公羊》家說，五兵，矛、戟、劍、楯、弓、鼓。《穀梁》家說，矛在東，戟在南，鉞在西，楯在北，弓矢在中央。衛宏云：「五兵，弓、弩、刀、劍、甲鎧。」楊雄云：「木爲矛，金爲鉞，火爲戈，水爲楯，土爲弓矢」鄭衆云：「五兵，戈、殳、戟、酋矛、夷矛。」鄭玄云：「車之五兵，司農所云者是也。步兵之五兵，則無夷矛而有弓矢。」韋昭云：「五刃，刀、劍、矛、戟、矢也。」《禮記隱義》云：「東方戟，南方矛，西方弩，北方楯，中央鼓。」以周案：《周禮》有五兵五盾，《穀梁》有五兵五鼓，《國語》有三革五刃，則五兵數盾鼓者非也。說詳所著《禮說略》。

孔穎達說，長轂、馬牛、甲兵、戈盾，皆一甸之民同共此物，故《司馬法》「諸侯車甲牛馬，皆計地令民自出。若鄉遂之衆，七十五人則遣出車一乘、甲三人、馬四匹、牛十二頭，恐非力之所能，蓋皆是國家所給，故《質人》云『凡受馬于有司者，書其齒毛與其賈，馬死，則旬之內更』，《司兵》云『授兵從司馬之法以頒之，受兵輸亦如之』是也。」以周案：車甲馬牛有賦于民者，見《鄉師》、《族師》、《鄰長》、《里宰》、《遂師》、《縣師》、《稍人》諸職。有給諸國者，見《巾車》、《牛人》、《司兵》、《司甲》、《司弓矢》諸職。《楚語》云：「國馬足以行軍，公馬足以稱賦。」出軍馬者不供賦，供軍賦者不出馬。馬有公國之分，車牛甲兵當亦然也。自疏家誤謂六軍必出六鄉，而家一人之法，視成之三百家出三十人、甸之五百七十六家出七十五人，其賦倍重，于是有鄉賦人、甸都鄙賦車甲之說，以均其輕重之差。此彌縫之說，不足據也。毛大可、王西莊、孔巽軒、錢溉亭、秦味經皆沿訛。《族師》「若作民而師田行役，簡其兵器，以鼓鐸旗物帥而至」，《鄰長》文同，是鄉遂亦共甲兵戈盾。《縣師》「掌邦國都鄙稍甸郊里之地域，辨其夫家人民之數及六畜車輦之稽，若有軍旅之戒，作其衆庶及馬牛車輦，會其車人之卒伍，使皆備旗鼓兵器，以帥而至」，是鄉遂都鄙兼有賦人賦車器之法。

賈逵云：「鄧廖帥組甲三百，被練三千。組甲，以組綴甲，車士服之。被練，帛也，以帛綴甲，步卒服之。凡甲所以爲固者，以盈竅也。帛盈竅而任力者半，卑者所服。組盈竅而盡任力，尊者所服。」馬融云：「組甲，以組爲甲裏，公族所服。被練，以練爲甲裏，卑者所服。」杜預云：「組甲，漆甲成組文。被練，練袍。」惠棟云：「賈説爲長。《考工·函人》云：『凡察革之道，眂其鑽空，欲其惌也。』空惌則堅，竅滿則固。帛粗故任力者半，組細故盡任力。《吕覽·有始篇》曰：『郈之故法，爲甲裳以帛，高注「以帛綴甲」，即被練，是。公息忌謂郈君曰：「不若以組甲。凡甲之所以爲固，以滿竅也。今竅滿矣，而任力者半耳。且組則不然，竅滿則盡任力矣。」郈君以爲然。』賈説蓋本此。」以周案：《函人》云：「犀甲七屬，兕甲六屬，合甲五屬。」注云：「屬謂上旅下旅札續之數。」凡甲，屬衆札爲之。而衆札之屬，則綴以組帛之類。組者，織絲爲絛。被乃紴之借字。《説文》：「紴，絛屬，讀若被。」紴練，謂裂湅帛以爲絛也。甲之固在盈竅，而盈竅用裂帛爲紴，不如織絲爲組之韌，故曰帛半任力，組盡任力。惠氏申賈甚是。其以任力爲製甲者之力，尚誤。組甲三百，三百乘也。乘用百人，故紴練者三千。百人謂之卒，故紴練爲徒卒之服，其卒長乘車謂之車士，故組甲爲車士之服。馬説無據，杜説更謬。

光緒三十三年《政治官報·摺奏類·十二月初八日第七十八號·兩江總督端方奏金陵製造局添購機器情形摺》 奏爲金陵製造局改良製造新式槍子暫將老毛瑟槍子停造騰出經費凑撥添購機器情形恭摺具陳仰祈聖鑒事。竊查金陵製造局，上年曾經練兵處暨前署督臣周馥，派委道員張士珩赴局考查，議將該局每年額領經費銀八萬四千兩，以六萬二千五百兩專造一十密里口徑老毛瑟槍子，供應南洋各軍隊操防之用，餘款留爲各防營隨時添配機件及員司匠役薪糧局用之需，經練兵處核准咨行飭遵在案。本年夏間接辦該局道員劉體乾，查得江南軍械局庫存老毛瑟槍通用子彈甚多，可備數年撥用，而江南編練新軍悉係領用日本六密里五口徑及德國新毛瑟等項槍枝常年需用槍子轉虞不足，亟應籌撥款項，添購機器，改良製造新式槍子具詳請示。奴才以所請係爲因時制宜，裨益軍需起見，檄飭江寧藩司繼昌，會同上海製造局員張士珩復加籌議，擬就該局原有機器改造新式槍子，惟仍需添購機器二十五部，並六密里五、七密里九比例規尺樣板兩副，格林木大小天秤兩具，經奴才復行該局詳加考核，據稱如添購前項機器器具，舉凡六密里五、七密里九口徑及老毛瑟、曼里夏各種槍子隨時均能製造，第購機所需經費爲數頗鉅，刻值江南財力困難，未能輕言另撥，祇得請將該局現在額造老毛瑟槍子截至本年秋季停造，自本年十月起停至明年夏季六月底止，除代江南軍械局復裝銅壳藥火外，約可騰出造子購料經費銀三萬數千兩，再將上年張士珩稟奉練兵處核准修換該局西子廠及軋片廠汽機鍋爐銀七千兩，分飭海關道江南財政局各半分撥，一併移作添購新機之用，此外不敷之款及搬運安裝等費，統由該局在常備儲料銀兩内提撥濟用以竟全功，稟經批准照辦，並行關局如數撥款。即由該道劉體乾親赴上海就近會商張士珩，將應添購各項機器器具至各洋行逐細考究，嗣與德商禮和洋行再四磋磨，議定由該行承辦德國倡佛廠最新式自行進子造小口徑鋼盂頭新毛瑟子機器二十五部，又六密里五、七密里九各道口徑槍子及較準口徑沖模樣板各一副，又格林木大小天秤兩具，共計淨價德銀十七萬五千三百三十五馬克，連關税水脚保險等費一併在内，當與訂立合同，加立清單，並先付定價三分之一，計德銀五萬八千四百四十五馬克，按照本年十月初四日付銀日期，上海銀行市價每二百八十三馬克合規平銀一百兩核算，共同規平銀二萬零六百五十一兩有奇。兹據鈔録合同清單，呈請奏咨立案前來，奴才查該局暫行停造老毛瑟槍子，凑撥經費添購新式機器器具，改造各項新式槍子，實係變通改良有益軍需，所購機件等項亦甚核實。除分咨陸軍部度支部查照外，理合恭摺具陳。再前項動用銀兩，應俟機器運寧裝齊，價款付清後，再由該局將支用細數，分晰造報，咨部核銷，合併陳明。伏乞皇太后、皇上聖鑒，敕部查照立案施行，謹奏。光緒三十三年十二月初六日奉硃批：該部知道，欽此。

《澳門憲報中文資料輯録（一八五〇—一九一一）·一九〇二年八月三十日（第三十五號）》 准將火藥、硝磺、軍器入口、出口發賣及製造火藥、火器之章程。

第一章，論領照。

第一款：按照刑律第二百五十三款，並管理危險廠章所載，除領有總督牌照外，其餘均不准將火藥、硝磺、軍器入口、出口、發賣並製造火藥、火器。附款：自未設廠之貧家，向各領牌之廠領取物料，在家完整砲竹以爲生計者，免其領取牌照。

第二款：製造火藥、火器，必須遵依牌照所列各款而行。

第三款：領牌製造火藥、火器各廠，倘有搬遷之事，必須禀准督憲，並遵照律例所載各事理，方准搬遷。

第四款：所有城内領取牌照，設立危險之廠，如督憲察看情形，慮有損礙居民之弊，任將牌照撤銷。該廠東不得求補分毫。

第五款：巡捕員弁及華政務廳，均應時常往查各廠有無遵守各款，並該廠有無損礙民居及廠内各人身命之處。督憲亦可揀派明白人員，前往各廠查報製造火藥、火器之器具及製造之法，有無妨礙民居等弊。

第六款：所有欲將軍器入口、出口、發賣者，必須禀請督憲，由督憲查過其人，果係誠實或有人擔保其遵守本章程各款，方准給發牌照。附款：或督憲令其先交出現銀擔保，亦可。

第七款：領有軍器入口、出口發賣之牌照者，必須遵守下列各條：甲、每年换領牌照一次。乙、祇准將軍器賣與律例准帶軍器之人及領有執照可帶軍器之人，並捕魚、載貨各船隻。丙、發賣軍器各鋪店，必須設立一册，將軍器賣出日期及買者姓名，有某日所發、准買何等軍器准照，詳細註明册内。丁、如巡捕員弁或政務廳到各鋪店，要查看該册，該鋪店必須呈出查看。

第八款：在西政務廳、華政務廳、船政廳、巡捕兵營各署内，均須設立本章程所論之照册一本，隨時登記，並須查察各處有無遵守本章程。

第九款：所有律例所定職分，准帶軍器及領有執照可帶軍器之人，均可購帶軍器入口，以爲自己所獨用。倘入口後，有轉授與未領執照之别人情事，即按照刑律例及本章程事理責罰，並將該軍器充公。

第十款：准將軍器入口、出口、發賣之牌照，作爲特出之牌照。所謂軍器，係指武營所用鎗砲、碼子、火藥等物而言。

第十一款：西紀一千九百年八月十一日之上諭，如未收回成命，則所有軍器均不准運入中國口岸發賣。

第十二款：除在中國口岸掛號之渡船、拖船外，其餘船隻均可向船政廳領取准照，即按照准照内所開軍器數目，往各廠購買，以爲江海防虞之用。

第十三款：船政廳遇有遞禀請給買軍器准照之船，必須查明果是該船所必需用之軍器及船東確有可信者，方行給發准照。否則，要有誠實店鋪擔保。倘軍器已舊，亦准買新軍器换用。至其船已定有准用軍器之額數者，准其照額購買；若未定額數，則由船政廳酌定，准其照買。

第十四款：律例所定職分准帶軍器，毋須請領執照之人列左：甲、按察使司及該衙門内各員役；乙、國家律政司及掛號官；丙、輔政司及西、華兩政務廳。丁、正副督理國課官及公鈔房寫字並員役；戊、庫務司及收公鈔員，並其所指之副員；己、議事公局寫字及差役；庚、西、華兩政務廳寫字；辛、郵政局内各員役；壬、看管燈塔各員役；癸、另律例内所有指明准帶軍器各員役。

第十五款：請領准帶軍器執照之人，倘係素所認識而又無實在緣故思疑其將軍器作犯禁之事者，即准發給執照。若非素所認識之人，必須有人擔保其不將軍器妄用，方得發給。附款：如有訂立字據，彼此互换軍器，或發賣，或借用等事，倘該兩人或收軍器之人，非經領有准帶軍器執照者，其字據作爲廢紙，即將兩造按照刑律例責罰，並將該軍器歸國課充公。

第十六款：政務廳員役及巡捕各弁，倘思疑其人未領執照，私帶軍器，均可將其人身上搜查。若果搜有軍器，則將其人解送臬憲衙門，按照刑律責罰，並將該軍器歸國課衙門充公。

第十七款：倘頒布本章程之後，有私將軍器入口、發賣，經按照刑律例第二百五十三款之附款一責罰者，厥後，其人即欲請領軍器入口、發賣之牌照，均不發給。倘係鋪店而該店東有犯過此例者，亦不發給。

第十八款：凡庸伴携帶其東主之軍器，仍作爲東主自帶，該庸伴不算爲違犯章程之人。若其東主係未領有准帶軍器執照者，即將其東主按照刑律例責罰。

第十九款：凡查出軍器而本人並不自知者，則其人亦不算爲違犯章程。倘所帶之軍器，非本人所自用而係代未領准帶軍器執照之人携帶，以希圖免罰者，一經搜出，不獨將軍器充公，並將其人解送臬憲衙門，按照八十七款責罰。

第二十款：除兵船或國家賃用之商船作爲兵船外，其餘各船如有裝載軍器入口，必須於抵岸時，即赴船政廳將所載數目開列一單呈報。

第二十一款：不論何項船隻來澳，有人携帶軍器而非係自己照例所常用者，必須報知船主，登入貨物單内，以便該船主按照上款所定赴船政廳呈報。倘違此例，即將軍器充公，所有關涉該軍器之人，若係未領准帶軍器入口牌照者，即按照律例及本章程責罰。

第二十二款：船上搭客自用之軍器，惟已領有執照准帶或係律例所准帶者，方可攜之上岸。其非搭客自用之軍器，則必須報由水師兵到船查驗，方准起岸。若其數過於本章程所定商民、鋪户存儲之額者，則須將該軍器交與國家軍器局收存。倘違此例，不獨將軍器充公，並將其人按例責罰。

第廿三款：非是澳門居住之人經過澳門，前往别處打雀，其人係按照其本國及現所居住之某國律例，領有準帶軍器執照者，免領本澳特出之執照。在澳門攜帶鳥鎗及六響手鎗，但澳門官員或要查驗其領有准帶軍器之執照，即須呈出查驗。至其執照必要由其國家派駐本澳之領事官簽名，方作爲實。

第二章，論領照規銀。

第廿四款：所有按照本章程第一款所准將火藥、硝磺、軍器入口、出口、發賣或製造火藥、火器之商民、鋪户、船隻，須將所領牌照赴國課衙門呈驗，以便國課官按照下款所載及其牌照等第，飭納規銀。

第廿五款：所有牌照之規銀多少列下：甲、開設砲竹、火器廠，並准將硝磺入口，製造火藥之牌照，每年納規銀一千元。乙、准將硝磺入口、出口、發賣之牌照，每年納規銀三百六十元。丙、開設鋪店不賣本章程第十款所論之軍器，祇係發賣鳥鎗、長鎗、五六響手鎗、單響手鎗，並急碼等物之牌照，每年納規銀六十元。丁、開設鋪店，發賣不論何項軍器之牌照，每年納規銀六百元。戊、開設鋪店，發賣舊鎗之牌照，每年納規銀十二元。附款：凡非自已設廠而向領牌之廠領取物料，在家内率家人幼稚完整砲竹者，即照本章程第一款之附款所載，免其納規。

第廿六款：所領牌照，應納何項規銀，由國課衙門核定。至於領牌期限，任由該商自願。或三個月，或六個月，或一年俱可，但必要依期繳納上期規銀。每年由西紀正月初一日起計，如分六個月作一季納規銀者，則以西紀正月、七月爲繳納之期；如分三個月作一季納規銀者，則以西紀正月、四月、七月、九月爲繳納之期，無論何月領照，均須照一季規銀繳足。

第廿七款：不論何等牌照，均不限定額數。

第廿八款：領牌照者，除應納規銀外，並要繳納戳費及議事公局各費。

第廿九款：製造砲竹所用之硝磺，其入口之數不拘多少，其貨色等第亦不立定限，但存貯之處，必須在砲竹廠内，擇一慎密地方，以免有危險之虞。

第三十款：凡領牌准，將製造火藥所用之硝磺入口、出口、發賣者，每次貨到時，須將其數及其存貯之處，赴船政廳報明；若出口則並須報明運往何處口岸。至於存貯之處，須先呈請華政務廳指定善地，以免危虞。

第三章，論存貯軍器。

第三十一款：不論何等商民，除有按照本章程所定各款事例，領取特給之准照外，均不准將爆炸可虞之物存在家内。

第三十二款：國家按照本章程所定事理專設廠所，以便商民將爆炸可虞之物及各項鎗枝歸入該廠存貯。其未曾設廠之前，係爆炸可虞之物，則暫貯在媽閣砲臺。係各項鎗枝，則暫貯在軍器局。

第三十三款：商民之軍器入國家廠所存貯者，須照下列，繳納廠費。所存散火藥及爆炸可虞之物，每月每磅納廠費一仙。所存長鎗及手鎗所用之碼子，每月每五百粒，納廠費三仙。所存長鎗，每月每枝納廠費一毫。所存五六響手鎗、單響手鎗，每月每枝納廠費五仙。各項存廠，雖不及一個月之久，亦要納足一個月廠費。

第三十四款：商民或自願，或按照本章程所定，將貨物存貯國家廠所，則入廠、出廠，均要先向輔政司衙門領取准單，其入廠准單須納單費如左：每桶三十磅重之火藥，自一桶至五桶，均納單費銀二毫半；每罐廿五磅重之火藥，自一罐至五罐，均納單費二毫半。每五十磅重爆炸之物，納單費二毫半；不及五十磅，亦照五十磅納費。每五枝長鎗或手鎗，收單費二毫半，不及五枝者，亦照五枝納足。每二千五百粒碼子，收准費二毫半；不及二千五百粒者，亦照納足。倘火藥之桶及罐或大或小於以上所定者，其單費及廠費則照其重數核計，加減繳納。至所請出廠之准單，免繳照費。

第三十五款：所有存廠之軍器，均歸媽閣砲臺幫辦之員管理。該員於查驗入廠、出廠准單之後，即將該軍器，按准單所定，或交國家某處存貯，或由某處起回，分别妥辦。至該員點收存廠軍器，必須用册一本登記明白，即將該册交與繳存軍器之人。到起回時，由其人將該册呈出、批註，以爲憑據。該册須依A字格。倘該存軍器人欲向該員購取該册自用者，祇須取回原價。

第三十六款：所有存在國家廠内之軍器，倘要揩抹，係歸軍器主自理，但須遵依管理軍器局官之命而行。

第三十七款：不論本章程所指何項軍器，倘由國家廠内起出，運往別處，則管理該廠之員必須立即將所起出何項軍器，並運往何處口岸，詳列一單，赴船政廳報明。

第三十八款：所有軍器之在媽閣砲臺存貯者，歸幫辦該砲臺之員兼管；其在國家軍器局存貯者，歸督憲所派之把總管理。該兩員總須遵守管理軍器官之命，悉心妥辦。至本款所稱之把總該項官員，如係已食乾俸者，祇可派爲暫行管理，迨至國家設廠之後，則由督憲議定派員管理該廠。

第三十九款：管理存貯軍器之員，每月限至初五日，必須將上月所交出何項軍器若干、現存何項軍器若干，開列一單，送呈輔政司衙門查核。

第四十款：收取軍器存廠之費，係由國課衙門於各員内揀派一員，辦理其事。

第四十一款：凡將軍器存廠，必須先領取本章程第三十五款所論之入廠准單，即將該准單之第二單底，交與收廠費之員，俾該員注入册内。其起回時，亦先領取該款所論之出廠准單，呈交收廠費之員，俾該員按准單所開之何項軍器數目核計。其應納廠費若干，飭令照納。該員隨於准單之單底内批明收費字樣，交回該人收執，以爲已納廠費之憑據。至該員所收入廠、出廠准單，即由該員收存以爲軍器收入、交出之憑據。惟於軍器出廠時，該員須將粘在第三十五款所論准單之附張，給回其人，以爲沿途携帶軍器之據。其入廠准單、出廠准單及携帶憑照，均要照依B、C格式書寫。

第四十二款：除有意外之事不計外，一經領到本章程第三十五款所論起回軍器之准單，必須於二十四點鐘内，即將軍器出廠或出口。

第四十三款：凡内河船隻載有軍器或收接軍器者，均須離岸及離開別船有一百勿度魯之遠，方准灣泊。至於軍器落船，必須有媽閣砲臺兵一名帶同前往。該兵必須查看該船，果係離岸及別船有一百勿度魯遠，方准交收。該兵仍看住該船，不准其將軍器轉駁別船或復搬上岸。該媽閣砲臺幫辦之員，必須先將應施行事例，詳囑該兵，以便遵照妥辦。至於軍器未經先赴政務廳報明者，亦不准落船。

第四十四款：存火藥必須遵依下列章程：一、火藥局係由督憲派官一員管理，並有一位幫辦。二、火藥局自西紀三月至九月早晨六點鐘開門，下午五點鐘關門。其餘每月則由早七點開門，至五點止。但如有商民前往報稱香港火船到澳，有火藥入局，則該局必俟該火藥入局之後，乃行關門。三、凡起火藥出局，必須遵依本章程所定各款事例而行。四、凡有火藥存貯局内，准於每月初五日繳納上月之局費。如過期，則要加倍繳納。五、每月底須按是月册内登注之數，將所存火藥查點一次，果符合否。至國課官及管理軍器官或親往或派員，至少三個月必須前往查察一次。

第四十五款：收廠費員，限至每月之初八日，即須將所收上月之廠費，匯繳國課銀庫收存。

第四十六款：輔政司衙門及管理軍器員，限至每月初五日，即須將上月由廠内起出何軍器若干，開列一單送與國課衙門，以便國課衙門憑單查對其所繳之廠費是否符合。

第四十七款：管理軍器廠員及收廠費員，每月應受花紅，係由國課銀庫支發，但該花紅不得多於一萬厘士。該幫辦廠員，每月應受花紅不得多於三千厘士。

第四十八款：管理軍器廠員及收廠費員，每員必須按照D E格式，設立數部兩本，將所收入廠、出廠准單、所列軍器之數，登注部内。

第四十九款：收廠費員，另設F格式之部一本，登記所收之廠費。該部任國課衙門隨時查核。

第四章，論雜款。

第五十款：凡製造爆竹、火器所用之火藥，要在督憲所批准之處，方可製造。

第五十一款：上款所論之火藥，每日製成之後，立即搬往砲竹廠存貯。若其數已滿砲竹廠所准存之額數，則其餘盡數歸入國家廠存儲，仍照章程繳納規銀。

第五十二款：凡爆竹廠必須另設一所慎密地方以存火藥。每日於造砲竹時，陸續取出應用。其存火藥之數，以五百磅爲率，不准過多。

第五十三款：所有製造火藥廠，不准夜晚開工，製造火藥。

第五十四款：所有開往別處、道經澳門之船隻，倘載有軍器、火藥、硝磺及爆炸可虞之物，無論多少，一到澳門或氹仔、路灣各海面灣泊，該船主須立即赴該處之船政廳報明，由船政廳查核。如所載之軍器、火藥、硝磺等，其數多於本章程所准船裝載之額數而慮有危險之虞者，即飭令搬入國家廠內存儲。該火藥一入廠，即於該廠册内登記其數，未納廠費之前，不准起回出廠。迨經起出，亦祇准其由原船帶回。倘船政廳查驗所載無甚危險，並該船灣泊不滿三日之久，亦可任其在船存放，無庸入廠，但令該船於離岸及别船至遠之處灣泊，並常懸一旗，以便别船知其載有此等危險之貨物。又由船政廳將防範危險之法寫明，諭知該船遵守。另派兵一名駐守其船，每日由該船供給該兵費用銀五毛正。

第五十五款：准鋪店存大小各等砲位，但須將其數之多少，呈報輔政司衙門。其售賣與人，亦必先行報明，否則不准發賣。

第五十六款：凡各鋪店於一切爆炸可虞之物，除特出之牌照所准存者外，其餘一概不准收存。其牌照亦必要掛在衆人當眼之處。

第五十七款：凡鋪店倘存炸砲發買，祇准賣與素所熟識之人，並專爲炸石所用者。否則必須先稟准輔政司，方可售賣。

第五十八款：凡在澳門、氹仔、路灣海面灣泊之華洋商船，該船主須將船上存有何項軍器若干，並船牌准帶何項軍器若干之數，開列一單赴各該處政務廳報明。其所帶不得多於船牌准帶之額數。獨有的確意外之緣故，則不在此例。惟該意外之緣故，由政務廳察核定奪。附款：凡華人渡船、拖船、貨船，准其照下列軍器之數存載，以便防虞。船上每砲一尊准存備火藥二十磅。每長鎗一枝，或單響手鎗一枝，准存火藥一磅，碼子壹百粒。每五六響手鎗一枝，准存碼子壹百粒。其存砲及長鎗、短鎗之數，祇許照船牌内所列明，或船政廳所核定之額數。若一切爆炸可虞之物，惟經過澳門之船，可以裝載，如欲拋錨，須在船政廳所指定之處灣泊。

第五十九款：凡鳥鎗鉛砂並各項打雀所用物件，均准在鋪店及人家存貯。至人民家内若有罐頭火藥多於五磅之數者，即須歸入國家火藥局内收存。

第六十款：凡將軍器入口、發賣者，須設數部，將入口及發賣之數目，各等事詳細注明。該數部，任由政務廳巡捕官隨時查核。其所應設之數部列下：甲、入貨、出貨之部。此部將帶入、賣出何項軍器若干詳細登記，以便隨時查看，即可知所存何項軍器若干之實數。乙、買客姓名之部。此部將買客之某姓某名，買何項軍器若干，其攜有何項准單，詳細登記。倘買客非熟識之人，則並將擔保買客之店登記，其所帶買鎗之准單，該店必須收存，以爲遵守章程發賣之憑據。

第六十一款：倘係祇賣打雀物件，則無容照上款所定登記數部。

第六十二款：該部未用之先，必須分别呈送西、華政務廳，將該部逐頁注寫西字數目，並簽名於其上。

第六十三款：凡砲竹廠，均可向賣軍器店購買火藥，以便摻和其自造之火藥，裝造砲竹出賣。

第六十四款：所有火藥不准攜在街上叫賣。

第六十五款：所有發賣火藥，其重數但過於一磅以外者，則必須用木箱或堅固之馬口鐵箱裝密，不得有漏出之弊。該箱面要用西洋字、中華字或西國字寫明火藥字樣。其字要大，俾人人皆見，斷不准用鐵箱或鋼箱。

第六十六款：凡發賣之火器必須裝在箱内，或玻璃櫃内，以免因外物惹及意外之虞。

第六十七款：凡將火藥或爆炸可虞之物遷往别處，必須遵依下列各款而行：甲、所搬遷之火藥，其重數過於五磅外者，須用木箱、木桶或白鐵箱裝密，以免漏出，致有意外之虞，亦不准用鐵箱及鋼箱。乙、所有裝火藥之箱，須要揩抹乾净，以免有砂及别樣觸擊損礙之物。

第六十八款：非領有特出牌照者，其每桶或每箱裝載火藥，不准過於壹百磅之重。倘欲每桶或每箱裝多火藥過於壹百磅重以帶往别處者，則須領取特出之牌照方可。至發給本款所論特出牌照之時，須將所有預防危險之法並應遵守各款，指示該人，以便遵依。

第六十九款：凡開往别處、經過澳門之船隻，裝有火藥、硝磺，不先向船政廳領取憑照，則不准在本章程所論之各口岸發賣。即經領有船政廳憑照，亦祇准賣與領有准將火藥、硝磺入口牌照之人，不准賣與别人，亦不准其將該貨搬過别船。

第七十款：所存在國家廠内之火藥等物，倘過六個月没未繳納廠費者，即作爲棄物歸國家收受。

第七十一款：如有在船上查出火藥、硝磺、軍器，非照本章程所定入在船貨單内者，即作私貨歸國家充公。若係在岸上查出而其人未領有憑照，或其數過多於本章程所准民家可存之額，或有别樣違背本章程之處，均一例辦理。

第七十二款：本章程所論之鎗砲，係指鳥鎗、戰陣之大小砲及長鎗並五六響手鎗、單響手鎗而言。所論火藥，係指散火藥、裝入碼子内之火藥、爆炸之物及鎗急等類而言。

第七十三款：凡做本章程所論各項生意之鋪店，其鋪内所存火藥，不准多過二十五磅之數；碼子不准多過一千五百粒；長鎗不准多過四十枝；五六響、單響手鎗不准多過三十枝。

第七十四款：凡來往澳門船隻在西洋管轄海面，於拋錨之後、起錨之前，該船主等倘有疑及搭客私帶軍器及爆炸可虞之物，即可將其行李箱櫃遂一搜查，並可搜及身上。倘搭客不肯自開箱櫃，任其查看，則雖將其箱櫃撬破亦可。倘係不服搜身，則往請水師兵幫同行搜。

第七十五款：按照上款所論搜查搭客行李、箱櫃，若搜出果有軍器等物而其人未有憑照準帶，亦無的確要帶軍器之緣故者，一泊岸時，即將其人解送船政廳責罰。倘係微背章程而又非有應得之罪名，或其人自愿遵照本章程受罰，則船政廳即可准其行罰，而將其人釋放。

第七十六款：澳門督憲查察情形，倘有疑及賣軍器之人，不足相信或所設立之廠疑有危險可虞之處，即可定以期限，令其將軍器搬入國家廠内存貯。倘係疑及賣軍器之各鋪店有作弊情事，一經與公會商定，亦可令其將軍器搬入國家廠内，而飭將店鋪歇閉。至有無限定復開之期，任從督憲核辦。該店東不得索補分毫。至民家所存之鎗枝，如係必須繳出，方可免於危險者，無論有無執照，均可由督憲飭其繳出。倘其人不肯遵繳，即作爲抗逆官命，按照律例罰辦。

第七十七款：本章程所定領牌照之商人，倘督憲有的確緣故疑其生意非是例所准做者，雖無實據能將其人解送衙門，按照律例責罰，亦可將其牌照收回。該商人不得求補分毫。

第七十八款：所有賣軍器鋪店，任從澳門官員隨時前往，令該東主將其軍器賣與何人，帶去何處之處，詳細説明，並可將其數部查對，以核其所入所出所存之數是否符合。

第七十九款：按照本章程第七款所載，凡賣出之鎗必須在數部内注明賣與何人，帶去何處。至於賣與各船，以爲備足該船牌准帶之額者，即按照第十七款所載，將船政廳所給之買軍器准照存於鋪内，並登入數部。作爲准賣之憑據。

第五章，論責罰及查核之例。

第八十款：凡公鈔房員役及巡捕員弁，倘有確故思疑某廠、某船、某屋内有違背本章程者，不論何疑，均可前往搜查。如搜出果有私藏之貨，即應繕立單據，偕同證人簽名，隨將該私貨拿獲，但係入查民人住屋，則須稟請政務廳偕同前往。若政務廳未到之先，祇可招人將該屋看守。

第八十一款：水師兵應查核其汛守地方之各鋪店、船隻，有無遵守章程。倘有違背章程而係由線人指報者，一經查實，則將罰款三分之一賞給線人；如非由線人指報者，則歸將私貨充公之人得。至該線人指報違背章程之事，必要在官員未經查出之先，繕稟指實，方得將此罰款三分之一賞給。如所指報或是誣捏，則按照刑律，將該線人責罰。

第八十二款：所有違背章程充公之貨，均在國家軍器局，當督理國課官面前出投發賣，但祇准已領輔政司發出憑照，准其做此項生意及准帶此項貨物者，到局投買。

第八十三款：按照本章程，所有充公之貨先存在妥當之處，然後分别係鎗，則交去軍器局；係火藥等物，則交去媽閣砲臺存貯。

第八十四款：倘未有先領牌照而做本章程第廿四款、第廿五款所定各事，一經查出，即按照其生意應納規銀若干，加倍行罰。

第八十五款：倘有違背本章程第九款、第廿一款、第廿二款、第廿三款、第四十二款、第六十二款、第六十四款、第六十五款、第六十六款、第六十七款；並本章程未及指明應罰款若干者，均罰銀十元至三十元不等。

第八十六款：倘有違背本章程第二款、第三款、第七款、第三十款、第卅一款、第卅六款、第四十三款、第五十一款、第五十五款、第五十七款、第六十款、第六十八款、第七十三款、第七十九款等款，即按照所犯輕重，罰銀三十元至一百元不等。

第八十七款：倘有違背本章程第二十款、第五十款、第五十二款、五十三款、五十四款、五十六款、五十八款、六十九款者，即按照所犯輕重，罰銀一百元至五百元不等。附款：本款及上兩款所定之罰款，倘係民家不小心或未曉事例，以致違背章程者，俱可從減；倘該違背章程之人，係是再犯或有意違背者，俱可加倍行罰；倘係因貿易貪利而違犯及所違犯而至於有所貽累者，即按照章程八十五款、八十六款、八十七款、八十八款加等行罰。

第八十八款：倘有違犯本章程第十一款者，即罰銀五百元至一千元不等。

第八十九款：凡違犯章程者，倘按照刑律，又有應得之罪名，除行罰外，仍將該人解送臬憲，按照刑律例責罰。

第九十款：凡係情願繳納罰款者，本章程所准定罰之各官，即從其至輕者行罰。

第九十一款：凡有不願繳納罰款者，倘經拿獲即將其人解送臬憲衙門，並將違犯何款章程及如何違犯之處，有何證人等事，詳細繕寫稟單，呈送臬署，以便將該人按例責罰。

第九十二款：倘違犯章程者，係在鋪店，或住屋，或船隻，倘該人等不能明白申訴所違背章程，實與自己並無關涉之據，則所有罰款，即歸該人等繳納。倘在其人處所，或身上搜出有私存、私帶軍器等物，除實係傭工奉主命携帶，可以按照本章程第十八款，作爲東主自帶而傭工不算違犯章程外，則所罰之款即歸其繳納。

第九十三款：倘搜出違犯本章程貨物，該搜出之人或將私貨充公之人，必須先繕稟單一紙，偕同證人簽名，並註明另有何人知見，送去國課衙門，然後將違犯章程人拿獲，交與最先見着之官，不論是政務廳，是巡捕官，聽候其將該違犯章程人，飭交何處收管。

第六章，論暫訂事款。

第九十四款：本章程一經施行之日，現時承充火藥、硝磺公司及做軍器生意各商店，即須遵照本章程第五款所載，赴國課衙門，將現存火藥、硝磺、軍器若干之數報明。

第九十五款：所有砲竹廠、鋪户、船隻、民人欲沾受本章程所給各利益而免干犯各罰款者，必須於本章程施行之日起，限十日内，即領取牌照。在該十日限期内，所做之買賣，除係本章程已有指出，作爲不合例，斷難免罰者外，餘均作爲已領牌照，免其行罰，但仍須遵照章程所定，分别納規。

第九十六款：自本章程施行之日起計，限十日内，所有違犯章程爆裂之物，必須交入國家所設廠内存貯，否則治以違背章程之罪。

第九十七款：政務廳須到各砲竹廠查驗，隨將各廠貲本之多寡，生意之大小及各廠有無關礙居民之處，共有若干廠，每廠詳列一稟，呈報督轅察核。

第九十八款：澳門督憲前時所發各砲竹廠之牌照，倘未銷廢，仍舊奉行，不必换領新牌照，但該砲竹〔廠〕主，須照現訂章程，繳納規銀並要遵守一切防範危險之法。

壬寅年七月二十四日。

《清代稿鈔本》第五〇册《廣東調查陸軍財政説明書初編》卷七　第四類局廠

第一節　製造軍械廠購地沿革説畧

該廠購地凡二種，（一）東西局流存舊地，（二）軍械廠所購新地。查同治五年，温紳子紹奉行在老城清水濠創辦軍裝機器局，十三年，批驗所大使潘露稟奉在南海屬增步設立軍火局，是爲廣東製造外洋軍械之緣起。及前大學士張之洞督粤，於光緒十二年，將兩局歸併增步一局，名爲製造局，是爲製造東局。十三年，又在番愚屬石井地方購地三十一畝五分七釐零七絲零九微，設槍彈廠，是爲製造西局。光緒三十年，前督憲岑春煊以舊械窳敗，思仿造新式快槍，始有擇地，購機，僱洋匠，派游學之議。三十年四月，由前善後局向德國侣佛各廠訂購機件，前該廠總辦調補高雷陽道王秉恩、候補道李哲濬，在清遠屬之大有村購地四百零九畝，於是年冬興工填築，後經該廠總辦魏京卿瀚議以大有村距省太遠，水淺舟膠，航路不利轉運，決議在石井西局旁購地擴充，計購新地一百七十九畝五分七釐三毫零一忽建築新廠，是爲今之製造軍械廠。而以舊西局改爲黑藥彈子廠（一名西廠）及礮械分廠（一名北廠）。三十二年，將大有村購入地，售與商人李昌興堂。三十三年正月，將增步東局裁併軍械廠，留對河黑藥一廠以造黑藥。統歸軍械廠管理（黑藥廠原附東局，内光緒二十三年火災，二十四年在東局對河購地二十八畝七分零三毫五絲建設今廠）。宣統二年，將東局移歸勸業道改建工藝廠，此其沿革大畧也。謹將全廠新購地價及流存地價列左。

全廠新購地價：

總廠，上則地五畝八分四釐零八絲七忽三微，每畝伍拾捌兩，計銀叁百叁拾捌兩柒錢柒分，另補種料銀貳拾叁兩叁錢陸分叁釐。

中則地一百二十三畝零五釐五毫九絲零五微，每畝伍拾貳兩，計銀陸千叁百玖拾捌兩玖錢零柒釐，另補種料銀肆百玖拾貳兩貳錢叁分。

下則地四十二畝五分二釐一毫四絲二忽一微，每畝肆拾陸兩，計銀壹千玖百伍拾伍兩玖錢捌分伍釐,另補種料銀伍拾捌兩玖錢肆分叁釐,另補給墳山二穴遷費銀各貳拾兩共肆拾兩。

添購上則地二畝五分二釐一毫一絲七忽,每畝伍拾陸兩共銀壹百肆拾壹兩壹錢捌分陸釐。

添購中則地五畝六分三釐三毫六絲五忽,每畝伍拾貳兩,共銀貳百玖拾貳兩玖錢肆分玖釐。

總共原購、添購地一百七十九畝五分七釐三毫零一忽九微,共價銀玖千柒百肆拾貳兩叁錢叁分叁釐。

全廠流存地價:

黑藥彈、礮械分廠流存地價,上則地一十七畝一分八釐四毫八絲六忽三微,每畝肆拾捌兩,共銀捌百貳拾肆兩捌錢柒分叁釐。

中則地五畝六分四釐二毫七絲零六微,每畝叁拾伍兩,共銀壹百玖拾柒兩肆錢玖分伍釐。

中下則地三畝八分三釐四毫二絲八忽二微,每畝叁拾兩,共銀壹百壹拾伍兩零叁分。

下則地四畝九分零八毫,每畝壹拾陸兩,共銀柒拾捌兩伍錢肆分。

添購上則地四畝五分七釐三毫八絲三忽,每畝伍拾捌兩,共銀貳百陸拾伍兩貳錢捌分貳釐。

添購中則地二畝四分七釐零九絲,每畝伍拾貳兩,共銀壹百貳拾捌兩肆錢捌分柒釐。

添購下則地四分七釐九毫,每畝肆拾陸兩,共銀貳拾貳兩零叁分肆釐,另補房屋一座,遷費銀貳百兩。

總共原購、添購地三十九畝零九釐四毫四絲三忽九微,並補遷費共價銀壹千捌百叁拾壹兩柒錢肆分壹釐。

黑藥廠流存地價,上則地二十八畝四分六釐,每畝玖拾兩,共銀貳千伍百陸拾壹兩參錢玖分玖釐。

全廠統計,新購地一百七十九畝五分七釐三毫零一忽九微,價銀玖千柒百肆拾貳兩叁錢叁分叁釐,流存地六十七畝五分五釐四毫四絲三忽九微,價銀肆千叁百玖拾叁兩壹錢肆分,共壹萬肆千壹百叁拾伍兩肆錢柒分叁釐。

第二節 建築説畧

全廠建築費亦分新舊兩項,新廠興工在光緒三十一年八月初十日,落成於三十三年八月初一日。凡填地基,建設辦公房室,各廠料庫及匠房勇廠等,均將總數開列。至舊廠間有無案可稽者,照現估之價開列,以備查考。

全廠新建廠屋價值:

總廠建築費,填地一萬零八百一十七井三尺九寸六分,共銀玖千捌百叁拾伍兩伍錢叁分叁釐。

廠屋四百五十一間,共銀貳拾柒萬貳千貳百柒拾柒兩貳錢陸分伍釐。

槍彈兩廠鐵屋鋼料,共計廠價行用合銀壹拾壹萬壹千陸百肆拾捌兩伍錢捌分伍釐。

添建廠屋七間,共銀貳千叁百零叁兩叁錢零貳釐。

以上總共新建、添建廠屋四百六十間,共銀叁拾玖萬陸千零陸拾肆兩伍錢捌分伍釐。

全廠流存廠屋價值:

黑藥彈、礮械分廠　(製造西局舊廠)

流存廠屋一百零三間,共銀貳萬柒千柒百叁拾玖兩伍錢玖分玖釐。

流存廠屋五十二間,無案可稽,現估銀壹萬捌千肆百捌拾兩零玖分柒釐。

黑藥分廠　(製造東局舊分廠)

流存廠屋四十二間,共銀貳萬伍千柒百玖拾貳兩玖錢柒分捌釐。

以上總共三廠流存廠屋一百九十七間,共銀柒萬貳千零壹拾貳兩陸錢柒分肆釐。

全廠統計新建廠屋四百六十間,共銀叁拾玖萬陸千零陸拾肆兩伍錢捌分伍釐,流存廠屋一百九十七間,共銀柒萬貳千零壹拾貳兩陸錢柒分肆釐。共銀肆拾陸萬捌千零柒拾柒兩貳錢伍分玖釐。

第三節 全廠機器説畧

全廠機器有舊機,有新機,舊機之中有由東局移用者,有由西局移用者,有東西局自造者,本廠自造者。新機之中有新購者,添購者,約舉大別凡三項。

第一項,新機新購、添購。

第二項,東局、西局原有機。

第三項,廠内自造機。

(一)各機價值及附屬品價值,均照原合同分廠開列,惟價格祇能列德國銀數，因槍彈兩廠新購各機及附屬品，原由前善後局與德商禮和、信義兩洋行訂立合同，向德國侣佛廠定購。議定分九期付還，六箇月之内，應先付還三期，此三期不計利銀。六箇月之外，由第四期起至第九期止，均須加付利銀，周年以伍釐伍算。德銀申合銀兩，均於付銀之日，照市價折算，每期不同，不能分别某期付還某機價，故各價目仍列德銀，而於總價内申合銀兩。

訂購新機，除外洋水腳、保險等費已附機價原合同内結算外，其各期利銀，大平補水，省港運費，關税釐金等項，均列入附項，另結總數。

分期還銀，每期馬克市價不同，補水大平時價亦有漲落，另列細表，以備稽考。

(二) 各機價值，係東西局流存，多屬無案可稽，且機件新舊不齊，現開價值，均召匠估計。

(三) 各機係廠匠仿照西式自造，其價值約照所用工料估計。

第一項　全廠新購機器

(甲) 槍廠新購機器並附屬品價值：

打鐵廠項下，共陸萬肆千柒百陸拾伍馬克。

造槍筒項下，共叁萬肆千叁百捌拾馬克。

造後膛及關鍵機項下，共陸萬貳千捌百叁拾壹馬克。

造小件及準牌各機項下，共伍萬玖千零貳拾壹馬克。

造螺絲釘、銅鏷□子各機項下，共伍千伍百陸拾馬克。

造木殼及木護手各機項下，共玖萬捌千捌百伍拾伍馬克。

造刀頭刀套各機項下，共壹萬伍千玖百壹拾伍馬克。

各項零星工程項下，共捌千伍百伍拾馬克。

裝合各件成槍機器項下，共叁千貳百貳拾馬克。

老虎鉗項下，共柒百伍拾陸馬克。

器具及表尺項下，共陸拾萬零貳千柒百伍拾馬克。

器具廠項下，共陸萬玖千陸百捌拾叁馬克。

汽機項下，共貳萬陸千捌百馬克。

運動機件項下，共叁萬玖千肆百馬克。

以上槍廠機價，總共壹百零玖萬貳千肆百捌拾陸馬克，加水腳保險各費貳拾伍萬壹千貳百柒拾壹馬克，合共壹百叁拾肆萬叁千柒百伍拾柒馬克。

(乙) 彈子廠新購機器並附屬品價值：

鑄銅機器，共貳千肆百零玖馬克。

軸磨機器，共叁萬叁千叁百貳拾馬克。

造逼碼機器，共貳萬貳千叁百肆拾馬克。

造有蓋彈頭機器，共肆萬肆千肆百肆拾伍馬克。

造銅帽機器，共壹萬叁千陸百柒拾叁馬克。

工廠用件，共叁萬壹千陸百柒拾伍馬克。

造八十八式逼碼銅夾機器，共陸千玖百壹拾馬克。

八十八式各機零件一套，共柒千馬克。

造九十八式逼碼鋼夾機器，共陸萬柒千捌百伍拾馬克。

造兩種逼碼器皿、九十八式彈夾零件，共貳萬柒千捌百貳拾伍馬克。

造逼碼工廠用件，共叁萬玖千陸百叁拾伍馬克。

汽鑪引擎項下，共肆萬玖千陸百馬克。

以上彈機價總共叁拾肆萬陸千陸百捌拾貳馬克，加水腳保險各費柒萬玖千柒百叁拾柒馬克，合共肆拾貳萬陸千肆百壹拾玖馬克。

統計槍彈廠新購機價共壹百肆拾叁萬玖千壹百陸拾捌馬克，水腳保險各費叁拾叁萬壹千零零捌馬克，共壹百柒拾柒萬零壹百柒拾陸馬克。分九期付還，洋銀陸拾貳萬壹千柒百伍拾貳兩叁錢零捌釐。

槍彈廠新購機器附項，

(一) 分期付還應出利銀，周年伍釐伍算，共應利銀壹拾萬零壹千肆百柒拾伍馬克，伸銀叁萬伍千伍百伍拾叁兩陸錢零柒釐。

(二) 分期付還本利應加補水、大平，共銀壹萬玖千壹百肆拾肆兩壹錢捌分壹釐。

(三) 逐次付過關税釐金，並由港至省水腳，共銀貳萬零伍百陸拾肆兩壹錢零捌釐。

合共附項銀柒萬伍千貳百陸拾壹兩捌錢玖分陸釐。

以上槍彈廠新購機器分期還銀利息及補水、補平各項，另列細表於左，以便稽覈。（馬克伸銀，均照付銀之日市價折算，大平、補水時價亦有不同，分期彙列表内。）

分期＼各項	本銀	利息	折合規平	補水	補平	實銀共數
第一期光緒三十一年正月初十日	壹拾捌萬零壹百柒拾陸馬克	無	陸伍貳捌壹・壹陸	捌肆捌・陸伍伍	無	陸陸壹貳玖・捌壹伍
第二期光緒三十一年五月二十日	貳拾萬馬克	無	柒伍柒伍柒・伍捌	玖捌肆・捌肆玖	無	柒陸柒肆貳・肆貳玖
第三期光緒三十一年九月二十日	貳拾萬馬克	無	柒壹玖肆貳・肆伍	壹〇〇柒・壹玖肆	無	柒貳玖肆玖・陸肆肆
第四期光緒三十二年五月二十日	貳拾伍萬馬克	陸千捌百柒十伍馬克	捌捌肆玖貳・捌貳肆	捌捌・肆玖貳	貳陸伍・肆柒捌兩	捌捌捌肆陸・柒玖肆
第五期光緒三十二年八月二十日	貳拾伍萬馬克	壹萬叁千壹百伍十馬克	捌陸伍貳・壹玖	肆貳〇貳・陸〇玖	無	玖〇叁伍肆・柒玖玖
第六期光緒三十三年二月二十日	貳拾萬馬克	壹萬陸千伍百馬克	貳柒陸柒壹・叁貳捌	柒〇壹貳・柒捌叁	貳壹捌・〇壹肆	柒玖玖〇貳・壹貳伍
第七期光緒三十三年八月二十日	貳拾萬馬克	貳萬貳仟馬克	柒〇肆壹肆・玖貳	補水補平合計玖壹伍・叁捌叁		柒壹叁貳玖・肆柒伍
第八期光緒三十四年二月二十日	貳拾萬馬克	貳萬柒千伍百馬克	捌肆捌柒〇・肆陸捌	壹玖〇玖・伍捌伍	壹貳柒・叁〇伍	捌陸玖〇柒・叁伍捌
第九期光緒三十四年八月二十日	玖萬馬克	壹萬肆千捌百伍十馬克	肆壹捌貳壹・捌貳叁	壹伍〇壹・〇玖捌	陸貳・柒叁陸	肆叁貳捌柒・陸伍柒
總結	壹百柒十柒萬零壹百柒十陸馬克		陸伍柒叁〇伍・玖壹伍	補水補平合計壹玖壹肆肆・壹捌壹		陸柒陸玖伍〇・〇玖陸

附表關稅釐金水脚

年月	銀數
光緒三十一年七月	貳壹柒玖・貳伍壹
光緒三十一年捌月	貳肆捌〇・玖玖貳
光緒三十一年十月	壹壹壹貳・陸壹
光緒三十一年十一月	壹貳陸壹・柒肆貳
光緒三十一年十一月	陸叁柒貳・陸陸貳
光緒三十二年二月	貳貳玖陸・柒叁叁
光緒三十二年四月	肆貳伍〇・壹壹捌
總計七期	貳〇伍陸肆・一〇捌

（丙）槍廠添購機器價值：

試驗及碾造各種機具，共貳萬零肆百肆拾員，降九五扣壹千零貳拾貳員，實壹萬玖千肆百壹拾捌員，伸銀壹萬叁千玖百捌拾兩零玖錢陸分。

六八口徑量準機具，共壹拾陸萬肆千柒百伍拾馬克，加水脚保險等費貳萬玖千陸百伍拾伍馬克，共壹拾玖萬肆千肆百零伍馬克，伸銀陸萬陸千捌百零壹兩捌錢伍分玖釐。

合共槍廠添購機器計銀捌萬零柒百捌拾貳兩捌錢壹分玖釐。

（丁）彈廠添購機器價值：

造六、七密里密達八、九彈子合度機件及各種機具，共玖千玖百員，除九五扣肆百玖拾伍員，實玖千肆百零伍員，伸銀陸千柒百柒拾壹兩陸錢。造槍碼用各機件，共陸千壹百員，除九五扣叁百零伍員，實伍千柒百玖拾伍員，伸銀肆千壹百柒拾貳兩肆錢。

合共彈廠添購機器計銀壹萬零玖百肆拾肆兩。

（戊）槍彈廠公用機器價值：

輕動鐵路鐵軌及轉盤貨單，共玖千零陸拾壹馬克，伸銀叁千柒百陸拾貳兩零玖分柒釐。

電燈機器，共陸萬捌千玖百馬克，伸銀貳萬柒千叁百玖拾陸兩肆錢柒分貳釐。

起重架，共英金壹百肆拾磅零貳仙零伍本士，伸銀壹千壹百伍拾貳兩叁錢玖分貳釐。

鐵方烟囱二枝，共柒千伍百陸拾馬克，伸銀貳千陸百柒拾捌兩柒錢陸分。

製冰機項下，共壹萬壹千叁百柒拾員。

電燈機項下，共伍千柒百柒拾伍員。

以上製冰、電燈兩機，共價壹萬柒千壹百肆拾伍員，除九五扣捌百伍拾柒員貳角伍分，實壹萬陸千貳百捌拾柒員柒角伍分，伸銀壹萬壹千柒百貳拾柒兩壹錢捌分。（此項機價係由該廠報銷，其機器現已撥歸無煙藥廠收用。）

合共槍彈廠公用各機器計銀肆萬陸千柒百壹拾陸兩玖錢零壹釐。統計槍彈廠新購添購公用各機器及利息附屬品價值並關稅釐金水腳等項，共銀捌拾叁萬伍千肆百伍拾柒兩玖錢貳分肆釐。

第二項　流存機器

（甲）槍廠流存機器價值，共估銀壹拾萬零零柒百捌拾玖員伍角，伸銀柒萬貳千伍百陸拾捌兩肆錢肆分。

（乙）彈廠流存機器價值，共估銀伍萬壹千捌百伍拾伍員，伸銀叁萬柒千叁百叁拾伍兩陸錢。

（丙）黑藥彈子廠流存機器價值，共估銀壹拾叁萬叁千捌百柒拾員，伸銀玖萬陸千叁百捌拾陸兩肆錢。

（丁）礮械分廠流存機器價值，共估銀肆萬陸千玖百玖拾肆員，伸銀叁萬叁千捌百叁拾伍兩陸錢捌分。

（戊）黑藥廠流存機器價值，共估銀陸萬零玖百玖拾叁員，伸銀肆萬叁千玖百壹拾肆兩玖錢陸分。

統計全廠流存機器，共估銀貳拾捌萬肆千零肆拾壹兩零捌分。

第三項　全廠自造機器

（甲）槍廠自造機器價值，共估銀伍千壹百伍拾壹員零貳分，伸銀叁千柒百零捌兩柒錢叁分肆釐。

（乙）彈廠自造機器價值，共估銀陸百伍拾員，伸銀肆百陸拾捌兩。

（丙）黑藥彈子廠自造機器價值，共估銀陸千伍百壹拾員，伸銀肆千陸百捌拾柒兩貳錢。

（丁）礮械分廠自造機器價值，共估銀伍千零壹拾貳員肆角伍分，伸銀叁千陸百零捌兩玖錢陸分肆釐。

統計全廠自造機器共估銀壹萬貳千肆百柒拾貳兩捌錢玖分捌釐。

通共全廠新購、流存、自造三項機器，共銀壹百壹拾叁萬壹千玖百柒拾壹兩玖錢零貳釐。

第四節　購買輪船説畧

查追雲小輪一艘，係光緒十四年十二月由製造東局購買，載重十噸。安粤小輪一艘，係光緒三十二年三月由民舖購買，載重八噸。靖粤小輪一艘，係宣統元年四月由民舖購買，載重八噸半。車扒船一艘，係三十一年由東局造，均來往省河運送軍械。分新購、流存價值列左：

全廠新購輪船，

安粤輪船一艘，價銀壹千肆百柒拾陸兩。

靖粤輪船一艘，價銀叁千零陸拾兩。

東西局流存輪船車扒，

追雲輪船一艘，價銀貳千玖百叁拾陸兩捌錢肆分陸釐。

車扒一艘，價銀壹千零伍拾兩。

統計全廠新購及流存輪扒，共銀捌千伍百貳拾貳兩捌錢肆分陸釐。

第五節　全廠器用

全廠動用器具約分四類，

竹木類，共銀壹千陸百零柒兩壹錢陸分捌釐。

金石類，共銀壹百伍拾伍兩伍錢壹分。

布革類，共銀叁百陸拾陸兩玖錢伍分玖釐。

什件類，共銀壹百玖拾兩零伍錢貳分肆釐。

第六節　全廠開辦及流存總數

全廠開辦成本，共銀壹百貳拾肆萬捌千壹百貳拾壹兩零零叁釐，

全廠流存成本，共銀叁拾柒萬陸千玖百零陸兩陸錢叁分捌釐。

第七節　全廠常年經費

常年經費分額支、活支兩項，表述於左（據宣統三年豫算册報）。

（甲）額支項下

全廠員司兵役薪饟表（膳費附）：

名稱	員司夫役	每人月薪數	弁勇	每人月饟數
總廠	總辦一員	肆〇〇·兩	總廠兼東局哨弁一員	貳捌·兩
	會辦一員	貳〇〇·	哨書一名	陸·
	提調一員	壹陸〇·	什長二名	一名伍·柒　一名伍·壹
	坐辦一員	壹〇〇·	什長四名	肆·捌
	襄辦總廠表册一員	叁〇·	護勇五十二名	肆·貳
	文案委員一員	捌〇·	大夫五名	叁·叁
	支應委員一員	捌〇·	派駐無煙藥廠哨弁一員	壹貳·
	稽查委員一員	捌〇·	派駐無煙藥廠什長二名	一名伍·壹　一名肆·捌
	庶務委員一員	伍〇·	派駐無煙藥廠護勇十六名	肆·貳
	管料庫委員一員	伍〇·	派駐無煙藥廠火夫二名	叁·叁
	支應司事二名	一名壹捌·　一名壹陸·	派駐舊局什長一名	肆·伍
	管料庫司事一名	壹陸·	派駐舊局并黄埔護勇七名	肆·貳

（續表）

名稱	員司夫役	每人月薪數	弁勇	每人月饟數
總廠	收發槍彈司事一名	壹捌·		
	收發文件司事一名	壹貳·		
	繪圖司事一名	貳捌·		
	書算表册司事三名	貳〇·		
	書記生一名	叁〇·		
	清書四名	二名玖·　二名捌·		
	火夫一名	貳·		
	號房一名	柒貳		
	管理電話一名	壹〇·		
	聽差七名	伍·		
	茶房二名	一名伍·兩　一名肆·伍		
	水夫一名	伍·		
	厨夫一名	伍·		
	厨房雜役三名	肆·伍		
	花匠二名	陸·肆捌		
	打掃夫二名	肆·伍		
	更夫四名	肆·伍		
	膳費　員司一十八員名	叁·		
	膳費　夫役一名	壹·捌		
槍廠	驗槍委員一員	柒〇·		
	監工委員二員	一員陸〇·　一員肆〇·		
	監工司事二名	壹捌·		
	監工司事二名	一名壹肆·兩　一名壹貳·		

（續表）

名稱	員司夫役	每人月薪數	弁勇	每人月餉數
槍廠	洋工程司一員	肆陸伍·柒叁肆		
	膳費 員司七員名	叁·		
彈廠	監工委員二員	一員 陸〇· 一員 肆〇·		
	監工司事一名	壹捌·		
	監工司事二名	壹貳·		
	膳費 員司三員名	叁·		
黑藥彈子廠	監工委員一員	肆〇·		
	點工兼收修器具司事一名	壹陸·		
	監工司事一名	壹肆·		
	書記生一名	貳肆·		
	花匠一名	陸·肆捌		
	聽差二名	伍·兩		
	茶房一名	伍·		
	雜役四名	肆·伍		
	馬夫一名	陸·壹貳		
	膳費 員司三員名	叁·		
礮械分廠	監工委員二員	一員 伍〇· 一員 肆〇·		
	監工司事二名	一名 壹陸· 一名 壹貳·		
	膳費 員司四員名	叁·		

（續表）

名稱	員司夫役	每人月薪數	弁勇	每人月餉數
黑藥廠	監工委員一名	陸〇·	什長一名	伍·壹
	提硝司事一名	壹捌·	護勇八名	肆·貳
	監工司事一名	壹貳·	火夫一名	叁·叁
	舊局看守司事一名	壹捌·		
	雜役三名	叁·兩		
	横水渡水夫一名	伍·伍		
	舊局更夫二名	肆·伍		
	膳費 員司三員名	叁·		
	膳費 □舊局司事一名	肆·		

上表所列總廠總辦月薪肆百兩，係併數處兼差在内，另由財政公所支送，不在廠用經費内報銷。又全廠弁勇饟銀，宣統元年十月以後始歸額領經費内開支，其元年十月以前向章由前善後局另款支銷。

全廠工價表

名稱	包工	價值	全年共造數	點工	歲支共數
槍廠	六米里八小口徑槍	每枝壹叁·柒伍〇叁捌兩	伍貳〇〇·枝	匠目六名	貳捌叁陸·〇捌兩
				工匠一百一十八名	壹伍〇貳伍·玖貳
				藝徒八十二名 長夫二十七名	叁肆捌柒·伍叁陸 壹伍叁陸·壹叁貳兩
彈廠	六米里八鋼頭彈子	每萬顆壹肆〇·兩	柒捌〇〇〇·錢	匠目四名	壹肆壹捌·〇肆
	六米里八木頭彈子	每萬顆壹〇〇·	貳陸〇〇〇〇·	工匠十二名	壹叁伍肆·陸

（續表）

名稱	包工	價值	全年共造數	點工	歲支共數
彈廠	藥管	每萬顆捌〇·	貳陸〇〇〇·	長夫九名	伍〇玖·壹捌肆
	輕機快礮碼子	每萬顆壹柒〇·	壹叁〇〇〇·		
黑藥彈子廠	九響毛瑟槍碼子	每萬顆伍伍·	柒捌〇〇〇·	匠目一名	壹陸·捌肆捌
				工匠十二名	壹叁肆叁·肆捌玖
				藝徒五名	貳〇玖·陸陸肆
				長夫十一名	陸肆叁·玖陸捌
礮械分廠	輕機快礮	每尊叁捌捌·捌	貳陸·尊	匠目一名	肆伍捌·陸肆
	輕機快礮碼子夾	每箇貳·伍貳	陸貳肆·箇	工匠五十八名	捌叁叁柒·陸肆柒
				藝徒二十六名	壹〇陸叁·貳玖陸
				長夫十三名	柒捌伍·叁〇肆兩
黑藥分廠				匠目一名	貳捌〇·捌
				工匠三十二名	貳伍柒壹·柒貳伍

查該廠工價，惟包工一項按件核計，應在槍枝子彈成本内逐件覈計。至點工一項，則所作之工，分管理機器、修理機器、打造手工、器具修理、各處礮件等項，礙難全數在成本内勻攤。且所造槍枝子彈，點工工價或多或少，其增減所差無幾。現廠内工程因限於經費，槍枝一項比照機器能力，祇造至三分之二，子彈各項比照機器能力，祇造至十分之一。故計算各項成本，現時祇能將點工工價提出，與辦公各項經費，隨時按照工程，逐項勻攤，雖一時勻攤未能密合，惟期經費漸充，製造適足機器之能力，則成本益輕矣。

全廠材料歲支數，

六米里八無煙槍用大宗材料，共銀肆萬肆千肆百零捌兩。

六米里八無煙槍用零星材料，共銀壹萬叁千壹百伍拾陸兩。

以上槍廠用材料，歲出合計銀伍萬柒千伍百陸拾肆兩。

六米里八鋼頭彈用大宗材料，共銀貳萬叁千肆百零伍兩。

六米里八鋼頭彈用零星材料，共銀伍千玖百玖拾玖兩。

六米里八木頭彈用大宗材料，共銀肆千貳百肆拾肆兩。

六米里八木頭彈用零星材料，共銀貳千零壹拾伍兩。

黑藥管用大宗材料，共銀貳千柒百柒拾伍兩。

黑藥管用零星材料，共銀貳千壹百陸拾兩。

輕機礮彈用大宗材料，共銀叁千玖百貳拾兩。

輕機礮彈用零星材料，共銀壹千叁百伍拾陸兩。

以上彈廠用材料，歲出合計銀肆萬伍千捌百伍拾肆兩。

黑藥彈子用大宗材料，共銀壹萬零貳百捌拾柒兩。

黑藥彈子用零星材料，共銀叁千貳百伍拾兩。

以上黑藥彈子廠用材料，歲出合計銀壹萬叁千伍百叁拾柒兩。

輕機快礮用大宗材料，共銀肆千柒百肆拾貳兩。

輕機快礮用零星材料，共銀叁千柒百柒拾柒兩。

以上礮械廠用材料，歲出合計銀捌千伍百壹拾玖兩。

黑藥廠用零星材料，共銀壹千柒百肆拾肆兩。

以上黑藥廠用材料，歲出合計銀壹千柒百肆拾肆兩。

統計製造軍械各廠材料，歲出計洋銀壹拾貳萬柒千貳百壹拾捌兩。

查宣統元年廠用材料，有三十四年流存者，二年廠用材料，有元年流存者，無從逐廠分晰，惟元年新購材料總數係貳拾貳萬貳千柒百貳拾壹兩肆錢玖分陸釐，比較三年豫算多玖萬伍千伍百零叁兩有奇，因元年代造廣西槍彈故購備材料較多。又該廠需用鋼銅等件，多係産自外洋，採辦動需數月，必須豫爲定購，庶免停工待料，第價值無常，銀元補水亦難豫定，以上所列，均按照宣統元年所購價值覈算，以後如有增減，均係實用實銷。

總廠各輪船管駕夫役工食表：

名稱	管駕夫役數	每人月支數
靖粵 安粵兩輪船	管帶二名	壹貳·兩
	舵工二名	壹貳·
	帶工二名	捌·
	管輪二名	壹貳·
	升火二名	捌·
	幫升火二名	陸·伍
	頭等水手二名	陸·伍兩
	二等水手四名	伍·伍
	火夫二名	肆·
追雲輪船	舵工一名	壹貳·
	水手一名	陸·伍
車扒船	管帶一名	壹貳·
	舵工一名	伍·伍
	頭等水手三名	伍·
	二等水手二名	肆·伍

查該廠各輪船因節省經費，宣統二年將追雲小輪管帶及水手裁減，比較宣統元年約省伍百叁拾肆兩有奇。

(乙)活支項下

全廠常年活支表：

項別	員司	每人歲支數	歲支共數
津帖	提調一員	壹貳〇·兩	
	坐辦一員		壹〇〇·
	文案一員		捌〇·
	支應一員		捌〇·

(續表)

項別	員司	每人歲支數	歲支共數
津帖	稽查一員		捌〇·
	庶務一員		肆〇·
	料庫二員	肆〇·兩	捌〇·
	驗槍一員		捌〇·
	槍廠監工二員	肆〇·	捌〇·
	彈廠監工二員	肆〇·	捌〇·
	黑藥彈廠監工一員		肆〇·兩
	礮械分廠監工二員	肆〇·兩	捌〇·
	黑藥廠監工一員		肆〇·
	支應司事二名	一名 壹陸· 一名 壹貳·	貳捌·
	料庫司事一名		壹貳·
	收發槍彈司事一名		壹貳·
	收發文件司事一名		壹貳·
	繪圖司事一名		壹貳·
	繙譯司事一名		壹貳·
	表册司事三名	壹陸·	肆捌·
	槍廠監工司事四名	壹陸·	陸肆·
	彈廠監工司事三名	壹貳·	叁陸·
	黑藥彈廠監工司事二名	壹貳·兩	貳肆·兩
	礮械分廠監工司事二名	壹貳·	貳肆·
	黑藥廠提硝監工司事二名	壹貳·	貳肆·
	舊東局看守司事一名		壹貳·

（續表）

項別	員司	每人歲支數	歲支共數
犒賞	工匠		歲支共數
	包工頭目		貳捌〇・
	點工工匠		捌貳〇・
	點工藝徒		貳伍〇・
	點工長夫		壹伍〇・
修繕	各廠		歲支共數
	總廠		陸〇〇・
	槍廠		壹伍〇・
	彈廠		壹伍〇・兩
	黑藥彈子廠		壹〇〇・
	礮械廠		壹〇〇・
	黑藥廠		壹〇〇・
各項雜費	細目	月支數	歲支共數
	燈油	叁陸・兩	
	茶水	柒貳	
	報紙	壹・	
	專差	陸伍・	
	參觀招待	貳〇・	
	起卸煤炭重料	陸陸・	
	零星器用	壹肆・	
	電話	壹貳・貳肆兩	
	電報	伍・	
	修理器具	捌・	
	運輸	壹叁・	
	調查員來廠供應	壹伍・	

（續表）

項別	員司	每人歲支數	歲支共數
各項雜費	三節雜役犒賞		陸〇〇・兩
	關税	壹〇〇・	
	零星雜用		貳叁・伍叁肆
	筆墨	柒・	
	文書印色表册紙張	叁〇・	

查該廠除常年額活支外，全廠每年所用煤炭肆千捌百餘噸，係由官煤廠撥付，按月將收過煤斤數目移財政公所，照數給價，另案報銷，故未列入此數。

統計常年額支洋銀叁拾壹萬柒千伍百貳拾伍兩壹錢貳分柒釐，活支洋銀玖千捌百壹拾陸兩貳錢伍分肆釐，共叁拾貳萬柒千叁百肆拾壹兩叁錢捌分壹釐。

第八節　款項來源

全廠歲入經常費，

財政公所撥解經費，共銀叁拾貳萬伍千兩。

總辦辦公經費，每月肆百兩。由財政公所另支，不在廠用經費内計。

田租，共銀貳拾壹兩陸錢。

塘租，共銀捌拾兩。

皮革公司股本壹萬圓周年息，共銀伍百柒拾陸兩。

全廠歲入臨時費　廢料變價，

廢碼、銅、罐變價，共銀壹千伍百兩。

硝渣變價，共銀肆百兩。

磺渣變價，共銀壹拾兩。

硝水變價，共銀貳拾兩。

煤、藥渣變價，共銀貳百兩。

統計歲入經常洋銀叁拾貳萬伍千陸百柒拾柒兩陸錢，臨時洋銀貳千壹百叁拾兩，共叁拾貳萬柒千捌百零柒兩陸錢。（總辦辦公經費一項，不計在内。）

第九節　製造槍礮説畧

光緒三十三年六密里八五響毛瑟步槍説内括弧之尺度、重量，係華尺華權。該廠所造槍枝，係遵照練兵處定章，用德國毛瑟法改良，定口徑爲六密里八，於光緒三十三年造成，爰命名曰光緒三十三年六密里八五響毛瑟槍。此槍連刺刀長一千四百九十七米里，（四尺五寸六分六釐四絲六忽。）共重四千三百一十四格拉木九九，（七斤三兩六錢四分二釐。）槍長一千二百四十七米里，（三尺八寸零三釐九毫六絲。）重三千九百零五格拉木一六，（六斤八兩六錢五分八釐五毫六絲。）刺刀長二百五十米里，（七寸六分二釐五。）重四百零九格拉木八三，（十兩零九錢八分三釐四毫四絲四忽。）皮刺刀套重九十四格拉木三十一。（二兩五錢二分七釐五毫。）槍膛有旋繞形來復線四條，線向右繞，每一繞度長二百米里，高六度五分四十六秒。（六寸一分。）來復陽線徑大六米里八，（二分零七毫四絲。）來復陰線深十五絲。（四十五絲。）寬三米里八。（一分一釐五毫九絲。）槍桿長一百零八，倍五二九四口徑，計七百三十八米里。（二尺二寸五分零九。）漲力堅力每方米里均八十五啟羅。（一百四十二斤三兩七錢。）係用克虜伯廠及侶佛廠蟠螺形頭號鋼。表尺平點至槍口六百八十米里，（二尺零七分四釐。）表尺平度二百密達，（六十一丈。）表尺極度二千密達，（六百一十丈。）自準量至槍口十四米里。（四分四釐二毫二絲五。）機管進膛係右旋式，表尺係弓背形，槍壳護手均係栗木，彈合係箱形，嵌入槍壳中段，槍之後坐力一啟羅十五。（一斤十四兩八錢二分。）每次可裝五彈，單裝一彈亦可。槍枝刺刀有名可稱者八十六件。彈子連藥重二十二格拉木五，（六錢零三釐。）長八十二米里，（二寸六分八釐八毫五絲。）每彈用藥二格拉木九一零四，（七分八釐。）係一千三百一十九號之無煙藥，漲力中數三千一百五十啟羅。（五千二百七十六斤四兩。）銅壳重十格拉木零四四，（二錢八分。）長五十七米里。（一寸八分六釐八毫六絲。）彈頭重九格拉木一四一七，（二錢四分五釐。）長三十米里零五，（一寸。）彈頭對徑最大者七米里十二絲。（二分二釐九毫八絲。）彈頭壳係鎳鋼紫銅，彈頭心係青鉛。彈合重二十七格拉木六一。（七錢四分。）每合裝十五子。初速率由槍口算起，八百六十密達。（二百六十二丈三尺。）初速率距槍口二十五密達算起，八百四十一密達。（二百五十六丈五尺零五分。）至遠可飛射四千密達。（一千二百二十丈。）每分鐘至快放二十出。該廠所造槍枝、逐項機件，均用樣版比較，不差毫釐。無論自一號起至若干號止，任何機件，彼此均可互換。原定每枝包工價壹拾柒兩柒錢柒分叁釐貳毫，屢經與工匠磋商，曉以勤工之利，動以急公之義，遞年出槍漸多，疊次包價漸減。第一次每枝減壹兩伍錢陸分肆貳，第二次每枝減捌錢叁分陸壹，第三次每枝減壹兩陸錢貳分貳伍貳。本年七月起，復行酌減工價伍錢肆分壹捌伍伍，計每枝工銀壹拾叁兩貳錢零捌伍貳貳。現復派員向內地購採核桃木槍壳，並調查滬廠鍊銅度數，如果適用，尤可減輕成本，而利權亦不至外溢。計光緒三十四年甫行試造，每枝工料成本合洋圓肆拾圓左右，一切廠費煤費尚未及勻攤。宣統元年決算，全年成槍六千五百四十四枝，每枝工料並勻攤廠費及煤炭費，計成本洋圓肆拾陸圓柒伍陸，伸毫銀叁拾肆兩柒錢柒分陸釐。（成圓伸毫加水照時價。）宣統三年豫算全年造擔五千二百枝，每枝工料並勻攤廠費及煤炭費，計成本合洋圓肆拾伍圓柒伍陸，伸毫銀叁拾肆兩零貳分。大抵機器製造，必以盡機器之能力，日夜兼工，爲節省第一義。該廠限於經費，現時所造，每月祇成槍四百枝，僅達機器能力三分之二，雖經疊次磋磨減少工價，屢次裁併人員節省經費，而統計勻攤各費成本尚未能輕也。至六米里八無煙馬槍一種，亦屬陸軍馬隊利器，本廠現就步槍機器設法仿造，宣統元年曾代西省製成二十二枝，均皆如法適用云。

光緒三十四年八米里輕機退管礮說內括弧之尺度、重量，係華尺、華權。

輕機退管礮者，西曆一千九百零四年，丹國愛司色爾得廠所創造也。全礮長一千一百二十米里，（三尺四寸一分六。）重九啟羅，（十五斤零一錢二分。）外筒長五百六十二米里，（一尺七寸一分四釐一。）礮桿長五百九十一米里，（一尺八寸零二釐五。）木把長三百零三米里，（九寸二分四釐一毫五。）表尺與準星相距長五百四十米里。（一尺六寸四分七。）礮膛內有旋繞形來復線六條，線由左向右繞，每繞長三百五十米里。（一尺零六分七釐七毫五。）來復陽線徑大八米里，（二分四釐四毫。）陰線深十絲。（三十絲零五。）表尺平度四百密達，（一百二十二丈。）表尺極度二千四百密達，（七百三十二丈。）表尺係弓背形。全廠機件可名者共一百一十七件。彈子長七十六米里，（二寸三分一釐八毫。）重三十格拉木。（八錢零四釐。）彈壳長五十八米里，（一寸七分六釐九。）重十二格拉木。（三錢三分五釐。）彈頭長三十米里零七，（九分三六三五。）重十五格拉木。（四錢零二釐。）裝無煙藥重二格拉木五。（六分七釐。）彈頭對徑最大八米里二十絲。（二分五釐零一。）彈頭包鎳鋼，彈頭心用青鉛。彈合重三百五十格拉木，（九兩三錢八分。）每合裝彈二十四出，共重一千五百六十七格拉木一六四一七九零二分。（四十二兩。）彈子每分鐘能放二百出，放時旋轉低昂，無不如意。全礮機件不多，且精堅簡便，可以徒手安拆，除用手錘鋼錘各一件外，可無須多籍器具之助力。其利用要點約分數端，（一）守險防護隨處可用，非比他礮有限制之定位。(二)礮隊在步隊後攻擊陸軍時，可將此礮防護步隊前進。(三)如遇敵軍所擊，勢將被圍，或交手衝鋒，以此礮護拒，最爲得力。(四)追擊敗軍時則利益更勝，並可毀壞敵之殿軍。(五)兩軍對壘時，若有礮隊應占之地，馬隊力不能及用，此礮占據，無不先登者。(六)交仗時常有礮隊被敵軍所奪，以致礮兵後隊力不能守，以此礮防護則無此弊。(七)步隊攻擊時被敵軍所傷太重，後備軍救援不及，可將此礮先行禦敵。(八)此礮不惟宜於陸地，若配於守險防護各輪亦爲利器。該廠特向丹國愛司色爾得廠採取，回粵將全礮各機件逐加研究，以手工改良仿造，於光緒三十四年造成，命名曰光緒三十四年八米里輕機退管礮。宣統元年奉前督憲張人駿諭飭，籌辦裝造此項快礮專門機器設法開辦。嗣查每日能造此礮十尊之機器一副，除本廠現有機器可以通用不計外，應添各機需價捌拾陸萬玖百餘馬克，約合華銀伍拾萬圓。若專爲粵東一省防盜而設，有礮五百尊各府州縣已足分布，若設廠購機，每年成礮三千餘尊，誠恐無處配用，且開辦費需伍拾餘萬圓，而常年費並各項雜費全年非壹百萬餘金不辦，配用彈子尚在未計。因費過鉅，現仍以手工仿造，歷經試驗，與機造不差參黍，粵中水陸防營及各路輪扒均甚利用。俟後精益求精，留心考察，以期製造日有進步。計每月造成二尊，配彈二萬顆，若經費充足，盡現有之能力，可以月造四尊，配彈十萬顆。每尊成本宣統元年決算工料本並勻攤廠費及煤炭費計陸百捌拾伍兩有奇，宣統三年豫算工料本並勻攤廠費煤費計陸百伍拾陸兩有奇云。

第十節　無煙藥廠購地沿革説畧

該廠爲製造軍械廠附屬之廠，設在南海縣屬濱港口，地距城約二十餘里，距製造軍械廠約十里。計購地一頃零三畝六分八釐六毫零七忽，共地價銀陸千貳百陸拾叁兩貳錢零叁釐，分原購、添購兩種。原購有上、中、下三則，上則每畝價銀柒拾兩，中則肆拾捌兩，下則貳拾兩。添購祇有上則，但比照原購價相減，每畝計銀陸拾兩。此項購地款，於光緒三十二年八月初六日由軍械總廠詳准，前督憲岑春煊將收回廣東善後總局變賣清遠縣屬前建新廠餘存地價銀柒千叁百柒拾叁兩捌錢肆分二款，指撥該廠動支。其地畝糧税則於光緒三十二年九月、三十四年五月，兩次札行南海縣照案割出撥入本廠官柱列册具報。此無煙藥廠購地之大畧也。

原購地價：上則地四十五畝三分五釐零二絲五忽，每畝柒拾兩，計銀叁千壹百柒拾肆兩伍錢壹分柒釐，另補種料銀壹百零肆兩壹錢陸分。

中則地四十三畝一分二釐九毫二絲一忽，每畝肆拾捌兩計銀貳千叁百玖拾壹兩玖錢壹分。

下則地一十二畝零八釐一毫九絲一忽，每畝貳拾兩計銀壹百零捌兩零叁分陸釐，另補圍工基地樹木等，共銀貳百玖拾叁兩玖錢肆分捌釐。

總共原購地共一百畝零零伍分六釐一毫三絲七忽，連補種料等費，共銀陸千零柒拾貳兩伍錢柒分壹釐。

添購地價：

上則地三畝一分二釐四毫七絲，每畝陸拾兩，計銀壹百捌拾柒兩肆錢捌分貳釐，另補墳山一穴，遷費銀叁兩陸錢，共銀壹百玖拾壹兩零捌分貳釐。

全廠統計原購添購地一百零三畝六分八釐六毫零七忽，共應價銀陸千貳百陸拾叁兩陸錢伍分叁釐，實給銀陸千貳百陸拾叁兩貳錢零叁釐。

第十一節　無煙藥廠建築説畧

該廠係光緒三十二年七月奉文創建，宣統元年四月竣工。

計開：

辦公所四十八間，共銀貳萬貳千肆百叁拾叁兩肆錢陸分。

作工場二十七間，共銀壹拾肆萬捌千貳百壹拾捌兩叁錢壹分。

以上總共場屋七十五間，計銀壹拾柒萬零陸百伍拾壹兩柒錢柒分。

查該廠因經費支絀，尚未全建圍牆及儲藥庫，殊形缺點，現估計工料約需款壹萬兩左右。

第十二節　無煙藥廠機器價值

(甲)新購機器

洗生棉花機項下，共壹萬零肆百捌拾馬克。

硝强水製棉花機項下，共肆萬玖千肆百叁拾伍馬克。

分棉花機項下，共貳萬捌千玖百貳拾馬克。

火酒搾出棉花藥水機項下，共叁萬叁千肆百玖拾馬克。

棉花藥轉造無煙藥機項下，共伍萬貳千玖百柒拾伍馬克。

汽機項下，共陸萬玖千貳百壹拾伍馬克。

壓夾割翦機項下，共壹萬捌千肆百玖拾伍馬克。

製硝强水、硫以脱機項下，共肆萬零肆百馬克。

（乙）添購機器價值

甑水機項下，共銀壹千肆百貳拾伍圓。

滅火機項下，共銀叁千叁百貳拾伍圓。

驗藥機項下，共銀玖百陸拾玖圓。

合共新購機器價值，計叁拾萬零叁千肆百零伍馬克，（每二馬克零六十五分合規圓銀壹兩），伸銀壹拾壹萬肆千肆百玖拾貳兩肆錢伍分。

合共添購機器價值，計伍千柒百壹拾玖圓折合銀肆千壹百壹拾柒兩陸錢捌分。

統計新購、添購機器價值，共銀壹拾壹萬捌千陸百壹拾兩零壹錢叁分。

附項

補水腳、保險等費共銀貳萬陸千叁百叁拾兩貳錢壹分。

成圓一半補水銀，每百圓以玖圓算，共銀柒百壹拾叁兩零壹分玖釐。查此項補水銀兩，多係與同時訂購材料價銀籠統合付，先後補水不一，難以分計，現係統計之數。

大平、補水銀共壹千玖百捌拾捌兩叁錢玖分肆釐。

利息共銀壹千貳百零貳兩伍錢。

合共支銀叁萬零貳百叁拾柒兩壹錢貳分叁釐。

統計全廠新構、添購機器並附屬品及水腳、保險、補成、大平、利息等項，共銀壹拾肆萬捌千捌百肆拾柒兩貳錢伍分叁釐。內自洗生棉花機至硫以脱機八項價值，係由廣東善後總局專案購買。甑水滅火驗藥機三項價值，係該廠經費内報銷。

第十三節　無煙藥廠器用

全廠動用器具約分三類

竹木類

金石類　共值銀肆百陸拾柒兩柒錢叁分陸釐。

布革類

第十四節　無煙藥廠開辦及成本總數

如上數節購地，實給銀陸千貳百陸拾叁兩貳錢零叁釐，建築銀壹拾柒萬零陸百伍拾壹兩柒錢柒分，機器並附項銀壹拾肆萬捌千捌百肆拾柒兩貳錢伍分叁釐，全廠器具銀肆百陸拾柒兩柒錢叁分陸釐，統計開辦及成本，共銀叁拾貳萬陸千貳百貳拾玖兩玖錢陸分貳釐。

第十五節　無煙藥廠常年經費

常年經費分額支活支兩項表述於左（據宣統三年豫算册報）

（甲）額支項下

員司夫役月薪表（膳費附）

員司夫役數		每人月支數
坐辦一員		壹〇〇・兩
監工委員一員		陸〇・
繙譯委員一員		肆〇・
管料委員一員		叁貳・
化驗委員一員		肆肆・
支應司事一名		壹捌・
監工司事二名		壹陸・
監工司事一名		壹貳・
管料司事一名		壹捌・
洋工程司一員		叁玖叁・柒〇捌
清書二名		柒・
雜差二名		肆・陸捌
更夫一名		肆・叁貳
膳費	委員五員	叁・
	司事五名	叁・

全廠工價歲支數：

匠目二名，共銀陸百壹拾柒兩柒錢陸分。

點工工匠八十三名，共銀伍千捌百捌拾玖兩。

點工長夫四十名，共銀壹千玖百貳拾肆兩。

全廠材料歲支數：

六米里八無煙槍藥應用藥料，共銀叁萬肆千柒百柒拾伍兩。

應用化驗藥料，共銀陸百貳拾肆兩貳錢陸分。

應用化驗器具，共銀肆百叁拾叁兩叁錢叁分叁釐。

應用雜項料件器具，共銀捌千陸百陸拾陸兩陸錢陸分柒釐。

（乙）活支項下

全廠常年活支表

項別	員司	每人歲支數	歲支共數
津帖	坐辦一員		壹〇〇·兩
	正班委員一員		捌〇·
	佐班委員三員	肆〇·兩	壹貳〇·
	司事五名	貳〇·	壹〇〇·
	哨弁一員		肆捌·兩
	匠徒		歲支共數
犒賞	點工頭目二名		貳肆·肆捌
	點工工匠三十八名		壹肆伍·伍貳
	點工長夫四十名		捌〇·
	細目		歲支共數
各項雜費	燈油		壹伍陸·
	茶水		壹捌·柒貳
	電報		玖·叁陸
	各種官報		玖·叁陸
	各種報紙		陸·〇肆捌
	零星器用		壹捌·柒貳
	參觀招待		壹貳·陸叁陸兩
	調查員來廠供應		叁柒·肆肆
	專差		壹捌·柒貳
	修理器具		肆·陸捌
	起卸煤炭重料		貳壹伍·〇捌玖
	載運物件		叁柒·肆肆
	公幹艇費		壹捌·柒貳

（續表）

項別	員司	每人歲支數	歲支共數
各項雜費	工人醫藥及恤賞		壹玖伍·
	零用		伍捌·壹陸柒
	筆墨		貳叁·肆
	文書印色		叁陸·肆

統計無煙藥廠常年額支洋銀陸萬叁千肆百貳拾陸兩零陸分肆釐，活支洋銀壹千伍百柒拾叁兩玖錢叁分陸釐，共陸萬伍千兩，每年由財政公所照數撥解。

第十六節　製造無煙藥説畧

查無煙藥以浄料棉花爲本，而棉花性質，生棉與已製洋棉熟質不同。生棉韌力好而油質多，必須多用人力，如揀軋子渣，以亞摩尼梳打和水蒸洗，繼用鹽强和水烘洗，繼用汽水漂洗凡十餘日，日換水三四五次不等。實驗以花質沈水爲度，再行烘乾梳鬆，俾易吸透硝强，又須烘至極乾，庶不至爲强水烘黄。方可適用。若用已製洋棉花，祇須梳去雜質，烘乾即堪泡製，計蒸洗浄料棉花，每十點鐘可梳出一百磅，薰乾須四日。其消耗比較亦洋棉畧輕，生棉經揀軋過並梳去渣質，約每百分之六分，洗薰耗數約每百分之十分。已製洋棉約梳雜質每百分之六分。洗薰耗數約每百分之六分。此棉料之大較也。其次則爲硝强水製法，用磺强水須羅氏浮量表重力一千八百四十度，成色九十六分者方合。淡强水乏强水已泡製棉花重提復用爲乏强水。各種兑入浄硝而成，其成色視各種强水配合以爲差，大率用磺强三十分之十六分，浄硝三十分之十四分，計可提成硝强水三十分之十四分。若用磺强一百分之三十六分，浄硝一百分之三十分及淡硝强一百分之三十四分，可提成硝强水一百分之六十分。若用乏强八十分之六十分，淡硝强八十分之二十分，則可提成硝强水八十分之四十分。其提製因各種强水配合而畧異，大率用浄硝配磺强者，先裝硝於鑪鍋内，後兑入磺强。若用淡硝强配浄硝磺强者，先以淡硝强和磺强提製一日夜後停火，候鑪冷再兑入浄硝。若用乏强同浄硝磺强及淡硝强合製者亦然。其熬成約三百兩夜之程，提熬硝强，每起兩晝夜，放出硝渣及裝磺强與硝入鑪，約一日之程。此製硝强之大較也。次用已製之棉料吸收硝强，是爲强水棉花，藥分强弱之性質，視配强之重力，如製强性者，第一起，用一千八百四十度重力磺强約七十磅，一千四百五十度重力硝强約四千磅。第二起以後，則用乏强約八千餘磅，磺强約一千磅，濃硝强約六百磅。每起共同和匀，測其重力均在一千七百十度至二十餘度之間。若製弱性共第一起用重力同前之磺强約四千六百磅硝强約五千四百磅第二起後則用乏强約八千餘磅，磺强九百磅，淡硝强約一千磅。每起共同和勻，測其重力均在一千六百四十度至五十度之間。察酸味之有無，驗棉質之浄潔。棉料吸透硝强，即旋乾强水，將棉藥鉗入瓦管，用水沖入水泡，隨用鉀養錳養少許，和水洗之，以保存强性。試以鉀鐄紙，如果酸質消除，方貯入木桶，加以製過火石粉，蒸烘一日取出，磨之成漿，用鈉養二炭養二和之，再行漂洗，必棉質潔白，盡無酸質而後已。其調和熱度，測量時間，有一定之準則。磺强與硝强、乏强，既共裝鐵鼓，經風力和勻後，大增熱力，必停冷一二日，暑天或用氷圍鼓旁，以減熱度，方用泡製棉花，其配强水冷熱。寒天以機上所鑲攝氏表二十度爲宜，如熱度過高，則運冷氷於機管以減之，不及則放熱氣於管內以助之，暑天當別論。至每次泡製棉花時間之久暫，均須限定實驗棉藥含淡氣量約每百分之十三分爲度，但不宜過多，時速則其量不足，時遲則徒自費工，且恐過量，每次泡製不得踰四十分鐘之久。而試强水内浸棉藥之攝氏表，比機上之表高約以五度爲合法。其泡製次序，每起成色，有遞嬗之差別。硝强之濃淡不一，每次裝二千餘磅於瓦缸，以風力和勻，測其重力合度，始用縮筒抽入各號鐵鼓，計每次約用强水八百六七十磅，棉花十四五磅左右，入機泡製後，將所旋出乏强水別貯一鐵鼓，以備重提復用，隨將每次所製藥旋乾及抽去内含强煙，推至烘洗房洗泡，用人力漂洗，約以換水三四次爲度。嗣合一起之棉裝入木桶，用熱氣烘洗，加以製過火石粉十磅，至換水二三次，始運入磨棉藥機，每日換水一次，成漿後再由抽力機抽入洗棉藥鍋，復加入鈉養二炭養二十六磅漂洗，須漂至實驗其强酸質全滅，方由鍋底之管放出，或以布囊，用機旋乾，每百分棉藥衹含濕氣三十分，則標别强、弱兩種，以備製火酒棉藥參配之用。至其成色，第一起棉花吸收强水雖經旋乾，每百分尚含强酸料質約一千一二百分，雖經各項製造藉除多數，而每百分棉花能增重三四十分料質。其第二起，泡製棉藥只用磺强硝强十分之二及配用乏强十分之八，倘因强性猛烈未便，由鼓放出，可取少許，測其力度，續配硝磺强，則重力加增，仍合前配之，强弱度數可以應用。三起亦然，七八起以後，則强力已差，成色甚低，不配浄硝衹，配淡硝强，重提備用。此製硝强棉藥之大較也。次將硝强棉藥用酒醇淋浸，是爲火酒棉花藥。棉藥吸收酒醇，先以風力逼壓勻透，用含水濕棉藥一百二十磅裝機内，先以風力壓去濕氣，隨以量鼓所貯酒醇七十磅，用五六啟羅風力逼壓淋濕之，使其勻透，初壓出者水質尚多，後則純係酒醇。繼以水力壓至極乾，酒質既乾隨取出，將棉藥裝於壓力機内，用一百八十啟羅水力，復壓至極乾，其酒醇亦由管流入運酒醇鼓，可備復提之用。繼以人力磨碎成末。具壓乾已製之棉藥，則以人力磨碎，俾成細末，薰至所含潮氣僅二三分取去，嚴密封於桶内，免洩醇性，則將來成藥時吸收之力量較厚，而轆壓之條片亦黄而光。而强水棉藥經酒醇製後，每百分約吸收三十分左右，其用過酒醇，每百分能復提成五六十分，浮量須七百五十度爲精，醇過高，則所含水質較多，而成色須在九十六分。此火酒棉藥之大較也。次用阿西多尼和拌棉藥，便成無煙

藥。即六米里八槍藥。其製造次序若片、若翦、若條、若篩、若磨、若薰，均有法則，轆片先較銅尺之次數，以薰乾棉和阿西多尼便成藥胚，每次取藥十五磅裝入轆機内，以轆之機旁之銅尺應升達二十二米里，轆過四五次，藥成整胚，再降低銅尺，又轆三次，藥胚漸長，始切爲二長片，復降低銅尺，又轆三次又成長胚，始切成英尺長一尺三四寸寬八九寸之短粗胚，將帆布遮蓋，以免乾枯，然後再降低銅尺，轉轆七次，每次衹以三片，轉轆□已成粗片，後再改用薄片機轆之，量準銅尺以八十絲起，轉轆四次，薄片既成，改用光片機轆之，復量準銅尺，以二十絲起，轉轆二次，量其薄片薄至三十五絲或四十絲爲度。翦片須視藥料之乾濕，將藥片置翦藥機上，翦成一米里二十絲之丁方藥片，若藥片太乾，則翦易碎而成粒少，太濕則翦難成粒而藥尾多。壓條當注意藥料之稠黏，以定表力之高低。壓方式圓式藥條長約一密達，如料稠者以表一二十啟羅爲率，過高則藥條繩結而連級料黏者，以表三四十啟羅爲率，過低則藥條乾枯而費工。篩則均其粗細，而除不合格者，篩過四五次則片粒合度。磨則去其參差，以便裝彈之進行不阻。每藥百磅裝入磨光鼓，用黑鉛四兩，白蠟一磅，品先二十磅拌磨之，以增速率減漲力並光其色。薰則去其潮氣，以便收儲。儲法，每一白布囊裝藥一百磅，置於白鐵合，合外蓋以木箱。其試造藥之能力，若漲力、速率及燒後之渣滓，均有實驗。每尖彈容方藥或圓藥三格林母二五，漲力三千五百啟羅，初抄速率八百密達。燒後渣滓零零七分，攙合雜質零八分。至和藥盡機器之能力，無須表尺，蓋以人力而補不及。惟轆壓翦薰各工程，則機力、表尺、人工三者相輔而行，缺一不可。其轆藥機之銅尺，轆粗片由二十二米里，漸下至一十六、一十三、一十米里，復下至八、六、四、三、二米里、五十絲，及一米里、八十絲、五十絲、二十絲至一米里止。轆薄片由八十絲起，至六十、四十、二十絲止，轆光片由二十絲至零點止。翦藥機之鋼翦，圈口徑寬一米里二十絲。壓藥機之水力表，三四十啟羅爲合度。壓藥條之方圓鋼模，方模孔寬須一米里六十五絲，厚四十五絲。圓模孔寬徑大一米里。切藥機之銅尺，開一米里五十絲。篩藥機之銅篩，孔須大一米里二十絲。薰藥機之熱力汽表，一啟羅與攝氏表五十度相依爲力。均有度數可考。其製造日程，如拌藥、每起和藥六十磅，開機拌三點鐘。轆藥、每日可轆一百磅左右。翦藥、隨轆成隨翦。壓藥、每日約壓八十磅。切藥每四十分鐘可切藥粒七八磅。篩藥、雖四五次，亦不過三點鐘。磨藥，一日薰藥每櫃能裝二百磅，共計二櫃，五晝夜可以烘乾一起。按日早晨，須將櫃之上下藥盤互换，以期熱力勻透。均有晷刻可稽。至成色，每棉藥一百磅内，配强性、弱性者，其含量畧不相等。配强性者含量五十五分或六十分，配弱性者含量四十五分或四十分。發熱時間及耐熱然性，其晷度亦堪約舉。發熱時間均三十五分鐘，耐熱然性均一百七十五度半。若加藥尾

一十五磅，須用七百九十九度五分重力之阿西多尼八十磅和之。此項浮量過八百零度，則料質膠力必遜其成數分寒天暑天各不相同，寒天每百分藥能轆壓成藥片藥條九十六分，翦切成藥粒九十分。及薰至極乾，約計增重三四分，因阿西多尼之質雖膠黏棉藥，一經空氣，即行消散，若暑天則不能及此數。此製造無煙藥之大較也。

《大清新法令》卷三《軍政・軍器旗式・練兵處奏擬訂陸軍槍砲口徑等項程序折并清單》 竊查上年四月間，臣處會同政務處議覆。臣鐵良查明江南製造局廠應否移建情形折内聲明「槍學、砲學理極精微，應由練兵處詳爲討論，俟斟酌盡善，擬定程式，再行具奏」等語。奏奉諭旨允准，并准軍機處鈔交兩廣總督岑春萱。附奏新槍口徑請飭詳細會議一片，奉硃批：「練兵處議奏，欽此。」各在案。伏維善事利器，古有明訓，況槍砲爲殺敵致果之用，當兩軍相見之際，一器之利鈍，即一軍之存亡，一國之榮辱系焉，自非詳審利弊，研究精確，不足以垂爲定式，當經飭司詳加考訂。茲據查明各國槍砲制度，開具表册，呈報前來。臣等公同履核，查各國近十年來所出新槍，其口徑大小自六密里五以至七密里九五不等。論其得失，大概口徑過大者，其飛路必寬，恐取準較難，且子重，則多携不便；口徑太小者，其擊力固猛，惟彈質過細，倘非中致命之處，則斃敵難期。參考各國諸制，以酌中定議，其口徑擬用六密里八。至砲位種類名目尤繁，撮其大綱，約分野戰、城隘、海岸、海軍四項。當茲編練陸軍之際，應先就行營所需之野戰砲分別制備，以資利用。其砲位擬用陸路、過山二種，陸路砲爲駛行平地而設，過山砲爲跋涉險阻便於拆卸馱載而設，此二項口徑均擬用七生的五。他如子彈之速率，快放之速數，與夫砲身之輕重，砲架之高低，輪轍之寬窄，其應行厘訂者，亦經多方考校，期於因應適宜。至城隘、海岸、海軍三項砲位造法，至爲精密，非急切所敢率定，擬姑從緩。謹將此次所訂槍砲口徑等項程式另繕清單，恭呈御覽，伏候欽定。俟命下後，臣處即分別札飭各局廠遵照此次新定式樣購機遵制，其舊造各式，悉令停止，并飭各該局承辦諸員遴選工匠，精煉鋼料，研究造法，以期一律精利，緩急堪資，冀仰副朝廷講求戒備、慎重軍儲之至意。謹奏。光緒三十一年　月，奉旨：依議。欽此。

謹將《擬定陸軍槍砲口徑等項程式》繕具清單，恭呈御覽。

一　快槍：槍枝口徑擬用六密里八；槍筒長一百十五倍口徑；子彈初出槍口速率，須六百五十密達以上；用無煙藥，其燒化之速，以子彈將出槍口藥始化盡爲度。

一　陸路砲：砲口徑擬用七生的五；身長二十八倍口徑；砲身連閂三百六十啟羅；砲架高一密達；兩輪相距一密達三；架重連護甲共六百啟羅；子彈用開花、子母、葡萄三種，子彈、引火共重七啟羅；砲身、砲架、前車、子彈、零件配齊，共重以一千七百啟羅爲率；子彈初速率，須五百密達以上，擊遠須五千密達以上；砲昂度以十六度爲限，俯度以六度爲限；快放速數每分鐘須十五出以上。

一　過山砲：砲口徑擬用七生的五；身長十五倍口徑；砲身連閂重一百一十啟羅；砲架高六十四生的；兩輪相距八十生的；架重連護甲共三百啟羅；砲架最重之件不得過一百一十啓羅；子彈用開花、子母、葡萄三種，子彈、引火共重六啟羅；子彈初速率須三百密達以上，擊遠須三千五百密達以上；砲昂度以二十度爲限，俯度以十度爲限；快放速數每分鐘須十五出以上。

以上砲位二種，其砲身均擬用鋼質，砲閂均擬用螺形，砲藥均擬用無煙，藥之重量應按所造之藥力試定。

雜録

墨翟《墨子・公輸》 公輸盤爲楚造雲梯之械，成，將以攻宋。子墨子聞之，起於齊，行十日十夜而至於郢，見公輸盤。公輸盤曰：「夫子何命焉爲？」子墨子曰：「北方有侮臣，願藉子殺之！」公輸盤不説。子墨子曰：「請獻十金。」公輸盤曰：「吾義固不殺人。」子墨子起，再拜曰：「請説之。吾從北方聞子爲梯，將以攻宋。宋何罪之有？荆國有余於地，而不足於民，殺所不足，而争所有餘，不可謂智；宋無罪而攻之，不可謂仁；知而不争，不可謂忠；争而不得，不可謂强；義不殺少而殺衆，不可謂知類。」公輸盤服。子墨子曰：「然乎？不已乎？」公輸盤曰：「不可。吾既已言之王矣。」子墨子曰：「胡不見我於王？」公輸盤曰：「諾。」

子墨子見王，曰：「今有人於此，舍其文軒，鄰有敝輿，而欲竊之；舍其錦綉，鄰有短褐，而欲竊之；舍其粱肉，鄰有糠糟，而欲竊之。此爲何若人？」王曰：「必爲竊疾矣。」子墨子曰：「荆之地方五千里，宋之地方五百里，此猶文軒之與敝輿也；荆有雲夢，犀兕麋鹿滿之，江漢之魚鱉黿鼉爲天下富，宋所爲無雉兔狐狸者也，此猶粱肉之與糠糟也；荆有長松、文梓、楩楠豫章，宋無長木猶錦繡之與短褐也。臣以三事之攻宋也，爲與此同類。」王曰：「善哉！雖然，公輸盤爲我爲雲梯，必取宋。」

於是見公輸盤。子墨子解帶爲城，以牒爲械，公輸盤九設攻城之機變，子墨子九距之。公輸盤之攻械盡，子墨子之守圉有餘。公輸盤詘，而曰：「吾知所以距子矣，吾不言。」子墨子亦曰：「吾知子之所以距我，吾不言。」楚王問其故，子墨子曰：「公輸子之意，不過欲殺臣。殺臣，宋莫能守，可攻也。然臣之弟子禽滑釐等三百人，已持臣守圉之器，在宋城上而待楚寇矣。雖殺臣，不能絶也。」楚王曰：「善哉！吾請無攻宋矣。」

子墨子歸，過宋。天雨，庇其閭中，守閭者不内也。故曰：治於神者，衆人不知其功，争於明者，衆人知之。

《戰國策》卷二《西周・司寇布爲周最謂周君》 司寇布爲周最謂周君曰：「君使人告齊王以周最不肯爲太子也，臣爲君不取也。函冶氏爲齊太公買良劍，公不知善，歸其劍而責之金。越人請買之千金，折而不賣。將死，而屬其子曰：『必無獨知。』今君之使最爲太子，獨知之契也，天下未有信之者也。臣恐齊王之爲君實立果而讓之於最，以嫁之齊也。君爲多巧，最爲多詐，君何不買信貨哉？奉養無有愛於最也，使天下見之」。

劉歆《西京雜記》卷一 昭帝時，茂陵家人獻寶劍，上銘曰：「直千金，壽萬歲。」

《後漢書》卷八五《東夷傳・句驪》 句驪一名貊（耳），有別種，依小水爲居，因名曰小水貊。出好弓，所謂「貊弓」是也。

《三國志》卷三《魏書・明帝紀》注引 《魏略》曰：先是，使將軍郝昭築陳倉城；會（諸葛）亮至，圍（郝）昭，不能拔。昭字伯道，太原人，爲人雄壯，少入軍爲部曲督，數有戰功，爲雜號將軍，遂鎮守河西十餘年，民夷畏服。亮圍陳倉，使昭鄉人靳詳於城外遥説之，昭於樓上應詳曰：「魏家科法，卿所練也；我之爲人，卿所知也。我受國恩多而門户重，卿無可言者，但有必死耳。卿還謝諸葛，便可攻也。」詳以昭語告亮，亮又使詳重説昭，言人後不敵，無爲空自破滅。昭謂詳曰：「前言已定矣。我識卿耳，箭不識也。」詳乃去。亮自以有衆數萬，而昭兵纔千餘人，又度東救未能便到，乃進兵攻昭，起雲梯衝車以臨城。昭於是以火箭逆射其雲梯，梯然，梯上人皆燒死。昭又以繩連石磨壓其衝車，衝車折。亮乃更爲井闌百尺以射城中，以土丸填塹，欲直攀城，昭又於内築重牆。亮又爲地突，欲踊出於城裏，昭又於城内穿地横截之。晝夜相攻拒二十餘日，亮無計，救至引退。

《三國志》卷二八《魏書・諸葛誕傳》 〔甘露〕三年正月，誕、欽、咨等大爲攻具，晝夜五六日攻南圍，欲決圍而出。圍上諸軍，臨高以發石車火箭逆燒破其攻具，弩矢及石雨下，死傷者蔽地，血流盈塹。復還入城，城内食轉竭，降出者數萬口。欽欲盡出北方人，省食，與吴人堅守，誕不聽，由是争恨。欽素與誕有隙，徒以計合，事急愈相疑。欽見誕計事，誕遂殺欽。欽子鴦及虎將兵在小城中，聞欽死，勒兵馳赴之，衆不爲用。鴦、虎單走，踰城出，自歸大將軍。軍吏請誅之，大將軍令曰：「欽之罪不容誅，其子固應當戮，然鴦、虎以窮歸命，且城未拔，殺之是堅其心也。」乃赦鴦、虎，使將兵數百騎馳巡城，呼語城内云：「文欽之子猶不見殺，其餘何懼？」表鴦、虎爲將軍，各賜爵關内侯。城内喜且擾，又日飢困，誕、咨等智力窮。大將軍乃自臨圍，四面進兵，同時鼓譟登城，城内無敢動者。誕窘急，單乘馬，將其麾下突小城門出。大將軍司馬胡奮部兵逆擊，斬誕，傳首，夷三族。誕麾下數百人，坐不降見斬，皆曰：「爲諸葛公死，不恨。」其得人心如此。唐咨、王祚及諸裨將皆面縛降，吴兵萬衆，器仗軍實山積。

《三國志》卷三〇《魏書・烏丸傳》注引 《魏書》曰：烏丸者，東胡也。漢初，匈奴冒頓滅其國，餘類保烏丸山，因以爲號焉。俗善騎射，隨水草放牧，居無常處，以穹廬爲宅，皆東同。日弋獵禽獸，食肉飲酪，以毛毳爲衣。貴少賤老，其性悍驁，怒則殺父兄，而終不害其母，以母有族類，父兄以己爲種，無復報者故也。常推募勇健能理決鬭訟相侵犯者爲大人，邑落各有小帥，不世繼也。數百千落自爲一部，大人有所召呼，刻木爲信，邑落傳行，無文字，而部衆莫敢違犯。氏姓無常，以大人健者名字爲姓。大人已下，各自畜牧治産，不相徭役。其嫁娶皆先私通，略將女去，或半歲百日，然後遣媒人送馬牛羊以爲聘娶之禮。壻隨妻歸，見妻家無尊卑，旦起皆拜，而不自拜其父母。爲妻家僕役二年，妻家乃厚遣送女，居處財物，一出妻家。故其俗從婦人計，至戰鬭時，乃自決之。父子男女，相對蹲踞，悉髡頭以爲輕便。婦人至嫁時乃養髮，分爲髻，著句決，飾以金碧，猶中國有冠步摇也。父兄死，妻後母執嫂；若無執嫂者，則己子以親之次妻伯叔焉，死則歸其故夫。俗識鳥獸孕乳，時以四節，耕種常用布穀鳴爲候。地宜青穄、東牆，東牆似蓬草，實如葵子，至十月熟。能作白酒，而不知作麴櫱。米常仰中國。大人能作弓矢鞍勒，鍛金鐵爲兵器，能刺韋作文繡，織縷氊毼。

《三國志》卷三〇《魏書・挹婁傳》 挹婁在夫餘東北千餘里，濱大海，南與北沃沮接，未知其北所極。其土地多山險。其人形似夫餘，言語不與夫餘、句麗同。有五穀、牛、馬、麻布。人多勇力，無大君長，邑落各有大人。處山林之間，常穴居，大家深九梯，以多爲好。土氣寒，劇於夫餘。其俗好養豬，食其肉，衣其皮。冬以豬膏塗身，厚數分，以禦風寒。夏則裸袒，以尺布隱其前後，以蔽形體。其人不絜，作溷在中央，人圍其表居。其弓長四尺，力如弩，矢用楛，長尺八寸，青石爲鏃，古之肅慎氏之國也。善射，射人皆入(因)〔目〕。矢施毒，人中皆死。出赤玉、好貂，今所謂挹婁貂是也。自漢已來，臣屬夫餘，夫餘責其租賦重，以黄初中叛之。夫餘數伐之，其人衆雖少，所在山險，鄰國人畏其弓矢，卒不能服也。其國便乘船寇盗，鄰國患之。東夷飲食類皆用俎豆，唯挹婁不，法俗最無綱紀也。

《三國志》卷三五《蜀書・諸葛亮傳》注引 《漢晉春秋》曰：亮圍祁山，招鮮卑軻比能，比能等至故北地石城以應亮。於是魏大司馬曹真有疾，司馬宣王自荆州入朝，魏明帝曰：「西方事重，非君莫可付者。」乃使西屯長安，督張郃、費曜、戴陵、郭淮等。宣王使曜、陵留精兵四千守上邽，餘衆悉出，西救祁山。郃欲分兵駐雍、郿，宣王曰：「料前軍能獨當之者，將軍言是也；若不能當而分爲前後，此楚之三軍所以爲黥布禽也。」遂進。亮分兵留攻，自逆宣王于上邽。郭淮、費曜等徼亮，亮破之，因大芟刈其麥，與宣王遇于上邽之東，斂兵依險，軍不得交，亮引而還。宣王尋亮至於鹵城。張郃曰：「彼遠來逆我，請戰不得，謂我利在不戰，欲以長計制之也。且祁山知大軍以在近，人情自固，可止屯於此，分爲奇兵，示出其後，不宜進前而不敢偪，坐失民望也。今亮縣軍食少，亦行去矣。」宣王不從，故尋亮。既至，又登山掘營，不肯戰。賈栩、魏平數請戰，因曰：「公畏蜀如虎，奈天下笑何！」宣王病之。諸將咸請戰。五月辛巳，乃使張郃攻無當監何平於南圍，自案中道向亮。亮使魏延、高翔、吴班赴拒，大破之，獲甲首三千級，玄鎧五千領，角弩三千一百張，宣王還保營。

《三國志》卷四二《蜀書・郤正傳》注引 《越絶書》曰：昔越王句踐有寶劍五枚，聞於天下。客有能相劍者名薛燭，王召而問之：「吾有寶劍五，請以示子。」乃取豪曹、巨闕，薛燭曰：「皆非也。」又取純鈎、湛盧，燭曰：「觀其劍鈔，爛爛如列宿之行，觀其光，渾渾如水之將溢于塘，觀其文，涣涣如冰將釋，此所謂純鈎邪？」王曰：「是也。」王曰：「客有直之者，有市之鄉三，駿馬千匹，千户之都二，可乎？」薛燭曰：「不可。當造此劍之時，赤堇之山破而出錫，若邪之谿涸而出銅，雨師掃灑，雷公擊鼓，太一下觀，天精下之，歐冶乃因天之精，悉其伎巧，一曰純鈎，二曰湛盧。今赤堇之山已合，若邪之谿深而不測，歐冶子已死，雖傾城量金，珠玉竭河，猶不得此一物。有市之鄉三，駿馬千匹，千户之都二，亦何足言與！」

《三國志》卷五二《吴書・張昭傳》 昭弟子奮年二十，造作攻城大攻車，爲步騭所薦。昭不願曰：「汝年尚少，何爲自委於軍旅乎？」奮對曰：「昔童汪死難，子奇治阿，奮實不才耳，於年不爲少也。」遂領兵爲將軍，連有功效，至(平州)〔平州〕都督，封樂鄉亭侯。

《三國志》卷六四《吴書・諸葛恪傳》 恪以丹楊山險，民多果勁，雖前發兵，徒得外縣平民而已，其餘深遠，莫能禽盡，屢自求乞爲官出之，三年可得甲士四萬。衆議咸以丹楊地勢險阻，與吴郡、會稽、新都、鄱陽四郡鄰接，周旋數千里，山谷萬重，其幽邃民人，未嘗入城邑，對長吏，皆仗兵野逸，白首於林莽。逋亡宿惡，咸共逃竄。山出銅鐵，自鑄甲兵。俗好武習戰，高尚氣力，其升山赴險，抵突叢棘，若魚之走淵，猨狖之騰木也。時觀間隙，出爲寇盗，每致兵征伐，尋其窟藏。其戰則蠭至，敗則鳥竄，自前世以來，不能羈也。皆以爲難。恪父瑾聞之，亦以事終不逮，歎曰：「恪不大興吾家，將大赤吾族也。」恪盛陳其必捷。權拜恪撫越將軍，領丹楊太守，授棨戟武騎三百。拜畢，命恪備威儀，作鼓吹，導引歸家，時年三十二。

錢儀吉《三國會要》卷二九《民政二・貢獻歸附》 〔景元〕三年，遼東郡言：肅慎國遣使重譯入貢，獻楛矢、石砮。弓三十張，長三尺五寸；楛矢長一尺八寸；石砮三百枚。《晉書》：詔歸於相府，購其王傉檀錦罽緜帛。〔楊〕

《晉書》卷二七《五行志上》 惠帝元康五年閏月庚寅，武庫火。張華疑有亂，先命固守，然後救火。是以累代異寶，王莽頭，孔子屐，漢高祖斷白蛇劍及二百萬人器械，一時蕩盡。是後愍懷太子見殺之罰也。天戒若曰，夫設險擊柝，所以固其國，儲積戎器，所以戒不虞。今冢嗣將傾，社稷將泯，禁兵無所復施，皇旅又將誰衛。帝后不悟，終喪四海，是其應也。張華、閻纂皆曰，武庫火而氐羌反，太子見廢，則四海可知。」

《晉書》卷一三〇《赫連勃勃載記》 勃勃以爲忠，故委以營繕之任。又造五兵之器，精鋭尤甚。既成呈之，工匠必有死者：射甲不入即斬弓人；如其入也，便斬鎧匠。又造百鍊剛刀，爲龍雀大環，號曰「大夏龍雀」，銘其背曰：「古之利器，吴楚湛盧。大夏龍雀，名冠神都。可以懷遠，可以柔逋。如風靡草，威服九區。」世甚珍之。

《魏書》卷二《太祖紀》〔天賜元年〕五月，置山東諸冶，發州郡徒謫造兵甲。

《魏書》卷四五《辛紹先傳》 諸州豪右，在山鼓鑄，姦黨多依之，又得密造兵仗，亦請破罷諸冶。朝廷善而從之。

《周書》卷一八《王思政傳》 東魏太尉高嶽、行臺慕容紹宗、儀同劉豐生等，率步騎十萬來攻潁川。城内卧鼓偃旗，若無人者。嶽恃其衆，謂一戰可屠，乃四面鼓譟而上。思政選城中驍勇，開門出突。嶽衆不敢當，引軍亂退。嶽知不可卒攻，乃多修營壘。又隨地勢高處，築土山以臨城中。飛梯火車，晝夜攻之。思政亦作火䂬，因迅風便投之土山。又以火箭射之，燒其攻具。仍募勇士，縋而出戰。嶽衆披靡，其守土山人亦棄山而走。齊文襄更益嶽兵，堰洧水以灌城。城中水泉涌溢，不可防止。懸釜而炊，糧力俱竭。慕容紹宗、劉豐生及其將慕容永珍共乘樓船以望城内，令善射者俯射城中。俄而大風暴起，船乃飄至城下。城上人以長鈎牽船，弓弩亂發。紹宗窮急，投水而死。豐生浮向土山，復中矢而斃。生擒永珍。思政謂之曰：「僕之破亡，在於晷漏。誠知殺卿無益，然人臣之節，守之以死。」乃流涕斬之。

《宋書》卷一《武帝紀上》〔永嘉六年七月庚申〕公還東府，大治水軍，皆大艦重樓，高者十餘丈。【略】

〔永嘉六年十二月〕公歡笑曰：「往年覆舟之戰，幡竿亦折，今者復然，賊必破矣。」即攻柵而進。循兵雖殊死戰，弗能禁。諸軍乘勝奔之，循單舸走。所殺及投水死，凡萬餘人。

《南史》卷一《宋本紀上》〔義熙五年〕 十月，張綱修攻具成，設飛樓縣梯，木幔板屋，冠以牛皮，弓矢無所用之。劉毅遣上黨太守趙恢以千餘人來援，帝夜潛遣軍會之。明旦，恢衆五千，方道而進，每晉使將到，輒復如之。

《南史》卷五《齊本紀下》 羣小以陳顯達下數日便敗，崔慧景圍城正得十日，及蕭衍師至，亦謂爲然。裹糧食、樵芻，凡所須物，爲百日備。帝謂茹法珍曰：「須來至白門前，當一決。」及至近郊，乃聚兵爲固守計，召王侯分置尚書都坐及殿省。尚書舊事，悉充紙鎧。

《南史》卷八〇《賊臣·侯景傳》 景又攻東府城，設百尺樓車，鉤城堞盡落。城陷，景使其儀同盧暉略率數千人持長刀夾城門，悉驅城内文武倮身而出，使交兵殺之，死者三千餘人。【略】

〔太清二年〕十二月，景造諸攻具及飛樓、橦車、登城車、鉤堞車、階道車、火車，並高數丈，車至二十輪，陳於闕前，百道攻城。以火車焚城東南隅大樓，因火勢以攻城。城上縱火，悉焚其攻具，賊乃退。是時，景土山成，城内土山亦成。以太府卿韋黯守西土山，左衛將軍柳津守東土山。山起芙蓉層樓，高四丈，飾以錦罽，捍以烏笙，山峯相近。募敢死士，厚衣袍鎧，名曰「僧騰客」，配二山，交矟以戰。鼓叫沸騰，昏旦不息。土山攻戰既苦，人不堪命，柳津命作地道，毁外山，擲雉尾炬燒其櫓堞。外山崩，壓賊且盡。賊又作蝦蟆車，運土石填塹，戰士升之樓車，四面並至。城内飛石碎其車，賊死積於城下。賊又掘城東南角，城内作迂城形如却月以捍之，賊乃退。

《梁書》卷五六《侯景傳》〔太清二年〕十二月，景造諸攻具及飛樓、橦車、登城車、鉤堞車、階道車、火車，並高數丈，一車至二十輪，陳於闕前，百道攻城並用焉。以火車焚城東南隅大樓，賊因火勢以攻城，城上縱火，悉焚其攻具，賊乃退。又築土山以逼城，城内作地道以引其土山，賊又不能立，焚其攻具，還入于柵。材官將軍宋嶷降賊，因爲立計，引玄武湖水灌臺城，城外水起數尺，闕前御街並爲洪波矣。又燒南岸民居營寺，莫不咸盡。

《舊唐書》卷九《玄宗紀下》〔天寶十年〕 丙辰，京城武庫災，燒器械四十七萬事。

李冗《獨異志》卷上 王濬伐吴，於蜀江造戰艦，長二百四十步，上起走馬樓。舟船之盛，自古莫比。

王溥《唐會要》卷七二《軍雜録》 永徽元年四月敕：「衛士、掌閑、募士遭喪，合期年上者，宜聽終制三年。」

開元十三年四月二十一日敕：「四軍槍矟，左飛騎用緑紛，右飛騎緋紛，左萬騎紅紛，右萬騎碧紛。」

十五年二月三日敕「諸軍不得奏置參謀軍事」。

天寶八載五月十八日，於開遠門外作振旅亭，以待兵回。

九載七月五日，諸衛應隊仗所用緋色旗旛等，並改爲赤黃，以符土運。其諸節度使亦准此。

十一載八月十一日，改諸衛士爲武士。

十四載十一月二十七日，於京師召募十萬衆，號曰「天武健兒」。

天寶末，天子以中原太平，修文教，廢武備，銷鋒鏑，以弱天下豪傑。於是挾軍器者有辟，蓄圖讖者有誅，習弓矢者有罪。不肖子弟爲武官者，父兄擯之不齒。惟邊州置重兵，中原乃包其戈甲，示不復用，人至老不聞戰聲。六軍諸衛之士，皆市人白徒。富者販繒綵，食粱肉，壯者角抵拔河，翹木扛鐵，日以寢鬬，有事乃股慄不能授甲。其後盜乘而反，非不幸也。

廣德二年三月，禁王公百吏家及百姓，著皁衫及壓耳帽子，異諸軍官健也。

永泰二年正月勅：「諸王駙馬不得參掌禁兵，見任官者，並令改職。」

大曆二年二月二日勅：「皇五等已上親，不許與軍將婚姻。駙馬、郡主壻，不許與軍將交游。」

十年正月詔：「諸道軍甲，每年秋末冬首一申，春夏不須申。其官健逃亡，非承正制勅，不得輒召募。」

十二年十月，禁京畿持兵器捕獵。

建中四年四月，初令京師募兵，以神策使白志貞爲之使，又故節度觀察使武將家，出僮馬，具戎裝從軍。自是京師人心震摇，不保家室。

貞元元年六月詔：「槍甲之屬，不蓄私家。」

四年三月，自武德東門築垣，約左藏庫之北，屬於宮城東城垣，於是武庫入而廢焉，其器械隸於軍器使。

元和元年三月勅：「京城内無故有人於街衢中帶戎仗及聚射，委吏執送府縣科決。其諸軍諸使，禁身奏取進止。」

其年六月十三日勅：「單身百姓，父年七十以上，及無父其母年六十以上，並不得差征鎮。」

六年三月，京兆尹王播奏：「諸縣軍鎮放牧人等，不得帶弓箭刀劍器仗。」從之。

大和元年十一月勅：「如聞京城百户，多於坊曲習射，宜令禁斷。其諸軍諸使，各仰有司自差人覺察。」

開成元年正月勅：「坊市百姓，甚多著緋皁開後襖子，假託軍司。自今以後，宜令禁斷。」

其年三月，皇城留守奏：「城内諸司衛，所管羽儀法物數内，有陌刀利器等。伏以臣所管地，俯近宮闕，兼有倉庫，法駕羽儀，分投務繁，守捉人少。前件司衛，皆有刀槍防虞，所管將健，並無寸刃。其諸司衛所有陌刀利器等，伏請納在軍器使。如本司要立仗行事，請給儀刀，庶無他患。」勅旨：「宜令送納軍器使，令别造儀刀等充替。」

大中六年九月勅：「京兆府奏，條流坊市諸車坊、客院，不許置弓箭長刀，如先有者，並勒納官。百姓所納到弓箭長刀等，府縣不合收貯，宜令旋納弓箭庫。仍委司府切加覺察，所守等不得輒有藏隱。」

《吐魯番出土文書》第七册《唐咸亨五年（公元六七四年）張君君領當隊器仗、甲弩、弓、陌刀等抄》　前付官器文，甲弩、弓、陌刀□等抄，張君君遺失，其物見在。竹武秀隊佐史玄政等本隊將行，後若得真抄，宜令對面毁破。

爲人無信，抄畫爲驗。咸亨五三月十八日張君君記

當隊六駝馱馬□□永駝

（後缺）

《吐魯番出土文書》第八册《唐某府衛士王懷智等軍器簿》　（前缺）

王懷智

弓一并袋　刀一口　胡禄箭卅隻

□

□袋　刀一口　胡禄箭卅隻　□

□

□　刀一口　□

（後缺）

《宋史》卷一《太祖紀一》（建隆二年）二月丙寅，幸飛山營閲礮車。

《宋史》卷三一《高宗紀八》（紹興二十六年三月）丁卯，蠲閩、浙諸州歲供軍器所物料三之一，減諸州工匠千人。

秋七月辛丑，詔三衙主帥舉武臣堪知州者。壬寅，蠲諸路丁絹一年爲二十四萬匹。

劉敬叔《異苑》卷四　劉曜隱居管涔之山，夜中忽有一童子入，跪曰：「管涔王使小臣奉謁趙皇帝，獻劍一口。」置前再拜而去。以燭視之，劍長二尺，光澤非常，赤玉爲飾，背有銘云：「神劍服，御除衆毒。」

陶穀《清異録》卷下　宣武廳子都尤勇悍，其弩張一大機，則十二小機皆發，

用連珠大箭，無遠不及，晉人極畏此。文士戲呼爲急龍車。

文瑩《玉壺清話》卷五　李士衡少時，一俠者遺一劍，屬之曰：「君他日發迹在於劍，記之。」後爲秘書丞，知劍州。王均亂成都，陷漢州，進攻綿不下，因趨劍門。士衡預度寇至，城必不能守，徙金帛居民保劍關，焚其倉庫，厚募軍卒之流勇者，得數千人。賊果大至，公與監兵裴臻據關擊之。倉廩既焚，數夕大冰雪，均衆食敗糟木皮。臻與再戰，斬凍餒者三千級，墮壑者無算。賊宵遁，保益州。馳奏既上，除士衡度支員外郎，臻崇儀使。公果因劍發迹，以至貴顯。逮卒，劍亦失之。

沈括《夢溪筆談》卷三《辯證一》　鈞石之石，五權之名，石重百二十斤。後人以一斛爲一石，自漢已如此，「飲酒一石不亂」是也。挽蹶弓弩，古人以鈞石率之；今人乃以粳米一斛之重爲一石，凡石者以九十二斤半爲法，乃漢秤三百四十一斤也。今之武卒蹶弩，有及九石者，計其力，乃古之二十五石，比魏之武卒，人當二人有餘；弓有挽三石者，乃古之三十四鈞，比顔高之弓，人當五人有餘。此皆近歲教養所成。以至擊刺馳射，皆盡夷夏之術，器仗鎧冑，極今古之工巧。武備之盛，前世未有其比。

沈括《夢溪筆談》卷一九《器用》　古法以牛革爲矢服，卧則以爲枕，取其中虚，附地枕之，數里内有人、馬聲則皆聞之。蓋虚能納聲也。

鄆州發地，得一銅弩機，甚大，製作極工。其側有刻文曰：「臂師虞士耳師張柔。」史傳無此色目人，不知何代物也。

熙寧中，李定獻偏架弩，似弓而施榦鐙。以鐙距地而張之，射三百步，能洞重扎，謂之「神臂弓」，最爲利器。李定本党項羌酋，自投歸朝廷，官至防團而死。諸子皆以驍勇雄於西邊。

熙寧中，李定獻偏架弩，似弓而施幹鐙。以鐙距地而張之，射三百步，能洞重札，謂之「神臂弓」，最爲利器。李定本党項羌酋，自投歸朝廷，官至防團而死，諸子皆以驍勇雄於西邊。

古劍有「沈盧」「魚腸」之名。「沈盧」謂其湛湛然黑色也。古人以劑鋼爲刃，柔鐵爲莖幹，不爾則多斷折。劍之鋼者，刃多毁缺，「巨闕」是也，故不可純用劑鋼。「魚腸」即今蟠鋼劍也，又謂之「松文」。取諸魚燔熟，褫去脅，視見其腸，正如今之蟠鋼劍文也。【略】

余頃年在海州，人家穿地得一弩機，其望山甚長，望山之側爲小矩，如尺之有分寸。原其意，以目注鏃端，以望山之度擬之，准其高下，正用筭家句股法也。太甲曰：「往省括于度則釋。」疑此乃度也。漢陳王寵善弩射，一（十）發十中，中皆同處。其法以天覆地載參連爲奇，三微三小，三微爲經，三小爲緯，要在機牙。其言隱晦難曉。大意天覆地載，前後手勢耳；參連爲奇，謂以度視鏃，以鏃視的，參連如衡，此正是勾股度高深之術也。三經三緯，則設之於堋，以誌其高下左右耳。余嘗設三經三緯，以鏃注之，發矢亦十得七八。設度于機，定加密矣。

葉廷珪《海録碎事》卷二〇《武部・弓矢門》　竹弦弓附國即漢之西夷也，用弓長六尺，以竹爲弦。

角端弓　鮮卑出原羊，角端牛，以角爲弓，所爲角端弓者也。郭璞注：《爾雅》原羊似吴羊而角大。《漢書音義》曰：角端似牛可爲弓。【略】

婁矢　挹婁國弓，長四尺如弩。矢用楛，長八寸，亦名爲鏃。肅慎之國也。《魏志》。

范成大《桂海虞衡志・志蠻・瑶》　弩名偏架弩。隨跳躍中，以一足蹶張，背手傅矢，往往命中。鎗名掉鎗。長二丈餘，徒以護弩，不恃以取勝。戰則一弩一鎗，相將而前。執鎗者前却不常，以衛弩。執弩者口銜刀，而手射人。敵或冒刃逼之，鎗無所施，弩人釋弩，取口中刀，奮擊以救。度險整其行列，退去必有伏弩。土軍弓手輩與之角技藝，争地利，往往不能決勝也。

樂有盧沙、銃鼓、胡盧笙、竹笛之屬。其合樂時，衆音竟鬨，擊竹筩以爲節，團圞，跳躍，叫咏以相之。

李燾《續資治通鑑長編》卷一三七《仁宗慶曆二年》〔七月〕　甲寅，賜南北作坊、弓弩院造軍器工匠緡錢。

李燾《續資治通鑑長編》卷二四八《神宗熙寧六年》〔十一月丙午〕　詔軍器監以殿前馬軍司所相度鞍轡樣，計在京諸軍馬數造給。初，馬軍用大鞍，不便野戰，至是，上始以邊樣皮韉小鞍，用木鞍長韂，回旋轉射，得盡馳驟之技。仍選邊人習騎者隸諸軍。後上批：「昨降鞍樣，慮數多計置未集，聞諸軍亦有私鞍，大約及新樣，若能自置，即給價錢。」志有此，六月二十七日，可考。

李燾《續資治通鑑長編》卷二九五《神宗元豐元年》〔十二月戊申〕　樞密院言：「軍器監言河東路編排九軍會軍器，當造竹長團排一千六百餘面，緣工匠並造河北三州并鄜延路排，别無作匠，乞抽刷匠二百人應副，仍候造三州并鄜延排了日併手製造。」詔軍器監：「馬軍團排止依見造竹排樣，步兵長排依今年正月所降樣，許刷廂軍百人，餘依所申。」

李埴《皇宋十朝綱要》卷一〇元豐八年〔三月〕 辛丑，罷皇城邏卒，放開壕役夫及造軍器。

吴自牧《夢粱録》卷一〇《帥司節制軍馬》 浙西安撫司節制殿步兩司軍校，雖係帥司節制，元無統屬，遇有速欲調遣及救撲烟焰，須伺朝旨調遣，常不及事，遂請於朝省得旨，行下殿步兩司，各差官兵千人，各委統制官二員，帶行正任兵馬鈐轄都監，及添差兵馬鈐轄副都監職任，於城内四壁置隅，以備調遣。復請朝堂，欲再於殿步二司差軍兵分任城外四壁防虞之責，遂行下各司再選精軍三百人，各以統制官二員，仍帶本州鈐轄路分之職分任也。并照城内四壁約束，俱隸帥司節制。自後兩浙運司申朝得旨，令分官城内外四壁軍民通行節制，以便救撲。且如防虞器具、桶索旗號、斧鋸燈籠、火背心等器具，俱是官司給支官錢措置，一一俱備。遇有救撲，百司官吏，俱整隊伍，急行奔馳駐紮遺漏地方，聽行調遣，不勞百姓餘力，便可撲滅。如宰執帥漕殿步帥臣間到地面指揮救撲，百司官吏亦各詣所隸官司守局以備不測。其修内司搭材等兵級，亦同内侍分頭救滅。或火勢侵及官舍戚里之家，及焰燼畏威有傷百姓屋廬，内庭累令天使馭馬，傳宣諸司帥臣，速令將佐兵士撲滅，毋致違慢，如有違誤，定行軍法治之。帥漕二司遇行救撲，官舍錢買水澆滅，富室豪户亦喝錢助役。軍士盡力撲滅，不致疏虞。若救火軍卒重傷者，所司差官相視傷處，支給犒費，差醫診治。

楊瑀《山居新語》 王衍以銅錢爲阿睹物，顧長康畫神指眼爲阿睹中，二説於理未通。今北方人凡指此物皆曰阿的，即阿睹之説明矣。余嘗見周草窗家藏徽宗在五國城寫歸御批數十紙，中間有云：「可付體己人者。」即今之所謂梯己人，因方言之訛，書手之誤無疑。

江西吕道山師夔，至元間分析家私作十四分，本家十分，朝廷一分，省官一分，尊長吕平章文焕一分，親戚館客一分，每分金二萬兩、銀十萬兩、玉帶十八條、玉器百餘件、布二十萬匹、膽礬五瓮。只此是江州府庫，見管鄂州他處者又不預焉。以此觀之，石崇又何足數也？【略】

至正十五年，浙西科鵝翎爲箭羽，督責甚急，一羽賣三錢，後至五錢者。且以集慶一處言之，比年杭州一運解一百六十萬根，共發三運，本路止有匠人二十名，日造箭八百只，該用翎一千六百根，周歲用翎五十七萬六千根，如此則一運可供三年。蓋此物經過歷蒸，皆成無用。然而催運不已，本路自科者可勝言哉！儻肯計會而索之，則民無害矣。宋王濟爲龍溪主簿時，調福建輸鶴翎爲箭羽。鶴非常有物，有司督責急，一羽至直百錢，民甚急之。濟諭民取鵝翎代輸，仍驛奏其事，因詔旁郡悉如濟所陳。淳化五年詔曰：「作坊工官造弓弩用牛筋，歲取於民，吏督甚急，或殺耕牛供官，非務農重穀之意。自今後，官造弓弩，其從理用牛筋悉以羊馬筋代之。」皆載之史策。

《明史》卷九二《兵志四》 明置兵仗、軍器二局，分造火器。號將軍者自大至五。又有奪門將軍大小二樣、神機礮、襄陽礮、盞口礮、椀口礮、旋風礮、流星礮、虎尾礮、石榴礮、龍虎礮、毒火飛礮、連珠佛郎機礮、信礮、神礮、礮裏礮、十眼銅礮、三出連珠礮、百出先鋒礮、鐵捧雷飛礮、火獸布地雷礮、椀口銅鐵銃、手把銅鐵銃、神銃、斬馬銃、一窩鋒神機箭銃、大中小佛郎機銅銃、佛郎機鐵銃、木廂銅銃、筋繳樺皮鐵銃、無敵手銃、鳥嘴銃、七眼銅銃、千里銃、四眼鐵鎗、各號雙頭鐵鎗、夾把鐵手鎗、快鎗以及火車、火傘、九龍筒之屬，凡數十種。正德、嘉靖間造最多。又各邊自造，自正統十四年四川始。其他刀牌、弓箭、槍弩、狼筅、蒺藜、甲冑、戰襖，在内有兵仗、軍器、鍼工、鞍轡諸局，屬内庫，掌於中官；在外有盔甲廠，屬兵部，掌以郎官。京省諸司衛所，又俱有雜造局。軍資器械名目繁夥，不具載，惟火器前代所少，故特詳焉。

中原用車戰，而東南利舟楫，二者於兵事爲最要。自騎兵起，車制漸廢。洪武五年造獨轅車，北平、山東千輛，山西、河南八百輛。永樂八年北征，用武剛車三萬輛，皆惟以供餽運。

至正統十二年始從總兵官朱冕議，用火車備戰。自是言車戰者相繼。十四年，給事中李侃請以贏車千輛，鐵索聯絡，騎卒處中，每車翼以刀牌手五人，賊犯陣，刀牌手擊之，賊退則開索縱騎。帝命造成祭而後用。下車式於邊境，用七馬駕。寧夏多溝塹，總兵官張泰請用獨馬小車，時以爲便。箭工周四章言，神機鎗一發難繼，請以車載鎗二十，箭六百，車首置五鎗架，一人推，二人扶，一人執爨。試可，乃造。

景泰元年，定襄伯郭登請倣古制爲偏箱車。轅長丈三尺，闊九尺，高七尺五寸，箱用薄板，置銃。出則左右相連，前後相接，鈎還牽互。車載衣糧、器械并鹿角二。屯處，十五步外設爲藩。每車鎗礮、弓弩、刀牌甲士共十人，無事輪番推挽。外以長車二十，載大小將軍銃，每方五輛，轉輪樵採，皆在圍中。又用四輪車一，列五色旗，視敵指揮。廷議此可以守，難於攻戰，命登酌行。蘭州守備李進請造獨輪小車，上施皮屋，前用木板，畫獸面，鑿口，置椀口銃四，鎗四，神機箭十四，樹旗一。行爲陣，止爲營。二年，吏部郎中李賢請造戰車，長丈五尺，高六尺四寸，四圍箱板，穴孔置銃，上闢小牕，每車前後占地五步。以千輛計，四方可十六里，芻糧、器械輜重咸取給焉。帝令亟行。

成化二年從郭登言，製軍隊小車。每隊六輛，輛九人，二人挽，七人番代，車前置牌畫猊首，遠望若城壘然。八年，寧都諸生何京上禦敵車式，上施鐵網，網穴發鎗弩，行則斂之。五十車爲一隊，用士三百七十五人。十二年，左都御史李賓請造偏箱車，與鹿角參用。兵部尚書項忠請驗閱，以登高涉險不便，已之。十三年從甘肅總兵官王璽奏，造雷火車，中立樞軸，旋轉發礮。二十年，宣大總督余子俊以車五百輛爲一軍，每輛卒十人，車隙補以鹿角。既成，而遲重不可用，時人謂之鵰鵠軍。

駐治十五年，陝西總制秦紘請用隻輪車，名曰全勝，長丈四尺，上下共六人，可衝敵陣。十六年，閒住知府范吉獻先鋒霹靂車。

嘉靖十一年，南京給事中王希文請倣郭固、韓琦之制，造車，前鋭後方，上置七鎗，爲櫓三層，各置九牛神弩，傍翼以卒。行載甲兵，止爲營陣。下邊鎮酌行。十五年，總制劉天和復言全勝車之便，而稍爲損益，用四人推挽，所載火器、弓弩、刀牌以百五十斤爲準。箱前畫狻猊，旁列虎盾以護騎士。命從其制。四十三年，有司奏准，京營教演兵車，共四千輛，每輛步卒五人，神鎗、夾靶鎗各二。自正統以來，言車戰者如此，然未嘗一當敵。

至隆慶中，戚繼光守薊門，奏練兵車七營：以東西路副總兵及撫督標共四營，分駐建昌、遵化、石匣、密雲；薊、遼總兵二營，駐三屯；昌平總兵一營，駐昌平。每營重車百五十有六，輕車加百，步兵四千，騎兵三千。十二路二千里間，車騎相兼，可禦敵數萬。穆宗韙之，命給造費。然特以遏衝突，施火器，亦未嘗以戰也。是後，遼東巡撫魏學曾請設戰車營，倣偏箱之制，上設佛郎機二，下置雷飛礮、快鎗六，每車步卒二十五人。萬曆末，經略熊廷弼請造雙輪戰車，每車火礮二，翼以十卒，皆持火鎗。天啓中，直隸巡按御史易應昌進户部主事曹履吉所製鋼輪車、小衝車等式，以禦敵，皆罕得其用。大約邊地險阻，不利車戰。而舟楫之用，則東南所宜。

舟之制，江海各異。太祖於新江口設船四百。永樂初，命福建都司造海船百三十七，又命江、楚、兩浙及鎮江諸府衛造海風船。成化初，濟川衛楊渠獻《槳舟圖》，皆江舟也。

海舟以舟山之烏槽爲首。福船耐風濤，且禦火。浙之十裝標號軟風、蒼山，亦利追逐。廣東船，鐵栗木爲之，視福船尤巨而堅。其利用者二，可發佛郎機，可擲火毬。大福船亦然，能容百人。底尖上闊，首昂尾高，柁樓三重，帆桅二，傍護以板，上設木女牆及礮牀。中爲四層：最下實土石；次寢息所；次左右六門，中置水櫃，揚帆炊爨皆在是；最上如露臺，穴梯而登，傍設翼板，可憑以戰。矢石火器皆俯發，可順風行。海蒼視福船稍小。開浪船能容三五十人，頭鋭，四槳一櫓，其行如飛，不拘風潮順逆。艟䑨船視海蒼又小。蒼山船首尾皆闊，帆櫓並用。櫓設船傍近後，每傍五枝，每枝五跳，跳二人，以板閘跳上，露首於外。其制上下三層，下實土石，上爲戰場，中寢處。其張帆下椗，皆在上層。戚繼光云：「倭舟甚小，一入裏海，大福、海蒼不能入，必用蒼船逐之，衝敵便捷，温人謂之蒼山鐵也。」沙、鷹二船，相胥成用。沙船可接戰，然無翼蔽。鷹船兩端鋭，進退如飛。傍釘大茅竹，竹間牕可發銃箭，牕内舷外隱人以盪槳。先駕此入賊隊，沙船隨進，短兵接戰，無不勝。漁船至小，每舟三人，一執布帆，一執槳，一執鳥嘴銃。隨波上下，可掩賊不備。網梭船，定海、臨海、象山俱有之，形如梭。竹桅布帆，僅容二三人，遇風濤輒舁入山麓，可哨探。蜈蚣船，象形也，能駕佛朗機銃，底尖面闊，兩傍楫數十，行如飛。兩頭船，旋轉在舵，因風四馳，諸船無踰其速。蓋自嘉靖以來，東南日備倭，故海舟之制，特詳備云。

《明太祖實録》卷一一八 〔洪武十一年五月丙子〕敕工部臣曰：「自古聖王之御天下，武功者定，則修文教，而亦不忘武備也。今海寧乂安，生民樂業，宴安鴆毒，古人所戒，克詰戎兵，王者當務爾。工部其以歲造軍器之數著爲令。」於是工部定天下歲造軍器之數：甲胄之屬，一萬三千四百六十五；馬、步軍刀，二萬一千；弓，三萬五千一十；矢，一百七十二萬。浙江、江西二布政使司各：甲胄，二千；馬、步軍刀，二千；弓，六千。湖廣布政使司：甲胄，八百五十；馬、步軍刀，一千；弓，一千五百；矢，二十萬。廣東布政使司：甲胄，六百；馬、步軍刀，三千；弓，一千。廣西布政使司：甲胄，六百；馬、步軍刀，二千；弓，一千；矢，一十五萬。河南布政使司：甲胄，五百；弓，一千；矢，一十四萬。福建布政使司：甲胄，一千六百；馬、步軍刀，二千；弓，四千；矢，三十萬。山東布政使司：甲胄，六百；弓，一千五百。山西布政使司：甲胄，五百；弓，一千。北平布政使司：甲胄，一千；弓，五千二百一十二。直隸湖州府：甲胄，二百五十；步軍刀，一千；弓，七百；矢，一十萬。松江府：甲胄，三百；步軍刀，一千；弓，八百；矢，一十萬。嘉興府：甲冑，二百五十；馬、步軍刀，一千；弓，八百；矢，一十萬。蘇州府：甲冑，三百；步軍刀，一千；弓，八百；矢，一十萬。太平府：甲冑，一百五十；步軍刀，五百；弓，〇三百；矢，五萬。徽州府：甲冑，二百；步軍刀，一千；弓，一千；矢，一十萬。廣德州：甲冑，一百；步軍刀，四百；矢，三萬。鎮江府：甲冑，二百；馬軍刀，六百；弓，七百六十；矢，一十萬。寧國府：甲冑，三百；步軍刀，一千；弓，七百；矢，一十萬。廬州府：甲冑，一百五十；步軍刀，二百八十八；矢，五萬。淮安府：甲冑，三百；步軍刀，五百；弓，三百；矢，一十萬。揚州府：甲冑，二百二十；弓，二百。安慶府：甲冑，一百四十五；步軍刀，六百。常州府：甲冑，二百；弓，一百五十。池州府：甲冑，一百五十。

明刊本《諸司職掌·虞部·軍器軍裝》 凡軍器，專設軍器局。軍裝設針工局，鞍轡設鞍轡局。掌管時常整點，若有缺少件數，隨即行下本局，筭計物料，委官監督，定立工程，如法造完，差人進赴內府該庫收貯。如遇軍職衙門關支，仍須計較可否，果係應合關人數，即便奏聞，照依軍法定律支給。如係舊管征差軍士不應關給者，行移駁問馬鞍，務要查勘本軍先前曾無關過，或轉納何處，要見明白，纔方放支，不許含糊，一槩支給。若直隸及各布政司呈禀成造，亦須定奪具奏，行下依式造完明白支撥。仍拘收原關舊損件數，入官修理。若各處有司歲造之數起解到部，務要辨驗堪中，行下該庫交收。如有不堪者，就將原經手人員取問。其軍裝衣鞋別無定例，若有奉旨給賞，臨期下庫支給。

軍法定律每一百户：

銃手一十名，刀牌手二十名，

弓箭手三十名，鎗手四十名。

軍器局造：

二意角弓，交趾弓，

黑漆鈚子箭，有蠟弓弦，

無蠟弓弦，魚肚鎗頭，

蘆葉鎗頭，馬軍鷹翎刀，

步軍腰刀，將軍刀，

馬軍叉，紅油團牌，

水磨鐵帽，水磨頭盔，

水磨鎖子護項頭盔，紅漆齊腰甲，

水磨齊腰鋼甲，水磨柳葉鋼甲，

水銀摩挲長身甲，併鎗馬赤甲，

針工局造：

長胖襖，袓衩袴。

鞍轡局造：

鞍，轡，鞭。

《明英宗實録》卷三三 （正統二年八月乙亥丙子）給陝西綏德衛弓箭弦四萬八百，靖虜衛六萬四千九百，山西沿邊官軍九萬六千。又給甘州衛硫黄三百斤，今備造火器。

《明英宗實録》卷八五 （正統六年十一月甲午）減浙江金華、台州二府歲造兵器。先是，浙江左布政使黄澤言：「洪武間金華府七縣，户口二十五萬六千有奇，歲造弓二千，弦一萬，箭萬八千餘。台州府四縣，户口一十八萬八千有奇，歲造弓一千四百，弦七千二百，箭一萬三千餘。自宣德迨今，户口金華已耗五之二，台州止存三之一。而歲造之數如舊，民實不堪。乞勑該部如例減省，以甦民困。」至是，工部覈實以聞，乃命減之。

黄瑜《雙槐歲鈔》卷八《河套墩臺》 凡墩臺，每座基各闊三丈、高三丈，對角懸樓二座，長闊各六尺，空内挑壕塹闊一丈五尺、深一丈。依界石一帶，隨其山勢彎曲，鏟削如城，高二丈五尺。川口去處，兩傍俱築大墩，撥軍防守。虜既出套，乃東起清水營之紫城寨，西至寧夏之花馬池，延蔓幾二千里，每二三里間爲對角敵臺崖寨，連比不絶。於其空處築邊牆者二，横一斜一，如新月狀，以偵敵、避射。凡爲堡十二，崖寨八百十九，小墩七十八，大墩十五，凡兩月而功成。

劉效祖《四鎮三關志》卷三《軍旅考》 薊鎮軍旅

器械

兵器：

盔、甲、腰刀、鐵鎗、團牌、弓、箭。已上俱舊置。

鋭鈀、倭刀、長鎗、狼筅、藤牌、木棍、木神箭。已上俱舊置。

火器：

大將軍、二將軍、三將軍、已上俱欽頒。

無敵大將軍。倣佛郎機制新置甚便。

快鎗、大佛郎機、三眼銃、四眼銃。已上俱舊置。

虎蹲砲、火箭盤鎗、碗口砲、石砲、炸砲、鳥嘴銃、夾鈀銃、火箭、飛鎗、飛刀、飛箭。已上俱新置。

車：

偏箱車、騾駕。輕車、人運。元戎車、騾駕。輜重車、騾駕。無敵大將軍車、火箭車、望車、鼓車。

督府標下：

左營，盔甲六千二百二十副，兵器三萬二千一十二件，火器四十八萬八千一百四件。

右營，盔甲三千八百八十副，兵器三萬四千三百四十六件，火器二十萬一千一百八十三件。

輜重營，盔甲一千六百九十六副，兵器一千六百四十件，火器八百二十四件。

振武營，盔甲二千五百五十四副，兵器一萬五千五百八十件，火器六十九萬三千四十五件。

永勝奇兵營，盔甲七百七十三副，兵器一萬一千五百二十九件，火器四萬四千八百九十五件。

鎮虜奇兵營，盔甲一千四百一十一副，兵器一萬五千七百三十二件，火器七千二百四十一件。

撫院標下

左營，盔甲三千副，兵器九千五百五十四件，火器四十三萬六千七百三件。

右營，盔甲六百一十六副，兵器三千二百一十七件，火器二十三萬二千三百六十四件。

輜重營，盔甲二百四十副，兵器八千一百五十件，火器四萬八千一百六十件。

總兵標下：

中軍營，盔甲七百四十五副，兵器五千二百九十八件。火器。

左營，盔甲二千六百一十三副，兵器三萬三千三百二十三件，火器四十三萬六千九百五十六件。

右營，盔甲二千三百八十二副，兵器三萬五百一十八件，火器四十六萬二千六十四件。

輜重營，盔甲八十副，兵器八百件。

保河營，盔甲三百三十八副，兵器八百五十件，火器三千五十七件。

奇兵營，盔甲三百五十二副，兵器三百四十六件。

各路營：

建昌營，盔甲三千一百九十九副，兵器六萬七千六百七十八件，火器四十四萬八千九百七十六件。

石匣營，盔甲二千一百一十六副，兵器一萬三千四十件，火器一十八萬五千七百二十七件。

山海關營，盔甲一千六百六十副，兵器四千七百七十二件，火器一千三萬九千四百八十四件。

石門寨營，盔甲一千五百四副，兵器二萬二千六百六十六件，火器一十八萬六千四百一十二件。

臺頭營，盔甲一千一百二十八副，兵器二萬三百八十一件，火器二十八萬五千八百三十件。

燕河營，盔甲一千八百八十八副，兵器一萬九千九百五十四件，火器二十一萬四千九百四十八件。

喜峯口營，盔甲三千四百三十三副，兵器一萬二千七百九件，火器四十一萬二千三百九十七件。

太平寨營，盔甲四千三百九十九副，兵器六萬一百六十六件，火器一百七萬六千九百七十八件。

松棚谷營，盔甲五千二百七十四副，兵器三萬四千五百四十八件，火器一百一十萬五千六百四十件。

馬蘭谷營，盔甲六千六百四十八副，兵器一萬四千七百五十件，火器一百一十四萬六千三百七十件。

墻子嶺營，盔甲一千八百八十五副，兵器一萬八千二百九十八件，火器五十七萬八千七百九十八件。

曹家寨營，盔甲三千四百四十五副，兵器二萬一千七百三十六件，火器五十萬三千九百五十八件。

古北口營，盔甲三千一百一副，兵器四萬六千八百五十二件，火器五十七萬六千六百七十九件。

石塘嶺營，盔甲三千三百一十二副，兵器一萬七千一百一十三件，火器一百四萬一千六百七十六件。

督府標下，輜重車八十輛，元戎車一輛，鼓車二輛。

撫院標下，輜重車八十輛，元戎車一輛，鼓車二輛。

鎮府標下，輜重車八十輛，元戎車一輛，鼓車二輛。

振武營，偏箱戰車一百二十八輛，座車三輛，將軍車六輛，火箭車五輛，鼓車二輛。

建昌營，偏箱戰車一百四十四輛，輕車一百二十八輛，元戎車三輛，鼓車二輛，大將軍車六輛，火箭車五輛。

石匣營，偏箱戰車一百二十八輛，座車三輛，將軍車六輛，火箭車五輛，鼓車二輛。

石門寨營，輕戰車六十四輛。

臺頭營，輕戰車六十四輛。

燕河營，輕戰車三十六輛。

太平寨營，輕車八十一輛。

喜峯口營，輕車二十七輛。

保河營，戰車一百二十八輛，座車三輛，大將軍車三輛，火箭車三輛，運藥物車三輛，鼓車二輛。 效祖曰：薊鎮主兵，皆北方之強，其所長者弓矢、機銃不二三器耳。自增南兵戍守，遂增置倭刀、狼筅、党鈀、藤牌，聞在閩越種種稱戎剛，惜虜不來，不得一試其技耳。然寧使吾技不售，毋寧使虜來，虜不來乃邊人受其福，吾技不售，豈亦虜之幸乎。

昌鎮軍旅

器械

兵器：

盔甲、腰刀、鈎鎗、鐵鎗、挨牌、圓牌、弓箭。以上俱舊置。

党鈀、倭刀、長鎗、狼筅、藤牌、木神箭、木棍。以上俱新置。

火器：

大將軍、二將軍、三將軍。以上俱欽頒。

快鎗、神鎗、大神砲、小神砲、大佛朗機、小佛朗機、三眼銃、四眼銃、十眼銃、百出先鋒砲、奪門銃。以上俱舊置。

虎蹲砲、鳥嘴銃、碗口銃、百子銃、連珠砲、石砲、炸砲、夾刀、九龍盤鎗、鐵鞭鎗、火箭盤鎗、子母砲、火箭。以上俱新置。

車：

偏廂車 騾駕望車 元戎車騾駕鼓車

總兵標下：

標兵營，盔甲一千三百五十七副，兵器三千一十件，火器一十三萬七千七百九十件。

昌平營，盔甲二千四百一十一副，兵器三千五百一十六件，火器一十七萬九千三百三十四件。

永安營，盔甲二千九百七十六副，兵器八千九百四十六件，火器三十一萬三千三百三十五件。

各路營：

鞏華營，盔甲一千八百六十二副，兵器三千七百二件，火器一十二萬九千四百五十六件。

居庸營，盔甲三千四百四十三副，兵器六千四百二十六件，火器五十六萬四千八百五十一件。

黃花營，盔甲三千五百三十五副，兵器一萬七千九百九十八件，火器三十萬四千八百六十一件。

橫嶺營，盔甲三千八百九十六副，兵器五千四百七十四件，火器三十三萬五千四百三十八件。

車，議造未完。

效祖曰：庚戌歲，北虜入犯，韋韛毳幕，縱橫昌平道中，大司馬奏遣營將陳燦，率甲士三千人駐東山口擁護陵寢，虜薄其營，燦遂奉首竄，其甲士亦争棄鎧仗走，嗟乎，使臨敵者皆若燦而人，則武庫之儲，秖爲敵人資耳，彼揭竿斬木者之謂何燦，雖詣廷尉聞今得不死。

真保鎮軍旅

器械

兵器：

盔甲、腰刀、弓、箭、邊箭、弩弓、提砲、虎尾稍棍、挨牌、斧、飛雲剷、悶棍、三股乂、鎗、撓鈎、標鎗、連頭棍。

火器：

大將軍、二將軍、三將軍、大小神砲、快鎗、神鎗、大小佛郎機、銃、木神箭、火箭。

車：

雙輪戰車、火箭車、門車、望車、元戎車、鼓車、將軍車。

撫院標下：

奇兵營，盔甲二千四百五十副，兵器三千二百五十件，火器二千六百三十件。

總兵標下：

標兵營，盔甲三千二百七十五副，兵器十三萬七千六百八十四件，火器一千八百四十六件。

保定左營，盔甲一千四百三十二副，兵器四千九百一十八件，火器九百七十二件。

保定車營，盔甲一千五百五十七副，兵器二萬五千五百八十八件，火器一千一百六十八件。

保定忠順營，盔甲一千五百副，兵器四萬七千二百二十八件，火器四萬一百四十二件。

各路營：

紫荆關路，盔甲六千九百二十三副，兵器六萬九千八百三十五件，火器七萬八千六百一十三件。

馬水口路，盔甲七千副，兵器三萬六千一百六十七件，火器四萬六千八百五十四件。

倒馬關路，盔甲七千九百三十六副，兵器八萬三千二百三十四件，火器一萬九千七百七十二件。

龍固關路，盔甲六千六十三副，兵器八萬三百六十三件，火器。

茨溝營，盔甲三千三十副，兵器二萬二千九百五十三件，火器四千七百五十一件。

茂山衛班軍營，盔甲一千二百九十副，兵器二萬五千七百七十件，火器六百七十八件。

沿河口營，盔甲一千二百二十一副，兵器七千八百七十件，火器五千四百一十五件。

大龍門口營，盔甲八百六十一副，兵器五千六百五十六件，火器九千三百二十二件。

金水口營，盔甲三百七十八副，兵器三千三百二十四件，火器一千五百二件。

浮圖峪營，盔甲二千一百五十八副，兵器二萬六百八十六件，火器二萬三千五百三十件。

白石口營，盔甲一千三百二副，兵器九千四百六件，火器一萬三千六百一十件。

烏龍溝營，盔甲四十一副，兵器三千一百二十九件，火器四千一百九十七件。

寧静安營，盔甲三百三十一副，兵器二千六百六十七件，火器五千三百九件。

插箭嶺營，盔甲二千六百三十六副，兵器一萬八千八百三十二件，火器三千四百六十八件。

狼牙口營，盔甲三百四十二副，兵器二千四十五件，火器一千七百八十七件。

龍泉關營，盔甲五百五十九副，兵器一萬一千四百三十八件，火器二千四百八件。

固關營，盔甲五百一十一副，兵器九千九百九十二件，火器四千件。

保定車營，雙輪戰車一百二十輛，門車八輪，火箭車五輪，望車一輛，元戎車三輛，將軍車六輛，鼓車二輛。

真定車營，雙輪戰車一百二十輛，門車八輛，火箭車五輛，望車一輛，元戎車三輛，將軍車六輛，鼓車二輛。

效祖曰：真保爲畿輔近地，自嘉靖中北虜躙浮圖，我兵環□，卒無敢張機向一虜者，則雄芒勁鎩，安能爲有無。雖然，除戎器以戒不虞，古昔重之，惡可因咽以廢食乎。

遼鎮軍旅

器械

兵器：

盔甲、腰刀、弓箭、撒袋、圓牌。以上俱舊置。

明盔、明甲、倭刀、臂手、拐子鎗、長鎗、馬耳鎗、斧、木棍、虎鎗。以上俱新置。

火器：

大將軍、二將軍、三將軍、銅馬砲、銅十眼銃。以上俱欽頒。大把銃、碗口銃、牛角砲、神鎗、大鐵砲、大佛郎機、小佛郎機、快鎗、一把蓮砲。以上俱舊置。九龍砲、連珠砲、神砲、石砲、千里銃、噴鎗、火箭、鳥嘴銃、鉛子、鐵子。以上俱新置。

車：

雙輪戰車、騾駕。勳輪戰車、人運。元戎車、騾駕。鼓車、人運。火箭車、望車。以上俱新置。

總兵標下：

正兵營，盔甲七千八百五十六副，兵器二萬四千六百七十九件，火器二千七百六十七件。

左營，盔甲二千七十副，兵器五千五百五十七件，火器一千一百三十七件。

右營，盔甲一千六百副，兵器四千六百二十件，火器五百件。

各路營：

遼陽營，盔甲一萬二千五百四十七副，兵器四萬五千七百五十九件，火器八千一百五十三件。

開原營，盔甲五千六百三十副，兵器二萬五千七百六十一件，火器四千二百五十八件。

海州營，盔甲二千三百五十二副，兵器一萬五千六百二十五件，火器五千八百二十五件。

寧遠營，盔甲四千八十三副，兵器九千一百六十六件，火器八千一十五件。

險山營，盔甲五千八百二十副，兵器二萬八十一件，火器八百四十五件。

瀋陽營，盔甲六千七百五十副，兵器二萬五千九百四十八件，火器二千一百三十一件。

鎮武營，盔甲二千二百八十七副，兵器九千五百九十六件，火器一千七百九十五件。

正安車營，盔甲四千四百七十三副，兵器一萬四千一百二十七件，火器九千四百一千件。

前屯營，盔甲四千八十三副，兵器一萬二千四百七件，火器六千三百八十九件。

錦州營，盔甲四千一百二十七件，兵器一萬五千六百九十六件，火器三千七件。

金州營，盔甲一千五百五十四副，兵器一萬一千九百四十件，火器一萬一千三百四十四件。

義州營，盔甲三千五百六十九副，兵器一萬二千七百八十九件，火器二千四百六十三件。

中固營，盔甲八百九十九副，兵器三千八百七十四件，火器一千六百五十三件。

鐵嶺營，盔甲一千六百一十四副，兵器一萬一十一件，火器三千六百五十八件。

汎河營，盔甲一千六百四十五副，兵器六千二百一件，火器一千八十三件。

懿路營，盔甲一千五百九十二副，兵器七千九百七十三件，火器一千三百二件。

右屯營，盔甲五百二十三副，兵器一千七百三十九件，火器一千二百一十三件。

標下正兵營，獨輪戰車二百輛，雙輪小車四百輛，元戎車一輛，鼓車二輛。

遼兵營，獨輪戰車二百輛，元戎車一輛，鼓車二輛。

開原營，獨輪戰車二百輛，元戎車一輛，鼓車二輛。

海州營，獨輪戰車二百輛，元戎車一輛，鼓車二輛。

寧遠營，獨輪戰車一百輪。

險山營，獨輪戰車二百輪，元戎車一輛，鼓車二輛。

瀋陽營，獨輪戰車二百輛，元戎車一輛，鼓車二輛。

鎮武營，獨輪戰車二百輛，元戎車一輛，鼓車二輛。

正安車營，雙輪戰車二百二十輛，獨輪戰車三百輛，分發鎮靜堡一百輛，鎮寧、鎮遠、鎮安、鎮邊、鎮夷等堡每堡二十輛。元戎車一輛，鼓車二輛。

前屯營，獨輪戰車一百輛。

錦州營，獨輪戰車三百八十輛，內分發大凌河、松山二所每所四十輛，大茂、大勝、大鎮、大福、大興等堡，每堡二十輛。元戎車一輛，鼓車二輛。

金州營，獨輪戰車二百輛，元戎車一輛，鼓車二輛。

義州營，獨輪戰車三百四十輛，內分發大静、大清、大寧、大平、大庸、大安、大定等堡，每堡二十輛。元戎車一輛，鼓車二輛。

鐵嶺營，獨輪戰車一百輛。

中固營，獨輪戰車一百輛。

汎河營，獨輪戰車一百輛。

懿路營，獨輪戰車一百輛。以上車輛俱萬曆二年，北撫張學顔題造。

效祖曰：遼鎮器大械較諸邊同，而弧矢之利獨稱精絶，乃其人鋒捍亦有力，推挽之往往應弦有決拾之功，夫中國之長技，莫先于火器，弧矢次之，其卒然以短兵相接而二者莫施，則勝敗非余所能逆睹矣。

何士晉《工部廠庫須知》卷六《虞衡司》 議造細藥以定混派之數，查得製藥則例，造鳥迅藥一百斤，應用硝一百六十五斤，黄一十一斤。共造藥一百二十萬斤，合用硝一百九十八萬斤，黄一十三萬二千斤，是十分之硝尚不用一分之黄。近據條例召買額數硝一百五十萬斤，黄五十萬斤，是三分硝即用一分黄矣。近據前任劉員外議題，新額計黄尚多一十八萬五千餘斤，而硝尚虧七十萬八千七百九十五斤半，查藥之迅利，不在黄之多，而在硝之浄，工之密，則一十八萬五千餘斤之黄照估一斤四分筭，該銀七千四百餘金不應裁減乎，然欲增硝七十萬八千餘斤，照估每斤二分五厘筭，該價一萬七千餘兩。雖難輕議，合無即以黄所減七千四百餘兩之銀，增買硝二十九萬七千二百八十二斤，量補硝所虧之數而不必拘足，於製藥之原額似亦節省九千餘金，而硝黄參和適宜兩廠亦不至虚糜矣。因火藥而又查條例之造鉛彈，成造連珠彈，每年二十萬個，夾靶彈每年二十萬個，共四十萬個，前任議題刊書則益連珠彈至四十萬個，夾靶彈至一百六十萬個，數倍溢常額，而工食錢糧不貲，應照條例之舊，而不必於加多亦節省之一也。

朱國禎《湧幢小品》卷一二《兵器》 旗有五等：曰高招，曰角旗，曰門旗，曰督戰麾旗，曰隊旗。

纛有二等：曰牙纛，曰望纛。

盔有二等：曰明盔，曰襯盔。

牌有四等：曰挨牌，曰圓牌，曰藤牌，曰皮牌。

斧有四等：曰鉞斧，曰鑿斧，曰鐵鞭，曰鐵簡。

刀有五等：曰腰刀，曰斬馬刀，曰捍刀，曰眉刀，曰鈎刀。

槍有十等：曰長槍，曰綫槍，曰叉槍，曰看槍，曰蛇槍，曰神槍，曰飛槍，曰火槍，曰戟槍，曰拒馬槍。

錘有五等：曰重，曰卧，曰蒜頭，曰骨朵，曰□□。

棍有五等：曰雙頭，曰悶棍，曰脚棍，曰操鈎，曰狼頭棒。

弓有二等：曰馬，曰步。

弩有三等：曰斗子，曰諸葛，曰俚弩。

石有二等：曰飛，曰藺。

砲雖名十一等，近益增多矣。

武藝十八事：一弓，二弩，三槍，四刀，五劍，六矛，七盾，八斧，九鉞，十戟，十一鞭，十二簡，十三撾，十四殳，十五叉，十六爬頭，十七綿繩套索，十八白打。

白打即手搏之戲，唐莊宗用之賭郡，張敬兒仗以立功，俗謂之打拳，蘇州人曰打手。能拉人骨至死，死之速遲，全在手法。可以日月計，兼亦用棍。棍徒之說，殆取諸此。

左都督馬芳，少爲繼母所虐，走出，遇虜掠去，從俺荅飼馬。雖小，輒能騰躍控御，無敢踶嚙。又挽弱木爲弓矢，每發命中。後亡歸，隸周太傅尚文幕下，充騎隊。虜至通州，以三百人横貫其陣，分爲二，虜大驚引去。累立功至極品，蓋嘉靖末一名將也。黄酋嘗請與公約日手搏，許之。爲壇塞上，方廣五百步，各携虎士百人，去弓箭兵器，散手單帢立壇側。公結束登壇，威容若神，交手壁立，意氣閒暇。黄酋望見震懼，不敢上，抽匏矢三發而去。虜皆退走，由此奪氣，不敢窺塞者數年。公猿臂壯偉，走及奔馬。太傅短小精悍，坐而竦身，兩足跨坐屋梁以爲常。乃議者謂太傅武藝雖非所長，練兵亦有可取。蓋阿分宜之指欲彈治，而北方正賴其力，又恐摇動軍心，生他變也。至馬公，雖始終無異議，而末年以那吉納降爲非是，坐奪職。夫武人言戰是本等事，乃以此課去留，何耶？如此人物，若使文臣知兵有方略者督之，捍奴虜如秋風掃落葉，可以一空。而動多牽制，不盡用，可恨！

刀兩刃者曰拍刀，起於隋闕陵。

又《火器》 火器起於《周官》，有矢枉、矢絜、矢利、火射、枉矢之屬，以變星名，能飛且有光也。《春秋》焚成丘，焚者，樵之也，晉中軍曳柴焚之也。魯取齊攻廩丘之郛，主人焚冲，焚戰車也。楚奔燧象，齊縱火牛，孫子五火之變，此其最著。水戰之火，起於赤壁，束葦灌脂，用以濟舟。魏、唐以來，火箭、射梯、巨砲、飛石。宋曾公亮編《武經》，有虎蹲、旋風之砲，蒺藜、霹靂之球。

國朝火車、火傘、大二三將軍等銃，四眼、雙頭、九龍、三出、鐵棒、石榴等器，最利者爲佛郎機、鳥嘴，近又增火筒、火磚，而用無可加矣。此外則猛火油最烈，今未之聞。或云出高麗東數千里，日初出處，烘石所融之液，它物遇之即化爲火，唯真琉璃器可貯。

陸戰用火，莫著於陸遜秭歸之役。水戰用火，自赤壁外，莫著於我太祖鄱陽之役。然皆草木葦荻之類，束而灌脂，又趁風勢，雖間以球、砲，未聞全用火藥、火器也。惟建文東昌之戰，燕軍爲火器所乘，死者萬餘人。味「乘」字，則戰酣而用，非全恃以決勝也。文皇因之，有神機銃砲之屬，其制始盛。五軍鐵騎恃之益强，能逐虜數千里外。至宣皇喜峰口外之戰，先以兩翼飛矢，虜不能支，而後以此乘之，則用之次第可見。自後兵不習戰，專倚之爲護身符。敵佯挑戰誘我，或驅所擄掠我中國人先嘗我，火器疊發，敵疊爲進退，藥盡，敵冲而前，全軍潰散。甚有不見敵而發火，敵至不及發而先走者，則火器誤之也。

火藥重在提硝潔浄，硝有上、中、下三等。上等百斤提至九十斤，次者提至八十斤，下者七十斤。必咸穢去盡，舂搗極細，試然鐵上，著火無滓，方妙。大銃藥干結成塊，經年不碎，雖久冒霧雨，放之雄烈，遠去百步，入火箭、火龍、火磚諸器之内，雖二三年可用，則提之至浄故也。不者，雖藏之極密，吐濕，盡廢無用矣。

又《紙鎧綿甲》 紙鎧起於唐宣宗時，河中節度使徐商劈紙爲之，勁矢不能入。商，有功五世孫也。官至平章事、太子太保。子彥若，官亦如之，有功仁恕之報也。

綿甲以綿花七斤，用布縫如夾襖，兩臂過肩五寸，下長掩膝，粗綫逐行橫直縫緊，入水浸透，取起，鋪地，用脚踹實，以不胖脹爲度。曬干收用，見雨不重，霉鬢不爛，鳥銃不能大傷。紙甲用無性極柔之紙，加工錘軟，疊厚三寸，方寸四釘，如遇水雨浸濕，銃箭難透。

《明神宗實録》卷四八七 〔萬曆三十九年九月辛丑〕工部虞衡司主事沈正宗條議明盔甲。工科給事中馬從龍言：「工部條例載，每年修理明盔甲臂手五百副，分拆修、量(牧)修、連補三項，除會有不及外，該物料工食銀二千二百一十七兩零。又係不等年例不等云者錢糧有定而年分不等，謂如盔甲不壞即止，非强之以年年必修也。至萬曆三十年，不知何故，用至五萬一百餘兩，且盡仰給於兵部。太僕寺舊章紊矣！三十六年，京營送回到廠四千副，彼時巡視御史鄭繼芳查批，郎中陳嗣元以錢糧數多未題。至三十七年，給事中李瑾、御史張惟任逐款再加删減，計銀三萬七千三百三十一兩零。彼時據近年事例得減一分，即共以爲幸。臣視事稍久，始覩修例，覺三十年題造之濫，比原數多銀二萬兩。條例載有拆修、量修、連補三項，今改連補爲補造，又每項加增不等，豈非其該役上下其手乎。軍器中最費而無用者無如明盔甲，蓋凡臨陣將官士卒俱穿暗甲，團營操演所稱選鋒披戴七千副者，止是大駕幸南郊、皇陵及大閱歲時一用，以壯軍容而已。在營貯，不如法。輒壞輒造，是以數萬金委之溝壑。合無造完，副該廠官役如法收貯，不必送營，該營臨時取用，事竣付廠。如未經頻用，輒稱損壞，罪有所歸。祖制，京營軍士原無明盔甲，始自萬曆九年三月。内司禮監太監馮保等傳奉聖旨，造五千副給與官軍披戴，每年一千副，限五年造完，遂載在會典。二十五年，以倭警加二千副。倭警久息，即二千副盡化爲烏有。條例載成條例造明盔甲、腰刀、弓、箭、撒袋等件，每副九十八工，每工銀五分七釐。今七百八十九件，當用銀二萬。斯尤異矣，臣故謂決無容補造也。創造之始，委屬兵部協濟，歲修單屬工部，不可襲舛，以賈寺咎。惟浮濫作俑，全在二十五年二千副之加并三十年五萬一百餘兩之借。今所稱舊卷新例是也。廠庫二次會估，不過據司廠送册裁酌。而司廠又憑舊卷開造，於鄭繼芳何尤哉。繼芳估册現在非創爲之，且亦無五萬之多。今司臣沈正宗所執條例極是，是破歷年之誤。而於二十五年及三十年之事未深可耳。正宗鋭意急公，臣深有契於中，獨論該部職掌，有諉卸失平之意，不得不一明之。」

《明神宗實録》卷四八七 〔萬曆三十九年九月辛亥〕工科給事中馬從龍言：「工部主事沈正宗論盔甲事内及鄭繼芳、王紹徽頗涉鈎棘。疏末箴警一二語，不意正宗復巧詆求勝。謂京營原有明盔甲，引會典三大禮等項擺朝内有神樞營明盔甲，將軍五百二員名。爲臣查京營軍器，有修理自盔甲廠者，有兑換自兵仗局者。兵仗局自有明盔甲，自有年例，不隸巡視衙門。自萬曆九年以前，該廠實不經造此物，若戎政事，宜正近例耳。該部凡會估必繇監督造册，移會該司，該司移會巡視，共相擬議，上下其值，雖云科道主之，其實根繇全在該部。如該部據條例造，而繼芳別啓一倖竇，則罪不可逭矣。如有自來也。吹求宜自何始，寢閣不題，批案不行，何如蚤據條例造册爲愈也。罪獨坐於巡視，而該部爲無相干涉之人，不謂之諉卸何也。于秉忠柴價，臣心知其冒破，以出有實收。曾諭之曰：待奏繳時再加定奪。應與即與，應剛即剛，實未嘗扣也。若牽至王紹徽之身，臣不知所謂矣。錢糧經臣手者，因正宗之言，不得不一明之。臣曷敢爲二臣，解二臣。若有染指，亦非臣所能解。正宗自負，以在山虎豹，何不取虞衡一，司之事稍加整頓。如在盔甲廠，則預造修造，各有定額，會有會無，豈無憑準。錢糧歲歲闕支，盔甲年年不鮮。硝黃題辦，踰額如何。動稱缺乏，該庫領出至多如何。輒云自備鉛子，何人濫加，雜料有無冒破，未完官工何止千百件。未扣官米，奚啻十萬金。在實源局則銅商領銀十萬，施欠已將四五年。未完作何追比，已完作何鈎繳。如此一一綜核，不拂人情，不虧公帑，於國家必大有所裨，似非分外事也。士人有生平，論人先大節。二臣若果有玷，官箴當明數其立朝敗缺，與衆棄之。不宜托名職掌，傳致深文，快心掩擊。蓋知止爲丁元薦續貂，而不知其傷正大體也。止知爲王圖營窟，而不知蹈傾險之習也。此其排陷，豈止二臣。伏乞勅下部院，體勘正宗所參鄭繼芳、王紹徽事跡，務要明辯虛實，以定黜陟。勿使蔓延，波及善類。并申明巡視該部，各有職掌，勿容推諉，庶正人心，修實政之一助也。」留中。

《明熹宗實録》卷二十 〔天啟二年三月庚戌〕工部將發過援遼軍需，自萬曆四十六年起至天啓元年止總數，開具以聞：天威大將軍十位，神武二將軍十位，轟雷三將軍三百三十位，飛電四將軍三百八十四位，捷勝五將軍四百位，滅虜砲一千五百三十位，虎蹲砲六百位，旋風砲五百位，神砲二百位，神槍一萬四千四十桿，威遠砲十九位，湧珠砲三千二百八位，連珠砲三千七百九十三位，翼虎砲一百一十位，鐵銃五百四十位，鳥銃六千四百二十五門，五龍槍七百五十二桿，夾靶槍七千二百桿，雙頭槍三百桿，鐵鞭槍六千桿，鈎槍六千五百桿，快槍五百一十桿，長槍五千桿，三四眼槍六千七百九十桿，旗槍一千桿，大小銅鐵佛朗機四千九十架，清硝一百三十萬零六千九百五十斤，硫黃三十七萬六千二百八斤，火藥九萬五百斤，大小鉛彈一千四萬二千三百六十八箇，大小鐵彈一百二十五萬三千二百箇，帽兒、擺錫等盔三十六萬二百九項，紫花、梅花等甲二十六萬一千五百八十九副，綿紙甲一萬四千副，腰刀九萬八千五百四十七把，斬馬刀二萬六千二百十四把，長柄斧一千把，角弓四萬二千八百張，大小攢箭二百二十八萬四千枝，神箭十八萬枝，撒袋六百副，絲絃六萬四千六百條，箭桿竹二十萬枝，槍桿竹五千根，稠木棍二千根，藤牌二千面，鐵砧一百五十箇，鐵蒺藜七萬八千一百七十箇，黑鉛六十萬斤，真鋼四萬斤，建鐵二十七萬斤，煉過建鐵三十九萬二百五十斤，煉過西鐵十萬斤，不堪砲甲代鐵二十二萬一千斤，生血水牛皮一萬張，生熟黃牛皮八千張，牛角四萬塊，牛觔一萬三千斤，魚鰾五千斤，連七紙三十萬張，京高紙三千刀，桑皮紙一千刀，五色布四萬四千二百六十疋，絲綿一百斤，新綿花二千七百斤，舊綿花二萬三百斤，胖襖袴四萬副，武剛車二百二十輛，輕車一百二十輛外，本部解銀二萬兩，分發順天、山西、大同、宣府四鎮，代造盔甲一萬副，又解順天撫院銀一千兩，修理戰車一百輛，以上俱經解廣寧應用訖。

劉邦謨等輯《寶坻政書》卷一〇《邊防書·閱視八議·練兵馬》 何謂練藝，武藝頗多，皆須練習，試舉其畧。如使鎗之家十有七，曰楊家三十六路花鎗，曰馬家鎗，曰金家鎗，曰張飛神鎗，曰五顯神鎗，曰拐突鎗，曰拐刀鎗，曰錐鎗，曰梭鎗，曰槌鎗，曰大寧鎗，曰拒馬鎗，曰搗馬突鎗，曰峨嵋鎗，曰何家十八下□手干子，曰紫金標，曰地舌鎗。使刀之家十有五，曰偃月刀，曰雙刀，曰鈎刀，曰刀手，曰鋸刀，曰掉刀，曰太平刀，曰定戎刀，曰朝天刀，曰開陣刀，曰偏刀，曰車刀，曰匕首。使劍之家六，曰馬明王，曰先主，曰卞莊，曰王聚，曰馬超，曰邊掣厚春短身。使弓弩之家十有四，曰邊箭，曰兩廣藥箭，曰火箭，曰神機箭，曰楊家箭，曰馬家箭，曰神箭，曰袖彈，曰弓弩，曰諸葛弩，曰連環弩，曰雙弓床弩，曰三弓床弩，曰打牲弩。使棍之家三十有一，曰左少林，曰右少林，曰大巡海夜叉，曰小巡海夜叉，曰大火林，曰小火林，曰通虛孫張家棍，曰觀音大鬧南海神棍，曰稍子棍，曰連環棍，曰雙頭棍，曰陰手短棍，曰雪棒搜山棍，曰大八棒風磨，曰小八棒風磨，曰二郎棒，曰五郎棒，曰十八下狼兵棒，曰趙太祖騰蛇棒，曰安猴孫家棒，曰大六棒緊纏身，曰十八面埋伏紫薇山條子，曰左手條子，曰右手條子，曰邊欄條子，曰雪探柳條子，曰跨虎條子，曰滚手條子，曰賀屠鈎杆，曰西山寺硬單頭。使雜器之家十，曰鐵鞭，曰夾棒，曰單手燥鐵鏈子，曰蒺藜蒜頭，曰金剛圈，曰鏝掌鐵尺，曰呂公拐子，曰鋼叉，曰簸筅，曰鑜。使鈀之家五，曰雄牛出陣鈀，曰山門七埋伏鈀，曰番王倒角鈀，曰直行虎鈀，曰稍攔踉進鈀。使馬上器械之家十有六，曰鞭，曰鍊，曰鑛，曰搥，曰流星，曰鎖虎口，曰馬叉上帶。使流星鞭，曰雙舞劍，曰雙刀，曰馬叉，曰六平鏟，曰方天戟，曰鎗，曰關刀，曰斬馬刀，曰月鎗。使拳格兵器之家十有一，曰趙家拳，曰南拳，曰北拳，曰西家拳，曰温家鈎掛拳，曰孫家披挑拳，曰張飛神拳，曰覇王拳，曰猴拳，曰童子拜觀音拳，曰九滚十八跌。此外又有破法，拿法，解法，跌法，教師相傳，各臻妙際。但小人無識，一藝在身，愛惜如寶，不肯盡傳，須以厚禮致之，擇兵士質之所近而教之，專工一藝，即可勝敵。

鄧志謨《蘭雪堂古事苑定本》卷一〇《武具》 盤郢湛盧，悉爲奇劍，大環龍雀，總屬利刀。甲數明光，庶稱太白。冀州强弩，彬州突騎，兩般足壯軍容；桓公青葱，莊公白怱，二物實彰武備。蛇矛龍盾，聲雄太乙之壇；紫電青霜，煉質昆吾之竈。武伐紂，革車三百；越平吴，犀甲數千。挺屈盧矛，彎繁弱弓。孰非異寶，被賜夷甲。舞步光劍，允是奇珍。鉅野戈揮，挽轉天邊之日；錢塘弩發，射平江上之潮。竪童刀出鞘而刼賊驚，守將箭飛鋒而敵人走。斬蛇斬蜃，須知劍淬寒鋩，落鴈落鵰，乃信弓開神彀。半段槍，猶然靡敵；兩枝戟，誰敢當鋒。韓淮陰之嚇，燕磨刀使太行嶺折；劉盆子之歸，漢積甲與熊耳山齊。匕首一見驚秦王，蝥弧先登降敵國。機張伏弩，馬陵道上死龐涓；謀設飛椎，博浪沙中攻吕政。唐宗天策箭，塞北咸驚；宋將順昌旗，邊戎盡懼。矢繞樹，而甘蠅乃死；劍劈猊，而朱泚遂亡。故金僕姑，是男子壯圖；而班蘭物，固丈夫素業。裹罽爲鎧，削蒿爲箭，尚能當矢石之鋒；發硎之刀，貫金之鏃，豈不壯風雲之陣。

歐冶子鑄有五劍：一「純鈎」，二「湛盧」，三「盤郢」，四「魚腸」，五「巨闕」。盤郢，或曰豪曹。晉赫連勃勃造有百鍊刀，一曰「龍雀」，一曰「大環」。《吴都賦》云：「甲則明光、細鱗、犀渠、唐夷、烏鎚。」太白，殷之旗名。蔡邕云：「幽州突騎，冀州强弩，四方有事，未嘗不取辦於二州焉。」《古今注》云：桓公之葱，文公之琢，莊公之怱，太公之闕，皆古之良劍也。以其色青如葱，故曰葱。龍盾，畫龍於盾也。太乙，神名。《兵法》云：古者出師，必列武備，祭於太乙之壇。龍盾蛇矛，正武備也。《滕王閣序》云：「紫電青霜，王將軍之武庫。」謂劍也。昆吾穆王劍，甚鋒利，照人如照水，切玉如切泥。《國語》云：「越王伐吴，衣水犀之甲者三千人。」《輿地志》云：「繁弱之弓，屈盧之矛，皆古之異寶。」蓋繁弱屈盧，二地名，一出良弓，一出利矛。《越絶書》：「越王被賜夷之甲，伏勃盧之矛，舞步光之劍。」蓋賜夷勃盧步光，皆地名。魯陽公揮戈詳天文，漢朱暉拔刀詳幼穎。武肅王錢鏐，築捍海塘，錢塘潮水衝激，命强弩射之，潮平，遂成隄岸。諸葛亮攻郝昭於陳倉，以雲梯臨城中。昭令部下以火箭射之，雲梯盡燒，亮乃引退。斬蛇，漢高祖。斬蜃，許旌陽。落鴈，李克用一箭射二鴈。落鵰，高駢一箭貫二鵰。唐哥舒翰持半段槍擊吐蕃，衆莫當其鋒，號曰半段槍。魏典韋持二戟，各重八十餘斤，軍中無敵。韓信既破趙，遺燕王書云：磨刀則太行山折，燕遂靡號嚇鑾書。劉盆子與丞相以下二十餘萬人，詣宜陽降光武，積甲於城西，高與熊耳山等。《史記》：燕太子丹命荆軻入秦刺秦王，爲匕首，以藥淬之，中其鋒即死。軻以獻燕之輿圖爲名，圖窮匕首見，秦王覺之，驚走乃得免。匕首，短刀也。《左傳》：鄭伐許，潁考叔取鄭伯之蝥弧以先登。蝥弧，旗也。魏龐涓伐韓，齊孫臏往救，涓帥師并行逐之，孫子伏兵於馬陵道，斫大樹白而書之，曰：「龐涓死此樹下。」涓暮至，見白書，以火燭之，萬弩俱發，涓自刎死。張良五世相韓，爲韓報讐。募力士飛鐵錐擊始皇於博浪沙中，誤中副車，大索三日不得。唐太宗討劉黑闥，有一勇將衝至，太宗以天策大箭射殺之，後傳此箭於北，突厥大驚。宋劉琦與兀朮戰於順昌，大敗之。其後又復與戰於拓皋，望見大驚，曰：「此順昌旗幟也。」即引去。甘蠅學射於飛衛，欲擅其名，遂欲射殺衛，衛嚙鏃反射之，蠅繞樹走，箭亦繞樹走，蠅竟死。朱泚亂，德宗拔火精劍，斫殿上錢狻猊曰：「碎小鬼如碎此猊，乃應手而碎。金僕姑，箭也。班蘭物，劍也。齊敬兒曰：「我雖貧，身邊猶有班蘭物。」唐李元諒拒朱泚兵，倉卒無備，裹罽爲甲，刴蒿爲矢。罽，音記，蘆葦也。鎧，開上聲。硎，礪石。鏃，箭頭之鐵。

徐光啓《徐光啓集》卷四《練兵疏稿》二附録六《盔甲廠收過軍器手本》 工部監督盔甲廠虞衡清吏司主事沈爲軍務事：准貴府院手本，内開本府院奉旨練兵，簡汰事竣，所有山陝河南三營原請盔甲器械酌量兵數存留應用，仍給官兵練習外，其餘及不堪者，悉行繳回。續准貴府院手本前事，内開本府院奉旨予告，所有動支工部錢糧，及中書楊捐助銀兩，除另册咨會外，内有本府院委官製買執事令旗等項，原係借支餉銀備辦；今將捐助銀兩扣還户部，所有諸色器具，相應繳回，以便銷算。又准貴府院手本爲臣僚慕義等事，内開金吾右衛指揮胡楫捐銀二千兩助資軍器，除移咨户兵工三部所有見存銀一千一百九十三兩八錢六分，發貯通州官庫外，其買過建鐵六萬三千觔，未經打造，相應移收各等因到職，准此，隨將後開器械鐵料等項，陸續收貯王恭廠庫外，相應回覆。爲此合用手本前去欽差管理練軍事務詹事府少詹事兼河南道監察御史徐處，煩爲查照施行。須至手本者。

計開

鳥銃一千門　木匣二千個

標皮木大小四塊　　盔甲八百九十六頂副

錫鱉皮袋一百個　　藥皮箱一百個

銅佛郎機四十位　　合縫子砲二百位

漁鼓砲四十位　　木天鑽架一座

桐油二十三觔　　荒絲三觔

銷釘一十四根　　湧珠砲七十四位

建鐵二百四十觔　　鳥銃隨用鐵剪七觔八兩

腰刀八百八十把　　令旗八面桿全

劊子手刀四口鞘全　　耳級刀七把

森殺五把　　頭貳棍二對

鎮役藍旗五桿　　令箭十二枝連架

建鐵六萬三千觔

天啓元年閏二月初二日主事沈棨。鈐「監督盔甲廠官關防」。

褚人穫《堅瓠續集》卷四《十八般武藝》　矛、錘、弓、弩、銃、鞭、簡、劍、鏈、撾、斧、鉞，并戈、戟、牌、棒與槍、杈，此十八般武藝也。近見《馬氏日抄》：嘉靖已巳，邊庭多事，官司招募勇敢，無一人應。山西李通行教京師，遂應募爲第一，較其武藝，十八事皆能，一弓、二弩、三槍、四刀、五劍、六矛、七盾、八斧、九鉞、十戟、十一鞭、十二簡、十三撾、十四殳、十五叉、十六爬頭、十七綿繩套索、十八白打。

黄叔璥《臺海使槎録》卷五《北路諸羅番三・器用》　捕鹿弓箭及鏢，俱以竹爲之，弓無弰，背密纏以籐，苧繩爲弦，漬以鹿血，堅韌過絲革。射搭箭於左，箭舌長二寸至四寸不等。傅翎略如漢製，而翦其梢，鏢桿長五尺許。鐵鏃鋒銛，長二寸許，有雙鉤，長繩繫之，用時始置箭端，遇鹿麂一發即及。雖奔逸而繩掛於樹，終就獲焉。亦用以防夜，於竹寮高望巡哨，持挨牌以蔽身，木皆斜紋，箭不能入。諸番與漢人貿易，家中什物，亦有窯器、釜、鐺之屬，近亦間置桌、椅。其製葫蘆爲行具，大者容數斗，出則隨身，旨蓄毯衣，悉納其中，遇雨不濡，遇水則浮。寢以竹片鋪地，藉以鹿皮，富者列木牀於舍，以爲觀美。夜仍寢於地，枕木如小凳。

《雍正朝内閣六科史書・户科・署廣東總督鄂彌達題爲核銷廣東省製造藤牌牌刀用過銀兩等事本》　署理廣東總督印務巡撫廣東等處地方提督軍務兼理糧餉都察院右副都御史加四級紀録三次駐劄肇慶府臣鄂彌達謹題爲詳明請示事：「該臣看得内大臣英誠公豐勝額等奏准，行令福建廣東二省各製造藤牌三千面，牌刀三千口，分撥直隸、山西、陝西給兵演用一案，經前署督臣張溥准文即檄布政司動項委員製造。嗣據前任布政司楊永斌詳報：『奉行製造藤牌、牌刀，除搭棚包裹各項一切費用外，共需工料銀二千六百七十兩。造竣應解何省交收，請咨部示。』等由，經署督臣與前督臣兩次咨部在案，續准部覆：『廣東省製造藤牌牌刀各三千面口内解送陝西二千面口山西一千面口俱交與各該督撫查收分發所需工料并運送脚價均在雍正九年分地丁錢糧銀内動支，事竣核實造册報銷。』等因。又經轉行遵照去後隨據詳報，藤牌、牌刀，俱照數製造完成。復經前督臣郝玉麟，行委增城縣典史閻廷弼、同提標右營左哨千總王大振管解漆藤牌一千面，牌刀一千口前赴山西撫臣衙門投交。又委惠來縣典史茹沅、同候補守備張焕、三水營把總翁輔臣管解漆藤牌二千面，牌刀二千口前赴陝西督臣衙門投交，俱於雍正十年三月初六日自粤起程，并備咨報部在案。今據署理布政使司印務按察使黄文煒詳稱：『查粤省造竣藤牌三千面，牌刀三千口。共用工料銀二千六百七十兩，搭廠打爐雜項共用銀五十三兩八錢六分四厘五毫，三項通共用銀二千八百二十五兩二錢一分五厘五毫。再三覆核，委無浮冒，造具工料細數册前來。』臣覆核無異，除册送部查核外，理合題銷，再照委員運送山、陝二省交收。程途遥遠，共支過脚費銀二千五百四十九兩九錢二分八厘。但果否足用及有無餘剩之處難以懸定，應俟事竣，委員回粤另行核實，造册報銷合并陳明。臣謹會題。伏乞皇上睿鑒，勅部核覆施行，謹會題請旨。」雍正十年五月二十日題。閏五月三十日奉旨：「該部察核具奏。」

《雍正朝内閣六科史書・户科・大學士管户部尚書事張廷玉等題議廣東製造藤牌牌刀工料並雜費等銀准其開銷本》　經筵講官少保兼太子太保保和殿大學士仍管吏部户部尚書事臣張廷玉等謹題爲詳明請示事：「廣東巡撫今署理廣東總督印務鄂彌達題，前事雍正十年五月二十日題，閏五月三十日奉旨：『該部察核具奏。』該臣等查得廣東巡撫今署理廣東總督印務鄂彌達將粤省製造籐牌、牌刀工料併費用雜費包裹等項用過銀兩造册題銷前來。查册開：製造牌刀三千口，用過工料銀一千六百二十兩；籐牌三千面，用過工料銀一千五十兩；搭蓋棚廠爐座等項雜用銀五十三兩八錢六分四厘；包裹籐牌、牌刀油紙、蔴繩、木箱等項用銀一百一兩三錢五分；以上共用銀二千八百二十五兩二錢一分零等語。查前項籐牌、牌刀以所報工料計算，籐牌每面計銀三錢五分，牌刀每口計銀五錢四分，價值均無浮多。其搭蓋棚廠爐座雜用併包裹油紙、蔴繩、木箱等項，均係應需之項，應令該署督鄂彌達將籐牌、牌刀工料銀二千六百七十兩，准其在於雍正九年地丁銀内動支；雜費等銀一百五十五兩二錢一分零，在於公用銀内開銷可也。臣等未敢擅便，謹題請旨。」雍正十年七月二十五日題。本月二十七日奉旨：「依議。」

《雍正朝内閣六科史書·户科·署福建總督郝玉麟題報覆核製造挑刀送部用過正項錢糧及工料銀兩數目本》 總督廣東等處地方軍務兼理糧餉兵部右侍郎兼都察院右副都御史拜他拉布勒哈番加三級紀録六次功加一等革職留任署理福建總督印務臣郝玉麟謹題爲咨行事：「該臣看得閩省製造挑刀四百把送部一案。先經前督臣劉世明轉行布政使遵照動用雍正九年分地丁銀四百給發製造，完竣委員送部併將動用正項錢糧及工料銀兩造册詳送，經臣咨部各在案。兹准部覆，製造前項挑刀係動正項錢糧，不便據咨核覆，應令具題到日再議等因。行據布政使劉藩長備造數册呈送請銷前來。臣覆加查核無異，謹會題請旨。」雍正十年九月二十八日題。十一月初六日奉旨：「該部察核具奏。」

《雍正朝内閣六科史書·户科·署陝西總督劉於義題報覆查督標製造鳥鎗用過工料及匠役工食銀兩無異本》 吏部尚書署理陝西總督印務并辦理軍需事件臣劉於義謹題爲題明事：「該臣看得督標動用軍需銀兩製造鳥鎗一萬二千杆，用過銀二萬五千六百八十兩，經前署督臣查郎阿請銷，准部咨，雍正三年陝省製造鳥鎗八百八十五杆，每杆造成落鐵九斤半核算，每斤工料銀三錢八分二厘六毫。今該督題銷每杆重四斤十三兩九錢五分核筭，每斤工料銀四錢三分九厘二毫，計每斤浮多銀五分六厘六毫，事關錢糧，不便遽准，仍令據寔核減題銷到日再議等因，隨行據布政使碩色詳稱，移准署督標中軍副將王友詢移准出征軍前廣武營遊擊宋宗璋移稱，製造鳥鎗係奉發新式盤條明鎗，並非照前造之鎗製造，打造時先將荒鐵鎚鍊折成鐵葉，復盤成鐵條造成鎗身，又加鋥磨明亮，雖較前造鳥鎗斤兩不同，但用鐵鎚鍊耗折斤兩及人工、炭斤等項合筭，每斤寔費銀四錢三分九厘二毫，每杆寔費銀二兩一錢四分，共造鳥鎗一萬二千杆，共費銀二萬五千六百八十兩。內用匠工二十萬四千工，每工欽奉諭旨外增飯食銀一分，共增給銀二千四十兩；每杆又外用磨鋥匠工一工半，共用磨鋥匠一萬八千工，每工照例給銀五分，共給銀九百兩；并節省長餘平銀四百五十六兩六錢零，以上共銀三千三百九十六兩六錢零，與部駁之數尚有餘裕，委係寔費寔銷，並無浮冒，委難核減等情。查核該標製造鳥鎗，每杆重四斤十三兩九錢五分，費銀二兩一錢四分核筭，每斤費銀四錢三分九厘二毫。照依部駁每斤浮多銀五分六厘六毫核筭，每杆浮多銀二錢七分五厘零，造鳥鎗一萬二千杆共浮多銀三千三百八兩九錢七分七厘五毫。今該標共造鳥鎗一萬二千杆，用匠工二十萬四千工，每工欽奉諭旨外增飯食銀一分，共應增給銀二千四十兩，每杆又比前外用磨鋥匠一工半，共一萬八千工，每工照例給銀五分，共該給銀九百兩，又節省長餘平銀四百五十六兩六錢八分零，以上共計銀三千三百九十六兩六錢零，與部駁浮多銀兩較核，尚有餘裕，並無浮冒，既係寔費寔銷，似難令其核減等情前來。臣覆查無異，謹合詞具題。伏祈皇上睿鑒，勅部議覆施行。謹題請旨。」雍正十一年六月二十五日題。七月二十五日奉旨：「該部察核具奏。」

《雍正朝内閣六科史書·户科·陝西巡撫史貽直等題爲查覈西路軍營需用挑刀並鈎鐮等項工料銀本》 經筵講官户部尚書仍暫留西安總理巡撫竝一切軍需事務加四級紀録十次臣史貽直等謹題爲移咨事：「該臣等查看得西路軍營需用挑刀竝鈎鐮鎗，前經署大將軍臣查郎阿發來式樣，在於西安製造，當經督標領銀如式製造解送在案。今據布政使程仁圻等詳稱，查製造挑刀三千把，每把需用鋼鐵炭匠等項工料銀九錢一分九厘零，共用銀二千七百五十九兩九錢八分八厘；製造鈎鐮鎗頭一千五百個，需用鋼鐵炭匠等項工料銀二錢六分，共用銀三百九十兩。二項共重一萬五千七百斤，每二百斤用贏一頭，共用贏七十八頭半，共給脚價銀四百五十兩九錢九分。以上工料銀脚價共用軍需銀三千六百兩五錢七分八厘，又解送刀鎗包裹需用蔴繩、紙箱、油單等項及官役盤費共用公用銀一百八十四兩一錢九分六厘零。相應分晰造册清銷等情前來。臣等覆核無異，除册分送部科外，謹會同署督臣劉於義合詞具題。伏祈皇上睿鑒，勅部核覆施行，爲此謹題請旨。」雍正十三年七月初三日題。本月二十日奉旨：「該部察核具奏。」

「國立」故宫博物院《宫中檔雍正朝奏摺》第二一輯廣東提督張溥《奏報改造軍營火砲摺》 廣東提督臣張溥謹奏爲奏聞事。竊臣標五營有應援全省之責，一切軍火甲械，臣次第整飭齊全，緩急足資實用。惟砲位一項，乃營中第一利器，臣檢查五營舊砲，輕重大小不一，其實在利用者甚少，現將年遠銹蝕不堪者檢出，改造劈山砲拾位，輕重合宜，衝擊便利，平日可以按期操演，用時可以馱載遠行，於營伍實有裨益。俟工竣之日，歲底彙同清查通省軍裝器械保題案内造册報部。查核事關改造砲位，合先奏明。伏乞皇上睿鑒施行，爲此具奏。

雍正拾壹年陸月拾伍日廣東提督臣張溥。

鄂爾泰《欽定八旗則例》卷一一《訓練・製造軍器》 一、官兵盔甲、弓箭等項缺少，願扣俸餉製造者，該參佐領查明，呈報都統，造寫細册，咨送工部。照定式製造給與。其工價銀兩，官員，於俸銀内作四季扣完。兵丁，於錢糧内作二十個月扣完。造入俸餉册内，咨明户部坐扣。如年久損壞，應行製造者，仍照此例坐扣俸餉造給。

一、兵丁遇陞遷事故，其軍器係動官銀製造賞給者，給與頂補之人。若係本人自備者，該佐領等酌量新舊，估定價值，將軍器給與新補之兵，其價值於餉銀内作三個月坐扣，給與原主。

鄂爾泰《欽定八旗則例》卷一一《訓練・官兵箭枝數目》 官員兵丁箭數，公，五百五十枝。侯，五百枝。伯，四百五十枝。一品官，四百枝。二品官，三百五十枝。三品官，二百五十枝。四品官，二百枝。五品官，一百五十枝。六品以下官，一百枝。其文職三品京堂，照二品官例。四品京堂、科道、郎中，照三品官例。員外郎，照四品官例。主事、鳴贊、六品、七品、八品、監生，照五品官例。筆帖式，照六品官例。前鋒、護軍、領催等，七十枝。披甲人，五十枝。此定數内，若職任大者，照職任箭數。官品大者，照官品箭數。

又《佐領隨甲點驗軍器》 佐領隨甲軍器，遇點驗軍器之年，一體點驗。

又《兵丁修補鳥槍》 八旗兵丁等鳥槍損壞，報明該管大臣，轉送兩翼鐵匠局補造。

阿桂等修《欽定軍器則例》《江南省》 立限修製軍械：

盔襯（陸路三十年製，十五年修，水師二十五年製，十三年修），皮盔（陸路三十年製，十五年修，水師二十五年製，十三年修），綿盔（陸路三十年製，十五年修，水師二十五年製，十三年修），綿甲（陸路三十年製，十五年修，水師二十五年製，十三年修），號帽（陸路二十年製，十年修，水師十五年製，八年修），號袍（陸路二十年製，十年修，水師十五年製，八年修），號褂（陸路二十年製，十年修，水師十五年製，八年修），青衣（陸路二十年製，十年修，水師十五年製，八年修），青褲（陸路二十年製，十年修，水師十五年製，八年修），夾帳房（陸路四十年製，二十年修，水師三十年製，十五年修），夾堂屋（陸路四十年製，二十年修，水師三十年製，十五年修），夾帘子（陸路四十年製，二十年修，水師三十年製，十五年修），單帳房（陸路二十年製，十年修，水師十五年製，八年修），單堂屋（陸路二十年製，十年修，水師十五年製，八年修），單帘子（陸路二十年製，十年修，水師十五年製，八年修），夾幔子（陸路四十年製，二十年修，水師三十年製，十五年修），單幔子（陸路二十年製，十年修，水師十五年製，八年修），夾涼篷（陸路四十年製，二十年修，水師三十年製，十五年修），夾照壁（陸路四十年製，二十年修，水師三十年製，十五年修），單涼篷（陸路二十年製，十年修，水師十五年製，八年修），單照壁（陸路二十年製，十年修，水師十五年製，八年修），夾中軍帳（陸路四十年製，二十年修，水師三十年製，十五年修），單中軍帳（陸路二十年製，十年修，水師十五年製，八年修），夾方帳房（陸路四十年製，二十年修，水師三十年製，十五年修），單方帳房（陸路二十年製，十年修，水師十五年製，八年修），夾布營門（陸路四十年製，二十年修，水師三十年製，十五年修），單布營門（陸路二十年製，十年修，水師十五年製，八年修），夾布城（陸路四十年製，二十年修，水師三十年製，十五年修），單布城（陸路二十年製，十年修，水師十五年製，八年修），夾布鼓亭（陸路四十年製，二十年修，水師三十年製，十五年修），單布鼓亭（陸路二十年製，十年修，水師十五年製，八年修），大纛（陸路三十年製，十五年修，水師二十五年製，十三年修），什長旗（陸路三十年製，十五年修，水師二十五年製，十三年修），督陣紅旗（陸路三十年製，十五年修，水師二十五年製，十三年修），先鋒旗（陸路三十年製，十五年修，水師二十五年製，十三年修），帥旗（陸路三十年製，十五年修，水師二十五年製，十三年修），令旗（陸路三十年製，十五年修，水師二十五年製，十三年修），五方旗（陸路三十年製，十五年修，水師二十五年製，十三年修），五色旗（陸路三十年製，十五年修，水師二十五年製，十三年修），門旗（陸路三十年製，十五年修，水師二十五年製，十三年修），蜈蚣旗（陸路三十年製，十五年修，水師二十五年製，十三年修），腰刀（四十年製，二十年修），長鎗（四十年製，二十年修），鳥鎗（四十年製，二十年修），叉鎗（四十年製，二十年修），馬上鎗（四十年製，二十年修），鉞斧（四十年製，二十年修），單手帶刀（四十年製，二十年修），雙手帶刀（四十年製，二十年修），牌刀（四十年製，二十年修），籐牌（二十年製，十年修），稍子棍（十年製，五年修）。

隨時修製之中仍量爲立以年限軍械：

子母礮（三十年後實有炸裂准其製造，十五年後口門寬大方准修理），行營礮（三十年後實有炸裂准其製造，十五年後口門寬大方准修理），劈山礮（三十年後實有炸裂准其製造，十五年後口門寬大方准修理），威遠礮（三十年後實有炸裂准其製造，十五年後口門寬大方准修理），神威礮（三十年後實有炸裂准其製造，十五年後口門寬大方准修理），得勝礮（三十年後實有炸裂准其製造，十五年後口門寬大方准修理），過山鳥礮（三十年後實有炸裂准其製造，十五年後口門寬大方准修理），西洋礮（三十年後實有炸裂准其製造，十五年後口門寬大方准修理），鐵礮（三十年後實有炸裂准其製造，十五年後口門寬大方准修理），銅礮（三十年後實有炸裂准其製造，十五年後口門寬大方准修理），號礮（三十年後實有炸裂准其製造，十五年後口門寬大方准修理），礮車（五年製，三年修），礮架（五年製，三年修），木虎（五年製，三年修），礮欑（五年製，三年修），礮罩（五年製，三年修），礮蓋（五年製，三年修），礮床（五年製，三年修），礮枕（五年製，三年修），礮棁（五年製，三年修），鐵門（二十年製，十年修），礮星（五年製，三年修），礮斗（五年製，三年修），鐵鏟（二十年製，十年修），鐵錐（二十年製，十年修），鐵送子（二十年製，十年修），鐵刷子（二十年製，十年修），礮繳鈎（二十年製，十年修），火桿（二十年製，十年修），礮槓（五年製，三年修），礮鍬（二十年製，十年修），礮梳（五年製，三年修），木礮錘（五年製，三年修），錠板（五年製，三年修），藥抄（五年製，三年修），皮搭連（陸路二十五年製，十三年修，水師二十年製，十年修），九龍袋（陸路二十五年製，十三年修，水師二十年製，十年修），火藥葫蘆（陸路二十五年製，十三年修，水師二十年製，十年修），烘藥葫蘆（陸路二十五年製，十三年修，水師二十年製，十年修），火藥桶（陸路三十年製，十五年修，水師二十五年製，十三年修），鉛子桶（陸路三十年製，十五年修，水師二十五年製，十三年修），鐵子桶（陸路三十年製，十五年修，水師二十五年製，十三年修），火藥罈（二十年後如有破損准其更換），火藥簍（陸路二十年製，十年修，水師十五年製，八年修），火藥皮袋（陸路二十五年製，十三年修，水師二十年製，十年修），梅花樁（陸路十年製，五年修，水師八年製，四年修），鐵鏾頭（二十年製，十年修），木橛（陸路十年製，五年修，水師八年製，四年修），竹橛（陸路十年製，五年修，水師八年製，四年修），木榔頭（陸路十年製，五年修，水師八年製，四年修），鐵錘（四十年製，二十年修），鐵鋤（三十年製，十五年修），銅鑼（十年後如有破損准其貼換），金（十年後如有破損准其貼換），嗡（十年後如有破損准其貼換），銅號（十年後如有破損准其貼換），號筒（十年後如有破損准其貼換），喇叭（十年後如有破損准其貼換），戰鼓（陸路二十年製，十年修，水師十五年製，八年修），海螺（十年後如有破損准其更換），嗶嚦（十年後如有破損准其更換），皮蛤蟆（陸路五年製，三年修，水師四年製，二年修），旗樁（陸路十年製，五年修，水師八年製，四年修），刀鎗旂架（陸路三十年製，十五年修，水師二十年製，十年修），刀鎗斧皮套（陸路二十年製，十年修，水師十五年製，八年修），甲包（陸路四十年製，二十年修，水師三十年製，十五年修），皮箱（陸路四十年製，二十年修，水師三十年製，十五年修），旱布鎗罩（陸路二十年製，十年修，水師十五年製，八年修），旱布旂套（陸路二十年製，十年修，水師十五年製，八年修），旱布箭罩（陸路二十年製，十年修，水師十五年製，八年修），大橱（陸路四十年製，二十年修，水師三十年製，十五年修），木櫃（陸路四十年製，二十年修，水師三十年製，十五年修），木箱（陸路三十年製，十五年修，水師二十年製，十年修），木匣（陸路三十年製，十五年修，水師二十年製，十年修），木盒（陸路三十年製，十五年修，水師二十年製，十年修），鞘殼（陸路二十年製，十年修，水師十五年製，八年修），木柄（陸路五年更換，水師四年更換），竹桿（陸路五年更換，水師四年更換），籐箍（陸路五年更換，水師四年更換），皮條（陸路五年更換，水師四年更換），紅纓（陸路十五年更換，水師十二年更換），繩（三年更換）。

守禦及救火軍械隨時修製之中仍量爲立以年限：

木架（十年製，五年修），木牌（十年製，五年修），木棍（五年更換），木梆（五年更換），銅點（四十年後如有破損准其貼換），長靶刀（四十年製，二十年修），鈎鐮鎗（四十年製，二十年修），手鎗（四十年製，二十年修），撓鈎鎗（四十年製，二十年修），鐵叉（四十年製，二十年修），汎旂（十年製，五年修），旂桿（十年製，五年修），鈴鐺（十五年更換），明瓦燈（五年製，三年修），燈架（十年製，五年修），弓（二十年製，十年修），箭（二十年製，十年修），撒袋（二十年製，十年修），救火號旂（十年製，五年修），救火號衣（十年製，五年修），救火兜褲（十年製，五年修），汲桶（三十年製，十五年修），水桶（十年製，五年修），担桶（十年製，五年修），木杠（十年更換），扁担（十年更換），竹杠（十年更換），水斗（十年製，五年修），柳灌（三年製，一年修），鐵猫（四十年製，二十年修），鐵鈎（三十年製，十五年修），鋸子（二十年製，十年修），托叉（三十年製，十五年修），軟撓（三十年製，十五年修），蔴刷（三年製，一年修），蜈蚣梯（十年製，五年修），大梯（十年製，五年修），軟繩梯（十年製，五年修），燈籠（一年更換），弔桶（十年製，五年修）。

行軍携帶各械應用之時歸於軍需疑内製辦核銷：

銅鍋，鍋撑，鐵鍬，鐵鐮，鐵斧，鐵鏾，鐵鏟，鐵鋸，鐵銼，鍘刀，脚齒，雨砲罩，雨旗罩，雨鎗套，雨弓罩，雨箭罩，油單，皮箭囊，梅針箭，皮箭壺，皮箭箱，錫葫蘆，戰箭筒，戰箭袋。

營兵自備軍械不准開銷：

硬弓，箭靶，鎗靶，砲靶，帽毯，鼓架，鼓裙，彩紬，彩布，帽盒，布門簾，更簽。

以上營中自備。

弓，箭，撒袋，弓插，弓籠，弓罩，箭罩，皮帽，綿襖，搭連衣，接衫，搭膊，布帷，套褲，包褲，馬裙，腰帶，黑襪，襪頭，皮靴，鞡鞋，跳鞋，布鞋，鞍轡，馬蹬，棕帽，棕衣，蒲鞋。

以上兵丁自備。

水師專用軍械：

戰被（二十年製，十年修），挩被（二十年製，十年修），插花（二十年製，十年修），巾頂（二十年製，十年修），西瓜砲（每年修製十分之二），花鈎（三十年製，十五年修），撬叉（三十年製，十五年修），馬叉（三十年製，十五年修），鈎鐮鎗（三十年製，十五年修），釘鎗（三十年製，十五年修），標鎗（三十年製，十五年修），竹桿鎗（十年製，五年修），木桿鎗（十年製，五年修），鐵脚篙（十年製，五年修），月鏟（三十年製，十五年修），陰鏟（三十年製，十五年修），陽鏟（三十年製，十五年修），火箭（每年修製十分之二），噴筒（每年修製十分之二），噴彈（每年修製十分之二），火罐（每年修製十分之二），溜筒（每年修製十分之一），窩蜂箭（每年修製十分之二），羣虎箭（每年修製十分之二），五虎箭（每年修製十分之二），五虎骲頭（每年修製十分之二），火標箭（每年修製十分之二），火標骲頭（每年修製十分之二），蓮蓬頭（每年修製十分之二），五虎蓮蓬箭（每年修製十分之二），礮箱（二十年製，十年修），旗桶（二十年製，十年修），火箭箱（二十年製，十年修），火箭匣（二十年製，十年修）。

遵旨刪減改歸存貯軍械：

鐵盔，鐵甲，銅虎盔，虎帽，虎衣，虎褲，虎帶，虎鞋，號馬褂，號衣，戰腰，銅鼓，火藥筒，山桿，撩風刀，雙鈎鐮鎗。

原議停修存貯軍械：

百子礮，大紅衣礮，小紅衣礮，法熕礮，鐵熕礮，將軍礮，三將軍礮，馬蹄礮，牛蹄礮，牛尾礮，牛腿礮，尾送礮，鷄脚礮，車輪礮，决勝礮，湧珠礮，大浄瓶礮，小浄瓶礮，靖氛礮，定更礮，磨盤礮，大滅虜礮，小滅虜礮，班鳩礮，竹節礮，筆管礮，静街礮，斗頭礮，鐵火礮，信礮，汎礮，大礮，中礮，大刀，挑刀，片刀，撲刀，雙撲刀，刺刀，背刀，庫刀，盤刀，撥刀，春秋刀，單撒刀，雙劉刀，斬馬刀，劉唐刀，㓞刀，雙刀，三眼鎗，四眼鎗，拐子鎗，馬叉，鋼叉，長柄斧，雁翅斧，雙鐧，雙鎚，鐵鋭，雁翅钂，虎尾鞭，方天戟，狼牙棍，虎尾銃。

董誥《欽定軍器則例》卷二三《水師・廣州駐防額設戰船並配船軍械數目》

一廣州水師旗營額設繒艍槳船六隻，除兵丁各帶本身器械外，所有額設旗字第一號繒船一隻，配生鐵礮七位，砂礮五門，斑鳩礮四門，琵琶鎗七門，封口七百箇，羣子三千五百箇，黑鉛四十斤，火藥一百一十斤，犁頭鏢四十枝，鐮刀二張，鈎鐮三枝，撓鈎八枝，戰箭三百枝，快鈀四張，挑刀二張，籐牌二面，牌刀一口，挨牌四面，木槍八枝，火罐八十箇，火箭十匣，火筒十箇，火磚十箇，火號十枝，火籠十枝，木火桶八箇，三角釘三百箇，綿簾七張，灰包四十箇，金龍大纛一面，什長旗五面，埸纛一面，蜈蚣旗一條，衝風旗一面，得勝旗一面，禡祖旗一面，桅尾旗三面。又第二號艍船一隻，配生鐵礮六位，砂礮四門，班鳩礮四門，琵琶鎗六門，封口六百箇，羣子三千箇，黑鉛四十斤，火藥一百斤，犂頭鏢四十枝，斗鏢八枝，鐮刀一張，鈎鐮三枝，撓鈎八枝，戰箭二百枝，快鈀四張，挑刀二張，木槍八枝，籐牌二面，火罐五十箇，火箭六匣，火筒六箇，火磚六箇，火號十枝，火籠六枝，木火桶六箇，三角釘二百箇，綿簾五張，灰包三十箇，金龍大纛一面，什長旗五面，揚纛一面，蜈蚣旗一條，衝風旗一面，得勝旗一面，禡祖旗一面，桅尾旗三面。又第一號急跳槳船一隻，配砂礮四門，斑鳩礮一門，鉛彈五百箇，火藥六十一斤，火箭一匣，火罐八箇，火磚八箇，撓鈎四枝，灰包十箇，鐵蒺藜八十箇，鈎鐮一枝，快鈀二張，馬鎈一把，木槍五枝，竹篙槍六枝，金龍大纛一面，什長旗二面，揚纛一面，蜈蚣旗一條，桅尾旗二面。又入額第一號快槳船一隻，配河塘礮一門，斑鳩礮一門，鉛彈二百箇，火藥九十二斤八兩，火箭一匣，火罐八箇，火磚八箇，撓鈎四枝，灰包十箇，鐵蒺藜八十箇，鈎鐮一枝，快鈀二張，馬鎈一把，木槍五枝，竹篙槍六枝，金龍大纛一面，什長旗二面，揚纛一面，蜈蚣旗一條，桅尾旗二面。又第二號快槳船一隻，配砂礮二門，河塘礮一門，斑鳩礮二門，鉛彈五百箇，鐵砂五十斤，火藥六十一斤，火箭一匣，火罐八箇，火磚八箇，撓鈎四枝，灰包十箇，鐵蒺藜八十箇，鈎鐮一枝，快鈀二張，馬鎈一把，木槍五枝，竹篙槍六枝，金龍大纛一面，什長旗二面，揚纛一面，蜈蚣旗一條，桅尾旗二面。又第三號快槳船一隻，配河塘礮四門，斑鳩礮一門，鉛彈五百箇，鐵砂三斤，火藥八十三斤九兩，火箭一匣，火罐八箇，火磚八箇，撓鈎四枝，灰包十箇，鐵蒺藜八十箇，鈎鐮一枝，快鈀二張，馬鎈一把，木槍五枝，竹篙槍六枝，金龍大纛一面，什長旗二面，揚纛一面，蜈蚣旗一條，桅尾旗二面。

又《江南省各營額設戰船並配船軍械數目》　京口水師左營，額設第一、第二、第三、第四號海哨船四隻。每船水兵十七名。配鳥鎗四杆，籐牌四面，牌刀四口，雙手帶刀四口，挑刀五口，戰被五條，火箭箱九隻，大火箭四十五枝，窩蜂箭八十一枝，羣虎箭五十四枝，五虎箭四十五枝，追魂鏢六枝，五虎骲頭九枝，追魂骲頭六枝，噴筒二十三箇，噴彈二十三箇，火罐三十四箇，溜筒五箇，西瓜礮九箇。又第五號海哨船一隻，水兵十七名。配鳥鎗五杆，籐牌四面，牌刀四口，雙手帶刀四口，挑刀四口，戰被四條，火箭箱九隻，大火箭四十五枝，窩蜂箭八十一枝，羣虎箭五十四枝，五虎箭四十五枝，追魂鏢六枝，五虎骲頭九枝，追魂骲頭六枝，噴筒二十二箇，噴彈二十二箇，火罐三十四箇，溜筒四箇，西瓜礮九箇。又第六、第七號海哨船二隻，每船水兵十八名。配鳥鎗五杆，籐牌四面，牌刀四口，雙手帶刀五口，挑刀四口，戰被四條，火箭箱九隻，大火箭四十五枝，窩蜂箭八十一枝，羣虎箭五十四枝，五虎箭四十五枝，追魂鏢五枝，五虎骲頭九枝，追魂骲頭五枝，噴筒二十二箇，噴彈二十二箇，火罐三十三箇，溜筒四箇，西瓜礮九箇。又第八號海哨船一隻，水兵十八名。配鳥鎗五杆，籐牌五面，牌刀五口，雙手帶刀四口，挑刀四口，戰被四條，火箭箱九隻，大火箭四十五枝，窩蜂箭八十一枝，羣虎箭五十四枝，五虎箭四十五枝，追魂鏢五枝，五虎骲頭九枝，追魂骲頭五枝，噴筒二十二箇，噴彈二十二箇，火罐三十四箇，溜筒四箇，西瓜礮九箇。又第二、第三、第五、第七號吧唬船四隻，每船陸兵五名，配大刀五口。又第一、第二、第三、第四、第五、第六號快哨船六隻，每船陸兵五名，配大刀五口。以上吧唬、快哨各船，係千把外委專管，帶領巡兵十名，隨帶本身器械。

京口水師右營，額設第一、第二、第三、第四號海哨船四隻，每船水兵十七名。配鳥鎗四杆，籐牌四面，牌刀四口，雙手帶刀四口，挑刀五口，戰被五條，火箭箱九隻，大火箭四十五枝，窩蜂箭八十一枝，羣虎箭五十四枝，五虎箭四十五枝，追魂鏢六枝，五虎骲頭九枝，追魂骲頭六枝，噴筒二十三箇，噴彈二十三箇，火罐三十四箇，溜筒五箇，西瓜礮九箇。

高資營額設第一、第二、第三、第四、第五、第六、第七、第八號頭號商船八隻，每船配水兵三十名，磨盤礮一位，發熕礮二位，百子礮八位，鳥鎗五杆，火藥一百斤，大小鐵子六百六十箇，鉛子二十斤，戰被二條。又第一、第二、第三、第四、第五、第六、第七、第八號三號商船八隻，每船配水兵二十四名，磨盤礮一位，發熕礮一位，百子礮八位，鳥鎗五杆，火藥八十斤，大小鐵子六百箇，鉛子二十斤，戰被二條。又第一、第二、第三、第四、第五、第六號海哨船六隻，每船配水兵十六名，百子礮五位，鳥鎗五杆，火藥五十斤，鐵子三百箇，鉛子二十斤，戰被二條。

廟灣營額設第一、第二號哨船二隻，每船派遊擊一員，守備一員，千把總按季輪駕，水兵各十六名，每兵配號帽褂一頂件，腰刀各一口。每船另配雙手帶刀八把，挑刀八口，馬鎈一把，柳葉槍一杆，鉤鐮槍一杆，單天戟一把，百子礮十位，鐵子八斤，大火箭四匣，窩蜂箭二匣，羣虎箭二匣，五虎箭八枝，五虎骲頭箭八枝，火鏢箭五枝，火鏢骲頭箭五枝，噴筒十五箇，噴彈十五箇，竹溜筒三箇，火罐三十二箇，戰被二條。又第三號沙船一隻，派遊擊一員，守備一員，水兵二十二名，每兵配號帽褂一頂，件腰刀一口。另配雙手帶刀十一把，挑刀十一口，鉤鐮槍二杆，繚刀二把，陰鏟一把，陽鏟一把，百子礮十位，鐵子八斤，大火箭四匣，窩蜂箭二匣，羣虎箭二匣，五虎箭八枝，五虎骲頭箭八枝，火鏢箭五枝，火鏢骲頭箭五枝，噴筒二十箇，噴彈二十箇，竹溜筒六箇，火罐五十箇，戰被二條。又額設第一號唬船一隻，派千總一員，把總一員，外委千把二員，帶陸路兵六名，每兵配號帽褂腰刀各一副，另配花鉤二把。又第二、第三號唬船二隻，派千總一員，外委千把一員，額外外委一員，帶陸路兵六名，每兵配號帽褂腰刀各一副，另配鉤鐮槍各一杆。

佃湖營額設第二號沙船一隻，派都司一員，把總一員，帶水兵十四名，每兵配號帽褂一頂件。另配鉞斧二把，鉞鏟二把，繚刀二把，野錨鎈八十根，百子礮十位，鐵子八斤，大火箭二十五枝，窩蜂箭四十枝，羣虎箭二十五枝，五虎箭五枝，五虎骲頭箭五枝，噴筒六箇，噴彈十二箇，竹溜筒二箇，西瓜礮五位，火罐十七箇，戰被一條。又四號沙船一隻，派都司一員，把總一員，帶水兵十四名，每兵配號帽褂一頂件。另配陽淌二把，鉞斧二把，鉞鏟二把，鉤鐮槍二杆，標槍八十根，百子礮十位，鐵子八斤，大火箭二十五枝，窩蜂箭四十枝，羣虎箭二十五枝，五虎箭五枝，五虎骲頭箭五枝，噴筒六箇，噴彈十二箇，竹溜筒二箇，西瓜礮五箇，火罐十七箇，戰被一條。又第一號唬船一隻，派都司一員，把總一員，帶水兵六名，每兵配號帽褂一頂件。另配棄槍三十杆，百子礮五位，鐵子三斤，大火箭十五枝，五虎骲頭箭三枝，噴筒四箇，噴彈八箇，竹溜筒二箇，西瓜礮二箇，火罐十二箇，戰被一條。又第一號巡船一隻，派都司一員，把總一員，帶水兵四名，每兵配號帽褂一頂件。另配棄槍三十杆，百子礮三位，鐵子二斤八兩，大火箭六枝，窩蜂箭八枝，羣虎箭七枝，五虎箭十枝，五虎骲頭箭二枝，噴筒二箇，噴彈四箇，竹溜筒一箇，西瓜礮二箇，火罐八箇。

鹽城營額設第一號沙船一隻，遊擊守備，輪駕出洋，派水兵十四名，每名配鳥鎗一杆，鉞斧一把，鉤鐮槍二把，繚刀二把，方天戟二把，長柄斧二把，大火箭二匣，竹溜筒二箇，窩蜂箭一匣，羣虎箭一匣，五虎箭四枝，五虎骲頭箭四枝，西瓜礮四箇，噴彈十箇，噴筒十箇，火罐十五箇，磨盤礮一位，戰被一條。又第一、第二號快船二隻，委官弁座駕出洋。每船派水兵十二名，每名配鳥鎗一杆鐵斧一把，鈎鐮槍、繚刀、方天戟、長柄斧、花鈎各二把，大火箭二匣，竹溜筒二箇，窩蜂箭一匣，羣虎箭一匣，五虎箭四枝，五虎髗頭箭四枝，西瓜礮二箇，噴彈十箇，噴筒十箇，火罐十五箇，磨盤礮一位，戰被一條。又第一號唬船一隻，派委官弁坐駕巡哨。派水兵八名，每名配鳥鎗一杆，鐵斧一把，大火箭二匣，竹溜筒二箇，窩蜂箭一匣，羣虎箭一匣，五虎箭四枝，五虎髗頭箭四枝，西瓜礮四箇，噴彈十箇，噴筒十箇，火罐十五箇，磨盤礮一位，戰被一條。又第一、第二、第三、第四號巡船四隻，派委官弁坐駕巡哨，每船派水兵四名，每名配鳥鎗一杆，鉞斧一把，大火箭二匣，竹溜筒二箇，窩蜂箭一匣，羣虎箭一匣，五虎箭四枝，五虎髗頭四枝，西瓜礮四箇，噴彈十箇，噴筒十箇，火罐十五箇，戰被一條。

東海營額設第一、第二號舢船二隻，第三、第四、第五號商船三隻，第六號唬船一隻，第七號沙船一隻，第八、第九號哨船二隻，以上共船九隻，應派官兵及配給器械數目由該營隨時派撥。

提標右營額設哨槳巡船十四隻，每船派撥千把總一員，水手兵八名，弓箭兵二名，鳥鎗兵二名，子母礮一位，礮兵四名，籐牌兵二名，各帶本身器械。外另配火藥五斤，鎗子二十粒，礮子十粒。

用沙營額設第一、第二、第三號大舢船三隻，每船官一員，兵六十名。配紅衣礮一位，磨盤礮一位，子母礮二位，百子礮四門，鐵彈三百箇，大小鐵子五十斤，火箭二十枝，五虎箭十枝，窩蜂箭十枝，羣虎箭十枝，火鏢箭二枝，火鏢髗頭二枝，溜筒二箇，西瓜礮四箇，火罐八箇，鉛彈一百斤，鉛子一百斤，火藥二百斤。又額設第一、第二、第三號放大舢船三隻，第四、第六號大舢船二隻，每船官一員，兵四十名。配紅衣礮一位，磨盤礮一位，子母礮二位，百子礮四門，過山鳥礮二門，鐵子五十斤，火箭二十枝，五虎箭五枝，窩蜂箭五枝，羣虎箭五枝，火鏢箭二枝，火鏢髗頭二枝，溜筒二箇，西瓜礮四箇，火罐八箇，鉛彈一百斤，鉛子一百斤，火藥二百斤，又額設第一、第二、第三、第四、第五號小哨船五隻，每船官一員，兵三十名。配磨盤礮一位，子母礮二位，百子礮二門，過山鳥礮二門，鐵子五十斤，火箭二十枝，五虎箭二枝，窩蜂箭二枝，羣虎箭二枝，火鏢箭二枝，火鏢髗頭二枝，溜筒二箇，西瓜礮四箇，火罐八箇，鉛彈一百斤，鉛子一百斤，火藥二百斤。

南滙營額設大舢船二隻，都司守備二員，每船派水手兵十二名，陸兵十二名，配決勝礮、百子礮、子母礮、火藥、鉛子、鉛彈、鐵彈、鐵子、火箭、窩蜂箭、羣虎箭、蓮蓬箭、噴筒、噴彈、火罐、溜筒、大刀。又額設小哨船四隻，千把外委五員，每船派水手兵八名，陸兵八名，配百子礮、子母礮、火藥、鉛子、鉛彈、鐵彈、鐵子、大刀。又額設二櫓哨船二隻，汛弁坐駕，每船派撥鎗礮、弓箭、籐牌，各兵配給鳥鎗、鉞斧、腰刀、火藥、鉛子角弓、戰箭、箭牌、大刀。

劉河營額設第一、第二、第三、第四號沙船四隻，每船派千把、外委各一員，水手兵十五名，弓箭鳥鎗大礮兵二十五名，各帶本身器械。另配餘箭三十枝，鉛子一百五十粒，發熕礮一位，大鐵彈五十箇，決勝礮一位，中鐵彈一百箇，百子礮八門，小鐵彈二百箇，火藥一百五十二斤，大刀四把。又二櫓哨船二隻，每船配撥水手兵十六名，大刀十六把。

吴淞營額設大號舢船三隻，每船官一員，兵六十名，磨盤礮一位，紅衣礮四位，劈山礮二門，百子礮十六門，鐵彈二百五十箇，羣子五百粒，鉛彈一千八百粒，火藥三百斤，鉛子一百斤，大火箭二箱，窩蜂箭四箱，五虎箭四枝，噴筒六箇，噴彈六箇，火罐十箇，溜筒二箇，釘槍二杆，鈎鐮槍二杆，雙鈎鐮槍二杆，繚風刀二把，大刀四把，攩被一條。又額設大舢船五隻，每船官一員，兵四十四名，磨盤礮一位，紅衣礮二位，劈山礮二位，百子礮十二門，鐵彈一百五十箇，羣子三百粒，鉛彈一千四百粒，火藥一百斤，鉛子一百斤，大火箭二箱，窩蜂箭二箱，噴筒六箇，火罐十箇，溜筒一箇，五虎箭二枝，釘槍二杆，鈎鐮槍二杆，雙鈎鐮槍二杆，繚風刀二把，大刀二把，戰被一條。又額設小哨船五隻，每船官一員，兵三十名，紅衣礮一位，百子礮八位，鐵彈五十箇，羣子一百粒，鉛彈八百箇，火藥一百斤，鉛子一百斤，大火箭一箱，噴筒四箇，火罐四箇，溜筒一箇，大刀二把。

福山營額設第一、第二、第三、第四號沙船四隻，每船派千把總一員，外委一員，水兵十五名，陸兵十五名，各帶本身器械外，另配磨盤礮一位，大鐵彈一百箇，紅衣礮二位，中鐵彈二百箇，百子礮八門，小鐵彈八百箇，火藥五十斤，月牙鏟二把，繚風刀二把，鉞斧二把，鈎鐮槍二把，大刀十五把。

太湖左右二營額設吧唬船十六隻，沙船二隻，大快船六隻，小快船二十隻，槳船十隻，派撥官二十員，內副將一員，都司一員，守備一員，千總四員，把總四員，外委千總二員，外委把總四員，額外外委三員，派水陸兵三百九十五名。配子母礮二位，劈山礮四位，過山鳥礮四位，百子礮三十位，長槍四十杆，腰刀一百八口，鳥鎗一百八十九杆，鉞斧一百八十九把，籐牌一百面，牌刀一百口，角弓一百九十一張，戰箭三千四百三十八枝，喇叭號筒嗩吶二副，戰鼓五十四面，每船大小旗幟各一副。

狼山鎮標中營，第六號唬船一隻，水兵十六名。配鐵磨盤礮一位，百子礮十二位，過山鳥礮二位，鐵子一百出，鐵羣子二百斤，鉛彈二百斤，火藥三百斤，大火箭四匣，窩蜂箭二匣，羣虎箭二匣，五虎箭八枝，五虎䖘頭八枝，追魂鏢箭五枝，追魂鏢䖘頭五枝，噴筒二十箇，噴彈二十箇，火罐三十箇，西瓜礮八箇，竹溜筒四箇，鳥鎗十杆，戰被二條。又第七、第八號唬船二隻，每船水兵十四名，鐵磨盤礮一位，百子礮十二位，過山鳥礮二位，鐵子一百出，鐵羣子二百斤，火藥三百斤，大火箭四匣，窩蜂箭二匣，羣虎箭二匣，五虎箭八枝，五虎䖘頭八枝，追魂鏢箭五枝，追魂鏢䖘頭五枝，噴筒二十箇，噴彈二十箇，火罐三十箇，西瓜礮八箇，竹溜筒四箇，鳥鎗十杆，戰被二條。又第一、第二號小哨船二隻，每船水兵八名，配百子礮八位，過山鳥礮一位，鉛彈一百斤，火藥一百五十斤，大火箭二匣，窩蜂箭一匣，羣虎箭一匣，五虎箭四枝，五虎䖘頭四枝，追魂鏢箭三枝，追魂䖘頭三枝，噴筒十箇，噴彈十箇，火罐十五箇，西瓜礮四箇，竹溜筒二箇，鳥鎗四杆。

狼山鎮標左營第七、第九號唬船二隻，每船水兵十四名，配鐵磨盤礮一位，百子礮十二位，過山鳥礮二位，鐵子一百出，鐵羣子一百出，鉛彈二百斤，火藥三百斤，大火箭四匣，窩蜂箭二匣，五虎箭八枝，羣虎箭二匣，五虎䖘頭八枝，追魂鏢箭五枝，追魂䖘頭五枝，噴筒二十箇，噴彈二十箇，火罐三十箇，西瓜礮八箇，竹溜筒四箇，鳥鎗十杆，戰被二條。又第八號唬船一隻，水兵十六名，配鐵磨盤礮一位，百子礮十二位，過山鳥礮二位，鐵子一百出，鐵羣子一百出，鉛彈二百斤，火藥三百斤，大火箭四匣，窩蜂箭二匣，羣虎箭二匣，五虎箭八枝，五虎䖘頭八枝，追魂鏢箭五枝，追魂䖘頭五枝，噴筒二十箇，噴彈二十箇，火罐三十箇，西瓜礮八箇，竹溜筒四箇，鳥鎗十杆，戰被二條。又第十、第十一、第十二、第十三號小哨船四隻，每船水兵八名。配百子礮八位，過山鳥礮一位，鉛彈一百斤，火藥一百五十斤，大火箭二匣，窩蜂箭一匣，羣虎箭一匣，五虎箭四枝，五虎䖘頭四枝，追魂鏢箭三枝，追魂䖘頭三枝，噴筒十箇，噴彈十箇，火罐十五箇，西瓜礮四箇，竹溜筒二箇，鳥鎗四杆。

狼山鎮標右營第一、第二、第三、第四、第五、第六號大舼船六隻，每船水兵十六名。配鐵磨盤礮一位，百子礮十二位，過山鳥礮二位，鐵子一百出，鐵羣子一百出，鉛彈二百斤，火藥三百斤，大火箭四匣，窩蜂箭二匣，羣虎箭二匣，五虎箭六枝，五虎䖘頭六枝，噴筒十六箇，噴彈十六箇，火罐二十四箇，西瓜礮六箇，竹溜筒三箇，鳥鎗八杆，戰被二條。又第八、第九、第十、第十一號唬船四隻，每船水兵十四名。配鐵磨盤礮一位，百子礮十二位，過山鳥礮二位，鐵子一百出，鐵羣子一百出，鉛彈二百斤，火藥三百斤，大火箭四匣，窩蜂箭二匣，羣虎箭二匣，五虎箭六枝，五虎䖘頭六枝，追魂鏢箭五枝，追魂䖘頭五枝，噴筒十六箇，噴彈十六箇，火罐二十四箇，西瓜礮六箇，竹溜筒三箇，鳥鎗八杆，戰被二條。又第十二、第十三、第十四、第十五號哨船四隻，每船水兵七名。配百子礮八位，鉛彈一百斤，火藥一百斤，大火箭二匣，五虎箭二枝，五虎䖘頭二枝，追魂鏢箭三枝，追魂䖘頭三枝，噴筒十箇，噴彈十箇，火罐十五箇，西瓜礮五箇，竹溜筒一箇，鳥鎗三杆。

掘港營額設第一、第二、第三號唬船三隻，每船輪派都司一員，把總一員，水兵十四名，腰刀各一口。配磨盤礮一位，百子礮七位，火箭四匣，窩蜂箭二匣，羣虎箭二匣，五虎箭八枝，五虎䖘頭八枝，追魂鏢箭五枝，追魂䖘頭五枝，噴筒二十箇，噴彈二十箇，火罐三十箇，竹溜筒四箇，西瓜礮四箇，火藥一百五十斤，大鐵子二百粒，羣子一千三百粒，花鈎、撬鋋、馬鋋、鈎鐮槍、繚刀、月鏟、木杆槍各二把，竹竿槍十杆，又過山鳥礮一位，三船通用。

蘇松鎮標中左右奇四營，額設大號舼船十二隻，每船官一員，兵六十名。配磨盤礮一位，紅衣礮四位，劈山礮二門，百子礮十六門，鐵彈二百五十箇，羣子五百粒，鉛彈一千八百粒，火藥三百斤，鉛子一百斤，大火箭二箱，窩鋒羣虎箭四箱，五虎箭四枝，噴筒六箇，噴彈六箇，火罐十箇，溜筒二箇，釘鎗二杆，鈎鐮槍二杆，雙鈎鐮槍二杆，繚風刀二把，大刀四把，攩被一條。又沙船四隻，官一員，兵五十名。配磨盤礮一位，紅衣礮二位，百子礮十二門，鐵彈一百五十箇，羣子三百粒，鉛彈一千二百粒，火藥二百斤，鉛子一百斤，大火箭一箱，窩蜂箭一箱，五虎箭二枝，噴筒六箇，火罐六箇，溜筒一箇，釘槍二杆，鈎鐮槍二杆，雙鈎鐮槍二杆，繚風刀二把，大刀二把，戰被二條。又大舼船三十四隻，每船官一員，兵四十四名。配磨盤礮一位，紅衣礮二位，劈山礮二門，百子礮十二門，鐵彈一百五十箇，羣子三百粒，鉛彈一千四百箇，火藥一百斤，鉛子一百斤，大火箭二箱，窩蜂羣虎箭二箱，噴筒六箇，火罐十箇，溜筒一箇，五虎箭二枝，釘槍二杆，鈎鐮槍二枝，雙鈎鐮槍二杆，繚風刀二把，大刀二把，戰被一條。又小哨船三十二隻，每船官一員，兵三十名，配紅衣礮一位，百子礮八門，鐵彈五十箇，羣子一百粒，鉛彈八百箇，火藥一百斤，鉛子一百斤，大火箭一箱，噴筒四箇，火罐四箇，溜筒一箇，大刀二把。

董誥《欽定軍器則例》卷二四《水師・廣東省各營額設戰船並配船軍械數目》　督標中營額設第三號內河急跳船一隻，配兵十五名，大纛一副，母子砂礮一門，鉛封口彈子一百顆，鉛羣子五百顆，火藥三斤，扁刀四張，快鈀四枝，竹篙槍六枝，鈎鐮二把，銅鑼一面，鼓一面，桅旗一面。

督標左營，額設第五號内河急跳船一隻，配兵十五名，大纛一副，母子砂礮三門，鉛封口彈子三百顆，鉛羣子一千五百顆，火藥三斤，扁刀四張，快鈀四枝，竹篙槍六枝，鈎鐮二把，銅鑼一面，鼓一面，桅旗一面。又入額第一號内河槳船一隻，配兵十名，大纛一副，母子砂礮一門，鉛封口彈子一百顆，鉛羣子五百顆，馬叉二把，挑刀二張，籐牌四面，牌刀四口，鈎鐮一把，桅旗一面。

督標右營，額設第七號内河急跳船一隻，配兵十五名，大纛一副，母子砂礮三門，鉛封口彈子三百顆，鉛羣子一千五百顆，火藥五斤，扁刀四張，快鈀四枝，竹篙槍六枝，鈎鐮二把，銅鑼一面，鼓一面，桅旗一面。又入額第三號内河槳船一隻，配兵十名，大纛一副，母子砂礮一門，鉛封口彈子一百顆，鉛羣子五百顆，火藥五斤，馬叉二把，籐牌二面，牌刀二口，竹篙槍三枝，鈎鐮一把，桅旗一面。

督標前營，額設第一、第六號内河急跳船二隻，每隻配兵十五名，大纛一副，母子砂礮二門，鉛封口彈子二百顆，鉛羣子一千顆，火藥三斤，扁刀四張，快鈀四枝，竹篙槍六枝，鈎鐮二把，銅鑼一面，鼓一面，桅旗一面。又入額第二號内河槳船一隻，配兵十名，大纛一副，河塘礮一門，鉛封口彈子一百顆，鉛羣子五百顆，火藥三斤，籐牌二面，牌刀二口，竹篙槍四枝，桅旗一面。

督標後營，額設第二號内河兩櫓槳船一隻，配兵二十名，大纛一副，母子砂礮三門，鉛封口彈子三百顆，鉛羣子一千五百顆，火藥四斤，扁刀六張，快鈀六枝，竹篙槍十枝，鈎鐮四把，銅鑼一面，鼓一面，桅旗一面。又額設第四號内河急跳船一隻，配兵十五名，大纛一副，母子砂礮二門，鉛封口彈子二百顆，鉛羣子一千顆，火藥三斤，扁刀四張，快鈀四枝，竹篙槍六枝，鈎鐮二把，銅鑼一面，鼓一面，桅旗一面。又入額第四號内河槳船一隻，配兵十名，大纛一副，河塘礮一門，鉛封口彈子一百顆，鉛羣子五百顆，火藥三斤，馬叉一把，籐牌二面，牌刀二口，竹篙槍三枝，鈎鐮二把，桅旗一面。

督標水師營，額設第一號巡船一隻，配砂礮三門，河塘礮一門，鉛封口彈子四百顆，鉛羣子二千顆，火藥十斤，馬叉六把，鈎鐮一把，扁刀二張，長槍四杆，木牌六面。又第二、第七、第八、第九、第十二號巡船五隻，每隻配砂礮四門，鉛封口彈子四百顆，鉛羣子二千顆，火藥十斤，馬叉六把，鈎鐮一把，扁刀二張，長槍四杆，木牌六面。又第三、第五、第六、第十、第十四、第十七、第十九號巡船七隻，每隻配河塘礮四門，鉛封口彈子四百顆，鉛羣子二千顆，火藥十斤，馬叉六把，鈎鐮一把，扁刀二張，長槍四杆，木牌六面。又第四、第十一、第十三、第十五號巡船四隻，每隻配砂礮二門，河塘礮二門，鉛封口彈子四百顆，鉛羣子二千顆，火藥十斤，馬叉六把，鈎鐮一把，扁刀二張，長槍四杆，木牌六面。又第十六、第十八、第二十號巡船三隻，每隻配砂礮一門，河塘礮三門，鉛封口彈子四百顆，鉛羣子二千顆，火藥十斤，馬叉六把，鈎鐮一把，扁刀二張，長槍四杆，木牌六面。

撫標左營，額設第一號巡船一隻，配官一員，兵三十名，砂礮五位，黑鉛四十四斤十五兩，火藥二十五斤十五兩，月牙槍十二枝，挑刀六把，木槍十枝，鈎矛六枝，鈎挽四枝，鈎鐮四枝，木牌二面，火藥罐十三筒。又額設第三號巡船一隻，配官一員，兵三十名，砂礮五位，黑鉛三十四斤一兩五錢，火藥二十斤十兩，月牙槍十枝，挑刀六把，木槍八枝，鈎矛六枝，鈎鐮四枝，鈎挽四枝，木牌二面，火藥罐十箇。

撫標右營額設第二號巡船一隻，配官一員，兵三十名，砂礮一位，河塘礮四位，黑鉛三十四斤一兩五錢，火藥二十斤十兩，木槍十枝，竹槍十枝，快鈀十枝，鈎鐮四枝，木牌二面，挑刀三把，火藥罐十六箇。又額設第四號巡船一隻，配官一員，兵三十名，砂礮一位，河塘礮四位，黑鉛三十四斤一兩五錢，火藥二十斤十兩，木槍十枝，竹槍十枝，快鈀十枝，鈎鐮四枝，木牌二面，挑刀三把，火藥罐十六箇。

水師提標中營，額設第一號内河巡船一隻，配官一員，兵十六名，河塘礮五門，鉛礮子六百顆，火藥一百斤，鐵砂七十八斤二兩，快鈀九枝，木槍十枝，竹篙槍二十枝，牌刀四口，火罐十箇，火箭十枝，火磚十箇，灰包二十箇，鐵撓鈎六枝，五彩綢圖一面，什長旗五面，黄布揚圖一面，蜈蚣旗一面。又入額第五號内河巡船一隻，配官一員，兵十四名，斑鳩礮二門，鉛礮子三百顆，火藥六十斤，鐵砂十三斤，竹篙槍四枝，牌刀二口，火罐五箇，火箭五枝，火磚五箇，灰包十箇，鐵撓鈎四枝，五彩綢圖一面，什長旗二面，黄布揚圖一面，蜈蚣旗一面。又入額第六號内河巡船一隻，配官一員，兵十六名，砂礮二門，斑鳩礮一門，鉛礮子三百顆，火藥四十斤，竹篙槍四枝，牌刀二口，火罐五箇，火箭五枝，火磚五箇，灰包十箇，鐵撓鈎四枝，五彩綢圖一面。什長旗二面，黄布揚圖一面，蜈蚣旗一面。又入額第七號内河巡船一隻，配官一員，兵十六名，河塘礮三門，鉛礮子三百顆，火藥六十斤，快鈀六枝，牌刀四口，火罐五箇，火磚五箇，火箭五枝，灰包十箇，鐵撓鈎四枝，五彩綢圖一面，什長旗一面，黄布揚圖一面，蜈蚣旗一面。又入額第九號内河巡船一隻，配官一員，兵十四名，砂礮二門，斑鳩礮一門，鉛礮子三百顆，火藥六十斤，木槍十枝，快鈀四枝，竹篙槍九枝，牌刀四口，火罐五箇，火箭五枝，火磚五箇，灰包十箇，鐵撓鈎四枝，五彩綢圖一面，什長旗二面，黃布揚圖一面，蜈蚣旗一面。

水師提標左營，額設第二號内河巡船一隻，配官一員，兵十四名，砂礮一門，河塘礮二門，斑鳩礮一門，封口鉛彈四百顆，羣子二千顆，三眼鎗一杆，火藥四十斤，火罐五箇，火箭一匣，火磚五箇，灰包十箇，撓鈎四枝，鈎鐮二枝，木槍四枝，馬叉四枝，竹篙六枝。又額設第四號内河巡船一隻，配官一員，兵十六名，河塘礮二門，砂礮一門，斑鳩礮二門，鉛礮子五百顆，火藥八十斤，鐵砂七十六斤八兩，火罐五箇，火箭一匣，火磚五箇，灰包十箇，撓鈎四枝，木槍十三枝，竹篙槍十枝，快鈀十一枝，三眼鎗一杆，牌刀六口，鈎鐮二枝。又額設第五號内河巡船一隻，配官一員，兵十七名，生鐵礮一位，河塘礮二門，斑鳩礮一門，封口鐵彈一百顆，窩蜂子五百顆，封口鉛彈四百顆，羣子二千顆，三眼鎗一杆，火藥七十斤，火磚五箇，火箭一匣，火罐五箇，灰包十箇，撓鈎四枝，鈎鐮四枝，木槍十枝，竹篙四枝，馬叉六枝。又入額第二號内河巡船一隻，配官一員，兵十三名，砂礮一門，河塘礮一門，鉛礮子三百顆，三眼鎗一杆，火藥六十斤，鐵砂五斤，火箭一匣，火罐五箇，灰包十箇，火磚五箇，撓鈎六枝，木槍十二枝，快鈀二枝，竹篙槍十枝，牌刀二口，斬馬刀一張。又入額第三號内河巡船一隻，配官一員，兵十四名，砂礮一門，河塘礮一門，斑鳩礮二門，鉛礮子四百顆，三眼鎗一杆，火藥五十斤，火箭一匣，火罐五箇，灰包十箇，火磚五箇，撓鈎四枝，竹篙槍九枝，木槍六枝，快鈀四枝，斬馬刀二張。

水師提標右營，額設第三號内河巡船一隻，配官一員，兵二十名，砂礮二門，河塘礮二門，斑鳩礮一門，鉛礮子五百顆，鐵砂三十斤，火藥九十斤，木槍八枝，竹篙槍六枝，鐵撓鈎六枝，快鈀八枝，大刀二張，火罐十箇，火箭十枝，火磚十箇，灰包二十箇。又入額第一號内河巡船一隻，配官一員，兵十六名，砂礮一門，河塘礮二門，鉛礮子三百顆，鐵砂二十九斤十四兩，火藥六十斤，火罐五箇，火箭五枝，火磚五箇。又入額第四第八號内河巡船二隻，每隻配官一員，兵十六名，砂礮一門，河塘礮一門，斑鳩礮二門，鉛礮子四百顆，火藥五十斤，木槍五枝，竹篙槍九枝，快鈀四枝，斬馬刀二張，鐵撓鈎四枝，火罐五箇，火箭五枝，火磚五箇，灰包十箇。

水師提標前營，額設第一號巡船一隻，配兵十四名，斑鳩礮一門，馬叉八張，船尾刀八張，虎牙刀三張，竹篙槍二十六枝，長槍二杆，挑刀六張，籐牌七面，牌刀一口，火藥五斤，鉛子一百顆，火箭八枝，火罐八箇，灰包十五箇，撓鈎六枝。又第二、第三號巡船二隻，每隻配兵十四名，斑鳩礮一門，馬叉八張，船尾刀八張，虎牙刀三張，竹篙槍二十六枝，長槍三杆，挑刀五張，籐牌七面，牌刀一口，火藥五斤，鉛子一百顆，火箭八枝，火磚八箇，火罐八箇，灰包十五箇，撓鈎六枝。又第四、第五號巡船二隻，每隻配兵十四名，斑鳩礮一門，馬叉八張，船尾刀八張，虎牙刀三張，竹篙槍二十六枝，長槍二杆，挑刀五張，籐牌六面，牌刀一口，火藥五斤，鉛子一百顆，火箭八枝，火磚八箇，火罐八箇，灰包十五箇，撓鈎六枝。又第六、第七、第八、第九、第十號巡船五隻，每隻配兵十四名，斑鳩礮一門，馬叉八張，船尾刀八張，虎牙刀三張，竹篙槍二十六枝，長槍二杆，挑刀五張，籐牌六面，牌刀一口，火藥五斤，鉛子一百顆，火箭七枝，火磚七箇，火罐七箇，灰包十五箇，撓鈎六枝。

水師提標後營，額設第一號巡船一隻，配外委一員，兵二十五名，河塘礮六位，砂礮三位，火藥五十斤，鐵砂十二斤，黑鉛三十斤，九龍箭九枝，五虎箭五枝，火罐十箇，火磚十箇，灰包十箇，噴筒五箇，火號箭十枝，快鈀十四枝，綠綢大圖一面，黃布横圖一面，蜈蚣旗一條，順風旗一面，大小花旗三面，撓鈎四枝。又第二號巡船一隻，派撥兵丁十九名，河塘礮九位，火藥四十斤，黑鉛十斤，鐵砂十斤，九龍箭九枝，五虎箭五枝，火罐十箇，火磚十箇，灰包十箇，噴筒五箇，火號箭十枝，快鈀十二枝，綠綢大圖一面，黃布横圖一面，蜈蚣旗一條，順風旗一面，大小花旗三面，撓鈎四枝。又第三號巡船一隻，派撥兵丁十三名，河塘礮七位，火藥三十斤，黑鉛二十斤，鐵砂七斤，九龍箭九枝，五虎箭五枝，火罐十箇，火磚十箇，灰包十箇，噴筒五箇，火號箭十枝，快鈀十枝，綠綢大圖一面，黃布横圖一面，蜈蚣旗一條，順風旗一面，大小花旗三面，撓鈎四枝。又第四號巡船一隻，派撥兵丁十四，名河塘礮七位，火藥三十斤，黑鉛十斤，鐵砂七斤，九龍箭九枝，五虎箭五枝，火罐十箇，火磚十箇，灰包十箇，噴筒五箇，火號箭十枝，快鈀十枝，綠綢大圖一面，黃布横圖一面，蜈蚣旗一條，順風旗一面，大小花旗三面，撓鈎四枝。又第五號巡船一隻，派撥兵丁十三名，河塘礮七位，火藥三十斤，黑鉛二十斤，鐵砂八斤，九龍箭九枝，五虎箭五枝，火罐十箇，火磚十箇，灰包十箇，噴筒五箇，火號箭十枝，快鈀十枝，綠綢大圖一面，黃布横圖一面，蜈蚣旗一條，順風旗一面，大小花旗三面，撓鈎四枝。第六號巡船一隻，派撥兵丁十五名，河塘礮六位，砂礮一位，火藥三十斤，黑鉛二十斤，鐵砂六斤，九龍箭九枝，五虎箭五枝，火罐十箇，火磚十箇，灰包十箇，噴筒五箇，火號箭十枝，快鈀十枝，緑綢大圖一面，黄布横圖一面，蜈蚣旗一條，順風旗一面，大小花旗三面，撓鈎四枝。又第七號巡船一隻，派撥兵丁十三名，河塘礮五位，火藥三十斤，黑鉛二十斤，鐵砂五斤，九龍箭九枝，五虎箭五枝，火罐十箇，火磚十箇，灰包十箇，噴筒五箇，火號箭十枝，快鈀十枝，緑綢大圖一面，黄布横圖一面，蜈蚣旗一條，順風旗一面，大小花旗三，面撓鈎四枝。又入額第一號巡船一隻，派撥兵丁十四名，河塘礮七位，火藥三十斤，黑鉛二十斤，鐵砂十斤，九龍箭九枝，五虎箭五枝，火罐十箇，火磚十箇，灰包十箇，噴筒五箇，火號箭十枝，快鈀十枝，緑綢大圖一面，黄布横圖一面，蜈蚣旗一條，順風旗一面，大小花旗三面，撓鈎四枝。又第二號巡船一隻，派撥兵丁十四名，河塘礮七位，火藥三十斤，黑鉛二十斤，鐵砂七斤，九龍箭九枝，五虎箭五枝，火罐十箇，火磚十箇，灰包十箇，噴筒五箇，火號箭十枝，快鈀十枝，緑綢大圖一面，黄布横圖一面，蜈蚣旗一條，順風旗一面，大小花旗三面，撓鈎四枝。又第三號巡船一隻，派撥兵丁十七名，河塘礮七位，火藥三十斤，黑鉛二十斤，鐵砂八斤，九龍箭九枝，五虎箭五枝，火罐十箇，火磚十箇，灰包十箇，噴筒五箇，火號箭十枝，快鈀十枝，緑綢大圖一面，黄布横圖一面，蜈蚣旗一條，順風旗一面，大小花旗三面，撓鈎四枝。又第四號巡船一隻，派撥兵丁十四名，河塘礮七位，火藥三十斤，黑鉛二十斤，鐵砂十斤，九龍箭九枝，五虎箭五枝，火罐十箇，火磚十箇，灰包十箇，噴筒五箇，火號箭十枝，快鈀十枝，緑綢大圖一面，黄布横圖一面，蜈蚣旗一條，順風旗一面，大小花旗三面，撓鈎四枝。又第五號巡船一隻，派撥兵丁十二名，河塘礮五位，火藥三十斤，黑鉛十斤，鐵砂五斤，九龍箭九枝，五虎箭五枝，火罐十箇，火磚十箇，灰包十箇，噴筒五箇，火號箭十枝，快鈀十枝，緑綢大圖一面，黄布横圖一面，蜈蚣旗一條，順風旗一面，大小花旗三面，撓鈎四枝。又第六號巡船一隻，派撥兵丁十二名，河塘礮五位，火藥三十斤，黑鉛十二斤，鐵砂四斤，九龍箭九枝，五虎箭五枝，火罐十箇，火磚十箇，灰包十箇，噴筒五箇，火號箭十枝，快鈀八枝，緑綢大圖一面，黄布横圖一面，順風旗一面，蜈蚣旗一條，大小花旗三面，撓鈎四枝。

明亮、納蘇泰等《欽定中樞政考》卷二二《軍器出京給門票》 外省官員差人置買盔甲等項軍器，用印文投部，方准購買，兵部仍給印票，令守門官驗實放行。如無印票，即係私買，守門官盤獲，呈解兵部，轉送刑部議罪。如無印票，將軍器私行放出者，將城門領城門吏、門千總，均照例議處，領催兵丁，照例鞭責。例載《處分則例·關禁門》。

陳述祖、李北山《揚州營志》卷八《軍器志》 按前明揚州衛貯局軍器共七萬二千九百件，後經裁存軍儲倉屬之有司，而國初揚營甲械，則載諸演武堂碑，今多銷廢。迨雍正間，酌留公糧，修造各項軍火。凡從前應行捐備之費，悉爲蠲免。嗣後裁除公糧，歸於公費項下修製。誠體卹戎行，紓徐兵困之善策也。

揚州營：

鐵盔二十頂，

鐵甲二十身，

棉甲五百身，

號衣一千件，

弓矢五十副，

長鎗五百桿，

腰刀一百口，

旗幟一十隊，

大砲四十位，

三眼鎗三十五桿，

鳥鎗六十五桿，

砲藥二千斤，

鉛子鐵子額半，

行營帳房二百具，以上俱順治初年額存。

鐵盔一百六十頂，

鐵甲一百六十身，

棉盔二百四十頂，

棉甲二百四十身，

角弓三百六十五張，

箭一萬七百九十矢，

長鎗二百一十三桿，

三眼鎗三十四桿，

鳥鎗二十桿，

腰刀六百五十口，以上俱順治八年九月至十六年十月陸續奉漕撫檄發，自淮局領來。

棉布盔甲四百副。以上俱順治十一年整飭，淮揚海防兵備道自製發來。

右各項內於順治十四年十二月，奉調防崇兵丁帶去鐵盔甲四十頂身，棉盔甲一百六十頂身，角弓七十七張，箭二千三百一十矢，長鎗七十八桿，三眼鎗三十九桿，鳥鎗六桿，腰刀二百口。又十六年六月，官兵禦勦海寇，在嘶馬鎮射去箭一千一百九十六矢，口岸鎮射去箭四百七十三矢，三岔河射去箭二百一十三矢。又十七年四月，奉憲提取炸損三眼鎗一十三桿，鳥鎗一桿。其餘軍械銷毀改撥，年案無稽，所存詳後：

鐵盔四百一十七頂，

鐵甲五十身，

棉盔九十六頂，內俱康熙二十八年奉兌鐵盔，在江都縣保場倉堆貯，京鎮左路裁存內領來。

棉甲四百二十八身，內三十五身係康熙二十八年奉兌鐵甲。

角弓二百四十七張，

箭八千六百二十枝，

長鎗一百五十桿，內俱順治十六年各兵自備應用。

大刀一口，

腰刀四百五十四口，

鳥鎗一百四十六桿，內原存六十五桿，雍正二年捐造七十桿，五年捐造一十桿，七年捐造一桿。

三眼鎗三十五桿，

威遠砲八位，

子母砲二位，內各子砲五個，俱雍正三年奉文自江南都使司衙門領來。

百子砲五位，

班鳩砲二位，

行營砲一位，內係便益門外高橋河內撈獲。

鐵子一百八十斤，

鉛子一百三十斤四兩，

火藥一千二百六十八斤八兩，

大旗一十八面，內四面康熙二十七年捐製，一十四面續後添製。

小旗七十面，

五方神旗五面，

金鼓旗四面，

銅鑼鍋三十口，內俱康熙二十七年捐置。

布帳房四十四頂，內俱康熙二十七年捐置。以上各項，自康熙間至雍正七年以前，揚營額存。

腰刀二口，

鳥鎗一桿，以上俱康熙二十二年徽營裁兵帶來。

鐵盔二頂，

棉盔三頂，內俱康熙二十八年奉兌鐵盔。

皮盔一頂，內係康熙二十八年奉兌鐵盔。

鐵甲一身，

棉甲五身，

角弓一張，

箭一十六枝，

長鎗一桿，

腰刀六口，

鳥鎗一桿，

三眼鎗三桿，以上俱康熙二十三年崇標裁兵帶來。

鐵盔一百三十八頂，

棉盔六十四頂，內俱康熙二十八年奉兌鐵盔。

皮盔三十四頂，內俱康熙二十八年奉兌鐵盔。

鐵甲三十身，

棉甲二百六身，內三十六身保康熙二十八年奉兌鐵甲。

角弓九十八張，

箭二千七十枝，

長鎗二十二桿，

大刀二十七口，

腰刀二百八口，

鳥鎗四十五桿，

三眼鎗三十二桿，
行營砲四位，
大旗四面，
小旗二十面，
布帳房一十四頂，以上俱康熙二十五年京鎮右路裁兵帶來。

右各項内，至雍正初，共銷去鐵盔三十五頂，棉甲三身，長鎗一百一十三桿，腰刀二十一口，三眼鎗一桿，帳房一十四頂，年案無稽。又於二年，奉文京口將軍標撥去火藥七百斤。五年，南匯營裁兵帶去鐵盔二頂，棉甲二身，腰刀二口，鳥鎗一桿。五、七兩年，奉文江寧、京口二協撥去火藥五百六十八斤八兩。七年，奉文蘇州軍火局撥去子母砲一位，班鳩砲二位。十年，改去馬兵鐵盔六十五頂，鐵甲六十五身，又奉文江南河標新設中營撥去威遠砲五位。十一年，改去步兵鐵盔一百頂，鐵甲八十七身，鳥鎗八十桿。十二年，改去鳥鎗一百二十桿，又銷去帳房一十七頂，折去二十七頂。十三年，改去腰刀六百四十七口。乾隆元年，改去步兵鐵盔一百頂。二年改去鎗兵鐵盔二百五十頂，棉甲三百七十五身，又銷去角弓三百四十六張，大旗二十二面，小旗九十面。三年，銷去箭一萬七百六枝鏃，鐵充公。十二年，奉文通查盈餘報部，銷去舊鐵盔二百三頂，棉甲一百七十三身，長鎗六十桿，變鐵充公。其餘軍械，現在操存，詳見於後。

揚轄本營八汛：

團蟒鐵盔七十五頂，給馬兵操防，内本營四十五頂，乾隆三十四年製造。安慶營裁撥二頂，康熙四十一年製造。寧國營裁撥一頂，江陰營裁撥一頂，俱雍正十年製造。安、撫左右二營裁撥二頂，廣德營裁撥一頂，俱雍正十二年製造。潛山營裁撥二頂，乾隆元年製造。溧陽營裁撥一頂，乾隆二年製造。徽州營裁撥一頂，乾隆八年製造。蕪采營裁撥一頂，乾隆十一年製造。浦口營裁撥一頂，乾隆十二年製造。遊兵營裁撥一頂，六安營裁撥二頂，俱乾隆十四年製造。池州營裁撥一頂，乾隆十八年製造。金山營裁撥二頂，乾隆三十四年製造。蘇撫左、右二營裁撥二頂，常州營裁撥一頂，俱乾隆五十年製造。提標中、左、前、後四營裁撥八頂，乾隆五十三年製造。

團蟒鐵甲七十五身，給馬兵操防，内本營四十五身，乾隆十五年製造。三十四年詳准，節省籌辦，刷染修補，尚有四分成色。蕪采營裁撥一身，雍正九年製造。溧陽營裁撥一身，安撫左、右二營裁撥二身，廣德營裁撥一身，俱雍正十二年製造。寧國營裁撥一身，乾隆八年製造。安慶營裁撥二身，乾隆九年製造。潛山營裁撥二身，乾隆十年製造。浦口營裁撥一身，乾隆十二年製造。遊兵營裁撥一身，乾隆十四年製造。六安營裁撥二身，池州營裁撥一身，俱乾隆三十一年製造。徽州營裁撥一身，乾隆三十二年製造。金山營裁撥二身，江陰營裁撥馬鎗兵棉甲一身，俱乾隆三十四年製造。蘇撫左、右二營裁撥二身，常州營裁撥一身，俱乾隆五十年製造。提標中、左、前、後四營裁撥八身，俱乾隆五十三年製造。

團蟒鐵盔十一頂，銅釘鐵盔三百十三頂，給弓箭兵操防，内本營裁馬改戰團蟒鐵盔十一頂，又銅釘鐵盔一百六十五頂，俱乾隆三十四年製造。又二十一頂，乾隆五十年製造。安慶營裁撥十五頂，康熙四十一年並乾隆十一年製造。平望營裁撥二頂，雍正九年製造。江陰營裁撥三頂，雍正二年製造。柘林營裁撥二頂，青村營裁撥一頂，浦口營裁撥三頂，俱雍正十一年製造。徽州營裁撥二頂，安撫左、右二營裁撥七頂，廣德營裁撥四頂，俱雍正十二年製造。潛山營裁撥八頂，寧國營裁撥四頂，俱乾隆元年製造。溧陽營裁撥一頂，乾隆二年製造。蕪采營裁撥九頂，乾隆十一年製造。遊兵營裁撥十二頂，六安營裁撥十二頂，俱乾隆十四年製造。金山營裁撥六頂，乾隆十五年製造。池州營裁撥三頂，乾隆十八年製造。蘇撫左、右二營裁撥六頂，提標中、左、前、後四營裁撥二十四頂，俱乾隆五十年製造。常州營裁撥三頂，乾隆三十三年併五十年五十一年製造。

團蟒鐵甲十一身，銅釘鐵甲三百十三身，給弓箭兵操防，内本營裁馬改戰團蟒鐵甲十一身，又銅釘鐵甲一百六十五身，俱乾隆十五年製造。三十四年詳准，節省籌辦，刷染修補，尚有四分成色，又二十一身，乾隆五十年製造。浦口營裁撥三身，雍正十一年製造。平望營裁撥二身，蕪采營裁撥九身，溧陽營裁撥一身，安撫左、右二營裁撥七身，廣德營裁撥四身，俱雍正十二年製造。安慶營裁撥十五身，係乾隆九年十一年、三十六年製造。潛山營裁撥八身，乾隆十年製造。遊兵營裁撥十二身，乾隆十四年製造。金山營裁撥六身，六安營裁撥十二身，寧國營裁撥四身，俱乾隆十五年製造。徽州營裁撥二身，乾隆二十五年製造。池州營裁撥三身，乾隆三十一年製造。青村營裁撥一身，乾隆三十二年製造。柘林營裁撥二身，乾隆三十三年製造。江陰營裁撥三身，乾隆三十四年製造。常州營裁撥三身，乾隆七年並五十年製造。蘇撫左、右二營裁撥六身，乾隆五十年製造。提標中、左、前、後四營裁撥二十四身，俱乾隆五十三年製造。

鐵盔四百二十二頂，給鳥鎗兵操防，内本營二百三十四頂，乾隆三十四年製造。又五十六頂，乾隆五十年製造。平望營裁撥三頂，雍正九年製造。江陰營裁撥五頂，雍正十年製造。柘林營裁撥三頂，青村營裁撥四頂，浦口營裁撥一頂，俱雍正十一年製造。廣德營裁撥五頂，雍正十二年製造。潛山營裁撥五頂，乾隆元年製造。溧陽營裁撥三頂，乾隆二年製造。安慶營裁撥三頂，乾隆十一年製造。六安營裁撥六頂，乾隆十四年製造。池州營裁撥五頂，乾隆十八年製造。安撫左、右二營裁撥十一頂，乾隆二十年並三十年製造。遊兵營裁撥二頂，乾隆二十三年製造。金山營裁撥十二頂，乾隆三十四年製造。常州營裁撥鐵盔四頂，皮盔一頂，雍正十二年並乾隆十五年、五十年製造。蘇撫左、右二營裁撥十頂，乾隆五十年製造。提標中、左、前、後四營裁撥皮盔四頂，雍正十三年製造。鐵盔四十頂，俱乾隆五十三年製造。寧國營裁撥五頂，原存。

布棉甲四百二十二身，給鳥鎗兵操防，内本營二百三十四身，乾隆十五年製造。於三十四年詳准，節省籌辦，刷染修補尚有三分成色，又五十六身。乾隆五十年製造。廣德營裁撥五身，雍正十二年製造。浦口營裁撥一身，乾隆六年製造。平望營裁撥三身，乾隆七年製造。安慶營裁撥三身，乾隆十七年製造。潛山營裁撥五身，遊兵營裁撥二身，俱乾隆二十三年製造。寧國營裁撥五身，乾隆三十一年製造。金山營裁撥十二身，江陰營裁撥五身，俱乾隆三十四年製造。安撫左、右二營裁撥十一身，乾隆三十六年製造。青村營裁撥四身，池州營裁撥五身，俱乾隆三十八年製造。柘林營裁撥三身，乾隆四十一年製造。六安營裁撥六身，乾隆四十四年製造。蘇撫左、右二營裁撥十身，常州營裁撥五身，溧陽營裁撥三身，俱乾隆五十年製造。提標中、左、前、後四營裁撥四十四身，俱乾隆八年併五十三年製造。

鳥鎗四百二十一桿，内本營七十七桿，乾隆十一年製造。於五十二年詳准，改造修理完整，又一百二十三桿，原係乾隆十四年併二十九年製造。於五十二年詳准，墩接藥包修理完整。又三十四桿乾隆二十九年大造又五十六桿乾隆五十年製造青村營裁撥二桿，乾隆十二年製造。柘林營裁撥三桿，乾隆十五年製造。寧國營裁撥五桿，乾隆二十一年製造。平望營裁撥三桿，乾隆二十七年製造。六安營裁撥七桿，乾隆二十八年製造。潛山營裁撥六桿，乾隆二十九年製造。提標中營裁撥十一桿，左營裁撥十一桿，前營裁撥十一桿，俱乾隆三十年製造。金山營裁撥十二桿，遊兵營裁撥二桿，俱乾隆三十一年製造。常州營裁撥五桿，乾隆三十年併五十年製造。池州營裁撥五桿，乾隆三十六年製造。蘇撫左、右二營裁撥十桿，溧陽營裁撥三桿，俱乾隆五十年製造。江陰營裁撥五桿，提標後營裁撥十桿，俱乾隆五十三年製造。浦口營裁撥一桿，乾隆五十五年製造。安撫左、右二營裁撥十一桿，内六桿乾隆四十九年製造，又五桿嘉慶六年修。安慶營裁撥三桿，嘉慶十年製造。廣德營裁撥五桿，嘉慶十八年製造。

馬鎗四桿，提標中、左、前、後四營裁撥，乾隆十三年製造。

鉞斧四百八把，給鳥鎗兵配帶，内本營二百三十四把，乾隆元年製造。於五十二年詳准，改換榆木柄修理完整。又五十六把，乾隆五十年製造。金山營裁撥十二把，雍正十三年製造。提標左營裁撥十一把，前營裁撥十一把，平望營裁撥三把，江陰營裁撥五把，柘林營裁撥三把，六安營裁撥四把，安撫左、右二營裁撥十一把，俱乾隆元年製造。提標中營裁撥十一把，乾隆二年製造。潛山營裁撥六把，乾隆五年製造。遊兵營裁撥二把，池州營裁撥五把，俱乾隆三十六年製造。青村營裁撥二把，溧陽營裁撥三把，俱乾隆五十年製造。寧國營裁撥五把，乾隆五十一年製造。常州營裁撥五把，乾隆元年併五十年五十一年製造。提標後營裁撥十把，乾隆五十三年製造。浦口營裁撥一把，乾隆五十五年製造。安慶營裁撥三把，嘉慶十年製造。廣德營裁撥五把，嘉慶十八年製造。

腰刀五百八十七口，給馬、步、弓箭兵，并鎗兵十分之三配帶，内本營三百七十口，雍正十三年併乾隆十五年製造。於五十二年詳請，修理完整。又四十一口，乾隆五十年製造。江陰營裁撥四口，蕪采營裁撥十口，俱乾隆元年製造。提標中營裁撥八口，乾隆七年製造。金山營裁撥八口，乾隆八年製造。徽州營裁撥三口，乾隆九年製造。浦口營裁撥四口，乾隆二十八年製造。安撫左、右二營裁撥六口，乾隆三十二年併四十九年製造。潛山營裁撥九口，遊兵營裁撥十三口，池州營裁撥九口，俱乾隆三十六年製造。六安營裁撥十六口，乾隆三十七年製造。寧國營裁撥五口，乾隆四十二年製造。柘林營裁撥二口，乾隆四十六年製造，平望營裁撥五口，乾隆十五年併五十年製造。青村營裁撥三口，蘇撫左、右二營裁撥十八口，俱乾隆五十年製造。常州營裁撥四口，乾隆七年併五十年、五十一年製造。提標左營裁撥八口，前營裁撥八口，後營裁撥九口，俱乾隆五十三年製造。安慶營裁撥十七口，嘉慶十年製造。溧陽營裁撥二口，廣德營裁撥五口，俱嘉慶十八年製造。

大旗十面，乾隆三十三年製造，多年朽裂，詳請銷變。

小旗五十面，乾隆三十三年製造，多年朽裂，詳請銷變。

紅旗十二面，乾隆三十三年製造，多年朽裂，詳請銷變。

先鋒旗十面，乾隆三十三年製造，多年朽裂，詳請銷變。

大旗十面，乾隆四十四年製造。

小旗五十面，乾隆四十四年製造。

紅旗十二面，乾隆四十四年製造。

先鋒旗十面，乾隆四十四年製造。

籐牌五十面，内本營三十九面，乾隆三十三年製造。池州營裁撥一面，乾隆三十二年製造。常州營裁撥一面，乾隆三十八年製造。蘇撫左右二營裁撥二面，乾隆五十年製造。提標中、左、前後四營裁撥四面，乾隆五十三年製造。徽州營裁撥二面，乾隆五十六年製造。江陰營裁撥一面，嘉慶十八年製造。

牌刀五十口，給籐牌兵操防，内本營三十九口，乾隆三十三年製造。常州營裁撥一口，雍正十三年製造。江陰營裁撥一口，乾隆二十七年製造。徽州營裁撥二口，乾隆二十八年製造。池州營裁撥一口，乾隆三十六年改造。蘇撫左、右二營裁撥二口，乾隆五十年製造。提標中、左、前後四營裁撥四口，乾隆五十三年製造。

號帽單馬褂八百五十八頂件，内本營四百九十七頂件，乾隆四十四年製造。四十八年詳請修理，以備差務應用。又七十七頂件，乾隆四十八年製造。寧國營裁撥十頂件，池州營裁撥十頂件，乾隆四十二年製造。平望營裁撥五頂件，青村營裁撥五頂件，俱乾隆四十四年製造。柘林營裁撥五頂件，蘇撫左、右二營裁撥二十頂件，俱乾隆四十八年製造。金山營裁撥二十頂件，乾隆四十九年製造。提標中、左、前、後四營裁撥六十四頂件，俱乾隆五十三年製造。潛山營裁撥十五頂件，乾隆五十四年製造。浦口營裁撥五頂件，乾隆五十五年製造。蕪采營裁撥十頂件，乾隆五十六年製造。徽州營裁撥五頂件，乾隆五十六年併嘉慶五年製造。遊兵營裁撥十五頂件，六安營裁撥二十頂件，俱嘉慶五年製造。常州營裁撥十頂件，乾隆四十九年、五十三年併嘉慶十年製造。安慶營裁撥二十頂件，嘉慶六年製造。安撫左、右二營裁撥二十頂件，嘉慶十一年製造。廣德營裁撥十頂件，嘉慶十二年製造。江陰營裁撥十頂件，溧陽營裁撥五頂件，俱嘉慶十八年製造。

帳房四十頂，係乾隆二十九年製造。四十二年詳請修補，復經年久朽破，報明銷變。

門帘三十八條，內本營三十六條，乾隆十四年製造。四十二年詳請修補，復經年久朽破，報明銷變。另製又六安營裁撥二條，嘉慶七年製造。

窩角四個，乾隆十四年製造。

帳房六十頂，內本營四十頂，乾隆四十四年製造。四十八年修補江陰營裁撥一頂，乾隆四年製造。常州營裁撥一頂，乾隆十六年製造。提標中、左、前、後四營裁撥八頂，乾隆三十年製造。安撫左、右二營裁撥二頂，乾隆三十年、三十五年製造。金山營裁撥一頂，乾隆三十八年製造。蘇撫左、右二營裁撥二頂，安慶營裁撥二頂，俱乾隆五十年製造。寧國營裁撥一頂，乾隆五十三年製造。六安營裁撥二頂，嘉慶七年製造。

鑼鍋五十九口，內本營舊存三十口，雍正十二年添造十口。提標中、左、前後四營裁撥四口，江陰營裁撥一口，寧國營裁撥一口，常州營裁撥一口，俱原存安撫左、右二營裁撥二口，乾隆二年併三年製造。安慶營裁撥二口，乾隆五年製造。六安營裁撥二口，乾隆十三年製造。金山營裁撥二口，乾隆十四年製造。蘇撫左、右二營裁撥四口，乾隆五十年製造。

鍋椿四十八副，內本營四十副，雍正十二年製造。提標中、左、前、後四營裁撥四副，乾隆八年製造。金山營裁撥二副，乾隆九年製造。六安營裁撥二副，乾隆十三年製造。

鍬鋤斧橛五十五副，內本營四十副，雍正十二年製造。六安營裁撥二副，雍正十二年製造。安撫左、右二營裁撥二副，乾隆二年製造。安慶營裁撥二副，乾隆五年製造。金山營裁撥二副，乾隆十一年製造。寧國營裁撥一副，乾隆十五年製造。常州營裁撥一副，乾隆十六年製造。提標中、左、前後四營裁撥四副，乾隆三十九年製造。江陰營裁撥一副，乾隆四十九年製造。

好漢衣二件，遊兵營裁撥，乾隆二十五年製造。

梅花椿四十根，乾隆二十六年製造。

夾頂單圍大涼篷帳房一頂，乾隆二十八年製造。四十二年詳請修補，復經年久朽破，報明銷變另製。

皮帽胖襖四十一頂件，乾隆三十一年製造，分發各塘汛，寒夜支更巡緝應用，年久朽破。

大刀二十八口，舊存，流傳年久，分發各塘汛。

行營砲五位，舊存，流傳年久。

威遠砲二位，舊存，流傳年久。

子母砲十位，舊存一位，乾隆二年蘇軍局領回九位，子砲五十個。

子母砲砲架什物等項十副，乾隆三十一年製造。

過山鳥五位，乾隆十三年百子砲改造。

儲備五年各兵打靶鉛子三千六百三觔九兩六錢，乾隆五年蘇軍局領回貯庫。

儲備火藥一千二百觔，雍正十二年製造，每年出陳易新。

餘箭一千九百八十枝，各官自備內一千三百二十枝，雍正十三年製造。又六百六十枝，嘉慶十九年製造。

餘箭一萬二千六百九十枝，各兵自備，內七千四百枝雍正十三年製造。又七百二十枝，乾隆五十年製造。又四千五百七十枝，嘉慶十九年製造。

蔴火繩二千九百四十六丈，各兵自備，出陳易新。

長矛六十一桿。嘉慶十一年製造。

馬家橋等三汛：

團蟒鐵盔九頂，給馬兵操防，乾隆三十四年製造。

團蟒鐵甲九身，給馬兵操防，乾隆十五年製造。三十四年詳准，節省籌辦，刷染修補，尚有四分成色。

銅釘鐵盔二十七頂，給弓箭兵操防，乾隆三十四年製造。

銅釘鐵甲二十七身，給弓箭兵操防，乾隆十五年製造。於三十四年詳准，節省籌辦，刷染修補，尚有四分成色。

鐵盔三十六頂，給鳥鎗兵操防，乾隆三十四年製造。

布棉甲三十六身，給鳥鎗兵操防，乾隆十五年製造。三十四年詳准，節省籌辦，刷染修補，尚有三分成色。

鳥鎗三十六桿，乾隆十四年製造。

背刀三十六口，給鳥鎗兵配帶，雍正十三年製造。

腰刀三十九口，給馬步弓箭兵配帶，雍正十三年製造。乾隆五十二年修理完整。

大旗三面，乾隆三十三年製造，年久朽裂詳請銷變。

小旗十五面，乾隆三十三年製造，年久朽裂，詳請銷變。

紅旗三面，乾隆三十三年製造，年久朽裂，詳請銷變。
大旗三面，乾隆四十四年製造。
小旗十五面，乾隆四十四年製造。
紅旗三面，乾隆四十四年製造。
火藥鱉三十六個，給鳥鎗兵配帶，雍正十三年製造。
鉛子七千二百元，給鳥鎗兵配帶，雍正十三年製造。
帳房十八頂，乾隆二十六年製造。四十二年詳請修補，又復年久朽破，詳請銷變。
門帘十八條，內十條乾隆五年製造，又八條乾隆二十六年製造，四十二年詳請修補，又復年久朽破，報明銷變另製。
帳房十八頂，乾隆四十四年製造，四十八年修補。
鑼鍋十八口，雍正十三年製造。
鍋椿十八口，雍正十三年製造。
鍬鋤斧橛十八副，雍正十三年製造。
號帽七十二頂，乾隆四十四年製造，四十八年修補。
單馬褂七十二件，乾隆四十四年製造，四十八年修補。
收貯盔甲木櫃三張，雍正十三年製造。
餘箭三百枝，把總自備，雍正十三年製造。
餘箭一千一百七十枝，各兵自備，雍正十三年製造。
蔴火繩二百十六丈，各兵自備，出陳易新。
長矛七桿。嘉慶十一年製造。
右各項內，俱屬現額操防之件，每歲造册，送候狼山總鎮，委員盤查，取結報部。
預備調遣什物：
漆弓一百二十張，內舊存九十三張，於嘉慶元年單漆補絲，又添造二十七張。
角弓六十四張，內十張嘉慶十六年造，又十張十八年造，又十張二十四年造，又五張道光元年造，又七張二年造，又三張三年造，又六張四年造，又五張六年造，又五張八年造，又三張十年造。
皮箭壺一百二十個，
弓雨套一百二十個，
鳥鎗雨套一百八十五個，內一百二十個，嘉慶元年製。又六十五個，十八年製。

鉞斧套一百八十六個，內一百十六個，嘉慶元年製。又七十個，十八年製。
鉛子布袋一百八十八個，內一百二十個，嘉慶元年製。又六十八個，十八年製。
九龍袋內竹管五百個，
門藥管十個，
過山鳥九龍袋五個，
藍夾帳房十二頂，
藍夾門帘五條，
白布單帳房二十頂，
白布門帘四十一條，內二十一條，嘉慶元年製。又二十條，十八年製。
火藥桶五十個，內三十個，嘉慶元年製。又二十個，十八年製。
掛弓木猴一百二十個，
腳齒二百七十二雙，
雙手帶刀三十口，
竹碗二百七十二個，
油布九龍袋面一百八十六個，
鉛子竹筒四十個，
鳥鎗火繩二百盤，
戰鼓一面，
金鑼二面，
帳房鐵橛八十根，
木橛五百六十根。
右各項俱係嘉慶元年，請動運庫徵存揚營地租銀款製辦，續於十八年豫東滋事調遣案內，奉兩淮鹽政捐廉添製。
閱兵旗幟：
將臺大帥旗一面，
予營黃帥旗一面，
大紅金字稟令旗一面，
大紅金字稟砲旗二面，
將臺五方旗五面，

五方旗五面，

跑馬藍旗一面，

領砲隊紅旗六面，

藍布城一座。

右各項歷係由營籌款，或捐項製辦。

參將衙門：

鼓吹凱樂一部，

堂儀執事一副，

救火器具一副。水砲一座，火鈎十條，水斗十個，望旗一桿，望燈一個，乾隆三年淮商捐項製造。奉文交營，捍禦火警，遇有損壞，移知運司驗明，發項修理。

中軍守備衙門：

堂儀執事一副，

救火器具一副，器件數目、製設年分，與參將衙門同。

收貯雜項錢糧銀匣八個，

收貯甲械木櫃四張，

收貯旗幟斜長木箱一個，

部頒大小天平二架，砝碼一副，部砝由江藩司較準領回，年久磨礲，移司換頒，不定年限。

合造火藥器具一副，木碓石臼一副，鐵杵臼一副，鐵碾槽一副，鋼二口，鍋二口，大秤一把，裝藥壇六十五個，散藥桶十個，曬藥扁十個，俱在本營歲收坑、房地租項下隨時修製。

守門器械十架。每架，長鎗一桿、刀二柄、棍一根、牌一面。初係由營捐製，分發十城門擺列防禦。嗣由運庫發項修製。

左軍守備衙門：

堂儀執事一副，

救火器具一副，器件數目，與參將衙門同。嘉慶十九年運庫，發項製設。

姚元之《竹葉亭雜記》卷一　端門樓舊貯腰刀、撒袋一萬八千分，梅針箭十八萬枝，爲乾隆四十六年從給事阿那布之奏，照大閱合操時用盔甲一萬八千餘副之數備制收存者。八旗各營用則領取，畢則交回。嘉慶庚申二月，西司空成復請官造八旗兵應用箭枝、撒袋、腰刀等件，據稱此項器械向係兵丁自備，並無照驗之例，官既不加督責，兵丁乃多不整齊。大學士等議八旗應照點驗軍器之親軍、前鋒、護軍披甲等共六萬三千有餘，若每名官給梅針箭六十枝或八十枝、撒袋一副、腰刀一把，爲數過多，不特需費浩繁，亦無公所存貯；若令兵丁自貯，更易滋弊。定親王因言門樓收貯事，遂如舊例。西司空之爲此奏，蓋不知舊行事例也。又請擇健鋭營慣使腰刀技藝者，分撥各營教之使刀之法。尋駁曰，腰刀爲行兵要件，自當隨時練習。於別營挑選，未免紛煩，應毋庸議。

昆岡《欽定大清會典事例》卷一二〇四《内務府・武備》　内務府

武備院庫作，原定，甲庫設司函官六人，司函執事人六名。鋄作，設司匠六人，領催二十四名，鋄匠九百七十六名，鞘匠十名，洗金匠五名，釘匠内監二名，甲作婦人二十一名。北韋庫，韋房設領催一名，韋匠一百十一名，韋板匠三十五名，木匠二十一名。繖蓋房，設掌蓋二人，擎蓋十四人，應役人三十二名。幄次房，設司幄三人，幄長十二人，幄人一百二十名，工部針工十五名。南韋庫，皮作，設領催三名，纓匠十三名，絛匠三十六名，牛皮匠、黑股皮匠各四十五名，鹿皮匠三十三名，馬皮匠九名，斜皮匠十二名，滕皮匠三十六名，韋匠五名，針工四十五名。氈庫，設司弓三人，委署司弓三人，穆昆達三十三人，隨侍弓匠三十六名，内務府弓匠六十二名，八旗滿洲蒙古漢軍每佐領下弓匠各一名，司矢二人，委司矢三人，穆昆達六人，隨侍備箭執事人六人，備箭執事人九人，箭匠四十一名，漢軍箭匠二十五名，鳴鏑匠穆昆達一人，鳴鏑匠八名。氈作，設領催一名，冠帽匠十八名，氈匠、韡匠、皮匠各六十名，韡底匠三十二名，針工十五名。順治十四年，增設甲作婦人九名。康熙九年奏准，建氈作於沙河，設司匠一人，筆帖式二人，庫守領催各三人，佐領内管領下氈匠二百名，投充氈匠二百名。又增設箭匠十五名，鳴鏑匠五名。十一年，增設司矢一人。十六年，奉旨裁繖蓋房應役人二名。二十年，增設擎蓋一人。二十一年，增設擎蓋七人，應役人二十名。二十二年，增設擎蓋八人。二十七年，裁韋匠六十六名。又裁鋄作司匠三人，領催六名，鋄匠一百三名。又裁沙河氈匠七十四名。三十二年，增設隨侍備箭執事人十五人，箭匠十六名，隨侍弓匠三十六名。三十三年，奉旨增設司蓋一人，裁應役人十五名。三十四年，奉旨增設骲箭匠一人。三十六年，奉旨裁箭匠三十六名，增設漢箭匠五名。三十七年，奉旨增設幄人，内務府三旗每旗各十五名。又增設幄長三人。又增設鳴鏑長一人。三十八年，增設漢箭匠三十九名。三十九年，增設韓作司匠一人，領催二名。又增設幄長五人，八旗錫伯幄人四十五名。又增設錫伯鳴鏑匠六名，錫伯箭匠三十三名。四十年，增設韋作司匠一人，領催二名，皮作司匠一人。又奏准，司函官内，設司函長一人。四十五年，增設内務府三旗幄長六人，幄人六十名。又增設錫伯鳴鏑匠三十一名。雍正四年，裁冠帽匠四名，漢箭匠九名，韋匠十三名，皮作各匠共五十九名，鋄匠一百二十三名，氈匠七名，鞾匠、皮匠共二十八名。九年，裁鋄匠四十五名。乾隆二十七年議准，上三旗滿洲都統下所設鋄匠一百四十一名内，裁汰八十名，於八旗馬甲額缺内，將滿洲六十四缺，蒙古漢軍十六缺，統計八十缺，作爲武備院額缺，擇匠役優者坐補。其餘食一兩錢糧之鋄匠六十一名内，裁汰一名，此六十缺，將漢軍鑲黄、正黄、正白、正紅四旗，每旗八缺，鑲白、鑲紅、正藍、鑲藍四旗，每旗七缺，按旗挑補。四十年奏准，擎蓋内改設庫長一人，班長三人，賞給頂戴，仍食原餉。四十四年奏准，隨侍弓匠内改設班長十五人，備箭執事人内，改設班長六人，俱給頂戴，仍食原餉。

光緒三十三年《政治官報・摺奏類・十二月初十日第八十號・吏部議覆前鄂督張奏湖北兵工鋼藥兩廠出力員弁請奬摺并單》 奏爲遵旨核議具奏事。内閣抄出前湖廣總督張之洞奏請援案獎勵湖北兵工鋼藥兩廠在事出力員弁一摺，於光緒三十三年八月初七日奉硃批：該部議奏單併發，欽此。欽遵到部。原奏内稱，强國首重練兵，而練兵必先製械。近年來各省增練新軍改編官制，凡各鎮協所用軍械，皆須通國一律。故陸軍部近議建立四大廠，使所出器械日多日精，以備緩急之用，誠以全國命脈所在，軍械精粗利鈍之分，即國勢强弱存危所繫。然以目前計之，除漢陽一廠規模業已署備外，其餘各廠凡擇地、購機、選匠、建廠各事，胥待經營，計製成器械，總在數年以後，若是則漢陽一廠似尤宜提倡鼓勵，俾在事各員精神振作，於各廠未成之日精心研究，使造成之品日見精進，所出之數日有增多，以應各省購撥之用。查湖北兵工一廠，經臣創始於光緒十六年，經營籌度歷七年而規模始具，初名槍砲廠，其時機器尚少，製造不多，復經設法擴充，添購機器，始易今名，業經奏明在案。臣督飭經理各員勤加考究，從前初辦時，每日所出七密里九口徑毛瑟快槍不過十餘枝，今則每日造五十餘枝，槍彈一項每日造數千顆近加至五萬餘顆。所造三生七格魯森快砲，自開機起至二十五年共得六十餘尊，嗣於二十五年改造五生七過山快砲，每年自六十餘尊至九十尊，開花砲彈由五萬餘顆遞加至每年七萬餘顆，所造各種花砲子彈，與購自外洋者無所區別。至鋼藥，陸續增設鍊鋼拉鋼各廠，所出鋼質亦頗精韌，藥廠所造成無烟藥，足能源源接濟，使兵工廠無誤製造子彈之用，實屬成效昭著。近年各省購辦軍械，每多取諸鄂廠，上年陸軍部、巡警部、步軍統領衙門亦各電令解交槍枝子彈，均經臣隨時飭該廠如數解經交納驗收。計自開機日起至三十二年年底止，共造成馬步快槍一十萬零一千六百九十枝，槍彈四千三百四十三萬七千九百三十一顆，各種快砲七百三十尊，前膛車砲一百三十五尊，各種開花砲彈六十三萬一千七百零五顆，前膛砲彈六萬零八百六十顆。查在廠歷年辦事各員，或督催工作，或總核料款，均能寒暑無間，勞瘁不辭，實係異常出力。查該廠於光緒二十四年經臣奏請獎勵一次，所保係二十三年以前出力人員，距今計及十年之久，已届兩次例保之期，在事人員實屬始終勤奮，兹擇其尤爲出力者，分别異常、尋常勞績，兩案彙爲一案，奏請給奬等語。查湖北兵工廠原名槍砲廠，光緒二十四年，前督臣奏請奬勵到部，臣部以所請均係異常奬項，駁令分别勞績等次再行核辦，嗣據該督改請異常七員，尋常三員，當經分别准駁，奏奉俞允在案，今又届十年，據該前督援案請奬前來，除武職由陸軍部核覆外，臣等查單内異常出力暨尋常出力文職各五員，與上届成案尚屬相符，自應按照奬章分别核議。謹另繕清單，恭呈御覽。所有遵旨核議緣由，恭摺具陳，伏乞皇太后、皇上聖鑒，謹奏。光緒三十三年十二月初六日奉旨：依議，欽此。

謹將湖北兵工鋼、藥兩廠在事請奬人員，按照異常、尋常勞績，敬繕清單，恭呈御覽。

二品頂戴湖北試用道高凌霨，請仍以道員歸候補班補用。分省試用同知劉錫祺，請免補同知，以知府分省補用。湖北試用知縣韓方璞，請免補本班，以直隸州知州補用。指分湖北試用縣丞王來炘，請免補本班，以知縣歸候補班補用。候選縣丞李德源，請免選本班，以知縣儘先選用。查定章，異常勞績試用人員，准保歸候補班補用。候補候選人員，准保免補免選。本官以升階補用選用各等語。以上五員原單聲稱均係尤爲出力之員，照異常勞績請獎，內高凌霄、劉錫祺二員，核其底官相符，應請照准。韓方璞一員，現在出洋，尚未造送履歷，並查該督從前立案文內係韓方樸，是否偏旁錯誤，應令於補送履歷時切實聲明。王來炘、李德源二員捐案據度支部覆稱無從檢查，應令將原捐執照送部查驗，再行分別核辦。湖北補用道蔡琦，請加二品頂戴。分省補用知府岳廷彬，請俟補缺後以道員用。同知銜准補興山縣知縣王奎，照請以同知在任候補。湖北試用知縣曾輔翼，請俟補缺後以同知直隸州用。候選縣丞王毓嵩，請俟選缺後以知縣用。查定章，尋常勞績道員，准保二品頂戴，候補候選人員，准保補缺後選缺後以升階用現任人員准保以升階在任補用各等語，以上五員原單係照尋常勞績請獎，查各該員等所請獎敍，均核與章程相符，應請照准。

圖録

曾公亮等《武經總要前集》卷一三《器圖》 古稱工欲善其事，必先利其器。蓋士卒猶工也，兵械猶器也。器利而工善，兵精而士彊，勢則然矣。故曰，兵不精利，與空手同；甲不堅密，與袒裼同；弩不及遠，與短兵同；射不能中，與無矢同；中不能入，與無鏃同；鬬而不勇，與無手同。其法五不當一，然則五兵者，三軍所以恃而爲勇也，可不謹乎？歷代異宜，形制有異，今但取當世兵械繪出其形，以紀新制云。

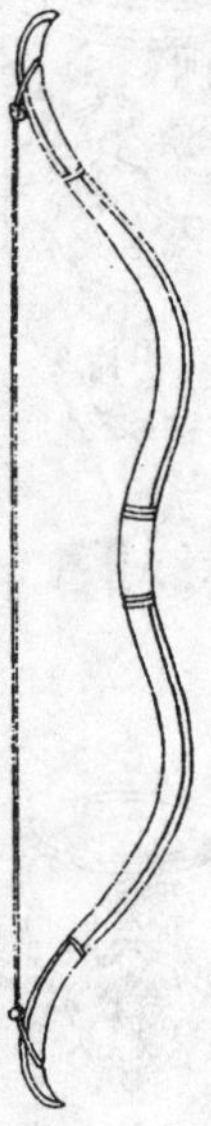
黄樺弓

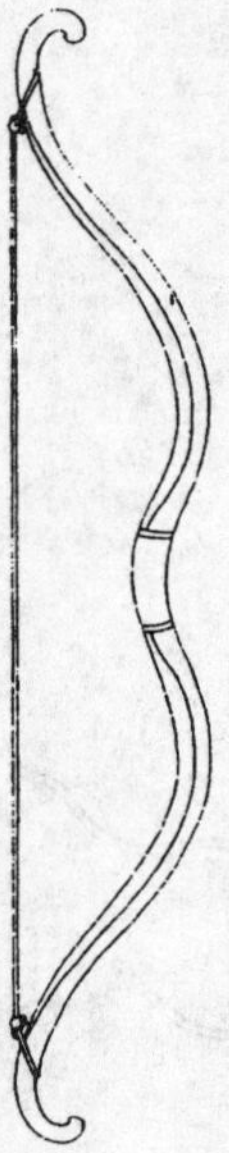
黑漆弓

白樺弓

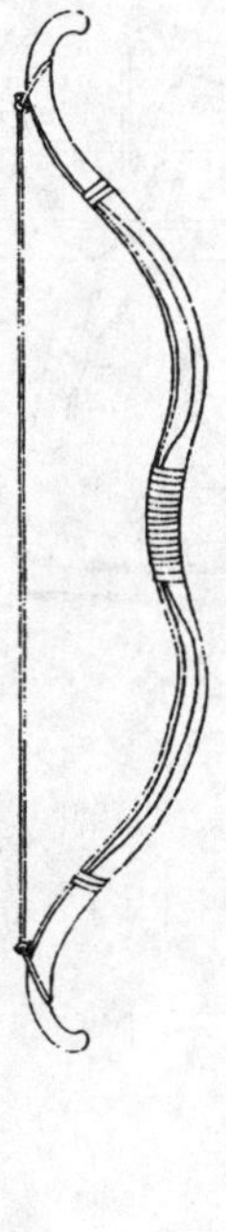
麻背弓

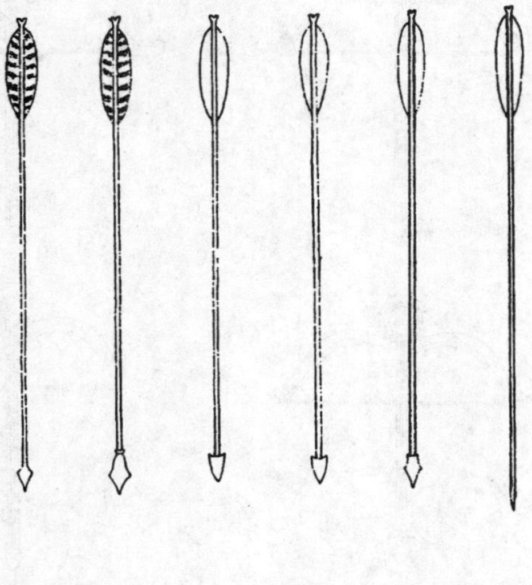
點鋼箭　鐵骨麗錐箭　木撲頭箭　火箭　烏龍鐵脊箭　鳴髇箭

右其飾有黑漆、黄白樺、麻背之别，其彊弱以石斗爲等，箭有點鋼、木撲頭、鳴髇點鋼精鐵也。木撲頭施於教閱，鳴髇戲射者又有火箭，施火藥於箭首，弓弩通用之。其傅藥輕重，以弓力爲準。

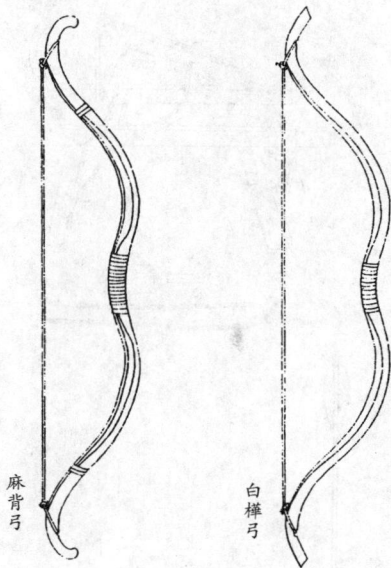

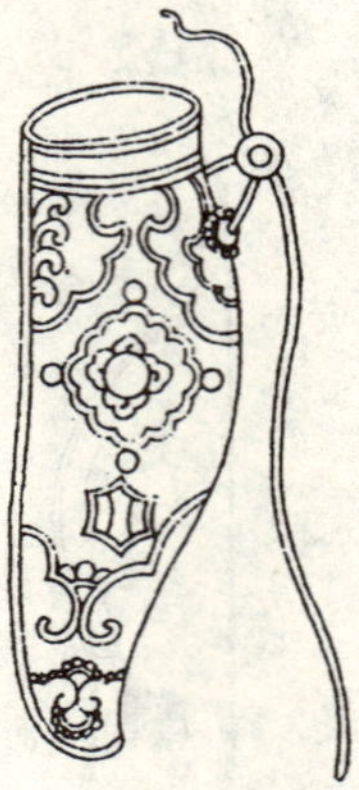
弓鞬

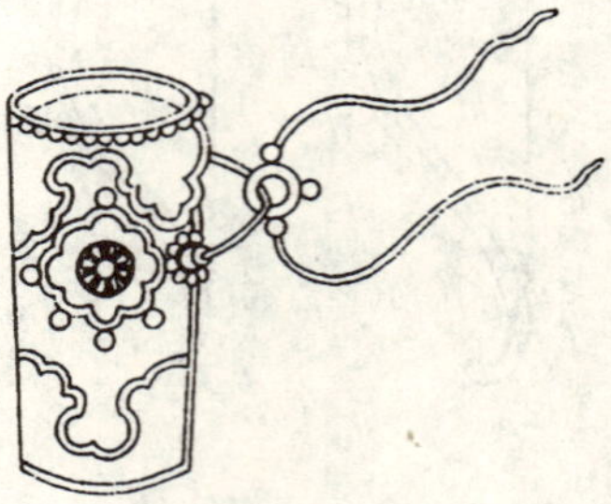
弓箭葫蘆

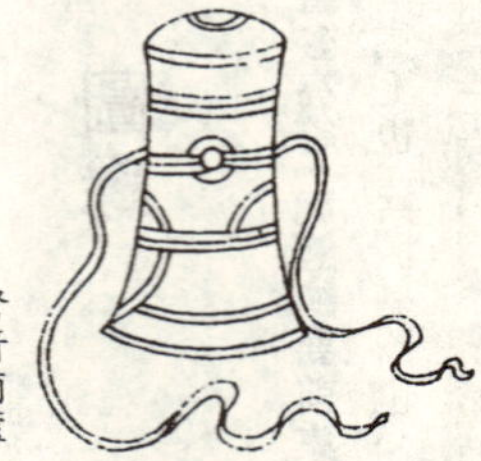
弩箭葫蘆

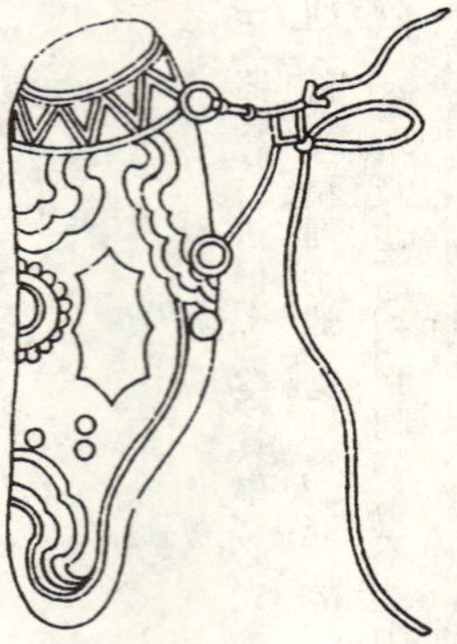
弓袋

箭鞬

右以皮革爲之,隨弓弩及箭大小、長短用之。

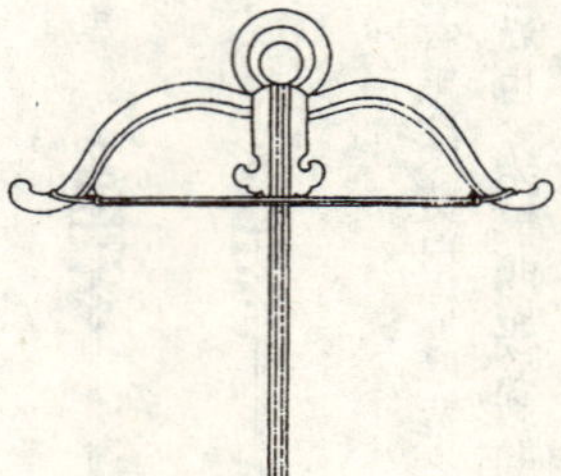
黑漆弓

雌黃樺稍弓

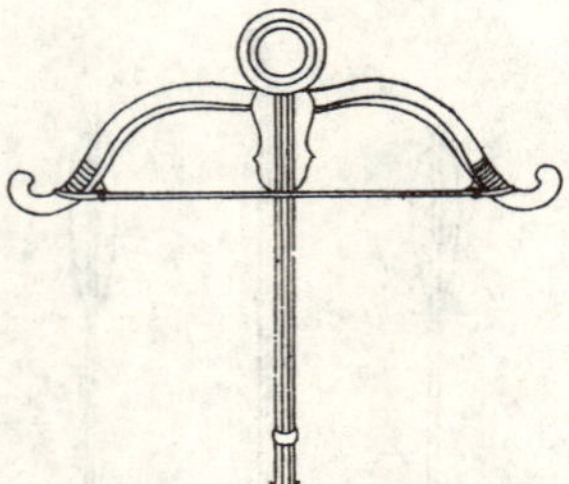
黃樺弩

白樺弩

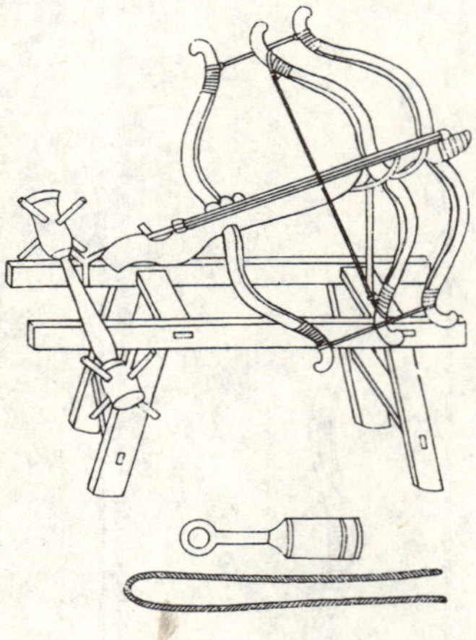
三弓牀子弩

牀子箭

右雙弓牀弩，前後各施一弓，以繩軸絞張之，下施牀承弩。其名有大小合蟬，有手射合蟬者，謂如兩蟬之狀。大者張時用十許人，次者五七人，一工準所射高下，一人以槌發其牙箭，用大小鑿頭箭。惟手射斗子弩最小，數人就牀張訖，一人手發之。射並及一百二十大步。

三弓牀弩，前二弓後一弓，世亦名八牛弩。張時凡百許人，法皆如雙弓，弩箭用木幹鐵羽，世謂之一槍三劍箭。其次者用五七十人，箭則或鐵或翎，次三弓並利攻城，故人謂其箭爲踏橛箭者，以其射著城上，人可踏而登之也。又有繫鐵枓於弦上，枓中著常箭數十隻，凡一發可中數十人，世謂之枓子箭，亦云寒鴉箭，言矢之紛散如鴉飛也。三弩並射及二百大步，其箭皆可施火藥用之，輕重以弩力爲準。

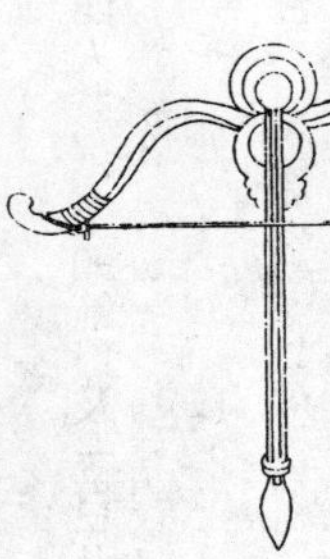
跳鐙弩

三停箭

木羽箭

點鋼箭

木弩

右人自踏張者，其飾有黑漆、黄白樺、雌黄樺，稍小則有跳鐙弩、木弩。跳鐙亦曰小黄，其用尤利。木弩雖可施，不能久，邊兵不甚用。其力之彊弱，皆以石斗爲等。箭有點鋼、木羽、風物、木撲頭、三停。木羽者以木爲榦羽，咸平初，軍校石歸宋上之，箭中人，雖榦去鏃留，牢不可拔，戎人最畏之。風羽者，謂當安羽處，則空兩邊以容風氣，則射時不掉，此不常用，備翎羽之乏耳。三停者，箭形至短，羽榦鏃三停，故三停箭，中物而不能出，以短故也。

雙弓牀弩四色箭附

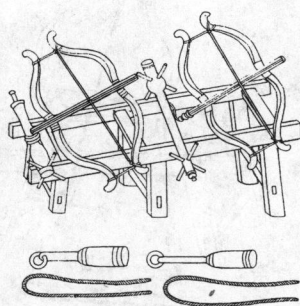

風羽箭

撲頭箭

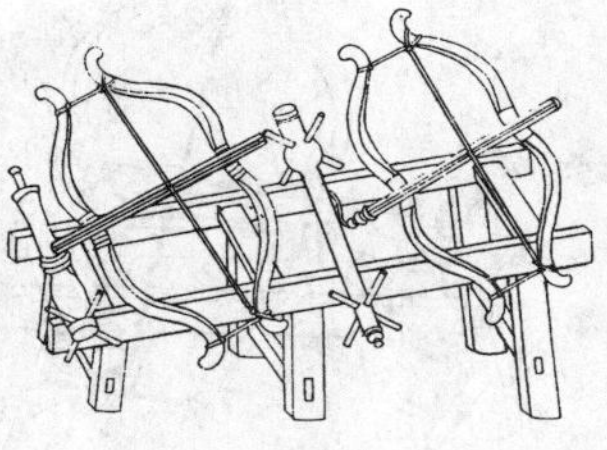
大合蟬弩

鐵羽大鑿頭箭

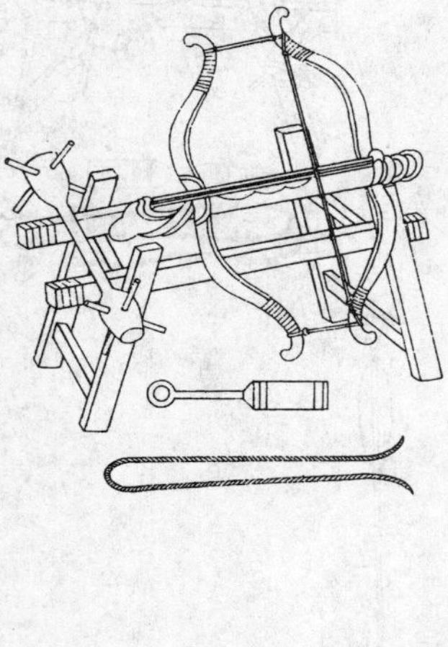
小合蟬弩

右以七人張發大鑿頭箭，射及一百五十步。

以七人張發，大鑿頭箭射及一百四十步。

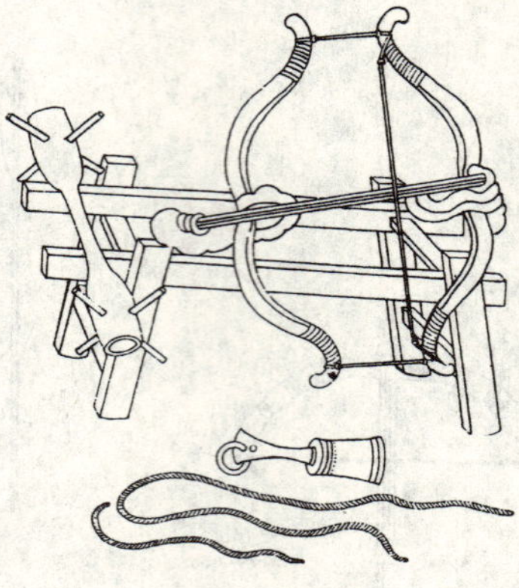

㪷子弩

小鑿頭箭

以四人發，小鑿頭箭射及一百五十步。

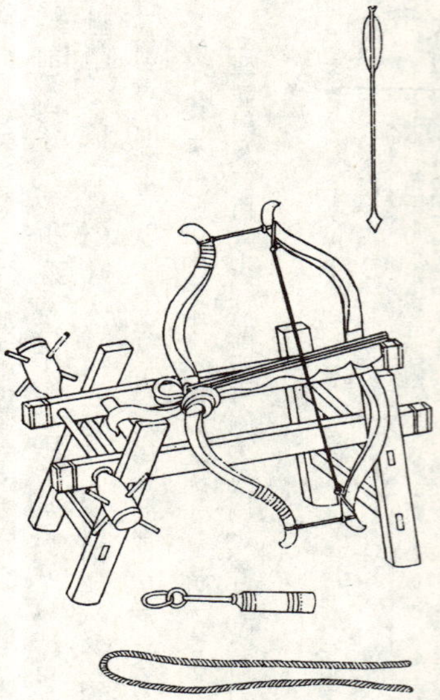

手射弩

以二十人張發，踏撅箭射及二百五十步。

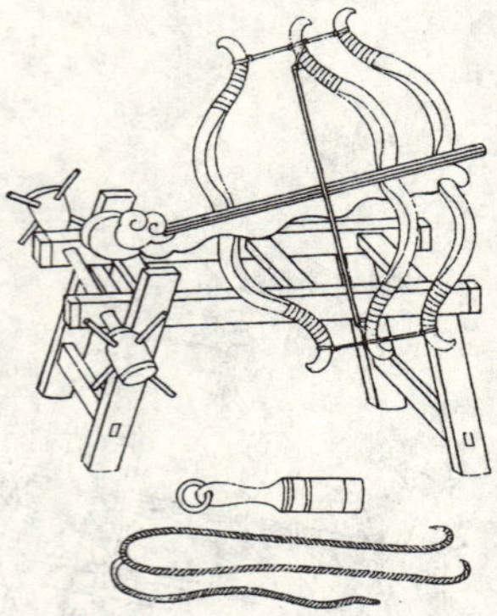

三弓弩

一槍三劍箭

以七十人張發，一槍三劍箭射及三百步。

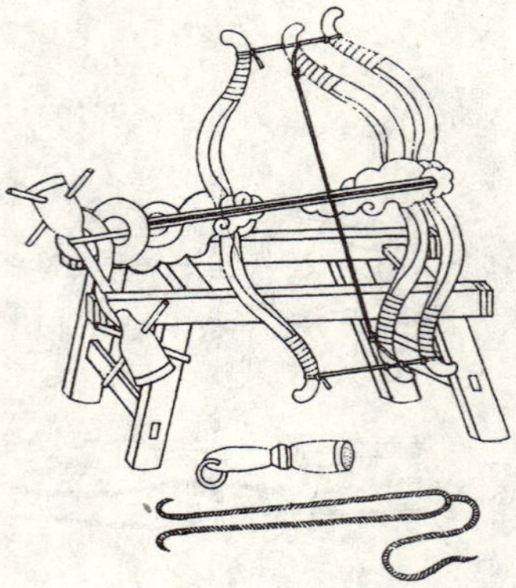

三次弓弩

跳橛箭

以三十人張發，踏撅箭射及二百步。【略】

訶藜棒

鉤棒

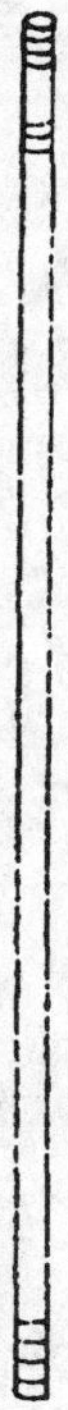

桿棒

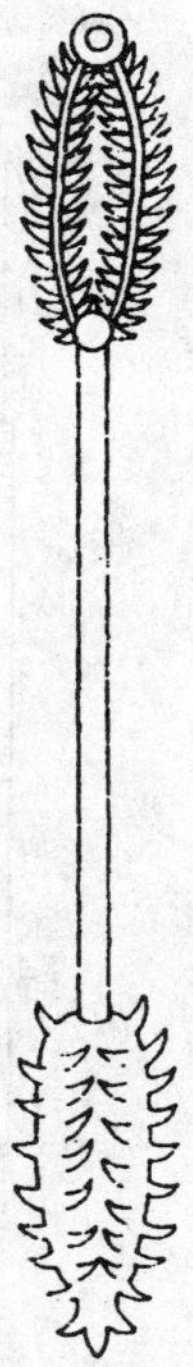

杵棒

白棒

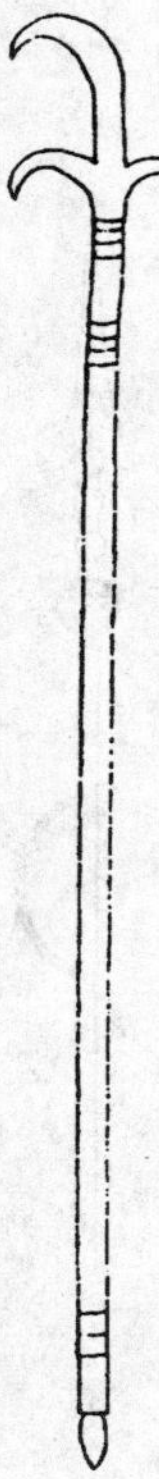

振子棒

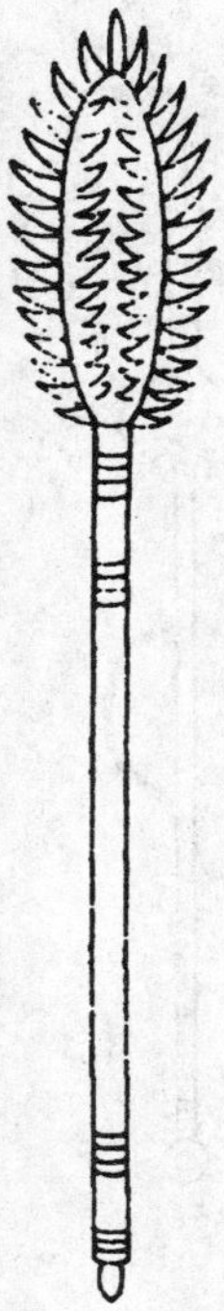

狼牙棒

右取堅重木爲之，長四五尺，異名有四：曰棒、曰棆、曰杵、曰桿。有以鐵裹其上者，人謂訶藜棒。近邊臣施棒首鏇鋺刃，不作倒雙鈎，謂之鈎棒。無刃而鈎者，亦曰鐵抓，植釘於上。如狼牙者，曰狼牙棒。本末均大者爲杵，長細而堅重者爲桿，亦有施刃鑄者，大抵皆棒之一種。【略】

擣馬突槍

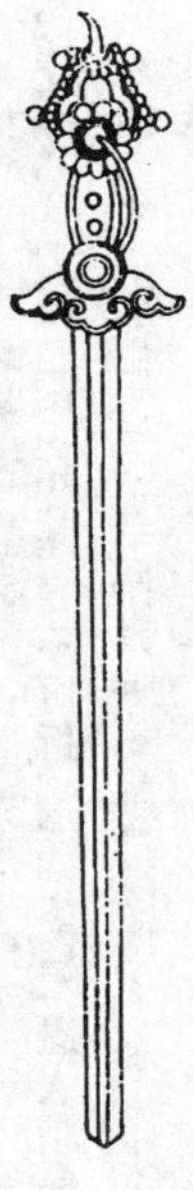

劍

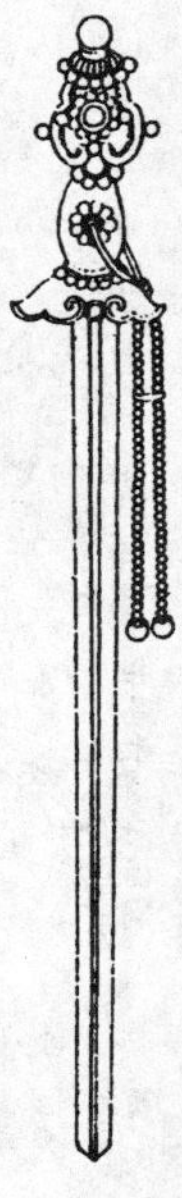

劍

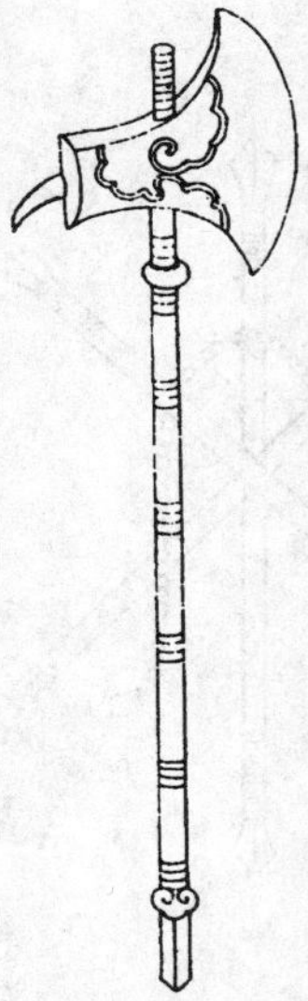

大斧

右擣馬突槍，其狀如槍，而刃首微闊。

劍飾有銀、鍮石、銅、素之品，近邊臣乞製厚脊短身劍，軍頗便其用。

大斧，一面刃，長柯，近有開山、静燕、日華、無敵、長柯之名，大抵其形一耳。

手刀

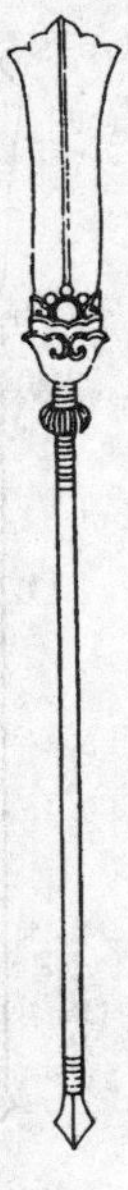

掉刀

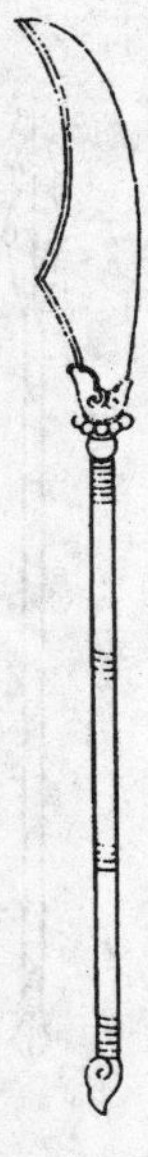

屈刀

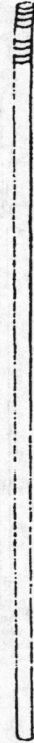

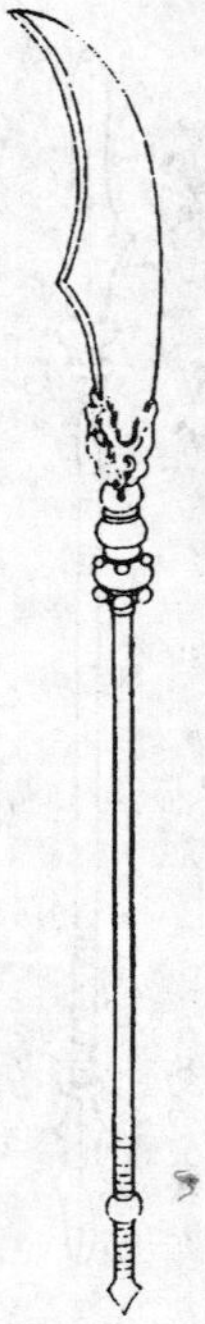
筆刀

右手刀，一旁刃，柄短如劍。棹刀，刃首上闊，長柄施鐏。鋸刀，刃前鋭後斜闊，長柄施鐏。其小別有筆刀。此皆軍中長用，其間健鬭者，競爲異製以自表。故刀則有太平、定戎、朝天、開山、開陣、畫陣、偏刀、車刀、匕首之名，掉則有兩刃、山字之制，要皆小異，故下悉出。

槍九色

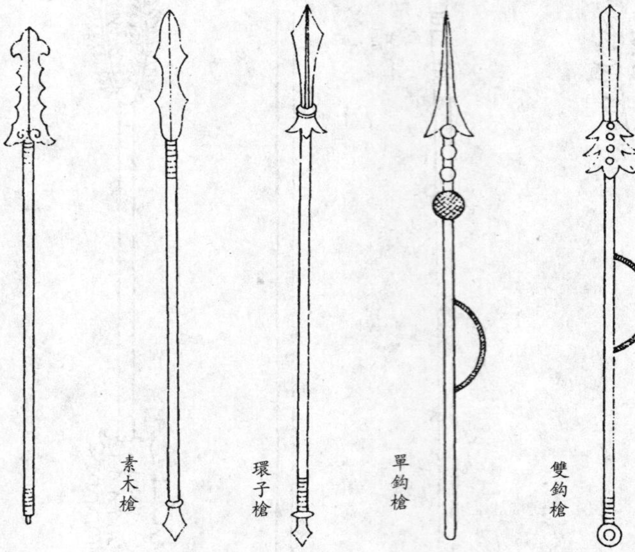
雙鉤槍　單鉤槍　環子槍　素木槍　鵶項槍

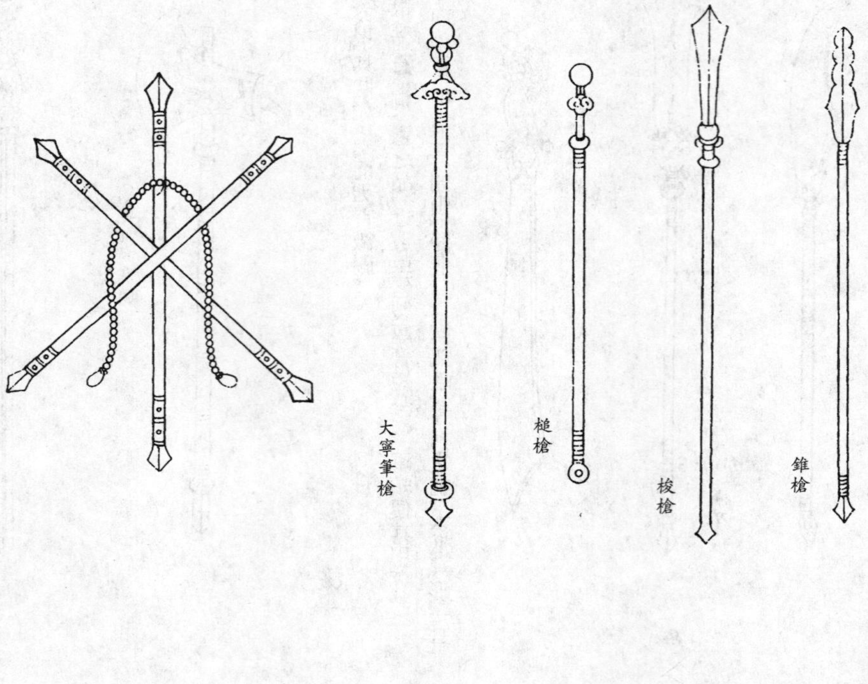
錐槍　梭槍　槌槍　大寧筆槍　拒馬木槍竹槍同

右槍九色，其制木桿，上刃下鐏。騎兵則槍首之側施倒雙鈎、倒單鈎，或桿上施環。步兵則直用素木或鵶項，鵶項者，以錫飾鐵嘴，如烏項之白。其小別有錐槍、梭槍、槌槍者，其刃爲四稜，頗壯，鋭不可折，形如麥穗，邊人謂爲麥穗槍。梭槍長數尺，本出南方，蠻獠用之，一手持旁牌，一手摽以擲人，數十步内中者皆踣，以其如梭之擲，故云梭槍，亦曰飛梭槍。槌槍者，木爲圓首，教閲用之。近邊臣獻太寧筆槍，首刃，下數寸施小鐵盤，皆有刃，欲刺人不能捉搦也，以狀類筆，故云。近有静戎筆，亦其小異也，今不悉出。拒馬槍，其制以竹，若木，三枝六首，交竿相貫，首皆有刃，植地輒立，貫處以鐵爲索，更相勾聯，或布陣立營，拒險塞空皆宜設之，所以御賊突騎，使不得騁，故曰拒馬。

器物部

題解

許慎《説文解字》第一四上 鐘鐘，樂鐘也。秋分之音，物穜成，从金，童聲。古者垂作鐘。職茸切。銿，鐘或从甬。

許慎《説文解字》第一四上 几几，踞几也，象形。《周禮》五几，玉几、雕几、彤几、髹几、素几。凡几之屬皆从几。居履切。

斤斤，斫木也。象形，凡斤之屬皆从斤。舉欣切。

斧斧，斫也。从斤，父聲。方矩切。

洪邁《容齊三筆》卷一三《再書博古圖》 予昔年因得漢匜，讀《博古圖》，嘗載其序述可笑者數事於《隨筆》，近復盡觀之，其謬妄不可殫舉。當政和宣和間，蔡京爲政，禁士大夫不得讀史。而《春秋三傳》，真束高閣，故其所引用，絶爲乖盾。今一切記之於下，以示好事君子與我同志者。

商之癸鼎，只一「癸」字，釋之曰：「湯之父主癸也。」父癸尊之説亦然。至父癸匜，則又以爲齊癸公之子。乙鼎銘有「乙毛」兩字，釋之曰：「商有天乙、祖乙、小乙、武乙、太丁之子乙，今銘『乙』，則太丁之子也。」父己鼎曰：「父己者，雍己也。繼雍己者乃其弟太戊，豈非繼其後者乃爲之子邪？」至父己尊，則直云雍己之子太戊爲其父作。予案以十干爲名，商人無貴賤皆同，而必以爲君，所謂癸即父癸，己即雍己，是六七百年中更無一人同之者矣。商公非鼎銘只一字曰「非」，釋之曰：「據《史記》有非子者，爲周孝王主馬，其去商遠甚。惟公劉五世孫曰公非，考其時當爲公非也。」夫以一「非」字而必强推古人以證之，可謂無理。

周益鼎曰：「《春秋》文公六年有梁氏益，昭公六年有文公益，未知孰是？」予案，《左傳》文八年所紀，乃梁益耳，而杞文公名益姑。

周絲駒父鼎曰：「《左傳》有駒伯，爲郤克軍佐，駒其姓也。此曰駒父，其同駒伯爲姓邪？」予案《左傳》，駒伯者郤錡也，錡乃克之子。是時郤氏三卿，錡曰駒伯，犨曰苦成叔，至曰温季，皆其食采邑名耳，豈得以爲姓哉！

叔液鼎曰：「考諸前代，叔液之名不見於經傳，惟周八士有叔夜，豈其族歟！」夫伯仲叔季爲兄弟之稱，古人皆然，而必指爲叔夜之族，是以「叔」爲氏也。

周州卣曰：「『州』出於來國，後以『州』爲氏。在晉則大夫州綽，在衛則大夫州吁，其爲氏則一耳。」予案來國之名無所著見，而州吁乃衛公子，正不讀《春秋》，豈不知《衛詩・國風》乎！遂以爲氏，尤可哂也。

周高克尊曰：「高克者，不見於它傳，惟周末衛文公時，有高克將兵，疑克者迺斯人，蓋衛物也。」予案元銘文但云「伯克」，初無「高」字，高克《鄭・清人》之詩，兒童能誦之，乃以爲衛文公時，又言周末，此書局學士，蓋不曾讀《毛詩》也。

周毀敦曰：「銘云伯和父，和者衛武公也。武公平戎有功，故周平王命之爲公。」予案一時列國，雖子男之微，未有不稱公者，安得平王獨命衛武之事？

周慧季鬲曰：「慧與惠通，《春秋》有惠伯、惠叔，號姜敦有惠仲，而此鬲銘之爲惠季，豈非惠爲氏而伯仲叔季者乃其序邪？」予案，惠伯、惠叔，正與莊伯、戴伯、平仲、敬仲、武叔、穆叔、成季相類，皆上爲謚而下爲字，烏得以爲氏哉！

齊侯鎛鐘銘云：「咸有九州，處禹之都。」釋之曰：「齊之封域，有臨淄、東萊、北海、高密、膠東、泰山、樂安、濟南、平原，蓋九州也。」予案銘語正謂禹九州耳，今所指言郡名，周世未有，豈得便以爲州乎！

宋公誙鐘銘云：「宋公成之誙鐘。」釋之曰：「宋自微子有國二十世，而有共公固成，又一世而有平公成，又七世而有剔公成，未知孰是。」予案宋共公名，《史記》以爲瑕，《春秋》以爲固，初無曰「固成」者。且父既名「成」，而其子復名之可乎？剔成君爲弟偃所逐，亦非名「成」也。

周雲雷磬曰：「《春秋》魯饑，臧文仲以玉磬告糴于齊。」案經所書，但云「臧孫辰告糴于齊」，《左傳》亦無玉磬之説。

漢定陶鼎曰：「漢初有天下，以定陶之地封彭越爲梁王，越既叛命，乃以封高祖之子恢，是爲定陶共王。」予案恢正封梁王，後徙趙。所謂定陶共王者，元帝之子，哀帝之父名康者也。

馬驌《繹史》卷一五九《外録》九《名物訓詁》下《器用》 《爾雅》木豆謂之豆。竹豆謂之籩。瓦豆謂之登。盎謂之缶。甌瓿謂之瓵。康瓠謂之甈。

《説文》豆，古食肉器也。木豆謂之梪。缶，瓦器，所以盛酒漿。秦人鼓之以節謌。《方言》缶謂之瓿甌，其小者謂之瓶甇。甂謂之盎，自關而西，或謂之盆，或謂之盎。其小者謂之升甌。

《爾雅》彝，卣，罍，器也。小罍謂之坎。卣，中尊也。《博雅》泰罍，著尊也。《韓詩說》金罍，大夫器也，天子以玉，諸侯大夫皆以金，士以梓。

《小爾雅》一升曰爵，二升曰觚，三升曰觶，四升曰角，五升曰散。《韓詩說》一升曰爵，爵，盡也，足也。二升曰觚，觚，寡也，飲當寡少。三升曰觶，觶，適也，飲當自適也。四升曰角，角，觸也，不能自適，觸罪過也。五升曰散，散，訕也，飲不自節，爲人所謗訕也。總名曰爵。其實曰觴，觴者，餉也。觥亦五升，所以罰不敬，觥，廓也，所以著明之貌，君子有過，廓然著明，非所以餉，不得名觴。○《儀禮疏》引。

《說文》觚，飲酒之器也。一曰，觴受三升謂之觚。觶，鄉飲酒角也。觶受四升觶。實曰觴，虛曰觶。壺，昆吾圜器也。巵，圜器也，一名觛，所以節飲食，象人節在其下也。《博雅》斝，醆，爵也。鍴，觛，巵也。

《商父丁彝銘》乙酉，商貝，王曰不□□乇玄曾不戎備，亢生迖乙，四日，惟王六祀，四日，惟內役敢商盟兀，用作父丁尊彝，示子。

《兄癸彝銘》丁子，王錫爵，丙申，貝在寒立，用作兄癸彝。十九月，惟王九祀，世昌。正。

《兄癸卣銘》丁子，王錫爵，丙申，貝在寒，用作兄癸彝。十九月，惟王九祀，世昌。ᗜ。

《母乙卣銘》丙寅，王錫貝朋，用作母乙彝。

《周召公尊銘》王大召公族于庚辰於，王錫中馬自貫侯四，𩡶南宮括，王曰用先。乇蓺王休，用作父乙寶尊彝。

《師艅尊銘》王汝上侯師艅從王夜功，錫師艅金，艅則對揚乃德，用作乃文考寶彝，孫孫子子寶。

《太師望鼎彝銘》太師小子師望作鼎彝。

《太公缶銘》太公作釁寶缶，子孫永寶用享。

《召仲丁壺銘》惟六月初吉丁亥，召仲丁父自作壺，用祀，用饗多福，滂用蘄眉壽，萬年無疆，子子孫孫，永保是尚。

《尹卣蓋銘》惟十有二月，王初祭旁，唯還在周，辰在庚申，王飲西宮，僖咸釐尹，錫臣唯棘陽尹休高對，作父丙寶尊彝，尹其百萬年，受乃永魯，無競在□，服祀長侯，其子子孫孫寶用。

《淮父卣銘》穆從師淮父戍于古阜，蔑曆，錫貝山鈃，穆拜稽首，對揚師淮父休，用作文考日乙寶尊彝，其子孫永福。

《樂司徒卣銘》樂大司徒子象之子洪作旅卣，其眉壽，子子孫孫永寶用。

《高克尊銘》唯十有六年十月既生霸乙未，伯太師錫伯克僕山夫。伯克敢對揚天祐王伯友，用作脫穆考後仲尊高，克用丐眉壽無疆。克克其子子孫孫，永保用享。

《齊豆銘》姬宗母作太公郭公吉，公魯中盬，伯孝公、胡公豆，用蘄眉壽，永命多福，永寶用。

《爾雅》鼎，絕大謂之鼐。圜弇上謂之鼒。附耳外謂之釴。款足者謂之鬲。䰝謂之鬵，鬵，鉹也。

《說文》鼎，三足兩耳，和五味之寶器也。《易》卦巽木於下者爲《鼎》，象析木以炊也。鼏，以木橫貫鼎耳而擧之。鬲，鼎屬，實五觳。斗二升曰觳。象腹交文，三足。鬵，大釜也。一曰，鼎大上小下若甑曰鬵。甗，甑也。一曰，穿也。

《方言》鍑，北燕、朝鮮、洌水之間，或謂之錪，或謂之鉼。江、淮、陳、楚之間謂之錡，或謂之鏤。吳，揚之間謂之鬲。釜，自關而西，或謂之釜，或謂之鍑。甑，自關而東，謂之甗，或謂之鬵，或謂之酢餾。

《商父乙鼎銘》庚午，王命寑廟，辰見北田四品，十二月作册友史，錫賴貝，用作父乙尊。∀𠕋。

《周郕鼎銘》王命尸臣，官此栒邑，賜爾旂鸞、黼黻、琱戈，尸臣拜手稽首曰：「敢對揚天子丕顯休命。」○郕，古岐字。

《仲山甫鼎銘》仲山甫鼎，其萬年，子子孫孫永寶用。

《南宮中鼎銘》惟十有三月庚寅，王在寒帥，王命太史括懷土。王曰：「中，兹懷人內史錫于琖玉作臣，今括里汝懷土，仍乃采。」中對王休命，鼎父乙尊。惟臣尚中臣赫赫。○右一。惟王命南宮伐反虎方之年，王刊中先相南國貫行，蓺王居在社圃真山。中呼歸生原刊王，蓺命寶彝。○右二，其三文同。

《仲偁父鼎銘》唯王五月初吉丁亥，周伯皐及伯偁父伐南淮節孚金，用作寶鼎，其萬年，子子孫孫永寶用。

《雝公諴鼎銘》惟十有四月既死霸壬午，下保雝公諴作尊鼎，用追享孝于皇祖考，用乞眉壽，萬年無疆，子子孫孫永寶用。

《叔液鼎銘》惟五月庚申，叔液自作饙鼎，用蘄眉壽，萬年無疆，永壽用之。

《王子吳飤鼾銘》惟正月初吉丁亥，王子吳擇其吉金，自作飤鼾，其眉壽無期，子子孫孫，永保用之。○飤、飼同。

《季娟鼎銘》正月，王在成周，王徙于楚麓，命小臣夌先見楚居，王至于徙居廡，遣小臣夌錫貝錫馬兩，夌拜稽首，對揚王休，用作季娟寶尊彝。

《碩父鼎銘》惟六年八月初吉己子，史伯碩父追孝于朕皇考釐仲王母乳母尊鼎，用蘄丏百禄眉壽，綰綽永命，萬年無疆，子子孫孫，永寶用享。

《史頙鼎銘》史頙作朕皇考釐仲王母乳母尊鼎，用追享孝，用蘄丏眉壽，永命令終，頙其萬年，多福無疆，子子孫孫，永寶用享。

《晉姜鼎銘》惟王九月乙亥，晉姜曰：「余惟嗣朕先姑君晉邦，余不辱妄寧，經雝明德，宣邲我猷，用招所辝辟，委揚乃光烈，虔不隊。諳覃享㠯，孳我萬民，嘉遣我，錫鹵賚千兩，勿廢文侯顋命，畏貫、通、弘，征綏、湯、原，取乃吉金，用作寶尊鼎。用康𩓁妥懷遠廷君子。晉姜用蘄綽綰眉壽，作惠爲亟，萬年無疆，用享用德，畯保其孫子，三壽是利。」

《垂鼎銘》垂作尊鼎，萬福無疆，子孫永寶用。○其一。垂作尊鼎，萬壽無疆，子子孫孫永寶用。○其二。

《父己鼎銘》癸亥，王徙刊，作册妝新宗，王賡作册豐貝，太子賜練大貝，用作父己寶鬲。

《言肇鼎銘》其永寶用享，言肇作尊鼎。

《孔文父飲鼎銘》惟三月，孔文父作此飲鼎，子孫實用。○此器銘謂之鼎，而制度乃類尊壺之屬。

《孔父鬲銘》孔父作尊鬲，子子孫孫永寶用。

《京姜鬲銘》京姜庚仲作尊鬲，其永寶用。

《張仲簠銘》張仲作寶簠，業之金鈇鋭鈇鐪，其熏其玄其黄，用盛諸受粔米，用饗大正，音王賓，飧具召飼，張仲受無疆福，必友飧飼鼎寶，張仲畀壽。

《叔邦父簠銘》叔邦父作簠，用征用行，用從君王，子子孫孫，其萬年無疆。

《寅簋銘》有進後雩邦人，正之師氏，人有辠有故，西馭服，即汝𠙵繇宕卑，復虐逐乃君，乃師乃作，予一人服。王曰：「寶敬明乃心，用辟我一人，善故乃友内辟，勿事虣虐，從獄受雜，且行道乃非正命，乃故疾讒人則惟輔，天降喪不亡惟死。錫汝秬鬯一卣，乃芇芾赤湯，鴘軒朱鞾，華虢厄褻，虎冟練裏，畫鞞畫鞾，爵金甬馬，四匹鋚勒，敬夙夕勿廢朕命。」寅拜稽首，對揚天子丕顯魯休，用作寶簋，叔邦父叔故萬年，子子孫孫，永寶用。○故一作姑，中間字有難解。

《京叔簋銘》京叔作饗簋，其萬壽，永寶用。

《叔高父簋銘》叔高父作旅簋，其萬年，子子孫孫永寶用。

《劉公鋪銘》劉公作杜嫞尊鋪，永寶用。

《史信父甗銘》維六月初吉，史信父作鬵甗，期萬年，子子孫孫永寶用。

《伯玉盉銘》伯玉般子作寶盉，其萬斯年，子子孫孫，其永寶用。

《嘉仲盉銘》嘉仲諸友，用其吉金，自作盉，子子孫孫，其□永用之。

《鄭敦銘》隹二年正月初吉，王在周昭宫，丁亥，王格于宣射，毛伯内門立中庭，右祝鄭，王呼内史册命鄭，王曰：「鄭，昔先王既命女作邑，繼五邑祝，今余隹亂商，乃命錫女赤芾，同冕齊黄緣旂，用事。」鄭拜稽首，敢對揚天子休命。鄭用作朕皇考龔伯尊敦。鄭其眉壽，萬年無疆，子子孫孫，永寶用享。○隹古維，射作榭。

《毁敦銘》惟王元年正月初吉丁亥，伯龢父若曰：「師毁，乃祖考有婚于我家，汝右惟小子，余命汝列我家，繼治我西偏東偏僕馭百工牧臣妾，東栽内外，毋敢不善。錫汝戈彫戟縞必彤矢十五，錞鐘一，磬五，全，敬乃夙夜用事。」毁拜稽首，敢對揚皇君休，用作朕文考乙仲𩰫敦。毁其萬年，子子孫孫永寶用享。○右作佑。

《敔敦銘》惟王十月，王在成周，南淮節趧及内伐浪昴參怡裕敏陰陽洛，王命敔追迎于上洛，炂谷，至于伊班。長榜𢦏首百，執㹤臼，雜孚人三百，鄙于艾伯之斵，于炂衣諦，復付乃君。惟王十有一月，王格于成周大廟。武公入右敔告禽，馘百㹤臼，王蔑敔曆，事尹氏受，釐敔圭鬲幣貝五十朋，錫田于敆五十田，于早五十田。敔敢對揚天子休，用作尊敦。敔其萬年，子子孫孫永寶用。○徐獻忠云：「此文與商、周之《書》同辭，與《雅》、《頌》之《詩》同意。」

《宰辟父敦銘》惟四月初吉，王在辟宫，宰辟父佑周位，王册命周曰：「錫女華朱芾、玄衣、束帶，於鋚革、錫戈、琱戟、彤矢，用養乃祖考事官，嗣節僕小射底敷。」周稽首，對揚王休命，用作文考寶敦。其孫孫子子永寶用。

《散季敦銘》惟王四年八月初吉丁亥，散季肇作朕王母叔姜寶敦。散季其萬萬年，子子孫孫永寶。

《翼敦銘》翼作皇祖益公文公武伯皇考龔伯𩰫彝。翼其熙萬年無疆，令終令命，其子子孫孫永寶用享于宗室。

《周姜敦銘》伯囧父作周姜寶敦，用夙夕享，用蘄萬壽。○《博古圖》作伯景，《考古》作伯首，《集古》作伯冏。

《虢姜敦銘》虢姜作寶尊敦，用禪追孝于皇考惠仲，蘄此康慶純祐，通録永命，虢姜其萬年眉壽，受福無疆，子子孫孫，永寶用享。

《刺公敦銘》伯據祖肇作皇考刺公尊敦，用享用孝，萬年眉壽，畯在位，子子孫孫永寶。

《伯戔饋𧯷銘》卬仲之孫伯戔自作饋𧯷，永保用之。○蓋銘十四字。惟八月初吉庚午，卬仲之孫伯戔自作饋𧯷，其眉壽萬年無疆，子子孫孫，永保用之。○唇銘三十二字。

《文姬匜銘》丙寅，子錫𪓐貝，用作文姬巳寶彝，十一月有三。

《司寇匜銘》作司寇匜，用建用歸，維之百寮，雩之四方，永之祜福。○建或作造，雩或作考。

《爾雅》斪斸謂之定。斫謂之鐯。斛謂之疀。《博雅》定謂之槈。𣁽，𨇺，梳，𣂁，畚也。鎡錤，鋸，鈹，鏄，鉏也。鍏，畚，𢽽，梩，臬，臿也。鏵，鐰，鑿也。

《小爾雅》截穎謂之銍。

《方言》鋠，攙，裁也。梁、益之間，裁木爲器曰鋠，裂帛爲衣曰攙。鋠又斲也，晉、趙之間謂之鋠鋠。《博雅》龍，疏，蒲，料，杓也。𣫹，筲，桶，檧，籫，箸，箭也。筴謂之箸，柶，匙，匕也。斛注謂之篙。斛謂之鼓。方斛謂之桶。棿，棵，檷房，杫，虡，桯，㣌，俎，几也。

《爾雅》象謂之鵠。角謂之觷。犀謂之剒。木謂之剫。玉謂之雕。金謂之鏤。木謂之刻。骨謂之切。象謂之磋。玉謂之琢。石謂之磨。鏤，鋑也。雕謂之琢。革中絶謂之辨。革中辨謂之韏。《博雅》鏤謂之錯，鋁謂之錯。礱，礙，礷，礸，磫，礭，磨，砥，礛，礪也。雕，鏤也。鐫，鑿也。銚，刓也。緵罟謂之九罭。九罭，魚罔也。嫠婦之笱謂之罶。罺謂之汕。篧謂之罩。槮謂之涔。鳥罟謂之羅。兔罟謂之罝。麋罟謂之罞。彘罟謂之羉。魚罟謂之罛。繴謂之罿，罿，罬也。罬謂之罦，罦，覆車也。

段玉裁《説文解字段注》第三篇上　𢀖，皿也。皿部曰：皿，飯食之用器也。然則皿專謂食器，器乃凡器統偁，器下云皿也者，散文則不別也。木部曰：有所盛曰器，無所盛曰械。陸德明本如是。

綜述

徐天麟《東漢會要》卷一五《歷數中·渾儀》　明帝永平十五年七月，詔書造太史黄道銅儀，以角爲十三度，亢十，氐十六，房五，心五，尾十八，箕十，斗二十四四分度之一，牽牛七，須女十一，虚十，危十六，營室十八，東壁十，奎十七，婁十二，胃十五，昴十二，畢十六，觜三，參八，東井三十，輿鬼四，柳十四，星七，張十七，翼十九，軫十八，凡三百六十五度四分度之一。冬至日在斗十九度四分度之一。史官以部日月行，參弦望，雖密近而不爲注日。儀，黄道與度轉運，難以候，是以少循其事。《律歷志》中。

安帝雅聞張衡善術學，公車特召拜郎中，再遷爲太史令。遂乃研覈陰陽，妙盡璇璣之正，作渾天儀，著《靈憲》、《算罔論》，言甚詳明。《張衡傳》。

蔡邕曰：「言天體者有三家：一曰周髀，二曰宣夜，三曰渾天。宣夜之學絶，無師法。周髀術數具存，考驗天狀，多所違失，故史官不用。唯渾天者，近得其情，今史官所用候臺銅儀，則其法也。」《靈憲序》曰：「昔在先王，將步天路，用定靈軌。尋緒本元，先準之于渾體，是爲正儀，故靈憲作興。」《衡集》無《算罔論》，蓋網絡天地而筭之，因名焉。《張衡傳》注。

順帝陽嘉元年，衡復造候風地動儀。以精銅鑄成，員徑八尺，合蓋隆起，形似酒尊，飾以篆文山龜鳥獸之形。中有都柱，傍行八道，施關發機。外有八龍，首銜銅丸，下有蟾蜍，張口承之。其牙機巧制，皆隱在尊中，復蓋周密無際。如有地動，尊則振龍機發吐丸，而蟾蜍銜之。振聲激揚，伺者因此覺知。雖一龍發機，而七首不動，尋其方面，乃知震之所在。驗之以事，合契若神。自書典所記，未之有也。嘗一龍機發而地不覺動，京師學者咸怪其無徵，後數日驛至，果地震隴西，于是皆服其妙。自此以後，乃令史官記地動所從方起。《張衡傳》。

《晉書》卷一一《天文志上》　《渾天儀注》云：「天如鷄子，地如鷄中黄，孤居於天内，天大而地小。天表裏有水，天地各乘氣而立，載水而行。周天三百六十五度四分度之一，又中分之，則半覆地上，半繞地下，故二十八宿半見半隱，天轉如車轂之運也。」諸論天者雖多，然精於陰陽者少。張平子、陸公紀之徒，咸以爲推步七曜之道，以度曆象昏明之證候，校以四八之氣，考以漏刻之分，占晷景之往來，求形驗於事情，莫密於渾象者也。

張平子既作銅渾天儀，於密室中以漏水轉之，令伺之者閉户而唱之。其伺之者以告靈臺之觀天者曰：「璇璣所加，某星始見，某星已中，某星今没。」皆如合符也。崔子玉爲其碑銘曰：「數術窮天地，制作侔造化，高才偉藝，與神合契。」蓋由於平子渾儀及地動儀之有驗故也。

若天果如渾者，則天之出入行於水中，爲的然矣。故黄帝書曰「天在地外，水在天外」，水浮天而載地者也。又《易》曰：「時乘六龍。」夫陽爻稱龍，龍者居水之物，以喻天。天，陽物也，又出入水中，與龍相似，故以龍比也。聖人仰觀俯察，審其如此，故《晉》卦《坤》下《離》上，以證日出於地也。又《明夷》之卦《離》下《坤》上，以證日入於地也。《需》卦《乾》下《坎》上，此亦天入水中之象也。天爲金，金水相生之物也。天出入水中，當有何損，而謂爲不可乎？

故桓君山曰：「春分日出卯入酉，此乃人之卯酉。天之卯酉，常值斗極爲天中。今視之乃在北，不正在人上。而春秋分時，日出入乃在斗極之南。若如磨右轉，則北方道遠而南方道近，晝夜漏刻之數不應等也。」後奏事待報，坐西廊廡下，以寒故暴背。有頃，日光出去，不復暴背。君山乃告信蓋天者曰：「天若如推磨右轉而日西行者，其光景當照此廊下稍而東耳，不當拔出去。拔出去是應渾天法也。渾爲天之真形，於是可知矣。」然則天出入水中，無復疑矣。

《晉書》卷一一〇《慕容儁載記》 初，（慕容）廆有駿馬曰赭白，有奇相逸力。石季龍之伐棘城也，皝將出避難，欲乘之，馬悲鳴蹄齧，人莫能近。（慕容）皝曰：「此馬見異先朝，孤常仗之濟難，今不欲者，蓋先君之意乎！」乃止。季龍尋退，皝益奇之。至是，四十九歲矣，而駿逸不虧，儁比之於鮑氏驄，命鑄銅以圖其象，親爲銘贊，鐫勒其旁，置之薊城東掖門。是歲，象成而馬死。

匈奴單于賀賴頭率部落三萬五千降于儁，拜寧西將軍、雲中郡公，處之于代郡平舒城。

晉太山太守諸葛攸伐其東郡。儁遣慕容恪距戰，王師敗績。北中郎將謝萬先據梁宋，懼而遁歸。恪進兵入寇河南，汝、潁、譙、沛皆陷，置守宰而還。

儁自薊城遷于鄴，赦其境內，繕修宫殿，復銅雀臺。

許嵩《建康實録》卷一七《梁上・高祖武皇帝》 （天監六年八月）置光宅寺，西去縣十里。武帝捨宅造寺未成，於小莊嚴寺造無量壽像長一丈八尺，及鑄，銅不足，帝又給功德銅三千斤。臺内送銅未至像處，已見銅車到罏所，於是就冶，一灌便足，在後臺司銅至，方知向來送銅靈感所至。及開模像，以成丈九，而相好不差。又有大錢二枚見衣條上，竟不消鑠。其年九月，欲移像過寺，未移前，淮中估客每夜輒聞大橋上數百人修道路，往視不見人，俄而，像度光彩輝焕，觀者莫不歸心。又《東都記》云：秘書省内著作院後，有梁武帝及名臣沈約、范雲、周嗣已下三公數十人銅像。初，梁武帝登極，乃立私宅爲寺，寺内有此像。後長慶中，李千里爲明堂採木，使船載至東都，置於省內。置明慶寺，後閤舍人王曇明造，去縣十八里。寺内有泉，水清澈，陳、梁已前，嘗取供御愈疾。寺碑太子舍人陳昭之文。

《魏書》卷一一〇《食貨志》 自太祖定中原，世祖平方難，收穫珍寶，府藏盈積。和平二年秋，詔中尚方作黄金合盤十二具，徑二尺二寸，鏤以白銀，鈿以玫瑰，其銘曰：「九州致貢，殊域來賓，乃作兹器，錯用具珍。鍜以紫金，鏤以白銀，範圍擬載，吐燿含真。纖文麗質，若化若神。皇王御之，百福惟新。」其年冬，詔出内庫綾綿布帛二十萬匹，令内外百官分曹賭射。

《魏書》卷一〇七上《律曆志上》 景明四年，并州獲古銅權，詔付崇以爲鍾律之準。永平中，崇更造新尺，以一黍之長，累爲寸法。尋太常卿劉芳受詔修樂，以秬黍中者一黍之廣即爲一分，而中尉元匡以一黍之廣度黍二縫，以取一分。三家紛競，久不能決。太和十九年，高祖詔，以一黍之廣，用成分體，九十黍之長，以定銅尺。有司奏從前詔，而芳尺同高祖所制，故遂典修金石。迄武定末，未有諳律者。

《隋書》卷一九《天文志上・渾天儀》 案《虞書》：「舜在琁璣玉衡，以齊七政。」則《考靈曜》所謂觀玉儀之遊，昏明主時，乃命中星者也。琁璣中而星未中爲急，急則日過其度，月不及其宿。琁璣未中而星中爲舒，舒則日不及其度，月過其宿。琁璣中而星中爲調，調則風雨時，庶草蕃蕪，而五穀登，萬事康也。所言琁璣者，謂渾天儀也。故《春秋文耀鉤》云：「唐堯即位，羲、和立渾儀。」而先儒或因星官書，北斗第二星名琁，第三星名璣，第五星名玉衡，仍七政之言，即以爲北斗七星。載筆之官，莫之或辨。史遷，班固，猶且致疑。馬季長創謂璣衡爲渾天儀。鄭玄亦云：「其轉運者爲璣，其持正者爲衡，皆以玉爲之。七政者，日月五星也。以璣衡視其行度，以觀天意也。」故王蕃云：「渾天儀者，羲、和之舊器，積代相傳，謂之璣衡。其爲用也，以察三光，以分宿度者也。又有渾天象者，以著天體，以布星辰。而渾象之法，地當在天中，其勢不便，故反觀其形，地爲外匡，於已解者，無異在內。詭狀殊體，而合於理，可謂奇巧。然斯二者，以考於天，蓋密矣。」又云：「古舊渾象，以二分爲一度，周七尺三寸半〔分〕。而莫知何代所造。」今案虞喜云：「落下閎爲漢孝武帝於地中轉渾天，定時節，作《泰初曆》。」或其所製也。

漢孝和帝時，太史揆候，皆以赤道儀，與天度頗有進退。以問典星待詔姚崇等，皆曰《星圖》有規法，日月實從黄道。官無其器。至永元十五年，詔左中郎將賈逵，乃始造太史黄道銅儀。至桓帝延熹七年，太史令張衡，更以銅製，以四分爲一度，周天一丈四尺六寸一分。亦於密室中，以漏水轉之。令司之者，閉户而唱之，以告靈臺之觀天者，琁璣所加，某星始見，某星已中，某星今没，皆如合符。蕃以古製局小，以布星辰，相去稠概，不得了察。張衡所作，又復傷大，難可轉移。蕃今所作，以三分爲一度，周一丈九寸五分、四分[分]之三。長古法三尺六寸五分、四分分之一，減衡法亦三尺六寸五分、四分分之一。渾天儀法，黄赤道各廣一度有半。故今所作渾象，黄赤道各廣四分半，相去七寸二分。又云：「黄赤二道，相共交錯，其間相去二十四度。以兩儀準之，二道俱三百六十五度有奇。又赤道見者，常一百八十二度半强。又南北考之，天見者亦一百八十二度半强。是以知天之體圓如彈丸，南北極相去一百八十二度半强也。而陸績所作渾象，形如鳥卵，以施二道，不得如法。若使二道同規，則其間相去不得滿二十四度。若令相去二十四度，則黄道當長於赤道。又兩極相去，不翅八十二度半强。案績説云：『天東西徑三十五萬七千里，直徑亦然。』則績意亦以天爲正圓也。器與言謬，頗爲乖僻。」然則渾天儀者，其制有機有衡。既動静兼狀，以效二儀之情，又周旋衡管，用考三光之分。所以揆正宿度，準步盈虚，來古之遺法也。則先儒所言圓規徑八尺，漢候臺銅儀，蔡邕所欲寢伏其下者是也。

梁華林重雲殿前所置銅儀，其制則有雙環規相並，間相去三寸許。正豎當子午。其子午之間，應南北極之衡，各合而爲孔，以象南北樞。植楗於前後，以屬焉。又有單横規，高下正當渾之半。皆周帀分爲度數，署以維辰之位，以象地。又有單規，斜帶南北之中，與春秋二分之日道相應。亦周帀分爲度數，而署以維辰，並相連著。屬楗植而不動。其裏又有雙規相並，如外雙規。内徑八尺，周二丈四尺，而屬雙軸。軸兩頭出規外各二寸許，合兩爲一。内有孔，圓徑二寸許，南頭入地下，注於外雙規南樞孔中，以象南極。北頭出地上，入於外雙規規北樞孔中，以象北極。其運動得東西轉，以象天行。其雙軸之間，則置衡，長八尺，通中有孔，圓徑一寸。當衡之半，兩邊有關，各注著雙軸。衡既隨天象東西轉運，又自於雙軸間得南北低仰。所以準驗辰曆，分考次度，其於揆測，唯所欲爲之者也。檢其鐫題，是僞劉曜光初六年，史官丞南陽孔挺所造，則古之渾儀之法者也。而宋御史中丞何承天及太中大夫徐爰，各著《宋史》，咸以爲即張衡所造。其儀略舉天狀，而不綴經星七曜。魏、晉喪亂，沉没西戎。義熙十四年，宋高祖定咸陽得之。梁尚書沈約著《宋史》，亦云然，皆失之遠矣。

後魏道武天興初，命太史令晁崇修渾儀，以觀星象。十有餘載，至明元永興四年壬子，詔造太史候部鐵儀，以爲渾天法，考琁璣之正。其銘曰：「於皇大代，配天比祚。赫赫明明，聲列遐布。爰造兹器，考正宿度。貽法後葉，永垂典故。」其製並以銅鐵，唯誌星度以銀錯之。南北柱曲抱雙規，東西柱直立，下有十字水平，以植四柱。十字之上，以龜負雙規。其餘皆與劉曜儀大同。即今太史候臺所用也。

《隋書》卷一九《天文志上・渾天象》　渾天象者，其制有機而無衡，梁末祕府有，以木爲之。其圓如丸，其大數圍。南北兩頭有軸。徧體布二十八宿、三家星、黄赤二道及天漢等。别爲横規環，以匡其外。高下管之，以象地。南軸頭入地，注於南植，以象南極。北軸頭出於地上，注於北植，以象北極。正東西運轉。昏明中星，既其應度，分至氣節，亦驗，在不差而已。不如渾儀，别有衡管，測揆日月，分步星度者也。吴太史令陳苗云：「先賢制木爲儀，名曰渾天。」即此之謂耶？由斯而言，儀象二器，遠不相涉。則張衡所造，蓋亦止在渾象七曜，而何承天莫辨儀象之異，亦爲乖失。

宋文帝以元嘉十三年，詔太史更造渾儀。太史令錢樂之，依案舊説，采效儀象，鑄銅爲之。五分爲一度，徑六尺八分少，周一丈八尺二寸六分少。地在天内，不動。立黄赤二道之規，南北二極之規，布列二十八宿、北斗極星。置日月五星於黄道上。爲之杠軸，以象天運。昏明中星，與天相符。梁末，置於文德殿前。至如斯制，以爲渾儀，儀則内闕衡管。以爲渾象，而地不在外。是參兩法，别爲一體。就器用而求，猶渾象之流，外内天地之狀，不失其位也。吴時又有葛衡，明達天官，能爲機巧。改作渾天，使地居于天中。以機動之，天動而地止，以上應晷度，則樂之之所放述也。

到元嘉十七年，又作小渾天，二分爲一度，徑二尺二寸，周六尺六寸。安二十八宿中外官星備足。以白青黄等三色珠爲三家星。其日月五星，悉居黄道。亦象天運，而地在其中。

宋元嘉所造儀象器，開皇九年平陳後，並入長安。大業初，移於東都觀象殿。

《隋書》卷一九《天文志上・漏刻》　昔黄帝創觀漏水，制器取則，以分晝夜。其後因以命官，《周禮》挈壺氏則其職也。其法，總以百刻，分于晝夜。冬至晝漏四十刻，夜漏六十刻。夏至晝漏六十刻，夜漏四十刻。春秋二分，晝夜各五十刻。日未出前二刻半而明，既没後二刻半乃昏。減夜五刻，以益晝漏，謂之昏旦。漏刻皆隨氣增損。冬夏二至之間，晝夜長短，凡差二十刻。每差一刻爲一箭。冬至互起其首，凡有四十一箭。晝有朝，有禺，有中，有晡，有夕。夜有甲、乙、丙、丁、戊。昏旦有星中。每箭各有其數，皆所以分時代守，更其作役。

漢興，張蒼因循古制，猶多疎闊。及孝武考定星曆，下漏以追天度，亦未能盡其理。劉向《鴻範傳》記武帝時所用法云：「冬夏二至之間，一百八十餘日，晝夜差二十刻。」大率二至之後，九日而增損一刻焉。至哀帝時，又改用晝夜一百二十刻，尋亦寢廢。至王莽竊位，又遵行之。光武之初，亦以百刻九日加減法，編於《甲令》，爲《常符漏品》。至和帝永元十四年，霍融上言：「官曆率九日增減一刻，不與天相應。或時差至二刻半，不如夏曆漏刻，隨日南北爲長短。」乃詔用夏曆漏刻。依日行黄道去極，每差二度四分，爲增減一刻。凡用四十八箭。終於魏、晉，相傳不改。

宋何承天，以月蝕所在，當日之衡，考驗日宿，知移舊六度。冬至之日，其影極長，測量晷度，知冬至移舊四日。前代諸漏，春分晝長，秋分晝短，差過半刻。皆由氣日不正，所以而然。遂議造漏法。春秋二分，昏旦晝夜漏各五十五刻。齊及梁初，因循不改。至天監六年，武帝以晝夜百刻，分配十二辰，辰得八刻，仍有餘分。乃以晝夜爲九十六刻，一辰有全刻八焉。至大同十年，又改用一百八刻。依《尚書考靈曜》，晝夜三十六頃之數，因而三之。冬至晝漏四十八刻，夜漏六十刻。夏至晝漏七十刻，夜漏三十八刻。春秋二分，晝漏六十刻，夜漏四十八刻。昏旦之數各三刻。先令祖暅爲《漏經》，皆依渾天黄道日行去極遠近，爲用箭日率。陳文帝天嘉中，亦命舍人朱史造漏，依古百刻爲法。周、齊因循魏漏。晉、宋、梁大同，並以百刻分于晝夜。

隋初，用周朝尹公正、馬顯所造《漏經》。至開皇十四年，鄜州司馬袁充上晷影漏刻。充以短影平儀，均布十二辰，立表，隨日影所指辰刻，以驗漏水之節。十二辰刻，互有多少，時正前後，刻亦不同。其二至二分用箭辰刻之法，今列之云。

冬至：日出辰正，入申正，晝四十刻，夜六十刻。

子、丑、亥各二刻，寅、戌各六刻，卯、酉各十三刻，辰、申各十四刻，巳、未各十刻，午八刻。

右十四日改箭。

春秋二分：日出卯正，入酉正，晝五十刻，夜五十刻。

子四刻，丑、亥七刻，寅、戌九刻，卯、酉十四刻，辰、申九刻，巳、未七刻，午四刻。

右五日改箭。

夏至：日出寅正，入戌正，晝六十刻，夜四十刻。

子八刻，丑、亥十刻，寅、戌十四刻，卯、酉十三刻，辰、申六刻，巳、未二刻，午二刻。

右一十九日，加減一刻，改箭。

袁充素不曉渾天黄道去極之數，苟役私智，變改舊章。其於施用，未爲精密。

開皇十七年，張胄玄用後魏渾天鐵儀，測知春秋二分，日出卯酉之北，不正當中。與何承天所測頗同，皆日出卯三刻五十五分，入酉四刻二十五分。晝漏五十刻一十分，夜漏四十九刻四十分，晝夜差六十分刻之四十。仁壽四年，劉焯上《皇極曆》，有日行遲疾，推二十四氣，皆有盈縮定日。春秋分定日，去冬至各八十八日有奇，去夏至各九十三日有奇。二分定日，晝夜各五十刻。又依渾天黄道，驗知冬至夜漏五十九刻、一百分刻之八十六，晝漏四十刻一十四分，夏至晝漏五十九刻八十六分，夜漏四十刻一十四分。冬夏二至之間，晝夜差一十九刻、一百分刻之七十二。胄玄及焯漏刻，並不施用。然其法制，皆著在曆術，推驗加時，最爲詳審。

大業初，耿詢作古欹器，以漏水注之，獻于煬帝。帝善之，因令與宇文愷，依後魏道士李蘭所修道家上法稱漏，制造稱水漏器，以充行從。又作候影分箭上水方器，置於東都乾陽殿前鼓下司辰。又作馬上漏刻，以從行辨時刻。揆日晷，下漏刻，此二者，測天地，正儀象之本也。晷漏沿革，今古大殊，故列其差，以補前闕。

《舊唐書》卷二二《禮儀志二》 其年，鑄銅爲九州鼎，既成，置於明堂之庭，各依方位列焉。神都鼎高一丈八尺，受一千八百石。冀州鼎名武興，雍州鼎名長安，兗州名日觀，青州名少陽，徐州名東原，揚州名江都，荆州名江陵，梁州名成都。其八州鼎高一丈四尺，各受一千二百石。司農卿宗晉卿爲九鼎使，都用銅五十六萬七百一十二斤。鼎上圖寫本州山川物産之像，仍令工書人著作郎賈膺福、殿中丞薛昌容、鳳閣主事李元振、司農録事鍾紹京等分題之，左尚方署令曹元廓圖畫之。鼎成，自玄武門外曳入，令宰相、諸王率南北衙宿衛兵十餘萬人，并仗内大牛、白象共曳之。則天自爲《曳鼎歌》，令相唱和。其時又造大儀鐘，斂天下三品金，竟不成。九鼎初成，欲以黄金千兩塗之。納言姚璹曰：「鼎者神器，貴於質朴，無假别爲浮飾。臣觀其狀，光有五彩輝焕錯雜其間，豈待金色爲之炫燿？」乃止。其年九月，又大享於通天宫。以契丹破滅，九鼎初成，大赦，改元爲神功。

《新唐書》卷三一《天文志一》 貞觀初，淳風上言：「舜在璿璣玉衡，以齊七政，則渾天儀也。《周禮》，土圭正日景以求地中，有以見日行黄道之驗也。暨于周末，此器乃亡。漢落下閎作渾儀，其後賈逵、張衡等亦各有之，而推驗七曜，並循赤道。按冬至極南，夏至極北，而赤道常定於中，國無南北之異。蓋渾儀無黄道久矣。」太宗異其説，因詔爲之。至七年儀成。表裏三重，下據準基，狀如十字，末樹鼇足，以張四表。一曰六合儀，有天經雙規、金渾緯規、金常規，相結於四極之内。列二十八宿、十日、十二辰、經緯三百六十五度。二曰三辰儀，圓徑八尺，有璿璣規、月遊規，列宿距度，七曜所行，轉於六合之内。三曰四游儀，玄樞爲軸，以連結玉衡游筩而貫約矩規。又玄極北樹北辰，南矩地軸，傍轉於内。玉衡在玄樞之間，而南北游，仰以觀天之辰宿，下以識器之晷度。皆用銅。帝稱善，置於凝暉閣，用之測候。閣在禁中，其後遂亡。

開元九年，一行受詔，改治新曆，欲知黄道進退，而太史無黄道儀，率府兵曹參軍梁令瓚以木爲游儀，一行是之，乃奏：「黄道游儀，古有其術而無其器，昔人潛思，皆未能得。今令瓚所爲，日道月交，皆自然契合，於推步尤要，請更鑄以銅鐵。」十一年儀成。一行又曰：「靈台鐵儀，後魏斛蘭所作，規制朴略，度刻不均，赤道不動，乃如膠柱。以考月行，遲速多差，多或至十七度，少不減十度，不足以稽天象、授人時。李淳風黄道儀，以玉衡旋規，别帶日道，傍列二百四十九交，以攜月游，法頗難，術遂寢廢。臣更造游儀，使黄道運行，以追列舍之變，因二分之中，以立黄道，交於奎、軫之間，二至陟降，各二十四度。黄道内施白道月環，用究陰陽朓朒，動合天運。簡而易從，可以制器垂象，永傳不朽。」於是玄宗嘉之，自爲之銘。

又詔一行與令瓚等更鑄渾天銅儀，圓天之象，具列宿赤道及周天度數。注水激輪，令其自轉，一晝夜而天運周。外絡二輪，綴以日月，令得運行。每天西旋一周，日東行一度，月行十三度十九分度之七，二十九轉有餘而日月會，三百六十五轉而日周天。以木櫃爲地平，令儀半在地下，晦明朔望遲速有準。立木人二於地平上：其一前置鼓以候刻，至一刻則自擊之；其一前置鐘以候辰，至一辰亦自撞之。皆於櫃中各施輪軸，鉤鍵關鏁，交錯相持。置於武成殿前，以示百官。無幾而銅鐵漸澀，不能自轉，遂藏於集賢院。

其黄道游儀，以古尺四分爲度。旋樞雙環，其表一丈四尺六寸一分，縱八分，厚三分，直徑四尺五寸九分，古所謂旋儀也。南北科兩極，上下循規各三十四度。表裏畫周天度，其一面加之銀釘。使東西運轉，如渾天游旋。中旋樞軸，至兩極首内，孔徑大兩度半，長與旋環徑齊。玉衡望筩，長四尺五寸八分，廣一寸二分，厚一寸，孔徑六分。衡旋於軸中，旋運持正，用窺七曜及列星之闊狹。外方内圓，孔徑一度半，周日輪也。陽經雙環，表一丈七尺三寸，裏一丈四尺六寸四分，廣四寸，厚四分，直徑五尺四寸四分，置於子午。左右用八柱，八柱相固。亦表裏畫周天度，其一面加之銀釘。半出地上，半入地下。雙間挾樞軸及玉衡望筩，旋環於中也。陰緯單環，外内廣厚周徑，皆準陽經，與陽經相銜各半，内外俱齊。面平，上爲天，下爲地。横周陽環，謂之陰渾也。平上爲兩界，内外爲周天百刻。天頂單環，表一丈七尺三寸，縱廣八分，厚三分，直徑五尺四寸四分。直中國人頂之上，東西當卯酉之中，稍南使見日出入。令與陽經、陰緯相固，如鳥殻之裹黄。南去赤道三十六度，去黄道十二度，去北極五十五度，去南北平各九十一度强。赤道單環，表一丈四尺五寸九分，横八分，厚三分，直徑四尺五寸八分。赤道者，當天之中，二十八宿之位也。雙規運動，度穿一穴。古者，秋分日在角五度，今在軫十三度；冬至日在牽牛初，今在斗十度。隨穴退交，不復差繆。傍在卯酉之南，上去天頂三十六度，而横置之。黄道單環，表一丈五尺四寸一分，横八分，厚四分，直徑四尺八寸四分。日之所行，故名黄道。太陽陟降，積歲有差。月及五星，亦隨日度出入。古無其器，規制不知準的，斟酌爲率，疏闊尤甚。今設此環，置於赤道環内，仍開合使運轉，出入四十八度，而極畫兩方，東西列周天度數，南北列百刻，可使見日知時。上列三百六十策，與用卦相準。度穿一穴，與赤道相交。白道月環，表一丈五尺一寸五分，横八分，厚三分，直徑四尺七寸六分。月行有迂曲遲速，與日行緩急相及。古亦無其器，今設於黄道環内，使就黄道爲交合，出入六度，以測每夜月離。上畫周天度數，度穿一穴，擬移交會。皆用鋼鐵。游儀，四柱爲龍，其崇四尺七寸，水槽及山崇一尺七寸半，槽長六尺九寸，高廣皆四寸，池深一寸，廣一寸半。龍能興雲雨，故以飾柱。柱在四維。龍下有山雲，俱在水平槽上。皆用銅。

王讜《唐語林》卷六《補遺》 宋沇爲太常丞，每言諸懸鐘磬亡墜至多，補之者又乖律吕。忽因于光宅佛寺待漏，聞塔上鐸聲，傾聽久之。朝迴，復止寺舍，問寺主僧曰：「上人塔上鐸，皆知所自乎？」曰：「不能知之。」曰：「某聞有一是近制。某請一人循鈴索歷扣以辨之，可乎？」初，僧難，後許，乃扣而辨焉。寺衆即言：「往往無風自摇，洋洋有聲，非此也耶？」沇曰：「是也，必因祠祭考本懸鐘而應也。」因求摘取而觀之，曰：「此姑洗編鐘耳。」且請獨綴于僧庭。歸太常，令樂人與僧同臨之，約其時彼扣本樂懸，此果應之，遂購而獲。又曾送客至通化門，逢度支運乘。駐馬俄頃，忽草草揖客别，乃隨乘至左藏門，認一鈴，亦言編鐘也。他人但見鎔鑄獨工，不與衆者埒，莫知其餘。及配懸，音形皆合其度，異乎！

王溥《唐會要》卷四二《渾儀圖》 貞觀初，李淳風上言，靈臺候儀是後魏遺範，法制疎略，難爲占步。上因令淳風改造渾儀，鑄銅爲之。至七年三月十六日，直太史局將仕郎李淳風鑄渾天黄道儀成，奏之，置于凝暉閣。其制度以銅爲之，表裏三重，下據準基，狀如十字，末樹鼇足，以表四極焉。

第一儀名六合儀，有天經雙規、渾緯規、金常規，相結于四極之内，備二十八宿、十干、十二辰，經緯三百五十五度。

第二儀名三辰儀，圜徑八尺，有璿璣規、黄道規、月遊規，天宿矩度，七曜所行，并備于此，轉于六合之内。

第三儀名四遊儀，玄樞爲軸，以連結玉衡、遊筩而貫約規矩。又玄樞北樹北辰，南距地軸，傍轉于内。又玉衡在玄樞之間，而南北遊，仰以觀天之辰宿，下以識器之晷度。因撰《法象志》七卷，以論前代渾儀得失之差。

開元八年六月十五日，左金吾衛長史南宫説奏：「《渾天圖》空有其書，今臣既修《九曜占書》，要須量校星象，望請造兩枚，一進内，一留曹司。」許之。

九年，太史頻奏日蝕不效，詔改新曆，沙門一行奏曰：「今欲創曆立元，須知黄道進退，請更令太史測候。」時率府兵曹參軍梁令瓚待制于麗正書院，因造游儀木樣，甚爲精密。一行乃上言曰：「黄道游儀，古有其術而無其器。以黄道隨天運動，難用常儀格之，故昔人潛思，皆不能得。今梁令瓚創造此圖，日道月交，莫不自然契合，既于推步尤要，望就書院更以銅爲之，庶得考驗星度，無有差舛。」從之。至十三年，造成游儀。又上疏曰：「《舜典》云：『在璿璣玉衡，以齊七政。』説者以爲取其轉運者爲樞，持正者爲衡，皆以玉爲之，用齊七政之變，知其盈縮進退，得失政之所在，即古太史渾天儀也。自周室衰微，疇人喪職，其制度遺象莫有傳者。漢興，丞相張蒼首創律曆之學。至武帝，詔司馬遷等更造漢曆，乃定東西、立晷儀，下漏刻，以追二十八宿相距星度，與古不同。故唐都分天部，洛下閎運算轉曆，今赤道曆星度，則其遺法也。後漢永元中，左中郎將賈逵奏曰：『臣前上傅安等用黄道度日月，弦望多合。近太史官一以赤道度之，不與天合。願請太史官日月宿簿及星辰晷度，與待詔星官考校。』奏可。問典星待詔姚崇等十二人，皆曰：「星圖有規法，日月實從黄道，官無其器，不知施行。」甘露二年，大司農丞耿壽昌奏，以圓儀度日月行，考驗天運。日月行赤道，至牽牛、東井，日行一度，月行十五度；至婁、角，日行一度，月行十三度，此前代所共知也。』是歲永元四載也。明年，始詔太史造黄道銅儀。冬至，日在斗十九度四分度之一，與赤道定差二度。史官以校日月弦望，雖密近，而不爲望日。銅儀，黄道與度運轉，難候，是以少終其事。其後，劉洪因黄道渾儀，以考月行出入遲速。而後世治曆者不遵其法，更從赤道命文，以驗賈逵所言，差謬益甚，此治曆者之大惑也。今靈臺鐵儀，後魏明元時都匠解蘭所造，規製樸略，度刻不均，赤道不動，乃如膠柱，不置黄道，進退無準。此據赤道月行以驗入曆遲速，多者或至十七度，少者僅出十度，不足以上稽天象，敬授人時。近祕閣郎中李淳風著《法象志》，備載黄道渾儀法，以玉衡旋規，别帶日道，傍列二百四十九交，以推月遊，用法頗雜，其術竟寢。臣伏承旨，更造游儀，使黄道運行，以追列舍之變。因二分之中以立黄道，交于軫、奎之間，二至陟降二十四度。黄道之内，又施白道月環，用究陰陽朓朒之數，動合天運，簡而易從，足以制器垂象，永傳不朽。」于是上親爲製銘，置之于靈臺，以考星度。二十八宿及中外官與古經不同者，凡數十條。又詔一行與梁令瓚及諸術士，更造渾天儀，鑄銅爲之，若圓天之象，上具列宿赤道及周天度數。注水激輪，令其自轉，一日一夜，天轉一周。又别置二輪，絡在天外，綴以日月，令得運行。每天西轉一帀，日東行一度，月行十三度十九分度之七，凡二十九轉有餘而日月會，三百六十五轉而日行帀。仍置木櫃，以爲地平，令儀半在地上，半在地下，晦明朔望，遲速有準。又立二木人于平地之上，前置鐘鼓，以候辰刻，每一刻則自然擊鼓，每一辰則自然撞鐘。皆于櫃中各施輪軸，鉤鍵交錯，關鎖相持。既與天道合同，當時甚稱其妙。鑄成，命之曰水運渾天俯視圖，置于武成殿前以示百寮。無幾而銅鐵漸澀，不能自轉，遂收置于集賢院，不復行。

王溥《唐會要》卷四二《測景》 儀鳳四年五月，太常博士，檢校太史令姚玄辯奏于陽城測影臺依古法立八尺表，夏至日中測影有一尺五寸，正與古法同。調露元年十一月十一日，于周立測影臺所得圭長二尺七寸。

開元十二年四月二十三日，命太史監南宮説及太史官大相元太等，馳傳往安南、朗、蔡、蔚等州測候日影，迴日奏聞。數年伺候，及還京，與一行師一時校之。安南景北極高二十一度六分，冬至日影長在表北七尺九寸四分，春秋二分影二尺九寸三分，夏至影在表南三寸三分。測影使者大相元太云：「交州望極，纔出地二十餘度。以八月自海中南望老人星殊高。老人星下衆星粲然，其明大者甚衆，圖所不載，莫辨其名。大率去南極二十度已上，其星皆見。自古渾天家以爲常没地中，伏而不見之所也。」蔚州横野軍，北極高四十度，冬至影一丈五尺八寸九分，春秋二分影六尺六寸二分，夏至影在表北二尺二寸九分。此二所爲中土南北之極，其朗、襄、蔡、許、河南府、汴、滑、太原等州，各有使住，並差不同。一行以南北日影校量，用句股法算之，大約南北極相去纔八萬餘里。其諸州測影尺寸如左：林邑國，北極高十七度四分。冬至影在表北六尺九寸。定春秋分影在表北二尺六寸五分，夏至影在表南五寸七分。安南都護府，北極高二十一度六分。冬至影在表北七尺九寸四分。定春秋分影在表北二尺九寸三分，夏至影在表南三寸三分。朗州武陵，北極高二十九度五分。冬至影在表北一丈五寸三分。定春秋分影在表北四尺四寸七分，夏至影在表北七寸七分。襄州。恒春分，影在表北四尺八寸。蔡州武津館，北極高三十三度八分。冬至影在表北一丈二尺三寸八分，夏至影在表北一尺三寸六分。許州扶溝北極高三十四度三分。冬至影在表北一丈二尺五寸。定春秋分影在表北五尺三寸七分，夏至影在表北一尺四寸四分。河南府告成，北極高三十四度七分。冬至影在表北一丈二尺七寸一分。定春秋分影在表北五尺四寸五分，夏至影在表北一尺四寸九分。汴州浚儀太岳臺，北極高三十四度八分。冬至影在表北一丈二尺八寸五分。定春秋分影在表北五尺五寸，夏至影在表北一尺五寸三分。滑州白馬，北極高三十五度三分。冬至影在表北一丈三尺。定者秋分影在表北五尺五寸六分，夏至影在表北一尺五寸七分。太原府。恒春分，影在表北六尺。蔚州横野軍，北極高四十度。冬至影在表北一丈五尺八寸九分。定春秋分影在表北六尺六寸二分，夏至影在表北二尺二寸九分。

王瑩《群書類編故事》卷二〇《進龍鏡》 唐天寶中，揚州進水心鏡一面，清瑩耀目，背有盤龍，勢如飛動，元宗覽而異之。進鏡官揚州參軍李守泰曰：鑄鏡時有老人，自稱姓龍，名護，鬚髮皓白，眉垂至肩，衣白衣，有小童衣黑衣，呼爲「玄冥」，至鏡所，謂鏡匠吕暉曰：老人解造真龍鏡，爲汝鑄之，將愜帝意，遂令玄冥入爐所，扃户三日。户開，吕暉等搜覓，已失龍護及玄冥所在，爐前獲素書一紙云：開元皇帝聖通神靈，吾遂降祉，斯鏡可辟衆邪、鑒萬物，秦皇之鏡無以加焉。歌曰：盤龍盤龍，隱於鏡中；分野有象，變化無窮。興雲吐霧，行雨生風；上清仙子，來獻聖聰。吕暉等移爐，以五月五日，於楊子江心鑄之，後大旱不雨，葉法(喜)善祠鏡龍於凝陰殿，須臾，雲氣滿殿，甘雨大澍。《異聞録》。

江少虞《宋朝事實類苑》卷二〇《典禮音律·九鼎》 九鼎，國之厚寶也。古之帝王必鑄鼎，然有多例。一鑄鼎錬丹，以求仙去如黄帝是也。一以爲飪熟品餗，如陪鼎以食是也。一奉供宗廟，如祭器是也。一鑄鼎象物，以作圜圖而知天下之美惡，如禹鑄九鼎是也。然其不出五金，如東漢濼湖獲黄金鼎，黄帝錬首山之銅以鑄鼎，則青金也。其次鐵鼎，尊卑共用。唯白金無聞焉。爾雅曰：鼎絶大謂之鼐，圜弇上謂之鼒，注：鼎斂上而小口。附耳外謂之釴，注：鼎耳在表也。款足者謂之鬲，注：鼎曲脚也。夏亡則成湯即天子位，還，遷九鼎于亳都，至大坰而有慙德，蓋以臣代君也。殷亡，鼎遷于洛也。夏都平陽及安邑，如夏桀亡，鼎遷來亳，乃隔河也。此未論夏殷凡幾遷都。鼎遷來，其地多不明白，惟周遷商鼎分曉焉。禹鼎制度，則左傳所謂夏方有德，遠方圖物，貢金九牧，鑄鼎象物，百物而爲之備。使民知神姦者，圖鬼神百物之形，使民逆備之，故民人入川澤山林，不逢不若，魑魅魍魎，莫能逢之。則如揚州鼎，豫章江怪物，牛渚磯水府，貙虎貀鰐，蛇蠱工蜮，皆鑄形書處，令揚州之民懸防也。故王子年拾遺云：上古鑄鼎器，皆圖鸖形，出幽州羽山之北，人面鳥喙，八翼一足，毛色如雉，行不踐地，其聲似鍾磬笙竽也。然鸖不聞災害，圖之奚利乎？通曰：此不害物，出入必兆災福，俾民預知。苟鑄幽鼎，必圖斥山之暴獸也。詳其禹鼎，不止圖山川鬼神，猛鷙之物，抑又每州民户地里寬狹，皆可知也。故後語云九鼎寶器必出，據九鼎，按圖籍。注云：秦據執得周九鼎，自然業次知九州户籍圖書也。或問鼎之大小耶，通曰：昔周微弱，秦武王興兵臨周以求九鼎，王患之，顔率説齊求救。及秦兵退，顔率謂齊曰：夏桀亡，鼎歸商，商滅，歸周，其數九。一鼎九萬人挽之，九九八十一萬人也。鼎來齊，必經魏，魏豈不愛鼎耶？由是觀之，鼎大可知也。周威烈王二十二年，九鼎震。又秦武王有力，好力士，及平韓取宜陽，遂窺周室，與孟説舉龍文之鼎，武王絶臏而卒。可以對舉之者，知其小也。或問曰：周武王遷商鼎，鼎在今汲郡，如何渡河耶？通曰：如顔率言，一鼎用九萬人，士卒師徒器械備具焉，詳于時造舟爲梁，越盟津而至洛，必矣。雖遷徙至河南而安置，未得所，故成王定鼎于郟，鄏城也。或問爲在朝廟耶？通曰：雖云左宗廟，右社稷，凡宫室有東西厢曰廟，置在宫兼廟也。是以後語謂之發器，後世謂爲大寶，大寶之器，言龜與鼎也。或問曰：二周鼎何所？通曰：帝王世紀中，秦昭襄王自稱西帝，攻周，廢赧王，取九鼎，事頗蒙昧。或問曰：漢桓平何言鼎没泗水耶？通曰：秦本紀亦云：二十八年，使千人没泗水，求周鼎，不獲而已。漢武汾陰獲鼎，東漢滎湖獲黄金鼎焉，累朝所得，皆制度輕小鼎也。梁書：何子季隱逸，武帝徵之，請更鑄九鼎，曰：鼎者神器，有國之先也。唐貞觀二十一年六月，遂州涪水中獲古鼎，受五石三㪷。至天后朝，梓桐縣江中獲鼎，受十六斛，篆文曰「王李五百代」。至萬歲通天二年四月，勑鑄九鼎成，計用青金五十六萬七百一十二斤焉。豫州鼎名永昌，高一丈八尺，受一千八百斛。冀州名武興，雍州名長安，兖州名日觀，青州名少陽，徐州名東原，揚州名江都，荆州名金陵，梁州名成都。唯豫州鼎大，八州各高一丈四尺，受一千二百斛，鼎上各圖，寫本土産物之象。鍾紹京等題，曹廓畫，用十萬人牛象等，自玄武門外曳入，置于明堂之庭，各依方面安著焉。玄宗開元中，薛謙光獻九鼎銘，宰臣以豫州鼎銘，武后曾制，有玄宗御名，便爲符瑞，請付史館，帝甚悦焉。乾元中，三殿上安銅鼎，上津汗流，占曰：「必雨之候」，果信矣。此又小鼎也。贊寧要言。

洪邁《容齋隨筆》卷一〇《古彝器》 三代彝器其存至今者，人皆寶爲奇玩。然自春秋以來，固重之矣。經傳所記，取郜大鼎于宋，魯以吴壽夢之鼎賄荀偃，晋賜子産莒之二方鼎，齊賂晋以紀甗、玉磬，徐賂齊以甲父之鼎，鄭賂晋以襄鐘，衛欲以文之舒鼎、定之鞶鑑納魯侯，樂毅爲燕破齊，祭器設於寧臺，大吕陳於元英，故鼎反乎磨室是已。

洪邁《容齋三筆》卷一三《十八鼎》 夏禹鑄九鼎，唯見於《左傳》王孫滿對楚子及靈王欲求鼎之言，其後《史記》乃有鼎震及淪入于泗水之説。且以秦之强暴，視衰周如機上肉，何所畏而不取，周亦何辭以却。赧王之亡，盡以寶器入秦，而獨遺此，以神器如是之重，決無淪没之理。泗水不在周境内，使何人般舁而往，寧無一人知之以告秦邪？始皇使人没水求之不獲，蓋亦爲傳聞所誤。《三禮》經所載鐘彝名數詳矣，獨未嘗一及之。《詩》、《易》所書，固亦可考，以予揣之，未必有是物也。唐武后始復置于通天宫，不知何時而毁。國朝崇寧三年，用方士魏漢津言鑄鼎，四年三月成，於中太一宫之南爲殿，名曰九成宫。中央曰帝鼒，北方曰寶鼎，東北曰牡鼎，東方曰蒼鼎，東南曰罔鼎，南方曰彤鼎，西南曰阜鼎，西方曰晶鼎，西北曰魁鼎。奉安之日，以蔡京爲定鼎禮儀使。大觀三年，又以鑄鼎之地作寶成宫。政和六年，復用方士王仔昔議，建閣於天章閣西，徙鼎奉安。改帝鼒爲隆鼒，餘八鼎皆改焉，名閣曰圓象徽調閣。七年，又鑄神霄九鼎，一曰太極飛雲洞劫之鼎，二曰蒼壺祀天貯醇之鼎，三曰山嶽五神之鼎，四曰精明洞淵之鼎，五曰天地陰陽之鼎，六曰混沌之鼎，七曰浮光洞天之鼎，八曰靈光晃曜鍊神之鼎，九曰蒼龜大蛇蟲魚金輪之鼎。明年鼎成，寘于止清寶籙宫神霄殿，遂爲十八鼎。繼又詔罷九鼎新名，悉復其舊。今人但知有九鼎，而十八之數，唯朱忠靖公《秀水閑居録》略紀之，故詳載于此。

周密《齊東野語》卷十五《渾天儀地動儀》 舊京渾天儀凡四座，每座約用銅二萬斤。至道儀在測驗渾儀所，皇祐儀在翰休天文局，熙寧儀在太史局天文院，元祐儀在合臺。南渡後，工部員外郎袁正切嘗獻木樣，詔工部折半製造，計用銅八千四百餘斤，後不克成。至紹興七年，嘗自製小樣。十四年，令内侍邵諤領其事，其一留太史局司天臺，其一留祕書省測驗所，皆精銅爲之，工緻特甚，然比之舊京者，不能及其半也。

按渾天儀始於洛下閎，或以爲璿璣玉衡之遺法，非也。其後賈逵、張衡、斛藺、李淳風、梁令瓚、僧一行以下皆能之，獨有候風地震之器曰地動儀者無傳焉。按《漢·張衡傳》，此儀以精銅爲之，其器圓徑八尺，形似酒樽，中有都柱，旁行八道，施關發機。外有八龍，首銜銅丸，每龍作一蟾蜍，仰首張口而承之。機關巧製，皆在樽中。龍必致九州地分，如遇某州分地動，則龍銜之丸，即墜蟾蜍口中，乃鏗然有聲。司候者占之，則知某地分震動矣。

《北史》，信都芳明算術，有巧思，聚渾天欹器、地動銅烏、刻漏、候風諸巧事，令算之，皆無遺策。隋臨孝恭，嘗著《地動遺經》一卷，今皆傳焉。

然以理揆之，天文有常度可尋，時刻所至，不差分毫，以渾天測之可也。若地震則出於不測，蓋陰陽相薄使然，亦猶人之一身，血氣或有順逆，因而肉瞤目動耳。氣之所至則動，氣所不至則不動。而此儀置之京都，與地震之所了不相闕，氣數何由相薄，能使銅龍驤首吐丸也？細尋其理，了不可得，更當訪之識者可也。

趙彦衛《雲麓漫鈔》卷三 今之太常所用祭器雅樂，悉是紹興十六年禮器局新造，祭器用《博古圖》，雅樂用大晟府制度。大晟樂用徽宗君指三節爲三寸，如崇寧四年所鑄景鍾是也。紹興之制，則用前皇祐二年製造大樂中黍尺，景鍾高九尺，垂則爲鍾，仰則爲鼎。鼎之大，中容九斛，中聲所極，退藏則八斛有一焉。時鑄匠鄭真以謂高九尺，約度金分厚薄，取應聲律，退藏可容二十斛，數即不應八斛有一。緣九尺之高，則金分太薄，難以取應聲律。故止令高九尺，厚薄樣則隨宜寫造。

江少虞《宋朝事實類苑》卷五八《廣知博識·論地動儀》 地動儀，候地震之器也。續漢書：張衡，字平子，作此儀也。以精銅鑄之。其器員徑八尺，形似酒罇，中有都柱，傍行八道，施開發機。外有八龍，首銜銅丸，每龍作一蟾蜍，仰首張口而承之，機關巧制，皆在樽中。龍首以置九州地分，如遇某分州地動，則龍銜之丸而墜蟾蜍口中，乃鏗然有聲，司候者占視之，知某州分地震也。嘗有丸落，久無奏報，未幾，隴右地震也。此法久亡，更無補續矣。又按張衡靈憲云：「元氣剖判，清濁異位，地定於内，而體於陰，地有九域山川，聖人始紀綱而後經緯也。春秋元命苞曰：『天左旋，地右動也。』河圖云：『地恒動不止，譬如人在大舟上，閉牖而坐，舟行，人之覺矣。』詳其地右動，非震也，旋行而動爾。人所不知者，若舟中不窺岸，閉牖而坐定，不知舟行矣。」張衡窮物理之極致焉，伺其右旋，地道壅塞之時，乃氣凌此州之分，機關素輕，則爲之動焉。如人身中息氣，晝夜從頭至足，周身一萬三千五百息，且會寸口。其或營行壅滯不通，行處便成癰癤瘡皰時，譬丸之落處也。故漢翼奉云：「人氣尚逆，則感動天地。」夫變見星氣日蝕，地變見奇物震動，所以然者，陽用其精。陰陽之形，猶人之有五藏六體。五藏象天，六體象地，故藏病則氣色發於面，體病則欠伸動於貌也。又易云：「天地之數五十有五，所以成變化，而行鬼神也。」或曰：「爲張衡，得以匠思，而作爲傳習乎？」通曰：「厥疑有三，必難盡驗也。一、如嶺表兼海中洲渚頻動，居人以爲常也。此儀可驗，則揚州之分，日日時時落丸也。二、張衡不教子孫，後無述焉。三、於國家無大利也，故不行于代矣。」

歐陽修《歸田録》卷一 太常所用王朴樂，編鍾皆不圓而側垂。自李照、胡瑗之徒，皆以爲非及。照作新樂，將鑄編鍾，給銅一有於字鑄瀉務，得古編鍾一枚，工人不敢銷毁，遂藏於太常。鍾不知何代所作，其銘曰：一作云。「粤朕皇祖寶龢鍾，粤斯萬年，子子孫孫永寶用。」叩其聲，與王朴夷則清聲合，而其形不圓一有而字側垂，正與朴鍾同，然後知朴博古好學，不爲無據也。其後胡瑗改鑄編鍾，遂圓其形而下垂，叩之掩鬱而不揚，其鎛鍾又長甬而震掉，其聲不和。著作佐郎劉羲叟竊謂人曰：「此與周景王無射鍾無異，必有眩惑之疾。」未幾，仁宗得疾，人以羲叟之言驗矣。其樂亦尋廢。一有不用二字。

沈括《夢溪筆談》卷三《辯証一·煉鋼》 世間鍛鐵所謂「鋼鐵」者，用柔鐵屈盤之，乃以生鐵陷其間，泥封煉之，鍛令相入，謂之「團鋼」，亦謂之「灌鋼」。此乃僞鋼耳，暫假生鐵以爲堅，二三煉則生鐵自熟，仍是柔鐵。然而天下莫以爲非者，蓋未識真鋼耳。予出使，至磁州鍛坊，觀煉鐵，方識真鋼。凡鐵之有鋼者，如麵中有筋，濯盡柔麵，則麵筋乃見。煉鋼亦然，但取精鐵，鍛之百餘火，每鍛稱之，一鍛一輕，至累鍛而斤兩不減，則純鋼也，雖百煉不耗矣。此乃鐵之精純者，其色清明，磨瑩之，則黯黯然青且黑，與常鐵迥異。亦有煉之至盡而全無鋼者，皆系地之所産。

沈括《夢溪筆談》卷七《象數一·極星觀測》 天文家有渾儀，測天之器，設於崇臺，以候垂象者，則古璣衡是也。渾象，象天之器，以水激之，或以水銀轉之，置於密室，與天行相符，張衡、陸績所爲，及開元中置於武成殿者，皆此器也。皇祐中，禮部試《璣衡正天文之器賦》，舉人皆雜用渾象事，試官亦自不曉，第爲高等。漢以前皆以北辰居天中，故謂之「極星」。自祖亘以璣衡考驗芒極不動處，乃在極星之末猶一度有餘。熙寧中，予受詔典領歷官，雜考星歷，以璣衡求極星。初夜在窺管中，少時復出，以此知窺管小，不能容極星游轉，乃稍稍展窺管候之。凡歷三月，極星方游於窺管之内，常見不隱，然後知天極不動處，遠極星猶三度有餘。每極星入窺管，別畫爲一圖。圖爲一圓規，乃畫極星於規中。具初夜、中夜、後夜所見各圖之，凡爲二百餘圖，極星方常循圓規之内，夜夜不差。予於《熙寧歷奏議》中叙之甚詳。

沈括《夢溪筆談》卷七《象數一·刻漏》 古今言刻漏者數十家，悉皆疏繆。歷家言晷漏者，自《顓帝歷》至今，見於世謂之「大歷」者，凡二十五家。其步漏之術，皆未合天度，予占天候景，以至驗於儀象，考數下漏，凡十餘年，方粗見真數，成書四卷，謂之《熙寧晷漏》，皆非襲蹈前人之迹，其間二事尤微。一者，下漏家常患冬月水澀，夏月水利，以爲水性如此，又疑冰澌所壅，萬方理之，終不應法。

予以理求之，冬至日行速，天運未期而日已過表，故百刻而有餘；夏至日行遲，天運已期而日未至表，故不及百刻。既得此數，然後復求晷景漏刻，莫不吻合。此古人之所未知也。二者，日之盈縮，其消長以漸，無一日頓殊之理。歷法皆以一日之氣短長之中者，播爲刻分，累損益，氣初日衰，每日消長常同，至交一氣，則頓易刻衰，故黄道有觚而不圜，縱有强爲數以步之者，亦非乘理用算，而多形數相詭。大凡物有定形，形有真數。方圜端斜，定形也；乘除相蕩，無所附益，泯然冥會者，真數也。其術可以心得，不可以言喻。黄道環天正圜，圜之爲體，循之則其妥至均，不均不能中規衡；絶之則有舒有數，無舒數則不能成妥。以圜法相蕩而得衰，則衰無不均；以妥法相蕩而得差，則差有疏數，相因以求從，相消以求負，從負相入，會一術以御日行。以言其變，則秒刻之間消長未嘗同；以言其齊，則止用一衰，循環無端，終始如貫，不能議其隙。此圜法之微，古之言算者有所未知也。以日衰生日積，反生日衰，終始相求，迭爲賓主，順循之以索日變，衡別之求去極之度，合散無迹，泯如運規。非深知造算之理者，不能與其微也。其詳具予奏議，藏在史官，及予所著《熙寧晷漏》四卷之中。

洪邁《容齋三筆》卷一三《鍾鼎銘識》 三代鍾鼎彝器存於今者，其間款識，唯「眉壽萬年」、「子子孫孫永寶用」之語，差可辨認，餘皆茫昧不可讀，談者以爲古文質朴固如此，予切有疑焉。商、周文章，見於《詩》、《書》，三《盤》五《誥》，雖詰曲聱牙，尚可精求其義，它皆坦然明白，如與人言。自武王《丹書》諸銘外，其見於經傳者，如湯之盤銘曰：「苟日新，日日新，又日新。」讒鼎之銘曰：「昧旦丕顯，後世猶怠。」正考父鼎銘曰：「一命而僂，再命而傴，三命而俯，循墻而走，亦莫余敢侮。饘於是，鬻於是，以餬余口。」㮚氏量銘曰：「時文思索，久臻其極。嘉量既成，以觀四國。永啓厥後，兹器維則。」祭射侯辭曰：「惟若寧侯，毋或若女不寧侯，不屬于王所，故抗而射女。」衛禮至銘曰：「余掖殺國子，莫余敢止。」孔悝鼎銘曰：「六月丁亥，公假于大廟。公曰叔舅乃祖莊叔，左右成公，成公乃命莊叔，隨難于漢陽，即宫于宗周，奔走無射，啓若獻公，獻公乃命成叔，纂乃祖服。乃考文叔，興舊嗜欲，作率慶士，躬恤衛國，其勤公家，夙夜不解，民咸曰休哉！公曰叔舅，予女銘，若纂乃考服。悝拜稽首曰：對揚以辟之勤大命，施于烝彝鼎。」扶風美陽鼎銘曰：「王命尸臣，官此栒邑，賜爾旂鸞，黼黻琱戈。尸臣拜手稽首曰：敢對揚天子丕顯休命。」此諸銘未嘗不粲然，何爲傳於今者艱澁無緒乃爾。漢去周未遠，武、宣以來，郡國每獲一鼎，至於薦告宗廟，羣臣上壽。竇憲出征，南單于遺以古鼎，容五斗，其銘曰：「仲山甫鼎，其萬年子子孫孫永保用。」憲乃上之，蓋以其難得故也。今世去漢千年，而器寶之出不可勝計，又爲不可曉已。武帝獲汾陰脽上鼎，無款識，而備禮迎享，宣帝獲美陽鼎，下羣臣議，張敞乃以有款識之故絀之，又何也？

蔡絛《鐵圍山叢談》卷四 虞夏而降，制器尚象，著焉後世。繇漢武帝汾脽得寶鼎，因更其年元。而宣帝又於扶風亦得鼎，款識曰：「王命尸臣，官此栒邑。」及後和帝時，竇憲勒燕然還，有南單于者遺憲仲山甫古鼎，有銘，而憲遂上之。凡此數者，咸見諸《史記》所彰灼者。殆魏晉六朝隋唐，亦數數言獲古鼎器。梁劉之遴好古愛奇，在荆州聚古器數十百種，又獻古器四種於東宫，皆金錯字，然在上者初不大以爲事，獨國朝來寖乃珍重，始則有劉原父侍讀公爲之倡，而成於歐陽文忠公。又從而和之，則若伯父君謨、東坡數公云爾。初，原父號博雅，有盛名，曩時出守長安。長安號多古簋、敦、鏡、甗、尊、彝之屬，因自著一書，號《先秦古器記》。而文忠公喜集往古石刻，遂又著書名《集古録》，咸載原父所得古器銘款。繇是學士大夫雅多好之，此風遂一煽矣。元豐後，又有文士李公麟者出。公麟字伯時，實善畫，性希古，則又取平生所得暨其聞睹者，作爲圖狀，説其所以，而名之曰《考古圖》，傳流至元符間。太上皇帝即位，憲章古始，眇然追唐虞之思，因大宗尚。吴本「宗」作「崇」。及大觀初，乃傚公麟之《考古》，作《宣和殿博古圖》。凡所藏者，爲大小禮器，則已五百有幾。世既知其所以貴愛，故有得一器，其直爲錢數十萬，後動至百萬不翅者。於是天下塚墓，破伐殆盡矣。獨政和間爲最盛，尚方所貯至六千餘數，百器遂盡。見三代典禮文章，而讀先儒所講説，殆有可哂者。始端州上宋成公之鐘，而後得以作《大晟》。及是，又獲被諸制作。於是聖朝郊廟禮樂，一旦遂復古，跨越先代。嘗有旨，以所藏列崇政殿暨兩廊，召百官而宣示焉。當是時，天子尚留心政治，儲神穆清，因從瑣闥密窺，聽臣僚訪諸左右，知其爲誰，樂其博識，味其議論，喜於人物，而百官弗覺也。時所重者三代之器而已，若秦、漢間物，非殊特蓋亦不收。及宣和後，則咸蒙貯録，且累數至萬餘。若岐陽宣王之石鼓，西蜀文翁禮殿之繪像，凡所知名，罔間巨細遠近，悉索入九禁。而宣和殿後，又創立保和殿者，左右有稽古、博古、尚古等諸閣，咸以貯古玉印璽，諸鼎彝禮器，法書圖畫盡在。然世事則益爛熳，上志衰矣，非復前日之敦尚攷驗者。俄遇僭亂，側聞都邑方傾覆時，所謂先王之制作，古人之風烈，悉入金營。夫以孔父、子産之景行，召公、散季之文辭，牛鼎象樽之規模，龍瓿雁燈之典雅，皆以食戎馬，供熾烹，腥鱗湮滅，散落不存。文武之道，中國之恥，莫甚乎此，言之可爲於邑。至於圖録規模，則班班尚在，期流傳以不朽云爾。作《古器説》。

《金史》卷二二《曆志下・渾象》 古之言天者有三家：一曰蓋天，二曰宣夜，三曰渾天。漢靈帝時，蔡邕於朔方上書，言「宣夜之學，絶無師法」；《周髀》術數具存，考驗天狀多所違失；惟渾天爲近，最得其情，近世太史候臺銅儀是也。立八尺體圓而具天地之形，以正黄道赤道之表裏，以行日月之度數，步五緯之遲速，察氣候之推遷，精微深妙，百代所不可廢者也。然傳歷久遠，製造者衆，測候占察，互有得失。張衡之制謂之《靈憲》，史失其傳。魏、晉以來官有其器，而無本書，故前志亦闕。吴中常侍王蕃云：「渾天儀者，羲和之舊器，謂之機衡。」積代相傳，沿革不一。宋太平興國中，蜀人張思訓首創其式，造之禁中，踰年而成，詔置文明殿東鼓樓下，題曰「太平渾儀」。自思訓死，璣衡斷壞，無復知其法制者。景德中，曆官韓顯符依倣劉曜時、孔挺、晁崇之法，失之簡略。景祐中，冬官正舒易簡乃用唐梁令瓚、僧一行之法，頗爲詳備，亦失之於密而難爲用。元祐時，尚書右丞蘇頌與昭文館校理沈括奉勅詳定《渾儀法要》，遂奏舉吏部勾當官韓公廉通《九章勾股法》，常以推考天度與張衡、王蕃、僧一行、梁令瓚、張思訓法式，大綱可以尋究。若據算術考案象器，亦能成就，請置局差官製造。詔如所言。奏鄭州原武主簿王沇之，太史局官周日嚴、于太古、張仲宣，同行監造。制度既成，詔置之集英殿，總謂之渾天儀？公廉將造儀時，先撰《九章勾股驗測渾天書》一卷，貯之禁中，今失其傳，故世無知者。

舊制渾儀，規天矩地，機隱於內，上布經躔，次具日月五星行度，以察其寒暑進退，如張衡渾天、開元水運銅渾儀者，是也。久而不合，乖於施用。

公廉之制則爲輪三重：一曰六合儀，縱置地渾中，即天經環也，與地渾相結，其體不動；二曰三辰儀，置六合儀內；三曰四游儀，置三辰儀內。植四龍柱於地渾之下，又置鼇雲於六合儀下。四龍柱下設十字水趺，鑿溝道通水以平高下。別設天常單環於六合儀內，又設黄道赤道二單環，皆置三辰儀內，東西相交隨天運轉，以驗列舍之行。又爲四象環，附三辰儀，相結於天運環，黄赤道兩交爲直距二縱置于四游儀內。北屬六合儀地渾之上，以正北極出地之度。南屬六合儀地渾之下，以正南極入地之度。此渾儀之大形也。直距內夾置望筒一，于筒之半設關軸，附直距上，使運轉低昂，筒常指日，日體常在筒竅中，天西行一周，日東移一度，仍以窺測四方星度，皆斟酌李淳風、孔挺、韓顯符、舒易簡之制也。

三辰儀上設天運環，以水運之。水運之法始於漢張衡，成于唐梁令瓚及僧一行，復于太平興國中張思訓，公廉今又變正其制，設天運環，下以天柱關軸之類上動渾儀，此新制也。

舊制渾象，張衡所謂置密室中者，推步七曜之運，以度曆象昏明之候，校二十四氣，考晝夜刻漏，無出於渾象。《隋志》稱梁秘府中有宋元嘉中所造者，以木爲之，其圓如丸，徧體布二十八宿、三家星色、黄赤道、天河等，別爲横規繞於外，上下半之，以象地也。開元中，詔僧一行與梁令瓚更造銅渾象，爲圓天之象，上具列宿周天度數，注水激輪令其自轉，一日一夜天轉一周，又別置日月五星循繞，絡在天外，令得運行。每天西轉一匝，日正東行一度，月行一十三度有奇，凡二十九轉而日月會，三百六十五轉而日行一匝。仍置木櫃以爲地平，令象半在地上，半在地下，又立二木偶人於地平之前，置鍾鼓使木人自然撞擊以報辰刻，命之曰《水運渾天俯視圖》。既成，命置之武成殿。

宋太史局舊無渾象，太平興國中，張思訓準開元之法，而上以蓋爲紫宮，旁爲周天度，而東西轉之，出新意也。

公廉乃增損《隋志》制之，上列二十八宿周天度數，及紫微垣中外官星，以俯窺七政之運轉，納於六合儀天經地渾之內，同以木櫃載之。其中貫以樞軸，南北出渾象外，南長北短，地渾在木櫃面，横置之，以象地。天經與地渾相結，縱置之，半在地上，半隱地下，以象天。其樞軸北貫天經上杠中，末與杠平，出櫃外三十五度稍弱，以象北極出地。南亦貫天經出下杠外，入櫃內三十五度少弱，以象南極入地。就赤道爲牙距，四百七十八牙以銜天輪，隨機輪地轂正東西運轉，昏明中星既應其度，分至節氣亦驗應而不差。

王蕃云：「渾象之法，地當在天內，其勢不便，故反觀其形，地爲外郭，於已解者無異，詭狀殊體而合于理，可謂奇巧者也。」今地渾亦在渾象外，蓋出于王蕃制也。其下則思訓舊制，有樞輪關軸，激水運動，以直神摇鈴扣鍾擊鼓，置時刻十二神司辰像於輪上，時初、正至，則執牌循環而出，報隨刻數以定晝夜長短。至冬水凝，運轉遲澀，則以水銀代之。

今公廉所製，共置一臺，臺中有二隔，渾儀置其上，渾象置其中，激水運轉樞機輪軸隱于下。內設晝夜時刻機輪五重；第一重曰天輪，以撥渾象赤道牙距；第二重曰撥牙輪，上安牙距，隨天柱中輪轉動，以運上下四輪；第三重曰時刻鍾鼓輪，上安時初、時正百刻撥牙，以扣鍾擊鼓摇鈴；第四重曰日時初、正司辰輪，上安時初十二司辰、時正十二司辰；第五重曰報刻司辰輪，上安百刻司辰。以上五輪並貫於一軸，上以天束束之，下以鐵杵臼承之，前以木閣五層蔽之，稍增異其舊制矣。五輪之北，又側設樞輪，其輪以七十二輻爲三十六洪，束以三輞，夾持受水三十六壺。轂中横貫鐵樞軸一，南北出軸爲地轂，運撥地輪。天柱中輪動，機輪動渾象，上動渾天儀。又樞輪左設天池、平水壺，平水壺受天池水，注入受水壺，以激樞輪。受水壺落入退水壺，由壺下北竅引水入昇水下壺，以昇水下輪運水入昇水上壺，上壺内昇水上輪及河車同轉上下輪，運水入天河，天河復流入天池，每一晝一夜周而復始。此公廉所製渾儀、渾象二器而通三用，總而名之曰渾天儀。

金既取汴，皆輦致于燕，天輪赤道牙距撥輪懸象鍾鼓司辰刻報天池水壺等器久皆棄毁，惟銅渾儀置之太史局候臺。但自汴至燕相去一千餘里，地勢高下不同，望筒中取極星稍差，移下四度纔得窺之。明昌六年秋八月，風雨大作，雷電震擊，龍起渾儀鼇雲水趺下，臺忽中裂而摧，渾儀仆落臺下，旋命有司營葺之，復置臺上。貞祐南渡，以渾儀鎔鑄成物，不忍毁拆，若全體以運則艱於輦載，遂委而去。

興定中，司天臺官以臺中不置渾儀及測候人數不足，言之於朝，宜鑄儀象，多補生員，庶得盡占考之實。宣宗召禮部尚書楊雲翼問之，雲翼對曰：「國家自來銅禁甚嚴，雖罄公私所有，恐不能給。今調度方殷，財用不足，實未可行。」他日，上又言之，於是止添測候之人數員，鑄儀之議遂寢。

初，張行簡爲禮部尚書提點司天監時，嘗製蓮花、星丸二漏以進，章宗命置蓮花漏于禁中，星丸漏遇車駕巡幸則用之。貞祐南渡，二漏皆遷于汴，汴亡廢毁，無所稽其製矣。

《元史》卷四三《順帝紀六》〔天順元年〕又自製宮漏，約高六七尺，廣半之，造木爲匱，陰藏諸壺其中，運水上下。匱上設西方三聖殿，匱腰立玉女捧時刻籌，時至，輒浮水而上。左右列二金甲神人，一懸鐘，一懸鉦，夜則神人自能按更而擊，無分毫差。當鐘鉦之鳴，獅鳳在側者皆翔舞。匱之西東有日月宮，飛僊六人立宮前，遇子午時，飛僊自能耦進，度僊橋，達三聖殿，已而復退立如前。其精巧絶出，人謂前代所鮮有。時帝怠於政事，荒于游宴，以宮女三聖奴、妙樂奴、文殊奴等一十六人按舞，名爲十六天魔，首垂髮數辮，戴象牙佛冠，身被纓絡、大紅綃金長短裙、金雜襖、雲肩、合袖天衣、綬帶鞋韈，各執加巴剌般之器，内一人執鈴杵奏樂。又宮女一十一人，練槌髻，勒帕，常服，或用唐帽、窄衫。所奏樂用龍笛、頭管、小鼓、筝、纂、琵琶、笙、胡琴、響板、拍板。以宦者長安迭不花管領，遇宮中讚佛，則按舞奏樂。宮官受祕密戒者得入，餘不得預。

《元史》卷四八《天文志一・仰儀》 仰儀之制，以銅爲之，形若釜，置於甎臺。内晝周天度，脣列十二辰位。蓋俯視驗天者也。其《銘》辭云：「不可體形，莫天大也。無競維人，仰釜載也。六尺爲深，廣自倍也。兼深廣倍，絜釜兑也。環鑿爲沼，準以溉也。辨方正位，曰子卦也。衡縮度中，平斜再也。斜起南極，平釜鐓也。小大必周，入地晝也。始周浸斷，浸極外也。極入地深，四十太也。北九十一，赤道齡也。列刻五十，六時配也。衡竿加卦，巽坤内也。以負縮竿，(本)〔子〕午對也。首旋璣板，竅納芥也。上下懸直，與鐓會也。視日透光，何度在也。暘谷朝賓，夕餞昧也。寒暑發斂，驗進退也。薄蝕起自，鑒生殺也。以避赫曦，奪目害也。南北之偏，亦可概也。極淺十五，林邑界也。黄道夏高，人所載也。夏永冬短，猶少差也。深五十奇，鐵勒塞也。黄道浸平，冬晝晦也。夏則不没，永短最也。安渾宣夜，昕穹蓋也。六天之書，言殊話也。一儀一揆，孰善悖也。以指爲告，無煩喙也。闇資以明，疑者沛也。智者是之，膠者怪也。古今巧曆，不億輩也。非讓不爲，思不逮也。將窺天朕，造化愛也。其有俊明，昭聖代也。泰山礪乎，河如帶也。黄金不磨，悠久賴也。鬼神禁訶，勿銘壞也。」

《明史》卷二五《天文志》 儀象

璿璣玉衡爲儀象之權輿，然不見用於三代。《周禮》有圭表、壺漏，而無璣衡，其制遂不可考。漢人創造渾天儀，謂即璣衡遺制，其或然歟。厥後代有制作。大抵以六合、三辰、四游、重環湊合者，謂之渾天儀；以實體圓球，繪黄赤經緯度，或綴以星宿者，謂之渾天象。其制雖有詳略，要亦青藍之别也。外此，則圭表、壺漏而已。迨元作簡儀、仰儀、闚几、景符之屬，制器始精詳矣。

明太祖平元，司天監進水晶刻漏，中設二木偶人，能按時自擊鉦鼓。太祖以其無益而碎之。洪武十七年，造觀星盤。十八年，設觀象臺於鷄鳴山。二十四年，鑄渾天儀。正統二年，行在欽天監正皇甫仲和奏言：「南京觀象臺設渾天儀、簡儀、圭表以窺測七政行度，而北京乃止於齊化門城上觀測，未有儀象。乞令本監官往南京，用木做造，挈赴北京，以較驗北極出地高下，然後用銅别鑄，庶幾占測有憑。」從之。明年冬，乃鑄銅渾天儀、簡儀於北京。御製《觀天器銘》。其詞曰：「粤古大聖，體天施治，敬天以心，觀天以器。厥器伊何？璿璣玉衡。璣象天體，衡審天行。歷世代更，垂四千祀，沿制有作，其制寖備。即器而觀，六合外儀，陽經陰緯，方位可稽。中儀三辰，黄赤二道，日月暨星，運行可考。内儀四遊，横簫中貫，南北東西，低昂旋轉。簡儀之作，爰代璣衡，制約用密，疏朗而精。外有渾象，反而觀諸，上規下矩，度數方隅。別有直表，其崇八尺，分至氣序，考景咸得。縣象在天，制器在人，測驗推步，靡忒毫分。昔作今述，爲制彌工，既明且悉，用將無窮。惟天勤民，事天首務，民不失寧，天其予顧。政純於仁，天道以正，勒銘斯器，以勵予敬。」十一年，監臣言：「簡儀未刻度數，且地基卑下，窺測日星，爲四面臺宇所蔽。圭表置露臺，光皆四散，影無定則。壺漏屋低，夜天池促，難以注水調品時刻。請更如法修造。」報可。明年冬，監正彭德清又言：「北京，北極出地度、太陽出入時刻與南京不同，冬夏晝長夜短亦異。今宫禁及官府漏箭皆南京舊式，不可用。」有旨，令内官監改造。景泰六年又造内觀象臺簡儀及銅壺。成化中，尚書周洪謨復請造璿璣玉衡，憲宗令自製以進。十四年，監臣請修晷影堂，從之。

弘治二年，監正吴昊言：「考驗四正日度，黄赤二道應交於壁軫。觀象臺舊制渾儀，黄赤二道交於奎軫，不合天象，其南北兩軸不合兩極出入之度，窺管又不與太陽出没相當，故雖設而不用。所用簡儀則郭守敬遺制，而北極雲柱差短，以測經星去極，亦不能無爽。請修改或別造，以成一代之制。」事下禮部，覆議令監副張紳造木様，以待試驗，黄道度許修改焉。正德十六年，漏刻博士朱裕復言：「晷表尺寸不一，難以準測，而推算曆數用南京日出分秒，似相矛盾。請敕大臣一員總理其事，鑄立銅表，考四時日中之影。仍於河南陽城察舊立土圭，以合今日之晷，及分立圭表於山東、湖廣、陝西、大名等處，以測四方之影。然後將内外晷影新舊曆書錯綜參驗，撰成定法，庶幾天行合而交食不謬。」疏入不報。嘉靖二年修相風杆及簡、渾二儀。七年始立四丈木表以測晷影，定氣朔。由是欽天監之立運儀、正方案、懸晷、偏晷、盤晷諸式具備於觀象臺，一以元法爲斷。

明刊本《諸司職掌・工部・虞部・窑冶》 鑄器：

凡鑄造銅鍋、銅櫃等器，及打造銅鍋、銅竈、鐵窓、鐵猫等件，行下寶源局定奪模範，及計筭合用銅鐵、木炭等項，明白具數呈部，行下丁字庫抽分竹木局放支，督工依式鑄造。

鑄造：

生銅一斤，用炭一十二兩。

黄熟銅一斤，用炭一斤。

紅熟銅一斤，用炭一斤。

生鐵一斤，用炭一斤。

打造：

紅熟銅一斤，用炭八斤。

黄熟銅一斤，用炭八斤。

瓜鐵一斤，用炭一斤八兩。

銅鐵：

凡各處爐冶，每處扇煉銅鐵，彼先行移各司歲辦，後至洪武十八年四月内欽依住罷，至今不曾復設。如果缺用，即須奏聞，復設爐冶，採取生礦煅煉。着令有司差人陸續起解，照例送庫收貯，如係臨邊用鐵去處就存聽用。

計各處爐冶該鐵一千八百四十七萬五千二十六斤。

湖廣六百七十五萬二千九百二十七斤，

廣東一百八十九萬六千六百四十一斤，

北平三十五萬一千二百四十一斤，

江西三百二十六萬斤，

陝西一萬二千六百六十六斤，

山東三百一十五萬二千一百八十七斤，

四川四十六萬八千八十九斤，

河南七十一萬八千三百三十六斤，

浙江五十九萬一千六百八十六斤，

山西一百一十四萬六千九百一十七斤，

福建一十二萬四千三百三十六斤。

宋應星《天工開物》卷中《五金》 宋子曰：人有十等，自王、公至於輿、臺，缺一焉而人紀不立矣。大地生五金，以利天下與後世，其義亦猶是也。貴者千里一生，促亦五、六百里而生。賤者舟車稍艱之國，其土必廣生焉。黄金美者，其值去黑鐵一萬六千倍，然使釜鬵、斤斧不呈效於日用之間，即得黄金，值高而無民耳。貿遷有無，貨居《周官》泉府，萬物司命系焉。其分別美惡而指點重輕，孰開其先，而使相須於不朽焉？

宋應星《天工開物》卷中《五金·黄金》 凡黄金爲五金之長，熔化成形之後，住世永無變更。白銀入洪爐雖無折耗，但火候足時，鼓鞴而金花閃爍，一現即没，再鼓則沉而不現。惟黄金則竭力鼓鞴，一扇一花，愈烈愈現，其質所以貴也。凡中國産金之區大約百餘處，難以枚舉。山石中所出，大者名馬蹄金，中者名橄欖金、帶胯金，小者名瓜子金。水沙中所出，大者名狗頭金，小者名麩麥金、糠金。平地掘井得者名面沙金，大者名豆粒金。皆待先淘洗後，冶煉而成顆塊。

金多出西南，取者穴山至十餘丈見伴金石，即可見金。其石褐色，一頭如火燒黑狀。水金多者出雲南金沙江，古名麗水。此水源出吐蕃，繞流麗江府，至於北勝州，迴環五百餘里，出金者有數截。又川中潼川等州邑與湖廣沅陵、溆浦等，皆於江沙水中淘汰取金。千百中間有獲狗頭金一塊者，名曰金母，其餘皆麩麥形。

入冶煎煉，初出色淺黄，再煉而後轉赤也。儋、崖有金田，金雜沙土之中，不必求深而得。取太頻則不復産，經年淘、煉，若有則限。然嶺南夷獠洞穴中，金初出如黑鐵落，深挖數丈得之黑焦石下。初得時咬之柔軟，夫匠有吞竊腹中者，亦不傷人。河南蔡、鞏等州邑，江西樂平、新建等邑，皆平地掘深井取細沙淘煉成，但酬答人功，所獲亦無幾耳。大抵赤縣之内，隔千里而一生。《嶺表録［異］》云，居民有從鵝鴨屎中淘出片屑者，或日得一兩，或空無所獲。此恐妄記也。

凡金質至重。每銅方寸重一兩者，銀照依其則，(方)寸增重三錢。銀方寸重一兩者，金照依其則，(方)寸增重二錢。凡金性又柔，可屈折如柳枝。其高下色分七青、八黄、九紫、十赤。登試金石此石廣信郡河中甚多，大者如斗，小者如拳。入鵝湯中一煮，光黑如漆。上立見分明。凡足色金參和僞售者，唯銀可入，餘物無望焉。欲去銀存金，則將其金打成薄片剪碎。每塊以土泥裹涂，入坩堝中硼砂熔化，其銀即吸入土内，讓金流出以成足色。然後入鉛少許，另入坩堝中，勾出土内銀，亦毫釐具在也。

凡色至於金，爲人間華美貴重，故人工成箔而後施之。凡金箔每金七分造方寸金一千片，粘補物面可蓋縱横三尺。凡造金箔，既成薄片後，包入烏金紙内，竭力揮椎打成。打金椎短柄，約重八斤。凡烏金紙由蘇、杭造成，其紙用東海巨竹膜爲質。用豆油點燈，閉塞周圍，只留針孔通氣，熏染烟光而成此紙。每紙一張打金箔五十度，然後棄去，爲藥鋪包朱用，尚未破損。蓋人巧造成異物也。

凡紙内打成箔後，先用硝熟猫皮綳急爲小方板。又鋪綫香灰撒墁皮上，取出烏金紙内箔覆於其上，鈍刀界畫成方寸。口中屏息，手執輕杖，唾濕而挑起，夾於小紙之中。以之華物，先以熟漆布地，然後粘貼。貼字者多用楮樹漿。秦中造皮金者，硝擴羊皮使最薄，貼金其上，以便剪裁服飾用，皆煌煌至色存焉。凡金箔粘物，他日敝棄之時，削刮火化，其金仍藏灰内。滴清油數點，伴落聚底，淘洗入爐，毫釐無恙。

凡假借金色者，杭扇以銀箔爲質，紅花子油刷蓋，向火熏成。廣南貨物以蟬蜕殼調水描畫，向火一微炙而就，非真金色也。其金成器物，呈分淺淡者，以黄礬涂染，炭木乍炙，即成赤寶色。然風塵逐漸淡去，見火又即還原耳。黄礬詳《燔石》卷。

宋應星《天工開物》卷中《五金·銀 附》 凡銀中國所出，浙江、福建舊有坑場，國初或採或閉。江西饒、信、瑞三郡有坑從未開。湖廣則出辰州，貴州則

開採銀礦

出銅仁，河南則宜陽趙保山、永寧秋樹坡、盧氏高咀兒、嵩縣馬槽山，與四川會川密勒山、甘肅大黄山等，皆稱美礦。其他難以枚舉。然生氣有限。每逢開採，數不足則括派以賠償。法不嚴則竊争而釀亂，故禁戒不得不苛。燕、齊諸道則地氣寒而石骨薄，不産金銀。然合八省所生，不敵雲南之半，故開礦、煎銀唯滇中可永行也。

　　凡雲南銀礦，楚雄、永昌、大理爲最盛，曲靖、姚安次之，鎮沅又次之。凡石山洞中有礦砂，其上現磊然小石，微帶褐色者，分丫成徑路。採者穴土十丈或二十丈，工程不可日月計。尋見土内銀苗，然後得礁砂所在。凡礁砂藏深土，如枝分派別。各人隨苗分徑橫挖而尋之。上楮橫板架頂以防崩壓。採工篝燈逐徑施钁，得礦方止。凡土内銀苗或有黄色碎石，或土隙石縫有亂絲形狀，此即去礦不遠矣。

　　凡成銀者曰礁，至碎者曰砂，其面分丫若枝形者曰鏉，其外包環石塊曰礦。礦石大者如斗，小者如拳，爲棄置無用物。其礁砂形如煤炭，底襯石而不甚黑。其高下有數等。商民鑿穴得砂，先呈官府驗辨，然後定税。出土以斗量，付與冶工。高者六、七兩一斗，中者三、四兩，最下一、二兩。其礁砂放光甚者，精華泄露，得銀偏少。

　　凡礁砂入爐，先行揀净淘洗。其爐土築巨墩，高五尺許，底鋪瓷屑、炭灰。每爐受礁砂二石，用栗木炭二百斤周遭叢架。靠爐砌磚墻一朵，高闊皆丈餘。風箱安置墻背，合兩三人力帶拽透管通風。用墻以抵炎熱，鼓鞴之人方克安身。炭盡之時，以長鐵叉添入。風火力到，礁砂熔化成團。此時銀隱鉛中，尚未出脱。計礁砂二石熔出團約重百斤。

　　冷定取出，另入分金爐一名蝦蟆爐。内，用松木炭匝圍，透一門以辨火色。其爐或施風箱，或使交箑。火熱功到，鉛沉下爲底子。其底已成陀僧樣，别入爐煉，又成扁擔鉛。頻以柳枝從門隙入内燃照，鉛氣净盡，則世寶凝然成象矣。此初出銀亦名生銀。傾定無絲紋，即再煉一火，當中止現一點圓星，滇人名曰茶經。逮後入銅少許，重以鉛力熔化，然後入槽成絲。絲必傾槽而現，以四周匡住，寶氣不橫溢走散。其楚雄所出又異，彼銅砂鉛氣甚少，向諸郡購鉛佐煉。每礁百斤先坐鉛二百斤於爐内，然後煽煉成團。其再入蝦蟆爐沉鉛結銀，則同法也。此世寶所生，更無别出。方書、本草無端妄想、妄注，可厭之甚。

　　大抵坤元精氣，出金之所三百里無銀，出銀之所三百里無金。造物之情亦大可見。其賤役掃刷泥塵，入水漂淘而煎者，名曰淘釐錙。一日功勞，輕者可獲三分，重者倍之。其銀俱日用剪、斧口中委餘，或鞋底粘帶布於衢市。或院宇掃屑棄於河沿，其中必有焉，非淺浮土面能生此物也。

　　凡銀爲世用，唯紅銅與鉛兩物可雜入成僞。然當其合瑣碎而成鈑錠，去疵僞而造精純。高爐火中，坩堝足煉，撒硝少許，而銅、鉛盡滯堝底，名曰銀銹。其灰池中敲落者名曰爐底。將銹與底同入分金爐内，填火土甑之中，其鉛先化，就低溢流，而銅與粘帶餘銀用鐵條逼就分撥，井然不紊。人工、天工亦見一斑云。爐式并具於左。

熔礦結銀與鉛

　　朱砂銀：凡虚僞方士以爐火惑人者，唯朱砂銀〔令〕愚人易惑。其法以投鉛、朱砂與白銀等分，入罐封固，温養三七日後，砂盜銀氣，煎成至寶。揀出其銀，形存神喪，塊然枯物。入鉛煎時，逐火輕折，再經數火，毫忽無存。折去砂價、炭資，愚者貪惑猶不解，並記於此。

沉鉛結銀

宋應星《天工開物》卷中《五金・銅》 凡銅供世用，出山與出爐止有赤銅。以爐甘石或倭鉛參和，轉色爲黄銅。以砒霜等藥制煉爲白銅。礬、硝等藥制煉爲青銅。廣錫參和爲響銅，倭鉛和瀉爲鑄銅。初質則一味紅銅而已。

凡銅坑所在有之。《山海經》言，出銅之山四西六十七，或有所考據也。今中國供用者，西自四川、貴州爲最盛。東南間自海舶來，湖廣武昌、江西廣信皆饒洞穴。其衡、瑞等郡出最下品，曰蒙山銅者，或入冶鑄混入，不堪升煉成堅質也。

凡出銅山夾土帶石，穴鑿數丈得之，仍有礦包其外，礦狀如姜石而有銅星，亦名銅璞，煎煉仍有銅流出，不似銀礦之爲棄物。凡銅砂在礦内形狀不一，或大或小，或光或暗，或如鍮石，或如姜鐵。淘洗去土滓，然後入爐煎煉，其熏蒸旁溢者爲自然銅，亦曰石髓鉛。

凡銅質有數種，有全體皆銅，不夾鉛、銀者，洪爐單煉而成。有與鉛共體者，其煎煉爐法，旁通高、低二孔，鉛質先化從上孔流出，銅質後化從下孔流出。東夷銅有托體銀礦内者，入爐煎煉時，銀結於面，銅沉於下。商舶漂入中國，名曰日本銅，其形爲方長板條。漳郡人得之，有以爐再煉，取出零銀，然後瀉成薄餅，如川銅一樣貨賣者。

分金爐清鍋底

穴取銅、鉛

淘淨銅礦砂、化銅

凡紅銅升黄色爲錘鍛用者，用自風煤炭此煤碎如粉，泥糊作餅，不用鼓風，通紅則自晝達夜。江西則産袁郡及新喻邑。百斤，灼於爐内。以泥瓦罐載銅十斤，繼入爐甘石六斤，坐於爐内，自然熔化。後人因爐甘石烟洪飛損，改用倭鉛。每紅銅六斤，入倭鉛四斤，先後入罐熔化。冷定取出，即成黄銅，唯人打造。

凡用銅造響器，用出山廣錫無鉛氣者入内。鉦、今名鑼。鐲今名銅鼓。之類，皆紅銅八斤，入廣錫二斤。鐃、鈸，銅與錫更加精煉。凡鑄器，低者紅銅、倭鉛均平分兩，甚至鉛六銅四。高者名三火黄銅、四火熟銅，則銅七而鉛三也。

凡造低僞銀者，唯本色紅銅可入。一受倭鉛、砒、礬等氣，則永不和合。然銅入銀内，使白質頓成紅色，洪爐再鼓，則清濁浮沉立分，至於浄盡云。

宋應星《天工開物》卷中《五金・附：倭船》凡倭鉛古書本無之，乃近世所立名色。其質用爐甘石熬煉而成，繁産山西太行山一帶，而荆、衡爲次之。每爐甘石十斤裝載入一泥罐内，封裹泥固，以漸砑干，勿使見火拆裂。然後逐層用煤炭餅墊盛，其底鋪薪，發火煅紅。罐中爐甘石熔化成團，冷定毁罐取出，每十耗去其二，即倭鉛也。此物無銅收伏，入火即成烟飛去。以其似鉛而性猛，故名之曰倭〔鉛〕云。

煉鋅

宋應星《天工開物》卷中《五金・鐵》 凡鐵場所在有之，其質淺浮土面，不生深穴。繁生平陽崗埠，不生峻嶺高山。質有土錠、碎砂數種。凡土錠鐵，土面浮出黑塊，形似秤錘。遥望宛然如鐵，拈之則碎土。若起冶煎煉，浮者拾之，又乘雨濕之後牛耕起土，拾其數寸土內者。耕墾之後，其塊逐日生長，愈用不窮。西北甘肅、東南泉郡皆錠鐵之藪也。燕京、遵化與山西平陽則皆砂鐵之藪也。凡砂鐵，一抛土膜即現其形，取來淘洗。入爐煎煉，熔化之後與錠鐵無二也。

耕土拾鐵錠

淘洗鐵礦砂

凡鐵分生、熟，出爐未炒則生，既炒則熟。生、熟相合，煉成則鋼。凡鐵爐用鹽做造，和泥砌成。其爐多傍山穴爲之，或用巨木匡圍，塑造鹽泥，窮月之力不容造次。鹽泥有罅，盡棄全功。凡鐵一爐載土二千餘斤，或用硬木柴，或用煤炭，或用木炭，南北各從利便。扇爐風箱必用四人、六人帶拽。土化成鐵之後，從爐腰孔流出。爐孔先用泥塞。每旦晝六時，一時出鐵一陀。既出即叉泥塞，鼓風再熔。

凡造生鐵爲冶鑄用者，就此流成長條、圓塊，範內取用。若造熟鐵，則生鐵流出時相連數尺內、低下數寸築一方塘，短墻抵之。其鐵流入塘內，數人執持柳木棍排立墻上。先以污潮泥曬干，春篩細羅如面，一人疾手撒掞，衆人柳棍疾攪，即時炒成熟鐵。其柳棍每炒一次，燒折二、三寸，再用則又更之。炒過稍冷之時，或有就塘內斬劃成方塊者，或有提出揮椎打圓後貨者。若瀏陽諸冶，不知出此也。

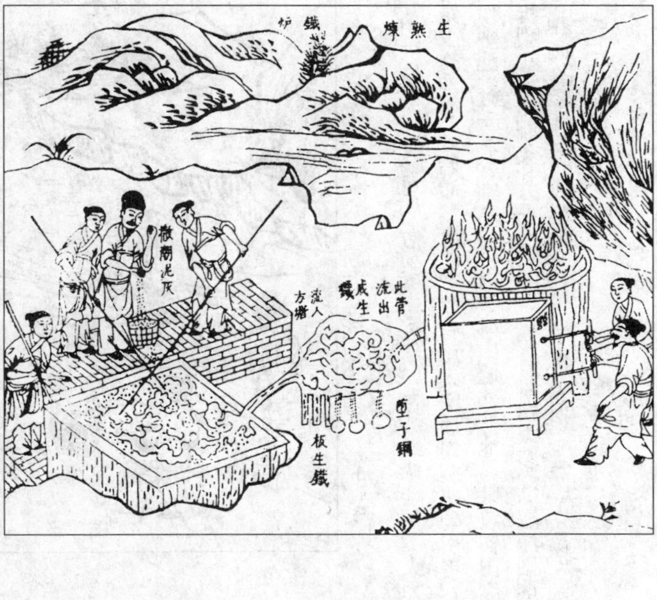

生鐵、熟鐵煉爐

凡鋼鐵煉法，用熟鐵打成薄片如指頭闊，長寸半許。以鐵片束包夾緊，生鐵安置其上，廣南鐵名墮子生鐵者，妙甚。又用破草履粘帶泥土者，故不速化。蓋其上，泥涂其底下。烘爐鼓鞴，火力到時生鐵先化，滲淋熟鐵之中，兩情投合。取出加錘，再煉再錘，不一而足。俗名團鋼，亦曰灌鋼者是也。

其倭夷刀劍有百煉精純，置日光檐下則滿室耀曜者。不用生、熟相合煉，又名此鋼爲下乘云。夷人又有以地溲地溲乃石腦油之類，不產中國。淬刀劍者，云鋼可切玉，亦未之見也。凡鐵內有硬處不可打者，名鐵核。以香油涂之即散。凡產鐵之陰，其陽出兹石，第有數處不盡然也。

宋應星《天工開物》卷中《五金・錫》 凡錫，中國偏出西南郡邑，東北寡生。古書名錫爲「賀」者，以臨賀郡產錫最盛而得名也。今衣被天下者，獨廣西南丹、河池二州居其十八，衡、永則次之。大理、楚雄即產錫甚盛，道遠難致也。

凡錫有山錫、水錫兩種，山錫中又有錫瓜、錫砂兩種。錫瓜塊大如小瓠，錫砂如豆粒，皆穴土不甚深而得之，間或土中生脉充牣，致出土自頹，恣人拾取者。水錫衡、永出溪中，廣西則出南丹州河內。其質黑色，粉碎如重羅面。南丹河出者，居民旬前從南淘至北，旬後又從北淘至南。愈經淘取，其砂日長，百年不竭。但一日功勞，淘取煎煉，不過一斤。會計爐炭資本，所獲不多也。南丹山錫出山之陰，其方無水淘洗，則接連百竹爲梘，從山陽梘水淘洗土滓，然後入爐。

河池山錫

凡煎煉亦用洪爐，入砂數百斤，叢架木炭亦數百斤，鼓鞴熔化。火力已到，砂不即熔，用鉛少許勾引，方始沛然流注。或有用人家炒錫剩灰勾引者，其爐底炭末、瓷灰鋪作平池，旁安鐵管小槽道，熔時流出爐外低池。其質初出潔白，然過鋼，承錘即拆裂。入鉛制柔，方充造器用。售者雜鉛太多，欲取净則熔化，入醋淬八、九度，鉛盡化灰而去。出錫唯此道。方書云馬齒莧取草錫者，妄言也。謂砒爲錫苗者，亦妄言也。

南丹水錫

煉錫爐

宋應星《天工開物》卷中《五金・鉛　附：胡粉、黄丹》　凡産鉛山穴，繁於銅、錫。其質有三種，一出銀礦中，包孕白銀，初煉和銀成團，再煉脱銀沉底，曰銀礦鉛，此鉛雲南爲盛。一出銅礦中，入洪爐煉化，鉛先出，銅後隨，曰銅山鉛，此鉛貴州爲盛。一出單生鉛穴，取者穴山石，挾油燈尋脉，曲折如採銀礦。取出淘洗、煎煉，名曰草節鉛，此鉛蜀中嘉、利等州爲盛。其餘雅州出釣脚鉛，形如皂莢子，又如蝌蚪子，生山澗沙中。廣信郡上饒、饒郡樂平出雜銅鉛，劍州出陰平鉛，難以枚舉。

凡銀礦中鉛，煉鉛成底，煉底復成鉛。草節鉛單入洪爐煎煉，爐旁通管，注入長條土槽内，俗名扁擔鉛，亦曰出山鉛，所以别於凡銀爐内頻經煎煉者。凡鉛物值雖賤，變化殊奇。白粉、黄丹皆其顯象。操銀底於精純，勾錫成其柔軟，皆鉛力也。

胡粉：凡造胡粉，每鉛百斤，熔化，削成薄片，卷作筒，安水甑内。甑下、甑中各安醋一瓶，外以鹽泥固濟，紙糊甑縫。安火四兩，養之七日。期足啓開。鉛片皆生霜粉，掃入水缸内。未生霜者入甑依舊再養七日，再掃，以質盡爲度。其不盡者留作黄丹料。

每掃下霜一斤，入豆粉二兩、蛤粉四兩，缸内攪勻，澄去清水。用細灰按成溝，紙隔數層，置粉於上。將乾，截成瓦形，或如磊塊，待乾收貨。此物古因辰、韶諸郡專造，故曰韶粉。俗誤朝粉。今則各省直饒爲之矣。其質入丹青，則白不减。擦婦人頰能使本色轉青。胡粉投入炭爐中，仍還熔化爲鉛。所謂色盡歸皂者。

黄丹：凡炒鉛丹，用鉛一斤、土硫黄十兩、硝石一兩。熔鉛成汁，下醋點之。滚沸時下硫一塊，少頃入硝少許，沸定再點醋，依前漸下硝、黄。待爲末，則成丹矣。其胡粉殘剩者，用硝石、礬石炒成（黄）丹，不復用醋也。欲丹還鉛，用葱白汁拌黄丹慢炒，金汁出時，傾出即還鉛矣。

宋應星《天工開物》卷中《冶鑄》　宋子曰，首山之採，肇自軒轅，源流遠矣哉。九牧貢金，用襄禹鼎。從此火金功用日異而月新矣。夫金之生也，以土爲母。及其成形而效用於世也，母模子肖，亦猶是焉。精粗巨細之間，但見鈍者司春，利者司墾，薄其身以媒合水火而百姓繁。虚其腹以振蕩空靈而八音起，願者肖仙梵之身，而塵凡有至象。巧者奪上清之魄，而海寓遍流泉。即屈指唱籌，豈能悉數，要之人力不至於此。

宋應星《天工開物》卷中《冶鑄・鼎》　凡鑄鼎唐虞以前不可考。唯禹鑄九鼎，則因九州貢賦壤則已成，入貢方物歲例已定，疏浚河道已通，《禹貢》業已成書。恐後世人君增賦重斂，後代侯國冒貢奇淫，後日治水之人不由其道，故鑄之於鼎。不如書籍之易去，使有所遵守，不可移易，此九鼎所爲鑄也。

年代久遠，末學寡聞，如蠙珠、鱀魚、狐狸、織皮之類，皆其刻畫於鼎上者，或漫滅改形亦未可知，陋者遂以爲怪物。故《春秋傳》有使知神奸、不逢魑魅之説也。此鼎入秦始亡，而春秋時郜大鼎、莒二方鼎，皆其列國自造，即有刻畫，必失《禹貢》初旨。此但存名爲古物，後世圖籍繁多，百倍上古，亦不復鑄鼎，特并志之。

宋應星《天工開物》卷中《冶鑄・鐘》　凡鐘爲金樂之首，其聲一宣，大者聞十里，小者亦及里之餘。故君視朝、官出署必用以集衆，而鄉飲酒禮必用以和歌。梵宫仙殿必用以明揖謁者之誠，幽起鬼神之敬。凡鑄鐘高者銅質，下者鐵質。今北極朝鐘則純用響銅，每口共費銅四萬七千斤、錫四千斤、金五十兩、銀一百二十兩於内。成器亦重二萬斤，身高一丈一尺五寸，雙龍蒲牢高二尺七寸，口徑八尺，則今朝鐘之制也。

塑造鐘模

凡造萬鈞鐘，與鑄鼎法同。掘坑深丈幾尺，燥築其中如房舍，埏泥作模骨。其模骨用石灰、三和土築，不使有絲毫隙拆。乾燥之後以牛油、黄蠟附其上數寸。油蠟分兩，油居十八，蠟居十二。其上高蔽抵晴雨，夏月不可爲，油不凍結。油蠟墁定，然後雕鏤書文、物象，絲髮成就。然後舂篩絶細土與炭末爲泥，涂墁以漸而加厚至數寸。使其内外透體干堅，外施火力炙化其中油蠟，從口上孔隙熔流净盡，則其中空處即鐘鼎托體之區也。

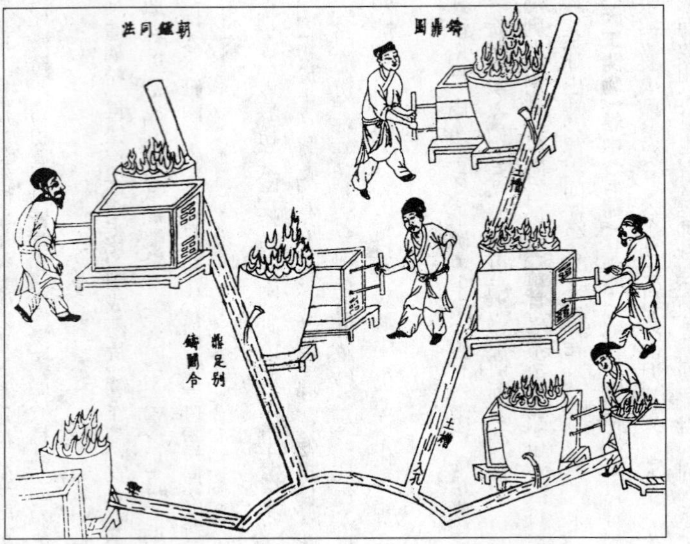

鑄鐘、鼎

凡油蠟一斤虚位，填銅十斤。塑油時盡油十斤，則備銅百斤以俟之。中既空净，則議熔銅。凡火銅至萬鈞，非手足所能驅使。四面築爐，四面泥作槽道，其道上口承接爐中，下口斜低以就鐘鼎入銅孔，槽旁一齊紅炭熾圍。洪爐熔化時，決開槽梗，先泥土爲梗塞住。一齊如水横流，從槽道中梘注而下，鐘鼎成矣。凡萬鈞鐵鐘與爐、釜，其法皆同，而塑法則由人省嗇也。

若千斤以内者則不須如此勞費，但多捏十數鍋爐。爐形如箕，鐵條作骨，附泥做就。其下先以鐵片圈筒直透作兩孔，以受杠穿。其爐墊於土墩之上，各爐一齊鼓鞴熔化，化後以兩杠穿爐下，輕者兩人，重者數人抬起，傾注模底孔中。甲爐既傾，乙爐疾繼之，丙爐又疾繼之，其中自然粘合。若相承迂緩，則先入之質欲凍，後者不粘，釁所由生也。

凡鐵鐘模不重費油蠟者，先埏土作外模，剖破兩邊形或爲兩截，以子口串合，翻刻書文於其上。内模縮小分寸，空其中體，精算而就。外模刻文後，以牛油滑之，使他日器無粘爛。然後蓋上，混合其縫而受鑄焉。巨磬、雲板，法皆仿此。

鑄千斤鐘與仙佛像

宋應星《天工開物》卷中《冶鑄・釜》 凡釜儲水受火，日用司命系焉。鑄用生鐵或廢鑄鐵器爲質。大小無定式，常用者徑口二尺爲率，厚約二分。小者徑口半之，厚薄不減。其模内外爲兩層，先塑其内，俟久日乾燥，合釜形分寸於上，然後塑外層蓋模。此塑匠最精，差之毫釐則無用。模既成就乾燥，然後泥捏冶爐，其中如釜，受生鐵於中。其爐背透管通風，爐面捏嘴出鐵。一爐所化約十釜、二十釜之料。鐵化如水，以泥固純鐵柄勺從嘴受注。一勺約一釜之料，傾注模底孔內，不俟冷定即揭開蓋模，看視罅綻未周之處。此時釜身尚通紅未黑，有不到處即澆少許於上補完，打濕草片按平，若無痕跡。

鑄釜（鍋）

凡生鐵初鑄釜，補綻者甚多，唯廢破釜鐵熔鑄，則無復隙漏。朝鮮國俗破釜必棄之山中，不以還爐。凡釜既成後，試法以輕杖敲之。響聲如木者佳，聲有差響，則鐵質未熟之故，他日易爲損壞。海內叢林大處，鑄有千僧鍋者，煮糜受米二石，此直癡物云。

宋應星《天工開物》卷中《冶鑄·像、砲、鏡》 像：凡鑄仙佛銅像，塑法與朝鐘同。但鐘鼎不可接，而像則數接爲之，故瀉時爲力甚易。但接模之法，分寸最精云。

砲：凡鑄砲西洋紅夷、佛郎機等用熟銅造，信砲、短提銃等用生、熟銅兼半造，襄陽、盞口、大將軍、二將軍等用鐵造。

鏡：凡鑄鏡模用灰沙，銅用錫和。不用倭鉛。《考工記》亦云：「金錫相半，謂之鑒、燧之劑。」開面成光，則水銀附體而成，非銅有光明如許也。唐開元宮中鏡盡以白銀與銅等分鑄成，每口值銀數兩者以此故。朱砂斑點乃金銀精華發現古爐有入金於內者。我朝宣爐亦緣某庫偶災，金銀雜銅錫化作一團，命以鑄爐。真者錯現金色。唐鏡、宣爐皆朝廷盛世物也。

宋應星《天工開物》卷中《冶鑄·錢 附：鐵錢》 凡鑄銅爲錢以利民用。一面刊國號通寶四字，工部分司主之。凡錢通利者，以十文抵銀一分值。其大錢當五、當十，其弊便於私鑄，反以害民，故中外行而輒不行也。凡鑄錢每十斤，紅銅居六、七，倭鉛京中名水錫。居四、三，此等分大略。倭鉛每見烈火必耗四分之一。我朝行用錢高色者，唯北京寶源局黃錢與廣東高州爐青錢，高州錢行盛漳泉路。其價一文敵南直、江浙等二文。黃錢又分二等，四火銅所鑄曰金背錢，二火銅所鑄曰火漆錢。

凡鑄錢熔銅之罐，以絕細土末打碎乾土磚妙。和炭末爲之。京爐用牛蹄甲，未

鑄錢

銼錢

詳何作用。罐料十兩，土居七而炭居三，以炭灰性暖，佐土易化物也。罐長八寸，口徑二寸五分。一罐約載銅、鉛十斤，銅先入化，然後投〔倭〕鉛，烘爐扇合，傾入模內。

凡鑄錢模以木四條爲空框，木長一尺二寸，闊一寸二分。土炭末篩令極細填實框中。微灑杉木炭灰或柳木炭灰於其面上，或熏模則用松香與清油。然後以母錢百文，用錫雕成。或字或背布置其上。又用一框如前法填實合蓋之。既合之後，已成面、背兩框，隨手覆轉，則母錢盡落後框之上。又用一框填實，合上後框，如是轉覆，只合十餘框，然後以繩捆定。其木框上弦原留入銅眼孔，鑄工用鷹嘴鉗，洪爐提出熔罐。一人以別鉗扶抬罐底相助，逐一傾入孔中。冷定解繩開框，則磊落百文如花果附枝。模中原印空梗，走銅如樹枝樣，夾出逐一摘斷，以待磨銼成錢。凡錢先銼邊沿，以竹木條直貫數百文受銼，後銼平面則逐一爲之。

凡錢高低以〔倭〕鉛多寡分，其厚重與薄削則昭然易見。〔倭〕鉛賤銅貴，私鑄者至對半爲之。以之擲階石上，聲如木石者，此低錢也。若高錢銅九鉛一，則擲地作金聲矣。凡將成器廢銅鑄錢者，每火十耗其一。蓋鉛質先走，其銅色漸高，勝於新銅初化者。若琉球諸國諸錢，其模即鑿鍥鐵鉗頭上。銀化之時入鍋夾取，淬於冷水之中，即落一錢其內，圖并具右。

鐵錢：鐵質賤甚，從古無鑄錢。起於唐藩鎮魏博諸地。銅貨不通，始治爲之，蓋斯須之計也。皇家盛時，則治銀爲豆，雜伯衰時，則鑄鐵爲錢，并志博物者感慨。

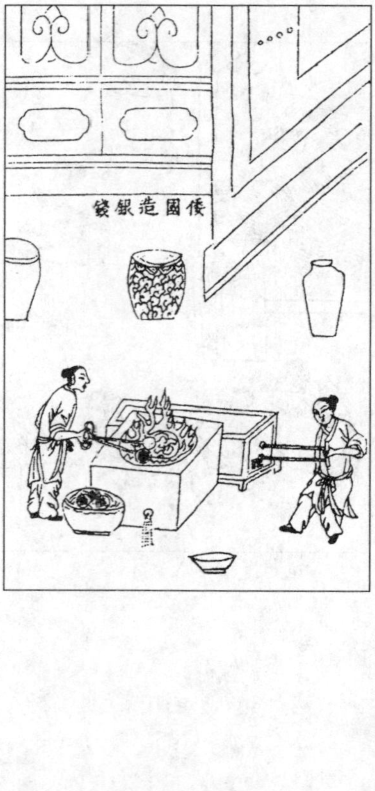

日本國造銀錢

宋應星《天工開物》卷中《錘鍛》 宋子曰：金木受攻而物象曲成。世無利器，即般、倕安所施其巧哉？五兵之內、六樂之中，微鉗錘之奏功也，生殺之機泯然矣。同出洪爐烈火，大小殊形。重千鈞者系巨艦於狂淵；輕一羽者透綉紋於章服。使治鐘鑄鼎之巧，束手而讓神功焉。莫邪、干將，雙龍飛躍，毋其説亦有徵焉者乎？

宋應星《天工開物》卷中《錘鍛・治鐵》 凡治鐵成器，取已炒熟鐵爲之。先鑄鐵成砧，以爲受錘之地。諺云萬器以鉗爲祖，非無稽之説也。凡出爐熟鐵名曰毛鐵。受鍛之時，十耗其三爲鐵華、鐵落。若已成廢器未銹爛者，名曰勞鐵。改造他器與本器，再經錘鍛，十止耗去其一也。凡爐中熾鐵用炭，煤炭居十七，木炭居十三。凡山林無煤之處，鍛工先擇堅硬條木燒成火墨俗名火矢，揚燒不閉穴火，其炎更烈於煤。即用煤炭，也別有鐵炭一種，取其火性内攻，焰不虛騰者，與炊炭同形而分類也。

凡鐵性逐節粘合，涂上黃泥於接口之上，入火揮椎，泥滓成枵而去，取其神氣爲媒合。膠結之後非灼紅斧斬，永不可斷也。凡熟鐵、鋼鐵已經爐錘，水火未濟，其質未堅。乘其出火之時入清水淬之，名曰健鋼、健鐵。言乎未健之時爲鋼爲鐵，弱性猶存也。凡焊鐵之法，西洋諸國別有奇藥。中華小焊用白銅末，大焊則竭力揮錘而强合之。歷歲之久，終不可堅。故大砲西番有鍛成者，中國則惟事冶鑄也。

宋應星《天工開物》卷中《錘鍛・斤、斧》 凡鐵兵薄者爲刀劍，背厚而面薄者爲斧斤。刀劍絶美者以百煉鋼包裹其外，其中仍用無鋼鐵爲骨。若非鋼表鐵里，則勁力所施，即成折斷。其次尋常刀斧，止嵌鋼於其面。即重價寶刀，可斬釘截鐵者，終數千遭磨礪，則鋼盡而鐵現也。倭國刀背闊不及二分許，架於手指之上，不復欹倒，不知用何錘法，中國未得其傳。

凡健刀斧皆嵌鋼、包鋼，整齊而後入水淬之，其快利則又在礪石成功也。凡匠斧與椎，其中空管受柄處，皆先打冷鐵爲骨，名曰羊頭。然後熟鐵包裹，冷者不沾，自成空隙。凡攻石椎日久四面皆空，熔鐵補滿平填，再用無弊。

宋應星《天工開物》卷中《錘鍛・鋤、鎛、鎈、錐》 鋤、鎛：治地生物用鋤、鎛之屬，熟鐵鍛成，熔化生鐵淋口，入水淬健，即成剛勁。每鍬、鋤重一斤者，淋生鐵三錢爲率。少則不堅，多則過剛而折。

鎈：凡鐵鎈純鋼爲之，未健之時鋼性亦軟。以已健鋼鏨劃成縱斜紋理，劃時斜向入，則紋方成焰。劃後燒紅，退微冷，入水健。久用乖平，入火退去健性，再用鏨劃。凡鎈開鋸齒用茅葉鎈，後用快弦鎈。治銅錢用方長牽鎈，鎖鑰之類用方條鎈。治骨角用劍面鎈。朱注所謂鑢錫。治木末用錐成圓眼，不用縱斜文者，名曰香鎈。劃鎈紋時，用羊角末和鹽、醋先涂。

錐〔鑽〕：凡錐熟鐵錘成，不入鋼和。治書篇之類用圓鑽，攻皮革用扁鑽。梓入轉索通眼，引釘合木者用蛇頭鑽。其制穎上二分許，一面圓，二面剜入，旁起兩稜，以便轉索。治銅葉用鷄心鑽。其通身三稜者名旋鑽，通身四稜而末鋭者名打鑽。

宋應星《天工開物》卷中《錘鍛・鋸、鉋、鑿》 鋸：凡鋸熟鐵鍛成薄條，不鋼，亦不淬健。出火退燒後，頻加冷錘堅性，用鎈開齒。兩頭銜木爲梁，糾篾張開，促緊使直。長者剖木，短者截木，齒最細者截竹。齒鈍之時頻加鎈鋭而後使之。

鉋：凡鉋磨礪嵌鋼寸鐵，露刃秒忽，斜出木口之面，所以平木，古名曰「准」。巨者卧準露刃，持木抽削，名曰推鉋，圓桶家使之。尋常用者横木爲兩翅，手執前推。梓人爲細功者，有起綫鉋，刃闊二分許。又刮木使極光者名蜈蚣鉋，一木之上銜十餘小刀，如蜈蚣之足。

鑿：凡鑿熟鐵鍛成，嵌鋼於口，其本空圓以受木柄。先打鐵骨爲模，名曰羊頭，勺柄同用。斧從柄催，入木透眼。其末粗者闊寸許，細者三分而止。需圓眼者則制成剜鑿爲之。

宋應星《天工開物》卷中《錘鍛・錨、針》 錨：凡舟行遇風難泊，則全身系命於錨。戰船、海船有重千鈞者。錘法先成四爪，依次逐節接身。其三百斤以内者，用徑尺闊砧安頓爐旁，當其兩端皆紅，掀去爐炭，鐵包木棍夾持上砧。若千斤内外者，則架木爲棚，多人立其上共持鐵鏈，兩接錨身，其末皆帶巨鐵圈鏈套，提起捩轉，咸力錘合。合藥不用黄泥，先取陳久壁土篩細，一人頻撒接口之中，渾合方無微罅。蓋爐錘之中，此物最巨者。

錘錨

針：凡針先錘鐵爲細條，用鐵尺一根錐成綫眼，抽過條鐵成綫，逐寸剪斷爲針。先鎈其末成穎，用小槌敲扁其本，鋼錐穿鼻，復鎈其外。然後入釜慢火炒熬。炒後以土末入松木火矢、豆豉三物掩蓋，下用火蒸。留針二三口插於其外以試

抽綫琢針

火候。其外針入手捻成粉碎，則其下針火候皆足。然後開封，入水健之。凡引綫成衣與刺綉者，其質皆剛。惟馬尾刺工爲冠者，則用柳條軟針。分別之妙，在於水火健法云。

宋應星《天工開物》卷中《錘鍛·治銅》 凡紅銅升黃而後熔化造器，用砒升者爲白銅器，工費倍難，侈者事之。凡黃銅原從爐甘石升者，不退火性受錘。從倭鉛升者，出爐退火性，以受冷錘。凡響銅入錫參和法具《五金》卷。成樂器者，必圓成無焊。其餘方圓用器，走焊、炙火粘合，用錫末者爲小焊，用響銅末者爲大焊。碎銅爲末，用飯粘合打，入水洗去飯，銅末具存，不然則撒散。若焊銀器則用紅銅末。

凡錘樂器，錘鉦俗名鑼。不事先鑄，熔團即錘。鐲俗名銅鼓。與丁寧，則先鑄成圓片然後受錘。凡錘鉦、鐲皆鋪團於地面。巨者衆共揮力，由小闊開，就身起弦聲，俱從冷錘點發。其銅鼓中間突起隆泡，而後冷錘開聲。聲分雄與雌，則在分鼇起伏之妙。重數錘者其聲爲雄。凡銅經錘之後，色成啞白，受鎈復現黃光。經錘折耗，鐵損其十者，銅只去其一。氣腥而色美，故錘工亦貴重鐵工一等云。

錘鉦與鐲（錘鑼）

葉盛《水東日記》卷一六《銅鼓》 南海神廟中銅鼓二，黃寇毀其一，今存者一，徑□尺□寸，圍□尺□寸，高□尺□寸，面圓不甚厚，邊突起狀蟾蜍者六，邊地仍出口外寸許，以次層細如腰束，然下腹大與面等，面與四圍皆細波紋，中心高起寸許，圓圍□寸，徑□寸□分，蓋控擊處也。或曰二廣銅鼓皆馬伏波時作，南海天妃廟舊亦有之，廣西蠻夷土官最多，若雲南、貴州，則武侯作，今夷酋寶蓄之以集衆云。

周履靖《羣物奇制·器用》 商嵌銅器，以肥皂塗之，燒赤後入梅鍋爍之，則黑白分明。金剛鑽鈍，取置口片上，令着物向上，以灰燒之通赤，取出冷則鋭矣。

一云用水晶珠磨之。黑漆器上有朱紅字，以鹽擦之則作紅水洗下。油籠、漆籠漏者，以馬屁浡塞之即止。一云用肥皂搗爛塞之亦可。柘木以酒醋調礦灰塗之，一宿則作間道烏木。鍮石銅先燒赤，取出令冷，以水淬之槌打則不爆。漆器不可置蕁菜，雖堅漆亦壞。新石銚用黄泥塗其中，貯水蒲煮一時方可用。棗木作匙者，爲其不餿及不粘飯也。熱碗足盪漆卓成跡者，以錫注盛沸湯衝之，其跡自去。銅器或鍮石上青，以酸浸過夜，洗之自落。琴阮無聲者，乃舊而膠解也，宜用沙湯洗之。斜眼割線者，宜用燈燒眼。錫器黑垢上者，用燖鷄鵝湯洗之。酒缾漏者，以羊血擦之則不漏。碗口上有垢，用鹽擦之自落。水烰炭缸内，夏月可凍物。刀子銹，用木賊草擦之，則銹自落。净水盂内水垢，酸漿浸之，經宿自落，漿熱者尤妙。以皂角在竈内燒煙，鍋底煤并突煤自落。胡桃殼燒灰，收針不銹。香油拌烰炭亦得杉木，炭末亦可。燒爆炭，撒鹽入火便止。肉案上抹布，猪膽洗之油自落。烰炭缾中安猫食不臭，夏月亦不臭。石灰燒過者，但是鐵器，以油塗之安灰内經久不綉。藁本湯布拭酒器并酒卓上，蠅不來。燭心散以線縛之。鮓桶漏，用醋調合粉泥之。點桐油燈盞，以生薑塗之令乾，入油點燈不生垢。呵鏡子以津唾畫鏡令乾，呵鏡自見。燈剪用無名異塗之，剪燈則燈自斷。梓木爲丹起靨。香油蘸刀，則刀不脆。琉璃用醬湯洗油自去。椒木作槅槌不臭且香。碾不可細碾皂角蝕作孔。鐵銹以炭磨洗之，鈍以乾烰炭擦之則快。泥瓦，火煆過作磨石。牛皮膠内入乾麵粘篦子。乳鉢研乳香松香瀝青之類，欲洗净者，以雪洗之。夏月用碎冰洗，或以沙土入鹽洗則净。醋桶漏，以末香桶内塞之外，更塗滿之則不漏。

《雍正朝内閣六科史書·户科·總理户部事務怡親王允祥等題爲豫省所收銅器准設局開鑄並支給應用工匠物料等項銀本》 總理户部事務和碩怡親王臣允祥等謹題爲欽奉上諭事：「河東總督田文鏡題，前事雍正七年三月初六日題，本月二十五日奉旨：『該部議奏。』該臣等查得河東總督田文鏡疏稱，豫省收買銅器鼓鑄錢文一案。據署布政使謝旻詳稱，自雍正五年十二月起，至六年十二月止，共收生、熟銅一十四萬二百八十斤零。但鼓鑄錢文必須一面請頒樣錢，一面設立爐局，所有康熙元年爐局，因年久傾圮，修造需費。今有土街劉焜空房一處四十一間，情願暫爲錢局，事竣給還，所需工匠現在召募，一應器具悉遵成例，有可減省，自當樽節，應用銀兩，請動雍正七年地丁正項，用過細數彙同設立爐座鑄出錢文按季造報，候撥兵餉。再滇省鼓鑄錢文均以『寶』字爲首，次用『雲』字，今豫省似應照例以『寶』字爲首，次用『河』字。至管理鼓鑄，必須諳練之員，今驛監道陳世倕曾任户部寶泉局監督，熟悉錢法，應令督理，開封府知府董自超、祥符縣知縣劉湘均令協辦。惟局内一切事宜，必得專委，方有責成，即以開封府同知吴振經、通判于林二員專管，布政使不時稽查，共襄厥事。又雍正五年收買私錢，原係四百三十千二百六十四文，内除葉縣私錢六百五十文已據該縣彙同所收廢銅解交公所，實在收貯廢錢四百二十九千六百一十四文，計重二千一百五十六斤，應一併傾銷鼓鑄，嗣後續收銅斤，隨收隨鑄。所有樣錢、置備器具應動本年地丁錢糧，俟部頒樣錢，撥定欵項，以便開鑄等情，相應具題等因前來。查各省收買銅器，欽奉諭旨：『不必拘定足放一成二成餉錢方行鼓鑄。』今豫省所收銅器，該督田文鏡疏稱共有一十四萬二百八十斤零，廢錢銅二千一百五十六斤，請頒發樣錢，設局開鑄。其建造爐局用土街空房，所需工匠現在召募，一應器具悉遵成例，有可減省自當樽節，應用銀兩請動雍正七年地丁正項，以驛監道陳世倕委令督理，開封府知府董自超、祥符縣知縣劉湘均令協辦，局内一切事宜以開封府同知吴振經、通判于林二員專管，布政使不時稽查，共襄厥事等語。應如所請，設爐鼓鑄所需工匠、物料等項應用銀兩，動支雍正七年地丁錢糧，仍令該督將所需各項細數，據實確估，逐一造册報部。所有樣錢，臣部行文錢法衙門，一面鑄『雍正通寶漢』字，一面鑄『寶河』清字，每錢一文照例重一錢四分，頒發該督照式鼓鑄，併將鑄出錢文，送部查驗，仍按季造報，歲底具題。如有侵冒浮開情弊，即將經管各官指名題參。鑄出錢文，解貯司庫，搭放兵餉。併嚴飭各屬，作速收買廢銅，隨收隨解，源源接鑄可也。臣等未敢擅便，謹題請旨。」

雍正七年四月二十七日題。五月初一日奉旨：「依議。」

《宫中檔雍正朝奏摺》第十六輯廣西巡撫金鉷《奏請粤西暫緩鼓鑄制錢摺》

廣西巡撫臣金鉷謹奏爲奏聞暫緩鼓鑄情由事。竊查鼓鑄制錢一節，屢經准到部咨，即臣奏請粤西開採摺内原擬得有銅斤即行鼓鑄，俱荷蒙皇上睿鑒在案。但審度時勢，因地制宜，似亦有宜於變通者。查粤西制錢，經督臣鄂爾泰題請，以雲南所鑄制錢運供廣西等省搭放兵餉，又經左江鎮臣齊元輔條議，每年撥發滇錢六萬二千餘串運至廣西，悉皆奉旨遵行。無如蚩蚩之氓，漢苗雜處，狃於積習，行使舊日雜錢已久，非不嚴行禁止，而小民究若苦其所難。兹據布政使元展成具詳前來，臣等細加籌畫，欲行鼓鑄，必當先去雜錢，欲使知雜錢之非，宜當先使知制錢之可貴。今議本年徵收火耗，許令銀錢兼輸，將來徵收錢糧二錢以内者，皆許以制錢完納，如此則凡有錢糧者，咸以制錢爲便，行之既久，必視雜錢爲棄物，不用別行嚴禁，自爾日散月消。且以制錢之貯於庫者，放之於兵，放之於兵者，布之於民布之於民者，仍爾輸之於官，上下流行，兵民胥賴，是亦疏通制錢之一法。查滇省所運制錢已有六萬二千餘串，而本省又爲設法疏通，則粵西鼓鑄似可暫緩。且粵西鼓鑄，臣等已照滇省爐座逐一計算，每年所出制錢不過二萬餘串，而滇省運到之錢六萬餘串，是目前即行鼓鑄，實不能如滇省發運之多，倘制錢大通，仍可再爲咨取。況現今廣東採買銅斤，仰資於廣西甚急，東西兩粵，本俱屬皇上封疆，如廣西所產之銅必封貯以待本省鼓鑄，是直與遏糴不殊揆諸人臣大公體國之義，亦非所安。今議粵西制錢暫取給於滇南，而粵西銅斤且轉售於東省，俾三省皆無有餘不足之患難，與臣之前奏不符，實宜因時而酌盈劑虛者也。所有暫緩鼓鑄情由，理合繕摺奏聞，伏祈睿鑒。謹奏。

雍正八年五月初八日。

錢泳《履園叢話》卷一　叢話一

銀價

顧亭林《日知録》記明洪武八年造大明寶鈔，每鈔一貫折銀一兩，四貫易黄金一兩。十八年後，金一兩當銀五兩。永樂十一年，則當銀七兩五錢。萬曆中，猶止七八換。崇禎中，已至十換矣。國朝康熙初年，亦不過十餘換。乾隆中年，則貴至二十餘換。近來則總在十八九、二十換之間。至於銀價，乾隆初年，每白銀一兩換大錢七百文，後漸增至七二、七四、七六至八十、八十四文。余少時每白銀一兩，亦不過換到大錢八九百文。嘉慶元年，銀價頓貴，每兩可换錢一千三四百文，後又漸減。近歲洋錢盛行，則銀錢俱賤矣。

錢泳《履園叢話》二《閱古·周曶鼎》　鎮洋畢秋帆先生巡撫陝西時得此鼎，高漢尺二尺四寸，周四尺八寸，兩耳，三足，中有銘文二十四行，共計四百又三字。銘分三節，第一節蓋因王錫曶赤環赤金等，而用金作牛鼎以祀文考宄伯也。第二節則小子歠訟於井叔，以金百爰贖五夫，曶受五夫而爲誓詞也。第三節匡衆寇曶禾十秭，曶告東宮，因與匡季爲誓詞也。案《説文》曰部：「曶，出氣詞也，象氣出形。」籀文從口，今無此字，皆作忽。余謂象人言時口中出氣易于散也。《春秋傳》曰：「其亡也忽焉。」《楚詞》：「忽而來兮。」《洛神賦》：「飄忽若神。」漢《樊敏碑》：「奄曶藏形。」皆言易散之義。古人命名，自有意見，不必定取吉祥語。如《論語》之仲忽，《春秋》之鄭太子忽，皆名忽也。先生既得此鼎，久置經訓堂之東樓。余嘗請于先生，盍送曲阜孔廟，供奉殿庭，垂之千古乎。卒未果，惜哉！

錢泳《履園叢話》卷二《閱古·周邢叔鐘》　秋帆先生家又有邢叔鐘一具，高漢尺五尺二寸，前後面俱十二乳，滿身青緑，間有硃砂斑，真寶物也。銘文四行，剥蝕過半，惟有「邢叔母曰：翀叔文祖皇考，對揚乃德，得屯乍魯永終于吉。毋不敢弗帥用文祖皇考」三十二字尚可辨，因名之曰邢叔鐘。此器曾開貢單奏進，以斤兩太重，難于擡運，入乾清門，而侍衛内監又不敢據以進宮，遂發還。先生殁後，家産入官，不知此鐘猶在人間否也。

錢泳《履園叢話》卷二《閱古·周太簇鐘》　金陵司馬舍人亶有周鐘一具，高一尺五寸，銘文中有𠭯字不可識，遂將搨本質之歙縣程瑶田先生，以周尺度之，曰：「此太簇鐘也。」瑶田深于小學，當必有據。

錢泳《履園叢話》卷二《閱古·周散邑銅盤》　散邑盤，舊藏揚州徐氏，今歸洪氏，華秋嶽嘗繪圖。其形如盤，盤中有文十九行，末一行蝕其半，共計三百五十七字。山陽吴山夫、紹興俞楚江、嘉定錢辛楣、儀徵江秋史、曲阜孔光生、蘇州江鄭堂皆有釋文。阮雲臺先生爲浙江巡撫時，收入《積古齋鐘鼎款識》，嘗命工仿造一箇，可以亂真。

案商、周之器，西漢時已有出土者，得之以爲祥瑞，因而改元、立祀、作歌。至張敞、鄭衆，皆能辨識，其來尚矣。魏、晉、六朝、隋、唐之間，無有明其學而爲考訂者。自宋劉原父刻《先秦古器記》，遂有歐陽永叔、葉少蘊、李公麟踵其後，而趙明誠、董彦遠、黄伯思、薛尚功、王子弁、翟耆年亦有著録。自此好古之士，每得一器，必將諸集録證之。而本朝之《西清古鑑》，尤備千古未有之奇。近時阮雲臺宫保又刻《積古齋鐘鼎彝器款識》，洋洋大觀，愈精愈博，不特可補經傳之所未備，且可益許氏之所未及者，豈僅足資考訂而助翰墨哉！余生平所見商、周之物，如鼎、鐘、彝、卣、壺、爵、盤、觚、觶、敦、匜、鬲，以及戈、劍、弩機之屬甚多，以有款識者爲上品，無款識者次之，亦如看書畫，作雲烟過眼可也。

錢泳《履園叢話》卷二《閱古·秦權》　余於嘉慶甲子在邗上見一秦權，上有文云：「廿六年，皇帝盡并兼天下諸侯，黔首大安，立號爲皇帝。乃詔丞相狀、綰，法度量則，不壹歉疑者，皆明壹之。」元年，制詔丞相斯、去疾，法度量盡始皇帝爲之，皆有刻辭焉。今襲號而刻辭不稱始皇帝，其於久遠也，如後嗣爲之者，不稱成功盛德。刻此詔，故刻左，使毋疑。」共一百字，雖青緑遍體，並不剥蝕一字。心竊疑之，自後又見兩枚，與甲子所見者無異，乃知皆仿造也。

錢泳《履園叢話》卷二《閲古・漢量》 漢銅量一，重今曹平三斤十二兩。其文云：「律石衡藺奉，蝕二字。容六斗，始建國元年正月癸酉朔日制。」共二十二字。向藏桐鄉汪硯畦家，今不知所歸。又見長白斌少僕家亦有銅量一具，容米四斗許，亦是漢物。《説文》斞字許委切。注云：「米一斛春爲八斗。」又云：「米一斛春爲九斗。」據此則量有大小不同，非若今之定以五斗爲一斛也。

錢泳《履園叢話》卷二《閲古・漢陶陵鼎》 是鼎爲揚州阮雲臺宫保所藏，蓋上有文云：「重十一斤。」器上有文云：「容一斗，重八斤一兩。」又云：「重十斤。」今除蓋以庫平法馬秤之，重四斤十三兩三錢二分。所云容一斗者，以今官斗較之，得一升八合。何古今權量之不同也。宋陳無擇云：「二十四銖爲兩，每兩古文五銖錢四箇，開元錢三箇。」至趙宋廣科，以開元錢十箇爲兩，今之三兩當漢、唐十兩。故今之升斗、尺寸、斤兩，皆後大於前也。宫保云：「器與銘辭不相應者，恐當時共鼎正多，不知何時互錯耳。」鼎今藏焦山方丈。嘉慶十九年冬，余從高郵回吴，適遇王南陔中丞，同遊焦山，撫摩一過。

錢泳《履園叢話》卷二《閲古・漢銅洗》 漢銅洗，余所見者不下十數具，即古盤匜之屬也。有陽嘉洗，有大吉羊洗，有富貴昌宜侯王洗，有章和、中平、永建洗，有宜子孫大富貴洗，大約皆本朝出土者居多。

錢泳《履園叢話》卷二《閲古・建昭雁足鐙》 青浦王蘭泉司寇家有雁足鐙，其鐙槃似雁一足立起，上燃以鐙，燭油並用，製作甚精。上有「建昭三年，考工輔爲内有造銅雁足，重三斤八兩」云云五十九字。阮雲臺宫保考爲大將軍王鳳之物。鳳于永光二年嗣封陽平侯，陽朔元年成帝所賜也。嘉慶廿五年春，余嘗仿造四具，贈斌笠耕觀察，觀察自爲製銘，每當夜宴，四鐙爛然，頗令人發懷古之幽情也。

錢泳《履園叢話》卷二《閲古・漢長安銅尺》 銅尺一，今藏嘉定瞿木夫通守家，銅質堅貞，青緑可愛。上有文云：「長安銅尺卌枚，第廿，元延二年八月十八日造。」計十有八字，篆法精密，的是漢人，與曲阜孔氏所藏慮俿銅尺相等，惟此尺作陽文　疊起，較之慮俿尺短六分。按慮俿尺造于後漢章帝建初六年，距前漢成帝元延二年不過九十二年，已長短之不同如此。《漢書・地理志》：長安縣，高帝五年置，屬京兆尹，爲領縣第一。今文云「長安銅尺卌枚」，當是在長安鑄者三十枚，此爲第二十，未必鑄三十枚以頒郡縣也。《晉書・律歷志》載漢章帝時，零陵文學史奚景于泠道舜祠下得玉律，度以爲尺，相傳謂之漢官尺，未聞有鑄銅爲尺者。今慮俿尺既流傳人間，或又疑此尺爲劉歆所造。然案宋秦熺《鐘鼎款識搨本》中有晉尺，上有文云：「周尺，《漢志》劉歆銅尺，後漢建武銅尺，晉前尺並同。」十九字。今將此尺與晉尺較之，又短八分，則知非歆造矣。案今之裁尺大於工部營造尺，猶之宋三司布帛尺大於晉尺，晉尺大於漢建初尺，建初尺大於元延尺，元延尺大於周尺是也。時代既殊，尺有嬴羡，難以定論云。

錢泳《履園叢話》卷二《閲古・秦漢銅印》 集秦、漢印者，莫備于顧從義之《集古印譜》，雖宋《宣和印譜》、趙子昂《印史》、王俅《嘯堂集古録》，皆所不及也。余少時最嗜漢印，所見官印私印不下千萬枚，皆能鑒别。尤留心於官印，以爲漢人繆篆紛紜，參雜隸法，不足以引證《説文》。而職官之因革廢置，古今不同，實可以表裏史傳也。嘗欲專摹秦、漢、魏、晉、六朝職官及蠻夷諸印爲一集，有志而未逮云。

孫承澤《天府廣記》卷二九《觀象臺》 觀象臺在城東南隅。臺上有渾天儀，如世所圖璇璣，皆鑄銅爲器，四柱以銅龍架而懸之。又有簡儀，狀相似，而省十之七，止周圍數道而已。玉衡亦以銅爲之，如尺而首尾皆曲，有二孔，對孔直窺，以候中星。又有銅球，左右轉旋以象天體，以方函盛之。函四周作二十八宿真形，南面有正統御銘。臺下小室有量天尺，鑄銅人捧尺北面，室穴其頂以候日中測景之長短，冬至後可得一丈七尺，夏至後可得二尺。中爲紫微殿，殿旁有銅壺滴漏。其簡儀乃耶律楚材製。

周禮：保章氏掌天星，以志日月星辰之變動，以觀天下之遷，辨其吉凶。以星土辨九州之地，所封，封域皆有分星，以觀妖祥。以十有二歲之相觀天下之妖祥。以五雲之物辨吉凶水旱降豐荒之祲象。以十有二風察天地之和命乖别之妖祥。凡此五物者，以詔救政訪序事。

按：璣衡之象，或謂起於伏羲，或謂作於帝嚳，或云乃羲和舊制，非舜創爲也。馬融謂上天之體不可測，知天之事者惟有璇衡一事。蓋璇衡之制起於高辛氏，而虞舜察之，以璇爲璣，而用以轉動，是之謂璣。以玉爲管而横置其中，是之謂衡。璣以定天體，衡以齊七曜。即今所謂渾天儀也。是故黄帝得之，曆起辛卯，顓帝得之，曆起乙卯，曆之所作，非渾天不可也。青道二出黄道東，朱道二出黄道南，道之所出，非渾天不可也。錢藻則以朱黑白而别二家星，葛衡則以青白黄而别三家星，以考星宿，非渾天不可也。自軫十二度至氐四度則知爲壽星，自氐五度至尾九度則知爲大火，而其餘莫不皆然，是考躔度非渾天不可也。其法喪於秦火而興復於漢洛下閎、耿壽昌諸人，厥後歷代遞相沿習，其有得有失，則由乎其人智術之淺深，未易遞數也。宋自靖康之亂，儀象之器盡歸於金。至元人定鼎於燕，其初襲用金舊，而規環不協，難復施用。於是太史郭守敬者，出其所制簡儀仰儀及諸儀表，皆臻於精妙。卓見絶識蓋有古人所未及者。其説以謂昔人以管窺天，宿度餘分約爲太、半、少，未得其的，乃用二線推測，於餘分纖微皆有可考。其曆參以古制，創立新法，所謂類其同而知其中，辨其異而知其變。古曆之善稱漢太初唐大衍，比之授時曆，皆莫有過焉者也。

漏刻之箭，晝夜共百刻，冬夏之間則有長短焉。太史立成法，有四十八箭。按乾象曆及諸曆法，皆示冬至則晝四十五、夜五十五，夏至則晝六十五、夜三十五，秋分則晝五十五半、夜四十四半。從春分至於夏至，晝漸長，增九刻半，從夏至至於秋分，所減亦如之。從秋分至於冬至，晝漸短，減十刻半，從冬至至於春分，所加亦如之。又於每氣之間加減刻數，有多有少，其事在於曆術。以其算數有多有少不可通而爲率。故太史之官立爲法，定作四十八箭，以一年有二十四氣，每一氣之間又分爲二，通率七日强半而易一箭，故周年而用箭四十八也。曆言晝夜者，以昏明爲限。馬融、王肅注尚書，以爲日永則晝漏六十刻，夜漏四十刻，日短則晝漏四十刻，夜漏六十刻，日中宵中則晝夜各五十刻者，以尚書有日出日入之語，遂以日見爲限。尚書，緯爲刻爲商。鄭作士昏禮目録云：日入三商爲昏。舉全數以言耳。其實日見之前日入之後距昏明各有二刻半，減晝五刻以裨夜，故於曆法皆多校五刻也。今欽天監曆日皆用馬、王之説，而長止於五十九刻，不言六十，短止於四十一刻，不言四十，以見陰陽之妙云。

昭槤《嘯亭續録》卷三《自鳴鐘》　近日泰西氏所造自鳴鐘錶，製造奇邪，來自粤東，士大夫争購，家置一座以爲玩具。純皇帝惡其淫巧，嘗禁其入貢，然至今未能盡絶也。按《唐書·天文志》云：「渾天銅儀，立木人二於地平，其一上置鼓以候刻，刻至一刻，則自擊之；其一前置鐘以候辰，辰至一辰，亦自擊之。皆於櫃中各施輪軸鈎鍵，關鑰交錯相持，置於武成殿前以示百官。」然其制作亦有所仿矣。

檀萃《滇海虞衡志》卷五《志器》　凡銅器、玉器，滇爲美，故特先之，餘以類紀，視范志差詳，而漏者多矣。

白銅面盆，惟滇製最天下，皆江寧匠造之。自四牌坊以上，皆其居肆。夫銅出於滇，滇匠不能爲大鑼、小鑼，必買自江蘇，江寧匠自滇帶白銅下。又不能爲面盆如滇之佳，水土之故也。白銅別器皿甚多，雖佳亦不爲獨絶，而獨絶者唯面盆，所以爲海内貫。紅銅面盆甚薄，製亦粗，然熱水店以供市洗面，日擦之，赤如金，亦可愛。

鑼鍋，製自各廠與省城，時走私禁嚴，私銅不得出廠，假運鑼鍋以出之。然銅不通商，廠日以衰，始禁鑼鍋，後亦不禁也。其製如小盆捲口，旁有耳，耳綴環，上有蓋能作二三人食，客旅便之。窶丐亦背以行，曰背鑼鍋。

銅獨盛於滇南，故銅器其爲多，大者至於爲銅屋，今太和宫、銅瓦寺是也。其費銅不如幾巨萬，玉皇閣像皆銅鑄，其費銅又不知幾巨萬。推之他處銅瓦、銅像，又不知其幾。金牛、銅牛皆以銅，大小神廟，大鍾小磬，大小香爐，無不以銅。大香爐高五六尺，三足如鼎，花紋極細，雖新製亦斑剥陸離有古色。上或架香亭，亭亭遠峙，玲瓏通明，計一香爐費且數萬斤。推之通省，又不知費幾巨萬。製造之精而古，殆難遍舉。來遊者見到處皆然，亦以爲數見不鮮而易之，使當宣和博古時，不知幾許張皇矣。銅爐製各異而色俱古，無論士庶家必燒銅爐，燒至數年，起野雞斑，則夏鼎商彝比費矣。此出人力而妙得天然者也。

緑鑛器具尤奇，有得之天然生成，有出於人力因勢點綴者。嘗見一瓶高尺餘，深稱之，蒼欝碧緑，作翡翠鸚鵡色，貯水久不壞，而值不高，不過一二金，其供文房之設者頗多，尤古雅也。

容刀，出於武定，用禄勸鐵就郡城鑄之，每刀礪一朱氏，蓋朱氏鑄爲工，其鞘則裝於省城，可比京刀，但略寬耳。玉器物，名目最多，玉自南金沙江來，大理玉匠治之，省城玉匠治之，大則玉如意。或長一尺二尺，次則圭、璧、璋、琮，其他仙佛古形像無不具，一切盤、盌、盃、彝、文玩尤佳，玉扳指、玉手圈，官吏無不帶之。女釧同男，或一手雙釧以爲榮，而玉烟袋嘴則遍街，雖微賤吃烟，亦口銜玉嘴，至於耳墜、帽花之細，又不足論者，其濫於用器如此，嘗記吉六孔修爲余言，其罷官閑居，虧空大不能償，因煮玉。時重玉器充貢物，得彌補虧空至五六千金之多，而因得脱然去。蓋吉君少遊京師得其法，因出其書以示予，欲相傳，予謝今老矣，不能爲也。乃悟金曰雕，玉曰琢，良工不示人以璞，聖人已言之矣。吉公藉此以脱累，正如唐若山在潤州，爐火成，補虧空，上遺表，泛金山寺而仙去，誰能拘之哉。

錢泳《履園叢話》卷二《閲古·銅鼓》　銅鼓形如坐墩，中空無底，扣之有聲，面圓而多花紋，其上隱起，有四耳，作蛙黽之狀，無鑄造年月字樣。有徑二尺餘者，有徑尺許者，亦大小不等。余生平所見不下三四十枚，惟晉陵趙甌北先生家所藏一枚爲最大。今雲南、四川、廣東、西俱有之。國初趙秋谷有《銅鼓歌》，朱竹垞有《銅鼓考》，謂皆出自諸葛孔明所鑄，其實非也。《後漢書·馬援傳》：於交阯得駱越銅鼓，援取其鼓以鑄銅馬。是在孔明之前。《晉書·食貨志》：「廣州夷人寶貴銅鼓。」又《載記》云：赫連勃勃鑄銅爲大鼓，以黄金飾之。又在孔明之後。惟《嶺表録異》云：蠻夷之樂有銅鼓焉。《新唐書》云：蠻人宴聚則擊銅鼓。則銅鼓者，實苗蠻之所造，非孔明也。

曹振鏞《欽定工部續增則例》卷五二《虞衡司・鐵撑》 元旦應用生鐵撑口，徑貳尺陸寸，深陸寸，均厚陸分伍釐，計重貳百叁拾柒觔拾兩。

熟鐵撑蓋口徑貳尺柒寸，厚伍分，計重壹百貳觔捌兩。

鐵索鉤圈鈾鋇壹副，計重拾玖觔。

柳木撑杆壹根，長陸尺，徑叁寸。

曹八里屯應用生鐵撑口，徑貳尺貳寸，深伍寸，均厚伍分，腿叁隻，各高貳寸伍分，寬貳寸伍分，厚捌分，計重壹百叁拾伍觔玖兩。

熟鐵撑蓋徑貳尺叁寸，厚肆分計重伍拾玖觔捌兩貳錢。

鐵索鉤圈鈾鋇壹副，計重拾捌觔肆兩。

柳木撑杆壹根，長陸尺，徑叁寸。

生鐵火抽口徑壹尺，高貳尺肆寸，厚陸分伍釐，計重壹百柒拾伍觔。

曹振鏞《欽定工部續增則例》卷五二《虞衡司・鐵焚帛爐》 社稷壇鐵焚帛爐壹座，通高壹尺捌寸，長叁尺貳寸，寬貳尺陸寸，内抱腳腿肆根，各高壹尺捌寸，上寬貳寸陸分，下寬肆寸伍分，厚伍分，計重肆拾柒觔拾肆兩捌錢。

長邊框貳根，各長叁尺貳寸，寬叁寸，厚叁分，計重貳拾壹觔玖兩陸錢。

横邊框貳根，各長貳尺陸寸，寬叁寸，厚叁分，計重拾柒觔捌兩捌錢。

長條肆根，各長叁尺貳寸，寬壹寸叁分，厚叁分，計重拾捌觔拾壹兩貳錢。

横條肆根，各長貳尺陸寸，寬壹寸叁分，厚叁分，計重拾伍觔叁兩貳錢。

長沿條肆根，各長叁尺柒寸，寬壹寸叁分，厚叁分，計重貳拾壹觔拾兩。

横沿條肆根，各長貳尺捌寸，寬壹寸叁分，厚叁分，計重拾陸觔陸兩。

直條貳拾根，各長貳尺，寬壹寸貳分，厚叁分，計重伍拾肆觔。

爐底長條肆根，各長叁尺貳寸，寬壹寸叁分，厚叁分，計重拾捌觔拾壹兩貳錢。

爐底横條陸根，各長貳尺陸寸，寬壹寸叁分，厚叁分，計重貳拾貳觔拾貳兩捌錢。

腰環貳箇，各圍長貳尺，徑捌分，計重柒觔叁兩貳錢。

鈾鋇肆箇，各長肆寸，徑陸分，計重壹觔玖兩玖錢。

蘑菇釘壹百柒拾箇，每肆拾伍箇重壹觔，計重叁觔拾貳兩。

文廟鐵焚帛爐壹座，通高壹尺叁寸，長貳尺玖寸，寬貳尺伍寸，内抱腳柱肆根，各長壹尺叁寸，寬叁寸，厚伍分，計重貳拾玖觔肆兩。

肆面下邊條肆根，湊長壹丈捌寸，寬叁寸，厚貳分伍釐，計重叁拾觔陸兩。

貳層肆面鐵條肆根，湊長壹丈捌寸，寬壹寸伍分，厚貳分伍釐，計重拾伍觔叁兩。

叁層肆面鐵條肆根，湊長壹丈捌寸，寬壹寸伍分，厚貳分伍釐，計重拾伍觔叁兩。

又貳層沿條肆根，湊長壹丈貳尺肆寸，寬玖分，厚貳分伍釐，計重拾觔柒兩肆錢。

上飛出肆面鐵條肆根，湊長壹丈肆尺肆寸，寬玖分，厚貳分伍釐，計重拾貳觔貳兩肆錢。

肆面葫蘆頂花立柱拾陸根，各長貳尺柒寸，寬壹寸貳分，厚貳分，計重叁拾捌觔拾肆兩捌分。

爐底順條叁根，各長貳尺伍寸，寬玖分，厚貳分伍釐，計重陸觔伍兩貳錢伍分。

横條拾壹根，各長貳尺玖寸，寬玖分，厚貳分伍釐，計重貳拾陸觔拾肆兩陸錢伍分。

羊眼釘壹百叁拾箇，並眼錢每肆拾伍箇重壹觔，計重貳觔拾肆兩貳錢壹分。

曹振鏞《欽定工部續增則例》卷五二《虞衡司・亮鐵提爐》 奉先殿亮鐵提爐，見方玖寸，高伍寸，肆柱各高壹尺捌寸，計重貳拾叁觔。

見方玖寸，高陸寸，肆柱各高貳尺，計重叁拾肆觔。

亮鐵火夾，長壹尺肆寸，寬陸分，厚叁分，計重拾伍兩壹錢。

亮鐵鑷子，長壹尺伍寸，寬陸分，厚叁分。計重壹觔。

曹振鏞《欽定工部續增則例》卷五二《虞衡司・鐵燎爐》 傳心殿鐵燎爐壹座，爐身净高伍尺伍寸，前後各寬叁尺，兩邊各寬貳尺柒寸，爐頂壹箇，星式鐵瓦成造，内爐身頂圍撑肆根，并中間裏圍腰撑肆根，内前後各貳根，各長叁尺，寬壹寸柒分，厚伍分，每根計重玖觔玖兩。

左右各貳根，各長貳尺柒寸，寬壹寸柒分，厚伍分，每根計重捌觔玖兩柒錢。

爐身内大立柱肆根，各長伍尺伍寸，見方壹寸肆分，每根計重肆拾觔陸兩捌錢。

左右兩邊上下鐵葉拾貳塊，湊長伍尺伍寸，寬貳尺柒寸，厚貳分，計重壹百拾壹觔陸兩。

左右壓葉鐵條肆根，湊長伍尺伍寸，寬貳寸伍分，厚貳分，計重拾觔五兩。

爐後身鐵葉上下陸塊，湊長伍尺伍寸，寬叁尺，厚叁分，計重壹百捌拾伍觔拾兩。

壓葉鐵條貳根，湊長伍尺伍寸，寬貳寸伍分，厚貳分，計重拾觔伍兩。

左右兩邊外圍鐵帶貳根，各長貳尺柒寸，寬肆寸陸分，厚伍分，每根計重貳拾叁觔肆兩陸錢。

前後雲頭撑貳根，各長肆尺伍寸，均寬肆寸陸分，厚伍分，每根計重叁拾捌觔拾叁兩。

上層護門框鐵葉貳塊，各高叁尺貳寸伍分，寬陸寸，厚叁分，每塊計重貳拾壹觔拾伍兩。

上層錢門框壹箇，高貳尺伍寸，長貳尺壹寸，均寬壹寸貳分，厚肆分，用鐵條肆根，內左右鐵條貳根，各長貳尺貳寸陸分，寬壹寸貳分，厚肆分，每根計重肆觔壹兩。

上下鐵條貳根，各長貳尺壹寸，寬壹寸貳分，厚肆分，每根計重叁觔拾貳兩肆錢。

鐵門貳扇，各高貳尺肆寸，寬壹尺，厚叁分，每扇計重貳拾柒觔。

門鈸壹副，長叁寸，計重叁兩。

釘鉐壹副，長叁寸，許重叁兩。

鐵鍊貳條，每條長伍尺，計重伍觔。

當門横楣雲頭葉壹塊，長貳尺，寬捌寸，厚貳分，計重拾貳觔。

□□頂蓋鐵葉伍塊，湊寬叁尺，長貳尺柒寸，厚叁分，計重玖拾壹觔貳兩。

前面下層護門框旁鐵葉貳塊，各長貳尺貳寸伍分，寬柒寸，厚叁分，每塊計重拾柒觔拾壹兩伍錢。

當門横楣雲頭葉壹塊，長壹尺伍寸，寬陸寸，厚叁分，計重拾觔貳兩。

門框壹箇，高壹尺陸寸，横長壹尺陸寸伍分，寬壹寸，厚肆分，鐵條肆根，內左右貳根，各長壹尺肆寸，寬壹寸，厚肆分，每根計重貳觔壹兩陸錢。

上下貳根各長壹尺陸寸伍分，寬壹寸，厚肆分，每根計重貳觔柒兩陸錢。

門鈸壹副，長叁寸，計重叁兩。

釘鉐壹副，長叁寸，計重叁兩。

左右兩邊底撑貳根，各長貳尺柒寸，寬陸寸，厚叁分，每根計重拾捌觔叁兩陸錢。

前後底邊撑貳根，各長叁尺，寬陸寸，厚叁分每根計重貳拾觔肆兩。

爐底撑條伍根，各長貳尺柒寸，寬壹寸貳分，厚壹寸，每根計重拾貳觔貳兩肆錢。

鐵葉叁塊，各長貳尺玖寸，湊寬貳尺陸寸，厚叁分，計重捌拾肆觔拾叁兩。

幫身抱角肆根，各長肆尺，寬陸寸貳分，厚伍分，每根計重肆拾陸觔捌兩。

中間爐架子壹座，十字爐條拾根，內横條伍根，各長貳尺玖寸，寬壹寸伍分，厚伍分，每根計重捌觔貳兩伍錢。

直條伍根，各長貳尺陸寸，寬壹寸伍分，厚伍分，每根計重柒觔伍兩。

架腿立柱肆根，各高壹尺玖寸，見方壹寸，每根計重柒觔貳兩。

爐頂壹箇，用脊頂粱壹根，長貳尺，寬壹寸叁分，厚貳寸伍分，計重貳拾肆觔陸兩。

左右山尖鐵板貳塊，各中高壹尺柒寸，寬貳尺柒寸，均厚肆分，每塊計重叁拾肆觔陸兩捌錢。

爐頂底層横直鐵條共叁拾捌根，湊長柒丈柒尺貳寸，寬壹尺壹寸，厚叁分，計重玖百伍拾伍觔伍兩陸錢。

安裝燎爐共用磨菇釘捌百肆箇，每肆拾伍箇重壹觔，計重拾柒觔拾叁兩肆錢。

曹振鏞《欽定工部續增則例》卷五四《虞衡司·打造熟鐵》 每正鐵壹百觔核用耗鐵拾捌觔拾貳兩。

每正耗鐵壹百觔核用煤炸叁百觔，木炭拾貳觔捌兩。

打造正鐵拾陸觔核用鐵匠壹工。

剉白鐵料每平面剉白折寬壹寸，長壹丈，核用剉白匠壹工。

錚磨光亮折寬壹寸，長伍尺，核用磨光匠壹工。

舊鐵回火打造，每正鐵壹百觔核用耗鐵拾壹觔拾壹兩。

其餘應用工料照前核給。

曹振鏞《欽定工部續增則例》卷五四《虞衡司·鑄造生鐵》 每正鐵壹百觔

核用耗鐵貳拾伍觔。

每正耗鐵壹百觔核和煤炸貳百觔，木炭叁拾觔，烟子叁觔，瓷末叁拾陸觔，檾麻貳觔，青坩土伍拾觔，黄土壹百觔。

每鑄正錢壹百觔核用鐵匠壹工。

每鐵匠拾工核用壯夫貳名。

凡鑄造礮子每正鐵壹百觔加用做圓坯匠貳工。

曹振鏞《欽定工部續增則例》卷五四《虞衡司·鑄造銅料》 鑄造銅海等物各重拾壹觔以外，大件物件每鑄正銅壹百觔核用耗銅拾觔。

每正耗銅壹百觔核用木炭貳拾伍觔，煤炸壹百觔。

每鎔化正耗銅貳拾觔核用砂罐壹箇。

每正銅壹百觔核用秫稭貳百肆拾根，

檾麻壹觔拾兩，

青坩土拾捌觔，

黄土肆拾觔，

乾草肆拾觔，

松香貳觔肆兩，

瓷末拾觔，

桐油壹兩捌錢，

烟子壹觔拾兩，

土坯叁拾塊，

木炭肆拾觔。

每正耗銅壹百觔核用鑄銅匠陸工，

拉運夫叁名。

每正銅壹百觔核用剉銅匠陸工，

銲磨匠伍工，

鏇匠叁工，

嵌補匠壹工陸分，

子兒匠貳工，

番砂匠肆工捌分，

捉摸匠叁分。

鑄造拾觔以内小件物件，每鑄正銅壹百觔核用耗銅拾貳觔捌兩，每正耗銅壹百觔核用木炭叁拾觔，

煤炸壹百貳拾觔。

每鎔化正耗銅拾伍觔核用砂罐壹箇。

每正銅壹百觔核用秫稭叁百根，

檾麻貳觔，

青坩土貳拾觔，

黄土伍拾觔，

乾草壹石觔，

松香貳觔捌兩，

瓷末拾貳觔，

桐油貳兩，

烟子貳觔，

木炭伍拾觔。

每正耗銅壹百觔核用鑄銅匠捌工。

每正銅壹百觔核用剉銅匠捌工，銲磨匠捌工，鏇匠肆工，嵌補匠貳工，子兒匠貳工伍分，番砂匠陸工，捉摸匠伍分。

曹振鏞《欽定工部續增則例》卷五四《虞衡司·鑄造鎗鉛子》 每鑄鉛壹百觔核用耗鉛拾觔。

鑄淨鎗鉛子壹百觔核用柴炭工價銀壹兩零柒釐。

如鑄造上用鏨字塗硃鉛彈，每鑄壹千貳百箇，加用剉光匠壹工，鏨字塗硃匠陸工。

每鉛彈壹箇，核用銀硃叁釐。

曹振鏞《欽定工部續增則例》卷五四《虞衡司·鑄造礮鉛子》 每鑄鉛壹百觔核用耗鉛拾觔，鑄淨礮鉛子壹百觔核用柴炭工價銀叁錢柒分柒釐玖毫叁絲肆忽柒微。

曹振鏞《欽定工部續增則例》卷五一《虞衡司·銅海》 每口通高叁尺捌寸捌分，面寬伍尺貳寸陸分叁釐，泥鰍沿成造。

幫高叁尺柒寸，上裏口徑肆尺玖寸捌分叁釐，中徑伍尺叁寸陸分陸釐，底徑肆尺伍分，厚壹寸肆分，計重叁千肆百玖拾陸觔叁兩玖錢叁分。

底徑肆尺叁寸叁分，厚壹寸捌分，計重壹千壹百捌拾陸觔柒兩貳錢陸分。

泥鰍沿週長壹丈伍尺柒寸玖分，弦寬貳寸伍分，矢高壹寸貳分伍釐，計重壹百柒拾叁觔柒兩伍錢捌分。

鼻頭肆箇，各長柒寸伍分，上中寬叁寸，下中寬壹寸伍分，均厚貳寸伍分，計重柒拾玖觔壹兩陸錢貳分。

以上淨銅料共重肆千玖百叁拾伍觔肆兩叁錢玖分。

鐵圈肆箇，各圍長壹尺伍寸，徑壹寸，計重拾陸觔拾肆兩。

鐵圈貳箇，折長壹尺柒寸，均徑壹寸貳分，計重拾叁觔拾貳兩叁錢。

曹振鏞《欽定工部續增則例》卷五一《虞衡司・大銅器》 口徑肆尺伍寸，深貳尺肆寸，厚壹寸壹分，計重壹千陸百柒拾觔拾兩。

底徑肆尺伍寸，厚壹寸壹分，計重柒百捌拾叁觔壹兩陸錢捌分。

泥鰍沿週長壹丈肆尺貳寸，弦寬貳寸，矢高壹寸，計重玖拾玖觔拾叁兩伍錢。

以上淨銅料共重貳千伍百伍拾叁觔玖兩壹錢捌分。

生鐵頂樁貳根，各長肆尺伍寸，見方叁寸肆分，計重叁百玖拾觔。

曹振鏞《欽定工部續增則例》卷五一《虞衡司・銅撐》 口徑貳尺貳寸捌分，深肆寸叁分，厚陸分，計底重壹百玖觔拾兩肆錢。

幫重捌拾貳觔拾壹兩伍錢。

蓋口徑貳尺肆寸捌分，深捌分，厚伍分，計蓋重壹百捌觔壹兩捌錢。

幫重拾叁觔拾伍兩貳錢。

以上淨銅料共重叁百拾肆觔陸兩玖錢。

蓋上鐵索肆條，各長貳尺伍寸，計重玖觔。

撐杆壹根，鐵鉤環計重玖觔。

曹振鏞《欽定工部續增則例》卷五一《虞衡司・銅法馬》 每壹千兩壹副，計叁拾壹箇，內壹分起至玖分法馬玖箇，壹錢起至玖錢法馬玖箇，壹兩至伍兩法馬伍箇，拾兩法馬壹箇，貳拾兩法馬壹箇，叁拾兩法馬壹箇，伍拾兩法馬壹箇，壹百兩法馬壹箇，貳百兩法馬壹箇，叁百兩法馬壹箇，伍百兩法馬壹箇，共計重柒拾陸觔拾叁兩玖錢伍分。

每壹百兩壹副計貳拾捌箇，內壹分起至玖分法馬玖箇，壹錢起至玖錢法馬玖箇，壹兩至伍兩法馬伍箇，拾兩法馬壹箇，貳拾兩法馬壹箇，叁拾兩法馬壹箇，伍拾兩法馬壹箇，壹百兩法馬壹箇，共計重拾肆觔伍兩玖錢伍分。

曹振鏞《欽定工部續增則例》卷五一《虞衡司・鑾儀衛銅雲牌》 每面折高壹尺貳寸，寬捌寸伍分，厚伍分，計重貳拾叁觔拾肆兩伍錢。

傳記

《後漢書》卷五九《張衡傳》 陽嘉元年，復造候風地動儀。以精銅鑄成，員徑八尺，合蓋隆起，形似酒尊，飾以篆文山龜鳥獸之形。中有都柱，傍行八道，施關發機。外有八龍，首銜銅丸，下有蟾蜍，張口承之。其牙機巧制，皆隱在尊中，覆蓋周密無際。如有地動，尊則振龍機發吐丸，而蟾蜍銜之。振聲激揚，伺者因此覺知。雖一龍發機，而七首不動，尋其方面，乃知震之所在。驗之以事，合契若神。自書典所記，未之有也。嘗一龍機發而地不覺動，京師學者咸怪其無徵，後數日驛至，果地震隴西，於是皆服其妙。自此以後，乃令史官記地動所從方起。

劉敬叔《異苑》卷二 苻堅建元年中，長安樵人於城內見金鼎，走白堅，堅遣載取，到化爲銅。鼎入門，又變成大鐸。

宋犖《筠廊偶筆》卷上 碭山劉貞甫造銅器精巧絕倫，嘗爲彭城萬年少壽祺造準提。像高二寸許，三年而成，臂十八，手中各有所持。一手擎七級浮圖，每級四面，各佛一尊，法象莊嚴，無毫髮遺憾，所謂神工鬼斧也。昔王夢澤稱施生雨能於方寸之楮作小楷數千，點畫不淆。於粒麻之上宛轉書之，成五言詩一絕，即有炯眸，非極視專瞪、數拭屢翕蓄而後張，不可得其仿佛。誠文苑之絕技，生平所未睹也。以較貞甫，恐又有難易之別。貞甫曾爲余造圖章二，一龜鈕，一天鷄鈕，俱精妙可玩，後爲人盜去。

《江蘇省明清以來碑刻資料選集・長元吳三縣爲蘇州冶坊應給工作工價賞銀悉照九五銀八五折實足發給不得克少增多勒石碑記》 江南蘇常州府元和長洲縣黃衛姜爲奉憲勒石事，案照蘇城冶坊工匠，多隸錫金兩邑，所有坊內正作工銀，系九七銀七二折給，業載諸規則，相沿已久。乾隆二年，各匠訟于金匱，議至重八內扣三分，合得八五。四年九月，□□袁公耀、梅天錫等或因從前在作，或因親屬充工，干預把持，先經呈奉升藩憲飭同坊商公議，嗣控錫邑議給九五。詳經前常州府徐議轉，續据坊商江九成等將訟棍殃民等事。控蒙升藩憲徐批，行會議提集坊商工匠及袁公耀等到案。經本縣等公同會鞫，已据各坊商情願給九五銀八五折，□□在作工匠已各允服，即袁公耀等亦無異辭，取具遵依。詳蒙蘇常州府正堂江魏轉奉御前侍衛江南江蘇等處十一府州承宣布政使司布政使兼理滸墅關稅務紀录三次安議轉請勒石，并將袁公耀梅天錫各擬重杖。詳蒙經筵講官吏部尚書總督江南江西部院加三級紀录次楊總理粮儲提督軍務巡撫江寧等處地方都察院右副都御史徐允示轉行下縣，除遵提袁梅二犯發落外，合行勒石。爲此仰坊商及各匠工知悉，嗣后坊内應給正作工價賞銀，悉照定議九五銀八五折，實足給發時無克少缺，無增多，永遠遵行，勿再滋訟，須至碑者。

乾隆六年十月　日遵奉勒石原呈

江四房，即原呈江怡隆。

江兩房，即原呈江九成。

江老房，即原呈邵有誠。

江八房，即原呈朱紫暘。

江長房，即原呈江善。

江七房，即原呈江繼裕。

江念房，即原呈江恒隆。

江三房，即原呈江德新。

江十三房，即原呈□□□。

江老六房，即原呈江德榮。

江十五房，原原呈□□□。

江十二房，即原呈□□□。

江十六房，即原呈□□□。

江上房，即原呈□□□。

錢泳《履園叢話》卷一二《藝能・銅匠》　鑄銅之法，三代已備，鼎鐘彝器，制度各殊；漢、魏而下，鐵木并用；至唐、宋始有磁器，磁器行而銅器廢矣。鮑照詩云：「洛陽名工鑄爲金博山，千斫復萬鏤，上刻秦女携手仙。」則知古人之精於此技者，代不乏人，如隋之開皇、唐之開元鑄有造像，宋之宣和、明之宣德鑄有爐瓶，則去古法漸遠矣。近吴門有甘、王兩姓，能仿造三代彝器，可以亂真。又嘉定有錢大田者，能仿造壺爵，與古無異；子秉田亦傳其法，嘗爲吴盤齋大令鑄祭器十種，爲余鑄金涂塔鐵券。又有江寧人馮錫與者，爲余鑄如意百柄，蟾蹬一具，及帶鈎、銅璧、靈鐘、清磬、鐵簫、鐵笛、書鎮之屬，亦能仿商、周之嵌金銀，此又甘、王、錢三家所不及也。

自鳴鐘錶皆出於西洋，本朝康熙間始進中國，今士大夫家皆用之。案張鷟《朝野僉載》言武后如意中海州進一匠，能造十二辰車，回轅正南則午門開，有一人騎馬出，手持一牌，上書「午時」二字，如旋機玉衡十二時，循環不爽，則唐時已有之矣。近廣州、江寧、蘇州工匠亦能造，然較西法究隔一層。

測十二時者，古來惟有漏壺，而後世又作日晷、月晷，日晷用於日中，月晷用於夜中，然是日有風雨，則不可用矣。嘗見京師天主堂又有寒暑表、陰晴表，其法不傳於中國，惟自鳴鐘錶，不論日夜、風雨皆可用。推此法而行之，故測天象又作渾天儀，以南北定極，衆星旋轉，玩二十八宿於股掌之間，法妙矣。而近時婺源齊梅麓員外又倩工作中星儀，外盤分天度爲二十四氣，每一氣分十五日，内盤分十二時爲三百六十刻，無論日夜，能知某時某刻某星在某度，毫髪不爽，令天星旋轉，時刻運行，一望而知，是開千古以來未有之能事，誠精微之極至矣。其法日間開鐘對定時刻，然後移星盤之節氣綫與時針切，如立春第一日則將時針切立春第一綫。則得真正中星；如夜間開鐘對定中星，然後移時針與星盤之節氣綫切，則得真正時刻。

《江蘇省明清以來碑刻資料選集・吴縣規定打銅大欓小欓等行工人工價不許工人借衆停工圖勒工價碑》　奉憲勒石永禁：

欽加道銜補用府即補分府署江南蘇州府吴堂正堂褚，爲給示遵守事，案據萬亨永亨謝德興平廣潤陸永潤鼎泰等詞控陸阿毛等借衆停工，求提訊究等情，當經飭提去後，旋據打銅行王小大大欓行王有福小欓行楊兆春暨陸阿毛等稟稱，與張萬亨等各鋪議明，打銅大欓兩行，遵用制錢九三串之外，貼補串頭三文，每百合足制錢九十六文，小欓行，貼補串頭二文，每百合足制錢九十五文。兩造均已允洽，具結求銷前來，并據萬亨等以事已理明，稟請銷案，并求給示遵守等情。據此，除批示外，合行給示遵守，爲此示仰該業各作户做手人等知悉。爾等工價錢文，悉照定價給發，不得借衆停工，圖勒工價。如敢故違，許即指名稟縣，以憑究辦，其各凛遵毋違。特示遵。

同治十三年八月十九日示。

《江蘇省明清以來碑刻資料選集・修復詠勤公所記》《考工記》曰：通四方之珍異以資之。謂之商旅，三代幅員，西不盡流沙，南不盡衡山，東不盡東海，北不盡恒山。其爲四方者，止是耳。後世版圖日廓，至我朝而聲教洋溢，遠邁前古，夷蠻戎狄，罔弗通緩急，遷有無，雖其地，詩書所未載，其俗，經傳所不詳，亦且懷奇載寶，航海數萬里，而願藏於其市，詠勤公所者。嘉慶中，吾吴洋貨同業所創設，於吴縣梵門里蕭家園，始事者，爲潘君敏齋王君堯圃。庚申之難，毁於兵火。同治癸亥，蘇州平，朱君酉山唐君小梅以存正佛布公所存款協貼，合而一之，别購屋於閶門寶林寺之右，顧君寒谷翰香汪君秉之佐其事，四閲月而修葺工竣。凡恤寡代葬諸善舉，向附公所以行者，咸復其舊，余惟詠勤命名，蓋取歌詠勤苦之意。抑又聞之尚書，歌永言，漢書作歌詠言，謂詠與永通，詠之爲言永也。是亦兼有垂諸永久，不可始勤終怠之義。余惟望同志諸君，顧其名，思其義焉，可矣。是爲記。

同治十一年十月。

《江蘇省明清以來碑刻資料選集・長元吴三縣爲鋼鋸公所移建新址禁止棍徒阻擾竊料妨工碑》 奉憲勒碑：

江南蘇州府元和長洲吴縣正堂陽萬王，爲給示諭禁事。據民人吴兩泉李洪昌郭鶴山李春山李錦堂陶裕源府雲亭李松泉黄雲山謝春山沈春亭禀稱，身等在三邑境内開張鋼鐵鋸銼店爲業，緣見貧伙年老乏力，或爲燙損手足，無能趁錢，無依之輩。故無棺殮，慘不可言。是經同業循舊議設鋼鋸公所，費由各店按爐每月提錢一百文，交由公所抵辦前項善舉之用，曾在北亨一上圖鎮撫司前，置地建屋，以作公所。禀蒙會銜給示遵守在案，伏查身等前次所置鎮撫司前基地，嗣悉其地來歷未清，慮恐日後糾纏，是經憑中悔議，退還原主，收回地價，已經過割。兹復購得吴境北元三圖雍熙寺衖底清蔭堂後房基地，見方八丈，憑中立契置買，先行起建房屋三間，作爲公所辦善之地。其餘悉照舊章辦理同業各項善舉，現擬擇開工，誠恐無知之徒，借端阻撓，以及竊料妨工情事，均未可料，粘呈規條。禀乞立案會衔示禁等情，到縣。據此，除批示外，合行給示諭禁。爲此示仰鋼鐵鋸銼則業各鋪及居民地保人等知悉。現在吴雨泉等將原設鋼鋸公所，移建吴境北元三圖雍熙寺衖底，先行起造房屋三間，作爲公所，悉照舊章，辦理各項善舉，地棍匪徒毋許借端阻撓，以及竊料妨工情事。倘敢故違，許即指名禀縣，以憑提究，地保徇隱，察出并處，各宜凛遵毋違。特示遵。

光緒二年十一月十五日示。

《江蘇省明清以來碑刻資料選集・蘇州府爲鋼鋸公所成立經費由該業捐助禁止匪徒捏名苛派冒收碑》 奉憲勒碑：

欽加鹽運使銜升用道署理江南蘇州府正堂錢，爲出示曉諭事。據鋼鋸公所董事吴兩泉李洪昌郭鶴山陶裕源司事李春山李錦堂黄順山李松泉謝春山沈春亭夏秋泉潘萬成禀稱，身等開張鋼鐵鋸銼爲業，向有公所，以備年老貧苦燙損手足，及無家室，留養公所，終年，給棺埋葬等項善舉。兵燹之後，公所被毁無存，目視同業貧移年邁病弱，或爲燙損手足，難以做工趁錢，以致病故無棺，路斃無人收殮，甚爲凄慘。身等邀集同業，公議捐資，復設公所，照舊收養貧病，終年給棺埋葬等項，辦理善舉，以全梓誼。身等購買吴邑北元三圖雍熙寺衖底清蔭堂房基八丈，憑中立契投稅執業，永爲公産。當時建屋三椽，作爲鋼鋸公所辦善之地，其餘悉照舊章辦理，身等所需經費，邀集公議。按店計爐竈一只，每月提捐錢一百文，作爲辦善之資，不准勸捐外業店伙苛派勒捐之議。如遇同業捐助，聽從自願，其逐月提捐之款，自行彙繳公所給票，收支出入，亦由各店輪流經理，不涉司董之手，以省靡費而除弊端。兹幸經費有盈，擬添數椽，購覓義冢，慮恐無業之徒，在外苛派勒捐，捏冒公所收費入囊，恐礙善舉。伏查身等鋼鐵鋸銼同業，只有四十餘家，不准勸捐外業分文，如遇匪徒捏名冒收，紊亂公議，容身等隨時禀究，爲合聯名禀求給示曉諭等情，到府。據此，除批示外，合行出示曉諭，爲此示仰鋼鐵鋸銼同業各鋪户人等知悉。現在吴雨泉等在吴邑北元三圖設立公所，辦理同業善舉，經費由該業四十餘家捐助，不募外業分文。如有匪徒借端苛派，捏名冒收，許即指名禀究。地保徇隱，并懲不貸，其各凛遵毋違。特示遵。

光緒五年閏三月十七日示。

《江蘇省明清以來碑刻資料選集・鋼鋸公所捐款報銷碑》 勒石報銷：

前在吴邑北亨一上圖鎮撫司前，購地一方，其地連造價洋壹百五十七元正。嗣思其地來歷不清，退還原主，原價洋過割。復在吴邑北元三圖雍熙寺衖底清蔭堂後房，購地八丈見方，憑中立契置地。先創老君祖師殿三間，并辦善舉之事，所有一切經費，勒石報銷，兼之永垂不朽矣。

一應收付開明於後：

置基地價連中費，共付洋念八元正又錢六百文。
轉案給示添司年名字規條存案，共付洋十八元正又錢六百文。
稅契連擔代，共付錢二千四百文。
扒垃圾種界石照看，三項共付錢七千四百五十文。
姚木作包造平房三間工料，共付洋一百三十六元正。
祖師神象及財神并萬年臺，共付洋十九元五角正。
公所字板方磚工料，共付錢一千七百文。
光緒三年分二月起七月止城廂内外寫捐每店按爐每只每月捐錢一百文
收捐補寫路費，共用錢十二千一百九十八文。
所有城外月捐七月止當年九月吾行二業公議在城内各店照示繳收至
光緒三年分九月起六年分三月止按爐月捐城内總共結收下錢七十千零三百七十文。
又城外數店按爐月捐，總共結收下錢二千二百五十文。
六年分三月停止按爐月捐司年議立每店竹筒甏捐凡賣貨錢每千捐甏錢十文。
三月起捐十一月止，總共結捐下錢十七千五百念文。
光緒五年分閏三月同年謝春山黃雲山、朱祥興、潘吟鱗、夏天興共收下洋五元正。
司董吳雨泉李春山李洪昌郭鶴山，共收下洋十四元正。
給府示連費，共付洋十九元正。
辦物零費，共付錢一千零六十一文。
收竹筒捐另費，共付錢七百十一文。
修理公所工料，共付錢十一千八百八十六文。
報銷石兩塊，共付洋二元五角正。
刊刻字工，共付錢六千七百文。
總共總結收下洋一百七十六元正錢九十千另一百四十文。
總共結付出洋二百念三元正錢四十五千三百另六文。
總共總結收下付出錢洋折合該少洋七元正。
所有新店入行存下錢凑合付洋七元正繳楚。
光緒六年十一月。

《江蘇省明清以來碑刻資料選集・吳縣綉業捐資興建錦文公所新址禁止地匪滋擾并竊用物料有妨工作碑記》 欽加同知銜在任候補直隸州調補蘇州府吳縣正堂凌，爲示諭禁約事。據綉業錦文公所司董職員蔡爾昌稟稱，前於同治五年，昔存今故之司事吳燦文等同業捐資置買北正一圖香場街口房屋爲公所，當經稟奉前府憲李，札飭前仁憲唐，給示曉諭在案。當因兵燹後，同業無處議事，暫置此産權用，屈指已屆三十年矣。業中人頭愈廣，設有彙議之事，人多擁擠，諸多不便，本擬早遷，無如捐資不易，覓屋維艱，延擱至今。現因該處鄰佑九紳，合用此屋，同業咸願捐資遷所，兩相合意，是將原處所在，售賣於九姓，另行捐資，置得治下北利三上圖神仙廟西首房屋一所。循舊設立公所，供奉顧綉祖師神象，并辦惜字義塾。及同業中如有無力病故者，每名給發棺木錢十千文，嗣後待費有裕，再當添辦恤舉。伏查該處系人烟稠密之所，現當修理之際，誠恐地匪人等，借端滋擾，竊取料物，有妨工作等情事，除將新契赴房投稅。爲此抄契稟求示諭禁約，并求詳請府憲立案等情到縣。據此，除批示將抄契附卷并據稟申請府憲查考外，合行示諭禁約。爲此示仰該地保及同業人等知悉，現在綉業錦文公所捐資遷移。另買北利三上圖神仙廟西首房屋一所，循舊設立公所，供奉顧綉祖師，并辦惜字義塾，及同業中如有無力病故者，每名給發棺木錢十千文，永遠遵章辦理善舉。現當興修之際，毋許地匪人等借端滋擾，竊取料物，有妨工作情事。如敢故違，許該司事指名稟縣，以憑提究，地保徇隱，察出并處，各宜凛遵毋違。特示遵。

光緒十八年十二月十八日示。

《政治官報・法制章程類・十月初八日第十九號・大清鑛務正章目録》

第一章　總要
第一款　新章頒行舊章收回
第二章　管理
第二款　農工商部綜理鑛政之職掌
第三款　各省分理鑛政之職掌
第四款　鑛務委員之職掌
第五款　清查鑛地考覈鑛商均必須先經各省鑛局及地方官查明詳咨以爲根據
第六款　鑛務繳款分三項
第三章　舊商限制

第七款　清理舊商礦界
第八款　舊礦商之章程不妥者宜設法修改增補
第四章　新商限制
第九款　外國礦商不能充地面業主
第十款　中外人承充礦商之區别
第五章　礦質分類
第十一款　礦質分三類
第十二款　續出之礦質
第六章　地權
第十三款　地面地腹釋義
第十四款　地面地腹權利之區别
第十五款　銀股地股之區别
第十六款　甲字類礦專歸業主開采
第十七款　乙字類礦合股辦法
第十八款　丙字類礦合股辦法
第十九款　稽查礦産總數
第二十款　礦業不得私自换賣及質押
第七章　以地作股
第二十一款　礦地作爲紅股
第八章　執照
第二十二款　辦礦須請執照及其限制
第二十三款　執照分兩種
第二十四款　請領勘礦執照辦法
第二十五款　勘礦執照期限及其限制
第二十六款　履勘礦産限制
第二十七款　續請勘礦限制
第二十八款　勘礦界限
第二十九款　開礦界限
第三十款　礦地面積界限
第三十一款　請領毗連礦界辦法
第三十二款　減礦棄礦辦法
第三十三款　請領開礦執照辦法
第三十四款　酌定業主自開期限
第三十五款　需用地面有糾葛應聽官斷
第三十六款　分别一礦有乙丙兩類礦質辦法
第三十七款　覈准礦地辦法
第三十八款　填發執照須憑實據
第三十九款　給照後立可興辦礦工
第四十款　開闢隧峒所關事項
第四十一款　詐領執照應予懲處
第九章　礦界年租
第四十二款　礦界年租等差
第四十三款　繳租期限
第四十四款　勘礦地租及免界事例
第十章　礦税
第四十五款　礦産出井税等差
第四十六款　礦産出井税繳納期限
第四十七款　出井礦税延逾之罰
第四十八款　出口礦産進口開礦機器物料之税則
第十一章　礦商應遵之禁令
第四十九款　開辦停辦之判斷
第五十款　公同利害之處置
第五十一款　礦地洩水法
第五十二款　洩水受害者應予賠償
第五十三款　礦局有廹令除患之權
第五十四款　不准施工之界限
第五十五款　帳册宜遵格式
第五十六款　礦圖宜遵格式
第十二章　樹木水道
第五十七款　礦地樹木

第五十八款　礦地水利
第十三章　外人合股
第五十九款　外國商民之名籍職業及保證限制
第六十款　外國商民訴訟法
第六十一款　外國商民犯罪處置法
第六十二款　外國商民上控限制
第六十三款　保護開礦外國商民各條
第六十四款　宣示有礦地方阻礙事由
第十四章　礦工
第六十五款　礦商所定礦工規條須經官准
第六十六款　礦工須有詳細簿籍
第六十七款　礦工罷役各條
第六十八款　體恤礦工各條
第六十九款　辭退礦工各條
第七十款　懲辦礦工各條
第七十一條　修改礦工章程
第十五章　礦務警察
第七十二款　礦務警察之責任
第七十三款　礦務警察之權限
第七十四款　停工開工之辦法
附各國礦地限制備考

《政治官報・法制章程類・十月二十日第三十一號・大清礦務附章目録》

第一條　各省礦政局派員分理礦務
第二條　礦務委員應迴避條款
第三條　礦務委員之責任
第四條　礦務委員開礦小工巡查兵役三項均不得用外國人
第五條　呈請勘礦執照法
第六條　允許勘礦字據
第七條　勘礦次第
第八條　允許勘礦期限
第九條　勘礦期限
第十條　呈請開礦執照法
第十一條　補領礦照辦法
第十二條　接充礦商辦法
第十三條　業主自行開礦應立期限
第十四條　業主悔議應償還勘礦人工
第十五條　礦務委員有詰問開礦人之權
第十六條　礦務委員應註明收稟日期次序
第十七條　礦務委員不收同地未批之稟
第十八條　開礦次第
第十九條　測繪礦界期限及其費用
第二十條　測繪委員呈報礦圖期限及禁止阻撓辦法
第二十一條　測繪礦界定限法
第二十二條　礦界標識法
第二十三條　測繪委員標定界誌辦法
第二十四條　測繪委員圖説錯誤責任
第二十五條　開礦人宜恪守礦界
第二十六條　礦務委員經理告發事件辦法
第二十七條　告發開礦人期限及其條款
第二十八條　礦務委員處置訟案權限
第二十九條　測繪委員對於訟案權限
第三十條　礦務委員據稟不實駁還辦法
第三十一條　礦務訴訟期限
第三十二條　礦務訴訟案卷歸結法
第三十三條　礦務訴訟審斷法
第三十四條　開礦執照給領法
第三十五條　請發開礦執照法
第三十六條　外人禀請合股開礦辦法
第三十七條　礦章不載者應遵律例
第三十八條　礦質與礦照不同之辦法
第三十九條　處斷礦商與該地業主轇轕辦法

第四十條　礦界以外礦質之辦法
第四十一條　隧峒承領人之利益及其限制
第四十二條　正章第五十款所指辦法
第四十三條　礦務册報
第四十四條　册報格式
第四十五條　礦務特别册報
第四十六條　册報考查法
第四十七條　礦界租完納法
第四十八條　完納礦界租券格式
第四十九條　礦産出井税銀兩辦法及格式
第五十條　礦産出井税價格豫報法
第五十一條　出井税數目核准法
第五十二條　短納礦界租及出井税銀兩懲治法
第五十三條　礦局簿記法
第五十四條　礦務註册辦法
第五十五條　註册之件作爲合例證
第五十六條　礦政局公費
第五十七條　礦務局費
第五十八條　礦商帳簿格式
第五十九條　礦地各圖之準備
第六十條　礦圖之比例尺
第六十一條　捨棄礦界辦法
第六十二條　礦商應存圖一分於總局
第六十三條　礦商呈圖之期限
第六十四條　礦商不呈圖之辦法
第六十五條　保存礦圖禁令
第六十六條　礦圖不完全之罰
第六十七條　防護積土傾塌
第六十八條　防護開礦有妨礙之地面
第六十九條　防護工程
第七十條　保護地方墳墓民業生計
第七十一條　礦界減少法
第七十二條　礦界減少之布置
第七十三條　礦照註銷法

大清礦務附章

紀事

《漢書》卷九九下《王莽傳下》　是歲八月，莽親之南郊，鑄作威斗。威斗者，以五石銅爲之，若北斗，長二尺五寸，欲以厭勝衆兵。既成，令司命負之，莽出在前，入在御旁。鑄斗日，大寒，百官人馬有凍死者。

《漢書》卷九九下《王莽傳下》　莽夢長樂宫銅人五枚起立，莽惡之，念銅人銘有「皇帝初兼天下」之文，即使尚方工鐫滅所夢銅人膺文。又感漢高廟神靈，遣虎賁武士入高廟，拔劍四面提擊，斧壞户牖，桃湯赭鞭鞭灑屋壁，令輕車校尉居其中，又令中軍北壘居高寢。

《晉書》卷一六《律曆志上》　漢末紛亂，亡失雅樂。魏武時，河南杜夔精識音韻，爲雅樂郎中，令鑄銅工柴玉鑄鍾，其聲均清濁多不如法，數毁改作，玉甚厭之，謂夔清濁任意，更相訴白於魏武王。魏武王取玉所鑄鍾雜錯更試，然後知夔爲精，於是罪玉。

朱銘盤《南朝齊會要・曆數・符瑞》　神鼎

永明二年，從陽丹水縣山下得古鼎一枚。三年，越州南高涼俚人海中網魚，獲銅獸一頭，銘曰：「作寶鼎，齊臣萬年子孫承寶。」《祥瑞志》。

鄭棨《開天傳信記》　天寶中，上以三河道險束，漕運艱難，乃旁北山鑿石爲月河，以避湍急，名曰天寶河。歲省運夫五十萬，久無覆溺淹滯之患，天下稱之。其河東西徑直長五里餘，闊四五丈，深三四丈，皆鑿堅石，匠人於石得古鐵鏵，長三尺餘。上有「平陸」二字，皆篆文也。上異之，藏於内庫。遂命改河北縣爲平陸縣，旌其事也。

王溥《五代會要》卷二六《鐵》　後唐長興二年十二月敕：「今後不計農器、燒器、動使諸物，並許百姓遂便自鑄造，諸道監冶，除當年定數鑄辦供軍熟鐵并器物外，祇管出生鐵，比已前價，各隨逐處見定高低，每斤一例減十文貨賣，雜使熟鐵，亦任百姓自煉。巡檢、節級、句當賣鐵場官并鋪户，一切並廢。鄉村百姓，祇於係省夏秋苗畝上納農器錢一文五分足，隨夏秋稅二時送納。」

晉天福六年八月赦節文：「諸道鐵冶三司先條流，百姓農具，破者須於官場中賣，鑄時卻於官場中買鐵。今後並許百姓取便鑄造買賣。所在場院，不得禁止攪擾。」

沈括《夢溪筆談》卷一九《器用・凸鑒》 古人鑄鑒，鑒大則平，鑒小則凸。凡鑒窪則照人面大，凸則照人面小。小鑒不能全觀人面，故令微凸，收人面令小，則鑒雖小而能全納人面。仍復量鑒之小大，增損高下，常令人面與鑒大小相若。此工之巧智，後人不能造。比得古鑒，皆刮磨令平，此師曠所以傷知音也。

范成大《桂海虞衡志・志金石》 水銀。以邕州溪峒朱砂末之，入爐燒取，極易成，以百兩爲一銚。銚之制，以猪胞爲骨，外糊厚紙數重，貯之不漏。

銅。邕州右江州峒所出，掘地數尺即有礦，故蠻人好用銅器。

綠。銅之苗也。亦出右江有銅處。生石中質如石者，名石綠。又有一種脆爛如碎土者，名泥綠，品最下，價亦賤。

鉛粉。桂林所作最有名，謂之桂粉，以黑鉛著糟瓮罨化之。

范成大《桂海虞衡志・志金石》 宋黄震《黄氏日鈔》卷六十七本節節文 生金出溪洞沙土中，丹竈家所須，大如雞子者爲金母。丹砂以辰砂爲上，山南爲宜州，與辰州同此山，故宜砂老者鐵色，有牆壁如鏡，生白石床上，可入煉，勢敵辰砂。邕州砂大而多黕暗，少牆壁，惟以燒取水銀。

水銀燒法，以鐵爲上下釜。上釜貯砂，隔以細眼鐵板，覆之下釜之上。下釜盛水，埋地中，仰合上釜之唇，固濟周密，熾火灼之。砂化爲霏霧，下墜水中，聚爲水銀。邕州取丹砂盛處椎鑿，有水銀自然流出。客販皆燒取而成者。百兩爲一銚，銚以紙糊猪胞，不漏。

勞堪《憲章類編》卷三二 鐵冶

洪武七年夏四月，命置鐵冶凡一十三所，每所置大使副使各一員。

洪武十五年五月，廣平府吏王允道言：磁州臨水鎮地産鐵，元時嘗於此置鐵冶，都提舉司總轄沙窩等八冶，爐丁萬五十户，歲收鐵百餘萬斤，請如舊置爐冶鐵。

上曰：朕聞治世，天下無遺賢，不聞天下無遺利。且利不在官則在民，民得其利則利源通，而有益於官。官專其利則利源塞，而必損於民。今各鐵冶數尚多，軍需不乏，而民之生業已定，若復設此必重擾民，是又欲驅萬五千家於鐵冶之中也。杖之，流海外。

洪武二十年三月，復設太原府交城縣大通鐵冶所。初，大通置冶，歲貢雲子生熟鐵十萬斤，後罷之，聽民採取。至是朝廷繕治兵器，當用雲子鐵，而他所不産，工部以爲言，故命復設之。

宣德元年二月，工部尚書吴中奏：造軍器熟鐵，請於江南諸處收買，道遠恐不及期，今擬發民往遵化鐵冶，先運鐵二十萬斤備用。上曰：遵化既有鐵，何用買於江南？況鐵重滯遠運，尤更勞民，今當農時，而有此役，官吏里胥逼迫，民必妨廢農功，止取於遵化足矣。

銅場

宣德三年十月，詔蠲免江西德興鉛山銅場。

易州廠

按，易州廠，自宣德間設於平山繼遷沙峪口，景泰間移滿城西，天順間移易州，執此役者，歲糜億萬計，近周數百里内採斫一空，車馬輳集，欲重其權勢，是以有部堂之差，八府五州官環集，今止差郎中一員督理，官省則費省矣。

顧起元《客座贅語》卷四《鑄鼎劍於蔣山》 吴皓鑄一鼎於蔣山，紀吴之歷數，八分書。晉懷帝永嘉六年，鑄一鼎，沉於瓜步江中，無文字，鼎似龜形。宋文帝得鰕魚，遂作一鼎，其文曰「鰕魚」，四足。齊高祖諱道成，於齋中池内見龍鬥，簫鼓音，遂埋一鼎，其文曰「龍鼎」，真書，四足。梁武帝大通元年，於蔣山埋一鼎，文曰「大通」，真書；又鑄一鼎，書《老子》五千言，沉之九江中：并蕭子雲書。陳宣帝於太極殿中鑄一鼎，文曰「忠烈」，常侍丁初正書，見梁虞荔《鼎録》。宋後廢帝昱以元徽二年於蔣山頂造一劍，銘曰「永昌」，篆書，見陶弘景《刀劍録》。

《雍正朝内閣六科史書・户科・廣東巡撫楊文乾題報西寧縣知縣薩海完解雍正二年鐵爐餉銀請開復本》 廣東巡撫臣楊文乾謹題爲奏銷雍正二年錢糧等事：「該臣看得粤東雍正二年分奏銷原參册報羅定州屬西寧縣未完鐵爐餉銀四十四兩七錢，經前署巡撫印務兩廣總督臣孔毓珣開列職名，彙疏題參，准部議覆，照例降俸二級，戴罪督催等因。當經轉行催征去後，兹據廣東布政使常賚詳稱，催據該縣將前項未完鐵爐餉銀，照數全完解貯目庫，聽候撥餉等因，呈詳前來，所有原參册報西寧縣現任知縣薩海未完鐵爐餉銀，准部議覆，照例降俸二級、戴罪督催之案，相應題請開復。除册揭送部科查核外，臣謹題請旨。」雍正五年正月二十日題。三月初六日奉旨：「該部察議具奏。」

李斗《揚州畫舫録》卷一《草河録上》 周太僕銅鬲，周器也，藏鹺商徐氏家。爲釋文者，華秋岳喦繪圖，楊巳軍法書。其文山陽吴玉搢山夫《金石存》載之。吴玉搢之後，則爲紹興俞楚江瀚、儀征江秋史德量、曲阜孔廣森、甘泉江鄭堂藩四家。江藩釋文云：「周太僕散邑，乃即散周田，[illegible]未詳，或云獻字。自瀗當是濾字。涉以南至於大沽，一表，以降。二表，至於邊柳。復涉濾，降雩戲遼陕。以西，表於敾郭楂木，表於若[illegible]，未詳。表於若導内。降若，登於廠汝。表割歷陕陵剛歷，表於買導，表於原導，表於周導。以東，表於游東强右導，表於[illegible]；未詳。導以南，表於溪[illegible]；未詳。導以西，至於鴻莫。[illegible]未詳。井邑田，自桲木導左至於井邑。表，導以東；一表，導以西；一表，降剛；三表，降以南。表於同導，降州剛。登歷，降棫二表，大人有司[illegible]未詳。田，義租，牧戎人、西宫襄、豆人虞丁、原貞、師人右相、小門人貕、原人虞芊准、司工[illegible]未詳。孝嗣登父、鴻人有司刑丁、井丨右五夫。子[illegible]未詳。大舍散田，司土[illegible]未詳。[illegible]未詳。司馬買墨、牧人司工騂君、宰導父，散人子𡴀小爲發，或云小子二字。[illegible]未詳。田戎、牧父、效栗人父。[illegible]未詳。之有司橐、州享、攸條罵、井散有司丨夫。唯王九月亥十乙卯，大畀義祖吳旅誓曰，我孫付散人田器，有爽實。余有散人毋貸，則援千罰千。傳[illegible]未詳。[illegible]，義且罪旅則誓。乃畀西宫襄。戎父誓曰，我戎父則誓。右幸圖大王於豆祈宫東廷，右左執賡史子中鬲。」

漢慮虒銅尺，爲建初六年八月十五日造。曲阜孔尚任著《銅尺考》，畢秋帆制軍沅、阮芸臺閣學元同編《山左金石志》，以此尺編入。尚任考云：江都閔義行，博雅好古，所藏銅尺一，朱碧綉錯，爲賞鑒家所玩。予既得之，乃不敢以玩物蓄焉。古者黄鐘、律歷、疆畝、冕服、圭璧、尊彝之屬，皆取裁於尺，而周尺爲准。自王制不講，鄉遂都鄙之間，各從其俗，於是布帛營造等尺，代異區分，遺法蕩然，況禮樂之大者乎？此尺有文曰：「慮虒銅尺，建初六年八月十五日造。」慮虒乃太原邑，建初則東漢章帝年號也。按慮虒讀盧夷，即今五臺縣。考章帝時，冷道舜祠下按冷道在今永州府寧遠縣東，即春陵。得玉律，以爲尺，與周尺同，因鑄爲銅尺頒郡國，謂之漢官尺。此或其遺與？漢代去周未遠，且《禮經》皆出漢儒，漢尺之存，即周尺之存也。聞之先王制法，近取諸身，遠取諸物，然後尺寸之度起。何休曰：側手爲膚，按指知寸，布手知尺。此則尺之取諸身者也。《律歷志》謂一黍之廣爲分，十分爲寸，十寸爲尺。此則尺之取諸物者也。指有長短，黍有巨細，每不相符，漢儒因有指黍二尺之辨。此尺取指取黍，固不能定。今以中指中節量之，適當一寸，無毫髮差。及累黍試之，正足一百。何指與黍之偶符若此耶？廣一寸，厚五分，重抵廣法十八兩。歸之闕里，凡造禮樂器皆准之，准周尺也。《周尺考》云：《虞書》同律，度量衡三代共之；至秦不師古，而後紛綸莫定。迨六朝割裂之餘，乃有大升、大兩、長尺不等。當時調鐘律、測晷景及冠冕禮制用小者，余公私俱用大者。宋人考定制度，集古尺法爲十五種，曰周尺，曰晉田父玉尺，曰梁表尺，曰漢官尺，曰魏尺，曰晉後尺，曰後魏前尺，曰中尺，曰後尺，曰東魏後尺，曰蔡邕銅籥尺，曰宋氏尺，曰隋水尺，曰雜尺，曰梁俗間尺，而必以周尺爲之本，蓋非周尺無以定諸尺之失。蔡邕《獨斷》曰：「夏十寸爲尺，殷九寸爲尺，周八寸爲尺。」何以知其八寸爲尺也？《王制》曰：「周尺八尺爲步。」《司馬法》曰：「一舉足曰跬，跬三尺；兩舉足曰步，步六尺。」《儀禮》注：「武，迹也。中人之迹尺二寸。五武爲步，步六尺。故《禮書》以周六尺四寸爲步。」又《説文》云：「伸臂一尋八尺。」徐鍇曰：「六尺曰尋。」《小爾雅》曰：「四尺爲仞，倍曰尋。」包咸、鄭康成皆以仞爲七尺。應劭以爲五尺六寸。顔籀曰：「八尺爲仞，取人臂一尋語。」爲山九仞，《釋文》曰：仞七尺。《孟子》：掘井九仞。注，仞八尺。然皆不越乎八與六之間，故《禮書》以周六尺四寸爲尋。六尺四寸者，十寸之尺也，十寸之尺六尺四寸，乃八寸之尺八尺也。兩足步之如是，兩手尋之亦如是。按《禮記》周尺鄭注，周猶以十寸爲尺，六國變法度，或言周尺八寸，然亦非也。所云周尺八寸者，蓋以當時所用尺較周尺之長短，止當八寸，故云周尺八寸，而非但用八寸也。《考工記》於案言十有二寸，於鎮圭言尺有二寸，則是周之長尺有十寸，周之短尺亦有十寸。《文公家禮》言古尺五寸五分，周尺七寸五分，則又以宋時布帛尺較之矣。郎瑛曰：周八寸爲尺，秦比周七寸四分，前漢官尺比周一尺三分七毫，劉歆銅斛尺、後漢建武銅尺與周同。建初間，得周玉律，以爲尺，謂之後漢官尺，疑非建武。三國蜀、吴同周，魏比周一尺四分七毫，後魏前尺比周一尺二寸七釐，中尺比周一尺二寸一分一釐，後尺比周一尺二寸八分一釐，晉田父玉尺《世説》田父於野中得周時玉尺。與梁法尺比周一尺七釐，後晉比周一尺六分二釐，宋、齊尺比周一尺六分四釐，梁表尺比周一尺二分，陳尺同，後晉、東魏比周一尺五寸八毫，市尺與後魏後尺同，隋開皇官尺同上。市尺、官尺皆鐵尺。萬寶常所造水尺，比周一尺一寸八分六釐。唐尺與古玉尺同。開元尺度以十寸爲尺，尺二寸爲大尺。五代世時短，多相因襲，志無考也。惟周王樸所定尺比周一尺二分有奇，及宋宋璟表尺比周一尺六分有奇，胡瑗《樂書》黍尺比周一尺七分，司馬光布帛尺比周一尺三寸五分。元尺傳聞至長，志無考。明部定官尺，皆依《家禮》布帛尺，凡田畝、布帛、營造所用悉同。雖南北稍有參差，然必以部定官尺爲准。五尺爲尋，十尺爲丈，一百八十尺爲一里，五尺爲步，十尺爲弓，二百四十步爲一畝。兹建初銅尺，當明所用官尺七寸五分。明所用官尺，即宋布帛尺也。布帛尺比周一尺三寸四分，固知銅尺與周尺無二。周尺八尺爲步，八尺爲尋，今以銅尺較，止足六尺六寸五分。或者今人身短小，故步、尋較古減一尺。若用明官尺六尺爲步、六尺爲尋，而銅尺乃足八尺之數。若再分銅尺爲八寸，更益八寸，則是古十寸尺當得六尺四寸之數。我朝丈田，稍增尺數，每尺加一寸，以明官尺五尺五寸爲一步尋，而銅尺又當用七尺四寸矣。去古日遠，遺法莫考，幸得漢銅尺與周尺相準，歷代制度，了然無疑。因詳書之，以俟後賢參考焉。《周尺辨》云：世儒考制度皆本周尺，蓋三代損益，惟周爲詳，本之是已。然亦何所得周尺而本之哉？或者皆臆説耳。宋潘時舉注《家禮》曰：「程先生本往之制，取象甚精，可以爲萬世法。」然用其制者，多失其真，往往不考周尺之長短故也。蓋周尺當今省尺七寸五分弱，而《陳氏文集》與温公《書儀》多誤注爲五寸五分弱。而所謂省尺者，亦莫知其爲何尺。時舉舊常質之晦庵先生，答云：「省尺乃是京尺，温公有圖，所謂三司布帛尺者是也。」繼從會稽司馬侍郎家求得此圖，其間有古尺數等，周尺居其右，三司布帛尺居其左。以周尺較之布帛尺，正是七寸五分弱，因圖二尺長短，而著伊川之説於其旁，庶幾用其制者，可以曉然無惑。予觀《家禮》三尺圖，各分十寸，爲册幅所限，僅圖尺形，而非尺準也。《會稽古尺圖》注云：「當今省尺五寸五分弱。」《周尺圖》注云：「當三司布帛尺七寸五分弱，當浙尺八寸四分。」《三司布帛尺圖》注云：「即是省尺，又名京尺，比上周尺更加三寸四分，當周尺一尺三寸四分，當浙尺一尺一寸二分。」蓋司馬公家有石刻本，故其説可據。今刻本已不可見，而世但以《家禮》所圖爲尺式，豈知乃尺形，非尺準也。如爲尺準，何以短二寸五分之周尺，與長三寸五分之布帛尺式相等也？世儒紛紜傅會，止據《家禮》之尺形，予故知其皆臆斷也。今既得建初銅尺與周尺同，周尺既定，何尺不定？因定曰建初銅尺與周尺同，當古尺一尺三寸六分，當漢末尺八寸，與唐開元尺同，當宋省尺七寸五分，當宋浙尺八寸四分，當明部定官尺七寸五分弱，當今工匠尺七寸四分，當今裁尺六寸七分，當今量地官尺六寸六分，當今河北大布尺四寸七分。予之能定者，以有建初銅尺在也；設無之，此説亦臆矣。

李佐賢《石泉書屋類稿》卷三《行述行略·誥授奉直大夫、廣東德慶州知州，晉贈文林郎、翰林院庶吉士先考鏡秋府君行述》 未幾，補缺史館，議敘授職州同，援例晉知州。銓選路南時，先大父知京山縣事，府君請假奉檄過署，先大父訓曰：「吾家世爲清白吏，汝往矣，其務飭廉隅，令滇民稱汝爲好官，即所以紹先德，慰吾望也。」府君謹受命，至滇。時方伯以署任者經理銅廠未竣，委府君暫權嵩明篆。聽政三月，尋莅路南州。本任州，瘠土也，官民皆依銅廠給用。接任時，前任奏銷甫過，銅礦俱竭，而每歲額銅萬觔有奇，仍需賠解，竭蹶辦公，時形乏匱，府君衣澣濯，飯粗糲，一如未通籍時泊如也。

藝文

王瑩《群書類編故事》卷二〇《卞和獻玉》 卞和者，楚野民，得玉，獻懷王。使樂正子占之，言非玉。王以爲欺慢，斬其一足。懷王死，子平王立，和復獻之。平王又以爲欺，斬其一足。平王死，子立爲荆王，和復欲獻之。恐復見害，乃抱其玉而哭，晝夜不止。涕盡，續之以血。荆王遣問之，于是和隨使獻玉，王使剖之，中果有玉。乃封和爲陵陽侯，卞和辭，不就而去。

吕不韋等《吕氏春秋》卷一一《仲冬紀·長見》 晉平公鑄爲大鐘，使工聽之，皆以爲調矣。師曠曰：「不調，請更鑄之。」平公曰：「工皆以爲調矣。」師曠曰：「後世有知音者，將知鐘之不調也，臣竊爲君耻之。」至於師涓而果知鐘之不調也。是師曠欲善調鐘，以爲後世之知音者也。

《三國志》卷一三《魏書·鍾繇傳》 魏國初建，爲大理，遷相國。文帝在東宫，賜繇五熟釜，爲之銘曰：「於赫有魏，作漢藩輔。厥相惟鍾，實幹心膂。靖恭夙夜，匪遑安處。百寮師師，楷兹度矩。」

王瑩《群書類編故事》卷二〇《前定得錢》 隋末，一書生居太原，苦於貧。所居抵官庫，因穴而見有錢數萬貫，遂欲携挈。見一金甲人，持戈曰：「汝要錢，可取尉遲公帖來，此尉遲公錢也。」書生訪求至鐵冶處，有尉遲敬德者，方袒露蓬首，鍛煉之次。乃前拜之，公問曰「何故」？曰：「乞錢五百貫，以濟貧困。」尉遲怒曰：「打鐵人安得錢？乃侮我耳！」生曰：「足下他日富貴，若能哀憫，但乞一帖。」公不得已，令生執筆曰：「錢付某乙五百貫，月、日，署名。」書生携去，公與其徒大笑，以爲妄也。書生却至庫，復見金甲人，令繫于梁上高處。書生取錢，止五百貫。後敬德佐神堯，立殊功，敕賜錢一庫。開庫，欠五百貫。將罪主者，忽於梁上得帖子，視之，乃打鐵時書帖，累日驚歎。求書生，具陳所見，厚遺之。《逸史》

李白《李白集》卷二九《銘碑祭文・化城寺大鐘銘并序》 噫！天以震雷鼓羣動，佛以鴻鐘驚大夢。而能發揮沉潛，開覺茫蠢。則鐘之取象，其義博哉！夫揚音大千，所以清真心，警俗慮；協響廣樂，所以達元氣，彰天聲；銘勳皇宫，所以旌豐功，昭茂德。莫不配美金鼎，增輝寶坊。仍事作制，豈徒然也！

粤有唐宣城郡當塗縣化城寺大鐘者，量函千盈，蓋邑宰李公之所創也。公名有則，系玄元之英蕤，茂列聖之天枝。生於公族，貴而秀出。少蘊才略，壯而有成。西踰流沙，立功絶域。帝疇乎厥庸，始學古從政。歷宰潔白，聲聞於天。天書褒榮，輝之簡牘。稽首三復，子孫其傳。天寶之初，鳴琴此邦，不言而治。日計之無近功，歲計之有大利。物不知化，潛臻小康。神明其道，越不可尚。方入于禪關，覩天宫峥嶸，聞鐘聲瑣屑，乃謂諸龍象曰：「盍不建大法鼓，樹之層臺，使羣聾六時有所歸仰，不亦美乎？」於是發一言以先覺，舉百里而咸應。秋毫不挫，人多子來。銅崇朝而山積，工不日而雲會。乃采凫氏，撰鳴鐘，火天地之爐，扇陰陽之炭。回禄奮怒，飛廉震驚。金精轉涾以融熠，銅液星熒而璀燦。光噴日道，氣歊天維。紅雲點於太清，紫烟矗於遥海。烜赫宇宙，功侔鬼神。瑩而察之，吁駭人也。

爾其龍質炳發，虎形蹲跜。縻金索以上絙，懸寶樓而迭擊。旁振萬壑，高聞九天。聲動山以隱隱，響奔雷而闐闐。赦湯鑊於幽途，息劍輪於苦海。景福肸蠁，被于人天。非李公好謀而成，弘濟羣有，孰能興于此乎？

丞尉等並衣冠之龜龍，人物之標準。大雅君子，同僚盡心，聞善賈勇，贊成厥美。寺主昇朝，閑心古容，英骨秀氣。灑落毫素，謙柔笑言。海受水而皆納，鏡無形而不燭。直道妙用，乃如是言。常虚懷忘情，潔己利物。是人行空寂，不動見如來。有若上座靈隱，都維那則舒，名僧日暉、藴虚、常因、調護，賢哉六開士，普聞八萬法。深入禪惠，精修律儀。將博我以文章，求我以述作。功德大海，酌而難名。遂與六曹豪吏，姑熟賢老，乃緇乃黄，鳧趨梵庭，請揚宰君之鴻美。白昔忝侍從，備於辭臣，恭承德音，敢闕清風之頌，其辭曰：

雄雄鴻鐘砰隱天，雷鼓霆擊警大千。含號烜爀聲無邊，摧慴魑魅招靈仙。旁極六道下九泉，劍輪輟苦期息肩，湯鑊猛火停熾燃。愷悌賢宰人父母，興功利物信可久，德方金鐘永不朽。

《白居易集》卷四《諷諭四・百鍊鏡辨皇王鑒也》 百鍊鏡，鎔範非常規。日辰處所靈且祇。江心波上舟中鑄，五月五日日午時。瓊粉金膏磨瑩已，化爲一片秋潭水。鏡成將獻蓬萊宫，揚州長史手自封。人間臣妾不合照，背有九五飛天龍。人人呼爲天子鏡，我有一言聞太宗。太宗常以人爲鏡，鑒古鑒今不鑒容。四海安危居掌内，百王治亂懸心中。乃知天子别有鏡，不是揚州百鍊銅。

《李翺集》卷一七《雜著・泗州開元寺鐘銘并序》 維泗州開元寺遭罹水火漂焚之餘，僧澄觀與其徒僧若干，復舊室居，作大鐘。貞元十五年，厥功成，於是隴西李翺書辭以紀之：

八月，梓人功既休，戊寅，大鐘成。先時厥初，罹於天災，波沉火燔，既浮爲薪，既蜚爲塵。澄觀之功，恢復其居，革舊而新，環墉如陵，臺殿斯嚴，乃三其門，俾後勿踰，其徒不嘩，咸服其勤，有加於初。屋室既同，乃範乃熔，乃作大鐘，乃懸於樓，以鼓其時，以警淮夷。非雷非霆，鏗號其聲，淮夷其驚。上天下地，弗震弗墜。大音無斁，千僧戮力。願昭其績，乃銘於石。

《李翺集》卷一七《雜著・舒州新堂銘》 先時寢壞，有隘其廬，乃作斯堂，高嚴旟旟。六桷四楹，裝重架虚。欒拱不設，檐蜚袪袪。麗不越度，儉而有餘。左立嘉亭，繚以環除。延延其深，肆肆其紓。吏事既退，齊心以居。思民之病，擇弊而鉏。弗逸弗墜，謹終猶初。大旱之後，鄰邑成墟。獨我州氓，樂哉胥胥。鬼神所福，事匪在予。丞相以言，乃下征書。復官於朝，以解前疸。刻銘於斯，永示群舒。

《全遼文》卷二《道宗・銀佛背銘》 白銀千兩，鑄二佛像。威武莊嚴，慈心法相。保我遼國，萬世永享。開泰寺鑄銀佛，願後世生中國。耶律弘基虔心銀鑄。

永瑢、紀昀等《四庫全書總目提要・宣德鼎彝譜》 《宣德鼎彝譜》八卷，明宣德中禮部尚書吕震等奉敕編次。前有華蓋殿大學士楊榮序，亦題奉敕恭撰。後有嘉靖甲午文彭跋，稱出自于謙家。宣德中，有太監吴誠司鑄冶之事，與吕震等彙著圖譜，進呈尚方，世無傳本。謙於正統中爲禮部祠曹從誠得其副本，彭復從謙諸孫假歸鈔之。蓋當時作此書，祇以進御，未嘗頒行，故至嘉靖中始傳於世也。始宣宗以郊廟彝鼎不合古式，命工部尚書吴中採博古圖録諸書及内府所藏柴、汝、官、哥、均、定各窑之式更鑄。震等纂集前後本末以成此書。一卷、二卷載所奉勅諭及禮部進圖式，工部議物料諸疏。三卷載工部請給物料疏及禮、工二部議南北郊至武學、武成殿鼎彝名目。四卷載太廟至内府宫殿鼎彝名目。五卷載勅賜兩京衙門至天下名山勝蹟鼎彝名目，工部鑄冶告成及補鑄二疏，並褒獎勅一道。六、七、八卷通爲詳釋鼎彝名義，凡某所、某器、倣古某式，皆疏其事，實尺寸制度一一具載之。宣鑪在明世已多僞製，此本辨析極精，可據以鑑別，頗足資博雅之助。末附項元汴宣鑪博論數條，亦見考證。惟文彭原跋有「命工繪圖，敷采裝潢」之語，而此本無之，殆傳鈔者佚去歟。杭世駿《道古堂集》有《書宣德彝器譜》後一篇曰「此明宣德三年工部檔案也」。遼陽年中丞希堯從部録出，以宣宗諭旨中有「鑪鼎彝器」字，遂摘用之，係年氏所定，非實事也，所言與此本迥異。蓋世駿所見乃不完，殘帙以鈔自年希堯家，故影附而爲此説，不足據也。

吕震《宣德鼎彝圖譜・序》

宣皇運意思，比德於首山，滿竊貢金效，奇琛於陽邁。綸言攸降，周官呈揆日之功；鑄冶宏開，郢匠運成風之巧。碧瑱紫磺，雜珍寶於萬千；朱火青烟，鍊精銅於十二。殊光内蘊，如掐柔肌；逸響外浮，有踰韻磬。昭靈登廟，質文上法乎商周；錯采鈒花，款制下摹乎唐宋。勛名賜鼎，踵鍾傳之前規；福壽銘鑪，仿姜嬛之舊製。天鷄香鶴，長秋内庫之頒；飛鳳蟠虬，慈壽御居之設。鉢盂梵字，閒梟蒲團。法盞押經，静參柏子。盤香定刻，承都水之瓌奇；宫奩吹雲，狀博山之蒸鬱。旁鎪他器，悉範古彝。並焕雕文，俱騰瑞彩。工倕稱旨，窮鉅細於鑪錘；構樣翻新，極方圓之精妙。彙編譜録，擬宣和博古之圖；敘述淵源，類明仲營造之式。留副本於中祕，八卷僅傳；進乙覽於尚方，九閶嚴閟。騷人好事，妄捃塵蠹之叢譚；故老沿譌，哆説陽烏之鎔藏。加以滄桑换劫，半瘞燹灰。府庫供儲都銷，泉局六龍杳去。空題象海之銘，九鳳飛來莫認。穿花之式等玉盌以飄零，共金仙而嗚咽。真宣多厄，全譜難尋。鋭雩乳摩挲，煙雲供養。小牕鵲麝，着意熏聞；大地龍蛇，任他飛動。比受用於彦遠，別署鑪奴；感同恨於茶邨，專鐫彙釋。安車隨侍，列肆勤搜。癸亥上元得廿卷譜於海王村市，戊辰人日得三卷譜於土地祠攤。墜簡乍完，積忱欣慰，遂同八卷合寫一編，并輯諸子譚鑪詩文，别爲附録。彙百家之旨趣，昭一代之禮文。陶丈涉園假鈔付梓，洊列叢刊；介弟心如丈校理祕文，影摹圖款。提鉛握槧，窺全豹而成書；度尺規彝，入蟠螭而寫狀。得君集古，永垂宣德之珍模；宏我漢京，如話開元之盛事。琅嬛鑒賞，玉蹊裝潢，爰綴儷辭，弁諸簡首。紛緼織絡，恍洞天清，禄之篇；甲乙平章，賡衆妙名賢之集。歲次屠維大荒落朱明方始仁和邵鋭茗生敘於萬松蘭亭齋。

吕震《宣德鼎彝譜・原序》

蓋聞鳥蹟雲章，天垂制作；河圖洛篆，地起經營。商尚質而周尚文，列聖規模乎乾造；禹鑄鼎而湯銘盤，羣后惕存乎人鑑。亘古及今，無不功垂九有，績懋千秋。恭惟皇帝陛下，聰明睿知，度越唐虞。虚己用賢，光昭舜典；開誠納諫，廣達堯聰。聖德欽于昊天，卿雲繽紛虞闕；皇仁被於后土，醴泉沸湧姚墟。是以八紘重譯，萬國咸賓。瘴海鯨波，不憚螺舟萬里；流沙象乘，豈辭豹霧千重。於是呼韓稽顙，冒頓稱藩，貢陽邁之良金，獻越裳之馴雉。内輸九府，備用三朝。伏遇皇帝陛下聖明恭儉，宵旰彌殷。作樂邁于咸池，制器陳于柏寢。爰敕臣工，式稽典禮。商彝周鼎，晝被龍文；漢簋秦尊，絞追鳳彩。誠謂天朝之偉器，昭代之尊彝，在宗廟則與瑚璉並珍，在朝廷則與球琳共寶。臣等何幸，叨生聖世，獲覩奇琛，敢肆蕪辭。弁言于首，對颺九拜，戰悸彌深。謹序。宣德三年九月，太子太師華蓋殿大學士兼吏部尚書臣楊榮奉敕恭撰。

吕震《宣德鼎彝譜・卷一》

太子太傅禮部尚書臣吕震等奉勅編次

宣德三年三月初三日，司禮監太監吴誠賫出聖諭一道，勅諭工部尚書吴中：朕自御極以來，荷賴皇天垂佑，海宇清寧，黔首奠安，四夷賓服，重譯獻琛，而至者三十餘國。朕惟涼德，實深内疚，因見郊壇太廟内廷所在陳設鼎彝式範鄙陋，殊乖古制，是以深繫朕懷。今有暹羅國王剌迦滿靄所貢良銅，厥號風磨，色同陽邁，朕擬思惟所用堪鑄鼎彝，以供郊壇、太廟、内庭之用。今著禮部會同太常寺司禮監諸官，參酌機宜。該鑄鼎彝，自上用之外，以及頒賜各王府、兩京文武衙門，數目多寡，款式巨細，悉倣《宣和博古圖録》及《考古》諸書，並内庫所藏柴汝、官哥、均定各窑器皿款式典雅者寫圖進呈，揀選照依原樣勒限鑄成。今特勅爾工部可速開冶鼓鑄，應用工匠、金銀、銅鐵、鉛錫、藥料，可著實明白開册具奏，毋得隱冒侵欺，察出治罪，欽此。

禮部一本爲欽奉上諭事。太子太保禮部尚書臣吕震于宣德三年三月初三日，接到司禮監太監臣吴誠賫出聖諭一道，著臣會同太常寺卿臣周瑛、司禮監太監臣吴誠，彙查本部祠祭册籍，以及太常寺禋祀署司禮監内豐積庫册籍所載，郊壇太廟内廷供用鼎彝等件，已經會同諸臣參酌，遵旨於《博古圖録》、《考古》諸書中遴選款式典雅者，紀得八十有八種，其柴、汝、官、哥、均、定中，亦選得二十有九種，二共一百一十七種，謹寫圖形，進呈御覽，可否伏候上裁。臣等誠惶誠恐，稽首頓首，隨册謹疏。宣德三年三月疏。宣德三年四月初十日，司禮監太監臣吴誠賫出聖諭一道，勑諭禮部：朕覽鼎彝諸款，深合古制，可著工部照式鼓鑄，該用物料，即著照册，奏聞給付，欽此。宣德三年四月勑工部一本，爲欽奉上諭事，太子太保工部尚書臣吴中接到禮部移會，遵旨開冶鼓鑄鼎彝，以供郊壇太廟内廷之用，共紀一百一十七款，通紀三千三百六十五件，照依原降款式，謹遵欽限鑄造。該用金、銀、銅、鐵、鉛、藥，遵旨明白開載，具册上聞，伏候聖裁頒發。謹疏。宣德三年四月疏。

鑄冶須知黄册一本，鈐印進呈御覽所應頒發各項物料，須至册者，

計開

暹羅國洋銅三萬九千六百觔，
赤金八百兩，
白銀二千六百兩，
倭源白水鉛一萬七十觔，
倭源黑水鉛八千觔，
日本國生紅銅一千觔，
賀蘭國花洋斗錫八百觔，
鋼鐵一萬二千觔，
天方國番硇砂三百六十觔，
三佛齊國紫硑石三百觔，
渤泥國紫礦石三百觔，
渤泥國臙脂石二百觔，
琉球國安澜砂二百觔，
金絲礬二百觔，
鴨嘴膽礬二百四十觔，
晉礬二百四十觔，
黄明礬一百二十觔，
白明礬二百觔，
寒水石二百觔，
出山水銀一千八百觔，
辰州府硃砂三十觔，
梅花片石青三十觔，
石緑三十觔，
古墨二十觔，
銅緑三十觔，
黄丹五十觔，
硼砂三十觔，
方解石一百三十觔，
白蠟一百三十觔，
黄蠟八百觔，
血竭二十觔，
無名異二十觔，
赤石脂二十觔，
光砂一千觔，
雲南黑、白棋子二萬個，
雲南料石一百二十觔，
煤炭十萬八千觔，
櫟木炭十萬八千觔，
松木柴十二萬觔，
楊木烰炭六百觔，
蘆柴三萬觔，
皇磚四萬口，
石灰四十石，
黄砂三石，
玉田砂三石，
大毛桱竹三百莖，
鐵力木十六根，
大杉木一百二十根，

官瓦六萬觔，
大小風箱二十具，
大小陽城罐二萬個，
大小洋銅鐵罐四百個，
洋銅大鐵篩十具，
勾管鑪冶鼓鑄局官二員，
提舉鑪冶鼓鑄局官二員，
鼓鑄局匠人六十四名，
鼓鑄局風箱夫二十名，
鼓鑄局水夫十名，
鼓鑄局火夫十名。

臣吳中等誠惶誠恐，稽首頓首，遵旨謹奏。所列應用金、銀、銅、鐵、藥料、什物，大小臣員，工匠，俱已估計明白，真實無虛。謹于宣德三年四月二十日，率本部大小臣員恭詣乾清宮，具本隨册，上達天聽。倘蒙俞允，乞命司禮監太監臣到臣部，限同勘校虛實，以便具本恭詣内府及各衙門，領取應用物料施行，庶可依限鑄成上進。伏祈賜垂睿鑒，臣等無任榮遇之至。宣德三年四月疏。

太子太保工部尚書臣吳中
左侍郎臣王景崇
右侍郎臣徐驥
營繕司郎中臣張禧
員外郎臣趙璟
員外郎臣王驥
主事臣朱文光
主事臣王玉益
主事臣員缺
虞衡司郎中臣章藻鑑
郎中臣諸升陞
郎中臣員缺
員外郎臣周衣言
員外郎臣孔書
員外郎臣蔣安吉
主事臣周文
主事臣于景宣
都水司郎中臣員缺
署印郎中臣潘學海
郎中臣黨賢
郎中臣張美
郎中臣差缺
員外郎臣黄如金
員外郎臣田豐
主事臣米寶
主事臣張貴誠
主事臣員缺
屯田司掌印郎中臣伊帝錫
郎中臣員缺
員外郎臣錢貢
主事臣馮又異
主事臣李琦
司務臣瞿亨
司務臣蘇定宇
鑄冶局大使臣張護
鑄冶局大使臣許百禄

吕震《宣德彝器圖譜》卷二 太子少師工部尚書臣吕震奉敕編次：

宣德三年四月十五日，上御乾清宫瑶華殿，敕諭司禮監太監臣張斌、工部吕震等所上册本，朕已親覽，所費浩大，今着爾可往工部校勘虛實，其金銀藥料諸物作何用度，可酌量裁減的實，具本奏來，欽此。

宣德三年四月十五日司禮監太監臣張斌爲欽奉上諭事，本月十五日臣斌奉聖旨命，前往工部查勘所奏鑄造應用諸物。臣斌與部臣震等細加酌量鑄造大小鼎彝輕重，估計裁減十分之二，具册上聞，並將應鑄彝器大小斤兩畫圖註疏，具本呈進御覽。倘荷聖恩俞允，敕諭付外施行。

今將裁減物料清册，具奏如左。

計開：

赤金原册八百兩，今奉敕裁減一百六十兩，實該六百四十兩。此金作商嵌泥金流金滲金鼎彝諸項用。

白銀原册三千六百兩，今奉敕裁減七百二十兩，實該二千八百八十兩。此銀作商嵌泥銀流銀滲銀鼎彝諸項用。

暹邏國生礦洋銅原册三萬九千六百斤，今奉敕裁減七千九百二十斤，實該三萬一千六百八十斤。此銅作鑄鼎彝什物用。

倭源白水鉛原册一萬七千斤，今奉敕裁減三千四百所，實該一萬三千六百斤，此白鉛入烊銅用。

倭源黑水鉛原册八千斤，今奉敕裁減一千六百斤，實該六千四百斤，此黑鉛照造鉛磚鋪鑄局地並雜用。

日本國紅銅原册一千斤，今奉敕裁減二百斤，實該八百斤，此紅銅入烊銅用。

賀蘭國花洋錫原册八百斤，今奉敕裁減一百六十斤，實該六百四十斤，此錫作烊銅用。

鋼鐵原册一萬二千斤，今奉敕裁減二千四百斤，實該九千六百斤，此鋼鐵作烊銅鐵篩及錘砧杵銼食鍋諸用。

天方國番磠砂原册三百六十斤，今奉敕裁減七十二斤，實該二百八十八斤，此磠砂作鼎彝點硃砂斑色用。

三佛齊國紫硑石原册三百斤，今奉敕裁減六十斤，實該二百四十斤，此硑石作鼎彝點染葡萄斑色用。

渤泥國紫礦原册三百斤，今奉敕裁減六十斤，實該二百四十斤，此紫礦作鼎彝點染棗紅色用。

渤泥國臙脂石原册二百斤，今奉敕裁減四十斤，實該一百六十斤，此臙脂石作鼎彝點染桑椹色用。

琉球國安瀾砂原册二百斤，今奉敕裁減四十斤，實該一百六十斤，此安瀾砂磨鑄模坯光用。

金絲礬原册二百斤，今奉敕裁減四十斤，實該一百六十斤，此金絲礬作鼎彝蠟茶色用。

晉礬原册二百斤，今奉敕裁減四十斤，實該一百六十斤，此晉礬作鼎彝諸色脚地用。

鴨嘴膽礬原册二百四十斤，今奉敕裁減四十八斤，實該一百九十二斤，此膽礬作鼎彝翡翠緑色脚地用。

黄明礬原册一百二十斤，今奉敕裁減二十四斤，實該九十六斤，此黄明礬作鼎彝蠟茶色脚地用。

白明礬原册三百斤，今奉敕裁減六十斤，實該二百四十斤，此白明礬作鼎彝諸色脚地用。

寒水石原册二百斤，今奉敕裁減四十斤，實該一百六十斤，此寒水石作鼎彝諸色脚地用。

出山水銀原册一千八百斤，今奉敕裁減三百六十斤，實該一千四百四十斤，此水銀作鼎彝流金滲金泥金爍金用。

辰州府硃砂原册三十六斤，今奉敕裁減六斤，實該三十斤，此硃砂作鼎彝點染硃砂斑色用。

梅花片石青原册三十斤，今奉敕裁減六斤，實該二十四斤，此石青作鼎彝點染石青斑色用。

石緑原册三十斤，今奉敕裁減六斤，實該二十四斤，此石緑作鼎彝點染石緑斑色用。

銅緑原册三十斤，今奉敕裁減六斤，實該二十四斤，此銅緑作鼎彝點染銅緑脚地用。

古墨原册二十斤，今奉敕裁減四斤，實該一十六斤，此古墨作鼎彝黑漆古斑色用。

黄丹原册五十斤，今奉敕裁減十斤，實該四十斤，此黄丹作鼎彝鉛古色脚地用。

文蛤原册五十斤，今奉敕裁減十斤，實該四十斤，此文蛤作鼎彝水銀古色用。

硼砂原册三十斤，今奉敕裁減六斤，實該二十四斤，此硼砂作鼎彝水銀古色脚地用。

方解石原册二十斤，今奉敕裁減四斤，實該一十六斤，此方解石作鼎彝諸色調水用。

自然銅原册一百二十斤，今奉敕裁減二十四斤，實該九十六斤，此自然銅作鼎彝藏金紙色及發光諸色用。

白蠟原册一百三十斤，今奉敕裁減二十六斤，實該一百零四斤，此白蠟作鼎彝發光並冷焊冷冲用。

黄蠟原册八百斤，今奉敕裁減一百六十斤，實該六百四十斤，此黄蠟作鼎彝蠟模用。

瓜竭原册二十斤，今奉敕裁減四斤，實該十六斤，此瓜竭作鼎彝棗紅色用。

無名異原册二十斤，今奉敕裁減四斤，實該十六斤，此無名異作鼎彝土古色脚地用。

赤石脂原册二十斤，今奉敕裁減四斤，實該十六斤，此赤石脂作鼎彝棗紅色脚地用。

雲南黑白棋子二萬箇，今奉敕裁減四千箇，實該一萬六千箇，此棋子作鼎彝磁泑色用。

呂震《宣德彝器譜》卷上　工部尚書臣呂棠奉敕編次工部一本，爲欽奉上諭事工部尚書臣呂棠，於宣德三年三月初三日，接到司禮監臣張斌頒賜聖諭一通，命臣部開冶鼓鑄。上用爐鼎彝器共三千三百六十五件，可擬倣秦漢以來爐款式畫圖照樣，逐件陳該用金、銀、銅、鉛、藥料多寡，明白着實奏來，毋得侵欺隱冒，察出治罪，欽此欽遵。臣呂棠等誠惶誠恐，稽首頓首。臣等遵旨謹奏所列應用金、銀、銅、鉛、藥料諸物，俱已估計明白，真實無虚。謹於宣德三年三月初十日，恭詣乾清宫具奏，上達天聽。倘蒙俞允，乞命司禮監臣到臣部眼同校勘虚實，具劄恭詣内藏庫領取應用諸物，並乞頒降爐鼎彝器各種款式，以便上進。伏乞恩賜睿覽。臣等無任戰慄，恐懼之至，謹具表上聞。宣德三年三月初十日，工部尚書臣呂棠、左侍郎臣王景榮、右侍郎臣徐逸翚，營繕司郎中臣張熹、員外郎中臣王驥趙璟、朱文光，主事臣許儀昌、王益、(缺)卜昌，虞衡司郎中臣章藻、諸升陛、(缺)員外郎臣周依言、蔣安吉、孔書，主事臣周文、于景宜，都水司郎中臣王淪、潘學海、黨賢、差缺，員外郎臣黄如金、田豐，主事臣米寶、張貴誠、(缺)屯田司郎中臣伊帝錫、(差缺)員外郎臣錢貢，主事臣馮又異、沈琦，司務臣瞿燕吉、蘇定宇，鑄冶局大使臣張貴，副使臣許百禄。

宣德三年三月十七日，上御乾清宫瑶華殿。上諭司禮監太監張斌：工部所上鑄冶本章，朕已親覽，今差爾速往工部，校勘所奏虚實，諸種應用物料作何用度，酌量裁減的實，具本奏來，欽此。

宣德三年三月十七日，司禮監太監張斌奉聖旨，命奴婢前往工部，查勘所奏應用諸物，已與部臣細細酌量。所奏事件，將鑄造大小什物輕重估計裁減十分之二，今將該鑄爐鼎等畫圖呈覽，并列原經御定器式呈覽，伏乞聖慈俞允，外付施行。鑄造爐鼎黄册一本，工部衙門鈐印册。

計開：

暹羅國風磨生礦洋銅三萬九千六百斤、赤金八百兩、白銀三千六百兩。倭源白水鉛一萬七千斤，倭源黑水鉛八千斤。日本國紅銅一千斤。賀蘭國洋錫八百斤、鋼鐵一萬二千斤。天方國番碙砂三百六十斤。三佛齊國紫碙三百斤。渤泥國紫礦三百斤，渤泥國臙脂石二百斤。琉球國安瀾砂二百斤、金絲礬二百斤、晉赤礬二百斤、鴨嘴膽礬二百四十斤、白礬二百斤、黄明礬一百二十斤、寒水石二百斤、出山水銀一千二百斤。辰州府硃砂三十斤、石青三十斤、石緑三十斤、銅緑三十斤、古墨二十斤、黄丹五十斤、文蛤五十斤、硼砂五十斤、方解石二十斤、自然銅一百斤、白蠟一百二十斤(磨光後上色用)、黄蠟八百斤(造模式用)、血竭二十斤、無名異二十斤、赤石脂二十斤。雲南黑、白棋子各二萬個，雲南料石一千二百斤、出水煤炭十萬八千斤。湖廣櫟炭十萬斤、松木生柴一萬斤、蘆葦柴三萬斤、楊木桴炭六百斤、光砂一千斤、皇磚四萬口(築砌爐灶用)、石灰二十石、黄砂三石(做爐鼎造坯磨光)、寶砂二石。

奉聖旨所奏黄册，「知道了。付外照册施行」。

李詡《戒庵老人漫筆》卷二《宋銅鐘》　金壇慈雲寺銅鐘，宋元豐二年鑄，聲甚清遠。浸塘劉宰有二碑記。

李詡《戒庵老人漫筆》卷二《罍畫雲雷象》　禮書言罍畫雲雷之象，莫知雷作何狀。祭器中畫雷有作鬼神伐鼓之象，此甚不經。嘗得一古銅罍，環其腹皆有畫，正如人間屋梁所畫曲水，細觀之，乃是雲雷相間爲飾，如□者，古「雲」字也，象雲氣之形，如◎者，「雷」字也，古文□爲雷象回旋之聲。其銅罍之飾，皆□◎相間，乃所謂雲雷之象也。《漢書》「罍」字作「□」，蓋古人以此飾罍，後世字失傳耳。此見沈括《筆談》第十九卷《器用》第二條。

呂震《宣德彝器圖譜》卷一　宣德三年三月初一日，臣震恭奉聖諭，命臣部，開冶鼓鑄上用鼎彝諸器，共計三千三百六十五件。照《博古》、《考古》諸書鼎彝，并内庫所藏柴、汝、官、哥、均、定各窑器皿款式典雅者，(遂)〔逐〕件照式依限鑄來。該用金、銀、銅、鉛、藥料多寡，明白着實開載具奏，毋得冒濫虛費，容隱作奸，察出治罪。欽此。臣震等欽此欽遵，謹與各司官臣估計大小鼎彝諸器共計三千三百六十五件，該用金、銀、銅、鉛、藥料等件，俱細加勘實，不敢虛費隱冒，致干天譴。謹具黃册開載明白，進呈御覽，伏冀聖裁。臣震等不勝惶悸之至。

進呈黃册計開：

赤金八百兩，

白銀三千六百兩，

暹邏國生礦洋銅三萬九千六百斤，

倭源白水鉛一萬七千斤，

倭源黑水鉛八千斤，

日本國紅銅一千斤，

賀蘭國花洋錫八百斤，

賀蘭國鋼鐵一萬二千斤，

天方國番硇砂三百六十斤，

三佛齊國紫硑石三百斤，

渤泥國紫礦三百斤，

渤泥國臙脂石二百斤，

琉球國安瀾砂二百斤，

金絲礬二百斤，

晉礬二百斤，

鴨嘴膽礬二百四十斤，

黃明礬一百二十斤，

白明礬三百斤，

寒水石二百斤，

出山水銀一千八百斤，

辰州府硃砂三十六斤，

梅花片石青三十斤，

石緑三十斤，

銅緑三十斤，

古墨二十斤，

黃丹五十斤，

文蛤五十斤，

硼砂三十斤，

方解石二十斤，

自然銅一百二十斤，

白蠟一百三十斤，

黃蠟八百斤，

瓜竭二十斤，

無名異二十斤，

赤石脂二十斤，

雲南黑白棋子二萬箇，

雲南料石一千五百斤，

出山煤炭十萬八千斤，

湖廣大櫟炭十萬八千斤，

松木柴十二萬斤，

蘆葦柴三萬斤，

楊木桴炭六百斤，

光砂一千二百斤，

鑄冶爐十座，食灶四座，共該皇磚四萬口。

石灰二十石，

黃砂三十石，

磨光寶砂二石，

大毛桱竹三百莖，

鐵梨木一十六根，

大杉木一百二十根，

大風箱二十具，

大小陽城礶二萬箇，

大小鐵烊銅礶一百二十箇，

爐冶鼓鑄局提督本部主事二員，

爐冶鼓鑄局大使二員，

鼓鑄局匠人六十四人，
鼓鑄局風箱夫二十四人，
鼓鑄局火夫二十人，
鼓鑄局水夫一十人，
磨光匠十六人，

臣震等誠惶誠恐，稽首頓首。臣等遵旨謹奏，所列應用金、銀、銅、鉛、藥料什物大小，官匠諸項，俱已估計明白，真實無虛，謹于宣德三年三月初十日，恭詣乾清宫，具本隨册，上達天聽。倘蒙俞允，乞命司禮監臣到部，眼同勘校虚實，以便具本恭詣内外庫及各管署領取應用諸物，并乞頒降鼎彝款式，以便依限鑄成上進，伏祈賜垂睿覽，無任榮遇之至。宣德三年三月初十日。

太子少師工部尚書臣吕震、
左侍郎臣徐驤、
右侍郎臣張熹、
營繕司郎中臣王景宗、
員外郎臣王驥、臣趙爆、臣朱文光、
主事臣許儀昌、臣王益、臣卜昌、臣缺
虞衡司郎中臣章藻、臣諸升陛、臣缺
員外郎臣周依言、臣蔣安吉、臣孔書、
主事臣周文、臣于景宣、
都水司郎中臣潘學海、臣黨賢、臣差缺、臣差缺、臣缺
員外郎臣黄如金、臣田豐
主事臣米寳、臣張貴誠、臣缺
屯田司郎中臣伊帝錫、臣錢貢
員外郎臣差缺
主事臣馮又異、臣沈琦
司務臣瞿燕吉、臣蘇定宇
鑄冶局大使臣張貴、
副使臣許百禄。

黄訓《皇明名臣經濟録》卷一八《遵化鐵廠志略》 工部分司，在縣東六十里鐵廠中。永樂間，俱以各衛指揮領其事。宣德末，始委虞衡司官董之。

黄訓《皇明名臣經濟録》卷一八戴銑《易州山廠志略》 山廠之設，專以燒薪炭供應内府。宣德五年，置於平山繼遷沙峪口。景泰間，移置滿城縣西十里。天順元年，移置州城西北二里許，建部堂於中，環以土城，八府五州分治，以次而列，皆南向。部堂總其綱，府州縣佐貳官，分理其事。民之執兹役者，歲億萬計，車馬輳集，財貨山積，亦云盛矣。然昔以此州林木蓊鬱，便於燒採，今則數百里内，山皆濯濯然，舉八府五州數十縣之財力屯聚於兹，而歲供猶或不足。民之膏脂，日已告竭，在易尤甚。上不虧國用，而下能甦民困，仁人君子，尚有以念之哉！

黄訓《皇明名臣經濟録》卷一八邵寳《蕪湖分司題名記略》 工部分司在蕪湖縣者，實自成化七年始。當建議者以漕運舟船之料供應什器之料，民不勝其料，率蓋取諸柴木之榷焉。而蕪湖爲畿輔近地，當川、湖二省下流商筏所聚，故分司於是乎建大司空，歲請于朝，簡委員外郎若主事一人，主之期月，乃代各衙門。都察院　通政司　大理寺六科　中書　行人司

沈氏《宣爐小志・敘爐畧旨》

稽古無煉爐之説。今案頭置香爐焚香外，亦無他用。好事者以火煉之，朝夕拂拭，辨質、辨色、辨款式、辨工夫，羣相矜尚，趣耶？癖耶？蓋古玩中，如書畫，玉石及銅窑各器，有甚美不易得者，必其爲物寳貴，世所罕覯。若爐，則易得而難美。易得，則用之者多，好之者少；難美，故好之者即多，好之而實愜，所好者甚少，愜所好者少，則焚香適用足矣。胡以好爲，又胡以煉爲？而吾謂古玩中之足以愜所好者，惟此物爲最。何也？夫人爲其事而無其驗，則心厭爲其事，有其驗而不足以賞心，則又厭。即以銅器論，尚青緑者，尊、彝、鼎、鬲、錞、壺、匜、卣、盤、鑑等物，千百年沉埋深山大澤，一旦入人手摩弄，斑駁陸離，青緑蟠結，間雜以水銀褐色、硃砂斑，價值不貲。置之高齋，洵可貴也。然一見輒了，無甚深意。若爐以火候計，萬不敵青緑之歷年久遠而日新月異，變幻百出。煉爐者，視爐之小大、輕重，放火得法，其色或日漸以深，或日漸以淡。深有深妙，淡有淡妙，皆能如意而償。亦或奇光逈出意外，此所謂爲其事，有其驗者也。而賞鑒家相率把玩，亦得以不厭而愜心，大抵青緑藉水土之氣而成，此得於天也。爐火專恃人功，人功不到，雖如青緑沉埋之久，求其光彩澄徹，必不得也。故愜心者，人功也。則吾向所謂難美者，難其功也，夫固未嘗無真美者也。前人論宣爐，首重款，次及色，惜言之不詳。而於火候絶無發明，則色之真僞新舊，殊難立辨。高子清《賞諸論》盛稱宣廟銅器制度古雅，而火功及銅之質色不載。《帝京景物畧》

載宣爐色五等：栗色、茄皮色、棠梨色、褐色，而以藏經紙色爲最，此不過大概言之。蓋銅有本質，以對鉛多寡爲别。俗云上古無黄銅，以古所用皆出山銅，未經對鉛者也。出山銅即今紅銅，對鉛則黄，鉛重則青，爐之發光如水瑩徹者，鉛力也。紅銅鑄物，汁水不能外現，故爐不取紅銅，獨青緑器。尚紅銅者，正謂古無黄銅也。有紅色爐，亦汁水如溢者，非生紅銅也。對鉛視黄銅較少耳。爐色備青、黄、赤、白、黑，實則銅質止有青、黄、赤，而無黑、白。其有純黑，俗名黑漆，古者此青、紅二色久煉所結。白則本屬黄色，愈燒愈淡，望之深穆，非二三百年物不能有此諸色，各極其妙，不可一格拘。世人或專喜深色，或專喜淡色，皆偏也。又或以深色爲大火，淡色爲小火，尤謬。蓋色繫乎銅之本質，不以火之小大而分。爐厚且重者，如施家北鑄，豈無一二淡白色，諒非盡微火可以成功。甘鑄多薄，宜於緩火，而紅、黑各色俱備，故知其謬也。間有一種放火踰度，火力倍於爐身，烈而成黑，其色黯而無光，燥而欠潤，此欲速之，誤與真舊色之空空洞洞者迥别。何得執以概論也？夫物聚于所好，亦物争于所羣好。質有美惡，色有高下，款式有雅俗，工夫有淺深。好尚相持，則考較互異，非貴耳。而賤目即是己而非人，其實好其所好，而於此道所以然，究未深知而得其趣也。賈人顛倒真贋，原以射利，左論鄙説，不足爲怪。若收藏家以訛傳訛，終身不悟，甚至不堪之物視爲奇貨，未免鑒家所笑。而原其始，則又未有不誤於賈人之顛倒者也。予癖愛有年矣，收蓄無幾，而所見不可勝紀。讀書之暇，輒以此自娱，間與同好評論，亦以余言爲然，但事非真好，兼閲歷之多且久，其原委難以言盡，用是不嫌猥瑣，序其大畧，以見小物之中有至理，人事之中有天趣，癖而非癖，至於質色、款式、工夫，具詳後論。或廣前人所已言，或發前人所未發，世波流轉，不盡目見，而耳聞古物摩娑，或幸得心而應手，則兹編非謂有當識者採擇，亦聊以存吾好云爾。

爐式：

古無香爐，古尚氣，臭焚蕭艾，故無專爐焚香。凡食器用鼎，故制有三鼎、五鼎，今不用鼎供，而間以鼎焚香，其實非香爐也。惟博山爐，今傳漢太子宫中所用香爐之制，大畧始此。明宣廟銅器甚精，制度亦雅，鑄爐不規規三代。鼎鬲多取宋瓷爐式倣之，其製以百摺、彝爐、乳足、戟耳、魚鰍蜒蚰諸耳、薰冠、象鼻、獸面、橘囊、香奩、花素、方圓、鼎爲上品。角端、象鬲、判官耳、雞脚、翻環、六稜、四方、直脚、漏空桶、竹節分襠、索耳爲下品。前人所評想無訛誤，但時更勢異，未可概論。近尚小乳足、鰍耳等款，取其無花紋凸凹，易於摩弄。他如獸面、橘囊、天雞、龍彝、獅象諸耳，概不寓目，尤屬偏見。蓋爐原取款與色，諸款中各有美惡，時下乳爐、鰍耳劣者更多。緣鑄爐之家溺於時尚，乳鰍等款既撥蠟簡便，兼之易售，鑄愈多，款愈劣。至諸古款，既費工本，焦者又少，故南北鑄俱罕有，有者多係舊制，較乳鰍轉有佳者。此專泥一格之不足爲定論也。大抵爐之様式不一，止取古雅，口耳底足圓正相稱，厚薄適中，此爲上選。如施家過厚，甘家過薄，兩耳過大過小，口面過坦過磬，束腰過直過陷，足與口位分不稱，均不取也。今擬乳足、戟耳、蜒蚰耳、橘囊、索耳、素天雞爲上，魚耳、鉢盂壓經、獅頭素圓鼎次之，龍彝、象鬲、桶爐、花邊天雞又次之，至若六稜、四方、花腹法盞等款，俱不堪玩。雖屬鄙見，亦嘗參閲舊聞，並與同人品較，或者未爲盡謬。

爐色：

今人動言爐色，抑知色非徒自外入，乃實自内出者也。爐初出冶，不能不下藥水提洗，誠以生銅，雖煉不能發光，硇砂等藥附銅得火，入而能出，不過引銅汁外現，並非如血竭硃砂各種厚色掩爐本質也。但須久煉，方能去糟粕而存精液耳。宣爐初年倣宋，燒斑尚沿永樂，爐製中年謂掩銅質，用番滷浸擦薰洗，易爲爛茶。爛茶，本色也，至末年本色盡顯，愈淡愈妙，可知淡色之貴，不自今始矣。又考宣鑄有鋈金色，以真金鑠爲泥，數四塗抹，火炙成赤，所費不貲，非民間所能彷彿，此爐中之最富麗而不失爲大雅者也，後來重色迥不及此。他如金鋈，腹下爲湧祥雲，金鋈口下爲覆祥雲，未免穿鑿。須得質美、火透、金色剥落者爲佳。景泰、成化年間之獅頭彝，亦尚鋈金，其底識無印文，惟用藥燒「景泰年製」等字，頗有古趣。然間有用赤金厚片作雲鳥形貼鑄者，亦屬魔道。大抵舊爐不同處，總以火氣融化，藥色盡退，精華在隱顯之間爲妙，而人之誤爐正復不少。爐之厄有三：一在專務絢爛，取舊色沉浸者，上藥重，燒色愈厚，光愈閉。一則過求本色之露，不問年久，深色之斑駁，淺色之瑩邃，磨治一新。甚有歲一再磨，縱有火功不能生色矣。一則性急，放火踰度，致水色澄徹之舊爐一變枯燥，前功盡棄，尤爲可惜，煉爐者當以此爲戒。爐色惟紅黑多僞，青黄木質易見，無僞。而有新舊之别，白則不可多得，舊色佳者，黄如秋葵着露，白如玻璃澄水，紅如朝霞映日，青則魚膽，黑則點漆，雖極光耀奪目，而其中自饒一段沉浄之意，迥異凡品，且年遠流傳，非出一家一手。兩耳覆手及底足拂拭不到之處，豈無藏垢？豈無傷痕？究之藏垢亦發光華，痕迹亦歸渾化，無損完璧，此爐色之大較也。

銅質：

爐之美惡視銅質，而銅質之高下視對鉛，質宜浄、宜嫩，有沙眼及頑硬者不取也。頑銅難以出水，沙眼多則鮮光澤。一爐入手，先辨銅質易燒與否，即辨爐色與質合否。質嫩者佳，色不對質，見火色變；質浄者佳，色不對質，久煉色死。蓋質色相附而顯，有一定之質，即有一定之色。如質紅不能强之使青，質青不能强之使黄。僞者掩質，死活易辨。《景物畧》所載栗殻乃黑黄色、茄皮色，即紅色中之變幻此二種。三分鉛青色曰棠梨，五分鉛黄中間紅曰褐色，微黄而浄爲藏經紙色。其有浄極光如水者，則今所謂水白是也，二者鉛在三四分之間。以上諸色須煉銅極精，斯出色光潤。但鑄工法以黑鉛引路，方能滿注模印，而鉛氣多雜重，用致銅色昏暗，故爐之美惡，鑄時已定；而火煉功夫，則其後起者也。雉皋冒巢民《宣爐歌》註云：如好女子肌膚，柔膩可掐。形容頗似，此皆色與質對，愈煉而色愈内融，質愈外現，故不致勞而無效。宣爐相傳宣廟時内佛殿災，金銀銅像流液，因用鑄器。又云寶藏焚，金銀珠寶與銅俱結，命鑄爐夫五金相融，理或有之，至珠玉異種，見火則爲灰燼，豈能入銅液而與之渾化？此固不可執以論爐也。又考宣廟鑄爐，問工以何法煉銅始精？工對以六火則現珠光寶色。上命煉十二火條之，復用赤炭鎔條於鋼鐵篩格上，取其極清先滴下者爲爐，存格上者制他器，此宣德年製所以得名。然百無一存，存者亦多損缺。後人僞造如蔡家蘇鑄、甘家南鑄、施家北鑄，極意彷宣，惡劣固所不免，間有質高火到，而款色俱佳者，亦自令人驚心動魄。吾鄉頗尚此事，而雅俗各别，少見者多怪，鶩名者濫收，非爲清賞，只恐取累。不能辨銅，安從識爐無惑乎？日言爐而美惡倒置也。

論新舊：

新鑄之爐皆僞，識宣款而舊，爐亦不盡宣製，僞宣亦間有古雅可取者，此執宣論宣，固不足以定爐之高下也。蓋爐有真舊、有僞舊，有先天之舊、有後天之舊，有舊而不足供玩者，有舊足供玩，而俗手磨治熏染無異新爐者，不可以不辨。新爐率趨簡易，耳足口底多不匀稱，輪轉凸凹處欠圓渾。僞舊者用藥燒斑，假爲舊跡，或有意敲作損痕再加磨擦，然後上火烘炙，驟視亦炯炯可觀，然色非沉浄，汁水淺薄，何如久煉之物其光淵然？内藏如清泉渟泓，望之沉沉莫測，其際間有斑痕，亦自然渾雅可愛，此真僞之别也。而先天、後天，則又人之爲之也，舊爐自成器後，火煉得法，收藏得法，或傳之一家，世知寶愛，或轉售識者，益以火功，則愈年久愈完美，此先天不敝最上乘器也。夫夏鼎、商彝、秦璜、漢璧、晉帖、宋窑及古琴硯異物，自昔珍重而兵荒水火銷亡殆盡，區區一爐，詎能永寶。無患則垢，翳者使復浄，暈晦者使復瑩，微瑕纖點黑結紅斑一經能手，精采焕發，雖屬後天補救，仍不失爲舊物，正不得褻視之也。然而舊爐之中亦美惡互見，如款合而質病、色佳而款劣與款色俱佳而殘缺太甚，均不堪把玩。今人得一舊爐，不問好醜，即自謂真，賞何異古畫黑裂，筆跡莫辨，猶懸秘閣。古玉煅鑠與石無殊，猶誇佩飾，娱目賞心之謂何。否則磨洗一空，用藥重燒，詎思復舊，尤戛戛其難矣。大抵爐質取舊色，亦忌新，舊爐佳者不必定目爲宣鑄，如果款色兼美，裏有結緑，或瑩浄，或斑駁，皆屬妙品。見火自有殊光，拘拘執一節以言爐，未免貽譏膠柱。且鑄造非經目覩，訛傳一任人言，彼又安知真者非僞，舊者非新？夫亦於美惡之間，辨之而已矣。

論大小：

書齋清玩與廟堂之器不同，廟堂壯觀瞻，故尚大器，如寶鼎鐘彝之類是也。書齋焚香，以口徑三寸乳爐，石榴足、戟耳各種小彝爐爲合式。一則案頭附他器，擺列易於取攜；一則放火簡便，摩弄不至費力。余目中所見舊爐，專愛小者，亦非偏也。小爐煉銅視大爐較精，且火力易透，故間有佳者。大爐則百無一佳，以銅質既劣，而火候難以驟效也。今以口徑三寸爲度，極小則二寸，亦不失爲清賞。如位置所宜，欲得一二稍大者，則口徑四寸足矣。至大不過六寸，亦須厚薄得中，樣式古雅，方不等呆物。可憎近有新鑄大爐，其質夾沙，其色若醬，重二十餘斤或十餘斤者，華堂塞白，炫耀俗目，豈容混入我輩清供。

火候：

五行無尅不生，爐以火煉，火尅金也。火候到則金水相生，而銅之精華畢露，此自然之理也。蓋製新爐與煉舊爐不同，新爐出冶，磨治滑熟即上色藥，火功一氣而成，銅質佳者，不數日間金光燦爛矣。然火色外炫，不足清賞。舊爐易代易人，年久傷殘，俗手垢翳。一遇識者，因其色之淺深純雜，放火得宜，漸燒漸透，漸透漸退，漸退漸瑩，其色沉而浄，無烈烈之光，非比新鑄之色，可一蹵而辨也。故論爐莫重於火，而火不宜缺，亦不宜驟。夫一暴十寒，鮮克有功火之鑠金，其理從天，其事在人。置良金於櫝中，經歲不啟，色不加新，知天不可恃也。故缺火者，無功者也。而太驟則功費，而亦終歸於無功。爐有厚薄大小，而火則乘之欲速者，譬如以大爐之火施之小爐，以十日之火併之一日，意屬煉爐，而勢等鎔銅，鮮有不質枯而色閉者。抑知火有候焉，候之爲言時也，又言待也。舊爐已成功者，可附書畫、玉石、磁器諸玩好，列之几案，微火令常温足矣。其有質地甚美，或因久不着火，陰霾外蝕，或流傳人手，顔色剥落，而終不失爲佳物者，亦須清水洗浄，活火緩緩煨煉，漸透銅質。遲則三五年，近亦期歲，然後可以撥雲見日。若遽加大火相逼，死色亦見，舊物遭劫，豈不惜哉？是故時者，萬物之所以成，即人情之所由静，煉爐猶養爐也，如修煉家微火養丹砂，着不得一毫性急。讀書亦然，窮年呫嗶，功候到，則豁然貫通，時固不可以不待也。誠使爐火酌乎大小之分，至火氣融注時，即斷數日火亦無傷損，有意無意，久久不輟，自見好處。總之，爐以焚香，清閑事也，煉爐一法，已屬好事者爲之。然果煉之得法，取效自然，間一摩弄，則雖好事，猶不失清閑本色。若美惡兼收，用火不如分色，藥不離手，案頭蕪穢，碌碌終朝，是亦爐之奴而已矣，何足以語清閑耶？「火候」二字，爐中之造化也，不審乎此，妄言色質相融，亦罔然也。余約斷之曰爐色，以淡爲最，爐火以漸爲佳，煉爐家以安静爲要。

各爐形製分論

乳爐：

乳爐以三足下垂如乳狀，故名。時鑄甚夥，佳者絶少。宣鑄有百乳彝，週腹列乳，凸凹圓渾，撥蠟精細，惜不多見。今之乳足大者多劣，惟以口徑三寸及寸半爲度，兩耳忌大，口忌薄，足忌高削，色白爲上。

戟耳：

戟耳款式不一，有口厚如反唇者，有高身腹過大者，有敞口者，有直身者，均不入選。近鑄方耳酷肖方天戟，尤屬惡劣。式以圓口石榴足爲上。

蜒蚰耳（附鰍耳）：

耳象蜒蚰，故名。一名鰍耳，其式微有不同，實一種也。蘇鑄甚多，絶少古雅，以兩耳上合下垂者，不失彝爐舊意。

橘囊：

橘囊冲耳三足與乳足爐無異，但週腹如橘實去皮，瓣痕微凹，故名橘囊。此種存留絶少，偶見一二，皆係舊製，小者更妙。

索耳：

行世甚夥，舊者亦不少。兩耳如索，其腹深淺不一，足長短不一，素鬆緊不一。式取上下相稱，輪角圓渾，小者口徑二寸、三寸可玩，不亞乳爐。余見有口底結黑、腹白一道如練者。又見有耳微高，三足垂尖，儼如桃様，紫色沉浄者，皆絶品也。《景物畧》以分襠素耳列之下品，倘亦有别解耶。

素天雞：

天雞即火雞也，能吞火，會意象形，故以鑄爐。敞口、錦邊俱多。須得光素圓正，通身無花紋，口徑三寸以內，石榴足者爲上品。

魚耳：

兩耳畧似魚形，敞口，石榴足，肆中多有。亦有頭、尾、鱗痕刻肖者，百無一佳，且耳多釘合，不可不辨。

鉢盂（附寶珠）：

鉢盂爐舊無此式，然静室几杖之旁置此，頗擬逃禪之意。以小而沉重、色斑駁者爲貴。若白色晶瑩，望若明珠，尤令人奪魄。俗以上下圓稱者，名爲寶珠。

壓經（附琴爐）：

名不可考。式扁淺，兩耳有圈，三足列棋子狀，俗指爲焚香，可置佛經上，故稱壓經。未知何據。間有素身無頸凹足較高者，俗名琴爐。二種舊者俱不多得。

獅頭：

獅頭多係舊爐，而世人不取。或口過厚而底邊不稱，或口磬腹膀，或兩耳形似，刻畫不雅，或過扁過薄，未嘗見有佳者，故不之取也。不知銅質惟獅爐最高，如得款色俱佳，質樸光滑，較之他款，轉覺古趣可愛。式以腹邊交遞處聯渾不見凹痕爲上，或石榴足亦好。景泰、成化所鑄獅彝，後人僞易宣款，鑿嵌以增價，余見人賈人持有嵌款一爐，乃係紅銅未經對鉛者，全無水色，此舊爐中之不足觀者也。除此一種，其餘銅質美且舊者，亦須留心審視，若徒執一例萬，輕棄古物，未免偏固。

素圓鼎：

鼎製不一，鼎尚青緑由來久矣。方者如商召父鼎、周花足鼎、文王鼎，或飛龍脚，或獸吞，皆有花紋。圓鼎花紋，如商父乙鼎、周大叔鼎、唐三螭鼎之類。其光素者，商魚鼎、周益鼎、素腹鼎，種種不可勝述。總以年久、出土青緑蟠結褐色硃斑爲貴，無用火功爲也。今所謂鼎爐可放火練者，大率後人擣爐彷古，鼎式惟以圓且素者堪入上賞，或兩獸面爲耳，或三獸吞爲脚，皆不傷雅道。方者、花者、過大者，概不取焉，然目中竟未見佳者。

龍彝：

龍彝有百拆，有百乳，有素腹，有雷文，有雙螭踞口，其色大都火炙成赤，大片硃砂斑，但質多夾沙。亦有純紅銅者，汁水不能瑩透，一二可觀，或出新鑄。

象鬲：

象鬲多舊物，以上敞下束，類古鬲式，故名。鬲爐中備數，須顔色極光怪者，方可入目。

桶爐（附香奩）：

桶爐分上、中、下三節，兩天雞啣環爲耳，俗稱三元，或稱三思。又有純素，無耳無節者均鮮美，疑惟離口足一二分起節，下列雲脚三，此殆彷古香奩之製。但香奩有蓋，有提梁，爲稍異。如得此種，可儕上品。他若陽文九道，俗名九思者，遜此竹節，尤劣。

花邊天雞：

鑄法極工，用充閨閣熏香之具。舊者紋路精緻，印地光滑，存其舊可也。

右十九種，蓋取爐製古雅者，臚厥優劣，此外款式正多，有雖舊而式不雅道及專務別致，奇不入格者，概置不載。但人情厭故喜新，不經閱歷之久，好尚幾難自主，前所條列，非敢妄擬薄正之義。特以物非愜心，不獨見之不喜，亦且言之無味，故寧從闕略，以待識者考定。

《宫中檔雍正朝奏摺》第九輯蘇州巡撫陳時夏《奏報收買銅器情形摺》 蘇州巡撫臣陳時夏謹奏爲奏聞事。臣奉行收買銅器一事，今臣於蘇城内設局，委佐貳壹員、守備壹員，動發庫銀收買。臣以衙門所用黄銅器皿，首先發出領價，次及司府各縣，俱令盡行交出，以爲民倡。再及臣衙門標員營弁，以及吏胥人役之家，暨各衙門胥役人等，俱令遵法盡賣，并嚴飭各典鋪將典存之黄銅器皿，與故衣鋪、妝荒鋪收買之黄銅物件，俱令交出給價。尤先禁絶打造銅器店鋪，并將所存黄銅器皿，盡令交官領價。至於民間，惟縉紳富户人家銅器頗多，中等人家與鄉間有身家之人，不過祖遺家常數件與嫁娶所需之物，亦屬有限。小户人家尤爲無幾，貧人則竟無之矣。今臣着於保甲内稽查，一甲十家，銅器有無多寡，固所熟知，惟令甲長逐家諭令出賣。凡紳衿富户在保甲之内者，如有隱匿不賣及以些少塞責，着鄰里保甲首報，照例治罪，毋致隱匿。惟是收銅估色，如鑄成之器若火盆、圍爐，大者百餘觔或二三百觔，俱有黑鉛鐵砂灌注，銅色甚低，其打成銅器如洗臉盆、鎖鑰、烟袋之類，原有八九成銅色，小户人家置買一二銅器，俱係好銅，市價每觔銀貳錢有零，視爲珍重之物，兹僅得半價出買，若又尅估重秤，恐有埋藏隱匿之弊。臣遵聖諭，飭令收賣人員公平估色，較準部秤平買，毋許尅估短價。臣不時赴廠督查，實力奉行。臣意更許民間將銅器抵完錢糧，照價給票，似亦便民之一法，而銅器更得多收矣。合行奏明。又奉上諭，嚴禁賭博與造賣賭具一事，臣久經嚴飭通行，密加查察，屢經拏獲賭犯枷責。臣亦常夜出巡查，近日賭風少息。今併嚴飭保甲稽查窩賭之家及造賣賭具之人，定以賞懲之法，務期禁絶。我皇上厚風俗而正人心，永垂盛治昇平之化。臣不敢視爲具文，始勤終怠也。謹具摺奏聞，謹奏。

雍正伍年拾壹月初陸日。

《宫中檔雍正朝奏摺》第十三輯廣東總督調江南道總督孔毓珣《奏報煎試銅渣事摺》 廣東總督今調江南河道總督臣孔毓珣、署理廣東巡撫臣傅泰謹奏：爲奏明煎試銅渣事。案于雍正陸年柒月初捌日，准前任廣東巡撫臣楊文乾，留交抄録原署廣東巡撫臣常賚奏摺一件，内開常賚跪奏：爲覆奏事。竊查韶州府曲江縣礬洞地方溪河之傍積有銅沙，日久無用，臣經一面行訪查，一面具摺奏聞在案。今據韶州府知府黄文煒覆稱，查明此沙之堆或高四五尺，或高七八尺至丈許不等，共約有千餘堆，每沙一擔，可煎銅約三四觔不等，除人工飯食炭火費用之外，每擔實可得銅二三觔，即煽至一二年，恐不能盡等語。查臣前摺内原有擬發工本，委員前往煎熬之語，但思此沙堆積日久，其中出銅多寡固難懸定。若發本委員，則所委之員必多；而僱募人工，又慮紛雜難稽。今擬聽本地附近殷實居民自備資本，赴臣報明，許其召募工役，設爐開煽。每沙一擔，隨其得銅多寡，酌其所費工本，或行對半，或行四六分收。仍委幹練文官一二員，帶司稽察及登記數目，不許煎多報少，并令就近武員帶兵巡邏，不使奸匪混雜。如此則所用工丁俱係本處土著之人，聚散皆易，倘有生事不法，皆責成爐主拘管約束，可免流棍攙雜之弊，併免動用錢糧，亦可省銷算之繁。其所得銅觔，湊同解部。臣非不知山場久奉封禁，但所存銅渣，查屬現有，非同開山鑿取者可比。且又於國家鼓鑄不無裨益，臣斷不敢以暫行署理知而不言，有負皇上委任之深恩。可否應行，伏祈睿鑒等因具奏。奉硃批：「想你已往閩矣，此事交與楊文乾，著與孔毓珣，阿克敦詳議妥協，奏聞舉行，欽此。」時臣孔毓珣署理巡撫印務，查本案先經前撫臣楊文乾，行據韶州府，今調任廣州知府吴騫覆稱，礬洞四面皆山，週圍數里中有一溪，地上堆積不甚高大，悉皆從前煎過無銅之石礫，土人謂之銅屎。唤訊附近居民，僉云煎過銅渣尚在地下，隨于東、西、南、北并中心、西北六處各挖一坑，一二三尺皆係泥土，又挖一二尺，浸浸有水，將水戽去，泥石之中揀有銅花之石，每擔煎得銅一二觔不等。但挖砂煎銅，有無多寡，難以預定等情，經前任撫臣楊文乾諭令該府，帶同前任韶州知府黄文煒家人再加煎試，臣孔毓珣署印復行該府，將每擔銅渣得銅若干，費用工本若干，有益無益之處煎試，據實具詳去後，嗣據知府吴騫覆稱，卑府與曲江知縣親詣該地已經兩次，前有民人畢躍龍具呈，前任知府黄文煒請煎銅渣湊辦銅觔，後又有林宇祥在前藩司官達處呈請充商并與黄文煒所稟得銅數目，俱非親歷其境。卑府煎試，每月每爐約出銅二百五十觔，無論銅色尚有高下，即以部價每觔一錢四分五釐而算，計銅價三十六兩零，除去每月每爐工費，亦計三十六兩零，無有利益等情，臣等細加訪查，就此銅渣煎取核算，工本實無裨益。在商人之謀充者，無非以逼近礦山，借此爲偷礦之計，既經煎試無益，似屬未便舉行。臣等會議相同，理合奏請聖鑒。謹奏。

雍正柒年肆月貳拾陸日。

鄒炳泰《紀聽松菴竹鑪始末》 吾鄉《聽松菴竹鑪圖詠》卷有四，爲惠山勝觀。第一圖九龍山人爲真性海上人製，第二圖履齊寫，第三圖成化丁酉冬吴珵寫，第四圖小臣張宗蒼奉敕恭畫。蓋自前明諸人倡和盈卷，聖駕臨幸惠山，宸藻親題：「垂耀泉石」，允爲藝林佳話。乾隆己亥，是卷爲邑令邱漣取入官廨，不戒於火，名山鉅蹟，了無一存。大吏奏入皇上，於幾暇親灑天筆，爲作第一圖，復命皇六子補第二圖，貝勒弘旿補第三圖，侍郎董誥補第四圖，御製詩章冠於卷首。於每卷圖後，補録明人序疏詩什，依其原次，以還舊觀。又出内府所藏王紱《溪山漁隱》長卷，郵賜俾山僧，一併藏弆山閣，仍留孟端勝蹟，甚盛事也。癸丑仲春，坐聽松菴雨秋堂，因得見諸前哲遺文舊詠，風流韻事經數百載而美益彰，其傳之久，更足信矣。山堂清寂，聊記竹鑪得失之自，姓名隱顯之跡於左。第一卷吴原博題云：己亥之春，予過無錫，遊惠山，入聽松菴觀竹鑪，酌第二泉煮茶，嘗賦詩紀其事。今刑部侍郎盛公，無錫人也，謂鑪出於王舍人孟端制，古而雅，乃倣而爲之，且自銘其上。其姪虞字舜臣者，性尤好古，來省其伯父，不遠數千里，攜以與俱，予獲觀焉。因取前詩，次韻賞之：「聽松菴裏試名泉，舊物曾將活火煎。載讀銘文何更古，偶觀規制宛如前。細筠信爾呈工巧，暗浪從渠攪醉眠。絶勝田家盛酒具，百年長共子孫全。」附録前詩：「與客來嘗第二泉，山僧休怪急相煎。結菴正在松風裏，裏茗還從穀雨前。玉盌酒香揮且去，石牀苔厚醒猶眠。席間重對筠鑪火，古杓争看更瓦全。」舜臣以余嘗愛賞，既歸江南，特製其一見贈，規制益精。輒復次韻爲謝：「曉汲荒園泠澹泉，入厨不付爨奴煎。重編細竹形如許，小試新茶味莫前。製出秋亭舜臣號。承雅意，詩聯寒榻罷高眠。更聞杓瓦兼精妙，乞與齋居欲兩全。」長洲吴寬録程篁墩題云：「惠山聽松菴，有王舍人孟端竹茶鑪，既亡而復得，秦太守廷韶嘗求余詩，後余過惠山菴，僧因出此鑪，吟賞竟日，蓋十餘年矣。觀吴同寅原博及盛舜臣倡和卷，慨然興懷，輒繼聲其後，得二章云：「新茶曾試惠山泉，拂拭筠鑪手自煎。擬置水符千里外，忽驚詩案十年前。野僧暫挽孤帆住，詞客遥分半榻眠。回首舊遊如昨日，山中清樂羡君全。」「細結湘筠煮石泉，虚心寧復畏相煎。巧形自出今人上，清供曾當古佛前。可配瓦盆篘玉注，絶勝金鼎護砂眠。長安詩社如相續，得似軒轅句渾全。」新安程敏政倪文毅題云：「宿火長温甕有泉，不妨寒夜客來煎。名佳合附茶經後，制古元居竹譜前。司馬酒鑪須卻避，玉川吟榻稱幽眠。金鑪寶鼎多銷歇，眼底憐渠獨久全。」錢唐倪岳盛冰壑題云：「吾鄉王友石先生詩畫珍於朝野，嘗居惠山聽松菴，與僧真性海製竹鑪，煮茶倡詩，傳誦迄今。吾姪虞奇其製而倣爲之，請余銘其上：『成化癸卯，來省京邸。出鑪煮茗，清我塵思。』適吴匏菴先生見而賦詩示及，余遂續貂三首，虞亦續之，併書以紀勝云：『唐相何勞遞惠泉，攜來隨處可茶煎。三湘漫捲瓷瓶裏，一竅初分太極前。吟苦詩瓢和月飲，夢醒書榻帶雲眠。何當再讀盧仙賦，千古清風道味全。』『一片龍團一勺泉，石分新穴趁鑪煎。這回緑雲擘破先春後，玉杵敲殘午夜前。仙液嘗來欲飛越，寒濤聽處不成眠。湘皋捲雪唤醒閑風月，可卜歸田樂事全。』『我舜鄉山入品泉，持歸禪榻和雲煎。人間肉食紛如來牕外，蒙頂驚雷落檻前。澆破詩愁初得句，洗清塵思竟忘眠。雨，争識吾家此味全。』」冰壑道人顒謝文正題云：「茗椀清風竹下泉，汲泉仍付竹鑪煎。夜瓶春甕輕煙裏，嶰谷荆溪舊榻前。穀雨未乾湘女泣，火珠深擁籜龍眠。盧仝故業王猷宅，憑仗山人爲保全。」餘姚謝遷又陳湖陳璚、郡人碣東陸簡廉伯詩，未録華亭錢福竹鑪新詠，引無錫盛舜臣氏奇而好古，慕其鄉聞人倪雲林所爲畫，輒效之，收其《秋亭圖》一幅，遂以自標，則其他可知也。用是予遊錫，獨與之契最深，見其所製竹茶鑪而愛之，因諗曰：「是必有如端友齋爲學士大夫所奇賞者，舜臣並呈是卷，皆極一時有聲於詩家者所作也。大要奇古，爲詩家共癖，鑪爲火牀，昔之煮茶者，嘗以竹稱，而不得其遺規。若舜臣者，亦慕其鄉聞人王中舍所製，倣之而攻其技者也。中舍以詩畫名一時，而舜臣繼之興，則夫諸詩家之作，豈爲無從也哉。嵇鍜阮屐，曷攸取義，而彼適之，而世傳之，存乎其人焉耳。矧錫以泉顯，緣茶得第，近古佳士，惟茶是珍，而竹之取重於世，宜無古今賢否之間者也。夫人珍是物與味，必重其所藉而飾之者，則夫舜臣之製，是以暨諸詩家之作，又豈爲無從也哉。予奇而好古，與諸詩家共癖，而又不能詩也。嘗其鑪所煮，讀諸作不能無慨於衷，乃爲之引。若詩之所自起，倡於吾院長匏庵吳吏侍公，而和於其伯父冰壑都憲公，次第可考，無俟予言。而舜臣所以見重於大方家者，亦不爲無從也。」第二卷《竹鑪記》云：「性海禪師卓錫於惠山之陽，山之泉甘美聞天下，日汲泉試茗以自怡。有竹工進曰：『師嗜茗，請以竹爲茗具，可乎？』實鑪云：『鑪形不可狀，圓方上下，法乾坤之覆載也，周實以土，火炎弗熠，爛虹光之貫穴也。織紋外飾，蒼然玉潤，鋪湘雲而翦淇水也。視其中空無所有，冶鐵如柵者，横其半勺清泠於器，拾墮樵而烹之，松風細鳴，儼與竹君晤語，信奇玩也。』禪師走書東吳介予友石庵師以記，請夫物之難齊甚矣。尊罍以酒，鼎鼒以烹，此蓋適於國家之用。尤可貴者，若斵鼎以石，製鑪以竹，亦奚足豔稱於詩人之口哉。雖然尊罍鼎鼒，世移物古，見者有感慨無窮之悲；竹鑪石鼎，品高質素，玩者有清絶無窮之趣。貴賤弗論也，且竹無地無之，凌霜傲雪，延蔓於荒蹊空谷之間，不幸伐而爲筥箕筐篚之屬，過者弗睨也。今工製爲鑪焉，汲泉煮茗，爲高人逸士之供，置諸几格，播諸詩詠，比貴重於尊罍鼎鼒，無足怪矣。初，禪師未學也，材豈異於人人，及修持刻勵，道隆德峻，迥出塵表，爲江左禪林之選，亦竹鑪之謂也，是爲記。」乙亥秋仲既望日，朱芝山題云：「織翠環壚代瓦陶，香烹山茗或溪毛。鵑啼湘浦聽春雨，龍起鼎湖翻夜濤。文武火然心轉勁，炎涼時異節還高。松根有客聯詩就，掃葉歸燒莫憚勞。」僕以省耕，過惠山訪韶石禪師，於松軒出此卷求題，遂口占五十六字，識者勿誚嫫母，所幸云芝山老樵朱逢吉謹題。」又牧雲子悳瑀詩，未録。王達《竹鑪清詠序》：「夫物不自貴，因人而貴；名不自彰，因志而彰。遠公栽蓮，此細事也，而蓮社之名遂傳於永代，詎非遠公之道，足以動後世蒼生之念耶。支遁好鶴，細玩也，而鶴舟之名遂傳於無窮，詎非支遁之德，足以歆後世黎獻之心耶。使遠公爲常人，則種蓮而已，亦何能動於人哉？使支遁爲庸士，則好鶴而已，何能感於人哉？然則物不自貴，因美而貴；名不自彰，因人而彰，信矣。性海禪師結廬二泉之上，清淨自怡，澹泊自艾，裁淩秋之礀竹，製煮雪之茶鑪，遠追桑苧之風，近葺香山之社。因事顯理，必欲續慧命以傳鐙；託物寓真，無非引羣賢而入道。清風一榻，掃開萬劫之塵埃；紫筍三甌，滌盡平生之肺腑。論其事業，誠不讓於遠公；勘厥規模，實無慚於支遁。名於永世，其勢灼然；道播諸方，此心廣矣。不然，何諸公八詠而成章，獲一時趨風而向德？故爲短引，式弁羣言，里友耐軒，王達合十。」又謝常釋坦菴守道詩，未録。王孟端題云：「僧館高閑事事幽，竹編茶具瀹清流。氣蒸陽羨三春雨，聲帶湘江兩岸秋。玉臼夜敲蒼雪冷，翠甌晴引碧雲稠。禪翁記此重開社，若箇知心是趙州。」王芾，又萍閣廣益，姑蘇陸質，釋至寶，錦樹山人錢仲益、顧協、梁用行，潯陽陶振怡菴，雲間錢驥中、吳如律、卞孟符、沈中，吳興莫士安韓奕詩，未録。王耐軒題云：「製作精深亦可觀，日供高士試龍團。輕分淇雨苔猶緑，細翦湘雲粉未乾。紫筍滿甌吟骨健，清風一榻鬢絲寒。啜來坐盡梅花月，正是淩秋第幾竿。」耐軒王達，又西園郟庚老龔泰吳潛詩，未録。邵文莊跋，此卷久脱落。正德丁丑春，予以菴僧重裝之時，助資垂泰伯鄒督工，從事者初泉楊正甫也，收卷僧名惠、名登，而能諷詠之者，曰圓金，曰方益。越明年，戊寅三月十日，二泉山人讀書於容春精舍。第三卷秦廷韶《聽松菴訪求竹茶鑪疏》，未録。劉超遠復《竹茶鑪詩卷序》：「物之成敗得失，莫不有時，若聽松菴茶鑪，亦其一驗。洪武間，性海真上人道行爲時輩推重。嘗編竹爲鑪，體製甚精。僅圍尺地許，天地動静、陰陽橐籥之妙，歷歷可觀。侍讀學士王公達善少卿朱公逢吉中書王公孟端文字，與上人往來其間，至則汲惠泉，煮春茗，累夕。後返山，亦因此增重人才，嘉會之一，初如此，既而上人物故，諸公亦凋謝，竹鑪遂爲好事者得。茶煙寂寞於殘霞之頃，至此極矣。成化丙申冬，秦公廷韶以武昌守如京師，道經故里，公丘壑之趣灑灑，不與俗吏俱。一日階金陵郁景章先生，宿菴中。菴之主僧戒宏出學士諸公竹鑪所詠，太守誦之，掀髯歎曰：『山中壯觀，莫此若也。物去卷留，豈衣鉢之遺意乎？』乃呼筆墨，爲疏以求之。太守公天下之心，亦於此可見。未幾，楊孟敬慨然出之不少滯，其亦賢矣。老眼摩挲，矍然感歎，帶春蘚之斑，含湘雨之潤，猶昨日也。非元氣呵護克爾哉！太守爲文記其實，復作近體，率諸公和而成卷，山之光輝，於是增焉。人才嘉會之一，初又如此。雖然竹鑪一微物耳，出處若關乎大節，蓋不盛於他人，而獨盛於學士賡吟之秋；不復於曩時，而必復於太守歸遊之日。太守之緣，若與之夙契，而神明有以相之歟？古所謂身之前後，不能無疑。他日尚當攜詩，老宿菴中，汲泉瀹茗，聽松雨而吟白雪，不謂殘霞之頃，寂莫無人也。人才嘉會之一，初又當在於斯詩若干首。成化丙申臘月既望，奉議大夫致仕劉宏超遠序竹石老人書。」「憶自山中别老禪，松關寂莫已多年。寒驚百雨懷鴻漸，夢落秋風泣麗娟。忽逐檐頭歸舊隱，旋烹魚眼敘新緣。玉堂學士遺編在，贏得時人一樣傳。」宏又和。又秦旭、高直直再次、陳澤、張泰成性、雪菴厲昇、新安吳野道人羅南斗、陸勉、陳賓集古又二首，倪祚詩。未録。秦廷韶

《聽松菴復竹茶鑪記》：「鑪以竹爲之，崇儉素也，於山房爲宜，合鑪之具，其數有六。爲瓶之似彌明石鼎者一，爲茗椀者四，皆陶器也，方而爲茶格者一，截斑竹管爲之，乃洪武間惠山聽松菴真公舊物。鑪之制，員上而方下，織竹爲郛，築土爲質，土甚堅密，爪之鏗然，作金石聲，而其中歉然以虚，類謙有德者。鎔鐵爲柵，横截上下，以節宣氣候，制度絶巧，相傳以爲真公手跡。余獨疑此非良工師不能爲，鄉先達中書舍人王公嘗有詩詠之，學士耐軒王公復作引弁其首，以是鑪之名益傳於人人。永樂中，真公示寂，鑪亦淪落人間，獨諸公翰墨粲然尚存，落落與松雲蘿月爲伍。成化丙申冬，余歸自鄂渚，暇宿菴中，真公嗣孫曰戒宏者，出以示余，因誦王舍人所作『氣蒸陽羨三春雨，聲帶湘江兩岸秋』之句，歎其佳絶，且惜其空言無徵，圖欲復之，乃因釋氏教述疏語一通畀戒宏，使徧訪焉，已而果得於城中右族。鑪尚無恙，特茗椀失去不存，或疑鑪細物也，復不復不足爲世輕重。殊不知物不自顯，必因人而後顯，使鑪不經諸名公品題，雖復之累百何補？況諸公之作，亦將藉是以傳。鑪可泯，諸公之言可縱之使泯乎！鑪之亡不知其的於何年，姑記其概，收鑪者故，詩人楊孟賢復而歸之者，其仲孟敬云：是歲嘉平月望日，邑人秦夔識。烹茶只合伴枯禪，誤落人間五十年。華屋夢醒塵冉冉，湘江魂冷月娟娟。歸來白壁元無玷，老去青山最有緣。從此遠公須愛惜，願同衣鉢永相傳。」夔又題邵文莊公序竹茶鑪遺事：洪武壬午春，友石公以病目，寓惠山之聽松菴。目愈，圖廬山於秋濤軒壁，其友潘克誠氏往觀之。於是有竹工自湖州至，主菴僧性海與二子者以古制命爲茶鑪，友石有詩，詠之一時，諸名公繼作成卷。永樂初，性海之虎丘，留以爲克誠別，蓋在潘氏者六十餘年。成化間楊模、孟賢見而愛之，撫玩不已。潘之孫某者慨然曰：此豈珍於昌黎之畫，而吾獨不能歸好者哉！乃以畀孟賢，孟賢卒之三年，中齋秦公以知府報政還自武昌，遂爲僧撰疏語白諸孟賢之兄孟敬，取而歸焉。吾聞諸母姨之夫東耕翁云：正德戊寅三月望後四日，二泉山人寶書於容春精舍。甲申元夕之日，惠山金益二僧，以余久不到山中也，訪冉涇草堂詩以答之，用唐人韻：「上方稀聽擊魚聲，僧入城中遞刺名。老去有心非石轉，春來何事不山行。北枝梅似南枝白，今雨泉如舊雨清。爲問竹鑪無恙否，好煎佳茗待先生。」二泉在松風閣，爲月西書，正月廿四日也。又鳳山秦金王其勤詩，未録。第四卷陸廉伯復《竹茶鑪記》云：「出錫城西里許，惠山稍折北，菴曰聽松。洪武初，詩僧真性海嘗織竹爲鑪，高不盈尺，圓上方下，類今學仙家流稱乾坤之象者，規制絶精巧可玩。邑先達耐軒王學士諸名家，率賦詩賞之。真公没，鑪淪落於城中右族，亦已兩易主。成化丙申冬，武昌太守秦廷韶閑得歸，過菴中，誦諸先達詩，歎曰：『物各有主，兹鑪固惠泉之物也，而他人何有。』慨然許爲物色，歸之復爲詩，飭其徒，俾世守焉。和者自京師諸名碩下得數十家，竹鑪之名，不獨傳一方，而遂以聞天下。鑪之所遇，亦奇矣哉！夫惠泉之名，由陸鴻漸一言而著，後世置鑪之意，實欲匹泉之爲用也。廢棄之餘，孰謂遇如武昌者，得以衍其名哉！鴻漸嗜茶飾及鑪鼎，至範銅爲之，當不如竹之不凡。但竹力朽弱難久存，存者若倪元鎮茶具，今尚爲蘇萬壽寺僧所收存矣。而寂寂爾無所稱，眎竹鑪之遇不遇，何居然鑪居惠泉之上？是所處得其地也。前遇耐軒，後遇武昌，所遇得其人也。岐陽石鼓、孔壁之遺經，假所處與遇非耶，存者幾希。物固有然者矣，而況於人之所以圖其存者乎！吾固於圖有感矣。」武昌學行政事皦皦，重當世而博雅好古，乃其餘云：成化丁酉歲，春閏二月晦，翰林侍講平原陸簡記和復《竹茶鑪》詩十疊，不備録。如：「茶瀹龍團品奇絶，煙籠歸鶴影嬋娟」、「葉掃夕陽三徑遠，瓢分秋月一痕娟」、「菴中臘在蒼髯短，雲外泉流玉乳娟」，皆佳句也。又新安程敏政、海虞李傑、三山許天錫、東海張弼、泰和李穆、桃溪謝鐸、吴江汝訥、東曹隱者邵珪、松陵吴珵、華亭錢福、山海蕭顯、秦夔詩，未録。王虚舟跋往在京師，同年繆文子太史屢爲余言聽松。《菴竹鑪圖詠卷》爲錫山勝觀，以未得見爲恨。今年四月，余請假南還，獲觀於汪舊雨書堂，爲卷有四，圖畫三，名賢六十有七，文十三，詩九十有二。諷詠周環，如不欲盡於時。同觀者，同里蔣湘颿衡、丹陽湯南箴、繆仁和、湯良耜學基。舊雨主人歙汪青渠云：聞尚有唐六如畫卷，曁文祝諸先正題詠，在吴門收藏家。他日當細意訪得之，歸還聽松菴，亦一段勝事也。雍正四年四月廿有四日，良常王澍書後。居易録竹鑪後亡失，康熙甲子顧舍人梁汾於京師成容若侍衛齋中得之，攜以歸。王述庵侍郎於乾隆庚子扈蹕至惠山，見茶鑪愛之。顧晴沙觀察時家居，仿其式製一以贈，太倉王蓬心宸爲圖，作詩紀之。

雜録

《左傳・桓公二年》

夏四月，取郜大鼎於宋。納於大廟，非禮也。臧哀伯諫曰：「君人者，將昭德塞違，以臨照百官，猶懼或失之，故昭令德以示子孫。是以清廟茅屋，大路越席，大羹不致，粢食不鑿，昭其儉也。衮、冕、黻、珽，帶、裳、幅、舄，衡、紞、紘、綖，昭其度也。藻率鞞、鞛，鞶、厲、游、纓，昭其數也。火、龍、黼、黻，昭其文也。五色比象，昭其物也。鍚、鸞、和、鈴，昭其聲也。三辰旂旗，昭其明也。夫德，儉而有度，登降有數，文、物以紀之，聲、明以發之，以臨照百官，百官於是乎戒懼，而不敢易紀律。今滅德立違，而置其賂器於大廟，以明示百官，百官象之，其又何誅焉？國家之敗，由官邪也；官之失德，寵賂章也，郜鼎在廟，章孰甚焉？武王克商，遷九鼎於雒邑，義士猶或非之，而況將昭違亂之賂器於大廟，其若之何？」公不聽。周内史聞之，曰：「臧孫達其有後於魯乎！君違，不忘諫之以德。」

《左傳·宣公三年》

楚子伐陸渾之戎，遂至於雒，觀兵於周疆。定王使王孫滿勞楚子，楚子問鼎之大小輕重焉。對曰：「在德不在鼎。昔夏之方有德也，遠方圖物，貢金九牧，鑄鼎象物，百物而爲之備，使民知神、奸。故民入川澤山林不逢不若，螭魅罔兩，莫能逢之。用能協於上下，以承天休。桀有昏德，鼎遷於商，載祀六百。商紂暴虐，鼎遷於周。德之休明，雖小，重也，其奸回昏亂，雖大，輕也。天祚明德，有所底止。成王定鼎於郟鄏，卜世三十，卜年七百，天所命也。周德雖衰，天命未改。鼎之輕重，未可問也。」

《三國志》卷三《魏書·明帝紀》注引 《魏略》曰：是歲，徙長安諸鐘簴、駱駝、銅人、承露盤。盤折，銅人重不可致，留于霸城。大發銅鑄作銅人二，號曰翁仲，列坐於司馬門外。又鑄黄龍、鳳皇各一，龍高四丈，鳳高三丈餘，置内殿前。起土山于芳林園西北陬，使公卿羣僚皆負土成山，樹松竹雜木善草於其上，捕山禽雜獸置其中。

《三國志》卷四八《吴書·孫休傳》注引 葛洪《抱朴子》曰：吴景帝時，戍將於廣陵掘諸冢，取版以治城，所壞甚多。復發一大冢，内有重閣，户扇皆樞轉可開閉，四周爲徼道通車，其高可以乘馬。又鑄銅爲人數十枚，長五尺，皆大冠朱衣，執劍列侍靈座，皆刻銅人背後石壁，言殿中將軍，或言侍郎、常侍，似公主之冢。破其棺，棺中有人，髮已班白，衣冠鮮明，面體如生人。棺中雲母厚尺許，以白玉璧三十枚藉尸。兵人輩共舉出死人，以倚冢壁。有一玉長一尺許，形似冬瓜，從死人懷中透出墮地。兩耳及鼻孔中，皆有黄金如棗許大，此則骸骨有假物而不朽之效也。

《三國志》卷一三《魏書·鍾繇傳》注引 《魏略》曰：繇爲相國，以五熟釜鼎範因太子鑄之，釜成，太子與繇書曰：「昔有黄三鼎，周之九寶，咸以一體使調一味，豈若斯釜五味時芳？蓋鼎之烹飪，以饗上帝，以養聖賢，昭德祈福，莫斯之美。故非大人，莫之能造；故非斯器，莫宜盛德。今之嘉釜，有逾兹美。夫周之尸臣，宋之考父，衛之孔悝，晉之魏顆，彼四臣者，並以功德勒名鍾鼎。今執事寅亮大魏，以隆聖化。堂堂之德，於斯爲盛。誠太常之所宜銘，彝器之所宜勒。故作斯銘，勒之釜口，庶可贊揚洪美，垂之不朽。」

《晉書》卷七二《郭璞傳》 時元帝初鎮建鄴，導令璞筮之，遇《咸》之《井》，璞曰：「東北郡縣有『武』名者，當出鐸，以著受命之符。西南郡縣有『陽』名者，井當沸。」其後晉陵武進縣人於田中得銅鐸五枚，歷陽縣中井沸，經日乃止。及帝爲晉王，又使璞筮，遇《豫》之《睽》，璞曰：「會稽當出鍾，以告成功，上有勒銘，應在人家井泥中得之。《繇辭》所謂『先王以作樂崇德，殷薦之上帝』者也。」及帝即位，太興初，會稽剡縣人果於井中得一鍾，長七寸二分，口徑四寸半，上有古文奇書十八字，云「會稽嶽命」，餘字時人莫識之。璞曰：「蓋王者之作，必有靈符，塞天人之心，與神物合契，然後可以言受命矣。觀五鐸啓號於晉陵，棧鍾告成於會稽，瑞不失類，出皆以方，豈不偉哉！若夫鐸發其響，鍾徵其象，器以數臻，事以實應，天人之際，不可不察。」帝甚重之。

《晉書》卷一三〇《赫連勃勃載記》 復鑄銅爲大鼓，飛廉、翁仲、銅駝、龍獸之屬，皆以黄金飾之，列于宫殿之前。凡殺工匠數千，以是器物莫不精麗。

殷芸《殷芸小説》卷一《秦漢魏晉宋諸帝》 孫氏《瑞應圖》云：「神鼎者，文質精也。知吉凶，知存亡，能輕能重，能息能行，不灼自沸，不汲自盈，中生五味。昔黄帝作鼎，象太乙；禹治水，收天下美銅，以爲九鼎，象九州。王者興則出，衰則去。」《説苑》云：「孝武時，汾陰人得寶鼎，獻之甘泉宫。羣臣畢賀，上壽曰：『陛下得周鼎。』侍中吾丘壽王曰：『非周鼎。』上召問之，曰：『羣臣皆謂周鼎，爾獨以爲非，何也？有説則生，無説則死。』壽王對曰：『臣安敢無説！臣聞周德者，始於后稷，成於文、武，顯於周公；德澤上暢於天，下漏於三泉，上天報應，鼎爲周出。今漢繼周，昭德顯行，六合和同，至陛下之身而逾盛，天瑞并至。昔秦始皇親求鼎於彭城而不得，天昭有德，神寶自至。此天所以遺漢，乃漢鼎，非周鼎也。』上曰：『善！』」魏文帝《典論》亦云：「墨子曰：『昔夏后啓使飛廉折金於郴山，以鑄鼎於昆吾，使翁難乙灼白若之龜。鼎成，四定而方，不灼自烹，不舉自藏，不還自行。」』《拾遺録》云：「周末大亂，九鼎飛入天池。」《末世書論》云：「入泗水。」聲轉，謬焉。

《南史》卷四三《齊高帝諸子下》　時有廣漢什邡人段祖，以淳于獻鑑，古禮器也。高三尺六寸六分，圍三尺四寸，圓如筩，銅色黑如漆，甚薄，上有銅馬，以繩縣馬。令去地尺餘，灌之以水，又以器盛水於下，以芒莖當心跪注，淳于以手振芒，則聲如雷，清響良久乃絶。古所以節樂也。五年，鑑獻龍角一枚，長九尺三寸，色紅，有文。

《南史》卷七五《隱逸上・戴顒傳》　自漢世始有佛像，形制未工，逵特善其事，顒亦參焉。宋世子鑄丈六銅像於瓦官寺，既成，面恨瘦，工人不能改，乃迎顒看之。顒曰：「非面瘦，乃臂胛肥耳。」及減臂胛，瘦患即除，無不歎服。

朱銘盤《南朝宋會要・文學・佛教》　宋世子鑄丈六銅像於瓦官寺。《戴顒傳》。

許嵩《建康實録》卷七《晉中・顯宗成皇帝》　〔咸和五年〕二月己巳，會稽太守王舒表獻銅漏刻，詔置端門西塾之西。

劉敬叔《異苑》卷二　西河有鐘在水中，晦朔輒鳴，聲響悲激，羈客聞而悽愴。

劉敬叔《異苑》卷二　長山朱郭夫妻採藻澗濱，見二銅釜，沿流而下，取之而歸。有員蓋滿中，銅器光輝曜目，自然作聲。郭懼，運蓋北山埋之，而後賣釜，與人共載出爲貨，船無故自覆，失釜所在。

虞荔《鼎録》　昔虞夏之盛，遠方皆至，使九牧貢九金，鑄九鼎於荆山之下。于昆吾氏之墟，白若甘撿之地，圖其山川奇怪，百物而爲之備，使人知神姦，不逢其害，以定其祥。鼎成，三足而方，不炊而自沸，不舉而自藏，不遷而自行。九鼎既成，定之國都，桀有亂德，鼎遷于殷，載祀六百。殷紂暴虐，鼎遷于周，成王定鼎於郟鄏。卜世三十，卜年七百，天所命也。及顯王姬德大衰，鼎淪入泗水。秦始皇之初，見於彭城，大發徒出之，不能得焉。

金華山皇帝作一鼎，高一丈三尺，大如十石甕，像龍騰雲，百神螭獸滿其中，文曰：「真金作鼎，百神率服。」複篆書，三足。

漢孝景帝鑄一鼎，名曰「食鼎」。高二尺，銅、金、銀雜爲之。形若瓦甑，無足。中元六年造，其文曰：「五熟是滋，君王膳之。」小篆書。

武帝登泰山鑄一鼎，高四尺，銅銀爲之。其形如甕，有三足，太始四年造。其文曰：「登于泰山，萬壽無疆。四海寧謐，神鼎傳芳。」大篆書。

元鼎元年，汾陽得寶鼎，即吾丘壽王所識之鼎，高一丈二尺，受十二石，雜金、銀、銅、錫爲之。四面蛟龍，兩耳能鳴，三足馬蹄，刻山雲奇怪之象，紀靈圖未然之狀。其文曰：「壽考天地，百祥臻侍。山伏其靈，海伏其異。」此銘在底下又別有銘，或浮或沉，皆古文複篆，此上古之鑄造也，總有九枚。

昭帝元平元年於藍田覆車山鑄一鼎，高三尺，受五斗。刻其文曰：「宜君王，和四方。調滋味，去腥傷。」小篆書，三足。

廢帝賀以天鳳六年登位，廢爲海昏侯，鑄一小鼎貯酒，其形若甕，四足，受二斗。其文曰「長滿上」，小篆書。

宣帝甘露元年於華山仙掌鑄一鼎，高五尺，受四斗，擬承甘露，刻其文曰：「萬國伏，貽長久。鑄神鼎，承天酒。」三足，小篆書。又建章宫銅人生毛，以爲美祥，作一金鼎，埋之本宫。

元帝初元二年鑄一鼎，大如甕，無足。其文曰：「黄帝膳鼎。」小篆書。

成帝綏和元年，匈奴平，鑄一鼎。其文曰：「寇盗平，黄河清。」八分書，三足，高五尺六寸。

哀帝元壽元年鑄一鼎，貯酒，高四尺，三足，其文曰：「羣臣元日用醴鼎。」小篆書。

平帝元始五年鑄一鼎，受二斗。其文曰：「藥鼎。」三足，八分書。

王莽建國元年鑄一大鼎，高一丈。其文曰：「建國鼎。」莽自書，埋之漸臺。又作一鼎，其文曰：「君臣之鼎。」並小篆書，三足。

後漢光武建元元年鑄一鼎，其文曰：「定天下，萬物伏。」小篆書，三足，高九尺。

明帝永平十年，鑄一鼎於洛水，高六尺。其文曰：「蛟龍伏。」大篆書，三足。又鑄一鼎於穀水，高五尺。其文曰：「穀洛。」小篆書，四足。

章帝元和二年，於北嶽鑄一鼎，高四尺，無足。其文曰：「鎮地鼎。」小篆書。

安帝延光四年鑄一鼎於少室山，其文曰：「承露鼎。」小篆書，四足。

順帝永建六年鑄一鼎於伊水，名曰：「魚鼎。」高四尺，三足。

靈帝嘉平元年鑄一大鼎，埋之鴻都門。其文曰：「儒鼎。」古書，三足。

漢官儀曰開陽門夜直樓上，帝因作一鼎，其文曰：「柱鼎。」一足，如馬蹄。

蜀先主章武二年，於漢川鑄一鼎，名曰：「克漢鼎。」埋之丙穴中，八分書，三足。又鑄一鼎，沉於永安水中，紀行軍奇變。又於成都武檐山埋一鼎，名曰：「受禪鼎。」又埋一鼎於劍口山，名曰：「劍山鼎。」並小篆書，皆武侯迹。又時龍見武陽之水九日，因鑄一鼎，像龍形，沉水中。

蜀章武三年，先主作二鼎。一與魯王，文曰：「富貴昌宜侯王。」一與梁王，文曰：「大吉祥宜公王。」並古隸書，高二尺。

魏武帝鑄一鼎於白鹿山，高一丈，紀征伐戰陣之能。古文篆書，四足。更作鼎於太子，名曰：「孝鼎。」畫刻古來孝子姓名，小篆書。

文帝黄初元年鑄受禪鼎，其文曰：「受祚鼎。」小篆書。

明帝太和六年鑄一鼎，三足。名曰：「萬壽鼎。」小篆書。

吴孫權黄武元年，於彭蠡水沉一鼎，其文曰：「百神助，陽侯伏。」三足，大篆書。又獵於樊山，見一姥，問得阿獸？答曰：「得一豹。」曰：「何不截尾？」遂爲姥立廟，并作一鼎，文曰：「豹尾鼎。」

孫亮建興元年，於武昌鑄一鼎。其文曰：「鎮山鼎。」小篆書，三足。

孫皓鑄一鼎於蔣山，紀吴之曆數。八分書。

晉懷帝永嘉六年鑄一鼎，沉於瓜步江中，無文字，鼎似龜形。

宋主劉裕晉永初三年，從秦中還紀功，鑄一鼎於九江。其文曰：「沸秦洛，伏大漢。」古篆書。

宋文帝得鰕魚，遂作一鼎。其文曰：「鰕魚。」四足。

順帝昇明元年，有人於宫亭湖得一鼎，上有古文「洶漠」二字。

齊高祖諱道成，於齋中池内，見龍聞簫鼓音，遂埋一鼎。其文曰：「龍鼎。」真書，三足。

梁武帝大通元年，於蔣山埋一鼎，文曰：「大通。」真書。又鑄一鼎，書老子五千言，沉之九江中，並蕭子雲書。又天監二年，安豐得一角靈龜，武帝遂作一鼎，投得龜處。

陳武帝即位，鑄一鼎，文曰：「元勳鼎。」沉于淛江。

陳宣帝於太極殿中鑄一鼎，文曰：「忠烈。」常侍丁初正書。

太公於渭水得玉璜，鑄一鼎，刻其文曰：「璜鼎。」

秦丞相樗里子作一鼎，文曰：「智囊。」獨足，古文大篆書。

荀況在嵩溪作一鼎，大如五石甕，表裏皆紀兵法。大篆書，四足。

張儀伐蜀鑄一鼎，高三尺。文曰：「定蜀。」大篆書。

李斯爲丞相，鑄一鼎，其文曰：「上丞相鼎。」埋於上蔡東門。

蕭何爲丞相，鑄一鼎，大如三石甕，自表己功。其文曰：「紀功鼎。」亦是何自作署書，體四足。

張陵在雲臺山。得仙，作一鼎，寫丹經，埋於雲臺山下。

田子秋爲丞相，鑄一鼎，文曰：「田丞相鼎。」八分書。司馬遷，字子長，南遊探禹穴，作一鼎而小，記年月日，埋之秦望山。

黄霸爲潁川守，神雀集，遂刻鼎記之。

孔光拜丞相，鑄一鼎，文曰：「丞相博山侯。」大篆書。王商爲單于所畏，遂令鑄一鼎，刻記其功，以勸功臣。

楊震爲太尉，作一鼎，其文曰：「太尉鼎。」古隸書。

胡廣鑄一鼎，其文曰「孝子鼎」。八分書。

陳太丘鑄一鼎，藏于陘山。

王允，字子師，郭林宗見而器之。允自鑄一鼎，曰：「千里。」八分書。

王仲子爲大司徒，鑄一鼎，其文曰：「司徒鼎。」大篆書。

王朗爲司空，鑄一鼎，其文曰：「司空鼎。」複篆書。

董卓爲太師，鑄一鼎，其文曰：「太師鼎。」古隸書。

蔡伯喈爲侍中，封高陽侯，作一鼎，記漢家曆數，邕自書，藏于泰山。

諸葛亮殺王雙，還定軍山，作一鼎，埋於漢川。其文曰：「定軍鼎。」又作「八陣鼎」，沉之永安水中。皆大篆書。又於玄武郡金山作二鼎，一大、一小，並無文。時亮行軍，見此山勢似有王者，故鎮之。

鍾繇，魏文帝賜五熟鼎。

吴顧邕鑄一鼎，文曰：「顧元凱之鼎。」八分書，三足。陸遜破劉備軍，鑄一鼎紀功。其文曰：「破備鼎。」

孔愉獲龜放之，遂作一鼎，刻其文曰：「孔敬康鼎。」沉之於水。

張衡制地動圖，記之於鼎，沉于西鄂水中。

王羲之於九江作書鼎，高五尺，四面周匝書遍刻之，沉於水中。真隸書。

《舊唐書》卷六《則天皇后紀》〔證聖二年〕夏四月，鑄九鼎成，置于明堂之庭。

《舊唐書》卷八《玄宗紀上》〔開元十三年〕冬十月癸丑，新造銅儀成，置於景運門内，以示百官。

趙彥衛《雲麓漫鈔》卷二　文潞公作家廟，求得唐杜岐公舊址，止餘一堂、四室、兩翼。公增置前兩廡及門，東廡以藏祭器，西廡以藏家譜。祊在中門之右，省牲滌器在中門之左，庖厨在東南外門，再重西折而南。大觀四年，議禮執政官以上祭四親廟，手詔：「古無四世之文，執政官視古諸侯，祭五世不爲過。」高祖以上一祖稱五世祖，一堂五室，中室置五世祖，東二昭，西二穆，夫人並祔。屋九架，厦兩間，飾以黝堊，共七間。每位籩十二、豆十二、簠四、簋四、鉶鼎一、俎二、壺尊二、壺罍二、爵坫三、祝坫一、燭臺三、登二，共用罍一副，爵洗一副。神版之制，文潞公用晉荀安昌公祠制作版，采唐周元陽議，祀以元日、寒食、秋分、冬夏至，致齋一日。受詔之四方，酌古諸侯載遷主之義，作車奉神版以行。按大觀議禮，神版長尺一寸，博四寸五分，厚五寸八分，大書某祖考某封之神座，每室各有神幄。貯以帛囊，緘以漆函，祭則出於位。行禮用四孟月柔日，今濮秀邸用仲月，謂之仲享。今人有用伊川主制，一木判其半，中書字，復以所判之半入於中，或誤入及迎送遷徙而脱落，則爲不敬。不若用版爲當，則是大觀所載神版之制，宜爲當世傳用也。

葉廷珪《海録碎事》卷五《銅輦》　撫劍遵銅輦，振纓盡祇肅。銅輦，太子車也。陸士衡

葉廷珪《海録碎事》卷一五《金如意》　席闓于獻梁武帝銀裝刀，帝報以金如意。《南史》

沈括《夢溪筆談·補筆談》卷二《古器有曲意》　古鼎中有三足皆空、中可容物者，所謂「鬲」也。煎和之法，常欲湆在下，體在上，則易熟而不偏爛。及升鼎，則濁滓皆歸足中。《鼎卦》初六：「鼎顛趾，利出否。」謂濁惡下，須先瀉而虛之。九二陽爻，方爲「鼎實」。今京師大屠善熟彘者，鈎懸而煮，不使著釜底，亦古人遺意也。又古銅香爐，多鏤其底，先入火于爐中，乃以灰覆其上，火盛則難滅而持久。又防爐熱灼席，則爲盤薦水，以漸其趾，且以承火灺之墜者。其他古器，率有曲意，而形制文畫，大概多同。蓋有所傳授，各守師法，後人莫敢輒改。今之衆學，人人皆出己意，奇衺淺陋，棄古自用，不止器械而已。

祝穆、祝洙《方輿勝覽》卷四三《海外四州·瓊州》【古跡】鐵柱、《南海志》云：劉氏鑄——十二築乾和殿，後柯述取四柱植於設廳，今子城東濠水中尚存其二，餘莫知所在。焚艘、《平黎記》云：漢武發兵至雷州海岸，造艘舡渡兵，黎人不出降，亦無兵糧，李將軍於海岸焚舟而回，故名。雞窠小兒。錢易《洞微志》云：李守忠爲承旨，奉使過海，至瓊，道逢一翁，自稱楊遐舉，年八十一，其父叔皆年一百二十餘。又見其祖宋卿，年百九十五。次見——中有——出頭下視，宋卿曰：「此九代祖也。」不語不食，不知其年歲。

陶宗儀《南村輟耕》卷十七《古銅器》　宋番陽張世南《游宦紀聞》云：辨博書畫古器，前輩蓋嘗著書矣。其間有論議而未詳明者，如臨、摹、硬黄、響榻，是四者各有其説，今人皆謂臨摹爲一體，殊不知臨之與摹，迥然不同。臨，謂置紙在傍，觀其大小、濃淡、形勢而學之，若臨淵之臨。摹，謂以薄紙覆上，隨其曲折，婉轉用筆曰摹。硬黄，謂置紙熱熨斗上，以黄蠟涂匀，儼如枕角，毫釐必見。響榻，謂以紙覆其上，就明窗牖間，映光摹之。辨古器，則有所謂款識、臘茶色、朱砂斑、真青緑井口之類，方爲真古。其製作，有雲紋、雷紋、山紋、輕重雷紋、垂花雷紋、鱗紋、細紋、粟紋、蟬紋、黄目、飛廉、饕餮、蛟螭、虬龍、麟鳳、熊虎、龜蛇、鹿馬、象鸞、夔犧、蜼凫、雙魚、蟠虺、如意、圜絡、盤雲、百孔、鸚耳、貫耳、偃耳、直耳、附耳、挾耳、獸耳、虎耳、獸足、夔足、百獸、三螭、璲草、瑞草、篆帶、若蚪結之勢。星帶、四旁飾以星象。輔乳、鐘名，用以節樂者。碎乳、鐘名，大乳三十六，外復有小乳周之。立夔、雙夔之類。凡古器制度，一有合此，則以名之，如雲雷鐘、鹿馬洗、鸚耳壺之類是也。如有款識，則以款識名，如周叔液鼎、齊侯鐘之類是也。古器之名，則有鐘、大曰特，中曰鎛，小曰編。鼎、尊、罍、彝、舟、類洗而有耳。卣、音酉，又音由，中尊器也。有攀蓋，足類壺。瓶、爵、斗、有耳，有流，有足，流即嘴也。卮、觶、之豉切，酒觴也。角、類彝而無柱。杯、敦、簠、其形方。簋、類鼎而矮蓋，有四足。豆、甗牛偃切，無底甑也。錠、徒徑切，又都定切。斝、觚、鬲、形制同鼎，《漢志》謂空足曰鬲。鍑、方宥切。《玉篇》云：似釜而大。其實類小瓮而有環。盉、户戈切，又胡卧切，盛五味之器也。似鼎而有蓋，有嘴，有執攀。壺、其類有四，曰圓，曰匾，曰方，曰温。盦、於含切，覆蓋也。似洗樣而腰大，有足，有提攀。瓿、蒲後切，類壺而矮。鋪、類豆，鋪陳薦獻之義。瞿、類釜。鑒、盛冰器，上方如斗，鏤底如風窗，下設盤以盛之。匜、弋支切，沃盥器。盤、洗、盆、鋗、呼玄切，類洗。《玉篇》云：小盆也。杅、磬、錞、鐸、鉦、類鐘而矮。鐃、戚、鐓、飾物柄者。奩、鑒、即鏡。節、鉞、戈、矛、盾、弩、機、表坐、旂鈴、刀筆、杖頭、蹲龍、宫廟乘輿之飾，或云闌楯間物。鳩車、兒戲之具。提梁、龜蛇硯滴、車輅、托轅之屬。此其大概，難於盡備。然知此者，亦思過半矣。所謂款識，乃分二義。款，謂陰字，是凹入者，刻畫成之。識，謂陽字，是挺出者。正如臨之與摹，各自不同也。臘茶色，亦有差别。三代及秦漢間器，流傳世間，歲月寖久，其色微黄而潤澤。今士大夫間

論古器，以極薄爲真，此蓋一偏之見也。亦有極薄者，有極厚者，但觀製作色澤，自可見也。亦有數百年前句容所鑄，其藝亦精，今鑄不及。必竟黑而燥，須自然古色，方爲真古也。趙希鵠《洞天清禄集·古鐘鼎彝器辨》云：夏尚忠，商尚質，周尚文，其制器亦然。商器質素無文，周器雕篆細密，此固一定不易之論。而夏器獨不然。余嘗見夏雕戈，於銅上相嵌以金，其細如髮。夏器大抵皆然。歲久金脱，則成陰竅，以其刻畫者成凹也。銅器入土千年，純青如鋪翠，其色子後稍淡，午後乘陰氣，翠潤欲滴。間有土蝕處，或穿或剥，并如蝸篆自然，或有斧鑿痕，則是僞也。銅器墜水千年，則純緑色，而瑩如玉。未及千年，緑而不瑩，其蝕處如前。今人皆以此二品體輕者爲古，不知器大而厚者，銅性未盡，其重止能減三分之一，或減半。器小而薄者，銅性爲水土蒸淘易盡，至有鋤擊破處，并不見銅色，惟翠緑徹骨，或其中有一綫紅色如丹，然尚有銅聲。傳世古，則不曾入水土，惟流傳人間，色紫褐而有朱砂斑。甚者，其斑凸起，如上等辰砂。入釜，以沸湯煮之，良久，斑愈見。僞者，以漆調朱爲之，易辨也。三代古銅，并無腥氣，惟土古。新出土，尚帶土氣，久則否。若僞作者，熱摩手心以擦之，銅腥觸鼻可畏。識文、款紋亦不同。識，乃篆字，以紀功，所謂銘書鐘鼎。夏用鳥迹篆，商則蟲魚篆，周以蟲魚大篆，秦用大小篆，漢以小篆隸書，三國隸書，晉、宋以來皆用楷書，唐用楷隸。三代用陰識，謂之偃蹇字，其字凹入也。漢以來或用陽識，其字凸，間有凹者，或用刀刻，如鐫碑。蓋陰識難鑄，陽識易爲，決非三代物也。款，乃花紋，以爲飾。古器款居外而凸，識居内而凹。夏周器有款有識，商器多無款有識。古人作事精緻，工人預四民之列，非若後世賤丈夫之事，故古器款必細如髮，而匀整分曉，無纖毫模糊。識文筆畫，宛如仰瓦，而不深峻，大小深淺如一，亦明浄分曉，絶無纖毫模糊。此蓋用銅之精者，并無砂顆，一也。良工精妙，二也。不吝工夫，非一朝夕所爲，三也。今設有古器，款識稍或模糊，必是僞作。句容器非古物，蓋自唐天寶間至南唐後主時，於升州句容縣置官場以鑄之，故其上多有監官花押甚輕薄。漆黑款細雖可愛，要非古器，歲久亦有微青色者。世所見天寶時大鳳環瓶，此極品也。僞古銅器，其法以水銀雜錫末，即今磨鏡藥是也。先上在新銅器上，令匀，然後以釅醋調細碙砂末，筆醮匀上，候如臘茶面色，急入新汲水滿浸，即成臘茶色。候如漆，急入新水浸，即成漆色。浸稍緩，即變色矣。若不入水，則成純翠色。三者并以新布擦，令光瑩。其銅腥爲水銀所匱，并不發露。然古銅聲微而清，新銅聲濃而哄，不能逃識者之鑒。古人惟鐘鼎祭器，稱功頌德，則有識。盤盂寓戒，則有識。他器亦有無識者，不可遽以爲非，但辨其體質、款紋、顔色、臭味足矣。夫二書之論銅器，固已粲然具備，然清修好古之士，又不可不讀經傳紀録，以求其源委。如薛尚功《款識法帖》及《重廣鐘鼎韻》七卷者，《宣和博古圖》、吕大臨《考古圖》、王俅《嘯堂集古録》、黄睿《東觀余論》、董逌《廣川書跋》等書，皆當熟味遍參而斷之以經，庶可言精鑒也。

申時行《明會典》卷一九四《工部十四・鑄器》 洪武二十六年定：凡鑄造銅鍋、銅櫃等器，及打造銅鍋、銅竈、鐵窗、鐵猫等件，行下寶源局定奪模範，及計算合用銅、鐵、木炭等項，明白具數呈部，行下丁字庫，抽分竹木局放支，督工依式鑄造。永樂間設局崇文門内，地名溝頭，今稱南寶源局，專鑄内外衙門銅、鐵器皿。嘉靖三十一年，改造新局於東城明時坊，即今寶源局，專鑄制錢及銅、鐵器皿。行令武功三衛各委官一員，摘餘丁各十名，與該局官吏匠作人等輪流在局晝夜巡邏搜檢。三十八年，令新舊二局鑄過器皿，如有銅、鐵、炸炭等項餘剩，造册每月申報工部查考。

鑄造

生銅一斤，用炭一十二兩。

黄熟銅一斤，用炭一斤。

紅熟銅一斤，用炭一斤。

生鐵一斤，用炭一斤。

打造

紅熟銅一斤，用炭八斤。

黄熟銅一斤，用炭八斤。

瓜鐵一斤，用炭一斤八兩。

凡鑄造親王印符金牌并上直守衛官軍金牌，工部及禮部計料委官帶領寶源鑄印二局官，會同尚寶監，土官信符金牌會同印綬監，俱於内府金牌廠同造，造完送銀作局鍍金。各衙門印信，工部給銅，於禮部鑄印局造。

守衛金牌，額設「仁」、「義」、「禮」、「智」、「信」字五號，共該一千三百三十餘面。後損失數多，隆慶元年題准：照號補鑄五十面，增號添鑄二百面，將所損牌面送部鎔銷。

外國信符金牌，凡歷代改元，日本等國符牌，俱另鑄當代年號給用。合用物料人力，行順天府辦解。其裝盛袱匣等件，原無年號字樣，仍於原造見存內揀用。隆慶元年，印綬監題鑄陰陽文信符金牌七十面。每面各有硃紅戧金匣。

凡鑄造朝鐘。用響銅，於鑄鐘廠鑄造。嘉靖三十六年題准：行內官監造合用物料，響銅於本監，熟建鐵於工部，各支用。生銅等料，召商買辦。及鎔鑄下罏用八成色金、花銀，於内承運庫關領，鑄匠行兵馬司召募二百名，本部照例支給工食，同本監官匠相兼做造，仍於工所摘撥官軍應用。隆慶五年題：造朝鐘合用生銅數多，恐措辦不及，將本廠見貯試音不堪大鐘五口及裂壞廢鐘三口，改毀添輳。

朝鐘一口，通高一丈四尺二寸五分，身高一丈一尺五寸五分，雙龍蒲牢高二尺七寸，口徑七尺九寸五分。備用鐘一口，製同前。

計鐘二口物料：

八成色金一百兩，每口五十兩

花銀二百四十兩，每口一百二十兩

響銅九萬五千斤，

熟建鐵二萬斤，

生銅四千斤，

紅熟銅二萬一千斤，

錫八千三十斤。

鐘槌長五尺至四尺，徑二尺至一尺七寸。合用柚木，派行浙江、湖廣、四川、福建採解。

凡鑄造銅壺滴漏。嘉靖三十六年題准：行內官監造。

每副物料，

四火黃銅三千三百五十斤，

紅熟銅二百五十斤，

木箭一十九枝。行內靈臺開寫節候時刻安設。

凡鑄造收放錢糧法馬，俱寶源局造。隆慶四年題准：舊法馬輕重參差，令户工二部公同較勘，行該局鑄造。節慎庫、太倉、光禄寺、太僕寺、荆杭抽分兩廠、兩直隸、十三省及七邊郎、七鈔關、五運司，各法馬一樣四十副，仍行撫按轉行各府州縣，照依新降式樣鑄造。

凡內外各衙門合用器具，遇缺題辦原無定例。

鑄錢

凡鑄造制錢。洪武四年，鑄洪武通寶錢。二十年，令各布政司停止鑄錢。二十二年復鑄，更定錢樣分兩。永樂六年，鑄永樂通寶錢。宣德八年，鑄宣德通寶錢。弘治十六年，鑄弘治通寶錢。十八年題准：每文重一錢二分。嘉靖七年，鑄嘉靖通寶錢。十九年，以鑄錢所得不償所費，暫行停止。二十二年，令照新式，鑄洪武至正德紀元九號錢，每號一百萬錠，每錠五千文。嘉靖錢一千萬錠，內工部六分，南京工部四分，各分鑄。隆慶四年，鑄隆慶通寶錢。萬曆四年，鑄萬曆通寶錢二萬錠，每文重一錢二分五釐，七分金背，三分火漆，兩部照舊四六分鑄。十三年，鑄萬曆通寶錢十五萬錠，內南京工部分鑄六萬錠。凡在京鑄錢。洪武二十六年定：凡在京鼓鑄銅錢，行移寶源局，委官於內府置局，每季計筭人匠數目，其合用銅、炭、油、麻等項物料，行下丁字庫等衙門放支。如遇鑄完收貯奏聞，差官類進內府司鑰庫交納，取批迴實收長單附卷。嘉靖三十二年，令黄銅照例行户部買辦，錫、麻等料，行甲字等庫關支，炸炭、工食等項，工部料價支給。以本部侍郎提督本司員外郎監造。四十二年題准：每錢一千文，舊重七斤八兩，今重八斤。每銅五萬斤，錫五千斤，鑄錢六百萬文，共重四萬八千斤，除耗四千斤，仍扣剩銅錫三千斤。凡進錢務秤足數，方許運進司鑰庫交收。萬曆四年題准，動支太倉銀五萬一百九十三兩有奇，寄節慎庫陸續發商買辦鑄造。

洪武間則例

當十錢一千箇，熿模用油一十一兩三錢，鑄錢連火耗用生銅六十六斤六兩五錢，炭五十三斤一十五兩二錢。

當五錢二千箇，熿模用油一斤四兩，鑄錢連火耗用生銅六十六斤六兩五錢，炭五十三斤一十五兩二錢。

當三錢三千三百三十三箇，熿模用油一斤一十四兩，鑄錢連火耗用生銅六十五斤九兩二錢五分，炭五十三斤八兩三錢五分。

折二錢五千箇，熿模用油二斤五兩五錢，鑄錢連火耗用生銅六十六斤六兩五錢，炭五十三斤一十五兩二錢。

小錢一萬箇，熿模用油一斤四兩，鑄錢連火耗用生銅六十六斤六兩五錢，炭五十三斤一十五兩二錢。

穿錢麻：

當十錢每串五百箇用一兩，
當五錢每串五百箇用八錢，
當三錢每串一千箇用一兩，
折二錢每串一千箇用七錢，
小錢每串一千箇用五錢。
銅一斤鑄錢不等，外增火耗一兩，弘治十八年題准：每銅一斤，加好錫二兩。
當十錢一十六箇，折小錢一百六十文。
當五錢三十二箇，折小錢一百六十文。
當三錢五十四箇，折小錢一百六十文。
折二錢八十箇，折小錢一百六十文。
小錢一百六十文。
鑄匠每一名一日鑄：
當十錢一百二十六箇，
當五錢一百六十二箇，
當三錢二百三十四箇，
折二錢三百二十四箇，
小錢六百三十箇。
銼匠每一名一日銼：
當十錢二百五十二箇，
當五錢三百二十四箇，
當三錢四百六十八箇，
折二錢六百四十八箇，
小錢一千二百六十箇。
嘉靖中則例：
通寶錢六百萬文合用：
二火黄銅四萬七千二百七十二斤，
水錫四千七百二十八兩，
炸塊一十四萬五千斤，
木炭三萬斤，
木柴二千三百五十斤，
白麻七百七十斤，
明礬七十七斤，
松香一千五百六十六斤，
牛蹄甲十萬箇，
砂礶三千五百二十箇，
鑄匠工食每百文銀三分八釐。
萬曆中則例：
金背錢一萬文合用：
四火黄銅八十五斤八兩六錢一分三釐一毫，
水錫五斤一十一兩二錢四分八毫八絲，
炸塊二百三十九斤八兩一錢一分六釐七毫，
木炭四十五斤六兩二錢四釐四毫，
白麻一十一兩六分六釐六毫，
松香二斤一十三兩六錢二分四毫四絲，
砂礶六箇，
鑄匠工食三兩六錢五分。
火漆錢一萬文合用：
二火黄銅斤兩同前，
牛蹄甲一百八十五箇一分八釐，
水錫炸炭白麻松香砂礶工食並同前。
凡南京鑄錢。舊例南京寶源局合用銅麻等料，於南京丁字等庫關支。人匠工價，查取本部該動銀兩支給，約爲四分，一分支取揚州、淮安、杭州鈔關船料銀兩，三分動支蘆課銀兩。嘉靖中題准：分鑄紀元各號通寶，蘆課不敷之數，儘于船料內取用。隆慶二年，以船料取用反過三分，題准停鑄，其支剩船料銀及每年三鈔關坐派鑄錢支費銀兩，照數併解户部濟邊。
凡在外各處鑄錢。洪武二十六年定：在外各布政司一體鼓鑄，本部類行各司，行下寶源局委官監督人匠照依在京則例，鑄完錢數，就於彼處官軍收貯，聽候支用。
各處鑪座錢數：
北平二十一座，每歲鑄錢一千二百八十三萬四百文。

廣西一十五座半，每歲鑄錢九百三萬九千六百文。

陝西三十九座半，每歲鑄錢二千三百三萬六千四百文。

廣東一十九座半，每歲鑄錢一千一百三十七萬二千四百文。

四川一十座，每歲鑄錢五百八十三萬二千文。

山東二十二座半，每歲鑄錢一千二百一十二萬二千文。

山西四十座，每歲鑄錢二千三百三十二萬八千文。

河南二十二座半，每歲鑄錢一千三百一十二萬二千文。

浙江二十一座，每歲鑄錢一千一百六十六萬四千文。

江西一百一十五座，每歲鑄錢六千七百六萬八千文。

嘉靖三十四年題准：雲南鑄錢，每年扣留該省鹽課銀二萬兩，就近買料雇匠鼓鑄嘉靖通寶錢，年額三千三百一萬二千文。令參政一員專理，每年十月以裏鑄完，差官起解户部，貯太倉庫，專備九邊年例、京營料草折色、文武官折俸等項支用。萬曆四年題准：通行十三布政司南北直隸開局鑄錢，每府發鏇邊樣錢一百文，直隸州五十文，令照式鑄造，鑄完呈樣。

冶課

凡各處鑪冶。洪武二十六年定：各處鑪冶每歲煽煉銅鐵，彼先行移各司歲辦，後至十八年停止，今不復設，如果缺用，即須奏聞。復設鑪冶採取生礦煅煉，著令有司差人陸續起解，照例送庫收貯，如係臨邊用鐵去處，就存聽用。二十八年，罷各布政司官冶，令民得採煉出賣，每歲輸課三十分取二。正德元年奏准：浙江等布政司課鐵，每一斤折解銀二分五釐，待後鐵料不足，仍解本色。

各處鐵冶：

國初置各處鐵冶，每冶各大使一員，副使一員。

江西：

南昌府進賢冶，

臨江府新喻冶，以上洪武七年置，十八年罷。

袁州府分宜冶。洪武七年置，十八年罷，二十七年復置，二十八年罷。

湖廣興國冶：

蘄州黄梅冶。以上洪武七年置，十八年罷。

山東：

濟南府萊蕪冶。

廣東：

廣州府陽山冶。

陝西鞏昌冶。以上俱洪武七年置，十八年罷。

山西：

平陽府吉州富國、豐國二冶，洪武七年置，十八年罷，二十七年復置，二十八年罷。

太原府大通冶，

潞州潤國冶，

澤州益國冶。以上俱洪武七年置，十八年罷。

四川龍州冶。永樂二十年置。

順天府遵化鐵冶。永樂間初置廠于沙坡峪，復移置松棚峪，宣德十年罷。正統三年復置于白冶莊，萬曆八年罷。

各處鐵課：

國初定各處鑪冶該鐵一千八百四十七萬五千二十六斤。

湖廣六百七十五萬二千九百二十七斤，

廣東一百八十九萬六千六百四十一斤，

北平三十五萬一千二百四十一斤，

江西三百二十六萬斤，

陝西一萬二千六百六十六斤，

山東三百一十五萬二千一百八十七斤，

四川四十六萬八千八百九斤，

河南七十一萬八千三百三十六斤，

浙江五十九萬一千六百八十六斤，

山西一百一十四萬六千九百一十七斤，

福建一十二萬四千三百三十六斤。

見今歲課：

浙江鐵七萬四千五百八十三斤五兩四錢，遇閏加派四千四百六十五斤四兩六錢。衢州府一萬五千斤，餘及加閏皆坐温州府。正德元年浙、福等省俱徵解折色，每斤折銀三分五釐，嘉靖元年，仍解本色。

福建鐵二十九萬九千一百五十五斤三錢四分七釐，遇閏加一萬七千八百六十五斤一十二兩。福州府，八千四百三十三斤，閏加七百六斤十四兩二錢。福寧、州寧、德縣三千三百三十七斤五兩，閏加二百七十九斤五兩八錢。邵武府一萬九千三百九十一斤，折熟切鐵六千四百六十三斤十兩六錢六分七釐，閏加一千六百十五斤十五兩，折熟切鐵五百三十八斤十兩二錢二分二釐。泉州府一萬三千三百四十一斤，遇閏不加。汀州府八萬五千三百三十二斤十四兩六錢，閏加八千一百九斤五兩。延平府一十五萬六千二百十九斤十四兩一錢九分，閏加六千五十九斤五錢。建寧府一萬三千一百十五斤十二兩五錢，閏加一千九十五斤三兩五錢。嘉靖三十四年奏准：建寧府無閏加鐵三千九百三十四斤，有閏加鐵四千二百六十二斤八兩，每斤價銀一分，水脚銀一分二釐徵解。

廣東潮州府鐵七萬斤。解南京工部。

遵化鐵冶事例鐵冶廠近革，姑存事例，以備查考。

本廠建置：永樂間置于沙坡峪，領以遵化諸衛指揮，後移松棚峪，始設工部主事。正統三年移白冶莊。弘治十年，改郎中三年一更。正德元年，請勅撥給令史一名。嘉靖三十六年，題給關防，每年管督工匠，夏月採石，秋月淘沙，冬月開鑪，春盡鑪止，鐵完解部。本廠收支一應錢糧，按月造册呈報，每年終將支剩銀兩解部。萬曆九年題准：將山場封閉，裁革郎中及雜造局官吏，額設民夫匠價，地租銀徵收解部，買鐵支用。

本廠夫匠：永樂間起薊州、遵化等州縣民夫一千三百六十六名，匠二百名，遵化等六衛軍夫九百二十四名，匠七十名採辦柴炭，煉生熟鐵，一年一運至京。正統三年，凡燒炭人匠七十一户，該木炭一十四萬三千七十斤。淘沙人匠六十三户，該鐵沙四百四十七石三斗。鑄鐵等匠六十户，附近州縣民夫六百八十三名，軍夫四百六十二名。每年十月上工，至次年四月放工。凡民夫民匠月支口糧三斗，放工住支。軍夫軍匠，月糧六斗，行糧三斗，俱歲辦柴炭鐵沙，看廠軍月糧同，行糧減半。各軍俱給冬夏衣布二疋，綿花二斤八兩，幫貼餘丁不支糧，該衛免其差役，歲辦半於正軍。此外又有順天永平輪班人匠原額六百三十名，歲分爲四班，按季辦柴炭鐵沙。又有法司送到炒煉囚人，每名日給粟米一升。弘治十三年奏准：本廠民夫，每名每年給均徭銀十二兩，買辦柴炭，其口糧罷支。十六年議：減軍夫民匠十分之四。十八年，又減軍夫之半，民夫十分之四。正德五年，又減軍民夫三分之二。七年，減本廠存留軍民所納柴炭之半。嘉靖七年，計本廠實在軍夫四百二十五名，匠六十七名，民夫四百一十名，匠二百一名，輪班匠四百一十名。四十五年議定：軍夫軍匠有力者，一丁獨辦，無力者，二三丁明合。又議定：囚人每年仍以百名爲率，不得過多。萬曆元年議定：軍夫每名幫貼餘丁二名，軍匠三丁朋作，二丁幫貼。今額徵順、永二府民夫銀三千八百九十五兩，班匠銀二百九十二兩零五分。

本廠鐵課：成化十九年令：歲運京鐵三十萬斤，遵化、薊州、三河、通州等衛所州縣出夫車，遵化三衛一所縣運十萬斤，薊州三衛一州七萬斤，三河二衛一縣六萬斤，通州四衛一州七萬斤，共用車一百七十六輛五分，每輛裝鐵不得過一千七百斤，運價不得過三兩五錢，候農隙領運。正德四年，開大鑑鑪十座，共煉生鐵四十八萬六千斤，白作鑪二十座，煉熟鐵二十萬八千斤，鋼鐵六萬二千斤。六年，開大鑑鑪五座，白作鑪八座，煉生熟銅鐵如前。八年令：生鐵免炒。嘉靖八年以後，每歲大鑑鑪三座，煉生板鐵十八萬八千八百斤，生碎鐵六萬四千斤，發白作鑪煉熟掛鐵二十萬八千斤解京，鋼鐵停止，計熟鐵每掛四塊重二十斤，共一萬四百掛，分派軍衛有司起大車一百零四輛，每輛裝鐵二千斤，各委官陸續領運。

本廠山場：薊州、遵化、豐潤、玉田、灤州、遷安，舊額共四千五百六十一畝九分六釐，採柴燒炭。成化間，聽軍民人等開種納税，肥地每畝徵銀五分，准炭十五斤，瘠地半之。嘉靖五年議准：肥地每畝納炭二十斤，瘠地半之，共該銀七百四十四兩七錢七釐六毫。八年議令：各該州縣徵解本廠每銀十兩，召買炭三千斤。九年題減：肥地止徵四分，瘠者半之。四十五年題准：聽民開墾，永爲世業，地稍平者每十畝坐肥地一畝，稍偏者每十畝坐瘠地一畝，今額徵銀七百八十一兩三分一釐三毫。

禮部鑄印局，黄銅舊議行工部出辦，每年查發一百斤。嘉靖二十九年以後，發二百斤。

朱國禎《湧幢小品》卷四《琴》 黄獻，字仲賢，號梧岡。入内府，年十一，孝皇命之學琴，甚得親近。年七十餘，刻《梧岡琴譜》，禮部尚書陳經爲之序。范文正公酷愛琴，唯彈《履霜》一操，即有事不廢，人謂之范履霜。獨孤及嗜琴，有眼疾，不肯治，欲聽之專也，其得趣乃爾。

葛天氏始歌。陰康氏始舞。朱襄作瑟。伏羲作琴、塤、簫。女媧作笙、竽。黄帝作鐘磬、鼓吹、鐃角、鞞鉦，製律吕，立樂師。少昊作浮磬。舜作崇牙。禹作鼗。桀作爛漫之樂。紂作北里之舞。周有四夷之樂。穆王有木寓歌舞之伎。秦蒙恬作箏。漢田横客作挽歌。漢武帝立樂府，作角觝、魚龍曼延、吞刀吐火之戲。梁有高絙舞輪之伎。唐高宗置梨園作坊。玄宗置教坊、倡優、雜伎。元人作傳奇。

朱國禎《湧幢小品》卷四《鐘鼎》 三代製器，曰鐘，曰鉦，曰鼎，曰鬲，曰盉，曰鍑，曰甗，曰奩，曰洗，曰鋗，曰盆，曰鑒，曰杅，曰匜，曰壺，曰瓿，曰尊，曰罍，曰彝，曰卣，曰舟，曰瓶，曰罍，曰爵，曰斗，曰卮，曰角，曰杯，曰觚，曰斝，曰敦，曰簠，曰簋，曰豆，曰鋪，曰錠，曰錞，曰鐸，曰磬，曰鐃。鐘有特鐘、鎛鐘、編鐘，凡三等。鉦類鐘而庳短；盉類鼎而有味、有攀；鬲類鼎而空足；鍑類釜而大；甗類甑而通中；奩類洗而大，腰有足攀；鋗類洗而小；鑒類鋗而大；瓿類壺而庳；卣類壺而有足攀。簠形方，簋形圓。彝六等，皆有舟。尊六等，皆有罍。罍類壺，容酒一斛。舟類洗，而有耳。

鐘，西方之聲，其功大者其聲大，垂則鐘，仰則鼎，一也。佛家謂地獄受諸苦楚，聞鐘聲則蘇，故緩其杵。黄鐘生一，一生萬物，君子鑠金爲鐘，四時允乳，故鐘調則君道得，古軍中皆用。今易以銅鼓、鑼鐃之屬，取其便也。

鼎，絶大謂之鼐，圜掩上謂之鼒，豐者爲鬲。

大名府有譙鐘，相傳魏太武時所鑄。守清正則鐘聲洪亮，否則不揚。前守惡之，棄於通衢，鐘因半裂。嘉靖中，欒頀爲守，適歲歉，民競言神物棄置爲咎，請復之。欒曰：「有是哉？」祭而縣之，扣之不揚，意甚不悦。忽夢大衆宣於鐘所，既再叩之，鐘果洪亮，其裂處尋亦平滿，更擁起一脊，民益異之。

蕭縣相襲不撞鐘，以爲撞之則水至。嘉靖間，縣尹朱同芳弗聽，水果大至，漂没田廬。同芳堅不聽，水亦尋涸。及孫重光尹蕭，父老懇請，重光遂止之，乃爲文以祭鐘曰：「鼓焉以鐘，昏晨之軌。民有訛言，金能利水。爲民父母，從此而已。御患無德，隨俗可耻。鐘兮有靈，尚鑒乎此。」重光去，王藎臣繼之，復令撞鐘，其家病禍相沿，懼而復止。

成化間，大鐘二，蕩淮水中，聲竑竑，勢欲躍起，總兵平江伯陳公鋭祭之，一鐘遂止。令縣於朝宗門樓，聲聞百里。其一止泗上。

張華銅山鐘鳴之應，人能言之。又其時朝士畜銅澡盤，晨夕恒鳴，如人扣擊。華云：「此盤與洛鐘宫商相應耳。」錯之令輕，鳴遂止。

分宜縣，昔有漁者釣得一金鎖，長數百尺；又得一鐘，如鐸狀，舉之聲如霹靂，山川震動。漁人恐，沉於水中。或言此秦始皇帝驅山鐸也。

會稽靈嘉寺鐘，本於闐國寺鐘也，因風雨飛來，有天竺僧過此，識而知之。

廣西太平州有一鐘，自交趾思琅州飛來，夜常入水與龍斗，天明復舊所。正德己卯，盜斷其紐及唇，靈怪遂滅。

胡梅林取各寺觀銅鐘，製大將軍擊倭，殆無孑遺。惟桐廬縣城東一寺鐘，有蟒蛇盤其上，軍士懼不敢動，再取再如之，乃止。土人云：「其鐘聲聞五十里。」去余居可十二里，寺曰應天，僻遠，四周環以大水，罕有報者，獨得免。餘每扣之，聲清越度，可聞數十里，惜懸深屋中悶悶耳。聞寧波一鐘，見夢太守得免，今半没泥中，取之不可動，人皆神之。

朱國禎《湧幢小品》卷四《銅鼓》 世傳諸葛銅鼓，然不始於諸葛。《馬援傳》：「得駱越銅鼓，鑄爲馬式，還上之。」注引《廣州記》：「俚僚鑄銅爲鼓，懸於庭，置酒，招同類，來者以金銀爲大釵，執以扣，即留遺主人。」《詩》曰：「擊鼓其鏜。」鏜從金，則固起於三代時。所謂金聲者，殆如此，必非鑼也。

諸葛銅鼓皆奇文異狀，雕螭刻虬，間綴蝦蟆，其數皆四。楊升庵編内稱淳于古禮器也。廣漢什邡人段祖，以獻益州刺史蕭鑒，高一尺六寸六分，圍三尺三寸，圓如桶，銅色如漆。令去地尺餘，以手振之，聲如雷，清響良久乃絶。古所以節樂，以諸葛鼓證之，疑即淳于銅鐵鍋，鍋口皆阿大王所制，更奇異。識者曰：非鍋，乃鼎類也。其名曰鬵。《詩》曰「溉之釜鬵」是也。《音樂旨歸》云：鬵，大上小下，若甑、鐺，無足，和羹用之。或曰鬴也，亦無足，乃其實足以函牛，兩耳峙如山形，蠻尤以爲至寶，其重不啻銅鼓。

蠻中諸葛銅鼓有剥蝕而聲響者，爲上上，易牛千頭；次者，七八百頭。藏二三面者，即得僭號爲寨主矣。

凡破蠻，必稱獲諸葛銅鼓，有多至數十面者。此必諸葛倡之，後人仿式而造，其精巧反有過之者。

朱國禎《湧幢小品》卷四《人皮鼓》 北固山佛院有人皮鼓，蓋世廟時，湯都督沂東，名克寬，戮海寇王艮皮鞔之。其聲比他鼓稍不揚，蓋人皮視牛革理厚，而堅不如，故也。

朱國禎《湧幢小品》卷四《古銅鏡》 嘉州漁人王甲者，世世以捕魚爲業，家于江上，每日與妻子棹小舟往來，網罟所得，僅足給食。他日，見一物，蕩漾水底，其形如日，光采赫然射人，漫布網下。取即得之，乃古銅鏡一枚，徑圓八寸許，亦有雕鏤琢刻，固不能識也。持歸家，因此生計寖豐，不假經營而錢自至。越兩歲，如天運鬼輸，盈塞敗屋幾滿。王無所用之，翻以多爲患，與妻謀曰：「我家從父祖以來，漁釣爲活，極不過日得百錢。自獲鏡以來，何啻千倍。念本何人，而暴富乃爾，無勞受福，天必殃之。我惡衣惡食，錢多何用。懼此鏡不應久留，不如携詣峨嵋山白水禪寺，獻于聖前，永爲佛供。」妻以爲然。於是沐浴齋戒，卜日入寺，爲長老説因依。盛具美饌，延堂僧，皆有襯施，而出鏡授之。長老言：「此天下之至寶也，神明靳之，吾何敢輒預？檀越謹置諸三寶前，作禮而去可也。」王既下山，長老密唤巧匠寫仿形模，別鑄其一，迨成，與真者無小異，乘夜易取而藏之。王之貲貨，自是日削，初無橫費，若遭巨盜輩竊而去者。又兩歲，貧困如初。夫婦咎於棄鏡，復往白水拜主僧，輸以情，冀返原物。僧曰：「君知向時吾不輒預之意乎？今日之來，理之必至。吾爲出家子，視色身非己有，況於外物耶？常憂落奸盜手中，無以藉口，茲得全而歸，吾又何惜！」王遂以鏡還，不覺其贗也。鏡雖存而貧自若，僧之衣鉢充牣，買祠部牒，度童奴數溢三百。後漸有聞者，盡證原鏡在僧所。提點刑獄使者建台於漢嘉，貪人也，認爲奇貨，命健吏從僧逼索，不肯與，羅致之獄，用楚掠就死。使者籍其財，空無貯儲。蓋入獄之初，爲親信行者席卷而隱，知僧已死，穿山谷徑路，擬向黎州。到溪頭，值神人金甲持戟，長身甚武，叱曰：「還我寶鏡！」行者不顧疾走，投林未百步，一猛虎張口奮迅來，若將搏噬，始顫懼，探懷擲鏡而竄。久乃還寺，爲其儕侶言之，後不知所在。隆興元年，祝東老泛舟嘉陵，逢王漁，自説其事，時年六十餘。

朱國禎《湧幢小品》卷四《銅拳》 山東新城縣王氏科第之盛，始於少司徒見峯公，公嘗夢仙人授丹訣。自楚撫歸，出銅拳鑄爲器，食頃，冶人失聲驚走。公就視，則二拳墮地，牝牡相合成山焉。有岫有岩，有洞壑，有鸞鶴，壽星中踞，羣真環列，其巔則金母坐而仙姬侍，後有洞，大士入定其中。所現仙靈皆肖生，雖雕鏤不能及也。

朱國禎《湧幢小品》卷四《鐵爐》 遵化鐵爐，深一丈二尺，廣前二尺五寸，後二尺七寸，左右各一尺六寸。前辟數丈，爲出鐵之所，俱石砌。以簡千石爲門，牛頭石爲心，黑沙爲本，石子爲佐。時時旋下，用炭火置二韛扇之，得鐵日可四次。妙在石子產於水門口，色間紅白，略似桃花，大者如斛，小者如拳，擣而碎之，以投於火，則化而爲水。石心若燥，沙不能下，以此救之，則其沙始銷成鐵。不然，則心病而不銷也。如人心火大盛，用良劑救之，則脾胃和而飲食進，造化之妙如此。

鐵冶西去遵化縣可八十里，又二十里，則邊墻矣。羣山連亘不絶，古之松亭關也。生鐵之煉，凡三時而成；熟鐵由生鐵五六煉而成；鋼鐵由熟鐵九煉而成。其爐由微而盛，由盛而衰，最多至九十日，則敗矣。爐有神，則元之爐長康侯也。康當爐四十日而無鐵，懼罪，欲自經，二女勸止之，因投爐而死。衆見其飛騰光焰中，若有龍隨而起者。頃之，鐵液成。元封其父爲崇寧侯，二女遂稱金、火二仙姑，至今祀之。其地原有龍潛於爐下，故鐵不成。二女投下，龍驚而起，焚其尾，時有禿見焉。

鐵一名犁耳，蓋最堅且厚者。《晉書》稱秦行，唐公洛曰：「力制奔牛，射洞犁耳。」

朱國禎《湧幢小品》卷四《鐵器》 狼山把總徐正得鐵矛於江中，形制古樸，不類近時物，其款識數字漫，不知爲何等語也。一日，置之舟前，颶風大作，海潮突起，鄰舟皆簸揚上下，不能駐足立，獨此舟晏然，如履平地。明日，置之他舟，亦然。又明日，置之他舟，無不然者。

李齊物，天寶中爲陝州刺史，開砥柱，通漕路，發重石，下得古鐵戟若鏵然，銘曰「平陸」。上之，詔即以名縣。諸葛亮箭袖鎧帽二十，五石弩射之不能入，與鑄刀三千同。

後主禪造一大劍，長一丈二尺，鎮劍口山，往往人見光輝，後人求之不獲。

云長采都山鐵爲二刀，銘曰「萬人」。後敗，惜刀，投之水，成龍飛去。

朱國禎《湧幢小品》卷四《陝州鐵人》 鐵人，在陝州門譙樓下，衣冠拱立，世代莫知所始。相傳爲禹治水置之，以鎮水患者，未知是否。或以爲秦金人二人之數，按《綱目集覽·索隱》云：各重千石，坐高二丈，號曰翁仲。苻堅徙入長安。今陝州鐵人不及數尺，恐非舊物。

朱國禎《湧幢小品》卷四《僧取沉牛》 鐵牛，在朝邑縣東三十里大慶關，東岸四，西岸三，唐開元十二年鑄此，以繫浮梁。金、元時，牛存而梁廢。未幾，悉沉於河。大定十年，真定府禪院僧懷炳有巧思，都水使者薦於朝，得旨，令取沉牛。乃輦石駕舟自沉於河，得牛所在，以長繩繫，增石轉機，已出其三，會有流言，乃止。初起役，有善泅者十人佐助，師每畫十字於十人之掌，則入深淵如平地，視聽亦了然。十人皆剃度爲弟子。

朱國禎《湧幢小品》卷四《鐵鑊釜》 揚州鐵鑊，府城北門外鐵鑊六口，南門外四口。各高四尺，厚四寸五分，周圍一丈七尺，可容二三十石，不知何代何人所鑄。北門外兩鑊，皆半没入土，露土外者光瑩不銹澀，如磨琢然。相傳元鎮南王府故物，或又謂出隋宮，皆不可考。鎮江甘露寺亦有大鐵鑊，俗傳梁武帝鑄以飯僧者。蘇文忠有「蕭公古鐵鑊」之句，又或以爲前代壓鎮之物，與揚州同，亦未知是否。

梁築浮山堰，成而復潰。或言蛟龍能乘風雨破堰，其性惡鐵，乃運鐵器釜、鑊之屬數千萬斤沉之。揚州鐵鑊豈即此類耶？

鐵釜，在北門外蘇州造船廠，今移在太倉海寧寺，相傳通番船煮箴綵用者。闊六尺三寸，高四尺三寸，圍二丈，厚二寸四分。

朱國禎《湧幢小品》卷四《鐵棺》 興化縣南，法華廢寺西，有鐵棺焉。長九尺二寸，前廣後狹。相傳宋建炎間，薛慶常遣其徒撼之，中有物相觸，作鏗然聲。

以鐵錘擊百不損，鼓鞴熔之不液，乃止。

朱國禎《湧幢小品》卷四《攢棺奇繪》 柴墟儲文懿公，正德癸酉，以吏部侍郎終於南都，子灝扶柩歸海陵之第。丙子涂瓷，攢於墓舍。丁丑十月，啓而葬諸制域。發視棺上，變生黝墨如鐵，成繪畫文，具畫家鱗皴烘染之法。前則奇石、枯松，旁出二篠，莖葉咸翛。左則梅株夭矯，梢綴數花其杪，右如左而樹差短，全無花。古雅蕭散，非俗工所能爲。後有文隱隱未就。吁！亦異甚矣哉。殆有鬼神爲之其間者。家人驚愕走聞，州大夫馳駕來視，削而究之，深入木理。於是四境喧詫，觀者填溢，莫不駭嘆，以爲神異。灝乃拂楮於上，模其大都，藏於家廟。

褚人穫《堅瓠丁集》卷一《金佛還寺》 汴報國寺有金佛三尊，蓋宋真宗所鑄。後開封府主某入寺，至後殿，見門扃鑰，疑僧所私在内，令開，見佛像光芒閃爍，問知金身。越數月，喚僧借一尊到衙求嗣，僧不與。府主怒，吏陶某獻計，假僧之門徒請僧。僧至半途，一人邀入内奉茶，有衆拿下，知是娼婦家，送府下獄。陶説之，私將金佛一尊暗送釋僧。僧於佛前斷小指焚香拜祝，鬱鬱而死。府主後將佛漆身送回家，果得一男，乳名佛生，左手無小指。彌月，府主飲酒間，一笑而死。後男長成，聰慧，家遭火焚，一貧如洗。佛生遂出家，扛抬漆佛，沿門募化，亦不知其爲金也。後至汴寺，僧夢佛還鄉，次曰佛生抬佛進寺。僧見像語其故，佛生見與二尊相同，遂終止寺中。

褚人穫《堅瓠廣集》卷二《木球使者》 《渌水亭雜識》載：京師功德寺有木球使者。按宋張世南《宦游紀聞》載：雪峯寺僧義存於唐懿宗咸通十一年開山創寺，乾符二年賜號真覺禪師。寺有木球，相傳受真覺役使，呼僕延客，球自往來。嘉泰間，寺灾，球滚入池中，得不壞。又《帝京景物略》載：功德寺止存破屋數間，供一木球，施以丹堊。相傳寺初興時，板庵禪師能役是球。球大如斗，不脛而走，逢人躍擊，如首稽叩。入侯門戚里募金，無不立應。人目爲木球使者。

褚人穫《堅瓠廣集》卷二《銀化鶴》 《金陵瑣事》：洪武乙卯，南畿御庫銀每錠重數百斤，忽三錠化三白鶴，穿庫飛出，莫知所在。有一書生見一白鶴飛入地中，異焉，標記其地而去。明早尋標，掘土尺餘，見白金一錠，大不能舉，約十八人并力舉之，上有廣積字。衆分不得，以聞於官。官以上聞，上曰：「此銀已失三塊，此塊天賜儒生者也。」即命賜之，其同掘者命給傭雇錢而已。

褚人穫《堅瓠秘集》卷六《竊爐》 《畫墁録》：宋與北人誓，兩界非時不得葺城堞。李元則知雄州，欲展城無由，因作銀鑪置城北土神祠，一旦使人竊去，因大喧鬧，踪迹去來，辭連北疆。紛紜久之，遂興工起築，今雄州城北是也。語云：「行陣之間，不厭詐僞。」弦高誕而存鄭，子襄北而全楚，元則誑而固圉。機心機事，時有用之而濟者，蓋亦君子所不諱也。

周元彪輯《類珠》卷一九《雜具部》 鼎

鼎重爲器，列形懲奸，觀象犧易，利金玉之貞，致用王家，爲崇貫之貴。黄帝得金銅之仁，絪緼自然而生；漢武迎中山之寶，黄雲時蓋其上；神禹鑄九鼎之金，陰陽辨其雌雄。且是鼎也，太公以刻璜矣，蕭相以紀功矣，魏祖以旌能，梁武以寫經矣，洪容百斛，金重千鈞，固烏獲所不易扛，而孟説所難輕舉也。列三公之象，調五味之和，分八卦之靈，駭百神之異，古帝鑄之於荆山，成王定之于郟鄏，孝武獲之於汾陰，豈蓽路藍褸之主所敢問哉。自魯幾以饞鼎召釁，而徐子以甲父賂。齊吴明國修貢獻以常然，魏太子賜鍾繇以五熟。鼎之爲用，致不一矣。噫，列鼎之家，三鼎五鼎之貽羞而折之覆餗者比比也。鼎鐺弗恤，鐘鼎徒虚，又安得有志，三命益恭之學者而與之言吾愛吾鼎也哉。自禹鑄九鼎，百神不敢侵。武王遷洛，義士非之；魯納郜鼎，《春秋》譏之。若夫函牛者，不可烹雞，而伊尹負以干湯鼎俎之云，豈其然乎。

王晫《今世説》卷七《術解》 吴志伊亦精樂律，曾於市上見編鐘一枚，叩之曰：「此大吕鐘也。」後滌視款識，云：「古大吕之鐘。」

《雍正朝内閣六科史書・户科・總理户部事務怡親王允祥等題請限期三月令四川巡撫報明該省銅鉛開採情形本》 總理户部事務和碩怡親王臣允祥等謹題爲欽奉上諭事：「該臣等查得四川巡撫蔡珽以鼓鑄一案，銅、鉛齊備方可開爐。先經臣以或赴鄰省辦買，或就本省開採，題請部議，續准部咨，商民自備工本，于川省出産處所行令開採，賣充官用等因。今據商民等報稱，所採地方白鉛，一時開採不出，而訪聞雲南開鑄鉛價頓昂，又難再議採買，一時未便開爐。現在飭令商民赴山箐細竹端勘，如有出鉛之處開挖試驗另報外，惟是時日難定，容昌以三月爲期，有鉛則竟開爐，無鉛則暫停鑄。至人工、食物等項，原議令昌確查定議，應至開爐鼓鑄之日確議具題。臣謹會同川陝總督年羹堯合詞具題等因具題前來，查川省建昌、東川等處出産銅鉛，可令商民開採，原係該撫自行題明。今該撫又稱白鉛一時開採不出，容以三月爲期，有鉛則竟開爐，無鉛則暫停鑄等語，應將川省開採銅鉛，准其三月爲期。仍令該撫會同該督將有無白鉛、可否鼓鑄，逐一定議寔題報。再該撫于本年五月二十日具題，迄今已經兩月，再加題覆奉旨欽遵行文至川，又需一月有餘，是文到之日已逾三月。此間商民現在開採，如有銅、鉛該撫隱匿不報，任其盜賣，或被傍人首告，或科道糾參，即將該撫嚴加議處，從重治罪可也。謹題請旨。」雍正元年七月二十日題。本月二十□日奉旨：「依議。」

《雍正朝内閣六科史書・户科・大學士管户部尚書事務張廷玉等題准撥給江蘇雍正十年收繳黃銅器皿並收私錢用過價銀本》 經筵講官少保兼太子太保保和殿大學士仍管吏部户部尚書事臣張廷玉等謹題爲欽奉上諭事：「蘇州巡撫喬世臣題，前事雍正十一年三月三十日題，四月二十日奉旨：『該部察核具奏。』」該臣等查得蘇州巡撫喬世臣疏稱，江蘇等屬收繳黃銅器皿併私鑄錢文一案，據布政使白鍾山會同蘇松巡道王澄慧詳稱，雍正十年春季起至歲底，共收生、熟銅一萬八千三百七十四斤零，内熟銅一萬一千五百七十斤零，生銅六千八百三斤零。共給價銀二千四十兩四錢二分八釐零，内動雍正十年地丁銀一十七兩九錢八分九釐零，九年地丁銀一千三百二十四兩一分七釐零，八年地丁銀四百三十五兩二分一釐零，七年地丁銀二十八兩一分二釐零，六年地丁銀一百四十兩一錢一分五釐零，五年地丁銀九十五兩二錢柒分二釐零。又收私錢八十三千五百柒十文，内除查出私錢五十六千二百七十文不給價外，實收私錢二十七千三百文，給價銀一十三兩六錢五分，内動九年地丁銀一十二兩七錢四分八釐零，十年地丁銀九錢一釐零等情。臣覆查無異，會同署督臣魏廷珍合詞具題等因前來。查江蘇雍正十年分共收生熟銅一萬八千三百七十四斤零，共給價銀二千四十兩四錢二分八釐零。又收私錢八十三千五百七十文，内除查出之私錢五十六千二百七十文不給價外，實收私錢二十七千三百文，給價銀一十三兩六錢五分。臣部照依各項價值，按册核算，數目相符，應准於各年地丁銀内照數動給。仍令該撫喬世臣將續收銅器，照例按季造報，歲底具題可也。臣等未敢擅便，謹題請旨。」雍正十一年六月十五日題，六月十七日奉旨：「依議。」

《雍正朝内閣六科史書・户科・總理户部事務果親王允禮等題爲核銷安徽收買銅器設爐鼓鑄支用工料等項銀兩本》 總理户部事務和碩果親王臣允禮等謹題，爲欽奉上諭事：「安慶巡撫王紘題，前事雍正十二年五月初四日題，本月二十五日奉旨：『該部察核具奏。』」該臣等查得安慶巡撫王紘疏稱，安屬收買銅器設爐鼓鑄一案。據布政使李蘭會同驛鹽道副使包括詳稱，自雍正十年三月十九日開爐起，至十二月十八日底，鑄錢二十卯，共用過生、熟對搭銅器十九萬二千斤。内生銅九萬六千斤，該價銀九千二百一十兩六錢二分四釐；熟銅九萬六千斤，該價銀一萬一千五百一十三兩二錢八分；共銅本銀二萬七百二十三兩九錢四釐。共去耗銅一萬七千二百八十斤，净銅十七萬四千七百二十斤。每錢一文，重一錢四分，計鑄出錢一萬九千九百六十八串，除給工料錢二千九百八串八百文，又加補串繩錢二十八串八百文，寔得餉錢一萬七千八十八串，俱經解貯司庫陸續搭放兵餉，每錢一串值銀一兩，共計銀一萬七千八十八兩，合算不敷銅本銀三千六百三十五兩九錢四釐。所有鑄出錢文，需用銅器、應給工料等項，照例造具清册呈送前來。臣覆核(毋)〔無〕異，除册送部外，會同署理江南江西總督趙弘恩合詞具題等因前來。查前項鑄出錢文、用過銅器以及折耗數目，臣部核算與京局鼓鑄之例相符，應毋庸議。至所給工料錢二千九百八十八串八百文，係應給之項，應准支給。寔得餉錢一萬七千八十八串，既經陸續搭放兵餉，應將易出銀兩照數歸完從前收買銅器原動工本，仍將歸完款項數目報部查核。其不敷銅本銀三千六百三十五兩九錢四釐，應令該撫王紘于收買銅器鑄錢完日，備造清册送部核銷可也。臣等未敢擅便，謹題請旨。」雍正十二年七月十一日題，本月十三日奉旨：「依議。」

姚元之《竹葉亭雜記》卷七 南苑新宫門外二鐵獅，極有神致。上有「除邪辟惡，鎮宅大吉」，後有一花押，不可識。前有皇祐十年月日，又前有彰德安陽縣銅冶鎮及冶工姓名四五人，古氣磅礴。座之四面，一面即字款，其三面皆陽文，荷花水草，亦極有致。疑是金輦宋物也。

姚元之《竹葉亭雜記》卷四 廣東省城内雙門底拱北樓上有銅壺滴漏，其時最准。三層，大小五桶皆以銅爲之。桶旁鐫字，云「延祐三年十二月十六日造」，以後另行小字，云「作頭洗運行。作頭杜子盛。南海縣該吏陳用和、廣東道宣慰使司都元帥府陰陽提領簡德轉監鑄。承務郎廣州路南海縣尹兼勸農事周勝寶提調監鑄。廣州路總管府提控案牘兼照磨承發架閣常天錫。廣州路總管知事宋君敬。承直郎廣州路總管推官王亨。承德郎廣州路總管府推官王思聰。廣州路總管府判官扎忽。廣東道宣慰使司都元帥府令史常文廣。承宣郎廣東道宣慰使司都元帥府都事王巨威。承務郎廣東道宣慰使司都元帥府都事楊復。承宣郎廣東道宣慰使司都元帥府經歷穆齊候。承宣郎廣東道宣慰使司都元帥府經歷揑古侚。中順大夫廣東道宣慰副使僉都元帥府事王從政。奉議大夫廣東道宣慰副使僉都元帥府事拜降。懷遠大將軍同知廣東道宣慰使司副都元帥阿剌不花。中奉大夫廣東道宣慰使都元帥怙里。資善大夫廣東道宣慰使都元帥馬速忽」。此壺至今五百餘年，尚能不差時刻，猶可見古人之制作也。阮芸台制府仿其式，以錫爲壺，置於廳事之旁，時刻俱不能准。蓋工人未能得其中之消息也。或曰錫不能如銅之堅，故易壞耳。

文王鼎，《宣和博古圖》載鼎銘七字，曰「魯公作文王尊彝」。薛尚功《鐘鼎款識》載魯公鼎銘同，蓋即《博古》之文王鼎也。姜紹書《韻石齋筆談》記李修吾節鎮淮陰，遣中翰黄黄石以千三百金得文王鼎於梁溪嵇少峯家，後記此鼎之轉徙甚詳。劉公甗《七頌堂識小録》云：文王鼎所見凡二，馮涿鹿、孫退谷二家所藏形制皆同，孫氏翡翠尤勝云云。此中或即有修吾之物亦未可知。然世安得有如許文王鼎哉？修吾之物，其篆文及鼎之輕重大小，《筆談》已言其與《宣和》所藏迥異。誠如所謂「飛凫家見鼎之方而古者，即指名爲文王鼎，恐不免見牛呼戴，見馬呼韓」矣。

代那撰、瑪高温譯、華蘅芳筆述《金石識别》卷八《黄金》 金之用處，人人知之，亦無不以爲貴重，因其韌而易打，見天空氣，其光不損。雖其價貴，而作器甚美觀。又能極薄，故可作箔以包裹各金之器。其箔計一粒重，能作五十六寸四分寸之三之平方，其薄二十八萬分寸之一。極純之金，西名謂之二十四開來脱，亦謂之細金。如内有二十二分金，二分銀，或一分銀，一分銅，謂之二十二開來脱。如内只有二十分純金者，謂之二十開來脱。欲仔細考究金之成色，每開來脱分作四分之一、八分之一、十六分之一、三十二分之一。

花旗律例，金九百，銀銅一百，作金錢，每箇内有二百三十二粒細金。

金脱羅里恩，灰色或銀白色。

黄金生成自然者居多，或爲純質，或與銀及他金和合，亦有與脱羅里恩相連者。

生金，其元爲一律式，結成正方形，不能剖析。亦有頁及塊，有時如毛，黄色有淺深。若銀多，則色白，最軟最韌。打之最能薄，引之最能長。硬二・五至三，重一二至二〇。其質常與銀和合，故金之多少無一定。最净之生金出於俄羅斯，其合質金九八・九六，銀〇・一六，銅〇・三五，鐵〇・〇五，其重一九・〇九九。有一處所出金礦，其合質：金七三・四，銀二六・四八，其重一二・六六六。凡金礦中之金，與銀和合之數，其比例或三與一，或三・五與一，或五與一、六與一，八與一，八與一者最多。亦屢有十二與一者。

金有與銅及鈀留底恩，日和地恩和合者。

有日和地恩金，重一五至一六・八，内有三十四至四十三分日和地恩。

生金礦與鐵倍來底斯、銅倍來底斯之别，因用刀切之，能成片，打之能扁，不碎爲粉。又倍來底斯熱之有硫磺氣，此無硫磺氣，且能鍊。

生金，大約於半結成之疊層石中遇之，凡半結成石中，科子脈多者，其科子中每有金。

半結成石，如客羅愛脱，及台而客，其中出金最多。

如全結成石，合拉尼脱、尼斯枚格，泥石，此三種結成石，其脈常爲非而斯罷，或合拉尼脱，而科子脈少。

凡合拉尼脱脈，其中不恒有金。

科子脈之透過石層，其形忽大忽小，亦有平鋪爲面與石層平行者。其科子常有中空，而内有結成之科子者。又科子中，每有倍來底斯及呆里那，其倍來底斯或化去，則科子中空，或有硫磺及鐵鏽。凡見如此形狀之科子，皆易得金。

倍來底斯，其硬如科子，其中亦每有金。惟其金須磨碎其石爲粉，以水銀收之，方能得金。其法甚難，不如師造化之法，符其自變。法以倍來底斯堆爲□山，見空□日久，則變爲硫酸鐵，再取其金。

如有金之處有呆里那者，其呆里那中亦有金。

有時疊層石之近科子者，其石亦有金，惟不如科子中金多耳。

金在科子中，其甚細之粒，目不能見。

産金之石，其中大約有白金衣日地恩、哈思彌恩磁鐵、鐵倍來底斯、銅倍來底斯、呆里那、白倫脱、低脱來代每脱、入爾康盧代、爾重斯罷，亦有白羅蓋脱、莫奈是愛脱及炭剛。

佚名《銅政便覽・廠地（上）》 滇之産銅，由來久矣。懷陲見於《漢書》，裝采著於後漢。自蒙段竊據以來，畫江爲界，皆無可考。元、明産銅之所，僅金齒、臨安、曲靖、澂江四處。我朝三池郡縣，所在多有寶藏之興，軼於往代，而銅亦遂爲滇之要政。按滇省年運京銅六百三十餘萬，局鑄、採買又需千萬。向有四十八廠以次封閉，現在開採者三十八處。寧台十五廠專供京運，鳳凰八廠廉撥京運局鑄採買，迴龍十四廠及寧台、香樹二廠之紫板銅專供局鑄採買，金釵廠（低）〔底〕銅專撥採買。此各廠産銅供運之大略也。爰列其坐落、經費、程站，而以開減經管、考成附焉。

圖録

吕大臨《考古圖》卷一

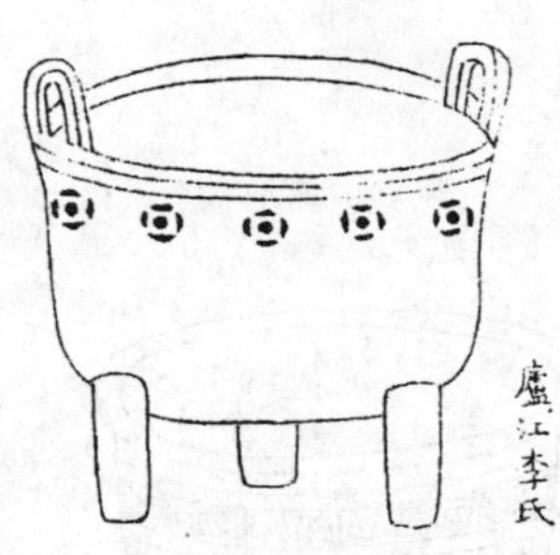

庚鼎

同前

辛鼎

同前

癸鼎

右三鼎，皆得於京師。

庚鼎高六寸有半，深三寸有半，徑五寸三分，容二升有半。

辛鼎高八寸，深四寸有半，徑七寸，容五升。

癸鼎高九寸有半，深五寸，徑八寸，容一斗。

銘皆有一字，在其腹。權，度、量皆用。今《大府法》有云：黍，尺黍。量者各識其下。

按《史記》：「夏商未有謚，其君皆以甲乙爲號。」則此三鼎，疑皆夏商之器。

李氏《録》云：「自庚至癸一體，每變以大而文有加。」「庚癸」二字，與《説文》小異。許慎云：「庚者，秋時萬物庚庚有實。」今「庚」作「〓」，無垂實之象，此「〓」字乃有之。今「癸」作「〓」，具四中，而此「〓」字一十三包，癸次五而居寅之前，有紐而未引達之象。又癸鼎文作龍爬，中有獸面，蓋饕餮之象。《吕氏春秋》曰：「周鼎着饕餮，有首無身，食人未咽，害及其身。」《春秋左氏傳》：「縉雲氏有不才子，貪于飲食，冒于貨賄，天下之民謂之饕餮。古者，鑄鼎象物，以知神姦。鼎有此象，蓋示飲食之戒。」又按陶隱居《刀劍録》云：「夏，孔甲鑄劍一，名曰：『甲』銘止一字。」

晉姜鼎

集古本

列原父釋

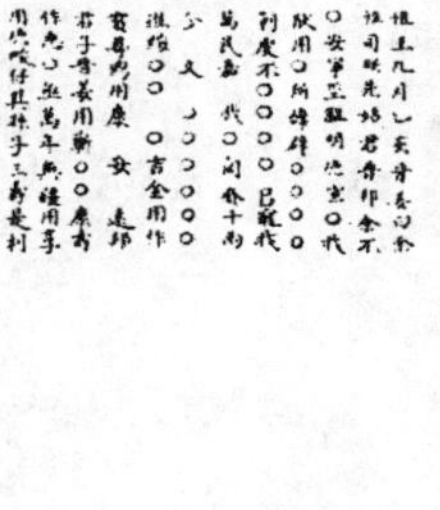

太常博士豫章楊南仲釋

隹惟古字多省偏旁鄭司農説同禮云四者書二但爲義又云且位同字古文春秋經位爲立是也

右得於韓城，徑尺有七寸四分，高尺有二寸半，深七寸六分，容四斗二升，銘百有二十一字。

公諴鼎

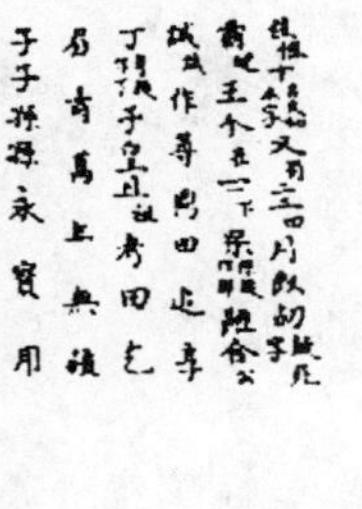

右得于上雒，徑尺有七分，高八寸八分，深五寸八分，容斗有八升，銘四十有一字。按惟正十有四月，古器多有是文，或云十有三月，或云十有九月，疑飼王居長，雖踰年未改元，故以月數也。「呆雒」或宫名，如「西雒」之類。《集古》云：雒公不知爲何人，原父謂「古」、「丁」、「寧」通用。蓋「古」字簡畧，以意求之，則得「尒」。

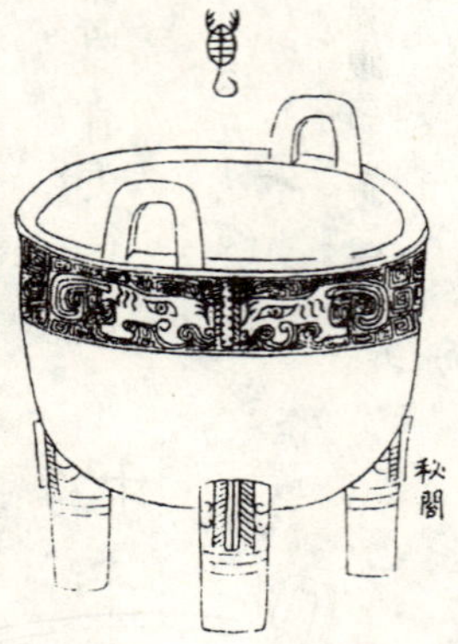

秘閣

董鼎

右銘一字，餘未考。古「董」字全象董形，疑人名，若公孫董之類。周景王十三年，鄭獻公董立。

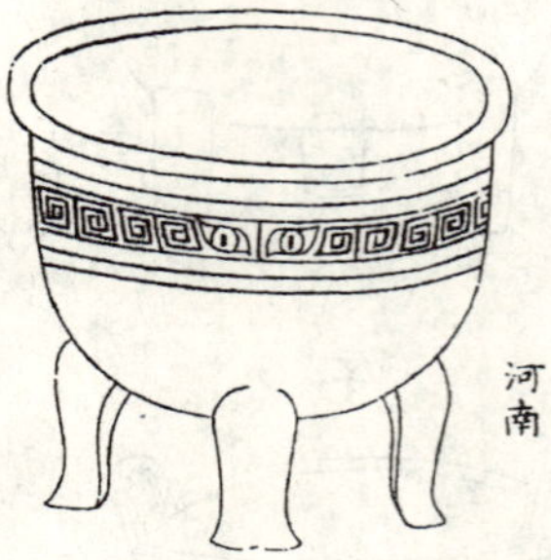

河南

敗氏鼎

叀惠。作奴微。白，伯。敗與妘同。氏鼎，永寶用。

右銘十字餘，未考。

按：敗姓，祝融之後，亦作妘。《説文》云：橊文〔作〕〔妘从員〕。

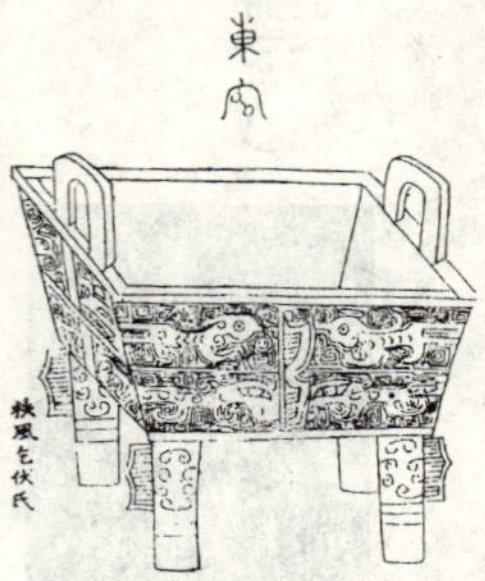

扶風乞伏氏

東宮方鼎

右得枀扶風量度，木考銘，二字曰東宮

呂大臨《考古圖》卷二

孫丁父。

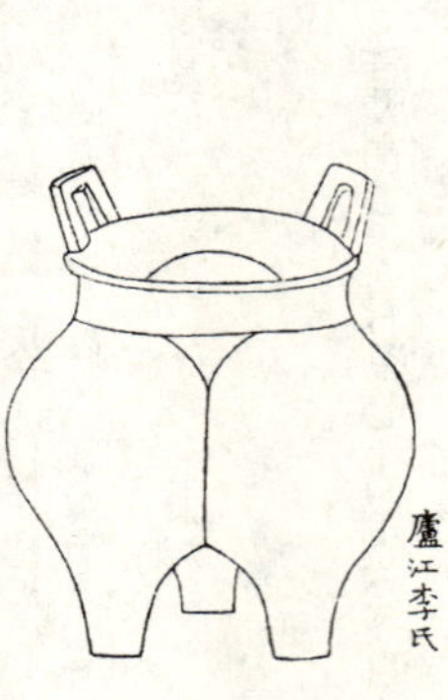

廬江李氏

丁父鬲

右不知所從得。高五寸有半，深三寸二分，徑四寸有半，容二升，銘三字。

李氏《録》云：「《爾雅》：『款之曰鬲。』」此器自腹所容通足間，若股髆然三體合爲一，丁父所作，商器也。虢叔鬲及秘閣所藏二周高鬲，有闊足爲款者，有自下空爲款者，皆圓而不分三體，與此少異。

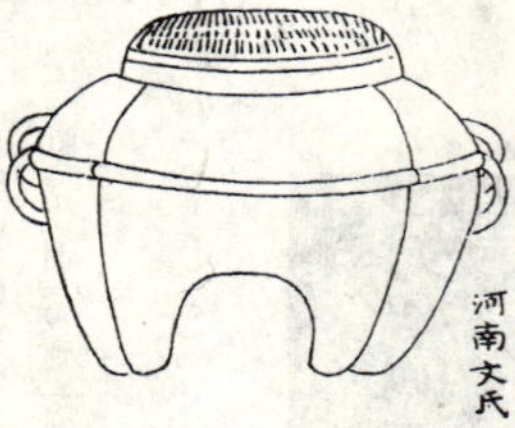

河南文氏

弇口鬲

右無銘識，餘未考。

鬲己父

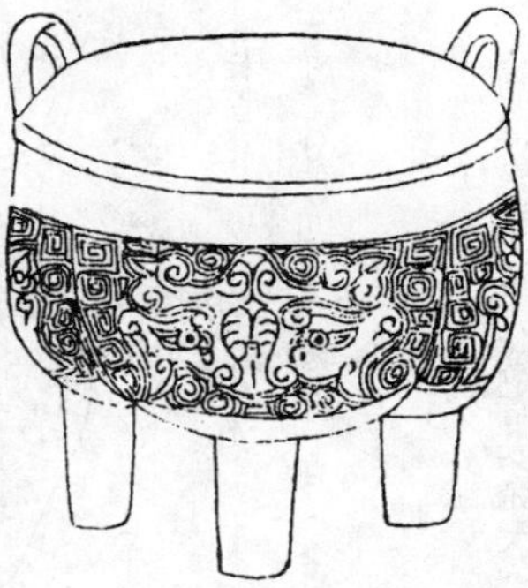

京兆呂氏

父巳鬲

右得於鄭城。高五寸七分，深二寸九分，徑三寸有半，容二升有半，銘三字。

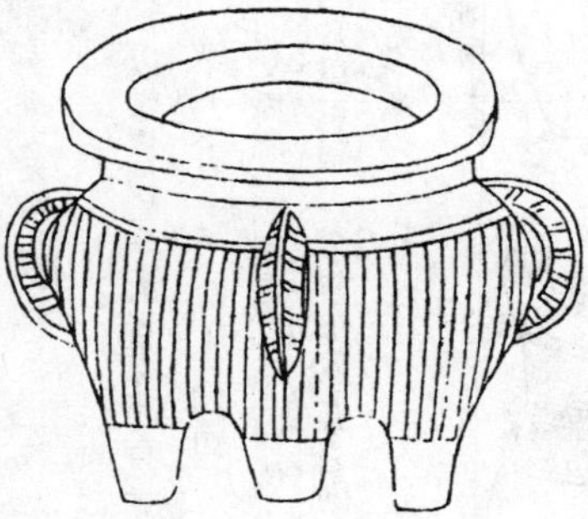

虢叔鬲

虢叔作尊鬲。

右不知所從得。高四寸有半，深二寸六分，徑五寸有半，容升有七合，重二升十兩，銘五字。

某父鬲 河南張氏

某父鬲

仲疑孔字。父乍作𩰫尊。鬲，子子孫孫永寶用。

右熙寧中得於鳳翔盩屋。高三寸八分，深三寸二分，徑五寸六分，容二升，銘十有二字。

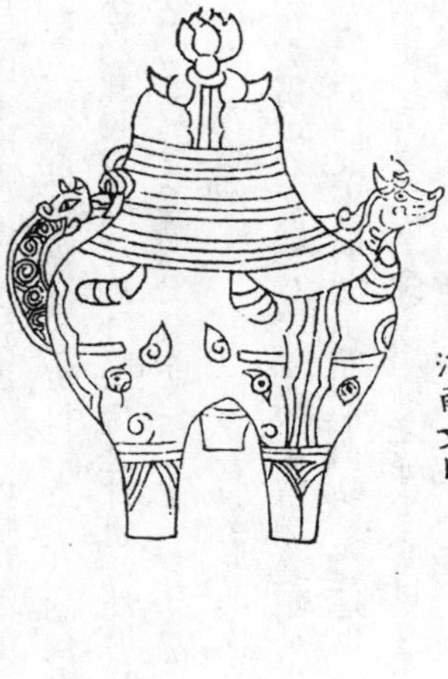

河南文氏

旅鬲

按：周憬功勳銘，内「鴻」字「工」作「匕」，疑此作人旅鬲。右得於京兆。高一尺，深五寸八分，徑四寸，容五升，銘二字。

按此器銘有「匕」字，李氏所藏。父巳卣有北，此乃其半，皆不可考。古文「鑛」字作「北」，似近之形制，有款足，故名曰「鬲」。其文皆隱起作獸，面亦饕餮象，然有柄有流，流口作牛首，蓋有連環繫于柄，與他鬲小異。

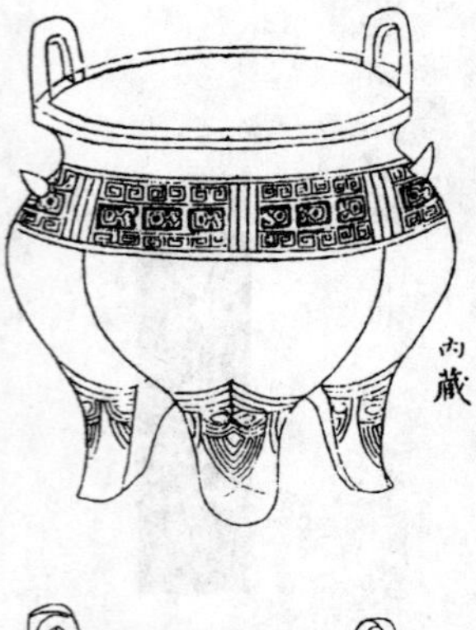

內藏

方乳曲文大鬲

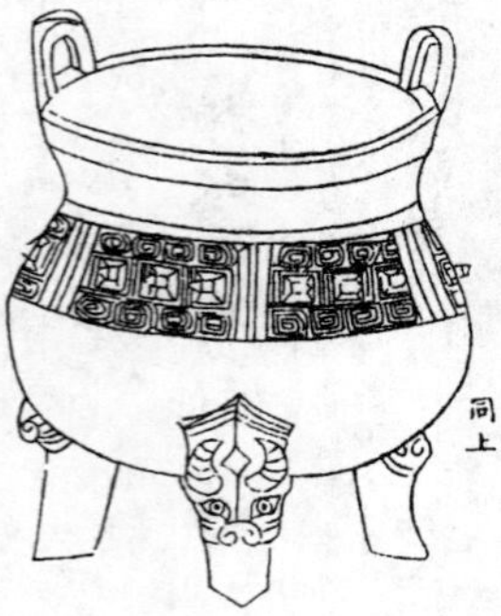

同上

方乳曲文次鬲

右二器不知所從得。以黍量校之，大者深尺有一分，徑尺有四寸，耳高四寸，圓唇厚半寸，容一斛。次者深八寸九分，徑尺有二寸，半耳高三寸，容五斗，足皆中空。有界篆方乳曲文爲飾，無銘識。按《周禮・陶人》：「爲甗鬲，實五㲉。」又豆實三而成㲉，四升爲豆㲉。容斗二升，五之則六斗。皇祐中詔定大樂有司校之，皆與《周官》不合。

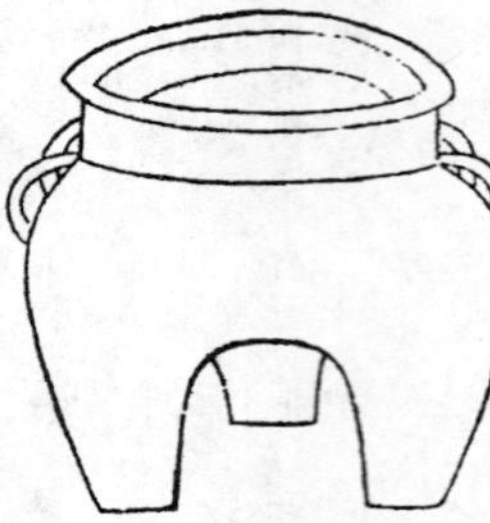

河南文氏

垂環鬲

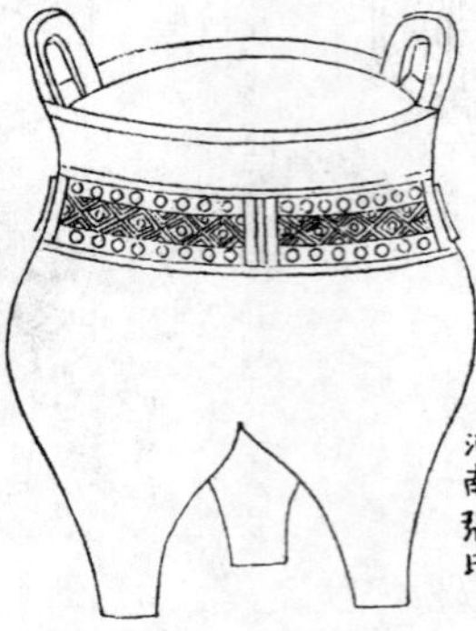

河南張氏

直耳鬲

右得于河南文氏無銘識制度尺量未考

右得於河南河清高四寸七分深三寸二分徑四寸六分容一升六合

王黼《重修宣和博古圖》卷一

總說

《周易》六十四卦莫不有象，而獨於鼎言象者，聖人蓋有以見天下之賾而擬諸形容，象其物宜，是故謂之象。至於近取諸身，遠取諸物，仰以觀於天，俯以察於地，擬而象之，百物咸備，以通神明之德，以類萬物之情，故圜以象乎陽，方以象乎陰，三足以象三公，四足以象四輔，黄耳以象才之中，金弦以象才之斷，象饕餮以戒其貪，象蜼形以寓其智，作雲雷以象澤物之功，著夔龍以象不測之變。至於牛鼎、羊鼎、豕鼎，又各取其象而飾焉。則鼎之爲器，衆體具矣，不特以木巽火，得養人之象而已。故聖人惟以鼎爲象。

然鼎大者謂之鼐，圜弇上謂之鼒，附耳外謂之釴。曰崇曰貫，則名其國也；曰讒曰刑，則著其事也；曰牢曰陪，則設之異也；曰神曰寶，則重之極也。士以鐵，大夫以銅，諸侯以白金，天子以黄金，飾之辨也。天子九，諸侯七，大夫五，士三，數之別也。牛羊豕魚，臘腸胃膚，鮮魚鮮臘，用之殊也。然歷代之鼎形制不一，有腹著饕餮而間以雷紋者，父乙鼎、父癸鼎之類是也。有煉色如金、著飾簡美者，辛鼎、癸鼎之類是也。有緣飾旋花、奇古可愛者，象形鼎、横戈父癸鼎之類是也。有密布花雲或作雲雷迅疾之狀者，晉姜鼎、雲雷鼎之類是也。有隱起饕餮、間以夔龍或作細乳者，亞虎父丁鼎、文王鼎、王伯鼎之類是也。或如孟鼎之侈口，中鼎之無文，伯碩史頙鼎之至大，金銀錯鼒之絶小，或自方如簠，或分底如鬲，或設蓋如敦，有大小不同而制作一體，有款識雖異而形制不殊，或造於一時，或沿於異代，按而求之，若辨黑白。大抵古人用意，皆有規模，豈特爲觀美哉？

若乃款識名氏，雖曰夏商從高陽之質，以名爲號，配以十干，而加之以「父」。然齊有丁公、乙公、癸公，幽公之弟曰乙，齊悼之子曰壬，則十干之配，未必皆夏商也。周大夫有嘉父，宋大夫有孔父，齊頃之臣有丑父，召公之後有父乙，則加之以「父」，未必皆夏商也。至於形之圜者，如父癸、季娟，形之方者，如文王、單景，其銘乃曰「作尊彝」、「作從彝」，何也？蓋先王之時，作奇技奇器者，罪不容誅；用器不中度者，不鬻於市。戒在於作爲淫巧，以法度爲繩約，要使其器可尊，其度可法而後已。是以沈子作盉而銘曰寶尊，孟金父作敦而銘曰尊敦，父己作彝而銘曰尊彝，虢叔作鬲而銘曰尊鬲，則於鼎曰尊者，爲其器可尊耳，非六尊之尊也。雁婦作鬲而銘之曰彝，父辛作卣而銘亦曰彝。伯所作者，舟也，鬲也，甗也，皆以彝銘之。單所作者，舟也，彝也，盉也，亦皆以彝銘之。則於鼎曰彝者，爲其度可法耳，非六彝之彝也。故左丘明《外傳》稱法度之器曰彝器，邢昺疏《爾雅》，亦謂彝爲法，則尊彝者，禮器之總名，猶戈矛劍戟，其用不同而總謂之兵；匏土革木，其音不一而總謂之樂爾。

然則器非尊彝而以尊彝爲銘者，又不可不辨也。夫牛首之鑄，泗水之亡，雖不復見，然歷代所寶爲時而出者，莫知其極。惟考核制作，參稽字畫，推原而審訂之，則物象之多，名氏所疑，與夫無款識者，將大判於今日矣。

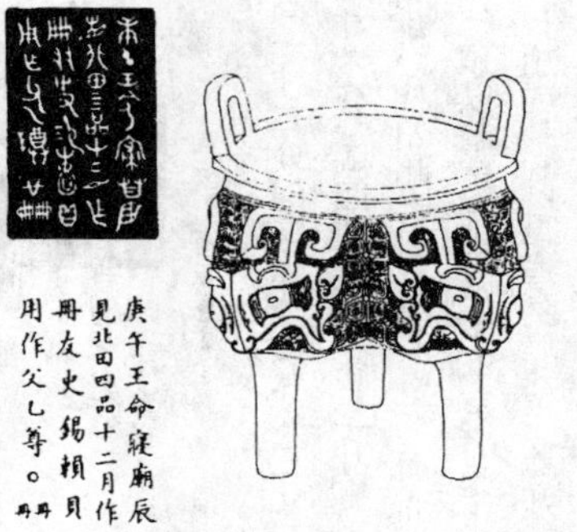

商父乙鼎

右高七寸，耳高一寸二分，闊一寸四分，深三寸，口徑五寸六分，腹徑六寸，容二升六合，重三斤十兩。三足。銘三十字。按，友史者，太史也。曰友者，如成王稱太史友之類，所以尊之也。古者，太史順時覛土，蓋農官耳。《説文》曰：「房星爲辰，田候也。」今曰辰見，則農當舉趾，故命以北田四品，所以授民時也。昔者貨貝而寶龜，曰「錫賴貝」者，《説文》以賴爲贏，言錫貝之多也。此商人作之，以享父乙。於寢廟而言，乃及此者。蓋寢廟，宗廟也。《書》曰：「用命賞於祖。」在宗廟之中，作冊以錫有功。是亦賞於祖之意。乙之號，其在商也，有天乙，有祖乙，有小乙，有武乙，而惟太丁之子，止曰乙。且此言父乙，蓋不知其爲何乙也。

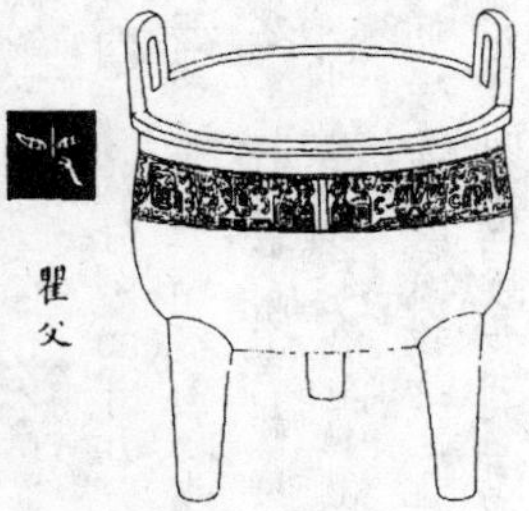

商瞿父鼎

右高五寸二分，耳高一寸，闊一寸二分，深三寸二分，口徑五寸，腹徑五寸二分，容二升二合，重二斤十有四兩。三足。銘二字，曰「瞿父」。商器以父銘者多矣，「瞿」則莫詳其爲誰。然「瞿」作兩目，與商瞿祖丁卣之兩目相似，固未易以名氏考也。是器耳足純素無紋，純緣之外作雷紋饕餮，歷年滋多，如碧玉色，宜爲商器也。

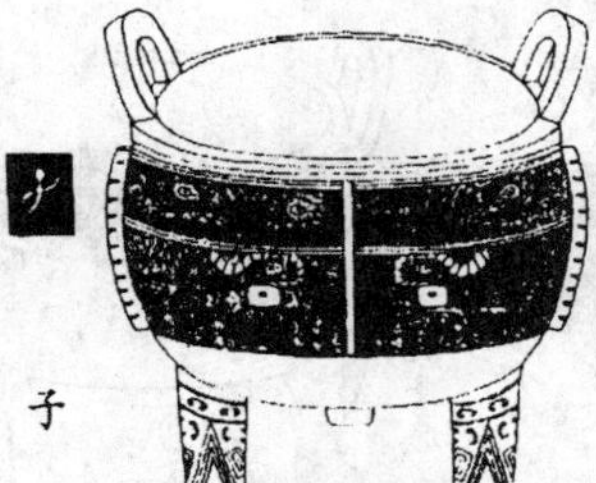

商子鼎

右高四寸六分，耳高一寸，闊一寸一分，深二寸八分，口徑三寸八分，腹徑五寸二分，容一升二合，重一斤十有二兩。三足。銘一字，曰「子」。一説商子姓，故凡商之彝器，其以「子」銘之者爲多。一説銘之「子」者，以傳子子孫孫之義。是器字畫簡古，必周以前物。三面爲饕餮狀，足作垂花，而古色凝緑，在商器中稍加文，蓋其盛時物也。【略】

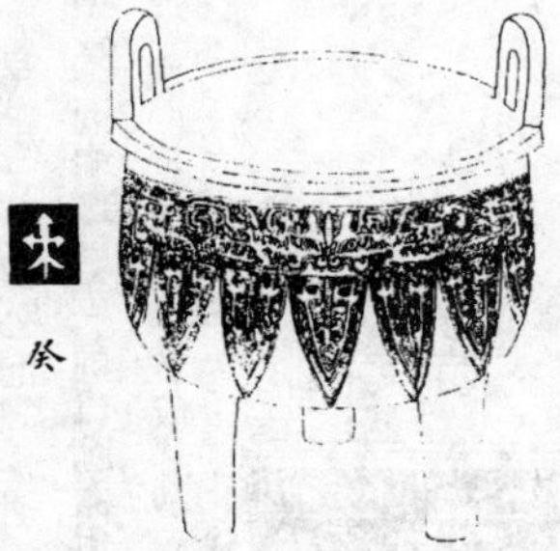

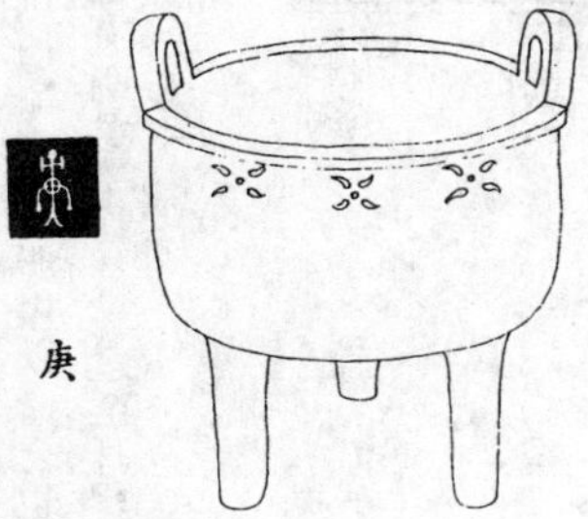

商癸鼎

高五寸六分，耳高一寸，濶一寸二分，深三寸五分，口徑五寸三分，腹徑五寸八分，容二升四合，重二斤十有三兩。三足。銘一字。

高七寸八分，耳高一寸，闊一寸八分，深四寸九分，口徑七寸六分，腹徑八寸二分，容八升，重九斤十有二兩。三足。銘一字。

右二器，其一以「庚」名之。許慎云：庚者，秋時萬物，庚庚有實，故其字作垂實之象焉。其一則爲「癸」，而「癸」之字今從四屮，此「癸」則一屮三包，蓋癸與丑相次，物至是有紐結而未通達之象，蓋萬物之出也，草昧而已。草者，至巽而齊；昧者，至離而明。癸，正北方而冬也，故一屮。河圖洛書，三代傳寶，而夏商爲近，故書畫之法未分。至篆法既立，乃本其意而四屮焉。自漢揚雄、許慎博羣書，窮訓詁，而智不及知，無此鼎，則造書之精義奥旨孰得而窺之？銅色燦然若金，紋作龍虎，班固詩曰：「洛修貢兮川效珍，吐金景兮歊浮雲。寶鼎現兮色紛縕，煥其炳兮被龍文。」今眼角鬣尾，龍事略具，象物之法，雅而不迫蓋如此。【略】

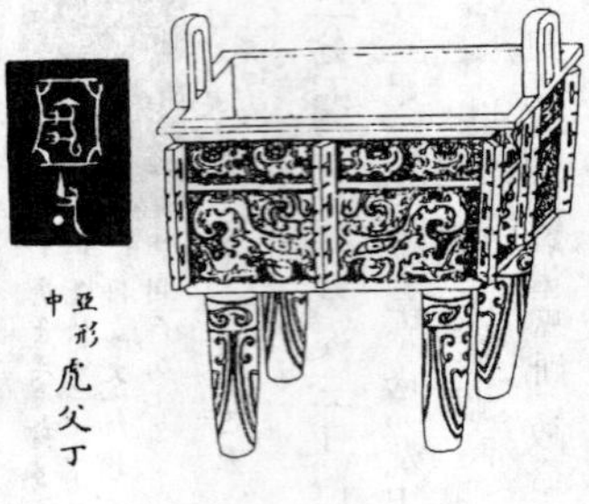

商亞虎父丁鼎

右高六寸四分，耳高一寸二分，闊一寸二分，深三寸三分，口徑長五寸五分，闊四寸一分；腹徑長五寸六分，闊四寸二分，容二升有半，重五斤九兩。四足。銘四字。「亞」形內著虎象，凡如此者，皆爲亞室。而亞室者，廟室也。廟之有室，如左氏所謂宗祏，而杜預以謂宗廟中藏主石室者是也。父丁，商號也。飾之虎，所以取其義，如司尊彝用虎彝，以爲追享之器。蓋亦見其義之至耳。商以此銘鼎，至周監二代而損益之，以致詳辯，故獨有取于彝云。

右高七寸，耳高一寸五分，闊一寸三分，深三寸二分，口徑長五寸一分，闊三寸八分；腹徑長五寸二分，闊四寸九分，容二升三合，重四斤一兩。四足。銘一十一字。昔周穆王命畢公而曰作册畢，則册命者，爲册書以命之也。「亞形」內「召夫」二字，而繼之以室，則爲廟器也，抑又明矣。見其義之至耳。商以此銘鼎，至周監二代而損益之，以致詳辨故獨有取於彝云。

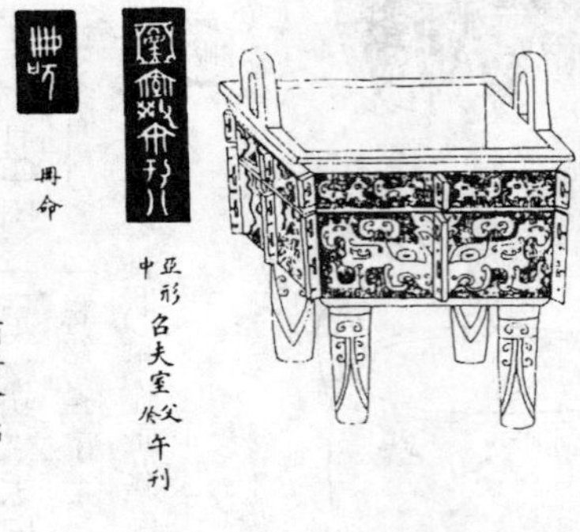

商册命鼎

商横戈父癸鼎

闕銘録

【略】禹後之戈氏也。蓋商人作器，多著此象，故於爵有立戈爵，於甗有立戈甗，於尊則有立戈癸尊，於卣則有執戈父癸卣。然則飾以戈者，皆商物也。王安石《字説》謂戈戟者，刺之兵。至於用戈，爲取小矣。其取爲小，故當節飲食。其用在刺，故必戒有害。雖然，戈所以敵物而勝之，故「我」之字從戈者，敵物之我也。非有勝物之智，則不能敵物；非有立我之智，則至於失我。古人托意，兹亦深矣。雖然，議者謂春秋間徐子會齊侯，其所賂之鼎，有曰甲父者，遂指父甲以爲甲父，是大不然。夫杜氏以甲父爲古國名，故高平昌邑之東南有亭，亦曰甲父亭。若乃父甲，則商子孫追享其父者，故加父于上，以顯尊神之意。儻以爲甲父，則是以國名變商號矣。遷就傅會之説，不可不察也。

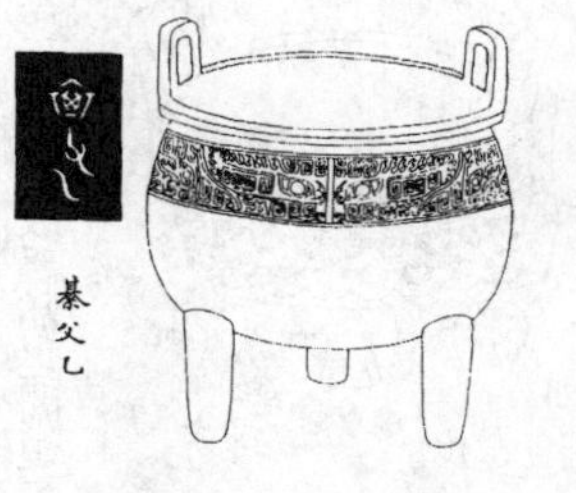

商蕃鼎

右高六寸六分，耳高一寸三分，闊一寸四分，深四寸四分，口徑五寸九分，腹徑六寸七分，容四升七合，重四斤六兩。三足。銘三字。純外隱起雲雷狀。按，父乙，商也。而周有召公尊，其銘亦曰父乙，此豈周器乎？曰：不然。召公尊者，周王用以褒大召公之子孫，而乙者其名也，父者所以尊稱之也。如康王命畢公，而曰父師，平王命文侯，而曰父義和，蓋示有所尊耳，豈此所謂父乙者哉？況周人作銘，文字已備，此鼎近質，而字畫奇古，非商器而何？曰蕃者，按《列御寇》嘗言蕃衛之箭，而音釋者以「蕃」爲「其」，且援《史記》「蕃國之竹」爲證，則蕃國名也。歷考商書，雖不聞有國之爲蕃者，然歸亳之際，諸侯所會者至於三千，安知其無蕃耶？大抵爲史者非因事以見之，則亦不能備載矣。

王黼《重修宣和博古圖》卷二

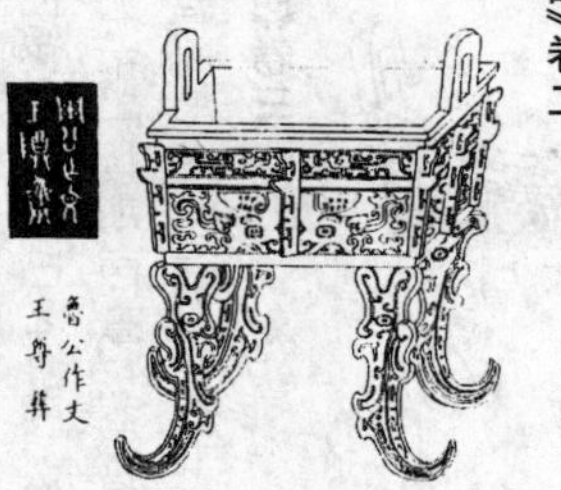

周文王鼎

右高八寸九分，耳高二寸三分，闊二寸，深三寸八分，口徑長六寸一分，闊四寸三分；腹徑長六寸三分，闊四寸五分，容三升有半，重一十二斤三兩。四足。銘七字。按，「鹵」字，許慎《説文》云：「從西省，象鹽形。」鹵即「魯」字也。《古尚書》「魯」作「□」。古之文字，形聲假借，如「鄦」作「許」，「咎」作「臯」，「繆」作「穆」之類是也。尊，《説文》云：「酒器也。从酋，廾以奉之。」今尊傍加□，乃「阜」字，从阜者，蓋取高大之意。彝，《説文》云：「宗廟常器也。从糸。糸，綦也。廾，持米，器中實也。王聲也。」今彝其首作□者，乃王也，其左作點者，象米形也。右作□者，糸也。下作□者，廾也。魯公者，周公也。文王者，周文王也。按，《史記・魯世家》云：「武王遍封功臣同姓戚者。封周公旦于少昊之墟曲阜，是爲魯公。周公不就封，留佐武王。」今考其銘識，文畫尚類于商，則知周公之時去商未遠，故篆體未有變省。以是推之，則此爲周公作祭文王之器無疑。其制：足象蜼形，上爲鼻，下爲尾，高而且長，其兩耳亦鏤蜼文。蜼之爲物，《爾雅》以爲禺屬，昂鼻而長尾，尾有兩岐，遇雨則以尾塞其鼻。蓋取其有智。衮冕綉宗彝之章，而以虎蜼，亦此義也。其身四周隱起獸面，蓋饕餮之象也。古者鑄鼎象物，以知神姦，鼎設此象，蓋示飲食之戒。銘曰尊彝者，舉禮器之總名而已。是鼎也，仲忽於元祐間進之，奇古可愛，足以冠周器。腐儒挾持異端，輒稱墟墓之物，以請罪焉。方當紹述先烈，作新大政，故用聖遏朋邪，以彰寶器，俾一時純正不沮於朝，異代神奇復顯於世，豈不快哉！

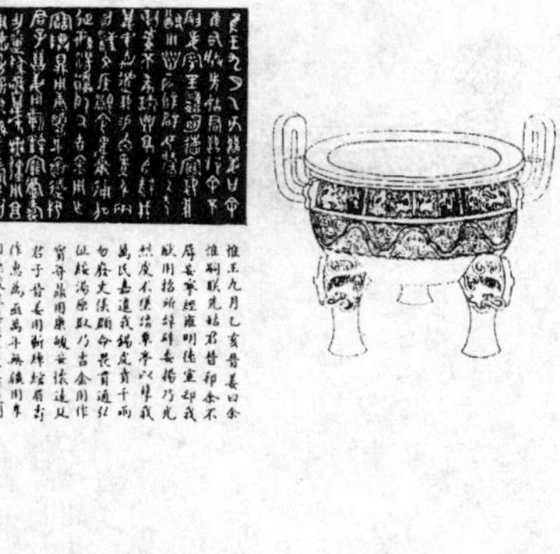
周晉姜鼎

右高一尺三寸，耳高一寸二分，闊二寸，深七寸七分，口徑一尺四寸七分，腹徑一尺五寸，容四斗一升，重七十七斤二兩。三足。銘一百二十有一字。晉姜齊侯宗女姜氏以其妻晉文侯故曰晉姜。觀其始言君晉邦取其寡小君之稱以正其名；中敘文侯威貫通洪征綏湯原以顯巳之有助；迨其末也，又言保其孫子三壽是利。則三壽者，與詩人言「三壽」作「朋」同意。蓋晉姜觀其始，特保我子孫而外之三卿亦冀壽考也。款條理，有周書誓誥之辭，而又字畫妙絶，可以爲一時之冠。

王黼《重修宣和博古圖》卷三

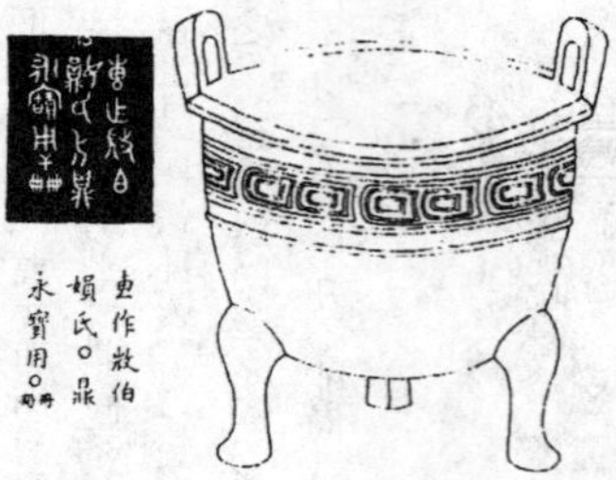

周娟氏鼎

右高九寸三分，耳高二寸，闊一寸八分，深六寸有半，口徑一尺五分，腹徑一尺，容一斗六升四合，重一十二斤十有四兩。三足。銘一十三字。按，許慎：娟通作妘，祝融之後姓也。富辰有曰叔妘，而韋昭以妘爲妘姓之女，今散伯雖於傳無見，蓋亦祝融後姓，而叔妘之族歟？冊，册也，許慎謂象其札一長一短，中有二編之形，符命也。諸侯受命于王者，故尊鼎之間類多作此。

周寏父鼎

右高六寸三分，耳高一寸六分，闊一寸七分，深四寸一分，口徑七寸六分，腹徑七寸七分，容五升有半，重六斤三兩。三足。銘八字。師寏父，於經傳無所見，惟周有簠，蓋銘曰姬寏母，而此曰師寏父，豈非作簠者寏之母，而作鼎者寏之父耶？姬言其姓，師舉其官耳。姞，姓也，《左氏外傳》有曰伯姞義母作匜，有曰仲姞，而此曰季姞，殆其族耶？謂之尊鼎，與魯公作文王鼎而曰尊彝同意。

王黼：《重修宣和博古圖》卷四

周龍鼎

右高七寸一分，耳高一寸七分，闊一寸五分，深四寸四分，口徑六寸三分，腹徑六寸八分，容五升三合，重五斤。三足。無銘。是器著象若龍，《傳》曰：龍以不制爲龍，以其升降自如，能小能大，或潛或躍，善於變化而有利澤以及於物也。鼎之烹飪，可以享上帝，可以養聖賢，其爲用大矣，所以特取象于龍，蓋以求配其類也。【略】

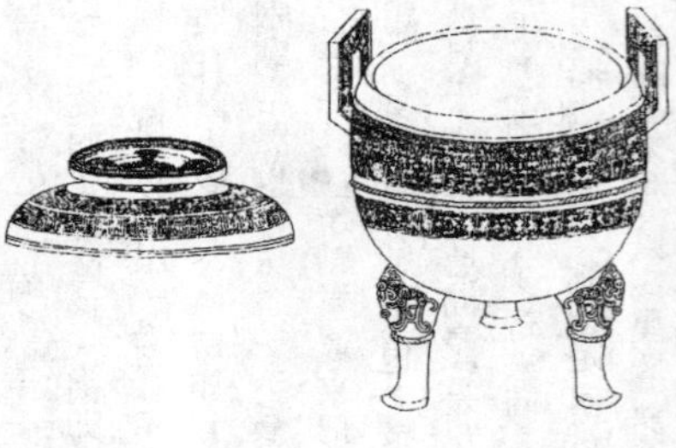
周蟠虬鼎一

周蟠夔鼎

右高一尺，耳高二寸六分，闊三寸一分，深六寸五分，口徑一尺三寸二分，腹徑一尺二寸五分，容二斗六升，重二十五斤。三足。無銘。是器通體作蟠夔狀，兩耳飾以雷紋，足爲獸首，口侈而圜。歷年滋久，土花浸漬。考之制作，實三代物，與周器無異，故以周云。

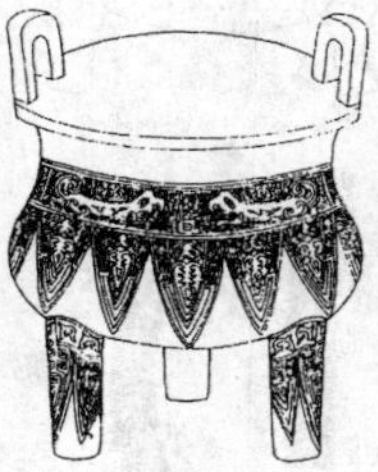
周蟬紋鼎一

高五寸九分，耳高二寸三分，闊一寸五分，深三寸七分，口徑五寸八分，腹徑五寸二分，容三升，重三斤十有三兩。三足。無銘。【略】

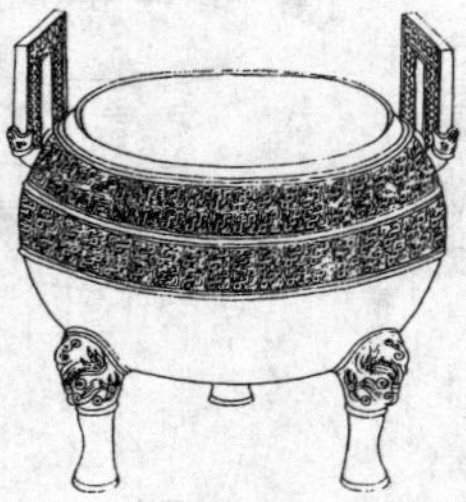
周獸足鼎一

周獸足鼎二

周獸足鼎三

前一器高九寸，耳高二寸一分，闊二寸三分，深六寸七分，口徑九寸，腹徑九寸六分，容一斗五升六合，重八斤。三足。無銘。

次一器高六寸九分，耳高一寸七分，闊二寸，深四寸五分，口徑七寸三分，腹徑七寸八分，容七升三合，重八斤十有二兩。三足。無銘。

後一器高一尺二寸五分，耳高四寸一分，闊三寸九分，深七寸三分，口徑一尺六寸三分，腹徑一尺四寸八分，容四斗七升三合，重四十斤。三足。無銘。

右前一器，獸嚙其耳，腹著旋紋，純緣之下飾以蟠虬，復以獸爲之足。次一器，純緣周以雲紋，而足狀以獸，與前器頗相類。後一器，三足爲獸形，純緣脰腹之間遍著蟠虬，兩耳偃然如翼，正與周偃耳鼎相似。蓋器之制作，自三代而下，文縟勝之，其所以純厚簡古，則與時爲後先也。是器爲周物，無得而疑焉。

王黼：《重修宣和博古圖》卷五

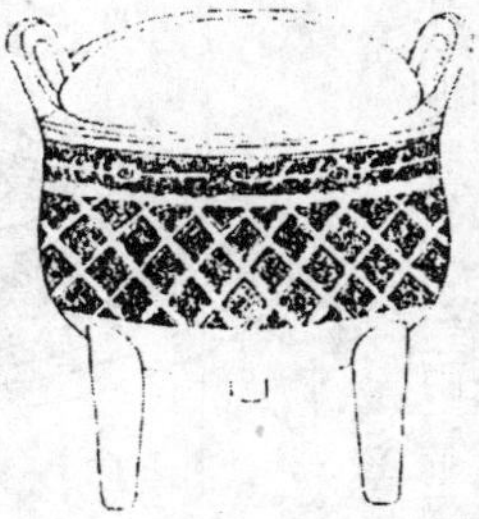
周斜方雲雷鼎

右高五寸五分，耳高一寸二分，闊一寸，深三寸三分，口徑四寸七分，腹徑四寸九分，容二升，重二斤六兩。三足。無銘。純緣飾以夔龍，而腹作斜方之形，實以雲雷，間以細乳。蓋乳所以養人，雲雷所以澤物，夔龍者，又所以戒其貪也。舉一器而衆理備，古人規度，豈不美哉？雖然，器之著雲雷者多矣。其狀不一。或作旋雲者，所以象其觸石而出也，故古文云爲[illegible]，以見回轉之形。或作垂雲者，將以見其不崇朝而雨也，故小篆雲爲雲，以顯雨施之意。至於雷，則或有以○爲象者，故古文益之爲[illegible]。或有以回爲象者，故籀文益之爲[illegible]。即此考之，則制字者未嘗不觀象察形以寓於字畫之間也。然雲也，雷也，爲其有澤物之意，故後世又加之雨以著其義焉。至聶崇義《禮圖》，凡當作雷者既莫之設，而所謂云者亦無回轉下垂之象，使見三代鼎彝所以爲雲雷者，當褫氣喪膽而自愧其謬矣。【略】

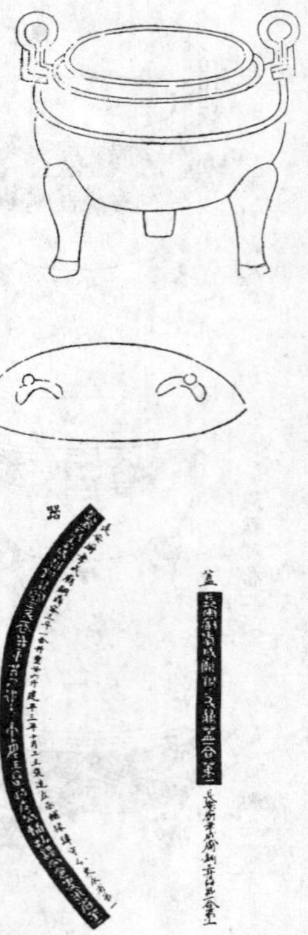

漢孝成鼎

右通蓋高八寸一分，耳高二寸八分，闊二寸一分，深五寸一分，口徑六寸二分，腹徑七寸八分，容七升九合，共重九斤。三足。蓋與器銘共五十六字。按，孝成帝乃孝元之子，西漢第九帝也。是鼎雖孝成廟器，乃造於孝哀即位之三年。其銘又有曰「建平三年十有工王褒造」，蓋孝哀即位，改號建平，而孝哀又嗣服孝成也。

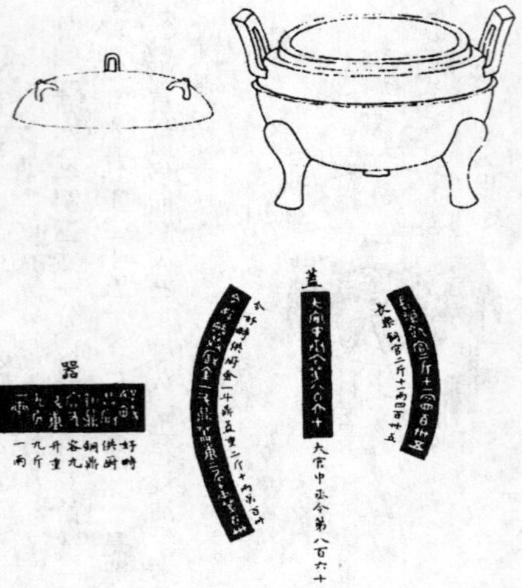

漢好時供廚鼎

右通蓋高五寸，耳高一寸九分，闊一寸一分，深三寸一分，口徑四寸八分，腹徑五寸六分，容二升六合，共重四斤。三足。蓋與器銘共五十八字。按，時，封土也，冢而祀之。在昔秦襄以攻西戎，始祠少昊，作西時。秦文夢黄蛇口止於鄜，又爲鄜時。秦宣於渭南祠青帝，曰密時。秦靈於昊陽祠黄帝，曰上時；祠炎帝，曰下時。此時之所由興也。及始皇東游，歷祀岳瀆山川，遂祠八神：一曰天主，二曰地主，三曰兵主，四曰陰主，五曰陽主，六曰月主，七曰日主，八曰時主。而地主之祠蓋在泰山之下梁父之地，以天好陰，祠之必於高山之下，故又謂之好時。漢祖有天下，睹雍之四時，曰：吾聞天有五帝，而四何也？蓋是秦襄有白帝之時，秦文有黄帝之時，秦宣有青帝之時，秦靈復有黄帝、炎帝之時，而獨無黑帝之時也。又曰：吾知之矣，待我而具五也。乃祠黑帝。於是後世咸有五帝之時。【略】

漢蟠螭鼎蓋

右高一寸八分，口徑五寸七分，重一十三兩有半。無銘。頂有提環，周回隱起三脊，錯以蟠螭，内外之紋有類秦鑒，又涂以黄金，爛然照目。觀其蓋，亦可以髣髴鼎之形制矣，雖不能比肩商周，非漢亦未易爲也。

漢小鼎

右通蓋高一寸五分，耳高五分，闊二分，深八分，口徑一寸二分，腹徑一寸六分，容半合，共重三兩。三足。無銘。凡鼎之屬，大曰鼐，中曰鼎，小曰鼒。故《詩》言「鼐鼎及鼒」，言自大以及小也。王安石《字説》謂「鼒，鼎之有才」者，蓋大鼐則孕其氣，而鼒則小有才而已。是器又規仿鼒而爲之，其小可置諸掌，錯金銀爲華飾，以七寶瑟瑟輝映其上，蓋非食飲之器，正恐置之几格間，如研滴之具。然自祖宗以來，最爲舊物，藏之府庫有日矣。此器一出，便覺映照同類者，制作近於凡陋，然典刑精緻，定非俗工所能模鑄。要之漢室物也。

王黼《重修宣和博古圖》卷六

總説

在昔三代盛時，凡酌獻、祼將，通用於人神之際，故酌獻用於人，亦用於神。祼將所以禮神，亦所以禮人。是以尊罍彝舟，相爲先後而行之。然周官冪人先尊，以尊尊而彝卑，小宗伯先彝，以言其用則先彝耳。彝用以祼，既祼則已，尊用以飲，飲則必有繼之者，故繼之必資諸罍，此《詩》所謂「瓶之罄矣，維罍之耻」之義也。於司尊彝之職有六尊，言其數，復言其名。酒正之職有八尊，言其數，不言其名者，蓋八尊所以廣六尊之數也。至於罍，則一種而已。有六罍，所以副六尊耳。夫尊有六，而在周則設官以司之，辨其用與其實，故有謂之獻，謂之象，則凡春祀、夏禴，其朝踐、再獻之所用也；謂之著，謂之壺，則凡秋嘗、冬烝，其朝獻、饋獻之所用也；謂之泰，謂之山，則凡追享、朝享，其朝踐、再獻之所用也。若夫《爾雅》不言尊，而曰彝、卣、罍器也者，謂彝、卣、罍，皆盛酒尊，意其尊必有罍，亦猶彝之有舟。此又一家之説也。且尊之用於世久矣。泰尊，虞氏之尊也；山罍，夏後氏之尊也；著，商尊也；犧象，周尊也。合而言之，總謂之尊彝。以周兼四代之禮，故皆有之。《周官》言六尊者，兼得而用之也。舍《周官》而見於他傳，則分而言之，故有所謂上尊曰彝，中尊曰卣，下尊曰壺。凡以彝之爲常也，故曰上尊而已。在商之世，以質爲尚，而法度之所在，故器之所載，皆曰彝。至周之文武，制作未備，商制尚或存者，則尊彝之銘，間未易焉。今召公尊、文考尊，皆周時器，而亦謂之彝，蓋本諸此。

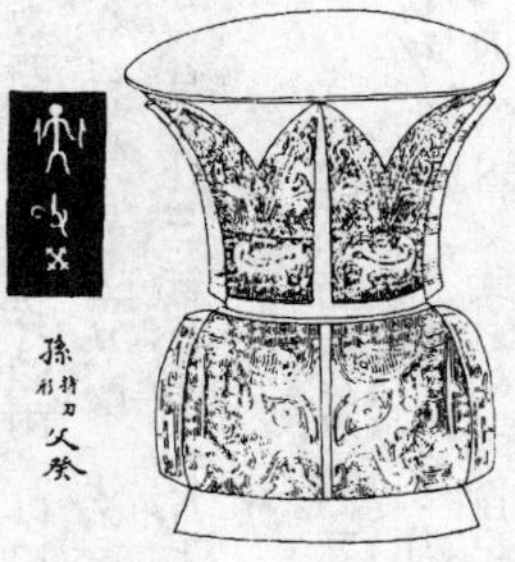

商持刀父癸尊

右高九寸二分，深八寸，口徑七寸八分，腹徑七寸五分，容六升，重七斤十有二兩。銘三字。是尊狀觚形，而所容則倍之。設飾雖華，而字畫極古。銘之「父癸」，癸者，成湯之父號，且銘者自名，自名以稱揚其先祖之美，而明著之後世也。故於父癸而言孫者，亦自名之而已，所謂身比焉順也者是歟。

王黼《重修宣和博古圖》卷七

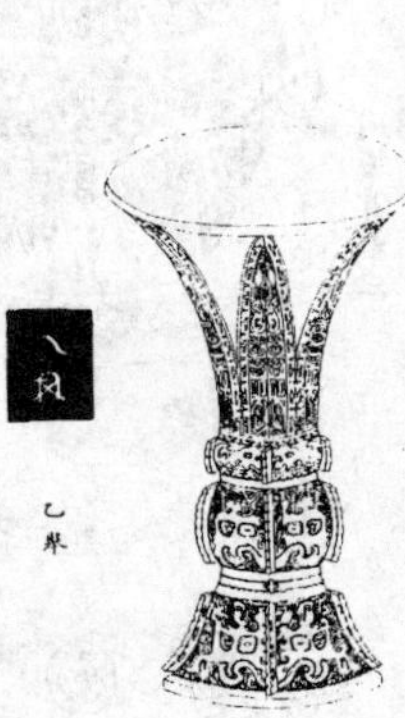

周乙舉尊

右高一尺一寸二分，深八寸，口徑七寸二分，腹徑二寸三分，容二升，重四斤三兩。銘二字。此器銘曰「乙舉」，按，王安石《字説》「舉」字从手从與，以手致而與人之意，獻酬之義也。記禮者言杜蕢洗而揚觶，以飲晉平公，而公曰毋廢斯爵，至於今謂之杜舉，然則觶亦謂之舉，寔基於此。昔蔡出龜而謂之蔡，冀出馬而謂之驥，琴張謂其善琴，巫咸謂其善巫，皆相因而得名也。是知舉之爲器，其義亦爾。

周犧尊一

周犧尊二

前一器通蓋高七寸七分，耳高二寸，闊九分，深三寸四分，口徑一寸九分，通長一尺一寸七分，闊五寸，容四升，共重七斤四兩。以口爲流。四足。無銘。

後一器通蓋高九寸四分，耳高二寸二分，闊一寸，深三寸五分，口徑二寸，通長一尺二寸，闊五寸二分，容三升三合，共重七斤二兩。以口爲流。四足。無銘。

右二器，按《周官》有司尊彝之職，而犧尊乃其一，取其犧牲享食之義；又以示其性順而德重，以興稼穡，助民功，致民力，以出作入息而服畎畝之事而已。后稷教民稼穡，種藝五谷，而人民育文武之功，所自起周人于此，蓋貴其本也。魏太和間，得尊於青州，其制樣正與此類。王肅注《禮》，以犧、象二尊并全牛象之形，而鑿背爲尊，則其説蓋有自來也。漢儒之説多爲犧讀如婆娑之義，而刻鳳皇之象，其形婆娑然。【略】

周三獸饕餮尊

周饕餮尊

右高九寸八分，深七寸七分，口徑六寸八分，腹徑一尺二寸一分，容二斗二升，重十有五斤。無銘。其形如瓿而小異，脰上有鼻作饕餮狀，周身悉被饕餮之飾，與雷紋相間錯，土花漬染銅色，蒼翠如瑟瑟，紋鏤華好。觀其制作之妙，非周莫能至也。

右高八寸，深六寸六分，口徑五寸八分，腹徑七寸，容七升二合，重三斤十有一兩。無銘。是器純緣與足皆無文飾，特三面狀以饕餮。且若鼎、若爵、若斝、若甗、若瓿之類，莫不有饕餮之形，皆所以示其戒，故至於尊亦然也。【略】

周犧首罍一

周犧首罍二

周犧首罍三

周犧首罍四

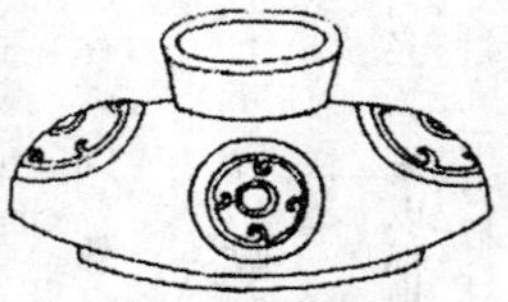

蓋

第一器高一尺四寸，深一尺二寸三分，口徑六寸四分，腹徑一尺五寸，容二斗八升六合，重十有五斤四兩。一鼻兩耳。無銘。

第二器高一尺二寸九分，深一尺二寸，口徑五寸五分，腹徑一尺二分，容一斗三升二合，重九斤有半。一鼻，兩耳連環。無銘。

第三器高八寸九分，深七寸三分，口徑三寸八分，腹徑七寸六分，容六升一合，重四斤十有一兩。一鼻，兩耳連環。無銘。

第四器通蓋高一尺二寸七分，深九寸八分，口徑三寸九分，腹徑八寸一分，容一斗三升五合，共重一十斤二兩。一鼻，兩耳連環。無銘。

右四器皆以犧首爲耳爲鼻，而制作又復相類，故皆以犧首名之。然其不同者，特高下、致飾、色澤、環耳之類，夐非一手之制。前三器腹著饕餮，下作垂花，蟲鏤隱起，間錯雲雷；後一器色赤無紋。要之皆周物也，故合之於一律焉。

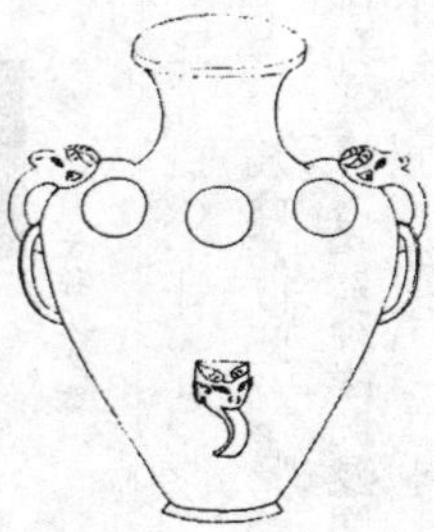
周素犧罍

右高八寸四分，深七寸一分，口徑三寸六分，腹徑六寸五分，容六升二合，重四斤十有三兩。兩耳連環。無銘。考「犧」之字，至漢鄭玄釋「犧」爲「莎」，又或作「獻」、「戲」，其字不同，其爲義一也。後世用「莎」之語，遂飾以鳳皇婆娑之狀，曾不知止以犧爲飾耳。因其字畫形聲舛訛，故器亦失其制度。考是器，耳鼻皆以犧爲飾，狀若牛首，大概與周犧首罍相類，但兩耳連環爲小異也。

周象首罍

右高二尺四寸五分，深二尺四分，口徑七寸六分，腹徑一尺六寸八分，足徑一尺一寸五分，容一石二斗七升，重五十四斤有半。無銘。是器罍也，佐尊之器，肩脰間作兩象首，貫以連環，腹飾圜花，足之上又爲一象首。且象南越獸，齒感雷而文生，以象禮之文飾之于罍者，蓋《周官》六尊中有象尊，用於春祠夏禴再獻之際，則副象尊者，宜其有罍，正一類器耳。

王黼《重修宣和博古圖》卷八

總説

《周官》載六彝之説，則鷄彝、鳥彝、斝彝、黄彝與夫虎、蜼之屬也，釋者謂或以盛明水，或以盛鬱鬯。其盛明水，則鷄彝、斝彝、虎彝是也。其盛鬱鬯，則鳥彝、黄彝、蜼彝是也。彝皆有舟焉，設而陳之，用爲禮神之器。至於春祠、夏禴、秋嘗、冬烝，以酌以祼，莫不挹諸其中而注之耳。然器以藏禮，載禮而行之，則即器以明其用，而器固不能常存也。繇是去古既遠，或失其傳，而當世無從稽考，往往遂爲一時穿鑿臆説，而聚訟紛糾，當年莫能破其謬妄焉。國家因積德百年之後，講禮明樂，收攬前代遺制，而範金之堅，多出於僻陋潛壤之奥者。四方來上如鐘、鼎、尊、壺之類，動以百數，因暇日悉討論其義，多得於款識銘文之間，於是彝舟亦較然詳辨，而悟先儒之失也。彼殊不知彝之有舟，蓋其類相須之器，猶尊之與壺、瓶之與罍焉。先儒則以謂舟者，其形如盤，若舟之載，而彝居其上，豈其然歟？今之所存有如敦足舟、垂花舟，大略與彝僅似，則其爲相須之器斷可見矣。雖然，夫所謂彝則法之有常，而寓于器者，皆可謂之彝，故周之伯寶卣，其銘有曰「尊彝」；周之召公尊，亦曰「父乙寶尊彝」也。若夫特謂之彝，則惟《周官》六彝爲正名無二焉。

商鷹彝

鷹作寶
尊彝

右高五寸七分，深四寸五分，口徑七寸一分，腹徑七寸二分，容五升八合，重五斤十有二兩。兩耳有珥。銘五字。純緣、圈足，皆飾以夔龍之形。夔之字从夒，夒，貪獸也，今彝以是爲飾，蓋亦戒其貪。曰隲者，莫知其爲名與氏也。然作字取象，皆商制耳。【略】

作父辛彝 析子孫

商子孫父辛彝

右高四寸八分，深四寸三分，口徑七寸一分，腹徑六寸七分，容五升，重四斤十有一兩。兩耳有珥。銘七字。凡商器以此銘者多矣。言父辛，則若祖辛之類是也。曰析子孫，乃貽厥子孫之義。是器純緣間及圈足皆作夔形，相環若循走之狀。腹間純素。其制作與銘文實商物也。

王黼《重修宣和博古圖》卷九

總説

卣之爲器，中尊也。夏商之世，總謂之彝。至周，則鬱鬯之尊獨謂之卣。蓋《周官》尊彝皆有司所以辨其用與其實。所謂六彝者，鷄、鳥、斝、黄、蜼、虎也；六尊者，獻、象、著、壺、泰、山也。而祫祭則合諸神而祭之者也，故用五齊三酒，通鬱鬯各二尊，而尊之數合十有八。禘祭則禘祖之所自出者也，故用四齊三酒，闕二尊，而尊之數合十有六。是則通於鬱鬯二尊者，其所以爲卣也。何以言之？成王寧周公之功，而錫之以秬鬯二卣；平王命文侯之德，而錫之以秬鬯一卣，皆實以鬱鬯，知其爲卣明矣。蓋秬者，取其一稃二米，和氣所生，鬯則取芬香條達，而和暢發於外。卣之所以爲中者，惟其備天地中和之氣，非有事於形器之末而已。凡所以錫有功、賞有德，是亦使其强不過中，怠不鞭後，不失夫至中之道故爾。然彝也，尊也，卣也，皆盛酒之器，用有所宜，則名有所不同。賈公彦以謂上尊曰彝，中尊曰卣，下尊曰壺，《爾雅》亦曰「卣，中尊也」，故取其中。中也者，天下之大本，以其德足以成天地而配之者也，故卣所以實之鬱鬯者，義在兹歟。【略】

商瞿祖丁卣

蓋

器

瞿 犧牛形 册册 祖丁

音釋同前

右通蓋高六寸四分，深四寸四分，口徑長三寸一分，闊二寸三分；腹徑長四寸八分，闊三寸五分；容一升五合，共重二斤十兩。兩耳。闕提梁。蓋與器銘共十二字。曰瞿者，質諸經傳無所見，而商有瞿父鼎，亦作兩目相并，正與此卣同，實一時之制。曰祖丁者，商十四世君祖辛之子也。中爲犧形，下爲兩册，皆取象於物，而書畫未分。至《周官》司尊彝有曰犧尊者，飾以犧牛，蓋所因者商之遺意耳。畫以兩册，所以爲册命也，亦猶康王命畢公而曰「册畢」。制器尚象，其義如此。

王黼《重修宣和博古圖》卷一〇

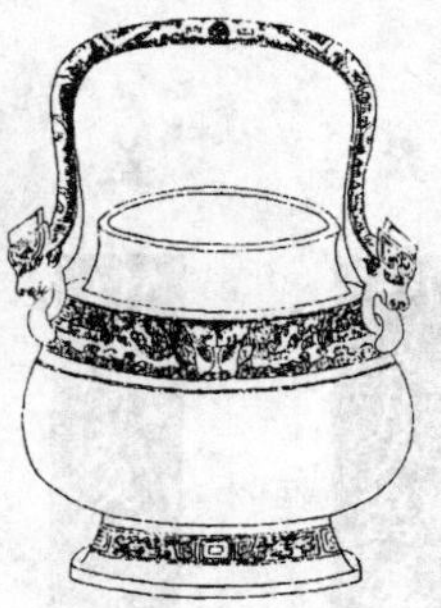

持干 父癸

商持干父癸卣

右高七寸八分，深六寸七分；口徑長四寸五分，闊三寸三分；腹徑長七寸六分，闊五寸九分。闕蓋。有提梁。容六升三合，重八斤四兩。銘曰「父癸」，而上爲人形，兩手各持干。按，《周官》司干掌舞器。祭祀，舞者既陳，則授舞器，既舞則受之，賓饗亦如之。然則祭于廟，用于賓，設于饗，禮莫不皆有干舞焉。蓋干，武舞也，有是功，斯有是舞以稱之，非是則君子不取。然古者，舞有文武，若羽舞、皇舞，文舞也；干舞、人舞，武舞也。《詩》曰「左手執籥，右手秉翟」，又曰「值其鷺羽」，皆指文舞而言之。《禮》曰「朱干玉戚，以舞《大武》」，《詩》曰「萬舞有奕」，皆指武舞而言之。於是有王者興，以武得天下，則其廟樂皆有武舞。是器商物，而卣乃薦秬鬯之器，實用于宗廟。然其銘曰「父癸」，則明爲子以奉其父者。在商之時，號報癸者，惟成湯之父，故今所藏彝器，凡商物銘癸者，皆歸之報癸。然則用舞於癸廟，亦宜以其子之所有而薦之。湯以武得天下，其所舞者，朱干玉戚也，故于器以干銘之。然其銘象人形，兩手各執干而不以玉戚兼之者，亦取夫干以自衛，不事乎兵之道歟？且黄帝、堯、舜以至三王，其所謂文武之樂，莫不有之，故有樂則舞從焉。是以舞文者，若黄帝之《雲門》、堯之《大咸》、舜之《大韶》、夏之《大夏》是也；舞武者，若湯之《大濩》、武王之《大武》是也。然而舜用《大韶》之文舞而亦有所謂舞干者，方時有苗爲之孽，則不可無武備耳。要之，以德爲主也，且頃所藏彝器，其銘有持刀父已，有立戈父甲，又有所謂持戟父已，而獨無持干者。夫干以自衛，有征無戰，非若戈戟也。《書》云「帝乃誕敷文德，舞干羽於兩階」，則帝者之盛德成功，其在茲歟，其在茲歟。

王黼曰：商持干父癸卣，今所傳商器，有持戈、持刀、持戟，獨無持干者。干以自衛，與舞干同義，敷文德之器也。大抵上古彝器，凡持五兵者，皆著伐功云。

王黼《重修宣和博古圖》卷一一

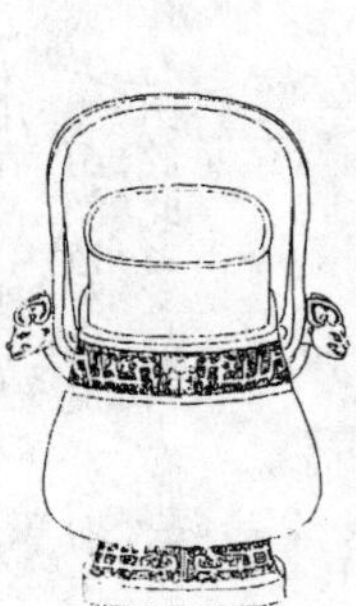

周伯寳卣三

蓋

伯作寳尊彝

器

音釋同前

通蓋高七寸二分，深四寸四分；口徑長二寸九分，闊二寸二分；腹徑長四寸五分，闊三寸九分；容一升七合，共重三斤五兩。兩耳。有提梁。蓋與器銘共一十字。

右前一器，蓋與脰腹於雷紋地隱起夔狀，蓋之蒂復著一夔，腹之兩面分其中爲獸首，足飾黄目，提梁爲綯紐，耳作兩象首；後二器腹皆純素，惟蓋器之純緣與足作夔狀，間以雷紋，提梁無文采，而耳作獸首，與前一器稍異。然三器銘文皆曰「伯作寳尊彝」，當是一時物。且古之以官稱伯者有二焉，曰侯伯，此五等之爵也；曰方伯，連率則在五等之外，所以率諸侯者。蓋其爲伯，則宜有以作彝器以告于前人，如「作寳彝」之類是也。或以伯仲稱者，或以其字稱者，必有一於是也。然是器乃卣，而識曰「作寳彝」，今所藏古器，有鼎一，彝一，尊一，皆「作寳尊彝」爲銘，蓋先王之於器用，未有不以常法爲貴者也。

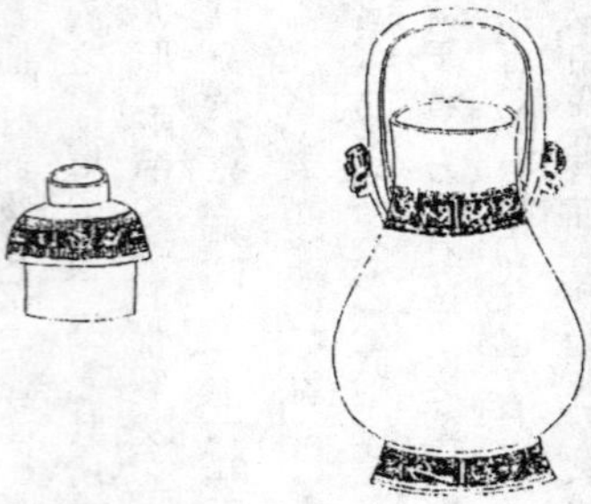

周父乙卣

蓋

器

亞形中父乙

音釋同前

右通蓋高一尺一寸，深八寸六分；口徑長三寸一分，闊三寸；腹徑長六寸，闊五寸九分；容四升七合，共重七斤四兩。兩耳。有提梁。蓋與器銘共四字。蓋與器足之上各爲八蟠夔，亦周以連珠，以雷紋間之，蓋上又飾以兩獸，以夔首爲提梁，且有連鼻。然而亞形中爲「父乙」字，蓋有上而下爲之亞，有左而右爲之亞，言乙則亞甲也。析，蓋古之姓氏，如衛大夫析木鉏是也。析氏子孫仲軺者，用作父乙卣，則其理明矣。

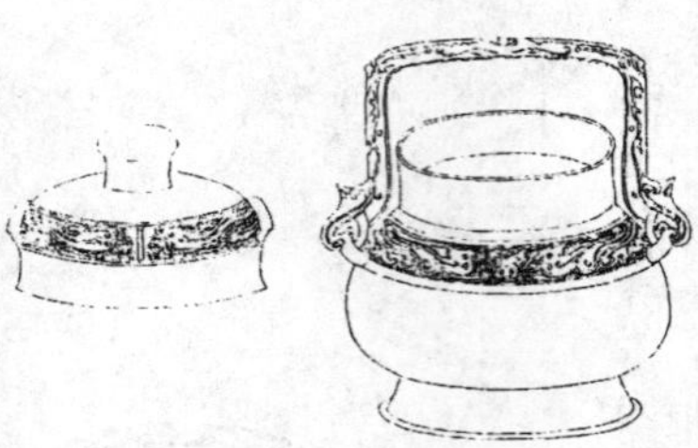

周州卣

蓋

州作父乙寶彝

器

音釋同前

右通蓋高六寸六分，深四寸五分；口徑長三寸九分，闊三寸五分；腹徑長六寸五分，闊五寸八分；容三升二合，共重四斤十有二兩。兩耳。有提梁。蓋與器銘共一十二字。曰「州作父乙寶彝」，按，州出於來國，之後以州爲氏，在晉有大夫州綽，在衛有大夫州吁，其爲氏則一耳。卣非庶人可有，是乃當時公侯卿士世禄之家，此所以以著姓言之也。是器特以四鳳飾於蓋與器之上。鳳之爲物，有其時則見，非其時則隱，其出處語默，類有道者，故翔於千仞則覽德而下，九成之後則番然來儀。然將以是飾之於器，豈可非其所有而命之耶？

王黼《重修宣和博古圖》卷一二

總說

禮器之設，壺居一焉。在夏商之時，總曰尊彝。逮於周監二代，則損益大備。故烝嘗饋獻，凡用兩壺，次於尊彝，用於門內。然壺用雖一，而方圜有異，故燕禮與夫大射卿大夫，則皆用圜壺，以其大夫尊之所有事示爲臣者，有直方之義，故用方；以其士旅食卑之所有事示爲士者，以順命爲宜，故用圜。壺之方圜，蓋見於此。至於聘禮，梁在北而八壺南陳，梁在西而六壺東陳，蓋東蠢以動出而有接，南假以大顯而文明，乃動而應物，以相見之時也，以壺爲設，豈不宜哉！且《詩》言「韓侯取妻」，亦曰「清酒百壺」，壺非特宗廟之器，凡燕射、昏聘，無適而不用焉，故其制度銘刻不一。蓋自三代以來，禮不相襲，迄於秦漢，去古既久，而制作愈失，故有刻木繪漆，皆出諸儒一時之臆論。夫尊以壺爲下，蓋盛酒之器，而瓶者亦用之以盛酒者也。此周人「有瓶之罄矣」之詩，然後知瓶亦古人之所用者。然其字从瓦，所以貴其質。而此皆以銅，復作螭、麟、鸚鵡之飾，蓋古人大體至漢益雕鏤矣。然賈至稱漢雜三代之政，而王通亦謂舍兩漢安之，則制作有出於此者，宜亦可觀也已。

周蟠螭瓶

右高一尺八分，深一尺一分，口徑一寸七分，容四升八合，重六斤。無銘。蓋瓶之爲用久矣，《易》言「羸其瓶」，《詩》曰「瓶之罄矣」是也。腹作蟠螭，首尾糾結，形若麟瓶之狀。周有一壺，其著象亦蛟螭。此瓶也，其飾如此，亦以壺類故也。

漢麟瓶

右高八寸六分，深七寸五分，口徑九分，容一升八合，重三斤四兩。有鋬。無銘。《書》曰：「左右攜僕。」《韓子》曰：「供給之人，各執其物。」此古提攜供給之器也，走趨雖遽，滿而不溢，口兼流用，坐無繁飾，周身甲錯若麒麟然，蓋炎漢已來物也。

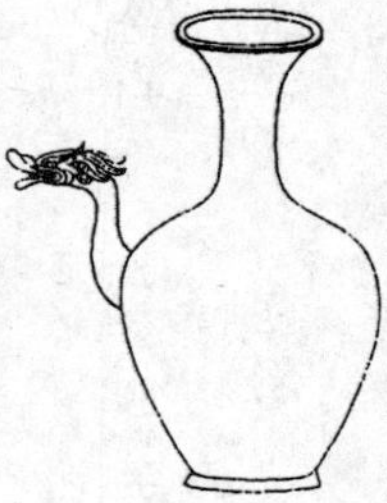

漢螭首瓶

右高七寸二分，深七寸，口徑八分，容一升三合，重一斤十兩。有流。無銘。是器純素，唯流作螭首。昔人飲器多取螭爲飾，蓋君子之於酒，交之以仁，制之以威者，凡欲如此。然制作浮薄而無古意，視三代之器未可同日而語也。

商貫耳弓壺

弓

右高一尺一寸八分，深一尺五分，口徑長三寸七分，闊四寸五分；腹徑長八寸九分，闊七寸五分；容一斗二升，重十有二斤八兩。兩耳。此器以「弓」銘之。壺，酒之下尊也，商之飲器如爵者，類銘之弓，蓋射者未嘗不繼之飲，以其禮難，所以强世者也。故必寓於人情之所易，此記禮者之於鄉飲以謂「吾觀於鄉」，則知王道之易易者，其在是歟？觀其兩耳可以貫繩，是必繫而挈之者。制作簡樸，比周器則質勝之。

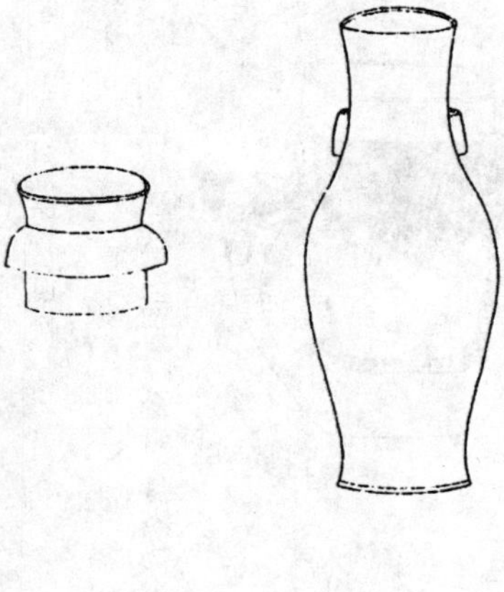

商敔姬壺

右通蓋高一尺四寸六分，深一尺一寸五分，口徑二寸八分，腹徑四寸四分，容五升四合，共重五斤四兩。兩耳。銘五字，曰「敔姬者」，蓋其氏族也。古之氏族，或以王父字，或以謚，或以世系所封之地。於是後世子孫以之女子皆得以通稱之。若曰有娀氏之女者，蓋以娀國爲言也。若曰孟姜者，蓋以姜姓爲言也。若曰繇女者，蓋以繇公之謚爲言也。此言敔姬，凡此類耳。是器則壺也。制樣典古，略不加雕鏤之飾，而曰「作寶彝」，真所謂法度之器也。

王黼《重修宣和博古圖》卷一三

漢山龍温壺

右高九寸八分，深八寸九分，口徑一寸四分，腹徑六寸二分，容二升五合，重二斤十有一兩。無銘。觀其形制有類垂瓠，上爲之口，可以貯湯，蓋温手足之器也。李公麟以爲鈷鉧，而丁度以鈷鉧爲温器，殆有所受之耳？觀其腹脰飾以山龍，其文雖華，似非冶鑄之所成者。考之近古，則漢物也。蓋守仁而静者山，體仁而變者龍，静變雖殊，爲仁則一。禮以天地温厚之氣始於東北，爲天地之仁，則温厚者，氣之仁者也。此爲温器而飾以山龍，義取諸此。古人設象，豈徒然哉？

漢如意方壺一

高一尺二分，深九寸二分，口徑二寸八分，腹徑六寸，容七升四合，重八斤十兩。兩耳連環。無銘。

漢如意方壺二

高一尺二分，深九寸二分，口徑二寸八分，腹徑六寸，容七升四合，重七斤九兩。兩耳。無銘。

右二器皆方體，兩耳取象饕餮，腹作方斜，實以花紋，其形若如意，間以金碧，粲然可觀。規模出於一律，頗有古風，漢器之至佳者也。

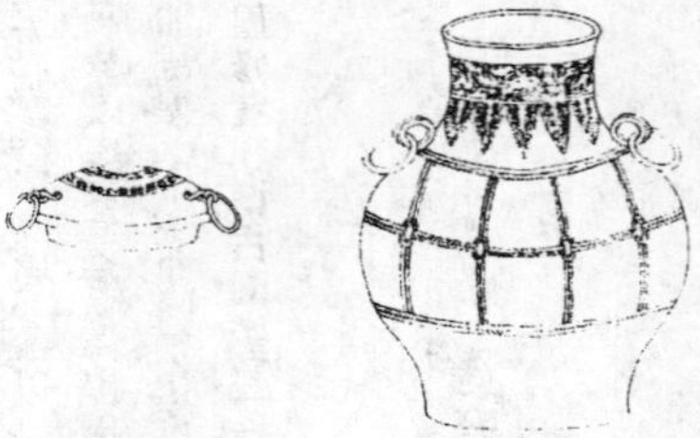
漢圜絡壺一

漢圜絡壺二

前一器通蓋高一尺一寸九分，深一尺，口徑三寸四分，腹徑七寸六分，容一斗一升四合，共重六斤一十兩。兩耳連環。無銘。

後一器通蓋高一尺二寸，深一尺一分，口徑三寸四分，腹徑七寸六分，容一斗一升四合，共重六斤六兩。兩耳連環。無銘。

右二器制作悉同。按，小篆「壺」字上象蓋，中象耳，下象足。此器不失其象，得古多矣。然腹間環結如絡，稽三代之器無一合者，實漢物也。

漢蟠虬匾壺

右高八寸六分，深八寸三分，口徑長三寸五分，闊三寸，容五升七合，重四斤一十兩。兩耳連環。有提梁。無銘。周腹純素，不加蟲鏤，純緣之下作蟠虬糾結之狀。形模差匾，已失上古壺制。然工鑄雖精巧而竊近人情，是必漢器也。

王黼《重修宣和博古圖》卷一四

總説

凡彝器，有取於物者小，而在禮實大。其爲器也至微，而其所以設施也至廣。若爵之爲器是也。蓋爵於飲器爲特小，然主飲必自爵始，故曰在禮實大。爵於彝器是爲至微，然而禮天地，交鬼神，和賓客，以至冠昏、喪祭、朝聘、鄉射，無所不用，則其爲設施也至廣矣。考之前世，凡觴一升曰爵，二升曰觚，三升曰觶，四升曰角，五升曰散，則爵之所取者小，又其爲器至微也，信然。然周鑒前古，禮文大成，而特以爵名其一代之器，則豈不有謂？蓋以在夏曰琖，在商曰斝，在周曰爵，名雖殊而用則一，則其取象各具一妙理耳，故其形制大抵皆近似之。琖从戔，故三足象戈；斝戒喧，故二口作喧；爵則又取其雀之象，蓋「爵」之字通于「雀」。雀，小者之道，下順而上逆也，俯而啄，仰而四顧，其慮患也深。今考諸爵，前若噣，後若尾，足修而鋭，形若戈然，兩柱爲耳。及求之《禮圖》，則刻木作雀形，背負琖，無復古制，是皆漢儒臆説之學也。使夫觀此三代之器，則豈復有是陋哉？【略】

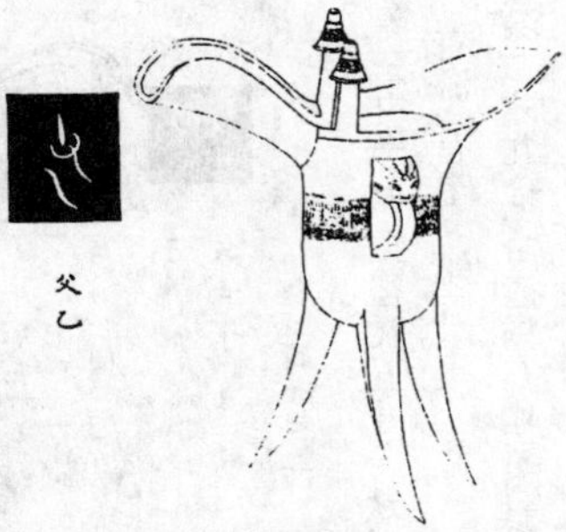

商父乙爵七

高六寸八分，深三寸，口徑長五寸五分，闊二寸六分，容五合，重一斤。兩柱。三足。有流，有鋬。銘二字。

右商之君稱乙者六，曰報乙者，成湯四世祖也；曰天乙者，成湯也；於後則又有祖乙、小乙、武乙、太乙。是諸器皆曰父乙，蓋出乎此，而未知其決爲何乙耳。然諸器所同者，咸以牛首爲鋬，以雲紋爲柱；其小異者，或有雷紋、雲氣、饕餮、蟠夔之飾，視其簡古不煩，真商物也。

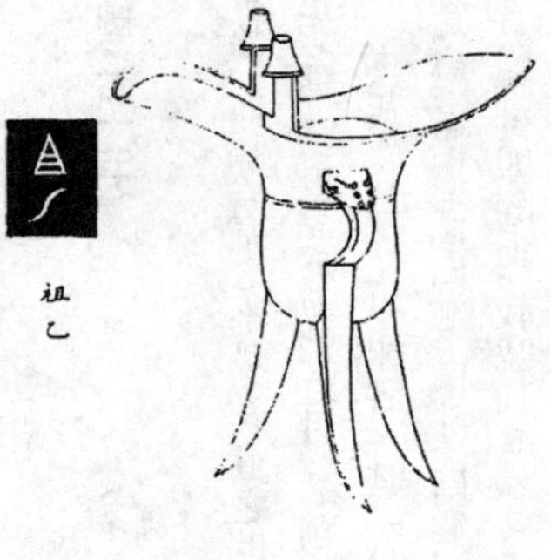

商祖乙爵

右高七寸，深二寸八分，口徑長五寸，闊二寸七分，容三合，重一斤一兩。兩柱。三足。有流，有鋬。銘二字。且商之君以乙名者不一，而祖乙與一焉。然諸爵之銘有曰父乙，蓋謂報乙、天乙、小乙、武乙之君也。其子銘之，故云父乙。此獨曰祖乙，則謂成湯以來十四世之君曰祖乙者是也。按《士虞禮》：「主婦洗足爵」，釋者謂有足無文，而是器純古，略不加飾，兹所謂足爵者歟？【略】

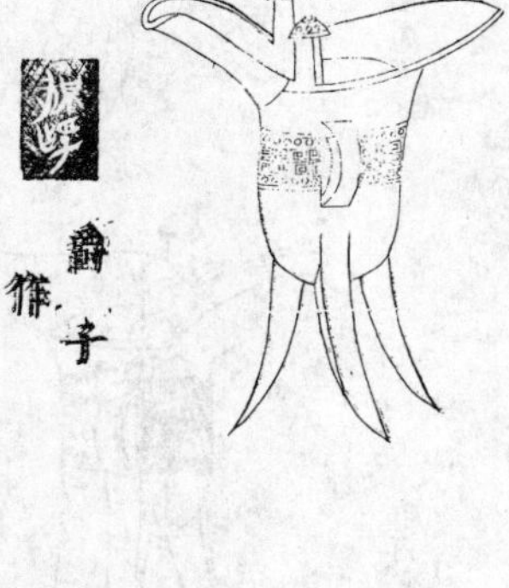
商子爵一

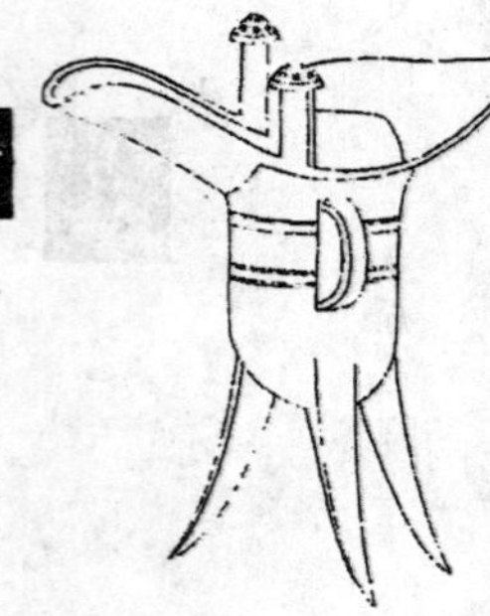

子
父壬

商子爵二

前一器高六寸七分，深三寸一分，口徑長五寸一分，闊二寸四分，容三合，重一斤四兩。兩柱。三足。有流，有鋬。銘五字。

後一器高六寸五分，深二寸九分，口徑長五寸，闊二寸四分，容四合，重十有四兩。兩柱。三足。有流，有鋬。銘三字。

右前一器銘五字，所可辨者「子」與「作」二字而已。後一器三字，曰「子父壬」。嘗考諸姓，夏后氏曰姒，商曰子，周曰姬，皆以其祖賜姓於君，故子孫得而承之。然而論三代之祖，則一出於黃帝，夏之祖昌意，商之祖契，周之祖稷，皆黃帝之子孫也。黃帝四世而禹始有夏，又十七世而湯始有商，又十九世而武王始有周。其三代未有天下之初，則皆始封爲諸侯，於是賜姓，此所以有姒、子、姬之異姓也。商之器大抵多銘「子」字，著國姓也。曰壬，則商之君有仲壬、外壬，此銘父壬，故知爲商爵無疑。【略】

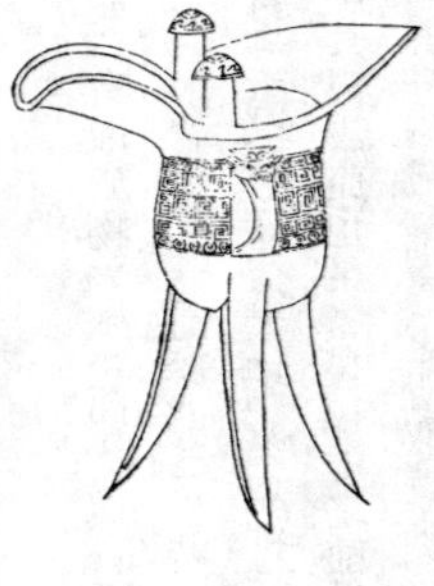

商雲雷爵一

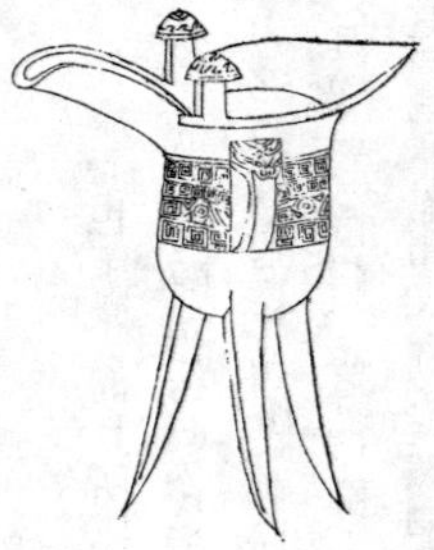

商雲雷爵二

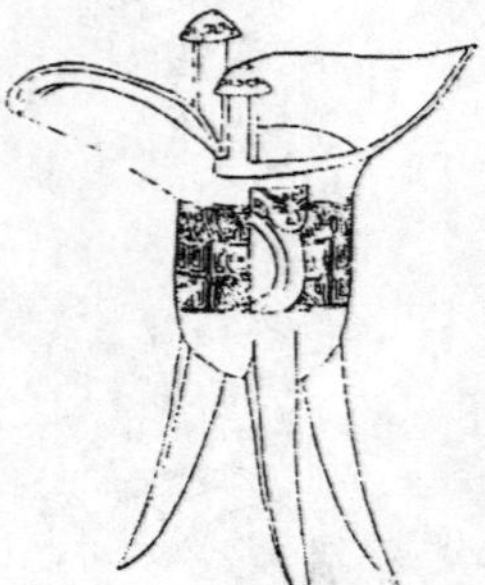

商雲雷爵三

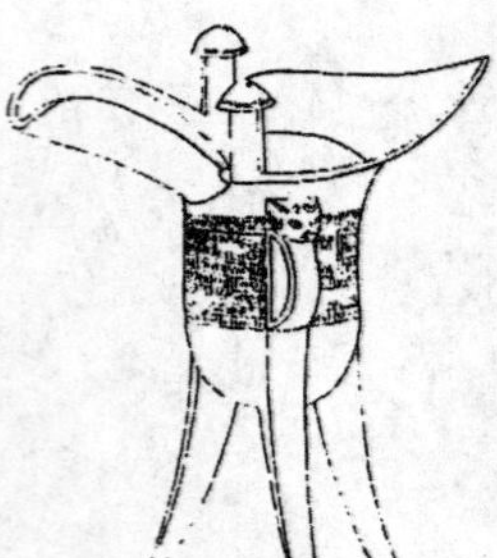

商雲雷爵四

第一器高七寸有半，深二寸五分，口徑長六寸一分，闊二寸八分，容三合，重一斤二兩。兩柱。三足。有流，有鋬。無銘。

第二器高六寸，深三寸一分，口徑長五寸二分，闊二寸有半，容三合，重一斤。兩柱。三足。有流，有鋬。無銘。

第三器高六寸九分，深三寸四分，口徑長五寸七分，闊二寸有半，容三合，重一斤五兩。兩柱。三足。有流，有鋬。無銘。

第四器高六寸五分，深三寸，口徑長五寸六分，闊二寸六分，容三合有半，重一斤。兩柱。三足。有流，有鋬。無銘。

右四器制樣、蟲鏤，若出于一體。腹有雲雷爲飾。其規模頗類父丁爵，意其一時之制也。

王黼《重修宣和博古圖》卷一五

總說

夫告戒不生於理之有餘，而起於言之不足，大道之世，天下爲公，何嘗切切於是？迨夫禮義修於後世之僞，法度立於至情之衰，故創一器則必有名，指一名則必有戒。異代因襲，不一而足。自三王以來各名其一代之器，至周則又復推廣，然皆所以示丁寧告戒之意，若曰斝，曰觚，曰斗，曰卮，曰觶，曰角之類是也。嘗讀《詩》至《賓之初筵》，有曰「賓即醉止，載號載呶」，其終也，至於「由醉之言，俾出童羖」，然後知酒之敗常有如此者。敗常若是，安得而不喧哉？先王制斝，所以戒其喧也。又曰「側弁之俄，屢舞傞傞」，而繼之以「醉而不出，是謂伐德」，然後知酒之敗德有如此者。敗德若是，安得而不孤哉？先王制觚，所以戒其孤也。至於斗，亦法度之所在，昔人固有酌以大斗者，若成王養老乞言而載於《行葦》之詩者也。惟卮不見於《禮》經，而莊周謂「卮言日出」者，以其言猶卮之用有反復而無窮焉。且玉卮上壽，見於漢祖，而樊將軍亦有卮酒之賜，則知卮之爲器其來尚矣。若夫觶與角，則以類相從，故昔之《禮》學者謂諸觴其形惟一，特於所實之數多少，則名自是而判焉。故三升則爲觶，四升則爲角。及其飲也，尊者舉觶，卑者舉角，如是而已耳。然禮失於古遠之後，而尊爵飲器之類，往往變而用木，形制既陋，而復加以髹漆，内赤外黑，彩繪華絢，悉乖所傳，是非莫得而考正。殊不知三代範金，以寓典法，夐然不同。及觀此器一出，非徒足以取證其謬，而亦悟先儒之可笑矣。【略】

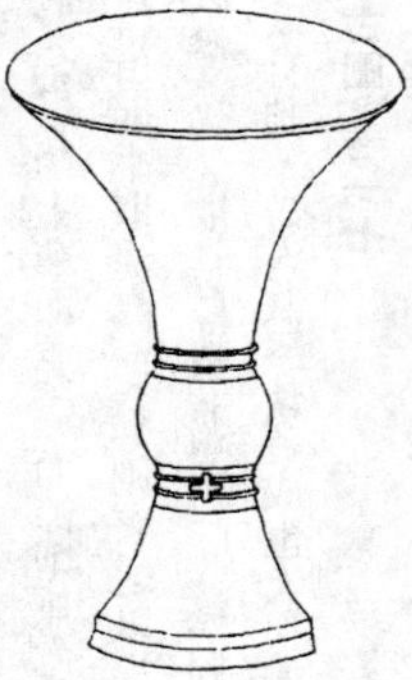
周素觚

右高六寸五分，深四寸二分，口徑四寸，容六合，重一十三兩有半。無銘。凡觚之形，必爲觚棱狀，或飾以山形，以至作黄目、雷紋種種之異。然是器則自純緣而下通體皆純素，足間兩旁又有竅，略相通貫，莫知其何所用也。

王黼：《重修宣和博古圖》卷一六

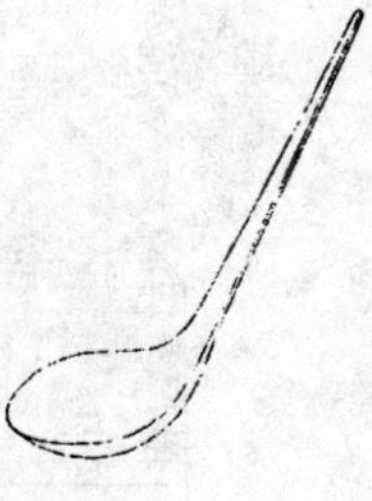
漢匏斗一

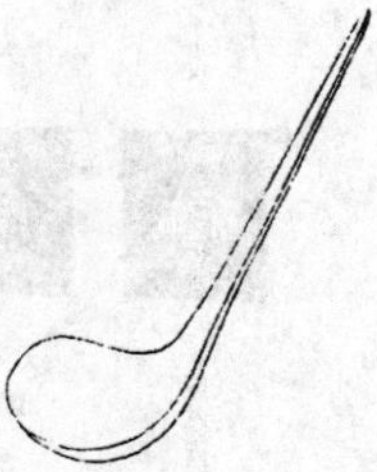
漢匏斗二

前一器長一尺一寸五分，深一寸二分，口徑三寸三分，容三合，重六兩。有柄。無銘。

後一器長一尺一寸，深一寸一分，口徑三寸六分，容三合，重六兩有半。有柄。無銘。

右二器皆斗也，如匏而半之。樂之八音，匏居一焉，蓋以象天地之性。今斗取象於匏，斯亦古人遺意歟！【略】

漢蟬紋卮

漢雲雷卮

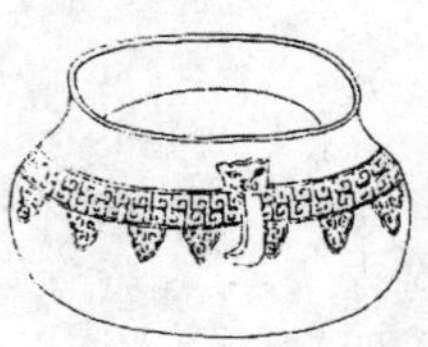
漢螭首卮

前一器高二寸五分，深二寸四分，口徑長三寸九分，闊三寸一分，容九合，重一十二兩有半。兩耳。有鋬。無銘。

次一器高二寸四分，深二寸三分，口徑長四寸，闊三寸五分，容八合，重六兩。兩耳。無銘。

後一器高二寸二分，深二寸一分，口徑長三寸七分，闊一寸八分，容八合有半，重七兩。兩耳。有鋬無銘。

周兕敦一

周兕敦二

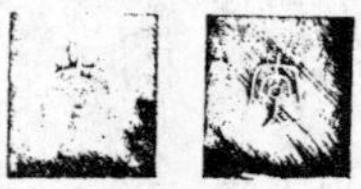

右三器皆巵也。巵之爲義，上窮而危一，而節則無危矣。謂之危，已寓戒於其間也。一爲圈形二無足，而平取清高而貪，則著之以蟬紋，欲時動而澤物，則文之以雲雷。至于飾以螭首，又欲其仁威兼濟也。按，周之酒壺亦有以交螭爲飾者。蓋仁以相交，威以有制，古人飲器其著戒也大率如此。

王黼《重修宣和博古圖》卷一七

周兕敦三

前一器通蓋高一尺二寸，深四寸四分，口徑七寸五分，腹徑八寸二分，足自方七寸六分，高三寸九分，容七升，共重二十一斤。兩耳有珥。蓋與器銘共二字。

次一器通蓋高一尺一寸九分，深四寸二分，口徑七寸四分，腹徑八寸，足自方七寸五分，高三寸八分，容六升八合，共重二十一斤九兩。兩耳有珥。蓋與器銘共二字。

後一器高八寸六分，深四寸四分，口徑七寸三分，腹徑七寸七分，足自方七寸四分，高三寸八分，容六升三合，重十有八斤。兩耳有珥。闕蓋。銘一字。

右三器制作一律，皆以雲雷爲飾，其銘上爲屋室之狀，而下一字曰「兕」，蓋薦之宗廟之器也。前二器乃頃所藏者，蓋上各有犀兕之形，故皆以兕名之。後一器近得於長安水中，但恨闕其蓋耳。

周剌公敦一

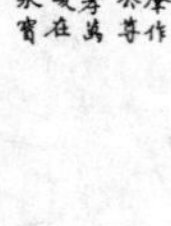

高六寸四分，深四寸二分，口徑六寸八分，腹徑八寸，容八升，重十斤四兩。兩耳。有珥。三足。闕蓋。銘二十八字。

王黼曰：周兕敦款識一，上爲屋室之狀，下一字曰「兕」，蓋宗廟之器，御府所藏，與近獲于長安水中者，其制度款識與此一同，實周敦云。

王黼《重修宣和博古圖》卷一八

簠簋豆鋪總說

禮始於因人情而爲之，蓋以義起而制之使歸於中而已。明以交人，幽以交神，無所不用，必寓諸器而後行，則簠簋之屬由是而陳焉。然去古既遠，禮文寖失，況遭秦滅學之後，其書焚矣。疑以傳疑，而無所考證，則諸儒臨時泛起臆説，無足觀者。故見於《禮圖》，則以簠爲外方而内圜，以簋爲外圜而内方，穴其中以實稻粱黍稷。又皆刻木爲之，上作龜蓋，以體蟲鏤之飾，而去古益遠矣。曾不知簠盛加膳，簋盛常膳，皆熟食用匕之器，若如《禮圖》，則略無食器之用。今三代之器方圜異制，且可以用匕而食，復出於冶鑄之妙，而銘載粲然，則先王制作尚及論也，豈刻木鏤形者所能髣髴哉？至於豆，則乃其實水土之品，亦所以養其陰者。夏以梠豆，商以玉豆，周以獻豆，制作雖殊，所以爲實濡物之器則一也。昔醢人掌四豆之實，凡祭祀供廌羞，則豆之用於祭祀者如此。《士昏禮》設六豆於房中，則豆之陳於昏禮者如此，以之示慈惠之燕、訓恭儉之饗，亦待此以有行者也。是以天子之豆二十有六，諸公十有六，諸侯十有二，上大夫八，下大夫七，凡以尚德也。鄉老六十者三，七十者四，八十者五，九十者六，凡以尚齒也。然則用豆之義，其可忽諸？嘗考制字之法，禮必從豆，以禮之不可廢也；豐必從豆，以時之不可緩也；戲必從豆，以交際之不可忘也。故孔子於造次之間與夫荅問之際，嘗眷眷於此者，蓋爲是爾。若夫劉公鋪與夫君養鋪之二器，舊以其鋪之聲與簠相近，因以附諸簠。今考簠之器方，而鋪之器圜，又自與豆登略無少異，故其銘前曰「君作養鋪」，而疑生之豆，亦曰養豆。【略】

甗錠總説

甗之爲器，上若甑而足以炊物，下若鬲而足以飪物，蓋兼二器而有之。或三足而圜，或四足而方。考之經傳，惟周官陶人爲甗，止言「實三鬴，厚半寸，唇寸」，而不釋其器之形制。鄭玄乃謂「甗，無底甑」，而王安石則曰从獻从瓦，鬲獻其氣，甗能受焉。然後知甑無底者，所以言其上；鬲獻氣者，所以言其下也。然《説文》止謂爲甑，蓋舉其具體而言之耳。五方之民言語不同，故各爲方言以自便。是以由關以東謂之甗，或謂之鬵；至梁乃謂之鉹，或謂之酢餾。名雖不同，所以爲器則一而已。是甗也，有銘曰彝者，謂其法度之所寓而有常故也。惟有常而不作奇巧，此所以爲軌物歟？其後復有名錠者，用以薦熟物，其上則環以通氣之管，其中則置以蒸飪之具，其下則致以水火之齊，蓋致用實，有類於甗。故有所謂虹燭錠與夫素錠者，於是咸附之於甗末焉。

見父己
商父己甗一

王黼《重修宣和博古圖》卷一九

鬲鍑總説

周官三百六十，各有司存。陶人之職所司之物，而鬲居其一。夫鬲與鼎致用則同，然祀天地、禮鬼神、交賓客、修異饌必以鼎，至於常飪則以鬲。是以語夫食之盛，則必曰鼎盛；語夫事之革，則必曰鼎新；而鬲則特言其器而無義焉，亦猶簠所盛者稻粱，簋所盛者黍稷而已。故王安石以鼎鬲之字爲一類，釋之以謂鼎取其鼎盛，而鬲言其常飪，其名稱、其字畫莫不有也。今考其器，信然。且《爾雅》以鼎款足者謂之鬲，而《博雅》復以鬷、鏤、鬲、鍑、鬵、豐皆爲鬴，則鬲鼎屬，又鬴類也。然而五方之民言語不通，則名亦隨異，故北燕、朝鮮之間謂之錪，或謂之鉼；江淮陳楚之間謂之錡，或謂之鏤；惟吴揚之間乃謂之鬲，名稱里異，其實一也。《漢志》謂空足曰鬲，以象三德，蓋自腹所容通於三足，其制取夫爨火則氣由是而易以通也。若鍑之爲器，則資以熟物，而許慎謂似釜而大口，蓋是器特適時所用，非以載禮。今考其所存，則鎔範以成者，似異乎許氏之説。豈非不必拘於形制，徒取諸適用而然乎？

王黼《重修宣和博古圖》卷二〇

盦鐎斗瓿罌冰鑒冰斗總説

器爲天下之用而有合於禮者，有適時而便於事者。合於禮，則若尊罍、醆斝、籩豆、簠簋之屬是也。其或燕私之所奉，滋味之所養，寒暑之所宜，則處尊履貴而肉食者，固異乎藿食卑賤之等倫，又安得無供承之備以致其用乎？故有鐎斗焉以待斟酌，有瓿焉以具醯醢虀醬。方其寒，則資諸温而御彼重陰凝沍之氣，方其暑，則資諸朝覲所出之冰而袪其煩燠之憚，由是湯罌、冰鑒、冰斗各順時而出焉。雖然，尊彝之器，考諸漢唐，曾無一二，而鐎斗、冰鑒復不睹商周之制作者，何也？嘗試議之。夫無見於今者，未必皆無也，但禮隨世變，所用有異耳。蓋自周而上，以禮爲實用，故禮器之末者或略焉，而於本特致詳；自周而下以，禮爲虛文，故禮器之大者或略焉，而於末爲曲盡。惟其本末詳略之有殊，所以見於世者多寡有無之或異也。

周交虬盦

右高三寸，深二寸九分，口徑五寸六分，腹徑五寸五分，容二升五合，重一斤九兩。無銘。是器純緣外著以交虬，兩耳作連環，所以便於提携，以圈爲足，而器之中純素，略無文彩，大概與周伯戔盦相肖，特闕其蓋耳。【略】

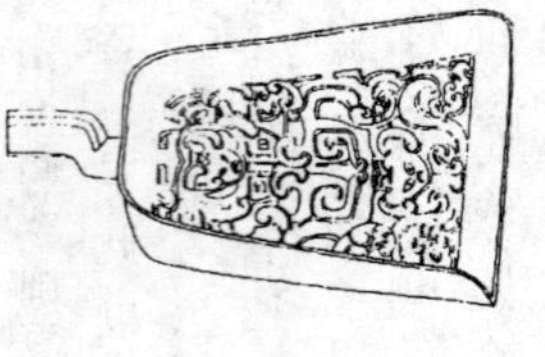
漢冰斗

右高一寸六分，深一寸五分，闊六寸二分，重一斤九兩。有柄。無銘。三旁掩上，其柄可持，其底鏤空，實冰斗也。古人制器，皆因時而爲之，若夏則有冰鑒，於此器略相似，而有見於《周官》。今冰斗雖不得而考，要之後世所作也。

匜匜盤洗盆鋗杅總説

《公食大夫禮》曰：「小臣具盤匜。」鄭玄謂君尊不就洗，賈公彥又援《郊特牲》「不就洗」之文，以謂設盤匜所以爲君，聶崇義從而和之，且陳《開元禮》謂皇帝、皇后、太后行事皆有盤匜，而亞獻已下與攝事者皆不設，以顯君尊不就洗之義。是皆執泥不通之説，殊不知《内則》論事父母舅姑之禮，而曰「杖屨祗欽之勿敢近，敦牟卮匜非餕莫敢用」。夫論事父母舅姑而言及於匜，則是亦衆人之所用耳，豈人君獨享者哉？若或不然，則季加、弡伯安得而作之也？雖非人君所獨享，然惟餕乃用，則其用亦未嘗敢易也。觀其鋬皆作牛羊脊尾狀，按《易》以坤卦爲牛，而坤以順承爲事，故物之柔順者莫甚於牛，蓋匜爲盥手瀉水之具，而義取於順乃其理也。若夫盥之棄水，必有洗以承之，《禮圖》所謂「承盥洗棄水之器」者是也。惟以承棄水，故其形若盤。抑嘗見有底間飾以雙魚者，爲其爲承水之具故也。然古人稱之有曰匜盤，而不謂之洗，蓋盤以言其形，洗以言其用。而聶崇義乃以盤、洗爲二器，所謂盤者，正與此洗相類，而洗復若壺形而無足，又以菱花及魚畫其腹外，與此頗不相侔。然承棄水者宜莫若盤，則作壺形者疑非古制矣。崇義《圖説》稽之於器，其乖戾不合者非特如此。按圖而考者，不可不辨也。若夫盆鋗者，亦盥滌之具，但洗淺而鋗深，惟盆居中焉。又有所謂杅者，特大而深，如洗之用盥，盤之用奠，舟之承彝，皆其類也，故附諸匜洗之末，識者當以類得之。

啓作寶彝

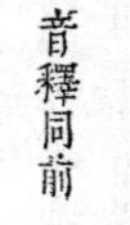
音釋同前

商啓匜

□□蓋高七寸七分，深三寸四分，口徑長六寸三分，闊二寸七分，容一升有半，共重二斤十有五兩。有流，有鋬。圈足。蓋器。銘共八字，曰啓作寶彝。按商太丁之子曰乙，乙之子曰啓，此銘啓者乃乙之子也。是器形制渾厚，字畫奇古，勁若屈鐵，非周秦篆畫之可擬倫者以時考之，蓋商之器無疑。

仲姞義母作旅匜其萬年子孫永寶用

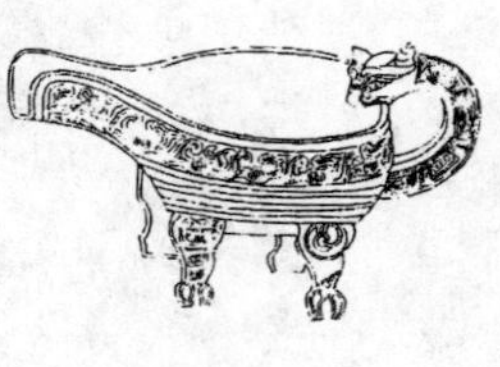
周義母匜

右高六寸，深三寸六分，口徑長九寸七分，闊六寸一分，容四升，重四斤九兩。有流，有鋬。四足。銘一十七字。按《國語》：晉公子重耳過秦，穆公歸女五人，懷嬴與焉。公子使奉匜沃盥，既而揮之。韋昭以謂嫡入於室，媵御奉匜盥。是器銘曰「仲姞義母作旅匜」者，蓋晉文公重耳娶齊女姜爲正嫡，次杜祁，次偪吉，次季隗。然杜祁以吉生襄公，故巽而上之，居第二，是爲仲吉。以隗在狄所娶，故巽而已次之，是爲季隗。而祁自居第四。昔趙孟嘗曰：母義子愛，足以威民。則義母者杜祁也。《禮》曰：「銘者自名，以稱揚其先祖之美。」則所謂仲吉者，自名也；義母者，襄公謂杜祁也。按，《通禮義纂》以謂媵御交盥，蓋媵，送女之從者；御，婿之從者。夫婦禮始相接，廉耻有間，故媵御交相爲殊，以通其志。彼其婚姻歟？此稱義母，則非初嫁之時，有子職在焉故也。稱旅匜，則非交盥所用，特其匜之不一耳。

王黼《重修宣和博古圖》卷二一

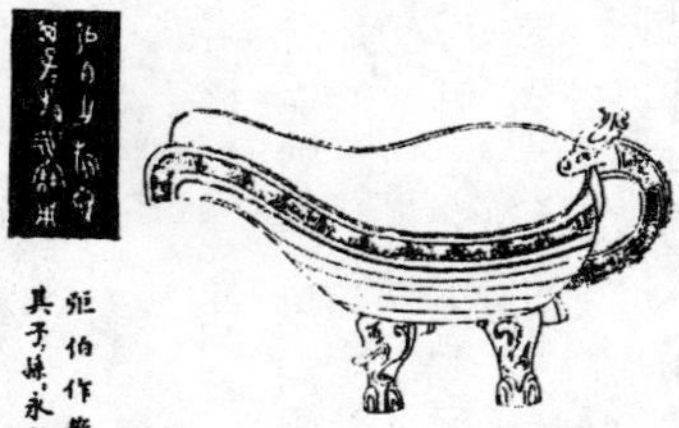
弡伯作旅匜
其子孫永寶用

周弡伯匜

右高四寸三分，深二寸八分，口徑長八寸，闊四寸五分，容二升一合，重二斤十有四兩。有流，有鋬。四足。銘十有三字。曰弡伯者，恐其姓與謚也。然有「弡仲作寶簠」，則又知弡之一族爾。此稱伯，彼稱仲，昆季之序也。【略】

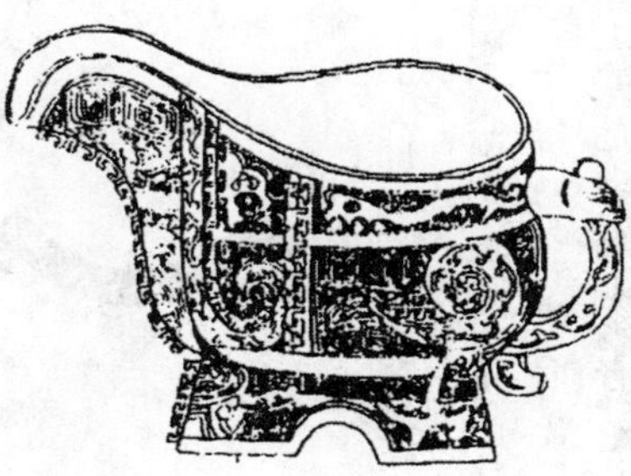

周徧地雷紋匜

右高四寸五分，深二寸六分，口徑長五寸，闊三寸，容八合，重一斤十有一兩。有流，有鋬。闕蓋。圈足。無銘。是器通作夔狀，色如精金，但下有翅足，其首背在蓋而亡之，其體間復作雷紋，間以小夔。考其制度，非周不能爲也。

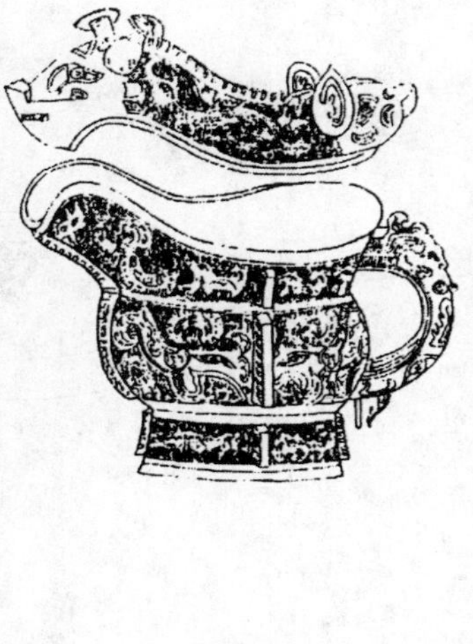

周夔匜

右通蓋高六寸，深二寸八分，口徑長四寸八分，闊二寸三分，重二斤四兩，有流，有鋬。無銘。是器通體飾以夔紋，蓋亦如之。制作華藻，大概與周祖戊匜形制相近，但闕其銘耳。【略】

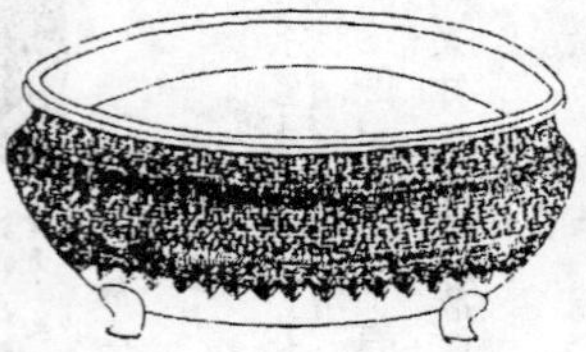

周七星洗

右高五寸，深四寸三分，口徑一尺一寸，容一斗四升六合，重四斤六兩。三足。無銘。洗，所以貯水也。是器隱起七星，兩兩三三，參差相比，幾至千百，粲然可數。夫水之於五行，於方爲北斗之於天，於位亦爲北，故《詩》曰「維北有斗」。然則飾以七星，以方求之耳。又況水氣之在天爲雲，水象之在天爲漢，而斗實運於其間，曰且有挹酌之形，則又以類得之矣。古者之設洗，亦嘗祖天地之左海，故洗當東榮。水在洗東，其設洗猶然。矧夫設飾之義可無意歟？是器致飾稠疊，特爲縝細，非他洗可比，良足寶者。【略】

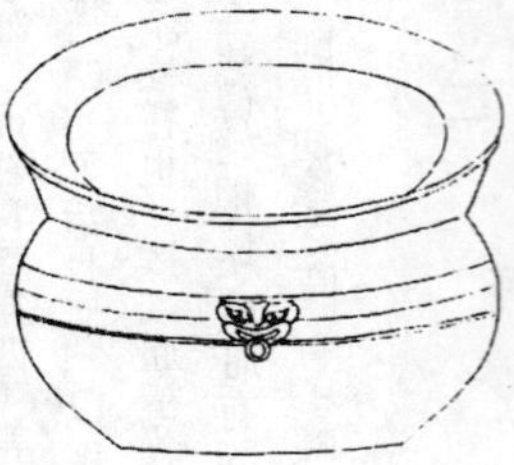

漢雙魚洗

右高三寸四分，深三寸三分，口徑七寸八分，容四升有半，重二斤三兩。無銘。其器類陽嘉洗，然中飾以二魚，筆畫不繁縟而簡古，真漢物也。且魚與水相須之物，於是洗皆旌以魚。又漢之姜詩嘗有雙鯉之祥，當時頗高其行，得非用爲雅制耶？昔人於動作間無所不致其義，豈特於此見之？

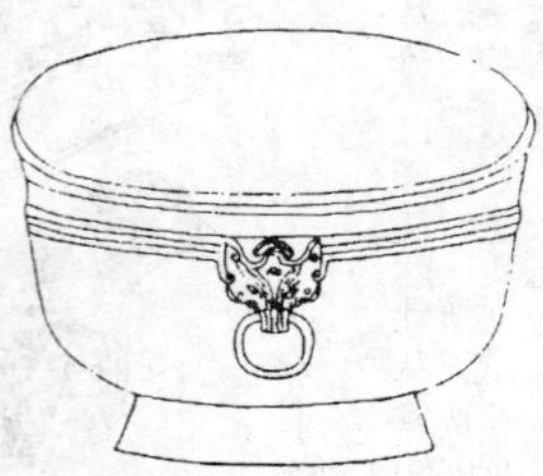

漢獸耳盆

右高四寸一分，深三寸四分，口徑七寸五分，足徑四寸四分，兩獸面鼻串圜環，環徑各一寸二分，容五升，重一斤十有一兩。無銘。是器純素無紋，特自然之色，青碧相間，非智巧所能到者。

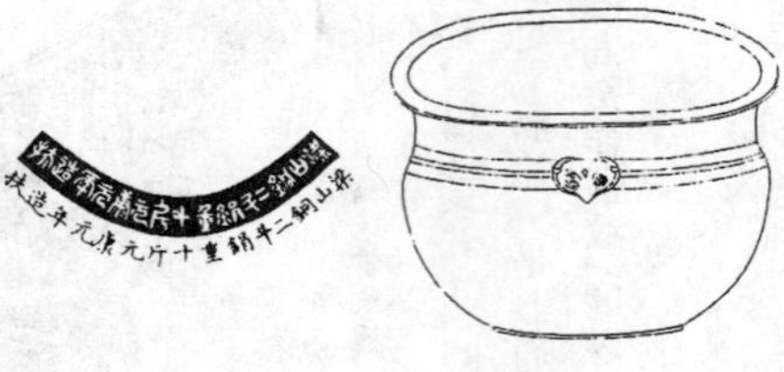

漢梁山鋗

右高四寸二分，深四寸一分，口徑七寸四分，腹徑七寸六分，容六升，重二斤十有三兩。有銘，在其唇，曰「梁山銅二斗鋗，重十斤，元康元年造」，外復有一「扶」字。按，漢孝宣帝即位之十年，乃改元康，而是器蓋元康元年造也。其「扶」字乃號耳，如好畤鼎之用「山」字是也。梁山銅者，紀其貢金之地。梁山，於漢初爲孝王之封梁山，依山鼓鑄，爲國之富。故在孝王時有罍尊直千金，戒後世寶之，則梁山之銅有自來矣。其後梁之子孫分其國爲五，則在孝宣時亦不替貢金之職耳。

王黼《重修宣和博古圖》卷二二

鐘總説

聖人之作樂也，文之以五聲，播之以八音，而八音之始，必原於律呂。律呂之氣肇於黄鐘，黄鐘之生而卒於中正，則鑄之金，磨之石，系之絲木，越之匏竹。其大不過宫，其細不過羽，或戛或擊，或搏或拊，一合焉，一止焉，而樂由此以成矣。然八音之器，語其制作，既肇於黄鐘之數，而上下相生，月律互間，周一歲之月十二數，而金奏舉其餘。絲竹之類，必因鐘律以求協，而同歸於和者，爲備樂。然則鐘固樂之始也，其大者爲特鐘，則獨垂其一，是律倍黄鐘之數而成者也。其小者爲編鐘，是律數不倍，十有六枚而同一簴者也。有鎛焉，則大於編鐘而減於特鐘者也。考之《周官·鳧氏》，所以鎔範者有兩欒而爲銑，銑間則有於，而鼓鉦舞與之相次，其上爲衡甬，旋蟲以屬於簴，而體備枚篆擁隧之飾焉。且特鐘、編鐘至於鎛之爲器，小大雖殊，凡茲致飾惟一而已。此先王之法也。由漢以來，浸失其傳。枚所以節聲，而長短異狀。衡甬旋蟲所就以固結，而易之爲系以下垂，枚短則聲不能節而有隆殺，易之爲系以下垂，則動摇而有餘韻，參雜相紊，雅正或乖，而能知之者，夔、襄不世出，良可嘆夫。今之所獲，上追商周，下逮秦漢，古法具存，固可因器以考其聲，因聲以爲其樂，將見《濩》、《武》之遺音，可復傳於斯日矣，顧不美歟？

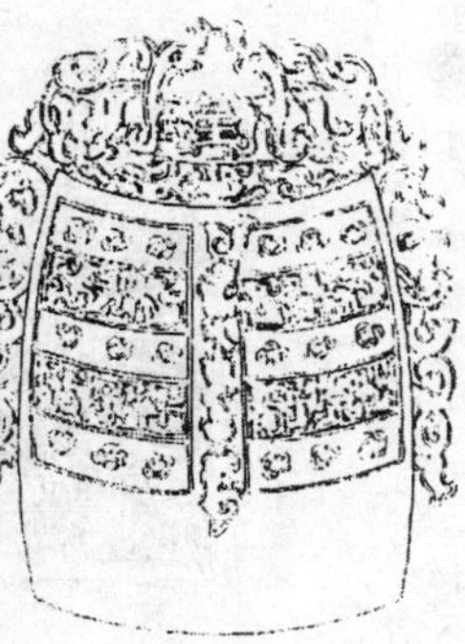
周齊侯鎛鐘

惟王五月辰在戊寅師于淄涶公曰汝及余經乃先祖余既敷乃心汝忠畏忌汝不墜夙夜宦執而政事余弘厭乃心余命汝政于朕三軍肅成朕師旟之政德諫罰朕庶民左右毋諱及不敢弗儆戒虔卹乃死事穆和三

命公曰及汝康能乃有事率乃敵寮余用登純厚乃命汝及毋曰余小子汝敷余于艱卹虔卹不易左右余一人余命汝緘差卿爲大事繼命于外內之事中敷盟刑汝以敷戒公家應卹余于盟卹汝以卹余朕

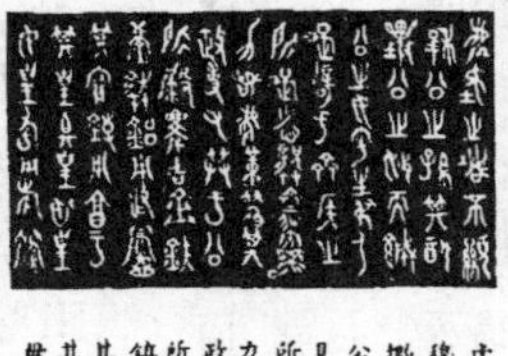
虔卹之都不顯穆公之孫其配襄公之妣而鹹公之女雩生叔及是辟于齊侯之所是忠龔齋靈力若虎謹恪其政事有共于公所敍擇吉金鈇鎬鏷鋁用作鑄其寶鎛用享于其皇祖皇妣皇母皇考用祈眉

軍徒旃雩乃行師慎中乃罰公曰夙汝敬共辞命汝應鬲公家汝恐恪朕行師汝肇敏于戎攻余錫汝釐都俘爵其縣三百余命汝治辞釐造國徒三千爲汝敵寮乃敢用拜稽首弗敢不對揚朕辟皇君之錫休

身余錫汝車馬戎兵釐僕二百有五十家汝以戒戎作及用或敢再拜稽首應受君公之錫光余弗敢廢乃命及典其先舊及其高祖虩虩成唐又敢在帝所敷受天命剗伐夏司敗乃宗師〇少臣惟輔咸有九州

壽令命難老不顯皇祖其作福元孫其萬福純魯龢協而有事俾若鐘鼓外內闢闢都會造而朋剗毋或承類汝考壽萬年永保其身俾百斯男而執斯字肅義政齊侯左右毋央毋已至于業曰武靈成子孫永保用享

右高一尺七寸五分，鈕高二寸一分，闊二寸三分；兩舞相距一尺一寸八分，横九寸四分；兩銑相距一尺四寸七分，横一尺二寸三分；重一百二十二斤八兩。銘四百九十二字。按，是器今考其銘文，有曰「師於淄陲」。按，太公呂望周封於爽鳩之墟，營丘之地，是爲齊郡，今臨淄是也。【略】

王黼《重修宣和博古圖》卷二三

周夔首鐘

右高一尺八寸四分，甬長九寸三分，徑二寸五分，有旋；兩舞相距一尺，橫七寸三分；兩銑相距一尺一寸八分，橫九寸；枚三十六，各長二寸一分；重七十九斤。無銘。是器遍體飾以夔首。按，《周官・梟氏》論鐘之制，惟篆帶之外略無它飾，而此飾以夔首者，蓋後世變易而爲之也。夔著之鼎彝，爲食飲之節，然則狀之於鐘，亦所以節樂耳。

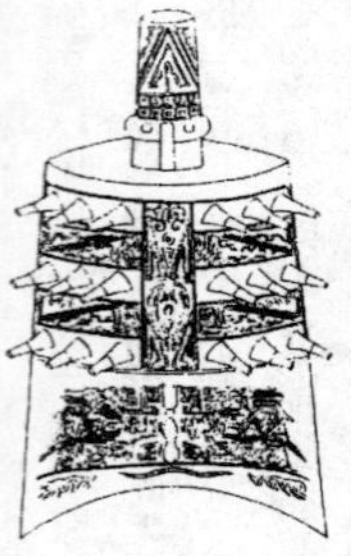
周特鐘

右高二尺三寸，甬長一尺二寸六分，徑三寸；兩舞相距一尺三寸，橫一尺一寸一分；兩銑相距一尺五寸三分，橫一尺一寸六分；枚三十六，各長二寸五分；重一百二十八斤有半。無銘。此特鐘也。按，《禮圖》以十六枚同在一簴，謂之編鐘。至於特鐘，則獨垂而已。蓋比它鐘而黃鐘律倍半。枚極修大，衡甬窒實，自於而上至於篆帶間，皆作雲氣，非文盛之世，曷能底此？

周雙夔鐘一

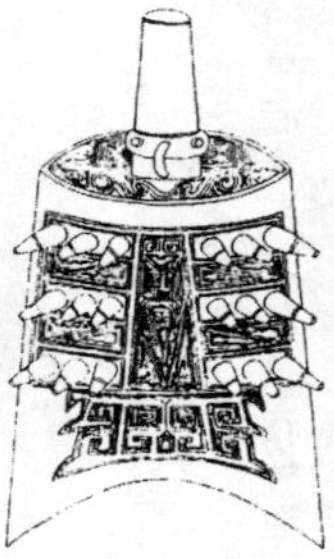
周雙夔鐘二

周雙夔鐘三

周雙夔鐘四

第一器高一尺二分，甬長四寸六分，徑一寸三分，有旋；兩舞相距五寸八分，橫三寸四分；兩銑相距七寸二分，橫三寸九分；枚三十六，各長一寸二分；重十有四斤三兩。無銘。

第二器高一尺二分，甬蝕剥不完；兩舞相距七寸二分，橫五寸四分；兩銑相距八寸五分，橫六寸一分；枚三十六，各長一寸五分；重二十四斤。無銘。

第三器高一尺五寸二分，甬長七寸五分，徑二寸二分，有旋；兩舞相距九寸六分，橫六寸七分；兩銑相距一尺六分，橫七寸六分；枚三十六，各長二寸三分；重五十斤八兩。無銘。

第四器高一尺七分，甬長四寸七分，徑一寸三分，有旋；兩舞相距六寸二分，橫五寸；兩銑相距七寸一分，橫五寸四分；枚三十六，各長一寸二分；重一十八斤有半。無銘。

右四器，高下重輕雖不同，而至於作雙夔之飾則一也。蓋雙夔取其以類相從之義，大抵鐘之爲樂，類取象於獸，以明堂下萬物之治，則雙夔之飾殆得此理爾。【略】

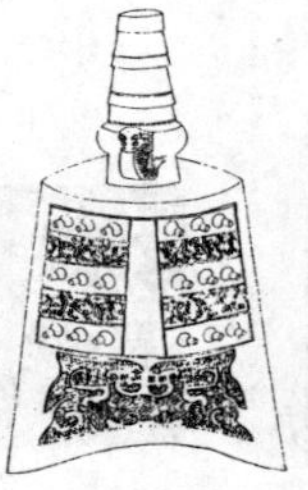
周篆帶鐘一

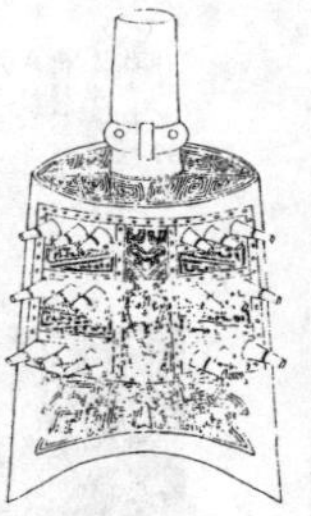
周雙夔鐘二

周雙夔鐘三

前一器高一尺一寸六分，甬長六寸七分，徑一寸六分，有旋；兩舞相距七寸六分，橫六寸三分；兩銑相距九寸八分，橫六寸二分；枚三十六，各長五分；重十有六斤。無銘。

次一器高一尺一寸六分，甬長五寸六分，徑一寸五分，有旋；兩舞相距七寸，橫五寸；兩銑相距八寸，橫六寸；枚三十六，各長一寸四分；重二十斤。無銘。

後一器高一尺九分，甬長三寸七分，徑一寸四分；兩舞相距六寸，橫四寸四分；兩銑相距七寸一分，橫五寸三分；枚三十有六，各長一寸二分；重一十斤一十二兩。無銘。

右前一器甬特長，大約以圜環者三，旋蟲則爲鳳形，枚景之間別分畦畛，而中縈篆帶，又狀蟠夔於鼓隧之上。次一器枚鼓與頂間皆作篆帶糾結之勢，其小異者特爲一面之飾。後一器成體切相類，而甬虛旋素，此爲差別耳。詳視三鐘，濡金凝質，精純一致，非有周㫬工莫能到。

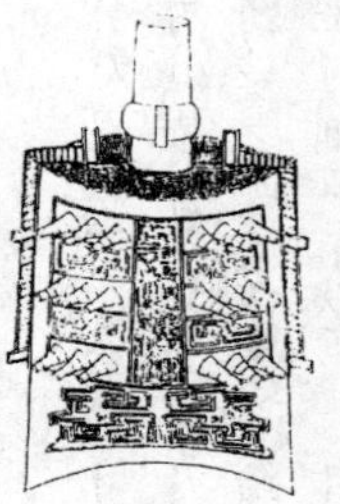

周挾耳鐘一

周挾耳鐘二

前一器高一尺一寸二分，甬長五寸二分，徑一寸四分，有旋；兩舞相距六寸六分，橫四寸九分；兩銑相距七寸四分，橫五寸七分；枚三十六，各長一寸三分；重十有七斤。無銘。

後一器高九寸二分，甬長四寸二分，徑一寸四分，有旋；兩舞相距五寸一分，橫四寸二分；兩銑相距六寸，橫四寸二分；枚三十六，各長一寸；重一十二斤十有四兩。無銘。

右二器大概頗同，其稍異處惟巨細不等，然所飾特各一面，甬皆實而不通，其鼓鉦與舞間一律作篆帶，比它鐘亦略相似。但舞之兩旁有垂帶，若鼎彝中兩耳狀，故以挾耳名之。疑因時制作變易，而設飾之巧以至此焉。

王黼《重修宣和博古圖》卷二四

周雷紋鐘一

周雷紋鐘二

前一器高九寸六分，甬長六寸，徑一寸八分；兩舞相距七寸一分，橫四寸；兩銑相距九寸，橫七寸一分；枚三十六，各長七分；重二十六斤十有二兩。無銘。

後一器高八寸一分，甬長四寸七分，徑一寸五分；兩舞相距六寸，橫五寸二分；兩銑相距七寸二分，橫六寸；枚三十六，各長五分；重一十三斤有半。無銘。

右二器甬皆中空，前一器甬、於、枚、鉦間遍錯雷電之紋，後一器旋上隱起雷篆，篆帶之間復作花紋於舞，銑則純素。蓋變古未遠，殆是周末器耳。

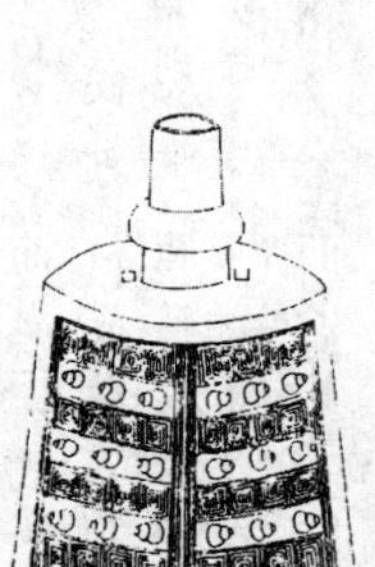

周旋紋鐘

右高八寸七分，甬長四寸，徑一寸九分；兩舞相距六寸七分，橫四寸五分；兩銑相距八寸一分，橫五寸一分；枚三十六，各長六分；重一十八斤十有一兩。無銘。是器制作純質，而三十六枚各作螺紋旋轉之狀。夫作樂之聲，貴夫回旋不迫，則聲之所以流暢也。若乃噍以殺，則知其爲哀；粗以厲，則知其爲怒，是豈回旋不迫之義耶？蓋音聲之道與政通，而昔人於制器尚象者如此。若夫量其小大，則非鎛與編鐘之類，其特鐘歟！但潛秘深壤，爲日已久，叩之嘶鬱，無從考其所中者何聲耳。

王黼《重修宣和博古圖》卷二五

周螭紋鐘一

高七寸，鈕高一寸六分，闊一寸二分；兩舞相距三寸九分，橫三寸二分；兩銑相距六寸七分，橫四寸三分；枚三十六，各長三分；重四斤六兩。無銘。

周螭紋鐘二

高七寸八分，鈕高一寸九分，闊一寸三分；兩舞相距四寸四分，橫三寸七分；兩銑相距五寸八分，橫四寸七分；枚三十六，各長三分；重六斤四兩。無銘。

右二器是鐘，即於、鼓間皆爲螭紋，頂亦如之。其一於枚景具作螺旋之狀，其二則枚景有如金鋪，上既不爲衡甬，而若鐶可系以下垂。觀其制，蓋亦古鐘之稍變者也。【略】

周雙螭鈕鐘

右高七寸八分，鈕高三寸，闊一寸四分；兩舞相距四寸，橫三寸六分；兩銑相距四寸五分，橫四寸二分；重八斤。無銘。是器全與周物不類，而形制若鐸，復無鉦鼓枚篆之飾，甬作雙螭糾錯，其尾若環，環之中爲獸首，舞上以四虬蟠屈相向，舞間布以細紋，承以垂花。其聲清越而長，非他鐘之比，當是周末變易不一，遂致是耳。此器重厚倍常，當是古鈞。後同。

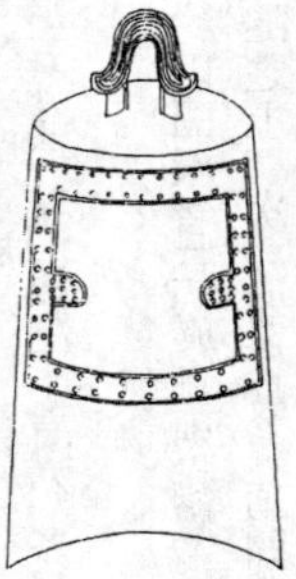
周虺鈕鐘

右高七寸七分，鈕高一寸七分，闊一寸五分；兩舞相距三寸三分，橫三寸；兩銑相距四寸二分，橫三寸六分；重六斤九兩。無銘。是鐘比諸鐘特不類，而全若鐸，變甬而爲鈕，且無枚焉。但兩面作碎乳布之。其鈕獨狀以虺，按《詩》言「維熊維羆，男子之祥。維虺維蛇，女子之祥」，則虺陰類。凡鐘屬陰而鼓屬陽，於是以虺識之。

蓋昔人所以取象命意，皆有微意存乎其間也。

王黼《重修宣和博古圖》卷二六

磬總説

古之爲樂者，有黃鐘之磬，則特垂其一而爲一簴，若特鐘焉。凡十有二數，以爲律之正聲而應月者也。至於編磬，則每簴所垂之數十六，蓋倍八音而成數者也。夫作磬之始，記禮者謂叔之離磬，蓋出於上古，莫知其時。而《古史考》又以帝堯之世有所謂無句者爲之也，後代相因，而《周官》則磬氏出焉。其制則中高而上大者，爲股；其下而小者，於所當擊則爲鼓；上股下鼓，分爲倨句之勢，以成磬，而屬之於簨簴。凡特磬、編磬，小大雖殊，其制一也。然《書》曰「泗濱浮磬」，則磬以石爲之，必取諸泗水之濱者。其見於堯舜之時然也。《春秋傳》謂「魯饑，而臧文仲以玉磬告糴於齊」，則又知其用玉矣。厥後逮於隋唐間，凡設於天地之神則用石，其在宗廟、朝廷則用玉。考其器之制作與夫所用，如是而已矣。今茲之磬非玉非石，乃鑄金而爲之，或成象如獸之形，或又加以雲雷之紋。及觀其勢，則無倨句、磬氏之法。以謂先王之制作耶，則求諸經傳而無所考證；以謂非先王之制作耶，則煎金鎔範，精緻莫及，固非漢氏以來所能爲也。扣之鏗然，非以立辨在八音之內。去石與玉而取此，是未可知也。姑歸諸磬，以待夫博識之士。噫，夫豈典籍焚於秦氏而泯滅其説者歟？

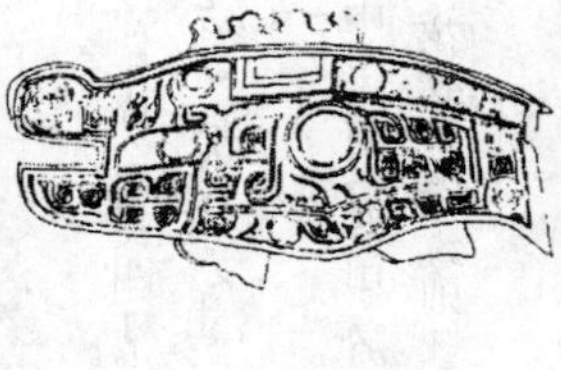
周雷磬一

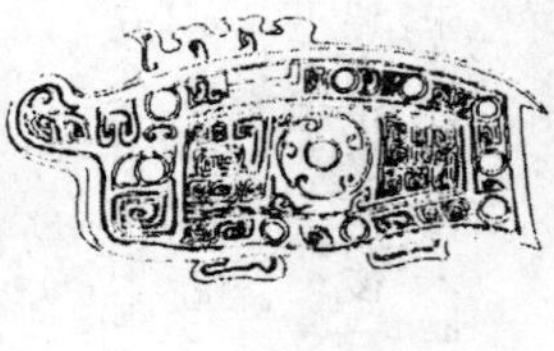
周雷磬二

第一器長一尺四寸五分，闊八寸三分，厚五分五釐，重十有五斤。

第二器長一尺六寸，闊八寸四分，厚六分八釐，重十有八斤四兩。

右二器，周官鼓人之職有雷鼓、雷鼗，則雷者，取象其聲之無以過也。若磬之爲器，方其制作，則必求合乎律吕，非若鼓焉。姑用爲節檢而擊之，則無適而不宜也。然其名磬以雷者，特取致飾其體有回旋之紋如此，蓋非主乎聲也。

周琥磬

右通長一尺五寸四分，闊八寸七分，厚六分，重十有七斤。無銘。是磬體作琥形，故目之曰琥。昔人以白琥禮西方，其形象虎。是器亦作虎形，而於虎之内又包一虎，比肩而行，以示物得其性然也。虎金屬，而磬西北方之器，故以是飾之。

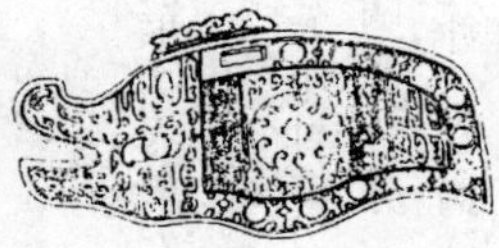

周雲雷磬

右通長一尺七寸二分，闊八寸四分，厚九分，重二十斤。無銘。且磬以立辨，《詩》曰「笙磬同音」，則非止於立辨，乃所以合樂也。《春秋》「魯饑，臧文仲以玉磬告糴於齊」，《書》言「泗濱浮磬」，則磬者，以玉石爲之。是磬復以銅爲，豈金磬之謂歟？蓋銅者，五金之數，得非取其久而不變耶？其形制狀獸，鼓與股盡飾雲雷，制作典古，實周物也。【略】

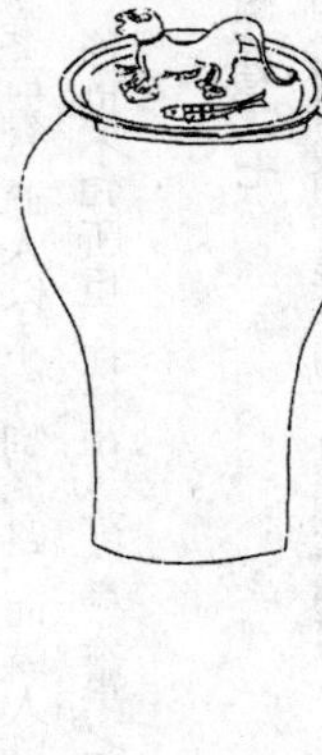

周魚錞

右高一尺二寸八分，上徑長七寸一分，闊六寸二分；下口徑長五寸五分，闊四寸七分；鈕高八分，闊二寸一分；重九斤四兩。無銘。錞，佐鼓之器。鼓，陽也。錞，陰也。此錞獨飾以魚者，魚，陰物，柔巽隱伏，隨陽上下，亦取夫陽唱陰和之義耳。

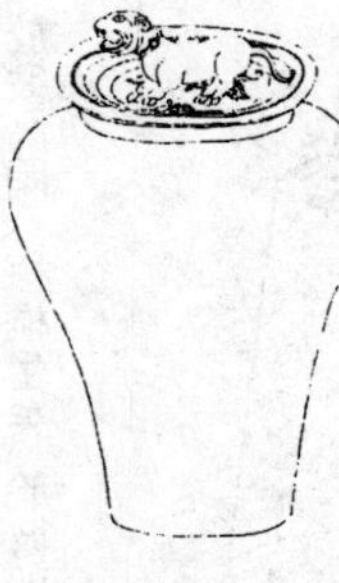

周雙魚錞

右高一尺四寸二分，上徑長八寸四分，闊七寸二分；下口徑長六寸，闊四寸五分；鈕高二寸四分，闊一寸三分；重二十斤九兩。無銘。古之制器，以魚飾者多矣。商有魚敦，周有魚尊，又有魚瓽，考其意不過柔弱和順，朝夕無寐，以勤其事而已。是錞以雙魚爲飾，鈕作螭虎者，魚則取其和順，而螭虎則取其制節。作樂之道，如斯而已。【略】

周雌錞一

周雌錞二

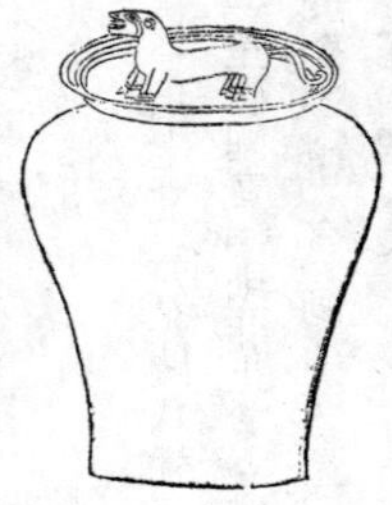
周雉錞三

周雉錞四

第一器高一尺三寸五分，上徑長九寸六分，闊八寸；下口徑長六寸三分，闊五寸七分；鈕高三寸一分，闊一寸；重十有一斤二兩。無銘。

第二器高一尺一寸五分，上徑長七寸六分，闊六寸四分；下口徑長五寸八分，闊四寸九分；鈕高一寸八分，闊一寸三分；重八斤十有二兩。無銘。

第三器高一尺六寸，上徑長九寸八分，闊八寸六分；下口徑長七寸，闊六寸五分；鈕蝕剝不完，重二十斤。無銘。

第四器高一尺三寸五分，上徑長一尺一寸，闊八寸五分；下口徑長八寸三分，闊六寸八分；鈕高三寸一分，闊一寸六分；重二十一斤。無銘。

右四器皆以雉爲鈕，雉用鼻御雨，智獸也。《周官·司服》宗彝謂虎雉，蓋以飾之於宗廟彝器之間，以爲法焉。錞之爲用，其鳴必以時，智者之道也。

鐸鉦鐃戚總説

凡樂之作，皆所以象成者也。若昔王業之興，自湯武已來，蓋未嘗不先於以武定天下之亂也。方其定亂之初，總兵之事咸掌於司馬，而軍旅之行與夫臨陣對敵，則有坐作進退之方。進退坐作者，必齊之以金鼓，鳴鼓以進，鳴金而退，由是有鐸、鉦、鐲、鐃之用焉。及其叛者服，暴者亡，櫜弓束矢，戢干戈而散馬牛，則功成矣。斯有象成之樂，則取彼所以成功之事而形於歌咏，由是鐸、鉦、鐲、鐃復施於作樂之際也。夫鐘磬必調於律吕，而合奏則系之絲木，越之匏竹，小大清濁，雜比而爲和。凡此所主者，樂之均也。若夫鐸、鉦、鐲、鐃，則非假調乎律吕，鏘然并作，特用以爲節檢，而與鼓相間，故《周官》鼓人之職以金鐸通鼓是也。執而振之舞者，視而爲容焉，如鐲之用，乃其一類耳。鐲即鉦也，特器同而名異。至若鐃，則又爲止鼓之器，《樂記》曰「復亂以武」，武即鐃也，以其舞畢，而鳴鐃以治理之爲亂也。且舞有文舞焉，干羽所以象文；有武舞焉，干戚所以象武。《詩》稱「值其鷺羽」者，謂析其羽而持之以舞，乃文舞也；其謂「朱干玉戚」，則武舞也，武舞執戚，用示其威故耳。凡兹數器，原其始，要其終，合爲一類，故宜兼收，以備古人之制可考而知其法。

鳳栖木形

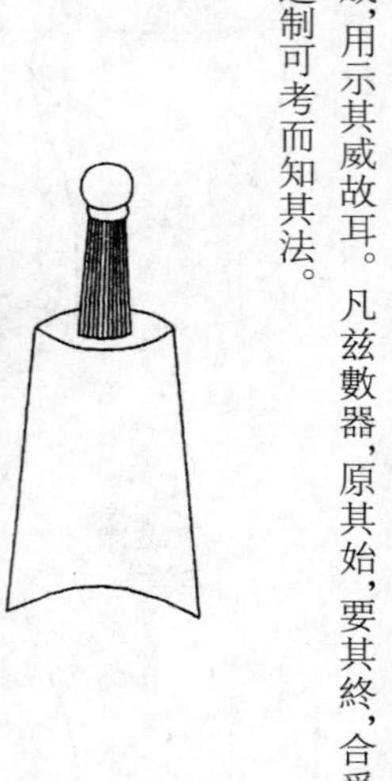
周栖鳳鐸

右高六寸八分，柄長四寸七分，上徑長三寸九分，横三寸；下徑長四寸四分，横三寸六分；重七斤三兩。銘作鳳栖木形。是器鐸也，《周官》鼓人以金鐸通鼓，凡樂舞，必振鐸以爲之節。銘之以鳳，亦取其「鳳凰來儀」之象。而爲栖木形，如《詩》所謂「鳳凰鳴矣，於彼高岡。梧桐生矣，於彼朝陽」，蓋鐸者樂之節，取其樂調而物以類應之也。

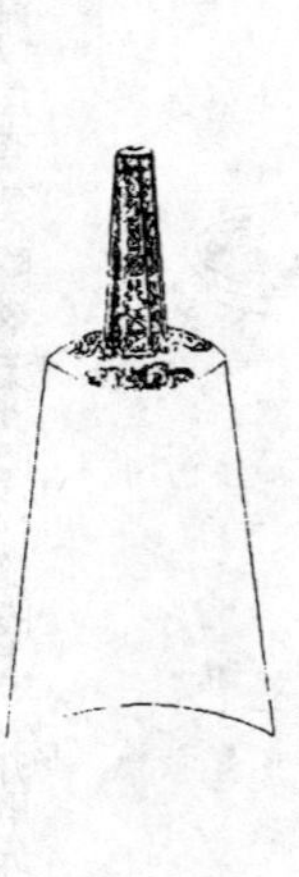
周雷柄鐸

右高六寸八分，柄長三寸八分，徑一寸；上徑長三寸三分，闊二寸八分；下徑長四寸一分，闊三寸六分；重四斤十有一兩。無銘。古者以木鐸振文教，以金鐸奮武衛，故《書》言「每歲孟春，遒人以木鐸狥於路」，而鼓人以金鐸通鼓」，則鐸雖微物，其爲用亦大矣。後世不知所重，往往仿之以爲柴車之警，然其音聲猶有暗合於律者。

王黼《重修宣和博古圖》卷二七

弩機鐓奩錢硯滴托轅承轅輿輅飾表座刀筆杖頭等總説

百工之事，皆聖人作，故凝土鑠金，載諸傳記，莫不由夫智者創，巧者述，後世因之以爲天下用，而取法以成焉。不然，則兑之戈，和之弓，垂之竹矢，藏乎王府，時出而陳之，復何意耶？夫弩生於弓，謂夫出自於越，與吴鎞敵而爲之則爾。然在《商書》固已有曰「若虞機張，往省括於度則釋」之語，足見弩機之設，其來久矣。今此則有機焉，《詩》所謂「厹矛鋈錞」，則已嘗見於成周之世矣。今此則有鐓焉。古之貴老，爲其近於親也。老者，其食多噎，而鳩爲不噎之鳥，則賜之鳩杖，今此鳩杖乃其遺制也。奩者，閨房脂澤之器，自漢蓋有之矣。錢則或鑄厭勝，藕心之異。硯滴則或具龜蛇之形，各出一時之巧制也。且一器而百工備焉者，車爲多，則托轅、承轅與夫致飾之物猶可觀也。立表以測影，則表之遺座猶足用也。斿則有鈴在上，刀則與筆相副，杖若靈壽而以龍首冠之，以至蹲龍充乘輿之物，鳩車戲兒童之樂，銅粱備提挈之要，事雖末務，器則精工。凡此諸物，煎煉鎔範，涂金錯銀，雕鎪詰曲，若蛟螭蟲魚之紋與夫奇葩異卉，雲盤而水折者，細若馬氂，縈如蛛絲，極天下之妙，而爲其觀美焉。是雖異夫鐘鼎禮樂之器，亦或可以取法，故宜繼其後者也。

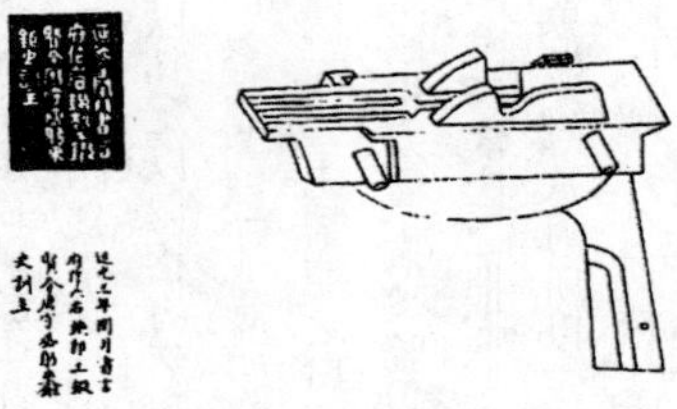

漢書言府弩機

右高三寸八分，長四寸三分，闊二寸一分，重一斤一十兩。銘二十七字，曰「延光三年閏月書言府作」。按，延光三年，蓋東漢孝安皇帝即位之十九年也。是年歲在甲子，閏在十月，不言十月而言閏月，舉閏則知十月也。「書言府」者，所謂言，則「左史書之」之義，天禄石渠之屬也。蓋漢之武庫，隨府有之，如盾省是也。又若工若令、若丞若史，皆銘之於機，則知除戎器、戒不虞，昔人允在所慎者。是機之形方，且密而紋鏤，細若絲縷，綰結則可賴此以固邦國者，非特於前書孝宣之際以示後人也。【略】

厭勝錢一

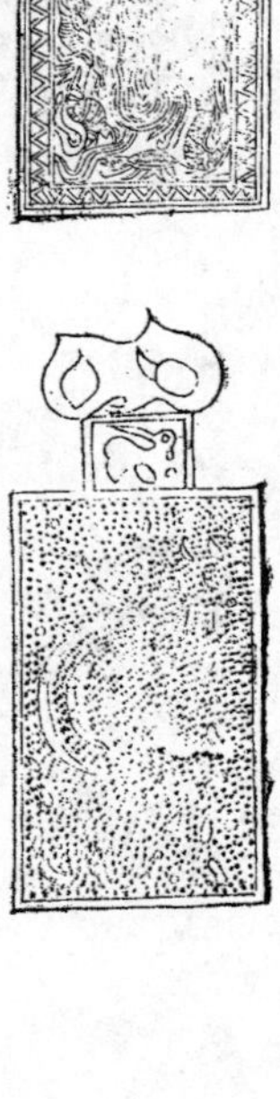

厭勝錢二

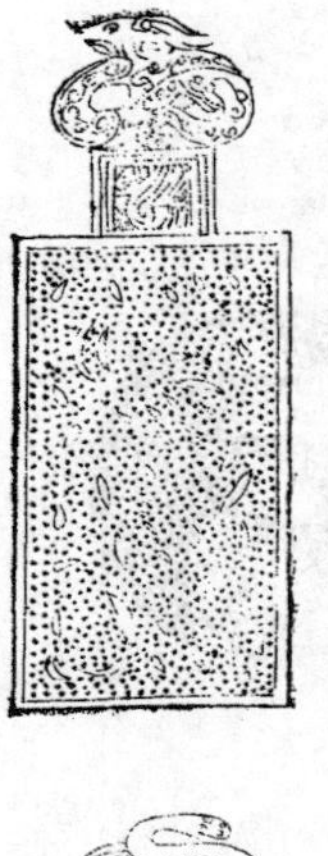

厭勝錢三

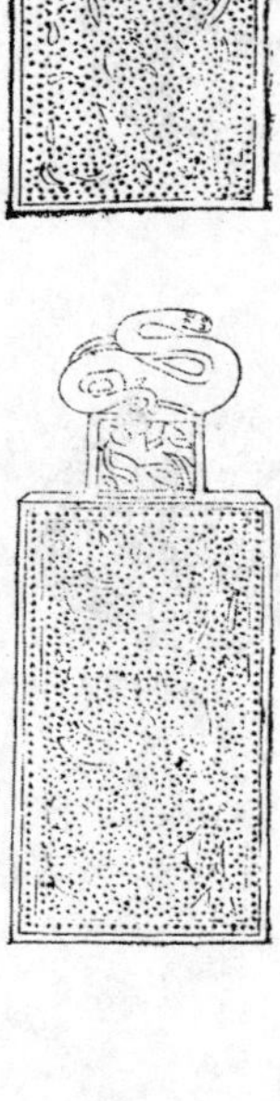

厭勝錢四

漢厭勝錢五

第一錢通長六寸八分，闊二寸一分，重六兩有半。無銘。

第二錢通長五寸六分，闊一寸七分，重三兩有半。無銘。

第三錢通長五寸七分，闊一寸七分，重三兩有半。無銘。

第四錢通長五寸七分，闊一寸八分，重三兩有半。無銘。

第五錢通長五寸七分，闊一寸八分，重三兩有半。無銘。

右按，封演《錢譜》：漢武造銅、錫、白金爲三品，一曰其文龍，二曰其文馬，三曰其文龜，而小橢之謂其圜而長也。今此錢一體之間，龍馬并著，形長而方，意有類於此。然下體蟠屈，隱起粟文，似非漢武之制者。又李孝美《圖譜》有永安五男錢，體勢雖圜，輪郭皆著粟文，與此少類。然孝美號之曰厭勝錢，則是錢殆亦用之爲厭勝者邪？且錢謂之泉布，則取其流行無窮之義，而此著龍馬者，蓋行天莫如龍，行地莫如馬，亦泉布流行之謂歟。

王黼《重修宣和博古圖》卷二八

鑒總説

昔黄帝氏液金以作神物，於是爲鑒，凡十有五。采陰陽之精，以取乾坤五五之數，故能與日月合其明，與鬼神通其意，以防魑魅，以整疾苦，歷萬斯年而獨常存。今也去古既遠，不可盡考，世有得其一者，載其制度，則以四靈位四方，以八卦定八極，十有二辰以環其外，二十四氣以布其中，而妙萬物、運至神者，蓋托於形數之表。故其爲器，雖囿於有形而不隨形盡，雖拘於有數而不與數終。且能變化不測，與造物者爲友也。其在有周，冶鑒之數亦十有三，蓋體諸閏月，以其十二則投十二野，其一則爲鎮於中州。世言其象，亦云列五岳，布七神，爲十五獸，間十四方。而方有四篆字，且不載其所以施設之方。獨《周官》之書以謂鑒取明水於月，以其足以感格者然也。唐開元間，李太者進水心鑒，背負蟠龍，蜿蜒舌生，太仍表其鑒曰「龍護所作」，真龍托於是焉。久之，歲大旱，明皇引葉法善即鑒祈禱，而雲生鑒龍之口，於是甘霈七日而足，不其神哉！西漢高祖受命之初，入咸陽得方鑒，洞燭腸胃，此帝王之世神物護持，其不誣之典，足以信後世者。今所藏特漢唐之器，然其規模大抵皆法遠古，是以圜者規天，方者法地，六出所以象諸物，八方所以定其位，左右上下則有四靈，錯綜經緯則有五星；具一日之數則載之以十有二辰，具一歲之數則載之以十有二月；周其天者有二十八宿，拱其位者有三神八衛。或象玉女之起舞，或肖五岳之真形。凡九天之上、九地之下，所主治者莫不咸在，則其取象未嘗不有法也。是以制作之妙，或中虚而謂之夾鑒，或形蜕而名以浮水；以龍蟠其上者，取諸龍護之象也；以鳳飾其後者，取諸舞鸞之説也。以至或爲異花奇卉、海獸天馬、羽毛鱗甲之屬，或爲嘉禾合璧、比目連理瑞世之珍，或乳如鐘，或華如菱。至於銘其背，則又有作國史語而爲四字，有效柏梁體而爲七言；或單言之不足，或長言之有餘；或以紀其姓名，或以識其歲月。如言「尚方玉堂」者，用於奉御也；如言「宜官宜侯王」者，用之百執也；如言「宜子孫」者，用以藏家也。然若「千秋萬歲」之語，則所以美頌者如此；作十六符篆，則所以辟邪者如此。然則雖曰漢唐之物，其稽古必自此始耳。於是列序其次，而録之於後焉。凡五金之序，黄金爲上，白金次之，銅又次之，而鐵錫爲下，故斯鑒以銅先焉，鐵次之。若夫造化之本，莫先於天地，故首之以「乾象」。乾象者，百神之主，故以百神附之。夫參造化，主百神，則可以造形器，故次之以異質之物，如蜕形浮水者是也。爲器如是，夫然後可以歌頌其美，故次之以「詩辭」；可以被聲詩，則必享多宜，故次之以「善頌」；頌必有致養之道，故次之以「枚乳」。而乳者，養人之道也。有所養，則鳥獸草木莫不咸若而來儀，爲瑞者有之，故又次之以龍鳳、花鳥、海獸也。然而大巧者若拙，繪事者後素，則純素者其本也，於是又以純素終焉。此其序也。

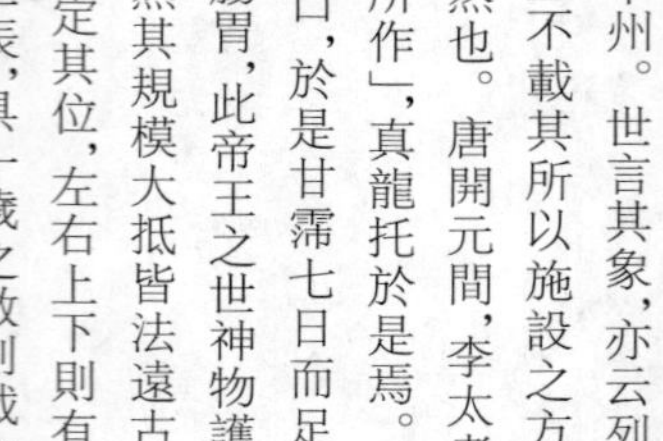
漢十二辰鑒一

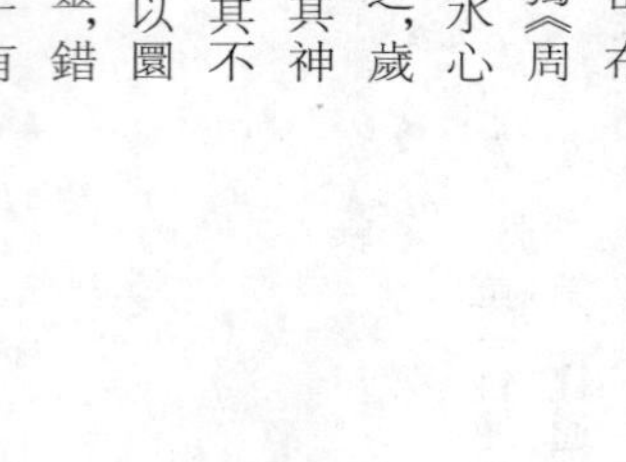
漢十二辰鑒二

漢十二辰鑒三

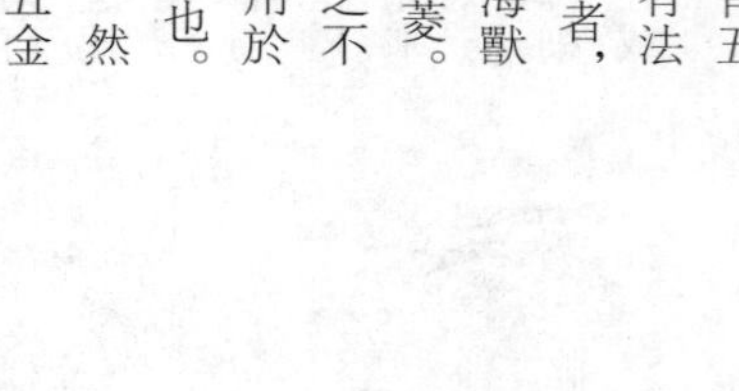
漢四神鑒一

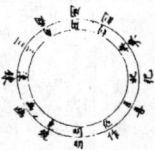

【略】

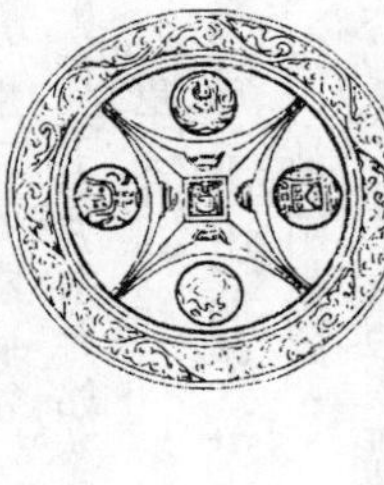
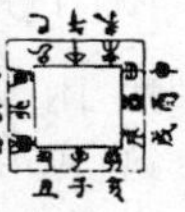
唐五岳真形鑒

乾象門

漢十二辰鑒一，徑七寸，重二斤四兩。銘五十五字。

漢十二辰鑒二，徑六寸，重一斤三兩。銘三十七字。

漢十二辰鑒三，徑六寸一分，重一斤三兩。銘一十六字。

漢四神鑒一，徑三寸八分，重七兩三分。銘十二字。

漢四神鑒二，徑三寸一分，重三兩一錢。銘四字。

漢四神鑒三，徑三寸五分，重五兩有半。銘二字。

漢三神鑒，徑五寸，重一十兩有半。銘五十六字。

漢神人鑒，徑四寸二分，重七兩有半。銘十八字。

漢神像鑒，徑三寸七分，重六兩一分。銘十二字。

漢神人三獸鑒，徑三寸六分，重五兩三分。銘十二字。

漢百神鑒，徑五寸五分，重一斤三兩。無銘。

漢四神鑒一，徑四寸五分，重一十兩一分。無銘。

漢四神鑒二，徑三寸六分，重九兩有半。無銘。

漢四神鑒三，徑三寸五分，重四兩一分。無銘。

漢四靈鑒，徑五寸一分，重一斤一兩。無銘。

漢四靈三瑞鑒，徑六寸，重一斤九兩。無銘。

漢三神八衛鑒，徑六寸八分，重二斤四兩。無銘。

唐十二辰鑒，徑四寸九分，重十有五兩一分。銘一十二字。

唐五岳真形鑒，徑八寸，重三斤。無銘。

右一十九鑒，天之道運而不積，於是通乎晝夜者，有五星爲之緯，有二十八宿爲之經，以十日爲之干，以十有二辰爲之支也。所謂至神不測則斡旋，於是乎以育萬物，融江河，結山岳，主百神，而爲造化之本。冶鑒之象，莫先於此，故以「乾象」先焉，而「百神」附之。

王黼《重修宣和博古圖》卷二九

漢宜君公鑒

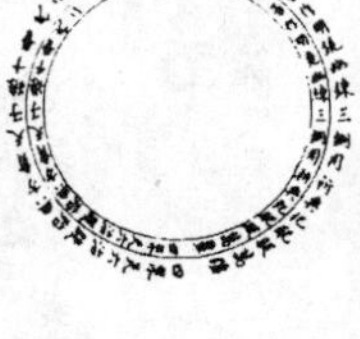
漢宜官鑒

王黼《重修宣和博古圖》卷三〇

唐龍鑒

唐雲龍鑒

唐雲龍八花鑒

唐雲龍花雀鑒（闕）

唐海獸鑑，徑五寸，重一斤十有四兩，無銘。

唐海獸蒲萄鑑，徑八寸三分，重四斤五兩，無銘。

右三十五鑑，凡致養之道不特人然也，鳥獸草木皆有之。是以至治之世，百獸率舞，鳳皇來儀，以至萬物之生各得其宜，有如由儀萬物得極其高大，有如崇丘皆致養然也。此又次之以龍鳳花鳥海獸焉。

唐舞鳳狻猊鑒

唐鸞鳳鑒（闕）

唐蓮鳳鑒

唐鳳銜花鑒

王黼《重修宣和博古圖》卷三〇

龍鳳門

唐龍鑑，徑八寸八分，重三斤十有五兩，無銘。

唐雲龍鑑，徑三寸八分，重十有一兩三分，無銘。

唐雲龍八花鑑，徑六寸三分，重十有二兩，無銘。

唐雲龍花雀鑑，徑六寸二分，重一斤九兩，無銘。

唐鸞鳳鑑，徑六寸一分，重二斤十有五兩，無銘。

唐舞鳳狻猊鑑，徑七寸五分，重三斤，無銘。

唐蓮鳳鑑，徑八寸二分，重三斤一十兩，無銘。

唐鳳銜花鑑，徑七寸六分，重四斤六兩，無銘。

唐鹿鳳蒲萄鑑，徑六寸五分，重一斤十有四兩，無銘。

唐象鑑，徑六寸五分，重二斤七兩，無銘。

唐饕餮鑑，徑五寸四分，重一斤三兩，無銘。

唐瑞圖鑑，徑六寸五分，重二斤三兩，銘四十三字。

唐寶花鑑，徑一尺二寸，重八斤四兩，無銘。

唐花雀鐵鑒

唐寶花鐵鑒一

唐寶花鐵鑒二

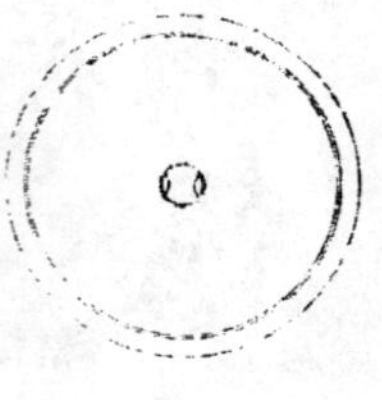
唐素圜鐵鑒

鐵鑒門二十二器。

隋十六符鐵鑒，徑七寸九分，重一斤十有一兩。銘三十四字。

唐二十八宿鐵鑒，徑七寸二分，重二斤五兩。銘六十一字。

唐八卦鐵鑒一，徑八寸，重三斤六兩。銘二十二字，未詳。

唐八卦鐵鑒二，徑七寸二分，重二斤十有一兩。銘二十八字。

唐十二辰鐵鑒，徑七寸九分，重三斤一十兩。銘二十四字，未詳。

唐日月鐵鑒，徑五寸八分，重十有一兩。銘四十字。

唐鳳龜八卦鐵鑒，徑一尺二分，重四斤有半。無銘。

唐八卦龜鳳鐵鑒，徑八寸三分，重三斤四兩。無銘。

唐四靈八卦鐵鑒，徑七寸二分，重三斤。無銘。

唐八卦方鐵鑒，徑四寸九分，重一斤十有二兩。無銘。
唐八角八卦鐵鑒，徑七寸八分，重二斤七兩。無銘。
唐千秋萬歲鐵鑒，徑七寸六分，重三斤十有五兩。銘八字。
唐玉堂鐵鑒，徑一尺一寸六分，重九斤有半。銘一十六字。
唐自明鐵鑒，徑七寸一分，重二斤十有四兩。銘二十字。
唐晉陽龍鐵鑒，徑八寸三分，重二斤一十四兩。銘四十六字。
唐戲水龍鐵鑒，徑七寸四分，重一斤十有二兩。無銘。
唐鳳花鐵鑒，徑七寸五分，重二斤五兩。無銘。
唐雙鳳鐵鑒，徑八寸四分，重二斤有半。無銘。
唐花雀鐵鑒，徑七寸一分，重三斤四兩。無銘。
唐寶花鐵鑒一，徑八寸，重二斤三兩。無銘。
唐寶花鐵鑒二，徑七寸九分，得一斤十有四兩。無銘。
唐素圜鐵鑒，徑八寸，重一斤一十兩。無銘。

右五金皆金，莫不有序。以泉貨言之，則銅爲上，鐵次之；以方言之，則銅者，南方之金，而鐵之位北也。於是凡銅鑒者先焉，鐵者置其後。

吕震《宣德彝器圖譜》卷三　太子少師工部尚書臣吕震奉敕編次工部一本，爲恭領鑄冶物料事。宣德三年五月初一日，蒙聖恩俞允，裁減鑄冶應用材料。理合具題，差官恭詣内庫並外庫及各管署領取，在册物料，謹具差官姓名上達，天聰應否，伏候聖裁，臣震等恭誠待命之至。計開差官四員：工部營繕司主事臣王益、都水司主事臣張貴誠、鑄冶局大使臣張貴、鑄冶局副使臣許百禄。今撥營繕司主事臣王益，賫摺本恭詣内豐積庫領赤金六百四十兩，白銀二千八百八十兩。主事臣王益，又賫摺本恭詣内節慎庫領取暹邏國洋銅三萬一千六百八十斤，倭源白水鉛一萬三千六百斤，倭源黑水鉛六千四百斤，日本國紅銅八百斤，賀蘭國花洋錫六百四十斤，鋼鐵九千六百斤。今撥都水司主事臣張貴誠，賫摺本恭詣外豐積庫領取天方國番磠砂二百八十八斤，三佛齊國紫硇石二百四十斤，渤泥國紫礦二百四十斤，渤泥國臙脂石一百六十斤，琉球國安瀾砂一百六十斤。主事臣張貴誠，又賫摺本恭詣外「戊」字顔料庫領取辰州府硃砂三十斤，梅花片石青二十四斤，石緑二十四斤，銅緑二十四斤，古墨十六斤，黄丹四十斤，白蠟一百零四斤，黄蠟六百四十斤。主事臣張貴誠，賫移會赴太醫院領取金絲礬一百六十斤，晉礬一百六十斤，鴨嘴膽礬一百九十二斤，黄明礬九十六斤，白明礬二百四十斤，方解石十六斤，自然銅九十六斤，瓜竭十六斤，無名異十六斤，赤石脂十六斤。今撥鑄冶局大使臣張貴，賫移會赴司禮監領取雲南黑白棋子一萬六千箇，雲南料石一千二百斤。鑄冶局大使臣張貴誠，又賫移會赴司禮監惜薪司領取出山煤炭八萬六千四百斤，湖廣大櫟炭八萬六千四百斤，松木柴九萬六千斤，蘆葦柴二萬四千斤。今撥鑄冶局副使臣許百禄，賫移會赴皇木廠領取大毛桱竹三百莖，鐵梨木十六根，大杉木一百二十根。鑄冶局副使臣許百禄，又賫移會赴皇磚廠領取皇磚三萬二千枚，石灰二十石，黄砂三十石，磨光砂二石，陽城罐二萬箇，烊銅鐵罐一百二十箇。以上各項金銀藥料撥酌遣官領取，爲此謹具摺本奏聞，伏候聖裁，謹疏。宣德三年五月十六日奉聖旨云：「知道了。」工部一本爲恭進呈宣德彝器圖譜，仰祈天鑒事。宣德三年六月初三日，謹將應鑄鼎彝，遵奉聖旨開列：郊壇、宗廟、内廷所在安置名目款式敷色畫圖呈進御覽，應否，伏候聖裁。謹將鼎彝應鑄清册，隨本上聞。恩賜俞允，臣等不勝榮遇之至，謹疏。應鑄鼎彝圖譜清册，計開：大金猊爐：乾清宫紫宸殿一座。中金猊爐：乾清宫紫宸殿東、西二暖閣各一座。倣周夔龍雷雲鼎：乾清宫睿思殿一座，乾清宫睿思殿東、西二暖閣各一座。

金猊爐圖

大金猊爐，照元朝姜鑄流金款式，高三尺六寸，重一百二十斤，用八鍊洋銅鑄成。周身蠟茶色，純金流裹，實用赤金十六兩、白銀八兩，爲絲片周身商嵌，下乘沉香木八角須彌座。中金猊爐，照元朝姜鑄流金。中號金猊爐款式，高二尺四寸，重六十四斤，用八錬洋銅鑄成，周身蠟茶色，純金流裹，實用赤金八兩、白銀六兩，爲絲片商嵌，沉香木八角須彌座。爐底篆隸四字，曰「宣德年製」。周身駱色，其文皆用金勾，細文銀勾。

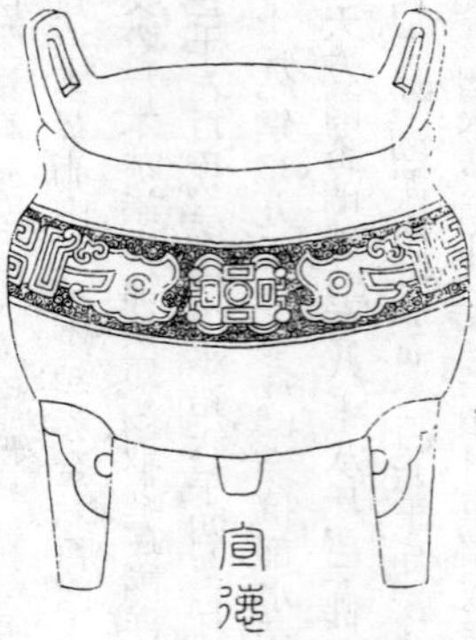
倣周夔龍雲雷鼎圖

倣周夔龍雲雷鼎，照博古圖，原鼎樣款式，高八寸八分，耳高二寸二分，闊一寸八分，深五寸三分，口徑七寸九分，腹徑八寸七分，重十三斤五兩，無銘，爐底篆文「宣德」二字。用十二錬精銅鑄成，倣古青緑硃斑色，金絲商嵌，白玉九龍頂，沉香蓋座，周身緑色，硃斑帶淡藍色，斑周身金勾，細文銀勾，此二閣中鼎也。

呂震《宣德彝器圖譜》卷四　仿古周文王鼎：乾清宮瑶華殿一座，乾清宮瑶華殿東、西兩暖閣各一座。聖旨：「加鑄三十座。」内藏儲内豐積庫二十座，分賜東宮王府三座、周王府二座、秦王府二座，晉王府一座、漢王府一座、曲阜衍聖公府一座。倣古周子父舉鼎：乾清宮隆安殿一座。倣古周素蟠虬鼎，乾清宮隆安殿東香閣一座。聖旨：「加鑄二十座，藏貯内庫。」倣古周豐鼎：乾清宮隆安殿西香閣一座，聖旨：「加鑄三十座，藏貯内庫。」

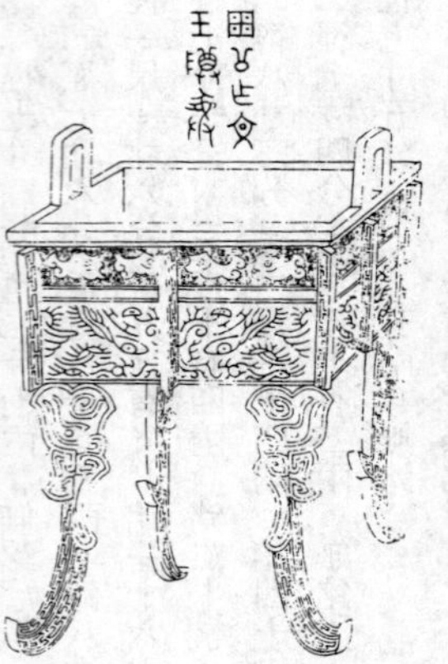
倣古周文王鼎圖

右倣古周文王鼎，照原鼎款式，高六寸四分，耳高二寸四分，寛二寸二分，長九寸八分，闊五寸八分，足高六寸四分，重十一斤四兩，銘八字，曰「魯公作周文王尊彝」。用十二錬精銅鑄成，周身倣古青緑硃斑色，金銀絲片商嵌，羊脂白玉九龍頂，沉香蓋座。

加鑄者，周身緑色，金勾夾銀，四足墨勾金銀點，周身硃斑。賜各王府者，係白玉頂，沉香蓋座。

周子父舉鼎圖

右倣周子父舉鼎，照原鼎款式，高九寸四分，耳高一寸八分，闊一寸二分，深四寸一分，口徑七寸二分，腹徑六寸五分，重六斤十三兩。銘三字，曰「子父舉」。用十二錬精銅鑄成，倣古青緑硃斑色，金銀絲片商嵌，羊脂白玉九龍頂，沉香蓋座，周身緑色，金勾夾銀，四足墨勾金銀點。

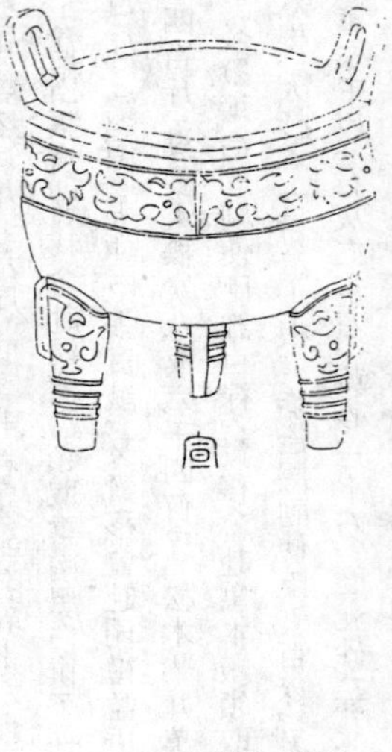
倣古周素蟠虬鼎圖

右倣古周素蟠虬鼎，照原鼎款式，高一尺二寸九分，耳高八分，闊三寸五分，口徑一尺一寸四分，腹徑一尺一寸六分，重十六斤八兩，用十二鍊精銅鑄成，本身褐色，不施金彩。

加鑄者，本身深杏黄色，墨勾花文。

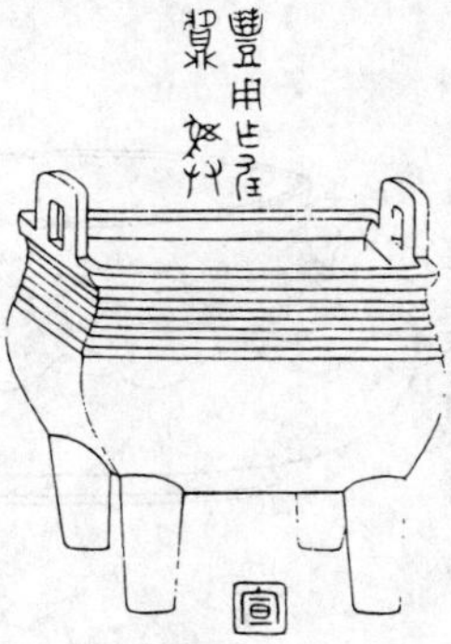
倣古周豐鼎圖

右仿古周豐鼎，照原鼎款式，高三寸二分，耳高八分，深一寸九分，口徑長三寸五分，闊二寸七分，腹徑三寸九分，闊三寸一分，重一斤二兩。四足。銘六字，「豐用作玖鼒彝」。下銘一字，曰「宣」。本身蠟茶色，金流耳脛，用十二鍊精銅鑄成。

加鑄者，周身紅黄色，本文皆金勾，口内黑勾一道。

呂震《宣德彝器圖譜》卷五　倣古周花足鼎：乾清宮玉清殿一座。聖旨：「加鑄四十座，藏貯内庫。」蚰龍耳彝鑪并鑪盤：玉清殿東、西書房各一座。聖旨：「加鑄四百座。分覆祥雲、湧祥雲、藏金、蝎茶四色，將上等完好者二百座藏貯内庫，餘存二百座，分賜各王府。」計開：分賜各王府鑪數，東宫王府四十座，覆祥、湧祥、藏金、蝎茶四色各十座。周王府三十座，四色分配。晉王府同，秦王府同，魯王府同，岷王府同，衍聖公府十座。臣謹按蚰龍耳款，出定甆式，最大雅，而鑪口微澆薄名燈艸。邊足近下稍，飛出分許更佳，當爲諸鑪之冠云。續奉聖旨：「加鑄蚰龍耳彝鑪鑪盤四百座。」

倣古周花足鼎圖

右倣古周花足鼎，照原鼎款式，高五寸七分，耳高一寸三分，闊八分，深三寸二分，口徑長四寸八分，腹徑長五寸，闊四寸。重二斤六兩。本身深藏金紙色，不施金彩，用十二鍊精銅鑄成，鑪底篆書二字，曰「宣德」。加鑄者，本身淺駱色，帶紅墨勾花紋。

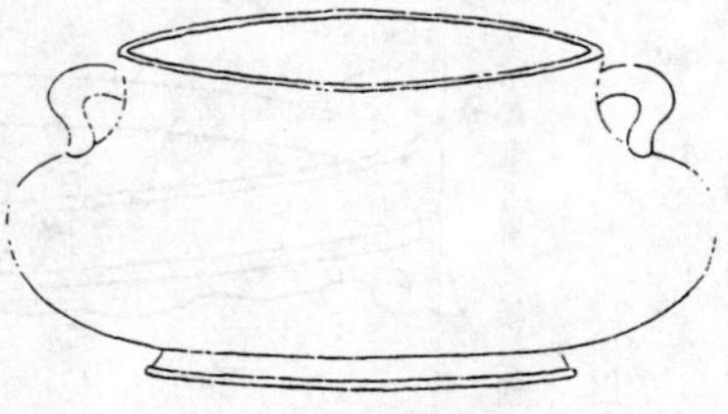
蚰龍耳彝鑪圖

右蚰龍耳彝爐，倣宋白定甆蚰龍耳彝爐款式。高二寸四分，耳高一寸一分，足高三分六釐，口徑五寸二分，重二斤四兩。更有減輕一種，重十五兩八錢者，赤金流耳及腹上者，名覆祥雲，赤金流耳及腹下者，名湧祥雲。本身藏金紙色，底有長方匾，印楷書六字，曰「大明宣德年製」。用十二鍊精銅鑄成。

加鑄者，本身駱色，金口耳。

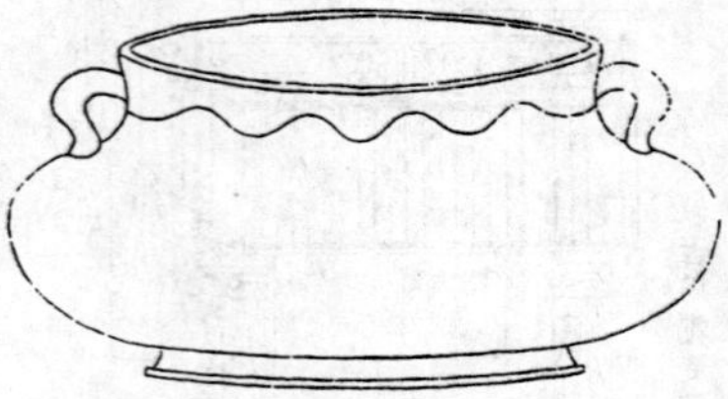

蚰龍耳彝鑪覆祥雲圖

右鑪款式已載蚰龍耳彝鑪圖，左此樣名爲覆祥雲。

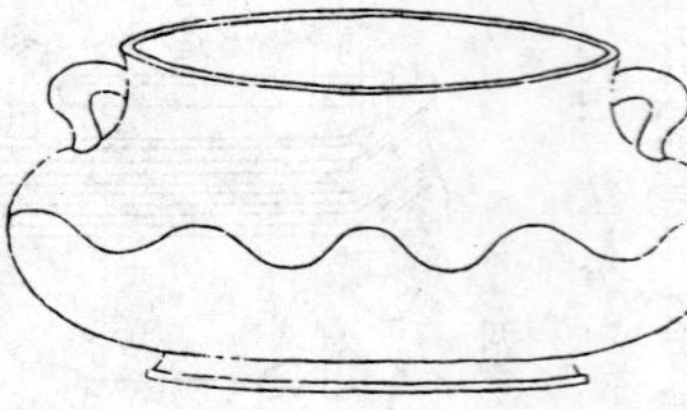

蚰龍耳彝鑪湧祥雲圖

此爐款式已詳載蚰龍耳彝鑪圖，後此樣名爲湧祥雲。

蚰龍耳彝鑪盤圖

右蚰龍耳彝鑪，盤口徑八寸一分，高八分四釐，重八兩七錢分。覆祥、湧祥、藏金、蠵茶四色，本身騌色。

呂震《宣德彝器圖譜》卷六

倣古周純素鼎：乾清宮貞一齋一座。聖旨：「加鑄三十座，藏貯內庫。」沖天耳三足大乳鑪：乾清宮貞一齋東便殿二座，西便殿二座。聖旨：「加鑄三百座。」沖天耳三足中乳鑪：乾清宮貞一齋東便殿二座，覆祥雲。西便殿二座。湧祥雲，本身棠梨本色。聖旨：「加鑄三百座。」沖天耳三足小乳鑪：乾清宮貞一齋東便殿一座，西便殿一座。聖旨：「加鑄三百座。」聖旨：「將大、中、小三號加鑄沖天耳乳鑪，上好完整者六百座，藏貯內庫，餘存三百座，分賜各王府。」計開：分賜各王府沖天耳乳鑪數目，東宮王府大、中、小三號沖天耳乳鑪各四十座，周王府共二十座，秦王府共二十座，晉王府共二十座，蜀王府共二十座，寧王府共二十座，楚王府共二十座，魯王府共二十座，岷王府共二十座，靖江王府共二十座。

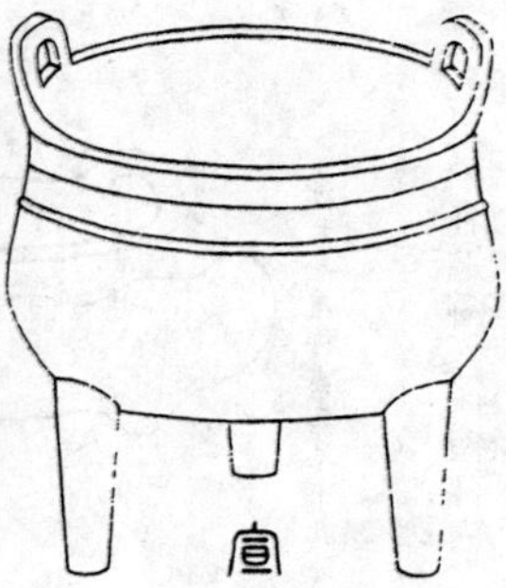

倣古周純素鼎圖

右倣古周純素鼎，照原鼎款式，高一尺二寸，耳高一寸六分，深六寸二分，口徑六寸七分，重六斤十二兩。周身樸素無文，照原鼎紫褐色，不施金彩。鑪底篆書一字，曰「宣」。用十二鍊精銅鑄成。

加鑄者，本身深駱色，帶墨。

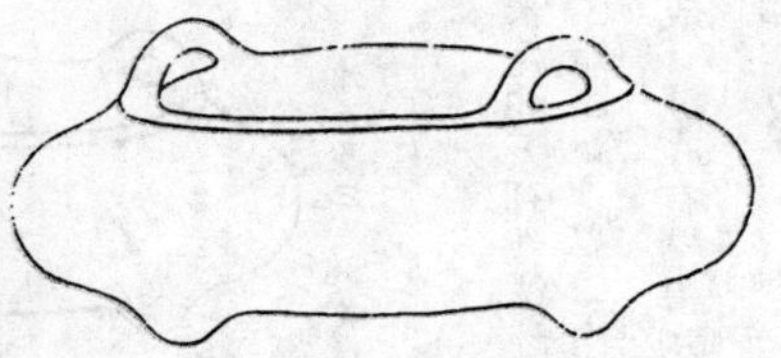

沖天耳三足大乳鑪圖

右沖天耳三足大乳鑪，倣宋磁沖天耳三足乳鑪款式，高二寸六分，耳高一寸一分，足高八分一釐，口徑五寸七分，重二斤十四兩，用赤金流裹作覆祥、湧祥二色及棠梨色三種，用十二鍊精銅鑄成。鑪底楷書六字，曰「大明宣德年製」。

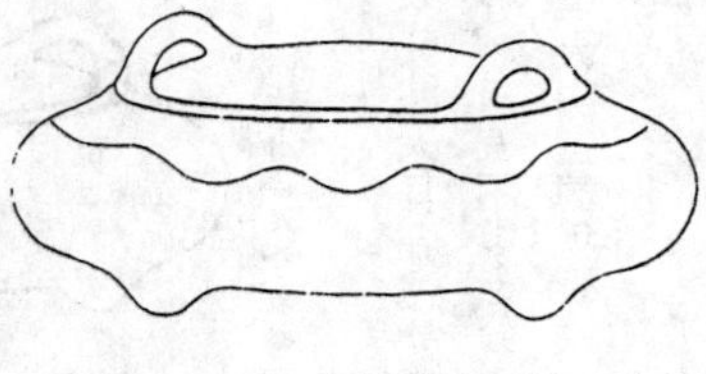

沖天耳覆祥雲三足大乳鑪圖

此鑪款式，已詳沖天耳三足大乳鑪圖。後覆祥雲者，係用赤金流耳頸及腹上號爲覆祥雲。

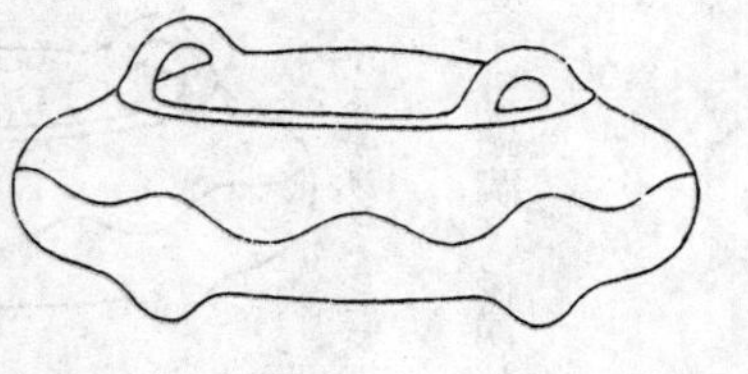

沖天耳湧祥雲三足大乳鑪圖

此鑪款式，已詳沖天耳三足大乳鑪圖。後湧祥雲者，用赤金流腹及足號爲湧祥雲。

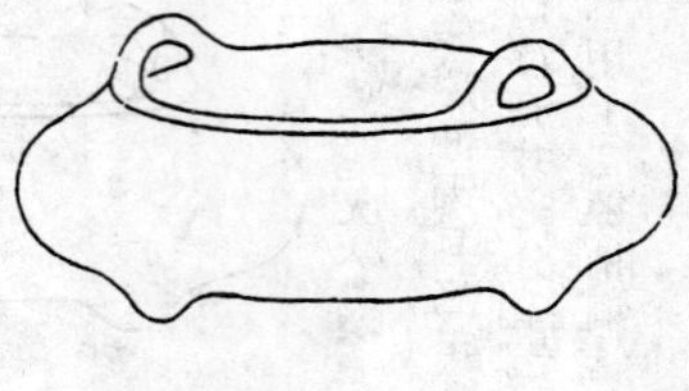

沖天耳三足中乳鑪圖

右沖天耳三足中乳鑪，仿宋堯沖天耳乳鑪款式，高一寸三分，足高四分，口徑二寸五分七釐，重：棠梨色七兩七錢，流金六兩七錢。分覆祥、湧祥、棠梨、流金本色三種，用十二錬精銅鑄成。鑪底有楷書六字，曰「大明宣德年製」。本身淡駱帶白熟棠梨色，係駱色帶深。

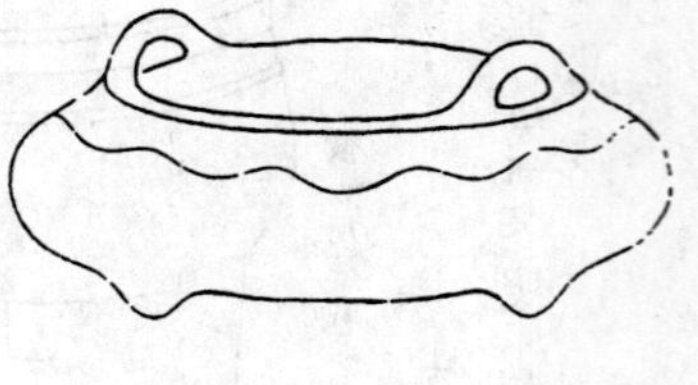

沖天耳覆祥雲三足中乳鑪圖

此鑪款式，已詳沖天耳三足中乳鑪圖。後覆祥雲者，係用赤金流耳頸及腹上號覆祥雲。

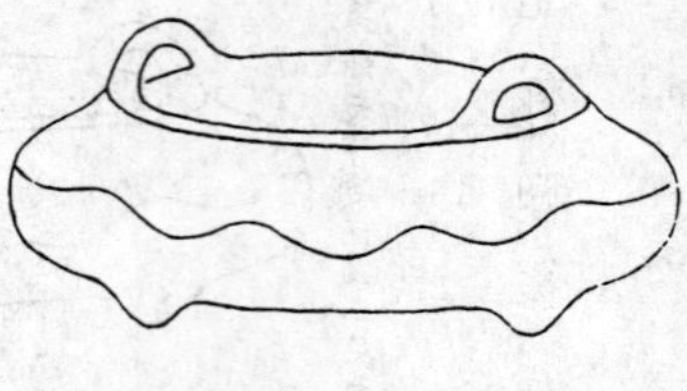

沖天耳湧祥雲三足中乳鑪圖

此鑪款式，已詳沖天耳三足中乳鑪圖。後湧祥雲者，係用赤金流足及腹下號爲湧祥雲。

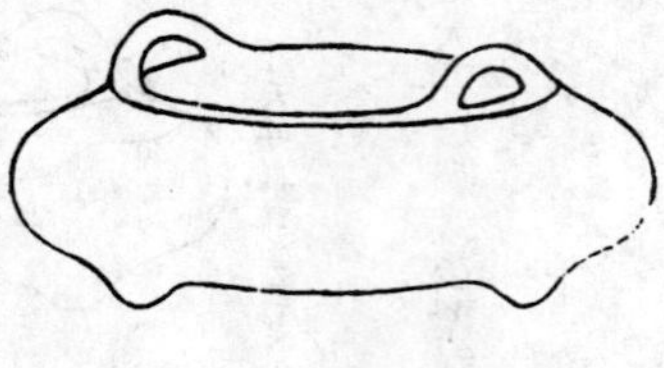

沖天耳三足小乳鑪圖

右沖天耳三足小乳鑪，仿宋堯沖天耳乳鑪款式，高九分二釐，耳高六分三釐，足高四分二釐，口徑一寸九分。重五兩零七分。用十二錬精銅鑄成，本身滲金作雨雪點。鑪底小楷六字，曰「大明宣德年製」。

加鑄者，本身白帶紅淡駱色。

吕震《宣德彝器圖譜》卷七 倣古周乙毛鼎：乾清宮敬一堂一座。聖旨：

「加鑄四十座，藏貯内庫。」雙魚耳彝鑪：乾清宮敬一堂東便殿二座，内分覆祥雲一座、藏金紙色一座。西便殿二座。内分湧祥雲一座、蠵茶色一座。聖旨：「加鑄四百座，將上等完好者一百座藏貯内庫，餘存三百座，分賜各王府。」計開：分賜各王府雙魚耳彝鑪數目，東宮王府四十座，秦王府二十座，周王府二十座，晉王府二十座，肅王府二十座，寧王府二十座，楚王府二十座，魯王府二十座，峨王府二十座，益王府二十座，代王府二十座，潘王府二十座，岐王府二十座，靖江王府二十座，衍聖公府一十座。以上均四色分配。奉聖旨：「加鑄雙魚耳彝鑪鑪盤四百座，將上等完好者一百座藏貯内庫，餘存三百座，分賜各王府。」奉聖旨：「加鑄覆祥雲流金色雙魚耳彝鑪四百座，藏金紙色一百座，蠵茶色湧祥雲一百座。」

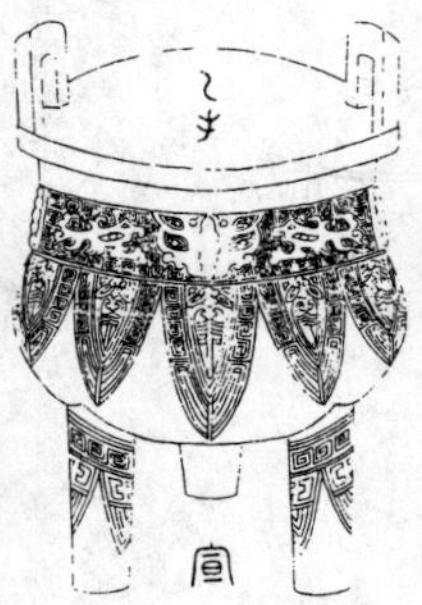

倣古周乙毛鼎圖

右仿古周乙毛鼎照原鼎款式，高五寸五分，耳高一寸五分，闊一寸三分，深三寸六分口，徑五寸三分，腹徑五寸五分。重十三兩八錢。三足。銘二字，曰「乙毛」。下銘一字，曰「宣」。用十二鍊精銅鑄成，本身藏金紙色，金銀硃砂雨雪點。

加鑄者，本身白紅帶黃色，硃斑金銀雨雪點，墨勾花文。

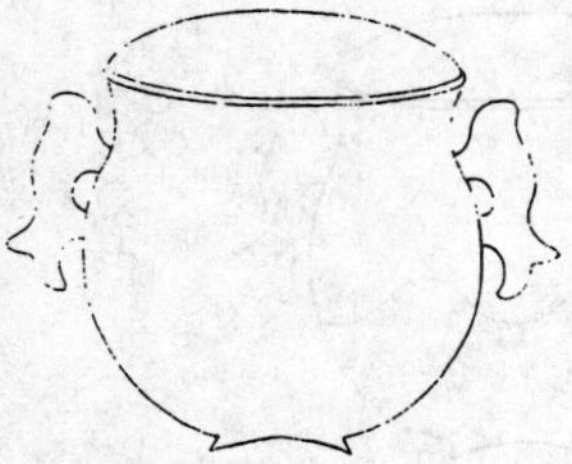
雙魚耳彝鑪圖

右雙魚耳彝鑪，照宋官窑雙魚耳彝鑪款式，高三寸二分，足高三分一釐，耳長一寸三分，口徑二寸五分。重八兩四錢。足底圓徑九分二釐，圓凹而人俗名鍋臍。底真書小楷六字，款曰「大明宣德年製」。一線足分覆祥、湧祥、藏金、蠵茶四色。又一種用硇砂點硃砂斑，流金作湧祥雲者，名金帶石榴鑪。諸鑪品式，當以魚彝爲最。蓋魚彝出自内府，官窑佳器款式大雅，極爲適用，其外更有減輕七兩二錢、六兩八錢不等，俱用十二鍊精銅鑄成。

雙魚耳彝鑪鑪盤圖

右雙魚耳彝鑪鑪盤，高四分三釐，口徑三寸六分，重六兩一錢七分，排款六字，曰「大明宣德年製」。本身藏金、流金二色。

覆祥雲流金色雙魚耳彝鑪圖

右覆祥雲流金色雙魚耳彝鑪，款式悉與雙魚耳彝鑪同，惟用赤金流，耳頸及腹上號「覆祥雲」。

加鑄者，本身白帶淡黃金流口及魚耳。

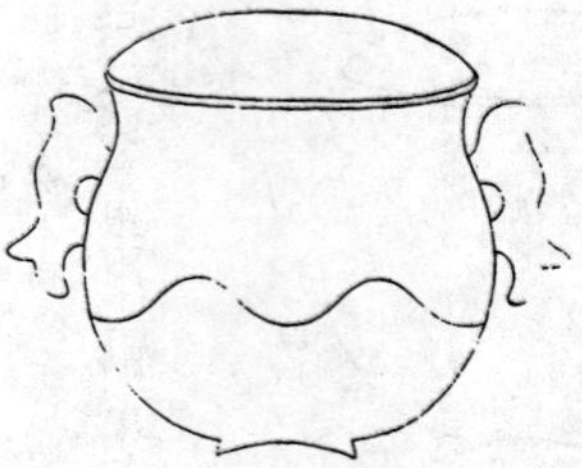

蠍茶色湧祥雲雙魚耳彝鑪圖

右蠍茶色湧祥雲雙魚耳彝鑪，款式已詳雙魚耳彝鑪，惟用赤金流，耳腹及足上號爲「湧祥雲」。

加鑄者，本色白，色帶黃金流底及耳。

藏金紙色雙魚耳彝鑪圖

此藏金紙色雙魚耳彝鑪，款式已詳雙魚耳彝鑪，惟本身藏金紙色而已。

加鑄者，本身白駱色，帶黃。

呂震《宣德彝器圖譜》卷八

仿古壽山福海博山鑪：乾清宮天漢樓一座，乾清宮天漢樓南榮、北極二閣各一座。聖旨：「加鑄四十座，藏貯内庫。」仿古商象形鼎：乾清宮端拱堂一座。聖旨：「加鑄五十座，藏貯内庫。」仿古商父已鼎：乾清宮端拱堂東、西二便殿各一座。聖旨：「加鑄四十座，藏貯内庫。」仿古商已舉彝鑪：乾清宮淵默堂一座。聖旨：「加鑄二百座，將一百座藏貯内庫，一百座分賜各王府。」計開：分賜各王府已舉彝數目，東宫王府三十座，周王府一十座，晉王府一十座，秦王府一十座，楚王府一十座，魯王府一十座，代王府一十座，肅王府一十座。仿古商戈父甲彝鑪：乾清宮淵默堂東、西二便殿各一座，聖旨：「加鑄四十座，藏貯内庫。」

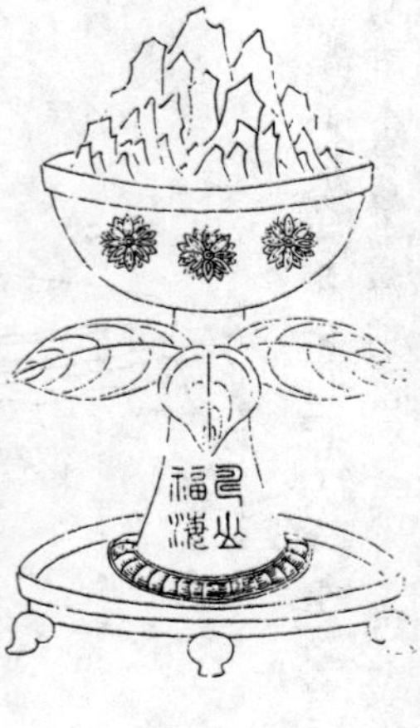

倣古壽山福海博山鑪圖

右壽山福海博山鑪，照唐天寶局鑄壽山福海博山鑪款式。高一尺三寸，鑪口徑三寸九分八釐，深二寸五分，蓋高二寸一分，重四斤六兩，用十二鍊精銅鑄成。周身倣古青綠色，硃砂斑，金銀絲片商嵌。銘四字，曰「壽山福海」。加鑄者，周身皆綠滿金，勾口下三箇圓花内攙銀勾並用，内横道用銀硃砂斑。

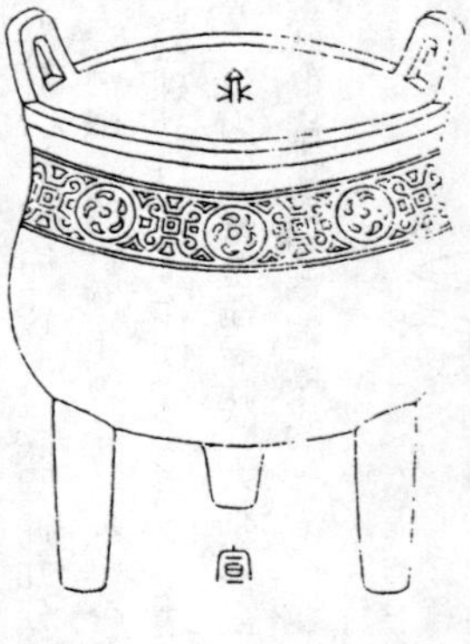

倣古商象形鼎圖

右仿古商象形鼎，照象形鼎原款式。高六寸九分，耳高一寸六分，闊一寸五分，深四寸一分，口徑五寸八分，腹徑六寸二分，重二斤六兩。三足。銘一字，曰「鼎」，下銘一字，曰「宣」。本身棠梨色，用十二鍊精銅鑄成，不施金彩。

加鑄者，本身白黄黑色，墨勾花文。

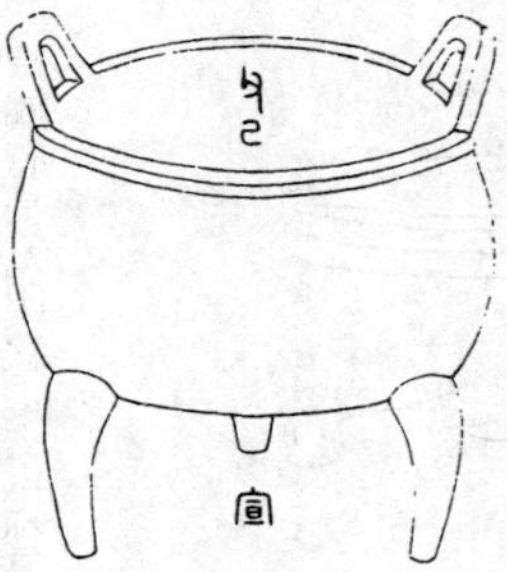

倣古商父己鼎圖

右倣古商父己鼎，照父己鼎原款式。高五寸六分，耳高一寸二分，闊一寸四分，深三寸三分，口徑五寸，腹徑五寸五分，重二斤五兩。三足。上銘二字，曰「父己」，下銘一字，曰「宣」。用十二鍊精銅鑄成，本身紫褐色，不施金彩。

加鑄者，白黑黄帶紅色。

倣古商己舉彝鑪圖

右倣古己商舉彝鑪，照己舉彝鑪款式。高六寸，深四寸六分，口徑八寸二分，腹徑八寸，重二斤二兩。兩耳。銘二字，曰「己舉」。用十二鍊精銅鑄成。本身藏金紙色，金銀雨雪點，硃砂斑。

加鑄者，本身白紅色，類駱色稍淡，硃砂斑，金銀雨雪點，墨勾花文。

倣古商戈父甲彝鑪圖

右倣古商戈父甲彝鑪，照戈父甲彝原款式。高五寸，深四寸，口徑六寸七分，腹徑五寸四分，足徑五寸二分，重三斤五兩。兩耳。有銘三字，曰「戈父甲」。用十二鍊精銅鑄成。本身藏金紙色，不施金彩。

加鑄者，本身黄白帶微黑，墨勾花文。

呂震《宣德彝器圖譜》卷九

素綯耳三足分襠大鬲鑪：乾清宫神御殿祖宗神主九間。二十四座，神御殿東、西兩夾室從祀嬪妃位共二十四間。六十四座，乾清宫御容殿祖宗御容九間。二十四座，御容殿東、西兩夾室從祀嬪妃影堂二十四間。六十四座，郊壇昊天上帝位十二座，后土皇地祇位九座，朝日壇十座，夕月壇十二座，太學文廟大成殿十五座，武學武成殿十六座，先農壇侍從神祇四十二位九壇。功臣廟六十座。素綯耳三足分襠中鬲鑪：郊壇昊天上帝位侍從神祇一百二十位一百二十座，后土皇地祇位侍從神祇八十四位八十四座，朝日壇侍從神祇一百位一百座，夕月壇侍從神祇八十一位八十一座，太學文廟大成殿兩廡配享先賢先儒二十四間。一百二十位一百二十座，武學武成殿兩廡配享名將六十位共十二間。六十座，禮部分給山川壇共二十七壇二百二十位。一百二十座，社稷壇共十九壇，九十二位。九十二座，五岳祠侍從神祇一百八位一百零八座，四瀆祠侍從神祇六十二位六十二座，太常寺分給祀典神祇廟共三十二所。一百三十六座，兵部車駕司分給武庫土地甲仗土地神祠共八所。四十五座，五軍都督府分給馬祖廟五軍都督府分給旗纛祠三十六座，女官署分給高禖祠侍從神祇三十位三十座，先蠶祠侍從神祇四十二位四十三座，織繡局浣衣局各土地神祠十六所。六十座，順天府分給八蜡祠侍從神祇二十七位二十八座，都城隍祠十三省城隍十三位十四座，司禮監分給二十四司土地神祠二十四位。二十四座。

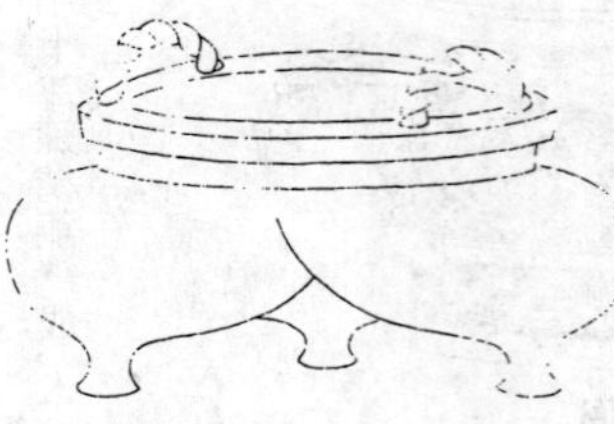
索綯耳三足分襠大鬲鑪圖

右索綯耳三足分襠大鬲鑪，照姜鑄鬲甗爐款式。高六寸八分，耳高一寸六分，足高二寸六分，口徑八寸一分，重三斤十三兩，三足分襠，用八錬洋銅鑄成。本身熟棠梨色，不施金彩。鑪底有長方印款，楷書六字，曰「大明宣德年製」。熟棠梨色，係白黃帶黑色。

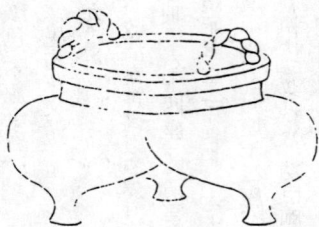

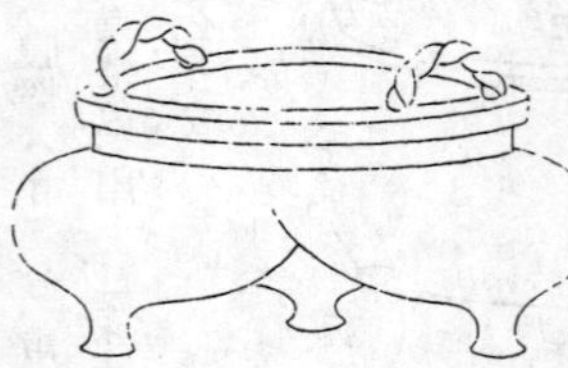
索綯耳三足分襠中鬲鑪圖

右索綯耳三足分襠中鬲鑪，照姜鑄鬲甗爐款式。高五寸二分，耳高一寸一分，足高一寸一分，口徑五寸二分，重一斤十四兩，用八錬洋銅鑄成。本身熟棠梨色，不施金彩。爐底有長方印款，楷書六字，曰「大明宣德年製」。熟棠梨色，係白黃帶黑色。

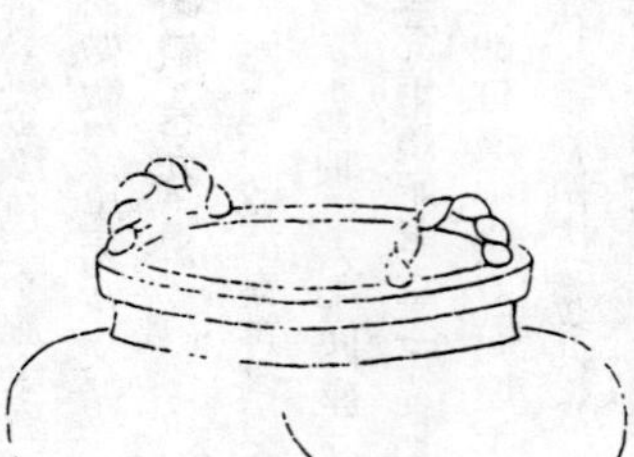
索綯耳三足分襠小鬲鑪圖

右索綯耳三足分襠小鬲鑪，照姜鑄鬲甗款式。通高二寸二分，耳高八分，足高六分一釐，口徑二寸六分，重七兩二錢，用八錬洋銅鑄成。本身熟棠梨色，不施金彩。爐底有長方印款，楷書六字，曰「大明宣德年製」。熟棠梨色，係白黃帶黑色。

呂震《宣德彝器圖譜》卷一〇 天雞錦邊大彝鑪：坤寧宮懿德殿皇后御居。一座，坤寧宮懿德殿東西兩椒房各一座。聖旨：「加鑄六十座，藏貯內長秋庫。」減輕中號天雞錦邊彝鑪：聖旨：「加鑄二百座，將一百座藏貯內長秋庫，一百座分賜各妃嬪位。」計開：分賜各妃嬪位鑪數目，德妃張娘娘位下十二座，淑妃王娘娘位下十二座，賢妃周娘娘位下十二座，簡妃鄭娘娘位下十二座，東宮正妃錢娘娘位下十二座，貴嬪于娘娘位下十二座，魏娘娘位下十二座，張娘娘位下十二座，德安公主娘娘位下十二座。六龍寶蓮宮奩鑪：坤寧宮廣寒殿一座，坤寧宮廣寒殿東、西兩香閣各一座。聖旨：「加鑄二百座，將一百座藏貯內長秋庫，一百座分賜各妃嬪位。」計開分賜各妃嬪位鑪數目：德妃張娘娘位下十座，淑妃王娘娘位下十座，賢妃周娘娘位下十座，簡妃鄭娘娘位下十座，東宮正妃錢娘娘位下十座，貴嬪于娘娘位下十座，魏娘娘位下十座，張娘娘位下十座，楊娘娘位下十座，德安公主娘娘位下十座。

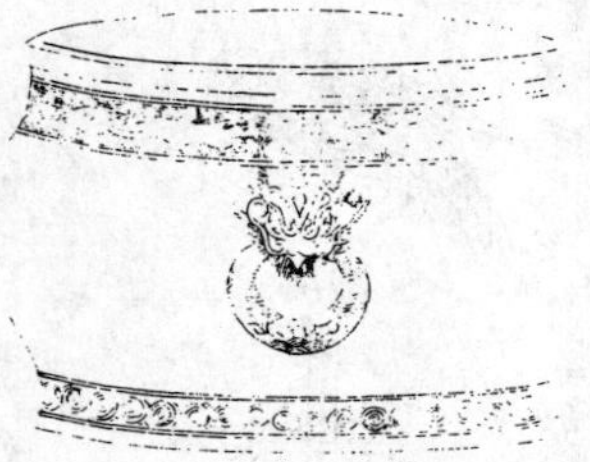

天雞錦邊大彝鑪圖

右天雞錦邊大彝鑪，照宋定甆天雞錦邊彝鑪款式。高一尺二寸，天雞耳大一寸五分，高起七分，啣環大一寸九分，足高一寸五分，口徑一尺二寸，腹徑一尺三寸三分，重五斤十四兩，用十二錬精銅鑄成。本身棠梨色，赤金流天雞耳錦邊，白玉九龍穿花頂，沉香蓋座。

加鑄者，本身白黃黑色，口二道，足一道，並天雞獸面及環，皆用金勾。

減輕中號天雞錦邊彝鑪圖

右減輕中號天雞錦邊彝鑪，照天雞錦邊大彝鑪款式，減輕中號。通高三寸三分，天雞耳大六分，高起四分二釐，足高四分六釐，口徑二寸五分，腹徑二寸九分，重十兩八錢，用十二錬精銅鑄成。分流金、蠟茶二色。鑪底有長方印款，楷書六字，曰「大明宣德年製」。

加鑄者，本身黃紅色帶白色，墨勾花文。

六龍寶蓮宮奩鑪圖

右六龍寶蓮宮奩鑪，照元朝内府姜鑄六龍寶蓮宮奩鑪款式。通高一尺二寸，蓋高三寸一分，足高二寸二分，口徑八寸一分，重三斤三兩，用十二錬精銅鑄成。本身棗紅色，金銀絲片商嵌。篆文四字，銘曰「壽山福海」。鑪底承盤深八分，口徑一尺零五分。盤以貯湯蒸香，象栴檀香海鑪蓋，上博山象蓬萊三島，古人取義甚佳。

加鑄者，本身淡駱色，雲内套駱色帶白，銀勾雲頭獸面環並鑪口[illegible][illegible]此二樣花文，口[illegible]亦銀勾，此外金勾。

吕震《宣德彝器圖譜》卷一一 飛鳳耳蟠虬大彝鑪：坤寧宮慈壽殿東、西兩香閣各一座。皇太后御居。聖旨：「加鑄四十座，藏貯内長秋庫。」大角端金鑪：坤寧宮九霄閣一座，坤寧宮九霄閣南榮、北極二香閣各一座。聖旨：「加鑄四十座，藏貯内長秋庫。」啣香金鶴鑪：坤寧宮寢殿一座。聖旨：「加鑄二十座，藏貯内長秋庫。」定時香篆金幾鑪：坤寧宮寢殿一座，聖旨：「加鑄二十座，藏貯内庫。」

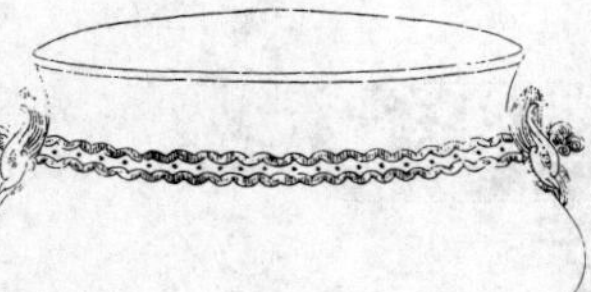

飛鳳耳蟠虬大彝鑪圖

右飛鳳耳蟠虬大彝鑪，照元朝内府鑄飛鳳耳蟠虬大彝鑪款式。通高六寸六分，耳長一寸一分，高起六分，口徑六寸一分，腹徑七寸二分，重二斤二兩，用十二鍊精銅鑄成。本身淡藏經紙色，赤金流鳳首蟠虬文。鑪底有長方印款，楷書六字，曰「大明宣德年製」。加鑄者，本身淡黄兼白色，金流鳳首，白銀流鳳毛，〰此文金流，〰内，〰文用銀。

大角端金鑪圖

右大角端金鑪，照唐天寶局鑄。通高二尺四寸，重二十四斤，用八鍊洋銅鑄成。本身鷓茶色，赤金流裏，白銀絲片商嵌。腹下篆書四字，銘曰「宣德年製」。紫檀八角須彌座。加鑄者，本身淡駱色，粗文金勾，細文銀勾。

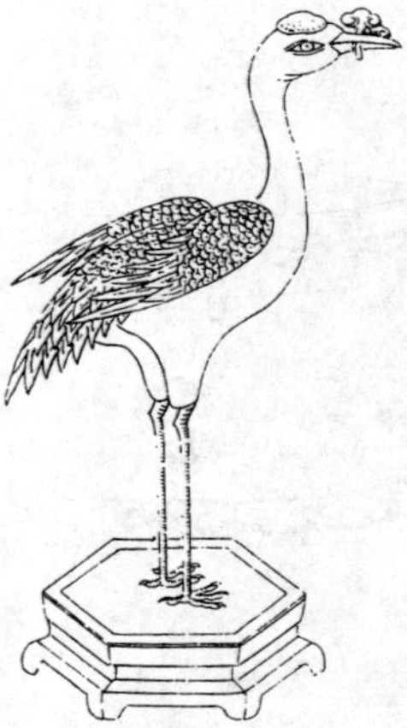
唧香金鶴鑪圖

右唧香金鶴鑪，照元朝内府鑄。高三尺六寸，座高一尺五寸，重二十四斤，用八鍊洋銅鑄成。赤金流裏，白銀絲片商嵌。加鑄者，本身杏黄色，文路赤金，流翅〰〰金，内一道用銀，墨勾。

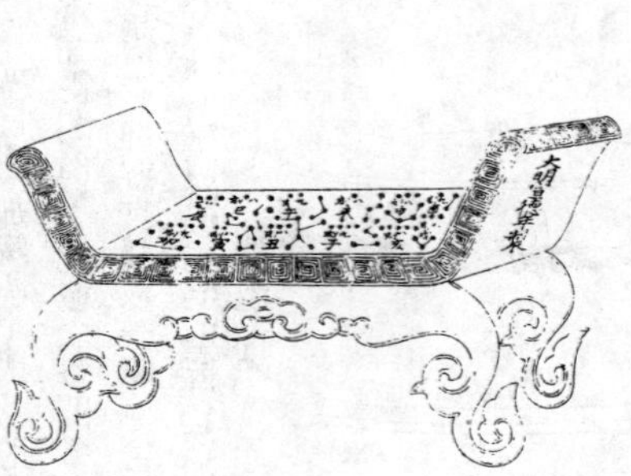
定時香篆金几鑪圖

右定時香篆金几鑪，照元朝内府鑄。長二尺四寸，高一尺六寸，闊一尺二寸，几鑪池深三寸六分，重二十四斤，用八鍊洋銅鑄成。本身藏金紙色，赤金商嵌。時刻度數每至某時刻，則香烟從某時刻出，最爲奇器。此元時都水少監郭守敬所造，百試百驗，奇寶也。几首銘曰「大明宣德年製」。加鑄者，本身杏黄色，金流文，道勾墨線，金星金字星線用墨並回文。

吕震《宣德彝器圖譜》卷一二

司禮監一本爲欽奉上諭事。臣張斌遵旨督造分賜文武各衙門鼎彝俱已告成。臣與禮工二部堂上官參酌名目機宜，謹列應賜臣員具册開列，上呈御覽，應否，伏俟聖裁。臣斌謹疏。雲龍夔耳鼎：敕賜文淵閣大學士三員三座。聖旨：「加鑄一百座，藏貯内豐積庫。」侈口連珠螭耳鼎：敕賜户部尚書左右侍郎各一座。聖旨：「加鑄一百座，藏貯内豐積庫。」蟠虬環耳鼎：敕賜吏部尚書左右侍郎共三員三座。聖旨：「加鑄一百座，藏貯内豐積庫。」連虬卧蠶夔耳鼎：敕賜禮部尚書左、右侍郎各一座。聖旨：「加鑄一百座，藏貯内豐積庫。」獅首馬蹶彝鑪：敕賜兵部尚書左、右侍郎各一座。聖旨：「加鑄一百座，藏貯内豐積庫。」

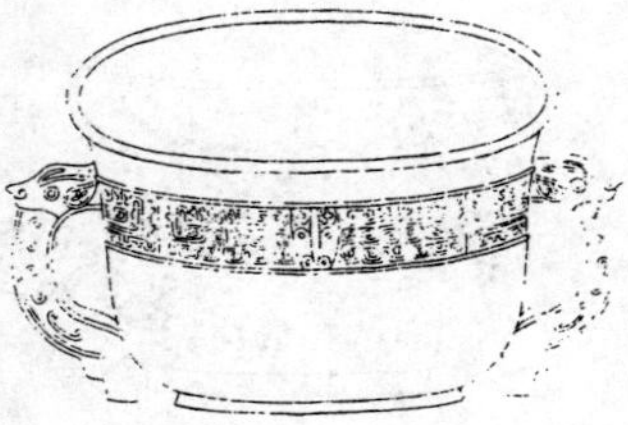

雲龍夔耳鼎鑪圖

右雲龍夔耳鼎鑪，照博古圖伯映彝款式。高五寸二分，足高六分二釐，耳長四寸一分，口徑三寸六分，腹徑三寸八分，重十五兩八錢，用十二鍊精銅鑄成。本身蝎茶色，赤金流脛耳。鑪底有長方印款，楷書六字，曰「大明宣德年製」。白玉螭龍頂，沉香蓋座。

加鑄者，本身淡棠梨色，金流兩耳及中腰三道並受面。

侈口連珠螭耳鼎鑪圖

右侈口連珠螭耳鼎鑪，照漢銅侈口連珠螭耳鼎款式。高六寸四分，耳長二寸七分，有珥足高八分，口徑六寸四分，重一斤三兩。用十二鍊精銅鑄成。本身藏金紙色，金銀雨雪點，硃砂斑。鑪底有長方印款，楷書六字，曰「大明宣德年製」。白玉螭龍頂，沉香蓋座。

加鑄者，本身白多紅淡微黃，墨勾花文。

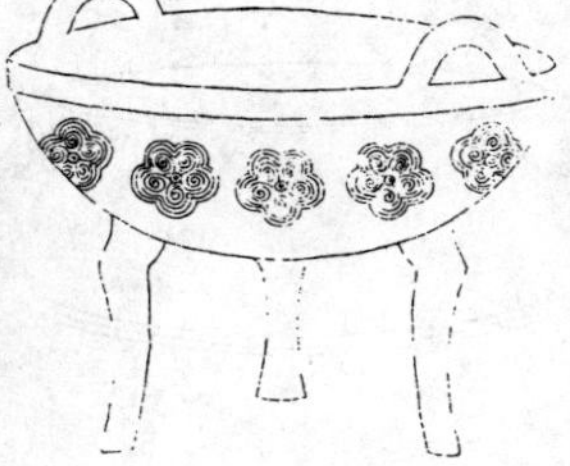

蟠虬環耳鼎圖

右蟠虬環耳鼎，照宋東青甆蟠虬環耳鼎款式。高三寸三分，耳高八分四釐，足高二寸五分，口徑四寸二分，重八兩九錢，用十二鍊精銅鑄成。本身棠梨色，赤金流耳，脰蟠虬文。鑪底有長方印款，楷書六字，曰「大明宣德年製」。白玉雲鶴頂，沉香蓋座。

加鑄者，本身淺杏黃色，金流耳及腰間五箇元花。

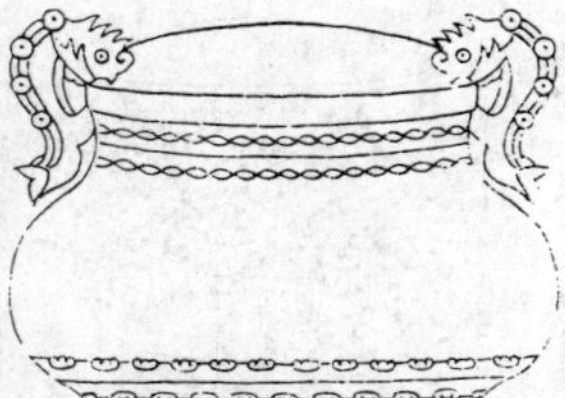

連虬卧蠶夔耳鼎圖

右連虬卧蠶夔耳鼎，照唐天寶局鑄連虬卧蠶夔耳鼎款式。高六寸二分，耳長一寸九分，口徑三寸五分，腹徑三寸九分六釐，足高六分二釐，重一斤二兩，用十二鍊精銅鑄成。本身蝎茶色，赤金流兩耳及連虬卧蠶二處。鑪底長方印款，六字，曰「大明宣德年製」。白玉夔龍頂，沉香蓋座。

加鑄者，一百座，本身深杏黃色，金流口腹底四道並ꞓɔ∞兩耳。

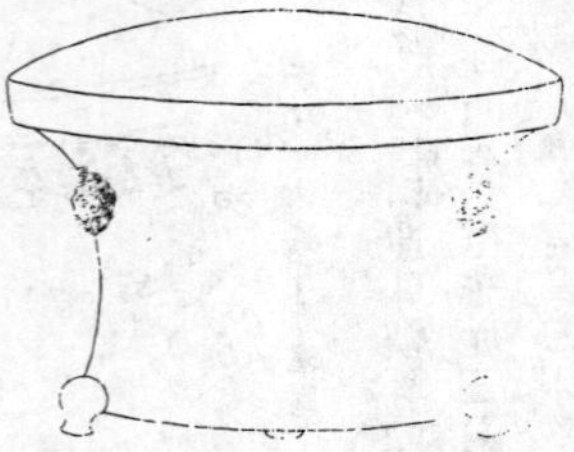

獅首馬蹏彝鑪圖

右獅首馬蹏彝鑪，照宋定甆獅首馬蹄彝鑪款式。高六寸五分，獅首大六分九釐，高起四分二釐，口徑三寸二分，重八兩六錢。赤金流獅首，本身棗紅色，用十二鍊精銅鑄成。鑪底有長方印款，楷書六字，曰「大明宣德年製」。白玉螭龍頂，沉香蓋座。

加鑄者，本身深杏黃色，金流獅首。

呂震《宣德彝器圖譜》卷一三

滲金戟耳彝鑪：敕賜刑部尚書、左右侍郎共三員各一座。聖旨：「加鑄一百座，藏貯内豐積庫。」減樣戟耳彝鑪：聖旨：「加鑄一百座，藏貯内豐積庫。」象首大彝鑪：敕賜工部尚書左、右侍郎共三員各一座。聖旨：「加鑄六十座，藏貯内豐積庫。」

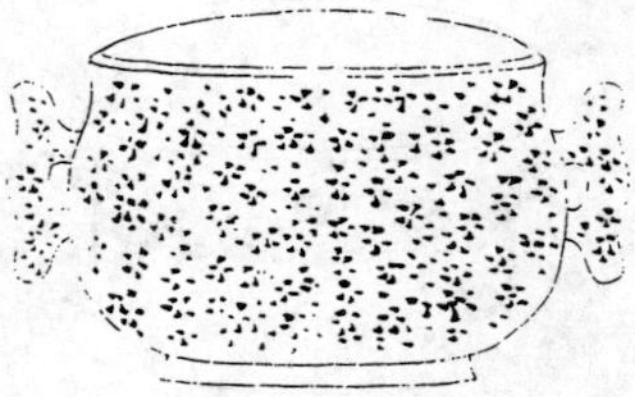

滲金戟耳彝鑪圖

右滲金戟耳彝鑪，照宋甆戟耳彝鑪款式。高三寸二分，耳長二寸四分，足高五分八釐，口徑二寸八分，重十四兩八錢，用十二鍊精銅鑄成。本身藏金紙色，赤金作滲，金作雨雪點。爐底長方印款，楷書六字，曰「大明宣德年製」。白玉螭龍頂，沉香蓋座。

加鑄者，本身杏黃，金作雨雪點。

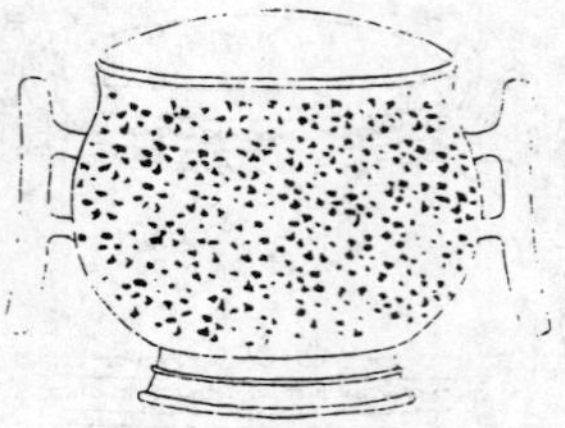

減樣戟耳彝鑪圖

右減樣戟耳彝鑪，照宋官窑減樣戟耳彝鑪款式。高二寸四分，耳長一寸七分，足高六分，口徑二寸四分，腹徑二寸七分，重六兩九錢，用十二練精銅鑄成。鑪底長方印款，楷書六字，曰「大明宣德年製」。本身蠟茶色，赤金流兩耳，周身金銀雨雪點。

加鑄者，本身深黃色，口足三道兩耳皆流金，雨雪點用金銀。

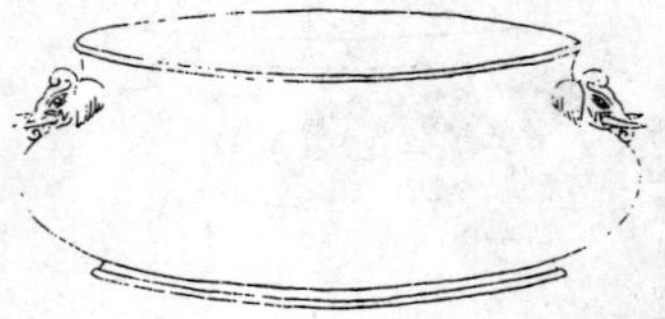

象首大彝鑪圖

右象首大彝鑪，照唐天寶局鑄象首彝鑪款式。高四寸一分，耳長七分八釐，口徑五寸三分，腹徑五寸八分，重一斤四兩，用十二鍊精銅鑄成。赤金流象首，本身蠟茶色。爐底長方印款，楷書六字，曰「大明宣德年製」。白玉太平有象頂，沉香蓋座。

加鑄者，本身杏黄色，金流口象首，墨勾。鑪底印款曰「工部尚書敕賜鑪宣德製」。

吕震《宣德彝器圖譜》卷一四

豸首大彝鑪：敕賜都察院衙門都御史左右副都御史共三員三座。聖旨：「加鑄一百座，藏貯内豐積庫。」九元三極鑪：敕賜宗人令一員、宗人正二員，共三員三座。聖旨：「加鑄六十座，藏貯内豐積庫。」朝冠宫鑪：敕賜詹事府正詹一員、少詹一員、翰林院學士一員、侍讀學士一員、侍講學士二員、國子監察酒一員、司業一員，以上共十員，鑪十座。聖旨：「加鑄一百座，藏貯内豐積庫。」

豸首大彝鑪圖

右豸首大彝鑪，照宋均窑豸首大彝鑪款式。高二寸四分，豸首連環大一寸四分，高起五分，口徑三寸六分，腹徑三寸九分，足高五分三釐，重一斤十五兩，用十鍊精銅鑄成。本身淡棗紅色，硃砂斑，金銀作金銀片，赤金流豸首。鑪底長方印款，楷書六字，曰「大明宣德年製」。

加鑄者，本身深杏黄帶紅色，赤金流鑪身二道並豸首金銀片如雲。

九元三極鑪圖

右九元三極鑪，照唐天寶局鑄九元三極鑪款式。高一尺五寸，足高一寸五分，口徑九寸三分，重八斤十一兩，用十鍊精銅鑄成。本身棠梨色，硃砂斑，金銀大雨雪點，紫檀蓋座，白玉螭龍頂。鑪底長方印款，楷書六字，曰「大明宣德年製」。

加鑄者，本身深黄帶黑色。

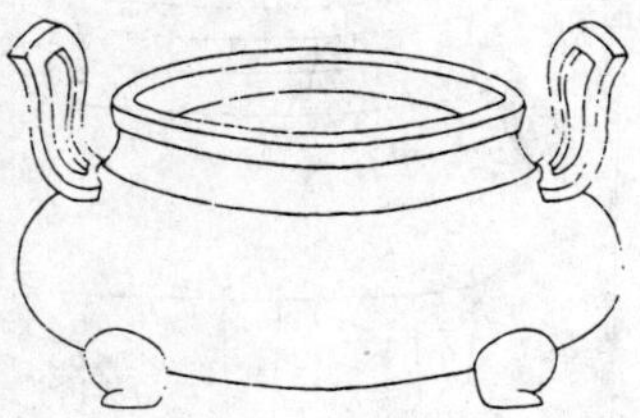

朝冠宫鑪圖

右朝冠宫鑪，照元朝姜鑄朝冠鑪款式，高二寸六分，耳長二寸一分，足高八分，口徑三寸八分，腹徑四寸二分，重一斤二兩，用十鍊洋銅鑄成。本身蠟茶色，不施金彩。鑪底長方印款，小楷書六字，曰「大明宣德年製」。加鑄者，本身黄色帶黑。

吕震《宣德彝器圖譜》卷一五

臺几鑪：敕賜九卿科道衙門共十所。鑪二十二座，内分賜鑪，各官列後。通政司正卿一員少卿一員，大理寺正卿一員少卿一員，太常寺正卿一員、少卿一員，光禄寺正卿一員、少卿一員，太僕寺正卿一員，少卿一員，鴻臚寺正卿一員，少卿一員，尚寶司正卿一員，少卿一員，吏、户、禮、兵、刑、工科掌印都給事中共六員。聖旨：「加鑄一百座，藏貯内庫。」減樣臺几鑪：聖旨：「加鑄一百座，藏貯内庫。」井鼎鑪：敕賜順天應天二府尹二員二座，聖旨：「加鑄一百座，藏貯内豐積庫。」

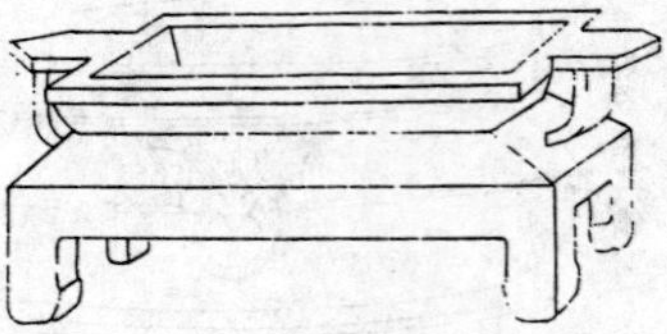
壹几鑪圖

右臺几鑪，照唐天寶局鑄臺几宫鑪款式。高七寸一分，長方八寸，闊五寸三分，深三寸九分，耳長一寸六分，重二斤十四兩，用十鍊精銅鑄成。本身藏金紙色，不施金彩。鑪底長方印款，楷書六字，曰「大明宣德年製」。

加鑄者，本身黄帶白色。

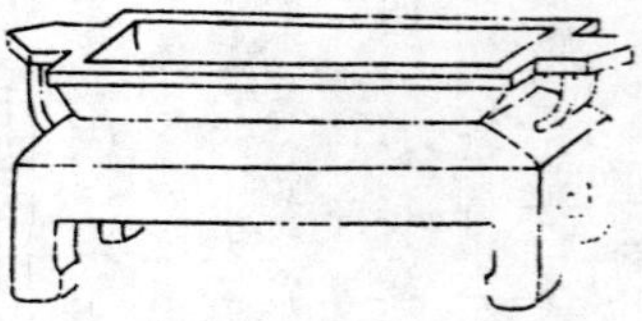
減樣壹几鑪圖

右減樣臺几鑪，照宋定窑臺几鑪款式。高二寸四分，長方五寸四分，闊二寸七分，深二寸三分，重八兩八錢，又有加重一種，重一斤二兩，用十鍊精銅鑄成。本身深藏金紙色，不施金彩。鑪底長方印款，楷書六字，曰「大明宣德年製」。

加鑄者，本身杏黄帶黑色。

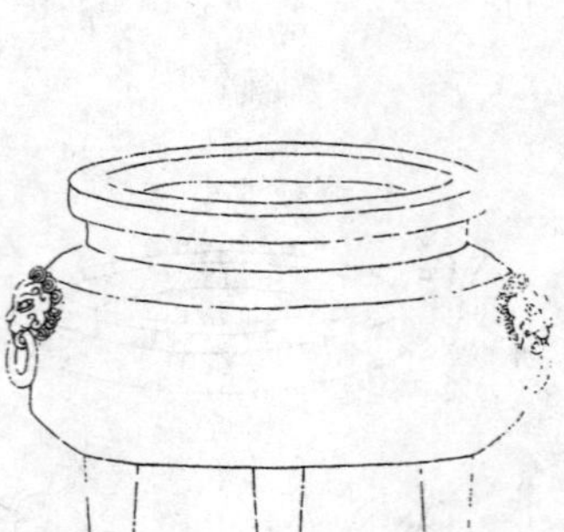
井鼎鑪圖

右井鼎鑪，照唐天寶局鑄井鼎款式，通高八寸一分，獅耳大一寸四分，高起五分三釐，啣環大一寸四分，口徑六寸二分，深三寸一分，足高五寸，重二斤十四兩，用十鍊精銅鑄成。本身棠梨色，不施金彩。鑪底長方印款，楷書六字，曰「大明宣德年製」。

加鑄者，本身黄帶黑。

吕震《宣德彝器圖譜》卷一六

獅首大彝鑪：敕賜五軍都督府大都督五員五座，錦衣衛都指揮使正、副二員二座，中都留守司留守使一員一座。聖旨：「加鑄一百座，藏貯内豐積庫。」勛名蓋鼎並勛名鼎：敕賜功臣勛戚自徐魏國公起，至宋襄城伯正，共六十六家。聖旨：「加鑄二百座，藏貯外豐積庫，以待有功給賜。」三元太極鑪：敕賜司禮監太監一員、少監左、右各一員，二十四司太監二十四員，共二十七員，二十七座。聖旨：「加鑄一百座，藏貯外庫。」

獅首大彝鑪圖

右獅首大彝鑪，照哥窑獅首大彝鑪款式。高四寸三分，獅首大八分，高起六分，口徑五寸二分，腹徑六寸一分，重二斤十四兩，用十鍊精銅鑄成。本身棠梨色，赤金流獅首。鑪底長方印款，楷書六字，曰「大明宣德年製」。

加鑄者，本身深黄帶黑，金獅首。

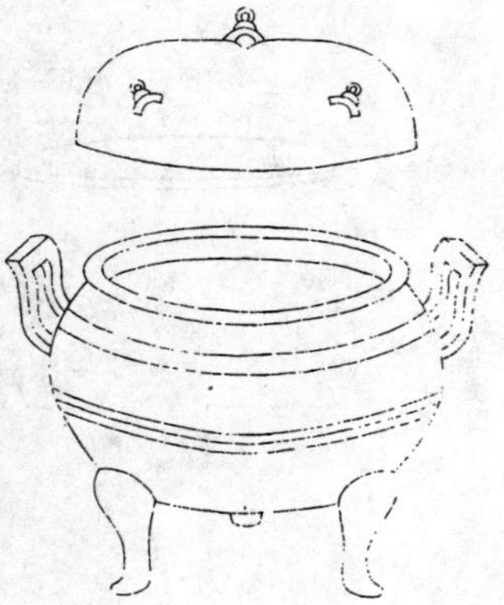
勛名蓋鼎勛名鼎圖

右勛名鼎，照魏賜鍾繇五熟鼎款式。高一尺二寸四分，口徑八寸九分，足高二寸八分，蓋高二寸九分，重五斤十四兩，蓋重九兩七錢，鈕大八分。用十鍊洋銅鑄成。本身蠟茶色，赤金流鉉耳及蓋上三紐。蓋内銘五十六字，曰：「煌煌聖祖，德邁陶唐。統天御極，奄有萬方。桓桓虎臣，翼戴惟良。勛承茅土，苗裔蕃昌。錫之銘鼎，以代旂常。輔我明室，億載無疆。」鑪底印款楷書十二字，曰「宣德三年五月，敕賜勛名之鼎」。

加鑄者，本身黑黄色，金流耳。

三元太極鑪圖

右三元太極爐，照姜鑄三元太極鑪款式。高五寸六分，獅首大七分八釐，高起五分，口徑三寸九分，重一斤零九錢，用十鍊精銅鑄成。本身棠梨色，赤金流獅首。三元爐底楷書六字，曰「大明宣德年製」。

加鑄者，本身黑黄色，赤金流獅首。

呂震《宣德彝器圖譜》卷一七

宣德三年九月十三日，司禮監太監臣張斌，奉聖旨補鑄給賜釋、道二教鼎鑪事。

謹將應鑄鼎鑪圖樣，給賜釋道數目，開列如左：計開大鉢盂鑪三百座，中鉢盂鑪三百座，大梵書鑪三百座，中梵書鑪二百座，高脚押經鑪三百座，低脚押經鑪三百座，雁翎法盞鑪三百座，懸珠法盞鑪二百座。計開給賜釋、道二教鼎鑪數目：大西天大寶法王座下、漢經廠宗泐禪師座下、番經廠巴喇法師座下、女官署習禪教浄師、北京大報國寺、北京西山玉泉山、南京大報國寺，以上每處賜給大鉢盂鑪二十座，中鉢盂鑪二十座，大梵書鑪二十座，中梵書鑪二十座，高脚押經鑪二十座，低脚押經鑪二十座，杭州府靈隱寺，大鉢盂鑪二十座，中鉢盂鑪二十座，大梵書鑪二十座，中梵書鑪二十座，高脚押經鑪十座，低脚押經鑪十座，女官署習道教法師、南京神樂觀、江西廣信府龍虎山正一真人、湖南襄陽府均州武當山太和宫、江南應天府句容縣茅山乾符宫、江南揚州府紫極宫、江南蘇州府玄妙觀、江西南昌府鐵柱宫、江西九江府廬山九天採訪司廟，以上各處賜給高脚押經鑪二十座，低脚押經鑪二十座，雁翎法盞鑪二十座，懸珠法盞鑪二十座。

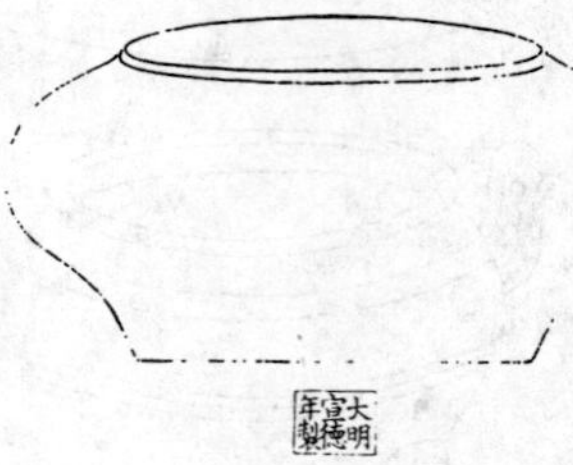

大鉢盂鑪圖

右大鉢盂鑪，照宋填漆大鉢盂款式。高七寸一分，口徑五寸五分，腹徑六寸三分，重一斤十五兩，用八錬洋銅鑄成。本身栗殻色，硃砂斑，金銀大雨雪點。鑪底印款楷書六字，曰「大明宣德年製」。栗殻色即深杏黄色。金銀片如雪。

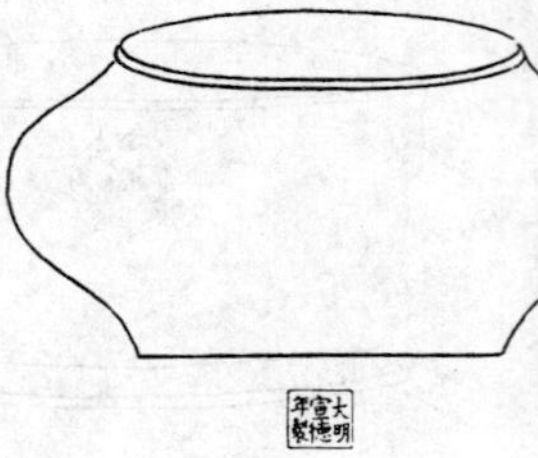

中鉢盂鑪圖

右中鉢盂鑪，照大鉢盂款式減中樣，高四寸八分，口徑三寸二分，腹徑四寸二分，重十四兩八錢，用八錬洋銅鑄成。本身藏金紙色，即淡黄兼白色。滲金硃砂雨雪點。鑪底印款楷書六字，曰「大明宣德年製」。

大梵書鑪正面圖

大梵書鑪背面圖

右大梵書鑪，照宋東青瓷大梵書鑪款式。高三寸二分，口徑四寸九分，腹徑五寸二分，足徑三分六釐，重一斤七兩。周身梵書四十字，用八錬洋銅鑄成。本身藏金紙色，赤金流兩耳頸脰及腹上。梵書鑪底印款六字，曰「大明宣德年製」。本身黄帶白色，金流兩耳並口身足三道及元花，受面梵書字。

中梵書正面鑪圖

中梵書背面鑪圖

右中梵書鑪，照宋東青甆中梵書鑪款式，高二寸五分，口徑三寸一分，腹徑三寸四分，重十三兩。周身大梵書八字，用八錬洋銅鑄成。本身藏金紙色，金流梵書。鑪底印款楷書六字，曰「大明宣德年製」。本身黄帶白色，金流兩耳及口腹足三道，受面梵書字。

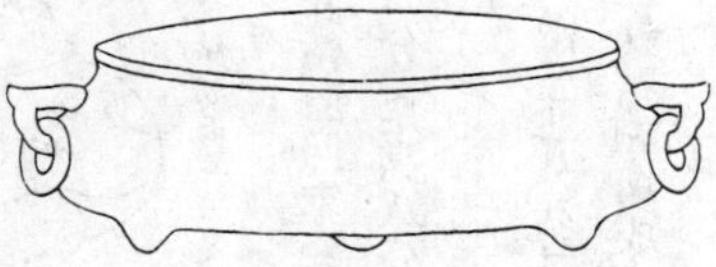

高脚押經鑪圖

右高脚押經鑪，照宋定窑高脚押經鑪款式。高二寸三分，耳長七分，啣環大五分三釐，足高六分七釐，口徑二寸九分，腹徑三寸一分，重十三兩一錢，用八鍊洋銅鑄成。本身藏金紙色，即黄帶白色。不施金彩。鑪底印款六字，曰「大明宣德年製」。

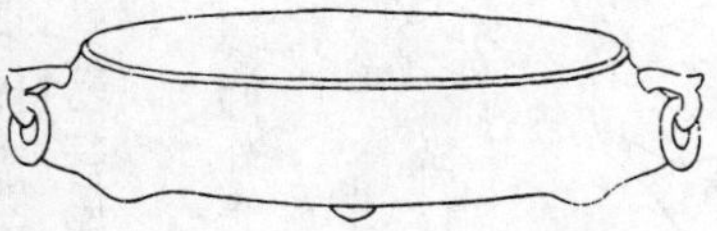

低脚押經鑪圖

右低脚押經鑪，照元朝樞府窑低脚押經鑪款式。高一寸七分，環柱長六分九釐，口徑三寸六分，腹徑三寸九分，重十四兩八錢，棋子脚高二分四釐，用八鍊洋銅鑄成。本身藏金紙色，即黄帶白色。不施金彩。鑪底印款六字，曰「大明宣德年製」。

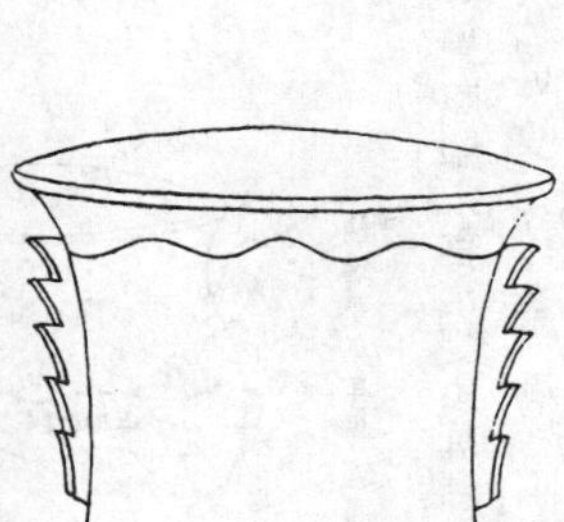

雁翎法盞鑪圖

右雁翎法盞鑪，照元朝樞府窑雁翎法盞款式，高五寸二分，雁翎耳長四寸六分，口徑三寸一分，足高六分五釐，重十二兩三錢，用八鍊洋銅鑄成。本身蠟茶色。即深杏黄帶黑。金流口如覆祥雲。及兩耳。鑪底印款六字，曰「大明宣德年製」。

懸珠法盞鑪圖

右懸珠法盞鑪，照元朝法盞款式。高四寸八分，懸珠耳長四寸，口徑三寸，足高五分，重十二兩，赤金流兩耳，用八鍊洋銅鑄成。本身蠟茶色，即淡黑黄色。周身金銀雨雪點。鑪底印款六字，曰「大明宣德年製」。

呂震《宣德彝器圖譜》卷一八

司禮監一本爲欽奉上諭補鑄鼎彝事。宣德三年十月初二日，臣張斌奉聖諭：所鑄鼎彝，除倣三代秦漢，原器大小輕重，亦畧相似，不必補鑄。其外如三足乳鑪，蚰耳、魚耳彝鼎等，雖倣官、哥、均、定各窑製度，輕重大小，不甚相符，爾可加減輕重，定式補鑄。餘種雜款，務合古雅者，可一併作速鑄成毋違。欽此。臣斌等欽此欽遵，謹與部臣裁酌機宜，務合古法鑄成，進呈御覽，伏賜恩允，臣等無任榮遇之至。計開補鑄各款開後：補鑄朝天耳三足大乳鑪。補鑄蚰龍耳彝鑪二百座，恭進内府。補鑄雙魚耳彝鑪二百座，呈進内府。補鑄五供養四號朝天耳三足小乳爐二百座，進入内府。

補鑄橋耳三足大乳鑪一百座，藏貯外庫。補鑄連環丹鼎鑪一百座，藏貯外庫。

補鑄疊翠戈足鼎一百座，藏貯外庫。

補鑄三夔疊翠彝鑪一百座，藏貯外庫。

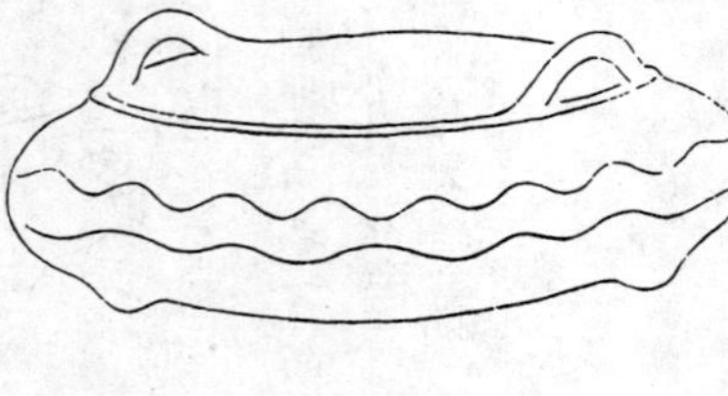

補鑄朝天耳三足大乳鑪圖

右補鑄朝天耳三足大乳鑪，此鑪原照宋瓷朝天耳一名沖天耳。三足大乳鑪款式。原高六寸四分，耳高一寸六分，足高八分五釐，口徑七寸三分，重二斤三兩。臣與部臣權衡，銖兩實爲厚重；未合古製，誠如聖諭。謹將乳鑪、蚰耳、魚耳三種補鑄，除裁減大乳鑪，今減高三寸五分，耳高一寸一分，足高八分一釐，口徑五寸四分，重一斤十兩，用十二鍊精銅鑄成。本身紅黄帶黑。色分覆祥、湧祥、藏金、蠍茶四色，爐底印款同前。

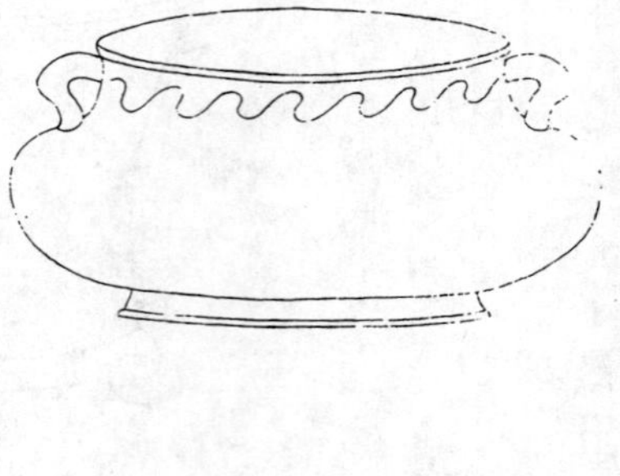

補鑄蚰龍耳彝鑪圖

右補鑄蚰龍耳彝鑪，原照宋白定瓷蚰龍耳彝鑪款式，原高三寸七分，耳高一寸六分，足高三分六釐，口徑七寸四分，重二斤四兩。臣與部臣權衡，銖兩亦頗厚重，不合古製，誠如聖諭。謹將蚰龍耳彝鑪，減高至二寸四分，耳高一寸一分，足仍高三分六釐，口徑五寸四分，重一斤十兩，輕重合宜。用十二鍊精銅鑄成，本身仍分覆祥、湧祥、藏金、蠍茶四色。

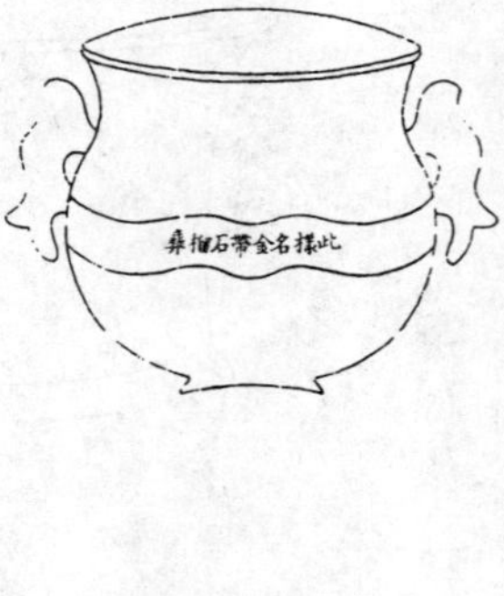

補鑄雙魚耳彝鑪圖

右補鑄雙魚耳彝鑪，原照宋官窑雙魚耳彝鑪款式。原高四寸五分，耳長一寸三分，口徑三寸四分，足高三分二釐，重八兩四錢。臣與部臣權衡，銖兩似覺澆薄輕微，不合古製，誠如聖諭。謹將魚彝減高至三寸二分，耳增長三分，連前共一寸六分，足仍高三分二釐，口徑減小至二寸五分，鑪身加厚重至一十四兩，輕重合宜。用十二鍊精銅鑄成，本身仍分覆祥、湧祥、藏金、蝎茶四色。

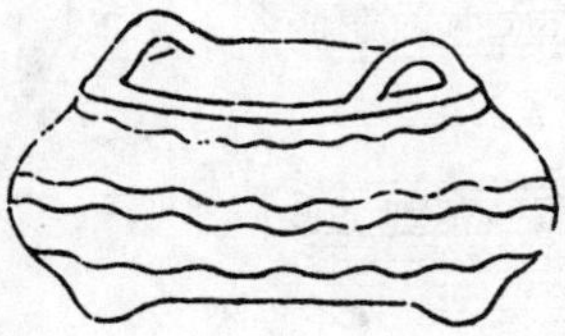
補鑄四號朝天耳三足小乳罏圖

右補鑄五供養四號朝天耳三足小乳罏，照小乳罏款式，減高至七分九釐，耳高五分，口徑一寸，足高四分六釐，重三兩一錢，用十二鍊精銅鑄成。本身深杏黃色，赤金流耳足及周身三道。罏底小楷四字，款曰「宣德年製」。

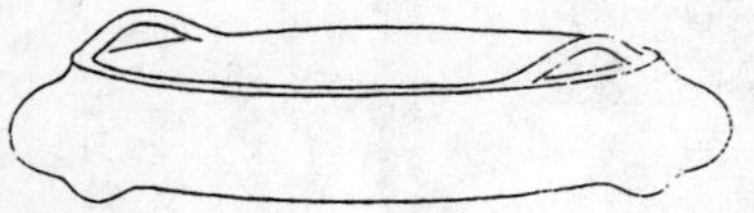
補鑄橋耳三足大乳罏圖

右補鑄橋耳三足大乳罏，照姜鑄橋耳大乳罏款式。高二寸四分，耳長二寸一分，足高五分六釐，口徑五寸四分，重三斤十二兩，用十鍊精銅鑄成。本身滲金蝎茶色。罏底楷書大款，曰「大明宣德年製」。

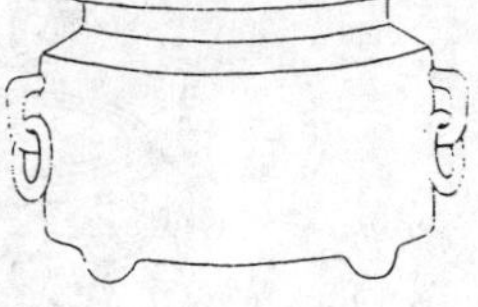
補鑄連環丹鼎圖

右補鑄連環丹鼎，照古銅連環丹鼎款式。高四寸六分，耳長七分，環大七分八釐，口徑三寸一分，腹徑三寸八分，足高七分，重八兩九錢，用八鍊洋銅鑄成。本身藏金紙色，不施金彩。

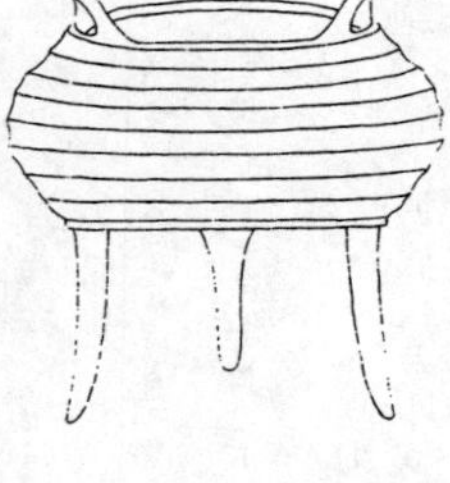
補鑄疊翠戈足鼎圖

右補鑄疊翠戈足鼎，照宋汝窑疊翠戈足鼎款式。高六寸四分，耳高六分七釐，口徑三寸二分，深三寸三分，足高三寸一分，腹徑三寸六分，重十兩，用八鍊

補鑄三夔疊翠彝罏圖

洋銅鑄成。本身蠟茶色，不施金彩。

右補鑄三夔叠翠彝鑪，照考古圖三夔叠翠彝鑪款式。高二寸六分，耳長一寸一分，口徑二寸九分，腹徑三寸一分，足高四分八釐，重十二兩三錢，用八鍊洋銅鑄成。本身棗紅色，不施金彩。

呂震《宣德彝器圖譜》卷一九

補鑄象甗夔龍垂花鼎一百座，藏貯外庫。補鑄象簋鼎一百座，藏貯外庫。補鑄減樣戟耳彝鑪一百座，藏貯外庫。補鑄五供養三螭小漢鼎一百座，藏貯內庫。補鑄鼓墩鑪一百座，藏貯內庫。補鑄象簠夔龍雲雪方彝鑪一百座，藏貯外庫。補鑄朝天耳深腹鼎一百座，藏貯外庫。補鑄蟠螭雲雷侈口鼎一百座，藏貯外庫。補鑄橘囊鑪一百座，藏貯外庫。補鑄竹根鑪一百座，藏貯外庫。

補鑄象甗夔龍垂花鼎圖

右補鑄象甗夔龍垂花鼎，照周象甗鼎款式。高七寸五分，耳高二寸一分，足高三寸三分，口徑三寸四分，重二斤十四兩，用八鍊洋銅鑄成。仿古青綠色，硃砂斑，金銀絲片商嵌。鑪底篆文「宣德」二字。此鑪本身綠色，硃斑，金勾耳口上二道大如意頭碎花文，銀勾虎目等並如意頭內一道，下座花文用黑勾斑，上、中、下皆有。

補鑄象簋鼎圖

右補鑄象簋鼎，照周象簋鼎原款式。高六寸七分，耳高二寸九分，長方六寸六分，闊三寸一分，蓋高二寸四分。四足無銘，重一斤十三兩，用八鍊洋銅鑄成。本身紫褐色，黑白帶紅淡黃色，墨勾。不施金彩。鑪底印款六字，曰「大明宣德年製」。

補鑄減樣戟耳彝鑪圖

右減樣戟耳彝鑪，照宋甆減樣戟耳彝鑪款式。高二寸四分，耳高八分三釐，口徑二寸七分，腹徑三寸一分，足高三分九釐，重十兩，用八鍊洋銅鑄成。本身藏金紙色，黃帶白色，墨勾。不施金彩。爐底長方印款，楷書六字，曰「大明宣德年製」。

補鑄三螭小漢鼎圖

右五供養三螭小漢鼎，照博古圖三螭小漢鼎款式。通高一寸六分，耳高五分，闊二分，深八分，口徑一寸二分，腹徑一寸六分，重三兩，三足無銘，用十二鍊精銅鑄成。本身仿古青緑色，金銀絲片商嵌。鑪底印款四字，曰「宣德年製」。

本身緑色，硃斑，有文皆金稍帶銀花。

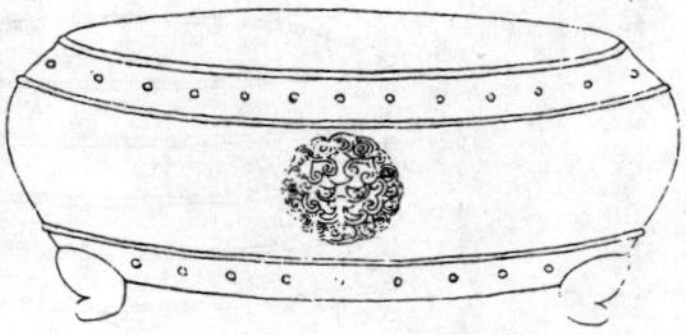

補鑄鼓墩鑪圖

右補鑄鼓墩鑪，照宋東青甆鼓墩鑪款式。高二寸一分，獸面大七分，高起四分，口徑四寸，腹徑五寸一分，足高六分，重八兩七錢，用八鍊精銅鑄成。本身蠵茶色，係黑黄帶白。不施金彩。鑪底印款楷書六字，曰「大明宣德年製」。

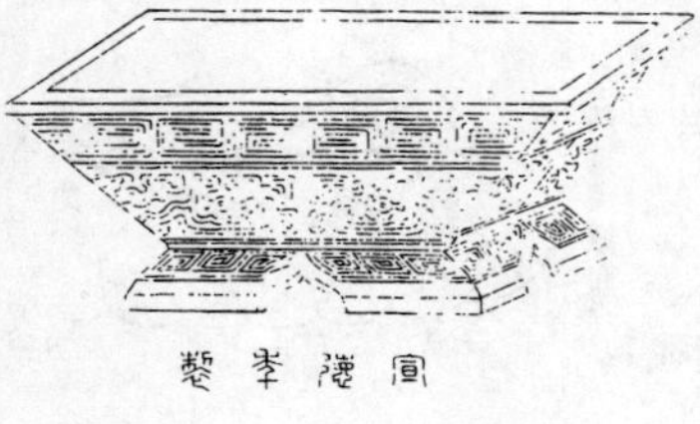

補鑄象簠夔龍雲雷方彝鑪圖

右補鑄象簠夔龍雲雷方彝鑪，照漢象簠方彝款式。高三寸六分，長方五寸八方，闊三寸一分，重一斤二兩，用八鍊洋銅鑄成。本身倣古青緑色，墨勾花文，硃砂斑。鑪底篆文四字，曰「宣德年製」。

補鑄朝天耳深腹鼎圖

右補鑄朝天耳深腹鼎，照宋定瓷朝天耳深腹鼎款式。高三寸一分，耳高六分，口徑二寸六分，腹深二寸八分，足高四分六釐。腹間排款六字，曰「大明宣德年製」。用八鍊洋銅鑄成。本身藏金紙色，不施金彩。

補鑄蟠螭雲雷侈口鼎圖

右補鑄蟠螭雲雷侈口鼎，照紹興鑑古録蟠螭雲雷侈口鼎款式。高二寸四分，蟠螭昂首高起七分，口徑三寸五分，腹徑二寸九分，深一寸八分，足高七分，重六兩七錢，用十鍊洋銅鑄成。本身蠟茶色，硃砂斑，金銀雨雪點，脜間排款六字，曰「大明宣德年製」。

補鑄橘囊鑪圖

右補鑄橘囊鑪，照姜鑄橘囊鑪款式。高二寸八分，耳高七分一釐，口徑二寸五分，腹徑二寸九分，足高六分，重十二兩，用八鍊洋銅鑄成。本身蠟茶色，即黃黑帶白。鑪底印款楷書六字，曰「大明宣德年製」。

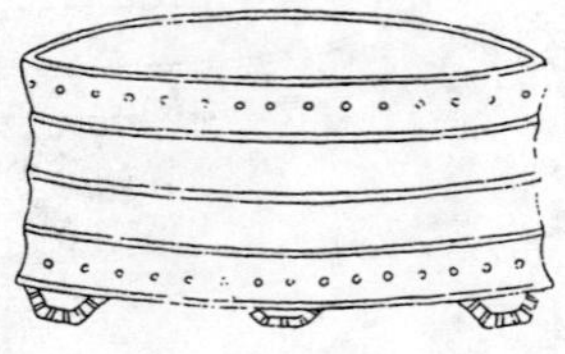

補鑄竹根鑪圖

右補鑄竹根鑪，照宋定瓷竹根鑪款式。高三寸一分，口徑二寸七分，足高六分三釐，重九兩八錢，用八鍊洋銅鑄成。本身藏金紙色，即黃黑帶白。不施金彩。鑪底印款曰「大明宣德年製」。

呂震《宣德彝器圖譜》卷二〇

工部一本爲彝器鑄冶告成，進呈聖覽恭謝天恩事。臣震蒙皇上特達之知，

猥承禁近，職寵司空，以樗櫟之庸才，膺喉舌之重任，糜捐頂踵，難報隆恩。我皇上法祖敬天，聿修聖德，與唐堯並體，虞舜比肩。海晏河清，年登歲稔，宗社奠安，黔首康定，萬國咸賓，四夷臣伏。越裳馴雉，來集禁廷，弱水神鶼歸翔，靈沼日月照臨，罔不遵化。爰有暹邏之國，祥占星象，仰企中華，歷涉鯨波，朝瞻鳳闕，鼓舞膜拜，喜覲天顔。知我皇上重德輕財，不寶珠玉，謹貢良銅百億，以供禹后鑄鼎之需。蒙敕臣工簿稽典禮，築鑪范冶，掫料與工，深賴皇帝陛下如天之福。山岳效靈，風雲增色，鼎彝諸器，指日告成。謹詹陽月望日，長至良辰，聖壽與日月增長，皇圖同乾坤永固。臣震會同禮部太常寺司禮監諸臣向闕，恭賀皇帝陛下萬壽無疆。蒙敕臣等呈進鑄成彝器，臣隨即協同禮部太常寺司禮監到臣衙門，恭誠按驗，逐件精詳，並皆完好無訛。謹將彝器具册，工詣乾清宫，拜表上達天聽，伏冀聖恩垂録，赦宥崗愚，臣等誠惶誠恐，稽首頓首。謹疏。宣德三年十一月日疏。宣德三年十一月二十日，司禮監太監臣張斌，賫出聖旨一道，臣等叩首叩首跪聽宣讀。奉天承運，皇帝詔曰：「朕自御極以來，兢兢自修，不崇外飾。惟以法祖敬天爲務，深荷天地宗廟之靈。海宇清安，山川寧謐，遠夷慕化，重譯而至者三十餘國。爰有暹邏刺迦滿靄者，獻琛闕下，特貢良銅，厥號風磨，色同陽邁，詢之臣下，堪鑄鼎彝。朕念郊壇、宗廟、內廷所在，陳設鼎彝，式範猥鄙，略無雅致。故勅爾工部，博求古製，定式鑄成。昨覽所進諸器，深合古法，大洽朕懷。卿等勤勞可嘉，合膺褒獎，特賜白金文綺，并升俸三級。其外各所應補鑄簠、簋、壺、尊、俎豆諸器，可仿古式造進，告成之日，着司禮監等官到部按驗，不必寫圖煩瀆。欽此。宣德三年十一月日敕。」工部一本爲欽奉上諭事。臣呂震等於本月二十日，接到司禮監太監張斌賫到聖諭一道，蒙恩頒賜白金文綺，并升俸三級，已經詣闕恭謝天恩訖，外承頒諭：「補鑄簠、簋、壺尊俎豆諸器，倣古式範鑄造，不必寫圖，煩瀆天聽，告成之日，着司禮監臣到部按驗。欽此。」遵謹將應該補鑄諸器，具列清册，理合具題，伏冀聖恩垂照，臣等無任榮遇之至。宣德三年十一月日謹疏。計開補鑄諸品名目如左：太廟、郊壇諸器名品數目同。大金猊鑪九座，高三尺六寸，重一百二十斤。赤金流裏，白銀絲片商嵌。中金猊鑪三十座，高二尺四寸，重六十四斤，金銀流裏商嵌。小金猊鑪一百二十座，高一尺二寸，重八斤金，銀流裏商嵌。九龍啣荷波斯桀跪大燭臺九座，高重同大金猊鑪。又中燭臺三十六座，高重同中金猊鑪。又小燭臺一百二十座，高、重同小金猊鑪。大鳳環瓶九對，高三尺六寸，重六十斤，金銀絲片商嵌。中鳳環瓶三十六對，高二尺四寸，重十八斤，金銀絲片商

嵌。小鳳環瓶一百二十對，高一尺二寸，重八斤，金銀絲片商嵌。大螭環瓶二百對，妝飾同上。中螭環瓶一百對，同。小螭環瓶一百對，同。大夔龍饕餮商尊九對，赤金流裹，白銀商嵌，珠寶妝飾。中夔龍饕餮商尊三十六對，同。小夔龍饕餮商尊一百二十對，同。大雲雷圓簠三十座，赤金流裹，每座十六斤。中雲雷圓簠六十座，同。小雲雷圓簠二百座，同。大雲雷虬龍方簋三十座，赤金流裹，重十六斤。中雲雷虬龍方簋六十座，同。小雲雷虬龍方簋二百座，同。大連珠交虬高足豆三百座，赤金流裹，每座十六斤。中連珠交虬高足豆三百座，同。小連珠交虬高足豆三百座，同。商金六龍大斝爵三十六對，又中斝爵三百對，又小斝爵三百對，商金六龍大斝三十六對，又中斝斝三百對，又小斝斝三百對，商金大號九龍衢花洗三十六面，又中號九龍衢花洗二百面，又小號九龍衢花洗二百面，商金雲雷紋四足舟大冰鑑三百六十座，太廟、内府二項。又中冰鑑二百座，内府用。又小冰鑑二百座，内府用。天盤口三熊足大燎盆二百座，太廟、郊壇、内府三項。又中燎盆三百座，内府用。又小燎盆三百座，内府用。篆帶大編鐘三百六十枚，太廟、郊壇用。又中編鐘四百九十枚，又小編鐘六百四十枚，交螭連珠長柄鐸一百具，交螭連珠手鐸三百二十具，交螭連珠短柄鐸二百具，大銅鼓三百面，中銅鼓三百面，小銅鼓三百面，雲雷鯨魚大懸磬三十六座，又中懸磬二百四十座，又小懸磬二百六十座，拍鈸大、中、小三號，每號各三百具，大中小鳴金鑼共一千面，大號子母雙獅拜毡鎮四十座，每座重一百二十斤，流金。中號子母雙獅拜毡鎮一百座，每座重六十斤，流金。小號子母雙獅拜毡鎮一百座，每座重二十四斤，流金。小號獨獅簾墮一千二百件，内府用，流金。大、中、小三號伏獅地照六百座，内府用，流金。日表座鎮三具，太廟、郊壇、内府，每具重三百斤。鸞刀三十六具，血承盆三十六兩，班劍三十六口，流金，朱色犀皮鞘。門戟三十六對，流金，朱漆柄。黄鉞三十六對，流金，朱漆柄。金瓜三十六對，流金，朱漆柄。響節三十六對，流金，朱漆柄。警蹕一對，流金，朱漆泥，銀柄，錦囊。鳴静鞭二十四對，流金。骨朵三十六對，流金，朱漆柄。以上大小鼎、彝、簠、簋諸器，通計一萬五千餘種。除已經鑄過鼎彝之外，應補鑄者，悉照永樂十三年禮部題請鑄造祭器品目款式，列册具題上聽，應否，伏候聖裁。謹疏。宣德三年十二月初一日，奉聖旨：「該部知道，照册施行。」

吕震《宣德彝器圖譜・于謙〈後序〉》

正統二年四月，余蒙恩榮擢禮曹職司，祠祭奉敕省視祭儀，因得閱視黄册所載諸器。時司禮太監張公以恙在告後居私第，與余邸寓相鄰，每蒙過顧，得蒙聞先帝禮文制度，因出宣德彝器圖譜相眎。余得以寓目觀其制作，不禁駭心眩目。蓋宣廟臨御之日，當成祖文皇帝攘平夷虜之餘烈，國富年登，宣威沙漠，外夷慕化而至者三十餘國。有暹邏國，厥産良銅，色過兼金，響逾韻磬，詢之臣下，堪鑄鼎彝。因命禮臣鑒式范冶，指日告成，應與商鼎周彝共垂不朽。當鑄冶之日，宣廟親垂天問，下詢臣工鎔鍊何法，臣工奏對以「凡銅若經四鍊，則現珠光寶色；若斯洋銅者，形色非常，三鍊足矣」。宣廟聖諭：以十二鍊爲率。故宣爐之價，與金玉同珍，非人間可得而有。蓋張公當鑄冶之日，奉敕實督董斯事，所以最得其詳云旨。景泰二年秋九月初吉，武陵于謙記。

吴樹聲《鼎堂金石録》卷一《周公華鐘》 銘八十有六字，「孫」字下重文，不計。摹其款於左方，釋文録於後，餘器准此。案：儀徵阮相國《積古齋鐘鼎彝器款識》卷三，載有周公華鐘跋云：鉦間銘十六字，鼓左四十字，鼓右三十七字，共九十三字。爲河間紀曉嵐宗伯所藏，據拓本摹入。今此鐘銘，泐於兩面，連「孫」字下重文，計八十八字。非阮氏所傳之器明矣。至字跡既分大小，銘文又互有異同，迴然兩物，不待辨也。

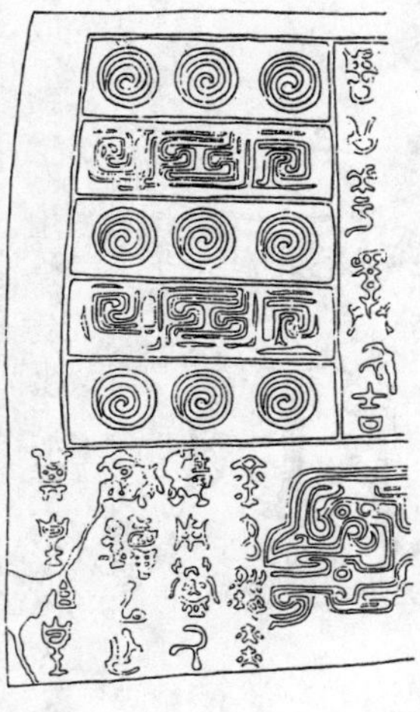

馬驌《繹史》卷一五九《禮器圖》　鼎，所以亰飪祭祀宗廟燕享賓客。《爾雅》：「絶大謂之鼐，圓弇上謂之鼒，附耳外謂之釴，款足者謂之鬲。」按鼎之形制，方圓、大小、高卑、文質最爲多端。《博古圖》據其制度銘識，分別商、周，亦臆度耳。茲存數器于左。

《考古圖》薑鼎銘作薑形，疑人名公孫薑之類。《博古圖》高九寸六分，深六寸三分，口徑八寸六分，容一斗四升，銘識簡古，爲商器。

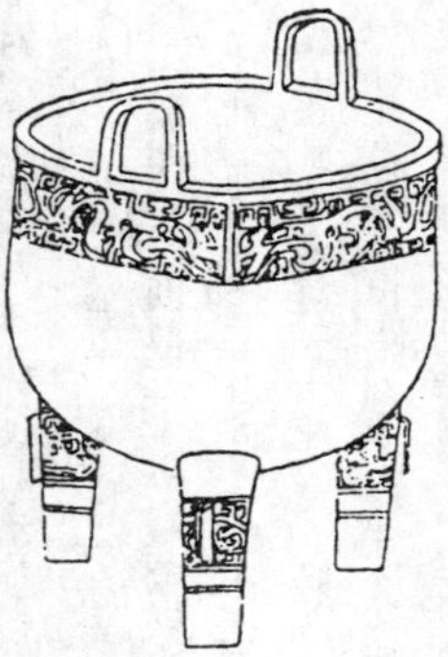

《博古圖》舉鼎高九寸四分，深四寸一分，口徑七寸二分，銘曰「子父舉」。按此鼎形制特高，銘取手致與人，用之於父，盡力致亨，不敢虛美其先者也。

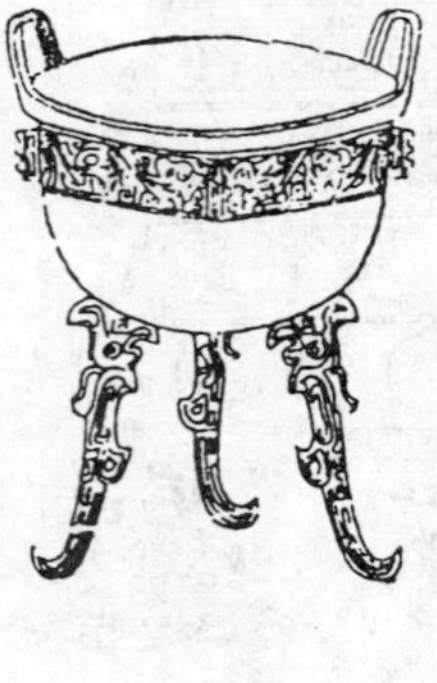

《博古圖》魚鼎高五寸五分，深三寸三分，口徑五寸二分，容二升三合，銘作月魚𠔁形，蓋薦魚之器。

《考古圖》乙鼎，高五寸八分，深三寸七分，徑五寸二分，容二升。銘二字，曰「乙」，下一字不可識。得於鄴之亶甲城，蓋商器。

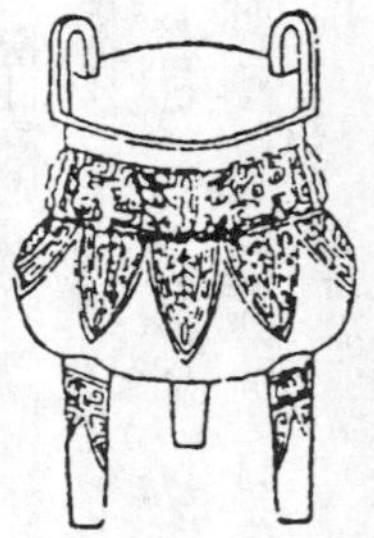

《博古圖》父乙鼎，高七寸，深三寸，口徑五寸六分，容二升六合，銘曰：「庚午，王命寢廟，辰見北田四品，十二月作册友史錫賴貝，用作父乙尊𠕋。」按乙之

號在商，爲商器。

《博古圖》南宫中鼎，高八寸五分，深五寸四分，口徑長七寸二分，闊五寸四分，容七升五合。銘五十七字，文見本卷。

《小宗伯》：「辨六彝之名物，以待祼將；辨六尊之名物，以待祭祀賓客。」

《司尊彝》：「春祠，夏禴，祼用雞彝鳥彝，皆有舟。其朝踐用兩獻尊，其再獻用兩象尊，皆有罍【略】秋嘗，冬烝，祼用斝彝黄彝，皆有舟。其朝獻用兩著尊，其饋獻用兩壺尊，皆有罍，諸臣之所昨也。凡四時之間祀，追享，朝享，祼用虎彝蜼彝，皆有舟。其朝踐用兩大尊，其再獻用兩山尊，皆有罍，諸臣之所昨也。」

鄭注：「獻尊，獻讀爲犧。飾以翡翠。」王肅註以爲犧象二尊並全牛象之形，而鑿背爲尊。

《博古圖》犧尊，通蓋高七寸七分，深三寸四分，通長一尺一寸七分，闊五寸，容四升。以口爲流，四足。魏太和中得尊於青州，其制正與此類。王肅註《禮》，其説蓋有自來也。

犧尊

鄭註云：「象尊以象鳳凰。或曰象骨飾尊。」

阮氏云：「以畫象飾尊。」

《博古圖》象尊，通蓋高九寸八分，深四寸五分，通長一尺二寸七分，闊三寸八分，容三升二合。四足有提梁。全作象形，而開背爲尊。

象尊

《考古圖》師艅象彝，高六寸七分。銘三十二字。按此器尊屬也，古者，鼎鬲尊卣之器，以彝銘者多矣。

《考古圖》象尊，高一尺一寸。先儒解象尊，其說既不同，此立象於蓋，又與先儒之解不同。

《博古圖》著尊，高一尺四分，口徑五寸，腹徑九寸八分，容一斗七升四合。《明堂位》曰：「著，殷尊也。」著尊，著地無足。此器底著地，誠所謂著尊也。

著尊

《考古圖》此器有瓲，著地無足。據有瓲則可名壺尊，著地則可名著尊。

《博古圖》壺尊，高一尺二寸八分，口徑七寸八分，腹徑一尺一寸一分，容三斗二升三合。其形制類壺，其爲壺尊乎。

壺尊

《考古圖》朝事中尊，高一尺六寸，徑五寸有半，容二斗三升。銘五十七字。《博古圖》作高克尊，銘五十八字。按此器頸飾以山文，意者其山尊乎。然山尊用以再獻，非朝事也。銘文中「中」、「高」、「克」等字疑殘缺，辨識未真耳。

山尊

《博古圖》大尊，高二尺三寸，口徑一尺九寸八分，腹徑一尺二寸九分，足徑一尺一寸二分，容七斗四升半。《明堂位》曰：「泰，有虞氏之尊也」古以陶瓦，此器則用銅，其周之變製乎。

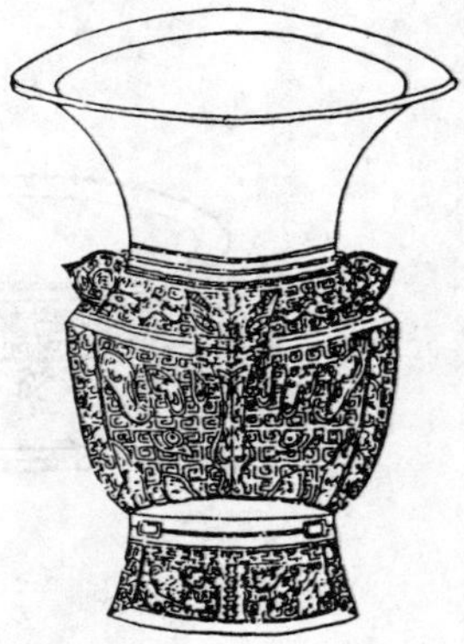

大尊

《司尊彝》：「六尊皆有罍，諸臣之所昨也。」註謂諸臣獻者，酌罍以自酢，不敢與王之神靈共尊，尊以祼神，罍臣之所飲也。尊有六，則罍亦當有六以副之矣。但三代遺器，鮮能備存焉。

《博古圖》犧首罍，高一尺四寸，深一尺二寸三分，口徑六寸四分，腹徑一尺五寸，容二斗八升六合。

《明堂位》曰：「山罍，夏后氏之尊也。」註云：「刻畫爲山雲之形。」言刻畫則以木爲之，今以金而飾以雷文，知先儒之失考也。此罍以犧首爲耳鼻，當是犧尊之副。

犧罍

《博古圖》象首尊，高二尺四寸五分，口徑七寸六分，腹徑一尺六寸八分，足徑一尺一寸五分，容一石二斗七升。

《考古圖》作三耳大壺，按其制，飾以雷文，實罍也。耳用象首，當爲象尊之副。

象罍

《司尊彝》六彝，釋者以爲雞彝虎盛明水，鳥黄蜼盛鬱鬯。彝皆有舟，舟尊下臺，若承槃焉。殊不知彝之有舟，乃相須之器，猶尊之與壺、缾之與罍也。先儒之説，然乎否邪？

《博古圖》父丁彝，高五寸四分，腹徑七寸，容五升，兩耳有珥。銘曰：「古作父丁寶尊彝。」

彝

《考古圖》虎彝，高四寸四分，徑六寸，容三升六合。銘曰：「作寶彝。」此器兩耳，飾以虎首，蓋虎彝也。

虎彝

《博古圖》垂花舟，高三寸七分，口徑八寸五分，容五升七合。以牛首爲耳，其制近彝，其飾花萼，有相承相蔽之義。蓋漢人爲之，亦足徵舟之非若承槃矣。

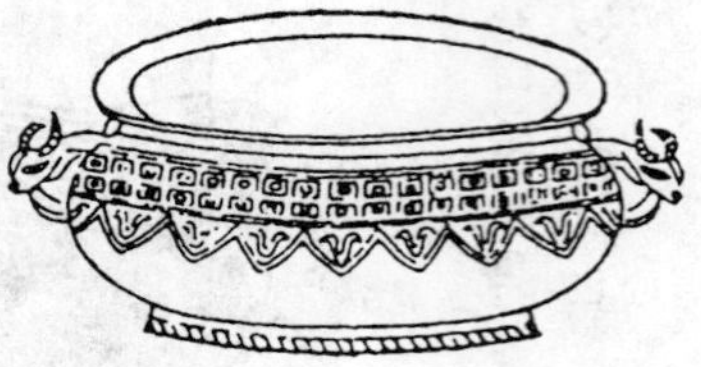
舟

《博古圖》方彝，高七寸九分，口徑長六寸一分，闊五寸一分，腹徑長六寸二分，闊五寸二分，容六升七合。銘曰：「己酉戌命尊宜于招褫庚□九□□商貝朋方□用室圍宗彝在九月惟王一祀世昌五惟□□。」右銘缺六字，此器銘宗彝，《周官》六彝之類也。其稱祀，周初因商如《洪範》十有三祀者，實周器也。四方觚稜，其制特與諸彝不同。

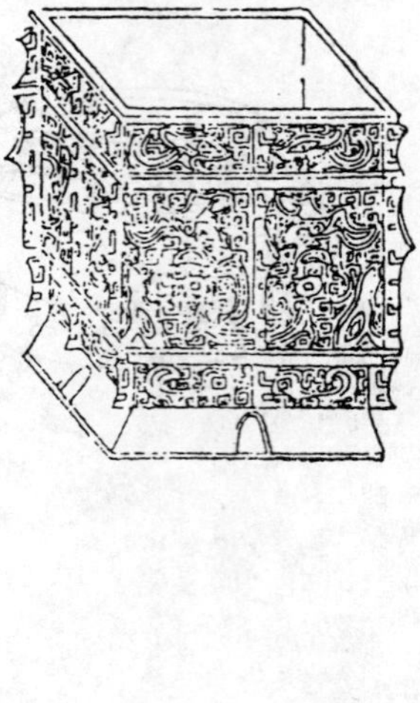
方彝

《博古圖》山罍高一尺，口徑五寸五分，容二升六合。

《司尊彝》：「罍彝。」註云：「罍讀爲稼，畫禾稼也。」不知其何所本。夫尊以象壺名壺尊，安知彝不以象罍名罍彝乎？《明堂位》云：「夏后氏以雞彝，殷以罍，周以黃目。」黃目是黃彝也。

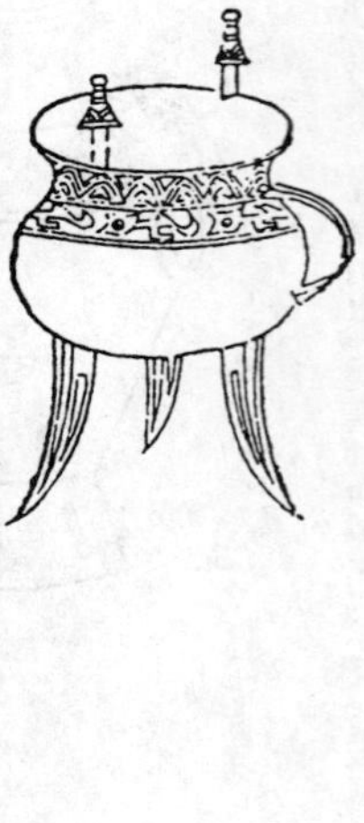
罍

雷紋罍，高七寸八分，口徑五寸一分，容一升。

《博古圖》：蜼尊，通蓋高六寸二分，口徑三寸三分，腹徑三寸五分，容一升一合。銘曰：「周作父乙尊彝。」舊作蜼尊，疑即蜼彝也。宗彝之以虎蜼自唐虞，然矣。

蜼尊

蓋

禮烝嘗饋獻用兩壺，次於尊彝，用於門內。燕禮與大射，卿大夫用方，士旅食用圜。《聘禮》：「梁在北而八壺南陳。梁在西，而六壺東陳。」《詩》稱「韓侯取妻，清酒百壺。」壺爲酒器，宗廟燕射聘昏無不用焉。先儒云：刻木繪漆，其説出於臆見。惟範金之器，後世猶存。

《考古圖》方壺，按《周禮》尊於東楹之西兩方壺。《博古圖》屬漢器，高一尺二寸五分，容一斗一升二合。

方壺

《博古圖》通蓋高一尺四寸六分，容五升四合。銘曰：「敔姬作寶彝。」

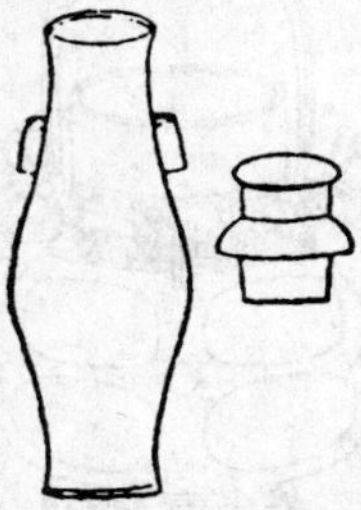

敔姬壺

《李氏録》云：「周王燕晉士文伯尊以魯壺，用饗也。《周官》烝嘗饋獻用兩壺尊，用祀也。《公食大夫》用兩圜壺。《坊記》曰：『敬則用祭器。』故祀饗兼用之。」

《考古圖》召中丁父壺，高尺有四寸半，徑七寸六分，容二斗七升。銘三十五字。《博古圖》腹徑一尺一寸一分，銘三十七字，銘見本卷，實三十七字，「子孫」重文。

召中丁壺

《爾雅》：「卣，中尊也。」夏商之世總謂之彝，周則鬱鬯之尊獨謂之卣。卣與尊彝皆盛酒之器，用有所宜，則名有不同。賈氏疏云：「上尊曰彝，中尊曰卣，下尊曰壺。」

《博古圖》祖乙卣，高一尺二寸四分，口徑長四寸八分，闊三寸六分，腹徑長八寸六分，闊七寸二分，容二升。銘器與蓋皆七字，曰「孫作祖乙寶尊彝」。

蓋

祖乙卣

是器向得於青州，高可九寸，容可二升有餘，銘作雙冊父辛，其製最類《博古圖》所載執爵父丁卣，但銘不同耳。制作甚精，自然無蓋。然則卣固不盡有蓋，《博古圖》以爲闕蓋，殆非也。

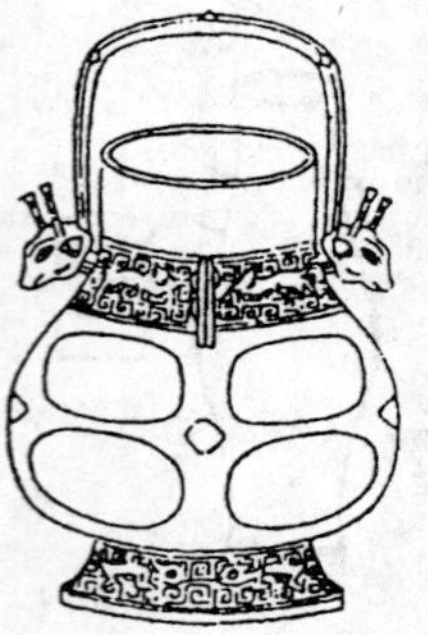

父辛卣

爵爲器甚小而在禮實大，祭祀、賓客、喪紀、冠昏、朝聘、燕射靡不用之。《韓詩》説一升曰爵，二升曰觚，三升曰觶，四升曰角，五升曰散，總名曰爵，其實曰觴，皆飲酒之器也。《博雅》：「斝，琖爵，在夏爲琖，在商爲斝，在周爲爵。」是則實同而名異耳。圖志所載，其制復不同，而大小亦不合於舊説，俟稽古者辯之。《士虞禮》：「主人洗廢爵，酌酒酳尸。主婦洗足爵于房中，酌亞獻尸。賓長洗繶爵三獻。」註云：「廢爵無足，足爵有足。輕者，飾也。繶爵，口足間有篆，又彌飾也。」《考古圖·鄉飲酒記》凡舉爵三作而不徒爵，知獻必舉爵也。《禮圖》所載爵於雀背負錢，經傳所不見。是器前若噣，後若尾，其全體有象於雀。

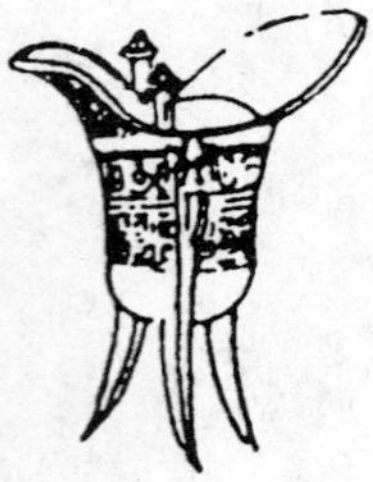

爵

繶爵

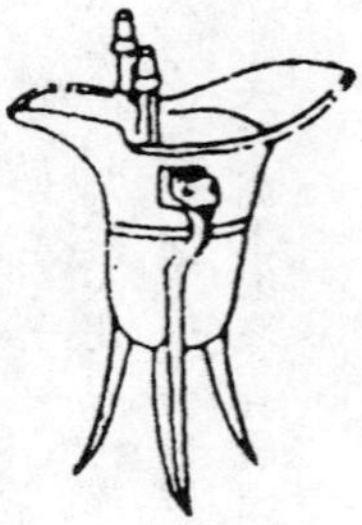

足爵

《博古圖》女乙觚，高九寸，口徑四寸九分，容六合。銘曰：「帚嫐乙。」

觚

《博古圖》虎斝，高一尺五寸六分，口徑七寸三分，容六升。鋬端有虎首之狀，三足若鬲。饕餮斝，高八寸五分，口徑四寸七分，容一升一合。鏤文簡古，不加精巧，而後之冶工不能及。

虎斝

按酒器有斝，所以戒其喧也。斝已見前，此二器形製復異。

饕餮斝

《博古圖》角，高八寸三分，容七合。銘兩册、雙弓、祖乙亞形中、倒戈。

角

《博古圖》素觶，高三寸九分，容六合。銘立戈、形「父辛」二字。

饕餮觶，高三寸五分，容五合。

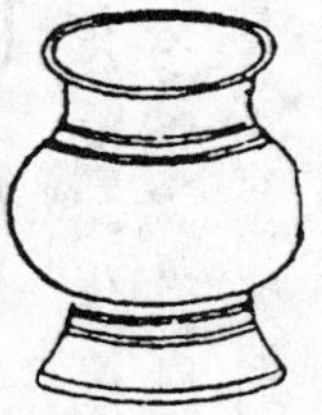
素觶

饕餮觶

敦，上古以瓦，中古以金，或以玉爲飾，或以木爲之。設蓋者以會無耳足者謂之廢，或類珠槃，或似簠簋。其名則或以爲土簋，或以爲玉盦。其用則或以盛血，尸盟執之，或以盛黍稷，内宰贊之。《明堂位》云：「有虞氏之兩敦。」《小宰職》云：「王婦執一金敦黍。」敦爲器不同，因時制作，異代變本加麗，故不可得而定其形製也。

《博古圖》周宰辟父敦有三。第一器通蓋高八寸三分，口徑六寸七分，腹徑八寸五分，容七升二合。器與蓋各銘七十五字，文見本卷。第二器，高七寸三分。第三器，高六寸一分。形製銘文悉同。《考古圖》云：「徑八寸四分，銘七十四字。」

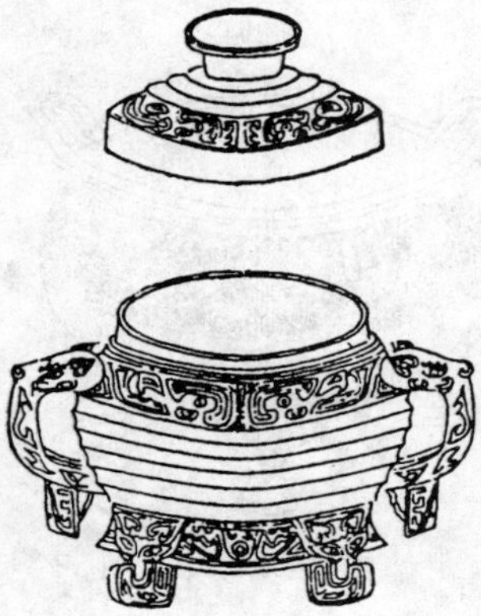
宰辟父敦

《博古圖》兕敦有三，第一器，通蓋高一尺二寸，深四寸四分，腹徑八寸二分，足方七寸六分，高三寸九分，器蓋各銘曰兕。次器，高一尺一寸九分。三器，高八寸六分，闕蓋。皆銘「兕」字。

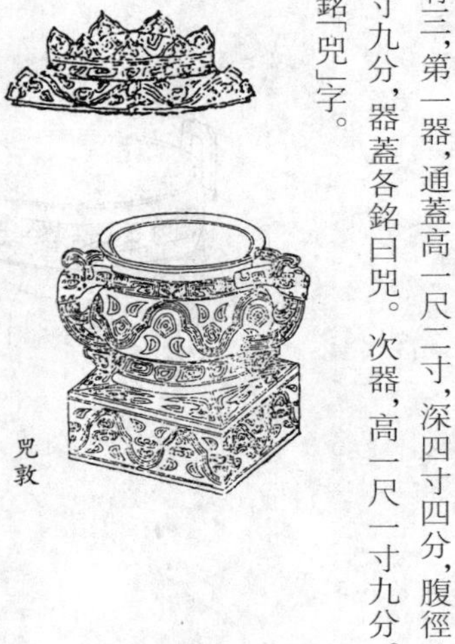
兕敦

《博古圖》己丁敦，通蓋高七寸一分，深四寸六分，腹徑六寸六分。蓋銘曰「孫己丁」，器銘曰「己孫丁」。其蓋足純緣周以夔龍，兩螭據耳，通腹饕餮，比之他敦尤異。

己丁敦

《考古圖》伯百父敦，《集古録》作冏父鈛。耳圈足與諸敦不同，銘見本卷。

《考古圖》牛鼎深八寸六分，徑尺有八寸，容一斛，無銘。按《禮圖》所載牛羊豕鼎，各以其首飾其足，此鼎之足以牛首爲飾，蓋牛鼎也。按此鼎絶大，當爲鼒。

《博古圖》花足鼎高五寸七分，深三寸二分，口徑長四寸八分，闊三寸八分，容二升二合，無銘。

鬲似鼎，空足。《博古圖》慧季鬲，高四寸三分，口徑四寸二分，銘曰「慧季作」。

《博古圖》文王鼎，高八寸九分，深三寸八分，口徑長六寸一分，闊四寸三分，容三升有半。銘曰：「魯公作文王尊彝。」按此周公祭文王之器，其制，足象蜼形。《爾雅》：「蜼，禺屬，昂鼻長尾，尾有兩岐，遇雨以尾塞鼻。」蓋其有智。周身

隱起獸面，饕餮之象也。

《博古圖》蟠虺鼎，高六寸五分，深三寸二分，口徑八寸一分，容四升七合。無銘，按此器耳附外，當爲釴。

《博古圖》龍鼎，高七寸一分，深四寸四分，口徑六寸三分，容五升三合，無銘。鼎之烹飪，可以享上帝、養聖賢，其用大矣。所以取象於龍，蓋求配其類也。

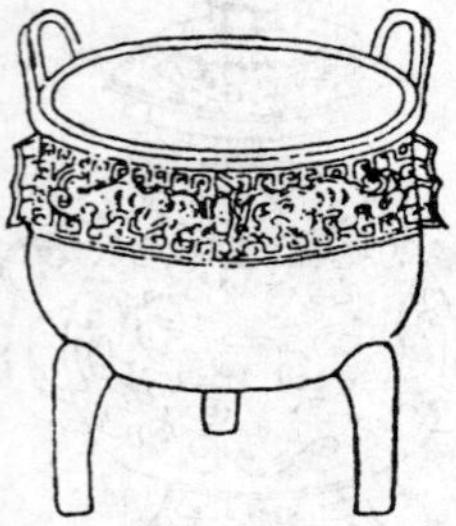

雜器部

題解

《宋書》卷一九《樂志一》 樂器凡八音：曰金，曰石，曰土，曰革，曰絲，曰木，曰匏，曰竹。

八音一曰金。金，鍾也，鎛也，錞也，鐲也，鐃也，鐸也。

鍾者，《世本》云：「黄帝工人垂所造。」《爾雅》云大鍾曰鏞，《書》曰「笙鏞以間」是也。中者曰剽。剽音瓢。小者曰棧。棧音醆，晉江左初所得棧鍾是也。縣鍾磬者曰筍簴，横曰筍，從曰虡。蔡邕曰：「寫鳥獸之形，大聲有力者以爲鍾虡，清聲無力者以爲磬虡，擊其所縣，知由其虡鳴焉。」

鎛如鍾而大。史臣案：前代有大鍾，若周之無射，非一，皆謂之鍾；鎛之言，近代無聞焉。

錞，錞于也。圜如碓頭，大上小下，今民間猶時有其器。《周禮》：「以金錞和鼓」。

鐲，鉦也。形如小鍾，軍行鳴之，以爲鼓節。《周禮》：「以金鐲節鼓」。

鐃，如鈴而無舌，有柄，執而鳴之。《周禮》：「以金鐃止鼓」。漢《鼓吹曲》曰鐃哥。

鐸，大鈴也。《周禮》：「以金鐸通鼓。」

八音二曰石。石，磬也。《世本》云叔所造，不知叔何代人。《爾雅》曰：「形似犂錧，以玉爲之。」大曰毊。毊音囂。

八音三曰土。土，塤也。《世本》云，暴新公所造，亦不知何代人也。周畿内有暴國，豈其時人乎？燒土爲之，大如鵝卵，鋭上平底，形似稱錘，六孔。《爾雅》云，大者曰嘂，嘂音叫；「小者如鷄子」。

八音四曰革。革，鼓也，鞉也，節也。大曰鼓，小曰鞕。又曰應。應劭《風俗通》曰：「不知誰所造。」以桴擊之曰鼓，以手摇之曰鞉。鼓及鞉之八面者曰雷鼓、雷鞉。六面者曰靈鼓、靈鞉。四面者曰路鼓、路鞉。《周禮》：「以雷鼓祀天神，以靈鼓鼓社祭，以路鼓鼓鬼享。」鼓長八尺者曰鼖鼓，以鼓軍事。長丈二尺者曰鼛鼓，凡守備及役事則鼓之。今世謂之下鼜。鼜，《周禮》音戚，今世音切豉反。長六尺六寸者曰晉鼓，金奏則鼓之。應鼓在大鼓側，《詩》云「應鞕懸鼓」是也。小鼓有柄曰鞀。大鞀謂之鞞。《月令》「仲夏修鞀、鞞」是也。然則鞀、鞞即鞉類也。又有鼉鼓焉。

節，不知誰所造。傅玄《節賦》云：「黄鍾唱哥，《九韶》興舞。口非節不詠，手非節不拊。」此則所從來亦遠矣。

八音五曰絲。絲，琴、瑟也，筑也，箏也，琵琶、空侯也。

琴，馬融《笛賦》云：「宓羲造琴。」《世本》云：「神農所造。」《爾雅》「大琴曰離」，二十絃。今無其器。齊桓曰號鍾，楚莊曰繞梁，相如曰焦尾，伯喈曰緑綺，事出傅玄《琴賦》。世云焦尾是伯喈琴，伯喈傳亦云爾。以傅氏言之，則非伯喈也。

瑟，馬融《笛賦》云：「神農造瑟。」《世本》：「宓羲所造。」《爾雅》云：「瑟二十七絃者曰灑。」今無其器。

筑，不知誰所造。史籍唯云高漸離善擊筑。

箏，秦聲也。傅玄《箏賦序》曰：「世以爲蒙恬所造。今觀其體合法度，節究哀樂，乃仁智之器，豈亡國之臣所能闕思哉。」《風俗通》則曰：「筑身而瑟絃，不知誰所改作也。」

琵琶，傅玄《琵琶賦》曰：「漢遣烏孫公主嫁昆彌，念其行道思慕，故使工人載箏、筑，爲馬上之樂。欲從方俗語，故名曰琵琶，取其易傳於外國也。」《風俗通》云：「以手琵琶，因以爲名。」杜摯云：「長城之役，弦鼗而鼓之。」並未詳孰實。其器不列四廂。

空侯，初名坎侯。漢武帝賽滅南越，祠太一后土用樂，令樂人侯暉依琴作坎侯，言其坎坎應節奏也。侯者，因工人姓爾。後言空，音訛也。古施郊廟雅樂，近世來專用於楚聲。宋孝武帝大明中，吴興沈懷遠被徙廣州，造繞梁，其器與空侯相似，懷遠後亡，其器亦絶。

八音六曰木。木，柷也，敔也。並不知誰所造。《樂記》曰：「聖人作爲椌、楬、塤、篪。」所起亦遠矣。

柷如漆桶，方二尺四寸，深尺八寸，中有椎柄，連底挏之，令左右擊。敔，狀如伏虎，背上有二十七鉏鋙。以竹長尺名曰籈，横擽之，以節樂終也。

八音七曰匏。匏，笙也，竽也。

笙，隨所造，不知何代人。列管匏內，施簧管端。宮管在中央，三十六簧曰竽；宮管在左傍。十九簧至十三簧曰笙。其它皆相似也。竽今亡。「大笙謂之巢，小者謂之和」。其笙中之簧，女媧所造也。《詩》傳云：「吹笙則簧鼓矣。」蓋笙中之簧也。《爾雅》曰：「笙十九簧者曰巢。」漢章帝時，零陵文學奚景於舜祠得笙，白玉管。後世易之以竹乎。

八音八曰竹。竹，律也，吕也，簫也，管也，篪也，籥也，笛也。律吕在《律曆志》。

簫，《世本》云：「舜所造。」《爾雅》曰：「編二十三管，長尺四寸者曰筥；十六管長尺二寸者筊。」筊音爻。凡簫一名籟。前世有洞簫，其器今亡。蔡邕曰：「簫，編竹有底。」然則邕時無洞簫矣。

管，《爾雅》曰：「長尺，圍寸，併漆之，有底。」大者曰簥。簥音驕。中者曰篞。小者曰篎。篎音妙。古者以玉爲管，舜時西王母獻白玉琯是也。《月令》：「均琴、瑟、管、簫。」蔡邕章句曰：「管者，形長尺，圍寸，有孔無底。」其器今亡。

篪，《世本》云：「暴新公所造。」舊志云，一曰管。史臣案：非也。雖不知暴新公何代人，而非舜前人明矣。舜時西王母獻管，則是已有其器，新公安得造篪乎？《爾雅》曰：「篪，大者尺四寸，圍三寸，曰沂。」沂音銀。一名翹。「小者尺二寸」。今有胡篪，出於胡吹，非雅器也。

籥，不知誰所造。《周禮》有籥師，掌教國子秋冬吹籥。今《凱容》、《宣烈》舞所執羽籥是也。蓋《詩》所云「左手執籥，右手秉翟」者也。《爾雅》云：「籥如笛，三孔而短小。」《廣雅》云七孔。大者曰産，中者曰仲，小者曰箹。箹音握。

笛，案馬融《長笛賦》，此器起近世，出於羌中，京房備其五音。又稱丘仲工其事，不言仲所造。《風俗通》則曰：「丘仲造笛，武帝時人。」其後更有羌笛爾。三説不同，未詳孰實。

葭，杜摯《笳賦》云：「李伯陽入西戎所造。」漢舊注曰：「箛，號曰吹鞭。」《晉先蠶儀注》：「車駕住，吹小箛；發，吹大箛。」箛即葭也。又有胡笳。漢舊《筝笛録》有其曲，不記所出本末。

鼓吹，蓋短簫鐃哥。蔡邕曰：「軍樂也，黄帝岐伯所作，以揚德建武，勸士諷敵也。」《周官》曰：「師有功則愷樂。」《左傳》曰晉文公勝楚，「振旅，凱而入」。《司馬法》曰：「得意則愷樂愷哥。」雍門周説孟嘗君，「鼓吹于不測之淵」。説者云，鼓自一物，吹自竽、籟之屬，非簫、鼓合奏，别爲一樂之名也。然則短簫鐃哥，此時未名鼓吹矣。應劭《漢鹵簿圖》唯有騎執箛。箛即笳，不云鼓吹。而漢世有黄門鼓吹。漢享宴食舉樂十三曲，與魏世鼓吹長簫同。長簫短簫，《伎録》並云絲竹合作，執節者哥。又《建初録》云，《務成》、《黄爵》、《玄雲》、《遠期》，皆騎吹曲，非鼓吹曲。此則列於殿庭者爲鼓吹，今之從行鼓吹爲騎吹，二曲異也。又孫權觀魏武軍，作鼓吹而還，此又應是今之鼓吹。魏、晉世，又假諸將帥及牙門曲蓋鼓吹，斯則其時謂之鼓吹矣。魏、晉世給鼓吹甚輕，牙門督將五校，悉有鼓吹。晉江左初，臨川太守謝摛每寢，輒夢聞鼓吹。有人爲其占之曰：「君不得生鼓吹，當得死鼓吹爾。」摛擊杜弢戰没，追贈長水校尉，葬給鼓吹焉。謝尚爲江夏太守，詣安西將軍庾翼於武昌咨事，翼與尚射，曰：「卿若破的，當以鼓吹相賞。」尚射破的，便以其副鼓吹給之。今則甚重矣。

角，書記所不載。或云出羌胡，以驚中國馬。或云出吴越。舊志云：「古樂有籟、缶。」今並無。史臣按：《爾雅》，籟自是簫之一名耳。《詩》云：「坎其擊缶。」毛傳曰：「盎謂之缶。」

築城相杵者，出自梁孝王。孝王築睢陽城，方十二里，造倡聲，以小鼓爲節，築者下杵以和之。後世謂此聲爲《睢陽曲》，至今傳之。

魏、晉之世，有孫氏善弘舊曲，宋識善擊節倡和，陳左善清哥，列和善吹笛，郝索善彈筝，朱生善琵琶，尤發新聲。傅玄著書曰：「人若欽所聞而忽所見，不亦惑乎！設此六人生於上世，越古今而無儷，何但夔、牙同契哉！」案此説，則自兹以後，皆孫、朱等之遺則也。

李時珍《本草綱目》卷八《金石部・金》

發明。弘景曰：生金辟惡而有毒，不煉服之殺人。仙經以醯、蜜及猪肪、牡荆、酒輩煉至柔軟，服之成仙，亦以合水銀作丹砂。醫方都無用者，當是慮其有毒爾。損之曰：生者殺人，百煉者乃堪服，水銀合膏飲即不煉。頌曰：金屑古方不見用者，惟作金箔，入藥甚便。又古方金石淩、紅雪、紫雪輩，皆取金銀煮汁，此通用經煉者，假其氣爾。時珍曰：金乃西方之行，性能制木，故療驚癇風熱肝膽之病，而古方罕用，惟服食家言之。淮南三十六水法，亦化爲漿服餌。葛洪《抱朴子》言：餌黄金不亞于金液。其法用豕負革肪、苦酒煉之百遍即柔，或以樗皮治之，或以牡荆酒、慈石消之爲水，或以雄黄、雌黄合餌，皆能地仙。又言丹砂化爲聖金，服之昇仙。《别録》、陳藏器亦言久服神仙。其説蓋自秦皇、漢武時方士傳流而來。豈知血肉之軀，水谷爲賴，可能堪此金石重墜之物久在腸胃乎？求生而喪生，可謂愚也矣。故《太清法》云：金稟中宮陰已之氣，性本剛，服之傷損肌肉。又《東觀秘記》云：亡人以黄金塞九竅，則尸不朽。此雖近于理，然亦誨盜矣，曷若速化歸虚之爲愈也哉。

綜述

酈道元《水經注》卷四《河水》 戴延之云：城南倚山原，北臨黄河，懸水百餘仞，臨之者咸悚惕焉。西北帶河，水涌起方數十丈，有物居水中，父老云銅翁仲所没處。又云石虎載經，於此沉没，二物并存，水所以涌，所不詳也。或云翁仲頭髻常出，水之漲減，恒與水齊。晉軍當至，髻不復出，今惟見水異耳，嗟嗟有聲，聲聞數里。按秦始皇二十六年，長狄十二見于臨洮，長五丈餘，以爲善祥，鑄金人十二以象之，各重二十四萬斤，坐之宫門之前，謂之金狄。皆銘其胸云：「皇帝二十六年，初兼天下，以爲郡縣，正法律，同度量，大人來見臨洮，身長五丈，足六尺。」李斯書也。故衛恒《叙篆》曰：「秦之李斯，號爲工篆，諸山碑及銅人銘，皆斯書也。」漢自阿房徙之未央宫前，俗謂之翁仲矣。地皇二年，王莽夢銅人泣，惡之，念銅人銘有「皇帝初兼天下」文，使尚方工鐫滅所夢銅人膺文。後董卓毁其九爲錢。其在者三，魏明帝欲徙之洛陽，重不可勝，至霸水西停之。《漢晉春秋》曰：或言金狄泣，故留之。石虎取置鄴宫，苻堅又徙之長安，毁二爲錢，其一未至而苻堅亂，百姓推置陝北河中，於是金狄滅。余以爲鴻河巨瀆，故應不爲細梗躓湍，長津碩浪，無宜以微物屯流。斯水之所以濤波者，蓋《史記》所云：魏文侯二十六年，號山崩，壅河所致耳。

《晉書》卷一六《律曆志上》 （荀勖）又問（列）和：「笛有六孔，及其體中之空爲七，和爲能盡名其宫、商、角、徵不？孔調與不調，以何檢知？」和辭：「先師相傳，吹笛但以作曲，相語爲某曲當舉某指，初不知七孔盡應何聲也。若當作笛，其仰尚方笛工依案舊像訖，但吹取鳴者，初不復校其諸孔調與不調也。」案《周禮》調樂金石，有一定之聲，是故造鍾磬者先依律調之，然後施於厢懸。作樂之時，諸音皆受鍾磬之均，即爲悉應律也。至於饗宴殿堂之上，無厢懸鍾磬，以笛有一定調，故諸絃歌皆從笛爲正，是爲笛猶鍾磬，宜必合於律吕。如和所對，直以意造，率短一寸，七孔聲均，不知其皆應何律，調與不調，無以檢正，唯取竹之鳴者，爲無法制。輒部郎劉秀、鄧昊、王艷、魏邵等與笛工參共作笛，工人造其形，律者定其聲，然後器象有制，音均和協。

《魏書》卷一〇二《西域・大月氏國傳》 世祖時，其國人商販京師，自云能鑄石爲五色瑠璃，於是採礦山中，於京師鑄之。既成，光澤乃美於西方來者。乃詔爲行殿，容百餘人，光色映徹，觀者見之，莫不驚駭，以爲神明所作。自此中國瑠璃遂賤，人不復珍之。

《晉書》卷一〇五《石勒載記下》 建德校尉王和掘得員石，銘曰：「律權石，重四鈞，同律度量衡，有新氏造。」議者未詳，或以爲瑞。參軍續咸曰：「王莽時物也。」其時兵亂之後，典度堙滅，遂命下禮官爲準程定式。又得一鼎，容四升，中有大錢三十文，曰：「百當千，千當萬。」鼎銘十三字，篆書不可曉，藏之於永豐倉。因此令公私行錢，而人情不樂，乃出公絹市錢，限中絹匹一千二百，下絹八百。然百姓私買中絹四千，下絹二千，巧利者賤買私錢，貴賣於官，坐死者十數人，而錢終不行。勒徙洛陽銅馬、翁仲二于襄國，列之永豐門。

《魏書》卷一一一《刑罰志》 永平元年秋七月，詔尚書檢枷杖大小違制之由，科其罪失。尚書令高肇，尚書僕射、清河王懌，尚書邢巒，尚書李平，尚書、江陽王繼等奏曰：「臣等聞王者繼天子物，爲民父母，導之以德化，齊之以刑法，小大必以情，哀矜而勿喜，務於三訊五聽，不以木石定獄。伏惟陛下子愛蒼生，恩侔天地，疏網改祝，仁過商后。以枷杖之非度，愍民命之或傷，爰降慈旨，廣垂昭恤。雖有虞慎獄之深、漢文惻隱之至，亦未可共日而言矣。謹案《獄官令》：諸察獄，先備五聽之理，盡求情之意，又驗諸證信，事多疑似，猶不首實者，然後加以拷掠。諸犯□年刑已上枷鎖，流徙已上，增以杻械。迭用不俱。非大逆、外叛之罪，皆不大枷、高杻、重械，又無用石之文。而法官州郡，因緣增加，遂爲恒法。進乖五聽，退違令文，誠宜案劾，依旨科處，但踵行已久，計不推坐。檢杖之小大，鞭之長短，令有定式，但枷之輕重，先無成制。臣等參量，造大枷長一丈三尺，喉下長一丈，通頰木各方五寸，以擬大逆、外叛；杻械以掌流刑已上。諸臺、寺、州、郡大枷，請悉焚之。枷本掌囚，非拷訊所用。從今斷獄，皆依令盡聽訊之理，量人强弱，加之拷掠，不聽非法拷人，兼以拷石。」自是枷杖之制，頗有定準。未幾，獄官肆虐，稍復重大。

《北史》卷四九《斛斯徵傳》 （鄭）譯乃獻新樂，十二月各一笙，每笙用十六管。帝令與徵議之。徵駁而奏之曰：「《禮》云，十二律轉相生，聲五具在十六焉，六律十二管，還相爲宫。然詳一笙十六管，總一百九十二管，既無相生之理，又無還宮之義。臣恐鄭聲亂樂，未合於古。夫音樂之起，本於人心，天之應人，有如影響。爲善者，天報之以福；爲惡者，天譴之以殃。故舜彈五絃之琴，歌《南風》之詩，而天下化。紂爲朝歌、北里之音，而社稷滅。是知樂也者，和情性，移風俗，動天地，感鬼神，禍福所基，盛衰攸繫，安可不慎哉！案譯之所爲，不師古始。若以月奏一笙，則鍾鼓諸色，各須一十有二。雅樂之備，已充廟廷，今若益之，於何陳列？方須更闢堦墀，增修廊宇，非急之務，寧可勞人？如謂笙管之外，不須加造，則樂之損益，豈繫於笙？進退無據，竊謂不可。」帝頗納之，且令停譯所獻。

《舊唐書》卷八《玄宗紀上》 時右威衛中郎將周慶立爲安南市舶使，與波斯僧廣造奇巧，將以進內。監選使、殿中侍御史柳澤上書諫，上嘉納之。

王溥《唐會要》卷三二《輿服下・笏》 武德四年八月十六日，詔五品已上執象笏，已下執竹木笏。舊制，三品已下，前挫後直；五品已上，前挫後屈。武德已來，一例上圓下方。其日勑，凡笏，周制七。《周禮》：諸侯以象，大夫以魚須文竹。晉、宋以來，謂之手板。自西魏後，五品已上，通用象牙，六品以下，兼用竹木。近唯尚書郎執笏，公卿但以手板。後周保定四年，百官始執笏。至晉宣時，內外婦人執笏，其拜俛伏輿俱執之。

開元八年九月勑：「諸笏，三品已上，前屈後直，五品已上，前屈後挫，並用象。九品已上，竹木，上挫下方。男以上聽依品爵執笏。假板官亦依例。」

王溥《唐會要》卷三二《輿服下・輅車》 武德初，著令，天子鑾輅五等：玉、金、象、革、木，以供服乘用之。屬車十乘：指南車、記里、鼓車、白鷺車、鸞旗車、辟惡車、皮軒車、安車、耕根車、四望車、羊車。

貞觀元年十一月，始加豹尾車、黃鉞車，通爲十二乘也，以爲儀仗之用。大駕行幸，則分前後，施于鹵簿之內。若大陳設，則分左右，施于儀衛之中。高祖、太宗大禮則乘大輅。高宗不喜乘輅，每有大禮，則御輦。至則天以爲常。玄宗以輦不中禮，廢而不用。舊制，輦有七：一曰大鳳輦，二曰大芳輦，三曰仙遊輦，四曰小輕輦，五曰芳亭輦，六曰大玉輦，七曰小玉輦。轝有三：一曰五色轝，二曰常平轝，其用如七輦之儀；三曰腰轝，則常御焉。

開元十一年冬，祀南郊，乘輅而往，禮畢，騎還。自是行幸、郊祀，皆騎于儀衛之內。其五輅、腰轝，陳于鹵簿而已。

貞元十一年十一月十三日，户部侍郎裴延齡奉進止，修造法駕、御輅、排城等。

元和十年十月，上閱新作指南車、記里車于麟德殿。

會昌六年十一月，太僕寺奏請重修御輅、鼓、法駕等車二十四乘，并調馬拖車一十四乘。

王溥《唐會要》卷三二《輿服下・乘車雜記》 貞觀十三年，上幸九成宮。時中郎將結社率反，犯御營，馬騎得踰長幕，宿衛官拒之，方敗走。太宗乃遣造爲漆盾，於三衛幕外，編以爲城，於盾面綵畫爲獸頭，咸外向，令馬騎見之不敢進。遂爲永式。至顯慶三年九月二十四日，有司奏請造排車七百乘，擬車駕行幸，運載排城。上以爲勞煩，乃令于舊頓築牆爲固。

顯慶元年十月，左僕射于志寧奏，請駕行日，須三部張設，更造九十連帳及三梁等。上曰：「九十連帳，非惟營造費功，又大須車牛運輦，朕坐小帳足以自安，行日止用兩部帳幕，不須辦三部。其殿中帳幕兩部外，宜迴與衛尉。」無忌奏曰：「陛下每事儉約，非惟不造大帳，又減一部，事多省約，彌彰聖德。」抃舞稱賀。

二年十一月詔：「朕近尋殿中舊帳，寶鈿鞍轡甚多，既非所須，徒煩貯掌。其殿中供奉及妃嬪已下寶鈿，並金裝鞍轡、韉鞦等，並宜令毀剔，各依儀式。須賜人者量留。」

開元十五年七月勑：「殿中鞍轡、繖扇及諸司雜物，須修理造作者，本司送至作所修理訖，自往請受，不得追匠就本司。其不可送作司者，給匠修理。其物應納庫藏，亦本司自送。」

天寶元年正月勑：「黃鉞古來以金爲飾。金者，應五行之數。其黃鉞宜改爲金鉞，副威武之義也。」

七載正月二十八日，太常卿韋韜奏：「御案、褥、牀、帳，望去紫，用赤黃。」制曰：「可。」十載七月勑：「近改旗幟爲赤黃，以符土德。其諸衛隊仗緋色者，宜令所司依內出黃色樣，即造。其槍並用赤稠木，仍依本色，不須更染別色，長一丈四尺爲限。其諸軍職掌有先用火焰緋幡處，宜各依一樣，送付諸道，準此改換，先用赤色宜停。」

王溥《唐會要》卷三二《輿服下・羃羅》 武德初，襲齊、隋舊制，婦人多著羃羅，雖發自戎夷，而全身障蔽。至永徽已後，皆用帷帽，拖裙到頸，即漸爲淺露矣。龍朔三年，有勅禁斷。初雖暫息，旋又仍舊。

咸亨二年八月二十二日，又勅下：「百官家口，咸預士流，至于衢路之間，豈可全無障蔽。比來多著帷帽，遂棄羃䍦，曾不乘車，別坐檐子。遞相倣效，寖成風俗，過爲輕率，深失禮容。前者已令漸改，如聞猶未止息，理須禁斷，自後不得更然。」

王溥《唐會要》卷三二《輿服下・戟》 景龍三年七月，皇后表請：「婦人不因夫、子而加邑號者，請同見任職事官，聽子孫用蔭，門施棨戟。」制從之。

開元八年九月勅：「廟社宮門，正一品，開府儀同三司、嗣王、郡王、上柱國、柱國帶職事二品已上，及京兆河南尹、大都督、大都護、開國及護軍帶職事三品，若下都督、諸州門，其門戟幡有破壞，五年一易，百官門不在官易之限。薨者葬訖追納。若子孫合給者，聽準數留，不足更給。其以理去任及改爲四品官，非被貶責，並不合追收。」玄宗朝，衛尉卿張介然爲河隴行軍司馬，因入奏上言曰：「臣今三品，合立棨戟。臣河東人，若得本鄉立之，百代榮盛。」上曰：「卿且將戟歸故鄉，朕更別給卿戟，列于京宅。」本鄉立戟，介然始也。檢年月未獲。

天寶六載四月八日，勅改《儀制令》：「廟社門，宮殿門，每門各二十戟。東宮每門各十八戟。一品門十六戟。嗣王、郡王，若上柱國、柱國帶職事二品，散官光禄大夫已上，鎮國大將軍已上各同職事品，及京兆河南太原府，大都督、大都護，門十四戟。上柱國、柱國帶職事三品，上護軍帶職事二品，若中都督、上州，上都護，門十二戟。國公及上護軍帶職事三品，若下都督，中下州，門各十戟。並官給。」

上元元年閏正月，宰臣吕諲令立戟，有司送戟至宅。或曰：「吉慶之事，不宜以凶服受之。」諲遂權釋縗服衣吉，當中而拜。識者譏其失禮。

貞元四年七月，詔試大理評事、兼監察御史李愿爲銀青光禄大夫，兼太子賓客，仍賜上柱國。以晟功高，故寵異之。賜勳，俾與父並列門戟。

五年十二月十九日，中書門下奏：「應請列戟官准《儀制令》，正二品，開府儀同三司、嗣王、郡王，并勳官上柱國、柱國等帶職事三品已上，並許列戟，準天寶六載勅。」

六年四月八日勅：「文散官光禄大夫、鎮軍大將軍已上，各同職事品。近日散試官，使帶高階者衆，恐須商量者。伏請準舊令本文，取帶三品已上正員職事官爲定。」勅旨：「宜依。」

元和六年十二月勅：「立戟官階勳，悉至三品，然後申請，仍編于格令。」

其年，勅：「立戟官，京兆尹、上柱國賜紫金魚袋元義方，朝議大夫、户部侍郎、護軍賜紫金魚袋盧坦，立戟雖令式所著，似有闕文，造次而行，殊乖審慎，宜令各罰一月俸料，其戟仍令所司收納。左司郎中陸質，句檢不精，禮部員外郎崔備、工部員外郎元祐等，守官假器，其過尤深，各罰一季俸料。緣兵興以來，勳賞超越，其所立戟，須有明文。宜令所司準舊制，待官階勳並至三品，然後申請，仍編於格令。」近列立戟官，率有銀青階，而元義方獨據令文。上柱國官三品者，十二戟，無以階叙戟之文。牒省申請，省司不能議，準式立戟。後轉爲四品官，自非貶受，兼判勳階，其戟不奪。既而盧坦以前任宣州刺史，是三品兼護軍，又請立戟，以列于門。議者以坦居四品官，狀亦無據。臺司將劾而未舉，吏部尚書鄭餘慶以爲不可，臺司因移牒給禮部狀，稱令文内衹言勳官，並不言階。自貞元以來，立戟一十八人，並無銀青色下階者。遂以上聞。故皆坐罰，而申之續放免。陸質及崔備、元祐俱罰一季俸料。

十一年十月，禮部奏，寧武軍節度使李愿奏云：「貞元三年，立戟十二竿，經今三十餘年，戟竿及衣幡破壞。準《儀制令》，官戟五年一换。」勅旨：「李愿立戟年深，稱要修换，有司詳檢，在格無文。以其家承忠勳，身著勞效，特宜賜與，用示恩榮。即與重換其戟，收納舊者。」

十五年三月，左右神策軍護軍中尉馬進潭、梁守謙，左右監門衛將軍魏簡、陳弘慶、劉承偕、韋元素、仇士良、李藏用、李朝盛等奏：「臣等准格令，合有棨戟之榮。」事下禮部，而員外郎賈餗以爲進潭等三人，合立棨戟；其陳弘慶已下六人，緣官是員外郎置，與節文不同，奏罷之。

長慶二年十月，以禮部尚書韋綬爲山南西道節度使。辭日，請門戟十二，自持赴鎮。從之。

咸通二年，楊汝士與諸子位皆至正卿，所居静恭里，兄弟並列門戟，時人榮之。

天祐四年，太常禮院奏：「兩浙節度使錢鏐受册訖，舊立門戟一十二枝，合準禮例，更添四枝，仍五年一易。」從之。

議曰：按《禮》《祭法》，上古祭名，不聞有戟神、節神。近代受節，置於一室，朔望必祭之，拜之，非也。凡戟，天子二十四，諸侯十。今之藩鎮，古之諸侯也。在其地則施於公府門，爵位崇顯者，亦許列之私第。苟祭之、拜之，不經之甚也。

王溥《唐會要》卷三二《雅樂上・雅樂上》 高祖受禪，軍國多務，未遑改創，樂府尚用隋氏舊文。武德九年正月十日，始命太常少卿祖孝孫考正雅樂，至貞觀二年六月十日，樂成，奏之。太宗謂侍臣曰：「禮樂之作，蓋聖人緣物設教，以爲撙節，治之隆替，豈此之由？」御史大夫杜淹對曰：「前代興亡，實由於樂。陳之將亡也，爲《玉樹後庭花》；齊之將亡也，而爲《伴侣曲》。行路聞之，莫不悲泣，所謂亡國之音也。以是觀之，蓋樂之由也。」太宗曰：「不然。夫音聲感人，自然之道也，故歡者聞之則悦，憂者聽之則悲。悲悦之情，在於人心，非由樂也。將亡之政，其民必苦，然苦心所感，故聞之則悲耳。豈樂聲哀怨，能使悦者悲乎？今《玉樹後庭花》、《伴侣》之曲，其聲俱存，朕當爲公奏之，知公必不悲矣。」尚書右丞魏徵進曰：「古人稱：『禮云禮云，玉帛云乎哉！樂云樂云，鐘鼓云乎哉！』樂在人和，不由音調。」上然之。初，孝孫以陳、梁舊樂雜用吴、楚之音，周、齊舊樂多涉胡戎之伎，於是斟酌南北，考以古音，而作大唐雅樂。以十二律各順其月，旋相爲宫。按《禮記》「大樂與天地同和」，故制十二和之樂，合三十二曲，八十有四調。祭圜丘以黄鐘爲宫，方澤以林鐘爲宫，宗廟以太簇爲宫。五郊、朝賀，饗宴，則隨月用律爲宫。初，隋但用黄鐘一宫，惟扣七鐘，餘五鐘虛懸而不扣。及孝孫建旋宫之法，扣鐘皆徧，無復虛懸者矣。凡祭天神，奏《豫和》之樂，地祇奏《順和》，宗廟奏《永和》。天地、宗廟登歌，俱奏《肅和》。皇帝臨軒，奏《太和》。王公出入，奏《舒和》。皇帝食舉及飲酒，奏《休和》。皇帝受朝，奏《正和》。皇太子軒懸出入，奏《承和》。元日、冬至皇帝禮會登歌，奏《昭和》。郊廟俎入，奏《雍和》。皇帝祭享酌酒、讀祝文及飲福、受胙，奏《壽和》。五郊迎氣，各以月律而奏其音。又郊廟祭享，奏《化康》、《凱安》之舞。《周禮》旋宫之義，亡絕已久，莫能知之，一朝復古，自孝孫始也。

王溥《唐會要》卷三三《雅樂下》　乾元元年三月十九日，上以太常舊鐘磬，自隋以來，所制五聲，或有差錯，謂太常少卿于休烈曰：「古者聖人作樂，以應天地之和，以合陰陽之序。和則人不夭札，物不疵癘。且金石絲竹，樂之器也。以親享郊廟，每聽樂聲，或宫商不倫，或鐘磬失度。可盡將鐘磬來，朕當於内自定。」太常進入，帝集樂工考試數日，審知差錯，然後令再造及磨刻。二十五日，一部先畢，召太常樂工，帝臨二殿親觀考擊，皆合五音，送太常。二十八日，帝又於内造樂音三十一章，送赴太常，郊廟歌之。

廣明初，黄巢干紀，樂工淪散，全奏幾亡。及昭宗即位，將親謁郊廟，有司進造樂懸，詢於舊工，莫知制度。時太常博士殷盈孫乃按《周官·考工記》，究其銑、于、鼓、鉦、舞之法，用算法乘除，鏄鐘之輕重高低乃定。懸下編鐘，正黄鐘九寸五分，倍應鐘三寸三分半，凡四十八等。口項之量，徑衡之圍，悉爲圖進。遣金工依法鑄之，凡二百四十口。修奉使宰臣張濬求知聲者，令先較定石磬，合而擊拊之，八音克諧，觀者聳聽。時議者論樂懸之架不同，濬復奏議曰：「臣伏准舊制，太廟、含元殿並設宫懸三十六架，太清宫、南北郊、社稷及諸殿庭並二十架。今修奉樂懸，太廟合造三十六架，臣今參議，請依古禮，用二十架。伏自兵興已來，雅樂淪缺，將爲修奉，事實重難。變通宜務於酌中，損益當循於寧儉。臣聞諸舊史，昔武王定天下，至周公相成王，始暇制樂。魏初無樂器及伶人，後稍得登歌會舉之樂。明帝太寧末，詔增益之。咸和中，鳩集遺逸，尚未有金石之音。至孝武太元中，四廟金石始備，郊祀猶不舉樂。宋文帝元嘉九年，初調金石。二十四年，南郊始設登歌，廟舞猶闕。孝武孝建中，有司奏郊廟宜設備樂，始爲詳定。故後魏孝文太和初，司樂上書，陳樂章有闕，請集羣官議定，廣修器數，正立名品。詔雖行之，仍有殘缺。隋文踐阼，太常議正雅樂，九年之後，唯奏黄鐘一宫，郊廟止用一調，據《禮》文，每一代之樂，二調並奏，六代之樂，凡十二調。其餘聲律皆不復通。高祖受隋禪，軍國多務，未遑改創，樂府尚用隋氏舊文。武德九年，命太常考正雅樂，貞觀二年，考畢上奏。蓋其事大，故歷代不能速成。今時近郊天，式修雅樂，制度之間，亦宜撙節。伏准《儀禮》宫懸之制，陳鏄鐘十二架，當十二辰之位。甲、丙、庚、壬，各設編鐘一架；乙、丁、辛、癸，各設編磬一架，合爲二十架。樹建鼓於四隅，當乾、坤、艮、巽之位，以象二十四氣。宗廟、殿庭皆用此制，無聞異同。周、漢、魏、晉、宋、齊六朝，並用二十架，隋氏平陳，檢梁故事，乃設三十六架。國初因之不改。高宗皇帝初成蓬萊宫，充庭七十二架，尋乃省之。則簨虡架數太多，本近於侈，止於二十架，正協《禮經》。」從之。古制，雅樂宫懸之下，編鐘四架，十六口。近代二十四口，正聲十二，倍聲十二，各有律吕，凡二十四聲。登歌一架，亦二十四鐘。雅樂淪滅，至是復全。

王溥《五代會要》卷三《祭器》　周廣順三年九月，南郊禮儀使奏：「用珪璧制度，准禮，祀上帝以蒼璧，地祇以黄琮。祀五帝以珪、璋、琮、琥、璜，其玉各依本方正色。祀日月以珪、璋，祀神州以兩珪，有邸。其用幣，天以蒼色，地以黄色，配帝以白色，日月、五帝各從本方之色，皆長一丈八尺。其珪璧之狀，璧圓而琮方，珪上鋭而下方，半珪曰璋，琥爲虎形，半璧曰璜。其珪、璧、琮、璜，皆長一尺二寸四。珪有邸，邸本也，珪著於璧而四出也。日月、星辰以珪璧，五寸。前件珪璧有圖様，而長短之説或殊。按唐開元中，玄宗詔曰：『禮神以玉，取其精潔，比來用珉，不可行也。如或以玉難辨，寧小其制度以取其真。』今郊廟所修珪璧，量玉大小，不必皆從古制。伏請下所司修製。」從之。

顯德四年四月，禮官博士等准詔議祭器、祭玉制度。國子祭酒尹拙引崔靈恩《三禮義宗》云：「蒼璧所以禮天，其長十有二寸，蓋法天之十二時。」又引《江都集禮》、《白虎通》等諸書所説云：「璧皆外圓內方。」又云：「黄琮所以禮地，其長十寸，以法地之數。其琮外方內圓，八角而有好。」國子博士聶崇義以爲璧內外皆圓，其徑九寸。按阮氏、鄭玄圖皆云九寸。《周禮》玉人職又有九寸之璧。及引《爾雅》云：「肉倍好謂之璧，好倍肉謂之瑗，肉好若一謂之環。」郭璞註云：「好，孔也；肉，邊也。」而不載尺寸之數。崇義又引《冬官》玉人云：「璧好三寸。」《爾雅》云：「肉倍好謂之璧。」蓋兩邊肉各三寸，通好共九寸，則其璧九寸明矣。崇義又云：「黄琮八方以象地，每角各剡出一寸六分，共長八寸，厚一寸。」按《周禮疏》及阮氏圖並無好。又引《冬官》玉人云：「琮八角而無好。」崇義又云：「琮、璜、珪、璧，俱是禮天地之器，而《爾雅》唯言璧、環、瑗三者有好，其餘諸器若琮、璜等者，並不言之。則璜、琮八角而無好明矣。」時太常卿田敏以下，以崇義援引《周禮》正文爲是，乃從之。

《宋史》卷九八《禮志》 政和中，定《五禮新儀》，以熒惑、陽德觀、帝鼒、坊州朝獻聖祖、應天府祀大火爲大祀；雷神、歷代帝王、寶鼎、牡鼎、蒼鼎、岡鼎、彤鼎、阜鼎、晶鼎、魁鼎、會應廟、慶成軍祭后土爲中祀；山林川澤之屬，州縣祭社稷、祀風伯雨師雷神爲小祀。餘悉如故。【略】

五代以來，宰相爲大禮使，太常卿爲禮儀使，御史中丞爲儀仗使，兵部尚書爲鹵簿使，京府尹爲橋道頓遞使。至是大禮使或用親王，禮儀使專命翰林學士，儀仗、鹵簿使亦或以他官。太平興國九年，始鑄五使印。太宗將封泰山，以儀仗使兼判橋道頓遞事。大中祥符後，凡有大禮，以中書、樞密分爲五使，仍特鑄印。

【略】

又太廟初獻，依開寶例，以玉斝、玉瓚，亞獻以金斝，終獻以瓢斝。外壇器亦如之。慶曆中，太常請皇帝獻天地、配帝以匏爵，亞獻以木爵；親祠太廟，酌以玉斝，亞獻以金斝；郊廟飲福，皇帝皆以玉斝。詔飲福，唯用金斝；亞、終獻，酌以銀斝。至飲福，尚食奉御酌上尊酒，投温器以進。

《宋史》卷一二七《樂志二》〔皇佑三年〕十二月，召兩府及侍臣觀新樂于紫宸殿，凡鎛鍾十二：黄鐘高二尺二寸半，于廣一尺二寸，鼓六，鉦四，舞六，甬、衡并旋蟲高八寸四分，遂徑二寸二分，深一寸二氂，篆帶每面縱者四、橫者四，枚景挾鼓與舞，四處各有九，每面共三十六，兩欒間一尺四寸，容九斗九升五合，重一百六斤；大呂以下十一鐘並與黄鐘同制，而兩欒間遞減半分；至應鐘容九斗三升五合，而其重加至應鐘重一百四十八斤：並中新律本律。特磬十二：黄鐘、大呂股長二尺，博一尺，鼓三尺，博六寸九分寸之六，絃三尺七寸五分；太簇以下股長尺八寸，博九寸，鼓二尺七寸，博六寸，絃三尺三寸七分半，其聲各中本律。黄鐘厚二寸一分，大呂以下遞加其厚，至應鐘厚三寸五分。詔以其圖送中書。議者以爲《周禮》：「大鐘十分其鼓間，以其一爲之厚；小鐘十分其鉦間，以其一爲之厚。」則是大鐘宜厚，小鐘宜薄。今大鐘重一百六斤，小鐘乃重一百四十八斤，則小鍾厚，非也。又：「磬氏爲磬，倨句一矩有半，博爲一，股爲二，鼓爲三。參分其股博，去其一以爲鼓博；三分其鼓博，以其一爲之厚。」今磬無博厚，無長短，亦非也。

五年四月，命參知政事劉沆、梁適監議大樂。是月，知制誥王洙奏：「黄鐘爲宫最尊者，但聲有尊卑耳，不必在其形體也。言鐘磬依律數爲大小之制者，經典無正文，惟鄭康成立意言之，亦自云假設之法。孔穎達作疏，因而述之。據歷代史籍，亦無鐘磬依律數大小之説，其康成、穎達等即非身曾制作樂器。至如言『磬前長三律，二尺七寸；後長二律，一尺八寸，是磬有大小之制』者，據此以黄鐘爲律。臣曾依此法造黄鐘特磬者，止得林鐘律聲。若隨律長短爲鐘磬大小之制，則黄鐘長二尺二寸半，減至應鐘，則形制大小比黄鐘才四分之一。又九月、十月以無射、應鐘爲宫，即黄鐘、大呂反爲商聲，宫小而商大，是君弱臣彊之象。今參酌其鎛鍾、特磬制度，欲且各依律數，算定長短、大小、容受之數，仍以皇祐中黍尺爲法，鑄大呂、應鐘、鐘磬各一，即見形制、聲韻所歸。」奏可。

五月，翰林學士承旨王拱辰言：「奉詔詳定大樂，比臣至局，鍾磬已成。竊緣律有長短，磬有大小，黄鐘九寸最長，其氣陽，其象土，其正聲爲宫，爲諸律之首，蓋君德之象，不可並也。今十二鐘磬，一以黄鐘爲率，與古爲異。臣等亦嘗詢逸、瑗等，皆言『依律大小，則聲不能諧』。故臣竊有疑，請下詳定大樂所，更稽古義參定之。」是月，知諫院李兑言：「曩者紫宸殿閲太常新樂，議者以鐘之形制未中律度，遂斥而不用，復詔近臣詳定。竊聞崇文院聚議，而王拱辰欲更前史之義，王洙不從，議論喧嘖。夫樂之道，廣大微妙，非知音入神，豈可輕議？西漢去聖尚近，有制氏世典大樂，但能紀其鏗鏘，而不能言其義。況今又千餘年，而欲求三代之音，不亦難乎？且阮逸罪廢之人，安能通聖明述作之事？務爲異説，欲規恩賞，朝廷制樂數年，當國財匱乏之時，煩費甚廣。器既成矣，又欲改爲，雖命兩府大臣監議，然未能裁定其當。請以新成鐘磬與祖宗舊樂參校其聲，但取諧和近雅者合用之。」

六月，帝御紫宸殿奏太常新定《大安之樂》，召輔臣至省府、館閣預觀焉，賜詳定官器幣有差。八月，詔：「南郊姑用舊樂，其新定《大安之樂》，常祀及朝會用之。」翰林學士胡宿上言：「自古無並用二樂之理，今舊樂高，新樂下，相去一律，難並用。且新樂未施郊廟，先用之朝會，非先王薦上帝、配祖考之意。」帝以爲然。九月，御崇政殿，召近臣、宗室、臺諫、省府推判官觀新樂并新作晉鼓。乃以瑗爲大理寺丞，逸復尚書屯田員外郎，保信領榮州防禦使，入内東頭供奉官賈宣吉爲内殿承制，並以制鐘律成，特遷之。

至和元年，言者多以陰陽不和由大樂未定。帝曰：「樂之不合於古久矣。水旱之來，繫時政得失，豈樂所召哉？」二年，潭州上瀏陽縣所得古鐘，送太常。初，李照斥王朴樂音高，乃作新樂，下其聲。太常歌工病其太濁，歌不成聲，私賂鑄工，使減銅齊，而聲稍清，歌乃協。然照卒莫之辨。又朴所製編鐘皆側垂，照、瑗皆非之。及照將鑄鐘，給銅於鑄瀉務，得古編鐘一，工人不敢毀，乃藏於太常。鐘不知何代所作，其銘云：「粵朕皇祖寶龢鍾，粵斯萬年，子子孫孫永寶用。」叩其聲，與朴鐘夷則清聲合，而其形側垂。瑗後改鑄，正其鈕，使下垂，叩之弇鬱而不揚。其鎛鐘又長甬而震掉，聲不和。著作佐郎劉羲叟謂人曰：「此與周景王無射鐘無異，上將有眩惑之疾。」嘉祐元年正月，帝御大慶殿受朝，前一夕，殿庭設仗衛，既具而大雨雪，至壓宫架折，帝於禁中跣而告天，遂暴感風眩，人以羲叟之言爲驗。八月，御製恭謝樂章。是月，詔恭謝用舊樂。

《宋史》卷一二九《樂志四》 鐘四清聲。今既分太、少，則四清聲不當兼用，止以十二律正聲各爲一架。

其二，太、正、少琴三等。舊制，一、三、五、七、九弦凡五等。今來討論，並依《律書》所載，止用五弦。弦大者爲宫而居中央，君也。商張右傍，其餘大小相次，不失其序，以爲太、正、少之制，而十二律舉無遺音。其一、三、五、七、九弦，太、少樂内更不製造。

其三，太、正、少籥三等。謹按《周官》籥章之職，龡以迎寒暑。王安石曰：「籥，三孔，律吕於是乎生，而其器不行於世久矣。近得古籥，嘗以頒行。」今如《爾雅》所載，製造太、正、少三等，用爲樂本，設於衆管之前。

其四，太正少篴，塤、箎、簫各三等。舊制，簫一十六管，如鐘磬之制，有四清聲。今既分太、少，其四清聲亦不合兼用，止用十二管。

其五，大晟匏有三色：一曰七星，二曰九星，三曰閏餘，莫見古制。匏備八音，不可闕數，今已各分太、正、少三等，而閏餘尤無經見，唯《大晟樂書》稱「匏造十三簧者，以象閏餘。十者，土之成數；三者，木之生數：木得土而能生也。」故獨用黄鐘一清聲。黄鐘清聲無應閏之理，今去閏餘一匏，止用兩色，仍改避七星、九星之名，止曰七管、九管。

其六，舊制有巢笙、竽笙、和笙。巢笙自黄鐘而下十九管，非古制度。其竽笙、和笙並以正律林鐘爲宫，三笙合奏，曲用兩調，和笙奏黄鐘曲，則巢笙奏林鐘曲以應之，宫、徵相雜。器本宴樂，今依鐘磬法，裁十二管以應十二律，爲太、正、少三等，其舊笙更不用。

其七，柷，敔，晉鼓，鎛鐘，特磬，雖無太、少，係作止和樂，合行備設。

其八，登歌宫架有搏拊二器，按《虞書》「戛擊鳴球，搏拊琴瑟。」王安石解曰：「或戛或擊，或搏或拊。」與《虞書》所載乖戾。今欲乞罷而不用。詔悉從之。

攸之弟絛曰：初，漢津獻説，請帝三指之三寸，三合而爲九，爲黄鐘之律。又以中指之徑圍爲容盛，度量權衡皆自是而出。又謂：「有太聲、有少聲。太者，清聲，陽也，天道也；少者，濁聲，陰也，地道也；中聲，其間，人道也。合三才之道，備陰陽之奇偶，然後四序可得而調，萬物可得而理。」當時以爲迂怪。

劉昺之兄煒以曉樂律進，未幾而卒。昺始主樂事，乃建白謂：太、少不合儒書。以太史公書黄鐘八寸七分琯爲中聲，奏之於初氣；班固書黄鐘九寸琯爲正聲，奏之於中氣。因請帝指時止用中指，又不得徑圍爲容盛，故後凡制器，不能成劑量，工人但隨律調之，大率有非漢律之本説者。

及政和末，明堂成，議欲爲布政調燮事，乃召武臣前知憲州任宗堯换朝奉大夫爲大晟府典樂。宗堯至，則言太、少之説本出於古人，雖王朴猶知之，而劉昺不用，乃自創黄鐘爲兩律。黄鐘，君也，不宜有兩。

蔡攸方提舉大晟府，不喜佗人預樂。有士人田爲者，善琵琶，無行，攸乃奏爲大晟府典樂，遂不用中聲八寸七分琯，而但用九寸琯。又爲一律，長尺有八寸，曰太聲；一律長四寸有半，曰少聲：是爲三黄鐘律矣。律與容盛又不翅數倍。黄鐘既四寸有半，則圜鐘幾不及二寸。諸器大小皆隨律，蓋但以器大者爲太，小者爲少。樂始成，試之于政事堂，執政心知其非，然不敢言，因用之於明堂布政，望鶴愈不至。

條又曰：「宴樂本雜用唐聲調，樂器多夷部，亦唐律。徵、角二調，其均自隋、唐間已亡。政和初，命大晟府改用大晟律，其聲下唐樂已兩律。然劉昺止用所謂中聲八寸七分琯爲之，又作匏、笙、塤、篪，皆入夷部。至於《徵招》、《角招》，終不得其本均，大率皆假之以見徵音。然其曲譜頗和美，故一時盛行於天下，然教坊樂工嫉之如讎。其後，蔡攸復與教坊用事樂工附會，又上唐譜徵、角二聲，遂再命教坊制曲譜，既成，亦不克行而止。然政和《徵招》、《角招》遂傳於世矣。

二年八月，罷大晟府製造所并協律官。四年十月，洪州奏豐城縣民鋤地得古鐘，大小九具，狀制奇異，各有篆文。驗之《考工記》，其制正與古合。令樂工擊之，其聲中律之無射。繪圖以聞。

七年十二月，金人敗盟，分兵兩道入，詔革弊事，廢諸局，於大晟府及教樂所、教坊額外人並罷。靖康二年，金人取汴，凡大樂軒架、樂舞圖、舜文二琴、教坊樂器、樂書、樂章、明堂布政閏月體式、景陽鐘并虡、九鼎，皆亡矣。

文瑩《續湘山野録》 太宗作九弦琴、七弦阮。嘗聞其琴，蓋以宮弦加廿絲，號爲大武；宮弦減廿絲，號爲小武；其大弦下宮徵之一徵定其聲，小弦上宮徵之一徵定其聲。太宗嘗酷愛宮詞中十小調子，乃隋賀若弼所撰，其聲與意及用指取聲之法，古今無能加者。十調者：一曰《不博金》；二曰《不換玉》；三曰《夾泛》；四曰《越溪吟》；五曰《越江吟》；六曰《孤猿吟》；七曰《清夜吟》；八曰《葉下聞蟬》；九曰《三清》；外一調最優古，忘其名，琴家只命曰《賀若》。太宗嘗謂《不博金》、《不換玉》二調之名頗俗，御改《不博金》爲《楚澤涵秋》，《不換玉》爲《塞門積雪》。命近臣十人各探一調，撰一辭，蘇翰林易簡探得《越江吟》，曰：『神仙神仙瑤池宴，片片，碧桃零落春風晚。翠雲開處，隱隱金轝挽，玉鱗背冷清風遠。』文瑩京師遍尋琴、阮，待詔皆云七弦阮、九弦琴藏秘府，不得見。

嘉祐中，仁宗自内閤降密敕：「近以女謁縱横，無由禁止。今後應内降批出事，主司未得擅行，次日執奏定可否。」始數日，左承天門一寬衣老兵持竹弊器，上以敗荷覆之。門吏搜之，乃金巨弁一枚，上綴巨蚌，燦然不知其數。禁門舊律盡依外門例：凡有搜攔，更不申覆，即送所司。時開封方鞫劾次，一小璫馳騎急傳旨令放，其物即進呈。府尹魏公瓘不用執奏法，遂放之。唐質肅公介方在諫垣，疏曰：「陛下臨御以來，所降敕旨，未有若執奏内批之敕爲今治世之大公也。臣風聞禁門近有搜攔之獄，傳旨令放，主司殊不顧執奏之法，乞再收犯者劾之，使正其典。」疏入不報。公又疏曰：「臣聞王者一語朝出，四海夕聞。今執奏之敕既爲無用，乞下詔收之，免惑天下。」既而又不報。公又疏曰：「臣聞開封乃天下百執事之首司也。魏某爲尹臣，君父語旨輒不遵守，望端門無咫尺之地，尚敢輒爾，況九州之遠乎？欲重貶魏某，以咎不遵君命之惡。臣以言職，不能早寤清衷，亦乞罷黜。」魏由此降越州。時《感事》詩有「鐵冠持白簡，藩棘聚青蠅」之句。《謝上表》略云：「狂風動地，孤蓬所以易飄；衆斧登山，直木終須先伐。」才者愛之。

宋敏中《春明退朝録》卷中 凡官告之制，后妃，銷金雲龍羅紙十七張，銷金褾袋，寶裝軸，紅絲網，金帉楂。公主，銷金大鳳羅紙十七張，銷金褾袋，瑇瑁軸，紅絲網，涂金銀帉楂。按皇后當降制誕告，不裝告身而用册。本朝諸后皆止用告。景祐元年，立后始用册。治平、熙寧皆循之。親王、宰相、使相，背五色金花綾紙十七張，暈錦褾袋，犀軸，色帶，紫絲網，銀帉楂。樞密使、三師、三公、前宰相至僕射、東宮三師、嗣王、郡王、節度使，白背五色金花綾紙十七張，暈錦褾袋，犀軸，色帶。參知政事、樞密副使、知院、同知院、簽書院事、宣徽使、仆射、東宮三師、御史大夫、宗室率府副率以上，白背五色綾紙十七張，暈錦褾袋，牙軸，色帶。尚書、觀文殿大學士、資政殿大學士、東宮三少、六統軍、上將軍、留后、觀察使同上，惟用法錦褾。近者用翠毛獅子錦以代暈錦，非舊制也。三司使、翰林學士承旨至直學士、待制、丞郎、御史中丞、大兩省賓客、大卿監、祭酒、詹事、庶子、大將軍、防團刺史、横行使、内諸司使、軍職遥郡、樞密都承旨、初除駙馬都尉，白綾大紙七張，法錦褾，大牙軸，色帶。三司副使、少卿監、司業、起居郎至正言、知雜至監察御史、郎中、員外郎、四赤令、諭德、少詹事、家令、率更令、太子仆、太常博士、節度行軍司馬、副使、横行副使、諸司副使、樞密副承旨、軍職都指揮使、忠佐馬軍步軍都軍頭以上、藩方馬步軍都指揮使，并不遥郡者，白綾大紙七張，大錦褾，牙軸，青帶。國子博士至洗馬、通事舍人、諸王友、六尚奉御、諸衛將軍、承制、崇班、閤門祇候、五官正、諸州別駕、樞密院諸房承旨、如官至將軍以上，用大綾紙、大錦褾、大牙軸。兩使判官、防團副使、率府率、副率、京官館職、堂后官、中書樞密院主事、諸軍職都虞候、忠佐馬軍步軍副都軍頭、諸班指揮使、藩方馬步軍副都指揮使、都虞候、内供奉官至内品，白綾中紙五張，中錦褾，中牙軸，青帶。秘書郎至將作監主簿，白綾小紙五張，黃錦褾，角軸，青帶。幕職州縣官、靈台郎、保章正、諸州長史司馬、中書録事、主書守當官、樞密院令史、書令史、諸軍指揮使、内品待詔、書藝，白綾小紙五紙，小錦褾，木軸，青帶。諸蕃鑾子大將軍司、階司、戈司候郎將以上，并白綾大紙，法錦，大牙軸，色帶。凡修儀、婉容、才人、貴人、美人，銷金小鳳羅紙七張，銷金褾袋，瑇瑁軸，紅絲網，涂金銀帉楷。司言、司正、尚衣、尚食、典寶常使，金花羅紙七張，法錦褾袋。内降夫人、郡君，團窠羅紙七張，暈銀褾袋。宗室婦常使，金花羅紙七張，法錦褾袋。宗室女，素羅紙七張，法錦褾袋。國夫人，銷金團窠五色羅紙七張，暈錦褾袋。郡夫人，常使金花羅紙七張，見任兩府母、妻使團窠。法錦褾袋。以上至司言、司正等，皆用瑇瑁紫絲網，帉楷。郡君、縣太君、遥郡刺史、正郎以上妻并銷金，常使羅紙七張，餘命婦并素羅紙七張。

凡封贈父祖爲降麻官，用白背五色綾紙，法錦褾，大牙軸。餘雖極品，止給大綾紙，法錦褾，大牙軸。

沈括《夢溪筆談》卷七《象數一・極星觀測》 天文家有渾儀，測天之器，設於崇台，以候垂象者，則古璣衡是也。渾象，象天之器，以水激之，或以水銀轉之，置於密室，與天行相符，張衡、陸績所爲，及開元中置於武成殿者，皆此器也。皇祐中，禮部試《璣衡正天文之器賦》，舉人皆雜用渾象事，試官亦自不曉，第爲高等。漢以前皆以北辰居天中，故謂之「極星」。自祖亘以璣衡考驗天極不動處，乃在極星之末猶一度有餘。熙寧中，予受詔典領曆官，雜考星曆，以璣衡求極星。初夜在窺管中，少時復出，以此知窺管小，不能容極星游轉，乃稍稍展窺管候之。凡歷三月，極星方游於窺管之内，常見不隱，然後知天極不動處，遠極星猶三度有餘。每極星入窺管，別畫爲一圖。圖爲一圓規，乃畫極星於規中。具初夜、中夜、後夜所見各圖之，凡爲二百餘圖，極星方常循圓規之内，夜夜不差。予於《熙寧曆奏議》中敘之甚詳。

王闢之《澠水燕談録》卷八《事誌》 秀州祥符院僧智和蓄一古琴，瑟瑟微碧，文細，石爲軫，製作精巧，音韻清越。中刊李陽冰篆三十九字，其略云：「南溟夷島産木名伽陀羅，文橫如銀屑，其堅如石，遂用作此臨岳。」沈括《筆談》、朱長文《琴史》著此琴，即唐相汧公李勉所製響泉也。響泉之名，見《李勉傳》。元祐末，和死，州狀其事，以其琴匣送尚書禮部，符太常帳管，好事者時時鼓之。

錢塘沈振蓄一琴，名冰清，腹有晉陵子銘云：「卓哉斯器，樂惟至正。音清韻古，月澄風勁。三餘神爽，泛絶機静。雪夜敲冰，霜天擊磬。陰陽潛感，否臧前鏡。人其審之，豈獨知政。」書「大曆三年三月三日上底，蜀郡雷氏斲。」鳳沼内書「貞元十一年七月八日再修。士雄記。」聲極清實。山荏陳聖與名知琴，少在錢塘，從振借琴彈，酷愛之。後三十年，聖與官太常會振姪述鬻冰清，索百千不售。未幾，述卒，其妻得二十千，鬻於僧清道，轉落于太一道士楊英。久之，聖與以五十千購得，極珍祕之。或以晉陵子，杜牧之道號。篆法類李義山筆，亦莫可辯，又不知士雄何人也。

沈括《夢溪筆談》卷一九《器用》 古人鑄鑑，鑑大則平，鑑小則凸。凡鑑窪則照人面大，凸則照人面小。小鑑不能全視人面，故令微凸，收人面令小，則鑑雖小而能全納人面。仍復量鑑之小大，增損高下，常令人面與鑑大小相若，此工之巧智。後人不能造，比得古鑑，皆刮磨令平，此師曠所以傷知音也。

沈括《夢溪筆談》卷一九《器用・透光鑒》 世有透光鑒，鑒背有銘文，凡二十字，字極古，莫能讀。以鑒承日光，則背文及二十字，皆透在屋壁上，了了分明。人有原其理，以謂鑄時薄處先冷，唯背文上差厚，後冷而銅縮多。文雖在背，而鑒面隱然有迹，所以於光中現。予觀之，理誠如是。然予家有三鑒，又見他家所藏，皆是一樣，文畫銘字無纖異者，形制甚古。唯此一樣光透，其他鑒雖至薄者，皆莫能透。意古人別自有術。

蔡絛《鐵圍山叢談》卷五 昔有張滋者，真定人。善和墨，色光黳，膠法精絶，舉勝江南李廷珪。大觀初，時内相彦博、許八座光凝，共薦之於朝廷，命造墨入官庫。是後，歲加賜錢至三十二萬。政和末，魯公辭政而後止。滋亦能自重。方其得聲價時，皇弟燕、越二王吳本「皇弟」作「皇子」，張作「今皇帝」。呼滋至邸，命出墨，謂「雖百金不吝也」。滋不肯，曰：「滋非爲利者。今墨乃朝廷之命，吳本作「命之」。不敢私遺人。」二王乃丐於上，詔各賜三十斤。然滋所造，實超今古。其墨積大觀庫，無慮數萬斤。世謂道君用度廣，空帑藏，是悉繆説。別本並作「誤」。不知元豊、大觀二藏雖研墨，蓋何事不具？乃豊盛異常爾。

范鎮《東齋記事》卷二 漢斛之法，方尺而圓其外，庣旁九釐五毫，其實十㪷，積百六十二萬分，二千龠之實也。不言深而言方者，無分寸之别也；圓其外者，亦相生之數也。其上爲斛，其下爲㪷，左耳爲升，右耳爲合。云耳者，謂升合如耳形，附於斛之左右也。今胡瑗之升合皆方制之，而斛方一尺，深一尺六寸二分，是以方分置算而然也。龠其狀似爵者，謂圓如爵也。今之龠方一寸，深八分一釐，亦以方分置算也。上三下二者，謂斛在上并升合爲三也，斗在下并龠爲二也。圓而函方，斛之形也，上下皆然也。今上以圓函方，下爲方㪷而已。左一右二者，升在上而左，合在上、龠在下而俱右也。今合、龠俱在上而龠俯。自聶崇義失之於前，而胡瑗、阮逸踵之於後也。夫鬴斛非是，而欲考正黄鐘，安可得也！

洪邁《夷堅志》丁志卷一七《瑠璃缾》 徽宗嘗以紫流離膽缾十付小璫，使命匠範金托其裏，璫持示苑匠，皆束手曰：寘金於中，當用鐵熨烙之乃妥貼，而是器頸窄不能容，又脆薄不堪，手觸，必治之且破碎，寧獲罪不敢爲也。璫知不可强，漫貯篋中。他日行廛間，見錫工釦陶器精甚，試以一授之曰：爲我托裏工不復擬議，但約明旦來取，至則已畢。璫曰：吾觀汝伎能絶出禁苑諸人右，顧屈居此，得非以貧累乎？因以實諗之。答曰：「易事耳。」璫即與俱入，而奏其事。上亦欲親閲視，爲之幸後苑，悉呼衆金工列庭下，一一詢之，皆如昨説。錫工者獨前取金，鍛治薄如紙，舉而裹缾外。衆咄曰：若然，誰不能？固知汝俗工，何足辨此。其人笑不應，俄剥所裹者，押于銀箸上，插缾中，稍稍實以汞，揜缾口，左右澒挏之良久，金附著滿中，了無罅隙，徐以爪甲匀其上而已，衆始愕相視。其人奏言：瑠璃爲器，豈復容堅物振觸，獨水銀柔而重，徐入而不傷，雖其性必蝕金，然非目所睹處無害也。上大喜，厚賚賜遣之。予又記元祐間，中官宋用臣謫舒州郡，新作大樂鼓甚華，飾以金采，既登架，旁鐶忽斷，欲剖之，重惜工費。宋命别爲大環，歧其股，爲鎖鬚狀，以鐵固鼓腹之竅，使極窄，即敲環入竅中，纔入而鬚張，遂不復脱。是皆巧思得之於心，出人意表者。前事劉子思説。

《遼史》卷五四《樂志・大樂》 自漢以來，因秦、楚之聲置樂府。至隋高祖詔求知音者，鄭譯得西域蘇祗婆七旦之聲，求合七音八十四調之説，由是雅俗之樂，皆此聲矣。用之朝廷，别於雅樂者，謂之大樂。

晉高祖使馮道、劉昫册應天太后、太宗皇帝，其聲器、工官與法駕，同歸於遼。

聖宗統和元年，册承天皇太后，童子弟子隊樂引太后輦至金鑾門。

天祚皇帝天慶元年上壽儀：皇帝出東閤，鳴鞭，樂作；簾捲，扇開，樂止。太尉執臺，分班，太樂令舉麾，樂作；皇帝飲酒訖，樂止。應坐臣僚東西外殿，太樂令引堂上，樂升。大臣執臺，太樂令奏舉觴，登歌，樂作；飲訖，樂止。行臣僚酒遍，太樂令奏巡周，舉麾，樂作；飲訖，樂止。太常卿進御食，太樂令奏食遍，樂作；《文舞》入，三變，引出，樂止。次進酒，行臣僚酒，舉觴，巡周，樂作；飲訖，樂止。次進食，食遍，樂作；《武舞》入，三變，引出，樂止。扇合，簾下，鳴鞭，樂作；皇帝入西閤，樂止。

大樂器：本唐太宗《七德》、《九功》之樂。武后毁唐宗廟，《七德》、《九功》樂舞遂亡，自後宗廟用隋《文》、《武》二舞。朝廷用高宗《景雲》樂代之，元會，第一奏《景雲》樂舞。杜佑《通典》已稱諸樂並亡，唯《景雲》樂舞僅存。唐末、五代板蕩之餘，在者希矣。遼國大樂，晉代所傳。《雜禮》雖見坐部樂工左右各一百二人，蓋亦以《景雲》遺工充坐部；其坐、立部樂，自唐已亡，可考者唯《景雲》四部樂舞而已。

玉磬，

方響，

搊箏，

筑，

卧箜篌，

大箜篌，

小箜篌，

大琵琶，

小琵琶，

大五絃，

小五絃，

吹葉，

大笙，

小笙，

觱篥，

簫，

銅鈸，

長笛，

尺八笛，

短笛。

以上皆一人。

毛員鼓，

連鼗鼓，

貝。

以上皆二人，餘每器工一人。

《遼史》卷五四《樂志・鼓吹樂》 鼓吹樂，一曰短簫鐃歌樂，自漢有之，謂之軍樂。《遼雜禮》，朝會設熊羆十二案，法駕有前後部鼓吹，百官鹵簿皆有鼓吹樂。

前部：

鼓吹令二人，

掆鼓十二，

金鉦十二，

大鼓百二十，

長鳴百二十，

鐃十二，

鼓十二，

歌二十四，

管二十四，

簫二十四，

笳二十四。

後部：

鼓吹丞二人，

大角百二十，

羽葆十二，

鼓十二，

管二十四，

簫二十四，

鐃十二，

鼓十二，

簫二十四，

笳二十四。

右前後鼓吹，行則導駕奏之，朝會則列仗，設而不奏。

《遼史》卷五四《樂志・橫吹樂》 橫吹亦軍樂，與鼓吹分部而同用，皆屬鼓吹令。

前部：

大橫吹百二十，

節鼓二，

笛二十四，

觱篥二十四，

笳二十四，

桃皮觱篥二十四，

掆鼓十二，

金鉦十二，

小鼓百二十，

中鳴百二十，

羽葆十二，

鼓十二，

管二十四，

簫二十四，

笳二十四。

後部：

小橫吹百二十四，

笛二十四，

簫二十四，

觱篥二十四，

桃皮觱篥二十四。

百官鼓吹、橫吹樂，自四品以上，各有增損，見《儀衛志》。 自周衰，先王之樂寖以亡缺，《周南》變爲《秦風》。始皇有天下，鄭、衛、秦、燕、趙、楚之聲迭進，而雅聲亡矣。漢、唐之盛，文事多西音，是爲大樂、散樂；武事皆北音，是爲鼓吹、橫吹樂。雅樂在者，其器雅，其音亦西云。

《元史》卷四八《天文志一・西域儀象》 世祖至元四年，扎馬魯丁造西域儀象。咱秃哈剌吉，漢言混天儀也。其制以銅爲之，平設單環，刻周天度，畫十二辰位，以準地面。側立雙環而結於平環之子午，半入地下，以分天度。內第二雙環，亦刻周天度，而參差相交，以結于側雙環，去地平三十六度以爲南北極，可以旋轉，以象天運爲日行之道。內第三、第四環，皆結於第二環，又去南北極二十四度，亦可以運轉。凡可運三環，各對綴銅方釘，皆有竅以代衡簫之仰窺焉。

咱秃朔八台，漢言測驗周天星曜之器也。外周圓牆，而東面啓門，中有小臺，立銅表高七尺五寸，上設機軸，懸銅尺，長五尺五寸，復加窺測之簫二，其長如之。下置橫尺，刻度數其上，以準掛尺。下本開圖之遠近，可以左右轉而周窺，可以高低舉而偏測。

魯哈麻亦渺凹只，漢言春秋分晷影堂。爲屋二間，脊開東西橫罅，以斜通日晷。中有臺，隨晷影南高北下，上仰置銅半環，刻天度一百八十，以準地上之半天，斜倚銳首銅尺，長六尺，闊一寸六分，上結半環之中，下加半環之上，可以往來窺運，側望漏屋晷影，驗度數，以定春秋二分。

魯哈麻亦木思塔餘，漢言冬夏至晷影堂也。爲屋五間，屋下爲坎，深二丈二尺，脊開南北一罅，以直通日晷。隨罅立壁，附壁懸銅尺，長一丈六寸。壁仰畫天度半規，其尺亦可往來規運，直望漏屋晷影，以定冬夏二至。

苦來亦撒麻，漢言渾天圖也。其制以銅爲丸，斜刻日道交環度數于其腹，刻二十八宿形於其上。外平置銅單環，刻周天度數，列于十二辰位以準地。而側立單環二，一結于平環之子午，以銅丁象南北極，一結于平環之卯酉，皆刻天度。即渾天儀而不可運轉窺測者也。

苦來亦阿兒子，漢言地理志也。其制以本爲圓毬，七分爲水，其色緑，三分爲土地，其色白。畫江河湖海，脈絡貫串於其中。畫作小方井，以計幅圓之廣袤、道里之遠近。

兀速都兒剌不，定漢言，晝夜時刻之器。其制以銅如圓鏡而可掛，面刻十二辰位、晝夜時刻，上加銅條綴其中，可以圓轉。銅條兩端，各屈其首爲二竅以對望，晝則視日影，夜則窺星辰，以定時刻，以測休咎。背嵌鏡片，三面刻其圖凡七，以辨東西南北日影長短之不同、星辰向背之有異，故各異其圖，以晝天地之變焉。

《元史》卷七一《禮樂志五·宴樂之器》 興隆笙，製以楠木，形如夾屏，上銳而面平，縷金雕鏤枇杷、寶相、孔雀、竹木、雲氣，兩旁側立花板，居背三之一。中爲虛櫃，如笙之匏。上豎紫竹管九十，管端實以木蓮苞。櫃外出小橛十五，上豎小管，管端實以銅杏葉。下有座，獅象遶之，座上櫃前立花板一，雕鏤如背，板間出二皮風口，用則設朱漆小架于座前，繫風囊於風口，囊面如琵琶，朱漆雜花，有柄，一人接小管，一人鼓風囊，則簧自隨調而鳴。中統間，回回國所進。以竹爲簧，有聲而無律。玉宸樂院判官鄭秀乃考音律，分定清濁，增改如今制。其在殿上者，盾頭兩旁立刻木孔雀二，飾以真孔雀羽，中設機。每奏，工三人，一人鼓風囊，一人按律，一人運動其機，則孔雀飛舞應節。

殿庭笙十，延祐間增製，不用孔雀。

琵琶，製以木，曲首，長頸，四軫，頸有品，闊面，四絃，面飾雜花。

箏，如瑟，兩頭微垂，有柱，十三絃。

火不思，制如琵琶，直頸，無品，有小槽，圓腹如半瓶榼，以皮爲面，四絃，皮絣同一孤柱。

胡琴，制如火不思，卷頸，龍首，二絃，用弓捩之，弓之絃以馬尾。

方響，製以鐵，十六枚，懸于磬簴，小角槌二。廷中設，下施小交足几、黃羅銷金衣。

龍笛，制如笛，七孔，橫吹之，管首制龍頭，銜同心結帶。

頭管，製以竹爲管，卷蘆葉爲首，竅七。

笙，製以（瓠）〔匏〕爲底，列管于上，管十三，簧如之。

箜篌，製以木，闊腹，腹下施橫木，而加軫二十四，柱頭及首，並加鳳喙。

雲璈，製以銅，爲小鑼十三，同一木架，下有長柄，左手持，而右手以小槌擊之。

簫，制如笛，五孔。

戲竹，制如籈，長二尺餘，上繫流蘇香囊，執而偃之，以止樂。

鼓，製以木爲匡，冒以革，朱漆雜花，面繪復身龍，長竿二。廷中設，則有大木架，又有擊撾高座。

杖鼓，製以木爲匡，細腰，以皮冒之，上施五綵繡帶，右擊以杖，左拍以手。

札鼓，制如杖鼓而小，左持而右擊之。

和鼓，制如大鼓而小，左持而右擊之。

⿱竹秦，制如箏而七絃，有柱，用竹軋之。

羌笛，制如笛而長，三孔。

拍板，製以木爲板，以繩聯之。

水盞，製以銅，凡十有二，擊以鐵箸。

《元史》卷四八《天文志一·簡儀》簡儀之制，四方爲趺，縱一丈八尺，三分去一以爲廣。趺面上廣六寸，下廣八寸，厚如上廣。中布橫輄三、縱輄三。南二，北抵南輄；北一，南抵中輄。趺面四周爲水渠，深一寸，廣加五分。四隅爲礎，出趺面内外各二寸。繞礎爲渠，深廣皆一寸，與四周渠相灌通。又爲礎於卯酉位，廣加四維，長加廣三之二，水渠亦如之。北極雲架柱二，徑四寸，長一丈二尺八寸。下爲龕雲，植於乾艮二隅礎上，左右内向，其勢斜準赤道，合貫上規。規環徑二尺四寸，廣一寸五分，厚倍之。中爲距，相交爲斜十字，廣厚如規。中心爲竅，上廣五分，方一寸有半，下二寸五分，方一寸，以受北極樞軸。自雲架柱斜上，去趺面七尺二寸，爲橫輄。自輄心上至竅心六尺八寸。又爲龍柱二，植於卯酉礎中分之北，皆飾以龍，下爲山形，北向斜植，以柱北架。南極雲架柱二，植於卯酉礎中分之南，廣厚形制，一如北架。斜向坤巽二隅，相交爲十字，其上與百刻環邊齊，在辰巳、未申之間，南傾之勢準赤道，各長一丈一尺五寸。自趺面斜上三尺八寸爲橫輄，以承百刻環。下邊又爲龍柱二，植於坤巽二隅礎上，北向斜柱，其端形制，一如北柱。

四游雙環，徑六尺，廣二寸，厚一寸，中間相離一寸，相連於子午卯酉。當子午爲圓竅，以受南北極樞軸。兩面皆列周天度分，起南極，抵北極，餘分附于北極。去南北樞竅兩旁四寸，各爲直距，廣厚如環。距中心各爲橫關，東西與兩距相連，廣厚亦如之。關中心相連，厚三寸，爲竅方八分，以受窺衡樞軸。窺衡長五尺九寸四分，廣厚皆如環，中腰爲圓鼓，徑五分，以受樞軸。衡兩端爲圭首，以取中縮。去圭首五分，各爲側立橫耳，高二寸二分，廣如衡面，厚三分，中爲圓竅，徑六分。其中心，上下一線界之，以知度分。

百刻環，徑六尺四寸，面廣二寸，周布十二時、百刻，每刻作三十六分，厚二寸，自半已上廣三寸。又爲十字距，皆所以承赤道環也。百刻環内廣面卧施圓軸四，使赤道環旋轉，無澀滯之患。其環陷入南極架一寸，仍釘之。赤道環徑廣厚皆如四游，環面細刻列舍、周天度分。中爲十字距，廣三寸，中空一寸，厚一寸。當心爲竅，竅徑一寸，以受南極樞軸。界衡二，各長五尺九寸四分，廣三寸。衡首斜剡五分，刻度分以對環面。中腰爲竅，重置赤道環、南極樞軸。其上衡兩端，自長竅外邊至衡首底，厚倍之，取二衡運轉，皆着環面，而無低昂之失，且易得度分也。二極樞軸皆以鋼鐵爲之，長六寸，半爲本，半爲軸。本之分寸一如上規距心，適取能容軸徑一寸。北極軸中心爲孔，孔底橫穿，通兩旁，中出一線，曲其本，出橫孔兩旁結之。孔中線留三分，亦結之。上下各穿一線，貫界衡兩端，中心爲孔，下洞衡底，順衡中心爲渠以受線，直入内界長竅中。至衡中腰，復爲孔，自衡底上出結之。

定極環，廣半寸，厚倍之，皆勢穹窿，中徑六度，度約一寸許。極星去不動處三度，僅容轉周。中爲斜十字距，廣厚如環，連於上規。環距中心爲孔，徑五釐。下至北極軸心六寸五分，又置銅板，連於南極雲架之十字，方二寸，厚五分。北面剡其中心，存一釐以爲厚，中爲圜孔，徑一分，孔心下至南極軸心亦六寸五分。又爲環二：其一陰緯環，面刻方位，取趺面縱橫輄北十字爲中心，卧置之。其一曰立運環，面刻度分，施於北極雲架柱下，當卧環中心，上屬架之橫輄，下抵趺輄之十字，上下各施樞軸，令可旋轉。中爲直距，當心爲竅，以施窺衡，令可俯仰，用窺日月星辰出地度分。右四游環，東西運轉，南北低昂，凡七政、列舍、中外官去極度分，皆測之。赤道環旋轉，與列舍距星相當，即轉界衡使兩線相對，凡日月五星、中外官入宿度分，皆測之。百刻環，轉界衡令兩線與日相對，其下直時刻，則晝刻也，夜則以星定之。比舊儀測日月五星出没，而無陽經陰緯雲柱之映。

其渾象之制，圜如彈丸，徑六尺，縱横各畫周天度分。赤道居中，去二極，各周天四之一。黄道出入赤道内外，各二十四度弱。月行白道，出入不常，用竹篾均分天度，考驗黄道所交，隨時遷徙。先用簡儀測到入宿去極度數，按於其上，校驗出入黄、赤二道遠近疏密，了然易辨，仍參以算數爲準。其象置於方匱之上，南北極出入匱面各四十度太强，半見半隱，機運輪牙隱於匱中。

《元史》卷四八《天文志一·大明殿燈漏》燈漏之制，高丈有七尺，架以金爲之。其曲梁之上，中設雲珠，左日右月。雲珠之下，復懸一珠。梁之兩端，飾以龍首，張吻轉目，可以審平水之緩急。中梁之上，有戲珠龍二，隨珠俛仰，又可察準水之均調。凡此皆非徒設也。燈毬雜以金寶爲之，内分四層，上環布四神，旋當日月參辰之所在，左轉日一週。次爲龍虎烏龜之象，各居其方，依刻跳躍，鐃鳴以應於内。又次週分百刻，上列十二神，各執時牌，至其時，四門通報。又一人當門内，常以手指其刻數。下四隅，鐘鼓鉦鐃各一人，一刻鳴鐘，二刻鼓，三鉦，四鐃，初正皆如是。其機發隱於櫃中，以水激之。

《元史》卷四八《天文志一·正方案》正方案，方四尺，厚一寸。四周去邊五分爲水渠。先定中心，畫爲十字，外抵水渠。去心一寸，畫爲圓規，自外寸規之，凡十九規。外規內三分，畫爲重規，徧布周天度。中爲圓，徑二寸，高亦如之。中心洞底植臬，高一尺五寸，南至則減五寸，北至則倍之。

凡欲正四方，置案平地，注水于渠，眂平，乃植臬於中。自臬景西入外規，即識以墨影，少移輒識之，每規皆然，至東出外規而止。凡出入一規之交，皆度以綫，屈其半以爲中，即所識與臬相當，且其景最短，則南北正矣。復徧閱每規之識，以審定南北。南北既正，則東西從而正。然二至前後，日軌東西行，南北差少，即外規出入之景以爲東西，允得其正。當二分前後，日軌東西行，南北差多，朝夕有不同者，外規出入之景或未可憑，必取近內規景爲定，仍校以累日則愈真。

又測用之法，先測定所在北極出地度，即自案地平以上度，如其數下對南極入地度，以墨斜經中心界之，又橫截中心斜界爲十字，即天腹赤道斜勢也。乃以案側立，懸繩取正。凡置儀象，皆以此爲準。

《元史》卷四八《天文志一·圭表》 圭表以石爲之，長一百二十八尺，廣四尺五寸，厚一尺四寸。座高二尺六寸。南北兩端爲池，圓徑一尺五寸，深二寸，自表北一尺，與表梁中心上下相直。外一百二十尺，中心廣四寸，兩旁各一寸，畫爲尺寸分，以達北端。兩旁相去一寸爲水渠，深廣各一寸，與南北兩池相灌通以取平。表長五十尺，廣二尺四寸，厚減廣之半，植於圭之南端圭石座中，入地及座中一丈四尺，上高三十六尺。其端兩旁爲二龍，半身附表上擎橫梁，自梁心至表顛四尺，下屬圭面，共爲四十尺。梁長六尺，徑三寸，上爲水渠以取平。兩端及中腰各爲橫竅，徑二分，橫貫以鐵，長五寸，繫線合於中，懸錘取正，且防傾墊。

按表短則分寸短促，尺寸之下所謂分秒太半少之數，未易分別；表長則分寸稍長，所不便者景虛而淡，難得實影。前人欲就虛景之中考求真實，或設望筩，或置小表，或以木爲規，皆取端日光，下徹表面。今以銅爲表，高三十六尺，端挾以二龍，舉一橫梁，下至圭面共四十尺，是爲八尺之表五。圭表刻爲尺寸，舊一寸，今申而爲五，釐毫差易分別。

《元史》卷四八《天文志一·景符》 景符之制，以銅葉，博二寸，長加博之二，中穿一竅，若針芥然。以方閫爲趺，一端設爲機軸，令可開闔，楮其一端，使其勢斜倚，北高南下，往來遷就於虛梁之中。竅達日光，僅如米許，隱然見橫梁於其中。舊法一表端測晷，所得者日體上邊之景。今以橫梁取之，實得中景，不容有毫末之差。至元十六年己卯夏至晷景，四月十九日乙未景一丈二尺三寸六分九釐五毫。至元十六年己卯冬至晷景，十月二十四日戊戌景七丈六尺七寸四分。

孔齊《至正直記》卷一《棺槨之制》 先人與楊親翁楊待制嘗論棺槨之制，文公《家禮》所謂棺僅使容身，槨僅可容棺，其言信矣。後世皆不曉此義，惟務高大，殊爲不根。嘗見鄉中荒歲盜古冢者，得棺木改造水車、糞桶之類，不知幾百年也。蓋郴州之巨木，狀如老杉，富貴之家半先競價以買之，高者萬貫，下者千貫，以爲美飾，否則譏誚之，可謂愚惑之甚。今不若止用老杉木，或楠木爲之，高不過四尺，厚亦不過三寸，庶免殉埋他物之患，且不廣開土穴，以泄地氣。槨惟用磚或柏木足矣。此論甚善。至正乙未以後，盜賊經過之所，凡遠近墓冢，無不被其發者，喪不如速朽之爲愈也，因記爲戒。自天曆己巳年旱歉後，諸處發冢之盜，公行不禁，不預凶事，禮也。然近世皆預備棺木，謂之壽函，亦必年過六十然後可作，此亦無妨也。

劉若愚《明宮史·內府職掌》 銀作局：掌印太監一員，管理、僉書數員，寫字、監工數十員。專管造金銀鐸針、枝箇、挑杖、金銀錢、金銀豆葉等。豆者，圓珠重一錢或三五分不等；豆葉則方片，其重亦如豆。不拘其數，以備欽賞之用。又造花銀，每錠十兩不等，止可八成許。又祖宗舊制，有票兒銀者，重十兩、五兩、三兩、二兩、一兩至一錢之方塊也。其色止有六七成。上有分兩印子。逆賢擅政，久廢不造，止以細絲銀鑿賞，遂失祖宗節省之意，可惜孰甚焉。

沈德符《萬曆野獲編》卷一三《禮部·牙牌》 唐宋士人腰帶之外，又懸魚袋，爲金爲銀以別等威。本朝在京朝士俱佩牙牌，然而大小臣僚皆一色。惟刻官號爲別耳，如公侯伯則爲「勳」字號。駙馬則爲「親」字號，文臣則「文」字號，武臣則「武」字號。伶官則「樂」字號。惟內臣又別爲一式。其後工匠等官，雖非朝參官員，以出入內廷難以稽考，乃製「官」字號牌與之。若英宗、世宗兩朝，俱有王府儀賓在京，得懸牙牌，想俱用「親」字無疑矣。惟道官如協律郎奉祀之類，亦得用「文」字號，似爲僭擬，宜以「道」字別之。又文臣章服，各以禽鳥定品級，此本朝獨創。向聞教坊官繡補俱圓，其實正方，與朝臣無異。且亦衣練鵲如士夫，此更當改他禽，無溷清流可也。

【笏囊佩袋】古今制度，有一時創獲，其後循用不可變者。如前代之笏囊，與本朝之佩袋是也。凡大朝會時，百寮俱朝服佩玉。殿陛之間，聲韻甚美。嘉靖初年，世宗升殿，尚寶卿謝敏行，以故事捧寶逼近宸旒。其佩忽與上佩相糾結，賴中官始得解。敏行惶怖伏罪，上特宥之，命自今普用佩袋，以紅紗囊之。雖中外稱便，而廣除中清越之音減矣。惟郊天大禮不敢用袋，登壇時惟太常侍儀進爵，中涓輩俱不得從。萬曆丙戌年，今上南郊，寺臣董宏業所佩忽爲鼎耳所絓。上立待許久，始得成禮。然祠官之不袋，至今猶然。蓋敬天又特重云。按郊天不使貂璫得侍，最合古禮。而今太廟祭祀，則大璫輩俱得法官祭服，在上左右。蓋起於中葉宦官恣横時，非祖制也。又先朝太常卿多以黄冠充之，如蔣守約、崔志端之屬。至列銜宗伯，亦以此輩嫻習科儀、進止合節，儒臣或倉惶失措耳。嘉靖以後，始除「除」原作「恨」。據寫本改。羽流官止寺丞，專供駿奔。如董宏業即起家道士者，尚失禮至此，則不習者可知矣。又尚寶卿捧寶，爲御前第一璽，其文曰「皇帝奉天之寶」，此高皇制也。今正殿正門，盡削奉天之名何居。

【三世得謚】《弇州記》：父子得謚者，以爲盛事。然尚未有三世得之者。今于餘姚孫氏見之。第一世，右副都御史，贈禮部尚書，謚忠烈燧；第二世，南京禮部尚書，贈太子少保，謚文恪陞；第三世，吏部尚書，贈太子太保，謚恭簡鑨。則國朝二百餘年來，海内僅此一家而已。且門宗貴盛，世以忠孝清白見稱，鑨兄弟四人俱致位列卿，名德無玷，真熙朝盛事也。

【父子得謚】《弇州記》：父子賜謚者十五家，同謚「文」者止一家，倪謙與岳也。此後則南充陳文端以勤，而子于陛謚文憲繼之，則今上二十四年事，弇州身後數年矣。十五家中，如父儀智未嘗爲翰林，而得「文簡」；子銘曾爲修撰，乃不得文謚，卻曰「忠襄」，似不可解。然智以儒士薦起，銘以任子起家，致身卿貳。智以侍郎起，贈太子少保；銘以太子太保，超贈太師。俱不由科目，同被兩朝殊典，爲可異耳。

【卻千里馬】唐昭義節度劉從諫得異馬，高九尺，獻之武宗，不受。從諫大怒，殺馬，遂負固跋扈。其子稹叛逆，實基於此。今上乙亥，天方國亦獻千里馬。其時大宗伯爲萬文恭士和。不以上奏，竟用部文卻之。時江陵公柄國，尚矯情振厲，未肯以異物開沖聖侈心，蓋用漢文帝卻馬事爲比也。然今古不可例拘。如唐太宗時，各夷方入貢珍奇，至命閻立本繪爲職貢圖，至今傳爲佳話。倘天方國借此發憤，不修臣禮，其於柔遠之義，失之多矣。

【先朝進馬】先朝進馬者，如洪武四年僞夏主明昇進良馬。其一最神駿，高至九尺，身長十有一尺，足亦高七尺。有肉隱起，自膺至尾如龍鱗。命典牧高敬襄囊沙四百斤壓之，始可跨以行。

沈德符《萬曆野獲編》卷一四《禮部・孔廟廢塑像》 正統八年。國子助教李繼上言宮殿將成，惟太學尚仍元舊，且土木肖像不稱，亦非古制。請擇地改建。上曰：朝廷自有措置。不允。天順六年三月，蘇州知府林鶚因文廟聖像頹壞，乃并諸賢像皆易爲木主，然未敢聞之朝也。至成化十七年，國子監丞祝瀾者遂上疏，欲以木主改塑像。上不允。斥爲雲南府幕而去。至弘治十二年己未，南京兵科給事中楊廉遇闕里災，乃上疏宜趁廟宇一新，更易木主，以革夷教。又「大成」二字乃譬喻之語，於謚法不合，亦宜革去。上雖不從，而不加譙讓。至嘉靖初，張張字據寫本補。永嘉用事，而普天塑像被毁矣，蓋其説非始於張也。楊又有疏申明祀典，謂宋儒周、程、張、朱從祀之位，宜升居漢、唐諸儒之上，其説更爲不經。識者非之。楊至弘治甲子以告病光禄少卿，聘主浙江鄉試，被言官指謫，謂其欺君不忠。後官至宗伯，得上謚，時嘉靖乙酉。

沈德符《萬曆野獲編》卷一四《禮部・先聖木主》 張永嘉當國，議易先聖孔子塑像爲木主。時徐文貞爲編修，抗言其非。坐是外貶，天下翕然稱賢。蓋高皇帝謂塑像爲故元夷俗，一切城隍岳瀆盡易木主，廢王侯之號。獨孔廟存塑像，仍王爵。至永嘉承世廟聖意，易王爲師，併棄像設。時論不以爲然。然廣東廣州府城隍神木主，至景泰中巡撫都御史王翺仍易以塑者，則高皇製作。當時已不能盡奉行矣。又宣府儒學聖像亦係土偶，有鎮守大帥、永寧譚廣者，範中金爲五臟實其中。未幾，被盜穴其背而取之。此亦天順間事，見葉文莊《日記》中者。然則木主亦未可盡非也。徐文貞抗論孔廟事，上恚甚，既逐之。又下旨云：「徐階天下小人，永不許擢用。」未幾超爲學使者，超爲祭酒侍郎、長春卿，入内閣，繼分宜當國。奉世宗末命，爲時元臣，幾軼永嘉而上之。弘治十一年，給事吴世忠請尊夫子爲「文祖大成至聖」，帝不允。

沈德符《萬曆野獲編》卷二〇《曆法・渾天儀》 今京師巽隅逼城觀象臺之顛，有渾天儀，其質皆銅。有四柱以龍承之，懸儀於上。製作精工，銅亦古潤作紺色。旁另有一儀，式小不及其半，交道亦減。又有玉衡如尺，又有銅毬象天圜體，外列二十八宿，上刻「正統七年御製」銘。余按此非本朝人所能辦，意必故元舊物。按宋沈括存中云，司天監銅渾儀，景德中韓顯符所造，依劉曜時孔梃晁宗斛蘭之法。天文院渾儀，皇祐中舒易簡所造，用唐梁令瓚、僧一行法。至熙寧中，括監太史局受詔改造渾儀，置之天文院，而移天文院舊銅儀於朝服法物庫。

蓋宋世渾儀有三，金人入汴，諸法物俱北去，此固蒙古得之完顏者耳。至正統而重修則有之，且銘有「昔作今述」之句，知非創矣。

沈德符《萬曆野獲編》卷二〇《曆法·改造漏刻》 正統五年上巳，御製天渾儀銘矣。至十二年十一月，欽天監正彭德清又上言：蒙欽造鑄銅儀，驗得北京北極出地度數，太陽出入時刻與南京不同。南京北極出地三十六度，北京出地四十度强。南京冬至日出辰初初刻，入申正四刻，夜刻五十九。夏至日出寅正四刻，入戌初初刻，晝刻五十九。北京冬至日出辰初二刻，入申正二刻，夜刻六十二。夏至日出寅正二刻，入戌初一刻，晝刻六十二。各有長短差異。今宮禁及官府漏箭，皆南京舊式，不可用。上令内官監改造。是時禁中宮漏循用新製不待言。而次年春，造己巳曆樣，蓋即用其言頒式天下矣。按十二時大刻九十六刻，益以廿四小刻，共爲百廿刻。然小刻只抵四大刻，故總謂之百刻。冬夏二至，晝夜均用之，安得於聖朝正朔中妄自增加？真不祥之尤矣。今通用曆日中，冬至日出仍辰初初刻，夏至日出仍寅正四刻，並不行彭德清所建白也。德清隨英宗駕北征，曾勸王振駐師，不從。郕王監國，廷臣劾德清不擇善地駐札，以致乘輿失陷，并黨王振，匿天變不奏諸大罪。未數日，郕王命籍没其家。德清尋死於獄，命戮其尸。

申時行《明會典》卷一八四《工部四·營造三·儀仗三》

東宮儀仗

令旗一對，青質，紅「令」字。硃漆攢竹竿，長八尺二寸，下有鐵鐏。

清道二對，硃漆攢竹杖，銅裹兩末，長四尺九寸。

櫜弩一張并箭，青櫜蓋，以帛爲之。

刀盾一十對，盾以木爲之，畫獅子首，加飾。硃漆刀，金飾，緑靶，緑鞘，紅縧垂青絲并穗。

弓箭二十副，弓，用竹爲體，木托，靶并梢，黑角，梢末并面牛筋鋪，背四節纏絲，黑漆面，硃漆背，絲弦。箭，竹爲幹，木扣鐵箭頭，柳葉形，兩頭俱用牛筋并絲纏之，加硃漆，近扣加鴈翎。櫜二，用黑斜皮爲之。

白澤旗二面，内一面紅質，上下并外邊，加黄襴赤火焰，間綵脚。傍竿處加紅腰，中繡白澤飛狀及雲文，旗身并黄襴火焰，長六尺六寸，闊二尺九寸，脚長五尺。揭以硃漆攢竹竿，竿首，木鎗頭，貼金飾。共長一丈三尺六寸九分，内鎗頭長一尺三寸五分，飾以紅纓。鐏用鐵，一面青質，制同。

青旗二面，純青質。旗身并火焰，長六尺六寸，闊二尺九寸，脚長五尺。揭以硃漆攢竹竿，竿首，木鎗頭，貼金飾。共長一丈一尺九寸九分，内鎗頭，長一尺三寸五分，飾以紅纓，鐏用鐵。

紅旗二面。

黄旗二面。

白旗二面。

黑旗二面。以上制，俱與青旗同。

青素旗二十面，純青質，上闊八尺，下四尺。硃漆攢竹竿，貼金木鎗頭，共長一丈一尺三寸五分，内鎗頭，長一尺三寸五分，上飾以紅纓，下有鐵鐏。

金鼓旗二面，青質，紅「金鼓」二字，連腰闊一丈二尺五寸，下七尺。硃漆攢竹竿，貼金木鎗頭，共長一丈四尺九寸，内鎗頭，長一尺五寸八分，上飾以紅纓，下有鐵鐏。

金龍畫角十二枝，木質，黑漆戧金爲飾。上節寶相花，中節纏身單龍雲文，下節八寶雙海馬。

花匡鼓二十四面，紅油木匡，畫寶相花，釘鐶鈒皆擺錫。粉塗革面，徑一尺七寸，畫雙獅綵毬，懸以紅絨匾縧。

擱鼓二面，制同花匡鼓，但面闊一尺，畫荷并葉。

金鉦二面，銅質。竹匡四傍，用紅絙繫鉦于匡，徑九寸五分。

金二面，以銅爲之，徑一尺七寸。

板二串，每串板六，各長一尺一寸，上闊一寸九分，下闊二寸五分，聯以青絲。

笛二管，截竹爲之，六竅，長一尺五寸。

杖鼓二箇，木匡，細腰，黑漆戧金龍文。兩頭以革冒之，聯以紅絨絙，加銅龍頭鈎子，以青絨匾縧懸用。

小銅角一對，長三尺八寸，加漆貼金。

大銅角一對，長三尺五寸七分，加漆貼金。

纓頭一箇，硃漆攢竹竿，貼金木鎗頭，鐵鐏，抹金銅頂。綴染紅氂牛尾爲圓纓，建于竿，共長一丈一尺四寸九分，内鎗頭，長一尺九寸五分。

領頭四對，硃漆攢竹杖，銅裹兩末，長四尺九寸。

絳引旛一對，硃漆竿，貼金銅龍頭，共長一丈二尺五寸，内龍頭鈎一尺。旛用五色平羅，長六尺三寸，闊五寸五分。旛下有五色板。四角寶蓋高七寸五分，圜二尺七寸五分，綠三簷，共長一尺九寸。抹金銅龍頭四箇，抹金銅佩一十六箇，銅鈴三十六箇。後旛制作長短同，腰皆用綠色描金香草文，三簷金龍文，凡幢旛麾節挑竿銅龍頭，俱以鐵爲鈎，蓋上抹金銅頂鈒花文。

傳教旛一對，平羅爲之。青三簷，佩四，鈴三十二。中有黄額青「傳教」二字，餘與絳引旛制同。

告止旛一對，與傳教制同，但簷用青，額青「告止」二字，蓋上抹金銅頂鈒花文。

信旛一對，與傳教制同，但簷用黄，額青「信」字。

羽葆幢三對，硃紅攢竹竿，貼金銅龍頭。共長一丈二尺五寸五分，內龍頭鈎一尺，銜抹金銅圈懸銅頂。施白羽綠羅寶蓋，下以紅絲同絛貫紅纓，簇圓凡五層，每層上施抹金銅頂藍斜皮寶蓋，綴銅鈴。

儀鍠氅三對，硃漆攢竹竿，貼金頭。共長一丈二尺五寸五分，內貼金頭長一尺三寸五分。氅用五色平羅，長六尺三寸，闊五寸五分，上抹金鋼頂，下綴抹金銅鈴五箇。

戈氅三對，硃漆攢竹竿，貼金木龍頭承戈。共長一丈二尺五寸，內貼金頭長一尺六寸二分。繫木板粉面，畫升降雙鳥，綴五色羅氅，長六尺三寸，闊五寸五分，末綴銅鈴五箇。

戟氅三對，與戈氅制同，惟貼金木龍頭承戟，長一尺七寸五分。

吾杖二對，硃漆攢竹杖長六尺九寸五分，兩末貼金。

儀刀二對，刻木爲刀，貼銀飾。鞘及靶貼金龍文爲飾，垂紅絲紛緒。

班劍二對，刻木爲劍。其上有靶，靶下爲龍頭，銜劍皆貼金爲飾，垂紅絲紛緒。

金鉞二對，硃漆攢竹柄，貼金木鉞頭承以貼金龍頭，共長六尺九寸，內木鉞并龍頭，長一尺六寸五分。

立瓜二對，硃漆攢竹柄，貼金木瓜，立置其首，承以貼金龍頭，共長六尺九寸，內瓜及龍頭，長一尺四寸。

卧瓜二對，與立瓜制同，但瓜卧置其首，瓜及龍頭，長一尺二寸五分。

骨朵二對，與瓜制同，但以貼金木骨朵置其首，骨朵及龍頭，長一尺六寸。

鐙杖二對，與骨朵制同，但以貼金木鐙置其首。

殳叉一對，硃漆攢竹柄，木爲叉，承以龍頭，置于柄上，貼金爲飾，共長一丈二尺五寸五分，內叉及龍頭長二尺五分。

戟十對，硃漆攢竹竿，貼金木戟頭，共長一丈二尺五寸五分，內戟頭，長二尺五分。

矟十對，硃漆攢竹竿，貼金木矟，共長一丈二尺五分，內木矟及龍頭長一尺七寸。

夾矟一對，與矟制同，但其首爲夾矟。

麾一把，硃漆攢竹竿，上置銅龍頭，貼金飾，共長一丈二尺五寸五分，內銅龍頭并鈎，長一尺，口銜銅索，銅頂，綴綠羅寶蓋青緣泥金描香草文，下垂染紅氂牛尾三層，每層各加抹金銅圓頂，綠斜皮雲蓋各綴銅鈴。

幢一把，與麾制同，但用氂牛尾纓五層。

節一把，與麾制同，但用氂牛尾纓八層。

金節二對，與麾制同，但用氂牛尾纓八層，及黄紗衣籠之，其上繡升龍四，長七尺五寸，闊一尺二寸。

響節六對，貼金攢竹柄，長一丈二寸五分，其首以鐵條，長一尺二寸五分。貫銅鐵錢十二，黄羅銷金龍文。衣籠之，長一尺五寸，闊八寸，上加貼金木圓頂，下有盤，攀頂線四，錢文曰「天下太平」。

青方傘二把，傘骨面闊并頂五尺五寸，柄及葫蘆頭共長一丈一尺五寸九分。其面冒以青羅，垂青三簷。四角，加抹金銅龍頭。凡傘頂葫蘆皆木質，貼金。柄用竹，硃紅油，間纏以藤惟曲柄，硃紅漆攢竹爲之。

紅方傘二把，傘骨面闊并頂五尺五寸，柄及葫蘆頭，共長一丈一尺五寸九分。其面冒以紅羅垂紅三簷。傘頂四角，加抹金銅龍頭。

紅銷金傘一把，傘骨面闊并頂，四尺二寸五分。柄及葫蘆頭，共長一丈一尺二寸九分。其面冒以紅羅，垂紅三簷，銷金寶珠龍文，邊香草文。

紅繡直柄圓傘一把，傘骨面闊并頂，四尺二寸五分，柄及葫蘆頭，共長一丈一尺二寸九分。其面冒以紅羅，繡雲文，垂紅三簷，上簷雲龍，下二簷瑞草文。

紅繡曲柄圓傘二把，傘骨面闊并頂，四尺二寸五分，柄及葫蘆頭，共長一丈一尺二寸九分。其面冒以紅羅繡雲文，垂紅三簷瑞草文，當曲柄處，用鐵心貼金木龍頭承傘。

紅繡花直柄傘二把，傘骨面闊并頂，四尺二寸五分，柄及葫蘆頭共長一丈一尺二寸九分。其面冒以紅羅繡雲文，垂紅三簷寶相花，抹金銀鈴全。

紅圓傘二把，傘骨面闊并頂，四尺二寸五分，柄及葫蘆頭，共長一丈一尺二寸九分。其面冒以紅羅，垂紅三簷。

青圓傘二把，傘骨面闊并頂，四尺二寸五分，柄及葫蘆頭，共長一丈一尺二寸九分。其面冒以青羅，垂青三簷。

紅油絹銷金雨傘一把，傘骨面闊并頂七尺，柄及葫蘆頭，共長九尺二寸九分。其面銷金寶珠龍邊雲龍文。

青繡孔雀圓扇六把，扇及柄共長一丈一尺二寸。面背風衣俱青素線羅。面，徑三尺三寸五分，繡升降孔雀雲文。背銷金龍團花。凡扇柄皆黑漆攢竹。

青繡花圓扇四把，扇及柄共長一丈一尺二寸。面背風衣俱青素線羅。面徑三尺三寸五分，繡四季花。背銷金龍團花文。

紅繡花圓扇四把，扇及柄，共長一丈一尺二寸。面背風衣，俱青素線羅。面徑三尺三寸五分，繡四季花文。背銷金龍團花文。

紅繡孔雀方扇四把，扇及柄，共長一丈一尺二寸。面背風衣，俱紅素線羅。面徑三尺三寸五分，繡升降孔雀雲文。背銷金寶珠文。

青繡方扇四把，孔雀翎邊長二尺九寸五分，連柄共長一丈一尺二寸。扇中連孔雀翎邊，闊二尺二寸五分。面背俱青素線羅。邊用孔雀尾。面繡升降孔雀雲文。背繡金寶珠文。

誕馬八匹，紅轡青韁錦韉，韉以紅油皮爲之。

鞍籠一箇，皮質，紅油，描金升降龍文，邊香草文。

金馬杌一箇，木質，金葉裹金釘裝釘，鈒盤龍文。

金交椅一把，木質，金葉裹金釘裝釘。椅中鈒雲龍文，穿以紅絲，匾條四，垂紅絲帉錔，紅織金紵絲褡襠。

金脚踏一箇，木質，金葉裹金釘裝釘。鈒方勝文，紅織金紵絲踏褥。

拂子二把，銜以抹金銅龍首，朱漆柄，戧金龍文，垂紅絲帉錔。今拂用馬尾，紅纓爲心。

紅紵絲拜褥一。

金水盆一箇，中鈒盤雲龍文，邊鈒香草文。手巾一條。

金水罐一箇，有蓋有提，小口，巨腹。

金香爐一箇，兩耳，三足，有蓋，鈒雲龍文。朱漆竿，抹金銅龍頭并尾。

金香盒一箇，蓋，鈒龍文。邊，鈒花文。

金唾盂一箇，形圓如缶，蓋僅掩口，下有盤，鈒龍文。洪武間停造。

金唾壺一箇，小口，巨腹，有蓋，鈒龍文。洪武間停造。

紅紗燈籠三對，朱油竹骨，以紅紗蒙之。青紗爲蓋，下有燭盤，朱漆竿，貼金龍頭并尾。

紅油紙燈籠三對，朱油竹骨。下有燭盤，木座，以竹絲編爲籠，加紅油紙，硃漆竿，貼金龍頭并尾。

魫燈三對，紅油鐵骨，以魚魫爲籠，餘同紙燈。

仗馬二匹，紅鞦，紅轡，上施韉，頷下垂紅纓，飾瓷珠絡鞍全。

金輅一乘，高一丈二尺二寸九分，闊八尺九寸。

輅上平盤板，前後車欞并鴈翅及四垂如意滴珠板。其下轅三條，皆硃紅漆，轅各長一丈九尺六寸，用抹金銅龍頭、龍尾，龍鱗葉片裝釘。前施硃紅油馬搭攀皮一條，平盤左右，下護泥板及車輪二，貫軸一。每輪輻十有八條，皆硃紅漆，周圍輞全，各以抹金鈒花葉片裝釘。輪內車心各一，用抹金銅，鈒蓮花瓣，輪盤裝釘。軸首，左右各用漆貼金滅鐵龍首插拴一箇，以抹金銅鈒龍頂管心裝釘。軸中纏紅絨駕轅等索，面至地三尺二寸五分。

輅亭高六尺四寸五分，硃紅漆，四柱各長五尺五寸，檻座高九寸五分。其上四周，線金五彩香草板，門高五尺九分，闊二尺四寸五分，左右門闊二尺二寸五分。前并左右，各槅二扇，明栿全，皆硃紅漆。後硃紅漆五山屏風，青地，上雕木貼金龍五，間以五彩雲文，屏後硃紅漆板，皆抹金銅鈒花葉片裝釘。槅編紅線絛穿硃紅漆匡，軟座紅絨墜座，大索四條，座下蓮花墜石，軟座上施紅毯紅錦褥并席，硃紅漆坐椅一座，納板一并褥。椅中紅織金綺靠坐褥，四圍椅裙全，周圍施紅羅幃幔。或用紅綺。亭外用青綺緣邊，硃紅簾十二扇，各用拽簾紅線圓絛二條。黄銅圈全坐椅，雕貼金龍彩雲，下線金彩雲板一。亭內編紅線絛穿。

輅頂并圓盤高二尺五寸九分，又鍍金龍寶珠頂帶仰覆蓮座高九寸。垂攀頂紅線圓絛四條，盤上硃紅漆，其下內外皆青地，繪雲文，以青飾輅蓋。亭內周圍青斗拱，承以硃紅漆匡寶蓋，鬭以八頂，冒以紅綺。頂心繡雲龍一，餘繡五彩雲文。

天輪三層，皆硃紅漆，上安雕木貼金邊耀葉板七十二片。內飾青地雕木金貼雲龍文三層，間繪五彩雲，襯板七十二片。盤下周圍黃銅釘裝，上施紅綺瀝水三層，每層七十二摺，間繡五彩雲龍文。四角垂青綺絡帶四條，各繡五彩雲升龍二，圓盤四角連平盤板，用攀頂紅線圓絛四條，并貼金木魚。

軺亭前一字闌干一扇，後一字帶轉角闌干一扇，左右闌干二扇，內嵌五彩雲板，皆硃紅漆。四扇計一十四柱，各柱首，雕木貼金蹲龍一，用線金五彩蓮花抱柱，闌干四周內，布花毯。

紅旗二面，在軺亭後左右，用紅線羅夾爲旗，每面九斿，每斿內外繡升龍一。硃紅漆攢竹旗竿二，左竿旗腰繡日月北斗，竿首用抹金銅龍頭。右竿旗腰繡黻字，竿首用抹金銅戟。每竿綴抹金銅鈴二，垂紅纓九，纓上施抹金銅寶蓋，下垂帉錔。

踏梯一，硃紅漆，以抹金銅鈒花葉片裝釘。

行馬架三，硃紅漆，其上紅絨匾絛，用抹金銅葉片裝，釘鐵搭鈎全。

紅絹幰衣，即遮塵油絹雨衣，并紅氈衣，各一座。

硃紅油合扇梯一副，硃紅油托義一件。

馬鞍轡鞦轡鈴纓全。

鞍籠二，皮質，硃紅油飾，描金升降龍文邊描香草，上施抹金銅蓋頂飾紅纓。

青帳房一座，用青木綿布帳并幃幕，上施獸吻。硃紅漆柱并帳竿，竿首，青綠蹲獅。頂用氈。

戲竹一對，紅漆，長六尺。貼金木龍頭長七寸，口銜紅竹絲二十四莖，長四尺五寸，上有綵線帉錔，以竹爲柄。

大鼓一面，以木爲匡，高一尺七寸，旨以革面，徑二尺五寸，周圍抹金銅釘。面施粉，繪荷葉四，中蓮花一。匡加紅油，繪寶相花。抹金銅鐶鈚四，用硃紅漆木扛二，紅絨絙舉之。

鼓衣一，用紅綺織綵色雲龍，其下邊黃纓絡紋，瀝水織瑞草文。

板一串，每串用鐵力木六片，貫以青絲絛，長闊同前制，并綵線帉錔。

杖鼓十二箇，每箇二面。其下鐵圈口二，一面冒以犢皮，徑一尺二寸五分，一面冒以山羊皮，徑一尺三寸，冒縫用紅皮掩錢。細腰木匡廣一尺七寸九分，黑漆戧金枝葉寶相花文。以紅絨絙一條，聯絡抹金銅龍頭鈎子十六箇，各有襯鈎紅皮。硃紅生革描金龍束子八箇，懸以綠絨匾絛，用抹金銅龍頭搭鈎二箇，并鈎圈。

鼓衣一，以紅綺一幅，長三尺五寸，織青龍文，并五彩雲文，周圍黃絨織香草文。

看杖硃紅漆竹片，帶雕木貼金龍頭，垂紅綠結子。打杖以硃紅漆竹片爲之。

龍笛二管，每管以竹爲之，兩末牙管束，長一尺七寸五分。一孔在前，其後七孔無底，橫吹之。貼金木龍頭，垂綵線帉錔。

笙二攢，每攢用紫竹十七管，下施銅簧參差攢于黑漆木匏中，有觜項亦黑漆，垂綵線帉錔。

箜篌二把，每把用梓木爲身，闊五寸，厚六寸，直長四尺八寸，并柄上雕龍頭，中嵌花板雕盤龍一，俱沉香色描金，附以烏木引條繫二十絃，下橫施引手并描金沉香色龍頭，通長二尺二寸五分。上施烏木軸子二十，中有柱手，用烏木製成竹節，兩末雕龍頭描金，長一尺二寸五分，兩龍頭各垂綵線帉錔。

箏二架，每架用楸木爲質，長三尺九寸。中虛，四周烏木邊，上施九絃并柱子九，面繪金龍并彩雲文，箏尾垂彩線帉錔二，承以硃紅漆架四角，貼金龍頭四，各垂綵線帉錔。

琵琶二把，每把以鐵力木爲質，梓木面板。鳳眼二匙頭并項通長三尺五分，闊一尺二寸五分。匙頭并項一，軸子四，扶手、山口各一，皆用烏木，四絃。背有烏木椿楸二，上施抹金銅環并鈎搭，負以綠絨匾絛匙頭，上施綵線帉錔一，大小班竹品十二，烏木撥一，用牙嵌。

方響二架，每架用鐵方響十六，厚薄不等，應六律六呂四清聲。以鐵條四，裹以黃氈，橫置架內，貫而列之爲二層，每周方響八，承以硃紅漆木架。左右二柱并上下匡，俱戧金花文。架高五尺，闊二尺二寸。上用雕木五彩花一板，其上雕木貼金龍一，間以五彩雲。架上貼金火燄寶珠一，左右兩如意雲，上施貼金二龍頭，口銜紅綠帉錔，其下雕飾五彩線金芝草文。

頭管二管，皆以烏木爲之，長六寸八分。九孔，前七，後二。兩末以牙管束，以蘆爲梢，無底，直吹之。

簫二管，皆以紫竹爲之，長一尺九寸，六孔。間纏以絃線，裹以錫箔，無底，直吹之。

申時行《明會典》卷一八五《工部五・營造四・儀仗四》　親王儀仗

令旗一對，紅素綾質，中黃綾爲令字，闊二幅，上長六尺九寸，下三尺六寸。硃漆攢竹竿，長八尺二寸，內鐵鑽五寸，柄或以木爲之。

清道二對，硃漆攢竹杖，銅裹兩末，長四尺九寸。

韇弩一張，并箭紫韇蓋，以帛爲之。洪武間停造。

刀盾一十對，盾以木爲之，畫獅頭，加飾硃漆。刀，金塗，紅靶，緑鞘，紅縧，間點鯋魚皮爲飾，帶青絛紅穗。洪武間停造。

弓箭二十副，每副，弓一，櫜二。刺緑斜皮條雲子，鐵釘絞，絡于韋帶。箭三十枝，以竹爲之，上黑翎下鐵鏃。洪武間停造。

白澤旗一對，紅質，黄襴赤火焰脚，繡白澤形爲飛狀，旗上四角繡五色雲子。竿長一丈三尺六寸九分，内貼金木鎗頭，一尺三寸五分，上紅纓，下鐵鐏，柄或以木爲之。

金鼓旗一對，紅質，黑金鼓二字，闊二副。硃漆攢竹竿，上貼金木鎗頭，下鐵鐏，共長一丈四尺九寸，上飾紅纓。

畫角十二枝，木質，黑漆戧金，上寶相花，中單龍纏身雲文，下八寶雙海馬爲飾。

花匡鼓二十四面，紅油木匡，畫寶相花，釘環鈸皆擺錫。粉塗革面，畫獅子綵毬，徑一尺七寸，懸以紅絨匾絛。

杖鼓二面，黑漆木匡，細腰戧金花文，粉塗革面，掛以青絨匾絛。

金鉦二面，以響銅爲之，徑九寸，邊有小竅，外以紅竹匡，絡以紅絨綆。

鑼二面，鑼口，徑一尺三寸。

搁鼓二面，紅油木匡，畫寶相花，粉塗革面，畫荷并葉。鐵釘環鈸皆擺錫，懸以紅絨綆。

板一串，鐵力木板六，各長一尺一寸，上闊一寸九分，下闊二寸五分，聯以青絛。

笛二管，以竹爲之，長一尺六寸，六孔。

小銅角一對，以銅爲之，高三尺五寸，加硃漆，描金雲龍文。

大銅角一對，以銅爲之，高三尺四寸八分，硃漆描金，升降雲龍文。

戲竹一對，硃漆竹柄，通長六尺，内貼金木龍頭七寸，竹絲二十四莖，長四尺五寸，上垂紅緑帉鍇。

大樂鼓一面，紅油木匡，畫寶相花，冒以革，傅以粉，畫荷并葉。匡高一尺六寸，面徑三尺，貼金銅釘鈸環，木紅絹鼓衣，畫盤螭并花文，舉以紅木扛，紅絨匾絛。

板一串，制同前，但加紅緑帉鍇。

杖鼓十二面，制同前，但加木紅絹鼓衣，畫盤螭并花文及有貼金木魚，首銜紅緑帉鍇，名魚頭鞭。

笛四管，制如前，貼金木龍頭，共長一尺七寸，鹿角管束兩末，八孔，龍口銜紅緑帉鍇。

頭管四管，以烏木爲管，長六寸八分，以牙管束卷蘆爲梢，九竅。

絳引旛一對，硃漆攢竹竿，貼金銅龍頭。共長一丈二尺五寸，内龍頭一尺。旛用五色平羅，長六尺三寸，闊五寸五分，四角紅羅。蓋高七寸五分，圍二尺七寸五分，蓋上有抹金銅釘鈒花文，緑二簷，共長一尺九寸，紅緑帉鍇四，自此至信旛腰，皆用緑色描金香草二簷，銷金雲文。旛下綴五色板，自此至節。凡竿柄或以木爲之。凡挑竿銅龍頭，皆以鐵爲鈎。

傳教旛一對，硃漆攢竹竿，貼金銅龍頭。共長一丈二尺五寸，内龍頭一尺。旛用紅平羅，長六尺三寸，闊五寸五分，四角紅羅。蓋高七寸五分，圍二尺七寸五分，蓋上抹金銅頂鈒花文，青二簷，共長一尺九寸。旛上黄羅牌内，書青「傳教」二字，紅緑帉鍇四，以羅爲之。

告止旛一對，制同傳教，但紅平羅二簷，黄羅牌内，書青「告止」二字。

信旛一對，制同傳教，但黄平羅二簷，黄羅牌内，書青「信」字。

儀鍠氅一對，硃漆攢竹竿，貼金頭。共長一丈二尺五寸五分，内貼金木儀鍠，并龍頭一尺三寸五分。抹金銅氅頂一箇，氅用五色平羅，長六尺三寸，闊五寸五分，氅下銅鈴五箇。

戈氅一對，硃漆攢竹竿，貼金頭。共長一丈二尺五寸，内貼金木戈并龍頭一尺六寸二分。氅用五色平羅，長六尺三寸，闊五寸五分，下綴銅鈴五箇，氅上硃漆木板。

戟氅一對，制同前，但貼金木戟，并龍頭長一尺七寸五分。

吾杖一對，攢竹爲之，硃漆，長六尺九寸五分，兩末貼金。

儀刀四對，刻木爲刀，鞘及靶銀地貼金，爲螭虎文，紅帉鍇。

班劍一對，刻木爲劍，并靶。靶下有龍頭，背貼金，惟劍貼銀，紅帉鍇。

斧一對，硃漆攢竹柄，長六尺九寸，内貼金木斧，并龍頭長一尺六寸五分。

立瓜一對，硃漆攢竹柄，長六尺九寸，内貼金木立瓜，及龍頭，長一尺四寸。

卧瓜一對，硃漆攢竹柄，長六尺九寸，内貼金木卧瓜，并龍頭，長一尺二寸五分。

骨朵一對，硃漆攢竹柄，長六尺九寸，內貼金木骨朵，并龍頭，長一尺六寸。

鐙杖一對，硃漆攢竹柄，長六尺九寸，內貼金木鐙杖，并龍頭，長一尺六寸。

殳叉一對，硃漆攢竹竿，貼金木殳，并龍頭。共長一丈二尺五寸，內龍頭，長一尺八寸五分。

戟十對，硃漆攢竹竿，長一丈二尺五寸五分，內貼金木戟，及龍頭，長二尺五分。

矟十對，硃漆攢竹竿，長一丈二尺五寸，內貼金木矟，及龍頭，長一尺七寸。

夾矟一對，制同前，但其首爲夾矟。

麾一把，硃漆攢竹竿，貼金銅龍頭，共長一丈二尺五寸五分，內挑竿龍頭鐵鈎一尺。緑蓋下，三紅纓爲三層，每層各綴抹金銅頂，藍斜皮雲蓋，下綴銅鈴，其緑蓋上，抹金銅頂，鈒花文。

幢一把，制同麾，但爲五纓五層。

節一把，制同麾，但爲八纓八層。

響節四對，漆貼銀攢竹竿，長一丈二寸五分。其首以鐵條，長一尺二寸五分，貫銅鐵錢十二。用紅平羅，銷金鳳文衣籠之，長一尺五寸，闊八寸。上加貼金木圓頂，下木盤，攀頂絨線四，錢文曰「天下太平」。

紫方傘二把，傘骨面闊并頂，徑四尺，柄及貼金木葫蘆，共長一丈九寸。面用紫平羅，紫三簷。其頂四角，抹金銅龍頭四箇。凡傘柄俱用紅油竹，間纏以藤。惟曲柄，硃漆攢竹爲之。

紅方傘二把，傘骨面闊并頂，徑四尺，柄及貼金水葫蘆，共長一丈九寸。面用紅平羅，紅三簷。其頂四角，抹金銅龍頭四箇。

紅銷金傘一把，傘骨面闊并頂，徑四尺一寸五分，柄及貼金木葫蘆，共長一丈九寸。面用紅平羅，銷金寶珠團文，紅三簷，銷金香草，邊寶珠龍文。

紅繡圓傘一把，傘骨面闊并頂，徑四尺一寸五分，柄及貼金木葫蘆，共長一丈九寸。面用紅平羅，紅三簷，頂繡雲文，簷繡瑞草文。

紅曲柄傘二把，傘骨面闊并頂，徑四尺一寸五分，柄及貼金木葫蘆，共長一丈九寸。面用紅平羅，紅三簷。當曲柄處，用鐵心貼金木龍頭承傘。

紅油絹銷金雨傘一把，傘骨面闊并頂，徑六尺四寸，柄及金貼木葫蘆，共長八尺六寸。面銷金寶珠龍文，邊銷金雲龍文。

青繡圓扇四把，扇及黑漆竹柄，共長一丈七寸五分。面背風衣，俱青平羅。面徑三尺三寸五分，繡升降孔雀雲文，背銷金龍團花文。凡扇柄俱以攢竹爲之。

紅繡圓扇四把，扇及黑漆竹柄，共長一丈七寸五分。面背風衣，俱紅平羅。面徑三尺三寸五分，繡四季花，背銷金龍團花文。

紅繡方扇四把，扇及黑漆竹柄，共長一丈七寸五分。面背風衣，俱紅平羅。面徑三尺三寸五分，繡升降孔雀雲文，背銷金寶珠團文。

誕馬八匹，紅纓青韁，錦韉，韉以紅油皮爲之。

鞍籠一箇，皮質，紅油，貼金升降龍文，邊香草文。

馬杌一箇，木質，銀葉裹，銀釘鉸，中鈒盤龍文，間抹金。

拂子二把，黑漆木柄，用銅環，銅釘鉸，繫素犛牛尾，末垂紅帉錔。今拂用馬尾，紅纓爲心。

交椅一把，木質，銀葉裹，間抹金，銀釘鉸。中鈒花雲龍文，穿以紅絲匾絛。四垂紅帉錔，紅織金紵絲褡襠。

脚踏一箇，木質，銀葉裹，間抹金，銀釘鉸。鈒方勝文，紅織金紵絲踏褥。

水盆一箇，銀質，間抹金。寬緣平底，鈒盤龍，邊鈒香草文。手巾一條。

水罐一箇，銀質，間抹金。有蓋，有提，小口，巨腹，鈒花文。

香爐一箇，銀質，渾抹金。兩耳三足，有蓋，鈒龍文。硃漆竿，貼金龍頭并尾。

香盒一箇，銀質，渾抹金。蓋鈒龍文，邊鈒香草文。

唾盂一箇，銀質，間抹金。形圓如缶，蓋僅掩口，盤鈒龍文。洪武間停造。

唾壺一箇，銀質，間抹金。小口，巨腹，有蓋，鈒香草文。洪武間停造。

紅紵絲拜褥一。

紅紗燈籠二對，紅油竹骨，下有燭盤，蒙以紅紗，玉色紗蓋。硃漆竿，貼金龍頭并尾。

紅油紙燈二對，紅油竹骨，上有燭盤，木座，以竹絲編爲籠，加紅油紙。硃漆竿，貼金龍頭并尾。

魫燈一對，紅油鐵骨，以魫爲籠，餘同紙燈。

帳房一座，幃幕全，以青綿布爲之。緑色螭頭，硃漆柱并帳竿，竿首各施彩妝蹲獅，頂用氈。

象輅一乘，高一丈一尺六寸九分，闊七尺九分。

輅上平盤板，前後車橚，并鳳翅板。其下轅三條，皆硃紅漆，轅各長一丈八尺五寸，用抹金銅龍頭，龍尾葉片裝釘。前施硃紅油馬搭攀皮一條，平盤左右下，護泥板及車輪二，貫軸一。每輪輻十有八條，皆硃紅漆，周圍輞全，各以抹金銅葉片裝釘。輪内車轂各一，用抹金銅鈒蓮花瓣輪盤裝釘。軸首左右，各用紅漆鐵插拴一箇，以抹金銅鈒龍頂管心裝釘。軸中纏紅絨駕轅等索，面至地，三尺五分。

輅亭，高五尺二寸九分，硃紅漆四柱，其長同檻，高一寸四分。其上周圍硃紅漆縧環板門，高四尺五寸九分，闊二尺三寸五分。左右門，闊同前。并左右各硃紅漆，上明下暗槅二扇。明栿全，抹金銅鈒花葉片裝釘。後硃紅漆五山屏風，屏後板，俱用抹金銅鈒花葉片裝釘。亭底，硃紅漆板，上施紅花毯，紅錦褥，并席。硃紅漆坐椅一座，硃紅漆納板一并褥，椅中紅織金綺靠坐褥，四圍椅裙全。周圍施紅羅幃幔，或用紅綺。亭外用青綺緣邊硃紅簾十二扇，各用拽簾紅線圓縧二條，黄銅圈全。

輅頂，并圓盤，高二尺四寸五分。又抹金銅寶珠頂，帶仰覆蓮座高九寸，垂攀頂紅線圓縧四條，盤上下皆硃紅漆。以青飾輅蓋内，寶蓋硃紅漆木匡，鬭以八頂，冒以紅綺，頂心繡雲龍一，餘繡五彩雲文。

天輪三層，皆硃紅漆。上安雕木貼金邊耀葉板六十三片，内飾青地雕木五彩雲文。三層，間繪五彩雲襯板六十三片，盤下周圍，黄銅釘裝。上施紅綺瀝水三層，每層八十一摺，繡瑞草文，前垂青綺絡帶二條，各繡升龍二，并五彩雲文。圓盤四角，連輅座板，用攀頂紅線圓縧四條，并紅漆木魚。

輅亭，前一字欄干一扇，後一字帶轉角欄干一扇。左右，欄干各一扇，内嵌縧環板，皆硃紅漆。四扇計一十四柱，各柱首，雕木紅蓮花一，用線金青緑妝蓮花抱住。前欄干檽板上，布花毯。

紅旗二面，在輅亭後左右，用紅線羅夾爲旗，每面六斿，每斿内外繡升龍一。紅漆攢竹旗竿二，左竿旗腰，繡日月北斗，竿首用抹金銅龍頭。右竿旗腰，繡「黻」字。竿首用抹金銅戟，各竿綴抹金銅鈴二，垂紅纓五，纓上各施抹金銅花蓋，下垂帉錔。

踏梯一，硃紅漆，以抹金銅鈒花葉片裝釘。

行馬架三，硃紅漆，其上紅絨匾縧，用抹金銅葉片裝釘，鐵搭鉤全。

紅絹幰衣即遮塵，油絹雨衣，并氈衣各一座。

世子儀仗同

郡王儀仗

令旗一對，紅質黄「令」字。硃漆攢竹竿，通長八尺二寸，下有鐵鐏柄，或以木爲之。

清道一對，硃漆攢竹杖，銅裹兩末，長四尺九寸。

幰弩一張，并箭，紫幰蓋，以帛爲之。自此至弓箭，洪武間俱停造。

刀盾八對，盾以木爲之，畫獅子首，飾以硃漆。刀金塗，紅靶，緑鞘，紅緣間點魦魚皮爲飾，帶青縧紅穗。

弓箭十八副，每副弓一，橐二，黑質，紅緑，刺緑斜皮雲子，鐵釘鉸，駱干韋帶。箭三十枝，以竹爲之，上用翎，下鐵鏃。

金鼓旗一對，紅質，黑「金鼓」二字，闊二幅。硃漆攢竹竿，貼金木鎗頭，共長一丈四尺九寸，末有鐵鐏，上飾紅纓。

畫角十枝，木質，黑漆戧金文，上寶相花，中單龍纏身雲文，下八寶雙海馬爲飾。

花匡鼓二十面，木質，紅油匡，畫寶相花，釘鈸環皆擺錫。粉塗革面畫獅子綵毬，徑一尺七寸，掛以紅絨匾縧。

擱鼓一面，紅油木匡，畫寶相花。粉塗革面，畫荷并葉。鐵釘環鈸皆擺錫，懸以紅絨縄。

金鉦一面，以響銅爲之，徑九寸，邊有小竅，外以紅木匡，絡以紅絨縄。

鑼二面，鑼口徑一尺三寸。

板一串，鐵力木板六，各長一尺一寸，上闊一寸九分，下闊二寸五分，聯以青縧。

笛二管，以竹爲之，長一尺六寸，六孔。

戲竹一對，硃漆竹柄，共長六尺。内貼金木龍頭七寸，竹絲二十四莖，長四尺五寸，上垂紅緑帉錔。

大樂鼓二面，紅油木匡，畫寶相花，粉塗革面，徑二尺，畫荷并葉。匡高一尺六寸，釘鈸環皆銅抹金。木紅絹鼓衣，畫盤螭并花文。舉以紅木扛，紅絨縧。

板一串，制同前，但加紅緑帉錔。

杖鼓八面，黑漆木匡，細腰戧金花文，粉塗革面。聯以紅縄掛以青縧，木紅絹鼓衣，畫盤螭并花文。及有貼金木魚，首銜紅緑帉錔，名魚頭鞭。

笛四管，貼金木龍頭，共長一尺七寸，鹿角管束兩末，八孔，龍口銜紅緑帉錔。

頭管四管，以烏木爲管，長六寸八分，以牙管束，卷蘆爲梢，九竅。

絳引旛一對，硃漆攢竹竿，貼金銅龍頭，共長一丈二尺五寸，内龍頭一尺。旛用五色平羅，長六尺三寸，闊五寸五分。四角紅羅蓋，高七寸五分，圍二尺七寸五分，蓋上有抹金銅釘鈒花文，緑二簷，共長一尺九寸。紅緑帉錔四，自此至信旛腰皆用緑色，描金香草文。二簷銷金雲文，旛下綴五色板，自此至節。凡竿柄或以木爲之。挑竿銅龍頭，皆以鐵爲鈎。

傳教旛一對，硃漆攢竹竿，貼金銅龍頭，共長一丈二尺五寸，内龍頭一尺。旛用紅平羅，長六尺三寸，闊五寸五分。四角紅羅蓋，高七寸五分，圍二尺七寸五分。緑腰，描金香草文。紅二簷，共長一尺九寸，銷金雲文。旛上黄羅牌内，書青「傳教」二字。四垂紅緑帉錔，旛下綴五色板。

告止旛一對，制同傳教，但青平羅二簷，黄羅牌内書青「告止」二字。凡旛帉錔以羅爲之，蓋上銅頂鈒花文。

信旛一對，制同傳教，但黄平羅二簷，黄羅牌内書青「信」字。

吾杖一對，硃漆攢竹爲之，兩末貼金長六尺九寸五分。

儀刀一對，刻木爲刀。鞘并靶銀地貼金爲螭虎文，紅帉錔。

立瓜一對，硃漆攢竹柄，長六尺九寸，内貼金木質瓜頭及龍頭，長一尺四寸。

骨朵一對，硃漆攢竹柄，長六尺九寸，内貼金木骨朵，及龍頭，長一尺六寸。

斧一對，硃漆攢竹柄，長六尺九寸，内貼金木斧，長一尺六寸五分。

戟八對，硃漆攢竹竿，長一丈二尺五寸五分，内貼金木戟，及龍頭，長二尺五分。

稍八對，硃漆攢竹竿，長一丈二尺五寸，内貼金木稍，及龍頭，長一尺七寸。

麾一把，硃漆攢竹竿，貼金銅龍頭，共長一丈二尺五寸五分，内龍頭鐵鈎一尺。緑蓋下三紅纓爲三層，每層各綴抹金銅頂。藍斜皮雲蓋，下綴銅鈴。其緑蓋上，抹金銅頂鈒花文。

幢一把，制同麾，但爲五纓五層。

節一把，制同麾，但爲八纓八層。

響節三對，硃漆貼銀攢竹竿，長一丈二寸五分。其首以鐵條貫銅鐵錢十二，長一尺二寸五分。用紅平羅，銷金鳳文衣籠之，長一尺五寸，闊八寸。上加貼金木圓頂，下木盤攀頂，線四，錢文曰「天下太平」。

紅銷金圓傘一把，傘骨面闊并頂，徑四尺一寸五分。柄及貼金木葫蘆，共長一丈九寸。面用紅平羅，紅三簷，銷金香草。邊，雲文。凡傘柄俱用紅油竹，間纏以藤，惟曲柄，硃漆攢竹爲之。

紅圓傘一把，傘骨面闊并頂，徑四尺一寸五分，柄及貼金木葫蘆，共長一丈九寸。面用紅平羅，畫雲文，紅三簷，畫瑞草文。

紅曲柄傘二把，傘骨面闊并頂，徑四尺一寸五分，柄及貼金木葫蘆，共長一丈九寸。面用紅平羅，紅三簷。當曲柄處，用鐵心貼金木龍頭承傘。

紅方傘二把，傘骨面闊并頂，徑四尺，柄及貼金木葫蘆，共長一丈九寸。面用紅平羅，紅三簷。其頂四角，抹金銅龍頭四箇。

青圓扇四把，扇及黑漆攢竹柄，共長一丈七寸五分。面背風衣俱青平羅，面徑三尺三寸五分，畫升降孔雀雲文，背銷金龍團花文。

紅圓扇四把，扇及黑漆攢竹柄，共長一丈七寸五分。面背風衣，俱紅平羅。面徑三尺三寸五分，畫四季花，背銷金龍團花文。

誕馬四匹，紅轡青韁，紅油皮韉。

鞍籠一箇，皮質，紅油貼金升降龍文，并邊，香草文。

馬杌一箇，(本)〔木〕質，銀裹，間抹金銀，釘鉸中鈒盤龍文。

拂子二把，黑漆木柄，銅環釘鉸，繫素犛牛尾垂紅帉錔，今拂用馬尾紅纓爲心。

交椅一把，木質，銀葉裹，間抹金銀釘鉸，中鈒花雲龍文。穿以紅匾絛，四垂紅帉錔，紅織金紵絲褡襠。

脚踏一箇，木質，銀葉裹，間抹金，銀釘鉸，鈒方勝文，紅織金紵絲踏褥。

水盆一箇，銀質，間抹金，寬緣平底鈒盤龍，邊鈒香草文。手巾一條。

水罐一箇，銀質，間抹金，有蓋，有提，小口，巨腹，鈒花文。

香爐一箇，銀質，渾抹金，兩耳，三足，有蓋，鈒龍文。硃漆竿，貼金龍頭并尾。

香盒一箇，銀質，渾貼金，蓋鈒龍文，邊鈒香草文。

紅紵絲拜褥一。

紅紗燈籠二對，紅油竹骨，下有燭盤，蒙以紅紗，玉色紗蓋。硃漆竿，貼金龍頭并尾。

魫燈一對，紅油鐵骨，下有燭盤木座，以魫籠之。竿同紗燈。

帳房一座，以青綿布爲之，緑色螭頭，硃漆柱，并帳竿，竿首各施彩妝蹲獅，頂用氈。

申時行《明會典》卷一八六《工部六・營造四・儀仗五》 皇妃儀仗

紅仗一對，硃漆攢竹爲仗，銅裹兩末，長四尺九寸。

清道旗一對，純青質，硃漆攢竹竿，貼金木鎗頭。共長一丈二尺寸五，內鎗頭，長一尺七寸，銅束。

絳引旛一對，硃漆攢竹竿，貼金銅鳳頭。共長一丈二尺五寸，內鳳頭并鐵鈎長一尺。旛用五色平羅，長六尺三寸，闊五寸五分。四角寶蓋，高七寸五分，圍二尺七寸五分，緑腰青二簷。寶蓋四角鳳頭垂抹金銅佩一十六箇，銅鈴三十六箇。簷用銷金雲花文，其蓋上有抹金銅頂鈒花文，旛下綴五色板。凡挑竿銅鳳頭，以鐵爲鈎。

戈氅一對，硃漆攢竹竿，貼金木戈頭共長一丈二尺五寸，戈頭長一尺六寸二分。粉板畫飛鳥，綴五色羅。氅長六尺三寸，闊五寸五分，旛末綴抹金銅鈴五箇。

戟氅一對，與戈氅制同。共長一丈二尺五寸，內貼金木戟龍頭，長一尺七寸五分。

儀鍠氅一對，硃漆攢竹竿，貼金儀鍠頭，共長一丈二尺五寸五分。內儀鍠頭，長一尺三寸五分。繫抹金銅頂一箇，垂五色平羅。氅長六尺三寸，闊五寸五分，氅下銅鈴五箇。

吾仗一對，硃漆攢竹杖，兩末貼金，長六尺九寸五分。

儀刀一對，刻木爲刀。鞘及靶貼銀爲地，貼金鳳文爲飾，垂紅帉錔。

班劍一對，刻木爲劍，貼以銀。其上有靶，靶下有龍頭，銜劍貼金爲飾，垂紅帉錔。

立瓜一對，硃漆攢竹柄，貼金木瓜，立置其首，承以貼金龍頭。共長六尺九寸，內龍頭及瓜長一尺四寸。

卧瓜一對，與立瓜制同，但瓜卧置其首。共長六尺九寸，龍頭及瓜，長一尺二寸五分。

鐙杖一對，硃漆攢竹杖，貼金木鐙置其首，承以貼金龍頭。共長六尺九寸，內鐙并龍頭，長一尺六寸。

骨朵一對，硃漆攢竹柄，貼金木骨朵置其首，承以貼金龍頭。共長六尺九寸，內骨朵并龍頭，長一尺六寸。

金鉞一對，硃漆攢竹柄，貼金木斧形置其上，承以貼金龍頭。共長六尺九寸，內金鉞并龍頭，長一尺六寸五分。

響節二對，貼金柄，長一丈二寸五分。以鐵條貫銅鐵錢十二置其首，長一尺二寸五分。紅羅衣籠之，銷金鳳文，長二尺五寸。節頂木質，貼金飾，錢文曰「天下太平」，下有盤攀頂線四條。

青方傘二把，傘骨面闊并頂五尺五寸。柄及貼金木葫蘆，共長一丈一尺五寸九分。其面冒以青羅，垂青三簷，傘頂四角加抹金銅鳳頭。凡傘柄俱用竹，加紅油，間纏以藤。

紅繡圓傘一把，傘骨面闊并頂，四尺二寸五分。柄及貼金木葫蘆，共長一丈一尺二寸九分。其面冒以紅羅繡雲文，垂紅三簷，繡雲鳳文。

紅繡方扇四把，扇及柄共高一丈一尺二寸，扇圓徑三尺三寸五分。面背鳳衣俱紅素羅，面繡鸞鳳花文，背銷金團花。凡柄俱用攢竹加黑漆。

紅花圓扇四把，扇及柄共高一丈一尺二寸，扇圓徑三尺三寸五分。面背鳳衣俱紅素羅，面繡四季花，背銷金團鳳文。

青繡圓扇四把，扇及柄共高一丈一尺二寸，扇圓徑三尺三寸五分。面背鳳衣俱青素羅，面繡升降孔雀雲文，背銷金團鳳文。

交椅一把，木質，銀葉裹，間抹金，中鈒雲鳳文，四垂紅絲帉錔，紅織金紵絲褡襠。

脚錔一箇，木質，銀葉裹，間抹金，中鈒方勝花文，紅織金紵絲褡褥。

拂子二把，以素犛牛尾爲拂，黑漆木爲柄，垂紅絲帉錔。今拂用爲馬尾，心用紅纓。

水盆一箇，銀質，間抹金，中鈒雲鳳文，邊鈒香草文。手巾一條。

水罐一箇，銀質，間抹金。有蓋，有提。小口，巨腹，鈒花文。

香爐一箇，銀質，間抹金。兩耳，三足，有蓋，鈒鳳文。以硃漆竿舉之，抹金銅鳳頭并尾。

香盒一箇，銀質，間抹金蓋鈒鳳文，邊鈒香草文。

唾盂一箇，銀質，間抹金。形圓如缶，蓋僅掩口，下有盤鈒鳳文。洪武間停造。

唾壺一箇，銀質，間抹金。小口，巨腹，有蓋，鈒鳳文。洪武間停造。

紅紗燈籠二對，硃油竹骨，有燭盤。外以紅紗蒙之，玉色紗爲蓋，硃漆竿貼金鳳頭尾。

鳳轎一乘，青頂上抹金銅珠頂，四角抹金銅飛鳳四，各垂銀香圓寶蓋并綵結。轎身硃紅漆木匡，三面篾織紋簟，繪以翟文，抹金銅鈒花葉片裝釘。硃紅漆木轎扛，抹金銅鳳頭鳳尾裝飾。青銷金羅緑邊硃紅簾并看帶。內紅交抹并坐踏褥。

紅銷金羅轎衣一件，頂銷金寶珠文，瀝水香草文，看帶并幃皆鳳文。

紅油絹雨轎衣一件。

行障二葉，紅素綾爲之。繪雲鳳，瀝水香草文。

坐障一葉，紅素綾爲之，繪雲鳳文。

東宮妃儀仗

紅杖一對，硃漆攢竹杖，銅裹兩末，長四尺九寸。

清道旗一對，青質青火燄脚，硃漆攢竹竿，貼金木鎗頭。共長一丈二尺五寸，內鎗頭長一尺七寸，銅束。

絳引旛一對，硃漆攢竹竿，貼金銅鳳頭。共長一丈二尺五寸，內鳳頭長一尺。旛用五色平羅，長六尺三寸，闊五寸五分。緑腰，緑三簷，抹金鳳頭四箇，旛下有五色板，四角寶蓋高七寸五分，圍二尺七寸五分。凡挑竿銅鳳頭以鐵爲鈎，蓋上抹金銅頂鈒花文，垂抹金銅佩一十六箇，銅鈴三十六箇。

儀鍠氅一對，硃漆攢竹竿，貼金頭。共長一丈二尺五寸五分，內貼金儀鍠頭，長一尺三寸五分。抹金銅頂一箇，氅用五色平羅，長六尺三寸，闊五寸五分，氅下綴銅鈴五箇。

戈氅一對，硃漆攢竹竿，貼金戈頭。共長一丈二尺五寸，內戈頭，長二尺六寸二分。氅用五色平羅，長六尺三寸，闊五寸五分，氅下綴銅鈴五箇。

戟氅一對，與戈氅制同，惟貼金頭長一尺七寸五分。

吾杖一對，硃漆攢竹杖，兩末貼金，長六尺九寸五分。

儀刀一對，刻木爲刀。鞘及靶，貼銀爲地，貼金鳳文爲飾，垂紅帉鍇。

班劍一對，刻木爲劍。其上有靶，靶下有龍頭銜劍，皆貼金爲飾，垂紅帉鍇。

立瓜一對，硃漆攢竹柄，貼金木瓜，立置其首，承以貼金龍頭。共長六尺九寸，內瓜及龍頭，長一尺四寸。

卧瓜一對，與立瓜制同，但瓜卧置其首，瓜及龍頭，長一尺二寸五分。

鐙杖一對，與瓜制同，但首置貼金木鐙，承以龍頭，長一尺六寸。

骨朵一對，與瓜制同，但首置貼金木骨朵，承以龍頭，長一尺六寸五分。

金鉞一對，與瓜制同，但首置貼金木斧頭，中爲斧形，承以龍頭，長一尺六寸五分。

響節二對，貼金攢竹竿，長一丈二寸五分。竿首以鐵條貫銅鐵錢十二，長一尺二寸五分。紅羅衣籠之，長一尺五寸，銷金雲鳳文。節頂以木爲之，貼金飾，下有盤攀頂綿四，錢文曰「天下太平」。

青方傘二把，傘骨面闊并頂，五尺五寸。柄及貼金木葫蘆，共長一丈一尺五寸九分。其面冒以青羅，垂青三簷，傘頂四角加抹金銅鳳頭四箇。凡傘柄俱用竹加紅油，間纏以藤。

紅素圓傘二把，傘骨面闊并頂，四尺二寸五分。柄及貼金木葫蘆，共長一丈一尺二寸九分。其面冒以紅羅，垂紅三簷。

紅繡圓傘一把，傘骨面闊并頂四尺二寸五分。柄及貼金木葫蘆，共長一丈一尺二寸九分。其面冒以紅羅，繡雲文。垂紅三簷，繡鸞凰雲文。

紅繡方扇四把，扇及柄共長一丈一尺二寸。面背風衣俱紅羅，面徑三尺三寸五分，繡升降鸞鳳文，背銷金團花文。凡柄皆用攢竹加黑漆。

紅繡花圓扇四把，扇及柄共長一丈一尺二寸。面背風衣俱紅羅，面徑三尺三寸五分，繡四季花，背銷金團鳳文。

青繡圓扇四把，扇及柄共長一丈一尺二寸。面背風衣俱青羅，面徑三尺三寸五分，繡升降孔雀文，背銷金團鳳文。

交椅一把，木質，銀葉裹，純抹金，中鈒雲鳳文。穿以紅絲縧，四垂紅絲帉鍇，紅織金紵絲褡䙓。

脚踏一箇，木質，銀葉裹，純抹金，鈒方勝花文，紅織金紵絲踏褥。

拂子二把，以紅纓爲心，素犛牛尾籠之，黑漆柄垂紅絲帉鍇。今拂用馬尾。

水盆一箇，銀質純抹金，中鈒雲鳳文，邊鈒香草文。手巾一條。

水罐一箇，銀質純抹金。有蓋，有提。小口，巨腹。

香爐一箇，銀質純抹金，兩耳三足，鈒雲鳳文。以硃漆竿舉之，加抹金銅鳳頭尾。

香盒一箇，銀質純抹金，蓋鈒鳳文，邊鈒香草文。

紅紗燈籠二對，紅油竹骨，以紅紗蒙之，青紗爲蓋，下有燭盤。硃漆竿，加貼金鳳頭并尾。

鳳轎一乘，青頂上抹金銅珠頂，四角抹金銅飛鳳四，各垂銀香圓寶蓋并綵結。轎身硃紅漆木匡，三面篾織紋簟，繪以翟文，抹金銅鈒花葉片裝釘。硃紅漆木轎扛，抹金銅鳳頭鳳尾。裝飾青銷金羅緑邊硃紅簾并看帶，内紅交牀并坐踏褥。

紅羅銷金轎衣一件，頂用銷金寶珠文，瀝水香草文，看帶并幃皆鳳文。

紅油絹雨轎衣一件。

小轎一乘，頂并四柱，坐椅，兩扛皆硃紅漆。上施抹金銅珠頂，四角抹金雲朵，扛兩頭抹金鳳頭尾，幔頂用礬紅紵絲。

紅素轎衣二件，紵絲一、羅一。

紅油絹雨轎衣一件。

行障二葉，以紅素綾爲之，繪雲鳳文，瀝水香草文。

坐障一葉，以紅素綾爲之，繪雲鳳文。

親王妃儀仗

紅仗一對，硃漆攢竹杖，銅裹兩末，長四尺九寸。

清道旗一對，青質青火燄脚，硃漆攢竹竿，上貼金木鎗頭，下有銅束。共長一丈二尺五寸，内鎗頭長一尺七寸，柄或以木爲之。

絳引旛一對，硃漆攢竹竿，貼金銅鳳頭。共長一丈二尺五寸，内鳳頭長一尺。旛用五色平羅，長六尺三寸，闊五寸五分。四角鳳頭紅蓋緑腰，高七寸五分，圍二尺七寸五分。緑二簷，共長一尺九寸。紅緑帉𧝎，下綴五色板，其上有抹金銅頂鈒花文。凡挑竿銅鳳頭，以鐵爲鈎。自此至鐙杖，凡竿柄或以木爲之。帉𧝎以羅爲之。

戟氅一對，硃漆攢竹竿，貼金木戟頭。共長一丈二尺五寸，内木戟長一尺七寸五分。氅用五色平羅，長六尺三寸，闊五寸五分。氅下綴銅鈴五箇，上硃漆木板。

吾杖一對，長六尺九寸五分。硃漆攢竹爲杖，兩末貼金。

儀刀一對，刻木貼銀爲刀，鞘及靶刻鳳文，貼金爲飾，垂紅絲帉𧝎。

班劍一對，刻木貼銀爲劍，靶刻龍頭銜劍，并鞘皆貼金爲飾，垂紅絲帉𧝎。

立瓜一對，硃漆攢竹柄，貼金木立瓜共長六尺九寸，内瓜及龍頭長一尺四寸。

卧瓜一對，與立瓜制同，但瓜卧置其首，瓜及龍頭，長一尺二寸五分。

骨朵一對，與瓜制同，但貼金木骨朵及龍頭，長一尺六寸。

鐙杖一對，與瓜制同，但以貼金木鐙置其首，鐙及龍頭，長一尺六寸。

響節二對，貼金攢竹竿，長一丈二寸五分。其首以鐵條貫銅鐵錢十二，長一丈二寸五分。用紅平羅銷金鳳文衣籠之，長一尺五寸，闊八寸。節頂木質，貼金飾，錢文曰「天下太平」，攀頂線四。

青方傘二把，傘骨面闊并頂四尺，柄及貼金木葫蘆，共長一丈九寸。面用青平羅，青三簷，四角抹金銅鳳頭四箇。凡傘柄俱用紅油竹，間纏以藤。

紅綵畫雲鳳傘一把，傘骨面闊并頂四尺一寸五分，柄及貼金木葫蘆，共長一丈九寸。面用紅平羅，紅三簷，綵畫雲鳳文。

青孔雀圓扇四把，扇及黑漆攢竹柄，共長一丈七寸五分。面背風衣俱青平羅，面徑三尺三寸五分，畫升降孔雀雲文，背銷金寶珠團文。

紅花扇四把，扇及黑漆攢竹柄，共長一丈七寸五分。面背風衣俱紅平羅，面徑三尺三寸五分，畫四季花，背銷金寶珠團文。

交椅一把，木質，銀葉裹，銀釘鉸。中鈒雲鳳文，間抹金，垂紅帉𧝎，礬紅織金紵絲褡韉。

脚踏一箇，木質，銀葉裹。中鈒方勝文，間抹金，礬紅織金紵絲踏褥。

水盆一箇，銀質，寬緣，平底。鈒雲鳳文，香草邊間抹金。手巾一條。

水罐一箇，銀質，有蓋，有提。鈒花爲飾，間抹金。

紅紗燈籠二對，紅油竹骨，下有燭盤。蒙以紅紗，玉色紗蓋，硃漆竿兩末貼金鳳頭尾。

拂子二把，黑漆木柄，用銅環圈并銅釘鉸，繫素犛牛尾，垂紅絲帉𧝎。今拂用馬尾，心用紅纓。

鳳轎一乘，青頂上抹金銅珠頂，四角抹金銅鳳四，各垂綵結。轎身硃紅漆木匡，三面篾織紋簟，繪以翟文，抹金銅鈒花葉片裝釘。硃紅漆木轎扛，抹金銅鳳頭尾，裝飾青銷金羅緣邊硃紅簾并看帶，内紅交牀并坐踏褥。

木紅平羅轎衣一件，頂銷金寶珠，瀝水銷金香草文，看帶并帷，俱銷金鳳文。

木紅油絹雨轎衣一件。

小轎一乘，轎頂并四柱，坐椅，兩扛皆硃紅漆，上施抹金銅寶珠頂，四角抹金銅雲朵。扛首尾抹金鳳頭尾，幔頂用礬紅紵絲。

礬紅素紵絲轎衣一件。

木紅平羅轎衣一件。

木紅油絹雨轎衣一件。

行障二葉，紅素綾爲之，繪雲鳳，瀝水繪香草文。

坐障一葉，紅素綾爲之，繪雲鳳文。

公主儀仗、世子妃儀仗俱同。

郡王妃儀仗

紅杖一對，硃漆攢竹杖，銅裹兩末，長四尺九寸。

清道旗一對，青質青火燄脚，硃漆竹竿，貼金木鎗頭。共長一丈二尺五寸，內鎗頭，一尺七寸。柄或以木爲之。

絳引旛一對，硃漆攢竹竿，貼金銅翟頭。共長一丈二尺五寸，內翟頭長一尺。旛用五色平羅長六尺三寸，闊五寸五分。四角翟頭紅蓋高七寸五分，圍二尺七寸五分，緑腰銷金香草文。緑二簷，共長一尺九寸，銷金雲文。四垂紅緑帉鍇，下綴五色板，其上有銅頂鈒花文。自此至骨朵，凡竿柄或以木爲之。

戟氅一對，硃漆攢竹竿，貼金木戟。共長一丈二尺五寸，內戟長一尺七寸五分。氅用五色平羅，長六尺三寸，闊五寸四分。氅下銅鈴五箇，上硃漆木板。

立瓜一對，硃漆攢竹柄，貼金木瓜頭。共長六尺九寸，內瓜及龍頭長一尺四寸。

吾杖一對，長六尺九寸五分，硃漆攢爲竹杖，兩末貼金。

班劍一對，刻木爲劍并靶。靶下有龍頭，皆貼金，惟劍貼銀爲飾，紅帉鍇。

骨朵一對，與立瓜制同，但貼金木骨朵及龍頭，長一尺六寸。

響節一對，貼銀攢竹竿，長一丈二寸五分。其首以鐵條貫銅鐵錢十二，長一尺二寸五分。用紅平羅，銷金翟文衣籠之，長一尺五寸。上加貼金木圓頂，錢文曰「天下太平」，攀頂綿四。

青方傘二把，傘骨面闊并頂四尺，柄及貼金木葫蘆，共長一丈九寸。面用青平羅青三簷，四角抹金銅翟頭四箇。凡傘柄俱用紅油竹，間纏以藤。

紅圓傘一把，傘骨面闊并頂，四尺一寸五分，柄及貼金木葫蘆，共長一丈九寸。面用紅平羅，畫雲文，紅三簷畫雲翟文。

青圓扇二把，扇及黑漆攢竹柄，共長一丈七寸五分。面背風衣俱青平羅，面徑三尺三寸五分，畫升降孔雀雲文，背銷金寶珠團文。

紅圓扇二把，扇及黑漆攢竹柄，共長一丈七寸五分。面背風衣俱紅平羅，面徑三尺三寸五分，畫四季花，背銷金寶珠團文。

交椅一把，木質，銀葉裹，銀釘鉸，中鈒花雲翟文。垂紅帉鍇四，間抹金礬紅織金紵絲褡褳。

脚踏一箇，木質，銀葉裹，中鈒方勝文，間抹金礬紅織金紵絲踏褥。

拂子二把，黑漆木柄，用銅環銅釘鉸，繫素犛牛尾，垂紅帉鍇。今拂用馬尾。

紅紗燈籠一對，紅油竹骨，下有燭盤，蒙以紅紗，玉色紗蓋硃漆，竿兩末貼金翟頭尾。

水盆一箇，銀質，寬緣平底鈒雲翟文，間抹金。手巾一條。

水罐一箇，銀質，有蓋，有提。鈒花爲飾，間抹金。

翟轎一乘，青頂上抹金銅珠頂，四角抹金銅翟四，各垂綵結。轎身硃紅漆木匡，三面篾織紋簟，繪以翟文，抹金銅鈒花葉片裝釘。硃紅漆木轎扛，抹金銅翟頭尾。裝飾青銷金羅緑邊硃紅漆簾并看帶，內紅交牀并坐踏褥。

木紅平羅銷金轎衣一件，銷金頂火燄寶珠，瀝水銷金香草，看帶并幃銷金翟文。

木紅油絹雨轎衣一件。

行障二葉，紅素綾爲之，瀝水上彩畫香草，障雲翟文。

坐障一葉，紅素綾爲之，彩畫雲翟文。

郡主儀仗

紅仗一對，硃漆攢竹杖，銅裹兩末，長四尺九寸。

清道旗一對，青質青火燄脚，硃漆攢竹竿，上加貼金木鎗頭，共長一丈二尺五寸。竿或以木爲之。

班劍一對，刻木爲劍并靶，靶下有龍頭，皆貼金。惟劍貼銀爲飾，紅帉鍇。

吾杖一對，硃漆攢竹杖，兩末貼金，長六尺九寸五分。自此至骨朵，凡竿柄或以木爲之。

立瓜一對，硃漆攢竹柄及貼金木瓜頭，共長六尺九寸，內瓜及龍頭，長一尺四寸。

骨朵一對，與立瓜制同，但貼金木骨朵及龍頭長一尺六寸。

響節一對，貼金攢竹竿，長一丈二尺五分。其首以鐵條貫銅鐵錢十二，長一尺二寸五分，用紅平羅，銷金翟文衣籠之，長一尺五寸。上加貼金木圓頂，錢文曰「天下太平」，攀頂線四。

青方傘一把，傘骨面闊并頂四尺，柄及貼金木葫蘆，共長一尺九寸。面用青平羅，青三簷，四角抹金銅翟頭四箇。凡傘柄俱用紅油竹，間纏以藤。

紅圓傘一把，傘骨面闊并頂四尺一寸五分，柄及貼金木葫蘆，共長一丈九寸。面用紅平羅，畫雲文，紅三簷畫翟文。

青圓扇二把，扇及黑漆攢竹柄，共長一丈七寸五分。面背風衣俱青平羅，面徑三尺三寸五分，畫升降孔雀雲文，背銷金寶珠團文。

紅圓扇二把，扇及黑漆攢竹柄，共長一丈七寸五分。面背風衣俱紅平羅，面徑三尺三寸五分，畫四季花，背銷金寶珠團文。

交椅一把，木質銀葉裹銀釘鉸，穿以紅扁絛。四垂紅帉鎝，間抹金，桃紅絹褡襠。

脚踏一箇，木質，銀葉裹，銀釘裝釘，鈒方勝文，間抹金，桃紅絹踏褥。

水盆一箇，銀質，寬緣，平底。鈒翟文，邊鈒香草文，間抹金。

水罐一箇，銀質，有蓋，有提，間抹金。

紅紗燈籠一對，紅油竹骨，蒙以紅紗，玉色紗蓋，下有燭盤。硃漆竿貼金翟頭并尾。

拂子二把，黑漆木柄，用銅環銅釘鉸，繫素犛牛尾，末垂紅帉鎝。今拂用馬尾。

翟轎一乘，青頂上抹金銅珠頂，四角抹金銅飛翟四，各垂綵結。轎身硃紅漆木匡，三面篾織紋簟，繪以翟文，抹金銅鈒花葉片裝釘。硃漆木轎扛，抹金銅翟頭尾。裝飾青銷金羅緑邊硃紅簾并看帶，内紅交牀并坐踏褥。

紅羅銷金轎衣一件，頂銷金寶珠，瀝水銷金香草文，看帶并幃銷金翟文。

紅油絹雨轎衣一件。

行障二葉，紅素綾爲之，繪雲翟瀝水香草文。

坐障一葉，紅素綾爲之，繪雲翟文。

舊例：郡王儀仗，内有交椅馬杌，皆木質銀裹。水盆、水罐及香爐、香盒皆銀質抹金，共折銀三百二十兩。郡王妃儀仗，内有交椅等大器約折銀一百六十兩，餘皆自備充用。嘉靖四十四年題准：宗室分封漸多，難以處給，自是除親王及親王妃初封儀仗照例頒給外，其初封郡王及郡王妃折銀等項，併行停止，不許奏請關給。萬曆十年題定：郡王初封係帝孫者，儀仗照例全給，係王孫者免。

申時行《明會典》卷一九四《工部十四・窑冶》 窑冶舊有磚瓦石灰，今歸營繕司，其燒造鑄造諸器物皆官府取用。制錢與鈔兼行民間，故詳載焉。鑿石取煤具有禁令，今列于後。

正統間，令都察院出榜禁約官員軍民人等，不許於蘆溝橋以東及西一帶鑿山取石，但曾掘成坑坎者責令填平，今後取石，俱於蘆溝橋河西一帶取用。還差人巡視，如有故違仍於河東一帶取石者，治以重罪。成化元年，令都察院申明渾河大略山煤窑禁約，錦衣衛時常差人巡視，敢有私自開掘者重罪不宥。正德元年議准，渾河山場與皇陵京師相近，恐傷風水，申嚴禁約，不許勳戚勢要之家鑿石取煤。嘉靖七年，以居庸關官軍無處樵採，白羊口鎮煤窑，准照舊開取。

【陶器】

洪武二十六年定：凡燒造供用器皿等物，須要定奪樣制，計算人工物料。如果數多，起取人匠赴京置窑興工，或數少，行移饒處等府燒造。

凡在京燒造。天順三年題准：琉璃窑瓷缸，十年一次燒造。舊例缸土䃜土派行真定府，白䃜城土派行開封府，絹布、白麻派行順天府各辦解，木柴召買。嘉靖三十一年，各宫殿膳房及御酒房花園等處料造瓷缸。隆慶五年，内官監傳造琉璃間色雲龍花樣盒盤缸罈，皆工部辦料送該監官匠自行燒造。

凡儀真、瓜洲二廠燒造。每年南京工部委官一員，駐劄儀真，燒造酒缸十萬箇，完日就於糧船内運帶來京，徑送光禄寺交收應用。仍將燒運過數目，按季造册呈部，送司備照。嘉靖七年奏准：寧國府原造送南京光禄寺酒瓶，内一十一萬五千箇，令儀真廠帶運至光禄寺，又一萬五千箇，照舊解南京光禄寺各供應。

凡河南及真定府燒造。宣德間題准：光禄寺每年缸罈瓶共該五萬一千八百五十隻箇，分派河南布政司鈞、磁二州，酒缸二百三十三隻，十瓶罈八千五百二十六箇，七瓶罈一萬一千六百箇，五瓶罈一萬一千六百六十箇，酒瓶二千六十六箇。真定府曲陽縣酒缸一百一十七隻，十瓶罈四千二百七十四箇，七瓶罈六千一百箇，五瓶罈六千二百四十箇，酒瓶一千三十四箇，每年燒造解寺應用。嘉靖三十二年題准：通行折價，每缸一隻折銀二錢，瓶罈一箇折銀一分。鈞州缸一百六十隻，瓶罈一萬八千九十箇，共該銀二百一十二兩九錢，外增脚價銀一百九十七兩一錢，又大户幫貼銀六十兩。磁州缸七十三隻，瓶罈一萬五千七百六十二箇，共該銀一百七十二兩二錢二分，外增脚價銀一百三十二兩五錢八分五釐。曲陽縣缸瓶罈共一萬七千七百六十五件，該銀一百九十九兩八錢八分，外增脚價銀一百八十五兩九錢九分三釐。總該銀一千一百四十兩六錢五分八釐，通行解部，召商代買。如遇缺乏，止行磁州、真定燒造，免派鈞州。　四十二年奏准：鈞州脚價幫貼盡行除豁。凡江西燒造全黄并青碌雙龍鳳等瓷器，送尚膳監供應。其龍鳳花素圓匾瓶、罐、爵、盞等器，送内承運庫交收光禄寺領用。宣德八年尚膳監題准：燒造龍鳳瓷器，差本部官一員，關出該監式樣，往饒州燒造各樣瓷器四十四萬三千五百件。　弘治十八年詔：江西饒州府燒造瓷器，自本年以後，暫停三年。江西燒造，嘉靖中改隸部水司，其瓷缸瓶罈等件，仍隸本司。

凡停減燒造。正統元年奏准：供用庫瓷罈每歲止派七百五十箇。　景泰五年奏准：光禄寺日進月進内庫并賞内外官瓶罈，俱令盡數送寺備用，量減歲造三分之一。　天順三年奏准：光禄寺素白瓷龍鳳椀、楪，減造十分之四。成化四年奏准：光禄寺瓷器仍依四分例減造。　十七年奏准：光禄寺歲用瓶罈，仍照舊例，或二年或三年一次奏造，令廚役關領，如有損失，責令照數陪償。二十三年詔：凡燒造瓷器差去人員，悉令回京。　弘治十五年奏准：光禄寺歲用瓶、罈、缸，自本年爲止，已造完者解用，未完者量減三分之一，本寺該管人員，輕易毁失者，科道官查究送問陪償。　萬曆十年，傳行江西燒造各樣瓷器，九萬六千六百二十四箇、副、對、枝、口、把。　後奏准：屏風、燭臺、棋盤、筆管減半造。　又奏准：屏風、棋盤、燭臺、花瓶、新樣大缸未燒者停免。　又奏准：不係緊要瓷器，減一千四百箇、副。

文震亨《長物志》卷七《器具》　古人製器尚用，不惜所費。故製作極備，非若後人苟且。上至鐘、鼎、刀、劍、盤、匜之屬，下至隃糜、側理，皆以精良爲樂，匪徒銘金石、尚款識而已。今人見聞不廣，又習見時世所尚，遂致雅俗莫辨。更有專事絢麗，目不識古，軒窗几案，毫無韻物，而侈言陳設，未之敢輕許也。志《器具第七》。

香爐　三代、秦、漢鼎彝，及官、哥、定窑、龍泉、宣窑，皆以備賞鑒，非日用所宜。惟宣銅彝爐稍大者，最爲適用。宋姜鑄亦可，惟不可用神爐、太乙及鎏金白銅雙魚、象鬲之類。尤忌者，雲間、潘銅、胡銅所鑄八吉祥、倭景、百釘諸俗式，及新制建窑、五色花窑等爐。又古青緑博山亦可間用。木鼎可置山中，石鼎惟以供佛，餘俱不入品。古人鼎彝，俱有底蓋，今人以木爲之。烏木者最上，紫檀、花梨俱可，忌菱花、葵花諸俗式。爐頂以宋玉帽頂及角端、海獸諸樣，隨爐大小配之，瑪瑙水晶之屬，舊者亦可用。【略】

袖爐　熏衣炙手，袖爐最不可少。以倭製漏空罩蓋漆鼓爲上。新制輕重方圓二式，俱俗制也。

手爐　以古銅青緑大盆及簠簋之屬爲之，宣銅獸頭三脚鼓爐亦可用，惟不可用黄白銅及紫檀、花梨等架。脚爐舊鑄有俯仰蓮坐細錢紋者，有形如匣者最雅。被爐有香球等式，俱俗，竟廢不用。

香筒　舊者有李文甫所製，中雕花鳥竹石，略以古簡爲貴。若太涉脂粉，或雕鏤故事人物，便稱俗品，亦不必置懷袖間。

筆格　筆格雖爲古制，然既用研山，如靈壁、英石，峯巒起伏，不露斧鑿者爲之，此式可廢。古玉有山形者，有舊玉子母猫，長六七寸，白玉爲母，余取玉玷或純黄、純黑玳瑁之類爲子者。古銅有鏒金雙螭挽格，有十二峯爲格，有單螭起伏爲格。窑器有白定三山、五山及卧花哇者，俱藏以供玩，不必置几研間。俗子有以老樹根枝蟠曲萬狀，或爲龍形，爪牙俱備者，此俱最忌，不可用。

筆床　筆床之制，世不多見。有古鎏金者，長六七寸，高寸二分，闊二寸餘，上可卧筆四矢，然形如一架，最不美觀。即舊式，可廢也。

筆屏　鑲以插筆，亦不雅觀。有宋内制方圓玉花版，有大理舊石，方不盈尺者，置几案間，亦爲可厭，竟廢此式可也。

筆筒　湘竹、栟櫚者佳，毛竹以古銅鑲者爲雅，紫檀、烏木、花梨亦間可用，忌八棱花式。陶者有古白定竹節者最貴，然艱得大者。青冬磁細花及宣窑者，俱可用，又有鼓樣中有孔插筆及墨者，雖舊物，亦不雅觀。

筆船　紫檀、烏木細鑲竹篾者可用，惟不可以牙、玉爲之。

筆洗　玉者有鉢盂洗、長方洗、玉環洗。古銅者有古鏒金小洗，有青緑小盂，有小釜、小卮、小匜，此五物原非筆洗，今用作洗最佳。陶者有官、哥葵花洗、磬口洗、四卷荷葉洗、卷口蔗段洗。龍泉有雙魚洗、菊花洗、百折洗。定窑有三箍洗、梅花洗、方池洗。宣窑有魚藻洗、葵瓣洗、磬口洗、鼓樣洗，俱可用。忌絛環及青白相間諸式，又有中盞作洗，邊盤作筆硯者，此不可用。

筆覘　定窑、龍泉小淺碟俱佳，水晶、琉璃諸式俱不雅，有玉碾片葉爲之者尤俗。【略】

書燈　有古銅駝燈、羊燈、龜燈、諸葛燈，俱可供玩，而不適用。有青緑銅荷一片檠，架花朵於上，古人取金蓮之意，今用以爲燈，最雅。定窑三台、宣窑二台者，俱不堪用。錫者取舊制古樸矮小者爲佳。

燈 閩中珠燈第一，玳瑁、琥珀、魚魫次之，羊皮燈名手如趙虎所畫者，亦當多蓄。料絲出滇中者最勝，丹陽所制有横光，不甚雅。至如山東珠、麥、柴、梅、李、花草、百鳥、百獸、夾紗、墨紗等製，俱不入品。燈樣以四方如屏，中穿花鳥，清雅如畫者爲佳，人物、樓閣，僅可於羊皮屏上用之，他如蒸籠圈、水精球、雙層、三層者，俱最俗。篾絲者雖極精工華絢，終爲酸氣。曾見元時布燈，最奇，亦非時尚也。

鏡 秦陀、黑漆古、光背質厚無文者爲上，水銀古花背者次之。有如錢小鏡，滿背青緑，嵌金銀五岳圖者，可供携具。菱角、八角、有柄方鏡，俗不可用。軒轅鏡，其形如球，卧榻前懸挂，取以辟邪，然非舊式。

鈎 古銅腰束絛鈎，有金、銀、碧填嵌者，有片金銀者，有用獸爲肚者，皆三代物也。有羊頭鈎、螳螂捕蟬鈎、鏒金者，皆秦漢物也。齋中多設，以備懸壁挂畫，及拂塵、羽扇等用，最雅。自寸以至盈尺，皆可用。

束腰 漢鈎、漢玦僅二寸餘者，用以束腰，甚便。稍大則便入玩器，不可日用。絛用沉香、真紫，餘俱非所宜。【略】

如意 古人用以指揮向往，或防不測，故煉鐵爲之，非直美觀而已。得舊鐵如意，上有金銀錯，或隱或見，古色蒙然者最佳。至如天生樹枝竹鞭等制，皆廢物也。

塵 古人用以清談，今若對客揮麈，便見之欲嘔矣。然齋中懸挂壁上，以備一種。有舊玉柄者，其拂以白尾及青絲爲之，雅。若天生竹鞭、萬歲藤，雖玲瓏透漏，俱不可用。

錢 錢之爲式甚多，詳具《錢譜》。有金嵌青緑刀錢，可爲籤，如《博古圖》等書成大套者用之。鵝眼貨布，可挂杖頭。【略】

花瓶 古銅入土年久，受土氣深，以之養花，花色鮮明，不特古色可玩而已。銅器可插花者，曰尊，曰罍，曰觚，曰壺，隨花大小用之。磁器用官、哥、定窑古膽瓶，一枝瓶、小蓍草瓶、紙槌瓶，餘如暗花、青花、茄袋、葫蘆、細口、匾肚、瘦足、藥壇及新鑄銅瓶，建窑等瓶，俱不入清供。尤不可用者，鵝頸壁瓶也。古銅漢方瓶，龍泉、均州瓶，有極大高二三尺者，以插古梅，最相稱。瓶中俱用錫作替管盛水，可免破裂之患。大都瓶寧瘦，無過壯，寧大，無過小，高可一尺五寸，低不過一尺，乃佳。

鐘磬 不可對設，得古銅秦、漢鎛鐘、編鐘，及古靈壁石磬聲清韻遠者，懸之齋室，擊以清耳。磬有舊玉者，股三寸，長尺餘，僅可供玩。

杖 鳩杖最古，蓋老人多咽，鳩能治咽故也。有三代立鳩、飛鳩杖頭，周身金銀填嵌者，飾於方竹、筇竹、萬歲藤之上，最古。杖須長七尺餘，摩弄滑澤，乃佳。天台藤更有自然屈曲者，一作龍頭諸式，斷不可用。【略】

扇、扇墜 羽扇最古，然得古團扇雕漆柄爲之，乃佳。他如竹篾、紙糊、竹根、紫檀柄者，俱俗。又今之摺叠扇，古稱聚頭扇，乃日本所進，彼國今尚有絶佳者，展之盈尺，合之僅兩指許，所畫多作仕女、乘車、跨馬、踏青、拾翠之狀，又以金銀屑飾地面，及作星漢人物，粗有形似，其所染青緑奇甚，專以空青、海緑爲之，真奇物也。川中蜀府製以進御，有金鉸藤骨、面薄如輕綃者，最爲貴重。内府别有彩畫、五毒、百鶴鹿、百福壽等式，差俗，然亦華絢可觀。徽、杭亦有稍輕雅者。姑蘇最重書畫扇，其骨以白竹、棕竹、烏木、紫白檀、湘妃、眉緑等爲之，間有用牙及玳瑁者，有員頭、直根、絛環、結子、板板花諸式，素白金面，購求名筆圖寫，佳者價絶高。其匠作則有李昭、李贊、馬勛、蔣三、柳玉臺、沈少樓諸人，皆高手也。紙敝墨渝，不堪懷袖，别裝卷册以供玩，相沿既久，習以成風，至稱爲姑蘇人事，然實俗制，不如川扇適用耳。扇墜夏月用伽南、沉香爲之，漢玉小玦及琥珀眼掠皆可，香串、緬茄之屬，斷不可用。【略】

琴 琴爲古樂，雖不能操，亦須壁懸一床。以古琴歷年既久，漆光退盡，紋如梅花，黯如烏木，彈之聲不沉者爲貴。琴軫犀角、象牙者雅。以蚌珠爲徽，不貴金玉。弦用白色柘絲，古人雖有朱弦清越等語，不如素質有天然之妙。唐有雷文、張越，宋有施木舟，元有朱致遠，國朝有惠祥、高騰、祝海鶴及樊氏、路氏，皆造琴高手也。挂琴不可近風露日色，琴囊須以舊錦爲之，軫上不可用紅緑流蘇，抱琴勿横。夏月彈琴，但宜早晚，午則汗易污，且太燥，脆弦。

琴臺 以河南鄭州所造古郭公磚，上有方勝及象眼花者，以作琴臺，取其中空發響，然此實宜置盆景及古石。當更製一小幾，長過琴一尺，高二尺八寸，闊容三琴者，爲雅。坐用胡床，兩手更便運動，須比他坐稍高，則手不費力。更有紫檀爲邊、以錫爲池、水晶爲面者，於臺中置水蓄魚藻，實俗製也。

研 研以端溪爲上，出廣東肇慶府，有新舊坑、上下岩之辨，石色深紫，襯手而潤，叩之清遠，有重暈、青緑、小鴝鵒眼者爲貴；其次色赤，呵之乃潤；更有紋慢而大者，乃西坑石，不甚貴也。又有天生石子，温潤如玉，摩之無聲，發墨而不壞筆，真希世之珍。有無眼而佳者，若白端、青緑端，非眼不辨。黑端出湖廣辰、沅二州，亦有小眼，但石質粗燥，非端石也。更有一種出婺源歙山、龍尾溪，亦有新舊二坑，南唐時開，至北宋已取盡，故舊硯非宋者，皆此石。石有金銀星及羅紋、刷絲、眉子，青黑者尤貴。黎溪石出湖廣常德、辰州二界，石色淡青，内深紫，有金綫及黄脉，俗所謂紫袍、金帶者是。洮溪研出陝西臨洮府河中，石緑色，潤如玉。衢研出衢州開化縣，有極大者，色黑。熟鐵研出青州，古瓦研出相州，澄泥研出虢州。研之樣製不一，宋時進御有玉臺、鳳池、玉環、玉堂諸式，今所稱貢研，世絶重之。以高七寸，闊四寸，下可容一拳者爲貴，不知此特進奉一種，其製最俗。余所見宣和舊研有絶大者，有小八棱者，皆古雅渾朴。別有圓池、東坡瓢形、斧形、端明諸式，皆可用。葫蘆樣稍俗，至如雕鏤二十八宿、鳥、獸、龜、龍、天馬，及以眼爲七星形，剥落研質，嵌古銅玉器於中，皆入惡道。研須日滌，去其積墨敗水，則墨光瑩澤，惟研池邊斑駁，墨迹久浸不浮者，名曰墨銹，不可磨去。研，用則貯水，畢則干之。滌硯用蓮房殼，去垢起滯，又不傷研。大忌滚水磨墨，茶酒俱不可，尤不宜令頑童持洗。研匣宜用紫、黑二漆，不可用五金，蓋金能燥石。至如紫檀、烏木及雕紅、彩漆，俱俗，不可用。

筆 尖、齊、圓、健，筆之四德，蓋毫堅則尖，毫多則齊，用苘貼襯得法，則毫束而圓，用純毫附以香狸、角水得法，則用久而健，此製筆之訣也。古有金銀管、象管、玳瑁管、玻璃管、鏤金、緑沉管，近有紫檀、雕花諸管，俱俗不可用。惟斑管最雅，不則竟用白竹。尋丈書筆，以木爲管，亦俗。當以筇竹爲之，蓋竹細而節大，易於把握。筆頭式須如尖笋，細腰、葫蘆諸様，僅可作小書，然亦時製也。畫筆，杭州者佳。古人用筆洗，蓋書後即滌去滯墨，毫堅不脱，可耐久。筆敗則瘞之，故云敗筆成冢，非虚語也。

墨 墨之妙用，質取其輕，烟取其清，嗅之無香，磨之無聲，若晋、唐、宋、元書畫，皆傳數百年，墨色如漆，神氣完好，此佳墨之效也。故用墨必擇精品，且日置几案間，即様制亦須近雅，如朝官、魁星、寶瓶、墨玦諸式，即佳亦不可用。宣德墨最精，幾與宣和内府所製同，當蓄以供玩，或以臨摹古書畫，蓋膠色已退盡，惟存墨光耳。唐以奚廷珪爲第一，張遇第二。廷珪至賜國姓，今其墨幾與珍寶同價。

紙 古人殺青爲書，後乃用紙。北紙用横簾造，其紋横，其質松而厚，謂之側理。南紙用竪簾，二王真迹，多是此紙。唐人有硬黄紙，以黄蘖染成，取其辟蠹。蜀妓薛濤爲紙，名十色小箋，又名蜀箋。宋有澄心堂紙，有黄白經箋，可揭開用。有碧雲春樹、龍鳳、團花、金花等箋，有匹紙長三丈至五丈，有彩色粉箋及藤白、鵠白、蠶繭等紙。元有彩色粉箋、蠟箋、黄箋、花箋、羅紋箋，皆出紹興，有白籙、觀音、清江等紙，皆出江西。山齋俱當多蓄以備用。國朝連七、觀音、奏本、榜紙，俱不佳。惟大内用細密灑金五色粉箋，堅厚如板，面砑光如白玉，有印金花五色箋，有青紙如段素，俱可寶。近吴中灑金紙、松江潭箋，俱不耐久，涇縣連四最佳。高麗别有一種，以綿繭造成，色白如綾，堅韌如帛，用以書寫，發墨可愛。此中國所無，亦奇品也。

劍 今無劍客，故世少名劍，即鑄劍之法亦不傳。古劍銅鐵互用，陶弘景《刀劍録》所載有「屈之如鈎，縱之直如弦，鏗然有聲者」，皆目所未見。近時莫如倭奴所鑄，青光射人。曾見古銅劍，青緑四裹者，蓄之，亦可愛玩。

印章 以青田石瑩潔如玉、照之燦若燈輝者爲雅。然古人實不重此，五金、牙、玉、水晶、木、石皆可爲之，惟陶印則斷不可用，即官、哥、青冬等窑，皆非雅器也。古鎏金、鍍金、細錯金銀、商金、青緑、金玉、瑪瑙等印，篆刻精古，鈕式奇巧者，皆當多蓄，以供賞鑒。印池以官、哥窑方者爲貴，定窑及八角、委角者次之，青花白地、有蓋、長様俱俗。近做周身連蓋滚螭白玉印池，雖工緻絶倫，然不入品。所見有三代玉方池，内外土銹血侵，不知何用，今以爲印池，甚古，然不宜日用，僅可備文具一種。圖書匣以豆瓣楠、赤水、櫸爲之，方様套蓋，不則退光素漆者亦可用，他如剔漆、填漆、紫檀鑲嵌古玉、及毛竹、攢竹者，俱不雅觀。

文具 文具雖時尚，然出古名匠手，亦有絶佳者。以豆瓣楠、癭木及赤水、櫸爲雅，他如紫檀、花梨等木，皆俗。三格一替，替中置小端硯一，筆硯一，書冊一，小硯山一，宣德墨一，倭漆墨匣一。首格置玉秘閣一，古玉或銅鎮紙一，賓鐵古刀大小各一，古玉柄棕帚一，筆船一，高麗筆二枝。次格古銅水盂一，糊斗、蠟斗各一，古銅水杓一，青緑鎏金小洗一。下格稍高，置小宣銅彝爐一，宋剔合一，倭漆小撞、白定或五色定小合各一，矮小花尊或小觶一，圖書匣一，中藏古玉印池、古玉印、鎏金印絶佳者數方，倭漆小梳匣一，中置玳瑁小梳及古玉盤匜等器，古犀玉小杯二，他如古玩中有精雅者，皆可入之，以供玩賞。

梳具 以癭木爲之，或日本所製，其纏絲、竹絲、螺鈿、雕漆、紫檀等，俱不可用。中置玳瑁梳、玉剔帚、玉缸、玉合之類，即非秦、漢間物，亦以稍舊者爲佳。若使新俗諸式闌入，便非韻士所宜用矣。

海論銅玉雕刻窰器 三代秦漢人制玉，古雅不凡。即如子母螭、卧蠶紋、雙鈎碾法，宛轉流動，細入毫髮，涉世既久，土銹血侵最多。惟翡翠色、水銀色，爲銅侵者，特一二見耳。玉以紅如鷄冠者爲最，黄如蒸栗、白如截肪者次之。黑如點漆、青如新柳、緑如鋪絨者又次之。今所尚翠色，通明如水晶者，古人號爲碧，非玉也。玉器中圭璧最貴，鼎彝、觚尊、杯注、環玦次之，鈎束、鎮紙、玉璏、充耳、剛卯、瑱珈、珌琫、印章之類又次之，琴劍觹佩、扇墜又次之。

銅器：鼎、彝、觚、尊、敦、鬲最貴，匜、卣、罍、觶次之，簠簋、鐘注、歃血盆、奩花囊之屬又次之。三代之辨，商則質素無文，周則雕篆細密，夏則嵌金、銀，細巧如髮。款識少者一二字，多則二三十字，其或二三百字者，定周末先秦時器。

篆文：夏用鳥迹，商用蟲魚，周用大篆，秦以大小篆，漢以小篆。三代用陰款，秦漢用陽款，間有凹入者，或用刀刻如鐫碑。亦有無款者，蓋民間之器，無功可紀，不可遽謂非古也。有謂銅氣入土久，土氣濕蒸，鬱而成青，入水久，水氣鹵浸，潤而成緑。然亦不盡然，第銅氣清瑩不雜，易發青緑耳。

銅色：褐色不如朱砂，朱砂不如緑，緑不如青，青不如水銀，水銀不如黑漆，黑漆最易僞造，余謂必以青緑爲上。僞造有冷冲者，有屑凑者，有燒斑者，皆易辨也。

窰器：柴窰最貴，世不一見，聞其製，青如天，明如鏡，薄如紙，聲如磬，未知然否。官、哥、汝窰以粉青色爲上，淡白次之，油灰最下。紋：取冰裂、鱔血、鐵足爲上，梅花片、墨紋次之，細碎紋最下。官窰隱紋如蟹爪，哥窰隱紋如魚子，定窰以白色而加以泑水如淚痕者佳，紫色、黑色俱不貴。均州窰色如胭脂者爲上，青若葱翠、紫若墨色者次之，雜色者不貴。龍泉窰甚厚，不易茅蔑，第工匠稍拙，不甚古雅。宣窰冰裂、鱔血紋者，與官、哥同，隱紋如橘皮、紅花、青花者，俱鮮彩奪目，堆垛可愛。又有元燒樞府字號，亦有可取。至於永樂細款青花杯、成化五彩葡萄杯及純白薄如琉璃者，今皆極貴，實不甚雅。

雕刻精妙者，以宋爲貴，俗子輒論金銀胎，最爲可笑，蓋其妙處在刀法圓熟，藏鋒不露，用朱極鮮，漆堅厚而無敲裂，所刻山水、樓閣、人物、鳥獸，皆儼若圖畫，爲佳絶耳。元時張成、楊茂二家，亦以此技擅名一時。國朝果園廠所制，刀法視宋尚隔一籌，然亦精細。至於雕刻器皿，宋以詹成爲首，國朝則夏白眼擅名，宣廟絶賞之。吴中如賀四、李文甫、陸子岡，皆後來繼出高手，第所刻必以白玉、琥珀、水晶、瑪瑙等爲佳器，若一涉竹木，便非所貴。至於雕刻果核，雖極人工之巧，終是惡道。

張岱《陶庵夢憶》卷二《砂罐錫注》 宜興罐，以龔春爲上，時大彬次之，陳用卿又次之。錫注，以王元吉爲上，歸懋德次之。夫砂罐，砂也；錫注，錫也。器方脱手，而一罐一注價五六金，則是砂與錫與價，其輕重正相等焉，豈非怪事。一砂罐、一錫注，直躋之商彝、周鼎之列而毫無慚色，則是其品地也。

陳康祺《郎潛紀聞初筆》卷五《盛京内務府所藏典訓宗器》 盛京内務府尊藏典訓宗器，二百餘年，寶守維謹，屢有增加。兹照光緒元年以前内府案卷，敬謹著録，俾萬世臣民，知我列聖顯謨承烈，永奠洪基，於發祥創業之區，尤爲鄭重，視周荒郊館，漢設新豐，不啻相去萬萬也。敬按敬典閣上層，供奉九代聖容，凡九箱，行樂圖四箱；每歲春秋二分，由陪京大臣恭晾太廟供奉册實凡五十八分。敬典閣中層，尊藏玉牒黄檔，紅檔凡二百四十包，寶十顆。敬典閣下層，尊藏玉牒黄檔、紅檔凡六十包。崇謨閣尊藏實録一千四百零三包，聖訓三百一十六包，老檔十四包，實録圖一匣。又恭存列祖列宗所遺御用鞍轡、弓箭、腰刀、鎗劍、櫜鞬，高宗純皇帝御用朝冠、朝珠、朝帶、袍褂、鞍轡、弓箭、鎗劍、腰刀、櫜鞬、甲胄，仁宗睿皇帝御用朝冠、朝珠、朝帶、袍褂、鞍轡、鎗劍、腰刀、準捷鎗、撒袋、弓箭，宣宗成皇帝御筆字掛屏、鞍轡、威禽鎗、木桿鎗、銀式件、樺木鞘、小刀子、火鐮、火紙筒，文宗顯皇帝御用鞍一副、籐鞭一把、撒袋一副、弓四張、箭三十六枝，以及各宫殿陳設，一切金玉銅瓷物件，金錁、金條、銀錁、書籍、字畫、册頁，並文溯閣收存各書籍。每值大員更替，按照印册查點一次，專疏奏聞，蓋慎重如此。

錢泳《履園叢話》卷二《閲古・秦漢瓦當》 瓦當者，宋李好文《長安圖志》謂之瓦頭，蓋屋瓦皆仰，當兩仰瓦之際，爲半規之瓦以覆之，俗謂「筒瓦」是也。云當者，以瓦文中有蘭池宫當、宗正官當、宜富貴當、八風壽存當，是秦、漢時本名。《説文解字》云：「當，田相值也。」《韓非子・外儲説》：「玉卮無當。」《史記・司馬相如傳》：「華榱璧當。」司馬彪曰：「以璧爲瓦之當也。」《西都賦》：「裁金璧以飾當。」注家謂當即底也，故謂之瓦當。

按瓦當之文，歐、趙、洪氏俱不載，蓋當時人猶未之見。逮元祐六年，寶雞縣民權氏濬池，得古瓦，文曰「羽陽千歲」，其事載王闢之《澠水燕談録》。又黄伯思《東觀餘論》亦載有「益延壽」三字瓦。自是而後，閴無聞焉。國朝康熙間，侯官林佶人得有長生未央瓦。一時名士俱有詩，見于王阮亭、朱竹垞集中。乾隆初年，浙人有朱楓者，以其子官關中，又得瓦當之有文者三十餘種，因作《秦漢瓦圖記》。至四十八九年間，鎮洋畢秋帆先生爲陝西巡撫，嘗著《關中金石記》，採瓦當文字十餘種入記中。幕府諸客，如張舍人塤、宋孝廉葆醇、趙文學魏、錢别駕坫、俞太學肇修所獲瓦當最多。後青浦王蘭泉先生爲陝西廉訪，亦獲廿餘種。而海内通博之士依兩公以遊者，歲不乏人，亦往往獲瓦以去。時陽曲申大令兆定正候補長安，亦深好古篆籀之文，見諸君所得有異文奇字者，皆爲雙鉤，用舊甎摹仿，較之原本毫髮無遺，故特備于諸君。而歙縣程彝齋敦爲作《秦漢瓦當文字》一卷。逮畢、王二公相繼遷擢，諸君亦皆星散，近亦不可多得。蓋物之顯晦有時，誠有莫知其然而然者。今就程彝齋、申大令兩家所搨本録之，較畢公之《關中金石記》、王公之《金石萃編》爲尤備焉。

〔十二字瓦〕　文曰：「維天降靈，延元萬年，天下康寧。」十二字。此宋芝山、趙晉齋得于長安市中者，諸君斷爲秦瓦。

〔蘭池宫當〕　此瓦晉齋得之咸陽。攷《漢書·地理志》，渭城有蘭池宫。又《史記·始皇本紀》：「始皇微行咸陽，與武士夜出，逢盜蘭池。」《正義》引《括地志》：「蘭池陂，即古之蘭池，在咸陽縣界。」據此則始皇因池以爲宫，又即以名宫也。

〔衛〕　此瓦晉齋、獻之皆有之，俱得自漢城。《長安志》云：「又有作楚字者。秦作六國宫室，用其國號以别之也。」彝齋謂《漢·百官表》有衛尉，掌宫門衛屯兵。當爲衛尉寺并宫内周垣下區廬瓦也。

〔長樂未央〕　張、宋、趙、錢諸君俱有之，皆得自漢城。《漢書·高帝紀》：五年後九月，關中治長樂宫。《史記·高祖本紀》：七年，長樂宫成。八年，蕭丞相作未央宫。九年，未央宫成。據此則長樂、未央本兩宫，此瓦文合而一之，亦取吉祥語意配合成文耳，未必某宫即用某字瓦也。

〔長生未央〕　此瓦最多，諸君俱有之，皆出于漢城。蓋亦未央宫瓦，亦取「長生」二字配合成文也。

〔長生無極〕　此瓦亦出漢城，當是未央、長樂宫瓦也。

〔與天無極〕　此瓦當與「長生無極」同意，頌禱之辭也。

〔億年無疆〕　此俞太學得于長安市上，不知所施。或謂王莽妻陵瓦，非也。攷秦、漢宫殿以年壽命名者甚多，率取頌禱之辭耳。

〔延年益壽〕　此瓦趙、錢、俞、申諸君俱有之，亦得于長安市上。當是甘泉宫益壽觀瓦。

〔延壽萬歲〕　此瓦俞太學所得，當亦萬歲殿或延壽觀瓦也。

〔千秋萬歲〕　此瓦亦諸君所有，出于漢城者。《長安志》引《三輔黄圖》，謂未央宫有萬歲殿。此即其殿瓦歟？

〔長毋相忘〕　此張舍人所得，亦出自漢城，不知何宫所施。案《長安志》引漢宫殿名有相思殿者，不知所在。此疑爲後宫所用也。

〔永受嘉福〕　此瓦四字俱是蟲篆，蓋漢人有此篆法也。俞太學得于長安肆中，引《董賢傳》爲「椒風嘉祥」，或又引《揚雄傳》爲「迎風嘉祥」。細審之，實是「永受嘉福」四字耳。

〔永奉無疆〕　此瓦錢、俞、申三君俱有之，皆得于漢城。錢别駕定爲漢太廟上所施。

〔便〕　此瓦惟一「便」字，作陰文。申大令得于長安市，引《漢書·武帝紀》六年四月，高園便殿火。小顔曰：「凡言便殿、便室、便坐者，皆非正大之處，所以就便安也。」據此則爲便殿所施。

〔飛廉〕　此瓦作飛廉形，俞太學得于漢城。攷《史記·孝武本紀》：「公孫卿曰：『仙人好樓居。』于是上令長安作飛廉觀。」當是飛廉觀瓦也。

〔朱鳥〕　此瓦作朱鳥形，錢别駕得于漢城。案張平子《西京賦》李善注引漢宫闕名有朱鳥殿。又《長安志》未央宫有朱雀殿，一名朱鳥殿，此其所施也。

〔玄武〕　此瓦作玄武形，上蟠一蛇，趙文學得于漢城，引《史記·高祖本紀》：八年，蕭丞相營作未央宫，立東闕北闕。注云：「東有蒼龍闕，北有玄武闕。」即玄武闕瓦也。

〔鳳〕　此瓦作鳳形，俞太學從漢城仙女樓下得之。攷《漢書·武帝紀》及《郊祀志》，建章宫有鳳闕，此其瓦也。

〔萬物咸成〕　此瓦申大令得于長安市肆。攷《三輔黄圖》云：「後宫在西，秋之象也。秋主信，故以長秋、長信爲名。」今云「萬物咸成」者，當是長秋殿瓦。

〔上林〕　此瓦錢、申、俞三君皆有之。案《史記·始皇本紀》、《漢書·揚雄傳》及《東方朔傳》俱有上林苑，此上林門署衛垣之瓦也。

〔鹿甲天下〕　此瓦上有二鹿形，下「甲天下」三字左行書，乃俞太學于淳化友人處索得者，不知其所由來，或謂天鹿閣瓦，非也。案《長安志》引《關中記》，上林苑中有二十二觀，有衆鹿觀，「甲天下」者，言其多也，豈即衆鹿觀瓦耶？

〔三鳥〕　此瓦有三鳥形，俞太學得于長安道上。《長安志》二十二觀中有三雀觀，此其觀瓦也。

〔黄山〕　此瓦惟「黄山」二字，俞太學得自興平。《漢書·地理志》槐里有黄山宫，孝惠二年起。《長安志》云：「漢黄山宫在興平縣西南十里。」其爲黄山宫瓦無疑。

〔宗正官當〕　此瓦申大令得于漢城。案《漢書·高帝紀》，七年二月，置宗正官，以序九族。《百官表》云：「宗正，秦官，掌親屬。」《史記·文帝紀》注《正義》曰：「漢置九卿，七曰宗正。」此瓦當是宗正官瓦也。

〔都司空瓦〕　此瓦趙文學得于漢城。案《漢書·百官表》，宗正屬官有都司空。如淳曰：「律，司空主水及罪人。」

〔右空〕　此趙文學得之長安市中。案《漢書·百官表》，少府，秦官，掌山海地澤之税，以給供養。屬官有左右司空。據此當是右司空瓦。

〔上林農官〕　此瓦錢别駕得于長安市中。據《史記·平準書》，水衡、少府、大農、太僕各置農官。則上林之有農官，當自此始。此即農官治事處之瓦也。

〔宜富貴當〕　此瓦亦取吉祥語意。中有二小字，或説「金」旁作「刃」，爲「劉」字，非也。余嘗見古鏡上有小印曰「千金」，細審之，實是「千金」二字。

〔高安萬世〕　此錢别駕得自漢城。别駕據《漢書·佞幸傳》，董賢封高安侯，上爲起大第北闕下，重殿洞門，窮極技巧。此即其殿瓦耶？

〔大〕　此瓦俞太學得之漢城，不知所施。

〔有萬憙〕　錢别駕于漢城得一殘瓦，惟「萬憙」二字。後申大令在長安市亦獲瓦半片，惟一「有」字，合而觀之，上下文藻相合，實「有萬憙」三字耳。漢碑「憙」、「喜」二字通用。

〔八風壽存當〕　此瓦程彝齋得之漢城長樂鐘室舊阯南百步埃塵之間。因攷《漢書·郊祀志》，王莽二年，興神仙事。以方士蘇樂言，起八風臺于宫中。臺成萬金，作樂其上。此當是八風臺瓦也。

〔卌〕　此瓦嘉定錢既勤所得，上下左右作四神形，甚奇古。阮雲臺先生定爲「豊」字瓦。

〔仁義自成〕　此瓦程彝齋所得，不知所施。

〔虎〕　此瓦作虎形，虎口前有一「申」字，不知何義。或曰此真白虎觀瓦也。

右秦、漢瓦當三十六種，其中有重文者、異文者、殘闕者，共記所見一百二十餘塊，較諸家著録爲多。

錢泳《履園叢話》卷二《閱古·古磚》　按古磚題字，亦不載于歐、趙著録，惟洪氏《隸續》有永平及汝伯寧諸磚，自後無有見者。近來好古之士，漸次搜羅，日出日多。老友海鹽張芑堂徵君作《金石契》，山陰陳雪樵騎尉有《古磚題字攷》，又吴興陳抱之太學作《金石圖》，俱載有漢、魏、兩晉、六朝諸磚，又借搨他人所得者，計三十種，傳之藝林，亦可備嗜古之一助云。

〔漢萬歲磚〕　此磚乾隆辛卯吴興莘芹圃得之，桐城胡雒君又于長興得一磚，亦有「萬歲」二字。《隸續》載汝伯寧磚曰「萬歲舍」，曹叔文磚曰「千萬歲署舍」，邯君篆磚曰「萬秋宅」。觀此則知漢人尚吉語，如瓦當文曰「千秋萬歲」、「萬年無疆」之類，必是漢磚無疑也。

〔漢五鳳磚〕　此磚揚州阮雲臺先生案頭見之，文曰「五鳳三年」四字，海鹽張芑堂所貽也。

〔漢竟寧磚〕　文曰「竟寧元年歲」五字，下缺，上端作大獸面，形模古異，吴興陳抱之太學所得。按《元帝紀》第四改元曰竟寧，「歲」字下當是「在戊子」三字無疑。

〔漢建平磚〕　文僅「建平」二字，下缺。按哀帝紀元曰建平，磚右側有一「宜」字，上有「廷尉書」三字。《文獻通攷》云：「廷尉，秦官，漢因之。景帝中元六年，更名大理。武帝建元四年，復爲廷尉。哀帝元壽元年，復改爲大理。」知建平時猶未改也。

〔漢永建磚〕　文僅「永建」二字，下缺。按《後漢·順帝紀》，順帝在位十九年，紀元五，初紀曰永建，凡六年。

〔漢本初磚〕　文曰「本初元年，歲在丙戌，下端日造作助」十四字。按後漢質帝紀元本初只一年。此亦抱之所得。

〔漢中平磚〕　文曰「中平五年七月」，下缺，計六字，其左側有「萬歲富貴」四字。按《後漢·靈帝紀》，帝在位廿二年，紀元四，末改元曰中平，凡六年。

〔漢亭長磚〕　揚州羅兩峯有一磚，畫像車騎，外貌一人，方面豐頤，鬑鬑有須，兩手執旗干而立。上有八分書「亭長」二字，宛如漢石室畫像。按《漢官儀》，民年二十三爲正，一歲以爲衛士，一歲爲材官，五十六乃得免爲民，就田合選爲亭長。亦漢磚也。

〔吴寶鼎磚〕　康熙四年，吴之村民于小雁嶺掘地得之，文曰：「大吴寶鼎二年，歲在丁亥作。」計十一字，書法在篆隸之間。一面有螭文，筆勢勁挺。朱竹垞《曝書亭集》亦載此磚，以爲宫殿上所用，引孫晧起昭明宫爲證。然魏、晉以前，磚上大率皆有文，不獨此磚也。

〔吴潘冢磚〕　文曰「嘉興象西潘儒南父母墳塋磚」十二字，又兩頭有曰「潘冢」、曰「潘墓」，皆篆書，共十六字。浙江嘉興、海鹽諸處委巷頹垣中，往往有之。其書法非隸非篆，絶似《國山碑》。張芑堂《金石契》定爲孫吴時磚，引赤烏五年避太子和嫌名，改嘉禾爲嘉興，亦一證。

〔晉太康磚〕　太康磚，余所見者甚多，其文亦不一。乾隆五十年，吴中大旱，居民于太湖中掘井得數百塊，皆太康磚也。其文曰「太康七年七月十七日吴賀申作」十三字。又吴興陳抱之亦得有「太康八年，臨安□弼制萬年」十一字磚，磚右側有「萬歲不敗」四字。又一塊曰「太康□年五月十三日」九字。此吴門陸默齋舍人所藏也。

〔晉蜀師磚〕　蜀師磚，嘉興之海鹽、揚州之平山堂，皆掘有蜀師磚。或以爲蜀都城磚，非也。然「蜀師」二字，義終未詳。嘉慶六年冬，浙中陳南叔得一磚，文曰「太康三年七月廿日蜀師所作」，計十二字，則知蜀師爲陶人也。

〔晉永平磚〕　嘉慶丁巳歲，南康謝蘊山先生爲浙江布政使，闢東園屋，得永平磚八塊，先生大喜，定爲晉惠帝時物。遂名之曰「八磚書舫」，賦詩紀之，一時和者至數十家。或以爲明永平廠所造，非晉磚也。先生怒曰：「爾輩嗜古家，每以穿鑿附會爲長，區區瓦礫，何足深究耶！」

〔晉元康磚〕　文曰「元康八年八月廿六日宣作」十一字。按《晉書》惠帝第三改元，歲在戊午。

〔晉永寧磚〕　文曰「永寧元年六月十九日淳」，下缺，計十字。近嘉興張叔未解元得有一磚，文與前同，下曰「淳于氏作，奉在立」，共十有六字，載芑堂《金石契》。又一磚文曰「永寧元年，歲在辛酉，蔡作」，上下兩端作蕉葉文，亦惠帝改元也。

〔晉永興磚〕　文曰「永興二年八月」，下缺，計六字，亦惠帝改元，當在乙丑歲也。山陰陳雪樵所得。

〔晉永嘉磚〕　文曰「永嘉二年，歲在」，下缺，計六字。按《晉書》，永嘉，懷帝紀元。此云二年，當是戊辰歲也。此亦抱之所藏。

〔晉建興磚〕　文曰「傳世富貴」，左側有「建興三」三字，當是建興三年也。按《晉書》，愍帝改元曰建興。攷三年是乙亥，即蜀漢建元元年也。

〔蜀漢建元磚〕　文曰「建元二年七月八日故民王有張申明仲和馬」十八字。按建元是蜀漢年號也。亦雪樵所得。又東晉康帝、秦苻堅亦曰建元。

〔東晉泰元磚〕　晉泰元磚有數種，其一曰「泰元元年八」五字，一曰「晉泰元九年十月」，又一曰「晉太元十六年」，又一曰「卜氏塚，太元廿一年」，皆陳抱之所藏，阮雲臺尚書有跋語。又嘉慶四年，山陰蘭渚山土人掘地得一穴，大逾甕，有好事者縋入，昏黑不可辨，地寬廣約一間屋許。以火照之輒滅，以手捫壁得古磚五，每塊長一尺六寸，厚二寸，博一尺許，上有「晉太元廿二年建墓」，凡八字，作陽文凸起，四磚皆同。其一磚尺寸相仿，文已磨滅，惟存「君諱堅，字君實，會稽山陰人也。長子玩，次子玫」凡廿二字，則陰文。五磚皆楷書，今藏吴比部蘭馥家。

〔晉咸康磚〕　此磚搨本在吴門陸謹庭孝廉家見之，文曰「咸康四年」。按咸康是東晉成帝年號也。

〔晉永和磚〕　余見者有兩磚，一曰「永和四年」，陸謹庭所藏車氏搨本也。一曰「永和九年七月十」，下缺，張芑堂曾刻入《金石契》者也。梁山舟侍講嘗題一詩云：「頑物千年遂不磨，不知蕩潏幾滄波。昭陵玉匣今安在，斷甓猶傳晉永和。」

〔宋元嘉磚〕　文曰「宋元嘉六年太歲己巳」，俱反文。按宋文帝元嘉元年是甲子六年，乃己巳也。此亦陳抱之所藏。

〔宋泰始磚〕　此宋明帝年號也。文曰「泰始二年四月」，六字，下缺。陳雪樵得于山陰。

〔梁天監磚〕　文曰「天監八年五月」，六字。杭州萬氏營葬于西溪，掘土得之。磚藏丁龍泓先生家，載《金石契》。

〔梁臺城磚〕　本朝康熙中江寧民人于臺城舊址掘得，一磚計有文四行，曰「南康府提調官」，下缺；「都昌縣提調官」，下缺；「總甲曹才」，下缺；「窑匠鄧」，下缺，共十九字。車氏搨本也。

〔隋大業磚〕　乾隆五十八年紹興府城蕺山下居民商姓于住屋清暉軒下掘土得之，磚旁有「隋大業九年太歲癸酉袁」，凡十字，磚頂上又有「遲樽」二字，疑陶人名也。

〔唐大和磚〕　文曰「大和六年」，四字。按唐文宗有大和年號，後人誤作太和耳。

〔唐大中磚〕　文曰「大中四年」，四字。按唐宣宗年號也。此二磚俱陳抱之所藏。余曩在吴門又見有「柳磚」二字，筆法顔魯公，想亦唐時磚也。

右漢、魏、晉、唐磚，合重文、異文及殘缺者計四十餘塊。又有無年月可攷者，如功曹史磚、左將磚、柳磚、崔氏造磚、李氏磚、王宥磚、東遷磚、潘氏磚、孫氏磚、大泉五十磚、五銖磚、可久長磚、長樂磚、壽考磚、安富貴磚、大吉祥磚之類，不能盡記，皆漢、唐物也。

錢泳《履園叢話》卷二《閱古・銅帶鉤》　古銅帶鉤，余見者有二十餘種，形如螳螂，要皆是漢、魏之物。其下有文，皆吉語，如「位至公侯」、「長宜君官」、「大吉祥」、「富貴昌」之類。考者謂革帶所施。《隋書・禮儀志》「革帶，案《禮》博二寸，今博三寸半，加金縷鰈，螳螂鈎以相拘」是也。金縷者，即今之嵌金銀絲也。

錢泳《履園叢話》卷二《閱古・古鏡》　余三十年來所見古鏡極多，而各有不同。一曰：「黄帝治鏡于西方，青龍白虎辟不羊，朱鳥玄武調陰陽。子孫備具居中央，爲保長生富貴昌。」一曰：「鍊治同錫清而明，以之爲鏡宜文章。光照天下達四方，長保二親世世昌。」一曰：「十言之紀從竟始，調鍊同華去惡滓。刻竟均好置孫子，長保二親樂毋已。壽同金石天王母，富如江海東西市。」一云：「青蓋作鏡四夷服，多賀國家人民息。胡虜殄滅天下服，風雨時節五穀熟，長保二親得天力。」又云：「人鑑以形，我鑑以心。暗室屋漏，上帝汝臨。」又云：「得月之光，長毋相忘。」按洪氏《隸續》所載鏡銘，與此亦大同小異。余謂諸鏡恐是唐、宋人翻沙，未必盡漢鏡也。

錢泳《履園叢話》卷二《閱古・唐鏡》　嘉慶己卯三月，錢塘趙晉齋來吴門，攜有一鐵鏡，徑六寸許，背有嵌金飛龍兩條，中有字曰「武德壬午年造，辟邪華鑌鐵鏡」十二字。其銘文云：「三乾卦。鑌鐵作鏡辟大旱，清泉虔祈甘霖感。魅孽當前驚破膽，服之疫癘莫能犯。雙龍嚄嗠垂長頷，回禄睢盱威早斂。」共四十四字，金色煌然，真奇物也。

錢泳《履園叢話》卷二《閱古・鐵券》　唐昭宗乾寧四年，賜先武肅王鐵券，當爲吾家至寶。泳拜觀者凡兩次，第一次乾隆五十六年，在紹興府與修郡志，李曉園太守專札台府克公借觀。第二次則道光三年三月，泳省先世墳廟，至浙，親往台州觀之。券藏東門外五十里白石山下一小村莊，皆錢姓，地名裡外錢。其守券者曰錢永興，兄弟三人，皆務農，輪流值管。有小樓三間，專爲藏券而造，并有五王遺像及忠懿王草書真蹟，並宋、元、明人題跋極多。惜鄉城遠隔，未得裝池爲可惜耳。

謹案鐵券之制，其形如瓦，高今裁尺九寸，闊一尺四寸六分，厚一分五釐，重一百三十二兩。蓋鎔鐵而成，鏤金其上者。文二十四行，行十四字，惟「忠以衛社稷」一行，「社稷」二字平抬，連後官銜一行「中書侍郎」云云，合三百四十二字。然剥蝕者已十之三四矣。鐵色如墨，並無銹澀，而金書爛然，光彩射目，尚如新製。

按自忠懿王納土後，至太宗之淳化元年，杭州守臣以前券及竹册、玉册各三副，詔誥百餘函進呈，詔賜忠懿王嗣子惟濬藏之汴京賜第。仁宗登極，霸州防禦使晦侍左右，帝問券，欲見之。晦遂進呈，帝覽訖，賜還，券藏于昭化坊賜第。神宗元豐四年，特令錢氏孫朝奉大夫藻進呈，仍降付本家，永傳後裔。至駙馬都尉景臻尚主，宗器屬焉，券遂安于都尉之第。靖康元年，金人入寇，詔公主子榮國公忱奉母出居江南，以券行，因避地湘、湖間。紹興元年，還台，高宗遂即台城崇和門内賜公主第，由是券世藏于台之美德坊。德祐二年丙子，元兵南下破台時，有家人竊負以逃，莫知所在。迨至順二年辛未，漁者偶網得之，乃在黄巖州南地名澤庫深水内。一村學究與漁鄰，頗聞賜券之説，售以鐵價，然二人皆不悟其字乃金也。有報于宗子叔琛之兄世珪，用十斛穀易得之。失水五十六年，青氈復還，誠爲異事。

明太祖洪武二年秋八月，燕都西北州郡次第皆平，郊祀天地，大告武成。又念開國大臣勞烈，將錫之以鐵券。前一月下禮官議立制度，翰林學士危素奏言：「唐和陵時嘗賜錢武肅王，其十五世孫尚德，字允一，號存齋，天台人，元末官青田教諭，實寶藏之。」遣使者訪焉。尚德即世珪子也，奉詔櫝券及五王遺像以進。上御外朝，與丞相定國公李善長、禮部尚書牛亮、主事王肅觀之，鏤木爲式。敕省臣宴于儀曹，恩意有加。陛辭日，命還券、像，劉基、宋濂、王褘等咸贈以詩。尚德併其祖王手跡，各裝潢爲卷，歷代名賢俱有題跋。

二十一年正月，十六世孫克邦以大臣薦赴闕，吏部引見。上以錢氏納土，至今子孫尚存，尋授克邦建昌知府。二十三年，都察院引見奉天殿，諭：「孺子前當五代時，天下大亂，各據偏方。爾祖能保兩浙之民不識兵革，到宋朝來，知太祖、太宗是真主，便將土地歸附。爾之祖先，忠孝好處，可延賞也。券、像復與爾歸守。」永樂五年正月，禮部奉旨差行人曹閏馳驛至台，十七世孫廣西參政汝性同行人奉券進呈，覽畢，以禮敦遣，藏于宗子鳳墀家，世守不墜。

至本朝乾隆二十七年，高宗皇帝南巡，三月初五日，予告刑部尚書裔孫錢陳羣，率台之族孫武進士錢選等進呈乙覽，當奉到御製七古詩一首。臣陳羣進表稱謝，一時隨駕諸大臣及守土大吏、在籍搢紳，如莊有恭、范清供、齊召南、沈德潛、蔣士銓、沈初、費淳等，皆有恭和御製詩原韻，爲一時之盛。案是券凡七登天子之庭，非若世之商彝、周鼎，徒以世遠得名者所可比並也。

震鈞《天咫偶聞》卷七《外城西》 近年都中忽出僞元瓷，其湓水樓眼，沙底鐵足，一一逼真。聞係一家丁隨官九江，曾學其技，歸而用北方土燒之，不能工而殊類元瓷。乃仿造之，遂大獲利，賞鑒家所得半是物也。亦頗自祕其技云。按：《崔東壁遺書》：乾隆中，磁州有人造僞宋瓷，蓋北方土性故如是也。

外城筆工多聚於宣武門外，如李玉田、王名通、宋堯庵之屬，皆聲價自高。翰苑諸公，在所必需。然但取其利於摺卷，古所謂任筆成形是也。不惟宣城諸葛之制不可得，即乾、嘉時舊樣，亦如天球河圖矣。

墨，舊貴曹素功、汪近聖，近止有胡開文一家，其餘胡竹溪、詹大有不足望其項背也。光緒初，殿廷考試，皆尚明墨，取其松煙之黑也。價十餘換，比兼金矣。程方舊物，搜羅一空，復漸有作僞者。又久之，新製松煙亦居然入用，價則尋常而已，然舊物已銷磨無算矣。

墨合〔盒〕盛行，端硯日賤。宋代舊坑，不逾十金，賈人亦絕不識。士夫案頭，墨合〔盒〕之外，硯石寥寥。即有者，不過新坑禮貨，取其追琢之工，供玩而已。

康同璧《南海康先生年譜續編》（光緒三十年五月）六日去羅馬。【略】先君嘗言：【略】羅馬亦有可敬者，二千年之頹宮古廟，至今猶存者無數。危牆壞壁，都中相望，而都人累經萬劫，爭亂盜賊，經二千年乃無有毀之者。今都人士皆知愛護，皆知歎美，皆知效法，無有取其一磚、拾其一泥者，而公保守之以爲國榮，令大地過客皆得游觀，生其嘆慕，覩其實蹟，拓影而去，足以爲憑。而我國阿房之宮，燒於項羽，大火三月；未央、建章之宮，燒於赤眉之亂；仙掌金人爲魏明帝移於鄴，已而入河北；齊高氏之營，高二十六丈者，周武帝則毀之；陳後主結綺、臨春之宮，高數十丈，咸飾珠寶，隋滅陳則毀之；餘皆類是。故吾國絕少五百年前之宮室，即如吾粵巨富，若潘、盧、伍、葉者，其居宅園林皆極精麗，幾冠中國，吾少時皆嘗游之。即若近者，十八甫伍紫垣宅，一門一窗一欄一楯木，皆別花式，無有同者，而前年伍家不振，忽改爲巷，遂使全粵巨宅無一存者。夫以諸巨富者之講求土木，不惜巨貲，其玲瓏窈窕，花樣新奇，皆幾經匠心乃創新構，若如日本之日光廟及奈良廟，遊者收資，歲入數十萬，而所存美術精品，後人得由此益加改良進步，則其美術豈不更精焉？乃不知爲公衆之寶而一旦掃除，後人再欲講求，亦不過僅至其域，談何容易勝之乎？故中國數千年美術精技，一出旋廢，後人或且不能再傳其法，若宋偃師之演劇木人，公輸、墨翟之天上鬥鳶，張衡之地動儀，諸葛之木牛流馬，南齊祖冲之之輪船，隋煬之圖書館，能開門掩門、開帳垂帳之金人，宇文愷之行城，元順帝之鐘表，皆不能傳於後，至使歐美今以工藝盛强於地球，此則我國人不知崇敬英雄、不知保存古物之大罪也。然不知崇敬英雄，不知保存古物，則真野蠻人之行，而我國人乃不幸有之，則雖有千萬文明之具，而爲二者之掃除，亦可耗然盡矣。雖有文史流傳，而無實形指覩。西人不能讀我古書也，宜見人之尊稱羅馬，而輕我無文，亦固然哉。且我國宮室之不能垂久遠也，更有一焉。吾游印度，其數千年之古堂舊塔，宏敞壯麗，多有存者，蓋皆以石爲之故也。蓋埃及之王陵古塔，雅典之廟，至今猶存，亦皆以石，人所共知也。吾國武梁祠石室畫像，至今猶存。漢文翁築石室以祀孔子七十二弟子，南宋猶存，朱子曾遣人訪之，足見石室之能久遠矣。次則灰磚亦稍能久，如我粵之花塔、光塔，杭州之浄慈塔，金山之雷音塔，並皆支持千年。若北京西山魏忠賢墓之白石塔，壯麗精妙，完好無恙，亦三百餘年矣。而南、北京之明陵刻像，皆五百年，石之足以存久遠明矣。而我國宮室，自古皆用木爲多，今之殿閣皆以木爲柱架結構，然後加磚瓦焉。蓋以木爲主而磚瓦爲從，仍未去三千年前堂構之義。構者，用木架結成之謂也。夫木者易火燒，光緒十五年，吾在京師目覩太和門、祈年殿之災，此二大宮皆在明初，於今五百年矣，柱材宏巨，大過合抱，今新購者，一柱數萬，當時可想。一星之火，數百年之古殿巍構，付之虛無。以諸史考之，城市殿閣寺廟之被火，不絕於書。然則，吾國人雖有保存舊物之心，而木構之義不去，不久必付之一燼，必不能以垂長遠。令我國一無文明實據，令我國大失光明，皆木構之義誤之。六經言宮室雖有制度，並不限以木材，而今古相傳，同遵愚術，至令中國文明不得追埃及、印度、雅典、羅馬之後，真可憤也。文翁者，深於儒學者也，而其祀孔子弟子也，特立石室。善乎！文翁之能變以慮及久遠也。吾甚惜天下後世之愚儒，不知法文翁也。假令後人能法文翁宮室至妙，盡以石爲之，則我建章之宮，三雍之地，漢魏六朝之結構，唐宋元明之大工，至今皆存也。其於我國今日文明之程度，較之大地當若何哉？今太和門一門之工程費二百萬，若用石築，峥嵘有餘，惜哉其狃於舊風也！日本變法，衹從事文學武備，而不事土木，此日本小國所無可如何耳！吾游歐洲諸國，雖蕞爾之瑞典，其公館民居，壯麗皆與歐洲諸大國争，爲使人勿輕視之也。比利時之刑部署費千萬，冠絶歐洲，皆由競美之意焉。安可以堂堂大國之中華，爲人藐視乎？今吾爲國人文明計，蓋有二者：一曰保存古物。考之各國風俗，皆有保全古物會，士大夫好古者，皆列名於中，而有官監焉。凡一國之古物，大之土木，小之什器，皆有司存部録之，監視以時示人而啓閉之，郡邑皆有博物院。小物可移者，則移而陳之於院中；巨石豐屋不可移者，則守護之，過壞者則扶持之，畏風雨之剥蝕者，則屋蓋之，潔掃而慎保之，其他皆有影像與傳記以發明之。有游觀者，則引視指告其原委，莫不詳盡周悉焉，而薄收其費。昔吾遊日本之日光山德川氏廟，入者人收一元，歲入三十餘萬元，因用養工人，飾花木，備廢毁，益能久遠矣。歐洲之富家屋施捨與衆者亦然，園林亦然，各會所亦然，博物院亦然，率收其國幣一金，故美者益美，久者益久也。蘇州之元時獅子林，及明之拙政園，遊者人收百數十錢，因而掃除其園，亦此意也。今官雖不理，各省府州縣士大夫，宜處處開一保存古物會，凡志書所已著之古物，宜如上法公共部録，而令人守護之。其志乘未著録者，使學者查考之，凡其有關文明，足感動人心，或增益民智，如所言潘、盧、伍、葉屋園之例，有事者皆宜歸之公會，不得擅賣拆毁。若潘仕成宅之一隅，改爲愛育堂，至今猶存，可推也。吾遊法國博物院，拿破崙之雨衣、敝帳、敝枕、敝褥、冠履、外套，一一珍懸之於玻璃橱中，過者皆俯仰不置也。此猶曰蓋世之英雄也。吾遊英國惡士佛大學之博物院，其學生之爲詩人稍有名者，其所遺之金錶、其所用之銀錶，筆管、文房四寶，猶珍藏於玻璃橱中，歐人若此者不可勝數也。少有才能名望事業，則恭寫其像，珍藏其遺物，刻石紀其曾遊之地，所居其廬，令見者流連景慕焉。凡名流所居之地，雖極敝陋，後來欲居者，租輒甚昂，而人猶争焉，得之則誇以爲榮。吾游蘇格蘭時，自創汽機之瓦特，創生物學之達爾文，及諸詩人、文人、樂人、機器人諸遺宅，馬夫揚鞭皆能指而告我，各國皆然。其崇敬英哲，雖最鄙下人皆能如是，而窮鄉皆能行之。中國人非不好古，然自一二名士外，則鮮能知之，其趨時風或好言適用者，則掃除一切，此所以中國之古物蕩然也。夫不知西人者，以爲西人專講應用之學者也，而不知其好古人而重遺物，偏及小民，乃百倍於我國。夫天下固有以無用爲有用者矣。虚空，至無用也，而一室之中，若無虚空，則不能轉旋。然則，無用之虚空之爲用多矣。凡小人徒見其淺，而君子能慮其遠。古物雖無用也，而令人發思古之幽情，興不朽之大志，觀感鼓動，有莫知其然而然者。若農夫乎，則耕田而食，鑿井而飲，抱妻子而嬉，奚所事於古物爲？若野蠻乎，魚獵而食，捕虜殺人，懸人頭於胸及其室廬以誇勇，掠婦女而淫焉，奚所事於古物爲？過歐洲之都會，古董之肆森列，其餘國則食肆用物肆耳。觀古董之多寡，而文野之别可判矣。入歐人之宅，其廳必徧掛古董異物以相争耀，亞洲人亦有名士故家藏古董者，然不懸於外，且若是之家亦甚渺，郡邑不易一二見也。故觀室廬古物之多少，而其人民文野之高下可判矣。昔張督欲以焦山爲炮臺，吾争之，謂焦山佳勝，豈可爲炮臺以殺風景？張謂吾等名士誕虚，卒行之，此可謂能講實用者矣。然守長江者，無鐵艦以攻人，守於江口外，而至設炮壘於焦山，是幾若某撫之陳炮於大堂矣。張固能好古者，然使英人爲之，則必保存焦山矣。故保存古物會不可不設，而好賢慕古之風流，中國人猶未至也，宜更加之意也。一曰建築用石。中國昔者古物之不存，因非石築故。蓋中國宫室之起，創於原野。太古原野皆爲森林，在森林之地，必斬木爲屋，乃其至便者也。《易》曰：「上棟下宇，以待風雨。」開口言棟，則木屋可知。今山間茅屋，皆伐木爲架，而後加茅焉。吾所過安南、暹羅、馬來、爪哇諸蠻之屋皆然，可見人情之自然也。《詩·秦風》曰「在我板屋」，益可見古俗矣。英人之新開加拿大、緬甸，皆用板屋；日本開化二千年，至今全國猶用板屋。中國在商時已能於木架中築土爲牆，《詩》詠古公「築之登登，削屢馮馮，百堵皆興」，至今羅馬奈波里間築屋猶然，而我三千年前已行之矣，其進化蓋亦速矣。惟秦漢時築室皆用磚瓦，今漢磚秦瓦存於世者甚多，建築又一進化矣。比之今日之意大利仍用泥堵，進化已突出二千年前。惜仍泥堂構之義，築磚牆必先架木，架木既難久，架一毁壞而磚壁隨之，故製磚之進化雖早，而古屋之遺留反不如羅馬，此真中國之大憾事也。今宫殿皆用堂構法，中原各省官衙民宅莫不皆然。惟我粤全屋皆磚，或下層半用石壁，開化獨先。吾十三世祖涵滄公，吾族以一個人傳宗旨也，在明世結一屋至今，下半石壁猶存。甚矣！石之能支久也。惜廣東石壁不全築室，地亦極小，故石壁不厚，終非長久之計。今歐人多以鐵爲蓋板或爲桁桷，此固鐵世界之尤爲進化者矣。印度數千年前之石室，上蓋皆以石板爲之，吾遊舍衛佛殿既親見之，而印度中人之家，築屋無非全石，乃至樓板瓦蓋莫非全石爲之。且寸寸皆雕鏤成花，石石皆磨滑如鏡，偏行全印都邑，深入其窮鄉，民居帝宅峥嵘，塔廟嵯峨極目，皆石室也，皆千數百年之物也。故古宫室留存之多，莫如印度若矣。然且印度萬里無山，皆遠鑿之於須彌山，由罅訶運之於五河，而後分輸於各地。其得石之難如此，然猶比屋用之，刻經寫像，斑爛滿國。故印度之文字經書，亦賴以久遠而光大也。中國遍地皆山，處處有石，若星岩之石尤爲精美，以之刻象寫經可存久遠。一切伐石築室皆爲便易，費亦無多。此後新構廣場公所，皆爲萬國所觀瞻，故國體攸關，當求壯麗，且使經營久遠，以示將來。所有大工，宜開山伐石以成巍構。其餘民屋，皆宜崇尚石築，以争光榮。不過稍一轉移，則可增進中國無量文明於大地上。以我國力之厚，何修不可？此豈非我四萬萬同胞所宜務哉！

傳記

《史記》卷一《五帝本紀》 舜，冀州之人也。舜耕歷山，漁雷澤，陶河濱，作什器於壽丘，就時於負夏。舜父瞽叟頑，母嚚，弟象傲，皆欲殺舜。舜順適不失子道，兄弟孝慈。欲殺，不可得，即求，嘗在側。

《宋書》卷一一《律曆上》 漢末，亡失雅樂，黄初中，鑄工柴玉巧有意思，形器之中，多所造作。協律都尉杜夔令玉鑄鐘，其聲清濁，多不如法。數毁改作，玉甚厭之，謂夔清濁任意。更相訴白於魏王。魏王取玉所鑄鐘，雜錯更試，然後知夔爲精，於是罪玉及諸子，皆爲養馬士。

《北史》卷二二《長孫紹遠傳》 初，紹遠爲太常，廣召工人，創造樂器，唯黄鐘不調，每恒恨之。嘗經韓使君佛寺，聞浮圖三層上鐸鳴，其音雅合宫調，因取而配奏，方始克諧。乃啓明帝曰：「魏氏來宅秦、雍，雖祖述樂章，然黄鐘爲君，天子之正位，往經創造，歷稔無成。方知水行將季，木運伊始，天命有歸，靈樂自降。此蓋乾坤祐助，宗廟致感，方當降物和神，祚隆萬世。」詔曰：「朕以非薄，何德可以當之。此蓋天地祖宗之祐，亦由公達鑒所致也。」俄改授禮部中大夫。時猶因魏氏舊樂，未遑更造，但去小吕，加大吕而已。紹遠上疏陳雅樂，詔並行之。

《北史》卷三三《李搔傳》 搔字德況，少聰敏，有才藝。曾采諸聲，别造一器，號曰八絃，時人稱有思理。

《南齊書》卷三五《高帝十二王傳》 廣漢什邡民段祖以錞于獻鑑，古禮器也。高三尺六寸六分，圍二尺四寸，圓如筩，銅色黑如漆，甚薄。上有銅馬，以繩縣馬，令去地尺餘，灌之以水，又以器盛水於下，以芒莖當心跪注錞于，以手振芒，則其聲如雷，清響良久乃絶。古所以節樂也。五年，鑑獻龍角一枚，長九尺三寸，色紅，有文。八年，進號安西將軍。

鄭還古《博異志·敬元穎》 〔陳〕仲躬乃當時命匠，令一親信與匠同入井中，囑曰：「但見異物即收。」至底，無別物，唯獲古銅鏡一枚，面闊七寸七分。仲躬令洗浄安匣中，焚香以奉之，斯乃敬元穎者也。

一更後，忽見元穎自門而入，直造燭前設拜，謂仲躬曰：「謝生成之恩，照濁泥之下。某本師曠所鑄十二鏡之第七者也。其鑄時皆以日月爲大小之差，元穎則七月七日午時鑄者也。貞觀中，爲許敬宗婢蘭苔所墮。以此井水深，兼毒龍氣所苦，人入者悶絶而不可取，遂爲毒龍所役。幸遇君子正直者，乃獲重見人間爾。然明晨内，望君子移出此宅。」仲躬曰：「某以用錢僦居，今移出，何以取措足之所？」元穎曰：「但請君子飾裝，一無憂矣。」言訖，再拜云：「自此去，不復見形矣。」仲躬遽留之，問曰：「汝以紅緑脂粉之麗，何以誘女子小兒也？」對曰：「某變化無常，各以所悦，百方謀策，以供龍用。」言訖，即無所見。

明晨，忽有牙人扣户，兼領宅主來謁仲躬，便請仲躬移居。夫役并足未到齋時，便到立德坊一宅中，其大小價數，一如清化者。其牙人云：「價直契書，一無遺闕。」并交割訖。後三日，其清化宅井無故自崩，兼延及堂隅東廂，一時陷地。仲躬後文戰累勝，爲大官，有所要事，未嘗不如移宅之績效也。

其鏡背有二十八字，皆科斗書。以今文推而寫之，曰「維晉新公二年七月七日午時，於首陽山前白龍潭鑄成此鏡，千年在世」。於背上環書，一字管天文一宿，依方列之，則左有日而右有月，龜、龍、虎、雀并依方安焉。於鼻四旁題曰「夷則之鏡」。

洪邁《夷堅志》丙志卷一二《舒州刻工》 紹興十六年，淮南轉運司刊太平聖惠方板，分其半於舒州，州募匠數十輩，置局於學，日飲喧譁，士人以爲苦，教授林君以告，郡守汪希旦徙諸城南癸門樓上，命懷寧令甄倚監督之。七月十七日，門傍小佛塔，高丈五尺，無故傾摧。明旦天色廓清，至千黑雲倏起西邊，罩覆樓上，迅風暴雨隨之。時羣匠及市民賣物者百餘人，震雷一擊，其八十人隨聲而仆，餘亦驚慴失魄。良久樓下飛灰四起，地上火珠迸流，皆有硫黄氣，經一時，頃仆者復甦，作頭胡天祐、白于、甄令入，按眡内五匠曰蕲州周亮、建州葉濬、楊通、福州鄭英、廬州李勝，同聲大叫，踣而死，遍體傷破。尋詢其罪，蓋此五人，兀嗜酒懶惰，急於板成，將字書點畫多及藥味分兩，隨意更改以誤人，故受此譴。

楊瑀《山居新語》 應中甫本，錢唐人，壯年篤志學道，得請仙降筆法甚驗，每在杭州萬松嶺上同志家爲之。過數日，欲設祭，將之供，適無錢，降仙告歸不許，漫以借錢叩之，乃允，降筆云：「適有壑翁平章即賈似道。在此，可立約借汝。」遂寫契，以金紙甲馬同焚爐中。復書曰：「汝二人可往葛嶺相府故居大銀杏樹下稍西有草一莖長而秀者，就此處掘之，可得。」二人遂買舟過湖，至其所，不見是草，因以瓦半片祝之曰：「大仙果有此錢，則當引而去之。」祝畢，其瓦即有動意。中甫乃以手扶瓦，隨其所往，行至樹西，静視之，果有長草在焉。遂掘深二尺許，唯見粗石屑數塊，餘無他物。因再祝曰：「恐此即是。」瓦卓地應之，遂持以回。復叩仙曰：「此石當何爲之？」仙書曰：「當用爐作汁。」二人因借爐投石煉之，少頃聞爐中如淬水聲，視之，則溜汁下爐，取出皆白銀也。往三橋銀鋪貨得鈔三十兩，以爲祭物用。數月後，因別事忽仙書云：「應生所借之錢免汝還，有元約可向爐中取之。」如言而往爐中撥其灰，則元約止燒去上下空紙，有字者俱在。豈謂無仙耶？中甫，儒者也，外貌矍鑠，爲人敦篤，有膂力，能手搏，無與敵者。所傳乃劉千和尚之派，每欲以此事教人，非忠孝者不傳，不得其人，遂無傳焉。卒於至正己丑，時年七十有八。

范舜臣天助，汴人，世爲名醫，博學多能，尤精於天文之書。至順間，爲永福營膳司令。嘗與余言：影堂長明燈每燈一盞，歲用油二十七個。此至元間官定料例，油一個該一十三斤，總計三百五十一斤。連年着意考之，乃有餘五十二斤，則日晷之差短明矣。永福營膳司所掌青塔寺影堂也。

李翊《戒庵老人漫筆》卷二《燕巢紙鐙蓋》 鍾山江陰侯守墳户朱龍家前室懸一紙蓮鐙，上有篾，作實蓋空環，六瓣，如栀子花形。燕巢正當交紮處，虚中，亭亭往來度食，摇蕩不定，比之巢幕，尤危然，亦奇矣。此在嘉靖九年秋間。

褚人穫《堅瓠乙集》卷之一《鐵冶廠》 遵化鐵冶廠爐神，元之爐長康侯也。元遵化縣民康小二爲官鑄鐵，當爐四十日，鐵不熔，費薪炭無數。主者將治之，欲自盡。康有二女勸止之，又恐父獲罪，俱祝天投入冶，鐵應時熔。衆見二女上升飛騰，光焰中若有龍隨之而起。事聞，封其父爲崇寧侯，二女敕爲金、火二仙姑，至今鐵冶祀之。蓋其地有龍潛於爐下，故鐵不傾，二女投下，龍驚而起焚其尾，時有秃龍見焉。

褚人穫《堅瓠庚集》卷四《洞賓淬鏡》 宋尚書郎賈師雄得一古鐵鏡，嘗欲淬磨，一道人自負其能，笥中取藥置鏡上曰：「藥少，歸取之。」去久不至，遣人求得所止佛廬，扉上有一絶云：「手内青蛇凌白日，洞中仙果艷長春。須知物外烟霞客，不是塵中磨鏡人。」師雄得詩，知爲洞賓，視鏡上藥已飛去，一點通明如玉。

褚人穫《堅瓠辛集》卷一《咏針》 郡有一士，游花街見妓女刺綉帳前，妓曰：「汝能吟咏，以針爲題。」士曰：「一寸堅鋼鐵作針，綺羅叢裏度芳春。若教玉手抽來急，挑得花心片片新。」妓爲之契合。

褚人穫《堅瓠癸集》卷四《開州銅銚》 淳熙中，天台陳達善知開州，得一銅銚，闊徑則三寸，下列三足，上有蓋，其薄如紙，不知其爲何用。或告之曰：「投食物於中，燃紙炬燎之即可熟。」陳試取猪肝，使庖人如常法治之，漬以鹽酒，仍灌注水，并一石子，自持一炬燎其腹。俄聞銚中汩汩有聲，及炬盡，蓋石子已糜熟。自是每夙興用此法治食，食畢乃出視事。

褚人穫《堅瓠餘集》卷三《琢雪爲銀》 女冠耿先生於大雪中，南唐后主戲謂曰：「先生能以雪爲銀乎？」耿曰：「能。」乃取雪削之爲銀錠狀，投於熾炭中，灰埃坌起，徐以炭周覆，過食頃，曰：「可矣。」乃持以出，赫然洞赤，置於地，及冷，鏗然銀錠，而刀迹具在。反視其下若垂酥滴乳之狀，蓋初爲火之所融釋也。時傳先生所作雪銀甚多。

紀事

劉歆《西京雜記》卷一 漢帝相傳以秦王子嬰所奉白玉璽、高祖斬白蛇劍。劍上七采珠、九華玉以爲飾，雜厠五色琉璃爲劍匣。劍在室中，光景猶照於外，與挺劍不殊。十二年一加磨瑩，刃上常若霜雪。開匣拔鞘，輒有風氣，光彩射人。

宣帝被收繫郡邸獄，臂上猶帶史良娣合采婉轉絲繩，繫身毒國寶鏡一枚，大如八銖錢。舊傳此鏡照見妖魅，得佩之者爲天神所福，故宣帝從危獲濟。及即大位，每持此鏡，感咽移辰。常以琥珀笥盛之，緘以戚里織成錦，一曰斜文錦，帝崩，不知所在。

《三國志》卷四九《吴書·劉繇傳》 笮融者，丹楊人，初聚衆數百，往依徐州牧陶謙。謙使督廣陵、彭城運漕，遂放縱擅殺，坐斷三郡委輸以自入。乃大起浮圖祠，以銅爲人，黄金塗身，衣以錦采，垂銅槃九重，下爲重樓閣道，可容三千餘人，悉課讀佛經，令界内及旁郡人有好佛者聽受道，復其他役以招致之，由此遠近前後至者五千餘人户。每浴佛，多設酒飯，布席於路，經數十里，民人來觀及就食且萬人，費以巨億計。

王溥《五代會要》卷一三《符寶郎》 晉天福三年六月，中書門下奏：「准敕製皇帝受命寶。今按唐貞觀十六年，太宗文皇帝刻之玄璽，白玉爲螭首，其文曰『皇帝景命，有德者昌』。」敕：「宜以『受天明命，惟德允昌』爲文，刻之。」

周廣順三年二月，内司製國寶兩坐。詔太常具制度以聞。有司奏：「按《唐六典》，符寶郎掌天子八寶，其一曰神寶，其二曰受命寶。其神寶方六寸，高四寸六分，厚一寸七分，蟠龍紐文，與傳國寶同。傳國寶，秦始皇帝以藍田玉刻之，李斯篆文，方四寸，面文曰『受命于天，既壽永昌』，紐盤五龍。二寶歷代相傳，以爲神器。又别有六寶：一曰皇帝行璽，二曰皇帝之璽，三曰皇帝信璽，四曰天子行璽，五曰天子之璽，六曰天子信璽。此六寶因文爲名，並白玉螭、虎紐。歷代相傳，亡則補之。北朝鑄之以金，至則天朝，以『璽』字涉嫌，改之爲寶。貞觀十六年，别製玄璽一坐，其文曰『皇天景命，有德者昌』，白玉螭，虎紐。同光中，製寶一坐，文曰『皇帝受命之寶』。晉天福四年，製寶一坐，文曰『皇帝神寶』。其同光、天福二寶，内司製造，不見紐象并尺寸制度。」敕：「今製國寶兩坐，宜用白玉，方六寸，螭虎紐。」詔馮道書寶文，其一以「皇帝承天受命之寶」爲文，其一以「皇帝神寶」爲文。按傳國寶，自秦始皇後，歷代傳受，至唐末帝自燔之際，以寶隨身焚焉。晉高祖受命，特製寶一坐。開運末，北戎犯闕，少帝遣其子延煦送于戎王。戎王訝其非真，少帝上表具述其事。及戎王北歸，齎以入蕃。漢朝二帝，未暇别製，至是始創爲之。

葉紹翁《四朝聞見録》卷三《虎符》 虎符半在禁中，半在殿岩。開禧間慈明陰贊寧皇誅韓侂胄，出御批三：其一以授錢象祖、衛涇、史彌遠，其一以授張鎡，又其一以授李孝純。二批俱未發，獨象祖亟授殿岩夏震。震初聞欲誅韓，有難色，及視御批，則曰：「君命也，震當效死！」翌日，震遣其帳下鄭發、王斌，邀韓車于六部橋，徑出玉津園夾墻，用鐵鞭中韓陰乃死。韓裹軟纏，故難中。地名磨刀坑。鎡始預史議誅韓，史以韓爲大臣，且近戚，未有以處。張謂史曰：「殺之足矣。」史退而謂錢、衛曰：「鎡，真將種也！」心固忌之。至是鎡賛伐自言，史昌言於朝：「臣子當爲之事，何爲言功？」遂諷言者貶鎡於雪，自是不復有言誅韓之功者矣。御批云：「已降御筆付三省，韓侂胄已與在外宫觀，日下出國門，仰殿前司差兵士三十人防護，不許疏失。」後有虎符印蓋牙章也，文曰「如律令」，本漢制云。震以御筆建爲巨閣，刻之樂石，命其屬爲之記。初者御筆皆侂胄矯爲，及是皆慈明所書。發、斌排韓車，語以「有御筆押平章出國門」，韓倉忙曰：「御筆我所爲也。」行至玉津，許鄭發以節度使，鄭不從，又曰：「我當出北關門，韓見湖第于州。如何出後潮門？」又曰：「我何罪？」又語發以「何得無禮大臣」？鄭叱以國賦而鞭之，歸報震，震直趨省中。時錢象祖、陳自强猶在省，震至，錢不覺起而問之，曰：「了事否？」震曰：「已了事。」象祖始誦言韓已誅，陳作而再拜錢，且辭象祖，乞以同寅故，保全末路，象祖許之。後衛涇又以同謀誅韓忌史，史故黜涇，事在乙集。鎡後以旨放還，因史變柏法，又欲謀史，故貶置象臺。先是，有告御批之謀於韓者，韓答以當以死報國。又告之者甚苦，告者即周均。侂胄始與自强謀。自强薦林行可爲諫議大夫，欲于誅韓日上殿，一網掃盡象祖以下出國中，韓居中應之。幸韓不得入内，若韓用私人小車徑從和寧門入，斌、發必不覺，則謀韓者虀粉矣。然誅韓之計甚疏，王大受、趙汝談皆預始謀，至書所欲施行之事於掌記，幸不敗爾，敗則慈明、景憲殆哉。時寧皇聞韓出玉津，亟用箋批殿司「前往追回韓太師」，慈明持箋泣，且對上以「他要廢我與兒子」，又「已殺兩國百萬生靈，若欲追回他，我請先死」。寧皇抆淚而止，慈明遂箋云。

又《逆曦僞服印》 開禧逆曦既誅，僞内史安公丙函其首與僞服、宫號來，上以首付棘寺，僞服與印付臨安府軍資庫。時吴鋼爲倅，吏胥未以入庫，急持來視，紹翁亦因以識其物。袍僭黄，領擬赭；袍僭赭，領擬黄。宫號用黄絹折角爲四，文曰「出入殿門」。敵授以印，鑄用今文曰「蜀王之印」，僅如今文思院給降式。曦自鑄涂金印，文云「蜀國制敕之印」。

又《萬弩營》 紹興末，孝宗命張浚置御前萬弩營於鎮江。癸未戍泗州，甲申與敵斗，皆有功。水心《錢表臣墓志》。

宋敏求《春明退朝録》卷中 上元然鐙，或云沿漢祠太一自昏至晝故事，梁簡文帝有《列鐙賦》，陳後主有《光璧殿遥咏山鐙》詩。唐明皇先天中，東都設鐙；文宗開成中，建鐙迎三宫太后，是則唐以前歲不常設。本朝太宗時三元不禁夜，上元御乾元門，中元、下元御東華門，後罷中元、下元二節，而初元游觀之盛，冠於前代。

《周禮》四時變國火，謂春取榆柳之火，夏取棗杏之火，季夏取桑柘之火，秋取柞楢之火，冬取槐檀之火。而唐時惟清明取榆柳火以賜近臣戚里，本朝因之，惟賜輔臣戚里，帥臣、節察、三司使、知開封府、樞密直學士、中使，皆得厚贈，非常賜例也。

太宗時建東太一宮於蘇邸，遂列十殿，而五福、君綦二太一處前殿，冠通天冠，服絳紗袍，餘皆道服霓衣。天聖中建西太一宮，前殿處五福、君綦、大游三太一，亦用通天、絳紗之制，餘亦道冠霓衣。熙寧五年建中太一宮，内侍主塑像，乃請下禮院議十太一冠服，禮院乃具兩狀，一如東西二宮之制，一請盡服通天、絳紗。會有言亳州太清宮有唐太一塑像，上遣中使視之，乃盡服王者衣冠，遂詔如亳州之制。

緑鬃器始於王冀公家，祥符、天禧中每爲會，即盛陳之。然制自江南，頗質朴。慶曆後浙中始造，盛行於時。嘉祐初，兖國公主降李瑋，時少師歐陽公長禮台，與諸博士折衷婚禮，頗放古制。治平中，邵不疑以知制誥權知諫院，請選官撰本朝冠喪祭之禮，乃詔禮院詳定，遂奏請置局於本院，不許，因循寢之。【略】

太宗制笏頭帶以賜輔臣，其罷免尚亦服之。至祥符中，趙文定罷參知政事爲兵部侍郎，後數載除景靈宮副使，真宗命廷賜御仙花帶與綉韉，遂服御仙帶。自後二府罷者，學士與散官通服此帶，遂以爲故事。予親見蔡文忠罷參知政事爲户部侍郎服此帶，蓋曾爲學士，用詔文金帶，曾經賜者許系之。先公爲翰林及侍讀兩學士，清灾落職，爲中書舍人仍舊服金帶，舊例皆如此。景祐三年八月，方著詔。其宰相罷免，雖散官并依舊服笏帶。李文定天聖中自秘書監來朝，除刑部侍郎，并服笏帶。近有罷參政者黑帶佩魚而入，非故事也。入兩府自黑帶賜笏帶者，太宗朝例甚多。祥符中張文節自待制爲中丞而參政事，天聖中姜侍郎自三司副使爲諫議大夫而樞密，并賜如上。

宋敏求《春明退朝録》卷下 京城士人舊通用青絹涼傘，大中祥符五年九月，惟許親王用之，餘并禁止。六年六月，始許中書、樞密院依舊用傘出入。

丁晉公天禧中鎮金陵，臨秦淮建亭，名曰「賞心」。中設屏及唐人所畫《袁安卧雪圖》，時稱名筆。後人以《蘆雁圖》易之。嘉祐初，王侍郎君玉守金陵，建白鷺亭於其西，皆棟宇軒敞，盡覽江山之勝。

唐成都府有散花樓，河中有薰風樓、緑莎廳，揚州有賞心亭，鄭州有夕陽樓，潤州有千岩樓。今皆易其名，或不復見。

秘府書畫，予盡得觀之。二王真迹内三兩卷，有陶穀尚書跋尾者尤奇。其畫梁令瓚《二十八宿真形圖》、李思訓著色山水、韓滉《水牛》、東丹王《千角鹿》，其江南徐熙、唐希雅、蜀黄筌父子畫筆甚多。

王祁公家有晉諸賢墨迹，唐相王廣津所寶有「永存珍秘」圖刻，閻立本畫《老子西升經》，唐人畫《鎖諫圖》。王冀公家褚遂良書唐太宗《帝京篇》、《太宗見禄東贊步輦圖》。錢文僖家書畫最多，有大令《黄庭經》、李邕《雜迹》。錢宣靖家王維《草堂圖》，周安惠家獻之《洛神賦》，蘇侍郎家《魏鄭公諫太宗圖》。楚樞密有江都王《馬》，王尚書仲儀有《回文織錦圖》。以上皆録見者。

揚州後土廟有瓊花一株，或云自唐所植，即李衛公所謂「玉蕊花」也。舊不可移徙，今京師亦有之。

近人有收《漢祖過沛圖》者，畫迹頗佳，而有僧，爲觀者所指，翌日，并加僧以幅巾。

今閣老王勝之轉運兩浙，於民家得唐沈既濟所撰《劉展亂紀》一卷。時《唐書》已成，所載展事殊略。按展上元元年爲宋州刺史，與御史中丞李銑皆副淮西節度使王仲昇。銑貪暴無法，而展性剛鯁不折，王仲昇奏銑狀而誅之，次謀及展。然展居睢陽，有兵權，難亟圖。乃與監軍使邢延恩矯詔以展爲都統江南、淮南節度防御使，代李峘，欲其赴鎮，於涂中執之也。展頗以爲疑，遣使請符節於峘，既得之，悉舉睢陽兵七千人赴廣陵。延恩始約李峘與淮南東道節度使鄧景山圖展，及事露，傳檄州郡，言展反狀，發兵距之。展亦露布言李峘反，而南北警急，文檄交馳於道。景山渡淮，陳於徐城洪，爲展所敗，又破李峘於下蜀。二年，命田神功舉平盧軍東下，展迎擊，爲神功再破之。遂棄廣陵而奔江南，以舟師自金山引斗，神功有五船，而展殺其二船，後爲賈隱林射展中目，因而斬之，傳首京師，收器械三千餘萬。展既平，租庸使元載以吴越雖兵荒後民産猶給，乃辟召豪吏分宰列邑以重斂之，其州縣賦調積有逋違，乃稽諸版籍，通校大數八年之賦，舉空名以斂之。其科率之例不約户品之上下，但家有粟帛者，則以人徒圍襲，如擒捕寇盜。然後簿録其産而中分之，甚者七八九，時人謂之「白著」，言其厚斂無名，其所著者皆公然明白，無所嫌避。一云世人謂酒酣爲「白著」，既爲刻薄之後，人不堪其困弊，則必顛沛酩酊，如飲者之著也。渤海高雲有《白著歌》曰：「上元官吏務剥削，江淮之人多白著。」其所紀用兵次第甚詳，此概舉之云。【略】

又曰近朝皇太后、皇后皆有印篆，文曰「皇太后之印」、「皇后之印」。故事，二宮立，各有宫名，長秋、長樂、長信之類是也，宜以宫名爲文。至尊之位，亦不

合言印，當云「某宮之寶」。【略】

又曰上古以來逐朝曆名，黄帝起元用《辛卯曆》，顓帝用《乙卯曆》，虞用《戊午曆》，夏用《丙寅曆》，成湯用《甲寅曆》，周用《丁巳曆》，魯用《庚子曆》，秦用《乙卯曆》，漢用《太初曆》、《四分曆》、《三統曆》，魏用《黄初曆》、《景初曆》，晉用《元正字犯聖祖名。始曆》、《合元》、《萬分曆》，宋用《大明曆》、《元嘉曆》，齊用《天保曆》、《同章曆》、《正象曆》，後魏用《興和曆》、《正元曆》、《正象曆》，梁用《大同曆》、《乾象曆》、《永昌曆》，後周用《天和曆》、《丙寅曆》、《明元正字犯聖祖名。曆》，隋用《甲子曆》、《開皇曆》、《皇極曆》、《大業曆》，唐用《戊寅曆》、《麟德曆》、《神龍曆》、《大衍曆》、《元和觀象曆》、《長慶宣明曆》、《寶應曆》、《正元曆》、《景福崇元正字犯聖祖名。曆》，晉天福用《調元曆》，周顯德用《欽天曆》云。本朝太祖用《應天曆》，太宗用《乾元曆》，真宗用《宜天曆》，仁宗用《崇天曆》，英宗用《明天曆》，已而復用《崇天曆》。

忠懿錢尚父自國初至歸朝，其貢奉之物著録行於時，今大宴所施涂金銀花鳳狻猊、壓舞茵鑾人及銀裝龍鳳鼓，皆其所進也。凡獻銀、絹、綾、錦、乳香、金器、瑇瑁、寶器、通天帶之外，其銀香、龍香、象、獅子、鶴、鹿、孔雀，每只皆千餘兩，又有香囊、酒甖諸什器，莫能悉數。祥符、天聖經火，多爇去，今太常有銀飾鼓十枚尚存。

洪邁《容齋續筆》卷一二《銅爵灌硯》 相州，古鄴都，魏太祖銅雀臺在其處，今遺址髣髴尚存。瓦絶大，艾城王文叔得其一以爲硯，餉黄魯直，東坡所爲作銘者也。其後復歸王氏。硯之長幾三尺，闊半之。先公自燕還，亦得二硯，大者長尺半寸，闊八寸，中爲瓢形，背有隱起六隸字，甚清勁，曰「建安十五年造」。魏祖以建安九年領冀州牧，治鄴，始作此臺云。小者規範全不逮，而其腹亦有六篆字，曰「大魏興和年造」，中皆作小簇花團。興和，乃東魏孝静帝紀年。是時正都鄴，與建安相距三百年，其至于今，亦六百餘年矣。二者皆藏姪孫倜處。予爲銘建安者曰：「鄴瓦所范，嘻其是邪？幾九百年，來隨漢槎。淬爾筆鋒，肆其滂葩。」銘興和者曰：「魏元之東，狗脚于鄴。吁其瓦存，亦禪千劫。上林得雁，獲貯歸笈。玩而銘之，哀淚棲睫。」贛州雩都縣故有灌嬰廟，今不復存。相傳左地嘗爲池，耕人往往於其中耕出古瓦，可斲爲硯。予向來守郡日所得者，刓缺兩角，猶重十斤，瀋墨如發硎，其光沛然，色正黄，考德儀年，又非銅雀比，亦嘗刻銘于上，曰：「范土作瓦，既埴既已。何斷制於火，而卒以囿水？廟于漢侯，今千幾年？何址靡祀歇，而此獨也存？縣贛之雩，曰若灌池。研爲我得，而銘以章之。」蓋紀實也。

沈括《夢溪筆談》卷一九《器用·凸鑒》 古人鑄鑒，鑒大則平，鑒小則凸。凡鑒洼則照人面大，凸則照人面小。小鑒不能全觀人面，故令微凸，收人面令小，則鑒雖小而能全納人面。仍復量鑒之小大，增損高下，常令人面與鑒大小相若。此工之巧智，後人不能造。比得古鑒，皆刮磨令平，此師曠所以傷知音也。

沈括《夢溪筆談》卷二一《異事·夾鏡》 予於譙亳得一古鏡，以手循之，當其中心，則摘然如灼龜之聲。人或曰：「此夾鏡也。」然夾不可鑄，須兩重合之。此鏡甚薄，略無焊迹，恐非可合也。就使焊之，則其聲當銑塞；今扣之，其聲泠然纖遠。既因抑按而響，剛銅當破，柔銅不能如此澄瑩洞徹。歷訪鏡工，皆罔然不測。

沈括《夢溪筆談》卷二四《雜志一·指南針》 方家以磁石磨針鋒，則能指南，然常微偏東，不全南也。水浮多蕩摇。指爪及碗唇上皆可爲之，運轉尤速，但堅滑易墜，不若縷懸爲最善。其法取新纊中獨繭縷，以芥子許蠟，綴於針腰，無風處懸之，則針常指南。其中有磨而指北者。予家指南、北者皆有之。磁石之指南，猶柏之指西，莫可原其理。

沈括《夢溪筆談》卷二五《雜志二·膽礬煉銅》 信州鉛山縣有苦泉，流以爲澗，挹其水熬之，則成膽礬，烹膽礬則成銅。熬膽礬鐵釜，久之亦化爲銅。水能爲銅，物之變化，固不可測。按《黄帝素問》有天五行、地五行，土之氣在天爲濕，土能生金石，濕亦能生金石，此其驗也。又石穴中，水所滴皆爲鍾乳、殷孽；春秋分時，汲井泉則結石花；大鹵之下，則生陰精石，皆濕之所化也。如木之氣在天爲風，木能生火，風亦能生火，蓋五行之性也。

沈括《夢溪筆談·補筆談》卷三《磁針有指北者》 以磁石磨針鋒，則鋭處常指南，亦有指北者，恐石性亦不同。如夏至鹿角解，冬至麋角解。南北相反，理應有異，未深考耳。

范鎮《東齋記事》卷二 《周禮》：「靁鼓鼓神祀，靈鼓鼓社祭，路鼓鼓鬼享。」康成云：「靁鼓，八面鼓也。靈鼓，六面鼓也。路鼓，四面鼓也。」鼓之數不見於經，然神有尊卑，則其數有多寡隆殺，理或然也。必漢時尚然，所以康成云也。幾面鼓，猶言幾兩車、幾區宅、幾廛田也。而唐開元中，蜀人有繪圖以獻者，一鼓而爲八面、六面、四面，既不可考擊，乃於縣内别置散鼓，國朝仍之，郊社宗廟設而不用。景祐中，馮章靖公言鼉鼓、靈鼓、路鼓並當考擊，而散鼓請準乾德四年詔廢不用，然不言鼓之制非是，甚可怪也。

文瑩《玉壺清話》卷一 蘇翰林易簡一日直禁林，得江南徐邈所造欹器，遂以水試於玉堂。一小璫傳宣于公，見之不識其名，因密奏。既曉，太宗召對，問曰：「卿所玩者，得非欹器乎？」公奏曰：「然。」亟取進之于便坐，上親試之以水，或增損一絲許，器則隨欹，合其中，則凝然不摇。上嘆曰：「真聖人切誡之器也！」公奏曰：「願陛下執大寶神器，持盈守成，皆如此器，則王者之業，可與天地同矣。」上徐笑謂公曰：「若腹之容酒，得此器之節，安有沉湎之過耶？」蓋公嘗嗜飲過中，故托此以規之。易簡泣謝慚佩，上親撰《欹器銘》及草書《誡酒詩》以賜焉。

《元史》卷四八《天文志一·闚几》 闚几之制，長六尺，廣二尺，高倍之。下爲趺，廣三寸，厚二寸，上閫廣四寸，厚如趺。以板爲面，厚及寸，四隅爲足，撑以斜木，務取正方。面中開明竅，長四尺，廣二寸。近竅兩旁一寸分畫爲尺，内三寸刻爲細分，下應圭面。几面上至梁心二十六尺，取以爲準。闚限各各長二尺四寸，廣二寸，脊厚五分，兩刃斜剟，取其於几面相符，着限兩端，厚廣各存二寸，衡入几閫。俟星月正中，從几下仰望，視表梁南北以爲識，折取分寸中數，用爲直景。又於遠方同日闚測取景數，以推星月高下也。

孔齊《至正直記》卷三《首飾用翠》 首飾用翠，最爲無補之物。買時以價十倍，及無用時不值一文。珍珠雖貴，亦是無用。蓋予避地，將所在囊中者遍求易米，不可即得，且價不及于前者已十倍之上。惟金銀爲急，絹帛次之。民有謡曰：「活銀病金死珠子。」猶不言翠也。蓋言銀爲諸家所尚，金遇主漸少，珠子則無有問及者，猶死物也。世之承平時，人人皆自以百世無慮，以致窮奢極侈，以金銀珠玉之外又置翠毛，殊不知人生不可保，一旦異於昔，則無用之物皆成委棄。倘遇再承平時，切不可用無補之物。

孔齊《至正直記》卷四《磨鏡透聞》 磨鏡者以鐵片六七葉參差銜擊之，行市則摇動，使其聲聞於内院，如云響板之音，謂之透聞。

王臨亨《粤劍編》卷一 南海神廟中有銅鼓，唐僖宗朝鄭續鎮番禺日，高州太守林靄所獻。初因鄉里小兒聞蛇鳴，掘之，得此鼓於蠻酋大塚中。徑五尺餘，高半之，製作精巧，遍體青緑，的然出土物也。正統中，海賊謀取之去，纔舁至廟門，忽鐵索斷絕，更不能舉移。賊懼，乃止。

謝肇淛《五雜組》卷二《天部二》 京師城東偏有觀象台，高五丈許，其上有渾天儀一具，如世所圖璇璣者，皆鑄銅爲器，四柱，以銅龍架而懸之，制作精巧。又有簡儀一具，狀相似而省十之七，只周遭數道而已。玉衡一，亦銅爲之，如尺而首尾皆曲，有二孔，對孔直窺，以候中星。又有銅球一，左右轉旋，以象天體。以方函盛之，函四周作二十八宿真形，南面有御制銘，正統七年作也。台下小室有量天尺，鑄銅人捧尺北面，室穴其頂，以候日中測景之長短，冬至後可得一丈七尺，夏至後可得二尺云。中爲紫微殿，殿旁有銅壺滴漏一器，然皆不注水，徒虚具耳。【略】

【略】稱日者晝夜以百刻，而每時止於八刻，則是九十六刻也；今銅漏中增初初、正初二刻，每時十刻，則是百二十刻也，其於百刻數俱不合矣。不知每時之加初初、正初二刻，雖合之得二十四刻，而實四刻之晷所分也，計其度數，每六刻方抵一刻耳。此説余少時見之一書，今亦不復記也。

西僧琍瑪竇有自鳴鐘，中設機關，每遇一時輒鳴。如是經歲無頃刻差訛也，亦神矣。今占候家時多不正，至於選擇吉時，作事臨期，但以臆斷耳。烈日中尚有圭表可測，陰夜之時，所憑者漏也，而漏已不正矣，況於山村中無漏可考哉？故知興作及推禄命者，十九不得其真也。余於辛亥春得一子，夜半大風雪中，禁漏無聲，行人斷絶，安能定其爲何時？余固不信禄命者，付之而已。【略】

錢泳《履園叢話》卷二《閲古·玉昭文帶》 昭文帶，本名璏。《説文》：「璏，劍鼻玉也，所以鼻劍者也。」今人謂之昭文帶。古玉者固多，後人仿造者亦復不少。余見有漢玉者十餘條，其色有紅者、白者、黑者、白質黑章者、白質紅章者，恐皆是古人殉葬之物。

又《金塗塔》 先忠懿王造金塗塔事，不載于《吴越備史》。故自宋、元、明以來，人無有知之者。雖《嘉泰會稽志》、周文璞《方泉集》、《台州府志》、《輿地紀勝》及程孟陽《破山寺志》俱載有吴越金塗塔，而未見其物，故亦未詳其制。至本朝朱竹垞《曝書亭集》，竟視爲塔之瓦，誤矣。乾隆壬子三月，余遊蕪湖，忽見于吾友陳雪樵案上，塔高今工部尺四寸三分，中有一頂已缺，塔四版合成，上有四角，鏤金剛八位，下層每面有佛三位，其中一層，即沙門德清所謂釋迦往因本行示相也。腹内有「吴越國王錢弘俶敬造八萬四千寶塔，乙卯歲記」十九字，下又有一「保」字，想是造塔時所編記目耳。余始爲之作考，曾經供奉案頭者累月，一時士大夫賦詩，傳爲佳話。後聞是塔爲朱文正公所得，陛見時作面貢矣。嘉慶己卯歲，常熟劉君在市中亦得二枚，云自石門縣田野中掘土出之，與前所見者無異。孫子瀟庶常爲作七古一首甚妙。古人云「傳聞不如親見」，信哉！

又《宋宣和銅器》 宣和年所鑄銅器甚多，據所見者，則有銅瓶、銅香鑪、銅爵、銅壺、銅如意之屬。雖製作精妙，大約總不如周、秦、兩漢之樸而華也。

又《宋磁器》 陶九成《輟耕録》謂磁器始於五代，非也。嘗讀杜少陵《乞韋少府大邑磁盌詩》云：「大邑燒磁輕且堅。」則唐時已有之，至五代、兩宋而始盛耳。明永樂、宣德以及成、弘、正、嘉諸朝，皆稱極盛。而本朝康熙、雍正、乾隆、嘉慶四朝，製作尤精，實超出乎前古。惟質地頗鬆而脆，不比宋、明之堅且結，可以垂久。

又《岳氏銅爵》 乾隆甲寅歲七月，余寓西湖，監修表忠觀。桐鄉金雲莊比部示余銅爵一，高裁尺五寸六分，深二寸七分，中鐫「精忠報國」四篆字，爵右邊有小印，曰「岳珂建造」。按珂爲武穆王孫，孝宗初政，始雪武穆之寃，訪求裔孫，賜葬建祠。此爵之造，必其時也。比部云擬將此爵歸之岳廟中，以垂永久。武進趙味辛爲作賦紀之。

又《秦檜鐵鍋》 浙江藩署，南宋秘書省也。著作郎石待問嘗書「蓬巒」額于省中。謝蘊山先生爲方伯時，命余亦書此二字，以名其軒。軒前有大鐵鍋一具，可煮五石米飯。相傳爲秦檜之家中舊物也。

又《元石礎》 吴郡齊女門内有潘氏巷及拙政園、任蔣橋一帶，皆元時張士誠女夫潘元紹舊宅，故今尚有駙馬府及七姬廟之稱，俱爲元紹遺蹟。嘉慶二十年春三月，偶同潘榕臯、畏堂兩先生及其令子理齋户部、樹庭中翰遊拙政園，園西有粉牆，露出桃花幾枝，因問兩先生爲何家所居，曰程氏也。遂通知主人並往遊焉，見後園有石礎八枚，製作奇古。每一礎上蟠螭六面，下列三獸穿於螭首之下，高二尺許，圍圓四五尺，心竊喜之。主人曰：「此元時潘元紹家中物也。」隔三四年，聞此宅已爲他人所有，遂從程氏購歸，置之履園報春亭下。余所得者僅四礎，其餘四礎爲榕臯先生取去，亦置之須静齋中。余嘗有詩云：「七姬塚上亂鴉翻，駙馬堂前秋草蕃。留得蒼苔蟠柱礎，任人移置别家園。」

按《明史》至正十六年，張士誠陷平江，改名曰隆平府，開宏文館，設官屬，自立爲吴王，妻劉氏爲后，以女夫潘元紹爲駙馬都尉，視同腹心。元紹好治園圃，聚斂金玉及法書名畫，日夜歌舞自娱。凡摴蒱、蹴鞠、遊談之士，無不羅至。及元紹敗，士誠俱置不問。世所謂七姬者，皆元紹妾也。

余得礎後，友人賦詩者甚衆。吴門陸君果泉又爲賦《石礎歌》，用韓昌黎《石鼓歌》韻，尤妙，附記于此：「錢君新得元石礎，命我試作石礎歌。元季僞周潘駙馬，謀畫自謂同蕭何。事見《明史·張士誠傳》。出兵邀請美田宅，摴蒱蹴鞠慵提戈。皆元紹事。大興土木駙馬府，石工朝夕相礱磨。結客少年曳珠履，藏嬌金屋皆綺羅。回廊曲榭何深邃，雕甍畫棟真巍峩。豫章楩柟遠採取，武康文石搜巖阿。石破天驚金鼓震，檄飛八罪空譏呵。皂林一敗勢漸孤，西風黄葉謡非訛。摧坊倒碣作飛礮，羅雀掘鼠搜池蝌。平江被圍九月，兵食俱盡，至取坊碣充礮石，取水蟲食之，一鼠直百錢。府中礎石偏完固，堅比金鐵蟠蛟鼉。書畫收藏更充滿，豈藉鑒定丹丘柯。三獸刻鏤猛如虎，六龍圍繞飛如梭。風雲際會思航海，孰知海運路委蛇。趙家舊例受周禪，後房妝飾同宫娥。士誠改至正十四年爲天祐元年，皆元紹謀也。元紹本爲趙宋子孫，改姓潘氏。其國號曰大周者，思繼周也。後降元，去僞號，由海運漕粟十一萬石於大都。蘇城被圍，元紹等又勸士誠即用海運船襲取日本自立，如虬髯故事。蓋元時安南亦以壻受禪。誰知一朝心膽碎，七姬涕淚流滂沱。銘留墨寶稱三絶，七姬墓志，張羽撰文，宋克書丹，盧熊篆，蓋世稱三絶。盤薦紅顔調六和。元紹後房妾有蘇氏者，才色俱絶。元紹醉後，殺以饗客。楊鐵崖作《金盤美人行》歌：「殺妾何辜饗士卒，加租有額私陞科。」明太祖平定平江，籍没元紹及周仁、徐義等田産，取私租簿以定田賦。郎君投溷鬚眉動，夫人摩笄流血多。士誠既死，太祖復慮元紹叛，殺而投諸溷中，其妻張城破後，摩笄自殺。亭館淒涼存石礎，何異荆棘悲銅駝。回想當年全盛日，朝歌暮舞常經過。周仁徐義同筵燕，宋克盧熊相切磋。或倚雲根斜點筆，或乘畫舫浮清波。勒石銘勳誇衛霍，投戈立馬輕翦頗。石人無眼已如此，石城有國難如他。元末有童謡云：「石人一隻眼。」明太祖以金陵石頭城爲都。堂呼都尉尊塐像，廟傍宰嚭鄰婞婜。駙馬府堂塑潘元紹夫婦像，在盤門麗娃鄉，是鄉相傳爲吴伯嚭舊宅。至今尚有潘氏巷，竭來弔古三摩抄。玉册流星鐙影散，《太平》新曲今誰哦。士誠盛時，嘗于元夜張鐙，有玉册、流星、萬點金、百花團諸名目，與其母曹氏、其妻劉氏登觀風樓，召元紹等開賞鐙宴，賦《望太平》諸曲。齊雲樓廢啼烏鵲，金女墳沈來鴨鵝。士誠既厚葬其妾金姬，復用其父李素爲隆平府丞，立廟建碑，命饒介撰文，周伯琦書丹。其後墓陷爲湖，今俗稱金姬湖。滄海桑田五百載，石火電光一刹那。礎底尚鐫天祐歲，痕疑銅柱匕中軻。君因訪碑得四礎，如聞漢碣來東河。今年河決山東，聞有新出漢碑。珍藏不殊鐘與鼎，我欲來看常蹉跎。」

錢泳《履園叢話》卷三《考索·繖》 古有簦無繖，《説文》「簦」字注：「蓋也。」「笠」字注：「簦無柄也。」然則簦即今之繖也。《晉書·王雅傳》：「雅遇雨，請以繖入。」此爲「繖」字初見。又《史記·五帝本紀》：「舜以兩笠自扞而下。」皇甫謐注云：「繖也。」崔豹《古今注》：「太公伐紂，遇雨，乃爲曲蓋。」亦即繖也。故今吴人呼繖爲持笠，蓋本此。又《三國志》：「忘其行軒。」疑亦是繖，今俗作傘，然唐碑《吴嶽祠堂記》已用之。

又《扇》 或謂古人皆用團扇，今之摺扇是朝鮮、日本之制，有明中葉始行于中國也。案《通鑑》：「褚淵入朝，以腰扇障日。」胡三省注云：「腰扇，佩之于腰，今謂之摺疊扇。」則隋、唐時先有之矣。

錢泳《履園叢話》卷一二《藝能·製砂壺》 宜興砂壺，以時大彬製者爲佳，其餘如陳仲美、李仲芳、徐友泉、沈君用、陳用卿、蔣志雯諸人，亦藉藉人口者。近則以陳曼生司馬所製爲重矣，咸呼之曰「曼壺」。

李心衡《金川瑣記》卷四《金》 兩金川徧地生金，命名以此，首推撫邊，披沙所得，自然成片段，巨者至兩餘，細亦重分許，色皆上赤，俗稱「瓜子金」是也，他屯祇産金屑，俗稱「麩金」，入火不能鎔化，不足貴也。

藝文

《墨子·非樂上》 子墨子言曰：仁之事者，必務求興天下之利，除天下之害。將以爲法乎天下：利人乎即爲，不利人乎即止。且夫仁者之爲天下度也，非爲其目之所美，耳之所樂，口之所甘，身體之所安。以此虧奪民衣食之財，仁者弗爲也。

是故子墨子之所以非樂者，非以大鐘、鳴鼓、琴瑟、竽笙之聲，以爲不樂也；非以刻鏤華文章之色，以爲不美也；非以犓豢煎炙之味，以爲不甘也；非以高臺厚榭邃野之居，以爲不安也。雖身知其安也，口知其甘也，目知其美也，耳知其樂也，然上考之不中聖王之事，下度之不中萬民之利。是故子墨子曰：爲樂非也。

今王公大人雖無造爲樂器，以爲事乎國家，非直掊潦水、拆壞垣而爲之也，將必厚措斂乎萬民，以爲大鐘、鳴鼓、琴瑟、竽笙之聲。然則當用樂器，譬之若聖王之爲舟車也，即我弗敢非也。古者聖王亦嘗厚措斂乎萬民，以爲舟車。既已成矣，曰：「吾將惡許用之？」曰：「舟用之水，車用之陸，君子息其足焉，小人休其肩背焉。」故萬民出財賫而予之，不敢以爲戚恨者，何也？以其反中民之利也。然則樂器反中民之利亦若此，即我弗敢非也。

民有三患：饑者不得食，寒者不得衣，勞者不得息。三者，民之巨患也。然即當爲之撞巨鐘、擊鳴鼓、彈琴瑟、吹竽笙而揚干戚，民衣食之財將安可得乎？即我以爲未必然也。意舍此，今有大國即攻小國，有大家即伐小家，强劫弱，衆暴寡，詐欺愚，貴傲賤，寇亂盜賊并興，不可禁止也。然即當爲之撞巨鐘、擊鳴鼓、彈琴瑟、吹竽笙而揚干戚，天下之亂也，將安可得而治與？即我以爲未必然也。是故子墨子曰：姑嘗厚措斂乎萬民，以爲大鐘、鳴鼓、琴瑟、竽笙之聲，以求興天下之利，除天下之害而無補也。是故子墨子曰：爲樂非也。

今王公大人，唯毋處高臺厚榭之上而視之，鐘猶是延鼎也。弗撞擊，將何樂得焉哉？其説將必撞擊之。惟勿撞擊，將必不使老與遲者。老與遲者耳目不聰明，股肱不畢强，聲不和調，明不轉樸。將必使當年，因其耳目之聰明，股肱之畢强，聲之和調，眉之轉樸。使丈夫爲之，廢丈夫耕稼樹藝之時；使婦人爲之，廢婦人紡績織紝之事。今王公大人唯毋爲樂，虧奪民衣食之財，以拊樂如此多也。是故子墨子曰：爲樂非也。

今大鐘、鳴鼓、琴瑟、竽笙之聲既已具矣，大人鏽然奏而獨聽之，將何樂得焉哉？其説將必與人。與君子聽之，廢君子聽治；與賤人聽之，廢賤人之從事。今王公大人惟毋爲樂，虧奪民之衣食之財，以拊樂如此多也。是故子墨子曰：爲樂非也。

昔者齊康公興樂萬，萬人不可衣短褐，不可食糠糟。曰：「食飲不美，面目顔色不足視也；衣服不美，身體從容不足觀也。」是以食必粱肉，衣必文綉，此掌不從事乎衣食之財，而掌食乎人者也。是故子墨子曰：今王公大人惟毋爲樂，虧奪民衣食之財，以拊樂如此多也。是故子墨子曰：爲樂非也。

今人固與禽獸麋鹿、蜚鳥貞蟲異者也，今之禽獸麋鹿、蜚鳥貞蟲，因其羽毛以爲衣裘，因其蹄蚤以爲絝屨，因其水草以爲飲食。故唯使雄不耕稼樹藝，雌亦不紡績織紝，衣食之財固已具矣。今人與此異者也，賴其力者生，不賴其力者不生。君子不强聽治，即刑政亂；賤人不强從事，即財用不足。今天下之士君子，以吾言不然，然即姑嘗數天下分事，而觀樂之害。王公大人蚤朝晏退，聽獄治政，此其分事也；士君子竭股肱之力，亶其思慮之智，內治官府，外收斂關市、山林、澤梁之利，以實倉廩府庫，此其分事也；農夫蚤出暮入，耕稼樹藝，多聚菽粟，此其分事也；婦人夙興夜寐，紡績織紝，多治麻絲葛緒捆布縿，此其分事也。今惟毋在乎王公大人説樂而聽之，即必不能蚤朝晏退，聽獄治政，是故國家亂而社稷危矣；今惟毋在乎士君子説樂而聽之，即必不能竭股肱之力，亶其思慮之智，内治官府，外收斂關市、山林、澤梁之利，以實倉廩府庫，是故倉廩府庫不實；今惟毋在乎農夫説樂而聽之，即必不能蚤出暮入，耕稼樹藝，多聚叔粟，是故菽粟不足；今惟毋在乎婦人説樂而聽之，即不必能夙興夜寐，紡績織紝，多治麻絲葛緒捆布縿，是故布縿不興。曰：孰爲大人之聽治而廢國家之從事？曰：樂也。是故子墨子曰：爲樂非也。

酈道元《水經注》卷二九《湍水》 水西有《漢太尉長史邑人張敏碑》，碑之西有魏征南軍司張詹墓，墓有碑，碑背刊云：「白楸之棺，易朽之裳。銅鐵不入，丹器不藏。嗟矣後人，幸勿我傷。」自後古墳舊冢，莫不夷毁，而是墓至元嘉初尚不見發。六年大水，蠻饑，始被發掘。説者言：初開，金銀銅錫之器、朱漆雕刻之飾爛然。有二朱漆棺，棺前垂竹簾，隱以金釘。墓不甚高，而内極寬大。虛設白楸之言，空負黄金之實，雖意錮南山，寧同壽乎？

今有金箠，長五尺。斬本一尺，重四斤；斬末一尺，重二斤。問：次一尺各重幾何？

答曰：末一尺重二斤，次一尺重二斤八兩，次一尺重三斤，次一尺重三斤八兩，次一尺重四斤。

術曰：令末重減本重，餘，即差率也。又置本重，以四間乘之，爲下第一衰。副置，以差率減之，每尺各自爲衰。按：此術五尺有四間者，有四差也。今本末相減，餘即四差之凡數也。以四約之，即得每尺之差，以差數減本重，餘即次尺之重也。爲術所置，如是而已。今此率以四爲母，故令母乘本爲衰，通其率也。亦可置末重，以四間乘之，爲上第一衰。以差重率加之，爲次下衰也。副置下第一衰，以爲法。以本重四斤遍乘列衰，各自爲實。實如法得一斤。以下第一衰爲法，以本重乘其分母之數，而又返此率乘本重，爲實。一乘一除，勢無損益，故惟本存焉。衆衰相推爲率，則其餘可知也。亦可副置末衰爲法，而以末重二斤乘列衰爲實。此雖迂回，然是其舊，故就新而言之也。

《三國志》卷六《吴書・諸葛恪傳》 先是，童謡曰：「諸葛恪，蘆葦單衣篾鉤落，於何相求成子閣。」成子閣者，反語石子岡也。建業南有長陵，名曰石子岡，葬者依焉。鉤落者，校飾革帶，世謂之鉤絡帶。恪果以葦席裹其身而篾束其腰，投之於此岡。

（日）真人開之《唐大和上東征傳》 於是巡避官所，俱至大和上所計量。大和上曰：「不須愁，宜求方便，必遂本願。」仍出正爐八十貫錢，買得嶺南道採訪使劉（巨鱗）之軍舟一隻，雇得舟人等十八口。備辦海糧：（落）脂紅緑米一百石，甜豉三十石，牛蘇一百八十斤，麪五十石，乾胡餅二車，乾蒸餅一車，乾薄餅一萬，番（捻）頭一半車；漆合子盤卅具，兼將（畫）五頂像一鋪，寶像一鋪，金（漆）泥像一軀，六扇佛菩薩障子一具，金字《華嚴經》一部，金字《大品經》一部，金字《大集經》一部，金字《大涅槃經》一部，雜經、章疏等都一百部；月令（障）子一具，行天（障）子一具，道場幡一百廿口，珠幡十四條，玉環手幡八口；螺鈿經函五十口，銅瓶廿口；花氈廿四領，袈裟一千領，（裙）衫一千對，坐具一千床；大銅（盂）四口（竹葉盂）卌口，大銅盤廿面，中銅盤廿面，小銅盤四十四面，一尺銅叠八十面，少銅叠三百面；白籐簟十六領，五（色）籐簟六領；麝香廿（劑），沉香、甲香、甘松香、龍腦、香膽、唐香、安息香、棧香、零陵香、青木香、薰陸香都有六百餘斤；又有畢鉢、訶黎勒、胡椒、阿魏、石蜜、蔗餹等五百餘斤，蜂蜜十斛，甘蔗八十束；青錢十千貫，正爐錢十千（貫），紫邊錢五（千）貫；羅補頭二千枚，麻靴卅量，廗冒卅箇。

王溥《唐會要》卷一七《祭器議》 永徽二年，禮部尚書許敬宗議籩、豆之數曰：「謹按《光禄式》『祭天地、日月、嶽鎮、海瀆、先蠶等，籩、豆各四。宗廟，籩、豆各十二。社稷、先農等，籩、豆各九。風師、雨師等，籩、豆各二。』尋此式文，事實乖戾，社稷多於天地，似不貴多，風雨少於日月，又不貴少。且先農、先蠶，俱爲中祀，或四或六，理不可通。謹按《禮記・郊特牲》云：『籩豆之薦，水土之品，不敢用褻味，而貴多品，所以交於神明之義也。』此即祭祀籩、豆以多爲貴。宗廟之數，不可踰郊。今請大祀同爲十二，中祀同爲十，小祀同爲八；釋奠準中祀，自餘從座。並請依舊式。」從之。

開元二十二年正月十八日勅文：「宗廟致享，務在豐潔，禮經沿革，必本人情。籩、豆之薦，或未能備物，宜令禮官學士，詳議具奏。」太常卿韋縚請「宗廟之奠，每座各加十二。又酒爵，制度全小，僅無一合，執持甚難，請稍令寬大。仍望付尚書省，集衆官詳議。」兵部侍郎張均及職方郎中韋述等議曰：「謹按《禮・祭統》曰：『凡天之所生，地之所長，苟可薦者，莫不咸在。』聖人知孝子之情深，而物類之無限，故爲之節制，使有常禮，物有其品，器有其數。上自天子，下至公卿，貴賤差降，無相踰越，百代常行無易之道也。《左傳》曰：『饗以訓恭儉，宴以示慈惠，恭儉以行禮，慈惠以布政。』享之與宴，猶且異文，祭奠所陳，固不同矣。今欲取甘旨之物，肥濃之味，隨所有者皆充祭用，苟踰舊制，其何限焉。雖籩豆有加，豈能備也？《傳》曰：『大羹不致，粢盛不鑿，昭其儉也。』若以今之珍饌，平生所習，求神無方，何必師古。自漢以降，諸陵皆有寢宮，歲時朔望，薦以常饌，此既常行，亦足盡至孝之情矣。宗廟正禮，宜依典故，率意變革，人情所難。又按舊制，一升曰爵，五升曰散。《禮器》稱：『宗廟之祭，貴者獻以爵，賤者獻以散。』此明貴小賤大，示之節儉。豈可舍先王之道，以徇一時之所尚，廢棄《禮經》，以從流俗。裂冠毀冕，將安用之！君子愛人以禮，不求苟合，況在宗廟，敢忘舊章。請依古制，庶可經久。」太子賓客崔沔議曰：「竊聞識禮樂之情者能作，知禮樂之文者能述。述作之義，聖賢所重；禮樂之本，古今所崇。變而通之，所以久也。所謂變者，變其文也；所謂通者，通其情也。祭祀之典，肇於太古，人所飲食，必先薦獻。未有火化，茹毛飲血，則有毛血之薦；未有麴糵，汙樽抔飲，則有玄酒之奠。施及後王，禮物漸備，作爲酒醴，用其犧牲，以致馨香，以極豐潔。故有三牲八簋之盛，五齊九獻之殷。然神道至元，可存而不可測也。祭禮至敬，可備而不可廢也。是以毛血腥爛，玄尊犧象，靡不畢登于明薦矣。然而薦貴於新，味不尚褻，雖則備物，猶存節制，故《禮》云：『天之所生，地之所長。』苟可薦者，莫不咸在，備物之情也。夫曰三牲之俎，八簋之實，美物備矣；昆蟲之異，草木之實，陰陽之物備矣，此節制之文也。鉶、俎、籩、豆、簠、簋、尊、罍之實，皆周人之時饌也，其用通於燕享賓客。而周公制禮，咸與毛血玄酒同薦於先。晉中郎盧諶，近古之知禮者，著《家祭禮》，皆晉時常食，不復純用舊文。然則當時飲食，不可闕於祭祀明矣，是變《禮》文而通其情也。我國家由《禮》立訓，因時制範，考圖史於前典，稽周、漢之舊儀。清廟時享，禮饌畢陳，用周制也，而古式存焉。園寢上食，時饌具設，遵漢法也，而珍味極焉。職貢來祭，致遠物也；有新必薦，順時令也。苑囿之內，躬稼所收，蒐狩之時，親發所中，割鮮擇美，薦而後食，盡誠敬也。若此至矣，復何加焉？但當申敕有司，祭神如在，其進貢珍羞，或時物鮮美，考諸祀典，無有漏略，皆詳名目，編諸甲令，因宜而薦，以類相從，則鮮肥盡在，不必加於籩、豆之數也。至於祭器，隨物所宜。故太羹古食也，盛於登。登，古器也。和羹時饌也，盛於鉶。鉶，時器也。亦有古饌而盛於時器，故毛血盛於盤，玄酒盛於尊，宋有薦時饌而追用古器者。由古質而今文，便於事也。雖加籩、豆十二，未足以盡天下美物，而措諸清廟，有兼倍之之名，近於侈矣。又按《漢書·藝文志》，墨家之流，出於清廟，是以貴儉，由此觀之，清廟之不尚於奢，舊矣。太常所請，恐未可行。又稱酒爵全小，須加廣大。竊據《禮》文，有以小爲貴者，獻以爵，貴其小也。小不及制，敬而非禮，是有司之失其傳也，固可隨失釐正，無待議而後革。未知今制，何所依準？請兼詳今式，據文而行。」禮部員外郎楊仲昌議曰：「鄭玄云：『生人尚褻食，鬼神則不然。』《春秋》曰：『蘋蘩薀藻之菜，潢汙行潦之水，可薦于鬼神。』又曰：『太羹不致，粢盛不鑿。』此明君人者，有國奉先，敬神嚴享，豈肥濃以爲尚，將儉約以表誠。則陸海之物，鮮肥之類，既乖《禮》文之情，而變作者之法，皆充祭用，非所宜也。《易》曰：『樽酒簋貳，用缶，納約自牖。』此明祭尚簡易，不在繁奢。所以一樽之酒，貳簋之奠，爲明祀也。薦肥濃則褻味有登，加籩、爵則事非師古。與其別行新制，寧如謹守舊章？又漢家園陵，八節上食，自兹以降，代行其典。貞觀之後，禮法刊定，今陵寢見有八節之奠，兼朔望常食，聖心追遠，每物加薦，不敢黷於宗廟，請施行之于園陵。愚忝主司，顧非知禮，布之執事，惟裁擇焉。」戶部郎中楊伯成、左衛兵曹參軍劉秩，皆建議以爲請依舊禮，於是宰臣具沔、述等議以奏。上曰：「享祀粢盛，實思豐潔，不應法制者，亦不可用。」於是更令太常量加品味。韋縚又請每室加籩、豆各六，每四時異品，以當時新果及珍羞同薦。制可之。又酌獻酒爵，上令用龠升一升，合於古義，而多少適中，自是常依行焉。大曆元年七月五日敕：「南郊太廟祭器，令所司造兩副供用，一副貯庫。諸壇廟祭器，更別造一副。諸雜用者，亦宜別造，不得效廟及諸壇祭器。」

沈括《夢溪筆談》卷一九《器用》 余於關中得一銅匜，其臂有刻文二十字曰：「律人衡蘭注水匜，容一升。始建國元年二月癸卯造。」皆小篆，律人當是官名，王莽傳中不載。

葉廷珪《海録碎事》卷五《紅鏡》 李賀《六月詞》：裁生羅，伐湘竹，帔拂疎霜簟秋玉。炎炎紅鏡東方開，暈如車輪上徘徊，啾啾赤帝騎龍來。

葉廷珪《海録碎事》卷五《鍊形神冶》 鳳州遁跡山有郭家崖，景德元年，有軍人楊起忽入一洞穴，得一鏡，圍五寸，背鑄水族，回環三十二字，銘曰：「鍊形神冶，瑩質良工；當眉寫翠，對臉傳紅。如珠出匣，似月停空；綺窗繡幌，俱涵影中。」云洞中有石臺三所，鑑架一座。忽取鑑，俄聞其後有風雨聲，鑑在懷中，匣已碎矣。

楊維楨《鐵崖逸編》卷五《自題鐵笛道人像》 道人煉鐵如煉雪，丹鐵火花飛列缺。神焦鬼爛愁鏌鎁，精魂夜語吴鈎血。居然躍冶作龍吟，三尺笛成如竹截。道人天聲闓天竅，媧皇上天補天裂。淮南張涯人中傑，愛畫道人吹怒鐵。道人與笛同死生，直上方壺觀日月。

馮夢龍《警世通言・論琴》 童子取一張杌坐兒置於下席。伯牙全無客禮，把嘴向樵夫一努道：「你且坐了。」你我之稱，怠慢可知。那樵夫亦不謙讓，儼然坐下。伯牙見他不告而坐，微有嗔怪之意。因此不問姓名，亦不呼手下人看茶。默坐多時，怪而問之：「適才崖上聽琴的，就是你麼？」樵夫答言：「不敢。」伯牙道：「我且問你，既來聽琴，必知琴之出處。此琴何人所造？撫它有甚好處？」正問之時，船頭來禀話，風色順了，月明如晝，可以開船。伯牙吩咐：「且慢些！」樵夫道：「承大人下問。小子若講話絮煩，恐躭誤順風行舟。」伯牙笑道：「惟恐你不知琴理。若講得有理，就不做官，亦非大事，何況行路之遲速乎！」樵夫道：「既如此，小子方敢僭談。此琴乃伏羲氏所琢，見五星之精，飛墜梧桐，鳳皇來儀。鳳乃百鳥之王，非竹實不食，非梧桐不棲，非醴泉不飲。伏羲氏知梧桐乃樹中之良材，奪造化之精氣，堪爲雅樂，令人伐之。其樹高三丈三尺，按三十三天之數，截爲三段，分天、地、人三才。取上一段叩之，其聲太清，以其過輕而廢之；取下一段叩之，其聲太濁，以其過重而廢之；取中一段叩之，其聲清濁相濟，輕重相兼。送長流水中，浸七十二日，按七十二候之數。取起陰乾，選良時吉日，用高手匠人劉子奇斫成樂器。此乃瑶池之樂，故名瑶琴。長三尺六寸一分，按周天三百六十一度。前闊八寸，按八節；後闊四寸，按四時；厚二寸，按兩儀。有金童頭，玉女腰，仙人背，龍池，鳳沼，玉軫，金徽。那徽有十二，按十二月；又有一中徽，按閏月。先是五條弦在上，外按五行金、木、水、火、土，内按五音宫、商、角、徵、羽。堯舜時操五弦琴，歌「南風」詩，天下大治。後因周文王被囚於羑里，吊子伯邑考，添弦一根，清幽哀怨，謂之文弦。後武王伐紂，前歌後舞，添弦一根，激烈發揚，謂之武弦。先是宫、商、角、徵、羽五弦，後加二弦，稱爲文武七弦琴。此琴有六忌，七不彈，八絶。何爲六忌？一忌大寒，二忌大暑，三忌大風，四忌大雨，五忌迅雷，六忌大雪。何爲七不彈？聞喪者不彈，奏樂不彈，事冗不彈，不净身不彈，衣冠不整不彈，不焚香不彈，不遇知音者不彈。何爲八絶？總之清奇幽雅，悲壯悠長。此琴撫到盡美盡善之處，嘯虎聞而不吼，哀猿聽而不啼。乃雅樂之好處也。」伯牙聽見他對答如流，猶恐是記問之學。又想道：「就是記問之學，也虧他了。我再試他一試。」此時已不似在先你我之稱了。又問道：「足下既知樂理，當時孔仲尼鼓琴於室中，顔回自外入。聞琴中有幽沉之聲，疑有貪殺之意。怪而問之。仲尼曰：「吾適鼓琴，見猫方捕鼠，欲其得之，又恐其失之。此貪殺之意，遂露於絲桐。」始知聖門音樂之理，入於微妙。假如下官撫琴，心中有所思念，足下能聞而知之否？」樵夫道：「《毛詩》云：『他人有心，予忖度之。』大人試撫弄一過，小子任心猜度。若猜不着時，大人休得見罪。」伯牙將斷弦重整，沉思半晌。其意在於高山，撫琴一弄。樵夫贊道：「美哉洋洋乎，大人之意，在高山也。」伯牙不答。又凝神一會，將琴再鼓。其意在於流水。樵夫又贊道：「美哉湯湯乎，志在流水！」只兩句道着了伯牙的心事。伯牙大驚，推琴而起，與子期施賓主之禮。連呼：「失敬失敬！石中有美玉之藏。若以衣貌取人，豈不誤了天下賢士！」

馮夢龍《東周列國志・論簫》 孟明登太華山，至明星岩下，果見一人羽冠鶴氅，玉貌丹唇，飄飄然有超塵出俗之姿。孟明知是異人，上前揖之，問其姓名。對曰：「某蕭姓，史名。足下何人？來此何事？」孟明曰：「某乃本國右庶長，百里視是也。吾主爲愛女擇婿，女善吹笙，必求其匹。聞足下精於音樂，吾主渴欲一見，命某奉迎。」蕭史曰：「某粗解宫商，别無他長，不敢辱命。」孟明曰：「同見吾主，自有分曉。」乃與共載而回。

孟明先見穆公，奏知其事，然後引蕭史入謁。穆公坐於鳳臺之上，蕭史拜見曰：「臣山野匹夫，不知禮法，伏祈矜宥！」穆公視蕭史形容瀟灑，有離塵絶俗之韻，心中先有三分歡喜，乃賜坐於旁，問曰：「聞子善簫，亦善笙乎？」蕭史曰：「臣止能簫，不能笙也。」穆公曰：「本欲覓吹笙之侶，今簫與笙不同器，非吾女匹也。」顧孟明使引退。

弄玉遣侍者傳語穆公曰：「簫與笙一類也。客既善簫，何不一試其長？奈何令懷技而去乎？」穆公以爲然，乃命蕭史奏之。蕭史取出赤玉簫一枝，玉色温潤，赤光照耀人目，誠希世之珍也。才品一曲，清風習習而來；奏第二曲，彩雲四合；奏至第三曲，見白鶴成對，翔舞於空中，孔雀數雙，栖集於林際，百鳥和鳴，經時方散。

穆公大悦。時弄玉於簾内，窺見其異，亦喜曰：「此真吾夫矣！」穆公復問蕭史曰：「子知笙簫何爲而作？始於何時？」蕭史對曰：「笙者，生也；女媧氏所作，義取發生，律應太簇。簫者，肅也；伏羲氏所作，義取肅清，律應仲吕。」穆公曰：「試詳言之。」蕭史對曰：「臣執藝在簫，請但言簫。昔伏羲氏，編竹爲簫，其形參差，以像鳳翼；其聲和美，以像鳳鳴。大者謂之「雅簫」，編二十三管，長尺有四寸；小者謂之『頌簫』，編十六管，長尺有二寸。總謂之簫管。其無底者，謂之『洞簫』。其後黄帝使伶倫伐竹於昆溪，制爲笛，横七孔，吹之，亦象鳳鳴，其形甚簡。後人厭簫管之繁，專用一管而竪吹之。又以長者名簫，短者名管。今之簫，非古之簫矣。」

穆公曰：「卿吹簫，何以能致珍禽也？」史又對曰：「簫制雖減，其聲不變，作者以象鳳鳴，鳳乃百鳥之王，故皆聞鳳聲而翔集也。昔舜作簫韶之樂，鳳凰應聲而來儀。鳳且可致，況他鳥乎？」蕭史應對如流，音聲洪亮。

穆公愈悦，謂史曰：「寡人有愛女弄玉，頗通音律，不欲歸之盲婿，願以室吾子。」蕭史斂容再拜辭曰：「史本山僻野人，安敢當王侯之貴乎？」穆公曰：「小女有誓願在前，欲擇善笙者爲偶，今吾子之簫，能通天地，格萬物，更勝於笙多矣。況吾女復有夢征，今日正是八月十五中秋之日，此天緣也，卿不能辭。」蕭史乃拜謝。穆公命太史擇日婚配，太史奏今夕中秋上吉，月圓於上，人圓於下。乃使左右具湯沐，引蕭史潔體，賜新衣冠更換，送至鳳樓，與弄玉成親。

《長物志·序》 夫標榜林壑，品題酒茗，收藏位置圖史、杯鐺之屬，於世爲閑事，於身爲長物，而品人者，於此觀韻焉，才與情焉。何也？挹古今清華美妙之氣於耳、目之前，供我呼吸，羅天地瑣雜碎細之物於几席之上，聽我指揮，挾日用寒不可衣、饑不可食之器，尊踰拱璧，享輕千金，以寄我之慷慨不平，非有真韻、真才與真情以勝之，其調弗同也。

近來富貴家兒與一二庸奴鈍漢，沾沾以好事自命，每經賞鑒，出口便俗，入手便粗，縱極其摩娑護持之情狀，其污辱彌甚，遂使真韻、真才、真情之士，相戒不談風雅。

嘻！亦過矣！司馬相如携卓文君，賣車騎，買酒舍，文君當壚滌器，映帶犢鼻褌邊；陶淵明方宅十餘畝，草屋八九間，叢菊孤松，有酒便飲，境地兩截，要歸一致；右丞茶鐺藥臼，經案繩床；香山名姬駿馬，攫石洞庭，結堂廬阜；長公聲伎酣適于西湖，烟舫翩躚乎赤壁，禪人酒伴，休息夫雪堂，豐儉不同，總不礙道，其韻致才情，政自不可掩耳！

予向持此論告人，獨余友啓美氏絶頜之。春來將出其所纂《長物志》十二卷，公之藝林，且屬余序。予觀啓美是編，室廬有制，貴其爽而倩、古而潔也；花木、水石、禽魚有經，貴其秀而遠、宜而趣也；書畫有目，貴其奇而逸、雋而永也；几榻有度，器具有式，位置有定，貴其精而便、簡而裁、巧而自然也；衣飾有王、謝之風，舟車有武陵蜀道之想，蔬果有仙家瓜棗之味，香茗有荀令、玉川之癖，貴其幽而暗、淡而可思也。法律指歸，大都游戲點綴中，一往删繁去奢之意存焉。豈唯庸奴、鈍漢不能窺其崖略，即世有真韻致、真才情之士，角異獵奇，自不得不降心以奉啓美爲金湯，誠宇内一快書，而吾黨一快事矣！

余因語啓美：「君家先嚴征仲太史，以醇古風流，冠冕吴趨者，幾滿百歲，遞傳而家聲香遠，詩中之畫，畫中之詩，窮吴人巧心妙手，總不出君家譜牒，即余日者過子，盤礴累日，嬋娟爲堂，玉局爲齋，令人不勝描畫，則斯編常在子衣履襟帶間，弄筆費紙，又無乃多事耶？」啓美曰：「不然。吾正懼吴人心手日變，如子所云，小小閑事長物，將來有濫觴而不可知者，聊以是編堤防之。」有是哉！删繁去奢之一言，足以序是編也。

予遂述前語相諗，令世睹是編，不徒占啓美之韻之才之情，可以知其用意深矣。沈春澤謹序。

沈津《欣賞編·集古考圖序》 自黄帝氏液金作鑑，夏后氏以名山之金鑄九鼎，防魑魅以起神姦，至商周廣爲禮樂之器，於是文物大備。若兑之戈、和之弓，垂之竹矢，皆載諸傳記，是皆聖人創制於前，而歷世繼作於後。攷《周禮》：攻金之工，玉人之玉，皆專心至精，琱鏤巧妙，非後人所可及者。蓋其用心專一，致恩無雜，故鐘鼎尊彝，刻文銘功，珮環琕琫，象物備用，是皆聖人之從也。僕自弱冠遊燕京諸王公家，及祕府所藏，悉得瞻覽，以見古人備物制器之妙，而後世得以仿佛其儀範，豈非文治之大助乎！故因暇日圖其所見，與好事者共之。至正元年夏五十日，朱德潤圖序。

宋犖《筠廊偶筆》卷上 周櫟園先生好墨，作祭墨詩。廣濟張長人仁熙在余齊安署中，每早盥洗罷，輒取古研磨佳墨就而食之，口常黑。爲余作《雪堂義墨説》及《墨論》，皆佳。

附《墨論》：宋牧仲使君問於張子曰：「墨有説乎？」張子曰：「然，有之。古稱「絳人陳玄」，文房藝一耳，然其道可大焉。由其道者可以隱，可以博物，可以文，可以悟爲文之理，可以教孝，可以佐禮，可以垂訓於後裔而戒天下之侈也。《釋名》曰：「墨，晦也。」言似物晦黑也。宋潘谷制墨精妙而價不二，士或不持錢求墨，不計多少與之。蘇子瞻贈以詩曰：「布衫漆黑手如龜，未害冰壺貯秋月。」谷殆韓伯休之流乎！陳惟達之墨與麝并藏一匣，十年而麝氣不入，自作松香耳。蓋膚理堅密，不受外薰，人如此者，何患世俗之靡耶？故曰可以隱。呂行甫好藏墨而不能書，時磨而小啜之。石昌言藏墨不許人磨。李公擇見人墨輒奪。蘇子瞻蓄墨至七千梃，遇天氣晴霽，輒出品玩。而潘谷見秦少游所藏廷珪墨，即下拜曰：「真李氏物，我生再見矣！」王四學士有之，與此爲二也。此與杜左嵇鍛嗜石而拜、好書而發冢以求、嘔血以思者無異也，故曰可以癖。墨有經、有書、有史、有苑、有辯。有臨帖之墨，有畫墨，有楷書墨，有寫經墨，而程氏《墨苑》自玄工輿圖、人官物華、儒藏緇黄、建緯授詞種種臚列，故曰可以博物。吴元中起草，令婢遠山磨隃麋墨，文即佳，故曰可以文。奚超入新都，語刺史陶雅曰：「始公歲取墨不過十梃，今數百梃未已也，何精焉？」以超之能，多則不精，故曰可以悟爲文之理。初虞世，名士也。善醫，好奪人藏墨，人至以「男旱魃」名之。然每得佳墨，必以遺黄山谷，曰：「山谷孝於其親，吾最厚愛。」故曰可以教孝。「九子之墨，藏於松烟，本姓長生，孫子圖邊。」鄭氏《昏禮謁文贊》也，故曰可以佐禮。洪覺范禪師云：「司馬温公無所嗜好，獨蓄墨數百斤。」或以爲言，公曰：「吾欲子孫知吾用此物何爲者也。」嗚呼，司馬公豈玩物喪志者耶？獨垂訓於後世如此。金章宗用蘇合油烟墨，後人以黄金倍易無覓處。唐明皇好墨，墨精化爲人，如蠅大，行硯間酬對言語。人主以好墨名，墨卒不可得。明皇墨精不過與梨園妖姬等，君如此，又何稱焉。故曰可以戒侈。若夫地有墨山，天有墨泉，韋仲將制必以時，搗三萬杵乃發堅光。王迪用遠烟鹿角膠而自生龍麝，窮神盡思，妙不可追。此殆未易一二爲俗人言也。牧仲使君好墨，與予有同嗜者，因舉其大者以告之，作《墨論》。【略】

少宰孫北海先生承澤家藏古玉劍一，魚腸劍一，又小劍一，上刻「延陵季子之子」。劍以黄金嵌之，宜興陳其年維崧有《看劍歌》。

附《歌》：秋星簾前大如斗，看劍齋中夜命酒。先生八十杯在手，酒酣跌宕無不有。須臾叱咤平頭奴，跽捧三劍當階趨。衆賓目攝不敢動，列缺閃爍翔天吴。其一首鋭不盈咫，款云吴季子之子。其一屈曲如繞指，古之魚腸毋乃是？其一煆煉非五兵，玉槍墮地啼琤琤。截犀剸兕不足怪，拂鐘立斷蒲牢鳴。吾聞洛陽街、銅駝里，中有三河輕俠子。醉余亂舞劍花紫，模糊照見春坊字，往往胸多不平事。先生老矣夫何求，一生自問無恩仇。胡爲龍性馴不得，夜夜神物懸床頭。先生大笑一拍手，劍色淋漓着胸走。頭白摩挲萬卷書，此書與劍吾老友。出如脱兔處静女，夜闌撫劍相爾汝，哀角一聲斷行旅。【略】

大同左衛玄帝廟鐵爐可容一石香灰，中生榆樹，大如碗，四時青翠，然根下火常不絶。

延陵陳頡仙士本，明懷宗時以中書奉詔入禁中，見中宫翼善冠嵌珠一顆，大於芡實，紫光燦爛如蓮花，至晚則五彩繽紛，如琉璃燈焰，即夜光也。東宫束發冠纓前一珠差小，碧焰照耀如盤，似銅青投火中，緑烟鬱勃，不知何名。又見漢、唐、宋以來寶琴三百六十二張，皆有贊有銘，惜未録出。【略】

康熙己酉夏，余同玉叔兄及華亭周廣庵寰、京口譚長益允謙游焦山，宿海云堂，觀周鼎及宋真宗賜《焦處士敕》、楊文襄一清玉帶，賦詩紀事，勒石《瘞鶴銘》之旁。鼎之始末，詳王吏部西樵、儀部阮亭兩詩中。

附《西樵歌并序》：焦山古鼎一，高可二尺許，腹有銘，韓吏部如石爲余言：鼎故京口某公家物，當分宜枋國時，某公官於朝，分宜聞此鼎，欲之，某公不即獻，因嫁禍焉，鼎竟入嚴氏。嚴氏敗，鼎復歸江南某公，以禍由鼎作，謂鼎不祥，舍之寺中。郡乘、山志皆載「山有周鼎一，而不詳所自也」。作歌備掌故焉。海云堂中暮相索，古鼎照人光駁犖。龍文獨許吾丘知，篆銘略辨周京作。宛同石鼓出陳倉，那數銅狄傳西洛。韓公摩挲指向余，曾入秦家格天閣。云烟過眼已成墟，劍去珠還事堪愕。安得飛龍亦英主，玄修晚慕軒轅樂。一德何人曰相嵩，金鉉只用青詞博。朝廷仍收養士報，楊沈蹇蹇如雕鶚。鼎鐺有耳豈不聞，耻向回風作秋籜。萼山先生斷養耳，紛紛冠蓋多酬酢。嵩家奴嚴年者，士大夫多與往還，呼爲萼山先生。當時不鄙趙師羼，於今誰憐賈秋壑。從來鑄鼎戒饕餮，此物胡爲亦遭攫。山頭尚有椒山詩，山頂有椒山先生《過焦山訪唐應德》詩石刻。所云揚子，懷人渡揚子者也。三尺古碑墨光錯。只字重於神禹金，猶向山林辟不若。老奴真欲愧歐陽，廿載鈐山空寂寞。史言嵩妻歐陽氏見嵩勢盛，曰：「不記鈐山堂二十年清寂耶？」嵩甚愧之。培塿已拉冰山摧，有鐵誰能鑄此錯。裴回三嘆軒几旁，極目江天莽寥廓。

阮亭詩：曉入枯木堂，怪禽驚翩翻。清露滴松杪，下見古鼎蹲。寶光耀昆吾，中有飛廉魂。上文爲雷回，下文爲雲紛。獰狀饕餮伏，兵氣蚩尤昏。辛壬與丁甲，世次迷夏殷。初疑周虎彝，復惑虞蜼敦。尊從不可辨，牛豕誰能論。瑰怪壓繇鼎，譎詭旅紀甗。蛟龍雜蝌蚪，五指不敢捫。在胙想贔屓，識字驚蜒蜿。月黑鬼神泣，峽束波濤奔。籀書失趩𧾍，斯篆摧窺軈。爰曆邁府令，凡將駭文園。史游久已没，皇象不復存。甄豐與董逌，抉剔窮本根。不遇博雅流，孰爲洗煩冤。諒比岐陽狩，或同泗水淪。山僧與道右，感激聲還吞。分宜昔枋國，氣勢傾昆侖。斯鼎出京口，上燭光絪緼。役使萬指衆，負載千蹄犍。大哉宗廟器，詎屑豪貴門。威力鎮禪窟，寂寞歸祇洹。午夜鳴鐘魚，清晝啼林猿。閱人恒沙劫，如彼虱在褌。我昔訪焦先，望氣矜不言。五年隔揚子，無翮思騰騫。吾兄癖好古，八書探河源。三日松寥游，坐卧忘囂喧。扁列析螺書，卷尾搜薑紋。作爲奇偉辭，大海搏鵬鯤。春江壯風霆，響激云濤渾。三嘆繼高唱，海門上朝暾。

嘉禾曹秋岳先生溶嘗至昭君墓，墓無草木，遠而望之，冥蒙作黛色，古云「青冢」，良然。墓前石案刻「某閼氏之墓」，爲蒙古書，先生考繹最詳，拓數紙歸。【略】

常熟窑變羅漢在方塔寺内，高五六寸，瘦甚，跣足趺坐，頂上骨縫隱然，兩齒出唇外如生人，慈悲之意可掬。長安慈仁寺窑變觀音以莊嚴妙麗勝，此以奇古勝。寺内青魈菩薩即睢陽張公巡，赤髮藍面，口銜巨蛇，如夜叉狀。余視之不可解。或曰公自矢死爲厲鬼殺賊，此蓋厲鬼像云。

楚江富池鎮有吴王廟，祀甘將軍寧也。宋時以神風助漕運封爲王，靈顯異常，舟過廟前必報祀。有鴉數百，飛集廟旁林木，往來迎舟數里，舞噪帆檣上下，舟人恒投肉空中喂之，百不一墮。其送舟亦然，云是「吴王神鴉」。洞庭君山亦有之，傳爲柳毅使者。阮亭云：「巫峽神女廟亦有神鴉送客，予曾見之。得食輒入峽半石洞中，不栖林木。」

大内有「壽亭侯印」，方一寸，瓦鈕連環，四刻「壽亭侯印」朱文四字，翡翠燦然，旁有痕，似嵌寶玉取去者。先文康嘗印取一紙寶玩之。此印流傳不一，詳《容齋四筆》中。

曩見水晶一塊，内有物如粟，仿佛太極圖，轉側視之，必上行如蜘蛛，雖千回不易。又高脚瓷碗一，外畫西番蓮，淡青色，内「永樂年製」篆書四暗字，日午始見。其邊甚薄，以手摩之，依稀絲竹聲，可以和歌，聲聞里許，惜不久爲貴官觸破。慕廬云：「余家舊有緬磬一，以杉木離口半寸許繞帀二三轉，則有聲自遠而至，良久乃止，必銅性使然也。瓷經鍛煉能出聲，更奇矣。」

麻城劉百年淑頤善集唐，贈余詩云：「曾入甘泉侍武皇李郢，暫隨紅旆佐藩方韋莊。長承密旨歸家少王建，出使星軺滿路光錢起。謀略久參花府盛韋渠牟，風流三接令公香李頎。共言東閣招賢地孫逖，肯爲詩篇問楚狂周賀。」又《郊行》云：「聞鐘投野寺李端，看竹到貧家王維。」《春日閑居》云：「小男方嗜栗李商隱，稚女學擎茶李咸用。」《過毛來儀郊居》云：「四鄰因野竹楊顔，一室向青山耿湋。」《學圃初成》云：「静時疑水近許渾，高處見山多元稹。」《游龜峯宿能仁寺》云：「怪石盡含千古秀羅鄴，異花長占四時天沈傳師。」《候槁木大師》云：「烟凝積水龍蛇蟄盧綸，錫響空山虎豹驚許渾。」《寄周示素》云：「萬事無成空過日戎昱，百年多病獨登臺杜甫。」《寄李子旻》云：「千回消息千回夢趙象，一度思量一度吟戎昱。」《曉霽即事》云：「蒲生岸脚青刀利韋莊，云鎖峯頭玉葉寒劉兼。」《坐中憶劉仲夏》云：「美人美酒長相逐劉禹錫，猶恨樽前欠老劉白居易。」《過別業》云：「高杉自欲生龍腦陸龜蒙，淺草才能没馬蹄白居易。」《贈歌妓》云：「弦弦掩抑聲聲思白居易，字字清新句句奇韋莊。」此類甚多，其《四時詞》尤妙。

附《四時詞》：云母空窗曉烟薄温庭筠，池邊雨過飄帷幕許渾。日長風暖柳青青賈至，銀綫千條度虚閣韓偓。卷簾巢燕羨雙飛羅隱，芳草王孫歸不歸韋莊。曾寄錦書無限意劉兼，篋香消盡别時衣錢珝。右春。　午醉醒來愁未醒張子野，煩襟乍觸冰臺冷韓偓。白蓮知卧送清香皮日休，樓角漸移當路影白居易。臨風興嘆落花頻魚玄機，又喜幽亭蕙草新杜牧。永日迢迢無一事韋莊，雙雙斗雀動階塵元稹。右夏。　水映輕苔猶隱緑馬懷素，夜窗颯颯摇寒竹劉惠。井邊疏影落高梧羅隱，烏啄風筝弄珠玉元稹。覺來紅樹背銀屏韋莊，露濕叢蘭月滿庭孫氏。扃閉朱門人不到魚玄機，輕羅小扇撲流螢杜牧。右秋。　城上暮云凝鼓角許渾，狐裘不暖錦衾薄岑參。樓寒院冷接平明李商隱，檐外霜華染羅幕陸龜蒙。烟生密竹早歸鴉郎士元，向鏡輕勻襯臉霞韓偓。遲日未能消野雪皇甫冉，故穿庭樹作飛花韓愈。右冬。

寧陵白日隕星，形類硯磚而粗，仿佛太學石鼓。隕時聲如雷，入地數尺，掘出猶熱甚，不能取也。撫軍奏聞，賚送禮部。

京師琉璃廠有賣倒掖氣者，劉公勇秋部體仁買得一枚於馬上弄之，笑謂汪苕文民部琬曰：「此事可入彈章。」

侯大司徒恂南園芍藥數萬本，有名「丹山鳳」者，花開一莖四朵。

余弟子昭爲司勛郎，冢宰黄公機問曰：「淇園之竹自古稱之。余數過其地，絶無一竹，何也？」子昭對曰：「淇竹自漢已無之矣。」公曰：「有據乎？」曰：「有。昔漢武時河決瓠子，令羣臣自將軍以下皆負薪置決河，以薪柴少，下淇園之竹以爲楗。歌曰：『薪不屬兮衛人罪，燒蕭條兮噫乎何以御水，頽林竹兮楗石菑。』蓋明驗也。」公爲嘆服。

汴梁相國寺大雄殿相傳建自北齊，明末没於河。順治中撫軍賈公重建，見梁木精堅，色深緑，遂易以他木，而取爲長几，儼然青玉案也。又寺内舊有葡萄一株，没地下二十餘年，近發生原處，蔓延數丈，結實累累，往來游人賦詩紀異者甚衆。【略】

曹蜂儀嘗於天津道上日薄暮見一人，高尺許，金甲挾弓矢，騎小白馬行野田中，叱之不見。【略】

碭山劉貞甫造銅器精巧絶倫，嘗爲彭城萬年少壽祺造准提。像高二寸許，三年而成，臂十八，手中各有所持。一手擎七級浮圖，每級四面，各佛一尊，法象莊嚴，無毫髮遺憾，所謂神工鬼斧也。昔王夢澤稱施生雨能於方寸之楮作小楷數千，點畫不淆。於粒麻之上宛轉書之，成五言詩一絶，即有炯眸，非極視專瞪、數拭屢翕蓄而後張，不可得其彷彿。誠文苑之絶技，生平所未睹也。以較貞甫，恐又有難易之别。貞甫曾爲余造圖章二，一龜鈕，一天鷄鈕，俱精妙可玩，後爲人盜去。【略】

嘉靖中，潁上人見地有奇光，發得古井函一石，上刻「蘭亭黄庭」，前有「思古齋石刻」五篆字，下有「唐臨絹本」四楷字。復有「墨妙筆精」小印，印細而匀。疑是元人物，識者定爲褚河南筆，因唐以諸臣臨本頒賜天下學宫，事或然也。初拓不數張，紙惡而字甚完好，次拓紙墨皆精，「蘭亭」類字遂爾殘缺，最後爲一俗令妄補，大可憎，且拓皆竹紙，草略殊甚，僅存形似耳。今此石碎已久，即竹紙者亦不易得，余游金斗時得一本，猶是次拓，固足寶也。【略】

康熙七年，京師正陽門挑浚御河，得玉印如升，篆文，人不能識，禮部出榜訪問，并原印印其後，數十日無辨之者。少宰孫北海先生家居聞之，曰：「此元順帝祈雨時所刻『龍神印』也，各門俱有之。蓋雨後即埋地下耳。」因取一書送禮部，上刻印文，注釋甚詳，一時嘆爲博物。

一閩人山居，門前忽現宫闕數重，巍焕插天，須臾不見，蓋山市也。

合肥許太史孫荃家藏畫鶉一軸，陳章侯題曰：「此北宋人筆也，不知出誰氏之手。」余覽之，定爲崔白畫，座間有竊笑者，以余姑妄言之耳。少頃持畫向日中曝之，於背面一角映出圖章，文曰「子西」，「子西」即白號，衆始嘆服。後此事傳至黄州司理王侯齋綵，猶未深信。一日宴客，聽事懸一畫，余從門外輿上辨爲林良畫，迨下輿視之，果然，即侯齋亦爲心折。【略】

渭南漁父於渭水中得秦阿房宫香奩一具，色如鸜哥羽毛。好事者争購之，近聞已入京師。【略】

先文康於京口市上見宋瓷碗，可容二升，索價甚高。先公戲之曰：「此碗却無用處，盛茶大，盛酒小。」賣者異之，取以相贈。

林佶《漢甘泉宮瓦記》 瓦徑五寸强，厚一寸弱，圍一尺六寸弱，銘四字。

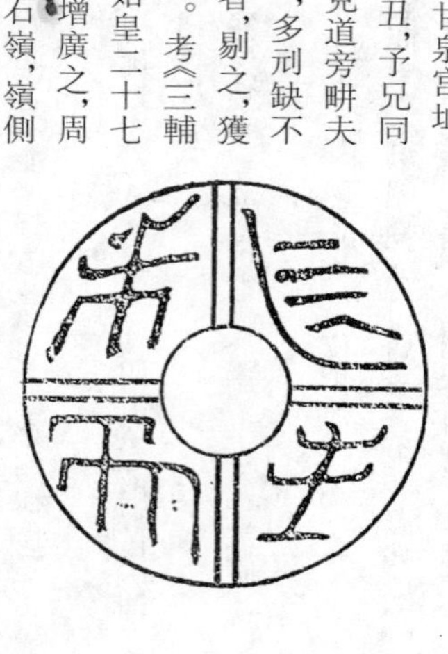

右漢甘泉宫瓦，予家所藏也。甘泉宫址，在今陝西淳化縣治山中。康熙辛丑，予兄同人與祝丈光遠，自三原往遊其地，見道旁畊夫鋤田，積瓦礫如丘阜，皆隱隱有文，多刓缺不可識。因憩樹下，見有小物墳起者，剔之，獲此瓦，甚完好，字畫獨全，亟懷以歸。考《三輔黄圖》：甘泉宫，一曰雲陽宫，秦始皇二十七年作，周十餘里。漢武帝建元中，增廣之，周十九里。師古曰：秦林光宫在磨石嶺，嶺側有甘泉，故漢武建甘泉，即取爲名。其嶺高出他山，距長安三百餘里，而能望見長安。城堞宫表有通天臺，雲雨悉在臺下，山中宫殿臺觀，略與建章相比。百官皆有邸舍，帝嘗以五月避暑八月歸，每邊警烽火通甘泉，以人主不常在長安，故兩通之也。今去漢二千年，宫觀淪没，人亦無有。向荒山古道而流連憑弔者，家兄短衣匹馬，褰回於夕陽隴畝之間，田夫牧豎，方且揶揄而怪訝之，乃適獲此瓦，以償其好事之願，吁亦異矣！予庚子生于三原，家兄獲此瓦時，予始二歲，稍長，家兄輒舉以相示曰：此不易得也！既壯，學書，知摹古文奇字，乃知是物可貴。庚午學作詩漫爲歌，以紀家兄，亦從而賦之，頗聞於人，間有屬和者，又四方博雅之士，多欲摹其文，以爲傳翫，因考圖記詳夫得之始末，俾覽者有徵焉。

甘泉宫瓦記

甘泉宫瓦，閩中林子同人，從父宦遊長安，於亂山中得之。徑五寸强，厚一寸弱。背平可研墨，以水漬之，有翡翠紋，如古彝器，即唐宋以來所謂瓦頭研也。蓋入土歲久，其質理亦温潤可愛。按甘泉宫址，在今淳化縣，距長安三百餘里，一曰雲陽宫。《史記》：秦始皇二十七年造，漢武帝建元中增廣之，雕文刻鏤，窮極奢侈，與柏梁、建章相埒。今至漢已久，遺迹都不可攷，唯當年瓦礫，委棄荒烟野草中者，久而未泐，往往雜出於風霜兵火之餘。如此瓦者，字畫猶甚完好，余把玩久之，因思項籍入咸陽，阿房既焚，漢家創業，宜崇節儉，乃所爲長樂、未央，複閣飛樓，千門萬户，照耀於秦山渭水間者，周數十餘里，即今《三輔黄圖》、《西京雜記》所載，抑何盛也。及至炎祚一移，玉城珠簾，化爲灰燼，雖片瓦僅存，亦久摧剥於樵夫牧豎之手，何意二千餘年，乃得博雅好古之士如林子者。長鑱木柄，搜剔於荒崖殘塚之墟，懷之而歸，如獲拱璧，裹以錦囊，注以名泉，時復爲之摩挲寶玩，俛仰太息，恍若置身西京以上，則瓦之所遭不厚幸也哉！甲戌五月，余客三山，同人令弟吉人出示此瓦，并摹其文示余，遂爲之記。再賦四絶句以寓憑弔云：

武帝乘龍事可哀，更無人到集靈臺。唯留一片甘泉瓦，曾照西京烽火來。集靈臺，李夫人葬處。

雲陽宫殿久摧殘，遺瓦猶同渭水寒。莫向銅駝問消息，金仙清淚不曾乾。

已無寶鼎薦芝房，碧瓦徒憐委路傍。猶勝臨漳老銅雀，不從臺畔看分香。

土花如繡色逾妍，拾取荒山夕照邊。留與詩人供嘯詠，夜深常得伴陳元。

褚人獲《堅瓠已集》卷三《釘詩》 丁大全面藍色，開慶己未因貂璫董宋臣得相，不愜人望。江西繆萬年作《釘》詩刺之云：「頑礦非銅鋼樣堅，寒坑才熱便趨炎。千來捶打方成器，一得人拈即逞尖。不怕斧敲惟要入，全憑鑽引任教嫌。休言深久難抽拔，自有羊蹄與鐵鉗。」大全見之大怒，配繆化州。後大全竄新州，爲監押者擠水死。

張潮《虞初新志》卷一六宋起鳳《核工記》 季弟獲桃墜一枚，五分許，横廣四分。全核向背皆山，山坳插一城，雉歷歷可數。城巔具層樓，樓門洞敞，中有人，類司更卒，執桴鼓，若寒凍不勝者。枕山麓一寺，老松隱蔽三章，松下鑿雙户，可開合，户内一僧，側首傾聽。户虚掩如應門，洞開如延納狀，左右度之，無不宜。松外東來一衲，負卷帙踉蹌行，若爲佛事夜歸者。對林一小陀，似聞足音僕僕前。核側出浮屠七級，距灘半黍。近灘維一舟，篷窗短舷間，有客憑几假寐，形若漸寤然。舟尾一小童，擁爐嘘火，蓋供客茗飲也。艤舟處，當寺陰，高阜鐘閣踞焉。叩鐘者貌爽爽自得，睡足徐興乃爾。山頂月晦半規，雜疏星數點，下則波紋漲起，作潮來候，取詩「姑蘇城外寒山寺，夜半鐘聲到客船」之句。

計人凡七：僧四，客一，童一，卒一。宫室器具凡九：城一，樓一，招提一，浮屠一，閣一，爐竈一，鐘鼓各一。景凡七：山、水、林木、灘石四，星、月、燈火三。而人事如傳更、報曉、候門、夜歸、隱几、煎茶，統爲六。各殊致殊意，且并其愁苦、寒懼、疑思諸態，俱一一肖之。語云「納須彌于芥子」，殆謂是與？然聞之：「尺綃綉經而唐微，水戲薦酒而隋替。」器之淫也，吾滋懼矣！先王著《考工》，蓋早辨之焉。

《宫中檔雍正朝奏摺》第十二輯署甘肅巡撫西安布政使張廷棟《奏報暫停鼓鑄摺》 署理甘肅巡撫西安布政使臣張廷棟謹奏爲奏請暫停鼓鑄仰祈睿鑒事。竊查甘省民間行使錢文，半係小錢，經前撫臣石文焯奏請動支庫銀貳萬兩，收買户韲小錢，改鑄寶鞏大錢，即將鑄出大錢再收小錢，源源收鑄，計兩叁年之内，以小錢收完爲止，通國寶而裕民用，誠裕國便民之至計也。兹臣荷蒙我皇上隆恩，畀署甘肅巡撫印務，任大責重，敢不矢竭愚誠，悉心辦理，仰圖報效。臣抵任之後，密採輿情，遍察利弊，竊謂鼓鑄事宜，悉多未協，臣又何敢以暫行署篆，因循苟且，而不備陳於聖主之前。謹將臣確訪情形，敬爲我皇上一一陳之。查甘省地方遼闊，錢多銀少，非特小民交易全賴錢文，即輸納正賦亦多以制錢代納。若民間行使，則皆係大小兼用，流佈相沿，積有年所。合計通省小錢，何啻百萬，今僅以庫銀貳萬兩收鑄之大錢，而欲全收通省百萬之小錢，安能剋期告竣，此其未協者壹也。又甘省自康熙陸年鼓鑄以來，迄今陸拾餘年，從前工匠，百無壹存，今召募工匠，俱係生手創始，既不能照寶泉等局設立大爐，亦不能用大罐鎔化銅觔，是以止設小爐壹拾貳座，需匠壹百柒拾伍名，日鑄大錢陸拾貳串肆百文，合計歲鑄大錢貳萬貳千餘串，其間尚有候銅停鑄之期，故自雍正伍年肆月拾貳日開鑄起，至雍正陸年拾月止，僅鑄過大錢叁萬叁千肆百餘串，是鑄出之錢甚少，民間之小錢浩繁，非曠日持久，必不能全收廣佈，此其未協者貳也。夫收買小錢貳千，改鑄大錢壹千壹百餘文，除大錢壹千抵作收買小錢貳千之價，即以餘錢作匠役工價柴炭等費已屬不敷，況各屬收買小錢一時未能解到，乏銅接濟，勢必暫時停鑄。一經停爐，即無餘錢，則此壹百餘名之工匠聽其散回，既慮驟難傳唤，仍留在局，又苦飯食無資，故停爐養匠，更多墊累，此其未協者叁也。至若各屬收買小錢解蘭供鑄，以及蘭局鑄出大錢發屬收買，近則數百里，遠則千餘里，皆需車驢馱載，在當日既未議定運費無項開銷，乃撥令沿途驛站額設所夫所車，逐站運送，雖屬以公濟公，但所夫所車原以預備運鞘等項應付火牌而設，今乃以運送錢文，此往彼來，殆無虚日，甚非休息驛站之意，且偏僻州縣本無額設所夫，在前發銀收買，雖准其以餘平動給脚價，迨後以鑄出大錢收買，即無餘平，則此項運費非係地方官捐墊，即係里民代運，以致驛站繁擾，官民交累，此其未協者肆也。再查甘省地方，數年以來，各屬錢價類皆高昂，每銀壹兩，僅易制錢捌百肆伍拾文以及玖百壹貳拾文不等，以小錢貳文作大錢壹文，亦止該易小錢壹千柒捌百文，前以每銀壹兩收買小錢貳千，小民虧折已多，繼後鑄出大錢分發各屬，又復派交里民收買，廬局需銅接鑄，羽檄頻催，有司畏顧處分，差役肆出追呼，嚴於正供，小民受累更深，故至今尚有領銀未經收錢之處，共計銀壹萬肆千捌百餘兩，此其未協者伍也。又如甘省行使小錢，種類不一，除户釐工字等錢外，尚有鵝眼捶邊古舊小錢，質既薄小，色更青緑，鎔化銅觔，折耗更多，其收買户釐小錢貳千，計重拾觔拾貳兩，此等小錢必收至拾壹觔捌兩，而鎔化之銅方與户釐等錢相倣，故每銀壹兩或大錢壹千，計收買錢貳千貳百伍陸拾文始符觔數，窮民肩挑擔荷，圖覓數拾文養家活口，原係計文交易，今乃按觔收買，則小民本錢易折，展轉數回，遂至赤手，苦累更甚，此其未協者陸也。以上各條，皆緣前撫臣石文焯未經計及錢價之低昂，解發之運費，與夫小錢之多寡，銅觔之折耗，遽請開鑄，以致驛站滋其紛擾，小民實多苦累，是本欲利民而反以病民，殊大負我皇上軫恤黎元之至意也。且今正值預備軍需之際，凡一切採買糧草，餧養駝騾，以及解運夫役等項，在在皆藉民力，無一非地方官辦理之事，將來大兵出口，差務更繁，若仍令各屬收發錢文，必難兼顧，似宜暫停收鑄，俾官民得免苦累，而於軍務亦大有裨益。至民間大錢既未充裕，則小錢自不便遽行禁止，以致民用不敷，若將來照舊收鑄，則小民仍多苦累。臣思甘省小民輸納正賦既多，以錢代銀，莫若令其以户釐工字小錢貳千，准作正賦銀壹兩，完納解貯藩庫，其薄小銅微之鵝眼捶邊古舊等錢，一概不許攙和。並請將西安收買銅器，議給脚價，悉行解甘，迨甘省貯銅既多，於軍務告竣之日，另行請旨設立大爐，多募工匠，上緊鼓鑄，以鑄出大錢搭放兵餉，聽其通使民間，即於歲需兵餉銀内扣留抵還正賦以及買銅爐局工料之需，俟民間大錢稍裕，悉將鵝眼捶邊古舊小錢嚴行禁止，不許行使，然後再將扣貯餉銀分發各屬，照廢銅之例分别成色，飭令交官給價，而各屬收錢解局，亦按道里之遠近，給以運費，源源收鑄，源源支放，不叁年間，則大錢自皆充溢，小錢自能收完，上不糜帑，下足民用，庶驛站得以休息，小民不致擾累，是亦裕國足民之一道也。如果臣言可採，仰請皇上特沛恩綸，俯將收鑄事宜暫賜停止，而小民輸納正賦准其以錢代銀，俟軍務事竣，再行確議請旨開鑄，則甘屬通省臣民感頌聖主高厚弘恩，直與天地同其覆育矣。臣智識短淺，緣事關國計民生，不揣固陋，謬陳管見，繕摺奏請，伏乞皇上睿鑒施行。爲此謹奏。雍正六年拾壹月拾陸日。

《宮中檔雍正朝奏摺》第十二輯宣化總兵李如柏《奏報製完盔甲數目並存貯節剩餘銀兩摺》 鎮守宣化府等處地方副將充總兵官加一級紀録一次臣李如柏謹奏，爲奏明製完盔甲數目並存貯節剩餘銀仰祈睿鑒事。竊查前任宣化鎮臣黄廷桂奏准，以各營路空糧捌拾陸分製造守兵盔甲一案，兹據臣標中軍遊擊石文彪監造完畢，呈報工竣前來，該臣細加核驗，查原議每盔甲壹副估計價銀壹兩捌錢陸分，自雍正肆年夏季起，至雍正伍年貳月止，造起盔甲伍百玖拾伍副，每副用銀壹兩陸錢柒分，較於原估之價每副節省銀壹錢玖分。嗣臣奏請守兵盔甲應減去甲裙、腦包、撾纓等項，計自雍正伍年閏叁月起，至雍正陸年拾壹月止，計造起盔甲貳千肆百壹拾捌副，每副實用銀玖錢柒分零，較原估價銀節省之外，每副又節省銀陸錢玖分有奇。再改造藤牌手黄甲壹百伍拾項副，每副用銀捌錢捌分零，又額外添造黄甲貳百副，因舊有盔帽，每副止用銀伍錢肆分零，較於原估節省益多。以上通計造完盔甲叁千零壹拾叁副，改添黄甲叁百伍拾副，合計用銀叁千伍百陸拾柒兩有零。查空糧捌拾陸分，自雍正肆年肆月起，至雍正陸年冬季止，共應扣存餉米銀叁千柒百捌拾叁兩零，除製盔甲用過外，今尚節剩銀貳百壹拾陸兩有奇。所有造起盔甲，俱已分發營路給兵披戴，並造册咨送提臣楊鯤轉送兵部查核備案。其節剩銀兩，當即檄交臣標中軍衙門，統入署事官一半親丁銀米之内，留爲兵丁調遣備辦行裝之用，理合奏明。至盔甲既已造完，邊城營制焕然一新，官弁兵民莫不欣瞻鼓舞，仰頌聖天子寧謐鴻慈，垂利萬世。理合具摺謹奏，伏乞皇上睿鑒施行。爲此專差臣長隨蔣自謨齎捧謹奏。雍正陸年拾貳月初柒日，鎮守宣化府等處地方副將充總兵官加一級紀録一次臣李如柏。

《宮中檔雍正朝奏摺》第十二輯王士俊《奏請解部銅片留粤就近鼓鑄摺》 臣王士俊謹奏，爲懇賜起運銅斤留粤就近鼓鑄事。竊照粤東錢法甚壞，臣於雍正六年十二月初十日已經繕摺奏聞矣。伏思我朝聖聖相承，恩深澤溥，(薄)〔溥〕海内外無不一道同風。惟粤省廣州則行使低薄砂錢，肇、高、廉、雷等府則行使唐宋舊錢，歷來狃於積習，不知更换。但鼓鑄一日不開，則舊錢一日不止，粤人所置器皿等項，用錫者多，用銅者少，自奉旨收買黄銅器皿以來，現在收貯會城者僅五萬二千七百一十三斤，又因銅質不堪，鉛反過半，鎔化净銅止有二萬六千五百八十六斤，爲數寥寥，不敷鼓鑄，雖各屬山場類多銅礦，然尚未奉有諭旨，不敢開採。臣再四思維，查粤東每年上下兩運共應採辦解部銅斤五十五萬四千三百九十九斤零，除銅價外每斤應支水脚銀三分，共需水脚銀一萬六千六百三十一兩零，皆於正項開銷。仰懇皇上洪恩，將雍正七年分解部銅斤留在粤東就近設局鼓鑄，以解銅水脚充爲鼓鑄之費，而有餘所鑄之錢，按數搭放兵餉，不必拘定一成二成之數，則國寶流通於百越，而砂錢舊錢隨便收買，民間自不復行使矣。臣爲錢法起見，故敢冒昧陳請，伏乞皇上睿鑒施行。雍正柒年叁月初叁日。

《宫中檔雍正朝奏摺》第十二輯署廣東巡撫傅泰《奏報收買之舊銅不敷鼓鑄摺》 署廣東巡撫臣傅泰謹奏，爲奏明舊銅不敷鼓鑄仰祈睿鑒事。竊照收買黄銅器皿設局鼓鑄一案，部議廣東省官兵俸餉歲需銀一百三十八萬九千餘兩，以一成錢搭放，得净銅一百二十一萬六千餘觔，以二成錢搭放，得净銅二百四十三萬二千餘觔，可開鼓鑄等，因奉行以來，久經遍行曉諭，令其凡有器皿悉行繳官，并發庫銀交與各州縣，專委一官經管，隨收隨即發價，不使稽遲守候在案。本年二月二十八日准到部咨，欽奉上諭：所收之銅可以設局開爐，即當鼓鑄，俾錢法流通，不必拘定足放一成二成兵餉方行開鑄，欽此。臣復嚴催布政司確查現收舊銅確數，妥議開鑄去後，今據署布政司王士俊查明，現在省城收過黄銅器皿五萬二千七百餘觔，内净鉛二萬六千一百餘觔，净銅二萬六千五百餘觔，因粤東風俗樸陋，民間所用銅器甚少，是以設立公所收買以來，止得二萬餘觔，爲數無幾，未便遽請開鑄，俟催齊各屬解到净銅如果可足鼓鑄，自當不拘一成二成之數，即行具疏，題請開鑄。今將粤東收買銅器無多緣由先行覆奏，伏乞皇上睿鑒。雍正柒年叁月貳拾玖日。

《清實録·高宗實録》卷四〇八 （乾隆一七年二月癸卯）諭：據工部回奏，盛京領取廣鍋，運價多於鍋價之處。事雖瑣而實不當於理。鐵鍋乃日用必需，奉屬旗民家有其物，斷無如此浮費之理。此不過據咨支放，草率因循，任其浮費。或且故留有餘以爲支銷之地。工部積習，亦非僅此一事也。著將該堂官交部察議。至各衙門赴該部咨取物件，類此者甚多。著軍機大臣會同通行查覈，立定章程，以昭節慎。

《天津商會檔案彙編》上《溥利機器鐵廠廣告宣統元年九月七日》 竊維商業以振興爲要，制造以利器爲先。方今工廠林立，争執利權，特創設未精，斯利源莫浚耳。每見人由外洋購來各種機器，臨時試用往往未能合宜，甚至百度俱廢，罔費工資。本廠不敢率爾操觚，特聘法國高等工師斲輪老手，并由外洋購到最新式機器，專造電力火力各種機器以及魚雷艇、橋梁、自來水管、電燈機器并樓閣所需鐵環、零用等類，無一不備，精益求精，中外合法，隨時變通。即局外有不合用之機器，請送至本廠，均能參酌改良，不誤急用。倘荷官商光顧，請駕臨法租界五號路第十三號門牌本機器廠會商可也。是幸。此布。

經理人　曹際雲啓

（宣統元年九月初七日《忠言報》第一版）

雜録

酈道元《水經注》卷四《河水》 西北帶河，水涌起方數十丈，有物居水中，父老云，銅翁仲所没處。又云，石虎載經於此沈没，二物并存，水所以涌，所未詳也。或云：翁仲頭髻常出，水之漲減，恒與水齊。晉軍當至，髻不復出，今惟見水異耳，嗟嗟有聲，聲聞數里。按秦始皇二十六年，長狄十二見於臨洮，長五丈餘，以爲善祥，鑄金人十二以象之，各重二十四萬斤，坐之宫門之前，謂之「金狄」。皆銘其胸云：皇帝二十六年，初兼天下，以爲郡縣，正法律，同度量，大人來見臨洮，身長五丈，足六尺，李斯書也。故衛恒《叙篆》曰：秦之李斯，號爲工篆，諸山碑及銅人銘，皆斯書也。漢自阿房徙之未央宫前，俗謂之「翁仲」矣。地皇二年，王莽夢銅人泣，惡之，念銅人銘有皇帝初兼天下文，使尚方工鐫滅所夢銅人膺文。後董卓毁其九爲錢。其在者三，魏明帝欲徙之洛陽，重不可勝，至霸水西停之。《漢晉春秋》曰：或言「金狄」泣，故留之。石虎取置鄴宫，苻堅又徙之長安，毁二爲錢，其一未至而苻堅亂，百姓推置陜北河中，於是「金狄」滅。余以爲鴻河巨瀆，故應不爲細梗躓湍；長津碩浪，無宜以微物屯流。斯水之所以濤波者，蓋《史記》所云：魏文侯二十六年，虢山崩，壅河所致耳。獻帝東遷，日夕潛渡，墜坑争舟，舟指可掬，亦是處矣。

徐天麟《東漢會要》卷三三《兵中·兵器》 武庫令主兵器，屬執金吾。《百官志》。下同。

考工令主作兵器弓弩刀鎧之屬，成則傳執金吾入武庫。

徐天麟《東漢會要》卷三三《兵中·馬政》 馬援好騎射，善别名馬，於交趾得駱越銅鼓，乃鑄爲馬式，還上之。因表曰：「夫行天莫如龍，行地莫如馬。馬者，甲兵之本，國之大用。安寧則以别尊卑之序，有變則以濟遠近之難。昔有騏驥，一日千里，伯樂見之，昭然不惑。近世有西河子輿，亦明相法。子輿傳西河儀長孺，長孺傳茂陵丁君都，君都傳成紀楊子阿，臣援嘗師事子阿，受相馬骨法。

考之於行事，輒有驗效。臣愚以爲傳聞不如親見，視影不如察形。今欲形之於生馬，則骨法難備具，又不可傳之於後。考武皇帝時，善相馬者東門京鑄作銅馬法獻之，有詔立馬於魯班門外，則更名魯班門曰金馬門。臣謹依儀兵騎，中帛氏口齒，謝氏脣鬐，丁氏身中，備此數家骨相以爲法。」馬高三尺五寸，圍四尺五寸。有詔置於宣德殿下，以爲名馬式焉。

《北史》卷二《魏紀二》〔太平真君七年〕夏四月甲申，車駕至自長安。戊子，毀鄴城五層佛圖，於泥像中得玉璽二，其文皆曰「受命於天，既壽永昌」。其一刻其旁曰「魏所受漢傳國璽」。

《北史》卷三六《薛憕傳》大統四年，宣光、清徽殿初成，憕爲之頌。文帝又造二欹器：一爲二仙人共持一鉢，同處一盤，鉢蓋有山，山有香氣，一仙人又持金缾以臨器上，傾水灌山，則出於缾而注乎器，煙氣通發山中，謂之仙人欹器；一爲二荷同處一盤，相去盈尺，中有蓮，下垂器上，以水注荷，則出於蓮而盈乎器，爲鳧雁蟾蜍以飾之，謂之水芝欹器。二盤各處一牀，鉢圓而牀方，中有人，三才之象也。皆置清徽殿前。器形似觥而方，滿而平，溢則傾。憕各爲頌。

《魏書》卷五八《楊播傳》於是奏揚州刺史李崇五車載貨，恒州刺史楊鈞造銀食器十具。

《魏書》卷一一四《釋老志》興光元年秋，敕有司於五級大寺內，爲太祖已下五帝，鑄釋迦立像五，各長一丈六尺，都用赤金二十五萬斤。

《周書》卷二六《長孫紹遠傳》初，紹遠爲太常，廣召工人，創造樂器，土木絲竹，各得其宜。爲黃鐘不調，紹遠每以爲意。嘗因退朝，經韓使君佛寺前過，浮圖三層之上，有鳴鐸焉。忽聞其音，雅合宮調，取而配奏，方始克諧。紹遠乃啓世宗行之。紹遠所奏樂，以八爲數。故梁黃門侍郎裴正上書，以爲昔者大舜欲聞七始，下洎周武，爰創七音。持林鐘作黃鐘，以爲正調之首。詔與紹遠詳議往復，於是遂定以八爲數焉。授小司空。高祖讀史書，見武王克殷而作七始，又欲廢八而懸七，并除黃鐘之正宮，用林鐘爲調首。紹遠奏云：「天子懸八，肇自先民，百王共軌，萬世不易。下逮周武，甫修七始之音。詳諸經義，又無廢八之典。且黃鐘爲君，天子正位，今欲廢之，未見其可。」後高祖竟（廢）〔行〕七音。屬紹遠遘疾，未獲面陳，慮有司遽損樂器，乃書與樂部齊樹之。

《周書》卷二六《斛斯徵傳》自魏孝武西遷，雅樂廢缺，徵博採遺逸，稽諸典故，創新改舊，方始備焉。又樂有錞于者，近代絕無此器，或有自蜀得之，皆莫之識。徵見之曰：「此錞于也。」衆弗之信。徵遂依干寶《周禮注》以芒筒捋之，其聲極振，衆乃歎服。徵乃取以合樂焉。

《南齊書》卷五二《文學・崔慰傳》父梁州之資，家財千萬，散與宗族，漆器題爲「日」字，「日」字之器，流乎遠近。

《舊唐書》卷四《高宗紀上》〔永徽五年八月〕辛未，吐蕃使人獻馬百匹及大拂廬可高五丈，廣袤各二十七步。

《舊唐書》卷一〇《肅宗紀》〔上元二年〕建巳月庚戌朔。壬子，楚州刺史崔侁獻定國寶玉十三枚：一曰玄黃天符，如笏，長八寸，闊三寸，上圓下方，近圓有孔，黃玉也。二曰玉雞，毛文悉備，白玉也。三曰穀璧，白玉也，徑可五六寸，其方粟粒無雕鐫之迹。四曰西王母白環，二枚，白玉也，徑六七寸。五曰碧色寶，圓而有光。六曰如意寶珠，形圓如雞卵，光如月。七曰紅靺鞨，大如巨栗，赤如櫻桃。八曰琅玕珠，二枚，長一寸二分。九曰玉玦，形如玉環，四分缺一。十曰玉印，大如半手，斜長，理如鹿形，陷入印中，以印物則鹿形著焉。十一曰皇后採桑鉤，長五六寸，細如筯，屈其末，似真金，又似銀。十二曰雷公石斧，長四寸，闊二寸，無孔，細緻如青玉。十三寶置于日中，皆白氣連天。

《舊唐書》卷一三《敬宗紀》〔長慶四年〕己巳，浙西、淮南各進宣索銀粧奩三具。

鄭綮《開天傳信記》天寶中，上以三河道險束，漕運艱難，乃旁北山鑿石爲月河，以避湍急，名曰天寶河。歲省運夫五十萬，久無覆溺淹滯之患，天下稱之。其河東西徑直長五里餘，闊四五丈，深三四丈，皆鑿堅石。匠人於石得古鐵鏵，長三尺餘，上有「平陸」二字，皆篆文也。上異之，藏於內庫。遂命改河北縣爲平陸縣，旌其事也。

《敦煌社會經濟文獻真蹟釋録》第一輯《沙州都督府圖經殘卷》

（前缺）

［　　］□一十二里，西北去五□［　　］
［　　］烽置柵以押賊［　　］
［　　］東西廿步［　　］
［　　］□□內在縣北十步，據［　　］
［　　］宇文保定四年廢唐上元□［　　］
［　　］宮名依舊置立度僧令［　　］

▭□寺　東西卅步　南▭
▭同前魏明帝時置，至宇文▭
▭□□
右在縣東六十里，耆舊圖云，漢▭
創造一佛龕，百姓漸更修營□▭
一所縣學。
右在縣城内，在西南五十步，其□▭
堂，堂内有素　　先聖及先師▭
一所社稷壇。　　周迴各廿四步▭
右在懸西南一里卅步，唐乾封二年春▭
（四）所山。
黑鼻山。
右在縣西南五十里，東接▭沙山俱沙山東
至山闕，河即絶，其黑鼻山連延西至紫金，即
名紫金山，至五（亭山亦）▭名五亭山，又西出一百餘
里即絶。

《敦煌社會經濟文獻真蹟釋録》第二輯《唐大中五年（公元八五一年）僧光鏡賒買車小頭釧契》

大中五年二月十三日，當寺僧光鏡，緣闕車小頭釗壹交停事，遂於僧神捷邊買釧壹救，斷作價直布壹伯尺。其布限十月已後於儭司填納。如過十月已後，至十二月勿填，更加貳拾尺。立契後，不許休悔。如先誨（悔），罰布壹疋入不誨（悔）人。恐後無憑，答項印爲驗⊙

負儭布人僧光鏡⊙
見人僧龍心
見人僧智皎
見人僧智恒達字

王溥《唐會要》卷三八《葬》　舊制，銘旌，三品以上長九尺，五品以上長八尺，六品以下七尺，皆書云某官封姓名之柩。舊制，凡詔喪，大臣一品則鴻臚卿護其喪事。二品則少卿，三品丞。人往皆命司儀示以制。舊制，應給鹵簿，職事四品以上、散官二品以上及京官職事五品以上，本身婚葬皆給之。舊制，碑碣之制，五品以上立碑，螭首龜趺，上高不過九尺。七品以上立碑。圭首方趺，趺上不過四尺。若隱淪道素，孝義著聞，雖不仕亦立碣。凡石人、石獸之類，三品以上用六，五品以上用四。

武德六年二月十二日，平陽公主葬，詔加前後鼓吹。太常奏議，以禮，婦人無鼓吹。高祖謂曰：「鼓吹是軍樂也。往者，公主於司竹舉兵，以應義軍，既常爲將，執金鼓，有克定功。是以周之文母，列於十亂。公主功參佐命，非常婦人之匹也，何得無鼓吹？宜特加之，以旌殊績。」至景龍三年十二月，皇后上言：「自妃、主及五品以上母、妻，并不因夫、子封者，請自今婚葬之日，特給鼓吹。宫官准此。」左臺侍御史唐紹上疏諫曰：「竊聞鼓吹之作，本爲軍容。昔黄帝涿鹿有功，以爲警衛。故棡鼓曲有《靈夔吼》、《鵰鶚争》、《石墜崖》、《壯士怒》之類。自昔功臣備禮，適得用之。丈夫有四方之功，所以恩加寵錫。假如郊祀天地，誠是重儀，唯有宫懸，而無案架。故知軍樂所備，尚不給于神祇；鉦鼓之音，豈得接于閨閫？准式，公主、王妃以下葬，唯有團扇、方扇、綵幃、錦帳之色。加之鼓吹，歷代無聞。又准令，主官婚葬，先無鼓吹，京官五品得借四品鼓吹儀。今特給五品以下母、妻，五品官則不當給限，便是班秩本因夫、子，儀飾乃復過之。事非倫次，難爲定制，參詳義理，不可常行。請停前勅，各依常典。」至元年建卯月三日，婚葬鹵簿，據散官封至一品、事職官正員三品并駙馬都尉，許隨事量給，餘一切權停。

太極元年六月，右司郎中唐紹上疏曰：「臣聞王公以下，送終明器等物，具標格令，品秩高下，各有節文。孔子曰：『明器者，備物而不可用，以芻靈者善，爲俑者不仁。』《傳》曰：『俑者謂有面目機發，似于生人者也。』以此而葬，殆將于殉，故曰不仁。』比者，王公百官競爲厚葬，偶人象馬，雕飾如生，徒以炫燿路人，本不因心致禮。更相扇動，破産傾資，風俗流行，下兼士庶，若無禁制，奢侈日增。望請王公以下送葬明器，皆依令式，並陳于墓所，不得衢路舁行。」

開元二年六月二日勅：「緣喪葬事，非崇舊德，別有處分，不得輒請官供。」四年七月，王仁皎葬，其子駙馬都尉守一，請同昭成皇后父竇孝諶故事，墳高五丈一尺。侍中宋璟、中書侍郎蘇頲上表曰：「臣聞儉，德之恭；侈，惡之大。高墳乃昔賢所誡，厚葬實君子所非，則知奢侈過度，故非達識。故周、孔設齊斬緦免之差，衣衾、棺槨之度，賢者俯就，不肖者企及。或云竇太尉墳最高，取則不遠者。縱令往日無極言者，其事偶行，令出一時，故非常式。豈若韋庶人父追加王

位，擅作酆陵，禍不旋踵，爲天下笑。況令之所設，先作于紀綱；情既無窮，故爲之制度。不因人以摇動，不變法以愛憎。所謂金科玉條，蓋以此也。儻中宫情不可奪，陛下不能苦違，即准令，一品合陪陵葬者，墳高三丈以上，四丈以下，降勑使同陪陵之例，即極是高下得宜。臣參樞近，不敢不奏。」

二十九年正月十五日勑：「古之送終，所尚乎儉。其明器墓田等，令于舊數内遞減。三品以上明器，先是九十事，請減至七十事；五品以上先是七十事，請減至四十事；九品以上先是四十事，請減至二十事；庶人先無文，請限十五事。皆以素瓦爲之，不得用木及金、銀、銅、錫。其衣不得用羅錦繡畫。其下帳不得有珍禽奇獸，魚龍化生。其園宅不得廣作院宇，多列侍從。其輀車不得用金銀花、結綵爲龍鳳及垂流蘇、畫雲氣。其别勑優厚官供者，准本品數十分加三等，不得别爲華飾。其墓田，一品塋地，先方九十步，今減至七十步；墳先高一丈八尺，減至一丈六尺。二品先方八十步，減至六十步；墳先高一丈六尺，減至一丈四尺。三品墓田先方七十步，減至五十步；墳先高一丈四尺，減至一丈二尺。其四品墓田先方六十步，減至四十步；墳高一丈二尺，減至一丈一尺。五品墓田先方五十步，減至三十步；墳先高一丈，減至九尺。六品以下墓田，先方二十步，減至十五步；墳高八尺，減至七尺。其庶人先無步數，請方七步，墳四尺。其送葬祭盤，不得作假花果及樓閣，數不得過一牙盤。」

大曆五年五月十五日勑：「應准勑供百官喪葬人夫、幔幕等，三品以上，給夫一百人；四品、五品，五十人；六品以下，三十人。應給夫須和雇，價直委中書門下文計處置。其幔幕，鴻臚、衛尉等供者，須所載幔幕張設人，並合本司自備。如特有處分，定人夫數，不在此限。」

十四年八月二十六日勑：「如聞士庶在外身亡，將櫬還京，多被所司不放入城。自今以後，不須止遏。」

貞元九年十二月，故太尉、西平郡王、太師晟，備禮葬于鳳政原。是日廢朝。上御南望春宫臨祭，令中使宣弔于柩車。文武常參官皆素服送至長樂坡，哭拜于路。時太常卿裴郁草儀，誤引令式，書隔品致敬之文，乃請宰臣及二品以上官者，哭而不拜，乃禮官失也。

十一年十一月勑：「故司徒、兼侍中、贈太傅燧，今月九日葬，七日發引，百官不須入朝，便于城外送發引。」

十三年五月，宗正卿、嗣義王巘奏：「簡王府諮議參軍嗣寧王子滭葬，請鹵簿。」宰臣等議，以子滭官卑，不合特給。詔令給。

其年七月勑：「自今以後，嗣王薨葬日，宜令所司並供鹵簿，仍永爲常式。」

十四年十一月勑：「自今以後，應緣喪葬，俱給鹵簿，即遂便于街市宿幔。」

元和三年五月，京兆尹鄭元修奏：「王公士庶喪葬節制，一品、二品、三品爲一等，四品、五品爲一等，六品至九品爲一等。凡命婦各准本品，如夫、子官高，聽從夫、子。其無邑號者，准夫、子品。廕子孫未有官者，降損有差。其凶器悉請以瓦木爲之。」是時厚葬成俗久矣，雖詔命頒下，事竟不行。

六年十二月，條流文武官及庶人喪葬：「三品以上，明器九十事，四神、十二時在内，園宅方五尺，下帳高方三尺，共置五十舁，挽三十六人。輀車用開轍車，油幰，朱絲網絡，兩廂畫龍，幰竿末請用流蘇四，披六，鐸左右各八，黼翣二，黻翣二，畫翣二。士皆布幘深衣。輴車、誌石車，任畫雲氣，不得置幰竿、額帶等。方相車除載方相外，及魂車除幰網裙簾外，不得更别加裝飾，並用合轍車。纛竿九尺，不得安火珠，貼金銀、立鳥獸旗旛等。五品以上，明器六十事，四神、十二時在内，園宅方四尺，下帳高方二尺，共置三十舁，減誌石車，幰竿減四尺，流蘇減二十道，帶減一重，披、引、鐸、翣各減二，挽歌一十六人，並無朱絲網絡，方相用魌頭車，纛竿減一尺，魂車准前。九品以上，明器四十事，四神、十二時在内，園宅方三尺，下帳高方一尺，共置一十舁，減輴車、輀車、幰竿減三尺，流蘇減一十五道，披、引、鐸、翣各減二，帶減一重，挽歌十人，纛竿減一尺，幃額、魌頭、魂車准前。以前明器，並用瓦木爲之，四神不得過一尺，餘人物等不得過七寸，並不得用金銀雕鏤，帖毛髮裝飾。其散、試官，但取散官次第，如散官品卑者，即據試官品第。五品以上，遞降一等，六品以下，依本官制度。内侍省品秩高，各隨本秩。有章服者，紫同三品，緋同五品以上，緑及應官並同九品以上。命婦及文武官母、妻，無邑號命婦，各准本品；如夫、子官高，聽從夫、子；無邑號者，各准夫、子品。輀車准令合用緑及紫色。有品廕家子孫未有官品者，三品以上降三等，五品以上降二等，九品以上降一等，所用品廕，以祖父爲日升降。庶人明器一十五事，共置三舁，喪車用合轍車，幰竿減三尺，流蘇減十道，帶減一重，幃額、魌頭車、魂車准前，挽歌、鐸、翣、四神、十二時各儀請不置。所造明器，並令用瓦，不得過七寸。以前刑部尚書，兼京兆尹鄭元修，詳定品官葬給，素有章程。歲月滋深，名數差異，使人知禁，須重發明制，庶可經久。伏以喪葬條件明示所司，如五作及工匠之徒捉搦之後，自合准前後勑文科繩，所司不得更之。喪孝之家，妄有捉搦，只坐工人，亦不得句留，令過時日。」勅旨：「宜依。」

十五年閏正月，時宰相公卿僉議憲宗皇帝山陵，前勅用十二月二十八日太遠，待詔僧惟英請改用五月十九日。太常博士王彦威復奏曰：「臣按《禮經》，天子七月而葬。國朝故事，高祖六月而葬，太宗四月而葬，高宗九月而葬，中宗六月而葬，睿宗五月而葬，順宗七月而葬。玄宗、肅宗二聖山陵，以聖誕吉凶相屬，有司懼不給，故並十二月而葬，蓋有爲而然，非常典也。今國哀在正月，并閏至六月，即合《禮經》七月之數。按《春秋》之義，天子告崩不志葬，葬必其時也。舉天下而葬一人，其道不疑，故過期不葬，《春秋》譏之。待詔楊士端遠卜十二月二十八日。今計葬訖而虞，凡處用九日，處訖而卒哭，卒哭而祔廟，並擇日行事，計至來年正月中旬方畢。即改元及朝賀賜之禮，須發于始。自國哀以至虞祔凶毁之儀，首尾十四月。國朝且無故事，豈惟《禮經》不合。臣謹參詳《禮》文，用六月爲便。」

長慶三年十二月，浙西觀察使李德裕奏：「緣百姓厚葬，及于道途盛設祭奠，兼置音樂等。閭里編甿，罕知報義，生無孝養可紀，殁以厚葬相矜。喪葬僭差，祭奠奢靡，仍以音樂榮其送終。或結社相資，或息利自辦，生業以之皆空。習以爲常，不敢自廢。人户貧破，抑此之由。今百姓等喪葬祭，並不許以金銀錦繡爲飾及陳設音樂。其葬物涉于僭越者，勒禁。結社之類，任充死亡喪服糧食等用。伏以風俗之弊，誠宜改張，緣人心習于僭越，莫肯循守，纔知變革，尋則隳違。臣今已施行，人稍知勸，若後人不改，積漸還淳。伏請臣當道自今以後，如有人卻置，准法科罪。其官吏以下不能節級懲責，仍請常委出使郎官御史訪察。所冀遐遠之俗，皆知憲章。」勅旨宜依。

大和元年十月勅：「故太尉王武俊妻晉太夫人李氏，以武俊横流之中，拯定奔潰，屬當葬事，宜加贈卹，宜令有司特給儀仗事。」

會昌元年十一月，御史臺奏請條流京城文武百寮及庶人喪葬事：「三品以上，輀用闊轍車，方相、魂車、誌石車，並須合轍；油幰、流蘇等任准令式；挽歌三十六人；六鐸、六翣；明器並用木爲之，不得過一百事，數内四神不得過一尺五寸，餘人物等不得過一尺，舁止七十舁。内外官同。五品以上，輀車及方相、魂車等同三品，不得置誌石車；其油幰等任准令式；挽歌十六人；四鐸、四翣；明器不得過七十事，數内四神不得過一尺二寸，餘人物不得過八寸，舁止五十舁。内外官同。九品以上，輀車、魂車等並同合轍車，其方相、魌頭並不得用楯車及誌石車；其輀車除油幰、流蘇等各准令式外，不得用繒綵結絡兼銀器裝飾；挽歌一十人；一鐸、二翣；明器不得過五十事，四神不得過一尺，餘人物不得過七寸，舁止三十舁。内外官同。散試官等，任于階官之中取最高品，第五品以上遞降一等，六品以下依令品。有品廕家子孫未有官者，用三品以上廕者降三等，用五品以上廕者降二等，用八品以上廕者降一等，用九品者不降，仍並須是祖父母廕。内外官同。工商百姓諸色人吏無官者，諸軍人無職掌者，喪車魌頭同用合轍車；喪車不用油幰、流蘇等飾，兼不得以繒綵結絡及金銀飾；挽歌、鐸、翣，並不得置；喪車之前不得以鞍馬爲儀；其明器任以瓦木爲之，不得過二十五事，四神十二時並在内，每事不得過七寸，舁十舁。伏以喪葬之禮，素有等差，士庶之家，近罕遵守，逾越既甚，糜費滋多。臣忝職憲司，理當禁止。雖每令舉察，亦怨謗隨生；苟全廢糾繩，又譏責立至。總以承前令式及制勅，皆務從儉省。減刻過多，遂令人情易逾禁，將求不犯，實在稍寬。臣酌量舊儀，創立新制，所有高卑得體，豊約合宜，免令無知之人，更懷不足之意。伏乞聖恩，宣下京兆府，令准此條流，宣示一切供作行人，散榜城市及諸城門，令知所守。如有違犯，先罪供造行人賈售之罪，庶其明器並用瓦木，永無僭差。以前條件，臣尋欲陳論，伏候進止，承前已于延英具奏訖。」勅旨：「宜依。」

王溥《五代會要》卷五《祥瑞》　〔後唐〕三年三月，修東京月陂堤，至立德坊南古岸，得玉璽一紐，文曰「皇帝行寶」。都部署朱守殷表上之。命中書門下宣示百官。宰相豆盧革等驗其篆文曰「皇帝行寶」。方圜八寸，厚二寸，背紐玄龍，光瑩精妙，莫知湮墜之由。自秦、漢以來，天子之璽有六，文曰「皇帝之璽」、「皇帝信璽」、「皇帝行璽」、「天子之璽」、「天子信璽」、「天子行璽」。至唐玄宗時，改名國寶。漢末董卓遷獻帝于長安，袁術將孫堅攻卓，收洛陽，營于城南，見甄官井有五色氣，命掘之，得漢傳國璽，文曰「受命于天，既壽永昌」。方圜四寸，紐交五龍，一角小缺。議者意張讓護幼帝出奔，掌璽者投之甄井故也。今之所得，即六璽之一也。守殷又于積善坊得古文錢四百五十六文，文曰「得一元寶」，背曰「順天元寶」。

葉紹翁《四朝聞見録》卷二乙集《宣政宫燭》　予既修王竹西封還宫中降炭様如胡桃文、鵓鴿色，蓋宣、政事，建炎、紹興猶襲用未改，竹西力陳請罷去。宣、政其盛時，宫中以河陽花蠟燭無香爲恨，遂加龍涎、沉腦屑灌蠟燭，陳列兩行數百枝，焰明而香滃，鈞天之所無也。建炎、紹興久不進此，惟太后旋鑾沙漠，復值稱壽，上極天下之養，故用宣、政故事，然僅列十數炬。太后陽若不聞，上至，奉卮，白太后以「燭頗愜聖意否」？太后謂上曰：「爾爹爹每夜嘗設數百枝，諸人閤分亦然。」上因太后起更衣，微謂憲聖曰：「如何比得爹爹富貴？」

葉廷珪撰《海録碎事》卷三上《地部上》　錕鋙，音崑吾，山名，出金，可作刀切玉。

趙汝适《諸蕃志》卷上《志國・真臘國》　官民悉編竹覆茅爲屋，惟國王鐫石爲室。有青石蓮花池沼之勝，跨以金橋，約三十餘丈。殿宇雄壯，侈麗特甚。王坐五香七寶床，施寶帳，以紋木爲竿，象牙爲壁。羣臣入朝，先至階下三稽首，陞階則跪，以兩手抱膊，遶王環坐，議政事旋，跪伏而退。西南隅銅臺上列銅塔二十有四，鎮以八銅象，各重四千斤。戰象幾二十萬，馬多而小。奉佛謹嚴，日用番女三百餘人舞獻佛飯，謂之河南，即妓弟也。其俗淫，姦則不問，犯盜則有斬手、斷足、燒火印胸之刑。其僧道呪法靈甚。僧衣黄者有室家，衣紅者寺居，戒律精嚴。【略】土産象牙、暫速細香、粗熟香、黄蠟、翠毛此國最多、篤耨腦、篤耨瓢、番油、薑皮、金顔香、蘇木、生絲、綿布等物。番商興販，用金銀、甆器、假錦、涼傘、皮鼓、酒、糖、醯醢之屬博易。

趙汝适《諸蕃志》卷上《志國・大食國》　大食在泉之西北，去泉州最遠。番舶艱於直達，自泉發船四十餘日，至藍里博易住冬，次年再發，順風六十餘日方至其國。本國所産，多運載與三佛齊貿易，賈轉販以至中國。其國雄壯，其地廣袤。民俗侈麗，甲於諸番。天氣多寒，雪厚二三尺，故貴氈毯。國都號蜜徐籬。據諸蕃衝要。王頭纏織錦番布，朔望則戴八面純金平頂冠，極天下珍寶，皆施其上。衣錦衣，繫玉帶，躡間金履。其居以瑪瑙爲柱，以緑甘石之透明如水晶者。爲壁，以水晶爲瓦，以碌石爲塼，以活石爲灰。帷幕之屬，悉用百花錦，其錦以真金線夾五色絲織成。臺榻飾以珠寶。堦砌包以純金。器皿鼎竈雜用金銀，結真珠爲簾。每出朝坐於簾後。官有丞相，披金甲，戴兜鍪，持寶劍，擁衛左右。餘官曰太尉，各領兵馬二萬餘人，馬高七尺，用鐵爲鞋，士卒驍勇，武藝冠倫。街闊五丈餘，就中鑿二丈深四尺，以備駱駝馬牛馱負物貨，左右鋪砌青黑石板，尤極精緻，以便來往。民居屋宇與中國同，但瓦則以薄石爲之。民食專仰米穀，好嗜細麵蒸羊，貧者食魚菜菓實，皆甜無酸，取蒲萄汁爲酒，或用糖煮香藥爲思酥酒，又用蜜和香藥作眉思打華酒，其酒大煖。巨富之家博易，金銀以量爲秤。市肆諠譁，金銀綾錦之類種種萃聚。工匠技術咸精其能。【略】國有大港，深二十餘丈，東南瀕海，支流達於諸路。港之兩岸皆民居，日爲墟市，舟車輻湊，麻、麥、粟、豆、糖、麪、油、柴、鷄、羊、鵝、鴨、魚、蝦、棗圈、蒲萄、雜菓皆萃焉。土地所出，真珠、象牙、犀角、乳香、龍涎、木香、丁香、肉荳蔻、安息香、蘆薈、没藥、血碣、阿魏、膃肭臍、鵬砂、琉璃、玻瓈、硨磲、珊瑚樹、猫兒睛、梔子花、薔薇水、没石子、黄蠟、織金軟錦、駝毛布、兜羅綿、異緞等。番商興販，係就三佛齊、佛囉安等國轉易。

趙汝适《諸蕃志》卷下《志物・珠子》　真珠出大食國之海島上，又出西難、監篦二國，廣西、湖北亦有之，但不若大食、監篦之明浄耳。每採珠，用船三四十隻，船數十人。其採珠人以麻繩繫身，以黄蠟塞耳鼻，入水約二三十餘丈，繩纏於船上，繩摇動則引而上。先煮毳衲極熱，出水則急覆之，不然寒慄致死。或遇大魚蛟鼉諸海怪鬐鬣所觸，往往潰腹折支，人見血一縷浮水面，則知已葬魚腹。嘗有採珠者繩動，而引之不上，衆極力舉之，足已爲蛟鼉所斷矣。所採者曰珠母，番有官監視，隨其所採，籍其名掘地爲坎，署諸坎中月餘，珠母殼腐，取珠淘浄，與採珠者均之。珠大率以圓潔明浄者爲上。圓者置諸盤中終日不停，番商多置夾襦内及傘柄中，規免抽解。

趙彦衛《雲麓漫鈔》卷二　建寧府松溪縣瑞應場，去郡二百四十餘里，在深山中。紹興間，鄉民識其有銀脈，取之得其利。在隆興初，巡轄馬遞舖朱姓者言於府，府俾措置，大有所得，事不可掩，聞於朝，賜名瑞應場，置監官。朱死於場中，一子與人鬭，亦死於場中，祀爲神，號「七寶大王」。初，場之左右皆大林木，不二十年，去場四十里皆童山。場之四畔圍以大山，雖盛夏，亦袷衣，日正中方見日光。乾道中，人入穴鑿山，忽山合，夾死五十餘人，血自石縫中流出。取銀之法，每石壁上有黑路乃銀脈，隨脈鑿穴而入，甫容人身，深至十數丈，燭火自照，所取銀鑛皆碎石，用臼搗碎，再上磨，以絹羅細，然後以水淘，黄者即石，棄去；黑者乃銀，用麪糊團入鉛，以火煆爲大片，即入官庫，俟三兩日再煎成碎銀，每五十三兩爲一包，與坑户三七分之，官收三分，坑户得七分。鉛從官賣，又納税錢，不啻半取矣。它日又過池，曰過水池、鉛池、灰池之類是也。

江少虞《宋朝事實類苑》卷卷六〇《風俗雜識・古銅魚符》　李文邵推官，於壽光縣東境稻田中，得古銅魚左符以遺余。銅正赤，二寸許，背刻爲魚頭尾，鱗鬐具，面刻一「同」字，深二分許，所以合信也。環字刻刺史官氏云：「左雲麾將軍行磨，美州刺史持節磨米，州諸軍事高從政。」鐫刻極工，字小訛，筆法精妙，類歐陽率更書。按唐貞觀中，平高麗，裂其地爲十二州，各因其酋長以爲刺史，磨米其一也。左符乃所頒者，當在其國，不知緣何遺於此也。壽光，青屬邑，其東瀕海矣。

《遼史》卷四《太宗紀下》 〔會同三年〕十一月己巳，南唐遣使奉蠟丸書言晉密事。丁丑，詔有司教民播種紡績。除姊亡妹續之法。

《元史》卷五二《曆志一・授時曆議上》

驗氣

天道運行，如環無端，治曆者必就陰消陽息之際，以爲立法之始。陰陽消息之機，何從而見之？惟候其日晷進退，則其機將無所遁。候之之法，不過植表測景，以究其氣至之始。智作能述，前代諸人爲法略備，苟能精思密索，心與理會，則前人述作之外，未必無所增益。

舊法擇地平衍，設水準繩墨，植表其中，以度其中晷。然表短促，尺寸之下所爲分秒太、半、少之數，未易分別。表長，則分寸稍長，所不便者，景虚而淡，難得實景。前人欲就虚景之中考求真實，或設望筩，或置小表，或以木爲規，皆取表端日光下徹圭面。今以銅爲表，高三十六尺，端挾以二龍，舉一横梁，下至圭面，共四十尺，是爲八尺之表五。圭表刻爲尺寸，舊寸一，今申而爲五，釐毫差易分。别創爲景符，以取實景。其制以銅葉，博二寸，長加博之二，中穿一竅，若針芥然，以方闓爲趺，一端設爲機軸，令可開闔，楮其一端，使其勢斜倚，北高南下，往來遷就於虚景之中，竅達日光，僅如米許，隱然見横梁於其中。舊法以表端測晷，所得者日體上邊之景，今以横梁取之，實得中景，不容有毫末之差。

朱國禎《湧幢小品》卷三《國寶》 太祖初即位，有賈胡浮海以美玉至，制大明傳國之寶，并置玉圭一。二年制一小玉璽，曰「奉天執中」。四年置玉圖記二，一曰「廣運之寶」，賜中宫；一曰「厚載之寶」。又制六寶，曰「天子行寶」、「天子信寶」、「天子之寶」，曰「皇帝行寶」、「皇帝信寶」、「皇帝之寶」。三白，三青。終太祖世止此，未聞他寶也。文皇於壬午六月十三日乙丑入京師，十七日己巳即位，十九日辛未，制「皇帝親親之寶」；二十五日丁丑，制「皇帝奉天之寶」、「誥命之寶」、「敕命之寶」。終文皇及洪熙以下六朝，未聞增益。至嘉靖十八年，造御寶十一顆：曰「奉天承運大明天子寶」，曰「天子信寶」，曰「天子行寶」，曰「皇帝信寶」，曰「皇帝行寶」，曰「大明受命之寶」，曰「巡狩天下之寶」，曰「垂訓之寶」，曰「命德之寶」，曰「討罪安民之寶」，曰「敕正萬民之寶」。衛輝行宫火，法物、寶玉多毁，則正統己巳土木之難，正德甲戌乾清宫之灾，所失者必多。有所失必有所補，或隨事隨時添置，出之内庭，則史亦不得書耳。今查《會典》，御寶二十四顆，舊制十七顆：「皇帝奉天之寶」、「皇帝之寶」、「皇帝行寶」、「皇帝信寶」、「天子之寶」、「天子行寶」、「天子信寶」、「制誥之寶」、「敕命之寶」、「廣運之寶」、「御前之寶」、「皇帝尊親之寶」、「皇帝親親之寶」、「敬天勤民之寶」、「表章經史之寶」、「欽文之璽」、「丹符出驗四方」。嘉靖十八年新制七顆：「奉天承運大明天子寶」、「大明受命之寶」、「巡狩天下之寶」、「垂訓之寶」、「命德之寶」、「討罪安民之寶」、「敕正萬民之寶」。蓋丹符用玉篆，在舊制十七顆之内，而新制十一顆，發尚寶者止七顆也。然新舊之間，終與史小異，亦不能深考矣。

洪武四年，制大本堂玉圖記，賜皇太子，盤龍紐，方一寸二分，今《會典》有「皇太子寶」一顆，豈即用此四字爲篆文耶？

建文皇帝在儲位，夢神人致上帝命，授以重寶。元年，使者還自西方，得青玉於雪山，方逾二尺，質理温栗。二年正月，帝郊祀，宿齋宫，夕夢若有睹，遂寤。命玉人琢爲大璽成，親制其文曰：「天命名德，表正萬方。精一執中，宇宙永昌。」命曰「凝命神寶」，方一尺六寸九分。三年，告天地、祖宗，爲文宣示遠近。百官稱賀，大宴於奉天門頒賞。

中宫厚載之寶，原用玉，而册立則金册金寶，龜紐朱綬，文用篆書，曰「皇后之寶」。想册立入宫，方用玉寶也。皇貴妃而下，有册無寶。宣德元年，以貴妃孫氏有容德，請於皇太后，制金寶賜之。未幾，貴妃有子，旋正位中宫。自是貴妃授寶遂爲故事。

嘉靖末年，上諭内閣：「皇祖初制六寶，今止存一，其五，正德甲戌火，失之。兹西夷有玉，可示户部，買盈尺之料補制。」户部奉詔，索之賈胡，得及格者三以進。詔：「姑留用，價於官用銀内支給。」大學士徐階謂不中格，乃下部宣諭西夷，携巨材以入，當以高價酬之。未幾，又進緑玉盈尺者三，上留用，發價銀七千兩給之。然終未愜意，仍命購白漿、水碧二色玉以進。又召户部尚書高燿諭重價訪購上品。未幾，宫車晏駕，穆宗登極，未聞有所制造也。

朱國禎《湧幢小品》卷三《紅黄玉》 世宗既改郊壇方丘，并朝日夕月壇，所用玉爵，各因其色，詔户部覓紅黄玉送御用監制造。户部多方購之，不獲，但得紅黄碼碯、水精等石以進。詔暫充用，仍責求玉。十年，部臣言：「中國所用玉，大段出自西域、于闐、天方諸國，及查節年貢牘，唯有漿水玉、菜玉，并無紅黄二色。且諸國俱接陝西邊界，宜行彼處撫臣，厚價訪購。」詔可。至十五年，陝西撫臣上言：「奉詔求紅黄玉，遣人於天方國、土魯番、撒馬兒罕、哈密諸夷中購之，皆無産者。」户部尚書梁材以狀聞，上曰：「爾等仍多方訪求，并行巡撫諸臣設法懸購，務求必得，以稱朕禮神之意。」於是原任回回館通事撒文秀言：「二玉産在阿丹，去魯番西南二千里。其地兩山對峙，自爲雌雄，有時自鳴。請依宣德時下番事例，遣臣賫重貨往購之，二玉將必可得。」部以遣官非常例，第責諸撫按督令文秀仍於邊地訪求，報可。

朱國禎《湧幢小品》卷三《舊璽》　弘治十三年，陝西都御史熊翀等遣人獻玉璽，一云鄠縣民毛志學等於趙倫村泥河水濱所得，其文曰「受命於天，既壽永昌」。玉色純白，微青，背有螭紐，周廣一尺四寸，厚二寸。翀等以爲此秦璽復出也。事下禮部，尚書傅瀚等覆：「自有秦璽以來，歷代得喪、存毁、真贋之迹，具載史籍。今所進璽，其篆刻之文，既與《輟耕録》等書模載魚鳥篆文不同，其螭紐又與史傳等書所記文盤五龍，螭缺一角，及旁刻魏隸者不類，且又與宋、元所得之璽色各不同。蓋秦之舊璽，更歷變故，亡毁已久。今陝西所進，與昔宋、元所得，疑皆後世模仿秦璽而刻之者。竊惟璽之爲用，以識文書，防詐僞，非以爲寶玩也。自秦始皇得藍田玉，刻爲璽，漢以後傳用之。自是轉相因襲，巧争力取，意謂得此璽者乃足以受天之命，否則歉然愧耻，以爲天命去之。不知受命以德，不以璽爲輕重也。故求不得，則私爲刻造，務以欺人；一或得之，輒嘩然以爲秦璽，君臣色喜，交慶遍祀，以夸示天下，貽笑取譏，千載一律。洪惟我太祖高皇帝神謨睿鑒，高出千古，不師前代之刻，制爲一代之璽，文必有義，隨事而施，真足以爲聖子神孫一代受命之符，而垂法萬世者矣。列聖相承，率由祖訓，百餘年來，别無古璽，而受命永昌之福，愈隆愈盛。皇上大德懋昭，天命匪懈，聖躬萬福，宗社奠安，正無俟璽而得天之眷。有足徵者，今此璽出於陝地，乃遂以爲天錫聖符，交獻諭悦，蓋不自知其非耳。宜姑藏之内府，以備展玩，以彰聖德，以正人心。臣等不勝至願。」上從之，仍命薄賞志學等白銀五兩。

朱國禎《湧幢小品》卷三《頒印》　洪熙元年，頒制諭及將軍印於邊將，雲南總兵官佩征南將軍印，大同總兵官佩征西前將軍印，廣西總兵官佩征蠻將軍印，遼東總兵官佩征虜前將軍印，宣府總兵官佩鎮朔將軍印，甘肅總兵官佩平羌將軍印，交阯佩征夷副將軍印，寧夏佩征西將軍印。有舊授制諭者，封識繳回。

印惟征虜大將軍爲最重。洪武中，魏、衛、涼三公佩之，出塞破虜。常、李、馮諸公亦止副將軍，左右副將軍，即專征不得佩也。永樂七年，丘福敗没臚朐河，失之河畔。時紅光一道，起射星斗，又每有風雷甲馬之異，虜不敢過，不知福與諸將能爲神，抑印之靈光所浡發耶？其敗卒没虜中者，文皇出塞，多自拔來歸。有一卒知印所在，言於上，掘得之，四周皆成龍紋。上見，且悒且喜，藏内庫。洪熙元年，方補鑄，然不以頒給也。此外有鎮朔大將軍印，出口外巡邊，陽武侯薛禄等佩之。平虜大將軍印，有急聽征，保國公朱永等佩之。印皆柳葉文。軍行鼓纛，護而前驅。嘉靖二十九年，咸寧侯仇鸞佩平虜印，屢發光怪。一夕，忽作叱咤聲；又一日，懸空挂於佛燈前，衆駭異，告鸞。入視之，鸞再拜，墜地，聲甚厲，磚皆碎。鸞生時，其母夢胡奴入室再拜，忽自斬首裂其尸，及是縱恣不法。未幾病，命成國公朱希忠入卧内收其印，鸞悸即死。後四日，陸炳發其反謀，剖棺銼尸如所夢。

毅皇帝自稱威武大將軍，勒内閣寫敕。大學士蔣冕至以死捍，卒别取敕行之。有敕必有印，將所執曰：臣不敢名君。禮部則無詞以拒矣。

印者，信也，古公私皆有之。其制金、玉、銀、銅，凡四品。天子曰璽，二千石以上曰章，千石以下曰印。朱文入印始於唐，而漢器物銘多作陽識。

朱國禎《湧幢小品》卷三《矯刻將印》　慈溪張公楷，以僉都御史監劉聚軍征鄧茂七。先用招降檄，檄無聚印信，不聽，遂矯刻征南將軍印用之，賊稍有降者。事平，劾奏奪職。賊之存亡，不止招降一節，且賊首負固，降者偏裨，亦濟甚事。而大將軍印豈可矯用乎？自古權宜行事多矣，此不可訓。

朱國禎《湧幢小品》卷三《古印》　弘治十六年，河南府大雨，冲壞墻垣，下有磚池，内藏古銅印三百顆。本府官以聞，事下禮部，令鑄印局官辨驗。有識興定二年者，至順、至元、至正年者。因言至順、至元、至正，俱元文宗以後年號，龍鳳、興定又元末僞主宋年號。蓋元政不綱，羣雄角逐，或掠得元時有司之印，或僭竊之徒假元年號而私造之，僞相署以號令其黨，事敗而遁，瘞於此者，命悉毁之，以備别用。

許松皋太宰爲司寇時，得古銅印一紐板紐有棱，棱下有池，方寸餘，而小篆朱文若私印然。於閻伯仁，閻得之邠人辟地者，曰「廷美之章」，與松皋字正同。因摹其文，圖其形，裝潢爲卷，而夏貴洲題曰「神錫金符」。此事往往有之。聞丙戌科有吴之鯨者，鎮江人，未遇時，得一印，正與名同，遂聯捷，入中秘。事固有偶然者，亦不可謂非數也。

琥珀

琥珀，出南蕃、西蕃，乃楓木之精液，多年化爲琥珀。其色黄而明瑩潤澤，其色若松香色，紅而且黄者，謂之明珀；有香者謂之香珀；有鵝黄色者謂之蠟珀，此等價輕。

深紅色者出高麗、倭國，其中有蜂蟻松枝者，甚可愛。真者以琥珀於皮膚上揩熱，用紙片些小，離卓子寸許，以琥珀吸之，則自然飛黏，或以稻草寸許試之。

珊瑚樹

珊瑚樹，生大海中山陽處水底，海人以鐵網取之，其色如銀硃，鮮紅。樹身高大，枝柯多者爲勝，但有髓眼及淡紅色者價輕。此物貴賤，并隨珍珠，枝柯有斷者，用釘銷釘定，鎔紅蠟粘接，宜仔細看之。如有零碎材料，每兩值價萬餘。

蠟子

蠟子，出南蕃、西蕃，性堅。有紅蠟、紫蠟，亦有酒色者，俱明瑩。凡器物，須看碾得奇巧者爲佳。

犀角

犀角，出南蕃、西蕃，雲南亦有。成株肥、大花兒者好，及正透者價高。成株瘦小，分兩輕，花兒者不好，但可入藥用。其紋如魚子相似，謂之粟紋。每粟紋中有眼，謂之粟眼，此謂之山犀。凡器皿要滋潤，粟紋錠花兒者好，其色黑如漆、黄如粟，上下相透，雲頭雨脚分明者爲佳。

有通天花紋犀，備百物之形者，最貴。

有重透紋者，黑中有黄花，黄中又有黑花，或黄中有黄、黑中又有黑。

有正透紋者，黑中有黄花。古云通犀，此二等亦貴。

有倒透者，黄中有黑花，此等次之。

有花如椒豆斑者，色深者，又次之。

有斑散而色淡者，又次之。

有黑犀無花而純黑者，但可車象棋，不甚值錢。

凡犀帶，有角地上貼好犀作面，而夾成一片者，可驗底面花兒大小遠近，更於側畔尋合縫處，可見真僞。

又有原透花兒不齊整，用藥染黑者，則無雲頭雨脚，黄黑連處，純黑而不明。但有粟紋不圓者，必是原透花兒不居中，用湯煮軟，攢打端正，不是生犀，宜一一驗之。

凡器皿須要雕琢工夫及樣範好，宜頻頓看之，不可見日，恐燥而不潤故也。

毛犀

其色與花斑皆類山犀，而無粟紋。其紋理似竹，謂之鼇犀，此非犀也，不爲奇也，故曰毛犀。

骨篤犀

骨篤犀，出西蕃，其色如淡碧玉，稍有黄，其紋理似角，扣之，聲清如玉。磨刮嗅之，有香，燒之不臭，能消腫毒及能辨毒藥，又謂之碧犀，此等最貴。

花羊角

花羊角，多出北地。黑身白花者高，白身黑花者低。作刀靶，染油不滑。凡刀靶，鸂鶒木爲最佳。花羊角次之，他物不及也。鸂鶒木，見下異木内。

象牙 後增

象牙，出南蕃、西蕃及廣西、交趾、雲南皆有。南蕃者長大，廣西、安南者短小。新鋸開，粉紅色者最佳，雲南麓別出作梳子，直者好，横者易斷。

龍涎

龍涎，出大食國。無香，有燥色，白者如白藥煎（藥名）而膩理，黑者亞之。如五靈脂（藥名）而光澤，能發衆香，故用以合香。

鬼功石

嘗有戒指，内嵌瑪瑙一塊，面上碾成十二文生肖。其紋細如髮，似非人功，故謂之鬼功石，又名鬼國石。

鬼功球

嘗有象牙圓球兒一個，中直通一竅，内車二重，皆可轉動，謂之鬼功球。或云宋内院中作者。

紅猪牙

紅猪牙，出西蕃，如蚌棗色，紋理粗細與象牙相似。世傳多年龍牙，多作刀靶扇柄。假者以白象牙用藥煮成者。

鶴頂紅

鶴頂，出南蕃大海中。有魚，頂中魫紅如血，名曰鶴魚。故以爲帶，號曰鶴頂紅。今人用龜筒夾鶴魚魫爲梳，名曰鶴頂梳。

佐近在都御使羅通官舍，見其鶴頂紅帶，云是海外真鶴頂，剪碎紅頂，夾打成帶，上有細波紋，無紋者即僞物也。姑并記之，以俟知者辨焉。又見真鶴頂，但兩頰紅，頂不紅，大者三個，可作一帶。

龜筒

龜筒，亦出南蕃海中，其色似玳瑁，而無斑紋。

玳瑁 後增

玳瑁，出南蕃山海中，白多黑少者價高，但黑斑多者不爲奇。

有移斑者，多龜筒夾玳瑁黑點兒，宜仔細驗之。

佐按字書，玳瑁是大龜背文。有黄多黑少者，有黄黑相半者，好者其黄如蜜，其黑如漆。古人云：「黄者黄如蜜，黑者黑如漆。」其低者黑白不分，或黄黑散亂。

金 後增

金，出南蕃、雲南、西蕃、高麗等處沙中。

南蕃瓜子金、麩皮金，皆生金也。

雲南葉子金、西蕃回回金，此熟金也。其性柔而重，色赤。足色者，面有椒花鳳尾及紫霞色。

如和銀者性柔，石試則色青，火燒色不黑。

和氣子者，即紅銅，又名張公，又名身子石。試有聲而落屑，色赤而性硬，火燒黑色難打，又發裂。古諺云：「金怕石頭銀怕火。」其色七青八黄，九紫十赤，以赤爲足色金也。

金性軟，插銅則硬，打則有路痕。

佐在京，見蘇人唐宗仁將青金鎔成足色赤金，中有一大點紫色，謂之紫衣。凡買金者不見紫衣，不肯信爲足色。

南京又有人將金打箔，亦作葉子金。其中多有沙屑成交，方肯鎔錠子與買主，恐沙不能出也。宜仔細用水洗驗，切不可輕易。須燒三出，以醋於瓦器或木盆内淬之，真則黄，有銅則黑。

紫金

紫金，古云：「半兩錢即紫金。」今人用銅和黄金爲之，然世人未嘗見真紫金也。

烏金 後增

金詐藥 後增

用焰硝、緑礬、鹽，留窑器，入干净水調和，火上煎，色變即止。然後刷上金器物上，烘干。留火内略燒焦色，急入净水刷洗，如不黄，再上，然俱在外也。

佐有人傳云：「用好青緑鎔成，要泡鵝油焠之，和銀則軟。」

銀

銀，出閩、浙、兩廣、雲南、貴州、交趾等處山中，足色成錠者，面有金花；次者緑花，又次者黑花，故謂之花銀。

蜂窩中有倒滴而光澤、火燒色不改者，又次之。

松紋假金花，以密陀僧爲之。

若面有黑斑而不光澤者，必有黑鉛在内，有八成色，謂之狗蚤斑；九成色者，火鐃後死。白邊灰色，謂之吹松紋，雪白者有九六成色。

佐按金花銀是足色，直砍到底，兩頭有絲者，曰粗絲，亦好；有八五成色，臉欠白。一頭有絲，明白而無鍋者，又次之；有八成色四五條綫絲者。但七八成者，砍得二三分即斷。又有印絲者，只五六成色，最低，擦得甘草黄。但寫錠子，只要有絲，面平時無鍋者好。好者出爐白，次者灰色，又次者出爐便黑。和鉛多者，一砍即碎，俗曰「濕」。有五六成色，擦則不紅；和銅多者，砍則難斷，一燒即紅；至低者燒紅，打得粉碎。

古諺云：「燒得黑，尤使得；燒得紅，是塊銅。」

僞銀有鼎銀，一燒則烟起，去了水銀，却有六分好銀。其餘僞銀，宜仔細辨驗。好銀性軟，插銅則硬，擦之則紅。

凡假銀，只用摩擦一燒即見；又有做得好者，燒四出火。

銀子名色

金花銀第一；細花松紋第二；粗絲松紋第三；兩頭絲曰粗絲第四；細絲松紋臉白光第五。

鸚鵡杯 鸕鷀杓

鸚鵡杯，即海螺盞，出廣南。土人琢磨，或用銀或用金鑲足，作酒杯。故名曰鸚鵡杯。

鸕鷀杓，亦海螺，俱不甚值錢。

鑌鐵

鑌鐵，出西蕃，面上有旋螺花者，有芝麻雪花者。凡刀劍器打磨光净，用金絲礬礬之，其花則見，價值過銀。

古語云：「識鐵强如識金。」假造者是黑花，宜仔細辨。刀子有三絶，大金水總管刀，一也；西蕃鸂鶒木靶，二也；韃靼靴皮鞘，三也。嘗有鑌鐵剪刀一把，制作極巧，外面起花鍍金，里面嵌銀回回字者。

錠鐵

錠鐵，出甘肅北方。青黑色，性最堅燥，北方多用此鐵作利刀，其價值低於鑌鐵多矣。閩、廣衡鐵，廣東鐵，高衡州鐵，無用易斷，閔鐵亦好。

錫

蕃錫出雲南，最軟，宜鑲碗盞。花錫亦出雲南，大花者高，小花次之。衡州錫亦高。

金剛鑽

金剛砂，出西蕃深山之高頂，人不可到。乃鷹隼打食在上，同肉吃與腹中，却在於野地鷹糞中獲得。看大小定價。

如辨真僞，將砂於炭火中燒紅，入釅醋中浸。假者酥而易碎，真者乃復硬而可用，如或失去，和灰土掃在乳鉢内擂之，響者是也。以其能鑽定器，故名之曰金剛鑽。

天生聖像

嘗有降真香節内及木節中，生成真武像。有石中及蚌中生成觀音像，此乃天地造化，真世之奇寶也。

或云正統中，貴州珠砂中有生成觀音像。（增）

曹昭《格古要論》卷六《古銅論》

古銅色

銅器入土千年，色純青如翠；入水千年，色純緑如瓜皮，皆瑩潤如玉。未及千年，雖有青緑，而不瑩潤，有土蝕穿破（一作剥）處如蝸篆自然，或有斧鑿痕，則僞也；器厚者止能銹三分之一，或減半，其體還重。器薄者，銅將銹盡，有穿破者處，不見銅色，惟見青緑徹骨。其中或紅色如丹，不曾入水土，惟流傳人間；其色紫褐而有朱砂斑凸起者，如上等辰砂，此三等結銹最貴；有如蠟茶色者，有如黑漆色者，在水土中年近，雖銹不能入骨，亦不瑩潤，此皆次之。嘗考漢銅錢，至今一千五百餘年，雖有青緑，而少有瑩潤，亦無朱砂斑凸起者，漢印亦然。

今所見古銅器，有青緑剥蝕徹骨，瑩潤如玉，及有朱砂斑凸起者，非三代時物，蓋古無此也。

僞古銅

用釅醋調硇（一作銅）砂末，白傅新銅器上候成蠟茶色，或漆色，或緑色，入水浸後，用糯稻草燒烟熏之，以新布擦光，稷刷刷之。僞朱砂斑，以漆調朱爲之，然俱在外，不能入骨，最易辨也。

三代器

夏尚忠，商尚質，周尚文，其製器亦然。商器質素無文，周器雕篆細密，而夏器獨不然。嘗有夏器，於銅上鑲嵌以金，其細如髮，夏器大抵皆然。鑲嵌今訛爲商嵌，詩云「追琢其章，金玉其相」。

局器

唐天寶間至南唐後主時，於句容縣置官場以鑄之，故其上多有監官花押。其體輕薄，花紋細而可愛，非古器也。

亦有微青緑色及朱砂斑者，不能徹骨瑩徹。

新銅器

宋句容縣及台州鑄者，多是小雷紋花兒。

元杭州姜娘子、平江路王吉，鑄銅器皆得名，花紋却粗。姜鑄勝於王吉，俱不甚值錢。

古鑄

古之鑄器，以蠟爲模，花紋細如髮，而匀净分曉，識文筆劃，如仰瓦而不深峻，大小淺深如一，并無朱砂斑之類，此乃作事之精緻也。其款識稍有模糊不匀净，及模範不端正者，以野鑄也。

古銅款識

或云款乃花紋以陽飾，器皿居外而凸。識乃篆字以紀工，所謂銘書，鐘鼎居内而凹者。三代用陰識，其字凹。入漢用陽識，其字凸起。間有凹者，亦陰鑄。蓋陰識難鑄，陽識易成。

但有陽識者，絶非三代之器也。

古香爐 後增

尚古無香，焚蕭艾，尚氣臭而已，故無香爐。今所用者，皆古之祭器鼎彝之屬，非香爐也。惟博山爐乃漢太子宮中所用香爐也，香爐之制始於此。多有象古新鑄者，當以體質顔色辨之。

曹昭《格古要論》卷七《古硯論》

端溪下岩舊坑石

端溪出廣東肇慶府，端溪下岩舊坑卵石，色黑如漆，細潤如玉。有眼，中有暈六七眼相連，排星斗象，比岩宋慶曆間坑石已竭矣。又有一種卵石，去標，方得材，色青黑，細潤如玉，有音花如筋頭大，似碧玉青瑩者；或有白點如粟，排星斗像，水濕方見。皆扣之無聲，磨墨亦無聲。此二種石最貴。下岩止有一坑，出此漆色青花二種石，其色未嘗紫也，別無新坑。

端溪上岩舊坑新坑石

端溪上岩舊坑新坑石，皆灰，色紫而粗燥，眼如雄鷄眼大，扣之，磨墨皆有聲。久用光如鏡面，舊坑稍勝，新坑惟端石有眼。

古人云「無眼不成端」。其眼有活眼、淚眼、死眼。活眼勝淚眼，淚眼勝死眼。又云眼多者石中有病。

端溪中岩舊坑新坑石

端溪中岩舊坑赤卵石，色紫如嫩肝，細潤如玉。有眼小如緑豆或有緑條紋，或有白條紋，堅而圓者爲眼，横而長者爲條紋。扣之無聲，磨墨亦無聲。此二種石最貴。外有横膘包絡，久用鋒芒不退，此石宋時此坑取亦竭矣。

中岩新坑石，色淡紫，眼如鸜鵒眼大，中有暈。嫩者扣之無甚聲，磨墨微有聲，久用鋒芒退乏。石有枯潤，潤者亦難得，此石下岩低三等矣。

端溪古論　出《方輿勝覽》　新增

唐柳公權曰：「端州有溪曰端溪，其硯有赤白黄色點者，謂之鸜鵒眼，或脉理黄者，謂之金綫紋。」

端州郡志去：「有青紋者，謂之青縧；其短者，謂之眼筋；下岩石亦有之，色微斑者，謂之火黯，下岩無此。」又有曰赤裂、曰黄霞、曰鐵綫、曰白鑚者，圓而深如鑽眼，曰壓矢，其色斑駁，其舊坑則有龍岩、汲綆、黄圃三石。汲綆全無眼，其新坑則有後磨、小湘、唐突、黄坑、蚌坑、鐵坑六處，皆不及上三石。

蘇易簡《硯譜・端溪硯》：水中者石色青，山半者石色紫，山頂石尤潤，如猪肝色者佳。若匠者識山之脉理鑿一窟，自然有圓石青紫色者，琢而爲硯，可值千金，謂之子石硯。

《東軒筆録》，魏泰曰：端溪硯有三種，曰岩山，曰西坑，曰後磨石。石色深紫，襯手而潤，扣之清遠，有青緑圓小鸜鵒眼，乃岩石。其次色赤，呵之乃潤，鸜鵒眼色紫，紋慢而大，此乃西坑石也。其下青紫色，向明側視，有碎星光點，如沙中雲母，干而少潤，謂之後磨石。西坑硯三，當岩石之一；下後磨石三，當西坑之一，其品可知。

宋丁寶臣知端州，以端溪緑石硯送王荆公，謂之玉堂新樣。

隋唐宋皆爲端州。宋徽宗封端王以潛邸，始改肇慶府。端溪在高要縣，下岩在大江中，又名北壁，有龍潭硯最佳。

評硯　見《事林廣記》　新增

端硯出端溪，有上下岩、西坑，餘處悉其下也。惟北岩爲上，北岩即上岩，色理瑩潤有芒者，尤發墨；木以紫石爲上，紫石者在大石中生，蓋精石也；又有草蒙茸，金綫紋，惟有眼者最貴，謂之鸜鵒眼。石文精美，如木有節。今不知者乃以爲病。惟上岩石有眼，眼之佳者，青、緑、黄三色相重，多者自外至心，凡九幣，其大者尤爲稀有，或布列硯中，如北斗、心、房星之形。世人以眼多少爲價之輕重，其生於墨池之外者，謂之高眼；生於内者，謂之低眼。高眼尤爲尚。然又有活眼、淚眼、死眼。黄黑相間，瞖精在内，晶瑩可愛，謂之活眼。四傍浸清，不甚鮮明，謂之淚眼；形體略具，内外皆白，殊無光彩，謂之死眼。大抵活眼勝淚眼，淚眼勝死眼，死眼勝無眼也。

硯譜　見《歐陽公外集》　新增

宋歐陽文忠公《硯譜》云：端石出端溪，色理瑩潤，本以子石爲上，子石者，在大石中生，蓋精石也。而流俗傳訛，遂以紫石爲上；又以貯水不耗爲佳；有鸜鵒眼者爲貴；眼，石病也。然惟北岩石則有之，端石非徒上重於流俗。官司歲以爲貢，亦在他硯上，然十無一二發墨者，但充玩好而已。（端溪在宋端州，今廣東肇慶府。）

歙石出龍尾溪，其石堅勁，大抵多發墨，故前世多用之。以金星爲貴，其石理微粗，以手摩之，索索有鋒芒者尤佳。余少時又得金坑礦石，尤堅而發墨，然世亦罕有。（歙州，今南直隸徽州府也。）

端溪以北岩爲上，龍尾以深溪爲上。較其優劣，龍尾遠出端溪上，而端溪以後出見貴耳。

絳州角石者，其色如白牛角，其紋有花浪，與牛角無異。然頑滑不發墨，世人但以研丹耳。（絳州，今山西平陽府絳州也。）

歸州大沱石，其色青黑斑斑，其文理微粗，亦頗發墨。歸峽人謂江水爲沱，蓋江水中石也。硯止用於川峽人，世未嘗有。余爲夷陵縣令時，嘗得一枚，聊記以廣聞耳。（歸州，今湖廣荆州府歸州。）

青州紫金石，文理粗，亦不發墨，惟京東人用之。又有鐵硯，制作頗精，然患其不發墨，往往函端石於其中，人亦罕用。惟研筒便於提携，官曹往往持之以自從耳。（青州，今山東青州府。）

紅絲石硯者，君謨贈余，云此青州石也，得之唐彦猷云。須飲以水，使足，乃可用，不然渴燥。彦猷甚奇此硯，以爲發墨不減端石。君謨又言：端石瑩潤，惟有芒者尤發墨；歙石多芒，惟膩理者特佳。蓋物之奇者，必異其類也。此言與余特異，故并記之。

青州、濰州石末研，皆瓦硯也。其善發墨也，非石硯之比。然稍粗者損筆鋒。石末本用濰水石，前世已記之，故唐人惟稱濰州。今二州所作皆佳，而青州尤擅名於世矣。（濰州，今山東萊州府平渡州濰縣。）

相州古瓦誠佳，然少真者。蓋真瓦朽腐不可用，世俗尚其名爾。今人乃以澄泥如古瓦狀作瓦，埋土中，久而斫以爲硯。然不必真古瓦，自是凡瓦皆發墨，優於石爾。今見官府典吏，以破瓦瓮片研墨作文書，尤快也。（相州，今河南。）

虢州澄泥，唐人品硯以爲第一，而今人罕用矣。

《文房四譜》有造瓦硯法，人罕知其妙。向時有著作佐郎劉羲叟者，嘗如其法造之，絶佳。硯作未多，士大夫家未甚有，而羲叟物故，獨余得其二，一以贈劉原父，一余置中書閣中，尤以爲寶也。今士大夫不學書，故罕事筆硯，硯之見於時者惟此耳。

已上十一條，見《歐陽文忠公文集·外集》二十二卷。

歙溪龍尾石舊坑

歙溪、龍尾溪舊坑，赤卵石，色淡青黑無紋，而温潤如玉，水濕之微紫，或隱隱有白紋，成山水星月異象，干則否。

大者不過四五寸，多作月硯，就其材也。

或有純黑者。此石至貴，不減端溪下岩石。

舊坑，南唐時方開。龍尾溪坑，至宋取盡矣。

龍尾溪新坑，色亦青黑，質粗糙有極大者盈二三尺。

歙溪羅紋刷絲；金銀間刷絲；眉子，俱舊坑四品，舊坑石皆青黑色。

紋細而潤如玉，曰羅紋，如細羅紋，刷絲如髮密。

金銀間刷絲亦細密；眉子如甲痕，或如蠶大。

已上石亦南唐時開，至北宋時無矣，得之貴重不減龍尾舊坑。

四品新坑，石質并枯燥，紋亦粗。

羅紋如蘿茯，紋大者盈二三尺；刷絲每條相去二三分；眉子或長二三寸。

金星舊坑、新坑

金星舊坑、新坑，石淡青色，并粗；大者盈尺，久用則退之。

銀星舊坑、新坑

銀星舊坑、新坑，石淡青黑色，并粗燥，有星處不堪磨墨；多側取爲硯，久用則退乏，其小者如鏡面；大者盈尺。

佐家有一團硯，面上多白點，如粟米大，此銀星也。

類端石

湖廣辰、沅州出一種石，色深黑，質粗燥，或有小眼。端溪人取歸，刻作端石樣，稱爲黑端。今湖廣辰州府沅州。

辰、沅二州自製者，多作犀牛、龜魚八角等樣。

潊溪石。有一種石，出九溪之潊溪，石表淡青色，内深紫而帶紅，有極細潤者，久用則光如鏡，或有金綫及黄脉相間者，號爲紫袍金帶。（今九溪衛，在湖廣常德、辰州二府界。）

紫袍金帶，所有僞者，蓋以藥成之，分明有拆痕可驗，真者自不同也。

洮溪硯

嘗聞洮河緑石，色絶如藍，其潤如玉，發墨不減端溪下岩石。

此石出陝西臨洮府大河深水中，甚難得也。

今有緑石硯，名洮石者，多是潊石之表，或湖廣長沙府山谷中石也；潊石潤而光，却不受墨。

萬州金星石

萬州懸崖金星石，資質亞於端溪下岩石，色漆黑，細潤如玉，水濕之，金星自現，干則否。極發墨，久用不退乏，非歙比也。如得之，不減端溪下岩石。（在廣東海外瓊州府）

衢硯

衢硯，今浙江衢州府所出。開化縣黑石最佳，大者三尺，但多不發墨。

硯名　出《廣記》　此下俱新增

龍尾硯、金星硯、羅紋硯、蛾眉硯、角浪硯、松紋硯、豆斑硯，已上俱出歙縣，皆硯之異名，其石皆出於龍尾溪，金星尤佳。

紅絲硯、黑角硯、黃玉硯、褐色硯、紫金硯、鵲金墨玉石硯，已上俱出東州。唐彥猷作紅絲硯，自號爲天下第一。

子石硯、鴝鴿眼、綠緣環，已上俱出廣東端溪；紫石硯，出吉州；黃金硯，出淄州；金雀石硯，出淄州；熟鐵硯，出青州；磁洞石硯，出萬州；懸崖金星石硯，出萬州；古瓦硯，出相州，即銅雀硯。

魯水硯，出南劍州；樂石硯，出宿州；綠石硯，出洮州；石末硯，出青州；澄泥硯，出虢州；大陀石硯，出歸州；駝基島石硯，出登州；石末硯，發墨而廢筆；龍尾，得墨遲而久不燥。

羅紋石，起墨過於龍尾；端溪龍窟岩紫石又次之；古瓦類石末，他無足議。

洗硯法　出《廣記》　新增

凡硯須日滌之，過二三日即墨色差減；縱未能滌，亦須易水。春夏蒸濕之時，墨久留其間，則膠力滯而不可用，尤要頻滌去之。

洗硯不得使熱湯，亦不得用毡片故紙，惟以蓮房枯炭洗之，最佳。

端溪自有洗硯石，或挼皂角水洗之，亦得。

半夏切平洗硯，大去滯墨。

又黃蠟補硯尤佳。

漢未央宮瓦硯記　金華王子充

漢未央宮中諸殿瓦，其身如半筒，而覆檐際者，則其頭有面外向，其面徑五寸，圍一尺六寸强，有四篆字，字凡六等，曰「漢并天下」、曰「長樂未央」、曰「儲胥未央」、曰「長生無極」、曰「萬壽無疆」、曰「永壽無疆」。面至背厚一寸弱，其背平可研墨。唐、宋以來人得之，即去其身以爲硯，故俗呼瓦頭硯也，或謂其質稍粗，又以入土歲久，頗渴水，比銅雀瓦爲少劣，抑豈知銅雀瓦雖精，然曹瞞所制，無足貴者。孰與未央諸瓦，出於漢初，爲可重乎？洪武辛亥夏，余留長安，校官馬懿、張祐，以此瓦相遺，其字曰「長樂未央」。於是爲千六百年物矣，乃貯以梓匣，寶而用之。嗚呼！物之用，固系其逢也哉！

按未央宮在長安，漢高帝七年，丞相蕭何建。近因録王忠文公禕此記，同寅員外王鉉，長安人也。云有太極未央一等，而此未之及。蓋子充或未之見歟？因并識之，以俟參考時。

天順元年丁丑夏四月朔日，王佐記。

江西新造漢未央宮瓦硯

宣德中，江西寧府老殿下，新造漢未央宮瓦硯，改作今布瓦樣極精緻，恒以賜往來官員。人多寶爲清玩，研磨頗不渴水。其瓦高八寸，强闊六寸，面至背後一寸弱，面上有銘，曰：「伊□古龍，飲渭達樊。□以龍首，乃皇高原。卯金方昌，大興天□。雕楹玉碣，華榱璧琚。以壯天下，誰何不尊？世遠人邈，獨遺斯存。可嘆可戒，且磨且揩。茅茨土階，孰爲其仁？」凡十一行，一行六字；末有「臞仙書」三字，字皆古隸；下有一小圖書「寧國」二字。面中間剜；其四圍作小緣環樣硯，硯上有水池，左有「炎漢古甓，維天所賜」，右有「子子孫孫，永寶□襲」，皆八篆字。下有「爲愛甄陶之質，宜加即墨之封」十二小篆字，凡四行。其背中間大書「未央宮東閣瓦」六字，結方一寸，左有「大漢十年」四字，右有「酇侯蕭何監造」六字，俱隸字，差小於中。姑記於此，以俟知者。吉水王佐記。

曹昭《格古要論》卷七《異石論》

靈璧石

靈璧石，出鳳陽府宿州靈璧縣。在深山中，掘之乃見。其色黑如漆，間有細白紋如玉者，有卧砂不起峯者，亦無岩岫。

佳者如卧牛、菡萏、蟠螭，扣之聲清如玉。快刀刮不動。

此石能收香，齋閣中有之，香云終日不散。

假者多以太湖石染色，刀刮成屑。

洪武初年，取其石作磬，給賜各府文廟。其色灰白，其聲清逸，吉安、南昌府學皆有之。近年多取其石作硯，而不見有黑漆者。

土瑪瑙

土瑪瑙，此石出山東兖州府沂州。花紋如瑪瑙，紅多而細潤，不搭粗石者爲佳。胡桃花者最好，亦有大云頭花者，及纏絲者，皆次之；有紅白花，粗者又次之；大者五六尺，性堅，用砂鋸板，嵌台桌面、几床、屏風之類。

又曰錦屏瑪瑙。

紅絲石

紅絲石，類土瑪瑙。質粗不潤，白地上有赤紅紋路，并無雲頭等花，亦可鋸板嵌臺桌，大者五六尺，不甚盾錢。出(下闕)。

竹葉瑪瑙石

此石花斑，與竹葉相類，故名竹葉瑪瑙。斑大小、長短不一樣，每斑紫黃色，斑大者青色多。性堅，可鋸板嵌桌面。斑細者貴，斑大者不貴。有一等斑，小如米豆大，甚可愛，多碾作骰盆等器，此石甚少。

云母石

云母石，出兗州、江州，青黄色，揭薄片，留火上燒香最佳。

南陽石

南陽石出（原闕）。

此石純緑花者最佳；有淡緑花者，有油色雲頭花者，皆次之。性堅，極細潤。鋸板可嵌桌面、硯屏。其石於燈前或窗間照之則明。少有大者，俗謂之硫黄石。

永石　即祁陽石　後增

此石出湖廣永州府祁陽縣，今謂之祁石。

永石不堅，色青。好者有山水、日月、人物之像，多是刀刮成，非自然者。以手摸之，凹凸者可驗。紫花者稍勝，青花者鋸石板，可嵌桌面、屏風，鑲嵌任用，皆不甚值錢。

佐近得二三片石，其大者四五尺，其山水、人物、鳥獸，儼然如畫，皆出自然，委非刮成者。今以嵌作春臺屏風。近又見金陵朱士選侍郎家有一大屏風，四尺許。其上有三峯本佳，以藥咬成；三峯相連，又以刀刮成，反不好看。信如前所云者，皆此類耳。五尺者絶少，小者最多。

川石

川石，出四川。

此石白地青黑花紋，如山坡。性堅，鋸板嵌桌面，此石亦少，稀見大者。

英石

英石，出英州。

此石如銅礦聲，倒生岩下。以鋸取之，故底平。起峯二三寸，亦可作几案奇玩，色黑潤者可愛。

試金石

試金石，出蜀中。

此石出江水内，純黑色，細潤者佳。若石上試金滿，用鹽洗去，留於濕地上，少時用，更用胡桃油揩過，却上金。常用袋盛之。好者四五寸長，二三寸大，價銀值一二兩；又有一等黑石，可試銀。佐不知其所出。

湖山石

湖山石，出（原闕）。

此石青黑色，類太湖石。花紋與骰子、香楠木相似。性堅，鋸板可嵌卓面，雖不奇異，亦少有之。

石琉璃

石琉璃，出高麗國。性堅，刮不動，色白，厚半寸許。可作燈盞，注油點燈，明如角者。好者多以重價求之。

不灰木石　後增

不灰木石，出山西澤、潞二州山中。青白色，堅重似石，或以紙裹。蘸石腦油浸之，點燈可照液，燒不成灰。世多作小刀靶。

佐同寅膠中欒瑄任大同知府，曾以數刀靶見贈，正此也。或又有送二三刀靶，正如石，亦青白色，失記送者姓名，竟不知出於何處，石腦油出陝西延安府。陝西客人云：「此油出石岩下水中，作氣息，以草拖引煎過，土人多用以點燈。」□云：「浸不灰木，浸一年，點一年，理或然也。」姑俟試之。

霞石

霞石，出山西。

此石其色黑如漆，内有白點如豆大，似菊花，但資質甚粗，不爲奇。

烏石

烏石，出山西澤、潞山中。其色純黑如漆，細潤如玉。性堅甚，利刀刮不動。多作帶用，亦難得。

龜紋石

嘗見石龜鎖了一個，如酒盞大，遍身天生自然龜紋，甚可愛。

神龜　新增

永樂中，造孝陵碑，鑿石，於石中得一白石龜。今在内府南京奉先殿。

昆山石　後增

昆山石，出蘇州昆山縣馬鞍山。此石於深山中掘之乃得。玲瓏可愛，鑿成山坡，種石菖蒲、花樹及小松柏樹。

佐近詢其鄉人，山在縣後一二里許，山上石是火石，山洞中石玲瓏，好栽菖蒲等物，最佳茂盛。蓋火暖故也。

太湖石　新增

太湖石，在蘇州府吴縣南五十里，近洞庭湖。

郡志：「湖在洞庭湖西，石在水中者爲貴。蓋石在水中歲久，爲波濤所衝擊，皆成空。石面鱗鱗作靨，名曰彈窩，亦水痕也。没人縋下鑿取，極不易得。石性温潤奇巧，扣之鏗然如鐘磬。在山上者名旱石，枯而不潤，或贋作彈窩以售人，亦得善價。」

唐白樂天太湖石記

古之達人，皆有所嗜。玄晏先生嗜書，嵇中散嗜琴，靖節先生嗜酒，今丞相奇章公嗜石。石無文、無聲、無臭、無味，與三物不同，而公嗜之，何也？衆皆怪之，余獨知之。昔故友李生名約，有云：「苟適吾意，其用則多。」誠哉是言，適意而已。公之所嗜，可知之矣。公以司徒，保釐河洛，治家無珍産，奉身無長物，惟東城置一第，南郭營一墅。精葺宫宇，慎擇賓客，性不苟合，居常寡徒。游息之時，與石爲伍。石有族聚，太湖爲甲，羅浮、天竺之徒次焉。今公之所嗜，甲也。

先是公之僚吏多鎮守江湖，知公之心，唯石是好，乃鈎深致遠，獻瑰納奇。四五年間，壘壘而至。公於此物，獨不廉讓，東第南墅，列而致之，富哉石乎！厥狀非一。有盤拗秀出，如靈丘仙雲者；有端嚴挺立，如真官神人者；有縝潤削成如珪瓚者；有廉棱鋭劌如劍戟者；又有如虬如鳳，若跧若動，將翔將踊，如鬼如獸，若行若驟，將攫將斗；風烈雨晦之夕，洞穴開嗌，若欲雲噴雷，嶷嶷然有可畏而望之者；烟霽景麗之旦，岩㟧霮䨴若拂嵐撲黛，靄靄然有可狎而玩之者。昏曉之交，名狀不可，撮要而言，則三山五岳，百洞千壑，覼縷簇縮，盡在其中；百仞一拳，千里一瞬，坐而得之，此所以爲公適意之用也。與公迫觀熟察，相顧而言。豈造物者有意於其間乎？將胚渾凝結，偶然成功乎？然而自一成不變已來，不知幾千萬年，或委海隅，或淪湖底，高者僅數仞，重者殆千鈞。一旦不鞭而來，無脛而至，争奇騁怪，爲公眼中之物，公又待之如賓友，親之如賢哲，重之如寶玉，愛之如兒孫。不知精意有所召耶，將尤物有所歸耶！孰不爲而來耶，必有以也。石有大小，其數四等，以甲、乙、丙、丁品之。每品有上、中、下，各刻於石陰，曰「牛氏石」、「甲之上」、「丙之中」、「乙之下」。噫！是石也，百千載後，散在天壤之内，轉徙隱見，誰復知之？欲使將來與我同好者，睹斯石，覽斯文，知公之嗜石之自。

曹昭《格古要論》卷七《古窑器論》

柴窑

柴窑器，出北地河南鄭州。世傳周世宗姓柴氏，時所燒者，故謂之柴窑。天青色，滋潤細膩，有細紋，多是粗黄土足，近世少見。

汝窑

汝窑器，出汝州。宋時燒者淡青色，有蟹爪紋者真，無紋者尤好，土脉滋潤，薄亦甚難得。

官窑

官窑器，宋修内司燒者，土脉細潤，色青帶粉紅，濃淡不一，有蟹爪紋，紫口鐵足。色好者與汝窑相類，有黑土者謂之烏泥窑，僞者皆龍泉，所燒者無紋路。

董窑

董窑，出(原闕)。

淡青色，細紋多，亦有紫口鐵足。比官窑無紅色，質粗而不細潤，不逮官窑多矣，今亦少見。

哥哥窑

舊哥哥窑，出(原闕)。

色青，濃淡不一，亦有鐵足紫口。色好者類董窑，今亦少。有成羣隊者，是元末新燒。土脉粗燥，色亦不好。

象窑

象窑器皿，出(原闕)。

有蟹爪紋，色白而滋潤者高，色黄而質粗者低，俱不甚值錢。

高麗窑

古高麗窑器皿。

色粉青，與龍泉窑相類，上有白花朵兒者，不甚值錢。

大食窑　後增

大食窑器皿，出(原闕)。

以銅作身，用藥燒成。五色花者，與佛郎嵌相似。

嘗見香爐、花瓶、合兒、盞子之類，但可婦人閨閣之中用，非士大夫文房清玩也。

又謂之鬼國窑。今雲南人在京，多作酒盞，俗呼曰鬼國嵌。

內府作者，細潤可愛。

古定窑

古定器，俱出北直隸定州。

土脉細，色白而滋潤者貴；質粗而色黄者價低。外有淚痕者是真，劃花者最佳，素者亦好。綉花者次之。宋宣和、政和間窑最好，但難得成隊者；有紫定，色紫；有墨定，色黑如漆；土俱白，其價高於白定。東坡詩云「定州花瓷琢紅玉」。凡窑器茅篾骨出者價輕。蓋損曰茅，路曰篾，無油水曰骨，此乃賣骨董市語也。

吉州窑　後增

吉州窑，出今吉安府廬陵縣永和鎮。

其色與定器相類，體厚而質相，不甚值錢。

宋時有五窑，書公燒者最佳。有白色，有紫色。花瓶大者值數兩，小者有花，又有碎器最佳。

相傳云：「宋文丞相過此窑，變成玉，遂不燒焉。」今其窑尚有遺迹在人家。

永樂中，或掘有玉杯、盞之類，理或然也，自元至今猶然。

古磁器

古磁器，出河南彰德府磁州。

好者與定器相似，但無淚痕，亦有劃花綉花，素者價高於定器，新者不足論也。

古建窑

建窑器，出福建。

其碗盞多是撇口，色黑而滋潤，有黄兔斑滴珠大者真，但體極厚，俗甚少見薄者。

古龍泉窑

古龍泉窑，在今浙江處州府龍泉縣。今曰處器、青器、古青器。土脉細且薄，翠青色者貴。有粉青色者，有一等盆底有雙魚。盆外有銅掇環，體厚者不甚佳。

古饒器　後增

古饒器，出今江西饒州府浮梁縣。

御土窑者，體薄而潤，最好；有素折腰樣；毛口者體雖薄（一作厚），色白且潤，尤佳。其價低於定器。

元朝燒小足印花者，内有「樞府」字者高；新燒大足素者欠潤；有青色及五色花者，且俗甚。今燒此器，好者色白而瑩，最高；又有青黑色戧金者，多是酒壺、酒盞，甚可愛。

霍器

霍器，出山西平陽府霍州。

彭窑

元朝戧金匠彭均寶，效古定器制折腰樣者，甚整齊，故曰彭窑。土脉細，白者與定器相似，比青口欠滋潤，極脆，不甚值錢。賣骨董者稱爲新定器，好事者以重價收之，尤爲可笑。

折腰樣。

古無器皿

古人吃茶，俱用撇。取其易干，不留滓；飲酒用盞，未嘗把盞，故無勸盤；今所見定器勸盤，乃古之洗具。

古人用湯瓶、酒注，不用壺、瓶及有嘴折盂。茶鍾臺盤，此皆胡人所用者；中國人用者始於元朝。古定官窑，俱無此器。

曹昭《格古要論》卷八《古漆器論》

古犀毗

古剔犀器皿，以滑地紫犀爲貴。底如仰瓦，光澤而堅薄，其色如膠棗色，俗謂之棗兒犀；亦有剔深峻者次之。福州舊做者色黄，滑地圓花兒者，謂之福犀；堅且薄，亦難得。

元朝嘉興府西塘楊匯新作者，雖重，數多，剔得深峻者，其膏子少有堅者，但黄地子者最易浮脱。

剔紅　後增

剔紅器皿，無新舊。但看朱厚色鮮、紅潤堅重者，爲好。剔劍環香草者尤佳；若黄地子剔山水人物及花木飛走者，雖用工細巧，容易脱起。朱薄而紅者，價低。

宋朝内府中物，多是金銀作素者。

元朝嘉興府西塘楊匯，有張成、楊茂剔紅最得名。但朱薄而不堅者多。日本國、琉球國極愛此物。

今雲南大理府人，專工作此，然僞者多；南京貴戚多有此物。有一等通朱紅；有一等帶黑色，好者絶高；僞者亦多，宜仔細辨之。

堆紅　後增

假剔紅，用灰團起，外用朱漆漆之，故曰堆紅。但作劍環及香草者多，不甚值錢。又曰罩紅，今雲南大理府多有之。

戧金　後增

戧金器皿，漆堅戧得好者爲上。

元朝初，嘉興府西塘有彭君寶者，甚得名。戧山水人物、亭觀花木鳥獸，種種臻妙。寧國府今有描金器皿，兩京匠人亦多作之。

攢犀

攢犀器皿，漆堅者，多是宋朝舊做戧金人物景致，用攢攢空閑處，故謂之攢犀。

螺鈿　後增

螺鈿器皿，出江西吉安府廬陵縣。

宋朝内府中物及舊作者，俱是堅漆，或有嵌銅綫者，甚佳。

元朝時，富家不限年月做造，漆堅而人物細可愛。今廬陵新作者，多用作料灰猪血和桐油，不堅而易壞，甚者又用藕泥，其賤不可當。然好者須在家自作，方爲堅固。今吉安各縣舊家，藏有螺鈿床、椅、屏風、人物，細妙可愛，照人可愛。諸大家新作果合、簡牌、胡椅，亦不減其舊者，蓋自作故也。

洪武初，抄没蘇人沈萬三家條凳、椅、桌。螺鈿剔紅最妙，六科各衙門猶有存者。

曹昭《格古要論》卷九《文房論》新增硯見前七卷

評筆　見《事林廣記》

廣東番禺諸郡，多以青羊毛爲筆，或用鷄鴨毛，或以雉尾，五色可愛。又有豐狐毛、虎僕毛、鼠須毛、羊毛、麝毛、狸毛、羊須胎髮，然皆未若兔毫爲佳。兔毫須取崇山絶仞中之兔，八九月收之。若中秋無月，則兔不孕，不孕，則毫少筆貴。

大筆須要尖齊勁健，筆之四德，今世筆皆鋒長，少損已禿，不中用矣。

宣州諸葛高，常州許穎，洗鼠散散卓長心筆最佳。

國朝有陸繼翁、王古，用筆最得名。皆湖州人，住金陵。永樂初，吉水鄭伯清以猪鬃爲筆，健而可愛，其心則長，予少時甚愛之。

收筆

蘇東坡以黄連煎湯，調輕粉蘸筆頭，候干收之。

黄山谷以蜀椒、黄檗煎湯，磨松煤染筆，藏之不蛀，尤佳。

洗筆

以器盛熱湯，浸一飯久，輕輕擺洗，次用冷水滌之。

若有油膩，則以皂角湯洗，甚佳。

筆卦　有序

筆之行事，昌黎伯《毛穎傳》可考已。予復何言哉？然予嘗讀《孔子易》，至十三卦之製器尚象，若罔罟、耒耜、弧矢、杵臼、舟楫之利，與夫宮室、衣裳、棺槨、書契之制，皆古聖人取諸卦而作也。何獨於筆而遺之耶？況筆之爲器，上而帝王之典謨訓誥，下而官府之簿書期會。四海之同文殊譯，莫不賴以纂録。其功不下於罔罟、耒耜、弧矢、杵臼、舟楫、宮室、衣裳、棺槨、書契也，何獨於筆而遺之也耶？或曰，筆之名始於秦氏，其不見稱於孔子易也固宜。予曰不然。筆不始於古乎，則包犧氏之八卦，夏后氏之九疇，凡科斗、鳥迹、鐘鼎、籀篆之文，亦將何以施其巧哉？若然，則筆之名雖始於秦氏，其所由來則遠矣，乃不見稱於《孔子易》者，其在夬之書契也。與吳興筆者陸生，索予文以炫其技，竊謂包犧氏畫卦之物，即筆之所由兆也。因著是說，并作筆卦，以貽之。

☰筆，元亨利用書，貞吉。彖曰：「筆，聿也。剛柔而合成，内虚而外健，柔得中而順行，應乎剛而文明，是以元亨利用書，貞吉。書契筆而天下治也，《春秋》筆而亂臣懼也。」筆之時用大矣哉。象曰：「天下文明筆，先王以作書契，代結繩。」初九，田於林皋，獲兔，拔毛以其匯征吉。測曰：「獲兔拔毛，大有得也。」六二，淇園伐竹，用資簡櫝。測曰：「淇園之竹，虚而直也；用資簡櫝，言有實也。」九三，秉筆濡其墨，王用亨於三畫，大吉。測曰：「三畫之吉，其文立也。」九四，隕筆不利，入於場屋有悔。測曰：「隕筆有悔，其行塞也。」九五，利見大人，天下同文。測曰：「利見大人，居君側，則天下同文，小人黜也。」上九筆顛剥不資録，其形禿，終凶。測曰：「筆顛形禿，任之極也。」

至正辛卯冬十一月廿又二日，京兆宇文材述。

筆對　尋陽張羽造

班超歸自西域，止於洛陽，閉門養疾，無所逢迎。有一儒生，鋭首而長身，款扉投謁，自稱故人。門者辭曰：「君侯久勞於外，精神消亡，不樂於應接。公卿大夫，雜坐於門，猶不得望見顏色，安問故人？」生聞之，黧然變色，毛髮竦竪，排闥而入，如脱免，顧謂超曰：「子當壯年，徼功速利，馳志異域，棄我如屣，跨騰風雲，一息萬里，子固絶我矣，而我未嘗與子絶也。凡子之建功名，享爵位，耀於今而垂於後者，我與有勞焉。子不德我，乃待我以不見乎？」超聞之，瞿然而視，且怒且疑，與之坐而問曰：「子欺我哉！逢掖之士，淹寂穹廬，游咏術藝，呻吟典謨，研朱漬墨，占畢操觚，目厭百家，腕脱六書，若史遷發憤於紀傳，伏生皓首於遺經，董子下帷而講授，劉向閉閣而研精。相如托諷於詞賦，揚雄覃思於《法言》彼皆收功於老死之際，成名於隔世之間，樂爲迂闊，往而不還。故爾得以揚眉吐穎，含毫鋭思，或呈材以效能，或摛藻而綺靡，寫幽思於尺素，垂空言於百世。雖聖知之有餘，諒非爾而莫濟，僕誠不能與吾子并，故逃爾而遠逝。於是要櫜具之劍，擁澧特之旄，左執鞭弭，右屬鞬橐。謝弘、玄之流，招劇、季之豪，望蒲類而北向，踰流沙而西涉，鳴鏑伊吾之野，飲馬長城之窟，羈名王於纓組，膏酋豪於鈇鉞，橫四校於龍堆，出九死於虎穴。但見千車雲屯，萬騎雷合，矢如蔓流，戈如電掣，紛紛紜紜；天動地蹙，智者爲之愚，勇者爲之怯。爾於是時，固已銷鋒斂迹，顛倒筐篋，閛鉦鼓而魄遁，望羽旆而膽讋，又豈能出一奇、畫一辭，以相及哉？夫名不可以虛得，功不可以幸取。勞之未圖，報於何有？」生乃卓然起立，進而言曰：「吾聞大功無形，大利難名。仁人垂德於不報，志士弛勞而不争。凡我之功，遠者大者，人所共知，不待緬縷。近在子身，何獨未喻。子游京師，困於逆旅，與我庸書，來其官府，握手終日，未嘗厭汝。工爾字畫，順爾指使，成爾文章，通爾志意，仰事俯畜，皆我是賴。及爲令史，掌書蘭台，晨入暮出，必與爾偕。言無爾遠，行無爾乖。夫何一旦絶已固之交，結叵信之友，壞可成之功，造難就之計，舍聖賢之業，操不祥之器，乘機蹈危，以徼一時之富貴。然我猶圖封管之勛，忍投地之耻，將全爾交，未即背棄。若乃戎車竟野，仗鉞誓師，文告之修，我記爾辭。伍符尺籍，有所徵發。我傳爾信，應期而合，或移書而飛文，或安屯而數實，成計功於幕府，或通訊於鄰國。凡此多端，匪我弗克。爾在姑墨，上書乞兵，我寫爾心，卒獲所請。爾厭西土，情懷首丘，泣血騰章，實我所謨。汝姊陳辭，悲難激切，感動天子，實我所書。既而還旅窮荒，懸車帝里，微我之惠，何以及此？雖然，此特其小小者耳。若夫鋪張鴻休，潤色弘烈，書之旗常，列之簡册，使爾得以流英聲，騰茂實，光明顯融，千載而不滅者，其功豈易易哉？今子徒欲夸淺近之效，忘本原之義，是何異於始皇之疏穎，而平原之失遂也。」超乃盱睢失容，意若有避。生曰：「未也！願安爾聽，少窮我臆。昔爾先君，間關抵蜀，我在童髦，資其簡牘。逮爾兄固，父書是續，念我前功，復見齒録。我乃竭其管見，投以寸心，道葉膠漆，利同斷金，相其成書，蔚爲詞林。向使固不恒其德，背好忘故，改行易業，效尤於汝，則孰爲之綴辭秉翰，以成其制度哉？且夫萬里封侯，立功異域，榮則榮矣，孰與夫論道屬書，爲世儒宗，以闡父之績？薄伐西戎，恢我士疆，忠則忠矣，孰與夫斷代作史，勒成一家，以佐漢之光？向使戎狄之人，惑神巫之言，悼斬使之耻，猷心坌躍，狙詐猋起，吾將見爾膏身縣度之墟，暴骨棄之於野，生爲囚俘，死爲夷鬼，又安敢望青紫乎？故子常鄙我而不用，我亦笑子身勤而事左，勞大而功細也。」超聞斯言，俛首流汗，揖客門外，自悔不學，卒以慙死。

至正丙午夏六月十有七日，吴興陸文寶持所制筆，過余求文，且乞一言，以張其藝。因書舊作《筆對》一通貽之。時炎氣暫息，紙墨清潤，而陸君筆又佳，惜余不善書，不能顯其美也，羽識。

評墨

唐末墨工李超，與其子廷珪，自易水渡江，居歙州。本姓奚，南唐李主賜姓李氏，故世有奚廷珪墨，又有李廷珪墨。今之言墨者，亦以李廷珪爲第一，易水張遇爲第二。李廷珪墨有二品：龍紋雙脊爲上，一脊次之。張遇墨亦有二品：易水貢墨爲上，供堂次之。近時兖州陳朗亦精於墨，可以次之。又有工君得墨，柴珣、朱君得小墨，皆唐末五代知名者。

各處墨

元朝江西臨江府清江縣有潘雲谷墨。

國朝直隸鳳陽府舊城大東門有查文通墨。

江西吉安府泰和縣有龍忠迪墨，上有「僞造天誅」四字。

常州府宜興縣有。徽州府休寧縣有。

評紙　附蔡侯紙

古無紙，以竹簡書之，所謂汗青是也。蓋以火炙簡，令汗出，取其青，易書。漢和帝時，耒陽蔡倫始造紙，封龍亭侯。今來陽縣北有漢黄門蔡倫宅，宅西有臼，是倫造紙臼也。

蜀箋

《南部新書》云：「唐元和之初，蜀妓薛濤制小箋，有十色，號薛濤箋。」此妓以紙爲業。

歙紙

唐新安郡，宋歙州也，今直隸徽州府歙縣是也。其紙有麥光白滑，冰翼凝霜之因。今績溪縣界有地名龍須者，紙出其間。

澄心堂紙

宋朝諸名公寫字及李伯時畫，多用澄心堂紙。歐陽公謂南唐澄心堂紙極佳，但不知所出。

西山觀音紙

國朝永樂中，江西西山置官局抄紙，最厚大而好者曰觀音紙。連七紙尤妙。

廣信紙

江西廣信府鉛山縣奏本紙最妙。

常山紙

浙江衢州府常山縣有榜紙、中夾紙。奏本紙次於鉛山。

英山紙

直隸廬州府六安州英山縣出榜紙，好作紙帳。

撫州紙

江西撫州府臨川縣有小箋紙。

紹興紙

浙江紹興府上虞縣有大箋紙，一種至厚，一種稍薄。

印色

用真麻油半兩許，入蓖麻子十數粒搥碎，取白仁同煎，至黄色。去蓖麻子，將油拌熟艾，令干濕得所，然後入銀朱，隨意多少，以色紅爲度，更不須用帽紗、生絹之類襯隔，自然沾塞印文，而又不生白醭，雖十年不燬。一法用蜜調朱最善，紙素雖久，色愈鮮明，今内府用寶以蜜。

佐常以前法用之，久而滯，易之以毡，松而不佳，又易之以紗，頗妙；久而堅，不可用。然不若調朱以手黏上圖書者絶妙。凍月宜温之可也，否則必糊涂矣。

又見楊東里先生用煎鐵子清油，勝於草麻油，或自以麪爲大丸，煎湯亦佳。然凍月用之，又在己之活法也。

法糊

用瓦盆盛水，以麪一斤糝水，上任其浮沉。夏五日，冬十日，以臭爲度，漉漫麪，清水蘸，白芨半兩，白礬三分，去滓，和元浸麪打成濃糊，入桐油、黄蠟、芸香等各三錢重，就鍋内打作一團，別换水煮令熟，去水傾置器内，候冷，日换水浸。臨用，以湯調開。

書燈

讀書須用麻油點燈，蓋麻油無烟，不損眼目，但恨其易燥。每香油一斤，入桐油二兩和之，則難干，又辟鼠耗。若蔓菁、罌粟油、紅花油，每一斤入桐油三兩。以鹽少許置燈盞中，亦可省油。以生薑擦盞邊，可不生滓暈。以蘇木煎燈芯，曬干炷油，可無烟。

書窗

讀書須用明窗净几，以油紙糊窗隔則明。

造油紙訣云：「五桐六麻不用煎，二十蓖麻去殼研。光粉黄丹各半七，桃枝攪用似神仙。」又「桐三麻四不須煎，十五蓖麻去殼研。定粉一份和合了，太陽一見便光鮮」。

收書

收藏書籍之法，當於未梅雨之前，曬取極燥，頓放書櫃中，以紙糊外門及周隅小縫，令不通風，即不蒸濕。古人藏書，多用芸香辟蠹，今之七里香是也。麝香收書櫃中亦辟蠹。一法用樟腦亦佳。

收畫

亦於未梅雨前曬晾令燥，緊卷入匣中，厚以紙糊匣縫，務令周密，過梅月方開，則無蒸濕之氣。蓋蒸濕自外而入故也。匣須用楸木、梓木或杉桼之類爲之，漆外以黑光裹面，以用漆也。

點書調朱法

銀朱不拘多少，入少許膽黄，用水研勻，以點抹揩擦不落爲度。多用膽則反黄矣，却勝於用膠并皂子膠調者遠矣，雖久亦不臭敗。一法用白芨水研朱，亦佳。肥皂子浸水次之。銀朱用四川心紅，杭州散研。金陵片朱最妙。四川井口砂，雖紅生砂，不佳；江西樟樹鎮朱，多雜以紅土，不好。

造雌黄墨法

用雌黄研細，以水飛過，澄清去水，用秦皮、梔子、皂角各一分，巴豆一粒去皮，廣東黄明牛膠半兩，同煎汁。和雌黄，作餅子陰干。

雌黄有二等，調漆者妙。

造朱墨法

藥汁如造雌黄墨法，此却用好銀朱。今蘇州府昆山縣。

藏墨法

用熟艾和墨收，遇梅月，藏用過石灰中，不蒸。佐常用爐灰收，最妙。凡墨厚者可以久藏，其薄者不耐風寒，故隨研隨破，雖久藏不動，亦不耐也。

曹昭《格古要論》卷一一《雜考上》

玉璽考　王佐

《通鑑綱目》：漢光武建武三年春正月，馮異大破赤眉，劉盆子降，得傳國璽綬。慈湖王幼學《集覽》云：璽，王者印也。綬，帶也，所以系璽。黄赤綬四彩，武都紫泥封，盛以青囊，白素裹，兩端無縫，尺一版，中約署。衛宏曰，秦以前以金銀爲方寸璽。秦始皇得楚和氏璧，乃以玉爲之，螭獸紐，在六璽之外。李斯書之，其文曰「受命於天，既壽永昌」。秦王子嬰以獻於漢高帝，謂之傳國璽。王莽篡逆，使安陽侯王舜迫王太后求之。太后怒罵而不與，舜言益切，後出璽投之地，璽因歸莽。莽敗，王憲得之。李松入長安，斬憲，取璽送上更始。更始降赤眉，樊崇等立劉盆子。盆子以璽綬奉上光武。至獻帝時，董卓作亂，掌璽者投諸井。富春孫堅入洛討卓，軍於城南，見井中有五色光，浚井得璽。袁術僭逆，乃拘堅妻奪之。時廣陵刺魚徐璆征詣京師，道爲術所劫。後術死，璆得璽還，以上獻帝於許昌，時建安四年己卯夏也。漢以禪魏文帝，魏以禪晉武帝。前趙主劉聰使劉曜入洛陽，執晉懷帝，取璽詣平陽獻聰。後爲後趙石勒所并，璽乃歸勒。勒（按當作後趙）爲魏冉閔（原誤作「閟」，今正）所滅，璽屬閔。閔敗，璽存其大將軍蔣干，求救於晉征西將軍謝尚。尚使其將戴施據枋頭，遂入鄴，助守，紿干得璽，以還建康，時東晉穆帝永和八年壬子也。

佐按，自璽寄於劉、石，凡五十五年，而晉復得之。是後宋、齊、梁相繼傳之。梁元帝承聖元年壬申夏四月，盜竊梁傳國璽，歸之北齊。蓋侯景得之。景死，其侍中趙思賢棄之草間，至廣陵以告郭元建，元建取以送鄴。後周并北齊而得之，隋文帝滅後周而得璽。唐滅隋，璽歸太宗。後梁朱温篡唐而得之。後唐莊宗平亂入洛而得璽，明宗嗣立，傳至從珂。後晉主石敬塘舉兵入洛陽，從珂携璽登玄武樓，自焚死。時清泰三年丙申十一月也。自是璽不知所在。契丹從後晉出帝求之，不可得，蓋璽之亡。後唐清泰丙申至宋太祖建隆元年庚申，凡二十五年，自宋建隆庚申至宋哲宗元符元年戊寅，又一百三十九年。而宋復得璽于咸陽。又自宋符元戊寅至宋欽宗靖康二年丁未，凡二十九年，而璽没入金虜。南宋一百五十一年，無璽明矣。元世祖平宋，凡十六年，亦不得璽。至至元三十一年甲午正月，始得璽於太師國王之孫拾得之妻脱脱真縈家。成宗即位，而元始得璽矣。成宗元貞元年乙未，至順帝至正月二十七年丁未，凡六十三年，而璽隨順帝北歸矣。

秦别有一璽，其文曰「受天之命，皇帝壽昌」。

或云隋煬帝蕭后，與孫政道并傳國璽，奔入突厥。唐太宗即位，自制一璽，其文曰「皇帝景命，有德者昌」。貞觀四年庚寅，蕭后與政道自突厥奉璽來歸，唐始得璽焉。

宋哲宗祥符元年戊寅正月，得秦玉璽於咸陽。咸陽縣民段義在於河南鄉到銀村修舍，得古玉印，有光照室，其文曰「受命於天，既壽永昌」。上之於朝。詔蔡京等辨驗，以爲秦璽，遂命曰「天授傳國受命寶」，夏五月受寶於大慶殿，赦六月改元元符。宋徽宗崇寧五年丙戌，冬十二月，得鎮國寶。有以玉印六寸龜紐獸者，其文曰「承天福，延萬億，永無極」。凡九字。詔名「鎮國寶」。明年，改元大觀。大觀二年戊子春正月壬子朔，受八寶於大慶殿。時得良玉工，帝命作六寶，曰「皇帝之寶」，曰「皇帝行寶」，曰「皇帝信寶」，曰「天子之寶」，曰「天子行寶」，曰「天子信寶」，以合秦制天子六璽之數，與「受命寶」、「鎮國寶」通曰八寶。

政和七年丁酉秋七月，作「定命寶」。重和元年戊戌正月受「定命寶」於大慶殿，赦。時得于闐大玉，踰二尺，色如截肪。帝命制爲寶。其文曰「範圍天地，幽贊神明，保合太和，萬壽無疆」。凡十六字，篆以魚蟲，制作之工，幾於秦璽，號曰「定命寶」。合前八爲九寶，詔以九寶爲稱。以「定命寶」爲首，且曰八寶者，國之神器。至於「定命寶」，乃我所自制也。

宣和四年壬寅春正月，遼主延禧殺其子晉王敖盧斡，遂走雲中，遣玉璽于桑乾河。

《通鑑》續篇注云：秦以藍田玉作傳國寶，六面螭紐，魚鳥篆文。漢王太后投之殿階，螭角微玷。至魏文帝曹丕得之，隸刻肩際曰「大魏受漢傳國之寶」，至石晉歸之遼。

欽宗靖康二年丁未夏四月庚申。金粘没喝退師，二帝及後宫北遷。凡八寶、九鼎、圭、璧等物，爲之一空。

元世祖至元二十一年甲午春正月八日，世祖崩，三十日，得傳國璽，進箋。御史中丞崔彧進傳國璽箋曰：「臣番直宿衛御史台通事闊闊術即衛告曰太師國王之孫，同知通政院事拾得。今既没矣，家計窘極，其妻脱脱真縈病，一子甫九歲，托以玉見貿，以供朝夕之給。及出，乃玉印也。及回家私視之，色青緑而玄，光彩射人。其方可黍尺四寸，厚及方三之不足。背紐盤螭，四厭方際。紐盡璽螭之上，取中道一横竅，可徑二分，舊貫以韋條。面有篆文八，刻畫捷徑，位置匀通，皆若蟲鳥魚龍之狀，别其仿佛，有若「命」字、若「壽」字者。心益驚駭。急詔監察御史楊桓至，辨其文曰：「受命於天，既壽永昌。」曰：「此傳國璽文也。」因直趨青宮，同詹事王慶端等進獻皇太妃徽仁裕聖皇后前。啓曰：「此古傳國璽也，秦以和氏璧所造，厥後有天下者寶之，以君萬國。然自前代失之久矣。今當宮車晚出，諸大臣僉議迎請皇太孫成宗龍飛之時，不求而見，此乃天示其瑞應也，宜早達於皇太孫行殿，以符靈貺。」翼日，賜收玉之家楮幣二千五百貫，或等及進辨寶者三人衣段各一，表裏紋金綺素有差。中書石丞相完澤率集賢翰林侍從諸臣入賀，命出寶璽，遍示羣臣。翰林學士董文用等前啓曰：「此誠神物，出當其時。若非皇太妃皇太孫聖感，何以臻此？」丞相以下台臣等次第上壽，自是内外稱慶，咸曰天命有歸云云。謹將寶璽之出處古今始末，詳據考證。按許慎《説文》，璽，玉者，印也，以守此土。故爲文从爾从土，其義蓋曰天付爾此器，俾寶之以守爾土也。至周太史《籀易》爲从爾从玉，義取天付爾此寶，以爲天下君也。三代以上，璽文無所考。考諸史籍，并《寶璽篆文圖説》曰：傳國璽，方四寸，其文飭如前。秦始皇得楚卞和之璞，命李斯篆其文，玉工孫壽刻之。《太平御覽》又以爲藍田玉所刻。子嬰奉璽以降沛公。高祖即位，因世傳之，謂爲傳國璽。（云云，此下見前）宋、齊、梁、陳相傳以至於隋，滅陳而得璽。蕭后與太子正道，并傳國璽，并入於突厥。唐太宗即位，寶璽未獲，乃自刻玉曰：「皇帝景命，有德者昌。」貞觀四年，蕭后與正道自突厥奉璽歸於唐，太宗始得璽焉。朱温篡唐，璽入於温。莊宗定亂，璽入後唐。明宗嗣立，再傳養子從珂，是爲廢帝。石氏篡立，從珂自焚死，是璽不知所在。至宋哲宗，咸陽民段義獻玉璽，及徽宗爲金所虜，凡有寶璽，金皆取之。内璽一十有四，青玉傳國璽一，其色與金所獻玉璽相同，則知宋之南遷二百年，無此寶璽也明矣。然自金既取於宋之後，寶璽出處得失，亦未見有明説。以及我元，適集皇太孫寶所歸之際，應期而出。臣職總御史，親會盛事，不可以不録。又圖中别有一璽，其文亦八。旁注曰：「此傳國璽背文也。」今見寶璽之背，皆刻螭形，盤屈凸凹不齊。遍壓四際，無地可置此文。又按《太平御覽》：晉泰光十九年，雍州刺史郗恢表，慕容永稱藩，奉璽方六寸，厚七分，蟠螭爲鼻，今高四寸六分，四邊龜文。有字曰：「受天之命，皇帝壽昌。」原其所由，未詳其始。以斯言之，當别是秦一璽，非今傳國璽也。此又不可不辨。臣彧誠惶誠恐，頓首稽首，謹奉箋上進以聞，伏希聽覽，臣彧不勝瞻望之至。謹言。」（此文乃楊桓所撰）

皇太妃，即徽仁裕聖皇后，太孫之母也。

皇太子，名鐵木耳，太子真金之子，世祖之嫡孫，是爲成宗。

楊桓，字武子，兖州人，幼警悟，博覽羣籍，精篆籀之學。由儒學教授任監察御史秘書少監，官至國子司業以卒。

闊闊木拓跋氏，任御史台通事，成宗即位，近臣以璽事聞，授漢中道廉訪司僉事，官至湖廣廉訪使以卒。

拾得禮剌氏，國王速渾察之子，太師國王某之孫，任同知通政院事。

崔彧，字某，任御史中丞、御史大夫。完澤，元賢相。

以上俱見宋薛尚功所編《歷代鐘鼎彝器款識法帖碑本》第十八卷内。璽文模勒於前，以備博古者之一覽云。

【略】

天順三年春正月××日，王佐記。

金書鐵券考　王佐

漢高帝平定天下，即剖符封功臣。上者王，次者侯，及赦淮陰侯。十二年，又大封功臣百四十有三人爲侯。大侯不過萬家，小侯五六百户。於是申以丹書之信，重以白馬之盟，始作鐵券，其内鏤字，以金涂之，故名曰金書鐵契。其封爵之誓有曰：「使黄河如帶，泰山若礪，國以永存，爰及苗裔，作金匱石室，藏之宗廟。」又作元功十八侯位次（見《高帝紀》及《功臣表》首）。歷代因之，以賜功臣。

送錢允一還天台序　宋濂

皇帝即位之二年，秋八月，大將軍帥師取燕都，西北州郡，次第皆平，而天下歸於一統。越明年之冬，上將親御衮冕，郊祀天地，大告武成，復念開國諸臣勞烈之多，錫以鐵券，以申河山帶礪之誓。前一月，下禮官議其制度，近臣奏言：「唐和陵時，嘗有賜於錢武肅王鏐，其十五世孫尚德實寶藏之。」上遣使者即其家訪焉。尚德奉詔，櫝券及五王遺像上之。上御外朝，與丞相宣國功臣善長、禮部尚書臣亮、主事臣肅觀之，皇情悦豫，敕省臣宴，尚德於儀曹，恩意有加焉。已而尚德東歸，陛辭之日，命還其券與像，以禮敦遣之。予時待罪禁林，尚德以予知其事，請序其故而系之以詩。夫錢氏寶有此券也五百載。宋淳化中，杭州守臣嘗連玉册進之。元豐五年，又進之。宋季兵亂，券沉官渭水中者五十六年。元至順二年，漁人獲之，而售於尚德之父世珪。迄今有道之朝，而尚德又進之。是嘗三登天子之庭，其間或顯或晦，雖若類靈物呵護之，亦其孫子之多賢，始能保守而弗墜也。尚德，字允一，天台人。

唐昭宗封錢鏐爲彭城郡王，賜金書鐵券。

後唐莊宗封錢鏐爲吴越王，賜玉册金印。

唐昭宗賜吴越武肅王錢鏐鐵券考　王佐

其券如瓦，高尺餘，闊二尺許。券辭用黄金商嵌，一角有斧痕。誥詞云：

維乾寧四年，歲次丁巳，八月甲辰朔，四日丁未，皇帝若曰：「咨爾鎮海鎮東等軍節度使，浙江東西等道觀察，處置營田招討等使，兼兩浙鹽鐵制置發運等使，開府儀同三司，檢校，太尉，兼中書令，使持節閩、越等州諸軍事，兼閩、越等州刺史，上柱國，彭城郡王，食邑五千户，食實封一百户錢鏐，朕聞銘鄧騭之勛，言垂漢典；載孔悝之德，事美魯經。則知褒德策勛，古今一致。頃者董昌僭僞，東昏鏡水，在謀惡貫，深染齊人。而爾披攘凶渠，蕩定海表，忠以衛社稷，惠以福生靈。其機也氛浸清，其化也疲羸泰。拯甌越於涂炭之上，師無私焉；保余杭於金湯之間，政有經焉。志奬王室，績冠侯藩，溢於旗常，流在丹素。雖鍾繇刊五熟之釜，竇憲勒燕然之山，未足顯功，抑有異數。是用錫其金版，申以誓辭。長使黄河有似帶之期，泰山有如礪之日，唯我念功之旨，永將延祚子孫，使卿長襲寵榮，克保富貴。卿恕九死，子孫三死，或犯常刑，有司不得加責。承我信誓，往惟欽哉！宣付史館，頒示天下。」

羅隱代錢鏐作謝恩表

恩主賜臣金書鐵券一道，恕臣九死，子孫三死者，出於睿眷，形此論言。録臣以絲髮之勞，賜臣以山河之誓。鐫金作字，指日成文，震動神祇，驚起肝膽。伏念臣微從筮仕，殆及秉旄，每自揣量，是何叨忝？所以行如履薄，動若持盈，惟憂福過禍生，敢忘慎初護末。豈期此志？上感宸聰，憂臣以處極多危，慮臣以防微不至。遂開聖澤，永保私門，屈以常刑，宥其必死。雖君親囑念，皆云必恕必容，而臣子爲心，豈敢傷慈傷愛？謹當日慎一日，戒子戒孫，不敢因此而累恩，不敢乘此而賈禍。聖主萬歲，愚臣一心。

申時行等《明會典》卷一八二《工部二·營造二·儀仗一》　洪武二十六年定：凡製造皇帝、皇太子、親王、鹵簿車駕等項儀仗及修理者，除金銀器皿，於內府成造，其餘器仗照數行下軍器等局委官督工計料，依式修造完備，進赴鑾駕房收貯供用。

軍器局造：戟、矟、節、角、鑼、刀盾、弓箭、小鼓、杖鼓、掆鼓、金鉦、骨朵、夾矟、樂人大鼓。

營繕所造：清道御杖、交椅坯、脚踏坯、馬杌、頭管、戲竹、龍笛、笛、板。

鍼工局造：金鼓旗、白澤旗、令旗、紅麯蓋、紫方傘、紅方傘、傳教旛、告止旛、絳引旛、紅團扇、青團扇、紅方扇、紅繡傘、紅銷金傘、儀鍠氅、戈氅、戟氅、信旛、幢、麾。

寶源局造：香爐、香盒、交椅、脚踏、銀盆、水罐。

鞍轡局造：拂子、鞍籠、誕馬錦韉。

巾帽局造：立瓜、卧瓜、□杖、響節、儀刀、吾杖、班劍、幢竿、殳叉、斧。

大駕鹵簿洪武初定

肅旗一面，黄質，上闊七尺二寸，下三尺二寸，黑肅字。硃漆攢竹竿，長八尺二寸，下有鐵鐏。

靖旗一面，與肅旗制同，但用「靖」字。

金鼓旗一對，黄質，連腰闊一丈二尺五寸，下七尺，紅金鼓二字。硃漆攢竹竿，貼金木鎗頭，通長一丈四尺九寸，內鎗頭長一尺五寸八分，上飾紅纓，下有鐵鐏。

金龍畫角二十四枝，木質，黑漆戧金爲飾。上節寶相花，中節纏身罩龍雲文，下節八寶雙海馬。

鼓四十八面，木匡加紅油，冒以革，面徑一尺七寸。匡畫寶相花，面畫雙獅綵毬。

金四面，以銅爲之，徑一尺七寸。

金鉦四面，銅質竹匡，用紅緶繫鉦于匡，鉦徑九寸五分。

杖鼓四箇，木匡，細腰，匡兩頭，加黑漆戧金雲龍文。鐵圈二，皆冒以革，附于匡，聯以紅絨緶，加銅龍頭鈎子，以青絨匾絲懸之。

第四管，截竹爲之，六竅，長一尺六寸。

板四串，鐵力木板各六，貫以青絲組，各長一尺一寸，上闊一寸九分，下闊二寸五分。

白澤旗二面，一面紅質，上下并各邊加黄襴赤火燄，間綵脚。傍竿加紅腰，綵織白澤飛狀及雲文。旗上旁，有素額，織「白澤」二青字。旗身，黄襴火燄，長六尺六寸，闊二尺九寸。脚長五尺，揭以硃漆攢竹竿。貼金木鎗頭通長一丈三尺六寸九分，内鎗頭長一尺三寸五分，飾以紅纓。攢用鐵，一面青質，但白澤爲走狀。餘同前制。後凡繡旗、襴脚、腰額，并字色竿、纓攢制皆同，惟黄旗、北斗旗稍異。

門旗四對，紅質，中織金爲門字，餘同白澤制。

黄旗四十面，黄質，上闊八尺下四尺。硃漆攢竹竿，貼金木鎗頭，共長一丈一尺三寸五分，内鎗頭，長一尺三寸五分，上飾紅纓，下有鐵攢。

金龍旗十二面，織金雲龍文，額織「龍旗」二字。自此至雨旗皆青質。

日旗一面，織爲日紅色及「日」字。

月旗一面，織爲月白色及「月」字。

風旗一面，織箕星四及「風」字。

雲旗一面，織五色雲文及「雲」字。

雷旗一面，織雷文五及「雷」字。自此至北斗旗，星宿皆金織。

雨旗一面，織畢星八，附耳一星在旁及「雨」字，白月。

木星旗一面，青質，織木星一及「木」字。

火星旗一面，赤質，織火星一及「火」字。

土星旗一面，黄質，織土星一及「土」字。

金星旗一面，白質，織金星一及「金」字。

水星旗一面，黑質，織水星一及「水」字。

角宿旗一面，織角宿二及「角」字。自此至軫宿旗皆青質。

亢宿旗一面，織亢宿四及「亢」字。

氐宿旗一面，織氐宿四及「氐」字。

房宿旗一面，織房宿四，鈎連二小星在旁及「房」字。

心宿旗一面，織心宿三及「心」字。

尾宿旗一面，織尾宿九，神宫小星一及「尾」字。

箕宿旗一面，織箕宿四及「箕」字。

斗宿旗一面，織斗宿六及「斗」字。

牛宿旗一面，織牛宿六及「牛」字。

女宿旗一面，織女宿四及「女」字。

虚宿旗一面，織虚宿二及「虚」字。

危宿旗一面，織危宿三及「危」字，墳墓四星在下。

室宿旗一面，織室宿二及「室」字，離宫六星在旁。

壁宿旗一面，織壁宿二及「壁」字。

奎宿旗一面，織奎宿十六及「奎」字。

婁宿旗一面，織婁宿三及「婁」字。

胃宿旗一面，織胃宿三及「胃」字。

昴宿旗一面，織昴宿七及「昴」字。

畢宿旗一面，織畢宿八及「畢」字，附耳一星在旁。

觜宿旗一面，織觜宿三及「觜」字。

參宿旗一面，織參宿七及「參」字，玉井四，小星在左足下，伐三星在内。

井宿旗一面，織井宿八及「井」字，鉞一星在旁。

鬼宿旗一面，織鬼宿四及積屍氣一并「鬼」字。

柳宿旗一面，織柳宿八及「柳」字。

星宿旗一面，織星宿七及「星」字。

張宿旗一面，織張宿六及「張」字。

翼宿旗一面，織翼宿二十二及「翼」字。

軫宿旗一面，織軫宿四及「軫」字，長沙一星在中左右，轄二星在旁。

北斗旗一面，黑質，三邊黄襴黑腰，火燄間綵脚，織北斗星七及「北斗」二字，輔星一，在旁。

東嶽旗一面，青質，織綵爲山形，及「東嶽」二字，自此至熊旗山水及諸形皆綵織。

南嶽旗一面，赤質，織山形及「南嶽」二字。

中嶽旗一面，黄質，織山形及「中嶽」二字。

西嶽旗一面，白質，織山形及「西嶽」二字。

北嶽旗一面，黑質，織山形及「北嶽」二字。

江旗一面，赤質，織水文及「江」字。

河旗一面，白質，織水文及「河」字。

淮旗一面，青質，織水文及「淮」字。

濟旗一面，黑質，織水文及「濟」字。

青龍旗一面，青質，織青龍形雲文及「青龍」二字。

白虎旗一面，白質，織白虎形雲文及「白虎」二字。

朱雀旗一面，赤質，織朱雀形雲文及「朱雀」二字。

玄武旗一面，黑質，織龜蛇形雲水文及「玄武」二字。

天鹿旗一面，赤質，織天鹿形雲文及「天鹿」二字。

天馬旗一面，赤質，織天馬形雲文及「天馬」二字。

鸞旗一面，赤質，織鸞形雲文及「鸞」字。

麟旗一面，赤質，織麟形雲文及「麟」字。

熊旗一面，赤質，織熊形雲文及「熊」字。

羆旗一面，赤質，織羆形雲文及「羆」字。

紅纛一對，硃漆攢竹竿，貼金木鎗頭。共長一丈三尺九寸，內鎗頭長一尺六寸，徑一寸四分，用犛牛尾染紅。簇爲纛，上施抹金銀寶，蓋周圍瓷珠絡，建于竿，下有鐵纘。

皂纛一把，與紅纛制同，但用黑犛牛尾，抹金銅寶蓋。

紅節一對，硃漆攢竹竿，抹金銀寶珠頭，用犛牛尾染紅。簇成如圓斗大，凡四層，每層上施抹金銀頂，周圍綴瓷珠絡建于竿，下有鐵纘，竿長同紅纛。

小銅角二箇，長三尺八寸，加漆貼金。

大銅角二箇，長三尺六寸一分，加漆貼金。

纓頭一箇，硃漆攢竹竿貼金木鎗頭，用犛牛尾染紅。簇圓上施抹金銀頂，建于竿，下有鐵纘。共長一丈一尺四寸九分，內鎗頭一尺九寸五分。

豹尾一箇，硃漆攢竹竿，貼金銅龍頭。共長一丈三尺四寸九分，內龍頭長一尺一寸八分，下銜抹金銅頂藍斜皮雲蓋，垂貼金銅鈴十二箇，周圍瓷珠串懸紅、黄、緑三色鬚頭，中垂大豹尾，長五尺，竿下有銅束。

凡麾幢、旛節等，挑竿銅龍頭，俱以鐵爲鉤。

弓矢一百副，弓用竹爲體，木爲拓靶并稍置黑角于梢末。又用角爲面，牛筋鋪背，四節纏以絲加黑漆面硃漆，背用黄蠟絞絲爲絃。矢用竹爲榦，木爲扣，加鐵箭頭，柳葉形，兩頭俱用牛筋并絲纏之，加硃漆，近扣處，加鴈羽。橐二，用黑斜皮爲之。

御杖六十根，硃漆攢竹杖，銅裹兩頭，長四尺九寸。

誕馬二十四匹，紅轡黄韁，上施錦韉。

領頭六對，硃漆攢竹杖，銅裹兩頭，長四尺九寸。

黄麾一對，硃漆攢竹竿，貼金銅龍頭。共長一丈二尺五寸，內龍頭鈎一尺銜抹金銅圈，懸抹金銅頂。四角紅羅寶蓋，高七寸五分，圍二尺七寸五分。蓋四角加抹金銅龍頭四箇，懸絨線繫抹金銅佩一十六件，間銅鈴三十六箇。寶蓋下，周以緑羅腰黄羅三簷銷金雲龍文。中垂大紅羅旛，長六尺三寸，闊五寸五分。旛上節綵繡荷葉蓋蓮花座，其中青羅額金書「黄麾」二字。中節描金雙升龍，下節描金雲日文，旛下綴五色横板。

絳引旛五對，制同黄麾，但用五色羅爲旛，不加金繡，三簷用紫無額并字。

傳教旛五對，制同黄麾，但額用黄羅繡青「傳教」二字，中描金升降雲龍，無下節雲日。三簷用緑龍頭，銜銅佩四件，銅鈴三十二箇，其銅佩銅鈴，俱抹金，後同。

告止旛五對，制同黄麾，但額用黄羅，繡青「告止」二字，描金升降鸞鳳雲文。三簷，用青銅佩銅鈴，如傳教之數。

信旛五對，制同黄麾，但額用黄羅，繡青「信」字，描金升降雙雲龍。及銅佩銅鈴之數，與傳教同，但三簷用黄。

龍頭竿五對，硃漆攢竹竿，貼金木龍頭。共長一丈二尺五寸，內龍頭長二尺五分。銜抹金銅圈，懸抹金銅頂五角，紅羅寶蓋，高七寸五分，圍二尺七寸五分。寶蓋五角，加抹金銅龍頭，五箇絨線繫抹金銅佩十件，綴以銅鈴十五箇。寶蓋下，周以紫羅腰紅羅。三簷飾雲龍香草文，中垂青羅帶玉。縫成旛，長六尺三寸，闊五寸五分。每帶上描銀，下描金，皆香草文，中描金孔雀形，下綴銅鈴五箇。

豹尾二對，硃漆攢竹竿，貼金銅龍頭。共長一丈二尺五寸，內龍頭鈎長一尺。下銜抹金銅頂，藍斜皮寶蓋，周圍帶銅鈴八箇，中垂豹尾，長四尺五寸。

儀鍠氅十對，硃漆攢竹竿，貼金竿頭。共長一丈二尺五寸五分，內竿頭長一尺三寸五分。帶抹金銅索圈，并頂縫五色羅爲氅懸之，長六尺三寸，闊五寸五分。氅下綴銅鈴五箇。

戈氅十對，硃漆攢竹竿，貼金木龍頭承戈。共長一丈二尺五寸，內龍頭長一尺六寸二分。繫木板，粉塗之，畫升降雙鳥綴五色。羅氅長六尺三寸，闊五寸五分。末綴銅鈴五箇。

戟氅十對，與戈氅制同，但貼金木龍頭承戟，長一尺七寸五分。

單戟三對，硃漆攢竹竿，貼金龍戟頭。共長八尺三寸九分，內戟頭，長一尺九寸。

龍戟三對，制同單戟，但戟枝有龍頭。

班劍三對，刻木爲劍。其上有靶，靶下有龍頭銜劍，皆貼金爲飾，垂紅絲帉鎝。

吾杖三對，硃漆攢竹爲杖。長六尺九寸五分，兩頭貼金爲飾。杖，或以木爲之。

立瓜三對，硃漆攢竹竿，刻木爲瓜立置于上，承以龍頭。共長六尺九寸，內瓜及龍頭長一尺四寸，貼金飾。

卧瓜三對，制同立瓜，但以瓜卧置，其上承以龍頭。瓜及龍頭，長一尺二寸五分。

儀刀三對，刻木爲刀。鞘及靶貼銀爲地，貼金龍文爲飾，垂紅絲帉鎝。

鐙杖三對，硃漆攢竹竿，刻木爲馬鐙。承以龍頭貼金飾置于竿首。共長六尺九寸，內鐙頭長一尺六寸。

金鉞三對，硃漆攢竹竿，刻木爲斧形。承以龍頭貼金飾，置于竿首。共長六尺九寸，內鉞頭長一尺六寸五分。

骨朵三對，硃漆攢竹竿，刻木爲骨朵。承以龍頭貼金飾，置于竿首。共長六尺九寸，內骨朵頭長一尺六寸。

羽葆幢五對，硃漆攢竹竿，貼金銅龍頭。共長一丈二尺五寸五分，內龍頭鈎長一尺。銜抹金銅圈加白羽銅頂，緑羅寶蓋，下以紅絲圓縧貫紅纓簇圓，凡五層，每層上施抹金銅頂，藍斜皮雲蓋，懸銅鈴。

青龍幢一把，制同羽葆幢，但頂無白羽，有青紗衣籠之衣。長七尺五寸，闊一尺二寸，金繡青龍雲文。

白虎幢一把，制同青龍幢，但用白紗衣籠，金繡白虎雲文。

朱雀幢一把，制同青龍幢，但用紅紗衣籠，金繡朱雀雲文。

玄武幢一把，制同青龍幢，但用皂紗衣籠，金繡龜蛇雲文。

響節十二對，貼金攢竹竿，并鐵條。共長一丈二寸五分，內鐵條至頂長一尺二寸五分。貫天下太平錢六，鐵錢六頂，并下盤皆木質貼金飾。攀頂，用絨線四條，黃羅爲衣籠之，銷金升龍文。

金節三對，硃漆攢竹竿，貼金銅龍頭。共長一丈二尺五寸五分，內龍頭鈎一尺。銜抹金銅圈，并銅頂緑羅寶蓋，以紅絲圓縧貫紅纓，凡八層，每層上施抹金小銅頂藍斜皮雲蓋，懸銅鈴，黃紗，爲衣籠之。衣長七尺五寸，闊一尺二寸，繡升龍四。

方天戟十六對，硃漆攢竹竿，其上以木爲戟，承以龍頭，貼金飾。共長一丈二尺五寸五分，戟及龍頭長二尺五分。

紫方傘四把，傘骨面闊并頂五尺五寸，柄及貼金葫蘆頭，共長一丈一尺五寸九分，冒以紫羅垂三簷。凡傘柄俱用竹，加紅油，間纏以藤，惟曲柄傘硃紅漆攢竹爲之。

紅方傘四把，制同紫方傘。

紅曲柄繡傘四把，傘骨而闊并頂，四尺二寸五分。柄及貼金葫蘆頭，共長一丈一尺二寸九分。冒以紅羅，繡綬雲垂三簷，上簷雲龍，下二簷瑞草文。當曲柄處用鐵心，貼金龍頭承傘。

紅直柄華蓋繡傘四把，傘骨面闊并頂，四尺七寸五分。柄及貼金葫蘆頭，共長一丈一尺二寸九分，冒以紅羅垂三簷，皆繡雲花文。

黃直柄繡傘四把，傘骨面闊并頂四尺二寸五分。柄及貼金葫蘆頭，共長一丈一尺二寸九分，冒以紅羅，繡綵雲文垂三簷雲龍文。

紅直柄繡傘四把，冒以紅羅，繡綵雲文垂三簷瑞草文，餘同黃直柄繡傘。

黃曲柄繡傘二把，抹金銀鈴全。傘骨面闊并頂五尺一寸五分，柄及貼金葫蘆頭，共長一丈二尺一寸九分。冒以黃羅，繡綵雲文，垂三簷雲龍文。當曲柄處，用鐵心，貼金龍頭承傘。

青銷金傘三把，傘骨面闊并頂五尺一寸五分，柄及貼金葫蘆頭，共長一丈二尺一寸九分。冒以青羅銷金雲文，垂三簷雲龍香草文。

紅銷金傘三把，冒以紅羅，垂三簷，餘同青銷金傘。

黃銷金傘三把，冒以黃羅，垂三簷，餘同青銷金傘。

白銷金傘三把，冒以白羅，垂三簷，餘同青銷金傘。

黑銷金傘三把，冒以黑羅，垂三簷，餘同青銷金傘。

黃油絹銷金雨傘一把，傘骨面闊并頂七尺八寸，柄及貼金葫蘆，共長九尺二寸九分。面銷金寶硃龍文，邊如意龍文。

紅繡花扇十二把，扇及柄，共高一丈一尺二寸，內扇圓徑三尺三寸五分。面背風衣，俱用大紅羅，面繡四季花，背銷金龍團花文。柄用攢竹加硃漆。

紅繡雉方扇十二把，扇及柄，共高一丈一尺二寸，內扇連黑漆板，高三尺五寸二分，板高五寸，扇下闊二尺四寸五分，中闊二尺六寸五分。大紅羅面，繡鸞鳳花文，青羅背，銷金寶珠花。而風衣，白羅繡雉尾邊，背風衣，青素羅。板戧金雲文。扇柄，用攢竹加黑漆。

紅單龍扇一十把，扇及柄，共高一丈一尺二寸，内扇圓徑三尺三寸九分。面背皆大紅羅，面繡單龍雲文，背銷金龍團花文。

黄單龍扇一十把，扇及柄，共高一丈一尺二寸，内扇圓徑三尺三寸五分。面背皆黄羅，面繡單雲龍文，背銷金龍團花文。

紅雙龍扇二十把，扇及柄，共高一丈一尺二寸，内扇圓徑三尺三寸九分。面背皆大紅羅，面繡雙龍雲文，背銷金龍團花文。

黄雙龍扇二十把，扇及柄，共高一丈一尺二寸，内扇圓徑三尺三寸五分。面背皆黄羅，面繡雙龍雲文，背銷金龍團花文。

紅素扇二十把，扇及柄，共高九尺六寸，内扇圓徑三尺四寸。面背皆紅羅。

黄素扇二十把，扇及柄，共高九尺六寸，内扇圓徑三尺四寸。面背皆黄羅。

黄羅銷金九龍傘一把，與前黄銷金傘制同。

壽扇二把，與前黄羅雙龍扇制同。

黄羅曲柄繡九龍傘一把，與前黄曲柄傘制同。常朝用。

鳴鞭四條，以黄絲爲鞭。梢漬以蠟，柄用龍頭，木質貼金爲飾。

金馬杌一箇，木質金葉裹，金釘裝釘鈒盤龍雲文。

金交椅一把，木質金葉裹，金釘裝釘，椅中鈒花升龍雲文。穿以黄絲匾縧，四垂黄絲帉錔，黄鐵金紵絲褡樘。

金脚踏一箇，木質金葉裹，金釘裝釘，鈒方勝花文，黄織金紵絲踏褥。

金水盆一箇，黄金爲盆。中鈒盤龍雲文，邊鈒香草文。西洋布手巾一條。

金水罐一箇，黄金爲之。有蓋有提，小口巨腹純素質，不加飾。

金香爐一箇，黄金爲之。有蓋有繫，兩耳，三足，爐鈒雲龍文。以硃漆竿舉之，竿首，抹金銅龍頭，其下龍尾。

金香盒一箇，黄金爲之。蓋鈒龍文，邊鈒香草文。

金唾盂一箇，黄金爲之。形圓如缶，蓋僅掩口，下有盤鈒龍文。洪武間停造。

金唾壺一箇，黄金爲之。小口，巨腹。有蓋，鈒龍文。洪武間停造。

拂子四把，以紅絲拂爲心，上以素氂牛尾籠之。抹金銅龍首，硃漆木柄，戧金雲龍花文，垂黄絲帉錔。今拂用馬尾，心用紅纓。

紅紗燈籠六對，紅油竹燈骨，銅燭盤，外以紅紗蒙之。硃漆竿，竿首，貼金龍頭，其下龍尾，竿頭帶黄熟銅鈎，垂玉色紗罩之。

紅油紙燈籠三對，紅油燭骨，下有燭盤木座，以竹絲編爲籠，加紅油紙。竿同紅紗燈。

魫燈三對，制同紅紅燈，但用魫爲之，鐵爲燈骨。

仗馬六匹，紅鞦轡，上施鞍韉，頷下，垂緑蓋紅纓飾瓷珠絡。

鍍金銅玲瓏香爐一箇，制同金香爐。

寶匣一座，木質，硃紅漆。匣蓋頂并四面，戧金雲龍文，座戧金仰覆蓮花并香草文。

硃紅漆馬杌子四箇。

鞍籠二，皮質，硃紅油飾。描金升降龍文，邊描香草，上施抹金銅蓋，頂飾紅纓。又平頂鞍籠一，制同，惟無銅蓋紅纓。

黄帳房一座，用黄木綿布。帳并幃幕，上施獸吻硃紅漆柱并杖竿，竿首綵粧蹲獅。頂用氈。

大輅一乘，高一丈三尺九寸五分，闊八尺二寸五分。

輅上平盤，前後車檽并鴈翅及四垂如意滴珠板。其下轅二條，皆硃紅漆，各長二丈二尺九寸五分。鍍金銅龍頭、龍尾，龍鱗葉片裝釘。前施硃紅油象褡攀皮一條。平盤下，方箱四面，硃紅漆匡，各十有二槅，内飾緑地描金，繪獸六：麟、獅、犀、象、天馬、天鹿，禽六：鸞、鳳、孔雀、朱雀、雉、鶴。盤左右，下有護泥板，及車輪二。貫軸一。每輪輻十有八條，周圍輞全，皆硃紅漆，抹金銅鈒花葉片裝釘。輪内車心各一，用抹金銅鈒蓮花瓣，輪盤裝釘。軸首左右，各用漆貼金。減鐵龍頭，插拴一箇，以抹金銅鈒龍頂管心裝釘，軸中纏黄絨駕轅等索，面至地四尺一寸五分。

輅亭高六尺七寸九分。四柱，長五尺八寸四分。檻座，高九寸五分，皆硃紅漆。前二柱，戧金，柱首寶相花，中雲龍文，下龜文錦。門高五尺一寸九分，闊二尺四寸九分，左右門，各闊一尺二寸五分。其上四周粧雕木沉香色，描金香草板十二片。前并左右各硃紅漆槅二扇，明栿全，以抹金銅鈒花葉片裝釘，槅編黄線縧穿。後硃紅漆屏風上，雕沉香色描金雲龍五，上硃紅漆板戧金雲龍一，屏後俱沉香色地。上四槅，雕描金雲龍四，其次雲板如其數。下三槅，雕描金雲龍三，其次雲板亦如之，俱抹金銅鈒花葉片裝釘。亭内編黄線縧，穿硃紅漆匡。軟座黃絨墜座大索四條，座下，蓮花墜石，軟座上施花毯大紅錦褥并席。硃紅漆坐椅一座，其上靠背，雕以沉香色描金雲龍一，下雕雲板一片，硃紅漆福壽板一，并褥。椅中，黃織金綺靠坐褥。四圍椅裙全，周圍施黃綺幃幔。或用黃線羅。亭外用青綺緣邊硃紅簾一十扇，各用拽簾黃線圓縧二條，黃銅圈全。

輅頂并圓盤，高三尺一分。又鍍金銅蹲龍頂，帶仰覆蓮座高一尺二寸九分，垂攀頂黃線圓縧四條。盤高一寸九分，上以硃紅漆，其下，外四而沉香色地描金雲，內四角青地繪五彩雲。以青飾輅蓋，亭內周圍，貼金斗拱承硃紅漆匡。寶蓋鬪以八頂，冒以黃綺，謂之黃屋。頂心并周圍，繡五綵雲龍九。

天輪三層，皆硃紅漆上安雕木貼金邊。耀葉板八十一片，內綠地雕木，貼金雲龍文三層，間繪五彩雲襯板，八十一片。盤下周圍，黃銅釘裝。上施黃綺瀝水三層，每層八十一摺，間繡五彩雲龍文。四角垂青綺絡帶四條，各繡五彩雲升龍三。圓盤四角連輅，坐板用攀頂黃線圓縧四條，并貼金木魚。

輅亭前，有左右轉角闌干二扇。後，一字帶左右轉角闌干一扇。皆硃紅漆，內嵌雕木貼金龍，間以五彩雲。三扇計一十二柱，各柱首，雕木貼金蹲龍一，及線金五彩粧蓮花抱柱。闌干內四周，布花毯。

太常旗二面，在輅亭後左右。用黃線羅夾爲旗，每面十有二斿，每斿內外繡升龍一。硃紅漆攢竹旗竿二，左竿旗腰繡日、月、北斗，竿首用鍍金銅龍頭。右竿旗腰繡「黻」字，竿首用鍍金銅戟。每竿綴抹金銅鈴二，垂紅纓十有二，纓上施抹金銅寶蓋，下垂青線帉錔。

踏梯一，硃紅漆以抹金銅鈒花葉片裝釘。

行馬架二，硃紅漆其上，黃絨匾縧用抹金銅葉片裝釘，鐵搭鈎全。

黃絹幰衣，即遮塵油絹雨衣并青氈衣各一座。

硃紅油合扇梯一幅，硃紅油拓叉一件。

抹金銅寶瓶并象鞍鞦轡氈籠各二幅。

玉輅一乘，高一丈三尺九寸五分，闊八尺二寸五分。

輅上平盤前後，車檽並雁翅及四垂如意滴珠板。其下轅二條，皆硃紅漆，各長二丈二尺九寸五分。鍍金銅龍頭，龍尾龍鱗葉片裝釘。前施硃紅油象搭攀皮一條。平盤左右，下護泥板及車輪二，貫軸一。每輪輻十有八條，皆硃紅漆，周圍輞全，各以抹金銅鈒花葉片裝釘。輪內車心各一，同抹金銅及蓮花瓣，輪盤裝釘。軸首左右，各用漆貼金，減鐵龍頭插拴一箇，以抹金銅鈒龍頂管心裝釘。軸中纏黃絨駕轅等索，面至地四尺一寸五分。

輅亭，高六尺七寸九分。硃紅漆四柱各長五尺八寸四分，前二柱有搏換貼金升龍檻座，高九寸五分。門高五尺一寸九分，闊二尺四寸九分，左右門闊二尺二寸五分。其上四周粧雕木沉香色，描金香草板十二片。前并左右，各硃紅漆槅二扇，明栿全，俱以抹金銅鈒花葉片裝釘。槅編黃線縧穿後。硃紅漆屏風上雕沉香色描金雲龍五。屏後下三槅，雕木沉香色描金雲龍三，下雕雲板，如其數，俱抹金銅鈒花葉片裝釘。亭內編黃線縧，穿硃紅漆匡，軟座黃絨垂座大索四條。座下蓮花墜石，軟座上施花毯，大紅錦褥并席。硃紅漆坐椅一座，其上靠背雕以沉香色描金雲龍一。下雕雲板一片，硃紅漆福壽板一，并褥。椅中，黃織金綺靠坐褥。四圍椅裙全，周圍施黃綺幃幔。或用黃線羅。亭外青綺緣邊硃紅簾一十扇，各用拽簾黃線圓縧二條，黃銅圈全。

輅頂并圓盤，高三尺一分。又鍍金銅蹲龍頂，帶仰覆蓮座，高一尺二寸九分。乘攀頂黃線圓縧四條。盤一寸九分，上以硃紅漆，其下外四面沉香色地描金雲，內四角，青地繪五彩雲。以青飾輅蓋，亭內周圍，貼金斗拱承硃紅漆匡。寶蓋鬪以八頂，冒以黃綺，謂之黃屋。頂心并周圍，繡五彩雲龍九。

天輪三層，皆硃紅漆，上安雕木貼金邊耀葉板八十一片。內青地雕木，飾玉色雲龍文。三層，間繪五彩雲，襯板八十一片。盤下周圍，黃銅釘裝。上施黃綺瀝水三層，每層八十一摺，間繡五彩雲龍文。四角，垂青綺絡帶四條，各繡五彩雲升龍二。圓盤四角，連輅座板，用黃線攀縧四條，并貼金木魚。

輅亭前，有左右轉角闌干二扇。後，一字帶左右轉角闌干一扇。皆硃紅漆，內嵌雕木貼金龍，間以五彩雲。三扇，計一十二柱，各柱首雕木貼金蹲龍一，及線金五彩粧蓮花抱柱。闌干內四周，布花毯。

太常旗二面，在輅亭後左右。用黃線羅夾爲旗，每面十有二斿，每斿內外繡升龍一。硃紅漆攢竹旗竿二，左竿旗腰繡日、月、北斗，竿首用鍍金銅龍頭。右竿旗腰繡「黻」字，竿首用鍍金銅戟。每竿綴抹金銅鈴二，垂紅纓十有二，纓上施抹金銅寶蓋，下垂青線帉錔。

踏梯一，硃紅漆，以抹金銅鈒花葉片裝釘。

行馬架二，硃紅漆，其上黃絨匾縧，用抹金銅葉片裝釘。鐵搭鈎全。

黃羅幰衣，即遮塵，油絹雨衣并青氈衣各一座。

硃紅油合扇梯一副，硃紅油拓叉一件。

抹金銅寶瓶，并象鞍鞦轡氈籠各二副。

大馬輦一乘，高一丈二尺五寸九分，闊八尺九寸五分。

輦上平盤板，前後車欞，并鴈翅，及四垂如意滴珠板。其下轅三條，皆硃紅漆，各長二丈五寸九分，用鍍金銅龍頭、龍尾，龍鱗葉片裝釘。前施硃紅油馬搭攀皮一條。平盤左右下，護泥板及車輪二，貫軸一。每輪輻十有八條，皆硃紅漆，周圍輞全，各以抹金鈒花銅葉片裝釘。輪內車心各一，用抹金銅鈒蓮花瓣，輪盤裝釘。軸首左右，各用漆貼金，減鐵龍頭插拴一箇，以抹金銅鈒龍頂，管心裝釘。軸中纏黃絨駕轅等索，面至地三尺四寸五分。

輦亭高六尺四寸九分。硃紅漆，四柱各長五尺五寸四分，檻座高九寸五分。其上四周，硃紅漆縧環板。門高五尺九分，闊二尺四寸五分左右門，闊二尺一寸五分。前并左右，各槅二扇，後槅三扇，明栿全，皆硃紅漆，抹金銅鈒花葉片裝釘。槅心，編黃線縧穿，亭內編黃線縧，穿硃紅漆匡，軟座黃絨墜座，大索四條。座下蓮花墜石，軟座上施紅毯，紅錦褥并席。硃紅漆坐椅一座，其上靠背雕沉香色描金雲龍一。下雕雲板一片，硃紅漆福壽板一，并褥。椅中黃織金綺靠坐褥，四圍椅裙全，周圍施黃綺幃幔。或用黃線羅。亭外，用青綺緣邊硃紅簾一十二扇，各用拽簾圓縧二條，黃銅圈全。

輦頂并圓盤，高二尺六寸五分。又鍍金銅鐏龍頂，帶仰覆蓮座，高一尺二寸九分。垂攀頂黃線圓縧四條。盤上下俱硃紅漆，以青飾輦蓋。內寶蓋，硃紅漆木匡鬭以八頂，冒以黃綺，謂之黃屋。頂心并周圍，繡五彩雲龍九。

天輪三層，皆硃紅漆，上安雕木貼金邊耀葉板計八十一片，內飾綠地雕木貼金雲龍文，三層間，繪五彩雲襯板八十一片，盤下周圍，黃銅釘裝。上施黃綺瀝水三層，每層八十一摺，間繡五彩雲龍文。四角垂青綺絡帶四條，各繡五彩雲升龍三。圓盤四角，連輦座板，用攀頂黃線圓縧四條，并貼金木魚。

輦亭前，一字闌干一扇，後一字帶轉角闌干一扇，左右闌干二扇，內嵌縧環板，皆硃紅漆。四扇，計一十四柱。各柱首，雕木貼金蹲龍一，用線金五彩粧蓮花抱柱。前闌干內，布紅毯一。

太常旗二面，在輦亭後左右。用黃線羅夾爲旗，每面十有二斿，每斿內外繡升龍一。硃紅漆攢竹旗竿一，左竿旗，腰繡日、月、北斗，竿首用鍍金銅龍頭。右竿旗腰繡黻字，竿首用鍍金銅戟。每竿綴抹金銅鈴二，垂紅纓十有二。纓上施抹金銅寶蓋，下垂青線帉錔。

踏梯一，硃紅漆，以抹金銅鈒花葉片裝釘。

行馬架三，硃紅漆，其上黃線匾縧，用抹金銅葉片裝釘。鐵搭鈎全。

黃絹幰衣即遮塵、油絹雨衣并青氈衣各一座。

硃紅油合扇梯一副，硃紅油拓叉一件。

馬鞍、韉鞦轡、鈴纓全。

小馬輦一乘，高一丈一尺五寸九分，闊七尺九寸五分。

輦上平盤，前後車欞，并鴈翅及四垂板。其下轅二條，皆硃紅漆，轅各長一丈九尺五分。用鍍金銅龍頭，龍尾龍鱗葉片裝釘。前施硃紅油馬搭攀皮一條。平盤左右下，護泥板及車輪二，貫軸一。每輪輻十有八條，皆硃紅漆，周圍輞全，各以抹金鈒花銅葉片裝釘。輪內車心各一，用抹金銅鈒蓮花瓣，輪盤裝釘。軸首左右，各用漆貼金，減鐵龍頭插拴一箇，以抹金銅鈒龍頂，管心裝釘。軸中纏黃絨駕轅等索，面至地三尺四寸五分。

輦亭，高五尺五寸九分。硃紅漆四柱，各長五尺四寸五分，檻高一寸四分。其上四圍，硃紅漆縧環板。門高五尺，闊二尺二寸五分，左右門，闊二尺一寸九分。前并左右各硃紅漆槅二扇，明栿全，抹金銅鈒花葉片裝釘。槅心，編黃線縧穿，後硃紅漆屏風壁板，周圍俱用抹金銅鈒花葉片裝釘。亭底，硃紅漆板，上施紅花毯、紅錦褥并席。硃紅漆坐椅一座，其上靠背雕以沉香色描金雲龍一，下雕雲板一片，硃紅漆福壽板一，并褥。椅中，黃織金綺靠坐褥，四圍椅裙全，周圍施黃綺幃幔。或用黃線羅。亭外用青綺緣邊，硃紅簾四扇，各用拽簾黃線圓縧二條，黃銅圈全。

輦頂并圓盤，高二尺五寸五分，又鍍金銅寶珠，頂帶仰覆蓮座，高一尺二寸九分，垂攀頂黃線圓縧四條。盤上下皆硃紅漆，以青飾。輦蓋內寶蓋，硃紅漆匡，鬭以八頂，冒以黃綺，謂之黃屋。頂心并周圍，繡五彩雲龍九。圓盤下，用黃綺幃幔四扇。或用黃線羅。

天輪三層，皆硃紅漆。上安雕木貼金邊耀葉板，計八十一片。內飾綠地，貼金雲龍文。三層間繪五彩雲，襯板八十一片。盤上周圍，黃銅釘裝。上施黃綺瀝水三層，每層八十一摺，間繡五彩雲龍。四角，垂青綺絡帶四條，繡五彩升雲龍二。圓盤四角連輦座板，用攀頂黃線圓縧四條，并貼金木魚。

輦亭前，一字闌干一扇，後，一字帶轉角闌干一扇，左右闌干二扇。內嵌縧環板，皆硃紅漆。四扇，計一十四柱，各柱首，雕木貼金蹲龍一，用線金五彩粧蓮花抱柱。前闌干内，布花毯太常旗二面。在輦亭後左右，用黃線羅夾爲旗，每面十有二斿，每斿内外繡升龍一。硃紅漆攢竹旗竿二，左竿旗，腰繡日、月、北斗，竿首，用鍍金銅龍頭。右竿旗，腰繡黻字，竿首用鍍金銅戟。各竿綴抹金銅鈴二，并紅纓十有二纓，上各施抹金銅寶蓋，下垂青線帉錔。

踏梯一，硃紅漆，以抹金銅鈒花葉片裝釘。

行馬架二，硃紅漆，其上黃絨匾縧，用抹金銅葉片裝釘，鐵搭鉤全。

黃絹幰衣，即遮塵，油絹雨衣并青氈衣各一座。

硃紅油合扇梯一副，硃紅油拓叉一件。

鞍韉鞦，轡鈴纓全。

步輦一乘，高一丈二尺二寸五分，座高三尺二寸五分，方闊八尺二寸五分。

輦座用硃紅漆，其下四面，雕木五彩雲渾貼金龍板十二片，間以渾貼金仰覆蓮座，其下雕木線金五彩雲板二十片。座下硃紅漆轅四條。中二條，各長三丈五尺九寸。左右二條，各長二丈九尺五寸九分。每轅以鍍金銅龍頭、龍尾裝釘。

輦亭，高六尺三寸九分，四柱各長六尺二寸五分，檻高一寸四分，皆硃紅漆。其上四圍，雕木沉香色描金香草，板十二片，抹金銅鈒花葉片裝釘。門高五尺七寸九分，闊二尺四寸五分。左右二門，闊二尺三寸五分。前并左右，各硃紅漆十字槅二扇，雕飾沉香色描金雲龍板八片，其下雲板，如其數。後硃紅漆屏風上，雕沉香色描金雲龍五，屏後雕沉香色描金雲龍板三片，又雲板，如其數，俱用抹金銅鈒花葉片裝釘。亭内施紅花毯，大紅錦褥并席。硃紅漆坐椅一座，其上靠背，雕以沉香色描金雲龍一，下雕雲板一片，硃紅漆福壽板一，并褥。椅中，黃織金綺靠坐褥，四圍椅裙全，周圍施黃綺幃幔。或用黃線羅。亭外用青綺緣邊硃紅簾一十扇，各用拽簾黃線圓縧二條，黃銅圈全。

輦頂并圓盤，高二尺六寸二分。又鍍金銅蹲龍頂，帶仰覆蓮座，高一尺二寸九分。垂攀頂黃線圓縧四條。盤上下，硃紅漆，以青飾。輦蓋内，硃紅漆匡，闘以八頂，冒以黃綺，謂之黃屋。頂心，并周圍，繡五彩雲龍九。

天輪三層，皆硃紅漆。上安雕木貼金邊耀葉板八十一片，内飾以綠地貼金雲龍文。三層間繪五彩雲襯板八十一片，盤下周圍黃銅釘裝。上施黃綺瀝水三層，每層八十一摺，間繡五彩雲龍文。四角，垂青素綺絡帶四條，各繡五彩雲升龍二。圓盤四角，連輦座板，用攀頂，黃線圓縧四條，并貼金木魚。

輦亭前，有硃紅漆左右轉角闌干二扇，後一字帶左右轉角闌干一扇。各嵌雕木貼金龍，間以五彩雲。三扇計一十二柱，柱首各雕木貼金蹲龍一，用線金五彩粧蓮花抱柱。闌干内，四周布紅花毯。

踏梯一，硃紅漆，以抹金銅鈒花葉片裝釘。

硃紅油合扇梯一副，硃紅油拓叉一件。

黃絹幰衣、即遮塵，油絹雨衣，并氈衣各一座。

大涼步輦一乘，高一丈二尺五寸九分。

輦座，硃紅漆，座板并四面硃紅漆匡，粧青地雕木五彩雲粧板二十片，間以貼金仰覆蓮座。其下硃紅漆，如意縧環板，如其數。座下硃紅漆轅六條，中二條各長四丈三尺五寸九分，左右二條，各長四丈九分，左右二邊二條，各長三丈六尺五寸九分。前後俱飾以雕木漆貼金龍頭、龍尾。座高三尺二寸五分，方闊一丈二尺五寸九分。

輦亭，高六尺五寸九分，闊八尺五寸九分。四柱以硃紅漆，門高五尺八寸九分，闊二尺五寸九分，左右二門闊同。其上四周沉香色描金香草板十二片。前并左右各有槅二扇，後槅三扇，明栿全，皆硃紅漆。通編黃線縧穿輦板，上施墊氈，加紅錦褥并席。硃紅漆坐椅一座，坐下四面雕木沉香色描金寶相花。其上靠背，雕沉香色描金雲龍一，下雕雲板一片，硃紅漆福壽板一，并褥。椅中，黃織金綺靠坐褥，四圍椅裙全，周圍施黃綺幃幔。或用黃線羅。内設硃紅漆卓二隻，硃紅漆闌干香卓一座。闌干四柱，各柱首雕木貼金蹲龍一。銅金銅龍蓋香爐一并香匙、箸。瓶内設大紅錦墩一對。亭外青綺緣邊硃紅簾三扇，各用拽簾黃線圓縧二條，黃銅圈全。

輦頂，高二尺七寸五分。又鍍金銅寶珠頂，帶仰覆蓮座高一尺三寸二分，垂攀頂黃線圓縧四條。頂用硃紅漆，上冒紅氈，四垂以黃氈，爲如意雲，黃氈緣條。周圍施黃綺瀝水三層，每層一百三十二摺，間繡五彩雲龍文。或用大紅羅冒頂，用黃羅爲如意雲緣條。瀝水，亦用黃羅。頂下周圍，以紅氈爲幃，黃氈緣條，四角鍍金銅雲四朵。亭内寶蓋，繡五龍頂，以硃紅漆木匡，冒以黃綺，謂之黃屋。頂心并四圍，繡雲龍各一。輦亭四角至輦座，用攀頂黃線圓縧四條，并貼金木魚。

輦亭前左右，硃紅漆轉角闌干二扇，後一字帶轉角闌干一扇，皆雕木渾貼金龍，間以五彩粧雲板。三扇，計一十二柱，各柱首雕木貼金蹲龍一，用線金五彩粧蓮花抱柱，闌干内四周布席。

踏梯一，硃紅漆，以抹金銅鈒花葉片裝釘。

硃紅油合扇梯一副，硃紅油拓叉一件。

黄絹幰衣，即遮塵油絹雨衣，并氈衣各一座。

紅板轎一乘，高六尺九寸五分，轎頂高一尺六寸五分，硃紅漆。近頂裝圓匡蜊殼窗在上，鍍金銅火燄寶珠，帶仰覆蓮座，高六寸九分。四角，鍍金銅雲朵。轎扛二條，前後以鍍金銅龍頭龍尾裝釘。黄絨墜角索全。四圍硃紅漆板，左右門二扇，高四尺五寸九分，用鍍金銅釘鉸事件。轎内硃紅漆坐椅一座，福壽板一，并褥。椅内，黄織金綺靠坐褥，四圍椅裙全，下鋪席并踏褥。黄絹轎衣并油絹雨衣各一座。又青氈衣一座，紅氈，緣條雲子全。

申時行等《明會典》卷一八七《工部七·營造五·獄具》 洪武二十六年定，凡在京各衙門，合用刑具，皆須較勘如法，應合、應付者，方許應付。

應天府採辦：笞，杖，杻。

龍江提舉司成造：枷，杻。

寶源局打造：鐵鎖，鐵鐐。

刑部每年該用長枷五百二十面，手肘七百八十副。拶指一千三百把，每把用綿繩一條。方枷二百六十面，竹板三千片，每猫竹一根，長一丈九尺，圍圓九寸，破竹十三片，長四尺五寸，闊一寸五分。鐵索六百五十條，鎖頭六百五十箇，鐵鐐七百八十副，鐵釘三千箇。

都察院每年該用長枷一百二十面，手肘四百二十副。拶指八百把，每把用綿繩一條。方枷二百六十面，竹板三千片，照前尺寸。鐵索九十條，鎖頭九十箇，鐵鐐四百副，鐵釘二千箇。

大理寺每年該用拶指四百四十把，每把用綿繩一條，竹板七百八十片，照前尺寸。

成化二十一年奏准，刑部都察院問擬徒罪以下，俱送工部，其笞杖罪囚，免其運灰，量爲收銀買辦獄具。其修倉囚犯，亦令每日出銀一分，按月送部成造枷鐐等具，以備法司取用。有可修理者，仍送部修理應用。

胡文焕《華夷風土志》卷一《北直隸·遵化縣》 土産：鐵有冶。

顧雪亭《土風録》卷五《著衣鏡》 富家廳堂置大鏡，曰著衣鏡。案東宫舊事，皇太子納妃有著衣太鏡，是平等人不得用。庚子山《鏡賦》云：「梳頭新罷照著衣。」此一鏡兩用也。

龔煒《巢林筆談續編》卷上《墓廟跪像》 丹陽陳少陽先生墓，鑄汪伯彦、黄潛善跪像。嘉靖間，鄭普過之，題柱聯云：「丹陛披肝，千古綱常可托；荒庭屈膝，兩人富貴何爲？」二像應筆而仆，蓋慙伏也。向以跪像之鑄，不過戮辱奸賊，以雪公憤，孰知竟有魂憑。則杭州遊人之溺擊檜、卨，亦不是不受痛苦者，快哉！

明末隆武時，建方正學廟，縛跪姚廣孝像，亦快！

關聖廟應鑄吕蒙像，伏罪於旁，懸潘璋頭于周將軍刀上。

褚人穫《堅瓠補集》卷四《古銅款識》 《懸笥瑣探》：嘗至南内戊字庫，見古銅器一事，如劍而無刃，平直，首微棱，下有靶。長可二尺，闊僅及寸，皆嵌銀，作童子奉牌舞，牌上有「古并聶家」四字。面嵌銀題：「模棱難斷佞臣頭，碎腦翻成百倍憂。解使英雄生膽氣，從今不用佩吴鈎。」

褚人穫《堅瓠秘集》卷五《白水銅印》 歙邑西村名莘墟，有某之先世，微時來揚，投其戚屬，途拾一銅印，文爲「白水」。至揚州，戚屬各助以貲置質庫中故衣，戲以銅印鈐之，獲息殊厚，未鈐印者，初無人問也，亦以印鈐之，則售。經年貿易，貲且數倍於所助。自後凡有所爲，必以銅印從事，卒以鹽筴起家，號其業曰泉，蓋合「白水」二字而爲言也。迄今子姓仍以泉爲號云。

李煦《李煦奏摺·蘇州雨水米價并進漆器摺（附漆器單一）》 〔康熙三十二年十月　日〕切臣身在吴門，心戀闕庭，祇因犬馬下賤，不敢時請聖安。惟讀邸抄，知皇上駕幸口外，龍體康和，不勝忻忭，恭請萬安。

又見皇上軫念民生，殷懷水旱，前蒙御批臣奏摺，于「秋收之後，還寫奏帖奏來」。幸自七月至今，雨暘時若，目下正屆秋收，蘇州地方，如前所奏，傍河田地，已獲全收，腹内山田，亦得六七分收割。米價陳者如故，一兩上下不等，新者未廣，尚無定價。而民心安堵，共樂雍熙，實是皇上洪福所致，無煩睿慮者也。臣據所知，謹奏以聞。

外有洋漆小件數種，粗礪不堪，非同雅玩，恭進聖閲。

硃批：「知道了。」

附漆器單：洋漆木匣壹件，洋漆金銀片圓盒壹件，洋漆幢盒壹件，洋漆鼓式盒壹件，洋漆香匾壹件，洋漆桃式香盒壹件，洋漆小香盒壹件，洋漆筯拾雙，雕漆荔枝香盒壹件，雕漆梅花香盒壹件，雕漆梅花瓣小香盒壹件，填漆小香盒壹件。

《李煦奏摺·進元旦龍袍并漆器摺（附漆器單二）》 〔康熙三十二年十二月

日」切臣依戀維殷，瞻馳倍切，兹值恭進元旦龍袍，特請萬安。

蘇州冬景甚好，本年漕糧又奉恩旨蠲免三分之一，萬姓歡歌，共慶昇平之樂。

今覓有洋漆小物數件，另單呈進，併奏以聞。

附一，漆器單：洋漆方匣壹件，洋漆香盤壹件，洋漆八角香盤壹件，洋漆管毫筆陸枝，雕漆小香盒壹件，雕漆牙鑲界尺壹件。

奕賡《東華録綴言》卷六　乾隆十三年上欽定《禮器考圖著範》，凡天、地、廟、社、日、月、神祇、農、蠶各壇，奠菜之祭一切爵、尊、簠、簋、籩、豆、祭鉶篚俎，爲匏，爲陶，爲竹木，爲銅，各隨方色，用將裸獻，着皇朝禮器圖式。

乾隆二十四年江西臨江府得古鎛鐘以獻，上考古定名貯之韻古堂，命樂部仿鑄鎛鐘十二，以和闐玉琢特磬十二，以儷鎛鐘。

乾隆三十四年上丁日，上詣太學釋奠，先一日命出内府所藏周範鼎、尊、卣、罍、壺、簠、簋、觚、爵洗各一，陳設大成殿前，以備禮器。

宋犖《筠廊偶筆》卷上　歸州香溪清流湍激，多五色石子。曩有宦其地者於溪中得大石如斗，内隱然有物，剖之得石鴛鴦雌者一枚。三年後，又渡此溪，隨手取一石，與前石略相似，剖之則雄鴛鴦在焉，因琢雙杯，寶用之。

米友石先生萬鍾，明萬曆中爲六合令，好石，六合文石得名自公始。曩晤公子吉士先生壽都，言公珍藏六合石甚多。第一枚如柿而扁，彩翠錯雜，千絲萬縷，即錦綉不及也。一日，舟泊燕子磯，月下把玩，失手墮江中，多方撈取不得。明年復系纜於其處，忽見江面五色光，縈回不散，公曰：「此必吾石所在。」命篙師没水取出，果前石也。後此石與七十二芙蓉研山同殉公葬。

齊安聚寶山多怪石。明世廟中王夢澤廷陳之侄得紅石如錢，上有「萬曆通寶」四白字。余判黄時得十六枚，作《怪石贊》，爲雪堂小品之一。

江南人於京師賣一錦，一罽。錦闊三尺，長百尺，色深紅，文彩如畫。罽長闊與錦等，紅、黄、白、碧各一段，大類今世剪絨，鮮麗奪目，價千金。大宗伯王公崇簡以五百金購之，不能得。又桐城某氏有大紅火浣布一匹，亦長百尺，爲邑令取去。

余從憫忠寺僧洞明處見唐人貫休畫阿羅漢十六軸，最爲奇古。衣履皆粗筆畫成，細繪錦文，其内如毫髮。洞明云：「世祖時吴人持此進御，值鼎湖之變，遂賣寺中，價七百。」武昌某氏藏吴道子《水墨普賢像》，騎白象，天王龍女持幢幡導從，衣皆流水紋，毛髮飄動，令人肅然起敬，頗勝余家舊藏《鍾馗小妹圖》。阮亭云：「平陽普庵堂有吴道子畫水陸百餘軸，先兄西樵曾記其事。」

梁章鉅《浪跡續談》卷八《自鳴鐘》　《楓牕小牘》云：「太平興國中，蜀人張思訓製上渾儀，其製與舊儀不同，爲樓閣數層，高丈餘，以木偶爲七直人，以直七政，自能撞鐘擊鼓。又有十二神，各直一時，至其時，即執辰牌循環而出。」此全與今之自鳴鐘相似。吾鄉福州鼓樓上，舊設十二辰牌，届時自能更换，相傳此器是元時福寧陳石堂先生普所製，傳流至康熙間，爲周櫟園方伯取去，則亦中土人所造巧捷之法，又豈必索之外洋人哉！今閩、廣及蘇州等處，皆能製自鳴鐘，而齊梅麓太守彦槐以精銅製天球全具，界以地平，中用鐘表之法，自能報時報刻，以測星象節候，不差毫釐，則雖以西人爲之，亦不過如此矣。

其他總部

《其他總部》提要

《其他總部》是《製造工業分典》的五個總部之一，包括《發展沿革部》《工匠部》和《其他部》。一條材料獨立性較强，且反映兩種或兩種以上不同類型的事物，若分割開來，則使得材料的完整性受到影響，對此，我們一般不做分割，將其歸入《其他部》。

本總部一般下設題解、綜述、傳記、紀事、藝文、雜録、圖録等七個緯目，盡可能地收録一九一一年以前的有關材料。在具體編纂過程中，對於緯目不强求一致，有則設，無則不設，視資料情況而定。每個緯目録文均按朝代先後順序排列，具體編排主要依據被引用材料的作者的生卒時間而定。

目録

發展沿革部

綜述

《大學》第三章 湯之《盤銘》曰：「苟日新，日日新，又日新。」《康誥》曰：「作新民。」《詩》曰：「周雖舊邦，其命惟新。」是故君子無所不用其極。

王肅《孔子家語》卷七《刑政》 仲弓曰：「古之聽訟，尤罰麗於事，不以其心，可得聞乎？」

孔子曰：「凡聽五刑之訟，必原父子之情，立君臣之義以權之。意論輕重之序，慎測淺深之量以別之。悉其聰明，正其忠愛以盡之。大司寇正刑明辟以察獄，獄必三訊焉。有旨無簡，則不聽也。附從輕，赦從重。疑獄則泛與衆共之，疑則赦之。皆以小大之比成之。是故爵人必於朝，與衆共之也；刑人必於市，與衆棄之也。古者公家不畜刑人，大夫弗養也。其士遇之涂，弗與之言。屏諸四方，唯其所之，弗及與政，弗欲生之也。」

仲弓曰：「聽獄，獄之成，成何官？」

孔子曰：「成獄於吏，吏以獄成告於正。正既聽之，乃告大司寇。大司寇聽之，乃奉於王。王命三公卿士參聽棘木之下，然後乃以獄之成疑於王。王三宥之以聽命，而制刑焉。所以重之也。」

仲弓曰：「其禁何禁？」

孔子曰：「巧言破律，遁名改作，執左道與亂政者，殺。作淫聲，造異服，設伎奇器以蕩上心者，殺。行僞而堅，言詐而辯，學非而博，順非而澤，以惑衆者，殺。假於鬼神，時日卜筮，以疑衆者，殺。此四誅者不以聽。」

仲弓曰：「其禁盡於此而已？」

孔子曰：「此其急者。其餘禁者十有四焉：命服命車不粥於市，圭璋璧琮不粥於市，宗廟之器不粥於市，兵車旍旗不粥於市，犧牲秬鬯不粥於市，戎器兵甲不粥於市，用器不中度不粥於市，布帛精麤不中數、廣狹不中量不粥於市，奸色亂正色不粥於市，文錦珠玉之器雕飾靡麗不粥於市，衣服飲食不粥於市，果實不時不粥於市，五木不中伐不粥於市，鳥獸魚鱉不中殺不粥於市。凡執此禁以齊衆者，不赦過也。」

《韓非子》卷六《解老》 凡理者，方圓、短長、粗靡、堅脆之分也，故理定而後可得道也。故定理有存亡，有死生，有盛衰。夫物之一存一亡，乍死乍生，初盛而後衰者，不可謂常。唯夫與天地之剖判也具生，至天地之消散也不死不衰者，謂「常」者。而常，無攸易，無定理。無定理，非在於常所，是以不可道也。聖人觀其玄虛，用其周行，强字之曰「道」，然而可論。故曰：「道之可道，非常道也。」

《韓非子》卷一三《外儲說右上》 堂谿公謂昭侯曰：「今有千金之玉卮，通而無當，可以盛水乎？」昭侯曰：「不可。」「有瓦器而不漏，可以盛酒乎？」昭侯曰：「可。」對曰：「夫瓦器，至賤也，不漏，可以盛酒。雖有乎千金之玉卮，至貴而無當，漏，不可盛水，則人孰注漿哉？今爲人之主而漏其羣臣之語，是猶無當之玉卮也。雖有聖智，莫盡其術，爲其漏也。」昭侯曰：「然。」昭侯聞堂谿公之言，自此之後，欲發天下之大事，未嘗不獨寢，恐夢言而使人知其謀也。

《管子》卷一《立政・五事》 君之所務者五：一曰山澤不救於火，草木不殖成，國之貧也。二曰溝瀆不遂於隘，障水不安其藏，國之貧也。三曰桑麻不植於野，五穀不宜其地，國之貧也。四曰六畜不育於家，瓜瓠葷菜百果不備具，國之貧也。五曰工事競於刻鏤，女事繁於文章，國之貧也。

故曰：山澤救於火，草木殖成，國之富也。溝瀆遂於隘，障水安其藏，國之富也。桑麻殖於野，五穀宜其地，國之富也。六畜育於家，瓜瓠葷菜百果備具，國之富也。工事無刻鏤，女事無文章，國之富也。

《管子》卷一《立政・省官》 脩火憲，敬山澤，林藪積草。夫財之所出，以時禁發焉。使民於宮室之用，薪蒸之所積，虞師之事也。

決水潦，通溝瀆，脩障防，安水藏，使時水雖過度，無害于五穀，歲雖凶旱，有所秎穫，司空之事也。

相高下，視肥墝，觀地宜，明詔期前後，農夫以時均脩焉，使五穀桑麻皆安其處，司田之事也。

行鄉里，視宮室，觀樹蓺，簡六畜，以時均脩焉。勸勉百姓，使力作毋偷。懷樂家室，重去鄉里，鄉師之事也。

論百工，審時事，辨功苦，上完利，監壹五鄉，以時均脩焉。使刻鏤文采，毋敢造于鄉，工師之事也。

《管子》卷一《立政・服制》 度爵而製服，量祿而用財。飲食有量，衣服有制，宮室有度。六畜人徒有數，舟車陳器有禁脩。生，則有軒冕服位穀祿田宅之分；死，則有棺槨絞衾壙壟之度。雖有賢身貴體，毋其爵，不敢服其服；雖有富家多資，毋其祿，不敢用其財。天子服文有章，而夫人不敢以燕以饗廟。將軍大夫以朝官吏，以命士止于帶緣，散民不敢復襍采。百工商賈，不得服長鬈貂。刑餘戮民，不敢服絻，不敢畜連乘車。

徐天麟《東漢會要》卷二〇《職官・諸郡別置官》 其郡有鹽官、鐵官、工官、都水官者，隨事廣狹置令、長及丞，秩次皆如縣、道，無分士，給均本吏。本注曰：凡郡縣出鹽多者置鹽官，主鹽稅。出鐵多者置鐵官，主鼓鑄。有工多者置工官，主工稅物。有水池及魚利多者置水官，主平水收漁稅。在所諸縣均差吏更給之，置吏隨事，不具縣員。

張世南《游宦紀聞》卷五 辯古器則有所謂款識，臘茶色，朱砂斑，真青綠，井口之類，方爲真古。其製作則有雲紋、雷紋、山紋、輕重雷紋、垂花雷紋、鱗紋、細紋、粟紋、蟬紋、黃目、飛廉、饕餮、蛟螭、虬龍、麟鳳、熊虎、龜蛇、鹿馬、象、鸞、夔犧、蜼余季切皃、雙魚、蟠虺、如意、圜絡、盤雲、百乳、鸚耳、貫耳、偃耳、直耳、附耳、挾耳、獸耳、虎耳、獸足、夔足、百獸、三螭、穟草、瑞草、篆帶若蚪結之勢、星帶四旁飾以星象、輔乳鍾名，用以節樂者、碎乳鍾名，大乳三十六外，復有小乳周之、立變、雙夔之類。凡古器制度，一有合此，則以名之。如雲雷鍾，鹿馬洗、鸚耳壺之類是也。如有款識，則以款識名；如周叔液鼎，齊侯鍾之類是也。

古器之名，則有鍾大曰「特」，中曰「鎛」，小曰「編」、鼎、尊、罍、彝、舟類洗而有耳、卣音酉，又音由。中尊器也。有攀、蓋、足。、壺、瓶、爵、斗有耳、有流、有足。流即觜也、卮、觶之豉反。酒觴也。、角類彝而無柱、杯、敦、簠其形方、簋類鼎而矮，蓋有四足、豆、甗牛偃切。無底甑也、錠徒經切，又都定切、斝、觚、鬲形製同鼎，《漢志》謂空足曰「鬲」、鍑方宥切。《玉篇》云似釜而大，其實類小甕而有環、盉户戈切，又胡卧切。成五味之器也，似鼎而有蓋，有觜，有執攀、壺其類有四，曰「圓」，曰「扁」，曰「方」，曰「温」、盦於含切。覆蓋也。似洗而腰大，有足，有提攀、瓿蒲後切，類壺而矮、鋪類豆。鋪、陳薦獻之義、罌類釜、鑑盛冰器。上方如斗鏤，底作風窗，下設盤以盛之、匜弋支切。沃盥器、盤、洗、盆、鋗呼玄切。類洗。《玉篇》云「小盆也」、杅、磬、錞、鐸、鉦類鍾而矮、鐃、戚、鐓飾物柄者、奩、鑑即鏡、節鉞、戈矛、盾、弩機、表、坐旂、鈴、刀筆、杖頭、蹲龍宮廟乘輿之飾。或云欄、楯間物、鳩車兒戲之具、提梁、龜蛇、硯滴、車輅、柁輨之屬。此其大概，難於盡備，然知此者，亦思過半矣。

沈括《夢溪筆談》卷三《辯證一・煉鋼》 世間鍛鐵所謂「鋼鐵」者，用柔鐵屈盤之，乃以生鐵陷其間，泥封煉之，鍛令相入，謂之「團鋼」，亦謂之「灌鋼」。此乃僞鋼耳，暫假生鐵以爲堅，二三煉則生鐵自熟，仍是柔鐵。然而天下莫以爲非者，蓋未識真鋼耳。予出使，至磁州鍛坊，觀煉鐵，方識真鋼。凡鐵之有鋼者，如面中有筋，濯盡柔面，則面筋乃見。煉鋼亦然，但取精鐵，鍛之百餘火，每鍛稱之，一鍛一輕，至累鍛而斤兩不減，則純鋼也，雖百煉不耗矣。此乃鐵之精純者，其色清明，磨瑩之，則黯黯然青且黑，與常鐵迥異。亦有煉之至盡而全無鋼者，皆係地之所産。

吳自牧《夢粱録》卷一三《團行》 市肆謂之「團行」者，蓋因官府回買而立此名，不以物之大小，皆置爲團行，雖醫卜工役，亦有差使，則與當行同也。然雖差役，如官司和雇支給錢米，反勝於民間雇倩工錢，而工役之輩，則歡樂而往也。其中亦有不當行者，如酒行、食飯行，而借此名。有名爲「團」者，如城西花團、泥路青果團、後市街柑子團、渾水閘鮝團。又有名爲「行」者，如官巷方梳行、銷金行、冠子行、城北魚行、城東蟹行、薑行、菱行、北豬行、候潮門外南豬行、南土北土門菜行、壩子橋鮮魚行、横河頭布行、鷄鵝行。更有名爲「市」者，如炭橋藥市、官巷花市、融和市南坊珠子市、修義坊肉市、城北米市。且如桔園亭書房、鹽橋生帛、五間樓泉福糖蜜，及荔枝圓眼湯等物。其他工役之人，或名爲「作分」者，如碾玉作、鑽卷作、篦刀作、腰帶作、金銀打鈒作、裹貼作、鋪翠作、裱褙作、裝鑾作、油作、木作、磚瓦作、泥水作、石作、竹作、漆作、釘鉸作、箍桶作、裁縫作、修香澆燭作、打紙作、冥器等作分。又有異名「行」者，如買賣七寶者謂之骨董行，鑽珠子者名曰散兒行，做靴鞋者名雙綫行，開浴堂者名曰香水行。大抵杭城是行都之處，萬物所聚，諸行百市，自和寧門杈子外至觀橋下，無一家不買賣者，行分最多，且言其一二，最是官巷花作，所聚奇異飛鸞走鳳，七寶珠翠，首飾花朵，冠梳及錦綉羅帛，銷金衣裙，描畫領抹，極其工巧，前所罕有者悉皆有之。更有兒童戲要物件，亦有上行之所，每日街市，不知貨幾何也。

《金史》卷四三《輿服志中》 昔者聖人制爲玄黃黼黻之服，以象天地之德，以章貴賤之儀，夏、商損益，至周大備，不可以有加矣。自秦滅棄禮法，先王之制靡敝不存，漢初猶服袀玄以從大祀，歷代雖漸復古，終亦不純而已。金制皇帝服通天、絳紗、兗冕、偪舃，即前代之遺制也。其臣有貂蟬法服，即所謂朝服者。章宗時，禮官請參酌漢、唐，更製祭服，青衣朱裳，去貂蟬豎筆，以別於朝服。惟公朝則又有紫、緋、緑三等之服，與夫窄紫、展皂等事，悉著于篇云。

天眷三年，有司以車駕將幸燕京，合用通天冠、絳紗袍，據見闕名件，依式成造。禮服，袍、裳、方心曲領、中單、蔽膝、革帶、大帶、玉具劍、綬、佩、舄、韈。乘輿服，大綬六采，黑、黄、赤、白、縹、緑，小綬三色，同大綬，間施三玉環，大綬五百首，小綬半之。白玉雙佩、革帶、玉鈎鰈。

冕制。天板長一尺六寸，廣八寸，前高八寸五分，後高九寸五分，身圍一尺八寸三分，并納言，並用青羅爲表，紅羅爲裏，週廻用金稜。天板下有四柱，四面珍珠網結子，花素墜子，前後珠旒共二十四，旒各長一尺二寸。青碧線織造天河帶一，長一丈二尺，闊二寸，兩頭各有真珠金碧旒三節，玉滴子節花。紅線組帶二，上有真珠金翠旒，玉滴子節花，下有金鐸子二。梅紅線款幔帶一。黈纊二，真珠垂繫，上用金蕚子二。簪窠，款幔、組帶鈿窠，各二，内組帶鈿窠四並玉鏤塵碾造。玉簪一，頂方二寸，導長一尺二寸，簪頂刻鏤塵雲龍。

衮，用青羅夾製，五綵間金繪畫，正面日一、月一、昇龍四、山十二，上下襟華蟲、火各六對，虎、蜼各六對；背面星一、昇龍四、山十二，華蟲、火各十二對，虎、蜼各六對。中單一，白羅單製，羅領，襟、襈。裳一，帶、褾、襈，紅羅八幅夾製，繡藻三十二、粉十六、米十六、黼三十二、黻三十二。蔽膝一，帶、褾、襈，並紅羅夾製，繡昇龍二。綬一副：大綬以赤黄黑白緑縹六綵織，紅羅托裏，小綬三色，同大綬，銷金黄羅綬頭，上間施三玉環，皆刻雲龍，大綬五百首，小綬半之。緋白大帶一，銷金黄羅帶頭，鈿窠二十四。紅羅勒帛一，青羅抹帶一。玉佩二，白玉上中下璜各一，半月各二，皆刻雲龍，玉滴子各二，皆以真珠穿製。金篦鈎、獸面、水葉、環、釘。涼帶一，紅羅裏，縷金，上有玉鵝七，鋌尾束各一，金攀龍口，以玳瑁板襯釘脚。舄，重底，紅羅面，白綾托裏，如意頭，銷金黄羅緣口，玉鼻仁飾以珠。韈用緋羅加綿。

凡大祭祀、加尊號、受冊寶，則服衮冕。行幸、齋戒出宮或御正殿，則通天冠、絳紗袍。

鎮圭，大圭。皇統九年十月二十四日，禮部下太常，畫鎮圭式樣，大禮使據《三禮圖》以進，用之。大定十一年，太常寺按《禮》「大圭長三尺，抒上終葵首，天子服之」。自西魏、隋、唐以來，大圭長尺二寸，與鎮圭同。蓋鎮圭以鎮天下，以四鎮山爲飾，今其圭已依古制，惟無大圭。今御府有故宋白玉圭，圓，無上剡及終葵首。自西魏以來，所制玉笏皆長尺有二寸，方而不折，雖非先王之法，蓋後世玉難得，隨宜故也。擬合以御府所藏，行禮就用。

視朝之服。初，太宗即位，始服赭黄，自後視百官朝御袍帶。章宗即位，以世宗之喪，有司請御純吉，不從，乃服淡黄袍、烏犀帶。常朝則服小帽、紅襴、偏帶或束帶。

皇后冠服。花株冠，用盛子一，青羅表、青絹襯金紅羅托裏，用九龍、四鳳，前面大龍銜穗毬一朶，前後有花株各十有二，及鸂鶒、孔雀、雲鶴、王母仙人隊、浮動插瓣等，後有納言，上有金蟬鑻金兩博鬢，以上並用鋪翠滴粉縷金裝珍珠結製，下有金圈口，上用七寶鈿窠，後有金鈿窠二，穿紅羅鋪金款幔帶一。

褘衣，深青羅織成翬翟之形，素質，十二等，領、褾、襈並紅羅織成雲龍。中單以素青紗製，領織成黼形十二，褾、袖、襈織成雲龍，並織紅縠造。裳，八副，深青羅織成翟文六等，褾、襈織成紅羅雲龍，明金帶腰。蔽膝，深青羅織成翟文三等，領緣，緅色羅織成雲龍。明金帶大綬一，長五尺，闊一尺，黄赤白黑縹緑六彩織成，小綬三色同大綬，間七寶鈿窠，施三玉環，上碾雲龍，撚金線織成大小綬頭，紅羅花襯。大帶，青羅朱裏，紕其外，上以朱錦，下以緑錦，紐約用青組，撚金線織成帶頭。玉佩二朶，每朶上中下璜各一，半月墜子各二，並玉碾。縷金打鈒獸面、篦鈎佩子各一，水葉子真珠穿綴。青衣革帶，用縷金青羅裏造，上用金打鈒水地龍，鵝眼鋌尾，龍口攀束子共八事，以玳瑁襯金釘脚。抹帶二，紅羅、青羅各一，並明金造，各長一丈五寸。舄，以青羅製，白綾裏，如意頭，明金、黄羅準上用，玉鼻仁真珠裝，綴繫帶。韈，青羅表裏，綴繫帶。

犀冠，減撥花樣，縷金裝造，上有玉簪一，下有玳瑁盤一。

皇太子冠服。冕用白珠九旒，紅絲組爲纓，青纊充耳，犀簪導。衮，青衣朱裳，五章在衣，山、龍、華蟲、火、宗彝，四章在裳，藻、粉米、黼、黻。白紗中單，青褾襈裾。革帶，塗金銀鈎鰈。蔽膝，隨裳色，爲火、山二章。瑜玉雙佩，四采織成大綬，間施玉環三。白襪，朱舄，舄加金塗銀扣。謁廟則服之。

遠遊冠，十八梁，金塗銀花，飾博山附蟬，紅絲組爲纓，犀簪導。朱明服，紅裳，白紗中單，方心曲領，絳紗蔽膝，白襪黑舄。餘同衮冕。冊寶則服之。

桓圭，長九寸、廣三寸、厚半寸，用白玉，若屋之桓楹，爲二稜。

太子入朝起居及與宴，則朝服，紫袍、玉帶、雙魚袋。其視事及見師少賓客，則服小帽、皂衫、玉束帶。

宗室及外戚并一品命婦，衣服聽用明金，期親雖別籍、女子出嫁並同。又五品以上官母、妻，許披霞帔。唯首飾、霞帔、領袖、腰帶，許用明金、籠金、間金之類。其衣服止用明銀、象金及金條壓繡。正班局分承應帶官人，雖未出職係班，其祖母及母、妻、子孫之婦，同籍兄弟之妻、及在室女、孫、姊妹並同。又禁私家用純黄帳幕陳設，若曾經宣賜鸞輿服御，日月雲肩、龍文黄服、五箇鞘眼之鞍皆須更改。

臣下朝服。凡導駕及行大禮，文武百官皆服之。正一品：貂蟬籠巾，七梁額花冠，貂鼠立筆，銀立筆，犀簪導，佩劍，緋羅大袖、緋羅裙、緋羅蔽膝各一，緋白羅大帶，天下樂暈錦玉環綬一，白羅方心曲領、白紗中單、銀褐勒帛各一，玉珠佩二，金塗銀革帶，烏皮履，白綾韈。正二品：七梁冠，銀立筆，犀簪導，不佩劍，緋羅大袖，雜花暈錦玉環綬，餘並同。正四品：五梁冠，銀立筆，犀簪，白獅錦銀環綬，珠佩，銀革帶，御史中丞則獬豸冠、青荷蓮綬，餘並同。正五品：四梁冠，簇四金鵰錦銅環綬，銀珠佩，餘並同。正六品至七品：三梁冠，黄獅錦銅環綬，銅珠佩，銅束帶，餘並同。

大定二十二年祫享，攝官，導駕二品冠七梁，三品四品冠六梁，服有金花，五品冠五梁，六品冠四梁，七品冠三梁，監察御史獬豸冠，青綬，八品九品冠二梁，餘製並同。

祭服。皇統七年，太常寺言：「太廟成後，奉安神主，祫享行禮，凡行事、執事、助祭、陪位官，准古典當服衮冕、九章畫降龍，隨品各有等差。《通典》云虞、夏、殷並十二章，日、月、星辰、山、龍、華蟲作繪於衣，宗彝、藻、火、粉米、黼、黻絺繡於裳。周升三辰於旂，登龍於山，登火於宗彝，作九章之服，龍、山、華蟲、火、宗彝繪於衣，藻、粉米、黼、黻繡於裳。『公之服自衮冕而下如王之服，侯伯之服自鷩冕而下如公之服』。又後魏帝服衮冕，與祭者皆朝服。又《開元禮》一品服九章。又《五禮新儀》正一品服九旒冕、犀簪、青衣畫降龍。今汴京舊禮直官言，自宣和二年已後，一品祭服七旒冕、大袖無龍。唐雖服九章服，當時司禮少常伯孫茂道言『諸臣之章雖殊，然飾龍名衮，尊卑相亂，請三公服鷩冕八章爲宜』。臣等竊謂歷代衣服之制不同，若從後魏則止服朝服，或用宋服則爲七章，若遵唐九章，則有飾龍名衮尊卑相亂之議。」尚書省乃奏用後魏故事，止用燕京大册禮時所服朝服以祭。

大定三年八月，詔遵皇统制，攝官則朝服，散官則公服，以皇太子爲亞獻，服衮冕。

十四年，用唐制，若祭遇雨雪則服常服，謂今之公服也。

泰和元年八月，禮官言：「祭服所以接神，朝服所以事君，雖歷代損益不同，然未嘗不有分别。是以衮冕十二旒，玄衣纁裳備十二章，天子之祭服也。通天冠、絳紗袍、紅羅裳，天子之視朝服也。臣下之服則用青衣朱裳以祭，朱衣朱裳以朝。國朝惟天子備衮冕、通天冠二等之服，今羣臣但有朝服，而祭服尚闕，每有祀事但以朝服從事，實於典禮未當。請依漢、唐故事，祭服冕旒畫章，然君臣冕服雖章數各殊而俱飾龍名衮，而唐孫茂道已有尊卑相亂之論。然三公法服有龍，恐涉於僭，國初禮官亦嘗駁議。乞參酌古今，改置祭服，其冠則如朝冠，而但去其貂蟬、竪筆，其服用青衣、朱裳、白襪、朱履，非攝事者則用朝服，庶幾少有差别。」上曰：「朝、祭之服，固宜分也。」

公服。大定官制，文資五品以上官服紫。三師、三公、親王、宰相一品官服大獨科花羅，徑不過五寸，執政官服小獨科花羅，徑不過三寸。二品、三品服散搭花羅，謂無枝葉者，徑不過寸半。四品、五品服小雜花羅，謂花頭碎小者，徑不過一寸。六品、七品服緋芝蔴羅。八品、九品服綠無紋羅。應武官皆服紫。凡散官，職事皆從一高，上得兼下，下不得僭上，窄紫亦同服色，各依官制品格。其諸局分承應人並服無紋素羅。十五年制曰：「袍不加襴，非古也。」遂命文資官公服皆加襴。

帶制，皇太子玉帶，佩玉雙魚袋。親王玉帶，佩玉魚。一品玉帶，佩金魚。二品笏頭毬文金帶，佩金魚。三品、四品荔枝或御仙花金帶，並佩金魚。五品，服紫者紅鞓烏犀帶，佩金魚，服緋者紅鞓烏犀帶，佩銀魚，服綠者並皂鞓烏犀帶。武官，一品、二品佩帶同，三品、四品金帶，五品、六品、七品紅鞓烏犀帶，皆不佩魚，八品以下並皂鞓烏犀帶。司天、太醫、內侍、教坊，服皆同文武官，惟不佩魚。應殿庭承應五品以下官，非入內不許金帶，又展紫入殿庭者，并許服紅鞓，不佩魚。又二品以上官，許兼服通犀帶，三品官若治事及見賓客，許兼服花犀帶。

大定二年制，百官趨朝、赴省，並須裹帶。五品以上官，趨朝則朝服，赴省則展皂，雨雪沾衣則從便。凡朝參，主寶、主符展紫，御仙花或太平花金束帶。近侍給使，供御筆硯，直長、符寶吏紫襖子，塗金束帶。輪直，則近侍給使並常服，常服則展紫。閤門六尚，遇朝參侍立則服本品服，若宮中當直則服窄紫、金帶。學士院官、修起居注、補闕、拾遺、祕書丞、祕書郎，朝參侍立則服本品服，色帶，當直則窄紫、金帶。東宮左右衛率、僕正、副僕正、典儀、贊儀、内直郎丞，當直亦許服之。太子太師出入宮中則展紫，至東宮則展皂，三少則展紫。

《明英宗實録》卷九三〔正統七年六月庚子〕工部以有司所造九龍九鳳膳亭及龍鳳白瓷礶俱不及式，治調官罪，復令改造。上恐勞民，詔：「勿改造，提調俱宥之。」

王三聘《事物考》卷三《金》《格古要論》曰：「南番子金、麩皮金皆生金也。雲南葉子金、西番回回金皆熟金也。其性柔而重，其色七青八黄九紫十赤，以赤爲足色金也。」

申時行等《明會典》卷六二《禮部二十·房屋器用等第》 國初著令：凡官民服色、冠帶、房舍、鞍馬，貴賤各有等第，上可以兼下，下不可以僭上。官員任滿致仕與見任同，其父、祖有官身殁，非犯除名不叙，子、孫許居父、祖房舍。及衣服車馬，有官者依品級。其御賜者及軍官軍人服色，不在禁例。又禁：凡服色、器皿、房屋等項，並不許雕刻刺繡古帝王、后妃、聖賢人物故事及日、月、龍、鳳、獅子、麒麟、犀、象等形。所以辨上下，定民志，至今遵守，不敢違越。其禁制，備列于後：

凡房屋，洪武二十六年定：官員蓋造房屋，並不許歇山轉角，重簷重栱，繪畫藻井。其樓房不係重簷之例，聽從自便。〇公、侯，前廳七間或五間，兩厦九架造。中堂七間九架，後堂七間七架，門屋三間五架。門用金漆，及獸而擺錫環。家廟三間五架，俱用黑板瓦蓋，屋脊用花樣瓦獸。梁棟、斗栱、簷桷，用綵色繪飾，窻枋柱用金漆或黑油飾。其餘廊、廡、庫、厨、從屋等房，從宜蓋造，俱不得過五間七架。〇一品、二品，廳堂五間九架，屋脊許用瓦獸。梁棟、斗拱、簷桷用青碧繪飾。門屋三間五架，門用緑油及獸面擺錫環。〇三品至五品，廳堂五間七架，屋脊用瓦獸。梁棟、簷桷，用青碧繪飾。正門三間三架，門用黑油擺錫環。〇六品至九品，廳堂三間七架，梁棟止用土黄刷飾。正門一間三架，黑門鐵環。〇一品官房舍，除正廳外，其餘房舍許從宜蓋造，比正屋制度務要減小，不許太過。其門窻户牖，並不許用硃紅油漆。〇庶民所居房舍，不過三間五架，不許用斗栱及綵色粧飾。〇又定：在京功臣宅舍，地勢寬者，住宅後許留空地十丈，左右邊各許留空地五丈。若見住舊居所在地勢窄隘，止仍舊居，不許那移軍民以留空地。官員之家住宅照依前定丈尺，不許多留空地，過此即便退出。令子孫赴官告給園地，另於城外量撥。功臣之家，不許於住宅前後左右多占地丈，蓋造亭館，或開掘池塘，以爲游翫。公、侯内外文武四品以上官，不得令子孫家人於市肆開張鋪店，生放錢債，及出外行商中鹽興販物貨。〇三十五年，申明軍民房屋，不許蓋造九五間數。一品、二品廳堂各七間，六品至九品廳堂、棟梁止用粉青刷飾。庶民所居房屋從屋雖十所、二十所，隨所宜蓋，但不得過三間。〇正統十二年，令庶民房屋架多而間少者，不在禁限。

凡車輿，洪武元年定：並不得雕飾龍鳳紋。職官一品至三品，許用間金粧飾，銀螭、繡帶、青幔。四品至五品，素獅頭，繡帶青幔。六品至九品，用素雲頭，素帶青幔，轎子比同車製。庶民車用黑油，齊頭平頂，皂幔。轎子比同車製，並不許用雲頭。〇六年，令凡舟、車、坐轎除紅漆外，許雜色漆飾。五品以上車用青幔，餘並不許。其坐轎，止許婦人及官民老疾者乘之。〇景泰四年，令在京三品以上許乘轎，其餘不許違例，在外各衙門俱不許乘轎。〇弘治七年，申明兩京及在外文武官員，除奉有旨及文武例應乘轎者，止許四人扛擡。其兩京五府管事并内外鎮守守備等項，公、侯、伯、都督等官，不分老少，皆不許乘轎。違例乘轎，及擅用八人者，指實奏聞。〇萬曆三年奏准：武職衙門及勳戚等官，俱不許僭用四人帷轎與肩輿及擅用交牀上馬，違者聽科道官及巡視衙門參奏重處。指揮以下京衛調外衛，外衛調邊衛，俱帶俸差操。

凡傘蓋，洪武元年，令庶民並不得用羅、絹涼傘，許用油紙雨傘。〇三年，令京城内一品、二品許用傘蓋，其餘止許用雨傘，京城外聽用之。〇十六年，令尚書、侍郎、左右都御史、通政使、太常卿、應天府尹、國子祭酒、翰林等學士，許張傘蓋。〇二十六年定：一品、二品銀浮屠頂，茶褐羅表紅絹裏三簷。三品、四品用紅浮屠頂，茶褐羅表紅絹裏三簷。以上傘蓋，俱用黑色、茶褐，雨傘俱用紅油絹。五品用紅浮屠頂，青羅表紅絹裏，兩簷，雨傘同四品。六品至九品用紅浮屠頂，青絹表紅絹裏兩簷，雨傘俱用油紙。〇三十五年，申明官員傘蓋，不許用金繡硃紅粧飾，公、侯、駙馬、伯與一品、二品同。〇成化九年，令兩京官員油傘，遇雨任用。其涼傘，京城内不許張設，若出郊在外，不拘此限。

凡鞍轡，洪武元年，令庶民不得描金，惟用銅、鐵粧飾。〇二十六年定：公、侯、一品、二品用銀減鐵事件，鞊用描銀。三品至五品用銀減鐵事件，鞊用油畫。六品至九品用擺錫鐵事件，鞊用油畫。〇三十五年，申明官員人等鞍轡，馬頷下纓，并鞦轡俱用黑色。不許紅纓及描金、嵌金、天青、硃紅粧飾。軍民用鐵事件，黑緑油鞊。

凡帳幔，洪武元年，令並不許用赭黄龍鳳文。職官一品至三品，許用金花刺繡紗羅；四品五品，刺繡紗羅；六品以下許用素紗羅；庶民用紗絹。〇三年，令職官一品至五品，帳幔許用綾羅紗，被褥用紵絲錦繡；六品至九品，帳幔許用紗、絹，被褥用綾、羅、紬絹，庶民用紬絹布。

凡器皿，洪武二十六年定：公、侯、一品、二品，酒注、酒盞用金，餘用銀；三品至五品酒注用銀，酒盞用金；六品至九品，酒注、酒盞用銀，餘皆用甆漆、木器，並不許用硃紅及抹金描金雕琢龍鳳文；庶民酒注用錫，酒盞用銀，餘甆漆。〇又令：官員牀面屏風、槅子，並用雜色漆飾，不許雕刻龍鳳文並金飾硃漆。〇又令：軍官、軍士應用弓矢，止是黑漆。弓袋、箭囊，並不許用硃漆描金妝飾。〇三十五年，申明官民人等，不許僭用金酒爵。其椅卓木器之類，亦不許用硃紅金飾。〇正德十六年奏准：職官一品、二品器皿不許用玉，止許用金，以爲定例。其商賈、技藝之家，器皿不許用銀，餘與庶民同。官吏人等，不許僭用金酒爵，其椅卓木器之類並不許硃紅金飾。

凡寺、觀、菴、院，洪武三年，令除殿宇、梁棟、門窻、神座、案卓許用紅色，其餘僧、道自居房舍，並不許起造斗栱，彩畫梁棟，及僭用紅色什物牀榻椅子。〇六年，令凡各處僧、道寺、觀，金彩妝飾神佛龍鳳等像，除舊有外，不許再造。〇天順八年詔：京城內外寺、觀，今後不許增修請額。

公、侯及一品、二品，許用銀減鐵事件，描銀鞊；三品至五品用銀減鐵事件，油畫鞊；六品至九品用擺錫事件，油畫鞊。

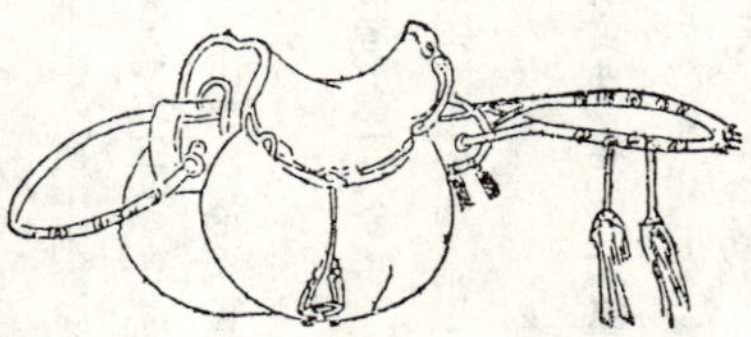

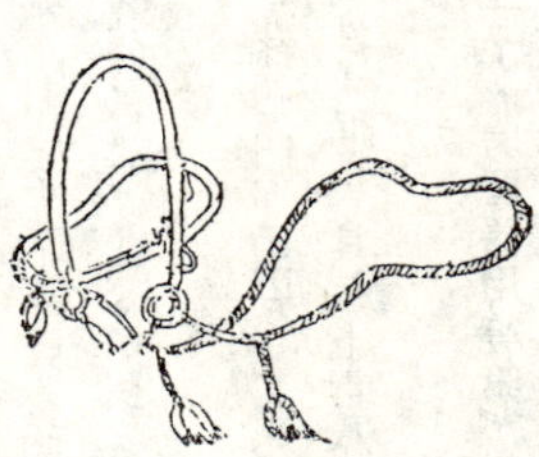

何士晉《工部廠庫須知》卷七《鎔銅規則》

每鎔銅，先抽一百包堆放兩旁，内點二包，敲斷驗其成色，秤兑二百斤，分東西二爐鎔化。即令爐商各看守，俟烟氣黑盡，而緑緑盡，而白銅色已浄，纔出秤税，每百斤内除正耗十三斤三兩外，多耗一斤令商人補一斤，多耗二斤令商人補二斤。二爐通融計筭，共折耗若干斤，折衷，每百斤各折耗若干斤。凡兑銅以此爲則。

何士晉《工部廠庫須知》卷七《鑄器規則》

朝鐘一口：

會有物料一十二項，共銀八百一十兩三錢五分。

召買物料十八項，共銀三千二百七十六兩八錢一分八釐五毫。

鑄鐵、木瓦、搭材等匠工食銀八百一兩八錢一分五釐。

裝運木植人夫工食銀　兩六錢四分。

鼓樓銅點一面：

會有物料一項銀六分五釐。

召買物料六項，共銀四十二兩二錢二分。鑄匠挫磨等工食共銀二兩八錢五分。

承運庫大鐵鎚一把：

會有物料一項共銀一兩二錢。

召買物料二項，共銀二錢五分九釐二毫五絲。

鐵匠工食銀二錢二分八釐。

銅斧一把：

會有物料一項銀九分二釐。

召買物料二項，共銀一分七釐七毫五絲。

鐵匠工食銀三分。

生鐵銀錠一個：

會有物料二項，共銀二錢二分四釐。

召買物料九項，共銀九分二釐七毫。

夫匠工食銀共五分二釐九毫九絲一忽二微。

生鐵砧子一個：

會有物料二項，共銀一兩五錢四分。

召買物料五項，共銀一兩二錢二分二釐。
夫匠工食共銀七錢九分四釐。
鐵鑊一口：
會有物料二項，共銀五兩三錢二分。
召買物料九項，共銀三兩一錢七分九釐。
夫匠工食銀共八兩六錢五分七釐九毫九絲。
鐵鍋一連：十二眼。
會有物料二項，共銀八錢一分四釐。
召買物料九項，共銀一兩九錢七分。
夫匠工食共銀一兩四錢二分。
雲板一面：
會有物料二項，共銀一兩六分二釐。
召買物料三項，共銀六錢一分三釐。
做模鑄匠工食銀五錢一分三釐。
信符金牌一副：
會有物料十四項，共銀四兩一錢四分二釐。
召買物料二十九項，共銀二十六兩八錢一分六釐五毫。
鑄匠、挫磨等工食銀二十二兩二錢八分。
鐵楞鐵檻一副：
會有物料四項，共銀三百一十一兩九錢二分。
召買物料十二項，共銀一百九十九兩一錢一分。
鑄匠、做模等工食銀二百九十兩四錢。
法馬一副：計三十七個
會有物料一項，銀三兩四錢一分一釐。
召買物料五項，共銀三錢二分六釐。
做模、鑄匠、挫磨、較勘、鏨字等工食共銀一兩四錢四分。
捨飯店鐵鍋一口：
會有物料二項，共銀三兩二錢八分八釐。
召買物料十項，共銀二兩七錢七分二釐。
做模鑄匠等工食銀二兩四錢九分。

十王府銅點一面：
會有物料一項，銀六分五釐。
召買物料四項，銀一十九兩一錢八分七釐五毫。
鑄匠、挫磨等工食銀二兩六錢二分二釐。
貼黄鐵鍋一口：
會有物料二項，共銀五錢九分五釐五毫。
召買物料三項，共銀五錢六分八釐二毫。
鑄匠、做模等工食銀二錢九分七釐一毫。
鐵券一面：
召買物料三項，共銀二兩六分五釐。
鑄匠、挫磨等工食銀四兩二錢八分。
會樞門火盆一個：
會有物料一項，銀一兩五分。
召買物料四項，銀五錢九分七釐四毫。
鑄匠做模等工食銀四錢五分六釐。
光禄寺煮料鐵鍋一口：
會有物料二項，共銀三十兩。
召買物料九項，共銀三十五兩九錢六分三釐。
鑄匠、做模等工食銀二十五兩九錢三分。
御馬監煮料鐵鍋一口：
會有物料二項，共銀三兩六錢三分九釐二毫。
召買物料十一項，共銀四兩一錢九分四釐。
工食銀一兩四錢四分八釐。
禮部鑄印黄銅：
召買物料一項，銀十八兩八錢。
守衛金牌一面：
會有物料三項，共銀三釐五毫七絲。
召買物料二十九項，共銀六錢五分七釐五毫。
工食銀八錢七分六釐八毫。

何士晉《工部廠庫須知》卷一一 成造各器額則：每器開一副爲率。

硃紅竹絲逋二盒一副，物料十九項，共銀三錢七分九釐一毫七忽，工食三作，共銀一錢八分二釐。

硃紅竹絲連三盒一副，物料十七項，共銀四錢五分三釐六毫五絲，工食三作，共銀二錢四分八釐。

硃紅膳盒一副，物料十九項，共銀六錢九分六釐六毫九絲，工食四作，共銀一錢九分七釐。

硃紅大膳盒一副，照前倍估，臨時裁節。

戧金膳盒一副，物料二十三項，共銀一兩零四分八釐一毫九絲，工食五作，共銀三錢四分七釐。【略】

硃紅托盒一副，物料十三項，共銀四錢七分四釐，工食二作共銀一錢零八釐。

硃紅大托盒一副，照前倍估，臨時裁節。

戧金托盒一副，物料十七項，共銀七錢零二釐一毫。工分三作，共銀二錢四分八釐。

戧金大托盒一副，照前倍估，臨時裁節。

硃紅擡酒膳盒一副，物料十六項，共銀六錢一分八釐五毫，工食四作，共銀一錢九分七釐。

戧金擡酒膳盒一副，物料二十項，共銀八錢六分九釐零二絲，工食五作，共銀三錢四分七釐。

圓板盒一副，□八層。物料十三項，共銀一兩六錢五分五釐九毫，工食三作，共銀二錢二分三釐。

硃紅竹絲茶飯盒一副，物料十七項，共銀三錢四分七釐九毫，工食三作共銀一錢八分二釐。

硃紅竹絲大單盒一副，物料十七項，共銀三錢三分四釐一毫，工食三作共銀一錢二分六釐。

硃紅錫鑲木水桶一個，併蓋杠鐵環全。物料十四項，共銀一兩七錢四分九釐四毫六絲一忽八微七纖五塵，工食三作，共銀一錢零五釐。

硃紅錫鑲木方箱一撞，併紅麻繩杠全。物料十六項，共銀八兩六錢五分七釐七毫，工食四作，共銀五錢三分三釐。

硃紅木箱一個，物料十四項，共銀一兩零七分九釐四毫一絲九忽，工食四作，共銀三錢二分三釐。

硃紅水沿木卓一張，錫湯鼓二個全。物料十五項，共銀一兩八錢四分一釐八毫，工食三作，共銀三錢三分六釐。

油紅杉木案卓一張，物料十七項，共銀二兩零三分三釐五毫三絲六忽二微五纖，工食二作，共銀二錢五分七釐。

大連椅一張，物料十項，共銀七錢五分二釐二毫一絲二忽一微二纖五塵，工食二作共銀一錢三分。

板凳一條，物料八項，共銀二錢九分三釐五毫四絲三忽三微七纖五塵，工食二作共銀四分二釐八毫。

油紅大蒸籠一副，物料五項，共銀六錢三分九釐四毫九絲三忽七微五纖，工食三作共銀二錢五分八釐。

油紅中蒸籠一副，物料五項，共銀四錢八分一釐二毫二絲，工食三作共銀二錢零二釐。

油紅小蒸籠一副，物料五項，共銀三錢八分七釐八毫二絲一忽八微七纖五塵，工食三作共銀一錢一分八釐。

擡酒大竹籮一個，物料九項，共銀三錢零七釐五毫七絲九忽四微，工食二作，共銀九分四釐七毫。

竹葉棕大醬篷一個，物料九項，共銀四錢一分二釐五毫三絲一忽二微五纖，工食二作，共銀一錢一分六釐。

竹絲雙酒絡一副，物料十二項，共銀一錢二分三釐一毫六絲一忽九微一纖，工食二作，共銀六分。

大祭卓蓋替并銷金黃羅夾袱黃絹銷金油袱并銅事件全，物料二十四項，共銀十五兩七錢六分一釐七毫四絲四忽一微二纖五塵，工食四作，共銀二兩四錢三分八釐一毫。

小祭卓蓋替并銷金黃羅夾袱黃絹銷金油單袱并銅事件全，物料二十四項，共銀十一兩九錢五分五釐一毫六絲九忽一微二纖五塵，工食四作，共銀一兩三錢九分八釐六毫。

大小祭卓共四十五張，上案放楪、壺、盞把、鍾、燈籠、手照、御杖、合漏、板凳、盆、桶等項大小共二千五百一十七件。物料三十一項，共銀一百三十五兩九錢三分五釐七毫五絲，工食銀三十兩四錢玖分一釐八毫。

戧金大馬盆一個，物料十三項，共銀一兩二錢三分三釐七毫，工食三作，共銀三錢一分六釐。

油紅馬卓一張，物料八項，共銀一兩四錢三分三釐二毫三絲六忽二微五纖，工食二作，共銀三錢七分。

硃紅茶架一架，物料八項，共銀二錢九分九釐四毫九絲五微七纖五塵，工食二作，共銀八分四釐。

糜案一座，物料十項，共銀五兩一錢五分六釐四毫五絲四微一纖，工食二作，共銀一兩七錢九分。

長春苦酒糜案一座，物料十四項，共銀五十五兩五錢七分一釐，工食銀三兩三錢四分一釐五毫。

錫鑲養牲匣一副，物料十七項，共銀九兩九錢零五釐八毫九忽，工食三作，共銀三錢二分三釐。

錫鑲三牲匣一副，物料十八項，共銀十一兩八錢八分一毫三絲九忽三微，工食三作，共銀一兩零四分六釐。

紅熟銅行灶一座，底練索全。物料五項，共銀四兩七錢八分五釐六毫八絲，工食一作，銀三錢。

鐵大淺鍋一口，物料十九項，共銀十三兩一錢二分六釐，工食一作，銀一兩五錢五分。

煮荳大鐵鍋一口，徑五尺五寸。物料十六項，共銀七十兩零七錢二分一釐二毫，工食一作，銀八兩二錢六分。

煮醬黃大鐵鍋一口，徑五尺，深四尺，接口全。物料十六項，共銀四十七兩八錢七分四釐八毫，工食一作，銀八兩二錢六分。

生銅退牲中接口鍋一口，徑五尺，深三尺五寸，鐵條攀灶門全。物料十三項，共銀一百六十五兩八錢四分二釐，工食一作銀五兩七錢。

生鐵拖爐一副，闊二尺六寸。物料七項，共銀五兩七錢三分四釐，工食一作，銀五兩四錢。

銅銚一把，物料三項，共銀三錢四分九釐二毫八絲二忽五微，工食一作，銀九分。

錫頂罐一個，替蓋攀全。物料四項，共銀七錢二分六釐一毫，工食一作，銀四分七釐。

錫茶壺一把，物料四項，共銀二錢四分三釐一毫，工食一作，銀五分。

錫粉盤一面，物料四項，共銀六錢四分四釐四毫六絲，工食一作，銀四分七釐。

錫大盪酒壺一把，物料四項，共銀五錢六分四釐三毫六絲，工食一作，銀五分。

錫酒壺一把，物料六項，共銀二錢四分六釐八毫四絲七忽，工食一作，銀二分八釐。

錫大汁壺瓶一把，物料四項，共銀七錢二分六釐一毫，工食一作，銀五分。

戧金大膳卓一張，物料十三項，共銀十五兩一錢五分七釐一毫六絲五忽，工食三作，共銀三兩九錢六分。

膳卓一張，物料十三項，共銀七兩零一分八釐二毫四絲九忽，工食三作，共銀七錢四分。

戧金果菜楪二十四個，湯碗三套，物料十一項，共銀一兩二錢一分四釐四毫四絲一忽七微，工食三作，共銀。

戧金托盤一面，物料十八項，共銀一兩一錢零四釐力毫六絲二忽四微，工食五作，共銀八分八釐。

膳厨房一府，物料三十五項，共銀二百五十六兩三錢零七釐四毫五絲。工食七作，共銀四十七兩八錢六分八釐。

九龍膳亭一座，物料三十一項，共銀六十二兩八錢二分八釐一毫，工食八作，共銀十六兩四錢五分四釐。

百味亭一座，物料四十三項，共銀六十七兩三錢六分四釐五毫八絲五忽，工食八作，共銀十兩零一錢二分。

裝盛磁器樣箱一個，事件鎖鑰等俱全。物料二十六項，共銀二兩七錢七分四釐一毫二絲，工食四作，共銀八錢七分。

回青木櫃一個，物料十四項，共銀一兩一錢三分七釐六毫，工食四作，共銀二錢零二釐。

黃生絹染一疋，物料銀四分四釐三毫一絲，工食銀五分。

黃絹銷金三幅袱一條，物料四項，共銀一錢六分一釐六毫七絲五忽，工食一作，銀三分。

葵花袍一件，物料七項，共銀一兩二錢二分二釐八毫四絲，工食二作，共銀七分。

抹金銅帶一條，物料二十五項，共銀四錢七分零二毫，工食二作共銀九分。

鹿籠一座，物料一三項，共銀三兩五錢四分一釐一毫，工食三作，共銀三錢六分。

大銅鍋一口，徑二尺八寸。物料十三項，共銀四十六兩三錢一分七釐，近年不造，姑存之工料似尚可裁。工食一作，銀一兩四錢二分五釐。

澆花板，物料一項，該銀一兩八錢，工食銀三兩九錢。

籩豆龍袱條，物料六項，共銀六錢九分六毫，工食二作，共銀一分八釐。

陵壇油龍袱一條，物料三項，共銀二錢四分八毫五絲，工食二作，共銀三分四釐。

太廟羊角燈，召買每盞該銀六錢六分。

以上各器，查條例所載紅器名色止此，各項止開一副爲例，遇修若干照一副規則增減物料，其各料細數款目繁多，難以刊刻，該廠有印信文册存照。

謝肇淛《五雜組》卷一五《事部三》 國用之不足，雖由上之不節，而下焉者，綜核之未精，虛文之糜費，蠹克之多端，因循之虧耗，亦常居其半焉。三殿之工木，取諸川、貴、吳、楚，每條最巨者計費九千金，而沿途傳置之費不與焉。若遇節省之朝，一木可作一殿矣。余在繕部，適皇極門興工，有鐵釘爐頭者，一切鐵及柴炭皆取諸官之外，但鑄冶手工至一千五百金，其他大率往往如是，真可笑也。

朝廷御用之物，其工直視民間常千百倍，而其堅固適用反不及民間，計侵漁冒破之外，得實用者千分中之一分耳。每一繕造，必内使與臺省部寺諸臣公估其直，直不浮，内使不從也。一物之進，自外達内，處處必索鋪墊，一處不飽其欲，物不得前也。領官鏹置辦者，皆京師大駔積猾，内結近侍，外通胥曹，預支白鏹以營身肥家，廣置田宅妻妾，鮮車怒馬，出入呵殿。及期限時迫，則捐十之三以啖内使，而以十之一供應，夤緣爲奸，苟圖塞責而已。其中千孔百穴，盤據溷亂，牢不可破，稷蜂社鼠，難以窮詰，故財用坐困，而竟未嘗享其利也。

錢泳《履園叢話》卷一二《藝能·營造》 凡造屋必先看方向之利不利，擇吉既定，然後運土平基。基既平，當酌量該造屋幾間，堂幾進，弄幾條，廊廡幾處，然後定石脚，以夯石深、石脚平爲主。基址既平，方知丈尺方圓，而始畫屋樣，要使尺幅中繪出闊狹淺深，高低尺寸，貼簽注明，謂之圖説。然圖説者僅居一面，難於領略，而又必以紙骨按畫仿制屋幾間，堂幾進，弄幾條，廊廡幾處，謂之燙樣，蘇、杭、揚人皆能爲之。或燙樣不合意，再爲商改，然後令工依樣放綫，該用若干丈尺，若干高低，一目了然，始能斷木料，動工作，則省許多經營，許多心力，許多錢財。余每見鄉村富户，胸無成竹，不知造屋次序，但擇日起工，一憑工匠隨意建造，非高即低，非闊即狹，或主人之意不適而又重拆，或工匠之見不定而又添改，爲主人者竟無一定主見。種種周章，比比皆是。至屋未成而囊錢已罄，或屋既造而木料尚多，此皆不畫圖、不燙樣之過也。

屋既成矣，必用裝修，而門窗槅扇最忌雕花。古者在墻爲牖，在屋爲窗，不過渾邊浄素而已，如此做法，最爲堅固。試看宋、元人圖畫宫室，并無有人物、龍鳳、花卉、翎毛諸花樣者。又吾鄉造屋，大廳前必有門樓，磚上雕刻人馬戲文，玲瓏剔透，尤爲可笑。此皆主人無成見，聽憑工匠所爲而受其愚耳。

造屋之工，當以揚州爲第一，如作文之有變换，無雷同，雖數間小築，必使門窗軒豁，曲折得宜，此蘇、杭工匠斷斷不能也。蓋廳堂要整齊如臺閣氣象，書房密室要參錯如園亭布置，兼而有之，方稱妙手。今蘇、杭庸工皆不知此義，惟將磚瓦木料搭成空架子，千篇一律，既不明相題立局，亦不知隨方逐圓，但以涂汰作生涯，雕花爲能事，雖經主人指示，日日叫呼，而工匠自有一種老筆主意，總不能得心應手者也。

裝修非難，位置爲難，各有才情，各有天分，其中款奥雖無定法，總要看主人之心思，工匠之巧妙，不必拘於一格也。修改舊屋，如改學生課藝，要將自己之心思而貫人彼之詞句，俾得完善成篇，略無痕迹，較造新屋者似易而實難。然亦要看學生之筆下何如，有改得出，有改不出。如僅茆屋三間，梁朽棟折，雖有善手，吾末如之何也已矣。汪春田觀察有《重葺文園》詩云：「换却花籬補石闌，改園更比改詩難。果能字字吟來穩，小有亭臺亦耐看。」

《（嘉慶）大清一統志》卷一七三《登州府》 岠嵎山。在棲霞縣東二十里，岠嵎水出焉。《元和志》：萊陽縣有黄銀坑。舊志金山亦名岠嵎山，即黄銀坑也。隋唐以來，守土官採金充貢，後編户置官，歲定金額，有增無減，户漸逃亡。明洪武間，始禁開採。

《欽定總管内務府現行則例·南苑》卷上《修理鋪墊物件》 四處行宫内陳設鋪墊、帳幔、袷綢門、簾門、罩牀套、牀刷、窔單、羊角燈、風燈、銅錫器皿等項，如有舊壞不堪用時，向廣儲司行取。鋪墊、氈塊、鎖鑰、皮袋、皮條不堪用時，向武備院行取。席片，向掌關防内管領處行取。鐵爐、鐵燈、鐵鍋、牀桌、水桶、鷹架、鷹梯、缸盆，如有舊壞不堪用時，向營造司行取。

刑部《大清新律例》卷上《户律倉庫·錢法》 一、各省開採銅鉛，令道員總理，府佐官分理，州縣官專管其事。凡産銅鉛之處，聽民採取，税其二分，造册季報，所剩八分任民照時價發賣。有墳墓處所不許採取，如有不得銅鉛及不便採取之處，該督撫題明停其採取。其各州縣産銅鉛之山，令地主報明採取，地主無力開採，聽本州縣報名採取。州縣無匠役，許於鄰近州縣雇募，該州縣自行稽察。如有別州縣民人夥衆越境採取，聚至三十人以上，爲首者發近邊充軍，爲從枷號三個月，杖一百；不及三十人者，爲首枷號三個月，杖一百，爲從滿杖。衙役恣意攪擾，致人裹足者，爲首枷號兩個月，發附近充軍，爲從減一等。

一、承辦銅商逾限，並無貨物出口，或非採易銅斤之貨，嚴拿究處，著落追賠。其進口之時，或非原出口地方，該汛地方官立速查報，並知照原出口之該汛官弁勒催起解。倘有侵那隱匿之弊，將該商從重治罪，倘辦員侵欺尅扣，串通朦混，以致姦商那新掩舊，督撫據實題參治罪。上司徇隱，一併交部議處。

傳記

《三國志》卷五四《吴書·周瑜傳》注引《江表傳》 瑜曰：「昔楚國初封於荆山之側，不滿百里之地，繼嗣賢能，廣土開境，立基於郢，遂據荆揚，至於南海，傳業延祚，九百餘年。今將軍承父兄餘資，兼六郡之衆，兵精糧多，將士用命，鑄山爲銅，煮海爲鹽，境内富饒，人不思亂，汎舟舉帆，朝發夕到，士風勁勇，所向無敵，有何偪迫，而欲送質？質一入，不得不與曹氏相首尾，與相首尾，則命召不得不往，便見制於人也。極不過一侯印，僕從十餘人，車數乘，馬數匹，豈與南面稱孤同哉？不如勿遣，徐觀其變。若曹氏能率義以正天下，將軍事之未晚。若圖爲暴亂，兵猶火也，不戢將自焚。將軍韜勇抗威，以待天命，何送質之有！」權母曰：「公瑾議是也。公瑾與伯符同年，小一月耳，我視之如子也，汝其兄事之。」遂不送質。

倪思《經鉏堂雜誌》卷六《不減價以求售》 臨安有世賣剪子者，曰青州劉家。他剪子舖隨時逐利，每柄不過一二百錢可得，唯青州劉執價必五百不減。然其打製精利，用之可過常剪數柄，彼其價高，非妄增也。蓋其鐵既精好，工價數倍，若稍減價，則不復能如此。人用其剪者信之，買以五百，未嘗少吝。執價守業，可嘉一也；久而使人信之，可嘉二也；好物價高，賤者不堪久用，其理可驗，三也。事有可以類推者，故誌之。

謝肇淛《五雜組》卷五《人部一》 正統己巳之變，招募天下勇士，山西李通者行教京師，試其技藝，十八般皆能，無人可與爲敵，遂應首選。然通後卒不以勛業顯，何也？十八般：一弓，二弩，三槍，四刀，五劍，六矛，七盾，八斧，九鉞，十戟，十一鞭，十二簡，十三槁，十四殳，十五叉，十六杷頭，十七綿繩套索，十八白打。

【略】

璇璣玉衡，以齊七政，萬世巧藝之祖，無出歷山老農矣。黄帝之指南車，周公之欹器，其次也。公輸之雲梯，武侯之木牛流馬，又其次也。棘猴玉楮，非不絶人倫，侔化工，幾於淫矣，然亦聰慧天縱，非可以智力學而至者。大約百工技藝，俱有至極，造其極者謂之聖，不可知者謂之神。雖曰無益，不猶愈於「飽食終日，無所用心」者哉？

北齊胡太后使沙門靈昭造七寶鏡臺，三十六户各有婦人，手各執鎖。才下一關，三十六户一時自閉；若抽此關，諸門皆啓，婦人皆出户前。唐馬登封爲皇后制妝臺，進退開合，皆不須人，巾櫛香粉，次第迭進，見者以爲鬼工，誠絶代之技也。然運機發縱，可以意推，葭琯渾儀，遞相祖述，在能擴而演之耳。元順帝自制宫漏，藏壺匱中，運水上下。匱上設三聖殿，腰立玉女，按時捧籌，二金甲神擊鼓撞鐘，分毫無爽。鐘鼓鳴時，獅鳳在側，飛舞應節。匱兩旁有日月宫，宫前飛仙六人，子午之交，仙自耦進，度橋進三聖殿；已，復退立如常。神工巧思，千古一人而已。近代外國琍瑪竇有自鳴鐘，亦其遺意也。

今人語工程之巧者，必曰魯班所造，然魯班之後，世固未乏巧工，而班之製造傳於世者，未數見也。漢之胡寛、丁緩、李菊，唐之毛順，俱載史册。宋時木工喻皓，以工巧蓋一時，爲都料匠，著有《木經》三卷，識者謂宋三百年一人而已。國朝徐杲以木匠起家，官至大司空，其巧侔前代而不動聲色。嘗爲内殿易一棟，審視良久，於外另作一棟。至日斷舊易新，分毫不差，都不聞斧鑿聲也。又魏國公大第傾斜，欲正之，計非數百金不可。徐令人囊沙千餘石置兩旁，而自與主人對飲。酒闌而出，則第已正矣。亦近代之公輸也，以伎倆致位九列，固不偶然。

喻皓最工製塔。在汴起開寶寺塔，極高且精，而頗傾西北，人多惑之。不百年，平正如一。蓋汴地平無山，西北風高，常吹之故也。其精如此。錢氏在杭州建一木塔，方兩三級，登之輒動，匠云：「未瓦上輕，故然。」及瓦布而動如故，匠不知所出，走汴，賂皓之妻，使問之。皓笑曰：「此易耳。但逐層布板訖，便實釘之，必不動矣。」如其言，乃定。皓無子，有女十餘歲，卧則交手於胸，爲結構狀。

或云「《木經》，女所著也」。

國朝徐杲之外，又有蒯義、蒯剛、蔡信、郭文英，俱以木工官至工部侍郎，而能名不甚著。

梓匠輪輿，能與人規矩，不能使人巧。然巧一也，至於窮妙入神，在人自悟。若曹元理、趙達算術，再傳之後，漸失玄妙，分量有限，即幾希之間，難於登天。它如管輅之卜，華佗之醫，郭璞之地，一行非不傳也，後人聰明無企及之故也。後人失其分數，思議不及，遂加傅會，以之天，積薪之弈，僧繇之畫，莫不皆然。後人失其分數，思議不及，遂加傅會，以爲神授。此政不可知之謂神耳，豈真有鬼神哉？

諸葛武侯在隆中時，客至，屬妻治麵，坐未温而麵具。侯怪其速，後密覘之，見數木人斫麥運磨如飛，因求其術，演爲木牛流馬云。蓋莊子所謂「不龜手之藥，或以封，或不免於絣澼絖」者也。自武侯有此制，而後世有巧幻之器，如自沸鐺、報時枕之類，皆托之諸葛，有無不可知也。

南齊祖冲之因武侯有木牛流馬，乃造一器，不因風水，施機自運，不勞人力。又造千里船，於新亭江試之，日行百里。及欹器、指南車之屬，皆能制造。此其巧思，孔明之後一人而已。其論鐘律曆法，尤極精辨，而喪亂之世不見施行，惜哉！

唐文宗時有正塔僧，履險若平地，换塔杪一柱，不假人力，傾都奔走，皆以爲神。宋時真定木浮圖十三級，勢尤孤絶，久而中級大柱壞欲傾，衆工不知所爲。有僧懷丙，度短長别作柱，命衆維而上。已而却衆工，以一介自隨，閉户良久，易柱下，不聞斧鑿聲也，亦神矣。國朝姑蘇虎丘寺塔傾側，議欲正之，非萬緡不可。一游僧見之，曰：「無煩也，我能正之。」每日獨携木楔百餘片，閉户而入，但聞丁丁聲。不月餘塔正如初，覓其補綻痕迹，了不可得也。三事極相類，而皆出游僧，尤奇。

梁啓超《李鴻章傳》第六章《洋務時代之李鴻章》「洋務」二字，不成其爲名詞也。雖然，名從主人，爲李鴻章傳，則不得不以「洋務」二字總括其中世二十餘年之事業。

李鴻章所以爲一世俗儒所唾罵者以洋務，其所以爲一世鄙夫所趨重者亦以洋務，吾之所以重李責李而爲李惜者亦以洋務。謂李鴻章不知洋務乎？中國洋務人士，吾未見有其比也。謂李鴻章真知洋務乎？何以他國以洋務興，而吾國以洋務衰也？吾一言以斷之，則李鴻章坐知有洋務，而不知有國務，以爲洋人之所務者，僅於如彼云云也。今試取其平定髮捻以後，日本戰事以前，所辦洋務各事，列表如下：

設外國語言文字學館於上海	同治二年正月
設江南機器製造局於上海	同　四年八月
設機器局於天津	同　九年十月
籌通商日本并派員往駐	同　九年閏十二月
擬在大沽設洋式炮臺	同　十年四月
挑選學生赴美國肄業	同　十一年正月
請開煤鐵礦	同　十一年五月
設輪船招商局	同　十一年十一月
籌辦鐵甲兵船	光緒元年十一月
請遣使日本	同　同
請設洋學局於各省，分格致、測算、輿圖、火輪機器、兵法、炮法、化學、電學諸門，擇通曉時務大員主之，并於考試功令稍加變通，另開洋務進取一格	同年十二月
派武弁往德國學水陸軍械技藝	同　二年三月
派福建船政生出洋學習	同　年十一月
始購鐵甲船	同　年二月
設水師學堂於天津	同　年七月
設南北洋電報	同　年八月
請開鐵路	同　年十二月
設開平礦務商局	同七年四月
創設公司船赴英貿易	同　年六月
招商接辦各省電報	同　年十一月
築旅順船塢	同　八年二月
設商辦織布局於上海	同　年四月
設武備學堂於天津	同　十一年五月
開辦漠河金礦	同　十三年十二月
北洋海軍成軍	同　十四年
設醫學堂於天津	同　二十年五月

以上所列李鴻章所辦洋務，略具於是矣。綜其大綱，不出二端：一曰軍事，如購船、購械、造船、造械、築炮臺、繕船塢等是也；二曰商務，如鐵路、招商局、織布局、電報局、開平煤礦、漠河金礦等是也。其間有興學堂、派學生游學外國之事，大率皆爲兵事起見，否則以供交涉翻譯之用者也。李鴻章所見西人之長技，如是而已。

海陸軍事，是其生平全力所注也。蓋彼以善戰立功名，而其所以成功，實由與西軍雜處，親睹其器械之利，取而用之，故事定之後，深有見夫中國兵力，平內亂有餘，御外侮不足，故兢兢焉以此爲重。其眼光不可謂不加尋常人一等，而其心力之瘁於此者亦至矣。計中日戰事以前，李鴻章手下之兵力，大略如下：

北洋海軍兵力表

分職隊別	（船名）	（船式）	（噸數）	（馬力）	（速力）	（炮數）	（船員）	（進水年分）
主戰艦隊	定遠	鐵甲	七三三五	六〇〇〇	一四·五	二二	三三〇	光緒八 一八八二
	鎮遠	同	七三五五	六〇〇〇	一四·五	二二	三三〇	同
	經遠	同	二九〇〇	三〇〇〇	一五·五	一四	二〇二	同十三 一八八七
	來遠	同	二九〇〇	五〇〇〇	一五·五	一四	二〇二	同
	致遠	巡洋	二三〇〇	五五〇〇	一八·〇	二三	二〇二	同十二 一八八六
	靖遠	同	二三〇〇	五五〇〇	一八·〇	二三	二〇二	同
	濟遠	同	二三〇〇	五五〇〇	一八·〇	二三	二〇三	同九 一八八三
防守艦隊	平遠	同	二二〇〇	一五〇〇	一四·五	一一		
	超勇	同	一三五〇	二四〇〇	一五·〇	一八	一三〇	同七 一八八一
	揚威	同	一三五〇	二四〇〇	一五·五	一八	一三〇	同
	鎮東	炮船	四四〇	三五〇	八·〇	五	五五	同五 一八七九
	鎮西	同	四四〇	三五〇	八·〇	五	五五	同
	鎮南	同	四四〇	四四〇	八·〇	五	五五	同

（續表）

分職隊別	（船名）	（船式）	（噸數）	（馬力）	（速力）	（炮數）	（船員）	（進水年分）
主戰艦隊	鎮北	同	四四〇	四四〇	八·〇	五	五五	同
	鎮中	同	四四〇	七五〇	八·〇	五	五五	同七 一八八一
	鎮邊	同	四四〇	八四〇	八·〇	五	五五	同
練習艦	康濟	同	一三〇〇	七五〇	九·五	一一	一二四	同七 一八八一
	威遠	同	一三〇〇	八四〇	一二·〇	一一	一二四	同三 一八七七
補助艦	泰安	同	一二五八	六〇〇	一〇·〇	五	一八〇	同二 一八七六
	鎮海	同	九五〇	四八〇	九·〇	五	一〇〇	同治十 一八七一
	操江	同	九五〇	四〇〇	九·〇	五	九一	同五 一八六五
	湄雲	同	五七八	四〇〇	九·〇	四	七〇	同八 一八六九

附：水雷船

（船名）	（船式）	（噸數）	（速力）
左隊一號	一等水雷	一〇八	二四
同二號	同	同	一九
同三號	同	同	一九
右隊一號	同	同	一八
同二號	同	同	一八
同三號	同	同	一八

當中日戰事時代，直隸淮軍練勇二萬餘人，其略如下：

直隸淮軍練勇表

（軍隊）	（營數）	（人數）	（將領）	（駐地）
盛軍	十八	九千	衛汝貴	小站
銘軍	十二	四千	劉盛休	大連灣
毅軍	十	四千	宋慶	旅順口
蘆防淮勇	四	二千	葉志超 聶士成	蘆臺、北塘、山海關
仁字虎勇	五	二千五百	聶士成	營口

合計四十九營二萬五千人之間。

李鴻章注全副精神以經營此海陸二軍，自謂確有把握。光緒八年，法越肇釁之時，朝議飭籌畿防，鴻章覆奏，有「臣練軍簡器，十餘年於兹，徒以經費太絀，不能盡行其志，然臨敵因應，尚不至以孤注貽君父憂」等語。其所以自信者，亦可概見矣。何圖一旦中日戰開，艨艟樓艦，或創或夷，或以資敵，淮軍練勇，屢戰屢敗，聲名一旦掃地以盡，所餘敗鱗殘甲，再經聯軍津沽一役，隨羅榮光、聶士成同成灰燼。於是直隸總督北洋大臣三十年所蓄所養所布畫，烟消雲散，殆如昨夢。及於李之死，而其所摩撫卵翼之天津，尚未收復。嗚呼！合肥合肥，吾知公之不瞑於九原也。

至其所以失敗之故，由於羣議之掣肘者半，由於鴻章之自取者亦半。其自取也，由於用人失當者半，由於見識不明者亦半。彼其當大功既立，功名鼎盛之時，自視甚高，覺天下事易易耳；又其裨將故吏，昔共患難，今共功名，徇其私情，轉相汲引，布滿要津，委以重任，不暇問其才之可用與否，以故臨機僨事，貽誤大局，此其一因也。又惟知練兵，而不知有兵之本原，惟知籌餉，而不知有餉之本原，故支支節節，終無所成，此又其一因也。

李鴻章所辦商務，亦無一成效可睹者，無他，官督商辦一語累之而已。中國人最長於商，若天授焉，但使國家爲之製定商法，廣通道路，但護利權，自能使地無棄財，人無棄力，國之富可立而待也。今每舉一商務，輒爲之奏請焉，爲之派大臣督辦焉，即使所用得人，而代大匠斲者，固未有不傷其手矣。況乃奸吏舞文，視爲利藪，憑挾狐威，把持局務，其已入股者安得不寒心，其未來者安得不裹足耶？故中國商務之不興，雖謂李鴻章官督商辦主義爲之厲階可也。

吾敢以一言武斷之曰：李鴻章實不知國務之人也，不知國家之爲何物，不

知國家與政府有若何之關係，不知政府與人民有若何之權限，不知大臣當盡之責任。其於西國所以富强之原，茫乎未有聞焉，以爲吾中國之政教文物風俗，無一不優於他國，所不及者，惟槍耳、炮耳、船耳、鐵路耳、機器耳，吾但學此，而洋務之能事畢矣。此近日舉國談時務者所異口同聲，而李鴻章實此一派中三十年前之先輩也。是所謂無鹽效西子之顰，邯鄲學壽陵之步，其適形其醜，終無所得也，固宜。

雖然，李鴻章之識，固有遠過於尋常人者矣。嘗觀其同治十一年五月覆議製造輪船未可裁撤摺云：

「臣竊惟歐洲諸國，百十年來，由印度而南洋，由南洋而中國，闖入邊界腹地，凡前史所未載，亘古所未通，無不款關而求互市。我皇上如天之度，概與立約通商，以牢籠之，合地球東西南朔九萬里之遙，胥聚於中國，此三千餘年一大變局也。西人專恃其槍炮輪船之精利，故能橫行於中土。中國向用之器械，不敵彼等，是以受制於西人。居今日而曰攘夷，曰驅逐出境，固虛妄之論。即欲保和局守疆土，亦非無具而能保守之也。【略】士大夫囿於章句之學，而昧於數千年來一大變局，狃於目前苟安，而遂忘前二三十年之何以創巨而痛深，後千百年之何以安内而制外，此停止輪船之議所由起也。臣愚以爲，國家諸費皆可省，惟養兵設防、練習槍炮、製造兵輪之費萬不可省，求省費則必屏除一切，國無與立，終不得强矣。」

光緒元年，因台灣事變籌畫海防摺云：

「兹總理衙門陳請六條，目前當務之急，與日後久遠之圖，業經綜括無遺，洵爲救時要策。所未易猝辦者，人才之難得，經費之難籌，畛域之難化，故習之難除。循是不改，雖日事設防，猶畫餅也。然則今日所急，惟在力破成見，以求實際而已。何以言之？歷代備邊，多在西北，其强弱之勢，主客之形，皆適相埒，且猶有中外界限。今則東南海疆萬餘里，各國通商傳教，往來自如，麇集京師及各省腹地，陽托和好之名，陰懷吞噬之計，一國生事，諸國構煽，實惟數千年來未有之變局。輪船電報之速，瞬息千里；軍器機事之精，工力百倍，又爲數千年來未有之强敵。外患之乘，變幻如此，而我猶欲以成法制之，譬如醫者療疾，不問何症，概投之以古方，誠未見其效也。庚申以後，夷勢駸駸内向，薄海冠帶之倫，莫不發憤慷慨，爭言驅逐。局外之訾議，既不悉局中之艱難，及詢以自强何術，御侮何能，則茫然靡所依據。臣於洋務，涉歷頗久，聞見較廣，於彼己長短相形之

處，知之較深，而環顧當世餉力人才實有未逮，又多拘於成法，牽於衆議，雖欲振奮而末由。《易》曰：『窮則變，變則通。』蓋不變通則戰守皆不足恃，而和亦不可久也。」

又云：

「近時拘謹之儒，多以交涉洋務爲浼人之具，取巧之士，又以引避洋務爲自便之圖。若非朝廷力開風氣，破拘攣之故習，求制勝之實際，天下危局，終不可支，日後乏才，且有甚於今日者。以中國之大，而無自强自立之時，非惟可憂，抑亦可耻。」

由此觀之，則李鴻章固知今日爲三千年來一大變局，固知狃於目前之不可以苟安，固嘗有意於求後千百年安内制外之方，固知古方不可醫新症，固知非變法維新，則戰守皆不足恃，固知畛域不化，故習不除，則事無一可成，甚乃知日後乏才，且有甚於今日，以中國之大，而永無自强自立之時。其言沉痛，吾至今讀之，則淚涔涔其承睫焉。

夫以李鴻章之忠純也若彼，其明察也若此，而又久居要津，柄持大權，而其成就乃有今日者，何也？則以知有兵事而不知有民政，知有外交而不知有内治，知有朝廷而不知有國民。日責人昧於大局，而己於大局先自不明；日責人畛域難化，故習難除，而己之畛域故習，以視彼等，猶不過五十步與百步也。殊不知今日世界之競争，不在國家而在國民；殊不知泰西諸國所以能化畛域、除故習、布新憲，致富强者，其機恒發自下而非發自上，而求其此機之何以能發，則必有一二先覺有大力者，從而導其轅而鼓其鋒，風氣既成，然後因而用之，未有不能濟者也。李鴻章而不知此，不憂此則亦已耳，亦既知之，亦既憂之，以彼之地位，彼之聲望，上之可以格君心以臂使百僚，下之可以造輿論以呼起全國，而惜乎李之不能也。吾故曰：李之受病，在不學無術。故曰：爲時勢所造之英雄，非造時勢之英雄也。

雖然，事易地而殊，人易時而異。吾輩生於今日，而以此大業責李，吾知李必不任受。彼其所謂局外之訾議，不知局中之艱難，言下蓋有余病焉。援《春秋》責備賢者之義，李固咎無可辭。然試問今日四萬萬人中，有可以Cast the first stone之資格者，幾何人哉？吾雖責李，而必不能爲所謂拘謹之儒、取巧之士、囿於章句狃於目前者，稍寬其罪，而又决不許彼輩之隨我而容喙也。要而論之，李鴻章不失爲一有名之英雄，所最不幸者，以舉國之人，而無所謂無名之英雄以立乎其後，故一躍而不能起也。吾于李侯之遇，有餘悲焉耳。

自此章以後，李鴻章得意之歷史終，而失意之歷史方始矣。

梁啓超《李鴻章傳》第十二章《結論》 李鴻章之在歐洲也，屢問人之年及其家産幾何。隨員或請曰：「此西人所最忌也，宜勿爾。」鴻章不恤。蓋其眼中直無歐人，一切玩之於股掌之上而已。最可笑者，嘗游英國某大工廠，觀畢後，忽發一奇問，問於其工頭曰：「君統領如許大之工場，一年所入幾何？」工頭曰：「薪水之外無他入。」李徐指其鑽石指環曰：「然則此鑽石從何來？」歐人傳爲奇談。

世人競傳李鴻章富甲天下，此其事殆不足信，大約數百萬金之産業，意中事也。招商局、電報局、開平煤礦、中國通商銀行，其股份皆不少。或言南京、上海各地之當鋪銀號，多屬其管業云。【略】

吾讀日本報章，有德富蘇峯著論一篇，其品評李鴻章有獨到之點，兹譯録如下：

「支那之名人物李鴻章逝，東洋之政局，自此不免有寂寞，不獨爲清廷起喬凋柱折之感而已。

概而言之，謂李鴻章人物之偉大，事功之崇隆，不如謂其福命之過人也。彼早歲得科第，入詞館，佔清貴名譽之地位；際長髮之亂，爲曾國藩幕僚，任淮軍統帥，賴戈登之力以平定江蘇；及其平捻也，亦禀承曾國藩之遺策，成大功；及爲直隸總督，辦天津教案，正當要挾狼狽之際，忽遇普法戰起，法、英、俄、美皆奔走喘息於西歐大事，而此教案遂銷沉於無聲無影之間。邇來二十有五年，彼總制北洋，開府天津，綜支那之大政，立世界之舞臺，此實彼之全盛時代也。

「雖然，彼之地位，彼之勢力，非悉以僥幸而得之者。彼在支那文武百僚中，確有超卓之眼孔，敏捷之手腕，而非他人之所能及也。彼知西來之大勢，識外國之文明，思利用之以自强，此種眼光，雖先輩曾國藩，恐亦讓彼一步，而左宗棠、曾國荃更無論也。

「彼屯練淮軍於天津，教以洋操；興北洋水師，設防於旅順、威海、大沽；開招商局，以便沿海河川之交通；置機器局，製造兵器；辦開平煤礦；倡議設鐵路。自軍事、商務、工業，無一不留意，雖其議之發自彼與否暫勿論，其權全在彼與否暫勿論，其辦理之有成效與否暫勿論，然要之導清國使前進以至今日之地位者誰乎？固不得不首屈一指曰：李鴻章也。」

紀事

《魏書》卷四下《世祖紀下》　三月，詔諸州坑沙門，毁諸佛像。

《魏書》卷四下《世祖紀下》　〔太平真君七年〕夏四月甲申，車駕至自長安。戊子，鄴城毁五層佛圖，於泥像中得玉璽二，其文皆曰「受命於天，既壽永昌」，其一刻其旁曰「魏所受漢傳國璽」。

《魏書》卷一一〇《食貨志》　河東郡有鹽池，舊立官司以收税利，是時罷之，而民有富强者專擅其用，貧弱者不得資益。延興末，復立監司，量其貴賤，節其賦入，於是公私兼利。世宗即位，政存寬簡，復罷其禁，與百姓共之。其國用所須，别爲條制，取足而已。自後豪貴之家復乘勢占奪，近池之民，又輒障吝。强弱相陵，聞於遠近。神龜初，太師、高陽王雍，太傅、清河王懌等奏：「鹽池天藏，資育羣生。仰惟先朝限者，亦不苟與細民競兹贏利。但利起天池，取用無法，或豪貴封護，或近者吝守，卑賤遠來，超然絶望。是以因置主司，令其裁察，强弱相兼，務令得所。且十一之税，自古及今，取輒以次，所濟爲廣。自爾霑洽，遠近齊平，公私兩宜，儲益不少。及鼓吹主簿王後興等詞稱請供百官食鹽二萬斛之外，歲求輸馬千匹、牛五百頭。以此而推，非可稍計。後中尉甄琛啓求罷禁，被敕付議。尚書執奏，稱琛啓坐談則理高，行之則事闕，請依常禁爲允。詔依琛計。乃爲繞池之民尉保光等擅自固護，語其障禁，倍於官司，取與自由，貴賤任口。若無大宥，罪合推斷。詳度二三，深乖王法。臣等商量，請依先朝之詔，禁之爲便。防奸息暴，斷遺輕重，亦準前旨。所置監司，一同往式。」於是復置監官以監檢焉。其後更罷更立，以至於永熙。

自遷鄴後，於滄、瀛、幽、青四州之境，傍海煮鹽。滄州置竈一千四百八十四，瀛州置竈四百五十二，幽州置竈一百八十，青州置竈五百四十六，又於邯鄲置竈四，計終歲合收鹽二十萬九千七百二斛四升。軍國所資，得以周贍矣。

《南史》卷三四《顔竣傳》　先是，元嘉中鑄四銖錢，輪郭形制與五銖同，用費損無利，故百姓不盗鑄。及孝武即位，又鑄孝建四銖，所鑄錢形式薄小，輪郭不成，於是人間盗鑄者雜以鉛錫，並不牢固。又翦鑿古錢以取其銅，錢轉薄小，稍違官式。雖重制嚴刑，人吏官長坐死免者相係，而盗鑄彌甚，百物踊貴，人患苦之。乃立品格，薄小無輪郭者悉加禁斷。始興公沈慶之議：「宜聽人鑄錢。置署，樂鑄之家皆居署内。去春所禁新品，一時施用，今鑄悉依此格。萬税三千，嚴檢盗鑄，并禁翦鑿。數年之間，公私豐贍，銅盡事息，姦僞自止。禁鑄則銅轉成器，開鑄則器化爲財。」上下其事於公卿，竣議曰：「今云開署放鑄，誠所欲同，但慮采山事絶，器用日耗。銅既轉少，器亦彌貴。設器直一千，則鑄之減半，爲之無利，雖令不行。」時議者又以銅難得，欲鑄二銖錢。竣又議曰：「今鑄二銖，恣行新細，於官無解於乏，而人姦巧大興，天下之貨將糜碎至盡。空曰嚴禁，而利深難絶，不過一二年間，其弊不可復救。此其甚不可一也。使姦人意騁，而貽厥愆謀，此又甚不可二也。富商得志，貧人困窘，此又甚不可三也。若使交益深重，尚不可行，况又未見利，而衆弊如此，失算當時，取笑百代乎。」前廢帝即位，鑄二銖，形式轉細，官錢每出，人間即模效之，而大小厚薄皆不及也。無輪郭，不磨鑢，如今之翦鑿者，謂之耒子錢。景和元年，沈慶之啓通私鑄，由是錢貨亂敗，一千錢長不盈三寸，大小稱此，謂之鵝眼錢，劣於此者謂之綖環錢，貫之以縷，入水不沈，隨手破碎，市井不復料數，十萬錢不盈一掬。斗米一萬，商貨不行。明帝初，唯禁鵝眼、綖環，其餘皆通用。復禁人鑄，官署亦廢，尋復普斷，唯用古錢。

李燾《續資治通鑑長編》卷一一八　〔仁宗景祐三年〕建國以來，法弊輒改，載詳改法之由，非有爲國之實，皆商人協計，倒持利權，倖在更張，倍求奇羨。富人豪族，坐以賈贏，薄販下估，日皆朘削，官私之際，俱非遠策。臣竊嘗校計茶利歲入，以景祐元年爲率，除本錢外，實收息錢五十九萬餘緡。又天下所售食茶，并本息歲課，亦祇及三十四萬緡，而茶商見通行六十五州軍，所收税錢已及五十七萬緡。若令天下通商，祇收税錢，自及數倍，即榷務、山場及食茶之利，盡可籠取。又況不費度支之本，不置榷易之官，不興輦運之勞，不濫徒黥之辟。

臣意生民之弊，有時而窮，盛德之事，俟聖不惑。議者謂榷賣有定率，征税無規準，通商之後，必虧歲計。臣案管氏鹽鐵法，計口受賦，茶爲人用，與鹽鐵均，必令天下通行，以口定賦，民獲善利，又去嚴刑，口出數錢，人不厭取。景祐元年，天下户千二十九萬六千五百六十五，丁二千六百二十萬五千四百四十一，三分其一爲産茶州軍，内外郭鄉又居五分之一，丁賦錢三十，村鄉丁賦二十；不産茶州軍郭鄉、村鄉如前計之，又第損十錢，歲計已及緡錢四十餘萬。榷茶之利，凡止五十餘萬緡，通商收税，且以三倍舊税爲率，可以得百七十餘萬緡，更加口賦之入，乃有二百一十餘萬緡，或更於收税則例微加增益，即所增至尠，所聚愈厚，比於官自榷易，驅民就刑，利病相須，炳然可察。

　詔三司與詳定所相度以聞，皆以爲不可行，及嘉祐四年卒行之。

清臣又嘗請遣使循行天下，知民疾苦，察吏能否；興太學，選置博士，許公卿大臣子弟補學生；重縣令；諸科舉人取明大義，責以策問；省流外官，無得入仕；聽武臣終三年之喪；罷度僧；廢讀經一業；訓兵練將，謹出令，簡條約，凡九事。

　是月，李諮等請罷河北入中虛估，以實錢償芻粟、實錢售茶，皆如天聖元年之制。又以北商持券至京師，舊必得交引補爲之保任，并得三司符驗，然後給錢，以是京師坐賈率多邀求，三司吏稽留爲姦，乃悉罷之，命商持券徑趣榷貨務驗實，立償之錢。初，孫奭等雖增商人入錢之數，而猶以爲利薄，故競市虛估之券，以射厚利，而入錢者寡，縣官日以侵削，京師少畜藏。至是，諮等又請視天聖三年入錢數，第損一千有奇，入中增直，亦視天聖元年數第加三百。詔皆可之。又詔前已用虛估給券者，給茶如舊，仍給景祐二年已前茶。

　既而諮等又言：「天聖四年，嘗許陝西入中願得茶者，每錢十萬，在所給券，徑趣東南受茶十一萬一千。茶商利之，爭欲售陝西券，故不復入錢京師，請禁止。」並言商人輸錢五分，餘爲置籍召保，期年半悉償，失期者倍其數。事皆施行。輸五分錢，召保立限，見《實録》康定元年正月，今依本志附此。

《元史》卷九四《食貨志二・商税》　商賈之有税，本以抑末，而國用亦資焉。元初，未有定制。太宗甲午年，始立徵收課税所，凡倉庫院務官并合干人等，命各處官司選有産有行之人充之。其所辦課程，每月赴所輸納。有貿易借貸者，並徒二年，杖七十；所官擾民取財者，其罪亦如之。世祖中統四年，用阿合馬、王光祖等言，凡在京權勢之家爲商賈，及以官銀賣買之人，並令赴務輸税，入城不弔引者同匿税法。至元七年，遂定三十分取一之制，以銀四萬五千錠爲額，有溢額者別作增餘。是年五月，以上都商旅往來艱辛，特免其課。凡典賣田宅不納税者，禁之。二十年，詔各路課程，差廉幹官二員提調，增羨者遷賞，虧兑者陪償降黜。凡隨路所辦，每月以其數申部，違期不申及雖申不圓者，其首領官初犯罰俸，再犯決一十七，令史加一等，三犯正官取招呈省。其院務官俸鈔，於增餘錢内給之。是年，始定上都税課六十分取一；舊城市肆院務遷入都城者，四十分取一。二十二年，又增商税契本，每一道爲中統鈔三錢。減上都税課，於一百兩三中取七錢半。二十六年，從丞相桑哥之請，遂大增天下商税，腹裏為二十萬錠，江南爲二十五萬錠。二十九年，定諸路輸納之限，不許過四孟月十五日。三十一年，詔天下商税有增餘者，毋作額。元貞元年，用平章剌真言，又增上都之税。至大三年，契本一道復增作至元鈔三錢。逮至天曆之際，天下總入之數，視至元七年所定之額，蓋不啻百倍云。

《元史》卷九七《食貨志五・鹽法》　至正三年，監察御史王思誠、侯思禮等建言：「京師自大德七年罷大都鹽運司，設官賣鹽，置局十有五處，泰定二年以其不便罷之，元統二年又復之，迨今十年，法久弊生。【略】

　户部言：「運司及大都路講究，即同監察御史所言，元設(監)〔鹽〕局，合准革罷，聽從客旅興販。其常白鹽繫内府必用之物，起運如故，宜從都省聞奏。」二月初五日，中書省上奏，如户部所擬行之。

　河間之鹽：至正二年，河間運司申户部云：「本司歲辦額餘鹽共三十八萬引，計課鈔一百一十四萬錠，以供國用，不爲不重。近年以來，各處私鹽及犯界鹽販賣者衆，蓋因軍民官失於禁治，以致侵礙官課，鹽法澀滯，實由於此。乞轉呈都省，頒降詔旨，宣諭所司，欽依規辦。」本部具呈中書省，遂於四月十七日上奏，降旨戒飭之。

　七月，又據河間運司申：「本司辦課，全藉郡縣行鹽地方買食官鹽。去歲河間等路旱蝗闕食，累蒙賑恤，民力未蘇，食鹽者少。又因古北口等處，把隘官及軍人不爲用心詰捕，大都路所屬有司，亦不奉公巡禁，致令諸人裝載疙疸鹽於街市賣之，或量以斗，或盛以盤，明相饋送。今紫荆關捕獲犯人張狡羣等所載疙疸鹽，計一千六百餘斤。自至元六年三月迄今犯者，將及百起。若不申聞，恐年終課不如數，虛負其咎。」本部具呈中書省，照會樞密院給降榜文禁治之。

　三年，又據河間運司申：「生財節用，固治國之常經；薄賦輕徭，實理民之大本。本司歲額鹽三十五萬引，近年又添餘鹽三萬引，元簽竈户五千七百七十四户，除逃亡外，止存四千三百有一户。每年額鹽，勒令見在疲乏之户勉强包煎。今歲若依舊煎辦，人力不足。又兼行鹽地方旱蝗相仍，百姓焉有買鹽之資。如蒙矜閔，自至正二年爲始，權免餘鹽三萬引，俟豐稔之歲，煎辦如舊。」本部以錢糧支用不敷，權擬住煎一萬引，具呈中書省。正月二十八日上奏，如户部所擬行之。

　既而運司又言：「至元三十一年，本司辦鹽額二十五萬引，自後累增至三十有五萬。元統元年，又增餘鹽三萬引，已經具呈。蒙都省奏准，住煎一萬引。外有二萬引，若依前勒令見户包煎，實爲難堪。如并將餘鹽二萬引住煎，誠爲便益。」户部又以所言具呈中書省，權擬餘鹽二萬引住煎一年，至正四年煎辦如故。四月十二日上奏，如户部所擬行之。

山東之鹽：元統二年，户部呈：「據山東運司准濟南路牒，依副達魯花赤完者、同知闍里帖木兒所言，比大都、河間運司，改設巡鹽官一十二員，專一巡禁本部。詳山東運司，歲辦鈔七十五萬餘錠，行鹽之地，周圍三萬餘里，止是運判一員，豈能遍歷，恐私鹽來往，侵礙國課。本司既與濟南路講究便益，宜准所言。」中書省令户部復議之，本部言：「河間運司定設奏差一十二名，巡鹽官一十六名，山東運司設奏差二十四名，今既比例添設巡鹽官，據元設奏差内減去一十二名。」具呈中書省，如所擬行之。

三年二月，又據山東運司備臨朐、沂水等縣申：「本縣十山九水，居民稀少，元係食鹽地方，後因改爲行鹽，民間遂食貴鹽，公私不便。如蒙仍舊改爲食鹽，令居民驗户口多寡，以輸納課鈔，則官民俱便，抑且可革私鹽之弊。」運司移文分司，并益都路及下滕、嶧等州，從長講究，互言食鹽爲便。及准本司運使辛朝列牒云：「所據零鹽，擬依登、萊等處，銓注局官，給印置局，散賣於民，非惟大課無虧，官釋私鹽之憂，民免刑配之罪。」户部議：「山東運司所言，於滕、嶧等處增置十有一局，如登、萊三十五局之例，於錢穀官内通行銓注局官，散賣食鹽，官民俱便。既經有司講究，宜從所議。」具呈中書省，如所擬行之。

至元二年，御史臺據山東肅政廉訪司申：「准濟南路備章丘縣申『見奉山東運司爲本司額辦鹽課二十八萬引，除客商承辦之外，見存十三萬引，絶無買者，將及年終，歲課不能如數。所據新城、章丘、長山、鄒平、濟南俱近鹽場，與大、小清河相接，客旅興販，宜依商河、滕、嶧等處，改爲食鹽，權派八千引，責付本處有司自備蒲索脚力，赴已擬固堤等場，於元統三年依例支出，均散於民』等事，竊照山東運司，初無上司明文，輒擅散民食鹽，追納課鈔，使民不得安業。今於至元元年正月、二月，兩次奉到中書户部符文，行鹽食鹽地分已有定例，毋得椿配於民。本司不遵省部所行，寢匿符文，依前差人馳驛，督責州縣，臨逼百姓，追徵食鹽課鈔，不無擾害。據本司恣意行事，玩法擾民，理應取問，緣繫辦課之時，宜從憲臺區處。」又據監察御史所呈，亦爲兹事。若便行取問，即繫辦課時月，具呈中書省區處。」户部議呈：「行鹽食鹽已有定所，宜從改正。若准御史臺所呈，取問運司，却緣鹽法例應從長規畫，似難別議。」中書省如所擬行之。

陝西之鹽：至元二年九月，御史臺准陝西行臺咨備監察御史帖木兒不花建言：「近蒙委巡歷奉元東道，至元元年各州縣户口額辦鹽課，其陝西運司官不思轉運之方，每年豫期差人，分道齎引，遍散州縣，甫及旬月，杖限追鈔，不問民之無有。竊照諸處運司之例，皆運官召商發賣，惟陝西等處鹽司，近年散於民户。且如陝西行省食鹽之户，該辦課二十萬三千一百六十四錠有餘。於内鞏昌、延安等處認定課鈔一萬六千二百七十一錠，慶陽、環州、鳳翔、興元等處歲辦課一萬七千九百八千五錠，其餘課鈔，先因關陝旱饑，民多流亡，准中書省咨，至順三年鹽課，十分爲率，減免四分，於今三載，尚有虧負。蓋因户口凋殘，十亡八九，縱或有復業者，家産已空，爾來歲頗豐收，而物價甚賤，得鈔爲艱。本司官皆勒有司徵辦，無分高下，一概給散，少者不下二三引，每一引收價三錠，富家無以應辦，貧下安能措畫。糶終歲之糧，不酬一引之價，緩則輸息而借貸，急則典鬻妻子。縱引目到手，力窘不能裝運，止從各處鹽商，勒價收買，舊債未償，新引又至，民力有限，官賦無窮。又寧夏所産韋紅鹽池，不辦課程，除鞏昌等處循例認納乾課，從便食用外，其池隣接陝西環州百餘里，紅鹽味甘而價賤，解鹽味苦而價貴，百姓私相販易，不可禁約。以此參詳，河東鹽池，除撈鹽户口食鹽外，辦課引數，今後宜從運官設法，募商興販。但遇行鹽之處，諸人毋得侵擾韋紅鹽法。運司每歲分輪官吏監視，聽民采取，立法抽分，依例發賣，每引收價鈔三錠。自黄河以西，從民食用，通辦運司元額課鈔。因時夾帶至黄河東南者，同私鹽法罪之，陝西興販解鹽者不禁。如此庶望官民兩便，而課亦無虧矣。」

又據陝西漢中道肅政廉訪使胡通奉所陳云：「陝西百姓，許食解鹽，近脱荒儉，流移漸復，正宜安輯，而鹽吏不察民瘼，止以恢辦爲名，不論貧富，散引收課，或納錢入官，動經歲月，猶未得鹽。蓋因地遠，脚力艱澀。今後若令大河以東之民，分定課程，買食解鹽，其以西之民，計口攤課，任食韋紅之鹽，則官不被擾，民無蕩産之禍矣。且解鹽結之於風，韋紅之鹽産之於地，東鹽味苦，西鹽味甘，又豈肯舍其美而就其惡乎。使陝西百姓，一概均攤解鹽之課，令食韋紅之鹽，則鹽吏免巡禁之勞，而民亦受惠矣。」本臺詳所言鹽事，宜從省部定擬，具呈中書省，送户部議之。本部議云：「陝西行臺所言鹽事，宜從都省選官，前赴陝西，與行省、行臺及河東運司官一同講究，是否便益，明白咨呈。」

三年，都省移咨陝西行省，仍摘委河東運司正官一員赴省，一同再行講究。三月初二日，陝西行省官及李御史、運司同知郝中順會鞏昌、延安、興元、奉元、鳳翔、邠州等官，與總帥汪通議等，俱稱當從御史帖木兒不花及廉使胡通奉所言，限以黃河爲界，令陝西之民從便食用韋紅二鹽，解鹽依舊西行，紅鹽不許東渡。其咸寧、長安録事司三處未散者，依已散州縣，一體斟酌，認納乾課，與運司已散食鹽引價同。見納乾課，辦鈔七萬錠，通行按季輸納，運司不須散引。如此則民不受害，而課以無虧矣。郝同知獨言：「運司每歲辦課四十五萬錠，陝西該辦二十萬錠，今止認七萬錠，餘十三萬錠，從何處恢辦？」議不合而散。本省檢照運司逐年申報文册，陝西止辦七萬二千六十餘錠，郝遂稱疾不出，其後訖無定論。

户部參照至順二年中書省嘗遣兵部郎中井朝散，與陝西行省官一同講究，以涇州白家河永爲定界，聽民食用。仍督所在軍民官嚴行禁約，毋致韋紅二鹽犯境侵課。中書如所擬行之。

兩淮之鹽：至元六年八月，兩淮運司准行户部尚書運使王正奉牒：「本司自至元十四年創立，當時鹽課未有定額，但從實恢辦，自後累增至六十五萬七十五引。客人買引，自行赴場支鹽，場官逼勒竈户，加其斛面，以通鹽商，壞亂鹽法。大德四年，中書省奏准，改法立倉，設綱僱運，撥袋支發，以革前弊。本司行鹽之地，江浙、江西、河南、湖廣所轄路分，上江下流，鹽法通行。至大間，煎添正額餘鹽三十萬引，通九十五萬七十五引。客商運至揚州東關，俱於城河内停泊，聽候通放，不下三四十萬餘引，積疊數多，不能以時發放。至順四年，前運使韓大中等又言：『歲賣額鹽九十五萬七十五引。客商買引，關給勘合，赴倉支鹽，雇船脚力，每引遠倉該鈔十二三貫，近倉不下七八貫，運至揚州東關，俟候以次通放。其船梢人等，恃以鹽主不能照管，視同己物，恣爲侵盜，弊病多端。及事敗到官，非不嚴加懲治，莫能禁止。其所盜鹽，以鈔計之，不過折其舊船以償而已，安能如數徵之。是以裹河客商，虧陷資本，外江興販，多被欺侮，而百姓高價以買不潔之鹽，公私俱受其害。』竊照揚州東關城外，沿河兩岸，多有官民空閑之地。如蒙聽從鹽商自行賃買基地，起造倉房，支運鹽袋到(槁)[場]，籍定資次，貯置倉内，以俟通放，臨期用船，載往真州發賣，既防侵盜之患，可爲悠久之利，其於鹽法非小補也。」

既申中書户部及河南行省，照勘議擬，文移往復，紛紜不決。久之，户部乃定議，令運司於已收在官客商帶納挑河錢内，撥鈔一萬錠，起蓋倉房，仍從都省移咨河南行省，委官與運司偕往，相視空地，果無違礙，而後行之。

兩浙之鹽：至元五年，兩浙運司申中書省云：

本司自至元十三年創立，當時未有定額。至十五年始立額，辦鹽十五萬九千引。自後累增至四十五萬引，元統元年又增餘鹽三萬引，每歲總計四十有八萬。每引初定官價中統鈔五貫，自後增爲九貫、十貫，以至三十、五十、六十、一百，今則爲三錠矣。每年辦正課中統鈔一百四十四萬錠，較之初年，引增十倍，價增三十倍。課額愈重，煎辦愈難，兼以行鹽地界所拘户口有限。前時聽從客商就場支給，設立檢校所，稱檢出場鹽袋。又因支查停積，延祐七年，比兩淮之例，改法立倉，綱官押船到場，運鹽赴倉收貯，客旅就倉支鹽。始則爲便，經今二十餘年，綱場倉官任非其人，惟務掊克。況淮、浙風土不同，兩淮跨涉四省，課額雖大，地廣民多，食之者衆，可以辦集。本司地界，居江枕海，煎鹽亭竈，散漫海隅，行鹽之地，裹河則與兩淮隣接，海洋則與遼東相通，番船往來，私鹽出没，侵礙官課，雖有刑禁，難盡防禦。鹽法瘵壞，亭民消廢，其弊有五：

本司所轄場司三十四處，各設令、丞、管勾、典史，管領竈户火丁。用工之時，正當炎暑之月，晝夜不休。纔值陰雨，束手彷徨。貧窮小户，餘無生理，衣食所資，全籍工本，稍存抵業之家，十無一二。有司不體其勞，又復差充他役。各場元簽竈户一萬七千有餘，後因水旱疫癘，流移死亡，止存七千有餘。即今未蒙簽補，所據拋下額鹽，唯勒見户包煎而已。若不早爲簽補，優加存恤，將來必致損見户而虧大課。此弊之一也。

又如所設三十五綱監運綱司，專掌召募船户，照依隨場日煎月辦課額，官給水脚錢，就場支裝所煎鹽袋，每引元額四百斤，又加折耗等鹽十斤，裝爲二袋，綱官押運前赴所撥之倉而交納焉。客人到倉支鹽，如自二月至於十月河東之時，以運足爲度，其立法非不周密也。今各綱運鹽船户，經行歲久，奸弊日滋。凡遇到場裝鹽之時，私屬鹽場官吏司秤人等，重其斤兩，裝爲硬袋，出場之後，沿途盜賣，雜以灰土，補其所虧。及到所赴之倉，而倉官司秤人又各受賄，既不加辨，秤盤又不如法。在倉日久，又復消折。袋法不均，誠非細故。不若仍舊令客商就場支給，既免綱運俸給水脚之費，又鹽法一新。此弊之二也。

本司歲辦額鹽四十八萬引，行鹽之地，兩浙、江東凡一千九百六萬餘口。每日食鹽四錢一分八釐，總而計之，爲四十四萬九千餘引。雖賣盡其數，猶剩鹽三萬一千餘引。每年督勒有司，驗户口請買。又值荒歉連年，流亡者衆，兼以瀕江並海，私鹽公行，軍民官失於防禦，所以各倉停積累歲未賣之鹽，凡九十餘萬引，無從支散。如蒙早降定制，以憑遵守，賞罰既明，私鹽減少，户口食鹽，不致廢弛。此弊之三也。

又每季拘收退引，凡遇客人運鹽到所賣之地，先須住報水程及所止店肆，繳納退引。豈期各處提調之官，不能用心檢舉，縱令吏胥坊里正等，需求分例錢，不滿所欲，則多端留難。客人或因發賣遲滯，轉往他所，水程雖住，引不拘納，遂有埋没，致容姦民藏匿在家，影射私鹽，所司亦不檢勘拘收。其懦善者，賣過官鹽之後，即將引目投之鄉胥。又有狡猾之徒，不行納官，通同鹽徒，執以爲憑，興販私鹽。如蒙將有司官吏，明定黜降罪名，使退引盡實還官，不致影射私鹽。此弊之四也。

本司自延祐七年改立杭州等七倉，設置部轄，掌收各綱船户，運到鹽袋，貯頓在倉，聽候客人，依次支鹽，俱有定制。比年以來，各倉官攢，肆其貪欲，出納之間，兩收其利。凡遇綱船到倉，必受船户之賄，縱其雜和灰土，收納入倉。或船户運至好鹽，無錢致賄，則故生事留難，以致停泊河岸，侵欺盜賣。其倉官與監運人等爲弊多端，是以各倉積鹽九十餘萬引，新舊相並，充溢廊屋，不能支發，走鹵消折，利害非輕。雖繫客人買過之物，課鈔入官，實恐年復一年，爲患益甚。若仍舊令客商自備脚力，就場支裝，庶免停積。此弊之五也。

五者之中，各倉停積，最爲急務。驗一歲合賣之數，止該四十四萬餘引，儻賣二年，尚不能盡，又復煎運到倉，積累轉多。如蒙特賜奏聞，選委德望重臣，與拘該官府，從長講究，參酌時宜，更張法制，定爲良規，惠濟黎元，庶望大課無虧。見爲住煎餘鹽三萬引，差人齎江浙行省咨文赴中書省，請照詳焉。

户部詳運司所言，除餘鹽三萬引別議外，其餘事理，未經行省明白定擬，呈省移咨，從長講究。六年五月，中書省奏，選官整治江浙鹽法，命江浙行省右丞納麟及首領官趙郎中等提調，既而納麟又以他故辭。

至正元年，運使霍亞中又言：「兩淮、福建運司，俱有餘鹽，已行住免。本司繫同一體，如蒙依例住煎三萬引，庶大課易爲辦集。」中書省上奏，得旨權將餘鹽三萬引倚閣，俟鹽法通行而後辦之。

二年十月，中書右丞相脱脱、平章鐵木兒塔識等奏：「兩浙食鹽，害民爲甚，江浙行省官、運司官屢以爲言。擬合欽依世祖皇帝舊制，除近鹽地十里之內，令民認買，革罷見設鹽倉綱運，聽從客商赴運司買引，就場支鹽，許於行鹽地方發賣，革去派散之弊。及設檢校批驗所四處，選任廉幹之人，直隸運司，如遇客商載鹽經過，依例秤盤，均平袋法，批驗引目，運司官常行體究。又自至元十三年歲辦鹽課，額少價輕，今增至四十五萬，額多價重，轉運不行。今户部定擬，自至正三年爲始，將兩浙額鹽量減一十萬引，俟鹽法流通，復還元額，散派食鹽，擬合住罷。」有旨從之。

福建之鹽：至元六年正月，江浙行省據福建運司申：「本司歲辦額課鹽，十有三萬九引一百八十餘斤，今查勘得海口等七場，至元四年閏八月終，積下附餘增辦等鹽十萬一千九百六十一引二百六十一斤。看詳，既有積儹附餘鹽數，據至元五年額鹽，擬合照依天曆元年住煎正額五萬引，不給工本，將上項餘鹽五萬，准作正額，省官本鈔二萬錠，免致亭民重困。本年止辦額鹽八萬九引一百八十餘斤，計鹽十有三萬九引有奇，通行發賣，辦納正課。除留餘鹽五萬餘引，預支下年軍民食鹽，實爲官民便益。」本省如所擬，咨呈中書省。送户部參詳，亦如所擬。其下餘鹽五萬一千九百六十一引，發賣爲鈔，通行起解。回咨本省，從所擬行之。

至正元年，詔：「福建、山東俵賣食鹽，病民爲甚。行省、監察御史、廉訪司拘該有司官，宜公同講究。」二年六月，江浙行省左丞與行臺監察御史、福建廉訪司官及運使常山李鵬舉、漳州等八路正官講究得食鹽不便，其目有三：一曰餘鹽三萬引，難同正額，擬合除免。二曰鹽額太重，比依廣海例，止收價二錠。三曰住罷食鹽，並令客商通行。

福建鹽課始自至元十三年，見在鹽六千五十五引，每引鈔九貫。二十年，煎賣鹽五萬四千二百引，每引鈔十四貫。二十五年，增爲一錠。三十一年，始立鹽運司，增鹽額爲七萬引。元貞二年，每引增價十五貫。大德八年，罷運司，併入宣慰使司恢辦。十年，立都提舉司，增鹽額爲十萬引。至大元年，各場煎出餘鹽三萬引。四年，復立運司，遂定額爲十三萬引，增價鈔爲二錠。延祐元年，又增爲三錠，運司又從權改法，建、延、汀、邵仍舊客商興販，而福、興、漳、泉四路椿配民食，流害迄今三十餘年。本道山多田少，土瘠民貧，民不加多，鹽額增重。八路秋糧，每歲止二十七萬八千九百餘石，夏税不過一萬一千五百餘錠，而鹽課十三萬引，該鈔三十九萬錠。民力日弊，每遇催徵，貧者質妻鬻子以輸課，至無可規措，往往逃移他方。近年漳寇擾攘，亦由於此。運司官耳聞目見，蓋因職專恢辦，惠無所施。如蒙欽依詔書事意，罷餘鹽三萬引，革去散賣食鹽之弊，聽從客商八路通行發賣，誠爲官民兩便。其正額鹽，若依廣海鹽價，每引中統鈔二錠，宜從都省區處。

江浙行省遂以左丞所講究，咨呈中書省，送户部定擬，自至正三年爲始，將餘鹽三萬引，權令減免，散派食鹽擬合住罷。其減正額鹽價，即與廣海提舉司事例不同，别難更議。十月二十八日，右丞相脱脱、平章帖木兒達失等，以所擬奏而行之。

廣東之鹽：至元二年，御史臺准江南諸道行御史臺咨備監察御史韓承務建言：「廣東道所管鹽課提舉司，自至元十六年爲始，止辦鹽額六百二十一引，自後累增至三萬五千五百引，延祐間又增餘鹽，通正額計五萬五百五十二引。竈户窘於工程，官民迫於催督，呻吟愁苦，已逾十年。泰定間，蒙憲臺及奉使宣撫，交章敷陳，減免餘鹽一萬五千引。元統元年，都省以支持不敷，權將已減餘鹽，依舊煎辦，今已三載，未蒙住罷。竊意議者，必謂廣東控制海道，連接諸蕃，船商輳集，民物富庶，易以辦納，是蓋未能深知彼中事宜。本道所轄七路八州，平土絶少，加以嵐瘴毒癘，其民刀耕火種，巢顛穴岸，崎嶇辛苦，貧窮之家，經歲淡食，額外辦鹽，賣將誰售。所謂富庶者，不過城郭商賈與舶船交易者數家而已。竈户鹽丁，十逃三四，官吏畏罪，止將見存人户，勒令帶煎。又有大可慮者，本道密邇蠻獠，民俗頑惡，誠恐有司責辦太嚴，斂怨生事，所繫非輕。如蒙捐此微利，以示大信，疲民幸甚。」具呈中書省，送户部定擬，自元統三年爲始，廣東提舉司所辦餘鹽，量減五千引。十月初九日，中書省以所擬奏聞，得旨從之。

廣海之鹽：至元五年三月，湖廣行省咨中書省云：「廣海鹽課提舉司額鹽三萬五千一百六十五引，餘鹽一萬五千引。近因黎賊爲害，民不聊生，正額積虧四萬餘引，臥收在庫。若復添辦餘鹽，困苦未甦，恐致不安。事關利害，如蒙憐憫，聞奏除免，庶期元額可辦，不致遺患邊民。」户部議云：「上項餘鹽，若全恢辦，緣非元額，兼以本司僻在海隅，所轄竈民，累遭劫掠，死亡逃竄，民物凋弊，擬於一萬五千引内，量減五千引，以舒民力。」中書以所擬奏聞，得旨從之。

四川之鹽：元統三年，四川行省據鹽茶轉運使司申：「至順四年，中書坐到添辦餘鹽一萬引外，又帶辦兩浙運司五千引，與正額鹽通行煎辦，已後支用不闕，再行議擬。卑司爲各場别無煎出餘鹽，不免勒令竈户承認規劃，幸已足備。以後年分，若不申覆，誠恐竈户逃竄，有妨正課。如蒙憐憫，備咨中書省，於所辦餘鹽一萬引内，量減帶辦兩浙之數。」又准分司運官所言云：「四州鹽井，俱在萬山之間，比之腹裏、兩淮，優苦不同，又行帶辦餘鹽，竈民由此而疲矣。」行省咨呈中書省，上奏得旨，權以帶辦餘鹽五千引倚閣之。

于慎行《穀山筆塵》卷一二《賦幣》 漢幣用黄金，雜以泉貨。唐純用錢，開元、天寶間，天下錢鑄九十九爐，歲入百萬，至元和、長慶間，鑄才十餘爐，入方十五萬，盈虧之較可覩矣。其時兩河、太原雜用鉛鐵，嶺南雜用金銀、丹砂、象齒，他皆用錢，白金猶未多用也。宋始用白金及錢，間以交子。勝國寶鈔盛行，與銀錢并用矣。本朝惟白金與錢，黄金不用爲幣，而雲南用海巴，即古之貝也。

梁武時，以民間私錢不能禁，乃盡罷銅錢，更鑄鐵錢，今世無鐵錢，間有土中掘出一二，皆梁錢也。

唐錢有開元錢，即五銖也。肅宗時有乾元大錢，一當十，又有重輪錢，一當五十，與開元同行，謂之三品。是時天下鑄錢之爐九十有九，而絳州有三十爐，乾元重輪皆絳州所鑄。

元時鈔法有三：初造中統交鈔；歷歲既久，復造元寶鈔；又三十餘年，改造至大銀鈔。錢法有二：曰至大通寶，一文準銀一釐；曰至元大寶，一文準銀一分。

楮幣之制起於漢之皮幣而無所交質，成於宋之交子而不及四方。金人以銅少，造鈔一貫、二貫、三貫、四貫、五貫、十貫五等，謂之大鈔，一伯、二伯、三伯、五伯、七伯五等，謂之小鈔，頒之四方，與錢并用，而鈔法始通行矣。

南宋事金，歲貢銀二十五萬兩，絹二十五萬疋，生辰正旦，每賀金茶器千兩，銀酒器萬兩，錦綺千疋。金人來賀正旦，金酒器六事，色綾羅紗三百段，馬六匹而已。

今九邊坐派錢糧，舊有定數，大約宣府八十三萬餘兩，大同七十七萬餘兩，遼東三十八萬餘兩，延綏二十八萬餘兩，寧夏二十二萬餘兩，甘肅三十八萬餘兩，六邊共計三百七萬有奇。俱山、陝、河南、山東、北直并本鎮屯田糧草解納。已而歲用不敷，每年議發年例并開派兩淮、山東、兩浙、長蘆引鹽，宣府一十九萬餘兩，遼東二十萬兩，延綏九萬兩，寧夏十六萬餘兩，六邊共計九十一萬。此其大略也。

嵇璜等《清朝文獻通考》卷三〇《征榷五・坑冶》 （雍正）三年，以江西撫臣奏封禁山事宜，特旨訓示江西巡撫裴𢔶度遵旨摺奏：「廣信府之封禁山相傳産銅，舊名銅塘山，明代即經封禁，其中樹石充塞，荒榛極目，並無沃土可以資生，亦無頑民盤踞在内。此山開則擾累，封則安寧，歷有成案。康熙五十九年，沿山匪類擒獲之後，此山搜查二十餘日，並無藏匿。據實奏聞。」得旨：「當開則不得因循，當禁則不宜依違。但不存貪功圖利之心，實心爲地方興利除弊，何事不可爲也。在秉公相度時宜而酌定之。」

〔乾隆〕三十七年，諭：「滇省各銅廠，前因馬騾短少，柴米價昂，每銅百觔准暫加價銀六錢，俟軍務竣後停止，嗣後展限一二年。今念該省頻歲曾獲有秋，而米糧柴炭等價值仍未即能平減，著再加恩展限二年，俾各資本寬餘，踴躍開採，庶於銅務有裨，而廠民亦得以資寬裕。該撫仍留心體察，俟廠地物價一平，即行奏明停止。」

梁章鉅《浪跡叢談》卷五《水雷》 粵東近傳咪唎㗋國夷官創造水雷之法，遣善泅水者潛至敵人船底，藉水激火，迅發如雷，雖極堅厚之船，罔不破碎。粵省洋商潘姓者如法製造，凡九閱月而成，曾經將水雷器具二十副齎京，恭呈御覽，於道光二十三年八月奉旨交直隸總督、天津總兵會同演試，旋據覆奏，於九月在天津大沽海口會同演試，用徑八寸長丈六杉木四層紮成木筏，安於海面，墜定錨纜，將喫藥一百二十斤水雷送至筏底，繫定引繩，拔塞後待時四分許，轟然一聲，激起半空，將木筏擊散，碎木隨煙飛起，其海面水勢亦圍圓激動，洵爲火攻利器云云。並纂成《火雷圖說》進呈刊布。竊謂此器甚好，非夷人之巧心莫能創造，非洋商之厚力，亦莫能仿成，惟是大海茫茫，波濤洶湧，此器如何能恰到敵船之底，又恰能使敵船渾然罔覺，坐待轟擊，則皆非眘儒淺識之所敢知矣。

礮考

《歸田瑣記》中有《說礮》一條，頗中今日情弊，而礮之緣起，未之詳也。或以爲問，余乃摭拾所見各書告之曰：礮字俗作砲，潘安仁《閒居賦》「礮石雷駭」，其最先見者矣。李注：「礮石，今之抛石也。」然《說文》無「礮」字，「旝」字注云：「建大木置石其上，發機以磓敵。」是許氏以「旝」爲「礮」。《唐書・李密傳》：「以機發石爲攻城械，號將軍礮。」自後人有火礮之製，俗遂從火作「炮」字，非也。火礮之用，始見於宋楊萬里《海蝤船賦》，序云：「宋紹興三十一年，金兵欲濟江，虞允文伏舟七寶山，舟中發一霹靂墜礮，墜水中，硫磺得水，火自跳出，紙裂而石灰散爲煙霞，眯其人馬之目，金兵大敗。」然此乃紙礮，用石灰以眯目，非以礮子爲攻擊之具也。礮之用鐵，始於金，名曰震天雷。以火礮攻城，始於元世祖得回回所獻新礮，以攻破襄陽，名曰襄陽礮。明永樂間平交阯，始得神機鎗礮法，至嘉靖二年，佛郎機寇廣州，指揮柯榮禦之，賊敗遁，官軍獲其二舟，得其礮，即名爲佛郎機，詳見《明史紀》。又《兵志》云：「佛郎機礮式，以銅爲之，長五六尺，大者重千餘斤，小者數百斤。」礮之用銅，始見於此。至我朝天聰五年，始造紅衣大礮，名曰天佑助威大將軍。崇德八年，又造神威大將軍礮。康熙十五年，又造神威無敵大將軍礮。康熙二十八年，又造武成永固大將軍礮。詳見《皇朝禮器圖式》。造火藥法，《洴澼百金方》中所載頗詳，蓋硝、磺、炭三者，皆須研得極細，必擣至萬杵以外，愈多愈好，炭用柳條，以細如筆管者爲妙，必去皮去節，帶皮則煙多，有節則易炸也。製好後，必須放手心燃之，藥去而手心不覺熱者，方爲合式。余提兵上海時，蘇州局員來繳新製火藥，余嫌其未淨，令以手心試之，委員皆縮手不前，曰：「前繳藥時，皆不如是。」余曰：「此試火藥定法也，然則前此收藥之皆不如法可知矣。」因駁回，令其再擣，再繳時，以白紙鋪棹上試之，藥去而紙絶不燒，於是衆始嘆服云。

《礦務檔・一般礦政・查明鄂爾河等五處金礦實情》 奏爲遵旨查辦事件，據實覆陳，恭摺仰祈聖鑒事。竊奴才奉命馳赴庫倫，查辦礦務，於正月二十九日跪請聖訓，皇太后諭令，須斟酌利害，不可勉强，亦不可失蒙衆之心。奴才當即面奏，必善爲開導，倘蒙衆仍或執意不願，作何辦法，皇太后遂有即行停辦之諭，遵即起程，行抵庫倫，當將到庫日期，由驛馳陳，後又將辦理大概情形馳奏，四月初九日十八日，兩次准兵部火牌遞回原摺，均奉硃批：「知道了，欽此。」

奴才於抵庫封門後，即嚴密關防，遴派司員，往查礦地，飭傳蒙古，詢問情形，咨取各處公文要件，一切料理就緒後，司員旋即查回蒙古，亦皆具稟，各處文件亦陸續送齊，奴才調閱前後案卷，參以履勘稟覆，及蒙古王公等呈訴各詞，是開辦礦一事，連順所辦，有未盡實者三，蒙古各盟長等，所呈有可慮者五，利害相權，有不可者四，敬爲我皇太后、皇上縷晰陳之：

查連順稱平日接見蒙古王公，詳詢開礦有無窒礙，僉稱開拓利源，實與蒙旂有益，及奴才傳集四部落盟長王公哲布尊丹巴呼圖克圖之商卓特巴喇嘛等，詢以蒙地開辦金礦，係屬大事，蔣軍必向爾等諮詢明確，方能興辦，爾等既有不願之心，何不早說，皆云此事將軍從未問過，並未會商，傳示上諭，始知情由，後亦稟訴下情，將軍置之不理，等語。復經奴才督飭司員詢問，又面爲婉轉開導並宣布聖慈，酌加成數。僉云世受厚恩，毫無報稱，原議二成，已屬破格，再蒙加給，感激涕零，惟籲懇停辦，實因畏懼俄人，後患難防，深恐毁及黄教，且游牧失所，生計全無，並非計較多寡，仍懇據情轉奏停止並各具不願開辦，決無返悔，亦無私挖切實印甘各結。咨查連順，據稱前詢蒙古王公喇嘛等，無不樂從，且有指天爲誓之語，奈口語風過即息，現既不認，已無證柄，詳譯其詞，該將軍於此事並無把握，此未盡實者一。

連順又稱，金礦共有五處，東北六台三處，西北九台二處，均屬荒遠，無礙游牧。茲據遴派分往東西兩路查看之司員聯綬謝汝賡，並庫倫大臣豐陞阿所派之總兵周文光、參將王得貴回庫禀稱，會同各該盟長，前赴各産礦地方，臨近踏勘，今已查明六台、九台均隸圖盟，原爲庫倫恰克圖兩處通遞公事，於乾隆二十三年奏明請旨，設立駐劄有餉之台。其游牧即在哈拉伊魯兩河之間，若開挖兩河，修建礦廠，聚集人煙，轉運物料，駝馬馱載，恐侵要台，地界必至漸失舊基，游牧亦因之有礙，其事盟察汗畢勒齊爾特爾吉河二處，附近有蒙古居住，因畏洋人，移住遠方，至水草豐茂，頗有馬牛羊隻成羣。其鄂能河一區，准庫倫辦事大臣咨稱，積雪甚厚，非夏秋不能前往，詢之該盟長，則云道路固屬崎嶇，若以其地水草而言，該蒙衆赴彼處牧放牲畜者，亦復不少，各等語。足見原呈謂礦地有礙游牧，尚屬實情，今圖車兩盟各旂札薩克，具有切結存案，圖車兩盟長具有印結，當另鈔録呈覽。各司員等亦按地段具禀，繪圖貼説，是室礙游牧，已有確據，該將軍謂爲荒遠，此未盡實者二。

總理衙門議覆摺内稱，連順派員查礦，行知該汗王旂，派委札蘭台吉會勘，已取有該札蘭遵依甘結存卷有案。奴才行查圖車兩盟長據報印結，係圖盟署印協理蘇隆果爾固齊所具，並非札蘭台吉。當即傳該協理到案研訊，供稱光緒二十四年，庫倫大臣查辦金礦，飭取本旂甘結，我以爲開辦無疑，一時糊塗，遂具甘結，未經呈報盟長，後知各旂均説有礙，是我甘結誤具。質之該盟長，據稱蘇隆果爾固齊並未報過我們，而且我們先本不知開礦之事，後亦均不願開，所以聯名具呈報，等語。查該將軍開辦礦務，當取盟長情願甘結，方爲確實，今僅憑協理甘結，即思興辦，已少酌核。然既有此結，奴才亦可從此追究，隨令庫倫大臣，將該協理原結咨送前來，以憑問斷。該大臣覆稱，並未存有此結。旋據連順文稱，原有圖盟札蘭甘結，奈在庫倫印房遺失，鐵案全無，等語。該將軍何以不於遺失之時即行檢舉，直至咨查，始行聲敘，且又語多牽混，此未盡實者三。

至於金礦未必即在水草之處，似與牧廠無關，然蒙古王公等禀稱，産礦之地，在山在水，皆礙游牧，四項牲畜，夏秋依水，冬春依山，無處不可藉資養育等語。今開局設廠，必在平地，用人既夥，佔地必寬，向來牧放之區，定爲室廬所礙，可慮一。佛教之設，洋人不信，而蒙人則信之甚篤。據蒙古王公等稱，喀爾喀人等，於康熙年間，隨哲布尊丹巴呼圖克圖，歸附以來，二百餘年，共沐深仁，振興黄教，恪遵教法，諷誦經卷，供應念經道場，及一切貢獻要差，全仗孳養牲畜等語。今開礦深入其地，於孳養必有損傷，致蒙衆有所藉口，可慮二。圖車盟長等稱，向來庫倫大臣一切用度，例由圖車兩盟沙畢等供給等語，是蒙人平日已多有支應，今創開礦廠，督辦有大臣，常川住局者何止十數委員，供億之資，難保不取諸台吉。再遇督辦到局，驗工驗礦，輿徒騶從，絡譯道途，蒙人未見銖黍之金，先負如山之累，可慮三。盟長等又稱，向恃牧養，安安静静，得遂生活等語，今礦局一開，凡淘沙煎煉等事，蒙古不習，勢必召募内地之人，其來赴工作者，非向時金匪，即無業游民也。此等人約束極難，騷擾最易，掠人芻牧而乏償，侮人婦孺而肇訟，皆意中事，可慮四。俄本强鄰，蒙所疑忌，今使俄闌入蒙地，置他人於卧榻，引敵國爲同舟，未來已伏争心，既見豈能相下，輕則鬭毆，重則殺傷，紛争日見於邊庭，口舌交騰於譯署，可慮五。

夫以未盡實之言，行可慮之事，無論智愚，皆知不可。而連順意在必行者，欲爲國家興利耳。當此時艱餉絀，奴才亦願克成此事，有益度支，然熟權利害，比較重輕，如果利七害三，猶可使之試辦，無如揆時度勢，未見其可。查連順原奏，金廠開辦有效，所得餘利，以四成歸公，自是酌盈劑虚之策，惟恐此礦一開，拂蒙情，速外患，伏内潰，墮邊防，是爲利少而害多。凡礦師相度之始，必曰礦苗甚旺，確有可憑，及經開辦，有採鍊多年，虧折鉅萬，而毫無成效者，即使此礦有利，收效總在數年之後，而目前之種種可慮，蒙人已實受之，而況現患不勝防，後效未可必乎，是爲利遠而害近。官辦礦務，所恃惟商，集股無多，商爲借款，即以礦質之。及本息無償，則竟以礦與之。今圖車開礦，設附股不足，必謀借款，而質礦亦必欲行。異日各商向官索礦，與則礦不能保，不與則款不能清，一經調處，必歸爲商礦而後已，豈非商得金而我失地乎？是爲利在商，而害在官。大凡引外人辦礦者，雖未必賣盧龍以自利，而其中必皆有所圖。訂購機器，經手人有利矣，修造房屋，監工者有利矣，及至開辦，無論金苗衰旺，而委員司事，薪水必豐，加以局用浮銷，工資尅克，在事者無不飽其慾壑。萬一俄蒙商搆怨，邊釁開於北徼，責言起於西陲，總署憂危，朝廷廑系，彼廠員者，已獲利而去矣，是爲利在臣下，而害在國家。

奴才伏查雍正初年，喀爾喀失地來奔，我世宗憲皇帝曲予保全，議擇地以處之，後卒還其故居，而夫失地之蒙古尚思撥地安插，今乃入蒙地以取利，甚非綏輯外藩之意也。奴才詳查此事，連順當創辦之初，未經取有各盟長喇嘛等情願甘結，以致覆文内有現既不認，已無證柄等詞，圖盟雖有署印協理台吉之結，今又報稱遺失，派員查明，各游牧有礙，又與所稱荒遠迥殊。彼之依據皆無，奴才不能別求確切根究之法。現經奴才屢次開導，蒙古盟長王公喇嘛等，亦均有感激之語，然仍執前説，終無回轉，稍涉强求，又恐違慈訓殷拳不可勉强、不可失蒙衆之心之諭。數日以來，奴才反覆籌思，此係喀爾喀八十六旂大局所關，何敢瞻徇目前，貽憂日後，已將利害輕重，詳晰陳明。其四部落盟長喇嘛等，合詞籲請停止，情辭又復迫切，並取有不願開辦，決無反悔，並無私挖，切實印甘各結，且圖盟六台、九台係乾隆年間奏明設立要台，不可侵佔，並於牧養有傷，車盟三處，查明實係有礙游牧，所有鄂爾河五處金礦，奴才謹擬遵旨停辦，則四部落盟長王公哲布尊丹巴呼圖克圖之商卓特巴等，當益感聖慈於無既極矣。

准圖什業圖汗部落署印協理台吉蘇隆果爾固齊，於重要事務，未報盟長，輒具甘結，實屬輕率，罔識大體；已革盟長密什克多爾濟、前副盟長現任正盟長棟多布札拉布帕拉木多爾濟，未能巡察，亦屬疏忽。請旨將協理台吉蘇隆果爾固齊交理藩院議處，將札薩克輔國公密什克多爾濟、公銜札薩克頭等台吉棟多布札拉布帕拉木多爾濟，均交理藩院分別察議。至連順舉辦情形，係爲開闢利源起見，總理衙門允連順之請，亦以蒙情既順，何妨按照施行，用意均非不美。惟連順先事未能詳細推求，遽聘礦師，驟商集股，既辦則僅憑口語，復失印結，粗疏之咎，誠所難辭，相應請旨將烏里雅蘇台將軍連順，交部議處。俄人柯樂德係連順招集之人，今既謹遵慈訓停辦，應請旨令連順將柯樂德妥爲遣散，在俄人現敦交誼，本懷無虞無詐之誠，在連順既握重權，自有能發能收之術，以保藩封，以固吾圉，全在乎此。奴才復傳圖車兩盟長，示以爾等既不願官辦，即亦不准或有私挖，則僉稱願具永遠封禁甘結，遂即取具存案。因思庫倫大臣統轄全境，擬咨令豐陞阿會同圖車兩盟長，封禁礦地，該大臣尤當隨時稽察，如有蒙人私挖者，惟該盟長是問。設民人偷挖，亦准該盟長呈報到官嚴辦。俄人今亦有偷挖之處，請飭下該將軍連順設法驅遣，不得以官難查禁爲詞，驅遣後即知照庫倫大臣，再行會同該盟長，將礦地封禁。至庫倫地方，以後民人洋人，若仍有越境覬覦情事，該大臣亦不能辭其責。倘有推諉，不但無以示懷柔，恐亦負朝廷命官之義矣。茲將圖車兩盟長印結，並四部落王公喇嘛等總結，另繕三單、司員圖説二張，一併敬謹呈覽。所有查辦鄂爾河五處金礦確實情形，謹擬遵旨停辦緣由，恭摺覆陳，伏乞皇太后、皇上聖鑒，訓示遵行。再奴才拜摺後，即日率隨帶司員回京，合併聲明，謹奏。

《礦務檔・一般礦政・抄送議辦蒙古鄂爾河等五處金礦摺片暨硃批》 欽命總理各國事務衙門，爲咨行事。光緒二十五年三月二十四日，本衙門會同鐵路礦務總局具奏，遵議開辦蒙古鄂爾河等五處金礦一摺，本日奉旨：「著即派連順會同興廉督率辦理，餘依議，欽此。」又同日附奏庫倫礦務先就圖旗界内興辦一片，奉硃批：「知道了，欽此。」相應恭録諭旨，并鈔録原奏摺片，暨連將軍原奏，咨行貴大臣欽遵辦理可也。須至咨者。附鈔件。右咨庫倫辦事大臣，光緒二十五年三月二十九日鈔奏。

《礦務檔・一般礦政・抄送查辦鄂爾河等五處金礦摺暨硃批》 欽差庫倫等處查辦事件大臣管理理藩院、光禄寺事務大學士宗室崑，爲咨行事。本閣奉命赴庫查辦礦務，據實覆陳一摺，並附陳整頓卡倫一片，於光緒二十六年五月初五日，准兵部火牌遞回原摺，奉硃批：「另有旨，欽此。」並准軍機處字寄，光緒二十六年五月初二日，奉上諭：「崑岡奏查明庫倫礦務，據實覆陳一摺，開礦本爲興利，仍須利害兼權，地屬蒙疆，尤應慎之又慎。既據崑岡詳晰查明，所有鄂爾河五處金礦即著停止開辦，協理台吉蘇隆果爾固齊，於重要事務，未報盟長，輒具甘結，實屬輕率，罔識大體，著交理藩院議處。已革盟長密什克多爾濟、前副盟長現任正盟長棟多布札拉布帕拉木多爾濟，平日未能查察，亦屬疏忽，均著交理藩院分別察議。烏里雅蘇台將軍連順，先事未經詳細推求，驟商集股，實屬粗疏冒昧，連順著交部議處，並著將俄人柯樂德妥爲遣散。庫倫大臣統轄前境，即著豐陞阿會同圖車兩盟長，永遠將礦地封禁，不准民人私挖。倘洋人亦有偷挖之處，並著連順設法驅遣。若仍有越境覬覦情事，惟該大臣是問。又片奏卡倫廢弛太甚，請飭申明舊章等語，著豐陞阿查明向章，詳明曉示，務清邊界而昭嚴肅。原摺片著分別抄給閱看。將此諭知理藩院，並由四百里諭令崑岡、連順、豐陞阿知之，欽此。」遵旨寄信前來，相應恭録諭旨並抄録摺片，咨行貴大臣，即行譯寫蒙文，轉飭四部落盟長及商卓特巴遵照可也。須至咨者。計粘鈔原奏摺片一紙。光緒二十六年五月初八日。右咨，庫倫辦事大臣。

《礦務檔・一般礦政・請飭庫倫大臣嚴防俄人越境挖金》 再卡倫之設，所以慎固邊疆，連順原奏内稱，頻年以來，内地民人出塞謀食者，率以租地懇荒爲名，偷挖金砂，附近之俄羅斯人，亦多越境潛採等語，可見卡倫廢弛太甚。查雍正五年定喀爾喀邊界後，即在恰克圖東西兩邊設立卡倫，其恰克圖迤東二十八卡倫，圖車兩部各設十四，每部派有專管卡倫之札薩克各一員，又派有總管兩部卡倫之札薩克各一員。其恰克圖迤西十九卡倫，三音落彦部所設者十二，又西之七座，係札薩克圖汗部分設，其所派專管總管之札薩克，一如東兩部庫倫大臣，統理其事。當時之法，極爲周密，不必另議更張，相應請旨飭下庫倫大臣，申明舊章，嚴飭東西四部落各管卡倫之札薩克等，認真防守，勿稍疏懈，倘有誤拏私放，及阻遏需索各情弊，一經查出，按律懲治。又查嘉慶八年定例，每十年令庫倫大臣輪流稽察一次，往察之時，豫將清邊界驗鄂博緣由，詳明曉示俄羅斯人等知悉，令應一律遵辦，以昭嚴肅。至俄領事官等往反京國，有台站照例供應，不必慮及。若往他處公幹，須走卡倫者，照會庫倫大臣，即便放行，不准阻止。如此辦理，庶邊防可期鞏固，而邦交益見綏龢矣。奴才爲整頓卡倫，保衛邊疆起見，理合附片具陳，伏乞聖鑒訓示。謹奏。

劉錦藻等《清朝續文獻通考》卷四三《征榷考十五·坑冶》 又諭：「慶傑等奏查勘銅苗情形一摺，前據明安等奏，大興縣人張士恒等呈稱，平泉州屬四道溝、雲梯溝等處有銅苗透出，請自備工本開採等語。朕即知其事不可行，又涉言利，是以未即允准。特降旨令慶傑等查奏。兹據慶傑等奏稱，查得雲梯溝地方係喀喇沁王滿珠巴咱爾名下山場，舊有洞口四座，係民人竊挖，該處銅苗甚覺微細。又四道溝地方舊有洞口一座，亦係民人竊挖，該處銅苗較旺，但不知能否經久，請令試採等語。該二處山場久經封禁，見在詳悉查勘，亦未見實有可以開採之處，其事斷不可行。蓋開採俱係無業游民，攢凑資本，互相邀集，趨利若鶩。倘已聚集多人，而銅苗已竭，彼時何以遣散，豈不慮其滋生事端。即或開採獲利，而該處地方，與蒙古山場相連，使蒙古等以内地官民專爲牟利起見，於國體殊有關繫。況見在户、工二部，鼓鑄事宜需用銅斤，照例由滇省起解運京，儘屬充裕，本無需另籌開採，何必輕爲此舉耶？所有平泉州屬四道溝、雲梯溝等處産銅山場、新舊洞口，俱著永遠封禁，不准開採。並責成地方官嚴加查察，毋許再有私行偷挖之事。朕自親政以來，屢經諭止臣工不准言利，而内外臣工實心確信朕言者固多，然心存觀望猶豫者不少。彼意總以爲決不因言利獲咎，即蒙議處申飭，事後必見好，是直不以朕爲賢君，視爲好貨之主矣。諸臣何苦必欲以此嘗試耶？上年胡季堂奏請在直隸大名地方開設鉛廠，朕未經批發查勘，即不准行。本年明安先有奏請開採木植之事，此次又率據該商人所請，奏開銅鑛，謂非言利而何？在商民等無知見小，計及錙銖，而明安即據以入奏，此必輕聽屬員慫慂而成。明安受恩深重，自不應有冀圖沾潤情事，然亦不可不防其漸。而該商等具呈懇請，時若非於所屬員弁及書吏人等輾轉賄求，何能據將所請之事，達於明安，代爲奏請。此種情弊，豈能逃朕洞鑒乎？嗣後臣工等惟當洗心滌慮，毋得輕啟利端，假公濟私，妄行瀆奏。」

劉錦藻等《清朝續文獻通考》卷四三《征榷考十五·坑冶》 〔同治〕十年，諭：「前據都察院奏，山西民人馬敦五等呈稱，絳縣南山銅鑛産苗甚旺，請自備資斧，試行開採，當經降旨，著英桂派委查看具奏。兹據御史富稼奏稱，查閲馬敦五呈内，礦經私挖，復請試行三箇月升課，詞有閃爍。素聞該民等均非安分良民，且非殷實富户，顯有影射之徒，假公濟私等語。著桂英按照該御史所奏各情，嚴密查察該處礦苗，如可採辦，可否官爲經理，據實具奏。」

藝文

劉向《説苑》卷三《建本》 今夫辟地殖穀，以養生送死，鋭金石，雜草藥，以攻疾苦，知構室屋以避暑雨，累臺榭以避潤濕。入知親其親，出知尊其君，内有男女之别，外有朋友之際。此聖人之德教，儒者受之傳之，以教誨於後世。今夫晚世之惡人反非儒者曰：「何以儒爲？」如此人者，是非本也。譬猶食穀衣絲，而非耕織者也；載於船車，服而安之，而非工匠者也；食於釜甑，須以生活，而非陶冶者也。此言違於情而行矇於心者也。如此人者，骨肉不親，秀士不友也，此三代之棄民也，人君之所不赦也。故《詩》云：「投畀豺虎，豺虎不食；投畀有北，有北不受，投畀有昊。」此之謂也。

劉向《説苑》卷二〇《反質》 魏文侯問李克曰：「刑罰之源安生？」李克曰：「生於奸邪淫泆之行。凡奸邪之心，饑寒而起。淫泆者，久饑之詭也。雕文刻鏤，害農事者也；錦綉纂組，傷女工者也。農事害，則饑之本也；女工傷，則寒之原也。饑寒并至，而能不爲奸邪者，未之有也。男女飾美以相矜，而能無淫泆者，未嘗有也。故上不禁技巧則國貧民侈。國貧民侈則貧窮者爲奸邪，而富足者爲淫泆，則驅民而爲邪也。民以爲邪，因以法隨誅之，不赦其罪，則是爲民設陷也。刑罰之起有原，人主不塞其本而替其末，傷國之道乎？」文侯曰：「善。以爲法服也。」

范垧、林禹《吳越備史補遺》 自國初供奉之數無復文案，今不得而書，唯太祖、太宗兩朝入貢，記之頗備，謂之《貢奉録》。今取其大者，如赭黄犀帶、龍鳳龜魚、仙人、鰲山、寶樹等通犀帶，凡七十餘條，皆世希之寶也。玉帶二十四，紫金獅子帶一，黄金九萬五千餘兩，銀一百一十萬二千餘兩，綾、羅、錦、綺二十八萬餘疋，色絹七十九萬七千餘疋，金飾玳瑁器一千五百餘事，水晶碼瑙玉器凡四千餘事，珊瑚樹一，高三尺五寸，金銀飾陶器一十四萬事，金銀飾龍鳳船舫二百艘，銀裝器械七十萬事，白龍瑙二百餘斤。王自入朝，至歸國，復入朝，太祖、太宗所賜金器并金物六萬四千七百餘兩、銀器四十萬八千八百餘兩、玉石器皿一萬七千事，寶玉帶四十二條，錦綺羅紈一十六萬六千三百餘疋，御衣并袍襲衣等、金盔六頂，甲六副，金玉鞍轡御馬一十六疋，細馬四十八疋，馳三百餘疋，散馬二千七百二十疋，金印四顆，玉册二，御劍三口，法酒三千餘瓶，銜墜腰帶三千事，鳳冠四頂，他物稱是。

《雍正朝内閣六科史書·户科·總理户部事務怡親王允祥等題准直隸通省工匠銀均攤入地糧内一條編徵收并著爲定例本》 總理户部事務和碩怡親王臣允祥等謹題爲按地輸丁以廣如天之仁事。該臣等查得直隸巡撫李維鈞，以直屬丁銀偏累窮黎，苦樂不均，請將丁銀攤入地糧之内徵收，奉部行令作何均攤徵收之處，造册具題。臣悉心籌度，計直屬地方北地府地畝率多旗圈，地少丁多，如將一縣之丁銀攤入本處地糧之内，則糧必倍增，有地者亦屬苦累。自應以通省丁銀攤入通省地糧之内，以免偏累。除旗退地畝并房租、核桃變價等襍項錢糧，照額徵收免攤丁銀外，至班匠銀兩，爲數無多，亦攤入地糧内徵收。查順天等九府屬，現在應徵丁匠銀四十二萬四千四百四十四兩零，應徵地糧銀二百五萬一百八十九兩零，每地銀一兩，應均攤丁匠銀二錢七釐二絲零，遇閏之年應徵人丁閏月銀一萬六千二百八十兩九錢零，每地銀一兩應攤入人丁閏銀七釐九毫四絲零，自雍正二年爲始，一條編徵收，仍于國課無虧，而無地之民，得免丁糧之累，即地少之家，亦無丁重之苦矣。除攤徵丁銀省府總册咨部查核外，理合具題，等因，具題前來。查直屬丁銀，先經該撫題請攤入地糧徵收，臣部以作何均攤之處，令造册具題去後，今該撫既稱除旗退地畝并房租、核桃變價等襍項錢糧免其攤加外，將通省丁匠銀兩均攤入通省地糧之内，而於國課無虧，民生有益等語，

應如該撫所請，以雍正二年爲始，一條編徵收，務使追呼弗擾，閭閻共沐新恩，賦則無紊，畿輔均沾聖澤，著爲定例，永遠遵行可也。謹題請旨。雍正元年十二月十七日題。本月十九日奉旨：依議。

《雍正朝内閣六科史書·户科·廣西巡撫金鉷題報臨桂縣等處所出銅鉛抽過税銀數目本》 巡撫廣西等處地方提督軍務兼都察院右副都御史駐劄桂林府臣金鉷謹題爲敬陳開採等事。該臣看得粤西各屬銀、鉛、銅、錫等項礦場，先經臣摺奏，接准部覆令會同雲、貴、廣西總督鄂爾泰詳議分晰具題，嗣又接准部覆，各屬所出銅觔，除抽税外，一應商銅，均照定價收買，請於藩庫封貯銀内，借銀一萬兩暫准動給，照數收買商銅，俟開鼓鑄領本之日歸還原項。將來收買商銅，亦准於封貯項内報部動給。再原題案内令將所抽銀銅各税，按季造册，歲底具題。令將滂江等處所出銅觔原獲細數，抽過税課若干并開採月日逐一詳查分晰具題。等因在案。兹據布政使元展成詳稱，除芋荚金廠所獲金兩支過工本應如臯司衙門照案造報，其滂江等處銅礦所抽税課收買銅觔各數，已另行造册呈送外，所有抽收過臨桂縣屬水槽、野雞等廠，自雍正七年七月分開採起至雍正八年年底止共收課銀五千八百九十八兩二錢五分九釐零，又臨桂、義寧、宣化各廠共收鉛課銀一千四百一十三兩三分八釐零，内未變鉛三萬六千三百五十八觔八兩，每百斤定價銀一兩八錢，該銀六百五十四兩四錢五分三釐，現在飭行變價。又賀縣共收錫課銀四百五十二兩一錢六分，河池州共收錫課銀二十二兩八錢五分六釐零。又收南寧府屬果化土州雄磺課八百斤，每斤約變銀五分，共約變銀四十兩。又收太平府屬恩城土州硃砂課三百四十三斤六兩四錢，每斤約變銀三錢五分，共約變銀一百二十兩一錢九分，俱現在飭催變價解報。以上共課銀七千四十八兩二錢四分四釐零，連前銀課通共銀七千九百四十六兩五錢三釐零，内已解司銀七千一百三十一兩八錢六分四毫零，未變鉛銀六百五十四兩四錢五分三釐零，未變雄磺銀四十兩，未變硃砂銀一百二十兩一錢九分。等情。并分晰造册呈詳前來。臣覆核無異，除册分送部科外，臣謹會題，伏乞皇上睿鑒，勅部核覆施行，謹題請旨。雍正九年五月二十九日題。七月初五日奉旨：「該部察核具奏。」

《雍正朝内閣六科史書·户科·貴州巡撫元展成題爲查覈丁頭山馬鬃嶺二鉛廠抽收課鉛數目本》 巡撫貴州兼理湖北川東等處地方提督軍務都察院右副都御史紀録五次駐劄貴陽府臣元展成謹題爲詳請開採事。該臣看得丁頭山、馬

鬃嶺等鉛廠抽收課鉛，例應按年題報。茲據布政使馮光裕詳據接管丁頭山倭鉛廠務普安縣沈遴並據管理馬鬃嶺倭鉛廠務大定府介錫周各册報，貳廠自雍正十一年九月初一日起，至十二年八月底，共抽獲課鉛二十六萬五千四百二十五斤一十二兩八錢，內除二廠辦事人役工食賣過課鉛六萬一千零七斤二兩二錢，照原定課價一兩六錢一兩四錢計算，共賣獲銀八百零三兩五錢八分零開銷外，寔存課鉛二十萬四千四百一十八斤一十兩六錢，內運局供鑄課鉛四萬三千一百二十三斤，照定價一兩四錢計算，該課銀六百零三兩七錢零，於鼓鑄收買銅、鉛工本銀內扣收貯庫。尚有課鉛一十六萬一千二百九十五斤十兩六錢，照各該廠定價每百斤一兩六錢一兩四錢計算，共該課價銀二千四百三十四兩九錢零，此項課鉛價銀，統俟運供鼓鑄及銷售完日，將課價解收貯庫，另詳題報等情，內司彙造煎抽課鉛細數清册詳送前來。臣覆核無異，除册送部外，臣謹會題請旨。雍正十三年八月初一日題。九月二十八日奉旨：「該部察核具奏。」

《清代檔案史料叢編》第一一輯《宮中朱批奏摺·柏葰等奏清釐五宇帳目情形摺附清單（咸豐八年七月十八日）》 協辦大學士、户部尚書臣柏葰等謹奏，爲清釐五宇帳目，所有資本餘利，鈔本墊款，一切應補應交官項，現已全行完結，惟官民錢鋪川換兑換，內外均有完欠，應行分別催追，謹開單奏聞，仰祈聖鑒事。

竊惟五宇錢鋪原爲行鈔而設，向准開出錢票，以爲收鈔之資。去歲奏明清查五宇帳目，其時寶鈔與錢票實相依附，深恐宇票一動，寶鈔因而不行，則前欠既不易清，逐月放款亦無可恃。乃於去歲十月，傳集民鋪五十家，發本行鈔，即於十一月二十日先停宇升號錢票，將寶鈔移於核對總局開發，并改用長戳新鈔。自是以來，鈔法日有起色。本年開印時，又將宇謙、宇豐二號錢票停止，五月內并停宇恒、宇泰錢票，蓋欲使民知寶鈔之可貴無假於宇票，以漸爲之，則無所驚疑也。現在寶鈔暢行，宇票停止，所有宇號帳目即可澈底根查。去歲九月內，五宇票存共一千五百餘萬吊，所有原領資本，歷次所領鈔本，累年餘息，逐一核算。其墊款九百餘萬吊，提到銅局所收捐項、大庫所收雜款內宇票全行抵還外，尚有不敷，又提借乾天官號川換兑換項下所存宇票抵給清楚。其存鋪未用鐵大錢、銅制錢、銅當五錢、鉛制錢，均已如數交清。一切官項全行完結，另繕清單呈覽。

惟宇謙、宇豐二號票存尚有一百八十餘萬吊，系官民各鋪及軍民人等收存者，查川換兑換舊章在所不禁，惟爲數過多，該鋪所存錢票現錢亦不敷抵。據該商稱，係民鋪拖欠，內有龍盛、雲益等號，難保無影射那移、侵蝕肥己情事，應請飭交刑部嚴行訊追完款。宇升號票存雖僅四萬餘吊，但外有乾天九號呈出存鋪未用之票二十萬吊零，該商所繳廣興等民鋪錢票，其數難符，不能取錢換票。經臣部發交各司坊催追，未據換交，應將該商及廣興等鋪移交五城勒限嚴追。至宇恒、宇泰二號原有票存五百餘萬吊，現在官款全完，二號僅餘票存五萬餘吊，鋪內所存外票現錢足以相抵，毫無帶欠。

所有清釐五宇帳目官款完結，分別催追票存緣由，恭摺具奏，伏乞皇上聖鑒訓示。謹奏。

朱批：依議。辦理雖未能澈底根究，但可作此完局，尚屬可行。若必逐款清查該五宇私帳，徒興大獄，無裨大局。惟以後預籌民鋪防制之法，務須慎益加慎，不可爲後人作俑，他日艱於補救也。

附清單：

謹將臣部清查五宇官號出入總數，繕具清單，恭呈御覽。

計開：

一、臣部歷年共放過寶鈔，合京錢五千四十八萬九千六百二十五吊。內分放過京營兵餉寶鈔一千六十六萬九千九百四吊，放過官兵米折寶鈔九百八十五萬三千八百九吊，放過官員俸廉寶鈔七百萬七千一百六十一吊，放過各處工程寶鈔八十九萬七千五百九十三吊，放過各項雜款寶鈔一千八百六十八萬一千一百五十八吊，發過各省截留寶鈔三百三十八萬吊。以上各款，由臣部制造寶鈔，按月開放後，俱應赴五宇官號憑鈔取錢。

一、臣部共發過五宇官號鈔本京錢一千二百三十八萬一千三百九十一吊六百七十文。內分：發過宇升鈔本京錢二百四十三萬四千七百四十二吊三百六十文，發過宇恒鈔本京錢二百八十三萬五千一百八吊三百五十文，發過宇謙鈔本京錢二百一十七萬三千八十五吊三百二十文，發過宇豐鈔本京錢二百三十六萬一千七百四十三吊三百二十文，發過宇泰鈔本京錢二百五十七萬六千七百一十二吊三百二十文。此項鈔本，係由臣部隨時給發五宇以作收鈔之用，如有不敷，向由五宇開票墊發。

一、五宇官號歷年共收回寶鈔二千一百九十七萬三千七百九十一吊文。內分：宇升官號收回寶鈔四百七十二萬七千四百八十吊文，宇恒官號收回寶鈔四百四十八萬三千五十吊文，宇謙官號收回寶鈔四百一十七萬六千三十七吊文，宇豐官號收回寶鈔四百二十二萬三千四百三十七吊文，宇泰官號收回寶鈔四百三十六萬三千七百八十七吊文。此項即係臣部每月放出之款，業經五宇收回繳存鈔庫，其餘寶鈔有另由捐銅局捐項内收回者，有仍在民間行使者。

一、五宇官號開票墊發鈔本并底子零尾，足京錢九百二十二萬六千九百四十五吊三百六十八文。内分：宇升墊過鈔本京錢二百二十萬四千三百六十八吊九百七十八文，宇恒墊過鈔本京錢一百五十七萬四千九百六十六吊四百六十文，宇謙墊過鈔本京錢一百九十三萬三千九百七十吊一百三十八文，宇豐墊過鈔本京錢一百七十九萬五千五百七十九吊一百二十六文，宇泰墊過鈔本京錢一百七十一萬八千六十吊六百六十六文。此項係因鈔本不敷，由五宇開票墊出之款，應由臣部補給。

一、五宇官號繳回銅當五、鐵當十并銅鉛制錢，足京錢一百一十二萬二千六十九吊三百二十八文。内分：宇升繳回未用京錢九萬四千七百零八吊九百零六文，宇恒繳回未用京錢八萬八千五百九吊九百八十八文，宇謙繳回未用京錢一十三萬五千八百五十五吊三百文，宇豐繳回未用京錢五十三萬九千八百五十九吊八百八十文，宇泰繳回未用京錢二十六萬三千一百三十五吊二百五十四文。此項係五宇鈔本内領去未用之錢，除將銅當五錢一萬零六百四十二吊五百九十文、鐵當十錢一百零四萬四千五百零四吊八百八十文、鉛制錢一萬一千零八吊六百一十六文，請交錢局回爐改鑄，又銅制錢五萬五千九百一十三吊二百四十二文，繳存大庫備用外，所有五宇此項鈔本亦應由臣部補給。

一、五宇官號應找領歷年經費不敷足京錢一十八萬三千八百三十八吊九百九十六文。内分：宇升找領經費京錢四萬二千三百九十二吊五百八十八文，宇恒找領經費京錢三萬六千四百六十三吊一百九十二文，宇謙找領經費京錢四萬七百三十吊九百二十四文，宇豐找領經費京錢四萬一千二百四十一吊一百八十八文，宇泰找領經費京錢二萬三千一十一吊一百零四文。此項係五宇應行補領之款，内除捐銅局收鈔平糶處收錢所需經費應請如數給發外，其餘鋪底家具房租車脚以及歷年食用不敷賠墊各數，臣等酌擬減去六成，按四成給發。

以上三款共京錢一千零五十三萬二千八百五十三吊六百九十二文，俱應由臣部補給。

一、臣部籌款抵還五宇官號墊款并應領經費，足京錢一千五十三萬二千八百五十三吊六百九十二文。内分：抵還宇升墊款京錢二百三十四萬一千四百七十吊四百七十二文，抵還宇恒墊款京錢一百六十九萬九千九百三十九吊六百四十文，抵還宇謙墊款京錢二百一十一萬五百五十六吊三百六十二文，抵還宇豐墊款京錢二百三十七萬六千六百八十吊一百九十四文，抵還宇泰墊款京錢二百萬四千二百七吊二十四文。此項籌還五宇墊款，内除提到捐銅局所收宇票八百九十四萬七千五百六十八吊三百二十八文、大庫所存宇票五十四萬九千一百八十三吊六百二文，作爲鈔本另案奏銷外，所有借用乾天九號所存宇票一百三萬六千一百一吊七百六十二文，應由臣部於鈔本項下酌量給還九號歸款。

一、五宇官號繳還原領資本足京錢十萬吊文。内分：宇升繳還資本京錢二萬吊文，宇恒繳還資本京錢二萬吊文，宇謙繳還資本京錢二萬吊文，宇豐繳還資本京錢二萬吊文，宇泰繳還資本京錢二萬吊文。此項係五宇應繳還部庫之款，業經臣部嚴追，如數繳清，現存核對總局。

一、五宇官號呈繳歷年兑换銀錢所獲餘利足京錢十七萬九吊二百四文。内分：宇升呈繳餘利京錢四萬四千八百八十四吊二百二十文，宇恒呈繳餘利京錢三萬四千五百五十八吊九百五十八文，宇謙呈繳餘利京錢四萬九千四百七十四吊四十四文，宇豐呈繳餘利京錢二萬五千三百七十八吊九百九十八文，宇泰呈繳餘利京錢一萬五千七百十二吊九百八十四文。此項亦係五宇應呈繳部庫之款，均經臣部如數追完，現存核對總局。

一、由官錢總局付來乾天九號未用宇票足京錢七十九萬九千五百五十五吊六十四文。此項係乾天九號私存未用之票，據該號呈出，業由臣部督催五宇商人繳過錢五十九萬二千九百二吊八百四十文，内銅當十較多，鐵制錢較少，與歷次領本之數相符，應由臣部添配二八成大制錢，發還九號歸款。惟宇升號所交民票二十萬六千六百五十二吊二百二十四文，未能换取現錢，業經臣部交坊换取，應由五城督催完款。此外，乾天九號仍有未用宇票，均係該號等私相兑换川换之項，應歸入未下票存内辦理。

一、五宇官號自七年八月清查後，共下過票存足京錢一千二百九十四萬七千一百二十一吊三百三十六文。内分：宇升已下票存京錢三百六萬九千七百五十六吊七百六十二文，宇恒已下票存京錢三百七萬三千四百三十八吊一百五十二文，宇謙已下票存京錢二百二十七萬六千五百四十六吊七百六文，宇豐已下票存京錢一百九十一萬五千三百九十三吊八百八十二文，宇泰已下票存京錢二百六十一萬一千九百八十五吊八百三十四文。此項五宇未下票存，除歷年已收回者不計外，自上年九月清查截數時共一千四百八十餘萬，疊經臣部嚴追，共下過一千二百九十餘萬吊。

一、五宇官號未下票存京錢一百九十六萬一千一百三十七吊六百一十二文。內分：宇升未下票存京錢四萬二千五十吊九百一十文，宇恒未下票存京錢三萬三百一十四吊二十六文，宇謙未下票存京錢一百五萬一千二百四吊二十文，宇豐未下票存京錢八十萬八千七百四十二吊三百四文，宇泰未下票存京錢二萬八千八百二十六吊三百五十二文。此項係五宇錢票存留民間之款，除宇泰、宇恒爲數無多，其鋪內所存外票現錢數目均足相抵，應毋庸議外，宇升號票存雖亦無多，但該商另有抵還乾天九號未經換取之票，應請發交東城一律催令清結。惟宇謙、宇豐二號所欠票存爲數既巨，其鋪內所存錢票又不足相抵，未便任其拖欠，應請將宇謙號商人張兆麟、宇豐號商人馬錫禄，交刑部訊追。

朱批：覽。

丁寶楨《丁文誠公遺集》卷一四《川省設立機器局片光緒三年十二月二十八日》 再，槍礮爲武備要需，近年外洋製造精巧便捷，實爲禦侮利器。川省各營近多習用此槍，然皆購自上海各處洋行，價值甚貴，而又不知修理之法，一經損壞，即成廢物，殊爲可惜。臣前赴川時奏明，將候選同知曾昭吉隨帶前來，擬設一機器局，仿照外洋槍礮之巧，如法製造，一可免購自洋行，受其擡價之病，一可將舊用朽壞槍礮，隨時整理，藉以濟用。當即籌措款項，飭曾昭吉於上海揀擇緊要機器，購辦數十件，由長江駛運來川，以資應用。其餘機器，曾昭吉心思奇巧，即令自行創造。現已在於成都省城擇地建造房屋，設立機器總局，派委候補道夏時、勞文翽總理局務，並派成緜道丁士彬會同妥辦。其應需經費一切，擬不動支正款，即在於川省土貨釐金項下撙節動用。惟川省協款過多，釐金亦不敷分撥。臣復飭鹽道於茶引加票項下設法籌辦，藉資小補。至該局甫經建造，所有需用購運機器及造房各費，並委員司事工匠一切薪水工食，統俟明春三月局房造成，將機器各件安置妥協，開造槍礮後再爲奏報。並將各用款核實，咨部查銷。謹附片具陳，伏乞聖鑒訓示，謹奏。

張之洞《張文襄公全集》卷二一《創設槍彈廠片光緒十三年五月初三日》 再，廣東前因籌辦海防，購運軍火，兼濟滇桂後膛槍彈一項，需用尤多，採辦維艱，必須購置機器，自行製造，始可取用不盡，無庸倚藉外洋。當經飭海防善後局，委員在上海泰來洋行，購運製造槍彈機器一副來粵，價銀二萬五千九百八十餘兩。正擬設廠開辦，適前廣西撫臣潘鼎新亦在泰來洋行，訂購槍彈機器一副，由委員運解到粵。時西省已將撤防，准護理廣西撫臣李秉衡咨商，西省無力設局開辦，所有前購機器，請留東省備用。復經飭局籌款，將機器及造子銅片物料價值，委員、洋匠川資，暨運脚保險等費，由東撥給，計共銀三萬一千三百餘兩。當即遴委江蘇補用知縣薛培榕，會同地方官，在於省城大北門外二十里番禺縣屬之石井墟購地三十一畝有奇，創建製造槍彈廠一所，地居省城，後路較爲穩便。上年九月經始，本年五月落成。計頭門一進，公務廳兩進，機器大廠一座。鍋鑪、打鐵、烘銅殼、造木箱、裝子藥房共五處。儲料、發料庫各一。另有裝蠟餅、紙餅、火藥等房及工匠住房、厨房等二十餘間。外加甎牆一道，高一丈，周圍二百零四丈。共支工料連地價銀一萬七千三百餘兩。安設機器兩副，能造毛瑟、馬梯呢、士乃得、雲者士得四種槍彈。試辦之初每日約造二千顆，熟習之後每日可造八千顆。目前即可試火開造。此外尚有需用鎔銅、輾銅等機器，併應添蓋廠屋，容俟陸續購辦。

硃批：該部議奏。欽此。

《光緒朝朱批奏摺》第一〇二輯《光緒十五年七月初七日兩廣總督兼署廣東巡撫張之洞摺》 兩廣總督兼署廣東巡撫臣張之洞跪奏爲粵省籌捐經費，購置外洋機器，擇地建廠，自造槍礮，以爲自强久計，恭摺奏陳，仰祈聖鑒事。竊廣東地方，邊防海防，胥關緊要，槍礮一項，最爲急需。臣於光緒十三年五月內奏明建設槍彈廠，購買機器兩副，鑄造毛瑟、馬梯呢、士乃得、雲者士得四種槍彈，祇以爲經費所限，故僅得小試其端。查水陸各軍需用槍礮，概係購自外洋，不但耗蝕中國財用，漏卮難塞，且訂購需時，運送遥遠，辦理諸多周折，設遇緩急，則洋埠禁售，敵船封口，更有無處可購，無路可運之慮。況所購之械，種式不一，精粗各別，彈碼各異，倉卒尤易誤事。詳籌時勢，必須設廠自鑄槍礮，方免受制於人，庶爲自强持久之計。惟廣東司局各庫經費有常，京協各餉，數倍他省，加以本省餉需浩繁，萬分竭蹶，實無餘力兼籌此舉。當查光緒十二年間，當據文武官紳暨鹽埠各商分年捐資，以三年爲率，約集銀八十萬兩，在福建船廠及本省，分造甲乙至壬癸兵輪十號，並購配礮械，均經奏准辦理在案。計自光緒十二年起，至十四年底止，業已三年期滿，所有捐款，陸續繳齊，因復督同司道將領籌議，擬將前項捐款接續勸辦，以作開設槍礮廠專款。各紳商以款鉅力絀，頗形觀望。復經竭力開導，始允自光緒十五年正月起扣，至十七年底續捐三年。指定專充購買鑄造槍礮機器，並建造廠屋。經費總以足敷開廠之用爲度。查後膛新式單響、連響各洋槍，如馬梯呢、毛瑟、哈乞開司黎意等名目，以及次等舊式洋槍，不下一二十種，各省從前陸續添購，或倉卒取辦，往往兼收並蓄，不甚擇別，以致分給軍營槍式，多有參差。現既設廠自造，自宜仿照西國軍制，擇定一式，使弁兵專意操演，器與人習，臨戰更資得力。綜計諸式中，惟德國之毛瑟槍，各軍購用最多，於號碼近遠機簧裝卸，較爲諳熟，槍之退力，較馬梯呢稍輕，後膛機簧則視哈乞開司黎意等槍較爲樸實耐用。德之陸軍，冠於各國，以此恃爲利器。近又訪知該國照單響毛瑟槍式改造連珠十響，軍中一律換用，實爲最新最精之式。至純鋼後鏜礮位，向推德國之克虜伯、英國之阿模士莊兩種爲最精。而克虜伯廠以泥罐煉鋼，後膛横門堅固尤出其右。該廠口徑十五生以上大礮，造法深奥，經費太鉅，目前未可猝辦。至所製十二生以内過山礮式，運載輕便，利於陸戰，近日洋戰步隊專恃礮隊爲前驅，亟宜先行仿造，以立初基。以上槍礮兩式，均經臣詳切攷究，確可采用。惟連珠毛瑟槍，德國官廠自造，其式尚未傳播，克虜伯礮專以出售，不肯爲他國代造，所有一切機模，無從覓致，未免臨淵徒羡。臣又訪知柏林地方力拂機器廠於該國槍礮模式，常有承造，情形最熟，因電託出使德國大臣洪鈞與之商詢，購鑄造新式連珠毛瑟槍及造克虜伯過山礮各項機器全副。其汽機馬力加大，以便槍礮，兼造鍋鑪，並爲一廠，較得節省。旋接洪鈞覆稱，該廠應允能辦，因與訂定造槍機器一分，每日能成新式連珠十響槍五十枝，汽機馬力一百二十匹。又造礮機器一分，每年能成克虜伯口徑七生半至十二生過山礮五十尊，共淨價一百五十一萬七千七百六十馬。又添購槍尾尖刀機器全副，淨價八萬一千四百八十三馬，共合銀三十餘萬兩。十一箇月成交。此事係由外籌捐，不請獎敘，並非動支庫款經費，惟關繫海防重務，遵經咨請海軍衙門核示。現承准覆稱，廣東捐款開廠，鑄造軍械，並未動支帑項，尚屬妥善，自應照准，等因。在案。昨已付匯定銀，妥立合同，繪就廠圖寄粵。此外購地設廠造屋，約需銀數萬兩。現經擇得距省西北四十餘里石門地方，後依山麓，前臨北江，地勢深奥，近内水運亦復利便，於建廠甚爲相宜，當即派員經理，按照洋圖，刻日庀料興工。其槍管鋼料及罐鍊礮鋼，俟開鑄伊邇，暫向德國名廠購備，以期精良適用。此擇式仿造槍礮之擬辦情形也。竊惟外洋槍礮造法，日變日新，近今益臻精絶，淵源奥窔，本屬不易窺尋。向來辦理，皆患製造之難，而利其可以購獲，遂致相率因循，未遑變計。各省雖經試造林明敦槍及阿模士莊小礮，但槍式既舊，礮式尚非精品，且偶一仿造，非專廠開鑄，規模未見恢拓，於中國風氣，尚難振作。臣此次興辦，幸廣東官商，黽勉急公，續捐鉅貲，不動庫款，於非常拮据之中，得有措手，是以不憚委曲繁重，鋭意舉行。將來擬即以雜式、年久等槍，發給腹地綠營，緝捕團勇，而以新式快槍，專給精兵勁旅，彈壓邊海要地，當可使水陸軍容，肅然改觀。若經費充裕，成槍迅速，不獨廣東軍營取給不窮，並可協濟各省。至過山礮一項，若能鑄造精熟，則臺礮、船礮亦可次第擴製，以收大效。尤盼鐵鑛各山采煉得法，日旺日精，數年之後，鋼料鐵料悉取内地，則尤度支無形之利矣。一俟機器運到，廠屋落成，開鑪鑄造，當再將各項工費、鑄造情形，詳晰奏聞。所有廣東籌款購辦機器開設槍礮廠緣由，理合恭摺奏陳。再廣東巡撫係臣兼署，毋庸會銜，合併陳明。伏祈皇上聖鑒。謹奏。硃批：該衙門知道。

陳寶箴《陳寶箴集》卷二〇《遵旨設立彈槍兩廠籌措常年經費及購置機器款項摺（光緒二十四年五月二十七日）》　頭品頂戴湖南巡撫臣陳寶箴跪奏，爲遵旨設立制造彈、槍兩廠，擬就湖南本省鹽斤加價籌作常年經費，及請改撥滬局原議訂購機器税款以資辦理，恭摺仰祈聖鑒事。

竊臣承准軍機大臣字寄：光緒二十三年十二月二十五日奉上諭：「近來中國戰船未備，沿海各地易啓他族覬覦，從前製造廠局多在江海要衝，亟應未雨綢繆，移設堂奥之區，庶幾緩急可恃。兹據榮禄奏稱『各省煤鐵礦産，以山西、河南、四川、湖南爲最，請飭籌款設立製造廠局，漸次擴充，從速開辦，以重軍需；至上海製造局，似宜設法移赴湖南近礦之區』等語，自係爲因地制宜起見。著劉坤一、裕禄、恭壽、張之洞、胡聘之、劉樹堂、陳寶箴各就地方情形認真籌辦，總期有備無患，足以倉卒應變，是爲至要。原片均著鈔給閲看。將此各諭令知之。欽此。」遵旨寄信前來等因。承准此，仰見聖主思患預防、慎重軍需至意，莫名欽悚。臣於光緒二十一年正月，以補授直隸布政使入都，蒙恩召見，時方中日搆兵，仰蒙諭及「槍炮必須自造」，跪聆聖訓，銘鏤五中。迨抵湘任，適當湘軍東征以後，軍儲蕩然，即擬籌設廠局製造，只以災賑方殷，賠款復亟，未敢輕議。此次欽奉諭旨，又知滬局暫難移設，即亟與司道及各官紳籌議，莫不以爲急務，而以造槍及彈子爲尤急。

第思中國機器製造，風氣尚未大開，草創之初，工匠多非素習，無論巨款難籌，造端不能宏大，即驟以外國值七八十萬金，按日可造槍五六十杆之大機購置，各省初時亦只能日造槍數杆，必俟工匠次第練習，可用之人日多，循序漸進，速則二三年，遲則四五年，乃能盡此項機器之用。是製造之功效當以款項爲衡，尤當以人力爲準。與其曠日而坐待巨款，何如從速開辦，以圖擴充？因就滬、鄂等廠及熟諳機器之人切實考求，并向洋行詢訪價值，約計每日造新快槍十數杆多則二十杆，每日造彈子十數萬顆多則二十萬顆之兩項機器，約共需價銀三十萬兩。惟購機建廠之費只須一次，而工料所需必應籌有常年的款，方能無誤製造，湘省錢糧釐税既無可稍事騰挪，勢作就地另籌不可。官紳再四籌商，當此公私竭蹶之時，惟有仿照鹽斤加價成案，尚屬輕而易舉。查加價向章，令銷售引鹽行店每斤加價錢二文，由督銷局陸續帶收匯繳，以每人日食鹽三錢計之，終歲所出僅十三文，於民略不爲病。督銷局向本收銀，此次擬即核定每斤折收加價銀一釐四毫，以歲銷十一二萬引計之，約有銀十餘萬兩出自本省食鹽之户，既不爲病，於坐賈行商更無損豪末。或慮價昂不能敵私，恐有滯銷之患，不知官鹽之暢銷惟在緝私之得力，今以本省製造要務有此加價之舉，地方文武官弁皆不敢稍存膜視，緝私必愈認真，決不至有滯銷之事。否則，即每斤減價十數文，尚不及私鹽價賤，何能相敵？詢之諳練鹽商，亦云并無窒礙。若萬一因之滯銷，即當奏明停止，斷不以此病商，致妨税課。川、粤鹽斤亦一律准由行店照加，示無軒輊。經臣電商兩江鹽政總督臣劉坤一，意見亦復從同。湘省得此十餘萬常年的款，以供製造彈、槍兩廠之用，即有不敷，亦自非全無憑藉可比。

惟購辦兩廠機器，需銀三十萬兩，目前本省實屬無從籌措。查上海機器製造局曾經劉坤一奏准增撥每年常費銀二十萬兩，該局已議先提兩年撥款四十萬兩，在上海洋行向外國訂購專造新槍機器，期以兩年運到。嗣因滬關此款尚未解撥，僅與洋行議立草約，未付定銀，本年奉旨飭將滬廠移設湖南，此項機器遂作罷論。二月間，劉坤一曾以移廠事宜電商臣處，告以此事始末。今上海舊廠雖難遽移，似必無增設新廠之理，可否仰懇聖恩，飭下户部及南洋通商大臣轉飭江海關，於此項奉准增撥滬廠未解款内迅籌銀三十萬兩，改撥湖南，盡本年内悉數兑交，以爲購製新槍及彈子機器之費。撥解只此一次，在滬關諒不爲難。抑或應别由他款指撥，非臣所能擅擬。至常年製造之款，即由臣暫於此次本省鹽斤加價一項支用。其造廠之費，俟加價一節奉到俞旨，即行照數加收，一面陸續支取建造廠局，計俟工竣及機器運到，爲時將近一年，即可提此一年收款以供建造，似可無須另籌。俟試辦一二年，工匠漸多諳習，再行另議擴充，增購機器，接續辦理。緣當款項奇絀之時，爲此不容或緩之事，非不欲并力兼營以求速效，顧爲之有序，必能先程尺寸之功，而後可希尋丈之效。欲使難得之款不至虛懸，殆不得不出於此。至新槍式樣，必與鄂、滬等廠考校畫一，以免參差，用副朝廷整飭武備至意。

所有遵旨設立彈、槍兩廠，擬就湖南本省鹽斤加價等作常年經費，及請改撥滬局原議訂購機器税款以資辦理緣由，謹會同湖廣總督臣張之洞恭摺具陳，是否有當，伏乞皇上聖鑒訓示。謹奏。硃批：「另有旨。」

陳寶箴《陳寶箴集》卷二〇《湘省自設鋼廠片稿（光緒二十四年五月二十七日）》

再，制造彈、槍兩廠所需料物，惟鋼鐵爲最多，現在只湖北、上海設有煉鋼機廠，將來創造鐵路，仍不免多用洋鋼，價值必愈騰貴。湖南素産煤、鐵，取携本易，上海鋼廠既難遽移，自應亟爲籌設，惟購機、造廠所費不貲，非一時所能并舉。查前年湘省紳商曾籌集款項，設立寶善成製造公司，本有煉鋼鐵之議，惟以地方素少富商大賈，股分無多，兼因湖北近有鋼廠，必須運售遠方，成本愈難周轉。今知省城設立彈、槍兩廠，可以就近售銷，因擬自向上海洋行認息借銀，以圖擴充，即便購辦機器，仿用西法煉鋼。其事由該公司自辦，而官廠製造彈、槍，得以就近購買，無輪運、進口、保險等費，自較洋鋼價值爲輕。且可酌照湖北鐵廠商辦章程，寬免税課，該公司尤樂於從事。容俟他時公款充裕，再當設立煉鋼廠局，以供製造，即不産煤、鐵之區，亦可相資爲用矣。謹附片并陳，伏乞聖鑒。謹奏。

張之洞《張之洞全集·鐵廠計日告竣預籌開煉款項辦法摺》（光緒十九年二月二十五日）奏爲鐵廠工程計日告竣，開煉成本亟須早籌，謹籌擬撙節騰挪辦法，以免再請部款，恭摺仰祈聖鑒事。

竊臣奉旨籌辦煤鐵事宜，所有歷年欽遵籌辦情形，均經奏陳暨電達總理海軍事務衙門各在案。三年以來，臣督飭各局廠委員、外洋工師，分投趕辦。自光緒十七年八月奏明開工，刻下生鐵大爐二座暨熱風大爐六座、鍛礦大爐四座，統爲煉生鐵廠，已於二月内完工。其煉貝色麻鋼廠、造鋼軌廠、造鐵貨廠，均定於四月内完工；煉西門士鋼廠、煉熟鐵廠，均定於五月内完工。總計六大廠五月内一律完竣。其機器廠、鑄鐵廠、打鐵廠三所，已於上年秋冬間完工。其大冶縣運礦鐵路五十餘里，暨大冶石灰窑、鐵山鋪、漢陽鐵廠水陸各馬頭，亦於上年秋冬間先後完工。此項工程極爲繁重，事理極爲精微，臣於開工原奏内曾經聲明，據洋匠稱，此工若在外洋，三年乃成。臣極力趕辦，本擬兩年造成，因外洋機器、物料運到補齊，諸多遲滯，無從趕辦，計開工至竣工，共兩年零十個月，尚在三年以内。

至煤爲煉鐵第一要務，原議本擬以湖南之煤煉湖北之鐵，惟運費較貴，終非經久之計。且煉鐵之煤必須精選，灰須極輕，磺須極少，土窿所采，精粗相雜，不能一律，所出又多少無定，恐難供用不缺。幸於江夏、大冶兩縣訪得煉鐵煤苗兩處，分用西法開採，計七月内江夏馬鞍山一處大井可以先成。鐵廠造成以後，擬一面督催兩處煤井工程，一面采運興國州錳鐵，一面先與洋匠籌商演試各種機器，較準火候，教練匠徒之法，并先用湘煤試煉，俟本省出煤漸多，可供廠用，即行接續製煉。

其從前所需經費，前經奏準，除部撥之款及借撥本省之款外，其餘即在槍炮廠經費内勻撥應用，係指造廠經費而言。至開煉經費，亟須另行預籌，此乃出貨成本，與造廠經費兩不相涉，前年開工原奏曾將常年經費只須第一年先行籌墊若干聲明在案。譬諸農田，既有買田、開墾之費，又須有常年牛種、人工之本，始能收獲；譬諸鹽務，既有築場、作竈之費，又須有常年煎煉、運售之本，始能行銷。只須籌此一次，以後即可周轉，并非年年需款。鄂廠鐵質甚佳，係用西法製煉，除鋼軌外，其餘鋼鐵各料，并可向各省行銷。惟此時度支極絀，臣所深知，斷不敢請撥部款，上煩宸慮。然此乃中國自强要政，臣既奉旨飭辦，亦斷不敢因經費困絀致沮成功。反覆籌思，謹就湖北物力之所能辦到者，籌一節省騰挪之法。

查兩爐并開，成本約須百萬，又須籌還鄂省借墊之款。現擬先開一爐，從容擴充，以節經費，然亦必須五六十萬。緣煉生鐵之法，一爐能煉礦若干，需煤若干，均須裝滿配足，晝夜不可間斷，既不能少煉以省料，亦不能停煉以省工。其工作極精細，亦極危險，稍有舛誤，則鐵汁壅塞，爐座受傷，或致轟炸。故開辦之初，必須多用洋匠，而一切運礦之輪剥各船，鐵山運道，煤井各事，雖止一爐，所費亦不能甚少。迨至日久工熟，成貨日精，出煤日旺，洋匠日少，則成本日輕。查湖北煉鐵廠原議專爲制造鐵路鋼軌而設，本爲力杜外耗起見。光緒十六年二月海軍衙門、户部原奏内曾經聲明「設廠煉鐵，乃開辦鐵路、鑄造槍炮第一要義」，又云「煉鐵爲造軌之基」等語。海署叠次來電，大意相同。十六年正月又電云「正題宜先鑄軌，鑄械次之」等語，尤爲深切著明。是現在關東修路，湖北造軌，本是相因而起。十六年三月内籌辦設廠之初，即經商明直隸督臣李鴻章，接其電復云「將來鄂鋼煉成，自可撥用」等語，是以特購制造鋼軌、魚片、鈎釘各機器，分建各廠。中國既能造軌，斷無再購洋軌之理。查關東議定每年修路二百里，曾向李鴻章詢明，每年約須軌價十九萬餘兩，其橋梁各種鐵料，尚不在内。鄂廠造軌，乃係官物，必須先發官本，不比商賈圖利，可以墊辦。以常理論之，似應由北洋每年將此二十萬先行支付，以爲工本。惟北洋造路，工費浩繁，未便全行預支。竊擬將湖北、湖南兩省每年應解北洋鐵路經費各五萬兩，兩省共十萬兩，截留劃撥充用，作爲預支軌價。此乃鄂廠應得銷軌價值，并非無故分用。并擬再由湖北糧道無礙京餉之雜款内借撥十萬兩，作爲代北洋籌墊軌本之用。兩項共計二十萬兩。造軌之外，兼製各種鋼料、鐵料，以供各省行銷。其劃扣北洋之經費十萬兩，俟軌成運津後，核計實用若干、尚短價值若干，由津補足。在北洋不過預支半價、後付半價，似亦折中平允。先後一轉移間，爲日無多，以後每年即照此辦理。即使日後北洋需用鋼鐵較多，價至數七萬，亦只先劃留此數。北洋所購外洋鋼軌，每噸價銀三十兩，鄂軌初經開造，工費較多，然亦只願比照洋軌價值，無須加多。各料是否合用，盡可聽北洋依法試驗。或謂中國鋼軌不能經受壓力，不知大冶鐵礦歷寄外洋考驗，皆謂極佳，且造軌所用尚非極精之鋼，鄂省製煉皆依西法，與洋廠所造無異，確無不受壓力之慮。其糧庫借款，俟兩年後鐵務日暢，自光緒二十二年起，由鐵廠分爲十年歸還。

此外不敷之數，仍由槍炮經費項下勻撥應用。緣鐵廠爲槍炮之根，必先煉有精鋼，方能製造，以彼助此，尤爲允協。且此時槍炮廠尚未造成，安配機器亦需時日。計精鋼煉出之日，始届開機製械之時，臣自當設法兼顧，并無窒礙偏廢之處。如再有不敷，臣所設織布局現已告成，陸續加工開織，機勢似甚順利，明年當有贏餘，亦可酌量撥補鐵廠之費。以後體察情形，如鐵務日漸暢旺，再當全開兩爐。

總之，以湖北所設鐵廠、槍炮廠、織布局自相挹注，此三廠聯爲一氣，通盤籌畫，隨時斟酌，互相協助，必能三事并舉，各睹成功，以後斷不至再請部款。此項開煉成本，概係由外省自籌，較之南北洋製造各局歲需支撥庫款七八十萬，福建船政亦歲撥數十萬者，辦法迥不相同，甘苦難易，判若霄壤。合無仰懇天恩，俯如所請，鐵務幸甚，微臣幸甚。

惟是此舉之關係大局及創造之種種艱難，有不敢不詳陳於聖主之前者。竊惟採鐵煉鋼一事，實爲今日要務，海外各國無不注意此事。而地球東半面，凡屬亞洲界内，中國之外，自日本以及南洋各國各島暨五印度，皆無鐵廠，或以礦鐵不佳，煤不合用，或以天時太熱，不能舉辦。中國創成此舉，便可收回利權。各省局廠、商民所需，即已甚廣；且聞日本確已籌備巨款，廣造鐵路，原擬購之西洋，若中國能製鋼軌，彼未必舍近圖遠，是此後鋼鐵煉成，不患行銷不旺。不特此也，各省製造軍械、輪船等局，所需機器及鋼鐵各料，歷年皆係購之外洋。上海雖亦設煉鋼小爐，仍是買外洋生鐵以煉精鋼，并非華産。若再不自煉内地鋼鐵，此等關係海防、邊防之利器，事事仰給於人，遠慮深思，尤爲非計。溯查光緒十六年正月海軍衙門來電「總以無一仰給於人爲斷」一語，堅定懇切，洵爲不刊之論。若僅云杜塞漏卮，猶其淺焉者矣。此事係中國創舉，原非習見習聞之事。或慮年年需款沿以爲常，或謂即煉成鋼鐵亦無大用，此乃未悉中外情形之言，廟謨深遠，自能鑒燭無遺。

至此項工程之艱巨，實爲罕有。機器之笨重，名目之繁多，隨地異宜，隨時增補，洋匠亦不能預計。而起卸之艱難，築基之勞費，爐座之高大，布置、聯貫各機之精密，鑿礦、修路、開煤、煉鋼之紛歧，尤非他項機器局可比。而最難者爲圖，磚兩端，各廠總圖、分閣，極爲精密，多至數百紙，皆寄自洋廠，到鄂廠又須分畫各段細圖。大爐、焦炭爐各磚，皆係洋製，方圓斜正，式樣數十種，每一大爐需磚數十萬塊，皆編有號數，依次修砌，一塊不能錯亂。其爐皆内磚外鐵，洋廠製造此磚又甚遲緩，數萬里換船轉運，破損尤多，動須補購，即不能不停工以待。三年以來，與出使大臣函電交馳，派員加費，百計催促，近始大略寄全。每一批機器、物料運到，多至數萬件，或十餘萬件，必須數十日方能點清。每一種機器，必須四五個月方能安配完好。至於其餘一切物料，若廠屋之鐵梁、鐵柱，廠基、爐座、路工之水泥、火泥等類，尤非來自外洋。其最近者，中等火磚則取之開平，極大石料則取之湖南，配補殘缺機器零件則取之上海、香港，無一省便之事。臣日日督催，不遺餘力。此時漢陽鐵廠及大冶鐵路，漢口及上海領事、洋人來觀者絡繹不絶，皆謂此爲應辦急務，并據洋人皆云，比外洋迅速已多。

至於籌款，既如此艱難，臣身任其事，若經費不繼，即是自困之道，故臣極力綜核，務求節省。每定一機器、開一工程，必與洋匠多方考究，令其務從撙節辦法。大冶鐵路五十餘里，鏟山填湖，買地綏民，亦極費手。至開煤一事，尤極艱辛。訪尋兩年有餘，試開窿口數十處，始得此兩處堪以煉鐵之煤，須用西法鑿堅石數十丈以下，乃得佳煤。既開直井，又開横窿，又須開通氣之井及開煤之巷，出煤乃多，又須購製鑽地、壓氣、抽水、起重、洗煤、挂綫、運煤各機，又須造煉焦炭爐數十座。然將來所費，斷不至如直隸開平煤礦之多。

臣力小任重，時切悚惶，加以督工、籌款事事艱難，夙夜焦急，不可名狀。惟以此事爲自强大計所關，既奉諭旨飭辦，不敢不身任其難，惟有竭其愚誠，殫其綿力，專就湖北鐵、布、槍炮三廠通籌互濟，相機趕辦，期於必成，以仰副聖主開物成務、力圖自强之至意，斷不敢因工巨款絀，中途停廢，以致創舉無效，貽譏外國。惟大爐開煉之始，先須將配合煤礦分數逐漸考核精詳，一一合式，且必須開火一月，大爐方能燒熱，開爐以後即須晝夜熔煉，不能停火，停則與爐有礙，且多耗費，故一切事宜必須早爲籌定。惟有籲懇聖恩，敕下海軍衙門、户部早日定議行知，俾得趕早布置，將各項工程、物件、洋匠、華工及早核計，俾免延緩虚糜。臣無任惶悚屏營之至。

所有鐵廠計日告成，預籌開煉成本，酌擬節省騰挪辦法各緣由，據鐵政局司道籌議詳請具奏前來，理合恭摺具陳，伏祈皇上聖鑒，敕下海軍衙門、户部迅速核復施行。謹奏。

二月廿五日發。

硃批：「該衙門速議具奏。欽此。」

陳寶箴《陳寶箴集》卷二〇《湘省自設鋼廠片・張之洞、盛宣懷會奏商辦湖北鐵廠籌辦萍鄉煤礦情形并所奉上諭》

光緒二十四年三月二十八日上諭：軍機大臣字寄湖廣總督張之洞、大理寺少卿盛宣懷、江西巡撫德壽、湖南巡撫陳寶箴：光緒二十四年三月二十八日奉上諭：「張之洞等奏陳明湖北鐵廠改歸商辦後情形一摺，湖北鐵廠經該督等招商承辦，現將造軌、采煤各事力籌整頓，已有端緒，即著照所議辦理。所有鐵路、電綫經過之地，著德壽、陳寶箴轉飭地方文武妥爲保護。另片奏萍鄉煤礦現籌開辦，請援照開平禁止商人别立公司及多開小窿抬價收買等語，著德壽即飭所屬隨時申禁，以重礦務。張之洞等摺、片，著分别抄交德壽、陳寶箴閲看。將此各諭令知之。欽此。」

張之洞、盛宣懷湖北鐵廠改歸商辦後情形摺：湖廣總督張之洞、大理寺少卿盛宣懷跪奏，爲陳明湖北鐵廠改歸商辦後情形，及造軌、采煤各事力籌整頓，皆有端緒，恭摺仰祈聖鑒事。

竊臣之洞創辦湖北鐵廠，次第告成，光緒廿二年因經費難籌，遵旨招商承辦，奏准交臣宣懷接收，一手經理。臣宣懷以冶鐵煉鋼，亞東創舉，事體至重，頭緒尤繁，只以事關中國大局，不敢不力任其難，遵於是年四月十一日接辦。先將漢陽總廠區銀錢、製造、收發爲三股，每股遴員董二人董理之，鐵山、煤礦亦各派員董，分任其事。并於總廠設立總稽核處，均令查照成規，認真整頓。伏維鐵廠本旨緣鐵路而起，當以製造鋼軌爲第一義。顧鎔鐵非焦炭不可，連年因本廠無就近可恃之煤，呼籲於開平，謀濟於洋産，價高而用仍不給，故化鐵雖有兩爐，僅能勉開其一。又當以勘求煤礦爲造軌之本原，臣宣懷督飭員匠講求各國鋼軌之程式、製造之奥窔，一面與外洋名廠定購軌軸機器，研精試造。嗣奉督辦鐵路總公司之命，發軔所先，經營蘆漢，復飭廠中員董加工，并力專意造軌。查照奏定章程，先後預撥軌價銀一百九十萬兩，現計解運到工及成造在廠之軌，幾及萬噸，隨配魚尾片、螺絲釘各件稱是。橋料、鋼板等物，亦皆能趕造應用。截至上年年底，核計運工軌料各價，已踰五十萬兩，自保利權，漸有成效。

惟兹事皆中土所未經見，鎔煉之合法與否，不能不恃監工之西人，而其人或由出使大臣訪訂，或由洋廠推薦來華試用，往往行與言乖，一再更换，每遇新舊交接之間，不免稍稽工作。所患猶不若乏煤之甚也，開平華礦，誼當與漢陽華廠休戚相關，年來懇切籌商，上煩宸聽，奈煤價已加至極昂之數，而交煤仍難應漢廠之求。至於洋煤，更不足恃，外洋用五六金一噸之焦炭，我幾三倍其價，鋼鐵成本懸殊，勢無可敵。一旦各國有事，又動輒禁煤出口，將來恐雖出重價而不可得。臣宣懷有鑒於此，兩年以來，於沿江上下楚西、江皖各境，分派委員，帶同礦師，搜求鑽試，足迹殆遍。惟江西萍鄉焦煤，久經試用，最合化鐵，礦脈綿亘，所産尤旺，實爲最有把握之礦。但土法開採，淺嘗輒止，運道艱阻，人力難施。臣等深維大計，鐵廠利鈍之機，全視萍煤爲樞轉，現已購辦機器，運萍大舉。一面勘明運道，定議先就該縣黄家源地方，築造鐵路一條至水次，計程三十餘里。路成之後，再籌展至長沙，與十路相接。并先於沿途安設電綫，消息靈通，轉輸便捷。繁費在一時，收利在永遠，此後取之不盡，用之不竭。漢廠即可并開兩爐，大冶亦可添設爐座。至於大出土貨，開造物無盡之藏，以爲民生之利，尤朝廷廣闢地利之至意、泰西富國之學之精義也。鐵路、電綫經過之地，籲請敕下江西、湖南巡撫，轉飭所屬地方文武隨時照料，妥爲保護，以副國家維持鐵政之至意。

所有湖北鐵廠改歸商辦後情形，及造軌、採煤各事皆有端緒緣由，謹合詞恭摺陳明，伏乞皇上聖鑒訓示。謹奏。

附片：再，萍鄉煤礦現籌大舉開辦，運用機器、延訂礦師以及築路、設綫，工役繁難，需費約百萬有餘，收效在數年之後。只以鄂廠化鐵煉軌，事雖商辦，實國之大政，不得不先擲目前之巨本，以博將來可恃之焦煤。惟中國商情，向多見小利而忘大局，誠恐萍煤運道開通，經營有緒，復有商人別立公司，紛樹敵幟，多開小窿，抬價收買，以壞我重費成本之局。甚或勾引外人，如上年湘省有串買礦山之事，迨經察出，根究挽回，業已大費周折，皆慮之不可不早、防之不可不周者。擬請嗣後萍鄉縣境援照開平不准另立煤礦公司，土窿採出之煤，應盡廠局照時價收買，不准先令他商争售，庶濟廠用而杜流弊。相應請旨飭下江西巡撫飭屬申禁，此鐵廠全局利鈍所繫。謹附片具陳，伏乞聖鑒。謹奏。

又片：再，萍鄉煤礦現籌大舉，造端宏遠，規畫繁難，且築路、設綫、運用機器，均需洋人，非得曉暢中外情形、兼備體用之員俾總其成，不足以調馭協和、相機施設。查有湖北試用知縣張贊宸，操履謹嚴，幹事貞固，條理精密，才足肆應。去年派充鐵廠提調，講求整頓，實力實心。嗣令帶同礦師，前赴萍鄉一再查勘，於礦産、運道、開採機宜研求至悉。當經派往萍鄉總辦煤礦一切事宜，以專委任而責成效。謹附片陳明，伏乞聖鑒。謹奏。

奉硃批：「該衙門知道。欽此。」

張之洞《張文襄公全集》卷六七《創設製麻局請暫免税釐并請敕各省仿辦摺》（光緒三十二年七月初二日）竊惟富民以農業爲主，興農業以精工藝爲主。查枲麻之爲物，三代兩漢以前，布皆以麻爲之，天下人人皆用此爲衣服，經典具有明文。自南北朝，木棉入中國，始盡用棉布爲衣，而麻之利遂減。特其質粗易生，故中國各省皆有之，南至吴楚閩廣之澤國，西至黔蜀之山鄉，北至燕趙之平陸，處處皆宜。雖種類略有區分，而大致皆視爲下品，良由製法粗疏，未盡其用，細者製爲夏布，粗者作爲麻袋、麻繩。惟行銷頗廣，而其用甚輕，故其值甚賤。查外國各種洋織錦緞，大半皆參用枲麻，至各種綢料，亦雜麻紗以成之，柔輭潔白，與羅絹無異。其實中國宋元以來古錦，以及乾隆以前美錦，亦皆攙麻爲之。總由農夫織婦鈍拙鹵莽，但以取供粗材，坐棄大利，實爲可惜。臣愚以爲，紡紗、織布、繅絲三事，皆利農塞漏之大端，惟蠶桑不能各省皆宜，至上等長絨棉花能紡四五十號細紗者，中國只有兩三處，南通州第一，南潯次之，直隸深州又次之，湖北孝感又次之，故細布不能多織。若買洋紗以織布，則是代外國銷棉紗，豈非大愚笑柄。故到鄂以來，夙夜焦思憂憤，思爲製麻之策。考求多年，乃敢創議興辦，於其漚浸洗錬之法，抽繅染色之宜，考究詳明，乃籌撥外銷公款配合機器，建造廠屋，漸次試辦。至光緒二十八年招商承租，仍由臣委監司大員督飭製造，先粗後精，循序講求，日有進境。本用西國工師，因工資昂而考究甚略，出貨甚緩，乃改用日本工師藝徒，近日該局所織出，有中西時花各樣緞匹，芝麻實地各紗並細紋斜紋，各色麻布柿色軍衣，麻布新式各花，大小麻織臺布及粗細各號麻紗等件。今日成效已彰，嗣後更求精進，當易爲力。茲據該職商鄧奇勳稟稱，織出貨料，均係質地白細，染色鮮明，足可抵制外國進口麻貨。擬援照商部外務部核准上海阜豐麪粉公司一案，所有機器製造麪粉各廠，一律准其暫免完納税釐，請將該局運銷麻貨奏請暫免完納税釐，以紓商力而廣銷路等情由，該局總辦候補道劉保林轉稟前來。臣伏查該局所出麻製各貨，實爲民生服用大宗，既皆係用機器織成，洵足杜塞漏卮，與麪粉公司事同，一律自應准其暫行免納税釐，以冀各省聞風仿造，嘉惠農工。所有運單格式，由臣分咨各省督撫，轉飭税關釐卡，以憑查照驗放。特是微臣志在惠民，非圖專利，既已成效昭著，即當力圖擴充，并請旨敕下各省酌仿湖北辦法，再行考究東西洋新式，設立局廠，廣爲製造。在臣創始則稍難，在各省踵事則較易。所冀南北各省，麻局林立，化粗爲精，化賤爲貴，利源日多，漏卮日少，其於農工生計，裨益實非淺鮮。

硃批：該部知道。欽此。

張之洞《張文襄公全集》卷六八《機器製麻仍懇暫免税釐摺》（光緒三十二年十二月十六日）竊照湖北創設機器製麻局，製造已有成效。前經臣援案奏請，暫免税釐，欽奉硃批：「該部知道，欽此。」嗣經税務處會同户部議奏，仍照向章機器製造各貨辦法，完納出口正税一道，奉旨：「依議，欽此。」由税務處刷印原奏咨行前來。查税務處奏稱，阜豐公司一案，以各國麪粉進口免税，華商未免向隅，是以核准免税。麻類進口，向係納税，與各國麪粉進口免税者不同，未便援阜豐公司辦法比例。且織布等局亦經奏明，遵章納税，製麻與織布情事相等，應一律辦理，仍照向章機器製造各貨完出口正税一道，沿途概免重徵等語。臣惟機器製貨不能一概並論，製麻織布，同用機器，而難易迥別，布局各省踵行，功用簡易，麻布化粗爲精，向所未有。大凡製造土貨，有祇用機器無須學問者，有既用機器又須學問者。由前之説，則工作合宜，管理得法，即盡機器之能，織布之類是也。由後之説，則非研究學理，分析物質，不能變化朽腐，運用匠心，如湖北之製麻，漚濯繅染，組織精工，具物理化學之長，通圖畫美術之理，斷非織布粗淺工夫所能比例。各國麻貨進口，花樣日新，百餘年來無人籌議抵制之法，湖北創辦麻局，經臣規畫多年，極力提倡，該局精加研究，不惜資本，至今日始能與洋製麻貨相等。然洋貨係已成之局，銷路廣而工本輕，該局係初創之舉，銷路微而成本重。兩相比較，勢難與敵。抵制之法，惟有進口麻貨，照常徵税，以減來源。出口麻貨，暫予免税，以輕成本。否則土貨無利可獲，一經摺本，後繼爲難，將永用外國麻貨，而中國各省貧困農民自然之大利永遠閉塞，是則可爲深惜者也。且查東西各國，從無以出口税與進口税相比例者，從未有以本國之貨與外國入口之貨視同一例，須外貨免税，土貨方許免税者，同一貨品進口有税，出口無税，且有加重進口税，而於豁免出口税之外，又於商人有奬勵金，借助金。紡織之物，日本於明治十二年即已免出口税。英美各國免税尤早，至今日則東西各國，幾於出口税無物不免。中國近來提倡工藝，亦知進口有税，出口無税，爲保護本國商業，即如學部奬勵教育製造用品第五條内稱，教育用品製造辦有成效一年之後，由提學使司報明學部酌核，或咨明税務處免税等語。查學部單開教育用品，大半皆有進口税者，織呢一類即係紡織物，學部以自行仿製即可免税，不聞以外國進口呢有税，鰓鰓過慮也。中國與各國所訂税則，係專指洋商運貨出口入口之税，並無華商税則，亦與外人訂約之事，亦無各國不許我優待本國商民免税之理。奉天省陳列所附設勸工場，各省運往貨物銷售，度支部亦議准免税，可見國家提倡工業，免税爲自有之權。夫以教育品之織呢，與工藝品之製麻相較，則事同一律。而以各省運銷奉省尋常舊貨，與製麻局創製麻貨相較，則輕重懸殊。况麻貨在中國商業，别出心裁，不求專利，已屬大公，再靳免税，必多退沮。今以平平無奇之磨麪、仿織之呢貨，已邀豁免之恩，而艱難創造，利及南北各省之製麻，反責必徵之税，此正各國工業家所聞而非笑，各國製麻廠所聞而稱快者。若酌定麻貨免税年限，俟製造純熟，銷路日廣，再予照章納税，將來南北各省一律仿製，則目前雖無税可收，將來收税正無窮盡。臣愚以爲，今日自强要政，區區税項爲末，民生實業爲先，合無仰懇天恩，俯念湖北製麻局所出麻貨，係爲抵制洋貨，廣興農工商實業而設，創辦維艱，根基未固，未便免機麪之税，反徵製麻之税，未便免織呢之税，獨徵製麻之税，尤未便執外洋麻貨，以刻待中國自有麻貨，致使内外倒置，商民失望。敕下農工商部、税務處、度支部會同詳加核議，准予仍照前請暫免税釐，以暢土貨而保利源，商業幸甚，大局幸甚。

硃批：該衙門議奏。欽此。

張之洞《張文襄公全集》卷一一八《批施南府施紀雲稟請擴充勸工所》（光緒三十三年二月二十一日）據稟，該守創設勸工所，小有成效。將製出各物，賫送商局陳列，并請在官錢局借撥一二萬串以資接濟，分五年認還，及暫免釐捐等語。該守提倡工商實業，就施郡土宜，製爲紗、麻、絲、木、漆質、洋鐵等物，各件均經閲看，頗能精緻光潔，迥異山鄉拙工所爲。該守以荒瘠僻遠之區，爲民興利，殫心經營，確有成效，洵爲深知教養之本，甚屬可嘉。該教員工師學生亦能努力講求，均堪嘉獎。本部堂當即書扁額一面，發往懸之勸工所，以示優異。所請借撥官款一節，鄂省現在公款艱窘非常，官錢局能否照數籌撥，應飭該局酌量情形，禀復核奪。至該守新製各物行銷武漢宜沙等處，所有應完釐捐，應准暫免五年，以資鼓勵。新製各品既屬鄂省創見，又經免去釐捐，行銷必有餘利，總以招股興辦，相機擴業爲正義，一面隨時就地勸捐籌款，以資添補。所望該守勉力爲之，將來施南實業日盛，商貨蕃滋，令施南民人歸美於該守，綢曰施綢，錦曰施錦，漆曰施漆，不亦美乎。除行北布政司官錢局牙釐局分别遵辦外，仰該守遵照妥辦，多方研究，精益求精，有厚望焉。

甘厚慈《北洋公牘類纂》卷一七《工藝總局禀酌擬創設考工廠辦法四條》

一、擇地。廠中庋設商品，所以激發工業家之觀感，自宜擇市廛繁盛，商務薈萃之區。前禀蒙面諭，以北馬路官銀號洋樓地基改造，地勢寬闊，居中握要，最爲合宜。嗣以銀號一時尚難遷徙，又蒙指定龍亭後隙地一段，交通便利，亦尚合用，現擬就此處建築樓房一所，暫行庋設商品，另繪房圖附呈，一俟批准後，即行開工。惟廠中羅列土産洋貨，需地甚寬，此處限於地勢，無可開拓，不足以容納衆品，將來工商興旺，尚擬再行推廣。查新馬路地方，與憲署相近，又爲新車站往來要道，地勢寬綽，自開馬路後，中西商人接續修造房屋，繁庶之象，計日可竣。擬待該處商業興盛後，另行在彼擇地建築，以爲永遠之計，届時再行禀辦。

一、用人。廠中應設提調一員，總理全廠一切事務，兼辦文牘，并綜核用款。藝長一員，專司考驗商品，指教工藝方法，演試工藝要理，其有關化學理藴者，並由工藝學堂總分教習，隨時襄助辦理。英文司事一員，專司繙譯事件。司賬一員，專司進出賬目及一切銀錢簿據。司事二員，專司接待商客，并陳列出納各項雜務。其餘門丁兼收門票二名，看護人五名，雜役四名，各司本職事務，以專責成。以上各員司，俟批准後，即行檢員，請委試辦，將來事務繁多，再行酌量禀請添設。

一、籌款。分開辦經費及常年經費兩項。開辦經費項下，計建築裝修，陳設商品器具，購置圖書，約計需銀二萬八千二百兩。常年項下計華洋員司、丁役薪工，及筆墨紙硯各種雜費并修理各費，長年約需銀八千一百六十兩，遇閏加增銀六百四十五兩。以上均係約估大概數目，開辦後，應撙節動用，極力從省，倘有另案事情，必須加增用費之處，應隨時審察事體緩急，另行禀案辦理。所有前項經費銀兩，另繕清摺附呈，應否在於銀元局餘利項下撥發，抑或由别局所籌撥之處，伏候憲裁。

一、事務。計分四項：一庋設。蒐集本省土産，外省貨物，外國製品，分類陳列，標其價格品質及産地，以供工商業家之觀覽。一考察。凡本地或各屬工業家，或令陳其製品，或巡視其製法，與外國比較其得失，本地及附近地方可興之利，所出之産，皆勤加訪察，俾衆周知。凡工作之精粗，成本之貴賤，銷場之衰旺，運費之多寡，裝裹之良否，及其他有關於工商業之盛衰者，皆悉心考究，以便改良。并隨時開演説實驗等事，邀集工業家發明各項要理，及其方法，以資開導。一化驗。設化學器具，凡有呈驗化學品物及鑛産者，均爲分析試驗，使知其原質，明其理化，以便設法製造。一、圖書。凡關繫工業上之書藝，標本，報告，新聞，雜誌以及商品目録，特許商牌等件，皆時加搜羅，以便工商家之考証。此外，尚有本地進出口貨之銷滯，行情之漲落，及外埠外國之貿易情形，及有關工商之要理，擬隨時刊入北洋官報，俾衆周知，俟商務興盛，再行自刊月報。

以上四條，係創設大概情形。如有未盡事宜，及將來應行增易之處，隨時再行禀辦，合併陳明。

鄭觀應《鄭觀應集》卷七《工藝·勸辦廣東上下工藝院有限公司集股公啓》

外國之强由於富，外國之富由於商，而商之盛則出於農工，是以各國莫不有農工商專門學堂，各自研究求勝他人，致出口之貨多於入口。中國向無農工商專門之學，但拘守成法，所産之物既本重而利輕，所制之貨亦工粗而價貴，且有未能仿造必須購自外來者，致入口之貨多於出口。

查自中外通商以來，漏卮孔多，所虧甚巨，幸出洋謀生者衆，尚可利獲蠅頭。今美國各埠不准我工商入口，英、法、荷屬土如坎拿大、澳大利、葛喇巴日里、西貢、海防等埠均抽我華人身税，非洲之待我華工又慘無天日，均載諸日報，可見我華民生計日絀，覓食維艱，更兼年來百物騰貴，豐年已屬啼饑，荒歲更何堪設想。若不設法使貧民謀生有路，不死於溝壑則流爲盗賊。興思及此，能不傷心！

竊思中國地大物博，西人輒來采買各省材料，運至西洋製成貨物器皿運回中國出售者頗多，除去往來載脚尚有利可圖，若在中國自造豈不獲利更厚？誠能開墾、種植、畜牧、開礦與工藝相輔而行，非獨國家可致富强，即貧民亦可資生活。惟種植、畜牧、開礦三宗必先選有精於農學礦學之工師履勘、化驗、測探後方能舉辦。故擬先創上、下工藝兩院，上院挑選合格學徒制造上等貨物，下院收取尋常學徒製造中下貨物，凡外來之貨物皆可自造不必借材異域，方可止塞漏卮，如此是真抵制矣。昨據旅美華商來函云：如祖國創設工藝院，彼必竭力相助等語。但一木難支大厦，集腋方可成裘，上、下兩院所需經費甚巨，爰擬先集股銀一百萬元，每股銀十元。考泰西各國興商之法，美之工藝學堂、日之製造學堂、德之工藝學堂、英之藝學所，當其創辦之時，多由國家倡助巨款鼓舞紳商而成，至今均獲利益，誠爲國家富强之基礎。尚冀我國同胞當仁不讓，慨助股分，襄成斯舉，起點桑梓，推廣四方，則功德無量矣。

章程附列

一、本院設在廣州，以教育人材，挽回利權，收養窮民，開通民智，轉移風氣爲宗旨。

二、上工藝院須采辦各等機器，及做小機器製造各貨物之材料，延各專門教習。凡挑選學生來院肄業者，不拘貧富，視其性質各專一門，每日限定幾點鐘入格致學堂讀書，幾點鐘入工藝院習藝；或日間習藝，晚間讀書，俟開辦時酌定。俟其藝成後，然後酌給辛金，并在院效勞三年方准出院另謀。

三、下工藝院如廣州工藝廠，凡有貧寒之子皆可來學，由教習視其性質授以一藝，每日幾點鐘入蒙學堂讀書，幾點鐘入工藝院習藝，或日間習藝，晚間讀書，亦須俟開辦時酌定。俟其藝成方許酌給辛金，并在院效勞三年方准其出院另謀。

四、下院學徒俗例三年爲滿師，上院學徒西例以四年爲卒業。本院急欲造就成材不拘常例，下院者或一二年，上院者或二三年。學業有成，教習酌給酬勞，學徒亦有獎賞，能創新法製造者加獎。凡在本院充教習學生者，練成高等技藝，較尋常工匠優給工錢，足養家口，將來皆立可大可久之業，不僅糊口於一時，方稱本院創辦之意。

五、格致學堂、蒙學堂、譯書處、體操場均設院中，分別教授、翻譯、操練，各司厥職，定有時限。

六、譯書處選東西文工藝書之精義者譯出，俾上院學徒各執一本，當教授時易於省悟。上、下院學徒早起同往草場體操，以期氣血强壯。

七、股票悉照公司章程，認股不認人，不論貴賤有無品級，一視同仁，總以股分多者爲重。如有遺失，必須照輪船、電報兩局章程，登報挂號存案，一月後方准補給。

八、窮民約有數種，除老弱殘廢由廣州府工藝廠收養外，其餘以身家清白、無所歸者爲上，本有行業遭難流離者次之，平日懶惰性成兼有嗜好者又次之，甘心下流近於邪僻者爲下，一一問明來歷、籍貫，所有切實保人，登册注簿，方可收留。

九、本院廣購工藝商務報紙，取其有關教化、通達人情、啓發心思、增長學識者，隨時在學堂宣講，以發愚蒙而開智慧，不但工藝求其改良，凡百皆當振奮以收日新又新之效。

十、窮民外有游民及孤貧幼童願來習藝者，亦准具保挂號，挨次傳補，衣履不周者由院製給。

十一、所收之人除學徒外，或本有技藝或但作小工皆分別給以工錢。能充教習者另議。

十二、所教不拘一格，凡外洋所來之貨皆須仿造，惟必須延師教授，先擇其簡易者行之，分雇各種教習數十人，因材施教。教習不盡心者更換，學徒不受教者斥責。

十三、凡有製造必須加意研求，廣爲諮訪，料由何處揀選，何種新鮮；工由何處招募，何國精良；式樣以何爲巧妙，銷場以何爲流通。采人之俗尚，稱人之意志，如各種洋布、玻璃、器皿、麵粉、手巾、火柴、香水、各烟紙、肥皂、笠衫、綫袜、紙張、蠟燭、窩澤磁青、面盆、痰盂各種器具，設法仿造，以塞漏卮。或有公司辦理未善，力量不足，亦可合股兼辦，務期外來之貨皆能自造，精益求精，庶期入口洋貨日少，外溢之利自可逐漸挽回。

十四、下愚不移，固由於天資之笨，亦誤以謬種之傳，相習成風，食古不化，非別有觀摩變通之法破其迷蒙，開其奧窔；法有不良、器有不利、資有不足者，相與更張而匡助之，則一成不變，永無轉機，安望有富强之日？本院兼采西法又輔以報館、學堂，則民智易開，風氣不難丕變矣。

十五、製造成本所需甚巨，現擬招股銀一百萬元，以十元爲一股，常年股息七釐，每年結賬一次，刊刻賬單，分送各股東查閱，除去開銷、折舊，得有餘利按股均分。入股者先由經手即給實收，將銀并聯票匯交本院換予股票、息摺，分息時先期登報，憑摺支取。

十六、此舉工而兼商，遵照公司章程辦法，無總辦、會辦、提調、監督諸名目；在院任事服役者，亦絶無官派。總理、協理皆由股董公舉，股董即由股商公舉。官有保護之責，無干預之權。俟本院開辦條規屆時酌議，總以事事核實、顧本息費爲要。入股在一千股以上者，準派一人駐院稽查，凡與院有益之事近則面談，遠可函達，開誠布公，以期於事有濟。

十七、上下兩院經費甚巨，如所集股分未足，即先開辦下院，工藝逐漸舉行，以期志在必成。如股銀收足，或收逾額，以收到銀一百萬元爲止，分存香港各銀行，以備公舉之總、協理隨提公用。

十八、認取十股以上者，均爲股董；百股以上者，準送學徒入上院肄業。凡開辦之事，必須會商。認助十股以下者，均爲股友，有大事則會商，小事則不商矣。惟注册後一律登報。

十九、凡領簿招股及自行認股多者，方給紅股，或俟盈餘溢利，酌提以酬其勞，俟開辦時集議公定。至認股友招股最多之人，除酬勞及照章公舉或爲總理，或爲協理，或爲股董外，當另行詳請商部獎勵。

二十、本省港澳及外埠紳商未及周知，如有熱心者，請隨時補入，將來刊印同人册。凡有同胞精於製造洋貨者，請將履歷出身、現在何處、月薪若干函知本院，以備公議酌用。

二十一、張弼士侍郎嘗云：工藝院所出之貨物，出口税可邀恩免十年。查日本振興工商獎勵之條頗多，將來亦可采擇詳請商部核定。

二十二、未開辦之前，所收各埠股銀自應分存各殷實銀行，如開辦所需購地、建屋、置辦材料、開支薪水等項均須總商會、八大善堂公同訂定，方可照支，以昭公允。

二十三、股票輾轉相授，不論落於何人之手，皆須遵守本公司章程，無得異言。

二十四、本公司定名「廣東上下工藝院有限公司」，俟股分集有成數，然後稟商部注册。

二十五、以上各條款係粗議創辦大略，此中或有應改應加之處，請各股東隨時指示會議增删。

《光緒朝朱批奏摺》第一〇二輯《光緒三十三年九月十二日安徽巡撫馮煦摺》 頭品頂戴安徽巡撫臣馮煦跪奏，爲安徽省設立全省工藝廠，以挽利權而興實業，謹陳辦理情形，恭摺仰祈聖鑒事。竊維皖省貧瘠，甲於東南，迹其貧瘠之由，則在實業不興，以致外貨充斥，土貨滯銷，國與民交受其病。今欲救皖之貧，非興實業不可，而以興工藝爲入手辦法。查安慶原設習藝一所，專收輕罪規制未閎在所者，才數十百人，苟且補苴，出貨有限，遂致大利未興，有名無實。現擬建設全省工藝廠一所，凡各屬原有之品，無論生熟土貨，均備一分送廠精選，工師爲之教授，學徒人等凡有商鋪的保，均可入廠習藝，學成後分派各屬，上者則另加獎勵。其辦法則就民生日用所必需者逐漸仿行，以杜外貨之闌入，次則就本省出産所自有者改良製造，以期土貨之流通，總期人有一藝之長，皖無棄地之貨。所需開辦經費，在皖南茶釐加價項下動撥。除飭司核議詳細章程，並分咨查照外，所有皖省設立工藝廠緣由，謹會同兩江督臣端方恭摺具陳。伏乞皇太后、皇上聖鑒，敕部立案施行。謹奏。

《光緒朝朱批奏摺》第一〇二輯《光緒三十三年十二月十三日閩浙總督兼管閩西關兼署福州將軍松壽摺》 頭品頂戴尚書銜閩浙總督兼管閩海關兼署福州將軍奴才松壽跪奏爲籌辦閩省工藝傳習所，以養游民而興實業，恭摺仰祈聖鑒事。竊維安民之道，教養爲先，而教養當以興工藝爲急務。近來泰西各國藉製造以進增其理想，廣實業以横絶其懋遷者，工藝而已。閩省地土瘠薄，户口繁庶，徒以工藝不講，無業之民日見其衆，此輩皆逸居無教，專以游蕩爲事，若不急籌生計，使之各習一藝，自食其力，殊於地方治安大有關繫。奴才到任以來，時集官紳詳籌委議，查得省城水部門有舊日停辦官設機器廠屋一座，旁有旗地一段，地方寬闊，堪以重新展拓，建築工藝傳習所。當經邀商在籍翰林院編修林炳章爲該所總理，其所内一切用人行事，均由該紳一手經理。嗣據該紳確切勘估興辦，計修整添造大廠四座，講堂休憩室各四所，藝徒寄宿舍二十所，應接室、辦事室、會食堂、轎廳各一所，儲材庫、儲貨庫十四所，教員、辦事員寢室、丁役寢室十二所，通計購地及工料銀一萬一千兩。一面購定東洋機具及各種器皿，延訂教習。先招集工徒一百八十名，分爲甲乙兩班，入所分科習業，製造土貨，如漆器、竹器、籐器、皮箱、紙張、染織等類，均爲民間日用所需，易於運售之物，先行試辦。工徒，俟經費稍裕，續擬招足四五百名，藝成後即可派撥各屬地方充當教習，以期逐漸擴充，惠貧民而興實業。所需開辦經費由該紳就地捐集銀二千兩，不敷之數及常年經費，已飭司局處設法籌款濟用，以資周轉。除飭先行試辦，並將詳細章程咨送農工商部查照立案外，所有閩省試辦工藝傳習所緣由，理合恭摺具陳，伏乞皇太后、皇上聖鑒訓示。謹奏。

硃批：農工商部知道。

《商務官報》光緒三十四年二月二十五日第四期楊志洵《閩省鐵産》 按古記録，福州府屬之永福、閩清、福清、古田等縣，又建甯府屬之建安、甌甯、松溪、政和等縣，泉州府屬之同安、安溪等縣，漳州府屬之甯德縣，永春州屬之德化、太田等縣，皆産鐵。太田縣之田陽，設鑪十有五，其地産鐵最多，今尚頗有從事鐵業者。蓋曩時閩人率以生鐵運銷浙省，迄於近年，産額漸減，輸出亦微矣。

然近年出鐵，獨以古田爲最。自昔設鐵坑五處，一曰油麻坑，在五圖；一在九圖之十保；一在二十三圖之樟柏；一在四十一圖之南院。近二三十年，其西洋溪地方出産甚豐，福州馬尾船廠需鐵，多取諸是。據土人語，由德豐鐵號運銷者，歲約三千擔。此外約又三千擔，由別號運銷。

西洋溪在古田縣東八十餘里，溪上土石作赤色、白色，或赤白混和色，溪谷甚廣。人民從事分別砂鐵，每人每日可得三百斤左右，十日約得二千斤左右。現每日産鐵不過數十擔，以人工無幾之故。又其製鐵之法，先分別土砂與鐵，乃以鐵砂置於爐間而鑄之。

其地之鐵礦，皆鐵砂，非鐵層。而人民亦衹製生鐵，不製鋼鐵。工之勞銀，頭等每日七角左右。凡製鐵一擔，所需工銀及炭費等共二十四角。惜運道不便，由西洋村運至甯德，每擔運費七角，甯德至馬尾，水蓮每擔二角，故到馬尾後，每擔價值在三元以外。

土人恒談古田到處産鐵，此或不然，惟其地大小溪谷皆鐵砂，今察其地，如宅裏、竹林及西溪等，處處皆是，以地多山溪，不便轉運，故衹能供近地之需要。近時西洋村鐵商，有興辦鐵路之議，此議若成，産地之利源必大闢矣。

《大清新法令》卷六《税務大臣通咨各省内地出入口軍火仍照新章辦理文》

宣統元年六月初二日，准陸軍部咨稱：准税務處咨稱，查本年二月間，曾據總税務司轉據江海關税務司以中國所造軍火運入運出，究竟應否與外洋運來軍火一律照改定新章，由陸軍部核准咨税務處轉飭放行等因。據情申復請示，當經本處核覆，以中國局廠所造軍火與購自外洋者情形不同，惟某省向某局廠訂造軍火，則必須報由陸軍部核准後，方能照辦。是本處對於前項軍火運入運出，亦必須陸軍部核准知照後方能飭關驗放，自應仍令按照改訂軍火進口新章第一款辦理，并經咨明陸軍部及兩江總督，查照在案。茲准江督來咨，大致謂：「某省向某局廠訂造軍火，必須報部核准知照，方能飭關放行，似係指此省向彼省局廠訂造大批軍火，或此省大批軍火運至彼省者而言，若修換調撥，運入運出只在本省，自無須如此轉折。商將江南制造一局，遇有運往別省軍火及由別省運入之件，按章由部核轉。若運入運出仍在本省者，即由監督紅函驗放等因咨堂本處。查各省官運軍火，無論自外洋或購自中國廠，必須由貴部核轉始行，飭關驗放，無非慎重禁品之意。既據咨商前因，究竟該局軍火運出運入不出江南境地者，可否酌予變通，准憑監督紅函驗放之處應由貴部核奪」等因。本部檢查江督來咨，擬請變通辦理。江南制造局凡有局造軍火運往別省，按照新章第一款辦理，其往來本省各關，即由監督紅函驗放，毋庸電部核轉各等語，自係爲免誤軍火要需起見。既據税務處咨商可否酌予變通，擬即參照兩江總督此次來咨，自後江南製造局所造軍火，若只在本省繳換修領及調取校試之件，准憑監督蓋用關防紅函驗放，仍一面將驗放軍火名色數目按季匯案報部，以憑稽查。大批軍火往還各省運入運出，仍應按照軍火進口新章第一款辦理等因。前准湖廣督電鄂省後路巡防統領請領槍枝一百枝、皮件百套，經批准運往宜昌防營應用，漢關税務司云，雖係本省辦防，究屬軍火，必須貴處飭放方可放行等語。本省發給防營應用之軍火，究應如何辦法，祈另訂專條。嗣又准電稱，鄂省防營領用槍枝一案，税司現已放行各等因，前來本處。查江南製造局所造軍火，其在本省繳換修領及調取校試之件，現經陸軍部核准，憑監督蓋用關防紅函驗放，所有各省只在本省往來調撥之軍火、軍裝，自可一律照辦，并應由各關照遵部議，將已入各件按季開單報，由總税務司彙齊申送本處，轉咨查核。惟此省軍火、軍裝送往彼省，無論中國局廠所造，或購自外洋，仍當按照軍火進口新章第一條辦理，以昭慎重。相應咨行查照飭遵可也。

《大清新法令》卷六《陸軍部奏定水師事宜劃歸籌辦海軍事務處管理》 一、核議長江水師武職各員弁升遷、調轉等項事宜；

一、核議江南水師武職各員弁升遷、調轉等項事宜；

一、核議廣東水師武職各員弁升遷、調轉等項事宜；

一、核議福建水師武職各員弁升遷、調轉等項事宜；

一、核議浙江水師武職各員弁升遷、調轉等項事宜；

一、核議修造戰船請奬事宜；

一、核議海防期滿請奬事宜；

一、核議救護商輪請奬事宜；

一、核議水師員弁處分事宜；

一、考核巡洋功過并議恤事宜；

一、核覆江南長江水師三標十四營報銷事宜；

一、核覆兩湖長江水師二標八營報銷事宜；

一、核覆金陵船廠報銷事宜；

一、核覆湖口船廠報銷事宜；

一、核覆江蘇留防水師報銷事宜；

一、核覆江蘇外海水師船廠報銷事宜；

一、核覆漢陽船廠報銷事宜。

《大清新法令》卷一〇《農工商部奏遵擬奬勵棉業化分礦質局暨工會各章程摺并單》 竊臣部籌備清單内開第三年應行籌辦事宜，計二十二件，業經分別次第，賡續辦理，先後奏咨在案。查原單尚有頒布奬勵棉業章程、開辦化分礦質局、編訂工會規則三項，爲本年應辦事宜，各項章程自應及時釐訂，俾資提倡。臣等督飭員司，采集成法，分別纂輯，以鼓舞誘掖爲奬勸農民之方，以分析化驗爲廣闢地利之原，以合羣覃研爲擴張工業之本。計擬訂《奬勵棉業章程》十四條，《化分礦質局章程》十一條，《工會章程》二十五條，均屬農工切要之圖，如蒙俞允，即由臣部通行各省督撫暨勸業道，分別欽遵辦理。謹奏。宣統二年十二月二十三日。奉旨：「著依議。欽此。」

謹擬《奬勵棉業章程》，繕具清單，恭呈御覽。

計開：

第一條　此項奬勵以能改良種植、開拓利原、擴充國民生計者爲合格，其僅以販運棉花、紗布爲業者，不在此列。

第二條　此項奬勵，以該地棉花確係改良種法，收成豐足，棉質潔白堅韌、能紡細紗者爲斷。

第三條　凡向不産棉之地，或向不種棉之地，有能創種及改種棉花，約收浄棉萬斤以上者，以及向來産棉之區，實能改良種植，花實肥碩，約收浄棉五萬斤以上者，先將姓名、住址及棉田畝數、所種何項棉種，報明地方官存案，俟收穫時，仍報清查驗確實，由該地方官彙齊，比較等第，造具詳册，并附棉樣、棉種，匯送勸業道，詳請督撫，咨部核奬。其奬勵等級，以收棉優劣、多寡爲準。

第四條　應得奬勵等差列下：

一　奏奬本部一等至四等顧問官。

一　奏奬本部一等至五等議員。

一　酌奬職銜頂戴。

一　奬給匾額。

一　奬給金牌、銀牌執照。

第五條　每届年終，俟各省督撫匯案報齊後，由部詳細審查，分別等第奬勵。

第六條　奬勵以一年一次爲率。凡第一年得奬者，第二、三年收棉之數并未加多，無庸再奬，若第二、三年超過第一年收穫時，仍得加給第二、三年應得之奬勵。

第七條　無論集資創設植棉公司，或獨資農業，及尋常農户，均適用本章程奬勵。

第八條　如有集合棉業會或棉業研究所者，詳擬章程呈核，俟辦理三年，成績昭著，一律酌量給奬。

第九條　凡請領官荒、開墾種棉者，均由各該地方官勘明給照，寬定升科年限，出示保護，并隨時報部立案。

第十條　凡新式軋花機，及彈棉、紡紗、織布各項手機，或將本地改良之棉花紗布運銷外省，所有經過各關卡，應如何優加體恤之處，由部咨明税務處辦理。

第十一條　如有能仿造軋花、彈棉、紡紗、織布各項手機，運用靈便，不遜洋製者，驗明確實，一律酌給奬勵。

第十二條　各地方官如有能實力勸導、成效卓著者，可由督撫咨明，擇優請奬。

第十三條　凡紡紗、織布各廠，奬勵已在《奬勵公司章程》内規定者，茲不複載。

第十四條　此《章程》自宣統三年爲實行時期。

以上各條均係試辦章程，嗣後如有應行更訂之處，隨時奏明辦理。

謹擬《化分礦質局簡明章程》繕具清單，恭呈御覽。

計開：

第一條　化分礦質局，應於各省勸業道署或礦政總局内附設。

第二條　化分礦質局，以辨别礦質化驗成分、考求優劣，俾請辨者確有把握，借收提倡礦務之實際爲宗旨。

第三條　化分礦質局，不任開採礦産暨調查礦山區域，并關於礦務準駁一切事宜，以清權限。

第四條　化分礦質局，得附設礦質研究所暨礦質陳列館，以廣礦學之造，就而謀礦業之發達。

第五條　化分礦質局應設職員如下：

局長一員，掌理局中一切事宜，以勸業道或礦政總局總辦兼充。

經理一員，專任化分礦質事宜，以精於礦學者充之。

技師一、二員，幫同經理化分礦質事宜，以精於礦學者充之。

書記一、二員，辦理一切文牘事務。

第六條　化分礦質局内，凡化驗礦質一切分析新法，所需各種器具、藥料、爐室等，均應組織完備。

第七條　化分礦質局之責任如下：

甲　承辦化分本省調查員履勘未經開采或停辦各礦之礦質。

乙　承辦化分商人請求化驗之礦質。

丙　承辦編訂本省各礦礦質化驗詳細表，每届六個月，印發公布一次。

丁　每届年終，應將本年内所有化驗之礦石，隨同化驗詳表，呈部備查。

第八條　凡礦商來局請求化分礦質，應自礦質到局之日起盡十五日内化分完竣，繕具説明書，發給承領。

第九條　凡礦商請求化分礦質一切藥料，應按礦質化驗之難易，以定收費之多寡，至多不過十元。

第十條　各省設立化分礦質局，准其因地制宜，酌定辦事詳細規則，禀部核奪，惟不得與部章觸背。

第十一條　此項章程有應增損之處，由部隨時體察情形，酌核辦理。

謹擬《工會簡明章程》，繕具清單，恭呈御覽。

計開：

第一條　本部握全國工業總樞，應於各省籌辦工會，以爲臂指相聯之機關。

第二條　工會以「研究工學、改良工藝、倡導工業，拓增實際上之進步」爲宗旨。

第三條　工會别爲總會、分會二種。於各省省城，應設總會，於各府、廳、州、縣，應酌設分會，其有專爲某項工業設特别工會者，應定名爲某工會。

第四條　總會設總理、協理各一員，分會設總理一員，概由各該會董事中投票公舉，禀由勸業道詳部核准札派。

第五條　總會、分會各應視會中事務繁簡，以定董事員額之多寡，惟總會至多不得逾二十員，分會至多不得逾十五員，均由衆公舉，會員無定額。

第六條　總會、分會董事以備具下開各項程度者爲合格：

一、品誼：言行純正，未曾干犯法令者。

二、才能：曾於工學上確有心得，或於工藝上著有成績，或於工業上富有經驗者。

三、資格：或爲該地方土著，或游宦流寓該地方已逾五年，且年届三旬以上者。

四、名望：平素顧全公益，爲多數商民推重者。

第七條　凡從事工業已逾五年，且平日行爲端謹，經會中多數職員認可者，得入會爲會員。

第八條　總理、協理均以一年爲任滿，董事以二年爲任滿，每次改選，應於任滿三月前舉行，仍以得票多數者爲當選。如總理成績較著，或爲公衆推服，准由該會禀由本省勸業道詳請聯任，惟不得過三年。

第九條　總、分會中各項事務，除關係緊要者，須禀部核奪外，餘均商承本省勸業道辦理。

第十條　會議分爲二種：一、尋常會議，每月至少三次。二、臨時會議，遇有重要事件，由總理招集，或由多數董事商請招集。凡會議均以總理爲主席，如總理因故不能到會，總會由協理代之，分會由總理委托董事代之。

第十一條　董事暨會員均應分任調查本地所産之原料，及輸出、輸入之製造品，并應調查境外及外國所暢銷或新創各物品，隨時報告本會，以備會議時研究參考。

第十二條　工會遇各項工業有彼此侵害傾軋情事，應妥爲開導規勸，其有營業已著成效而遭意外失敗者，亦應設法維持。

第十三條　每季或每月須將會議事項及各種報告，刷印成書，發給會中人員，以備參考，并呈部查核。

第十四條　本部有委令調查事項，應公舉數人，分任辦理，詳細禀覆。

第十五條　凡關於裨助工業各事項，均應實力提倡，相輔而行，列舉如下：

一、工業講習所。

二、工業試驗所。

三、勸業場。

四、各項製造工廠。

五、工業報館。

第十六條　本地所産原料，如有能改良舊商品，或創製新商品者，應設法糾集資本協力舉辦。

第十七條　凡非工會範圍内應有事項，概不得假工會地集議演説。

第十八條　除關於工業事件有確蒙冤抑，屢訴不得伸理者，得秉公代爲申辨外，其餘訴訟事件不得干預。

第十九條　不得糾衆罷工，妄肆要挾。

第二十條　凡會中職員，私假工會名義，有不正當行爲者，發覺，從嚴究辦。

第二十一條　總協理董事各員，凡於任内勤勞特著，經衆公認者，得由部給予獎札，以爲名譽獎勵。其能倡辦或改良工業，確有成效者，得由部按獎勵專章，奏請給獎，以爲特別獎勵。

第二十二條　開辦及常年經費，或由地方公款中酌量撥助，或由發起人及工商營業者擔任籌措，惟不得勒派。

第二十三條　會中一切開支，概從儉約，每年由董事中公舉二人分任會計，仍由總、協理及董事隨時稽查，每月收支款目，應開明貼示，以供衆覽。年終繕造清册，分給會中各員，并呈部查核。

第二十四條　各省所設總、分各會，准其因地制宜，酌擬詳細規則，禀部核定，惟不得與部章觸背。

第二十五條　此項章程，有應行增損之處，由部體察情形，酌量辦理。

吴趼人《二十年目睹之怪現狀》第九四回《圖恢復冒當河工差巧逢迎壟斷》

諸事辦妥，假期已滿，上院銷假。撫臺便和他説：「上頭准了，這件事要仰仗老兄的了。兄弟的意思，要連工程建造的事，都煩了老兄。」苟才道：「這一着且慢一慢，先要到上海定了機器，看了機器樣子，量了尺寸，纔可以造房子呢。」撫臺見他樣樣在行，越覺歡喜，又説了兩句唁慰的話，苟才便辭了回家。到下晚時，院上已送了一個札子來，原來是委他到上海辦機器的。苟才便連忙上院謝委辭行，乘輪到了上海，先找着了童佐闓，和他説知辦機器一事。童佐闓在上海已經差不多兩年了，一切情形，都甚熟悉，便帶苟才到洋行裏去，商量了兩天，妥妥當當的定了一分機器，訂好了合同，交付過定銀。他上条陳時，原是看定了一片官地，可以作爲基址的。此番他來時，又叫人把那片地皮量了尺寸四至，草草畫了一個圖帶來的，又托佐闓找一個工程師，按着地勢打了一個廠房圖樣。凡以上種種，無非是童佐闓教他的，他那里懂得許多。事情已畢，還不到二十天功夫，他便忙着趕回安慶，給死老婆開吊。一面和童佐闓商定，一力在撫臺跟前保舉他，叫他一得信就要趕來。童佐闓自然答應。

苟才回到安慶之後，上院銷差，順便請了五天假，因爲後天便是他老婆五七開吊之期。到了那天，却也熱鬧異常，便是撫院也親臨吊奠，當由家丁慌忙擋駕。忙過了一天，次日便出殯，出殯之後，又謝了一天客，方才停當，上院銷差。順便就保舉了童佐闓，説他熟悉機器工藝，又深通化學。撫臺就答應了將來用他，先叫他來見。苟才又呈上那張廠房圖。撫臺看過道：「這可是老兄自己畫的？」苟才道：「不，職道不過草創了個大概，這回奉差到上海，請外國工程師畫的。」撫臺道：「有了這個，工程可以動手了罷？」苟才道：「是。」撫臺送過客之後，跟着就是一個督辦銀元局房屋工程的札子下來。苟才一面打電報給童佐闓，叫他即日動身前來。撫院立等傳見。不多幾天，佐闓到了，苟才便和他一同上轅，撫院也都一齊請見，無非問了幾句機器製造的話，便下來了。

從此苟才專仗了佐闓做綫索，自己不過當個傀儡，一面招募水木匠前來估價，起造房屋，有應該工包做的，有應該點工造的。又揀幾個平素肯巴結他的佐貳，禀請下來，派做了甚麽木料處、磚料處、灰料處的委員，便連他自己公館裏一班不識字、没出息、永遠薦不出事情的窮親戚都有了事了，甚麽督工司事、監工司事、某處司事、某處司事，胡亂裝些名目，一個個領起薪水來了。

誰知他當日畫那片地圖時，畫擰了一筆，稍爲畫開了二三分。那個打樣的工程師，是照他的地勢打的，此時按圖布置起來，却少了一個犄角，約莫有四尺多長，是個三角式。雖然照面積算起來，不到十方尺的地皮，然而那邊却是人家的一座祠堂，若把那房子挪過點來，這邊又没出路。承造的工匠，便來請示。苟才也無法可想，只得和佐閶商量。佐閶自去看過，又把這圖樣再三審度，也無法可想，道：「爲今之計，只有再畫清楚地圖，再叫人打樣的了。」苟才道：「已經動了工了，那里來得及？」佐閶道：「不然，就把他那房子買了下來。」苟才一想，這個法子還可以使得，便親自去拜懷寧縣，告知要買那祠堂的緣故，請他傳了地保來查明祠主，給價買他的。

懷寧縣見是省里第一個紅人委的，如何敢不答應，便傳了地保，叫了那業主來，説明要買他祠堂的話。那業主不肯道：「我這個是七八代的祠堂，如何賣得！」縣主道：「你看築起鐵路來，墳墓也要遷讓呢，何況祠堂！這個銀元局是奏明開辦的，是朝廷的工程。此刻要買你的，是和你客氣辦法。不啊，就硬拆了你的，你往那裏告去！」那業主慌道：「這不是我一個人的事，這是合族的祠堂，就是賣，也要和我族人父老商量妥了，才賣得啊！」懷寧縣道：「那麽，限你明天回話，下去罷。」那人回去，只好驚動了族人父老商量。他以官勢壓來，無可抵抗，只得賣了，含淚到祠堂裏請出神主。至於業主到底得了多少價，那是著書的無從查考，不能造他謡言的。不過這筆錢苟才是不能報銷的，不知他在那一項上的中飽提出來彌補的就是了。

從此之後，直到廠房落成，機器運到，他便一連當了兩年銀元局總辦。直到第三個年頭，却出了欽差查辦的事。正是：

追風莫漫夸良驥，失火須防困躍龍。

中國第一歷史檔案館等編《中國近代兵器工業檔案史料》第一輯《廣東製造軍械廠暫定章程》

廣東製造軍械廠暫定章程

第一章　總綱

一、本廠專造槍枝、子彈，遵照陸軍部定章六米釐八口徑。

二、原訂機器，每日做工十點鐘，可出槍二十五枝、彈二萬五千顆，必造足此數方爲合度。惟無緊要軍務之時，彈子多存易致銹壞，應量爲減造。

三、造成槍枝、子彈，速率、瞄准、重量刊印簡明圖説，隨槍枝、子彈解交軍械局，以便頒發各營，俾知利用。

四、造成槍枝、子彈，分批解交軍械局存儲。凡造成一批，由軍械局派員會同本廠試驗，點收存儲。如有不合度之處，當即剔退。既解之後，惟軍械局之責。

五、槍枝、子彈每枝、每顆需各項料件若干，工若干，加之一切經費若干，每槍、每彈需值若干，預算清楚，立簡明表，詳禀督憲立案。

六、廠内所需材料，分批訂購，每批期敷一年之用，以免停工待料。但不容多購，免致積存廢壞。

七、廠内所用之煤炭，預算定數，照章向由善後局給領。不准多用，以示限制而免偷漏。

八、各營、各局暨各炮臺、各輪扒修理器械及請造各件，歸西局辦理，黑藥彈亦由西局製造，經費由總廠撥給。如有别項製造之件，所需工料爲數較巨者，則届時另案詳明請示。

第二章　工程

一、工目薪資以月計，各匠以日計，何時不到工照扣薪資。

二、兩廠工匠每項配定數目不得隨時加增，以昭劃一而示限制。

三、春分後，早六點鐘開工，晚五點鐘放工；秋分後，早六點半鐘開工，晚五點鐘放工；每日中午，不論春、秋，俱十一點鐘放工，十二點半開工。凡開工五分鐘之前，先放汽笛，各工匠當齊集廠門，放第二次汽笛均進廠。

四、每逢朔、望放工一天，端陽、中秋、冬至、萬壽聖節，放工一天。

五、各廠設立粉牌，將工匠姓名開列。每日工匠早、午上工，各匠親到監工房領取名籌，挂於粉牌自己名下，始准入廠。俟汽笛放止，監工員即將廠門掩閉，點明名籌，在總簿上分别蓋用到、不到戳記。每日早、午放工時，各匠親到粉牌前取籌，繳回監工房。

六、各匠進廠後不准私自出入。倘有因事出廠，由監工員給簽，管門驗放，回廠將簽注銷。

七、各機所造各項工程預先算准，每匠必須造足定額方爲合度。

八、各匠需用料件，由匠目報明監工員書單，由收發員向料庫領取，每日彼此核對一次。

九、每日共到工匠若干名，某匠所造某項，每日造出各項之件，分類記載，隨時由提、坐核對，五日送總、會辦核閲。

十、凡工匠來廠作工，必覓切實妥保，或由工目具保，以昭慎重。

十一、各匠到廠不及八天者，放工日不給工資。

十二、各匠奉公出差，量路遠近酌給川資。如遇機器損傷手足，分别輕重酌給醫費，病故則酌給恤銀。

十三、各匠每日出入，不准夾帶物件；在廠作工時，不准吸烟。違者議罰。

第三章　分職

總辦一員。

會辦一員。

提調一員，副提調一員。

坐辦一員。

正文案一員，副文案一員。

正支應一員，副支應一員，支應司事四名。

稽查一員。

正稽核一員，副稽核一員。

總監工一員，副總監工一員。

槍廠監工四員，槍廠監工司事六名。

彈廠監工四員，彈廠監工司事六名。

管料庫二員，管料司事四名。

收發一員，收發司事一名。

測繪一員，測繪司事一名。

官醫一員。

第四章　權責

一、總、會辦。統籌全廠事務。凡廠事之興革、廠員之黜陟、工匠之賞罰，皆由總、會辦主持隨時稟呈督憲辦理。凡委員以下至工匠人等，應隨時接見，以杜隔閡。

二、正、副提調。調查廠内各事，上則稟承總、會辦，下則督率各員。各員中之得力與否，隨時考察，以佐總、會辦之不及。

三、坐辦。於廠内應辦各事，隨時與提調商酌辦理。廠内挑補工匠，監工員陳明坐辦，由坐辦當面驗看合格，再令具保，始准補人。

四、文案。專管文牘、稿件及一切合同、條陳等件，列册編號，分别存儲。凡遇交替，舊者點交，新者接收，如有遺失，惟該員是問。至每日各處文件，即到即辦，不得逾兩日。必須文理清通，能自起稿，方爲合格。

五、支應。必須會計分明，凡廠中額支、額收各款，當先期預算，領款、發款均其專責。如發大宗款項，必須會同提、坐，稟承總、會辦批准，不得擅支。至平日支發勇糧、工食，不得絲毫剋扣。廠内自總、會辦以下，除月支薪夫外，該員不得瞻徇情面，挪借公款。如有帳目不符，公款短少，惟該員是問。收支各册，半月送司道，總會辦核閱過章，年終造各項經費簡明表送呈。

六、總監工員。督率全廠工目分派每日工程，考核每日造成之件。凡各廠監工員不力，匠目以及各匠有不合格，隨時會同坐辦更换。各廠之工程匯總於總監工，詳細登册，隨時核對。

七、各廠監工員。每日工匠聽汽筒到廠時，該員必須到廠。該員聽監某廠之工，凡某廠所用工匠若干名，某匠所造何件，某件何日起工、何日完工，列册詳記，每日造報於總監工。如所用之工不合度，所造之件不合式，當據實稟陳，不得徇隱。

八、管庫員。專管庫内各種料件，分類簽明。凡舊管、新收、餘剩、提廢每日分别登册，隨時由總、會辦派員稽查。如庫内料件短少，賬目不符，惟該員是問，責令賠償，與以相當處分。

九、收發員。凡隨時購置料件，歸其驗收，交管庫員入庫。各廠隨時所需之料，由監工員開單，交收發員向料庫發給。每日所造各件，以及造成槍枝、子彈交軍械局存儲，皆歸該員收發。

十、稽核員。凡各廠每日所到之工匠、所造之件、所用之料，一一稽核是否相符。全廠每年能出槍枝，子彈若干，應用工料若干，經費若干，隨時由總、會辦派令稽核。并各局所、各營請造各件，分别緩急，由稽核核明，飭匠制造。

十一、稽查員。查察全廠事宜，何項、何人如有不合之事，當從實舉發，不得徇隱。如稽查尚未覺察而爲總、會辦所覺察者，與稽查員以失察處分。

十二、測繪員。測量一切，并繪畫槍彈機件、材料圖樣諸事。

第五章　廠規

一、設考勤簿一本，各員司每日書到，或有事請假，并書明某刻赴某處，某刻回局。凡委員請假，如總辦不在局，告於同事；司事請假，告於委員。考勤簿五天呈總、會辦核覽蓋章。

二、凡廠内之什物、各廠之機器、各庫之料件、支應處之賬款，各具册籍，由總、會辦隨時稽查。一遇交卸，當一一點交，接辦者亦當一一點收。如無差誤，詳報督憲，以分新舊界限；如從中有不符之處，須當即查詢明白，不得徇隱。交替以後，惟接辦者是問。

三、自總辦以暨各委員、司事，每日每位開伙食銀一錢，家人每名給伙食銀六分。總、會辦准帶家人四名，委員准帶家人二名。

四、自總辦以及各委員薪夫逢月初旬發給，工匠、雜役人等半月發給；不得預支。

五、廠内應需大宗物料，由總、會辦派員訂購，磋磨價值，議訂合同，詳明督憲立案，貨到由局給價。

六、凡購物料價值，隨時榜示；薪夫、伙食、雜項用費，按月榜示；工匠、各役工食，半月一發，發後榜示；以俾衆覽。

七、庫内提廢各料，由總、會辦派員隨時查驗，如應變價，則隨時變價。得價若干，除呈報督憲外，并移知善後局，以憑查核。

八、報銷宜分四册：一爲開銷銀錢四柱册，一爲料件四柱册，一爲造成軍械、機器、火藥四柱册，一爲局員、各役、工匠薪夫花名四柱册，每月呈報督憲。年終匯總呈報，并移知善后局。

九、本廠募護勇一百一十二名，内分撥二十名防護增步黑藥廠，二十名防護濱港口無烟藥廠，俱歸哨弁一員兼帶。并派教習一名，隨時訓練。

十、工匠住房，隨時由總、會辦派員稽查，不准閑雜人等住宿。

第六章　考成

一、各員司有黽勉從公，克稱厥職者，年終由總、會辦考核，分甲、乙、丙三等加給津貼。甲等當其月薪十分之三，乙等當其月薪十分之二，丙等當其月薪十分之一。

二、各員司如有深諳製造，由總辦留局辦事，以資熟手。三年以後，由總辦詳請督憲，分別保舉。

三、各員司中如有未請假長不到局，曠廢厥職，則撤差。

四、各員司如舞弊營私，不知自愛，及有違背規則等事，則撤退後詳請參辦。

第七章　經費

一、本廠每月赴善後局領經費銀二萬五千兩。

二、本廠所用材料不另請款，均在經費項下支銷。

三、本廠每月購備材料，及員司、工役、匠徒、長夫薪夫、工食銀兩，均分列四柱清册，按月呈報督憲。年終匯總呈報，并移知善後局。

四、本廠員司薪水、雜役工食，暨護勇、巡船薪糧表，附列於後。

員司原支薪水數目表

職司	委員 員數	委員 薪水數	司事 員數	司事 薪水數
總辦	一員	月支四百兩（按月由善後局支領）		
會辦	一員	月支二百兩		
提調	一員	月支一百八十兩		
副提調	一員	月支一百六十兩		
坐辦	一員	月支一百兩		
正文案	一員	月支八十兩		
副文案	一員	月支七十兩		
正支應	一員	月支八十兩	四員	月支一十八兩二員，一十四兩二員
副支應	一員	月支七十兩		
稽查	一員	月支八十兩		
正稽核	一員	月支八十兩		
副稽核	一員	月支七十兩		
總監工	一員	月支八十兩		
副總監工	一員	月支七十兩		
槍廠監工	四員	月支六十兩一員，五十兩一員，四十兩二員	六員	月支一十八兩二員，一十四兩二員，一十二兩二員
彈廠監工	四員	月支六十兩一員，五十兩一員，四十兩二員	六員	月支一十八兩二員，一十四兩二員，一十二兩二員
管料庫	二員	月支六十兩一員，五十兩一員	四員	月支一十四兩二員，一十二兩二員

（續表）

職司	委員		司事	
	員數	薪水數	員數	薪水數
收發	一員	月支五十兩	一員	月支一十二兩
測繪	一員	月支四十兩（兼差減半支給）	一員	月支一十二兩
官醫	一員	月支四十兩（兼差減半支給）		

以上共月支銀二千二百五十六兩。

雜役原支工食數目表

雜役	名數	工食
差弁	三名	每名月支十兩零四錢
盤查	一名	月支一十二兩二錢四分
經書	一名	月支一十六兩
幫經書	一名	月支一十二兩
清書	三名	月支八兩二錢二名，六兩九錢一名
書辦伙夫	一名	月支二兩
號房	一名	月支六兩一錢二分
厨子	二名	月支共十兩零二錢
厨房打雜	三名	月支共八兩一錢
聽差	四名	每名月支三兩二錢四分
茶房	二名	每名月支四兩六錢八分
更夫	四名	每名月支五兩零四分
追雲輪船	兼車扒管帶一名	月支二十四兩
	舵工水手管車升火等十二名	月支共九十一兩九錢二分
安粵輪船	管帶一名	月支一十二兩
	舵工水手管車升火等八名	月支共五十七兩六錢
車扒	水手七名	月支共三十三兩五錢

以上共月支銀三百八十二兩六錢六分。

統計每月員司、雜役，共由本廠額支薪夫、工食銀二千六百三十八兩六錢六分。此外活支之款，如購辦物料，工匠、藝徒、長夫工食，紙筆、燈油、茶水、委員家丁飯食、雜支、零用等項，支給無定，均照按月造册具報。合并聲明。

護勇巡船原支薪糧數目表

管帶哨弁	一名	月支二十八兩
護勇	一百一十二名	大建月支五百零四兩一錢七分九釐，小建月支四百八十八兩八錢六分六釐
管駕巡船	二名	每名月支二十兩零九錢五分
船勇	每船十二名	大建月支一百二十三兩五錢五分，小建月支一百二十兩零一錢三分

以上護勇、巡船兩項，月支薪糧銀兩均按月專案赴善後局領給。

中國第一歷史檔案館等編《中國近代兵器工業檔案史料》第一輯《朱恩紱奏考察湖北兵工鋼藥兩廠情形摺宣統二年十月》 奏爲恭報微臣考察湖北兵工、鋼藥兩廠製造情形，繕摺具陳，仰祈聖鑒事。

竊臣考察滬局完竣，於八月初一日拜摺後，率同隨員等馳赴江寧，察閲金陵機器分局，旋即赴鄂，以是月十六日移駐兵工廠。當經電請陸軍部代奏在案。駐廠考察計閲五十餘日，所有歷年辦理情形，敬爲皇上陳之。

查該廠舊名槍炮廠，創始於光緒十六年，由總理海軍事務衙門會同户部奏請將粵省議辦之廠改移鄂省辦理。旋經前督臣張之洞悉心規畫，設廠漢陽，其地前臨襄河，後倚大别山麓，經營數載，至二十一年大致落成。越三年，又建鋼藥廠於赫山地方，亦前臨襄河，距兵工廠約六七里。由此達彼，悉爲兩廠基址，其間地勢低洼，即古月湖，沿湖修築長堤，通以鐵道，界綫之遼闊，造端之宏大，實爲各省局廠所不及。十餘年來，拓廠添機，不遺餘力，規模大具。其屬之兵工廠者，廠房、住屋八百十七間，機器一千二百二十副。區分五大部：曰槍廠，曰炮廠，曰槍子廠，曰炮彈廠，曰機器廠。而以類相從者，則有炮架、銅殼、鍋爐、翻砂、打鐵等廠焉。其屬之鋼藥廠者，廠房、住屋二百五十八間，機器三百零六副。區分三大部：一曰罐鋼廠，而拉鋼、壓鋼廠附之；一曰無烟藥廠，而磺鏹、硝鏹、酒精、以脱等廠附之；一曰造磚廠，而火磚、洋瓦廠附之。所有槍、炮、子彈、鋼、藥、磚瓦等項，曾先後開工製造。

三十一年以後，因經費支絀，分別議停。首將罐鋼廠停辦。查該廠煉鋼機爐，每日能煉生鋼一千六七百磅，開爐甫及一年，以拉鋼廠尚未成立，無從拉成鋼條，不適於用，又值款絀，遂爾停止，次則停造各炮及各種炮彈。凡炮架、銅殼、鑄彈等廠亦連類停之。查該廠造炮，前後分爲兩種：初造三生七小快炮，歲成至九十餘尊；其後仿造五生七山炮，歲成至八十餘尊。一切緊要工作尚不相背，且有一二改良之處較原式爲堅利者。其機器功用，除造十二生炮者二部外，餘以造五生七或七生五兩種爲多。其機器能力，因停工已久，只能憑當日之收發工簿，按以鍋爐馬力逐一較核，每月能成五生七炮八尊；若改造七生五山炮，成數亦不相上下。炮架稱是。至所造各種開花炮彈，以月計之，三生七者造至萬顆，五生七者造至七千顆；按之鑄彈廠所鑄五生七之生鐵彈，每月實出萬顆，是車造成彈僅得七成。其他銅引、底火，則按照成彈之數，亦以各造七千枚爲定額。惟銅殼造數僅及其半。然查銅殼機器能力，每月可造五生七銅殼六千枚，因熔銅不能講求，輒多夾灰、裂口等弊，能合用者只有此數；且不能處處求其精良也。再次則停造磚瓦。查磚瓦之建窑自造，原供修建各廠之用，每日能出青、紅磚三萬六千方，大磚一千方，洋瓦六百餘片。時停時造。今以工程無多，停工又經數月矣。此已停各廠之製造情形也。

其未停造者，則爲槍枝、槍子及無烟火藥。查槍枝一項，自開辦迄今，專造七米里九口徑快槍一種。數年前曾日造五十枝，已盡機之能力。近因費絀減，定日造三十枝。又因議改新槍，業將粗胚停造，專就已造未成之件盡數造成，以日出三十枝計之，年内可以完竣。廠中機器舊式居其多數，將來改定口徑，尚須配換刀架、套頭方能適用。至其工作，如擊針、彈倉、機管、扳機等件，不能繩以精密之檢查者，每十枝中輒有四五枝。而綫牌之角槽、槍管之外徑，亦恒有偏曲之弊。此固由於工作之粗率，亦實無檢察之專司。日出大小槍件不下數千，僅派匠徒四五人經理其事，求其絲絲入扣，自不可得。槍管鋼料均係購自外洋。而鋼廠成立多年，不能自煉，雖因限於經費，亦應別籌善策塞此漏卮也。槍子一項，亦係專造七米里九一種，工作尤無程度，山春造銅盂以至成功，昔年不過五成，近始得至六成。就所置新舊各機逐部察核，實能日出槍子五萬顆以上，以六成計之，應得三萬顆内外。現因節費減造，除工作上之廢棄四成外，每日實得二萬二千餘顆。按每月作工二十八日計算，共得六十一萬餘顆。其工作之廢棄多至四成者，一由熔銅之配合不良，一由軋機之損壞已甚，一由銅殼燒口火候失當，且未置此項專機：種種因循，遂致收口時之破裂層見迭出。再驗擊放，凡裂縫破口滋烟等弊仍占百分之二。細察形狀，有因夾灰而裂者，其弊則在熔銅；有因舂痕而裂者，其弊則在工作。他如彈徑、彈量、藥量亦無在不見其粗疏。倘非力求精進，鋭意改良，實非所以備緩急。無烟藥一項，自二十七年開工，即聘洋匠主持，迄今已及十年，添廠添機幾無虚日，及考其成績，不獨藥之速率、漲力忽小忽大，毫無把握，即所製各種原料，非不敷用，則成色不佳，而磺鏹尤不合法，仍須購用洋製。至所置新舊各機，其能力大者可日造藥五六百磅至七八百磅，小者或二百五六十磅，至不齊一，而現造之藥，每日不過二百磅，廠房機器虚置者多。是皆由管理者不諳製造，一切悉聽洋匠之指揮，遂致漫無計算，則廠之内容可概見矣。此外，又有機器、鍋爐、翻砂、打鐵四廠未停工作。該四廠爲獨立部分，無專造之品物，於修理本廠機器外，間代各處修造零件。自造炮等廠停工後，匠役裁減。查該四廠總馬力機，其能力每分鐘能開至八十餘轉，現只開六十五轉，耗煤既甚，費工亦多，亟宜注意及之，以利工作。此未停各廠之製造情形也。

查兵工、鋼藥兩廠，昔同隸於駐省之兵工總局，督辦之外，有總辦、會辦、坐辦；今已將總局裁撤，僅設總辦、坐辦各一員，分駐兩廠。委員二十四員，司事、書識一百七名，繪圖學生十七名，工匠、藝徒、小工一千七百十八名，巡警官弁、夫役一百二十三名。外聘洋工師二名：造槍者名題來，造藥者名好賽爾。所有用款，據該廠册開，除建造工程，添購大宗機器外，按近三年匀算，每年約支薪餉工食銀二十六萬五千六百二十餘兩，歲修工程銀四萬零一百五十余兩，購用物料銀三十五萬一千六百餘兩，雜用公費銀六萬三千二百餘兩，合共約支庫平銀七十二萬零五百九十餘兩。查其常年經費，以江漢、宜昌兩關洋税爲大宗，先後奏准加撥銀三十五萬兩，又川、淮兩鹽局江防加價鹽釐及所收各處米穀釐金三項，按近三年收數匀算，每年約銀二十四萬八千八百餘兩，合共約收庫平銀五十九萬八千八百餘兩。是爲額定入款。以入抵出不敷之數，已在十二三萬兩内外。而宜昌關三十四年加撥之十萬兩，去年以來未曾足解。此外，惟恃收回各局廠所借款及各處解繳工料價銀，并月湖租課，以爲周轉。然建造工程、償還舊欠，無歲無之。實核去年支出之數，共計一百一十六萬三千三百兩有奇，無非騰挪挹注。綜計自光緒十六年開辦起至宣統元年年底止，共開支庫平銀一千八百八十萬零五千五百餘兩；惟其中有本省各局廠所舊借之款，除陸續收撥外，尚欠該廠銀一百八十餘萬兩。此全廠之用人、用款及歷年收支大數情形也。

至所造各項成本，其已經停工者無從核算，特就上年分各廠之實用薪工、物料擇要酌攤，計槍每枝約工料銀二十兩零八錢二分八釐，無烟藥每磅約工料銀二兩七錢二分五釐，槍子每千顆并藥計算共約工料銀四十五兩八錢四分七釐，成本均不過重。推原其故，蓋一則廠中作工多以藝徒派工匠之事，工資較省；一則發用物料較別廠之漫無限制者稍有區分。惟槍枝一項，因停造粗胚，發用原料較少，除僅將鋼管、木托按數照加外，其餘各項零件均無細數可稽，此次所核成本，尚未能作爲一定之準則。總之，工料雖省而造械不精。其故又由於全廠員司責任無所專屬，且無一明製造之事者，所有按配機器，調派工作，一切勢不能不任領工、匠目主之；而領工、匠目又各不相謀，平日既不能研究改良，遇事輒互相推諉。該廠習焉不察，相沿以至於今，工作之無進步，實坐此弊。督臣瑞澄到任未久，正在力圖整頓，適臣來鄂考察，彼此詳加商榷，意見相同，從此逐件清釐，實事求是，將來廠務當可漸有起色也。

所有微臣考察湖北兵工、鋼藥兩廠製造情形，除將圖說、表册咨送陸軍部存查外，謹恭摺具陳，伏乞皇上聖鑒。

再，臣此次考察各省軍械局廠，業經周歷完竣，現正匯編圖表恭備進呈，并率同員司等清理各局廠案卷。一俟就緒，即行回京，再將各局廠畫一辦法，遵旨詳細籌擬，另摺具奏，合并陳明。謹奏。

中國第一歷史檔案館等編《中國近代兵器工業檔案史料》第一輯《朱恩紱奏整頓製造軍械局廠辦法摺宣統二年十二月十三日》 三品卿銜考察各省製造局廠朱恩紱奏。

竊維我國制造軍械，經營垂(三)〔五〕十年，糜款六千餘萬，及按其成績，或則地勢不宜，或則辦理不善，或則制造不備，或則經費不敷，積弊甚深，誠不能不及早籌議。擬請山軍諮處、陸軍部組織一總機關，期以六年，製成軍械足備三十六鎮之用。謹就考察所及，酌擬辦法六端。

一曰規定全國局廠。局廠規畫，首在交通。兼權并計，擬定爲東、西、南、北、中五廠：在寧爲東廠，在川爲西廠，在粵爲南廠，在鄂爲中廠，而以德州之子藥廠設法擴充，作爲北廠。再建武庫於京師，并滬廠於金陵。從此兼營并進，亦可及時補救。

二曰畫一軍械製式。軍械製式，以合地勢之宜與戰術之用爲準。黄河以北，地勢平廣，宜用七生五之陸路炮；大江以南，路途窄狹，宜用七生五之過山炮；雲、貴、川、藏，山嶺崎嶇，則宜用五生七之小口徑炮。至步槍、機關槍口徑，均應改爲一律，以便子彈通用。其餘造械之人、造械之器、造械之原料，以及房廠處所，均宜有一定名稱，以示齊一。

三曰統一各廠財政。見時全國局廠，常年經費約共三百餘萬兩，今當由部、處設立總機關，以集合各廠之財權。集權之法：一爲補助，二爲限制。補助云者，於各廠規定之初，由部籌備基本金三百萬兩，作爲購辦材料款項，再以原有之常款三百餘萬兩，作爲薪工、局用及一切周轉之資，又令各鎮領械繳納半價，以備次年經費。限制云者，某省某年購械若干，即指定某廠照辦，某廠某年造械若干，經費若干，即照數匀給。備此二者，庶幾財力集合，造數有常。

四曰按鎮核計械數。軍械歲成之數，須與征兵逐年入伍之數相符。茲因礙於財力，擬每届六年換三十六鎮之械。按鎮計算，每年須成六鎮之械。六鎮詳數，計步、馬、工、輜各槍共六萬枝，每枝配彈一千顆，機關槍一百四十四枝，每枝配彈三千顆，山、野炮三百二十四尊，每尊配彈二百五十顆。分年估計，約需銀六百萬兩。將來支配省分，炮則以德廠給東北，寧廠給東南，鄂廠給西南；槍則以蜀廠接濟雲、貴、川、陝、甘諸省，寧、粵兩廠接濟兩廣、閩、浙、江蘇諸省，鄂、德兩廠接濟鄂、湘、皖、贛、豫、魯、晉、直隸、東三省。如此則地勢便利，而按之各廠出數，亦能配備均匀。

五曰分撥布置經費。查滬廠歷年存款約共三百萬兩，擬即作爲布置一切之用。其分配之法，德之炮廠設廠購機費九十萬，槍廠五十萬，子藥廠五萬；鄂之炮廠二十萬，槍子廠十萬；寧廠六十萬；川廠十五萬；粵廠機關槍須添購專機，合之川、鄂兩廠共需十五萬；再以二十萬經營滬之鋼廠；尚餘十萬，即以之建設武庫。四川機器老廠經費十餘萬，各省零星小廠經費三十餘萬，應俟分途調查，再定辦法。

六曰分年籌備進行。籌備伊始，事難完備。計六年之中，要其總數只能成槍二十九萬八千五百枝，槍彈三萬四千三百餘萬顆，山、野炮一千四百三十餘尊，炮彈四十一萬一千餘顆，機關槍九百四十餘枝。以三十六鎮而論，除機關槍、炮彈、槍彈足敷分布；槍枝缺數約六萬餘枝，俟布置就緒，用各廠平日趕工之法，尚易補足；炮之缺數相去甚遠，勢難照造齊全，惟有一面趕工，一面分年酌購，或缺之以待新械之成，是又當斟酌情勢，量爲變通。

以上辦法，係就見有之基礎，爲權宜之計畫。惟是時局多艱，軍需孔亟，誠欲速爲準備，除山、野炮例須分購外，其槍枝一項，亦擬暫行購置，若得十餘萬枝，即可敷三十六鎮之用。倘能寬籌的款，或由國民擔任，再擇適中之地，特設兵工巨廠，亦可分年籌措，盡力擴張，則國防隱然有長城之恃，而軍實可以備緩急之需，實於大局不無裨益。

得旨：著交軍諮處，陸軍部詳核具奏。

雜録

謝肇淛《五雜組》卷一〇《物部二》　五嶺之間多楓木，歲久則生瘿瘤，一夕遇暴雷驟雨，其贅長三五尺，謂之楓人。越巫取之作術，有通神之驗，此亦樟柳神之類也。一云取不以法則能化去，故曰「老楓化爲羽人」，政謂此耳。

建寧行都司有豫章木，其中空，可設數席。余在福寧，龍泉庵後有榕木，其中亦可盤坐五六人，枝梢寄生，大可數十圍。方廣岩有木自深坑出，直至岩頂，寺僧自巔垂絙縋下，度之得三十丈云，而幹不甚巨，半岩視之，殊不覺其長也。

宋時寢殿巨材謂之模枋，模枋者，人立其兩旁不相見，但以手摸之而已。今之皇木徑亦踰丈，其最中爲棟者，每莖價近萬金，而舁拽之費不與焉。然川、貴箐峒中亦不易得也。

嘗見采皇木者，言深山窮谷之中，人跡不到，有洪荒時樹木，但荒穢險絶，毒蛇鷙獸出入山中，蜘蛛大如車輪，垂絲如絙，罥虎豹食之。采者以天子之命諭祭山神，縱火焚林，然後敢入。其非王命而入者，不惟橫罹患害，即求之終年，不得一佳木也。

榕木惟閩、廣有之，而晉安城中最多，故謂之榕城，亦曰榕海云。其木最易長，折枝倒埋之，三年之外便可合抱，柯葉扶疏，上參雲表，大者蔽虧百畝，益老根蟠拏如石焉。木理邪而不堅，易於朽腐，十圍以上其中多空。此《莊子》所謂「以不才終天年」者也。閩人方言亦謂之松。按松字古作枩，則亦與榕通用矣。

閩人作室必用杉木，器用必用榆木，棺椁必用楠木，北人不盡爾也。桑、柳、槐、松之類，南人無用之者，北人皆不擇而取之，故梁棟多曲而不直，什物多窳而不致，坐是故耳。梗、楠、豫章，自古稱之，而楠木生楚、蜀者，深山窮谷，不知年歲，百丈之幹半埋沙土，故截以爲棺，謂之沙板。佳者解之，中有文理，堅如鐵石。試之者，以暑月作合，盛生肉，經數宿啓之，色不變也。然一棺之直，皆百金以上矣。夫葬欲其速朽也，今乃以不朽爲貴，使骨肉不得復歸於土，魂魄安乎？或以木之佳者，水不能腐，蟻不能穴，故爲貴耳，然終俗人之見也。

謝肇淛《五雜組》卷一二《物部四》　僞唐宜王從謙喜用宣城諸葛氏筆，名爲翹軒寶帚。君謨所謂諸葛高者，想其子孫也。吴興元時馮應科筆，至與子昂、舜舉擅名三絶，可謂幸矣。今之工者急於射利而不顧敗名，上之取者虧其價值而不擇好醜，故湖筆雖滿天下，而真足當臨池之用者，千百中一二也。

硯則端石尚矣，不但質潤發墨，即其體裁渾素大雅，亦與文館相宜。無論琉璃、金玉靡俗可憎，即龍尾、紅絲見之亦當爽然自失，政似邢夫人衣故衣，時能令尹夫人自痛不如也。

皇象論草書宜得精毫㲨筆，委曲婉轉不叛散者，紙欲滑密不沾污者，墨欲多膠紺黝者。梁竟陵云：「子邑之紙，妍妙輝光；仲將之墨，一點如漆；仲英之筆，窮神盡意。」獨於硯無稱焉。蓋硯視三者稍可緩耳。今人知寶數十百金之硯，而不知精擇紙筆，以觀美則可耳，非求實用者也。子邑，左伯字。仲英，當作伯英，張芝字。考韋誕奏魏公書可見。

柳公權論硯，以青州爲第一，絳州次之，殊不及端。今青州所出石即紅絲硯也。唐彦猷亦謂紅絲石爲天下第一，蔡君謨問其故，曰：「墨，黑物也，施於紫石則曖昧不明，在紅黄則色自現，一也。研墨如漆，石有脂脈，能助墨光，二也。」其言甚辨，然余習於用端，有解有未解耳。

唐李咸用《端溪硯》詩有「著指痕猶濕，經旬水未低。鴝眼工諳謬，羊肝土乍封。捧受同交印，矜持過秉珪」等語。劉夢得《謝人惠端州石硯》詩：「端州石硯人間重。」李賀《青花石硯歌》云：「端州匠者巧如神，露天磨劍割紫雲。」則知唐人原重端硯。朱新仲《猗覺寮雜記》又載柳公權論硯云：「端溪石爲硯至妙，益墨，青紫色者可直千金。」則非不知貴也，難得故耳。

蔡君謨云：「東州可謂多奇石，自紅絲出後，有鵲金黑玉研最爲佳物。新得黄玉硯，正如蒸栗。續又有紫金研，又得褐石黑角石，尤精。向者但知有端巖、龍尾，求之不已，遂極品類。余之所好有異於人乎。」近代莆田參知蔡一槐酷好研石，足蹟半天下，凡遇片石佳者，必收行囊中，常有數十百枚。蔡氏可謂世有研癖矣。

端研雖有活眼、死眼之别，然石之有眼，猶人之有斑痣，其貴原不在此。但端石多有眼，以此别其爲端耳。宋高宗謂端研如一段紫玉，瑩潤無瑕乃佳，不必以眼爲貴。余謂石誠佳，即新者自可，亦不必以舊爲貴也。

今之端研，池皆如綫，無受水處，亦無蓄墨沈處，其旁必置筆池，若大書必置碗盛墨，亦頗不便。間有斗槽者，便爲減價。此但論工拙耳，非擇硯者也。余蓄研多擇有池者，吾取其適用耳，豈以賣研爲事哉？及考宋晁以道藏研必取玉斗樣，每曰：「硯石無池受墨，但可作枕耳。」乃知千古之上，亦有與余同好者。

宋時供御大内，無非端石。航海之難，舟覆於莆之涵頭，禁中之硯盡落民間，然其始人尚未知貴重。其後吴人有知之者，微行以賤直購之，久而漸覺，價遂騰涌，高者直百金，低亦不下一二十金。而莆人耳目既熟，轉市新石，妙加鎸琢，視之宋硯毫髮不殊，散之四方，於是吴人轉爲所欺矣。

銅雀瓦雖奇品，然終燥烈易乾，乃其發墨倍於端矣。洮河緑石貞潤堅致，其價在端上，以不易得也。江南李氏有澄泥硯，堅膩如石，其實陶也。有方者六角者，旁刻花鳥甚精，四周有羅箋紋，較之銅雀又爲良矣。

馬肝龍卵，色之正也；月暈星涵，姿之奇也；魚躍雲興，石之怪也；結鄰壁友，名之佳也；稠桑栗岡，地之僻也；金月雲峯，制之巧也；芝生虹飲，器之瑞也；青鐵浮楂，質之詭也；頗黎玉函，用之靡也；磨穴腹洼，業之篤也；盧擲陶碎，道之窮也。

楊雄、桑維翰皆用鐵硯，東魏孝静帝用銅硯，景龍文館用銀硯。今天下官署皆用錫硯，俗陋甚矣。

一日呵得一擔水，才直二錢，廉者之言也，然亦殺風景矣。質潤生水，自是硯之上乘，譬之禾生合穎，麥秀兩岐」可謂多得一石穀，才直二百錢乎？蕭穎士謂石有三災，當并此爲四也。

韓退之《毛穎傳》名硯爲陶泓。鄭畋、盧携擲硯相詬，王鐸嘆曰：「不意中書有瓦解之事。」則唐人硯尚多用瓦也。

袁象贈庾翼以蜯硯，蔣道支取水上浮查爲硯，則硯之不用石，蓋多矣。

古人書之用墨，不過欲其黑而已，故凡烟煤皆可爲也。後世欲其發光，欲其香，又欲其堅，故造作百端，淫巧沓出，價侔金玉，所謂趨其末而忘其本者也。

三代之墨，其法似不可知，然《周書》有涅墨之刑，晉襄有墨縗之製，又古人灼龜，先以墨畫龜，則謂古人皆以漆書者，亦不然也。又云古有黑石，可磨汁而書。然黑石僅出延安，晉陸雲與兄書謂三臺上有藏者，則亦稀奇之物，安得人人而用之。況墨之爲字，從黑從土，其爲煤土所製無疑，但世遠不可考耳。至漢始有隃糜之名，至唐始有松烟之製。然三國時皇象論墨，已有多膠黝黑之説，則謂魏、晉以前皆用漆而不用膠者，亦誤也。至於用珠則自李廷珪始，用腦麝、金箔則自宋張遇始，自此而競爲淫巧矣。按太白詩有「蘭麝疑珍墨」之語，則唐墨已用麝。

李廷珪，唐僖宗時人，其墨在宋時如王平甫、石昌言、秦少游、蔡君謨輩皆有藏者。國朝馬愈《日抄》言，在英國府中曾一見之。今又百五十年矣，大内不可知，人間恐不可復得，即張遇、陳朗、潘谷，皆無存者，以今之墨不下往昔故也。

廷珪自易徙歙，遂爲歙人，則歙墨源流，其來久矣。廷珪弟廷寬，寬子承宴，宴子文用，皆世其業而漸不逮。又有柴珣、朱君德小墨，皆唐末三代知名者。張遇、王迪、葉茂實、潘谷、陳朗、陳惟達、李仲宣，宋墨之良者也。元有朱萬初，純用松烟。國朝方正、羅小華、邵格之，皆擅名一時。近代方於魯始臻其妙，其三十前所作九玄三極，前無古人。最後程君房與爲讎敵，製玄元靈氣以壓之，二家各爭其價，紛拏不定。然君房大駔亡命，不齒倫輩，故士論迄歸方焉。

李廷珪墨每料用真珠三兩，擣十萬杵，故堅如金石。羅小華墨亦用黄金、珍珠雜擣之，水浸數宿不能壞也。羅墨今尚有存者，亦將與金同價矣。宋徽宗以蘇合油搜烟爲墨，雜以百寶，至金章宗購之，每兩直黄金一斤。夫墨苟適用，藉金珠何爲？淫巧奓靡，此爲甚矣。今方、程二家墨，上者亦須白金一斤易墨三斤，聞亦有珍珠、麝香云。余同年方承郁爲歙令，自造青麟髓，價又倍之。近日潘方凱造開天容墨，又倍之，蓋復用黄金矣。然以爲觀美則外視未必佳，以爲適用則亦無以甚異也，此又余之所不解也。

墨太陳則膠氣盡而字不發光，太新則膠氣重而筆多纏滯，惟三五十年後最宜合用。方正墨，今用之已作煤土色矣，不知仲將何以一點如漆。或曰古墨用漆，故堅而亮，今只用膠，故數經霉濕則敗矣。余家藏歙墨之極佳者，携至京師，冬月皆碎裂如礫，而廷珪當時政在易水得名，恐用漆之説不誣耳。

徐常侍得李超墨一挺，長近尺餘，兄弟日書五千字，凡用十年乃盡。宋元嘉墨，每丸作二十萬字。乃知昔墨不獨堅而耐磨，亦挺質長大。羅小華墨雖貴重，每挺皆二兩餘，規者五兩餘。近來方、程墨苦於太小，大僅如指，用之易盡。而青麟髓，開天容光小，家居無事，每遇乞書狼籍時，不一月輒盡，且亦不便於磨也。

方于魯有《墨譜》，其紋式精巧，細入毫髮，一時傳玩，紙爲涌貴。程君房作《墨苑》以勝之，其末繪《中山狼傳》以詆方之負義。蓋方微時曾受造墨法於程，迨其後也有出藍之譽，而君房坐殺人擬大辟，疑方所爲，故恨之入骨。二家各求海内詞林縉紳爲之游揚，軒輊不一，然論墨品人品，恐程終不勝方耳。

于魯近來所造墨亦不逮前。萬曆戊戌秋，余親至於魯家，令制長大挺，每一挺四兩者，然求昔年九玄三極料已不可得。又十年，于魯死，子孫急於取售，其所製益復不逮矣。大率上人之求取無厭，而市者之賞鑒難得，自非巨富而護名，何苦而居難售之貨？此亦天下之通弊也。

唐陶雅爲歙州刺史，責李超云：「爾近所造墨殊不及吾初至郡時，何也？」對曰：「公初臨郡，歲取墨不過十挺，今數百挺未已，何暇精好爲？」噫，今之守令取墨，豈直數百挺而已耶！

古人養墨以豹皮囊，欲遠其濕。又云宜以漆匣密藏之，欲滋其潤。

今人謂紙始造於蔡倫，非也。西漢《趙飛燕傳》：「篋中有赫蹏書。」應劭云：「薄小紙也。」孟康曰：「染紙令赤而書，若今黄紙也。」則當時已有紙矣。但倫始煮穀皮、麻頭及敝布、魚網搗以成紙，故紙始多耳。

澄心堂紙今尚有存者，然余見之不多，未敢辨其真僞也，宋箋差可辨耳。陳後山云：「澄心堂乃南唐烈祖節度金陵之燕居也，世以爲元宗書殿，誤矣。」蔡端明云：「其物出江南池、歙二郡，今世不復作。蜀箋不耐久，其餘皆非佳品。」宋時去南唐不遠，此紙散落人間尚多，今則絶無而僅有。梅聖俞有詩謝歐公送澄心堂紙云：「江南李氏有國日，百金不許市一枚。當時國破何所有，帑藏空竭生莓苔。但存圖書及此紙，棄置大屋墻角堆。幅狹不堪作詔令，聊備粗使供鸞臺。」可見宋時此紙之多。宋子京作《唐書》，皆以澄心堂紙起草，歐公作《五代史》亦然。而今五百年間，貴如金玉，可爲短氣。

今世苦無佳紙，柬帖腐爛不必言，綿料白紙頗耐，然澀而滯筆。古人箋多砑光，取其不留也。華亭粉箋歲久模糊，愈不可堪。蜀薛濤箋亦澀，然着墨即幹，但價太高，尋常豈能多得耶？高麗繭紙膩粉可喜，差易購於薛濤，然歲久則蛀。自此而下，灰者竹者，非胥曹之羔雉，即剞劂之芻狗耳，不意剡溪子孫不振乃爾。

宋之諸帝留心翰墨，故文房所製率皆精品，澄心堂紙之外，蜀有玉版，有貢餘，有經屑，有表光，歙有墨光，有冰翼，有白滑，有凝光，又越中有竹紙，江南有楮皮紙，温州有蠲紙，廣都有竹絲紙，循州有藤紙，常州有雲母紙，又有香皮紙、苔紙、桑皮紙、芨皮紙。蔡君謨言：「績溪、烏田、古田、由拳、惠州紙皆知名。」今試觀宋人書畫，紙無一不佳者，可知其製造之工且多也。

蔡君謨嘗禁所部不得用竹紙，蓋有獄訟未決而案牘已零落者。至於今時，有剛連、連七、毛邊之目，尤極腐爛，入手即碎，而人喜用之者，價直輕爾。毛邊之用，上自奏牘，下至柬帖短札，遍於天下，稍濕即腐，稍藏即蠹，紙中第一劣品，而世用之不改者，光滑便於書也。

印書紙有太史、老連之目，薄而不蛀，然皆竹料也。若印好板書，須用綿料白紙無灰者，閩、浙皆有之，而楚、蜀、滇中綿紙瑩薄，尤宜於收藏也。

作字，高麗、薛濤不可常得矣，綿紙砑光，差宜於筆墨。余在山東爲魯藩作書，内中有香箋數幅，甚貴重之，然亦是毛邊之極厚者，加以香料而打極緊滑，書不留手，甚覺可喜，但未知耐藏否耳。初書行草二幅，俱不當意，最後書《赤壁賦》，計格截然，上下整齊，乃大稱善，尤可笑也。

歐陽率更不擇紙筆，無不如意，而蔡中郎非紈素不下筆。然既能書，亦須自愛重。魏、晉人墨迹，類是第一等褚先生，即宋、元猶然。今人不擇紙而書者多矣，亦由請乞太濫，粗惡競進，却之則重拂其意，易之則責人以難，故往往以了酬應耳。

饒州有鄱陽白，長如一匹絹。元李氏藏古紙，長二丈餘。今世有一種碧紙亦長丈餘，不知何處所造，甚爲巨麗，但爛澀不中書耳。

紙須白而厚，堅而滑，筆須健而圓，長而輕，墨須黑而有光，硯須寬而發墨。置之明窗凈几，時書一二段《文選》、小説，亦人間至樂也。

昔人書字多用箋素，書於扇者蓋少，故右將軍書六角扇，老嫗爲之不懌。即宋、元人書畫見便面者不一二也，今則以扇乞書者多於紙矣。然元以前多用團扇，絹素爲之，未有摺者。元初東南夷使者持聚頭扇，人共笑之。國朝始用摺扇，出入懷袖殊便。然漢張敞以便面拊馬，則又似今之摺扇也。

古人多用羽毛之屬爲扇，故扇字从羽。漢時乘輿用雉尾扇，周昭王時聚鵲翅爲扇，諸葛武侯、吴猛皆執白羽扇，庾翼上晉武帝毛扇。今世輒以毛扇爲賤品。上自宫禁，下至士庶，惟吴、蜀二種扇最盛行。蜀扇每歲進御、饋遺不下百餘萬，上及中宫所用，每柄率值黄金一兩，下者數銖而已。吴中泥金，最宜書畫，不脛而走四方，差與蜀箑埒矣。大内歲時每發千餘，令中書官書詩以賜宮人者，皆吴扇也。

蜀扇彎之内酒，非富人笥中則婦女手中耳。吴扇初以重金妝飾其面爲貴，近乃并其骨製之極精。有柳玉臺者，白竹爲骨，厚溥輕重，稱量無毫髮差爽，光滑可鑒，每柄值白金半兩，斯亦淫巧無用者矣。

扇之有墜，唐前未聞。宋高宗宴大臣，見張循王扇有玉孩兒墜子，則當時有之矣。蓋起於宫中，不時呼唤，便於挂衣帶間。今則天下通用，而京師合香爲之者，暑月以辟臭穢，尤不可須臾去身也。

唐以前皆於揚州貢鏡，以五月五日取揚子江心水鑄之。凡鏡無它，但水清冽則佳矣。今之鏡北推易水，南數吴興，亦以其水也，然易鏡不迨湖鏡遠甚。

秦鏡背無花紋，漢有四釘、海馬、蒲桃，唐製鼻紐頗大及六角菱花，宋以後不足貴矣。凡鏡逾古逾佳，非獨取其款識斑色之美，亦可辟邪魅、禳火災，故君子貴之。

今山東、河南、關中掘地得古冢，常獲鏡無數，它器物不及也。云古人新死未斂，親識來吊，率以鏡護其體，云以妨尸氣變動，及殯則内之棺中，有一冢中鏡數百者。歲久爲尸血肉所蝕，又爲苔土所沁成紅緑二色，如朱砂、鸖鴣、碧鈿諸寶相，斯爲貴矣。其傳世者光黑如漆，不能成紅緑也。然臨淄人僞爲之者最多。

洛陽人取古冢中鏡破碎不全者，截令方，四片合成，加以柱而成爐焉，謂之鏡爐。製則新也，而質實舊物，置之案頭，猶勝饞鼎。

周火齊鏡暗中視物如晝，秦方鏡照人心膽，漢史良娣身毒鏡照見妖魅，隋王度鏡能却百病，唐葉法善鐵鏡鑒物如水，長安任仲宣鏡水府至寶，爲龍所奪，秦淮漁人鏡洞見五腑六臟，王宗壽鏡照見樓上青衣小兒。宋吕蒙正時朝士有古鏡，能照二百里。安陸石岩村鏡、何楚言河朔鏡，皆照十數里。徐鉉鏡只見一眼，李士寧斬轅山鏡洞見遠近。嘉祐中吴僧鏡照見前途吉凶，孟蜀軍校張敵鏡光照一室，不假燈燭。慶曆中宦者鏡背鑄兔形，影在鑒中。盧彦緒鏡背有金花承日如輪。近時金陵軍人耕田，得鏡半面，能照地中物，持之發冢掘藏，大有所得。又大中橋民陳某修宅，垣中得長柄小鏡，照之則頭痛，持與人照，無不痛者。《庚巳編》載：吴縣陳氏祖傳古鏡，患瘧者照之，見背上一物，驚去，病即瘥。余戊子歲在彭城見賣鏡者，其面如常，其背照之則人影俱倒，斯亦異矣。

修養家謂梳爲木齒丹，云每日清晨梳千下，則固髮去風，容顏悦澤。夫人一日之功全在於晨，晏眠早起，欲及時也，頭梳千下，廢時失事甚矣，縱能固髮悦顏何益？

笄不獨女子之飾，古男子皆戴之。《三禮圖》：「笄，士以骨，大夫以象。」蓋即今之簪耳。范武子怒文子，擊之以杖，折其委笄，蓋童子未冠時也。

漢惠帝時，黄門侍中皆傅脂粉。順帝時，梁冀奏李固胡粉飾貌，搔頭弄姿。曹子建以粉自傅，何晏動静自喜，粉白不去手。蓋魏、晉以前習俗如此，夫婦人之美者猶不假粉黛，况男子乎？

以丹注面曰的，古天子諸侯媵妾以次進御，有月事者難以口説，故注此於面以爲識，如射之有的也，其後遂以爲兩腮之飾。王粲《神女賦》曰：「施華的，結羽釵。」傅玄《鏡賦》：「點雙的以發姿。」非爲程姬之疾明矣。唐王建《宫詞》：「密奏君王知入月，唤人相伴洗裙裾。」則亦無注的事也。潘岳《芙蓉賦》：「丹輝拂紅，飛須垂的。」王敬美《早梅》詩：「暈落朱唇微有的。」則又借以咏花矣。

漢中山王來朝，成帝賜食，及起而襪繫解，成帝以爲不能也，於是定陶王得立。然文王伐崇，至鳳凰之墟而襪繫解；武王伐紂，行至商山而襪繫解；晉文公與楚戰，至黄鳳之陵而履繫解。古之聖王霸主皆有然者，何獨中山王耶？

古人以跣爲敬，故非大功臣，不得劍履上殿。褚師聲子襪而登席，而衛侯怒。至於見長者，必脱屨於户外。曹公令曰：「議者以祠廟當解履。」則漢末猶然矣。

漢王喬爲葉縣令，每朝會，雙舄飛來，網之得雙舄。盧耽爲州治，中元會不及朝，化爲白鵠回翔，威儀以帚擲之，得雙履。南海太守鮑靚嘗夜訪葛洪，達旦乃去，人訝其往來之頻而不見車騎，密伺見雙燕飛來，網之得雙履。此三事絶相類，而人但知雙舄事也。

漢時著屐尚少，至東京末年始盛。應劭《風俗通》載：延嘉中京師好著木屐，婦人始嫁，作漆畫屐，五色采爲繫。後黨事起，以爲不祥。至晉而始通用，阮孚至自蠟之。謝靈運登山陟嶺，未嘗須臾離也。想即以此當履耳。《晉書・五行志》云：「初作屐者，婦人頭圓，男子頭方。至太康初，婦人屐乃頭方，與男無别。」此亦古婦人不纏足之一證。今世吾閩興化、漳、泉三郡以屐當靸，洗足竟，即跣而着之，不論貴賤男女皆然，蓋其地婦人多不纏足也。女屐加以彩畫，時作龍頭，終日行屋中閣閣然，想似西子響屧廊時也。可發一笑。

相手板法出於蕭何，或曰四皓，後東方朔見而善之。天下事之不經，莫此爲甚。宋庚道愍相山陽王休祐板，以爲多忤，後密易褚彦回者。不數日，彦回對帝，誤稱下官，大被譴訶。夫明帝，猜忌忍虐之主，故休祐見疑。若遇平世明主，此笏能令人忤乎？唐李參軍善相笏，休咎皆驗。又有龍復本者，無目，凡象簡、竹笏，以手捻之，必知官禄年壽。宋初聶長史者，相丘巒三笏異用，而皆如其言也。然則紀傳所載不足徵耶？曰：精卜筮術數者，藉物以起數，如管輅、郭璞之流耳，非專相笏也。使笏易地易人，則數又隨之變矣。

董偃卧琉璃帳，張易之爲母製七寶帳，王譔作翠羽帳，元載寵姬處金絲帳，唐武宗玳瑁帳，同昌公主設連珠帳，又大秦國金織成五色帳，有明月夜珠帳，斯條王國作白珠交結帳，侈靡極矣。然琉璃、玳瑁，玉石之屬，豈堪作帳？當是鄣字之誤耳。

孟光舉案齊眉，解者紛然，亦大可笑事。古人席地而坐，疾則憑几，食及觀書則皆用案。几即今之桌子，案似食格之類，豈可便以几爲案乎？漢王賜淮陰玉案之食，玉女賜沈羲金案玉杯，石季龍以玉案行文書，古詩「何以報之青玉案」。漢武帝爲雜寶案，貴重若此，必非巨物。楊用修以爲碗，亦非也。且漢時皇后五日一朝皇太后，親奉案上食；高祖過趙，趙王敖自持案進食甚恭。則古人之舉案爲常事，何獨孟光哉？

古人以几、杖爲優老之禮。康王疾大漸，憑玉几；孫翊謂任元褒吏憑几對客爲非禮；魏文帝賜楊彪延年杖及憑几。今之憑几對客者衆矣。

漢文帝時，魯少年拄金杖；武帝有玉箱杖；嘉平中，袁逢作三公，賜玉杖；晉佛圖澄金杖銀鉢；《劉向別傳》有麒麟角杖；曹操賜楊彪銀角桃杖。今人但用竹杖耳。漢昌邑王至滎陽，買積竹刺杖，龔遂諫曰：「積竹刺杖，少年驕蹇杖也。」今武陵有方竹，爲杖甚佳。及蜀邛州杖，巨節如鷄骨然。夫杖，扶老登山，取其輕便爲貴，金玉徒爲觀美，未必當於用也。

皮日休有天臺杖，色黯而力遒，謂之華頂杖。有龜頭山叠石硯，高不二寸，其仞數百，謂之太湖硯。有桐廬養和一具，怪形拳跼，坐若變去，謂之烏龍養和。養和者，隱囊之屬也。按李泌以松膠枝隱背，謂之養和，後得如龍形者獻帝，四方争效之。今吴中以枯木根作禪椅，蓋本於此。

陶器，柴窑最古，今人得其碎片，亦與金翠同價矣。蓋色既鮮碧而質復瑩薄，可以妝飾玩具，而成器者杳不可復見矣。世傳柴世宗時燒造，所司請其色，御批云：「雨過青天雲破處，這般顔色做將來。」然唐時已有祕色，陸龜蒙詩：「九天風露越窑開，奪得千峯祕色來。」惜今人無見之耳。余謂洛中人有掘得漢、唐時墓者，其中多有陶器，色但浄白而形質甚粗，蓋至宋而後，其製始精也。

柴窑之外，有定、汝、官、哥四種，皆宋器也。流傳至今者，惟哥窑稍易得，蓋其質厚，頗耐藏耳。定、汝白如玉，難於完璧，而宋時宫中所用率銅鈐其口，以是損價。

今龍泉窑世不復重，惟饒州景德鎮所造遍行天下。每歲内府頒一式度，紀年號於下。然惟宣德款制最精，距迄百五十年，其價幾與宋器埒矣。嘉靖次之，成化又次之。世宗末年所造金籙大醮壇用者，又其次也。

宣窑不獨款式端正，色澤細潤，即其字畫亦皆精絶。余見御用一茶盞，乃畫「輕羅小扇撲流螢」者，其人物毫髮具備，儼然一幅李思訓畫也。外一皮函，亦作盞樣盛之，小銅屈戌、小鎖尤精，蓋人間所藏宣窑又不及也。

蔡君謨云：「茶色白，故宜於黑盞，以建安所造者爲上。」此説余殊不解。茶色自宜帶緑，豈有純白者？即以白茶注之黑盞，亦渾然一色耳，何由辨其濃淡？今景德鎮所造小壇盞，仿大醮壇爲之者，白而堅厚，最宜注茶。建安黑窑間有藏者，時作紅碧色，但免俗爾，未當於用也。

今俗語窑器謂之磁器者，蓋河南磁州窑最多，故相沿名之，如銀稱朱提，墨稱隃麋之類也。

景德鎮所造常有窑變云，不依造式，忽爲變成，或現魚形，或浮果影。傳聞初開窑時，必用童男女各一人，活取其血祭之，故精氣所結凝爲怪耳。近來禁不用人祭，故無復窑變。一云恐禁中得知不時宣索，人多碎之。

茶注，君謨欲以黄金爲之，此爲進御言耳。人間文房中，即銀者亦覺俗，且誨盗矣。嶺南錫至佳，而製多不典。吴中造者，紫檀爲柄，圓玉爲紐，置几案間，足稱大雅。宜興時大彬所製瓦瓶，一時傳尚，價遂踊貴，吾亦不知其解也。

范蜀公與温公游嵩山，以黑木合盛茶，温公見之驚曰：「景仁乃有茶具耶？」夫一木合盛茶，何損清介而至驚駭，宋人腐爛乃爾。

昔人云：「凡銅物入土千年而青，入水千年而緑。在人間者紫褐而朱斑，其色有蠟茶者，有漆黑者。」然古墓中鏡，朱砂、青緑皆有，不必入水也。古人棺内多灌水銀，遂有「水銀古」者，然亦視其款制何如耳，未必古者盡佳也。

古玉器物亦有紅如血者，謂之「血古」，又謂之「尸古」，蓋冢中爲血肉所蝕也。又有「黑漆古」，有「渠古」，有「甑古」。然古人比德於玉，但取其温潤色澤及當於用耳，今乃必以古色爲佳，此俗見之不可解者也。

玉惟黄紅二色難得，其餘世間皆有之，即羊脂玉亦常見也。

唐太宗賜房玄齡黄銀帶，欲賜如晦，時如晦已死，帝泣曰：「世傳黄銀，鬼神畏之。」更取金帶送其家。則黄銀非金明矣。《漢武帝紀》：「收銀錫造白金。」則白金非銀亦明矣。

龍珠在頷，鮫珠在皮，蛇珠在口，鱉珠在足，魚珠在目，蚌珠在腹。又蜘蛛、蜈蚣極大者皆有珠，故多爲雷震者，龍取其珠也。凡珠龍爲上，蚌次之，今海南所出者皆蚌珠也。海中諸物，蜃蛤、蜆蠣之屬皆有珠，但不恒有耳。萬曆初，吾郡連江人剖蛤得珠，不識也，烹之，珠在釜中跳躍不定，火光燭天，鄰里驚而救之。問知其故，啓視，已半枯矣，徑一寸許。此真夜光、明月之質也，而厄於俗子，悲夫！

魏惠王徑寸之珠，前後照車各十二乘者十枚。隋煬帝殿内房中不然膏火，懸大珠一百二十以照之。江南寵姬宫中每夜綴大珠十數，照耀如同白日。張説賂九公主夜明簾。古人不貴異物，而珍寶充牣若此。今時隋珠、趙璧，毋論民間，即天府亦不可多得也。蓋經一番兵火便消耗一番，而金、元之變，中國之物輦入夷狄者，又不知其數也。漢梁孝王薨，庫中黄金至四十萬斤，今之禁中有是乎？麋竺助先主黄金十萬斤，今之富室有是乎？

今世之所寶者，有猫兒眼、祖母緑、顛不刺、蜜臘、金鴉、鶻石、蠟子等類，然皆鑲嵌首飾之用，惟琥珀、瑪瑙盛行於時，皆滇中産也。犀則多矣，而通天、卧魚、辟水、駭鷄皆未之見也。祖母緑云是金翅鳥所成，出回回國，有紅刺，一顆重一兩以上即值錢千緡，然亦不可多得。滇中又有緬鈴，大如龍眼核，得熱氣則自動不休。緬甸男子嵌之於勢，以佐房中之術。惟殺緬夷時活取之者良，其市之中國者皆僞也。彼中名曰太極丸，官屬饋遺，公然見之箋牒矣。

昔人謂松脂墮地千年爲琥珀，又云是楓木之精液多年所化，恐皆未必然。中國松、楓二木不乏，何處得有琥珀？而夷中産琥珀者，豈皆松嶺楓林之下乎？此自是天地所生一種珍寶。即他物所變化，孰得而見之？又如水晶，云十年老冰所化，果爾則宜出於北方沍寒之地，而南方無冰，却有水精，可知其説之無稽矣。琥珀，血珀爲上，金珀次之，蠟珀最下。人以拾芥辯其真僞，非也。僞者傅之以藥，其拾更捷。

唐魏生於虔州砂磧中拾得片瓦，後以示胡人，驚異頂禮，謂爲寶母，價至千萬，云每月望日設壇上致祭，一夕百寶皆聚。則天時西國獻青泥珠，後不知貴，以施西明寺金剛額。後胡人以十萬貫求買之，曰：「但投泥中，泥悉成水，可以覓衆珍寶。」李林甫生日，沙門極贊功德，冀得厚襯。及畢，乃以紅帊藉一物如朽釘者施之，僧大失望。後有波斯以數十萬市之，曰：「此寶骨也。」睿宗施安國寺寶珠，云直億萬，僧不知貴，貨之，亦無酬者。月餘，有西域胡人見而大喜，以四千萬貫市之，云此水珠也，行軍時掘地埋之，水自涌出。咸陽岳寺有周武帝綴冠珠，爲一士人所取，至陳留，諸胡合五萬緡市之。至東海，重湯煎燎，月餘，有龍女二人投入瓶中，合而成膏，涂足，步行水上而去，不知所之。吴越孫妃以物施龍興寺，形如朽木箸，寺僧不知寶此。有胡人曰：「此日本龍蕊簪也。」以萬二千緡買之。此數者，信天下之奇寶也，然不遇識者，則與瓦礫不殊。夫夜光之璧暗投，不免按劍，況耳目所未聞見者乎？

唐時揚州常有波斯胡店，《太平廣記》往往稱之，想不妄也。今時俗相傳回回人善别寶，時游閩廣、金陵間。有應主簿者，持祖母緑一顆，富商以五百金購之，不售也。有回回求見之，持玩少頃，即吞入腹中。應欲訟之，既無證佐，又懼纏累，一慟而已。又有富家老妾沈氏，所戴簪頭乃猫兒眼，回回窺見，遂賃屋與鄰，時以酒食奉之。歲餘乃求市焉，沈感其意，只求二金。回回得之甚喜，因石稍枯，市羊脂裹之，暴烈日中。坐守稍怠，瞥有饑鷹掠之而去，大爲市人揶揄，歸家怨恨而死。此二事皆近代金陵人言，與《異苑》所載胡人索市王曠井石事相類，皆可笑也。

《清波雜志》載：成都市中有聚香鼎，以數爐焚香環於外，則烟皆聚其中。又巴東寺僧得青磁碗，投米其中，一夕滿盆皆米，投以金銀皆然，謂之聚寶碗。國朝沈萬三富甲天下，人言其家有聚寶盆，戲説耳，不知此物世間未嘗無也。

今天下交易所通行者，錢與銀耳。用錢便於貧民，然所聚之處，人多以賭廢業。京師水衡日鑄十餘萬錢，所行不過北至盧龍，南至德州，方二千餘里耳，而錢不加多，何也？山東銀、錢雜用，其錢皆用宋年號者，每二可當新錢之一，而新錢廢不用。然宋錢無鑄者，多從土中掘出之，所得幾何？終歲用之而錢亦不加少，又何也？南都雖鑄錢而不甚多，其錢差薄於京師者，而民間或有私鑄之盗。閩、廣絶不用錢，而用銀抵假。市肆作奸，尤可恨也。

滇人以貝代錢，每十貝當一錢，貧民誠便，然白金一兩當得貝一萬枚，携者不亦難乎？且易破碎，非如錢之可復鑄也。宋、元用鈔，尤極不便，雨浥鼠嚙，即成烏有，懷中橐底，皆致磨滅，人惟日日作守鈔奴耳。夫銀錢之所以便者，水火不毁，蟲鼠不侵，流轉萬端，復歸本質。蓋百貨交易，低昂淆亂，必得一至無用者衡於其間，而後流通不息，此聖人操世之大術也。

今人銀概謂之朱提，按《漢書・地理志》：「朱提出銀。」《食貨志》：「朱提銀八兩爲一流，直一千五百八十。它銀一流直一千。」則朱提地名，既不可名銀，而朱提之銀又非凡銀比也。漢銀八兩直錢一千，可見當時銀賤而錢貴。今時銀一兩即值千錢矣。朱音殊，提音匙。

靺鞨，本蠻夷國名，其地産寶石，中國謂之靺鞨，其色殷紅，大者如栗。《太平廣記》載：李章武所得，狀如槲葉，紺碧而冷。今中國賈肆中者，皆如瓦礫耳。

古者婦人皆著襪穿履，與男子原無分别也。唐李郢詩：「高歌一曲劉郎醉，脱取明金壓繡鞋。」則當時始有繡者。至纏足之制興而男女之履始迥别矣。今之婦女亦罕有著襪者，楊用修以屨人掌后之服屨爲周公病，蓋未之深思也。

側注，儒冠也。鶡，武冠也。鵕鸃，侍中冠也。豸，惠文法冠也。遠游、博山，太子冠也。翼善、平天、通天、高山，天子冠也。却敵，衛士冠也。貂蟬，功臣冠也。却非，僕射冠也。巧士，黄門從官冠也。進賢，羣臣冠也。毋追收，夏冠也。章甫哻，殷冠也。委貌，周冠也。華山，宋鈃冠也。鹿皮，張欣泰冠也。桑葉，原憲冠也。竹皮，漢高帝亭長冠也。獺皮，陳伯之冠也。交讓，公孫述冠也。步摇，江充及慕容跋冠也。進德，唐太宗賜貴臣冠也。玉葉，太平公主冠也。方山，舞人冠也。九星、靈芝、夜光，上元夫人冠也。晨嬰，西王母冠也。芙蓉，衛叔卿冠也。骨蘇，高麗冠也。無頭，宋康王冠也。鷸冠，鄭子臧冠也。貊冠，屈到冠也。豹冠，范獻子冠也。北斗，道冠也。虎皮，胡冠也。

今内監帽樣，高麗王冠制也。國初高麗未服，太祖密遣人瞰其冠，命諸内竪皆冠之，及其使至，指示之曰：「此皆汝主等輩也，皆已服役，汝主尚不降耶？」使者歸言之，遂奉正朔。

古婦人亦著帽。漢薄太后以冒絮提文帝，注：「帽也。」趙昭儀上飛燕金花紫綸帽。又賀德基於白馬寺逢一婦人，脱白綸巾以贈之；諸葛武侯遺司馬懿巾幗婦人之服。則古婦人亦有巾也。

古人幘之上加巾冠，想亦因發不齊之故，今之網巾是其遺意。但幘以布絹爲之，又加屋其上，故亦可以代冠，如董偃緑幘、孫堅赤罽幘之類，即今俗名「腦包」者也。網巾以馬鬃或綫爲之，功雖省，而巾冠不可無矣。北地苦寒，亦有以絹布爲網巾者，然無屋終不可見人。

童子幘無屋者，示不成人也。近時三五十年前，總角者猶係一網巾邊，是其遺制。既云童子幘無屋，明丈夫幘皆有屋矣，又云王莽以頂秃加屋何耶？董偃武帝時人，以緑幘見天子，必非無屋者。幘本賤者之服，緑幘又其賤者，近代樂工著緑頭巾，亦此意也。

紂衣寶玉自焚，漢上官太后服珠襦，霍光、耿秉薨皆賜玉衣，太始元年頻斯國人來朝，以五色玉爲衣。近代豪富之家，有衣珍珠半臂者，而玉衣未有聞矣。

三代之爲信者，符節而已，未有璽也。《周禮》九節，璽居一焉，璽亦所以爲節。鄭康成謂止用之貨賄，蓋亦用以鈐封，恐人之僞易也。秦得和氏之璧，令李斯篆之爲傳國璽，故天子始稱璽書，諸侯而下稱印而已。然考《印藪》所載，漢時印大小不同，文亦殊絶，蓋或製於官，或私刻之，固自不同。而公卿列侯卒於位者，皆以印綬賜葬，致仕策免者始上印綬，則一人一印，非若今之爲官物也。古者百官之印皆組穿之而佩於腰，或令吏人繫之於臂。至宋而後，印大而重，繫之不便，楊虞卿爲吏部，始置匱以鎖之，而綬繫於鑰。今之有印則有綬是也。至今日則綬亦不以繫鑰而虚佩之矣。國家之制，天子玉璽，侯王、大將軍皆金印，二品以銀，三品之下以銅。其非掌印而給者謂之關防，印方而關防長，以此爲别耳。其實出欽給者，亦概得謂之印也。

唐時文武官三品以上金玉帶，四品五品并金帶，六品七品并銀帶，八品九品并鍮石帶，庶人銅鐵帶。五品以上皆賜魚袋，飾以銀，三品以上賜金裝刀子、礪石一具。其衣紫爲上，緋次之，緑爲下，綬則紫爲上，艾墨次之，黄爲下。至於天子之服色尚黄，則自漢以來然矣。

唐時百官隨身魚符左一右一，左者進内，右者隨身，皆盛以袋，則似今京官之牙牌耳。宋賜命帶者例不佩魚，惟兩府賜佩，謂之重金。今之牙牌，自宰輔至小官，任京師者俱有之，蓋以須若印綬然。其官職皆鐫牌上，拜官則於尚寶司領出，出京及遷轉則繳還，蓋祖制也。

國朝服色以補爲別，皆用鳥獸，蓋取古人以鳥紀官之意。文官惟法官服豸，其餘皆鳥，武官皆獸，至於帶則以犀居金之上，皆有不可曉者。

國朝服色之最濫者，内臣與武臣也。内官衣蟒腰玉者，禁中殆萬人，而武臣萬户以上即腰金，計亦不下萬人。至於邊帥緹騎冒功邀賞腰玉者，又不知其幾也。

《說文》曰：「帶，紳也。男子鞶帶，婦人絲帶。」古人之帶多用韋布之屬，取其下垂。《詩》云：「容兮遂兮，垂帶悸兮。」「匪伊垂之，帶則有餘。」似今衣之有大帶耳。至魯仲連謂田單曰：「將軍黄金横帶，騁於臨淄之間。」則金帶之制興矣。

古人仕者有帶有綬，又有囊，囊、綬皆綴於帶者。八座尚書荷紫，以生紫爲袷囊，綴之服外，加於右肩。傳云周(王)[公]負成王製此服。唐時亦以爲朝服。或云漢世用盛奏事，負之以行，未詳也。至宋有金魚袋。國朝俱無之。《晋書·輿服志》云：「漢世著鞶囊者側在腰間，謂之傍囊，或謂之綬囊。」然則以囊盛綬耳。【略】

古樂不復作矣，即知樂者世能有幾？季札觀樂而知列國興衰，師曠吹律而知南風不競，即隋唐之間，亦有知宫聲往而不返，爲東幸不終之兆者。彼太常樂官但知較度數，考分秒，辨累黍，量尺寸而已，縱使事事合古，分毫不差，然於樂之理毫無干涉也。蓋自宋以來，胡瑗、范景仁之徒已不勝其聚訟，而況至於今日，上之人既不以爲急務，而學士大夫亦無復有深心而精究之者。郊廟燕享之間，笙磬柷圉徒存虚器，考擊拊搏僅爲故事，而其它之行於世者，不過觱篥之胡聲與淫哇之詞曲耳，以此爲樂，吾所不敢知也。

識錞于、阮咸者，知樂器而未知樂音；識斷弦、卧吹者，知樂音而未知樂理。李嗣真知諸王之蹂踐，王仁裕卜禁中之鬮争，王令言知宫車之不返，劉羲叟卜聖躬之眩惑，庶幾季札、師曠之亞矣，而理不可得而聞也。至於玄鶴二八，延頸哀鳴，三龍翔舟，水木震動，稱賞之詞，恐過其實。

今人間所用之樂則觱篥也，笙也，簫也，筝也，鐘鼓也。觱篥多南曲而簫笙多北曲也，其它琴瑟箜篌之屬徒自賞心，不諧衆耳矣。又有所謂三弦者，常合簫而鼓之，然多淫哇之詞，倡優之所習耳。有梅花角，聲甚凄清，然軍中之樂，世不恒用。余在濟南葛尚寶家見二胡雛，能卷樹葉作笳吹之，其音節不可曉，然亦悲酸清切。余謂主人：「昔中國吹之能令胡騎北走，今胡兒吹之反令我輩墮泪乎？」一笑而已。

今鼓琴者有閩操、浙操二音，蓋亦南北曲之別也。浙操近雅，故士君子尚之，亦猶曲之有浙腔耳。莆人多善鼓琴而多操閩音，至於漳、泉，遂有鄉音，詞曲侏儷之甚，即吾郡人不能了了也。

夫子謂「鄭聲淫」。淫者，靡也，巧也，樂而過度也，艷而無實也。蓋鄭、衛之風俗侈靡纖巧，故其聲音亦然，無復《大雅》之致也。後人以淫爲淫欲，故概以二國之詩皆爲男女會合之作，失之遠矣。夫閭閻里巷之詩未必盡入樂章，而國君郊祀朝會之樂，自胙土之初即已有之，又安得執後代之風謡而傅會爲開國之樂聲乎？聖人以其淫哇，不可用之於朝廷宗廟，故欲放之。要其亡國之本原不在此也。《招》之在齊，不能救齊之亡，則鄭聲施之聖明之世，豈能便危亡哉？宋廣平之好羯鼓，寇萊公之舞柘枝，不害其爲剛正也，況懸之於庭乎？但終傷綺靡，如淫詞艷曲，未免擯於聖人之世耳。

中散之琴，李謩之笛，鄒衍之管，梓慶之鐻，皆冥通鬼神，功參造化。吾聞其語，未見其人也。中郎之識柯亭，嗣真之辨鐘鐸，宋沇之知編鐘，李琬之聽羯鼓，賞鑒入神，匠心獨詣，求之於今，豈復有其人乎？太常之所師受，不過樂章之糟粕，里巷之所傳習，率皆拍板之章程，守而勿失，便爲知音矣，豈復有能新翻一曲、別造一調而叶之律吕，令人傳誦者哉？故吾謂今之最不古若者，此一途也。

京師有瞽者善彈琵琶，能作百般聲音。嘗宴冠裳，匿屏幃後作之，初作老嫗唤伎者聲，繼作伎者稱疾不出，往復數四，誶詬勃谿，遂至擲器破鉢，大小紛紜，或詈或哭，或勸或助，坐客驚駭欲散。徐撤屏風，則一瞽者抱一琵琶而已，它無一物也。又有以一人而歌曲擊鼓、鈸、拍板、鐘、鐃合五六器者，不但手能擊，足亦能擊，此亦絶世之技。惜乎但爲玩弄之具，非知音者也。

詩也，律也，詞曲也，古者合而成樂，而今分爲三四矣。以詩入音樂必不能悦里耳，以曲比管弦必不可薦郊廟。且其疾徐高下之節，任意爲之，未必一一中古人之法度也，況於宫商之變、黄鐘太簇之節哉？唐摩詰「陽關」詩尚堪叠以成聲，劉夢得巴渝諸曲皆弦而吹之者也。至宋重歌詞，其去音律漸覺差遠，蓋泛聲多而音響難調，不容毫釐差謬，豈知三百篇之詩，何曾平仄一一吻合耶？至曲興而詞廢，去古愈遠矣。魏文侯聽古樂而惟恐卧，聽鄭衛之音則不知倦，當時尚爾，何況今日哉？

唐明皇好羯鼓，一時臣庶從風而靡，以宋廣平之正直，亦有「頭如青山峯，手如白雨點」之喻，它可知已。不知羯鼓有何趣而嗜好之，至目爲「八音領袖」，殊可笑也。此樂本羯胡之音，獨太簇一韵，高昌、龜兹諸夷皆習用之。其聲焦殺，特異衆樂，而好之不已，卒召胡兒之禍，悲夫！

漢嫁烏孫公主，令琵琶馬上作樂以慰其心。後石季倫《明妃詞》云「其送明君亦必爾」，已自臆度可笑，而《圖經》即謂昭君在路愁怨，遂於馬上彈琵琶以寄恨，相沿而誤，愈甚矣。今人不知琵琶爲烏孫事而概用之昭君，又不知琵琶爲送行之樂而概以爲昭君自彈，蓋自唐以來誤用至今而不覺也。

工匠部

題解

《孟子》卷一四《盡心上》 孟子曰：「梓匠輪輿能與人規矩，不能使人巧。」

包衡《清賞録》卷七 《唐六典》有裝潢匠，注音光上聲，謂裝成而以蠟潢紙也。今製牋法，猶有潢裝之説，人多不解，作平聲。又改爲裝池，益謬甚矣。

段玉裁《説文解字段注》第二篇下 匠，木工也。工者，巧飭也。百工皆稱工稱匠，獨舉木工者，其字从斤也。以木工之偁，引申爲凡工之偁也。

段玉裁《説文解字段注》第五篇上 工，巧飾也。飾拭古今字。又部曰：㕞，飾也。巾部曰：飾，㕞也。聿部曰：𦘔，聿飾也。彡部曰：彡，毛飾畫文也。皆今之拭字也。此云巧飾也者，依古文作𢒄，爲訓彡者飾畫文。巧飾者，謂如㛮人施廣領大袖以仰涂而領袖不污是也。惟孰於規榘，乃能如是，引伸之，凡善其事曰工。見《小雅毛傳》。

段玉裁《説文解字段注》第五篇上 㠭，極巧視之也。工爲巧，故四工爲極巧。極巧視之。謂如離婁之明，公輸子之巧，既竭目力也。凡展布字當用此，展行而㠭廢矣。《玉篇》曰：㠭今作展。

孫詒讓《周禮正義》卷八〇《冬官考工記下・玉人》 玉人之事，鎮圭尺有二寸，天子守之；命圭九寸，謂之桓圭，公守之；命圭七寸，謂之信圭，侯守之；命圭七寸，謂之躬圭，伯守之。命圭者，王所命之圭也。朝覲執焉，居則守之。子守穀璧，男守蒲璧。不言之者，闕耳。故書或云「命圭五寸，謂之躬圭」。杜子春云：「當爲七寸。」玄謂五寸者，璧文之闕亂存焉。【疏】「玉人之事」者，亦以所攻之材名工也。《左》襄十五年傳「宋有玉人」，杜注云：「玉人，能治玉者。」《孟子・梁惠王篇》云：「今有璞玉於此，雖萬鎰，必使玉人彫琢之。」此事即雕琢之事也。云「鎮圭尺有二寸，天子守之」者，以下即《大宗伯》六瑞之四也。《蘇氏演義》引《三禮義宗》云：「天子大圭尺有二寸者，法十二辰也。」戴震云：「鎮圭、命圭，通謂之介圭。《爾雅》『珪大尺二寸謂之玠』，據鎮圭言也。《詩・崧高》『錫爾介圭，以作爾寶』，《韓奕》『以其介圭，入覲于王』，據命圭言也。介者，大也。大有二義，以尊大言者，鎮圭、命圭之爲大圭是也。以長大言者，大圭長三尺，杼上終葵首是也。」案：戴説是也。《書・康王之誥》云：「大保承介圭。」僞孔傳亦據此鎮圭爲釋。尺二寸者，圭之長度。《聘禮記》説上公朝圭云：「剡上寸半，厚半寸，博三寸。」三等命圭當同。王鎮圭博厚度，無文。攷後云：「大琮十有二寸，厚寸，是謂內鎮，宗后守之。」注謂如王之鎮圭，則鎮圭之厚當亦盈一寸，命圭之厚蓋半之，其等衰適合也。唯博及剡上之度，或當與命圭同耳。四圭名制，並詳《大宗伯》疏。又王鎮圭，諸侯命圭，並有繅藉，此經文不具，詳《典瑞》、《大行人》疏。注云「命圭者，王所命之圭也」者，謂諸侯初封及嗣位來朝時，王命以爵，即賜以圭。《覲禮》云：「乃朝以瑞玉，有繅。」鄭注亦以五等圭璧爲釋，是也。《演義》引《三禮義宗》云：「謂之命圭者，言皆受命而得，故朝覲宗遇則執焉。」即本鄭義。賈疏云：「《公羊傳》云：『錫者何？賜也。命者何？加我服也。』於王以策命諸侯之時，非直加之以車服，時即以圭授之，以爲瑞信者也。」案：賈謂命圭即錫命時所授者，《國語・周語》云：「襄王使召公過及內史過賜晉惠公命，晉侯執玉卑。」韋注云：「命，瑞命。諸侯即位，天子賜之命圭，以爲瑞節。玉，信圭，侯所執。」《左傳》僖十一年、文元年杜注説同，即賈氏所本。惠士奇云：「此臆説也。《白虎通》：『《禮》曰：「諸侯薨，使人歸瑞玉於天子，諒闇之後，更爵命嗣子而還之。」』故在喪則視元士，以君其國。除喪，則服士服而來朝。天子爵命之也，其在來朝之時乎？春秋禮壞久矣，晉惠、魯文錫命於即位，魯桓、衛襄追命於既薨，則新天子輯瑞之典不行，嗣諸侯還圭之禮亦廢，不知天王所賜者是何瑞也。或曰：『琬圭者，諸侯有德，王命賜之，使者執琬圭以致命。』春秋錫命蓋以此。」案：惠説是也。諸侯歸瑞、還瑞之禮，當於喪畢來朝時行之，與春秋錫命所致玉不同。《白虎通》君薨歸玉之説，似亦未可信。至《周語》晉侯所執之玉，即王使執以致命之玉，故內史過云「夫執玉卑，替其摯也」，明與命圭不同。僖十一年《左傳》説其事云：「惰于受瑞。」瑞玉通稱耳，非必六瑞之命圭。惠引或説以爲琬圭，理或然也。云「朝覲執焉，居則守之」者，明《大宗伯》、《典瑞》説六瑞及《大行人》説五等圭璧皆曰執，此四圭皆曰守，二文足互相備也。云「子守穀璧，男守蒲璧，不言之者，闕耳」者，經無子男命璧，故鄭據《大宗伯》、《典瑞》、《大行人》補之。云「故書或云命圭，五寸謂之躬圭，杜子春云，當爲七寸」者，杜據《典瑞》正此經譌字也。云「玄謂五寸者，璧文之闕亂存焉」者，段玉裁云：「此鄭從杜作『七寸』，而明經作『五』之所由也。闕亂者，依《典瑞》，則有兩命璧五寸之文，而闕，又以五字羼入圭文也。存焉者，於此可考也。」徐養原云：「篆文『五』『七』相似，《詩》『七月鳴鵙』，王肅讀爲『五月』。此經因闕而亂，亦字形相涉所致。」天子執冒四寸，以朝諸侯。名玉曰冒者，言德能覆蓋天下也。四寸者，方以尊接卑，以小爲貴。【疏】「天子執冒四寸以朝諸侯」者，冒，正字作「瑁」。《説文・玉部》云：「瑁，諸侯執圭朝天子，天子執玉以冒之，似犂冠。《周禮》曰『天子執瑁四寸』，古文作玥。」案：冒即瑁之借字。《御覽・珍寶部》引此經舊注云：「玉以冒之，似梨冠也。」疑馬注佚文。梨冠即《許書》之犂冠也。段玉裁云：「犂冠，《爾雅注》作『犂館』，謂耜也。」黃以周云：「瑁方四寸，其冒圭之空在下面，孔疏謂『當下邪刻之如圭頭』是也。據《説文》云『似犂冠』，似衺刻之空，從兩旁洞達其下。《御覽》引《禮舊圖》云：『圭制上小下大，狀如犂鋒，圭冒乃似犂冠。』此正用許説者。攷漢之犂冠，本方，末兩岐，中空鋭如圭頭。《車人》『爲耒，庛長尺有一寸』。先鄭注云：『庛謂耒下岐。』《匠人》『耜廣五寸』，後鄭注云：『古者耜，一金；今之粗岐頭，兩金。』庛即粗，粗即鐴冠。」案：段、黄説是也。犁錧即《匠人》注所謂粗岐頭兩金者也。洪适《隸續》載《漢柳敏碑陰》、《益州太守碑陰》、《六玉碑》所畫瑁，並外方，自半以下，衺刻其内爲岐足，與圭首之鋭適足相函，正與岐頭粗刃相似，非一金之粗也。《爾雅・釋樂》郭注釋大磬，亦云「形似犁錧」者。晉時磬蓋已横縣，故股鼓兩末平偃，其下岐出。郭説與古磬直縣形制不合，而與瑁形似鐴冠之義正足相證矣。《書・康王之誥》云：「上宗奉同瑁。」《三國志・虞翻傳》裴注引翻别傳，奏述鄭《書注》訓同爲酒杯，翻駁之云：「康王執瑁，古『月』似『同』。」《玉人職》曰：『天子執瑁以朝諸侯。』馬融訓注亦以爲同者大同天下。」據彼則馬氏《書注》以同爲瑁之别名，虞氏則直謂同當作「月」，即古文瑁字之省，同瑁並舉爲羨文。今案：《書》下文云：「王乃受同瑁，王三宿三祭三咤。」又云：「大保以異同秉璋以酢。」瑁以冒圭，非祭酢所用，則馬、虞義非也。　注云「名玉曰冒者，言德能覆蓋天下也」者，《小爾雅・廣詁》云：「冒，覆也。」《白虎通義・文質篇》云：「合符信者，謂天子執瑁以朝諸侯，諸侯執圭以覲天子。瑁之爲言冒也，上有所覆，下有所冒也。」賈疏云：「案《書傳》云：『古者圭必有冒，言不敢專達之義。天子執冒以朝諸侯，見則覆之。』注云：『君恩覆之，臣敢進。』是其冒覆之事。案：孔注《顧命》云：『言冒，所以冒諸侯圭，以齊瑞信，方四寸，邪刻之。』不言冒以覆蓋天下者，義得兩含，故注有異。故《書傳》云『古者圭必有冒』，亦是冒圭之法也。此冒據朝覲諸侯時執之。《詩・殷頌》云：『受小球大球，爲下國綴旒。』注云：『小球尺二寸，大球長三尺，與下國結定其心，如旌旗之旒。』彼據天子與諸侯盟會，故云結定其心，故執鎮圭，不執瑁也。」《書・顧命》孔疏云：「禮，天子所以執瑁者，諸侯即位，天子賜之以命圭；圭頭邪鋭，其瑁當下邪刻之，其刻闊狹長短如圭頭；諸侯來朝，執圭以授天子，天子以冒之刻處冒彼圭頭，若大小相當，則是本所賜，其或不同，則圭是僞作，知諸侯信與不信。故天子執瑁所以冒諸侯之圭，以齊瑞信，猶今之合符然。經傳惟言圭之長短，不言闊狹，瑁方四寸，容彼圭頭，則圭頭之闊無四寸也。天子以一瑁冒天下之圭，則公侯伯之圭闊狹等也。此瑁惟冒圭耳，不得冒璧。璧亦稱瑞，不知所以齊信，未得而聞之也。」《左傳》文元年孔疏説同。案：《書》僞孔傳及孔疏謂瑁衺刻之，與犁錧形正合。但申《伏傳》冒圭之説，則終有不能冒璧之疑，鄭亦不從其説，恐未足馮也。云「四寸者，方以尊接卑，以小爲貴」者，天子之玉，尺度宜侈，此冒獨止四寸，故云以小爲貴，示降尊接卑之義也。《禮器》云：「禮有以小爲貴者。」是鄭所據也。　天子用全，上公用龍，侯用瓚，伯用將。　鄭司農云：「全，純色也。龍當爲龙，龙謂雜色。」玄謂全，純玉也。瓚讀爲「餈餍」之餍。龍、瓚、將，皆雜名也。卑者下尊，以輕重爲差。玉多則重，石多則輕，公侯四玉一石，伯子男三玉二石。【疏】「伯用將」者，惠士奇、戴震、阮元並謂「將」當依《説文》作「埒」。段玉裁云：「埒，許、鄭同，皆不作『將』。倘是將字：鄭不得釋爲雜。鄭已後傳寫失之。」案：段説是也。此作「將」者，字形之誤，詳後。　注鄭司農云「全，純色也」者，《士昏禮》注云：「純，全也。」是純全互訓。純色謂玉色粹一，不龙駁也。云「龍當爲龙」者，《牧人》杜注義同。《説文》字作駹。戴震云：「龍駹古字通用。」云「龙謂雜色」者，《牧人》云：「凡外祭毁事，用龙可也。」杜注云：「龙謂雜色不純。」此龙亦謂玉色不純者也。云「玄謂全，純玉也」者，謂不參以石也。此破司農純色之説。《説文・入部》云：「仝，完也，重文全，篆文仝，从玉，純玉曰全。」與後鄭説同。賈疏謂純玉即純色，義無殊，誤。云「瓚讀爲餈餍之餍」者，葉鈔《釋文》及賈疏述注「讀」下皆無「爲」字。段玉裁據删，云：「瓚讀餈餍者，謂其音同餍也。案：《釋文》云：『瓚，才旱反。司農音讚。』然則陸本『瓚讀餈餍之餍』六字在『玄謂』之上，與賈本不同，疑陸筆誤。」錢大昕云：「據《玉篇》，餍即饡之古文。《説文・食部》云：『饡，以羹澆飯也。』《禮記・内則》云：『小切狼臅膏，以與稻米爲酏。』注：『狼臅膏，臆中膏也。以煎稻米，則似今膏餍矣。』《釋名》：『朕，饡也，以米糝之，如膏饡也。』賈疏謂漢時有膏餍，蓋本《内則》注。《集韻》：『餍，以膏煎稻爲酏。』與賈疏合。」王引之云：「《内則釋文》：『餍，本又作餈，又作餍，並同之然反，又音贊。』案：餍字《説文》缺載，以六書之例求之，餍蓋從食，展省聲，字當作『餍』。俗書譌作『餍』，則諧聲之理不明。其又作「餍」者，餍之省耳。《楚辭・九思》『時混混兮澆饡』，注云：『饡，餐也。混混，濁也。言如澆饡之亂也。』則餍有雜亂之義，故《玉人》注讀瓚爲餍，而訓爲雜，聲中兼義也。」案：王説是也。云「龍、瓚、將，皆雜名也」者，段玉裁謂龍當作龙，是也。將亦當作「埒」。賈疏云：「雜名者，謂玉之雜名。此亦含雜色。知者，鄭《異義駁》云『玉雜則色雜』，則知玉全色亦全也。」案：賈説非也。玉雜者，雖同色，而質必微異，故《駁異義》謂兼色雜。至玉全則不必色全，故鄭不從先鄭之説，不可以彼證此。云「卑者下尊，以輕重爲差，玉多則重，石多則輕」者，賈疏云：「《盈不足術》曰：『玉方寸，重七兩。石方寸，重六兩。』」案：賈引《盈不足術》者，《九章算術》第七篇也。《孫子算經》云：「玉方寸，重一十二兩。石方寸，重三兩。」與《九章》不同，未知孰是。云「公侯四玉一石，伯子男三玉二石」者，賈疏云：「按《禮緯》云：『天子純玉尺二寸；公侯九寸，四玉一石；伯子男三玉二石。』此注出於彼，但此經公與侯異，彼文公侯同，又彼伯子男同七寸，皆與此經不同者，彼據殷法。若然，公侯同四玉一石，而龍瓚異者，蓋玉色有别也。」戴震云：「《説文・玉部》曰：『瓚，三玉二石也。』禮，天子用全，純玉也；公用駹，四玉一石；侯用瓚，伯用埒，玉石半相埒也。此蓋泛記用玉爲飾之等。石謂石之次玉者，如《詩》之『充耳琇瑩，貽我佩玖』，琇與玖皆美石。」案：戴説是也。金鶚説同。《白虎通義・文質篇》云：「《禮・王度記》曰：『天子純玉，尺有二寸；公侯九寸，四玉一石也。伯子男俱三玉二石也。』又云：『公珪九寸，四玉一石。』何以知不以玉爲四器石特爲也？以《尚書》合言五玉也。」案：《禮緯》文即本《王度記》。據此諸文，則此章即指瑞玉而言。其云公九寸，伯七寸，與此命圭尺度同，而云侯上同公，子男上同伯，並與此異者，傳禮者各據其所聞，不必合一。賈以爲殷禮，則無據。《説文》以公四玉一石，侯三玉二石，伯玉石半相埒，與注及《禮緯》又異，其説較允。許、鄭説並不以此三玉爲瑞玉。蓋命圭爲邦國重鎮，不宜羼襍玉石，其爲泛記玉飾，殆無疑義。此經不詳子男用玉之名，依鄭説或當與伯同。段玉裁云：「依許差之，子男同位，一玉二石。」未知然否。　繼子男執皮帛。　謂公之孤也。見禮次子男，贄用束帛，而以豹皮表之爲飾。天子之孤，表帛以虎皮。此説玉及皮帛者，遂言見天子之用贄。【疏】「繼子男，執皮帛」者，賈疏云：「此公之孤。上不言子男，而此云繼子男者，以上文不見子男也。以子男與伯同用三玉二石，故空其文，見子男與伯等，以是得言以皮帛繼子男也。以《大行人》注言之，此亦是孤尊更以其贄見也。」案：賈説非也。以《大宗伯》、《典命》兩經證之，疑此文當次前三等命圭之後，因上闕子男執璧之文，而誤移於此。經備記五等瑞玉，因及孤之摯耳。　注云「謂公之孤也」者，《典命》云：「公之孤四命，以皮帛，眡小國之君。」不言侯伯有孤。又《大行人》云：「凡大國之孤，執皮帛，以繼小國之君。」與此文相應，故知是公之孤也。鄭鍔云：「有天子之孤，有諸侯之孤。《大宗伯》曰『孤執皮帛』者，天子之孤也。二者皆執皮帛，特所用以飾之皮異耳。天子之孤不當繼子男之後，故康成以爲此公之孤也。然《典命》又有『諸侯適子未誓，則以皮帛繼子男』之文，則公之孤與諸侯適子之未誓者，皆執皮帛而列子男之後歟？」云「見禮次子男，贄用束帛，而以豹皮表之爲飾，天子之孤表帛以虎皮」者，《大宗伯》注義同，彼注贄並作「摯」是也。贄即摯之俗，詳彼疏。云「此説玉及皮帛者，遂言見天子之用贄」者，以皮帛非玉人之事，明此經因説玉而類及皮帛之贄也。　天子圭中必。必讀如「鹿車繹」之繩，謂以組約其中央，爲執之以備失隊。【疏】「天子圭中必」者，賈疏云：「案《聘禮》謂五等諸侯及聘使所執圭璋，皆有繅藉及絇組，絇組所以約圭中央，恐失墜，即此中必之類。若然，圭之中必尊卑皆有，此不言諸侯圭，舉上以明下可知。」　注云「必讀如鹿車繹之繹」者，《廣雅·釋器》云：「繀車謂之麻鹿，道軌謂之鹿車。」《方言》云：「繀車，趙魏之閒謂之轣轆車，東齊海岱之閒謂之道軌。」又云：「車下鐵，陳宋淮楚之閒謂之畢，大者謂之綦。」郭注云：「鹿車也。」戴震云：「此言繀車之索，故郭云麗車也。《玉篇》云：『紩，索也，古作鐵。』據此，紩乃本字，鐵即其假借字。圭中必爲組，鹿車繹爲索，其約束相類，故鄭讀如之。繹畢古通用。」段玉裁云：「《廣雅》鹿車本《方言》，鹿車與歷鹿義同，皆於其圍繞命名也。《説文》曰：『繹，止也。』古畢必通用。」案：戴、段説是也。《説文》繹訓止，蓋凡以絲麻爲組索，皆所以止縛爲繫固，故通謂之繹。鹿車即收絲之器，《説文·糸部》云「繀，箸絲於筟車也」是也。繹即束鹿車之索，索亦名紩，假借作鐵。《方言》所謂車下鐵，車非乘載之車，鐵亦非五金之鐵也。《御覽·車部》引《風俗通》「鹿車窄小，裁容鹿也」，與此鹿車亦異。云「謂以組約其中央，爲執之以備失隊」者，《聘禮記》云「圭皆玄纁繫絇組」，鄭注云：「采成文曰絇。繫，無事則以繫玉，因以爲飾。皆用五采組，上以玄下以絳爲地。」《説文·糸部》云：「組，綬屬。」圭重器，恐央隊破損，故以組約而執之。此組繫，《聘禮》亦謂之繅，與《典瑞》、《大行人》畫韋之繅異，詳《典瑞》疏。　四圭尺有二寸，以祀天。郊天，所以禮其神也。《典瑞職》曰：「四圭有邸，以祀天旅上帝。」【疏】「四圭尺有二寸，以祀天」者，賈疏云：「據下裸圭尺有二寸而言，則此四圭，圭別尺有二寸。」戴震云：「一邸而四圭，邸爲璧，在中央，圭各長尺二寸，在四面。」詒讓案：《周易集解》引《荀九家易注》云：「天子以尺二寸元圭事天。」即謂此也。璧度經注無文，賈《典瑞》疏以爲徑六寸是也。《爾雅·釋器》云：「璧大六寸謂之宣。」此四圭邸璧及下祀日月星辰之圭璧，蓋皆如宣璧之度。《古文苑·秦詛楚文》祠巫咸、亞駝、久湫，亦用宣璧，《漢書·郊祀志》謂之瑄玉，蓋古祭玉多用六寸之璧矣。　注云「郊天，所以禮其神也」者，《典瑞》注云：「祀天，夏正郊天也。」外祀用玉禮神，詳《大宗伯》疏。引《典瑞職》者，賈疏云：「證祀天爲夏正郊所感帝，兼國有故旅祭五帝之事，亦以此圭禮神也。」案：此不云有邸及旅上帝者，文略。但彼祀天當爲圜丘祭昊天，旅上帝爲旅祭受命帝，鄭、賈説並失之。詳彼疏。　大圭長三尺，杼上，終葵首，天子服之。王所搢大圭也，或謂之珽。終葵，椎也。爲椎於其杼上，明無所屈也。杼，閷也。《相玉書》曰：「珽玉六寸，明自炤。」【疏】「大圭長三尺」者，此圭較鎮圭爲尤長，故稱大圭。《禮器》云「大圭不琢」，注謂即此大圭，又云：「琢當爲篆。」不篆者，蓋謂純素無文，與鎮圭有瑑異也。《詩·商頌·長發》云「受大球小球」，鄭箋云：「受小玉，謂尺二寸圭也。受大玉，謂珽也，長三尺。」案：大圭以球玉爲之，故《玉藻》云「笏天子以球玉」。《晏子春秋·諫上篇》「齊景公帶球玉」，亦謂笏也。《白虎通義·文質篇》引《禮》云，「珪造尺八寸」。案：禮無尺八寸之圭，或即笏珽之屬與？云「杼上終葵首」者，杼，《説文·玉部》引作「抒」，誤。《荀子·大略篇》楊注云：「謂剡上，至其首而方也。」云「天子服之」者，服猶服劒之服，謂帶之於身，《典瑞》謂之搢，彼注云「插之於紳帶之閒，若帶劒」是也。　注云「王所搢大圭也」者，據《典瑞》文。云「或謂之珽」者，《玉藻》云：「天子搢珽，方正於天下也。」鄭注云：「此亦笏也。謂之爲珽，珽之言挺然無所屈也。或謂之大圭。」《説文·玉部》云：「珽，大圭，長三尺，抒上終葵首。」《左傳》桓二年孔疏引徐廣《車服儀制》云：「珽，一名大圭。」説並與鄭同。戴震云：「大圭，笏也。天子玉笏，其首六寸，謂之珽。」案：戴説是也。《大戴禮記·虞戴德篇》云：「天子御珽，諸侯御荼，大夫服笏。」《荀子·大略篇》同。《隋書·禮儀志》引《五經異義》、《御覽·服章部》引《五經要義》，並以珽爲天子笏。《左傳》桓二年杜注云：「珽，玉笏也。」《廣雅·釋詁》、《周書·王會》孔注、《穆天子傳》郭注，亦並以笏珽相詁，是珽與笏異名同物。《典瑞》「天子晉大圭以朝日」，而《管子·輕重己》言天子祭日搢玉笏，是大圭與珽同爲玉笏之塙證。至《玉藻》所云笏度二尺有六寸者，《左傳》桓二年疏謂是諸侯以下之度分，其説甚塙。蓋搢珽與帶劒同，大圭三尺與上士之劒度適相當，諸侯以下之笏二尺六寸，與中士之劒度亦相近，其等例同也。云「終葵，椎也」者，惠士奇云：「《説文·木部》：『椎，擊也，齊謂之終葵。』終葵爲椎，猶邾婁爲鄒，皆齊魯閒俗語。」詒讓案：《廣雅·釋器》云：「柊揆，椎也。」《御覽·器物部》引何承天《纂文》云：「柊楑，方椎。」《後漢書·馬融傳》「廣成頌」云「翬終葵」，柊楑即終葵。依《玉藻》注云「方如椎頭」，何説是也。云「爲椎於其杼上，明無所屈也」者，《玉藻》注云：「終葵首者，於杼上又廣其首，方如椎頭。是謂無所屈，後則恒直。」《玉藻》又云：「諸侯荼，前詘後直，讓於天子也。大夫前詘後詘，無所不讓也。」注云：「詘謂圜殺其首，不爲椎頭。大夫又殺其下而圜。」賈疏云：「《玉藻》鄭注言挺然無所屈，此注亦云明無所屈，皆對諸侯爲荼，大夫前屈後屈，故云無所屈也。」又《典瑞》疏云：「終葵首，謂大圭之上，近首殺去之，留首不去處爲椎頭。」惠士奇云：「杼上者，閷其上，此椎頭六寸，指不閷者而言。」云「杼，閷也」者，

《釋文》云：「糿，殺字之異者，本或作殺。」阮元云：「經作糿，注當用殺字，下文注中『取殺』，殺文皆不作糿也。今此諸本皆作糿，蓋淺入援《釋文》本改之。」案：阮説是也。糿即殺字，詳《矢人》疏。《輪人》「行澤者欲杼」，注云：「杼謂削蒲其踐地者。」此杼義與彼同，謂圭接首處削而殺之也。《玉藻》云：「笏度二尺有六寸，其中博三寸，其殺六分而去一。」注云：「殺猶杼也。天子杼上終葵首，諸侯不終葵首，大夫士又杼其下首，廣二寸半。」戴震云：「凡笏廣三寸，殺半寸，自中已上漸殺，笏上廣二寸半也。」詒讓案：鄭以此經之杼，即《玉藻》所謂殺，故互相訓。杼之近首者廣二寸半，首與後同廣三寸。依鄭説，所杼者在笏上首下，終葵首在杼上，杼殺而首方，固不杼也。《方言》引《燕記》云「豐人杼首」，與此及《輪人》之杼義並別。引《相玉書》曰「珽玉六寸，明自炤」者，《玉藻》注同，證大圭首六寸，名珽，自殺以下二尺四寸也。賈疏云：「謂於三尺圭上，除六寸之下，兩畔殺去之，使以上爲椎頭。言六寸，據上不殺者而言。」引之者，證大圭者爲終葵六寸以下杼之也。惠士奇云：「《離騷》王注：『《相玉書》：珵，大六寸，其燿自照。』《玉篇・玉部》亦云：『珵，美玉，埋六寸，光自輝。』而康成引《相玉書》珵作『珽』。《説文》有珽無珵。蓋珵即珽，古今文。」詒讓案：《玉藻釋文》云：「珽本又作珵。」與《楚辭注》所引同。

土圭尺有五寸，以致日，以土地。致日，度景至不。夏日至之景尺有五寸，冬日至之景丈有三尺。土猶度也。建邦國以度其地，而制其域。【疏】「土圭」者，《典瑞》云：「土圭以致四時日月，封國則以土地。」此不言致月者，以致日爲重，文不具也。並詳《大司徒》、《典瑞》、《馮相氏》、《土方氏》疏。

注云「致日，度景至不」者，《典瑞》注義同。云「夏日至之景尺有五寸，冬日至之景丈有三尺」者，《馮相氏》、《土方氏》注義同。此明土圭之長，與夏至地中之景相應。其冬至之景，則八土圭之長又三分長之二也。云「土猶度也」者，據叚借義也。土度聲近義通。《詩・豳風・鴟鴞》「徹彼桑土」，《釋文》引《韓詩》作「杜」。《書・費誓》「杜乃擭」，《雍氏》注引杜作「敷」，是土度聲類相通，故土亦有度訓。《大司徒》、《典瑞》、《土方氏》注並訓土爲度。云「建邦國以度其地，而制其域」者，據《大司徒》文，詳彼疏。

祼圭尺有二寸，有瓚，以祀廟。祼之言灌也。或作「淉」，或作「果」。祼謂始獻酌奠也。瓚如盤，其柄用圭，有流前注。【疏】「祼圭尺有二寸，有瓚」者，《詩・大雅・旱麓》孔疏云：「天子之瓚，其柄之圭長尺有二寸。其賜諸侯，蓋九寸以下。」詒讓案：尺有二寸者，圭之長度，不兼瓚言之。祼圭與鎮圭同度，故亦謂之大圭，《明堂位》云「灌用玉瓚大圭」是也。又《説文・玉部》云：「瑒圭尺二寸，有瓚，以祠宗廟者也。」瑒圭尺度形制與祼圭同，蓋即《國語・魯語》之「鬯圭」。鬯，經典或通作「暘」，故鬯圭字亦作瑒也。祼圭亦當有繅，詳《典瑞》疏。云「以祀廟」者，賈疏云：「鄭注《小宰》云：『惟人道宗廟有祼，天地大神，至尊不祼。』故此唯云『以祀廟』。《典瑞》兼云『以祼賓客』，此不言者，文略也。」

注云「祼之言灌也」者，《小宰》、《大宗伯》注並同，詳《小宰》疏。云「或作淉」者，《説文・水部》云：「淉，水也，從水果聲。」與祼聲類同。云「或作果」者，《大宗伯》云「大賓客攝而載果」，《小宗伯》云「辨六彝之名物，以待果將」，注並讀爲祼，與此或作同。云「祼謂始獻酌奠也」者，王禮廟享有九獻，二祼爲始也，詳《大宗伯》、《司尊彝》疏。賈疏云：「《小宰》注云，祼亦謂祭之，啐之，奠之。以其尸不飲，故云奠之。」云「瓚如盤，其柄用圭，有流前注」者，賈疏云：「鄭注《典瑞》引《漢禮》，瓚盤大五升，口徑八寸，下有盤口，徑一尺。言有流前注者，案下三璋之勺鼻寸是也。言前注者，以尸執之向外，祭乃注之，故云有流前注也。」詒讓案：鄭言此者，明圭爲柄，與瓚不同物，瓚即勺也。《白虎通義・考黜篇》説圭瓚，云「玉飾其本」，亦謂柄也。《書・文侯之命叙》僞孔傳及《郊特牲》孔疏引王肅説，並同。又《詩・大雅・旱麓》「瑟彼玉瓚，黄流在中」，陸本毛傳云：「玉瓚，圭瓚也。黄金，所以流鬯也。」此流前注，所謂瓚口流鬯者也。互詳《典瑞》疏。戴震云：「以圭爲柄曰圭瓚，以璋爲柄曰璋瓚，其勺並同。」

琬圭九寸而繅，以象德。琬猶圜也。王使之瑞節也。諸侯有德，王命賜之，使者執琬圭以致命焉。繅，藉也。【疏】「琬圭九寸而繅，以象德」者，賈疏云：「《典瑞》云：『琬圭以治德，以結好。』此不言結好，此文略。彼云治德，據使者而言；此言象德，據圭體而説。彼不言有繅，此言有繅，亦是互見爲義。」

注云「琬猶圜也」者，琬圭耑圓，宛曲下覆，故云猶圜也。《説文・宀部》云：「宛，屈草自覆也。」琬宛聲類亦同。《九章算術・方田篇》有宛田，亦上圜隆起，與琬圭形相似。《典瑞》先鄭注云「琬圭無鋒芒」，無鋒芒則圜也。互詳《典瑞》疏。云「王使之瑞節也，諸侯有德，王命賜之，使者執琬圭以致命焉」者，《典瑞》注同。惠士奇謂天子使使賜諸侯命，當執琬圭，於義近是。詳前疏。云「繅，藉也」者，《聘禮》注云「繅所以蘊藉玉」，又云「繅所以藉圭也」。詳《典瑞》、《大行人》疏。繅采就，經無文。以此圭長九寸，與公侯伯命圭同，則繅疑亦當三采三就，與彼同也。

琰圭九寸，判規，以除慝，以易行。凡圭，琰上寸半。琰圭，琰半以上，又半爲瑑飾。諸侯有爲不義，使者征之，執以爲瑞節也。除慝，誅惡逆也。易行，去煩苛。【疏】「琰圭九寸」者，此度與琬圭同。《書・顧命》「弘璧琬琰」，賈《天府》疏引鄭《書注》謂彼琬琰皆度尺二寸。蓋其度尤長，非常用之玉也。

注云「凡圭，琰上寸半」者，琰與剡同，此據《聘禮記》及《雜記》文。云「琰圭，琰半以上，又半爲瑑飾」者，《公羊》定八年傳「璋判白」，何注云：「判，半也。」賈疏云：「以其言判，判，半也。又云規，明半以上琰至首，規半以下爲瑑飾可知。」案：鄭、賈並釋判爲半，而規字無釋，似即以爲瑑飾也。《説文・玉部》云：「琰，璧上起美色也。」此與瑑飾義近，但以圭爲璧。段玉裁以爲字誤，然疑賈、馬諸家，或有破圭爲璧，以傅合判規之文者。若然，則是琮玦之類，與圭不同，與鄭剡射之義尤不相冡也。戴震云：「凡圭，直剡之，倨句磬折，上端中矩。琰圭，左右剡，坳而下，如規之判。」黄以周云：「判圭之義，戴説爲合。但戴氏以凡圭例之，僅剡寸半，鄭則謂剡半以上，此其異也。蓋琰之言剡，其首剡然上起，其半以上如規之判也。」案：戴 黄説並與鄭異。鄭意此圭加剡半以上，則所剡者四寸五分，鋭角尤鑯長，較常法剡寸半增二倍，故獨得琰名。但鄭以爲直剡，則與規義不相應。戴以爲圓剡，故曰判規。是判規者，若割圓爲四象限形，圭左右剡各一象限，合兩圭而成規也。其義於經較切。黄兼取鄭戴義，謂剡半以上如規形，但圭廣三寸，左右各寸半，於寸半之內，圓剡之至四寸半之長。則其圓界甚大，左右并之，適成橢圓。雖合兩圭，亦斷不能成規，與半規之義無會。則鄭、戴兩義固不能强合也。衆説紛互，未審孰得，姑並存之。云「諸侯有爲不義，使者征之，執以爲瑞節也」者，《典瑞》先鄭注云：「琰圭有鋒芒，傷害征伐誅討之象，故以易行除慝。」是除慝易行，爲使者征不義所執以爲信也。但後鄭彼注據《大行人職》，以除慝爲殷覜時使大夫執以命事。此義亦當同。可以互推，故不具也。云「除慝，誅惡逆也」者，《小行人》云：「其悖逆暴亂作慝猶犯令者，爲一書。」注云：「慝，惡也。」此除慝亦謂諸侯有悖逆作慝者，乃誅之也。云「易行，去煩苛也」者，賈疏云：「此非惡逆之事，直政教煩多而苛虐，是諸侯行惡，故王使人執之以爲瑞節，易去惡行。」

璧羨度尺，好三寸，以爲度。鄭司農云：「羨，徑也。好，璧孔也。《爾雅》曰：『肉倍好謂之璧，好倍肉謂之瑗，肉好若一謂之環。』」玄謂羨猶延，其袤一尺而廣狹焉。【疏】「璧羨度尺，好三寸，以爲度」者，陳祥道云：「璧圜九寸，好三寸，延其袤爲一尺，旁各損半寸，則廣八寸矣。《説文》曰：『人手卻十分動脉爲寸口。』十寸爲尺。周制寸、尺、咫、尋、常、仞諸度量，皆以人之體爲法。又曰：『中婦人手長八寸謂之咫，周尺也。』然則璧羨袤十寸，廣八寸。以十寸起度，則十尺爲丈，十丈爲引。以八寸起度，則八尺爲尋，倍尋爲常。度必爲璧以起之，則圜三徑一之制，又寓乎其中矣。」程瑶田云：「《典瑞》曰『以起度』，《玉人》曰『以爲度』，蓋造此以度物，猶《周髀算經》所用之折矩也。」案：陳、程説是也。璧羨度尺者，據其袤言之。其廣則中咫，經不著廣度者，文不具也。古人度數有以十起者，尺、丈、引是也。有以八起者，咫、仞、尋、常是也。以十起者，視璧羨之度尺；以八起者，視璧羨之廣咫。起度之説蓋如是。 注鄭司農云「羨，徑也」者，明經云度尺，爲璧之直徑，横廣則不滿尺也。黄以周云：「《典瑞》先鄭注云：『羨，長也，此璧徑長尺。』亦謂橢圜形。」案：黄説是也。《典瑞》賈疏亦謂先、後鄭同爲不圜，但璧羨袤尺，廣八寸，先鄭釋爲徑，於義未明，故後鄭補釋之。云「好，璧孔也」者，好對肉爲文。《詩・魯頌・泮水》孔疏引孫炎《爾雅注》云：「肉，身也。好，孔也。」引《爾雅》者，《釋器》文。《左傳》昭十六年，孔疏引李巡注云：「肉倍好，邊肉大，其孔小也。好倍肉，其孔大，邊肉小也。肉好若一，其孔及邊肉大小適等也。」郭注義同。賈疏云：「引《爾雅》，欲見此璧好三寸，好即孔也。兩畔肉各三寸，兩畔共六寸，是肉倍好也。」程瑶田云：「據經與注，謂若璧孔一寸，則邊二寸，合兩邊及孔，其徑五寸也。賈氏誤釋。」案：程述李、郭義是也。依其説，則璧正法，好三寸，兩畔肉當各六寸，則廣袤皆尺五寸也。此璧羨好廣袤皆三寸，而肉則袤各三寸五分，廣各二寸五分，故合之袤尺而廣八寸。肉雖不倍好，而袤則肉較好已略贏，故仍得假璧稱也。云「玄謂羨猶延」者，二字聲近義通。《文選・東京賦》「乃羨公侯卿士」，薛注云：「羨，延也。」《家人》注「羨道」，《左傳》隱元年杜注亦作「延道」。皆其證。《典瑞》先鄭注訓羨爲長。《爾雅・釋詁》云：「延，長也。」是羨延義同。云「其袤一尺而廣狹焉」者，賈疏云：「造此璧之時，應圜徑九寸。今減廣一寸，以益上下之袤一寸，則上下一尺，廣八寸，故云其袤一尺而廣狹焉。狹焉謂八寸也。」歐陽謙之云：「好三寸，左右之肉減六寸爲五寸，上下之肉增六寸爲七寸。」詒讓案：注意謂損廣以益其袤，損益係於肉，則好自爲正圓之三寸，無所損益。所損益者，唯肉之廣袤耳。又案：周尺度數，衆説差異。沈彤據今所傳周尺，謂一尺當今尺七寸四分。江永以同身寸推之，謂人張兩手，古爲一尋，今爲五尺，則古一尺當今尺六寸二分半。金鶚據《漢書・律曆志》黄鍾絫黍法，謂古一尺當今尺八寸一分。黄以周説同。古尺亡失，無可質定，姑備列之，俟學者攷焉。

圭璧五寸，以祀日月星辰。禮其神也。圭，其邸爲璧，取殺於上帝。【疏】「圭璧五寸」者，聶崇義云：「於六寸璧上，琢出一圭，長五寸。」賈疏云：「《典瑞》又有珍圭牙璋，此不言，文略，並玉人造之可知。」 注云「禮其神也」者，與祀天以圭璧禮神同也。云「圭其邸爲璧，取殺於上帝」者，《典瑞》注同。

璧琮九寸，諸侯以享天子。享，獻也。《聘禮》，享君以璧，享夫人以琮。【疏】「璧琮九寸，諸侯以享天子」者，此即《小行人》所云「璧以帛，琮以錦」，亦即下文瑑璧琮也。《覲禮》亦云：「四享皆束帛加璧。」若然，享后則束錦加琮矣。九寸者，爲上公自朝以享天子及后之法，《小行人》注所謂大各如其瑞是也。下云八寸者，據上公之臣聘天子及諸侯所用，故尺度不同。不言瑑，又不言享后者，皆文略。《白虎通義・文質篇》云：「琮，后夫人之財也。」賈疏云：「按《小行人》，二王後享天子及后用圭璋，則此璧琮九寸，據上公。」 注云「享，獻也」者，《牛人》注同。《大行人》「廟中將幣三享」，先鄭注云：「三享，三獻也。」《聘禮》注云：「既聘又獻，所以厚恩惠也。」引《聘禮》者，賈疏云：「欲見經云享天子用璧，享后用琮，此據上公九命。若侯伯，當七寸，子男當五寸。」案：彼文云：「受享，束帛加璧。受夫人之聘璋，享玄纁束帛，加琮。」又云：「聘于夫人用璋，享用琮。」但彼據侯伯之臣聘他國，以享君及夫人者，與此上公親朝時所用享王及后者不同。鄭因享王及后《禮經》無文，故假彼文爲證耳。案：賈後疏亦謂五等諸侯朝王享同用璧琮。若然，自伯以上，享玉降於朝，子男朝與享同玉不降，但以瑑爲異也。

穀圭七寸，天子以聘女。納徵加於束帛。【疏】「穀圭七寸，天子以聘女」者，《典瑞》云：「穀圭以和難，以聘女。」此不言和難者，文略。穀圭形制，詳《典瑞》注。 注云「納徵加於束帛」者，《士昏禮》：「納徵，玄纁束帛，儷皮，如納吉禮。」鄭彼注云：「束帛，十端也。執束帛以致命。」此云天子以聘女，蓋使者亦執束帛加穀圭以致命，即《媒氏》所謂入幣。《晉書・禮志》云：「太康八年，有司奏：婚禮，古者以皮馬爲庭實，天子加以穀珪，諸侯加大璋。案：《士昏禮》，有皮無馬。有馬者，蓋天子諸侯也。」案：據《晉志》説，則天子入幣，又有皮馬爲庭實也。賈疏云：「自士以上皆用玄纁皮帛，但天子加以穀圭，諸侯加以大璋也。」

大璋、中璋九寸，邊璋七寸，射四寸，厚寸，黄金勺，青金外，朱中，鼻寸，衡四寸，有繅，天子以巡守，宗祝以前馬。射，琰出者也。勺，故書或作「約」，杜子春云：「當爲勺，謂酒尊中勺也。」鄭司農云：「鼻，謂勺龍頭鼻也。衡，謂勺柄龍頭也。」玄謂鼻，勺流也。凡流皆爲龍口也。衡，古文横，假借字也。衡謂勺徑也。三璋之勺，形如圭瓚。天子巡守，有事山川，則用灌焉。於大山川，則用大璋，加文飾也。於中山川，用中璋，殺文飾也。於小山川，用邊璋，半文飾也。其祈沈以馬，宗祝亦執勺以先之。禮，王過大山川，則大祝用事焉。將有事於四海山川，則校人飾黄駒。【疏】「大璋中璋九寸，邊璋七寸」者，記璋瓚形制及所用之事。凡祭祀、賓客之祼，后佐王亞祼，並用璋瓚，大宗伯攝祼亦然。此不言，文略也。詳《内宰》、《大宗伯》、《大行人》疏。又案：《公羊》定八年「盜竊寶玉大弓」，傳云：「寶者何？璋判白。」何注云：「五玉盡亡之，傳獨言璋者，所以郊事天，尤重，《詩》云『奉璋峩峩，髦士攸宜』是也。」《春秋繁露·郊祭篇》亦以《棫樸》爲文王郊辭，與毛、鄭異。據其所説，璋別爲郊天之玉，則非此璋瓚。璋瓚用以祼祭，惟宗廟、山川用之。天地大神，至尊，不祼，不得有璋瓚也。云「射四寸，厚寸」者，凡圭皆剡上寸半，厚半寸；此三璋剡四寸，則多於圭二寸半，而厚又倍之也。邊璋長度殺於大璋、中璋二寸，而射及厚度則同。云「黄金勺，青金外」者，勺即三璋之瓚也，以金爲之，《王制》「金璋」，孔疏謂即此金飾璋是也。《爾雅·釋器》云：「黄金謂之璗，其美者謂之鏐。」《説文·金部》云：「鉛，青金也。」案：以黄金爲勺，則不宜以鉛飾其外。竊疑古通以銅爲金，《書·禹貢》揚州貢金三品，孔疏引鄭注云：「金三品者，銅三色也。」則此黄金、青金，疑即謂銅二品爲圭瓚、璋瓚之勺。《書·顧命》謂之同，《三國志·虞翻傳》裴注引今文《書》作「銅」，即其證也。詳《典瑞》疏。云「朱中」者，謂於黄金勺之中，又以朱漆涂之爲飾也。云「有繅」者，亦謂繅藉也。其采就，經無文。攷大中璋九寸，與公侯伯命圭同，疑繅亦當三采三就；邊璋七寸，與子男命璧同，疑繅亦當二采再就也。注云「射，琰出者也」者，《典瑞》「璋邸射」，注云：「射，剡也。」琰與剡同，謂三璋上半所剡既多，角尤鐵鋭，若芒刺上出，以達於耑也。《方言》云：「忽達，芒也。」郭注云：「謂草杪芒射出。」即此射出之義。賈疏云：「向上謂之出，謂琰半已上；其半已下爲文飾也。」案：大璋、中璋所剡不及半，邊璋則又過半。賈概謂剡半以上，未析。云「勺故書或作約，杜子春云，當爲勺」者，勺約聲類同。段玉裁云：「此古文假借。」云「謂酒尊中勺也」者，《明堂位》云：「灌尊，夏后氏以雞夷，殷以斝，周以黄目。其勺，夏后氏以龍勺，殷以疏勺，周以蒲勺。」案：灌尊，即《司尊彝》之六彝。凡酒皆盛於尊，以勺挹之，而注於爵。杜意謂此勺即彼灌尊中所斞之蒲勺也。《典瑞》先鄭注云：「於圭頭爲器，可以挹鬯祼祭，謂之瓚。」先鄭似亦以瓚爲挹鬯之勺，而兼用爲祼祭之爵。實則瓚雖爲勺制，而祼祭則以當爵，其挹之仍用蒲勺，不用瓚，故後鄭《王制》注直釋爲鬯爵，明不得如杜及先鄭説。至蒲勺，即《梓人》所爲之勺，以木爲之，不以黄金，又止容一升。此勺不言所容，以漢禮瓚槃徑八寸，受五升推之，此勺徑四寸，所受當不止一升。是二勺形度並異，尤不可合爲一，故後鄭不從也。吴廷華云：「此勺有鼻，有流，則即祼盤，但四寸與八寸及尺爲異耳。杜以酒尊中之勺訓之，誤。」鄭司農云「鼻謂勺龍頭鼻也」者，鼻謂勺前鋭出之口也。鄭注《明堂位》「龍勺」云：「龍，龍頭也。」然彼是尊中勺，此勺即是鬯瓚。其爲龍頭，於經無文，先鄭蓋依漢制説之。聶氏《三禮圖》引阮氏、梁正等圖云：「三璋之勺鼻，爲獐犬之首，其柄則畫以雛尾，皆不盈寸。」與注違異，聶氏亦席其謬也。云「衡謂勺柄龍頭也」者，吴廷華云：「勺柄即璋，先鄭以衡爲勺柄，後鄭不從。」云「玄謂鼻，勺流也，凡流皆爲龍口也」者，前「祼圭」注云「有流前注」，即此。以其口旁出，則謂之鼻；以其吐水，則謂之流，猶《既夕》及《士虞禮》謂匜口吐水爲流也。龍口亦即謂流，爲龍頭，其口以吐酒鬯。此説與先鄭略同。但先鄭不云勺流，故後鄭增成其義。云「衡古文横假借字也」者，衡横聲近段借字。《檀弓》「今也衡縫」，注云「今禮制衡讀爲横」，是其證也。云「衡謂勺徑也」者，此破先鄭説也。勺中横徑四寸，圜周蓋尺二寸也。其勺鼻當如《三禮》舊圖説，廣不盈寸。云「三璋之勺，形如圭瓚」者，如前祼圭之瓚也。《左傳》昭十七年，杜注云：「瓚，勺也。」賈疏云：「圭瓚之形，前注已引《漢禮》，但彼口徑八寸，下有盤口徑一尺。此徑四寸，徑既倍狹，明所容亦少，但形制相似耳。」案：賈引《漢禮》，見《典瑞》注。《詩·大雅·旱麓》箋云：「圭瓚之狀，以圭爲柄，黄金爲勺，青金爲外，朱中央矣。」《白虎通義·攷黜篇》説圭瓚云：「玉以象德，金以配情，芬香條鬯，以通神靈。玉飾其本，君子之性；金飾其中，君子之道。君子有黄中通理之道，美素德。金者，精和之至也；玉者，德美之至也。」是圭瓚、璋瓚並爲金勺，惟柄異也。云「天子巡守，有事山川，則用灌焉」者，賈疏云：「以其圭瓚灌宗廟，明此巡守過山川用灌可知。」云「於大山川則用大璋，加文飾也，於中山川用中璋，殺文飾也，於小山川用邊璋，半文飾也」者，明兼以文飾之加殺，爲大小尊卑之差。知巡守有祭山川者，《詩·周頌·般》叙云：「巡守而祀四嶽、河、海也。」僖三十一年《公羊傳》云：「山川有能潤于百里者，天子秩而祭之。觸石而出，膚寸而合，不崇朝而偏雨乎天下者，唯泰山爾。阿、海潤于千里。」又《王制》孔疏引《尚書大傳》云：「五嶽視三公，四瀆視諸侯，其餘山川視伯，小者視子男。」此三璋長度，與五等命圭璧降殺正相應。若然，大山川即《大宗伯》之四望，謂五嶽四瀆及海視三公者也；中山川即視伯者也；小山川即視子男，所謂潤于百里者也。云「其祈沈以馬」者，《釋文》云：「《小爾雅》云：『祭山川曰祈沈。』案《爾雅》：『祭山川曰庪縣，祭川曰浮沈。』今讀宜依《爾雅》音。」案：祈即庪之借字。今《小爾雅》無「祭山川曰祈沈」之文，蓋有佚挩。祈沈之義，詳《大宗伯》及《犬人》疏。賈疏云：「取校人飾黄駒，故知以馬也。」云「宗祝亦執勺以先之」者，宗祝有二，有謂大小宗伯、大小祝諸官者，《禮運》云「宗祝在廟」，注云：「宗，宗人也。」《國語·周語》云「宗祝執祀」，韋注云：「宗，宗伯；祝，大祝。」是也。亦曰祝宗，《左》襄九年傳云：「宋災，祝宗用馬于四墉。」即謂祝與宗人也。有專謂大祝者，《周書·克殷篇》云「乃命宗祝崇賓饗禱之于軍」，《古文苑·詛楚文》云「宗祝邵鼛」是也。此經宗祝，則似專屬大祝，故下注即引《大祝職》以證義也。江永云：「先行灌而後殺駒也。」云「禮，王過大山川，則大祝用事焉」者，據《大祝》文，證此宗祝即大祝也。賈疏云：「《大祝職》不言中山川、小山川者，舉大者而言，或使小祝爲之也。」云「將有事於四海山川，則《校人》飾黄駒」者，據校人文。引之者，亦證此馬即謂黄駒也。

大璋亦如之，諸侯以聘女。亦納徵加於束帛也。大璋者，以大璋之文飾之也。亦如之者，如邊璋七寸，射四寸。【疏】「大璋亦如之，諸侯以聘女」者，陳祥道云：「以文攷之，當繼天子以聘女之後。亦如之者，亦如穀圭之七寸。蓋聘女，天子以圭，諸侯以璋，是爲降殺之等。若以邊璋與黄金勺用以酌，聘女加於束帛，非酌事，禮安所用哉！」案：陳説是也。林希逸、江永、戴震説並同。吴廷華云：「天子九寸之璋，謂之大璋。諸侯降於天子，七寸之璋亦可謂之大，與《大射儀》『大侯』之義等。」注云「亦納徵加於束帛也」者，與天子納徵以穀圭加於束帛同，亦使者執以致命也。云「大璋者，以大璋之文飾之也」者，鄭不知此文爲錯簡，誤謂冢上璋瓚大璋爲文，於經無驗，蓋不足據。云「亦如之者，如邊璋七寸，射四寸」者，亦鄭意爲之説，不知此云亦如之者，本冢上穀圭七寸爲文，不冢三璋也。經云大璋，鄭必謂如邊璋七寸者，賈疏云：「以其天子穀圭七寸以聘女，諸侯不可過於天子爲九寸。」江永云：「天子用穀圭七寸，謙也；諸侯用大璋七寸，謂上公七寸，亦謙也。侯伯當用五寸，子男其用璧琮與？」瑑圭璋八寸，璧琮八寸，以覜聘。瑑，文飾也。覜，視也。聘，問也。衆來曰覜，特來曰聘。《聘禮》曰：「凡四器者，唯其所寶，以聘可也。」【疏】「瑑圭璋八寸」者，此聘享之玉度，並用偶數，與命圭異。《爾雅・釋器》云：「璋大八寸謂之琡。」殆即此瑑璋與？云「璧琮八寸」者，冢上瑑爲文。《説文・玉部》云：「琮，瑞玉，大八寸，似車釭。」亦謂此瑑琮也。云「以覜聘」者，賈疏云：「此謂上公之臣，執以覜聘用圭璋，享用璧琮於天子及后也。若兩諸侯自相聘，亦執之。侯伯之臣宜六寸，子男之臣宜四寸。」案：《左傳》隱六年孔疏引此注云：「八寸者，據上公之臣。」今本注無此文，疑孔約《小行人》注義釋之。凡聘享之玉，各降其瑞一等。上公命圭九寸，故使臣聘王用瑑圭八寸，聘后用瑑璋八寸；享王用瑑璧八寸，享后用瑑琮八寸。其侯伯之臣聘享王后，當用瑑圭璋璧琮，皆六寸，賈所説是也。其子男以璧爲瑞，則聘王后不得用瑑圭璋。賈《典瑞》疏謂子男之臣當用瑑璧琮。《左傳》文十二年、昭五年疏，並謂子男之使當瑑璧四寸。若然，子男之臣聘后當用瑑琮四寸。此疏唯謂子男之臣宜四寸，不著圭璧之異，文不具也。其子男之臣享王后之玉，經注無文，或當降君，用琥璜四寸與？　注云「瑑，文飾也」者，《典瑞》先鄭注云：「瑑有圻鄂瑑起。」文飾即圻鄂也。《典瑞》瑑圭璋璧琮又有繅，皆二采一就。此經不云繅，文不具也。賈疏云：「凡諸侯之臣覜聘，並不得執君之桓圭、信圭之等，直瑑爲文飾耳。」云「覜，視也，聘，問也」者，據《大宗伯》云：「時聘曰問，殷覜曰視。」云「衆來曰覜，特來曰聘」者，《典瑞》注義同。賈疏云：「衆來則元年、七年、十一年，一服朝之歲來者衆也。特來則天子有事乃來，無常期者是也。」案：詳《大宗伯》疏。引《聘禮》者，《聘禮記》文。四器即此圭璋璧琮是也。賈疏云：「所寶，謂不聘時寶之。」牙璋、中璋七寸，射二寸，厚寸，以起軍旅，以治兵守。二璋皆有鉏牙之飾於琰側。先言牙璋，有文飾也。【疏】「牙璋中璋七寸，射二寸，厚寸」者，二璋長厚並與璋瓚邊璋同，唯射減於彼二寸。云「以起軍旅，以治兵守」者，賈疏云：「牙璋起軍旅，治兵守，正與《典瑞》文同。彼無中璋者，以其大小等，故不見也。牙璋起軍旅，則中璋亦起軍旅。二璋蓋軍多用牙璋，軍少用中璋。」　注云「二璋皆有鉏牙之飾於琰側」者，琰側即所射上半二寸之側。《釋名・釋形體》云：「牙，樝牙也。」《廣韻・九麻》云：「鞊齖，齒不平正。」《説文・金部》云：「鋙，鉏鋙也。」又《齒部》云：「鞊齬，齒不相值也。」案：《楚辭・九辨》又作「鉏鋙」。鉏樝鞊及牙齖鋙齬，皆音近叚借字。鉏，《釋文》引沈重音徐加反，即讀爲樝也。鉏牙，謂就其剡處刻之，若鋸齒然，不平正。《典瑞》先鄭注云：「瑑以爲牙。」義同。賈疏云：「鄭知二璋皆爲鉏牙之飾者，以其同起軍旅，又以牙璋爲首，故知中璋亦有鉏牙。」云「先言牙璋，有文飾也」者，鄭意二璋形度同，但牙璋別有文飾，故經列中璋之前，明以文質爲尊卑之次也。　駔琮五寸，宗后以爲權。駔讀爲組，以組繫之，因名焉。鄭司農云：「以爲稱錘，以起量。」【疏】「駔琮五寸，宗后以爲權」者，《説文・玉部》云：「珇，琮玉之瑑。」段玉裁云：「駔琮，許作珇。《方言》曰：『珇，好也，美也。』許意謂兆瑑之美曰珇，鄭所不從。《記》又云『瑑琮八寸』，則駔琮非謂瑑明矣。」賈疏云：「此后所用，故五寸，降於下文天子所用七寸者也。」林希逸云：「宗后，尊后也，即王后也。其重可以起五權之制，亦璧羨起度之意。」　注云「駔讀爲組」者，《典瑞》云「駔圭璋璧琮琥璜之渠眉」，彼注讀同，詳彼疏。云「以組繫之，因名焉」者，別於他琮不繫組，故名組琮也。戴震云：「此亦有鼻以結組，省文互見。」吴廷華云：「組琮七寸，鼻得七寸之二分有零，爲寸半；則此鼻得五寸之二分有零，爲一寸有零也。」鄭司農云「以爲稱錘，以起量」者，後鄭《月令》注云：「稱錘曰權。」《廣雅・釋器》云：「稱謂之銓，錘謂之權。」《漢書・律曆志》云：「權，重也，銖、兩、斤、鈞、石也，所以稱物平施，知輕重也。五權之制，大小之差，以輕重爲宜。圜而環之，令之肉倍好者，周旋無端，終而復始，無窮已也。」顔注引孟康云：「謂爲錘之形如環也。」案：彼權以銅爲環形，不爲琮。今世所存秦權，亦多爲環形而有鼻，與漢制同。賈疏云：「量自升斛之名，而云爲量者，對文量衡異，散文衡亦得爲量，以其量輕重故也。」大琮十有二寸，射四寸，厚寸，是謂内鎮，宗后守之。如王之鎮圭也。射，其外鉏牙。【疏】「大琮十有二寸，射四寸」者，賈疏云：「言大琮者，對上駔琮五寸爲大也。言十有二寸者，并角徑之爲尺二寸。言射四寸者，據角各出二寸，兩相并，四寸。」鄭鍔云：「琮本八寸爾，其射二寸，兩旁各射二寸，是爲四寸。四寸之射，八寸之琮，此所以十有二寸。」戴震云：「惟大琮言射四寸，其餘皆不言射。琮八方象地，疑不剡爲射，故八方也。」云「是爲内鎮」者，賈疏云：「對天子執鎮圭爲内。」詒讓案：此鎮琮即王后所守之瑞玉。若然，諸侯夫人受命於后，亦當有命玉。公夫人疑當中琮九寸，侯伯夫人疑當中琮七寸，子男夫人疑當小琮五寸，度各視其夫之圭璧而用琮與？　注云「如王之鎮圭也」者，謂其名及尺度同。依《典瑞》，王鎮圭有繅藉，五采五就，此后鎮琮亦當同。《大宗伯》注説鎮圭云：「鎮，安也，所以安四方。」此后爲内鎮，亦取安四方之義。陳祥道謂亦刻鎮山以爲飾，未知是否。云「射，其外鉏牙」者，亦謂剡外出爲鉏牙，別於它琮八方平列也。《白虎通義・文質篇》云：「圓中牙身方外曰琮。」賈疏云：「據八角鋒，故云鉏牙也。」駔琮七寸，鼻寸有半寸，天子以爲權。鄭司農云：「以爲權，故有鼻也。」【疏】「駔琮七寸」者，駔亦當讀爲組。天子駔琮，制與后同，而度較大，所以別等差也。　注鄭司農云「以爲權，故有鼻也」者，鼻謂紐也，所以穿組而縣之。《弁師》注云：「紐，小鼻也。」《廣雅・釋器》云：「鈕謂之鼻。」先鄭意，蓋謂駔琮八方，於中隆起爲鼻以繫組，若印鈕然，它琮無此制也。《左》昭十三年傳，説楚平王當璧拜，曰「厭紐」，彼璧好通謂之紐，與鈕鼻異。賈疏云：「上后權不言鼻者，舉以見后亦有鼻可知。」兩圭五寸，有邸，以祀地，以旅四望。邸謂之柢。有邸，僢共本也。【疏】「兩圭五寸，有邸」者，聶崇義云：「兩圭五寸，亦宜於六寸璧兩邊各琢出一圭，俱長二寸半，博厚與四圭同。」黄以周云：「兩圭五寸，亦謂各出邸五寸。聶云各琢出二寸半，非。」戴震云：「兩圭蓋琮爲之邸，故文在此。《大宗伯職》注曰：『禮神者，必象其類，璧圜象天，琮八方象地。』」案：兩圭之邸，舊説用璧。戴本陳祥道、趙溥説，以爲用琮，是也。五寸者，亦謂邸兩面各琢五寸圭，繫於一邸。其邸之琮亦徑六寸，與四圭之邸璧度同。云「以祀地」者，兼方丘北郊兩祭言之。賈疏依《大宗伯》、《典瑞》注，謂專指北郊神州之祭，方丘大地自用黄琮，非也。《周易集解》引《荀九家注》云：「天子以圭九寸事地。」與此經不合，未知何據。互詳《大宗伯》、《典瑞》疏。注云「邸謂之柢」者，《釋文》云：「柢，劉作栢。」阮元云：「邸謂之柢，《爾雅·釋器》文。劉本作『栢』，字形之訛。」云「有邸，僢共本也」者，《爾雅·釋言》云：「柢，本也。」《典瑞》先鄭注引《爾雅》柢作「邸」。又後鄭彼注云：「僢而同邸。」僢與舛同，言兩圭足反舛相對，而同著一邸也。瑑琮八寸，諸侯以享夫人。獻於所朝聘君之夫人也。【疏】「瑑琮八寸，諸侯以享夫人」者，戴震云：「前已云瑑圭璋八寸，璧琮八寸，以覜聘；復見此文，以明覜聘兼享與夫人之禮。」案：戴説是也。《説苑·脩文篇》云：「親迎之禮，諸侯以屨二兩，加琮，曰：『某國寡小君，使寡人奉不珍之琮，不珍之屨，禮夫人貞女。』夫人受琮，取一兩屨以履女。」劉氏此説，於禮無文，其所加之琮，或亦即瑑琮與？　注云「獻於所朝聘君之夫人也」者，賈疏云：「言以享夫人，則是諸侯自相朝所用致享者也。五等諸侯朝天子，享用璧琮，不降瑞。若自相享，降瑞一等。此八寸，據上公、二王後自相享，亦用璧琮八寸；侯伯當六寸；子男自相享退用琥璜，降用四寸。經言諸侯，正是朝，注兼云聘者，其臣聘，瑑圭璋璧琮亦皆降一等，與君寸數同，故兼言聘也。此經直言瑑琮，不言瑑璧以享君，文略可知也。」詒讓案：鄭知聘享與朝同者，據《聘禮》云「聘于夫人用璋，享用琮」也。案十有二寸，棗栗十有二列，諸侯純九，大夫純五，夫人以勞諸侯。純猶皆也。鄭司農云：「案，玉案也。夫人，天子夫人。玄謂案，玉飾案也。夫人，王后也。記時諸侯僭稱王，而夫人之號不別，是以同王后於夫人也。玉案十二以爲列，王后勞朝諸侯皆九列，聘大夫皆五列，則十有二列者，勞二王之後也。棗栗實於器，乃加於案。《聘禮》曰：「夫人使下大夫勞以二竹簋方，玄被纁裏，有蓋，其實棗烝栗擇，兼執之以進。」【疏】「案十有二寸」者，此附記飾玉之器也。《説文·木部》云：「案，几屬。」《急就篇》顔注云：「無足曰槃，有足曰案，所以陳舉食也。」案：此承食物之案，與《掌次》「氈案」「重案」爲牀異。十有二寸，蓋案之高度。《曾子問》孔疏引阮諶《禮圖》謂几高尺二寸。此案亦几屬也。其橢方廣長之度，無文。依後鄭義，每案各陳棗栗二器，此必非尺二寸之長所能容，則鄭亦不以此爲案之長度可知矣。賈疏云：「案十有二寸者，謂玉案十有二枚。」亦非是。戴震云：「案者，棜禁之屬。《儀禮注》曰：『棜之制，上有四周，下無足，蓋如今承槃。』《禮器》注曰：『禁，如今方案，隋長局足，高三寸。』棜又名斯禁，斯，盡也，切地無足。此以案承棗栗，上宜有四周。漢制小方案局足，此亦宜有足。」惠士奇云：「案有大小。《漢舊儀》『旋案，丈二，以陳肉食』，大案也。《漢書》許后奉案上食，孟光舉案齊眉，小案也。案者，今之槃，古之禁。」云「棗桌十有二列」者，賈疏云：「案案皆有棗栗，爲列十有二者，還據案十二爲數，不謂

一案之上十有二也。」　注云「純猶皆也」者，此引申之義，《緇衣》注同。後鄭意棗栗合庪一案，數皆以或九或五爲列也。戴震云：「列謂兩以列也。純，耦也。《鄉射禮》二算爲純，一算爲奇。」惠士奇云：「純猶兩也，與淳通。《左》襄十一年傳『淳十五乘』。或曰列，或曰純，純謂兩行并列。」案：惠、戴皆訓純爲耦，蓋依賈、馬義，較鄭説爲長。鄭司農云「案，玉案也」者，猶《大宰》、《司几筵》之玉几也。惠士奇云：「《藝文類聚·服飾部》引《楚漢春秋》：『淮陰侯曰：臣去項歸漢，王賜臣玉案之食。』」云「夫人，天子夫人」者，謂即《昏義》之三夫人也。戴震云：「《漿人》『共夫人致飲于賓客之禮』，則此爲三夫人勞諸侯，未爲不可。」詒讓案：先鄭説是也。璧琮舉天子以晐后，以見禮之下達，此文舉夫人以兼后，以見禮之上達，皆以互見爲例。賈疏駁先鄭，謂勞諸侯以王后爲主，豈不見后，先見三夫人乎？非也。上瑑琮以享諸侯夫人，知此不謂諸侯夫人者，《聘禮》諸侯夫人勞賓不用玉案也。云「玄謂案，玉飾案也」者，謂梓人爲之案，而玉人以玉飾之，此增成先鄭義也。先鄭但云玉案，不云玉飾，嫌於以全玉爲案，故後鄭補釋之。賈疏云：「以其在《玉人》，故知以玉飾案也。」云「夫人，王后也，記時諸侯僭稱王，而夫人之號不別，是以同王后於夫人也」者，此謂夫人即王后，以破先鄭天子夫人之説。賈疏云：「春秋之世，吴、楚及越僭稱王，而吴、楚夫人不稱后，是夫人之號不別也。周王與吴、楚同號王，故周王后亦下同吴、楚之夫人也。」案：此當以先鄭説爲正，後鄭及賈説非也。王氏《詳説》云：「鄭以爲記時諸侯僭稱王，而夫人之號不別，又何以有『宗后爲權』與夫『宗后守之』之文乎？」云「玉案十二以爲列」者，鄭意案之成列者，有十二列也。賈疏云：「微破賈、馬以此十二列比《聘禮》醯醢夾碑百罋，十以爲列。」詒讓案：《聘禮》：「醯醢百罋，夾碑，十以爲列，醯在東。」彼文謂醯五十罋，爲五列，在東；醢五十罋，爲五列，在西。賈、馬據彼爲訓，蓋謂此玉案棗與栗各以一案盛一器陳之，棗栗各十有二列，則二十有四案也。若後鄭之義，則每案之上，各有棗一簋，栗一簋，十有二列止十有二案。以經文審之，當以賈、馬爲長。惠士奇亦申賈、馬義云：「二王後二十有四，兩兩列之，則有十二；諸侯十有八，兩兩列之，則九；大夫十，兩兩列之，則五。」案：惠説是也。經於諸侯大夫言純九、純五，於十有二列不言純者，蓋互文以見義。云「王后勞朝諸侯皆九列，聘大夫皆五列，則十有二列者，勞二王之後也」者，此由平諸侯九列推而上之，則十二列當屬二王後。此勞蓋皆謂郊勞也。依《聘禮》，夫人待聘臣，使下大夫近郊勞。此夫人待上公諸侯，或當有遠郊勞等，與《大行人》上公三勞、侯伯再勞之禮略相儗與？云「棗桌實於器，乃加於案」者，以《聘禮》推之。《籩人》、《弓人》皆經用古字作「桌」，注用今字作「栗」，惟此職及《矢人》經注皆作「桌」，疑後人所改，下同。引《聘禮》者，明棗栗所實之器，即竹簋之類也。烝，《禮經》作「蒸」，字通。彼注云：「竹簋方者，器名也，以竹爲之，狀如簋而方。兼猶兩也。右手執棗，左手執栗。」賈疏云：「《聘禮》『五介入境張旃』，是侯伯之卿大夫聘者也。而主國夫人使下大夫勞賓以二竹簋方者，簋法圓，今此竹簋方爲之者，此或棗栗與黍稷簋異也。玄被者，以玄繒爲表。彼《聘禮》，諸侯大夫使下大夫勞，無案，直有棗栗。此后勞有棗栗，又亦有案。引之者，證此棗栗亦盛於竹簋者也。」璋

邸射，素功，以祀山川，以致稍餼。邸射，剡而出也。致稍餼，造賓客納稟食也。鄭司農云：「素功，無瑑飾也。」餼或作氣，杜子春云：「當爲餼。」【疏】「璋邸射」者，璋以琮爲邸，又於琮剡之爲八角也。其尺度無文，疑當璋五寸，邸琮六寸，與上圭璧同。云「以祀山川，以致稍餼」者，《典瑞》云：「璋邸射以祀山川，以造贈賓客。」贈與致稍餼爲二事，此不云贈者，文不具也。注云「邸射，剡而出也」者，《典瑞》先鄭注義同。賈疏云：「向上謂之出。半圭曰璋，璋首邪卻之。今於邪卻之處，從下向上總邪卻之，名爲剡而出。」案：賈說非也。剡而出者，專據琮邸言之，出即謂邸八出也。賈謂於璋首爲之，誤，詳《典瑞》疏。云「致稍餼，造賓客納稟食也」者，造賓客，據《典瑞》文。稍即《槀人》云「共賓客之稍禮」，注謂王不親饗食，而致以酬幣、侑幣。又《聘禮記》「既致饔，旬而稍」，注云：「稍，稟食也。」是二者皆得稱稍也。餼即《司儀》、《掌客》之致饔餼。二者皆造賓客所舍之館納之，其使者則執玉帛以致命也。凡天子待朝聘賓客及五等侯國君相爲賓，臣相爲國客，蓋皆通有此禮。但聘禮致饔餼，止以束帛致之，不用玉致，稍禮尤殺，其無玉可知。此璋邸所用，疑爲天子待朝賓之禮。聘客禮降於朝君二等，其致稍餼用玉與否，經注無文，未能詳也。互詳《典瑞》疏。稍爲稟食，詳《掌客》疏。鄭司農云「素功，無瑑飾也」者，《禮器》云：「大圭不瑑，此以素爲貴也。」是素即不瑑之謂。素功與畫繢之事同，彼布帛則爲白采，此玉則爲無瑑飾。璋邸之琮，但爲剡射，無瑑飾，對上文瑑琮等有瑑飾也。云「餼或作氣，杜子春云當爲餼」者，段玉裁云：「《說文·米部》曰『氣，饋客芻米也，從米，氣聲』，引『《春秋傳》曰，齊人來氣諸侯』，又曰『或從既』作槩，又曰『或從食』作餼。然則氣正字，餼或字，不當云氣當爲餼也。蓋漢時已用氣爲氣假字，氣爲雲氣字，而餼爲饔餼字，略如今人。子春以今字釋古，往往讀古字爲今字，於此可得其例。《聘禮》注『古文餼爲既』，《中庸》『既稟稱事』，此皆『槩』文之爛與？」

孫詒讓《周禮正義》卷八〇《冬官考工記下·雕人》 雕人。闕。【疏】「雕人」者，《釋文》云：「雕，本亦作彫。」案：《說文·彡部》云：「彫，琢文也。」彫琢字當以彫爲正。《司几筵》「彫几」，《巾車》「彫面」，《司約》注「彫器」，字並作彫。作雕者，假借字也。詳《總叙》疏。又《爾雅·釋器》云：「玉謂之雕。」其正字則當作「琱」，詳《梓人》疏。雕琢之事，蓋亦玉石骨角木所通有，故《梓人》說祭器云「小蟲之屬，以爲雕琢」。但此刮摩五工，已有玉人、楖人、磬氏等，則此雕人當爲治骨角之工，《意林》引《尸子》云，「雕人裁骨，則知牛長少」是也。《毛詩·大雅·棫樸》傳又曰「金曰彫」，則非此義。江永云：「姓有漆雕氏，《記》言丹漆雕几之美，《司几筵》有彫几、彤几、漆几。蓋凡漆器，彫人作之。」案：江說亦足備一義。凡漆革木，有彫刻爲文。《輪人》說轂漆云：「既摩革，色青白，謂之轂之善。」是漆器亦有刮摩之事矣。

孫詒讓《周禮正義》卷八〇《冬官考工記下·磬氏》 磬氏爲磬，倨句一矩有半。必先度一矩爲句，一矩爲股，而求其弦。既而以一矩有半觸其弦，則磬之倨句也。磬之制有大小，此假矩以定倨句，非用其度耳。【疏】「磬氏爲磬」者，亦以所作之器名工也。《說文·石部》云：「磬，樂石也，從石殸，象縣虡之形，殳擊之也。古者毋句氏作磬。」云「倨句一矩有半」者，謂磬有大小，其股鼓之折，皆爲鈍角，侈弇之度，一矩又益以半矩乃合也。蓋一矩爲正方之角，侈之，而以半矩益一矩，則成鈍角矣。今磬皆橫縣，股鼓正平，古磬則皆直縣，股衺側而鼓直下。程瑤田云：「磬縣之，其鼓之直中繩。《曲禮》『立則磬折垂佩』，謂立而曲身，如磬之折也。《左氏內外傳》：『室如縣磬。』古人五架屋，從第四架下，爲戶牖以隔之，外爲堂，內爲室。室上之宇，北出斜下，以交於北墉。墉直如磬鼓，宇如磬股也。《文王世子》：『公族有死罪，則磬於甸人。』鄭注：『縣縊殺之曰磬。』謂如磬之縣也。」案：程說足明古制。《爾雅·釋樂》「大磬謂之馨」，郭注謂形似犂錧。黎錧則耜金岐出者。郭蓋據後世橫縣之磬言之，是晉時已不知有直縣之制矣。互詳《玉人》疏。注云「必先度一矩爲句，一矩爲股，而求其弦，既而以一矩有半觸其弦，則磬之倨句也」者，江永云：「倨猶直也，句猶曲也。磬須作折旋形，然不可正方如矩而失於太句，又不可使兩股間過開而失於大倨，故先度一矩爲句，一矩爲股，句股間之弦，比正方之弦稍長，得一矩有半，以爲作磬之法，則得倨句之宜也。凡正方形方十者，斜弦十四一四有奇，此正方矩也。今以一矩有半爲弦，是爲十有五，不止十四一四有奇，而兩股稍開也。後世作磬，不知此率，作正方如矩形。」戴震云：「取句股相等，各自乘，并之爲弦實，開方除之得弦一矩有半，大於所求之弦，張句股就之。」又云：「任取大小縱橫等成方，是爲一矩，度兩對角徑隅，不及一矩有半。今以一矩有半爲之徑隅，則倨句不中矩，而成磬折矣。」程瑤田云：「度一矩爲句者，磬股矩也；一矩爲股者，磬鼓矩也。二矩均長，而求其弦，得弦數是正方角之倨句，非磬之倨句也。於是推而求之，以句一矩應磬股二，二爲一矩也。以股一矩應磬鼓三，三則一矩有半，侵出弦外半矩，不能觸弦。今乃推開一矩有半而漸張之，令其侵出者反而歸乎弦位，而不出乎弦，其弦亦自然引而伸之以來相就。是之謂以一矩有半觸其弦，而向之正方角倨句，變爲鈍角之倨句，則磬之倨句得矣。」案：依江、戴說，則一矩有半爲弦之長。依程說，則一矩有半爲股之長。二說於算術並通。今諦玩鄭云「以一矩有半觸其弦」，則是謂以股觸弦，程說似得鄭恉，李銳說亦同。然經實無是義，故程氏譏鄭義爲煩碎，且與經文齟齬。程又別說之云：「磬折之發斂也倨句然，正方折之一矩，又外博其折，而斜出其半矩以爲股。」案：程說是也。蓋經凡云倨句者，止論角度之侈弇，與弦徑無涉。今假割圜四象限之度數求之，蓋一矩爲九十度，益以半矩，則百三十五度，即此磬之倨句也。若依鄭注，李銳以三角法算之，止得一百六度五十二分二十八秒，是不及一矩有半，於形爲太句矣。至《車人》云「一柯有半謂之磬折」，則當得百五十一度有奇，與此不同，而亦以磬折名之者，彼爲倨句形之通名，不必與此豪秒密合也。互詳彼疏。云「磬之制有大小」者，謂若特磬大而編磬小，又律各有長短不同。賈疏云：「按《樂》云：『磬前長三律，二尺七寸；後長二律，尺八寸。』是磬有大小之制也。」案：賈依下文先鄭注義，以大小據一磬之中，股爲大，鼓爲小，似非注義。賈引《樂》云者，聶氏《三禮圖》載《舊圖》引《樂經》云：「黃鍾磬前長三律，二尺七寸；後長二律，一尺八寸。」此謂特縣大磬配鎛鍾者也。是賈所引即《樂經》義。依其說，則此乃特磬之度，故長皆倍增於正律也。云「此假矩以定倨句，非用其度耳」者，鄭《車人》注定一矩長二尺六寸三分之二。此磬之長短，自依律爲增減，其度不一，故知經所謂一矩有半者，止假以定其倨句之形，非言長瑶短之度也。

其博爲一，博謂股博也。博，廣也。

【疏】「其博爲一」者，聶崇義云：「謂股博一律也。黄鍾之磬博九寸。」程瑶田云：「截其股之長，半之爲其博，命之爲一，以爲出度之本。」

注云「博謂股博也」者，磬直懸，上下爲股鼓二體。鼓博之度，别見下文，故鄭知此博爲專主股言也。云「傳，廣也」者，《冶氏》注同。

股爲二，鼓爲三。參分其股博，去一以爲鼓博；參分其鼓博，以其一爲之厚。鄭司農云：「股，磬之上大者。鼓，其下小者，所當擊者也。」玄謂股外面，鼓内面也。假令磬股廣四寸半者，股長九寸也，鼓廣三寸，長尺三寸半，厚一寸。

【疏】「股爲二，鼓爲三」者，鼓之長度贏於股三分之一也。聶崇義云：「股爲二，後長二律者也。鼓爲三，前長三律者也。黄鍾之磬，股長一尺八寸，鼓長二尺七寸。」云「參分其股博，去一以爲鼓博」者，鼓博朒於股三分之一也。聶崇義云：「黄鍾磬鼓博六寸。」程瑶田云：「參分其股博，去一以爲鼓博，鼓博得股博之太半也。」又云：「磬之體，鼓三，一片石耳。其股之二，如懸疣枝指，非所應有，以其孔必設於其旁，懸之不能正，故侈而壓之使正耳。然則股二何以股博一？鼓三何以鼓博三分一之二也？曰：壓之使正之道也。偏諸左者，必益之於其右；偏諸下者，必益之於其上。所益之數與所偏之數，必兩相當焉，而後偏者正矣。曷爲其益股於鼓而後能兩相當也？曰：股與鼓之數兩相函，而後股與鼓之體兩相當。是故三分其鼓三，以其一爲股博一；三分其股二，以其一爲鼓博六六六六不盡，是股博鼓博之數兩相函於鼓股中也。三其股博之一，即鼓之三；三其鼓博之六六六六不盡，即股之二，是鼓股之數兩相函於股博鼓博中也。股鼓和而三分之一，即股博鼓博之和；股博鼓博和而三倍之，即股鼓之和，是股鼓之和數與股博鼓博之和數，又互相函於兩數之中也。此其故何也？股二與股博一自乘，得積二百；鼓三與鼓博六六六六不盡自乘，亦得積二百。其積同，其兩體之輕重同也，故能益其偏而壓之使正也。」案：程説磬股鼓體積相函之理極精，足補鄭、賈義。云「參分其鼓博，以其一爲之厚」者，股與鼓厚度同。程瑶田云：「厚得鼓博之少半也。」聶崇義云：「黄鍾磬厚二寸。」徐養原云：「磬惟藉厚薄以分清濁，賈疏謂『厚則聲清，薄則聲濁』是也。依鳧氏爲鍾之例，則當以分别大磬、小磬厚薄之度。今云『三分其鼓博，以其一爲之厚』，是厚薄之度生乎鼓博。鼓博同，則厚薄亦無弗同，何以分清濁哉？是有説焉。八音惟絲與石俱倍半同聲，而絲之倍半與石相反。絲音長者濁，短者清，全弦爲正聲，則半弦爲半聲；半弦爲正聲，則全弦爲倍聲。石音薄者濁，厚者清，半其厚則得倍聲，倍其厚則得半聲。上生者反用損，下生者反用益。然其半而又半，倍而又倍，皆自然相應，則與絲者同理，故舉一聲而各聲可得。鐘磬皆十聲，而磬之十聲與鐘異。鐘於五正聲外有五清，磬則於五正聲外有徵羽二濁聲，宫商角三清聲。傳曰『鐘尚羽，石尚角』，此之謂也。磬十聲，清角最清，其磬最厚。磬之厚不得過其廣之半。假如鼓廣三寸，則角磬寸四分，商寸二分，宫一寸，羽九分，徵八分，再退一分得七分，則復爲角矣；由是六分爲商，五分爲宫，四分半爲羽，四分爲徵，而十聲皆備。然則鼓博三寸，其厚一寸，乃宫聲也，所謂黄鐘小素之首也。夫宫，音之主也。凡制樂器，必吹律以定宫聲。得宫聲，而五聲可推；得清宫，而正宫亦可得矣」案：徐説是也。磬亦有特縣編縣之異。賈前疏引《樂經》及聶氏所説爲特磬之數度，徐氏所説爲編磬之數度，足互相備也。特磬、編磬制，詳《小胥》疏。

注鄭司農云「股，磬之上大者，鼓，其下小者，所當擊者也」者，賈疏云：「以其股面廣，鼓面狹，故以大小而言也。」程瑶田云：「磬之有股，猶鍾之有甬也。鍾縣設於甬，磬縣設於股。恐著鍾磬之本體而爲聲疲，故别爲甬與股以設之。」又云：「磬有二體，曰鼓，曰股。縣設於股，故股横在上；其下縱者鼓，蓋所擊處，磬之本體也。司農以上下寫其形，得古縣磬之法。」案：程説是也。磬所擊處謂之鼓，猶《鳧氏》鍾所擊處亦謂之鼓也。股專爲縣磬設。其縣孔所在，經無文。程氏及汪萊謂鼓與股相函同積，推其重心，縣孔當於鼓上中線之右設之，於算術亦密合，可補經注義也。云「該謂股外面，鼓内面也」者，鄭鍔云：「擊者爲前而在内，不擊者爲後而在外，内者在下，外者在上，故康成謂股外面、鼓内面也。」程瑶田云：先鄭言上下，後鄭言内外，蓋互相足。先鄭解直縣，則鼓在下，故以上下寫之。後鄭中言鼓直縣，故恒在内，爲内面；惟鼓直縣，則股斜出，故恒在外，爲外面，而向人。」又云：「《國語》『籧篨蒙璆』，則古人縣磬，當以折處向人面，以棰旁擊其鼓。磬直股斜出，有偃形，籧篨立其下，仰而蒙之。」案：程説亦是也。云「假令磬股廣四寸半者，股長九寸也，鼓廣三寸，長尺三寸半，厚一寸」者，賈疏云：「假令者，經直言一二三，不定尺寸，是假設之言也。若定尺寸，自當依律爲短長也。以四寸半爲法者，直取從此已下爲易計，非實法也。」徐養原云：「鄭意舉黄鍾磬爲例，正是實法。古磬之大小，讀此可得其概。若取易計，何不如《樂》云一律、二律、三律，不更整齊乎？惟林夷南無應五律，股博宜用全數。」又云：「四寸半與黄鍾律數相準，得黄鍾而他律亦可類推。假如林鍾之磬當倍律，股博六寸，脩尺二寸，鼓脩尺八寸，博四寸。」案：依徐説，則鄭據黄鍾半律，見編磬股博之數也。其説較賈爲長。

已上則摩其旁，鄭司農云：「磬聲大上，則摩鑢其旁。」玄謂大上，聲清也。薄而廣則濁。

【疏】「已上則摩其旁」者，江藩云：「爲磬雖有度數，然不摩鑢之，則清濁不分，焉能合律乎？以意度之，磬制成之後，吹十二律之管，以定其聲。如一律有清濁二音者，求濁聲，則摩之使薄而廣；求清聲，則摩之使短而厚，再以律管比其聲，於是五音諧矣。」徐養原云：「摩其旁，摩其耑，此劑量之法也。《典同》云：『凡爲樂器，以十有二律爲之度數，以十有二聲爲之劑量。』觀磬氏之爲磬，可得其法矣。物性無常，即同爲一物，而剛柔精粗，良非一致。不知劑量之法，雖得其度數，終不得聲。磬氏爲刮摩之工，非摩無以成器。上言三分其股博，以其一爲之厚，則磬之厚薄本有一定之度。然或合度而不得聲，故又有摩旁、摩耑之法，以爲之劑量。」

注鄭司農云「磬聲大上，則摩鑢其旁」者，明此云上下，皆造磬既合度而聲尚未協律，故爲此調劑之法。聲太高，則須減其厚度，故摩錯其旁使之薄。摩鑢，詳《總叙》疏。磬之考擊，雖以鼓爲主，而其得聲，則股鼓同體，互相函含，亦兩相震盪，不能分爲二也。依後鄭薄厚之義，似謂摩其平面之兩面。但摩厚使薄，則止摩一面已足，不必摩兩面；而摩面亦必上下均平，則於厚度所減無多，而已足改其聲矣。徐養原云：「磬以鼓爲主，既摩其鼓，則股亦須摩，否則輕重不等，而鼓縣不得直矣。」案：徐說是也。云「玄謂大上，聲清也」者，上猶高也。聲高則清，故云大上聲清。云「薄而廣則濁」者，賈疏云：「凡樂器，厚則聲清，薄則聲濁。今大上，是聲清，故使薄，薄而廣則濁也。」詒讓案：狹者不可使廣。此摩其旁，其廣度自若，但厚度既減，則因薄見廣耳。已下則摩其耑。大下，聲濁也。短而厚則清。【疏】「已下則摩其耑」者，《釋文》云：「耑，劉又音穿，本或作端。」案：劉音與經義不合，不足據。《說文·耑部》云：「耑，物初生之題也。」《立部》云：「端，直也。」阮元云：「依《說文》，則耑爲肇耑字，端爲端正字。」案：阮說是也。耑端古今字。《釋文》或本，蓋後人所改。鼓上耑與股相接，不可摩，則可摩者，唯股之上耑與鼓之下耑。然股鼓兩積正等，若止摩一耑，則上下既不均平，而重心亦隨之而改，縣與擊皆不協矣。諦審注短而厚之義，自謂股上鼓下兩端並摩之，以略減其脩度也。注云「大下，聲濁也」者，下猶低也。聲低則濁，故云大下聲濁也。云「短而厚則清」者，賈疏云：「此聲濁由薄，薄不可使厚，故摩使短，短則形小，形小則厚，厚則聲清也。」案：賈說是也。此摩耑，其厚一寸之度亦自若，但兩耑長度得摩而減，則因短見厚耳。

孫詒讓《周禮正義》卷八一《冬官考工記下·矢人》

矢人爲矢，鍭矢參分，茀矢參分，一在前，二在後。參訂之而平者，前有鐵重也。《司弓矢職》茀當爲殺。鄭司農云：「一在前，謂箭槀中鐵莖居參分殺一以前。」【疏】「矢人爲矢」者，亦以所作之器名工也。《說文·矢部》云：「矢，弓弩矢也。古者夷牟初作矢。」《大射儀》及《孟子·公孫丑篇》並有矢人。云「鍭矢參分，茀矢參分，一在前，二在後」者，程瑤田云「《司弓矢職》：『掌八矢之法，枉矢、絜矢、殺矢、鍭矢、矰矢、茀矢、恒矢、庳矢。』鄭注：『殺矢、鍭矢，二者前尤重，中深而不可遠也。恒庳二者前後訂，其行平也。』又云：『恒矢之屬軒輖中，所謂志也。』《矢人職》所舉五矢，僅三等。鍭矢、茀矢曰參分，一在前，二在後，即《夏官》注所謂前尤重者也。」易祓云：「三分其槀之三尺，則一尺在前，二尺在後。以後二尺之重與前一尺相等，則槀前之鐵爲極重矣，故其發遲，而近射用焉。」詒讓案：恒矢之鏃，蓋有二種，禮射用金，習射用骨，《既夕禮》及《爾雅》所謂志也。此經不及恒矢、庳矢者，以其前後訂，分數易明，文不具也。互詳《司弓矢》疏。注云「參訂之而平者，前有鐵重也」者，訂謂平比之。《釋文》云：「訂，李音亭，呂、沈同。」則讀訂爲亭。《毛詩·大雅·行葦》傳云：「鍭矢參亭。」《淮南子·原道訓》高注云：「亭，平也。」亭訂字通，詳《司弓矢》疏。鐵謂刃也。前《攻金之工》云：「五分其金，而錫居二，謂之削殺矢之齊。」則矢鏃亦以銅爲之，故得與錫相和。而二鄭此注並云鐵者，蓋據漢時爲矢皆用鐵鏃，周時矢鏃亦容兼用銅鐵，故並云鐵矣。鄭意凡矢以刃爲前，刃以鐵爲之，故恒重；後則唯著栝羽，故恒輕，《既夕》注云「凡爲矢，前重後輕」是也。此二矢後多而前少，以相稱量而適平者，明鐵重，故厭前一，使重得與後二等也。云「《司弓矢職》茀當爲殺」者，段玉裁云：「『當』字衍文。」賈疏云：「彼鍭矢與殺矢相對，茀矢自與矰矢相對。此上既言鍭矢，明下宜有殺矢對之，故破此茀爲殺也。《司弓矢》注亦云：『殺矢之屬，參分，一在前，二在後。』」鄭司農云「一在前，謂箭槀中鐵莖居參分殺一以前」者，槀，舊本並誤稾，《釋文》同，今依毛晉本正，後注並同。鐵莖即鋌也。此矢槀三尺，殺者居一尺，鋌之入槀中者亦止一尺，故云「居參分殺一以前」也。兵矢、田矢五分，二在前，三在後。鐵差短小也。兵矢，謂枉矢、絜矢也。此二矢亦可以田。田矢，謂矰矢。【疏】「兵矢、田矢五分，二在前，三在後」者，程瑤田云：「《司弓矢》注：『枉矢絜矢二者，前於後重微輕，行疾也。』《記》言兵矢田矢五分，二在前，三在後，即《夏官》注所謂前於後重微輕者也。」易祓云：「五分其槀之三尺，則尺有二寸在前，尺有八寸在後也。以後尺有八寸之重，而與前尺有二寸相等，則槀前之鐵比殺矢蓋短而小矣，故其發遠而火射用焉。」注云「鐵差短小也」者，賈疏云：「前參分一在前，得訂，此五分二在前得訂，故知鐵差短小也。」云「兵矢謂枉矢、絜矢也」者，亦據《司弓矢》文。彼注云「枉矢者，今之飛矛是也，或謂之兵矢，絜矢象焉」是也。云「此二矢亦可以田」者，鄭意謂二矢雖爲兵矢，亦兼爲田矢也。《司弓矢》以二矢爲利火射，用諸守城車戰，則專屬兵事，不云可以田，鄭以意定之。彼注亦云：「枉矢之屬五分，二在前，三在後。」云「田矢謂矰矢」者，賈疏云：「按《鄭志》，趙商問：『《司弓矢》注云：「凡矢之制，矰矢之屬七分，三在前，四在後。」按《矢人職》曰：「田矢五分，二在前，三在後。」注云：「田矢謂矰矢。」數不相應，不知所裁。』荅曰：『「田矢謂矰矢」，此先定，後云「此二矢亦可以田」。頃若少疾，此疏初在篋笥之間，屬録事得之，謹荅。』若然，鄭君本意以矰矢爲田矢，非經田矢，自是尋常田矢。『此二矢亦可以田』，解經田矢是枉矢、絜矢，非直爲兵矢，此二者亦可以田也。此鄭云『田矢謂矰矢』，案《司弓矢職》，枉矢、絜矢言利諸田獵；茀矢、矰矢直言弋射，不言田獵，而云田矢者，弋射即是田獵也。」案：《司弓矢》云：「殺矢鍭矢，用諸田獵。」賈說似誤記。鄭以殺矢、鍭矢參分，一在前，二在後，已見上文，則此田矢不得爲彼二矢，故别以枉矢、絜矢爲釋，而又以爲矰矢者，蓋因《司弓矢》云「田弋共矰矢」，故注復著此說。然與彼注違牾，故趙商疑而發問。據鄭君所荅，則田矢謂矰矢，乃鄭初定之注。後因與《司弓矢》注不合，乃重定云「此二矢亦可以田」。則謂田矢仍是枉矢、絜矢，其矰矢自與下茀矢同度，與《司弓矢》注無不合矣。然則鄭後定之注，當删去「田矢謂矰矢」五字。而今本兼有之者，殆由鄭先定本早已行世，學者見後定本有「此二矢亦可以田」之語，輒據增入，而忘去「田矢謂矰矢」五字，遂成兩載。亦猶《保氏》「九數」注，鄭云「今有重差句股」，馬融、干寶云「今有重差夕桀」，校者誤合兩注，遂於鄭本增「夕桀」二字也。賈疏所見本已誤，而不知鄭後定本當無此五字，乃强圓其說，云「鄭君本意以矰矢爲田矢，非經田矢」。若然，鄭君既以非經田矢，則又何爲於此注出之乎？其誤甚矣。殺矢七分，三在前，四在後。鐵又差短小也。《司弓矢職》殺當爲茀。【疏】「殺矢」者，殺，《釋文》作「⿰閃殳」。阮元云：「經當作『⿰閃殳』，此因注云『殺當爲茀』，遂改『殺』也。」錢大昕云：「《梓人》、《矢人篇》皆有『⿰閃殳』字。《說文》無殺部，从閃亦無義。此即籀文『殺』字，『凹』譌爲『門』，『又』譌爲『人』，非别有⿰閃殳字也。」案：阮、錢說近是。段玉裁說同。此經下篇《梓人》、《匠人》、《弓人》凡殺字皆作「⿰閃殳」，疑此職五殺字亦當同，今本作「殺」，字例歧互，非其舊也。云「七分，三在前，四在後」者，程瑶田云：「《司弓矢》注：『矰矢、茀矢二者，前於重又微輕，行不低也。』殺矢七分，三在前，四在後，即《夏官》注所謂前於重又微輕者也。」易祓云：「七分其槀之三尺，則在前者尺有三寸七分寸之六，在後者尺有七寸七分寸之一也。以後七分之四與前七分之三相等，則槀前之鐵比兵矢又短而小矣，故其發高，而弋射用焉。」賈疏云：「此經直言茀矢，不言矰矢者，以其與茀矢同制，故略而不言也。」　注云「鐵又差短小也」者，賈疏云：「以其前五分二在前，此七分三在前，是差短小也。」云「《司弓矢職》殺當爲茀」者，段玉裁謂「當」亦衍文。此「茀」字與上文「殺」誤互易，故鄭兩破之。《司弓矢》注云：「矰矢之屬，七分，三在前，四在後。」此破「殺」爲「茀」，亦當兼晐矰矢也。　參分其長而殺其一，矢槀長三尺，殺其前一尺，令趣鏃也。【疏】「參分其長而殺其一」者，以下通記爲矢之法，六矢所同。殺，《釋文》亦作「䋄」，云「本又作殺」。　注云「矢槀長三尺」者，《鄉射記》云：「物長如笴。」注亦云：「笴，矢幹也，長三尺，與跬相應。」賈疏云：「按《槀人》注：『矢服長短之制，未聞。』彼以無正文，故云未聞。此云三尺者，約羽六寸，逆差之，故知三尺也。」江永云：「矢笴有長短，三尺其中制。」詒讓案：《槀人》云「矢八物，皆三等」，則八矢長短各異，與弓同。又《輈人》注云：「凡弓引之中參。」中參者，蓋謂弓之下制六尺，引滿之，中容矢長三尺。然則矢之制，以三尺爲最短，其上中制當以次遞增也。云「殺其前一尺，令趣鏃也」者，鏃即刃也。《釋名·釋兵》云：「矢本，齊人謂之鏃。鏃，族也，言其所中皆族滅也。」正字當作族。《説文·金部》云：「鏃，利也。」《㫃部》云：「族，矢鋒也，束之族族也。」趣與趨同。鏃細而槀豐，故殺槀前一尺，使趣前漸殺，至於鏃而平也。　五分其長而羽其一，羽者六寸。【疏】「五分其長而羽其一」者，《釋名·釋兵》云：「矢其旁有羽，如鳥羽也。鳥須羽而飛，矢須羽而前也。」《説文·羽部》云：「翦，矢羽。」《既夕記》有翭矢、志矢，並短衛。鄭注云：「示不用也。」然則羽短則矢不可用，太長則又行遲，故必以五分矢長之一爲度。　注云「羽者六寸」者，以三尺之槀，五分之，而取一分，則六寸也。　以其笴厚爲之羽深，笴讀爲槀，謂矢幹，古文假借字。厚之數，未聞。【疏】「以其笴厚，爲之羽深」者，深謂羽入笴之深。凡設羽深淺之度，必視笴之厚薄爲差，則不傷其力也。　注云「笴讀爲槀，謂矢幹，古文假借字」者，《總叙》杜注義同。《釋名·釋兵》云：「矢其體曰幹，言挺幹也。」鄭意笴自有本義，與矢幹之槀聲近，故叚笴爲槀也。《説文·竹部》無笴字，然許、鄭二君説字不盡同，疑古本有此字，从竹可聲，而別有本義，今不可攷。《禮經》借爲矢幹之槀，故云古文假借。若《鄉射》、《大射禮》注並訓笴爲矢幹，則即以借義釋之，故不復正其讀，與此注不相盭也。互詳《總叙》疏。又案：此經笴字，蓋故書今書所同，鄭云「古文假借字」，乃釋字例，非校故書也。與《小史》注以軌爲簋古文同，與《庖人》、《㮚氏》注所稱古文即指故書異。云「厚之數未聞」者，矢厚經無文，故鄭云未聞。程瑶田云：「『刃圍寸』者，刃本之圍也。刃之本即笴之末。循其所䋄之末而漸豐之，至於其所䋄之始，所謂參分其長而䋄其一也。準之而爲笴末之䋄圍，則亦參分其圍而䋄其一而已矣。䋄圍寸，則不䋄者圍寸有半，其厚半寸可知也。若是，刃之圍寸似無三等之差矣。圍寸無差，而三等之差實由金鏃。豈所謂鋌十之重三垸者，惟殺矢之屬爲然，故《冶氏》專言殺矢與？」案：此程氏以意推之，未知是否，姑存之，以備一義。　水之以辨其陰陽，辨猶正也。陰沈而陽浮。【疏】「水之以辨其陰陽」者，爲欲設比也。　水之，謂取笴木漸之水中，猶《輪人》云「水之，以眡其平沈之均也」。　陰陽，謂槀之向日背日者，亦與《輪人》「斬轂必矩其陰陽」同。賈疏云：「就其浮沈刻記之。」　注云「辨猶正也」者，此引申之義。《小爾雅·廣言》云：「辨，別也。」辨別所以正其陰陽之面，故云猶正也。云「陰沈而陽浮」者，陰潤就下故沈，陽燥向上故浮也。　夾其陰陽以設其比，夾其比以設其羽，夾其陰陽者，弓矢比在槀兩旁，弩矢比在上下。設羽於四角。鄭司農云：「比謂括也。」【疏】「夾其陰陽以設其比」者，莊存與云：「比，今人謂之扣，所以扣弦也。夾其陰陽以爲扣，謂箭笴當弦處，半陰半陽，不偏重也。」程瑶田云：「如弓矢既辨其沈而在下者爲陰，浮而在上者爲陽，而刻記之矣。乃夾其兩旁而設比，是爲夾其陰陽。」案：莊、程説是也。云「夾其比以設其羽」者，矢羽有四，設之必夾比，蓋在四角邪夾之，故羽著四角，自從横相直，而不與比相侵也。古矢皆四羽，與今矢三羽異。　注云「夾其陰陽者，弓矢比在槀兩旁，弩矢比在上下」者，賈疏云：「以其弓豎用之，故比在槀之兩畔；弩弓横用之，故比在槀上下。」詒讓案：設比蓋當陰陽均處，弓矢則比在兩旁，陰陽在上下；弩矢則比在上下，陰陽在兩旁也。云「設羽於四角」者，弓弩之矢，比在兩旁上下，則四角皆適當空處，故就之設羽也。鄭司農云「比謂括也」者，《文選·西京賦》薛注云：「括，箭括之御弦者。」括正字作「桰」。《説文·木部》云：「桰，一曰矢桰，築弦處。」《釋名·釋兵》云：「矢，其末者栝，栝，會也，與弦會也。栝旁曰叉，形似叉也。」《國語·魯語》説楛矢云：「銘其栝曰，肅慎氏之貢。」韋注云：「栝，箭羽之間也。」案：栝即桰之隸變。此注及《儀禮》、《尚書》並作括，同聲假借字。比即於笴末刻之。《魯語》云「銘其栝」者，即銘其笴也。經不著比之長度者，比之長不過數分，於三尺之笴，所增損無多，不關前後輕重之數，故可從略也。　參分其羽以設其刃，刃二寸。【疏】「參分其羽以設其刃」者，江永云：「此刃并鋌言之，設刃即設鋌也。」俞樾云：「『分』字衍文也。《記》文本云『參其羽以設其刃』，刃者兼鋌而言之也。羽長六寸，三六一尺八寸，加鋌一尺刃二寸，適合矢長三尺之數，故曰『參其羽以設其刃』，明設鋌刃在一尺八寸之外也。上文云『五分其長而羽其一』，此就全矢計之。若除去鋌刃一尺二寸，則參分其長而羽其一矣，所謂參其羽以設其刃也。誤衍『分』字，義不可通矣。」案：俞謂經「分」字當爲衍文，其説近是。　注云「刃二寸」者，賈疏云：「以其言參分其羽以設其刃，不可參分取二分，作四寸，明知參分取一，得二寸爲刃，故知刃二寸。」俞樾云：「如疏義，則當云『參分其羽以爲刃長』，不當言『參分其羽以設其刃』也。且羽長六寸，但云『參分其羽』，將取二分乎？抑取一分乎？古人之辭不應如是之鶻突也。」詒讓案：鄭、賈之意，以經參分其羽，爲參分六寸之長，而取其一爲二寸，故下文又增刃長寸爲刃長二寸。於此經義雖未協，但以下文校之，刃長寸爲薄匕之度，其匕上爲豐本，出笴外圍寸者，長亦一寸，合之亦得二寸，則鄭云「刃二寸」，於矢鏃之度，固不謬也。　則雖有疾風，亦弗之能憚矣。故書憚或作「但」。鄭司農云：「讀當爲『憚之以威』之憚，謂風不能驚憚箭也。」【疏】注云「故書憚或作但，鄭司農云，讀當爲憚之以威之憚，謂風不能驚憚箭也」者，段玉裁云：「《大司．馬職》注：『壇讀從憚之以威之憚。』壇、但、憚三字古音同部。」張文虎云：「《廬人》『句兵欲無彈』，注『故書或作但，鄭司農云：但讀爲彈丸之彈，但謂掉也』。此憚彈二字同義，當皆訓爲掉。《商頌》『不震不動』，箋：『不可驚憚也。』以驚憚訓震動，蓋彈、憚、但、動、掉，皆聲之轉。」案：張説是也。注云驚憚箭，亦謂矢行爲風所撼而振掉，若驚憚然，與《廬人》注讀雖異，而意則同。又《莊子·大宗師篇》「子犂曰無怛」，彼《釋文》引先鄭注作「不能驚怛」，蓋以音同改之，以就《莊子》之文，不知此經故書「憚」作「但」，與《廬人》「彈」作「但」正同。「不能驚憚」之訓，又正承「憚之以威」之讀，改作「怛」，不可通也。

刃長寸，圍寸，鋌十之，重三垸。刃長寸，脱「二」字。鋌一尺。

【疏】「刃長寸」者，記鏃末之長也。以下《冶氏》文同。凡矢鏃以金鑄之，與稾異材，別使金工爲之。既成，以授此工，設之於稾，故其文兩見，亦百工之聯事通職也。云「圍寸」者，此專指鏃本之圜在稾外者言之，其長與鏃末之薄匕等也。鏃末之匕，薄而且鋭，不可以言圍，則圍寸指鏃本言明矣。鏃本與末各寸，合之適二寸。云「鋌十之」者，謂鏃本之入稾者，十倍圍之度也。鄭讀「刃長寸」爲「長二寸」，則謂此不冡彼爲文也。云「重三垸」者，并鏃與鋌之重也。程瑶田云：「《冶氏》曰爲殺矢，《矢人》言刃同，不專言殺矢也。余以三等之矢，訂之而平者，前後殊所，其故在金鐵有輕重，則《記》所云刃之度法與權刃之數，宜如《冶氏》專指殺矢言也。其他二等，則以次差短，亦以次差輕，準訂平處試之，可知其數。」詒讓案：殺矢之刃，在三等爲最重，兵矢、田矢、茀矢等，當以次遞輕。然此皆就鋌之長短豐殺消息之以取均平，而刃長寸、圍寸之度，則諸矢固無不斠若畫一也。鋌之度法，八矢爲四等，可以意參定之，故經不分別著之也。互詳《冶氏》疏。　注云「刃長寸，脱二字」者，段玉裁云：「謂『寸』上脱『二』。」江永云：「刃長寸，此及《冶氏》兩言之。謂此處脱『二』字，既未安，而刃長二寸，鋌十之者，又有鋌二十寸之嫌，文意尤不協。」案：江説是也。此經本無脱文，但鄭説矢長二寸，亦不誤。戴震謂矢匕中博，刃長寸，自博處至鋒也。程瑶田云：「余見古矢鏃不爲匕，豐本鋭末，自其半而漸殺之。然則二寸者，刃之通長。言刃長寸者，蓋言其半之發於硎者耳。」案：古矢鏃蓋有豐本及薄匕兩制，其鋒皆一寸。戴、程兩説並得通。《左》昭二十六年傳云：「齊子淵捷從洩聲子，射之，中楯瓦，繇朐汰輈，匕入者三寸。」杜注云：「匕，矢鏃也。」孔疏云：「今人猶謂箭鏃薄而長闊者爲匕。」據杜、孔説，則古矢鏃多爲匕。《方言》云：「凡箭鏃胡合嬴者，四鐮，或曰拘腸。三鐮者，謂之羊頭。其廣長而薄鐮，謂之錍，或謂之鈀。」郭注云：「鐮，稜也。」楊氏所謂四鐮、三鐮、胡合嬴者，即豐本鋭末之制。廣長而薄鐮者，即古薄匕之制。是矢鏃有二制，漢時猶然矣。

前弱則俛，後弱則翔，中弱則紆，中强則揚，羽豐則遲，羽殺則趮。言幹羽之病，使矢行不正。俛，低也。翔，迴顧也。紆，曲也。揚，飛也。豐，大也。趮，旁掉也。

【疏】「前弱則俛」者，俛，《唐石經》作「勉」，宋余仁仲本同。錢大昕云：「勉與俛，古多通用。黽勉，漢碑多作『僶俛』。陸機文賦『在有無而僶俛』，李善注引《詩》『僶俛求之』。《漢書·谷永傳》『閔免遁樂』，師古注：『閔免猶黽勉也。』《表記》『俛焉日有孳孳』，讀如勉。此經又讀勉爲俛，音同義亦同也。」案：錢説是也。以下並論矢不中法之弊。程瑶田云：「前弱後强，後弱前强，與前後强弱同而中或偏强偏弱，則俛翔紆揚之病生。」云「羽殺則趮」者，殺亦當作「纇」，下章並同。羽殺謂羽減少也。　注云「言幹羽之病，使矢行不正」者，凡矢行正，必應拋物線。若幹羽有病，則行失其正。前弱、後弱、中弱、中强，幹之病；羽豐、羽殺，羽之病也。俛、翔、紆、揚，謂矢行不應正線；遲、趮，則不中常節也。云「俛，低也」者，《説文·頁部》云：「頫，低頭也，重文俛，頫或从入免。」引申之，矢行低亦通謂之俛。程瑶田云：「俛者前低。」云「翔，迴顧也」者，《説文·羽部》云：「翔，回飛也。」程瑶田云：「翔者前高。」云「紆，曲也」者，《楚辭·惜誦》王注同。程瑶田云：「紆者中曲而不直。」云「揚，飛也」者，《説文·手部》云：「揚，飛舉也。」《大射儀》云「揚觸梱復」，與此揚義略同。程瑶田云：「揚者，前後輕而不定。」云「豐，大也」者，《函人》注同。云「趮，旁掉也」者，《説文·走部》云：「趮，疾也。」《廣雅·釋詁》云：「掉，動也。」謂矢太疾則動而旁出。

是故夾而搖之，以眡其豐殺之節也；今人以指夾矢儛衛是也。【疏】「是故夾而摇之」者，《釋文》云：「摇，本又作搖。」案：搖即摇之變體。漢隸凡从䍃之字，或變从䍃。劉球《隸韻》載《漢孔廟禮器碑》、《劉寬碑》、《朱龜碑》、李翕《西狹頌》，「繇」并作「繇」，《韓敕碑》、《鄭固碑》「瑶」並作「瑤」，是其證也。阮元云：「葉本作『本又作摇』，疑正文摇字當本作『繇』。」案：阮説亦通。以下記試羽之法也。云「以眡其豐殺之節也」者，《弓人》注云：「節猶適也。」程瑶田云：「豐殺得其節，則遲趮之病亦除矣。」　注云「今人以指夾矢儛衛是也」者，《釋名·釋兵》云：「矢羽，齊人曰衛，所以導衛矢也。」程瑶田云：「今人試矢，以左手指搞而圍之，藏矢其中，復以右手兩指夾其比，旋之令前行，以觀其遲趮之宜。衛即羽也，《既夕記》云：『翭矢短衛，志矢亦短衛。』疏言羽所以防衛其矢，不使不調，故名羽爲衛是也。」

橈之，以眡其鴻殺之稱也。橈搦其幹。【疏】「橈之，以眡其鴻殺之稱也」者，記試幹之法也。賈疏云：「此言鴻，即上文强是也；此言殺，即上文弱是也。」　注云「橈搦其幹」者，《廣雅·釋詁》云：「橈，曲也。」《説文·手部》云：「搦，按也。」謂抑按其幹令曲，則殺者先屈，可以驗其稱否也。

凡相笴，欲生而摶，同摶欲重，同重節欲疏，同疏欲桌。相猶擇也。生謂無瑕蠹也。摶讀如「摶黍」之摶，謂圜也。鄭司農云：「欲桌，欲其色如桌也。」【疏】「凡相笴」者，記選笴之法也。云「同重節欲疏」者，節謂笴之節目也。《呂氏春秋·舉難篇》云：「尺之木，必有節目。」矢笴長三尺以上，必不能無節目，但以疏爲善耳。　注云「相猶擇也」者，《爾雅·釋詁》云：「相，視也。」相笴亦謂視而擇之。云「生謂無瑕蠹也」者，謂若初生之木也。賈疏云：「無瑕謂無異色，無蠹謂無蠹孔也。」程瑶田云：「生如《漢·律志》『泠綸取竹之解谷生，其竅厚均』之生。晉灼曰：『生而自然均也。』彼言其厚生而自然均，此言其形生而自然圜。且生字直貫下四者摶、重、疏、桌，生而自然者也。」案：程説較鄭爲長。云「摶讀如摶黍之摶」者，賈疏云：「讀如《爾雅·釋鳥》黃鳥，摶黍也。」云「謂圜也」者，《輪人》注云：「摶，圜厚也。」義同。鄭司農云「欲桌，欲其色如桌也」者，桌，注例用今字作「栗」，此經注皆作「桌」，疑亦後人所改。詳《籩人》、《玉人》疏。戴震云：「堅實之色。」詒讓案：《聘義》「縝密以栗」，注云：「栗，堅貌。」此云色如桌，亦由質堅，故色如桌也。

孫詒讓《周禮正義》卷八一《冬官考工記下·陶人》 陶人爲甗，實二鬴，厚半寸，脣寸。盆，實二鬴，厚半寸，脣寸。甑，實二鬴，厚半寸，脣寸，七穿。量六斗四升曰鬴。鄭司農云：「甗，無底甑。」【疏】「陶人爲甗，實二鬴」者，陶人亦以事名工也。《左》襄二十五年傳云：「虞閼父爲周陶正。」《喪大記》云「陶人出重鬲」，此工即其屬也。互詳《總叙》疏。《説文·瓦部》云：「甗，甑也，一穿。」案：甗、盆、甑皆容一斛二斗八升。戴震云：「一穿爲甗，七穿爲甑，並上大下小。《爾雅》：『鬸謂之鬵。鬵，鉹也。』《方言》：『甑，自關而東謂之甗，或謂之鬵，或謂之酢餾。』郭注云：『涼州呼鉹。』甑甗亦通稱也。甗上體如甑，無底，施箅其中，容十二斗八升；下體如鬲，以承水，陞氣於上。古銅甗有存者，大勢類此。」又云：「《陶人》甗、盆、甑、鬲、庾，皆不言廣崇之度，或脩而斂，或庳而邑，不一定也。」詒讓案：甗甑皆炊飪之器，故《少牢饋食禮》云：「雍人概鼎匕俎于雍爨，廩人概甗甑匕與敦于廩爨。」是甑甗以炊飯，與鼎以亨牲體同。甗盆甑並陶土爲之，故《左傳釋文》引《字林》云：「甗，土甑也。」《左》成二年傳：「齊侯使賓媚人賂以紀甗玉磬。」杜注云：「甗，玉甑。」此別以玉爲之，不爲用器，非常制也。云「厚半寸，脣寸」者，《説文·肉部》云：「脣，口耑也。」凡器埒厚半寸，其口脣周帀有緣，故厚倍之，陶瓬諸器並同。云「盆實二鬴」者，制詳《牛人》疏。云「甑實二鬴」者，《説文·瓦部》云：「甑，甗也。」又《鬲部》云：「鬸，鬵屬。」案：鬸甑字同。《一切經音義》引《字林》云：「甑，炊器也。」云「七穿」者，穿即謂空。《説文·穴部》云：「穿，通也。」窐，空也。」《楚辭·離騷》有「甑窐」，王注云：「窐，土甑孔也。」此七穿，即所謂窐矣。 注云「量六斗四升曰鬴」者，《廩人》、《桌氏》注並同。鄭司農云「甗，無底甑」者，《少牢饋食禮》注云：「甗如甑，一空。」《説文》云：「甗，一穿。」《釋名·釋山》云：「甗，甑一孔也。」賈疏云：「對甑七穿，是有底甑。」段玉裁云：「無底，即所謂一穿。蓋甑七穿而小，甗一穿而大；一穿而大，則無底矣。」鬲，實五觳，厚半寸，脣寸。庾，實二觳，厚半寸，脣寸。鄭司農云：「觳讀爲斛，觳受三斗。《聘禮記》有斛。」玄謂豆實三而成觳，則觳受斗二升。庾讀如「請益與之庾」之庾。【疏】「鬲實五觳」者，容六斗。《説文·鬲部》云：「鬲，鼎屬，實五觳。斗二升曰觳。象腹交文三足。」《角部》云：「觳，盛觵卮也，讀若斛。」《方言》云：「鍑，北燕朝鮮洌水之間或謂之錪，或謂之鉼；江淮陳楚之間謂之錡，或謂之鏤；吳揚之間謂之鬲。」郭注云：「鍑，釜屬也。」戴震云：「《爾雅》『鼎款足謂之鬲』，注云：『鼎曲脚也。』蓋或以金、或以瓦爲之，款而三足，無足則釜也。《毛詩傳》『有足曰錡』。」案：戴説是也。鬲三足似鼎，故《史記·封禪書》説九鼎云「其款足曰鬲」，《索隱》云：「款者，空也，言其足中空也。」《漢書·郊祀志》「款足」作「空足」，顔注引蘇林云：「足中空不實者，名曰鬲。」是鬲形制與鼎同，但以空足爲異，故許君云「鼎屬」。其用主於亨飪，與釜鍑同，故《方言》又以爲鍑之別名。古或笵銅爲之，《史記·滑稽傳》云「銅歷爲棺」，《索隱》云：「歷即釜鬲也。」歷，歷之借字。此陶人所作，是瓦鬲。《説苑·反質篇》云：「瓦鬲煮食。」《説文》載鬲字重文或作「䰙」，又引《漢令》作「歷」，並從瓦是也。云「庾實二觳」者，容二斗四升。《左傳》昭二十六年，孔疏云：「庾，瓦器，今甕之類。」案：形制未聞。 注鄭司農云「觳讀爲斛」者，段玉裁云：「似傳寫之誤，『讀爲斛』當本是『或爲斛』。」案：段校是也。此疊異文，非改讀其字也。云「觳受三斗」者，此據《旊人》文，而讀豆爲斗，兼據今文禮家説，以此經之「庾」，爲《聘禮記》之「逾」；又以庾實二觳爲六斗，半之爲一觳所受之數也。彼「逾」，《掌客》及古文《禮》並作「籔」。《聘禮記》説致禮之米云：「十斗曰斛，十六斗曰籔，十籔曰秉。」注云：「今文籔爲逾。」彼《記》下文別釋車米總數，云「二百四十斗」，又別説禾云「四秉曰筥，十筥曰稯」。此後鄭本《記》三文，各不相冡也。《説文·禾部》秅字注，則以十籔之秉與四秉之秉爲一，而云「《周禮》曰二百四十斤爲秉，四秉曰筥，十筥曰稯」。此亦本《聘禮記》，而易二百四十斗之斗爲斤，以爲一秉之總數。許所據文義並與鄭異。其稱《周禮》者，謂此經舊師説，故《載師》疏引《五經異義》「古《周禮》説，一井出稯禾二百四十斛，秉芻二百四十斤，釜米十六斗」，與《説文》同。孔廣森云：「《異義》以稯禾爲二百四十斛，是秉乃六斛矣。《禮》注云『今文籔爲逾』。似今文不但逾籔字異，且唯作六斗曰逾，而無『十』字，逾即庾也。《記》『庾實二觳』，司農注『觳受三斗』。《梓人》『一獻而三酬，則一豆矣』，後鄭讀豆爲斗。蓋《旊人》『豆實三而成觳』，先鄭亦讀豆爲斗，故云觳受三斗。觳斛同音，而所容實異。三斗爲觳，六斗爲庾，十庾爲秉。秉六斛，二百四十斤。四十秉爲稯，稯二百四十斛，九千六百斤也。」案：孔參綜《異義》、《説文》，證先鄭此注觳受三斗，據今文《禮記》逾之半量，其説甚塙。蓋先鄭意，觳三豆，實爲三斗，是庾即逾，六斗，鬲一斛五斗也。以此數遞乘之，則一秉爲庾者十，爲斛者六，爲觳者二十也。一稯爲秉者四十，爲庾者四百，爲斛者二百四十，爲觳者八百也。與《異義》所述古《周禮》説稯禾之數正合。蓋此經舊師説本如是，故先鄭從之。後鄭《掌客》注及《聘禮記》注，則並從古文作「十六斗曰籔」，不從今文作「逾」，亦不從別本作「六斗曰逾」，而四秉自爲禾把，與十籔之量不相蒙。先鄭及許依今文説，於義爲短，故不從也。許君雖從今文《禮》義，然《説文·鬲部》又云「斗二升曰觳」，則許不以此「庾」爲即今文《禮》之「逾」，其説與先鄭又小異。云「《聘禮記》有斛」者，段玉裁云：「謂十斗曰斛，此分別觳斛之解也，正經觳或爲斛之誤。」案：段説是也。先鄭既不從或本作「斛」，又嫌觳斛音義易掍，故別白之云「《聘禮記》有斛」，明彼斛自爲十斗之量，與此觳異。賈疏謂先鄭説觳受三斗，或十斗，未達先鄭之指。云「玄謂豆實三而成觳，則觳受斗二升」者，後鄭亦據《旊人》文，而不破字。豆實四升，三之爲斗二升。此破先鄭觳受三斗之説。《説文》義同。云「庾讀如請益與之庾之庾」者，《論語·雍也篇》文。後鄭引之，明此庾即《論語》之庾也。依鄭義，則庾容二斗四升。何氏《集解》引包咸云「十六斗曰庾」，非鄭義也。戴震云：「量之數，斗二升曰觳，十斗曰斛，二斗四升曰庾，十六斗曰籔。觳與斛，庾與籔，音聲相邇，傳注往往譌溷。《論語》『與之庾』，謂於釜外更益二斗四升。蓋與之簽已當，所益不得過乎始與。包注『十六斗曰庾』，誤也。」案：戴說是也。賈疏云：「《小爾雅》『匊二升，二匊爲豆，豆四升，四豆曰區，四區曰釜，二釜有半謂之庾』者，庾本有二法，故《聘禮記》云『十六斗曰籔』，注云：『今文籔爲逾。』逾即庾也。按昭二十六年，申豐云『粟五千庾』，杜注云：『庾，十六斗。』以此知庾有二法也。」案：賈引《小爾雅·廣量》文，與今本異。庾，《小爾雅》作「籔」，則仍與《聘禮記》字同。《禮》今文作「逾」，別本又作「六斗曰逾」。先鄭以當此經之庾，彼逾字或亦作「庾」。《國語·魯語》「缶米」，韋注云：「缶，庾也。《聘禮》曰：十六斗曰庾。」是庾與逾聲近字通，故包、杜及《史記集解》、《論語》皇疏引賈逵《左傳·國語注》、《周語》韋注引唐固說，並同。後鄭但引《論語》以證此經之庾，而不引《聘禮記》，明今文《禮》之「逾」與此經及《論語》之「庾」異字異量，亦與先鄭意不同。賈引《聘禮記》謂庾本有二法，與後鄭指實無當也。據《論語》，則釜庾二量迥殊。《小爾雅·廣量》云「籔二有半謂之缶」，則缶爲四斛，是缶與釜庾亦異。而《魯語》「缶米」，許氏《異義》以缶爲釜，韋注又以爲即庾，則是掍釜庾缶爲一量，殆必不可通。今文《禮》之逾字，又作「斞」「匬」，詳《弓人》疏。

孫詒讓《周禮正義》卷八一《冬官考工記下·旊人》

旊人爲簋，實一觳，崇尺，厚半寸，脣寸，豆實三而成觳，崇尺。崇，高也。豆實四升。【疏】「旊人爲簋」者，旊，《唐石經》誤「旊」，今據宋本正。旊人，亦以事名工也。賈疏云：「祭宗廟皆用木簋，今此用瓦簋，據祭天地及外神尚質。按《易·損卦·彖》云：『二簋可用享。』四，以簋進黍稷於神也。初與二直，其四與五承上，故用二簋。四，《巽》爻也，《巽》爲木。五，《離》爻也，《離》爲日。日體圜，木器而圜，簋象也。是以知以木爲之，宗廟用之。若祭天地外神等，則用瓦簋，故《郊特牲》云『掃地而祭，於其質也；器用陶匏，以象天地之性』，是其義也。」案：賈所述《易·損·彖》義，據鄭《易注》，亦見《詩·秦風·權輿》孔疏。簋之容與觳同，皆斗二升。賈《舍人》疏引鄭《孝經注》謂簠受斗二升，則簠簋所容亦同，唯以方圓爲異。戴震云：「古者簠簋，或以金，或以木，或以瓦爲之。管仲鏤簋，金簋也，《爾雅》金謂之鏤是也。飾以玉、飾以象者，木簋也。瓦簋不得有飾。」案：戴說是也。《韓非子·十過篇》云「堯飯於土簋」，土簋即此瓦簋也。《聘禮》又有「竹簋方」，則簋之別制，此與木簋、金簋，並非旊人所爲矣。唯旊人爲瓦簋，亦當兼爲瓦簠。此不言者，文不具也。簠形制，互詳《舍人》疏。云「豆實三而成觳，崇尺」者，戴震云：「簋豆並崇尺，簋通蓋高，豆下有柄，亦通蓋高。《爾雅》木豆謂之豆，瓦豆謂之登，竹豆謂之籩。此瓦豆則登也。豆其通名。登與豆用同，宜濡物。若籩，惟宜乾物。」黃以周云：「崇尺，瓦豆之高也。《籩人》注云：『籩如豆，其容實皆四升。』賈疏以爲籩豆皆面徑尺，柄尺，依《漢禮器制度》知之。《管子·弟子職》『柄尺不跪』，注云：『豆有柄，長尺，則立而進之。』則柄尺實古制矣。《論語》皇疏云『柄尺二寸』，非也。柄即中央直者，《禮》謂之校；其下有跗，《禮》謂之鐙。跗與口各高一寸，合柄一尺爲高尺二寸。鄭注《雜記》云『豆徑尺』，疏云『面徑尺』。以口高一寸，圓徑一尺算之，已足容實四升。聶氏以爲口圓徑尺二寸，亦非也。」案：戴、黃說甚覈。聶氏《三禮圖》引梁正、阮諶《圖》云：「登盛湆，以瓦爲之，受斗二升，口徑尺二寸，足徑尺八寸，高二尺四寸，小身，有蓋，似豆狀。」此所說形制過大，聶崇義已庰之矣。又賈疏謂祭宗廟用木簋，祭天地外神用瓦簋，則豆亦當然。《郊特牲》孔疏亦謂祭天之簋豆用瓦，與賈意同。陳祥道云：「《詩·生民》述祀天之禮言『于豆于登』，則祀天有木豆矣。《少牢饋食禮》有瓦豆，則宗廟有瓦豆矣。」案：陳說是也。蓋簋豆各有瓦木二種，內外祭祀賓客通用之。賈、孔强爲區別，未足據也。又案：豆實三而成觳，先鄭蓋讀豆爲斗，故《陶人》注云「觳受三斗」。若然，則簋亦容三斗，於量太侈。又斗用木，不用瓦，非旊人所爲，故後鄭不從，此注亦不載，詳《陶人》疏。豆形制，互詳《醢人》疏。注云「崇，高也」者，《總叙》注同。云「豆實四升」者，《㮚氏》注同。《廣雅·釋器》云：「升四曰梪。」梪，木豆正字。凡豆，瓦木容實並同，詳《醢人》疏。

凡陶旊之事，髻墾薜暴不入市。爲其不任用也。鄭司農云：「髻讀爲刮。薜讀爲藥黃蘖之蘖。暴讀爲剝。」玄謂髻讀爲跀。墾，頓傷也。薜，破裂也。暴，墳起不堅致也。【疏】「凡陶旊之事」者，以下通論陶人、旊人制器之法式。云「髻墾薜暴不入市」者，墾，墾之譌體。葉鈔《釋文》作「狠」。案：當從《說文》作「豤」，詳後。不入市，謂不得鬻於市，即《司市》僞飾之禁在工者也。注云「爲其不任用也」者，明髻墾薜暴則器苦窳不任用，故不入市也。鄭司農云「髻讀爲刮」者，髻刮聲類同。《廣雅·釋詁》云：「刮，減也。」戴震云：「刮，削薄減下之義。」段玉裁云：「《說文》髻訓絜髮也，故大鄭易爲刮，謂器似刮刷然也。」云「薜讀爲藥黃蘖之蘖」者，《說文·木部》云：「檗，黃木也。」段玉裁改「爲」爲「如」，「蘖」爲「檗」，云：「黃檗今俗作黃柏、黃蘗，皆誤。讀如檗者，擬其音也。今本作『讀爲』，誤。」案：段校是也。阮元說同。云「暴讀爲剝」者，《說文·刀部》云：「剝，裂也。」《廣雅·釋詁》云：「剝，落也。」先鄭蓋謂薜暴爲破裂剝落之貌。云「玄謂髻讀爲跀」者，賈疏云：「跀，謂器不正欹邪者也。」段玉裁云：「鄭君以爲刮義未安，乃易髻爲跀，謂器之折足者也。髻從昏聲，昏從氏聲，音厥，與月聲近。」詒讓案：《廣雅·釋詁》云：「刖，危也。」跀刖音義同，謂器折足，則危而易覆也。云「墾，頓傷也」者，段玉裁云：「墾，葉鈔《釋文》作『狠』。《集韻·入聲·四覺》引《周禮》『髻狠薜暴』。案：《說文》本無墾字，《豕部》云：『豤，齧也。』凡齧物必用力頓傷，謂若傾跌器垺傷辟戾者也，顛頓而傷。」案：段校是也。《華嚴經音義》引《文字集略》云：「頓，損也。」頓傷猶言損傷。云「薜，破裂也」者，謂燒成破裂有罅隙。《說文·缶部》云：「缶燒善裂。」段玉裁云：「薜讀爲《西京賦》『擘肌分理』之擘，謂器之璺者也。」案：段說是也。《西京賦》李注引此注薜作「擘」，蓋李亦以薜擘爲一字，故依賦文改之，非唐時有此異本也。云「暴，墳起不堅致也」者，段玉裁云：「鄭君以剝義與薜相亂，故從本字作暴，訓墳起不堅致，與槁暴之暴略同。」案：段謂此暴與《輪人》注「藃暴」字同是也。《一切經音義》引《聲類》云：「爆，熿起也。」《毛詩·大雅·桑柔》傳「爆爍」，彼《釋文》云：「爆，本又作暴。」《爾雅·釋畜》「犦牛」，郭注云：「領上犦胅起。」彼《釋文》述注作「𦢊」，引此注云：「𦢊謂墳起。」蓋暴、爆、犦、𦢊聲義並略同。陸引此注作「𦢊」，則似依《爾雅》文改也。不堅致，謂不堅固密致，此即《檀弓》所謂「瓦不成沬」，孔疏謂瓦器無光澤是也。致即今緻字，詳《大司徒》疏。器中膊，豆中縣。膊讀如「車輇」之詮。既拊泥而轉其均，封膊其側，以儗度端其器也。縣，縣繩正豆之柄。【疏】「器中膊」者，此記陶旊笵器之法也。器兼甗、盆、甑、鬲、庾、簋、豆諸器而言。云「豆中縣」者，瓦器惟豆有柄，尤貴其直，故別出之。　注云「膊讀如車輇之輇」者，賈疏謂讀從《襍記》「載以輇車」之輇，以音同也。案：今《禮記》輇作「輲」，注云：「輲讀爲輇，或作槫。」鄭、賈並依所改字爲讀。槫與膊聲類亦同。云「既拊泥而轉其均，封膊其側，以儗度端其器也」者，《釋文》云：「封本又作樹。」案：封樹義同，詳《大司寇》疏。賈疏云：「按下文『膊崇四尺』，上下高四尺，無邪曲。轉其均之時，當儗度此膊，宜與膊相應，其器則正也。」詒讓案：拊泥即《總叙》之搏埴，謂拍泥爲瓦器之坏也。諦審經文及注義，膊蓋爲長方之式，以度器使無衺曲者。注所謂均，則器範下圓物，以便旋轉者。《管子·七政篇》云「猶立朝夕於運均之上」，尹注云：「均，陶者之輪也。」即此。其字又作「鈞」，《淮南子·原道訓》云「鈞旋轂轉」，高注云：「鈞，陶人作瓦器法下轉旋者。」《漢書·鄒陽傳》顏注引張晏云：「陶家名模下圓轉者爲鈞。」《賈誼傳》注亦云：「今造瓦者，謂所轉爲鈞。」綜覈諸說，蓋均圓膊方，其制迥殊，相資而爲用者。《莊子·駢拇篇》云：「陶者曰，吾善治埴，圓者中規，方者中矩。」若然，均其中規之式，膊其中矩之式與？云「縣，縣繩正豆之柄」者，與《輿人》「立者中縣」義同，謂豆柄之直，與縣繩之垂綫相應也。賈疏云：「豆柄，中央把之者，長一尺，宜上下直與縣繩相應，其豆則直。」案：豆柄謂校也。《祭統》云「夫人薦豆執校」，注云：「校，豆中央直者也。」賈知柄長一尺者，據《弟子職》文，詳前疏。膊崇四尺，方四寸。凡器高於此，則垺不能相勝；厚於此，則火氣不交，因取式焉。【疏】「膊崇四尺」者，謂封膊之直度也。云「方四寸」者，膊平方之横徑也。　注云「凡器高於此，則垺不能相勝」者，《集韻·十五灰》云：「垺，陶器範。」《說文·土部》云：「坏，一曰瓦未燒。」又《缶部》云：「罄，未燒瓦器也。讀若筩莩同。」垺與坏罄音義並相近。不能相勝，謂太高過四尺，則未燒時易傾壞也。云「厚於此，則火氣不交」者，謂厚過四寸。賈疏云：「謂垺不熟則易破者也。」云「因取式焉」者，鄭意拊泥爲垺，封膊以儗度端正其器，因即視爲高厚之度也。

孫詒讓《周禮正義》卷八一《冬官考工記下·梓人》　梓人爲筍虡。樂器所縣，横曰筍，植曰虡。鄭司農云：「筍讀爲竹筍之筍。」【疏】「梓人爲筍虡」者，梓人亦以所攻之材名工也。《爾雅·釋木》云：「椅，梓。」《說文·木部》云：「梓，楸也。」凡木材以梓爲良，故《書》云「若作梓材」，彼《釋文》引馬融云：「治木器曰梓。」《大射儀》「工人士與梓人畫物」，即此工也。筍，《釋文》作「簨」，云「本又作筍」。《廣韻·十七準》云：「簨簴同。」案：簨簴並筍之俗，筍，栒之省，詳《典庸器》疏。《爾雅·釋器》云：「木謂之虡。」《莊子·達生篇》云「梓慶削木爲鐻」，鐻亦虡之假字。彼《釋文》引李頤云：「梓，官名。」即此工官也。周時縣樂器之筍虡，並以木制，故梓人爲之。秦漢以後或鑄金爲之，非古也。　注云「樂器所縣，横曰筍，植曰虡」者，《典庸器》杜注義同。鄭司農云「筍讀爲竹筍之筍」者，段玉裁改「爲」爲「如」，云：「各本作『讀爲』，誤也。此筍，竹胎字也，與竹箭有筍字同音異。竹箭有筍，于貧反。」案：段校是也。天下之大獸五：脂者，膏者，羸者，羽者，鱗者。脂，牛羊屬。膏，豕屬。羸者，謂虎豹貔螭爲獸淺毛者之屬。羽，鳥屬。鱗，龍蛇之屬。【疏】「天下之大獸五」者，《爾雅·釋鳥》云：「二足而羽謂之禽，四足而毛謂之獸。」此五獸兼羽鱗者，對文則異，散文可通，猶《月令》五蟲有羽毛也。　注云「脂，牛羊屬，膏，豕屬」者，賈疏云：「二者祭宗廟以爲牲，故知也。」鄭注《内則》云：「『凝者曰脂，釋者曰膏。』」詒讓案：《說文·肉部》云：「戴角者脂，無角者膏。」《家語·執轡篇》云：「無角無前齒者膏，有角無齒者脂。」王注云：「膏，豕屬。脂，羊屬。」《淮南子·墬形訓》云：「無角者膏而無前，有角者脂而無後。」高注云：「膏，豕熊猨之屬。脂，牛羊麋之屬。」義並與鄭同。《大戴禮記·易本命篇》亦云：「無角者膏而無前齒，有羽者脂而無後齒。」「有羽」即「有角」之譌。云「羸者，謂虎豹貔螭爲獸淺毛者之屬」者，《大司徒》「羸物」注義同。螭即离之借字，詳彼疏。云「羽，鳥屬」者，《大司徒》「羽物」，注云「翟雉之屬」。《文選·蜀都賦》劉注云：「羽族，鳥也。」云「鱗，龍蛇之屬」者，《月令》「春其蟲鱗」注同。《大司徒》「鱗物」，注云「魚龍之屬」。案：此經魚入小蟲連行屬，蛇入小蟲紆行屬。筍虡大獸鱗屬，當專據龍言之。又案：《說文·魚部》云：「魿，蟲連行紆行者。」依此經下文，連行爲魚屬，紆行爲蛇屬，則魿似亦魚蛇水蟲之通名，非一蟲而兼兩行也。若然，疑此經故書別本鱗或有作「魿」者，故許即據下經爲訓，鱗魿聲類亦相近也。宗廟之事，脂者、膏者以爲牲；致美味也。【疏】「宗廟之事」者，即《大宗伯》人鬼六享之事。云「脂者膏者以爲牲」者，《牧人》六牲，唯雞爲羽屬，餘皆獸屬，有脂膏者也。賈疏云：「上摠言，於此已下別言之，欲分别可爲筍虡者也。」　注云「致美味也」者，脂膏者肥腯，中爲犧牲，故以共祭，致其美味也。羸者、羽者、鱗者以爲筍虡；貴野聲也。【疏】注云「貴野聲也」者，野物有聲者，或不中爲牲，則刻其形於筍虡，使樂作時，匪色似鳴，若備其聲也。外骨、内骨，卻行、仄行、連行、紆行，以脰鳴者，以注鳴者，以旁鳴者，以翼鳴者，以股鳴者，以胷鳴者，謂之小蟲之屬，以爲雕琢。刻畫祭器，博庶物也。外骨，龜屬。内骨，鼈屬。卻行，螾衍之屬。仄行，蟹屬。連行，魚屬。紆行，蛇屬。脰鳴，鼃黽屬。注鳴，精列屬。旁鳴，蜩蜺屬。翼鳴，發皇屬。股鳴，蚣蝑動股屬。胷鳴，榮原屬。【疏】「謂之小蟲之屬」者，賈疏云：「上云大獸，或爲宗廟牲，或爲筍虡設。今此更別言小蟲之屬，以飾祭器者也。自紆行以上不能鳴者，據行而言；自脰鳴以下能鳴者，據鳴而言之。」　注云「刻畫祭器，博庶物也」者，此亦以雕爲彫也。《巾車》注云：「彫者畫之。」《司約》「丹圖」注「謂彫器簠簋之屬，有圖象者」。雕，彫之借字，詳《總叙》疏。賈疏云：「以雕畫及刻爲琢飾者也。」案：賈蓋以雕爲畫，琢爲刻，二義不同。然攷《說文·彡部》云：「彫，琢文也。」《玉部》琱琢並云治玉也。《爾雅·釋器》云「玉謂之雕」，又云「玉謂之琢」。琱雕字亦通。《孟子·梁惠王篇》趙注云：「彫琢，治飾玉也。」《論語·公冶長篇》「朽木不可雕也」，《集解》引包咸云：「雕，雕琢刻畫。」依包説，則雕琢即雕，亦即刻畫，可證鄭義。《説文·刀部》云：「刻，鏤也。」蓋施刀削曰刻，成文采曰畫。祭器雖有畫文，而經云雕琢，則自專據刻鏤言之。若《司尊彝》注説雞彝、鳥彝、山罍，並云「刻而畫之」，《雜記》「鏤簋」，注云「刻爲蟲獸」是也。賈分雕琢爲兩訓，非經注義。云「外骨，龜屬」者，《説文·龜部》云：「龜，舊也，外骨内肉者也。」案：禮敦簋皆刻龜形，詳《舍人》疏。此外骨、内骨，皆《鼈人》所謂互物者。外骨當亦兼有蜃貝之屬，《鬯人》有「蜃尊」，注謂畫蜃，亦祭器也。云「内骨，蟞屬」者，蟞，《釋文》云：「本又作鱉。」案：字當作「鼈」。《説文·黽部》云：「鼈，甲蟲也。」蟞鱉皆俗體。蟞亦見《雍氏》注。賈疏云：「按《易·説卦》云『《離》爲鼈，爲蟹，爲龜』，注皆云『骨在外』。與此注違者，龜鼈皆外骨，但此經外骨内骨相對，以鼈外有肉緣爲内骨也。」云「卻行，螾衍之屬」者，《廣雅·釋言》云：「卻，退也。」《釋文》云：「《爾雅》云：『螾衍，入耳。』郭璞云：『蚰蜒也。』按此蟲能兩頭行，是卻行。劉云：『或作衍蚓，今曲蟮也。』」臧琳云：「《説文·虫部》：『螾，側行者。』與鄭異。然鄭以仄行爲蟹屬，《説文》亦以蟹爲旁行，則此作『側行』，或字誤。螾衍，今《爾雅》爲『螾衝』，陸云『本又作蜇』，皆《説文》所無。當定作『衍』。又《説文》云『蚓，螾或从引』，與劉昌宗所見或本合。《釋文》作『衍蚓』，誤倒也。以爲曲蟮，亦非。《説文》：『蟺，死蟺也。』此即曲蟮，與螾衍異。《方言》云：『蚰蜒，自關而東謂之螾蜇，或謂之入耳，或謂之蛝蠬，趙魏之閒或謂之蚨虷，北燕謂之蛆蚭。』」案：臧説甚析。凡連言螾衍者爲蚰蜒，《本艸》陶注云「細黃蟲，狀如蜈蚣」是也；單言螾者爲丘蚓，劉云「曲蟮」是也。鄭云卻行者，自謂蚰蜒；許云側行者，自謂丘蚓，故《玉篇》亦云「螼螾仄行」，即寒蚓也。今目驗蚰蜒能兩頭行，而丘蚓則非側行，許説爲短也。云「仄行，蟹屬」者，《漢書·五行志》顔注云：「仄古側字。」《廣雅·釋言》云：「側，旁也。」《説文·虫部》云：「蟹有二敖，八足，旁行。」又以側行爲螾，字義並與鄭異。云「連行，魚屬」者，《王制》注云：「連猶聚也。」連行即《易·剥》六五《爻辭》所謂貫魚，王注云「駢頭相次」是也。云「紆行，蛇屬」者，《矢人》注云：「紆，曲也。」《説文·糸部》云：「紆，詘也。」賈疏云：「紆，曲也，以其蛇行屈曲，故謂之紆行也。」云「脰鳴，鼃黽屬」者，《説文·肉部》云：「脰，項也。」《公羊》莊十二年何注云：「脰，頸也，齊人語。」《釋名·釋形體》云：「咽，青徐謂之脰。」《説文·虫部》云：「[illegible]鼀，詹諸，以脰鳴者。」《爾雅·釋魚》：「鼁鱦，蟾諸，在水者黽。」案：鼃黽水居，詹諸陸居，種類略同。鄭云「鼃，黽屬」，足以晐詹諸，許、鄭義不異也。鼃黽無肋骨，口不能呼氣成聲，其聲似出咽項之間，故云脰鳴也。鼃黽，詳《秋官·叙官》疏。云「注鳴，精列屬」者，《公羊釋文》云：「注與咮同。」案：《説文·口部》云：「咮，鳥口也。」注即咮之假字。賈疏云：「按《釋蟲》云：『蟋蟀，蛬。』注云：『今促織也，亦名青蛚。』《方言》：『精列，楚謂之蟋蟀，或謂之蛬，南楚之間或謂之王孫。』」詒讓案：《大戴禮記·易本命篇》盧注云：「蟋蟀無口而鳴。」今目驗蟋蟀有口，而鳴不以口，其聲出兩翼間。鄭以釋注鳴，似未塙。《説文·虫部》云：「虺，以注鳴，《詩》曰『胡爲虺蜥』。」又云：「榮蚖，蛇醫，以注鳴者。」虺即榮蚖，亦即榮原。鄭以爲胷鳴之屬，與許異，當以許爲長。《玉篇·虫部》亦云：「石虺，今以注鳴者。」依許義也。云「旁鳴，蜩蜺屬」者，《説文·肉部》云：「膀，脅也。」旁即膀之叚字。又《説文·虫部》云：「蜩，蟬也，《詩》曰『五月鳴蜩』。」蟬，以膀鳴者。蜺，寒蜩也。賈疏云：「蟬鳴在脅。」云「翼鳴，發皇屬」者，賈疏云：「按《爾雅》：『蛂，蟥蛢。』郭云：『甲蟲也，大如虎豆，緑色，今江東呼爲黃蛢。』即此發皇也。」臧琳云：「《説文·虫部》：『蛢，螪蟥，以翼鳴者。』《爾雅》：『蛂，蟥蛢。』《御覽》引孫炎注云：『翼在甲裏。』犮發聲同，古文多通用，故《爾雅》作『蛂』，《周禮注》作『發』。《爾雅音義》云：『蟥本或作黃。』黃與皇亦古通。」案：臧説是也。今有緑色甲蟲，形狀如郭説，鳴聲甚清亮，江蘇人謂之金鐘子，當即發皇也。云「股鳴，蚣蝑動股屬」者，《説文·虫部》云：「蚣蝑，以股鳴者。重文蜙，蚣或省。」《詩·豳風·七月》云「五月斯螽動股」，毛傳云：「斯螽，蚣蝑也。」《爾雅·釋蟲》云「蜤螽，蜙蝑」，郭注云：「蜙蝑也，俗呼蝽蝚。」《詩·周南·螽斯》孔疏引陸璣疏云：「幽州人謂之舂箕，舂箕即舂黍，蝗類也。長而青，長角，長股，股鳴者也。或謂似蝗而小，班黑，其股似瑇瑁文。五月中以兩股相搓作聲，聞數十步。」案：蚣蝑鳴聲亦出兩翼旁，以其與股相摩切，故謂之股鳴。《詩》云「斯螽動股」，即謂蚣蝑振股而鳴。此注亦用《詩》成文，非以動股爲別一蟲也。云「胷鳴，榮原屬」者，《釋文》云：「胷，本亦作骨，又作𦙄。干本作骨，云『敝屁屬也』。賈、馬作胃，賈云『靈蠵也』。鄭云『榮原屬也』。不知榮原之屬以何鳴。作『骨』者，恐非也。沈云『作胷爲得』，亦所未詳。聶音胃。劉本作胷，音鹵。原亦作螈。」賈疏云：「此記本不同，馬融以爲胃鳴，干寶本以爲骨鳴。胃在六府之内，其鳴又未可以骨，爲狀亦難信，皆不如作胷鳴也。」臧琳云：「《説文·虫部》：『蠵，大龜也，以胃鳴者。』《爾雅釋文》引《字林》云：『蠵，大龜，以胃鳴。』本《説文》。許叔重學於賈景伯，故從賈説，馬季長亦同。沈重云『作胷爲得』，據鄭本也。」詒讓案：《説文·勹部》云：「匈，膺也。重文𦙄，匈或从肉。」胷即匈之俗。《玉燭寶典》引經作「匈」。攷《巾車》、《廬人》注並有胷字，經文作「胷」作「𦙄」並通。諸家本作「骨」，作「胃」，字形咸相近，知故書不作「匈」也。此經文及訓義，諸家差互，未知孰是。《釋文》引干寶本胷作「骨」，云「敝屁屬」。「敝屁」段玉裁定爲「鼈」字之誤分，是也。又引劉昌宗本作「胷」，音鹵。胷，今本《釋文》作「胷」，字書所無，胷字亦無鹵音，疑誤。榮原，《説文》作「榮蚖」，原即蚖之借字。陸載別本作「螈」，《玉燭寶典》引同。《爾雅·釋蟲》云：「蠑螈，蜥蜴。」《方言》云：「守宮，其在澤中者謂之易蜴，南楚謂之蛇醫，或謂之蠑螈。桂林之中，守宮大者而能鳴，謂之蛤解。」注：「榮原當即指蛤解也。」段成式《酉陽雜俎·廣動植篇》云：「榮原，胃鳴。」此從賈、馬本作「胃」，而義則仍從鄭，與陸引聶音略同。今攷《説文》以榮原爲注鳴，蓋亦本賈侍中説，義實允協。但此胷鳴，賈、馬作「胃鳴」，於義爲短。竊謂經文當從胷，而義則當從賈説爲靈蠵。《爾雅·釋魚》「靈龜」，郭注云：「涪陵郡出大龜，甲可以卜，緣中文似瑇瑁，俗呼爲靈龜，即今觜蠵龜，一名靈蠵，能鳴。」是也。凡龜屬，肋骨咸與外甲相屬，不能張翕，故其鳴似出胷間，與鼃黽脰鳴相類也。厚脣弇口，出目短耳，大胷燿後，大體短脰，若是者謂之羸屬，恒有力而不能走，其聲大而宏。有力而不能走，則於任重宜；大聲而宏，則於鍾宜。若是者以爲鍾虡，是故擊其所縣，而由其虡鳴。燿讀爲哨，頃小也。鄭司農云：「宏讀爲紘綖之紘，謂聲音大也。由，若也。」【疏】「厚脣弇口」者，《呂氏春秋·仲冬紀》高注云：「弇，深邃也。」謂脣厚而口深大。云「大胷燿後」者，《後漢書·馬融傳·廣成頌》胷作「匈」，李注引此經同。聶氏《三禮圖》云：「燿，本又作臞。」案：賈《廛人》疏引此《記》亦作「臞」，詳後。云「有力而不能走，則於任重宜，大聲而宏則於鍾宜」者，明鍾虡宜用贏屬之義。云「若是者以爲鍾虡」者，《說文·虍部》云：「虡，鍾鼓之柎也，飾爲猛獸。」即謂贏屬之獸。古飾鍾虡以猛獸，說者因誤以虡爲獸名。《後漢書·董卓傳》李注引《前書音義》及《漢書·郊祀志》、《賈山傳》顔注，並以筍虡之虡爲神獸。此蓋以爲「豦」之叚字，非古義也。依《說文》，則鼓虡亦象贏屬爲之。蓋鼓音宏大，虡宜與鍾同也。此不云爲鼓虡者，文不具。《穆天子傳》云：「鳥以建鼓，獸以建鍾。」彼似謂建鼓之柎以鳥爲飾，則又與磬虡同也。江永云：「凡贏羽蟲皆刻於植虡上，曰任重，曰任輕，曰加任焉，假設言之耳，非真以全架任之於其背也。」戴震云：「贏者爲鍾虡，羽者爲磬虡，皆所以負筍，非爲虡下之跗也。《西京賦》：『洪鍾萬鈞，猛虡趪趪，負筍業而餘怒，乃奮翅而騰驤。』薛綜注云：『當筍下爲兩飛獸以背負。』」案：江、戴說是也。《文選·上林賦》張揖注云：「虡獸以俠鍾旁。」足爲虡獸負枸之證。聶氏《禮圖》乃畫獸於虡趺之下，若負虡然，失之。　注云「燿讀爲哨，頃小也」者，頃，余仁仲本作「頎」，注疏本及《羣經音辨》並同。《釋文》作「頃」，云「音傾，李一音懇」。惠士奇云：「馬融《廣成頌》曰：『鷙鳥毅蟲，倨牙黔口，大匈哨後。』然則燿一作『哨』，音義宜然，康成讀從之，本師說也。燿一作『臞』，細小之貌，與哨通。臞一作『臞』，《爾雅》曰：『臞、脉，瘠也。』瘠則細小，音異而義同。」段玉裁云：「《說文》：『哨，不容也。』《記·投壺》曰：『枉矢哨壺。』哨是頃意，不容是小意。頃，今傾字。頃，不正也。或作『頎』，李音懇。《釋文》本作『頃』，是賈疏本作『頎』，非。」案：此經無作「臞」之本，惠說蓋據《大司徒·釋文》及《廛人》疏而言。以音義攷之，此經訓頃小者宜作「燿」。臞，《大司徒》、《廛人》注訓瘠瘦者，宜作「臞」，二字形近，故多互譌。頃小之義，當如段說，阮元說亦同。《廣雅·釋詁》傾哨並訓衺也。頃與傾同。《形方氏》注亦以「佤邪」爲「佤哨」，然則「哨後」亦謂後衺殺而小也。李軌本作「頎」，音懇，則謂與《輈人》「頎典」字同，未詳其義。《後漢書》注引此注作「燿」，讀曰哨。哨，小也。疑李賢所改。鄭司農云「宏讀爲紘綖之紘，謂聲音大也」者，《說文·宀部》云：「宏，屋深響也。」《爾雅·釋詁》云：「宏，大也。」《書·盤庚》孔疏引樊光注，亦援此《記》爲釋，用先鄭義也。賈疏云：「讀從《左傳》桓二年，臧哀伯曰『衡紞紘綖』，取其音同耳。」阮元云：「此『讀爲』疑當作『讀如』。」段玉裁云：「《月令》『其器圜以閎』，注云：『閎讀爲紘，紘謂中寬象土含物。』《正義》云：『紘從頤下屈而上屬於冕，中央寬緩。』案：凡其外圍弇，其内深廣曰宏，似不假易爲紘也。聲音，謂聲之成文者。」案：阮說是也。云「由，若也」者，由與猶同。《郊特牲》注云：「猶，若也。」銳喙決吻，數目顅脰，小體騫腹，若是者謂之羽屬，恒無力而輕，其聲清陽而遠聞。無力而輕，則於任輕宜；其聲清陽而遠聞，則於磬宜。若是者以爲磬虡，故擊其所縣，而由其虡鳴。吻，口腃也。顅，長脰貌。故書顅或作牼。鄭司農云：「牼讀爲『鬜頭無髮』之鬜。」【疏】「銳喙決吻」者，《說文·口部》云：「喙，口也。」《文選·甘泉賦》李注云：「決亦開也。」謂口銳利而脣開張也。云「數目顅脰」者，《毛詩·釋文》云：「數，細也。」謂細目也。云「小體騫腹」者，《說文·馬部》云：「騫，馬腹縶也。」段玉裁校改縶爲「墊」，謂馬腹低陷是也。《毛詩·小雅·無羊》傳云：「騫，虧也。」體小則腹虧損低陷也。《無羊》孔疏引崔靈恩《毛詩集注》本《詩傳》作「騫，曜也」。則與此上文「燿後」之燿義同。云「其聲清陽而遠聞」者，《弓人》云「凡相幹，欲赤黑而陽聲」，注云：「陽猶清也。」案：陽與揚通。《釋名·釋天》云：「陽，揚也，氣在外發揚也。」《荀子·法行篇》云：「玉扣之，其聲清揚而遠聞。」《聘義》作「扣之，其聲清越以長」。揚越一聲之轉。云「無力而輕則於任輕宜，其聲清陽而遠聞則於磬宜」者，「於磬」上俗本並捝「則」字，今據《唐石經》補。賈疏云：「磬輕於鍾，故畫鳥爲飾。」　注云「吻，口腃也」者，《說文·口部》云：「吻，口邊也。」《集韻·二僊》云：「腃，吻也。」《釋名·釋形體》云：「吻，口卷也，可以卷制食物，使不落也。」卷腃字通。云「顅，長脰貌」者，顅與肩通。《莊子·德充符篇》云：「其脰肩肩。」《釋文》引李頤云「羸小貌」，梁簡文帝云「直貌」。此顅脰亦項長而直之貌也。云「故書顅或作牼，鄭司農云，牼讀爲鬜頭無髮之鬜」者，《釋文》云：「鬜，吕忱云『鬢秃也』。」案：吕本《說文》。牼鬜聲相近。《左》襄十七年經「邾子牼」，牼，《公羊》、《穀梁》作「瞯」，是其例。惠士奇云：「《廣雅》曰：『鬜、髮、髻、頌，秃也。』《明堂位》『夏后以楬豆』，注云：『楬，無飾也，齊人謂無髮爲秃楬。』則鬜與楬音同。器無文，猶頭無髮，其義亦同矣。楬一作『鬜』，《士喪禮》『鬜豆兩』。」段玉裁云：「《說文·頁部》曰：『顅，頭鬢少髮也，从頁肩聲。』引《周禮》『數目顅脰』。此蓋賈侍中說，字與鄭同，義與鄭異。顔或爲牼，司農讀爲鬜，皆雙聲字。《說文·髟部》云：『鬜，鬢秃也。』《明堂位》注『秃楬』，楬即鬜之假借。《釋名》作『鬜』。司農與《髟部》合，謂項無毛也。羽屬項，不必無毛，故鄭君不取。」小首而長，摶身而鴻，若是者謂之鱗屬，以爲筍。摶，圜也。鴻，傭也。【疏】「若是者謂之鱗屬，以爲筍」者，賈疏云：「上論鍾磬之虡用鳥獸不同，此論二者之筍同用龍蛇鱗物爲之也。故直云爲筍，不別言鍾之與磬，欲見二者同也。」詒讓案：《明賞位》「夏后氏之松簨虡」，注云：「横曰簨，飾之以鱗屬。」孔疏謂此經筍飾以龍，彼經並云虡者，蓋夏時簨虡皆飾之以鱗，或可因簨連言虡也。又引《漢禮器·制度》云：「爲龍頭及頷口銜璧，璧下有旄牛尾也。」《文選》顔延之《曲水詩序》李注引阮諶《三禮圖》云：「筍虡兩頭並爲龍以銜組。」以上二說並漢制，不知與古合否。《說文·金部》鎛字注云：「鎛鱗也，鍾上横木上金華也。」以鱗屬爲鐘上横木之飾，故謂之鎛鱗矣。　注云「摶，圜也」者，《廬人》、《弓人》注同，詳《輪人》疏。云「鴻，傭也」者，《爾雅·釋言》云：「傭，均也。」郝懿行云：「傭與鴻聲近，鄭蓋以龍蛇之屬，其身摶圜，前後均等，故訓鴻爲傭，義本《爾雅》。」案：郝說是也。《典同》先鄭注云「鍾聲上下正傭」，與此義同。林希逸云：「鴻，大也。摶身而鴻，身圓而大也。」俞樾云：「鴻當讀爲『鳿』，《說文·隹部》：『琟，鳥肥大琟琟也，或從鳥作鳿。』摶身而鳿者，亦謂其肥大也。作鴻者，假字。」案：林、俞說亦通。凡攫網援簭之類，必深其爪，出其目，作其鱗之而。謂筍虡之獸也。深猶藏也。作猶起也。之而，頰頌也。

【疏】「凡攫閷援簭之類」者，閷，籀文殺字之譌，詳《矢人》疏。賈疏云：「此覆釋上文鍾虡之獸。云攫閷者，攫著則殺之。援簭者，援攬則噬之。」詒讓案：攫猶搏持，詳《獸人》疏。《廣雅·釋詁》云：「援，引也。噬，齧也。」簭噬字同。《春官》以爲卜筮字，彼爲假借，此用本義也。《山師》注作「噬」。簭噬古今字，詳《春官·敘官》疏。攫閷援簭，謂猛毅剽狡之獸。《爾雅·釋獸》云「猱蝯善援」，郭注云：「便攀援。」又云「貜父善顧」，注云：「能攫持人。」亦其類也。云「必深其爪，出其目」者，謂刻猛獸之爪必深入，目必高出也。爪，叉之假字，詳《輪人》疏。云「作其鱗之而」者，賈疏云：「謂動頰頌，此皆可畏之貌。」　注云「謂筍虡之獸也」者，此有鱗屬，則兼筍虡而言。賈疏謂此唯説鍾虡，鄭連言筍，非也。云「深猶藏也」者，亦引申之義。《廣雅·釋詁》云：「藏，深也。」云「作猶起也」者，《地官·胥》注同。云「之而，頰頌也」者，鄭蓋以「之而」爲疊韻連綿語，其義則爲頰頌也。賈疏云：「舊讀頌字以沽罪反，謂起其頰頌。劉炫以爲於義無所取，常爲頰頌音壼讀之，於義爲允也。」《釋文》云：「頌，許慎口忽反，禿也。劉古本反，李又其懇反，一音苦紇反，又音混。」戴震云：「頰側上出者曰『之』，下垂者曰『而』，須鬣屬也。」王引之云：「《説文》：『頌，禿也。』禿爲無髮，則不可以言作矣。鄭説非也。案：而，頰毛也。之猶與也。作其鱗之而，謂起其鱗與頰毛也。若龍有鱗，虎有鬚，皆象其形，使之上起耳。古文連及之詞，或言『與』，或言『之』。《説文》『而，頰毛也』，引《周禮》『作其鱗之而』，釋『而』不釋『之』，然則『之』爲語詞，非實義所在矣。」案：王説於義爲允。然鄭意似當如戴説。頰頌，陸、賈所列諸家音讀，義並難通。今攷疏所舉「沽罪反」一音，《釋文》及《説文》、《玉篇》、《廣韻》並不載。又引劉炫讀爲壼，《廣韻·二十一混》訓禿頭。《集韻·十四賄》沽罪切及《二十一混》苦本切，兩收頌字，並訓頰高。據疏則兩音當異訓，不知劉讀於義何取。竊疑「頰頌」當作「頰須」。頌正字作「頌」，與「須」形近致譌。《禮運》孔疏引《説文》云：「而者，鬚也。」鬚即須之俗。今本《説文·而部》作「頰毛」，而《須部》云「顊，頰須也」，頰須與頰毛義同。《冥氏》先鄭注以須爲頤下須，許、鄭詁「而」云「頰須」者，明其與頤下須微異也。然據李、劉兩音，則晉時本已如此，蓋其譌久矣。而字又作「髵」、「耏」。《文選》張衡《西京賦》云「猛毅髬髵」，薛綜注云：「髬髵，作毛鬣也。」《漢書·西域傳》注孟康云：「師子有頧耏。」顏注云：「耏亦頰旁毛也。」

深其爪，出其目，作其鱗之而，則於眡必撥爾而怒。苟撥爾而怒，則於任重宜。且其匪色，必似鳴矣。匪，采貌也。故書撥作「廢」，匪作「飛」。鄭司農云：「廢讀爲撥，飛讀爲匪。」以似爲發。【疏】「則於眡必撥爾而怒」者，眡謂人眡之也。

注云「匪，采貌也」者，《詩·衛風·淇奧》「有匪君子」，毛傳云：「匪，文章貌。」《説文·文部》云：「斐，分別文也。」段玉裁云：「匪者，斐之假借，與《淇奧》詩同。」云「故書撥作廢，匪作飛，鄭司農云，廢讀爲撥，飛讀爲匪」者，段玉裁云：「撥、廢，匪、飛，皆以聲類易字也。」云「以似爲發」者，亦述先鄭義。段玉裁云：「謂『似』當爲『發』也。僅云『似鳴』，形容未盡，故改爲『發』。鄭君經仍作『似』，蓋不謂然。」俞樾云：「『以似爲發』，與上兩句不一律。且經文『必似鳴矣』，文義甚明。若破似爲發，而曰『必發鳴矣』，義轉未安。下文云『其匪色必似不鳴矣』，豈可曰『必發不鳴』乎？然則此注殆必有誤。疑故書『廢』字，先鄭讀爲『撥』，後鄭以撥字無義，改讀爲『發』。《論語·微子篇》『廢中權』，《釋文》曰：『鄭作發。』是鄭注《論語》亦讀廢爲發，可證。」案：似發形聲並遠，固似有誤，然俞疑爲後鄭讀廢爲發，則此無「玄謂」之文，於注例不合，所未詳也。

爪不深，目不出，鱗之而不作，則必穨爾如委矣。苟穨爾如委，則加任焉，則必如將廢措，其匪色必似不鳴矣。措猶頓也。故書措作「唶」，杜子春云：「當爲措。」【疏】「則必穨爾如委矣」者，穨，《唐石經》初刻並作「頹」，磨改作「穨」。案：頹即穨之譌。《説文·禿部》云：「穨，禿貌。」又《𨸏部》云：「隤，下墜也。」此穨爾形容厭伏不振之貌，當爲隤之假借。《易·繫辭》云「夫坤隤然，示人簡矣」，《釋文》引馬融云：「隤，柔也。」委亦廢措之意。此申明爲虡獸而不深爪出目作鱗之而者之不足觀也。賈疏謂「此説脂者膏者止可爲牲，不可爲虡之義」，非也。云「其匪色必似不鳴矣」者，段玉裁謂此本云「其匪色必不似鳴」，今本「似不鳴」，誤。　注云「措猶頓也」者，此引申之義也。《説文·手部》云：「措，置也。」《廣雅·釋詁》云：「頓，僵也。」云「故書措作唶，杜子春云當爲措」者，段玉裁云：「此古文假借也。漢人抱火唶之積薪之下同。子春謂厲石之字非訓，故易爲措。古廢置皆曰措。」

梓人爲飲器，勺一升，爵一升，觚三升。獻以爵而酬以觚，一獻而三酬，則一豆矣。勺，尊升也。觚、豆，字聲之誤，觚當爲觶，豆當爲斗。【疏】「爲飲器」者，飲酒所用之器也。勺所以𣂚，爵觚所以飲，二者通爲飲器。云「勺一升」者，《説文·勺部》云：「勺，挹取也，象形，中有實。」《明堂位》云：「夏后氏以龍勺，殷以疏勺，周以蒲勺。」鄭注云：「龍，龍頭也。疏，通刻其頭。蒲，合蒲如鳧頭也。」聶氏《三禮圖》引《舊圖》云：「龍勺，柄長二尺四寸，受五升，士大夫漆赤中，諸侯以白金飾，天子以黃金飾。疏勺長二尺四寸，受一升，漆赤中，丹柄端。蒲勺所受同。」案：《舊禮圖》説疏勺、蒲勺所受，與此經同；而龍勺則容五升，所贏太多，殆誤以洗勺容量釋尊料與？《禮器》有「樿勺」，《士喪禮》有「素勺」，亦並以木爲之，與蒲勺略同。又案：《漢書·律曆志》云：「十合爲升。」此勺一升，即容十合也。《孫子算經》云：「十勺爲合。」彼爲量之微數，與尊料亦異也。云「爵一升，觚三升」者，《聶圖》及《御覽·器物部》引《三禮舊圖》云：「觚受三升，鋭下方足，漆赤中，畫青雲氣通飾，其卮、爵、觚、觶、角、散諸觴皆形同，升數則異。」案：爵形制，詳《大宰》疏。云「獻以爵而酬以觚」者，《説文·酉部》云：「醻，主人進客也，重文酬，醻或从州。」《詩·小雅·彤弓》箋云：「飲酒之禮，主人獻賓，賓酢主人，主人又飲而酌賓，謂之醻。醻猶厚也，勸也。」觚當依鄭作「觶」，凡酬皆用觶。凌廷堪云：「《鄉飲酒記》：『獻用爵，其他用觶。』《鄉射記》同。此爲鄉飲酒、鄉射而言也。若燕禮、大射，雖獻亦用觚，宰夫爲主人，避君也。至於酬、旅酬、無算爵，則同用觶矣。」云「一獻而三酬則一豆矣」者，劉敞云：「獻以一升，酬以三升也，并而計之爲四升。四升爲豆。豆雖非飲器，其計數則然。」戴震亦云：「合獻酬共一豆酒。其曰一獻而三酬者，爵一升以之獻，觶三升以之酬，蒙上省文。」詒讓案：一獻三酬，合爲一豆。馬、鄭並破豆爲「斗」。是以一獻三酬，一三並爲獻酬之次數，一獻得一升，三酬得九升，則一斗也。然於《禮》無據。《禮器》孔疏云：「案《燕禮》『獻以觚』，又《燕禮》『四舉酬』。熊氏云：『此一獻三酬，是士之饗禮也。若是君燕禮，則行無算爵，非唯三酬而已。若是大夫以上饗禮，則獻數又多，不唯一獻也。故知士之饗禮也。』」案熊、孔申鄭説，謂此是士之饗禮，臆説無左證。且梓人制器，必準之士禮，義亦無取。劉敞謂一升獻而三升酬，一三非謂獻酬次數，故書作豆可通，不煩破字。其説甚塙。陳祥道及近儒多從其説。陳喬樅云：「攷《儀禮・士冠禮》『乃醴賓以壹獻之禮』，注：『壹獻者，獻酢酬，賓主人各兩爵而禮成。』案：賓兩爵，謂獻飲一爵而酬飲一觶；主人兩爵，謂酢飲一爵而酬飲一觶也。然主人之酢酒，若有介酢者，則酢酒不止一爵。今《梓人》言獻酬，非言酢酬，知一爵一觶但就賓客而言，不指主人言也。又攷《鄉飲酒》、《鄉射》並行壹獻之禮者，壹獻之禮始於獻，而成於酬，賓、介、衆賓各得一獻一酬焉。自獻賓以迄旅酬皆是也。《鄉飲酒禮》，迎賓，拜至，主人取爵于篚，實爵獻賓，賓拜受，坐卒爵。此主人獻賓而賓飲一爵也。賓實爵，酢主人畢，主人實觶酬賓，賓奠觶于薦東，則賓雖受酬而未飲矣。主人又實爵獻介，介拜受，坐卒爵。此主人獻介而介飲一爵也。介洗爵授主人，主人酌酢畢，又實爵獻衆賓，衆賓之長升拜受者三人，立卒爵，授主人爵，衆賓獻則不拜受爵。此主人獻衆賓各飲一爵也。衆賓不酢主人。鄉射無介，則衆賓之長一人酢，既畢獻，主人以虚爵降奠於篚，而獻酬之爵遂不復用焉。於是一人舉觶于賓，賓受奠觶于其所，舉觶者降，是賓仍受觶而未飲也。至正歌告備，旅酬方起，賓乃取俎西之觶，阼階上酬主人，卒觶，賓實之，授主人觶，揖復席。此賓酢主人而飲一觶，以爲旅酬之始也。主人以所受賓酬之觶，西階上酬介，如賓酬主人之禮，主人揖復席。司正升，相旅曰『某子受酬』，受酬者自介右。此介受主人酬而飲一觶以酬衆賓之長也。衆賓長又以所受介酬之觶酬衆賓，皆如賓酬主人之禮。衆受酬者受自左，辯，卒受者以虚觶降，奠于篚。此衆賓以次行酬而各飲一觶也。至是旅酬事畢，而壹獻之禮終矣。賓若有遵者諸公大夫，則既一人舉觶乃入，主人獻遵者，遵者皆飲一爵。《鄉射禮》云，遵酢主人，鄉射無介，其旅酬也，賓酬主人，主人酬遵者，遵酢衆賓。然則鄉飲酒禮若有遵者，當主人酬介，介酬遵者，遵酬衆賓也。賓、介、遵者及衆賓並獻爵之外，不多一爵；酬觶之外，不多一觶。據此，則壹獻之禮，賓皆飲酒一爵一觶。爵受一升，觶受三升。獻酬二者共四升，與《梓人》言一獻三酬當豆相合，不當改字，斯亦足以明矣。」案：陳説是也。注云「勺，尊升也」者，段玉裁改升爲斗，云：「斗與枓同。《説文》：『枓，勺也。』尊枓，謂挹取尊中之枓也。今本作『尊升』，誤。魏晉人書斗多作『升』，故易譌『升』。」案：段校甚塙。《士冠禮》云「實勺觶角柶」，注亦云：「勺尊斗所以斟酒也。」賈彼疏云：「案《少牢》云『罍水有枓』，與此勺爲一物，故云尊斗，對彼是罍枓所以斟水，則此爲尊斗斟酒者也。」案：賈説是也。今本《儀禮》注亦譌斗爲升，與此注同。鄭言此者，別於《鬯人》「大渳設斗」爲挹水之枓也。《聶圖》引《舊圖》云「洗勺受五升」，彼即罍枓，與此勺異。云「觚、豆，字聲之誤，觚當爲觶，豆當爲斗」者，此依馬融説也。賈疏云：「觶字爲觚，是字之誤；斗字爲豆，是聲之誤。」又疏及《燕禮》疏、《禮器》孔疏引《五經異義・爵制篇》云：「今《韓詩》説：『一升曰爵，二升曰觚，三升曰觶，四升曰角，五升曰散，總名曰爵，其實曰觴。』古《周禮》説：『爵一升，觚三升，獻以爵而酬以觚，一獻而三酬，則一豆矣。』許慎謹案：《周禮》云一獻三酬當一豆，即觚二升，不滿一豆矣。」鄭玄駁之云：「《周禮》：『獻以爵而酬以觚。』觶字角旁著辰，汝潁之閒師讀所作。今《禮》角旁單，古書或作角旁氏。角旁氏則與觚字相近。學者多聞觚，寡聞觗，寫此書亂之而作觚耳。又南郡大守馬季長説，一獻而三酬則一豆，觚當爲觶，豆當爲斗，與一爵三觶相應。」賈疏又云：「《禮器制度》云：『觚大二升，觶大三升。』是故鄭從二升觚，三升觶也。」案：各疏引《異義》，互有誤挩刪改，今參合校正。古《周禮》説「觚三升」，賈、孔所見本並誤作「二升」，與此不合，今從程瑶田、陳壽祺校正。觶字角旁辰，今本賈疏誤作「角旁友」，臧琳改爲「角旁支」，與《古今韻會》及《周禮訂義》引王氏《詳説》同，然字書無此字。段玉裁改爲「角旁辰」，字見《説文・角部》，較有根據，今從之。鄭駁所引馬季長説，蓋《周禮傳》佚文，亦從《韓詩》説。《論語・雍也篇》「觚不觚」，《集解》引馬注義同。鄭此注及《禮器》注並本之。臧琳云：「《儀禮・燕禮》『坐取觚洗，賓少進，辭洗，主人坐奠觚于篚』，注：『古文皆爲觶。』『士長升拜受觶』『主人拜觶』，注：『今文觶作觚。』『媵觚于公』，注：『此當言「媵蟬」，酬之禮皆用觶，言觚者，字之誤也。古者觶字或作角旁氏，由此誤爾。』『賓降洗象觶』，注：『今文曰洗象觚。』『公坐取賓所媵觶興』，注：『今文觶又爲觚。』《大射儀》『士長升拜受觶』，注：『今文觶作觚。』『媵觶于公』，注：『今文觶爲觚。』『洗象觚』，注：『此觚當爲觶。』據此，知觗觚二字形相近，《儀禮》古文多作觶，今文多作觚。鄭參校古今文，以義言之。義當作觶者，從古文，則云『古文作觶』；義當作觚者，從今文，則云『今文作觚』；亦有古文觶字反爲觚者，如《燕禮》『媵觚于公』、《大射儀》『洗象觚』及《梓人》『獻以爵而酬以觚』是也，鄭俱云『觚當爲觶』，精審之至也。許叔重不知觶觚易溷，皆作如字讀，觚爲三升，則觶爲四升。故《説文・角部》云：『觶，鄉飲酒角也，受四升。⿰角辰，觶或从辰。觗，《禮經》觶。觚，鄉飲酒之爵也，一曰，觴受三升者謂之觚。』此許自用其説，非古義也。《儀禮注》、《駁異義》皆云『觶字，古書或作角旁氏』，與《説文》『觗，《禮經》觶』正合。」陳喬樅云：「許君《異義》從古《周禮》説，觚三升，則以一獻三酬當一豆，爲以一升獻，以三升酬者，當亦古《周禮》説如此。鄭君參攷《禮經》酬皆用觶，定《梓人》觚當爲觶。又據馬氏説，改豆爲斗，謂與一爵三觶相應，然則馬氏以前無爲此説者矣。」今案：許從此經故書舊説，定爲觚三升，觶四升。馬、鄭從《韓詩》及《漢禮》説，觚二升，觶三升，而破經字以合之。審校兩説，實互有是非。許讀豆如字，是也；其謂觚三升，墨守《周禮》故書，與《韓詩》、《漢禮》並不合，則不若鄭説之長。鄭讀觚爲觶，是也；而破豆爲斗，則與經文不合，又不若許讀如字之塙矣。云「豆當爲斗」者，鄭亦謂聲之誤。今案：當讀如字。

食一豆肉，飲一豆酒，中人之食也。

【疏】「食一豆肉，飲一豆酒」者，易祓云：「《坊記》曰『觴酒豆肉』。豆所以盛肉也，故曰豆肉。」　注云「一豆酒，又聲之誤，當爲斗」者，冢前注破豆爲斗，謂此經豆字兩見，後一豆字亦當改爲斗也。一豆肉之豆不破之者，以肉本爲豆實，《小子》有「肉豆」，則義自可通，故仍之。今攷「一豆酒」，豆似亦可讀如字，《大戴禮記・曾子事父母篇》

云「執觴觚杯豆而不醉」，則古或亦以豆盛酒矣。凡試梓，飲器鄉衡而實不盡，梓師罪之。鄭司農云：「梓師罪也。衡謂麋衡也。《曲禮》『執君器齊衡』。」玄謂衡，平也。平爵鄉口酒不盡，則梓人之長罪於梓人焉。【疏】「凡試梓，飲器鄉衡而實不盡，梓師罪之」者，罪，前經五篇並用古字作「辠」，此作「罪」者，疑亦經記字例之異。梓師，蓋司空之屬，工官之一。古者器成，工官必考試之，以校其功事之巧拙，《管子・七法篇》云「成器不課不用，不試不藏」是也。試梓，猶《槀人》「試弓弩，以下上其食而誅賞之」，亦工官之官計官刑也。注鄭司農云「梓師罪也」者，賈疏云：「謂梓師身自得罪。」後鄭不從者，梓師是梓官之長，不可自受罪，故爲梓師罪梓人也。云「衡謂麋衡也」者，麋眉聲近叚借字。《士冠禮》「眉壽」，注云：「古文爲麋壽。」程瑶田云：「《王莽傳》『盱衡厲色』，注：『孟康曰：眉上曰衡。盱衡，舉眉揚目也。』《蔡邕傳》『揚衡含笑』，注云：『衡，眉目之閒也。』衡皆指眉言。鄉衡者，飲酒之禮，必立而飲之。《賈子・容經》經立之容，固頤正視，則不能昂其首矣。試舉古銅爵飲之，爵之兩柱適至於眉，首不昂而實自盡。衡指眉言，兩柱向之，故得謂之鄉衡也。由是觀之，兩柱蓋節飲酒之容，而驗梓人之巧拙也。」案：程説深得經恉。引《曲禮》「執君器齊衡」者，證麋衡之訓。彼文云：「執天子之器上衡，國君則平衡。」鄭彼注云：「衡謂與心平。」不爲麋衡。先鄭蓋據禮家舊詁，故與後鄭異。云「玄謂衡，平也」者，《地官・叙官》注同，此破先鄭麋衡之義也。云「平爵鄉口酒不盡」者，後鄭意，凡飲酒，舉爵鄉口，平横而酒適盡，乃爲中法。若平横而尚有餘瀝，則是制器不應程法，非良工也。程瑶田云：「後鄭衡指爵之平，是衡而鄉之，非鄉衡也。」案：程説是也。云「則梓人之長罪於梓人焉」者，亦破先鄭罪梓師之義也。《天官・叙官》注云「師猶長也」，故梓人之官長謂之梓師，猶匠人之官長謂之匠師也。梓人制器不應程法，則長當施以罪。若《月令》「孟冬命工師效功，功有不當，必行其罪，以窮其情」是也。

孫詒讓《周禮正義》卷八二《冬官考工記下・梓人》

梓人爲侯，廣與崇方，參分其廣而鵠居一焉。崇，高也。方猶等也。高廣等者，謂侯中也。天子射禮，以九爲節，侯道九十弓，弓二寸以爲侯中，高廣等，則天子侯中丈八尺。諸侯於其國亦然。鵠，所射也。以皮爲之，各如其侯也。居侯中參分之一，則此鵠方六尺。唯大射以皮飾侯。大射者，將祭之射也。其餘有賓射、燕射。【疏】「梓人爲侯」者，《鄉射禮》注云：「侯，謂所射布也。」梓人攻木之工，而爲侯者，凡侯皆以木爲植以張之也。云「廣與崇方，參分其廣而鵠居一焉」者，以下通説三射之侯制。凡侯鵠個身之度，皆以侯中爲根數。不正言其度者，侯中大小視侯道爲差，天子、諸侯、大夫、士侯道不同，侯中崇廣不能齊壹，故先差分以起度，使可互通也。三射之侯，依《司裘》先鄭注説，皆有正有鵠，正小而鵠大，正中又有質。此不及正質之度者，文略。侯制，互詳《司裘疏》。注云「崇，高也」者，《總叙》注同。云「方猶等也」者，《毛詩・大雅生民》箋云：「方，齊等也。」此廣與崇方，亦言侯之廣與其高齊等也。云「高廣等者謂侯中也」者，即正鵠所居者也。《鄉射記》云「鄉侯中十尺」，注云「方者也」，亦引此經爲釋。此不云中，鄭知者，以下文有身及兩個，即《鄉射記》之躬與舌；獨侯中不見，明此文即指中而言也。云「天子射禮，以九爲節」者，賈疏云：「按《射人》及《樂師》皆云『天子以《騶虞》九節』是也。」云「侯道九十弓，弓二寸以爲侯中，高廣等，則天子侯中丈八尺」者，《司裘》注説天子三侯云：「虎九十弓，熊七十弓，豹麋五十弓。」此偏舉虎侯侯中之度以概其餘。一弓取二寸，九十弓則丈八尺。若然，熊侯七十弓，侯中當丈四尺；豹侯、麋侯五十弓，侯中當一丈：皆以侯道遞減，而廣與崇方則一也。弓二寸以爲侯中，亦《鄉射記》文。云「諸侯於其國亦然」者，謂畿外諸侯於其國大射，亦具三侯，大侯侯道亦九十弓，則侯中及鵠之廣崇亦同。《大射儀》云：「大侯九十，糝侯七十，豻侯五十。」鄭彼注云：「大侯之鵠方六尺，糝侯之鵠方四尺六寸大半寸，豻侯之鵠方三尺三寸少半寸。」是與天子同，《司裘》注所謂遠尊得伸是也。畿内諸侯及畿外諸侯入爲卿士者，則當依熊侯七十弓之制，不得與王同，詳《司裘》疏。云「鵠，所射也，以皮爲之，各如其侯也」者，賈疏云：「侯謂以皮飾兩畔，其鵠之皮亦與飾侯用皮同也。謂若虎侯以虎皮飾侯側，其鵠亦用虎皮。其餘熊豹麋等亦然。」云「居侯中參分之一，則此鵠方六尺」者，此冢上天子侯中丈八尺，而以參分居一之數推其鵠也。賈疏云：「以侯方丈八尺，三六十八，故知方六尺也。」云「唯大射以皮飾侯，大射者，將祭之射也，其餘有賓射、燕射」者，《鄉射禮》注云：「天子大射張皮侯，賓射張五采之侯，燕射張獸侯。」案：鄭以皮侯惟大射得有之。賓射采侯畫布，燕射獸侯畫獸，皆不以皮飾，故特著之。今以《鄉射記》考之，天子諸侯之獸侯亦以皮飾，鄭説非也。三射之外，又有鄉射，亦用獸侯。賈疏依鄭《鄉射記》注説，謂「鄉射用采侯，與賓射同」，亦非也。詳後疏。上兩个，與其身三，下兩个半之。鄭司農云：「兩个，謂布可以維持侯者也。上方兩枚，與身三，設身廣一丈，兩个各一丈，凡爲三丈。下兩个半之，傅地，故短也。」玄謂个讀若「齊人搚幹」之幹。上个、下个，皆謂舌也。身，躬也。《鄉射禮記》曰：「倍中以爲躬，倍躬以爲左右舌，下舌半上舌。」然則九節之侯，身三丈六尺，上个七丈二尺，下个五丈四尺。其制，身夾中，个夾身，在上下各一幅。此侯凡用布三十六丈。言上个與其身三者，明身居一分，上个倍之耳，亦爲下个半上个出也。个或謂之舌者，取其出而左右也。侯制上廣下狹，蓋取象於人也。張臂八尺，張足六尺，是取象率焉。【疏】「上兩个與其身三」者，王引之云：「《説文》：『介，畫也，从人从八。』隸書作不，省人則爲个。介音古拜反，轉音古賀反。後人於古拜反者則作『介』，於古賀反者則作『个』，而不知非兩字也。《梓人》爲侯，上兩个，下兩个，《大射儀》謂之左个右个，義與明堂左右个相近。侯之有个，偏處於旁，而副介乎中，則亦介字隸書之省明矣。《白帖》八十五載《梓人》之文，正作『介』。《鄉射禮》『適右个』，《白帖》作『適右介』，是侯之左右个皆介字也。《大雅・生民》箋曰：『介，左右也。』《鄉射禮記》注曰：『居兩旁謂之个。』」案：王説是也。賈疏云：「此經云身，即中上布一幅者是也。上兩个居二分，身居一分，故云與其身三，謂三分如等也。」云「下兩个半之」者，賈疏云：「謂半其出者也。」戴震云：「九節之侯，上个左右出各丈八尺，下个左右出各九尺。」　注鄭司農云「兩个，謂布可以維持侯者也」者，明个亦以布爲之也。云「上方兩枚，與身三，設身廣一丈，兩个各一丈，凡爲三丈」者，此先鄭讀个爲箇也。《説文・竹部》

云：「箇，竹枚也。」鄭《士虞禮》注云：「个猶枚也。今俗或名枚曰個，音相近。」案：個即箇之俗。凡漢以後經典言个者，多爲箇之借字，故先鄭易兩个曰兩枚。一丈、三丈，皆假設其數以明之。《司裘》先鄭注云「方十尺曰侯」，即此身廣一丈，彼亦設數也。依先鄭義，則上下个夾中，上下共三層也。賈疏云：「先鄭意，身即與中爲一，謂方丈者，其上又加布一幅，長三丈，爲兩个。後鄭不從者，侯有中，有躬，有个三者，今先鄭唯有身，不見中，故不從之也。」云「下兩个半之，傅地，故短也」者，下兩个與綱相連。《鄉射禮》云：「乃張侯，下綱不及地武。」武，尺二寸，是兩个傅地至近，故短也。云「玄謂个讀若齊人搚幹之幹」者，段玉裁云：「此擬其音也。」賈疏云：「此讀從《公羊傳》『桓公朝齊，齊侯使公子彭生搚幹而殺之』。是幹爲脅骨，故云搚幹之幹。」案：賈引《公羊》莊元年傳文。後鄭意，此上下兩个夾身爲之，若兩脅然，故以搚幹擬其音，而其義亦見，明不當如先鄭讀爲箇而訓爲枚也。云「上个下个皆謂舌也，身，躬也」者，明此个與身，即《鄉射記》之上舌、下舌與躬也。引《鄉射禮記》曰「倍中以爲躬，倍躬以爲左右舌，下舌半上舌」者，欲破先鄭上方兩枚與身三之說，故先引此文爲證。鄭彼注云：「躬，身也，謂中之上下幅也。半者，半其出於躬者也。」云「然則九節之侯，身三丈六尺，上个七丈二尺，下个五丈四尺」者，謂身个橫長之度也。九節之侯，中丈八尺，身倍之，得三丈六尺，上个又倍身，得七丈二尺。出於身者，左右各一丈八尺，下个當身處三丈六尺，不減，其出於身者減之，得上个之半，左右各九尺，凡一丈八尺，連當身總五丈四尺也。然則七節之侯，侯身二丈八尺，上个五丈六尺，上个四丈二尺。五節之侯，侯身二丈，上个四丈，下个三丈。故《鄉射記》云「鄉侯上个五尋」，注云「八尺曰尋，上幅用布四丈」是也。此可以類推，故注不出。云「其制，身夾中，个夾身」者，皆謂上下夾之也。身夾中之上下耑，兩个夾身之外，上下共五層也。云「在上下各一幅」者，明身及上下个長度不同，而廣則皆充幅，除削縫一寸，爲二尺。《鄉射記》注云「今官布幅廣二尺二寸，旁削一寸」是也。上身、下身、上个、下个各有一幅，共四幅。其侯中幅數，則隨侯道爲增減，不能等也。云「此侯凡用布三十六丈」者，《白虎通義·鄉射篇》云：「侯者，以布爲之。布者，用人事之始也。本正則末正矣。」賈疏云：「古者布幅廣二尺二寸，二寸爲縫，皆以二尺計之。此侯是九十弓侯，侯中丈八尺，則九幅布，布長丈八尺。九幅九丈，幅有八尺，爲七丈二尺，添前爲十六丈二尺。上下躬各三丈六尺，即上下共爲七丈二尺。其上个七丈二尺，下个有五丈四尺，添前總用布三十六丈也。」詒讓案：此亦指九節之侯也。若七節、五節之侯，亦依此爲差。故鄭《鄉射記》注云：「凡鄉侯用布十六丈，數起侯道五十弓以計。道七十弓之侯，用布二十五丈二尺；道九十弓之侯，用布三十六丈。」是其差也。云「言上个與其身三者，明身居一分，上个倍之耳」者，明此經所謂三，乃上二合之下一爲三，是兩層之和數，亦以破先鄭兩个各一丈與身爲三丈之說也。云「亦爲下个半上个出也」者，謂爲下个半上个之出身外者，故經先明上个倍躬之度也。其當身之度，則上下个等，不半之。云「个或謂之舌者，取其出而左右也」者，鄭注《鄉射記》左右舌云：「謂上个也。居兩旁謂之个，左右出謂之舌。」蓋兩个陋長，猶人舌外出，故以爲名。云「侯制上廣下狹，蓋取象於人也，張臂八尺，張足六尺，是取象率焉」者，《釋文》云：「率，本又作類。」案：率類聲義並相近。《鄉射記》「下舌半上舌」，注云：「所以半上舌者，侯，人之形類也。上个象臂，下个象足。中人張臂八尺，張足六尺。五八四十，五六三十，以此爲衰也。」案：張臂八尺，所謂尋也；張足六尺，所謂步也。又《鄉射禮》「下綱不及地武」，鄭注亦云：「武，迹也。中人之迹尺二寸。侯象人，綱即其足也，是以取數焉。」是侯制取象於人者，其義甚廣，不徒躬舌諸名也。

上綱與下綱出舌尋，縜寸焉。綱所以繫侯於植者也。上下皆出舌一尋者，亦人張手之節也。鄭司農云：「綱，連侯繩也。縜，籠綱者。縜讀爲竹中皮之縜。舌，維持侯者。」

【疏】「上綱與下綱出舌尋縜寸焉」者，臧琳云：「《釋文》：『縜，于貧反，或尤粉反。劉侯犬反，一音古犬反。』案：于貧、尤粉兩反，皆員聲，字作『縜』。侯犬、古犬兩反，皆肙聲，字作『絹』。《鄉射禮》疏曰：『《周禮·梓人》云「絹寸焉」。』此絹字作絹之證。然《說文·糸部》云：『縜，持綱紐也，从糸員聲，《周禮》曰「縜寸」。』則綱紐字員聲爲正。許叔重所據古文本作『縜』。作絹爲繒，如麥稍，義別。劉昌宗音侯犬反，《儀禮疏》作『絹』，非也。」案：臧說是也。依先鄭讀推之，亦當以從員爲正。《大射儀》「中離維綱」，注云：「或曰維當爲絹，絹，綱耳。」絹亦即縜之譌。戴震云：「《鄉射禮》曰：『乃張侯，下綱不及地武。』尺二寸爲武，然則九節之侯高二丈七尺四寸，上綱兩植相去八丈八尺，下綱兩植相去七丈。」案：依戴說，則七節之侯高二丈三尺四寸，五節之侯高一丈九尺四寸。《大射儀》說畿外諸侯三侯云：「大侯之崇，見鵠于參，參見鵠于干，干不及地武。」注云：「以豻侯計之，糝侯去地一丈五寸少半寸，大侯去地二丈二尺五寸少半寸。」賈彼疏謂以豻侯五十弓上綱去地丈九尺二寸計之。與戴率較二寸者，戴兼上下各縜寸計之，鄭、賈不兼縜計之，戴說爲密。鄭、賈所計皆當增二寸。但王大射、賓射等，皆三侯並張，則熊侯當見鵠於虎，虎侯當見鵠於豹，所謂下綱不及地武者，惟豹侯爲然耳。其熊虎二侯各以見鵠於次侯，而遞增其去地之高度，如大射糝侯豻侯之數，非三侯皆下綱不及地武也。　注云「綱所以繫侯於植者也」者，賈疏云：「植則在兩傍邪豎之也。必知邪豎之者，下个半上个，皆出舌尋，明知兩相皆邪向外豎之也。」詒讓案：植謂侯兩旁所樹之長木。云「上下皆出舌一尋者」者，明綱雖亦上長下短，而左右出舌之數則同，與舌之下半上者異也。云「亦人張手之節也」者，謂象人張臂八尺也。鄭司農云「綱，連侯繩也」者，《鄉射禮》注云：「綱，持舌繩也。」持舌即所以連侯，彼注與司農說同。《說文·糸部》云：「綱，維紘繩也。」是綱爲繩名，故連侯繩亦謂之綱也。云「縜，籠綱者」者，即《說文》所謂持綱紐也。戴震云：「縜者，个上之紐，以綱貫之。」詒讓案：《大射儀》注又謂之「綱耳」。綱貫縜中，縜籠絡綱，使不脫，故曰籠綱。賈《大射儀》疏謂亦以布爲之。聶氏《三禮圖》引舊圖云：「上紐皆十二，下紐皆十，而三侯數同。」今案：紐數經注無文，《三禮》舊圖說，未知所據。聶氏駁之，謂「九十弓、七十弓、五十弓之侯，丈尺廣狹不同，縜紐籠繫宜異，但依侯大小取稱爲是」，是也。又《大射儀》別有「維」，注謂邪制躬舌之角者。賈彼疏謂「小繩綴角繫著植，則與縜紐迴異。《聶圖》以縜維爲一，大謬。云「縜讀爲竹中皮之縜」者，段玉裁云：「當作『讀如竹青皮筍之筍』，擬其音也。筍，于貧反，今之筠字。」云「舌，維持侯者」者，亦謂舌即个也。與後鄭説兩个義同。

張皮侯而棲鵠，則春以功；皮侯，以皮所飾之侯。《司裘職》曰：「王大射，則共虎侯、熊侯、豹侯，設其鵠。」謂此侯也。春讀爲蠢。蠢，作也，出也。天子將祭，必與諸侯羣臣射，以作其容體，出其合於禮樂者，與之事鬼神焉。

【疏】「張皮侯而棲鵠」者，以下辨三侯之用也。皮侯者，大射於學之侯也。《説文・西部》云：「西，鳥在巢上也。重文棲，西或从木妻。」案：鵠取名於鳥，故亦以棲言之。賈疏云：「張皮侯者，天子三侯，用虎熊豹皮飾侯之側，號曰皮侯。棲鵠者，各以其皮爲鵠，綴於中央，似鳥之棲也。」金鶚云：「侯中有鵠，又有正，本當兼言正鵠，《記》但言鵠而不言正者，以正在鵠中，言鵠則正可知，故省之也。下云張五采之侯，張獸侯，并不言鵠，冡上省文可知也。鄭因采侯不言鵠，遂謂畫布爲正，與棲皮之鵠異，誤矣。」案：金説是也。朱大韶説同。鄭《中庸》、《射義》注，並云「畫布曰正，棲皮曰鵠」。陸氏《釋文》、孔氏《詩・禮記》疏，咸以爲大射賓射之異，其説非是。詳《司裘》、《射人》疏。云「則春以功」者，孔廣森云：「春當如字讀。《射義》曰：『諸侯歲獻貢士于天子，天子試之于射宮。』《小行人》『令諸侯春入貢』，於春貢之時，因貢教士，乃張皮侯而大射。《三朝記》，天子以歲二月，爲壇於東郊，與諸侯之教士射。是其事也。《漢・五行志》曰：『春而大射，以順陽氣。』《東京賦》曰：『春日載陽，合射辟雍。』古者大射本在春審矣。《鄉射禮》注曰：『今郡國行此禮以季春。』」金鶚云：「春以功，蓋大射在春，而以較諸侯羣臣之有功與否也。《王制》云『習射上功』，此其明證。《射義》云：『諸侯君臣盡志於射，以習禮樂。』《文王世子》云：『春秋教以禮樂。』而春時陽氣舒和，尤善於秋，故大射必于春也。《白虎通・鄉射篇》云：『天子所以親射何？助陽氣達萬物也。春陽氣微弱，恐物有窒塞不能自達者，射自内發外，貫堅入剛，象物之生，故以射達之也。』《漢書・五行志》、《東京賦》皆與《白虎通》合。」案：孔、金讀春如字，較鄭爲長。戴震讀同。《説文・矢部》云：「侯，春饗所䠶侯也。」亦據春行大射言之。凡諸侯三歲貢士，王與大射，及王每歲與羣臣大射，皆於春行之。以功者，凡射以中爲功。《詩・大雅・賓之初筵》云：「射夫既同，獻爾發功。」是其義。

注云「皮侯，以皮所飾之侯」者，《司裘》注云：「以虎熊豹麋之皮飾其側，又方制之以爲章，謂之鵠，著於侯中，所謂皮侯。」是侯側之飾及鵠，並以皮爲之，故專得皮侯之名也。云「《司裘職》曰，王大射則共虎侯、熊侯、豹侯，設共鵠，謂此侯也」者，引以證皮即指虎、熊、豹、麋等皮也。云「春讀爲蠢，蠢，作也，出也」者，段玉裁云：「此易其字。蠢，作也，見《方言》。」詒讓案：春蠢聲類同。《鄉飲酒義》云：「春之爲言蠢也。」蠢作之訓，亦見《爾雅・釋詁》。《廣韻・十八真》引《尚書大傳》云：「春，出也，萬物之出也。」又《廣雅・釋詁》云：「𢦔，出也。」𢦔亦即古文蠢字，是蠢有「作」「出」兩訓。然此經春當如字讀，鄭破爲蠢，非經義。云「天子將祭，必與諸侯羣臣射，以作其容體，出其合於禮樂者，與之事鬼神焉」者，據《射義》文，詳《司裘》疏。

張五采之侯，則遠國屬；五采之侯，謂以五采畫正之侯也。《射人職》曰：「以射法治射儀，王以六耦射三侯，三獲三容，樂以《騶虞》，九節五正。」下曰：「若王大射，則以貍步張三侯。」明此五正之侯，非大射之侯明矣。其職又曰：「諸侯在朝，則皆北面。」遠國屬者，若諸侯朝會，王張此侯與之射，所謂賓射也。正之方外如鵠，内二尺。五采者，内朱，白次之，蒼次之，黄次之，黑次之。其侯之飾，又以五采畫雲氣焉。

【疏】「張五采之侯則遠國屬」者，此賓射於朝之侯也。采侯中亦兼有鵠正。其制蓋純布而畫五采，故謂之五采之侯。鄭《鄉射記》注謂鄉射亦張此侯，非也，詳後疏。金榜云：「不言棲鵠，冡上皮侯省文。」

注云「五采之侯，謂以五采畫正之侯也」者，五采即下朱、白、蒼、黄、黑是也。畫者，統鵠六尺全畫之。不云畫鵠，云畫正者，鄭謂大射有鵠無正，賓射有正無鵠也。引《射人職》曰「以射法治射儀，王以六耦射三侯，三獲三容，樂以《騶虞》，九節五正」者，鄭意彼五正即此五采侯，故引以爲證。《射人》注亦引此經爲釋，云五采之侯即五正之侯也。實則《射人》五正乃樂節，非指五采之侯，詳彼疏。云「下曰，若王大射，則以貍步張三侯，明此五正之侯，非大射之侯明矣」者，賈疏云：「鄭引《射人職》賓射及大射二者，陰破賈、馬以此五采與上春以功爲一物，故云非大射之侯明矣。」詒讓案：鄭意《射人》言「若大射」，若爲更端語，明彼上文爲賓射，其説非也。《射人》所言皆大射，非賓射；此五采之侯爲賓射，與《射人》所言實不相涉也。據疏，則賈、馬並以此五采之侯，爲即上大射所用皮侯。然皮侯采侯儻同是一侯，則經不宜兩見，亦不可通也。云「其職又曰，諸侯在朝，則皆北面」者，證此云「遠國屬」，即謂諸侯來朝也。然彼文自汎指諸侯在朝之禮，不專屬射，鄭説亦誤，並詳彼疏。云「遠國屬，若諸侯朝會，王張此侯，與之射，所謂賓射也」者，《射人》注引此文而釋之云：「遠國，謂諸侯來朝者也。」屬謂朝會，詳後。賈疏云：「言遠國屬，對畿内諸侯爲遠國。若以要服以内對夷狄諸侯，則夷狄爲遠國也。」云「正之方外如鵠」者，鄭意賓射采侯之正，一如大射皮侯之鵠，外亦廣與崇方，居侯廣三分之一，惟内爲五采異。今依先鄭説，正小鵠大，正在鵠中。凡射侯，無論大射、賓射，皆有鵠有正，非以皮侯、采侯異名，詳《司裘》及《射人》疏。云「内二尺」者，賈疏云：「中央畫朱方二尺，故《司裘》注引諸家方二尺曰正。以此二尺爲本，其外以白蒼等充其尺寸，使大如鵠也。」云内二尺者，爲畫五采地也。云「五采者，内朱，白次之，蒼次之，黄次之，黑次之」者，《射人》注義同。彼注云「玄居外」，而此云「黑居外」者，黑玄色近，古書多通稱。云「其侯之飾，又以五采畫雲氣焉」者，《射人》注云：「大夫以上與賓射，飾侯以雲氣，用五采各如其正。」鄭意此侯五正，故雲氣亦五采畫也。然其説無據，亦詳《射人》疏。

張獸侯，則王以息燕。獸侯，畫獸之侯也。《鄉射記》曰：「凡侯，天子熊侯，白質；諸侯麋侯，赤質；大夫布侯，畫以虎豹；士布侯，畫以鹿豕。凡畫者丹質。」是獸侯之差也。息者，休農息老物也。燕謂勞使臣，若與羣臣飲酒而射。

【疏】「張獸侯則王以息燕」者，此王於大學及大寢行息燕之射之侯也。鄉遂之吏行鄉射於庠序，蓋亦用之。不言棲鵠者，亦冡上文省。其制，天子熊侯，諸侯麋侯，並以皮飾侯之側，惟以布爲鵠，而染其質以白赤。大夫以下則全以布爲之，與采侯同，惟畫其側爲虎豹鹿豕，而染其質以丹。蓋兼取皮侯、采侯之制而少變之。因天子諸侯用獸皮爲飾，大夫以下畫獸之毛物，故名之曰獸侯也。

注云「獸侯，畫獸之侯也」者，謂畫獸於三分侯中居一之處，以當正鵠也。鄭意天子諸侯之飾亦畫獸，非皮侯，故謂止取畫獸之義。不知天子諸侯之侯並不畫獸，獸侯實兼取獸皮及畫獸爲名也。云「《鄉射記》曰，凡侯，天子熊侯白質，諸侯麋侯赤質，大夫布侯，畫以虎豹，士布侯，畫以鹿豕，凡畫者丹質，是獸侯之差也」者，鄭彼注云：「此所謂獸侯也，燕射則張之。鄉射及賓射當張采侯二正。而記此者，天子諸侯之燕射，各以其鄉射之禮而張此侯，由是云焉。白質、赤質皆謂采其地。其地不采者，白布也。熊麋虎豹鹿豕，皆正面畫其頭象於正鵠之處耳。君畫一，臣畫二，陽奇陰偶之數也。燕射射熊虎豹，不忘上下相犯；射麋鹿豕，志在君臣相養也。其畫之，皆毛物之。賓射之侯，燕射之侯，皆畫雲氣於側以爲飾。必先以丹采其地，丹淺於赤。」案：依鄭彼注說，則獸侯不辨尊卑，侯道皆五十弓，侯中並方一丈；其中三分居一畫布爲獸首，以當正鵠，天子則以白地畫熊，諸侯則以赤地畫麋，大夫則以白布畫虎豹，士則以白布畫鹿豕；其畫獸之外，當侯中四旁者，尊卑同以丹地，畫雲氣爲飾。敖繼公謂「凡畫者丹質」，專指畫虎豹鹿豕之侯。金榜申敖說云：「熊麋虎豹鹿豕之侯，咸取名於鵠。記言大夫、士布侯用畫，則熊侯、麋侯棲皮爲鵠，對文見異矣。質，天子白，諸侯赤。記言『凡畫者丹質』，謂大夫、士畫以虎豹鹿豕者用丹矣。」黃以周云：「《鄉射記》言大夫、士布侯用畫，則天子熊侯、諸侯麋侯之爲皮也可知。凡皮侯不去毛，去毛無以別熊麋。又皮侯純用皮，非以熊麋飾其側而中仍用布。質謂質的，天子熊侯用白的，諸侯麋侯用赤的，則大夫、士之畫侯亦必有的也可知。『凡畫者丹質』，爲大夫、士畫侯言也。人有大夫、士之異，侯有虎豹、鹿豕之分，故曰『凡』以統之。人有天子，諸侯及大夫、士之異，侯有飾皮及畫布之分，故曰『凡畫者』以別之。鄭說熊麋亦是畫侯，質是采地，畫熊白質，畫麋赤質，與下文『凡畫者丹質』語相觸礙，因以凡畫丹質爲畫賓射、燕射之侯，白質、赤質爲畫熊侯、麋侯之正，殊非經意。《記》又云『禮射不主皮』，則天子諸侯大射、賓射、燕射之爲皮侯也可知。鄭謂賓射、燕射不用皮，亦未審矣。」案：金氏、黃氏據《鄉射記》虎豹鹿豕言畫，而熊麋不言畫，定熊侯麋侯爲即皮侯不畫，又以畫者丹質，即承上文畫以虎豹、畫以鹿豕而言，說皆致塙。孔廣森、林喬蔭、陳奐、朱大韶、俞樾說並同。今攷《司裘》先鄭注說「凡侯皆有鵠、正、質三等」，其說最是。《鄉射記》白質、赤質、丹質，即正中最小之的，亦即《韓非子・外儲說左》所謂「五寸之的」，非采其地之謂也。蓋獸侯尊卑同用布爲侯中。天子、諸侯則以熊麋之皮飾侯側，又棲其皮以爲鵠，鵠內又用布爲正，不畫，正內則又畫白赤之采以爲質。大夫、士用布，侯側不飾，而畫虎豹鹿豕於布以爲鵠，鵠內亦用布爲正，不畫，正內則亦畫丹采以爲質。獸侯之制蓋如是，則於此經及《鄉射記》，義無不通矣。獸侯熊麋皆非畫丹質，鄭二《禮注》並誤。云「息者，休農息老物也」者，《籥章》云：「國祭蜡則龡《豳頌》，擊土鼓，以息老物。」注：「杜子春云：『《郊特牲》曰：「天子大蜡八，伊耆氏始爲蜡，歲十二月而台聚萬物而索饗之也。」蜡之祭也，主先嗇而祭司嗇也。黃衣黃冠而祭，息田夫也。既蜡而收，民息已。』」玄謂十二月，建亥之月也。求萬物而祭之者，萬物助天成歲事，至此爲其老而勞，乃祀而老息之，於是國亦養老焉，《月令》孟冬勞農以休息之是也。」此注云「休農息老物」，蓋兼用《籥章》及《月令》之文，謂息即因大蜡息老物之祭，遂行射禮，是謂之息。敖繼公云：「《鄉飲酒》『乃息司正』，息，疑飲燕之異名。」案：敖據《鄉飲酒禮》證此經，甚塙。然竊疑息燕自是二事，息非專指息老物，與燕亦不同。攷《鄉飲酒》、《鄉射禮》，明日皆息司正。又《大戴禮記・千乘篇》云：「方冬三月，草木落，庶虞藏，五穀必入于倉，於時有事蒸于皇祖皇考，息國老六人，以成冬事。」是皆「息」之見於經記者，不必蜡祭息老物而後有息也。《鄉飲・酒禮》說息云：「無介，不殺，薦脯醢，羞唯所有，徵唯所欲。」《鄉射》注云：「息猶勞也。勞司正，謂賓之，與之飲酒。」又云：「勞禮略貶於飲酒也。」是息亦飲酒於學，而其禮稍略。息即鄉飲酒之細別，故通言之，凡飲酒皆謂之息。鄭《月令》注云「勞農以休息之，黨正屬民飲酒正齒位是也」。《月令》又云『季冬大飲烝』，注云：「十月農功畢，天子、諸侯與其羣臣飲酒於大學，以正齒位，謂之大飲，別之於燕。」據鄭說，則黨正息民即用鄉飲酒禮，天子、諸侯則別有大飲之禮，二者蓋皆通稱息。《千乘》之息國老，即指養老於學，亦即用飲酒正齒位之禮。若燕禮則行於寢，而輕於鄉飲酒與《禮經》之息迥殊，不可并爲一也。蓋王與諸侯、卿、大夫、士咸有飲酒於學之禮，卿、大夫、士飲酒在鄉遂之學，則謂之鄉飲酒，王與諸侯、諸臣飲酒在大學，則謂之大飲，二者亦通有射。此經息燕之射，雖同用獸侯，而其事則別。息者，先行飲酒禮而射，在卿大夫士則謂之鄉射；燕者，先行燕禮而射，即所謂燕射也。《射義》云：「古者諸侯之射也，必先行燕禮；卿、大夫、士之射也，必先行鄉飲酒禮。」是天子、諸侯有息燕之射而無鄉射，大夫、士有鄉射而無燕射，《鄉射記》云「唯君有射于國中，其餘否」是也。陳奐云：「獸侯用諸鄉射，故特著於《鄉射記》；而燕射亦用獸侯，《燕禮》云『若射，如鄉射之禮』，是其義也。」案：陳說是也。黃以周說同。《鄉射記》云「天子熊侯白質，諸侯麋侯赤質」，此息燕射之侯也。又云「大夫士布侯」，此鄉射之侯也。鄭君彼注未悟，乃曲爲之說，謂燕射張獸侯，鄉射、賓射當張采侯，因天子、諸侯燕射各以其鄉射之禮而張獸侯，故附見獸侯於《鄉射》之記。此曲說，與《鄉射記》及此經並不合，不足據也。云「燕謂勞使臣，若與羣臣飲酒而射」者，「羣臣」下宋余仁仲本、岳珂本、附釋音本、宋注疏本並有「閒暇」二字。阮元謂係疏語誤入，鄭注本無，是也。今從嘉靖本。賈疏云：「勞使臣，謂若《四牡》勞使臣之來。若與羣臣飲酒者，君臣閒暇無事而飲酒。息老物及勞使臣并無事飲酒，三者燕皆有射法。此燕射以其事褻，天子已下，唯有五十步侯而已，無尊卑之別也。」

祭侯之禮，以酒脯醢。謂司馬實爵而獻獲者于侯，薦脯醢折俎，獲者執以祭侯。【疏】「祭侯之禮」者，梓人不掌祭事，此記其辭者，因侯制連類及之也。云「以酒脯醢」者，明有獻有薦也。注云「謂司馬實爵而獻獲者于侯，薦脯醢折俎，獲者執以祭侯」者，于，注例當作「於」，各本並誤。《鄉射禮》云：「司馬洗爵，升，實之以降，獻獲者于侯，薦脯醢，設折俎，俎與薦皆三祭。獲者負侯北面拜受爵，司馬西面拜送爵。獲者執爵，使人執其薦與俎從之，適右个，設薦俎，獲者南面坐，左執爵，祭脯醢，執爵興，取肺，坐祭，遂祭酒，興。適左个、中，亦如之。」即此注所據。《大射儀》載此禮略同，惟獻獲者作「獻服不」。服不，司馬之屬，即獲者也。賈疏云：「大射雖諸侯禮，天子射亦然。又此不辨大射、賓射、燕射，則三等射皆同。」

其辭曰：「惟若寧侯，若猶女也。寧，安也。謂先有功德，其鬼有神。【疏】「其辭曰，惟若寧侯」者，鄭《大射儀》注引此，以爲天子祝侯之辭，又云「諸侯以下祝辭未聞」，則此記是天子之禮，故以射不寧侯爲祭辭也。惟，《大射》注引作「唯」，字通。《大戴禮記・投壺篇》亦載此辭云：「嗟爾不寧侯，爲爾不朝于王所，故亢而射女。强食，食爾曾孫侯氏百福。」《白虎通義・鄉射篇》云：「所以名爲侯何？明諸侯有不朝者，則當射之。故禮射祝曰：『嗟爾不寧侯，爾不朝于王所，以故天下失業，亢而射爾。』」《說文・矢部》「侯」字注云：「其祝曰：毋若不寧侯，不朝于王所，故伉而躲女也。」文並與此小異，而意恉略同。孔廣森云：「此《貍首》之首章也。天子大射歌之以祭侯。《曾孫》其次章，諸侯以爲射節。禮，獸侯皆畫獸首，故以『貍首』名篇。《史記・封禪書》曰：『萇弘設射《貍首》。貍首者，諸侯之不來者。』鄭《儀禮注》曰：『貍之言不來也。其詩有射諸侯首不朝者之言。』即此章是也。」詒讓案：此經云祭侯之辭，則非詩也。《樂師》先鄭注以《貍首》爲《曾孫》之詩。《大戴禮・投壺》載《曾孫》之詩，與此辭文亦不相屬。但《大射儀》注謂《貍首》詩有射諸侯不朝之言，與此下文頗相近，鄭意或當然也。詳《樂師》疏。注云「若猶女也」者，《小爾雅・廣詁》云：「若，汝也。」汝女字同。云「寧，安也」者，《爾雅・釋詁》文。云「謂先有功德，其鬼有神」者，賈疏云：「祭侯者，祭先有功德之侯。若射侯，則射不寧侯，有罪者也。舉有功以勸示，又舉有罪以懲之，故兩言之也。」毋或若女不寧侯不屬于王所，故抗而射女。或，有也。若，如也。屬猶朝會也。抗，舉也，張也。【疏】「毋或若女不寧侯」者，毋，《大射儀》注引作「無」，同。不寧侯，謂不安順之諸侯。《易・比卦》辭云「不寧方來」，義與此同。云「不屬于王所」者，《覲禮》載諸侯來覲，天子賜舍之辭曰：「伯父女順命于王所，賜伯父舍。」不屬于王所，猶言不順命于王所也。《廣雅・釋詁》云：「所，居也。」王所謂王所居之處，通王都及巡守朝會之地言之。　注云「或，有也」者，《小爾雅・廣言》文。云「若，如也」者，《廣雅・釋言》云：「如，若也。」是若如可互訓。云「屬猶朝會也」者，此屬與上文「遠國屬」之屬義同。《大戴禮・投壺》、《白虎通義・鄉射篇》、《說文・矢部》並作「不朝於王所」。《國語・齊語》云「兵車之屬六，乘車之會三」，韋注云「屬亦會也」，故云猶朝會也。云「抗，舉也，張也」者，《詩・大雅・賓之初筵》云「大侯既抗」，毛傳云：「抗，舉也。」《廣雅・釋詁》云：「抗，張也。」《大戴禮》作「亢」，《說文》作「伉」，義並同。强飲强食，詒女曾孫諸侯百福。詒，遺也。曾孫諸侯，謂女後世爲諸侯者。【疏】「詒女曾孫諸侯百福」者，「曾孫」上，葉鈔本《釋本》無「女」字。阮元云：「葉鈔本蓋誤脫也。注云『曾孫諸侯謂女後世爲諸侯者』，是經本有女字。『毋或若女不寧侯，故抗而射女』，此二女目不寧侯也。『惟若寧侯，詒女曾孫諸侯』，此二女目寧侯也。注云：『若猶女也。』經意雖各有屬，固無妨同言女矣。」案：阮說是也。《大射儀》注引此辭亦有女字。注云「詒，遺也」者，《爾雅・釋言》云：「貽，遺也。」詒貽字同。《大射儀》注引亦作「貽」。云「曾孫諸侯，謂女後世爲諸侯者」，女即指寧侯。爲寧侯祝後世子孫世爲諸侯，而詒以福也。

孫詒讓《周禮正義》卷八二《冬官考工記下・廬人》

廬人爲廬器，戈柲六尺有六寸，殳長尋有四尺，車戟常，酋矛常有四尺，夷矛三尋。柲猶柄也。八尺曰尋，倍尋曰常。酋、夷，長短名。酋之言遒也。酋近夷長矣。【疏】「廬人爲廬器」者，亦以所作之器名工也。云「戈柲六尺有六寸」者，賈疏云：「凡此經所云柄之長短，皆通刃爲尺數而言。」案：賈說是也。《毛詩・秦風・無衣》傳云：「戈長六尺六寸。」亦通柲刃言之。五兵柲度若不通刃而言，則夷矛加刃，不止三尋，過於三人之身，而弗能用矣。云「夷矛三尋」者，《唐石經》作「矛夷」，誤，今從宋本及嘉靖本正。此戈、殳、車戟、酋矛、夷矛五者，即《司兵》先鄭注所說車之五兵也。　注云「柲猶柄也」者，《說文・木部》云：「柲，欑也。」《總叙》注云：「廬謂矛戟柄竹欑柲。」是柲本爲欑竹柄之名，引申之，凡木柄不欑者亦謂之柲。《廣雅・釋器》云：「柲，柄也。」《方言》云：「戟其柄，自關而西謂之柲。」案：古戈戟皆於柄端爲鑿，而以金爲內，橫插之，謂之柲，與矛於刺本爲圜銎而以矜直貫之不同。此工所爲兼有柲矜兩制，經唯見戈柲，而酋矛、夷矛不云矜，蓋文不具。二鄭則誤謂戈戟柲與矛矜同制，故注中柲矜二者咸通言不別也。又昭十二年《左傳》云：「剝圭以爲戚柲。」戚於刃首爲銎，而以柄橫貫之，與戈柲矛矜又並不同，而亦謂之柲，則古蓋以柲爲兵柄之通稱矣。云「八尺曰尋，倍尋曰常」者，《總叙》注同。云「酋、夷，長短名，酋之言遒也，遒近夷長矣」者，段玉裁云：「前引司農云『酋矛』，酋發聲，直謂矛。鄭君此云『酋近夷長』以正之。酋之言遒，有近義，夷有長義。」詒讓案：酋遒聲類同。《廣雅・釋詁》云：「遒，近也。」《說文・大部》云：「夷，平也。」凡物引之長則平，故夷引申之亦爲長，矛之至長者以爲名。《釋名・釋兵》云：「矛，冒也，刃下冒矜也。夷矛，夷，常也，其矜長丈六尺，不言常而曰夷者，言其可夷滅敵，亦車上所持也。」案：劉說矛刃冒矜，深得其制；而誤以車戟之度爲夷矛，義與此經注並迕，不足馮也。《墨子・備蛾傅篇》有二丈四矛，即此夷矛。凡兵無過三其身，過三其身，弗能用也而無已，又以害人。人長八尺，與尋齊，進退之度三尋，用兵力之極也。而無已，不徒止耳。【疏】注云「人長八尺，與尋齊」者，據《總叙》文。云「進退之度三尋，用兵力之極也」者，言三尋之外，人力有所不及。《司馬法・天子之義篇》云：「兵大長則難犯。」義亦通也。云「而無已，不徒止耳」者，戴震云：「不徒止於不能用也，又適以害執兵之人。」故攻國之兵欲短，守國之兵欲長。攻國之人衆，行地遠，食飲飢，且涉山林之阻，是故兵欲短；守國之人寡，食飲飽，行地不遠，且不涉山林之阻，是故兵欲長。言罷羸宜短兵，壯健宜長兵。【疏】「故攻國之兵欲短，守國之兵欲長」者，通論攻守之兵長短互用之法。賈疏云：「按《司馬法》云：『弓矢圍，殳矛守，戈戟助。』此言攻國之兵欲短，則弓矢是也。守國之兵欲長，則殳矛是也。言戈戟助者，攻國守國皆有戈戟，以助弓矢殳矛，以其戈戟長短處中故也。」　注云「言罷羸宜短兵」者，謂行地遠而食飢，故不任用長兵而用短也。江永云：「人衆地阻，則勢不便，人勞飢罷則力不勝，故兵宜短不宜長，注未該。」云「壯健宜長兵」者，謂行地近而食飽，則任用長兵也。凡兵，句兵欲無彈，刺兵欲無蜎，是故句兵椑，刺兵搏。句兵，戈戟屬。刺兵，矛屬。故書彈或作但，蜎或作絹。鄭司農云：「但讀爲彈丸之彈，彈謂掉也。絹讀爲悁邑之悁，悁謂橈也。椑讀爲鼓鼙之鼙。」玄謂蜎亦掉也。謂若井中蟲蜎之蜎。齊人謂柯斧柄爲椑，則椑，隋圜也，摶，圜也。【疏】「句兵欲無彈」者，以下記制兵柲之法也。　注云「句兵，戈戟屬」者，

《呂氏春秋・知分篇》云：「句兵鉤頸」，高注云：「句戟也。」賈疏云：「以戈有胡孑，其戟有援向外，爲磬折入，胡向下，故皆得爲鉤兵也。」案：戈戟之句主於援，不主於胡，賈不識古戈戟形制，詳《冶氏》疏。云「刺兵，矛屬」者，程瑶田云：「矛用恒直，故曰刺。《説文・刀部》：『刺，直傷也。』」詒讓案：刺兵亦謂之直兵。《呂氏春秋・知分篇》云「直兵造胷」，高注云：「直矛也。」《淮南子・氾論訓》云：「槽矛無擊，修戟無刺。」是矛亦得稱擊，戟亦得稱刺，蓋散文通也。云「故書彈或作但」者，段玉裁云：「《説文・人部》曰：『僤，疾也，從人單聲，《周禮》：句兵欲無僤。』此注當云『故書彈或作僤』，司農讀僤爲彈也。」案：段説是也。惠士奇亦謂此注但爲僤之誤。云「蜎或作絹」者，蜎絹聲類同。鄭司農云「但讀爲彈丸之彈，彈謂掉也」者，但，亦當爲僤。《御覽・兵部》引《字林》云：「彈，行丸者。又栟也，栟使戰動掉彈也。」是彈有掉義。段玉裁云：「司農易但爲彈，書亦或爲彈。彈丸者，傾側而轉者也。掉之義取此。《説文》：『僤，疾也。』疾與掉義相足。」案：段説是也。《説文・手部》云：「掉，搖也。」凡持長物，緩則定，疾則動掉，故僤訓疾，亦訓掉，二義相成。惠士奇謂僤訓疾，訓動，讀爲《上林賦》「象輿婉僤」之僤。戴震又讀爲「䚠䳼」之䳼，訓爲轉掉。今案：婉僤即䚠䳼，與僤彈聲義亦通，然與蜎掉義近，不若先鄭義之切也。句兵之刃横向一邊，若一轉掉，則其刃違槷而不能中，故欲其無掉。程瑶田云：「司農云彈掉，蓋言戈戟之柲欲其不轉掉於手。戈戟之體，其援横出而偏長，用之防其轉掉，故爲內，令穿柲之鑿而出之，以與援相稱，爲其援之重也。若內過長，則內轉重而援反輕。是故援重亦掉，援輕亦掉。《冶氏》云：『長內則折前。』前謂援，折謂掉也。合《冶氏》、《廬人》兩職觀之，知句兵之病在易轉掉也。」云「絹讀爲悁邑之悁，悁謂橈也」者，《詩・陳風・澤陂》「中心悁悁」，毛傳云：「悁悁猶悒悒也。」邑即悒之借字。段玉裁云：「大鄭本作絹，易爲悁。悁邑者，悁悒也，鬱抑之皃。橈之義取此。」程瑶田云：「先鄭謂『蜎，橈也』是也。案下《記》云：『凡試廬事，置而搖之，以眡其蜎也。』置謂植之也。蜎謂不直皃，如蜀之蜎蜎然也。立而搖之，以眡其往來，或有偏强偏弱處也。偏强處則往少來疾，偏弱處則往多來緩，所謂蜎也。」案：程説是也。刺兵直刃，所遇必決，不患其掉，惟患其橈弱，則刺之無力而不入。先鄭訓爲橈，義最精。而讀爲悁，則取義轉迂遠，不若後鄭作蜎之當矣。云「椑讀爲鼓鼙之鼙」者，段玉裁云：「『讀爲』當爲『讀如』，擬其音耳。」案：段校是也。云「玄謂蜎亦掉也，謂若井中蟲蜎之蜎」者，惠士奇云：「《爾雅・釋魚》『蜎蠉』，注云：『井中小蛣蟩，赤蟲。』《廣雅》：『孑孓，蜎也。』《莊子・秋水篇・釋文》：『司馬彪云：「虷，井中赤蟲，一名蜎。」』然則蜎者，水中孑孓掉尾之蟲，動搖不定，蜎乃動搖之狀也。」詒讓案：此破先鄭悁邑之讀，則「謂」疑當爲「讀」之誤，蓋擬其音而義亦存乎其中也。程瑶田云：「後鄭謂蜎亦掉者，非也。《爾雅》『蜎蠉』，郭注『一名孑孓』。據《説文》，無右臂曰孑，無左臂曰孓。是蟲行水中，恒屈曲其體，轉變無定，勝負不均。苟爲廬一器中若此蟲然，偏强偏弱，節節相閒，是之謂蜎。井中蜎，是橈象，而亦以掉釋之，與彈相溷，不可從。」云「齊人謂柯斧柄爲椑，則椑隋圜也」者，《説文・木部》云：「椑，圜榼也。」《廣雅・釋器》云：「匾榼謂之椑。」案：圜而匾即隋圜也。此叚借爲兵柲隋圜之名。柯即《車人》「柯欘」之柯。《毛詩・豳風・伐柯》傳云：「柯，斧柄也。」又《破斧》傳云：「隋銎曰斧。」斧以柄納於銎，銎隋故柄亦隋，銎與柄適相函也。但戈戟之柲與斧柄制實不同，以其同爲隋圜，假以證義耳。賈疏云：「隋圜謂側方而去楞是也。」段玉裁云：「斧柄必隋圜，則椑者隋圜之言，隋圜對下文摶是正圜言也。」程瑶田云：「柲正圜則易轉掉，柲隋圜則難轉掉，故曰句兵椑。」云「摶，圜也」者，《梓人》注同。

殳兵同强，舉圍欲細，細則校；刺兵同强，舉圍欲重，重欲傅人，傅人則密，是故侵之。改句言殳，容殳無刃。同强，上下同也。舉謂手所操。鄭司農云：「校讀爲『絞而婉』之絞。重欲傅人，謂矛柄之大者在人手中者。侵之，能敵也。」玄謂校，疾也。傅，近也。密，審也，正也。人手操細以殳則疾，操重以刺則正。然則爲矜，句兵堅者在後，刺兵堅者在前。【疏】「殳兵同强舉圍欲細」者，殳擊義同，亦古今字。前經五篇，如《方相氏》「以戈擊四隅」，《宮正》「擊㯻」，《大師》、《小師》等「擊樂器」，字並作「擊」。而「殳」見《司門》、《占人》、《校人・釋文》，則並以爲繫字，亦經記字例之異。但此記《梓人》「擊其所縣」，字兩見，亦作「擊」，未審其義例也。以下並論兵柲舉圍大小之用，爲下章起義也。云「是故侵之」者，程瑶田云：「總承細重二者，謂不彈不蜎，尚何患不能侵乎。」注云「改句言殳，容殳無刃」者，鄭意下文有殳，此殳兵對刺兵爲文，則即上句兵，此因欲晐殳，故變文言殳也。《弓人》注云：「殳，拂也。」《説文・殳部》作「殳」，云：「相擊中也。如車相擊，故从殳从軎。」隸變作「殳」，經典通假擊爲之。鄭鍔云：「變句兵而謂之殳者，戈戟可以句，可以殳，殳不可以句，可以殳，故專言句兵，足以見戈戟而不及殳，於是言殳以包之。《左傳》襄二十三年『晉人以戟句欒樂而殺之』，昭元年『子南以戈擊子晳』，此戈戟可句可殳之驗也。」案：鄭説是也。金榜云：「戈戟用恒主於擊人，故亦謂之擊兵。《左傳》襄十八年『中行獻子夢與獻公訟，公以戈擊之』，二十八年『王何以戈擊子之』，昭元年『子南逐子晳，及衝，擊之以戈』，二十年『齊氏用戈擊公孟』，二十五年『公將以戈擊僚柤』，定四年『盜以戈擊王』，十四年『靈姑浮以戈擊闔廬』，哀十四年『公執戈將擊之』，十五年『石乞、孟黶敵子路，以戈擊之，斷纓』是也。」程瑶田云：「記文改句兵曰殳兵者，句言其形，殳言其用。戈戟用恒横，故曰殳。横用曰殳。」云「同强，上下同也」者，賈疏云：「謂本末及中央皆同堅勁，故云同强也。」云「舉謂手所操」者，謂柲中當人手操處也。《説文・手部》云：「舉，對舉也。」引申之，凡獨舉亦曰舉。此「舉圍」與下「被圍」略同，據其最後之近晉者而言，則曰舉圍；統其略前者而言，則曰被圍，其實一也。鄭司農云「校讀爲絞而婉之絞」者，《弓人》先鄭注同，此易校爲絞也。賈疏云：「昭元年《左傳》『子羽謂子皮曰，叔孫絞而婉』，注云：『絞，切也。』故讀從之，取切疾之義也。」云「重欲傅人，謂矛柄之大者在人手中者」者，亦謂手所操處，稍大之則重。云「侵之能敵也」者，《國語・楚語》韋注云：「侵，犯也。」兵傅人而密，則能犯人，而無不敵之患，故云能敵也。戴震云：「侵，善入也。」云「玄謂校，疾也」者，《弓人》注同，此義與先鄭略同。段玉裁云：「校，司農易爲絞，鄭君則不易字。蓋校有疾義，與剿魑字同。《弓人》注亦兩言校疾也。」云「傅，近也」者，《小爾雅・廣詁》文。云「密，審也，正也」者，謂兵之中人審諦而正也。云「人手操細以殳則疾」者，細則操之堅，任力多，故殳之疾也。云

「操重以刺則正」者，程瑤田云：「蓋謂勁直有定，在手之所用與目之所視相準，無游移之病，以刺人，自然審而且正。」云「然則爲矜，句兵堅者在後，刺兵堅者在前」者，賈疏云：「以句兵向後牽之，故堅者在後也；以刺兵向前推之，故堅者在前也。」

凡爲殳，五分其長，以其一爲之被而圍之。參分其圍，去一以爲晉圍；五分其晉圍，去一以爲首圍。凡爲酋矛，參分其長，二在前、一在後而圍之。五分其圍，去一以爲晉圍；參分其晉圍，去一以爲刺圍。被，把中也。圍之，圜之也。大小未聞。凡矜八觚。鄭司農云：「晉謂矛戟下銅鐏也。刺謂矛刃胷也。」玄謂晉讀如「王搢大圭」之搢，所矜捷也。首，殳上鐏也。爲戈戟之矜，所圍如殳，夷矛如酋矛。

【疏】「凡爲殳，五分其長，以其一爲之被而圍之」者，殳制，詳《司戈盾》疏。賈疏云：「殳長丈二尺，五分取一，得二尺四寸，爲把處而圜之也。」注云「被，把中也」者，《說文・手部》云：「把，握也。」言當手握處之中也。云「圍之，圜之也」者，明殳雖與戈戟同爲毄兵，而圍則與酋矛同爲正圜形也。云「大小未聞」者，以經文不具。程瑤田云：「『凡爲殳，五分其長，以其一爲之被而圍之，參分其圍，去一以爲晉圍，五分其晉圍，去一以爲首圍』，是晉圍、首圍之數皆出於其圍也。『凡爲酋矛，參分其長，二在前、一在後而圍之，五分其圍，去一以爲晉圍，參分其晉圍，去一以爲刺圍』，是其晉圍、刺圍之數亦皆出於其圍也。然則殳與酋矛之圍，乃其廬體上下諸圍之宗也。而鄭注則云『大小未聞』。夫既爲其諸圍之宗，安得不以大小示人也！考之《喪服傳》『苴絰大搹』，注云：『盈手曰搹。搹，扼也。中人之扼圍九寸。』今訓被爲『把中』，《說文》訓搹爲把，搹圍九寸，是把圍九寸也。用殳與矛以把，故即以把之數爲其圍之數。《莊周書》言櫟社樹絜之百圍，《吴越春秋》言伍子胥腰十圍，皆具數於人之把，豈廬之用在把，反疑其圜之之云，非即其把之數乎？曰『爲之被而圍之』，蓋謂爲之把而圍之也。依文義讀之，亦是著數之辭。」案：程說甚精，足補鄭義。鄭訓被爲把中，則被圍即把圍。《莊子・人間世釋文》引司馬彪云「一手曰把」，李頤云「徑尺爲圍」，亦與程所定相近。此經言圍之者二。《桃氏》爲劒，云「參分其臘廣以爲首廣而圍之」，首廣即首徑，以求其圍，可得其度，故不言圍度，而度即寓乎廣。此爲殳，云「五分其長，以其一爲之被而圍之」，亦不言圍度，而度即寓乎被。求度不同，而文例則一也。至諸圍之度，以程說推之，殳圍九寸，參分去一以爲晉圍，則晉圍六寸也。五分其晉圍，去一以爲首圍，則首圍四寸又五分寸之四也。酋矛圍與殳同，五分其圍，去一以爲晉圍，則晉圍七寸五分寸之一也。參分其晉圍，去一以爲刺圍，則刺圍亦四寸又五分寸之四也。然則酋矛之刺圍與殳之首圍正同，惟殳之晉圍，視酋矛六分減一。蓋凡毄兵刺兵柲之圍度並同，其被皆漸殺以趨於晉，毄兵所殺多，舉之則細，句兵所殺少，舉之則重，故被圍雖同，而近晉之舉圍，則又不害其異也。長兵之制，其可攷者如此。云「凡矜八觚」者，賈疏云：「以經二者近手皆云圍之，明不圜者爲八觚也。」程瑤田云：「殳，據《說文》『積竹八觚』。《說文》又云：『籚，積竹矛戟矜也。』蓋言凡廬皆積竹爲之。《記》所言廬，似並用木，今注云『凡矜八觚』，類同《說文》所謂積竹者，或亦爲廬之一法。然如戈戟之柲隋圜，則斷不能積竹爲之矣。」案：程說甚析。《文選》張衡《西京賦》「竿殳之所揑畢」，勝注云：「殳，杖也，八棱，長丈二而無刃，或以木爲之，或以竹爲之。」是殳本有竹木兩種。唯古戈戟柲，爲鑿以函內，自不能以積竹爲之，許說似據漢制，與古不合。至戈戟柲雖爲隋圜形然舉圍之外，亦未嘗不可爲八觚而隋之，鄉說與經郤不相迕也。鄭司農云「晉謂矛戟下銅鐏也」者，《說文・金部》云：「鐏，柲下銅也。」《釋名・釋兵》云：「矛下頭曰鐏，鐏入地也。」《曲禮》「進戈者前其鐏後其刃，進矛戟者前其鐓」，注云：「銳底曰鐏，平底曰鐓。」案：鐏鐓對文則異，散文得通。段校《說文・金部》云：「鐓，矛戟柲下銅鐏也。」《毛詩・秦風・小戎》「厹矛鋈錞」，傳云：「錞，鐏也。」是兵器柲末並以銅鐏之，名曰鐏，亦曰晉。程瑤田云：「殳以晉圍對首圍，酋矛以晉圍對刺圍，則晉圍者，廬所內鐏之一端也。晉尊一聲之轉。」云「刺謂矛刃胷也」者，《淮南子・氾論訓》高注云：「刺，鋒也。」即謂矛刃本與矜相含之圜銎。《詩・鄭風・清人》箋所謂室是也。云「玄謂晉讀如王搢大圭之搢，矜所捷也」者，據《典瑞》文。段玉裁改搢爲晉，云：「謂其音義同晉大圭，訓爲臿於紳帶之閒。知此晉謂矜臿於銅鐏。捷同臿，俗作插。晉大圭，俗本作『搢大圭』，非。」案：段校是也。《典瑞》亦作「晉」，注引先鄭讀爲薦申之薦，今本彼注「薦申」作「搢紳」，誤也。捷插古通，詳《總叙》疏。云「首，殳上鐏也」者，賈疏云：「殳下有銅鐏，此殳首無，亦以上頭爲首而稍細之，以其似鐏，故鄭云首殳上鐏也。」案：殳無刃，蓋首末並有銅鐏以爲固，賈說疑非。程瑤田云：「矛之用在刺，故即以刺名其內刺之一端；殳所用之一端無刺，但平其首，故名之曰首。」云「爲戈戟之矜，所圍如殳，夷矛如酋矛」者，經不箸戈戟夷矛之圍度，故鄭補其義，以殳爲毄兵。戈戟亦可句可毄，與殳用同，其柲雖有隋圜、正圜之異，而圍度大小可約略相等。夷矛、酋矛則並爲刺兵，其矜自當同也，其由被以下漸殺以趨於晉者則異。

凡試廬事，置而搖之，以眂其蜎也；灸諸牆，以眂其橈之均也；橫而搖之，以眂其勁也。置猶尌也。灸猶柱也。以柱兩牆之間，輓而內之，本末勝負可知也。正於牆，牆翟。

【疏】「凡試廬事」者，記廬人爲廬，器成後，試其利用與不，其法有三也。程瑤田云：「三法之試，初法，防其蜎；次二法，防其末弱；次三法，無上二病，專主於强。刺兵無掉病，而防其蜎，故曰欲其無蜎也。然三法之試，凡兵皆然，故刺兵摶而試之以三法，則可無蜎病，且均而同强。句兵之不摶而椑也，專以防掉，然亦不可有蜎病，故試廬之法，句兵亦然。故記言『凡』以包之。」云「置而搖之，以眂其蜎也」者，戴震云：「眂其蜎，審察搖掉之勢也。」云「灸諸牆，以眂其橈之均也」者，戴震云：「審察屈勢，皆欲通體無勝負。苟材有勝負，必自負處動折。」程瑤田云：「如爲廬三尋，擇兩牆閒函二丈者，屈廬而柱諸牆，令橈，而因以觀其所橈兩端，初無勝負則均也。」云「橫而搖之以眂其勁也」者，《說文・力部》云：「勁，彊也。」戴震云：「試之既齊均，又以彊勁爲尚。」程瑤田云：「勁謂通體同强無弱，眂之挺直不下垂也。」 注云「置猶尌也」者，《說文・壴部》云：「尌，立也。」《廣雅・釋詁》云：「置，立也。」是置與尌義同。案：置凡訓尌立者，並植之叚字，《說文・木部》植或作𣚍可證。植謂直立，與橫搖正相對。云「灸猶柱也，以柱兩牆之間，輓而內之，本末勝負可知也」者，惠棟云：「灸，《說文・久部》引作『久』，云『从後灸之，象人兩脛後有距也』。」

案：《士喪禮》云『冪用疏布久之』，注云：『久讀爲灸。』《既夕》云『木桁久之』，注云：『久當爲灸，謂以蓋案塞其口。』注云『以柱兩牆之閒，輓而內之』，與《儀禮》『久之』同義。是久爲古文，灸爲今文也。灸从火久聲，古文省火。」段玉裁云：「《説文》久字下引《周禮》『久諸牆以觀其橈』。案：此則故書作久，師讀爲灸也。許君從故書作久，自可通，無勞易字。久灸義相近，許以灸釋久。案：久之本訓從後抵拒，引申爲長久之訓。後人乃知長久之訓，而不知本訓，遂以抵拒之訓專歸灸字。注家欲知古今異言、古今異字之梗概耳。柱，今之拄字。」云「正於牆，牆翣」者，《釋文》云：「翣，本又作濇，又作歰，同。」案：《説文·止部》云：「翣，不滑也。」濇歰並翣之俗。取牆翣者，欲其柱之定也。六建既備，車不反覆，謂之國工。六建，五兵與人也。反覆，猶軒輖。【疏】注云「六建，五兵與人也」者，賈疏云：「廬人所造有柄者，戈戟殳與酋矛夷矛五兵而已。上車有六等，除軫與人四兵，此云六建，建在車上，明無軫，自取人與五兵爲六建可知也。」戴震云：「六建當爲五兵與旌旗。」案：戴説是也。人立車上不可言建，注義爲短。云「反覆猶軒輖」者，《既夕記》「志矢一乘，軒輖中」，注云：「軒輖猶軒輊。」《御覽·車部》引《通俗文》云：「後重曰軒，前重曰輊。」戴震云：「六建搖動，則車行反覆，矜柲不彊故也。」

孫詒讓《周禮正義》卷八五《冬官考工記下·車人》

車人之事，半矩謂之宣，矩，法也。所法者，人也。人長八尺而大節三：頭也，腹也，脛也。以三通率之，則矩二尺六寸三分寸之二。頭髮皓落曰宣。半矩，尺三寸三分寸之一，人頭之長也。柯欘之木頭取名焉。《易·巽》爲宣髮。【疏】「車人之事」者，亦以所作之器名工也。云「半矩謂之宣」者，《釋文》云：「宣，本或作寡，亦作宣。」案：或本蓋依今《易》改此經，不足據也。又《釋文》亦作本，與正文不異，疑有誤，或當云「注亦作宣」。阮元謂「蓋下注引《易》『爲宣髮』，本亦作『寡』，誤合爲一條。」亦通。此總明車工倨句形體之法數也。程瑶田云：「百工皆持矩以起度，而倨句之度法遂生於矩焉。矩者，倨句之正方者也。由是而句焉，則半矩謂之宣。」又云：「矩有直者，有曲者。倨句之云，折其直矩而爲曲矩，故直矩無角，《周髀》所謂矩出於九九八十一。折之爲曲矩，則一縱一横，而爲正方之角，《周髀》所謂折矩以爲句廣三、股脩四，又所謂合矩以爲方，又所謂兩矩共長二十有五，是謂積矩。故凡正方之形，謂之一矩。是矩也，當其未折時，一直物而無角，其數九，其體略占曲矩之倍；及其折之爲曲矩，則横五縱四，其體略存直矩之半，兩矩合之，縱横皆五。《荀卿書》所謂五寸之矩，盡天下之方者，指曲矩而言之也。故當其未折而爲直矩也，伸之無可伸，何倨之有，屈之不必屈，何句之有？及其折爲曲矩，而謂之一矩，由一矩之折，而漸伸之出乎一矩之外，名之曰倨。其倨之角，悉數之不能終其物也。而此由一矩之折，而復屈之入乎一矩之內，名之曰句。其句之角，亦悉數之不能終其物也。或倨或句不能悉數者，呼之爲角，不辭也。今以其可倨可句也，於是合倨句二字以名之，凡見無定形之角，則呼之爲倨句，此《考工記》呼凡角爲倨句之所昉也。故車人之事爲倨句發凡起例，而折直矩爲正方之一矩，以爲一切倨句之權衡，乃衺判一矩之角而二之，曰半矩。」又云：「《車人》一記，其起例有二道。起例於半矩者，爲凡造物發斂不同形，是爲倨句之例；起例於半柯者，爲凡造物修短無定數，是爲尺寸之例。是故倨句之例不可以尺寸言，故以半矩、一矩加半而數之；尺寸之例則必紀之以數，故曰柯長三尺，以爲半柯、一柯、二柯、三柯之定限。」注云「矩，法也」者，《爾雅·釋詁》文。案：此矩即《輿人》「方者中矩」之矩。鄭誤以宣欘等竝爲長短之度，故別訓矩爲法，非經義也。云「所法者人也，人長八尺而大節三，頭也，腹也，脛也」者，鄭誤以此經爲説長短之度，而一矩、半矩，度無明文，故以意定之，謂取法人身長八尺，上下分之，有此三節，因以求其數也。《淮南子·俶真訓》高注云：「脛，腳也。」云「以三通率之，則矩二尺六寸三分寸之二」者，賈疏云：「鄭欲推出宣之長短之數，以人長八尺，三分之，六尺各得二尺；其二尺又取尺八三分之，各得六寸；又以二寸，寸爲三分，爲六分，三分之各三分寸之二：故云二尺六寸三分寸之二也。」程瑶田云：「鄭謂矩爲法，以法人長八尺，三分人長之八尺，以其一之二尺六寸有奇爲一矩，半之爲半矩。如此，則三尺之柯，斷不可以言矩；四尺五寸之一柯半，斷不可以言一矩有半。」案：程説是也。鄭所推宣欘磬折尺度，皆以《車人》「爲車柯三尺」之文，增減求之。不知此文自泛論倨句之形，而非計長短之度，一欘有半之倨句，與三尺之長本不相謀也。云「頭髮皓落曰宣」者，據《易》義也。《釋文》皓作「晧」，云：「晧本或作顥，劉作皓。」案：皓正晧俗。阮元云：「顥是正字。《説文》曰：『顥，白皃。南山四顥，白首人也。』」云「半矩，尺三寸三分寸之一，人頭之長也」者，《御覽·人事部》引《春秋元命苞》云：「頭者，神所居。上員，象天氣之府也。歲必十二，故人頭長一尺二寸。」此注取半矩之度，與彼相近。賈疏云：「矩既二尺六寸三分寸之二，故減半爲人頭之長，有此數也。」云「柯欘之木頭取名焉」者，戴震云：「柯欘以人所執之端爲頭，界畫其處，亦以度物。」案：鄭意蓋當如戴説，謂柯欘頭與人頭相儗，因以取名。此亦以意推之，非經義也。程瑶田云：「宣之言發也，當是起土句鉏之最句者，蓋句庛利發之義。《詩·緜》曰『迺宣迺畝』，《篤公劉》曰『既順迺宣』，鄭注曰：『時耕曰宣，宣之言發也。』《釋名》曰：『鎛，迫也，迫地去草也。』宣之句地僅半矩，用以去草，夫亦迫地之至矣，豈宣即鎛乎？」案：程説亦通。引《易·巽》「爲宣髮」者，證頭髮皓落之義。賈疏云：「按《説卦》云：『其於人爲寡髮。』注：『寡髮取四月靡草死，髮在人體，猶靡草在地。』今《易》文不作宣作寡者，蓋宣寡義得兩通，故鄭爲宣不作寡也。」臧琳云：「《易·説卦》：『《巽》爲木，其於人也爲寡髮。』《釋文》：『寡本又作宣，黑白襍爲宣髮。』李氏《集解》作『宣髮』，引虞翻曰：『爲白故宣髮，馬君以宣髮爲寡髮，非也。』據此，知《易》本有作『爲宣髮』者。宣，明也，又散也，故虞以爲白。《周禮注》與虞仲翔本正合。賈疏引鄭《易注》云『取四月靡草死，髮在人體猶靡草在地』，則是鮮少之義，經當作『寡』。蓋馬、鄭所注古文《易》本作『寡髮』，鄭用馬本，王弼、韓康用鄭本，故《釋文》、《正義》皆作『寡』，賈疏亦云『今《易》文作寡』是也。《禮注》與《易注》不同者，鄭先通《京氏易》，後注《費氏易》，又遭黨錮事，逃難注《禮》，爲袁譚所逼，來至元城，乃注《周易》。然則《禮注》之爲『宣髮』，《京氏易》也，《易注》之『寡髮』，《費氏易》也。」案：臧説是也。今本賈疏寡宣字亦互譌，兹從張惠言校正。

一宣有半謂之欘，欘，斲斤，柄長二尺。《爾雅》曰：「句欘謂之定。」【疏】「一宣有半謂之欘」者，程瑶田云：「由宣而倨焉，益以半宣，則四分矩之三而爲一宣有半矣，是謂之欘。」 注云「欘，斲斤」者，據《爾雅》爲説。斤，宋董氏本、余仁仲本、巾箱本、注疏本並作「木」。阮元亦引《説文》云「斤，斫木斧也。」案：賈疏述注亦作「斲斤」，則唐本不作「木」。《説文·斤部》云：「斲，斫也。」《木部》云：「欘，斫也。齊謂之兹錤。一曰斤柄性自曲者。」鄭此訓與《説文》後一義同。《國語·齊語》亦有「斤欘」，《管子·小匡篇》作「鋸欘」，《墨子·備城門篇》作「居屬」，字通。程瑶田云：「句欘其著柲也，句於矩，與一宣有半相應。」云「柄長二尺」者，亦誤以欘爲長短之度也。賈疏云：「一宣有半得長二尺者，以一宣尺三寸三分寸之一，取半添之，一尺得五寸，三寸每寸三分，得九分，并前一分爲十分，取半得五分，三分爲一寸餘二分，摠爲六寸三分寸之二，添前尺三寸三分寸之一爲二尺也。」引「《爾雅》曰，句欘謂之定」者，《釋器》文。今本《爾雅》「句欘」作「斪斸」，彼《釋文》載或本作「欘」，與鄭所見同。郭注云「鉏屬」。《釋文》引李巡注、《御覽》引舍人注，並云「鋤也」，皆不云「斲斤」，與鄭義異。《説文·斤部》云「斪斸，斫也」，與《木部》欘字義同字異。案：斫木之斤，斫土之鉏，其柄形同句曲，故並有句欘之稱。據下先鄭注引《蒼頡篇》柯欘，則此經所云，自以斤柄爲是。

一欘有半謂之柯，伐木之柯，柄長三尺。《詩》云：「伐柯伐柯，其則不遠。」鄭司農云：「《蒼頡篇》有柯欘。」【疏】「一欘有半謂之柯」者，程瑶田云：「又由欘而倨焉，益半欘，則倨於矩，而爲一矩又八分矩之一矣，是謂之柯。」又云：「判其欘爲半欘，欘者四分一矩之三，半欘者，四分一矩之一分有半，以半欘加於一欘，則出乎一矩又餘八分一矩之一矣。」 注云「伐木之柯」者，《國語·晉語》韋注云：「柯，斧柄，所操以伐木。」《周書·文酌篇》云「九柯十匠歸林柯」，蓋謂車人之事也。程瑶田云：「柯之爲言阿也，句不及矩之謂也。斧内以柲，其倨句之外博也應之，故謂之柯，而因以名其柲。」云「柄長三尺」者，亦誤以柯爲長短之度也。後爲車云：「柯長三尺。」《墨子·備穴篇》云：「斧金爲斫，杘長三尺。」杘即柯也。《六韜·軍用篇》云：「大柯斧刃長八寸，重八斤，柄長五尺以上，一名天鉞。伐木大斧重八斤，柄長三尺以上。」亦伐木斧柄長三尺之證。引《詩》者，《豳風·伐柯》文。毛傳亦云：「柯，斧柄也。」鄭司農云「《蒼頡篇》有柯欘」者，證此柯欘之名。《蒼頡篇》今佚，柯欘之文無考。

一柯有半謂之磬折。人帶以下四尺五寸。磬折立，則上俛。《玉藻》曰：「三分帶下，紳居二焉。」紳長三尺。【疏】「一柯有半謂之磬折」者，由柯而張之，益以半柯，則倨於矩者尤多，而爲一矩又三分矩之二强，謂之磬折。磬折者，如磬之倨句也。但《磬氏》云「倨句一矩有半」，二度不同者，此經所説宣、欘、柯、磬折四倨句之形，各以益半遞增成度，與《磬氏》一矩有半專明爲磬之度異。然一柯有半之磬折，與一矩有半之磬折數異，而名不害其同也。今叚割圜四象限之度數，以釋倨句之形。一象限爲九十度，是爲一矩，《冶氏》所謂倨句中矩者也。倍之爲二象限，爲一百八十度。其半矩之宣，則四十五度也；一宣有半之欘，則六十七度半也；一欘有半之柯，則一百一度四分度之一也；一柯有半之磬折，則百五十一度八分度之一也。夫自二度以至百七十九度中，凡百七十七度，皆有倨句之形，發斂之，成無數之倨句。而經止著此五者之名，將謂凡物倨句必準此五者之數，不得少有贏朒乎而不能也。然則自二度至百七十九度，其倨句之不合於此五名者，亦必就此五者相近之度，揆量以名之，而不必以豪標之差，議其不合也明矣。是故此職之磬折則百五十一度八分度之一，《磬氏》之倨句則百三十五度，二形差十六度八分度之一，而皆可以磬折名之。蓋此經四者益半遞增之度，本非求合於磬折，特以兩度所差不多，遂假磬折以爲名。若下文耒庛之倨句磬折，及《匠人》「行奠水之磬折以參伍」，皆不能必協一柯有半，要其形約略如是而已。由此一柯有半而倨焉，而爲《韗人》皋鼓之倨句磬折，則約百六十五度也。更倨焉，而極於百七十九度，苟未至於百八十度之不成倨句，則亦無不可以磬折名之矣。故此經言磬折者，文凡四見，而度則有三，不足異也。互詳《磬氏》疏。 注云「人帶以下四尺五寸」者，亦誤以磬折爲長短之度也。賈疏云：「此據人之所立磬折之儀。云一柯有半，謂之磬折，據紳帶以下而言也。」程瑶田云：「鄭因下記『柯長三尺』之云，而以之釋柯之倨句，等而下之，遂謂欘爲二尺，宣爲尺三寸三分寸之一；等而上之，遂謂磬折爲四尺有五寸。夫人身之磬折，譬況之名也，故《曲禮》云『立則磬折』，言其折之倨句似磬也。謂之磬折者，言凡應磬之倨句者，乃以磬折謂之，其不以人立之倨句言也明矣。」案：程説是也。云「磬折立則上俛」者，《賈子新書·容經》云：「端股整足，體不摇肘，曰經立；因以微磬，曰共立；因以磬折，曰肅立；因以垂佩，曰卑立。」是磬折之立視共立、經立上益俛也。引《玉藻》者，賈疏云：「案彼子游曰：『參分帶下，紳居二焉。』鄭注云：『三分帶下而三尺，則帶高於中也。』以其人長八尺，中則四尺，今云三分帶下，紳居二分，明帶上有一分，上三尺半，是帶下有四尺半可知也。」

車人爲耒，庛長尺有一寸，中直者三尺有三寸，上句者二尺有二寸。 鄭司農云：「耒謂耕耒。庛讀爲其頯有疵之疵，謂耒下岐。」玄謂庛讀爲棘刺之刺。刺，耒下前曲接耜。【疏】「車人爲耒」者，《山虞》云：「凡服耜，斬季材。」注云：「服，牝服，車之材。」是服耜同材，故耒車亦同工也。云「庛長尺有一寸」者，賈疏云：「庛者，耒之面。但耒狀若今之曲柄杴也。面長尺有一寸。」云「中直者三尺有三寸，上句者二尺有二寸」者，賈疏云：「謂手執處爲句，故謂庛上句下爲中直者三尺有三寸也。人手執之處，二尺有二寸也。」詒讓案：此明揉耒正身三節倨句之實度，合之爲六尺六寸也。耒木鋭其耑爲庛，以貫於金耜，又以繩束之以爲固，《大戴禮記·夏小正》云「正月，農緯厥耒，緯，束也」是也。庛長尺有一寸，則耜之長當尺有一寸贏，乃足冒庛而與中直相接。又《匠人》云「耜廣五寸」，庛納耜中，則廣當不及五寸。經於庛著長不著廣，於耜著廣不著長，可以參互求之。注鄭司農云「耒謂耕耒」者，《説文·耒部》云：「耒，手耕曲木也。从木推丰。古垂作耒相，以振民也。」耒即耒之省。《釋名·釋用器》云：「耒，來也，亦推也。」《急就篇》顔注云：「耒，今之曲把苿鍬，其遺象也。」云「庛讀爲其頯有疵之疵」者，其頯有疵，《釋文》作「頯疵」。段玉裁改「讀爲」爲「讀如」，云：「讀如頯疵，擬其音耳。」阮元云：「此用《孟子》之『其顙有泚』也。」案：段校是也。云「謂耒下岐」者，賈疏云：「古法，耒下惟一金，不岐頭。先鄭云『耒下岐』，據漢法而言。其實古者耜不岐頭，是以後鄭上注亦云『今之耜岐頭』，明古者耜無岐頭也。」詒讓案：先鄭言此者，以庛耜爲一物也。凡耜庛，經典多通言，故《山虞》説耜亦用木材。《易·繫辭》亦云：「神農氏作，斲木爲耜，揉木爲耒。」《易釋文》引京房云：「耜，耒下耓也。耒，耜上句木也。」此即先鄭所本。後鄭以耜金庛木，二者異材，故不從。蓋庛爲木刺，耜爲金刃，枘鑿相函，故庛亦可通稱耜；而此經所言耜與庛，實異物也。云「玄謂庛讀爲棘刺之刺」者，段玉裁云：「後鄭易庛爲刺，以其鋭耑，故謂刺，猶殳柲接鐏者曰晉。」云「刺，耒下前曲接耜」者，此破先鄭説也。《月令》注云：「耒，耜之上曲也。耜，耒之金也。」《薙氏》、《匠人》注亦以耜爲耒金劃土者。耒庛入耜者，前鋭利，似矛戟之刺，故亦謂之刺，《莊子·胠篋篇》云「耒耨之所刺」是也。程瑶田云：「據後鄭注，則耜爲耒頭金，上有銎，以貫耒末。庛即耒末之木，以納於耜銎者。先鄭以庛爲耜之或文。然觀《匠人》『耜廣』『二耜』，兩耜字皆不从庛，於《車人》不當異文，宜後鄭以庛爲耒木之末也。」案：程説是也。庛木耜金，後鄭説最分析。耜蓋金工段氏所爲，非車人所掌也。庛爲木刺，不可以刺土，故必沓金而後可以利發。《説文·耒部》云：「耒，耜。」《木部》云：「相，臿也。枱，耒耑木也。重文鈶，或从金台聲。」徐鉉謂相即耜字，故《土部》訓坺爲一臿土，即《匠人》二耜之伐，是其證也。枱即此經之庛也。許義蓋與後鄭同，故云耒耑木。或體从金者，以其爲臿金所沓也。徐本《説文》枱字注捝「木」字，於義未備。今據《齊所要術》所引補正。《易林·晉》云「銷鋒鑄耜」，亦與後鄭義合。

自其庛，緣其外，以至於首，以弦其內，六尺有六寸與步相中也。緣外六尺有六寸，內弦六尺，應一步之尺數。耕者以田器爲度宜。耜異材，不在數中。【疏】「自其庛，緣其外，以至於首」者，此明耒下曲庛及上句倨句之實度也。賈疏云：「據庛下至手執句者，逐曲量之。」云「以弦其內」者，賈疏云：「據庛面至句，下望直量之。內，謂上下兩曲之內。」云「六尺有六寸與步相中也」者，賈疏云：「言逐曲之外，有六尺六寸，今弦其內，與步相中。中，應也，謂正與步相應。」　注云「緣外六尺有六寸，內弦六尺，應一步之尺數」者，謂自耒首兩曲，以至於庛耑，循其外曲折度之，合共六尺有六寸。此即上文庛與中直、上句三節長度之和數也。然其外庛既爲磬折，而其內耒首至中直三寸，三寸盡處又爲曲弧形，以其有句曲之減，故直度少六寸。以弦觸其兩端，適得六尺。《小司徒》注引《司馬法》云「六尺曰步」，此正與彼同。《呂氏春秋·任地篇》云：「六尺之耜，所以成畝也。」耒耜對文則異，散文亦通。畝法廣一步，呂云六尺成畝，即此經與步相中之的解也。此經之義，鄭、賈所釋自塙。近戴震所圖，以「弦其內」爲自耒首觸庛耑爲直線，亦最爲得解。蓋人扶耒推之，必前其庛，自人視之，前者爲外，後者爲內，首至耒末，其空處正當耒內，故云以弦其內也。是外爲本體之實數，內爲空中之虛數。經文之「弦其內」正與「緣其外」對文，外爲實度故曰緣，內爲虛數故曰弦也。下文所謂倨句磬折者，止就庛與中直言之。至耒上句處，揉曲爲弧形，與車曲輈相似，戴圖及漢武梁祠畫像石刻神農所持耒耜，阮元所圖今山東農人所用耒形，咸如此，並無直句磬折之異也。又案：《司馬法》「六尺爲步」，古説並同。《史記·商君傳》「治秦，步過六尺者罰」，亦用其法。惟《王制》云：「古者以周尺八尺爲步，今以周尺六尺四寸爲步。」此記人之異説，不爲典要。此經以六尺六寸之弧曲，得弦六尺，以爲步法，與《呂覽》文合，義證明塙，可無疑於古步法之異同矣。云「耕者以田器爲度宜」者，據《匠人》云「野度以步」，此耒爲田器，弦度適得六尺，故即以之度田野也。云「耜異材，不在數中」者，程瑶田云：「庛爲木材，故與耜金材異也。」賈疏云：「未知耜金廣狹，要耒自長六尺，不通耜，若量地時，脱去耜而用之也。」

堅地欲直庛，柔地欲句庛。直庛則利推，句庛則利發。倨句磬折，謂之中地。中地之耒，其庛與直者如磬折，則調矣。調則弦六尺。【疏】「堅地欲直庛，柔地欲句庛」者，堅地，若《草人》之「强檃」。柔地，若《草人》之「墳壤」。《九章算術·商功篇》亦云：「穿地四，爲壤五，爲堅三。」壤即柔地，亦謂之⿰田柔，《説文·田部》云：「⿰田柔，緐田也。」云「直庛則利推，句庛則利發」者，記耒庛倨句之中度也。直庛之任力在刺耑，故利推；句庛之任力在耜本，故利發。江永云：「耜之入土也，不必高舉，惟用力推之。其發土也，句曲者向外，非向內也。詢之行中州者，謂親見耕地之法，以足助手，跐耜入土，乃按其柄，向外挑撥，每一發則人卻行而後也。」案：江説是也。推謂推耜金入土，《月令》説耕藉云「天子三推，三公五推，卿諸侯九推」是也。發謂發起其土以治畎，《匠人》説爲畎云「一耦之伐」，即《國語·周語》之「王耕一墢」，《舊音》引賈逵本「墢」作「發」，發伐義同。一發謂一人發，不合耦也。凡治畎，必先推而後發之，推與發事相因，故爲耒庛必推發兩利而後爲良，互詳《匠人》疏。云「倨句磬折，謂之中地」者，如一柯有半之倨句以爲庛，則不直不句，而無地不宜矣。　注云「中地之耒，其庛與直者如磬折，則調矣」者，明庛與中直者如磬折，其上句者與中直者則不如磬折也。調者，倨句得中之謂。戴震云：「中地，謂無不宜也。宜堅不宜柔，宜柔不宜堅，爲不中地；利推不利發，利發不利推，爲不中地。」云「調則弦六尺」者，直庛則贏於六尺，句庛則不及六尺，惟磬折乃正合六尺之度也。

孫詒讓《周禮正義》卷八六《冬官考工記下·車人》

車人爲車，柯長三尺，博三寸，厚一寸有半，五分其長，以其一爲之首。首六寸，謂今剛關頭斧，柯其柄也。鄭司農云：「柯長三尺，謂斧柯，因以爲度。」【疏】「車人爲車」者，王宗涑云：「此車謂任載者。任載之車有三：行澤者曰大車，行山者曰柏車，介乎行山行澤間者，曰羊車。」詒讓案：此車人所爲三車，皆牛車，與輪人、輿人、輈人三職所爲駟馬車不同。其制粗略，故輪輿及轅以一工爲之。云「柯長三尺」者，賈疏云：「此車人爲造車之事。凡造作皆用斧，因以量物，故先論斧柄長短及刃之大小也。」云「博三寸，厚一寸有半」者。《廬人》注云：「齊人謂柯斧柄爲椑，則椑隋圜也。」若然，斧柄蓋橢方而微圜，略鈋其觚棱，使握之不鍥手也。其圍蓋九寸弱。云「五分其長，以其一爲之首」者，斧以刃爲首，與桃氏爲劍以柄環爲首異。攻金之工以斧斤入上齊，賈彼疏謂亦冶氏爲之，則斧首當隸金工。此因明斧柄度數牽連及之耳，車工實不爲斧首也。　注云「首六寸謂今剛關頭斧」者，六寸謂斧刃之長度也。《六韜·軍用篇》説大柯斧刃長八寸，與此微異。賈疏云：「漢時斧近刃皆以剛鐵爲之，又以柄關孔，即今亦然，故舉爲況也。」案：《後漢書·馬融傳·廣成頌》云「揚關斧」，李注云：「關斧，斧名也。」蓋即鄭所謂關頭斧，賈所謂以柄關孔也。程瑶田云：「斧之安柲也，横其刃，而於其首爲銎，上下相通，柲直插銎中，不爲内也。」丁晏云：「《毛詩·破斧釋文》：『銶，一解云，今之獨頭斧。』其剛關頭斧之類歟？」云「柯其柄也」者，前注義同。鄭司農云「柯長三尺，謂斧柯因以爲度」者，程瑶田云：「車人爲車，而取度於柯，與上言倨句之柯異事，故特著長三尺，以爲下文言車者起度。倨句之柯言其折，故與磬折並稱。長三尺之柯，言長不言折也。」王宗涑云：「車人爲車，首言柯長三尺，猶匠人爲溝洫，首言耜廣五寸也，即所執之器以起度，取其便於事。」轂長半柯，其圍一柯有半。大車轂徑尺五寸。【疏】「轂長半柯，其圍一柯有半」者，大車轂長一尺五寸，圍四尺五寸，徑與長等。程瑶田云：「車人爲三車，於大車，言轂長之數、轂圍之數，輻長之數、輻博輻厚之數、渠之數、牙圍之數；於柏車，但言轂長、數圍、輻長及渠與牙圍之數，不言輻之博厚者，同於大車也。羊車亦不言者，三者皆同可知也。」注云「大車轂徑尺五寸」者，賈疏云：「鄭知此是大車者，此論轂輻牙，下柏車别論轂輻牙，又柏車轂長以行山，此車轂短以行澤，故知此是大車，平地載任者也。鄭知徑尺五寸者，以其圍一柯有半，四尺半圍三徑一，故知徑一尺五寸也。」王宗涑云：「依密率，圍四尺半，徑一尺四寸三分二釐三豪九秒四忽零。鄭説依六觚率也。涑謂車之高下，皆用整數，不取奇零，如小車之輪徑有六尺六寸、六尺三寸二等是也。此大車當以輪徑九尺、轂徑一尺五寸爲定率。記以六觚率計轂圍，則曰一柯有半爾。徑一尺五寸，於密率，圍得四尺七寸一分二釐三豪八秒八忽零。」輻長一柯有半，其博三寸，厚三之一。輻厚一寸也。故書博或作搏，杜子春云：「當爲博。」【疏】「輻長一柯有半」者，王宗涑云：「此篇記文取數不甚密。大車輪徑九尺，除牙徑一尺，轂徑一尺五寸，餘六尺五寸；半之爲輻長，得三尺二寸五分，菑爪未入算；攷輻菑長如輻廣，得三寸，輻爪長半牙徑，得五寸，通長四尺零五分；而記半九尺之輪以爲輻長，故曰取數不甚密也。又攷大車亦三分輻長而殺其一，則殺者一尺零八分三釐三豪三秒三忽零；不殺者，二尺一寸六分六釐六豪六秒六忽零。」云「其博三寸厚三之一」者，與斧柯博厚度正同。《輪人》注説小車輻廣三寸半，則此大車輻廣殺於彼七分之一也。王宗涑云：「博，廣也。輻廣三寸，厚一寸，倍之得八寸，即股圍也；三分股圍去一以爲骹圍，則骹圍得五寸三分寸之一，皆橢方圍也。量其輻廣以爲鑿深，則轂上容菑之藪，每穴深三寸，廣亦如之，寬則穴口一寸，與輻厚相應，穴氏半之，得五分。此大車、羊車、柏車所同者也。穴口寬寸，積三十穴，凡三尺。以除大車轂圍，餘一尺七寸一分四釐二豪八秒五忽零，則每穴口相距五分七釐一豪四秒二忽零；以除柏車轂圍，餘三尺二寸八分五釐七豪一秒四忽零，則每穴口相距一寸零九釐五豪二秒三忽零：皆依密率推也。」注云「輻厚一寸也」者，厚得博三分之一，故有一寸。云「故書博或作搏，杜子春云，當爲博」者，此聲之誤也。搏，《釋文》作「摶」，音徒丸反。依陸本，則爲形之誤。未知孰是。渠三柯者三。渠二丈七尺，謂罔也，其徑九尺。鄭司農云：「渠謂車輮，所謂牙。」

【疏】「渠三柯者三」者，大車牙大圜之度也。蓋亦揉三木爲之，每木長九尺，故云三柯者三。賈《輪人》疏謂牙皆揉一木爲之。若然，則此大車之渠當以一長二丈七尺之全木揉之，使其圜中規，絶無偏俷，亦甚難矣。況如賈説，則此經直云渠九柯，豈不文省事明，而必云「三柯者三」，於文不已贅乎？下文柏車之渠云「二柯者三」，亦以三命分，與此文例正同，斯亦車渠必合三成規之塙證也。互詳《輪人》疏。注云「渠二丈七尺」者，賈疏云：「按上輻長一柯有半，兩兩相對，則九尺尚有轂空壺中，於二丈七尺不合者，云輻長一柯有半，兩相九尺者，通計轂而言，其實輻無一柯有半也。」云「謂罔也」者，阮元云：「大車之牙謂之渠。《尚書大傳》曰：『散宜生之江淮之浦，取大貝，大如大車之渠。』鄭注云：『渠，車輞也。』」錢坫云：「《廣雅》曰：『[車豦]，輞也。』[車豦]即渠字。渠與巨通，巨者大也。」王宗涑云：「渠，輪之大圜也。罔即輞之省。」云「其徑九尺」者，亦以圍三徑一疏率推之。大車輪崇於柏車、羊車三尺，崇於乘車、兵車二尺四寸，崇於田車二尺七寸，車之最高者也。」戴震云：「大車渠二丈七尺，輪崇當八尺六寸弱。」王宗涑云：「置圍二丈七尺，以密率求徑，得八尺五寸九分四釐二豪六秒六忽零。如輪徑整得九尺，於密率圍得二丈八尺二寸八分五釐七豪一秒四忽零。輻爪厚寸，大車、羊車、柏車並同。積三十爪，凡三尺，以除大車渠圍，餘二丈五尺二寸八分五釐七豪一秒四忽零，則爪鑿每穴相距八寸四分二釐八豪五秒七忽零。」鄭司農云「渠謂車輮所謂牙」者，《釋文》云：「牙，本或作迓。」案：迓即牙之誤。《輪人》先鄭注云：「牙謂輪輮也。世間或謂之罔，書或作輮。」案：渠與罔爲一，輮與牙爲一，二者微異，後鄭釋渠爲罔是也。漢時俗語牙或通稱罔，先鄭沿俗爲釋，其義未析，故引之於後，並詳《輪人》疏。行澤者欲短轂，行山者欲長轂，短轂則利，長轂則安。澤泥苦其大安，山險苦其大動。【疏】「行澤者欲短轂，行山者欲長轂」者，賈疏云：「此摠言大車、柏車所利之事。以大車在平地并行澤，柏車山行，各有所宜也。」王宗涑云：「此言任載之事，所以有大車、羊車、柏車之殊，短轂大車，長轂羊車、柏車也。」詒讓案：此長轂短轂專據大車而言。若對兵車、乘車之長轂言之，則此大車三等並爲短轂。《後漢書·馬援傳》云「乘下澤車」，則漢時乘車或亦有短轂行澤之别制，未知周制然否。注云「澤泥苦其大安，山險苦其大動」者，大安則輪行不速，大車主以任載，故不欲大安而貴速；山行大動，則又易傾覆，故欲其安也。行澤者反輮，行山者仄輮，反輮則易，仄輮則完。故書仄爲側。鄭司農云：「反輮，謂輪輮反其木裏，需者在外。澤地多泥，柔也。側當爲仄。山地剛，多沙石。」玄謂反輮，爲泥之黏，欲得心在外滑。仄輮，爲沙石破碎之，欲得表裏相依堅刃。【疏】「行澤者反輮，行山者仄輮」者，此明大車、柏車車牙外内輮治之宜。注云「故書仄爲側」者，聲近字通。《梓人》「仄行」，《説文·虫部》亦作「側行」。鄭司農云「反輮，謂輪輮反其木裏，需者在外」者，需，《釋文》作「耎」。賈疏約注義云「堅濡」，則與《山虞》注義同。段玉裁校從《釋文》是也。經注耎需字多互譌，《弓人》經、《鮑人》注「柔耎」字並誤「需」，可證。木裏需者在外，即謂木心柔肕者在牙外報地者也。云「澤地多泥，柔也」者，爲其多塗泥，柔耎，與木心柔相宜也。云「側當爲仄」者，徐養原云：「《説文·厂部》：『仄，側傾也，从人在厂下。』又《日部》：『𣅡，日在西方時側也，从日仄聲。』《爾雅・釋水》：『氿，泉穴出，穴出，仄出也。』《釋文》：『仄，本亦作側。』然則側仄字雖異，而音義皆同。杜必從仄者，旁曰側，傾曰仄，因事設詞，亦各有所當也。」云「山地剛，多沙石」者，爲其報輮易致甐敝也。云「玄謂反輮爲泥之黏，欲得心在外滑」者，此增成先鄭義也。易滑義同。程瑶田云：「據注所云，其材蓋以一木析之爲二也。木析之，則有心有邊，心在外，曰反輮。鬱之不順木理，故言反也。心堅故滑易。」案：程説是也。以全木析爲兩判，則每判各有心。生時木心在内，今揉以爲牙，乃使心向外，所謂反也。鄭意木心柔而外堅，澤地泥柔，則不患其甐敝，而患其黏滯，木心柔則理滑，反輮以木心著地，則泥不黏而行利矣。云「仄輮，爲沙石破碎之，欲得表裏相依堅刃」者，刃與《山虞》注「柔刃」義同。段玉裁云：「表裏相依，謂表堅裏柔相倚，並在輮外。」案：段説是也。鄭意蓋謂仄輮表裏各半在外，則著地者木心與木邊適均，而剛堅與柔刃調和相得。以之轢沙石，自無破碎之患也。六分其輪崇，以其一爲之牙圍。輪高，輪徑也。牙圍尺五寸。【疏】「六分其輪崇，以其一爲之牙圍」者，牙圍謂牙身長方四面之圍，其度居輪崇六分之一，與《輪人》小車牙圍輪崇之差同。注云「輪高，輪徑也」者，輪崇即謂輪高，亦即輪上下之直徑也。云「牙圍尺五寸」者，賈疏云：「輪崇九尺，六尺得一尺，三尺得五寸，故尺五寸也。」王宗涑云：「此謂輪高九尺之大車也，故知牙圍一尺五寸。圍謂帀車輞一木也。牙圍橢方，植骹處厚三寸，踐地處削薄三分之一，厚二寸，并之以除牙圍，餘一尺；半之以爲大圜平面之立徑，凡五寸。」柏車轂長一柯，其圍二柯，其輻一柯，其渠二柯者三，五分其輪崇，以其一爲之牙圍。柏車，山車。輪高六尺，牙圍尺二寸。【疏】「柏車轂長一柯」者，倍於大車之轂長。賈疏云：「此柏車山行，故轂長輪崇又下，皆取安故也。」王宗涑云：「一柯三尺，所謂長轂也。三分轂長，二在外，一在内以置其輻。除輻廣三寸，則轂在輻内者九寸，在輻外者一尺八寸。」云「其圍二柯」者，增於大車轂圍四分之一。王宗涑云：「二柯六尺，依六觚率，徑得二尺；依密率，徑得一尺九寸零九釐零九秒零。涑謂柏車當以輪徑六尺、轂徑二尺爲定率。依密率，轂圍得六尺二寸八分三釐一豪八秒五忽。」云「其輻一柯」者，殺於大車輻長三分之一。賈疏云：「兩輻相對六尺。」王宗涑云：「柏車輻長一尺八寸，記云一柯，則取輪崇之半并轂半徑、牙徑數之，取數亦不甚密。柏車不言輻博及厚，蓋與大車輻同制。」又云：「柏車輪徑六尺，除牙徑六寸，轂徑二尺，餘三尺四寸，輻長半之，得一尺七寸三分。輻長而殺其一，則殺者五寸三分寸之二；不殺者一尺一寸三分寸之一。菑長如大車之輻。菑爪長半牙徑，得三寸。通長二尺三寸。」案：王説是也。羊車輪崇輻長當與柏車同。云「其渠二柯者三」者，殺於大車渠二分之一。此蓋亦揉三木爲之，每木長六尺，故云二柯者三也。賈疏云：「渠圍二柯者三，圍丈八尺，亦謂通轂空壺中并數而言也。」云「五分其輪崇，以其一爲之牙圍」者，殺於大車牙圍五分之一也。注云「柏車，山車」者，《釋名・釋車》云：「柏車，柏，伯也，大也，丁夫服任之小車也。」案：《釋名》「小車」疑當作「山車」，即用此經注義也。吴志忠校本作「牛車」，亦通。鄭知此爲山車者，據轂徑長與上文行山者長轂合也。

王宗涑云：「柏，迫也。柏車之輪更卑於田車，牝服最迫近於地，故名柏車。」案：王説近是。云「輪高六尺」者，亦以渠周求徑得之。王宗涑云：「圍一丈八尺，商六尺，鄭依六觚率也。依密率，渠圍一丈八尺，徑得五尺七寸二分九釐五豪五秒五忽。如輪徑整得六尺，則圍當得一丈八尺八寸五分七釐一豪四秒二忽零。以爪積三尺除渠圍，餘一丈五尺八寸五分七釐一豪四秒二忽零，則爪鑿每穴相距五寸二分八釐五豪七秒一忽零。是柏車與大車、羊車容爪之穴，其相距皆以一寸六分零一豪四秒三忽零爲衰分也。」云「牙圍尺二寸」者，賈疏云：「以其輪崇六尺，五分取一，五尺取一尺，一尺取二寸，故尺二寸也。」王宗涑云：「柏車之牙輞是正方圍，四面皆徑三寸，所謂『行山者欲侔』是也。」大車崇三柯，綆寸，牝服二柯有參分柯之二，大車，平地載任之車，轂長半柯者也。綆，輪箄。牝服長八尺，謂較也。鄭司農云：「牝服，謂車箱。服讀爲負。」【疏】「大車崇三柯」者，戴震云：「大車輪崇當八尺六寸弱，輻長不及四尺。此云大車崇三柯，與密率較四寸。前云輻長一柯有半，不減轂空壺中，皆略舉大數爾。」云「綆寸」者，江永云：「輪大，則輪之向外箄者自當稍寬。」云「牝服二柯有參分柯之二」者，江永云：「牝服不言廣，後言鬲長六尺可推也。牝服惟柏車方，大車、羊車皆長方。」案：江説是也。《巾車》賈疏謂此職三車皆方，失之。程瑶田云：「大車言崇者，轂徑及輻長倍數和之而得也。柏車不言者，可例而知也。羊車不言者，同於柏車可知也。大車言綆數、牝服之數，柏車、羊車但言牝服，不言綆數，綆數大車且不過寸，縱差小之，至三分寸之二止矣，不言可也。」注云「大車平地載任之車，轂長半柯者也」者，《毛詩・小雅・無將大專》傳云：「大車，小人之所將也。」《牛人》云：「凡會同、軍旅、行役，共其兵車之牛與其牽徬，以載公任器。」此大車即牛車之大者，故云載任之車。曰平地者，别於柏車爲行山之車。轂長半柯，據上文。云「綆，輪箄」者，《輪人》先鄭注同，詳彼疏。云「牝服長八尺謂較也」者，賈疏云：「言牝服者，謂車較，即今謂之平鬲，皆有孔，内軨子於其中，而又向下服，故謂之牝服也。」案：賈《山虞》疏亦釋牝服爲車平較，謂皆有鑿孔，以軨子貫之。蓋以鑿孔爲牝，軨子即横直材，猶馬車之軹轛也。然賈以軨子貫鑿訓牝服，則與馬車無别，似非的解。今以鄭義推之，較者，輿兩面上横木之稱。馬車牛車皆有左右兩較，但馬車較左右出式而高，牛車較卑，無較式之别，是之謂平較。平較謂之牝服，較高者爲牡，則平者爲牝矣。《既夕禮》云：「賓奠幣于棧左服。」彼注以棧爲柩車。蓋柩車輇輪，輿亦無式較之别，故雖非牛車，而亦家服稱也。平較之木圍徑，經注並無文，以《輿人》馬車較例之，徑當不逾一寸五分左右，若軹轛諸材則尤小，故《山虞》服用季材。若輿下軫軓諸木，錢徑三寸左右，則非季材所能勝矣。此牝服長八尺，即謂較深，故《詩・秦風・小戎》孔疏謂大車前軫至後軫，其深八尺。蓋大車箱長於羊車一尺，長於柏車二尺也。鄭司農云「牝服謂車箱」者，《説文・竹部》云：「箱，大車牝服也。」錢坫云：「輿内謂之箱。《方言》云：『箱謂之䡊。』」段玉裁云：「《小雅・大東》傳云：『服，牝服也。箱，大軍之箱也。』按：許與大鄭同，箱即謂大車之輿也。毛二之，大鄭一之，要無異義。後鄭云較者，以左右有兩較，故名之曰箱，其實一也。」徐養原云：「大車牝服，四面有版，上用平鬲，形同匡匪，所以載物，非以載人。後人呼篚笥爲箱，因其形似而名之也。《詩》云：『睆彼牽牛，不以服箱。』大車之謂也。若小車則有較式之别，高下參差，復闕後面，與作箱之法異。」案：段、徐説是也。《詩・大東》以服箱並舉，故毛兩釋之。鄭箋亦云牽牛不可用於牝服之箱，孔疏謂兩較之内容物之處爲箱，馬瑞辰謂鄭以牝服爲左右較，而以箱爲大車之輿。案：綜校毛鄭孔義，蓋當如馬説。若然，是牝服爲兩平較之專稱，箱爲車輿之大名，猶之小車輢較通屬輿也。大總言之，服亦即箱，異名同物，後鄭《既夕禮》注亦云「服，車箱」，是二鄭説同。云「服讀爲負」者，明與服牛服馬義異也。服負聲近假借字。《釋名・釋車》云：「負，在背上之言也。」此讀服爲負，蓋亦取背負之義，箱在輿版上，苦負之然。陳奂云：「牝即牛。服者，負之假借字。大車重載牛負之，故謂之牝服。」案：陳説亦通。羊車二柯有參分柯之一，鄭司農云：「羊車，謂車羊門也。」玄謂羊，善也。善車，若今定張車。較長七尺。【疏】「羊車二柯有參分柯之一」者，冢上謂牝服之長也，殺於大車一尺。程瑶田云：「羊車復不見轂長、轂圍、輻長、渠與牙圍之數者，羊車五者同於柏車可知也。」賈疏云：「按此羊車較長七尺，下柏車較長六尺，則羊車大矣，而《論語》謂大車爲柏車、小亘爲羊車者，以柏車皆説轂輻牙，惟羊車不言，惟言較而已，是知柏車較雖短，轂輻牙則長，羊車較雖長，轂輻牙則小，故得小車之名也。」案：《論語・爲政篇》云：「大車無輗，小車無軏。」《臣軌》注引鄭彼注云：「大車，柏車。小車，羊車。」此即賈氏所本。然《論語》大車小車，自以《集解》引包咸説分牛車、駟馬車爲是。此職三車並牛車，則皆大車也。鄭彼注以大車爲柏車，小車爲羊車，其不可通有三。三車之制，大車最大，羊車、柏車次之，今釋大車，乃遺最大之大車，而取其次之柏車，不可通一也。經於羊車止著較長之度，其轂輻牙諸度並無文，蓋當與柏車同；若如賈説，轂輻牙小於柏車，則此宜明出其度，而經不然，明羊車它度悉同柏車，其較又視柏車加長，則羊車自大於柏車，而鄭釋反是，不可通二也。輗軏並持衡之木，以牛車馬車所用異名；若如鄭説，小車爲羊車，則仍是牛車，其持衡者亦當爲輗，《論語》不當云無軏，不可通三也。然則彼注蓋文有譌舛，非鄭之舊，殆無疑矣。賈疏不察，輒據彼定此羊車小於柏車，貽誤後學，謹附正之。

注鄭司農云「羊車謂車羊門也」者，《釋名・釋車》云：「立人，象人立也。或曰陽門，在前曰陽，兩旁似門也。」《廣雅・釋器》云：「陽門，簈篂，雀目蔽簹也。」案：羊陽聲同。羊門制不可攷，張揖以爲即簈篂。《續漢書・輿服志》劉注引《説文》云：「車當謂之屏星。」又引《謝承書》云：「别駕車前有屏星，如刺史車曲翳儀式。」則屏星、陽門皆即車前屏蔽之物。《爾雅・釋器》云：「輿竹前謂之禦，後謂之蔽。」《詩・秦風・小戎》孔疏引李巡注云：「編竹當車前以擁蔽，名之曰禦。」即是物也。先鄭意蓋謂羊車前有屏蔽，謂之羊門，車因以爲名，故云即車羊門也。云「玄謂羊，善也，善車若今定張車」者，《釋名・釋車》云：「羊車，羊，祥也；祥，善也。善飾之車，今犢車是也。」賈疏云：「漢世去今久遠，亦未知定張車將何所用，但知在宫内所用，故差小，謂之羊車也。」俞正燮云：「《晉書・車服志》云：『羊車，一名輦車，其上如軺，伏菟箱，漆畫輪軏。』《齊書・輿服志》、《隋書・禮儀志》同謂羊車金漆牽車，漢時以人牽之。又《北史・斛律金傳》言，詔金朝見，聽乘步挽車至階。《李諧傳》則言賜斛律金羊車上殿。是羊車以人步輓。《隋志》云：『隋馭童年十四五者二十人，謂之羊車小史，駕果下馬，其大如羊。』《釋名》又有羸車、羊車，云『各以所駕名之』。則小兒别有羊車，非古之羊車。」詒讓案：據《釋名》所云，則羊車亦牛車，但車制卑小，故以犢駕之。然此經羊車，制度大於馬車，並不卑小，劉據漢制説之，已自不合；至史志所載羊車，或以人步挽，或駕果下馬，《釋名》别載駕羊之車，則又兒童游戲所乘，復與犢車異，與此經羊車尤不相涉，故鄭别以定張車釋之，知漢時所有羊車，與此名同而實異也。又此羊車乃任載之牛車，不得以宫中車爲況。賈以宫内所用差小，故謂之羊車，蓋誤以漢晉以後制推之，殊爲失攷。定張車亦未詳。孔廣森引《尚書大傳》曰：「主夏者張，張爲鶉火，南方之中。」疑定張車即司南車。案：《鶡冠子・天則篇》云「前張後極」，則孔以定張爲司南，説非不可通。又馬總《意林》引《物理論》云：「指南車，見《周官》。」今全經六篇無指南車之文，楊泉亦或即指此注而言。但鄭以今況古，《西京襍記》説漢大駕雖有司南車，而兩《漢書》無其制，恐非鄭意也。云「較長七尺」者，此冢上大車牝服二柯有參分柯之二之文，故知此亦即較長之度。二柯爲六尺，加三分柯之一，一尺，凡七尺也。王宗涑云：「羊車牝服，短於大車牝服一尺，長於柏車牝服亦一尺。」柏車二柯。較六尺也。柏車輪崇六尺，其綆大半寸。【疏】「柏車二柯」者，亦牝服之長也，又殺於羊車一尺。王宗涑云：「柏車牝服最短，蓋以山險難行而少其任載也。然則任載之車分三等，亦量地之易險而利其用爾。易野用大車，險野用柏車，易險半者用羊車，而任載多少亦隨地之易險而殊，故牝服有長短也。」

注云「較六尺也」者，賈疏云：「大車輪崇九尺，綆一寸；此柏車輪崇六尺，三分減一，其綆亦宜三分減一，三分寸之二，即大半寸也。」凡爲轅，三其輪崇，參分其長，二在前，一在後，以鑿其鉤，徹廣六尺，鬲長六尺。鄭司農云：「鉤，鉤心。鬲，謂轅端，厭牛領者。」【疏】「凡爲轅，三其輪崇」者，明牛車爲兩直轅，異於馬車之一曲輈也。詳《輈人》疏。三其輪崇，則與渠之大圜度正同。賈疏云：「凡爲轅者，言『凡』，語廣，則柏車、大車、羊車皆在其中。輪崇雖不同，其轅當各自三其輪崇。假令柏車輪崇六尺，三之，爲轅丈八尺；大車輪崇九尺，三之，爲轅二丈七尺。但羊車雖不言輪崇，亦三之以爲轅也。」江永云：「牛車轅長者，牝服之後猶有轅，轅尾亦可載物，今車亦如此。以上下文可推知其長短。大車尾轅五尺，羊車二尺五寸，柏車三尺，皆以轅長三之一減牝服之半計之。其前轅出牝服之外者，大車一丈四尺，柏車九尺，羊車八尺五寸。」云「參分其長，二在前，一在後，以鑿其鉤」者，記盤鉤銜軸之度也。王宗涑云：「轅二在鉤前，一在鉤後，則大車鉤前轅長一丈八尺，鉤後轅長九尺；柏車鉤前轅長一丈二尺，鉤後轅長六尺。牝服立轅上，半在鉤前，半在鉤後。大車牝服深八尺，則轅出牝服後者五尺；柏車牝服深六尺，則轅出牝服後者三尺。此即所謂軧。《説文・車部》云：『軧，大車後也。』舉大車以包羊車、柏車也。軧及前轅大車獨長者，以爲增加任載之用爾。」又云：「任載之車皆兩轅，鑿轅之下面以鉤軸。其轅之大小，記文不具。蓋皆十分其轅之長，以其一爲之圍，以上承牝服；參分其圍，去一爲頸圍，以縛駕牛之鬲；五分頸圍，去一以爲踵圍。則大車之轅方圍二尺七寸，徑六寸七分五釐，頸圜圍一尺八寸，踵圜圍一尺四寸四分；柏車之轅隋方圍一尺八寸，平徑約三寸，立徑約六寸，頸圜圍一尺二寸，踵圜圍九寸六分。」案：三車雖於轅鑿鉤，然亦有伏兔，度蓋與轅當兔同。又三車轅及頸、踵之圍度，經注無文，王據《輈人》馬車輈頸踵之圍度推之，於義得通。但馬車輈踵適承後軫，當爲橢方圍；牛車轅踵出軫外數尺，王以爲圜圍，未知是否。互詳《輈人》疏。云「徹廣六尺」者，徹即軌也。《匠人》注云：「軌廣八尺者，謂駟馬車徹也。」依此文，則大車軌狹於彼二尺，故《遂人》注謂「畛容大車，涂容乘車」，明其異也。賈疏亦謂不與駟馬車八尺者同徹。江永云：「大車之輪必出於箱外，其間又須有空處容輪轉，徹廣安能與鬲長同數？徹廣『六尺』，當是『八尺』之誤。以徹廣計，置輻宜皆如馬車之法，參分其轂長，二在外，一在內。以此計之，大車箱下無轂，柏車箱下有轂。」戴震亦云：「轅值牝服下，鬲在兩轅之閒，鬲長車廣蓋等。大車轂長尺五寸，中其轂置輻，輻內六寸，輻廣三寸，綆寸，凡一尺。六尺之箱，旁加一尺，兩旁共二尺，徹廣八尺明矣。古者涂度以軌，軌皆宜八尺。田車之輪卑於兵車、乘車三寸，牛車之制㸷於四馬車，軌八尺則同也，故曰車同軌。軌不同爲不合徹，不可行於涂。」案：徹鬲同度，於理難通，江、戴定此徹廣六尺爲八尺之譌是也。鄭珍説亦同。蓋大車轂長一尺五寸，柏車、羊車轂長三尺，其置輻宜準《輪人》駟馬車之例，亦三分轂長，二在外、一在內以置之。然則大車轂在輻內者凡四寸，在外者凡八寸；柏車、羊車轂在內者凡九寸，在外者凡一尺八寸。大車輻內與輻廣及綆之和數凡八寸，柏車、羊車輻內與輻廣及綆之和數凡一尺二寸六分六釐六豪六不盡。三車箱廣同，鬲長六尺，則大車轂在箱外相距左右各二寸，而柏車、羊車則轂入箱下左右各二寸六分六釐六豪六不盡，故江氏謂大車箱下無轂，柏車箱下有轂，所推最塙。戴氏則謂大車中轂置輻，與馬車置輻法不合，但經注並無見文，姑存以備一義。又案：《輿人》云：「輪崇、車廣、衡長參如一。」此馬車之通例也。《車人》三車，柏車、羊車輪崇、車廣、鬲長之度蓋亦參如一，惟大車輪特崇，不與鬲長同度，而車廣、鬲長則仍無不同，故經絶不見車廣之度，以有鬲長可以比例求之也。假令三車輿廣各自爲度，不與鬲同，則經於牝服之長既詳著其度，而其廣之各異，不宜絶無一語及之。然則三車之輿廣同六尺，輪在輿外，徹必不止六尺明矣。鄭所見本「八」已誤爲「六」，《遂人》注據此以定畛涂異軌。然則大車止可行畛，不可行涂，若行涂，則爲不同軌，其説殆不可通也。凡馬車一輈，在輿下之中，牛車兩轅，則在輿下兩旁，然不必正切輿軓之外邊，蓋當與馬車輿下置伏兔之處正相直，故得上鉤輿版；否則不鉤輿版而鉤軓，失鉤心之義矣。大車軓廣度不可考，而馬車設伏兔之處，鄭珍謂在軓內一寸二分，加軓廣，并之共七寸，於制近是。牛車設兩轅之處，約與彼同，然則大車之轅自相距約計蓋四尺六寸。三車之鬲，左右出兩轅外亦約有七寸，可以交縛爲固。柏車之轂雖長入輿下，而距設轅之處尚有四寸三分有奇之餘空，以之與鬲交縛，爲地甚寬也。羊車諸度當與柏車同。車軌度數，互詳《匠人》疏。云「鬲長六尺」者，賈疏云：「以其兩轅，一牛在轅內，故狹；四馬車鬲六尺六寸者，以其一輈，兩服馬在輈外，故鬲長也。」　注鄭司農云「鉤，鉤心」者，《釋名・釋車》云：「鉤心，從輿心下鉤軸也。」《易・小畜》九三爻辭云：「輿脱輹。」孔疏引鄭注云：「謂輿下縛木，與軸相連，鉤心之木。是也。」又李氏《集解》引盧氏云：「輹，車之鉤心，夾軸之物。」案：輹即伏兔。此鉤心則是就轅鑿之以鉤軸，與輹異。鉤字又作枸，《御覽・車部》引《通俗文》云「軸限者，謂之枸」是也。其上又微隆起，入輿心，使相持而固，制並與伏兔同，故亦與輹同得鉤心之名也。江永云：「鑿鉤，謂轅當軸處，鑿半月形以銜軸。軸上亦稍鑿之，令其相鉤著不脱。」鄭珍云：「所云心者，謂輿底版心。其鉤者，謂轅鉤版心之處。鑿其鉤者，視此處應鉤深若干，而剡低其前後不鉤者，其鉤者自高出也。大車兩轅承輿底之旁，而對鉤版心。」黄以周云：「司農云：『鉤，鉤心。』其實鉤與鉤心，其制同，其名有别。大車兩轅，即於轅上設鉤，是鉤在旁也，故曰鉤，不曰心。小車設伏兔於兩旁，其鉤在輿心，故曰鉤心。鉤心者，小車之專名也。以鑿其鉤者，鑿謂鑿其納鉤之孔，鉤即其入鑿之木。其在小車，鄭《易注》所謂『鉤心之木』是也。鉤心者，《釋名》所謂『從輿下鉤軸』是也。凡輿軫置輈伏兔上，輈伏兔置軸上，皆空空庋著，其所以連縛輿、軫、輈、軸，使四者不相分離，全恃鉤心之木。無鉤心，則輿軫輈軸皆離而不可行，故《易》以『輿説輹』爲止象，輹即鉤心之木是也。」詒讓案：大車轅之鉤心，即在小車輈之著伏兔處，江説鑿鉤之法是也。鉤心之義，亦當如鄭説，兼上鉤輿版、下鉤軸言之，義乃晐備。黄氏區分鉤與鉤心爲二，説亦甚析。但大車雖於兩轅鑿鉤，而仍有伏兔。《易・大壯》九四爻辭云：「壯于大輿之輹。」《小畜・釋文》引鄭注云：「輹，伏菟。」彼大輿即大車，輹即伏兔，是大車有伏兔之明證。《説文・車部》云：「轐，車伏兔也。輹，東軸縛也。」二字異訓。王筠據《大壯》爻辭，謂「小車用轐，大車用輹」，其説甚精。蓋大車直轅，小車曲輈，其在輿下當軸之處，皆鑿鉤以銜軸，又皆有伏兔。小車獨輈居中，其鉤即《輈人》之當兔是也。其伏兔有二，在車箱下兩旁，此經謂之轐。大車兩轅居旁，其伏兔則止一，在輿腹下正中，當小車設輈之處，《易》及《左傳》謂之輹。是小車輈一而兔兩，大車轅兩而兔一，这遺易居，以與輿軸相鉤連，其疏密略同。使大車無伏兔，則兩轅閒四五尺地，空無一物以載輿版，不足以爲固矣。大車伏兔居輿下之中，故輹《周易集解》載虞翻本又作「腹」，蓋以聲兼義。伏兔上下又以革縛之以爲固，故《説文》訓輹爲「車軸縛」。小車輈之當兔及大車之輹，並正當輿心，故鄭《易注》云「縛木鉤心」是也。小車之轐及大車轅之鉤，並當輿旁，則唯謂之鉤，而不曰鉤心，此云「鑿鉤」是也。先鄭并鉤與鉤心爲一，義尚未析。輹轐，互詳《總叙》疏。云「鬲謂轅端厭牛領者」者，鬲即槅之借字。《釋名・釋車》云：「槅，扼也，所以扼牛頸也。馬曰烏啄，下向叉馬頸，似烏開口向下啄物時也。」《説文・木部》云：「槅，大車枙。」段玉裁云：「枙當作軶。《車部》曰：『軶，轅前也。』槅，《考工記》作『鬲』。大車之軶曰槅。《西京賦》曰：『五都貨殖，既遷既引，商旅聯槅，隱隱展展。』此正謂大車也。」案：段説是也。小車一輈，而以兩曲軶下扼馬頸；大車二轅，而以一曲槅下扼牛頸。大車之槅即小車之軶，軶之爲槅，猶《説文・手部》搹之或體爲扼也。先鄭及劉成國所釋致明塙。《西京賦》之「聯槅」，薛綜注亦以車扼釋之。《説文・車部》釋軶爲轅前，蓋誤以軶爲衡；而《木部》釋槅爲扼，則不誤。《論語・衛靈公篇》集解引包咸云：「衡，軛也。」亦誤合二者爲一，不足據也。《論語・爲政》皇疏云：「古作牛車二轅，不異即時車，但轅頭安枙，與今異也。即時車枙用曲木駕於牛脰，仍縛枙兩頭著兩轅。古時則先取一横木縛著兩轅頭，又別取曲木爲枙，縛著横木，以駕牛脰也。即時一馬牽車，枙猶如此也。」據此，是梁時馬車有衡有軶，牛車有軶無衡。皇意古牛車亦當兼有衡軶。竊謂以此職經注考之，古牛車蓋亦有軶無衡，與梁時制度不異也。何以言之？衡任爲車制最要之一端，儻大車亦有衡，經當明言其度，不宜舍衡而舉鬲也。馬車所以有衡者，爲輈閒駕兩服，故必爲衡以持兩軶。大車轅内止一牛，牽徬又非轅内鬲之所扼，又何必更爲衡以持軶乎？馬車之輈上曲，其輈頸之耑高出於軸上者逾四尺，故加以衡軶，而適扼馬領。今大車直轅平出，以大車輪崇九尺言之，半徑不過四尺五寸，柏車、羊車輪崇六尺，半徑不過三尺，比之馬車，尚少三寸，直轅兩耑出軸上不過數寸，如於轅耑縛衡而後加軶以駕牛，則牛身常負轅軶，轅耑必昂起，車行前成仰勢，而終日如登阤矣。惟即以軶兩末縛於轅端，則軶末與轅末正平，而軶曲中高出於轅上，以下扼牛領，乃適相當。鬲末既縛於轅，則兩末相去之直徑，當與輿廣同，故鬲長六尺六寸者，謂兩末相去直徑之度也。以皇侃説梁時牛車制推之，古牛車之軶當亦曲揉，與馬車同；惟近兩末數寸之處，又當直揉之，左右平出，以縛於兩轅，則與馬車軶異。古今車制不同，而牛身之高不異。梁時牛車不能同馬車具衡軶之制，而謂周時大車必同小車，非通論也。至《論語》之輗，皇疏引鄭注云「輗，穿轅端著之」，則輗自是大車兩轅耑與鬲相持之關鍵。蓋鬲兩末當直揉以平湊轅耑，故各以輗穿轅鬲而縛之以爲固，則輗之長亦不過數寸。故《韓非子·外儲説》云：「墨子曰：吾不如爲車輗者之巧也，用咫尺之木，不費一朝之事，而引三十石之任。」蓋鬲兩末縛轅耑，各以輗直穿以爲固也。《論語集解》引包咸注，釋輗爲轅端横木以縛軶，蓋誤以輗當衡。《説文·車部》又云：「輗，大車轅耑持衡者。」雖較勝包説，而亦不知大車有鬲無衡。蓋衡鬲之制，淆失莫辨，自漢時已然矣。

孫詒讓《周禮正義》卷八六《冬官考工記下·弓人》

弓人爲弓，取六材必以其時。取幹以冬，取角以秋，絲漆以夏。筋膠未聞。【疏】「弓人爲弓」者，亦以所作之器名工也。《説文·弓部》云：「弓以近窮遠，古者揮作弓。《周禮》六弓，王弓、弧弓以射甲革甚質，夾弓、庾弓以射干侯鳥獸，唐弓、大弓以授學射者。」《燕禮》及《孟子·公孫丑篇》並有弓人，即此。

注云「取幹以冬，取角以秋，絲漆以夏」者，賈疏云：「鄭知取幹以冬者，見《山虞》云：『仲冬斬陽木，仲夏斬陰木。』二時俱得斬，似冬時尤善，故《月令》云『日短至，伐木，取竹箭』，注云『堅成之極時』。是知冬善於夏，故指冬而言也。取角以秋者，下云『秋殺者厚』，故知用秋也。絲漆以夏者，夏時絲孰，夏漆尤良，故知也。必知六材據此六者，皆依下文而説也。」云「筋膠未聞」者，二者取時，經無見文。《齊民要術》有煮膠法，云：「煮膠要用二月、三月、十月，餘月則不成。熱則不凝無餅，寒則凍瘃白膠不黏。」然則取膠其以春與？六材既聚，巧者和之。聚猶具也。【疏】注云「聚猶具也」者，明此與《輪人》「三材既具，巧者和之」同義。《説文·似部》云：「聚，會也。」聚會則備具，故引申之亦得爲具也。幹也者，以爲遠也；角也者，以爲疾也；筋也者，以爲深也；膠也者，以爲和也；絲也者，以爲固也；漆也者，以爲受霜露也。六材之力，相得而足。【疏】「幹也者，以爲遠也」者，此明六材各有其主用也。《史記·田敬仲世家》索隱云：「幹，弓幹也。」案：幹者，榦之變體。《説文·木部》云：「榦，築牆耑木也。」是幹本楨幹字，引申之，凡木材通謂之幹，故《月令》注云「幹，器之木也」。此幹則專爲弓材之名，即弓身木，統柎及兩隈兩簫爲一，所以發矢及遠也。云「角也者以爲疾也，筋也者以爲深也」者，《曲禮》云：「凡遺人弓者，張弓尚筋，弛弓尚角。」注云：「弓有往來體，皆欲令其下曲隤然順也。」孔疏云：「弓之爲體，以木爲身，以角爲面，筋在外面。」案：據孔説，蓋弓張則曲面向内，而筋上見；弛則反是，而角上見。是角著弓裏，亘左右隈及兩簫，筋著弓表，皆所以助其力，故一以爲疾，一以爲深。江永云：「射深之力在幹，亦在筋。後言九和之弓，角不勝幹，幹不勝筋，則筋力在角幹之上，故篇末云『覆之而筋至，謂之深弓』。」云「膠也者以爲和也，絲也者以爲固也」者，膠絲所以黏纏弓身，使幹角筋相著而不解，故一以爲和，一以爲固也。云「漆也者，以爲受霜露也」者，制弓既成，乃施漆於幹角之外，以禦霜露也。

注云「六材之力，相得而足」者，賈疏云：「六材在弓，各有所用，六材相得，乃可爲足也。」凡取幹之道七，柘爲上，檍次之，檿桑次之，橘次之，木瓜次之，荆次之，竹爲下。鄭司農云：「檍讀爲億萬之億。《爾雅》曰：『杻，檍。』又曰：『檿桑，山桑。』《國語》曰：『檿弧箕箙。』」【疏】「凡取幹之道七，柘爲上」者，以下並記治幹之法。《説文·木部》云：「柘，桑也。」案：柘，桑屬，與桑小異。寇宗奭《本艸衍義》云：「柘木裏有紋，亦可旋爲器，葉飼蠶，曰柘蠶，葉硬，然不及桑葉。」《總叙》「荆之幹」，注云：「幹，柘也。」賈彼疏引《書·禹貢》「櫄幹栝柏」，鄭注云：「幹，柘幹。」《淮南子·原道訓》高注謂烏號之弓亦以柘桑爲幹。蓋弓幹以柘爲上，故柘專得幹名矣。云「橘次之」者，《總叙》云：「橘踰淮而北爲枳。」蓋周時南方有以橘爲弓幹者。云「木瓜次之」者，《詩·衛風·木瓜》毛傳云：「楙木也，可食之木。」《爾雅·釋木》云：「楙，木瓜。」郭注云：「實如小瓜，酢可食。」云「荆次之，竹爲下」者，《説文·艸部》云：「荆，楚木也。」又《竹部》云：「簜，大竹也，可爲榦。」即此弓幹也。

注鄭司農云「檍讀爲億萬之億」者，段玉裁改「爲」爲「如」，云「此擬其音耳」。引《爾雅》曰「杻，檍」者，《釋木》文。郭注云：「似棣，細葉。葉新生，可飼牛。材中車輞。關西呼杻子，一名土橿。」檍，《説文·木部》作「橿」，云：「梓屬，大者可爲棺椁，小者可爲弓材。」《詩·唐風·山有樞》孔疏引陸璣疏云：「杻，檍也。葉似杏而尖，白色，皮正赤。爲木多曲少直。枝葉茂好。二月中，葉疏，華如練而細蘂，正白蓋樹。今官園種之，正名曰萬歲。既取名於億萬，其葉又好，故種之。共汲山下人或謂之牛筋，或謂之檍。材可爲弓弩幹也。」案：陸謂檍取名於億，與先鄭讀同。云「又曰，檿桑，山桑」者，亦《釋木》文。郭注云：「似桑，材中作弓及車轅。」引《國語》曰「檿弧箕箙」者，《鄭語》文。今本《國語》箙作「服」，假借字也。韋注云：「山桑曰檿。弧，弓也。箕，木名。服，矢房也。」凡相幹，欲赤黑而陽聲。赤黑則鄉心，陽聲則遠根。陽猶清也。木之類，近根者奴。【疏】「赤黑則鄉心」者，《易·説卦》云：「其於木也，爲堅多心。」是木近心則堅韌，故宜爲弓幹也。

注云「陽猶清也」者，義與《梓人》

「其聲清陽而遠聞」同。陽皆揚之假字。《晏子春秋·諫上篇》云「湯倨身而揚聲」，即此陽聲也。云「木之類，近根者奴」者，謂木之脈理ㄐ結而不條達也。《水經·滱水》酈注云：「水不流曰奴。」木之近根者，理不直行，亦猶水之不流矣。

凡析幹，射遠者用埶，射深者用直。鄭司農云：「埶謂形埶。假令木性自曲，則當反其曲以爲弓，故曰審曲面埶。」玄謂曲埶則宜薄，薄則力少；直則可厚，厚則力多。【疏】「凡析幹，射遠者用埶，射深者用直」者，賈疏云：「此説弓力多少之事。弓弱則宜射遠，謂若夾庾之類；弓直則宜射深，謂若王弧之類也。」

注鄭司農云「埶謂形埶」者，木形曲則自有容突矯變之埶力也。埶勢古今字，詳《總叙》疏。云「假令木性自曲，則當反其曲以爲弓」者，曲木不反之，則發之不剽，故必矯而反之，取其埶之自還，以射則遠也。云「故曰審曲面埶」者，明此埶與《總叙》「審曲面埶」之埶同也。云「玄謂曲埶則宜薄，薄則力少，直則可厚，厚則力多」者，此增成先鄭之義。曲埶逆揉，必薄而後可矯而反之，故力少；直者順揉，故可厚而力多也。

居幹之道，菑桌不迆，則弓不發。鄭司農云：「菑讀爲『不菑而畬』之菑。栗讀爲『榛栗』之栗。謂以鋸副析幹。迆讀爲『倚移從風』之移。謂邪行絶理者，弓發之所從起。」玄謂栗讀爲「裂繻」之裂。【疏】「居幹之道，菑桌不迆，則弓不發」者，桌《釋文》作「栗」。案：陸本非也。凡經用古字，當作「桌」；注用今字，當作「栗」，詳《籩人》疏。居，猶言處置也。居幹與後「居角」及《輿人》「居材」義同。先取幹，次相幹，析幹，居幹，以幹爲弓體，故尤致詳也。賈疏云：「居謂居處解析弓幹之法，謂以鋸剖析弓幹之時，不邪迆失理，則弓後不發傷也。」江永云：「發，謂發弓辟戾，今人謂之弓翻。」王引之云：「賈疏以發爲發傷，於古無據。發當讀爲撥，撥者，枉也。言析幹不邪行絶理，則弓不至於枉戾也。《管子·宙合篇》曰：『夫繩扶撥以爲正，準壞險以爲平。』《淮南·本經篇》『扶撥以爲正』，高注曰：『撥，枉也』。《脩務篇》『琴或撥剌枉橈』，注曰：『撥剌，不正也。』《荀子·正論篇》曰：『羿蠭門者，天下之善射者也，不能以撥弓曲矢中。』《西周策》曰：『弓撥矢鉤。』是弓枉戾謂之撥也。古字撥與發通，《商頌·長發篇》『玄王桓撥』，《韓詩》撥作『發』，是其例矣。」案：王説是也。

注鄭司農云「菑讀爲不菑而畬之菑，栗讀爲榛栗之栗」者，《釋文》作「不菑畬」，無「而」字。盧文弨云：「『而』字當是衍文，《易》及《禮記·坊記》皆無『而』字。」案：盧校是也。「栗讀」之栗，舊本作「桌」。宋附釋音本、注疏本並作「栗」，今從之。桌栗古今字，注例用今字也。後鄭改讀亦作栗，可證。《詩·小雅·大田》箋破「俶載」爲「熾菑」，而云「讀爲菑栗之菑」，亦依先鄭讀。戴震云：「菑斯聲相邇，析也。」案：戴讀與先鄭異，亦通。云「謂以鋸副析幹」者，《列女傳·仁智篇》云：「鋸者，所以治木也。」《説文·刀部》云：「副，判也。」段玉裁云：「以鋸副析幹，如耜之熾菑，栗則幹木也。」案：段説是也。菑與《史記·張耳傳》「剸刃」之剸音義相近，詳《輪人》疏。先鄭訓栗，與後鄭異，賈疏謂栗亦取破義，非。又先鄭此注乃釋菑栗之義，非以鋸釋居幹之居，《詩·大田》孔疏引此經，改居爲鋸，殆誤會注意。《輿人》「居材」，《釋文》載舊音「據」，亦似即隱據此注而誤音也。云「迆讀爲倚移從風之移」者，《總叙》注同。云「謂邪行絶理者，弓發之所從起」者，段玉裁云：「迆移音同，皆謂邪也。」案：木理多直，若邪行副析之，横絶其理，則弓發恒起於是也。云「玄謂栗讀爲裂繻之裂」者，賈疏云：「讀從隱二年《左氏傳》『紀裂繻來逆女』。彼裂繻字子帛，則爲裂破衣義。」惠棟云：「《毛詩·豳風·東山》曰『烝在栗薪』，箋云：『栗，析也。』古者聲栗裂同也。」段玉裁云：「鄭謂七幹中無栗樹，易栗爲裂，菑者鋸入之，裂者分之。」

凡相角，秋閷者厚，春閷者薄；稺牛之角直而澤，老牛之角紾而昔。鄭司農云：「紾讀爲『抮縛』之抮，昔讀爲『交錯』之錯，謂牛角觕理錯也。」玄謂昔讀「履錯然」之錯。【疏】「凡相角，秋閷者厚，春閷者薄」者，此明角宜用厚，故前注云「取角以秋」。賈疏云：「上文已言幹訖，至此更宜相角。厚謂角厚肉少，薄謂角薄肉多。」云「稺牛之角直而澤，老牛之角紾而昔」者，《説文·禾部》云：「稺，幼禾也。」案：稺義本爲幼禾，引申之，凡幼少通謂之稺。《方言》云：「稺，小也。」賈疏云：「直而澤，謂角直而潤澤；紾而錯，謂理麤錯不潤澤也。」詒讓案：角宜用稺牛，故下云「瘠牛之角無澤」，明以有澤爲貴也。昔亦即無澤，二文相對，詳後。

注鄭司農云「紾讀爲抮縛之抮」者，縛，舊本作「縛」，非。今據宋本及《釋文》正。《釋文》云：「紾，劉徒展反，許慎尚展反，角絞縛之意。」孔廣森云：「揚子《太玄·更》次二曰：『時七時九，軫轉其道。』抮縛疑即軫轉字，軫轉又即輾轉之音變也。」段玉裁云：「《方言》曰：『抮，戾也。』《説文·糸部》云：『紾，轉也。』《淮南》高注曰：『抮艴，了戾也。』抮與紾皆纏絞之意。」江永云：「紾與直對，謂辟戾不直也。」案：孔、段、江説是也。《淮南子·原道訓》高注云：「紾，轉也。」又云：「抮，轉也。」《孟子·告子篇》「紾兄之臂」，趙注云：「紾，戾也。」《廣雅·釋詁》云：「抮，盭也。」又《釋訓》云：「軫軳，轉戾也。」紾、抮、軫，縛、轉，並聲近義通。《淮南·原道訓》「扶摇抮抱羊角而上」，抮，《本經訓》作「紾」，正羊角轉戾之形，高釋爲了戾。《酉陽雜俎》説野牛角了戾，與此記牛角紾義亦正合，可以互證。云「昔讀爲交錯之錯，謂牛角觕理錯也」者，阮元云：「觕，《説文·角部》作『𧢼』，角長也。引申用爲粗糙字，而傳寫譌其體从牛旁。」段玉裁云：「謂角麤理錯不順。」案：段説是也。《山海經·北山經》：「帶山有獸焉，其狀如馬，一角，有錯。」郭注云：「言角有甲錯。」理錯與甲錯義亦略同。云「玄謂昔讀履錯然之錯」者，「履錯然」，《易·離》初九爻辭。《釋文》云：「李云：鄭且各反。」段玉裁云：「蓋讀同皴皵之皵。李必據《周易注》言之。」案：段説是也。《易·釋文》「履錯」載「鄭音七各反」，與李音同。江永云：「昔似與澤對，謂若陳久之色不鮮潤也。昔有久意，若昔酒是也。」俞樾云：「昔字不必改讀，古昔腊同字。《説文·日部》：『昔，乾肉也。』紾而昔者，紾而乾也。《廣雅·釋詁》：『焟，乾也。』焟即昔之俗字。下文『凡相膠欲朱色而昔』，與此同義。」案：江、俞並讀昔如字是也。下言相膠「昔也者，深瑕而澤」。角昔則無澤，膠昔仍有澤，二者正相反也。

疢疾險中，牛有久病則角裏傷【疏】「疢疾險中」者，《爾雅·釋魚》云「蜠大而險」，郭注云：「險者，謂汙薄。」此險中亦謂角中汙陷而不實也。洪頤煊云：「險當作儉，古字通用。儉謂瘦省也。」案：洪説亦通。

注云「牛有久病則角裏傷」者，《説文·疒部》云：「疢，熱病也。」引申爲凡病之稱。賈疏云：「以疢疾爲久病，故云牛有久病。險，傷也。中即裏。謂角裏傷也。」案：鄭意蓋謂角中傷，則險而不平，實非訓險爲傷也，賈説失其指。

瘠牛之角無澤。少潤氣。【疏】注云「少潤氣」

者，《説文・水部》云：「澤，光潤也。」謂牛脊瘦血少，角無光潤之氣也。角欲青白而豐末。豐，大也。【疏】「角欲青白而豐末」者，末謂角耑，耑豐則力强而氣盛。賈疏云：「按下注云：本白，中青，末豐。」　注云「豐，大也」者，《函人》注同。夫角之本，蹵於剒而休於氣，是故柔。柔故欲其埶也。白也者，埶之徵也。蹵，近也。休讀爲煦。鄭司農云：「欲其形之自曲，反以爲弓。」玄謂色白則埶。【疏】「夫角之本，蹵於剒而休於氣，是故柔」者，蹵，葉鈔本《釋文》作「戚」。案：《總叙》「戚數」，字亦作「戚」。段玉裁云：「蹵俗字。」剒，《釋文》云：「本又作腦。」莊述祖云：「《説文》：『㛴，頭髓也。从匕。匕，相匕著也。巛象髮，囟象㛴形。』《玉篇》：『㛴或作腦，亦作䐉。』《攷工記》作『剒』，於六書無所取義，但相傳以爲古文奇字，而不敢易。不知㛴从匕从𡿺，𡿺即古文囟字，字作『𡿺』，是古文㛴當作『𡿺匕』，故隸譌作『剒』，或作『𠫓』耳。」案：莊説是也。以字形推之，蓋巛囟變爲兩止，移匕於右，又到其形，遂變成刀。隸古譌變，往往如是。《墨子・褋守上篇》云：「寇至，先殺牛羊雞狗烏鴈，收其皮革筋角脂剒羽，皆剥之。」「剒」亦即「㛴」字之譌變，與此經「剒」字同。　注云「蹵，近也」者，蹵亦當作「戚」。《小爾雅・廣詁》云：「戚，近也。」云「休讀爲煦」者，段玉裁云：「聲類同也。《説文》云：『煦，烝也。』《玉藻》『顛實陽休』，亦讀煦。」案：段説是也。《左》昭三年傳「民人痛疾而或燠休之」，《釋文》「休，虚喻反」，亦讓爲煦。《樂記》注云：「氣曰煦。」謂角本近腦，腦氣易烝及之，故多柔韌。賈疏謂得和煦之氣，未得其義。鄭司農云「欲其形之自曲，反以爲弓」者，埶與上「射遠用埶」之埶同，故亦以自曲爲訓也。云「玄謂色白則埶」者，賈疏云：「角色白者，即埶之徵驗也。」夫角之中，恒當弓之畏。畏也者必橈，橈故欲其堅也。青也者，堅之徵也。故書畏或作「威」，杜子春云：「當爲威。威謂弓淵。角之中央與淵相當。」玄謂畏讀如「秦師入隈」之隈。【疏】「夫角之中，恒當弓之畏」者，凡角著於弓内之隈。隈有二，皆一端接弣，一端接簫，《大射儀》謂之左右隈。角亘隈閒，則角之中即隈之中也。云「畏也者必橈，橈故欲其堅也」者，弓張弛引釋，隈角常隨之橈曲，故欲角堅强，則雖橈曲而不傷其力也。　注云「故書畏或作威，杜子春云，當爲威」者，段玉裁云：「『爲』當作『從』。」徐養原云：「威與畏古字本通。《咎繇謨》『天明畏』，馬本作『威』是也，故子春從威。鄭君從畏，並訓弓淵也。」云「威謂弓淵，角之中央與淵相當」者，《釋名・釋兵》云：「弓其末曰簫，中央曰弣，簫弣之間曰淵。淵，宛也，言宛曲也。」云「玄謂畏讀如秦師入隈之隈」者，賈疏云：「按僖二十五年秋，秦兵伐鄀，秦人過析隈。鄭以爲入隈。」段玉裁云：「杜從威，鄭從畏而讀如隈，其訓則一。鄭意畏即《大射儀》之隈字。《大射儀》曰：『執弓，以袂順左右隈，上再下壹。』注：『隈，弓淵也。』後注云『角長者當弓之隈』，則徑易爲隈字矣。」阮元云：「此『讀如』當作『讀爲』。」案：段、阮説是也。《説文・𨸏部》云：「隈，水曲隩也。」引申之，弓曲亦曰隈。又《説文・角部》云：「䚏，角曲中也。」弓曲中曰隈，與角曲中曰䚏，二者恒相傅，故聲亦略同。夫角之末，遠於剒而不休於氣，是故胞。胞故欲其柔也。豐末也者，柔之徵也。末之大者，剒氣及煦之。【疏】「夫角之末，遠於剒而不休於氣，是故胞，胞故欲其柔也」者，《説文・肉部》云：「胞，小耎易斷也。」賈疏云：「此説角欲豐末之意。」　注云「末之大者，剒氣及煦之」者，牛氣盛，則末雖去剒遠，猶及煦之，故以豐末爲柔之證驗。角長二尺有五寸，三色不失理，謂之牛戴牛。三色：本白，中青，末豐。鄭司農云：「牛戴牛，角直一牛。」【疏】「角長二尺有五寸」者，言角極長也。角長則易有瑕疵，而能兼有三色，故可貴也。　注云「三色，本白，中青，末豐」者，末豐非色，亦言色者，從文便也。鄭司農云「牛戴牛，角直一牛」者，謂一角之直與全牛等。凡相膠，欲朱色而昔。昔也者，深瑕而澤，紾而摶廉。摶，圜也。廉，瑕嚴利也。【疏】「凡相膠，欲朱色而昔」者，朱，純赤也，詳《鍾氏》疏。賈疏云：「上已相幹角，次及相膠。此云欲朱色，按下『鹿膠青白』以下，惟牛膠火赤，自餘非純赤，則牛膠爲善矣。」案：鄭、賈並讀昔爲錯，與上『老牛之角紾而昔』同。今以文義審之，亦當讀如字，蓋膠以乾昔爲貴也。《史記・田敬仲世家》，淳于髡曰：「弓膠昔幹，所以爲合也。」《集解》引徐廣云：「一作乾。」《索隱》云：「昔，久舊也。」依徐引別本，則昔幹亦即昔乾，可證此膠欲昔之義。《索隱》又謂彼「昔幹」即此上文之「析幹」，則非也。云「昔也者，深瑕而澤，紾而摶廉」者，賈疏云：「紾謂有紾理。」案：賈釋紾與上相角章同是也。但相角欲其滑澤，不欲多理，膠則尚燥勁，故以瑕深文紾爲佳，與角正相反也。　注云「摶，圜也」者，《矢人》注同。　云「廉，瑕嚴利也」者，段玉裁謂「瑕嚴利也」四字句，是也。賈疏謂廉瑕並是嚴利之狀，非。廉與《輿人》義略同。《廣雅・釋詁》云：「瑕，裂也。」謂膠裂痕有廉棱峻利也。鹿膠青白，馬膠赤白，牛膠火赤，鼠膠黑，魚膠餌，犀膠黄。皆謂煮用其皮，或用角。餌，色如餌。【疏】「鹿膠青白，馬膠赤白」者，《唐石經》初刻「赤」誤「黑」，磨改作「赤」。此別良膠之色也。《論語・鄉黨》皇疏引穎子嚴云：「以白加青爲碧，以赤加白爲紅。」是鹿膠色碧，馬膠色紅也。云「牛膠火赤」者，謂純赤如火也。　注云「皆謂煮用其皮，或用角」者，《説文・肉部》云：「膠，昵也，作之以皮。」案：用皮謂馬、鼠，用角謂鹿、牛、犀也。魚膠用鰾，鄭不言者，文略。云「餌，色如餌」者，《説文・䰜部》云：「䰞，粉餅也。」餌即䰞之或體，詳《籩人》疏。餌之色蓋白而微黄，魚膠之色似之則佳也。《列女傳・辯通篇》，晉弓工妻説造弓曰「糊以河魚之膠」，是弓用魚膠之證。凡昵之類不能方。鄭司農云：「謂膠善戾。」故書昵或作樴，杜子春云：「樴讀爲不義不昵之昵，或爲䵒。䵒，黏也。」玄謂樴脂膏膩敗之膩，膩亦黏也。【疏】「凡昵之類不能方」者，承上文，明膠色善則黏著彌固也。《梓人》注云：「方猶等也。」《國策・趙策》云：「膠漆至䵒也。」蓋凡物結力之大，以諸膠爲最，而色佳者則尤固，它昵物之類不能比方之也。　注鄭司農云「謂膠善戾」者，段玉裁云：「戾當作麗，聲之誤也。凡附麗之物，莫善於膠。」云「故書昵或作樴，杜子春云，樴讀爲不義不昵之昵」者，不義不昵，隱元年《左傳》文。今《左傳》昵作「暱」。案：《説文・日部》云：「暱，日近也。重文昵，暱或从尼。」引申爲黏固不釋之義。段玉裁云：「杜讀樴爲昵者，昵，暱之或字。戠聲匿聲古音同在之咍部。」云「或爲䵒，䵒，黏也」者，段玉裁云：「謂故書樴或爲䵒。䵒者，䵒之借字。日聲刃聲與暱雙聲也。」詒讓案：《説文・黍部》云：「䵒，黏也，从黍日聲。《春秋傳》曰『不義不䵒』。」重文䵒，䵒或从刃。」又「黏，相著也」。據許所引，是《左傳》或本亦作䵒也。云「玄謂樴脂膏䐈敗之䐈，䐈亦黏也」者，《釋文》引呂忱云：「䐈，膏敗也。」賈疏云：「今人頭髮有脂膏者謂之䐈，䐈亦黏也。」段玉裁云：「鄭君徑從樴，云樴者，脂膏䐈敗之同部假借字。䐈，《説文》作『殖』，《字林》作『䐈』，《釋名》作『膱』，他書又作『㵵』。䐈亦訓黏，經作樴，自可不必易爲暱也。」徐養原云：「《禹貢》『徐州厥土赤埴』。《釋文》：『埴，鄭作戠，音熾。』《説文・土部》：『埴，黏土也。』又《歺部》：『殖，脂膏久殖也。』又《木部》有樴字，訓杙，非此義。䐈字，《説文》不載。此注『樴』當作『戠』，『䐈』或作『殖』。《廣雅・釋器》：『膱，臭也。』此與殖敗同義。膱字亦不見於《説文》，唯《儀禮・鄉射記》有之。大約䵒、戠、埴、殖四字爲正，暱、樴別字也，䐈、膱俗字也。」案：徐説是也。凡相筋，欲小簡而長，大結而澤。小簡而長，大結而澤，則其爲獸必剽，以爲弓，則豈異於其獸。剽，疾也。鄭司農云：「簡讀爲『撊然登陴』之撊。」玄謂讀如簡札之簡，謂筋條也。【疏】「凡相筋」者，此又明相筋之法。筋謂牛馬及麋鹿之筋，後有牛筋、麋筋。《意林》引《尸子》云：「弓人務筋，則知牛長少。」《列女傳・辯通篇》，晉弓工妻説造弓云「纏以荆麋之筋」。云「欲小簡而長，大結而澤」者，筋之小者，欲其成條而長，大者欲其摶結而色有潤澤，乃爲良也。云「以爲弓則豈異於其獸」者，賈疏云：「言此筋之獸剽疾，爲弓亦剽疾。」

注云「剽，疾也」者，剽即慓之借字。《説文・心部》云：「慓，疾也。」亦通作僄，《後漢書・班固傳》「掎僄狡」，李注云：「僄狡，獸之輕捷者。」鄭司農云「簡讀爲撊然登陴之撊」者，撊然登陴，《左》昭十八年傳文，杜注云：「撊然，勁忿貌。」段玉裁云：「大鄭讀爲《春秋傳》之撊然者，易其字，謂筋休於氣，狀撊然也。」云「玄謂讀如簡札之簡，謂筋條也」者，段玉裁云：「鄭君讀如簡札，謂其音同，簡之言莖也，故釋以筋條。」筋欲敝之敝，鄭司農云：「嚼之當孰。」【疏】注鄭司農云「嚼之當孰」者，賈疏云：「筋之椎打嚼齧，欲得勞敝。」詒讓案：《一切經音義》引《通俗文》云：「咀齧曰嚼。」凡椎打筋謂之嚼，蓋漢人常語。《淮南子・主術訓》云：「聾者可令嗺筋。」嗺即嚼之誤。嚼字亦作「噍」，故誤爲「嗺」。《易林・蒙之離》云：「聾跛摧筋。」摧亦嗺之誤。後文云「引筋欲盡」，故治筋宜椎打勞敝也。漆欲測，鄭司農云：「測讀爲惻隱之惻。」玄謂測讀如測度之測，測猶清也。【疏】「漆欲測」者，以下又明相漆絲之法。注鄭司農云「測讀爲惻隱之惻」者，惻隱，見《孟子・公孫丑》篇。《釋文》云：「隱，本或作㦩，同。」案：㦩即隱之俗。然先鄭此讀，未詳其義。云「玄謂測讀如測度之測，測猶清也」者，此引申之義也。段玉裁云：「讀如測度者，其音同而義在焉，又申之曰測猶清也。案《説文》云：『測，深所至也。』故度深淺曰測，泰清如可度然，故曰測。測不訓清，而此經之測謂泰清也，故曰猶清。」案：段説是也。孔廣森據《爾雅・釋言》「深，測也」，謂測當訓深，亦通。絲欲沈。如在水中時色。【疏】注云「如在水中時色」者，賈疏云：「言絲欲沈，則據乾燥時，色還如在水湅之色，故云如在水中時色。」得此六材之全，然後可以爲良。全，無瑕病。良，善也。【疏】注云「全，無瑕病」者，《説文・玉部》云「全，完也。」賈疏云：「幹、角、膠、筋、漆、絲六材，皆令善而無瑕病，然後爲善也。」云「良，善也」者，《玉府》注同。凡爲弓，冬析幹而春液角，夏治筋，秋合三材。三材，膠、絲、漆。鄭司農云：「液讀爲醳。」【疏】「凡爲弓，冬析幹而春液角」者，前注云：「取幹以冬，取角以秋。」蓋於初冬取幹，至盛寒而副析之。角則秋取，至次年春乃醳治之。以幹貴乾昔，角則宜和煦，乃易治而無變也。江永云：「冬析幹，當兼伐木言之。伐木宜於冬時，謂其津液下流，體質堅實。一立春，則津液上行，其材濡耎，且易生蠹。」案：江説亦足備一義。云「秋合三材」者，賈疏云：「言秋合三材膠、漆、絲，則幹、角、筋須三材乃合，則秋是作弓之時，故至冬寒而定體也。」　注云「三材，膠絲漆」者，賈疏云：「以經既言幹角及筋，六材之中惟少膠漆絲，故知三材謂此也。」《月令》孔疏云：「秋時陰陽氣調，合膠漆絲之三材，角在内面，筋在外，幹在中。」案：賈、孔説是也。知三材不即謂幹角筋者，以經言合，則是以膠絲漆合之。若然，則是合六材，今止云三材者，以上文已見幹角筋，是不煩複舉，而膠漆絲則未見，故知義然也。鄭司農云「液讀爲醳」者，段玉裁云：「夜聲、睪聲，古音同在魚虞模部。易液爲醳酒之醳者，重繹治之也。或曰：《史記》多用醳爲釋，釋者，解也，謂解析角，劉、沈醳音釋。此非鄭意。」案：段説是也。《説文・水部》云：「液，濜也。」於義無取。下文云「故角三液而幹再液」，又云「厚其液」，後鄭亦以醳治釋之。且彼文以液幹申斲木必荼之義，則當爲醳治無疑。儻云解析，則不得有再三，又不當言厚。劉、沈讀，於經注並不可通。《月令》孔疏云：「春時先浸液其角，豫和濡。」此讀液如字，亦非二鄭義。寒奠體，奠讀爲定。至冬膠堅，内之檠中，定往來體。【疏】「寒奠體」者，對下冰爲文，蓋謂初冬微寒之時也。《月令》注引此作「冬定體」，蓋鄭以義改之。　注云「奠讀爲定」者，《司市》注同。云「至冬膠堅，内之檠中，定往來體」者，《説文・木部》云：「㯳，榜也。」榜所以輔弓弩也。《詩・小雅・角弓》毛傳云：「檠，弓匣也。」《既夕記》有柲，注云：「柲，弓檠。弛則縛之於弓裏，備損傷，以竹爲之。」《荀子・性惡篇》云：「繁弱、鉅黍，古之良弓也，然而不得排㯳，則不能自正。」楊注云：「排㯳，輔正弓弩之器。」《説苑・建本篇》又作「排檠」。《韓非子・外儲説左上》云：「夫工人張弓也，伏檠三旬而蹈弦，一日犯機。」又《外儲説右》云：「榜檠者，所以矯不直也。」《淮南子・脩務訓》云「弓待㯳而後能調」，高注云：「㯳，矯弓之材。」又《説山訓》云「擏不正而可以正弓」，注云：「擏，弓之掩牀，讀曰檠。」檠擏並與㯳同。賈疏云：「檠謂弓椢。定往來體，則六弓往體來體多少者是也。」冰析灂。大寒中，下於檠中，復内之。【疏】「冰析灂」者，《輈人》先鄭注云：「灂謂漆沂鄂。」案：析灂之義，鄭注未明。上云「秋合三材」，注云「膠、絲、漆」，則秋時已施漆，不待大寒之時。竊疑秋時弓已髹漆訖，至寒而入檠，則弓體不復動，漆灂亦凝結而無痕。至大寒時，乃下弓於檠，而數張弛之，使漆之當隈曲處，微有瑕釁，以視其漆之厚薄。且極寒之時，物皆剛脃易坼落，若此時漆灂分析而不至坼落，則漆之和翻又可知矣。　注云「大寒中，下於檠中，復内之」者，賈疏云：「十二月小寒節，大寒中，是冰盛之時，故以大寒解冰也。下於檠中復内之，謂復如上寒奠體内之於檠中相似。」詒讓案：弓在檠，則體無張弛，而漆灂不至分析，故必下之，變動其體，而後可析灂。復慮在檠未久，其體未定，又至次年春方被弦，故仍内之。冬析幹則易，理滑致。【疏】注云「理滑致」者，《毛詩・小雅・甫田》傳云：「易，治也。」《易・繫辭》釋文引京房云：「易，善也。」幹治之善，則理自平滑而密致也。江永云：「易者，言其易治，無濡耎生蠹諸病。」春液角則合，合讀爲治。【疏】注云「合讀爲洽」者，以與下文「秋合三材則合」義複，故依聲類破爲洽。《說文·水部》云：「洽，霑也。」段玉裁云：「此猶《士虞禮》古文祫爲合也。洽者，和柔之意。」夏治筋則不煩，煩，亂。【疏】注云「煩，亂」者，《淮南子·精神訓》高注云：「煩，亂也。」案：亂謂筋紛粗而相丩結也。秋合三材則合，合，堅密也。【疏】「秋合三材則合」者，賈疏云：「幹角筋須膠漆絲三材乃合，秋是作弓之時，故至冬寒而定體也。」　注云「合，堅密也」者，謂三材相得，堅而不脫，密而無隙。《史記·田敬仲世家》云：「弓膠昔幹，所以爲合也。」與此義同。寒奠體則張不流，流猶移也。【疏】「寒奠體則張不流」者，《說文·弓部》云：「張，施弓弦也。」賈疏云：「體既定後，用時雖張不流移，謂不失往來之體也。」　注云「流猶移也」者，此亦引申之義。《中庸》注同，言弓體移動也。冰析灂則審環，審猶定也。【疏】「冰析灂則審環」者，賈疏云：「納之檠中，析其漆灂，其漆之灂環則定，後不鼓動。」江永云：「環者，漆之沂鄂，見《輈人》。」案：江說是也。下文云「角環灂」，是唯角灂如環。然車輈無角，而《輈人》云「良輈環灂」，則筋膠諸灂亦得如環。　此審環亦當通晐弓體諸材漆灂皆審察之，蓋施漆之應法與否，專視環文以辨其優劣也。此審環亦即在下檠析灂時，賈謂納檠而後灂定，似非經注義。

注云「審猶定也」者，亦引申之義。《呂氏春秋·順民篇》高注云：「審，定也。」此亦謂審察而定其善否，即辨後文大和無灂三節之義。賈以不鼓動釋定，似非。春被弦則一年之事。朞歲乃可用。【疏】注云「朞歲乃可用」者，言爲弓自前年冬始析幹，至次年春液角，夏治筋，秋合三材，冬則奠體析灂，至三年春而被弦，是朞年周帀而後可用。《司弓矢》亦云「中春獻弓弩」，蓋可用乃獻成也。析幹必倫，順其理也。【疏】注云「順其理也」者，《禮器》注云：「倫之言順也。」又《學記》注云：「倫，理也。」此理謂幹之脈理。吴兢《貞觀政要》云：「唐太宗得良弓，以示弓工，工曰：『木心不正，則脈理皆邪，弓雖剛勁，而遣箭不直，非良弓也。』」即此析幹必倫之義。析角無邪，亦正之。【疏】注云「亦正之」者，謂亦如幹之順理而正析之也。

斲目必荼。鄭司農云：「荼讀爲舒，舒，徐也。目，幹節目。」【疏】「斲目必荼」者，《說文·斤部》云：「斲，斫也。」江永云：「木不能無目，而目又不可盡去，盡去則有缺陷，非他物所能填補，故遇目處，徐徐斲之，令其平正，無暴起摩筋之病而止。而其餘目，仍欲留之，使無缺陷填補之病也。」　注鄭司農云「荼讀爲舒」者，丁晏云：「後『寬緩以荼』注云：『荼讀爲舒。』《玉藻》注：『荼讀爲舒遲之舒。』《荀子·大略篇》『諸侯御荼』，注：『荼，古舒字。』《史記·建元以來侯者年表》『荆荼是徵』，《索隱》曰：『荼音舒。』」云「舒，徐也」者，《毛詩·周南·野有死麕》傳文。云「目，幹節目」者，賈疏云：「按《禮記·學記》云：『善問者如攻堅木，先其易者，後其節目。』是斲目必徐之義也。」斲目不荼，則及其大脩也，筋代之受病。脩猶久也。【疏】「斲目不荼則及其大脩也，筋代之受病」者，賈疏云：「以筋在弓皆與幹爲力，今弓幹有節目，則用力不得其所，故筋代幹受病，以爲偏用力故也。」　注云「脩猶久也」者，《小爾雅·廣言》云：「脩，長也。」引申爲長久之義。言用久則其受病見也。夫目也者必强，强者在内而摩其筋，夫筋之所由幨，恒由此作，摩猶隱也。故書筋或作薊。鄭司農云：「當爲筋。幨讀爲『車幨』之幨。」玄謂幨，絶起也。【疏】「夫筋之所由幨，恒由此作」者，此申明斲目不荼而筋受病之由也。《胥》注云：「作，起也。」　注云「摩猶隱也」者，亦引申之義。《易·繫辭上》傳「剛柔相摩」，《釋文》引京房云：「摩，相磑切也。」《莊子·齊物論》釋文云：「隱，馮也。」鄭意幹之節目强，而在筋内與筋相依倚摩切也。云「故書筋或作薊，鄭司農云當爲筋」者，段玉裁云：「此雙聲之誤。」徐養原云：「亦字之誤。」案：徐說是也。筋俗書或作「耎」，故誤爲薊也。云「幨讀爲車幨之幨」者，車幨，見《巾車》注。段玉裁云：「此『讀爲』乃『讀如』之誤，謂其音同，不取其義也。」云「玄謂幨，絶起也」者，謂幹目强，摩切筋而絶其理，則不與幹相附而皷起。賈疏云：「由絶起則廉幨然也。」案：依賈說，則幨亦謂筋理絶起有廉棱。幨，《雜記》作「裧」，注釋爲鼈甲邊緣。廉棱與邊緣義亦相近也。故角三液而幹再液。重醳治之，使相稱。【疏】「故角三液而幹再液」者，江永云：「文承『斲目不荼而筋幨恒由此作』之後，意主於幹再液。」案：江說是也。三液、再液，皆謂醳治非一次，即所謂荼也。　注云「重醳治之使相稱」者，段玉裁云：「重醳者，重繹也。《說文》醳酒字祇作『繹』。此鄭君用大鄭液讀爲醳之說。」詒讓案：相稱者，重醳治幹，使匀致與角相稱也。厚其帤則木堅，薄其帤則需，需謂不充滿。鄭司農云：「帤讀爲『襦有衣絮』之絮。帤謂弓中裨。」【疏】「厚其帤則木堅，薄其帤則需」者，此明弓幹必有裨，不可太堅剛，亦不可太耎弱，以明裨之必欲節也。需，段玉裁校改作「耎」，云：「耎，《釋文》『人兖反』，今經注《釋文》皆譌『需』，此等皆唐以後轉寫譌亂。惟《車人》『反輮』注『耎者在外』，《釋文》獨不誤。」案：段說是也。耎需二字聲義並異，詳《鮑人》疏。　注云「需謂不充滿」者，需亦當作「耎」，不充滿謂縮減也。《大玄經·耎》云「見難而縮」，范注云：「耎而自縮，故謂之耎。」又《廣雅·釋詁》云：「緛，縮也。」耎緛聲義亦同。此經需與堅文相對，堅謂堅强，需亦即謂柔耎。然柔耎則帤，必不能充幹，故鄭以不充滿爲釋也。

鄭司農云「帤讀爲襦有衣絮之絮」者，《釋文》云：「襦，本亦作䙈。絮，本亦作帤，《周易》作袽。」案：䙈即俗襦字，詳《司服》疏。絮，段玉裁改爲「絮」，云：「依《釋文》『女居反』，則絮乃絮之字誤。《羅氏》注云『繻有衣絮』，《釋文》：『絮，女居反。』又《說文》絮字下引《易》『需有衣絮』，可以證此絮字之誤。此『讀爲』乃『讀如』之誤。帤絮皆非弓裨正字，其音義相同耳。注不言絮謂弓中裨，則知非易字也。」案：段校與《羅氏·釋文》合，是也。《說文·巾部》云：「帤，巾帤也。一曰幣巾。」《糸部》云：「絮，絮緼也。一曰敝絮也。」弓裨與巾帤義別，而用小薄木以繳纏約，著之臂間，則與絮束殘敝兩義並相近，故先鄭讀從之。先鄭及許君並從《京氏易》作「絮」，互詳《羅氏》疏。云「帤謂弓中裨」者，葉鈔《釋文》裨作「陴」，字通。《說文·衣部》云：「裨，接益也。」弓中即當挺臂，在兩限之間，於弓幹爲正中，較之兩限須微强，故於幹間别以薄木副益之。賈疏云：「造弓之法，弓幹雖用整木，仍於幹上裨之，乃得調適也。」是故厚其液而節其帑。厚猶多也。節猶適也。【疏】「是故厚其液而節其帑」者，江永云：「厚其液，即上文幹再液也。再液幹猶必節其帑，不厚不薄，乃無太堅太需之病也。」　注云「厚猶多也，節猶適也」者，亦皆引申之義。《呂氏春秋·稽本篇》高注云：「厚，多也。」又《情欲篇》注云：「節，適也。」約之不皆約，疏數必侔。不皆約，纏之繳不相次也。皆約則弓帑。侔猶均也。【疏】「約之不皆約」者，此蒙上，明幹與帑相附，則皆約之，外此則不皆約也。賈疏云：「約謂以絲膠横纏之，今之弓猶然。不皆約，謂不次比爲之。」云「疏數必侔」者，此謂弓帑之外凡有約者，皆疏數均適，不相比次也。賈疏云：「約之多少，須稀疏必均也。」　注云「不皆約，纏之繳不相次也」者，《説文·糸部》云：「約，纏束也。繁，生絲縷也。」凡弓皆以生絲纏約之，若弓兩末，亦有繳約，謂之緣是也。但雖約之，而疏數均調，不相密次，故云纏之繳不相次也。云「皆約則弓帑」者，謂弓自有皆約之處，即上文之弓帑，全體唯此爲然，餘則否也。弓帑別以薄木裨附挺臂，故必約纏相次，而後能與幹密合。又引釋時，挺臂之變動較隈簫爲少，故皆約，不至傷其剽校之勢也。云「侔猶均也」者，後注云「侔猶等也」，均亦齊等之意。斲摯必中，膠之必均。摯之言致也。中猶均也。【疏】注云「摯之言致也」者，《函人》云：「凡甲鍛不摯則不堅。」後鄭彼注同。此斲摯亦謂斲弓幹極其精緻也。賈疏云：「斲幹厚薄，必調均爲之。」云「中猶均也」者，中均同義，文相變耳。江永云：「中與均皆謂無厚薄不勻也。」斲摯不中，膠之不均，則及其大脩也，角代之受病。夫懷膠於内而摩其角，夫角之所由挫，恒由此作。幹不均則角蹴折也。【疏】「夫懷膠於内而摩其角」者，此亦申上文摩角，與前摩筋義同。　注云「幹不均則角蹴折也」者，《説文·足部》云：「蹴，躡也。」《廣雅·釋詁》云：「挫，折也。」言幹在内，與角相躡，而角爲之折也。凡居角，長者以次需。當弓之隈也，長短各稱其幹，短者居簫。【疏】「凡居角長者以次需」者，需字亦當爲耎，音人兖反。《釋文》不爲作音，則所見本已誤。居角與前居幹義同。鄭鍔云：「居，處也。處角之法，宜長短與弓相宜。長者宜在隈，短者宜在簫。需者弓之隈，惟曲之處則需矣。以角之長者處之，以助其力，使不甚弱。」江永云：「此需字與上同義。角長者居淵中，此句爲下張本。下『恒角而短』，是當長而短也；『恒角而達』，是當短反長。」案：鄭、江説是也。次亦言相比次也。　注云「當弓之隈也」者，弓隈句曲，耎於簫柎，故謂之耎，非隈一名耎也。云「長短各稱其幹」者，弓幹當隈長而兩簫短。居角之法，當長處角亦長，當短處角亦短，乃稱也。云「短者居簫」者，《曲禮》云「右手執簫」，注云：「簫，弭頭也。謂之簫，簫，邪也。」孔疏云：「簫，弓頭，頭稍剡差邪似簫，故謂爲簫也。今謂弓頭爲弰，弰簫之言亦相似也。」賈疏云：「簫謂兩頭，則長者自然在隈内可知。」案：賈、孔並釋簫爲弓頭者，即謂弓兩末，故下經又以簫爲末。《釋名·釋兵》云：「弓，其末曰簫，言簫梢也。又謂之弭，以骨爲之，骨弭弭也。」字亦作彇，《廣雅·釋器》云：「彇、弫，髀也。」《玉篇·骨部》云：「髀，弓弭也。」《爾雅·釋器》云：「弓，有緣者謂之弓，無緣者謂之弭。」《左》僖二十三年孔疏引李巡云：「骨飾兩頭曰弓，不以骨飾兩頭曰弭。」孫炎云：「緣，謂繳束而漆之。弭，謂不以繳束骨飾兩頭者也。」案：孫説是也。《既夕記》云：「弓矢之新沽功，有弭飾焉。」注云：「弓無緣者謂之弭，弭以骨角爲飾。」此注説角短者居簫，即以角爲弭飾也。凡弓簫皆以骨角爲飾，骨角之外更加繳束，謂之緣。其無緣者，欲取其滑澤，故不復繳束，蓋兵車所用之弓。故《詩·小雅·采薇》云「象弭魚服」，毛傳云：「象弭，弓反末也，所以解紒也。」箋云：「弭，弓反末彆者，以象骨爲之，以助御者解轡紒，宜滑也。」《説文·弓部》云：「弭，弓無緣，可以解轡紛者。」是無緣之弓，弛而反之，其末可以解轡紛；有緣之弓，雖不可解轡紛，亦仍有骨角矣。李巡謂弭不以骨飾，與《詩》、《禮》義尤不合，非也。互詳後疏。恒角而短，是謂逆橈，引之則縱，釋之則不校。鄭司農云：「恒，讀爲裻絙之絙。」玄謂恒讀爲揯，揯，竟也。竟其角，而短于淵幹，引之，角縱不用力，若欲反橈然。校，疾也。既不用力，放之又不疾。【疏】「恒角而短，是謂逆橈」者，此明隈太弱之弊也。凡角傅弓之裏面，其長竟弓體。然弓之上制，長至六尺六寸，而角之長以二尺五寸爲極，勢不能以一角成一弓，故必合數角接續爲之。然其接續節數及長短之度、合縫之處，皆有定法，而不可易。以弓角之長及經言居角諸文推之，一弓之角，蓋爲五節，柎一節，兩隈各一節，上云「角之中恒當弓之隈」是也，兩簫各一節。兩隈之角，内端與柎角爲合縫，外端與簫角爲合縫。恒角而短者，謂角短不能達隈幹之盡處，勢必將長其簫角，揉曲之，以接於隈角，則簫强而隈之力不足以自持，引之，則隈端之角將隨簫而起。凡弓隈句向内爲順，今隈弱爲簫强所牽，則句勢反趨外，是逆橈也。云「引之則縱，釋之則不校」者，《説文·弓部》云：「引，開弓也。」又《糸部》云：「縱，緩也。」隈之强而内句，所以爲弓作勢，今引滿之時既若反橈，則隈緩而無力，釋矢自不能疾矣。　注鄭司農云「恒讀爲裻絙之絙」者，段玉裁云：「此皆易字也。裻絙者，即俗云『督縫』。《説文》：『裻，背縫也。』恒絙古通用。《詩·天保》『如月之恒』，《釋文》本又作絙。」案：段説是也。絙亦訓竟，先鄭讀與後鄭異，而義則同。云「玄謂恒讀爲揯，揯，竟也」者，《説文·手部》云：「揯，引急也。」非此義。此當爲𣓌，《説文·木部》云：「𣓌，竟也，重文亘，古文𣓌。」《漢書·叙傳》云「恒以年歲」，顔注引如淳云：「恒音亘竟之亘。」是其例也。後鄭以先鄭讀爲絙，非其正字，故易其讀而并釋其義。段玉裁云：「鄭君則易爲𣓌，訓竟，見《説文·木部》。《詩》『亘之秬秠』，字作『亘』。《方言》：『絙，竟也』，字作絙，古同音通用。」案：段引《毛詩》據孔疏引崔氏集注本也。孔本亘作「恒」，與此經正同。云「竟其角而短于淵幹，引之角縱不用力，若欲反橈然」者，阮元云：「于當作於。」案：阮校是也。竟其角，謂以角傅於幹裏，必長與兩淵等，而後弓引滿時，角足以助兩淵之勁；今短於兩淵，則引弓時，淵曲無角之助，其力不勁，若反橈矣。云「校，疾也」者，《廬人》注同。云「既不用力，放之又不疾」者，引之來既無力，縱之去又不疾也。恒角而達，辟如終紲，非弓之利也。達謂長於淵幹，若逢於簫頭。紲弓鞑。角過淵接，則送矢不疾，若見紲於鞑矣。弓有鞑者，爲發弦時備頓傷。《詩》云「竹鞑緄縢」。【疏】「恒角而達，辟如終紲」者，辟，唐石經及嘉靖本並作「譬」。宋余仁仲本、明汪道昆本並作「辟」，與《釋文》合，今從之。辟譬字通。

《宰夫》注亦作「辟」，則經不作譬明矣。《說文·言部》云：「譬，諭也。」《墨子·小取篇》云：「辟也者，舉他物而以明之也。」戴震云：「䩦，以竹爲之。弓弛則紲之於弓裏，張則去之。角長過淵接，引弦送矢俱不利，故曰辟如終紲，又曰引如終紲。」詒讓案：此明限太强之弊也。角限與簫用力各異，故角亦分爲二節，其限簫相湊處，即角之合縫處。今限角過長，外與簫連，則其引之時，限力與簫相牽而張弛不便，若常繫於檠矣。注云「逢謂長於淵幹，若達於簫頭」者，《釋名·釋言語》云：「達，徹也。」凡居角，兩淵各以一長角，兩簫各以一短角。今淵幹角長侵簫，或直達於簫頭，與簫角爲一，是所謂達也。云「紲弓䩦」者，《說文·糸部》云：「紲，系也。」䩦即前注所云「弓檠」。《毛詩·秦風·小戎》「竹閉」傳詁閉爲紲，與此注以䩦詁紲同。又《小雅·角弓》傳云：「不善紲檠巧用，則翩然而反。」紲字又作枻，《荀子·非相篇》云「接人則用抴」，楊注云：「抴當爲枻。枻者，檠枻也，正弓弩之器也。」《既夕記》云：「弓有柲」，注云：「柲，弓檠，今文柲作柴。」案：紲、抴、枻、䩦、閉、柲、柴，並聲近字通。柲爲弓檠，以繩縛繫弓於檠，則曰紲。《詩·角弓》孔疏云：「『竹閉謂之檠，紲即緄縢也。』案：孔所釋最析。蓋紲非弓檠之名，鄭因經言終紲，明其指紲於弓䩦，故云「紲弓䩦」耳。下注云「若見紲於䩦」，則紲非即䩦之正名審矣。云「角過淵接則送矢不疾，若見紲於䩦矣」者，淵接即下注之「接中」，謂限與簫接湊處。凡弓之引縱，其機勢在簫限之閒。若簫限角相連，則其引縱之勢不靈，故送矢自不疾也。云「弓有䩦者，爲發弦時備頓傷」者，戴震云：「發弦，謂解去弦。」案：戴說是也。《既夕》注說柲云：「弛則縛之於弓裏，備損傷。」《華嚴經音義》引《文字集略》云：「頓，損也。」注義與《既夕》注同。引《詩》云「竹䩦緄縢」者，《秦風·小戎》文。䩦，《毛詩》作「閉」，傳云：「閉，紲。緄，繩。縢，約也。」《既夕記》注引《毛詩》又作「柲」，字並同。《釋文》云：「縢，本又作縢。」案：縢即縢之俗。今夫茭解中有變焉，故校；鄭司農云：「茭讀爲『激發』之激。茭，謂弓檠也。校讀爲『絞而婉』之絞。」玄謂茭讀如「齊人名手足掔爲骹」之骹。茭解，謂接中也。變，謂簫臂用力異。校，疾也。【疏】「今夫茭解中有變焉，故校」者，明弓引縱之勢在簫限之間也。賈疏云：「記人別起義端，故言『今夫』。言茭解中，謂弓限與弓簫角接之處。有變者，即異也，謂弓簫與臂用力異。」詒讓案：此反復論弓力校剽之所由，以申恒角而達則不利用之義。注云「鄭司農云，茭讀爲激發之激」者，段玉裁云：「『讀爲激』當作『讀如激』。此擬其音，非易其字，故下文仍云茭謂弓檠也。激之古音如交。」云「茭謂弓檠也」者，謂弓檠解下其中有變動也。然弓檠稱茭，於古無徵，故後鄭不從。云「校讀爲絞而婉之絞」者，《廬人》注同。先鄭蓋亦取切疾之義，與後鄭訓疾義略同。云「玄謂茭讀如齊人名手足掔爲骹之骹」者，《輪人》注云：「人脛近足者，細於股，謂之骹」，即此義。弓臂兩耑與簫相接處微細，故取骹以爲名。《鄉射記》「弓二寸以爲侯中」，注云：「正二寸，骹中之博也。」是鄭意骹廣二寸。若然，弓臂大於骹，殆不止二寸與？段玉裁云：「亦謂同音，骹與股相接，限與簫相接，則義亦同也。」云「茭解謂接中也」者，謂簫與限相接之縫際。戴震云：「前云居角長短各稱其幹，短者居簫，然則角長至淵幹，與居簫之短者相接，所謂淵接，是謂茭解中也。」案：戴說是也。賈《鄉射記》疏謂骹即弓弣把中側骨之處，疑誤。云「變謂簫臂用力異」者，《釋文》云：「臂，本或作辟。」賈疏云：「異者，引之則臂中用力，放矢則簫用力。」詒讓案：《弓人》先鄭注云：「變隨人身便利。」弓接中亦隨弛張而動，故謂之變。弓限弓把通謂之臂，與弩臂異。凡弓，簫直而外向，臂橈而內向，是用力異也。云「校，疾也」者，《廬人》及前注並同。於挺臂中有柎焉，故剽。挺，直也。柎，側骨。剽亦疾也。鄭司農云：「剽讀爲『湖漂絮』之漂。」【疏】「於挺臂中有柎焉，故剽」者，賈疏云：「直臂中，正謂弓把處。有柎者，謂角弓於把處兩畔有側骨。骨堅强，所以與弓爲力，故剽疾也。」注云「挺，直也」者，《漢書·蓋寬饒傳》顏注云：「挺然，直貌。」弓限把雖通謂之臂，然兩限皆句曲，惟當把處挺直，故謂之挺臂。猶《少牢·饋食禮》說牲體脊爲三節，以中節直者爲脡脊也。云「柎，側骨」者，柎與弣同。《大射儀》：「司射執弓挾乘矢于弓外，見鏃于弣。」注云：「弣，弓把也。」《曲禮》云「左手承弣」，注云：「弣，把中。」《少儀》作「執拊」。《釋名·釋兵》云：「弓中央曰弣。弣，撫也，人所持撫也。」弣爲弓之柄，故《廣雅·釋器》云「弣，柄也」。《說文·刀部》云：「釗，刀握也。」《玉篇·刀部》云「釗弣同」，則柎正字當作「釗」。刀握者，即《少儀》之「削柎」。《說文·収部》云：「𢍏，持弩拊。」柎與拊亦同。蓋刀削弓弩之把，同有此稱。柎亦謂之質，《公羊》定八年傳「弓繡質」，何注云：「質，柎也。」又《既夕記》「弓設，依撻焉」，注云：「撻，弣側矢道也。」賈彼疏云：「所以撻矢令出，生時以骨爲之弣側。」詒讓案：挺臂當幹之中，柎又當挺臂之中。柎內既以薄木爲帤，其旁兩側又以骨附貼之。柎爲骨榦之通名，而助其剽疾者則在側骨，故注釋柎爲側骨，即所謂撻也。云「剽亦疾也」者，前注同。鄭司農云「剽讀爲湖漂絮之漂」者，段玉裁云：「此『讀爲』蓋當作『讀如』，擬其音也。湖漂絮，即《莊周書》之『洴澼絖』。《說文·水部》云：『潎，於水中擊絮也。』《竹部》曰：『箈，潎絮簀也。』《糸部》曰：『紙，絮一箈也。』然則其事蓋以亂絮於水中漂擊之，以箈藉之，令更成絮，即蔡倫造紙之先聲。韓信釣於城下，諸母漂是也。湖漂絮者，湖中漂絮時有此語。」恒角而達，引如終紲，非弓之利也。重明達角之不利。【疏】注云「重明達角之不利」者，弓之利在於發矢校剽，若引之如終紲，則不能校剽，而失弓之利矣，故重言以申明之。云「變辟言引，字之誤」者，辟，舊本作「譬」。余本汪本作「辟」，與《釋文》合，今從之。鄭意重述上文，不宜易辟爲引，故疑爲字誤。然變文見義，於例可通，殆非誤也。鄭說未然。撟幹欲孰於火而無贏，撟角欲孰於火而無燂，引筋欲盡而無傷其力，鬻膠欲孰而水火相得，然則居旱亦不動，居濕亦不動。贏，過孰也。燂，炙爛也。不動者，謂弓也。故書燂或作「朕」，鄭司農云：「字從燂。」【疏】「撟幹欲孰於火而無贏，撟角欲孰於火而無燂」者，此明治幹角筋膠之不可不善也。賈疏云：「不言漆絲者，用力少，故不言也。」段玉裁云：「『《釋文》：「撟，劉氏枯老反。」』蓋劉本撟作『槁』。《輪人》注曰『以火槁之』，劉苦老反。」案：段校是也。撟幹撟角皆用火，與輪人揉輻揉牙同。撟爲撟擅字，撟揉字當作矯。《說文·矢部》云：「矯，揉箭箝也。」引申之，爲揉木角之稱。此經注作撟、槁，並矯之借字。云「引筋欲盡而無傷其力」者，盡謂引筋極申，無糾結，又恐其大過而絶其理，故欲無傷其力。云「鬻膠欲孰而水火相得」者，鬻，與《鹽人》「鬻鹽」之鬻同。《一切經音義》引《字書》云：「火熟曰煮。」煮即鬻之或體，詳《鹽人》疏。 注云「嬴，過孰也」者，《廣雅・釋詁》云：「嬴，過也。」謂揉幹過孰則傷其力。云「燂，炙爛也」者，段玉裁云：「《説文・火部》曰：『燂，火熱也。』燂之義與爁嬴略同，皆謂太過。」詒讓案：《説文・炎部》云：「燅，於湯中爚肉。」此燂疑即燅之借字。《一切經音義》引《通俗文》，燅作「燂」「燖」二形是也。肉於湯中爚之則爛，角以火炙太過亦爛，故通謂之燂。云「不動者謂弓也」者，言合以爲弓體不變動也。云「故書燂或作朕，鄭司農云，字從燂」者，謂依字義當從燂爲正也。後文「則莫能以速中」，故書速作數，先鄭亦云「字從速」，是其例。段玉裁云：「『字』字宜作『當』字。燂或作朕者，聲之誤，故司農從燂也。」徐養原云：「燂與朕形聲迥別，無由致誤。朕疑當作燅，燂燅並徐鹽切。後鄭訓燂爲炙爛，與火熱之義相近，故從燂。」案：段、徐説亦通。 苟有賤工，必因角幹之濕以爲之柔。善者在外，動者在內，雖善，亦弗可以爲良矣。 苟，愉也。 濕猶生也。【疏】「苟有賤工，必因角幹之濕，以爲之柔」者，角幹濕時柔耎易屈申，故因而矯治之，苟求便易，賤工則然也。云「善者在外，動者在內」者，賈疏云：「此經説弓幹須外內皆善，不得外善內惡者也。」鄭用牧云：「動者在內，謂後必橈減變動於內。」詒讓案：凡爲弓，角幹皆以乾爲善。《史記・田敬仲世家》云：「弓膠昔幹，」《索隱》云：「昔，久舊也。」《檀弓》鄭注亦云「木工宜乾腊」。 注云「苟，愉也」者，愉，舊本作「偷」。汪道昆本及注疏本並作「愉」，《釋文》同，今從之。 愉偷字同，見《大司徒》經。《國語・晉語》韋注云：「偷，苟也。」言苟且有賤工也。云「濕猶生也」者，《説文・水部》云：「溼，幽溼也。」經典通叚濕爲之。生，謂幹新未乾也。《韓非子・外儲説》云：「虞慶爲屋，匠人曰：『此新屋也，塗濡而椽生。』」是生即濕也。 凡爲弓，方其峻而高其柎，長其畏而薄其敝，宛之無已，應。 宛，謂引之也。引之不休止，常應弦，言不罷需也。 峻，謂簫也。 鄭司農云：「敝讀爲『蔽塞』之蔽，謂弓人所握持者。」【疏】「凡爲弓，方其峻而高其柎」者，此據幹而言也。峻即簫上隆起而有隅棱，所以持弦使急，故欲方。柎當挺臂，直而微穹，仰而張之，則嚮弦隆起，與兩隈之句曲反正取勢，故宜高。此柎指把中幹，與上專指側骨異。云「長其畏而薄其敝」者，此據角而言也。隈角短，則曲中促而不盡其勢，故欲長，即上云「凡居角長者以次需」是也。敝與柎同處，但敝蔽柎之外，幹既高，則表角不宜過厚，故欲薄。蓋隈幹耎而角長，柎幹高而角薄，皆欲劑其强弱之平也。 注云「宛謂引之也」者，《漢書・揚雄傳》顏注云：「宛，屈也。」弓引之則屈多，故謂引之爲宛。云「引之不休止，常應弦，言不罷需也」者，錢大昕云：「《漢書・賈誼傳》：『坐罷軟不勝任。』罷需即罷軟也。」案：錢説是也。需亦當作「耎」。言凡弓常引之，則其勢撓而力減，惟有此四善，則雖常引，而其勢與弦緩急必相應，不至於罷耎而無力也。云「峻謂簫也」者，《小爾雅・廣詁》云：「峻，高也。」謂簫內耑高起處。戴震云：「峻，蓋簫之柱弦者也。」鄭司農云「敝讀爲蔽塞之蔽」者，段玉裁云：「此易其字。弓敝所以蔽遮角幹，故鄭讀從蔽也。」云「謂弓人所握持者」者，賈疏云：「敝謂人所握持手蔽之處。」戴震云：「敝與柎皆弓把。柎者，其內側骨。」詒讓案：以先鄭義推之，敝當謂弓把之角在弓裏與幹相傅者。弓柎之幹本高，又有裨木及側骨，則內已甚厚，故薄其敝角以調劑之。

下柎之弓，末應將興。 末，猶簫也。興，猶動也，發也。弓柎卑，簫應弦則柎將動。【疏】注云「末猶簫也」者，丁晏云：「《鄉射禮》注：『簫，弓末也。』《釋名》：『弓其末曰簫，言簫梢也。』」云「興猶動也，發也」者，此言將興，猶下云「必動於網」及「末應將發」也。《爾雅・釋言》云：「興，起也。」動發即起之意。 戴震云：「興與弓韻，發與網韻，異文協句爾。」云「弓柎卑，簫應弦則柎將動」者，明興即謂柎動也。趙溥云：「柎正當弓之要，惟高其柎，以壯其力，故引之而弓梢不能以撓之。若柎骨太卑下爲之，簫方應弦，則柎發動，由柎力弱，撐壓隈不住故也。」戴震云：「言簫應弦，將有傷動。」 爲柎而發，必動於網。 網接中。【疏】「爲柎而發，必動於網」者，發亦當讀爲撥，謂枉戾也，詳前疏。 注云「網接中」者，猶前云「茭解中」也。但茭解爲畏與簫相接之縫，網則爲畏與柎相接之縫，其處不同，而爲接中則一也。趙溥云：「言因柎以致傷動者，其病必在角柎相接之處。」戴震云：「接是敝接畏處。」 弓而羽網，末應將發。 羽讀爲扈，扈，緩也。接中動則緩，緩簫應弦，則角幹將發。【疏】「弓而羽網，末應將發」者，戴震云：「接中既傷動而緩網，角幹皆隨之壞矣。」 注云「羽讀爲扈，扈，緩也」者，段玉裁云：「此易其字。」案：經典扈無緩訓，未詳所出。云「接中動則緩，緩簫應弦，則角幹將發」者，言畏柎相接處一動，則接縫寬緩，而力不相貫，簫應弦時，弓體之角幹皆隨之而撥枉也。 弓有六材焉，維幹强之，張如流水。 無難易也。【疏】「維幹强之」者，《説文・弓部》云：「彊，弓有力也。」强即彊之借字。賈疏云：「弓有六材，惟以幹爲强者，以其幹外五材當依幹，而有以幹爲本，故指幹爲强。」 注云「無難易也」者，《老子》云：「天之道，其猶張弓乎！高者抑之，下者舉之。」此云「張如流水」，亦謂幹之調善，隨所抑舉，無偏强而難挽、偏弱而易撓之處，如流水之順也。 維體防之，引之中參。 體，謂內之於檠中，定其體。防，深淺所止。 謂體定張之，弦居一尺，引之又二尺。【疏】「維體防之」者，謂弓之往來體也。 注云「體謂內之於檠中，定其體」者，即前云「寒奠體」是也。云「防深淺所止」者，《稻人》云「以防止水」。檠定弓體所止，猶防止水，故云防也。賈疏云：「若王弧之弓，往體寡，來體多，弛之乃有五寸，張之一尺五寸；夾庾之弓，往體多，來體寡者，弛之一尺五寸，張之得五寸；唐弓、大弓，往來體若一者，弛之一尺，張之亦一尺：是防之深淺所止。」云「謂體定張之，弦居一尺，引之又二尺」者，賈疏云：「此據唐大中者而言，餘四者弛之張之雖多少不同，及其引之皆三尺，以其矢長三尺，須滿故也。」 維角堂之，欲宛而無負弦。引之如環，釋之無失體，如環。 負弦，辟戾也。 負弦則不如環。如環亦謂無難易。 鄭司農云：「堂讀如牚距之牚、車牚之牚。」【疏】「欲宛而無負弦」者，宛與「宛之無已應」之宛同，言引之而角隨弓屈曲，其勢調順，不相辟戾也。云「引之如環，釋之無失體，如環」者，戴震云：「既張弦，引之如環，及其釋弦，無失體，亦如環也。」　注云「負弦，辟戾也」者，負與《九章算術》方程正負之負義同。《戰國策·秦策》高注云：「負，背也。」又《呂氏春秋·處方篇》注云：「辟，邪也。」辟戾謂角與弦邪背也。云「負弦則不如環」者，言角若與弦相戾，則引之不能正圓如環也。云「如環亦謂無難易」者，謂與上云「張之如流水」同義。　鄭司農云「堂讀如牚距之牚、車牚之牚」者，段玉裁云：「注中四『牚』字，皆『堂』之誤。案：《說文·止部》曰：『堂，歫也。歫，止也。』堂古本音堂，轉爲直庚反，其字變牚，變樘，變撐。車堂亦作車樘。《說文·金部》曰：『鏨，車樘結也。』車樘，《急就篇》、《釋名》作『棠』。劉熙曰：『棠，蹚也，在車兩旁蹚幰，使不得進郤也。』棠與樘古通用。注言讀如堂歫之堂、車堂之堂者，謂其音如此兩堂，其義亦同也。」盧文弨云：「《釋文》出經堂之爲音，注云『注同』，不爲牚別作音，知舊亦必本是堂字。牚字俗。」案：段、盧說是也。牚即堂之俗。《漢書·匈奴傳》注引蘇林云「撐音牚距之牚」，與先鄭讀略同。先鄭意弓隈撓曲，恐其力弱，故以角堂距之，以輔其力也。賈疏謂「堂，正也，言置角於限中既正」，失其指矣。

材美，工巧，爲之時，謂之參均。角不勝幹，幹不勝筋，謂之參均。量其力有三均。均者三，謂之九和。　有三讀爲「又參」。量其力又參均者，謂若幹勝一石，加角而勝二石，被筋而勝三石，引之中三尺。假令弓力勝三石，引之中三尺，弛其弦，以繩緩擐之，每加物一石，則張一尺。故書勝或作稱，鄭司農云：「當言『稱』『謂之不參均』。」玄謂不勝，無負也。【疏】「材美、工巧、爲之時，謂之參均」者，材通六材言之，即上文所云是也。云「角不勝幹，幹不勝筋，謂之參均」者，唐石經作「謂之不參均」，誤涉先鄭注而衍，今從宋本刪。此別言角幹筋之參均也。云「均者三，謂之九和」者，參均者凡三，相乘爲九，是謂九和也。和均義同。　注云「有三讀爲又參」者，段玉裁云：「有又古文通用。三讀爲參者，欲使與上文一例，乃後下文言參均者三也。」云「量其力又參均者，謂若幹勝一石，加角而勝二石，被筋而勝三石，引之中三尺」者，《漢書·律曆志》以三十斤爲鈞，四鈞爲石。三石則十二鈞，三百六十斤也。賈疏云：「此言謂弓未成時，幹未有角，稱之勝一石。後又按角，勝二石，後更被筋，稱之即勝三石。引之中三尺者，此據幹角筋三者具，總稱物三石，得三尺。若據初空幹時，稱物一石，亦三尺；更加角稱物二石，亦三尺；又被筋稱物三石，亦三尺。」江永云：「注言以繩試弓之法，每加物一石，則張一尺，本已成之弓，先言幹勝一石，加角勝二石，被筋勝三石。此推三均之由，謂其由此三者之力耳，非謂弓未成而迭試之也。疏謂初空幹時稱物一石，則失之矣。被筋必先於加角，安能使角先於筋。」案：江說是也。云「假令弓力勝三石，引之中三尺，弛其弦，以繩緩擐之，每加物一石，則張一尺」者，此言量弓力之法。必引之中三尺者，以此爲準，若過三尺，則爲不勝矣。《說文·弓部》云：「弛，解也。」《廣雅·釋詁》云：「擐，著也。」謂解弦而別以繩緩著弓簫。必以繩易絃者，恐試時傷弦之力。必緩擐者，恐其急而斷也。賈疏云：「此即三石力弓也。必知弓力三石者，當弛其弦，以繩緩擐之者，謂不張之，別以一條繩繫兩簫，乃加物一石，張一尺，二石張二尺，三石張三尺，則與前三幹角筋力各一石也。」云「故書勝或作稱」者，故書別本兩「勝」字並作「稱」也。勝稱古字通。《易·繫辭》：「吉凶者，貞勝者也。」《釋文》引姚信本作「貞稱」。鄭司農云「當言稱謂之不參均」者，謂經「勝」並當從故書或本作「稱」，經「謂之參均」，又當云「謂之不參均」，此先鄭依故書改二字，又以意增一字也。段玉裁云：「司農從『稱』，故如此說。鄭君則從『勝』，此彼無勝負，則謂之參均宜矣。唐開成石經作『謂之不參均』，此從仲師說也，不知仲師說已經鄭君駁正矣。」徐養原云：「注『當言』二字貫下六字，不舉經語，從省也。」云「玄謂不勝無負也」者，謂與角無負弦義同。角與幹，幹與筋，並相得均一，不相勝害，則自無辟戾也。

九和之弓，角與幹權，筋三侔，膠三鋝，絲三邸，漆三斞。上工以有餘，下工以不足。　權，平也。侔，猶等也。角幹既平，筋三而又與角幹等也。鋝，鍰也。邸斞輕重未聞。【疏】「九和之弓，角與幹權」者，論一弓六材相參之數量也。云「筋三侔，膠三鋝，絲三邸，漆三斞」者，葉鈔本《釋文》云：「侔，本又作牪，亦作桙。」案：《類篇·木部》，牪桙字同。呂賢基云：「《既夕禮》『兩杅』注：『今文杅爲桙。』《說文》作『盂』，云『盛飯器也』。《內則》云『敦牟卮匜』，鄭云：『牟讀曰堥。敦、牟，黍稷器也。』《釋文》云：『齊人呼土釜爲牟。』《正義》引《隱義》曰：『堥，土釜也。今以木爲器，象土釜之形。』蓋本飲食之器，亦得爲量名也。」案：《釋文》或本作「桙」，則當爲量名，蓋與《瘍醫》注「黃堥」之堥略同。以下鋝邸斞文例校之，亦合。呂說雖與鄭異，而義可通。但攷聶氏《三禮圖》引《舊圖》，謂牟形制容受與簠簋同，則三牟凡三斗六升，弓之筋不宜有如此之多，或本殆非也。漆三斞，《說文·斗部》云「斞，量也」，引「《周禮》，桼三斞。」案：許從正字作「桼」，此經從借字作「漆」，字例不同也。詳《載師》疏。戴震云：「三侔、三鋝、三邸、三斞，一弓之筋膠絲漆也。」　注云「權，平也」者，《王制》注同。戴震云：「權之使無勝負。」云「侔猶等也」者，《輪人》注義同。云「角幹既平，筋三而又與角幹等也」者，鄭意侔爲齊等，謂角與幹平，筋又與角幹平等，即上云「角不勝幹，幹不勝筋，謂之參均」。三者力等，則數量亦當相稱也。然云「筋三」，不箸其數，於義未明，且下三者並言數量，不宜於筋獨異，蓋失之。云「鋝，鍰也」者，《冶氏》注引許叔重說同。彼注又以一鍰爲六兩大半兩，三鋝爲一斤四兩。戴震云：「鍰者，十一銖二十五分銖之十三。三鍰重一兩十銖二十五分銖之十四。」案：依戴說，三鍰與《冶氏》「殺矢刃重三垸」同，與鋝異量，則一弓之膠，不過今量五錢有奇，似太少也。云「邸斞輕重未聞」者，《漢書·貨殖傳》云：「桼千大斗。」斞，蓋斗之屬。《廣雅·釋詁》云：「斞，量也。」義同《說文》。又《釋器》云：「釜十曰鍾，鍾十曰斞。」是斞容六十四斛，其量太大，與弓漆三斞之數不相當也。《莊子·田子方篇》云：「⿰金臾斛不敢入於四竟。」彼《釋文》云：「⿰金臾音庾。李云：『六斛四斗曰⿰金臾。』司馬本作『⿰金臾斞』，云：『⿰金臾讀曰終，斞讀曰庾。』」《莊子》之「⿰金臾」，譌俗不成字，其從臾，似與斞聲類同。然李頤及司馬彪並謂即鍾字。陸讀⿰金臾爲庾，司馬讀斞爲庾，又似皆謂即《陶人》實二觳之庾。《聘禮記》「十六斗曰籔」，注云：「今文籔爲逾。」《國語·魯語》韋注引又作「庾」。《玉篇·匚部》云：「匬，受十六斗。」逾庾匬亦並與斞聲近，而揆之盛漆之器，量究不合，故鄭、許皆不據彼釋斞也。戴震云：「邸，收絲之器；斞，挹漆之器，皆有量數可取則者。」爲天子之弓，合九而成規；爲諸侯之弓，合七而成規；大夫之弓，合五而成規；士之弓，合三而成規。材良則句少也。【疏】「爲天子之弓，合九而成規」者，以下記弓尊卑、良敝、倨句、形體之異。《司弓矢》文同。江永云：「此言尊卑制度如此，至用弓時，自有變通。下文所言，則變通之法也。亦猶大射侯道有九十弓、七十弓、五十弓，以此辨尊卑，至射時，臣各射其侯，而君則三侯皆可射也。」案：江説是也。此段王侯大夫士，以明弓良敝之衰有此四等耳，非謂用弓者必如其等也。《韓詩外傳》云：「夫巧弓在此手也，傅角被筋，膠漆之和，即可以爲萬乘之寶也。」此爲天子之弓，猶云爲萬乘之寶矣。並詳《司弓矢》疏。　注云「材良則句少也」者，材良則其力勁，故句屈之勢少也。凡弓合九成規者句最少，合七成規者次之，合五成規者又次之，合三成規者句最多，材亦最劣。弓長六尺有六寸，謂之上制，上士服之；弓長六尺有三寸，謂之中制，中士服之；弓長六尺，謂之下制，下士服之。人各以其形貌大小服此弓。【疏】「弓長六尺有六寸，謂之上制，上士服之」者，此即《槀人》所謂弓六物爲三等也。士亦謂國勇力之士。三等之差，與桃氏爲劍同。　注云「人各以其形貌大小服此弓」者，賈疏云：「此上士、中士、下士，以長者爲上士，次者爲中士，短者爲下士，皆非命士者，故鄭云人各以其形貌大小服此弓也。」凡爲弓，各因其君之躬志慮血氣。又隨其人之情性。【疏】「凡爲弓各因其君之躬志慮血氣」者，言爲弓又當視所射之人以爲安危也。　注云「又隨其人之情性」者，冢上文爲釋，明不徒據人形貌大小爲之也。豐肉而短，寬緩以茶，若是者爲之危弓，危弓爲之安矢。骨直以立，忿埶以奔，若是者爲之安弓，安弓爲之危矢。言損贏濟不足。危、奔，猶疾也。骨直謂强毅。茶，古文舒假借字。鄭司農云：「茶讀爲舒。」【疏】「豐肉而短」者，謂其君之躬也。《大司徒》「原隰其民豐肉而庳」，注云：「豐猶厚也，庳猶短也。」此義與彼同。云「寬緩以茶」者，謂其君志慮寬緩而體舒遲也。云「若是者爲之危弓，危弓爲之安矢」者，賈疏云：「此經以下説君之躬與志慮弓之所宜者也。危弓則夾庾，弱者爲言；安弓謂王弧之類，强者而言。若然，危矢據恒矢，安矢據殺矢者也。」江永云：「危弓、安弓，疏説非是。下文言弓安矢安，而莫能速中，且不深，是弓弱也。乃以强者爲安、弱者爲危，何耶？當是剽疾者爲危，柔緩者爲安。然則三等之弓皆有危安與？」案：江説是也。　注云「言損贏濟不足」者，賈疏云：「明豐肉寬緩是不足，則危弓濟之；危弓爲贏，則以安矢損之；骨直忿埶是贏，則安弓損之；安弓是不足，則以危矢濟之。」云「危、奔，猶疾也」者，《説文·危部》云：「危，在高而懼也。」引申之亦爲急疾，對安爲舒緩。《釋名·釋姿容》云：「奔，變也，有急變奔赴之也。」云「骨直謂强毅」者，骨直言骨幹挺直，其人必剛强而果毅也。《周書·謚法篇》云：「强毅果敢曰剛。」云「茶，古文舒假借字」者，謂茶舒聲類同，古字假借通用，詳前疏。段玉裁云：「鄭君與仲師説小異。本職茶字已見，此又言者，詳略互相足也。」鄭司農云「茶讀爲舒」者，先鄭前注同。此破字，與後鄭微異。其人安，其弓安，其矢安，則莫能以速中，且不深。故書速或作「數」，鄭司農云：「字從速。速，疾也。三舒不能疾而中，言矢行短也，中又不能深。」【疏】「其人安，其弓安，其矢安，則莫能以速中，且不深」者，此明豐肉而短，寬緩以茶者，不可以用安弓也。　注云「故書速或作數」者，《總叙》注同。鄭司農云「字從速」者，段玉裁云：「數字義短，故從速。前文無以爲戚速，司農亦不從數。」云「速，疾也」者，《總叙》注同。云「三舒不能疾而中，言矢行短也」者，射者躬與志慮既緩，所用弓矢又緩，則發矢無力，其行必緩而短，不能及遠常不能中也。云「中又不能深」者，謂即使鏃中，仍不能深入，亦勢緩之故。其人危，其弓危，其矢危，則莫能以愿中。愿，愨也。三疾不能愨而中，言矢行長也。長謂過去。【疏】「其人危，其弓危，其矢危，則莫能以愿中」者，此明骨直以立、忿埶以奔者，不可以用危弓也。　注云「愿，愨也」者，《大司寇》注義同。愿中，謂矢不旁掉，適中其所射，若謹愿然。云「三疾不能愨而中，言矢行長也，長謂過去」者，鄭意射者躬與志慮既急，所用弓又急，則發矢力太勁，其行至急而長，常越過所射之物，不能正貫而止也。然經云「莫能愿中」，似當兼含《大射儀》所云揚觸梱復諸弊而言。鄭唯據矢行長過去爲釋，約舉以見義耳。往體多，來體寡，謂之夾臾之屬，利射侯與弋。射遠者用埶。夾庾之弓，合五而成規。侯非必遠，顧執弓者材必薄，薄則弱，弱則矢不深中侯，不落。大夫士射侯，矢落不獲。弋，繳射也。故書與作「其」，杜子春云：「當爲與。」【疏】「往體多，來體寡，謂之夾臾之屬」者，臾，《司弓矢》作「庾」，聲同字通。黄以周云：「庾當從記作『臾』。《説文》：『束縛捽抴爲臾。』束縛謂之夾，捽抴謂之臾。」案：黄説亦通。往體，謂弓體外撓；來體，謂弓體内向。凡弓必兼往來兩體，而後有張弛之用，但以往來之多少爲强弱之差。此夾臾，謂弓之最弱者也。云「利射侯與弋」者，侯蓋通《梓人》三侯言之。凡大射、燕射、賓射，弓皆用夾臾也。詳《司弓矢》疏。　注云「射遠者用埶」者，據上文，明此夾臾曲多亦爲埶弓也。云「夾庾之弓合五而成規」者，此依《司弓矢職》作「庾」。以其往體多則句亦多，即是上合五成規，大夫之弓也。云「侯非必遠，顧執弓者材必薄，薄則弱，弱則矢不深中侯，不落」者，《司弓矢》注説夾臾射豻侯云，「豻侯五十步，及射鳥獸，皆近射也」，故云侯未必遠。賈疏云：「夾庾反張多，隨曲執向外，弱，則射遠不能深，則近亦不深，故射近侯用之。」詒讓案：鄭意上文云「凡析幹射遠者用埶，射深者用直」，此夾臾往體多，來體寡，即埶弓也，射遠宜莫如用此。而《司弓矢》説夾庾以射豻侯，彼注推之，以爲射大侯用王弧，參侯用唐大。此夾臾所射，乃非最遠之侯，大侯、參侯侯道皆遠於豻侯，而射反用直弓而不用埶弓，嫌彼注義與此經上文乖牾，故此注自圓其説，謂夾臾弓反句，則材必薄而力弱，矢射物必不深，中侯時不至太深而穿過，故可不落，欲明用夾臾之埶弓，射最近之侯者，不取其射遠，惟取其中侯不落也。實則此射侯當通晐三侯，夾臾不專射豻侯，亦非取矢不落之義，鄭説非經義，詳《司弓矢》疏。云「大夫士射侯，矢落不獲」者，據《大射儀》。鄭意因大夫士矢落不獲，故必用夾臾之弓也。賈疏云：「按《司弓矢職》云：『夾弓、庾弓，以授射豻侯、鳥獸者。』豻侯、鳥獸，則射侯與弋也。按彼注：『近射用弱弓，則射大侯者用王弧，射參侯者用唐大矣。』如是，君用王弧射大侯，大夫用唐大射參侯，士用夾庾射豻侯。若然，此大夫與士同用夾庾射近侯者，據天子之臣多，則三公、王子爲諸侯者射熊侯，卿大夫士同射豹侯也。若然，射七十步侯用唐大，其遠中侯亦不落也。」案：鄭言此者，亦欲明大夫士皆不用直弓之王弧，取其不穿侯而落耳。蓋大夫參侯七十步，尚非甚遠，而所用唐大之弓，則比之王弧，尚爲執弓，故謂同取矢不落之義，非謂大夫士同射豻侯也。賈説未達鄭恉。但依經，夾臾當射三侯，通於貴賤，王弧、唐大並非射侯所用，鄭説亦與經義不甚合耳。云「弋，繳射也」者，《詩・齊風・盧令》序箋同。弋即隿之叚字，亦詳《司弓矢》疏。云「故書與作其，杜子春云當爲與」者，段玉裁云：「此字之誤也。」往體寡，來體多，謂之王弓之屬，利射革與質。射深者用直，此又直焉，於射堅宜也。王弓合九而成規，弧弓亦然。革謂干盾。質，木椹。天子射侯亦用此弓。《大射》曰：「中離、維綱、揚觸、梱復，君則釋獲，其餘則否。」【疏】「往體寡，來體多，謂之王弓之屬」者，此王弓，謂弓之最强者也，亦兼有弧弓。云「利射革與質」者，賈疏云：「即《司弓矢職》云：『王弓、弧弓以受射甲革椹質者。』亦一也。」注云「射深者用直」者，亦據上文，明後唐弓曲少，即得爲直弓也。云「此又直焉，於射堅宜也」者，謂此王弓更直於唐弓，弓直則力勁，故宜射堅。革質皆堅物，故以此弓射之。云「王弓合九而成規」者，以其往體寡，則句亦寡，即是上合九成規，天子之弓也。云「弧弓亦然」者，據《司弓矢》，王弓、弧弓同類。《説文・弓部》亦云：「往體寡，來體多，曰弧。」云「革謂干盾」者，《國語・齊語》「定三革」，韋注云：「甲、胄、盾也。」鄭《司弓矢》注云「甲革，革甲也」，與此異者，干盾與甲並以革爲之，此注與《司弓矢》注義互相備也。云「質，木椹」者，《司弓矢》注云：「樹椹以爲射正。」《穀梁》昭八年傳「以葛覆質以爲槷」，范注云：「質，椹也。」案：質椹異名同物，謂以斫斬之木藉，樹之以當射的，與三侯之正質異也。詳《司弓矢》疏。云「天子射侯亦用此弓」者，鄭意合九成規是天子之弓，又《司弓矢》以夾庾射豻侯推之，知大侯當用王弧也。今案：天子射侯亦當用夾臾，不用王弧，鄭説未當，詳前疏。引《大射》曰「中離、維綱、揚觸、梱復，君則釋獲，其餘則否」者，《大射儀》文作「公則釋獲，衆則不與」。鄭彼注云：「離，猶過也，獵也。侯有上下綱，其邪制躬舌之角者爲維。揚觸者，爲矢中他物，揚而觸侯也。梱復，謂矢至侯不著而還復。復，反也。公則釋獲，優君也。衆當中鵠而著。」引之者，證天子射侯雖過而落，猶得釋獲，故用王弧。若他人，則當以夾臾射侯，取其矢不深中侯，不落也。往體來體若一，謂之唐弓之屬，利射深。射深用直。唐弓合七而成規，大弓亦然。《春秋傳》曰：「盜竊寶玉大弓。」【疏】「往體來體若一，謂之唐弓之屬」者，此謂弓之强弱中者也。賈疏云：「唐弓之外仍有大弓，故云之屬也。按《司弓矢職》云：『唐弓、大弓以授學射者、使者、勞者。』此不言者，亦各舉一邊而言，兼有彼事可知。」注云「射深用直」者，唐大來往體若一，雖不及王弧之强，然以較夾臾則已爲直，故得與王弧同屬直弓也。云「唐弓合七而成規」者，以其往來體若一，在强弱之中，即是上合七成規，諸侯之弓也。云「大弓亦然」者，據《司弓矢》，唐弓、大弓同類也。引《春秋傳》曰「盜竊寶玉大弓」者，定八年經文。云傳者，順文便也。鄭引之者，謂彼大弓即《司弓矢》之大弓也。賈疏云：「彼以爲陽虎盜竊寶玉大弓。《公羊傳》云：『寶者何？璋判，白弓繡質。』引之者，證大弓同也。」詒讓案：《司弓矢》「唐弓大弓以授勞者」，彼注以勞者爲勤勞王事，若晉文侯、文公受王弓矢之賜者。若然，鄭意蓋謂周公以勤勞受賜，當授以唐大，故并以爲一與？但《穀梁傳》云：「大弓，武王之戎弓也。周公受賜，藏之魯。」《明堂位》云：「越棘大弓，天子之戎器也。」《公羊》何注又引禮「天子雕弓」，雕弓即《詩・大雅・行葦》之「敦弓」，毛傳云「畫弓也」。又引天子之弓合九而成規。毛云「畫弓」，與《公羊》「繡質」亦正相應。依《公》、《穀》及《明堂位》説，則彼大弓當爲王弧之屬，何義較鄭爲長也。大和無灂，其次筋角皆有灂而深，其次有灂而疏，其次角無灂。大和，尤良者也。深，謂灂在中央，兩邊無也。角無灂，謂隈裏。【疏】「大和無灂」者，賈疏云：「大和，謂九和之弓，以其六材俱善尤良，故無漆灂也。」云「其次筋角皆有灂而深」者，賈疏云：「筋在背，角在隈，皆有灂，但深在其中央，兩邊無也。」云「其次有灂而疏」者，唐石經「其次」下有「角」字，今依宋本。賈疏云：「以上參之，此謂兩邊亦有，但疏之，不皆有也。」阮元云：「其次有灂而疏，疏意蒙上筋角皆有灂，是賈疏本無此角字，故經下始言角也。石經此『角』誤衍。」案：阮説是也。注唯釋角無灂爲隈裏，則經文上不云角有灂明矣。王氏《訂義》本亦有角字，疑即據唐石經誤增。云「其次角無灂」者，賈疏云：「謂隈裏無灂，簫頭及背有之。」注云「大和，尤良者也」者，謂六材相得，弓最良善者也。云「深謂灂在中央，兩邊無也」者，弓筋在表而角在裏，中央謂表裏之中，皆有灂。兩邊無者，弓側也。云「角無灂謂隈裏」者，角之中恒當弓之隈，故知角無灂謂隈裏無灂，餘並有也。合灂若背手文。弓表裏灂合處，若人合手背，文相應。鄭司農云：「如人手背文理。」【疏】「合灂若背手文」者，此與下經並明弓有灂者之形狀不同。注云「弓表裏灂合處，若人合手背，文相應」者，言弓側表灂與裏灂相接處，若人兩手背相合，其文相應，不差戾也。程瑶田云：「合手掌，空縫有疏密，惟背手之縫閒不容髮，弓合處似之，言紋密也。」鄭司農云「如人手背文理」者，此直謂若人手背之文理，不爲合手，與後鄭不同，義亦得通，故附著之。角環灂，牛筋蕡灂，麇筋斥蠖灂。蕡，枲實也。斥蠖，屈蟲也。【疏】「角環灂」者，此亦謂灂文相若也。環灂與《輈人》「良輈環灂」義同。賈疏云：「此説弓表及弓裏灂文也。角環灂，謂隈裏灂文如環然。」案：此角灂似當兼兩簫及柎角言之，賈據上注謂專指隈裏，義未晐。云「牛筋蕡灂，麇筋斥蠖灂」者，賈疏云：「此説弓背用牛筋之漆，如麻子文。若用麇，其灂文如斥蠖文。」注云「蕡，枲實也」者，《籩人》注同，即今火麻人，皮有班點，故《月令》鄭注云「麻實有文理」。此弓漆灂文似彼也。詳《籩人》疏。云「斥蠖，屈蟲也」者，《易・繫辭》云：「尺蠖之屈，以求信也。」《説文・虫部》云：「蠖，尺蠖，屈申蟲也。」《爾雅・釋蟲》云：「蠖，蚇蠖」，郭注云：「今蝍蝛。」《方言》云：「蠀蝛謂之蚇蠖。」《御覽・蟲豸部》引《方言》郭注云：「尺蠖，又呼步屈，其色青而細小，或在草木葉上。」案：斥尺聲近字通，蚇即尺之俗。依郭説，則即今樹閒小青蟲，形細小蜷曲。漆灂文丩屈，與彼相類也。和弓毄摩。和，猶調也。毄，拂也。將用弓，必先調之，拂之，摩之。《大射禮》曰：「小射正授弓，大射正以袂順左右隈，上再下一。」【疏】注云「和猶調也」者，《食醫》注義同。云「毄，拂也」者，《説文・殳部》

云：「轂，相擊中也。」《手部》云：「拂，過擊也。」《楚辭・離騷》王注云：「拂，擊也。」《韓非子・説難篇》云：「辭言無所擊摩。」轂擊字通，詳《廬人》疏。云「將用弓，必先調之，拂之，摩之」者，調之，試其體之往來强弱；拂之，以去塵；摩之，察其有無瑕釁也。引《大射禮》者，證調弓當拂之，摩之。彼文云：「小射正授弓，拂弓，皆以俟于東堂。大射正執弓，以袂順左右限，上再下壹，左執弣，右執簫，以授公，公親揉之。」注云：「拂弓，去塵。順，放之也。揉，宛之，觀其安危也。」案：彼拂順揉三者，並即此和調轂摩之事。覆之而角至，謂之句弓。句於三體，材敝惡，不用之弓也。覆，猶察也，謂用射而察之。至，猶善也。但角善，則矢雖疾而不能遠。【疏】「覆之而角至，謂之句弓」者，此論射時相弓之法。賈疏云：「此以下論弓有六材，角幹筋用力多，特言之。若三者全善，則爲尤良，若一善者爲敝，二善者爲次。今此先察一善者至，謂若餘幹筋不善，直角善，可以爲句弓。」注云「句於三體，材敝惡，不用之弓也」者，《司弓矢》云「句者謂之弊弓」，注云：「弊猶惡也。」敝弊字通。三體謂合九、合七、合五三等之體。此句弓，即合三成規，比往體多來體寡之弓爲尤句，則體弱不任用也。云「覆猶察也」者，《爾雅・釋詁》云：「覆、察，審也。」云「謂用射而察之」者，謂用此弓射時，覆審察之也。云「至猶善也」者，《詩・小雅・節南山》箋同。《釋文》善作「譱」，云：「本又作善，下同。」案：譱正字，善即譱之隸省。戴震云：「古字至致通。致，致密也。」云「但角善，則矢雖疾而不能遠」者，賈疏云：「上云射遠用埶，埶是弱弓而射遠。但此句弓爲弱於彼，雖疾不能射遠也。」覆之而幹至，謂之侯弓。射侯之弓也。幹又善，則矢疾而遠。【疏】注云「射侯之弓也」者，謂夾臾之屬是也。云「幹又善，則矢疾而遠」者，上文云「幹也者，以爲遠也。」賈疏云：「非直角至，兼幹善，謂之射侯之弓。則上夾庾利近射與弋，言矢疾而遠，對上句弓疾而不遠，不及侯者也。」覆之而筋至，謂之深弓。射深之弓也。筋又善，則矢既疾而遠。又深。【疏】注云「射深之弓也」者，賈疏云：「此弓三善者也。按上文唐大射深，則王弧三善亦射深可知，舉中以見上者也。」云「筋又善，則矢既疾而遠又深」者，上文云「筋也者，以爲深也」。謂非徒角幹至，兼筋又良，故得兼疾遠深三善也。

孫詒讓《墨子閒詁》卷一《法儀》 子墨子曰：天下從事者，不可以無法儀，無法儀而其事能成者無有也。舊本挩，今據《羣書治要》增。雖至士之爲將相者，皆有法。雖至百工從事者，亦皆有法。百工爲方以矩，爲圓以規，直以繩，正以縣。畢云：「此縣挂正字。」詒讓案：《考工記・輿人》云：圜者中規，方者中矩，立者中縣，衡者中水。《莊子・馬蹄篇》云「匠人曰：我善治木，曲者中鉤，直者應繩」，即此義。無巧工不巧工，皆以此五者爲法。俞云：五當作四，上文百工爲方以矩，爲圓以規，直以繩，正以縣，並無五者。詒讓案：《以考工記》校之，疑上文或當有「平以水」三字，蓋本有五者而挩其一與。巧者能中之，畢云：「《史記索隱》云：《倉頡》篇云：中，得也。」不巧者雖不能中，放依以從事，畢云：「《説文》云：仿，相似也。放與仿同。」猶逾已。畢云：「猶勝于已。」故百工從事，皆有法所度。《治要》無「所」字，下同。今大者治天下，其次治大國，而無法所度，此不若百工辯也。畢云：「《説文》云：辯，治也。」

孫詒讓《墨子閒詁》卷六《節用中》 子墨子言曰：古者明王聖人，所以王天下、正諸侯者，彼其愛民謹忠，《説文・言部》云：「謹，慎也。」此蓋與信義近。利民謹厚，忠信相連，又示之以利，是以終身不饜，吴鈔本作「厭」。殁世而不卷。殁，吴鈔本作「没」，世舊本作二十二字。盧云：「二二字疑當爲『世』」。今據正。蘇云：卷，當爲倦。詒讓案：正字當作「券」。《説文》力部云：「券，勞也。」《考工記・輈人》鄭《注》云：「券，今倦字也。」「卷」即「券」之假字。古者明王聖人，其所以王天下正諸侯者此也。正，長也。詳《親士篇》。是故古者聖王，制爲節用之法。曰：凡天下羣百工，輪車鞼匏，畢云：「鞼，《説文》云韋繡也。匏，當爲鞄。《説文》云：柔，革工也，讀若朴。」王云：「鞼即《考工記》『函鮑鞾韋裘』之鞾，非謂韋繡也。輪車梓匠爲攻木之工，陶爲摶埴之工，冶爲攻金之工。然則鞼匏即鞾鮑，爲攻皮之工也。凡文、吻、問，與脂、旨、至，古音多互相轉，故『鞾』字或作『鞼』。鞄之爲匏，亦借字耳。故《考工記》又借作鮑。」案：王説近是。《説文》革部云：「鞾，攻皮治鼓工也。或从韋作韗。」又云：「鞄柔，革工也。《周禮》曰：『柔皮之工鮑氏，鞄即鮑也。』」此假鞼匏字爲之。《非儒篇》有「鮑函車匠」，字亦作「鮑」。或云《考工記》設色之工畫繢，鞼即繢之借字，亦通。陶冶梓匠，使各從事其所能。曰：凡足以奉給民用則止，諸加費不加于民利者，聖王弗爲。

綜述

《六韜・文韜・六守》 文王曰：「敢問三寶。」太公曰：「大農、大工、大商，謂之三寶。農一其鄉，則穀足；工一其鄉，則器足；商一其鄉，則貨足。三寶各安其處，民乃不慮。無亂其鄉，無亂其族。臣無富於君，都無大於國。六守長，則君昌。三寶全，則國安。」

《墨子》卷七《天志上》 子墨子言曰：我有天志，譬若輪人之有規，匠人之有矩。輪匠執其規矩，以度天下之方圜，曰：中者是也，不中者非也。今天下之士君子之書不可勝載，言語不可盡計，上説諸侯，下説列士，其於仁義則大相遠也。何以知之？曰：我得天下之明法以度之。

《大學》第二〇章 天下之達道五，所以行之者三。曰君臣也，父子也，夫婦也，昆弟也，朋友之交也：五者，天下之達道也。知、仁、勇三者，天下之達德也，所以行之者一也。或生而知之，或學而知之，或困而知之，及其知之一也。或安而行之，或利而行之，或勉强而行之，及其成功一也。子曰：「好學近乎知，力行近乎仁，知耻近乎勇。知斯三者，則知所以修身；知所以修身，則知所以治人；知所以治人，則知所以治天下國家矣。」

凡爲天下國家有九經，曰：修身也，尊賢也，親親也，敬大臣也，體羣臣也，子庶民也，來百工也，柔遠人也，懷諸侯也。修身則道立，尊賢則不惑，親親則諸父昆弟不怨，敬大臣則不眩，體羣臣則士之報禮重，子庶民則百姓勸，來百工則財用足，柔遠人則四方歸之，懷諸侯則天下畏之。

《孟子》卷六《滕文公下》 陳代曰：「不見諸侯，宜若小然。今一見之，大則以王，小則以霸。且志曰『枉尺而直尋』，宜若可爲也。」

孟子曰：「昔齊景公田，招虞人以旌，不至，將殺之。志士不忘在溝壑，勇士不忘喪其元。孔子奚取焉？取非其招不往也。如不待其招而往，何哉？且夫枉尺而直尋者，以利言也。如以利，則枉尋直尺而利，亦可爲與？昔者趙簡子使王良與嬖奚乘，終日而不獲一禽。嬖奚反命曰：『天下之賤工也。』或以告王良。良曰：『請復之。』强而後可，一朝而獲十禽。嬖奚反命曰：『天下之良工也。』簡子曰：『我使掌與女乘。』謂王良。良不可，曰：『吾爲之範我馳驅，終日不獲一；爲之詭遇，一朝而獲十。《詩》云：「不失其馳，舍矢如破。」我不貫與小人乘，請辭。』御者且羞與射者比，比而得禽獸，雖若丘陵，弗爲也。如枉道而從彼，何也？且子過矣！枉己者，未有能直人者也。」

《韓非子・有度》 夫人臣之侵其主也，如地形焉，即漸以往，使人主失端，東西易面而不自知。故先王立司南以端朝夕。故明主使其羣臣不游意於法之外，不爲惠於法之内，動無非法。峻法，所以禁過外私也；嚴刑，所以遂令懲下也。威不貳錯，制不共門。威、制共，則衆邪彰矣；法不信，則君行危矣；刑不斷，則邪不勝矣。故曰：巧匠目意中繩，然必先以規矩爲度；上智捷舉中事，必以先王之法爲比。故繩直而枉木斫，准夷而高科削，權衡縣而重益輕，斗石設而多益少。故以法治國，舉措而已矣。法不阿貴，繩不撓曲。法之所加，智者弗能辭，勇者弗敢争。刑過不避大臣，賞善不遺匹夫。故矯上之失，詰下之邪，治亂决繆，絀羨齊非，一民之軌，莫如法。厲官威民，退淫殆，止詐僞，莫如刑。刑重，則不敢以貴易賤；法審，則上尊而不侵。上尊而不侵，則主强而守要，故先王貴之而傳之。人主釋法用私，則上下不别矣。

《韓非子・解老》 工人數變業則失其功，作者數摇徙則亡其功。一人之作，日亡半日，十日則亡五人之功矣；萬人之作，日亡半日，十日則亡五萬人之功矣。然則數變業者，其人彌衆，其虧彌大矣。凡法令更則利害易，利害易則民務變，務變之謂變業。故以理觀之：事大衆而數摇之，則少成功；藏大器而數徙之，則多敗傷；烹小鮮而數撓之，則賊其澤；治大國而數變法，則民苦之。是以有道之君貴静，不重變法。故曰：「治大國者若烹小鮮。」

《逸周書》卷三 山以遂其材，工匠以爲其器，百物以平其利，商賈以通其貨。

工不失其務，農不失其時，是謂和德。

土多民少，非其土也；土少人多，非其人也。是故土多，發政以漕四方，四方流之；土少，安帑而外其務，方輸。

《吕氏春秋》卷三《季春紀・季春》 是月也，命工師令百工審五庫之量，金鐵、皮革筋、角齒、羽箭幹、脂膠丹漆，無或不良。百工咸理，監工日號，無悖於時，無或作爲淫巧，以蕩上心。是月之末，擇吉日大合樂，天子乃率三公、九卿、諸侯、大夫親往視之。

《吕氏春秋》卷一〇《孟冬紀・孟冬》 是月也，工師效功，陳祭器，按度程，無或作爲淫巧，以蕩上心，必功致爲上。物勒工名，以考其誠。工有不當，必行其罪，以窮其情。

《周禮》卷一〇《冬官・考工記》 國有六職，百工與居一焉。或坐而論道，或作而行之。或審曲面埶，以飭五材，以辨民器。或通四方之珍異以資之，或飭力以長地財，或治絲麻以成之。坐而論道，謂之王公；作而行之，謂之士大夫。審曲面埶，以飭五材，以辨民器，謂之百工。通四方之珍異以資之，謂之商旅。飭力以長地財，謂之農夫。治絲麻以成之，謂之婦功。粤無鎛，燕無函，秦無廬，胡無弓車。粤之無鎛也，非無鎛也，夫人而能爲鎛也。燕之無函也，非無函也，夫人而能爲函也。秦之無廬也，非無廬也，夫人而能爲廬也。胡之無弓車也，非無弓車也，夫人而能爲弓車也。知者創物，巧者述之守之，世謂之工。百工之事，皆聖人之作也。爍金以爲刃，凝土以爲器，作車以行陸，作舟以行水，此皆聖人之所作也。天有時，地有氣，材有美，工有巧，合此四者，然後可以爲良。材美工巧，然而不良，則不時，不得地氣也。橘踰淮而北爲枳，鸜鵒不踰濟，貉踰汶則死，此地氣然也。鄭之刀，宋之斤，魯之削，吴粤之劍，遷乎其地而弗能爲良，地氣然也。燕之角，荆之幹，妢胡之笴，吴粤之金錫，此材之美者也。天有時以生，有時以殺；草木有時以生，有時以死；石有時以泐；水有時以凝，有時以澤；此天時也。凡攻木之工七，攻金之工六，攻皮之工五，設色之工五，刮摩之工五，摶埴之工二。攻木之工：輪、輿、弓、廬、匠、車、梓。攻金之工：築、冶、鳧、㮚、段、桃。攻皮之工：函、鮑、韗、韋、裘。設色之工：畫、繢、鍾、筐、㡛。刮摩之工：玉、楖、雕、矢、磬。摶埴之工：陶、旊。有虞氏上陶，夏后氏上匠，殷人上梓，周人上輿，故一器而工聚焉者，車爲多。車有六等之數：車軫四尺，謂之一等；戈柲六尺有六寸，既建而迆，崇於軫四尺，謂之二等；人長八尺，崇於戈四尺，謂之三等；殳長尋有四尺，崇於人四尺，謂之四等；車戟常，崇於殳四尺，謂之五等；酋矛常有四尺，崇於戟四尺，謂之六等。車謂之六等之數。凡察車之道，必自載於地者始也，是故察車自輪始。凡察車之道，欲其樸屬而微至。不樸屬，無以爲完久也；不微至，無以爲戚速也。輪已崇，則人不能登也；輪已庳，則於馬終古登阤也。故兵車之輪六尺有六寸，田車之輪六尺有三寸，乘車之輪六尺有六寸。六尺有六寸之輪，軹崇三尺有三寸也。加軫與轐焉，四尺也。人長八尺，登下以爲節。

輪人爲輪：斬三材必以其時，三材既具，巧者和之。轂也者，以爲利轉也。輻也者，以爲直指也。牙也者，以爲固抱也。輪敝，三材不失職，謂之完。望而眡其輪，欲其幎爾而下迆也，進而眡之，欲其微至也，無所取之，取諸圜也。望其輻，欲其掣爾而纖也，進而眡之，欲其肉稱也，無所取之，取諸易直也。望其轂，欲其眼也，進而眡之，欲其幬之廉也，無所取之，取諸急也。眡其綆，欲其蚤之正也，察其菑蚤不齵，則輪雖敝不匡。凡斬轂之道，必矩其陰陽，陽也者，稹理而堅，陰也者，疏理而柔。是故以火養其陰，而齊諸其陽，則轂雖敝不藃。轂小而長則柞，大而短則摯。是故六分其輪崇，以其一爲之牙圍，參分其牙圍，而漆其二，椁其漆內而中詘之，以爲之轂長，以其長爲之圍，以其圍之防捎其藪，五分其轂之長，去一以爲賢，去三以爲軹。容轂必直，陳篆必正，施膠必厚，施筋必數，幬必負幹，既摩，革色青白，謂之轂之善。參分其轂長，二在外，一在內，以置其輻。凡輻，量其鑿深以爲輻廣，輻廣而鑿淺，則是以大扤，雖有良工，莫之能固。鑿深而輻小，則是固有餘而强不足也。故竑其輻廣以爲之弱，則雖有重任，轂不折。參分其輻之長而殺其一，則雖有深泥，亦弗之溓也。參分其股圍，去一以爲骹圍。揉輻必齊，平沈必均，直以指牙，牙得，則無槷而固。不得，則有槷必足見也。六尺有六寸之輪綆，參分寸之二，謂之輪之固。凡爲輪，行澤者欲杼，行山者欲侔，杼以行澤，則是刀以割塗也，是故塗不附，侔以行山，則是摶以行石也，是故輪雖敝不甐於鑿。凡揉牙，外不廉而內不挫，旁不腫，謂之用火之善。是故規之以眡其圜也，萬之以眡其匡也，縣之以眡其輻之直也，水之以眡其平沈之均也，量其藪以黍，以眡其同也，權之以眡其輕重之侔也。故可規、可萬、可水、可縣、可量、可權也，謂之國工。　輪人爲蓋，達常圍三寸，桯圍倍之，六寸。信其桯圍以爲部廣，部廣六寸。部長二尺，桯長倍之，四尺者二。十分寸之一，謂之枚，部尊一枚，弓鑿廣四枚，鑿上二枚，鑿下四枚，鑿深二寸有半，下直二枚，鑿端一枚。弓長六尺謂之庇軹，五尺謂之庇輪，四尺謂之庇軫。參分弓長而揉其一，參分其股圍，去一以爲蚤圍，參分弓長，以其一爲之尊，上欲尊而宇欲卑，上尊而宇卑，則吐水，疾而霤遠。蓋已崇，則難爲門也；蓋已卑，是蔽目也。是故蓋崇十尺，良蓋弗冒弗紘，殷畝而馳，不隊，謂之國工。

輿人爲車：輪崇車廣，衡長參如一，謂之參稱。參分車廣，去一以爲隧，參分其隧，一在前，二在後，以揉其式，以其廣之半爲之式崇。以其隧之半爲之較崇。六分其廣，以一爲之軫圍，參分軫圍，去一以爲式圍，參分式圍，去一以爲較圍，參分較圍，去一以爲軹圍，參分軹圍，去一以爲轛圍。圜者中規，方者中矩，立者中縣，衡者中水，直者如生焉，繼者如附焉。凡居材，大與小無并，大倚小則摧，引之則絕。棧車欲弇，飾車欲侈。

輈人爲輈：輈有三度，軸有三理。國馬之輈，深四尺有七寸，田馬之輈，深四尺，駑馬之輈，深三尺有三寸。軸有三理：一者，以爲媺也，二者，以爲久也，三者，以爲利也。軓前十尺，而策半之。凡任木，任正者，十分其輈之長，以其一爲之圍。衡任者，五分其長，以其一爲之圍。小於度，謂之無任。五分其軫間，以其一爲之軸圍，十分其輈之長，以其一爲之當兔之圍。參分其兔圍，去一以爲頸圍，五分其頸圍，去一以爲踵圍。凡揉輈，欲其孫而無弧深。今夫大車之轅摯，其登又難，既克其登，其覆車也必易，此無故，唯轅直且無橈也。是故大車平地既節軒摯之任，及其登阤，不伏其轅，必縊其牛，此無故，唯轅直且無橈也。故登阤者，倍任者也，猶能以登，及其下阤也，不援其邸，必緧其牛後，此無故，唯轅直且無橈也。是故輈欲頎典，輈深則折，淺則負，輈注則利準，利準則久，和則安。輈欲弧而無折，經而無絕，進則與馬謀，退則與人謀，終日馳騁，左不楗，行數千里，馬不契需。終歲御，衣衽不敝，此唯輈之和也。勸登馬力，馬力既竭，輈猶能一取焉。良輈環灂，自伏兔不至軓七寸，軓中有灂，謂之國輈。輈之方也，以象地也。蓋之圜也，以象天地。輪輻三十，以象日月也，蓋弓二十有八，以象星也。龍旂九斿，以象大火也。鳥旟七斿，以象鶉火也。熊旗六斿，以象伐也。龜蛇四斿，以象營室也。弧旌枉矢，以象弧也。

攻金之工：築氏執下齊，冶氏執上齊，鳧氏爲聲，㮚氏爲量，段氏爲鎛器，桃氏爲刃。金有六齊：六分其金而錫居一，謂之鍾鼎之齊；五分其金而錫居一，謂之斧斤之齊；四分其金而錫居一，謂之戈戟之齊；參分其金而錫居一，謂之大刃之齊；五分其金而錫居二，謂之削殺矢之齊；金錫半，謂之鑒燧之齊。

築氏爲削：長尺博寸，合六而成規。欲新而無窮，敝盡而無惡。

冶氏爲殺矢：刃長寸，圍寸，鋌十之，重三垸。戈廣二寸，內倍之，胡三之，援四之。已倨則不入，已句則不決。長內則折前，短內則不疾。是故倨句外博。重三鋝。戟廣寸有半寸，內三之，胡四之，援五之，倨句中矩，與刺重三鋝。

桃氏爲劍：臘廣二寸有半寸，兩從半之。以其臘廣爲之莖圍，長倍之。中其莖，設其後，參分其臘廣，去一以爲首廣，而圍之。身長五其莖長，重九鋝，謂之上制，上士服之。身長四其莖長，重七鋝，謂之中制，中士服之。身長三其莖長，重五鋝，謂之下制，下士服之。

鳧氏爲鍾：兩欒謂之銑，銑間謂之于，于上謂之鼓，鼓上謂之鉦，鉦上謂之舞，舞上謂之甬，甬上謂之衡。鍾縣謂之旋，旋蟲謂之幹，鍾帶謂之篆，篆間謂之枚，枚謂之景，于上之攠謂之隧。十分其銑，去二以爲鉦。以其鉦爲之銑間，去二分以爲之鼓間。以其鼓間爲之舞脩，去二分以爲舞廣。以其鉦之長爲之甬長，以其甬長爲之圍，參分其圍，去一以爲衡圍。參分其甬長，二在上，一在下，以設其旋。薄厚之所震動，清濁之所由出，侈弇之所由興，有說。鍾已厚則石，已薄則播，侈則柞，弇則鬱，長甬則震，是故大鍾十分其鼓間，以其一爲之厚。小鍾十分其鉦間，以其一爲之厚。鍾大而短，則其聲疾而短聞，鍾小而長，則其聲舒而遠聞。爲遂，六分其厚，以其一爲之深，而圜之。

㮚氏爲量：改煎金錫則不耗，不耗然後權之，權之然後準之，準之然後量之，量之以爲鬴，深尺，內方尺而圜其外。其實一鬴，其臀一寸，其實一豆，其耳三寸，其實一升，重一鈞。其聲中黄鍾之宫，槩而不稅。其銘曰：時文思索，允臻其極，嘉量既成，以觀四國，永啓厥後，兹器維則。凡鑄金之狀，金與錫，黑濁之氣竭，黄白次之，黄白之氣竭，青白次之，青白之氣竭，青氣次之，然後可鑄也。

函人爲甲：犀甲七屬，兕甲六屬，合甲五屬。犀甲壽百年，兕甲壽二百年，合甲壽三百年。凡爲甲，必先爲容，然後製革。權其上旅與其下旅，而重若一，以其長爲之圍。凡甲，鍛不摯，則不堅，已敝則橈。凡察革之道：眡其鑽空，欲其惌也。眡其裏，欲其易也。眡其朕，欲其直也。櫜之，欲其約也。舉而眡之，欲其豐也。衣之，欲其無齘也。眡其鑽空而惌，則革堅也。眡其裏而易，則材更也。眡其朕而直，則制善也。櫜之而約，則周也。舉之而豐，則明也。衣之無齘，則變也。

鮑人之事：望而眡之，欲其荼白也。進而握之，欲其柔而滑也。卷而摶之，欲其無迆也。眡其著，欲其淺也。察其線，欲其藏也。革欲其荼白而疾，澣之則堅。欲其柔滑而腥，脂之則需。引而信之，欲其直也。信之而直，則取材正也。信之而枉，則是一方緩一方急也，若苟一方緩一方急，則及其用之也，必自其急者先裂，若苟自急者先裂，則是以博爲帴也。卷而摶之而不迆，則厚薄序也。眡其著而淺，則革信也。察其線而藏，則雖敝不甐。

韗人爲皋陶：長六尺有六寸，左右端廣六寸，中尺，厚三寸。穹者三之一，上三正。鼓長八尺，鼓四尺，中圍加三之一，謂之鼖鼓。爲皋鼓，長尋有四尺，鼓四尺，倨句磬折。凡冒鼓，必以啓蟄之日。良鼓瑕如積環。鼓大而短，則其聲疾而短聞；鼓小而長，則其聲舒而遠聞。

畫繢之事：雜五色，東方謂之青，南方謂之赤，西方謂之白，北方謂之黑，天謂之玄，地謂之黄。青與白相次也，赤與黑相次也，玄與黄相次也。青與赤謂之文，赤與白謂之章，白與黑謂之黼，黑與青謂之黻，五采備謂之繡。土以黄，其象方天時變。火以圜，山以章，水以龍，鳥獸蛇。雜四時五色之位以章之，謂之巧。凡畫繢之事後素功。

鍾氏染羽：以朱湛丹秫，三月而熾之，淳而漬之。三入爲纁，五入爲緅，七入爲緇。

筐人闕。

㡛氏湅絲：以涚水漚其絲，七日，去地尺，暴之，晝暴諸日，夜宿諸井，七日七夜，是謂水湅。湅帛，以欄爲灰，渥淳其帛，實諸澤器，淫之以蜃，清其灰而盝之，而揮之，而沃之，而盝之，而塗之，而宿之，明日，沃而盝之。晝暴諸日，夜宿諸井，七日七夜，是謂水湅。

《周禮》卷一一《冬官·考工記下》

玉人之事：鎮圭尺有二寸，天子守之。命圭九寸，謂之桓圭，公守之。命圭七寸，謂之信圭，侯守之。命圭七寸，謂之躬圭，伯守之。天子執冒，四寸，以朝諸侯。天子用全，上公用龍，侯用瓚，伯用將，繼子男，執皮帛。天子圭中必，四圭尺有二寸，以祀天。大圭長三尺，杼上終葵首，天子服之。土圭尺有五寸，以致日，以土地。裸圭尺有二寸，有瓚，以祀廟。琬圭九寸而繅，以象德。琰圭九寸，判規，以除慝，以易行。璧羨度尺，好三寸，以爲度。圭璧五寸，以祀日月星辰。璧琮九寸，諸侯以享天子。穀圭七寸，天子以聘女。大璋中璋九寸，邊璋七寸，射四寸，厚寸，黄金勺，青金外，朱中，鼻寸，衡四寸，有繅，天子以巡守，宗祝以前馬。大璋亦如之，諸侯以聘女。瑑圭璋八寸，璧琮八寸，以頫聘。牙璋中璋七寸，射二寸，厚寸，以起軍旅，以治兵守。駔琮五寸，宗后以爲權。大琮十有二寸，射四寸，厚寸，是謂内鎮，宗后守之。駔琮七寸，鼻寸有半寸，天子以爲權。兩圭五寸，有邸，以祀地，以旋四望。瑑琮八寸，諸侯以享夫人。案十有二寸，棗㮚十有二列，諸侯純九，大夫純五，夫人以勞諸侯。璋邸射素功，以祀山川，以致稍餼。

楖人。闕。

雕人。闕。

磬氏爲磬：倨句一矩有半，其博爲一，股爲二，鼓爲三。參分其鼓博，去一以爲鼓博，參分其鼓博，以其一爲之厚。已上，則摩其旁，已下，則摩其耑。

矢人爲矢：鍭矢，參分，茀矢，參分一在前，二在後。兵矢，田矢，五分二在前，三在後。殺矢，七分三在前，四在後。參分其長，而殺其一，五分其長，而羽其一。以其笴厚，爲之羽深。水之，以辨其陰陽，夾其陰陽，以設其比，夾其比，以設其羽，參分其羽，以設其刃，則雖有疾風，亦弗之能憚矣。刃長寸，圍寸，鋌十之，重三垸。前弱則俛，後弱則翔，中弱則紆，中强則揚，羽豐則遲，羽殺則趮。是故夾而搖之，以眡其豐殺之節也，橈之，以眡其鴻殺之稱也。凡相笴，欲生而摶，同摶，欲重，同重，節欲疏，同疏欲㮚。

陶人爲甗：實二鬴，厚半寸，脣寸。盆實二鬴，厚半寸，脣寸。甑實二鬴，厚半寸，脣寸，七穿。鬲實五觳，厚半寸，脣寸。庾實二觳，厚半寸，脣寸。

旊人爲簋：實一觳，崇尺，厚半寸，脣寸。豆實三而成觳，崇尺。凡陶旊之事，髻墾薜暴不入市。器中膞，豆中縣。膞崇四尺，方四寸。

梓人爲筍虡：天下之大獸五，脂者，膏者，臝者，羽者，鱗者。宗廟之事，脂者膏者以爲牲，臝者羽者鱗者以爲筍虡。外骨内骨，卻行仄行，連行紆行，以脰鳴者，以注鳴者，以旁鳴者，以翼鳴者，以股鳴者，以胷鳴者，謂之小蟲之屬。以爲雕琢，厚脣弇口，出目短耳，大胷燿後，大體短脰，若是者謂之臝屬。恒有力而不能走，其聲大而宏，有力而不能走，則於任重宜，大聲而宏，則於鍾宜，若是者以爲鍾虡。是故擊其所縣而由其虡鳴，鋭喙決吻，數目顧脰，小體騫腹，若是者謂之羽屬。恒無力而輕，其聲清陽而遠聞，無力而輕，則於任輕宜，其聲清陽而遠聞，於磬宜，若是者以爲磬虡。故擊其所縣而由其虡鳴，小首而長，摶身而鴻，若是者謂之鱗屬，以爲筍。凡攫閷援簭之類，必深其爪，出其目，作其鱗之而，深其爪，出其目，作其鱗之而，則於眡必撥爾而怒，苟撥爾而怒，則於任重宜，且其匪色必似鳴矣。爪不深，目不出，鱗之而不作，則必穨爾如委，苟穨爾如委，則加任焉，則必如將廢措，其匪色必似不鳴矣。

梓人爲飲器：勺一升，爵一升，觚三升，獻以爵而酬以觚，一獻而三酬，則一豆矣。食一豆肉，飲一豆酒，中人之食也。凡試梓飲器，鄉衡而實不盡，梓師罪之。梓人爲侯，廣與崇方，參分其廣，而鵠居一焉。上兩个，與其身三，下兩个，半之，上綱與下綱出舌尋，縜寸焉。張皮侯而棲鵠，則春以功。張五采之侯，則遠國屬。張獸侯，則王以息燕。祭侯之禮，以酒脯醢，其辭曰：惟若寧侯，毋或若女不寧侯，不屬于王所，故抗而射女。强飲强食，詒女曾孫諸侯百福。

廬人爲廬器：戈柲六尺有六寸，殳長尋有四尺，車戟常，酋矛常有四尺，夷矛三尋。凡兵無過三其身，過三其身，弗能用也，而無已，又以害人。故攻國之兵欲短，守國之兵欲長。攻國人之衆，行地遠，食飲飢，且涉山林之阻，是故兵欲短。守國之人寡，食飲飽，行地不遠，且不涉山林之阻，是故兵欲長。凡兵，句兵欲無彈，刺兵欲無蜎。是故句兵椑，刺兵摶，毄兵同强，舉圍欲細，細則校。刺兵同强，舉圍欲重，重欲傅人，傅人則密，是故侵之。凡爲殳，五分其長，以其一爲之被，而圍之，參分其圍，去一以爲晉圍，五分其晉圍，去一以爲首圍。凡爲酋矛，參分其長，二在前，一在後，而圍之，五分其圍，去一以爲晉圍，參分其晉圍，去一以爲刺圍。凡試廬事，置而搖之，以眡其蜎也，灸諸牆，以眡其橈之均也，横而搖之以眡其勁也。六建既備，車不反覆，謂之國工。

匠人建國：水地以縣，置槷以縣。眡以景，爲規。識日出之景，與日入之景，晝參諸日中之景，夜考之極星，以正朝夕。匠人營國，方九里，旁三門。國中九經九緯，經涂九軌，左祖右社，面朝後市，市朝一夫。夏后氏世室，堂修二七，廣四修一，五室，三四步，四三尺，九階，四旁兩夾窻，白盛，門堂三之二，室三之一。殷人重屋，堂脩七尋，堂崇三尺，四阿重屋。周人明堂，度九尺之筵，東西九筵，南北七筵，堂崇一筵，五室，凡室二筵，室中度以几，堂上度以筵，宫中度以尋，野度以步，涂度以軌。廟門容大扃七个，闈門容小扃參个，路門不容乘車之五个，應門二徹參个。内有九室，九嬪居之，外有九室，九卿朝焉，九分其國，以爲九分，九卿治之。王宫門阿之制五雉，宫隅之制七雉，城隅之制九雉，經涂九軌，環涂七軌，野涂五軌。門阿之制，以爲都城之制。宫隅之制，以爲諸侯之城制。環涂以爲諸侯經涂，野涂以爲都經涂。匠人爲溝洫，耜廣五寸，二耜爲耦，一耦之伐，廣尺深尺，謂之甽。田首倍之，廣二尺，深二尺，謂之遂。九夫爲井，井間廣四尺，深四尺，謂之溝。方十里爲成，成間廣八尺，深八尺，謂之洫。方百里爲同，同間廣二尋，深二仞，謂之澮。

專達於川，各載其名。凡天下之地埶，兩山之間，必有川焉，大川之上，必有涂焉。凡溝逆地防，謂之不行，水屬不理孫，謂之不行，梢溝三十里，而廣倍。凡行奠水，磬折以參伍，欲爲淵，則句於矩。凡溝必因水埶，防必因地埶，善溝者，水漱之，善防者，水淫之。凡爲防，廣與崇方，其閷參分去一，大防外閷。凡溝防，必一日先深之以爲式，里爲式，然後可以傅衆力。凡任索約，大汲其版，謂之無任。葺屋參分，瓦屋四分。囷窌倉城，逆牆六分，堂涂十有二分。竇，其崇三尺，牆厚三尺，崇三之。

車人之事：半矩謂之宣，一宣有半謂之欘，一欘有半謂之柯，一柯有半謂之磬折。車人爲耒，庛長尺有一寸，中直者三尺有三寸，上句者二尺有二寸。自其庛，緣其外，以至於首，以弦其内六尺有六寸，與步相中也。堅地欲直庛，柔地欲句庛，直庛則利推，句庛則利發，倨句磬折，謂之中地。車人爲車，柯長三尺，博三寸，厚一寸有半，五分其長，以其一爲之首。轂長半柯，其圍一柯有半，輻長一柯有半，其博三寸，厚三之一，渠三柯者三，行澤者欲短轂，行山者欲長轂，短轂則利，長轂則安。行澤者反輮，行山者仄輮，反輮則易，仄輮則完。六分其輪崇，以其一爲之牙圍。柏車轂長一柯，其圍二柯，其輻一柯，其渠二柯者三，五分其輪崇，以其一爲之牙圍。大車崇三柯，綆寸，牝服二柯有參分柯之二，羊車二柯有參分柯之一，柏車二柯。凡爲轅，三其輪崇，參分其長，二在前，一在後，以鑿其鉤，徹廣六尺，鬲長六尺。

弓人爲弓：取六材必以其時，六材既聚，巧者和之。幹也者，以爲遠也；角也者，以爲疾也；筋也者，以爲深也；膠也者，以爲和也；絲也者，以爲固也；漆也者，以爲受霜露也。凡取幹之道七，柘爲上，檍次之，檿桑次之，橘次之，木瓜次之，荆次之，竹爲下。凡相幹，欲赤黑而陽聲，赤黑則鄉心，陽聲則遠根。凡析幹，射遠者用埶，射深者用直，居幹之道，菑㮚不迆，則弓不發。凡相角，秋閷者薄，稺牛之角直而澤，老牛之角紾而昔，疢疾險中，瘠牛之角無澤，角欲青白而豐末。夫角之本，蹙於剴而休於氣，是故柔，柔，故欲其埶也，白也者，埶之徵也。夫角之中，恒當弓之畏，畏也者必橈，橈，故欲其堅也，青也者，堅之徵也。夫角之末，遠於剴而不休於氣，是故脃，脃，故欲其柔也，豐末也者，柔之徵也。角長二尺有五寸，三色不失理，謂之牛戴牛。凡相膠，欲朱色而昔，昔也深，深瑕而澤，紾而摶廉。鹿膠青白，馬膠赤白，牛膠火赤，鼠膠黑，魚膠餌，犀膠黄，凡昵之類不能方。凡相筋，欲小簡而長，大結而澤。小簡而長，大結而澤，則其爲獸必剽，以爲弓，則豈異於其獸。筋欲敝之敝，漆欲測，絲欲沈。得此六材之全，然後可以爲良。凡爲弓，冬析幹而春液角，夏治筋，秋合三材，寒奠體，冰析灂。冬析幹則易，春液角則合，夏治筋則不煩，秋合三材則合，寒奠體則張不流，冰析灂則審環。春被弦則一年之事，析幹必倫，析角無邪，斲目必荼，斲目不荼，則及其大倄也，筋代之受病。夫目也者必强，强者在内而摩其筋，夫筋之所由幨，恒由此作。故角三液而幹再液，厚其帤，則木堅，薄其帤，則需，是故厚其液而節其帤，約之，不皆約，疏數必侔，斲摯必中，膠之必均，斲摯不中，膠之不均，則及其大倄也，角代之受病。夫懷膠於内而摩其角，夫角之所由挫，恒由此作。凡居角，長者以次需，恒角而短，是謂逆橈，引之則縱，釋之則不校。恒角而達，譬如終紲，非弓之利也。今夫茭解中有變焉，故挍。於挺臂中有柎焉，故剽。恒角而達，引如終紲，非弓之利。撟幹欲孰於火而無贏，撟角欲孰於火而無燂，引筋欲盡而無傷其力，鬻膠欲孰而水火相得，然則居旱亦不動，居濕亦不動。苟有賤工，必因角幹之濕以爲之柔，善者在外，動者在内，雖善於外，必動於内，雖善亦弗可以爲良矣。凡爲弓，方其峻而高其柎，長其畏而薄其敝，宛之無已，應下柎之弓，末應將興，爲柎而發，必動於閷，弓而羽閷，末應將發。弓有六材焉，維幹强之，張如流水，維體防之，引之中參，維角党之，欲宛而無負弦，引之如環，釋之無失體，如環。材美，工巧，爲之時，謂之參均。角不勝幹，幹不勝筋，謂之參均。量其力，有三均，均者三，謂之九和。九和之弓，角與幹權，筋三侔，膠三鋝，絲三邸，漆三斞，上工以有餘，下工以不足。爲天子之弓，合九而成規；爲諸侯之弓，合七而成規；大夫之弓，合五而成規；士之弓，合三而成規。弓長六尺有六寸，謂之上制，上士服之；弓長六尺有三寸，謂之中制，中士服之；弓長六尺，謂之下制，下士服之。凡爲弓，各因其君之躬，志慮血氣，豐肉而短，寬緩以荼，若是者爲之危弓，危弓爲之安矢。骨直以立，忿執以奔，若是者爲之安弓，安弓爲之危矢。其人安，其弓安，其矢安，則莫能以速中，且不深。其人危，其弓危，其矢危，則莫能以愿中。往體多，來體寡，謂之夾臾之屬，利射侯與弋。往體寡，來體多，謂之王弓之屬，利射革與質。往體來體若一，謂之唐弓之屬，利射深。大和無灂，其次筋角皆有灂而深，其次有灂而疏，其次角無灂，合灂，若背手文，角環灂，牛筋蕡灂，麋筋斥蠖灂。和弓轂摩，覆之而角至，謂之句弓；覆之而幹至，謂之侯弓；覆之而筋至，謂之深弓。

《禮記·曲禮下》 天子建天官，先六大，曰大宰、大宗、大史、大祝、大士、大卜，典司六典。天子之五官，曰司徒、司馬、司空、司士、司寇，典司五衆。天子之六府，曰司土、司木、司水、司草、司器、司貨，典司六職。天子之六工，曰土工、金工、石工、木工、獸工、草工，典制六材。

《禮記·王制》 凡執技，論力，適四方，臝股肱，決射御。凡執技以事上者，祝、史、射、御、醫、卜及百工。凡執技以事上者，不貳事，不移官，出鄉不與士齒。仕於家者，出鄉不與士齒。

陸賈《家語》卷一〇 孔子在宋，見桓魋自爲石槨，三年而不成，工匠皆病。夫子愀然曰：若是其靡也，死不如速朽之。

劉安《淮南鴻烈解》卷一六 先針而後縷，可以成帷；先縷而後針，不可以成衣。針成幕，虆成城，事之成敗，必由小生，言有漸也。染者先青而後黑則可，先黑而後青則不可。工人下漆而上丹則可，下丹而上漆則不可。萬事猶此，所先後上下，不可不審。

王嘉《拾遺記》卷五《前漢上》 昔始皇爲冢，斂天下瓌異，生殉工人，傾遠方奇寶於冢中，爲江海川瀆及列山嶽之形。以沙棠沉檀爲舟楫，金銀爲鳧雁，以琉璃雜寶爲龜魚。又於海中作玉象鯨魚，銜火珠爲星，以代膏燭，光出墓中，精靈之偉也。昔生埋工人於冢內，至被開時，皆不死。工人於冢內琢石爲龍鳳仙人之像，及作碑文辭贊。漢初發此冢，驗諸史傳，皆無列仙龍鳳之制，則知生埋匠人之所作也。後人更寫此碑文，而辭多怨酷之言，乃謂爲「怨碑」。《史記》略而不録。

許嵩《建康實録》卷一六《齊下·魏虜》 扶南人黠惠智巧，居重閣，以木柵爲城。出大蒻葉，長八九尺，編此葉以蓋作屋。人民亦爲閣居。

楊泉《物理論》 夫工匠經涉河海，爲舸艫以浮大淵，皆成乎手，出乎聖意。《北堂書鈔·舟部》。《藝文類聚·舟車部》。《太平御覽·舟部》。

指南車見《周官》，亦見鬼谷子先生。《意林》。

給事中與高堂隆、秦朗爭指南車，二子云：「古無此車，記虛言耳。」先生曰：「爭虛空言，不及如試之效也。」言于明帝，明帝詔使作之，車乃成。《意林》。

翻車先生居在京師，有地作園，而患無水可溉，乃作翻車，令童兒轉之，其功百倍。《意林》。【略】

夫蜘蛛之羅網，蜂之作巢，其巧妙矣，而況于人乎。故工匠之方圓規矩出乎心，巧成于手，非睿敏精密，孰能著勳形成器用哉。《太平御覽·藝術部》。

古有阮師之刀，天下之所寶貴也。初阮之作刀，受法于金精之靈。七月庚辛，見金人于冶監之門，其人光色煒燿，向神再拜，神執其手曰：「子可教也。」阮致之，開宴設饌而問焉。神教以水火之齊，五精之陶，用陰陽之候，取剛柔之和，行其術三年，作刀千七百七十口，而喪其明。其刀平背狹刃，方口洪首，截輕微不絕絲髮之系，斫堅剛無變動之異，世不恡百金精求，不可得也。其次有蘇家刀，雖不案：下有闕字。亦一時之利器也。次有陽紀、趙青間皆不能繼。《太平御覽·兵部》。

古有阮師之刀，蘇家之楯，皆爲良工利器，時所寶貴也。夫刀者，身之寶也。楯者，身之衛也。禦難之藩牆，守□之城池也。《太平御覽·兵部》。

幽州之騎，冀州之刀，勁悍之士。《文選》陽給事誄注。

天下之害，莫害于女飾，一頭之飾，盈千金之價，婢妾之服，亦重四海之珍。《意林》。

馬先生綾機，先生名鈞，字衡，天下之名巧也。綾機本五十綜五十躡，六十綜六十躡，先生乃易二躡，奇文異變，因感而作，自能成陰陽無窮也。《意林》。

《宋書》卷八二《周朗傳》 金魄翠玉，錦繡縠羅，奇色異章，小民既不得服，在上亦不得賜。若工人復造奇伎淫器，則皆焚之，而重其罪。

王定保《唐摭言》卷九《凶》 論曰：才者璞也，識者工也，良璞授於賤工，器之陋也；偉才任於鄙識，行之缺也。由是立身揚名，進德修業，苟昧乎識，未有一其藏者也。矧乃時之不來，命或多蹇。善惡蔽於反已，得失幸於尤人；豈不驟達終危，雖榮是辱！非夫克明躁靜之本，洞究存亡之域，臨財無苟得，臨難無苟免，而能索身於坦夷者，未之有也。揚子雲曰：治亦鳳也。美才高識，其唯君子敕！

實儀《宋刑統》卷一六　諸有所興造，應言上而不言上，應待報而不待報，各計庸坐贓論，減一等。即料請財物及人功，多少違實者，笞五十。若事已損費，各併計所違，贓庸重者坐贓論，減一等。本料不實，料者坐。請者不實，請者坐。

疏：諸有所興造，應言上而不言上，應待報而不待報，各計庸坐贓論，減一等。議曰：修城郭，築隄防，興起人功，有所營造，依《營繕令》計人功多少，申尚書省聽報，始合役功。或不言上，及不待報，各計所役人庸，坐贓論，減一等，其庸倍論，罪止徒二年半。

又云，即料請財物及人功，多少違實者，笞五十。若事已損費，各併計所違，贓庸重者坐贓論，減一等。注云，本料不實，料者坐。請者不實，請者坐。議曰：即料請財物及人功，多少違實者，謂官有營造，應須市買，料請所須財物，及料用人功，多少故不以實者，笞五十。若事已損費，或已損財物，或已費人功，各併計所費功庸，准贓重者，坐贓論，減一等。重者謂重於笞五十，即五匹一尺以上坐贓論，減一等，合杖六十者，爲贓重。本料不實，止坐元料之人，若由請人不實，即請者合坐，失者各減三等。依《名例律》，以贓致罪，頻犯者各倍論。此既因贓獲罪，功庸出衆人之上，并通官物，即合累而倍論。若直費官財，不損庸直，止據所費財料，不在倍限。雖費人功，倍併不重官物，止從官物科斷，即是累併不加重者，止從重論。

諸非法興造，及雜徭役十庸以上，坐贓論。謂爲公事役使，而非法令所聽者。

疏議曰：非法興造，謂法令無文，雖則有文，非時興造亦是，若作池亭賓館之屬。及雜徭役，謂非時科喚丁夫，驅使十庸以上，坐贓論。既准衆人爲庸，亦須累而倍折，故注云，謂爲公事役使，而非法令所聽者。因而率斂財物者，亦併計坐贓論，仍亦倍折。以其非法賦斂，不自入已，得罪故輕。

諸工作有不如法者，笞四十，不任用及應更作者，併計所不任贓庸坐贓論，減一等，其供奉作者加二等。工匠各以所由爲罪，監當官司各減三等。

疏議曰：工作謂在官造作，輒違樣式，有不如法者，笞四十。不任用謂造作不任時用，及應更作者，併計所不任贓庸，累倍坐贓論，減一等，十四杖一百，十四加一等，罪止徒二年半。其供奉作加二等者，供奉之義，已於《職制》解訖，若不如法，杖六十。不任用及應更作，坐贓論，加一等，罪止流二千里。其併倍訖，不重費官物者，並直計官物科之，其贓不倍。工匠各以所由爲罪，監當官司各減三等者，謂親監當造作，若有不如法，減工匠三等，笞十，不任用及應更作，減坐贓四等，罪止徒一年，供奉作罪止徒二年之類。【略】

諸役功力有所采取而不任用者，計所欠庸坐贓論，減一等。若有所造作，及有所毀壞，備慮不謹，而誤殺人者，徒一年半。工匠主司各以所由爲罪。

疏：諸役功九有所采取而不任用者，計所欠庸坐贓論，減一等。議曰：謂官役功力，若采藥或取材之類，而不任用者。若全不任用，須計全庸，若少不任用，准其欠庸，併倍坐贓論，減一等。

又云，若有所造作，及有所毀壞，備慮不謹，而誤殺人者，徒一年半。工匠主司各以所由爲罪。議曰：謂有所繕造營作，及有所毀壞崩撤之類，不先備慮謹慎，而誤殺人者，徒一年半。工匠主司各以所由爲罪，或由工匠指撝，或是主司處分，各以所由爲罪，明無連坐之法。律既但稱殺人，即明傷者無罪。

諸應差丁夫而差遣不平及欠賸者，一人笞四十，五人加一等，罪止徒一年。即丁夫在役日滿不放者，一日笞四十，一日加一等，罪止杖一百。各坐其所由。

疏議曰：差遣之法，謂先富强後貧弱，先多丁後少丁。分番上役者，家有兼丁要月，家貧單身閑月之類。違此不平，及令人數欠賸者，一人笞四十，五人加一等，罪止徒一年。即丁夫在役，謂在役之人，日滿不放者，一日笞四十，一日加一等，罪止杖一百。注云，各坐其所由，謂止坐不放者所由之人，明無連坐之法。

諸被差充丁夫、雜匠而稽留不赴者，一日笞三十，三日加一等，罪止杖一百。將領主司加一等，防人稽留者各加三等。即由將領者，將領者獨坐。餘條將領稽留者准此。

疏議曰：丁夫、雜匠被官差遣，不依程限而稽留不赴者，一日笞三十，三日加一等，罪止杖一百。將領主司加一等，主司謂親領監當者，一日笞四十，三日加一等，罪止徒一年。其防人稽留者，各加三等，一日杖六十，三日加一等，罪止徒二年，其將領主司亦加一等。若由將領主司稽留，丁夫、雜匠、防人不合得罪，唯罪將領之人，故云將領者獨坐。注云，餘條將領主司准此，餘條謂征人等但是差行，有主司將領，本條無將領罪名，事由將領者，皆將領者獨坐。

諸丁夫、雜匠在役，而監當官司私使，及主司於職掌之所私使兵防者，各計庸准盜論。即私使兵防出城鎮者，加一等。

疏議曰：丁夫、雜匠見在官役，役限之內而監當官司私役使，及主司謂應判署及親監當兵防之人，於職掌之所私使，各計庸准盜論。謂從丁夫以下，各計私使之庸，准盜論。即雜使計庸不滿尺者，從盜不得財，笞五十。兵防並據城隍內使者，若私使出城鎮，加罪一等，謂計庸加准盜論罪一等。即强使者，依《職制律》，强者加二等，餘條强者准此。若强使兵防出城者，即亦於本罪加一等上累加。雖稱丁夫、雜匠及兵防，非在役限內而使者，丁夫、雜匠依上條日滿不放，笞四十，一日加一等，罪止杖一百，兵防從代到不放，一日杖九十，三日加一等，罪止徒一年半。計庸重者，若見是監臨官，依役使監臨之罪，其非本部官者，依不應得爲從輕，笞四十。庸多得罪重者，依《職制律》，去官而受舊官屬士庶饋與，若乞取、借貸之屬，各減在官時三等。非監臨官私使，亦於准盜論上減三等。

竇儀《宋刑統》卷二六　諸營造舍宅、車服、器物及墳塋、石獸之屬，於令有違者，杖一百，雖會赦皆令改去之。墳則不改。其物可賣者聽賣。若經赦後百日不改去，及不賣者，論如律。

疏：諸營造舍宅、車服、器物及墳塋、石獸之屬，於令有違者，杖一百，雖會赦皆令改去之。注云，墳則不改。議曰：營造舍宅者，依《營繕令》，王公已下，凡有舍屋，不得施重栱藻井。車者，《儀制令》，一品青油纁通幰虛偃。服者，《衣服令》，一品衮冕，二品鷩冕。器物者，一品以下食器不得用純金、純玉。墳塋者，一品方九十步，墳高一丈八尺。石獸者，三品以上六，五品以上四。此等之類，具在令文，若有違者，各杖一百，雖會赦皆令除去，唯墳不改。稱之屬者，碑碣等是。釋曰：墳塋、石獸具《喪葬令》。若有犯者，並同此坐。

【略】

諸校斛斗秤度不平，杖七十。監校者不覺，減一等，知情與同罪。

疏議曰：校斛斗秤度，依《關市令》，每年八月詣太府寺平校，不在京者，詣所在州縣官校，並印署，然後聽用。其校法，《雜令》，量以北方秬黍中者容一千二百爲籥，十籥爲合，十合爲升，十升爲斗，三斗爲大斗一斗，十斗爲斛。秤權衡以秬黍中者百黍之重爲銖，二十四銖爲兩，三兩爲大兩一兩，十六兩爲斤。度以秬黍中者一黍之廣爲分，十分爲寸，十寸爲尺，一尺二寸爲大尺一尺，十尺爲丈。有校勘不平者，杖七十。監校官司不覺，減校者罪一等，合杖六十。知情與同罪。

諸造器用之物，及絹布之屬，有行濫短狹而賣者，各杖六十。不牢謂之行，不真謂之濫。即造橫刀及箭鏃用柔鐵者，亦爲濫。得利贓重者，計利准盜論。販賣者亦如之。市及州縣官司知情，各與同罪，不覺者減二等。

疏：諸造器用之物，及絹布之屬，有行濫短狹而賣者，各杖六十。注云，不牢謂之行，不真謂之濫。即造橫刀及箭鏃用柔鐵者，亦爲濫。議曰：凡造器用之物，謂供公私用，及絹布綾綺之屬行濫，謂器用之物不牢、不真，短狹謂絹匹不充四十尺，布端不滿五十尺，幅闊不充一尺八寸之屬，而賣各杖六十。故《禮》云：「物勒工名，以考其誠。功有不當，必行其罪。」其行濫之物沒官，短狹之物還主。

又云，得利贓重者，計利准盜論。販賣者亦如之。市及州縣官司知情，各與同罪，不覺者減二等。議曰：得利贓重者，謂賣行濫短狹等物，計本之外，剩得利者，計贓重於杖六十者，准盜論，謂准盜罪一尺杖六十，一匹加一等。計得利一匹一尺以上，即從重科，計贓累而倍併。販賣者亦如之，謂不自造作，轉買而賣求利，得罪並同自造之者。市及州縣官司知行濫情，各與造賣者同罪，檢察不覺者減二等，官司知情及不覺，物主既別，各須累而倍論。其州縣官不管市不坐。

歐陽修《歸田録》卷一　開寶寺塔在京師諸塔中最高，而制度甚精，都料匠預浩所造也。塔初成，望之不正而勢傾西北。人怪而問之，浩曰：「京師地平無山，而多西北風，吹之不百年，當正也。」其用心之精蓋如此。國朝以來木工，一人而已。至今木工皆以預都料爲法。有《木經》三卷行於世。世傳浩惟一女，年十餘歲，每卧則交手於胸爲結構狀，如此踰年，撰成《木經》三卷，今行於世者是也。

陳襄《州縣提綱》卷二《籍定工匠》　役工建造，公家不能免，人情得其平，雖勞不怨。境內工匠，必預籍姓名，名籍既定，有役按籍而雇，周而復始，無有不均。若名籍不定，而泛然付之於吏，則彼得以並緣爲奸，本用一人，輒追十人，藝之精者反以賂免，而不能者枉被攀連，不得脱，非惟苦樂不均，且建造未成，而民間已騷然矣。但置籍之始，須括得實，無使里正與夫匠首者因讎誣供，則其籍始可用耳。

沈括《夢溪筆談》卷三《辯證一·鈞石之石》　鈞石之石，五權之名，石重百二十斤。後人以一斛爲一石，自漢已如此，「飲酒一石不亂」是也。挽蹶弓弩，古人以鈞石率之；今人乃以粳米一斛之重爲一石，凡石者以九十二斤半爲法，乃漢秤三百四十一斤也。今之武卒蹶弩，有及九石者，計其力，乃古之二十五石，比魏之武卒，人當二人有餘；弓有挽三石者，乃古之三十四鈞，比顔高之弓，人當五人有餘。此皆近歲教養所成。以至擊刺馳射，皆盡夷夏之術，器仗鎧胄，極今古之工巧。武備之盛，前世未有其比。

沈括《夢溪筆談》卷一八《技藝·喻皓〈木經〉》　營舍之法，謂之《木經》，或云喻皓所撰。凡屋有「三分」：自梁以上爲「上分」，地以上爲「中分」，階爲「下分」。凡梁長幾何，則配極幾何，以爲榱等。如梁長八尺，配極三尺五寸，則廳堂法也，此謂之「上分」。楹若干尺，則配堂基若干尺，以爲榱等。若楹一丈一尺，則階基四尺五寸之類，以至承栱、榱桷，皆有定法，謂之「中分」。階級有「峻」「平」「慢」三等。宮中則以御輦爲法：凡自下而登，前竿垂盡臂，後竿展盡臂，爲「峻道」；荷輦十二人：前二人曰「前竿」，次二人曰「前縧」，又次曰「前脅」；後二人曰「後脅」，又後曰「後縧」，末後曰「後竿」。輦前隊長一人曰「傳唱」，後一人曰「報賽」。前竿平肘，後竿平肩，爲「慢道」；前竿垂手，後竿平肩，爲「平道」。此之謂「下分」。其書三卷。近歲土木之工，益爲嚴善，舊《木經》多不用，未有人重爲之，亦良工之一業也。

王闢之《澠水燕談録》卷八《事誌》 南唐後主留心筆札，所用澄心堂紙、李廷珪墨、龍尾石硯三物爲天下之冠。自李氏之亡，龍尾石不復出。嘉祐中，校理錢仙芝知歙州，訪得其所，乃大溪也。李氏常患溪深不可入，斷其流，使由他道。李氏亡，居民苦其溪之回遠，導之如昔，石乃絶。仙芝移溪還故道，石乃復出，遂與端溪並行。

莆陽蔡君謨嘗評李廷珪墨能削木，墜溝中，經月不壞。李超，易水人，唐末與其子廷珪亡至歙州，以其地多美松，因留居，以墨名家。本姓奚，江南賜姓李氏。珪或爲邽，珪弟廷寬，男承宴、承安，男乂用，皆有聞易水。江南又有朱君德、柴詢、柴成務、李文遠、張遇、陳贇，著名當時。其制有劍脊圓餅、拙墨、進貢墨、供堂墨，其面多作龍紋，其幕有「宣府」字，或止云「宣」，或著姓氏，或別州府，今人間已少傳者。仁宗嘉祐中，宴近臣于羣玉殿，嘗以墨賜之，其文曰「新安香墨」。其後翰林諸君承賜者，皆雙脊龍樣，尤爲佳品。

蔡絛《鐵圍山叢談》卷六 太宗時得巧匠，因親督視於紫雲樓下，造金帶，得三十條，匠者爲之神耗而死。於是獨以一賜曹武穆彬，其一太宗自御，其後隨入熙陵，吴本「其」作「之」，屬上句。而曹氏所賜帶，則莫知何往也。別本「知」並作「測」。餘二十八條，命貯之庫，吴本「命」上有「特」字。號鎮庫帶焉。後人第徒傳其名，而宗戚羣璫吴本「羣」作「貴」。間一有服金帶異花精緻者，人往往輒指曰：別本並作「目」。「此紫雲樓帶。」其實非也，故吾迄不得一識之。自貯鎮庫帶後厪歷百十年所，及敵騎犯闕，太上皇狩丹陽，因盡挈鎮庫帶以往。而一時從行者，有若童貫、伯氏諸臣，別本「臣」並作「貴」。皆得賜紫雲樓金帶矣。事後甫平，吴本「事」上有「及」字。太上皇言歸宫闕，於是靖康皇帝復命追還之庫。吾在萬里外，獨嘗聞諸，然又不得一識也，中興之十三祀，有來自海外，忽出紫雲樓帶，止以四銙視吾。敵騎再入，適紛紜，所追還弗及者。其金紫磨也，光豔溢目，異常金。又其文作醉拂林狀。拂林人皆笑起，雁里及張本「林」並作「牀」，今從吴本。長不及寸，眉目宛若生動，雖吴道子畫所弗及。若其華紋，則有六七級，層層爲之，鏤篆之精，其微細之象，殆入於鬼神而不可名。且往時諸帶方銙不大，此帶乃獨大至十二稻。是在往時爲窮極巨寶，吴本「極」作「珍」。不覺爲之再拜太息，我祖宗規模，雖一帶猶貽厥後世，必無以加也。於是亟歸之客，別本「之」並作「諸」。而意始適平。因書此以詔後之人。【略】

唐雷氏繇德宗來，世善斲琴著名，別本「善」並作「擅」。遇其得意玉識之，故國初尚方所藏玉鶴琴，獨爲世甲。別本並衍「冑」字。在仁宗時，錢塘有名人水丘者又得玉雁琴。而君謨伯父帖曰：「聞賢郎在錢塘得玉雁琴，雁與玉鶴爲輩流。玉鶴藏禁中，而雁落人間，此豈常物也哉。」其後，玉雁琴吾得一見，頗不稱其譽。又唐李汧公者號善琴，別本「善」並作「喜」。乃自聚靈材爲之，曰「百衲琴」。百衲琴流傳當祐陵朝，亦入九禁。是天下號殊絶，獨玉鶴、百衲乃第一。上吴本作「太上」。時方稽古博雅，若書畫奇工得以待詔日親近，往往獲褒賜，而琴工獨閒冷，日月光赫，吴本無「日月光赫」四字，張本云「而琴工獨閒冷，日華光赫」。因日月以冀恩澤，即共奏取御府所寶琴，盡丐理治之。上亦可焉。於是首取百衲琴破之，乃止八段，然膠漆遽解散，羣待詔反大懼，吴本「反」作「乃」。輒鹵莽厘得合併，玉鶴輩八九咸被壞。遂得時時奏功第賞，但求金石之奏，思得山水之清音，無矣。此良足惜。別本並云「良足惜者」。

李燾《續資治通鑑長編》卷四六四《哲宗元祐六年》 （八月癸巳）御史臺言：「東西作場乞今後應造軍器作匠，每半年一次比較進退，並限次季仲月試驗，審實結絶，仍須所屬郡官或委轄下別司官審察，免致闕通遷延生弊。其諸路似此比較處，亦乞依此。」從之。新本無。

朱熹《四書章句集注・論語集注》卷一〇《子張》 子夏曰：「百工居肆以成其事，君子學以致其道。」肆，謂官府造作之處。致，極也。工不居肆，則遷於異物而業不精。君子不學，則奪於外誘而志不篤。尹氏曰：「學所以致其道也。百工居肆，必務成其事。君子之於學，可不知所務哉？」愚按：二説相須，其義始備。

吴自牧《夢粱録》卷九《諸監》 國子監，在紀家橋太學之側，設祭酒、司業、丞、簿等官，專掌天子之學校，訓導生員之職。總掌國子太學事務，生員出入規矩，考課試遵訓導，天子視學，皇太子齒冑，則講義釋奠等禮也。監廳繪《魯國圖》。東西爲丞簿位，後有書庫官位。中爲堂，繪《三禮圖》於壁。用至道故事，有圃亭，匾曰芳潤，丞錢聞詩匾以隸古。書板庫在中門内。將作監，在保民坊，設監、少、丞、簿，掌計料監造官司營房舍屋皆隸焉。蓋漢制將作大匠，沿襲秦官，亦少皥氏以五雉爲五工正，以利器用，唐虞共工，《周官・考工》之職也。軍器監，在保民坊，監有長貳、丞簿之官。率屬治與《唐六典》建官不殊，掌制造御前軍器。別置提舉、提轄等官莅其役。近年專委殿岩而監制，本監益以省也。

熊夢祥《析津志輯佚・風俗》 都中經紀生活匠人等，每至晌午以蒸餅、燒餅、餹餅、軟粄子餅之類爲點心。早晚多便水飯。人家多用木匙，少使筯，仍以大烏盆、木杓就地分坐而共食之。菜則生葱、韭蒜、醬、乾鹽之屬。

趙瀛《嘉興府圖記》卷九《物土四》 匠户之别六十六：木匠、竹匠、鋸匠、裁縫匠、銀匠、熟銅匠、錫匠、雙線匠、鑄匠、油漆匠、五墨匠、刊字匠、熟皮匠、船木匠、瓦匠、石匠、土工匠、搭材匠、木桶匠、斛斗匠、裱褙匠、彈花匠、冠帽匠、履鞋匠、裁曆匠、紙匠、鐵匠、剉磨匠、弦匠、鞔鼓匠、洗白匠、繡匠、鯀匠、氈匠、刷印匠、粧鑾匠、雕鑾匠、櫓匠、木梳匠、弓匠、箭匠、穿甲匠、琉璃坯匠、合香匠、蒸籠匠、黑窑坯匠、染匠、篾匠、搥紙匠、傘匠、索匠、筆匠、刀鞘匠、黑窑匠、鏇匠、艌匠、蘆蓬匠、毯匠、琉璃捏塑匠、線匠、挽花匠、絡絲匠、織匠、腰機匠、籰匠、打線匠。凡六十有六役，闔郡計五千二百七十七户，各以其技共役其役于京師，有輪班者，有存留者。嘉興：石匠五十八户，鐵匠一百户，銀匠一十六户，鑄匠一十五户，錫匠二十五户，熟銅匠三户，艌匠二百二十七户，氈匠七户，熟皮匠六户，搥紙匠一户，雙線匠一百三十一户，木桶匠二十六户，竹匠一十一户，木匠二百四十九户，冠帽匠五户，斛斗匠一十二户，蒸籠匠一户，刷印匠一户，彈花匠一十七户，坻匠五十二户，剉磨匠三十六户，粧鑾匠七户，鋸匠四十户，雕鑾匠三户，船木匠一十九户，黑窑匠二十户，油漆匠七户，五墨匠一十三户，黑窑坯匠一十户，木梳匠八户，裁縫匠一百三十二户，櫓匠一十三户，箭匠六户，篾匠二十户，傘匠三十三户，弓匠一十六户，弦匠一十六户，洗白匠一十一户，琉璃坯匠二户，琉璃捏塑匠一户，合香匠六户，線匠三十九户，染匠五十九户，織匠一十六户，絡絲匠六十八户，挽花匠十二户，腰機匠七户，籰匠二十二户，打線匠二十三户。秀水：石匠二十九户，銀匠一十六户，彈花匠二十二户，鐵匠三十八户，錫匠四十户，剉磨匠一十八户，五墨匠一十户，裁縫匠四十八户，熟皮匠一十九户，冠帽匠六户，船木匠七户，氈匠九户，傘匠八户，繡匠三十七户，索匠二户，櫓匠八户，絡絲匠四十四户，挽花匠五十三户，染匠三十二户，打線匠三十户，篾匠二十户，艌匠一百五十七户，鞔鼓匠二户，筆匠二户，織匠十一户，弦匠五户，木匠九十六户，木梳匠六户，油漆匠一十六户，鐵匠二户，履鞋匠四户，腰機匠一十二户，鋸匠四十二户，瓦匠二十户，蒸籠匠二十户，裱褙匠五户，雙線匠八十二户，黑窑匠一十六户，合香匠一十九户，木桶匠一十一户，竹匠五户，鑄匠一户，籰匠一十一户，黑窑坯匠二十八户，斛斗匠六户，弓匠四户，箭匠一十五户，熟銅匠二户，刀鞘匠一户，雕鑾匠一户，琉璃匠一户，粧鑾匠二户。平湖：木匠一百六十户，鋸匠四十户，鐵匠五十九户，雙綿匠三十五户，銀匠三十四户，熟皮匠五户，染匠三十七户，穿甲匠一十一户，箭匠二户，篾匠二户，裁縫匠五十一户，挽花匠五户，彈綿花匠二户，艌匠一十六户，櫓匠八户，竹匠二十五户，絡絲匠一户，冠帽匠二户，蒸籠匠一户，石匠一十八户，坻匠二十六户，錫匠六户，鑄匠一户，木桶匠五户，綿匠四户，傘匠一户，油漆匠三户，黑窑匠二十户，雕鑾匠一户，粧鑾匠一户，氈匠一户，搭材匠一户，土工匠二户，弦匠七户，弓匠三户，鏇匠一户，腰機匠三户，熟銅匠四户，斛斗匠一户，蘆蓬匠一户，毯匠一户，裱褙匠三户，籰匠一户。嘉善：木匠七十五户，石匠二十户，坻匠四十一户，熟銅匠三户，鐵匠三十九户，錫匠一十户，裁縫匠五十一户，雙線匠八十三户，熟皮匠五十七户，琉璃匠一十八户，黑窑坯匠一十六户，黑窑匠九十六户，五墨匠三户，戧金匠四户，捲胎匠一十九户，綿匠二户，櫓匠三户，蘆蓬匠一户，弦匠一户，艌匠一百一十二户，鋸匠一十三户，銀匠五户，剉磨匠二十二户，木桶匠一十六户，油漆匠六户，粧鑾匠二户，船木匠一十二户，筆匠一户，彈花匠一户，琉璃坯匠一户，冠帽匠二户，穿甲匠五户，弓匠五户，箭匠九户，鏇匠一户，竹匠三户，洗白匠一户，斛斗匠一户。木梳匠一户，索匠一户，腰機匠二户。海鹽：木匠八十二户，石匠一十二户，坻匠一十九户，熟銅匠四户，鐵匠三十八户，錫匠一十一户，裁縫匠四十户，雙線匠三十四户，熟皮匠四户，黑窑匠二十七户，五墨匠一户，銀匠二十五户，綿匠四户，艌匠二十六户，船木匠三户，搥紙匠三户，粧鑾匠五户，傘匠一户，弓匠一十三户，箭匠五户，腰機匠一十一户，氈匠四户，鋸匠一十七户，搭材匠一十七户，彈花匠二户，土工匠二户，木桶匠一户，蒸籠匠一户，裱褙匠一户，鑄匠一户，鍍金匠一户，櫓匠一户，洗白匠一户，竹匠一户，雕鑾匠一户。崇德：木匠四十六户，石匠三十一户，坻匠二十户，鐵匠二十七户，錫匠六户，裁縫匠二十七户，雙線匠一十八户，熟皮匠一户，綿匠七十五户，斛斗匠一十一户，土工匠四户，搭材匠六户，艌匠四十五户，鑄匠二户，鼓匠五户，鋸匠二十六户，木桶匠七户，竹匠七户，履鞋匠一户，紙匠五户，五墨匠二户，裱褙匠一户，針工匠一户，銀匠四户，剉磨匠一户，油漆匠九户，裁曆匠四户，刊字匠二户，弦匠一户，繡匠一户，冠帽匠一户，腰機匠一户。桐鄉：木匠四十八户，石匠一十八户，坻匠一十四户，熟銅匠一十九户，鐵匠三十一户，裁縫匠二十一户，雙線匠一十四户，熟皮匠三户，琉璃捏塑匠四户，黑窑塔匠一户，黑窑匠八户，五墨匠一户，綿匠三十四户，櫓匠一户，弦匠八户，艌匠二十二户，彈花匠三户，竹匠二十五户，裁曆匠一户，粧鑾匠三户，冠帽匠四户，裱褙匠一户，傘匠三户，木桶匠八户，腰機匠四户，鋸匠一十七户，銀匠二户，鑄匠八户，斛斗匠五户，油漆匠三户，弓匠九户，箭匠八户，刷印匠一户，鏇匠一户。

其執役于本府織染局者曰織羅匠，曰打線匠，曰挽花匠，曰染匠，曰籰匠，曰絡絲匠，篾匠，絡經匠，凡八役，闔府計四百二十七户。嘉興：打線匠一十九户，染匠四十二户，籰匠八户，篾匠八户，絡絲匠二十九户，織匠一十八户，絡經匠一户。秀水：打線匠二十二户，染匠二十四户，籰匠八户，篾匠九户，絡絲匠一十三户，織匠三十户。崇德：織羅匠一十六户，籰匠二户，打線匠二户，染匠一十户。海鹽：織匠二户，篾匠五户，絡經匠一十一户，染匠一十二户。嘉善：打線匠二户，絡絲匠三户，染匠二十九户。桐鄉：織匠二十三户，絡經匠一十八户，篾匠二户，籰匠六户，打線匠一户，絡絲匠四户，染匠五户。平湖：染匠一十七户，絡經匠二户。

歲製各色段一千八十六疋。內串四紵絲八百八十六疋串五紵絲二百疋。并裝盛段疋木櫃二十七箇及連紙劄等件，銀一十九兩六錢二釐。歲糜銀三千九百七十八兩三分四釐八毫。內該徵常課紅花料銀一千二百三十四兩七分八釐八毫七絲五忽，夏税荒絲料銀二千七百四十三兩五錢五釐九毫二絲五忽，取之七縣，常課丁田出辦，荒絲秋糧帶徵，每閏年增織紵絲七十三疋，增徵常課銀二百五十兩二錢七分六毫，其木櫃二箇，增銀一兩四錢五分二釐。嘉靖間改織上用袍服，歲派不常，二太監提督就將前銀支織，因歲用不敷，另於均徭内編派備差銀三千三百兩轉織段疋，春秋二運解京。

闔郡計爲重，然諸役資以爲生，多縻費而製鮮克工，近歲夷人兀良哈嘗訟其濫惡於朝，始定爲每疋輕重之制，識以白端，備書經收官吏及堂長諸役姓名，奸弊稍戢矣。

李昭祥《龍江船廠志》卷三《雜役附》　廂長四十名。洪武永樂時，起取浙江、江西、湖廣、福建、南直隸濱江府縣居民四百餘户來京造船，隸籍提舉司，編爲四廂。一廂出船木梭櫓索匠，二廂出船木鐵纜匠，三廂出艌匠，四廂出棕蓬匠。廂分十甲，甲有長，擇其丁力之優者充之。長統十户。每廂輪長一人，在廠給役，季一更之。歷年既遠，匠户皆失其故業，且消長不齊。嘉靖二十年，存者二百四十五户。又户丁多寡懸絶，視户責役，貧者不堪，流亡日甚。至三十年而户不及二百矣。乃通行清審勾稽，廂均其甲，甲均其户與丁。於是舊規稍復，勞逸漸平。但邇年船政督察近苛，雖宿弊漸除，而匠作不樂其業，率趨他役以求脱，賴版籍素定，罔敢輒改，雖有力者，亦莫行其志云。

作頭四十五名。匠户中擇其丁刀有餘，行止端慤者充之，所以統率各匠，督其役而考其成也。舊制船木作，艌作各四名，蓬作、索作各二名，鐵作、纜作、細木作各一名，共一十五名，歲歲不易。後因人役告病，乃分定三班，役一休二，週乃復始，三年而一審之，覈其貧弱者而更之。

内官監匠三十八名。先年，該監因造上供器皿，移文本部，取撥造船匠充役，工完發回。後因工作增多，陪數添取，遂爲定例，及遇工完，止將添取者發回，而原數三十八名，即轄内府，每月輪錢，不可復蠲。今四廂之丁，日就衰耗，雖本廠之役，亦不克支，苟不稍爲矜恤，吾不知其所終也。

御馬監匠四名。洪武中，移文取撥船匠，油艌馬槽料桶。

丁字庫匠三名。永樂中，移文取撥船匠，油艌板櫃，裝盛各處市舶司所進魚油。

寶船廠匠二名。洪武永樂中，造船入海取寶，該廠有寶庫，故取撥匠丁赴廠看守。今廠庫鞠爲茂草，而匠丁之輪錢者如故。

酒醋麪局匠三名。洪熙元年，該局奏准行取艌匠作酒榨飯槽等器。

後湖水夫三十七名。永樂中，該湖奏准取撥匠丁三十七名駕船過湖，每名幫丁一人，共七十四人，分爲二班，統以小甲五日一往，如遇事故，更易，提舉司審僉二名，送湖聽點。是役視諸役最輕，人率趨之以避重差。

看料匠丁二十名。本廠物料叢聚，無墻垣之限。舊規本部撥班匠二名并四廂空丁輪流看守，遇晚附近地方撥人巡徼。弘治年間，廂民不便告部，准令朋辦料錢，雇人充役。正德二年，本部班匠不復撥到，在廠者唯雇倩之人而已。

申時行《明會典》卷一八九《工部九·工匠二》　凡輪班人匠。洪武十九年，令籍諸工匠，驗其丁力定以三年爲班，更番赴京輪作，三月如期交代，名曰輪班匠。仍量地遠近以爲班次，置勘合給付之，至期齎至部聽撥，免其家他役。○二十六年定：凡天下各色人匠編成班次，輪流將齎原編勘合爲照，上工以一季爲滿，完日隨即查原勘合及工程明白，就便放回，周而復始。如是造作數多，輪班之數不敷，定奪奏聞。起取撮工本户差役，定例與免二丁，餘丁一體當差，設若單丁重役及一年一輪者開除一名。年老殘疾户無丁者，相視揭籍明白疎放。其在京各色人匠，例應一月上工一十日，歇二十日。若工少人多量加歇役，如是輪班各匠，無工可造，聽令自行趁作。○又奏准，照諸司役作繁簡，更定班次，率三年或二年輪當給與勘合，凡二十三萬二千八十九名。

計各色人匠一十二萬九千九百八十三名。

五年一班：木匠三萬三千九百二十八名，裁縫匠四千六百五十二名。

四年一班：鋸匠九千六百七十九名，瓦匠七千五百九十名，油漆匠五千一百三十七名，竹匠一萬二千七百八名，五墨匠二千七百五十三名，妝鑾匠五百七十三名，雕鑾匠五百二名，鐵匠四千五百四十一名，雙線匠一千八百九十九名。

三年一班：土工匠一千三百七十六名，熟銅匠一千二百四名，穿甲匠二千五百七名，搭材匠一千一百一十二名，筆匠一百二十名，織匠一千四十三名，絡絲匠二百四十一名，挽花匠二百九十一名，染匠六百名。

二年一班：石匠六千一十七名，艌匠九千三百六十名，船木匠一萬五百六名，箬蓬匠四百七十七名，櫓匠三十九名，蘆蓬匠二十二名，戧金匠五十四名，綵匠一百四十九名，刊字匠一百五十名，熟皮匠九百九十二名，扇匠六十六名，魫燈匠七十五名，氈匠二百九十九名，毯匠一百五十八名，捲胎匠一百九名，鼓匠一百二名，削藤匠四十八名，木桶匠九十四名，鞍匠一十三名，銀匠九百一十四名，銷金匠五十九名，索匠二百五十五名，穿珠匠一百四名。

一年一班：表背匠三百一十二名，黑窯匠二千三百七十三名，鑄匠一千六十名，繡匠一百五十名，蒸籠匠二十三名，箭匠四百二十一名，銀硃匠八十四名，刀匠一十二名、琉璃匠一千七百一十四名、剉磨匠一千一百二十五名、弩匠一百一十二名、黄丹匠二十二名、藤枕匠三十四名、刷印匠五十八名、弓匠一百六十二名、鏇匠四十六名、釭窯匠一百九名、洗白匠三十名、羅帛花匠六十九名。

宣德元年詔：凡工匠户有二丁三丁者，留一丁；四丁五丁者，留二丁；六丁以上留三丁，餘皆放回。俟後更代，單丁量年久近次第放回，殘疾老幼及無本等工程者皆放回。〇景泰五年奏准：輪班工作二年三年者，俱令四年一班，重編勘合給付。〇天順元年敕：外府輪班人匠，照永樂間定制差撥，不許内官兼管。凡班匠徵銀。成化二十一年奏准：輪班工匠有願出銀價者，每名每月南匠出銀九錢，免赴京，所司類齎勘合，赴部批工；北匠出銀六錢，到部隨即批放。不願者，仍舊當班。〇弘治十八年奏准：南北二京班匠，自弘治十六年編填勘合爲始，有力者，每班徵銀一兩八錢，遇閏徵銀二兩四錢，止解勘合到部批工，領回給散；無力者，每季連人匠勘合，解部投當上工，滿日批放。如無勘合者，雖納匠價，仍解人赴部查理勘合下落。其已徵在官匠價，盡行解部，若有存留、那前補後，計贓論罪。年終通將徵解過數目，造册奏繳。〇嘉靖四年題准：各色班匠，該撫按清軍等官，督屬清查，果有遠年逃亡，並無遺留田地者，原解匠價通行除免，無令里甲包陪。見在匠户無力者，亦止令上班，不許一槩追價類解。〇八年，以營建仁壽宮奏准：各處輪班匠役，每名按季徵銀，如弘治十八年例解部，以備大工支用。内外衙門例應給撥班匠者，將解到匠價減半支給。〇又令内外衙門，給撥班匠，照依後開名數，通行各府州縣解價到部，如數給銀，不許額外索取。

司禮監并精微科掌司文書等房每季共八十名、内官監并冰窨每季共八十名、尚衣監每季一十名、司設監每季一十八名、御馬監每季一十名、印綬監每季八名、鐘鼓司每季一十六名、混堂司每季二十名、鍼工局每季二十名、寶鈔司每季四名、巾帽局每季一十二名、司苑局每季一十四名、銀作局每季一十二名、内府供用庫每季八名、内閣并雜工打掃每季六十名、翰林院每季一十八名、詹事府每季八名、四夷館每季四名、中書舍人每季四名、清黄通政每季二名、尚寶司每季二名。

後令南直隸等處遠者納價，北直隸等處近者當班，各從民便。〇四十一年題准：行各司府自本年春季爲始，將該年班匠通行徵價類解，不許私自赴部投當。仍備將各司府人匠總數查出，某州縣額設若干名，以舊規四年一班，每班徵銀一兩八錢，分爲四年，每名每年徵銀四錢五分，算計某州縣每年該銀若干，撫按官督各州縣官，各年徵完類解，不許拖欠，年終造册類繳，分别已未完等第參究。

計各省府班匠共一十四萬二千四百八十六名，每年徵銀六萬四千一百一十七兩八錢。

浙江匠三萬九千五百四十六名，每年徵銀一萬七千八百兩六錢五分。

河南匠一萬八千四名，每年徵銀四千五百九十八兩五錢。

山東匠二萬二千三百六十二名，每年徵銀一萬七十兩五錢五分。

山西匠一萬六千二百一名，每年徵銀七千二百七十九兩二錢。

陝西匠一萬六百八十五名，每年徵銀四千七百六十兩六錢五分。

應天府匠二千五百九十五名，每年徵銀一千一百六十七兩七錢五分。

蘇州府匠八百八十四名，每年徵銀三千九百七十八兩。

松江府匠四千二百八十六名，每年徵銀一千九百二十八兩七錢。

常州府匠二千一百二十名，每年徵銀九百五十四兩。

鎮江府匠一千七百八十九名，每年徵銀八百五兩五分。

徽州府匠三千六十六名，每年徵銀一千三百七十九兩七錢。

寧國府匠一千二百二十八名，每年徵銀五百五十二兩六錢。

池州府匠四百七十八名，每年徵銀二百一十五兩一錢。

太平府匠一千六百八十一名，每年徵銀七百五十六兩四錢五分。

安慶府匠二千七十五名，每年徵銀九百三十三兩七錢五分。

廣德州匠八百五十一名，每年徵銀三百八十六兩一錢。

廬州府匠二千一百一名，每年徵銀九百四十五兩四錢五分。

鳳陽府匠一千六百四十一名，每年徵銀七百三十八兩四錢五分。

淮安府匠一千九百五十九名，每年徵銀八百八十一兩五錢五分。

揚州府匠二千四百二十名，每年徵銀一千八十九兩。

徐州匠九百四名，每年徵銀四百六兩八錢。

滁州匠五十六名，每年徵銀二十五兩二錢。

和州匠一百五十六名，每年徵銀七十兩二錢。

順天府匠一千六百一十四名，每年徵銀七百二十六兩三錢。

永平府匠三百四十名，每年徵銀一百五十三兩。

保定府匠九百七十一名，每年徵銀四百三十六兩九錢五分。

河間府匠四百名，每年徵銀一百八十兩。

順德府匠二百三十四名，每年徵銀一百五兩三錢。

廣平府匠二百四十三名，每年徵銀一百九兩三錢五分。

真定府匠八百二名，每年徵銀三百六十兩九錢。

大名府匠七百一名，每年徵銀三百一十五兩四錢五分。

湖廣、四川、兩廣、雲貴、福建、江西各省班匠，隸南京工部。

凡住坐人匠，永樂間設有軍民住坐匠役。〇宣德五年，令南京及浙江等處工匠，起至北京者，附籍大興、宛平二縣，仍於工部食糧。〇成化間額存六千餘名，自後招收，過倍原額。〇嘉靖十年奏准：差工部堂上官及科道官司禮監官各一員，會同各監局掌印官清查軍民匠役，革去老弱殘疾有名無人一萬五千一百六十七名，存留一萬二千二百五十五名，著爲定額。遇缺，該部清匠官，止於額内僉補，各該管内外官員不許奏請招收，違者聽本部并科道官劾治。〇又奏准：内承運庫并木廠二處夫匠，俱以今次點到查明册定數目存留，其餘悉從開除，軍發原衛差操，民發原籍當差，候册内人數有逃絶者，指缺行文清匠官，轉行各該衙門取補。

計存留軍民匠一萬二千二百五十五名。

司禮監一千五百八十三名：牋紙匠六十二名、表背匠二百九十三名、摺配匠一百八十九名、裁曆匠八十一名、刷印匠一百三十四名、黑墨匠七十七名、筆匠四十八名、書匠七十六名、刊字匠三百一十五名、鐵匠二十五名、銷金匠二十五名、合香匠八名、木匠七十一名、瓦匠六名、油漆匠六十七名、象牙匠二十五名、鏇匠一十名、硯瓦匠七名、絛匠一十名、石匠八名、鋸匠六名、神帛匠一名、裁縫匠五名、鑵兒匠五名、銅匠四名、雕鑾匠二名、釘鉸匠二名、竹篾匠一名、鑄匠一名、捲胎匠二名、桶匠二名、雙線匠四名、錫匠二名、鍍金匠二名、鈒花匠二名、減鐵匠二名、鎖匠一名、氈匠一名、銼磨匠一名。

尚衣監一千二百四十九名：雙線匠六十七名、繡匠三百六十六名、裁縫匠一百八十五名、毛襖匠六十九名、碾玉匠三十名、冠帽匠五十三名、漆匠一十三名、草帽匠七名、鑽珠匠五名、穿珠匠一十一名、泥水匠七名、箍桶匠二名、斜皮匠一十七名、綿線匠三名、竹匠三名、氈匠二十四名、捲胎匠一十四名、麻鞋匠七名、釘帶匠一十五名、履鞋匠二十五名、鏇匠二十一名、纏椶匠一十六名、畫匠二十三名、油傘匠三名、銷金匠四名、縷巾匠二十二名、銼磨匠一名、熟皮匠六十六名、網巾匠三十二名、石匠二名、涼胎匠二十五名、邊兒匠九名、綿匠一十九名、磨鏡匠二名、錫匠二名、鐵匠一十二名、刺金匠四名、涼衫匠八名、木匠九名、油漆匠二名、釘鉸匠二名、絛匠八名、表背匠九名、打線匠一名、鋸匠一名、香匠一名、皮匠一名、釘底匠一名、鏡兒匠一名、妝鑾匠二名、抹金匠三名、利金匠一名、鞭子匠一名、刺金線匠一名、花匠一名、毯子匠一名、鬃巾匠一名、幫巾匠一名、楦頭匠六名、打角匠一名、索匠一名。

御馬監四百一十六名：裁縫匠五十五名、鞭子匠六十三名、纓子匠五名、銼磨匠三名、油漆匠一十二名、砍轎匠七名、鐵匠九名、繡匠一十六名、弓匠二名、背什物官軍八名、絡絲匠一十六名、水繩匠三名、弦匠一名、護衣匠三名、索匠二十五名、描金匠三名、副千户一員、氈匠八名、表背匠三名、雕鑾匠二名、絛匠六名、鋪箸匠七名、肚帶匠五名、打綿匠五名、減鐵匠二十一名、五墨匠三名、事件匠三名、銅匠一十八名、木匠六名、腰機匠四名、油黏匠二名、雙線匠二十名、熟皮匠一十三名、斜皮匠三名、抹金匠三名、研磨匠二名、鞍轡匠二名、拔絲匠二名、鞦轡匠六名、穿珠匠一名、罕答胲匠一名、鏇匠一名、戧金匠二名、釘鉸匠二名、釘帶匠一名、繩匠二名、畫匠一名、挣磨匠一名、鍍金匠一十一名、骨作匠二名、撚椶匠一名、燒珠匠一名、彩漆匠一名、鈒花匠一十名、黏匠二名。

印綬監六十一名：木匠五名、熟皮匠三名、銅匠二名、表背匠二十五名、油漆匠四名、戧金匠二名、釘鉸匠二名、雙線匠三名、絛匠五名、打線匠一名、挽花匠三名、染匠一名、攢絲匠一名、絡絲匠四名。

司設監一千四百三十五名：銷金匠二十三名、絡絲匠四十四名、鋸匠一十七名、繡匠一百五名、打線匠一十名、腰機匠二十名、戧金匠一十三名、描金匠一名、銼磨匠一十五名、裁縫匠一百八十二名、竹匠五十一名、花氈匠三名、鞭子匠三名、雙線匠六十八名、簾子匠六十五名、刊字匠四名、索匠三十四名、纓匠五名、熟皮匠一十名、漆匠六十五名、絛匠二十四名、穿交椅匠九名、毯匠三十八名、氈匠八十六名、綿匠一十五名、木匠八十六名、拔絲匠四名、抹金匠七名、雕鑾匠三十六名、銅匠二十六名、捲胎匠四名、洗白匠四名、油黏匠五名、表背匠一十三名、鞍轡匠一十名、鏇匠一十一名、釘鉸匠一十二名、鐵匠四十五名、車匠一十一名、背金匠六名、減鐵匠一名、弓弦匠一名、交椅匠一十一名、搭材匠五名、妝鑾匠三十名、傘匠二十名、草席匠三十九名、鍼匠六名、藤枕匠九名、椶蓮匠四名、銀匠二十三名、飫燈匠二名、瓦匠五名、綿花匠一十三名、鑄匠二名、蒸籠匠一名、石匠一名、事件匠一名、錫匠一名、鎖匠一名、砍轎匠一十二名、護衣匠四名、弓匠一十四名、水桶匠二名、冠帽匠三名、刷印匠二名、五墨匠一名、畫匠一十四名、扇匠九名、摺配匠八名。

内承運庫三百一十五名：染匠五十二名、顔料匠九名、木匠一十九名、刷印匠一十六名、表背匠一十四名、金箔匠五名、摺配匠八名、索匠一十四名、綿花匠一名、銀匠一十四名、織匠二十二名、挽花匠三十一名、牙匠四名、秤匠五名、五墨匠六名、纓匠七名、絡絲匠二十五名、漆匠三名、紙匠一名、裁縫匠三名、裁曆匠三名、腰機匠四名、攢絲匠二名、打線匠二名、鐵匠一名、宛平縣鋪户二十一名、大興縣鋪户一十九名。

供用庫四百零一名：澆燭匠一百五十五名、香匠一百一名、醫獸一名、油户一百四十四名。

織染局一千三百一十七名：纓匠二十三名、絡絲匠一百四十一名、打線匠六十名、腰機匠二十二名、摺配匠一名、織匠八十七名、揭俎匠一十四名、挑花匠八十三名、刻絲匠二十三名、染匠二百六十三名、染紙匠一十一名、紡棉花匠一十二名、緝麻匠一名、撚綿線匠五名、織羅匠二名、撚金匠一十八名、籰匠二名、搥紙匠三名、絡緯匠五十三名、裁金匠六名、背金匠一十七名、包頭匠一十三名、木匠三名、臙脂匠九名、洗白匠一十七名、三梭布匠十六名、篦匠一十四名、畫匠一十九名、駝毛匠二十六名、挽花匠二百二十名、攢絲匠一百二十三名、結椶匠一十名。

鍼工局六百九十名：繡匠二百三十二名、駝子匠一名、裁縫匠二百一十一名、表背匠一十一名、綿匠二名、木匠七名、毛襖匠二十七名、碾玉匠一十四名、彈綿花匠二名、鎖匠一名、熟皮匠三名、撚金匠二名、雙線匠一名、銼磨匠一名、搭材匠一名、刊字匠二名、絡絲匠六十九名、油漆匠八名、氈匠一名、畫匠八名、銷金匠一十七名、旗匠一十三名、打線匠二十名、冠帽匠一十四名、穿珠匠八名、縧匠一十三名、皮匠一名。

銀作局二百七十四名：鈒花匠五十名、大器匠四十二名、廂嵌匠一十一名、抹金匠七名、金箔匠一十四名、磨光匠一十五名、鍍金匠三十五名、銀匠八十三名、拔絲匠二名、累絲匠五名、釘帶匠五名、畫匠一名、表背匠四名。

兵仗局三千一百六十三名：弓匠一百六十三名、箭匠一百二十九名、挫磨匠二百二十名、木匠一百七十七名、皮帽匠六十九名、表背匠九名、鐵匠一百六十九名、漆匠一百七十四名、綿花匠二十二名、刷牙匠二十四名、剪子匠八名、刀匠五十三名、鎖子匠二十一名、針匠六十七名、星兒匠七名、泥水匠七名、繩匠七十七名、釘鉸匠一十五名、絡絲匠九十九名、拔絲匠五名、窯匠八十七名、弦匠八十四名、銅匠五十五名、鑄匠三十九名、鞓帶匠一百四十一名、裁縫匠二百一十五名、減鐵匠三十九名、木梳匠一十一名、纓匠一百五十九名、鏇匠六十八名、繡匠八名、戧金匠一十二名、線子匠二名、銀匠二十七名、錫匠三名、拔絲匠六名、弩匠一十七名、笙匠二名、鍍金匠九名、箭匠六名、喇吧匠四名、表背匠一十二名、神箭匠五十二名、甲匠一百六十四名、火藥匠八十四名、畫匠八十一名、篦子匠七名、毬棒匠五十五名、彩漆匠一十三名、鼓匠一十九名、竹匠二十二名、雕鑾匠一十六名、刊字匠三名、砍轎匠四名、銅鼓匠二名、氈匠三十七名、染匠六十四名、響銅匠一十一名、牌匠一名、銼匠二名、窯匠五名。

巾帽局四百四十二名：打角匠一十一名、雕鑾匠一名、雙線匠一百八十名、椶鞋匠一十九名、裁縫匠一十九名、油漆匠六名、涼胎匠一十四名、氈匠五十一名、草帽匠三名、冠帽匠六十六名、釘帶匠四名、鏇匠二名、表背匠六名、楦頭匠四名、縧匠四名、木桶匠一名、熟皮匠一十五名、斜皮匠三名、銀硃匠一名、毛襖匠三名、履鞋匠三名、竹匠一名、絡絲匠五名、索匠四名、銷金匠一名、銅匠一名、鐵匠三名、拔絲匠二名、銀匠一名、繡匠四名、五墨匠一名、妝鑾匠三名。

工部織染所一百九十五名：染匠八十六名、機匠二名、織匠二名、挽花匠一十五名、絡絲匠六十二名、打綿匠一十五名、纓匠一名、攢絲匠一十二名。

欽天監三十一名：裁曆匠二名、表背匠一名、刷印匠二十八名。

崇文門外大木二廠六百八十三名。

四十年，令司禮監清查見在支俸食糧，匠官匠人共一萬八千四百四十三員名，裁革一千二百六十五員名，應留一萬七千一百七十八員名，著爲定額。遇缺，止許餘丁告補，不許溢數濫收。

計存留官匠一萬七千一百七十八員名：司禮監官匠一千八百九十二員名、内官監官匠二千八百二十二員名、司設監官匠一千五百五十五員名、御用監官匠二千八百九十八員名、印綬監軍民匠二十四名、尚衣監軍民匠七百六十五名、御馬監官匠三百四十二員名、内織染局官匠一千四百六十一員名、銀作局官匠二百二十一員名、兵仗局官匠一千九百四十七員名、巾帽局軍民匠五百四十二名，鍼工局官匠三百八十一員名，寶鈔司軍民匠六百八十九名，尚膳監軍廚七百五十九名，内承運庫軍民匠三百七十九名，天財庫民匠一十八名，供用庫官匠二百八十九員名，惜薪庫官民匠二十三名，酒醋麵局軍民匠一百七十一名。

隆慶元年，令清查内官等監，各官匠於原額一萬七千一百七十八員名，内除逃亡不補外，裁革老弱六百二十二員名，存留一萬五千八百八十四員名，著爲定額。

許存留官匠一萬五千八百八十四員名：司禮監匠官四百三十三員，軍民匠一千三百八十三名。

内官監匠官四百八十員，軍民匠一千八百八十三名。

司設監匠官三十三員，軍民匠一千四百三十七名。

御用監匠官四十員，軍民匠二千七百五十五名。

印綬監軍民匠一十九名。

尚衣監匠官四十二員，軍民匠六百五十四名。

内織染局匠官八十七員，軍民匠一千三百四十三名。

銀作局匠官二十三員，軍民匠一百六十六名。

御馬監匠官一十一員，軍匠三百五名。

兵仗局匠官六員，軍民匠一千七百八十一名。

巾帽局軍民匠四百九十八名。

鍼工局匠官一員，軍民匠三百五十九名。

寶鈔司軍民匠六百二十四名。

司鑰庫民匠一十五名。

尚膳監軍廚六百九十三名。

内承運庫軍民匠三百五十九名。

供用庫匠官四員軍民匠二百五十九名。

惜薪司軍民匠一十八名。

酒醋麵局軍民匠一百六十九名。

○又題准：逃亡年久者，不准收補。止將裁革見在老弱數内查係的親子孫，精通藝業者，准結送本部，發清匠司考校，開送該科驗實送監。各監局備查某處籍某年替役，或係祖匠，或充收係某衛食糧，逐一開造年貌花名文册，送部，類造奏繳，每年收支月糧照册查對關給。○三年，令司禮監會同各監局官清查存留實在官匠一萬三千三百六十七員名，著爲定額。○又題准：清匠主事給清理人匠關防，各監局人匠遇有老疾事故，徑開清匠司註銷。審果之人，不分軍民俱要的親兒男弟姪結送考校，工科驗實，方准頂補。

凡清理匠役。宣德六年奏准：差官查理浙江、南直隸、蘇松等府州失班工匠，惟造軍器及織造者存留，若單丁以營造放回者，令當後班，其丁多失班一次者，赴部補班二次三次以上，并前後不當班者，送問罰班。其廣東、江西二布政司，令南京工部照例差官查理。○又令逃匠初來者，皆優容一月，候居止定，然後供役。○成化七年議准：各監局軍匠有逃故者，行該部查補，不許徑拘京衛所官杖併逼要出錢雇人買免。○弘治元年奏准：添設主事清理内外衙門，軍民住坐輪班工匠，輪班者做工納價等項，年終類奏。住坐者，軍匠行移兵部施行；民匠轉行清軍御史，督併各該衙門具備細脚色造册繳部查考。其内府監局行逃，務要依式開具從實貫址及上工處所，違者先行法司提問，經該吏典及識字人役。○十八年奏准：住坐在逃民匠，行内府監局將逃匠數目備開到部，編造文册二本，一本留部存照，一本在内行錦衣等衙門挨拏，在外行清軍巡按御史，行屬清查問罪起解在原籍逃故篤疾等項，就於户丁内揀選壯丁起解。各監局把總書辦不許逼勒財物，致令失所。南北二京班匠，照例有力徵銀，無力上工。住坐匠清解不及三分，班匠不及七分者，布按二司委官住俸兩箇月，府州縣委官住俸三個月。司府州縣該吏提問，府州縣清匠官，九年滿日，吏部送本部查理。徵解不及七分，行移吏部奏請降用。里書人等脱漏埋没人匠一名，將本身充匠，二名三名以上，子孫永遠充匠。造完匠册比照兵部順帶軍册事例，給發司府州縣，交割清查。○嘉靖二年題准：班匠不行完解，州縣至三十名，一府至五十名，一省至二百名，各該掌印清匠官通行住俸，該吏提問。府州縣清匠委官，遇有三六年，例應給由者，備查徵解數目無礙，方許起送。○十年奏准：凡清查未稱軍民匠役，係成化以前許送各監局上工習學，不許關支直米，其月糧，除民匠月支三斗以下照舊外，軍匠依各衛原支一石以下者，俱各量給四斗，待藝業精熟，遇缺收補，照舊關支。若弘治年以後招收者，盡行查革。○又令：清匠主事責以久任照俸序遷，仍管前事，不必限年更替，本部亦不得别項差委，以妨本等職務。○凡匠役事故各該衙門，查照成化七年事例，即用手本，行清查官揭册，查取户下應補親丁，驗送上工。若清匠官遷延誤事，及各監局徑拘衛所并宛平、大興縣官勒逼私補雇人買免，俱聽本部該科參究罪坐所由。如係洪武、永樂年間已絶人數，清匠官查取今次未稱項下，習藝已精者補盡，方許呈部，行文原籍清勾。〇十三年奏准：宛平、大興二縣管匠官備查正匠見在做工，免其雜差外，仍免一丁幫貼應役，其餘丁通查入册，每名每年出辦工食銀三錢以備禮兵刑等部、都察院大理等寺、國子監等衙門，凡公務取匠雇覓之用。〇二十三年，令各巡按御史轉行各該司府州縣清軍官，清查節年欠班人匠，凡原編勘合，并私給票照通追到官，照依工部，發去册式，分别舊管新收開除實在造册繳部。工部一面行管理匠册主事比照舊式，重造勘合，待各處解册到日，明白填註，印封差人類送各司府，給散各匠收執。仍於每歲首發册內款開已未完數目，行各司府查照徵解，各司府亦於年終繳奏，册內款開各州縣已未行數目，到部查考。中間有繳奏不到，與清完不及七分者，清匠官聽部劾奏處治。〇二十四年，令吏部撥送諳曉書算吏二十名，監生十名，聽工部管理匠册主事嚴併攢造勘合。其紙劄等項，節愼庫動支匠價銀兩買辦，各生各役月糧工部支給，事完監，生准與上選，吏役准其當該。

凡工匠月糧直米。月糧户部支直，米光禄寺支。洪武十一年，令凡在京工匠上工者，日給柴米鹽菜，歇工停給。〇永樂十九年，令內府尚衣，司禮司設等監，織染鍼工銀作等局，南京帶來人匠，每月支糧三斗，無工住支。〇宣德七年，令各衛軍匠，內府上工者，分爲兩班，月支糧五斗。〇九年，令內官監工匠，月支糧五斗，上工之日，光禄寺仍給飯食。〇正統元年，令巾帽局撮工人匠，月支米三斗，工完住支。〇五年，令各處起取營造軍匠，除月支口糧三斗外，仍於原籍月糧一石內扣除三斗，於見役處添支。〇景泰元年，令在京各監局及各廠上工軍匠，光禄寺不關飯者，月支米一石，關飯者五斗。〇三年，令兵仗局攢造軍器軍匠，仍支米五斗，民匠四斗。〇天順元年，令司設監各色軍匠，月支米五斗。〇又令：燕山前等衛軍匠，於尚衣監上工者，添支月糧一斗。〇又令：御馬監軍匠，添支月糧一斗，民匠餘丁月支糧三斗。〇二年，令錦衣等衛及順天府軍匠，添支月糧爲五斗。〇又令：內官監軍匠，添支月糧一斗，民匠餘丁上工日關與飯食。〇又令：司禮監軍匠，月支糧三斗。〇成化九年，令高手人匠行錦衣衛鎮撫司帶管月支糧一石，歲給冬衣布花，送監上工，仍於光禄寺日支粳米八合。〇十年，令內承運庫人匠鋪户月支糧二斗。〇十二年：令軍器鞍轡局軍匠，月支米五斗。〇又令：修城軍匠，每月添支口糧二斗，民匠三斗，旗軍并不係食糧陰陽生一斗。〇又令留守等衛餘丁印綬監習學匠藝者，月支米三斗。〇嘉靖八年，令內官等監匠作上工須實在班，方許造册送部，查對相同，轉發關支直米。其停工下班日期及冒名頂替包納月錢，虛開支米者，聽巡視科道官參究。〇十年題准：各監局行支工匠直米，每月開立舊管新收開除實在備註花名送光禄寺查對明白，方許關支。如有虛冒許諸人攀，首巡視科道官從重究治。又户部關給工匠月糧，務照新定文册姓名，查對見在，方許支給。其或替補清勾等項，必須清匠司官開具緣由，方許准理。違者，聽該部指實參究治罪。〇隆慶三年題准：各該衛所并監局，將食糧人匠查照元年裁革過數目，造册一本，送清匠司查照本司。另查二本送户部光禄寺，查照支糧。以後各衛將匠役逃亡事故，知會本司，即於前册項下開除。仍造册二本，送户部光禄寺查支，其各監局衙門，按月支糧文册，務與本司册數相同，方准支給。

凡工匠犯罪。弘治十三年奏准：內府匠作，犯該監守常人盜竊盜掏摸搶奪者，俱問罪送發工部做工炒鐵等項。其餘有犯徒流罪者，拘役，住支月糧。笞杖准令納鈔。又兩京工部各色作頭犯該雜犯死罪，無力做工，與侵盜誆騙受財，枉法徒罪以上者，依律拘役，滿日俱革去作頭，止當本等匠役，若累犯不悛情犯重者，監候奏請發落。杖罪以下與别項罪犯，拘役滿日，仍當作頭。

張瀚《松窗夢語》卷四《百工紀》 語云：「璧玉不御，則下鮮玩好；雕刻不飾，則民絶曲巧。」言上者表，下者景，所從來遠矣。昔者聖王御世，因民情爲之防，體物宜導之利，阜財用而齊以制度，厚利用而約以準繩。是故粢非不足於簋，而不耕者不以祭；帛非不足於杼，而不蠶者不以衣。玄纁筐篚非不足，而納采無過五兩；節車駢馬非不足，而不命則不得乘。故天下望其服，而知貴賤；覩其用，而明等威。此上下辨而民志定也。今之世風，侈靡極矣，賈子所謂「月異而歲不同」已。此豈可以剖斗折衡、裂冠毀冕以止之哉！《禮》曰：「國奢則示之以儉，儉則示之以禮。」自非主持世道者申令甲之條，宣畫一之規，正車服器用之等，别吉凶食用之宜，何以定民之心志乎？

今天下財貨聚於京師，而半産於東南，故百工技藝之人亦多出於東南，江右爲夥，浙、直次之，閩、粤又次之。西北多有之，然皆衣食於疆土，而奔走於四方者亦鮮矣。今輦轂之下，四方之人咸鱗集焉。其在官者，國初以工役抵罪，編成班次，有五年、四年一班者，有三年、二年、一年一班者。其造作若干、成器若干、廩餼若干，皆因其多寡大小而差等之，精粗美惡亦然，其大率也。自後工少人多，漸加疏放，令其自爲工作，至今隸於匠籍。若閭里之間，百工雜作奔走衣食者尤衆。以元勳、國戚、世胄、貂璫極靡窮奢，非此無以遂其欲也。自古帝王都會，易於侈靡。燕自勝國及我朝皆建都焉，沿習既深，漸染成俗，故今侈靡特甚。余嘗數遊燕中，覩百貨充溢，寶藏豐盈，服御鮮華，器用精巧，宫室壯麗，此皆百工所呈能而獻技，巨室所羅致而取盈。蓋四方之貨，不産於燕，而畢聚於燕。其物值既貴，故東南之人不遠數千里樂於趨赴者，爲重糈也。故終没於衣食中，貴得而貴用之，所入僅足以償其勞，不能得餘資以享其逸。則百工之事，奏技薄而呈能淺也。此固知盡能索不能逃，大抵皆爲財用耳。且京師者，四方之所觀赴，天子者，又京師之所視效也。九重貴壯麗，則下趨營建；尚方侈服御，則下趨組繪；法宫珍奇異，則下趨雕刻。上有好者，下必甚焉。故曰：「理人之道，當防淫佚之原，抑末務而開本業。」今也，散敦樸之風，成侈靡之俗，是以百姓就本寡而趨末衆，皆百工之爲也。夫末修則人侈，本修則人懿。懿則財用足，侈則飢寒生，二者相去徑庭矣。

夫百工之事，固不可廢也。國有沃野之饒，而不足於食，器械不備已；國有山海之貨，而不足於財，工作不備已。今使有隴西之丹砂羽毛，荆、揚之皮革骨象，江南之楩梓竹箭，燕、齊之魚鹽氈裘，梁、兗之漆絲絺紵，非百工爲之呈能而獻技，則雖養生奉終之具，亦無所資。故聖王作爲舟檝之用，以通川谷；服牛駕馬，以達陵陸。致遠窮深，所以來百工而足財用也。故曰四方之貨，待虞而出，待商而通，待工而成，豈能廢哉！然聖王御世，不珍異物，不貴難得之貨，恐百工炫奇而賈智，以趨於淫，作無益而害有益，棄本業而趨末務，非所以風也。夫排抑工賈，防塞利孔，作法於涼，猶恐其奢，而況上爲之倡乎！古之爲工也，因其所能，不示以奢，男效其耕，女效其織而已。如釋其所有，責其所無，則雖良工所擅，與庸工所就，勞逸異趨，巧拙殊軌，皆非天之所生，地之所産也，亦人力之所爲耳。以人力所可爲，則逞其無涯之欲，何所不至？勢不至於以虛易實、去農就工不止也。是以善爲國者，令有無相濟，農末適均，則百工之事，皆足爲農資，而不爲農病。顧低昂輕重之權，在人主操之爾。

我太祖高皇帝埽除胡元，奄有中夏。時江西守臣以陳友諒鏤金牀進，上謂侍臣曰：「此與孟昶七寶溺器何異？以一牀榻，工巧若此，其餘可知。陳氏父子窮奢極欲，安得不亡！」即命毀之。其卓識遠見，度越尋常萬萬矣。列聖相傳，咸遵是軌，上供之物，俱有定數，節儉之風，流播至今。故輕徭薄斂，恒先本務，而凡有興作，不以妨民。其湛恩濊澤，浸灌人心，有以也。邇來國事漸繁，百工技藝之人，疲於奔命。則役之安得忘勞，勞之安能不怨也。廣廈細旃之上，不聞儉樸而聞奢靡；深宫邃密之内，不聞節省而聞浪費。近代勞民者莫如營作宫室，精工玩好。先臣劉球上疏云：「土木之工不息，天地之和有乖。《春秋》於勞作之事，悉書示戒，正爲此也。今營作頻年不休，雖不煩民而役軍，然軍亦國家赤子，賴以禦暴赴鬭，豈宜獨役而不加恤哉！」王恕之疏曰：「始臣聞朝廷軫念東南，特遣近臣齎發内帑，前來賑濟，不勝欣抃。已而内侍裝載私鹽，收買玩好，聲勢張皇，騷擾郡邑。臣恐遠近聞之，將謂陛下惟珍奇是好，非社稷之福也。」二公所言，豈惟一時讜論，實萬世忠謀。使人主録之座右，其所裨黼扆者，豈淺鮮哉！

至於民間風俗，大都江南侈於江北，而江南之侈尤莫過於三吳。自昔吳俗習奢華、樂奇異，人情皆觀赴焉。吳制服而華，以爲非是弗文也；吳製器而美，以爲非是弗珍也。四方重吳服，而吳益工於服；四方貴吳器，而吳益工於器。是吳俗之侈者愈侈，而四方之觀赴於吳者，又安能挽而之儉也。蓋人情自儉而趨於奢也易，自奢而返之儉也難。今以浮靡之後，而欲回樸茂之初，胡可得也？矧工於器者，終日雕鏤，器不盈握，而歲月積勞，取利倍蓰。工於織者，終歲纂組，幣不盈寸，而錙銖之縑，勝於尋丈。是盈握之器，足以當終歲之耕；累寸之華，足以當終歲之織也。兹欲使其去厚而就薄，豈不難哉！故曰：「雕文刻鏤，傷農事者也。刺繡組錦，傷蠶事者也。」夫農桑，天下之本業也，工作淫巧，不過末業。世皆舍本而趨末，是必有爲之倡導者，非所以御輕重而制緩急也。余嘗入粵，移鎮蒼梧。時值燈夕，封川縣餽一紙燈，以竹篾爲骨，花紙爲飾，似無厚重之費，然束縛方圓，鏤刻文理，非得專精末業之人積累數旬之工，未能成就，可謂作巧幾於淫矣。燈夕方徂，門隸請燬。積月之勞，燬於一旦，能無可惜？余禁止之。因思吾浙之俗，燈市綺靡，甲於天下，人情習爲固然。當官者不聞禁止，且有悅其侈麗，以炫耳目之觀，縱宴遊之樂者。賈子生今，不知當何如太息也！夫爲人上者，苟有益於下，雖損上猶爲之；如有損於下，雖益上不爲。今之世風，上下俱損矣。安得躬行節儉，嚴禁淫巧，祛侈靡之習，還樸茂之風，以撫循振肅於吳、越間，挽回叔季末業之趨，奚僅釋余桑榆之憂也。

彭大翼《山堂肆考》卷一九四《飲食·醯附油》　黃帝製已下油

黃帝得河圖書，晝夜觀之，乃令力牧採木實製造爲油，以綿爲心，夜則燃之讀書，油自此始。

許游添

許游爲郡守，廳前有一古墓，命徒移他處。開塚，見一大缸中有燈火，其油將盡，缸上有字曰：許游許游，與汝何仇。五百年後，爲我添油。許即買油注滿，仍以土覆之。【略】

占城貢油

五代周，占城國貢猛火油。

執畫污油

見餅。東坡《詠二王書後》曰：怪君何處得此本，上有桓玄寒具油。

物料工匠規則：

何士晉《工部廠庫須知》卷五《瑠璃黑窑廠》 一琉璃廠燒造瑠璃瓦料合用

每瓦料一萬箇片，用兩火燒出，每一火用柴十五萬斤，共用柴三十萬斤。可減二萬斤坩子土二十五萬斤。做坯片匠照會估瓦料大小筭工。在後。

淘澄匠一百七十名，碾土供作夫每匠一工用夫五名，修窑瓦匠五十名，裝燒窑匠五十名，荅應匠二十五名，安砌匠十名。黄土二百車，開清塘口局夫三百五十名，煤炸五千斤。運瓦夫照會估斤秤定工。在後。

黄色一料：黄册三百六斤，馬牙石一百二斤，黛赭石八斤。

青色一料：焇十斤，馬牙石十斤，鉛末七斤，蘇嘛呢青八兩，紫英石六兩。

緑色一料：鉛末三百六斤，馬牙石一百二斤，銅末十五斤八兩。

藍色一料：紫英石六兩，銅末十兩，焇十斤，馬牙石十斤，鉛末一斤四兩。

黑色一料：鉛末三百六斤，馬牙石一百二斤，銅末二十二斤，無名異一百八斤。

白色一料：黄丹五十斤，馬牙石十五斤，每一料×約澆瓦料一千箇片。若遇殿門通脊吻獸大料不拘此數。

一三四作造。

頭樣勾子、滴水各二箇一工，同瓦、板瓦各四箇一工。

二樣勾子、滴水各四箇一工，同瓦、板瓦各八箇一工。

三樣勾子、滴水各六箇一工，同瓦、板瓦各十四箇一工，滃滑八箇一工。

四樣勾子、滴水各八箇一工，同瓦、板瓦各十七箇一工，滃滑十一箇一工。

五樣勾子、滴水各十箇一工，同瓦、板瓦各十九個一工，滃滑十五箇一工。

六樣勾子、滴水各十二箇一工，同瓦、板瓦各二十三箇一工，滃滑十六箇一工，盆簷瓦古老錢各十二箇一工。

七樣勾子、滴水各十三箇一工，同瓦、板瓦各二十七箇一工。

八樣勾子、滴水各十五箇一工，同瓦、板瓦各三十箇一工。

九樣勾子、滴水各十七箇一工，同瓦、板瓦各一百箇三工。

十樣勾子、滴水各二十箇一工，同瓦、板瓦各三十五箇一工。

如遇大享殿皇穹宇乾光殿各處一把傘行子同板瓦照依各樣下筭。

二作并瓦作做造：

頭樣通脊高一尺九寸五分，長二尺四寸，每塊七工。

垂脊高一尺一寸五分，長二尺，每塊二工。

相連裙色高三寸五分，長二尺四寸，每三塊十工。

黄道高五寸五分，長二尺四寸，每三塊十工。

花攛頭三塊十工。

花搯扒頭一塊二工。

束腰花蓮座，一塊七工。

二樣通脊高一尺七寸五分，長二尺四寸，每塊五工。

垂脊高九寸五分，長一尺九寸五分，每塊一工。

相連裙色高四寸，長二尺四寸，每塊二工。

黄道高四寸五分，長二尺四寸，每塊二工。

束角花連座，三塊十工。

花攛頭、花搯扒名一塊一工。

博風吻匣當勾各一塊一工。

吻座二塊一工。

承奉連磚三塊一工。

托泥當勾三塊一工。

花插角一塊五工。

博脊瓦六塊一工。

三樣通脊高一尺五寸五分，長二尺四寸，每塊三工。

垂脊高七寸五分，長二尺八寸，每三塊二工。

相連裙色高三寸，長二尺四寸，每塊一工。

黄道高三寸五分，長二尺四寸，每塊一工。

連磚四塊一工。
花插角一塊三工。
四樣通脊高一尺三寸五分，長二尺四寸，每塊二工。
垂脊高五寸五分，長一尺五寸，每二塊一工。
五樣通脊高一尺一寸五分，長二尺二寸，每二塊三工。
六樣通脊高一尺五分，長二尺二寸，每塊一工。
七樣通脊高九寸五分，長二尺二寸，每三塊二工。
八樣通脊高八寸五分，長二尺二寸，每三塊二工。
九樣通脊高七寸五分，長二尺二寸，每三塊二工。
十樣通脊高六寸五分，長二尺二寸，每二塊一工。
不隨樣小通脊高五寸五分，長一尺五寸，每三塊一工。
小垂脊高四寸五分，長一尺四寸，每三塊一工。
小通脊高四寸五分，長一尺四寸，每四塊一工。
小通脊高三寸五分，長一尺三寸，每四塊一工。
不隨樣花龜角，十塊三工。
花線磚轉頭三塊十工。
花線磚、花結帶、花裙板、花鵲替、平頭連座、方眼格扇、小花插角、靠古、柱子、疋龍束腰各一塊二工。
花蓮件、花蓮伴頭、花方、花平板方、花平板方頭、花柱頭、花桁條、花梁、花頭、海禽吞口、海石榴座、斗科、斜椽、角梁、小通脊、小垂脊、平頭獸座、束角獸座、□朽、大額方白、大耳頭、草兒插角、瑪瑙格柱、斗底、博脊、通脊、龜文磚、屋扇瓦、地袱、垂帶、壇面磚、江牙海水線磚、江牙海水蓮伴各每一塊一工。
花攛頭、花捎扒頭、板椽、望板、椽管、起簸、小獸座、蓋梁瓦、水溝、博風、噴水、梠頭、吻匣當勾、脊底各每二塊一工。
花裙色頭、花桁條頭、江牙海水柱頭、古文錦龜文磚各每一塊三工。
花連兒柱頭、花裙色、花臺上用。花梁斗底、角斗、大額花方、門當花磚、面堦各每二塊三工。
花塊伴格柱、海石榴各每三塊二工。
花直工板、磉科、圓柱子、方柱子、方椽、圓椽、滿山紅、荷葉、小壇、江牙海直工板，各每三塊一工。
三層倒砌蓮磚、博脊運磚、列角托盤、托泥當勾、三抹頭，各每四塊一工。
花氣眼、方子白、吻座、小倒砌連磚、寶珠座、相連色道、落絲頭各每三塊一工。
三色磚、滿面、面方、門坎、門色方磚，各每六塊一工。
壇角磚、門坎、牙子磚，各每七塊一工。
大裙色、行條白、博脊瓦、杌子磚、牙子磚、荅垛磚每八塊一工。
小裙色、押屑各每九塊一工。
線磚、半混、冰盤色、囂色、蘆科、機方、耳子、元混、毒板白、印葉，各每十塊一工。
尖色、坎磚、替莊，各每十一塊一工。
圭角白、隨山半混、墊板、土襯，各每十二塊一工。
歡門、江牙海水龍方子走龍通脊各每一塊四工，雲□插角每一塊五工。
玲花槅扇、華蟲插角各每一塊六工。
攔板，每一塊七工。
江牙海水柱子、雲鶴扇面，各每一塊八工。
江牙海水龍插角、華蟲扇面，各每一塊十工。
花扇面、江牙海水龍扇面，各每一塊十一工。
江牙靠古，每一塊十七工。
江牙海水攔板，每一塊二十一工。
盆花一板，每三塊六工。
四尺五寸江牙海水雲龍缸，每一口四十工。
各陵地宮、大明門并東西長安門三座，計六件，每一座十八工，計五十四工。
承天門、端門、午門并皇極門、三大殿七座計二十一件，每座二十八工，計一百九十六工。
文武樓二座，計八件，每一座三十六工，計七十二工。
穿堂二座計四件每一座十二工，計二十四工。
五作造：
頭樣正當勾、押帶，各每四箇一工。
斜當勾每二箇、走獸四箇十工，真人一箇三工。
二樣正當勾、押帶，各每七箇一工。

斜當勾每四箇一工，走獸真人各一箇二工。
三樣正當勾、押帶，各每十四箇一工。
斜當勾每六箇一工，走獸一箇一工，真人二箇三工。
四樣正當勾、押帶，各每十七箇一工。
斜當勾每八箇一工，走獸三箇二工，真人一箇一工。
五樣正當勾、押帶，各每十九箇一工。
斜當勾每十箇一工，走獸三箇一工，真人三箇二工。
六樣正當勾、押帶，各每二十三箇一工。
斜當勾，每十四箇一工。
走獸四箇一工，真人三箇一工。
七樣正當勾、押帶，各每二十七箇一工。
斜當勾，每十七箇一工。
走獸五箇一工，真人四箇一工。
八樣正當勾、押帶，各每三十箇一工。
斜當勾，每十九箇一工。
走獸、真人，各每六箇一工。
九樣正當勾、押帶，各每一百箇三工。
大瓦條二十箇一工。
不隨樣混磚、小瓦條，各每四十五箇一工。香草磚，每二十二箇一工。
吻一隻十三塊，一百五十工。
吻一隻十一塊，九十工。
吻一隻十塊，八十工。
吻一隻七塊，四十八工。
吻一隻六塊，三十六工。
吻一隻五塊，二十五工。
吻一隻四塊，二十二工。
吻一隻三塊，十八工。
吻一隻高二尺五寸，六工。
吻一隻高二尺，四工。
吻一隻高一尺五寸，三工。
吻一隻高一尺二寸，二工。
大獸頭五塊，二十五工。
大獸頭三塊，十二工。
三尺三寸獸頭一箇，二塊八工。
二尺五寸五分獸頭，一箇六工。
二尺二寸五分獸頭，一箇三工。
一尺八寸獸頭，一箇二工。
一尺五寸獸頭，四箇三工。
一尺二寸獸頭，三箇二工。
一尺獸頭，五箇二工。
小獸頭，五箇一工。
套獸，高一尺三寸，脚長八寸伍分，一箇六工。
套獸，高一尺一寸，脚長七寸五分，一箇四工。
套獸，高九寸五分，脚長六寸五分，一箇三工。
套獸，高八寸五分，脚長五寸五分，一箇二工。
套獸，高六寸，脚長四寸，一箇一工。
背獸，高一尺五分，脚長五寸五分，一箇二工。
背獸，高一尺一寸五分，脚長六寸，一箇三工。
背獸，高一尺二寸，脚長六寸五分，一箇四工。
背獸，高八寸，脚長四寸五分，一箇一工。
背獸，高七寸，脚長三寸五分，二箇一工。
吻朝，每一箇二塊十二工。
吻朝，高一尺七寸，一箇六工。
吻朝，高一尺五寸，一箇四工。
吻朝，高一尺四寸五分，一箇三工。
吻朝，高一尺二寸，一箇二工。
吻朝，高一尺五分，一箇一工。
不隨樣套獸、背獸、吻朝各每五箇一工。
雲礶一箇十工，蓮臺獅子一箇三工。
各陵地宮上伏簷、下伏簷共九座，每一座吻五對，獸頭八箇，共吻四十五對，獸頭七十二箇，每座六工，計五十四工。
單簷三座，吻三對，獸頭二十四箇，每座三工，計九工。
供器香爐四箇，每一箇三工，計十二工。
花瓶八隻，每一隻一工，計八工。
造通脊龍，每一條一工。
造通脊垂脊寶兒，每三攢計一工。
架瓦作鑿過出青黃黑綠色。
頭樣、二樣、三樣同瓦，各每三十六箇一工。
四樣同瓦，每六十箇一工。
五樣同瓦，每七十五箇一工。
六樣同瓦，每九十二箇一工。
七樣同瓦，每一百十箇一工。
八樣同瓦，每一百三十箇一工。
九樣同瓦，每一百五十箇一工。
十樣同瓦，每二百箇一工。
如遇行子同瓦，隨各樣下筭。
頭樣、二樣、三樣正當勾，押帶各每一百箇一工。
四樣正當勾、押帶，各每一百十箇一工。
五樣正當勾、押帶，各每一百二十五箇一工。
六樣正當勾、押帶，各每一百五十箇一工。
七樣正當勾、押帶，各每一百七十箇一工。
八樣正當勾、押帶，各每二百箇一工。
大瓦條，一百二十五箇一工。
香草磚，六十五箇一工。
混磚，二百箇一工。
瓦條，一百五十箇一工。
頭樣通脊、垂脊、相連裙色黃道，各每七塊一工，承奉連磚二十塊一工。
二樣通脊、垂脊、相連裙色黃道，各每十塊一工。
三樣通脊、垂脊、相連裙色黃道，各每十一塊一工。
四樣通脊、垂脊，各每十四塊一工。
五樣通脊，十六塊一工。
六樣通脊，各每十八塊一工。
七樣、八樣通脊，各每二十塊一工。
九樣、十樣通脊，各每二十二塊一工。
不隨樣小通脊、小垂春各每二十四塊一工。
滿面黃、博脊、連磚，各每三十塊一工。狎屑、替莊、坎磚、圓方柱子、花方、行條、機方、圭角、線磚、花平板方、素板白、方子白、半混、囂色、蘆科、博春瓦、圓混、冰盤色、杌子磚、花蓮伴、圓光座、相連色道各二十五塊一工。
小通脊、面方各每二十塊一工，小裙色五十塊一工。
博脊、通脊、柱子、面堦各每十四塊一工。
大裙色十塊一工，壇面磚八塊一工，壇角磚二十七塊一工。
地袱十五塊一工，攔板七塊一工，敲板瓦一千片一工。
皇極殿：吻一隻，十三塊，高一丈三尺五寸，計一百七十工。
吻朝一箇，二塊，高四尺五寸，計十二工。
背獸一箇，三工。
合角吻四隻，二十塊，高五尺五寸，每隻五塊二十八工，共計一百十二工。
吻朝四箇，每箇二工，計八工。
背獸四箇，四工。
建極殿、中極殿同前。
乾清宮：吻二隻，二十二塊，高一丈五寸。每隻十一塊，九十八工，共計一百九十六工。吻朝二箇四塊，每一箇二塊計八工，共十六工。
背獸二箇，每一箇二工，計四工。
合角吻八隻，四十塊。每一隻五塊二十八工，計二百二十四工。
吻朝八箇，每一箇二工，共計十六工。
背獸八箇，計八工。
文武樓同前。
皇極門：吻一隻，十一塊，九十八工。
吻朝二箇，計八工。背獸一箇，計二工。
合用吻四隻，二十塊，每隻五塊，二十八工，計一百十二工。
吻朝四箇計八工，背獸四箇計四工。

午門、端門、承天門同前。

黄土車每日每車四運，銀六分。

晝夜煉青匠，長工七分，短工六分。以上三項，營繕司十一年新增。

運瓦料脚價：瑠璃廠舊估瓦片每五十片計三百七十五斤作一車，今議每車四百斤，每車每里運價四釐。如城内外工所離廠十里以外者，用車裝運，十里以内者，用夫擡運。照舊估准夫二名，每日擡四次，每扛重一百二十斤，内城工所每扛各減十斤，俱准長工算給。

一黑窑廠燒造各樣磚料，合用柴土工匠規則：

二尺方磚每箇柴一百二十斤，應減十斤。尺七方磚每箇柴九十斤，應減十斤。尺五方磚每箇柴七十斤。

大平身磚每箇柴七十斤，二項應減六斤。尺二方磚、城磚、平身磚，每箇各用柴五十斤。三項應減四斤。板磚、斧刅、券副磚每箇各用柴四十斤，三項應減十斤。

垂板磚每箇七十斤。

同板瓦等料，每萬箇柴二萬四千斤有奇。

做坯片匠照會估磚瓦大小筭工開後：

二尺方磚每四箇一工，尺七方磚每六箇一工，尺五方磚每十箇一工，尺二方磚每十三箇一工。

平身磚每十三箇一工。

斧刅磚每二十六箇一工。

券副磚每二十四箇一工。

混磚、沙板磚各每二百箇一工。

□板磚每六十箇一工。

同瓦每五十箇一工。

板瓦每一百片一工。

勾頭滴水花邊瓦，各每四十四箇一工。

瓦條一百五十根一工。

二尺七寸吻，一隻二工，屯田司十三年增。尺七獸，三隻二工，尺五獸二隻一工。

尺二獸五隻二工，一尺獸三隻一工。

八寸獸四隻一工，閣獸雙尾一隻二工。

獅子海馬七箇一工，當溝七十箇一工。

城樓工所削邊瓦料：

五樣削邊同瓦，每三十箇一工。

板瓦每六十片一工。

六樣削邊同瓦，每三十五箇一工。

板瓦每七十片一工。

大平身磚，長一尺六寸，闊一尺，每九箇一工。

城磚，原無會估，今議長一尺五寸八分，闊七寸五分，厚四寸，每十箇一工。

新板磚，長一尺四寸五分，闊七寸，厚三寸，每二十箇一工。

裝燒窑匠做模子，木匠隨工量用。内長工七分筭。

以上各項匠工給銀六分，每匠六工，用供作夫十九名，開運鶯房黑土、運黄土夫共二十三名。

運磚料脚價：舊估斧刅磚每十五箇計三百五十斤作一車，今議磚瓦每車四百斤，每車每里運價三釐五毫。如城内外工所離廠十里以外者用車裝運，十里以内者用夫擡運，照舊估准夫二名，每日擡四次，每扛重一百四十斤，内城工所每扛各減十斤，俱准長工筭給。

何士晉《工部廠庫須知》卷五《台墓廠》 土工價規則：此係山臺二廠所有。

内工長工銀七分，短工六分，外工長工銀六分，短工五分七釐。以上自三月起至九月作長工，十月起至二月作短工。

包工規則：

築工墻，每丈，高九尺闊五尺，銀三錢三分。如高闊不等照此增減。今每以三錢一丈定價。

清脚夯夫規則：

各工每工銀四分。係内提督者加一分，以備督工飯錢，遂以爲例。

雕工匠價規則：

門殿雕工則：

兩面雙頭三伏雲，各見方一尺五寸，每塊准四十工，外門粗者二十餘工或三十餘工，每工銀六分。以下工價皆六分筭。

兩面一頭耎頭雲，各見方三尺一寸，每塊准四十工，粗亦量減。

兩面三伏雲，每見方一尺，准七工。

兩面一頭桁椀雲，每見方一尺五寸，每塊准二十工。

兩面回香草雀木，每見方一尺准七工。

結帶滿山紅，每見方一尺准七工。

寶缾各高一尺，徑一尺，每個准一工。

葵花眼錢每六十個准一工。

影膈兩面葵花鼓墩二個，各徑一尺，每個准一工。

瓦丁瓦頭每四個准一工。

花頂每百個准一二工。以上皆三十九年門工時價估有案。

長槅扇四碗菱花做，闊十眼，高十五眼，裏外(外)兩扇一合，准五十工。

檻窻四碗菱花做，闊七眼，高十五眼，裏外兩扇一合，准三十五工。

横披四碗菱花做，高四眼，闊十眼，裏外一合，准二十六工。以上三項皆見造王府價估。

造床雕工二座則：

兩面玲瓏雲龍正山二塊，各長四尺四寸、闊二尺一寸、厚四寸，折得七丈三尺九寸二分，每尺七工，計五百一十七工四分。

兩面玲瓏雲龍左右四塊，各長一尺九寸、闊一尺三寸、厚四寸，折得三丈九尺五寸二分，每尺七工，計二百七十六工六分。

兩面玲瓏雲龍披四塊，各長四尺六寸、闊八寸，折得一十四丈二寸，每尺七工，計一千三十工四分。

兩面玲瓏雲龍左右四塊，各長二尺五寸、闊八寸，折得八丈，每尺七工，計五百六十工。

兩面龍足踏二座，前後四塊，各長二尺八寸，厚三寸，折得三丈三尺六寸，每尺七工，計二百三十五工二分。

左右四塊，各長九寸、厚三尺，折得一丈零八寸，每尺七工，計七十五工六分。

地平四塊，週圍雕佈伏蓮瓣香草，准四十工。

雜項雕工則：

金殿吻獸獅仙，每五十件准三十工，金殿瓦丁、瓦頭六個准一工，凡獅子象每個准一工，大十字古墩燈盤，各徑一尺五寸，每尺七工折算。

食盆香几等件，用海石榴浄瓶寶瓶每個一工。

存龍每尊准七工。

荷葉每個准一工。

葵花眼錢每百個准一工。大者量加。

花梨木等物俱照佑每尺准七工。

楠木燈盤每個一工。

十字古墩盤每個一工。

安珍珠傘，用雕鏇結帶寶瓶二個，准五十工。

節節高燈，每個一工。

十字古燈兩面雕花古墩，每塊一工。

天燈杆用鏇木寶頂，各高一尺，每個四工。

盒架用雕海石榴，每高二寸五分，每二個准一工。

撥曾用鏇底盤，每徑一尺八寸厚三寸，每個一工。以上皆三十六七等年，曾經造辦有案。

何士晉《工部廠庫須知》卷一一《器皿廠》 議調餼廪以甦匠役：查條例各作工食，分四季給散，原爲優恤貧役。蓋匠作終歲勤動，緩則自造，已歎饔飧之不支，急則倩人，益苦雇值之無措。若官不給銀，勢必借貸，則日後所領官銀，不足償宿逋，況欲竊錙銖之贏以活家室，寧可得乎。近時必俟歲終實收到日總支，似難久待，合無照舊按季四次支領，或分作兩次，半在初秋，半在歲終，出實收之日，其壇廟雜差照條例逐項隨給，庶接濟蒙恩，而貧役競勸矣。

午榮、章嚴《新鐫工師雕斲正式魯班木經匠家鏡》卷二 倉敖式：依祖格九尺六寸高，七尺七分闊，九尺六寸深。枋每下四片，前立二柱，開門只一尺五寸七分闊，下做一尺六寸高，至一穿要留五尺二寸高，上楣枋槍門要成對，切忌成單，不吉。開之日，不可內中飲食，又不可用墨斗、曲尺，又不可柱枋上留字留墨，學者記之，切忌。

橋梁式：凡橋梁無粧修，或有神厨做，或有欄杆者。若從雙日而起自下而上，若單日而起自西而東。看屋幾高幾闊，欄杆二尺五寸高，坐櫈一尺五寸高。

郡殿角式：凡殿角之式，垂昂插序則規，横深奥用升斗拱相稱，深淺闊狹，用合尺寸。或地基闊二丈，柱用高一丈，不可走祖，此爲大畧，言不盡意，宜細詳之。

建鐘樓格式：凡起造鐘樓，用風字脚，四柱並用渾成梗木，宜高大相稱。散水不可大低，低則掩鐘，聲不響于四方。更不宜在右畔，合在左，逐寺廊之下。或有就樓盤下作佛堂，上作平棊盤頂，結中開樓盤心透，上真見鐘，作六角欄杆，則風送鐘聲，遠出於百里之外，則爲也。

建造禾倉格：凡造倉敖，並要用名術之士，選擇吉日良時興工。匠人可先將一好木爲柱，安向北方，其匠人却歸左邊立就，斧向内斫入則吉也。或大小、長短、高低、闊狹，皆用按二黑須然留下十寸八白則各有用，其它者合白，但與做倉厫不同，此用二黑則鼠不侵此，爲正例也。

造倉禁忌并擇方所：造倉其間多有禁忌，造作塲上切忌將墨斗籤在于口中銜，又忌在作塲之上吃食諸物。其倉成後安門匠人不可着草鞋入内，只宜赤脚進去修造，匠後匠者凡依此例，無不吉慶豐盈也。

凡動用尋進何之年，方大吉利有進益。如過背田破田之年，非特退氣，又主荒却田園，仍禾稻無收也。

論逐月修作倉庫吉日：正月，丙寅、庚寅。二月，丙寅、己亥、庚寅、癸未、辛未。三月，己巳、乙巳、丙子、壬子。四月，丁卯、庚午、己卯。五月，己未。六月，庚申、甲寅外、甲申。七月，丙子、壬子。八月，乙丑、癸丑、乙亥、己亥。九月，庚午、壬午、丙午、戊午。十月，庚午、辛未、乙未、戊申。十一月，庚寅、甲寅、丙寅、壬寅。十二月，丙寅、甲寅、甲申、庚申、壬寅。

五音造牛欄法：夫牛者本姓李，元是大力菩薩切見凡間人力不及，特降天牛來助人力。凡造牛欄者，先須用術人揀擇吉方，切不可犯倒欄殺、牛黄殺。可用左畔是坑，右畔是田，王牛犢，必得長壽也。

造欄用木尺寸法度：用尋向陽木一根作棟柱，用近在人屋在畔，牛性惟寒，使牛温暖。其柱長短尺寸用壓，白不可犯在黑上。舍下作欄者，用東方採株木一根作左邊角柱，用高六尺一寸，或是二間、四間，不得作單間也。人家各別椽子，用合四隻，則按春夏秋冬、陰陽四氣，則大吉也。不可犯五尺五寸，乃爲五黄不祥也。千萬不可使損壞的爲牛欄。開門用合二尺六寸大，高四尺六寸，乃爲六白，按六畜爲好也。若八寸係八白，則爲八敗，不可使之，恐損羣隊也。

詩曰：魯般法度刱牛欄，先用推尋吉上安。必使工師求好木，次將尺寸細詳看。但須不可當人屋，實要相宜對草崗。時師依此規模作，致使牛牲食禄寬。

合音指詩：不堪巨石在欄前，必主牛遭虎咬遭。切忌欄前大水窟，主牛難使鼻難穿。

又詩：牛欄休在污溝邊，定墮牛胎損子連。欄後不堪有行路，主牛必損爛蹄肩。

牛□詩：牛黄一十起于坤，二十還歸震巽門。四十宫中歸乾位，此是神仙妙訣根。

定牛入欄刀砧詩：春天大忌亥子位，夏月須在寅卯方。秋日休逢在巳午，冬時申酉不可裝。

起欄日辰：起欄不得犯空亡，犯着之時牛必亡。癸日不堪行起造，牛瘟必定兩相妨。

占牛神出入：三月初一日牛神出欄，九月初一日牛神歸欄，宜修造大吉也。牛黄八月入欄，至次年三月方出，並不可修造，大凶也。

造牛欄様式：凡做牛欄，主家中心用羅線踃看，做在奇羅星上吉。門要向東，切忌向北。此用雜木五根爲柱，七尺七寸高，看地基寬窄，而佐不可取。方圓依古式，八尺二寸深，六尺八寸闊。下中上下枋用圓木，不可使扁枋爲吉。

住門對牛欄，羊棧一同看。年年官事至，牢獄出應難。

論逐月造作牛欄吉日：正月，庚寅。二月，戊寅。三月，己巳。四月，庚午、壬午。五月，己巳、壬辰、丙辰、乙未。六月，庚申、甲申、乙未。七月，戊申、庚申。八月，乙丑。九月，甲戌。十月，甲子、庚子、壬子、丙子。十一月，乙亥、庚寅。十二月，乙丑、丙寅、戊寅、甲寅。右不犯魁罡、約絞、牛火血，忌牛飛廉、牛腹脹、牛刀砧、天瘟、九空、受死、大小耗、土鬼、四廢。

五音造羊棧格式：按《圖經》云：羊本姓朱。人家養羊作棧者，用選好素菜菓子，如椑樹之類爲好。四柱乃像四時，四季生花、緣子長青之木爲美，最忌切不可使枯木。柱子用八條，乃按八節。柱子用二十四根，乃按二十四炁，前高四尺一寸，下三尺六寸，中間作羊栟並用就地三尺四寸高，主生羊子綿綿不絶，長遠成羣，吉不可言，實爲大驗也。

紫氣上宜安四主三尺五寸高，深六尺六寸，闊四尺零，二寸柱子方圓三寸三分大，長枋二十六四根，短枋共四根，中直下㮰齒，每孔分一寸八分空，齒仔二寸二分大，門開向西方吉，底上止用小竹串進，要疎些，不用密。

逐月作羊棧吉日：正月，丁卯、戊寅、己卯、甲寅、丙寅。二月，戊寅、庚寅。三月，丁卯、己卯、甲申、己巳。四月，庚子、癸丑、庚午、丙子、丙午。五月，壬辰、癸丑、乙丑、丙辰。六月，甲申、壬辰、庚申、辛酉、辛亥。七月，庚子、壬子、甲午、庚申、戊申。八月，壬辰、壬子、癸丑、甲戌、丙辰。九月，癸丑、辛酉、丙戌。十月，庚子、壬子、甲午、庚子。十一月，戊庚、庚寅、壬辰、甲寅、丙辰。十二月，戊寅、癸丑、甲寅、甲子、乙丑。右吉日不犯天瘟、天賊、九空、受死、飛廉、血忌、刀砧、小耗、大耗、九土、鬼正、四廢、凶敗。

馬厩式：此亦看羅經，一德星在何方，做在一德星上吉，門向東。用一色杉木，忌雜木。立六根柱子，中用小圓樑二根扛過，好下夜間□馬索，四圍下高水椹板，每邊用模方四根纔堅固。馬多者隔斷已間，每間三尺三寸闊深，馬槽下向門左邊吉。

馬槽様式：前脚二尺四寸，後脚三尺五寸高，長三尺，闊一尺四寸，柱子方圓三寸大，四圍横下板片下脚空一尺高。

馬鞍架：前二脚高三尺三寸，後二隻二尺七寸高。中下半柱每高三寸四分，其脚方圓一寸三分大，闊八寸二分。上三根直枋下中腰每邊一根，横每頭二根，前二脚與後正脚取平，但前每上高五寸，上下搭頭好放馬鈴。

逐月作馬枋吉日：正月，丁卯、己卯、庚午。二月，辛未、丁未、己未。三月，丁卯、己卯、甲申、乙巳。四月，甲子、戊子、庚子、庚午。五月，辛未、壬辰、丙辰。六月，辛未、乙亥、甲申、庚申。七月，甲子、戊子、丙子、庚子、壬子、辛未。八月，壬辰、乙丑、甲戌、丙辰。九月，辛酉。十月，甲子、辛未、庚子、壬午、庚午、乙未。十一月，辛未、壬辰、乙亥。十二月，甲子、戊子、庚子、丙寅、甲寅。

猪椆様式：

此亦要看三台星居何方，做在三台星上方吉。四柱二尺六寸高，方圓七尺，横下穿枋，中直下大粗窗齒用雜方堅固。猪要向西北，良工者識之，初學切忌亂爲。

逐月作猪椆吉日：正月，丁卯、戊寅。二月，乙未、戊寅、癸未、己未。三月，辛卯、丁卯、己巳。四月，甲子、戊子、庚子、甲午、丁丑、癸丑。五月，甲戌、乙未、丙辰。六月，甲申。七月，甲子、戊子、庚子、壬子、庚申。八月，甲戌、乙丑、癸丑。九月，甲戌、辛酉。十月，甲子、乙未、庚子、壬午、庚午、辛未。十一月，丙辰。十二月，甲子、庚子、壬子、戊寅。

六畜肥日：春申子辰，夏亥卯未，秋寅午戌，冬己酉丑日。

鵞鴨鷄棲式：此看禽大小而做，安貪狼方鵞椆二尺七寸高，深四尺六寸，闊二尺七寸四分，週圍下小窗齒每孔分一寸闊，鷄鴨椆二尺高，三尺三寸深，二尺三寸闊，柱子方圓二寸半，此亦看主家禽鳥多少而做，學者亦用自思之。

鷄槍様式：兩柱高二尺四寸，大一寸二分，厚一寸，樑大二寸五分一寸二分大，腮高一尺三寸，闊一尺二寸六分，下車脚二寸大八分厚，中下齒仔五分大，八分厚，上做滔環二寸四大。兩邊奬腿與下層窗仔一般高，每邊四寸大。

屏風式：大者高五尺六寸，帶脚在内闊六尺九寸，琴脚六寸六分大，長二尺。雕日月掩象鼻格，奬腿工尺四分高，四寸八分大，四框一寸六分大，厚一寸四分，外起改竹圓，内起棋盤線，平面六分，窄面三分，絛環上下俱六寸四分，要分成單下勒水，花分作兩孔彫四寸四分。相屋闊窄，餘大小長短依此，(長)〔餘〕做此。

圍屏式：每做此行用八片，小者六片。高五尺四寸正，每片大一片四寸三分零，四框八分大，六分原做成五分厚，筭定共四寸厚，内較田字格六分厚，四分大，做者切忌碎框。

牙轎式：

宦家明轎徛下一尺五寸高，屏一尺二寸高，深一尺四寸，闊一尺八寸。上圓手一寸三分大，斜七分纔圓。轎杠方圓一寸五分大，下踃帶轎二尺三寸五分深。

衣籠様式：一尺六寸五分高，二尺二寸長，一尺三寸大，上蓋役九分一寸八分高，蓋上板片三分厚，籠板片四分厚，内子口八分大，三分厚，下車脚一寸六分大，或雕三彎車脚上要下二根横擴仔，此籠尺寸無加。

大床：下脚帶求方，共高式尺二寸二分。正床方七寸七分大，或五寸七分大。上屏四尺五寸二分高，後屏二片兩頭。二片闊者四尺零二分，窄者三尺二寸三分，長六尺二寸。正領一寸四分厚，做大小片，下中間要做陰陽相合。前踃板五寸六分高，一尺八寸闊，前楣帶頂一尺零一分。下門四片，每片一尺四分大。上腦板八寸，下穿籐一尺八寸零四分，餘留下板片門框一寸四分大，一寸二分厚，下門檻一寸四分，三接東面轉芝門九寸二分，或九寸九分，切忌一尺大。後學專用記此。

涼床式：此與藤床無二樣，但踏板上下欄杆要下長。柱子四根，每根一寸四分大，上楣八寸大，下欄杆前一片左右兩二「萬」字，或「十」字掛，前二片止作一寸四分大，高二尺五分，横頭隨踃板大小而做無悮。

藤床式：下帶床方一尺九寸五分高，長五尺七寸零八分，闊三尺一寸五分，半上柱子四尺一寸高，半屏一尺八寸四分高，床嶺三尺闊，五尺六寸長，框一寸三分厚，床方五寸二分大，一寸二分厚，起一字線好穿籐，踏板一尺二寸大，四寸高，或上框做一寸二分，後脚二寸六分大，一寸三分厚，半合角記。

逐月安牀設帳吉日：正月，丁酉、癸酉、丁卯、己卯、癸丑。二月，丙寅、甲寅、辛未、乙未、己未、乙亥、己亥、庚寅。三月，甲子、庚子、丁酉、乙卯、癸酉、乙巳。四月，丙戌、乙卯、癸卯、庚子、甲子、庚辰。五月，丙寅、甲寅、辛未、乙未、己未、丙辰、壬辰、庚寅。六月，丁酉、乙亥、丁亥、癸酉、丙寅、甲寅、乙卯。七月，甲子、庚子、辛未、乙未、丁未。八月，乙丑、丁丑、癸丑、乙亥。九月，庚午、丙午、丙子、辛卯、乙亥。十月，甲子、丁酉、丙辰、丙戌、庚子。十一月，甲寅、丁亥、乙亥、丙寅。十二月，乙丑、丙寅、甲寅、甲子、丙子、庚子。

禪床式：此寺觀庵堂纔有這，做在後殿或禪堂兩邊。長依屋寬窄，但闊五尺，面前高一尺五寸五分，床矮一尺前平面板八寸八分大，一寸二分厚，起六個柱，每柱三才方圓，上下一穿，方好掛禪衣及帳幃。前平面板下要下水椹板，地上離二寸，下方仔盛板片，其板片要密。

禪椅式：一尺六寸三分高，一尺八寸二分深，一尺九寸五分深，上屏二尺，高兩力手二尺二寸長，柱子方圓一寸三分大，屏上七寸、下七寸五分，出笋三寸，閗枕頭下盛脚盤子四寸三分高，一尺六寸長，一尺三寸大，長短大小倣此。

鏡架勢及鏡箱式：鏡架及鏡箱有大小者，大者一尺零五分深，闊九寸，高八寸零六分。上層下鏡架二寸深，中層下抽相一寸二分，下層抽相三尺蓋一寸零五分，底四分厚。方圓雕車脚內中下鏡架七寸大九寸高，若雕花者，雕雙鳳朝陽，中雕古錢，兩邊睡草花，下佐連花托，此大小依此尺寸退墨無悮。

雕花面架式：後兩脚五尺三寸高，前四脚二尺零八分高，每落墨三寸七分大，方能役轉雕刻花草。此用樟木或南木，中心四脚摺進用陰陽笋，共闊一尺五寸二分零。

棹：高二尺五寸，長短闊狹看按面而做。中分兩孔，按面下抽箱或六寸深，或五寸深。或分三孔，或兩孔，下踃脚方與脚一同大，一寸四分厚，高五寸，其脚方員一寸六分大，起麻橫線。

八仙棹：高二尺五寸，長三尺三寸，大二尺四寸，脚一寸五分大。若下爐盆下層四寸七分高，中間方員九寸八分無悮。勒水三寸七分大，脚上方員二分，線棹框二寸四分大，一寸二分厚，時師依此式，大小必無一悮。

小琴棹式：長二尺三寸，大一尺三寸，高二尺三寸，脚一寸八分大，下梢一寸二分大，厚一寸一分，上下琴脚勒水二寸大。斜閗六分，或大者放長尺寸，與一字棹同。

棋盤方棹式：方圓二尺九寸三分，脚二尺五寸高，方員一寸五分，大棹框一寸二分厚，二寸四分大。四齒吞頭四箇，每箇七寸長，一寸九分大，中截下絛環脚或人物起麻出色線。

圓棹式：方三尺零八分，高二尺四寸五分，面厚一寸三分。串進兩半邊做，每邊棹脚四隻，二隻大，二隻半邊做合進都一般大，每隻一寸八分大，一寸四分厚，四圍三灣勒水，餘倣此。

一字棹式：高二尺五寸，長二尺六寸四分，闊一尺六寸。下稍一寸五分，方好合進做八仙棹。勒水花牙三寸五分大，棹頭三寸五分長，框一寸九分大，乙寸二分厚，框下關頭八分大，五分厚。

摺棹式：框一寸三分厚，二寸二分大，除框脚高二尺三寸七分正，方圓一寸六分大下要稍去些豹脚五寸七分長，一寸一分厚，二寸三分大，雕雙線起雙鈎，每脚上要二笋，閗豹脚上要二笋，閗豹脚上方穩不會動。

案棹式：高二尺五寸，長短闊狹看按面面做。中分兩孔，按面下抽箱或六寸深，或五寸深。或分三孔或兩孔，下踏脚方與脚一同大一寸四分，厚高五寸，其脚方圓一寸六分大，起麻擴線。

搭脚仔櫈：長二尺二寸，高五寸，大四寸五分，大脚一寸二分大，一寸一分厚，面起釰春線脚上廳竹圓。

諸樣垂魚正式：凡作垂魚者，用按管造之正式，今人又歎作繁針，如用此，又用做遮風及偃桷者方可使之。今之匠人又有不使垂魚者，只使直板作如意，只作彫雲樣者亦好，皆在主人之所好也。

駝峯正格：駝峯之格，亦無正樣。或有彫雲樣，或有做氈笠樣，又有做虎爪如意樣，又有彫瑞草者，又有彫花頭者，有做毬捧格，又有三蚌，或今之人多只愛使斗立叉童，乃爲時格也。

風箱樣式：長三尺，高一尺一寸，闊八寸，板片八分厚，內開風板六寸四分大，九寸四分長，抽風櫎仔八分大，四分厚，扯手七寸四分長，抽風櫎仔八分大，四分厚，扯手七寸長，方圓一寸大，出風眼要取方圓一寸八分大，平中爲主，兩頭吸風眼，每頭一箇，闊一寸八分，長二寸二分，四邊板片都用上行做準。

衣架雕花式：雕花者五尺高，三尺七寸闊，上搭頭每邊長四寸四分，中絛環三片，槳腿二尺二寸五分大，下脚一尺五寸三分高，柱框一寸四分大，一寸二分厚。

素衣架式：高四尺零一寸，大三尺，下脚一尺二寸長，四寸四分大，柱子一寸二分大，厚一寸，上搭腦出頭二寸七分，中下光框一根下二根，窗齒每成雙，做一尺三分高，每眼齒仔八分厚八分大。

面架式：前兩柱一尺九寸高，外頭二寸三分，後二脚四尺八寸九分，方員一寸一分大，或三脚者，内要交象眼笋，畫進一寸零四分，斜六分無悮。

皷架式：二尺二寸七分高，四脚方圓一寸二分大，上雕浄瓶頭三寸五分高，上層穿枋仔四捌根，下層八根。上層雕花板，下層下絛環或做八方者柱子。横櫎仔尺寸一様，但畫眼上每邊要斜三分，半笋是正的，此尺寸不可走分毫，謹此。

銅皷架式：高三尺七寸，上搭腦雕衣架頭花方圓一寸五分大，兩邊柱子俱一般起棋盤線，中間穿枋仔要三尺高，銅皷掛起便手好打，下脚雕屏風脚様式，獎腿一尺八寸高，三寸三分大。

花架式：大者六脚或四脚或二脚，六脚大者中下騎相一尺七寸高，兩邊四尺高，中高六尺。下枋二根，每根三寸大。直枋二根，三寸大。直枋二根，三寸大，五尺闊，七尺長，上盛花盆板一寸五分厚，八寸大，此亦看人家天井大小而做。只依此尺寸退墨有準。

涼傘架式：三尺三寸高，二尺四寸長，中間下傘柱仔二尺三寸高。帶琴脚在内，笄中柱仔二寸二分大，一寸六分厚，上除三寸三分做浄平頭，中心下傘楳一寸三分厚，二寸二分大，下托傘柄亦然。而是兩邊柱子方圓一寸四分大，窻齒八分大，六分厚，琴脚五寸大，一寸六分厚，一尺五寸長。

校椅式：做椅先看好光梗木頭及飾，次用解開要乾枋，纔下手做。其柱子一寸大，前脚二尺一寸高，後脚式尺九寸三分高。盤子深一尺二寸六分，闊一尺六寸七分，厚一寸一分。屏上五寸大，下六寸大。前花牙一寸五分大，四分厚。大小長短依此格。

板櫈式：每做一尺六寸高，一寸三分厚，長三尺八寸五分。櫈要三寸八分半長，脚一寸四分大，一寸二分厚。花牙勒水三寸七分大，或看櫈面長短及粗櫈尺寸一同，餘倣此。

琴櫈式：大者看廳堂闊狹淺深而做，大者高一尺七寸，面三寸五分厚，或三寸厚。即歆坐不得長一丈三尺三分，櫈面一尺三寸三分大，脚七寸分大，鵰捲草雙鈞花牙四寸五分半，櫈頭一尺三寸一分長，或脚下做貼仔只可一寸三分厚，要除矮脚一寸三分纔相稱，或做靠背櫈尺寸一同，但靠背只高一尺四寸，則止横仔做一寸二分大，一尺五分厚。或起棋盤線，或起釰春線，雕花亦如之。不下花者同様，餘長短寛闊在此尺寸上分，準此。

杌子式：面一尺二寸長，闊九寸或八寸高一尺六寸，頭空一寸零六分，畫眼脚方圓一寸四分大，而上眼斜六分半，下櫎仔一寸一分厚，起釰春線花牙三寸五分。

大方扛箱様式：柱高二尺八寸，四層。下一層高八寸，二層高五寸，三層高三寸七分，四層高三寸三分。蓋高二寸，空一寸五分，楳一寸五分。上浄瓶頭共五寸，方層板片四分半厚，内子口三分厚，八分大。兩根將軍柱一寸五分大，一寸二分厚。獎腿四隻，每隻一尺九寸五分高，四寸大。每層二尺六寸五分長，一尺六寸闊。下車脚二寸二分大，一寸二分厚，合角閂進雕虎爪雙的。

衣厨様式：高五尺零五分，深一尺六寸五分，闊四尺四寸。平分爲兩柱，每柱一寸六分大，一寸四分厚。下衣櫎一寸四分大，一寸三分厚。上嶺一寸四分大，一寸二分厚。門框每根一寸四分大，一寸一分厚，其厨上梢一寸二分。

食格様式：

柱二根，高二尺二寸三分，帶浄平頭在内一寸一分大，八分厚，楳尺分厚，二寸九分大，長一尺六寸一分，闊九寸六分。下層五寸四分高，二層三寸五分高，三層三寸四分高，蓋三寸高，板片三分半厚，裏子口八分大，三分厚，車脚二寸大，八分厚，獎腿一尺五寸三分高，三寸二分大。餘大小依此退墨做。

衣摺式：大者三尺九寸長，一寸四分大，内柄五寸，厚六分。小者二尺六寸長，一寸四分大，柄三寸八分，厚五分，此做如劍様。

衣箱式：長一尺九寸二分，大一尺六分，高一尺三寸，板片只用四分厚，上層蓋一寸九分，高子口出五分，或下車脚一寸三分大，五分厚，車脚只是三彎。

燭臺式：高四尺，柱子方圓一寸三分大，分上盤仔八寸大，三分，倒掛花牙，每一隻脚下交進三片，每片高五寸二分。雕轉鼻帶葉交脚之時，可拿板片畫成方員八寸四分，定三方長短，照墨方準。

圓爐式：方圓二尺一寸三分大，帶脚及車脚共上盤子一應高六尺五分正，上面盤子一寸三分厚，加盛爐盆貼仔八分厚，做成二寸四分大豹脚六隻，每隻二寸大，一寸三分厚，下貼梢一寸厚，中圓九寸五分正。

看爐式：九寸高，方圓式尺四分大，盤仔下絛環式，寸框一寸厚，一寸六分大，分佐亦方下豹脚脚二寸二分大，一寸六分厚，其豹脚要雕吞頭下貼梢一寸五分厚，一寸六分大，雕三灣勒水，其框合角笋眼要斜八分半，方閂得起，中間孔方員一尺無悮。

方爐式：高五寸五分，圓尺內圓九寸三分四，脚二寸五分大，雕雙蓮挽雙鈎，下貼梢一寸厚，二寸大，盤仔一寸二分厚，絲環一寸四分大，雕螳螂肚接豹脚相稱。

香爐樣式：細樂者長一尺四寸，闊八寸二分四，框三分厚，高一寸四分，底三分厚，與上樣樣闊，大框上斜三分，上加水邊三分厚，六分大，起厥竹線下豹脚下六隻，方圓八分大一寸二分大貼梢三分厚，七分大，雕三彎車脚或粗的不用豹脚，水邊寸尺一同，又大小做者尺寸依此加減。

學士燈掛：前柱一尺五寸五分高，後柱子式尺七寸高，方圓一寸大。盤子一尺三寸闊，一尺一寸深，框一寸一分厚，二寸二分大。切忌有節樹木無用。

香几式：凡佐香(九)〔几〕，要看人家屋大小若何。而大者上層三寸高，二層三寸五分高，三層脚一尺三寸長。先用六寸大，役做一寸四分大，下層五寸高，下車脚一寸五分厚，合角花牙五寸三分大，上層欄杆仔三寸二分高，方圓做五分大，餘看長短大小而行。

招牌式：大者六尺五寸高，八寸三分闊。小者三尺二寸高，五寸五分大。

洗浴坐板式：二尺一寸長，三寸大，厚五分，四圍起劒脊線。

藥厨：高五尺，大一尺七寸，長六尺。中分兩眼，每層五寸，分作七層，每層抽箱兩個，門共四片，每邊兩片，脚方圓一寸五分大，門框一寸六分大，一寸一分厚，抽相板四分厚。

藥箱：二尺高，一尺七寸大深九，中分三層，內下抽相只做二寸高，內中方圓交佐已孔如田字格樣，好下藥。此是杉木板片合進，切忌雜木。

火斗式：方圓式寸五分，高四寸七分，板片三分半厚，上柄柱子共高八寸五分，方圓六分大，下或刻車脚上掩火窗齒仔四分大，五分厚，横二根，直六根或五根。

此行燈警高一尺二寸，下盛板三寸長，一封書做一寸五分厚，上留頭一寸三分，照得遠近無悮。

櫃式：大櫃上框者二尺五寸高，長六尺六寸四分，闊三尺三寸，下脚高七寸，或下轉輪閉在脚上可以推動四住，每住三寸大，二寸厚，板片下叩框方密小者，板片合進二尺四寸高二尺八寸，闊長五尺零二寸，板片一寸厚，板此及量斗及星跡各項謹記。

象棋盤式：大者一尺四寸長，共大一尺二寸，內中間河路一寸二分，大框七分方圓，內起線三分方圓，横共十路，直共九路，何路笋要內做重貼，方能堅固。

圍棋盤式：方圓一尺四寸六分，框六分厚，七分大，內引六十四路，長通路七十二小斷路，板片只用三分厚。

算盤式：一尺二寸長，四寸二分大，框六分厚，九分大，起碗底線，上二子一寸一分，下下五子三寸一分。長短大小，看子而做。

茶盤托盤樣式：大者長一尺五寸五分，闊九寸五分，四框一寸九分高，起邊線三分半厚，底三分厚。或做斜托盤者，板片一盤子大，但斜二分八釐，底是鐵釘釘住，大小依此格加減無悮。有做八角盤者，每片三寸三分長，一寸六分大，三分厚，共八片，每片斜二分半，中笋一個，陰陽交進。

張岱《陶庵夢憶》卷五《諸工》 竹與漆與銅與窑，賤工也。嘉興之臘竹、王二之漆竹、蘇州姜華雨之籙竹、嘉興洪漆之漆、張銅之銅、徽州吴明官之窑，皆以竹與漆與銅與窑名家起家，而其人且與縉紳先生列坐抗禮焉。則天下何物不足以貴人，特人自賤之耳。

剛林等《大清律集解附例》卷一《工樂户及婦人犯罪》 凡工匠、樂户犯流罪者，三流並決杖一百，留住，衙門。拘役四年。住支月糧。若欽天監天文生，習業已成，能明於測驗、推步之法。自專其事者，犯流及徒者，各決杖一百，餘罪收贖。仍令在監習業。犯謀反、逆叛、緣坐應流，及造畜蠱毒，採生折割人，殺一家三人，家口會赦猶流，及犯竊盜，編配刺字，與常人一體科斷，不在流住之限，餘罪照例收贖。其婦人犯罪應決杖者，姦罪去衣受刑，餘罪單衣決罰，皆免刺字。若犯徒、流者，決杖一百，餘罪收贖。

條例

一、內府匠作，犯該監守、常人盜、竊盜、掏摸、搶奪者，俱問罪，送工部做工、炒鐵等項。其餘有犯徒、流罪者，拘役，住支月糧。笞、杖准令納贖。

一、在京軍民各色匠役，犯該雜犯死罪，無力，做工。徒、流罪拘役，俱住支月糧，笞、杖納贖，或的決。若犯竊盜、掏摸、搶奪一應情重者，亦擬炒鐵等項發落，不在拘役之限。民匠仍刺字充警。

一、在京工部各色作頭，犯該雜犯死罪，無力，做工；與侵盜、誆騙、受財枉法，徒罪以上者，依律拘役；滿日俱革去作頭，止當本等匠役。若累犯不悛，情犯重者，監候，奏請發落。杖罪以下與別項罪犯，拘役，滿日仍當作頭。

一、太常寺、光禄寺厨役，私自逃回原籍潛住，許里甲人等首告解部，不許津貼盤纏。若在原籍、途中及到部挾詐、誆騙、告害人者，問罪，立案不行。逃回至三次以上者，問發邊外爲民。

一、樂户雜犯死罪，無力，做工；流罪，依律決杖一百、拘役四年；徒、杖、笞罪，俱不的決，止擬拘役，滿日著役。若犯竊盜、掏摸、搶奪等項，亦刺字充警。

一、教坊司官俳，精選樂工，演習聽用。若樂工投託勢要，挾制官俳，及抗拒不服拘喚者，聽申禮部送問。就於本司門首枷號一個月，發落。若官俳徇私聽囑，放富差貧，縱容四外逃躲者，參究治罪，革去職役。

一、各處樂工縱容女子擅入王府，及容留貝勒、貝子、公在家行姦；並軍民旗校人等與貝勒、貝子、公賭博，誆哄財物，及擅入府内教誘爲非者，俱問發邊衛充軍，該管色長革役。

一、凡天文生有犯，查係習業已成能專其事者，笞、杖，有力納贖，無力的決；徒、流，依律決杖一百，餘罪收贖；雜犯死罪，拘役五年，滿日仍舊食糧充役。其例該充軍者，將所犯徒、杖，依律決杖，收贖，量給月糧三分之一，拘役終身。如軍罪遇宥，亦照舊食糧充役。其竊盜、掏摸、搶奪，應刺字充警，並例該永遠充軍，及習業未成，未能專事者，不分輕重罪名，悉照本等律例科斷。

一、凡欽天監官爲事請旨提問，與文職運炭等項，一例問斷。該爲民者，送監，仍充天文生身役；該充軍者，備由奏請定奪。其有不由天文生出身者，悉照例革職發遣。

一、婦人有犯姦、盜、不孝並審無力，與樂婦各依律決罰。其餘有犯笞、杖並徒、流、雜犯死罪該決杖一百者，審有力與命婦、軍職正妻，俱令納贖。

剛林等《大清律集解附例》卷四《户律・私役部民夫匠》 凡有司官私役使部民，及監工官私役使夫匠，出百里之外及久佔在家使喚者，有司官使一名，笞四十，每五名加一等，罪止杖八十。監工官照名各加二等，私役罪小，誤工罪大。每名計一日，追給僱工銀八分五釐五毫。若有吉凶及在家借使雜役者，勿論。監工官仍論。其所使人數不得過五十名，每名不得使過三日。違者以私役論。

剛林等《大清律集解附例》卷一〇《户律・市廛・私造斛斗秤尺》 凡私造斛斗、秤尺不平，在市行使，及將官降斛斗，秤尺作弊增減者，杖六十。工匠同罪。若官降不如法者，官吏工匠。杖七十。提調官失於較勘者，原置官吏工匠。減一等。知情與同罪。其在市行使斛斗、秤尺雖平，而不經官司較勘印烙者，即係私造，笞四十。若倉庫官吏，私自增減官降斛斗、秤尺，收支官物而不平納以所增，出以所減。者，杖一百，所以增減物計贓，重於杖一百。者坐贓論。因而得所增減之物入己者，以監守自盜論。並贓不分首從，查律科斷。工匠杖八十。監臨官知而不舉者，與犯人同罪；失覺察，減三等，罪止杖一百。

又《器用布絹不如法》 凡民間造器用之物，不牢固、真實，及絹布之屬紕薄、短狹而賣者，各笞五十，其物入官。

剛林等《大清律集解附例》卷一三《兵律・宮衛・内府工作人匠替役》 凡諸色當班工匠辦驗貨物，各行人役差撥赴内府，及承運庫工作，若不親身關牌入内應役，僱人冒己名並關牌私自代替及替之人，各杖一百，僱工錢入官。

又《宮殿造作罷不出》 凡宮殿内造作，所管官司具工匠姓名，報所入之處門官及守衛官，就於所入門首，逐一點姓名視形貌，放入工作。至申時分，仍須相視形貌，照數點出。其不出者，絞。監候。監工及提調内使監官、門官、守衛官軍點視，如原入名數短少，就便搜捉，隨即奏聞。知而不舉者，與犯人同罪；至死減一等。失覺察者，減三等，罪止杖一百。

剛林等《大清律集解附例》卷二六《刑律・雜犯・夫匠軍士病給醫藥》 凡軍士在鎮守之處，丁夫、雜匠在工役之所而有疾病，當該鎮守，監督官司，不爲行移所司。請給醫藥救療者，笞四十。因而致死者，杖八十。若已行移所司，而不差撥良醫及不給對症藥餌醫治者，罪同。

顧炎武《天下郡國利病書・山西・匠役》 凡工匠，皆隸於工部，役於京師。有住坐者，有輪班者，又有存留本府而執役於織染局者。大抵住坐者則廪食於官，每月止役一旬。輪班者則周而復始，每班止役一季，役滿故回，填給勘合執照。若造作數多，奏聞起取，若無工可造，聽令自行。先是各色工匠編班不等，洪武二十六年，照諸司役作繁簡，更定班次，或三年或二年。諸匠皆免本户差役，二丁若單丁，重役除其一役，老疾無丁者免其本身。法至備而恩至渥矣！後因住坐存留者或有逃故，輪流赴工者或有失班，仍命清軍御史行各府州縣，清軍官清解造册繳部。然有納價准工事例，司清理者宜審處焉。

周夢熊《合例判慶雲集・造作不如法工》 日省月試，司空之鳩僝最嚴；審曲面方，大匠之制形有定。蓋鑿朴宜堅，無取炫奇于雕鏤，而尺寸必準，誰敢妄易夫規繩。今某虚縻廩餼，勾逞纖靡。刓方破圓，既章程之罔恤；呈淫作巧，亦供奉之非宜。銖兩俱紊恒規，造作不遵成法。罰當改造，刑必加笞。

新例：凡造作不如法者，笞四十。若成造軍器不如法，及織造段疋粗糙紕薄者，各笞五十。若不堪用及應改造者，各并計所損財物，及所費雇工錢，重者坐贜論。其應供奉御用之物，加二等。工匠各以所由爲罪，局官減工匠一等，提調官吏又減局官一等，均償物價工錢還官。

《欽定八旗則例》卷八《兵制・挑補鐵匠》　鐵匠缺出，於開户人及印契、白契所買家人内挑補。若係孤寡貧苦人等，並無家人者，准借伊親戚家人挑補。其鐵匠著役後，不准另挑别項差役。該管大臣官員等秉公甄别。平常者，食一兩錢糧。稍優者，作爲三等，給與二兩錢糧。更優者，作爲二等，給與三兩錢糧。超等者，作爲一等，給與四兩錢糧。米石照銀數添給。

《欽定八旗則例》卷八《兵制・挑補弓匠》弓匠及弓匠頭目缺出，除上三旗屬武備院管轄，下五旗屬該王公等管轄者，仍聽各該處挑補外，如係移入公中佐領下弓匠之缺，該固山大報明都統，於該佐領下另户馬甲、養育兵、閒散内，挑補。頭目，於弓匠内挑補。咨明兵部註册。

阮葵生《茶餘客話》卷二〇《技藝名家》　昔人治一業，攻一器，足以傳世行遠而不朽，較之抱兔園一册，飽食終日，老死牖下，淹没而無聞者，不可同年語矣。如陸子剛一作岡。治玉，鮑天成治犀，朱碧山治銀，濮謙治竹，又嘉興王二漆竹，蘇州姜華雨莓緑竹，趙良璧、黄元占、歸懋德治錫，李昭、一作荷葉李。馬勛治扇，周柱治鑲嵌，吕愛山治金，王小溪治瑪瑙，蔣抱雲、王吉治銅，雷文、張越治琴，范昌白治三弦子，楊茂、張成治漆器，江千里治嵌漆，胡四治銅爐，談氏箋，顧氏綉，張氏爐，洪氏漆，孫春陽燭。又文衡山非方扇不書，及近時薛晉臣治鏡，曹素功治墨，穆大展刻字，顧青娘、王幼君治硯，張玉賢火筆竹器，皆名聞朝野，信今傳後無疑也。濮謙壬午生，與老蒙同庚。按老蒙即錢謙益。十二卷本所選各條於有蒙叟字樣處均删去，獨此條僅删一「老」字，與蒙同庚，遂不可通。嘗贈以詩云：「滄海茫茫感劫塵，靈光無恙見遺民。少將楮葉供游戲，晚向蓮花結淨因。杖底青山爲老友，窗前翠竹似閑身。堯年甲子欣相并，何處名山許卜鄰。」

李斗《揚州畫舫録》卷四　八大刹佛作，媲美蘇州。而重寧寺佛作，則照内工做法，佛像鐫胎，用鋸匠砍造坯木，木匠合縫較驗，下膠。□□雕鑾匠，不拘文武，雕做胎形。眉眼衣紋，天衣風帶，頭盔甲胄。護法勇士站像，攢裝胎骨法身，皆以高之尺寸，照行七、坐五、湼盤三歸之，歸後以自乘，自乘後，行用十九歸除，坐用十三歸除，湼用七，因以見方尺。魚膠蚼草，折料分等，增胎立骨。糙泥一次，襯泥一次，長而像衣紋一次，挑眉眼衣摺，光壓細泥又二次。細泥(沾)〔粘〕做又一次，臟膛硃紅油二次。黄土、西紙、砂子、麥糠、麻莖，屬之塑工。橔木、柏木、銀硃、光油、雨點釘、黄米條、鐵絲，屬之木工。文武站像，半文半武，甲胄武扮，折料增損有差。脱(沙)〔紗〕堆塑泥子坐像，法身折料，增以秫稭油灰，脱紗使布十五次。長面像衣紋，熟漆灰一次，墊光漆二次，水磨二次，漆灰粘做一次，臟膛硃紅漆二次。桐油，夏布，魚子、磚灰、嚴生漆、籠罩漆、退光漆、漆硃、土子面，屬之脱紗匠。又鐫胎汁漿一次，長面像衣紋，包紗溜縫布二次，壓布灰中灰細灰各一次，墊光漆水磨各二次，漆灰粘做一次，臟膛硃砂漆二次。折料如脱紗，屬之包紗匠。糙漆颺金，增以潮腦紅金、黄金，屬之彩漆匠。篩掃有差。又五彩裝顔，全身渾放水金、瀝粉，貼金。天衣風帶描泥金做法，廣膠、白礬、青粉、土粉、白麵、西紙、砂紙、定粉、赭石、廣花、硃砂、雄黄、川二硃、石黄、滕黄、胭脂、天大青、天二青、南梅花青、石大緑、石二緑、石三緑、紅金、黄金、貼金、鷄蛋，屬之裝顔匠。文扮武扮，半文半武，番佛，跟伴，娃娃、鬼判、難人、赤身粧各樣肉色。短衣、腰裙、護肩、頭箍、花冠、耳環、鐲釧、纓絡、人頭數珠，開眉眼、點朱唇、鏇螺髮，哨黑髮、硃髮有差，如華蓋、琵琶、降魔杵、九環錫杖、流雲托、多寶瓶、寶塔鈴、救度佛母脚蓮葉瓣、豹尾鎗、鉞斧、牛耳刀、巧箭、翎筸絃扣、籐牌、獸面、鬃纓、鏻賁巴瓶、錦(文)〔女〕寶珠盤、寶旛、方旗、風火輪、劍輪尖鋒、雲頭、三楞火焰杵、紅白蘿蔔巴里菓、連環圈番草寶珠、哈搭棒、仙枕、經板、哈巴里鼓、噶巴里(蜿)〔碗〕雕江洋血水、骷髏棒、羽扇，皆爲雕鑾之職，鉢盂數珠，屬之鏃匠。若寶座寶床、佛座佛龕、築地、平等座、托泥、圭角、棚牙，起線雕做分心花番草葉、方色條、巴達馬面板、底板、托棖、穿帶竪棖、替木，(稜)〔稄〕花、岔角、金剛柱、八寶淨瓶、仰覆蓮，大鵬、孔雀、羚羊、獅、象、海馬、異獸，開眉眼唇齒牙爪，細撕鬃髮，羽翼翎毛，背光八字托皮條線紫草邊雕做番草、底板攢做穿帶、開挖鏡光口槽、三寶珠、龍女雕做面像衣紋天衣風帶、草獸頭雕做唇齒鱗甲角鬚、流雲鏡托渠花蓮瓣、韋馱流雲背光脚托穿帶、布袋床屏風、特腮、玲瓏搭腦、墜脚、耳子、羅漢床捲珠雲、連三寶塔佛龕、夾堂、跕板、歡門、襯平、魚門、香草邊同腰箍帶巴達馬、寶塔三叠落八角座子、十三天、四出軒、須彌座帶仰覆蓮座之類，皆以松橔椴木爲最。合縫摔口，雕鑾有差。至于執事寶座，金漆油畫則例同科。佛座、獅吼、象、神馬、神騾、神牛、鞍鞊、鞦轡、纓絡、虎、豹、熊、犬、羊、狼、鶴、鶯、鸚鵡諸類，金漆油畫亦同科。其彩畫廊墻，一爲進貢、奏樂、仙人、山水、樹木、橋梁、彩雲、地景。一爲十王、司主、諸星、童子、插屏、帳幔、墻垣、地景。一爲關帝、二十四功曹、二十四註解、北極、五祖、天師出跡。一爲淡五色救八難、菩薩、神將、仙人、進貢童子。一爲青龍、白虎、朱雀、元武、出入巡、萬聖朝禮、祖師從神等。一爲番像、羅漢、菩薩、喇嘛、從神、仙人。一爲四值功曹。一爲印子佛、背光、蓮座。一爲龜蛇、水獸、裝草、緑色龜背錦。其花冠、耳環、袍服、執事、頭箍、補服、盔甲、靠背、屏風，均同科。惟佛像銅胎十六臂至三十六臂滲金梅洗見新，司之于梅洗匠。所用折料，爲城、烏梅、木柴、粗白布。

佛龕例闊五尺九寸三分，進深二尺七寸五分，高四尺七寸。用柱四、垂柱四、雕西番蓮箍頭枋四，簾籠枋四，頂盤一，兩山板二，後身板一。其須彌座，托泥、面枋、束腰、串帶、心子板三方，上下仰覆蓮，絛環牙子迎面採臺雕凹面漢文夔龍，荷葉淨瓶欄杆，挖魚門洞，中雕如意香草牙子二，起螳螂肚雕菊花心，欄杆柱子雕迴文錦。歡門、虎爪、牙子、毘盧帽三。起香草如意線雕西洋蓮瓣、藏字、金鈴、寶杵，諸式備具。供桌亦曰龍供案，例闊六尺，進深二尺，高三尺。番草、捲珠、灣腿、香草、夔龍、絛環、螳螂肚、菊花心、牙板、羅頭鼓牙，通起兩柱香線如意雲頭成做。香圓几，週圍絛環，摺柱特腮，鼓牙，蜻蜓腿，番草，捲珠，素線、雲頭成做。供櫃長二尺七八寸至八尺不等，寬二尺，高二尺七寸，四面幫板，荷包牙子，或灣腿彭牙。經桌長四尺，寬一尺一寸五分，高一尺七寸。束腰，折柱、托腮，琴眼，抽屜具備。坐床長四尺，寬二尺，高七寸。琴眼，束腰做法。藥師壇城，外面方亭柱磉，翼飛簷。寶頂鑲嵌城門、城垜子、城樓。每夜燃燈，謂之藥師燈。供獻備五號供托，椴木雕各色菓子及荷包、靈芝、珊瑚樹。

三世佛殿上，仿永明寺塔式，鑄銅塔二座，設於兩楹，用紫檀木做托泥、圭角、方色、巴達馬、束腰、穿帶、托棖、月牙座。用銅做葫蘆寶頂，火焰狻、花岔角、羚羊、獅、象、西洋欄杆、净瓶。塔門大銅框連做梓口月牙，塔身龍面，挖做瓦壠，週圍護如意雲。吉祥寶珠、珠雲方勝，鮎魚墜角，墜纓、太極圖，寶帶、番草邊、捲珠、玲瓏、羚羊、獅、象、龍女，無不備具。景福殿賦云：寠數矩設，古之陳設大半以雙不以單，昔廣州光孝寺建塔二，凡七層，合相蓮花座，崇二丈有二尺，並立一屋中，修短不齊，一記一題名。後之屋中立雙塔者本此。至以一塔陳設者，則天寧寺行宫鐵塔。已入大内。今揚州肆中有玉寶塔一。仿報恩寺塔式，按九宫八卦三元，高九尺九寸，計九層。合塔材、大木、雕鑾、鏇鋸瓦匠、土工、發券、地丁、錠鉸、裝修，及斗科、各斗口、平身、柱頭角科諸作之事，皆以玉爲之。柱桁之屬，則如砍鉋出細，榫眼則開透極管脚雌雄之製。其他起槽、起線、平囊、刓縫、刓囊、穿捎、穿帶、落堂、下槽，極盡詭異，拆下俱成片段。第一層白玉佛四，八方殿宇墻垣，皆刻玉佛八十有八。其餘八層，内貯金佛四尊。門外以青金石爲扁額，惟無陳石亭文、盛雲浦賦、焦淡園乞化緣疏爲憾事。此又備一塔爲陳設者也。

方丈在大殿西廊，門内四圍皆竹，中有方塘。水木明瑟，繚白縈青，松幢葆蓋，清香透毛骨。山門右廊，沿塘入方丈門内，前堂後閣，右爲禪堂僧厨，沿塘至對面爲飯堂。開山僧了凡，陽羨人，幼以梵學著名，與萬應馨友善，學者依之。甲辰主寺講席，每一出，擁輿者百餘人，巷陌聚觀，喧嗔鷄犬，酧唱妙語，不減蓮社。了凡後，蓮性寺僧傳宗主之。了凡以善相稱，傳宗以善數稱，皆絶技。揚州相術，胡文炳爲最，田子豐次之。數學則有希賢子、滴露齋、攖寧居士三家，喬楞友、吴曰達、李如松次之。

王又槐《錢穀備要》卷三《雜務交代》 一、外省官員卸任後，交盤限内即出署另居，不得久佔衙舍。如不依限出署，將舊官降一級調用。接任之員聽其久住不行詳報者，罰俸一年。見處分。

一、官員陞任或去任，除自置器皿外，署内一應物件俱着清載簿籍，移交接任官員。倘將在官物件被家人毁盜，將家人照毁盜官物律治罪，其毁盜物件着落舊任官照數賠補。見律。

一、地方夜禁栅欄，令地方官查明該管境内城鄉共設若干數目，備造細册，逐一稽查。至救火水龍、水桶、鐵鐃、鈎鐮、蔴搭等項，分派同城文武官員均匀收貯，并將各里原貯水桶責令州縣隨時驗看，俱造入交盤册，文武員弁出結交代。若不及時修葺，該管上司即行查參，責令賠修。雍正十一年例。

明亮等《欽定中樞政考》卷三一《兵制》 八旗駐防兵丁額數。【略】八旗驍騎營鑲黄旗滿洲領催四百二十八名，馬甲一千六百八名，有米養育兵一千六百六名，無米養育兵五百九十八名，門甲十六名，通倉領催一名，通倉馬甲十七名，清河倉馬甲十名，弓匠八十五名，鞍匠七名，鐵匠八十五名，鏇匠四名，備宴馬甲四名，通政使司傳事兵一名，看箭亭兵二名。

鑲黄旗蒙古領催一百四十名，馬甲五百三十二名，有米養育兵四百五十三名，無米養育兵一百四十名，門甲十名，弓匠二十八名，鞍匠六名，鐵匠二十八名，蒙古包匠七名，長號拜唐阿十名，看箭亭兵一名。

鑲黄旗漢軍領催二百五名，馬甲一千七百二十二名，敖勒布三百二十八名，養育兵七百三十二名，礮手四十名，門甲九名，更夫五名，兵部承差一名，弓匠四十名，鐵匠三十三名，銅匠四名，鋄匠二名，鏇匠一名，鞍匠一名，看箭亭兵一名。

鑲黄旗包衣領催八十四名，馬甲一千六百八十九名，鐵匠三十二名，無米養育兵八十七名。

正黄旗滿洲領催四百六十三名，馬甲一千七百二十七名，有米養育兵一千七百四十五名，無米養育兵六百四十九名，門甲二十三名，通倉領催一名，通倉馬甲二十名，本裕倉馬甲八名，弓匠九十二名，鞍匠七名，鐵匠九十三名，鋄匠四名，鷹手四名，備宴馬甲五名，兵部承差二名，通政使司傳事兵一名，光禄寺傳事兵五名，看箭亭兵一名。

正黄旗蒙古領催一百二十名，馬甲四百五十二名，有米養育兵三百八十八名，無米養育兵一百二十名，門甲十名弓匠二十四名，鞍匠五名，鐵匠二十四名，蒙古包匠七名，長號拜唐阿十名，兵部承差一名，理藩院通事一名，作帽領催一名，看箭亭兵一名，茶拜唐阿十二名。

正黄旗漢軍領催二百名，馬甲一千六百八十名，敖勒布三百二十名，養育兵七百十四名，門甲八名，更夫五名，礮手四十名，弓匠四十名，鞍匠二名，鐵匠三十六名，銅匠八名，鋄匠六名，看箭亭兵一名。

正黄旗包衣領催九十二名，馬甲一千八百四十四名，無米養育兵八十九名，鐵匠四十六名。

正白旗滿洲領催四百三十名，馬甲一千六百十六名，有米養育兵一千六百二名，無米養育兵六百二名，門甲二十五名，通倉領催一名，通倉馬甲二十名，清河倉馬甲八名，弓匠八十六名，鞍匠十二名，鐵匠八十六名，備宴馬甲五名，鞭手四名，兵部承差三名，通政使司傳事兵一名，光禄寺傳事兵四名。

正白旗蒙古領催一百四十五名，馬甲五百四十六名，有米養育兵四百六十九名，無米養育兵一百四十五名，門甲九名，弓匠二十九名，鞍匠二名，鐵匠二十九名，蒙古包匠七名，長號拜唐阿十名，狗拜唐阿一名，兵部傳事兵一名，光禄寺傳事兵一名，作帽領催一名，看箭亭兵一名。

正白旗漢軍領催二百名，馬甲一千六百八十名，敖勒布三百二十名，養育兵七百十四名，門甲十名礮手四十名，更夫五名，弓匠四十名，鞍匠一名，鐵匠三十九名，銅匠一名，鋄匠六名，兵部承差一名，駝長一名，駝丁九名，看箭亭兵一名。

正白旗包衣領催八十八名，馬甲一千六百八十三名，無米養育兵八十八名，鐵匠三十二名。

正紅旗滿洲領催三百七十名，馬甲一千三百二十二名，有米養育兵一千三百七十名，無米養育兵五百六十三名，門甲二十二名，弓匠七十四名，鐵匠七十四名，鐵匠六名，宰牲拜唐阿二名，會同館小吏二名，看箭亭兵一名。

正紅旗蒙古領催一百十名馬甲四百十六名，有米養育兵三百五十名，無米養育兵一百十名，門甲三名，弓匠十六名，鐵匠二十二名，鋄匠二名，兵部傳事兵一名，看箭亭兵一名。

正紅旗漢軍領催一百三十八名，馬甲一千一百五十五名，敖勒布二百二十名，養育兵五百三名，礮手四十名，門甲八名，更夫五名藍甲五名，兵部承差一名，弓匠二十五名，鞍匠一名，鐵匠二十六名，銅匠一名，雕刻匠一名，鋄匠八名，看箭亭兵一名。

正紅旗包衣領催四十三名，紅甲九百六十六名，藍甲二百五十二名。

鑲白旗滿洲領催四百二十名馬甲一千五百八十二名，有米養育兵一千五百八十二名，無米養育兵五百九十八名，門甲二十三名，本裕倉馬甲七名，通倉馬甲二十一名，弓匠八十四名，鐵匠八十四名，看箭亭兵一名。

鑲白旗蒙古領催一百二十名，馬甲四百五十三名，有米養育兵三百八十八名，無米養育兵一百二十名，門甲九名，弓匠二十四名，鐵匠二十四名，兵部傳事兵一名，宰牲拜唐阿一名，會同館大吏一名，會同館小吏一名，看箭亭兵一名。

鑲白旗漢軍領催一百五十名，馬甲一千二百六十名，敖勒布二百四十名，養育兵五百四十九名，門甲十名，礮手四十名，弓匠二十七名，鐵匠二十三名，雕刻匠七名，看箭亭兵一名，光禄寺聽事兵一名，更夫五名。

鑲白旗包衣領催四十三名，藍甲四百三十二名，白甲九百八十三名。

鑲紅旗滿洲領催四百三十名馬甲一千六百十七名，有米養育兵一千六百二名，無米養育兵六百二名，門甲一千四百五十六名，礮手十六名，步甲三百二十名，養育兵六十四名，匠役四十八名，索倫營領催三十二名，前鋒四十名，馬甲九百六十八名，養育兵二百名，錫伯營領催三十二名，馬甲九百六十八名，察哈爾營領催六十四名，馬甲一千七百三十六名，額魯特領催八十名馬甲三千三百四名。

一烏嚕木齊駐防領催一百二十名，委前鋒校二十四名，委前鋒小旗二十名，委前鋒一百九十二名，馬甲二千三百四名，礮手四十八名，步甲三百三十六名，養育兵二百八十名，弓匠十六名，箭匠十六名，鐵匠十六名。

一巴里坤駐防領催四十名，委前鋒校八名，委前鋒小旗四名，委前鋒二十八名，馬甲七百六十八名，礮手十六名，步甲一百四十四名，養育兵六十名，弓匠八名，箭匠八名。

一古城駐防領催四十名，委前鋒校八名，前鋒三十二名，馬甲七百六十八名，礮手十六名，步甲一百四十四名，養育兵六十名，弓匠八名，箭匠八名。

一吐魯番駐防領催二十名，前鋒校四名，前鋒小旗四名，前鋒三十二名，馬甲三百八十四名，礮手八名，步甲五十六名，養育兵四十八名，弓匠三名，箭匠三名，鐵匠二名。

曹振鏞等《欽定工部續增則例》卷一四《營繕司・頭停望甎》 用料：頭停鋪尺貳望甎，每塊用石灰捌兩。

鋪沙滚子望甎，每塊用石灰貳兩。

用工：每鋪墁尺貳方，甎壹百塊用瓦匠壹工，壯夫貳名。

每鋪墁沙滚子望甎柒百塊，用瓦匠壹工，壯夫貳名。

又《成砌碎甎》 用工：成砌碎甎，每折見方壹丈，厚壹尺，用瓦匠壹工叁分，壯夫貳名陸分。

錢泳《履園叢話》卷一二《藝能・周制》 周制之法，惟揚州有之，明末有周姓者始創此法，故名周制。其法以金、銀、寶石、真珠、珊瑚、碧玉、翡翠、水晶、瑪瑙、玳瑁、琿渠、青金、綠松、螺甸、象牙、蜜臘、沉香爲之，雕成山水、人物、樹木、樓臺、花卉、翎毛，嵌於檀梨漆器之上，大而屏風、桌椅、窗槅、書架，小則筆床、茶具、硯匣、書箱，五色陸離，難以形容，真古來未有之奇玩也。乾隆中有王國琛、盧映之輩，精於此技，今映之孫葵生亦能之。

嘉慶十九年，圓明園新構竹園一所，上夏日納涼處。其年八月，有旨命兩淮鹽政承辦紫檀裝修大小二百餘件，其花樣曰「榴開百子」，曰「萬代長春」，曰「芝仙祝壽」。二十二年十二月，圓明園接秀山房落成，又有旨命兩淮鹽政承辦紫檀窗槅二百餘扇，鳩工一千餘人，其窗皆高九尺二寸，又多寶架三座，高一丈二尺，地罩三座，高一丈二尺，俱用周制，其花樣又有曰「萬壽長春」，曰「九秋同慶」，曰「福增貴子」，曰「壽獻蘭孫」，諸名色皆上所親頒。

錢泳《履園叢話》卷一二《藝能・雕工》 雕工隨處有之，寧國、徽州、蘇州最盛，亦最巧。乾隆中，高宗皇帝六次南巡，江浙各處名勝俱造行宫，俱列陳設，所雕象牙、紫檀、花梨屏座，并銅、磁、玉器架墊，有龍鳳、水雲、漢紋、雷紋、洋花、洋蓮之奇，至每件有費千百工者，自此雕工日益盛云。

乾隆初年，吴郡有杜士元，號爲鬼工，能將橄欖核或桃核雕刻成舟，作東坡游赤壁。一方篷快船，兩面窗槅，桅杆兩，櫓頭稍篷及柁篙帆檣畢具，俱能移動。舟中坐三人，其巾袍而髯者爲東坡先生，着禪衣冠坐而若對談者爲佛印，旁有手持洞簫，啓窗外望者，則相從之客也。船頭上有童子持扇烹茶，旁置一小盤，盤中安茶杯三盞。舟師三人，兩坐一卧，細逾毛髮。每成一舟，好事者争相購得，值白金五十兩。然士元好酒，終年游宕，不肯輕易出手，惟貧困極時始能鏤刻，如暖衣飽食，雖以千金不能致也。高宗聞其名，召至啓祥宫，賞賜金帛甚厚，輒以换酒。士元在禁垣中，終日悶悶，欲出不可。忽詐癡，逸入圓明園，將園中紫竹伐一枝，去頭尾而爲洞簫，吹於一大松頂上。守衛者大驚，具以狀奏。高宗曰：「想此人瘋矣。」命出之。自此回吴，好飲如故。余幼時識一段翁者，猶及見之，爲余詳述如此。余嘗見士元製一象牙臂擱，刻《十八羅漢渡海圖》，數寸間有山海、樹木、島嶼，波濤掀動翻天之勢，真鬼工也。

錢泳《履園叢話》卷一二《藝能・摹印》 摹印始於秦，盛於漢，晉以後其學漸微。每見唐、宋人墨蹟上所用印章，皆以意配合，竟無有用秦、漢法者。至元、明人則各自成家，與秦、漢更遠矣。國初蘇州有顧雲美，徽州有程穆倩，杭州有丁龍泓。故吴門人輒宗雲美，天都人輒宗穆倩，武林人輒宗龍泓，至今不改。乃知雕蟲小技，亦有風氣運會存乎其間。近來宗秦、漢者甚多，直可超唐、宋、元、明而上之。天都人尤擅其妙，如歙之巴雋堂、胡城東、巴煜亭、鮑梁侶，績溪之周宗杭，皆能浸淫乎秦、漢者。然奏刀稍懈，又成穆倩矣。習見熟聞，易於沾染，其勢然也。

山陰董小池通守名洵，素精摹印，罷官後寓京師三十年，無所遇，以鐵筆遊公卿間。余觀其奏刀，却無時習，輒以秦、漢爲宗。然必須依傍古人，如刻名印，必先將漢印譜翻閲數四，而後落墨。譬諸畫家，無胸中丘壑，以稿本臨模，終是下乘。同時公卿大夫之好摹印者，如仁和余秋室學士、蕪湖黄左田尚書、上海趙謙士侍郎、揚州江秋史侍御、江寧司馬達甫舍人，又有紅蘭主人與英夢禪、董元鏡、趙佩德諸公，俱有秦、漢印癖者也。

汪繡峯啓淑，歙之綿潭人。家本素封，以資爲户部員外郎。喜藏古今文籍字畫，尤酷嗜印章，搜羅漢、魏、晉、唐、宋、元、明人印極多，凡金銀、玉石、碼瑙、珊瑚、水晶、青金、蜜蠟、青田、昌化、壽山及銅磁、象牙、黄楊、檀香、竹根諸印，一見輒收，至數萬枚，集有《訒庵集古印存》二十四卷，又刻《飛鴻堂印譜》三集，皆延近時諸名家攢集而成，海内傳爲至寶。余在秋帆尚書家，與繡峯時相過從，見余案頭有一銅印鼻鈕刻「楊惲」二字，的是漢人。繡峯欲豪奪，余不許，遂長跪不起，不得已，笑而贈之。其風趣如此。惟少鑒别，不論精粗美惡，皆爲珍重，亦見其好之篤也。自稱「印癖先生」。

余頗嗜篆刻，十五六時始見吴江張雨槐，是專學顧雲美、陳陽山者。比長，聞光福鎮有徐翁友竹亦擅此技，乃投刺謁之，一見傾倒，因得見所刻《西京職官印録》八卷。是按《前漢書・百官公卿表》爲之考正，如淮陰侯韓信、酇侯蕭何，依次刻之，吴中篆刻，自雲美後又一變矣。

近時模印者，輒效法陳曼生司馬。余以爲不然。司馬篆法未嘗不精，實是丁龍泓一派，偶一爲之可也，若以爲可法者，其在天都諸君乎？蓋天都人俱從程穆倩入手，而上追秦、漢，無有元、明人惡習，所謂刻鵠不成尚類鶩者也。他如江寧之張止原、蔡伯海，錫山之嵇道崑、吴鏡江，揚州之程瀨泉、王古靈，長洲之吴介祉、張容庭，海鹽之張文魚，涇縣之胡海漁，仁和之陳秋堂，虞山之屈元安，華亭之徐漁村，武進之鄒牧村，皆有可觀，亦何必一定法曼生耶？

錢泳《履園叢話》卷一二《藝能・刻碑》 自漢、魏、六朝、唐、宋、元、明以來，碑板不下千萬種，其書丹之人，有大家書，有名家書，亦有並不以書名而隨手屬筆者。總視刻人之優劣，以分書之高下，雖姿態如虞、褚，嚴勁如歐、顔，若刻手平常，遂成惡札。至如《唐騎都尉李文墓志》，其結體用筆，全與《磚塔銘》相似，王虚舟云必是敬客一手書，而刻手惡劣，較《磚塔銘》竟有天壤之隔。又《西平王李晟碑》，是裴晉公撰文，在柳誠懸當日書碑時，自然極力用意之作，乃如市儈村夫之筆，與《玄秘塔》截然兩途，真不可解也。唐人碑版如此類者甚多，其實皆刻手優劣之故。

大凡刻手優劣，如作書作畫，全仗天分。天分高則姿態横溢，如劉雨若之刻《快雪堂帖》，管一虬之刻《洛神十三行》是也。

文氏《停雲館帖》，章簡甫所刻也。然惟刻晉、唐小楷一卷最爲得筆，其餘皆俗工所爲，了無意趣。

書法一道，一代有一代之名人，而刻碑者亦一時有一時之能手，需其人與書碑者日相往來，看其用筆，如爲人寫照，必親見其人而後能肖其面目、精神，方稱能事，所謂下真蹟一等也。世所傳兩晉、六朝、唐、宋碑刻，其面目尚有存者，至於各種法帖，大率皆由搨本贗本轉轉模勒，不特對照寫照，且不知其所寫何人，又烏能辨其面目、精神耶？吾故曰藏帖不如看碑，與其臨帖之假精神，不如看碑之真面目。

刻手不可不知書法，又不可工於書法。假如其人能書，自然胸有成見，則恐其將他人之筆法，改成自己之面貌；如其人不能書，胸無成見，則又恐其依樣胡蘆，形同木偶，是與石工木匠雕刻花紋何異哉？

刻行楷書似難而實易，刻篆隸書似易而實難。蓋刻人自幼先從行楷入手，未有先刻篆隸者，猶童蒙學書，自然先習行楷，行楷工深，再進篆隸。今人刻行楷尚不精，況篆隸乎？

錢泳《履園叢話》卷一二《藝能・選毫》 筆以吴興人製者爲佳，其所謂狼毫、兔毫、羊毫、兼毫者，各極其妙。然毫之中有剛柔利鈍之不同，南北中山之互異。每一枝筆，只要選其最健者二三根入其中，則用之經年不敗，謂之選毫。相傳趙松雪能自製筆，取千百枝筆試之，其中必有健者數十枝，則取數十枝拆開，選最健之毫迸爲一枝，如此則得心應手，一枝筆可用五六年，此其所以妙也。諺云「能書不擇筆」，實妄言耳。

大凡書家以小筆書大字必薄，以大筆書小字必厚，其勢然也。功夫淺則薄，功夫深則厚，其理然也。余幼時聞老輩作書，有取香火燒其筆尖，然後用之者，故其書禿，無有鋒穎，以此爲厚，不亦謬乎！

錢泳《履園叢話》卷一二《藝能・製墨》 昔人有云，筆陳如草，墨陳如寶。所謂陳者，欲其多隔幾年，稍脱火性耳，未必指唐、宋之墨始爲陳也。今人言古墨者，輒曰李廷珪、潘谷，否則程君房、方于魯，甚至有每一笏直數十百金者，其實皆無所用。余嘗見詒晉齋主人及劉文清公書，凡用古墨者，不論卷册大小幅，皆模糊，滿紙如滲如污。蓋墨古則膠脱，膠脱則不可用，任其煙之細，製之精，實無所取，不過置案頭飾觀而已。

《説文》：「墨者，黑也。」松煙所成，只要煙細。東坡所謂要使其光清而不浮，湛湛如小兒目睛，乃爲佳也。近時曹素功、詹子雲、方密菴、汪節菴輩所製者，俱可用。如取煙不細，終成棄物。

錢泳《履園叢話》卷一二《藝能・砸紙》 紙類不一，各隨所製。近時常用者不過竹料綿料兩種，竹料用之印書，綿料用之寫字。然紙質雖細，總有灰性存乎其間，落筆輒滲。若欲去其灰性，必用糯米漿，或白芨水，或清膠水拖之，然後卷在木桿上，以椎千捶萬捶，則灰性去而紙質堅。米南宫製紙亦用是法。若欲灰性自退，非百餘年不可，然其質仍鬆不可用也。

牋紙近以杭州製者爲佳，硾箋粉箋蠟箋俱可用，蓋杭粉細，水色峭，制度精，松江、蘇州俱所不及也。有虛白齋製者，海内盛傳，以梁山舟侍講稱之得名。余終嫌其膠礬太重，不能垂久。

書箋花樣多端，大約起于唐、宋，所謂衍波牋、浣花牋，今皆不傳。每見元、明人書札中有印花砑花精妙絶倫者，亦有粗俗不堪者，其紙雖舊，花樣總不如近今。自乾隆四十年間蘇、杭、嘉興人始爲之，愈出愈奇，争相角勝，然總視畫工之優劣，以定牋之高下。花樣雖妙，紙質粗鬆，舍本逐末，可發一笑。

錢泳《履園叢話》卷一二《藝能·硺硯》 石之出于端州者，概而名之曰端。端非一種，種非一類，只要質理細，發墨易，便是佳硯。其他名色甚多，如鸜鵒眼、黄龍紋、蕉葉白之類，而石質粗笨，不發墨，則亦安用其名色耶？近日阮雲臺宫保在粤東，又得恩平茶阬石，甚發墨，五色俱有，較端州新阬爲優，此前人之所未見。

石之細而發墨者，亦不必端州，即如歙之龍尾、蘇之[illegible]邨、漢宫之瓦當、魏、晉之宫殿磚，松花江之砥石，俱可爲硯。近又以日本國石爲硯者，皆出于通州福山一帶，人家牆壁内時時有之，相傳爲明時倭寇入江南壓船帶來者，其質堅而細，甚發墨，有黄、紫、黑三種，莫名其爲何石，近亦漸少矣。

余嘗論硺硯之工，全在乎取材，不必問做手。如硯材不佳，雖妙手亦何能爲耶？曩時在小倉山房識江寧衛皃溪，手段卻好，惟所硺之硯皆是棄材，不過陳設案頭，與假古銅磁飾觀而已。

錢泳《履園叢話》卷一二《藝能·銅匠》 鑄銅之法，三代已備，鼎鐘彝器，制度各殊，漢、魏而下，鐵木並用。至唐、宋始有磁器，磁器行而銅器廢矣。鮑照詩云：「洛陽名工鑄爲金博山，千斲復萬鏤，上刻秦女攜手仙。」則知古人之精于此技者，代不乏人，如梁之開皇、唐之開元鑄有造像，宋之宣和、明之宣德鑄有爐瓶，則去古法漸遠矣。近吴門有甘、王兩姓，能仿造三代彝器，可以亂真。又嘉定有錢大田者，能仿造壺爵，與古無異；子秉田亦傳其法，嘗爲吴盤齋大令鑄祭器十種，爲余鑄金塗塔鐵券。又有江寧人馮錫與者，爲余鑄如意百柄，蟾燈一具，及帶鉤銅璧、靈鐘清磬、銕簫、銕笛、書鎮之屬，亦能仿商、周之嵌金銀，此又甘、王、錢三家所不及也。

自鳴鐘表皆出于西洋，本朝康熙間始進中國，今士大夫家皆用之。案張鷟《朝野僉載》言武后如意中海州進一匠，能造十二辰車，回轅正南則午門開，有一人騎馬出，手持一牌，上書「午時」二字，如旋機玉衡十二時，循環不爽，則唐時已有之矣。近廣州、江寧、蘇州工匠亦能造，然較西法究隔一層。

測十二時者，古來惟有漏壺，而後世又作日晷、月晷，日晷用于日中，月晷用于夜中，然是日有風雨，則不可用矣。嘗見京師天主堂又有寒暑表、陰晴表，其法不傳于中國，惟自鳴鐘表不論日夜風雨，皆可用。推此法而行之，故測天象又作渾天儀，以南北定極，衆星旋轉，玩二十八宿于股掌之間，法妙矣。而近時婺源齊梅麓員外又倩工作中星儀，外盤分天度爲二十四氣，每一氣分十五日，内盤分十二時爲三百六十刻，無論日夜，能知某時某刻某星在某度，毫髮不爽，令天星旋轉，時刻運行，一望而知，是開千古以來未有之能事，誠精微之極至矣。其法日間開鐘對定時刻，然後移星盤之節氣，線與時針切，如立春第一日，則將時針切立春第一線。則得真正中星；如夜間開鐘對定中星，然後移時針與星盤之節氣線切，則得真正時刻。

錢泳《履園叢話》卷一二《藝能·玉工》 攻玉之工，古尚質樸，今尚工細，故古玉器中以宋做爲最精，而本朝製作較宋尤精，此亦商質周文之義也。近三十年來玉工漸漸改業，則賤金玉而貴粟菽矣。

錢泳《履園叢話》卷一二《藝能·刻書》 刻書以宋刻爲上，至元時翻宋，尚有佳者。有明中葉，寫書匠改爲方筆，非顔非歐，已不成字，近時則愈惡劣，無筆畫可尋矣。然康熙、雍正、乾隆三朝所刻之書，如《佩文齋書畫譜》《駢字類編》、《淵鑒類函》及《五禮通考》諸書，尚有好手。今則寫刻愈劣，而價愈貴矣，豈亦有運會使然耶？

錢泳《履園叢話》卷一二《藝能·裝潢》 裝潢以本朝爲第一，各省之中以蘇工爲第一。然而雖有好手，亦要取料浄，運帚匀，用漿宿，工夫深，方稱善也。乾隆中，高宗深于賞鑒，凡海内得宋、元、明人書畫者，必使蘇工裝潢。其時海内收藏家有畢秋帆尚書、陳望之中丞、吴杜村觀察爲之提奬，故秦長年、徐名揚、張子元、戴匯昌諸工，皆名噪一時。今書畫久不行，不過好事士大夫家略有所藏，亦不精究裝法，故工于此者日漸日少矣。

錢泳《履園叢話》卷一二《藝能·成衣》 成衣匠各省俱有，而寧波尤多，今京城内外成衣者，皆寧波人也。昔有人持匹帛命成衣者裁剪，遂詢主人之性情、年紀、狀貌，並何年得科第，而獨不言尺寸。其人怪之，成衣者曰：「少年科第者，其性傲，胸必挺，需前長而後短。老年科第者，其心慵，背必傴，需前短而後長。肥者其腰寬，瘦者其身仄。性之急者，宜衣短；性之緩者，宜衣長。至於尺寸，成法也，何必問耶？」余謂斯匠可與言成衣矣。今之成衣者輒以舊衣定尺寸，以新樣爲時尚，不知短長之理，先蓄覬覦之心，不論男女衣裳，要如杜少陵詩所謂「穩稱身」者，實難其人焉。

錢泳《履園叢話》卷一二《藝能・竹刻》 竹刻，嘉定人最精，其法始於朱鶴祖孫父子，與古銅玉、宋磁諸器並重，亦以入貢内府。近時工此技者雖多，較前人所製，有霄壤之分矣。

《欽定總管内務府現行則例・南苑》卷上《花户匠役賞例》 康熙五十一年十一月奏准，南苑内永慕寺三處行宫苑户、匠役等，每六年一次，每人賞給粗布四丈、棉花八兩，嚮廣儲司支取。嘉慶十五年三月由軍機處抄出，奉旨：「南苑四宫苑户等，著賞給一個月錢糧。海户等，著賞銀一千兩。此後爲例。欽此。」

《欽定總管内務府現行則例・南苑》卷上《撥給花兒匠等地畝》 四處行宫花兒匠九名。每名户部給地六十畝。每月各食一兩錢糧，無米。 裱匠八名，木匠四名，瓦匠四名。每名給南苑内地二十八畝。每月各食一兩錢糧米石。

震鈞《天咫偶聞》卷一〇《瑣記》 京師有三種手藝爲外方所無：搭棚匠也，裱褙匠也，紮彩匠也。紮彩之工，已詳一卷。搭棚之工，雖高至十丈，寬至十丈，無不平地立起。而且中間絶無一柱，令入者祇見洞然一宇，無隻木寸椽之見，而尤奇於大工之脚手架。光緒二十年重修鼓樓，其架自地至樓脊，高三十丈，寬十餘丈。層層庋木，凡數十層，層百許根。高可入雲，數丈之材，渺如釵股。自下望之，目眩竟不知其何從結構也。若裱褙之工，尤妙於裱飾屋宇，雖高堂巨厦，可以一日畢事。自承塵至四壁、前窗，無不斬然一白，謂之「四白落地」。其梁棟凹凸處，皆隨形曲折，而紙之花紋平直處如一綫，無少參差。若明器之屬，則世間之物無不克肖，真絶技也。

黄以周《禮書通故》卷三四《職官禮通故四》 鄭玄云：「匠師，事官之屬，其于司空若鄉師之于司徒也。匠師主衆匠。」《鄉師》注。 韋昭云：「匠師，掌匠大夫。」以周案：鄉師爲司徒考，匠師爲司空考。周官鄉師下大夫，則匠師亦下大夫也。諸侯之匠師當以士爲之。

鄭玄云：「工人士、梓人皆司空之屬，能正方圜者。」胡匡衷云：「《左傳》諸侯有工正之官，工人士疑即其屬。」

《考工記》有輪人、韗人三十一職。以周案：輪人、匠人見《雜記》，韗人見《祭統》，作「煇」。玉人見《左傳》，陶人見《喪大記》，梓人見《禮經》。孟子言梓、匠、輪、輿、陶、冶、玉人、弓人、矢人、函人，與《考工記》尤同。又《左傳》有圬人，《國語》有舟虞，胡氏《釋官》亦以爲冬官之屬。

《清代檔案史料叢編》第一〇輯《總理各國事務衙門清檔・督辦軍務處爲練兵各事宜册事致總署咨文光緒二一年三月一五日》 新建陸軍炮隊營制

附餉章

兩營

統帶官一員，管轄全營，計兵九百六十六名，護勇九十四名，號兵二十四名，共計一千零八十四名。

幫統兼左翼領官一員，管轄三哨，計兵三百七十八名，炮隊分布較遠，故領哨各官均加幫統副領名目，以便督率。

副領官兼哨官三員，每員管轄九棚，計兵一百二十六名。

哨長九員，每哨三員，各管重炮二尊，每哨六尊，三哨計十八尊。

管查炮馬哨長一員，每炮用馬七匹，共一百二十六匹。

幫統兼右翼領官一員，管轄三哨，計兵三百三十六名。

副領官兼哨官三員，每員管轄八棚，計兵一百十二名。

哨長十二員，每哨四員，各管快炮二尊，每哨八尊，三哨計二十四尊。

管查炮馬哨長一員，每炮用馬七匹，共一百六十八匹。

幫統兼接應馬隊領官一員，管轄三哨，計兵二百五十二名。

副領官兼哨官三員，每員管轄六棚，計兵八十四名。

哨長九員，每哨三員，各管接應馬炮二尊，每哨六尊，三哨共十八尊。

管查炮馬哨長一員，每炮用馬五匹，騎馬五匹，共一百八十匹，行軍時酌加。

三項正副頭目共一百三十八名。正兵八百二十八名，分三成，一成用炮，一成備補，一成持槍護炮。

統帶官用文案二員，管查軍械糧餉委員二員，正副醫生、馬醫生各一員，護勇十六名，號兵六名，長夫二十名。

領官各用文案一員，委員一員，三隊共六員。護勇八名，共二十四名。號兵六名，共十八名。長夫十名，共三十名。

哨官、哨長共用書識一名，九哨共九名。護勇六名，共五十四名。長夫六名，共五十四名。

委員、醫生共用搬運子藥米糧各項雜用長夫三十名。

每棚伙夫一名，六十九棚，共六十九名，長夫二名，共一百三十八名。

以上官弁四十六員，頭目兵丁九百六十六名，文案、委員各五員，正副醫生、馬醫生各一員，書識九名，號兵二十四名，護勇九十四名，伙夫六十九名，長夫二百七十二名。

統帶官一員，月支薪水銀一百五十兩，公費銀三百兩。領官三員，每員月支薪水銀一百兩，公費銀一百兩。兩翼哨官六員，每員月支薪水銀二十兩，公費銀二十兩。兩翼哨長二十三員，每員月支薪水銀二十兩。接應隊哨官三員，每員月支薪水銀二十兩，公乾銀二十六兩。接應隊哨長十員，每員月支薪乾銀二十六兩。正頭目六十九名，每名月支薪水銀六兩五錢。副頭目六十九名，每名月支薪水銀六兩。兵丁八百二十八名，每名月支工食銀四兩八錢。文案、委員共十員，每員月支薪水銀二十二兩。正醫生一員，月支薪水銀四十兩。副醫生一員，月支薪水銀二十兩。馬醫生一員，月支薪水銀三十兩。書識九名，每名月支薪水銀七兩。號兵二十四名，每名月支工食銀五兩五錢。護勇九十四名，每名月支工食銀五兩五錢。伙夫六十九名，每名月支工食銀三兩五錢。長夫二百七十二名，每名月支工食銀三兩。炮隊官弁頭目事緊責重，又須兵學精熟者充其選，故薪食加優。每一營共月支銀九千零六十四兩四錢。每一營共用馬四百七十四匹，每匹月支喂養銀四兩五錢。每馬三匹用夫一名，共一百五十八名，每名月支工食銀三兩三錢。每炮約需月支擦炮油胰洋漆紙布等費銀五兩，三項共月支銀二千九百五十四兩四錢，合一營月餉，共須月支銀一萬二千零十八兩八錢。兩營，共計月支銀二萬四千零三十七兩六錢。

傳記

《國語》卷四《魯語上·匠師慶諫莊公丹楹刻桷》 莊公丹桓宮之楹，而刻其桷。匠師慶言於公曰：「臣聞聖王公之先封者，遺後之人法，使無陷於惡。其爲後世昭前之令聞也，使長監於世，故能攝固不解以久。今先君儉而君侈，令德替矣。」公曰：「吾屬欲美之。」對曰：「無益於君，而替前之令德，臣故曰庶可已矣。」公弗聽。

劉向《說苑》卷二〇 魏文侯問李克曰：「刑罰之原安生？」李克曰：「生於奸邪淫佚之行。凡奸邪之心，飢寒而起，淫佚者，久飢之詭也。彫文刻鏤，害農事者也。錦繡纂組，傷女工者也。農事害則飢之本也，女工傷則寒之原也。飢寒並至，而能不爲奸邪者未之有也。男女飾美，以相矜而能無淫佚者，未嘗有也。故上不禁技巧，則國貧民侈。國貧窮者，爲奸邪而富足者，爲淫佚則驅民而爲邪也。民已爲邪，因以法隨，誅之不赦，其罪則是爲民設陷也。刑罰之起有原，人主不塞其本，而替其末，傷國之道乎？」文侯曰：「善！以爲法服也。」

劉歆《西京雜記》卷一 長安巧工丁緩者，爲常滿燈，七龍五鳳，雜以芙蕖蓮藕之奇。又作卧褥香鑪，一名被中香鑪。本出房風，其法後絶，至緩始更爲之。爲機環轉運四周，而鑪體常平，可置之被褥，故以爲名。又作九層博山香鑪，鏤爲奇禽怪獸，窮諸靈異，皆自然運動。又作七輪扇，連七輪，大皆徑丈，相連續，一人運之，滿堂寒顫。

劉珍《東觀漢記》卷八三《鄧豹》 鄧豹，案：豹，陟從弟。字伯庠，遷大匠，工無虛張之繕，徒無饑寒之色。

劉珍《東觀漢記》卷一六《崔寔》 崔寔，案：寔，瑗子，《范書》本傳：寔，字子真。爲五原太守。五原土宜麻枲，而民不知紡績，而冬月無衣，積細草而卧其中。見吏則衣草而出。寔至官勸種麻，命工伐木作機紡車，教民紡績。

《三國志》卷二九《魏書·杜夔傳》 杜夔字公良，河南人也。以知音爲雅樂郎，中平五年，疾去官。州郡司徒禮辟，以世亂奔荆州。荆州牧劉表令與孟曜爲漢主合雅樂，樂備，表欲庭觀之，夔諫曰：「今將軍號(不)爲天子合樂，而庭作之，無乃不可乎！」表納其言而止。後表子琮降太祖，太祖以夔爲軍謀祭酒，參太樂事，因令創製雅樂。

夔善鐘律，聰思過人，絲竹八音，靡所不能，惟歌舞非所長。時散郎鄧静、尹齊善詠雅樂，歌師尹胡能歌宗廟郊祀之曲，舞師馮肅、服養曉知先代諸舞，夔總統研精，遠考諸經，近采故事，教習講肄，備作樂器，紹復先代古樂，皆自夔始也。

黄初中，爲太樂令、協律都尉。漢鑄鐘工柴玉巧有意思，形器之中，多所造作，亦爲時貴人見知。夔令玉鑄銅鐘，其聲均清濁多不如法，數毀改作。玉甚厭之，謂夔清濁任意，頗拒捍夔。夔、玉更相白於太祖，太祖取所鑄鐘，雜錯更試，然〔後〕知夔爲精而玉之妄也，於是罪玉及諸子，皆爲養馬士。文帝愛待玉，又嘗令夔與左（願）〔騏〕等於賓客之中吹笙鼓琴，夔有難色，由是帝意不悅。後因他事繫夔，使（願）〔騏〕等就學，夔自謂所習者雅，仕宦有本，意猶不滿，遂黜免以卒。

弟子河南邵登、張泰、桑馥，各至太樂丞，下邳陳頏司律中郎將。自左延年等雖妙於音，咸善鄭聲，其好古存正莫及夔。

《三國志》卷五〇《吴書・孫和何姬傳》注引 《江表傳》曰：皓以張布女爲美人，有寵，皓問曰：「汝父所在？」答曰：「賊以殺之。」皓大怒，棒殺之。後思其顔色，使巧工刻木作美人形象，恒置座側。問左右：「布復有女否？」答曰：「布大女適故衛尉馮朝子純。」即奪純妻入宫，大有寵，拜爲左夫人，晝夜與夫人房宴，不聽朝政，使尚方以金作華燧、步摇、假髻以千數。令宫人著以相撲，朝成夕敗，輒出更作，工匠因緣偷盗，府藏爲空。會夫人死，皓哀愍思念，葬于苑中，大作冢，使工匠刻柏作木人，内冢中以爲兵衛，以金銀珍玩之物送葬，不可稱計。已葬之後，皓治喪於内，半年不出。國人見葬太奢麗，皆謂皓已死，所葬者是也。皓舅子何都顔狀似皓，云都代立。臨海太守奚熙信譌言，舉兵欲還誅都，都叔父植時爲備海督，擊殺熙，夷三族，譌言乃息，而人心猶疑。

王嘉《拾遺記》卷六《後漢》 郭況，光武皇后之弟也。累金數億，家僮四百餘人，以黄金爲器，工冶之聲，震於都鄙。時人謂：「郭氏之室，不雨而雷。」言其鑄鍛之聲盛也。庭中起高閣長廡，置衡石於其上，以稱量珠玉也。閣下有藏金窟，列武士以衛之。錯雜寶以飾臺榭，懸明珠於四垂，晝視之如星，夜望之如月。里語曰：「洛陽多錢郭氏室，夜日晝星富無匹。」其寵者皆以玉器盛食，故東京謂郭家爲「瓊厨金穴」。況小心畏慎，雖居富勢，閉門優游，未曾干世事，爲一時之智也。

酈道元《水經注》卷四《河水》 太和遷都，罷州，置河東郡。郡多流雜，謂之徙民。民有姓劉名墮者，宿擅工釀，採挹河流，醖成芳酎。懸食同枯枝之年，排于桑落之辰，故酒得其名矣。然香醑之色，清白若滫漿焉。别調氛氳，不與佗同，蘭薰麝越，自成馨逸，方士之貢，選最佳酌矣。自王公庶友牽拂相招者，每云索郎有顧思同旅語。索郎，反語爲桑落也。

《北史》卷二九《司馬悅傳》 悅字慶宗，歷位豫州刺史。時有汝南上蔡董毛奴者，齎錢五千，死於道路。郡縣人疑張堤爲劫，又於堤家得錢五千，堤懼掠，自誣言殺。至州，悅觀色，疑其不實。引見毛奴兄靈之，謂曰：「殺人取錢，當時狼狽，應有所遺，得何物？」靈之曰：「唯得一刀削。」悅取視之，曰：「此非里巷所爲也。」乃召州内刀匠示之。有郭門前曰：「此刀削，門手所作，去歲賣與郭人董及祖。」悅收及祖詰之，及祖款引。靈之又於及祖身上得毛奴所衣皂襦，及祖伏法。

張鷟《朝野僉載》卷六 巧人張崇者，能作灰畫腰帶鉸具，每一胯大如錢，灰畫燒之，見火即隱起，作龍魚鳥獸之形，莫不悉備。

則天如意中，海州進一匠，造十二辰車。迴轅正南則午門開，馬頭人出。四方迴轉，不爽毫釐。又作木火通，鐵盞盛火，輾轉不翻。

韓王元嘉有一銅樽，背上貯酒而一足倚，滿則正立，不滿則傾。又爲銅鳩，氈上摩之熱則鳴，如真鳩之聲。

洛州殷文亮曾爲縣令，性巧好酒，刻木爲人，衣以繒綵，酌酒行觴，皆有次第。又作妓女，唱歌吹笙，皆能應節。飲不盡，即木小兒不肯把；飲未竟，則木妓女歌管連理催。此亦莫測其神妙也。

將作大匠楊務廉甚有巧思，常於沁州市内刻木作僧，手執一椀，自能行乞。椀中錢滿，關鍵忽發，自然作聲云「布施」。市人競觀，欲其作聲，施者日盈數千矣。

郴州刺史王琚刻木爲獺，沉於水中，取魚引首而出。蓋獺口中安餌，爲轉關，以石縋之則沉。魚取其餌，關即發，口合則銜魚，石發則浮出矣。

又《補輯》 魯般者，肅州燉煌人，莫詳年代，巧侔造化。於涼州造浮圖，作木鳶，每擊楔三下，乘之以歸。無何，其妻有娠，父母詰之，妻具説其故。父後伺得鳶，擊楔十餘下，遂至吴會。吴人以爲妖，遂殺之。般又爲木鳶乘之，遂獲父屍。怨吴人殺其父，於肅州城南作一木仙人，舉手指東南，吴地大旱三年。卜曰般所爲也，齎物具千數謝之，般爲斷一手，其日吴中大雨。國初，土人尚祈禱其木仙。六國時，公輸般亦爲木鳶以窺宋城。《酉陽雜俎》續集卷四。

虞世南《北堂書鈔》卷一四八《酒食部・酒六十》 少康作酒。《世本》云：少康作秫酒。 儀狄作酒。《戰國策》曰：儀狄作酒而進于禹，禹飲而甘之曰：後世必有以酒亡其國者。遂疏儀狄而絶旨酒。

劉肅《大唐新語》卷八《文章》 李嶠少負才華，代傳儒學，累官成均祭酒、吏部尚書，三知政事，封鄭國公。長壽三年，則天徵天下銅五十萬餘斤，鐵三百三十餘萬，錢兩萬七千貫，於定鼎門内鑄八稜銅柱，高九十尺，徑一丈二尺，題曰「大周萬國述德天樞」，紀革命之功，貶皇家之德。天樞下置鐵山，銅龍負載，獅子、麒麟圍遶，上有雲蓋，蓋上施盤龍以托火珠，珠高一丈，圍三丈，金彩熒煌，光侔日月。武三思爲其文，朝士獻詩者不可勝紀。唯嶠詩冠絶當時，其詩曰：「轍跡光西崦，勳名紀北燕。何如萬國會，諷德九門前。灼灼臨黄道，迢迢入紫煙。仙盤正下露，高柱欲承天。山類叢雲起，珠疑大火懸。聲流塵作劫，業固海成田。聖澤傾堯酒，熏風入舜絃。欣逢下生日，還偶上皇年。」後憲司發嶠附會韋庶人，左授滁州别駕而終。開元初，詔毁天樞，發卒銷爍，彌月不盡。洛陽尉李休烈賦詩以詠之曰：「天門街裏倒天樞，火急先須卸火珠。計合一條絲線挽，何勞兩縣索人夫。」先有訛言云：「一條線挽天樞。」言其不經久也。故休烈詩及之。士庶莫不諷詠。天樞之北，韋庶人繼造一臺，先此毁拆。

李冗《獨異志》卷上 蜀人楊行廉精巧，嘗刻木爲僧，於益州市引手乞錢。錢滿五十於手，則自傾寫下瓶，口言「布施」字。

李冗《獨異志》卷下 赫連勃勃，本號屈子，自改其姓云赫連勃勃，言輝赫與天連。殺人，積其頭爲京觀，謂之髑髏臺。蒸土築城，錐刺入，即板築者死；刺之不入，即鍛錐者死。其造器，射入甲者，殺鎧匠；不入者，殺弓匠。莫知所措。

劉餗《隋唐嘉話》卷下 元行冲賓客爲太常少卿，有人於古墓中得銅物，似琵琶而身正圓，莫有識者。元視之曰：「此阮咸所造樂具。」乃令匠人改以木，爲聲甚清雅，今呼爲阮咸者是也。

楊億《楊文公談苑·縉雲釀匠》 縉雲権署一匠，善醖，經手者罔不醇美。嘗令寫其方，俾建安姻家造之，味不絶佳。因召匠詰傳方之謬，匠曰：「方盡於是矣。然其酘漿，隨天氣温炎寒涼，量多少之數，均冷暖之節，攪勻洽，嘗味體測，此不可口授，但心能曉耳。家有二子，亦不能傳其要。」此亦《莊子》斫輪之義也。

陳師道《後山談叢》卷一 龍圖燕學士肅，悟木理。造指南車不成，出見車馳門動而得其法。

秦少游有李廷珪墨半錠，不爲文理，質如金石。潘谷見之而拜，曰：真李氏故物也，我生再見矣。王四學士有之，與此爲二也。墨乃平甫之所寶，谷所見者，其子游以遺少游也。又有張遇墨一團而爲蟠龍，鱗鬣悉具，其妙如畫。其背皆有張遇麝香墨字，潘墨之龍，略有大都耳，亦姸妙有紋，如盤系二物，世未有也。

李廌《師友談記·蘇叔黨言蒲澈婦惟以滴酥爲事》 蘇過叔黨言：其堂姊嫁蒲澈。澈，資政傳正之子也。傳正守長安日，澈之婦閉户不治一事，惟滴酥爲花果等物。每請客，一客二十飣，皆工巧盡力爲之者，只用一次。復速客，則更之。以此諸婦日夜滴酥不輟。

何薳《春渚紀聞》卷一〇《記丹藥·糝製》 嘉禾墨工沈珪，言其賣墨廬山，過僧了希，語及丹竈。夜宿其廬，希探篋取一藥示沈，正琥珀色，秤取二錢重，用水銀一兩，同入鐵銚中，以盞覆之，置火上。頃之，作嬰兒聲，即開視，以秤秤之，并藥成一兩二錢黄金矣。希言此是死硫也。又言臨安一山寺前，有翁媪市餅餌爲給。而寺有僧，日出坐其肆，凡二十年。察其翁媪日用無過費，而純質如一。一日密語之曰：「我有乾汞法，未嘗語人，念爾翁媪甘貧於餅肆，且老矣，可坐受安逸。」翁媪即謝而受其方，并面乾汞示之。數日翁媪復攜餅餌造僧房，見僧云：「誠謝老師見惠祕方，以休養二老。然老夫婦亦自有一薄術，自謂不作不食，不敢妄享，甘心餅肆，以畢餘生也。」乃出藥於僧前，取汞糝製，即成黄金矣。老僧慙恧，禮謝翁媪云：「吾二十年與神仙俱而不知真凡骨也。」翁媪既歸，明日僧出訪之，則空室矣。

王讜《唐語林》卷六《補遺》 德宗幸奉天，朱泚自率兵至于城下。有西湖寺僧陷在賊中，性甚機巧，教泚造攻城雲梯，其高九十餘尺，上施板屋樓櫓，可以下瞰城中。渾中令、李司徒奏曰：「賊鋒既盛，雲梯又壯。縱之，恐不能禦；及其尚遠，請以鋭兵挫之。」遂出師五千，束緼居後，約戰酣而燎。風逆，不能舉火，二公酹酒祝之，詞氣慷慨，士百其勇。須臾風回，舉火縱之，鼓譟而進，梯遂蕩盡。德宗御城樓以觀，衆呼萬歲。

蘇東坡著、王如錫輯《東坡養生集》卷一二《志畀筆仙》 石晉之末，汝州有一士，不知姓名，每夜作筆十管付其家。至曉，闔户而出。面街鑿壁，貫以竹筒，如引水者。有人置三十錢，則一筆躍出。以勢力取之，莫得也。筆盡，則取錢携一壺買酒，吟嘯自若。率嘗如此，凡三十載，忽去，不知所在。又數十年，復有見之者，顔貌如故，人謂之筆仙。

沈括《夢溪筆談》卷一八《技藝·活板印刷》 板印書籍，唐人尚未盛爲之，自馮瀛王始印五經，已後典籍，皆爲板本。慶曆中，有布衣畢昇，又爲活板。其法用膠泥刻字，薄如錢唇，每字爲一印，火燒令堅。先設一鐵板，其上以松脂、臘和紙灰之類冒之。欲印則以一鐵範置鐵板上，乃密布字印。滿鐵範爲一板，持就火煬之，藥稍鎔，則以一平板按其面，則字平如砥。若止印三、二本，未爲簡易；若印數十百千本，則極爲神速。常作二鐵板，一板印刷，一板已自布字，此印者才畢，則第二板已具。更互用之，瞬息可就。每一字皆有數印，如「之」「也」等字，每字有二十餘印，以備一板内有重複者。不用則以紙貼之，每韻爲一貼，木格貯之。有奇字素無備者，旋刻之，以草火燒，瞬息可成。不以木爲之者，木理有疏密，沾水則高下不平，兼與藥相粘，不可取。不若燔土，用訖再火令藥鎔，以手拂之，其印自落，殊不沾污。昇死，其印爲羣從所得，至今寶藏。

何薳《春渚紀聞》卷八《漆烟對膠》 沈珪，嘉禾人。初因販繒往來黄山，有教之爲墨者。以意用膠，一出便有聲稱。後又出意取古松煤，雜用脂漆滓燒之，得烟極精黑，名爲「漆烟」。每云韋仲將法止用五兩之膠，至李氏渡江，始用對膠，而秘不傳爲可恨。一日，與張處厚於居彦實家造墨，而出灰池失早，墨皆斷裂。彦實以所用墨料精佳，惜不忍棄，遂蒸浸以出故膠，再以新膠和之。墨成，其堅如玉石。因悟對膠法。每視烟料而煎膠，膠成和煤，無一滴多寡也。故其墨銘云「沈珪對膠，十年如石，一點如漆」者，此最佳者也。余識之蓋二十年矣。其爲人有信義，前後爲余製墨計數百笏。庚子寇亂，余避地嘉禾，復與珪連墻而居。日爲余言膠法，并觀其手製。雖得其大概，至微妙處，雖其子宴亦不能傳也。珪年七十餘終，宴先珪卒，其法遂絶。有持張孜墨較珪漆烟而勝者，珪曰此非敵也。乃取中光減膠一丸，與孜墨并，而孜墨反出其下遠甚。余叩之，曰：廷珪對膠，於百年外方見勝妙。蓋雖精烟，膠多則色爲膠所蔽。逮年遠，膠力漸退，而墨色始見耳。若孜墨，急於目前之售，故用膠不多而烟墨不昧；若歲久膠盡，則脱然無光，如土炭耳。孜墨用宜西北，若入二浙，一遇梅潤則敗矣。滕令嘏監嘉禾酒時，延致珪甚厚，令盡其藝。既成，即小丸磨試，而忽失所在。後二年浚池得之，其堅致如故。令嘏，莊敏公之子，所蓄古墨至多，而有鑒裁。因謂珪曰：「幸多自愛，雖二李復生，亦不能遠過也。」

江少虞《皇朝類苑》卷五〇《王捷煉金》 真宗朝有王捷者，汀州長汀人，少時薄遊江介，至星子縣，夜宿逆旅，遇道士，授黄白術，未盡其要。後再遇其人於茆山，相携至歷陽，指示靈草并傳以合和密訣，試皆有驗。仍别付靈方環劒緘縢之書，戒曰：「非遇人君，慎勿輕述。」捷後以佯狂抵禁，配流嶺南，時供奉官閤門祇候謝德權適總巡兵，頗聞其異。捷後竄歸闕下，德權乃館於私第，鍊成藥銀上進，真宗異之，命解軍籍，使劉承珪詰其事，捷以師戒甚嚴，終不敢泄，唯願見至尊面陳。於是承珪乃爲捷改名中正，俾詣登聞，始得召見，即授捷許州散掾，留止京師。尋授神武將軍，致仕仍給全俸，遷高州刺史，康州團練使。前後貢藥金銀累巨萬數，輝彩絶異，不類世寶。常將賜臣下。天慶觀金寶牌，即其所鑄金也。然中正亦不敢妄費，唯周濟貧乏，崇奉仙釋而已。今汀州開元寺乃其施財所建也。卒贈鎮南軍節度使，此近古所未聞也。見《青箱雜記》。

蔡絛《鐵圍山叢談》卷五 昔有張滋者，真定人。善和墨，色光黳，膠法精絶，舉勝江南李廷珪。大觀初，時内相彦博、許八座光凝，共薦之於朝廷，命造墨入官庫。是後，歲加賜錢至三十二萬。政和末，魯公辭政而後止。滋亦能自重。方其得聲價時，皇弟燕、越二王呼滋至邸，命出墨，謂「雖百金不吝也」。滋不肯，曰：「滋非爲利者。今墨乃朝廷之命，不敢私遺人。」二王乃丐於上，詔各賜三十斤。然滋所造，實超今古。其墨積大觀庫，無慮數萬斤。世謂道君用度廣，空帑藏，是悉謬説。不知元豐、大觀二藏雖研墨，蓋何事不具？仍豐盛異常爾。且以敵犯順時，元豐與内帑，自出河北、山東精絹一千萬匹，他絹則勿取。以是證焉，斯可知已。

江南李氏後主寶一研山，徑長尺踰咫，前聳三十六峯，皆大如手指，左右則引兩阜坡陀，而中鑿爲研。及江南國破，研山因流轉數士人家，爲米元章所得。後米老之歸丹陽也，念將卜宅，久勿就。而蘇仲恭學士之弟者，才翁孫也，號稱好事。有甘露寺下並江一古基，多羣木，蓋晉、唐人所居。時米老欲得宅，而蘇覬得研山。於是王彦昭侍郎兄弟與登北固，共爲之和會，蘇、米竟相易。米後號「海岳庵」者是也。研山藏蘇氏，未幾，索入九禁。時東坡公亦曾作一研山，米老則有二，其一曰「芙蓉」者，頗崛奇。後上亦自爲二研山，咸視江南所寶流亞爾。吾在政和未得罪時，嘗預召入萬歲洞，至研閣得盡見之。

太上留心文雅，在大觀中，命廣東漕臣督採端溪石研上焉。時未嘗動經費，非宣和之事也。乃括二廣頭子錢千萬，日役五十夫，久之得九千枚，皆珍材也。時以三千枚進御，二千分賜大臣侍從，而諸王内侍，咸願得之，詔更上千枚，餘三千枚藏諸大觀庫。於是俾有司封禁端溪之下巖穴，蓋欲後世獨貴是研，時人或不知厥繇。今世有得此者，非常材矣。

曾敏行《獨醒雜誌》卷二《曾民瞻造豫章晷漏》 豫章晷漏乃曾南仲所造。南仲自少年通天文之學，宣和初，登進士第，授南昌縣尉。時龍圖孫公爲帥，深加愛重。南仲因請更定晷漏，帥大喜，命南仲召匠製之。遂範金爲壺，刻木爲箭，壺後置四盆一斛。壺之水資於盆，盆之水資於斛。其注水則爲銅虬張口而吐之。箭之旁爲二木偶，左者晝司刻，夜司點。其前設鐵板，每一刻一點則擊板以告。右者晝司辰，夜司更。其前設銅鉦，每一辰一更則鳴鉦以告。又爲二木圖，其一用木薦之，以測日景；其一用水轉之，以法天運。製器甚精，爲法甚密，皆前所未有。南仲夜觀乾象，每預言其遷移躔次。嘗言有某星某夜當過某分，時窮冬盛寒，仰卧床上，徹其屋瓦以觀之，偶睡著霜下，遂爲寒氣所侵而死。其學惜無傳焉。獨晷漏之制，其子嘗聞其大概，今江鄉諸縣亦有令造之者。南仲名民瞻，廬陵睦陂人也。

曾敏行《獨醒雜誌》卷二《曾民瞻晷景圖》 南仲嘗謂古人揆景之法載之經傳雜説者不一，然止皆較景之短長，實與刻漏未嘗相應也。其在豫章爲晷景圖，以木爲規，四分其廣，而殺其一，狀如缺月。書辰刻於其旁，爲基以薦之，缺上而圓下，南高而北低。當規之中，植針以爲表，表之兩端一指北極，一指南極。春分已後，視北極之表，秋分已後，視南極之表，所得晷景與刻漏相應。自負此圖，以爲得古人所未至。予嘗以其制爲之，其最異者，二分之日，南北之表皆無景，獨其側有景，以其側應赤道。春分已後，日入赤道内，秋分已後，日出赤道外，二分日行赤道，故南北皆無景也。其制作窮賾如此。

陸游《老學庵筆記》卷一 建康城，李景所作。其高三丈，因江山爲險固，其受敵惟東、北兩面，而壕壍重複，皆可堅守。至紹興間，已二百餘年，所損不及十之一。

陸游《老學庵筆記》卷五 承平時，鄜州田氏作泥孩兒，名天下，態度無窮，雖京師工效之，莫能及。一對至直十縑，一床至三十千，一床者或五或七也。小者二三寸，大者尺餘，無絶大者。予家舊藏一對卧者，有小字云：「鄜時田玘製。」紹興初，避地東陽山中，歸則亡之矣。

朱熹《四書章句集注·孟子集注》卷二《梁惠王》下 孟子見齊宣王曰：「爲巨室，則必使工師求大木。工師得大木，則王喜，以爲能勝其任也。匠人斲而小之，則王怒，以爲不勝其任矣。夫人幼而學之，壯而欲行之。王曰『姑舍女所學而從我』，則何如？勝，平聲。夫，音扶。舍，上聲。女，音汝，下同。○巨室，大宫也。工師，匠人之長。匠人，衆工人也。姑，且也。言賢人所學者大，而王欲小之也。今有璞玉於此，雖萬鎰，必使玉人彫琢之。至於治國家，則曰『姑舍女所學而從我』，則何以異於教玉人彫琢玉哉？」鎰，音溢。○璞，玉之在石中者。鎰，二十兩也。玉人，玉工也。不敢自治而付之能者，愛之甚也。治國家則殉私欲而不任賢，是愛國家不如愛玉也。○范氏曰：「古之賢者，常患人君不能行其所學；而世之庸君，亦常患賢者不能從其所好。是以君臣相遇，自古以爲難。孔孟終身而不遇，蓋以此耳。」

吴自牧《夢粱録》卷一九《閑人》 閑人本食客人。孟嘗君門下，有三千人，皆客矣。姑以今時府第宅舍言之，食客者，有訓導蒙童子弟者，謂之「館客」。又有講古論今、吟詩和曲、圍棋撫琴、投壺打馬、撇竹寫蘭，名曰「食客」，此之謂閑人也。更有一等不著業藝，食於人家者，此是無成子弟，能文、知書、寫字、善音樂，今則百藝不通，專精陪侍，涉富豪子弟郎君，游宴執役，甘爲下流，及相伴外方官員財主，到都營幹。又有猥下之徒，與妓館家書寫柬帖取送之類。更專以參隨服役資生，舊有百業皆通者，如紐元子，學象生叫聲，教蟲蟻，動音樂，雜手藝，唱詞白話，打令商謎，弄水使拳，及善能取復供過，傳言送語。又有專爲棚頭，斗黄頭，養百蟲蟻、促織兒。又謂之「閑漢」，凡擎鷹，架鷂、調鵓鴿、鬭鵪鶉、鬭鷄、賭撲落生之類。又有一等手作人，專攻刀鑷，出入宅院，趨奉郎君子弟，專爲幹當雜事，插花挂畫，説合交易，幫涉妄作，謂之「涉兒」，蓋取過水之意。更有一等不本色業藝，專爲探聽妓家賓客，趕趁唱喏，買物供過，及游湖酒樓飲宴所在，以獻香送歡爲由，乞覓贍家財，謂之「厮波」。大抵此輩，若顧之則貪婪不已，不顧之則强顔取奉，必滿其意而後已。但看賞花宴飲君子，出著發放何如耳。

吴自牧《夢粱録》卷一九《顧覓人力》 凡顧倩人力及幹當人，如解庫掌事，貼窗鋪席，主管酒肆食店博士、鐺頭、行菜、過買、外出鬙兒，酒家人師公、大伯等人，又有府第宅舍内諸司都知，太尉直殿御藥、御帶，内監寺廳分，顧覓大夫、書表、司廳子、虞候、押番、門子、直頭、轎番小厮兒、厨子、火頭、直香燈道人、園丁等人，更有六房院府判提點，五房院承直太尉，諸内司殿管判司幕士，六部朝奉顧倩私身轎番安童等人，或藥鋪要當鋪郎中、前後作、藥生作，下及門面鋪席要當鋪裏主管後作，上門下番當直安童，俱各有行老引領。如有逃閃，將帶東西，有元地脚保識人前去跟尋。如府宅官員，豪富人家，欲買寵妾、歌童、舞女、厨娘、針綫供過、粗細婢妮，亦有官私牙嫂，及引置等人，但指揮便行踏逐下來。或官員士夫等人，欲出路、還鄉、上官、赴任、游學，亦有出陸行老，顧倩脚夫脚從，承攬在途服役，無有失節。

洪邁《夷堅三志》壬卷八《楊四鷄禍》 信州玉虚觀道士徐真素説，石溪人楊四造酒，富家争用之，因是生理給足。

祝穆《古今事文類聚》續集卷一三《燕飲部·著酒經》 焦革善釀，革死，王績追述其法以爲經，又采儀狄、杜康以來善造酒者爲譜。

《元史》卷一五二《岳天禎傳》 襲父職冠氏縣軍民彈壓，從圍襄樊，帥府承制授管軍百户，修立百丈山、鹿門等堡。天禎率鋭士，冒矢石，從樊城東北先登，爲檑木所傷，墮地，復躡梯以登，手刃數人。築正陽東西城，及於鎮江造戰船，天禎咸董其役。戰焦山，平奉化賊，録功陞管軍千户。

江南平，從元帥張弘範覲帝于柳林，賜金錦、銀鞍勒。

《元史》卷二〇三《方技傳·阿尼哥》 凡兩京寺觀之像，多出其手。爲七寶鑌鐵法輪，車駕行幸，用以前導。原廟列聖御容，織錦爲之，圖畫弗及也。

《元史》卷二〇五《姦臣傳》 阿合馬，回（紇）〔回〕人也。不知其所由進，世祖中統三年，始命領中書左右部，兼諸路都轉運使，專以財賦之任委之。阿合馬奏降條畫，宣諭各路運司。明年，以河南鈞、徐等州俱有鐵冶，請給授宣牌，以興鼓鑄之利。世祖陞開平府爲上都，又以阿合馬同知開平府事，領左右部如故。阿合馬奏以禮部尚書馬月合乃兼領已括户三千，興煽鐵冶，歲輸鐵一百三萬七千斤，就鑄農器二十萬事，易粟輸官者凡四萬石。

至元元年正月，阿合馬言：「太原民煮小鹽，越境販賣，民貪其價廉，競買食之，解鹽以故不售，歲入課銀止七千五百兩。請自今歲增五千兩，無（間）〔問〕僧道軍匠等户，鈞出其賦，其民間通用小鹽從便。」是年秋八月，罷領中書左右部，併入中書，超拜阿合馬爲中書平章政事，進階榮禄大夫。

陸友《墨史》卷上 張遇，易水人。遇墨有題光啓年者，妙不減廷珪。宮中取其墨，燒去烟用以畫眉，謂之畫眉墨。蔡君謨謂世以歙州李廷珪爲第一，易水張遇爲第二。遇亦有二品，易水貢墨爲上，供堂墨次之。蘇子瞻云：射香張遇墨兩枚，或自内庭得之，以見遺藏之久矣。制作精至，非常墨所能髣髴。陳無己見秦少游有張遇墨一團，面爲盤龍，鱗鬣具悉，其妙如畫，其背有張遇射香四字。語曰良玉不琢，謂其不借美於外也，張其後乎！《墨經》云：凡印，方直最難，往往多裂。易水張遇印多方直者，其劑熟可知。

馬大壯《天都載》卷四《物因人得名》 物因人得名者，莫邪鑄劍，遂名劍曰莫邪。劉白墮善釀，遂名酒曰白墮。

張岱《陶庵夢憶》卷二《沈梅岡》 沈梅岡先生忤相嵩，在獄十八年。讀書之

暇，旁攻匠藝，無斧鋸，以片鐵日夕磨之，遂銛利。得香楠尺許，琢爲文具一，大匣三、小匣七、壁鎖二，棕竹數片爲箑一，爲骨十八，以筍、以縫、以鍵，堅密肉好，巧匠謝不能事。夫人丐先文恭志公墓，持以爲贄，文恭拜受之。銘其匣曰：「十九年，中郎節。十八年，給諫匣。節邪匣邪，同一轍。」銘其箑曰：「塞外毡，饑可餐。獄中箑，塵莫干。前蘇後沈，名班班。」梅岡制，文恭銘，徐文長書，張應堯鎸，人稱四絶，余珍藏之。

又聞其以粥煉土，凡數年，範爲銅鼓者二，聲聞里許，勝暹羅銅。

王圻《稗史彙編》卷一二六《飲食門·酒類》中 張方兩家酒

浮梁人張士寧，淳熙癸卯暮冬之月，釀白酒五斗，欲趁新春沽賣。除夕酒成，既篘取之矣。復汲水拌糟于甕，規以飼豬。後二日，入其室，聞芬香撲鼻，試視甕内，則又成美醖，清辣反勝于前。亦取之，仍實以水，至三日，復得酒如初。鄰里傳説，或以爲挾幻術，與之争辯，終不信，乃邀至釀處，始驗其不誣，出語相賀，謂張氏爲神所祐，從此將興。及日旰，再往視，悉爲水。又西鄉冷水村細民方九家造斗酒，寘甕于床側隱處，俄而挹之不竭，如是十餘歲，日日獲錢，了無勞費，賴以贍給數口，殊不知其故。後爲長子娶婦，經旬。時偶客來，令婦取酒。婦以甕在暗處挈之出，見一小蛇繞結於傍。蛇望人至，即逸去，自是甕一空。今方九已死，獨子孫在而窮困，不可復濟矣。

《〔乾隆〕江南通志》卷一七〇黄之雋等《蒯祥傳》 蒯祥，吴縣人。爲木工，能主大營繕。永樂十五年，建北京宮殿，正統中重作三殿及文武諸司，天順末作裕陵，皆其營度。

能以兩手畫龍，合之如一。每宮中有修繕，中使導以入，詳略，用尺、準度，若不經意。既成，以置原所，不差毫釐。

初爲營繕所丞，累官至工部左侍郎，食從一品俸。憲宗時，年八十一，猶執技供奉。上每以「蒯魯班」呼之。

褚人穫《堅瓠續集》卷二《木工禄壽》 《皇明通紀》載：成化十七年三月，工部左侍郎食一品俸蒯祥卒。祥，吴縣人，木工也。父福能，大營繕，永樂中爲木工首，以老告退，祥代之，營建北京宮殿。正統中，重建三殿。天順末，作裕陵。成化間委任尤專，自工部營繕所丞累升至前官，復加禄至從一品，贈祖父母，蔭二子，一爲錦衣千户，一爲國子監生。卒年八十有四。王元美《異典述》載文臣異途有工部左侍郎蒯義、右侍郎蒯鋼、蔡信、郭文英，俱以木工，工部左侍郎陸祥

以石工，而無蔚祥名，豈偶遺之耶？

郎廷極《勝飲編》卷九《製造》 酒之所興，肇自上皇儀、康，而後遂有以善釀名者。其祕訣莫傳，惟參觀《周禮》及歷來入酒方物，亦略可通其意矣。次製造第九。

儀狄　北軒主人曰：戰國策帝女合儀狄作酒而進於禹。注：帝女，堯舜女也，不詳何帝之女。然曰合則儀狄，未必即是女流，而古來皆以巾幗稱之，不知何據。按：《本草》有酒名，《素問》有酒漿。酒之由來亦甚古，并不始自儀狄也。

杜康　《北軒詩話》：按《姓譜》，杜康係周時人，而《說文》云少康作酒，即杜康也。恐未然。濟南城外有杜康泉，相傳爲康釀酒處。泉甚清潔，今居民洗菜皆於此水矣。又江陰有杜康廟。明女史周淑禧詩云：「酺有新糟醱有醨，杜康橋上客題詩。最憐苦相身爲女，千載曾無儀狄祠。」詩亦新穎。淑禧即江陰人也。

劉白墮　《洛陽伽藍記》：河東人劉白墮善釀，六月，以甖貯酒，暴於日中，經一旬，其酒不動，飲之香美，餉送可踰千里，名曰鶴觴。有攜以行者，遇盜，飲之不醒，皆被擒。時游俠語曰，不畏張弓挾刀，惟畏白墮春醪。又謂之擒姦酒。

焦革　《酒乘》：焦革，太樂丞吏也。王績知其善釀，乃求爲丞革，日供美酒。後革死，革之妻繼之。及妻又死，績歎曰：「天欲斷吾飲耶？」遂棄官歸，於所居立杜康祠而以革配焉。

裴氏姥　《臨安雜志》臨安有裴氏姥，以衆花醞酒，貧士則施與之，其住處名阿姥墩。

餘杭姥　事在出產。北軒主人曰：古來善釀者儀、康而外，秦烏氏、程氏、晉步兵營卒狄希田無已，皆其人也。事實散見各類，不復重出。

紀叟　李白《哭宣城善釀紀叟詩》：「紀叟黃泉裏，還應釀老春。夜臺無李白，沽酒與何人。」

仇家、竇家、烏家　樂天詩：「軟美仇家酒。」又：「時到仇家非愛酒。」微之詩：「竇家能釀消愁酒，但是愁人便與消。」皎然詩：「春風憶酒烏家近，好月題詩謝寺遊。」

楊萬樹《六必酒經》卷三《題辭》 萬樹楊君，儒而隱者也，既而又隱於酒。始其尊人晴軒先生，爲寧海高才，生試有名。嘗遊杭州萬松岡，師天台息園齊夫子，與余同門，有縞紵之歡，顧未獲識君。豐可毛君爲余述君爲人，博聞力學，初時進取，意甚銳，數試不利。不欲決榮辱於一夫之目，遂絕意舉業，惟以書史自娛。性慷慨，率族人脩宗祠，設家塾。多爲義舉。捐田二十畝，以助族之貧而不能葬者。城內神祠，上元節例張燈，費出大户公捐，不以派貧家。亦由君首捐西山廟田一十畝爲倡也。中年更一斂豪俠之氣，歸於純静，居市井間，把酒吟詩，不知爲門外囂且塵上者。留心載籍，亦欲有所著述自見。而前人論著已備，無所寄其意。家故善釀。一日家人報酒酸，蹙然曰：「吾門無惡犬，此必造之不如法。」因參閱羣書，博求中山製釀之法，以爲大旨不出《禮記・月令》命大酋所云六物得乎其意，神而明之，撰《六必酒經》，見古人即一杯酌之物，而其製之也，必上協乎天時溫冷，下品乎水泉清濁，法良而材具，不爲其沽，而爲其工，用以盡物性前民用。所云雖小道，必有可觀。蓋君儒者，故爲書言之有本如是。東坡贈人詩云：「酒肆藏名四十春。」君隱於酒，即以此著書，豈高陽酒徒與臨邛賣酒傭之比哉。東坡亦嘗有《酒經》，而杭之西湖十景有「曲院荷風」。本麴院爲宋人造酒之所，水多種荷，東坡常醉吟其間。君自號蘇堤，知其心慕東坡之爲人云。異日至緱城，當約毛君訪逸人爲碧筒飲焉。同學愚弟戚學標拜贈。

阮葵生《茶餘客話》卷二〇《姜娘子》 宋姜娘子冶銅，紹興二年，大寧廠監督。

阮葵生《茶餘客話》卷二〇《古籍所載器物創始者》 秦文公作旄頭，見《列異傳》。黃帝作旗幟，又作冕旒；魯昭公作弁，見《世本》。燧人氏作髻，女媧氏作竹笄，赫胥氏作木梳，堯以銅爲笄，周文王加珠翠，又名步搖笄，唐高祖作反綰髻，黃帝作几，見李尤銘。舜作五明扇，又作漆器，見《古今注》、《褚遂良傳》。舜造漆器，禹雕其俎，《困學記聞》云出《韓子》。又《徐賢妃傳》云：「漆器非延叛之方，桀造之而人叛。」少康子興作甲，桀造瓦，見《世本》。蚩尤作戈戟，見《呂氏春秋》。又作劍鎧，見《管子》。鑿齒作楯，見《山海經》。黃帝臣揮於作弓，夷牟作矢，見《世說》。荀卿云：「倕作弓，浮游作矢。」見《山海經》。少皞生股，是作弓矢，黃帝又作弩，鯀作城郭，禹作宮室，伯益作井，見《世本》及《博物志》。神農作市，伶倫作權度量，胡曹作衣裳，見《呂氏春秋》。太公作九府錢，見《漢書》。神農作耒耜，或云倕作，皇甫陰作樓及犁，見《魏略》。夙沙氏作鹽，帝女儀狄造酒，見《戰國策》。鯀服牛，又作城，相士乘馬，臘作駕，三人皆堯臣，見《世本》。韓哀侯作御，舜造筆，見《博物志》。又曰蒙恬造筆，蔡倫造紙，堯作圍棋，烏曹作博，見《世本》。齊夷陵王曄作側楸棋局，見馮鑒《續事始》。老子作摴蒲，黃帝作蹴鞠，見《博物志》。劉向作彈棋，見《西京雜志》。曹植作長行局，即雙陸也，見後魏李邵序。漢武帝作藏鈎，晉摯衛尉作四維戲紙局木棋，見李秀賦。周武帝作象戲，見《後周書》。紂作粉，見《博物志》。尹壽作鏡，見《天中記》。岐伯作鼓吹，見蔡邕《初志》。帝俊八子作歌舞，見《山海經》。又云陰康氏作舞，《吕氏春秋》云舞是陶唐氏作。神農作琴，伏羲作瑟，蒙恬作箏，師延作箜篌，帝嚳作鼓鞞，又云倕作，女媧作簫，見《禮記》。《風俗通》云舜作簫，《山海經》云炎帝伯陵作鐘，黄帝作清角，女媧氏作笙簧。隨作竽，女媧氏臣，見《世本》。商辛作塤，蘇成公作篪，見《世本》。漢時邱仲作笛，見《風俗通》。黄帝作釜甑，見古史。神農作釜，見《周書》。孟莊子作鋸鑿，見古史。夏少康作箕帚，見古史。夏昆吾氏作瓦，烏曹氏作磚，俱見古史。公輸般作石磑，倕作銚，見《世本》。蚩尤作冶，見《尹子》。黄帝臣雍文作舂，見《世本》。赤翼作杵，見《吕氏春秋》。伏羲作網，見《古史》。詹何作綸鈎及餌，舜作瓦棺，土棺，禹作伺風烏，即相竿，見《古今注》。黄帝作斧鉞，見《輿服志》。黄帝作刀，見《洞冥記》。赫連氏造梳，見《炙轂子》。明太祖見道人作網巾，頒其式於天下，又《謝宗可集》有《咏網巾》詩，則不始太祖矣。黄帝臣作扉履，見《世本》。舜妹嫘作畫，見《說文》。岐伯作鼓吹，見蔡邕《禮樂志》。陸機賦云：「原鼓吹之所始，蓋稟命於軒皇。」

歐蘇《靄樓逸志》卷二《改神相》　塑神匠劉岳功，乙亥年，賃居予宅前之舍。庚辰歲，予從楊見田師游。一日三放餐，必在劉家搬弄泥馬人物。見有木雕玄天神像，高尺許，眉目如生，心好之，遲數月，又見劉之神像，用美泥加作高冠，足下復成靴底，綿紙糊飾，宛然又是一位梓潼帝君也。斯時只道其巧，孰意反以成災？劉後抱恙，日漸瘦瘠，面小如錐，飲粥一瓢，羸卧難起。劉妻祈卜都遍，聞其叙述簽語，深怪其改貌移名，予詫異之。此事劉之妻孥相忘不覺，除予外，罔有知者。簽之靈驗若此，豈特爲劉設乎？劉果不愈。

歐蘇《靄樓逸志》卷二《鄔駝中》　鄔中先生名伍武，邑之樟村人也。性詼諧，善謔。有少忤者，無言不酬，無隙不報。姓名三字，音韵無分(霖按：指「鄔伍武」三字)，用以應試便唱名者也。生平吟咏，多有音無字之語，俾世人正可傳之口，不能筆之書紙。只自咏一律，是極平正之作：「買斷芹塘數畝田，隨時耕耨度流年。起三間屋遮風雨，讀幾行書對聖賢。從此盡依天性樂，於今不爲利名牽。閑來無事軒前座，明月清風得自然。」

鄔不喜衣飾，樸拙率野，戚友相好外，人罕識者。一日，撈蜆灘頭，有少年鮮履麗服，呼鄔負渡，慨然諾之，至中流，展問少年姓字，以實告。鄔曰：「吾戚友也。」釋手拱禮，身半濡濕，少年怒行登岸。

又某紳，遣伻禮邀，遇鄔，遽稱：「老大，煩指引鄔秀才之居。」鄔雖不悦，亦須自認，啓札，謂曰：「汝主貸石磨耳。」使肩之回。紳訝問，白其語，紳曰：「汝必忤之，故罰負石磨二次。」使速返邀至。

偶入莞城，睹紙工製作龍鳳等物，低徊留之不能去。工人嫌其礙地，詬辱之，鄔銜恨而出。越數日，易裝，扛舉油罐入肆，定作葬家用物，單録大人一尊，高餘二丈；將軍二個，高越尋餘；及幢幡翚輿，俱要刻期備辦，工竣銀完。置油罐質肆内。依單操作，曉暮無停。銀紙雕通，朱青填飾，金邊縷襯，紅緑輝煌，雄偉高人，球幡掩映，諸般盡具，塞滿店間。鄔乃儒服儒冠，翱翔流覽，詰曰：「許多廢物，奚其礙地無嫌？」紙工冀其來取，心已躁急，倏聞斯語，殊愴於懷。追而問之，鄔去遠矣。後審知其爲駝中也。漸有泄其報恨之意，觀質油罐，全是清水，獨面上油僅斤零，忿罵不已。良丁於是乎心苦矣。

趙翼《廿二史劄記》卷三四《吏役至大官》　《梁璟傳》：天順八年，修隆善寺，工竣，授工匠三十人官。尚寶卿任道遜等以書碑，亦進秩。王詔上疏切諫，工匠授官，已濫觴於此。正德初，劉健等疏中有畫史、工匠，濫授官職，多至數百人，豈可不罷。《健傳》。劉瑾擅權，《通鑑纂要》成，誣諸翰林纂修官謄寫不謹，皆被譴，而命文華殿書辦張駿等改謄，駿擢至禮部尚書，他授京卿者又數人，裝潢匠役亦授官秩。見《瑾傳》。世宗時，匠役徐杲，以營造擢官工部尚書，其屬冒太僕少卿、苑馬卿以下職銜者，以百數。《李芳傳》。又工匠趙奎等五十四人，亦以中官請悉授職。《胡世寧傳》。

梁章鉅《浪跡叢談》卷九《易元吉》　米襄陽《畫學》云：「易元吉，徐熙後一人而已，世但以猿獐稱之，可歎！」或曰：元吉嘗畫孝嚴殿壁，院人妬其能，只令畫猿獐以進，後且爲人所鴆。

梁章鉅《浪跡叢談》卷九《華光僧》　畫梅花者，始於北宋之僧仲仁，而著於南宋之楊補之。仲仁，會稽人，住衡州華光山，陶宗儀《畫史會要》所稱華光長老也。黄山谷詩：「雅聞華光能墨梅，更乞一枝洗煩惱。」其爲當時所重如此。曾敏行《獨醒雜志》載，紹興初，有華光寺僧來居清江慧力寺，士人楊補之、譚逢原與之往來，乃得仲仁之傳。

梁章鉅《浪跡叢談》卷九《無李論》　宋劉道醇《聖朝名畫評》稱，景祐中，李成之孫有爲開封尹，命相國寺僧惠明購成之畫，倍出金幣，歸者如市，米元章爲作《無李論》，耳食者遂謂世無李畫，不知米論但就一時言之也。

梁章鉅《浪跡叢談》卷九《合作畫》 南唐李後主有與周文矩合作《重屏圖》，見《清河書畫舫》，闕仝畫山水入妙，然於人物非工，每有得意者，必使胡翼主人物，見《德隅齋畫品》，此皆後世畫人合作之始也。

梁章鉅《浪跡叢談》卷九《倪雲林》 《式古堂畫考》有倪元鎮設色畫，欵署「天順三年春三月松雲隱林倪珽」。其再題欵，已作瓚字，則在至元四年也。董思翁跋云：「雲林畫，世無設色者，此亦一奇。」

梁章鉅《浪跡叢談》卷九《高房山》 高房山《春雲曉靄圖》立軸，《銷夏録》所載，乾隆間，蘇州王月軒以四百金得於平湖高氏。有裱工張姓者，以白金五兩買側理紙半張，裁而爲二，以十金屬翟雲屏臨成二幅，又以十金屬鄭雪橋摹其欵印，用清水浸透，實貼於漆几上，俟其乾，再浸，再貼，日二、三十次，凡三月而止，復以白芨煎水蒙於畫上，滋其光潤墨痕已入肌裏，先裝一幅，因原畫綾邊上有「烟客江村」圖記，復取「江村」題籤嵌於內。畢澗飛適卧病不出房，一見歎賞，以八百金購之，及病起諦視，雖知之已無及矣。又裝第二幅攜至江西，陳中丞以五百金購之，今其真本仍在吴門，乃無過而問之者。

梁章鉅《浪跡叢談》卷九《寶繪録》 前明崇禎間，有雲間張泰階者，集所選晉、唐以來僞畫二百件，刻爲《寶繪録》，凡二十卷，自六朝至元、明，無家不備。宋以前諸圖，皆雜綴趙松雪、俞紫芝、鄧善之、柯丹邱、黄大癡、吴仲圭、王叔明、袁海叟十數人題識，終以文衡山，而不雜他人，覽之足以發笑，豈先流布其書，後乃以僞畫出售，希得厚值耶？《四庫書提要》云：「《寶繪録》二十卷，上海張泰階撰。泰階字爰平，萬曆己未進士，家有寶繪樓，自言多得名畫真跡，持論甚高，然如曹不興畫，據南齊謝赫《古畫品録》，已僅見其一龍首，不知泰階何緣得其《海成圖》。又顧愷之、陸探微、展子虔、張僧繇，卷軸纍纍，皆前古之所未睹，其閻立本、吴道玄、王維、李思訓、鄭虔諸人，以朝代相次，僅厠名第六、七卷中，幾以多而見輕矣，揆以事理，似乎不近，且所列歷代諸家跋語，如出一手，亦復可疑也。」

梁章鉅《浪跡叢談》卷九《沈石田世家》 《式古堂畫攷》載沈貞吉、恒吉山水兩種，貞吉名貞，字南齋，又字陶庵，又號陶然道人。其弟恒吉，名恒，字同齋，號緦庵，即啓南之父也。他書即以貞吉、恒吉爲名，誤矣。貞吉自題畫云：「一竿風月一簑烟，兩家傍釣臺西住。賣魚生怕近城門，況肯到紅塵深處。潮生解纜，潮平鼓枻，潮落放歌歸去。時人錯認嚴光，自是無名漁父。」八十三翁沈貞題于有竹居。」恒吉自題畫云：「此老粗疎一釣徒，服也非儒，狀也非儒。年來只爲酒糊塗，朝也村酤，暮也村酤。胸中文墨半些無，名也何圖，利也何圖。煙波染就白髭鬚，出也江湖，處也江湖。時雨方霽，寤寐北窗，展玩古法書名筆，聊爲作此，贈誠庵老友一笑。沈恒。」觀此，知啓南以詞畫名家，淵源有自。啓南壽至八十三，其父恒吉亦六十有九，貞吉則題畫之年已八十三，一家老壽，所謂煙雲供養者，良不虚乎！《清河書畫舫》云：「傳聞緦庵之父曰蘭坡，尤能鑒賞書畫，游心藝苑。」而《弇州續稿》載啓南之弟名豳，字翊南，善畫。《梅村文集》又載啓南之孫名湄，字伊在，畫學趙承旨，則家學相傳，前輝後光，益遠矣。

毛祥麟《墨餘録》卷九《巧匠》 元至正間，平江漆工王某，有巧思，能造奇器。嘗以牛革製一舟，形狹而首尾皆鋭，可容二十餘人，内外飾以彩漆，藏則摺疊，可置一箱，名曰皮艇。又造飛車一，兩旁有翼，内設機輪，轉動則升降自如；上置袋，隨風所向；啓口吸之，使風力自後而前，鼓翼如掛帆，度山越嶺，輕若飛燕，一時可行四百里，愈高愈捷，真奇製也。嘗聞越王有銅船，衛丘有竹船，白鵠山石成舴艋，然皆不若革之質軟而用利，觸山石無損，入澗谷無礙也。至飛車之造，出自奇肱氏，一云周鐃國。近聞泰西亦有此作，乃用蒸氣之法，不藉風力，特未識與中土之製，孰爲便捷耳。

雨蒼氏曰：近世巧工奇器，獨稱泰西，孰知見諸雜識者，中朝早已有是。其不掛於士夫之口者，殆以形而上者爲道，形而下者爲器，德成與藝成自別，既明道德之歸，技藝即無足重輕乎？

黄以周《禮書通故》卷三六《田賦通故》 鄭衆云：「百工飭化八材，珠曰切，象曰磋，玉曰琢，石曰磨，木曰刻，金曰鏤，革曰剥，羽曰析。」江永云：「先鄭本《爾雅》，道搏埴之工。且珠之用少，不當特設一官。宜以《曲禮》土、金、石、木、獸、草之六材，而益以玉、羽。」惠士奇云：「八材，醫無閭之珣玗琪，會稽之竹箭，梁山之犀象，華山之金石，霍山之珠玉，崑山之璆琳、琅玕，幽都之筋角，斥山之文皮。」以周案：江説近是。如惠説，又嫌與上「虞衡作山澤之賦」複。王應電説尤無據，不録。

紀事

《漢書》卷七〇《陳湯傳》 初，湯與將作大匠解萬年相善。自元帝時，渭陵不復徙民起邑。成帝起初陵，數年後，樂霸陵曲亭南，更營之。萬年與湯議，以爲「武帝時工楊光以所作數可意自致將作大匠，及大司農中丞耿壽昌造杜陵賜爵關内侯，將作大匠乘馬延年以勞苦秩中二千石；今作初陵而營起邑居，成大功，萬年亦當蒙重賞。子公妻家在長安，兒子生長長安，不樂東方，宜求徙，可得賜田宅，俱善。」湯心利之，即上封事言：「初陵，京師之地，最爲肥美，可立一縣。天下民不徙諸陵三十餘歲矣，關東富人益衆，多規良田，役使貧民，可徙初陵，以彊京師，衰弱諸侯，又使中家以下得均貧富。湯願與妻子家屬徙初陵，爲天下先。」於是天子從其計，果起昌陵邑，後徙内郡國民。萬年自詭三年可成，後卒不就，羣臣多言其不便者。下有司議，皆曰：「昌陵因卑爲高，積土爲山，度便房猶在平地上，客土之中不保幽冥之靈，淺外不固，卒徒工庸以鉅萬數，至爇脂火夜作，取土東山，且與穀同賈。作治數年，天下徧被其勞，國家罷敝，府臧空虚，下至衆庶，熬熬苦之。故陵因天性，據真土，處勢高敞，旁近祖考，前又已有十年功緒，宜還復故陵，勿徙民。」上乃下詔罷昌陵，語在《成紀》。丞相御史請廢昌陵邑中室，奏未下，人以問湯：「第宅不（得徹）〔徹，得〕毋復發徙？」湯曰：「縣官且順聽羣臣言，猶且復發徙之也。」

《三國志》卷四《魏書·少帝紀》 〔嘉平五年十月〕減乘輿服御，後宫用度，及罷尚方御府百工技巧靡麗無益之物。

《三國志》卷三三《蜀書·後主傳》 〔建興〕十年，〔諸葛〕亮休士勸農於黄沙，作流馬木牛畢，教兵講武。

王嘉《拾遺記》卷二《周》 〔成王即政〕五年。有因祇之國，去王都九萬里，獻女工一人。體貌輕潔，被纖羅雜繡之衣，長袖修裾，風至則結其衿帶，恐飄飄不能自止也。其人善織，以五色絲内於口中，乎引而結之，則成文錦。其國人來獻，有雲崑錦，文似雲從山岳中出也；有列堞錦，文似雲霞覆城雉樓堞也；有雜珠錦，文似貫珠珮也；有篆文錦，文似大篆之文也；有列明錦，文似列燈燭也。幅皆廣三尺。其國丈夫勤於耕稼，一日鋤十頃之地。又貢嘉禾。一莖盈車。故時俗四言詩曰：「力勤十頃，能致嘉穎。」

《魏書》卷二《太祖紀》 〔天興元年正月〕徙山東六州民吏及徒何、高麗雜夷三十六萬，百工伎巧十萬餘口，以充京師。

酈道元《水經注》卷三《河水》 赫連龍升七年，於是水之北，黑水之南，遣將作大匠梁公叱干阿利改築大城，名曰統萬城。蒸土加功。雉堞雖久，崇墉若新。

《宋書》卷一《武帝紀上》 公方治攻具，城上人曰：「汝不得張綱，何能爲也。」綱者，超僞尚書郎，其人有巧思。會超遣綱稱藩於姚興，乞師請救。興僞許之，而實憚公，不敢遣。綱從長安還，泰山太守申宣執送之。乃升綱於樓車，以示城内，城内莫不失色。於是使綱大治攻具。超求救不獲，綱反見虜，轉憂懼。乃請稱藩，求割大峴爲界，獻馬千疋。不聽，圍之轉急。河北居民荷戈負糧至者，日以千數。

殷芸《殷芸小説》卷一《秦漢魏晉宋諸帝》 武帝時，長安巧工丁緩者，爲恒滿燈，七龍五鳳，雜以芙蓉蓮藕之奇。又作卧褥香爐，一名被中香爐，本出房風，其法後絶，至緩始更爲之，機環運轉四周，而爐體常平，可致之被褥，故以爲名。又作九層博山香爐，鏤爲奇禽怪獸，窮諸靈異，皆能自然轉動。又作七輪扇，輪大皆徑尺，相連續，一人運之，則滿堂皆寒戰焉。

《隋書》卷四五《秦孝王俊傳》 俊猶不悛，於是盛治宫室，窮極侈麗。俊有巧思，每親運斤斧，工巧之器，飾以珠玉。爲妃作七寶羃羅，又爲水殿，香塗粉壁，玉砌金堦，梁柱楣棟之間，周以明鏡，間以寶珠，極榮飾之美。

（日）圓仁《入唐求法巡禮行記》卷一 〔開成四年閏正月〕四日，依金正南請，爲令修理所買船，令都匠、番匠、船工、鍛工等卅六人向楚州去。又于當寺請僧令乞雨，以七人爲一番，以讀經。

（日）段成式《酉陽雜俎續集》卷六《寺塔記下》 崇義坊招福寺。本曰正覺，國初毁之，以其地立第賜諸王，睿宗在藩居之。乾封二年，移長寧公主佛堂於此，重建此寺。寺内舊有池，下永樂東街數方土填之，今地底下樹根多露。長安二年，内出等身金銅像一鋪，并九部樂。南北兩門額，上與岐、薛二王親送至寺，綵乘象輿，羽衛四合，街中餘香，數日不歇。景龍二年，又賜真容坐像，詔寺中別建聖容院，是玄宗在春宫真容也。先天二年，敕出内庫錢二千萬，巧匠一千人，重修之。

《敦煌社會經濟文獻真蹟釋録》第一輯《庚戌年（公元九五〇年）十二月八日

夜□□□社人遍窟燃燈分配窟龕名數》

1　庚戌年十二月八日夜□□□社人遍窟然燈

2　分配窟龕名數：

　　北

3　田闍梨南大像已北至司徒窟計六十一盞，張都衙窟兩盞，大王天公

　　主窟各兩盞，大像下層兩盞，司徒兩盞，大像天王四盞。

4　李禪司徒北至靈圖寺六十窟翟家窟兩盞，社衆窟兩盞，宋家窟兩盞，文殊堂兩盞。

5　張僧政崖下獨煞神至狼子神堂六十盞，獨煞神五盞。

6　□法律第二層陰家窟至文殊窟上層令狐家窟六十五盞，内三聖小龕各然一盞。

7　羅闍梨弟三窟太保窟至七佛堂八十二窟，内有三聖刹心，各然一盞。

8　曹都頭吴和尚已南至天龍八部窟計八十窟刹心内龕物在裏邊。

9　索幸者第二層至第三層□家八金光窟八十窟内龕刹心物在裏邊。

10　陰押衙梁僧政弟二層普□窟至文殊堂又至靈圖寺窟至陳家窟六十三窟，有三

　　聖窟物在裏邊。

11　王行者南頭弟二層六十二窟何法師窟兩盞，刹心佛堂兩盞，大像上層四盞，至

　　法花。

12　安押衙杜押衙吴和尚窟至天王堂卌六窟吴和尚窟三盞，七佛堂七盞，天王堂

　　兩盞。

13　□□郎□　陰家窟至南大像五十二盞□八龕陰家窟三盞王家兩盞

　　宋家窟兩盞，李家窟三盞，大像四盞，吴家窟四盞，大像天王四盞。

14　右件社人依其所配，好生精心注救灸，不得懈怠

15　觸穢，如有闕然及穢不盡(浄)者，匠人罰布一疋，

16　充爲工廨匠下之人，痛決尻杖十五，的無容免。

17　　辛亥年十二月七日釋門僧政道真。

佚名《宋史全文》卷一八下《宋高宗六》　〔紹興三年二月〕壬子，提舉浙東茶鹽公事王然罷，仍貶秩一等。先是宣諭官朱异論，然置明州三縣鹽場，將沿海下户一例勾籍，其間有不願結甲，及雖結甲而不願貨本錢，至有憂畏而自縊者，或持杖而逐保正者，言者亦論其擾民，故有是命。

佚名《宋史全文》卷二八《宋光宗》　蜀鹽自祖宗以來，皆民間自煮之，歲輸課利錢銀絹而已。紹興二年，趙開總計始變鹽法盡榷之，置合同場，以幾其出入引法。初行每百斤爲一擔，又增十斤勿筭以優之，令商人入錢請引，井户但如額煮鹽，赴官輸土産税。然鹹脉盈縮不長，久之井户月額不登，則官司但以虚鈔付之，而收其筭，引法由是壞。井户既爲商人所要，因增其斤重以予之，每擔有增至百六十斤者。是夏，吏部尚書趙汝愚奏言，趙開鹽法最爲精密，今井户多鑿私井，務以斤重多寡相高，故鹽日多，價日賤，而其法大壞。乞行下總領所參照舊例施行，從之。於是四川總領楊輔遣官覈去虚額，剗開助筒二千有奇，申嚴合同場舊法，禁斤兩之踰格者，而重私販之罰，鹽直由是頓昂焉。

李燾《續資治通鑑長編》卷八《太祖乾德五年》　〔四月〕戊子，陵州刺史王奇責授左衛率府率，坐掊克所部故也。陵州有陵井，僞蜀置監，歲煉鹽八十萬斤。廣政二十三年，井口摧圮，毒氣上如煙霧，煉匠縋入者皆死。後井益塞，民艱食鹽。通判、右贊善大夫真定賈璡始建議開浚，刺史王奇謂浚之犯井龍，役夫不肯進，璡親執鍤興役，逾年而至泉脈。是井本深五十四丈，皆鑿石而入，其半曰小罌口，小罌上皆以柟柏旁疊。初煉鹽日三百斤，稍增日三千六百斤。璡上其事，即詔璡知州事。璡後卒官，州人畫像祠之。據《耆舊傳》，賈璡通判陵州，實與刺史王奇同在三年二月。而五年四月奇乃責官，璡知陵州。當是繼奇。今取修井事，附見奇責官後。

李燾《續資治通鑑長編》卷一〇五《仁宗天聖五年》　〔十一月〕壬寅，工部郎中、直昭文館燕肅請造指南車，内侍盧道隆又上所創記里鼓車，詔皆以其法下有司製之。

李燾《續資治通鑑長編》卷二四八《神宗熙寧六年》　〔十二月壬辰〕軍器監言，弓匠李文應、箭匠王成伎皆精巧，詔補三司守闕軍將，以教工匠。

帶御器械鄭德誠乞權差官輪宿直，詔令真定府路總管向寶宿直。舊制，外任帶御器械過闕朝見，不宿衛，時寶禍京師，特命之。上與王安石言：「向寶善戰，好將也，與薛仁貴何異？」王安石曰：「恐不同。」上曰：「仁貴更有機略，如寶已難得。」安石曰：「向寶但能使馬精熟而已，其於西市一帶山川最其所諳熟，然西市之戰幾敗事，如此將率要不難得。」安石以爲寶既貪恣，又西市之戰狼狽，徒以西府賴其沮壞王韶，故稱譽於上前爾。

李燾《續資治通鑑長編》卷二五三《神宗熙寧七年》　〔五月庚戌〕詔入内供奉官衛端之追兩官，免勒停，弓弩院工匠俞宗等十人黥面，配京東西本城。端之被差看驗弓弩不堪修者拆剥，乃以病色弓三十五萬餘張赴拆剥所，内角面十二萬，司修計費錢七千餘緡。犯在疏決前，上曰：「是可以弗懲乎？」特黜之。端

之先以造弓弩弦省工，減磨勘四年。至是，坐枉費得罪。《吕惠卿家傳》：惠卿判軍器監時，禁中亦置造作所。中官衛端之編排弓槍庫，雜色弓七十餘萬張，其當毁者四十九萬張，已毁十七矣。惠卿遣屬官李稷等詣庫覆視之，得其以良爲惡，而未毁者十餘萬，請復存之。案端之得罪時，惠卿已執政矣。或是惠卿先發端之罪，及執政乃行罰也。《家傳》又以端之得罪，係遣郝質詣軍器監前。郝質詣監，已附正月十二日，更須詳考之。

李燾《續資治通鑑長編》卷三五三《神宗元豐八年》 〔三月辛丑〕詔開修京城壕人夫及製造軍器兵匠滿三千者各遣歸所屬州，仍賜錢有差。

李燾《續資治通鑑長編》卷四六四《哲宗元祐六年》 〔八月〕庚子，荆湖南路提刑司言：「錢監工役朝暮鼓鑄，最爲勞苦。其招後投换犯罪刺配及剗刷廂軍之人，既非素習，若令習學鼓鑄，例收全工，免稽滯工限。欲乞相度自到作日，給與請給；且令習學鼓鑄，收工三分；及三十日，與收半工；再經一年，即收全工。」從之。

李埴《皇宋十朝綱要》卷一〇 〔元豐八年十月〕己卯，散軍器所兵匠。

蔡絛《鐵圍山叢談》卷六 太宗時得巧匠，因親督視於紫雲樓下，造金帶，得三十條，匠者爲之神耗而死。於是獨以一賜曹武穆彬，其一太宗自御，其後隨入熙陵，而曹氏所賜帶，則莫知何往也。餘二十八條，命貯之庫，號鎮庫帶焉。後人第徒傳其名，而宗戚羣璫。閒一有服金帶異花精緻者，人往往輒指曰：「此紫雲樓帶。」其實非也，故吾迄不得一識之。自貯鎮庫帶後厘歷百十年所，及敵騎犯闕，太上皇狩丹陽，因盡挈鎮庫帶以往。而一時從行者，有若童貫、伯氏諸臣，皆得賜紫雲樓金帶矣。事後甫平，太上皇言歸宫闕，於是靖康皇帝復命追還之庫。吾在萬里外，獨嘗聞諸，然又不得一識也。中興之十三祀，有來自海外，忽出紫雲樓帶，止以四銙視吾。敵騎再入，適紛紜，所追還弗及者。其金紫磨也，光豔溢目，異常金。又其文作醉拂林狀。拂林人皆笑起，長不及寸，眉目宛若生動，雖吴道子畫所弗及。若其華紋，則有六七級，層層爲之，鏤篆之精，其微細之象，殆入於鬼神而不可名。且往時諸帶方銙不大，此帶乃獨大至十二稻。是在往時爲窮極巨寶，不覺爲之再拜太息，我祖宗規模，雖一帶猶貽厥後世，必無以加也。於是亟歸之客，而意始適平。因書此以詔後之人。

都邑惠民多增五局，貨藥濟四方，甚盛舉也。歲校出入，得息錢四十萬緡，入户部助經費，然往時議者甚大不然矣。時上每飭和劑局，凡藥材告闕，俾時上請焉。大觀間，和劑局官一日請内帑授藥犀百數，歸解之，偶忽得一株，大絶常犀，且甚異。因不敢用，復上之朝廷，乃命工爲之帶，雖工人亦歎駭。此上德有所感召之效矣。蓋犀倒透中返成正透，其面猶黄蠟，中有黑雲一朵，雲中天矯一金龍，飛盤拏空，爪角俱全。遂爲御府第一號瑞雲盤龍御帶。

于闐國朝貢使每來朝，必攜其寶鐺以往返。自國初以來，迨今如是也。我主客備見之，實一鐵鐺爾。蓋其來入中國，道涉流沙，踰三日程無水火，獨挈其水而行。攜鐺者投之以水，頃輒已百沸矣，用是得不乏，故寶之。

伯父君謨嘗得水精枕，中有桃花一枝，宛如新折，茶甌十，兔毫四，散其中，凝然作雙蛺蝶狀，熟視若舞動，每寶惜之。

錢塘之龍華寺有傅大士真身，仍藏所謂敲門椎、頌《金剛經》拍板與藕絲燈三物，蓋昔爲吴越錢王從婺女雙林取來。藕絲燈者，乃梁武帝時物也。謬言藕絲織成，實不然，但疑當時之最上錦爾。其所織紋，實《華嚴》會釋氏説法相狀凡七所，即所謂「七處」、「九會」者是也。有天人、鬼神、龍象、宫殿之屬，窮極幻眇，奇特不可名。政和後索入九禁。宣和初既大黜釋氏教，因復以藕絲燈賜宦者梁師成。吾昔在錢塘見之，復於梁師成家得詳識焉。師成於靖康間籍没，而藕絲燈者莫知所在。

唐雷氏繇德宗來，世善斲琴著名，遇其得意玉識之，故國初尚方所藏玉鶴琴，獨爲世甲。在仁宗時，錢塘有名人水丘者又得玉雁琴。而君謨伯父帖曰：「聞賢郎在錢塘得玉雁琴，雁與玉鶴爲輩流。玉鶴藏禁中，而雁落人間，此豈常物也哉。」其後，玉雁琴吾得一見，頗不稱其譽。又唐李汧公者號善琴，乃自聚靈材爲之，曰「百衲琴」。百衲琴流傳當祐陵朝，亦入九禁。是天下號殊絶，獨玉鶴、百衲乃第一。上時方稽古博雅，若書畫奇工得以待詔日親近，往往獲褒賜。而琴工獨閒冷，日月光赫，因日月以冀恩澤，即共奏取御府所寶琴，盡丐理治之。上亦可焉。於是首取百衲琴破之，乃止八段，然膠漆遽解散，羣待詔反大懼，輒鹵莽厘得合併，玉鶴輩八九咸被壞。遂得時時奏功第賞，但求金石之奏，思得山水之清音，無矣。此良足惜。

閩粤有福清縣瀕海人家，於海中闌得一物，乃藤奩。開奩，白木枕一，枕之則管弦四發；又有青毛坐褥，人坐其上，毛輒颯然竪起，擁匝人腰，温柔不可名。

愚氓懼以爲怪，遂并匳焚之。福清士人來爲吾言，乃中興之初也。

金蠶毒始蜀中，近及湖、廣、閩、粤寖多。有人或捨此去，則謂之「嫁金蠶」。率以黄金、釵器、錦段置道左，俾他人得焉。鬱林守□□□爲吾言，嘗見福清縣有訟遭金蠶毒者，縣官治求不得踪。或獻謀取兩刺蝟入捕，必獲矣。蓋金蠶畏蝟，蝟入其家，金蠶則不敢動。雖匿榻下牆罅，果爲兩蝟擒出之，亦可駭也。又嶠嶺多蜈蚣，動長二三尺，螫人求死不得。然獨畏托胎蟲，多延行井幹牆壁上。蜈蚣雖大，遇從下過，托胎蟲必故自落於地，蜈蚣爲局縮不得行。托胎蟲乃徐徐圍繞周匝，蜈蚣愈益縮，然後登其首，陷腦而食之死。故人遭蜈蚣害，必取托胎蟲涎，輒生搗塗焉，痛立止。且金蠶甚毒，若有鬼神，蜈蚣若是之强且大也，然則蝟捕金蠶，托胎制蜈蚣，物理有不可致詰，而人不可以不知。

往時川蜀俗喜行毒，而成都故事，歲以天中重陽時開大慈寺，多聚人物，出百貨。其間號名藥市者，於是有於窗隙間呼「貨藥」一聲，人識其意，亟投以千錢，乃從窗隙間度藥一粒，號「解毒丸」，故一粒可救一人命。夫跡既叵測，故時多疑出神仙。政和間，祐陵以仁經惠天下，嘗即上清寶籙宫之前，新作兩亭。左曰「仁濟」，給藥治疾苦，右曰「輔正」，主符水除邪鬼。因遂詔海内，凡藥之治病彰彰有聲者，悉索其方，書而上之焉。於是成都守臣監司，奉命相與窮其狀，乃始得售解毒丹家。蓋世世懼行毒者爲讐害，故匿其跡，非有所謂神仙也。既據方脩治，得其全，即并藥奏御，事下殿中省。上曰：「朕自弛天子所服御以濟元元，毋煩有司也。」繇是殿中省羣醫付諸師驗其方，則王氏博濟方中之保靈丹方爾。當是時，猶子行適領殿中監事，故獨得其詳。吾落南來，用是藥嘗救人，食葫蔓艸毒得不死者兩人。蓋不可不書。

太上受命，享萬乘至尊之奉，而一時諸福之物畢至，加好奇喜異，故天下瑰殊舉入尚方，皆萃於宣和殿小庫。宣和殿小庫者，天子之私藏也。頃聞之，以寵妃之侍從者頒首飾，上喜而賜之，命内侍取北珠篋來。上開篋，御手親掬而酌之，凡五七酌以賚焉。初不計其數也，且又不知其幾篋。北珠在宣和間，圍寸者價至三二百萬。又乙巳歲冬，魯公得疾甚殆，上爲臨問，而醫者奏當進附子物。上意惻怛，命主小庫内侍舉附子以進。御手亦爲採擇取四，遣中使賜魯公，率大猶拳。其一重三兩四錢，次重三兩二錢，二皆二兩八錢。吾狂妄，平居眼孔隘宇宙，睹此亦歎所未始見，則他可稱是。

周賓所《識小編》卷三九《工匠封侯》 高時有陽城延者，以軍匠起作長樂未央宫，築長城，官少府，封梧侯。嘉靖中，徐杲以木工官工部尚書，不足道也。先是成化中，蒯祥已以木工官工部侍郎，食一品俸，得贈廕。其與杲同事者蒯義、蒯剛、蔡信、郭文英，以木工；陸祥，以石工；俱官工部侍郎。

《明英宗實録》卷六 〔宣德十年六月丁巳〕應天府奏：「上元、江寧二縣坊廂長、甲首，俱洪武間起取殷實户充役，後經年久，有投充軍匠、厨役及官醫等户者，每遇造册，輒賂官吏，朦朧作帶管；却編畸零户爲大户，俾應前役。以致負累失所，逃亡者多。其江寧、溧水等縣各鄉豪猾，又有灑已官糧入他户者，有移他人甲首在己户者。乞重勘造册，如舊編役，審實改正。又龍江裏外河泊所，先有網業三百三十七户，後有因事籍没，責令上元等縣僉補。所僉農民，因無網業，變賣田宅人口，陪納魚課，以致耗乏者多。每遇更僉，紛然告訐。乞重體實存舊户辦課，餘不係網業户者，悉令歸農。」事下行在户部，覆奏，從之。

《明英宗實録》卷二八一 〔天順元年八月壬辰〕先是，内府各監局軍匠，月支米一石，餘丁不支。宣德間，以軍匠輪班上直，得以休息，又日支光禄寺飯，足以養贍，故月令支米六斗。景泰間，又止令支四斗。至是，右少監顧恒等奏稱各匠艱難。遂命軍匠月支米五斗，餘丁月支三斗。

《明孝宗實録》卷一七一 〔弘治十四年二月壬寅〕内府針工局請比例招收幼匠一千名。工部議，謂：「往年尚衣監招匠一千名，而兵仗局效之，遂招二千名。軍器局司設監又效之，各招一千名。今針工局復效尤以請，安知將來無再效之者？弊源一開，其流無已。冗食日衆而糜費益廣，不知所以善其後者。乞斷自宸衷，特賜停止。」命收五百名應役。

《船政·賞格》 南京兵部爲獎勵賢勞官員事。車駕清吏司案呈，據造撥二廠呈報，造修完金吾前等衛小甲馮聰王立等快平船隻緣由到司，照得嘉靖二十四年分，各衛船隻遵奉禁約，依例官僚官造，不許科擾幫甲，備經劄委把總指揮張壽松等，召商和買木料，指揮高旻張文爵勘驗臨差船隻，并行造撥二廠督率委官匠作人等造修去後，今照各官盡心協力，明作赴功，果致節省財用，休恤幫甲，相應獎勵。及照各該小甲、匠作，亦合賞犒。等因。案呈到部，合就連送本司，仰將庫貯造船餘剩年例銀内動支壹百貳拾壹兩玖錢壹分，買辦後開禮物，用鼓樂導送，以示獎勵施行。

計開：

獎勵各官職名禮物銀兩數目：造船廠把總指揮張壽松，紅紗壹疋，絨花貳枝，禮銀陸兩，撥船廠把總指揮高旻，二次。王欽，二次。各紅紗壹疋，絨花貳枝，禮銀陸兩。

管勘驗船隻指揮張文爵，紅紗壹疋，絨花貳枝，禮銀貳兩伍錢。

管買木兵馬宗部，紅紗壹疋，絨花貳枝，禮銀貳兩伍錢。千户二員：官瀚、鄧鉞。二次。各紅綾壹疋，絨花貳枝，禮銀叁兩。

造船委官千户六員：卞實、韓輔，二次。張憲，二次。金瀚，二次。孫鑾、孫棠。各紅綾壹疋，絨花貳枝，禮銀貳兩伍錢。

管大修兼中修委官千户八員：陸勳，二次。翟承宗，二次。劉瀚、魯鈺，二次。時珊，二次。馬永昌，二次。宋璧，二次。陸章。

管勘驗船隻千户二員：李椿，二次。許藻。各紅綾壹疋，絨花貳枝，禮銀貳兩伍錢。

管鋸木委官千户二員：張純，二次。常禄。二次。

管中修船隻委官千户十員：賈岐、李文璧、王英、王麟、蔡永、徐山、王鸞，二次。胡益，二次。薛合，二次。何欽，二次。各紅綾壹疋，絨花貳枝，禮銀貳兩。

管散油蔴釘鍋委官千户一員：張添爵。二次。

紅綾壹疋，絨花貳枝，禮銀壹兩。

管小修船隻委官千户十三員：陳介、張學，二次。李繡，二次。張甫、胡山、甯杲、孫蓋、徐節、張鉞，二次。李堂、閆鑑、潘儒、賈文舉。

各紅綾壹疋，絨花貳枝，禮銀壹兩伍錢。

拆造大中小修二次小甲馮聰、王立等，木匠許鑾等，共四百七十七名，每名賞肉壹斤捌兩，共肉柒百壹拾伍斤捌兩。

每名賞酒壹斤貳兩，共酒伍百叁拾陸斤拾兩。

外擬拆造大中修船二十九隻，大木匠許鑾等二十九名，每名賞紅布壹疋，折銀貳錢，共銀叁兩捌錢。

大中修大木匠陳忠等四十二名，每名賞紅布壹疋，折銀壹錢伍分，共銀陸兩叁錢。

徐學聚《國朝典彙》卷一九三《工部・工匠》 洪武三年七月，命編直隸應天等十八府州及江西九江、饒州、南康三府，均工夫圖册，每歲農隙，其夫赴京供役，歲率三十日遣歸。

五年，上嘗於冬月幸三山門，觀修浚城濠者，見有役夫裸行水中，若探物狀，令人問之，則督工吏擲其鋤於水中，求之未得耳，令別取鋤償之。曰農夫供役，手足皴裂，亦甚勞矣，尚忍加害乎！捕吏杖之。顧謂丞相曰：今日衣重裘，體猶覺寒，況役夫貧困無衣，其苦何可勝道。即命罷其役，仍命行工部，遣各夫匠還家。【略】

六年九月，賜臨濠造作軍士七千五百人衣米。上諭中書省臣曰：憂人者常體其心，愛人者每惜其力。朕嘗親軍旅，備知其疾苦。凡有興造，未免資軍民之力，土木之工，亦甚難集。朕每進一膳，即思天下軍民之饑；服一衣，即思天下軍民之寒。今臨濠營造軍士，宜各給米五石，衣一襲，庶不至饑寒也。

十一年九月，勅諭：董大祀殿工韓國公李善長，善撫工匠，令蚤完之。

十九年四月，定工匠輪班之令。驗其丁力，定以三年爲班，更番赴京輪作，三月如期交代，名曰輪班匠。議而未行。工部侍郎秦逵復議舉行量地遠近，以爲班次，且置籍爲勘合付之，至期齎部聽撥，免其家徭役，諸匠便之。

上諭工部曰：今所作宮殿，但欲朴素堅固，不事華飾，不築苑囿，不建臺榭，如此經營費已巨萬。乘危負重，工匠甚勞，有不幸而死者，憂懸朕心。爾工部可各給棺櫝，令國子生送致其家，賜鈔以瘞，蠲其家徭役三年，復爲文遣官即龍光山祭之，曰：昔君天下者務在安民，然有不得已而勞民者，營造之類是也。比者營建宮殿，工匠有因疾而死者，有被傷而死者，有冒危險而死者，已勅官爲棺櫝送之於家。今復設壇遣官以牲醴賜祭，爾等有知，咸諭朕意。仍賜見役工匠鈔凡六萬三百六十餘錠。

二十六年，詔定，凡天下各色人匠，編成班次輪流，將齎原編勘合爲照，上工以一季爲滿，完日隨即查原勘合，及工程明白就便放回，周而復始。如是造作數多，輪班之數不敷，定奪奏聞，起取撮工，本户差役定例與免二丁餘丁一體當差。設若單丁重役及一年，一輪開除一名，年老殘疾户無丁者，相視揭籍，明白疎放，其在京各色人匠例應一月上工十日，歇二十日，若工少人多，量加歇役，如是輪班各匠無工可造，聽令自行趂作。

永樂二年十一月，上御奉天門召成國公朱能諭曰：「今天氣愈寒，民築孝陵垣墻者，可悉罷歸。未畢之工令軍士畢之，軍士就役者，日給之鈔。復曰：朕今日夙興覺寒氣襲體，因思百姓之勞，故命爾不可因循稽緩，軍士就役亦難，但旦出暮歸，比百姓服役數百里之外差異，亦宜恤之，毋盡其力。蓋隆冬盛寒，非先帝陵寢，朕亦不勞之也。」

十二月，中官有於應天府私取工匠役之者，上召府尹向寶責之曰：「數年軍旅供給，加以權豪橫肆，百姓艱難，京師爲甚。既命爾牧民，當體國家愛民之意，正直不阿，矜恤保庇，庶幾民可休息。宦者官禁使令之人，非有重權，汝何用畏之，而輒聽其役民，略不之拒？爲京尹，朝夕在朕左右，尚畏如此，若在遠外任小官職，當如何畏之？譬爲人典守寶貨，擅啓藏縱人私取，必不免責罰矣。汝擅以朕百姓作人情，可逃罪乎！今姑宥爾，若再蹈前非必誅。」遂逮其中官，責之曰：「朕爲天子，不敢輕役一民，汝何人敢擅役之，百姓家僮奴亦敢不告其主，肆意自爲乎？」令錦衣衛執治之。

六年五月，勅泰寧侯陳珪及北京刑部：「方今盛暑，軍民赴工者宜加撫恤，飲食作息，必以時，無過於勞，有疾悉與醫藥。爾等其體朕仁民之意。」

九年，給事中耿通等劾輪班匠役滿工部仍留不遣，請罪之。命錦衣衛執郎中以下鞫問，尚書宋禮令戴罪理事。

十年三月，勅武義伯王通等：「天壽山營建將完，工匠役久，户無次丁者，悉遣歸，仍命所過官司給行糧。」

九月，遣官祭天壽山亡没夫匠，命有司函骨歸葬，仍復其家二年。

十七年正月，御史李偉奏，新淦縣逃匠雷劍南等聚衆拒捕。上命都督馬聚都指揮劉忠領兵捕之，未至，而布按二司奏劍南等自詣歸罪。上謂侍臣曰：「民非甚不得已，孰肯以父母妻子罹死亡之禍？此有司失於撫綏。」命皆宥之，遣使馳召聚等還。

宣德元年四月，兵仗局工匠二人老且盲，訴乞免役。上問工部尚書吳中等曰：「匠以萬計，何必此兩人？古之仁者不以羸馬駕車，爾等亦可謂忍人矣！其即免之，今後一應匠作老疾者准此例。」

七月，上謂吳中曰：「前日卿奏内官監欲取民間幼丁學匠藝，行移應天府選取五千人，彼幼未(暗)〔諳〕事，令習技藝不能，則必加督責，其父母之心如何？且人家誰無幼子，爾其體此心，速止之。」

工部言工匠逃亡者，赦後赴工過期，請差官追捕。上曰：「工匠久處京師，有司不能存恤，饑寒切身，不免逃亡。赦後雖欲赴京，道途之費，豈能自備？況有遠在數千里外者，宜量地遠近，寬立期限，命本處有司起送赴京，不用差官煩擾。且今京師無他營造，工匠亦可省用，徒多聚無益也。」

三年三月，放免老幼殘疾軍民匠九百九十二人。

四年三月，有紙匠訴執役天財庫，去家遠，日給爲難。上諭尚書郭敦曰：「官府但知役之而不知養之，豈政理哉！凡工匠役内府者，悉月給食米三斗。」

天順元年，勅外府輪班人匠，照永樂間定制差撥，不許内官兼管。

弘治二年五月，修蘆溝橋成。内官監太監李湯，乞陞文思院副使潘俊等官，吏部尚書王恕言：「官匠營造，乃其職分，成化初年以前修河築隄，並無陞官事例。至十九年以後修築蘆溝橋决口，恭順夫人大慈恩寺殿宇，始濫陞匠官，并欽天監、太醫院等衙門官。比年營先帝山陵所役軍匠至四萬人，亦未有陞職者，此役較之山陵不及三分之一，顧欲妄濫陞官，甚失輕重之序。況修城等役，今方並興，若俱照例，其爲冗濫又復如前日矣。豈不爲新政之累？」上從其言，命給賞有差。

十四年正月，司設監奏：本監造作工數多，而軍民匠逃絶者衆，乞照兵仗局收充幼匠例，選軍民之家諳曉匠藝壯丁二十名應役。工部議：兵仗局所造者軍器，可權宜招收幼匠以清急務，司設監所造者止床帳、轎乘等常事，不宜引以爲例，請行停止。有旨令收充一千名應役。

十七年九月，時修清寧宫，有旨下兵部撥用軍夫萬餘人，尚書劉大夏謂工少人多，蓋監督内官有所利而爲此也，奏請減去十分之五。監督者訴於上，上令司禮監語内閣曰：「劉大夏不以朝廷大工爲重，率意減去人夫，即擬旨來詰責之。」大學士劉健曰：「愛惜軍力，兵部職也。近劉尚書每以老辭，朝廷下温旨勉留，尚請未已。若詰責旨下，彼將以不職固辭，更於何處討這等人來替他？」司禮以其言入告，上欣然如大夏議。

嘉靖三年閏四月，先是内官監太監崔文督修九門城壕，日役工匠三萬人，經歲不竣，給事中胡汭言：「此監工等官故延引歲月，乾没錢糧，宜定限今月内竣工。」報可。

八月，時上命修乾清宫北一府，内官監太監陳林言：「見役軍匠二千三百有奇，乞月給米鹽。」户部覆議：「府第損壞不多，增造穿堂儀門，何至役人二千三百，若謂事不容已，亦須立限完報。」上命立限完報，不許妄費財力。

南京印綬監初奉詔革去匠役一百二名，至是監丞宗璽託以裝表符軸乞留之。户部言璽違詔，宜重懲。得旨：「匠役遵照裁革，璽貸勿問。」

四年初，正德末内監各軍匠率多冗濫，已而奉詔汰減，弊源頗清。至是御用太監黃錦言：「工煩匠不足用，請選經汰人役及見役户丁二千名供事。」兵部議覆：「匠不足用，以私役賄免虛冒者衆也，不此之稽，而欲更選，以充開倖進之路，仍冗食之轍，不便。」上命選五百名應用，而嚴私役虛冒之禁。

朱國禎《湧幢小品》卷二三《肄器修祀》 漳州學樂器久壞，太守陳洪謨遣人求泗磬，請神樂觀知音樂羽士，選俊民百餘人肄習，仍刻《大成樂譜》傳焉。適琉球使者過漳，聞而來觀，皆合掌捧手，稱嘆而去。一日，習儀開元寺，見寺後有朱文公祠，已敝壞，祠後有峯，僧廬其下。仍舊額扁爲芝山書院以事文公，陳北溪、黃勉齋、蔡九峯爲配，又遴選庠生數十人讀書其中，士習丕變。郡父老相傳，文公嘗遺一聯云：「十二峯送青排闥，自天寶以飛來；五百年逃墨歸儒，跨開元之頂上。」蓋若有待云。守漳之三年，畬人居海濱者，見有大鳥飛過，遺一尾於水邊，長七八尺，五采炫煥。衆以爲鳳尾，拾以來獻，命置之庫中，略不爲異。後鎮守太監遣人來取，答以火焚，乃得止。

《清聖祖實録》卷一〇四 〔康熙二一年八月庚子〕九卿議准土司田舜年請開礦採銅。上曰：開礦採銅，恐該管地方官員借此苦累土司，擾害百姓，應嚴行禁飭，以杜弊端。

《清聖祖實録》卷二五五 〔康熙五二年五月庚辰〕又諭〔大學士等〕曰：提督康泰奏稱蜀省一碗水地方聚集萬餘人開礦，隨逐隨聚，現在差官力行驅逐等語。朕念此等偷開礦廠之徒皆係無室可居，無田可耕乏産貧民，每日所得錙銖以爲養生之計。若將此等乏産貧民盡行禁止，則伊等何以爲生？果如滇省礦廠所出頗多，亦可資助兵餉，此處所出無多，該地方文武官員作何設法，使窮民獲有微利，養贍生命，但不得聚衆生事，妄行不法，似屬可行。爾等與九卿會同速議具奏。

《清世宗實録》卷二 〔雍正一三年九月己酉〕又諭：今年六月間，浙江海塘衝決之處甚多，皇考聖心焦勞，曾降諭旨：「今歲風潮，不過風大水湧，並非昔年海嘯可比，總因隆昇與程元章意見不合，隄防無術，且聞採辦石料折減甚多，以致工匠包賠，逃亡誤事。」皇考諭旨，至聖至明。今隆昇具摺回奏前來，多有支吾掩飾之處。凡修建工程，固不可靡費錢糧，亦不可有心核減，若意在節省，以致工程不能堅固，則前功委於無用，而後此之糜費更多。況波濤不測，戕害民命，又豈多費錢糧之可比乎？隆昇等採辦石料，折減過多，則識見庸鄙，經理之不善可知矣。據隆昇奏稱，海塘綿亘百餘里，内除大學士朱軾所建五百丈至今穩固，其他坍卸之處，水落石出，始見以前石料狹薄碎小，樁木違式，通塘比比皆然等語。朕覽隆昇此奏，揣其情勢，大約後來續修之工程，不能如大學士朱軾從前所修之堅固，亦是實情。若云近來保護不謹，以致潰決，則何以一同被水，完固者自完固，坍卸者自坍卸，迥然不同，有如此乎？其中情由，著大學士嵇曾筠虛衷秉公，不可少存意見，將歷任之督撫等官，確查明白，應參奏者，即行題參。

《清世宗實録》卷五 〔雍正一三年一〇月癸未〕總理事務王大臣議覆：内大臣海望奏：現今大兵駐防鄂爾昆，所有軍營官駝數萬别無所用。若以給臺站蒙古運米，則運價大省，於蒙古生計有裨。請自歸化城至鄂爾昆編臺站三十二，每臺給官駝一百五十隻，三班更代，日以駝五十隻運米一百石，每年計八閲月，可運米二萬四千石。臺兵原額六十名，今增丁役二十，以四十名輪班運米，其運米之月加給銀一兩，在臺參領章京驍騎校等各加銀三兩，領催加銀二兩，牽駝往來，每臺給官馬三十四。統計每年運米需費及增給蒙古官兵錢糧、添補駝馬等費共需銀十二萬九千餘兩，較商人范毓馪之運價可省銀十八萬有奇，較都統丹津等之運價可省銀十二萬有奇。其臺站應如何移置，令總管五十四辦理。尋經五十四奏言，自歸化城至鄂爾昆設臺站三十二，用丁役八十，駝二百隻；自張家口至歸化城設臺站八，用丁役四十，駝一百隻。其原設腰站應徹者，悉行裁徹。從之。

《清世宗實録》卷二四 〔雍正二年九月戊申〕又諭〔兩廣總督孔毓珣〕：爾任廣西巡撫時，與提督韓良輔會奏大金、蕉木等山礦徒地方官不能驅逐，添調官兵防汛。今廣西巡撫李紱摺奏有外省無藉礦徒流入蕉木山，隨飭賀縣知縣會同富賀營守備帶兵三路並進，驅入廣東。又稱廣東梅峝、宿塘等處礦徒梁老二聚集多人，汛兵子弟亦多附和，巡檢不能防緝等語。據此，廣東既有巢窟，雖從廣西暫驅出境，亦復何益？此關係地方利害，爾總督全粵，宜會同兩省巡撫、提督設法驅除解散，毋因前曾奏請開礦，小有回護，以致慢忽因循。且聞所聚礦徒已有名目，將來爲害不輕，非比一二窮民偷採，或可法外寬宥，斷宜速行嚴禁解散，無使滋蔓。督撫身任封疆重寄，職在戢暴安民，如應提調官兵處，悉心籌畫而爲之，不可姑息省事，貽害地方。務期整飭寧謐，以副朕意。

《清世宗實録》卷二八 〔雍正三年一月戊辰〕諭兩廣總督孔毓珣：廣西蕉木山場常有礦徒騷擾，雖屢經驅禁，而巢窟尚在，廣東終難安靖。聞蕉木山路共有四汛，在廣西者三，在廣東者一，兩省汛兵各宜盡心防緝，不得坐視推諉。嗣後著該管文武官分地查核，以專責任。或礦徒從某地來不能稽察，或已至某地不能擒逐，或逃入某地不能堵截，即將該管官弁題參議處。

《清世宗實録》卷四一〔雍正四年二月癸酉〕諭大學士等：凡違禁偷刨封禁礦砂等律，漢人發邊衛充軍，旗人解部枷責。朕思發遣治罪，滿漢應同一律。從前定例將徒流等罪之旗人改折枷責，今可否更改與漢人畫一之處，著大學士會同八旗都統及滿洲漢軍之九卿確議具奏。

《清世宗實録》卷四九〔雍正四年一〇月丁卯〕户部議覆：黄銅器皿除三品以上官員准用，民間樂器、天平、法馬、戥子及五觔以下之圓鏡不禁外，其餘文武各官軍民等所有舊存黄銅器皿限三年内悉交官領價，收藏打造者照例治罪，並請通行各直省一體嚴禁。得旨：依議。其各省禁止銅觔之處，且先於直隸八府及各督撫駐劄之省城試行之。

《清世祖實録》卷七〇〔順治九年一二月辛酉〕工部奏言：直隸保安人王之藩忽倡開礦之議。查故明萬曆時差官開礦，徒虧工本，無裨國計。而差官乘機射利，偏肆索詐，掘人塚墓，毁人田廬，不勝其擾。前事甚明，應嚴行禁止。

《清世宗實録》卷九〇〔雍正八年正月戊寅〕諭内閣：雍正六年内，湖南布政使趙城摺奏湖南現貯倉穀共計六十餘萬石之多，又有收捐穀石，本省可云有備。但楚南地勢卑溼，積貯既久，不無霉爛之虞，請分撥別省，令其來楚運往，以免霉變等語。朕將此摺撥與户部議奏，經户部議稱，應行文江浙督撫，令其詳酌，如有應需穀石之處，即委員往楚轉運，朕降旨俞允。隨據兩淮巡鹽御史噶爾泰摺奏據兩淮商人黄光德等具呈，情願出資將湖南積穀三十餘萬石照依原買之價交納湖南藩庫領運，隨地隨時售賣，仍將所售價銀交納運庫等語。隨經王國棟題明，將雍正三年動帑所買穀一十六萬二千餘石照原價每石三錢四分九釐給商交價運售。此湖南巡撫布政使及兩淮巡鹽御史前後具摺辦理之案也。今據湖廣總督邁柱奏稱今年湖南岳、常二府之臨湘、武陵等十州縣微欠雨澤，臣等豫爲綢繆，動用公項銀一萬兩買米備糶。而貯倉之現穀與其照原價以給商，不若留俟來年春夏照原價平糶，以濟本地之民食。似應飭商暫停領賣，俟明年無需用之處，仍聽該商領運等語。朕思向因湖南撫藩皆言地方積穀甚多，難以久貯，奏請分撥別省運售，以免霉變，是以兩淮商人有赴楚領運効力急公之請。今商人既已交價，而邁柱又稱楚南需米備糶，應請飭商暫停領賣，是湖廣督撫藩司前後自相矛盾也。湖南現貯穀六十餘萬石之多，欲分撥別省以免霉變，則本省府縣有需米之處，正可將此奏聞平糶，以濟民食，而邁柱乃云正在動用公項銀一萬兩買米備糶，是邁柱之奏又自相矛盾也。且邁柱又稱此時飭商停運，俟楚省不需米穀之時，仍聽該商領運等語。是米貴之時則令商人停運，而米賤之時則令商人領賣，亦甚非情理之平。朕意此米穀中必有虧空情弊。至於噶爾泰既代商人具奏，而又不爲伊等行催楚省，歸結其事，亦屬不合。查從前噶爾泰代衆商具奏領運之時，原有隨時隨地售賣之語，今江浙具獲豐收，米價甚賤，湖南既有需米之州縣，著該商仍照前議領米，即於湖南需米之處照時價糶賣，不許地方官抑勒商人，亦不許商人高擡價值。儻商人獲有餘利，聽其自取，不許交官。如此則淮商領米得以貿易，而楚省積穀仍得流通，於商民均有裨益。湖廣督撫等即遵諭行。

《清世宗實録》卷一〇三〔雍正九年二月丙午〕兵部議覆：雲、貴、廣西總督鄂爾泰疏言：兩廣交界有礦賊盤踞，兩省官員互相推諉，以致宵小肆行，良民被擾。請於潯州、南寧等府要害處所添設塘汛，並就近抽撥兵丁，召募鄉勇，使各相防守。庶汛地各有專責，匪類無計潛藏。應如所請。從之。

《清世宗實録》卷一五一〔雍正一三年正月癸酉〕諭内閣：朕聞浙江海塘工程，現在修理尖山，已堵築三分之一，人心甚是踴躍。但夫役每日給工銀三分六釐，稍覺不足。今當初春之月，水淺潮平，正趲築工程之候，著照引河挑夫例，每日加足五分之數。又聞從前採運石塊，每方給銀八錢九分有零，今運送多資人力，著每方增銀六分，俾夫役等丁食寬裕，努力修築，早告成功，以慰朕念。

《清高宗實録》卷一四八〔乾隆六年八月辛丑〕諭：前因錢局工役給發錢文，以致爐頭鑽營，滋生事端，是以降旨仍給發銀兩。今據署侍郎三和奏稱七月給發工價之時，匠役藉稱不敷應用，四廠俱各停爐。隨行詳悉曉諭，西、南、北三廠俱遵照開爐，惟東廠内有翻沙匠童光榮唆使諸匠，不肯支領工價。因磨錢匠張文倉不聽唆使，彼此角口，童光榮即行凶將張文倉戳傷，雖未殞命，不法已極。現在拏交大興縣審訊等語。夫錢局改發銀兩係朕降旨辦理之事，其中或有不敷之處，管理錢法之堂司官自必妥議奏請。該匠役等理宜静聽，乃敢違背朕旨，擅自停爐，復行凶傷人，此較之外省罷市之惡棍情罪更爲重大。僅交大興縣審訊，不過照尋常金刃傷人律完結，殊不足以蔽辜。且以工匠而敢於停爐逞凶，暗中不無指使之人，著將童光榮拏交刑部，嚴加審訊，從重治罪。

《清高宗實録》卷二一六〔乾隆九年五月丙戌〕諭軍機大臣等：前據部選藁城縣知縣高對呈請自備工本，開採礦廠一事，户部議令發與喀爾吉善查議。

朕思此事於地方甚有關係，必不可行。可寄信前去，即停止，並不必聲張。直隸總督高斌尋奏：前准户部密行藁城縣知縣高封請自備工本，於嶧、滕、費及淄、沂、平陰、泰安等山開採銀、銅、鉛礦。臣查山左開礦之説，聞明嘉、萬間到處開採，積歲無獲，官民重困。至我朝康熙五十八年，巡撫李樹德奏請開濟、兖、青、登四府礦場以佐軍需，聖祖仁皇帝恐其擾民，差部員六人前往，試看無益，即停止。蓋開採礦砂向惟行於滇、粵邊省，若山左中原内地從未舉行，而沂鎮、泰安山屬岱嶽，費、滕、嶧縣地近孔林，更屬不宜。且開鑿之處，官役兵弁必有不能不擾民之勢，若致開掘民間廬墓，更易滋怨。況利之所在，易集奸匪，争鬭之釁必生。更可懼者，去冬彗星所指，僉稱在齊魯之方，今開礦適當其地，是於事則無利而有害，於地方則甚不宜，於輿情則甚不願。若必俟試行無益而後中止，萬一有奉行不妥之處，將爲盛德之累。得旨：所奏甚是，朕竟爲舒赫德所欺。有旨諭喀爾吉善停止矣。

《清仁宗實録》卷二一七 〔嘉慶一四年八月庚子〕諭内閣：薛大烈奏查拏平泉州地方私採銅斤各犯一摺。薛大烈昨經派赴八溝查辦時，伊因嘉慶六年平泉州四道溝曾出有銅礦，奏請開採未准，恐係該處防禁不嚴所致，當密委李學周等馳往訪查，現將偷挖銅沙之徐振等盤獲，且親往將礦銅查出。薛大烈能於多年舊案記憶明確，辦理不致費手，尚屬能事，薛大烈著交部議敘。查拏銅犯之雲騎尉李學周，外委陳大榮、史文國均屬出力，著以應升之缺先儘升補。其現獲各犯著解赴熱河，交軍機大臣會同行在刑部審擬具奏。逸犯沈平、李禄等著熱河道平泉州嚴緝務獲，歸案審辦。所有四道溝銅礦著該地方官出示嚴禁，並隨時巡察，毋任奸民偷挖，致干咎戾。至平泉州麟昌隨同弋獲案内人犯，雖查辦認真，但究係伊所屬地方有偷挖銅斤之事，未便即予甄敘，俟審明定案後再行降旨。

《清高宗實録》卷二二七 〔乾隆九年一〇月癸酉〕兩廣總督那蘇圖等奏：臣承准廷寄御史衛廷璞、歐堪善條奏二件，請停緩開採礦山，奉旨交臣等定議。臣抵任後，即與臣策楞詳查案卷，并備詢屬員，博採輿論。竊惟粤東礦廠自康熙三十八九年以來，議開、議停已非一次，臣等身膺重寄，何敢好大喜功，創此無益之舉。第敷政有體，當衡其輕重緩急，補偏救弊，而歸於至當。若兩御史所奏，雖因息事寧人起見，而臣等仰承下問，不敢不據實上陳。查粤省山海交錯，五方雜處，兵、民、商賈在在需用錢文，鼓鑄一事，萬難緩待。而銅觔之産於東洋者，江浙等省紛紛購買，尚慮虧缺，其産於滇南者額解京局，及供應本處與川、黔等省鼓鑄，豈能源源接濟？今粤東現有礦廠棄而不取，非計之得也。議者謂礦廠一開，奸良莫辨，海寇黎猺刦壠踞山，事屬可慮。伏惟久道化成，數十年來鯨鯢絶跡，必無意外之慮。即如雲南夷猓雜處，粤西苗獞交錯，頻年開礦，並未滋事，惟在司事文武彈壓有方，便可杜絶。況粤東山多田少，民人雖有胼胝之能，苦無耕作之地，與其飄流海外，作奸爲盜，何如入山傭趁，使俯仰無憂。是開採非特爲鼓鑄計，兼可爲撫養貧民計也。若云本省米穀有限，丁衆食指浩繁。查産米地方遠則江楚，近則粤西，皆一帆可達，購鄰省之米，養本省之人，有何食貴之慮。臣等隨時調劑，斷不使粤民向隅，如臺臣所云因開礦而米價即貴也。似宜將現在報出銅、鉛各礦先行試採，自廣州、肇慶二府起，由近至遠，以少及多，砂旺即開，砂弱即止。其衰旺緣由及應開、應停作何抽課之處，容試採之後陸續奏聞。至金、銀二礦民多競趨，恐其先金、銀而後銅、鉛，轉於鼓鑄有礙，應請停止，照舊封閉。其餘各項事宜悉照户部議定章程辦理，毋庸更改。得旨：大學士會同該部議奏。

《清高宗實録》卷二二七 〔乾隆九年一〇月癸酉〕署廣東巡撫廣州將軍策愣奏：承准廷寄御史衛廷璞、歐堪善條奏二件，請停緩開採礦山，奉旨交臣定議。查粤省人稠境窄，賴此産礦山場，乃天地自然之利，如果經理得宜，於民生殊非小補。且現議開爐鼓鑄，銅觔不敷，與其遠購鄰封，何如近取本地？惟是金、銀並採，或啓紛争之漸，自應將銅、鉛等礦先爲試行，將來揀選砂旺山場開採，其金、銀礦仍概行停止。督臣那蘇圖到任後，與之詳加商酌，意見相同。其餘吏治官方，民情士俗，並水師營汛之疲玩，鹽務商欠之混淆，亦一一告知，不敢以事非本任，遂爲諉卸。得旨：好。汝二人和衷辦理，以期地方日有起色，庶政以次畢舉，將來吏治民安，海疆寧謐，方慰朕懷也。

《清高宗實録》卷二三一 〔乾隆九年一二月癸亥〕大學士等議覆：兩廣總督那蘇圖等奏請：粤東開採銅、鉛以裨鼓鑄，先於廣、肇二府近處礦廠試採，俟有成效，再行定議，漸次舉行。至金、銀二礦原與鼓鑄無涉，仍舊封閉。應如所請。從之。

《清高宗實録》卷四七七 〔乾隆一九年一一月甲辰〕湖南巡撫胡寶瑔奏：郴、桂二州銅、鉛各廠向係專員董理，一年期滿更替。但礦務繁多，驟易生手，弊竇滋生。請先期選派新員，令赴廠與舊員協辦，俟熟悉一切，然後屆期接替，免致交代疏漏。得旨：覽奏俱悉。

《清高宗實録》卷四九一〔乾隆二〇年六月壬申〕大學士仍管四川總督黄廷桂奏：川省開採銅、鉛，收買脚價，向在雜税項下動支，僅足敷用。現又新開甲子夸、蔑絲羅等廠，約於雜税外須撥添銀二萬兩。查有鹽茶耗羡及截曠養廉二項下可以借支，鑄錢易回成本後即可歸款。下部知之。

《清高宗實録》卷五二五〔乾隆二一年一〇月壬午〕諭軍機大臣等：據吴進義奏稱拏獲私販硝磺、鐵砂之匪犯一摺。硝磺、鐵砂係違禁之物，乃膽夜偷漏出口，現獲硝磺至二十九馱，鐵砂至四馱之多，非尋常私販可比，必别有賊匪勾通之處。此案交與方觀承，將買自何地，販往何方，一一嚴行究出實在情節具奏，毋任狡飾，其已獲二犯著該提遴委幹員解送，勿令中途免脱，並畏罪自戕。未獲各犯速飭弁兵分途嚴緝務獲，庶奸徒不致漏網。所有拏獲私販之弁酌量獎賞，以示鼓勵。著將此傳諭方觀承、吴進義知之。

《清高宗實録》卷五五三〔乾隆二二年一二月丁亥〕雲南巡撫劉藻又奏：滇省銅廠之大者莫過於湯丹、大碌，近因硐深炭遠，油米昂貴，採辦漸艱。蒙恩兩次加增價值，廠民之積困稍甦。而細察情形，尚有應行調劑之處。緣每歲京外需銅約一千一二百萬，而各廠所出不過千萬。京銅雖無缺誤，此外恒苦不敷。此銅觔之應行籌畫也。又湯丹、大碌兩廠歷係先銀後銅，上季放出之銀，下季收銅還項。人衆則奸良不一，歲久則尾欠難免，積少成多，遂成廠累。此帑項之應行清理也。今銅觔既須儘力多辦，而豫放之工本奏銷之未完，又須陸續歸清，償舊圖新，究難寬裕。查大碌一廠積疲較湯丹爲甚，現選幹員前往徹底清理，於廠民之急公者鼓勵之，疲玩者革除之，放銀收銅，絲絲入扣，勿使再增新欠。更宜廣覓新嘈，多開子廠，以爲儲盈補缺之計。至油米等項，廠民不能於賤時購買，每有擡價賒欠之累。今宜責成廠員多爲儲備，照賤價發領，以紓其力。則廠民踴躍攻採，辦銅自必加多。銅多則餘息日增，舊欠日減。總期調劑有法，國帑無虧。得旨：好。知道了。汝竟解事，孰謂徒埋頭讀書者耶？

《清高宗實録》卷一〇二五〔乾隆四二年元月丙申〕貴州巡撫裴宗錫奏：從前試採鉛廠，奏明在案。兹查松桃廳屬巴壩山一處即名大豐廠，地近楚省，遵義縣屬新寨一處地近川省，所産純係白鉛，礦砂盛旺，足資撥運。請以大豐廠鉛全撥楚省額運，新寨鉛酌撥京運一百餘萬觔，較蓮花、福集廠辦理既易，兼可節省水陸脚費四萬餘兩。其蓮花、福集二廠減運鉛觔仍照數積貯。得旨：嘉獎。

《清仁宗實録》卷四三〔嘉慶四年四月丁未〕又諭内閣：朕恭閲世宗憲皇帝硃批諭旨，於開礦一事，深以言利擾民爲戒。聖訓煌煌，可爲萬世法守。朕每繹思莊誦，誌之於心，因無人以此陳請，未經明諭。今有宛平民潘世恩、汲縣民蘇廷禄呈請在直隸邢臺等縣境内開採銀礦，給事中明繩輒據以入告。故特降旨宣示，使知朕意。夫礦藏於山，非數人所能採取，亦非數月所能畢事。必且千百爲羣，經年累月，設立棚廠，鑿砂煎鍊。以謀利之事聚游手之民，生釁滋事，勢所必然。縱使官爲經理，尚難約束多人，若聽一二商民集衆自行開採，其弊將無所不至。此在邊省猶不可行，而況近依畿輔？他府猶不可行，而況近地大名？各該處向有私習邪教之人，此時方禁約之不暇，顧可聽其糾聚耶？且國家經費自有正供常賦，川陝餘匪指日即可殄平，國用本無虞不足，安可窮搜山澤，計及錙銖？潘世恩、蘇廷禄自因現在開捐，揣摩迎合，覬覦礦苗，思擅其利，乃敢藉納課爲詞，以小民而議及帑項，實屬不安本分，俱著押遞本籍，交地方官嚴行管束，毋許出境滋事。至給事中明繩，若係巡城，祇當聽斷詞訟，遇有此等呈詞，亦應飭駁。況伊並非巡城，且係宗室，今以開礦事冒昧轉奏，明係商人囑託，冀幸事成分肥而已，殊屬卑鄙。朕廣開言路，非開言利之路也。聚斂之臣，朕斷不用。明繩摺著擲還，並著交部議處。

《清仁宗實録》卷八七〔嘉慶六年九月庚子〕諭内閣：慶傑等奏查勘銅苗情形一摺。前據明安等奏大興縣民人張士恒等呈稱平泉州屬四道溝、雲梯溝等處有銅苗透出，請自備工本開採等語。朕即知其事不可行，又涉言利，是以未即允准，特降旨令慶傑等查奏。兹據慶傑等奏稱查得雲梯溝地方係喀喇沁王滿珠巴咱爾名下山場，舊有洞口四座，係民人竊挖，該處銅苗甚覺微細。又四道溝地方舊有洞口一座，亦係民人竊挖，該處銅苗較旺，但不知能否經久，請令試採等語。該二處山場久經封禁，現在詳悉查勘，亦未見實有可以開採之處，其事斷不可行。蓋開採俱係無業游民攢湊資本，互相邀集，趨利若鶩。儻已聚集多人而銅苗漸竭，彼時何以遣散，豈不慮其滋生事端？即或開採獲利，而該處地方與蒙古山場相連，使蒙古等以内地官民專爲牟利起見，於國體殊有關繫。況現在户、工二部鼓鑄事宜需用銅斤照例由滇省起解運京，儘屬充裕，本無須另籌開採，何必輕爲此舉耶？所有平泉州屬四道溝、雲梯溝等處産銅山場新舊洞口俱著永遠封禁，不准開採，並責成地方官嚴加查察，毋許再有私行偷挖之事。朕自親政以來，屢經諭止臣工不准言利，而内外臣工實心確信朕言者固多，然心存觀望猶豫者不少。彼意總以爲決不因言利獲咎，即蒙議處申飭，聖意總覺能事，後必見好，是直不以朕爲賢君，視爲好貨之主矣，諸臣何苦必欲以此嘗試耶？上年胡季堂有奏請在直隸大名地方開設鉛廠一摺，朕未經批發查勘，即不准行。本年明安先有奏請開採木植之事，此次又率據該商人所請奏開銅礦，謂非言利而何？在商民等無知見小，計及錙銖，而明安即據以入奏，此必輕聽屬員慫慂而成。明安受恩深重，自不應有冀圖沾潤情事，然亦不可不防其漸。而該商等具呈懇請時，若非於所屬員弁及書吏人等輾轉賄求，何能遽將所請之事達於明安，代爲奏請？此種情弊豈能逃朕洞鑒乎？嗣後臣工等惟當洗心滌慮，毋得輕啓利端，假公濟私，妄行瀆奏。將此旨通諭中外知之。

《清仁宗實録》卷一七三〔嘉慶一二年元月丁卯〕諭内閣：本日據誠存奏有宛平縣民人杜茂封投遞呈詞，請於順德府屬之邢臺、内邱地方開採銀、鉛各礦一事。山場開採例禁綦嚴，商民等違例營求，不但事不准行，俱有應得罪名。誠以開採一事不獨有妨地脈，且雇夫刨挖均不過游手好閒之徒，將來日聚日多，互相爭競，所獲之利有限，而流弊無窮。杜茂封無知牟利，冒昧瀆呈，實屬大干厲禁，本應即照例治罪，但伊既力請試採，若不將各該山場斷乎不可開採之故帶往週歷指駁，尚無以折服其心。杜茂封著該部解往直隸，交署總督温承惠，酌派大員即帶赴邢臺、内邱一帶，週歷伊原呈内所稱有礦山場，詳悉指示，面加駁訊，使其無可置辯，再治以應得之罪。

《清高宗實録》卷八一四〔乾隆三三年七月庚寅〕又諭：據明德奏雲南糧儲道羅源浩總理銅廠，於各廠銅觔多有透漏，並不加意嚴查，且於積欠銅本又不實力著追，甚屬昏庸不職。其借補東川府湯丹通判程之章廢弛銅務，均請革職等語。羅源浩著革職，交與該督撫等，將摺内情節據實詳悉究審。程之章亦著革職，其有無經手情弊，該督撫等一併究明查辦。

《清高宗實録》卷八一四〔乾隆三三年七月壬辰〕諭軍機大臣等：據明德奏雲南糧儲道羅源浩總理銅廠，於各廠銅觔多有透漏，並不加意嚴查。又前此積欠銅本七萬六千餘兩，並不實力著追，實屬昏庸不職等語。已降旨革職，交與該督撫等查究矣。羅源浩一人，朕知之最深。伊前任浙省道員，朕於南巡時，因湖南省京員甚少，將伊補授京堂。乃召見奏對之次，伊並不踴躍感恩，轉有瞻戀外任之意，是以令其復補道缺。乃伊惟知圖得養廉，仍不實心供職。銅廠係其專司督辦之事，既不能嚴查透漏銅觔，而廠内工本又不上緊清釐，因循玩忽，居心卑鄙，深爲溺職負恩。著傳諭該督撫等，如羅源浩於此案内果審有染指虧空之事，自應嚴行治罪。即使本身尚無侵漁，而所發工本銀兩，鑪户等不能交官還款之項，一併著落羅源浩名下，勒令按數賠償，以示懲創。倘伊一時未能清繳，即著留於該省嚴追，不得令其回籍，轉得脱身事外。將此詳悉傳諭阿里衮、明德知之。

《清高宗實録》卷八一八〔乾隆三三年九月丙申〕諭軍機大臣等：據阿里衮等奏請責成該管道府專管廠務及統歸布政司總理一摺，已批如議行矣。至原參糧儲道羅源浩總理銅廠，於銅觔多有透漏，及未追積欠銅本至七萬六千餘兩一摺，已降旨革職查究。並令將應行交官還款之項著落羅源浩名下，勒令按數賠償，以示徵創。今復據阿里衮等奏各廠有弊無弊漫無證據，甚至奸商侵蝕工本，以致乏費停採，窮民失業，帑項虚懸等語。此皆從前辦理不善所致，羅源浩固罪無可寬，而劉藻在滇最久，鄂寧莅任年餘，均有督辦銅廠之責，何以並未查明，及早劾參妥辦？以致廠務廢弛，國帑虚懸。所有羅源浩應行追繳之項倘將來不能如數賠償，即著劉藻家屬及鄂寧名下照數分賠，以清帑項。尋奏：羅源浩等實係辦理不善，尚無染指情事，其積欠銀，議令羅源浩分賠一半，各廠員分賠一半。倘實不能如數，再著落劉藻家屬及鄂寧名下分賠。報聞。

《清高宗實録》卷八二四〔乾隆三三年一二月丙辰〕又諭〔軍機大臣等〕曰：明德查奏羅源浩應賠銅廠銀兩一摺。内稱即係限内全完，仍不准其開復，程之章等各員如於一年完項，照例開復。而另片内又稱均俟交賠完日方准回籍等語。顯係該撫意存姑息，急欲爲伊等開脱。所辦非是。羅源浩爲人朕所素知，前於浙省道員任内曾經加恩補授京堂，乃召見奏對，意並不知感激，惟欲貪戀外職養廉。及將伊復用道員，一味戀棧因循，竟不實心任事，以致銅廠廢弛日甚，任聽屬員透漏作弊，甚致銅本有虧，亦不上緊釐剔。其溺職負恩，初非尋常失察應賠官項之人可比。前經降旨甚明，是論羅源浩之情罪，即將應賠之項按限全繳，尚當交部治罪，以示懲儆，豈徒不准開復，遂足蔽辜。但此時伊若自知餘罪無可解免，則應交官賠項，勢必怠玩不前，是以暫且停其交議。傳諭該撫，看其完項情形，如不甚踴躍，即將伊監禁著追，事畢時再行奏請治罪。至程之章等均係專司銅務之人，任意濫放虧帑，亦有應得之罪，如拖延不完，并著監追。俟伊等交完官項之日，一併具奏請旨。著將此詳諭明德知之。

《清高宗實録》卷八三七〔乾隆三四年六月甲戌〕諭軍機大臣等：户部議

駁明德奏分賠銅觔一摺，已依議行矣。此項分撥各省銅觔原在應運京銅數内截留，自應按照原議，分作二年補解京局。乃明德摺内並未將截留銅觔作何補運之處詳晰聲明，已屬含混。至原撥銅觔既給自湯丹廠，即應照湯丹廠每百觔六兩四錢之價定數追賠，何以轉照青龍等廠每百觔五兩一錢有零者定價，致短賠銀至二萬七千四百餘兩之多？顯係爲屬員等避重就輕，尤屬非是。明德近來辦事頓不如前，朕屢加訓飭，冀其悛改，何以辦理此案尚深染外省惡習，顢頇錯謬若此？明德著傳旨嚴行申飭，仍照部駁情節另行妥議速奏。並諭傅恒知之。

《清高宗實録》卷八四〇〔乾隆三四年八月庚戌朔〕諭：前據明德查奏滇省缺額銅觔定價分賠一摺。將湯丹、大碌二廠之銅照青龍等廠中價分賠，又不將截留京銅分年帶運之處詳悉聲明，經部議指駁，因即飭諭明德，令其查明覆奏。今據奏稱去年一年所産之銅僅敷鼓鑄，是以未經帶運等語，尚在情理之内。即前摺未經聲敘，亦可寬恕。至湯丹、大碌與青龍等廠價值多寡懸殊，乃從前率據該司開送中價，遽行入奏，經朕傳旨詢問，明德亦更無可置辯，自認從前辦理錯謬。明德著交部議處。其另單所開歷任分賠銀數仍著該部詳覈著追。

《清高宗實録》卷八四〇〔乾隆三四年八月庚戌朔〕諭軍機大臣等：據明德覆奏本年不能帶運補解京銅，及湯丹等廠分賠銅觔率照青龍等廠定價短少緣由一摺。已於摺内批示，並交部議處矣。明德僅據該司所議之價，不加詳覈，遽行列奏，咎固難辭。而該司以湯丹、大碌二廠應賠之銅輒照青龍等廠等價，以致數目短少，顯有瞻顧歷任上司及徇同官屬員之意。該司究係何人，未據將姓名列入，殊未明晰，或尚係宫兆麟任内之事，或係錢度到任後所辦，抑係署任之員定議辦理，著傳諭明德，即速查明，據實覆奏。

《清高宗實録》卷八四一〔乾隆三四年八月己卯〕署雲貴總督明德奏：參革糧道羅源浩并廠員汪大鏞、孫焯、程之章、陳昌元等，應賠湯丹、大碌二廠銀兩均屬拖延，請監禁著追。得旨：外省監禁著追有名無實。將此五人嚴拏，送交刑部治罪。

《清高宗實録》卷八四五〔乾隆三四年一〇月丙子〕又諭〔軍機大臣等〕曰：明德奏審明虧缺碌碌廠銅觔之參革知州鄒永綏按律問擬斬候一摺。初以摺内虧缺情節不過如此，已批交該部議奏。及閲鄒永綏供單内有所少之銅實是該員多報之銅，此語已非情理所有。月報銅觔多寡自有確數，該員身司銅務，豈肯自行浮開數目，以致日後查出短少之理？人雖至愚，亦不應出此。又稱銅本銀兩，存貯在庫絲毫無虧。其言尤不足信。安知非該員一聞盤查之信，設法彌補，巧爲掩覆地步？如此疑竇種種，明德並不逐節徹底研訊，竟行録取浮供，希冀顢頇了事。可見明德一味模稜昏憒，竟已無所用心，此案亦難望其審明完結。著將明德原摺并供單一併交與彰寶秉公究審，定擬具奏。

《清高宗實録》卷八九六〔乾隆三六年一一月癸卯〕諭曰：羅源浩名下應賠銀兩雖經陸續全完，但已在一年限外，且伊尚有應追分賠辦運銅觔脚價銀及攤賠馬生龍虧空運脚銀，兩項俱未完交。著再予限一年，俟其依限完繳後，該部奏聞請旨。

《清高宗實録》卷八四九〔乾隆三四年一二月壬申〕軍機大臣等會議：大學士陳宏謀奏：……廠夫係食力之民，必須豫發工本以資採辦等語。應如所請。仍令該撫飭所屬銅廠，責成課長出結，按期交納，逾限勒追，如有虧缺，令該管廠員及課長分賠。從之。

《清高宗實録》卷八四九〔乾隆三四年一二月癸酉〕諭軍機大臣等：昨據永德奏請浙省停辦滇銅，而大學士陳宏謀又有請停洋銅之奏。二説俱未允協，已經軍機大臣會同户部議駁矣。至陳宏謀奏豫發工價一節，意欲援爲歷來銅廠虧缺解免，所見非是。但慮及該督撫等或有懲於前事，不肯照常豫發，則辦銅必須周章，自爲近理，已據議覆允行矣。雲、貴兩省辦理銅、鉛，節年多有虧短遲誤之處，皆由經管大員等經理不善。如滇省道員羅源浩並不力爲清理，以致積欠纍纍，是以將伊革職追賠治罪。又有黔省之知州劉標甚至從中侵蝕，並有該上司需索分肥之事，現在革審究治。經此番懲創之後，督撫等當董率司道及專管之員力爲整頓，勿令復蹈前轍，自可使積弊一清。至廠夫採辦銅、鉛，若不豫給工價，一切皆無所資，勢難責其墊辦。設或該督撫等存畏首畏尾之見，慮及日後干連賠累，不肯照前豫發，所謂因噎廢食，於銅務實屬有礙。著傳諭該督撫，嗣後應給工價時，仍行豫發，但須按期追令完繳，以清年款，毋任屬員拖延。至向來遲緩之故，亦由廠員督飭不前，乃往往藉口於雇覓夫馬艱難及米食燈油不能充裕，多方委卸，其意未免以爲近年承辦軍需，不能兼顧。銅、鉛缺誤其來已久，前此未辦軍務之時又將何辭以解？著該督撫等悉心妥協籌辦，務令各項供用無乏，俾銅、鉛皆得源源接運，以濟京局及各省鼓鑄。如仍奉行不力，稍有稽延虧少，惟承管之督撫司道是問。將此切諭知之。

《清高宗實録》卷八七六〔乾隆三六年元月戊申〕户部等部議覆：署雲南

巡撫諸穆親奏調劑銅廠事宜。一、湯丹、大碌二廠辦供京銅，前撫臣劉藻奏准豫放一季工本，每百觔扣收餘銅五觔。近年廠員恐收銅未能全完，不敢將工本陸續豫發，廠民致多拮据。請嗣後酌准豫發兩月工本，每百觔扣收餘銅六觔，計三年内扣清，豫發之項，下月仍照上月辦銅數目給發等語。查各廠産銅無定，遇出銅較少仍如數扣收，即形竭蹶，廠民轉得藉口拖延。應令該撫通盤籌畫，另行具題。一、廠員新舊交代，有前任豫發工本，新任多不肯接受承催，而鑪户從中射利，弊竇叢生。請嗣後責令新任一體催辦，仍如本任例。覈其已未完各數，照鹽課分别議敘議處。一、滇省多産銅之處，地方官報開新廠向無獎勵，未免任意遷延，請嗣後於報開新廠内，有每年獲銅二十萬觔以上者，紀録一次；三十萬觔以上者，紀録二次；四十萬觔以上者，紀録三次；五十萬觔以上者，加一級；八十萬觔以上者，准奏請陞用。如開廠年久無效，查明實係廠員玩忽，隨時參奏。一、廠員散在各屬，離省窎遠，惟該管道府耳目易周。請嗣後責成考覈，去留改委聽其詳辦。均應如所請。從之。

《清高宗實録》卷八七六〔乾隆三六年元月己酉〕諭軍機大臣等：户部等部會議諸穆親調劑銅廠事宜各條，已依議行矣。朕覽此内豫發工本，扣繳餘銅一款，從前劉藻辦理時，係豫放一季工本銀兩，每銅百觔每月扣收餘銅五觔。所借多而所扣少，廠民自覺寬裕，所以能如期完繳。今諸穆親止請豫放兩月，而每月扣至六觔，是借項較前既少，而扣數轉多，廠民沾利無幾，豈所樂從？且分限僅有三年，又較劉藻前此所定五年、十年之期加迫。恐承領各户此時即存畏難之見，或致觀望不前，而日後藉口遷延，更所不免。辦理未爲妥協。錢糧出入固宜慎重，而銅務關係鼓鑄，尤在始事之調劑得宜，方可行之永久。著傳諭彰寶會同諸穆親，就各廠實在情形另行詳酌妥議具奏。尋奏：查從前豫借一季工本，因銀數較多，寬其年限，然年限太久，轉易生玩。今豫借兩月工本，並無利息，鑪民已多霑惠。惟每百觔帶扣六觔，誠恐力有不繼，即勒限三年，亦覺爲期過迫。請將豫借之數仍以兩月爲止，於每百觔帶扣五觔，約四年内可以扣完。下部議行。

《清高宗實録》卷九三〇〔乾隆三八年閏三月戊辰〕又諭〔軍機大臣等〕曰：彰寶等請將湯丹、碌碌等四廠欠項在於應領工本内每銅百觔扣銀五錢等因一摺，經户部議駮，已如所議行矣。該督撫因鑪户廠丁等積欠較多，欲爲籌一善後之計，俾得稍紓其力，寬裕辦銅，其意未嘗不善。但前據該督撫議定，各廠户每辦銅百觔扣收五觔，以抵豫放工本，覈計每銀百兩已扣五兩，又領銀百兩扣平一兩，以抵無著欠項，尚且謂其無力攻採，今復每銅百觔扣銀五錢，合計每百兩又扣銀七兩五錢，所扣愈多，則所得愈少，辦銅更爲拮据。而扣所得之數，完應追之項，何異剜肉補瘡？舊欠雖完，新欠又積，適啓鑪户茍且遷延之病，久之並恐於銅務有礙。況該督撫既經釐定章程，設法整頓，此後所放工本自可不至拖欠。何如將各廠積年舊欠稍寬其期，或即將前項扣平銀兩陸續彌補，或於此外另籌善法歸還，但無不可，何必爲此移新掩舊之下策乎？再前歲滇省請開新廠，曾准照黔省以餘銅一分聽廠户等自售，伊有利可圖，辦公得濟。既已試行年餘，成効若何？再此各廠之旁亦俱有子廠可開，若查明堪供煎採，令廠户等添採礦銅，則利益更饒，辦銅必更寬裕，又何慮舊欠之不能清額乎？著傳諭彰寶、李湖即速悉心熟籌，另行妥議具奏。

《清高宗實録》卷一〇七六〔乾隆四四年二月戊午〕又諭曰：户部議覆李侍堯等奏滇省裁減鑪座，撙節銅觔，并查明各銅廠鑪欠將可否邀免之處請旨二摺。所有廠欠未完無著銀八萬四千三百餘兩，又廠欠經放之員，産盡而上司亦無可著追銀三萬三千九百六十四兩零，又銷過銅價廠欠在十分之一以内銀十八萬二千九百九十七兩零，俱著加恩豁免。餘依議行。此次查辦之後，期於徹底清釐，使將來新案年清年款，不許復有絲毫拖欠。該督撫務須董飭屬員實力整頓，一切那抵彌縫之弊嚴行杜絶。如敢仍蹈前轍，除將廠員及該管之道府等嚴行治罪外，惟該督撫是問。

《清高宗實録》卷一一七三〔乾隆五二年正月甲午〕刑部議准：雲南巡撫譚尚忠奏稱：雲南通省徒犯向例就昆明等州縣所設多羅、松林等十二驛發配，日積日多。非羣集爲匪，即起意脱逃，請照軍流人犯派撥之例，於通省州縣内，不拘有無驛站地方，均匀酌配。又情重徒犯，例發各鹽井、鉛廠當差。但滇省各廠均僻處山箐，竈丁鑪户人衆雜遝，本難管束，若再以作奸犯科之徒集最易藏奸之地，恐勾串鑪竈，私熬私煎，轉致遺誤額課。請將定發各井廠之例一併停止。均應如所請。再各省無驛之州縣較多，嗣後徒犯均應照滇省之例，於通省州縣均匀派撥。從之。

《清高宗實録》卷一二八〇〔乾隆四九年六月戊寅〕諭：户部會同福康安議覆雲貴總督富綱等查明通省廠欠一摺，請於各廠員鑪户名下分别追賠。自係照例辦理。第念滇省採辦銅觔不得不豫發工本，以資接濟，鑪户等係無業貧民，逋欠自所不免。從前李侍堯任内查明實在廠欠確數，奏請辦理，曾特降恩旨，豁免銀三十萬餘兩。今據富綱等奏，四十三年以後各廠虧欠五十餘萬兩，係實欠在民，並非官爲影射，自屬實在情形。且該省辦運銅觔，自辛丑趕運以來，每年依限掃幫，辦理尚爲妥速。所有此次無著廠欠銀三十九萬餘兩，著加恩竟予豁免。其有著銀十二萬餘兩，著照所請，於各領户名下照例著追。

《清高宗實録》卷一三五三〔乾隆五五年四月己卯〕軍機大臣等議覆：伊犁將軍保寧奏稱：伊犁、烏嚕木齊二處爲奴罪犯將及二千名，人數衆多，不無滋事。請照舊例，擇情罪稍輕者，令其採挖銅、鐵，在廠傭工踰五年爲民，十年准回原籍，予以自新，庶人數不致壅積，邊地亦得寧謐。應如所請。較別項發遣人犯加重踰十二年，如果奮勉無過，該將軍等報部查明，令回原籍。從之。

《清高宗實録》卷一三七二〔乾隆五六年二月癸丑〕又諭曰：富綱奏銅廠積欠實數，酌籌捐補一摺。内稱乾隆四十九年清查以後，截至五十四年年底止，辦獲銅七千餘萬觔，共長支工本銀五十二萬七千七百餘兩，俱係實欠在民，並無官虧影射捏報等弊。此内有著銀十二萬九千三百餘兩，在原領該鑪户名下勒限追完。其無著廠欠銀三十九萬八千四百餘兩，請於通省養廉内分年攤捐彌補。再從前兩次清查有著廠欠尚有未完銀十一萬九千二百餘兩，實俱無力完繳，亦應歸入通省養廉内接續攤扣等語。滇省採辦銅觔，不得不豫發工本，以資接濟。鑪户等多係無業貧民，日積月累，逋欠自所不免。前於乾隆四十四年、四十九年查明實在廠欠無著確數，曾降恩旨豁免。今據富綱奏，四十九年以後至五十四年廠欠無著銀兩委係近年物價增昂，用費較多，致成積欠，並非廠員侵冒，自屬實在情形。且該省辦運銅觔，每年依限掃幫，採辦尚屬妥速。所有此次廠欠除有著銀十二萬九千三百餘兩仍令勒限追完外，其無著銀三十九萬八千四百餘兩著即加恩豁免。至從前兩次清查有著廠欠尚未完銀十一萬九千二百餘兩，究係該省催追不力所致，所有此項銀兩，即著於該督撫、藩司及經管廠務之道府養廉内攤扣完補。

《清高宗實録》卷一四七二〔乾隆六〇年閏二月丁亥〕諭：前經降旨，將各省節年民欠普行豁免，令各督撫查明具奏。茲據福康安等奏滇省錢糧並無民欠，惟銅廠積年各户共欠銀四十九萬七千七百餘兩等語。此項銅廠欠款固不在錢糧民欠之例，但該鑪户人等食力營生與齊民無異。此次特沛殊恩，將小民積欠廓然一清，共遂含哺之樂。所有雲南銅廠各鑪户人等節年長支欠銀四十九萬七千七百四兩零，亦著加恩一體豁免，以示踰格推恩至意。

《清高宗實録》卷一四七二〔乾隆六〇年閏二月丁亥〕諭軍機大臣等：據福康安等奏滇省銅廠積欠一摺，已降旨加恩全行豁免矣。銅廠工本銀兩均關帑項，不容絲毫拖欠，年清年款。乃因此項積欠銀兩每逾數年即藉清查邀恩豁免，歷任督撫及管廠各員恃有恩免常例，遂任聽鑪户等遞年積壓，拖欠不交，所辦實屬因循。茲當普免天下積欠，施恩錫慶之時，姑准所請，將廠欠一體豁免。著傳諭福康安等，嗣後惟當認真查辦，按年清款，倘再仍前拖欠，不能復思藉詞寬免也。

《清仁宗實録》卷一三六〔嘉慶九年一一月丁酉〕免雲南猓匪滋擾之麗江府屬迴龍廠上年銅課。

《清仁宗實録》卷二〇五〔嘉慶一三年一二月庚戌〕免雲南各銅廠舊欠銀。

《清仁宗實録》卷二三七〔嘉慶一五年二、庚寅〕免雲南銅廠民欠工本銀。

《清仁宗實録》卷二五一〔嘉慶一六年一二月乙卯〕免雲南銅廠民欠工本銀。

《清仁宗實録》卷二六四〔嘉慶一七年一二月甲寅〕免雲南銅廠民欠無著工本銀。

《清仁宗實録》卷二八〇〔嘉慶一八年一二月丁未〕免雲南銅廠民欠工本銀。

《清仁宗實録》卷三一六〔嘉慶二一年二月乙卯〕免雲南銅廠民欠工本銀。

《清仁宗實録》卷三二六〔嘉慶二二年正月乙丑〕免雲南銅廠民欠無著工本銀。

《清仁宗實録》卷三三七〔嘉慶二二年一二月甲戌〕免雲南銅廠民欠工本銀。

《清仁宗實録》卷三五一〔嘉慶二三年一二月甲子朔〕免雲南銅廠民欠工本銀。

《清仁宗實録》卷三五五〔嘉慶二四年三月癸卯〕免雲南蒙自縣屬銅廠民欠工本銀。

《清仁宗實録》卷三六五〔嘉慶二四年一二月癸丑〕免雲南銅廠民欠工本銀。

《清高宗實録》卷二八三〔乾隆一二年正月庚申〕管川陝總督大學士公慶

復、四川巡撫紀山奏：訪得川東有華銀一山，内産硝磺，綿亘三百餘里，界聯重慶府之巴縣、合州，順慶府之岳池、鄰水，深山密箐，人迹罕到，竟有匪棍聚衆滋事，密飭道府查拏。現據鄰水縣將巨魁龔瘋子、曹蜂子、彭老五、陳矮子弋獲，究出招集匪類偷挖硝磺，并奸盗行凶等事。又獲夥犯張仕俸等十數名，現在嚴審究擬，餘黨聞風逃散，將茅棚盡行燒毁。檄飭文武不時游巡，并飭道府查勘山勢，應否於要處移駐員弁彈壓稽查，俟會勘妥議具奏。得旨：是此皆安静地方之要圖，所宜妥辦者也。

《清高宗實録》卷一四二一 〔乾隆五八年正月乙卯〕軍機大臣會同大學士九卿議覆：欽差大學士公管兩廣總督福康安等奏酌籌藏内善後章程。【略】一、藏内各寨番衆供應烏拉夫馬，達賴喇嘛等向多濫給免差照票。又噶布倫、戴綳及大喇嘛等莊户亦多求免差税牌票，請嗣後概行徹銷，惟實著勞績者，令達賴喇嘛告知駐藏大臣給票。其番民挑定額兵，亦由駐藏大臣及達賴喇嘛給票免差，事故革退繳銷。一、衛藏各寨地方雖統於達賴喇嘛，而户民增減去留無從稽覈，請嗣後令達賴喇嘛將所管大小廟喇嘛造册，並令噶布倫將衛藏所管地方及呼圖克圖等所管寨落户口一體造册，於駐藏大臣衙門及達賴喇嘛處各存一分備查。一、青海蒙古王公等差人赴藏，延喇嘛誦經，向不盡稟知駐藏大臣，請嗣後令西寧辦事大臣行文到藏，由駐藏大臣給照，咨明西寧辦事大臣互相稽覈。一、喇嘛番目人等向多私用烏拉，請嗣後惟公事差遣准稟明駐藏大臣及達賴喇嘛給以印票，標定號數，沿途照用。【略】一、西藏官兵所需火藥，工布地方産磺，製造火藥，較運從内地費省，請就近製運。其鉛丸火繩，由川省運解。一、達賴喇嘛賞給噶布倫、戴綳等官房莊田，向有事故缺出，不交後任者，請查明隨任交代，不准私占。一、喇嘛支領錢糧向多先期透領，請嗣後按期支放，違者究治。一、各寨徵收租賦向多牽混，請嗣後令商卓特巴按年立限嚴催，清交商上，並查實絶户荒田，隨時豁賦。【略】一、廓爾喀貢使進京道長，請每遇貢期令該酋長豫稟駐藏大臣，以便駐藏大臣及四川總督派員接替護送。均應如所請。從之。

《清高宗實録》卷一六四 〔乾隆七年四月戊戌〕刑部議覆：順天府府尹蔣炳奏稱：京城失業游民棲宿火房，原有稽察之例，第恐開設覓利之徒容留匪類，請敕下五城御史及順天府轉飭大、宛兩縣各司坊官，遵照雍正十二年、乾隆二年定例，實力稽查。倘仍留匪類，如有犯强竊案件者，分别有無知情分贓，照竊盗同居之父兄人等例治罪，保甲人等照所管内徇匿爲盗之人例，分别責處。又五城地方遼闊，每多盗竊案件，若將刺責等犯概發大、宛兩縣收管，恐稽察難周。請嗣後安插人犯，除大、宛兩縣仍照例稽查外，如屬五城，令司坊官一體稽查點驗。再宛平縣所屬西山門頭溝地方開窑人衆，易於滋事，且恐逃犯混雜其中。應令該縣設立印簿，給發窑户，將各項傭工人等按月一報巡檢查考，并飭西路同知就近稽查。如該窑户不行開報，照脱漏户口律治罪。若在開窑地方或聚衆逞凶，致成人命，將本犯按律治罪外，該窑户照總甲容留棍徒例治罪。均應如所請。從之。

《清仁宗實録》卷五六 〔嘉慶四年一二月己丑〕又諭〔内閣〕：【略】西山煤窑最易藏奸，聞該處竟有匪徒名爲水工頭者，往往哄誘良人入窑，驅使慘惡致斃，殊有關繫。著順天府會同步軍統領衙門派委妥員，密爲查訪，如有此等棍徒，即行查拏具奏，按律治罪。

《清仁宗實録》卷一七四 〔嘉慶一二年二月己卯〕又諭〔内閣〕：據順天府衙門奏拏獲包攬水工、虐使貧民之棍徒宋義忠等，請旨究辦一摺。此事朕從前即有所聞，曾經飭諭查拏，兹拏獲包攬棍徒，並驗取被虐工人傷痕屬實。地方官私設班館，擅用非刑，酷虐民命，尚例應嚴禁。今宋義忠等以鄉曲平民，敢於附近京城地方私置鍋伙住房，安設棘牆，圈禁工人，毒毆陵虐，致有傷殘，實屬頑忍不法。著交刑部提犯嚴審，定擬具奏。其鍋伙房屋棘牆著順天府飭知地方官即行拆毁。嗣後並著地方文武官員留心查訪，如有似此設立窩局，酷虐貧民者，即報明嚴拏，按律究治。

《清仁宗實録》卷二二四 〔嘉慶一五年正月乙亥〕諭内閣：本日朱理、宋鎔奏會同檢驗煤窑水工李凱屍身並無傷痕，委係因病身死等語。前此步軍統領衙門具奏李凱身死，訊係夏太等毆斃，並請將營員量予獎勵，顯係輕聽屬員藉事邀功。禄康、英和、本智著交部察議。所有訪查案犯之遊擊史善載、守備李明亮、把總田勇福開復處分，即行徹回，毋庸查辦。著刑部提同案犯確加研審，並將程六等綽號是否自行編立，抑係旁人捏造，訊明定擬具奏後，再降諭旨。尋奏上。得旨：向聞開設煤窑之人率多横凶不法。此案除李凱屍身驗明無傷，實係因病身死，毋庸置議外，致程六、白三、周才、楊二均係受雇鍋伙，在窑經管水夫，何以衆工遂爲編造綽號？自係平日暴戾殘刻所致。且李凱雖不死於傷，然該犯等究曾將伊毆打，顯非安分之徒。刑部於棍徒擾害地方例上減爲杖一百，徒三年，札發順天府定地充徒，尚覺稍輕。程六、白三、周才、楊二均著發往吉林充當苦差，以示懲儆。

《清高宗實録》卷四一八 〔乾隆一七年七月辛未〕又諭〔軍機大臣等〕：據陳宏謀奏稱雲、貴銅、鉛、銀、錫等廠工作貿易多係江楚之人，向聞犯罪脱逃者往往竄入藏匿。馬朝柱籍隸楚省，壤址毗連，設或竄匿各廠，鄉民類聚，殊難辨識。請飭雲貴總督嚴密稽查等語。此奏似有所見。馬朝柱身爲逆首，自知罪大惡極，本地難容，潛竄鄰省各廠，希冀偷生，亦情之所必有。著傳諭碩色、愛必達、開泰，令將馬朝柱年貌詳悉開列，督率廠員嚴密查察，妥協辦理，毋俾首惡得以容隱，致有漏網。

《清高宗實録》卷一二一三 〔乾隆四九年八月癸卯〕諭軍機大臣等：據伊齡阿奏，據寶源局監督恩慶等禀稱自乾隆四十四年以來，雲南解京銅質低潮，不敷配鑄，每月於應發鑪頭額銅之外，多發銅觔搭配，日積月累，竟有八十餘萬觔之數，統計折耗銅十二萬九千八百餘觔，請著落分賠。並將現存夾雜鐵沙銅塊五十餘萬觔逐一查驗，實在有銅若干，其餘不足之數，著落雲南歷年承辦各員賠補等語。前經户、工兩部以滇省解到銅觔不足成色，將積年所存餘銅搭放鼓鑄，並屢次行文該省督撫，令飭承辦各員務將銅觔煎煉足色，解京以供配鑄。兹伊齡阿奏，寶源局自四十四年以來，每月於額銅之外多發銅觔，搭配鉛、錫合鑄，現在統覈銅數，已耗折十二萬九千八百餘觔。總因該省運到銅觔成色低潮，不敷配鑄所致。如此年復一年，將來伊於何底。且工部銅觔業經覈有耗折，其户部積存歷年餘銅亦屬無幾，若仍復因循遷就，勢必有妨鼓鑄。滇省自四十四年以後，各廠採辦銅觔甫能復卯，且節據富綱等奏，該處硐老山深，不能一律煎煉精純，此次姑著加恩，免其治罪。但京鑪鼓鑄如此掣肘，必須設法籌辦，方可不誤錢法。著傳諭富綱、劉秉恬即嚴飭各廠辦銅官員於採辦銅京時，必須加工煎煉，傾足向來例定成色，方許運赴瀘店解京。如仍有煎不足色、攙雜鐵沙充額，到京後一經户、工兩部查驗參奏，朕必將富綱、劉秉恬及辦銅各員治罪。該督等勿謂銅觔復卯便可塞責，竟不復督飭廠員加意煎煉也。至該省産銅地方或果係山深硐老，不能一律採辦高銅，即著該督等估驗虧短成色若干，照依部額，每萬觔酌加耗銅若干，點交運員一併解京驗兑，並於奏報京銅開幫摺内聲明。此係朕代爲酌籌之一法。若銅色果能純浄，即無須另議加耗也。富綱等務詳悉熟籌，即將如何辦理之處具摺覆奏。工部錢法堂原摺著發交閲看。

《清高宗實録》卷一三一三 〔乾隆五三年九月丙戌〕又諭〔軍機大臣等〕：昨據户、工二部管理錢法衙門具奏寶泉、寶源二局自乾隆四十九年查辦鐵砂銅觔後，陸續挑出不堪鼓鑄低銅共二百四十餘萬觔等語。特命軍機大臣帶同滇省道員賀長庚眼同煎鑄，並詢據該監督等稱向例每確用銅、鉛、錫共二十七觔，鑄錢四十枝，每枝錢四十四文，共應得錢一串七百六十文。今將挑出低銅照例配用，寶泉局僅鑄得整錢一百五十四文，寶源局僅鑄得整錢二百四十文。就兩局現在情形而論，其未成錢文之低銅幾至十之八九，何至折耗如許之多。因思京中鑪頭匠役鼓鑄錢文，從中舞弊，勢所不免，即監督等亦恐未能盡燭其情僞。但户、工二局自五十年後挑出低銅積至二百四十餘萬之多，若遽行著落賠補，在鑪頭匠役等必以爲銅色低潮，而辦銅之員又以爲弊在鑄局，且委員運到銅觔如果不堪鼓鑄，原准隨時駁回，勢必彼此互相推諉，不足以折服其心。著傳諭富綱、譚尚忠即派委經理廠務錢局之道府二員，帶領本省熟習鑄錢匠役四名馳驛來京，赴户、工二局眼同鼓鑄。如所鑄錢文較本局多至幾倍，是京中鑪頭等鑄錢積慣舞弊，即當重治其罪。若該省匠役所鑄錢數亦與京中相仿，則是該省銅色本低，歷來辦銅之員不能辭咎，而運銅至京交收時，該侍郎監督等並不驗明是否足色，濫行收兑，亦有應得之咎，自當著落分别賠補，以示懲儆，而昭平允。其道府帶銅匠即著速奏。將此由五百里諭令知之。尋奏：臣等即遴選熟悉廠務迤東道恩慶、永昌府知府宣世濤二員，帶鑄匠四名，並添帶煎匠二名，剋日馳驛起程。得旨：知道了。此一試，兩處之弊皆明白矣。

《清高宗實録》卷一三二一 〔乾隆五四年正月戊寅〕户部、工部奏：前因滇省銅色低潮，難供鼓鑄，請勅該省督撫揀派道府大員，帶同鑪匠來京煎試，今雲南委員迤東道恩慶、永昌府知府宣世濤等帶匠來京。得旨：著派阿桂、和珅、王杰、福長安、董誥、彭元瑞每日輪流二人前往錢局，督率該監督及滇省委員等眼同煎試畢，再行分别辦理。

《清仁宗實録》卷三一九 〔嘉慶二一年六月庚寅〕諭内閣：户部寶泉局東廠匠役訛索爐頭，喧鬧滋事，該監督文禄等平日辦理不善，臨時又不能約束，侍郎成格等率將增復料錢許給匠役三成，辦理亦屬輭弱。文禄、象曾業經交部嚴加議處，其寶泉局監督著常格、温承惠充補。

《清仁宗實録》卷三一九 〔嘉慶二一年六月乙亥〕諭内閣：御史蕭鎮奏工部寶源局匠役停爐誤鑄，挾制官長，請嚴行懲創，並錢法侍郎因循不奏，請旨查辦一摺。工部寶源局匠役欲分調劑爐頭料錢，互相争鬧，係五月初旬之事。該監督不能彈壓，許以回堂分給，該堂官派員前往曉諭，該匠役復敢恃衆逞刁，守閉廠門，先後將派員放出。該錢法侍郎彼時即應據實奏聞，查拏懲辦，乃佛住等於五月十六日朦混奏請，將料錢分給匠役，以圖將就了事。該匠役等益肆無忌憚，復逼令爐頭代還借項。至六月初六日，户局匠役亦聞風效尤，將爐頭圍繞逼脅，勒分錢文，經成格等奏請嚴拏，交部審辦。此後朕屢次召見佛住、吴烜，分别詢問工局近日情形，該侍郎等均以安静無事回奏，於該匠役等滋事始終無一字奏及。直至於今，工局仍有停鑄未開之爐。經御史蕭鎮訪聞參奏，是該侍郎等既經朦混於前，又復欺飾於後，佛住、吴烜始則畏葸無能，繼則將就朦蔽，俱著交都察院嚴加議處，一二日内即行具奏。其監督良禧、馬瑞辰、周維垣，並派往曉諭之司員柏齡額、周廷授俱著軍機大臣傳訊具奏。至户局匠役衹於圍逼爐頭，在大使廳前喧鬧，工局匠役公然守閉廠門，將司官扣留，尤屬目無法紀。著英和帶同番役即刻前往寶源局，立將滋事爲首之匠役賈喜子等拏交刑部，嚴審治罪。

《清仁宗實録》卷三一九　（嘉慶二一年四月丁丑）諭内閣：錢局匠役係微末小人，貪得無厭是其常態，全在該侍郎等平日督率監督，申明約束。此次工局增復料錢，本係賞給爐頭之項，該匠役等妄生覬覦，即屬不安本分，自當立予責處枷示，俾知懲創。佛住等率領司員齎旨發交閱看，辦理已失之輭弱，及該匠役等仍不遵奉，將該司員監督等留於局内，關閉局門，求索不已，其時並欲該侍郎等到局，設佛住等進局，亦被遮留，更復成何事體？該匠役等似此貪昧肆妄，佛住等並不據實奏交刑部治罪，輒將增復料錢朦混奏請酌成分給，調停了事。朕屢次召見，詢問工局情形，佛住等均奏稱極爲安静，希圖掩飾，實屬因循疲玩已極。似此庸碌具臣，斷難姑容，佛住、吴烜著照部議即行革職，以爲滿漢侍郎不實心任事者戒。

《清高宗實録》卷九二三　（乾隆三七年一二月己丑）諭軍機大臣等：勒爾謹查辦蒙古哈布塔海哈拉山等處民人偷刨金砂，持械逞凶一案，所辦殊屬未協。此等游手奸民敢於糾衆私越蒙古游牧地界，刨金牟利，甚至持械逞凶，實屬不法，自當嚴行究治，以儆凶頑。乃前此既拏獲一百餘犯，其中豈無倡首滋事之人？若嚴行根究，無難即得實情，乃該督輒以訊無逞凶抗拒之犯從輕完結。嗣據員外郎巴揚阿又報有多人潛往，並用鍬斧攛回蒙古之事，可見該犯等因地方官未經嚴究，以致更相效尤。該督既飭委鎮道分路查拏，何致不能弋獲一犯，轉以聞拏畏懼，均已散歸爲詞，顢頇了事，尤非情理。著傳諭勒爾謹，即將此案現有人犯嚴訊持拏鍬斧逞凶滋事情由。如或正犯在逃，並當查出姓名，嚴拏務獲，究出倡首之一二人從重治罪，俾奸民知所畏懼，不得過爲姑息，並不得稍存迴護，自干咎戾。仍將作何訊究確情據實覆奏。將此飭諭知之。

《清仁宗實録》卷六　（嘉慶元年六月丁亥）諭軍機大臣等：據伍彌烏遜奏派委侍衛官員等前赴塔爾巴哈臺所屬之達爾達木圖、烏蘭托羅輝等處禁山巡查，適有偷挖金兩之人甚衆，獻出金沙六十餘兩。現在先派官一員率兵往拏，伊隨後即赴彼確查等語。嚴察新疆産金之地，特恐匪徒聚衆妄滋事端，今派委官員往查，衆人皆知畏懼，獻出金沙，尚屬遵法。此時伍彌烏遜如已親往辦理，自必妥善。儻派兵往拏，設偷金之人恃衆拒捕，轉不成事。嗣後惟於此等處所增設卡座，嚴行查禁，務使不致聚集多人與哈薩克、布嚕特等交結，方爲妥善。儻有一二流離貧民偷挖金兩，斷不可照此辦理，致滋事端。著傳諭伊犂將軍、烏嚕木齊都統等一體遵照。

《清仁宗實録》卷二八〇　（嘉慶一八年一二月乙巳）諭軍機大臣等：本日據朱勳奏報前月二十九日陝西岐陽縣三才峽地方有匪徒四五百人持械掠食，旋經竄至盩厔縣山内獨獨河一帶，裹脅民人東竄，計有八九百人。又小王澗亦有賊三百餘人搶掠糧食，並有旗幟刀矛。現經該撫派員與總兵吴廷剛兩面堵勦等語。陝省地方又有匪徒滋事，雖據奏係飢民掠食，但已有千人之衆。現已有旨，諭令長齡帶兵來陝督辦，一俟滑城攻克，著高杞即帶領西安滿兵，並酌帶陝甘兵一二千名由潼關取道，速赴南山，幫同長齡勦辦。

《清仁宗實録》卷二八二　（嘉慶一九年正月丙寅）又諭（軍機大臣等）：陝省三才峽等處匪徒滋事，大率因年荒穀貴，飢民掠食，糾集既多，遂敢焚劫村聚，抗拒官兵。現當遏絶亂萌，自不能不懾以兵威，而原起釁之由，總因地方官不卹民艱，以至小民近於飢寒，不能稍沾賑卹。及至釀成事端，興師動衆，國帑所費，轉致不貲。此等貽誤地方之員實堪痛恨。著長齡查明陝省鳳翔一帶上年災歉實在情形，是否州縣匿不稟報，抑該撫藩等接據稟報，並不查勘奏聞。俟軍務完竣之日，秉公據實參奏。

《清仁宗實録》卷二八三　（嘉慶一九年正月壬午）又諭（内閣）：上年冬間據陝西巡撫朱勳奏稱，岐山縣三才峽地方有飢民聚衆滋事之案，查係萬五爲首，該逆等因木商停止工作，無處傭工，輒敢糾人焚掠，不法已極。當派長齡、楊遇春前往督辦。本日據長齡等奏稱萬五股匪經吴廷剛帶兵連次追勦，殲獲匪黨多名，該逆窮蹙奔潰，由太白老林竄入盩厔山内。長齡等復派副將達淩阿、參將丁永安帶兵協勦，於山内設伏以待。該逆竄出寬溝，伏兵鎗箭齊發，該逆身帶鎗傷，經眼目縣役江貴認明擒獲，餘匪勦除净盡等語。萬五一犯乘機倡亂，實爲首惡，兹經官兵臨陣生擒，餘黨悉數殄除。一月以來，均係吴廷剛奮力追勦，不予以暇，該逆無路奔逃，故得迅速成擒。吴廷剛著加恩交部，照軍功例從優議敘。達淩阿、丁永安探蹤設伏，能將首逆生致，實屬奮勉，達淩阿著加恩賞加總兵銜，丁永安著加恩賞加副將銜，仍交部照軍功例從優議敘。其縣役江貴賞給八品頂帶入伍，以外委即補，以示獎勵。

《清仁宗實録》卷二八三〔嘉慶一九年正月辛卯〕諭軍機大臣等：陝省山内匪徒滋事緣由，上年十二月間朱勳初次奏報即稱該匪等係木廂傭工之人，因停工乏食，糾夥搶糧，以後每次奏報亦均以飢民爲詞。而焚掠傷人，擾害日甚，且裹脅人數動輒數千，旗幟鎗礮無所不有。試思鎗、礮二項豈能倉猝製辦？今計每次接仗，官軍搶獲者爲數不少，又如騾馬一項，楊遇春勦殺麻大旗一股即奪獲七百餘匹，該匪等沿途搶劫，亦豈能如此之多？看此光景，恐非盡屬飢民。地方官迴護平日失察處分，託詞卸過，必須大加懲創。著長齡詳細確查，此事如系飢民，則地方官有諱災之罪，如係邪教，則地方官有失察之罪，務將確情秉公具奏，毋稍含混。

王士禛《古夫于亭雜録》卷一《龍王造宫殿》 康熙三十年，寧海州有木工十數人浮海至大洋，忽沈舟，其家皆已絶望矣。閲八年，乃俱歸。言舟初入洋，倏有夜叉四輩掣其四角入水，至一處，宫闕巍焕，如王者之居，曰：「此龍宫也，王欲造宫殿而匠役缺，故召爾輩至此，無恐也。」尋傳王命令入，亦不見王。遂至工所，各使飲酒一甌，即不飢渴。如是八年，不思飲食而工作不輟。工既竣，夜叉復傳命：「爾輩久役於此，今可歸矣，王有犒直已在舟中，可自取之。」各令飲蜜漿一碗，夜叉引入舟，復撮其四角，舟已出水上。其行甚駛，頃之抵岸，忽覺飢渴，乃覓酒肆飲食，而舟中先已有錢數百千，持以歸。舟主楊御史也，操舟者得珊瑚樹一株于洋中，持以獻，蓋亦龍王所酬也。初諸匠至工所，有督工者，自言亦寧海人，諸生，馮姓，春名，字大年。比歸訪之，則馮得狂疾，閉置室中八年矣。匠至而疾瘳，如舊相識者，所言悉同。楊名維喬，字岱楨，順治己亥進士，以御史外遷口北道參議，有廉幹稱。

《雍正朝内閣六科史書・户科・按察使銜管理蘇州織造李秉忠題報給發織造匠役口糧實數並造黃册恭呈御覽本》 按察使銜管理蘇州織造加三級臣李秉忠謹題爲恭報匠糧收放存剩實數等事。該臣看得織造匠役應給雍正七年分口糧，今收蘇、松、太三府州屬長吴等州、縣，解到雍正六年分局米九千九百六石三斗九升零。内給發雍正七年正月起，至九月各匠役口糧八千四百二十八石六斗五升零，存米一千四百七十七石七斗四升零。業於本年八月内備造細册，咨明户部在案。再雍正六年冬季三個月應給匠糧，今續收長洲、元和、太倉、鎮洋等州縣完解雍正五年分米五十七石七斗六升零，併先經題報存剩米二千七百三十三石八斗四升零，通共二千七百九十一石六斗零。内散給雍正六年冬季十月、十一月、十二月各匠役口糧二千七百八十八石四斗二升零，亦經造册咨部訖。所有收放米石，俱係按額給發寔數，理合分晰，繕造黃册，恭呈御覽並造清册送部察核外，相應具疏題報。臣未敢擅便，謹題請旨。雍正七年十二月初三日題。

八年正月二十六日奉旨：「該部察核具奏册併發。」

永禄等《上諭旗務議覆》 上諭：八旗各佐領下俱有鐵匠、鞍匠、弓箭等匠，每月給伊等錢糧，俾充各項匠役者，特欲其平時學習手藝，以便行軍之際，攜彼行走，修理一應器械耳。前因各項匠役雖存，其實能製造者甚少，而該旗大臣官員亦不甚稽查管教，是以特交與武備院令其教習。今聞伊等尚未學習，遇有製造官物，俱僱人代做，僱覓一匠，至費數人錢糧，且將每日應得飯錢，一併給與所僱之人。伊等身充匠役，食國家廩餼，乃不勤習技藝，將所得錢糧不養贍家口，而僱人代做，俾身爲廢物，是何道理？今伊等在家猶可僱人，倘至軍前，寧能僱人乎？遇有官物製造，立見其悮矣。此甚爲惡習，公私俱屬無益，皆由該管大臣官員等，不以事務經心，平時不行查管之所致也。將此交與武備院及該管大臣等，嗣後務行不時嚴察管教，俾加緊學習。其八旗作，何特派官員，會同監察監造官，督令學習，俾製造不致有悮，而僱人代作等弊可以永除之處，著武備院會同都統等詳悉查議具奏。至於各省駐防兵丁内亦有匠役，京城匠役尚且如此，諒各省匠役豈能親身製造？著該將軍大臣等，務行嚴加管教，勒限一年，令其加緊學習。且試驗匠役手藝亦屬甚易，朕差人試驗時，倘仍有不能製造者，必將該將軍大臣等一併治罪。特諭。

武備院會同八旗都統等議覆：查雍正八年二月，經八旗都統等奏稱：上三旗弓匠、鋄匠、鞍匠係武備院管轄，俱能親身製造。其下五旗弓匠能製造者少，應勒限一年，令其學習。其銅匠應交與武備院學習，其餘鋄匠、鞍匠無所需用，概行裁革。其八旗鐵匠内粗能製造者，應分兩翼設立鐵廠，令其製造鐵庫等處應造器械。其不能製造者給限一年令其學習等因。具奏准行在案。今除八旗弓匠等各項匠役無庸議外，查八旗鐵匠，雖分兩翼，設廠教習，俱未能製造，且兩廠所有房屋，俱不過二十餘間，難將衆鐵匠齊集教習。應分左右翼，各擇兩旗適中之地，所有官房，兩旗合立一廠，將鐵匠内有年老不能學習者，即驗看革退，另行挑補，令其學習。伊等應用器械，照從前兩廠例置辦，應需銀兩，各於本旗房租内動用。應需煤炭，由工部取用。教習匠役，不可無師，應僱民間巧匠，令其教習。其應給工價，各於本旗房租内撥給。匠役學習手藝，應勒限一年，俟限滿粗能製造之時，再勒限一年，令其學製各工程粗物，及工部所用帳房、樁橛等項，如官物無多，令私取鋪内物件演習手藝。至於查看匠役，祇派官員，仍恐懈弛，應兩翼各派副都統一員，令其總轄。除兩翼現有之參領二員外，各旗派官一員，驍騎校二員，令其專管此。所派之大臣官員，應限以二年，務令匠役俱至手藝學成，然後一年一換。每年四季，武備院派官稽查，至歲底，武備院會同都統等詳加稽查，如教至二年仍有不能製造之匠役，將該管官員即行參奏，如管教優者，官員給與紀録，於應陞之處送名録用。如此則二年内，匠役手藝俱可學成，而僱人代做等弊亦可永除矣！

奏入，於雍正十一年九月初五日奉旨：「此議甚屬詳盡。依議。」

曹振鏞《欽定工部續增則例》卷一四《營繕司・砍刨縮蹬》 用工： 城心舊土牛坍塌幫築時，新舊不能膠融，將原存土牛砍成縮蹬坡級，以便裏面錠樁，外面夾板夯築，俾新舊合榫膠融。每砍刨縮蹬折見方壹丈，厚壹尺，用砍刨縮蹬壯夫貳名。

曹振鏞《欽定工部續增則例》卷一四《營繕司・起刨平墊清理潑水》 用工： 開刨地面，每折見方丈壹丈，厚壹尺，用開刨壯夫貳名。

平墊地面，每長寬折見方丈壹丈壹尺貳寸伍分，厚壹尺貳寸，每日用平地面壯夫壹名。

填墊演牛場，每長寬折見方丈拾壹丈貳尺伍寸，每日用填墊壯夫壹名。

演牛場打掃出渣往來擡運，每寬壹丈，長陸拾丈，每日用出渣擡運壯夫壹名。

清理挑水潑水，每寬壹丈，長陸拾丈，每日用清理挑水潑水壯夫壹名。

擡運農具，開明觔重、道路遠近，照春分以後例，每擡重陸拾觔，往來行捌拾里，用擡運壯夫壹名。

曹振鏞《欽定工部續增則例》卷一七《營繕司・修理城工物料上城運夫》 每木植重柒百伍拾觔，城甎捌拾箇，沙滚子甎叁百箇，碎甎每方折沙滚子甎貳千貳百柒拾箇，用夫照沙滚子甎叁百塊計算。各□瓦片壹千觔，灰觔雜料貳千觔俱各用運料上城壯夫壹名，每用瓦匠壹百工，加用挑水上城壯夫叁拾名。

曹振鏞《欽定工部續增則例》卷一七《營繕司・館夫工食》 俄羅斯館喇嘛學生需用水夫壹名，每名每季由節慎庫支領飯食，制錢肆串伍百文。如喇嘛換班時，准其暫行添雇水夫貳名，其飯食錢文照例核給。

李燧《晉游日記》 〔乾隆五八年九月〕初九日，同劉雲岡廷楠、劉潤圃游龍興寺。登浮圖，俯視闤闠，烟火萬家，歷歷在目。憑眺移時，於静室小憩。旁有一精舍，紅幕低垂，爐烟細裊，窗有唾絨痕，搴簾視之，則一十六七女郎，倚床刺綉，竟不知其爲女冠也。

王慶雲《石渠餘紀》卷三《紀丁隨地起》 康熙十一年以浙江鹽鈔銀均入地丁。三十六年以浙江匠班銀七千餘兩派入地丁。後湖北於三十九年，山東於四十一年，均照浙江例，匠班歸入地丁。

案：匠丁沿自故明，歷久籍存丁絶。至是始派入地丁。地丁之名，已見於此，後乃定制通行耳。

五十五年户部議編審人丁，除向例照地派丁外，其按人派丁者，一户之内開除與新添互抵，不足以親族丁多者抵補，又不足以同甲糧多者頂補。有餘歸入滋生册内造報。

案：照地派丁，即丁隨地起之法。其法但以黄册與魚鱗册相爲乘除，即得其實。顧以一丁言之，不能以數十年而無故；合一縣數千丁言之，即不能以一日而無事。立法抵補，誠爲至公。乃晉省有丁倒累户，户倒累甲之謡，意者親族不必丁多，同甲亦不必糧多。在官謂之補，在民則謂之累，其故可深思哉。

是年定賣買地畝。其丁銀有從地起者，隨地徵丁。倘有地賣丁留，與受同辠。

案：明天啓元年給事中甄淑請均户丁等銀言：「小民所最苦者，無田之糧，無米之丁。田賣富室，産去糧存，而猶輸丁賦。宜取額丁、額米，兩衡而定其數。米若干即帶丁若干。買田者，收米便收丁，則縣册不失丁額，貧丁不至賠累。」史稱當時行之。案此即丁隨地起之法，特其時政荒賦重，故不久輒罷。

是年准廣東所屬丁銀就各州縣地畝攤徵，每地銀一兩，攤丁銀一錢六釐四豪不等。

案：丁隨地起見於明文者，自廣東始。

雍正元年直隸巡撫李維鈞請丁銀隨地起徵，部議允之。每地賦一兩，攤入丁銀二錢七釐。六年以長蘆竈丁攤入竈地，每畝六釐至一分不等。

雜録

劉歆《西京雜記》卷三《鞠術制蛇御虎》 余所知有鞠道龍善爲幻術，向余説古時事：有東海人黄公，少時爲術，能制龍御虎，佩赤金刀，以絳繒束髮，立興雲霧，坐成山河。及衰老，氣力羸憊，飲酒過度，不能復行其術。秦末，有白虎見於東海，黄公乃以赤刀往厭之。術既不行，遂爲虎所殺。三輔人俗用以爲戲，漢帝亦取以爲角抵之戲焉。

劉歆《西京雜記》卷三《鄧通錢文侔天子》 文帝時，鄧通得賜蜀銅山，聽得鑄錢，文字肉好，皆與天子錢同，故富侔人主。時吴王亦有銅山鑄錢，故有吴錢微重，文字肉好與漢錢不異。

劉歆《西京雜記》卷三《袁廣漢園林之侈》 茂陵富人袁廣漢，藏鏹巨萬，家僮八九百人。於北邙山下築園，東西四里，南北五里，激流水注其内。構石爲山，高十餘丈，連延數里。養白鸚鵡、紫鴛鴦、犛牛、青兕，奇獸怪禽，委積其間。積沙爲洲嶼，激水爲波潮，其中致江鷗海鶴，孕雛産鷇，延漫林池。奇樹異草，靡不具植。屋皆徘徊連屬，重閣修廊，行之，移晷不能遍也。廣漢後有罪誅，没入爲官園，鳥獸草木，皆移植上林苑中。

劉歆《西京雜記》卷三《五柞宫石騏驎》 五柞宫有五柞樹，皆連三抱，上枝蔭覆數十畝。其宫西有青梧觀，觀前有三梧桐樹。樹下有石騏驎二枚，刊其脅爲文字，是秦始皇驪山墓上物也。頭高一丈三尺。東邊者前左脚折，折處有赤如血，父老謂其有神，皆含血屬筋焉。

劉歆《西京雜記》卷三《咸陽宫異物》 高祖初入咸陽宫，周行庫府，金玉珍寶，不可稱言。其尤驚異者，有青玉五枝燈，高七尺五寸。作蟠螭，以口銜燈，燈燃，鱗甲皆動，焕炳若列星而盈室焉。復鑄銅人十二枚，坐皆高三尺，列在一筵上，琴筑笙竽，各有所執，皆綴花綵，儼若生人。筵下有二銅管，上口高數尺，出筵後。其一管空，一管内有繩，大如指，使一人吹空管，一人紐繩，則衆樂皆作，與真樂不異焉。有琴長六尺，安十三弦，二十六徽，皆用七寶飾之，銘曰「璠璵之樂」。玉管長二尺三寸，二十六孔，吹之則見車馬山林，隱轔相次，吹息亦不復見，銘曰「昭華之琯」。有方鏡，廣四尺，高五尺九寸，表裏有明，人直來照之，影則倒見。以手捫心而來，則見腸胃五臟，歷然無礙。人有疾病在内，則掩心而照之，則知病之所在。又女子有邪心，則膽張心動。秦始皇常以照宫人，膽張心動者則殺之。高祖悉封閉以待項羽，羽並將以東，後不知所在。

段成式《酉陽雜俎續集·寺塔記上》 光明寺中，鬼子母及文惠太子塑像，舉止態度如生。工名李岫。

(日)真人開元《唐大和上東征傳》 僧祥彦、道興、德清、榮叡、普照、思託等一十七人，玉作人、畫師、彫佛、刻鏤、鑄寫、繡師、修文、鐫碑等工手都有八十五人，同駕一隻舟。天寶二載十二月，舉帆東下，到〔狼〕溝浦，被惡風飄浪擊，舟破，人總上岸。潮來，水至人腰；和上在烏蓲草上，餘人並在水中。冬寒，風急，甚太辛苦。更修理舟，下至大〔板〕山泊，舟〔去〕不得，即至下嶼山。

端州太守迎引送至廣州，盧都督率諸道俗出迎城外，恭敬承事，其事無量。引入大雲寺，四事供養，登壇受戒。此寺有訶梨勒樹二株，子如大棗。又開元寺有胡人造白檀華嚴經九會，率工匠六十人，三十年造畢，用物卅萬貫錢，欲〔將往〕天竺，採訪使劉〔巨鱗〕奏狀，勅留開元寺供養，七寶莊嚴，不可思議。又有婆羅門寺三所，並梵僧居住。池有青蓮花，花、葉〔莖〕、根並芬馥奇異。江中有婆羅門、波斯、崑崙等舶，不知其數；並載香藥、珍寶，積載如山。其舶深六、七丈。師子國、大石國、骨唐國、白蠻、赤蠻等往來居〔住〕，種類極多。州城三重，都督執六纛，一纛一軍，威嚴不異天子；紫緋滿城，邑居逼側。大和上住此一春，發向韶州，傾城遠送；乘江七百餘里，至韶州禪居寺，留住三日。韶州官人又迎引入法泉寺，乃是則天爲慧能禪師造寺也，禪師影像今現在。後移開元寺，普照師從此辭和上向嶺北去，〔至〕明州阿育王寺。是歲，天寶九載也。時，和上執普照〔師〕手，悲泣而曰：「爲傳戒律，發願過海，遂不至日本國，本願不遂。」於是分手，感念無喻。時和上頻經炎熱，眼光暗昧，爰有胡人言能治目，遂加療治，眼遂失明。

《全唐文》卷七四六劉蕡《對賢良方正直言極諫策》 臣前所言百工淫巧，由制度不立者，臣請以官位祿秩，制其器用車服，禁以金銀珠玉、錦繡雕鏤，不蓄於私室，則無蕩心之巧矣。

王定保《唐摭言》卷一〇《海叙不遇》 盧汪門族，甲於天下，因官，家於荆南之塔橋，舉進士二十餘上不第，滿朝稱屈。嘗賦一絶，頗爲前達所推，曰：「惆悵興亡繫綺羅，世人猶自選青娥。越王解破夫差國，一個西施已太多。」晚年失意，因賦《酒胡子》長歌一篇甚著，叙曰：「二三子逆旅相遇，貰酒於旁舍，且無絲竹，以用娛賓友。蘭陵掾淮南生探囊中得酒胡子，置於座上，拱而立令曰：巡觴之時，人心俯仰，旋轉所向者舉杯。胡貌類人，亦有意趣，然而傾側不定，緩急由人，不在酒胡也。作《酒胡歌》以誚之曰：『同心相遇思同歡，擎出酒胡當玉盤。盤中䏲䠒不自定，四座親賓注意看。可亦不在心，否亦不在面，徇俗隨時自圓轉。酒胡五藏屬他人，十分亦是無情勸。爾不耕，亦不饑；爾不蠶，亦有衣。有眼不曾分黼黻，有口不能明是非。鼻何尖？眼何碧？儀形本非天地力。雕鐫意匠若多端，翠帽朱衫巧裝飾。長安斗酒十千酤，劉伶平生爲酒徒。劉伶虚向酒中死，不得酒池中拍浮。酒胡一滴不入腸，空令酒胡名酒胡。』」

趙汝适《諸蕃志》卷下《志物・海南》 昌化在黎母山之西北，即古儋州也，子城高一丈四尺，周迴二百二十步，舊經以爲儋耳夫人驅鬼工，供畚锸，一夕而就。【略】婦人不事蠶桑，惟織吉貝、花被、縵布、黎幕，男子不喜營運，家無宿儲。【略】黎，海南四郡島上蠻也。【略】女工紡織，得中土綺綵，拆取色絲，加木棉，挑織爲單幕。又純織木棉吉貝爲布。祭神以牛犬雞彘，多至百牲。無鹽鐵魚蝦，以沉香、縵布、木棉、麻皮等，就省地博易。得錢無所用也。屋宇以竹爲棚，下居牧畜，人處其上。男子常帶長靶刀、長弰，刃弓跬步不離。喜讐殺，謂之捉拗。其親爲人所殺，後見仇家人及其峒中種類，即擒取而械之，械用荔枝木，長六尺許，其狀如碓，要牛酒銀缾乃釋，謂之贖命。【略】瓊守圖其形狀衣裘上經略司，髻露者以降帛約髻根，或以彩帛包髻，或戴小花笠，皆簪二銀篦，亦有着短織花裙者，惟王仲期青巾紅錦袍束帶。自云祖父宣和中嘗納土補官，賜錦袍云。

物貨，海南土產，諸番皆有之，顧有優劣耳。箋、沉等香，味清且長，夐出諸番之右，雖占城、真臘亦居其次。黄蠟則迥不及三佛齊，較之三嶼，抑又劣焉。其餘物貨多與諸番同，惟檳榔、吉貝獨盛，泉商興販，大率仰此。

李燾《續資治通鑑長編》卷一一三《明道二年》 〔十月甲辰〕時上富於春秋，左右或欲以巧自媚，後苑珠玉之工頗盛於前日。殿中侍御史龐籍言：「今螽螟爲災，民憂轉死，北有耶律，西有拓跋，陛下安得不以儉約爲師，奢靡爲戒，重惜國費，以循民之急！」上深納其言。

朱彧《萍洲可談》卷二《宋用臣巧釘鼓鐶》 中官宋用臣，熙寧間備任使，以敏練稱上意，性極精巧。元祐時，責官舒州，州將作樂鼓甚巨，飾以金彩。既成，其旁一環脚斷，欲剖之，惜工費。宋乃獻計爲環，其下作鎖須狀，以鐵固鼓腹之竅，使甚隘，即釘環入竅中，既入，鎖須張，遂不復脱。事多似此。

何薳《春渚紀聞》卷八《墨工製名多蹈襲》 墨工製名，多相蹈襲，其偶然耶？亦好事者冀其精藝追配前人，故以重名之也。南唐李廷珪，子承宴；今有沈珪，珪子宴；又有關珪。國初張遇，後有常遇，和之子；又有潘遇，谷之子。黟川布衣張谷所製得李氏法，而世不多有；同時有潘谷；又永嘉葉谷作油烟與潭州胡景純相上下，而膠法不及。陳贍之後，又有梅贍云。耿德真，江南人，所製精者不減沈珪。惜其早死，藏墨之家不多見也。

沈括《夢溪筆談》卷七《象數一・木鍾馗》 慶曆中，有一術士姓李，多巧思。嘗木刻一「舞鍾馗」，高二三尺，右手持鐵簡，以香餌置鍾馗左手中。鼠緣手取食，則左手扼鼠，右手運簡斃之。以獻荆王，王館於門下。會太史言月當蝕於昏時，李自云：「有術可禳。」荆王試使爲之，是夜月果不蝕。王大神之，即日表聞，詔付内侍省問狀。李云：「本善曆術，知《崇天曆》蝕限太弱，此月所蝕，當在濁中。以微賤不能自通，始以機巧干荆邸，今又假禳禬以動朝廷耳。」詔送司天監考驗。李與判監楚衍推步日月蝕，遂加蝕限二刻。李補司天學生。至熙寧元年七月，日辰蝕東方不效，却是蝕限太强，歷官皆坐謫。令監官周琮重修，復減去慶曆所加二刻。苟欲求熙寧日蝕，而慶曆之蝕復失之。議久紛紛，卒無巧算，遂廢《明天》，復行《崇天》。至熙寧五年，衛樸造《奉元曆》，始知舊蝕法止用日平度，故在疾者過之，在遲者不及。《崇》《明》二曆加减，皆不曾求其所因，至是方究其失。

洪皓《松漠紀聞》 回鶻自唐末浸微，本朝盛時，有入居秦川爲熟户者；女真破陝，悉徙之燕山，甘、凉、瓜、沙，舊皆有族帳，後悉羈縻於西夏。唯居四郡外地者，頗自爲國，有君長。其人卷髮深目，眉修而濃，自眼睫而下多虬髯。土多瑟瑟珠玉，帛有兜羅綿、毛氍、狨錦、注絲、熟綾、斜褐，藥有膃肭臍、硇砂，香有乳香、安息、篤耨，善造賓鐵刀劍、烏金銀器。多爲商賈於燕，載以橐駝，過夏地，夏人率十而指一，必得其最上品者；賈人苦之，後以物美惡雜貯毛連中。毛連，以羊毛緝之，單其中，兩頭爲袋。以毛繩或綫封之，有甚粗者；有間以雜色毛者，則輕細。

然所征亦不貲，其來浸熟，始厚賂稅吏，密識其中下品，俾指之。尤能別珍寶，蓄漢爲市者，非其人爲儈，則不能售價。奉釋氏最甚，共爲一堂，塑佛像其中。每齋必封羊，或酒酣，以指染血涂佛口，或捧其足而鳴之，謂爲親敬。誦經則衣袈裟作西竺語，燕人或俾之祈禱，多驗。婦人類男子，白皙，著青衣，如中國道服然，以薄青紗冪首而見其面。其居秦川時，女未嫁者，先與漢人通。有生數子，年近三十，始能配其種類。媒妁來議者，父母則曰：「吾女嘗與某人某人昵。」以多爲勝，風俗皆然。其在燕者，皆久居業成，能以金相瑟瑟爲首飾，如釵頭形，而曲一二寸，如古之笄狀。又善結金綫相瑟瑟爲珥；及巾環，織熟錦、熟綾、注絲、綫羅等物。又以五色綫織成袍，名曰克絲，甚華麗。又善拈金綫別作一等背織花樹，用粉繳，經歲則不佳，唯以打換達靼。辛酉歲，金國肆眚，皆許西歸，多留不反；今亦有目微深而鬌不虬者，蓋與漢兒通而生也。

葉紹翁《四朝聞見録》卷二《技術不遇》 思陵時百工技藝咸精其能，故挾技者率多遇，而亦有命焉。吳郡王益嘗以相士薦於上，上以王故召見。見上則曰：「陛下堯眉舜目，禹背湯肩。」上即駕興曰：「到處鑾將來。」王又爲李世英進圭墨，每一圭墨重十兩。上曰：「恁麽大，如何把？」王偶致棋客，關西人，精悍短小。王試命與國手敵，俱出其右。王因侍上弈言之，翌日宣喚。國手夜以大白浮之，出處子，極妍靚。曰：「此吾女也，我今用妻爾。但來日於御前饒我第一局，吾第二局却又饒爾。我與爾永爲翁婿，都在御前。不信吾説，吾豈以女輕許人？」國手實未嘗有女，女蓋教坊妓也。關西樸而性直，翌日上詔與國手弈，上與王視第一局，關西陽遜國手。上拂衣起，命王且酌酒，曰：「終是外道人，如何敵得國手？」關西才出，知爲所賣，鬱悶不食而死。

朱國禎《湧幢小品》卷二《桐漆園》 南京漆園設百户二員，甲軍一百餘名，棕園百户一員，甲軍一百餘，俱三年撥人匠採取，不過二百斤。桐園百户二員，甲軍二百四十名，每年採取，得油止一百五十斤。聖祖豈虛設爲此無益之費，有深意焉，亦寓兵於農之意也。

朱國禎《湧幢小品》卷二八《馬房燈光》 貴陽府藺州永洪庵在印山中，去城十五里，高僧月溪所構。僧，江安人，以罪戍赤水，役於陳百户。所栖馬房，夜有燈光照數里，陳異而遣之。遇禪師爲示三乘，既得正覺，選地以廬，因廬焉。是爲宣德二年。越二載，章皇帝召天下名僧十三人詣闕，月溪亦與焉，別弟子語曰：「此招提中徒衆，慎無踰四十，踰則殃。」抵京，將召入，上令中使密置經檻下，覆以錦。諸僧履而入，月溪伏不前，上召之，急對曰：「非敢以方外自高，懼藉經爲罪，非上所以召臣意。」上異焉，翻經入之，賜以茶，不飲，而南灑。問何故，曰：「留都火焚四十八户，用禳之。」上未信。後十餘日，守臣報火作，如其語。上遣還，遂示寂留都。後有檀越廣其居，成福地，林麓點蒼，溪洞鏤錯。中有磨刀溪，大石横其中，爲石佛口，水從兩旁流，大如轟雷，細如鳴弦。北有峭壁隆起，瀑泉掛岩，爲珠簾三重。寺中緇衣四十人。每自外來者，過五人則有一斃，過三人則有一病，過一二人則有怪。

朱國禎《湧幢小品》卷二《桐漆園》 南京漆園設百户二員，甲軍一百餘名，棕園百户一員，甲軍一百餘，俱三年撥人匠采取，不過二百斤。桐園百户二員，甲軍二百四十名，每年采取，得油止一百五十斤。聖祖豈虛設爲此無益之費，有深意焉，亦寓兵於農之意也。

褚人穫《堅瓠戊集》卷一《哈打打》 吳中無賴爲人代比較者，計笞數索錢，曰打錢。一人之妻稍積一二金，使銀匠打造一簪，其工值亦曰打錢。無賴夸於妻曰：「我不打，爾那能打。」他日縱妻私於僧，俗謂之打和尚。事露，聞於官，並杖其夫。妻亦慰之曰：「我不打，爾那得打。」聞者大笑。無賴姓哈，人遂稱爲哈打打。

褚人穫《堅瓠戊集》卷三《石工能詩》 一石工初不識字，後入山，遇異人授以術，便能作詩，隨口應答。一人令以自身試作一詩，即答曰：「省事心常逸，無營機更忘。庸人多自擾，癡客爲人忙。性癖交游少，疏狂興趣長。日長無俗事，高枕樂羲皇。」適又有一人至，其人貧困不堪，令其即以爲題。答曰：「最怪攢眉客，胸襟不放開。人生貴瀟灑，天運任輪回。好景休孤負，黄金買不來。百年渾是夢，回首即塵埃。」

褚人穫《堅瓠己集》卷三《儒匠》 有木匠頗知通文，自稱儒匠。常督工於道院，一道士戲曰：「匠稱儒匠，君子儒，小人儒？」匠遽應曰：「人號道人，餓鬼道，畜生道？」

褚人穫《堅瓠秘集》卷三《長短工》 吳中田家，凡久傭於人者謂之長工，暫傭於人者謂之短工，插蒔時而暫喚者曰忙工。《三餘贅筆》云：按《六典》「凡役之輕重，功有長短」，注以四、五、六、七月爲長功，以二、三、八、九月爲中功，以正、十、十一、十二月爲短功。蓋夏至日長至六十刻，冬至日短至四十刻。若一等定功，則枉棄日刻。大約中功以十分爲率，長功加一分，短功減一分，至忙工價幾倍之。

其他部

題解

吳楚材《彊識畧》卷二九《寶珍部》 金，釋名禁也，氣剛毅，能禁制物也。金、銀、銅、鐵、鉛、錫之總名。《説文》五金，黄爲之長。久埋不生，百陶不輕，西方之行也。《參同契》黄土，金之父；流珠，水之母。《晉書》鄱陽、樂安出黄金，鑿土十餘丈，披沙得之，大如豆，小如粟米。《爾雅》黄金，謂之璗，其美者謂之鏐，餅金謂之鈑，絶澤謂之銑。西南之美者，有華山之金石焉。《拾遺記》少昊氏，金鳴於山，銀涌於地，或如龜蛇之類。秦以一鎰爲一金，重一斤，鎰二十兩。漢以一斤爲一金。一兩曰一金。

銀，《爾雅》白金謂之銀，其美者謂之鐐。《禹貢》「梁州厥貢銀」，「荆州厥貢惟金三品」，注：金銀銅也。《漢書》曰：「朱提銀重八兩爲一流，直千五百八十。他銀一流直一千，是爲銀貨。」漢建元中又造銀幣，其文龍、馬、龜三等。注：雜銀錫爲白金，少陽之山多赤銀，見《山海經》。太宗賜房玄齡黄銀帶，見《唐書》。

藥金，水銀及銅鐵用藥煮成者。淮南王招致方術士，言神仙黄白之術。劉向父德武帝時治淮南獄，得其書獻之，言黄金可成，上令尚方試之不驗。又孟説，至劉褘之家，見賜金，曰：此藥金也，燒之火有五色。試之，果然。又詐金藥，見《格古要論》。

水銀，《廣雅》云：「水銀謂之澒」。《合璧》注：「採山石中麄次朱砂，作鑪，置砂於中，下承以水，上覆以盎器，外加以火煆養，則煙飛於上，水銀留於下。皆非造化自然也。」夏侯嘉正爲館職，平生好燒銀，常曰：「吾得見水銀銀一錢，知制誥一日，無恨矣。」

銅，《漢·食貨志》金有三品，赤金爲下。赤金，銅也。《漢書》凡律度量衡用銅者，所以同天下，齊風俗也。銅爲物至精，不爲燥濕寒暑變其節，不爲風雨霜露改其形，有似乎士君子之行，是以用銅也。《平準書》銅鐵識曰半兩，重如其文，爲下幣。游經自言，嘗究講有膽水可以浸鐵成銅。

鐵，《禹貢》梁州貢鐵、鏤。注：鏤，剛鐵也。《山海經》荆山其陰多鐵。又：鐵，黑金也。漢元封元年桑弘羊始均輸鹽鐵。鑌鐵出西番，錠鐵出甘肅。

鉛，青金也，青州貢，宋閩、蜀、湖廣、江浙皆有坑冶。茅君與尹軌化鉛成銀，皆本淮南術，見《神仙傳》。

錫，《周禮》職金，掌金玉錫石丹青之戒。又㮚氏爲量，改煎金錫。又金有六齊。六分其金而錫居一，謂之鍾鼎之齊；五分其金而錫居一，謂之斧斤之齊；四分其金而錫居一，謂之戈戟之齊；三分其金而錫居一，謂之大刃之齊；五分其金而錫居二，謂之削殺矢之齊；金錫半，謂之鑒燧之齊。《詩》如金如錫。

馬驌《繹史》卷一五九《外録九·名物訓詁下·宫室》 《爾雅》宫謂之室，室謂之宫。牖户之間謂之扆，其内謂之家，東西墻謂之序。《釋名》宫，穹也，屋見於垣上穹隆然也。室，實也，人物實滿其中也。宇，羽也，如鳥羽自覆蔽也。屋，奥也，其中温奥也。大屋曰廡，廡，幠也。幠，覆也。屋以草蓋曰茨。茨，次也，次草爲之也。堂猶堂堂，高顯貌也。房，旁也，在堂兩旁也。夾室在堂兩頭，故曰夾也。西南隅謂之奥。西北隅謂之屋漏。東北隅謂之宧。東南隅謂之窔。《釋名》室中西南隅曰奥，不見户明，所在祕奥也。西北隅曰屋漏，禮每有親死者，輒撤屋之西北隅薪，以爨竈煮沐，供諸喪用。時若值雨則漏，遂以名之也。必取是隅者，禮，既祭，改設饌於西北隅，今撤毁之，示不復用也。東南隅曰窔，窔，幽也，亦取幽冥也。東北隅曰宧，宧，養也，東北陽氣始出，布養物也。中央曰中霤，古者，寢穴後室之霤，當今之棟下，直室之中，古者霤下之處也。霤，流也，水從屋上流下也。《説文》在墻曰牖，在屋曰囱。杗廇謂之梁，其上楹謂之棁。閞謂之槉。栭謂之楶。棟謂之桴。桷謂之榱。桷直而遂謂之閲。直不受檐謂之交。檐謂之樀。《博雅》楣，檐，櫺，梠也。榱、橑、桷、椽，椽也。檼，棟也。欂謂之枅，曲枅謂之欒。楢謂之笮，楹謂之柱。礎、磌，礩也。連謂之簃。屋上薄謂之筄。兩階間謂之鄉。中庭之左右謂之位。門屏之間謂之宁。屏謂之樹。容謂之防。垝謂之坫。墻謂之墉。瓴甋謂之甓。《博雅》甍謂之⿱霝瓦。《方言》屋梠謂之櫺，甋謂之⿱霝瓦。室有東西廂曰廟。無東西廂有室曰寢。無室曰榭。四方而高曰臺。陜而修曲曰樓。闍謂之臺。有木者謂之樹。《釋名》廟，貌也，先祖形貌所在也。寢，寢也，所寢息也。樓，謂牖户之間，有射孔樓樓然也。臺，持也，築土堅高，自勝持也。《方言》臺，支也。

《博雅》廟，天子五，諸侯四，卿大夫三，士二。天子、諸侯，廟黝堊，卿大夫蒼，士黈。

《爾雅》柣謂之閾。棖謂之楔。楣謂之梁。樞謂之椳。樞達北方謂之落時。落時謂之戹。植謂之傳。傳謂之突。閍謂之門。正門謂之應門。觀謂之闕。宫中之門謂之闈。其小者謂之閨。小閨謂之閤。衖門謂之閎。門側之堂謂之塾。橛謂之闑。闔謂之扉。所以止扉謂之閎。《釋名》門，捫也，在外爲人所捫摸也。

户，護也，所以謹護閉塞也。闕在門兩旁，中央闕然爲道也。《博雅》閪謂之門。閉，扇，扉也。象魏，闕也。限謂之丞。投謂之闟。鍵、笠、戾，户牡也。《小爾雅》鍵謂之籥。樴謂之杙。在墻者謂之樿，在地者謂之臬，大者謂之栱，長者謂之閣。《博雅》椵、橛、楬、檗、戕、咸、歌、栅，杙也。橛，機，闑，柴也。《方言》橛，燕之東北、朝鮮、洌水之間謂之椵。榻前几，江、沔之間曰桯，趙、魏之間謂之椸。几其高者謂之虡。竿謂之箷。《博雅》箷謂之㮇。鏝謂之杇。椹謂之榩。地謂之䵺。墻謂之堊。《釋名》泥，邇也，邇，近也，以水沃土，使相黏近也。塗，杜也，杜塞孔穴也。堊，亞也，次也，先泥之，次以白灰飾之也。墍猶熠，熠，細澤貌也。大版謂之業。繩之謂之縮之。《博雅》築謂之杵。簀謂之笫。蓐謂之兹。

方言，牀，齊、魯之間謂之簀，陳、楚之間或謂之笫。其杠，北燕、朝鮮之間謂之樹，自關而西，秦、晉之間謂之杠，南楚之間謂之兆，東齊、海、岱之間謂之樺。其上板，衛之北郊、趙、魏之間謂之牒，或曰牑。簟，宋、魏之間謂之笙，或謂之籧笛，自關而西謂之簟，或謂之䈇。其麤者謂之籧篨，自關而東，或謂之篕棪。

《爾雅》宫中衖謂之壼。廟中路謂之唐。堂塗謂之陳。路、旅，途也。路、場、猷，行，道也。一達謂之道路，二達謂之岐旁，三達謂之劇旁，四達謂之衢，五達謂之康，六達謂之莊，七達謂之劇驂，八達謂之崇期，九達謂之逵。室中謂之時。堂上謂之行。堂下謂之步。門外謂之趨。中庭謂之走。大路謂之奔。《釋名》徑，經也，人所經由也。涂，度也，人所由得通度也。步所用道曰蹊，蹊，係也，射疾則用之，故還係於正道也。隄謂之梁，石杠謂之徛。《博雅》榷彴，獨梁也。徛，步橋也。

奕賡《括談》卷上 崇禎末年鑄跑馬錢，幕文好下鑄一馬形，乃古者地行莫如馬之意也。或附會曰門下一馬是爲闖字，乃李自成之兆也。又曰福王以用馬士英而敗，乃真兆也。此錢當時鑄亦無多，今流傳甚少，市賈居奇，價亦甚昂。黄銅質薄寬緣者爲真，配銅質重工拙者贋造也，一望可知。或曰崇禎馬錢燒紅水淬，可治産難。

崇禎錢幕有文字者二十餘品，惟清忠者、太平者、奉制者，及穿上一新字、右一錢二字、左一分二字者，最爲稀見。【略】

唐會昌開元錢幕文有字二十八品，春煦亭筆政倣「同、福、臨、東、江」之意作爲開元二十八字歌，曰：「洪、昌、京、洛、益、荆、襄、蜀、閩、丹、宣、并、桂、陽、福、潤、梓、藍、興、兖、鄂、廣、平、潭、永、越、幽、梁。」

石砮出混同江，相傳松脂入水千年所化，其色青紺，紋理如木，其堅似鐵。土人以之礪刃，云可殺毒獸，即古肅慎砮矢之遺意也。今有携至京師者，呼爲木變石，且有製爲錯形者。清語曰海蘭察，言榆木入水千年化爲石，可磨刀劍。

鐵力木，俗呼鐵梨木，因其與花梨木音相近也。鬬柏楠，言其木紋如柏枝相鬬也，俗呼豆辨楠，音訛也。

文天祥過吉州，窑器變而爲玉，封其窑不復燒。永樂中，尚有土中掘出玉杯盞等器，皆當時窑變也。

周世宗廢天下佛寺三千三百三十六，毁銅佛鑄錢，文曰「周通元寶」。於後殿設巨爐數十，親視鼓鑄。其文又讀爲「周元通寶」，蓋迴環皆可成文也。今流傳之周元通寶，其楷書工整者尚似周時之物，至銅質薄、色赤、字帶行草者，私鑄也，亦有鐵者。今之周元通寶、開元通寶、宋元通寶、漢元通寶，皆當環讀爲是，惟會昌、開元不可環讀。

黄以周《禮書通故》卷四七《名物通故一》 《考工記·玉人》云：「大圭長三尺，杼上終葵首。」鄭玄云：「王所搢大圭也。或謂之珽終葵，椎也。爲椎于其杼上，明無所屈也。杼，閷也。《相玉書》曰：珽玉六寸，明自炤。」以周案：《玉藻》：「笏度二尺有六寸，其中博三寸，其殺六分而去一。」注云：「殺猶杼也。天子杼上終葵首，諸侯不終葵首，大夫士又杼其下，首廣二寸半。」鄭意天子大圭，終葵首四寸，其杼皆二尺有六寸。珽亦作「珵」，《楚辭》王注引《相玉書》云「珵大六寸」，自言葵首之廣。賈疏謂六寸之珽，據上不殺者，是以縱言。如其説，椎頭之長六寸，其杼止有二尺四寸，與玉藻之文不合，不足據也。《禮書》引孔穎達云：「二尺六寸，短于天子，蓋諸侯以下度分皆然。」檢孔疏，無是文，蓋沿用聶氏《圖》之説而誤也。又案：杼，長也。方言引「燕記曰『豐人杼首』」，杼首，長首也。楚謂之仔，燕謂之杼。」諸侯之笏詘前，故杼上殺，天子搢珽方正，故杼上終葵首，不殺。鄭注玉藻云「殺猶杼」，注《玉人》云「杼，閷也」，疏家遂謂珽亦殺上，失之。

江永、宋縣初説，珽與大圭不同，天子冕弁諸服常搢珽，惟朝日搢大圭，故典瑞特言之。若大圭即珽，平時皆搢，不必于典瑞見之矣。珽無終葵首之制。玉藻言笏度二尺有六寸，尊卑皆然，亦不長三尺也。以周案：《玉人》云「大圭長三尺，杼上終葵首，天子服之」，明天子常搢大圭也。如江氏説，玉人當云大圭以朝日，何得云天子服之？

孔穎達云：「天子諸侯上首廣二寸半，大夫士下首又廣二寸半，唯笏之中央同博三寸。天子諸侯從中以上漸殺，至上首六分三寸而去其一分，餘有二寸半在。大夫士又從中以下漸殺，至下首亦六分而去一。」王炎云：「《記》言其中博三寸，則是上下皆殺也。其殺六分去一，則上下皆二寸半。」以周案：鄭注「其殺六分而去一」云「首廣二寸半」，指「諸侯不終葵首」以下爲文，不關天子。故曰「天子搢珽方正」，注云：「終葵首者，于杼上又廣其首，方如椎頭。《相玉書》曰，珽玉六寸明自炤。」明天子終葵廣其首而方六寸，但經無見文，故引《相玉書》以證之。孔疏謂天子亦從中以上漸殺其首至二寸半，王氏又并殺其下，大謬。戴東原、段懋堂又謂自中以上殺之，至其首仍博三寸，亦非。陳氏《禮書》終葵首與杼同廣，但于首下作左右缺，大夫士笏皆圜首而方足，更謬。孔疏云：「經特云『其中博三寸』，明笏上下二首不博三寸。諸侯既南面之君，同殺其上，同字非。大夫士北面之臣，宜俱更殺其下。」更字從《聶圖》引補，今本脱更字，又似大夫士不殺其上。此語自是。

鄭玄云：「笏，諸侯荼。荼讀舒遲之舒。舒懦者，所畏在前也。詘謂圜殺其首，不爲椎頭。」以周案：後直謂方，故注訓前詘爲圜首。前詘後直謂之荼。荼者，圜殺之也。考工《弓人》云「斲目必荼」，又云「寬緩以荼」，皆謂圜殺之，不徑直。

盧植云：「大夫以魚須及文竹爲笏。」鄭玄云：「文猶飾也。大夫士飾竹以爲笏，不敢與君並用純物。」陸德明云：「崔云用文竹及魚班也。《隱義》云，以魚須飾文竹之邊。須音班。」孔穎達云：「庾氏云，以鮫魚須飾竹以成文。」王念孫云：「須與班聲不相近。此節經文及《釋文》、《正義》内須字皆頒字之誤。頒與班古通。《説文》：『鮫，海魚，皮可飾刀。』郭璞注《山海經》：『鮫，魚皮有珠文而堅，可飾刀劍口。』」以周案：《釋文》引崔説及《隱義》破須爲頒，魚頒、文竹皆物名，其説本盧。孔疏引庾氏須如字讀，文訓飾，其説依鄭。自後人以釋文附入《正義》，于是兩説斯混，而須字亦音逋還切，其誤始于《集韻》，唐猶不爾也。王説不可盡信。古人言鮫皮可飾刀劍，並不云飾笏。《尚書大傳》「東海魚須」，鄭注云「今以爲簪」。司馬相如《子虛賦》「靡魚須之橈旃」，張揖注云「以魚須爲旃柄」，則魚須之大可知也。王氏必謂魚皮可飾，魚須不可飾，亦膠柱之見。

鄭、阮《禮圖》云：「士竹笏，飾以象牙。」孔穎達云：「士以竹爲本質，以象牙飾其邊。」陳祥道云：「竹本尤堅貞而有節者，士以節義爲尚，故笏用焉。象以飾笏。《玉藻》云『年不順成，君搢本』，蓋竹本也。先儒謂以象飾其本，誤矣。」宋緜初云：「經注之意，諸侯純用象；大夫用竹，刻爲魚須之文，而以象飾其本；士則用無文之竹，亦以象飾其本。『士竹』句，『本象可也』，通大夫士。」以周案：孔氏、陳氏並竹本連讀，非也。鄭注「君搢本」云「去珽荼，珮士笏也。士以竹爲笏，飾本以象」。讀「士竹」句，「本象」句。諸侯之笏用純象，士以象飾其本。年不順成，則君不搢純象，而搢其象之飾本者，故曰搢本，珮士笏。宋説別備一解，非注義也。孔疏于此不用注義，固妄；陳氏又從而斥之，林氏通釋直鈔陳書，又不察其違，殊可怪也。

陳祥道云：「《典瑞》曰『搢大圭』，《玉藻》曰『搢珽』，《玉人》曰『天子服之』，《荀子》曰『天子御珽』。搢之者，服之也。御者，進之也。天子諸侯之笏，必以人進之，大夫士則服之而已。《玉藻》曰『史進象笏』，諸侯之禮也。」以周案：曰御，曰服，皆搢也。《荀子》「天子御珽，諸侯御荼，大夫服笏」，御亦服也，互文爾。《玉藻》「史進象笏」，據大夫爲文，故曰「將適公所」，曰「揖私朝」。云象笏，通言爾。陳説皆非。《説文》無笏字。古笏字本作「曶」，《書》曰「在治曶」，今文又借作「忽」。《釋名》云：「笏，忽也，君有教令及所啓白，則書其上，備忽忘也。」未搢，史進之；既搢以朝君，備忽忘。

鄭玄云：「受小玉，謂尺二寸圭也。受大玉，謂珽也，長三尺。執圭搢珽，以與諸侯會同。」陳祥道云：「天子朝日執鎮圭，搢大圭，則諸侯執命圭者必搢荼，大夫執聘圭者必搢笏。及其合瑞而授圭，則執其所搢而已，此所謂見天子無説笏也。」以周案：以天子執圭搢珽推之，陳説諸侯必搢荼，大夫必搢笏，是也。其云合瑞後各執其搢，此説無據。

鄭玄云：「曶者，臣見君所秉，書思對命者也。」徐廣云：「古者貴賤皆執笏。」孔穎達云：「臣見君無不執笏。」王應麟云：「古者笏搢之以記事，不執之以爲儀。宇文周百官始執笏。」以周案：王説是也。古書曰「搢珽」，曰「搢笏」，曰「御珽」，曰「服笏」，笏以御服爲常，非執之以爲手儀。古朝會禮，《周書·王會》最著。其禮，天子搢珽，唐叔、荀叔、周公、大公以下皆搢笏。無言執者。《玉藻》「雖有執于朝」，爲下「指畫君前」言，鄭注云「秉」，以書思對命時言，並非謂執以朝君也。古者思對命皆書于笏，笏以記事，非以朝君，故子事父母亦搢笏，散軍郊射亦搢笏。如以「見天子無説笏」爲必執以朝，則射無説笏，小功不説笏，豈執朝版以將事乎？「無説笏」云者，正以明其必搢也。鄭注云：「小功輕，不當事可以搢笏。」訓不説爲搢，甚當。孔疏直以不説笏爲執笏，且云「臣見君無不執笏」，于古無徵。考漢時吏見其長執笏，亦曰持簿，而臣見君尚無是制。至北周，始定爲朝君之物，非古也。《管子》「天子執玉笏以朝日」，乃淺人竄改，當依《周官》作「執鎮圭」。右笏。

鄭玄云：「鎮圭。鎮，安也，所以安四方。鎮圭，蓋以四鎮之山爲瑑飾，圭長尺有二寸。」陳祥道云：「以四鎮爲瑑飾，于理或然。王執之以朝日，使者執之以徵守，恤凶荒。或曰鎮圭猶《天府》所謂玉鎮，非四鎮也。」以周案：鎮圭，《小行人》作「瑱圭」，《典瑞》故書亦作「瑱」，鄭司農云「瑱讀爲鎮」，《天府》「玉鎮」注同。瑱爲充耳之器，故司農改讀爲鎮。《華嚴經·音義》云：「《周禮》有瑱圭，長尺二寸玉所雜飾也。」瑱訓雜飾，無據。《典瑞》云「王執鎮圭以朝日」，又云「珍圭以徵守，以恤凶荒」，鄭注「珍圭，王使之瑞節，制大小當與琬琰相依」，是珍圭與鎮圭別也。陳氏從杜子春説，珍亦即鎮，未是。其瑑飾作山于必上，與聶《圖》在四角亦異。

馬融云：「上宗奉同瑁。同者，大同天下。」許慎云：「瑁，諸侯執圭朝天子，天子執玉以冒之，似犁冠。古文作玥。」鄭玄云：「一人奉同，一人奉瑁。同，酒杯。」虞翻云：「古月字似同，從誤作同。既不覺定，復訓爲杯，謂之酒杯，甚違不知蓋闕之義。今經益金就作銅字，詁訓言天子副璽。雖皆不得，猶愈于玄。」孔穎達云：「禮奠爵無名同者，但下文祭酢皆用同奉酒，知是爵名也。《玉人》『天子執瑁四寸以朝諸侯』，鄭注『四寸者，以尊接卑，以小爲貴』也。圭頭邪鋭，其瑁當下邪刻之，其刻闊狹長短如圭頭，則圭頭之闊無四寸也。此瑁惟冒圭耳。璧亦稱瑞，其所以齊信，未得聞也。」以周案：以下文祭酢用同觀之，同爲酒器甚明。同，今文作「銅」。《周官·典同》「掌六律六同」，故書「同」作「銅」，《漢·郊祀志》「同」又作「鍾」，「瑁」形似「月」，「月」自「瑁」之古文，或又加「王」作「玥」，《周官》故書借「冒」爲之，或又加「王」作「瑁」。瑁方四寸，其冒圭之空在下面，孔疏謂「當下邪刻之如圭頭」是也。據《説文》云「似犁冠」，似邪刻之空從兩旁洞達其下。《御覽》引《禮舊圖》云：「圭制上小下大，狀如犁鋒，至冒乃似犁冠。」此正用許説者。考漢之犁冠，本方末兩歧，中空鋭如圭頭。《考工記·車人》「爲耒，庛長尺有一寸」，先鄭注云：「庛謂耒下歧。」《匠人》「耜廣五寸」，後鄭注云：「古者耜一金，今之耜歧頭兩金。」庛即耜，耜即犁冠，其形。《説文》之犁冠與鄭同，其説瑁自與鄭異也。犁冠亦作犁錧，至晉又變作形，故郭璞注《爾雅》「大磬謂之馨」云「馨形似犁錧」是也。後世又變作形，謂之犁鑱，《釋文》云「江南呼犁刃爲錧」，《説文繫傳》云「犁錧即犁鑱」是也。顧執後世之犁鑱，無以解郭注之釋馨；執晉代之犁錧，亦無以解《説文》之釋瑁。邵氏、郝氏疏《爾雅》，段氏、桂氏、王氏釋《説文》，皆不足據。阮氏以取泥孔之鐵掀當之，更謬。今江南用漢犁冠之形爲耞草器，謂之耜頭；其啓土之犁鑱上又施分土之器，謂之犁錧。其名皆失而形髣髴似之。

陳祥道云：「王朝日執鎮圭，搢大圭，見諸侯則執瑁圭，而大圭不搢，則大保承之耳承與奉不同。」以周案：書「大保承介圭，上宗奉同瑁」。承亦奉也，訓見《詩箋》。陳説杜撰。

孔穎達説，冒圭，王與諸侯朝覲所執者。小球尺二寸，大球長三尺，王與諸侯盟會所執者。陳祥道云：「小球，蒲璧、穀璧之類。大球者，桓圭、躬圭之類。」以周案：孔疏本鄭箋。陳説別存一通。

鄭玄云：「『公執桓圭』。雙植謂之桓。桓，宮室之象，所以安其上也。桓圭，蓋亦以桓爲瑑飾，圭長九寸。『侯執信圭，伯執躬圭』。信當爲身，聲之誤也。身圭、躬圭蓋皆象以人形爲瑑飾，文有麤縟耳，圭皆長七寸。」孔穎達云：「江南儒者解云，直者爲信，其文縟細；曲者爲躬，其文麤略。」以周案：《説文玉部》：「瓛，桓圭也，公所執。」《木部》：「桓，亭郵表也。」亭凡四植，鄭注《檀弓》云：「四植謂之桓。」此云雙植，蓋據一面言之。信圭、躬圭鄭謂以人形爲瑑飾，其圭體同也。或謂圭首有曲直，非也。陳氏《禮書》謂屈身爲躬，信躬爲身。身直躬曲，古無是義。或者并謂身面外，躬面內，尤鑿。惠氏據大圭不瑑之文，謂六瑞皆不瑑，瑑者覜聘之圭璧，亦難信。

《記雜記》云：「《贊大行》曰：圭，公九寸，侯伯七寸，子男五寸，博三寸，厚半寸，剡上左右各寸半。」鄭玄云：「《贊大行》者，書説大行人之禮者名也。子男執璧，作此贊者失之矣。」以周案：此文上下俱説圭，「子男五寸」記璧之圜徑，不別言之，文略耳。或説，《周官·玉人》故書「命圭九寸謂之桓圭，公守之；命圭七寸謂之信圭，侯守之；命圭五寸謂之躬圭，伯守之」。此《贊大行》文本作「侯七寸，伯五寸」，後人亂竄易之。

崔靈恩云：「昊天及五精帝，圭璧琮璜皆長尺二寸。」聶崇義云：「鄭、阮、梁正等圖，禮天圭璧皆長九寸，厚寸。未知崔氏據何文以爲説。」以周案：《玉人》云「璧好三寸」，《爾雅》云「肉倍好謂之璧」，故鄭、阮禮圖云蒼璧九寸。崔氏以「四圭尺有二寸以祀天」例之，故云圭璧皆長尺有二寸。兩説各有依據，今從崔説。

《白虎通義》云：「《禮》曰，圓中牙外曰琮。」許慎云：「琮，瑞玉，大八寸，似車釭。」鄭玄云：「琮八方，象地。『大琮十有二寸，射四寸，厚寸』，射，其外鉏牙。」賈公彦云：「并角徑之爲尺二寸。據角各出二寸，兩相并四寸，其外鉏牙八角鋒。」陳祥道云：「地體方而四隅有維，蓋所射者四角而已，八角之説未聞。」以周案：琮如以兩正方參互相疊，遂成八鋭角，角各射二寸。掩其八鋭角視之，成圓形，故《禮》曰「圓中牙外」，《説文》曰「大八寸，似車釭」。掩其相對四角視之，參互成兩方形，故注曰「琮八方」。大琮謂之内鎮，宗后守之，故注曰「象地」。地分八方，始于《易》八卦方位，琮有八角，取諸此。漢碑所圖，或作五角，或作十角。陳説大謬。

潘徽云：即《江都集禮》，見聶氏《圖叙》。「依漢世諸儒所論《白虎通》説，琮外方内圓，有好。」聶崇義云：「《玉人職》説諸琮形狀，皆不言琮有好。故賈疏特圖大琮無好者，欲明諸琮皆無好也。」以周案：《白虎通義》「圓中牙外曰琮」，謂牙以内其形本圓也，後有圖可按視之。又云：「内圓象陽，外直爲陰，外牙而内湊，象聚會也，后夫人之財也。」外牙申言直，内湊申言圓牙。雖邪剡，視内圓爲直，内圓非孔，故曰内湊。湊者合也，豈孔之之謂乎！曰「后夫人之財」，是據瑑琮爲文。《玉人》曰「瑑琮八寸，諸侯以享夫人」是也。瑑琮，于牙内圓處有瑑飾，故曰象聚會。自圖琮者失其制，而《白虎通》之義不明，潘氏遂滋異説矣。近陳卓人疏證又爲潘氏右袒，未免失察。　又案：據聶氏言，賈疏有大琮無好圖。檢《考工記》梟氏職疏有云「即所圖是」，云「據上所圖，鼓外有銑閒」，《匠人職》疏有云：「此圖略舉一成于一角，以三隅反之，一同可見矣。」此皆賈疏有圖之證也。王溥《五代會要》三引阮諶《三禮圖》「黄琮無好」，此賈疏「大琮無好」所本也。

崔靈恩云：「黄琮所以禮地，其長十寸，以法地數。」聶崇義云：「黄琮禮地，比大琮每角各剡出一寸六分，長八寸，厚寸。案《記・郊特牲》疏引先師説，祀中央黄帝亦用黄琮，其琮宜九寸，以别于地祇。」以周案：《五代會要》引崔氏説，黄琮十寸以法地數。聶説黄琮八寸，無義；又説祀中央黄帝用九寸，何據？

鄭衆云：「四圭有邸，于中央爲璧，圭著其四面，一玉俱成。《爾雅》曰：『邸，本也。』圭本著于璧，故四圭有邸，圭末四出故也。或説，四圭有邸，有四角也。邸讀爲抵欺之抵。」以周案：《爾雅・釋器》：「邸謂之柢。」《釋言》：「柢，本也。」鄭注《玉人》「兩圭有邸」云「僢共本也」，僢謂兩足相對，則四圭有邸者亦四圭同本，其末四出相對也。

賈公彦云：「《玉人》『四圭尺有二寸』，蓋四面圭各尺二寸，與鎮圭同。其璧爲邸，蓋徑六寸。總三尺，與大圭又等。」以周案：《典瑞》「四圭有邸」，《記》文不云有邸，則尺二寸爲四圭各長之數也。下記「兩圭五寸」，于有邸亦别言之，可見《典瑞》此疏是也。《玉人》疏又自疑兩畔總計爲尺二寸，失之。兩圭五寸，亦謂各出邸五寸。《聶圖》依《玉人》疏云「各琢出二寸半」，亦非。

陳祥道云：「璧，天象也，故四圭邸璧以祀天。琮，地象也，則兩圭當邸琮以祀地日月星辰，天類也，故一圭邸璧。山川，地類也，則當一璋邸琮。」以周案：舊圖兩圭亦邸璧，而《記》「兩圭五寸有邸，以祀地，旅四望」文次于大琮駔琮之下，瑑琮之前，則兩圭邸琮信而有徵矣。璋亦邸琮，故曰「璋邸射素功」。射即「大琮射四寸」之射。其射素功，謂有異于兩圭之刮磨也。舊説射謂向上邪卻之，素功謂無瑑飾，俱未當。

許慎云：「琥，發兵瑞玉，爲虎文。」聶崇義云：「鄭《圖》以玉長九寸，廣五寸，刻伏虎形，高三寸。案：孫氏《符瑞圖》云：『白虎，西方義獸，白色黑文，一名騶虞，尾倍其身。』《尚書大傳》『散宜生等之於陵，取怪獸，尾倍其身，名曰虞』，鄭曰：『虞，蓋騶虞也。』《周書》曰：『英林酋耳，若虎豹，尾長參倍其身。』『於陵』、『英林』音相近。」孔廣森云：「六玉之名，半圭曰璋，半璧曰璜，琥當是半琮耳。琮外爲捷盧，若鋸齒，半之，則背上有齟齬刻者，似伏虎，故謂之琥，猶爵亦非作鳥形也。鄭司農説：『牙璋，瑑以爲牙。牙齒，兵象，故以牙璋發兵，若今時以銅虎符發兵。』然則刻齒即虎象矣。」以周案：古發兵用牙璋、中璋，《典瑞》、《玉人》詳其文。許見漢發兵用銅虎符，因謂古用琥，無徵；云琥爲虎文，其説是也。聶引鄭圖高三寸，蓋謂玉，圖者以爲虎高，失其傳耳。《大宗伯》「以玉作六器，以禮天地四方」，曰璧、琮、寺、璋、琥、璜。如琥于玉上更作虎形，與璧、琮、圭、璋、璜諸玉全不相類矣。孔説别備一義。

鄭衆云：「琬圭無鋒芒，故治德以結好。琰圭有鋒芒，故以易行除慝。」鄭玄云：「琬猶圜也。凡圭，剡上寸半。琰圭剡半以上，又半爲瑑飾。」賈公彦云：「琰圭判規，判，半也。凡圭剡上寸半，琰圭剡半以上，至首而規。」戴震云：「琬琰之名，以剡上之寸半爲别也。凡圭，直剡之，倨句磬折，上端中矩。琬圭，穹隆而起，宛然上見。琰圭，左右剡坳而下，如規之判。」以周案：《玉人》判規之義，以戴説爲合。但戴氏以凡圭例之，僅剡寸半，鄭則謂剡半以上，此其異也。《説文》云：「琰，上起美色也。」即本先鄭之義。上起謂鋒之長，美色謂光芒。此圭鋒芒上起，與他圭別，故注以爲剡半以上。蓋琬之言宛，其首宛然上見；琰之言剡，其首剡然上起。剡然上起者，其半以上如規之判也。鄭義如此，非以半釋判也。賈疏失之，且謂至首而規，又何異于琬圭乎？又案：《説文》璋琰連文，璋下曰「剡上爲圭，半圭爲璋」，琰下曰「上起美色」。「上起」別剡上之辭，淺人不解，于篆下增璧字，「起」屬「美色」爲文，大謬。琰非璧，起美色亦不獨此玉。

杜子春云：「《典瑞》『珍圭以徵守』，珍當爲鎮，書亦或爲鎮。以徵守者，以徵召守國諸侯，若今時徵郡守以竹使符也。」鄭玄云：「珍圭，王使之瑞節，當與琬琰相依。」以周案：鎮圭，王所守，非使者可執。珍圭形制，漢已失傳，故鄭亦不能確言之，于是徵召以璜，徵召以璋，異説滋起。

《周官·典瑞》「璧羨以起度」，《玉人職》云「璧羨度尺，好三寸，以爲度」。鄭衆云：「羨，徑也。好，璧孔也。《爾雅》曰：肉倍好謂之璧，好倍肉謂之瑗，肉好若一謂之環。」鄭玄云：「羨，不圜之貌。蓋廣徑八寸，袤一尺。」賈公彦云：「引《爾雅》者，欲見此璧好三寸，肉各三寸，兩畔共六寸，是肉倍好共九寸也。造此璧時，應圜九寸，今減廣一寸以益上下之袤，則上下一尺，廣八寸。」陳祥道云：「璧羨袤十寸，廣八寸，同謂之度尺。以十寸起度，則十尺爲丈，十丈爲引。以八寸起度，則八尺爲尋，倍尋爲常。故黼深十寸，內方八寸，而爲嘉量，幣長一丈八尺而爲制幣，此皆璧羨縱横之尺然也。」程瑶田云：「《爾雅》郭注：『好倍肉，孔大于邊。若一，孔邊適等。』據經注，謂若璧孔一寸，則邊二寸，合兩邊及孔，其徑五寸也。《周官》璧羨，《典瑞》曰『以起度』，《玉人》曰『以爲度』，蓋造此以度物，猶《周髀算經》所用之折矩也。度尺好三寸，羨之則其廣必狹于袤，當得八寸。或漢時尚有此物，鄭氏目驗而知之也，而與《爾雅》肉好倍一之度法兩不相謀。」阮元云：「《爾雅》肉倍于好，即名爲璧。若中好三寸，則上下之肉各三寸，共成九寸，此璧之常制，故《玉人》云『璧琮九寸』。別有盈尺之璧，較之九寸之璧羨餘一寸，即名爲璧羨，猶曰羨璧也。此璧于上下肉三寸之外，各羨半寸，合成一寸，且是周圍正圜皆羨半寸，合成一寸也。以起度者，以此璧即命爲一尺，凡度量皆可從此推起，猶《玉人》以鼻琮爲權也。鄭司農説本不誤。如康成説，是橢圜形矣，非《周禮》、《爾雅》本義。」以周案：璧以九寸爲極，則《玉人》云「璧琮九寸」。《大宗伯》「以蒼璧禮天」，鄭、阮二圖亦云九寸兹璧以起度之故，袤益之爲一尺，廣損之爲八寸。袤廣參差者，所以相較起度也。駔琮以爲權，而亦有五寸七寸之異，義亦同。此謂之璧羨者，所以別他璧，且以明其橢圜也。若曰羨璧，似正圜矣。鄭義當有所據。程氏釋《爾雅》，非；以璧羨爲橢圜，是。阮説與程相反，別備一通；其附會先鄭意，亦非。考《典瑞》先鄭注云「羨，長也，此璧徑長尺」，亦謂橢圜形矣。

許慎云：「珇，琮玉之瑑。」鄭玄云：「駔琮以爲權，駔讀爲組，以組繫之，因名焉。鄭司農云：以爲稱錘，以起量。」段玉裁云：「《玉人》『駔琮五寸』，『駔琮七寸』，又云『瑑琮八寸』，則駔琮非瑑明矣。似讀駔爲珇，訓琮瑑，失之。」以周案：《説文》瑑珇二篆連文，云「瑑，雕刻圭璧，上起兆瑑也。珇，琮玉之瑑」。許意駔琮之瑑與圭璧不同。凡曰瑑者，有圻鄂瑑起而已。駔琮之駔，於瑑之內湊處，又高起作鼻，鼻有渠眉，中空，其形如且古文ᕱ之形，故可以爲權。其字作珇，爲形聲兼會意字。説詳《雜著·禮説續》。

《白虎通義》云：「五瑞謂珪、璧、琮、璜、璋也。《禮》曰：『天子珪，尺有二寸，博三寸，剡上左右各寸半，厚半寸。半珪爲璋，方中圓外曰璧，半璧曰璜，圓中牙外曰琮。』」以周案：舊説天子巡狩輯五瑞，據《周官·典瑞》桓圭、信圭、躬圭、穀璧、蒲璧爲言。《説文》：「瑞，以玉爲信也。」珪璧及琮璜璋皆以爲信，故白虎諸儒又以此爲五瑞。方中圓外曰璧，又與諸書不合。聶氏云：「《爾雅》肉倍好謂之璧。若好方，則四角侵肉而不成倍。」其説是也。

《考工記·玉人》云：「圭，天子用全，上公用龍，侯用瓚，伯用將。」鄭衆云：「全，純色。龍當爲尨，尨謂雜色。」許慎云：「全，純玉。駹，四玉一石。瓚，三玉二石。埒，玉石半，相埒。」鄭玄云：「全，純玉也。瓚讀爲餈屠之屠。龍、瓚、將，皆雜名。卑者下尊，以輕重爲差。玉多則重，石多則輕。公侯四玉一石，伯子男三玉二石。」賈公彦云：「先鄭云全純色，後鄭以爲純玉。《鄭異義駁》云玉雜則色雜，則玉全色亦全也。《盈不足術》曰：『玉方寸重七兩，石方寸重六兩。』公侯同四玉一石而龍瓚異者，蓋玉色有別也。」以周案：許説蓋本賈逵《解詁》，與鄭注異。《白虎通義》云：「天子之純玉，尺有二寸；公侯九寸，四玉一石；伯子男俱三玉二石。」賈疏引《緯稽命徵》文亦同，皆如鄭説，但公侯合爲一，伯下同子男，與《記》文不合。當從許説。龍尨古通。尨有雜義。瓚，注讀如餈屠之屠。《玉篇》屠爲饡之古文，《説文》「饡，以羹澆飯也」。《內則》鄭注「狼臆中膏，以煎稻米，似今膏屠」，故此注以瓚爲雜名。將埒形近，玉石半相將，與相埒意同。

《周官·典瑞》云：「公執桓圭，侯執信圭，伯執躬圭，子執穀璧，男執蒲璧，以朝覲宗遇于王；瑑圭璋璧琮以覜聘；珍圭以徵守，以恤凶荒；牙璋以起軍旅，以治兵守。」《白虎通義》云：「璜以徵召，璧以聘問，璋以發兵，珪以質信，琮以起土功之事。」何休云：「禮，珪以朝，璧以聘，琮以發兵，璜以發衆，璋以徵召。」以周案：《典瑞》之文，禮古文家宗之；《白虎通義》云云，爲今文家説，而與《公羊》今文家又不同。宜從古文家。

《爾雅》：「肉倍好謂之璧，好倍肉謂之瑗，肉好若一謂之環。」郭璞云：「肉，邊也。好，孔也。肉好若一，邊孔適等。」以周案：《説文》金玉之王無點，有點之玉謂之朽玉。孔謂之好者，琢去其朽玉而成美器之名也。《淮南·説林篇》云「白璧有考」，《汜論篇》云「夏后氏之璜不能無考」，考即朽玉之朽。璧璜皆以玉之有朽者爲之，故瑞玉以圭爲上，璧次之，璜又次之璧肉倍好，其玉之朽者小；瑗好倍肉，其玉之朽者必大。故玆三玉以璧爲上，環次之，瑗又次之。

陳祥道云：「王之大圭長三尺，諸侯之圭長不過九寸。『錫爾介圭』，以尺有二寸，使寶之而已。《書》之介圭，即大圭也。孔安國以《書》之介圭爲王之守圭，長尺二寸。毛氏以《崧高》、《韓奕》之介圭爲公之守圭，九寸。鄭氏以《崧高》之介圭爲所錫之圭，尺二寸，《韓奕》之介圭爲享王者。然王與公之守圭曰鎮圭、桓圭而已，不謂之介。義當從鄭。」以周案：天子鎮圭尺二寸，諸侯瑞圭九寸以下，《禮》有明文。《爾雅》云：「圭大尺有二寸謂之玠。」又云裸圭尺有二寸，有瓚。則鎮圭、裸圭皆謂之玠圭也。介與玠通。《崧高》之「錫爾介圭」，謂錫以裸圭，即所謂錫爾圭瓚是也。箋云：「圭長尺有二寸謂之介，非諸侯之瑞圭。」其説甚明。《韓奕》之「以其介圭」，箋謂覲宣王奉享禮貢國所出之寶，亦以爲錫圭之用；而《顧命》之「介圭」鄭注雖佚，其必以爲裸圭可知。「大保承介圭」，謂奉裸圭；大保「秉璋以酢」，謂執裸璋。介圭之爲裸圭，文義尤顯。僞孔以爲天子之守圭，非也。《崧高》毛傳以介圭爲諸侯之瑞圭，鄭箋已明駁之。

《考工記·玉人》：「大璋、中璋、邊璋，黄金勺，青金外，朱中，鼻寸，衡四寸。」鄭衆云：「鼻謂勺龍頭鼻也。衡謂勺柄龍頭也。」鄭玄云：「鼻，勺流也。凡流皆爲龍口。衡，古文横，謂勺徑也。三璋之勺，形如圭瓚。大璋加文飾，中璋殺文飾，邊璋半文飾。」梁正云：「三璋之勺鼻爲獐犬之首，其柄則畫以雛尾，皆不盈寸。」《御覽》引《禮圖》。陳祥道云：「古有圭瓚、璋瓚而無不槃，有鼻而無龍口。」以周案：圭瓚、璋瓚，其形相似，而大小不同。《典瑞》注云：「《漢禮》，瓚槃大五升，口徑八寸，下有槃，口徑一尺。」《御覽》引鄭阮《禮圖》云：「圭瓚受四升，與注異。徑八寸，形如槃，其柄以圭，有流注。」此皆言圭瓚之制也。《玉人》所言「鼻寸，衡四寸」，爲璋瓚制。戴氏《考工記圖》據《玉人》文以爲圭瓚，誤也。鼻爲龍首，兩鄭注同。古器作龍首，多質，不如《聶圖》所繪須角畢肖，故梁正禮圖又以爲獐犬首。陳説不足據。衡四寸，謂勺徑四寸，當從後鄭注。先鄭龍頭，梁正雛尾，亦未可據。又案：《玉人》：「天子用全，上公用龍，侯用瓚，伯用將。」《説文》：「駹四玉一石，瓚三玉二石，埒玉石半，相埒。」此皆泛記用玉爲飾之等，陳氏《禮書》據以釋裸圭之瓚，亦非。裸圭之瓚用金，不用玉，故曰「黄金勺」。詩稱「玉瓚」，玉指其柄之圭璋。右玉。

鄭衆云：「圭繅五就，繅讀爲藻率之藻。五就，五匝也。一匝爲一就。」鄭玄云：「繅有五采文，所以薦玉。木爲中幹，用韋衣而畫之。廣袤各如其玉之大小。此句《覲禮》注。就，成也。皆有玄纁繫，繫無事則以繫玉，因以爲飾，皆用五采組，上以玄、下以絳爲地。古文繅或作藻，今文作璪。」賈公彦云：「此依《漢禮器制度》而言也。木板大小，一如玉制，然後以韋衣包之，玄纁爲地，上加五采。上下皆據垂之上下爲言。」陳祥道云：「繅，織絲爲之，廣于玉。」敖繼公云：「《記》文『皆玄纁』句絶。朝聘之繅，皆以玄纁之帛爲之，表玄而纁裏。」以周案：《聘禮記》云：「朝天子圭與繅皆九寸，剡上寸半，厚半寸，博三寸。」云皆者，明繅與圭大小長短悉同也。如陳説，織絲爲繅，烏得有半寸之厚？繅廣于玉，又何以解三寸之博？《記》又云：「皆玄纁繫長尺，絢組。」此言繫組之制也。繅以藉玉，繫以聯玉與繅，組又所以飾繫者。敖氏以「皆玄纁」上屬「繅」言，戴東原從其説。其意謂繫曰絢組，已著其色，「皆玄纁」句，義當上屬。然鄭之所以下屬諸「繫」者，亦謂上文「朱白蒼」、「朱緑繅」已著其色也。如以此爲繅地，考董子《繁露》云：「主天法商，玉厚九分，白藻五絲。主地法夏，玉厚八分，白藻四絲。主天法質，玉厚七分，白藻三絲。主地法文，玉厚六分，白藻二絲。」據董子言，是三代圭繅皆以白爲地，非玄纁也。五絲、四絲、三絲、二絲，即五采、四采、三采、二采之謂《典瑞》無四采之文，惠半農《禮説》謂是二王之後，是也。鄭注以繅文爲畫，據《繁露》文以爲黹，所傳異也。《説文·玉部》：「璪，玉飾，如水藻之文。《虞書》曰：「璪火粉米。」」玉飾爲本義，璪火爲假義。繅所以飾玉者也，故璪亦爲圭繅字，鄭注《聘禮》所謂「繅今文作璪」是也。璪爲玉飾，鄭注《典瑞》「設其服飾」，亦云「服玉之飾謂繅藉」，此璪之引申義也。其義爲玉飾，故字作璪。其畫以水藻之文，故字通作藻。其文用絲，故字又通作繅。藻，水草也；繅，繹繭爲絲也：皆假借字。又案：鄭云「以韋衣木」，利用畫。據董子，其采用絲，是衣以帛矣。或説白藻謂以白粉畫水藻，甚謬。繅有五采三采之文，又安用水藻之飾邪？

賈公彦云：「繅有二種：一以木爲中幹，以韋衣之，其拜則以藉圭；一以絢組爲之，所以繫玉于韋版。」李如圭云：「繅者，以韋衣木，畫以雜采，以之薦玉，又以五采組繫焉。」褚寅亮云：「疏云繫玉于上，仍明相須爲用，非判然二物，故總名曰藉。但經文各有所指，《聘禮》垂繅、屈繅，指其絢組而言也；《覲禮》奠圭繅上，指其韋版而言也。疏恐人誤認注中藉玉之文，故言鄭和合解之，以圓其説。後人紛詰，殊可不必。」

鄭玄云：「《聘禮記》『朝天子，圭與繅皆九寸，繅三采六等，朱白蒼』，飾以三色再就也。『問諸侯，朱緑繅八寸』，二采再就，降于天子也。」賈公彦云：「三色再就者，就即等也，是一采爲再就，三采即六等也。二采再就者，此臣禮，與君異。其二采雖與子男同，但一采爲一匝，二采爲再匝，是四等。今臣一采爲一就，二采共爲再就，是二采當君一采之處。」以周案：《雜記》云「圭繅三采六等」，文與《聘禮記》同，鄭注云：「三采六等，以朱白蒼畫之再行也。」孔疏引《記》文作「繅三采六等，朱、白、蒼，朱、白、蒼」。今本脱下三字，當據補。孔疏云：「重云朱白蒼，是一采爲兩等，相間而爲六等也。」鄭注「二采再就」，「再」當作「一」。《記》云「朱緑繅」，不重朱緑，明一就也。《曲瑞》云：「瑑圭璋璧琮，繅皆二采一就，以頫聘。」是卿大夫每采惟一等，二采共一就，鄭注斷不顯違其文而云二采再就也。賈疏不知其字有誤，循文强解，固不足信；其混就與等爲一，尤謬。

孔穎達云：「《聘禮記》『朝天子繅三采六等，朱白蒼，朱白蒼』，是一采爲二等，相間爲六等也。若五等諸侯皆一采爲一就，《典瑞》『公侯伯皆三采三就』，謂一采爲一就，其實采别二就，三采則六等也。『子男皆二采再就』，二采謂朱緑也，二采故二就，其實采别二就，二采則四等也。『瑑珪璋璧琮，繅皆二采一就，以頫聘』，此謂卿大夫每采惟一等，是二采共一就，與諸侯不同。其天子則『繅五采五就』，亦一采爲一就，其實采别二就，五采則十等也。」賈公彦云：「三采者，一采爲一就。二采一就者，據臣行聘，不得與君同，是以二采共爲一行。凡言就者，或兩行名爲一就，《典瑞》上下文是也。或一匝爲一就，就即等也，《聘禮記》曰『繅三采六等，朱白蒼』。」以周案：賈意《典瑞》五采五就、三采三就、二采再就，是一匝爲一就。又二采一就，及《聘禮記》三采六等，則二采合成一匝爲一就也。《典瑞》上下文同，而分作兩解，其誰信之。孔疏説卿大夫朝天子及頫聘諸侯，其説皆勝賈疏，而謂天子及五等侯皆止二就，與《典瑞》本文三就五就顯違。皆由等、就、行之辨未明也。行爲等之同色，等爲就之别采，就爲等之總名。孔、賈誤以等當就，賈又誤以就爲行。賈疏謂聘賓二采再就，與子男同，其説固謬；孔疏謂公侯伯三采三就，與卿大夫朝天子三采六等同，其説亦謬。據鄭注，三采再就爲朱白蒼、朱白蒼六等，則三采三就有朱白蒼、朱白蒼、朱白蒼九等矣。二采一就爲上朱下緑二等，則二采再就有朱緑朱緑四等矣。天子五采五就，當有二十五等。五采蓋用黄、黑、朱、白、蒼。《士喪禮》注「齊以三采繒爲之，上朱，中白，下蒼」，即用此文。《喪大記》天子齊以五采，大夫齊以三采，孔疏云「大夫降黄黑也」，是五采用黄黑朱白蒼矣。

戴震云：「《典瑞》之五采五就、三采三就、二采再就，皆謂一采匝爲就。二采一就，則謂二采合成一匝，故曰一就也。《聘禮記》之三采六等，謂三采爲三就者重之則六等。然則五采五就重之則十等，二采再就重之則四等，二采一就重之則二等。《典瑞》言其就，不言其等，《聘禮記》言其等，不言其就，合之乃全。」以周案：《大行人》注云：「每處五采備，爲一就。」是就爲采備之名。戴氏謂一采匝爲就，非也。《聘禮記》「三采六等，朱白蒼，朱白蒼」，則六等即六采也。以色言之謂之采，以就言之謂之等。等者，就之别采也。戴氏反訓等爲重其就，亦失其義也。

金榜云：「《典絲》注『采色一成曰就』，《大行人》注『每處五采備爲一就』。《聘禮》注『三采六等』爲『三色再就』，是朱白蒼爲一就，重言朱白蒼爲再就。由是差之，天子之繅五采備爲一就，公侯伯三采備爲一就，子男二采備爲一就，其著明矣。采備爲就，采别爲等，等又謂之行。《典瑞》『三采三就』，《聘禮記》『三采二就』，禮文或損或益，抑記人之異説，誠不可强同者。熊氏因《雜記》注『畫之爲再行』，遂謂采别二行爲一就，以三采六等與《典瑞》三采三就相傳合，賈、孔之徒因循其誤，蓋由讀注未審。」以周案：金氏説采備爲就，采别爲等，是已；云等又謂之行，其説猶非。《雜記》「三采六等」，注云「以朱白蒼畫之爲再行」，于等曰六，于行曰再，是行與等有别也。《聘禮記》朝天子三采再就，爲上公使卿朝王之禮，《孔疏》本是，與《典瑞》公朝王三采三就，本不相觸。鄭注謂諸侯使卿大夫覜聘之玉，各降其君一等，據鄭國爲言，即下所謂「問諸侯朱緑繅八寸」是也。其朝天子，易桓圭爲瑑圭，減三采爲再就，自有别于問諸侯矣。金氏以《聘禮記》之朝天子爲公自朝，宜其與《典瑞》不相合。

鄭玄云：「有藉則裼，無藉則襲。藉，藻也。有藻爲文，裼亦文。無藻爲質，襲亦質圭璋特而襲，璧琮加束帛而裼，亦是也。」熊安生云：「朝時用圭璋特，賓主俱襲；享時用璧琮加束帛，賓主俱裼。」賈公彥云：「屈繅爲無藉，垂繅爲有藉。」李如圭云：「垂者，垂之向下。屈者，屈之于手。凡言屈垂者，皆據組言之。」以周案：繅以藉圭璋，束帛以藉璧琮，故繅亦謂之藉，而藉玉不必皆繅。屈繅、垂繅，自以組言。有藉無藉，以束帛言。《典瑞》云「瑑圭璋璧琮，繅皆二采一就，以覜聘」，是繅藉者，圭璋璧琮皆有之，無所謂有藉無藉之分。惟束帛加藉璧琮而不施于圭璋，故禮以有藉無藉爲言。楊信齋辨此已明。右繅藉。

馬融云：「《書》三帛，三孤所執也。」鄭玄云：「三帛，所以薦玉也。受瑞玉者，以帛薦之。帛必三者，高陽氏之後用赤繒，高辛氏之後用黑繒，其餘諸侯皆用白繒，周禮改之爲繅也。」王肅云：「三帛，纁玄黄也。附庸與諸侯之適子、公之孤執皮帛，其執之色未詳聞。或曰孤執玄，諸侯之適子執纁，附庸執黄。」以周案：三帛之説，王氏爲近。云附庸與諸侯之適子、公之孤執皮帛，據《周官・典命》、《大行人》爲文。《大宗伯》、《射人》孤執皮帛，是王之孤亦爾也，王氏遺之。其所執之色，禮無其文，王氏意言也。

鄭玄云：「《内宰》『出其度量淳制』，故書淳爲敦。杜子春讀爲純，純謂幅廣也，制謂匹長。純制，《天子巡狩禮》所云『制幣丈八尺，純四炽』與？」賈公彥云：「《鄭荅志》云：『咫，八寸，四咫三尺二寸。又太廣，四當爲三，三八二尺四寸，幅廣也。古三四積畫，是以誤。』」以周案：凡布帛，廣二尺二寸爲幅，長四丈爲匹，見《漢食貨志》。「幣一束，束五兩，兩五尋」，爲每端二丈，兩端相合四丈，見《雜記》鄭注。《巡狩禮》云「制丈八尺，純四炽」，炽古咫字，此爲制幣之法。朝聘亦用此幣，故鄭注《聘禮》「制玄纁」又引《朝貢禮》「純四只，制丈八尺」，是兩幣長廣之數有不同也。兩，後人謂之匹，匹取匹耦之意，匹猶兩也。古者布帛，皆從兩端相向對卷，故曰兩，曰匹。今從一端循摺而謂之匹，失其義矣。凡匹兩端，一束五兩有十端，非十四。

《聘禮》受享束帛加璧，夫人玄纁束帛加琮。《周官・小行人》六幣，璧以帛，琮以錦。鄭玄云：「帛，今之璧色繒也。」敖繼公云：「享束帛不言玄纁，文省。」胡培翬云：「聘禮不用束錦者，辟享后也。」以周案：《經》有詳前而省後者，亦有舉後而包前，玆非其例。鄭注《大宗伯》「孤執皮帛」亦云「帛，如今璧色繒」，明其與璧同色，有異玄纁者也。璧色白，鄭注《虞書》「三帛」，謂赤黑白三色，《禮》注意同。賈疏未明，胡氏惑于敖説，遂以玄纁當璧色，誤矣。凡帛皆純色，錦則織以雜采。古人行禮貴純，故帛重于錦。聘禮聘享以束帛，私覿以束錦；公食大夫禮侑以束帛，大夫相食侑以束錦，冠禮酬賓以束帛，昏禮酬從者以束錦。《小行人》之六幣，曰「以和諸侯之好故」，則琮以錦者，其天子下聘諸侯之禮與？胡説「聘禮用束帛，辟王后」，于錦帛之輕重，全未之考。右束帛。

馬融云：「《書》『如五器』，上五玉。」鄭玄云：「如者，以物相授與之言。授贄之器有五，卿、大夫、上士、中士、下士也。器各異飾，飾未聞所用也。周禮改之，飾羔鴈，飾雉，執之而已，皆去器。」以周案：鄭注《周官》云「自雉以下執之無飾」，此云「飾雉」，有訛。當云「飾羔，飾鴈，雉執之」。

賈公彥云：「三公執璧，與子男同，則三公亦服毳冕。」陳祥道云：「執圭乃公常禮，璧特射時所執。」以周案：諸經言公桓圭，侯信圭，伯躬圭，子穀璧，男蒲璧，此邦國之朝玉也。其言璧琮享天子，瑑琮享夫人，注家謂五等諸侯享天子用璧，享后用琮，二王之後用圭璋，其于諸侯亦用璧琮，子男于諸侯用琥璜，此邦國之享玉也。《射人》言「三公執璧，孤執皮帛，卿羔，大夫鴈」，此自明臣下之摯爾。《大宗伯》云「以玉作六器以等邦國，以禽作六摯以等諸臣」，則臣下之摯自與邦國之摯不同也。《大宗伯》作禽摯云「孤執皮帛，卿執羔，大夫執鴈，士執雉，庶人執鶩，工商執雞」，亦不及三公，明三公貴，不用禽摯。推而上之，則三公宜執璧矣。又推而上之，則三公之九命者宜執圭矣。故周公告三王「植璧秉圭」。賈疏于此既未詳明，陳氏乃謂璧特射時所執，亦失之也。

鄭玄云：「孤執皮帛，束帛而表以皮爲之飾。皮，虎豹皮。天子之孤飾摯以虎皮，公之孤飾摯以豹皮。凡摯，無庭實。」以周案：孤以皮爲摯而加之以帛。如鄭注孤以帛爲摯，與上「以禽作六摯」語不合。天子之孤用虎皮，公之孤用豹皮，亦無見文。云「凡摯無庭實」，自明聘禮庭實得又用虎豹皮也。顧聘賓用虎豹以享，所以明其君之能服猛也。公之孤以爲摯，豈亦自示此意乎！凡享示君德，摯明己意，似未可同矣。參見下。

鄭玄云：「大夫相見以鴈，取知時、飛翔有行列也。」方苞、王引之説，鴈，舒鴈，即鵝也。以周案：《説文》：「雁鳥也。鴈，鵝也。」《爾雅》「舒鴈，鵝」作「鴈」，「西踰雁門」作「雁」，與《説文》合。羔鴈二摯皆用生，似以舒鴈爲合。若雁，非常有之物，且難生致。

鄭玄云：「《士相見禮》『下大夫相見以鴈，飾以以布』，謂裁縫衣其身也。『維之以索』，謂繫聯其足。」褚寅亮云：「既裁縫衣其身，翼並在内矣，止繫聯其足可也。敖氏謂繫聯其足翼，添翼字以補注，不知翼無須于繫耳。」

鄭玄云：「『飾羔鴈者以繪』，繪，畫也。諸侯大夫以布，天子大夫以畫。」孔穎達云：「飾，覆也。畫布爲雲氣，以覆羔鴈爲飾。《大宗伯》注云：『《士相見之禮》，卿大夫飾摯以布，不言繢，此諸侯之臣與天子之臣異也。』」吴廷華云：「摯重于飾，尚無王朝侯國之分，豈一飾之微反繢與布各别乎？且經明言飾，若以布而不繢，何取乎飾。」以周案：禮，同一圭繅而有三就二就之異，同一加璧而有帛錦之異，同一皮幣而有虎豹之異，同一羔鴈而有布繢之異，皆所以明别也。吴説不可從。

鄭玄云：「《士相見禮》上大夫以羔，左頭，如麛執之者，秋獻麛有成禮如之。或曰，麛，孤之摯也。其禮蓋謂左執前足，右執後足。」以周案：《大宗伯》、《大行人》並云「孤執皮帛」，或説不應顯違之，「孤」蓋「古」之訛。惠氏校本云：《白虎通義》引此經「『上大夫相見以羔，左頭，如麛執之』，明古以麛鹿，今以羔也」。左執前足，是左頭矣。上大夫，卿。卿羔，大夫鴈，《大宗伯》、《曲禮》並著之。《左氏傳》云「范獻子執羔，趙簡子、中行文子皆執鴈，魯于是始尚羔」，蓋魯久失其禮也。或以爲天子之大夫執羔，諸侯之大夫自執鴈，曰「魯于是始尚羔」，譏失禮，與諸經並不合。

服虔云：「策名委質者，始仕，必先書其名于策，委死之質于君，然後爲臣，示必死節于其君也。」杜預云：「屈膝而君事之。」孔穎達云：「質，形體也。謂拜而屈膝，委身體于地。」以周案：質，古摯字。士以雉爲摯，雉不可以生致，《虞書》謂之死摯。《晉語》云：「委質而策死，古之法也。」《白虎通義》云：「士以雉爲摯，取其必死，不可以生畜，士行威介，守節死義，不可轉移也。」服義本此。杜注非。

《異義》云：「謹案：《周禮》説，五玉摯，自公卿以下執禽，尊卑有差也。禮不下庶人，工商又無朝儀，五經無説庶人工商有摯。」以周案：《大宗伯》言六摯，下及庶人工商，《曲禮》亦言庶人之摯。許云五經無説者，據見君之朝儀言也。《士相見禮》言「庶人見于君，不爲容，進退走」，孟子言「庶人不傳質爲臣」，是臣有摯，庶人見其君無摯也。上引《周禮》説，明《大宗伯》所言庶人工商之摯，非以朝其君，乃其平夷所用也。陳氏《異義疏證》疑其文有誤奪，未是。凡摯，惟君于其臣受之，昏禮之摯亦受之，其餘皆還。詳《相見禮門》。

《周官·大宗伯》云：「庶人執鶩。」《記·曲禮篇》「庶人之摯匹」，《白虎通義》云：「匹謂鶩也。」焦循云：「鄭注云『説者以匹爲鶩』，所云説者，指《白虎通》。蓋匹之訓爲偶爲雙，不知何物，故擬之云此偶謂鶩，謂兩鶩也。注稱『以匹爲鶩』，與『匹謂鶩』同意。訓詁之體，凡謂之云者，皆未定稱也。《釋文》直音匹爲木，《正義》直云匹鶩也，失注義。」以周案：匹無鶩義，故漢儒解此皆作擬辭，焦説甚是。《孟子》「力不能勝一匹雛」，或謂匹爲少之訛，或訓爲一雙，雛古亦無指爲鶩者。《玉篇》鴄字，亦不古。今以《曲禮》本文繹之，云「天子鬯」者，以禮其鬼神者也。「諸侯圭，卿羔，大夫鴈，士雉」，以見其君者也。「庶人之摯匹」與「童子委摯而退」相對爲義，匹謂匹敵，其不言所執之物者，爲庶人本無見君之摯也。義見上條。其或用摯者，亦惟用之匹敵而已，未聞有傳摯于其君者也。童子更無摯，成人而冠，始得用摯。其或用摯者，亦惟委之而退而已，并未有與之爲匹也。執摯受摯各有儀節，皆相對爲之。《記》意如此。必泥庶人之匹爲所摯之鶩，試問童子之摯亦有可實指者乎？舊解似非。

鄭玄云：「《士相見禮》『始見于君，執摯，至下，容彌蹙』。下謂君所也。」敖繼公云：「至下謂當帶。」王引之云：「摯當奉，不當提。正當用奉者當心之禮，何得同于提者之當帶。至下謂行至君之堂下。古者謂堂下爲下。」以周案：王氏説是。詳《相見門》。右摯。

鄭玄云：「《聘禮》『庭實，皮則攝之』者，右手并執前足，左手并執後足。『毛在内』者，不欲文之豫見也。『内攝之』者，兩手相鄉也。」賈公彦云：「下云『皮右首』，故云右手執前兩足。」以周案：《士昏禮記》「兼執足」，注云：「左手執前兩足，右手執後兩足。」與此注異，當以彼注爲正。凡執皮者尚左。云右首，是受皮法。

鄭玄説，《士昏禮記》「執皮左首」，象生；《聘禮》「公側授宰幣，皮右首」，變于生也。敖繼公説，《聘禮》「右」字誤，當依《士昏禮》作「左首」。凌廷堪云：「《士昏》納徵，《聘禮》行享，執皮受皮其例皆同。執皮者左首，受皮者則右首耳。《士昏記》受皮者無文，《聘禮》執皮者無文，其例互見。」以周案：凌氏據相鄉受爲文。鄭意經云「受皮者右客」，是同面受，不得如此説。然同北面，授者自左首，亦必側其皮令南首，而受者在左，自得右首矣。凌氏未喻鄭意，而其説自覈。

鄭玄云：「『凡庭實隨入，左先，皮馬相間可也』。隨入，不並行也。間猶代也。土物有宜，君子不以所無爲禮。畜獸同類，可以相代。」敖繼公云：「一節用皮，一節用馬，相間而設。」以周案：宜從鄭。

《記·郊特牲篇》「虎豹之皮，示服猛也」，孔穎達專以列王庭言。《聘禮》郊勞「乘皮設」，賈公彦亦云：「《郊特牲》是諸侯朝享天子，用虎豹皮；此臣聘君，降于享天子，當用麋鹿皮，故《齊語》云，齊桓公使諸侯輕其幣，用鹿皮四分。」以周案：《郊特牲》「虎豹之皮，示服猛也，束帛加璧，任德也」，皆據享禮爲文。凡享禮，諸侯自相爲及聘賓于其君，皆用虎豹，不獨享天子爲然也。《聘禮》享有庭實，「皮則攝之」，鄭注云「皮，虎豹之皮」，是聘賓用虎豹之證也。聘賓享諸侯且用虎豹皮，則諸侯自相爲亦可知矣。若聘賓覿諸侯及諸侯之待使臣，則用麋鹿皮，鄭注云「凡君于臣，臣于君，麋鹿皮可也」是也。臣于君，謂私覿，庭實設四皮，及介以儷皮。君于臣，謂使者歸，君使卿贈如覿幣，及食饗以侑幣、酬幣，庭實皆有皮。大夫于大夫亦用麋鹿皮，鄭注賓問卿云「庭實設四皮，麋鹿皮」是也。然則用虎豹皮者諸侯禮，故諸侯以之享天子，聘賓以之享諸侯。用麋鹿皮者大夫禮，故主國之君以之待聘賓，聘賓亦以之私覿，以之問卿大夫。若然，鄭注謂「公之孤飾摯以豹皮」，豈其然與？又案：《郊特牲篇》服猛、任德，皆指主國之君言，以示來享之意云爾。南本作「往德」，孔氏訓爲「往歸于德」，未是。當依北本作「任德」，熊氏云「任用德」。右庭實。

黄以周《禮書通故》卷四七《名物通故二》 鄭玄云：「《掌節》『掌守邦節而辨其用』。邦節者，珍圭、牙璋、穀圭、琬圭、琰圭也。『凡邦國之使節』，使卿大夫聘于天子諸侯，行道所執之信也。《小行人》『達天下之六節』，謂邦國之節。」賈公彦云：「《行人》六節，據侯國而言。《掌節》所云，據畿内也。」陳祥道云：「《掌節》『守邦國者用玉節，守都鄙者用角節』，此用以守者也。『山國用虎節，土國用人節，澤國用龍節，皆金爲之』，此用以使者也。『門關用符節，貨賄用璽節，道路用旌節，皆有期以反節』，此用于使與民者也。析竹爲符節，全竹爲管節。《小行人》有管節而《掌節》無之者，掌節所掌謂之邦節，以輔王命，則所謂『邦國之使節』，使邦國者所執也。鄭氏謂使卿大夫聘于天子諸侯，誤也。小行人之所達者，謂之天下之節，則所謂虎節、人節、龍節、管節，邦國都鄙使者所執，非王官所掌也。《掌節》無使都鄙之使節，以使都鄙者無節，持以旌節行之也。《小行人》無璽節，以其所掌者使節，而貨賄之事不預也。」以周案：節，《説文》作「卪」，云「瑞信也」。《掌節》『掌守邦節』，即下所謂守邦國、守都鄙之玉角諸節也。而使節亦與焉，故下又曰「凡邦國之使節，山國用虎節，土國用人節，澤國用龍節，皆金也」。其文與《小行人》同，故鄭注以使卿大夫聘天子諸侯釋之。聘天子謂邦國之使，聘諸侯謂王國之使，觀下「道路用旌節」，注云「凡民遠出，至于邦國，邦國之民若來」，其兼内外言之甚明，何嘗以邦國之使節爲諸侯節。陳氏既誤斥之，且謂邦國之節非王官所掌，不知王者欲齊信四方，邦國覲聘之節必守其法式，小行人之所達，即達掌節之所掌，兩職文同，其節自同也。鄭注《小行人》云「凡節有天子法式存于國」是也。如諸侯各自爲節，不掌于王官，其何以齊信乎？《通鑑》胡注引崔靈恩説，節長尺二寸，秦漢以下改爲旌旛之形。

鄭玄云：「《掌節》『守都鄙者用角節』，謂公卿大夫、王子弟于其采邑。《小行人》『都鄙用管節』者，公之子弟及卿大夫之采地之吏也。」賈公彦云：「《小行人》與此不同，亦異内外也。」以周案：《掌節》云「掌守邦節」，言王官之節。《小行人》云「達天下之六節」，是侯國之節。其節異内外，其職亦有大小。

鄭玄云：「《掌節》『道路用旌節』，主治五涂之官，謂鄉遂大夫也。變鄉遂言道路者，容公邑及小都大都之吏皆主治五涂，亦有民也。《小行人》『道路用旌節』，謂鄉遂大夫。」賈公彦云：「《小行人》不容都鄙之吏，以都鄙吏在管節中。彼『都鄙用角節』文在上，當直是都鄙之主。此『都鄙用管節』最在下，明都鄙吏在其中。若然，邦國之中都鄙主及吏同用管節矣。」以周案：賈疏鄭是。或説皆主鄉遂大夫言，不關吏，非。

杜子春云：「《典瑞》『珍圭以徵守』，若今時徵郡守以竹使符。」鄭衆云：「牙璋以起軍旅，以治兵守。璋瑑以牙，牙齒，兵象，故以發兵，若今時以銅虎符發兵。」以周案：漢銅虎符仿古之虎節，古虎節、龍節等皆金也。漢竹使符仿古之管節，古符節、管節等皆竹也。鄭注《掌節》以虎節、龍節等當漢之銅虎符，又注《小行人》以管節當漢之竹使符，是也。張晏注《漢書》云：「符以代古之圭璋，從簡易。」同杜氏及先鄭説。今從後鄭。又案：漢銅虎符、竹使符皆各分其半，右留京師，此又用古書契之法，古節不爾也。

鄭玄云：「符節，如今宮中諸官詔符也。璽節，今之印章也。旌節，今使者所擁節是也。管節，如今之竹使符也。」賈公彦云：「太史公《本紀》漢文帝二年，初與郡國守相爲銅虎符、竹使符。應劭曰：銅虎符第一至第五，國家當發兵，遣使者至郡國合符，符合，乃聽受之。竹使符者，皆以竹箭五枚，長五寸，鐫刻篆書，第一至第五。」陳祥道云：「析竹爲符節，全竹爲管節。」以周案：鄭以漢之銅虎符況虎、人、龍三節，此又以漢之詔符、印章、使者所擁節及竹使符況之，所舉者五符，賈疏只證其二而語又未詳。考《説文》云：「符，漢制以竹，長六寸，分而相合。」與應劭説竹使符長五寸異，蓋漢諸符長短自有不同也。銅虎符長六寸，用銀錯文。《索隱》云：「《漢舊儀》，銅虎符發兵，長六寸。」崔豹《古今注》云：「銅虎符，銀錯書之。」是也。漢宮中諸官詔符，長尺二寸，用鐵印文。崔豹《古今注》云：「籍，尺二竹牒，記人之年、名字、物色，縣之宮門，案省相應乃得入。」司馬《續志》本注云：「凡居宮中者，皆有口籍，于門之所屬宮名二字爲鐵印文符，案省符乃納之。」是也。漢印章形方如斗，亦謂之斗檢封。《司市》注云：「璽節，印章，如今之斗檢封。」疏云：「斗檢封其形方，上有封檢，其内有書。」未知所據。是也。貨賄所用之璽節，與彼正同，注故皆以印章釋之。使者所擁節，《漢官儀》云：「節柄長八尺，以旄牛尾爲眊三重。」馮衍與田邑書所謂「八尺之竹，犛牛之尾」是也。而徐璆云：「昔蘇武困于匈奴，不墜七尺之節。」其説又異。王伯厚《漢制考》同《漢官儀》。《漢高帝紀》「封皇帝璽符節」，《索隱》云：「節以毛爲之，上下相重，取象竹節。」《武帝紀》「更節加黃旄」是也。竹使符，長五寸，鐫刻篆書，應注已明。師古云：「竹使符徵郡守，各分其半，右留京師，左以與之。」是用竹一枚分析爲二也。應注云：「竹箭五枚，有第一至第五也。」銅虎符徵郡國，應注已言之。竹使符徵郡守，《典瑞》杜注云「今時徵郡守以竹使符」是也。

杜子春云：「虎節、人節、龍節，皆以英蕩輔之。蕩當爲帑，謂以函器盛此節。或曰：英蕩，畫函。」干寶云：「英，刻書也。蕩，竹萌也。刻而書其所使，以助三節之信。」惠士奇云：「如干寶説，英蕩者，傳也。凡達節皆有傳，傳所以輔節。節以金，傳以竹。鄭《周禮》注謂傳若漢之移過所文書，古名關移，此即＊《韓非》所謂『關于州部』也。左傳『使公衍獻龍輔于齊侯』，孔疏云：『鑄金爲龍節，以玉爲函，盛之，名爲龍輔。』是英蕩玉也，輔者函也。兩説皆通，前説爲允。」邵晉涵云：「簜非竹萌，且竹萌不可以刻書。英蕩之蕩，是竹之闊節者耳。＊《文選・西京賦》『筱簜敷衍』，薛注云：『竹闊節者曰簜。』」以周案：蕩無函器之義，故杜注破讀爲帑。《説文》：「帑，金幣所藏也。」故藏金節之函亦謂之帑，此正義也。《詩》「二矛重英」，毛傳「有英飾」，鄭箋以爲畫飾，故或以英蕩爲畫函。干氏以爲刻飾，故云「英，刻書」，蕩讀爲簜，「竹萌」乃「竹箭」之訛。但此經云「以英蕩輔之」，下又云「以傳輔之」，是英蕩與傳有異也。惠氏申干氏説，以傳當英蕩，固非；其申先鄭説，訓英蕩爲玉，輔爲函，亦不可通。竊謂輔當依干氏訓助，蕩讀爲盪。《説文》：「盪，金之美者，與玉同色。」虎、人、龍三節皆金也，故以玉輔之。英盪，玉也。符、璽、旌三節皆竹也，故以木輔之。傳，木也。

鄭玄云：「凡通達于天下者必有節，以傳輔之。節爲信耳，傳説所齎操及所適。」賈公彦云：「此經總解上經門關諸節，并有傳輔成信驗。」以周案：上文「凡邦國之使節」，凡節也。此云凡，凡傳也。凡有節，必有傳，傳自通虎、人、龍言之。賈疏以此爲專指符、璽、旌三節，非注意。如賈疏言，上「英蕩輔之」，用干寶解方通。崔豹《古今注》云：「凡傳皆以木爲之，長五寸，書符信于上，又以一板封之，皆封以御史印章。」此漢法也。漢門關傳又用布帛。右節傳。

鄭衆云：「傳別，謂券書也。傳者，傳著約束于文書。別，別爲兩，兩家各得一也。」以周案：「傳別」當依故書作「博辨」，不必改讀。傳之言合，辨之言別，如符節之合而分也。

《易・繫辭傳》：「後世聖人易之以書契，蓋取諸夬。」《九家易》云：「契，刻也。《大壯》進而成夬，金決竹木，爲書契象。」《釋名》云：「莂，別也，大書中央，破別之也。契，刻也，刻識其數也。」以周案：「後世聖人」承「神農氏没，黃帝、堯、舜氏作」言，是書、契作于黃帝也。周法，史掌官書，府掌官契。書，大書中央，剖而分之。契則于竹木上先刻其數，中剖之，其狀有如齒然。《列子》云：「宋人有遊于道，得人遺契者，歸而藏之，密數其齒，曰吾富可待矣。」注云：「刻處似齒。」《易林》云：「符左契右，相與合齒。」右書契。

《書・顧命》「蔑席黼純」，馬融、王肅説，蔑席，纖蒻苹席。許慎作莫，音義同蔑。鄭玄説，此不用生時席，新鬼神之事也。蔑，析竹之次青者。僞孔傳説，蔑，桃枝竹。以周案：馬、許、王等「蔑席」，合下「厎席」爲義，厎席爲蒻苹，蔑席則蒻苹之纖細者，蔑訓纖細，一義也。鄭意合下「筍席」爲言，筍席用竹外青皮爲之，蔑席則析其次青者，蔑字同蔤，又一義也。僞孔意，蔑席黼純，即《周禮》「次席黼純」，鄭彼注云「次席，桃枝席，有次列成文」，此又一義也。今從鄭義。《周禮》爲生時席，此不用。

「厎席綴純」，馬融、王肅説，厎席，青蒲席也。許慎説，蒻，蒲子，可以爲平席也，世謂蒲平。鄭玄説，厎，致也，蔑纖致席也。以周案：鄭義蒙上「蔑席」爲言，厎席爲蔑席之細緻者，與馬、許義異。江艮庭云：「《周禮》『蒲筵繢純』。以此上下文與《周禮》參之，綴純當其繢純。然則厎席青蒲席，言厎者，見其功致也。」江氏牽説。

「豐席畫純」，鄭玄説，豐席，刮涑竹席。畫純，以雲氣畫之爲緣。王肅説，豐席，莞。以周案：鄭注刮涑，謂刷治也。今本誤「凍」，無義。此亦合下「筍席」爲言，筍席用竹外青皮爲之，豐席則又加刷治也。段懋堂云：「鄭君四席皆主竹言。豐筍以外青刮治不刮治爲別，厎蔑以次青緻與不緻爲別，並不牽合《周官》。」是也。

「筍席玄紛純」，馬融説，筍、箁箬。鄭玄説，筍，析竹青皮。《禮記》曰「如竹箭之有筠」。玄紛純，以玄組爲之緣。僞孔傳説，筍，蒻竹。玄紛，黑綬。以周案：鄭、孔同義。馬説編箬爲席，別一義。段懋堂云：「孔傳當是『弱竹』。釋文『徐云，筍，子竹，爲席』，《集韵》『筍，弱竹，可以爲席』，皆可證。」如段説，鄭、孔義亦異也。

許愼云：「莞，水草也，可以作席。藺，莞屬。萖，夫離也。」郭璞云：「《釋草》『莞，苻蘺』，今西方人呼蒲爲莞蒲，江東謂之苻蘺。」郝懿行云：「莞與藺相似，莖圓而中空，可爲席。蒲葉闊而不圓，其細小者亦可爲席，所謂蒲苹是也。是蒲莞本非一物。《爾雅》之莞乃蒲屬，非藺屬。故《説文》『莞』訓草，與藺相屬，又別出萖，與蒲爲類。《爾雅》借莞爲萖，注云『莞蒲』，乃蒲之別種，非似藺之莞也。」以周案：《禮》有莞席，有蒲席，則莞蒲二物也。鄭詩箋云：「莞，小蒲之席也。」《釋文》云：「莞草叢生水中，莖圓，江南以爲席，形似小蒲而實非也。」《列子》「老韭之爲莞」，殷注云：「莞似蒲而圓。」《衆經音義》云：「莞草外似蔥，內似蒲而圓。」此莞蒲之別也。

《春官·司几筵》：「設莞筵紛純，加繅席畫純，加次席黼純。」鄭衆云：「紛讀爲豳，又讀爲和粉之粉，謂白繡也。繅讀爲藻率之藻。次席，虎皮爲席。」鄭玄云：「紛如綬，有文而狹者。繅席，削蒲蒻展之，編以五采，若今合歡。畫，謂雲氣也。次席，桃枝席，有次列成文。」以周案：先鄭續紛爲粉，粉色白，故曰白繡。後鄭不易字，紛如綬，與書「玄紛純」同義。繅席文有五采，次席文有次列，字義如此。知繅蒲蒻席、次桃枝席者，《詩》曰「下莞上簟」，與此下莞上次正同，故次席爲桃枝竹席，則繅席爲蒲蒻之纖緻者矣。諸侯祭設蒲筵莞席，昨設莞筵繅席，止用蒲莞之屬，不用桃枝次席，公食大夫禮用蒲筵萑席，又不用蒲蒻繅席，其差次然也。

「祀先王昨席亦如之」。鄭衆云：「昨席，于主階設席，王所坐也。」鄭玄云：「昨讀曰酢，謂祭祀及王受酢之席。」以周案：先鄭讀昨爲阼，後鄭讀昨爲酢，皆破字，後鄭義長。

《公食禮記》：「司宮具几，與蒲筵常，緇布純，加萑席尋，玄帛純，皆卷自末。」鄭玄云：「丈六尺曰常，半常曰尋。純，緣也。萑，細葦也。末，經所終，有以識之。必長筵者，以有左右饌也。今文萑皆爲莞。」敖繼公云：「《司几筵》云：『諸侯祭祀席，蒲筵繢純，加莞席紛純。』是蒲筵之上宜加莞席也。萑乃葦屬，爲物麤惡，惟喪事用之。此禮宜從今文皆作莞。」凌廷堪云：「萑席，即《周官》莞席也，莞萑聲相近。」胡承珙云：「《周禮》諸侯祭祀席，蒲筵加莞席，昨席莞筵加繅席，其筵國賓與昨席同。《聘禮》明云改筵，則此食禮之席必不同于祭祀之蒲筵莞席。敖氏徒斤斤莞萑二物之美惡，而不辨禮之差等，妄矣。」以周案：《周官·司几筵》：「掌五几五席之名物，凡大朝覲、大饗射，凡封國、命諸侯，設莞筵紛純，加繅席畫純，加次席黼純。」鄭注《覲禮》引之。又諸侯「昨席莞筵紛純，加繅席畫純」，鄭注《燕禮》引之。又「筵國賓于牖前亦如之」，謂如昨席，鄭注《聘禮》及此《記》下節引之。此節不引《周禮》爲證者，爲筵席之純兩文不同，且此爲下大夫之禮，宜用萑席，不得引諸侯祭祀席，爲食大夫禮也。敖説不可從。據《禮》，萑莞明有兩席，凌氏因其音近而合爲一物，尤非。

《記》又云：「上大夫蒲筵加萑席，其純皆如下大夫純。」鄭玄云：「謂三命大夫也。孤爲賓，則莞筵紛純，加繅席畫純。」以周案：此節所記，與上節文同。如上大夫禮本無異禮，可不必記。如上大夫之禮有異于前，則文不應同。且玩《記》文云「其純皆如下大夫純」，則其所記筵席與上文異可知也。竊謂上節記下大夫禮，宜依「萑今文皆爲莞」，則此節今文作「加莞席」可知也。上節鄭注云古文作「萑席」爲是。此節記上大夫禮，宜依今文作「莞席」爲是。下大夫蒲筵加萑席，上大夫蒲筵加莞席，孤賓莞筵加繅席，此其差也。鄭注《聘禮》引上節《記》文，云「此筵上下大夫也」，又引《周禮》「筵國賓莞筵加繅席」，云「則是筵孤也」，與此注同，于《記》文實未合。

《春官·司几筵》，天子朝覲、饗射，祭先王、昨席設莞筵，加繅席、次席；諸侯祭祀蒲筵加莞席，昨席莞筵加繅席。而《記·禮器》則云「天子之席五重，諸侯三重，鬼神之祭單席」。皇侃説，諸侯三重，有四席，蒲莞筵三，上加繅席一。熊安生説，席之重數異于棺，三重止三席也。天子祫祭五重，《禮器》文是。時祭三重，受神酢席、大朝覲、大饗食皆然，《司几筵》文是。其平常朝覲及燕亦三重席，以諸侯燕禮有加席故也。待諸侯則莞筵加繅席，待諸侯之卿大夫，則《公食》云「上下大夫蒲筵加萑席」，是雖諸侯法，天子亦然也。天子于己臣子孤卿以下亦然。祭天則「蒲越稾鞂」，自天地以外，日月、山川、五祀則「鬼神之祭單席」。諸侯則《司几筵》云祭祀二重，諸侯相朝亦二重也。相饗，《禮器》及《郊特牲》云三重，于燕則兩重，以介爲賓，或可賓亦單席也。待聘卿大夫，則蒲筵萑席。于己臣子，則燕禮賓無加席，卿辭重席，則司宮徹之。大射則賓有加席。其祭社稷山川，亦單席。大夫士之祭祀止一席，故《特牲》、《少牢》無異席。其卿大夫，依法再重席，燕禮賓及卿一席，屈也。大射賓雖加席，餘卿一席，亦屈也。鄉飲酒諸公三重席者，鄉人特尊之也。鄉今作「卿」，誤。大夫爲主人，止今作「正」，誤。一重席者，以賓鄉人之賢者，故下之也。鄭鍔、陳祥道說，《書》皆言敷重席，是筵在地不重，席則皆重，則王之次席、繅席皆重焉，與莞筵而五。諸侯繅席亦重焉，與蒲筵而三。《周官》所言與《禮器》合。以周案：《周禮》所言，是明種數之別，不言重。《禮經》、《禮記》所言，是明重數之異，不言種。天子之席五重，有莞、繅、次三種，三種五席，其重法不可得聞。諸侯之席三重，有莞、繅二種，設莞筵一，加繅席一。大夫之席再重，蒲、莞二種各一。兩君相見，各三重席。其待異國之臣，則食禮有加席而燕禮無加席，以食爲聘使，而燕則以介爲賓也。賓無加席，故主君亦無加席，所謂「三獻之介，君專席而酢，示降尊以就卑」，是也。若飲已臣，則大射賓有加席，禮重也。燕賓無加席，禮輕也。公則仍有加席矣，以賓非外臣也。又案：《周官·掌次》言喪之張帟，曰「王三重，諸侯再重，孤卿大夫不重」。于「再重」下即云「不重」，無「一重」文。諸經言設席，曰五重，曰三重，曰再重，曰單席，于「再重」下即云「單席」，亦無「一重」文，則單席不重也。再重，兩席也。三重，三席也。宜以熊說爲長。熊云「席之重數異于棺」者，《檀弓》：「天子之棺四重，水兕革棺被之，杝棺一，梓棺二。」水兕革爲一重，杝棺爲一重，梓棺二爲再重，是四重亦四棺也。鄭注分水、兕革爲再棺，則四重有五棺矣，故熊云爾。

張爾岐云：「重席，但一種席重設之，故鄭注云『重席，重蒲筵緇布純也』。加席則于席上設異席，如《公食大夫記》云『蒲筵常，緇布純，加萑席尋，玄帛純』是也。」吴廷華云：「注以重爲重蒲筵，非也。蓋因《鄉飲酒》有加席，而彼經只言蒲筵，故以意言之。其實，此經重席即是加席。《鄉飲酒禮》先曰重，後曰加，蓋重即加耳。」以周案：吴說未是。凡加席尊于重席。《經》云獻卿「卷重席」，獻諸公「無加席」。無加席者，又有重席也。卷重席者，卷其所重之席，止一筵矣。初布地者謂之筵，重在筵者謂之席。

鄭玄云：「『稾鞂之設』，穗去實曰鞂。《禹貢》：三百里納鞂服。」許慎云：「稭，禾稾去其皮，祭天以爲席也。」以周案：今《禹貢》作「秸服」，《釋文》云：「秸本或作稭。」《說文》無鞂秸有稭，稭爲禾稾之去其皮，鄭意稾鞂但去其實，不去皮，兩說不同。

鄭玄云：「越席，翦蒲也。」服虔云：「越席，結括草以爲席。」陸德明云：「越字，《書》作趏。」以周案：《廣韻》「越，或作趏」，草也。揚雄《甘泉賦》「攢并閭與茇葀兮」，李注：「茇葀，草名。」葀音括，茇葀即趏之合聲。《說文》無葀括字。服注作括，从古也。鄭意越席即蒲越，蒲之翦者謂之越，猶稾之去實謂之鞂也。蒲越、稾鞂爲二物。李次白申服，說括草即鞂草，誤。

《禮記》：「莞簟之安而蒲越稾鞂之尚。」陳祥道說，稾鞂本于天然，越席出于人爲，人爲不若自然之質，故不施于天神。「以周案：《記》意，人之居以下莞上簟爲安，而祭外神則下藉稾鞂之薦，上施蒲越之席而已。稾鞂非席也，蒲越一席耳，故曰鬼神之祭單席。《禮運》之越席，《禮器》之稾鞂，《郊特牲》之蒲越稾鞂，皆泛言祭祀之禮，本不專指郊天。而郊天尚質，用稾鞂以代席，故《說文》有「稭禾稾去其皮祭天以爲席」之說，隋唐因之稾鞂藉天神，蒲越藉配天之神鬼。

《周官·司几筵》：「凡喪事，設葦席，右素几，其柏席用萑，黼純，每敦一几。」鄭衆云：「柏席，迫地之席，葦居其上。或曰：柏席，載黍稷之席。」鄭玄云：「柏，椁字磨滅之餘，藏中神坐之席也。」以周案：柏席用萑，萑如葦而細，又黼純焉，必非葦之下席。或說載黍稷之席，探下「每敦」立義。《特牲禮》「盛兩敦，陳于西堂，藉用萑」，《士虞禮》「饌黍稷二敦于階間，藉用葦席」，是其義也。但《士虞》、《特牲》敦藉以萑，不用几，此敦既用几庋之，何復用萑席。孔巽軒申其義，以爲士直措敦于席，人君尊，故席上有几，几上庋敦。存參。

鄭玄云：「奉席如橋衡，横奉之，令左昂右低，如有首尾然。橋，井上㮶槔，衡上低昂。」王念孫云：「㮶槔合聲曰橋，故《莊周書》曰槔，劉向《說苑》曰橋。」以周案：《莊周書》云：「鑿木爲機，後重前輕，挈水若抽，其名爲槔。」然則本名槔，以其挈水，故牽連呼之曰挈槔，疾讀挈槔則爲橋也。後重前輕，故其衡常後低而前昂。奉席如之，以明首尾，鄭注是也。劉端臨引《士昏記》「笲加于橋」，經曰「奠于席」，以橋爲設于席上者，取譬于近也。恐未然。右席。

《司几筵》：「凡吉事變几，凶事仍几。」故書「仍」爲「乃」。鄭衆云：「變几，變更其質，謂有飾也。乃讀爲仍。仍，因也。因其質，謂無飾也。《書·顧命》牖間、西序、東序皆仍几。」鄭玄云：「吉事，王祭宗廟，裸于室，饋食于堂，繹于祊，每事易几，神事文，示新之也。凶事，謂凡奠几，朝夕相因，喪禮略。」以周案：從後鄭。僞孔傳以仍几爲因生時之几，不改易，誤。

阮諶云：「几長五尺，高二尺，廣二尺。馬融以爲長三尺。舊圖几兩端赤，中央黑。」賈公彦云：「几兩端各有兩足。」聶崇義云：「《司几筵》掌五几，左右玉、雕、彤、漆、素，是無兩端赤中央黑矣，蓋取彤漆類而髹之也。」以周案：古人執几，倐縱倐横，必無五尺之長。馬融以爲三尺，近是。據賈疏，几四足。或説几曲其兩端，局足各一，劉績以道家半環几三足當之，不足信。

鄭玄云：「校，几足，古文校爲枝。」敖繼公説，校謂左廉。以周案：古四胑字亦作枝。《釋名》：「胑，枝也，似木之枝格也。」古文作枝，亦訓爲足。鄭意枝兼手足，專言足，當以作校爲正。校與骹通，《説文》：「骹，脛也。」凡几之執也，有人君攝中、大夫執兩端、士執校之别。《聘禮》曰：「宰夫内拂几，奉兩端以進，公中攝之。」中攝之者，以兩手直攝几中也。賈疏謂公中執几以一手，誤。公尊，得攝几中。大夫例執兩端。《有司徹》曰「尸進，二手受于手間」，鄭注云：「受于手間，謙也。」明大夫執兩端，擬尸中攝几，而尸即受于手間，不敢中攝以疑君也。俗解以受手間爲中攝，誤。《士昏禮》曰：「主人拂几，授校。」校，几足。授以校者，執其足也。是又不敢執兩端以疑大夫。敖氏以授校爲執廉，誤。張氏以授校爲賓主不敵，亦誤。

黄以周《禮書通故》卷四七《名物通故三》 鄭玄説，雞彝、鳥彝，刻而畫之爲雞、鳳皇形。孔穎達云：「刻木爲雞形，而畫雞于彝。」賈公彦説，畫其形也。以周案：此爲刻畫之文，非彝形肖雞、鳳皇也。從賈疏。舊圖之謬，聶氏已闢之。

鄭衆云：「斝彝，斝讀爲稼，畫禾稼也。」方慤説，《明堂位》爵殷以斝，灌尊殷以斝，是有二斝。《司尊彝》「祼用斝彝」，爲灌尊之斝；《詩·行葦》「洗爵奠斝」，乃是斝爵。

陸佃云：「黄彝，舊圖畫人目而黄之。人目不黄，無理。許慎云龜目黄，亦以其氣之清明，然則黄目宜畫龜目，如慎説。」以周案：鄭注《司尊彝》云「黄金爲目」，孔疏《郊特牲》云「以黄金鏤其外以爲目」，未嘗指言人目。《詩疏》引《異議·毛詩》金罍説云「金飾龜目」。

鄭玄云：「『黄目，鬱氣之上尊也』。黄目，黄彝也，周所造，于諸侯爲上。」孔穎達云：「黄彝之上有雞彝、鳥彝，備前代之器，諸侯但有黄彝，故云于諸侯爲上。」一説，黄目周制，爲時王之所上也，故曰上尊，非在諸侯爲上也。注義非。諸侯尚有三彝，而虎蜼二彝，《周禮·司尊彝》疏又以爲有虞氏之制，是亦前代之器也。如孔疏，則諸侯惟有一黄彝而已，尤屬臆説，不可從。以周案：尊謂羲象之屬。凡祼，彝列六尊之上，故黄目亦稱上尊。注説固非，或以爲時王所上，則黄目宜居六彝之首，何列于雞鳥彝之後邪？胥失之矣。又案：據孔疏所云，蓋不以虎蜼爲前代器，與賈疏異。然鄭注《尚書》云「宗彝，宗廟之中鬱尊，虞氏所用」，是鄭固以虎蜼爲前代之器也。注意諸侯亦兼用前代器，而以時王所制黄彝爲上，故云于諸侯爲上。孔疏所申非鄭意。

鄭衆云：「蜼彝，蜼讀爲虺蛇之虺，或讀爲公用射隼之隼。」鄭玄云：「蜼，禺屬，卬鼻而長尾。」以周案：後鄭稱《爾雅》以釋蜼，不改字，是。

鄭衆云：「舟，尊下臺，若今承盤。」陳祥道云：「舟以展彝，而罍非展尊，言彝皆有舟，見尊有禁也。天子諸侯之尊廢禁，以下爲貴，則彝舟之爲物，蓋象舟之形而已。先儒以廢禁爲去禁，謂舟若承盤，不然也。」一説，舟若後世酒缸，所以盛鬯，猶六尊有罍以盛酒也。以周案：盛鬯以卣，不以舟。聶氏有舟圖如先鄭説，可從。

莊周云：「百年之木，破爲羲尊，青黄而文之。」劉安云：「百圍之木，斬而爲羲尊，鏤之以剞劂，雜之以青黄，華藻鎛鮮，龍蛇虎豹，曲成文章。」以周案：羲象字俗作「犧」。賈逵説犧非古字，見《説文》。張揖字詁，羲古犧字，見《書序·釋文》。今從古，無取牛義也。羲尊用木，祇有青黄之飾，其形娑然，本非華藻之器，故祭天貴素用之。莊子，周人，説周制不誤。自《淮南子》增益莊文，斯失其製。王石臞信劉語，其何以解貴素之義。《詩》曰「羲尊將將」，詠其器之大，非言其飾之盛。

《毛詩傳》云：「羲尊，有沙羽飾。」鄭衆云：「獻尊，獻讀如羲。」羲尊，飾以翡翠。」以周案：羲一作獻，獻沙音近，故毛訓以沙羽飾，謂飾以翡翠之色，其形娑然。毛、先鄭同義。賈疏先鄭云「悲赤翠青爲飾」，則飾以翡翠羽色，即《莊子》以青黄之説。合《莊子》、毛傳、先鄭注讀之，羲尊之制已明。陳用之讀獻如字，非。

鄭玄説，羲尊，以沙爲畫飾。羲讀如沙，沙，鳳皇也。刻畫鳳皇之象于尊，其形娑娑然。以周案：注云「畫飾」，《志》云「刻畫」，據鳥彝是畫飾，則此尊其刻而畫之與？先鄭注云「象尊以象鳳皇」，而《鄭志》誤以象尊當羲尊，而云「沙鳳皇也」，以合毛傳「沙羽飾」之訓，羲象之制由是混。

孔穎達云：「祭天用陶匏，蓋以瓦爲尊，畫羲羽于其上。或謂用羲爲尊是夏殷禮，皇氏以爲即周禮羲象，非也。」以周案：皇説是也。《明堂位》云「羲象，周尊也」，則夏殷無羲尊矣。瓦尊畫羲，孔疏臆説，蓋疑羲尊爲華美之物，與貴素之義不合，故云爾。不知羲尊以木不以瓦，其形娑然，爲八尊六彝之最樸者。八尊較六彝爲質，故冪人以疏布巾冪八尊，畫布巾冪六彝。羲尊于八尊中爲尤質，故祭天貴質用羲尊。《禮器》云「有以素爲貴者，羲尊疏布鼏，樿杓」。

阮諶説，犧尊飾以牛，象尊飾以象，于尊腹之上畫爲牛象之形。王肅説，太和中，魯郡于地中得齊大夫子尾送女器，有犧尊，以犧牛爲尊，然則象尊尊爲象形也。聶崇義云：「王肅以犧象兩尊並全刻牛象之形，鑿背爲尊。今祭器内有作牛象之形，背上各刻蓮華座，又與尊不相連比，與王義大同而小異。阮氏《圖》其犧尊飾以牛，又云『諸侯飾口以象骨，天子飾以玉』，其圖中形制亦于尊上畫牛爲飾，則與王肅所説全殊。」以周案：二説皆以羲象爲物，而一爲象形，一爲畫文，則不同也。考古犧本作羲，《説文》犧訓宗廟之牲，亦爲牲之總名，不必定爲牛。古人禽亦稱犧，不特牛羊豕，昭廿二年「雄雞自憚其犧」，服注昭廿五年傳「三犧，雁、鶩、雉也」。阮諶見羲字有从牛，遂謂飾以牛，王肅更以爲象形，于是僞器日出，而齊之子尾送女有牛形之器，亦未必定爲羲尊。且羲尊以木爲之，不以金，《莊子》、《淮南子》之文可據。至太和時得于地中，已七百餘年，尚不朽壞，可辨識乎。此王石臞所以力駁也。後人作《博古圖》者，每沿阮、王兩説，見有牛形牛文，即題爲羲象尊，是未知周璞之爲鼠矣。

鄭衆説，象尊以象鳳皇。鄭玄説，以象骨飾尊。王肅説，尊爲象形。阮諶、梁正説，畫象以爲飾。以周案：後鄭誤以象尊當羲尊，因謂象尊飾以象骨，孔巽軒乃又以象觗徵成其義，究不如從先鄭爲安。象讀如象服之象，象服刻繒爲揄闕翟而畫之，象尊刻木爲鳳皇而畫之。羲尊飾以青黄，象尊施五采焉。

鄭玄云：「『著，殷尊也』，著地無足。」聶崇義云：「著尊受五斗，漆赤中。舊圖有朱帶者，與概尊相涉，恐非其制。」

莊周説，五石之瓠以爲尊。許慎説，壺，昆吾圜尊，象形。何休説，腹方口圜曰壺，反之曰方壺，有爵飾。鄭玄云：「壺尊，以壺爲尊。《春秋傳》：尊以魯壺。」以周案：《燕》、《大射禮》皆云方壺，自以瓦爲之，容五斗，見《聶圖》。門内之壺大于瓦甒，容一碩，見鄭注。《莊子》瓠尊五石，汎言爾，非禮器也。許云昆吾尊，鄭云魯尊，各有所授。凡壺形圜，當從許説。其方者謂之方壺，別其方亦謂之圜壺。如何注，腹方曰圜壺，腹圜曰方壺，陳用之嘗駁其名實之不稱。

聶崇義云：「壺尊受五斗，脰、足高二寸。」陳祥道云：「觀《投壺》之壺，有頸與腹而無足，則壺尊無足可知也。」

鄭玄云：「《鬯人》『社壝用大罍』。大罍，瓦罍也。」以周案：大讀如泰。《燕禮》「君尊瓦大」，鄭注云：「瓦大，有虞氏之尊也。《禮器》曰：君尊瓦甒。」此注釋大罍爲瓦罍，即本《燕禮》文。《禮器》注云「瓦甒，容五斗」，正義云：「《漢禮器制度》文。」又引《禮舊圖》「瓦大容五斗」。或據《爾雅》「小罍謂之坎」，以此爲罍之大者，容一碩，誤。

鄭玄云：「山尊，山罍也。刻而畫之爲山雲之形。」以周案：山罍即山尊，亦謂之罍尊，是六尊之一也，大容五斗。或説諸臣所酢亦用山罍，誤。酢臣之罍容一石，《毛詩》説可證。

阮諶云：「罍，以瓦爲之，受五斗，赤雲氣畫山文，大中，身兑，平底，有蓋。」聶崇義云：「張鎰引《阮圖》，指此瓦罍爲諸臣所酢之罍，誤。《周禮》六尊之下唯言皆有罍，並無山罍、瓦罍之名，不知張鎰等各何依據。況此六罍厠在六尊之間，以盛三酒，不得容五斗。六彝爲上，受三斗；六尊爲中，受五斗；六罍爲下，受一斛。《詩》『金罍』爲諸臣所酢之罍，用木不用瓦，受一石，非五斗。」以周案：社壝所用之大罍即六尊之大尊，君夫人所獻之山罍即六尊之山尊，皆中尊也，與下尊之六罍自別。六罍皆刻畫雲雷之形。鄭注《鬯人》「大罍」、《燕禮》「瓦大」，皆著其爲瓦，不言畫。注《司尊彝》以山罍釋山尊，則曰「亦刻而畫之爲山雲之形」。云「亦刻畫」，亦其犧象也，明其以木爲之，與大罍、瓦大異；云「山雲之形」，明其不祇有雲雷，與下尊之六罍又異也。阮氏以山罍夏后氏之尊，與有虞氏之泰同用瓦，皆有畫，説與鄭違。張氏并以此爲諸臣所酢之罍，合諸罍爲一物，尤謬。聶氏斥張鎰誠當，但其圖分大罍大尊爲二物，大尊無畫，大罍有畫，亦未是。陳氏《禮書》沿《聶圖》，而大尊有足、大罍無足，又與《聶圖》相反。其實山罍、大罍不可合，大尊、大罍不必分。阮張誤在合，聶陳又誤于分，胥失之矣。

《異義》云：「《韓詩》説，金罍，大夫器也。天子以玉，諸侯大夫皆以金，士以梓。《毛詩》説，金罍，案：金字似衍。酒器也，諸臣之所酢。人君以黄金飾尊，大一碩，金飾龜目，蓋刻爲雲雷之象。許慎謹案：《韓詩》説天子以玉，經無明文。謂之罍者，取象雲雷博施，如人君下及諸臣。」以周案：罍有木瓦金三制，無用玉者。《詩音義》引《韓詩》云：「天子以玉飾，諸侯大夫皆以黄金飾。」正義亦引《韓詩》云：「士以梓，士無飾。」據此《韓詩》説，罍亦以木爲之，而飾有金玉之異，天子以玉，非直以玉爲之也。金罍惟洗用之，瓦罍社壝用之。君尊瓦大，殆亦此物。祭祀酢臣、燕饗飲臣之罍，皆用木。《説文》作「櫑」，字正从木，云「櫑，龜目酒尊，刻木作雲雷，象施不窮」。此正義也。或从缶作「罍」，籀文从缶回作「䨻」，以櫑有用瓦者，故其字又从缶。但木罍、瓦罍，用各有當，《詩》之「酌彼金罍」，自指木罍而飾以金者，許云「如人君下及諸臣」，明大夫以上得用金罍，與《韓詩》説自異。凡木罍、瓦罍，皆有大小二制。木罍之大者曰金罍，容一石；其小者謂之山罍，容五斗；瓦罍之大者曰瓦大，容五斗；其小者謂之坎，容數未聞。

郭璞云「《釋器》『彝、卣、罍，器也。小罍謂之坎。』罍形如壺，大者受一斛。」以周案：小罍謂之坎，當以瓦爲之。其大者曰瓦大，容五斗。小罍更小于瓦大，其數未聞，然猶大于瓶。《詩》曰：「瓶之罄矣，惟罍之恥。」或申郭注「大者受一斛」，即指瓦大，小罍尚受五斗，蓋誤。

陳祥道云：「罍之别有五，山罍、金罍、大罍、小罍、水罍也。」以周案：罍之别，有木、瓦、金三制。山罍爲獻尊，金罍爲酢尊，皆木爲之。大罍即有虞氏之泰尊，非對小罍而名大罍，以瓦爲之。盛水之罍又别用金。若以形制之大小言，又不止有五。小罍謂之坎，謂瓦器之小者。木器之山罍，亦小于金罍。盛水之罍各有差等，其大小尤不一。

沈括云：「嘗得古銅罍，環其腹皆有畫，皆一□一□相間。□古雲字，□古雷字。」以周案：《夢谿筆談》所言，乃古人盛水之器。《少牢禮》曰「設罍于洗東」。或者據此以爲酒器，未是。

《周官・鬯人》：「廟用脩，凡山川四方用蜃，凡祼事用概，凡疈事用散。」故書蜃或爲謨。杜子春云：「謨當爲蜃。」鄭衆云：「脩、謨、概、散，皆器名。」鄭玄云：「祼當爲埋，字之誤也。脩、蜃、概、散皆漆尊。脩讀曰卣，謂獻象之屬。蜃，畫爲蜃形。概，尊以朱帶者。無飾曰散。」賈公彦云：「祼則用鬱，當用彝尊，不合在此而用概尊，故破從埋。概尊，朱帶，玄纁相對。」黄度等説祼如字，云：「凡祼事，不獨祭也。賓客享，適子冠，凡用祼者皆以概盛鬯。」以周案：先鄭從故書作「用謨」，脩、謨、概、散皆器之以義名者，其説本通。杜子春破謨爲蜃，用水中蜃以飾尊也，《掌蜃職》「祭祀共蜃器」，是其義。後鄭以脩、蜃、概、散皆漆尊，蜃又畫以蜃形，説又不同。鄭讀脩爲卣者，卣或作脩，見《集韵》。散爲尊名，見《特牲禮》及《禮器》。凡祼事用彝尊，見《司尊彝職》。又《鬱人》云「凡祭祀、賓客之祼事，和鬱鬯以實彝而陳之」，則賓客之祼亦不用概尊也。《大宗伯》有貍沈疈辜之祭，此祼事用概與疈事用散對文，則爲埋字之訛無疑。右尊罍。

《異義》云：「今《韓詩》説，一升曰爵，二升曰觚，三升曰觶，四升曰角，五升曰散，總名曰爵，其實曰觴，觵亦五升。古《周禮》説，爵一升，觚三升，「三」今誤「二」。賈疏約其文云「古《周禮》説亦與之同」，是賈氏所見本已誤矣。依鄭所言，當作「觶三升」。獻以爵而酬以觚，一獻而三酬，則一豆矣。《毛詩》説，觵大七升。許慎謹案：《周禮》一獻三酬當一豆，若觚二升，不滿一豆。又觵罰有過，一飲而盡七升，爲過多。」今本作「觵罰不過一一飲而七升」，「有」誤「不」，衍「一」，脱「盡」。兹依聶氏《禮圖》校正。鄭玄駁之云：「觶字角旁著氏，汝、潁之間師讀所作。今《禮》角旁單。古書或作角旁氏。角旁氏則與觚字相近。學者多聞觚，寡聞觶，寫此書亂之而作觚耳。又南郡大守馬季長説，一獻而三酬則一豆，豆當作斗，與一爵三觶相應。」以周案：《韓詩》説爵、觚、觶、角、散之次，本《禮・特牲記》；二升觚，三升觶，本叔孫通《禮器制度》，鄭注《特牲禮》亦引用之。許意，古《周禮》説觚三升與《韓詩》異，其云「若觚二升，不滿一豆」，斥《韓詩》説。如鄭此駁，是《周禮》與《韓詩》同，孔氏《詩禮》兩疏所言是也。許氏不從《韓詩》，故作《説文》依《周禮》本文，觚受三升，觶受四升，不如從鄭。《周禮》一獻三酬則一豆，獻以一升，酬以三升，合之則爲一豆，豆四升，無須改字。鄭破爲斗者，明古人酒以斗計，不以豆計也。

陳祥道云：「《爾雅》：『鍾之小者謂之棧。』晉元興中，剡縣民井中得鍾，長三寸，口徑四寸，銘曰棧，則棧卑而淺矣。夏爵命之以琖，蓋其制若棧然也。《祭統》：『尸酢夫人執柄，夫人受尸執足。』柄，其尾也。有足而尾，命之以爵，蓋其制若雀然也。琖象棧，爵象雀，而斝有耳焉，則三者之制可知矣。《明堂位》言玉琖，《周禮》言玉爵，《春秋傳》言瓘斝，則三者之飾可知矣。」以周案：鍾之名棧，本假借字。琖之義取乎戔，以其器飾玉，故字作琖。《詩・行葦》傳、《説文》斝下注並引「夏曰琖」。徐鍇《繫傳》于斝字下引作「夏曰醆」，蓋因《禮運》「醆斝及尸君」之文，直書从酉。其實，醆斝自以「琖斝」爲正也。陳説未當。

鄭玄云：「斝，畫禾稼也。」陳祥道云：「斝有耳。」以周案：斝稼音近。《左傳》謂之斝耳，孔疏云「此斝有耳」，其意謂他斝無耳也。但斝字从門，《説文》以爲象形，與爵同意。是斝有兩耳，其形如斗。陳圖斝衹一耳，亦未盡是。

聶崇義云：「梁正、阮氏圖，爵，尾長六寸，博二寸，傅翼，方足，漆赤中，畫赤雲氣此非宗廟獻尸之爵也。今見祭器内有刻木爲雀形，腹下别以鐵作脚距，立在方板，一同雞彝、鳥彝之狀，亦失之矣。案《漢書·律曆志》説斛之制，口足皆圜，有兩耳，而云『其狀如爵』。《士虞禮》注云：『《繶》爵，口足之閒有篆飾。』今取此圖爵形，近得其實。』以周案：聶氏據《漢志》爵狀如斛而圖仍舊訛，是何也？《明堂位》云：『爵，夏后氏以琖，殷以斝，周以爵。』《説文》『斝，从門，象形與爵同意。』斝有兩耳，則爵亦有兩耳矣。廢爵無足，與著尊同。有足之爵，其足亦與彝尊同。凡酒器之足，無用三足如鼎者。爵有兩耳，下又圜足，據阮方足故《漢志》云斛狀如爵。斛之足深如斗。斗，《考工記》謂之臀。《祭統》云：『尸酢夫人執柄，夫人受尸執足。』柄即耳，足即其臀，此爵之形製也。其飾則畫以雀。《説文》：『爵，禮器也。象爵段改「雀」，非。之形，中有鬯酒，又，持之也。古文作爵，象形。』案：古文象雀形，上从巾，象翼；下从冊，象身。篆文下以鬯又會意；上以宀象形。爵身飾雀，故作𠂤，象雀之飛形，𠂆爲首尾，○爲兩翼之舒。上从冂，以象口之有兩耳；中丨以見黄流之在中也。篆文巾與古文巾，兩旁所垂，略分短長而所象之意不同者，此猶古文⊙爲目之明，篆文改作囧爲窗牖之明，其形近，其象自有别。孔疏惑于阮圖，以執柄爲執尾，徐氏《繫傳》謂巾象雀頭，日象盛酒處，其説皆非。近之治《説文》者，專説其字象雀，不以爲象器，則斝之从門，豈亦象稼？違許實甚。

程瑶田云：『爵之形如雀，前有流，喙也。腦與項也，胡也。後有柄，尾也。容酒之量，其口左右侈出者，翅也。近前二柱，聳翅舒翼，將飛貌也。其量，腹也。腹下卓然鼎立者，其足也。《梓人》：「凡試梓，飲器鄉衡而實不盡，梓師罪之。」先鄭注云：「衡謂麋衡也。」麋即眉。《王莽傳》「盱衡厲色」，《蔡邕傳》「揚衡含笑」，《路史》「舜龍顔曰衡」，皆指眉言。經立之容，固頤正視，不能昂其首。今試舉是爵飲之，爵之兩柱適至于眉，首不昂而實自盡。兩柱鄉眉，謂之鄉衡。後鄭則曰「平也，平爵鄉口，酒不盡則罪」。是衡而鄉之，非鄉衡矣。』以周案：程氏所説形制，本《博古圖》。但《博古圖》多贗器。兩柱經傳無見文，可疑一。凡酒器無用三足者，可疑二。爵得其制，其口鄉衡而實自盡，亦何待兩柱以爲準，可疑三。爵制于梓人，以木爲之。後人所傳銅器，本不署其名目，考古者題曰商爵，曰周爵，任臆定之，可疑四。

鄭玄云：『《燕禮》獻士用觶，士賤也。今文觶爲觚。』敖繼公云：『凡獻無用觶者，當從今文。』以周案：《禮器》言宗廟之器以小爲貴，貴者獻以爵，賤者獻以散，尊者舉觶，卑者舉角。凡飲酒之器，爵爲貴，觚次之，觶又次之，角散爲下，故《禮經》獻公用爵，其他用觶。燕禮輕，故獻大夫以上用觚，獻士用觶。敖説非。觚觶二字，經多互誤。胡墨莊云：『古文多作觶，故雖觚字亦爲觶。今文多作觚，故雖觶字亦作觚。鄭參校古今文，以義定之。上文獻辟正主，不用爵而用觚，古文作觶，此古文之誤也。此獻士用觶者，士賤也，賈疏云「對大夫已上獻用觚」，今文作觚，此今文之誤也。如《燕禮》「賓降洗升媵觚于公」，注云「當言媵觶」，《大射禮》「賓降洗象觚」，注云「此當爲觶」，此則古今文皆誤，鄭于注一一是正，可謂精審之至矣。』

聶崇義云：『觚，鋭下，方足，漆赤中，畫青雲氣，通飾其卮。今圜足。舊圖云：爵、觚、觶、角、散諸觴皆形同，升數則異。』陳祥道云：『爵如雀，觚不圜，諸觴形制安得同？』以周案：爵形如觚而外畫以雀，舊圖云諸觴形同，足正《聶圖》爵作雀形之謬。陳氏反據誤圖以爲難，太失察矣。觚作八角形，可備一説。

《毛詩傳》云：『兕觥，角爵也。』鄭箋云：『觥，罰爵也。』孔穎達云：『用兕角爲之，故曰角爵。毛曰角爵，言其體；鄭言罰爵，解其用。言兕表用其角，言觥以顯其罰。』以周案：觥字本作「觵」，《説文》云「兕牛角可以飲者也，其狀觵觵然。」傳云角爵，據兕言之，非謂角散之角爵也。孔疏云「用兕角爲之」，是已。聶氏《禮圖》以爲形似兕角，失之。

聶崇義云：『舊圖云，觥大七升，以兕角爲之。先師説云，以木爲之，形似兕角。蓋無兕者用木也。』疏云：『觥亦五升。許慎謹案「觥罰有過，一飲而盡七升，爲過多也」，則觥是爵觚觶角散之外，別有一器。』以周案：舊圖兕言其質，先師説兕言其形，二説各異，不能强合。云無兕用木，非。

陳祥道云：『《明堂位》『加以璧散璧角』，則天子自觶而上用玉可知也。《燕禮》、《大射》以象觚象觶獻公，則諸侯之爵用象可知也。《燕禮》司正飲角觶，而《士喪禮》奠亦角觶，蓋大夫以角，士木而已，喪奠用角觶，攝盛也。』以周案：據鄭《内宰》、《燕禮》諸注，瑶爵以玉飾，象觚、象觶以象骨飾，角觶以角飾，而其質皆用木。右爵。

《舊禮圖》云：『方壺受一斛，腹圓，足口皆方。圜壺受一斛，腹方，足口皆圓。』陳祥道云：『方者腹圓，圜者腹方，則名實不稱矣。』以周案：何休注《公羊傳》『國子執壺漿』，云『腹方口圓曰壺，反之曰方壺』，是方壺圓腹，圓壺方腹，其説舊矣。且方壺以足口皆方得名，圜壺以足口皆圓得名，有何名實之不稱？《聶圖》方壺腹足皆圓，圜壺腹足皆方，傳寫者失之也。陳氏欲翻舊説，并去其足，尤謬。

何休云：「壺，禮器，腹方口圓曰壺，反之曰方壺，有爵飾。」《禮舊圖》云：「方壺圜壺皆畫雲氣。」以周案：二説不同。聶氏《禮圖》以何注所言爲反爵著壺之壺。《舊禮圖》有酒壺，云：「受一斛，口徑尺，足高二寸，徑尺，反爵著壺，漆赤中，有畫飾。」存參。右壺。

鄭玄云：「《少牢禮》『尊兩甒，皆有冪』，古文甒皆作廡，今文冪作鼏。」《校勘記》云：「鼎冪、尊冪，在今文則皆作冪，在古文則皆作密，後人妄爲分別，而刊本又復淆訛，不可致詰。此注當有誤字，張氏據注以改經，固非；李黄據經以改注，亦未爲得。蓋以冪爲古，鼏爲今，《儀禮》中無此例。」胡承珙云：「案此説非是。鼎鼏、尊冪自是兩字。今文固無作密者，然未嘗不作鼏。十七篇中所云古文作密者，在今文則多作鼏者也。至古文雖少作冪之字，然如《既夕記》之幦，古文即借冪爲之。則此古文或本作冪，今文則又作鼏，注當云今文冪作鼏。鄭因下文『啓二尊之蓋冪』作冪不作鼏，故于此從古文經字作冪，疊今文不用耳。李黄所改者，未必非也。」以周案：尊冪用布，鼎鼏用茅。今文尊冪字或借用鼏，鄭注疊今文不用，正明二字之有別也。《校勘記》泥于今文，遂謂冪鼏無別，胡氏又謂今文鼏冪錯出，胥失之。今文于此作鼏，下文「啓二尊之蓋冪」亦必作鼏可知也。

鄭玄云：「《燕禮》『公尊冪用綌若錫』，冬夏異也。」賈公彦云：「夏宜用綌，冬宜用錫。」陳祥道云：「君尊，故燕、大射之冪用葛若錫，冬夏異也。臣卑，故鄉飲、昏、喪、祭之冪用葛而已，冬夏同也。《少牢》尊冪蓋用綌，以《鄉飲酒》知之。」以周案：凡尊冪，錫爲上，絺次之，綌又次之。錫，布之細者也。絺，葛之細者也。《大射》冪用錫若絺，《燕禮》冪用綌若錫，惟君得用錫也。或絺或綌，亦惟其所用，上得兼下。鄭注以爲夏冬之別，非其義也。《鄉飲酒》、《士昏》、《特牲》皆用綌，是士以綌爲正也。以君用錫、士用綌推之，則《少牢》之冪宜用絺。陳氏以爲用綌，非其差也。《周官·冪人》「祭祀以疏布巾冪八尊，以畫布巾冪六彝」，畫布爲布之細者，即錫也。尊彝用布，其餘四飲三酒蓋亦用絺若綌。

鄭玄云：「《士虞》『冪用絺布』。絺布，葛屬。」賈公彦云：「絺綌以葛爲之，布以麻爲之。絺布，麻葛雜，故有兩號。」吴廷華云：「絺亦可言布，何必以麻爲説。」王引之云：「《燕禮》『冪用綌若錫』，鄭彼注云『冬夏異也』。以此例之，冪用絺布，猶言冪用絺若布耳。絺用于夏，布用于冬，不同物也。」以周案：《士虞》「冪用絺布」，對《士喪》「冪用功布」爲文。功布者，布之麤似大功縷。絺布者，布之細近絺葛。此惟施之于凶事者。

陳祥道云：「《冪人》『以疏布巾冪八尊，以畫布巾冪六彝』。言疏布巾，則畫用精者可知。言畫布巾，則疏之不畫可知。」以周案：《冪人》下文云「凡王巾皆黼」，黼亦畫也。凡者，統上事言之，非別上之詞，則疏不言畫，畫可知也。畫不言精，精可知也。義在互見，不在別異。如謂八尊之疏巾不畫，何又云「凡王巾皆黼」？鄭注分八尊之疏布爲祭天，六彝之畫布爲祭宗廟，凡巾爲四飲三酒，本屬未當；又謂畫雲氣，與本文又違。或云諸侯以下畫雲氣。右冪。

《舊禮圖》云：「龍勺，柄長二尺四寸，受五升。士大夫漆赤中，諸侯以白金飾，天子以黄金飾。疏勺，長三尺四寸，受一升，漆赤中，丹柄端。蒲勺，頭如鳧頭。」聶崇義云：「龍勺，師儒相傳，皆以刻勺頭爲龍頭狀。疏勺，亦宜如疏匕，通疏刻畫雲氣飾其柄。」陳祥道云：「龍勺，刻之以龍也。疏勺，刻而疏之也。蒲勺，刻之以蒲也。疏勺蓋與疏匕、疏屏、疏渠眉之象同，蒲勺蓋與蒲璧之象同。龍，水畜也。疏，水道也。蒲，水物也。勺所以斗齊酒明水，故其飾如此。」以周案：灌尊之勺皆有飾，鄭注：「龍，龍頭也。疏，通刻其頭。蒲，合蒲如鳧頭。」此《舊圖》所本。俗儒謂三勺皆刻于其柄，未是。鄭注《玉人》「黄金勺鼻寸」云「鼻，勺流，凡流皆爲龍口」，則龍勺之龍在口不在柄明矣。鄭注此三勺並言頭，明其疏刻皆在口也。勺，篆文作「～」。～象勺之形，中·象有實也。橫視之絶似鳥頭。而蒲勺畫蒲交錯如羽形，與鳥頭更肖，故鄭注云「合蒲如鳧頭」。疏引皇侃説，竟謂刻爲鳧頭，微開其口，以象蒲之本合，非也。陳用之説，別存一通。云「疏，水道」，無據。聶説疏刻雲氣，較近。雲，水氣。右勺。

鄭玄云：「豐以承尊也。説者以爲若井鹿盧。其爲字从豆曲聲，近似豆大而卑矣。」賈公彦云：「此謂上聲下形之字。年和，穀豆多有，故从豆爲形也。曲者，承尊之器，象形也。是以豐年之字，曲下著豆。今諸經皆以承尊之曲不用本字，而用豐年之豐，故鄭還依豐字解之。」段玉裁云：「注『曲聲』是衍字。」胡承珙云：「《儀禮》古文當本作豊。《六書故》引唐本《説文》『豐从豆，从山，丰聲』；蜀本云『丰聲，从山』。古文豊不从山。《汗簡》亦只作豊。蓋丰即丯字。《説文》丯訓草盛。《韵會》云『《説文》本作丰』。據此知古文豊本从丰，亦兼取盛意，許鄭義同。但鄭以古文豊不从山，故但云丰聲，傳寫者誤作曲。」胡肇昕云：「鄭注當作『形近似豆大而卑』，即《鄉射》注所云『豐形蓋似豆而卑』也。注云『若井鹿盧』，正謂𡴀之形也。惟其若井鹿盧，故其字从豆𡴀，而其形則近似豆大而卑矣。」以周案：𡴀不成字，賈疏非也。胡氏謂《禮》古文本作「豊」，鄭注「𡴀聲」爲「𠁁聲」之誤，得之；而云𠁁取盛義，亦非。鄭意古文豊以𠁁得聲，𠁁以丰得聲。篆文作「豐」，《說文》云：「豆之豐滿也，从豆，象形。」許意豆之豐滿爲本義，而承尊之豐爲假借字也。鄭注則以承尊之豐爲本字，其字从豆，象其形也，故注《大射》云「其字从豆，近似豆大」，注《鄉射》云「豐形蓋似豆」。而上从𠁁，諧其聲也，非象豐滿之形，亦非取豐滿爲義，故注《鄉射》云「似豆而卑」，注《大射》云「𠁁聲，近似豆而卑」。此許鄭說字之異也。《六書故》引唐本、蜀本《說文》，是據鄭義以改許書者；段氏刪注「聲」字，胡氏又欲改爲「形」字，是又據許書以改鄭注，胥失之。阮雲臺既據鄭義以改《說文》豐字注，又推鄭說以改《說文》豐字注，說愈膠葛矣。鄭注引「說者以爲若井鹿盧」，本不足信。云「其爲字从豆」，破井之說也。又云「𠁁聲」，破象鹿盧之說也。胡氏謂鄭注宜作「𡴀形」，即申其義，更謬。

《禮器制度》說，射罰爵之豐，作人形，豐，國名，其君坐酒亡國，戴杅以爲戒。張鎰說，豐象豆而卑，鄭注《鄉射》與《燕禮》義同，以明其不異也。《制度》之說，何所據乎！以周案：禮豐有二，一以承尊，一以承爵，賈疏謂承尊之豐稍大，是也。而其制，初無異。《制度》豐侯之說，《說文》亦附于本義之後，張鎰據鄭注駁之，亦是。李尤《豐侯銘》曰：「豐侯荒謬，醉亂迷迭。乃象其形，爲禮戒式。後世傳之，固無正說。」右豐。

鄭玄說，實獸之棜，如今大木轝，上有四周，下無足。《特牲》注。斯禁謂之棜者，無足，有似于棜，或因名云。《禮器》注。熊安生云：「後世人因名云耳，謂後世作《記》之人始名爲棜。」孔穎達云：「定本無『世人』二字。《少牢》有棜，是周公時已名斯禁爲棜。」以周案：《禮》有實獸之棜，有陳饌之棜，有承尊之棜。鄭意實獸陳饌之棜是本名，承尊之棜爲後起，而後起之名亦非始于作《記》者。又案：鄭注《既夕》云「棜，今之轝」，于《特牲》注云「如今大木轝」，則實獸之棜必大于陳饌、承尊者矣。聶氏引《舊圖》，以實獸之棜長四尺，廣二尺四寸，深五寸；陳饌之棜長七尺，廣二尺四寸，深尺五寸。未知所據。陳饌之棜非一，未必凡饌悉承于一棜中。

鄭玄云：「棜，斯禁也，無足。大夫用斯禁，士用禁。賈疏所見本作「士用棜禁」，非。禁如今方桉，今注疏本脫「禁」字，茲依疏出注文補。隋長，局足，高三寸。」皇侃云：「棜，一頭有足，一頭無足。」孔穎達云：「棜長四尺，廣二尺四寸，深五寸，無足，漆赤中，青雲氣，「漆」字據《聶圖》補。菱苕華爲飾。禁長四尺，廣二尺四寸，通局足高三寸，漆赤中，青雲氣，菱苕華爲飾，刻其足爲褰帷之形。」賈公彥云：「大夫用斯禁，士用棜禁。禁是定名，棜者是其義稱。棜禁、斯禁，名異形同。」以周案：孔疏本《漢禮器制度》文。賈疏用誤本鄭注。義當從孔。禁承兩甒，可以《少牢》「同棜」推之。其形局足，刻如褰帷，酒輕則安，酒重則覆，故謂之禁。皇說一頭有足，雖不足信，而禁足之弱難以承重可知也。《舊圖》未是。

孔穎達云：「《鄉飲酒》『兩壺斯禁』，是大夫用斯禁也。鄉射是士禮，而用斯禁者，以禮樂賓，從大夫也。大夫承尊用棜，士承尊用禁。」賈公彥云：「禁以禁戒爲名，棜取不爲酒戒。《特牲》『壺、禁』，《記》云『壺、棜禁』，不敢與大夫同名斯禁。名雖異，其形同，故《禮器》大夫士總名棜禁。」以周案：士亦有用棜者，但《特牲》有棜以實獸，《既夕》有棜以承饌，並不用以承尊。用棜承尊，惟大夫。士用禁，禁爲酒戒，見《士冠禮》注。棜不爲戒，見《特牲記》注。士卑，爲酒戒而名禁，故《士冠》、《士昏》飲酒存其本名，而于《特牲》祭祀不爲神戒，雖有足，亦變名爲棜曰棜禁，所以別大夫之單名棜也。大夫尊，優之，不爲戒而名棜，故《少牢》祭祀存其本名，而于《鄉飲》、《鄉射》宜爲酒戒，雖無足，猶存禁名曰斯禁，亦以別士之單名禁也。《玉藻》「大夫用棜，士用禁」，自是定名；「斯禁」「棜禁」以明其義。《禮器》「大夫士棜禁」，亦區別辭，非通言。

鄭玄云：「天子諸侯之尊廢禁，廢猶去也。大夫斯禁，禁切地無足者。」陳祥道云：「天子諸侯之禁，無足而卑；大夫之棜，士之禁，有足而高。無足謂之廢禁，猶《儀禮》所謂廢敦、廢爵也。棜禁同制，特其足之高下又異耳。廢禁之制不見于經。特《燕禮》尊有豐，鄭謂似豆而卑，其他不可知也。」以周案：豐爲上下通制，故《鄉射》亦有設豐之文，而禁則有上下之別。陳氏欲以豐當廢禁，則《鄉射》之士上僭乎天子矣。禁有足，其無足者別謂之斯禁，斯之言澌，故注云「斯禁，禁切地」。陳氏欲以無足當廢禁，則天子諸侯又下替于大夫矣。《經》之立文，各有所當。廢敦、廢爵，敦爵之別名也。禁之別名曰棜，曰斯禁。而廢禁非天子諸侯之別名，故《玉藻》曰「大夫側尊用棜，士側尊用禁」，不及天子諸侯。《禮器》欲明以下爲貴，不得不及天子諸侯，故以義足之曰「天子諸侯之尊廢禁」。如廢禁亦其別名也，《禮器》可如下句「大夫士棜禁」之例，曰「天子諸侯廢禁」可矣，《玉藻》亦不應不及。右棜禁。

又《名物通故四》《舊禮圖》云：「牛鼎，受一斛，天子飾以黄金，錯以白銀，諸侯飾以白金，有鼻目，以銅爲之，三足。」聶崇義云：「羊鼎，受五斗，大夫以銅爲之，無飾。豕鼎，受三斗，士以鐵爲之，無飾。或說三牲之鼎俱受一斛。案：下有牛、羊、豕鼎扃，長短不同，鼎宜各異，或說非也。」以周案：聶氏以羊豕鼎爲無飾，非。《荀爽九家易解》：「牛鼎，受一斛，天子飾以黄金，諸侯白金，三足以象三台，足上皆作鼻目爲飾。羊鼎，五斗，天子飾以黄金，諸侯白金，大夫以銅。豕鼎，三斗，天子飾以黄金，諸侯白金，大夫銅，士鐵。三鼎形同也。」考《匠人》「廟門容大扃七箇，闈門容小扃三箇」，鄭注云：「大扃，牛鼎之扃，長三尺。小扃，腳鼎之扃，長二尺。」腳鼎者，牛鼎之陪也，而不以爲羊豕鼎。聶氏乃依《匠人》注差之，以爲牛鼎之扃長三尺，羊鼎之扃長二尺五寸，豕鼎之扃長二尺，似未足據。

聶崇義云：「牛鼎，三足，如牛，每足上以牛首飾之，羊豕二鼎亦如之。」陳祥道云：「若然，魚鼎腊鼎豈皆狀以魚腊乎？」以周案：《荀九家易》說，牛鼎三足，足上皆作鼻目爲飾，羊鼎豕鼎形同。豈牛鼎飾牛首、羊豕鼎飾以羊豕首乎？聶說不足據。

《經》言鼎之數不同，《記》云鼎數奇，而《經》有十鼎、十二鼎。以周案：士用特豚，或一鼎，或三鼎。一鼎者，特豚，無配，《士冠》醮子，《士昏》婦饋舅姑及小斂之奠、朝禰之奠是也。三鼎者，特豚而以魚與腊配之，《特牲禮》有上中下三鼎，牲上鼎，魚中鼎，腊下鼎，《昏禮》共牢，《士喪》大斂、朔月、遷祖及祖奠，皆用三鼎，是也。又有士禮三鼎，以盛葬奠加一等用少牢者，如《既夕》遣奠「陳鼎五于門外」是也。其用太牢者，或七鼎，或九鼎，或十鼎，或十二鼎。七鼎者，牛、羊、豕、魚、腊、腸胃、膚，《公食禮》所言下大夫之禮是也。九鼎者，又加之以鮮魚、鮮腊，《公食禮》所言上大夫九俎，即九鼎也。《少牢》、《公食》皆有腸胃，而《少牢》五鼎腸胃不與牲異鼎，《公食》七鼎腸胃不與牲同鼎，皆取鼎數奇也。十鼎者，正鼎七，陪鼎三，《聘禮》設飧，上介鼎七，羞鼎三，是也。十二鼎者，正鼎九，陪鼎亦三，《聘禮》宰夫設飧，飪一牢，鼎九，羞鼎三，《周禮》王日一舉鼎十有二，是也。鼎數奇而有十鼎、十二鼎者，分正鼎、陪鼎言之，皆奇數也。其又有十四鼎者，即七鼎之數而倍之，《聘禮》歸饔餼，「腥二牢，鼎二七」，亦奇數也。參考孔賈義疏如此。陳用之云：「《聘禮》之鼎過于王數。聘禮，陳鼎也。王之日舉，食鼎也。士之《既夕》過于《特牲》。特牲，庯禮也。既夕，斯須禮也。」至舊說又以鉶爲羞鼎，辨詳後。

《公食禮》：「鼎設扃鼏，鼏若束若編。」鄭玄云：「凡鼎鼏，蓋以茅爲之，長則束本，短則編其中央。今文扃作鉉，古文鼏皆作密。」以周案：尊冪、鼎鼏，二字不同。今文尊冪字亦作「鼏」，古文鼎鼏字又作「密」，皆假借字也。扛鼎之鉉，古文作「扃」，亦假借字。《說文》作「鼏」鼏，冂聲，與鼏異，此乃扃之正字也。今多不分。

《段玉裁》云：「扃篆作『鼏』，以冂野之冂爲聲，音古熒切。鼏以一下垂之冂爲聲，音莫狄切。《說文·鼎部》：『鼏，以木横貫鼎耳舉之，从鼎冂聲。《周禮》「廟門容大鼏七箇」，即《易》玉鉉也。』《金部》鉉字下曰：『所以舉鼎也，《易》謂之鉉，《禮》謂之鼏』，則許氏所據古文《禮》作鼏甚明。十七篇内本皆鼏鼏連文，後人因兩字易混，遂易鼏爲扃。」王念孫云：「此臆説，不可從。《說文》鉉字注『禮謂之鼏』，當作『周禮謂之鼏』，與鼏字注引《周禮》正合。鄭註明言今文扃爲鉉，則古文乃是扃字，非鼏字。許不引者，扃乃鼏之借字，例不得引也。」以周案：古文作「扃密」，隸古定「鼏密」，今文作「鉉鼏」，説詳《六書門》。鼏鼏字别。鼏爲覆鼎之物，編茅爲之。鼏爲扛鼎之物，以木爲之。以木横貫鼎耳，謂之鼏；以金飾其扛鼎之木，謂之鉉。鼏其質，鉉其飾，二字亦别。《士冠禮》「設扃鼏」，鄭注不讀扃爲鼏者，嫌破字也。不從今文作鉉者，鉉非扃之質，且非士飾也。《公食禮》仍從古文作扃，不從今文者，明一律也。右鼎。

《舊禮圖》云：「俎長二尺四寸，廣一尺二寸，高一尺，漆兩端赤，中央黑。諸臣加雲氣，天子犧飾之。」以周案：俎有上下端，《少牢禮》云「肩在上」，謂上端也。凡牲體，肩、臂、臑之在前者載上端，髀、骼之在後者載下端，脊、脅、腸、胃、肺則在俎之中央。《舊圖》中央黑，所以别其兩端也。俗人誤以中黑爲格木，分爲二區，謬矣。「兩端赤，中央黑」，文見《聶圖》。「諸臣加雲氣，天子犧飾之」，文見明堂位孔疏。《詩》箋云：「大房，玉飾俎也。」是天子房俎又有玉飾。

鄭玄云：「梡，始有四足也，嶡爲之距。」《舊禮圖》云：「嶡亦如梡，而横柱四足中央，如距。」賀循云：「直有脚曰梡，加脚中央横木曰嶡。」以周案：嶡施于足之上下之中間。鄭注《少牢禮》「俎拒」云：「拒讀爲介距之距。俎距，脛中當横節也。」鄭以拒爲俎足之横木，故讀從《左傳》「爲之金距」之距。服注「金距，以金踏距」，是距爲雞爪也。鄭意距爲横柢之名，故注《鄉村記》「距隨」以爲物之横畫。金距者，雞脛附金以横柢之也。《漢·五行志》「不鳴無距」，注云：「距，雞附足骨，門時所用刺之。」與鄭義合。俎距當脛中節，故又申之云「脛中當横節」。陳用之《禮書》俎圖，施距于足下，與房互異，大謬。鄭又注「夏后氏以嶡」云：「嶡之言蹷，謂中足爲横距之象。」蹷者嶡之義，横者距之義也。

鄭玄云：「殷以椇，椇之言枳椇也，謂曲橈之也。」《舊禮圖》云：「椇讀曰矩，曲橈其足。」孔穎達云：「椇枳之樹，其枝多曲橈，故陸璣《草木疏》云『椇曲來巢』，殷俎似之。」焦循云：「《説文》：『稶，積稶也。』徐鍇云：『積稶，不中之意。』此枳椇即積稶也。《荀子》『枸木必待檃栝烝矯然後直』，枸即椇也。宋玉《風賦》『枳句來巢』，枳句即積稶，言樹木曲橈者鳥巢其上，與下句『空穴』爲對，李善以爲枳樹多句，非也。樹之名枳枸者，亦取義于積稶，非殷俎取義于枳枸樹也，《正義》迂矣。」以周案：鄭注之枳椇，即《説文》之積稶，乃不申之意，非木名，故《禮舊圖》改讀曰矩，《禮舊圖》即鄭、阮《禮圖》也。焦語雖過矯，以殷俎非取義于枳稶之樹，其説自正。

《毛詩》傳云：「大房，半體之俎也。」鄭箋云：「大房，玉飾俎也。」其制，足間有横，下有柎，似乎堂後有房。」以周案：大房，房俎也。毛傳據《周語》全烝、房烝、殽烝爲解，房烝半體謂之房俎，猶殽烝折節謂之折俎也。鄭箋據《明堂位》梡、嶡、椇、房爲解，梡、嶡、椇皆以俎之形象言，則房亦其狀也。房俎之異在柎，故《禮》注云「房謂足下柎」，古花柎亦謂之房也。俎从仌且，形聲兼會意字。《説文》：「且，薦也，從几足有二横，一其下地也。古文作且。」鄭意且古文作且，見《玉篇》。祇有一横，故云上下兩間。《詩》疏謂柎上有横，似于堂上有房，與箋房柎之訓違。《禮》疏謂俎頭兩足各别爲柎，足間横者似堂之壁，横下二柎似堂之兩頭各有房，較《詩》疏爲明。云各别爲柎者，明一足一柎也。《聶圖》兩足同柎，又不施横木，俱未合；又云自嶡俎以下皆宜有舟，更臆説。右俎。

鄭玄云：「《特牲禮記》『籩，巾以綌也，纁裏，棗烝，栗擇』，舊説纁裏者皆玄被。」敖繼公云：「此巾云纁裏，則是凡巾皆複爲之。」以周案：巾在籩外，「巾以綌也」句絶也。者，别事之詞。「纁裏，棗烝，栗擇」，皆言籩裏之物。纁裏者，籩以竹爲之，而又以布纁其裏也。禮言纁裏者三，皆謂竹器之裏飾。竹器之飾裏，其常也。而《士昏》之筓又加以緇被，注云：「被，表也。筓有表者，婦見舅姑以飾爲敬。」明其異也。《聘禮》之「竹簋方玄被纁裏」同。《特牲禮》之籩纁裏，專謂竹籩之内飾。注引舊説「裏必有被」以備異義，其意籩之纁裏與筓同，不必皆有被，有被者盡飾耳。合《士昏》注讀之自見。巾用絺綌，取其疏達，何用複爲。然敖氏説亦有本，聶氏《禮圖》云：「籩巾用綌，玄被纁裏，圜一幅。」

《舊禮圖》云：「豆以木，受四升，《御覽》。口圓徑尺，《爾雅》疏。高尺二寸，漆赤中。《爾雅》疏作「黑漆飾朱中」。大夫以上畫赤雲氣，諸侯加象飾口，天子玉飾。《御覽》。」以周案：《少牢饋食》有瓦豆，是豆不盡以木也。《旊人》爲豆崇尺，是瓦豆之高也。《籩人》注云：「籩如豆，其容實皆四升。」賈疏以爲籩豆皆面徑尺，柄尺，依《漢禮器制度》知之。《管子·弟子職》「柄尺不跪」，注云「豆有柄，長尺，則立而進之」，則柄尺實古制矣。《論語》皇疏云「柄尺二寸」，非也。柄即中央直者，《禮》謂之校；其下有跗，《禮》謂之鐙。跗與口各高一寸，合柄一尺爲高尺二寸。鄭注《雜記》云「豆徑尺」。疏云「面徑尺」，以口高一寸、圓徑一尺算之，已足容實四升。聶氏以爲口圓徑尺二寸，亦非也。

聶崇義云：「鄭注《周禮》及《禮記》云，豆以木爲之，受四升，口圓，徑尺二寸，有蓋。注《籩人》及《士虞禮》云，籩以竹爲之，口有縢緣，形制如豆，亦容四升，有巾。《儀禮·鄉射》，脯長尺二寸，横于籩上。」以周案：《禮》注無豆口圓徑尺二寸之語，聶氏蓋以籩豆大小相等，而《鄉射》有「脯横籩上」之文，遂定豆口之徑尺二寸也。考《鄉飲記》注云：「《鄉射禮》膱長尺二寸。《曲禮》以脯修置者，左朐右末。」疏云：「《曲禮》注『屈中曰朐』。膱脯長尺二寸，其横于籩上者屈中，止長六寸。」此説雖未盡然，曰横于上，則其口必小矣。又案：對文，豆以木，籩以竹；通言之，籩亦稱豆。《爾雅》「木豆謂之豆，竹豆謂之籩，瓦豆謂之登」，是籩登均有豆名也。籩有豆名，故《腊人》曰「共豆脯」，豆謂籩。登有豆名，故《大戴記》曰「豆之先大羹」，豆謂登。

《記·禮器》：「天子之豆二十有六，諸公十有六，諸侯十有二，上大夫八，下大夫六。」鄭玄云：「豆之數，謂天子朔食，諸侯相食及食大夫。《周禮》公之豆四十，其東西夾各十有二；侯伯之豆三十有二，其東西夾各十；子男之豆二十有四，其東西夾各六。」皇侃云：「天子庶羞百二十品，籩豆各六十。今云二十六者，説堂上數也。堂下東西夾各十七，合之故六十也。」孔穎達云：「禮，正羞、庶羞有别。此上大夫八豆，下大夫六豆，皆爲正羞，而天子二十六豆亦爲正羞，故熊氏以爲正羞醯醢百二十罋之等，但不知堂夾若爲陳列。皇氏以爲庶羞，非也。」以周案：鄭注堂上東西夾之陳，參合《掌客》、《聘禮》及此《記》以定之，《掌客》注言之尤詳。義甚精密。孔疏駁皇，亦當。陳氏《禮書》謂《禮器》之豆數，用數也；《掌客》之豆數，陳數也。然每食所用，如《禮器》數亦嫌太多，分别無當，不如從注俱作陳數説。

《郊特牲》「鼎俎奇，籩豆偶」，而《有司徹》有六俎，《鄉飲酒義》有三豆、五豆。孔穎達説，《鄉飲酒》是年齒相次，非正豆也。　陳祥道説，俎列而陳之則貴奇，散而用之雖偶可也，《有司徹》散俎也。

楊復云：「《士冠》脯醢，《士昏》醴賓脯醢，《鄉飲》脯醢，衆賓辯有脯醢，《鄉射》薦脯用籩，五職，醢以豆，《聘禮》醴賓脯醢，又筵几於室，薦脯醢，《燕禮》、《大射禮》獻賓、獻公、獻卿薦脯醢，《士喪禮》始死奠脯醢，小斂奠脯醢，朝夕奠脯醢，《特牲禮》主人獻賓，薦脯醢，以上皆一豆一籩。《士冠》再醮，兩豆葵菹蠃醢，兩籩栗脯，大斂毼豆兩籩無縢，《士虞》兩豆兩籩，獻祝兩豆兩籩，《特牲》兩籩兩豆，主婦致爵于主人，兩豆兩籩，以上皆兩豆兩籩。《既夕》遣奠四豆四籩，《少牢》賓尸四豆四籩，以上皆四豆四籩。」又云：「《士昏禮》夫婦席，醢醬二豆，菹醢四豆，無籩；婦饋舅姑，有菹醢，無籩。《聘禮》歸饔餼，八豆，西夾六豆，東夾亦如之，無籩。《公食大夫》下大夫六豆，上大夫八豆，無籩。《特牲禮》厭祭時薦兩豆，及迎尸饋食時，佐食羞庶羞四豆，皆未用籩也；　主婦亞獻尸，始設籩。《少牢》厭祭及迎尸饋食，亦未用籩也；逮賓尸，主婦薦韭菹醢、昌菹醢，取籩于房。　觀其所薦先後之序，則豆重籩輕于此可見矣。」凌廷堪云：「楊説非也。考《禮》之通例，食禮則有豆無籩，飲酒之禮則豆籩皆有。故《公食大夫》有豆無籩，《鄉飲》、《鄉射》、《燕禮》、《大射》豆籩皆有；《特牲》尸入九飯，有豆無籩，主婦亞獻，主人獻賓，豆籩皆有；《少牢》尸入十一飯，有豆無籩，《有司徹》祭畢賓尸，豆籩皆有。蓋禮不同則器亦異，非豆重而籩輕也。」以周案：陳用之有簠尊簋卑之説，楊信齋因之又以爲豆重籩輕。其實，禮有黍稷用簋，有稻粱即用簠，有乾物用籩，有濡物即用豆，器必當其用，物必當其禮，其輕重初不在器也。凌氏駁楊甚覈，其駁陳説，謂黍稷正饌，稻粱加饌，正饌尊于加饌，則簋亦尊于簠。此説矯枉過正。六穀以稻粱爲貴，如以加饌爲卑，則稻粱亦賤于黍稷乎！右籩豆。

賈公彦云：「祭宗廟皆用木簋，瓦簋以祭天地及外神，尚質，器用陶匏之類也。」陳祥道云：「先儒謂宗廟之簋豆用木，天地之簋豆用瓦。然《詩》述祀天之禮，言『于豆于登』，則祀天有木豆矣。《少牢饋食》有瓦豆，則宗廟有瓦豆矣。」以周案：《郊特牲》孔疏以祭天之簋豆用瓦，説同賈疏。據皇侃説，「器用陶匏」是盛牲牢及酌酒器，不以爲簋豆專用瓦。瓦豆質，木豆有飾不飾，其不飾者亦質耳。

《毛詩傳》云：「圜曰簋。」許慎云：「簋，黍稷方器也。古文作𠥩，《集韵》引作「匭」。又作匭，又作杋。簠，黍稷圜器也。」鄭玄云：「方曰簠，圓曰簋。《周禮・舍人》注。《易損》『二簋可用享』。離爲日，日體圓，巽爲木，木器圓，簋象。《聘禮》『竹簋方』，以竹爲之，狀如簋《釋文》作「簠」，誤。説詳阮氏《校勘記》。而方，如今寒具筥，筥者圓，此方耳。」《舊禮圖》云：「内方外圓曰簋，内圓外方曰簠。」陳祥道云：「簋外圓内方，《説文》謂簋方器者，言其内也。　鄭注圓曰簋者，言其外也。」以周案：《詩・伐木》傳有「圓曰簋」之文，説者以爲後人據鄭注所增，非毛公本訓，此乃墨守《説文》家之言也。竊考其文，有作「𠥩」、作「匭」、作「杋」、作「簋」，並見《説文》。作「軌」、作「九」，《周禮・舍人》先鄭注。之異，彝器之文又有十餘體。而以𠥩、匭、杋三體爲最古。軌者匭之省，九者杋之省，簋者匭杋之别。其質有用土、《史記・自序》作「土簋」，《李斯傳》作「土匭」。用瓦、見《考工・旊人職》。用木、見易鄭注。古文从木作杋，以用木爲之也。用竹、見《聘禮》及注。篆文从竹作簋，以用竹爲之也。用銅《禮》「管仲鏤簋」謂銅簋。《爾雅》金謂之鏤。之異。　蓋自堯飯土匭而後，有虞氏尚陶，乃有瓦匭以盛黍稷，其形本圓。三代益文，又以木爲之而加以飾，于是有杋字。後又變其形爲方，而以竹爲之，以盛棗栗，于是有簋字。時或範之以銅，或圓或方，本不一制。阮氏《鐘鼎款識》謂目驗諸器，知簠多方而有圓者，簋多圓而有方者，是也。然其字十有餘體，並不从竹作簋，以盛黍稷之器本用木不用竹也。自秦漢以來，匭杋之文爲簋所奪，鄭注乃以木簋圓，竹簋如簠而方，分别言之，其説最正。許氏《説文》例宗小篆，故以簋字爲正文，編入《竹部》，自應用竹簋本義，以爲方器，簋方而簠圓矣。　説者不察，謂許氏以古文𠥩、匭皆从匚，故知其器本方，則簠古文作「医」，亦从匚，《説文》又何以云圜器乎？《説文》匚字下云「受物器也」，本不指定爲方器矣。「竹簋方」經有明文。木簋圜，説出毛傳。而木竹二簋不能久傳于世，蓋漢人已不及見，而又以師説有方圜之異，于是爲内圜外方之説以彌縫之。然《御覽》引《禮圖》云「簠中方外圓，簋中圓外方」，與聶氏《圖》所引又異。《聘禮・釋文》云「外圓内方曰簠，内圓外方曰簋」，與《御覽》所引合。《周官・舍人》注「方曰簠，圓曰簋」，賈疏云「皆據外而言」，又與聶氏所引合。但《御覽》文多誤，其所引《禮圖》簠簋字實互易，今更定之如左。《禮圖》云：「簋受一升，《御覽》誤以爲簠，今正。《旊人》「爲簋，實一觳」，其受一斗二升，是瓦簋之制也。此所云係木簋，與瓦簋自異。然云受一升，嫌太小。聶氏引無此文。足高一寸，聶氏引作「二寸」。中方外圓，聶氏引作「内方外圓曰簋」。漆丹中，聶氏引作「漆赤中」。蓋龜形，諸侯飾以象，天子玉飾，聶氏同。盛黍稷。簋盛黍稷，《公食禮》、《聘禮》有明文。鄭注《掌客》亦云「簋，黍稷器」。于此可訂《御覽》此條屬簠之誤。簠《御覽》誤以爲簋，今正。受一升，足高一寸，中圓外方，挫其四角，聶氏引作「足高二寸挫其四角」，是挫足之方爲八角形也，此文似倒。漆赤中，蓋亦龜形，其飾如簋，《御覽》作「簋」，誤，今正。盛稻粱。」簠盛稻粱，禮有明文，于此可訂《御覽》此條屬簋之誤。然則《釋文》云云，亦簠簋字互誤也。　又案：鄭注損之「二簋」爲木器，二數名。注《坎》之「尊酒簋，貳用缶」云「天子大臣以王命出會諸侯，尊于簋，副設玄酒而用缶」，則以簋爲瓦器，貳訓副，分別甚精。自注家兩簋不分，坎之「酒簋」亦訓爲盛黍稷，于「貳用缶」句不貫，而鄭注「尊于簋」亦疑爲不辭矣。

胡培翬云：「《聘禮》竹簋方有蓋，則玄被纁裏者乃是飾之于內外，非覆之于上者，與籩之用巾似別。」以周案：胡氏以玄被纁裏爲內外飾，是已；以爲有蓋不必覆以巾，猶非也。簠簋皆有蓋有冪，《公食記》云「簠有蓋冪」，注云：「去會于房，蓋以冪。」

歐陽修云：「簋外方內圓而小，似龜有首有尾，有足有甲有腹。今禮家作簋亦外方內圓，而其形如桶，但于其蓋刻龜形，與原父所得真古簋不同。」戴震云：「《集古録》所言即《三禮圖》于簋蓋作一小龜形也。其說始于《儀禮》疏誤解鄭注。鄭云『飾蓋象龜』，蓋者，意擬未定之詞。」以周案：《集古録》所言銅簋也，即《禮》之鏤簋。鄭注《禮器》「鏤簋」云「刻爲龜」，又注《雜記》「鏤簋」云「刻爲蟲獸」，皆據通體刻之，並非指蓋。而一云龜形，一云蟲獸，以簋不一制，難以指定，故兩言之。孔疏則謂「龜簋聲相近」，直傅會耳。戴說尤誤。說詳後。

《聘禮》：「夫人使下大夫勞以二竹簋方。」鄭玄云：「竹簋方者，器名也。以竹爲之，狀如簋而方，如今寒具筥。筥者圜，此方耳。」《釋文》作「簠」，云「本或作簋」。《校勘記》云：「《唐石經》、嚴、徐、聶氏《集釋》、敖氏俱作『簋』，注同。《通解》、楊氏載經注，《要義》載經，俱作『簠』。張爾岐從《釋文》。」戴震、程瑶田、段玉裁、胡培翬皆從《唐石經》，其說云：《冬官·玉人》注疏及《覲禮》疏引此經並作「簋」。賈疏云：「凡簋皆用木而圓，受斗二升。」用木而圓，本鄭《周易》注。《損卦》鄭注云：「離爲日，日體圓，巽爲木，木器圓，簋象。」受斗二升，依《旊人》「簋受一觳」言之。是賈本作「簋」也。鄭注以簋爲木器而圓，而經竹簋不圓，故曰方以別之。若經本作「簠」，簠本方，何必贅言方，鄭必破簠爲簋矣。今鄭不破字，是鄭本作「簋」也。然則簋圓簠方，鄭義詳于許矣。

賈公彥說，瓦簋、木簋、竹簋，皆容斗二升。《舊禮圖》云：「木簋受一升。」《集古録》銅簋容四升。《博古圖》銅簋容三升七合。所見各異。

鄭玄說，簋，大夫刻爲龜，諸侯又飾以象，天子以玉。士用敦，《特牲饋食禮》變敦言簋，容同姓之士得從周制。陳祥道云：「簋，大夫士刻龜于蓋而已，人君則全飾之。」以周案：簠簋華美之器，大夫以上用之，士祇用敦，《特牲饋食禮》云「兩敦在西堂」是也。其末云「佐食分簋鉶」，此蓋以敦亦簋類，遂通稱之，此與《鄉飲酒禮》觶亦稱爵同。鄭注「容同姓之士得用簠簋」，未是。或據管仲鏤簋爲僭，以爲大夫亦不得用簋，《禮·聘禮》有簋，《詩》禮賢有簋，皆從諸侯之制。此說亦非。鏤簋謂刻以龜文而又飾之，當以鄭注爲是。然鄭注刻爲龜，亦謂通體刻以龜形。陳用之誤信簋簠刻龜之舊圖，而遂生此曲說，尤不足據。

孔穎達說，諸侯朔月四簋，天子朔月當六簋，黍、稷、稻、粱、麥、苽各一簋。若盛舉則八簋，故《小雅》「陳饋八簋」，當加以稻粱也。食禮其數更多，公食下大夫黍稷六簋，上大夫八簋，其稻粱上下大夫俱兩簋。《聘禮》饔餼，上大夫堂上八簋，東西夾各六簋。其諸侯，則《掌客》上公簠十，侯伯八，子男六，簋則俱同十二。其祭禮，則天子八簋，故《祭統》云「八簋之實」，注云「天子之祭八簋」。然則諸侯六簋。《祭統》諸侯禮，曰四簋黍稷者，見其修于廟中，不云六簋，二簋留之厭故也。大夫祭則四敦，《少牢禮》是也。士則二敦，《特牲禮》是也。其諸侯與大夫食亦四簋，故《秦詩》云每食四簋。陳祥道說，天子日食八簋，諸侯日食四簋。《玉藻》朔月亦食四簋，爲異代禮。以周案：諸侯朔月食四簋，祭用六簋，天子朔月食六簋，其盛舉同祭禮，用八簋。禮食有加于祭者，食陳數，非食數也。陳說不足據。右簠簋。

聶崇義云：「瑚璉與牟，案諸《舊圖》，形制同于簠簋，故略而不取。」以周案：瑚璉形制之不同，鄭注已云未聞。據《御覽》引《舊禮圖》云：「瑚受一升，《制度》云如簋而平下。璉受一升，漆赤中，蓋亦龜形，大夫飾口以白金，《制度》云如簋而兑下。」所述形制，據叔孫通《禮器制度》爲文。云平下者，謂底平無足也，云兑下者，謂底鋭作足也，則瑚璉有足不足之分矣。聶云「形制同簠簋」，太失察，簠之不同簋也明矣。《記》曰「夏后氏之四璉，殷之六瑚，周之八簋」。瑚璉者，簋之類，故《舊圖》以簋擬之。謂形制同簠，非也。康成、包咸注《論語》，賈逵、服虔注《左傳》，皆云夏瑚、殷璉，當別有所據。皇氏以《論語》注爲誤，亦未是。右瑚璉。

鄭玄云：「《少牢禮》『敦皆南首』。敦有首者，尊者器飾也。飾蓋象龜。周人禮，飾器各以其類。龜有上下甲。」賈公彦云：「《經》『敦皆南首』，明象蟲獸之形。以龜有上下甲，故知敦蓋象之。」戴震、胡培翬諸説，鄭注蓋字是虚詞，非會蓋之蓋，其誤自賈疏始。以周案：《少牢禮》「敦皆南首」，首而曰南，是首，非敦之蓋也。《士喪禮》「敦啓會，面足」，足而曰面，是足，非敦之脚也。敦别有首有足，則其器必有所象矣。鄭注「南首」而云飾蓋象龜者，謂飾敦之蓋作龜文，以象上甲。知上甲則知其首爲龜首也，故舉蓋以明之。蓋非疑詞。戴、胡之説非也。云「周人禮，飾器各以其類」者，明器之有蓋者皆飾以龜，此爲簠簋之通例也。云「龜有上下甲」者，申言飾蓋象龜之義，以明蓋象上甲，底象下甲，則其首足自在敦身可知。《舊禮圖》作龜全形于蓋上，非也。敦身如釜，故艮象覆釜謂之敦艮，丘象覆釜謂之敦丘近之圖敦者，尤不制。

鄭玄云：「敦啓會，面足，執之令足間鄉前也。敦有足，則敦之形如今酒敦。」敖繼公云：「面足，是以首自鄉也。《少牢禮》『敦皆南首』，蓋北面設之故也。敦有首足，如物之縮者然，皆在上耳。」盛世佐云：「《聶圖》敦蓋爲龜形，用《少牢》注疏説也。今敦蓋既啓猶云面足，則其説恐未必然。」以周案：據鄭注，敦有三足，執之之法，令兩足之間鄉前，則一足鄉身也。《舊禮圖》敦全足如觶，本誤。陳氏《禮書》云：「近得古敦于地中，有三足。」是也。敖氏以爲飾龜之足，足對首言，説自可通，而沿《舊圖》龜負蓋之説，故又謂足在蓋上，與啓會之文相觸，故盛氏有此疑。其實，蓋象龜之上甲，其首與足自在敦身也。面足者，首鄉身也。如以敦足言，敦三足，曰面，不義，故必須以間字足之。

《舊禮圖》云：「敦有足，其形如今酒尊。牟，受一斗，如敦形。古牟受一斗，平下，漆赤中，飾口以白金，蓋亦龜形。」以周案：敦有足，牟如敦而下平無足，則牟者即廢敦也，故經記中多敦牟連文。鄭注《内則》「敦牟」云：「牟讀曰堥，黍稷器也。」《釋文》云：「齊人呼土釜爲牟。」《正義》引《隱義》云：「堥，土釜也。今以木爲器，象土釜之形。」據此，則堥爲本字，牟爲借字。後人以木爲之，又加木作「桙」。《既夕禮》今文曰「兩敦兩桙」。凡敦牟皆有瓦木二物，其身之形制皆與釜相同，但敦有足，牟無足，釜有耳而無蓋與飾，其所容受大小亦不同也。

鄭玄云：「《既夕禮》『兩敦兩杅』，杅盛湯漿，今文爲桙。」以周案：《公羊傳》「古者杅不穿」，注云「杅，飲水器」，與鄭注同。其字以盂爲正，《説文》「盂，飲器」是也。今文作「桙」，兩敦兩桙即《内則》之「敦牟」。其字以堥爲正，鄭彼注云「牟讀曰堥，敦牟，黍稷器」是也。右敦。

《舊禮圖》云：「鉶以盛羹，受一斗，《御覽》作「一升」，誤，兹依聶改。口徑六寸，有足，高一寸，有兩耳，蓋。士以鐵，大夫以銅，諸侯以白金飾，天子以黄金飾。」聶崇義云：「鉶是羹器，即鉶鼎也，故《周禮·亨人》『祭祀則供鉶羹』，而《掌客》注云『不殺則無鉶鼎』。然則據羹在鉶曰鉶羹，據器言之曰鉶鼎，據在正鼎之後設之則謂之陪鼎，據入庶羞言之則謂之羞鼎，其實一也。今祭器中有以木爲之者，平底無足。」以周案：鉶爲盛羹之器，大羹盛于登，鉶羹盛于鉶。鉶非鼎屬也。胡竹村《聘禮正義》云：「據此經上云『陪鼎當内廉』，此堂上又有鉶，則鉶非陪鼎矣。《周禮·掌客》『公鉶三十有八，鼎簋十有二』，鄭注：『鉶，羹器也。鼎，牲器也。鼎十有二者，正鼎九與陪鼎三。』鄭别鉶與鼎爲二器，甚明。其云『不殺則無鉶鼎』者，謂不殺則無鉶與鼎，非爲一物也。自賈氏《掌客》疏云『鉶鼎即陪鼎』，後人沿其誤。」胡氏説是。鉶亦作鈃。鈃爲鐘之長頸者，通借字也。

賈公彦説，《公食大夫禮》有四鉶，而扱上鉶辯擩，則惟有一柶，以優賓也。《少牢》羞兩鉶皆有柶，彼爲祭神，故各有柶。敖繼公説，《公食禮》四鉶皆有柶，其擩之惟用上者之柶。褚寅亮云：「器無虚設。若惟用上者之柶，餘柶不爲虚設邪？賈疏爲長。」右鉶。

鄭衆云：「角柶，角匕也。」許慎云：「禮有柶。柶，匕也。」鄭玄云：「柶狀如匕。」以周案：柶有醴柶，有鉶柶。醴柶以角爲之，鉶柶以木爲之。兩柶尚有别，則扱醴、扱鉶之柶，與匕飯、匕牲醴之匕更當有别，宜從鄭注。段注《説文》云「常用器曰匕，禮器曰柶」，非也。

禮，醴設角柶，有面葉，有面枋。鄭玄云：「葉，柶大端。古文葉爲擖，今文枋爲柄。」敖繼公云：「建柶，上葉下枋。」盛世佐云：「建柶，上枋下葉。」以周案：鄭注「柶狀如匕」，又云「匕有淺斗，狀如飯橾」。葉即淺斗盛物之處。凡受醴者必面葉。《士冠》醴冠者，酌醴者面葉，爲授賓也。酌者面葉，則賓得面枋，賓面枋則冠者得面葉也。《士昏》醴婦，酌醴者面枋，爲不授舅也。不授舅，則酌者必面枋，而後婦得面葉也。《聘禮》酌醴者面枋，爲同面授公也。鄭注云：「不面擸，不訝受也。」同面授公，酌者必面枋，公亦可面枋，公面枋則賓得面葉也。經文于酌醴之面葉面枋雖異，而受醴者之面葉則同，賈疏已略言之矣。建柶之説，盛氏爲當。古文葉爲擖，擖即《聘禮》尚擸之擸。擸葉同部，擖不同部，凡字之从鼠者俗多从葛，如臈、蹋、獦、鍻之類，故字又爲擖。或又誤从木作「楬」。《少儀》「執箕膺擖」，擖，箕口也。字亦作「攋」。《弟子職》作「揲」，揲即葉也，其字亦从手。柶柄曲，見聶氏所引《舊圖》。俗儒誤以爲匕柄直，并謂柶柄不曲，更謬。

《雜記》云：「枇以桑，長三尺，或曰五尺。刊其柄與末。」《舊禮圖》云：「匕以載牲體，長二尺四寸，葉博三寸，長八寸，漆丹柄頭。疏匕形如飯橾，以棘心爲之，長二尺四寸，葉長八寸，博三寸，其柄葉通疏，皆丹漆之。挑匕，漆柄末及淺斗中，皆朱，柄葉長短廣狹與疏匕同。」以周案：《禮經》匕之別有五：其一以桑爲之，謂之喪匕；其四皆以棘爲之，謂之吉匕。吉匕有黍稷之匕，有牲體之匕，有挑匕，有疏匕。黍稷盛于敦，敦之量受斗二升，高不過尺，則黍稷之匕必小于牲匕也。《有司徹》「司馬以二手執挑匕枋以挹湆，注于疏匕，若是者三」，則挑匕必小于疏匕也。鄭注《既夕禮》「疏匕」云「疏匕，匕柄有刻飾者。二匕皆有淺斗，狀如飯橾」，又注《有司徹》「挑匕」云「挑長柄，可以抒物于器中」，是則疏匕葉大而柄短，挑匕柄長而葉小也。《雜記》言匕之長，有三尺、五尺之異，其三尺者疏匕，五尺者挑匕與？《舊圖》三匕並長二尺四寸，未知何據。疏匕狀如飯橾，飯橾如今飯匙，即所謂黍稷之匕，則黍稷之匕雖非疏匕，而其形相類也。挑匕以抒物于器中，似據牲匕而言。陳氏《禮書》以挑匕即牲匕，其説可通。《舊圖》分牲匕挑匕爲二，今姑仍之。匕，《易·詩》皆作「匕」，《士喪禮》作「朼」，《雜記》又作「枇」，古今字異爾。劉昌宗分匕爲器名，朼爲朼載，非也。喪用桑，尚黄；吉用棘，尚赤。喪桑、吉棘，各取其音。喪黄吉赤，各盡其義。

阮元云：「匕，《説文》作𠤎，當象形，然古木匕之形不可見矣。《通俗文》曰：『匕首，劍屬，其頭類匕，故曰匕首，短而便用也。』得見匕首，可知匕形。匕首柄上有旁枝，即𠤎字旁一小枝所象。古匕以棘桑爲之，當如此形，特柄長耳。」以周案：古匕身作淺斗，柄又曲，與阮氏所圖匕首豐脊而直柄不同，申其説者因謂匕柄本直，非也。《詩》言「有捄天畢」、「有捄棘匕」，捄者曲而長也。匕與畢皆曲柄，見于經矣。鄭注《士冠》云「柶狀如匕」，柶亦曲柄。

鄭玄云：「《特牲禮》『宗人執畢』，畢狀如叉，蓋爲其似畢星取名焉。《雜記》曰：『枇用桑，長三尺，畢用桑，長三尺，刊其本與末。』枇畢同材明矣。今此枇用棘心，則畢亦用棘心舊説云畢似御他神物，神物惡桑叉，則《少牢饋食》及虞無叉，何哉？此無叉者，乃主人不親舉耳。」以周案：凡主人匕牲體于鼎，執事者必以畢助之，鄭注所謂「備失脱」是也。有鼎必有匕，有匕必有畢，文見于此焉。鄭注辨匕畢之用，誠是；然以《少牢禮》不言畢爲大夫不親匕，殊泥。説詳《肆獻祼饋食門》卷之四。右柶、匕、畢。

《舊禮圖》云：「洗勺受五升，口徑六寸，曲中，博三寸，長三寸，柄長二尺四寸，漆赤中，柄末亦丹。疏勺長三尺四寸，受一升，漆赤中，丹柄端。」以周案：《考工記·梓人》云「勺一升」。注云「勺，尊斗也」，斗今作「升」，誤。則勺受一升，《記》有明文矣。《梓人》又云「一獻而三酬則一豆」，馬、鄭俱讀豆爲斗，斗與一爵三觶相應，則斗四升也。《詩》「酌以大斗」，傳云「長三尺也」，疏引《禮器制度》云「勺五升，徑三寸，長三尺」，則斗之大者五升，其長三尺也。洗勺亦謂之斗，鄭注《少牢》云「沃盥必用枓」是也。聶氏所引《舊圖》云「洗勺受五升」，是用大斗數也。云「口徑六寸，柄長二尺四寸」，并爲三尺，以合毛傳，與《禮器制度》不同。「疏勺長三尺四寸，受一升」，則其斗又較小矣。右勺。

《説文》云：「斗，十升也，象形，有柄。枓，勺也，从木从斗。」注家以枓爲後出字。以周案：斗，量名；枓，勺器。二字不同。量名之斗爲十升，勺器之斗爲四升，故鄭注《梓人》「一獻而三酬則一豆矣」，云「豆當爲斗」。又《駁異義》云：「馬季長説一獻而三酬則一斗，與一爵三觶相應。」則中人飲一斗酒者，飲四升酒也。其大者亦不過五升，《詩》「酌以大斗」，傳云「長三尺」，疏引《禮器制度》云「其勺五升」是也。以斗枓爲一字，則斗酒之義不明矣。劉原甫《七經小傳》云：「獻以一升，酬以三升，并爲四升，四升爲豆。豆雖非飲器，其計數則然。鄭以三酬爲九升，加一獻爲十升，遂破豆爲斗。」劉氏止知斗爲十升之名，不知枓之爲四升，遂誤會鄭意而云然，不足據也。右斗。

《漢禮器制度》云：「洗，士用鐵，大夫用銅，諸侯白銀，天子黄金，尊卑皆用金罍，及其大小皆異。」《舊禮圖》云：「洗，高三尺，口徑一尺五寸，足徑三尺，中身小，疏中，士以鐵爲之，大夫以上銅爲之，諸侯白金飾，天子黄金飾。罍，受一斛，口徑一尺，脰高五寸，侈旁一寸，大中身，兑下，漆赤中，元士加青雲氣。」以周案：據《御覽》及《聶圖》引《舊圖》，天子諸侯之洗亦銅爲之，其飾有異耳。鄭注《士冠》云：「洗，承盥洗者棄水器也。水器尊卑皆用金罍，及大小異。」亦用叔孫通説。敖氏因《士冠》諸篇不言罍，謂士之水器異。褚氏辨之云：「士苟用他器，則諸篇必一見以明其異，而俱不言，則用罍同也。」云大小異，則罍固非皆受一斛矣。

聶崇義云：「梁正、張鎰修阮氏等圖云：匜受一斗，流長六尺，漆赤中，諸侯以象飾，天子以黄金飾，皆畫赤雲氣。然流口徑可一寸，圖本又有作流長三寸者。」以周案：《説文・匸部》：「匜，似羹魁，柄中有道，可注水酒，从匸，也聲。」《斗部》：「魁，羹枓也。」枓，勺也。是則匜之形似羹勺，其流在柄，宜其注之長矣。聶氏圖匜如有注尊，甚乖古制。

胡培翬云：「據《儀禮》注及《禮圖》，皆以匜爲盥器。《内則》『敦牟卮匜』，鄭注『卮匜，酒漿器』，似混。《釋文》引《左傳》注『匜，沃盥器』，孔疏亦引《左傳》『奉匜沃盥』證之，蓋皆有疑于鄭注耳。」以周案：《説文》『匜，柄中有道，可以注水酒』，則匜以注水，亦可用以注酒漿矣。如泥爲沃盥之器，與餕何涉。

鄭玄云：「《士冠禮》『爵弁、皮弁、緇布冠各一匴』。匴，竹器名，今之冠箱也。古文匴作篹。篹一作「纂」，誤。」以周案：匴爲冠箱，他經無見。《説文》：「匴，淥米籔也。」淥米之籔亦非所以盛冠。其字當從古文作「篹」。篹，竹器之似籩而可以薦冠弁者也。《明堂位》曰「薦用玉豆雕篹」，鄭注曰：「篹，籩屬也，以竹爲之，雕刻飾其直者。」孔疏曰：「篹，以竹爲之，形如筥，亦薦時用也。雕其直，是刻其柄也。」考籩豆狀同，但竹木異耳。籩豆皆無柄，而祭統曰「薦豆執校」，鄭注：「校，豆中央直者。」《管子・弟子職》「柄尺不跪」，注云：「豆有柄，長尺，則立而進之。」是中央直者有柄名也。篹狀如籩，其形上闊，可以薦冠弁。其中央直者小而可執，故曰「執以待于西坫南」。若冠箱，當與篋同陳，不得云執。

右洗、匜、匴。

黄以周《禮書通故》卷四七《名物通故五》

《禮樂記》：「舜作五絃之琴。」《説文》云：「琴，禁也。《神農》所作，洞越，練朱五絃，周加二絃。」《禮舊圖》云：「琴本五絃，曰宫、商、角、徵、羽。周文王又加二絃，曰少宫、少商。蔡伯喈復增二絃，故有九絃者。二絃大，次三絃小，次四絃尤小，最清也。」《風俗通義》云：「《世本》，神農作琴。今琴長四尺五寸，法四時五行。七絃者，法七星也。」《廣雅》云：「神農氏琴，長三尺六寸六分，上有五絃。」以周案：《記・明堂位》「大琴，大瑟，中琴，小瑟」，説者謂琴瑟皆有三等，中小互文。《爾雅》「大琴謂之離」，郭注云「二十七絃」。《初學記》引《樂録》、《御覽》引《爾雅》注，並云大琴二十絃。郝氏《義疏》以郭注「七」字爲衍。徐新田又謂：「體有大小，絃無多少，琴皆五絃，瑟皆二十五絃。近世琴絃亦有三等，大琴之絃二百四十綸，中琴百六十綸，小琴百二十綸。琴體之長短相較，必微有參差，而其聲則無弗同。蓋琴體有短長，琴隱俗謂之嶽山。亦有崇庳，二者宜相稱也。琴長則隱宜崇，琴短則隱宜庳，自有一定之準。昔之論琴者，但言琴長若干，不言隱崇幾何，何以審音而協律乎！」

《世本》云：「瑟，宓羲氏作，五十絃。黄帝使素女鼓瑟，哀不自勝，故破爲二十五絃，具二均聲。」《風俗通義》云：「瑟，《世本》宓羲作，八尺一寸，四十五絃。今瑟長五尺五寸，非正器也。」《禮舊圖》云：「雅瑟，長八尺一寸，廣尺八寸，二十三絃。其常用者十九絃，其餘四絃謂之番。番，嬴也。頌瑟，長七尺二寸，廣尺八寸，二十五絃，盡用。」郭璞云：「大瑟長八尺一寸，廣尺八寸，二十七絃。」以周案：邢疏引《世本》「宓羲作瑟，五十絃」，《風俗通》引作「四十五絃」，未知孰是。舊説瑟二十五絃，郭云二十七絃，亦未見所出。據《禮舊圖》，雅瑟、頌瑟及雅塤、頌塤，雅篪、頌篪，雅簫、頌簫，並雅侈于頌。襄二年《傳》「穆姜爲頌琴」，杜注以頌琴猶雅琴，其説亦非。

《爾雅》云：「大笙謂之巢，小者謂之和。」《説文》云：「笙，十三簧，象鳳之身也。古者隨作笙。」《禮舊圖》云：「笙長四尺，諸管參差，亦如鳥翼。有雅簧十三，上六下七。」郭璞云：「笙，列管匏中，施簧管端，大者十九簧，小者十三簧。」以周案：諸説笙十三簧，本《笙師》先鄭注。《風俗通》云「長四寸，十二簧」，字誤。大笙即竽，郭云十九簧，與先鄭異，亦未見所出。

許慎云：「龠，樂之竹管，三孔，以和衆聲也。」今作「籥」。鄭玄云：「籥如篴，三孔。」《毛詩》傳籥六空，《廣雅》籥七孔。郝懿行云：「其施于吹以和樂者三孔，如笛而短。其施于舞所執者則六孔，當如笛而長。《風俗通》引《樂記》云『笛長一尺四寸，七孔』，《簡兮・釋文》云『籥長三尺，執之以舞』，是也。」以周案：謂吹籥、舞籥有長短可也；吹三孔，舞六孔、七孔，何據？

杜子春云：「篴，今時所吹五孔竹篴。」許慎云：「笛，七孔筩也。羌笛三孔。」應劭云：「笛，按《樂記》，武帝時丘仲之所作也。長二尺四寸，七孔。其後又有羌笛，本四孔，京君明加以一孔。君明所加孔，後出，是謂商聲五音。」徐養原云：「三孔，古籥也。五孔者，笛也。七孔者，笛之變也。後人因五孔之笛，遂併三孔者而亦笛之，張揖又併七孔之笛而籥之，胥失之矣。」

鄭衆、許慎説，管如篪，六孔。鄭玄云：「管如笛而小，併兩而吹之。今大予樂官有焉。」應劭云：「《禮樂記》，管，漆竹，長一尺，六孔。」郭璞云：「管，長尺圍寸，併漆之，有底。」賈公彦云：「《廣雅》：『管，象簫，長尺圍寸，八孔，無底。』八孔蓋傳寫誤，當從六孔爲正。與今本異。觀後鄭意，不與諸家同。」郝懿行云：「郭注有底，誤。」徐養原説，鄭意與諸家不異，蓋兩管各三孔，參差設之，併之而得六孔，管之形如兩籥。

鄭衆云：「篪，七空。」蔡邕云：「篪，六孔，有距，横吹之。」宋均云：「篪，吹孔有觜，如酸棗。」張揖云：「篪，以竹爲之，長尺四寸，八孔，一孔上出寸三分。」此據疏引，與今本異。郭璞云：「大篪長尺四寸，圍三寸，一孔上出寸三分，名翹，横吹之。小者尺二寸。」賈公彦云：「《禮圖》云篪九孔，司農云七孔，蓋傳寫者誤，當云八孔，或司農別有所見。」孔穎達云：「司農蓋不數其上出者，故七也。」郝懿行云：「或言觜，或言距，或言翹，皆指吹孔之上出者而言。《廣雅》八孔，《笙師》注七孔，《月令章句》六孔，《禮圖》九孔，《風俗通》又云十孔。或器有大小，或所傳異也。」以周案：聶氏引《禮舊圖》云「雅篪長尺四寸，頌篪長尺二寸」，與郭注合。凡言雅者，大于頌。

《三禮舊圖》云：「雅簫，長尺四寸，二十四彄。頌簫，長尺二寸，十六彄。」《月令章句》云：「簫，編竹有底，大者二十三管，小者十六管。」《廣雅》同《禮圖》，《爾雅》郭注同《章句》。《風俗通義》云：「簫，十管，長尺。」與諸書均異。

鄭玄云：「柷狀如漆筩，投椎于其中而撞之。敔狀如伏虎，背上刻之。」劉熙云：「柷如物始見柷柷然也，故訓爲始，以作樂也。敔狀如伏虎。敔，衙也，衙，止也，所以止樂也。」郭璞云：「柷如漆筩，方二尺四寸，深一尺八寸。」以周案：鄭説柷如漆筩，中有椎，説本先鄭《小師》注，後儒皆從之。《風俗通》引《禮樂記》云：「柷，方三尺五寸，高尺五寸，中有椎上通。」《廣雅》文同，並與郭注異。柷敔，《詩》作「柷圉」，傳云：「柷，木椌也。圉，楬也。」《樂記》作「椌楬」，注云：「椌楬謂柷敔。」

鄭玄云：「相即拊也，亦以節樂。拊者，以韋爲表，裝之以糠。糠一名相，因以名焉。」應劭云：「相，拊也，所以輔相于樂。」劉熙云：「搏拊，以韋盛糠，形如鼓，以手拍拊之也。」郝懿行云：「《樂記》『會守拊鼓』，是拊乃鼓屬，用以節樂，因名節鼓。《通典》云：『節鼓狀如博局，中開圓孔，適容其鼓，擊以節樂。』所説形狀與劉、鄭異。」以周案：拊與相渾言通，析言別。《樂記》曰「會守拊鼓」，又曰「治亂以相」，析言之也。拊形如鼓，曰拊鼓。相者，所以輔其拊鼓之箱也。拊以韋充糠，而以手拍之，其音不響，故下又用箱盛之，以助其聲。《通典》「狀如博局」云云，即其箱也。「適容其鼓」，謂容其糠韋之鼓，今《聶圖》猶然。郝氏誤以箱爲鼓，遂謂與劉、鄭異，失之。

惠士奇云：「拊名撫拍，以手拍之；牘名頓相，以手築之。拊中實，相中虚。康成合爲一，可乎！」以周案：《笙師》「舂牘應雅」，先鄭注：「舂牘以竹，其端兩空，髤畫，以兩手築地，大五六寸，長七尺，短者一二尺。」《舊唐書》：「舂牘，虚中如筩，無底，舉以頓地，如舂杵，亦謂之頓相。相，助也，以節樂也。」惠説本此。但舂牘雖有頓相之名，與《樂記》「治亂」之相自別；拊爲撫拍，亦謂之拍版，説更難據。

《考工記》：「鳧氏爲鍾，十分其銑，去二以爲鉦，以其鉦爲之銑間，去二分以爲之鼓間，以其鼓間爲之舞脩，去二分以爲舞廣。」鄭玄云：「此言鉦之徑居銑徑之八，而銑間與鉦之徑相應，鼓間又居銑徑之六，與舞脩相應。舞脩，舞徑也。舞上下促，以横爲脩，從爲廣。舞廣四分，今亦去徑之二分以爲之間，則舞間之方恒居銑之四也。舞間方四，則鼓間六亦其方也。鼓六，鉦六，舞四，此鍾口十者，其長十六也。凡言間者，亦爲從篆以介之。」金榜云：「間者，爲篆以介之，《記》云篆間是也。篆設于鉦，故目鉦之長爲鉦間，鉦外下至銑者爲銑間，下至于者爲鼓間矣。鐘體以銑徑十分爲度，自是以二差之，鉦徑八，舞脩六，舞廣四，其徑也。間之數恒應于徑，銑間與鉦徑相應，鼓間與舞脩相應，則鉦間宜與舞廣相應，亦以二差之可知。下《記》大鍾小鍾之厚，此鉦間減于鼓間之明文也。」以周案：鍾體上鉦下鼓，其兩角爲銑。《記》文銑間，據一面言，則鼓間、鉦間亦據一面爲文可知。其謂之間者，以有篆介之也。鍾有横篆以介其上下，又有從篆以介其間。鉦上、鼓下以横篆分，鉦間、鼓間以從篆分。注云：「凡言間者，亦爲從篆以介之。」亦者，亦横篆也。《記》「銑間謂之于」「以其鉦爲之銑間」，兩「銑間」皆以口言，當從鄭。「以其鼓間爲之舞脩」，即可知以其鉦間爲之舞廣，鉦間減于鼓間，此當以金説爲正。鄭以鼓間鉦間同方六，與下節「大鍾十分其鼓間，小鍾十分其鉦間」不可通。金氏解于之銑間以口言，鉦之銑間以旁言，同文異解，殊覺未當。

戴震云：「舞者，鍾體上覆。其脩六是爲橢圓大徑，其廣四是爲橢圓小徑，鍾之羨宜準此爲度矣。」金榜云：「鍾體，鉦上鼓下，舞者其上覆，故《記》變間言廣。鄭君以舞居鍾體之崇，謂今時或無鉦間，蓋誤以鉦當舞。」以周案：戴説可從。

程瑤田云：「古鍾羨而不圜，下鼓上鉦，其大致也。以十分之銑去二得八，爲鍾體上段之鉦，所去之二在下段者，鼓也。銑間八謂鍾口大徑，鼓間六爲鍾口小徑，如是則鍾口縱横之度得矣。舞脩六爲鍾頂大徑，舞廣四爲鍾頂小徑，如是則鍾頂縱横之度得矣。兩鉦之間曰鉦間，兩鼓之間曰鼓間，兩銑之間曰銑間。」以周案：《記》文銑間據一面立文，故鄭注鉦間、鼓間亦就一面爲説。凡言間者，有實地可指。程氏以爲兩面内徑相距之度，則諸言間者爲肉好之好，乃空處，非實地。如其所言，于之銑間爲弧背，鉦之銑間爲弧弦。同文異解，亦覺未安。

《記》：「是故大鍾十分其鼓間，以其一爲之厚；小鍾十分其鉦間，以其一爲之厚。」鄭玄云：「鼓鉦之間同方六，而今宜異，又十分之一，猶太厚，皆非也。若言鼓外鉦外，則近之。鼓外二，鉦外一。」金榜云：「鼓間六，鉦間四。」徐養原云：「此記厚薄之差，爲别聲之法也。鍾聲之清濁高下，分于厚薄，不分于大小。今言大鍾小鍾者，厚則大，薄則小也。十分鼓間以其一爲厚者，羽鍾也；十分鉦間以其一爲厚者，宫鍾也。大鍾聲小，小鍾聲大，舉其兩端以差次其中間，即各聲可得矣。鼓間鉦間既爲兩面相距之度，則十分之一以爲厚者亦總計其兩面，半之得二十分之一，則一面之厚也。惟舞之厚薄則其殺在内，故又有鍾大而短、鍾小而長之説。鄭以淺深二字釋短長，最爲精確。舞厚則淺，舞薄則深。以短長爲淺深，則知其爲中空所容，而外面初無短長也。『疾而短聞，舒而遠聞』，此乃聲音自然之道，非聲病。」以周案：鼓間鉦間之數，當從金説。徐氏從程易疇，以爲兩面相距之度，并謂十分之一爲其厚，亦據兩面言，似亦難信。其説大小在厚薄，短長即淺深，甚有理致，故備録之。

《考工記》：磬氏爲磬，倨句一矩有半，其博爲一，股爲二，鼓爲三。參分其股博，去一以爲鼓博。參分其鼓博，以其一爲之厚。已上則摩其旁，已下則摩其耑。」鄭玄云：「必先度一矩爲句，一矩爲股，而求其弦。取句股相等，各自乘，并之爲弦實，開方除之得弦。既而以一矩有半觸其弦，一矩有半大于所求之弦，張句股就之。則磬之倨句也。股，磬之上大者。鼓，其下小者，所當擊者也。以其股面廣、鼓面狹分大小。假令磬股廣四寸半者，股長九寸也，鼓廣三寸，長尺三寸半，厚一寸。」以四寸半爲法者，直取從此以下爲易計，非實法。以周案：鄭注之義，戴東原申之已明。見《圖説》。程易疇創爲異説，焦理堂已駁之。程氏又謂如鄭注，與車人爲耒之磬折不相應。不知《車人》「半矩謂之宣」，宣象人頭，「一柯有半謂之磬折」，磬折象帶以下，此以人爲法，其形直，祇取其長。磬之形曲，故以爲倨句之度。言各有當，豈可執一端例之邪？阮伯元又以爲古磬直縣，所謂摩其耑者，股之上角而尖，如圭之耑者也。摩其旁者，鼓之外邊乃厚一寸之處，非廣三寸之面也。耑之一字，直縣之確證。縣之而鼓或昂而上，是股重也，乃摩其股之耑，如此則輕重相稱而縣直矣。此與鄭注以上下爲聲之清濁亦異，别備一通。

陳祥道云：「《國語》：『細鈞有鍾無鎛，昭其大也。大鈞有鎛無鍾，甚大無鎛，鳴其細也。』蓋細鈞，角、徵、羽也；大鈞，宫、商也。細必和之以大，故有鍾無鎛；大必和之以細，故有鎛無鍾：則鎛小鍾耳。韋昭釋《國語》，杜預釋《左傳》，皆以鎛爲小鍾。案：杜注無鎛小之説。孔疏申杜，尚從鄭義。特康成曰鎛如鍾而大，孫炎、許慎、沈約之徒亦以爲大鎛。然《爾雅》『大鍾謂之鏞』，不謂之鎛。又《儀禮》鎛从薄，與鈸鎛之鎛同，則鎛爲小鍾之説，于理或然。」以周案：《國語》言細鈞無鎛，大鈞無鍾，則鎛大鍾細明矣，説詳《樂制門》。《宣和博古圖》載齊侯鎛鍾，云「此鍾名曰鎛，其形制乃大于鍾」，亦鄭之證。

鄭玄云：「鎛如鍾而大。」韋昭云：「鎛，小鍾。」陳祥道云：「《爾雅》『大鍾謂之鏞』，不謂之鎛。又《儀禮》鎛从薄，則小鍾説然也。」陳暘云：「鍾之小者爲鎛，不得與鏞比。鎛之爲用，其實編鍾也。編鍾之用，其實歌鍾也。一器而三異其名耳。」孔繼汾云：「鄭《書注》『鏞亦名鎛』。考《大射禮》『西階之西頌磬，其南鍾，其南鎛』，是鎛與編鍾明是二器，陳説不可爲訓。而鎛配特磬，鏞配鼖鼓，其制又各不同，鄭氏并而一之，亦非也。」《闕里文獻考》。以周案：陳説固非，孔説亦未當也。「鏞亦名鎛」出《爾雅》郭注，《書》鄭注無是語。郭云爾者，明《詩·書》之鏞即《禮》之鎛也。古書各有其例。《詩》以鎛爲錢鎛字，故大鍾字皆作「鏞」，不作「鎛」，《商頌》又借「庸」字爲之。《禮經》字作「鑮」，《周官》从省作「鎛」。《説文》鑮鏞連篆，皆云大鍾，亦合《詩·禮》爲一物。鎛爲鍾上横木之金花，别一義。凡金奏，先擊鍾，次擊鼓，見《鍾師》注。鼓以應鍾，故曰「賁鼓維鏞」。此即《鎛師》所謂掌金奏之鼓，鼓之以鼖鼓者也。

惠士奇云：「《説文》：『鑮，淳于之屬，所以應鍾磬也。』鑮即金錞。錞，錞于也。《鼓人職》『以晉鼓鼓金奏』，又云『以金錞和鼓』，謂擊晉鼓時以金錞和之。鎛師掌金奏之鼓者，晉鼓也。然則鎛即和鼓之錞明矣。錞圓如筩，甚薄，故一名鑮。以芒筒捋之，其聲甚震。」以周案：惠氏申許，别備一説。

《夏小正》：二月，剥鱓，以爲鼓。《考工記·韗人》：「凡冒鼓，必以啓蟄之日。」鄭玄云：「啓蟄，孟春之中也。」孔廣森云：「漢始以驚蟄爲正月中，故鄭云然。」然啓蟄與驚蟄似當有異。《月令》孟春之月，蟄蟲始振，所謂驚蟄也。仲春之月，日夜分，蟄蟲咸動，啓户始出，乃此所謂啓蟄之日也。《説文》：鼓，春分之音。」以周案：此蓋夏周異制也。孔説別備一義。

杜子春云：「土鼓，以瓦爲匡，以革爲兩面，可擊也。」鄭玄云：「蕢桴，蕢讀爲凷，聲之誤也。凷，塩也。謂摶土爲桴也。土鼓，築土爲鼓也。」以周案：桴，鼓槌。蕢，《周官·籥章》注引作「蒯」。陳《禮書》謂結草爲之，亦一義。土鼓者，築土爲鼓，當依鄭注。陳《禮書》云：「《禮運》『蒯桴土鼓』在中古未合土之前，與《壺涿氏》炮土之鼓異。」炮土之鼓謂瓦鼓也。建鼓、鼗鼓之説，詳《樂律門》。雷鼓、靈鼓、路鼓諸式，詳《圖説》，此不複著。右樂器。

鄭玄云：「《司弓矢》王、弧、夾、庾、唐、大，六者弓異體之名也。往體寡，來體多，曰王、弧。往體多，來體寡，曰夾、庾。往體來體若一，曰唐、大。豻侯五十步，近射，近射用弱弓，則射大侯者用王、弧，射參侯者用唐、大矣。」以周案：經、《記》並言天子之弓合九而成規，諸侯合七，大夫合五，士合三。鄭注《弓人》以爲夾、臾合五，王、弧合九，唐、大合七，賈疏因以王、弧爲天子之弓，唐、大爲諸侯之弓，夾、庾爲大夫之弓。此雖有合于彼注，與此注射大侯用王弧、參侯用唐大之説難通。殊不知《弓人》上句「往體多，來體寡」云云，皆以體言也；下句「利射侯與弋」云云，皆以用言也。弓必適用，豈可拘泥其體。鄭此注既以王、弧、唐、大、夾、庾六者爲異體之名，下又別著其射豻侯與大侯、參侯之異用，亦以見公有用王、弧，大夫有用唐、大，未可拘泥其體也。竊謂弓分三等，而各有貳以副其正者，正以昭定體，副以備臣下之用也。弧弓爲王弓之副。王讀如王棘之王，王，大也。《記》謂之「越棘大弓」。王弓往體寡，來體多，信爲天子合九成規之弓也。而天子將祭，選貢士于澤中，射甲革椹質，或可用合九之王弓；諸侯選士于澤，自用往體寡之弧弓焉。《説文》：「弧，木弓也。」其體似同，其材有別矣。唐弓即彤弓，大弓即玈弓，故「以授勞者」鄭注引晉文侯、文公受王弓矢以證。考文侯、文公之受賜，兼彤弓、玈弓，是唐、大一彤一玈也。唐、大以體言，彤玈以色言。唐弓往體來體若一，信爲諸侯合七成規之弓也。而大夫以下之習射與射深，有宜用往來體一之弓者，又別有大弓焉。唐大本一義，皆以幹之厚大得名。夾庾亦一義，又以幹之薄弱得名。庾當從《記》作「臾」。《説文》：「束縛捽抴爲臾。」束縛謂之夾，捽抴謂之臾。夾弓往體多，來體寡，信爲大夫合五之弓也。而士射豻侯及弋鳥獸，有宜用往體多之弓，又別有臾弓焉。夾、臾之異唐、大，在合規之定體；大之異唐，臾之異夾，又在正副之適用，而設色亦有別焉。何注《公羊》引《禮》曰：「天子雕弓，諸侯彤弓，大夫嬰弓，士盧弓。」由此言之，王弓畫，弧弓素，唐弓彤，大弓玈，夾弓青，嬰青色説，詳《軍禮司馬法考徵》。臾弓黸。其體同于上，其色別于下，未之或踰矣。又案：王、弧、唐、大、夾、臾皆以弓體言，鄭注是。然鄭注亦有可疑者。經「夾、臾以授射豻侯」，舉豻以晐參、大兩侯也，故《弓人》通謂之利射侯。鄭以豻侯五十步爲近射，用弱弓，因謂大侯用王、弧，參侯用唐、大，是謂遠射宜用强弓矣。顧《弓人》記析幹之法，明言「射遠者用埶，射深者用直」，鄭彼注云：「埶謂形勢，曲埶宜薄，直則可厚」，則遠射宜用曲埶之夾、臾，有明證矣。而謂豻侯近用夾、臾，大侯、參侯遠須用强直之弓，非顯與《記》文違戾與？鄭亦自知其説之難通，又于《弓人》「夾、臾利射侯，王弓利射革與質」注自圓其義云：「侯非必遠，顧埶弓者材必薄，薄則弱，弱則矢不深，中侯不落。大夫士射侯矢落不獲。」并引《大射禮》「揚觸梱復」以證成天子射用王弓。其實，《大射》所謂梱復者，謂矢因叩擊而退復，即此注所謂矢落是也。矢落非穿侯而去。梱復者，正其不用强直之弓故也。王、弧之屬利射甲革椹質，即下文所謂「澤共射椹質之弓矢」。澤爲田獵之處，用王、弧之屬，所謂「鄉之取也于囿中，勇力之取」是也。既澤而後射于射宮，用夾、臾之屬，所謂「今之取也于澤宮，揖讓之取」是也。説詳《射禮門》。王、弧强，夾、臾弱，鄭注是。俗儒反其説，與《記》文「射遠用埶，射深用直」語背。

鄭玄云：「八矢：枉、殺、矰、恒，弓所用也；絜、鍭、茀、庳，弩所用也。枉矢取名變星，飛行有光，今之飛矛是也，或謂之兵矢，絜矢象焉，二者皆可結火以射敵。殺矢，言中則死，鍭矢象焉，鍭之言候也，二者皆可以伺候射敵之近者及禽獸。結繳于矢謂之矰，茀矢象焉，茀之言刜也，二者皆可以弋飛鳥，刜羅之也。恒矢，安居之矢也，庳矢象焉，二者皆可以散射，謂禮射及習射也。鄭司農庳讀爲人罷短之罷。玄謂讀如痺病之痺，痺之言倫比。」以周案：《秋官·庭氏》「以大陰之弓與枉矢射妖鳥之神」，此枉矢用諸弓之證也。《六韜》云：「古之枉矢，號曰飛兵，大黄、參連弩用之。」依鄭義言之，此即《經》之絜矢。絜矢象枉矢，故亦有枉矢之名，復稱之爲飛梟云。必據《六韜》以破鄭，以爲枉矢用諸弩，而不顧《庭氏》之文，可謂目不見睫矣。鍭本矢鏃之通稱。《爾雅》「金鏃翦羽謂之鍭，骨鏃不翦羽謂之志」，《既夕記》「猴矢」與「志矢」對文，明爲金鏃之通名矣。《詩·行葦》之「四鍭」與「敦弓」連文，依鄭義言之，爲恒矢之通稱。毛傳云「鍭矢參亭」，即此注所謂「恒矢前後訂」是也。必執《行葦》詩以難鄭，以爲鍭矢用諸弓，而不顧毛傳之「參亭」非一在前、二在後之鍭矢，亦可謂言不師古矣。鄭注四弓四弩之分，雖未必盡確，較之王氏《詳説》、惠氏《禮説》諸家實勝，故申其義。又案：八矢不必如鄭分四弓四弩，以經文定之，八矢同用諸弓。《庭氏》以枉矢配大陰之弓，是枉矢用弓之證。《輈人》以「弧旌枉矢」連文，象天星狼下有弧弓枉矢，是枉矢用弧之證。此斥王、惠家説。此經「王、弧以授射甲革椹質」，射甲革用兵矢，射椹質用田矢，故下又云「澤共射椹質之弓矢」。澤即《射義》「習射于澤」之澤，亦即《曲禮》「春田不圍澤」之澤，謂田獵習武之射也。田獵與軍旅同尚貫革射，故《矢人職》兵矢、田矢同科。鄭注以田矢爲矰矢，非是。「枉、絜利火射，用諸守城、車戰；殺、鍭用諸近射、田獵」。近射法攻守，田獵法車戰，此與「王弓、弧弓之授射甲革椹質」合，則王、弧之弓兼用枉、絜、殺、鍭四矢也。凡矢前重者宜用强弓，前輕者宜用弱弓。八矢以殺、鍭爲尤重，例用王、弧。枉、絜亦較矰、茀爲重者也。俗儒以枉、絜配王、弧，以殺、鍭之尤重與矰、茀同配夾、臾，既乖用弓之例；鄭注此近射爲射敵之近者，是其「夾臾」注以射豻侯爲近射，非也。俗儒以殺、鍭之近射，并諸夾、臾之射豻侯，尤乖經意。「矰、茀用諸弋射」，與夾弓、臾弓以授射鳥獸者合，則夾、臾之弓用矰、茀二矢也。「恒、庳用諸散射」，注「謂禮射及習射」，與「唐弓、大弓以授學射者」合，則唐、大之弓用恒、庳二矢也。四弩與夾、臾、唐、大之弓同名，則弩之「夾、臾利攻守者」，與夾、臾弓同用弋射矰、茀矢；弩之「唐、大利車戰野戰」者，與唐、大弓同用散射恒、庳矢。弩無王、弧。近人偏説四弩同用王、弧之枉、絜矢，殊謬。經止四弩，無王、弧。據《六韜》又有大黄、參連弩用枉矢，蓋大黄即王，參連即弧，亦兼用枉、絜、殺、鍭與。録此備考。又案：注云「枉矢今之飛矛」，謂漢之飛虻也。《文選·閒居賦》「激矢虻飛」，李注引《東觀漢紀》「光武作飛虻箭，以攻赤眉」是也。《廣雅》：「飛蝱、矰、笰、矢拔，箭也。」虻即蝱之省。枉矢之枉，爲飛蝱之合音。殺矢之殺，爲矢拔之合音。王氏《疏證》以拔爲矢末，訛。茀矢作「笰」，古从竹之字多作艸，茀笰皆假借字，以刜爲正。《方言》：「凡箭鏃，胡合嬴者四鐮，郭注：「胡，鏑在于喉下。嬴，邊也。鐮，棱也。」或曰鈎腸。三鐮者謂之羊頭。其廣長而薄鐮者謂之錍，或謂之鈀。《廣韵》引《方言》注云：「江東呼錍箭曰鈀。」其三鐮長六尺者謂之飛虻。郭注：「此謂今射箭。」内者謂之平題。郭注：「今戲射箭，頭平。題猶頭也。」」鏃胡合嬴者，喉下有鏑，故或謂之鈎腸。鍭矢象殺矢，鍭之言喉，其鏃胡合嬴者與？庳矢即錍箭。以其鐮之薄言，謂之庳矢；以其鏃之廣長言，謂之恒矢。飛虻法古枉矢，云長六尺，蓋漢制。平題又法古志矢也。

鄭玄云：「枉、絜前于重，後衍文。微輕，行疾也。殺、鍭前尤重，中深而不可遠也。矰、茀前于重，又微輕，行不低也。恒、庳前後訂，其行平也。凡矢之制，枉矢之屬，五分，二在前，三在後。殺矢之屬參分，一在前，二在後。矰矢之屬七分，三在前，四在後。恒矢之屬軒輖中，所謂志也。」先鄭《矢人》注：「參分一在前，謂箭稾中鐵莖居參分殺一以前。」以周案：鄭注枉、絜、殺、鍭、矰、茀之重輕，本《矢人》文定之。恒、庳爲軒輖中，本《既夕記》。注又謂之前後訂，謂前後平也。《稾人》云：「矢八物，分三等。」注既云於重，又云微輕、尤重及平者，明八矢有三等之差也。矢稾之長三尺，刃長二寸，並見《矢人》注。《治氏》云：「殺矢，刃長寸，圍寸，鋌十之，重三垸。」云刃長寸者，戴氏謂「矢匕中博，自博處至鋒長寸」，是也。博後又寸，其足之入稾中者十其刃長，與參分一在前之一尺齊，故鄭謂之尤重。蓋矢刃不能過短，亦不能過輕，以博前寸、博後寸爲準。其重輕分爲三等者，就鋌之長短定也。程氏以枉、絜、殺、鍭、矰、茀六矢分三等，恒、庳骨鏃不數，未是。恒、庳亦金鏃也。《爾雅》「骨鏃不翦羽謂之志」，爲《既夕記》之「志矢」發，此屬明器，故用骨耳。鄭注引「志矢」以證恒、庳之前後訂，可也；程氏因謂恒、庳矢亦用骨，斯謬矣。

杜預云：「『董澤之蒲，可勝既乎』。蒲，楊柳，可以爲箭。既，盡也。」陸璣云：「蒲柳有兩種。皮正青者，曰小楊。其一種皮紅者，曰大楊。其葉皆長，廣于柳葉，可爲箭幹。今又以爲箕罐之楊也。」梁履繩云：「葉隆禮《契丹國志》云：『西樓有蒲，瀕水叢生，一幹，葉如柳，長不盈尋丈，用以作箭，不矯揉而堅。』矢菆之蒲，此其類，非蒲柳。」以周案：蒲，舊訓蒲柳，取質直而韌滑也。古人用矢，有取木之堅者，如荆之楛是也。有取竹之堅勁者，如揚之篠，荆之箘簬是也。蒲柳不能如楛箘簬之堅勁，而取以爲材者，楛箘簬諸矢利于殺，所謂殺矢是也；蒲菆主乎傷，不主乎殺，所謂鍭矢是也。知莊子志在傷人而生獲之，故每抽矢菆而又納諸房者，欲取人子之貴者以易其子，曰「吾不可以苟射」，此鍭矢之所以爲候也。既與塈古通。毛傳云：「塈，取也。」可勝既乎，言不勝取。注訓「盡」，不辭。

鄭玄云：「夫襓，劍衣也。夫或爲煩，皆發聲。」熊安生云：「《廣雅》『夫襓，木劍衣』，謂以木爲劍衣，若今刀榼。」孔穎達云：「襓字從衣，當以繒帛爲之。」以周案：《廣雅》云：「袟、襓、[衤朮]，劍衣也。袷、室、郭，劍削也。」曹憲袟音扶，[衤朮]，陳律反。《廣雅》劍衣、劍削，分別言之，劍削稱袷。《説文》「袷，劍柙也」，是以木爲之。《說文》「削，鞞也」，字亦作「鞘」，是以皮爲之。則用木用皮者曰劍削。其曰劍衣者，明用布帛爲之，故字皆从衣。熊氏引作「木劍衣」，不辭，且何以别劍削之袷也。王氏《疏證》據以爲說，未是。

《考工記·冶氏》：「戈廣二寸，内倍之，胡三之，援四之。」鄭玄云：「戈，今句孑戟也。内謂胡以内，接柲者也，長四寸。胡六寸，援八寸。」鄭司農云：「『援，直刃也。胡，其孑。』」惠士奇云：「《廣雅》：『雄戟』，胡中有鉅者。鉅與距同。橫捷曰鉅，亦曰内，謂胡以内橫，捷于戟者也。旁出爲枝，是爲胡。著柲直前爲援，援上爲刺，胡下爲句，胡中爲内。孔疏：『孑者，擊刺之兵，有上刺之刃，又有下鉤之刃。』《晏子》曰：『崔杼劫大夫盟，戟拘其頸，劍承其心。』曲刃鉤之，直兵推之。』鉤者形曲如鉤而内利，以拘牽而害人。《禮圖》畫戟兩旁有枝，胡中無鉅，三鋒向上而下無鉤，此聶氏之臆造也。賈疏謂援七寸半，亦以三寸爲橫，四寸半向上爲磬折。如其說，則援亦曲矣，與胡何别乎？且安得有著柲直前之刺也。以此知賈說非也。」以周案：《聶圖》非，賈疏不誤。《急就篇》有「鑲鉤」，注云：「鑲者，其刃卻偃而外利。」此以戈胡言。若戟胡向下，雖有鋒，而内與外俱不利也。惠氏多牽說。戈戟之制，以江戴二說爲詳明，具詳後《圖說》。

賈逵說，「旝動而鼓」，旝爲發石，一曰飛石。《范蠡兵法》，飛石重二十斤，本作「十二」。爲機發行三百步。本作「二百」。許慎云：「旝建大木，置石其上，發機以磓敵。」杜預云：「旝，旃也，通帛爲之，蓋今大將之麾也。」孔穎達云：「旝之爲旃，文無所出。旝字从㫃，旌旗之類，故知旝之爲旃。」以周案：許从賈說。近之治《說文》者，紛紛增改，皆不足據。說詳《經說略·釋旝》。《說文》旝旃二篆並列，其義相對。旃爲旗之曲柄，所以旃段注：「當爲展，展旃雙聲。」表士衆；旝爲旗之大木，所以機發磓石者也。「旝建大木」，連篆讀之，其義自明，《說文》多此例。何煩後人增改。杜注訓旃，本屬無稽，孔疏已獻其疑。段氏確信杜說，亦言旝之非旃。而旃爲旗之曲柄，可展，旝爲旗之大木，不可以麾，段氏終未明也。《詩》之「其會如林」，不必定從《三家》作「旝」；而傳之旝義，自以賈、許爲正。凡軍行，先旗鼓，常法也。鄭莊爲魚麗陳，以奇制勝。旝動而鼓者，謂先以飛石遠磓敵人于三百步之外，而後鼓譟以進，敵自驚潰也。古軍用矢石，見《春秋傳》。用金石，見《周官》。飛石，古法也。右兵器。

鄭玄云：「《輈人職》『龍旂九斿』，諸侯所建；『鳥旟七斿』，州里所建；『熊旗六斿』，師都所建；『龜蛇四斿』，縣鄙所建。」以周案：此記天子旗斿之異，且以示諸侯以下之準也。天子太常十有二斿，龍章而設日月，旗旟以下斿數遞減，此猶天子冕服十有二章，又有九章、七章、五章、三章之冕服也。公卿以下之旗斿，各視其命數，然旂旟旗旐宜準天子之數，有減而無加。如諸侯建旂，公亦九斿，侯伯七斿，子男五斿，龍旂同而斿數減矣。則師都建旗爲鄉遂中大夫，其旗宜減爲五斿，州里建旟爲鄉遂下大夫、士，其旟宜減爲四斿、三斿，此所以昭命數也。若諸侯而用旗，亦止六斿，諸侯而用旐，亦止四斿，不得以命數遞加，此又所以昭定數也。如鄭注義，州里而建七斿之旗，於《典命》紊矣。或又謂天子之旗概用十二斿，亦乖傳記。

鄭玄云：「通帛爲旜，謂大赤，從周正色，無飾。雜帛爲物者，以帛素飾其側。全羽爲旞，析羽爲旌，皆以五采繫之于旞旌之上。」以周案：《大司馬》中夏茇舍，辨號名之用；中秋治兵，辨旗物之用。旗物，大旗也。號名，旗之細也。《司常》所言旜物旞旌，皆大旗；下又别言畫事名號之象，爲旗之細者。《舊圖》以號名之細者當此旜物旞旌，皆謬；而旞旌有羽無帛，更謬。旞旌明在九旗中，又鄭註明言「九旗之帛」，無帛何以謂之旗乎？羽注竿首，鄭注甚明。今乃編羽爲旗，與翿旌全無區别，皆圖者失其傳也。具詳後《名物圖說》。右旗。

《考工記·陶人》「爲甗，實二鬴，厚半寸，脣寸。甑，實二鬴，厚半寸，脣寸，七穿」。鄭衆云：「甗，無底甑。」鄭玄云：「甗如甑，一孔。」以周案：《孟子》曰「以釜甑爨」。甗甑皆炊飯之器，所異者七穿一穿耳。《說文》云：「甗，甑也，一穿。」注云「一孔」，即一穿也。七穿穿小而有底，一穿穿大，故先鄭謂之無底。其炊時，必有箅以爲之蔽，乃可加米于其上。

鄭玄云：「筲容斗二升。」許慎云：「筲，筥也。」以周案：《廣雅》：「筲，籅也。」籅即筥字。筥半斛，與鄭注異。《文選·王命論》注引《漢書音義》「筲受一斗」，則斗筲又無别，宜從鄭注。

《考工記·㮚氏》「爲量，深尺，内方尺而圜其外，其實一鬴；其臀一寸，其實一豆；其耳三寸，其實一升；重一鈞，其聲中黃鍾之宮」。鄭玄云：「四升曰豆，四豆曰區，四區曰鬴。鬴六斗四升也。鬴十則鍾，方尺，積千寸，于今粟米法少二升八十一分升之二十二。其數必容鬴。此言内方耳，圜其外者謂之脣。故書臀作脣，杜子春云：『當爲臀，謂覆之其底深一寸也。』耳在旁，可舉也。鈞重三十斤。」賈公彦云：「算法，方一尺，深尺六寸二分，容一石。」錢塘云：「鬴之臀爲豆，則深一寸而方八寸，方自乘爲豆法也。其耳爲升，則方三寸而深寸有八分，方自乘以乘深而爲升法也。」徐養原云：「劉歆斛制，方尺而圓其外，此倣《考工記》而失之者。鄭注『圓其外者謂之脣』，此陰駁劉歆也。鬴之形，底小而口大，内謂鬴底，外謂鬴口。鬴底方尺，向上漸大，近口處乃遶而圓之，非立方也。其耳三寸，不言深與方，則立方三寸矣。」以周案：《九章》粟米斛法，一尺六寸二分。王莽嘉量，斛積千有六百二十寸，斗積百六十二寸。以是推之，鬴積應有千零三十六寸八百分。古鬴僅有積千寸，是少漢法三十六寸八百分。以升法一六二除之，得二升一百六十二分升之四十四，以二約之，故曰「少二升八十一分升之二十二」。《九章》之法不合于《考工記》，鄭注已言之。王莽嘉量，布算疏舛，祖沖之亦駁之。則古量當以《考工記》爲據。以今量言之，其所容約得九升七合七勺弱。臀一寸以深言，耳三寸亦當以深計。錢氏以一深一方互言之，未是。徐新田說鬴與臀皆非立方，其耳則立方三寸，說亦難據。戴東原說，臀徑計九寸一分有奇，深一寸；耳徑二寸六分有奇，深三寸。此言得之。

《漢律曆》云：「量起黄鍾之龠，以子穀秬黍中者千有二百實其龠，合龠爲合，十合爲升，十升爲斗，十斗爲斛，而五量嘉焉。其法用銅，方尺而圜其外，旁有庣焉。其上爲斛，其下爲斗，左耳爲升，右耳爲合龠。句絶。其狀似爵，以縻爵禄。上三下二，參天兩地，案：上三謂中斛、左升、右合，下二謂中斗、右龠。圜而函方，左一右二，陰陽之象。案：左一謂左耳升，右二謂上耳合、下耳龠。右有二耳，龠在右下，此有明徵。聶氏《禮圖》有合無龠，固不足據；陳暘《樂書》龠在斛之右中，于「下二」之文，亦不可通；今金石家所拓漢量，尤失其制。其重二鈞，備氣物之數，合萬有一千五百二十，聲中黄鍾。」以周案：班氏《律志》本諸劉歆。歆爲王莽作銅斛，依倣《考工記》爲之。鄭注謂栗氏之鬴，準以《九章算術》方一尺，深一尺六寸二分，容一石之數，尚少二升八十一分升之二十二。劉歆所作之斛，其法以銅，方尺而圜其外，以圜函内，其四旁必有垗畔，故曰旁有庣焉。鄭氏注謂「算方一尺，所受一斛，過九氂五豪，然後成斛」，則其斛所容亦如古鬴所少之數，而旁庣所以補之也。本志「一龠容千二百黍，重十二銖」。合龠爲合，謂合二龠，重一兩也。一斛重千兩，而云重二鈞，爲九百六十兩，尚少四十兩，即其庣所補也。其不以此入斛者，爲聲不能中黄鍾也。然則劉歆作量之巧，全在旁庣，而解者多昧之，聶崇義并誤認爲斛耳矣。至一鈞之聲中黄鍾之宫，二鈞之聲中黄鍾，以黄鍾之管九寸，黄鍾之宫半之，凡鍾律倍半，其聲相應。程沙隨以器之大小爲疑，非也。然鍾律之難言久矣，本朝校驗漢斛，其聲止中太蔟。古鬴之中黄鍾之宫，《周官義疏》亦有疑辭。

《記》「概而不税」。鄭衆云：「令百姓得以量而不租税。」賈公彦云：「《鄭志》，趙商問：『栗氏爲量，概而不税，《廛人職》有税何？』荅曰：『官量不税。』此官量鎮在市司，所以勘諸廛之量器以取平，故不税。彼廛人所税，在肆常用者也。」戴震云：「平鬴區曰概。」方希原曰：「税者，脱然突起，高于量也。言概平之，不使滿出。」以周案：税讀爲鋭，字亦作「兑」。凡斗米于斛中，必鋭然隆起，概而平之，斯不鋭矣。鄭注未當。方說近是，但讀税爲脱，脱無突起之義，復以滿出足之，義亦曲，未可從。

《聘禮記》：「十斗曰斛，十六斗曰籔，十籔曰秉，二百四十斗，四秉曰筥。」鄭玄云：「秉十六斛。今江淮之間量名有爲籔者。今文籔爲逾。四秉曰筥，此秉謂刈禾盈手之秉也。筥，穧名也。今萊易之間易亦作「易」，或又作「陽」，皆誤。刈稻聚把，有名爲筥者。」以周案：《記》文「四秉曰筥」，秉爲禾名，與籔秉之秉異。《聘禮》「米百筥，筥半斛」，與筐筥之筥亦不同。鄭注分别上下，文義甚明。許氏《異義》云：「《周禮》：有軍旅之歲，百畮之賦出禾二百四十斛，芻秉二百四十觔，釜米十六斗。」其誤在混合兩秉之名也。籔今文爲逾，《國語》注引《記》文作「庾」。藪、逾、庾皆借字，依《說文》，量名字當作「斞」。胡墨莊說，今文逾當作「匬」，《說文》匬下云「甌匬器也」，《玉篇》「匬，器受十六斗」，此即《論語》「與之庾」之庾。包注「十六斗爲庾」，與賈逵《左傳》注唐固《國語》注皆合。似未必然。

包咸說《論語》「與之庾」，庾，十六斗。鄭玄說《陶人》「庾實二觳」，觳受斗二升，庾爲二斗四升。以周案：始與之釜六斗四升，所益之數不得過于始與，包說非也。義當從《記》。

《左傳》，晉趙鞅「遂賦晉國一鼓鐵以鑄刑鼎」。服虔云：「鼓，量名也。《曲禮》曰：『獻米者操量鼓。』」杜預云：「令晉國各出功力，共鼓石爲鐵，計令一鼓而足。」孔穎達云：「鼓可操之以將命，即豆區之類，非大器也。惟用一鼓，不足以成鼎。家賦一鼓，又太多。且金鐵之物，當稱之以權衡，數之以鈞石，詎容量米之器量之哉！」一說，《小爾雅》「石四謂之鼓」。王肅亦云「三十斤謂之鈞，鈞四謂之石，石四謂之鼓」，蓋用四百八十觔鐵爲之。一說，四百八十觔物，豈所易操？鼓非量名，蓋衡之别稱也。由《小爾雅》「二十四銖曰兩」推之，「鈞四謂之石，石四謂之鼓」，則鼓爲衡之大數也。石四萬六千八十銖，鼓十八萬四千三百二十銖。以周案：《廣雅》云：「斛謂之鼓。」《小爾雅》云：「四石謂之鼓。」《禮記

音義》引《隱義》云：「樂浪人呼容十二石者爲鼓。」鼓之爲數雖不同，其爲量名自古，《管子》曰「釜鼓滿者人概之」，是其證也。如以鐵之數宜以權稱，遂決鼓非量名，則米之數古以量稱，《曲禮》何復曰「操量鼓」乎？獻米者止操其量之器，不操其米，故曰「操量鼓」，鼓爲量名無疑。「一鼓鐵」自以衡言爲是。惠氏《左傳補注》謂石四之鼓與「容十二石爲鼓」義合，失察。林氏《三禮通釋》以孔疏駁服注之言爲服注語，亦失察。

綜述

《左傳・襄公二十六年》 左師見夫人之步馬者，問之，對曰：「君夫人氏也。」左師曰：「誰爲君夫人？余胡弗知？」圉人歸，以告夫人。夫人使饋之錦與馬，先之以玉，曰：「君之妾棄使某獻。」左師改命曰「君夫人」，而後再拜稽首受之。

《尚書》卷《堯典》 歲二月，東巡守，至於岱宗，柴。望秩於山川，肆覲東后。協時月，正日，同律、度、量、衡。修五禮、五玉、三帛、二生、一死贄，如五器。卒乃復。

《禮記》卷四《王制》 析言破律，亂名改作，執左道以亂政，殺。作淫聲、異服、奇技、奇器以疑衆，殺。行僞而堅，言僞而辯，學非而博，順非而澤以疑衆，殺。假於鬼神、時日、卜筮以疑衆，殺。此四誅者，不以聽。凡執禁以齊衆，不赦過。

有圭璧金璋，不粥於市。命服命車，不粥於市。宗廟之器，不粥於市。犧牲不粥於市。戎器不粥於市。用器不中度，不粥於市。兵車不中度，不粥於市。布帛精粗不中數，幅廣狹不中量，不粥於市。姦色亂正色，不粥於市。錦文、珠玉成器，不粥於市。衣服飲食，不粥於市。五穀不時，果實未熟，不粥於市。木不中伐，不粥於市。禽獸魚鱉不中殺，不粥於市。關執禁以譏，禁異服，識異言。

《墨子》卷一《辭過》 子墨子曰：古之民未知爲宮室時，就陵阜而居，穴而處。下潤濕傷民，故聖王作，爲宮室。爲宮室之法，曰：室高足以辟潤濕，邊足以圉風寒，上足以待雪霜雨露，宮牆之高足以別男女之禮，謹此則止。凡費財勞力不加利者，不爲也。是故聖王作，爲宮室便於生，不以爲觀樂也。故節於身，誨於民，是以天下之民可得而治，財用可得而足。當今之主，其爲宮室則與此異矣。必厚作斂於百姓，暴奪民衣食之財，以爲宮室臺榭曲直之望、青黄刻鏤之飾。爲宮室若此，故左右皆法象之。是以其財不足以待凶饑，振孤寡，故國貧而民難治也。君實欲天下之治而惡其亂也，當爲宮室，不可不節。

古之民未知爲衣服時，衣皮帶茭，冬則不輕而温，夏則不輕而清。聖王以爲不中人之情，故作，誨婦人治絲麻，梱布絹，以爲民衣。爲衣服之法：冬則練帛之中，足以爲輕且暖；夏則絺綌之中，足以爲輕且清。謹此則止。故聖人之作，爲衣服帶履，便於身，不以爲辟怪也。爲衣服，適身體，和肌膚而足矣，非榮耳目而觀愚民也。故民衣食之財，家足以待旱水凶饑者，何也？得其所以自養之情，而不感於外也。是以其民儉而易治，其君用財節而易贍也。府庫實滿，足以待不然。兵革不頓，士民不勞，足以征不服。故霸王之業可行於天下矣。當今之主，其爲衣服，則與此異矣。冬則輕煗，夏則輕清，皆已具矣。必厚作斂於百姓，暴奪民衣食之財，以爲錦繡文采靡曼之衣，鑄金以爲鉤，珠玉以爲珮，女工作文綵，男工作刻鏤，以爲身服。此非云益煗之情也，單財勞力，畢歸之於無用也。以此觀之，其爲衣服，非爲身體，皆爲觀好。是以其民淫僻而難治，其君奢侈而難諫也。夫以奢侈之君御好淫僻之民，欲國無亂不可得也。君實欲天下之治而惡其亂，當爲衣服，不可不節。

《鬼谷子》卷上《反應》 故知之始己，自知而後知人也。其相知也，若比目之魚。其伺言也，若聲之與響；見其形也，若光之與影也；其察言也，不失若磁石之取針，舌之取燔骨。其與人也微，其見情也疾。如陰與陽，如陽與陰；如圓與方，如方與圓。未見形圓以道之，既見形方以事之。進退左右，以是司之。己不先定，牧人不正，事用不巧，是謂「忘情失道」；己審先定以牧入，策而無形容，莫見其門，是謂「天神」。

《國語》卷一七《楚語上・范無宇論國爲大城未有利者》 靈王城陳、蔡、不羹，使僕夫子晳問於范無宇，曰：「吾不服諸夏而獨事晉何也，唯晉近我遠也。今吾城三國，賦皆千乘，亦當晉矣。又加之以楚，諸侯其來乎？」對曰：「其在志也，國爲大城，未有利者。昔鄭有京、櫟，衛有蒲、戚，宋有蕭、蒙，魯有弁、費，齊有渠丘，晉有曲沃，秦有徵、衙。叔段以京患莊公，鄭幾不克，櫟人寔使鄭子不得其位。衛蒲、戚寔出獻公，宋蕭、蒙寔弑昭公，魯弁、費寔弱襄公，齊渠丘寔殺無知，晉曲沃寔納齊師，秦徵、衙寔難桓、景，皆志於諸侯，此其不利者也。

「且夫制城邑若體性焉，有首領股肱，至於手拇毛脈，大能掉小，故變而不勤。地有高下，天有晦明，民有君臣，國有都鄙，古之制也。先王懼其不帥，故制之以義，旌之以服，行之以禮，辯之以名，書之以文，道之以言。既其失也，易物之由。夫邊境者，國之尾也，譬之如牛馬，處暑之既至，蝱蠆之既多，而不能掉其尾，臣亦懼之。不然，是三城也，豈不使諸侯之心惕惕焉。」

《史記》卷八《高祖本紀》 ［漢八年］蕭丞相營作未央宫，立東闕、北闕、前殿、武庫、太倉。高祖還，見宫闕壯甚，怒，謂蕭何曰：「天下匈匈苦戰數歲，成敗未可知，是何治宫室過度也？」蕭何曰：「天下方未定，故可因遂就宫室。且夫天子以四海爲家，非壯麗無以重威，且無令後世有以加也。」高祖乃説。

《史記》卷一二《孝武本紀》 上還，以柏梁烖故，朝受計甘泉。公孫卿曰：「黄帝就青靈臺，十二日燒，黄帝乃治明庭。明庭，甘泉也。」方士多言古帝王有都甘泉者。其後天子又朝諸侯甘泉，甘泉作諸侯邸。勇之乃曰：「越俗有火烖，復起屋必以大，用勝服之。」於是作建章宫，度爲千門萬户。前殿度高未央。其東則鳳闕，高二十餘丈。其西則唐中，數十里虎圈。其北治大池，漸臺高二十餘丈，名曰泰液池，中有蓬萊、方丈、瀛洲、壺梁，象海中神山龜魚之屬。其南有玉堂、璧門、大鳥之屬。乃立神明臺、井幹樓，度五十餘丈，輦道相屬焉。

《史記》卷一二九《貨殖列傳》 《老子》曰：「至治之極，鄰國相望，鷄狗之聲相聞，民各甘其食，美其服，安其俗，樂其業，至老死不相往來。」必用此爲務，晚近世涂民耳目，則幾無行矣。

太史公曰：夫神農以前，吾不知已。至若《詩》《書》所述虞、夏以來，耳目欲極聲色之好，口欲窮芻豢之味，身安逸樂，而心夸矜勢能之榮。使俗之漸民久矣，雖户説以眇論，終不能化。故善者因之，其次利道之，其次教誨之，其次整齊之，最下者與之争。

夫山西饒材、竹、穀、纑、旄、玉石，山東多魚、鹽、漆、絲、聲色，江南出楠、梓、薑、桂、金、錫、連、丹沙、犀、瑇瑁、珠璣、齒、革，龍門、碣石北多馬、牛、羊、旃、裘、筋、角，銅、鐵則千里往往山出棊置。此其大較也。皆中國人民所喜好，謡俗被服飲食，奉生送死之具也。故待農而食之，虞而出之，工而成之，商而通之。此寧有政教發徵期會哉？人各任其能，竭其力，以得所欲。故物賤之徵貴，貴之徵賤，各勸其業，樂其事，若水之趨下，日夜無休時，不召而自來，不求而民出之。豈非道之所符而自然之驗邪？

《周書》曰：「農不出則乏其食，工不出則乏其事，商不出則三寶絶，虞不出則財匱少。」財匱少而山澤不辟矣。此四者，民所衣食之原也。原大則饒，原小則鮮。上則富國，下則富家。貧富之道，莫之奪予，而巧者有餘，拙者不足。故太公望封於營丘，地潟鹵，人民寡，於是太公勸其女功，極技巧，通魚鹽，則人物歸之，繦至而輻湊。故齊冠帶衣履天下，海岱之間斂袂而往朝焉。其後齊中衰，管子修之，設輕重九府，則桓公以霸，九合諸侯，一匡天下，而管氏亦有三歸，位在陪臣，富於列國之君。是以齊富强至於威、宣也。

故曰：「倉廪實而知禮節，衣食足而知榮辱。」禮生於有而廢於無。故君子富，好行其德，小人富，以適其力。淵深而魚生之，山深而獸往之，人富而仁義附焉。富者得勢益彰，失勢則客無所之，以而不樂。諺曰：「千金之子，不死於市。」此非空言也。故曰：「天下熙熙，皆爲利來，天下壤壤，皆爲利往。」夫千乘之主、萬家之侯、百室之君尚猶患貧，而况匹夫編户之民乎！

《漢書》卷二八《地理志上》 右扶風，故秦内史，高帝元年屬雍國，二年更爲中地郡。九年罷，復爲内史。武帝建元六年分爲右内史，太初元年更名主爵都尉爲右扶風。户二十一萬六千三百七十七，口八十三萬六千七十。縣二十一：渭城，故咸陽，高帝元年更名新城，七年罷，屬長安。武帝元鼎三年更名渭城。有蘭池宫。莽曰京城。槐里，周曰犬丘，懿王都之。秦更名廢丘。高祖三年更名。有黄山宫，孝惠二年起。莽曰槐治。鄠，古國。有扈谷亭。扈，夏啓所伐。酆水出東南，又有潏水，皆北過上林苑入渭。有萯陽宫，秦文王起。盩厔，有長楊宫，有射熊館，秦昭王起。靈軹渠，武帝穿也。斄，周后稷所封。郁夷，《詩》「周道郁夷」。有汧水祠。莽曰郁平。美陽，《禹貢》岐山在西北。中水鄉，周大王所邑。有高泉宫，秦宣太后起也。郿，成國渠首受渭，東北至上林入蒙籠渠。右輔都尉治。雍，秦惠公都之。有五畤，太昊、黄帝以下祠三百三所。橐泉宫，孝公起。祈年宫，惠公起。棫陽宫，昭王起。有鐵官。漆，水在縣西。有鐵官。莽曰漆治。栒邑，有豳鄉，《詩》豳國，公劉所都。隃麋，有黄帝子祠。莽曰扶亭。陳倉，有上公、明星、黄帝孫、舜妻（盲）〔育〕冢祠。有羽陽宫，秦武王起也。杜陽，杜水南入渭。〔《詩》曰「自杜」〕莽曰通杜。汧，吴山在西，古文以爲汧山。雍州山。北有蒲谷鄉弦中谷，雍州弦蒲藪。汧水出西北，入渭。芮水出西北，東入涇。《詩》芮（陒）〔阸〕，雍州川也。好畤，垝山在東。有梁山宫，秦始皇起。莽曰好邑。虢，有黄帝子、周文武祠。虢宫，秦宣太后起也。安陵，惠帝置。莽曰嘉平。茂陵，武帝置。户六萬一千八十七，口二十七萬七千二百七十七。莽曰宣城。平陵，昭帝置。莽曰廣利。武功，太壹山，古文以爲終南。垂山，古文以爲敦物。皆在縣東。斜水出衙領山北，至鄠入渭。褒水亦出衙領，至南鄭入沔。有垂山、斜水、（淮）〔褒〕水祠三所。莽曰新光。

《漢書》卷八七《楊雄傳上》 甘泉本因秦離宮，既奢泰，而武帝復增通天、高光、迎風。宮外近則洪厓、旁皇、儲胥、弩陆，遠則石關、封巒、枝鵲、露寒、棠梨、師得，遊觀屈奇瑰瑋，非木摩而不雕，墻塗而不畫，周宣所考，般庚所遷，夏卑宮室，唐虞棌椽三等之制也。且爲春已久矣，非成帝所造，欲諫則非時，欲默則不能已，故遂推而隆之，乃上比於帝室紫宮，若曰此非人力之所（能）〔爲〕，黨鬼神可也。又是時趙昭儀方大幸，每上甘泉，常法從，在屬車間豹尾中。故雄聊盛言車騎之衆，參麗之駕，非所以感動天地，逆釐三神。又言「屏玉女，卻虙妃」，以微戒齊肅之事。賦成奏之，天子異焉。【略】

其十二月羽獵，雄從。以爲昔在二帝三王，宮館臺榭沼池苑囿林麓藪澤財足以奉郊廟，御賓客，充庖廚而已，不奪百姓膏腴穀土桑柘之地。女有餘布，男有餘粟，國家殷富，上下交足，故甘露零其庭，醴泉流其唐，鳳皇巢其樹，黄龍游其沼，麒麟臻其囿，神爵棲其林。昔者禹任益虞而上下和，屮木茂；成湯好田而天下用足；文王囿百里，民以爲尚小；齊宣王囿四十里，民以爲大：裕民之與奪民也。武帝廣開上林，南至宜春、鼎胡、御宿、昆吾，旁南山而西，至長楊、五柞，北繞黄山，瀕渭而東，周袤數百里。穿昆明池象滇河，營建章、鳳闕、神明、駁娑，漸臺、泰液象海水周流方丈、瀛洲、蓬萊。游觀侈靡，窮妙極麗。雖頗割其三垂以贍齊民，然至羽獵田車戎馬器械儲偫禁禦所營，尚泰奢麗誇詡，非堯、舜、成湯、文王三驅之意也。

《漢書》卷九九《王莽傳下》 壞徹城西苑中建章、承光、包陽、大臺、儲元宮及平樂、當路、陽禄館，凡十餘所，取其材瓦，以起九廟。是月，大雨六十餘日。令民入米六百斛爲郎，其郎吏增秩賜爵至附城。九廟：一曰黄帝太初祖廟，二曰帝虞始祖昭廟，三曰陳胡王統祖穆廟，四曰齊敬王世祖昭廟，五曰濟北愍王王祖穆廟，凡五廟不墮云；六曰濟南伯王尊禰昭廟，七曰元城孺王尊禰穆廟，八曰陽平頃王戚禰昭廟，九曰新都顯王戚禰穆廟。殿皆重屋。太初祖廟東西南北各四十丈，高十七丈，餘廟半之。爲銅薄櫨，飾以金銀雕文，窮極百工之巧。帶高增下，功費數百鉅萬，卒徒死者萬數。

陸賈《新語》卷上《道基一》 鑠金鏤木，分苞燒殖，以備器械，於是民知輕重，好利惡難，避勞就逸；於是皐陶乃立獄制罪，縣賞設罰，異是非，明好惡，檢姦邪，消佚亂。民知畏法，而無禮義；於是中聖乃設辟雍庠序之教，以正上下之儀，明父子之禮，君臣之義，使强不凌弱，衆不暴寡，棄貪鄙之心，興清潔之行。

禮義不行，綱紀不立，後世衰廢；於是後聖乃定五經，明六藝，承天統地，窮事察微，原情立本，以緒人倫，宗諸天地，纂脩篇章，垂諸來世，被諸鳥獸，以匡衰亂，天人合策，原道悉備，智者達其心，百工窮其巧，乃調之以管弦絲竹之音，設鐘鼓歌舞之樂，以節奢侈，正風俗，通文雅。

後世淫邪，增之以鄭、衛之音，民棄本趨末，技巧横出，用意各殊，則加雕文刻鏤，傅致膠漆丹青、玄黄琦瑋之色，以窮耳目之好，極工匠之巧。

夫驢騾駱駞，犀象瑇瑁，琥珀珊瑚，翠羽珠玉，山生水藏，擇地而居，潔清明朗，潤澤而濡，磨而不磷，涅而不淄，天氣所生，神靈所治，幽閒清浄，與神浮沈，莫不効力爲用，盡情爲器。故曰，聖人成之。所以能統物通變，治情性，顯仁義也。

夫人者，寬博浩大，恢廓密微，附遠寧近，懷來萬邦。故聖人懷仁仗義，分明纖微，忖度天地，危而不傾，佚而不亂者，仁義之所治也。行之於親近而疏遠悦，脩之於閨門之内而名譽馳於外。故仁無隱而不著，無幽而不彰者。虞舜蒸蒸於父母，光耀於天地；伯夷、叔齊餓於首陽，功美垂於萬代，太公自布衣昇三公之位，累世享千乘之爵，知伯仗威任力，兼三晉而亡。

徐天麟《西漢會要》卷五二《食貨三》 榷酤 文帝後元年，詔曰：「以口量地，其於古猶有餘，而食之甚不足者，其咎安在？無乃爲酒醪以靡穀者多與？」本《紀》。下同。

景帝中三年夏，旱，禁酤酒。

後元年夏，民得酤酒。

武帝天漢三年，初榷酒酤。本《紀》。韋昭曰：「以木渡水曰榷。謂禁民酤釀，獨官開置，如道路設木爲榷，獨取利也。」師古曰：「榷者，步渡橋，今略彴是。」

昭帝始元六年二月，詔有司問郡國所舉賢良文學民所疾苦，議罷鹽鐵榷酤。秋七月，罷榷酤官，賣酒升四錢。本《紀》。按《食貨志》云，弘羊與丞相千秋共奏罷酒酤。

鹽鐵

秦田租口賦，鹽鐵之利，二十倍於古。漢興，循而未改。《食貨志》。

孝惠、高后時，吴有豫章郡銅山，即招致天下亡命者盜鑄錢，東煮海水爲鹽，以故無賦，國用饒足。《吴王濞傳》。

班固贊曰：吴王擅山海之利，能薄斂以使其衆，逆亂之萌，自其子興。古者諸侯不過百里，山海不以封，蓋防此矣。

文帝後六年，弛山澤。本《紀》。

董仲舒説武帝曰：「宜少近古，鹽鐵皆歸於民，然後可善治也。」《食貨志》。

元狩中，兵連不解，縣官大空，富商大賈，冶鑄鬻鹽，財或累萬金，而不佐公家之急。於是以東郭咸陽、孔僅爲大農丞，領鹽鐵事。以上元狩四年事。五年，大農上鹽鐵丞孔僅、咸陽言：「山海，天地之藏，宜屬少府，陛下弗私，以屬大農佐賦。願募民自給費，因官器作鬻鹽，官與牢盆。蘇林曰：「牢，價直也。今世人言顧手牢。」如淳曰：「牢，廪食也。古者名廪曰牢。盆，鬻鹽盆也。」師古曰：「牢，蘇説是。」浮食奇民欲擅斡山海之貨，以致富羨，役利細民。其沮事之議，不可勝聽。敢私鑄鐵器鬻鹽者，釱左趾，没入其器物。郡不出鐵者，置小鐵官，鑄故鐵。使屬在所縣。」使僅、咸陽乘傳舉行天下鹽鐵，作官府，除故鹽鐵家富者爲吏。吏益多賈人矣。

孔僅使天下鑄作器，三年中拜爲大農，列於九卿。而縣官以鹽鐵緡錢之故，用少饒矣。少，《史》作「益」。益廣關，置左右輔。初，大農斡鹽鐵官布多，置水衡，欲以主鹽鐵；及楊可告緡，上林財物衆，乃令水衡主上林。上林既充滿，益廣。《食貨志》。

元鼎六年，拜卜式爲御史大夫。式既在位，見郡國多不便縣官作鹽鐵，器苦惡，鹽味苦，器脆惡。賈貴，或强令民買之。乃因孔僅言事，上不説。漢連出兵三歲，費仰大農，以均輸調鹽鐵助賦，故能澹之。《食貨志》。

元鼎中，博士徐偃使行風俗。偃矯制，使膠東、魯國鼓鑄鹽鐵。還，奏事，徙爲太常丞。御史大夫張湯劾偃矯制大害，法至死。偃以爲《春秋》之義，大夫出疆，有可以安社稷，存萬民，顓之可也。湯以致其法，不能詘其義。有詔下終軍問狀。軍詰偃曰：「古者諸侯國異俗分，百里不通，時有聘會之事，安危之勢，呼吸成變，故有不受辭造命顓己之宜；今天下爲一，萬里同風，故《春秋》『王者無外』。偃巡封域之中，稱以出疆，何也？且鹽鐵，郡有餘臧，正二國廢，國家不足以爲利害，而以安社稷存萬民爲辭，何也？」又詰偃：「膠東南近琅邪，北接北海，魯國西枕泰山，東有東海，受其鹽鐵。偃度四郡口數田地，率其用器食鹽，不足以并給二郡邪？將勢宜有餘，而吏不能也。何以言之？偃矯制而鼓鑄者，欲及春耕種贍民器也。今魯國之鼓，當先具其備，至秋乃能舉火。此言與實反者非，偃已前三奏，無詔，不惟所爲不許，而直矯作威福，以從民望，干名采譽，此明聖所必加誅也。『枉尺直尋』，孟子稱其不可；今所犯罪重，所就者小，偃自予必死而爲之邪？將幸誅不加，欲以采名也？」偃窮詘，服罪當死。軍奏：「偃矯制顓行，非奉使體，請下御史徵偃即罪。」奏可。上善其詰，有詔示御史大夫。《終軍傳》。

元封元年，桑弘羊爲治粟都尉，領大農，盡代僅斡天下鹽鐵，乃請置大農部丞數十人，分部主郡國，各往往置均輸鹽鐵官。《食貨志》。

昭帝即位六年，詔郡國舉賢良文學之士，問以民所疾苦，教化之要。皆對願罷鹽鐵酒榷均輸官，毋與天下争利，視以儉節。弘羊難，以爲國家大業，所以制四夷，安邊足用之本，不可廢也。《食貨志》。

所謂鹽鐵議者，起始元中，召文學賢良問以治亂，皆對願罷郡國鹽鐵酒榷均輸，毋與天下争利。御史大夫弘羊以爲此乃所以安邊竟，制四夷，國家大業，不可廢也。當時相詰難，頗有其議文。至宣帝時，汝南桓寬次公推衍鹽鐵之議，增廣條目，極其論難，著數萬言，亦欲以究治亂，成一家之法焉。其辭曰：「觀公卿賢良文學之議，『異乎吾所聞』。聞汝南朱生言，當此之時，英俊并進，賢良茂陵唐生，文學魯國萬生之徒六十有餘人，咸聚闕庭，舒六藝之風，陳治平之原，知者贊其慮，仁者明其施，勇者見其斷，辯者騁其辭，齗齗焉，行行焉，雖未詳備，斯可略觀矣。中山劉子推言王道，矯當世，反諸正，彬彬然宏博君子也。九江祝生奮史魚之節，發憤懣，譏公卿，介然直而不撓，可謂不畏强圉矣。桑大夫據當世，合時變，上權利之略，雖非正法，鉅儒宿學不能自解，博物通達之士也。然攝公卿之柄，不師古始，放於末利，處非其位，行非其道，果隕其性，以及厥宗。車丞相履伊、吕之列，當軸處中，括囊不言，容身而去，彼哉！彼哉！若夫丞相、御史兩府之士，不能正議以輔宰相，成同類，長同行，阿意苟合，以説其上，斗筲之徒，何足選也！」《車千秋贊》。

宣帝地節四年，詔：「鹽，民之食，而賈咸貴。其減天下鹽賈。」本《紀》。

元帝初元五年，罷鹽鐵官。本紀。

永光三年，復鹽鐵官。《元紀》。《食貨志》云，元帝罷鹽鐵官，三年而復之。

成帝綏和二年，賜翟方進册曰：「百僚用度，各有數。君增益鹽鐵，變更無常，朕既不明，隨奏許可」云云。方進自殺。《翟方進傳》。

倚頓用鹽鐵起。

邯鄲郭縱以鑄冶成業，與王者埒富。

蜀卓氏用鐵冶富。

程鄭亦冶鑄，賈魋結民，富埒卓氏。羅裒擅鹽井之利，期年所得自倍，遂殖其貨。

宛孔氏用鐵冶爲業，大鼓鑄，家致數千金。

丙氏以鐵冶起，富至鉅萬。並《貨殖傳》。

桓寬《鹽鐵論》卷一《禁耕》 大夫曰：家人有寶器，尚函匣而藏之，況人主之山海乎？夫權利之處，必在深山窮澤之中，非豪民不能通其利。異時鹽鐵未籠，布衣有胸邴，胸邴人、吳王，皆鹽鐵初議也。君有吳王專山澤之饒，薄賦其民，賑贍窮乏，以成私威。私威積而逆節之心作。夫不蚤絶其源而憂其末，若決呂梁，沛然，其所傷必多矣。太公曰：「一家害百家，百家害諸侯，諸侯害天下，王法禁之。」今放民于權利，罷鹽鐵以資暴强，遂其貪心，衆邪羣聚，私門成黨，則强禦日以不制，而并兼之徒姦形成也。

文學曰：民人藏於家，諸侯藏於國，天子藏於海內。故民人以垣墻爲藏閉，天子以四海爲匣匱。天子適諸侯，升至阼階，諸侯納管鍵，執策而聽命，示莫爲主也。是以王者不畜聚，下藏於民，遠浮利，務民之義，義禮立則民化上。若是，雖湯、武生存於世，無所容其慮。工商之事，歐冶之任，何姦之能成？三桓專魯，六卿分晉，不以鹽鐵。故權利深者，不在山海，在朝廷；一家害百家，在蕭墻，而不在胸邴也。

大夫曰：山海有禁，而民不傾，貴賤有平，而民不疑。縣官設衡立準，人從所欲，雖使五尺童子適市，莫之能欺。今罷去之，則豪民擅其用而專其利。決市閭巷，高下在口吻，貴賤無常，端坐而民豪，是以養强抑弱而藏於跖也。强養弱抑，則齊民消；若衆穢之盛而害五穀。一家害百家，不在胸邴，如何也？

文學曰：山海者，財用之寶路也。鐵器者，農夫之死士也。死士用則仇讎滅，仇讎滅則田野辟，田野辟而五穀熟。寶路開則百姓贍而民用給，民用給則國富。國富而教之以禮，則行道有讓，而工商不相豫，人懷敦樸以自相接而莫相利。夫秦、楚、燕、齊，土力不同，剛柔異勢，巨小之用，居局之宜，黨殊俗異，各有所便。縣官籠而一之，則鐵器失其宜，而農夫失其便。器用不便，則農夫罷於野而草萊不辟。草萊不辟，則民困乏。故鹽冶之處，大傲皆依山川，近鐵炭，其勢咸遠而作劇。郡中卒踐更者多不勘，責取庸代。縣邑或以户口賦鐵，而賤其平準。良家以道次發僦運鹽鐵，煩費，百姓病苦之。愚竊見一官之傷千里，未覩其在胸邴也。

桓寬《鹽鐵論》卷一《復古》 大夫曰：故扇水都尉彭祖寧歸，言：「鹽、鐵令品，令品甚明。卒徒衣食縣官，作鑄鐵器，給用甚衆，無妨於民。而吏或不良，禁令不行，故民煩苦之。」今意總一鹽、鐵，非獨爲利入也，將以建本抑末，離朋黨，禁淫侈，絶并兼之路也。古者，名山大澤不以封，爲下之專利也。山海之利，廣澤之畜，天地之藏也，皆宜屬少府；陛下不私，以屬大司農，以佐助百姓。浮食奇民，好欲擅山海之貨，以致富業，役利細民，故沮事議者衆。鐵器兵刃，天下之大用也，非庶衆所宜事也。往者，豪强大家，得管山海之利，採鐵石鼓鑄，煮鹽。一家聚衆，或至千餘人，大抵盡收放流人民也。遠去鄉里，棄墳墓，依倚大家，聚深山窮澤之中，成姦僞之業，遂朋黨之權，其輕爲非亦大矣。今者，廣進賢之途，練擇守尉，不待去鹽、鐵而安民也。

桓寬《鹽鐵論》卷五《殊路》 文學曰：宋襄公知孔父之賢而不早任，故身死。魯莊知季有之賢，授之政晚而國亂。衛君近佞遠賢，子路居蒲，孔悝爲政。簡公不聽宰我而漏其謀。是以二君身被放殺，而禍及忠臣。二子者有事而不與其謀，故可以死，可以生，去止其義一也。晏嬰不死崔、慶之難，不可謂不義。微子去殷之亂，可謂不仁乎？

大夫曰：至美素璞，物莫能飾也。至賢保真，僞文莫能增也。故金玉不琢，美珠不畫。今仲由、冉求無檀柘之材，隋、和之璞，而强文之，譬若雕朽木而礪鈆刀，飾嫫母，畫土人也。被以五色，斐然成章，及遭行潦流波，則沮矣。夫重懷古道，枕藉詩書，危不能安，亂不能治，郵里逐鷄，鷄亦無黨也。

文學曰：非學無以治身，非禮無以輔德。和氏之璞，天下之美寶也，待礛諸之工而後明。毛嬙，天下之姣人也，待香澤脂粉而後容。周公，天下之至聖人也，待賢師學問而後通。今齊世庸士之人，不好學問，專以己之愚而荷負巨任，若無楫舳濟江海而遭大風，漂没於百仞之淵，東流無崖之川，安得沮而止乎？

大夫曰：性有剛柔，形有好惡。聖人能因而不能改。孔子外變二三子之服，而不能革其心。故子路解長劍，去危冠，屈節於夫子之門，然攝齊師友，行行爾，鄙心猶存。宰予晝寢，欲損三年之喪。孔子曰：「糞土之墻，不可朽也」，「若由不得其死然」。故内無其質而外學其文，雖有賢師良友，若畫脂鏤冰，費日損功。故良師不能飾戚施，香澤不能化嫫母也。

文學曰：西子蒙以不潔，鄙夫掩鼻；惡人盛飾，可以宗祀上帝。使二子不涉聖人之門，不免爲窮夫，安得卿大夫之名？故砥所以致於刃，學所以盡其才也。孔子曰：「觚不觚，觚哉，觚哉！」故人事加則爲宗廟器，否則斯養之釁材。干、越之鋌不厲，匹夫賤之；工人施巧，人主服而朝也。夫醜者自以爲姣，故飾；愚者自以爲知，故不學。觀笑在己而不自知，不好用人，自是之過也。

桓寬《鹽鐵論》卷七《取下》 奏曰：「賢良、文學不明縣官事，猥以鹽、鐵爲不便。請且罷郡國搉沽、關内鐵官。」

奏可。

徐天麟《東漢會要》卷四《禮二·北郊》 光武中元元年，初營北郊，在洛陽城北四里，爲方壇四陛。明年正月辛未，郊。别祀地祇，位南面西上，高皇后配，西面北上，皆在壇上，地理羣神從食，皆在壇下，如元始中故事。中嶽在未，四嶽各在其方孟辰之地，中營内。海在東；四瀆河西，濟北，淮東，江南；它山川各如其方，皆在外營内。四陛醊及中外營門封神如南郊。地祇、高后用犢各一頭，五嶽共牛一頭，海、四瀆共牛一頭，羣神共牛二頭。奏樂亦如南郊。既送神，瘞俎實于壇北。《祭祀志》。

徐天麟《東漢會要》卷四《明堂、辟雍、靈臺》 光武中元元年，初營明堂、辟雍、靈臺，未用事。

徐天麟《東漢會要》卷七《禮七·帝陵》 建武二年，以皇祖、皇考墓爲昌陵，置陵令守視；後改爲章陵，因以春陵爲章陵縣。《城陽恭王傳》。

光武原陵，山方三百二十三步，高六丈六尺，垣四出，司馬門寢殿鐘虡皆在周垣内，隄封田十二頃五十七畝八十五步。《帝王世紀》曰：在臨平亭之南，西望平陰，東南去雒陽十五里。

明帝顯節陵，山方三百步，高八丈，無周垣，爲行馬四出，司馬門石殿鐘虡在行馬内，寢殿園省在東，園寺吏舍在殿北，隄封田七十四頃五畝。《帝王世紀》曰：故富壽亭也，西北去雒陽三十七里。

章帝敬陵，山方三百步，高六丈二尺，無周垣，爲行馬四出，司馬門石殿鐘虡在行馬内，寢殿園省在東，園寺吏舍在殿北，隄封田二十五頃五十五畝。《帝王世紀》曰：在雒陽東南，去雒陽三十九里。

和帝慎陵，山方三百八十步，高十丈，無周垣，爲行馬四出，司馬門石殿鐘虡在行馬内，寢殿園省在東，園寺吏舍在殿北，隄封田三十一頃二十畝二百步。《帝王世紀》曰：在雒陽四十一里。

殤帝康陵，山周二百八步，高五丈五尺，行馬四出，司馬門寢殿鐘虡在行馬中，因寢殿爲廟，園寺吏舍在殿北，隄封田十三頃十九畝二百五十步。《帝王世紀》曰：高五丈四尺，去雒陽四十八里。

安帝恭陵，山周二百六十步，高十五丈，無周垣，爲行馬四出，司馬門石殿鐘虡在行馬内，寢殿園寺吏舍在殿北，隄封田一十四頃五十六畝。《帝王世紀》曰：高十二丈，在雒陽西北，去雒陽十五里。

順帝憲陵，山方三百步，高八丈四尺，無周垣，爲行馬四出，司馬門石殿鐘虡在司馬門内，寢殿園省寺吏舍在殿東，隄封田十八頃十九畝三十步。《帝王世紀》曰：在雒陽西北，去雒陽十五里。

沖帝懷陵，山方百八十三步，高四丈六尺，爲寢殿行馬四出，門園寺吏舍在殿東，隄封田五頃八十畝。《帝王世紀》曰：西北去雒陽十五里。

質帝静陵，山方百三十六步，高五丈五尺，爲行馬四出，門寢殿鐘虡在行馬中，園寺吏舍在殿北，隄封田十二頃五十四畝，因寢在廟。《帝王世紀》曰：在雒陽東，去雒陽三十二里。

桓帝宣陵，《帝王世紀》曰：山方三百步，高十二丈，在雒陽東南，去雒陽三十里。

靈帝文陵，《帝王世紀》曰：山方三百步，高十二丈，在雒陽西北，去雒陽二十里。

獻帝禪陵，《帝王世紀》曰：在河内山陽之濁城，南去雒陽三百一十里。

《晉書》卷二七《五行志上》 明帝太寧元年，周莚自歸王敦，既立其宅宇，所起五間六梁，一時躍出墜地，餘桁猶互柱頭。此金沴木也。明年五月，錢鳳謀亂，遂族滅莚，而湖熟尋亦爲墟矣。

《晉書》卷一二四《慕容熙載記》 擬鄴之鳳陽門，作弘光門，累級三層。

熙與苻氏襲契丹，憚其衆盛，將還，苻氏弗聽，遂棄輜重，輕襲高句驪，周行三千餘里，士馬疲凍，死者屬路。攻木底城，不克而還。

盡殺寶諸子。大城肥如及宿軍，以仇尼倪爲鎮東大將軍、營州刺史，鎮宿軍，上庸公懿爲鎮西將軍、幽州刺史，鎮令支；尚書劉木爲鎮南大將軍、冀州刺史，鎮肥如。

爲苻氏起承華殿，高承光一倍。負土於北門，土與穀同價。

葛洪《抱朴子内篇》卷四《金丹》 抱朴子曰：余考覽養性之書，鳩集久視之方，曾所披涉，篇卷以千數矣，莫不皆以還丹金液爲大要者焉。然則此二事蓋仙道之極也。服此而不仙，則古來無仙矣。

往者上國喪亂，莫不奔播四出。余周旋徐、豫、荆、襄、江、廣數州之間，閱見流移俗道士數百人矣。或有素聞其名，乃在雲日之表者，然率相似如一。其所知見，深淺有無，不足以相傾也。雖各有數十卷書，亦未能悉解之也，爲寫蓄之耳。時有知行氣及斷穀服諸草木藥法，所有方書，略爲同文。無一人不有《道機經》，唯以此爲至秘，乃云是尹喜所撰。余告之曰：此是魏世軍督王圖所撰耳，非古人也。圖了不知大藥，正欲以行氣入室求仙，作此《道機》，謂道畢於此，此復是誤人之甚者也。余問諸道士以神丹金液之事，及《三皇内文》召天神地祇之法，了無一人知之者。其夸誕自譽及欺人，云已久壽。及言曾與仙人共游者將太半矣，足以與盡微者甚鮮矣。或有頗聞金丹，而不謂今世復有得之者，皆言唯上古已度仙人乃當曉之。或有得方外説，不得其真經。或得雜碎丹方，便謂丹法盡於此也。昔左元放於天柱山中精思，而神人授之金丹仙經。會漢末亂，不遑合作，而避地來渡江東，志欲投名山以修斯道。余從祖仙公，又從元放受之。凡受《太清丹經》三卷，及《九鼎丹經》一卷，《金液丹經》一卷。余師鄭君者，則余從祖仙公之弟子也，又於從祖受之，而家貧無用買藥。余親事之，灑掃積久，乃於馬迹山中立壇盟受之，并諸口訣訣之不書者。江東先無此書，書出於左元放，元放以授余從祖，從祖以授鄭君，鄭君以授余，故他道士了無知者也。然余受之已二十餘年矣，資無擔石，無以爲之，但有長嘆耳。有積金盈櫃，聚錢如山者，復不知有此不死之法。就令聞之，亦萬無一信，如何？

夫飲玉飴則知漿荇之薄味；覩崑崙則覺丘垤之至卑；既覽金丹之道，則使人不欲復視小小方書。然大藥難卒得辦，當須且將御小者以自支持耳。然服他藥萬斛，爲能有小益，而終不能使人遂長生也。故老子之訣言云：子不得還丹金液，虚自若耳。夫五穀猶能活人，人得之則生，絶之則死，又況於上品之神藥，其益人豈不萬倍於五穀耶？夫金丹之爲物，燒之愈久，變化愈妙。黄金入火，百煉不消，埋之，畢天不朽。服此二物，煉人身體，故能令人不老不死。此蓋假求於外物以自堅固，有如脂之養火而不可滅。銅青涂脚，入水不腐，此是借銅之勁以捍其肉也。金丹入身中，霑洽榮衛，非但銅青之外傅矣。世間多不信至道者，則悠悠者皆是耳。然萬一時偶有好事者，而復不見此法，不值明師，無由聞天下之有斯妙事也。余今略抄金丹之都較，以示後之同志好之者。其勤求之，求之不可守淺近之方，而謂之足以度世也。遂不遇之者，直當息意於無窮之冀耳。想見其説，必自知出潢污而浮滄海，背螢燭而嚮日月，聞雷霆而覺布鼓之陋，見巨鯨而知寸介之細也。如其嘍嘍，無所先入，欲以弊藥必規昇騰者，何異策蹇驢而追迅風，棹藍舟而濟大川乎？又諸小餌丹方甚多，然作之有淺深，故力勢不同，雖有優劣，轉不相及。猶一酘之酒，不可以方九醖之醇耳。然小丹之下者，猶自遠勝草木之上者也。凡草木燒之即燼，而丹砂燒之成水銀，積變又還成丹砂，其去凡草木亦遠矣，故能令人長生。神仙獨見此理矣，其去俗人亦何緬邈之無限乎？世人少所識，多所怪，或不知水銀出於丹砂，告之終不肯信，云丹砂本赤物，從何得成此白物？又云丹砂是石耳，今燒諸石皆成灰，而丹砂何獨得爾？此近易之事，猶不可喻，其聞仙道，大而笑之，不亦宜乎？上古真人愍念將來之可教者，爲作方法，委曲欲使其脱死亡之禍耳，可謂至言矣。然而俗人終不肯信，謂爲虚文。若是虚文者，安得九轉九變，日數所成，皆如方耶？真人所以知此者，誠不可以庸近思求也。

余少好方術，負步請問，不憚險遠，每有異聞，則以爲喜。雖見毁笑，不以爲戚。焉知來者之不如今？是以著此以示識者。豈苟尚奇怪，而崇飾空言，欲令書行於世，信結流俗哉？盛陽不能榮枯朽，上智不能移下愚，書爲曉者傳，事爲識者貴。農夫得彤弓以驅鳥，南夷得衮衣以負薪，夫不知者，何可强哉？世人飽食終日，復未必能勤儒墨之業，治進德之務，但共逍遥遨游以盡年月。其所營也，非榮則利。或飛蒼走黄於中原，或留連杯觴以羹沸，或以美女荒沉絲竹，或耽淪綺紈，或控弦以弊筋骨，或博弈以棄功夫。聞至道之言而如醉，覩道論而晝睡。有身不修，動之死地，不肯求問養生之法，自欲割削之，煎熬之，憔悴之，漉汔之。而有道者自寶秘其所知，無求於人，亦安肯强行語之乎？世人之常言，咸以長生若可得者，古人之富貴者，已當得之，而無得之者，是無此道也。而不知古之富貴者，亦如今之富貴者耳。俱不信不求之，而皆以目前之所欲者爲急，亦安能得之耶？假令不能決意，信命之可延，仙之可得，亦何惜於試之？試之小效，但使得二三百歲，不猶愈於凡人之少夭乎！天下之事萬端，而道術尤難明於他事者也。何可以中才之心，而斷世間必無長生之道哉！若正以世人皆不信之，便謂爲無，則世人之智者又何太多乎！今若有識道意而猶修求之者，詎必便是至愚，而皆不及世人耶？又或慮於求長生，倘其不得，恐人笑之，以爲暗惑。若心所斷萬有一失，而天下果自有此不死之道者，不亦當復爲得之者所笑乎？日月有所不能周照，人心安足孤信哉？

抱朴子曰：按《黄帝九鼎神丹經》曰：黄帝服之，遂以昇仙。又云：雖呼吸道引，及服草木之藥，可得延年，不免於死也；服神丹令人壽無窮已，與天地相畢，乘雲駕龍，上下太清。黄帝以傳玄子，戒之曰：此道至重，必以授賢，苟非其人，雖積玉如山，勿以此道告之也。受之者以金人金魚投於東流水中以爲約，唼血爲盟，無神仙之骨，亦不可得見此道也。合丹當於名山之中、無人之地，結伴不過三人，先齋百日，沐浴五香，致加精潔，勿近穢污及與俗人往來，又不令不信道者知之，謗毁神藥，藥不成矣。成則可以舉家皆仙，不但一身耳。世人不合神丹，反信草木之藥。草木之藥，埋之即腐，煮之即爛，燒之即焦，不能自生，何能生人乎？

九丹者，長生之要，非凡人所當見聞也。萬兆蠢蠢，唯知貪富貴而已，豈非行尸者乎？合時又當祭，祭自有圖法一卷也。

第一之丹名曰「丹華」。當先作玄黄，用雄黄水、礬石水、戎鹽、鹵鹽、礜石、牡蠣、赤石脂、滑石、胡粉各數十斤，以爲六一泥，火之三十六日成。服之七日，仙。又以玄膏丸此丹，置猛火上，須臾成黄金。又以二百四十銖合水銀百斤火之，亦成黄金。金成者藥成也。金不成，更封藥而火之，日數如前，無不成也。

第二之丹名曰「神丹」，亦曰「神符」。服之百日，仙也。行度水火，以此丹塗足下，步行水上。服之三刀圭，三尸九蟲皆即消壞，百病皆愈也。

第三之丹名曰「神丹」。服一刀圭，百日，仙也。以與六畜吞之，亦終不死。又能辟五兵。服百日，仙人玉女，山川鬼神，皆來侍之，見如人形。

第四之丹名曰「還丹」。服一刀圭，百日，仙也。朱鳥鳳凰，翔覆其上，玉女至傍。以一刀圭合水銀一斤火之，立成黄金。以此丹塗錢物用之，即日皆還。以此丹書凡人目上，百鬼走避。

第五之丹名「餌丹」。服之三十日，仙也。鬼神來侍。玉女至前。

第六之丹名「煉丹」。服之十日，仙也。又以汞合火之，亦成黄金。

第七之丹名「柔丹」。服一刀圭，百日，仙也。以缺盆汁和服之，九十老翁，亦能有子，與金公合火之，即成黄金。

第八之丹名「伏丹」。服之，即日，仙也。以此丹如棗核許持之，百鬼避之。以丹書門户上，萬邪衆精不敢前，又辟盜賊虎狼也。

第九之丹名「寒丹」。服一刀圭，百日，仙也。仙童仙女來侍，飛行輕舉，不用羽翼。

凡此九丹，但得一丹便仙，不在悉作之。作之在人所好者耳。凡服九丹，欲昇天則去，欲且止人間亦任意，皆能出入無間，不可得之害矣。

抱朴子曰：復有太清神丹，其法出於元君。元君者，老子之師也。《太清觀天經》有九篇，云其上有三篇，不可教授，其中三篇，世無足傳；常沉之三泉之下；下三篇者，正是丹經上中下，凡三卷也。元君者，大神仙之人也。能調和陰陽，役使鬼神風雨，驂駕九龍十二白虎，天下衆仙皆隸焉，猶自言亦本學道服丹之所致也，非自然也。況凡人乎？其經曰：上士得道，昇爲天官；中士得道，栖集崑崙；下士得道，長生世間。愚民不信，謂爲虚言，從朝至暮，但作求死之事，了不求生，而天豈能强生之乎？凡人唯知美食好衣，聲色富貴而已，恣心盡欲，奄忽終殁之徒，慎無以神丹告之，令其笑道謗真。傳丹經不得其人，身必不吉。若有篤信者，可將合藥成以分之，莫輕以其方傳之也。知此道者，何用王侯？爲神丹既成，不但長生，又可以作黄金。金成，取百斤先設大祭。祭自有别法一卷，不與九鼎祭同也。祭當别稱金，各檢署之。

禮天二十斤，日月五斤，北斗八斤，太乙八斤，井五斤，竈五斤，河伯十二斤，社五斤，門、户、閭鬼神、清君各五斤，凡八十八斤。餘一十二斤，以好韋囊盛之，良日於都市中市盛之時，默聲放棄之於多人處，徑去無復顧。凡用百斤外，乃得自恣用之耳。不先以金祀神，必被殃咎。又曰：長生之道，不在祭祀事鬼神也，不在道引與屈伸也，昇仙之要，在神丹也。知之不易，爲之實難也。子能作之，可長存也。近代漢末新野陰君，合此太清丹得仙。其人本儒生，有才思，善著詩，及《丹經贊并序》，述初學道隨師本末，列已所知識之得仙者四十餘人，甚分明也。作此太清丹，小爲難合於九鼎，然是白日昇天之上法也。合之當先作華池、赤鹽、艮雲、玄白飛符，三五神水，乃可起火耳。

一轉之丹，服之三年，得仙。二轉之丹，服之二年，得仙。三轉之丹，服之一年，得仙。四轉之丹，服之半年，得仙。五轉之丹，服之百日，得仙。六轉之丹，服之四十日，得仙。七轉之丹，服之三十日，得仙。八轉之丹，服之十日，得仙。九轉之丹，服之三日，得仙。若取九轉之丹，内神鼎中，夏至之後，爆之鼎熱，内朱兒一斤於蓋下。伏伺之，候日精照之。須臾翕然俱起，煌煌輝輝，神光五色，即化爲還丹。取而服之一刀圭，即白日昇天。又九轉之丹者，封塗之於土釜中，糠火先文後武，其一轉至九轉，遲速各有日數多少，以此知之耳。其轉數少，其藥力不足，故服之用日多，得仙遲也。其轉數多，藥力盛，故服之用日少，而得仙速也。

又有九光丹，與九轉異法，大都相似耳。作之法，當以諸藥合火之，以轉五石。五石者，丹砂、雄黃、白礬、曾青、慈石也。一石輒五轉而各成五色，五石而二十五色，色各一兩而異器盛之。欲起死人，未滿三日者，取青丹一刀圭和水以浴死人，又以一刀圭發其口内之，死人立生也。欲致行厨，取黑丹和水，以涂左手，其所求如口所道皆自至，可致天下萬物也。欲隱形及先知未然方來之事，及住年不老，服黄丹一刀圭，即便長生不老矣，及坐見千里之外，吉凶皆知，如在目前也。人生宿命，盛衰壽夭，富貴貧賤，皆知之也。其法俱在《太清經》中卷耳。

抱朴子曰：其次有《五靈丹經》一卷，有五法也，用丹砂、雄黄、雌黄、石硫黄、曾青、礬石、慈石、戎鹽、太乙餘糧，亦用六一泥，及神室祭醮合之，三十六日成。又用五帝符，以五色書之，亦令人不死，但不及太清及九鼎丹藥耳。

又有岷山丹法，道士張蓋蹹精思於岷山石室中得此方也。其法鼓冶黄銅，以作方諸以承取月中水，以水銀覆之，致日精火其中，長服之不死。又取此丹置雄黄銅燧中，覆以汞，曝之，二十日發而治之，以井華水服如小豆，百日，盲者皆能視之，百病自愈，發白還黑，齒落更生。

又，務成子丹法，用巴沙汞置八寸銅盤中，以土爐盛炭，倚三隅塹以枝盤，以硫黄水灌之，常令如泥，百日服之，不死。

又，羡門子丹法，以酒和丹一斤，用酒三升和，曝之四十日，服之一日，則三蟲百病立下；服之三年，仙道乃成，必有玉女二人來侍之，可役使致行厨，此丹可以厭百鬼，及四方死人殃注害人宅，及起土功妨人者，懸以向之，則無患矣。

又有立成丹，亦有九首，似九鼎而不及也。其要一本更云：取雌黄、雄黄燒下其中銅，鑄以爲器，覆之三歲淳苦酒上，百日，此器皆生赤乳，長數分，或有五色琅玕，取理而服之，亦令人長生。又可以和菟絲。菟絲是初生之根，其形似菟，掘取克其血，以和此丹，服之立變化，任意所作也。又和以朱草一服之，能乘虚而行云。朱草狀似小棗，栽長三四尺，枝葉皆赤，莖如珊瑚，喜生名山巖石之下，刻之汁流如血，以玉及八石、金銀投其中，立便可丸如泥，久則成水，以金投之，名爲「金漿」，以玉投之，名爲「玉醴」，服之皆長生。

又有取伏丹法，云天下諸水，有名「丹」者，有南陽之丹水之屬也，其中皆有丹魚。當先夏至十日夜伺之，丹魚必浮於水側，赤光上照，赫然如火也。網而取之，可得之。得之雖多，勿盡取也。割其血涂足下，則可步行水上，長居淵中矣。

又，赤松子丹法，取千歲蔂汁及礬桃汁淹丹，著不津器中，練蜜蓋其口，埋之入地三尺，百日，絞檸木赤實，取汁和而取之，令人面目鬢髮皆赤，長生也。其中黄仙人有赤鬚子者，豈非服此乎？

又，石先生丹法，取烏轂之未生毛羽者，以真丹和牛肉以吞之，至長，其毛羽皆赤，乃煞之，陰乾百日，并毛羽擣服一刀圭，百日，得壽五百歲。

又，康風子丹法，用羊烏、鶴卵、雀血，合少室天雄汁和丹，内鵠卵中，漆之，内雲母水中，百日化爲赤水。服一合，輒益壽百歲，服一升，千歲也。

又，崔文子丹法，納丹鶩腹中蒸之，服，令人延年，長服不死。

又，劉元丹法，以丹砂内玄水液中百日，紫色，握之不污手。又和以雲母水，内管中漆之，投井中，百日化爲赤水。服一合，得百歲，久服長生也。

又，樂子長丹法，以曾青、鉛丹合汞及丹砂，著銅筒中，乾瓦白滑石封之，於白砂中蒸之八十日，服如小豆。三年，仙矣。

又，李文丹法，以白素裹丹，以竹汁煮之，名「紅泉」，乃浮湯上蒸之，合以玄水。服之一合，一年，仙矣。

又，尹子丹法，以雲母水和丹，密封致金華池中，一年出，服一刀圭。盡一斤，得五百歲。

又，太乙招魂魄丹法，所用五石，及封之以六一泥，皆似九丹也，長於起卒死三日以還者，折齒内一丸，與硫黄丸俱以水送之，令入喉，即活，皆言見使者持節召之。

又，采女丹法，又兔血和丹與蜜蒸之百日。服之如梧桐子者大一丸，日三，至百日，有神女二人來侍之，可役使。

又，稷丘子丹法，以清酒、麻油、百華醴、龍膏和，封以六一泥，以糠火煴之十日，成。服如小豆一丸，盡劑，得壽五百歲。

又，墨子丹法，用汞及五石液於銅器中，火熬之，以鐵匕撓之，十日，還爲丹。服之一刀圭，萬病去身，長服不死。

又，張子和丹法，用鉛汞、曾青水合封之，蒸之於赤黍米中，八十日成，以棗膏和丸之，服如大豆，百日，壽五百歲。

又，綺里丹法，先飛取五石玉塵，合以丹砂汞，内大銅器中煮之，百日，五色，服之不死，以鉛百斤，以藥百刀圭，合火之成白銀，以雄黄水和而火之，百日成黄金。金或大剛者，以猪膏煮之，或太柔者，以白梅煮之。

又，玉柱丹法，以華池和丹，以曾青、硫黄末覆之薦之，内筒中沙中蒸之五十日，服之百日，玉女、六甲、六丁、神女來侍之，可役使，知天下之事也。

又，肘後丹法，以金華和丹，乾瓦封之，蒸八十日，取如小荳置盤中，嚮日和之，其光上與日連，服如小荳，長生矣。以投丹陽銅中，火之成金。

又，李公丹法，用真丹及五石之水各一升，和令如泥，釜中火之，三十六日出，和以石硫黄液，服之十年，與天地相畢。

又，劉生丹法，用白菊花汁，地楮汗、樗汁和丹蒸之，三十日，研合服之，一年，得五百歲，老翁服更少，不可識，少年服亦不老。

又，王君丹法，巴沙及汞内鷄子中，漆合之，令鷄伏之三枚，以王相日服之，住年不老。小兒不可服，不復長矣。與新生鷄犬服之，皆不復大，鳥獸亦皆如此驗。

又，陳生丹法，用白蜜和丹，内銅器中封之，沉之井中，一期，服之經年，不饑，盡一斤，壽百歲。

又，韓終丹法，漆、蜜和丹煎之，服可延年久視，立日中無影。過此以往，尚數十法，不可具論。

抱朴子曰：金液，太乙所服而仙者也，不減九丹矣，合之用古秤黄金一斤，并用玄明龍膏、太乙旬首中石、冰石、紫游女、玄水液、金化石、丹砂，封之成水。其經云，金液入口，則其身皆金色。老子受之於元君。元君曰：此道至重，百世一出，藏之石室，合之，皆齋戒百日，不得與俗人相往來。於名山之側，東流水上，別立精舍，百日成。服一兩便仙。若未欲去世，且作地水仙之士者，但齋戒百日矣。若求昇天，皆先斷穀一年，乃服之也。若服半兩，則長生不死，萬害百毒，不能傷之。可以畜妻子，居官秩，任意所欲，無所禁也。若復欲昇天者，乃可齋戒，更服一兩，便飛仙矣。

以金液爲威喜、巨勝之法，取金液及水銀一味合煮之，三十日，出，以黄土甌盛，以六一泥封，置猛火炊之，六十時，皆化爲丹，服如小荳大便仙，以此丹一刀圭粉水銀一斤，即成銀。又取此丹一斤置火上扇之，化爲赤金而流，名曰「丹金」。以涂刀劍，辟兵萬里。以此丹金爲盤碗，飲食其中，令人長生。以承日月得液，如方諸之得水也，飲之不死。以金液和黄土，内六一泥甌中，猛火炊之，盡成黄金，中用也，復以火炊之，皆化爲丹，服之如小荳，可以入名山大川爲地仙。以此丹一刀圭粉水銀，立成銀，以銀一兩和鉛一斤，皆成銀。《金液經》云：投金人八兩於東流水中，飲血爲誓，乃告口訣，不如本法，盜其方而作之，終不成也。凡人有至信者，可以藥與之，不可輕傳其書，必兩受其殃，天神鑒人甚近，人不知耳。

抱朴子曰：九丹誠爲仙藥之上法，然合作之，所用雜藥甚多。若四方清通者，市之可具。若九域分隔，則物不可得也。又當起火晝夜數十日，伺候火力，不可令失其適，勤苦至難，故不及合金液之易也。合金液唯金爲難得耳。古秤金一斤於今爲二斤，率不過直三十許萬，其所用雜藥差易具。又不起火，但以置華池中，日數足便成矣，都合可用四十萬而得一劑，可足八人仙也。然其中稍少合者，其氣力不足以相化成，如釀數升米酒，必無成也。

抱朴子曰：其次有餌黄金法，雖不及金液，亦遠不比他藥也。或以豕負革脂及酒煉之，或以樗皮治之，或以荆酒、磁石消之，或有可引爲巾，或立令成水服之。或有禁忌，不及金液也。或以雄黄、雌黄合餌之，可引之張之如皮，皆地仙法耳。銀及蚌中大珠，皆可化爲水服之，然須長服不可缺，故皆不及金液也。

抱朴子曰：合此金液九丹，既當用錢，又宜入名山，絶人事，故能爲之者少，且亦千萬人中，時當有一人得其經者。故凡作道書者，略無説金丹者也。第一禁，勿令俗人之不信道者謗訕評毀之，必不成也。鄭君言所以爾者，合此大藥皆當祭，祭則太乙、元君、老君、玄女皆來鑒省。作藥者若不絶迹幽僻之地，令俗間愚人得經過聞見之，則諸神便責作藥者之不遵承經戒，致令惡人有謗毀之言，則不復佑助人，而邪氣得進，藥不成也。必入名山之中齋戒百日，不食五辛生魚，不與俗人相見，爾乃可作大藥。作藥須成乃解齋，不但初作時齋也。鄭君云：左君告之，言諸小小山，皆不可於其中作金液神丹也。凡小山皆無正神爲主，多是木石之精，千歲老物，血食之鬼。此輩皆邪炁，不念爲人作福，但能作禍，善試道士。道士須當以術辟身，及將從弟子，然或能壞人藥也。今之醫家，每合好藥好膏，皆不欲令鷄、犬、小兒、婦人見之。若被諸物犯之，用便無驗。又染彩者惡惡目者見之，皆失美色。況神仙大藥乎？是以古之道士，合作神藥，必入名山，不止凡山之中，正爲此也。又按仙經，可以精思合作仙藥者，有華山、泰山、霍山、恒山、嵩山、少室山、長山、太白山、終南山、女几山、地肺山、王屋山、抱犢山、安丘山、潛山、青城山、娥眉山、綏山、雲臺山、羅浮山、陽駕山、黄金山、鱉祖山、大小天台山、四望山、蓋竹山、括蒼山，此皆是正神在其山中，其中或有地仙之人。上皆生芝草，可以避大兵大難，不但於中以合藥也，若有道者登之，則此山神必助之爲福，藥必成。若不得登此諸山者，海中大島嶼，亦可合藥。若會稽之東翁洲、亶洲、紵嶼，及徐州之莘莒洲、泰光洲、鬱洲，皆其次也。今中國名山不可得至，江東名山之可得住者，有霍山，在晉安；長山、太白，在東陽；四望山、大小天台山、蓋竹山、括蒼山，並在會稽。

抱朴子曰：予忝大臣之子孫，雖才不足以經國理物，然疇類之好，進趨之業，而所知不能遠余者，多揮翮雲漢，耀景辰霄者矣。余所以絶慶吊於鄉黨，棄當世之榮華者，必欲遠登名山，成所著子書，次則合神藥，規長生故也。俗人莫不怪予之委桑梓，背清涂，而躬耕林藪，手足胼胝，謂予有狂惑之疾也。然道與世事不并興，若不廢人間之務，何得修如此之志乎？見之誠了，執之必定者，亦何憚於毁譽，豈移於勸沮哉？聊書其心，示將來之同志尚者云。後有斷金之徒，所捐棄者，亦與余之不異也。

小神丹方，用真丹三斤，白蜜六斤攪合，日暴煎之，令可丸，旦服如麻子許十丸，未一年，發白者黑，齒落者生，身體潤澤，長服之，老翁成少年，長生不死矣。

小丹法，丹一斤，擣篩，下淳苦酒三升，漆二升，凡三物合，令相得，微火上煎令可丸，服如麻子三丸，日再服，三十日，腹中百病愈，三尸去；服之百日，肌骨强堅；千日，司命削去死籍，與天地相畢，日月相望，改形易容，變化無常，日中無影，乃别有光也。

小餌黄金法，煉金内清酒中，約二百過出入即沸矣，握之出指間令如泥，若不沸，及握之不出指間，即削之，内清酒中無數也。成，服之如彈丸一枚。亦可一丸分爲小丸，服之三十日，無寒温，神人玉女侍之，銀亦可餌之，與金同法。服此二物，能居名山石室中者，一年即輕舉矣。止人間，服亦地仙，勿妄傳也。

兩儀子餌黄金法，猪負革脂三斤，淳苦酒一升，取黄金五兩，置器中，煎之土爐，以金置脂中，百入百出，苦酒亦爾。食一斤，壽蔽天地；食半斤，壽二千歲；五兩，壽千二百歲。無多少，便可餌之。當以王相日作，服之神良。勿傳非人，傳示非人，令藥不成不神。欲食去尸藥，當服丹砂也。

葛洪《抱朴子内篇》卷一一《仙藥》 小神方：用真丹三斤，白蜜一斤，合和日暴煎之，令可丸。旦服如麻子十丸，未一年，髮白更黑，齒墮更生，身體潤澤。長服之，老翁還成少年，常服長生不死也。

小餌黄金方：火銷金納清酒中，二百出，二百入，即沸矣。握之出指間，令如泥，若不沸及握之不出指間，即復銷之内酒中無數也。成，服如彈丸一枚，亦可汁一丸分爲小丸，服三十日，無寒温，神人玉女下之。又銀亦可餌，與金同法。服此二物，可居名山石室中，一年即輕舉矣。人間服之，名地仙，勿妄傳也。

兩儀子餌銷黄金法：猪負革肪三斤，醇苦酒一斗，取黄金五兩，置器中煎之，出爐，以金置肪中，百入百出，苦酒亦爾。餐一斤金，壽弊天地；食半斤金，壽二千歲；五兩，千二百歲。無多少，便可餌之。當以王相之日，作之神良，勿傳人；傳人，藥不成，不仙也。欲食去尸藥，當服丹砂。

餌丹砂法：丹砂一斤，擣、簁，下醇苦酒三升，淳漆二升，凡三物合，令相得，微火上煎之，令可丸，服如麻子三丸，日再。四十日，腹中百病愈，三屍去；服之百日，肌骨堅强；服之千日，司命削死籍，與天地相保，日月相望，改形易容，變化無常，日中無影，乃别有光矣。

酈道元《水經注》卷一〇《濁漳水》 魏武又以郡國之舊，引漳流自城西東入，逕銅雀臺下，伏流入城東注，謂之長明溝也。渠水又南逕止車門下，魏武封於鄴爲北宫，宫有文昌殿。溝水南北夾道，枝流引灌，所在通溉，東出石竇堰下，注之隍水。故魏武《登臺賦》曰：「引長明，灌街里。」謂此渠也。石氏於文昌故殿處，造東、西太武二殿，於濟北谷城之山采文石爲基，一基下五百武直宿衛。屈柱趺瓦，悉鑄銅爲之，金漆圖飾焉。又徙長安、洛陽銅人，置諸宫前，以華國也。城之西北有三臺，皆因城爲之基，巍然崇舉，其高若山，建安十五年魏武所起，平坦略盡。《春秋古地》云：葵丘，地名，今鄴西三臺是也。謂臺已平，或更有見，意所不詳。中曰銅雀臺，高十丈，有屋百一間，臺成，命諸子登之，并使爲賦。陳思王下筆成章，美捷當時。亦魏武望奉常王叔治之處也。昔嚴才與其屬攻掖門，修聞變，車馬未至，便將官屬步至宫門，太祖在銅雀臺望見之曰：「彼來者必王叔治也。」相國鍾繇曰：「舊京城有變，九卿各居其府，卿何來也？」修曰：「食其禄，焉避其難，居府雖舊，非赴難之義。」時人以爲美談矣。石虎更增二丈，立一屋，連棟接榱，彌覆其上，盤回隔之，名曰命子窟。又於屋上起五層樓，高十五丈，去地二十七丈，又作銅雀於樓巔，舒翼若飛。南則金虎臺，高八丈，有屋百九間。北曰冰井臺，亦高八丈，有屋百四十五間，上有冰室，室有數井，井深十五丈，藏冰及石墨焉。石墨可書，又燃之難盡，亦謂之石炭。又有粟窖及鹽窖，以備不虞。今窖上猶有石銘存焉。左思《魏都賦》曰「三臺列峙而峥嶸」者也。城有七門：南曰鳳陽門，中曰中陽門，次曰廣陽門，東曰建春門，北曰廣德門，次曰廄門，西曰金明門，一曰白門。鳳陽門三臺洞開，高三十五丈，石氏作層觀架其上，置銅鳳，頭高一丈六尺。東城上，石氏立東明觀，觀上加金博山，謂之「鏘天」。北城上有齊斗樓，超出羣榭，孤高特立。其城東西七里，南北五里，飾表以磚。百步一樓，凡諸宮殿、門臺、隅雉，皆加觀榭。層甍反宇，飛檐拂雲，圖以丹青，色以輕素。當其全盛之時，去鄴六七十里，遠望苕亭，巍若仙居。魏因漢祚，復都洛陽，以譙爲先人本國，許昌爲漢之所居，長安爲西京之遺迹，鄴爲王業之本基，故號五都也。

《北史》卷三一《高允傳》 給事中郭善明，性多機巧，欲逞其能，勸文成大起宮室。允諫曰：「臣聞太祖道武皇帝既定天下，始建都邑。其所營立，必因農隙。今建國已久，宮室已備，永安前殿，足以朝會萬國；西堂温室，足以安御聖躬；紫樓臨望，可以周視遠近。若廣修壯麗爲異觀者，宜漸致之，不可倉卒。計斲材軍士及諸雜役須二萬，丁夫充作，老小供餉，合四萬人，半年可訖。古人有言：『一夫不耕，或受其飢，一婦不織，或受其寒。』況數萬之衆，其所損費，亦已多矣！」帝納之。

《北史》卷三三《李孝伯傳》 義恭獻皮袴褶一具，駿奉酒二器、甘蔗百挺。帝又遣賜義恭、駿等氈各一領，鹽各九種，并胡豉。孝伯曰：「有後詔：凡此諸鹽，各有所宜。白鹽食鹽，主上自所食；黑鹽療腹脹氣滿，末之六銖，以酒而服；胡鹽療目痛；戎鹽療諸瘡；赤鹽、駮鹽、臭鹽、馬齒鹽四種，並非食鹽。太尉、安北，何不遣人來至朕間，見朕小大，知朕老少，觀朕爲人？」暢曰：「魏帝爲人，久爲往來所具，故不復遣信。」義恭獻蠟燭十挺，駿獻錦一匹。

《魏書》卷一一〇《食貨志》 時承平日久，府藏盈積，詔盡出御府衣服珍寶、太官雜器、太僕乘具、內庫弓矢刀鉾十分之八、外府衣物繒布絲纊諸所供國用者，以其太半班賚百司，下至工商皁隸，逮于六鎮邊戍，畿內鰥寡孤獨貧癃者，皆有差。**【略】**

魏初至於太和，錢貨無所周流，高祖始詔天下用錢焉。十九年，冶鑄粗備，文曰「太和五銖」，詔京師及諸州鎮皆通行之。內外百官禄皆準絹給錢，絹匹爲錢二百。在所遣錢工備爐冶，民有欲鑄，聽就鑄之，銅必精練，無所和雜。世宗永平三年冬，又鑄五銖錢。肅宗初，京師及諸州鎮或鑄或否，或有止用古錢，不行新鑄，致商貨不通，貿遷頗隔。

熙平初，尚書令、任城王澄上言：「臣聞《洪範》八政，貨居二焉。《易》稱：『天地之大德曰生，聖人之大寶曰位，何以守位曰仁，何以聚人曰財。』財者，帝王所以聚人守位，成養羣生，奉順天德，治國安民之本也。夏殷之政，九州貢金，以定五品。周仍其舊。太公立九府之法，於是圜貨始行，定銖兩之楷。齊桓循用，以霸諸侯。降及秦始、漢文，遂有輕重之異。吳濞、鄧通之錢，收利遍於天下，河南之地，猶甚多焉。逮于孝武，乃更造五銖，其中毀鑄，隨利改易，故使錢有小大之品。竊尋太和之錢，高祖留心創制，後與五銖並行，此乃不刊之式。但臣竊聞之，君子行禮，不求變俗，因其所宜，順而致用。『太和五銖』雖利於京邑之肆，而不入徐揚之市。土貨既殊，貿鬻亦異，便於荆郢之邦者，則礙於兖豫之域。致使貧民有重困之切，王道貽隔化之訟。去永平三年，都座奏斷天下用錢不依準式者，時被敕云：『不行之錢，雖有常禁，其先用之處，權可聽行，至年末悉令斷之。』延昌二年，徐州民儉，刺史啓奏求行土錢，旨聽權依舊用。謹尋不行之錢，律有明式，指謂雞眼、鐶鑿，更無餘禁。計河南諸州，今所行者，悉非制限。昔來繩禁，愚竊惑焉。又河北州鎮，既無新造五銖，設有舊者，而復禁斷，並不得行，專以單絲之縑，疏縷之布，狹幅促度，不中常式，裂匹爲尺，以濟有無。至今徒成杼軸之勞，不免飢寒之苦，良由分截布帛，壅塞錢貨。實非救恤凍餒，子育黎元。謹惟自古以來，錢品不一，前後累代，易變無常。且錢之爲名，欲泉流不已。愚意謂今之太和與新鑄五銖，及諸古錢方俗所便用者，雖有大小之異，並得通行。貴賤之差，自依鄉價。庶貨環海內，公私無壅。其不行之錢，及盜鑄毀大爲小，巧僞不如法者，據律罪之。」詔曰：「錢行已久，今東尚有事，且依舊用。」

澄又奏：「臣猥屬樞衡，庶罄心力，常願貨物均通，書軌一範。謹詳《周禮》，外府掌邦布之入出。布猶泉也，其藏曰泉，其流曰布。然則錢之興也始於一品，欲令世匠均同，圜流無極。爰暨周景，降逮亡新，易鑄相尋，參差百品，遂令接境乖商，連邦隔貿。臣比奏求宣下海內，依式行錢。登被旨敕：『錢行已久，且可依舊』。謹重參量，以爲『太和五銖』乃大魏之通貨，不朽之恒模，寧可專貿於京邑，不行於天下！但今戎馬在郊，江疆未一，東南之州，依舊爲便。至於京西、京北域內州鎮未用錢處，行之則不足爲難，塞之則有乖通典。何者？布帛不可尺寸而裂，五穀則有負檐之難，錢之爲用，貫繦相屬，不假斗斛之器，不勞秤尺之平，濟世之宜，謂爲深允。請並下諸方州鎮，其太和及新鑄五銖并古錢內外全好者，不限大小，悉聽行之。雞眼、鐶鑿，依律而禁。河南州鎮先用錢者，既聽依舊，不在斷限。唯太和、五銖二錢得用公造新者，其餘雜種，一用古錢，生新之類，普同禁約。諸方之錢，通用京師，其聽依舊之處，與太和錢及新造五銖並行，若盜鑄者罪重常憲。既欲均齊物品，廛井斯和，若不繩以嚴法，無以肅兹違犯。符旨一宣，仍不遵用者，刺史守令依律治罪。」詔從之。而河北諸州，舊少錢貨，猶以他物交易，錢略不入市也。

二年冬，尚書崔亮奏：「恒農郡銅青谷有銅鑛，計一斗得銅五兩四銖；葦池谷鑛，計一斗得銅五兩；鸞帳山鑛，計一斗得銅四兩；河内郡王屋山鑛，計一斗得銅八兩；南青州苑燭山、齊州商山並是往昔銅官，舊迹見在。謹按鑄錢方興，用銅處廣，既有冶利，並宜開鑄。」詔從之。自後所行之錢，民多私鑄，稍就小薄，價用彌賤。

建義初，重盜鑄之禁，開糾賞之格。至永安二年秋，詔更改鑄，文曰「永安五銖」，官自立爐，起自九月至三年正月而止。官欲貴錢，乃出藏絹，分遣使人於二市賣之，絹匹止錢二百，而私市者猶三百。利之所在，盜鑄彌衆，巧僞既多，輕重非一，四方州鎮，用各不同。

遷鄴之後，輕濫尤多。武定初，齊文襄王奏革其弊。於是詔遣使人詣諸州鎮，收銅及錢，悉更改鑄，其文仍舊。然姦僥之徒，越法趨利，未幾之間，漸復細薄。六年，文襄王以錢文五銖，名須稱實，宜稱錢一文重五銖者，聽入市用。計百錢重一斤四兩二十銖，自餘皆準此爲數。其京邑二市、天下州鎮郡縣之市，各置二稱，懸於市門，私民所用之稱，皆準市稱以定輕重。凡有私鑄，悉不禁斷，但重五銖，然後聽用。若入市之錢，重不五銖，或雖重五銖而多雜鉛鑞，並不聽用。若有輒以小薄雜錢入市，有人糾獲，其錢悉入告者。其小薄之錢，若即禁斷，恐人交乏絶。畿内五十日，外州百日爲限。羣官參議，咸以時穀頗貴，請待有年。上從之而止。

《魏書》卷一一四《釋老志》 泰常八年十月戊戌，有牧土上師李譜文來臨嵩岳，云：老君之玄孫，昔居代郡桑乾，以漢武之世得道，爲牧土宫主，領治三十六土人鬼之政。地方十八萬里有奇，蓋歷術一章之數也。其中爲方萬里者有三百六十方。遣弟子宣教，云嵩岳所統廣漢平土方萬里，以授謙之。作誥曰：「吾處天宫，敷演真法，處汝道年二十二歲，除十年爲竟蒙，其餘十二年，教化雖無大功，且有百授之勞。今賜汝遷入内宫，太真太寶九州真師、治鬼師、治民師、繼天師四録。修勤不懈，依勞復遷。賜汝《天中三真太文録》，劾召百神，以授弟子。《文録》有五等，一曰陰陽太官，二曰正府真官，三曰正房真官，四曰宿宫散官，五曰並進録主。壇位、禮拜、衣冠儀式各有差品。凡六十餘卷，號曰《録圖真經》。付汝奉持，輔佐北方泰平真君，出天宫静輪之法。能興造克就，則起真仙矣。又地上生民，末劫垂及，其中行教甚難。但令男女立壇宇，朝夕禮拜，若家有嚴君，功及上世。其中能修身練藥，學長生之術，即爲真君種民。」藥別授方，銷練金丹、雲英、八石、玉漿之法，皆有決要。上師李君手筆有數篇，其餘，皆正真書曹趙道覆所書。**【略】**

太和十五年秋，詔曰：「夫至道無形，虚寂爲主。自有漢以後，置立壇祠，先朝以其至順可歸，用立寺宇。昔京城之内，居舍尚希。今者里宅櫛比，人神猥湊，非所以祇崇至法，清敬神道。可移於都南桑乾之陰，岳山之陽，永置其所。給户五十，以供齋祀之用，仍名爲崇虚寺。可召諸州隱士，員滿九十人。」

遷洛移鄴，踵如故事。其道壇在南郊，方二百步，以正月七日、七月七日、十月十五日，壇主、道士、哥人一百六人，以行拜祠之禮。諸道士罕能精至，又無才術可高。武定六年，有司執奏罷之。其有道術，如河東張遠遊、河間趙静通等，齊文襄王別置館京師而禮接焉。

《南史》卷五《齊本紀下》 〔永元〕三年，殿内火，合夕便發，其時帝猶未還，宫内諸房閤已閉，内人不得出，外人又不敢輒開，比及開，死者相枕。領軍將軍王瑩率衆救火，太極殿得全。内外叫喚，聲動天地。帝三更中方還，先至東宫，慮有亂，不敢便入，參覘審無異，乃歸。其後出游，火又燒璿儀、曜靈等十餘殿及栢寢，北至華林，西至秘閣，三千餘間皆盡。左右趙鬼能讀《西京賦》，云「栢梁既災，建章是營」。於是大起諸殿，芳樂、芳德、仙華、大興、含德、清曜、安壽等殿，又別爲潘妃起神仙、永壽、玉壽三殿，皆帀飾以金璧。其玉壽中作飛仙帳，四面繡綺，窗間盡畫神仙。又作七賢，皆以美女侍側。鑿金銀爲書字，靈獸、神禽、風雲、華炬，爲之玩飾。椽桷之端，悉垂鈴佩。江左舊物，有古玉律數枚，悉裁以鈿笛。莊嚴寺有玉九子鈴，外國寺佛面有光相，禪靈寺塔諸寶珥，皆剥取以施潘妃殿飾。性急暴，所作便欲速成，造殿未施梁桷，便於地畫之，唯須宏麗，不知精密。酷不別畫，但取絢曜而已，故諸匠賴此得不用情。又鑿金爲蓮華以帖地，令潘妃行其上，曰：「此步生蓮華也。」塗壁皆以麝香，錦幔珠簾，窮極綺麗。縶役工匠，自夜達曉，猶不副速，乃剔取諸寺佛刹殿藻井、仙人、騎獸以充足之。武帝興光樓上施青漆，世人謂之「青樓」。帝曰：「武帝不巧，何不純用瑠璃。」潘氏服御，極選珍寶，主衣庫舊物，不復周用，貴市人間金銀寶物，價皆數倍，虎珀釧一隻，直百七十萬。都下酒租，皆折輪金，以供雜用。猶不能足，下揚、南徐二州橋桁塘埭丁計功爲直，斂取見錢，供太樂主衣雜費。由是所在塘瀆，悉皆隳廢。又訂出雄雉頭、鶴氅、白鷺縗，百品千條，無復窮已。親倖小人，因緣爲姦，科一輸十。又各就州縣求爲人輸，準取見直，不爲輸送。守宰懼威，口不得道，須物之處，以復重求。如此相仍，前後不息，百姓困盡，號泣道路。少府太官，凡諸市買，事皆急速，催求相係。吏司奔馳，遇便虜奪，市廛離散，商旅靡依。

又以閱武堂爲芳樂苑，窮奇極麗。當暑種樹，朝種夕死，死而復種，率無一生。於是徵求人家，望樹便取，毀徹墻屋，以移置之。大樹合抱，亦皆移掘，插葉繫華，取玩俄頃。剗取細草，來植階庭，烈日之中，至便焦燥。紛紜往還，無復已極。山石皆塗以采色，跨池水立紫閣諸樓，壁上畫男女私褻之像。明帝時多聚金寶，至是金以爲泥，不足周用，令富室賣金，不問多少，限以賤價，又不還直。張欣泰嘗謂舍人裴長穆曰：「宫殿何事頓爾！夫以秦之富，起一阿房而滅，今不及秦一郡，而頓起數十阿房，其危殆矣。」答曰：「非不悦子之道，顧言不用耳。」

《南史》卷七七《恩倖・茹法亮傳》 廣開宅宇，杉齋光麗，與延昌殿相埒。延昌殿，武帝中齋也。宅後爲魚池釣臺，土山樓館，長廊將一里。竹林花藥之美，公家苑囿所不能及。

《南史》卷七八《夷貊上・扶南國傳》 先是，（大同）三年八月，武帝改造阿育王佛塔，出舊塔下舍利及佛爪髮，髮青紺色，衆僧以手伸之，隨手長短，放之則旋屈爲蠡形。按《僧伽經》云：「佛髮青而細，猶如藕莖絲。」《佛三昧經》云：「我昔在宫沐頭，以尺量髮，長一丈二尺。放已右旋，還成蠡文。」則與帝所得同也。阿育王即鐵輪王，王閻浮提一天下。佛滅度後，一日一夜，役鬼神造八萬四千塔，此即其一。吴時有尼居其地爲小精舍，孫綝尋毁除之，塔亦同滅。吴平後，諸道人復於舊處建立焉。晉元帝初度江，更修飾之。至簡文咸安中，使沙門安法程造小塔，未及成而亡。弟子僧顯繼而修立，至孝武太元九年，上金相輪及承露。

其後，有西河離石縣胡人劉薩何遇疾暴亡，而心猶暖，其家未敢便殯，經七日更蘇。説云：「有兩吏見録，向西北行，不測遠近。至十八地獄，隨報重輕，受諸楚毒。觀世音語云：『汝緣未盡，若得活可作沙門。洛下、齊城、丹陽、會稽並有阿育王塔，可往禮拜。若壽終則不墮地獄。』」語竟如墜高巖，忽然醒寤。因此出家名慧達。遊行禮塔，次至丹陽，未知塔處，及登越城四望，見長干里有異氣，因就禮拜，果是先阿育王塔所，屢放光明，由是定知必有舍利。乃集衆就掘入一丈，得三石碑，並長六尺。中一碑有鐵函，函中有銀函，函中又有金函，盛三舍利及髮爪各一枚，髮長數尺。即遷舍利近北對簡文所造塔西造一層塔。十六年，又使沙門僧尚加爲三層。即是武帝所開者也。初穿土四尺，得龍窟及昔人所捨金銀環釧釵鑷等諸雜寶物。可深九尺許至石磉，磉下有石函，函内有鐵壺以盛銀坩，坩内有金鏤罌盛三舍利如粟粒大，圓正光潔。函内有瑠璃椀，椀内得四舍利及髮爪。爪有四枚，並爲沈香色。至其月二十七日，帝又到寺禮拜，設無礙大會，大赦。是日以金鉢盛水泛舍利，其最小者隱不出，帝禮數十拜，舍利乃於鉢内放光，旋回久之，乃當中而止。帝問大僧正慧念曰：「見不可思議事不？」慧念答曰：「法身常住，湛然不動。」帝曰：「弟子欲請一舍利還臺供養。」至九月五日，又於寺設無礙大會，遣皇太子王侯朝貴等奉迎。是日風景明净，傾都觀屬。所設金銀供具等物，並留寺供養，并施錢一千萬爲寺基業。至四年九月十五日，帝又至寺設無礙大會，竪二刹，各以金罌，次玉罌，重盛舍利及爪髮内七寶塔内。又以石函盛寶塔，分入兩刹刹下，及王侯妃主百姓富室所捨金銀環釧等珍寶充積。十一年十一月二日，寺僧又請帝於寺發《般若經》題。爾夕二塔俱放光明，敕鎮東邵陵王綸製寺《大功德碑》文。先是二年改造會稽鄮縣塔，開舊塔中出舍利，遣光宅寺釋敬脱等四僧及舍人孫照暫迎還臺。帝禮拜竟，即送還縣，入新塔下，此縣塔亦是劉薩何所得也。

晉咸和中，丹陽尹高悝行至張侯橋，見浦中五色光長數尺，不知何怪，乃令人於光處得金像，無有光趺。悝乃下車載像還至長干巷首，牛不肯進。悝乃令馭人任牛所之，牛徑牽至寺，悝因留像付寺僧。每至夜中，常放光明，又聞空中有金石之響。經一歲，臨海漁人張係世於海口忽見有銅花趺浮出，取送縣，縣人以送臺，乃施像足，宛然合。會簡文咸安元年，交州合浦人董宗之採珠没水底，得佛光燄，交州送臺，以施於像，又合焉。自咸和中得像，至咸安初，歷三十餘年，光趺始具。

初，高悝得像，後有西域胡僧五人來詣悝曰：「昔於天竺得阿育王造像，來至鄴下，逢胡亂，埋於河邊。今尋覓失所。」五人嘗一夜俱夢見像曰：「已出江東，爲高悝所得。」悝乃送此五僧至寺，見像嘘欷涕泣，像便放光，照燭殿宇。又瓦官寺慧邃欲摸寫像形，寺主僧尚慮損金色，謂邃曰：「若能令像放光，回身西向，乃可相許。」慧邃便懇拜請。其夜像即轉坐放光，回身西向。明旦便許摸之。像趺先有外國書，莫有識者，後有三藏那跋摩識之，云是阿育王爲第四女所造也。

及大同中，出舊塔舍利，敕市寺側數百家宅地以廣寺域，造諸堂殿并瑞像周回閣等，窮於輪奐焉。其圖諸經變，並吴人張繇運手。繇丹青之工，一時冠絶。

《南齊書》卷七《東昏侯紀》〔永元三年〕後宫遭火之後，更起仙華、神仙、玉壽諸殿，刻畫雕綵，青荓金口帶，麝香塗壁，錦幔珠簾，窮極綺麗。縶役工匠，自夜達曉，猶不副速，乃剔取諸寺佛刹殿藻井仙人騎獸以充足之。世祖興光樓上施青漆，世謂之「青樓」。帝曰：「武帝不巧，何不純用瑠璃。」

潘氏服御，極選珍寶，主衣庫舊物，不復周用，貴市民閒金銀寶物，價皆數倍。虎魄釧一隻，直百七十萬。京邑酒租，皆折使輸金，以爲金塗。猶不能足，下揚、南徐二州橋桁塘埭丁計功爲直，斂取見錢，供太樂主衣雜費。由是所在塘瀆，多有隳廢。又訂出雉頭鶴氅白鷺縗，親幸小人，因緣爲姦利，課一輸十，郡縣無敢言者。

三年夏，於閲武堂起芳樂苑，山石皆塗以五采，跨池水立紫閣諸樓觀，壁上畫男女私褻之像。種好樹美竹，天時盛暑，未及經日，便就萎枯。於是徵求民家，望樹便取，毁徹墻屋以移致之，朝栽暮拔，道路相繼，花藥雜草，亦復皆然。

許嵩《建康實録》卷一三《宋下·世祖孝武皇帝》〔孝建元年正月〕地堪滋養，悉種麻稻，巷陌悉樹桑柘，列庭皆植竹栗。宫掖金翠，工人奇伎淫器，皆請焚之。錦繡羅縠，小民皆不得服。帝王子、帝弟，何必長史參軍，但宜置賓師傅官以輔之。

《隋書》卷七《禮儀志》北齊藉於帝城東南千畝内，種赤粱、白穀、大豆、赤黍、小豆、黑穄、麻子、小麥，色別一頃。自餘一頃，地中通阡陌，作祠壇於陌南阡西，廣輪三十六尺，高九尺，四陛三壝四門。又爲大營於外，又設御耕壇於阡東陌北。每歲正月上辛後吉亥，使公卿以一太牢祠先農神農氏於壇上，無配饗。祭訖，親耕。先祠，司農進穜稑之種，六宫主之。行事之官并齋，設齋省。於壇所列宫懸。又置先農坐於壇上。衆官朝服，司空一獻，不燎。祠訖，皇帝乃服通天冠、青紗袍、黑介幘，佩蒼玉，黄綬，青帶、襪、舄，備法駕，乘木輅。耕官具朝服從。殿中監進御耒於壇南，百官定列。帝出便殿，升耕壇南陛，即御座。應耕者各進於列。帝降自南陛，至耕位，釋劍執耒，三推三反，升壇即坐。耕官一品五推五反，二品七推七反，三品九推九反。藉田令帥其屬以牛耕，終千畝。以青箱奉穜稑種，跪呈司農，詣耕所灑之。耰訖，司農省功，奏事畢。皇帝降之便殿，更衣饗宴。禮畢，班賚而還。

隋制，於國南十四里啓夏門外，置地千畝，爲壇，孟春吉亥，祭先農於其上，以後稷配。牲用一太牢。皇帝服袞冕，備法駕，乘金根車。禮三獻訖，因耕。司農授耒，皇帝三推訖，執事者以授應耕者，各以班五推九推。而司徒帥其屬，終千畝。播殖九穀，納于神倉，以擬粢盛。穰稾以餉犧牲云。

《周禮》王后蠶於北郊，而漢法皇后蠶於東郊。魏遵《周禮》，蠶于北郊。吴韋昭制《西蠶頌》，則孫氏亦有其禮矣。晉太康六年，武帝楊皇后蠶于西郊，依漢故事。江左至宋孝武大明四年，始於臺城西白石里，爲西蠶設兆域。置大殿七間，又立蠶觀。自是有其禮。

後齊爲蠶坊於京城北之西，去皇宫十八里之外，方千步。蠶宫方九十步，墻高一丈五尺，被以棘。其中起蠶室二十七口，别殿一區。置蠶宫令丞佐史，皆宦者爲之。路西置皇后蠶壇，高四尺，方二丈，四出，陛廣八尺。置先蠶壇於桑壇東南，大路東，横路之南。壇高五尺，方二丈，四出，陛廣五尺。外兆方四十步，面開一門。有緑襘襦、褠衣、黄履，以供蠶母。每歲季春，穀雨後吉日，使公卿以一太牢祀先蠶黄帝軒轅氏於壇上，無配，如祀先農。

《隋書》卷一二《禮儀志七》及大業四年，煬帝北巡出塞，行宫設六合城。方一百二十步，高四丈二尺。六合，以木爲之，方六尺，外面一方有板，離合爲之，塗以青色。壘六板爲城，高三丈六尺，上加女墻板，高六尺。開南北門。又於城四角起樓敵二，門觀、門樓檻皆丹青綺畫。又造六合殿、千人帳，載以槍車，車載六合三板。其車軨解合交叉，即爲馬槍。每車上張幕，幕下張平一弩，傅矢，五人更守。兩車之間，施車軨馬槍，皆外其轅，以爲外圍。次内布鐵菱，次内施蟄鞬。每一蟄鞬，中施弩牀，長六尺，闊三尺。牀桄陛插鋼錐，皆長五寸，謂之蝦鬚。皆施機關，張則錐皆外向。其牀上施旋機弩，以繩連弩機，人從外來，觸繩則弩機旋轉，向觸所而發。其外又以矰周圍行宫，二丈一鈴一柱，柱舉矰，去地二尺五寸。當行宫南北門，施槌磬，連矰，以機發之。有人觸矰，則衆鈴發響，槌擊兩磬，以知所警，名爲擊警。八年征遼，又造鉤陳，以木板連如帳子。張之則綺文，卷之則直焉。帝御營與賊城相對，夜中設六合城，周廻八里。城及女垣，合高十仞，上布甲士，立仗建旗。又四隅有闕，面别一觀，觀下開三門。其中施行殿，殿上容侍臣及三衛仗，合六百人。一宿而畢，望之若真，高麗旦忽見，謂之爲神焉。

范祖禹《唐鑑》卷一〇《玄宗下》〔天寶〕十載，帝命有司爲安禄山起第於親仁坊，敕令：「但窮壯麗，不限財力。」既成，具幄帟器皿充牣其中，雖禁中服御之物殆不及也。禄山生日，帝及貴妃賜衣服、寶器、酒饌甚厚，後三日召禄山入禁中，貴妃以錦繡爲大襁褓裹禄山，使宫人以綵輿舁之，帝觀之喜，賜貴妃洗兒金銀錢，復厚賜禄山，盡歡而罷。

李林甫等《唐六典·少府軍器監》 少府監：監一人，從三品；《漢書·百官表》云：「少府，秦官，掌山海池澤之稅，以給供養；有六丞。其屬官有尚書、符節、太醫、太官、湯官、導官、樂府、若盧、考工室、左弋居室、甘泉居室、左·右司空、東織、西織、東園匠十六官令·丞，又胞人、都水、均官三長·丞，又上林中十池監，又中書謁者、黄門、鉤盾、尚方、御府、永巷、内者、宦者八官令·丞，諸僕射、署長、中黄門皆屬焉。」少府者，天子之私府，所以供奉之職皆在焉。王莽改曰共工。後漢復爲少府，其尚書、侍中、符節皆屬焉，餘職多所并省。《漢官解詁》云：「少府主供養，陂池、禁錢，服御、口實，掖庭、中宫。」魏因之。晉置功曹、主簿、五官等員；少府，銀章、青綬，五時朝服，進賢兩梁冠，絳朝服，佩水蒼玉，品第三，統材官校尉，中、左、右三尚方，中黄、左、右藏，左校，甄官，平準，奚官等令；左校坊，鄴中黄、左、右藏，油官等丞。及過江，唯置一尚方，又省御府。至哀帝時，桓温表省少府，以并于丹陽尹。孝武復置。宋少府領左、右尚方，御府，東冶，南冶，平準等令、丞。齊又加以領左、右尚鍛署。梁以少府爲夏卿，統材官將軍，左、中、右尚方，甄官，平水，南塘，邸税庫，東、西冶，中黄，細作，炭庫，紙官，柴署等令、丞，班第十一，品從第四。陳因之。後魏少府、宗正、太僕、廷尉、司農、鴻臚爲六次卿，第二品上；太和末，改少府爲太府。北齊不置少府，其左中右三尚方、司染、諸冶及細作、甄官等署並隸太府寺。至隋煬帝大業五年，始分太府爲少府監，置監一人，從三品；少監一人，從四品；丞二人；統左尚、右尚、内尚、司織、司染、鎧甲、弓弩、掌冶等署。其後又改監爲令，少監爲少令，併司織、司染爲織染署，廢鎧甲、弓弩二署。皇朝因爲監。龍朔二年改爲内府監，咸亨元年復爲少府監。光宅元年改爲尚方監，神龍元年復舊。開元初，分甲鎧、弓弩別置軍器監；十一年省軍器監，其作並歸少府；尋又於北都置軍器監。少監二人，從四品下。隋煬帝置少卿一人，從第四品，皇朝因置二人。龍朔、咸亨、光宅、神龍並隨監改復。少府監之職，掌百工伎巧之政令，總中尚、左尚、右尚、織染、掌冶五署之官屬，庀其工徒，謹其繕作；少監爲之貳。凡天子之服御，百官之儀制，展采備物，率其屬以供焉。

丞四人，從六品下；漢置丞六人，比千石。後漢置一人，以明法補。魏、晉因之。宋、齊、梁、陳皆一人，梁班第四。後魏少府丞一人，從五品中。隋煬帝分太府寺置少府監，置丞二人。皇朝加至六人。龍朔、咸亨、光宅、神龍並隨監改復。開元二十三年減二人。主簿二人，從七品下；《晉令》：「少府置主簿二人。」宋、齊因之。梁主簿七班之中第三。隋煬帝置主簿一人，皇朝加置四人。龍朔、咸亨、光宅、神龍並隨監改復，開元二十三年減二人。録事二人，從九品上。

丞掌判監事。凡五署所脩之物須金石、齒革、羽毛、竹木而成者，則上尚書省，尚書省下所由司以供給焉。凡五署之所入於庫物，各以名數并其州土所生以籍之，季終則上於所由，其副留於監；有出給者，則隨注所供而印署之。凡教諸雜作，計其功之衆寡與其難易而均平之，功多而難者限四年、三年成，其次二年，最少四十日，作爲等差，而均其勞逸焉。凡教諸雜作工，業金、銀、銅、鐵鑄、鎔、鑿、鏤、錯、鏃所謂工夫者，限四年成；以外限三年成；平慢者，限二年成。諸雜作有一年半者，有一年者，有九月者，有三月者，有五十日者，有四十日者。主簿掌勾檢稽失。凡財物之出納，工人之繕造，簿帳之除附，各有程期；不如期者，舉而按之。録事掌受事發辰。

中尚署：令一人，從六品上；漢少府屬官有尚方令、丞。後漢尚方令一人，六百石，掌上手工作御刀劍、諸好器物及寶玉作器。和帝時，蔡倫爲尚方令，作秘劍，皆有龍泉、太阿之目；及諸器械，靡不牢固。其後分爲中、左、右三尚方。魏氏因之。晉過江左，唯置一尚方，哀帝以隸丹陽尹，孝武帝復舊。晉代掌造軍器。宋高祖踐阼，以相府部配臺，謂之左尚方，而本署謂之右尚方，令、丞各一人。孝武帝改右尚方曰御府，又置中署，隸右尚方。齊置左、右尚方令·丞各一人。梁置左、中、右尚方三令、丞，其令並從九品；其後廢中尚方，唯存左、右而已。陳因之。北齊太府寺管左、中、右三尚方。隋開皇中，有内、左、右三尚方署，猶屬太府寺。内尚方令二人，正八品下，掌諸織作。煬帝分屬少府。皇朝因置二人，省「方」字，但曰中尚、左尚、右尚。開元十八年省一人，升爲從六品上。丞四人，從八品下；漢、魏已來皆隨署省置。後漢丞一人，四百石。魏、晉、宋、齊皆隨署改易。梁位在七班之下，爲三品勳位。隋置丞四人，正九品下。皇朝因之。開元中升其品。監作四人，從九品下。中尚署令掌供郊祀之圭璧，凡冬至祀昊天上帝以蒼璧，孟春祈穀、孟夏雩祀、季秋明堂祀並以四圭有邸，夏至祭皇地祇以黄琮，祀日、月以圭邸，祀東方青帝以青圭，南方赤帝以赤璋，西方白帝以騶虞，北方黑帝以玄璜，中央黄帝以黄琮，祭神州及嶽、鎮、海、瀆、大社、大稷皆以兩圭有邸。及歲時乘輿器玩，中宫服飾，雕文錯綵，珍麗之制，皆供焉；丞爲之貳。每年二月二日，進鏤牙尺及木畫紫檀尺；寒食，進毬，兼雜綵雞子；五月五日，進百索綬帶；夏至，進雷車；七月七日，進七孔金細針；十五日，進盂蘭盆；臘日，進口脂、衣香囊。每月進筆及檮衣杵。琴·瑟·琵琶弦、金·銀紙，須則進之，不恒其數也。其所用金木、齒革、羽毛之屬，任所出州土以時而供送焉。其紫檀、櫚木、檀香、象牙、翡翠毛、黄嬰毛、青蟲真珠、紫鑛、水銀出廣州及安南，赤麖皮、瑟瑟、赤玤、琥珀、白玉、碧玉、金剛鑽、盆灌、鍮石、胡桐律、大鵬砂出波斯及涼州，麝香出蘭州，銅鉢銅出代州，赤生銅出銅源監也。

左尚署：令一人，正七品下；後漢末，分尚方爲三：中、左、右。魏、晉因之。晉過江，唯尚方而已。宋、齊、梁、陳有左、右尚方。晉、宋已來並四百石，梁班第一，從九品。北齊太府寺左、中、右尚方。隋開皇中，三尚方並屬太府寺，左尚令三人，掌造車輦、繖扇、稍毦、弓箭、弩戟、器仗、刀鋋、膠漆、竹木、骨角、畫素、刻鏤、蠟燭等。皇朝置一人，開元十八年爲正七品下。丞五人，從八品下；前後漢、魏、晉、宋、齊、梁、陳皆隨署置省。《梁選簿》：「左尚丞爲三品勳位。」隋左尚方丞八人，正九品下。皇朝置五人，開元十八年爲從八品下。監作六人，從九品下。左尚署令掌供天子之五輅、五副、七輦、三轝、十有二車，大小方圓華蓋一百五十有六，諸翟尾及大小繖翰，辨其名數而頒其制度；丞爲之貳。凡皇太后、皇后、內命婦之重翟、猒翟、翟車、安車、四望、金根等車，皇太子之金輅、軺車、四望車，王公已下象輅、革輅、木輅、軺車，公主、王妃、外命婦一品猒翟車，二品、三品犢車，其制各有差。其用金帛、膠漆、材竹之屬，所出方土以時支送。漆出金州，竹出司竹監，松出嵐、勝州，文栢出隴州，梓楸出京兆府，紫檀出廣州，黄楊出荆州。

右尚署：令一人，正七品下；後漢分尚方爲三：中、左、右。魏、晉因之。晉過江，唯尚方而已。宋、齊、梁、陳有左、右尚方。北齊亦有三尚方。隋左、右尚方屬太府寺，令三人，正八品下；煬帝始改隸少府焉。皇朝因置令二人，掌造甲冑、具裝、刀、斧、鉞及皮毛雜作、膠墨、紙筆、薦席等事。開元十八年省一人，升爲正七品下。丞四人，從八品下；漢、魏已來，與左尚方同。隋右尚方丞六人，皇朝置四人，開元十八年爲從八品下。監作六人，從九品下。右尚署令掌供天子十有二閑馬之鞍轡，每歲，京兆、河南制革、理材、爍金以爲之，送之於署，令工人增飾而進焉。及五品三部之帳，備其材革，而脩其制度；丞爲之貳。凡刀劍、斧鉞、甲冑、紙筆、茵席、履舄之物，靡不畢供。其用綾絹、金鐵、毛革等，所出方土以時支送。白馬尾、白犛牛尾出隴右諸州，翟尾、孔雀尾、白鷺鮮出安南、江東，貂皮出諸軍州。

織染署：令一人，正八品上；《周官》九職，「嬪婦化理絲帛」。《考工記》：「理絲麻而成之，謂之婦功。」漢少府屬官有東織、西織，成帝河平元年省東織，更名西織曰織室。後漢有織室丞一人，此後無聞。北齊中尚方領涇州、雍州絲局丞，定州紬綾局丞。後周有司織下大夫一人，掌凡機材之工。隋煬帝置司織署令、丞，後與司染署併爲織染署。《周禮》天官有「染人，掌染絲帛。凡染，春暴練，夏纁玄」；冬官有「設色之工五，謂畫、繢、鍾、筐、㡛也」。韋昭《辨釋名》云：「平準令主染，有常平之法，故準而酌之。」兩漢並隸司農。晉平準令有監染吏六人，初隸司農，後屬少府。宋順帝名準，始改曰染署令。齊復爲平準令，梁、陳爲平水令。北齊太府寺有司染署，長秋寺有染局丞。後周有染工上士一人，又有司色下大夫一人。隋初有司染署，隸太府寺，煬帝分屬少府。大業五年，合司織、司染爲織染署，令二人。皇朝置一人。丞二人，正九品上；漢、魏已來，並具於本署。隋并司織、司染爲一署，丞四人。皇朝因之，置二人。監作六人，從九品下。織染署令掌供天子、皇太子及羣臣之冠冕，辨其制度，而供其職務；丞爲之貳。

天子之冠二，一曰通天冠，二曰翼善冠；冕六，一曰大裘冕，二曰衮冕，三曰鷩冕，四曰毳冕，五曰絺冕，六曰玄冕；弁二，一曰武弁，二曰皮弁；幘二，一曰黑介幘，二曰平巾幘；帽一，曰白紗帽。太子之冠三，一曰三梁冠，二曰遠遊冠，三曰進德冠；冕二，一曰衮冕，二曰玄冕；弁一，曰皮弁；幘一，曰平巾幘。臣下之冠五，一曰遠遊冠，二曰進賢冠，三曰獬豸冠，四曰高山冠，五曰卻非冠；冕五，一曰衮冕，二曰鷩冕，三曰毳冕，四曰絺冕，五曰玄冕；弁二，一曰爵弁，二曰武弁；幘三，一曰介幘，二曰平巾幘，三曰平巾緑幘。

凡織紝之作有十，一曰布，二曰絹，三曰絁，四曰紗，五曰綾，六曰羅，七曰錦，八曰綺，九曰繝，十曰褐。組綬之作有五，一曰組，二曰綬，三曰絛，四曰繩，五曰纓。紬線之作有四，一曰紬，二曰線，三曰絃，四曰網。練染之作有六。一曰青，二曰絳，三曰黄，四曰白，五曰皁，六曰紫。凡染大抵以草木而成，有以花、葉，有以莖、實，有以根、皮，出有方土，採以時月，皆率其屬而脩其職焉。

掌冶署：令一人，正八品上；《周禮冬官》：「攻金之工六，謂築、冶、鳧、㮚、段、桃也。」秦及漢，諸郡國出鐵者，置鐵官長、丞。晉衛尉屬官有冶令、丞各一人，掌工徒鼓鑄；過江，省衛尉，而冶令始隸少府。宋有東冶令丞、南冶令丞，齊因之。梁有東冶令，西冶令，從九品下。《選簿》：「舊，東冶重，西冶輕。」然則梁朝之西冶，蓋宋、齊南冶也。陳因之。後魏無聞。北齊太府寺有司冶令、丞。後周有冶工中士一人，又有鐵工中士一人。隋太府寺統掌冶署，令二人，掌金、銀、銅、鐵器之屬，并管諸冶；煬帝改屬少府，令從八品上。皇朝因之，省一人。丞二人，正九品上；秦、漢已來具上注。隋太府寺統掌冶丞四人，煬帝改屬少府，皇朝因之，省二人。監作二人，從九品下。

掌冶署令掌鎔鑄銅鐵器物之事；丞爲之貳。凡天下諸州出銅鐵之所，聽人私採，官收其稅。若白鑞，則官爲市之。其西邊、北邊諸州禁人無置鐵冶及採鈚，若器用所須，則具名數，移於所由，官供之；私者，私市之。凡諸冶所造器物，皆上於少府監，然後給之。其興農冶監所造者，唯供隴右諸牧監及諸牧使。

諸冶監：監各一人，正七品下；秦、漢內史及諸郡有鐵者，則置鐵官長、丞。《晉令》：「諸冶官庫各置督監一人。」《宋書》云：「江南諸郡縣有鐵者，或置冶令，或丞，皆吴時置也。齊、梁有梅根諸冶令。北齊諸冶皆有局丞。隋諸冶皆置監，監有上、中、下三等，皇朝因之，掌鑄兵農之器，以給軍旅、屯田、居人焉。丞一人，從八品上；監作四人，從九品下。

諸冶監掌鎔鑄銅鐵之事，以供少府監；丞爲之貳。

北都軍器監：監一人，正四品上；開元初令少府監置，十六年移向北都。少監一人，正五品上；丞二人，正七品上；主簿一人，正八品上；録事一人，正九品下。軍器監掌繕造甲弩之屬，辨其名物，審其制度，以時納于武庫；少監爲之貳焉。丞掌判監事。凡材革出納之數，工徒衆寡之役，皆督課焉。主簿掌印及勾檢稽失。録事掌受事發辰。

甲坊署：令一人，正八品下；《周禮·考工記》曰：「函人爲甲：犀甲七屬，兕甲六屬，合甲五屬。凡爲甲，先必爲容，然後制革，權其上旅與其下旅，而重若一。」隋少府有甲鎧署，皇朝改焉。丞一人，正九品下；監作二人，從九品下。

弩坊署：令一人，正八品下；《周禮》：「司弓矢掌四弩。凡弩，夾庾利攻守，唐大利車戰、野戰。」《考工記》：「弓人取六材必以其時。幹也者，以爲遠；角也者，以爲疾；筋也者，以爲深；膠也者，以爲和；絲也者，以爲固；漆也者，以爲受霜露也。凡取幹之道有七：柘爲上，檍次之，檿桑次之，橘次之，木瓜次之，荆次之，竹爲下。」隋有弓弩署，皇朝改焉。丞一人，正九品下；監作二人，從九品下。

甲坊令、弩坊令各掌其所脩之物，督其繕造，辨其粗良；丞爲之貳。凡財物之出納，庫藏之儲備，必謹而守之。

諸鑄錢監：監各一人。《周禮》：「泉府上士四人，掌市之征布。」又：「司市以商賈阜貨而行布，以泉府同貨而斂賒。國凶荒札喪，則市無征而作布。」鄭玄云：「市不稅，爲民乏困也。金、銅無凶年，因物貴，大鑄泉以饒民。」布及泉，謂錢也。《漢書·食貨志》曰：「太公爲周立九府圜法。錢圜函方，輕重以銖，故貨寶於金，利於刀，流於泉，布於布，束於帛。周景王鑄大錢，文曰『寶貨』，肉好皆有周郭。秦兼天下，銅錢文曰『半兩』，重如其文。漢興，以秦錢重難用，令人鑄榆莢錢。文帝以錢益輕，更鑄四銖錢，文爲『半兩』，除《盜鑄錢令》，使民放鑄。及武帝初，鑄三銖錢，重如其文，禁人盜鑄。有司言三銖錢輕，更請郡國鑄五銖錢，文曰『五銖』，周郭其質。又以人多姦鑄，令京師鑄官赤仄，一當五。其後赤仄錢又廢。於是，悉禁郡國毋鑄錢，專令上林三官鑄錢。自武帝元狩五年三官初鑄五銖錢，至平帝元始中，成錢二百八十億萬餘。王莽變漢制，始造大錢，徑寸二分，重十二銖，文曰『大錢五十』；後又多所改作。」及公孫述於蜀鑄錢，人不便之，故謠曰：「黄牛白腹，五銖當復。」後漢光武除王莽所造，復五銖錢。靈帝鑄四出錢。魏初專以粟、帛爲貨，明帝復立五銖錢，至西晉不改。吴孫權鑄大錢一當五百文，又鑄一當千錢。蜀劉備鑄一直百錢。東晉沈充鑄小錢，謂之「沈郎錢」。宋文帝又鑄四銖錢，體完厚。孝武帝四銖，形小薄。廢帝鑄二銖，謂之耒子錢；又有綖環錢，貫之以縷，入水不沈。南齊亦用四銖。梁武帝乃鑄二種錢：肉好周郭，文曰「五銖」，重如其文；又除肉郭，謂之女錢。百姓私用古錢，有直百五銖、女錢、太平百錢、定平一百、五銖稚錢、五銖對文等號，輕重不一。普通中，議罷銅錢，鑄鐵錢。陳初，有梁末兩柱及鵝眼錢，時雜用之；文帝改鑄五銖，宣帝又鑄大貨六銖。後魏太和十九年鑄錢，文曰「太和五銖」；永安二年改鑄，文曰「永安五銖」。東魏齊文襄以錢文「五銖」，名須稱實，一文重五銖，計百錢重一斤四兩二十銖。北齊文宣帝鑄常平五銖，重如文。周武帝鑄布泉錢，以一當五，與五銖並行；建德中，復鑄五行大布，一當十。宣帝又鑄永通萬國，以一當千。隋高祖以天下錢貨不等，更鑄新錢，背面肉好，皆有周郭，文曰「五銖」，重如其文，每一千重四斤二兩。自漢至隋，雖時或輕重，皆用五銖。皇朝武德中，悉除五銖，更鑄開通元寶錢。乾封初，又鑄乾封泉寶錢，尋廢。開元中，以錢濫惡，江、淮間尤甚，有敕禁斷，令御史往江、淮間收斂，納官鎔之。其求稍廣，州縣恐其錢數不充，隨以好錢繼之，自是，百姓財幣耗損，御史坐是左遷。舊法每一千重六斤四兩，近所鑄者多重七斤，錢文本歐陽詢所書。錢官，漢氏初屬少府，後屬水衡；後漢屬司農；魏、晉已下，或屬少府，或屬司農。皇朝少府置十鑪，諸州亦皆屬焉。及少府罷鑄錢，諸州遂別。今絳州三十鑪，楊、宣、鄂、蔚各十鑪，益、鄧、郴各五鑪，洋州三鑪，定州一鑪。諸鑄錢監以所在州府都督、刺史判之；副監一人，上佐判之；丞一人，判司判之；監事一人，參軍及縣尉知之；録事、府、史，士人爲之。

《舊五代史》卷一一八《周書九·世宗紀五》 〔顯德五年五月〕己酉，以太府卿馮延魯充江南國信使，以衛尉少卿鍾謨爲副。賜李景御衣，玉帶，錦綺羅縠帛共十萬匹，金器千兩，銀器萬兩，御馬五匹，金玉鞍轡全，散馬百匹，羊三百匹。別賜李景書曰：「皇帝恭問江南國主。煮海之利，在彼海濱，屬疆壤之初分，慮供食之有闕。江左諸郡，素號繁饒，然於川澤之間，舊無斥鹵之地，曾承素旨，常在所懷，願均收積之餘，以助軍旅之用。已下三司，逐年支撥供軍食鹽三十萬石。」又賜李景今年曆日一軸。

《新唐書》卷五《玄宗紀》 〔開元二年〕七月乙未，焚錦繡珠玉于前殿。戊戌，禁采珠玉及爲刻鏤器玩、珠繩帖縚服者，廢織錦坊。

《新唐書》卷四二《地理志六》 成都府蜀郡，赤。至德二載曰南京，爲府，上元元年罷京。土貢：錦、單絲羅、高杼布、麻、蔗糖、梅煎、生春酒。

《新唐書》卷一五八《韋皋傳》 皋治蜀二十一年，數出師，凡破吐蕃四十八萬，禽殺節度、都督、城主、籠官千五百，斬首五萬餘級，獲牛羊二十五萬，收器械六百三十萬，其功烈爲西南劇。善拊士，至雖昏嫁皆厚資之，婿給錦衣，女給銀塗衣，賜各萬錢，死喪者稱是。

王溥《唐會要》卷七《封禪》 貞觀十一年，羣臣復勸封山，始議其禮。於是國子博士劉伯莊、睦州刺史徐令言等，各上封禪之事，互設疑議，所見不同。多言新禮中封禪儀注，簡略未周。太宗勅祕書少監顏師古、諫議大夫朱子奢等，與四方名儒博物之士參議得失。議者數十家，遞相駁難，紛紜久不決。於是左僕射房玄齡、特進魏徵、中書令楊師道博採衆議，堪行用而於舊禮不同者，奏之。其議昊天上帝壇曰：「將封先祭，義在告神，且備謁敬之儀，方展慶成之禮。固當於壇下阯，先申齊潔。贊享已畢，然後登封。既表重慎之深，兼示行事有漸。今請祭於泰山下，設壇以祀上帝，以景皇帝配享。壇長一十二丈，高一丈二尺。」又議製玉牒曰：「金玉重寶，質性貞堅，宗祀郊禋，皆充器幣，豈嫌華美，寔貴精確。況三神壯觀，萬代鴻名，禮極殷崇，事資藻縟。玉牒玉簡，式韞靈奇，傳之無窮，永存不朽。今請玉牒長一尺三寸，廣厚各五寸。玉簡厚二寸，長短闊狹一如玉牒。其印齒請隨璽大小，仍纏以金繩五周。」又議玉策曰：「封禪之祭，嚴配作主，皆奠玉策，肅奉誠虔。今玉策四枚，各長一尺三寸，廣一寸五分，厚五分。每策五簡，俱以金編。其一奠上帝，一奠太祖座，一奠皇地祇，一奠高祖座。」又議金匱曰：「登配之策，盛以金匱，歸格藝祖之廟室。今請長短令容玉策，高廣各六寸。形制如今之表函。纏以金繩，封以金泥，印以受命璽。」又議方石再累曰：「舊藏玉牒，止用石函，亦猶盛書篋笥，所以或呼石篋。今請方石三枚，以爲再累。其十枚石簡，刻方石四邊而立之。纏以金繩，封以石泥，印以受命璽。」又議泰山上圓壇曰：「四出開道，壇場通義，南面入升，於事爲允。今請介邱上圓壇廣五丈，高九尺，用五色土加之。四面各設一階。御位在壇南，升自南階，而就上封玉牒。」又議圓壇上土封曰：「凡言封者，皆是積土之名。利建分封，亦以班社立號。謂之封禪，厥義可知。今請於圓壇之上，安置方石，璽緘既畢，加土築以爲封。高一丈二尺，而廣二丈，以五色土益封，玉牒藏於其內。祀禪之土封，制亦同此。」又議玉璽曰：「謹詳前載方石緘封，玉檢金泥，必資印璽，以爲祕固。今請依令用受命璽，以封石檢。其玉檢既與石檢大小不同，請更造璽一枚，方一寸二分，文同受命璽，以封玉牒。石檢形制，依漢建武故事。」又議立碑曰：「既「勒石紀號，顯揚功業，登封降禪，肆覲之壇，立碑紀之。」又議設告至壇曰：「既至山下，禮行告至，柴於東方上帝，望秩遍禮羣神。今請其壇方八丈一尺，高三尺，陛仍四出。其禪方壇及餘飾，請從今禮。仍請式柴祭、望秩，同時行事。」又議廢石闕及大小距石曰：「距石之設，意取牢固，本資寔用，豈云雕飾。今既積土厚封，足與天長地久。其小距環壇，石闕迴建，事非經誥，無益禮儀，煩而非要，請從減省。」太宗從其議，仍令附之於禮。《舊唐書・禮儀志》

案《顏師古傳》，帝將有事泰山，詔公卿博士雜定其儀，而論者争爲異端。師古奏：「臣譔定《封禪儀注書》，在十一年，於時諸儒謂爲適中。」於是以付有司，多從其說。

貞觀十一年，顏師古封禪議：「將封先祭，義在告神，且備款謁《舊唐書》作「謁敬」。之儀，方展慶成之禮。固當爲《唐書》作「於」。壇下距，《唐書》作「阯」。預《通典》作「先」。申齊潔。贊饗已畢，然後登封。既表重慎之深，兼示行事有漸。今請祭于山下，封于山上，四出開道，壇場通義，南面入升，於事爲允。今請山上圓壇，廣五尺，高九尺，用五色土爲之。《唐書》作「加」。四面各設一陛。《唐書》作「階」。御位在壇南，升自南陛，《唐書》作「階」。而舊本作「宜」。就行事。「行事」，《唐書》作「上附玉牒」。舊藏玉牒，止用石函，亦猶書盛篋笥，所以或呼爲石篋。然其形大質重，轉徙非易。岱宗倘無此石，皆應取自他山，所以不爲混成。累輯而作，大要在於周固，稽其縝舊本作「緝」。密。而近代儀注，更名『石碱』。『碱』非稽古之文，舊本作「稱」。本無義訓可尋，贏舊本作「盈」。縮之閒，貴在折中，舊本作「衷」。不煩紛議，更增疑惑。今請方石三枚，以爲再累。其十枚石檢，刻方石四邊而立之，纏以金繩，用備檢約。凡言封者，皆是積土之名，利建分封，亦以班社立號，謂之封禪，厥義可知。今若置牒壇上，止因累石，不加繕築，即以爲封，匪唯嚴祕之道，有妨簡率。亦乃名實不副，理恐乖爽。今請於圓壇之上，安置方石，封印《唐書》、《通典》作「璽緘」。既紇，舊本作「畢」。加五色土築以爲封。高一丈二尺，而廣二丈。金玉重寶，質性堅貞，宗祀嚴禋，皆充器幣，豈嫌華美，寔貴精確。況乎三神壯觀，萬代鴻名，禮極殷崇，事資藻縟。玉牒玉檢，式韞靈奇，舊本作「事韞靈奇」。傳之無窮，永存舊本作「在」。不朽。至於廣袤之數，足以載文辭；緘束之方，務在申膠固。今宜立制，隨時損益。豊功厚德，既以跨躡前蹤；盛典宏規，無勞一遵曩式。今請玉牒長一尺三寸，廣厚各五寸，玉檢厚二寸。《唐書》有「長短闊狹一如玉牒」。其印齒疎密，隨印大小。距石之設，意取牢固，本資實用，豈云巧《唐書》作「雕」。飾。今既積土厚封，更無差動，天長地久，寧假支持？斜設横安，請並弗舊本作「不」。置。勒石紀號，垂裕後昆，美盛德之形容，闡后王之休烈，其義遠《通典》作「大」。矣，其事尚焉。【略】

乾封元年，封泰山。爲圓壇山南四里，如圓丘，三壝。壇上飾以青，四方如其色，號封祀壇。玉策三，以玉爲簡，長一尺二寸、廣一寸二分、厚三分，刻以金文。玉匱一，長一尺三寸，以藏上帝之册。金匱二，以藏配帝之册，纏以金繩五周。金泥玉璽，重方一寸二分，文如受命璽。石䃭以方石再累，皆方五尺，厚一尺。刻方其中，以容玉匱。䃭旁施檢刻，深三寸三分，闊一尺。當繩刻深三分，闊一寸五分。石檢十枚，以檢石䃭，皆長三尺，闊一尺，厚七分。印齒三道，皆深四寸。當璽方五寸，當繩闊一寸五分。檢立于䃭旁，南方、北方皆三，東方、西方皆二去䃭隅皆一尺。䃭纏以金繩五周，封以石泥。距石十二，分距䃭隅，皆再累，皆闊二尺，長一丈斜刻其首，令與䃭隅相應。又爲壇于山上，廣五丈，高九尺，四出陛。一壝，號登封壇。玉檢，玉牒，石䃭，石距，玉匱，石檢，皆如之。爲降禪壇於社首山上，八隅，一成八階，加方丘三壝。上飾以黄，四方如其色。其餘皆如登封。其議略定，而天子詔曰：「古今之制，文質不同。今封禪以玉牒金繩，而瓦尊匏爵秸席，宜改從文。」於是昊天上帝褥以蒼，地祇褥以黄，配褥皆以紫，而尊爵亦更焉。是歲正月，天子祀昊天上帝于山下之封祀壇，以高祖、太宗配，如圜丘之禮。親封玉册，置石䃭，聚五色土封之。徑一丈二尺，高九尺。

【略】

乾封元年正月，帝親享昊天上帝於山下封祀之壇，如圜丘之儀。祭訖，親封玉策，置石䃭，聚五色土封之。圜徑一丈二尺，高九尺。【略】

高宗既封泰山之後，又欲遍封五岳。至永淳元年，于洛州嵩山之南置崇陽縣。其年七月，勅其所造奉天宫。二年正月，駕幸奉天宫。至七月，下詔將以其年十一月封禪於嵩岳。詔國子司業李行偉，考功員外郎賈大隱，太常博士韋叔夏、裴守貞、輔抱素等詳定儀注。於是議：「立封祀壇，如圜丘之制。上飾以玄，四面依方色。爲圜壇，三成，高二丈四尺，每等高六尺。壇上徑一十六步；三等各闊四步。設十二陛，陛皆上闊八尺，下闊一丈四尺。爲三重壝，距外壝三十步，内壝距五十步。燎壇在壇東南外壝之内，高三尺，方一丈五尺，南出陛。登封壇，圓徑五丈，高九尺。四出陛，爲一壝，飾以五色，準封祀禪祭壇。上飾以金，四面依方色，爲八角方壇，再成，高一丈二尺，每等高四尺。壇上方十六步，每等廣四步，設八陛。其上壇陛皆廣八尺，中等陛皆廣一丈，下等陛皆廣一丈二尺。爲三重壝之大小，準封祀。爲埋埳，在壇之未地外壝之内，方深取足容物，南出陛。朝觀壇，于行宫之前爲壇宫。方三分。壝二，在南。壇方二十四丈，高九尺，南面兩陛，餘三面各一陛。封祀、登封，五色土封石䃭爲圜封，上徑一丈二尺，下徑三丈，高九尺。禪祭，五色土封爲八角方封，大小準封祀制度。所用尺寸，準歷東封，並用古尺。諸壇並築土爲之，禮無用石之文。並度影以定方位。登封、降禪，四出陛各當四方之中，陛各上廣七尺，下廣一丈二尺。封祀玉帛料，有蒼璧，四圭有邸，圭璧。禪祭有黄琮，兩圭有邸，無圭璧。

王溥《唐會要》卷三一《輿服上·雜録》 乾封二年二月，禁工商不得乘馬。

神龍二年九月，《儀制令》：「諸一品已下，食器不得用渾金玉；六品已下，不得用渾銀。」

大和元年五月勅：「衣服車乘器用宫室侈儉之制，近日頗差。宜準《儀制令》，品秩勳勞，仍約今時所宜，撰等級，送中書門下參酌奏聞。」

三年九月勅：「兩軍諸司内官，不得著紗縠綾羅等衣服。」

六年六月勅詳度諸司制度條件等：「《禮部式》，親王及三品已上，若二王后，服色用紫，飾以玉；五品已上，服色用朱，飾以金；七品已上，服色用緑，飾以銀；九品已上，服色用青，飾以鍮石。應服緑及青人，謂經職事官成及食禄者，其用勳官及爵，直司依出身品，仍聽佩刀、礪、紛、帨。流外官及庶人，服色用黄，飾以銅鐵。其諸親朝賀宴會服飾，各依所準品。又請一品二品許服玉及通犀，三品許服花犀、斑犀及玉，又服青碧者許通服緑，飾依《禮部式》。又應三省、御史臺、兩京諸司及諸道在城職掌官等，諸不許用本官本品例，仍並不得服犀玉及車馬不得飾以金銀。又袍襖衫等，曳地不得長二寸已上，衣袖不得廣一尺三寸已上。婦人制裙，不得闊五幅已上，裙條曳地，不得長三寸已上，襦袖等不得廣一尺五寸已上。又《六典》及《禮部式》，諸文武官赴朝，諸府道從職事，一品及開府儀同三司，聽七騎；二品及特進，聽五騎；三品及散官，三騎；四品五品，二騎；六品已下，一騎。其散官及以理去官，五品已上，將從不得過兩騎，若京城外，不在此限。今約品秩，職事官一品職七騎，二品及中書門下三品五騎，三品及中書門下御史臺五品、尚書省四品三騎，四品五品兩騎，鞍通用銀裝，六品一騎，通用鍮石裝。其散官及以理去官者，五品已上，不得過一騎，其若在京城外及勳績顯著、職事繁重者，不在此限。七品已下，非常參官，並不得以馬從，未任者聽乘蜀馬，鞍用烏漆裝。又請一品二品九騎，三品七騎，四品五騎，五品兩騎，六品一騎，其京城内應職事繁重者，不在此限。六品以下，非常參官，不得馬從。其六品已上，非常參官，周親未任者，聽乘馬，餘未任者，聽乘蜀馬、小馬，鞍用烏漆裝。其胥吏雜色人，不在此限。其鞍轡裝飾，據所司條流，得用銀者，四品已下，並得許用垂頭押胯。其用銀及鍮石者，並不得用鬧裝。其軍容隊伍，要資華飾，不在此限。餘並請依所司條流。又制，節度使准《儀制令》，諸軍一品已下五品已上，皆通用幰，六品已下，皆不得用幰，令非册拜及婚會，並不得用幰。又准《少府式》公主出降，犢車兩乘，一金銅裝；郡主犢車兩乘，一銅裝；縣主犢車兩乘，一銅裝。又准《鹵簿令》，外命婦一品，厭翟車，從車六乘；二品三品，白銅飾犢車一乘，從車四乘；四品白銅飾犢車一乘，從車兩乘者，今此附前件令式，參酌今時之宜。且婦人本合乘車，近來率用檐子。事已成俗，教在因人。今請外命婦一品二品，中書門下三品母、妻，金銅飾犢車、檐子，舁不得過八人；三品金銅飾犢車、檐子，舁不得過六人；非尚書省、御史臺，即以白銅飾檐子，舁不得過四人；四品五品白銅飾犢車，白銅飾檐子，舁不得過四人；六品以下，晝奚車，檐子，舁不得過四人。胥吏及商賈妻，並不得乘奚車及檐子，其老疾者，聽乘葦輦車及篼籠，舁不得過二人。庶人准此。右伏緣白銅先已禁斷，今請應合用白銅者，通用鍮石。其胥吏及商賈妻、女老病者，聽乘座車及葦輦車。餘並准所司條流處分。」勅旨：「並依奏。」又奏：「婦人高髻險妝，去眉開額，甚乖風俗，頗壞常儀，費用金銀，過爲首飾，並請禁斷。其妝梳釵篦等，伏請勒依貞元中舊制，仍請勅下後，諸司及州府榜示，限一月内改革。又吳越之間，織造高頭草履，亦請切加禁絶。其以彩帛縵成高頭履，及平頭小花草履，既任依舊，餘請准所司條流。」又奏：「准《營繕令》，王公已下，舍屋不得施重栱、藻井。三品已上堂舍，不得過五間九架，廳廈兩頭門屋，不得過五間五架。五品已上堂舍，不得過五間七架，廳廈兩頭門屋，不得過三間兩架，仍通作鳥頭大門，勳官各依本品。六品七品已下堂舍，不得過三間五架，門屋不得過一間兩架。非常參官，不得造軸心舍，及施懸魚、對鳳、瓦獸、通袱乳梁裝飾。其祖父舍宅，門廕子孫，雖廕盡，聽依仍舊居住。其士庶公私第宅，皆不得造樓閣，臨視人家。近者或有不守勅文，因循制造，自今以後，伏請禁斷。又庶人所造堂舍，不得過三間四架，門屋一間兩架，仍不得輒施裝飾。又准律，諸營造舍宅，於令有違者，杖一百。雖會赦令，皆令改正。其物可賣者聽賣。若經赦百日不改去及不賣者，論如律。」又奏：「商人乘馬，前代所禁，近日得以恣其乘騎，雕鞍銀鐙，裝飾焕爛，從以童騎，最爲僭越，請一切禁斷。庶人準此。師僧道士，除綱維及兩街大德，餘並不得乘馬，請依所司條流處分。諸部曲、客女、奴婢，服絁紬絹布，色通用黄白，飾以銅鐵。客女及婢，通服青碧，聽同庶人，兼許夾纈。丈夫許通服黄白，如屬諸軍、諸使、諸司及屬諸道，任依本色目流例。其女人不得服黄紫爲裙，及銀泥罨畫錦繡等。餘請依令式。又制度衣服、車乘、器用、宫室等，其諸軍使職掌官等，並請約文武官例，各委本道本軍本使，以職掌高下，約爲等第，比類聞奏。又應諸色條流，請委御史臺知彈御史、兩巡使、京兆尹、東都留守、河南尹、留臺御史、外州府長史，準條流月日切加糾察，如違越，没入所犯物，仍量加決責。其常參官具名聞奏。其在城諸軍使，各委本司句當，不及者，委臺司覺察聞奏。」勅旨：「理道所關，制度最切。其喪葬婚嫁，吉凶禮物，雖不在條件之内，亦委所司準令式句當，仍加捉搦。其禁軍仗衛雜飾，及諸道節鎮等使軍裝衣服，即不在此限。餘並依奏。」

其年七月，度支、户部、鹽鐵三司奏：「准今年六月勅，令三司官典及諸色場庫所由等，其孔目、句檢、句覆、支對、句押、權遣，指引進庫官、門官等，請許服細葛布折造，及無紋綾充衫及袍襖，依前通服緑，鬧銀藍鐵充腰帶，不得乘毛色大馬，鞍轡踏鐙用鍮石。其驅使官有正官及在城及諸色倉場官等，請許服細葛布折造，及庶人紋綾充衫袍，依前服緑，藍鐵充腰帶，乘小馬，鞍轡銜鐙用鍮石。其驅使官未有正官及與行按令史等，請許麤葛布及官絁等充衫襖，亦請依前通服緑，銅鐵腰帶，乘蜀馬，其鞍用烏漆鐵踏鐙。聽於每司各許三人著緑布衫，其不行按令史並書手，服白，仍並不許乘馬及馬從。通引官許依前麤紫絁及紫布充衫袍，藍鐵腰帶，乘小馬，鞍用烏漆鐵踏鐙。其行官門子等，請許依前服紫麤絁充衫襖，藍鐵腰帶，仍不許乘馬。其騾綱、車綱等，緣常押驢騾於諸州府搬運，及送遠軍衣賜，須應程期，請許依前麤紫絁充襖，藍鐵腰帶，乘驢車，出塞即請許乘麤牡馬。餘並不得違元勅。揀子及諸色小所由，並請服白布衫，及應向外監院職掌所由，請勅下後，約省使條流，遞減一等處分。除此外，餘並準元勅處分。」依奏。

七年八月九日勅：「今年十月服冬裘後，其衣服輿馬，並宜準大和六年六月十七日勅處分。如固違制度，九品已上，量加黜責；其布衣，五年不得選舉。」

開成四年二月，淮南觀察使李德裕奏：「臣管内婦人，衣袖先闊四尺，今令闊一尺五寸；裙先曳地四五寸，今令減五寸。」從之。

五年六月，御史中丞黎植奏：「伏以朝官出使，自合驛馬，不合更乘檐子。自此，請不限高卑，不得輒乘檐子。如病，即任所在陳牒，仍申中書門下及御史臺，其檐夫自出錢雇。節度使有疾，亦許乘檐子，不得便乘卧轝。宰相、三公、師保、尚書令、正省僕射及致仕官疾病者，許乘之。餘官並不在乘限。其檐子任依漢、魏故事，準載步輿步輿之制，不得更務華飾。其三品已上官及刺史赴任，有疾，亦任所在陳牒，許暫乘，病瘥日停，不得驛中停止。人夫並須自雇。」又中書門下奏：「臺司所奏條流檐子事，更須商量。其常參官或諸司長史，品秩高者，有疾及筋力綿怯，不能控馭，望許牒臺，暫乘檐子，患損勒停。其出使郎官，中路遇疾，令自雇夫者，若所詣稍遠，計費極多，制下檢身，不合貸借，輕齎則不濟所要，無偏則不可支持，如中路遇疾者，所在飛牒申奏，差替去，以此商量，庶爲折衷。餘請依御史臺所奏。」

王溥《唐會要》卷三〇《弘義宮》　武德五年七月五日，營弘義宮。初，秦王居宮中承乾殿，高祖以秦王有克定天下功，特降殊禮，別建此宮以居之。至九年七月，高祖以弘義宮有山林勝景，雅好之，至貞觀三年四月，乃徙居之，改爲太安宮。六年二月三日，太宗正位于太極殿，監察御史馬周上疏曰：「臣伏見太安宮在城之西，其墻宇門闕之制，方之紫極，尚爲卑小。臣伏以皇太子之宅，猶處城中，太安宮乃至尊所居，更在城外，雖太上皇遊心道素，志存清儉，陛下重違慈旨，愛惜人力，而番夷朝見及四方觀者有不足瞻仰焉。臣願營築雉堞，修起門樓，務從高敞，以稱萬方之望，則大孝昭乎天下矣！」

王溥《唐會要》卷三〇《慶善宮》　武德元年十月十八日，以武功舊宅爲武功宮；至六年十二月九日，改武功宮爲慶善宮。太宗誕於此宮。至貞觀六年九月二十九日，太宗幸慶善宮，賦詩。在樂卷。其年，諫議大夫蘇世長侍宴於披香殿，酒酣，奏曰：「此殿隋煬帝所作耶？何雕麗之若此！」高祖謂曰：「卿好諫似直，其心實詐，豈不知此殿是我所造，何須設詭，而疑煬帝乎？」世長曰：「臣實不知，若陛下作此，誠非所宜。臣昔在武功，幸常陪侍，見陛下宅宇纔蔽風霜，當此之時，亦以爲足。今初有天下，而於隋宮之內，又加雕飾，欲撥其亂，寧可得乎？」

王溥《唐會要》卷三〇《太和宮》　武德八年四月二十一日，造太和宮於終南山。貞觀十年廢。至二十一年四月九日，上不豫，公卿上言：「請修廢太和宮，厥地清涼，可以清暑。臣等請徹俸禄，率子弟微加功力，不日而就。」手詔曰：「比者風虛頗積，爲弊至深，況復炎景蒸時，溫風鏗節，沈痾屬此，理所不堪，久欲追涼，恐成勞擾，今卿等有請，即相機行。」於是遣將作大匠閻立德於順陽王第取材瓦以建之。包山爲苑，自裁木至於設幄，九日而畢功，因改爲翠微宮。正門北開，謂之雲霞門，視朝殿名翠微殿，寢名含風殿，并爲皇太子搆別宮，正門西開，名金華門，殿名喜安殿。

王溥《唐會要》卷三〇《洛陽宮》　武德四年十二月七日，使行臺僕射屈突通焚乾元殿應天門紫微觀，以其太奢。至貞觀三年，太宗將修洛陽宮，民部尚書戴胄諫曰：「關中河外，近置軍團，富室强丁，並從戎旅，重以九成作役，餘丁向盡。去京二千里內，先配司農、將作，假有遺餘，勢何足紀。亂離甫弭，户口單弱，一人就役，舉家便廢。入軍者督其戎仗，從役者責其糇糧，盡室經營，多不能濟。以臣愚慮，恐致怨嗟。今丁既役盡，賦調不減，費用不止，帑藏空虛，且洛陽宮殿，足蔽風雨，數年功畢，亦謂非晚，若頓修營，恐傷勞擾。」上嘉之，因謂侍臣曰：「戴胄於我，無骨肉之親，但以忠直勵行，情深體國，事有機要，無不上聞。」至四年六月二十二日，發卒又修洛陽宮，給事中張玄素諫曰：「陛下承百王之末，屬凋弊之餘，必欲節以禮制，陛下宜以身爲先。東都未有幸期，即令補葺，豈民人之所望也？陛下初平東都之始，層樓廣殿，皆令撤毀，天下翕然，同心欣仰。豈有初則惡其侈靡，今乃襲其雕麗？臣每承德音，未即巡幸，此則事不急之務，成虛費之勞，國無兼年之積，何用兩都之好？臣聞阿房成，秦人散；章華就，楚衆離。又乾元畢功，隋人解體。以陛下今時功力，何如隋日？役瘡痍之人，襲亡隋之弊，恐甚於煬帝。深願陛下思之，無爲由余所笑，則天下幸甚。」上大悦，謂房玄齡曰：「洛陽土中，朝貢道均，朕故修營，意在便於百姓。今玄素上表，實亦可依，後必事理須行，露坐亦復何苦！所有作役，宜即停之。」

顯慶元年，勅司農少卿田仁汪，因舊殿餘址，修乾元殿，高一百二十尺，東西三百四十五尺，南北一百七十六尺。至麟德二年二月十二日，所司奏乾元殿成，其應天門先亦焚之，及是造成，號爲則天門。神龍元年三月十一日，避則天后號，改爲應天門。唐隆元年七月，避中宗號，改爲神龍門。開元初，又爲應天門。天寶二年十二月四日，又改爲乾元門。

垂拱四年二月十日，拆乾元殿，於其地造明堂。至開元二十七年九月十日，於明堂舊址造乾元殿。

上元二年，高宗將還西京，乃謂司農少卿韋機曰：「兩都是朕東西之宅也。見在宮館，隋代所造，歲序既淹，漸將頹頓，欲修殊費財力，爲之奈何？」機奏曰：「臣曹司舊式，差丁採木，皆有雇直。今户奴採斲，足支十年，所納丁庸，及蒲荷之直，在庫見貯四十萬貫，用之市材造瓦，不勞百姓，三載必成矣。」上大悦，乃召機攝東都將作、少府兩司事，使漸營之。於是機始造宿羽、高山等宮。其後，上遊於洛水之北，乘高臨下，有登眺之美，乃勅韋機造一高館，及成臨幸，即令列岸修廊，連亘一里，又于澗曲疏建陰殿。機得古銅器，如盆而淺，中有蹙起雙鯉之狀，魚間有四篆字：「長宜子孫。」至儀鳳四年，車駕入洛，乃移御之。即今之上陽宮也。尚書左僕射劉仁軌謂侍御史狄仁傑曰：「古之陂池臺榭，皆在深宮重城之內，不欲外人見之，恐傷百姓之心也。韋機之作，列岸修廊，在於闉堞之外，萬方朝謁，無不覩之，此豈致君堯、舜之意哉？」韋機聞之曰：「天下有道，百司各奉其職。輔弼之臣，則思獻替之事；府藏之臣，行詔守官而已。吾不敢越分也。」

王溥《唐會要》卷三〇《大明宮》 貞觀八年十月，營永安宮，至九年正月，改名大明宮，以備太上皇清暑。公卿百僚，爭以私財助役。至龍朔二年，高宗染風痺，以宮內湫溼，乃修舊大明宮，改名蓬萊宮，北據高原，南望爽塏。六月七日，制蓬萊宮諸門、殿、亭等名。至三年二月二日，稅延、雍、同、岐、豳、華、寧、鄜、坊、涇、虢、絳、晉、蒲、慶等十五州率口錢，修蓬萊宮。二十五，減京官一月俸，助修蓬萊宮。四月二十二日，移仗就蓬萊宮新作含元殿，二十五日，始御紫宸殿聽政，百僚奉賀，新宮成也。初，遣司稼少卿梁孝仁監造，悉於庭院列白楊樹。左驍衛大將軍契苾何力入宮中縱觀，孝仁指白楊曰：「此木易長，不過三二年，宮中可得蔭映。」何力不答，但誦古詩曰：「白楊多悲風，蕭蕭愁殺人。」意謂此特冢墓木也。孝仁遽令伐去之，更植桐柏，謂人曰：「禮失，求之于野，固不虛也。」東臺侍郎張文瓘諫曰：「人力不可不惜，百姓不可不養，養之逸則富以康，使之勞則怨以叛。秦皇、漢武，廣事四夷，多造宮室，致使土崩瓦解，戶口減半。臣聞制治於未亂，保邦於未危，人罔常懷，懷于有仁。陛下不制之于未亂之前，安能救之于既危之後？百姓不堪其弊，必搆禍難。殷鑒不遠，近在隋朝，臣願稍安撫之，無使生怨。」上深納其言。

永隆二年正月十日，王公已下，以太子初立，獻食，勑于宣政殿會百官及命婦。太常博士袁利貞上疏曰：「伏以恩旨，于宣政殿上兼設命婦坐位，奏九部伎及散樂，並從宣政門入。臣以爲前殿正寢，非命婦宴會之處；象闕路門，非倡優進御之所。望請命婦會于別殿，九部伎從東門入，散樂一色，伏望停省。若于三殿別所，自可備極恩私。」上從之，改向麟德殿。至開元十六年五月六日，唐昌公主出降，有司進儀注，于紫宸殿行五禮。右補闕施敬本、左拾遺張烜、右拾遺李銳等連名上疏曰：「竊以紫宸殿者，漢之前殿，周之路寢，陛下所以負黼扆，正黃屋，饗萬國，朝諸侯，人臣致敬之所，猶元極可見，不可得而升也。昔周女出降于齊，而以魯侯爲主，但有外館之法，而無路寢之事。今欲紫宸殿會禮，即當臣下攝行，馬入于庭，醴升于牖。主人授几，逡巡紫座之間；賓使就筵，登降赤墀之地。又據主人辭稱吾子有事，至于寡人之室，言詞僭越，事理乖張，既黷威靈，深虧典制。其問名納采等，並請權于別所。」上納其言，移于光順門外，設次行禮。

咸亨元年三月四日，改蓬萊宮爲含元殿。

長安元年十一月，又改爲大明宮。十二月一日，改含元殿爲大明殿。

神龍元年二月，復改爲含元殿。

上元二年七月，延英殿當御坐生玉芝，一莖三花，親制《玉靈芝詩》三章，章八句，曰：「玉殿肅肅，靈芝煌煌。重英發秀，連葉分房。宗廟之福，垂其耿光。原闕二句。」「元氣産芝，明神合德。紫微間彩，白蕣呈色。載啓瑞圖，庶符皇極。天心有眷，王道惟則。」「宰生芳本，當我宸旒。效此靈質，寶玉獻猷。神惟不愛，道亦無求。端拱思維，永荷天休。」

建中元年九月，將作監言，請修內廊，是歲孟冬，爲魁罡，不利修作，太史請卜佗時，上曰：「啓塞從時，詭妄之書，勿信。」乃命修之。

貞元三年十二月，初作玄英門觀于大明宮北垣。

王溥《唐會要》卷三〇《玉華宮》 貞觀二十一年七月十三日，刱造玉華宮于坊州宜君縣之鳳凰谷，正門曰南風門，殿名玉華殿。皇太子所居南風門東，正門曰嘉禮門，殿名暉和殿。正殿瓦覆，餘皆葺之以茅，意在清涼，務從儉約。至永徽二年九月三日，廢玉華宮，以爲佛寺，苑內舊是百姓田，並還本主。至二十二年四月二十四日，太宗以新造離宮，務從卑儉，終費人力，謂侍臣曰：「唐堯茅茨不翦，以爲儉德，不知堯之時，無瓦爲蓋；桀、紂之爲，若於無瓦之晨，爲茅茨者，未爲儉德。不翦之言，蓋書史粉飾之耳。朕今構采椽于椒風之日，立茅茨于有瓦之時，將爲節儉，自當不謝古者。昔宮室之廣，人役之勞，切以此再思，不能無愧。」其月，徐充容上表曰：「妾聞爲政之本，貴在無爲。竊見土木之工，不可兼遂，北闕初見，南營翠微，曾未逾時，玉華復興。因山藉水，非無架築之勞；損之又損，頗有工力之費。終以茅茨示約，猶興木石疲民；假使和僦取人，不無煩擾之弊。是以卑宮菲食，聖王之所安；金屋瑤臺，驕主之所麗。故有道之君，以逸逸人；無道之君，以樂樂身。願陛下使之以時，則力不竭矣；用而息之，則人斯悅矣。」

二十二年四月，太宗御製《玉華宮銘》，詔令皇太子已下並和。

王溥《唐會要》卷三〇《九成宮》 永徽二年九月八日，改九成宮爲萬年宮。至乾封二年二月十日，改爲九成宮。三年四月，將作大匠閻立德造新殿成，移御之日，謂侍臣曰：「朕性不宜熱，所司頻奏，請造此殿；既作之後，深懼人勞。今既暑熱，朕在屋下，尚有流汗，匠工暴露，事亦可愍，所以不令精妙者，意祇避炎暑耳。」長孫無忌曰：「聖心每以恤民爲念，天德如此，臣等不勝幸甚。」

五年三月，幸萬年宫。上謂太尉無忌曰：「此宫非直涼冷宜人，且去京不遠，朕離此十年，屋宇無多損壞。昨者不易一椽一瓦，便已可安，不知公等得安堵否？曹司廨署周足否？」乃親制《萬年宫銘》并序，七百餘字，羣臣請刊石，建于永光門。詔從之。

王溥《唐會要》卷三〇《奉天宫》 永淳元年七月，造奉天宫於嵩山之南，仍置嵩陽縣。監察御史李善感諫曰：「自古帝皇，莫不以登封告成爲盛事；天皇以封泰山，告太平，致羣瑞；則與三皇、五帝比隆矣。但數年以來，菽粟不稔，百姓餓死，道路相望，兼之四夷交侵，日有徵發。天皇恭默思譴，方便營造宫室，勞役不已，天下聞之，莫不失望。臣聞不矜細行，終累大德。臣忝任御史，是國家耳目，竊以此爲憂。」上雖優容之，竟不納。其時承平已久，諫諍殆絶，善感既進諫書，時人甚稱美之。

弘道元年十二月，遺詔廢之。

文明元年二月，改爲嵩陽觀。

王溥《唐會要》卷三〇《三陽宫興泰宫附》 聖曆三年十一月二十八日，造三陽宫于嵩陽縣。

久視元年七月三日，左補闕張説以車駕在三陽宫，不時還都，上疏曰：「陛下屯萬乘，幸離宫，暑退涼歸，未降還旨。愚臣固陋，恐非良策，請爲陛下陳其不可。三陽宫去洛城一百六十里，有伊水之隔，崿坂之峻。過夏涉秋，水潦方積，道壞山險，不通轉運。河廣無梁，咫尺千里，扈從兵馬，日費資給，連雨彌旬，恐難周濟。陛下太倉武庫，並在都邑，紅粟利器，蘊若山丘，奈何去宗廟之上都，安山谷之僻處？是猶倒持劍戟，示人鐏柄。夫禍變之生，在人所忽。故曰，安樂必誡，無行所悔。今國家北有胡寇覷邊，南有夷獠騷徼；關西小旱，耕稼是憂；安東近平，輸漕方始。臣願陛下及時旋軫，天下羣生，莫不幸甚。」

長安四年正月二十二日，毁三陽宫，取其材木，造興泰宫於壽安縣之萬安山。左拾遺盧藏用上表諫曰：「臣愚雖不達時變，竊嘗讀書，見古帝王之迹衆矣。臣聞土階三尺，茅茨不翦，采椽不斲者，唐堯之德也。卑宫室，菲飲食，盡力乎溝洫者，大禹之行也。惜中人十家之産，而罷露臺之制者，漢文之明也。並能垂名無窮，爲帝皇之烈，豈不以克念徇物，博施濟衆，以臻於仁恕哉！今陛下崇臺邃宇，離宫別館，亦已多矣。更窮人之力，以事土木，臣恐議者以爲陛下不愛人，務奉己也。左右近臣，多以順意爲忠，朝廷具僚，皆以犯忤爲患，至令陛下不知百姓失業，百姓亦不知左右傷陛下之仁也。小臣固陋，不識忌諱，敢冒死上聞，乞下臣此章，與執政者議其可否。」

王溥《唐會要》卷三〇《興慶宫》 開元二年七月二十九日，以興慶里舊邸爲興慶宫。初，上在藩邸，與宋王等同居于興慶里，時人號曰「五王子宅」。至景龍末，宅内有龍池湧出，日以浸廣，望氣者云有天子氣。中宗數行其地，命泛舟，以馳象踏氣以厭之，至是爲宫焉。後于西南置樓，西面題曰：「花萼相輝之樓」；南面題曰：「勤政務本之樓」。至二十五年，玄宗謂諸王曰：「我自奉先帝宫室，不敢有加，時時補葺，已愧于勞人矣。惟興慶創制，乃朝廷百辟卿士以吾舊邸因欲修建，不免羣卿考室之詞，以俟庶民子來之請，亦所以表休徵之地。新作南樓，本欲察甿俗，採風謡，以防壅塞，是亦古闢四門達四聰之意，時有作樂宴慰，不徒然也。又因大哥讓朱邸，以成『花萼』『相輝』之美，歷觀自古聖帝明王，有所興作，欲以助教化也。我所冀者，式崇敦睦，漸漬薄俗，令人知信厚爾。」至十六年正月三日，始移仗于興慶宫聽政。二十四年六月，廣花萼樓，築夾城至芙蓉園。十二月三日，毁東市東北角，道政坊西北角，以廣花萼樓前。

天寶十載四月二十一日，興慶宫造交泰殿成。

大和三年十月，勅修南内天同殿十三間，及勤政樓、明光樓。

大中五年，詔修明儀樓。

元和十四年三月，詔左右軍各以官健二千人修勤政樓。

王溥《唐會要》卷三〇《華清宫》 開元十一年十月五日，置温泉宫於驪山。至天寶六載十月三日，改温泉宫爲華清宫。至天寶九載九月，幸温泉宫，改驪山爲會昌山。至十載，又改爲昭應山，仍于秦坑儒之處立祠，以祀遭難諸儒。

天寶元年十月，造長生殿，名爲集靈臺，以祀神。

六載十二月，發馮翊、華陰等郡丁夫，築會昌羅城于温陽，置百司。

七載十二月二日，玄元皇帝降于朝元閣，改爲降聖閣。八載四月，新作觀風樓。

王溥《唐會要》卷三〇《諸宫》 武德七年五月十七日，造仁智宫于宜州宜君縣。

貞觀二年八月，上每日視于西宮，公卿奏以宮中卑溼，請立一閣。上曰：「若遂來請，糜費良多；昔漢文帝將起露臺，而惜中人十家之產。朕德不逮乎漢帝，而所費過之，豈爲人父母之道哉？」竟不許。十一年正月十四日，新作飛山宮。七月二十日，廢明德宮及飛山宮之園囿，以分給遭水之家。

十四年八月五日，營襄城宮。初，太宗將幸洛陽，遣將作大匠閻立德訪可清暑之地，以建離宮，遂于汝州西山，前臨汝水，傍通廣城澤，以置宮焉。役工一百九十萬，雜費稱是。至十五年三月七日，幸襄城宮。及至，暑熱甚，又多毒虺，太宗大怒，九日，免立德官，而罷其宮，分賜百姓。

顯慶五年四月八日，於東都苑内造八關涼宮。五月二十二日，改爲合璧宮。儀鳳三年正月七日，于藍田縣新作涼宮，宜名萬全宮。弘道元年十二月七日，遺詔廢之。

儀鳳四年五月十九日，造紫桂宮于澠池縣西。至永淳元年四月十三日，改芳桂宮。弘道元年，遺詔廢之。

長安二年六月，于雍州永安縣置涼宮，以永安爲名，仍令特進武三思充使營造。

景龍元年十月，勅宮殿門、皇城門、京城門、禁苑門，左右内外各給交魚符一合，巡魚符一合；左廂給開門魚一合，右廂給閉門魚一合；左符付監門掌，交番巡察，每夜并非時開閉，則用之。

開元十一年正月十四日，改潞州舊宅爲飛龍宮。

王溥《唐會要》卷三〇《雜記》 武德三年七月八日，勅隋代離宮、別館、遊憩所並廢。九年六月，改東宮弘禮、嘉福等門爲重光、宣明門。

長安二年正月十七日，太子左庶子王方慶上言，請準舊制，改東宮殿及各門與皇太子名同者，上疏曰：「謹按史籍所載，人臣與人主言及上表，未有稱皇太子名者，當爲太子皇儲，其名尊重，不敢指斥，所以不言。西晉僕射山濤啓事，稱皇太子而不言名。濤中朝名士，必詳典籍，故不稱名，應有憑準。朝官尚猶如此，宮臣諱則不疑。今東宮殿及門名皆有觸犯，臨事論啓，迴避甚難。孝敬皇帝爲太子時，改弘教門爲崇教門；沛王爲皇太子時，改崇賢館爲崇文館；皆避名諱，以尊禮典。此則成例，足爲規模。」上從之。

神龍元年十一月二十五日，有司奏以宮殿名與沛王諱同者，悉改焉。遂改昭慶殿、章德殿、昭賢侯廟。

三年八月二十一日，改玄武樓爲神武制勝樓。

開元二十六年正月六日，修望春宮。至十月，兩京路行宮各造殿宇及屋千間。

貞元四年十月二十五日，户部侍郎班宏奉勅修延喜門，築夾城。五年正月十九日，宏又修玄武樓。

十二年八月六日，户部尚書裴延齡奉勅修望仙樓。至十三日，令又築望仙樓東夾城。其年十二月，度支郎中、兼御史中丞、副知度支蘇弁奉勅改造三殿前會慶亭。

十三年九月，上謂户部侍郎、判度支裴延齡曰：「朕以浴堂院殿一栿損壞，欲換之而未能。」裴延齡曰：「陛下自有本分錢物，用之不竭。」上驚曰：「本分錢物何也？」對曰：「準《禮經》，天下賦税三分，一分充乾豆，一分充賓客，一分充君之庖廚。乾豆者，供宗廟也，亦不能分財物；至于諸國蕃客及迴紇馬價，皆極簡儉；庖廚之餘，其數尚多，陛下本分也。用修數十殿亦不合疑，何況一栿邪？」上頷之而已。又奏：「近于同州檢得一谷，材木可數千條，皆長七八丈。」上曰：「人言天寶中，側近求覓長五六十尺者尚無，今何近處忽有此木？」延齡曰：「生自關輔，蓋爲聖君，豈前時合得有也！」其姦佞如此。

十四年三月三日，造會慶亭于麟德殿前。

元和二年六月，詔左神策軍，新築夾城，置玄化門晨輝樓。

三年十月，勅修南内宮墻舍，共一千六百間。

五年十一月，上謂宰臣曰：「朕以禁中舊殿，歲久傾危，欲漸修葺。緣國用未足，每務簡儉，至於車服食飲，亦畏奢侈，不知竟可營造否？」權德輿對曰：「仲尼謂大禹卑宮室，菲飲食，惡衣服，爲無間。漢文帝欲起露臺，以百金中人十家之產，吾奉先帝宮室，常恐羞之，何以臺爲？遂止。是以文帝之代，四海庶富，俗知禮讓。今陛下至誠恭儉，有過前王，當爲天下幸甚。」

六年五月，詔毁興安門南竹亭。

十二年四月，詔右神策軍以衆二千築夾城，自雲韶門過芳林門，西至修德里，以通於興福佛寺。其年閏五月，新造蓬萊池周廊四百間。

十三年二月，詔六軍使創修麟德殿之右廊。是月，浚龍首池，起承暉殿，雕飾綺煥，徙植佛寺之花木以充焉。

十五年二月，詔於西廊内開便門，以通宰臣自閤中赴延英路。七月，新作永安殿及寶慶殿，修日華門，通乾門并朝堂廊舍。八月，發神策六軍三千人浚魚藻池。十月，發右神策兵各千人，於門下省東少陽院前築墻，及造樓觀。

長慶元年五月，禁中造百尺樓。時帑藏未實，内外多事，土木之工屢興，物議喧然。

寶曆元年五月，神策軍於苑内古長安城中修漢未央宫，掘地獲白玉一，長六尺。其年九月，勑長春宫莊宅，宜令内莊宅使營建。

大和元年四月，詔毁昇陽殿東放鴨亭，望仙門側看樓十間，並敬宗所造也。二年八月，勑修安福樓及南殿院屋宇一百八十八間；又修兩儀殿及甘露殿，共一百七十二間。

九年七月，勑修紫雲樓於芙蓉北垣。九月，内出新造紫雲樓彩霞亭額，左軍中尉仇士良以鼓吹迎於銀臺門。時上好詩，每吟杜甫《曲江行》云：「江頭宫殿鎖千門，細柳新蒲爲誰緑。」乃知天寶已前，曲江四面皆有行宫臺殿，思復昇平故事，故爲樓殿壯之。

會昌元年三月，勑造靈符應聖院。五年正月，造仙臺。其年六月，修望仙樓及廊舍，共五百三十九間。

大中元年二月，勑修百福殿院八十間。其年七月，勑親親樓號雍和殿，别造屋宇廊舍七百間。二年正月，勑修右銀臺門樓屋宇，及南面城墻至叡武樓。

天祐二年四月勑：「自今年五月一日後，常朝出入，取東上閤門，或遇奉慰，即開西上閤門，永爲定制。」其年五月四日，勒改東都延喜門爲宣仁門，重明門爲興教門，長樂門爲光政門，光範門爲應天門，乾化門爲乾元門，宣政門爲敷政門、宣政殿爲貞觀殿，日華門爲左延福門，月華門爲右延福門，萬壽門爲萬春門，積慶門爲興善門，含章門爲膺福門，含清門爲延義門，金鑾門爲千秋門，延和門爲章善門，以保寧殿爲文思殿。其見在門名與西京門同名，並宜改復洛京舊門名。

王溥《唐會要》卷四八《寺》 開業寺　豐樂坊。本隋仙都宫。武德元年，高祖爲尼明照廢宫置證果寺。貞觀九年，廢寺，立爲高祖别廟，號静安宫。儀鳳元年十一月十五日，勑廢宫立開業寺，其宫中内人移就獻陵。

會昌寺　金城坊。本隋海陵公賀若誼宅。義寧元年，義師入關，太宗頓兵於此，武德元年，因置爲寺。

崇義寺　長壽坊。本隋延陵公于銓宅。武德三年，桂陽公主爲駙馬趙慈景所立。

楚國寺　晉昌坊。本隋廢興道寺。高祖起義太原，第五子智雲在京，爲留守陰世師所害，後追封楚王，因立寺。

興聖寺　通義坊。本高祖潛龍舊宅。武德元年，以爲通義宫，貞觀元年，立爲尼寺。

龍興寺　頒政坊。貞觀五年，太子承乾立爲普光寺，神龍元年改名。

興福寺　修德坊。本王君廓宅。貞觀八年，太宗爲太穆皇后追福，立爲弘福寺，神龍元年改名。

西明寺　延康坊。本隋越國公楊素宅。武德初，萬春公主居住，貞觀中，賜濮王泰，泰死，乃立爲寺。

慈恩寺　晉昌坊。隋無漏廢寺。貞觀二十二年十二月二十四日，高宗在春宫，爲文德皇后立爲寺，故以慈恩爲名。寺内浮圖，永徽三年，沙門玄奘所立。

青龍寺　新昌坊。本隋廢靈感寺。龍朔二年，新城公主奏立爲觀音寺，景雲二年改名。

崇敬寺　静安坊。本隋廢寺。高祖爲長安公主立爲尼寺，高祖崩後，改爲宫，以爲别廟，後又爲寺。

資聖寺　崇仁坊。本太尉長孫無忌宅。龍朔三年，爲文德皇后追福，立爲尼寺，咸亨四年，復爲僧寺。

招福寺　崇義坊。本乾封二年睿宗在藩所立，其地本隋正覺廢寺，南北門額並睿宗親題之。

崇福寺　林祥坊。本侍中楊恭仁宅。咸亨二年九月二日，以武后外氏宅立太原寺。垂拱三年十二月，改爲魏國寺。載初元年五月六日，改爲崇福寺。

光宅寺　光宅坊。儀鳳二年，望氣者言此坊有異氣，勑令掘，得石盌，得舍利萬粒，遂於此地立爲寺。

薦福寺　開化坊。半以東，隋煬帝在藩舊宅。武德中，賜尚書右僕射蕭瑀爲園。後瑀子鋭尚襄城公主，不欲與姑異居，遂於園後地造宅。公主卒後，官市爲英王宅。文明元年三月十二日，勑爲高宗立爲獻福寺。至六年十一月，賜額改爲薦福寺也。

興唐寺　太寧坊。神龍元年三月十二日，勑太平公主爲天后立爲罔極寺。開元二十年六月七日，改爲興唐寺。

永壽寺　永安坊。景龍三年，爲永壽公主所立。

安國寺　長樂坊。景雲元年九月十一日，勅捨龍潛舊宅爲寺，便以本封安國爲名。

章敬寺　通化門外。大曆二年七月十九日，内侍魚朝恩請以城東莊爲章敬皇后立爲寺，因拆哥舒翰宅，及曲江百司看屋及觀風樓造焉。

寶應寺　道政坊。大曆四年正月二十九日，門下侍郎王縉捨宅，奏爲寺，以年號爲名。

龍興寺　寧仁坊。貞觀七年，立爲衆香寺，至神龍元年二月，改爲中興寺。右補闕張景源上疏曰：「伏見天下諸州，各置一大唐『中興』寺觀，固以式標昌運，光贊鴻名。竊有未安，芻言是獻。至于永昌、登封創之爲縣名者，是先聖受圖勒名之所，陛下思而奉之，不令更改。今『聖善報慈』題之爲寺閣者，是陛下深仁至孝之德，古先帝代未之前聞。況唐運自崇，周親撫政，母子成業，周替唐興，雖紹三朝，而化侔一統，況承顧復，非謂中興。夫言中興者，中有阻間，不承統曆。既奉成周之業，實揚先聖之資。君親臨之，厚莫之重，中興立號，未益前規。以臣愚見，所置大唐『中興』寺觀及圖史，並出制誥，咸請除『中興』之字，直以『唐龍興』爲名。庶望前後君親，但承正統；周唐寶曆，共叶神聰。」上納之，因降勅曰：「文叔之起春陵，少康之因陶正，中興之號，理異於兹。思革前非，以歸事實。自今已後，不得言『中興』之號，其天下大唐『中興』寺觀，宜改爲『龍興』寺觀。諸如此例，並即令改。」

天宫寺　觀善坊。高祖龍潛舊宅，貞觀六年立爲寺。

天女寺　敦業坊。貞觀九年，置爲景福寺，武太后改爲天女寺。

敬愛寺　懷仁坊。顯慶二年，孝敬在春宫，爲高宗、武太后立之，以敬愛寺爲名，制度與西明寺同。天授二年，改爲佛授記寺，其後又改爲敬愛寺。

福先寺　遊藝坊。武太后母楊氏宅。上元二年，立爲太原寺。垂拱三年二月，改爲魏國時。天授二年，改爲福先寺。

長壽寺　嘉善坊。長壽元年，武后稱齒生髮變，大赦改元，仍置長壽寺。

崇先寺　證聖元年正月十八日，以崇先府爲寺，開元二十四年九月一日，改爲廣福寺。

聖善寺　章善坊。神龍元年二月，立爲中興，二年，中宗爲武太后追福，改爲聖善寺。寺内報慈閣，中宗爲武后所立。景龍四年正月二十八日制：「東都所造聖善寺，更開拓五十餘步，以廣僧房。」計破百姓數十家，監察御史宋務光上疏諫曰：「陛下孝思罔極，崇建佛寺，土木之功，莊嚴斯畢。僧房精舍，宴坐有餘，禪宇道場，經行已足。更事開拓，奪人便利。貧者有溝壑之憂，富者無安堵之所，行非急切，何至于斯。況陽和發生，播植伊始，興役丁匠，廢棄農功。一夫不耕，必有飢者，三時之務，安可奪焉。臣聞失鬼神之心，可因巫祝而謝；失君長之心，可因左右而謝；失父母之心，可因親戚而謝；唯失百姓之心，不可解也。陛下以萬邦爲念，何用傷一物之心？應須拓寺，請俟農隙。」疏奏，上不納。

安國寺　宣教坊。本節愍太子宅。神龍二年，立爲崇恩寺，後改爲衛國寺。景雲元年十二月六日，改爲安國寺。

荷澤寺　宜人坊。太極元年二月十七日，睿宗在藩，爲武太后追福所立。初名慈澤寺，神龍二年，改爲荷澤寺。其時於西京亦立荷恩寺。

奉國寺　修行坊。本張易之宅，未成而易之敗，後賜太平公主乳母奉國夫人，尋奏爲寺。

昭成寺　道光坊。本沙苑監之地。景龍元年，韋庶人立爲安樂寺，韋氏誅，改爲景雲寺，尋又爲昭成皇后追福，改爲昭成寺。

華嚴寺　景行坊。景雲三年立爲寺，開元二十一年，改爲同德寺。

唐興寺　貞觀三年十二月一日詔：「有隋失道，九服沸騰，朕親總元戎，致兹明伐。誓牧登陑，曾無寧歲，思所以樹立福田，濟其營魄。可於建義以來交兵之處，爲義士兇徒隕身戎陣者，各建寺刹，招延勝侶。法鼓所振，變炎火于青蓮；清梵所聞，易苦海于甘露。所司宜量定處所，並立寺名，支配僧徒及修院宇，具爲事條以聞。」仍命虞世南、李百藥、褚遂良、顔師古、岑文本、許敬宗、朱子奢等，爲碑記銘功業。破劉武周于汾州，立宏濟寺，宗正卿李百藥爲碑銘；破宋老生于吕州，立普濟寺，著作郎許敬宗爲碑銘；破宋金剛于晉州，立慈雲寺，起居郎褚遂良爲碑銘；破王世充于邙山，立昭覺寺，著作郎虞世南爲碑銘；破竇建德于汜水，立等慈寺，秘書監顔師古爲碑銘；破劉黑闥于洺州，立昭福寺，中書侍郎岑文本爲碑銘。已上並貞觀四年五月建造畢。

慈德寺　京兆府武功縣慶善宫西百步。貞觀五年，爲太穆皇后故置，以慈德名之。

永徽六年正月三日，昭陵側置一寺，尚書右僕射褚遂良諫曰：「關中既是陛下所都，自長安而制四海，其間衛士已上，悉是陛下爪牙。陛下必欲乘釁滅遼，若不役關中人，不能濟事。由此言之，理須愛惜。今者昭陵建造佛寺，唯欲早成其功，雖云和雇，皆是催迫發遣。豳州已北，岐州已西，或一百里，或二百里，皆來赴作。遂積時月，豈其所願。陛下昔嘗語弘福寺僧云：『我義活蒼生，最爲功德。』且又今者所造，制度準禪定寺，則大弘福，寺自不可大於弘福。既有東道征役，此寺亦宜漸次修營，三二年得成，亦未爲遲。」

乾封元年正月十七日，兗州置觀、寺各三所，觀以紫雲、僊鶴、萬歲爲稱，寺以封岳，非煙、重輪爲名，各度二七人。

天授元年十月二十九日，兩京及天下諸州，各置大雲寺一所。至開元二十六年六月一日，並改爲開元寺。

景雲二年七月，左拾遺辛替否疏諫曰：「夫釋教以清淨爲本，慈悲爲主，故恒體道以濟物，不爲利欲以損人，故恒忘己以全真，不爲營身以害教。三時之月，掘山穿地，損命也；殫府虛帑，損人也；廣殿長廊，營身也。損命則不慈悲，損人則不濟物，營身則不清淨，豈大聖大神之心乎！臣以爲非崇教也。自像王西下，佛教東傳，青螺不入于周前，白馬方行于漢後。風流雨散，千帝百王，飾彌盛而國彌空，役彌重而禍彌大。覆車繼軌，曾不改途，晉臣以奉佛取譏，梁王以捨身搆隙。若以造寺必期爲治體，養人不足爲經邦，則殷周已往皆暗亂，漢魏已降皆聖明；殷周已往爲不長，漢魏已降爲不短。臣聞夏爲天子二十餘代而殷受之，殷爲天子二十餘代而周受之，周爲天子三十餘代而秦受之，自漢以後，歷代可知也。何者？有道之長，無道之短，豈因其窮金玉、修塔廟，方見享祚乎！臣以爲減琢雕之費以賑貧人，是有如來之德；息穿掘之苦以全昆蟲，是有如來之仁；罷營構之直以給邊陲，是有湯武之功；減不急之祿以購廉清，是有唐虞之治。陛下緩其所急，急其所緩，親未來而疏見在，失真實而冀虛無，重俗人之所爲，輕天子之功業，臣切痛之矣。當今出財依勢者盡度爲沙彌，避役姦訛者盡度爲沙彌，其所未度，惟貧人與善人耳。將何以作範乎？將何以租賦乎？將何以力役乎？臣以爲出家者，捨塵俗，離朋黨，無私愛。今殖貨營生，仗親樹黨，畜妻養子，是致人以毀道，非廣道以求人。伏見今之宮觀臺榭，唯京師之與洛陽，不增修飾，猶恐奢麗。陛下嘗欲填池塹，捐苑囿，以贍貧人無産業者。今天下佛寺蓋無其數，一寺堂殿倍陛下一宮，壯麗甚矣！用度過矣！是十分天下之財而佛有其七八，陛下何有之矣！百姓何食之矣！臣竊痛之。」

景龍二年九月，并州清源縣尉呂元太上疏曰：「陛下六合爲家，萬邦作主，布慈悲于沙界，樹功業于玄劫。蜺旌寶蓋，接影都畿，鳳刹龍宮，相望都邑。然釋氏真教，平等爲宗，本之以慈悲，加之以布施。伏願陛下廣平施之德，成育養之恩。回營構之資，充疆埸之費，則如來布施之法也；賜之穀帛，惠及饑寒，則如來慈悲之化也；綸綍既行，中外胥悅，則如來平等之教也。臣謹按《金剛般若經》云：『若以色見我，以音聲求我，是人行邪道，不能見如來。』是知大乘之宗，聲色不見，豈釋迦之意，在雕琢之功？今之作者，臣所未喻。」三年正月二十七日，宴侍臣近親于梨園，因問以時政得失。絳州刺史成珏對曰：「夫釋教之設，以慈悲爲主，蓋欲饒益萬姓，濟牧羣生。若乃邃宇珍臺，層軒寶塔，耗竭府庫，勞役生人，懼非菩薩善利之心，或異如來大悲之旨。臣備職方岳，叨膺洪運，敢陳芻蕘，狂妄死罪。」中書令蕭至忠奏曰：「方今百姓貧乏，邊境未寧，府藏内空，倉廩不實，誠宜節財用之費，省土木之功，務存農事，愛惜人力。寺、觀之役，實可且停。成珏之言，伏希採納。」兵部尚書、同中書門下三品韋嗣立上疏曰：「臣竊見比者營造寺、觀，其數極多，皆務宏博，競崇瓌麗。大則費一二十萬，小則尚用三五萬餘，略計都用資財，動至千萬已上。運轉木石，人牛不停，廢人功，害農務，事既非急，時多怨咨。故曰：『不作無益害有益，功乃成；不貴異物賤用物，人乃足。』誠哉此言。且玄象秘妙，歸于寂滅，苟非脩心定慧，諸法皆涉有爲。至如土木雕刻等，惟是殫竭人力，但學互相誇麗，豈關降伏身心。凡所興功，皆須掘鑿，蟄蟲在土，種類最多，每日殺傷，動即萬計，連年如此，損害可知。于至道既有乖，在生人極爲損，陛下豈不深思之！」

王溥《唐會要》卷四九《像》 久視元年八月十五日，將造大像，稅天下僧尼人出一錢，内史狄仁傑上疏曰：「今之伽藍，制逾宮闕。功不使鬼，必役于人，物不天來，終須地出，不損百姓，將何以求？生之有時，用之無度，編户所奉，恒苦不充，痛切肌膚，不辭箠楚。僧道一説，矯陳禍福，翦髮解衣，仍嫌其少。亦有離間骨肉，事均路人，身自納妻，謂無彼此。皆託佛法，詿誤生人。里閈動有經坊，闤闠亦有精舍。化誘所急，切于官徵；法事所須，嚴于制勅。逃丁避罪，併集法門，無知之僧，凡有幾萬。且一夫不耕，猶受其弊，浮食者衆，又劫人財。臣每思惟，實所悲痛。今之大像，若無官助，義無得成，若費官財，又盡人力，一旦有難，將誰救之！」

大足元年正月，成均祭酒李嶠諫曰：「臣以法王慈敏，菩薩護持，唯擬饒益衆生，非要修營土木。殿堂佛宇，處處皆有，見在足堪供養，無煩更有修營。竊見白司馬坂欲造大像，雖稅非户口，錢出僧尼，不得州縣祇承，必是不能濟辦，終須科率，豈免勞擾！但天下編户，貧弱者衆，亦有傭力客作以濟餱糧，亦有賣舍貼田以供王役。伏聞造修之錢，見有一十七萬餘貫，若將散施，廣濟貧窮，人與一千，自然濟得一十七萬餘户。拯飢寒之弊，省勞役之勤，順諸佛慈悲之心，沾聖君亭毒之意，人神胥悦，功德無窮。方作過後因緣，豈如見在果報。垂九霄之澤，收萬姓之心，開此恩造，誰不感悦。」

長安四年十月九日勅：「大像宜於白司馬坂造爲定，仍令春官尚書、建安王攸寧充檢校大像使。」監察御史張廷珪諫曰：「夫佛者，以覺知爲義，因心而成，不可以諸相窺也。故經云：『若以色見我，以音聲求我，是人行邪道，不能見如來。』此明如來之果不可外求也。陛下信心歸依，壯其塔廟，廣其尊容，已遍於天下矣。蓋有住於像而行布施，非最上第一希有之法。何以言之？經云：『若人滿三千大千世界，七寶以用布施，及恒河沙等身命布施，其福甚多。若人於經中受持，及四句偈等爲人演説，其福勝彼。』如佛所言，則陛下傾四海之財，殫萬人之力，窮山之木以爲塔，極冶之金以爲像，雖勞則甚矣，費則多矣，而所獲福緣，不愈於殫勞之匹夫，沙門之末學，受持精進，端坐思惟，理亦明矣。臣竊爲陛下小之。今陛下廣樹薰修，又置精舍，則經云菩薩所作福德，不應貪著，蓋有爲之法不足尚也。況此營造，事殷土木，或開發盤礴，峻築基階，或填塞川澗，通轉採斵，輾壓蟲蟻，動盈巨億。豈佛標坐夏之義，愍蠢動而不忍害其生哉！今陛下何以爲之？又役鬼不可，唯人是營，通計工匠，率多貧窶，朝驅暮役，勞筋苦骨，簞食瓢飲，晨炊星飯，飢渴所致，疾疫交集。豈佛標徒行之義，愍畜獸而不忍殘其力哉！今陛下何以爲之？伏惟慎之重之，思菩薩之行爲，利益一切衆生，應如是布施，則經所謂不住色布施，不住聲香味觸法布施，其福德若東西南北四維上下虛空，不可思量矣。何必勤勤於住相，雕蒼生之財，崇不急之務。臣以時政論之，則宜先邊境，蓄府庫，養生力；以釋教言之，則宜救苦厄，滅諸相，崇無爲。伏惟陛下察臣之愚，行佛之意，務以治爲上，不以人廢言。」帝從其言，即停作。

建中元年四月，妃父王景仙、駙馬高怡獻金銅佛像以爲壽，上使謂曰：「有爲功德，吾不欲爲久矣。」卻而還之。

元和五年十月，新羅王遣其子獻金銀佛像。

王溥《唐會要》卷四九《僧籍》 天下寺五千三百五十八，僧七萬五千五百二十四，尼五萬五百七十六。兩京度僧、尼，御史一人涖之。每三歲，州縣爲籍，一以留州縣，一以上祠部。新羅、日本僧入朝學問，九年不還者編諸籍。

會昌五年，勅祠部檢括天下寺及僧尼人數，凡寺四千六百，蘭若四萬，僧尼二十六萬五百人。

王溥《唐會要》卷六六《木炭使》 天寶五載九月，侍御史楊釗充木炭使。永泰元年閏十月，京兆尹黎幹充木炭使，自後京兆尹常帶使。至大曆五年停。貞元十一年八月，户部侍郎裴延齡充京西木炭採造使，十二年九月停。

景雲二年六月十三日勅：「中書門下、御史臺、尚書省造食户衣糧，今司農每季給付。」

天寶元年六月，司農少卿王翼奏：「應諸司請祿，望准開元二十八年十月十五日勅，並令孟月三旬内給了。仍望預分請日，每司一時分付訖，其歷便封送當寺。若逢陰雨，倉司灼然事故，未得給者，當日牒上所由。待給諸司畢後，准前勘會分付。」勅旨依奏。

天寶五載三月勅：「司農錢穀是司，其官人等，並不在差使限。」

乾元元年十月，司農寺奏：「舊規名額，仍爲中署，特望升入上署。」勅旨依奏。

貞元五年，司農少卿李堅立《太倉石柱記》云：「貞元五年，四海文明。天子唯穀是恤，思富國便民之事，莫若端本，尊以農事。故廩庾囷倉，尤切聖慮，俾少卿一人，專領其署。蓋欲難其任，而重其事也。」

七年十月，司農卿李模有罪免官。初司農當供三宮冬菜二千車，以度支給車直稍賤，又阻雨不時，菜多傷敗。模以度支爲辭，上責其不先聞奏，故免之。於是模奏司農菜不足，請京兆市之。京兆尹薛珏、萬年令韋彤禁有菜者私賣，上令奪珏俸一月，彤俸三月。

元和三年八月，司農少卿崔鄠奏停太倉一員，監事二員，從之。

大和七年八月九日勅：「司農寺每年供宮内及諸廚各藏菜，並委本寺自供。其菜價，委京兆府約每年時價支付，更不得配京兆府和市，太倉出給納。」

王溥《唐會要》卷六六《太府寺》 龍朔二年，改爲外府寺，卿爲正卿。咸亨元年，復爲太府寺。光宅元年，改爲司府寺。神龍元年，復爲太府寺。

少卿 武德初，置二人。貞觀元年，省兩員。龍朔二年正月十五日，加一員，以韋思齊爲之。太極元年十二月十八日，又加一員，分爲兩京檢校，以崔諤爲之。

丞　武德初，五員。貞觀元年，省一員。

常平署　顯慶三年十月三日置。

武德八年九月勅：「諸州斗秤經太府較之。」

開元九年勅格《權衡度量并函腳雜令》諸度，以北方秬黍中者一黍之廣爲分，十分爲寸，十寸爲尺，三尺爲大尺。諸量，以秬黍中者容一千二百粒爲龠，十龠爲合，十合爲升，十升爲斗，三斗爲大斗，十斗爲斛。諸權衡，以秬黍中者百黍之重爲銖，二十四銖爲兩，三兩爲大兩，十六兩爲斤。諸積秬黍爲度量權衡者，調鐘律，測晷景，合湯藥，及冕服制用之外，官私悉用大者。京諸司及諸州，各給秤尺，及五尺度斗升合等樣，皆銅爲之。《關市令》：諸官私斗尺秤度，每年八月，詣金部、太府寺平較。不在京者，詣所在州縣平較，並印署，然後聽用。

十二年九月二十五日勅：「左右藏官典，職在出納，不得判攝外事及帖諸司。」

天寶九載二月十四日勅：「自今以後，麪皆以三斤四兩爲斗，鹽並勒斗量。其車軸長七尺二寸，除陌錢每貫二十文。餘麪等同。」

大曆十年三月二十二日勅：「自今以後，應付行用斗秤尺度，准式取太府寺較印，然後行用。」至十一年十月十八日，太府少卿韋光輔奏稱：「今以上黨羊頭山黍，依《漢書・律曆志》，較兩市時用斗，每斗小較八合三勺七撮；今所用秤，每斤小較一兩八銖一分六黍。今請改造銅斗斛尺秤等行用。」制曰：「可。」至十二年二月二十九日，勅：「公私所用舊斗秤，行用已久，宜依舊。其新較斗秤宜停。」

大和五年八月，太府奏：「斗秤舊印，本是真書。近日已來，假僞轉甚。今請省寺各撰新印，改篆文。」勅旨：「宜依。」

六年四月勅：「金部所奏，條流諸州府斗秤等，諸州皆有太府寺先頒下銅升斗及秤見在，每年較勘，合守成規。今若忽重條流，又須別有徵斂。無益於事，徒爲擾人，宜並仍舊。但令所在長吏，切加點檢，不得致有差殊。」

王溥《唐會要》卷六六《少府監》　武德初，以兵革未定，置軍器監，廢少府監。貞觀元年正月，分太府中尚方、左尚方、右尚方、織染方、掌冶方五署，置少府監。通將作、國子爲三監。龍朔二年，改爲内府監。咸亨元年，復爲少府監。光宅元年，改爲尚方監。神龍元年，復爲少府監。其令、少，隨監名改復也。

少監　本一員，太極元年二月十八日，加一員，以孔仲思爲之。至開元十一年，罷軍器監，隸入少府監，爲甲弩坊，更置少監一員統之，以馮紹貞爲之。十四年八月二十八日，省一員。

中尚署　本中尚方，天后時去「方」字，避「監」號。開元已來，別置中尚使，以檢校進奉雜作，多以少府監及諸司高品爲之。

永徽六年十一月，詔曰：「少府監非軍國所須，宗廟之用，並不須飾以珠玉。」

顯慶六年二月十六日勅：「南中有諸國舶，宜令所司，每年四月以前，預支應須市物。委本道長史，舶到十日内，依數交付價值。市了，任百姓交易。其官市物，送少府監簡擇進内。」

景龍二年四月十四日勅：「少府季別先出錢二千貫，別庫貯。每別勅索物，庫内無者，即令市進。皆須對主付值，不得且令供物，於後還錢。其錢兼以絹布絲緜充數，其祠進明衣及布，亦用此物充。」

王溥《唐會要》卷六六《將作監》　龍朔二年，改爲繕工監。咸亨元年，復爲將作監。光宅元年，爲營繕監。神龍元年，復爲將作監。

大監　本爲大匠，龍朔二年，爲大監。咸亨元年，爲大匠。天寶十一載，爲大監，依舊。

少監　本一員，大足元年二月六日，加一員，以楊務廉爲之。

中校署　開元二年置。

天寶四載四月勅：「將作監所置，且合取當司本色人充直者，宜即簡擇發遣。内作使典，亦不得輒取外司人充。其諸司非本色直，及額外直者，亦一切並停。自今以後，更不得補置。如歲月深久，尚或因人，所由長官，量事貶降，其所應直，決一頓，配羅邊軍。」

建中元年九月，將作監上言：「宣政内廊有摧壞者，今當修之。準《陰陽書》，謂是歲孟冬爲魁罡，不利修作，請卜他時。」上曰：「《春秋》之義，啓塞從時。若修毁完敗，何時之擇。詭妄之書勿徵。」乃修。

王溥《唐會要》卷六六《軍器監 西京軍器庫附》　武德元年置，貞觀元年三月十日廢，併入少府監。開元三年十二月二十四日，以軍器使爲監，領弩、甲二坊。十一年十月二十五日罷，隸入少府監，爲甲弩坊，加少監一員以統之。天寶六載五月二十八日，復置。乾元元年六月十三日，又廢置使，其監已下並停。

開元十一年五月五日置，二十五年五月十八日廢，依舊爲甲坊。

乾元元年六月，勅軍器監改爲軍器使，大使一員，副使二員，判官二員，其使以内官爲之。

貞元四年二月，自武德東門築垣，約在藏庫之北，屬於宫城東垣，於是武庫遂廢。其軍式器械，隸於軍器使。

王溥《唐會要》卷六六《都水監》 武德八年，置都水署，隸將作監。貞觀六年八月六日，置監，罷將作監。龍朔二年，改爲司津監。咸亨元年，復爲都水監。光宅元年二月，改爲水衡監。神龍元年，復爲都水監。

使者 武德初，爲都水令。貞觀六年，改爲使者。龍朔二年，改爲監。咸亨元年，改爲使者。光宅元年，改爲都水府。神龍元年，改爲使者。

諸津 在京兆、河南府界者，隸都水監；外州者，隸當界州縣。

大曆六年十一月三日勅：「應祠祭乾魚鮍，宜令都水監依様每年起十月造掌，隨祭供用。其醢魚肉，據用數依限送光禄寺，令供造。」

王溥《唐會要》卷六六《宫苑監》 武德九年七月十九日，置洛陽宫監。顯慶二年十二月十日，廢洛陽總監，改青城宫監爲東都苑北面監，明德宫監爲東都苑南面監，洛陽宫農圃監爲東都苑東面監，食貨監爲東都苑西面監。

天寶十載八月二十七日勅：「白獸、日華、叡武、南辟仗等門，宜令宫苑通管捉。」

王溥《唐會要》卷六六《西京苑總監》 永淳元年五月十日，置東都監，管諸園苑，未置已前，隸司農寺。

先天元年十月十日勅：「總監每年支雜物，到其抄數，於本門進。若宫内所須，別索供訖，每月終，宜令監司具破用數進。」

開元七年七月十一日勅：「總監破用錢物，一事已上，須南衙勾當。宜令總監自勾，每月進一本歷來，内自勾勘。」

寶曆二年十二月勅：「總監職掌官員，並宜停廢一百二十四人，先屬諸軍，各歸本司，餘七百三人勒納牒身，放歸本管。」

開成五年四月勅：「總監宜令内官司管，仍別置使，其總監及丞簿共四員，宜並停。」

王溥《唐會要》卷八二《甲庫》 開元十九年五月十一日勅：「尚書省内諸制勅庫，及兵部、吏部、考功、刑部簿書景跡并甲庫，每司定員外郎、主事各一人；中書、門下制勅甲庫，各定主書、録事已下各一人專知，周年一替，中間不得改移。」

建中元年七月八日，吏部奏：「比來冬集，申門下省、吏部有官甲，内庫無本。今請依官甲例，更寫一本進内收貯。縱三庫斷裂，即檢内庫本。」從之。

二年十月十一日，中書、門下奏：「中書、門下及吏部制勅甲庫等，准式中書舍人、給事中、吏部員外郎並合專判。緣官望清高，兼外有職事，不得躬親，所以比來文歷，多有罪過。今請每庫採擇一公清勤幹，專押甲庫，冀事得精詳。其知經四周年，無負犯，仍望依資與改官。」奉勅：「依。」至三年四月三日，給事中關播奏：「三省中庫官各一人，或屬假故，即公事廢闕，請各更置一人。其吏部行内考功、司封、司勳勅庫中，仍請兩人分掌，臨時事故，即勒通知。」奉勅：「宜依。」至貞元八年十一月九日，吏部侍郎杜黄裳奏：「以前資官充專知，既無俸料，頗亦艱辛，請入庫日便依資與官，仍許四周年不用闕。」奉勒：「前資官未有功勞，不合改轉；既無俸料，又慮艱辛，入庫之日，宜與同類官。」

貞元八年閏十二月，給事中徐岱、中書舍人奚陟、高郢等奏：「比來甲勅，祇下刑部，不納門下省甲庫，如有失落，無處檢覆。今請准制勅納一本入門下甲庫，以憑檢勘。」勅旨：「依奏。」

十年三月八日，司封奏：「當司與司勳、考功勅甲庫同一專知官，先無庫印，今請鑄造，仍以『封勳考甲庫印』六字爲印文。」從之。

十三年正月，關播遷給事中。舊例，諸司甲庫，皆是胥吏掌知，爲弊頗久。播始建議並以士人知之，至今稱當。

元和八年五月，吏部侍郎楊於陵奏：「臣伏以銓選之司，國家重務，根本所繫，在于簿書。承前諸色甲勅等，緣歲月滋深，文字凋缺，假冒踰濫，難於辨明，因循廢闕，爲弊恐甚。若據見在卷數，一時修寫，計其功直，煩費甚多。竊以大曆以前，歲序稍遠，選人甲歷，磨勘漸稀。其貞元二十一年以後，勅旨尚新，未至訛謬，縱須倫理，請待他時。臣今商量，從大曆十年至貞元二十年，都三十年，其間出身及仕宦之人要檢覆者，多在此限之内，且據數修寫，冀得精詳，今冬選曹，便獲深益。其大曆十年向前甲勅，請待此一件修畢，續條貫補緝。臣内省庸薄，又忝選司，庶效涓埃，以裨朝典，謹具量補年月及應須差選官吏，并所給用紙筆雜功費用，分析如前。」勅旨：「依奏。」

大和三年四月勅：「甲庫官舊例初入授同類官，考滿去職，則與依資改轉。此事參差，有優有屈，今宜同並諸色職事帶正員官者，准寶曆二年十一月九日勅處分，其改轉亦同前件。如已在甲庫授官者即聽，且依舊勅處分。」

五年六月勅：「應選人及冬集人于案，門下省檢勘畢後，比來更差南曹令史收領，卻納門下甲庫，在於公事，頗甚勞擾。自今以後，請勅吏部過選院，本令史便自分付甲庫，以備他年檢勘。仍請門下省勒甲庫令史，每過選時，常加檢點收拾，明立文案，據官吏等遞相分付，不得妄有破除。南曹申請之時，如有稱失落欠少，本令史及專知官，請准檢報揩抹、違越條例處分。」

九年十二月勅：「中書、門下、吏部，各有甲庫，歷名爲『三庫』，以防踰濫。如聞近日諸處奏官，不經所司檢尋，未免姦僞。起今已後，諸司、諸使、諸道應奏六品以下諸色人，稱舊有官及出身，請改轉并請授官，可與商量者，除進士登科，衆所聞知外，宜令先下吏部、中書、門下三庫，委給事中、中書舍人、吏部格式郎中，各與本甲庫官同檢勘，具有無申報。中書門下審無異同者，然後依資進擬。如諸司諸使諸道奏論不實，以無爲有，臨時各重加懲罰。」

張鷟《朝野僉載》卷一 龍朔以來，人唱歌名《突厥鹽》。後周聖曆年中，差閻知微和匈奴，授三品春官尚書，送武延秀娶成默啜女，送金銀器物、錦綵衣裳以爲禮聘，不可勝紀。

(日)圓仁《入唐求法巡禮行記》卷一 （開成四年正月）十四日，立春。市人作鶯賣之，人買翫之。

十五日夜，東西街中，人宅燃燈，與本國年盡晦夜不殊矣。寺裏燃燈供養佛，兼奠祭師影，俗人亦爾。當寺佛殿前，建燈樓；砌下、庭中及行廊側皆燃油，其燈盞數不遑計知。街裏男女不憚深夜，入寺看事。供燈之前，隨分捨錢。巡看已訖，更到餘寺看禮捨錢。諸寺堂裏并諸院，皆競燃燈。有來赴者，必捨錢去。無量義寺設匙燈、竹燈，計此千燈。其匙竹之燈樹，構作之貌如塔也；結絡之樣，極是精妙，其高七八尺許。並從此夜至十七日夜，三夜爲期。

(日)圓仁《入唐求法巡禮行記》卷二 （開成五年二月）廿八日，盧山寺設登州刺史烏君齋。當寺僧二人：寺主僧一行、直歲僧常表，日本三僧，都有五人。村人廿有餘，各於自宅，隨力所辦，修理飯食擎將來。寺主僧一行表歎。村人於堂前同齋。各自所將飯食各自喫，不分與人；各割自食分以供僧也。後發，西北行十五里，路邊有王府君墓，石上鐫誌，久經歲月，誌石倒地。傍北海浦行廿餘里，到壹村法雲寺宿。知館人了事。臺館本是佛寺，向後爲館，時人喚之爲「伐臺館」。館前有二塔：一高二丈，五層，鐫石搆作；一高一丈，鑄鐵作之，有七層。其碑文云：「王行則者，奉勑征伐東蕃没落，同船一百餘人俱被賊擒，送之倭國。一身逃竄，有遇還歸。麟德二年九月十五日，造此寶塔」云云。

廿九日，早發，西北行卅里，至芝陽館斷中。齋後，行廿里，到牟城村高安宅宿，主人不惡。

三月一日，平明發，行十里至故縣館。西北行廿里，到竪泰孫花茂宅斷中。齋後，望西北行卅里，到蓬萊縣管內望仙鄉王庭村寺宿。入夜雷雨。唐國行五里立一候子，行十里立二候子。築土堆，四角，上狹下闊，高四尺或五尺、六尺不定，曰喚之爲「里隔柱」。

(日)圓仁《入唐求法巡禮行記》卷三 開成五年五月十七日，將延曆寺未決三十條呈上志遠知尚，請決釋。志遠和尚云：「見說天台山已決此疑，不合更決。」不肯通矣。晚際，與數僧上菩薩堂院，見持念和尚，年七十，適見可卌來也。人云：「年高色壯，得持念之力。」開堂禮拜大聖文殊菩薩像，容貌顒然，端嚴無比。騎師子像，滿五間殿在，其師子精靈，生骨儼然，有動步之勢，口生潤氣，良久視之，恰似運動矣。老宿云：「初造此菩薩時，作了便裂。六遍相作，六遍顙裂。其博士惆悵而云：『吾此一才，天下共知，而皆許孤秀矣。一生來祖作佛像，不曾見裂損之。今時作此像，齋戒至心，盡自工巧之妙，欲使天下人瞻禮，特爲發心之境。今既六遍造，六遍皆摧裂，的應不稱大聖之心。若實然者，伏願大聖文殊菩薩爲我親現真容。親覩金顔，即倣與而造。』纔發願了，開眼見文殊菩薩騎金色師子現其人前良久，乘五色雲騰空飛去。博士得見真容，歡喜悲泣，方知先所作不是也。便改本樣，長短、大小、容貌髣取所現之相。第七遍相作此像，更不裂損，每事易爲，所要者皆應矣。其人造此像了，安置此殿，露光眼中，注淚乃云：『大奇。曾來未曾見者，今得見也。願劫劫生生常爲文殊師利弟子。』言竟身亡。向後，此像時時放光，頻現靈瑞。每有相時，具録聞奏，勅施袈裟。今見披在菩薩體上者，是其一也。因此，每年勅使送五百領袈裟，表賜山僧。每年勅使別勅送香花寶蓋、真珠幡蓋、珮玉寶珠、七寶寶冠、金鏤香鑪、大小明鏡、花毯白氎、珍假花菓等，積漸已多。堂裏鋪列不盡之餘者，惣在庫貯積見在。自餘諸道、州、府官私施主每年送者，不可勝數。今五臺諸寺造文殊菩薩像，皆此聖像之樣，然皆百中只得一分也」云云。其堂內外，七寶傘蓋當菩薩頂上懸之。珍彩花幡、奇異珠鬘等，滿殿鋪列。寶裝之鏡，大小不知其數矣。出到殿北，望見北臺、東臺圓頂高聳，絶無樹木，短草含彩，遙望觀之，夏中秋色。却到堂前，遙望南臺，亦無樹木，臺頂獨秀，與碧天接連，超然出于衆峰之外。西臺隔中臺，望不見也。於菩薩堂前，臨涯有三間亭子，地上敷板，四面高欄，亭下便是千仞之岸嶮峻。老宿云：「昔者，日本國靈仙三藏於此亭子，奉見一萬菩薩。」遍禮訖，到閣院，見玄亮座主。從四月始講《法花經》兼《天台疏》，聽衆卌餘人，物是遠和尚門下。朝座閣院講《法花經》，晚座涅槃院講《止觀》。兩院之衆互往來聽，從諸院來聽者甚多。當寺上座僧洪基共遠和尚同議，請二座主開此二講，實可謂五臺山大花嚴寺是天台之流也。共衆僧上閣，禮拜功德。閣之内外莊嚴，所有寶物，與菩薩堂相似也。見辟支佛頂骨，其色白黯色，狀似本國輕石；骨内堅實，大二升椀許大，見是額已上之骨，上生白髮，長五分許，似剃來更生矣。西國僧貞觀年中將來者也。兼有梵夾《法花經》，又佛舍利，置之於瑠璃瓶裏。金字《法花》、小字《法花》精妙極也。閣前有塔，二層八角，莊校珠麗。底下安置阿育王塔，埋藏地下，不許人見，是阿育王所造八萬四千塔之一數也。次入善住閣院隨喜，有禪僧五十餘人，盡是毳納錫杖，各從諸方來巡者也。勑置鎮國道場，有天台宗僧講《四分律》，亦是遠和尚門下。

十八日，赴善住閣院主請，到彼斷中。仍見從台州國清寺將來書。先於楚州付留學僧圓載上人送天台山延曆寺未決卅條，國清寺修座主已通決之，便請台州印信，刺史押印已了，修禪寺敬文座主具寫送臺山弘天台諸德。兼日本國無行和尚送天台書，及天台修座主通決已畢，請州印信之書，台州刺史批判與印信之詞，具寫付來。

廿日，始巡臺去。從花嚴寺向西，上坂行七里許，到王子寺喫茶。向西上坂，行六七里，至王花寺。更向西上坂十餘里，到中臺。臺南面有求雨院。從院上行半里許，到臺頂。頂上近南有三鐵塔，並無層級相輪等也。其體一似覆鐘，周圓四抱許。中間一塔四角，高一丈許。在兩邊者團圓，並高八尺許。武婆天子鎮五臺所建也。武婆者，則天皇是也。鐵塔北邊有四間堂，置文殊師利及佛像。從此北一里半是臺頂，中心有玉花池，四方各四丈許，名爲龍池。池中心小島上有小堂，置文殊像，時人呼之龍堂。池水清澄，深三尺來。在岸透見底砂淨潔，並無塵草。臺頂平坦，周圍可百町餘，超然而孤起，猶如雙出。臺形圓聳，於此望見餘之四臺。西臺、北臺去中臺稍近。下中臺，向北上坂，便是北臺之南涯。又下中臺，向西上坂，便是西臺之東崖也。三臺地勢近相連：東臺、南臺去中臺，並五十來里。中臺東脚，長嶺高低，屈曲邐迤，向南五十里，地便與南臺西北脚連。北臺東北脚，嶺下而復上，高低長嶺參差，向東四十餘里，便與東臺西脚連。然五臺高嶮，出衆嶺之上。五臺周圓五百里外，便有高峯重重，隔谷高起，遶其五臺，而成墻壁之勢。其峯參差，樹木鬱茂，唯五頂半腹向上，並無樹木。然中臺者，四臺中心也。遍臺水湧地上，軟草長者一寸餘，茸茸稠密，覆地而生。蹋之即伏，舉脚還起，步步水濕，其冷如冰，處處小窪，皆水滿中矣。遍臺砂石間錯，石塔無數。細軟之草間莓苔而蔓生，雖地水濕，而無滷泥，緣莓苔軟草布根稠密，故遂不令遊人汙其鞋脚。奇花異色，滿山而開。從谷至頂，四面皆花，猶如鋪錦，香氣芬馥，薰人衣裳。人云「今此五月猶寒，花開未盛；六、七月間，花開更繁」云云。看其花色，人間未有者也。從臺頂東，下坂半里許，有菩薩寺，夏有粥飯，祇供巡臺僧俗。從鐵塔前向西漸下路，行十餘里，下峻坂二里許，更上坂向西半里許，到西臺供養院。於院後有三大巖峰，嶮峻直秀，三峰並起，名曰香山。昔天竺僧來，見此三峯，乃云：「我在西國，久住香山；今到此間，再見香山，早出現此乎？」從供養院向西上坂五六里，到西臺頂。臺頂平坦，周圍十町許。臺體南北狹，東西闊，東西相望，東狹西闊。臺頂中心，亦有龍池，四方各可五丈許。池之中心，有四間龍堂，置文殊像。於池東南，有則天鐵塔一基，圓形無級，高五尺許，周二丈許。莓苔軟草、槃石石塔、奇異花草，不異於中臺。地上水湧，潛停於草下，窪處水停。三方涯峻，而東岸邐迤漸下，與中臺脚根連。從臺西下坂，行五六里，近谷有文殊與維摩對談處。兩箇大巖，相對高起，一南一北，高各三丈許。巖上皆平，皆有大石座。相傳云：「文殊師利菩薩共維摩相見對談之處。」其兩座中間，於下石上，有師子蹄跡，蹋入石面，深一寸許。巖前有六間樓，面向東造。南頭置文殊像，騎雙師子。東頭置維摩像，坐四角座：老人之貌，頂髮雙結，幞色素白，而向前覆，如戴蓮荷；着黄丹衣及白裙，於衣上襲披皮裘，毛色斑駮而赤白黑；兩手不入皮袖，右膝屈之，著於座上，豎其左膝而踏座上，右肘在案几之上，仰掌以申五指，左手把麈尾，以腕押左膝之上，開口顯齒，似語咲之相。近於座前，西邊有一天女；東邊有一菩薩，手擎鉢，滿盛飯而立。又於此樓前，更有六間樓相對矣。人云：「見化現時之様而造之矣。」樓東行百許步，有八功德池，水從大巖底潒。巡看至夜，却到供養院宿。

廿一日，齋後，却到中臺菩薩寺喫茶。向東北遥望，谷底深處，數十町地，見白銀之色。人云是千年凍凌。年年雪不消，積爲凍凌，谷深而背陰，被前巖遮，日光不曾照着，所以自古已來，雪無一點消融之時矣。谷之前嶺，便是中臺之東脚也。從菩薩寺向北，傍中臺之東岸，邐迤下坂十里來，又更上坂行十餘里，到北臺。臺頂周圓六町許。臺體團圓，臺頂南頭有龍堂，堂内有池。其水深黑，滿堂澄潭，分其一堂爲三隔。中間是龍王宫，臨池水上置龍王像。池上造橋，過至龍王座前。此乃五臺五百毒龍之王。每臺各有一百毒龍，皆以此龍王爲君主。此龍王及民，被文殊降伏歸依，不敢行惡云云。龍宫左右，隔板墻，置文殊像。於龍堂前，有供養院。見有一僧，三年不飯，日唯一食，食泥土便齋，發願三年不下臺頂。有數箇弟子院，前院俯臨深谷，臺涯嵯峨而可千仞。此谷是文殊曾化現金鐘寶樓之處，今呼爲鐘樓谷。谷之西源，是中臺東岸之底。谷南便是高嶺。臺頭中心有則天鐵塔，多有石塔圍遶。軟草莓苔，遍敷地上，隔三四步，皆有小井池無數，名爲龍池，水湧沙底而清淺。正北、正東岸峻，高臨深谷。北谷名之嶺之北岸極嶮而深至谷底，千年涷凌在幽底而皓暉。又向東南望見大花嚴寺。宋谷。曾有一僧，依天台智者《法花》三昧，行法禮懺，得見普賢菩薩及多寶塔之處。南面雖嶮路，而有路可攀躋。西北岸漸下成帷，終爲深谷。臺頂東頭有高阜，名羅漢臺。遍臺亦無樹木。從羅漢臺向東南下，路邊多有燋石，滿地方圓，有石墻之勢。其中燋石積滿，是化地獄之處。昔者，代州刺史性暴，不信因果，聞有地獄不信。因遊賞，巡臺觀望，到此處，急然，見猛火焚燒巖石，黑烟衝天而起。焚石火炭赫奕而成圍廓。獄卒現前忿[illegible]，刺史驚怕，歸命大聖文殊師利，猛火即滅矣。其迹今見在。燋石壘爲垣，周五丈許，中滿黑石。

廿二日，粥後，傍北臺東腹向東北邐迤下坂，尋嶺東行廿里許，到上米普通院。在堂裏，忽見五道光明，直入堂中照，忽然不現矣。惟正、惟曉等同在堂，皆云不見物，奇之不已。齋後，尋嶺向東，漸上坂廿里，來到東臺。臺東頭有供養院，入院喫茶。向南上坂二里許，到臺頂。有三間堂，壘石爲墻，四方各五丈許，高一丈許，堂中安置文殊師利像。近堂西北有則天鐵塔三基，體共諸臺者同也。臺頂無龍池，地上亦無水，生草稍深。臺頂周圓，四方各可十丈許。臺體南北漸長，東西狹，北根長一里許。臺南有嶺，高低長連三里許。然臺頂最高顯而無樹木。從臺頂向東，直下半里地，於峻崖上有窟，名爲那羅延窟。人云：「昔者，那羅延佛於此窟行道。後向西去。」窟内濕潤而水滴，户闊六尺，窟内黑暗，宜有龍潛藏矣。日晚，却到供養院宿。時欲黄昏，天色忽陰，於東谷底，白雲靉靆，忽赤忽白。而飛揚；雷聲霹靂，在深谷紛鬥。人在高頂，低頭而視，風雨共雹亂墜。夜深而息。

廿三日，齋後下臺，却到上米普通院，便向南直下坂，行十八里許入谷，更向東南行三四里，更向西谷行一里許，到金剛窟，窟在谷邊。西國僧佛陀波利空手來到山門，文殊現者人身，不許入山，更教往西國取《佛頂尊勝陀羅尼經》。其僧却到西天，取經來到此山。文殊接引，同入此窟。波利纔入，窟門自合，于今不開。窟巖堅密，帶黄色。當窟户有高樓，崛門在樓下，人不得見。於樓東頭，有供養院。窟户樓上有轉輪藏，六角造之，見于窟記。窟内多有西天聖迹：維衛佛時，香山摩利大仙造三千種七寶樂器，其佛滅後，文殊師利將來，取此窟中；拘留秦佛時，兜率天王造鐘，盛一百廿石。聞聲者或得四果，或得初地等，佛滅，文殊師利將此鐘來，置此窟中；迦葉佛時，造銀箜篌，有八萬四千曲調，八萬四千曲調，各治一煩惱，佛滅度後，文殊師利將此箜篌來，收入窟中；星宿劫第二佛全身寶塔一千三百級，文殊菩薩將此塔來，收入此窟；振旦國銀紙金書及百億四天下文字，文殊菩薩收入此窟云云。從窟上坂百步許，有文殊堂、普賢堂，此乃大超和尚見「金色世界」之處也。日晚，却到大花嚴綱維寺。引涅槃院安置閣下一房，此則講《法花經》座主玄亮上人房。座主因講，權居閣院。遠和尚及文鑒座主院，天台教迹文書備足。

廿三日，始寫天台文書日本國未有者。

六月六日，勅使來，寺中衆僧盡出迎候。常例每年勅送衣鉢香花等，使送到山表施十二大寺：細帔五百領、綿五百屯、袈裟布一千端青色染之、香一千兩、茶一千斤、手巾一千條，兼勅供巡十二大寺設齋。

李冗《獨異志》卷中 石虎於太武殿前造樓，高四十丈，以珠爲簾，五色玉爲佩。每風至，即驚觸似音樂在空。過者皆仰視，愛之。又屑諸異香如粉，撒樓上，風吹四散，謂之「芳塵」。

李匡乂《資暇集》卷下 車輊

俚語以車頓前爲質者，乃由不識「輊」字故也。輊，音致。《詩》云：「如輊如軒。」前重爲輊，後重爲軒。俚見「輊」字似「桎」字，便以支乙音呼。俚語之謬傚此者，觸類而思，從可知矣。至如見馬之首低者，遂爲頭質，乃由車質之誤也。亦宜云頭輊，其義與車同矣。

竹笪

麤籧篨，因江東呼爲「笪」，今京洛皆呼爲「竹笪」。今俗字，音笪爲怛。蓋此字音旦，又音闥，當是有於「笪」旁書旦、闥二音者，遂誤合二音，反謂是怛，遂以成俗。余嘗因市此呼作「闥」音，爲輕薄所嗤，曰：「真村裏書生。」余應之曰：「聲亦呼作『旦』音，知乎？」若是者又多，難悉言。

【略】

抱木

南土有木，以「抱」爲名者，言其輕滿不能成斤，亦以造器，滿抱如無，因以懷抱名之也。南土多陂塘，多生水松，其抱木蹙水沫，依松而成，似松之疣贅，浮繞其株，悉去水面三寸，原其化徵，假松之氣爾。故其臭方，其質輕，抱木突輕於赤脚，誠哉斯言。然余爲南漳守，命工爲函匣筒韠，抑造清明毬卵，輕齎而歸，北人莫不稱便而異焉。

薛濤牋

松花牋，代以爲「薛濤牋」，誤也。松花牋其來舊矣。元和初，薛濤尚斯色，而好製小詩，惜其幅大，不欲長，臏長之長。乃命匠人狹小之。蜀中才子既以爲便，後減諸牋亦如是，特名曰「薛濤牋」。今蜀紙有小樣者，皆是也，非獨松花一色。

稠桑硯

稠桑硯始因元和初，愚之叔翁宰虢之耒陽邑，諸季父温凊之際，必訪山水以游。一日於澗側見一紫石，憩息於上，佳其色，且欲携歸思琢成器，匠某隨至，遂自勒姓氏、年月，遂刻成文，復無刓缺，乃曰：「不刓不缺，可琢爲硯矣。」既就琢一硯而過，但惜重大，無由出之。更行百步許，往往有焉。又行乃多，至有如拳者，不可勝紀。遂與從僮挈數拳而出，就縣第製斲。時有胥性巧，請斲之，形出甚妙。季父每與俱之澗所。胥父兄，稠桑逆肆人也。因季父請，解胥籍而歸父兄之業，於是來斲，開席於大路，厥利驟肥，土客競効，各新其意，爰臻諸器焉。季父大中壬申歲授陝令，自元和後，往還京洛，每至稠桑，鐫者相率輒有所獻，以報其本，迄今不怠。季父別業在河南福昌邑，下至於弟姪，市其器，稱福李家，則價不我賤。然則其石以爲諸器，尤愈於硯。

石鏊餅

石鏊餅本曰「喭餅」，同州人好相喭，將投公狀，必懷此而去，用備狴牢之糧。後增以甘辛，變其名質，以爲貢遺矣。

李環餳

蘇乳所煎之輕餳，咸云十年來始有，出河中。余實知其由，此武臣李環家之法也。余弱冠前步月洛之綏福里，方見夜作，問之，云乳餳。時新開是肆，每斤六十文。明日市得而歸，不三數月，滿洛陽盛傳矣。開成初，余從叔聽之鎮河中，自洛招致餳者，居於蒲，蒲土因有是餳。其法甯聞傳得，唯奉天軍人竊得法之十八九，故今奉天亦出輕餳，然而劣於蒲者，不盡其妙焉。

風爐子

以周繞通風也，一説形象烽火，名烽爐子，理亦近焉。

【略】

阮咸

樂器有似琵琶而圓者，曰「阮咸」。大曆中，愚之再從叔翁司徒汧公之鎮滑也，因與賓客會琴，話及斯樂，曰：「往中宗朝，元賓客行中爲太常少卿，時有人於古冢獲其銅鑄成者，獻之，元曰：『此阮仲容所造。』乃命工人木爲之，音韻清朗，頗難爲名，權以仲容姓名呼焉。於今未蒙佳號。況阮云：『昔賢豈可以名氏而號樂器乎？』其形象月，其聲合琴，目爲『月琴』宜矣。」自是知之者不以舊名呼。今人以爲李崖州在相日所號，非也。《晉書》稱阮咸善琵琶，此即是也。案《後周書》云：武帝彈琵琶，後梁宣帝起舞，謂武帝曰：「陛下既彈五絃，臣何敢不同百獸？」則周武所彈，乃是今之五絃，明知前代凡此之類總號琵琶爾。又案：《風俗通》云：「以手批把，謂之琵琶。」自撥彈已後，唯今四絃始專琵琶之名，因依而言，則劉餗所云貞觀中裴洛兒始棄撥用彈，以指琵琶者，是不知故事之言也。又因此而徵今之五絃之號，即出於後梁宣帝之語也。而今阮氏琵琶，正以手指，反不得古琵琶之名，都失本義也。

琴甲

今彈琴或削竹爲甲，以助食指之聲者，亦因汧公也。嘗患代指，而舊甲方墮，新甲未完，風景廓澄，援琴思泛，假甲於竹，聊爲權用，名德既崇，人争倣効，好事者且曰「司徒甲」。夫琴韻在乎輕清，且竹於自然之甲，厚薄剛柔殊矣，況棄真用假，捨清從濁乎？蓋靡知其由也。至如箜篌之與秦箏，若能去假還真，其聲宛美矣。案：中容《樂論》云：「絲不如竹，竹不如肉。」桓問孟嘉此義，嘉曰：「以其漸近自然。」故知甲宜從真矣。

茶托子

始建中，蜀相崔甯之女，以茶杯無襯，病其熨指，取楪子承之。既啜而杯傾，乃以蠟環楪子之央，其杯遂定，即命匠以漆環代蠟，進於蜀相。蜀相奇之，爲製名而話於賓親，人人爲便，用於代。是後傳者，更環其底，愈新其製，以至百狀焉。貞元初，青鄆油繪爲荷葉形，以襯茶盌，别爲一家之楪。今人多云「托子」始此，非也。蜀相即今昇平崔家，訊則知矣。

坼封刀子

起於郭汾陽書吏也。舊但用刀子小者，而汾陽雖大度廓落然，而有晉陶侃之性，動無廢物。每收其書皮之右所㔉下者，以爲逐日須取文帖，餘悉卷貯。每歲終，則散主守家吏，俾作一年之簿，所㔉之處多不端直，文帖且又繁積，胥吏不暇剪正，隨曲斜聯糊。一日，所用㔉刀忽折，不餘寸許，吏乃銛以應急，覺愈於全時，漸出新意。因削木如半環勢，加於折刃之上，使纔露鋒，榼其書而㔉之。汾陽嘉其用心，曰：「真郭子儀部吏也。」言不廢折刃也。每話于外，後因傳之，益妙其製。【略】

席帽

永貞之前，組藤爲蓋，曰「席帽」，取其輕也。後或以太薄，冬則不禦霜寒，夏則不障暑氣，乃細色罽代藤，曰「氈帽」，貴其厚也。非崇貴莫戴，而人亦未尚。元和十年六月，裴晉公之爲臺丞，自通化里第早朝，時青、鎮二帥拒命，朝廷方參議兵計，而晉公預焉。二帥俾捷步張晏等傳刃伺便謀害，至里東門，導炬之下，霜刃歘飛，時晉公繫帽是賴，刃不即及，而帽折其簷，既脱禍，朝貴乃尚之。近者布素之士，亦皆戴焉。折簷帽尚在裴氏私帑中。太和末，又染繒而復代罽，曰「疊綃帽」，雖示其妙，與氈帽之庇懸矣。會昌已來，吴人衒巧，抑有結絲帽若網，其巧之淫者，織花鳥相厠焉。近又染藤爲紫，復以輕相尚。

被袋

非古製，不知孰起也。比者遠游行則用。太和九年，以十家之累者，邐迤竄謫，人人皆不自保，常虞蒼卒之遣，每出私第，咸備四時服用。舊以紐革爲腰囊，置於殿乘，至是服用既繁，乃少以被袋易之，成俗于今。大中已來，吴人亦結絲爲之，或有餉遺，豪徒翫而不用也。

注子偏提

元和初，酌酒猶用樽杓，所以丞相高公有「斟酌」之譽，雖數十人，一樽一杓，挹酒而散，了無遺滴。居無何，稍用注子，其形若罃而蓋觜柄皆具。太和九年後，中貴人惡其名同鄭注，乃去柄安系，若茗瓶而小異，目之曰「偏提」。論者亦利其便，且言柄有礙而屢傾仄。今見行用。

承牀

近者繩牀皆短其倚衡，曰「折背樣」，言高不及背之半，倚必將仰，脊不遑縱，亦由中貴人創意也。蓋防至尊賜坐，雖居私第，不敢傲逸其體，常習恭敬之儀。士人家不窮其意，往往取樣而製，不亦乖乎？繩牀當作「承」字，言輕齎可隨人來去。

蘇鶚《蘇氏演義》卷下　五輅衡上金雀者，朱鳥也。口銜鈴鈎謂鑾，所謂和鑾也。按：原本脱此五字，據《古今注》校增。《禮》云：行前朱雀，或謂朱鳥者，鸞鳥也。前有鸞鳥，故謂之鸞。鸞口銜鈴，故謂之鸞鈴。今或爲鑾，事一而義異也。按：此條見《古今注》。

金斧，黄鉞也。三代通制，用之以斷斬。今以金斧黄鉞爲乘輿之飾。武王以黄鉞斬紂頭，故王者以爲戒。大將軍出征特加黄鉞者，以銅爲之，以黄金塗刃及柄，不得純金也。得賜黄鉞，則斬持節將也。按：此條見《古今注》。

鍠，秦制也。今乘輿諸公王妃主通建焉。按：《古今注》云：秦始皇改鐵鉞作鍠。

鐵斧，玄鉞也。諸公王得建之。太公以玄鉞斬妲己，故婦人以爲戒。漢制，諸公亦建玄鉞，以太公秉之，助武王斷斬，故爲諸公之飾焉。按：《古今注》連上金斧爲一條，而句亦小異。

節者，操也，瑞信也。謂持節必盡人臣之節操耳。又曰：制也。言使臣仗節制置於四方，節之始制。《三禮義宗》曰：長一尺二寸，春秋握節而死者，蓋此節也。秦漢已還，易之旌幢之形，其制漸長數尺餘，出使之臣，節盛於碧油囊，令啓路者雙持於馬上，天子之命節制於閫外也。及高宗改刺史爲節度使，漢蘇武陷匈奴中十九年，長執漢節，據此，豈能長大乎？古文卩音節字，蓋象古之節，有符合之象，印篆文印字，從爪則絞反，從巴印者，信也。爪者，手也，謂執政之所持。古之諸侯，裂地而封，皆佩所封之印，其當代位者，皆傳所司之印，則古者持節類於持印。夫守國者用玉節，守都鄙者用角節，使山國者用虎節，使土國者用人節，使澤國者用龍節，關用符節，貨賄用璽節，道路用旌節，此皆節之等制也。《三禮義宗》云：天子以圭爲節。天子大圭，尺有二寸，以四鎮之山爲飾也。尺二寸者，法十二辰也。上公鎮桓圭九寸，侯鎮信圭七寸，子鎮穀圭五寸，男鎮蒲圭五寸，凡諸侯之圭璧，各依其命數大小也。謂之鎮者，皆受之於天子，以爲瑞信，鎮撫國家也，皆謂之命圭者。言皆受命而得，故朝覲宗遇則執焉。夫瑞節者，有五種：一曰鎮圭，二曰牙璋，三曰穀圭，四曰琬圭，五曰琰圭。鄭玄云：邦節者有五種，用之鎮圭以鎮守邦國，牙璋以起軍旅。牙，齒也，是兵之象。穀圭則用和歡聘女也，上飾禾稼之象。琬圭無鋒角，象文德也，以治德結好用之。琰圭有鋒芒，象傷害征伐誅討也。諸侯使大夫來聘，執以命事，故使爲瑞節。凡天子諸侯之使節，尺有二寸，有金節、玉節。玉節爲瑞節，行事之時所執以徵召四方者也。金節者，道路所持以爲信也。人、龍、虎三節，皆以金鑄之。使卿大夫聘於諸侯，乃爲行道所執之信，則非行事之時瑞節也。故鄭玄云：鎮圭、玉節、琬圭之徒，但云使者之瑞節，鎮圭、琬圭之屬是也。二者使節，龍虎人形是也。三者符節，旌節、管節是也。夫云道路用旌節，關門用符節，都鄙用管節，皆以竹爲之。商由市者，即司市者與符節。古者買符之關，終軍棄繻，皆節之類也。

牛亨問冕旒以繁露者何，答曰：「綴玉而下垂如繁露也。」按：此條見《古今注》。「綴玉而下」句，《古今注》作「綴珠垂下」。

今人以朱衣爲朱紱，乃大誤也。夫紱者，必也。韠者，蔽也。鄭玄云：太古蔽膝之象，冕服謂之紱，其他謂之韠，皆以韋爲之，故曰蔽韋韠也。《急就篇》云：襌音單衣，蔽膝也。顔師古注云：亦謂之襜。《詩》云：赤韍，在膝之服。徐廣《車服儀制》曰：古者韍，今之蔽膝也。《明堂位》曰：有虞氏始服韍。鄭云：韍，冕服之蔽，舜始作也。以尊祭服，昔先王食鳥獸之肉，衣其羽皮，而韍字遂從于韋。韋者，皮也。《春秋正義》云：戰國時以韍非兵飾，乃去之。漢明帝復制韍，用赤皮。魏晉以還，易之以絺紗，韍字遂有從糸者。古文芾，音紱，一從市，象市有連帶之形。《説文》云：天子朱紱，諸侯赤紱，大夫葱衡，士無紱有韐。音夾，又音袷。韐字從市，市或從韋。隸書從巾，非正也。夫缺四角謂之韐。韐者，合也，言蔽合於兩膝之之間。韍者，謂於膝前紱以爲蔽。然紱既古之祭服，其制度止於皮，蔽膝者也。《玉藻》云：韠下廣二尺，上廣一尺，長三尺，韠者，紱也。今蓋於袍上，圓領小袖，本類胡服，即趙武靈王好著胡服，是始也。後周武帝始令袍下加襴。北齊主好衣朱衣，婁太后崩，高湛不肯去朱袍衣素服，是也。隋朝公卿多好著黄袍。武德四年，制令三品衣紫，五品衣緋，絳衣緑袍，與紱制大相類，明矣。

漢舊制：乘輿黄赤綬，四采。黄、赤、縹、紺，淳黄爲圭，長二丈九尺九寸，五百首。諸侯王赤綬四采。赤、黄、縹、紺，淳赤圭，長二丈一尺，三百首。太皇、太后、皇后皆與乘輿同，長公主天子貴人與諸侯王同。綬者，所加也。諸國貴人、相國皆緑綬三采。緑、紫、紺，淳緑圭，長二丈一尺，二百四十首。公侯將軍紫綬二采。紫、白，淳紫圭，長一丈七尺，百八十首。公主、封君服紫綬。九卿、中二千石、二千石，青綬三采。青、白、紅，淳青圭，長一丈七尺，百二十首。自青綬以上，縌皆長三尺二寸，與綬同采而首半之。按：此條見《古今注》。

縌者，古珮璲也。佩綬相迎授，故曰縌。紫綬以上，縌綬之間，得施玉環止玉玦，云：千石、六百石，黑綬三采，青、赤、紺，純青圭，長一丈六尺，八十首。四百石、五百石長同。三百石、二百石，黄綬一采。淳黄圭，長一丈五尺，六十首。自黑綬以下，縌皆長三尺，與綬同采而首半之。百石青紺綬一采。婉轉繆織，織長一丈二尺。凡先合單紡爲一系，四系爲一扶，五扶爲一首，五首成一文，文采淳爲一圭，首多者系細，首少者系麤，皆廣一尺六寸也。漢末喪亂，玉珮之法，絶而不傳。魏侍中王粲識古佩法，始更制焉。按：此條見《古今注》。

孔穎達引《考工記》云：大圭長三尺，天子服之，是天子珽長三尺也。許慎云：圭者，上圓下方，法天地也。公執桓圭九寸，侯執信圭，伯執躬圭，皆七寸。子執穀璧，男執蒲璧，皆五寸。笏度長短之異，復與今制不同。《隋書·禮儀志》禮圖云：笏長二尺有二寸，中博二寸，其殺六分去一。

青囊，所以盛印也。奏劾者則以青布囊，盛印於前，示奉王法而行也。非奏劾日，則以青繒爲囊，盛印於後也，謂奏劾尚質直，故用布，非奏劾日尚文明，故用繒。自晉朝以來，劾奏之官專以印居前，非劾奏之官，專以印居後。按：此條見《古今注》。

帢，魏武帝所製也。初以軍中服之輕便，又作五色帢以表方面也。按：此條見《古今注》。

貂蟬，胡服也。貂者，取其有文采而不炳焕，外柔易而内剛勁也。蟬者，取其清虚識變也。在位者有文而不自耀，有武而不示人，清虚自牧，識時而動也。按：此條見《古今注》。

兩漢京兆、河南尹及執金吾、司隸校尉，皆使人導引傳呼，使行者止，坐者起。四人皆持角弓，違者則射之，有乘高窺瞰者亦射之。魏晉設角弓而不用焉。按：原本并上爲一條，據《古今注》改正。

牛亨問曰：「自古有書契已來，便應有筆，世稱蒙恬造筆，何也？」答曰：「蒙恬始造，即秦筆耳。以枯木爲管，鹿毛爲柱，羊毛爲被，所謂蒼毫，非兔毫竹管也。」

又問：「彤管，何也？」答曰：「彤者，赤漆耳。史官載事，故以彤管，用赤心記事也。《詩·静女篇》：『静女其孌，貽我彤管。』」

孫興公問曰：「世稱黄帝鍊丹於鑿硯山，乃得仙，乘龍上天，羣臣援龍鬚，鬚墜而生草曰龍鬚，有之乎？」答曰：「無也。有龍鬚草，一名縉雲草，世人爲之妄傳。至如今有虎鬚草，江東亦織以爲席，號曰西王母席，可復是西王母乘虎而墮其鬚也？」按：「牛亨問曰」至此三條，原本并作一條，文復訛錯，今據

《古今注》校正。

天子赦天下，必豎以雞，以其有五德。風雨如晦，鷄鳴不已，取其告令之象。金者，鷄之飾也。又以鷄屬西方金之位。《曆象》云：鷄星動即有赦。

陽燧以銅爲之，形如鏡，照物則影倒，嚮日則火生，以艾承之，則得火也。此條見《古今注》。

魏武帝以瑪瑙石爲馬勒，硨磲爲酒椀。此條見《古今注》。

孫權時名舸爲赤馬，言如馬之走陸也。又以舟名馳馬。此條見《古今注》。

北齊楊愔，字遵彦，爲吏部尚書。昔嘗遭厄履危，一餐之惠，酬答甚厚，性命之讎，赦而不問。及典選取士，多以言貌恩舊，時致謗言，有選人魯漫漢自言猥賤，獨不見識。愔曰：「卿前日在光子思坊，騎秃尾草驢，以方扇障面，見我不下，云何不識？」因調曰：「名以定體，漫漢名不虚，竟不爲選用。」今俗以惡於己者謂「何處見，不下驢」，蓋始於此也。

侯白，字君素，魏郡鄴人。始舉秀才，隋朝頗見貴重，博聞多知，諧謔辯論，應對不窮，人皆悦之。或買酒饌求其言論，必啓齒發題，解頤而返，所在觀之如市，越公甚加禮重。文帝命侍從以備顧問，撰《酒律笑林》，人皆傳録。

魏文帝宫人絶寵者，有莫瓊樹、薛夜來、陳尚衣、按：「陳」字，《古今注》作「田」。段巧笑四人。日夕在側，瓊樹乃製蟬鬢，縹渺如蟬翼，故曰蟬鬢。巧笑始作錦衣絲履，紫粉拂面。尚衣能歌舞，夜來善爲衣裳，一時冠絶。按：原本作隋文帝，誤，今改正。

順宗時，南海貢奇女盧眉娘，年十四，能于一尺綃上綉《法華經》七卷，字如粟米，點畫分明，細于毛髮。又作飛仙，蓋以絲一縷分爲三縷，染成五采，於掌中結爲傘蓋五重，中有十洲三島，天人玉女，臺殿麟鳳之象，而外列執幢奉節之童，亦不啻千數。其蓋潤一丈，秤之無三數兩，自煎靈香膏敷之，則紇硬不斷。上歎其工，謂之神助，因令止于宫中，每日食胡蔴飯二三合。至元和中，憲宗嘉其聰慧，賜金鳳鐶以束其腕。眉娘不願住宫中，度以黄冠，賜號「逍遥」。及後神遷，香氣滿室，弟子將葬，舉棺覺輕，即撤其蓋，惟有偶屨而已。後入海人往往見乘紫雲遊于海上。羅浮處士李象先作《盧逍遥傳》。按：此條本見《杜陽雜編》，此書更不互載别條，恐《永樂大典》誤編入《演義》也，今姑存之。

近代學者著《張虬鬚傳》，頗行於世，乃云隋末喪亂，李靖與張虬鬚同詣太原尋天子氣，及謁見太宗，知是真主。按：此條原本尚有别文，今删去，存此數語。

《六醜圖》云：北齊徐之才家貧，割所居門外地以養親，忽賓客會中有言「徐六賣却門前地」，之才第六也，盧思道恐辱之才，乃止之曰：「不用道。」時人遂因之，用言成戲，而今酒令名「徐六」者，蓋此始也。

烏孫國有青田核，莫測其樹之形，實之至中國者，但得其核耳。得清水則有酒味出，如醇美好酒。核大如五六升瓠，空之以盛水，俄而成酒。劉章時得三核，集賓客設之，常供二十人飲，一核盡，一核所盛已復中飲，飲盡，隨更注水，旋盡成，不可久置，久則苦而不可飲，名曰「青田壺」。按：此條見《古今注》。

今人以酒巡匝爲婪尾，又云，婪，貪也，謂處于座末得酒爲貪婪。

傳記

《史記》卷六《秦始皇本紀》 秦始皇三十七年七月行從直道至咸陽，發喪。太子胡亥襲位，爲二世皇帝。九月，葬始皇酈山。始皇初即位，穿治酈山，及并天下，天下徒送詣七十餘萬人，穿三泉，下銅而致椁，宫觀百官奇器珍怪徙臧滿之。令匠作機弩矢，有所穿近者輒射之。以水銀爲百川江河大海，機相灌輸，上具天文，下具地理。以人魚膏爲燭，度不滅者久之。二世曰：「先帝後宫非有子者，出焉不宜。」皆令從死，死者甚衆。葬既已下，或言工匠爲機，臧皆知之，臧重即泄。大事畢，已臧，閉中羡，下外羡門，盡閉工匠臧者，無復出者。樹草木以象山。

《史記》卷五八《梁孝王世家》 孝王，竇太后少子也，愛之，賞賜不可勝道。於是孝王築東苑，方三百餘里。廣睢陽城七十里。大治宫室，爲複道，自宫連屬於平臺三十餘里。得賜天子旌旗，出從千乘萬騎。東西馳獵，擬於天子。出言趕，入言警。招延四方豪桀，自山以東游説之士莫不畢至。齊人羊勝、公孫詭、鄒陽之屬。公孫詭多奇邪計，初見王，賜千金，官至中尉，梁號之曰公孫將軍。梁多作兵器弩弓矛數十萬，而府庫金錢且百巨萬，珠玉寶器多於京師。

《三國志》卷六五《吴書・華覈傳》 孫晧即位，封徐陵亭侯。寶鼎二年，晧更營新宫，制度弘廣，飾以珠玉，所費甚多。是時盛夏興工，農守並廢。

《晉書》卷一〇〇《蘇峻傳》 時官有布二十萬匹，金銀五千斤，錢億萬，絹數萬匹，他物稱是，峻盡廢之。

王嘉《拾遺記》卷四《秦始皇》 始皇起雲明臺，窮四方之珍木，搜天下之巧工。南得煙丘碧桂，酈水燃沙，賁都朱泥，雲岡素竹；東得葱巒錦柏，漂檖龍松，寒河星柘，岏山雲梓；西得漏海浮金，狼淵羽璧，滌嶂霞桑，沉塘員籌；北得冥阜乾漆，陰坂文杞，褰流黑魄，闇海香瓊，珍異是集。二人騰虚緣木，揮斤斧於空中，子時起工，午時已畢。秦人謂之「子午臺」，亦言於子午之地，各起一臺，二説疑也。

《魏書》卷三一《于栗磾傳》 給東園祕器、朝服一具、衣一襲、錢二十萬、布七百匹、蠟三百斤，贈侍中、司空公。

《魏書》卷三二《崔逞傳》 後與方士韋文秀詣王屋山造金丹，不就。

《魏書》卷一一四《釋老志》 時有京兆人韋文秀，隱於嵩高，徵詣京師。世祖曾問方士金丹事，多曰可成。文秀對曰：「神道幽昧，變化難測，可以闇遇，難以豫期。臣昔者受教於先師，曾聞其事，未之爲也。」世祖以文秀關右豪族，風操温雅，言對有方，遣與尚書崔賾詣王屋山合丹，竟不能就。時方士至者前後數人。河東祁纖，好相人。世祖賢之，拜纖上大夫。潁陽絳略、聞喜吴劭，道引養氣，積年百餘歲，神氣不衰。恒農閻平仙，博覽百家之言，然不能達其意，辭占應對，義旨可聽。世祖欲授之官，終辭不受。扶風魯祈，遭赫連屈孑暴虐，避地寒山，教授弟子數百人，好方術，少嗜慾。河東羅崇之，常餌松脂，不食五穀，自稱受道於中條山。世祖令崇還鄉里，立壇祈請。崇云：「條山有穴，與崐崘、蓬萊相屬。入穴中得見仙人，與之往來。」詔令河東郡給所須。崇入穴，行百餘步，遂窮。後召至，有司以崇誣罔不道，奏治之。世祖曰：「崇修道之人，豈至欺妄以詐於世，或傳聞不審，而至於此。古之君子，進人以禮，退人以禮。今治之，是傷朕待賢之意。」遂赦之。又有東萊人王道翼，少有絶俗之志，隱韓信山，四十餘年，斷粟食菱，通達經章，書符録。常隱居深山，不交世務，年六十餘。顯祖聞而召焉。青州刺史韓頹遣使就山徵之，翼乃赴都。顯祖以其仍守本操，遂令僧曹給衣食，以終其身。

《南史》卷一四《宋文帝諸子傳》 〔竟陵王〕誕造立第舍，窮極工巧，園池之美，冠於一時。多聚材力之士實之。第内精甲利器，莫非上品。

《南史》卷一九《謝靈運傳》 靈運父祖並葬始寧縣，并有故宅及墅，遂移籍會稽，修營舊業。傍山帶江，盡幽居之美。與隱士王弘之、孔淳之等放蕩爲娱，有終焉之志。每有一首詩至都下，貴賤莫不競寫，宿昔間士庶皆徧，名動都下。作《山居賦》，并自注以言其事。

《南史》卷七六《隱逸下・陶弘景傳》 弘景既得神符祕訣，以爲神丹可成，而苦無藥物。帝給黄金、朱砂、曾青、雄黄等。後合飛丹，色如霜雪，服之體輕。及帝服飛丹有驗，益敬重之。每得其書，燒香虔受。帝使造年曆，至己巳歲而加朱點，實太清三年也。帝手敕招之，錫以鹿皮巾。後屢加禮聘，並不出，唯畫作兩牛，一牛散放水草之間，一牛著金籠頭，有人執繩，以杖驅之。武帝笑曰：「此人無所不作，欲斆曳尾之龜，豈有可致之理。」國家每有吉凶征討大事，無不前以諮詢。月中常有數信，時人謂爲山中宰相。二宫及公王貴要參候相繼，贈遺未嘗脱時。多不納受，縱留者即作功德。

天監四年，移居積金東澗。弘景善辟穀導引之法，自隱處四十許年，年逾八十而有壯容。仙書云：「眼方者壽千歲。」弘景末年一眼有時而方。曾夢佛授其菩提記云，名爲勝力菩薩。乃詣鄮縣阿育王塔自誓，受五大戒。後簡文臨南徐州，欽其風素，召至後堂，以葛巾進見，與談論數日而去，簡文甚敬異之。天監中，獻丹於武帝。中大通初，又獻二刀，其一名善勝，一名威勝，並爲佳寶。

《北史》卷四二《劉逖傳》 〔劉〕懋詩誄賦頌及文筆見稱於時，又撰諸器物造作之始十五卷，名曰《物祖》。

《北史》卷七一《隋楊勇傳》 先是，勇嘗於仁壽宫參起居還，塗中見一枯槐樹，根幹蟠錯，大且五六圍，顧左右曰：「此堪作何器用？」或對曰：「古槐尤堪取火。」于時衛士皆佩火燧，勇因令匠者造數千枚，欲以分賜左右。至是，獲於庫。又藥藏局貯艾數斛，亦搜得之。大將爲怪，以問姬威。威曰：「太子此意別有所在。比令長寧王已下，詣仁壽宫還，每常急行，一宿便至。恒飼馬千匹，云徑往捉城門，自然餓死。」素以威言詰勇，勇不服曰：「竊聞公家馬數萬匹，勇忝備位太子，有馬千匹，乃是反乎？」素又發泄東宫服玩似加琱飾者，悉陳於庭，以示文帝羣官，爲太子罪。帝曰：「前簿王世積，得婦女領巾，狀似稍幡，當時徧示百官，欲以爲戒。今我兒乃自爲之。領巾爲稍幡，此是服妖。」使將諸物示勇以詰之。皇后又責之罪。帝使使問勇，勇不服。

馬縞《中華古今注》卷上

孫亮金螭屏風

孫亮，吴主權之子也。作金螭屏風，鏤作《瑞應圖》，一百二十種之祥物也。

孫權舸船

孫權，吴之主也。時號舸爲「赤龍」，小船爲「馳馬」。言如龍之飛于天，如馬之走陸地也。

漢高祖斬白蛇劍

漢世傳高祖斬白蛇劍，長七尺，漢高祖自稱提三尺劍而取天下。有問余者，余告之曰：「漢高爲泗上亭長，送徒麗山，所提劍理應三尺耳。後富貴，別得七尺寶劍，捨舊而服之。漢之後世，唯聞高祖以所佩劍斬白蛇，而高祖常佩此劍，即斬蛇之劍也。」

魏武帝軍帢

魏武所制也，以軍中服之輕便，有作五色帢以表方面也。

吴大帝寶刀

吴大帝有寶刀三：其一曰「百鍊」，二曰「青犢」，三曰「漏影」。

孫文臺青玉馬鞍

孫文臺獲青玉馬鞍，其光照於衢路也。

魏武帝馬勒酒椀

魏武帝以瑪瑙石爲馬勒，車渠石爲酒椀。

大駕指南車

起於黄帝與蚩尤戰於涿鹿之野，蚩尤作大霧，皆迷四方，於是乃作指南車以示四方，遂擒蚩尤而即位，故後漢恒建。舊説云，周公所作也。周公治致太平，越常氏重譯來獻白雉一、黑雉二、象牙一。使者迷其歸路，周公錫以文錦二疋，軿車五乘，皆爲司南之制，使越常氏載之以南，緣扶南、林邑海際，期年而至其國，使大夫宴將送至國而還至。始制車，轄轊皆以鐵，還至，鐵亦銷盡。以屬巾車氏收而載之，常爲先導，示服遠人而正四方也。車法在《尚方故事》，漢末喪亂，其法中絶，馬先生鈞紹而作焉。今指南車，馬先生之遺法也。

金根車

秦制也。秦併天下，閲三代之輿服，謂殷得瑞山車，一曰「金根」，故因作爲金根之車。秦乃增飾而乘御焉，漢因而不改。

辟惡車

秦制也。桃弓葦矢，所以禳除不祥也。《春秋》云：「桃弓荆矢，以除其災。」所謂辟惡也。

記里鼓

所以識道里也。謂之大章車，起於西京，亦曰「記里車」。車上有二層，皆有木人焉，行一里，下一層擊鼓，行十里，上層擊鍾，《尚方故事》有作車法。

街鼓

唐舊制，京城内金吾昏曉傳呼，以戒行者。馬周請置六街鼓，號之曰「鼕鼕鼓」。

華蓋

黄帝所作也。與蚩尤戰於涿鹿之野，常有五色雲氣，金枝玉葉止於帝，上有花葩之象，故因而作華蓋焉。

曲蓋

太公所作也。武王伐紂，大風折蓋，太公因折蓋之形制曲蓋焉。戰國常以賜將帥。自漢朝乘輿用，謂曰「轞輗蓋」，有軍號者賜其一焉。

雉尾扇

起於殷世。高宗有雊雉之祥，服章多用翟羽。周制以爲王后、夫人之車服。輦車有翣，即緝雉羽爲扇翣，以鄣翳風塵也。漢朝乘輿服之，後以賜梁孝王。魏晋已來，以爲常，准諸王皆得用之。

鄣扇

長扇也。漢世多豪俠，象雉尾而制長扇也。

五明扇

舜所作也。舜授堯禪，廣開視聽，求賢人以自輔，故作五明扇。秦漢公卿士大夫皆得用之。魏晋非乘輿不得用之也。

警蹕

所以戒行徒也。周禮蹕而不警。秦制出警入蹕，謂出軍者皆警戒，入國者皆蹕止也，故曰出警入蹕也。至漢朝梁孝王稱警稱蹕，降天子一等焉。一曰蹕，路也，謂行者皆警於塗路也。

唱

上所以促行徒也，上鼓爲行節也。

冕服

牛亭問：「冕者繁露，何也？」答曰：「假玉而下垂，如露而繁也。」《文選》云：「衮冕垂旒，所以蔽明；黈纊塞耳，所以閉聽。」《尚書》云：「日月星辰，山龍華蟲，作會宗彝，藻火粉米，黼黻絺繡，以五彩彰施于五色也。」所謂天子衮冕之服也。

金斧

黃鉞也。鐵斧，玄鉞也。三代通用之以斷斬。今以黃鉞爲乘輿之飾，玄鉞諸公王得建之。武王以黃鉞斬紂，故王者以爲戒；太公以玄鉞斬妲己，故婦人以爲戒。漢制，諸公亦建玄鉞，以太公秉之，助武王斷斬，故爲諸公之飾焉。大將出征，特加黃鉞者，以銅爲之，黃金塗刃及柄，不得純金也。得賜黃鉞，則斬持節。

公主建鍠

秦改鐵作皇制也。一本云：「鍠，秦制也。」今諸王妃、公主與乘輿通建之。

信幡

古之徽號也。所以題表官號，以爲符信，故謂之信幡。乘輿則畫爲白虎，取其義而有威信之德也。魏朝有青龍幡、朱雀幡、玄武幡、白虎幡、黃龍幡，而五色以詔。東方郡國以青龍信，南方郡國以朱雀信，西方郡國以白虎信，北方郡國以玄武信，朝廷畿内則以黃龍信，亦以麒麟幡。高貴鄉公討晉文王，自秉黃龍幡以麾是令。晉朝唯用白虎幡。書信幡用鳥書，取其飛騰輕疾也。一曰以鴻鴈、鷰鳦，有去來之信也。

豹尾

周制也。所以象君子之豹變也，尾言謙也。古軍正建之，今唯乘輿行建焉。

馬前弓箭

兩漢京兆及河南尹、執金吾、司隸校尉，皆使人導引傳呼，使行者止，坐者起。四人持弓矢，走者則射之，有乘高窺闞者亦射之。魏晉已來，則用角弓，設而不用焉。

狸頭白首

昔秦始皇東巡狩，有猛獸突於帝前，有武士戴狸皮白首，獸畏而遁。遂軍仗儀服，皆戴作狸頭白首，以威不虞也。

龍虎節

《孝經》云：「制節謹度，滿而不溢，高而不危，所以長守貴也。」唐節制皆從太府寺，准《三禮》定之。《周禮》云：「山國用虎節，土國用人節，澤國用龍節。」紫檀木畫其形象，御親金書以賜重臣，碧油籠之，歿而不用，則倒進之。漢蘇武使單于不拜，單于怒，令武北海窖中牧羊，氊裹節，食雪卧，節旄落，還漢，仗節而迴，旄落盡也。

軍容襪額

昔禹王集諸侯於塗山之夕，忽大風雷震，雲中甲馬及九十一千餘人，中有服金甲及鐵甲，不被甲者，以紅絹襪其首額，禹王問之，對曰：「此襪額。」蓋武士之首服，皆佩刀以爲衛從，乃是海神來朝也。一云風伯、雨師。自此爲用。後至秦始皇巡狩至海濱，亦有海神來朝，皆戴襪額緋衫大口褲，以爲軍容禮，至今不易其制。

櫜鞬三仗

起自周武王之制也。武王伐紂，散鹿臺之財，發巨橋之粟，歸馬于華山之陽，放牛于桃林之野，鑄劍戟以爲農器，示天下不復用兵。武王以安必防危，理必防亂，故彀弓、匣劍以軍儀，示不忘武也。舊儀，鞘韀三仗，首襪額紅，謂之櫜鞬三仗也。

戈戟

魯陽以長戈指日，日爲之退舍。戈由殳也。戟以木爲之。後世刻爲，無復典刑，赤油韜之，亦謂之油戟，亦謂之棨戟，公王已下通用，以爲前驅。唐五品已上，皆施棨戟於門。

矛殳

矛亦楯也，殳亦戟之象也。《詩》云：「伯也執殳，爲王前驅。」其器也，以木爲之。

刀劍

《河圖》云：「黃帝攝政前，有蚩尤兄弟八十一人，並獸身人語，銅頭鐵額，食砂石子，造立兵仗，刀戟大弩，威震天下，誅殺無道，不仁不慈。萬民欲令黃帝行天子事，黃帝仁義，不能禁蚩尤，遂不敵。黃帝乃仰天而歎，天遣玄女授黃帝兵法符制，以服蚩尤。」吴大帝有寶刀三，見上注中。吴大帝有寶劍六：其一曰「白蛇」，二曰「紫電」，三曰「辟邪」，四曰「奔星」，五曰「青冥」，六曰「百里」。晉朝武帝時，武庫火焚，有智伯一云王莽頭。孔子履、高祖斬蛇劍，二物皆爲火焚之，唯劍飛上天而去也。又晉時牛斗間常有紫氣，張華知非王者之氣，乃是劍氣，乃以雷煥爲豐城令。張華知煥博識，到縣乃掘縣獄深，得劍兩枚。一送與張華，一煥自佩。後華卒，子韙佩，過延平津，躍入水，使人尋之，乃見化爲龍也。雷煥卒，子亦佩之，於延平津亦躍入水，化爲龍矣。高祖斬白蛇劍，見上注中。

枷棒

《易》云：「荷校滅耳，凶。」《禮》云：「去桎梏。」桎梏，亦枷杻也。六月盛暑，去囚人枷杻，決斷刑獄，放宥之也。唐時則天朝，周興、來俊臣羅告天下衣冠，遇族者不可勝數。俊臣特制刑獄，造十枚大枷，一曰「定百脈」，二曰「喘不得」，三曰「宊地吼」，四曰「著即臣」，棒號即臣。五曰「失魂魄」，六曰「寔同反」，七曰「反是寔」，八曰「死猪愁」，九曰「求即死」，十曰「求破家」，遭此枷者，宛轉于地，斯須悶絶。別有一枷名曰「勱普迷切。尾榆」，見即臣，復有鐵圈籠頭，名號數十。又招集告事者，常數百人。造《告密羅織經》一卷。每拷訊囚人，先設枷棒，破平人家，不知其數。

棒

棒者，崔正熊注：車輻也。漢朝執金吾，金吾，亦棒也。以銅爲之，黃金塗兩足，以謂之「金吾」。御史大夫、司隸校尉亦得執焉。用以夾車，故謂之車輻。一曰形似輻，故曰「車輻」。魏曹操爲洛陽北部尉，乃懸五色棒於門，以威豪猾也。

車輻

棒形如車輻，見上注中。

旌旃

旌者，旌也，旌表賢人之德。旃者，善也，以彰善人之德。旌類旗之象，旃類白旄之制。《書》云：「旌別淑慝。」

麾旄

麾者，所以指麾也，武王執白旄以麾是也。乘輿以黃，諸公以朱，刺史二千石以纁也。

文武車耳

古重較也。文官青耳，武官赤耳。或曰重較在車藩上，重起如牛角，故曰重較。

青布囊

所以盛印也。劾奏之日，則以青布囊盛印於前，示奉王法而行也；非劾奏之日，則以青繒爲囊盛印於後。謂劾奏尚其質直，故用布；非劾奏日文明，故用繒。自晉朝已來，劾奏之官專以印居前，非劾奏之官專以印居後。

簪白筆

古珥筆之遺象也。腰帶劍珥筆，示君子有文武之備焉。

文武冠

文官進賢冠，古緌貌冠之遺象也。武官冠惠文冠，古緇布冠之遺象也，緇布冠上古之法，武人質木，故須法焉。

鑾輅

鑾者，所謂和鑾也。《禮》云：「行前朱雀。」或謂朱鳥也。鑾輅衡上金爵者，朱鳥口銜鈴，鈴謂之鑾，所謂和鑾者也。前有鸞鳥，故謂鸞，鸞口銜鈴，故謂之「鑾鈴」，或謂爲鸞，或謂爲鑾，事一而異義也。

五輅

《禮》云：「春乘青輅，駕蒼龍，戴青旂，衣青衣，服蒼玉。夏乘朱輅，駕赤騮，戴赤旂，衣朱衣，服赤玉。秋乘白輅，駕白駱，戴白旂，衣白衣，服白玉。冬乘玄輅，駕鐵驪，戴玄旂，衣玄衣，服玄玉。」其制見《三禮圖》。

貂蟬

胡服也。貂者，須其文而不煥炳，外柔易而內剛勁也。蟬者，清虛識變也。在位者有文而不自耀，有武而不示人，清虛自牧，識時而動也。

部伍兵陣

部伍者，一伍之伯也。五人曰「伍」，長爲伯，故稱「伍伯」。一曰「户伯」，漢制兵吏五人一户一竈，置一伯，故云「户伯」，亦曰「火伯」，以爲一竈之主也。漢諸王公行，户伯各率其伍以道引也。古兵士服韋弁，今户伯服赤幘、纁衣、常韎，弁之遺法也。

部者

封部之屬也。《語》云：「千乘之邑，百乘之家，可使治其賦也。」

兵陳

《左傳》云：「兵由火也，不戢將自焚。」《老子》云：「兵者，不祥之器，不得已而用之。」是以上將軍居右，偏將軍居左。言喪禮處之。

陣

陣者，勝拒敵也。類常山之率然，擊其首則尾應，擊其尾則首應，擊其中則首尾俱應。率然者，常山之長蛇也。唐朝高宗臨殿，策問員半千曰：「兵書言天陣、地陣、人陣，何也？」半千對曰：「天陣者，是星辰孤虛；地陣者，是山川向背；人陣者，是偏裨彌縫。以臣所見則不然，夫師出以義，有若時雨，得天之時，此天陣也。兵在足食，且戰且耕，得地之利，此地陣也。卒乘輕利，將師和睦，此人陣也。」高宗大賞，策爲上第。

武臣缺胯襖子

隋文帝征遼，詔武官服缺胯襖子，取軍用，如服有所妨也，其三品已上皆紫。

至武德元年，高祖詔其諸衛將軍，每至十月一日，皆服缺胯襖子，織成紫瑞獸襖子，左右武衛將軍服豹文襖子，左右翊衛將軍服瑞鷹文襖子，其七品已上陪位散員官等，皆服綠無文綾襖子，至今不易其制。又侍中馬周請於汗衫等上常以立冬日加服小缺襖子，詔從之，永以爲式。

文武品階腰帶

蓋古革帶也。自三代已來，降至秦、漢，皆庶人服之。而貴賤通以銅爲銙，以韋爲鞓。六品已上用銀爲銙，九品已上及庶人以鐵爲銙。沿至貞觀二年，三品已上以金爲銙，服綠。庶人以鐵爲銙，服白。向下插垂頭，而取順合，呼撻尾。漢中興，每以端午賜百僚烏犀腰帶。魏武帝賜宫人金隱起師子銙腰帶，以助將軍之勇也。太宗貞觀中，端午賜文官黑玳瑁腰帶，武官黑銀腰帶，示色不改更，故也。

九環帶

唐革隋政，天子用九環帶，百官士庶皆同。

靴笏

靴者，蓋古西胡也。昔趙武靈王好胡服，常服之，其制短靿黄皮，閑居之服。至馬周改制長靿以殺之，加之以氈及絛，得著入殿省敷奏，取便乘騎也，文武百僚咸服之。至貞觀三年，安西國進緋韋短靿靴，詔内侍省分給諸司。至大曆二年，宫人錦靿靴侍於左右。笏者，記其忽忘之心。《禮》云：天子以圭，諸侯以球，大夫以魚須。一品至五品以象爲之，六品至九品以木爲之。《禮》云：端畢紳，搢笏。唐德宗朝，太尉段秀實以笏擊逆臣朱泚不中，反遭其禍。

履舄

履者，屨之不帶也。不借，草屨也，以其輕賤易得，故人人自有，不假借也。漢文帝履不借以視朝是也。舄者，以木置履下，乾臘不畏泥濕也。天子赤舄，凡舄色皆象裳也。《禮》云：「解屨不敢當階，就屨跪而舉之。」春申君客三千，皆珠履也。漢制，功臣閣老四賜，曰：入朝不趨，贊拜不名，劍履上殿，肩輿入宫。淳于髡諫楚王曰：「若堂上燭滅，男女雜坐，履舄交錯，臣當此之時，一飲一石。」晏子諫齊王曰：「今履賤而踊貴也。」言齊王好刖人之足，微諫之也。

厨人襶衣

厨人襶衣，斷徒之服也，取其便於用耳。乘輿進食者，有服襶衣。前漢董偃綠幘青褠加襶衣，以見武帝，厨人之服也。

伺風烏

夏禹所作也，禁中置之，以爲恒式。

玉佩

玉佩之法，漢末喪亂而不傳，至魏侍中王粲識古佩之法，更制焉。

天子乘輿赤綬

天子乘輿之制：赤綬，四采，黄、赤、縹、紺，黄爲圭，長二丈九尺，五百首。諸侯赤綬，四采，赤、黄、縹、紺，淳赤，圭長二丈一尺，三百首。

公侯大將軍紫綬

紫綬二采紫白，淳紫，圭長一丈七尺，一百八十首。公王封君服紫綬。九卿中二千石，綠綬，三采青白紅，青圭長二丈七尺，一百二十首。一千石六百石，墨綬，二采青紺，淳青，圭長一丈六尺，八十首。四百石五百石之長，同前制也。三百石二百石，黄綬，淳黄一采，圭長一丈五尺，六十首。一百石，青綬，青紺綸一采，婉轉繆織，長一丈二尺。自青綬已上，皆長三尺二寸，綠綬同采而首半之。綖者，古佩繸也，佩綬相迎受，故曰綖。紫綬已上，綖、綬之間，施玉環玦。自墨綬已下，綖皆長三尺，與黄綬同采而首半之。凡先合單方焉。一絲四絲爲一扶，五扶爲一首，五首成一文。文采淳爲一圭，皆廣一尺六寸。

楊億《楊文公談苑・喻浩造塔》　錢鏐曰：「釋迦真身舍利塔，見於明州鄮縣，即阿育王所造八萬四千，而此震旦得十九之一也。」鏐造南塔以奉安，俶在國，天火屢作，延燒此塔，一僧奮身穿烈焰，登第三級，持之而下，衣裳膚體多被燒灼。太平興國初，俶獻其地，太宗命取塔禁中，度開寶寺西北闕地，造浮圖十一級，下作天宫，以葬舍利。葬日，上肩舁微行，自安置之，有白光由塔一角而出。上雨涕，其外都人萬衆皆灑泣，燃指焚香於臂掌者無數。内侍數十人，願出家掃灑塔下，悉度爲僧。上謂近臣曰：「我曩世嘗親佛座，但未通宿命，不能了了見之耳。」初造塔，得浙東匠人喻浩，浩不食葷茹，性絶巧，先作塔式以獻。每建一級，外設帷帘，但聞椎鑿之聲，凡一月而一級成。其有梁柱齟齬未安者，浩周旋視之，持搥撞擊數十，即皆牢整。自云此可七百年無傾動。人或問其北面稍高，浩曰：「京城多北風，而此數十步，乃五丈河，潤氣津浹，經一百年，則北隅微墊，而塔正矣。」塔成，而浩求度爲僧，數月死，世頗疑其異。《類苑》卷四十三。

沈括《夢溪筆談》卷七《象數一》　古今言刻漏者數十家，悉皆疏繆。曆家言晷漏者，自《顓帝曆》至今，見於世謂之「大曆」者，凡二十五家。其步漏之術，皆未合天度。予占天候景，以至驗於儀象，考數下漏，凡十餘年，方粗見真數，成書四卷，謂之《熙寧晷漏》，皆非襲蹈前人之迹。其間二事尤微。一者，下漏家常患冬月水澀，夏月水利，以爲水性如此，又疑冰澌所壅，萬方理之，終不應法。予以理求之，冬至日行速，天運未期而日已過表，故百刻而有餘；夏至日行遲，天運已期而日未至表，故不及百刻。既得此數，然後復求晷景漏刻，莫不吻合。此古人之所未知也。二者，日之盈縮，其消長以漸，無一日頓殊之理。曆法皆以一日之氣短長之中者，播爲刻分，累損益，氣初日衰，每日消長常同，至交一氣，則頓易刻衰，故黄道有觚而不圓，縱有强爲數以步之者，亦非乘理用算，而多形數相詭。大凡物有定形，形有真數。方圓端斜，定形也；乘除相蕩，無所附益，泯然冥會者，真數也。其術可以心得，不可以言喻。黄道環天正圓，圓之爲體，循之則其妥至均，不均不能中規衡；絶之則有舒有數，無舒數則不能成妥。以圓法相蕩而得衰，則衰無不均；以妥法相蕩而得差，則差有疏數。相因以求從，相消以求負，從負相入，會一術以御日行。以言其變，則秒刻之間消長未嘗同；以言其齊，則止用一衰，循環無端，終始如貫，不能議其隙。此圓法之微，古之言算者有所未知也。以日衰生日積，反生日衰，終始相求，迭爲賓主，順循之以索日變，衡别之求去極之度，合散無迹，泯如運規。非深知造算之理者，不能與其微也。其詳具予奏議，藏在史官，及予所著《熙寧晷漏》四卷之中。

《明史》卷二五一《徐光啓傳》　徐光啓字子先，上海人。萬曆二十五年舉鄉試第一，又七年成進士，由庶吉士歷贊善。從西洋人利瑪竇學天文、曆算、火器，盡其術，遂徧習兵機、屯田、鹽筴、水利諸書。楊鎬四路喪師，京師大震，累疏請練兵自効，神宗壯之，超擢少詹事兼河南道御史，練兵通州，列上十議。時遼事方急，不能如所請。光啓疏争，乃稍給以民兵戎械。未幾，熹宗即位，光啓志不得展，請裁去，不聽。既而以疾歸，遼陽破，召起之。還朝，力請多鑄西洋大砲，以資城守，帝善其言。方議用，而光啓與兵部尚書崔景榮議不合，御史邱兆麟劾之，復移疾歸。天啓三年起故官，旋擢禮部右侍郎。五年，魏忠賢黨智鋌劾之，落職閒住。崇禎元年召還，復申練兵之説。未幾以左侍郎理部事。帝憂國用不足，敕廷臣獻屯鹽善策，光啓言屯政在乎墾荒，鹽政在嚴禁私販，帝褒納之，擢本部尚書。時帝以日食失驗，欲罪臺官，光啓言：「臺官測候本郭守敬法，元時嘗當食不食，守敬且爾，無怪臺官之失占。臣聞曆久必差，宜及時修正。」帝從其言，詔西洋人龍華民、鄧玉函、羅雅谷等推算曆法，光啓爲監督。四年春正月，光啓進《日躔曆指》一卷，《測天約説》二卷，《大測》二卷，《日躔表》二卷，《割圜八線表》六卷，《黄道升度》七卷，《黄赤距度表》一卷，《通率表》一卷。是冬十月辛丑朔日食，復上測候四説，其辯時差、里差之法，最爲詳密。五年五月以本官兼東閣大學士，入參機務，與鄭以偉並命。尋加太子太保，進文淵閣。光啓雅負經濟才，有志用世；及柄用，年已老，值周延儒温體仁專政，不能有所建白。明年十月，卒，贈少保。御史言：光啓以偉相繼没，蓋棺之日囊無餘貲，請優卹以媿貪墨者。帝納之，乃謚光啓文定，以偉文恪。久之，帝念光啓博學强識，索其家遺書，子驥入謝，進《農政全書》六十卷，詔令有司刊布，加贈太保，録其孫爲中書舍人。

徐光啓《徐光啓集》附録一　徐驥《文定公行實》　嗚呼！痛昔先文定之盡瘁于官也！不孝孤三千里外奔訃，幾隕厥軀，强勉視息，扶柩南旋，日月居諸，星霜再易，若猶是湮墜厥績，勿克邀大仁人長者一言，揭石墓門，罪實滋甚。抆淚而言曰：

先文定諱光啓，字子先，別號玄扈。先世自南渡抵中州，分支海上，因家焉。譜牒之廢，以倭燹故也。高祖廣文公家世清白。曾祖淳隱公以役累中落，耕于野。祖西谿公倜儻負氣，去爲賈。雖游于賈乎，所交必行義卓絶者，廉賈五之，竟以是饒。先大父懷西公，配錢太夫人。今自曾祖淳隱公以下，俱贈太子太保；高祖妣陳氏，曾祖妣尹氏，祖妣錢太夫人，俱贈一品夫人。始先大父六歲而孤，遺貲從親故貸去略不問，至鬻田宅以給，伺得鬻輒復貸，終不問也。亡何寇至，從尹太夫人踉蹌避難。公府推擇大户，給軍興，置爲祭酒，出入危城，能識别名將奇士，指授戰守方略，出人意表。兼以勤學好問，博覽强記，然以亂離，故不竟學。專以修身事天，常訓先文定云：「開花時思結果，急流中宜勇退。」其意遠矣。錢太夫人少經亂離，事勤苦，聞里中有以言事被黜者，嗟吁言曰：「吾兒若貴，庶爲彼之爲乎？」不孝孤嘗見先文定致通家《王少宰書》云：「先慈當保幼年，豫見躍冶之氣，秋闈不利，每爲色喜。今者復得全身遠害，明發之懷，更爲欣悒。」則淵源所致，蓋有自矣。

先文定既早聞家學，膽智過人。弱冠補諸生高等，食餼學宫，便以天下爲己任。爲文鈎深抉奇，意必自暢，嘗曰：「文宜得氣之先，造理之極，方足炳輝千古。」以食貧，故教授里中子弟。知公者相延入粵，荒煙苦雨，崇山峻嶺間，文日益奇益富，得入籍成均。萬曆丁酉試順天，卷落孫山外。是年大司成漪園焦公典試，放榜前二日，猶以不得第一人爲恨，從落卷中獲先文定卷，擊節賞嘆，閲至三場，復拍案嘆曰：「此名世大儒無疑也。」拔置第一。名噪南北，猶布衣徒步，陋巷不改。惟閉户讀書，仍以教授爲業。尤鋭意當世，不專事經生言，徧閲古今政治得失之林。甲辰成進士，改翰林院庶吉士，試《安邊禦寇疏》，慷慨陳列，云藿食之臣，久欲效其區區，適與時會，不容嘿嘿。累累數千百言，雖塞上老將吏勿及。館師唐公樞口稱讚，嘆云：「行文學蘇長公，諸封事擘畫處，鑿鑿中竅。」遂以柱石相期，舉朝大奇之。又試《漕河議》，廣至八千餘言，大旨謂：舉南北新舊諸河，從源達委，皆能知其積高積下之數；一河之中，分別測量，又能知其遞高遞下之數。地形水勢如指諸掌，從而錯綜之，參伍之，則其病受之處，必可知也。即旱而某處任其涸，即潦而某處任其決，又必可知也。又列引祖宗來赴南都支領月糧，及伍軍操備旂軍擺堡，運糧宣府獨石口外懷來等故事，爲漕河萬世利。館師楊公盱衡而前曰：「全河全漕，了然胸中，條分縷析，悉有考據。所持議皆裨廟謨。」留心經濟，足覘異日大業矣！

丁未授檢討，即迎先大父于京邸，備極孝養，惟恐少拂先大父意。是年即遭先大父喪，奔走哀號，匍匐歸葬，哀痛慘怛，三年如一日也。大喪禮畢，遵制起補前職，教習内書堂。癸丑分試禮闈，先文定公故習《葩經》，是役承乏《麟經》，得十有四人，俱名下士。源流展轉相接，皆當代異等。是秋以病歸，丙辰復除前官，丁巳晉左春坊左贊善。奉命册立慶王。往例概有餽遺，王具二百金并幣儀等物追送至潼關，先文定謝箋，有云「若儀物之過豐，例無冒受；惟隆情之下逮，即衷切鐫銜」等語，遂委婉謝辭。生平取予不苟，往往類此。復以病歸，田于津門。

戊午東事急，陷撫順清河、白家衝、三岔河、會安堡，起楊鎬爲經略，用兵十三萬，四路進戰，京師大震。先文定慨然上疏曰：「兵家肯綮之論，無如管仲之言八無敵，晁錯之言四予敵。近日遼東之戰，我有一可勝敵者乎？杜松、劉綎、潘宗顔皆偏師獨前，豈非無紀律乎？兵與敵衆寡相等，而分爲四路，彼以四攻一，我以一攻四，豈非不知分合乎？戰車火器我之長技，撫順臨河不濟，開、鐵、寬奠皆離隔不屬，豈非無政教乎？出關四十里，遇水不能渡，遇險不能過，入伏不能知，豈非不知地利，哨探無法乎？如是而求幸勝，必不得之數也。今日用兵之要，全在選練，但練須實練，選須實選。」又疏言兵非選練，決難戰守等事，條對詳確。疏中并有亟造都城萬年臺，及亟遣使臣監護朝鮮。奉神宗特旨，以文定曉暢兵事，不宜遠去，即令訓練新兵，防禦都城，陞詹事府少詹事兼河南道監察御史，管理練兵。因條上事宜，如欽命也，駐劄也，副貳也，將領也；又如待士、揀選、軍資、近募、徵求、勸義等項，指陳明晰，當世稱爲碩畫云。尋因邊警稍緩，人情狃于晏安，當事者復多掣肘，至使士卒露宿空拳。特以忠義血誠感激人心，于是有指揮胡檝、中書楊之驊捐助四千金，河南領兵官丁吕試、陶堯臣捐百金，置嵩縣槍棍等項，招選教師演習諸法，壁壘遂一新矣。尋遭孝端皇后、神宗皇帝、光宗皇帝喪，山陵襄事，練習之工僅約四月，而瓜期已届。先文定乃除簡汰老弱三千餘外，存已練者四千六百，諭以忠義，帥以恩威，驅之出關，勇氣百倍。數年後尚有言闕門諸事，惟徐詹事練習一隊，足當一面。議者謂以先文定當促襟露肘之餘，小試萬一，已堪若此，况出其全力，何難復全遼也！嗣是以還，人心益怠，先文定亦引嫌告避矣。

辛酉天啓改元，遼瀋繼陷，舉朝震驚，吏部復奏起先文定，遂奉旨回京，因上疏曰：「此事必須盡用臣言，然後可濟。昔年諸疏不幸而言中矣，及今圖之，猶爲未晚。」因得旨，着該部會同議行前條議練兵事宜，另行具奏。先文定乃上疏中奏明初意，尋得旨：「所奏練兵除器甚悉，仍着議委任，以畢其用。」先文定又疏言：往年朝鮮之行，聽臣所指，亦足牽其内顧。至于今日，又可連島夷，接礦民爲恢復計，臣自請行，不敢避難，而某某疏沮，遂辭疾歸。然而忠勤惻怛之至誠，社稷封疆之大計，在人耳目間者，不能澌滅。癸亥即家拜禮部右侍郎兼翰林院侍讀學士協理詹事府事纂修《神宗實録》副總裁。而先文定以逆焰方張，落落無出山志，遂招黨魏諸人之忌，諷台臣智鋌論劾閒住。

戊辰今上即位，詔起原官，侍日講，補經筵講官。先文定以日講舊例，無益于治，宜節省繁文，凡所誦説，必稱引二帝三王，以爲聖明補助。又欲于講論之餘，商榷章奏諸事，咨考軍國利弊，更增置講官數員，更番入直，遇有重難事情，必須援古證今，按據國朝典故，如此則天下要事，略如指掌矣。疏上，閣擬韙之。十二月以日講敍勞，加太子賓客，充纂修《熹宗實録》副總裁。是年插酋虎墩兔犯宣大。己巳先文定復上疏曰：「方今急務莫若先事强兵，兵强則戰必勝，守必固，而費又可省。臣十一年條陳諸疏，具在御前，若見諸施行，猶然可以保勝，可以節財。倘蒙聖鑒，先與臣精兵五千或三千，一切所須，毋容牽沮，再加訓練，擇封疆急切處，惟皇上所使，必立微功以報命。既有成驗，然後增兵，大張撻伐。」即令録進條陳東事諸疏，得旨：「覽前後章奏，具見留心兵事。今封疆所在，戒備緩急何先？督撫專責外，作何專任？」兵部覆奏：以督撫專責外，別無事任，欲留置先文定于左右，以備顧問。四月改左。十一月邊報破撫順，長驅而入，京師震恐，奉旨會議。先文定言：「臣自通籍以來，一切籌策，言之數矣，所言者已成既往。今日之事，惟有待援于遼而已。內地之兵不可以勝，職所能知也；東來之兵必可以勝，非職所能知也，速爲都城守禦之備，弗以張皇爲諱。今太倉無宿儲，凍糧在河干，即發兵防守，能禦寇乎？不若速運，近各城者，即貯各城，更近者運入都。自車牛馬騾而外，可用董摶霄人運之法，不然無待攻圍，只須坐食，而我困矣。」其守禦最急者莫如火器，時大司寇請用先文定，奉旨協同工部尚書張鳳翔料理物件。初四日，上御平臺，召對內閣兵部諸臣，先文定奏：「臣于今年正月曾疏陳兵事，此時若拮据措辦，得如臣奏，有精兵三五千，今日臣請自願領兵擊賊無難矣。」上曰：「曾有此奏。」先文定復奏：「敵人精騎止萬人，今之人衆，大都掠我良民，其中豈無脱身欲歸者？但官兵遇之，必殺以報功，是絶其歸正之路，所以彼衆日繁，仰祈皇上敕諭招徠，亦解散一策也。」即令先文定屬稿，中有「貪官污弁，尅減成風，虚占軍丁，實充囊橐。又因遼事方殷，月餉稽發，譁而得罪，誠非得已。但爾等生長中華，豈無父母妻子親戚鄉井之戀？彼暫相羈誘，終被屠僇，前此受害者，爾等亦聞之矣；今特赦爾等前罪，許爾維新，解甲投戈，棄敵來歸者，計功加賞，轉滅族之禍爲傳世之榮，在此一舉。」諭到，展轉相傳，一日夜間，棄敵來歸者絡繹不絶。尋議守城及城外劄營事，總協獨主劄營，先文定奏：「守城全賴火器，非素練不能；若營卒出城，則城夫皆屬平民，未經練習，不知火器。昔遼陽之變，臣再遺書諸當事，云城外列營，萬分不可；只憑城用砲，自足盡賊，不聽。大兵出城，望賊潰散。寧遠之捷，憑城用砲，殲敵萬衆。二者較較可知已。」上起立，復問二説何從？總協二臣奏訖，先文定復奏：「古時無火器，非戰不勝；今大砲既能殺賊於城外，是坐而戰勝也。若驅未練習之民于城外，勝負難期，不如守城爲穩。」上曰：「既如此，定于守城。」乃令安民廠造西洋砲三位，一面教練，晝夜在城，飢渴俱忘，風雨不避，手面瘒瘃，提點軍士。二十三日於德勝門外三發大砲，殲敵甚衆。奈當事者展轉齟齬，不踰月而京城之外申甫、滿桂兵連遭挫折，至是而文定所言城內守禦，城外列營，于茲益驗矣。時涿州護送西洋大砲至，先文定又疏云：「神器既見，宜盡其用。東事以來，克敵制勝，獨有神威大砲，一見于寧遠之殲，再見于京都之守，三見於涿州之守，既享其利矣，可見空返乎？」時工部尚書南居益疏請一切軍器，皆宜歸併兩廠，先文定于是遂謝其事。然而皇上鑒先文定忠勤城守，敘勞頒賚，寔有加焉。

上又命户部清理屯鹽二事，先文定疏云：「臣雖東南腐儒，于此二事抱杞憂之日久矣，蓋嘗游學奉使，咨詢十直省，朝考夕思，揣摩四十年。竊有二策于此，其理確然而不易，其事甚易而無難，其着數則捨此而外，別無措意之處，其效驗則漸次而成。要之數年之後，則財計而民生士風邊防，皆倍勝于今日。惟在皇上斷然必行，與中外羣工努力奉行而已。」二疏條例款要約二萬餘言，上慨然嘉納之。各項俱源委詳明，鑿鑿有據，最得屯鹽要理。兩疏具在，未遑備載。時因言事者議論不協，先文定再疏乞休，而上復有慰留修曆之命。先文定既懇辭不得，因嘆曰：「欽若昊天，王者重事。況歲差之法，歷代皆有修改，煌煌天朝，大典廢缺，生平肄習，其敢懟焉！」於是始精意事天之學矣。

先是萬曆四十年十一月朔日食，欽天監推算不合，兵部員外范守已累疏駁正。四十一年正月十五日月食，又不合，部科請修改，咸薦先文定，不果。崇禎二年五月初一日日食，上傳諭欽天監推算日食刻數，不對。大學士韓公奏言：救護之日，先文定先推算本日食止二分有餘，不及五刻，驗之果合。於是上命修改，給敕書關防。先文定上疏大略：天行有恒數，無齊數，終歲之間無一相似。歲法如此，他法皆然。又陳急要事宜四款，得旨，修議曆法，立論簡確，列法明備。開局未幾，以儆暫停，敵退復理曆事。庚午六月陞禮部尚書兼翰林院學士協理詹事府事，時以曆事正殷，刻分杪末，推算浩繁，繼晷焚膏，不遺餘力。十二月以《神宗實録》成，加俸一級。辛未三月充廷試讀卷官，六月充考庶吉士讀卷官。八月，邊報攻圍大凌河，援兵大敗，城陷，降我將士。先文定上疏云：「臣言兵十三年，章疏十上，謹櫽括上塵御覽。」旋蒙聖鑒，令再詳明條奏。先文定又上疏，言選練事甚悉。疏中陳列雖未獲盡數舉行，然議論丰采，朝野倚重，忠清素望，注卜實殷。時值陵工告成，頒賜銀三十兩。

壬申五月初四日，旋奉旨以禮部尚書兼東閣大學士，入內閣辦事。先文定再疏懇辭，兩承温旨，着即入直辦事，以副徯佇。先是枚卜之典，必由會推，皇上加意考慎，見先文定勤劬積久，官舍之內，門清如水，謂可屬以大事，故有是命。遂以禮部尚書兼東閣大學士，入內閣參預機務，纂修《熹宗實録》總裁，玉牒提調。時先文定以孑立之踪，忝居重地，雖生平餽遺請託，必絶必嚴，至是則通候常札，亦必對使焚椷，婉詞謝却。而又以聖恩特達，捐軀難報，每夜必殫焚香告帝之虔，每日入直，目不停披，手不停揮，百爾焦勞，雖有以食少事繁之意微詞婉諷者，先文定弗顧也。八月同知經筵事，十二月以皇三子命名，頒賜銀十五兩。癸酉元旦頒賜銀三十兩。時先文定雖叨陪密勿之中，時切疆場之念，而皇上亦有以宰臣行邊之意，屬意先文定。一日夜分退朝，喜形于色，初不以叨居輔弼之司，遂忘鎖鑰北門之寄，而綢繆户牖之防，腸蓋一日九迴也。本年七月二品考滿，上隆禮眷顧，謂先文定協贊忠誠，勞績茂著，加太子太保文淵閣大學士，尚書如故，蔭一子中書舍人，追贈先高祖而下，俱贈太子太保。尋遣中使賜鈔二千貫，羊一牽，酒一瓶。八月初九日以脾疾乞假，奉旨：「卿偶恙未能入直，閣務殷繁，暫調一二日，即出佐理，不必請假。」經月不愈，屢遣中使慰問，賜猪羊酒米醬瓜茄，奏謝，奉旨：「慎加調攝，稍痊即出佐理，以慰倚注。」病中以閣臣恭視寫篆進封貴妃册印，頒賜銀二十兩，賜紵絲一表裏。奏謝，奉旨：「加意調攝，即入直佐理，以副延佇。」又一月病益甚，上疏乞休。奉旨：「卿輔政忠勤，積勞偶恙，殊切朕念，暫調即可痊復，何乃輒有引請，着加意慎攝，稍愈即入直佐理，以副眷倚。」時先文定力疾倚榻，猶矻矻捉管了《曆書》。良由平生勞勸，習與性成，不自覺病體之莫可支也。是日以册封貴妃，禮成，頒賜銀二十兩，紵絲一表裏，鈔二千貫。奏謝。明日又遣中使王忠賜猪羊酒米醬瓜茄，忠入卧所，面宣上意。先文定就床叩頭奏謝。自念：感聖恩之如天，悲報國之無日，不覺慟哭失聲，中使爲之感動。幸值曆事將竣，先文定度不能起，乃于二十九日疏明：已進《曆書》七十四卷，已完而未進者六十卷，即薦山東參政李天經以畢其事。又奏：明年二月十五日月食。以皇四子命名頒賜銀十五兩。時病勢益甚，尚語孫爾爵曰：「疾深矣！倘得乞休，歸里門，明農訓後人，耕鑿歌帝力耳！」又草《農書》數卷，至十月初七日而長逝矣！嗟乎痛哉！内閣具奏，訃聞，上輟朝一日，深加憫惻，着禮部從優議卹。生之日特達霑恩；殁之日五典備禮，不知先文定何以得此于皇上也！無論不孝孤，即百世之下，聞之猶慨焉失涕者，國事方殷，主恩未報，文定誠未可以死也。

文定爲人寬仁愿確，樸誠淡漠，于物無所好，惟好學，惟好經濟。考古證今，廣諮博訊，遇一人輒問，至一地輒問，問則隨聞隨筆，一事一物，必講究精研，不窮其極不已。故學問皆有根本，議論皆有實見，卓識沉機，通達大體。如曆法、算法、火攻、水法之類，皆探兩儀之奥，資兵農之用，爲永世利。居恒敬天法天之學，皆得之功深積久之餘，故當機應務，萬變不窮，而一皆根極理要。凡所動作，有一事不可對人，有一念不可對天者，不敢出也。至若應變解忿，他人遲回斟酌而未即得者，文定當前立決，絶無惘疑。如在通州，通天下援遼兵俱道經，請衣請食者無數，四川石柱司土官秦氏率兵三千至，與兵部請餉，兵部給之曰：「餉俱在通州徐少詹處。」秦氏來謁，先文定曰：「我正苦無餉。」川兵忿無所告，適浙兵亦從天津至，求餉，忿激格鬥，總兵畢應武使兵捕之，見殺，文定使人諭之，遂解散。延綏遊擊盛以彰率兵三千至，糧盡，以彰入京，兵欲譁爲亂，文定躬自拮据，人給二鐶而止。恩信威義，所在感孚，大率類此。時孝瑞皇后崩，文定入哭，鑑湖孫公遣使訃告天下，徑與牒以行矣，文定謂孫公曰：「禮宜請頒哀詔。」孫公亟悟，追還使者，而御史左光斗遂論劾孫公矣。八月，神宗皇帝晏駕，長安洶洶，先文定從通州星夜馳至，備不虞。初議大行皇帝廟號「顯宗恭皇帝」。文定與大學士方公言：「皇上垂拱四十年，深居而天下治，豈非神明默運乎？」因更定今謚。光宗皇帝即位，一月而崩，美政畢舉，羣臣哀慕，爲改元稱號，先文定知其非禮而言之不得也。是非之際，斷然不欺；利害之交，凜然不苟。當練兵通州時，部議廩劄諸費，視巡撫例辭十分之一，迨事竣而所餘廩給，若操賞，若捐助，暨皇賞共一萬六千餘兩，悉奏還各庫，無染指；反以延綏兵故行糧乏而譁，文定自捐俸金四百餘兩犒之。而前後所造銃式，及屢造車式臺式共數百金，開局條歷寔備，又日周其不給，不下數百金，而捐己奉公又如此！他年兵部庫中有部院緘封銀一篋，後進有司不知也，召經久胥徒而問之，始知爲先文定通州繳還原物。生平懿跡，每事不求人知又如此！居官自迎養，先大父殁後，不欲以家室相隨，官舍蕭然，臨殁之時，適内外孫二人爲應試至，獲視含殮，視笥中惟敝衣幾襲，銀一兩而已。故事詞林之運轉差遣，一循資敍，萬曆戊午宜典畿試，大學士方公屢屢不出；宜典武試，辭；宜充日講官，辭；宜充經筵講官，辭；册封之使初定蜀府，有以慶府易則易之；後宜管理誥封，亦辭；宜充纂修官，亦辭。至臨大事慷慨奮發，不知有毁譽禍福，每誦唐人詩「一人計不用，萬里空蕭條」，有擊碎玉壺之意。都城戒嚴，奉旨協理城守，日苦調度不給，甚至朽木寸鐵，皆爲珍惜。臨没了了，祇以疆圉多故爲念，一語不及于私。古人連呼渡河之氣，文定有焉。不孝孤當年嘗見先文定覆友人一札云：「東方之事，異常寃慘，假使不佞當之，豈令決裂至此！惟有澄江冷月，差堪語此，興言至是，豈勝邑邑！」嗟呼！文定利于已者無一不讓諸人，利于國者無一不任之已。世方樹籬立户，互相標榜，文定不隨波附和，亦不立異以爲高，與物無競，物亦不得而親，終身惕厲，惟知上有朝廷，四十年如一日也。一材一技必折節收之，不惟不待其求，亦不令其知。有枉抑不平者，輒代爲暴白，人或知而引謝，曰：「我自公耳，何謝焉？」人困阨，有求不忍辭，必曲爲捐助，然未嘗一一與家人言。雖博綜最富，著述最多，皆爾雅遒健，然未嘗逞懸河以炫長，或遇人即言，非其人則木如也。又性喜屬意字學，筆筆正鋒，而亦不欲以藝顯。待人温温，笑語竟日，無惰容倨色。然不可干以私，門無雜賓，居家絶跡公府，地方利弊，不惜百口。如建閘蓄水，濬吴淞江，復禹舊跡，及民輸布運等役，不靳筆舌。通籍四十年，室廬不改，惟務本業，得開物成務之遺。每有志興西北水利，買田天津，辟草萊而耕之，人遂有倣而行之者。慶弔燕會，不隨俗浮靡，力返于樸，服食儉約，不殊寒士，終身不蓄妾媵。教戒子孫下至臧獲皆有法焉，鄉黨澆薄爲之一變。是則先文定居朝居鄉之大略也。惜乎富强之略，不見之施設，僅見于紙墨之流傳；魚水之歡，不得之盛年，而得之桑榆之迅景。假使先文定慷慨上書之日，無所牴牾，必將大有建樹，何至身都富貴，終身若抑鬱而誰語者哉！不孝孤所以仰天椎心而泣血也。

文定生于嘉靖壬戌三月二十一日，卒于崇禎癸酉十月初七日，享年七十有二。配吴氏，累封淑人，今封一品夫人。子一，即不肖孤驥也，郡庠生，今廕官生。娶太學生顧公昌祚女。孫男五人：爾覺邑庠生，今廕中書科舍人，娶甲子科舉人俞公廷鍔女；爾爵邑庠生，今廕中書科中書舍人，先娶禮部主事喬公煒女，繼娶廩膳生李公延兹女；爾斗邑庠生，娶登萊巡撫孫公元化女；爾默邑庠生，娶南京應天府經歷黄公兆蘭女；爾路邑庠生，娶工部主事潘公雲龍女。曾孫男六人，俱未聘。

所著有《曆書》一百三十二卷，《清臺奏草》、《兵事疏》、《幾何原本》、《測量》、《勾股》、《水法》、《簡平儀》、《農遺雜疏》、《毛詩六帖百字訣》行于世。《文集》數十卷，《南宫奏草》、《端闈奏草》、《經闈講義》、《通漕類編》、《讀書算》、《平渾》、《日晷》、《九章算法》、《農書醫方》藏于家。

惟是本年月日卜吉而藏，泣血拊心，名公大人狀之則事且無徵，恭惟老先生門下，文蔽班揚，道高管鮑，隻字單詞，允爲信史，敢徼福先靈，叩閽以請。泣念先文定温室之言不泄，闇室之積難窺，謹按疏草憲令，私居遺跡，摭什一于千百，布之司籍，伏乞憐而鑒之，俯賜如椽，以爲先文定公重。詎惟不孝孤，寔世世子孫式靈無既矣！驥無任瀝血哀懇之至。不孝孤驥泣血謹述。

徐光啓《徐光啓集》附録一阮元《徐光啓傳》 徐光啓字子先，上海人也。神宗二十五年舉鄉試第一，又七年成進士，由庶吉士歷贊善。從西洋人利瑪竇學天文推步，盡得其術，爲譯《幾何原本》、《測量法義》等書。言「《幾何原本》者，度數之宗，所以窮方圓平直之情，盡規矩準繩之用也。利先生從少年時，留意藝學，其師丁氏又絶代名家，以故極精其説。而與不佞遊久，講譚餘晷，時時及之，因請其象數諸書，更以華文。獨謂此書未譯，則他書俱不可得論。遂共譯其要約六卷，既卒業而復之。由顯入微，從疑得信，蓋不用爲用，衆用所基，真可謂萬象之形囿，百家之學海矣。是書以當百家之用，猶其小者；有大用於此，將以習人之才，令細而確也」。又言「西泰子之譯測量諸法也，十年矣；法而系之義，自歲丁未始。曷待乎？于時《幾何原本》始卒業，至是而後得傳其義也。是法也，與《周髀》《九章》之勾股測望不異，何貴焉？亦貴其義也」。光啓又引伸《測量法義》作《勾股義》一卷，言「勾股遺言見于《九章》中凡數十法，不出余所撰正法十五條。元李冶廣之作《測圓海鏡》，近顧司寇應祥爲之分類釋術，余欲爲説其義，未遑也。其造端第一論，則此篇亦略具矣。《周髀》爲算術中古文第一，故爲采摭要語，弁諸篇端；至于商高問答之後，所謂榮方問于陳子者，言日月天地之數，則千古大愚也」。

天啓三年擢禮部右侍郎。崇禎二年五月乙酉朔日食，光啓依西法預推：順天府見食二分有奇，瓊州食既，大寧以北不食。《大統》推算三分有奇，《回回》推算五分有奇。已而光啓法驗，餘皆疏，帝切責監官。時五官夏官正戈豐年等言：「大統乃國初監臣元統所定，即元太史郭守敬《授時術》也。二百六十年來，按法推步，一毫未嘗增損。《授時》之法，古今稱爲極密，然依其本法，尚不能無差。守敬以至元十八年成術，越十八年爲大德三年八月，已推當食不食；六年六月又食而失推。時守敬方知太史院事，亦付之無可奈何。彼立法者尚然，況斤斤守法者哉！今欲循守舊法，向後不能無差；欲行修改，更非淺陋所及。」於是禮部奏請開局修改，乃以光啓督修新法。敕曰：「西法不妨于兼收，諸家務取而參合，用人必求其當，製象必覈其精，責有攸歸，爾其慎之！」

光啓乃上修曆法十事：其一、議歲差。每年東行漸長漸短，以正古來百年、五十年、六十年等多寡互異之説。其二、議歲實小餘。昔多今少，漸次改易，及日景長短歲歲不同之因，以定冬至，以正氣朔。其三、每日測驗日行經度，以定盈縮加減真率東西南北高下之差，以步日躔。其四、夜測月行經緯度數，以定交轉遲疾真率東西南北高下之差，以步月離。其五、密測列宿經緯諸度，以定七政盈縮遲疾順逆違離遠近之數。其六、密測五星經緯行度，以定小輪行度遲疾留逆伏見之數，東西南北高下之差，以推步淩犯。其七、推變黄赤道廣狹度數，密測二至距度，及月五星各道與黄道相距之度，以定交轉。其八、議日月去交遠近及真會似會之因，以定距午時差之真率，以正交食。其九、測日行考知二極出入地度數，以定周天緯度，以齊七政，因考月食，知東西相距地輪經度，以定交食時刻。其十、依唐元法隨地測驗二極出入地度數，地輪經緯，以定晝夜晨昏永短，以正交食有無多寡先後之數。又修曆用人三事：其一、臣部所舉南冏臣李之藻已蒙録用外，果有專門名家，亦宜兼收簡用。其二、西洋天學臣利瑪竇等，曾經部覆推舉，今其同伴鄧玉函、龍華民現居賜宇，必得其書其法方可較正增補。若以《大統》法與之會通歸一，則事半而功倍矣。其三、合用人員外有訪求招致者，聽臣部類齊考試，各取所長，不致濫收糜費。又修曆急用儀器十事：一、造七政象限大儀六座。二、造列宿紀限大儀三座。三、造平渾懸儀三架。四、造交食儀一具。五、造列宿經緯天球儀一架。六、造萬國經緯地球儀一架。七、造節氣時刻平面日晷三具。八、造節氣時刻轉盤星晷三具。九、造候時鐘三架。十、裝修測候七政交食遠鏡三架。奏可。九月癸卯開局，又徵西洋人湯若望、羅雅谷等譯書演算。是月光啓進本部尚書。十月十七日測驗月食，臺官用器不同，測時互異，有旨較勘畫一。光啓因言：「臣等竊照定時之法，當議者五事：其一、壺漏等器規制甚多，今所用者水漏也，然水有新舊滑澀，則遲疾異；漏管有時而塞，有時而磷，則緩急異。定漏之初必於午正初刻，此刻一誤，無所不誤，雖調品如法，終無益也。故壺漏者特以濟晨昏陰雨儀表所不及，而非定時之本；所謂本者，必準于天行，則用儀表以測日星是已。其二、指南鍼者，今術恒用以定南北，辨方正位，皆取則焉，然所得子午非真。今以法考之，實各處不同：在京師則偏東五度四十分，若憑以造晷，則冬至正午先天一刻四十四分有奇。今觀象臺日晷一座，及正方案，以法考之，正方案偏東二度，日晷先天半刻，據此以候交食時刻，其失不盡在推步也。今但用表臬或儀器，以求子午真線，與舊晷較勘，差數立見矣。其三、臬表者，即《周禮·匠人》置槷之法，識日出入之景，參之日中之景，以正方位。今法置小表於地平，午正然後累測日景，以求相等之兩長景，即爲東西，因得中間最短之景，即爲真子午也。其四、本臺原有立運儀，以測驗七政高度，臣等即用以定子午。于午前累測日高度分，因最高之度，得最短之影，此午正時南北真線也。其五、造成平面日晷，依前儀器表臬南針三法參互考合，務得子午卯酉真線，因以分布時刻，加入節氣諸線，即成平面日晷。若今所用圓石欹晷是爲赤道晷，亦用所得子午線較定。此二晷者皆可得天正時刻，所謂晝測日也。若測星，用重盤星晷，上盤書時刻，下盤書節氣，展轉相加，依近極二星，用時指垂權，測知天正時刻，所謂夜測星也。惟表、惟儀、惟晷，悉本天行，私智謬巧，無容其間，故可爲候時造曆之準式也。今若準儀、準表、準針，任用一事，以造日星二晷，又因二晷以較定壺漏，令遲疾如意，則天正時刻，人人通知，在在畫一矣。如此而交食尚有先後，則失在推步也。然而推步之學，其中事理有須申明奏聞者：授時之法，三百五十年略無修正，近蒙聖主加意釐正，而諸臣見臣等著述稍繁，似有畏難之意；不知其中有理、有義、有法、有數，理不明不能立法，義不辨不能著數，明理辨義，推究頗難；法立數著，遵循甚易。所謂明理辨義者，在今日則能者從之，在他日則傳之其人，令可據爲修改地耳。如舊用測圓術求距度一率，即須展轉乘除，窮日之力，而臣等翻譯原文二萬一千六百率，又改從《大統》加減演算爲三萬六千率，用之推步，展卷即得。其他諸術，亦多類此。此則今之愈繁，乃後之愈簡；以臣等之甚難，開諸臣之甚易也。」光啓進《曆書總目》一卷、《日躔術指》一卷、《測天約説》二卷、《大測》二卷、《日躔表》二卷、《割圓八線表》六卷、《黄道升度表》七卷、《黄赤道距度表》一卷、《通率表》二卷，言「邇來諸臣頗有不安舊學志求改正者，故萬曆四十年有修術譯書分曹治事之議。夫使分曹各治，事畢而止。《大統》既不能自異于前，西法又未能必爲我用，亦猶二百年來分科推步而已。臣等愚心，以爲欲求超勝，必須會通；會通之前，必須翻譯。蓋《大統》書籍絶少，而西法至爲詳備，且又近今數十年間所定，其青于藍寒于水者，十倍前人。又皆隨地異測，隨時異用，故可爲目前必驗之法，又可爲二三百年不易之法，又可爲二三百年後測審差數、因而更改之法，又可令後之人循習曉暢，因而求進，當復更勝于今也。翻譯既有端緒，然後令甄明《大統》、深知法意者，參詳考定，鎔彼方之材質，入《大統》之型模。臣惟兹事義理奥賾，法數盈繁，述敍既多，宜循節次；事緒尤紛，宜先基本。今擬分節次六目：一曰日躔術，二曰恒星術，三曰月離術，四曰日月交會術，五曰五緯星術，六曰五星交會術。基本五目：一曰法原，二曰法數，三曰法算，四曰法器，五曰會通。一切繙譯撰著，區分類別，以次屬焉。」夏四月戊午夜望月食，光啓預推分秒時刻方位，奏言：「日食隨地不同，則用地緯度算其月食多少；用地經度算其加時早晏，月食分秒，海内並同。止用地經度推求先後時刻，臣從輿地圖約略推步，開載各布政司月食初虧度分，若食分多少既，天下皆同，則餘率可類推，不若日食之經緯各殊，必須詳備也。又月體一十五分，則盡入闇虛亦十五分止耳；今推二十六分六十秒者，蓋闇虛體大于月，若食時去交稍遠，即月體不能全入闇虛，止從月體記其分數。是夕之食，極近于交，故月入闇虛十五分，方爲食既，更進一十一分有奇，乃得生光，故爲二十六分有奇。如《回回》術推十八分四十七秒，略同此法也。」八月又進《測量全義》十卷、《恒星曆指》三卷、《恒星曆表》四卷、《恒星總圖》一摺、《恒星圖像》一卷、《揆日解訂訛》一卷、《比例規解》一卷。冬十月辛丑朔日食，新法預推：順天見食二分有奇，河南陜西山東俱見食一分，南京以南不食，大漠以北食既。例京師見食不及三分不救護，光啓言：「月食在夜，加時早晚苦無定據，推日食明白易曉，按晷定時，無可遷就，故術法疏密，獨此最爲的證。況臣等翻譯纂輯，漸次就緒，而向後交食爲期尚遠，此時不一指實，與該監臣明白共見，即曆成之後，無憑取驗。非獨此也，是日之必當測候有四説焉：按日食有時差，舊法用距午爲限，中前宜減，中後宜加，若日在正中，則不用加減，故臺官相傳日食時差，多在早晚，日中必合。獨今此食既在日中，而加時則舊術在後，新術在前，當差三刻以上。所以然者，七政運行，皆依黄道，不由赤道，舊法所謂中，乃赤道之午中；而不知所謂中者，黄道之正中也。黄赤二道之中，獨冬夏二至乃得同度，餘日漸次相離。今十月朔去冬至度數尚遠，兩中之差二十三度有奇，豈可乃因食限近午不加不減乎？若食在二至，果可無差，即食于他時，而不在日午，即差之原尚多難辨。適際此食，又值此時，是可驗時差之正術。一也。交食之法既無差誤，及至臨期實候，其加時又或少有後先，此則不因天度而因地度。本方之地，經度未得真率，則加時難定，必從交食時測驗數次，乃可較勘畫一。今此食依新術測候，其加時刻分，或先後未合，當取從前所記地經度斟酌改定，此可以求里差之真率。二也。時差一法，但知中無加減，而不知中分黄道；今一經目見，一經口授，人人知加時之因黄道。一時發覆，蹊徑了然，此足以明學習之甚易。三也。監臣之所最苦者詆爲擅改，不知即欲改，不能如時差等術，必因千百年之測候而後立法，即守敬不能驟得之，況諸臣乎？此足以明疏失之非辜。四也。」帝是其言。至期，光啓與欽天監秋官正周允，五官司書劉有慶，漏刻博士劉承志，天文生周士昌、薛文燦，西洋人羅雅谷、湯若望等，預點定日晷，調定壺漏，以測高儀器推定日晷高度。又于密室中斜開一隙，置窺筩眼鏡以測虧復。畫日體分數圖板，以定食分。其食甚時刻高度密合，而分數未及二分。於是光啓言：「今食甚之度分密合，則經度里差，似已的確，無煩改更。獨食分未及原推者，蓋因日光閃爍，惟食及四五分以上者，乃得與原推相合，故食一分内外者，與不見食同；則二分有奇者，所見宜不及二分也。」五年四月光啓又進《月離曆指》四卷、《月離曆表》六卷、《交食曆指》四卷、《交食曆》二卷、《南北高弧表》一十二卷、《諸方半晝分表》一卷、《諸方晨昏分表》一卷。五月光啓以本官兼東閣大學士。九月十四日己酉月食，監推初虧在卯初一刻，光啓等推在卯初三刻，《回回》科推在辰初初刻，三法互異，有旨詰問。至期雲氣隱蔽，無憑測驗。光啓因具陳三法不同之故，言「交食之法，先求平朔望；平朔望之算，起于曆元。今法本用《授時術》，以至元辛巳爲曆元，當時所立四應稍有未合。臣等新法以崇禎元年戊辰爲曆元，兩者相推，已推得舊法後六十五分爲半刻有奇矣。既得平朔望以求定朔望，定朔望即日月食之食甚定分也。法以日躔、盈縮、月轉遲疾推其各差，又以兩差之較爲加減時差，用以加減，于平數得定數焉。時九月十四日夜望，則太陽在縮限，而《授時法》縮限起夏至，不知日有最高，有夏至兩行異法，縮限宜從最高起也。惟宋紹興年間兩行同度，郭守敬後此百年，去離僅一度有奇，故未及覺。今最高一行已在夏至後六日有奇，以推縮差，則舊法後天一十八分有奇也。是日太陰在疾限，遲疾之法，《授時》止論一轉周，新法謂之自行輪；月自行之外又有兩次輪，以次密推，則舊法疾限先天二度有奇，以推疾差，又後天四十分也。次以縮疾兩差相較，變爲時而求定望，宜用減法。舊法則一推而得四十八刻九十分，新法再推先得四十一刻一十三分有奇，次得四十四刻八分，兩得相較，又差三刻弱。故舊法之食甚定分得二十八刻弱，新法得三十刻弱。以推初虧，則舊法在子正後二十二刻二十二分，爲卯初一刻；新法在子正後二十二刻五十九分，爲卯初三刻。此舊法與新法異同之因也。若《回回》術又異二法者，臣等實未能盡曉其故，僅知彼曆元爲阿剌必年，與隋開皇相值，去今一千三十餘載矣。年遠數殊，意其平朔望亦未必合也。即以減分論，則是太陽縮限在四宫一度，依彼法得縮差一度四十一分，新法得一度四十三分，其差二分。太陰疾限在十宫十七度，依彼法得疾差二度一十九分半，新法得三度六分，其差一十三分半。兩差相併得十五分半，變爲時約，彼法在新法後四刻；今差五刻者，意其緣正在曆元四應，否則創法之處距西一萬餘里，或里差又未合也。三家所報各依其本法，欲辨其疏密，則在臨食之時，實測實驗而已。今已往之事，無復可論，將來準法，似須商求。其所求者蓋有二端：其一曰食分多寡，按交食法中，不惟推步爲難，併較驗亦復未易。臣前疏嘗言日食時陽晶晃耀，每先食而後見；月食時游氣紛侵，每先見而後食。蓋食者二體相交之謂也。日食既交，因其光大，人目未見，必至一分以上乃得見之；月食未交闇虛之旁，先有黑影侵入于月，及其體交，反無界限。故推步無舛謬，而較驗多任目任意，揣摩影響，不能灼見分數，以證原推，得失亦無繇知。如宋臣周琮所定差天一分以下爲親，二分以下爲近，三分以下爲遠，非苟自恕，蓋其術止此而已。今欲灼見食分，有近造窺筩新法，日食時用于密室中取其光影，映照尺素之上，自初虧至復圓，所見分數，界限真確，畫然不爽。月食不能定其分秒之限，然二體離合之際，鄞鄂著明，中間色象，亦與日測迥異。此定分法也。其一曰加時早晚。定時之術，相傳有壺漏，爲古法；近有輪鐘，爲簡法。然而調品皆繇人力，遷就可憑人意，故不如求端于日星。晝則用日，夜則任用一星，皆以儀器測取經緯度數，推算得之，是爲本法。其驗之，則測日有平晷新法，測星有立晷新法，皆礱石範銅，鑱畫數度，節氣時刻，一一分明，以之較論交食。皆于本晷之上，某時某刻，先期注定；至時徵驗，是合是離，灼然易見。此定時法也。二法既立，一遇交食，凡古今諸術得失疏密，如明鏡高懸，妍媸莫遁矣。月食諸史不載；所載日食，自漢至隋凡二百九十三，而食于晦日者七十七，晦前一日者三，初二日者三，其疏如此。唐至五代凡一百一十，而食于晦日者一，初二日者一，初三日者一，稍密矣。宋凡一百四十八，則無晦日，更密；猶有推食而不食者十三。元凡四十五，亦無晦食；猶有推食而不食者一，食而失推者一，夜食而書晝者一。至加時先後至四五刻，當其時已然，至今遵用，安能免此！乃守敬之法，三百年來世共歸推，以爲度越前代，何也？高遠無窮之事，必積世累時，乃稍見端倪。故漢至今千五百歲，立法者僅十有三家，蓋于數十百年間一較工拙，非一人之心思智力所能黽勉者也。守敬集前古之大成，加以精思廣測，故所差僅四五刻，比于前代，洵爲密矣。若使守敬復生今世，欲更求精密，計非苦心極力，假以數年，恐未易得，何可責于沿襲舊法如諸臺臣者乎？」六年十月光啓以病辭局務，薦李天經以竣其事。逾月光啓卒，贈少保，謚文定，後加贈太保。

先是，三年巡按四川御史馬如蛟薦資縣諸生冷守忠執有成書，言論娓娓，抄録原書送局。光啓力駁其謬。言「曆法一家本于《周禮・馮相氏》會天位，辨四時之敍，于他學無與也。從古用《大衍》，用樂律，牽合傅會，盡屬贅疣。今用《皇極經世》，亦猶二家之意也。此則無關工拙，可置勿論。惟是術之始事，先定氣朔；術之終事，必驗交食。今崇禎四年辛未歲前冬至，《大統》術推在庚午十一月十八日亥正一刻；本部從前推步，臨期測驗，定在十九日丑初一刻五分四十一秒，則于《大統術》已是先天一十二刻有奇，而于來術所推在酉初四刻，又先《大統》一十六刻，則比于本部新法其先二十八刻有奇。燕越蒼素不啻遠矣！然而此事奧賾難宣，逝駒莫挽，彼此是非，孰從定之，亦姑未論。獨辛未年日月交食，此可預推，尤難掩覆，合離疏密，此不可以口舌争也。考是年四月十五日月食，新法所推食限二十六分六十秒，四川成都府初虧在子正初刻九十一分一十三秒，食既在丑初一刻二十六分六十七秒，食甚在丑正初刻七十零分六十三秒，生光在寅初初刻二十六分四十零秒，復圓在寅正初刻五十分七十三秒，復圓之時，月輪尚在地平上一十五度有奇；來術云加時在晝，則相左之甚，而明白易見。時日既在指顧，事理又若列眉，令本生至期候驗，如果加時在晝，則其法敻絶千古，當盱衡俟之；若或在夜，則尚宜虚心習學，以成先志。」已而四川報守忠所推月食實差二時，而新法密合。

四年魏文魁進所著《曆元》、《曆測》于朝，通政司送局考驗，光啓作二議七論詰之。一議交食，言據單開崇禎四年四月十五日夜望月食，今考驗食分，則爲密合，加時後天一刻，亦爲親近。獨二年五月朔日食，臨期實候，得食止二分，初虧巳正四刻，與本部所據新法密合。此修改之議所從起也。今《曆測》稱三分九秒，初虧巳初三刻，則食多一分，時先五刻。《曆元》稱日食一分二十一秒，初虧午初初刻，則食少一分，加時密合，而兩書自相違異，食差將及二分，加時不啻五刻，此宜再加研察，方可議定成法，以垂永久。至今年十月朔日食，本局新法推食二分有奇，初虧午正一刻；而單開食止九十七秒，初虧未初二刻，則食少一分有奇，加時後天五刻，此法異同，不須争論，宜待臨時候驗，疏密自見。一議冬至。言據《曆測》不用《授時術》加減歲實，亦不用《大統》定用歲實；而用金《重修大明術》，小餘二十四刻三十六分，則各年冬至宜遞加二十四刻三十六分，方合古來成法。今查《曆元》稱崇禎元年戊辰測己巳歲天正冬至得癸未日午正二刻，崇禎三年庚午測辛未歲天正冬至得甲午日子正初刻，兩年之間，實差四十九刻，平分之得二十四刻五十分，亦爲密近。但天啓七年丁卯測戊辰歲天正冬至得戊寅日卯初二刻，而前推己巳歲天正冬至得午正二刻，則差二十九刻，與小餘不合者四刻六十四分，兩測兩推，必居一誤矣。所宜再加研究，以求必合。其七論言：歲實自漢以來代有減差，至《授時》減爲二十四分二十五秒，依郭法百年消一，今當爲二十一分有奇，而《曆元》用楊級、趙知微之三十六秒，翻復驟加，與郭法懸殊矣。今詳郭法寖次減率，考古驗今，實非妄作，決宜遵用；而《曆元》所用，又以實測得之，是以確然自信，仍非臆説。二義參差，將何決定？根尋究竟，則皆是也，又皆非也。其中義据，巧曆茫然。所宜極論者一。勾股弧矢，曆學之斧斤繩尺也，每測皆尋弧背，每算求弦矢，而今《曆測》中猶用圍三徑一開方求矢之法，此之半徑，則六十度八十七分五十秒之通弦耳，此而可用，則六十度八十七分五十秒之弧與其通弦等乎？半之則三十度四十三分七十五秒之弧又與其正弦等乎？是術一誤，何所不誤。所宜極論者二。冬至夏至，不爲盈縮之定限，今考日躔，春分迄夏至，夏至迄秋分，此兩限中日時刻不等；又立春迄立夏，立秋迄立冬，此兩限中日時刻不等。此皆測量易見，推算易明之事，則太陽盈縮之實限，宜在冬夏二至之後，而各有時日刻分，代有長消加減。所宜極論者三。舊術言太陰最高得疾，最低得遲，且以圭表測而得之，非也。太陰遲疾是入轉內事，表測高下是入交內事，若云交即是轉，緣何交終轉終，兩率互異？既是二法，豈容混推，以交道之高下爲轉終之遲疾也？交轉既是二行，而月行轉周之上，又復左旋，所以最高向西行則極遲，最低向東行乃極疾，正與舊法相反。五星高下遲疾，亦皆准此。所宜極論者四。日食法謂在午正則無時差，非也。時差言距，非距赤道之午中，乃距黄道限東西各九十度之正中也，而黄道限之正中在午中前後有差至二十餘度者，若依午正加減，烏能必合？所宜極論者五。交食限、定陰限距交八度，陽限距交六度，亦非也。本局考定陰限當十七度，陽限當八度，月食則定限南北各十二度。所當極論者六。《曆測》云宋文帝元嘉六年十一月己丑朔，日食不盡如鉤，晝星見，今以郭氏《授時術》推之，止食六分九十六秒，郭術舛矣。不知所謂舛者何也？若郭術果推得不盡如鉤、晝星見，則真舛耳；今云六分九十六秒，乃是密合，非舛也。夫月食天下皆同，日食九服各異，前史類能言之。南宋都于金陵，郭術造于燕中，相去三千里，北極出地差八度，日食分度，宜有異同矣；其云不盡如鉤，當在九分左右，而極差八度，時在十一月，則食差當得二分弱，郭術推得七分弱，非密合而何？本局今定日食分數，首言交，次言地，次言時，一不可闕。所宜極論者七。文魁不服，作《答問》以難光啓，語見《文魁傳》。光啓于是復爲《答客難》曉之。言：崇禎二年五月朔日食，據云刻書者誤也，然原稿未誤者，云食一分三十九秒，亦恐未確。蓋日食一分以下非人目所能見，是日果食一分三十九秒，則所見極微矣；而通都共覩，實不止一分三十九秒也。今年十月朔，密室所候，將及二分；而外間所見，止一分以上，此足下所目覩，非其明效邪？又言：歲實小餘三十六分，據云此趙知微《重修大明術》四餘所用，《授時》、《大統》皆仍之，處士亦仍之，則三十六分特用之四餘，不用之氣朔邪？豈四餘氣朔當有兩歲實邪？不知五星之歲實，又與氣朔四餘同邪異邪？處士自云所用歲實，不假思索，皆從天得，此疑實測所定，果亦近之；然何不少費思索，并定一五星四餘晝一不爽之歲實，乃猶仍金元諸人之舊也。又言：歲實加減小餘，自漢《四分術》定爲二十五分，《乾象術》減爲二四六一八，南宋《大明術》又減爲二四二八一四，宋《統天》、元《授時術》又減爲二四二五，其間七十餘家互有加損，總計之，則自漢至今皆以漸減也，彼皆實測實算，以爲當然，烏得謂元以後遂不應復減者邪？郭云百年減一分，三百五十年來應減三分五十秒，當爲二十一分五十秒，而該局所考，正今之定用歲實，乃是二十分四十八秒六十微，即又不及百年而減一分。明理著數，亦猶行古之道也。此則不知者聞之，將大笑且駭，以爲該局所推冬至時刻，必且先天若干，亦先《大統》若干，而又不然。如今歲推壬申年天正冬至，《大統》得在十一月三十日己亥寅正一刻，而局推在辰初一刻一十八分，乃後于《大統》一十二刻，用儀器測驗，確與天合，並無乖爽。此爲何故？平歲實非本年冬至，可定真冬至時刻，非歲實可推也。此説甚長，更僕未罄，姑就所明通之：處士亦知冬至時刻終古無定率乎？果有定率，則處士所定二十七分，歲歲加增足矣，何爲每測必差？即曆元所測定，二三年間便成參錯，此其間得無諉之於儀表未精，測候未確，不知果精果確，乃真見其無定率矣。蓋正歲年與步月離相似，冬至無定率，與定朔定望無定率。一也。朔望無定率，宜以平朔望加減之；冬至無定率，宜以平年加減之。若郭太史所增減之歲實，平年也；故新法之平，冬至或在《大統》前或在後，其定冬至恒在《大統》後也。又言：勾股三乘術非誤也，特徑一圍三不合耳。既稱作者宜自爲清源，奈何沿前人之濁流邪？弧與弦終古無相等之率，無論古率、徽率、密率、太一率，即多分之至萬萬億，猶是弦也，否則外周之切線也。且弧弦之術，舉手即須，每推一法，當數四用之，即以古率推演，已覺太繁，況徽密以上乎？必若此者，術將卒世而不就矣。該局既以言之，安得無見，又安得無書！第所傳之書，有論説，有立成，有通率，都爲一十六卷，八十餘萬言，以入《曆元》，得毋本末不相稱邪？此書爲用甚大，故名《大測》，自當孤行于世，待知者用之。又言：舊法冬夏二至爲盈縮之定限，今云否者，古名術家精詳測候，見春分至立夏行四十五度有奇，立秋至秋分亦行四十五度有奇，其度等，而中間所歷時日不等。又時日多寡，世世不等。因知日行最高度，上古在夏至前，今世在夏至後六度，則夏至後六日乃真盈縮之限，此即真冬至所自出矣。又言：太陰遲疾用圭表得之。夫太陽用二至前後表景推算，在一二日內，或亦近之；若遠，則所得者定非真率，何況太陰？但太陰之遲疾不在去地高卑，高卑者交道也。九年再測者，亦非測太陰、測月孛也，月交東鶩，月轉西馳，兩道違行，是生月孛。孛者悖也，月轉至是，則違天行，故最遲也。九年以內，孛實行天一周，四年半在高，四年半在卑，其測高測卑之月日太陰，必與孛同度，既得同度，必是最遲，豈因圭表去地高下爲其遲疾邪？且孛則九年而一周，月則二十七日有奇而一轉，若洞悉交轉之義，即日月自有其遲疾，日日可得其高下，何必九年哉！必九年乃得者，則歲星須十二年，填星須二十九年，歲差須二萬五千餘年，誰能待之！又言：日食距午時差，舊法以爲論時則定朔小餘五十刻是也；本局以爲論度則黄道九十度限是也。時與度有離合，食在午中，或近午左右，而推算時刻乃不合天者，其度限去午左右稍遠故也。又言：日食距交限，該局定爲陰限十七度，陽限八度，而云不然，何不考今年十月朔日食甚距交幾度邪？按是日食甚在未初一刻內五十一分，本月十五日夜望月食食甚在辰初一刻內一十三分，兩食中積爲十四日七十三刻，月食甚時過正交入陰限一度，依法推得日食甚時，月未至中交十四度强，而食及二分，則初入食限，豈非十七度乎？至宋神宗天聖二年甲子歲五月丁亥朔，曆官推當食不食，司天奏日食不應，中書奏表稱賀。乃諸術推算皆云當食，以《授時》推之亦然，夫于法則實當食，而于時則實不食，此事遂爲千古不決之疑，今當何以解之？按西術日食有變差一法，是日在陰限距交一度强，于法當食。而獨此食，此地之南北差變爲東西差，故論天行，地心與日月兩心俱參直，實不失食；而從人目所見，則日月相距，近變爲遠，實不得食。顧獨汴京爲然，若從汴以東數千里漸見食，至東北一萬數千里則全見食也。此術于日食法中最爲深賾，論術至此，果所謂得未曾有也。又言：據答末後一條，語意難明，如云河北千里，朝鮮虧時等，不知何物？若本部原咨，則有二說：一謂南北里差。《元史》稱四海測驗二十七所，大都北極出地四十度太强，揚州三十三度，今測得金陵三十二度半，較差八度少。如《唐書》每度三百五十里，則二千九百餘里謬也；如近法每度二百五十里，則二千餘里爲其南北徑線，加行路紆曲，豈非三千里乎？有里差則有食分差，安可謂日食時南北之分秒等耶？一謂東西里差。盡大地人皆以日出處爲東，日入處爲西，皆以日出時爲卯，日入時爲酉也，有定東西，無定卯酉也。南北里差，論北極出地若干里，而高下差一度。東西里差，論七政出入亦若干里，而遲疾差一度。不易之定論，驗之交食最易見矣。今反抹去此差，而欲議交食乎？按漢安帝元初三年三月二日日食，史官不見，遼東以聞。五年八月朔日食，史官不見，張掖以聞，豈非食在早獨見于遼東，食在晚獨見于張掖乎？據稱西域之巳時，即中國之未時，則日月有食，西域之見食爲巳，中國之見時爲未，極易曉。何者？地有兩時，天無二食也。推之西域以西，中國以東，何獨不然，安得謂南北異東西同哉？

光啓等所修《崇禎曆書》凡一百二十六卷，《曆書總目》一卷，《日躔曆指》四卷，《日躔表》二卷，《恒星曆指》三卷，《恒星圖》一卷，《恒星圖系》一卷，《恒星曆表》四卷，《恒星經緯表》二卷，《恒星出没表》二卷，《月離曆指》四卷，《月離表》六卷，《交食曆指》七卷，《交食表》七卷，《五緯曆指》九卷，《五緯表》十卷，《測天約説》二卷，《大測》二卷，《割圓八線表》六卷，《黄道升度表》七卷，《黄赤道距度表》一卷，《通率表》二卷，《元史揆日訂誤》一卷，《通率立成表》一卷，《散表》一卷，《割圓八線立成長表》四卷，《黄道升度立成中表》四卷，《曆指》一卷，《測量全義》十卷，《比例規解》一卷，《南北高弧表》十二卷，《諸方半晝分表》一卷，《諸方晨昏分表》一卷，《曆學小辨》一卷，《曆學日辨》五卷。《明史》本傳、《曆志》、《藝文志》、《新法算書》、《幾何原本》、《測量法義》、《測量異同》、《勾股義》。

論曰：自利氏東來，得其天文數學之傳者光啓爲最深，洎乎督修新法，殫其心思才力，驗之垂象，譯爲圖説，洋洋乎數千萬言，反覆引伸，務使其理其法，足以人人通曉而後已，以視術士之祕其機械者，不可同日語矣。迄今言甄明西學者，必稱光啓，蓋精于幾何，得之有本，其識見造詣，非文魁守忠輩所能幾及也。

李斗《揚州畫舫録》袁枚《序》 昔洛陽有《名園》之記，東京有《夢粱》之録，皆所以潤色昇平，標舉名勝也。然而宋室偏安，人物凋劾，不足以美盛德之形容。本朝運際中天，萬象隆富，而揚州一郡，又爲風尚華離之所，雖謻臺丙舍，皆作十洲雲麓觀，由來久矣。記四十年前，余遊平山，從天寧門外拕舟而行，長河如繩，闊不過二丈許，旁少亭臺，不過匽潴細流，草樹芔歙而已。自辛未歲天子南巡，官吏因商民子來之意，賦工屬役，增榮飾觀，奓而張之。水則洋洋然回淵九折矣，山則峩峩然隥約横斜矣，樹則焚槎發等，桃梅鋪紛矣，苑落則鱗羅布列，閛然陰閉而霅然陽開矣。猗歟休哉，其壯觀異彩，顧、陸所不能畫，班、揚所不能賦也。艾塘李君，槃槃有才，操觚記之。上自仙宸帝所，下至蘺落儲胥，旁及酒樓茶肆，胡蟲奇妲之觀，鞠弋流蹌之戲，都知録事之家，莫不科別其條，瞭如指掌。于牙牌二十四景之外，更加詳盡，真足傳玩一時，烏奕千載焉。嘻！余衰矣。以隔一衣帶水，不能長至邗江登眺爲憾。及得此書，卧而觀之，方知閒居展卷，勝于騎鶴來遊也。爲弁數言，以告世之欲賦蕪城而未得導師者。

乾隆五十八年臘月望日，隨園袁枚撰，時年七十有八。

戴震《考工記圖·自序》 立度辨方之文，圖與傳注相表裏者也。自小學道湮，好古者靡所依據，凡六經中制度禮儀，覈之傳注，既多違誤，而爲圖者，又往往自成詰詘，異其本經，古制所以日就荒謬不聞也。舊禮圖有梁、鄭、阮、張、夏侯諸家之學，失傳已久，惟聶崇義《三禮圖》二十卷見於世，於考工諸器物尤疏舛。同學治古文辭，有苦《考工記》難讀者，余語以諸工之事，非精究少廣旁要，固不能推其制，以盡文之奥曲。鄭氏注善矣，兹爲圖翼贊鄭學，擇其正論，補其未逮。圖傳某工之下，俾學士顯白觀之。因一卷書當知古六書九數等，儒者結髮從事，今或皓首未之聞，何也。休寧戴震。

戴震《考工記圖》紀昀《序》 戴君東原，始爲《考工記》作圖也，圖後附以己說，而無注。乾隆乙亥夏，余初識戴君，奇其書，欲付之梓。遲之半載，戴君乃爲余删取先後鄭注，而自定其說以爲補注。又越半載，書成，仍名曰《考工記圖》，從其始也。戴君語余曰：「昔丁卯戊辰間，先師程中允出是書，以示齊學士次風先生，學士一見而歎曰：『誠奇書也。』今再遇子奇之，是書可不憾矣。」戴君深明古人小學，故其考證制度字義，爲漢已降儒者所不能及。以是求之聖人遺經，發明獨多，《詩》三百，《尚書》二十八篇，《爾雅》等，皆有撰著。自以爲恐成書太早，而獨於《考工記》則曰，是亞於經也者，考證雖難，要得其詳則止矣。余以戴君之說，與昔儒舊訓參互校覈。轂末之軹，明其當作軒，不得與輿人之軹轛二名溷淆，今字書併軒字無之。車人徹廣六尺，以鬲長車廣當相等。兩轅之間六尺，旁加輻内六寸，輻廣三寸，綆寸，合左右凡二尺，則大車之徹亦八尺，字譌八爲六。弓人膠三鋝一，弓之膠不得過兩有十銖二十五分銖之十四，正其當爲三鍰。此皆記文之誤，漢儒已莫之是正者。後鄭謂軫輿後横木，戴君乃曰輈人言軫間，左右名軫之證也。加軫與轐，弓長庇軫，軫方象地，前後左右通名軫之證也。輈人任正衡任，鄭以當軓與衡，而謂軓爲輿下三面材輢式之所尌。戴君乃曰此爲下當兔圍軸圍，發其意也。若輢式之所尌，宜記於輿人，今輈人爲之，殆非也。鄭以戈胡句倨外博爲胡上下，戴君曰：此不宜與已倨已句字義有異。鄭引許叔重《說文解字》及東萊稱證鍰鋝數同，戴君乃曰，鍰之假借字作垸，鋝之假借字，《史記》作率，《漢書》作選，伏生《尚書》大傳作饌，數小大相縣，合爲一未然也。戟刺長短無文，鄭氏既未及，賈公彦云蓋與胡同六寸，戴君則曰戈一援戟二援也，中直援名刺，與枝出之援同，長七寸有半寸，刺連内爲一直刃通長尺有二寸，猶夫戈之直刃通長尺有二寸也。桃氏爲劍，中其莖設其後，鄭訓設爲大，謂從中已後稍大之。戴君曰，不當與設其旋設其羽之屬異義，後謂劍環在人所握之下，故名後，與劍首對稱矣。鐘之鉦間無文，鄭以爲與鼓間六等，而合舞廣四爲鐘長十六。戴君乃曰，鐘自銑至鉦，自鉦至舞，斂網以二，準諸句股法，銑間八，鉦間亦八，是爲鐘長十六舞者，其上覆脩六廣四，蓋鐘羨之度不當在鐘長之數。玉案以承棗栗，莫詳其制，戴君引棜禁及漢小方案，定其四周，而局足。廬人句兵欲無彈，刺兵欲無蜎，鄭皆訓之爲掉，戴君讀彈如死蟺之蟺，轉掉也，蜎搖掉也。其所以補正鄭氏注者，精審類如此。他若因嘉量論黄鍾少宫，因玉人土圭，匠人爲規識景，論地與天體相應，寒暑進退，晝夜永短之理，辯天子諸侯之宫，三朝三門，宗廟社稷所在，詳明堂個與夾室之制，申井田溝洫之法，觸事廣義，俾古人制度之大，暨其禮樂之器，昭然復見於今兹。是書之爲治經所取益固鉅，然戴君不喜馳騁其辭，但存所是文略。又於輈人龍旂鳥旟之屬，梓人筍虡，車人大車羊車之等圖，不具其言，曰思而可得者，微見其端，要留以待成學治古文者之致思可也。斯誠得論著之體矣。余獨慮守章句之儒，不知引伸，膠執舊聞，沾沾然動其喙也，是以論其大指，以爲之序首。河間紀昀撰。

奕賡《佳夢軒叢著》 乾隆八年五月内廷發出《陶冶圖》二十張，交内務府員外郎管理九江關防唐英次第編明，作爲圖說，進呈刊行。

紀事

朱銘盤《南朝齊會要·曆數·符瑞》 玉璽神鍾

昇明二年九月，建寧縣建昌村民採藥於萬歲山，忽聞澗中有異響，得銅鍾一枚，長二尺一寸，邊有古字。《祥瑞志》。

建元元年十月，涪陵郡蜑民田健所住巖間，常留雲氣，有聲響澈若龍吟，求之積歲，莫有見者。去四月二十七日，巖數里夜忽有雙光，至明往，獲古鍾一枚，又有一器名淳于，蛋人以爲神物奉祠之。同上。

永明四年四月，東昌縣山自比歲以來，恒發異響，去二月十五日，有一巖褫落，縣民方元泰往視，於巖下得古鍾一枚。五年三月，豫寧縣長崗山獲神鍾一枚。九年十一月，寧蜀廣漢縣田所墾地入尺四寸，獲古鍾一枚，形高三尺八寸，圍四尺七寸，縣柄長一尺二寸，合高五尺，四面各九孔。更於陶所瓦間見有白光，窺尋無物，自後夜夜輒復有光，既經旬日，村民張慶宣瓦作屋，又於屋間見光照内外，慶宣疑之，以告孔休先，乃共發視，獲玉璽一鈕，璧方八分，上有鼻，文曰「帝真」。曲阿縣民黄慶宅左有園，園東南廣袤四丈，每種菜，輒鮮異，雖加採拔，隨復更生。夜中恒有白光，皎質屬天，狀似縣絹，私疑非常，請師卜候，道士傅德占使掘之，深三尺，獲玉印一鈕，文曰「長承萬福」。同上。

永明二年正月，冠軍將軍周普孫於石頭北廂將堂見地有異光照城堞，往獲玉璽一鈕，方七分，文曰「明玄君」。十一月，虜國民齊祥歸入靈丘關，聞殷然有聲，仰視之，見山側有紫氣如雲，衆鳥回翔其間。祥往氣所，獲璽方寸四分，獸鈕，文曰「坤維聖帝永昌」。送與虜太后師道人惠度，欲獻虜主。惠度覩其文，竊謂「當今衣冠正朔，在於齊國」。遂附道人惠藏送京師，因羽林監崔士亮獻之。

朱銘盤《南朝梁會要・輿服・御供》 高祖在田，知民疾苦。逮踐皇極，身服浣濯之衣，御府無文飾，宫掖不過綾綵，無珠璣錦繡。《良吏傳序》。

中大通元年九月癸巳，幸同泰寺。行清浄大捨，素床瓦器。《南史・武紀》。

帝晚乃溺信佛道，日止一食，膳無鮮腴，惟豆羹糲飯而已。或遇事擁，日儻移中，便嗽口以過。身衣布衣，木綿皂帳，一冠三載，一被二年。《武太清三年紀》。

太清元年三月庚子，幸同泰寺。行清浄大捨，設素木牀、土瓦器。《南史・武紀》。

朱銘盤《南朝陳會要・食貨・獻奉》 天嘉三年，華皎授湘州刺史。皎起自下吏，善營産業，湘川地多所出，所得並入朝廷，糧運竹木，委輸甚衆；至于油蜜、脯菜之屬，莫不營辦。又征伐川洞，多致銅鼓、生口，並送于京師。《本傳》。

歐陽頠授廣州刺史，多致銅鼓、生口，獻奉珍異，前後委積。《本傳》。

廢帝光大二年五月丙辰，太傅安成王頊獻玉璽一。《本紀》。

宣帝太建二年五月乙卯，儀同黄法氍獻瑞璧一。《本紀》。

許嵩《建康實録》卷一六《齊下・北魏》 〔永明〕十年，世祖使司徒參軍范雲、蕭琛北使，宏在西郊祠天壇處，以繩相交絡，紐木祓帳，覆以青繒，形製平圓，下容百人坐，謂之爲「繖」，一云「百子帳」。于此下宴引朝臣。及齊使，宏皆自應接，甚重齊人。宏謂左右曰：「江南多好臣。」宏侍中李元凱對曰：「江南多好臣，數歲一易主；江北無好臣，百年不易主。」宏大慚。【略】

晉惠帝永明二年，闍耶始因天竺道人那伽仙而遣使于中國，奉表獻金縷龍王座像一軀，白檀像一軀，牙像一軀，牙塔二軀，古貝二雙，瑠璃蘇鉉一口，瑇瑁櫛一枚。詔回紫絳、地黄、碧緑綾各百匹。

許嵩《建康實録》卷一七《梁上・高祖武皇帝》 〔天監十八年七月甲申〕置惠日寺。案，西南去縣二里，阮翻捨宅造之，在建西尉定陰里。舊説云，大同八年，丹楊尹王齡造，今在縣東二里。考其二跡不同。此惠日寺，是宋之禪林寺，王修儀爲尼浄秀立精舍，新蔡公主爲佛殿，泰始三年，明帝助修，號曰禪林，濟惠文起房，如此之狀，歷歷明矣。隋末亂離，並從毀壞。皇初杜伏威與輔公祏等共修殿内丈六金像，并左右來侍，始武德四年止六年正月十五，畢功。寺西廢禪林寺，亦併入禪林之域。其年公祏背畔，七年李孝恭來討，爲軍火所及。貞觀七年，始移乃「惠日」之名於此矣。【略】

〔普通三年〕十一月，造猛信尼寺，西北去縣五十里，後閤主書高僧猛造，在鍾山西北，梁紹泰二年廢，上元二年勅令重造。福静寺，西北去縣六里，定修義造。

王溥《唐會要》卷二〇《陵議》 貞觀九年，高祖崩，詔定山陵制度，令依漢長陵故事，務在崇厚。時限既促，功役勞敝，祕書監虞世南上封事曰：「臣聞古之聖帝明王，所以薄葬者，非不欲崇高光顯，珍寶具物，以厚其親。然審而言之，高墳厚壠，珍物必備，此適所以爲親之累，非曰孝也。是以深思遠慮，安于菲薄，以爲長久萬世之計，割其常情，以定之耳。昔漢成帝造延、昌二陵，制度甚厚，功費甚多，諫議大夫劉向上書曰：『孝文帝居霸陵，悽愴悲懷，顧謂羣臣曰：「嗟乎，以北山石爲槨，用紵絮斮陳漆其間，豈可動哉？」張釋之進曰：「使其中有可欲，雖錮南山猶有隙；使其中無可欲，雖無石槨，又何戚焉？」夫死者無終極，而國家有廢興，釋之所言，爲無窮計也。孝文寤焉，遂以薄葬。』又漢氏之法，人君在位，三分天下貢賦，以一分入山陵。武帝歷年長久，比葬，陵中不復容物。霍光暗于大體，奢侈過度，其後至更始之敗，赤眉入長安，破茂陵取物，猶不能盡。無故聚斂百姓，爲盜之用，甚無謂也。魏文帝于首陽東爲壽陵，作《終制》，其略云：『昔堯葬壽陵，因山爲體，無樹無封，無立寢殿園邑，爲棺槨足以藏骨，爲衣衾足以朽肉。吾營此不食之地，欲使易世之後，不知其處。無藏金玉銅鐵，一以瓦器。自古及今，未有不亡之國，是無不掘之墓。喪亂以來，漢氏諸陵無不發掘，乃燒取玉柙金鏤，骸骨竝盡，豈不重痛哉？若違詔妄有變改，是爲戮屍于地下，死而重死，不忠不孝，使魂而有知，將不福汝。以爲永制，藏之宗廟。』魏文此制，可謂達于事矣。向使陛下德止于秦、漢之君，臣則緘口而已，不敢有言。伏見聖德高遠，堯、舜猶所不逮，而俯與秦、漢之君，同爲奢泰，捨堯、舜、殷、周之節儉，此臣所以戚戚也。今爲丘壠如此，其内雖不藏珍寶，亦無益也。萬世之後，人但見高墳大塚，豈謂無金玉也？臣之愚計，以爲漢文霸陵，既因山勢，雖不起墳，自然高敞。今之所卜，地勢既平，不可不起。宜依《白虎通》所陳周制，爲三仞之墳，其方中制度，事事減少，事竟之日，刻石于陵側，書明丘封大小高下之式，明器所須，皆以瓦木，合于禮文，一不得用金銀銅鐵。使後世子孫，竝皆遵奉。一通藏之宗廟，豈不美乎？且臣下除服，用三十六日，已依霸陵。今爲墳壠，又以長陵爲法，恐非所宜。伏願深覽古今，爲久長之慮。」書奏，不報。世南又上疏曰：「漢家即位之初，便營陵墳，近者十餘歲，遠者五十年，方始成就。今已數月之間，而造數十年之事，其於人力，亦已勞矣。又漢家大郡五十萬户，即日人衆，未及往時，而功役與之一等，此臣所以致疑也。」又公卿上奏，請遵遺詔，務從節儉，太宗乃謂中書侍郎岑文本曰：「朕欲一如遺詔，但臣子之心，不忍頓爲儉素。如欲稱朕崇厚之志，復恐百世之後，不免有廢毀之憂。朕爲此不能自決，卿等平章，必令得所，勿置朕於不孝之地。」因出虞世南封事，付所司詳議以聞。司空房玄齡等議曰：「謹按高祖長陵，高九丈，光武陵高六丈，漢文、魏文竝不封不樹，因山爲陵。竊以長陵制度，過爲宏侈，二丈立規，又傷矯俗。光武中興明主，多依典故，遵爲成式，實謂攸宜。伏願仰遵顧命，俯順禮經。」詔曰：「朕既爲子，卿等爲臣，愛敬罔極，義猶一體，無容固陳節儉，陷朕于不義也。今便敬依來議。」於是山陵制度頗有減省。

十八年，太宗謂侍臣曰：「昔漢家皆先造山陵，既達始終，身復親見，又省子孫經營，不煩費人功，我深以此爲是。古者因山爲墳，此誠便事，我看九嵕山孤聳迴繞，因而傍鑿，可置山陵處，朕實有終焉之理。」乃詔曰：「《禮記》云：『君即位而爲椑。』莊周云：『息我以死。』豈非聖人遠鑒深識，著之典誥，恐身後之日，子子孫孫，尚習流俗，猶循常禮，功四重之櫬，伐百祀之木，勞擾百姓，崇厚墳陵。今先爲此制，務從儉約，于九嵕之上，足容一棺而已。木馬塗車，土桴葦籥，事合古典，不爲世用。又佐命功臣，義深舟楫，追念在昔，何日忘之。漢氏將相陪陵，又給東園祕器，篤終之義，恩意深厚。自今以後，功臣密戚及德業佐時者，如有薨亡，宜賜塋地一所，以及祕器，使窀穸之時，喪事無闕。」至二十三年八月十八日，山陵畢。陵在醴泉縣，因九嵕層峰，鑿山南面，深七十五丈，爲玄宮。緣山傍巖，架梁爲棧道，懸絶百仞，繞山二百三十步，始達玄宮門，頂上亦起遊殿。文德皇后即玄宮後，有五重石門，其門外于雙棧道上起舍，宮人供養，如平常。及太宗山陵畢，宮人欲依故事留棧道，惟舊山陵使閻立德奏曰：「玄宮棧道，本留擬有今日，今既始終永畢，與前事不同。謹按故事，惟有寢宮安供養奉之法，而無陵上侍衛之儀，望除棧道，固同山岳。」上嗚咽不許，長孫無忌等援引禮經，重有表請，乃依奏。上欲闡揚先帝徽烈，乃令匠人琢石，寫諸蕃君長貞觀中擒伏歸化者形狀，而刻其官名。突厥頡利可汗、右衛大將軍阿史那出苾，突厥頡利可汗、右衛大將軍阿史那什鉢苾、突厥乙彌泥孰候利苾可汗、右武衛大將軍阿史那李思摩，突厥都布可汗、右衛大將軍阿史那社爾，薛延陀真珠毗伽可汗，吐番贊普，新羅樂浪郡王金貞德，吐谷渾河源郡王、烏地也拔勤豆可汗慕容諾曷鉢，龜兹王訶黎布失畢，于闐王伏闍信，焉耆王龍突騎支，高昌王、左武衛將軍麴智盛，林邑王范頭黎，帝那伏帝國王阿羅那順等十四人，列于陵司馬北門内，九嵕山之陰，以旌武功。乃又刻石爲常所乘破敵馬六匹于闕下也。

神龍元年十二月，將合葬則天皇后于乾陵，給事中嚴善思上表曰：「臣謹按《天元房録葬法》云：『尊者先葬，卑者不合於後開入。』臣伏聞則天大聖皇后欲開乾陵合葬，然以則天皇后卑于天皇大帝，欲開陵合葬，即是以卑動尊，事既不經，恐非安穩。臣又聞乾陵玄宮，其門以石閉塞，其石縫鑄鐵，以固其中。今若開陵，其門必須鐫鑿。然以神明之道，體尚幽玄，今乃動衆加功，誠恐多所驚黷。又若别開門道，以入玄宮，即往者葬時，神位先定，今更改作，爲害益深。又以修築乾陵之後，國頻有難，遂至則天皇后總萬幾二十餘年，其難始定。今乃更加營作，伏恐還有難生。但合葬非古，著在古昔，在禮經緣情爲用，無足依准。況今事有不安，豈可復循斯制？伏見漢時諸陵，皇后多不合葬。魏、晉之後，祚皆不長。雖受命應期，有因天假，然循機享德，亦在天時。但陵墓所安，必資勝地，後之胤嗣，用託靈根，或有不安，後嗣固難長享。伏望依漢朝之故事，改魏、晉之頹綱，于乾陵之傍，更擇吉地，取生墓之法，别起一陵，既得從葬之儀，又成固本之業。伏以合葬者，緣人私情，不合葬者，前修故事。若以神道有知，幽塗自得通會。若以死者無知，合之復有何益？然以山川精氣，上爲星象。若葬得其所，則神安後昌。若葬失其宜，則神危後損。所以先哲垂範，具立葬經，欲使生人之道必安，死者之神永奉。伏望少迴天眷，俯覽臣言，行古昔之明規，割私情之愛欲，使社稷長享，天下永安。」疏奏，百官詳議，尋有勅令，准遺詔以葬之。

開元十七年，玄宗因拜橋陵，至金粟山，觀岡巒有龍盤鳳翔之勢，謂左右曰：「吾千秋後，宜葬于此地。」後遂追先旨葬焉。

天寶十三載二月制：「獻、昭、乾、定、橋五署，改爲臺令，各升一階，自後諸陵，例皆稱臺。」又至德元年八月六日，前興、定陵署焦士炎上表：「請永康、興寧二陵爲署。」勅令中書門下，召禮官定其可否。太常禮院奏曰：「《禮記》：『追王太王、王季，上祀先公，以天子之禮。』上文言追王王季，下文言上祀先公，足明追者全用天子之禮，先公惟祀事得用。故鄭玄注言追王王季者，以近起焉，又言追王者，改葬之矣。葬且猶改，則其餘可知。伏以景皇帝竝是追尊，皆用天子之禮，陵臺之號，不合有殊。」從之。

建中元年，德宗即位，將厚奉元陵，刑部員外郎令狐峘上疏諫曰：「臣聞《傳》曰：『近臣盡規。』《禮記》曰：『事君有犯而無隱。』臣讀《漢書·劉向傳》，見論王者山陵之誡，良史稱歎，萬古芬芳。何者？聖賢之心，勤儉是務，必求諸道，不作無益。故舜葬蒼梧，不變其肆；禹葬會稽，不改其列；周武葬于畢陌，無丘壠之處；漢文葬于霸陵，因山谷之勢。禹非不忠也，啓非不順也，周公非不悌也，景帝非不孝也，其奉君親，皆從微薄。昔宋公始爲厚葬，用蜃灰，益車馬，其臣華元、樂舉，《春秋》書爲不臣。秦始皇葬驪山，魚膏爲燈燭，水銀爲江海，珍寶之藏，不可勝計，千載非之。宋桓魋爲石槨，夫子曰：『不如速朽。』子游問喪具，夫子曰：『稱家之有無。』張釋之對孝文曰：『使其中無可欲，雖無石槨，亦何戚焉？』漢文帝霸陵，皆用瓦器，不以金銀爲飾。由是觀之，有德者葬愈薄，無德者葬愈厚，昭然可覩矣。陛下自臨御天下，聖政日新，進忠去邪，減膳節用，不珍雲物之瑞，不近鷹犬之娛。有司給物，悉依元估，利於人也。遠方底貢，惟供祀事，薄於己也。故澤州奏慶雲，詔曰『以時和爲嘉祥』；邕州奏金坑，詔曰『以不貪爲寶。』恭惟聖慮，無非至理，而獨六月一日制節文云，緣應山陵制度，務從優厚，常竭帑藏，以供費用者。此誠仁孝之德，切于聖衷。伏以尊親之義，貴于合禮。陛下每下明詔，發德音，追蹤唐、虞，超邁周、漢，豈取悦凡常之口，有違賢哲之心，與失德之君，競于奢侈者也。臣又伏讀遺詔曰：『其喪儀制度，務從儉約。』陛下恭順先志，動無違者，若制度優厚，豈顧命之意也。」疏奏，優詔從之。

貞元十四年四月詔曰：「昭陵舊寢宮在山上，置來多年，曾經野火燒爇，摧毁略盡，其宮尋移在瑤臺寺側。今屬通年，欲議修理，緣供水稍遠，百姓勞敝。今欲于見住行宮處修造，以冀久遠便安，又爲改移舊制，恐在所未周，宜令中書門下百官，同商量可否聞奏。」于是吏部員外郎楊於陵議曰：「伏以陵園宮寢，非三代之制，自秦、漢以來有之。但相沿于陵旁制寢，未聞去陵有遠近步數之節。在漢宣、元之後，諸儒韋玄成、匡衡等迭建陵寢之議，或興或廢，亦無明徵。陛下嚴恭禋祀，至誠至慎，俯擇羣議，上參天心，則葺修之理，可得指事而言也。竊以陵寢經界，在柏城之內，非遠于陵也。若諸陵寢宮，皆因高有定制，去陵有定限，則縱非太宗之寢，雖遠井泉，皆宜循舊，不可移也。如但止于柏城之內，去陵遠近不一，則昭陵舊寢，焚爇既盡，行宮所卜，展敬多年。今便于側近循造，不出柏城之內，則與諸陵寢廟，復何異也？議者或以太宗創業垂統，功德巍巍，寢宮舊規，不合變易。復山上已毁之地，則爲展孝，就山下載安之所，則爲遠陵，甚不然也。何者？因陵建寢，當時之事也；乘變改作，順時之宜也。夫園塋本于安静，繕建彰于動作，燎火之恐，當不安矣，版築之勞，斯爲勤矣。將欲崇閟宇于荒廢，興大役于密邇，盧非聖靈之所憑依，區區財力之費，曾何足計？是則曩時之創立，以近爲便，今日之改制，以便爲宜，奚必于柏城封域之中，生近陵之嫌也。伏惟陛下虔奉祖宗，盡心園寢，上以追孝敬，下以庇烝黎。臣識陋學淺，莫探往制，罄竭所見，謂宜改修。」太常博士韋彤奏議曰：「歷代禮書及國朝故事，未見有不可改移之禮。先王建都立邑，以安民也，有不便則爲之遷，況其有故乎！伏以文皇寢園，頃遇焚爇，遂奉仙駕，久移舊宮，事則因災，非無故也。歲月傳敍，神御已安，就其修建，可謂至順。且陵旁置寢，是秦、漢之法，擇其高爽，務取清嚴，去陵遠近，本無著定。是以今之制置，里數不同，各于柏城，隨其便地，又非皆在山下也。臣訪聞昭陵舊寢，經火之後，人行遂少，林莽隱蔽，逕路欹危。伏以玄宮尚幽，所奉宜静，今若必須仍舊，土木興功，不惟負載至難，亦恐喧嚻太逼。大道以變通則久，聖人以適時爲禮。今陛下孝思所切，營建惟新，是則通于神明，豈伊常情所及？聖旨所示，謂于瑤臺寺左側，是必于昭陵柏城之内，不在瑤臺寺明矣。既不越封兆，而力役易從，俯近井泉，則膳羞愈潔。規模一定，垂之無窮，酌其便宜，誠爲允當。」初，正月中，令有司修葺陵寢，以昭陵舊宮先因火焚毁，故詔百官詳議。議者多云舊宮既被焚爇，請移就山下，或有議請修舊宮者，上意亦不欲遷移，由是復以山下爲定。于是遣右諫議大夫、平章事崔損充修八陵使。及所司計料，獻、昭、乾、定、泰五陵，各造屋三百七十八間，橋陵一百四十間，元陵三十間，惟建陵不復創造，但修葺而已。所緣寢陵中帷幄牀褥一事以上，竝令制置，上親閲焉。

寶曆二年二月，太常奏：「追尊孝敬皇帝以下四陵，宜停朝拜事。」孝敬皇帝恭陵，讓皇帝惠陵，奉天皇帝齊陵，承天皇帝順陵。前件四陵，昔年追尊大號，皆是恩制，緣情而行，當時已不合經典。今乃二時朝拜，上擬祖宗，竊以情禮之差，過猶不及。謹按《禮記》及歷代禮文并國朝故事，皇帝旁親無服，又云五代而親屬盡。伏以四陵親非祖宗，事無功德，緣情權制，禮合變更，有司因循，尚爲常典。況今宗廟之上，遷世已遠，尊卑降殺，朝謁須停。」勅旨依奏。

王溥《唐會要》卷六六《少府監》 武德初，以兵革未定，置軍器監，廢少府監。貞觀元年正月，分太府中尚方、左尚方、右尚方、織染方、掌冶方五署，置少府監。通將作、國子爲三監。龍朔二年，改爲内府監。咸亨元年，復爲少府監。光宅元年，改爲尚方監。神龍元年，復爲少府監。其令、少，隨監名改復也。

少監　本一員，太極元年二月十八日，加一員，以孔仲思爲之。至開元十一年，罷軍器監，隸入少府監，爲甲弩坊，更置少監一員統之，以馮紹貞爲之。十四年八月二十八日，省一員。

中尚署　本中尚方，天后時去「方」字，避「監」號。開元已來，別置中尚使，以檢校進奉雜作，多以少府監及諸司高品爲之。

永徽六年十一月，詔曰：「少府監非軍國所須，宗廟之用，並不須飾以珠玉。」

顯慶六年二月十六日勅：「南中有諸國舶，宜令所司，每年四月以前，預支應須市物。委本道長史，舶到十日内，依數交付價值。市了，任百姓交易。其官市物，送少府監簡擇進内。」

景龍二年四月十四日勅：「少府季別先出錢二千貫，別庫貯。每別勅索物，庫内無者，即令市進。皆須對主付值，不得且令供物，於後還錢。其錢兼以絹布絲緜充數，其祠進明衣及布，亦用此物充。」

王溥《唐會要》卷六六《將作監》 龍朔二年，改爲繕工監。咸亨元年，復爲將作監。光宅元年，爲營繕監。神龍元年，復爲將作監。

大監　本爲大匠，龍朔二年，爲大監。咸亨元年，爲大匠。天寶十一載，爲大監，依舊。

少監　本一員，大足元年二月六日，加一員，以楊務廉爲之。

中校署　開元二年置。

天寶四載四月勅：「將作監所置，且合取當司本色人充直者，宜即簡擇發遣。內作使典，亦不得輒取外司人充。其諸司非本色直，及額外直者，亦一切並停。自今以後，更不得補置。如歲月深久，尚或因人，所由長官，量事貶降，其所應直，決一頓，配羅邊軍。」

建中元年九月，將作監上言：「宣政内廊有摧壞者，今當修之。准《陰陽書》，謂是歲孟冬爲魁罡，不利修作，請卜他時。」上曰：「《春秋》之義，啓塞從時。若修毀完敗，何時之擇。詭妄之書勿徵。」乃修。

王溥《唐會要》卷八六《城郭》 永徽五年十一月十一日，和雇雍州夫四萬一千人，修京羅城郭，三十日畢。九門各施觀，明德觀正門，以工部尚書閻立德爲始。

顯慶五年九月，改東明門爲賓耀門，西明門爲宣耀門。

長壽元年九月，神都改造文昌臺，及造定鼎、上東等城門，修築外郭，並鳳閣侍郎李昭德所制，時人以爲能。

開元十八年四月一日，築京城，九十日畢。

二十三年七月勅：「兩京城皇城及諸門，并助鋪及京城守把捉兵之處，有城墻若門樓舍屋破壞須修理者，皆與所司相知，并量抽當處職掌衛士，以漸修營。若須登高臨内，即聞奏之。」

二十八年，都畿採訪使、御史中丞張倚請整齊都城侵街墻宇。

天寶二年正月二十八日，築神都羅城，號曰「金城」。

六載十二月二十一日，築會昌城于湯所，置百司及公卿邸第。

十三載十月十七日，和雇華陰、扶風、馮翊三郡丁匠，及京城人夫一萬三千五百人，築興慶宮城，並起樓，四十九日畢。

至德二載正月二十七日，改丹鳳門爲明鳳門，安化門爲達禮門，安上門爲先天門，及坊名有「安」者悉改之，尋並卻如故。

建中元年五月，築奉天城。

四年十月，上避難于奉天。初，術士桑道茂奏請城奉天，爲王者之居，至是方驗。

貞元八年，新作玄武門。

九年二月，詔復築鹽州城。先是，貞元三年，城爲吐蕃所壞，自後塞外無保障，犬戎入寇。既城之後，邊患頓息。

元和三年，涇原節度使段佑請修臨涇城，在徑州北八十里，以扼犬戎之衝，詔從之。

八年，河東節度使張弘靖奏修古舜城，從之。

長慶四年三月，夏州節度使李祐奏于塞外築烏延、宥州、臨塞、陰河、陶子等五城，以備蓄寇。

大和元年四月，鳳翔府築臨汧城于汧陽縣西北八十里。

會昌六年正月，閑廄宮苑使奏：「苑內諸面苑子等門，共九十四所，今伏緣大禮日近，準例鑾駕赴郊廟後，並請鏁閉，匙鑰各令進入，候還宮日，即便請卻開。應赴郊廟一物以上，請宣下事件前，並須搬載出盡。其留司官健等，令併支糧料，鑾駕赴郊廟後，不得出入。」勅旨依奏。

咸通六年四月，西川節度使牛藂奏于蠻界築新安城、遏戎州，功畢。時南詔蠻入寇姚、嶲，陳許大將顏復成嶲州，奏筑二城。其年秋，六姓蠻攻遏戎州，爲復所敗，退去。

段成式《酉陽雜俎續集》卷五《寺塔記上》 天王閣，長慶中造，本在春明門內，與南內連墻，其形大爲天下之最。太和二年，敕移就此寺。拆時，腹中得布五百端，漆數十篅。今部落鬼神形像隳壞，唯天王不損。

歐陽修《新五代史》卷二九《晉臣傳・景延廣》 天福八年秋，出帝幸大年莊還，置酒延廣第。延廣所進器服，鞍馬、茶牀、椅榻皆裹金銀，飾以龍鳳。又進帛五千匹，綿一千四百兩，馬二十二匹，玉鞍、衣襲、犀玉、金帶等，請賜從官，自皇弟重睿，下至伴食刺史、重睿從者各有差。帝亦賜延廣及其母、妻、從事、押衙、孔目官等稱是。時天下旱，蝗，民餓死者歲十數萬，而君臣窮極奢侈以相誇尚如此。

《宋史》卷四八五《外國傳一・夏國上・李繼捧》 端拱初，改感德軍節度使。屢發兵討繼遷不克，用宰相趙普計，欲委繼捧以邊事，令圖之。因召赴闕，賜姓趙氏，更名保忠，太宗親書五色金花牋以賜之，授夏州刺史，充定難軍節度使，夏銀綏宥靜等州觀察處置押蕃落等使，賜金器千兩、銀器萬兩，并賜五州錢帛、芻粟、田園。保忠辭日，宴于長春殿，賜襲衣、玉帶、銀鞍馬、錦綵三千匹、銀器三千兩，又賜錦袍、銀帶五百，副馬百匹。

《宋史》卷四八五《外國傳一・夏國上・李德明》 乾興元年，加純誠功臣。德明自歸順以來，每歲旦、聖節、冬至皆遣牙校來獻不絕，而每加恩賜官告，則又以襲衣五，金荔支帶、金花銀匣副之，銀沙鑼、盆、合千兩，錦綵千匹，金塗銀鞍勒馬一匹，副以纓、複，遣內臣就賜之。

劉斧《青瑣高議》卷六《驪山記》 大宋張俞，字才叔，又字少愚，西蜀人。幼鋭於學，久而愈勤，心慕至道。應制科，辭理優贍賅博，意爲必擢高等。有司罪其文訐鯁太直，不可進。俞由是不得意，尤爲議者所惜，愈不樂，日與朋儕登高大醉。久乃還蜀，更不以進取爲事。亦多往來京索間，所過有山水之奇，虛名之玩，未嘗不往觀焉。既觀，未嘗不吟咏，反覆爛熳，終日嘯傲，至有歷時不能去。

俞嘗命一僕荷酒肉，一僕携紙筆，一日，與三四友人游驪山。俞謂其友人曰：「吾走天下有日矣，足迹幾遍於四海，而山水宜乎厭飫。道也終不能使人忘情，吾之志如是也。驪山吾已數游，不須再登也，不若山下見老叟，求古遺事。」乃同友人遍歷民家，皆曰：「惟田翁好蓄古書文籍，博覽古今。」俞乃倩一耕者導至田翁家。翁久乃出，髮鬓如雪，進趨甚有禮，視聽不少衰。既坐，翁謂俞曰：「山野閒居，門無長者車騎久矣。君子惠然見過，何也？」俞曰：「余好古者也。聞翁有壽且知古，此來誠有意也。」翁始則悚而拒，終則愧而謝，且曰：「吾今年九十三矣，亦嘗見大父洎吾祖言往事。晉、漢時吾不知也，唐自明皇而下，吾素所記。」就衣帶間取鐵匙，命其子：「開鑰，取吾櫃中某書來。」

及啓，乃一幅圖也，即驪山宮殿圖。凡二門，大小九殿，臺亭六十二處。回廊屈曲，莫知其數。東曰日華門，西曰月華門。東大殿曰萬壽殿，一殿曰迎陽，又一曰晨暉，又一曰紫極，又一曰寶林，又一曰寶基，又一曰明和，又一曰文慶。自日華門入，即大安殿。月華門入，即萬壽殿。大安殿後三殿：一曰迎陽，一曰紫極，一曰晨暉。萬壽殿後三殿：一曰寶基，一曰寶林，一曰明和。六殿後又一殿，曰文慶也。後即翠華門，乃入後宮。東即紫雲閣，閣東即先春館，西即桂香堂。西又有明華閣，閣東即惜花館，西即載月堂。紫雲閣東即碧瑶池，環池榭東即賞春臺，西即御釣臺、明霞閣，西乃寶積池，池北乃聖智堂，前曰清風軒也。宮中流水灌注，環繞臺榭。宮外又有臺殿，或架巖腹，或横危巔，皆有佳名，不知盡紀。翁按圖指示，豁然在目前。俞喜曰：「驪宮吾已知之矣。」

沈括《夢溪筆談》卷一八《技藝》 造舍之法，謂之《木經》，或云喻皓所撰。凡屋有三分，自梁以上爲上分，地以上爲中分，階爲下分。凡梁長幾何，則配極幾何，以爲榱等。如梁長八尺，配極三尺五寸，則廳堂法也。此謂之上分。楹若干尺，則配堂基若干尺，以爲榱等。若楹一丈一尺，則階基四尺五寸之類。以至承拱、榱、桷，皆有定法，謂之中分。階級有峻、平、慢三等，宮中則以御輦爲法：凡自下而登，前竿垂盡臂，後竿展盡臂，爲峻道；荷輦十二人，前二人曰前竿，次二人曰前條，又次曰前脅，後一人曰後脅，又後曰後條，末後曰後竿。輦前隊長二人曰傳倡，後一人曰報賽。前竿平肘，後竿平肩，爲慢道；前竿垂手，後竿平肩，爲平道。此之謂下分。其書三卷。近歲土木之工，益爲嚴善，舊《木經》多不用，未有人重爲之，亦良工之一業也。

江少虞《宋朝事實類苑》卷五八《廣知博識・石油墨》 鄜延境内有石油，舊説高奴縣出脂水，即此也。生於水際，沙石與泉水相雜，惘惘而出，土人以雉尾裛之，乃採入缶中，頗似淳漆，漆之如麻，但煙甚濃，所霑幄幕皆黑。予疑其煙可用，試掃其煤以爲墨，黑光如漆，松墨不及也，遂大爲之，其識文爲『延川石液』者是也。此物後必盛行於世，自予始爲之，蓋石油至多，生於地中無窮，不若松木有時而竭。今齊魯間，松林盡矣。漸至太行、京西、江南，松山太半皆童矣。造煤人蓋未知石煙之利也。石炭煙亦大墨人衣，予戲爲延州詩云：『二郎山下雪紛紛，旋草窮廬學塞人。化盡素衣冬未老，石煙多似洛陽塵。』

朱熹《四書章句集注・孟子集注》卷一二《告子》 白圭曰：「吾欲二十而取一，何如？」白圭，名丹，周人也。欲更税法，二十分而取其一分。林氏曰：「按《史記》：白圭能薄飲食，忍嗜欲，與童僕同苦樂。樂觀時變，人棄我取，人取我與，以此居積致富。其爲此論，蓋欲以其術施之國家也。」孟子曰：「子之道，貉道也。貉，音陌。○貉，北方夷狄之國名也。萬室之國，一人陶，則可乎？」曰：「不可，器不足用也。」孟子設喻以詰圭，而圭亦知其不可也。曰：「夫貉，五穀不生，惟黍生之。無城郭、宫室、宗廟、祭祀之禮，無諸侯幣帛饔飧，無百官有司，故二十取一而足也。夫，音扶。○北方地寒，不生五穀，黍早熟，故生之。饔飧，以飲食饋客之禮也。今居中國，去人倫，無君子，如之何其可也？無君臣、祭祀、交際之禮，是去人倫；無百官有司，是無君子。陶以寡，且不可以爲國，況無君子乎？因其辭以折之。欲輕之於堯舜之道者，大貉小貉也；欲重之於堯舜之道者，大桀小桀也。」什一而税，堯舜之道也。多則桀，寡則貉。今欲輕重之，則是小貉、小桀而已。

范成大《桂海虞衡志・志器》 南州風俗，猱雜蠻猺，故凡什器多詭異；而外蠻兵甲之製，亦邊鎮之所宜知者。

竹弓。以䈽徒郎反，竹也。竹爲之。筋膠之制，一如角弓，惟揭箭不甚力。

黎弓。海南黎人所用，長弰木弓也。以藤爲弦，箭長三尺，無羽，鏃長五寸，如茨菰葉。以無羽，故射不遠三四丈，然中者必死。

蠻弩。諸峒猺及西南諸蕃，其造作略同，以硬木爲弓，椿甚短，似中國獵人射生弩，但差大耳。

猺人弩。又名編架弩。無箭槽，編架而射也。

藥箭。化外諸蠻所用。弩雖小弱，而以毒箭濡箭鋒，中者立死。藥以蛇毒草爲之。

蠻甲。惟大理國最工。甲冑皆用象皮，胸、背各一大片，如龜殼，堅厚與鐵等。又聯綴小皮片，爲披膊、護項之屬，製如中國鐵甲，葉皆朱之。兜鍪及甲身内外，悉朱地間黄黑漆，作百花蟲獸之文，如世所用犀毗器，極工妙。又以小白貝纍纍絡甲縫，及裝兜鍪，疑猶傳古貝冑朱綅遺製云。

黎兜鍪。海南黎人所用，以藤織爲之。

雲南刀。即大理所作。鐵青，黑沉沉，不錔。南人最貴之。以象皮爲鞘，朱之，上亦畫犀毗花文。一鞘兩室，各函二刀。靶以皮條纏束，貴人以金銀絲。

峒刀。兩江州峒及諸外蠻無不帶刀者，一鞘二刀，與雲南同，但以黑漆雜皮爲鞘。

黎刀。海南黎人所作。刀長不過一二尺，靶乃三四寸，織細藤纏束之。靶端插白角片尺許，如鴟鴞尾，以爲飾。

蠻鞍。西南諸蕃所作。不用韉，但空垂兩木鐙。鐙之狀，刻如小龕，藏足指其中，恐入榛棘傷足也。後鞦鏃木爲大錢，纍纍貫數百，狀如中國騾驢鞦。

蠻鞭。刻木節節如竹根，朱墨間漆之，長纔四五寸，首小，有鐵環，貫二皮條，以策馬。

花腔腰鼓。出臨桂職田鄉。其土特宜鼓腔，村人專作窰燒之，細畫紅花紋以爲飾。

銅鼓。古蠻人所用，南邊土中時有掘得者，相傳爲馬伏波所遺。其製如坐墪而空其下。滿鼓皆細花紋，極工緻。四角有小蟾蜍，兩人舁行，以手拊之，其聲全似鞞鼓。

銃鼓。猺人樂。狀如腰鼓，腔長倍之。上鋭下侈，亦以皮鞔植於地，坐拊之。

盧沙。猺人樂。狀類簫，縱八管，横一管貫之。

葫蘆笙。兩江峒中樂。

藤合。屈藤盤繞，成柈合狀，漆固護之。出藤、梧等郡。

雞毛筆。嶺外亦有兔，然極少。俗不能爲兔毫筆，率用雞毛，其鋒踉蹡不聽使。

練子。出兩江州峒。大略似苧布。有花紋者謂之花練，土人亦自貴重。

緂。亦出兩江州峒。如中國綫羅，上有偏地小方勝紋。

蠻氈。出西南諸蕃，以大理爲最。蠻人晝披夜卧，無貴賤，人有一番。

黎幕。出海南黎峒。黎人得中國錦綵，拆取色絲，間木棉，挑織而成。每以四幅聯成一幕。

黎單。亦黎人所織。青紅間道，木棉布也。桂林人悉買以爲卧具。

檳榔合。南人既喜食檳榔，其法，用石灰或蜆灰并扶留藤同咀則不澁。士人家至以銀錫作小合，如銀錠樣，中爲三室，一貯灰，一貯藤，一貯檳榔。

鼻飲杯。南邊人習鼻飲，有陶器如杯碗，旁植一小管，若瓶嘴，以鼻就管吸酒漿，暑月以飲水，云：「水自鼻入，咽快不可言。」邕州人已如此，記之以發覽者一胡盧也。

牛角杯。海旁人截牛角令平，以飲酒，亦古兕觥遺意。

蠻椀。以木刻，朱黑間漆之，侈腹而有足，如敦瓿之形。

竹釜。猺人所用。截大竹筒以當鐺鼎，食物熟而竹不燬，蓋物理自爾，非異也。

戲面。桂林人以木刻人面，窮極工巧，一枚或值萬錢。

范成大《桂海虞衡志·志蠻》 羈縻州洞隸邕州左右江者爲多。【略】民田計口給民，不得典賣；惟自開荒者由己，謂之祖業口分田。知州别得養印田，猶圭田也。權州以下，無印記者，得蔭免田。

既各服屬其民，又以攻剽山獠及博買嫁娶所得生口，男女相配，給田使耕，教以武技，世世隸屬，謂之家奴，亦曰家丁。强壯可教勒者，謂之田子甲，亦曰馬前牌。皆青布巾，跣足。總謂之洞丁。舊一州多不過五六百人，今有以千計者。元豐中嘗籍其數十餘萬，老弱不與。此籍久不修矣。

洞丁往往勁捷，能辛苦，穿皮履，上下山不頓。其械器有桶子甲、長槍、手標、偏刀、遏鐐牌、山弩、竹箭、桄榔箭之屬。其相仇殺，彼此布陳，各張兩翼，以相包裹。人多翼長者勝，無他奇。

民居苫茅，爲兩重棚，謂之麻欄，上以自處，下畜牛豕。棚上編竹爲棧，但有一牛皮爲裀席。牛豕之穢，升聞棧罅，習慣之，亦以其地多虎狼，不爾則人畜俱不安。深廣民居，亦多如此。

洞人生理尤苟簡。冬編鵝毛木綿，夏緝蕉竹麻紵爲衣，摶飯掬水以食。家具藏土窖，以備寇掠。土産生金、銀、銅、鉛、緑、丹砂、翠羽、洞緂、練布、茴香、草果諸藥，各逐其利，不困乏。【略】

交人無貴賤，皆椎髻，跣足。酋平居亦然。但珥金簪，衣黄衫紫裙。餘皆服盤領四裙阜衫，不繫腰。衫下繫阜裙，珥銀鐵簪，曳皮履，執鶴羽扇，戴螺笠。皮履以皮爲底，施小柱，以拇指夾之而行。扇編鶴羽，以辟蛇。螺笠，竹絲縷織，狀如田螺，最爲工緻。婦人多哲，與男子絶異，好着緑寬袖直領，皆以阜裙束之。

酋出入以人挽車，貴僚坐幅布上，掛大竹，兩夫舁之，名「抵鴉」。【略】

土産生金及銀、銅、朱砂、珠、貝、犀、象、翠羽、車渠、諸香及鹽、漆、吉貝之屬。【略】

不能造紙筆，求之省地。其人少通文墨，閩人附海舶往者，必厚遇之，因命之官，咨以決事。凡文移詭亂，多自游客出。相傳其祖公蘊，亦本閩人。【略】

不能鼓鑄泉貨，純用中國小銅錢，皆商旅泄而出者。按：掠賣婢奴，與士人游邊，及透漏錢寶出外界，三者法禁具在，今玩弊如此，蓋安撫、都監、沿邊谿洞司不得人，邊政頹靡，奸宄肆行所致，日滋月長未艾也。及邊吏多無財用植立，窮斗升癟士，苟活待盡而已，何暇顧邊防國事者，宜痛心疾首焉。

然交人自熙寧敗降後，亦不復敢猖獗，南陲奠枕且百年。紹興十二年，妖人譚友諒竄入思浪州，詐稱奉使，諭下州洞，天祚大恐。已而帥司檄安南捕友諒邕州又以僞官告身招

其象飾禮物，則有金御乘象羅我，羅我如鞍架之狀，及金裝象牙、銷金象額、金銀裹象鈎連同心帶、金間銀裝象額、金銀裝朱纏象藤條、金鍍銅裝象脚鈴、裝象銅鐸、連鐵索、御乘象繡坐簟、裝象犛牛花朵、御乘象朱梯、御羅我同心龍頭帶等。餘物則有金銀鈔鑼、沉水香等。【略】

此等入朝，則稍更其服器。使者幞頭，靴笏，紅鞓，金帶，犀帶，每誇以金箱之。又以香膏沐髮如漆，裹細折烏紗巾，足加履襪。使者乘涼轎，釘鉸髹漆甚飭。蓋得至中國，盡變椎髻，徒跣、抵鴉之制。

洪邁《容齋續筆》卷八《列國城門名》 郡縣及城門名，用一字者爲雅馴近古。今獨姑蘇曰吴郡吴縣，有盤門、閶門、葑門、婁門、齊門，它皆不然。春秋時，列國門名見於《左氏傳》者，鄭最多，曰渠門、純門、時門、將門、閨門、皇門、鄟門、墓門，又有師之梁、桔柣之門。周曰圉門。魯曰雩門、雉門、稷門、萊門、鹿門，又有子駒之門。《公羊傳》有争門、吏門。宋曰耏門、桐門、盧門、曹門、澤門、揚門、

桑林之門。郕曰魚門、范門。衛曰閱門，蓋獲之門。齊曰雍門，亦有揚門、鹿門、稷門。吴曰胥門。宋垤澤之門，見《孟子》。

洪邁《容齋四筆》卷一二《當官營繕》 元豐元年，范純粹自中書檢正官謫知徐州滕縣，一新公堂吏舍，凡百一十有六間，而寢室未治，非嫌於奉己也，曰吾力有所未暇而已。是時，新法正行，御士大夫如束濕，雖任二千石之重，而一錢粒粟，不敢輒用，否則必著册書。東坡公歎其廉，適爲徐守，故爲作記。其略曰：「至於宮室，蓋有所從受，而傳之無窮，非獨以自養也。今日不治，後日之費必倍。而比年以來，所在務爲儉陋，尤諱土木營造之功，欹仄腐壞，轉以相付，不敢擅易一椽，此何義也！」是記之出，新進趨時之士，娼疾以惡之。恭覽國史，開寶二年二月詔曰：「一日必葺，昔賢之能事。如聞諸道藩鎮、郡邑公宇及倉庫，凡有隳壞，弗即繕脩，因循歲時，以至頹毁，及僝工充役，則倍增勞費。自今節度、觀察、防禦、團練使、刺史、知州、通判等罷任，其治所廨舍，有無隳壞及所增修，著以爲籍，迭相符授。幕職州縣官受代，則對書於考課之曆，損壞不全者，殿一選，修葺、建置而不煩民者，加一選。」太祖創業方十年，而聖意下逮，克勤小物，一至於此。後之當官者不復留意。以興仆植僵爲務，則暗於事體、不好稱人之善者，往往翻指爲妄作名色，盜隱官錢，至於使之束手諱避，忽視傾陋，逮於不可柰何而後已。殊不思貪墨之吏，欲爲姦者，無施不可，何必假於營造一節乎！

洪邁《容齋五筆》卷六《玉堂殿閣》 漢谷永對成帝問曰：「抑損椒房、玉堂之盛寵。」顔師古注：「椒房，皇后所居。玉堂，嬖幸之舍也。」按，《漢書·李尋傳》：「久汙玉堂之署。」注：「玉堂殿在未央宮。」翼奉疏曰：「孝文帝時，未央宮又無高門、武臺、麒麟、鳳皇、白虎、玉堂、金華之殿。」《三輔黄圖》曰：「未央宮有殿閣三十二，椒房、玉堂在其中。」《漢宮閣記》云：「未央宮有玉堂、宣室閣。」又引《漢書》「建章宮南有玉堂，璧門三層，臺高三十丈，玉堂内殿十二門階，階皆玉爲之。又有玉堂、神明堂二十六殿。」然今《漢書·郊祀志》但云「建章宮南有玉堂璧門」，而無它語。晉灼注揚雄《解嘲》「上玉堂」之句，曰「《黄圖》有大玉堂、小玉堂殿」，而今《黄圖》無此文。國朝太宗淳化中，賜「翰林玉堂」之署四字，其後以最下一字犯廟諱，故元符中只云「玉堂」。紹興末，學士周麟之又乞高宗御書「玉堂」二字揭於直廬，麟之跋語，自有所疑。已而議者皆謂玉堂乃殿名，不得以爲臣下直舍，當如承明故事，請曰「玉堂之廬」可也。今翰林但扁摛文堂三字，示不敢居。然則其爲禁内宮殿明白，有殿、有閣、有臺。谷永以配椒房言之，意當日亦嘗爲燕游之地，師古直以爲嬖幸之舍，與前注自相舛異，大誤矣。

趙汝适《諸蕃志》卷下《志物·吉貝》 吉貝，樹類小桑，蕚類芙蓉，絮長半寸許，宛如鵝毳，有子數十，南人取其茸絮，以鐵筯碾去其子，即以手握茸就紡，不煩緝績，以之爲布。最堅厚者謂之兜羅綿，次曰番布，次曰木棉，又次曰吉布，或染以雜色，異紋炳然，幅有闊至五六尺者。

趙汝适《諸蕃志》卷下《志物·椰心簟》 椰心簟，出丹戎武囉，番商運至三佛齊、凌牙門及闍婆貿易。又出三嶼、蒲哩嚕。山産草，其狀似藤，長丈餘，紋縷端膩，無節目，名曰椰心草。番之婦女採而絲破，織以爲簟，或用色染紅黑相間者曰花簟，冬温而夏涼，便於出入。以三佛齊者爲上，三嶼者最爲下。

趙汝适《諸蕃志》卷下《志物·琉璃》 琉璃，出大食諸國。燒煉之法與中國同。其法用鉛硝石膏燒成，大食則添入南鵬砂，故滋潤不烈，最耐寒暑，宿水不壞，以此貴重於中國。

陸游《老學庵筆記》卷一 鼎澧羣盜如鍾相、楊么，鄉語謂幼爲么。戰舡有車船、有槳船、有海鰍頭，軍器有拏子、其語謂拏爲饒。有魚叉、有木老鴉。拏子、魚叉以竹竿爲柄，長二三丈，短兵所不能敵。程昌禹部曲雖蔡州人，亦習用拏子等，遂屢捷。木老鴉一名不藉木，取堅重木爲之，長財三尺許，鋭其兩端，戰船用之尤爲便習。官軍乃更作灰礮，用極脆薄瓦罐，置毒藥、石灰、鐵蒺藜於其中，臨陣以擊賊船，灰飛如煙霧，賊兵不能開目。欲效官軍爲之，則賊地無窰户，不能造也，遂大敗。官軍戰船亦倣賊車船而增大；有長三十六丈、廣四丈一尺、高七丈二尺五寸，未及用而岳飛以步軍平賊。至完顔亮入寇，車船猶在，頗有功云。初，張公之行，趙元鎮丞相以詩送之云：「速宜净埽妖氛了，來看錢塘八月潮。」

陸游《老學庵筆記》卷九 天下神霄，皆賜威儀，設於殿帳座外。面南，東壁，從東第一架六物：曰錦繖、曰絳節、曰寶蓋、曰珠幢、曰五明扇、曰旌；從東第二架六物：曰絲拂、曰旛、曰鶴扇二、曰金鉞、曰如意。西壁，從東第一架六物：曰如意、曰玉斧、曰鶴扇二、曰旛、曰絲拂；西壁，從東第二架曰旌、曰五明扇、曰珠幢、曰寶蓋、曰絳節、曰錦繖。東南經兵火，往往不復在。蜀中多徙于天慶觀聖祖殿，今猶有存者。

岳珂《桯史》卷一《晉盆杅》 余居負山，在湓城之中。先君未卜築時，嘗爲戎帥皇甫斌宅，斌歸于袁，虛其室。山有堅土，凡市之塗塈版築，咸得而畚致之。無孰何者，遂罄其半，獨餘一面壁立。余家既來，始厲其禁，而山已不支。慶元元年五月，大雨隤其巔，古冢出焉。初僅數甓流下，其上有刻如瑞草，旁著字曰：「晉永寧元年五月造。」又有匠者姓名曰張某，下有文如押字。隸或得之以獻，莫知所從來。居數日而山隤，塈周半墮，骨髮棺槨，皆無存矣。兩旁列瓦盌二十餘，左壁有一燈，尚熒熒，取之即滅。猶有油如膏，見風凝結不可抉。盌中有甘蔗節，它皆已化。有小甆缾，如硯滴，竅其背爲蝦蟇形，製甚樸。足下有一瓦盆，如藝器。有銅帶數銙，鬆合，餘者一片傅木，如鐵。有半鏡。一銅盆絶類今洗羅，殊無古制度，中有雙魚，盆底有四鐶附著，不測其所以用。一銅杅，穴底，與市井庖人汁器同制。每甓著年月姓名，如先獲者，環塈皆是。碣曰「晉征虜將軍墓」，余既哀而揜之，既數日復雨，山無址，竟堙焉。余考《晉書》，永寧蓋惠帝年號，距今九百餘載。是時蓋未有城郭，征虜之名，漢雖有之，在晉以此官顯者，不著於史，又無名氏可見。甓範必有字，古人作事，如此不苟。押字之制，世以爲起於唐韋陟五朵雲，而不知晉已有之。余固疑其似而非，又不可强識，亦可異也。凡物皆腐，而燈燭尚明，驪山人魚之説，固容有之。蕭統《文選·吊冥漠君文》亦有蔗，意其殽核之所重云。陶器以再隤皆碎裂，餘或爲親識間持去。盆杅僅在，而余侍親如閩，留於家。丙辰歲，詔禁挾銅者。州家大索以輸嚴之神泉監，家人懼，杅復偕送官，獨盆偶櫝它所，今乃巋然存。其出其毁，要必有時，亦重可嘆也。因志於此，以俟博識。

岳珂《桯史》卷一四《泗州塔院》 余至泗，親至僧伽塔下。中爲大殿，兩旁皆荆榛瓦礫之區，塔院在東廂。無塔而有院，後以土石甃洞作兩門，中爲巖穴，設五百應真像，大小不等，或塑，或刻，皆左其衽。余以先妣素敬釋氏，奉其一於笈中以歸。殿上有十六柱，其大皆尺有半，八觚，色黯淡如暈錦，正今和州土碼磁也。和之産，紹興間始剖山得之，不知中原何時已有此。前六條特異，皆晶明如纏絲，承梁者二，高皆文有六尺，其左者色正紅透，時暑日方出，隱柱而觀，煒然晃明，天下奇物也。泗人爲余言，唐時張刺史建殿，而高麗有僧以六柱至，航海入淮。一龜趺露立，云舊有碑載其事，今不存，莫詰信否。塔有影，前輩傳記雜書之。余至之明日，適見於城中民家，亟往觀焉，信然。泗固無塔，而影儼然在地，殊不可曉。或謂影之見爲不祥，泗尋蕩棄，豈其應歟？殿柱，聞郭倪欲載以還維揚，今不知何在。

趙彥衛《雲麓漫鈔》卷八 長安圖，元豐三年正月五日，龍圖閣待制、知永興軍府事汲郡呂公大防，命户曹劉景陽按視，邠州觀察推官呂大臨檢定，其法以隋都城大明宫，並以二寸折一里，城外取容，不用折法。大率以舊圖及韋述《西京記》爲本，參以諸書及遺迹考定。太極、大明、興慶三宫，用折地法不能盡容諸殿，又爲别圖。漢都城縱廣各十五里，周六十五里，十二門，八街九陌，城之南北曲折，有南斗、北斗之象。未央、長樂宫在其中。未央在西直便門，長樂在東直社門。隋都城，外郭縱十五里一百七十五步，廣十八里百十五步，周六十七里，高一丈八尺。東西南北各三門，縱十一街，横十四街，當皇城朱雀門南北九里一百七十五步。縱十一街，各廣百步；皇城之南横街十，各廣四十七步；皇城左右各横街四，三街各六十步；一街直安福延喜門，廣百步；朱雀街之東，市一，坊五十五，萬年治之；街之西，市一，坊五十五，長安治之。坊之制，皇城之南三十六坊，各東西二門，縱各三百五十步；中十八坊，廣各三百五十步；外十八坊，廣各四百五十步。皇城之内共七十四坊，各四門，廣各六百五十步；皇城左右之南六坊，縱各五百五十步；北六坊縱各四百步；市居二坊之地，方各六百步；四面街各廣百步，面各二門。皇城縱三里一百四十步，廣五里一百一十五步，周十七里一百五十步，縱五街，横七街，百司居之；北附宫城，南直朱雀門，皆有大街，各廣百步；東西各二門，南三門。太極宫城廣四里，縱二里四十步，周十三里一百八十步，高三丈五尺，東一門，西二門，南六門，北三門，宫城之西有大安宫。唐大明宫城在苑内，廣二里一百四十八步，縱四里九十五步，東北各一門，南五門，西二門。禁苑廣二十七里，縱三十里，東一門，南二門，北五門。西内苑廣四里，縱二里，四面各一門。東内苑廣二百五十步，縱四里九十五步，東一門。以渠道水入城者三：一曰龍首渠，自城東南導滻至長樂坡，釃爲二渠，一北流入苑，一經通化門興慶宫，由皇城入太極宫；二曰永安渠，導交水自大安坊西街入城，北流入苑，注渭；三曰清明渠，導坑水自大安坊東街入城，由皇城入太極宫。城内有六高岡，横列如《乾》之六爻。初，隋建都以九二置宫室，九三處百司，九五不欲令民居，乃置玄都觀、興善寺。右漢、隋、唐宫禁城邑之制，而《西京記》云：「街東西各五十四坊。」《六典注》：「兩市居其中，四坊之地凡一百一十坊。」今除市居二坊外，各五十五坊，當以《六典注》爲正。又《六典注》：「土閤之西延英。」李庚賦：「東則延英耽耽。」當以庚賦爲正。又《西京記》：「大興城南直子午谷。」今據子午谷乃漢城所直，隋城南直石鱉谷西。又《唐志》：「大明宫縱一千八百步，廣一千八十步。」今寔計縱一千一百一十八步，廣一千五百三十五步，此舊説之誤也。唐高宗始營大明宫于丹鳳後，南開翊善、永昌二坊，各爲二外郭，東北隅永福一坊築入苑，先天以後爲十六王内宅，又高宗以隆慶坊爲興慶宮，附外郭爲複道，自大明宮經過通化門，磴道潛通，以達此宮，謂之夾城。又制永嘉坊，西百步入宮。外郭東南隅一坊，始建都城，以地高不便，隔在郭外，爲芙蓉園；引黄渠水注之，號曲江；明皇增築興慶宮夾城，直至芙蓉園。又武宗於宣政殿東北築臺曰望仙，今人誤以爲蓬萊山。武宗又修未央宮爲通光亭；宣宗修憲宗遺迹，於夾城中開便門，自芙蓉園北入至青龍寺，俗號新開門。自門至寺，開敦化以北四坊各爲二，此遷改之異也。大抵唐多仍隋舊，故吕公愛其制度之密，而傷唐人冒襲，史氏没其寔，遂刻而爲圖，故誌之。

《元史》卷一三《世祖紀十》 〔至元二十一年〕遣王積翁齎詔使日本，賜錦衣、玉環、鞍轡；積翁由慶元航海至日本近境，爲舟人所害。

《元史》卷七九《輿服志二·儀仗》 皂纛，國語讀如秃。建纓于素漆竿。凡行幸，則先驅建纛，夾以馬鼓。居則置纛于月華門西之隅室。

絳麾，金塗竿，上施圓盤朱絲拂，三層，紫羅袋韜之。

金節，制如麾，八層，韜以黄羅雲龍袋。又引導節，金塗龍頭朱漆竿，懸五色拂，上施銅鈸。

朱雀幢，制如節而五層，韜以紅繡朱雀袋。

青龍幢，制如前，韜以碧繡青龍袋。

白虎幢，制如前，韜以素繡白虎袋。

玄武幢，制如前，韜以皂繡玄武袋。

犦稍，制如節，頂刻犦牛首，有袋，上加碧油。

絳引旛，四角，朱緑蓋，每角垂羅文雜佩，繫于金銅鈎竿，竿以朱飾，懸五色間暈羅，下有横木板，作碾玉文。

告止旛，緋帛錯綵爲告止字，承以雙鳳，立仗者紅羅銷金升龍，餘如絳引。

傳教旛，制如告止旛，錯綵爲傳教字，承以雙白虎，立仗者白羅繪雲龍。

信旛，制如傳教旛，錯綵爲信字，承以雙龍，立仗者繪飛鳳。

黄麾旛，制如信旛，錯綵爲黄麾篆。

龍頭竿繡氅，竿如戟，無鈎，下有小横木，刻龍頭，垂朱緑蓋，每角綴珠佩一帶，帶末有金銅鈴。

圍子，制以金塗攢竹杖，首貫銅錢，而以紫絹冒之。

副竿，制以木，朱漆之。

火輪竿，制以白鐵，爲小車輪，建于白鐵竿首。輪及竿皆金塗之，上書西天呪語，帝師所制。常行爲親衛中道，正行在劈正斧之前，以法佛衛，以祛邪僻，以鎮轟雷焉。蓋辟惡車之意也。

豹尾竿，制如戟，繫豹尾，朱漆竿。

寶（與）〔輿〕方案，緋羅銷金雲龍案衣，緋羅銷金蒙襯複，案傍有金塗鐵鞠四，龍頭竿結綬二副之。

香（蹬）〔鐙〕朱漆案，黄羅銷金雲龍案衣，上設金塗香爐一、燭臺二，案旁金塗鐵鞠四，龍頭竿結綬二副之。

香案朱漆案，緋羅銷金雲龍案衣，上設金香爐、合各一，餘同香（蹬）〔鐙〕。殿庭陳設，則除龍頭竿結綬。

詔案，制如香案。

册案，制如前。

寶案，制如前。

表案，制如香案，上加矮闌，金塗鐵鞠四，竿二副之，緋羅銷金蒙複。」

禮物案，制如表案。

交椅，銀飾之，塗以黄金。

杌子，四脚小床，銀飾之，塗以黄金。

鳴鞭，緑柄，鞭以梅紅絲爲之，梢用黄茸而漬以蠟。

鞭桶，制以紫絁表，白絹裏，皮緣兩末。

蒙鞍，青錦緣，緋錦複。

水瓶，制如湯瓶，有蓋，有提，有觜，銀爲之，塗以黄金。

鹿盧，制如乂字，兩頭卷，塗金粧鈒，朱絲繩副之。

水盆，黄金塗銀粧鈒爲之。

净巾，緋羅銷金雲龍，有裏。

香毬，制以銀，爲座上插蓮花爐，爐上罩以圓毬，鏤絪緼旋轉文于上，黄金塗之。

香合，制以銀，徑七寸，塗黄金鈒雲龍於上。

金拂，紅犛牛尾爲之，黄金塗龍頭柄。

唾壺，制以銀，寬緣，虛腹，有蓋，黄金塗之。

唾盂，制以銀，形圓如缶，有蓋，黄金塗之。

外辦牌，制以象牙，書國字，背書漢字，填以金。
外備牌，制如前。
中嚴牌，制如前。
時牌，制同外備而小。
版位，制以木，長二尺二寸，闊一尺，厚六分，白髹黑字。
大繖，赤質，正方，四角銅螭首，塗以黄金，紫羅表，緋絹裏。諸繖蓋，宋以前皆平頂，今加金浮屠。
紫方繖，制如大繖而表以紫羅。
紅方繖，制如大繖而表以緋羅。
華蓋，制如繖而圓頂隆起，赤質，繡雜花雲龍，上施金浮屠。
曲蓋，制如華蓋，緋瀝水，繡瑞草，曲柄，上施金浮屠。
導蓋，制如曲蓋，緋羅瀝水，繡龍，朱漆直柄。
朱繖，制如導蓋而無文。
黄繖，制如朱繖而色黄。
葆蓋，金塗龍頭竿，懸以纓絡，銷金圓裙，六角葆蓋。
孔雀蓋，朱漆，竿首建小蓋，蓋頂以孔雀毛，徑尺許，下垂孔雀尾，簷下以青黄紅瀝水圍之，上施金浮屠，蓋居竿三之一，竿塗以黄金，書西天呪語，與火輪竿義同。
朱團扇，緋羅繡盤龍，朱漆柄，金銅飾，導駕團扇，蹙金線。
大雉扇，制稍長，下方而上擶，緋羅繡象雉尾，中有雙孔雀，間以雜花，下施朱漆横木連柄，金銅裝。
中雉扇，制如大雉扇而減小。
小雉扇，制如中雉扇而減小。
青瀝水扇，制圓而青色，四周瀝水以青絹。
畢，朱滕結網，二螭首，銜紅絲拂，中有獸面，朱漆柄，金銅裝。
罕，制形如扇，朱滕網，中有獸面，朱漆柄，金銅裝。
旗、扇錡，即坐也。旗錡，制十字木于下，上四枝交拱，置竅于其上以樹旗。扇錡，制如梔，形小，六木拱于上，而制作精于旗錡，並漆以朱。
風伯旗，青質，赤火焰脚，畫神人，犬首，朱髪，鬼形，豹汗胯，朱袴，負風囊，立雲氣中。
雨師旗，青質，赤火焰脚，畫神人，冠五梁冠，朱衣，黄袍，黑襴，黄帶，白袴，皂舄，右手杖劍，左手捧鐘。
雷公旗，青質，赤火焰脚，畫神人，犬首，鬼形，白擁項，朱犢鼻，黄帶，右手持斧，左手持鑿，運連鼓于火中。
電母旗，青質，赤火焰脚，畫神人爲女子形，纁衣，朱裳，白袴，兩手運光。
金星旗，素質，赤火焰脚，畫神人，冠五梁冠，素衣，皂襴，朱裳，秉圭。
水星旗，黑質，赤火焰脚，畫神人，冠五梁冠，皂衣，皂襴，緑裳，秉圭。
木星旗，青質，赤火焰脚，畫神人，冠五梁冠，青衣，皂襴，朱裳，秉圭。
火星旗，赤質，青火焰脚，畫神人，冠五梁冠，朱衣，皂襴，緑裳，秉圭。
土星旗，黄質，赤火焰脚，畫神人，冠五梁冠，黄衣，皂襴，緑裳，秉圭。
攝提旗，赤質，赤火焰脚，畫神人，冠五梁冠，素中單，黄衣，朱蔽膝，緑裳，杖劍。
北門旗，黑質，赤火焰脚，畫七星。
角宿旗，青質，赤火焰脚，畫神人爲女子形，露髪，朱袍，黑襴，立雲氣中，持蓮荷，外仗角、亢以下七旗，並青質，青火焰脚。角宿繪二星，下繪蛟。
亢宿旗，青質，赤火焰脚，畫神人，冠五梁冠，素衣，朱袍，皂襴，皂帶，黄裳，持黑等子外仗繪四星，下繪龍。
氐宿旗，青質，赤火焰脚，畫神人，冠小冠，衣金甲，朱衣，緑包肚，朱擁項，白袴，左手杖劍，乘一鼇。外仗繪四星，下繪貉。
房宿旗，青質，赤火焰脚，畫神人，烏巾，白中單，碧袍，黑襴，朱蔽膝，黄帶，黄裙，朱舄，左手杖劍。外仗繪四星，下繪兔。
心宿旗，青質，赤火焰脚，畫神人，冠五梁冠，朱袍，皂襴，右手持杖。外仗繪三星，下繪狐。
尾宿旗，青質，赤火焰脚，畫神人，冠束髪冠，素衣，黄袍，朱裳，青帶，右手杖劍，左手持弓。外仗繪九星，下繪虎。
箕宿旗，青質，赤火焰脚，畫神人，烏巾，衣淺朱袍，皂襴，杖劍，乘白馬于火中。外仗繪四星，下繪豹。
斗宿旗，青質，赤火焰脚，畫神人，被髪，素腰裙，朱帶，左手持杖。外仗斗牛以下七旗，並黑質，黑火焰脚。斗宿繪六星，下繪獬。
牛宿旗，青質，赤火焰脚，畫神人，牛首，皂襴，黄裳，皂舄。外仗繪六星，下繪牛。

女宿旗，青質，赤火焰脚，畫神人，烏牛首，衣朱服，皂襴，黄帶，烏韡，左手持蓮。外仗繪四星，下繪鼫。

虚宿旗，青質，赤火焰脚，畫神人，被髪裸形，坐于甕中，右手持一珠。外仗繪二星，下繪鼠。

危宿旗，青質，赤火焰脚，畫神人，虎首，金甲，衣朱服，貔皮汗胯，青帶，烏韡。外仗上繪三星，下繪燕。

室宿旗，青質，赤火焰脚，畫神人，丫髪，朱服，乘舟水中。外仗繪二星，下繪猪。

壁宿旗，青質，赤火焰脚，繪神人爲女子形，被髪，朱服，皂襴，緑帶，白裳，烏舃。外仗繪二星，下繪貐。

奎宿旗，青質，赤火焰脚，繪神人，狼首，朱服，金甲，緑包肚，白汗胯，黄帶，烏韡，杖劍。外仗奎、婁以下七旗，並素質，素火焰脚。奎宿繪十六星，下繪狼。

婁宿旗，青質，赤火焰脚，繪神人，烏巾，素衣，皂袍，朱蔽膝，黄帶，緑裳，烏舃，左手持烏牛角，右手杖劍。外仗繪三星，下繪狗。

胃宿旗，青質，赤火焰脚，繪神人，被髪，裸形，披豹皮白腰裙，黄帶，右手杖劍。外仗繪三星，下繪雉。

昴宿旗，青質，赤火焰脚，繪神人，黄牛首，朱服，皂襴，黄裳，朱舃，左手持如意。外仗繪七星，下繪鶏。

畢宿旗，青質，赤火焰脚，繪神人，作鬼形，朱裩，持黑杖，乘赤馬，行于火中。外仗上繪八星，下繪烏。

觜宿旗，青質，赤火焰脚，繪神人，冠緇布冠，朱服，皂襴，緑裳，持二蓮，坐于雲氣中。外仗繪三星，下繪猴。

參宿旗，青質，赤火焰脚，繪神人，被髪，衣黄袍，緑裳，朱帶，朱舃，左手持珠。外仗上繪十星，下繪猿。

井宿旗，青質，赤火焰脚，繪神人，烏巾，素衣，朱袍，皂襴，坐于雲氣中，左手持蓮。外仗井、鬼以下七旗，並赤質，赤火焰脚。井宿繪八星，下繪犴。

鬼宿旗，青質，赤火焰脚，繪神人作女子形，被髪，素衣，朱袍，黄帶，黄裳，烏舃，右手持杖。外仗繪五星，下繪羊。

柳宿旗，青質，赤火焰脚，繪神人作女子形，露髻，朱衣，黑襴，黄裳，皂舃，撫一青龍。外仗繪八星，下繪麞。

星宿旗，青質，赤火焰脚，繪神人，冠五梁冠，淺朱袍，皂襴，青帶，黄裳，烏舃，持黄稱。外仗繪七星，下繪馬。

張宿旗，青質，赤火焰脚，繪神人，衣豹皮，朱帶，素韡，有手杖劍，坐于雲氣中。外仗繪六星，下繪鹿。

翼宿旗，青質，赤火焰脚，繪神人，冠道冠，皂袍，黄裳，朱蔽膝，杖劍，履火于雲氣中。外仗繪二十二星，下繪蛇。

軫宿旗，青質赤火焰脚，繪神人，冠道冠，衣朱袍，黄帶，黄裳，左手持書。外仗繪四星，下繪蚓。

日旗，青質，赤火焰脚，繪日于上，奉以雲氣。

月旗，青質，赤火焰脚，繪月于上，奉以雲氣。

祥雲旗，青質，赤火焰脚，繪五色雲氣。

合璧旗，青質，赤火焰脚，繪雲氣日月。

連珠旗，青質，赤火焰脚，繪五星。

東嶽旗，青質，赤火焰脚，繪神人，冠七梁冠，黄襴，青袍，緑裳，白中單，素蔽膝，執圭。

南嶽旗，赤質，青火焰脚，繪神人，冠七梁冠，黑襴，緋袍，緑裳，黄中單，朱蔽膝，執圭。

中嶽旗，黄質，赤火焰脚，繪神人，冠七梁冠，皂襴，黄袍，緑裳，白中單，朱蔽膝，執圭。

西嶽旗，白質，赤火焰脚，繪神人，冠七梁冠，青襴，白袍，緋裳，白中單，素蔽膝，執圭。

北嶽旗，黑質，赤火焰脚，繪神人，冠七梁冠，紅襴，皂袍，緑裳，白中單，素蔽膝，執圭。

江瀆旗，赤質，青火焰脚，繪神人，冠七梁冠，青襴，朱袍，跨赤龍。

河瀆旗，黑質，赤火焰脚，繪神人，冠七梁冠，皂襴，黄袍，跨青龍。

淮瀆旗，素質，赤火焰脚，繪神人，冠七梁冠，皂襴，素袍，乘青鯉。

濟瀆旗，青質，赤火焰脚，繪神人，冠七梁冠，皂襴，青袍，乘一鼈。

天下太平旗，赤質，青火焰脚，錯采爲字。

皇帝萬歲旗，赤質，青火焰脚，錯采爲字。

吏兵旗，黑質，赤火焰脚，繪神人，具甲兜鍪、緑臂韝，杖劍。

力士旗，白質，赤火焰脚，繪神人，武士冠，緋袍，金甲，汗胯，皂履，執戈盾。

東天王旗，青質，赤火焰脚，繪神人，武士冠，衣金甲，緋裲襠，右手執戟，左手捧塔，履石。

北天王旗，黑質，赤火焰脚，繪神人，冠服同前。

西天王旗，白質，赤火焰脚，繪神人，冠服同前。

南天王旗，赤質，青火焰脚，繪神人，冠服同前。

大神旗，黄質，黄火焰脚，詳見牙門旗下。

牙門旗，赤質，赤火焰脚，繪神人，冠武士冠，鎧甲，裲襠，襯肩，包脚，汗胯，束帶，長帶，大口袴，執戈戟。

金鼓旗，黄質，黄火焰脚，書金鼓字。

朱雀旗，赤質，赤火焰脚，繪朱雀，其形如鸞。

玄武旗，黑質，黑火焰脚，繪龜蛇。

青龍旗，青質，赤火焰脚，繪蹲龍。

白虎旗，白質，赤火焰脚，繪蹲虎。

龍君旗，青質，赤火焰脚，繪神人，冠通真冠，服青繡衣，白裙，朱履，執戟，引青龍。

虎君旗，白質，赤火焰脚，繪神人，冠流精冠，服素羅繡衣，朱裙，朱履，執斬蛇劍，引白虎。

大黄龍負圖旗，青質，青火焰脚，繡複身黄龍，背八卦。

小黄龍負圖旗，赤質，青火焰脚，繪複身黄龍，背八卦。

五色龍旗，五色質，五色直脚，無火焰。

大四色龍旗，青赤黄白四色質，具火焰脚。

小四色龍旗，制同大四色，直脚，無火焰脚。

應龍旗，赤質，赤火焰脚，繪飛龍。

金鸞旗，赤質，火焰脚，繪鸞而金色。

鸞旗，制同前，而繪以五采。

金鳳旗，赤質，青火焰脚，繪鳳而金色。

鳳旗，制同前，而繪以五采。

五色鳳旗，五色質，五色直脚，無火焰。

大四色鳳旗，青赤黄白四色質，火焰脚，色隨其質，繪鳳。

小四色鳳旗，制同前，直脚，無火焰。

玉馬旗，赤質，青火焰脚，繪白馬，兩髆有火焰。

駃騠旗，赤質，青火焰脚，繪白馬。

飛黄旗，赤質，赤火焰脚，形如馬，色黄，有兩翼。

騼騳旗，青質，青火焰脚，繪獸形如馬，白首，虎文，赤尾。

龍馬旗，赤質，青火焰脚，繪龍馬。

麟旗，赤質，青火焰脚，繪麒麟。

飛麟旗，赤質，青火焰脚，繪飛麟，其形五色身，朱翼，兩角，長爪。

黄鹿旗，赤質，青火焰脚，繪獸如鹿，而色深黄。

兕旗，赤質，青火焰脚，繪獸似牛，一角，青色。

犀牛旗，赤質，青火焰脚，繪犀牛。

金牛旗，赤質，青火焰脚，繪獸形如牛，金色。

白狼旗，赤質，青火焰脚，繪白狼。

辟邪旗，赤質，赤火焰脚，繪獸形似鹿，長尾，二角。

赤熊旗，赤質，赤火焰脚，繪獸如熊，色黄。

三角獸旗，赤質，赤火焰脚，繪獸，其首類白澤，緑髮，三角，青質，白腹，跋尾緑色。

角端旗，赤質，赤火焰脚，繪獸如羊而小尾，頂有獨角。

騶牙旗，赤質，青火焰脚，繪獸形似麋，齒前後一齊。

太平旗，赤質，青火焰脚，金描蓮花四，上金書天下太平字。

鵕鸃旗，赤質，青火焰脚，繪鳥似山鷄而小，冠背黄，腹赤，項緑，尾紅。

蒼烏旗，赤質，青火焰脚，繪烏如烏而色蒼。

白澤旗，赤質，赤火焰脚，繪獸虎首朱髮而有角，龍身。

東方神旗，緑質，赤火焰脚，繪神人，金兜牟，金鎧甲，杖劍。已下四旗，所繪神同。

西方神旗，白質，赤火焰脚。

中央神旗，黄質，赤火焰脚。

南方神旗，赤質，青火焰脚。

北方神旗，黑質，赤火焰脚。

凡立仗諸旗，各火焰脚三條，色與質同，長一丈五尺，杠長二丈一尺。牙門、太平、萬歲，質長一丈，横闊五尺。日、月、龍君、虎君，横竪並八尺。餘旗並竪長八尺，横闊六尺。

車輻，朱漆，八稜，施以銅釘，形如柯舒。

吾杖，朱漆，金飾兩末。

鐙杖，朱漆棒首，標以金塗馬鐙。

殳，制如矟而短，黑飾兩末，中畫雲氣，上綴朱絲拂。

骨朵，朱漆棒首，貫以金塗銅鎚。

列絲骨朵，制如骨朵，加紐絲文。

卧瓜，制形如瓜，塗以黄金，卧置，朱漆棒首。

立瓜，制形如瓜，塗以黄金，立置，朱漆棒首。

長刀，長丈有奇，闊上窄下，單刃。

儀刀，制以銀，飾紫絲紛鍺。

横刀，制如儀刀而曲，鞘以沙魚皮，飾絛革紛鍺。

千牛刀，制如長刀。

劍，班鞘，飾以沙魚皮，劍口兩刃。

班劍，制劍，鞘黄質，紫班文，金銅裝，紫絲紛鍺。

刀盾之刀，制如長刀而柄短，木爲之，青質有環，紫絲紛鍺。

刀盾之盾，制以木，赤質，畫異獸，執人右刀左盾。

朱縢絡盾，制同而朱其質。

緑縢絡盾，制同而緑其質。

戟，制以木，有枝，塗以黄金，竿以朱漆。

小戟飛龍掌，制如戟，畫雲氣，上綴飛掌，垂五色帶，末有銅鈴，掌下方而上兩角微撱，繪龍於其上。

鈒戟，制如戟，無飛掌而有横木。

矟，制以木，黑質，畫雲氣，上刻刃，塗以青，五色矟並同而質異。

矡，制如戟，鋒兩旁微起，下有鐏鋭。

叉，制如戟而短，青飾兩末，中白，畫雲氣，上綴紅絲拂。

斧，雙刃，斧貫于朱漆竿首。

鉞，金塗鐵鉞，單刃，腦後繫朱拂，朱漆竿。

劈正斧，制以玉，單刃，金塗柄，銀鐏。

儀鍠斧，制如斧，刻木爲之，柄以朱，上綴小錦旛，五色帶。

弓矢。

弩，制如弓而有臂。

服，制以虎豹皮，或暴緑文，金銅裝。

鞬，制以黑革。

箙，弩矢室。

象鞴鞍，五采裝明金木蓮花座，緋繡攀鞍條，紫繡襜褥紅錦屜，鍮石蓮花跋塵，錦緣氈盤，紅犛牛尾纓拂，并胸攀鞦。攀上各帶紅犛牛尾纓拂，鍮石胡桃鈸子，杏葉鉸具，緋皮轡頭鉸具。蓮花座上，金塗銀香爐一。元初，既定占城、交趾、真(獵)〔臘〕，歲貢象，育于析津坊海子之陽。行幸則蕃官騎引，以導大駕，以駕巨輦。

駝鼓，設金裝鉸具，花罽鞍褥橐篋，前峯樹皂纛，或施采旗，後峯樹小旗，絡腦、當胸、後鞦，並以毛組爲轡勒，五色瓘玉，毛結纓絡，周綴銅鐸小鏡，上施一面有底銅㧊小鼓，一人乘之，繫以毛繩。凡行幸，先鳴鼓于駝，以威振遠邇，亦以試橋梁伏水而次象焉。

騾鼓，制似駝而小。

馬鼓，轡勒、後勒、當胸，皆綴紅纓拂銅鈴，杏葉鉸具，金塗釲，上插雉尾，上負四足小架，上施以革鼓一面，一人前引。凡行幸，負鼓于馬以先馳，與纛並行。

誕馬，纓轡緋涼鋏。

御馬，鞍轡纓複全。

珂馬，銅面，雉尾鼻拂，胸上綴銅杏葉、紅絲拂，又胸前腹下，皆有攀，綴銅鈴，後有跋塵，錦包尾。

楊瑀《山居新語》 士大夫因其聞見之廣，反各有所偏致，有服丹砂者，服涼劑者。服丹砂者爲害固不待言，余以目擊服涼劑者言之。友人柯敬仲、陳雲嶠、甘允從三人，皆服防風通聖散，每日須進一服，以爲常。一日，皆無病而卒。豈非涼藥過多，銷鑠元氣殆盡，急無所救者歟？可不戒之！《老學庵筆記》載：石藏用名用之，高醫也。嘗言今人禀受怯薄，故案古方用藥多不能愈病。非獨人也，金石草木之藥亦皆比古力弱，非倍用之不能取效。故藏用喜用熱藥得謗，至有藏用擔頭三斗火，人或畏之，惟晁之道悦其説，故多服丹藥，然亦不爲害。後因伏石上書，丹爲石冷所逼，得陰毒傷寒而死。蓋因丹氣熱毒所攻，終爲所服丹藥過多之故也。視過服涼劑者，亦由是歟？

范玉壺作《上都》詩云：「上都五月雪飛花，頃刻銀妝十萬家。說與江南人不信，只穿皮襖不穿紗。」余屢爲灤陽之行，每歲七月半，郡人傾城出南門外祭奠，婦人悉穿金紗，謂之賽金紗，以爲節序之稱也。

平江漆匠王□□者，至正間以牛皮製一舟，內外飾以漆，拆卸作數節，載至上都，游漾於灤河中，可容二十人。上都之人未嘗識船，觀者無不嘆賞。又嘗奉旨造渾天儀，可以折叠，便于收藏，巧思出人意表，可謂智能之人。今爲管匠提舉。

後至元間，伯顏太師擅權，諂佞者填門，略舉其尤者三事，漫識於此，餘者可知矣。有一王爵者，驛奏云：「薛禪二字，往日人皆可爲名，自世祖皇帝尊號之後，遂不敢稱。今伯顏太師功德隆重，可以與薛禪名字。」時御史大夫帖木耳不花，乃伯顏之心腹，每陰嗾省臣，欲允其奏。近侍沙剌班學士從容言曰：「萬一曲從所請，大非所宜。」遂命歐陽學士、揭監丞會議，以元德上輔代之，加于功臣號首。又典瑞院都事□□建言：「凡省官提調軍馬者必佩以虎符，今太師功高德重，難與諸人相同，宜造龍鳳牌以寵異之。」遂製龍鳳牌，三珠以大答納嵌之，飾以紅剌鴉忽雜寶，牌身脫鈒「元德上輔功臣」號字，嵌以白玉。時急無白玉，有司督責甚急。緝聞一解庫中有典下白玉朝帶，取而磨之。此牌計直數萬定，事敗毀之，即以其珠物給主，蓋厥價尚未酬也。又京畿都運納速剌言：伯顏太師功勛冠世，所授宣命，難與百官一體，合用金書以尊榮之。宛轉數回，遂用金書「上天眷命皇帝聖旨」八字，餘仍墨筆，以塞其望。明年黜爲河南左丞相。行事之夕，雖紙筆亦不經省房取用，恐泄其事，遂於省前市鋪買札付紙寫宣與之。余嘗以否泰之理，灼然明白，因舉示於用事者，可不戒歟？梁冀跋扈，止不過比鄧禹、蕭何、霍光而已，曹操之僭固不容誅，薛禪之説又過於九錫多矣。

周致中《異域志》卷下《吉慈尼國》 盤山爲城，尚胡教禮拜堂百餘所，出金銀、金絲錦，富民居住七層樓閣，多畜牧駝馬，地極寒，春夏雪不消，有雪蛆可食。

《諸司職掌工部・營部・營造》 內府造作：凡內府宮殿門舍墻垣，如奉旨成造及修理者，必先委官督匠，度量材料，然後興工。其工匠早晚出入，姓名數目，務要點閘關察機密，所計物料并各色人匠，明白呈稟本部，行移支撥。其合用竹木，隸抽分竹木局，磚瓦、石灰，隸聚寶山等窑冶，硃漆彩畫，隸營繕所，丁線等項，隸寶源局。設若臨期輪班人匠不敷，奏聞起取撮工。

儀仗：凡製造皇帝、皇太子、親王鹵簿、車駕等項儀仗及修理者，除金銀器皿於內府成造，其餘器仗，照數行下軍器等局，委官督工，計料依式修造完備，進赴鑾駕房，收貯供用。

軍器局造：戟，矟，節，角，鑼，刀盾，弓箭，小鼓，伏鼓，擱鼓，金鉦，骨朵，夾矟，樂大人鼓。

營繕所造：清道御仗，交椅坯，脚踏坯，馬杌，頭管，戲竹，龍笛，笛，板。

針工局造：金鼓旗，白澤旗，令旗，紅曲蓋，紫方傘，紅方傘，傳教旛，告止旛，降引旛，紅團扇，青團扇，紅方扇，紅繡傘，紅銷金傘，儀鍠氅，戈氅，戟氅，信旛，幢，麾。

寶源局造：香爐，香盒，交椅，御踏，銀盆，水罐。

鞍轡局造：拂子，鞍籠，誕馬錦韉。

中帽局造：立瓜，卧瓜，鉦仗，響節，儀刀，梧仗，班劍，幢竿，殳叉，斧。

城垣：凡皇城京城墻垣，遇有損壞，即便丈量明白見數計料，所用磚灰，行下聚寶山、黑窑等處關支。其合用人工，咨呈都府，行移留守五衛，差撥軍士修理。若在外藩鎮府州城隍但有損壞，係干緊要去處者，隨即度量彼處軍民工料多少，入奏修理；如係腹裏去處，於農隙之時興工。

壇場：凡天、地壇場，若有損壞去處合修理者，督工計料修整。合漆飾者，行下營繕所，差工漆飾。所用木石磚灰顔料等項，行下抽分竹木局等衙門，照數關支。

廟宇：凡歷代聖帝明王、忠臣烈士，及名山嶽鎮應合祭祀神祇廟宇，務要時常整理，如遇新創，及奉旨起造功臣享堂，須要委官督工計料，依制建造。

公廨：凡在京文武衙門公廨，如遇起蓋及修理者，所用竹木、磚瓦、灰石、人匠等項，或官爲出辦，或移咨刑部都察院，差撥囚徒，着令自辦物料、人工修造，果有係干動衆，奏聞施行。

倉庫：凡在京各衙門倉庫，如有損壞，應合脩理者，即便移文，取索人匠、物料修整。如本處倉庫不敷，應合添蓋者，須要相擇地基計料，如式營造。所用竹木、磚石、灰瓦、丁線等項，行下抽分竹木局等衙門關支。如是工匠、物料不敷，預爲措辦足備，以俟應用。

營房：凡在京各衛軍人營房，及駝馬象房，如有起蓋修理，所用物料，官爲支給。若合用人工，隸各衛者，各衛自行定奪差軍；隸有司者，定奪差撥囚徒，或用人夫修造。果有係干動衆，奏聞施行。

土墻營房，每間合用：旂條五根，椽木五十根，蘆柴一束半，釘二十五枚，瓦一千五百片，石灰五斤。

獄具：凡在京各衙門合用刑具，皆須較勘如法，應合應付者，方許應付。

應天府采辦：笞，杖，枳。

龍江提舉司成造：枷，杻。

寶源局打造：鐵索，鐵鐐。

朱元璋《明太祖寶訓》卷四《戒奢侈》 甲辰三月庚午，江西行省以陳友諒鏤金床進。太祖觀之，謂侍臣曰：「此與孟昶七寶溺器何異？以一床工巧若此，其余可知。陳氏父子窮奢極靡，焉得不亡！」即命毁之。侍臣曰：「未富而驕，未貴而侈，此所以取敗。」太祖曰：「既富，豈可驕乎？既貴，豈可侈乎？人有驕侈之心，雖富貴，豈能保乎？處富貴者，正當抑奢侈，弘儉約，戒嗜慾，以壓衆心，猶恐不足以慰民望，況窮天下之技巧，以爲一已之奉乎？其致亡也，宜矣。然此亦足以示戒，覆車之轍不可蹈也。」

吴元年九月癸卯，新内成。太祖命博士熊鼎編類古人行事可爲鑒戒者，書於壁間。又命侍臣書《大學衍義》於兩廡壁間。太祖曰：「前代宫室，多施繪畫，予用此以備朝夕觀覽，豈不愈於丹青乎！」是日，有言瑞州出文石，琢之可以甃地。太祖曰：「敦崇儉樸，猶恐習奢；好尚華靡，豈不過侈。爾不能以節儉之道事予，乃導予以侈麗，夫豈予心哉？但構爲宫室，已覺作之者勞，況遠取文石，能不厲民乎？」言者大慚而退。

洪武元年十月甲午，司天監進元主所製水晶宫刻漏，備極機巧，中設二木偶人，能按時自擊鉦鼓。太祖覽之，謂侍臣曰：「廢萬機之務而用心於此，所謂作無益害有益也。使移此心以治天下，豈至亡滅！」命左右碎之。

洪武四年十一月庚申，時將士居京衛，閒暇有以酣飲費貲者。太祖聞，召諭之曰：「勤儉爲治身之本，奢侈乃喪家之源。近聞爾等耽嗜於酒，一醉之費不知其幾。以有限之資，供無厭之費，歲月滋久，豈得不乏。且男不知耕，女不知織，而飲食衣服必欲奢靡。夫習奢不已，入儉良難，非保家之道。自今宜量入爲出，裁省妄費。寧使有餘，毋令不足。」

洪武八年九月辛酉，詔改大内宫殿。太祖謂廷臣曰：「唐虞之時，宫室樸素。後世窮極侈麗，習尚華夷，去古遠矣。朕今所作，但求安固，不事華麗。凡雕飾奇巧，一切不用。惟樸素堅壯，可傳永久。使吾後世子孫守以爲法。至於臺榭花囿之作，勞民費財，以事游觀之樂，朕決不爲之。其飭所司如朕之志。」

洪武九年五月壬午，太祖謂侍臣曰：「淡泊可以養心，儉素可以養德。縱慾敗度，奢侈移性，故技巧哇淫游幸畋獵，皆役心損德之具。是以高臺深池，庸主彼亡；卑宫陋室，聖主攸興。朕觀元世祖在位，躬行儉樸，遂成一統之業。至庚申帝，驕淫奢侈，飫粱肉於犬豕，致怨怒於神人。故逸豫未終，敗亡隨至。此近代之事可爲明鑒。朕常以此訓諸子，使知所警戒，則可長保國家矣。」

太祖以大内宫殿新成，制度不侈，甚喜。因謂侍臣曰：「人主嗜好，所繫甚重。躬行節儉，足以養性；崇尚侈靡，必至喪德。朕常念昔居淮右，頻所饑饉，艱於衣食，鮮能如意。今富有四海，何求不遂，何欲不得，然檢制其心，惟恐驕盈，不可復制。夙夜兢惕，弗遑底寧。故凡有興作，必量度再三，不獲已而後爲之，爲之未嘗過度。宫壼之間，皇后亦能儉以率下，躬服浣濯之衣，皆非故爲矯飾，實恐暴殄天物，剥傷民財，不敢不謹。」侍臣對曰：「奢侈者，常情同欲；節儉者，富貴所難。陛下安行節儉，無所勉强，誠宜爲萬世子孫之法。」太祖曰：「節儉二字，非徒治天下者當守，治家者亦宜守之。爾等歲禄有限，而日用無窮，一或過度，何從辦集。侵牟剥削，皆原於此。須體朕懷，共崇節儉，庶幾無悔。」

丘濬《大學衍義補》卷三〇 《元史》額外之課，凡三十有二。其一曰歷日，二曰契本，三曰河泊，四曰山場，五曰窯冶，六曰房地租，七曰門攤，八曰池塘，九曰蒲葦，十曰食羊，十一曰荻葦，十二曰煤炭，十三曰撞岸，十四曰山查，十五曰麴，十六曰魚，十七曰漆，十八曰酵，十九曰山澤，二十曰蕩，二十一曰柳，二十二曰牙例，二十三曰乳牛，二十四曰抽分，二十五曰蒲，二十六曰魚苗，二十七曰柴，二十八曰羊皮，二十九曰磁，三十曰竹葦，三十一曰薑，三十二曰白藥。

臣按《元史·食貨志》有所謂歲課山林川澤之產，若金、銀、珠、玉、銅、鐵、水銀、朱砂、碧甸子、鉛、錫、礬、鹻、竹、木之類，其利最廣者，鹽法、茶法、商税、市舶四者。外此又有所謂額外課，凡三十二，謂之額外者歲課皆有額，而此課不在其額中也。嗚呼！元有天下其取之民課額之名目乃至如此之多，當時之民其苦可知也。我朝一切削去，十存其一二，亦不聞國用之不足。臣意當時亦徒有此名目以爲姦人之資而已，國家未必賴其用也。史書之以垂戒後世，以見其國脈之所以促有其因耳。嗚呼，其尚永鑒之哉。

勞堪《憲章類編》卷三二《營建工料》 按本朝營建，惟嘉靖間最甚。十五年題述已用過銀六七百萬兩之數，十五年後之費，又將十數倍不止。當時慈慶慈寧七陵壽宮、行宮、先蠶壇殿、西苑仁壽宮、鼓樓、六聖碑亭、景帝碑、涇簡王、端妃等墳，一時合發，在京做工，官軍撥七萬餘，每名支月糧行糧，賞米冬衣布花，該六兩之數，又不在所費之内。時工場二三十處，每日雇覔夫匠九萬四千七百餘，歲費一百八十七萬餘兩。又歲雇車脚價銀三十四萬五千餘兩，鋪商料買一百餘萬兩。又承天起工一十餘處，扣除湖廣及河南事例銀七十萬兩，江、浙、川、湖南、直隸、貴州扣除買辦料銀五百餘萬兩，蘇州臨清磚廠扣除價運百萬餘兩，兵部沙河城池工程借用及各撫按借留軍器折色銀十萬餘兩，其湖廣採木用銀七十餘萬兩，用夫五百餘名，又月食米數。時論事論禮諸臣競奇轃舉，不顧惜費，只當事所司，却宜力論會計，豈可量出爲入。惟梁材不肯動支太倉庫銀去，繼劉麟以事去。

《皇明制書·大明令·工令》 凡各處官司雜造軍器軍裝等物，須要鋒利堅固，堪中支用。局官常切比較工程，合用材料從實申請，置簿開寫，以憑稽考。提調正官，嚴加點檢，但有不堪，究治追陪。

凡局院成造段疋，務要緊密，顏色鮮明，丈尺斤兩，不失原樣。局官常切比較工程，合用絲料，從實申請。提調正官嚴加提督，但有不堪，究治追陪。

申時行等《明會典》卷一五六《兵部三九·軍器》 軍器造於工部，而給散則兵部掌行。禁衛營操，内外官軍，莫不有定數，玆具列之：

凡官軍領用軍器，洪武二十六年定：内外官軍合用衣甲、鎗刀、弓矢等器，必須總知其數，如遇各衛移文到部申索，轉行工部定奪關撥。

凡侍衛大漢將軍披執，明盔四十八頂，明甲二十四副，紅肩纓二十四副，金瓜四十八把，茜紅雨籠二十四箇，茜紅氈襖二十四領。旗將軍，明甲八十四副，尖頂明盔八十四頂，紅肩纓八十四副，紅滾刀二十八把，瓜五十六把，摩挲刀五十六把，茜紅雨籠八十四箇，茜紅氈襖八十四領。五軍將軍，尖頂明盔二百五十四頂，盔襻全明甲二百五十四副，肩纓縧號全，硃紅靶滾刀二百三十七把，鞓帶全，摩挲刀四十五把，鞓帶全，金瓜四十四把，紅漆皮盔七百二十三頂，盔襻全，青布縧穿甲七百二十五副，長柄黑刀三十九把，鞓帶全，長柄紅刀五十九把，鞓帶全，腰刀五百五十三把，鞓帶全，鵓鴿頭刀三十七把，鞓帶全，米昔刀二把，鞓帶全，弓五百二十五張，弦五百二十五條，撒袋五百二十五副，鞓帶全，箭一萬四千七百五十枝，茜紅盔籠二百五十四箇，茜紅氈襖二百五十四領，府軍衛帶刀官紵絲弔線甲四十副，摩挲刀四十把。園子手官軍，叉五百把，滾刀五百把，硃紅皮盔一千頂，青布鐵甲一千副，通計二萬三千九百三十七件。皇城内外并京城各門守直、守衛守鎮官軍披執、盔甲、鎗刀等器，共二萬八千三百五十二件。其侍衛將軍并園子手軍器俱三年一次兑換。守衛等項官軍軍器，午門等門一面，每年一次兑換。東華、西華、玄武等門三面，二年一次兑換。

凡團營官軍披執操練盔甲弓箭等項軍器，成化間，令各該坐營官委官會造寄庫。有警，徑自奏請支用。凡京城九門并城上常用擺列張掛軍器，正陽門，神銃六箇，長鎗二十根，滾刀十八把，門旗四面。崇文、宣武等八門，每門神銃六箇，長鎗六根，滾刀十四把，門旗二面，更鼓各一面，共三百六十一件。城上布旗大小共二百七十六面，拽旗繩并挑竿纓頭全。遇有損壞不堪，守門内外官，徑自奏請兑換。

凡海運隨船軍器，洪武間定：每船黑漆二意弓二十張，弦四十條，黑漆鈚子箭二千枝，手銃筒一十六箇，擺錫鐵甲二十副，椀口筒四箇，箭二百枝，火鎗二十條，火攻箭二十枝，火叉二十把，蒺藜砲一十箇，銃馬一千箇，神機箭二十枝。

凡各邊合用盔甲、弓箭等項軍器，俱於各處都司所屬衛所歲造數内關用。如果不敷，及軍情緊急添設者，赴部請給。

凡勝字天威并列字等號飛鎗、神銃等項火器，俱係内府兵仗局掌管，都司衛所季造。止是編降字號手把銃口，其各邊城堡所用大將軍、二將軍、三將軍并手把銅鐵銃口，一出頒降。若銃口損失并給用不敷者，鎮守巡撫官具數會奏，方許自造。若一時急缺奏請，亦從内府頒給。

申時行等《明會典》卷一九〇《工部十·物料》 舊制甎瓦石灰，俱隸虞衡司掌行，永樂後謂爲營繕所需，故歸本司。葦課舊隸屯田司，今併歸本司。按營繕所需木植甎瓦有大五廠：曰神木廠；曰大木廠，即獐鹿房廠。堆放木植兼收葦席；曰黑窯廠；曰琉璃廠，燒造甎瓦及内府器用；曰臺基廠，堆放柴薪及蘆葦。又有小五廠：曰營繕所，木工；曰寶源局，金工；曰文思院；曰王恭廠，俱絲工；曰皮作局，革工。並隸管廠官。外修倉別設三廠：曰北窯廠、曰南窯廠、曰鐵廠，主範金合土之事，後廢。止計地徵租，每年共該銀四十五兩九錢二分，貯節慎庫與料價同用。

甎瓦：洪武二十六年定，凡在京營造合用甎瓦，每歲於聚寶山置窯燒造，所用蘆柴，官爲支給，其大小厚薄樣制及人工蘆柴數目俱有定例。如遇各處支用，明白行下各該管官員放支，管事作頭，每季交替，仍將所燒過物件支銷，其見在之數，明白交割。若修砌城垣，起蓋倉庫營房，所用甎瓦數目須要具奏，著落各處人民共造，如燒造流璃甎瓦所用白土，例於太平府采取。

琉璃窯：每一窯裝二樣板，瓦坯二百八十箇，計匠七工，用五尺圍蘆柴四十束。

每一窯妝色二百八十箇，計匠六工，用五尺圍蘆柴三十束四分，用色三十二斤八兩九錢三分二釐。

黑窯：每中窯一座裝到大小不等甎瓦二千二百箇，計匠八十八工，用五尺圍蘆柴八十八束。

永樂以後各處窯座：臨清窯燒造城甎、副甎、券甎、斧刃甎、線甎、平身甎、望板甎、方甎，二尺、尺七、尺五、尺二，四樣凡八號。近年止派造黑白城甎斧刃甎。蘇州窯燒造二尺、尺七細料方甎。凡遇營建宮殿，內官監開數，工部題行，應天、蘇松撫按官均派應天、池太、蘇松常鎮各委佐貳官，于蘇州府地方立窯募夫，選撥長洲縣諳練匠作團造。完日，即委管造官解部。嘉靖三十七年題准：將先年備選副甎窯户家藏者，首驗合式，照例給價取用。蔡村窯，宣德二年，差指揮一員，管領夫匠採柴造坯，後停止。正統九年復行燒造，後又停止。武清縣窯，萬曆二年奏准：自立窯座，分造城甎，每年三十萬箇，暫行通州管河郎中督造，每箇給價銀二分二釐，于臨清料價內扣給。

凡差官燒造。永樂間差工部侍郎一員，于臨清管理燒造提督收放，自直隸至山東、河南軍衛州縣有窯座者俱屬統轄。〇宣德二年令：河南、山東二都司并直隸衛所，撥軍夫五十名，于沿河一帶燒甎，以添設官十五員，分行提督。〇成化十七年，添設郎中二員，于山東、河南及南北直隸，原有窯處減半燒造。〇弘治八年奏准：停止燒造官員，勑河南、山東、南北直隸巡撫官委布按二司，分巡分守及府州縣官提督管理燒造。〇嘉靖五年題准：差部屬二員，一往南直隸各府于蘇州有窯處所燒造方甎；一往山東、河南、北直隸各府于臨清有窯處所督造方城斧、券等甎，俱領勑行事。

凡甎廠委官。張家灣、臨清二處，工部各委差主事一員，提督收放甎料；儀真、瓜洲二處，從南京工部定委。凡甎料價銀。嘉靖九年以大工緊急，奏准：甎料除南直隸等府照舊燒造，其河南、山東、北直隸等司府，俱折價解臨清有窯處所，召商燒造。〇二十二年議准：臨清燒造白城甎，舊例每年一百萬箇，今減爲八十萬箇，每箇價銀二分四釐。斧刃甎四十萬箇，每箇價銀一分二釐。二項價銀各年題派，差官解赴臨清給發，後復令本廠差官赴部領給。

各省府年例甎料價銀共二萬四千兩。

河南、山東二省，每省各三千二百四十兩，河間真保廣大五府，每府各六百兩，應天、蘇、松、常、鎮五府，每府各九百兩，徽、寧、池、太、安慶五府，每府各七百八兩，盧、鳳、淮、揚四府，每府各一千四百四十兩，廣德、滁、和、徐四州，每州各一百八十兩。

凡順帶甎料。洪武間令：各處客船，量帶沿江燒造官甎，於工部交納。〇永樂三年定，每百料船帶甎二十箇，沙甎三十箇。〇天順間令：糧船每隻帶城甎四十箇，民船照依梁頭每尺六箇。〇弘治八年題准，帶甎船隻除薦新進鮮黄船外，其餘一應官民馬快糧運等船，俱照例給票，著令順帶交割，按季將收運過數目報部查勘。仍行沿河郎中等官，但遇船隻逐一盤驗，如有倚託勢豪及姦詐之徒，不行順帶者，拏送究問。回船查無甎票者，拘留送問。〇嘉靖三年定糧船每隻帶甎九十六箇，民船每尺十箇。〇十四年，糧船每隻加至一百九十二箇，民船每尺加至十二箇。〇二十年糧船仍減爲九十六箇。〇二十一年令經過臨清糧船官民船，順帶本廠官甎至張家灣交卸，損失追陪。〇四十二年查照舊例糧船每隻止帶甎六十箇，餘甎於官民商販船通融派帶。

凡雇運甎料。永樂初令河南山東直隸各巡撫督令所屬查照原運軍衛有司，并遞運所量起人夫，措置車船，至窯運赴該廠交割。每城甎一箇，脚價銀一分八釐，斧刃甎一分四釐，進廠脚價不在此數。〇嘉靖四年，令臨清甎料順帶未盡者雇船運解，合用脚價各司府州縣量多少攤出，經過地方，一體應付夫廩。〇五年，令沿河遞運所撥大紅船及臨清廠雇倩民船，裝運白城斧甎。〇又令蘇州細料方甎，止是雇船差官押運到工，雇費于本府該解年例軍器魚課銀內支用。〇九年題准，儀真黑城甎，行揚州府查支在庫官銀，雇船載運。〇又題准，臨清甎廠搭運雇運甎料，置循環簿二扇，每月差人送張家灣甎廠主事，填註到否，循去環來，以便稽考。

石灰：洪武二十六年定，凡在京營造合用石灰，每歲於石灰山置窯燒煉，所用人工窯柴數目俱有定例。如遇各處支用，明白行下各該管人員放支，其管事作頭每季交替，仍將所燒過物料支銷見在之數明白交割。

每窯一座，該正附石灰一萬六千斤，合燒五尺圍蘆柴一百七十八束，計七十五工。

永樂以後，馬鞍山、瓷家務、周口、懷柔等處各置灰廠，俱以武功三衛軍夫採燒搬運赴京，修理內外公廨等項應用。○天順間奏准，差指揮千百户等官分管提督，五年一換。後止撥工役囚人，罷各衛軍夫，其提督指揮如舊。

木植：崇文門外有神木廠，舊額撥虎賁等十七京衛，通州等二十五外衛，軍餘一千名，在廠工辦。逃故僉補，後止存八百二十一名，內上工二百名，雜差管事四十一名，大木廠借工一百二十名，其餘皆辦椿木，每名月辦二根，以備苫蓋。朝陽門外有大木廠，與神木廠同。

凡各省採到木植，俱於二廠堆放。永樂中營建北京官殿，令四川、湖廣、江西、浙江、山西採木。○嘉靖三十六年，營建朝門午樓，議准，材木先儘神木廠，次差御史郎中各一員，挨查先年沿途遺有大木解用。○又令川、貴、湖廣三省採木，山西真定採松木，浙江徽州採鷹架木。

檾麻：舊制，河南、山東、北直隸各州縣衛所共九十三處原有廠地，每年種解檾麻本色各不等，解部各工支用，但額徵斤數不多，往返勞費。隆慶元年題准，行各該撫按及左中後三都督府，轉行各衙門，自二年起照依原定數目，每麻一斤，徵銀一分八釐各解該府，每年限十月內類解本部，以備買麻支用。

見徵檾麻二萬八千一百七十九斤一十四兩二錢五分，每斤折價一分八釐，共銀五百零七兩二錢四分。

山東：濟南府一千四百斤。長清縣五百斤，蒲臺齊東二縣各一百五十斤，濱、德二州及禹城縣各二百斤。

兗州府二千六百斤。濟陽縣一千七百斤，滕縣一百斤，商河縣八百斤。

東昌府一千五百八十三斤二兩二錢五分。朝城、堂邑、丘三縣各一百斤，范縣一百七十斤，臨清州二百五十斤。莘、寇二縣各五十斤，濮州一百八十斤，館陶縣、濟寧上廠四百八十七斤四兩五錢，濟寧下廠九十五斤一十三兩七錢五分。

河南：開封府一千五百五十斤。陽武縣四百斤，原武縣二百斤，封丘縣三百五十斤，延津縣六百斤。

衛輝府三千零五十斤。淇縣一百斤，新鄉縣四百斤，胙城縣一百五十斤，獲嘉、輝二縣各九百斤，汲縣六百斤。

懷慶府一百八十斤。修武縣八十斤，武涉縣一百斤。

彰德府二百斤。坐湯陰縣。

順天府一百八十斤。通州八十斤，香河縣一百斤。

直隸河間府一千七百九十斤。景、滄二州各一百五十斤，肅寧縣五十斤，静海縣一百斤，東光、吴橋二縣各七十斤，寧津、獻二縣各六百斤。

真定府七百斤。深州及武强縣各二百五十斤，定州衛二百斤。

廣平府四百八十斤。清河、肥鄉、廣平、威四縣各五十斤，武安、雞澤、曲周三縣各八十斤，永年縣四十斤。

大名府二千四百四十九斤。清豐、魏二縣各一百五十斤，長垣縣一百十二斤八兩，濬縣八百五十斤，内黄縣一百九十五斤，大名、滑二縣各一百斤，南樂縣三百五十斤，東明縣六十七斤八兩，元城縣二百五十斤，開州一百二十四斤。

直隸淮安府九百八十七斤。邳州三百四十三斤八兩，宿遷縣四百五十二斤，睢寧縣一百九十二斤八兩。

揚州府二千五百四十二斤八兩。高郵衛二百六十二斤八兩，寶應縣六百三十斤，江都縣一千六百五十斤。

鎮江府四百二十一斤四兩。坐丹徒縣瓜洲廠。

徐州九百七十五斤。本州八百斤，沛縣一百七十五斤。

左府三百斤。平山衛五十斤，濟寧衛二百五十斤。

中府三千二百七十七斤。淮安衛三百五十斤，徐州衛五十斤，臨清衛一千七百五十斤，大河衛八百一十四斤八兩，揚州衛三百一十二斤八兩。

後府三千五百一十五斤。瀋陽中屯及德州二衛各二百斤，德州左衛一百七十斤，通州左右二衛各八十斤，武清衛一百二十五斤，河間、天津及天津右三衛各六百斤，天津左衛四百斤，真定衛三百斤，神武中及定邊二衛各八十斤。

葦課：凡營造各工合用蘆蓆，永樂間選差指揮督率軍夫，於楊村南北口尹兒灣南北掘河，五廠葦地，打葦織造。後廠地被軍民侵種，差官踏勘立石爲界，設有莊頭佃户。○天順二年奏准，每地一畝徵蓆三片，葦一束，差武功三衛指揮等官協同有司催辦，五年一替，仍行通州管河郎中管理。○嘉靖十年議准，免徵本色，照户部莊田每畝徵銀二分，遇有災傷，照數奏免。○十三年革去武職，行各該府州縣掌印管糧官督徵。每畝舊徵課銀高阜三分，低窪二分，小民概稱低窪規避，以後不分高下肥瘦，每畝止徵二分。仍劄委通州管河郎中兼管督催，每年限十月以裏，將徵完銀兩解部，年終造册奏繳。

葦地原額四千五百七十頃六十四畝九分六釐四絲，歲該徵銀九千一百四十一兩二錢有零。

順天府武清縣五廠：蔡村掘河廠三百七十四頃七十三畝八分六釐，楊村北廠六百八十九頃四十三畝三分五釐，楊村南廠一百九十二頃四十一畝七分八釐，尹兒灣北廠八百五十八頃五十四畝一分七釐，尹兒灣南廠三百六十五頃九十四畝，霸州七百五十四頃五十六畝四分三毫九絲，文安縣二百二十四頃七十三畝八分七釐，大城縣一百七十九頃一十四畝七分七釐二毫。

河間府静海縣九百三十八頃一十二畝七分五釐四毫五絲。萬曆五年題准，行保定巡撫及通州管河郎中查勘河間府静海縣獨流等一十六莊葦地，除上地一百七十三頃一十六畝四分，每畝照舊徵銀二分外，中地一百一十三頃四畝二分，每畝止徵銀一分。下地三百五十八頃四十二畝八分有餘，及逃絶地二百九十三頃四十九畝三分有餘，俱免徵。以後如水退，復開墾成熟，仍行照例徵收，不許勢家占管。

歲用葦額該四十三萬斤，每一百斤價銀二錢五分，給批鋪户納完領價。

凡葦夫，天順年間原派神木廠民夫一百二十名運葦做工。〇成化二十一年，詔僉順天府所屬歲編六十名辦葦苫蓋。〇弘治十三年題准，每名徵銀一十五兩，共九百兩解司，帖發節慎庫支給鋪户。

王世貞《皇朝異典述》卷一《親王功賞之厚》 永樂賞谷王穗金川門功樂七奏，衛士三百，金銀大劍，金三百兩，銀三千兩，鈔三萬錠，綵幣三百疋，良馬四匹，金籠鞍轡二副。又馬二十四匹，金鞍二副，銀五百兩，鈔四萬六千錠，錦十疋，紵絲綾羅各六十疋，絹百九十疋。又銀千兩，鈔三萬錠，袍衣三襲，絹五百疋，白氎羅綿一條，西洋布三十疋，檀香三百斤，降真香五百斤，胡椒、蘇木各千斤，良馬十疋，羊百羫，酒五百瓻，椰子三百，火者百人。賞蜀王椿發谷府反謀功黄金二百兩，銀千兩，鈔四萬錠，玉帶一，金織衮龍紵絲紗羅衣九襲，紵絲紗、羅各五十疋，絨錦十疋，綵絹千疋，氎羅綿十條，高麗布一百疋，白米千石，胡椒千斤，良馬十疋，金鞍二副。又銀四千五百兩，鈔十萬錠，米萬石，紵絲五百疋，紗羅各二百，五十疋，絹一千疋，氎羅綿六十條，蘇木五千斤，胡椒三千斤，珍珠一百九十二兩，馬一百五匹，金鞍二副，火者百人。

王士性《廣志繹》卷五 採礦事惟滇爲善。滇中礦硐自國初開採至今以代賦稅之缺，未嘗輟也。滇中凡土皆生礦苗，其未成硐者，細民自挖掘之一日，僅足衣食一日之用，於法無禁。其成硐者，某處出礦苗，其硐頭領之，陳之官而準焉，則視硐大小，召義夫若干人。義夫者，即採礦之人，惟硐頭約束者也。擇某日入採。其先未成硐，則一切工作公私用度之費，皆硐頭任之，硐大或用至千百金者。及硐已成礦，可煎驗矣，有司驗之。每日義夫若干人入硐，至暮盡出，硐中礦爲堆，畫其中爲四聚瓜分之：一聚爲官課，則監官領煎之以解藩司者也；一聚爲公費，則一切公私經費，硐頭領之以入簿支銷者也；一聚爲硐頭自得之；一聚爲義夫平分之。其煎也，皆任其積聚而自爲焉。硐口列爐若干具，爐户則每爐輸五六金於官，以給劄而領煆之。商賈則酤者、屠者、漁者、採者任其環居於礦外。不知礦之可盜，不知硐之當防，亦不知何者名爲礦徒，是他省之礦，所謂走兔在野，人競逐之。滇中之礦，所謂積兔在市，過者不顧也。採礦若此，以補民間無名之需，荒政之備，未嘗不善。

朱國禎《湧幢小品》卷一九《朝天宫》 兩京皆有朝天宫，事天禮神，并爲習儀之所。南建於太祖，即冶城舊址。景陽樓在其左，二門外紆道屈曲，最可喜。北則宣宗八年，始卜築於阜城門之内。宫成，有景星之瑞。其規制宏敞勝於南，而雅秀則不及。嘉靖中，陶真人請重修，輝映益加於前矣。

朱國禎《湧幢小品》卷一九《城隍》 北京都城隍廟中有石刻「北平府」三大字，此國初舊物。一老卒云：其石長可丈六尺，下有「城隍廟」三字。既建北京，埋而露其頂，埋矣又露，不知何意。儀門塑十三省城隍，皆立像，左右相對，其香火甚盛。每歲順天府官致祭，府尹可以配都城隍，則布政可以配省城隍，勢位略均。而一坐一立，何居？豈幽明少異，而儀門所塑，或者後人附益，非經禮部考訂者耶？

再思在外府州縣皆有城隍廟，并不聞有各省城隍廟，即如江西城隍爲灌嬰，亦相傳舊説，前朝及國朝亦未嘗祀之爲省城隍也。然則都城隍者，乃都城之城隍耳。豈如都御史、都指揮之云乎？其位次亦可辨矣。

洪武二年，應天、開封、臨濠、太平四府，滁、和二州，城隍皆封王，正一品；各府封公，正二品；州爲侯，正三品；縣爲伯，正四品。應天衮冕，十有二章；開封等五府州及各府九旒九章；州縣七旒七章。王矣，公侯伯矣，仍遞其品，章服各異，似不可曉。豈幽明各異，獨加崇重與？

朱國禎《湧幢小品》卷一九《景惠殿》 太醫署中故有三皇小像，醫令以便宜奉事。世廟從侍醫之請，作景惠殿，令大臣春秋主祀事。殷棠川士儋爲尚書，用侍郎王希烈議，上疏謂：三皇繼天立極，而列醫師之中，於禮不協，請撤祠，進歷代醫師於一堂，院使以少牢行禮。報可。

朱國禎《湧幢小品》卷一九《堯廟規制》 帝堯廟在平陽府汾水西，後徙於東南。唐顯慶中，徙府城南，有地七百畝，屋四百間。中爲文思殿，前爲賓穆門，左祀老子，右祀楚霸王，後祀玉皇，總曰光澤宮。正統中，左布政石璞、郡守萬觀，以左右二祠不合經典，撤去之。左祀舜，右祀禹。易玉皇閣爲執中閣，顏堯殿曰廣運，門曰俊德、協和，舜殿曰重華，門曰玄德，禹殿曰文命，門曰祗德。增屋五十二，廊六十八，合爲三聖廟。已更執中閣爲殿，而於堯殿前爲閣，顏曰光天，最爲雄敞。於是規制大備，冠於西垂。然前人祀老子，猶曰孔子嘗問禮，西入流沙，不甚悖也。至霸王入秦，坑卒縱火，一猛悍武夫，而與老子分東西，且上配帝堯，不已甚乎！石公之改，正足洗千古之陋。方議興工，一夕大風拔木，積廡下，皆棟梁材也，人咸神之。

朱國禎《湧幢小品》卷一九《孔廟》 兩京孔廟，各見志書中。萬曆二十八年，始易以琉璃，從司業傅新德之奏也。曲阜廟創於魯哀公十七年，漢、魏、唐、宋，代有修飾。至金皇統、大定間，制乃大備。元凡三修。本朝洪武初，改建國學於雞鳴山下，即六代樂游苑，故亦戰場也。分爲二，東則小教場，西則學基。學舍隙地種菜，佐飲食之用。五年，文廟成，上視學釋菜。七年，詔司府州縣衛學，通祀孔子，衍聖公賜誥，如一品法。頒大成樂器於天下，舞用八佾。永樂十四年，撤其舊而新之。以後累朝登極，遣官致祭。成化中，加籩豆十二重，建正殿，恢爲九間，樓閣門廡皆廓其制。弘治十二年，廟災，學士李傑祭告，發帑金十五萬，守臣重修。十七年，告成，大學士李東陽致祭。庚子春，余得恭謁，檐下皆盤龍雲花石柱，壯麗精緻，目所未見。入廟，清肅莊嚴，遠非佛宮可擬。相傳費至三十萬。萬曆己卯，撫臣趙賢重修。甲午，撫按鄭汝璧、連標等復開瓮城重門，以辟神路。

朱國禎《湧幢小品》卷二八《造塔》 越州寶林寺，宋元徽元年製。《法華經》、《維摩經》疏：僧遺教等與法師惠基於寶林山下建寺，名寶林寺。時有皮道與，捨宅，連山造寺。山之巔，有石岫，岫有靈纓，旁有巨人迹，錫杖痕。初，晉末沙門曇彥與許詢玄度同造磚木二塔未成，詢亡。久之至梁天監中，岳陽王將至，彥預告門人曰：「許玄度來也。」岳陽亦早承誌公密示，至州，即入寺尋訪。彥望而曰：「許玄度，來何暮？昔日浮圖今如故。」王曰：「弟子姓蕭，名詧。」彥曰：「未達夙命，焉得知之？」遂握手，命入室席地。王忽悟前身造塔之事，宛若今日。由是復修塔，塔加壯麗。唐會昌中廢，乾符元年重建，改題爲應天寺。宋乾德初，僧皓仁建塔九層，高二百二十丈，號應天塔。崇寧三年八月，詔改崇寧萬壽禪寺。三月八日，又改崇寧爲天寧。每歲天寧節，群寮祝聖於此。紹興七年，改報恩廣孝禪寺，俄又改廣孝爲光孝，專奉徽宗皇帝，蓋以本天寧祝聖之地也。時有長老滋須者，有高行。會改當十錢爲當五，郡守召須及能仁長老密告之，且曰：「聞二寺方大興造，有未還瓦木工匠之直，倘蓄當十錢，可急償之。」明日，文字一出，皆大折閲矣。二人既歸，能仁呼知事僧，告以將赴他郡之請，凡有負者，皆即日償之，於是出千餘緡與之，抵夜乃畢，得者皆喜。明旦，遣侍僧問天寧，則曰：「長老歸自郡齋，即以疾告，閉方丈門熟睡，至今猶未起也。」及令下，須始以當五之數償負，能仁乃大愧服。乾道末，藻繪尤盛，置田五千餘畝。

董其昌《骨董十三說·緣起》 雜古器物不類者爲類，名骨董。向有人以食品雜烹之名骨董羹。雜埋飯中蒸之名骨董飯。《易》曰：「雜物撰德。」又曰：「物相雜故曰文。」文生於雜，有自來矣。文德修而人道立，非人德無以明道德，何以？人總其別，同其異，名消實化，繁興大用，突焰飛光，莫可測識。乃有骨董一句，用舉形上之道也，不可以訓詁論説通之者也。然非下學不能上達，訓詁論説，所以通形下之器也。

考骨字之文，从骨，从肉，从冎省，以冎去肉，會意也。觀動物之物，膚肉附骨而生，至老朽而俱腐。惟人制金玉器物，藏之既久，受天地燥濕之蝕侵，世代流傳之撫摩，剝落其外，透變其中，去肉而骨存者，故云骨。下連董字，何訓？《書》曰：「董之用威，董正治官。」董字所出也，其文从草，从重。讀《易》曰：「藉用白茅。」夫茅之爲物薄，而用可重也，於是徵其文有合於董治之義也。凡置物必有藉之以成好，薄如草茅，用之爲藉即重，重其物，即重其藉物也。製器物者，亦用以藉我養生供物之用耳。凡舉事必有董之者以成功，亦猶置物者必有藉之，即所以督治之使安，安乃誠我受物之義也。誠則明矣，不誠則無物。故於事物有不明者謂不董，會得曰董得也。

青銅面具二

董其昌《骨董十三說·一說》 骨董，古之墊物居多，凡物必有墊，所以藉之也。置物而無墊，虞其易損也，藉之即所以治之使成其用也。求古人之服食制度不可見，見藉服食之器而貴重之，可以征好古之心人所同。然物藉之以存焉者也，而物又莫不相藉也。食物以器藉之，器物以几藉之，几以筵藉，筵以地藉，而地孰藉之哉？能進而求知藉地之物，則天人交而萬物有藉矣。古者洪水滔天，泛濫無地，下民昏昏不知所墊，有禹董治之，則天下皆藉之矣。天下一大骨董也，人皆畫於小而遺其大，特未之思耳！

董其昌《骨董十三説·二説》 骨董今之玩物也，唯賢者能好之而無敝。拘謹之人視爲無用之物，斥去不蓄，恐人耽於玩好，廢時失事，流爲游惰而無成也，其敝失於鄙俗而止。貪戾者視爲貨殖之物，見有可居爲奇者，竭蹶以圖，唯恐不得。得之，保重之過於性命，或至争奪怨尤，皆歸咎骨董。豈骨董之咎？咎在不知好之也。文中子見任公好古什物，鐘鼎圭璽錢貝畢具。曰：「古之好古者聚道，今之好古者聚財。」若任公者，不知好骨董者也。人能置身優游閒暇之地，留心學問之中，得事物之本末終始，而後應物不失大小輕重之宜，經權之用，乃能即物見道。學以聚之，問以辯之，其進有不可量者矣。」故曰：唯賢者能好之而無敝也。

董其昌《骨董十三説·三説》 今之骨董，古人用物也，其制作精工，非今人可及。故歷代寶惜愛護之，什襲而藏，不輕示人，非收藏賞鑒家不能知也。世俗所貴重者，但知有黄金而已。可使一磁盤一銅瓶，幾倍黄金之價，非世俗所知也。故人能好骨董，即高出於世俗，其胸次自别，或可即目前以開其未發之韞也。要知古之所當貴重豈僅用物哉，即僅知貴用物，已能輕黄金而尚之，度越世俗遠矣，更能進以求用物之物，知有我物在。自開闢傳來，不更古於用物耶？於此深求而自得之。畢見古人精微廣大之制作，有合於造物化工以安庶物，更千古而藉之者盡出於是。益非目前人可知，亦非收藏賞鑒家可測也。

宋應星《天工開物》卷中《燔石》一一《煤炭》 凡煤炭普天皆生，以供鍛煉金、石之用。南方禿山無草木者，下即有煤，北方勿論。煤有三種，有明煤、碎煤、末煤。明煤塊大如斗許，燕、齊、秦、晋生之。不用風箱鼓扇，以木炭少許引燃，熯熾達晝夜。其旁夾帶碎屑，則用潔净黄土調水作餠而燒之。碎煤有兩種，多生吳、楚。炎高者曰飯炭，用以炊烹。炎平者曰鐵炭，用以冶煆。入爐先用水沃濕，必用鼓鞴後紅，以次增添而用。末煤如麪者，名曰自來風。泥水調成餠，入於爐内。既灼之後，與明煤相同，經晝夜不滅。半供炊爨，半供熔銅、化石、昇朱。至於燔石爲灰與礬、硫，則三煤皆可用也。

凡取煤經歷久者，從土面能辨有無之色，然後掘挖。深至五丈許，方始得煤。初見煤端時，毒氣灼人。有將巨竹鑿去中節，尖鋭其末，插入炭中，其毒烟從竹中透上，人從其下施钁拾取者。或一井而下，炭縱横廣有，則隨其左右闊取。其上支板，以防壓崩耳。

南方挖煤

凡煤炭取空而後，以土填實其井。經二三十年後，其下煤復生長，取之不盡。其底及四周石卵，土人名曰銅炭者，取出燒皀礬與硫黄。詳後款。凡石卵單取硫黄者，其氣薰甚，名曰臭煤。燕京房山、固安，湖廣荆州等處間亦有之。凡煤炭經焚而後，質隨火神化去，總無灰滓。蓋金與土石之間，造化别現此種云。凡煤炭不生茂草盛木之鄉，以見天心之妙。其炊爨功用所不及者，唯結腐一種而已。結豆腐者，用煤爐則焦苦。

宋應星《天工開物》卷中《燔石》一一《礬石、白礬》 凡礬燔石而成。白礬一種亦所在有之，最盛者山西晋、南直無爲等州。價值低賤，與寒水石相仿。然煎水極沸，投礬化之，以之染物，則固結膚膜之間，外水永不入。故制糖餞與染畫紙、紅紙者需之。其末乾撒，又能治浸淫惡水，故濕創家亦急需之也。

凡白礬，掘土取磊塊石，層疊煤炭餠煆煉，如燒石灰樣。火候已足，冷定入水。煎水極沸時，盤中有濺溢，如物飛出，俗名蝴蝶礬者，則礬成矣。煎濃之後，入水缸内澄。其上隆結曰吊礬，潔白異常。其沉下者曰缸礬，輕虚如綿絮者曰柳絮礬。燒汁至盡，白如雪者謂之巴石。方藥家煆過用者曰枯礬云。

宋應星《天工開物》卷中《燔石》一一《青礬、紅礬、黄礬、膽礬》 〔青礬〕：凡

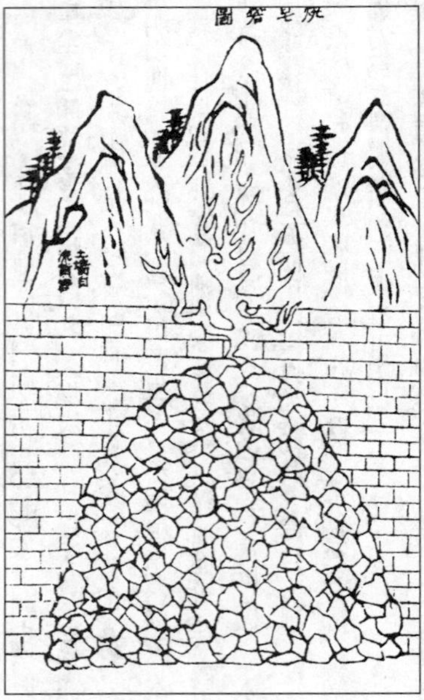

燒皂礬

皂、紅、黃礬，皆出一種而成，變化其質。取煤炭外礦石俗名銅炭。子，每五百斤入爐，爐内用煤炭餅（即）自來風，不用鼓鞴者。千餘斤，周圍包裹此石。爐外砌築土墻圈圍，爐顛空一圓孔，如茶碗口大，透炎直上，孔旁以礬滓厚掩。此滓不知起自何世，欲作新爐者，非舊滓掩蓋則不成。然後從底發火，此火度經十日方熄。其孔眼時有金色光直上。取硫，詳後款。

〔紅礬〕：煅經十日後，冷定取出。半酥雜碎者另揀出，名曰時礬，爲煎礬紅用。其中精粹如礦灰形者，取入缸中浸三小時，漉入釜中煎煉。每水十石，煎至一石，火候方足。煎乾之後，上結者皆佳好皂礬，下者爲礬滓。後爐用此蓋。此皂礬染家必需用，中國煎者亦唯五六所。原石五百斤，成皂礬二百斤，（此）其大端也。其揀出時礬，俗又名鷄屎礬。每斤入黃土四兩，入罐熬煉，則成礬紅，圬墁及油漆家用之。

〔黃礬〕：其黃礬所出又奇甚。乃即煉皂礬爐側土墻，春夏經受火石精氣，至霜降、立冬之交，冷静之時，其墻上自然爆出此種，如淮北磚墻生焰硝樣。刮取下來，名曰黃礬，染家用之。金色淺者塗炙，立成紫赤也。其黃礬自外國來，打破，中有金絲者，名曰波斯礬，别是一種。

〔膽礬〕：又山、陝燒取硫黃山上，其滓棄地二三年後，雨水浸淋，精液流入溝麓之中，自然結成皂礬。取而貨用，不假煎煉。其中色佳者，人取以混石膽云。石膽一名膽礬者，亦出晉、隰等州，乃山石穴中自結成者，故綠色帶寶光。

燒鐵器淬於膽礬水中，即成銅色也。《本草》載礬雖五種，并未分别原委。其崑崙礬狀如黑泥，鐵礬狀如赤石脂者，皆西域産也。

宋應星《天工開物》卷中《燔石》一一《硫黃》 凡硫黃乃燒石承液而結就。著書者誤以焚石爲礬石，遂有礬液之説。然燒取硫黃（之）石，半出特生白石，半出煤礦燒礬石，此礬液之説所由混也。又言中國有温泉處必有硫黃，今東海、廣南産硫黃處又無温泉，此因温泉水氣似硫黃，故意度言之也。

凡燒硫黃石，與煤礦石同形。掘取其石，用煤炭餅包裹叢架，外築土作爐。炭與石皆載千斤於内，爐上用燒硫舊滓掩蓋，中頂隆起，透一圓孔其中。火力到時，孔内透出黃焰金光。先放陶家燒一鉢盂，其盂當中隆起，邊弦卷成魚袋樣，覆於孔上。石精感受火神，化出黃光飛走，遇盂掩住，不能上飛，則化成液汁靠着盂底，其液流入弦袋之中。其弦又透小眼，流入冷道灰槽小池，則凝結而成硫黃矣。

燒取硫黃

其炭煤礦石燒取皂礬者，當其黃光上走時，仍用此法掩蓋，以取硫黃。得硫一斤，則減去皂礬三十餘斤。其礬精華已結硫黃，則枯滓遂爲棄物。凡火藥，硫爲純陽，硝爲純陰，兩精逼合，成聲成變，此乾坤幻出神物也。硫黃不産北狄，或産而不知煉取，亦不可知。至奇炮出於西洋與紅夷，則東徂西數萬里，皆産硫黃之地也。其琉球土硫黃、廣南水硫黃，皆誤記也。

宋應星《天工開物》卷中《燔石》一一《砒石》 凡燒砒霜質料，似土而堅，似石而碎，穴土數尺而取之。江西信郡、河南信陽州皆有砒井，故名信石。近則出産獨盛衡陽，一廠有造至萬鈞者。凡砒石井中，其上常有緑濁水，先絞水盡，然後下鑿。砒有紅、白兩種，各因所出原石色燒成。

凡燒砒，下鞠土窑，納石其上，上砌曲突，以鐵釜倒懸覆突口。其下灼炭舉

火，其烟氣從曲突内熏貼釜上。度其已貼二層，厚結寸許，下復熄火。待前烟冷定，又舉次火，熏貼如前。一釜之内數層已滿，然後提下，毁釜而取砒。故今砒底有鐵沙，即破釜滓也。凡白砒止此一法。紅砒則分金爐内銀銅惱氣有閃成者。

凡燒砒時，立者必於上風十餘丈外。下風所近，草木皆死。燒砒之人經兩載即改徙，否則鬚髮盡落。此物生人食過分釐立死。然每歲千萬金錢速售不滯者，以晉地菽、麥必用拌種，且驅田中黄鼠害。寧、紹郡稻田必用蘸秧根，則豐收也。不然，火藥與染銅需用能幾何哉！

顧炎武《肇城志·貴州》 貴州土産則水銀、辰砂、雄黄。人工所成，則緝皮爲器，飾以丹朱，大者箱櫃，小者筐匣，足令蘇、杭却步。雄黄一顆重十餘兩者佩之宜男，土官中以爲盤爲屏以鎮宅舍者。砂生有底如白玉臺，名砂牀，箭頭爲上，墻壁次之。雖曰辰砂，實生貴竹。

《雍正朝内閣六科史書·户科·總理户部事務怡親王允祥等題爲黔省更定水銀廠例令該撫詳議據實具題到日再議本》 總理户部事務和碩怡親王臣允祥等謹題爲詳請題明更定廠例以裕國帑以便民生事。該臣等議得貴州巡撫毛文銓疏稱，黔省水銀遷移不定，著昔由湖廣移於紅白二廠，今紅白二廠又已衰微，而濫木一廠忽然興旺。故前撫臣金世楊即發本收買，復奏請將普安縣之額課改歸修文縣承辦，修文縣之額課改歸普安縣承辦。前撫雖經收買等補軍需，而課額原無增益。後以春水淹没獎口，又行封閉。兹據布政使劉師恕詳稱，濫水一廠雖已封閉，然一經開採，猶在興旺，若仍按舊例而行，其於國課奚補，似應更定廠例二八抽分。又水銀體重，隱而難見，偷漏甚多，莫若抽收礦子，如廠民獲礦百斤，則抽其二十斤，分别礦分厚薄，照廠價陸續賣於廠民，將抽分數目年終造册報部。所有修文縣改歸普安縣承辦折色水銀，應即銷除修文縣之改歸税額。為數無多，應仍照舊例承辦。獨婺川縣之改板廠，衰竭已久，請即封閉。又稱水銀遷徙無常，將來抽多報多，抽少報抽少，倘一經衰微，亦即請封閉，另覓興旺之處題報開採等因，會同雲貴總督高其倬具題前來。查貴州省修文縣紅白二岩水銀，原額一千三百十五斤十三兩，每斤折銀五錢，該銀六百五十七兩零。普安縣濫水廠水銀，原額三百三十三斤，折銀五錢，該銀一百六十六兩零。婺川縣板廠水銀，原額一百六十九斤八兩，每斤折銀五錢，該銀八十四兩零。先經前撫臣金世揚以紅白二岩之廠衰微，濫水一廠忽然興旺，奏請普安縣額課改歸修文縣承辦，修文縣額課改歸普安縣承辦。臣部已經議覆准行在案。今該撫疏稱，濫木一廠應更二八抽收礦子之例，照廠價賣於廠民，每年儘抽收多少報部。其修文縣改歸普安縣之折色水銀一千三百餘斤，應即銷除，普安縣改歸修文縣之税額三百三十三斤照舊承辦。至婺川縣板廠請行封閉等語，夫水縣銀以礦子爲母，礦子之多少雖未能豫定，然正在興旺之時，前後數年之間，諒不至十分相懸，則就前一二年所得之數，即可約計將來之多寡。又該撫疏稱，按所出之礦分厚薄，悉照廠價賣於廠民，是礦子之厚薄，必以沙中所藏水銀之輕重而分，則每斤廠價，在黔省自有一定時值。今該撫並未將礦子每斤廠價若干，將來收賣礦子比修文縣改歸之額約畧增益幾何之處聲明，遽請將普安縣承辦水銀折色銀兩銷除，臣部難以定議。其婺川縣板廠裁缺税額，歸於何廠補辦，亦未議及。至銀雖屬遷徙無常，然任其抽多報多，抽少報少，日久不無(斯)〔私〕隱侵蝕情弊，應令該撫詳細妥議，據寔具題到日再議。再前撫金世揚開採濫木廠水銀，原因供應江、浙撤回兵丁動用庫銀五萬餘兩一時無抵，故特應捐應給俸銀五萬餘兩借給廠民作本，收買水銀，照時平賣，所得餘息，悉完庫項。亦應令該撫將金世揚任

內開採所得餘息銀兩，并具題後收買水銀及所得餘息補還庫項細數，造具清册，報部查覈可也。謹題請旨。雍正二年十月二十三日題。本月二十五日奉旨：「依議。」

《雍正朝内閣六科史書・户科・總理户部事務怡親王允祥題准開採貴州羊角鉛廠並將白蠟柞子等廠所抽課銀確查題報本》 總理户部事務和碩怡親王臣允祥等謹題爲懇准開廠裕課便民事。貴州巡撫張廣泗題，前事雍正七年七月初三日題，閏七月初七日奉旨：「該部議奏。」該臣等查得貴州巡撫張廣泗疏稱：威寧府屬白蠟、柞子、羊角三廠出産銀礦，經前撫何世璂題報部覆，將白蠟、柞子二廠，准其開採；羊角一廠，有無成效，據實確查題報。今據布政使鄂彌達詳，據平遠州知州朱粲英詳稱，羊角壹廠，從前出課無幾，今稍有增益，應請一例開採。所出課銀，儘收儘解，併同白蠟、柞子廠一併奏銷，照猴子等廠之例，於年底造册題報等情。臣覆查無異，會同總督鄂爾泰合詞具題。等因前來。查黔省威寧府屬白蠟、柞子、羊角等廠出産銀礦，先經原任貴州巡撫何世璂題報，白蠟、柞子二廠，自雍正五年三月二十五等日開採起，至本年六月底止，共獲正課併鉛斤變價銀一千二百三十七兩五錢五分零。其羊角一廠，抽課無幾，併鉛斤變價銀共四十四兩二錢一分零，俟開挖有效續題，如無成效，即請封閉。臣部議將白蠟、柞子二廠准其開採；羊角一廠，有無成效，據實確查題報等因。奉旨依議，欽遵行文在案。今該撫張廣泗疏稱，羊角一廠，稍有增益，應請開採，同白蠟、柞子廠一併奏銷等語。應如所請，將羊角一廠准其開採，所出課銀儘收儘解，附入白蠟、柞子等廠一併奏銷。但既有增益，則現在所抽課銀共有若干，疏内並未聲明。且白蠟、柞子二廠，抽收課銀，至今一載有餘，尚未具題，又不按季造報，事關稅課，未便遲延，應令該撫張廣泗將白蠟、柞子二廠雍正六年所抽課銀數目，併羊角廠現在抽收銀兩，逐一確查據實照例題報。仍按季補造清册，送部查覈可也。臣等未敢擅便，謹題請旨。雍正七年八月十七日題。本月十九日奉旨：「依議。」

《雍正朝内閣六科史書・户科・總理户部事務怡親王允祥等題爲猴子廠礦砂澹薄黔撫題請封閉因無保題不便遽議本》 總理户部事務和碩怡親王臣允祥等謹題爲詳明冬季廠課不敷開銷無憑起解事。貴州巡撫張廣泗題，前事雍正七年八月初三日題，九月初六日奉旨：「該部議奏。」該臣等查得貴州巡撫張廣泗疏稱：威寧府屬猴子一廠，據布政使鄂彌達詳，據畢節縣知縣介錫周詳稱：雍正六年正月十六日起，至十月十五日止，因礦砂澹薄，廠丁四散，僅餘數十餘人淘洗荒砂，三季所收正課鉛課，止得九十五兩二錢九分三釐零，起解貯庫，其開銷公費等項全無所出。迨自雍正六年十月十六日起，至七年正月十五日止，淘洗荒砂者止一二十人，冬季所收止得銀八兩七錢九分，每季應開銷公費銀六十二兩二錢，今發給各役工食外，尚不敷十之七八。是猴子廠無裨於課，而所開水城等幫硐亦無所出，所有冬季正課鉛課，委係開銷無銀起解，詳請封閉等情。臣查開採礦廠，原期裕課利民，今猴子一廠，硐老山空，礦砂澹薄，所開水城等處幫硐亦無所出，既據該司詳報，隨飭將雍正六年正月十六日起至七年正月十五日止一年所收課銀造册奏報外，相應題請封閉，謹會同督臣鄂爾泰合詞具題。等因前來。查黔省威寧府屬猴子廠，雍正三年四月經原任貴州巡撫毛文銓以礦砂衰薄，即有砂線之處，非被水淹，即遭燈悶，不能開採，題請封閉。臣部恐有侵蝕課銀藉請停止情弊，行令查明去後，嗣於雍正四年十一月，原任巡撫何世璂以猴子一廠實係硐老砂竭，據廠民杜國棟等以水城永興八甲山跛木雄猴場河等硐煎試有效，應准開採幫課，猴子廠暫停封閉等因具題，臣部業經覆准在案。今該撫張廣泗疏稱，猴子一廠礦砂澹薄，廠丁四散，自雍正六年正月十六日起，至十月十五日止，三季所收正課鉛課止得銀九十五兩二錢九分三釐零起解貯庫。其開銷公費等項全無所出，迨自雍正六年十月十六日起，至七年正月十五日止，淘洗荒砂者一二十人，僅得銀八兩七錢九分，每季應開銷公費銀六十二兩二錢，發給各役工食外，尚不敷十之七八。是猴子廠無裨於課，而所開水城等幫硐亦無所出，應請封閉等語。但雍正五年二月以後所抽課銀有無侵隱，行令確查，尚未題覆。且該撫題請封閉，止取具管廠各官印結，並無保題字樣，事關封閉礦廠，臣部不便遽議。再查雍正四年十一月題請新開水城等礦案内，獲砂一千七百餘桶，每桶煎出銀一錢六分至四錢不等，而雍正七年二月，該撫於會勘威寧等事案内稱，新開幫硐所抽課銀無幾，今又以亦無所出爲詞，恐管廠人員不無侵隱稅課情弊。應令該撫張廣泗將前項所收課銀九十五兩二錢九分三釐零，照數貯庫，候文撥餉，併將新開水城等礦，兩載以來所抽課銀，據實確查，按年造報。仍遴委幹員，親詣猴子等廠提取抽收底簿，逐一查明有無侵隱，會同總督鄂爾泰保題到日再議可也。臣等未敢擅便，謹題請旨。雍正七年十月十六日題。本月十八日奉旨：「依議。」

**《雍正朝内閣六科史書・户科・四川巡撫憲德題報建昌所屬會川之迤北等

廠開採紅白銅礦情形本》 巡撫四川等處地方提督軍務都察院右僉都史降一級留任臣憲德謹題爲皇圖遠届等事。該臣看得建昌所屬會川之迤北興隆寧番之紫古咧沙基並九龍廠，俱出産紅白銅礦，經建昌鎮臣趙儒奏請，俟栢香坪等處添設營汛之後弛禁開採等因，部議，應如所請，令臣會同督臣岳鍾琪、鎮臣趙儒逐一詳查，妥議具題。奉旨：「依議，欽此。」次行到臣行司確議詳報，並咨建昌鎮會查移覆，行據署布政司事按察使呂耀曾分晰詳議前來，臣查迤北、興隆等各廠，並不有礙田園廬墓，今各處營汛已經安設，自應招商開採。查本省殷實之家無幾，多不善作此挖礦生意，應請通融四方殷實商人，令自備工本開採，先交銅斛，後領價值。至抽課之例，向時茅銅交官給價銀四兩，每百觔抽課銅三十觔，准其以四分通商。今既全數賣充公用，價值應請照時給發，每百觔仍照向例加三抽課外，餘銅全數交官。再查會川之沙溝嶺廠出産黄礦、青礦，俱夾銀砂，公母廠出産紅銅，黎谿廠出産白銅，皆可招商開採，抽課便民。但白銅礦砂，必用紅銅點化方成，應請令白銅廠官查照報收數目，應需紅銅若干，給以印文，赴興隆等紅銅官廠買用，仍照加三抽課。至沙基廠係出産黑鉛夾有銀砂，乃鼓鑄所必需，應請一例開採，所出鉛觔照向例，每百觔給價銀四兩，仍以加三抽課。至於每年可得銅若干之處，須俟招採一年方能定數，税課亦應照各税口之例，儘收儘解，倘有侵欺，從重治罪。至派員司事之處，查建昌州、縣、衛、所等官，諸務繁雜，難以分身，應請以大廠於各府通判内，小廠於各府經歷内選擇賢能至廠管理，據實收解，按季册報管理之官，壹年壹换，造册交代，以免虧空。但查廠務繁多，委員各皆分任，應請於寧遠府特設同知一員，專管建昌等處各廠税務，如有侵隱情弊，許其指名揭參究處。至於通廠路徑駐兵巡查，各廠内派把總一員，帶兵彈壓，文員專司抽課，武弁分佈汛防，如有偷挖私煎盗賣漏税等事，嚴拿究治。至設爐開鑄之處，自應在省設局開爐，所有一切物料器具及錢文輕重並永寧等處鉛礦如何開採之處，容臣確查定議，另疏題請。至搭放兵餉，查川省除建昌松潘山大路遠難以搭放外，其餘制營皆可搭放，俟鑄出錢文之後，照例以銀柒錢三支給兵食。再請於省城派一道員，總理各路採買銅鉛及設局鼓鑄之事，則分司總理各有專責，諸務不虞紛繁。倘蒙允准，道員即於守巡各道中選擇賢能，派委其寧遠府特設同知，懇請勅部銓選，速令來川赴任，以資辦理。至該同知衙署官房及書役人等，確估建造，照例召募設立合併聲明。臣謹合詞具題，伏祈皇上勅部議覆施行，臣等未敢擅便，謹題請旨。雍正七年十一月初六日題。十二月初三日奉旨：「該部議奏。」

《雍正朝内閣六科史書・户科・甘肅巡撫許容題爲核銷製造火箭火匣並雇募花炮箭匠等項銀兩本》 巡撫甘肅寧夏臨鞏等處地方贊理軍務兼理茶馬都察院右副都御史加四級紀録一次臣許容謹題爲欽奉上諭事。該臣看得西路一應軍需用過錢糧，欽奉上諭：「令陸續報銷，欽此。」行據陞任布政使孔毓璞、西安驛傳道趙挺元詳稱：奉文飭派製造火箭、火匣并僱募花砲箭匠等項銀兩一案，舊管無新收部撥軍需銀五千二百二十兩。西安公項銀五十八兩，開除共銀三千五百六十三兩二錢零。内肅州鎮標右營造就火箭三萬三千五百枝，號箭三千枝，裝盛箭匣七百九十九箇，施放虎頭匣一千箇，駄火箭大箱一十箇，未造就火箭二萬枝并下剩物料等項，各價不等，共用銀三千一百四十五兩二錢零。未造就火箭并下剩物料等項共重五千斤，運送軍營每伍百斤僱車一輛，共僱車一十輛，每輛給脚價銀三十六兩，共給脚價銀三百六十兩。以上各項在於正項銀内動支，共用軍需銀三千五百五兩二錢零。甘、涼、寧三府屬雇募赴肅製造火箭、花砲匠役盤費，在於公項銀内動支，共雇募匠役四十二名，每名各支盤費不等，共用公項銀五十八兩。造就火箭、號箭、箭匣、施放虎頭匣、駄火箭大箱，俱照數交給出征守備豆斌隨兵車帶運出口訖。未造就火箭并下剩物料，照數雇車運送軍營訖。實在肅州鎮標下剩銀一千七百一十四兩七錢零，見在催解。等情。造具各册呈齎前來，臣覆核無異，除原册分送部科外，會同署督臣查郎阿謹題請旨。雍正十年二月二十五日題。三月二十一日奉旨：「該部察核具奏。」

《雍正朝内閣六科史書・户科・貴州巡撫元展成題爲查報雍正十年丁頭山等鉛廠抽收課鉛價銀數目本》 巡撫貴州兼理湖北川東等處地方提督軍務都察院右副都御史加三級紀録五次駐扎貴陽府臣元展成謹題爲詳請開採等事。該臣看得黔省丁頭山、馬鬃嶺等鉛廠抽收課鉛，例應按年題報。茲據布政使馮光裕詳據接管丁頭山鉛廠普安縣沈遴册報，該廠自雍正十年九月初一日起，至雍正十一年八月底止，共抽獲課鉛七萬三千七百零七斤，每百斤照原定一兩六錢之價，共變價銀一千一百七十九兩三錢零。内除開銷廠内人役工食銀四百八十兩零六錢外，寔應解課價銀六百九十八兩七錢零。此項鉛斤俱經運交糧驛道運售，俟變獲價銀，移解司庫。又據管理馬鬃嶺鉛廠大定府介錫周册報，該廠自雍正十年九月初一日起，至雍正十一年八月底，止共抽獲課鉛二十萬八千二百三十七斤零，每百斤照原定一兩四錢之價計算，共應變價銀二千九百一十五兩三錢零。内除開銷廠内人役工食等項銀五百零七兩四錢外，寔應解課價銀二千四百七兩七錢零。此項課鉛俟鑄出錢文易銀解貯司庫。以上丁頭山、馬鬃嶺二廠，一年共抽獲課鉛二十八萬一千九百四十四斤零，每百斤照原定一兩六錢、一兩四錢計算，共該鉛價銀四千九百四兩六錢零。内除開銷二廠人役工食銀九百八十八兩二錢外，應解課鉛價銀三千一百六兩四錢零，此項課銀俟運售完日解庫，另詳題報，造具煎抽課鉛細數，由該司彙册詳送前來。臣覆加查覈無異，除册送部外，臣謹會題請旨。雍正十二年八月二十八日題。十月初六日奉旨：「該部察核具奏。」

《清高宗實録》卷一一〔乾隆元年正月〕郝玉麟又奏：出洋商船桅木鐵箍，應填明牌照，永爲定規。得旨：「辦理頗屬妥協。尤當時時訓飭地方，令其不可藉此擾害商民也。總之有治人無治法。即如洋船一事，過於嚴，則商民必受其害，過於寬，則私販亦所必然。惟在地方有司之秉公去私，執兩用中，方爲有益，而能此者蓋寡。即如關税勸墾諸事，無不皆然。故寬非縱弛之謂，嚴非刻薄之謂。朕惡刻薄之流之有害於民生，復惡縱弛之輩之無益於國計。汝等督撫大員，不可不時存此心，以御屬員。不然，鮮不被人欺者矣。將此並令盧焯觀之。」

《清高宗實録》卷二八〔乾隆元年十月甲子〕除外夷貨船額外銀税。諭總理事務王大臣曰：「朕聞外洋紅毛夾板船到廣時，泊於黄埔地方，起其所帶礮位，然後交易，俟交易事竣再行給還。至輸税之法，每船按樑頭徵銀二千兩左右，再照則抽其貨物之税，此向來之例也。乃近來夷人所帶礮位，聽其安放船中，而於額税之外，將伊所攜置貨現銀另抽加一之税，名曰繳送，亦與舊例不符。朕思從前洋船到廣既有起礮之例，此時仍當遵行，何得改易？至於加添繳送銀兩，尤非朕加惠遠人之意。著該督查照舊例，按數裁減，並將朕旨宣諭各夷人知之。」

《清高宗實録》卷五二二〔乾隆二十一年閏九月乙巳〕又諭：據楊應琚奏，粤海關自六月以來，共到洋船十四隻。向來洋船至廣東者甚多，今歲特爲稀少。查前次喀爾吉善等，兩次奏有紅毛船至寧波收口，曾經降旨飭禁，並令查明勾引之船户牙行通事人等，嚴加懲治。今思小人惟利是視，廣省海關設有監督專員，而寧波税額較輕，稽查亦未能嚴密，恐將來赴浙之洋船日衆，則寧波又多一洋人市集之所，日久慮生他弊。著喀爾吉善會同楊應琚，照廣省海關現行則例，再爲酌量加重，俾至浙者獲利甚微，庶商船仍俱歸嶴門一帶，而小人不得勾串滋事，且於稽查亦便。其廣東洋商，至浙省勾引夷商者，亦著兩省關會，嚴加治罪。喀爾吉善、楊應琚，著即遵諭行。

《清高宗實録》卷五二五〔乾隆二十一年十月〕閩浙總督喀爾吉善奏：紅毛番船向收嶴門，忽自上年來浙，臣遵旨與廣督楊應琚商辦。現將徵收税課及稽查事宜比較則例，設立條約，並嚴禁勾引夷商從中漁利。得旨：浙省只有較粤省重定税例一法，彼不期禁而自不來矣，此非言利，宜知之。

《清高宗實録》卷五三〇〔乾隆二十二年正月庚子〕又諭曰：喀爾吉善等會奏浙海關更定洋船税則一摺，已交部議奏矣。洋船向例，悉抵廣東澳門收口，歷久相安。浙省寧波，雖有海關，與廣省迥異，且浙民習俗易囂，洋商錯處，必致滋事。若不立法杜絶，恐將來到浙者衆，寧波又成一洋船市集之所，内地海疆，關係緊要。原其致此之由，皆因小人貪利，避重就輕，兼有姦牙勾串之故。但使浙省税額，重於廣東，令番商無利可圖，自必仍歸廣東貿易，此不禁自除之道，初非藉以加賦也。前降諭旨甚明，喀爾吉善等俱未見及此。伊等身任封疆，皆當深體此意，并時加察訪。如有奸民串通勾引，即行嚴拏治罪。若云勸諭開導，冀其不來，則以法繩之，尚恐其扞法漁利，豈勸諭所能止耶？著將此傳諭喀爾吉善知之。

《清高宗實録》卷五三三〔乾隆二十二年二月甲申〕户部議准：閩浙總督喀爾吉善、兩廣總督楊應琚會奏，外洋紅毛等國番船，向俱收泊廣東，近年收泊定海，運貨寧波。請將粤海、浙海兩關税則更定章程，嗣後除照例科徵之比例規例二項，彼此均無增減，無從議外，至正税一項，如向來由浙赴粤之貨，今就浙置買，税餉脚費俱輕，而外洋進口之貨，分發蘇杭亦易，獲利加多。請將浙海關徵收外洋正税，照粤海關則例酌議加徵，其中有貨物産自粤東，原無規避韶贛等關税課者，概不議加。又粤海關估價一項，係按貨物估計徵收，如貨本一兩，徵銀四分九釐，但浙省貨值，有與粤省原例不符者，應照時值增估更定，其價同貨物，仍循其舊。至船隻樑頭之丈尺，及貨物進口出口之擔頭，悉照粤海關税則，不准減免。得旨：依議。此摺内所稱，若不更定章程，必致私扣暗扣，課額有虧，與商無補等語，尚未深悉更定税額本意。向來洋船，俱由廣東收口，經粤海關稽察徵税。其浙省之寧波，不過偶然一至。近年姦牙勾串漁利，洋船至寧波者甚多，將來番船雲集，留住日久，將又成一粤省之澳門矣。於海疆重地，民風土俗，均有關係，是以更定章程，視粤稍重，則洋商無所利而不來，以示限制，意並不在增税也。將此明白曉喻該督撫知之。

《清世宗實録》卷五三 〔雍正五年二月乙丑〕封禁雲南中甸銅礦，停止鼓鑄錢文。從總督鄂爾泰請也。

《清高宗實録》卷一二七 〔乾隆五年九月〕雲南總督公慶復奏：蒙自縣金釵廠銅礦最爲盛旺，今湖北採買滇銅二十餘萬，應將此項銅觔令其委員運楚，以充鼓鑄。再滇省各廠惟湯丹最旺，歲産高銅八九百萬及千萬觔不等，接近湯丹之多那廠産銅亦旺，但兩廠相連，工匠雲集，油米騰貴。現酌將多那一廠暫爲封閉，俟湯丹硐老，再行議開。得旨：所奏俱悉。卿自能辦理合宜，可免朕南顧之憂也。

《清高宗實録》卷一三〇 〔乾隆五年十一月壬申，户部〕又議覆：雲南巡撫張允隨疏請封閉羅平州屬卑浙、塊澤二處鉛廠。查該二廠既因外省鉛價日賤，客販不至，爐户運銷又難，以致漸次停爐，官課無出。應如所請，暫行封閉。從之。

《清高宗實録》卷一五五 〔乾隆六年十一月辛巳〕户部議覆：雲南巡撫張允隨奏稱：開化府屬黄龍山老巖銀廠自開採以來，原未旺盛，雍正五年至今，所獲課額不敷，俱將別廠盈餘撥補，且地接交趾，該國正當有事，誠恐姦匪潛滋。應如所請封閉。從之。

《清高宗實録》卷一五七 〔乾隆六年十二月辛亥〕户部等部議准：署雲南總督雲南巡撫張允隨奏稱：省城、臨安二局鼓鑄所用倭鉛，向在曲靖府屬之卑浙、塊澤二廠收買，嗣因外省鉛價日賤，變價之鉛久不銷售，存廠鉛足供二局五年之用，經臣題明封閉。今二局共添爐十五座，又開東川局二十座，應用之鉛已屬加倍，存廠運局，不敷所需。請將卑浙、塊澤二廠仍行開採，所獲鉛觔按例抽課，餘鉛收買供鑄。又東川府屬之者海地方亦産鉛礦，距東局尤近，現今開採，如能旺盛，另疏具題。請即將卑浙、塊澤二廠仍舊開採。從之。

《清高宗實録》卷二〇七 〔乾隆八年十二月辛未，户部〕又議覆：雲南總督張允隨疏稱：滇省大理府自雍正五年停止鼓鑄，十餘年來，迤西一帶錢少，兵民零星交易不便。該地産有銅礦，應請設法開採。設爐十五座，每年需銅二十八萬餘觔，即以所出之銅供鑄，不敷，再將迤東各廠銅觔添撥。鉛、錫等項，於各廠運往。統計每清錢一千文約需工本六錢有零。每年可鑄出錢六萬餘串，照例搭放兵餉。所需局房舊地已改考棚，並擇地建蓋，應如所請。從之。

《清高宗實録》卷二一五 〔乾隆九年四月〕雲南總督張允隨奏：滇省每年運京正耗銅六百三十餘萬觔，本省臨、東以及黔省鼓鑄共需銅八百餘萬觔，惟賴各廠旺盛，始能無誤。近年湯丹等廠産銅較少，因思於附近金江地方豫覓旺廠，先行試採。嗣據東、昭二府報稱，金江北岸大山頂、阿壩租地方産有礦苗，當飭煎様，與湯丹廠成色無異，隨給工本銀三千兩，煎揭蟹殼銅，除抽課外，餘銅每觔給價六分收買。自乾隆八年十二月十五日起至九年正月十三日止，共收過四萬五千餘觔。兹又發工本銀一萬兩，以便接續開採。查阿壩租甫經開廠一月即獲四萬餘觔，且離金沙江小江口銅房不遠，較湯丹水運尤便。再大理府地方前經奏請設爐開鑄，歲需銅二十餘萬觔，因滇省旺廠皆在迤東，若由迤東運往，未免多糜脚價。兹得迤西麗江府産有旺礦，試採頗多，又查順寧府打吨山廠前因知府張珠經理不善，未能旺盛，今另委員設法調劑，較前大旺，二廠銅觔儘可敷大理鼓鑄之用。得旨：甚善之舉。知道了。

《清高宗實録》卷二六九 〔乾隆十一年六月庚辰〕户部議覆：雲南總督兼管巡撫事張允隨疏稱：東川府屬之者海鉛廠礦砂旺盛，離東局止二站，開採供鑄，脚價甚屬節省，請照卑塊鉛廠事例收買抽課。應如所請行。至所定運脚，查自廠至局，路止二站，因何每鉛百觔給運脚銀三錢，應令查明報部。從之。

《清高宗實録》卷二八七 〔乾隆十二年三月〕雲南總督兼管巡撫事張允隨奏：滇省湯丹、大水、碌碌三廠産銅漸少，臣再三籌慮，惟有乘三廠尚足供用之時，於附近東、昭兩府躧覓礦苗，招徠開採。現已試採數處，每年約得百餘萬觔，將來日漸豐旺，即可以盈補絀。

《清高宗實録》卷三〇九 〔乾隆十三年二月〕雲貴總督張允隨、雲南巡撫圖爾炳阿奏：滇省新開之大雪山銅廠自路徑開通之後，廠民雲集，嶆洞多獲大礦，月可辦銅六七八萬觔不等，較上年春夏已加倍有餘，歲可出銅百萬觔，日見旺盛。又多那一廠礦苗深厚，月出銅五六七萬觔。得旨：欣悦覽之。此皆卿調劑有方也。

《清高宗實録》卷三四〇 〔乾隆十四年五月己未〕户部議准：雲南巡撫圖爾炳阿疏稱阿發廠礦砂衰竭，難供開採，應封閉。從之。

《清高宗實録》卷三四五 〔乾隆十四年七月丙寅〕又諭〔軍機大臣等〕曰：張允隨奏稱現在該省辦銅各廠較之乾隆十年、十一、十二等年多獲銅二百餘萬觔等語。滇省所産銅觔上供京局鼓鑄，下資各省採買，出産旺盛，固屬有益，但天地生財，止有此數，今增至二百萬觔，未免過多。若輾轉加增，或因開採太過，易致涸竭，不若留其有餘，使得常盈不匱，寬裕接濟，庶爲可久。將此傳諭該督知之。

《清高宗實録》卷三五六〔乾隆十五年正月己酉〕軍機大臣等奏：大學士張允隨前奏滇省廠銅較前多獲二百餘萬觔，請撥銀辦貯。經傳旨詢問，今覆稱請仍照原議撥銀一百萬兩，可多辦銅一百餘萬觔等語。查每年增銅至一百餘萬之多，恐採取太過，有傷銅苗，應無庸議。得旨：是。

《清高宗實録》卷三八六〔乾隆十六年四月庚午〕雲南巡撫愛必達奏：滇省銅廠惟湯丹、大水、碌碌三處最旺，向係管理銅務糧儲道在省遥制，僅委雜職一員，同該道幕友家人赴廠經理，諸弊叢生，致多廠欠。請嗣後各委現任同知、通判或試用丞倅等官往駐，辦理發銀收銅一切事務，月給養廉銀三十兩。報聞。

《清高宗實録》卷四〇二〔乾隆十六年十一月庚午〕户部議准：雲南巡撫愛必達疏稱：古學廠礦砂已盡，請即封閉。移鑪罩安南、兀庫二處，就近開採。從之。

《清高宗實録》卷四八五〔乾隆二十年三月庚子〕雲貴總督碩色、雲南巡撫愛必達奏：滇省産銅向惟東川府屬之湯丹、大水、碌碌三廠最旺，武定府屬之多那廠次之。近來湯丹等大廠硐深礦薄，多那亦産礦日少。查有多那廠附近之老保山産礦頗旺，月辦銅四萬餘觔至五萬餘觔不等。又湯丹之聚寶山新開長興硐，日可煎銅六百餘觔，九龍箐之開庫硐，日可煎銅千餘觔。又碌碌廠之竹箐老硐側另開新硐，礦沙成分頗佳。均應作爲子廠。得旨：好。

《清高宗實録》卷五六四〔乾隆二十三年六月戊午〕封雲南彌勒州屬發雜鉛廠。從巡撫劉藻請也。

《清高宗實録》卷五八一〔乾隆二十四年二月〕雲貴總督愛必達等奏：據大碌廠民於附近大銅廠之路南州大興山踹得旺礦，成分甚高。自二十三年三月開採，至本年二月即獲銅觔百二十餘萬。嘈礦情形尚在大銅廠上。近年辦銅不敷濟運，從前積銅添補將盡，得此接濟，於京外鼓鑄有裨。得旨：嘉奬。

《清高宗實録》卷七一六〔乾隆二十九年八月戊子〕户部議覆：陞任雲南巡撫劉藻奏稱：通海縣逢里山廠産有黑鉛，試採有效，應准開採，照多實等廠例抽課。從之。

《清高宗實録》卷七二五〔乾隆二十九年十二月戊戌〕吏部等部議覆：雲貴總督劉藻奏稱：滇省湯丹、大碌兩銅廠坐落東川府屬會澤縣境内，比歲以來，産銅日旺，廠衆益增，兩廠不下二三萬人。

《清高宗實録》卷七六四〔乾隆三十一年七月壬申〕大學士管雲貴總督楊應琚奏：滇省礦廠甚多，各處聚集砂丁人等不下數十萬，每省流寓之人聞風來至，以致米價日昂。請嗣後示以限制。將舊有之老廠、子廠存留開採，祇許在廠之週圍四十里以内開挖礌硐，其四十里以外不准再開，庶客户課長砂丁人等不致日漸加增。再現在滇省各廠每年約可辦獲銅一千二三百萬觔，内解赴京局及本省鼓鑄，并外省採買滇銅，共約需一千二百餘萬觔，所餘不過數十萬觔。若外省儘數加買，勢必入不敷出。請將各省採買滇銅除乾隆十九年奏定之額仍聽按年買運外，如有請豫買一運以及加買并借買數十萬觔之處，概不准行。又舊廠既有界限，將來開採年久，難保無衰歇之處，更應留有餘以補不足。查省城、臨安、東川新舊各局除正鑄之外，又經奏准加鑄，將餘息銀兩爲湯丹、大碌等廠加添銅價及永順普洱防邊之用，共歲需銅一百七十餘萬觔。今滇省正鑄之卯儘足敷搭放兵餉，接濟民用，其加價一項，應即在外省採買滇銅盈餘銀兩内撥用，本省加鑄各項亦可酌量停止。請將永順等處防邊經費所有加鑄之卯及東川新局加鑄一項仍行酌留，其餘各局加鑄概行停止。即以所餘之銅留備將來不足之用。得旨：如所議行。

《清高宗實録》卷八〇七〔乾隆三十三年三月〕陞任雲南巡撫鄂寧奏：滇省開採銅廠，經前督臣楊應琚奏准，祇許在舊廠週圍四十里内開挖礌硐，其四十里外不准再開，以節耗米浮費。查舊有老廠、子廠，近年因硐老礦微，銅觔較前大減，若非多開新廠，趲辦添補，實不足敷撥用。且新開子廠仍係素識苗引之民移舊廠丁夫往彼開挖，即或另有招募，亦不過衰廠之砂丁聞有新開旺廠，舍彼趨此。是雖多開一廠，而廠民並未加增。前督臣楊應琚以爲因此耗米，原未籌畫確實。請仍循舊例，無論離廠遠近，均聽開採，不必拘定四十里以内之限制。得旨：如所議行。

《清高宗實録》卷八一八〔乾隆三十三年九月乙未〕協辦大學士公副將軍署雲貴總督阿里衮、雲南巡撫明德奏：滇省銅廠三十餘處向係糧道專管，布政司無稽覈之責。金、銀、鉛廠二十九處又係布政司專管，本地道府概不得過問。均屬未協。請將各處金、銀、銅、鉛廠如係州縣管理者，責成本地知府專管，本道稽查如係府廳管理者，責成本道專管，統歸布政司總理。至糧道既不管銅廠，事務太簡。查驛鹽道管驛站鹽務，政事頗繁，請將驛鹽道所轄之雲南、武定二府改歸糧道管理。所有該道等應換印信咨部換給。得旨：如所議行。

《清高宗實録》卷八三九〔乾隆三十四年七月癸卯〕户部議准：調任雲南巡撫喀寧阿疏稱：通海縣逢里鉛廠砂盡礦絶，應請封閉。從之。

《清高宗實録》卷八五二〔乾隆三十五年二月庚戌〕吏部議覆：經略大學士公傅恒奏稱：雲南外連夷疆，地方遼濶。從前欲藉大員彈壓，設郡至二十三府之多。今諸夷嚮化，緬酋歸誠，原設冗繁。應如所請，雲南府爲省會，大理府爲提督駐劄地。曲靖、臨安、楚雄、昭通、澂江屬邑俱多，東川爲礦廠最勝之區。

《清高宗實録》卷八六九〔乾隆三十五年九月辛酉〕封閉雲南通海縣屬獅子山白鉛廠，從巡撫明德請也。

《清高宗實録》卷九三七〔乾隆三十八年六月〕署雲貴總督彰寶奏：雪龍州之大功山，平彝縣之香沖，禄勸縣之獅子山，大姚縣之力蘇箐礦砂豐旺，試採煎煉，氈色俱高，均可設立新廠。遴委專員駐劄山場，專司攻採。酌發工本銀三四萬兩，分貯廠所。其鑪户辦獲銅觔仍照九渡箐等新廠以一分通商例辦理。其印委各官出力者亦照例議敘。得旨：嘉奬。

《清高宗實録》卷九七五〔乾隆四十年正月〕雲南巡撫李湖奏：滇省湯丹、碌碌、大水、茂麓四廠自乾隆三十七年清釐之後，各廠領本辦銅，並無墮欠。惟前督臣彰寶奏開九渡等新廠係初闢山箐，尋砂挖硐，工費較大，現在逐款清查，使無懸宕。並將衰竭之廠停採封閉，以免虧墮。報聞。

《清高宗實録》卷一〇〇二〔乾隆四十一年二月乙卯〕户部議准：雲南巡撫裴宗錫疏稱：發古、萬象等廠兼辦箐口、革浪河、茨營山等處銅觔，采獲漸多，無從堆貯。請於發古廠建蓋官房十二間，萬象廠建蓋官房十間。從之。

《清高宗實録》卷一〇三四〔乾隆四十二年六月癸卯〕户部議准：署雲南巡撫圖思德題稱：建水縣普馬舊廠之大黑山另開槽硐，鉛砂豐旺，就近撥臨安局鼓鑄。價值運費照舊廠章程辦理。從之。

《清高宗實録》卷一〇四一〔乾隆四十二年九月〕大學士管雲貴總督李侍堯、雲南巡撫裴宗錫等奏：請嗣後銅廠廠務悉歸地方官經管，即繁劇地方離廠較遠，正印官不能照料，亦宜改委州縣丞倅等官經理。各廠現委雜職概行徹退，酌量地方遠近，廠分大小，分派各府廳州縣及試用正印人員接手承辦，實力採煎。如果辦銅寬裕，奏請議敘。倘有短缺，即行參處。得旨：嘉奬。

《清高宗實録》卷一一二五〔乾隆四六年二月〕雲南布政使江蘭奏：滇省銅廠近因額短運遲，遴員躧勘山場，督率開採。惟滇民貲本微薄，司事者恐日後賠累，吝於發本，匠夫朝集暮散，致少成效。現飭委員查覈，如錘鑿器具及日用薪米有力難自辦者，即令隨時禀報，酌給工本接濟。得旨：好。知道了。

《清高宗實録》卷一一五一〔乾隆四七年二月〕署雲南巡撫劉秉恬奏：滇省歲辦銅觔攸關京外鼓鑄，請於老廠附近之區另開子廠，以裕其源。並嚴禁私鑄，以節其流，庶無虞耗竭。得旨：是。持之以久，實力爲之。

《清高宗實録》卷一四〇七〔乾隆五十七年六月丙申〕又諭曰：富綱等奏請勅賜廠神封號一摺。近年各廠辦獲銅觔較每年額數多至四百餘萬，自屬山靈呈瑞，理宜列在祀典，錫之封號，用答神庥。著封爲裕源興寶礦脈龍神，並著該督撫於廠地相度處所建設總廟，春秋致祭，並交該部載入祀典。其大小各廠聽其自行立祠，其神牌祠額即照所定封號一律繕寫。

《清高宗實録》卷一四一三〔乾隆五十七年九月乙卯〕封閉雲南開化府屬三家銀礦。從雲貴總督富綱請也。

《清高宗實録》卷一四三二〔乾隆五十八年七月壬寅〕諭軍機大臣等：昨據譚尚忠面奏銅廠情形，復令軍機大臣詳加詢問。據稱雲南各廠近年以來産銅豐旺，若不官爲收買，恐啓鑪户等私賣盜鑄情弊。且各廠每年豐歉不齊，亦須趁此豫爲購備，更可源源供運。但正銅額價止有此數，不敷收買額外銅斤之用，曾與富綱、費淳商酌，似應加請工本，以資接濟。現在富綱等詳細查明，續行具奏等語。此項加買額外之銅共若干斤，現在分貯何處？而派撥工本後，設遇廠銅歉産之年，所添銀兩不妨作爲下年之用。著傳諭富綱，即率同藩司通盤覈算，據實具奏，以便交部覈議。

《清高宗實録》卷一四三七〔乾隆五十八年九月丁巳〕諭軍機大臣等：户部議覆富綱奏添撥工本銀兩採買餘銅一摺，指出逐條俱是，已依議行矣。據富綱奏年來銅廠豐旺，除應辦額銅之外，多辦餘銅借款墊發，已墊給工本銀一百餘萬兩等語。近年銅廠豐旺，固應及時收買，但該省每年額銅應辦一千五十九萬餘觔，而逐年借項採辦餘銅又有一千三百四十餘萬觔，除供各省採買外，其每年解運京銅祇須六百三十三萬餘觔。是該省積存餘銅已屬不少。今又添撥工本一百萬兩，隨時採買，又應得餘銅一千餘萬觔。若不隨時搭解運京，縱使在滇堆積成山，亦屬無用；即便搭解運京，亦覺過多無用處也。且該督奏稱自乾隆五十一年起至五十七年止，已陸續派撥工本脚費一百餘萬兩，俱於別款暫爲借墊。滇省藩庫應存地丁等項銀兩不過數十萬，該省軍餉銅本在在皆需協撥，此項借款又從何處墊發？從前並未報部，究係借動何款？而自此項派撥銀兩，以後如何按款歸還？若將添撥銀兩歸還前項動款，又何以爲將來收買餘銅之用？該督摺内均未分晰聲敘，是該督所請借項添買餘銅仍屬有名無實，不過爲目前那用之計。又該省局存錢文，現據户部查出積存一百五萬餘串，以後每年自必續有存積。似此日積日多，徒滋貫朽。今既欲添買餘銅，何以不即將此項存積錢文動撥應用？即使滇省錢價較賤，不敷添撥之數，而即以報部錢價一千二百文計算，已屬抵撥有盈，何以該督亦並未計及？且此項錢文與其存積局内，何不於各省赴滇採買銅觔時即將此錢文發給，抵作銅觔。則滇省錢文既不致積壓無用，而各省又可省鼓鑄之煩，豈不一舉兩便？前經户部將此行查各省，俱稱運用滇錢恐於工本有虧，不便配用。此亦係各省因局鑄多有盈餘，若領用滇錢，不能獲利，藉稱工本有虧，原不可信。此事前令譚尚忠會同入議，而於此等情節亦均未能深悉登覆。著富綱、費淳將户部摺内指出各條逐款詳晰查明，據實覆奏，再行覈辦，毋得迴護干咎。

《清高宗實録》卷一四六二〔乾隆五十九十月丙辰〕又諭：御史王城奏寶泉、寶源二局現已減卯，雲、貴、四川、湖廣等省亦停止鼓鑪。請暫行停減採挖銅、鉛，以杜私鑄等語。雲、貴、四川等省現在正需籌辦停鑪及收繳小錢各事宜，頭緒紛繁，若復封閉礦廠，地方官何暇常川前往查驗。且封廠之後，奸民惟利是趨，勢必有潛往採挖等事，是所謂封廠，仍屬有名無實。況廠徒人數衆多，礦廠一經封閉，此等無業貧民餬口無資，更恐滋生事端。王城所奏止知其一不知其二。但該御史既有此奏，著交與雲、貴、四川各督撫，將所言是否可採，或應如何在各該廠設法稽查，倍加嚴密，以防透漏，於廠務更爲有益，一併悉心妥議具奏。

《清高宗實録》卷一四七〇〔乾隆六十年二月辛酉〕又諭：前因御史王城奏現在雲、貴、四川、湖廣等省停止鼓鑄，請暫行停減採挖銅、鉛，以杜私鑄。特降旨交該督撫等將所言是否可採，或應如何設法稽查，悉心妥議。嗣經孫士毅、姜晟覆奏四川、湖廣兩省銅、鉛各廠均請照舊開採，經部議覆准行。今據福康安奏稱滇省采辦銅觔，雖京局各省分別減卯停鑄，而年額仍須照舊解運。且廠民尋苗躧獲一廠，費本開挖，始能成礶獲礦，若封閉停採，即成廢硐，將來開挖更爲費力。況每廠砂丁不下千計，一旦失業無歸，必致流而爲匪，甚或潛蹤私挖，又圖私鑄。是杜弊轉足啓弊等語。此事王城陳奏時，朕早慮及。現在籌辦停鑪及收繳小錢各事宜，頭緒紛繁，若復封閉礦廠，奸民惟利是趨，勢必潛往採挖，仍屬有名無實。況廠徒人數衆多，一旦失業，更恐滋生事端。王城止知其一不知其二。今據福康安等奏到各情形，果不出朕之所見，是該御史所奏，於事斷不可行。所有滇省各銅廠自應照舊開採，毋庸封閉。惟當飭各廠員實力整頓，加意稽查，不使稍有短絀透漏，庶諸弊可以肅清，而廠徒亦不至失所，於廠務實有裨益，方爲妥善。

《清高宗實録》卷二三〔乾隆元年七月庚申，吏部〕又議覆：經略苗疆貴州總督兼巡撫張廣泗奏：遵義縣小洪關鉛廠硐老山空，開採無益，應准封閉。從之。

《清高宗實録》卷三七〔乾隆二年二月，貴州提督王無黨〕又奏：夷地開廠，米糧食物壟斷叢姦。銅、鉛二項爲鑄局所需，自不可禁。銀、錫等廠宜因地因時，以爲開閉。得旨：據云，銅、鉛爲鑄局所需，不可禁，則銀、錫亦九幣之一，其可即行禁採乎？且禁銀、錫之廠，則爲此者將轉而求之銅、鉛之場矣。遊手耗食之人如故也。此奏雖是，而未通權。

《清高宗實録》卷三九〔乾隆二年三月甲寅，户部〕又議准：貴州總督張廣泗疏稱：黔省大定府屬之馬鬃嶺鉛廠洞老山空，爐民日漸稀少，題請封閉。從之。

《清高宗實録》卷四六〔乾隆二年七月己丑〕户部議覆：貴州總督張廣泗疏稱：普安縣屬之丁頭山鉛廠年久採煉無出，應請封閉。從之。

《清高宗實録》卷八二〔乾隆三年十二月癸未，户部〕又議：貴州總督兼管巡撫事張廣泗疏報：黔省辦運鉛觔，部議停運一年。未奉部文之先，已將己未年正耗鉛觔改由貴陽直運楚省，請仍照舊解京。查威寧一路，有江、安、浙、閩四省。承辦銅觔人員並商駄貨物均於此處雇運。馬匹無多，脚價必貴，是以議令停運一年。該撫既稱改由貴陽，並無擁擠，應准照舊解部。又疏稱京局銅、鉛乃每年必需之物，已未鉛觔雖改由省城一路辦解，運存之鉛業已無多，此後仍由威寧辦運，究虞擁擠。請於黔省較近水次兼產鉛礦之地招商開採，收買接濟。應如所請。從之。

《清高宗實録》卷九五〔乾隆四年六月辛丑〕貴州總督張廣泗奏：遵義府屬綏陽縣月亮巖地方産有鉛礦，鐵星坪阪坪産有煤塊，並無干礙田園廬墓，應請開採，照例納課。下部議行。

《清高宗實録》卷一一四〔乾隆五年四月己卯，户部〕又議准：貴州總督兼管巡撫事張廣泗疏請開採綏陽縣屬月亮巖鉛礦，並遵部前議，令民間自備工本，前往開採。所出鉛觔官商分買，如出鉛一萬觔，照例抽課二千觔，其餘八千觔，官商各買一半。核算每年收買，連抽課約可收鉛百萬餘觔，即由月亮巖分路解運，其不敷辦解京局之鉛仍於蓮花、硃砂二廠收存鉛内撥運。從之。

《清高宗實録》卷一四〇〔乾隆六年四月丙申，大學士等〕又議覆：署貴州總督張允隨奏稱：月亮巖所獲餘鉛業經題請官商分買。一切發給工本必須人員經管。應如所請。將現設鐵星坪坂二處坐廠抽收官二員照從前各廠例給養廉。從之。

《清高宗實録》卷一五〇〔乾隆六年九月己巳，户部〕又議准：署貴州總督雲南巡撫張允隨奏稱：黔省威寧州屬致化里産有銅礦，砂引頗旺。現開礌硐七十二口，内有十四口已獲百餘萬觔，招廠民二千餘名，設爐二十座，採試有效，應准其開採。課税照例二八抽收，餘銅歸官收買，每百觔給價銀七兩。從之。

《清高宗實録》卷一六五〔乾隆七年四月〕貴州總督兼管巡撫張廣泗覆奏：署督臣張允隨原奏威寧州屬銅川河銅廠可期旺發。今開採一載，總因礦砂澹薄，報獲無多。又原奏大定府屬樂貢里杓底地方産有水銀，可期旺發。今開採九月，苗引全無，廠民星散。其遵義府屬抵水廠雖有礦砂，亦甚微細，數月不效。惟婺川縣屬之大巖山試採有效，現亦照引鏨取，並修文縣屬紅、白二廠較前産稍多，均可望有旺機。臣復查威寧州之兄姑地方出有水銀、朱砂，現在飭令試採。

《清高宗實録》卷一六六〔乾隆七年五月丁卯，户部〕又議准：貴州總督兼管巡撫張廣泗奏稱：黔省之格得、八地及銅川河等廠均産銅觔，較購運滇銅實多節省，亟應上緊開挖。況銅川河廠經原署督張允隨奏明山形厚大，可期發旺，不但足敷黔局之用，應令該督轉飭廠員加意調劑，務使旺盛，以供鼓鑄。從之。

《清高宗實録》卷一六七〔乾隆七年五月庚辰，户部〕又議准：貴州總督兼管巡撫張廣泗疏稱：銅廠之旺衰視民力之多寡。現據銅川河銅礦各户因工本不敷，停爐甚衆。請暫照格得、八地二廠例一九抽課，俟將來礦砂大旺，再照二八抽收。從之。

《清高宗實録》卷二四七〔乾隆十年八月丙寅〕户部議准：貴州總督兼管巡撫事張廣泗疏稱：黔省每年辦運京局及川、黔兩省鉛觔爲數甚多，各處鉛廠開採日久，出鉛不敷。查大定府屬之猓木底産有鉛礦，現已試採，請照蓮花廠之例，每鉛百觔抽課二十觔，即令水城通判總理廠務設押運人役，照例支給養廉工食。至收買餘鉛，向例每百觔給價一兩三錢，竈民工本尚虧，請酌增一錢。從之。

《清高宗實録》卷二四八〔乾隆十年九月乙亥〕户部議准：貴州總督兼管巡撫事張廣泗疏稱：黔省丹江所屬濟川地方出産鉛礦，可以開採，請照例二八抽課，變價解部。至掛丁等處僻處苗地，雜徑甚多，請添設巡役稽查，其人役工食等項，照例支給。從之。

《清高宗實録》卷二八〇〔乾隆十一年十二月癸酉〕户部議准：貴州總督兼管巡撫張廣泗疏稱：楓香廠出鉛微薄，請封閉。從之。

《清高宗實録》卷三三九〔乾隆十四年四月己亥〕户部議准：貴州巡撫愛必達疏稱：威寧州屬大化里新寨地方黑鉛礦廠甫採旋衰，難期旺發，應封閉。從之。

《清高宗實録》卷三三八〔乾隆十四年四月庚寅，户部〕又議准：貴州巡撫愛必達疏稱：遵義府屬月亮巖鐵星坪廠硐老山空，爐民星散，應封閉。從之。

《清高宗實録》卷三六〇〔乾隆十五年三月甲辰朔〕户部議准：貴州巡撫愛必達疏稱：普安州羅明廠出鉛甚少，開採無效，請封禁。從之。

《清高宗實録》卷三七五〔乾隆十五年十月庚寅〕封閉貴州威寧州新寨白鉛礦。從前任巡撫愛必達請也。

《清高宗實録》卷三七五〔乾隆十五年十月甲午〕封閉貴州威遠州格得、八地銅礦。從前任巡撫愛必達請也。

《清高宗實録》卷三八六〔乾隆十六年四月甲戌〕户部議准：貴州巡撫愛必達疏稱：黔省水城通判所屬猓木底鉛廠已空，應封閉。請於茨沖地方就近煎燒，照例抽收，每百觔以一兩五錢變價解庫。從之。

《清高宗實録》卷三九五〔乾隆十六年七月乙酉，户部〕又議覆：貴州巡撫開泰奏稱：黔省威寧州屬勺録地方産有銅礦，業經查明，並無妨礙田園，請募民開採。應如所請。照例九一抽課，餘銅每百觔給價八兩收買，其辦事人役工食即於銅課項下支給。從之。

《清高宗實録》卷五〇七〔乾隆二十一年二月癸亥〕户部議准：貴州巡撫定長疏稱：水城廳茨沖地方白鉛廠開採年久，硐老山空，應如所請封閉。從之。

《清高宗實録》卷六六七〔乾隆二十七年七月辛巳〕户部議准：前署貴州

巡撫吳達善疏稱：都匀縣永勝坡鉛廠出鉛有限，請封閉。從之。

《清高宗實録》卷七六三〔乾隆三十一年六月丙辰〕户部議准：貴州巡撫方世儁奏稱：清平縣永興廠山形豐厚，礦鉛旺發，試採有效，應請設廠開採。每百觔抽課二十觔，除每年支給各營操演鉛觔外，餘即撥運該省錢局鼓鑄。從之。

《清高宗實録》卷九〇四〔乾隆三十七年三月壬寅〕户部議准：調任貴州巡撫李湖等奏稱：威寧州屬媽姑廠近年出鉛，不敷抽買額數。覓得附近之猓布戛地方礦質濃厚，無礙民田廬墓，試採有效，請附作媽姑子廠。一切抽買事宜照媽姑廠例辦理，工本於媽姑廠額鉛本内動支。從之。

《清高宗實録》卷一〇二八〔乾隆四十二年三月戊辰，户部〕又議覆：貴州巡撫裴宗錫疏稱：普安州屬連發山産有白鉛，現在開嘈試採，獲礦頗旺，每月約出鉛四五萬觔，應准其開採。仍照例抽課採買，以資鼓鑄。從之。

《清高宗實録》卷一〇三三〔乾隆四十二年五月〕四川總督文綬奏：准貴州撫臣裴宗錫咨稱：松桃廳屬大豐廠煎鉛煤不適用。查川省秀山縣之厚薄灣産煤堪用，宜移鑪就煤煎鍊。報聞。

《清高宗實録》卷一〇四九〔乾隆四十三年正月〕貴州巡撫覺羅圖思德奏：大定府地方採有鉛礦，約每年可得鉛五十餘萬觔，當命名爲大興廠。至松桃廳試採之大豐廠，迄今一年，僅獲鉛二十餘萬觔，礦竭無成，應及時封閉。報聞。

《清高宗實録》卷一四九〇〔乾隆六十年十一月辛酉〕户部議覆：貴州巡撫馮光熊疏稱：威寧州屬陳家溝銅廠向供大定局鼓鑄，今已停鑄，該廠仍令威寧州采辦，俟積有成數，就近撥湊滇銅運京。查滇銅運京，每運九十四萬餘觔，今陳家溝廠每年出銅七萬觔，積五六年亦不足一運之數。應令該撫照例抽收，按年運貯州庫，俟數敷一運，徑行題明解京。從之。

《清高宗實録》卷一四九一〔乾隆六十年十一月乙丑〕封閉貴州普安州連發山鉛廠。從巡撫馮光熊請也。

《清高宗實録》卷八七〔乾隆四年二月〕調任湖南巡撫張渠奏：楚省錢昂，辦銅甚艱，因委員察勘前撫臣趙宏恩所開銅礦，如常寧縣之銅益嶺，桂陽州之石壁下，綏寧縣之耙沖，俱已刨試有效。他若桑植縣之水獺舖，桂東縣之東芒江亦産銅砂，但桑植係新闢苗疆，桂東又不通水路，俟相度機宜，妥議具題。得旨：既然試驗有效，當悉心詳酌之。汝今赴蘇，將此事悉告之後任，令其極力料理，以期有貲鼓鑄可也。

《清高宗實録》卷九九〔乾隆四年八月，湖南巡撫馮光裕〕又奏：湖南商人何興旺等九起情願自備工本，赴桂陽等州縣之馬家嶺等處試採礦砂，現已准其開採。但此次開採原爲鼓鑄便民，首重在銅。湖南鉛多銅少，若一准並開，必致盡赴採鉛而開銅無人。現飭開得鉛礦即行封閉。如果已費工本，許其另覓有銅引苗，報採成廠，以補所費。得旨：所奏俱悉。若能多得銅，實屬美事，不可畏難而止。若滋事而紛擾，則好事不如無也。再與督臣詳商。

《清高宗實録》卷一〇九〔乾隆五年正月〕湖南巡撫馮光裕奏：綏寧縣之耙沖採試銅礦，係前任撫臣趙宏恩、張渠歷委覓勘，並無妨礙田園廬墓。詎商人甫經開採，即有高寨、雷團二寨。苗頭楊月卿等忽揑關礙風水，不容採試，更合地連大寨姚和卿等聚衆肆行，較鳳凰永綏之苗勢尤猛烈。臣札商督臣請旨撥兵，臨壓三寨，指名勒獻兇苗，以懲苗風。再聞綏寧之芙蓉里苗人聽信廣西義寧縣姦匪李天寶傳播妖邪，最恐滋蔓。倘綏寧軍興，可以一舉兩得。得旨：知道了。相機而行，毋致僨事，可也。

《清高宗實録》卷一五九〔乾隆七年正月，湖廣總督孫嘉淦〕又奏：查桂陽、郴州屬舊開銅礦不礙田廬，又無苗猺雜處，可以復開。其餘試采之處有名無實，俱應封禁。得旨：所奏俱悉。

《清高宗實録》卷一八五〔乾隆八年二月丁未〕户部議准：前任湖廣總督孫嘉淦疏稱：郴州、桂陽州礦廠銅、鉛夾雜，地非苗猺，尚可開燒。抽得稅額併收買商銅，於鼓鑄國帑均有裨益。從之。

《清高宗實録》卷二二三〔乾隆九年八月，署湖廣總督鄂彌達〕又會同湖南巡撫蔣溥奏：靖州屬之綏寧縣地方出産礦砂頗旺，請開採鼓鑄。得旨：若在他處，又何不可之有。綏寧相近苗地，何不爲久遠之圖，而但顧目前之小利耶？不准行。

《清高宗實録》卷二三五〔乾隆十年二月，湖南巡撫蔣溥〕又奏：郴、桂二州銅礦出産未能充裕，現於隔遠苗疆内地委員刨採銅、錫。得旨：此等事須詳酌妥爲之，斷不可圖近利而忘遠憂也。

《清高宗實録》卷三〇五〔乾隆十二年十二月丁丑，軍機大臣等〕又議覆：湖南巡撫楊錫紱覆奏廣西巡撫鄂昌請開採綏寧縣把沖嶺銅礦一摺。據稱：出礦山既不寬，刨驗銅砂又屬低下，且深處苗穴，於田畝民食俱有所礙。應如所請，毋庸開採。從之。

《清高宗實録》卷五五一〔乾隆二十二年十一月丙辰〕又諭〔軍機大臣等〕：湖南靖州屬耙沖地方産有銅礦，陳宏謀任巡撫時曾與長沅靖道黄凝道議令招商試採，旋即封禁。昨已據該撫將商人採出交官銅觔交錢局鼓鑄，奏到允行矣。耙沖地方本係苗疆，自以安静爲是。陳宏謀等既令試採，旋復封禁，是否從前試採之舉不無冒昧草率？富勒渾於此事想當留心，可即查明，據實奏聞。

《清高宗實録》卷九一七〔乾隆三十七年九月甲寅〕湖南巡撫梁國治奏：常寧縣屬大朠山、白泥塘等處銅、鉛礦廠砂苗已盡，難以開採，應請封閉。從之。

《清高宗實録》卷一〇八一〔乾隆四十四年四月癸未〕吏部議准：湖南巡撫李湖等疏稱：直隸郴州一缺向係部選，該州壤接廣東，爲滇、黔、川、楚等省赴粤孔道，本境有銅、鉛、煤、錫等礦，所轄永興、宜章、興寧、桂陽、桂東五縣悉稱難治。請照府屬州縣兼三兼四要缺例，改由在外題補。再寶慶府理猺同知一缺向因苗頑未靖，移駐彈壓，定爲苗疆要缺，在外題補，近則苗猺無多，與内地人民無異，請删去苗疆字樣，改歸部選。從之。

《清世宗實録》卷一一七〔雍正十年四月丁未〕諭内閣：從前四川建昌總兵官趙儒條奏開采會川、寧番等處鉛、銅各廠。彼時朕即不以爲然，詳問該撫憲德，據憲德回奏，極言有利無害，是以交部議行。乃兩年以來並無成效，徒滋煩擾。著將原請開採人員交部察議具奏，所開礦廠著封閉，其開採商民，該地方官妥協辦理，令其各回本籍。

《清高宗實録》卷一六二〔乾隆七年三月丁卯〕户部議准：四川巡撫碩色奏稱：建昌、永寧二道所轄銅、鉛廠礦苗甚盛，不礙田園廬舍，除例給廠費外，現議委員專司抽課，取具商匠結册，查核銅數彙報。其長寧、雲陽等處産黑白鉛礦，應准一體開採。從之。

《清高宗實録》卷二四二〔乾隆十年六月壬寅朔〕户部議准：四川巡撫紀山疏稱：煎爛白銅，必需紅銅有餘，方可點撥。建昌紅銅各廠因油米昂貴，夫役寥寥，迤北礦廠上年四月水淹，出銅較減，每月所獲尚不足川省鼓鑄之數，焉有餘銅點化白銅？請將黎谿白銅廠暫行封閉。從之。

《清高宗實録》卷二四四〔乾隆十年七月庚辰，户部〕又議准：四川巡撫紀山會同川陝總督公慶復疏稱開採銅礦事宜。一、樂山縣屬之老洞溝，宜賓縣屬之梅子凹出産銅礦，均應開採。請各委佐雜幹員管理廠務，其一切發價、運銅等事即交各縣就近經管。一、報採各商土著流寓不一，應令地方官查驗殷實良商取結保送。所有抽收課耗銅觔照建昌廠之例辦理。一、礦廠夫匠衆多，應設頭目分隸，更擇幹練者一二人爲商總，稽查私銅漏税諸弊。一、廠員公廨請於鹽羨銀内動支修建。至月費向分三等議給，今銅礦新開，上、中、下一時難定，請暫照中廠之例，酌給月費銀二十兩。一、廠商姦良不一，爐竈私賣，弊所不免，應令廠官責成巡役稽查。從之。

《清高宗實録》卷二五九〔乾隆十一年二月壬戌〕户部議覆：四川巡撫紀山疏稱：覆查沙溝、紫古哵二銅廠礦内夾産銀星，採煉維艱，與全出金銀者不同。已委員試驗，詳計實虧商本，難以照會典四六之例抽課，請照前議以二八抽收，用紓商力。應如所請。從之。

《清高宗實録》卷三八三〔乾隆十六年二月乙酉〕户部議准：四川總督策楞疏稱：梅子凹銅廠産銅衰薄，應封閉。從之。

《清高宗實録》卷三八九〔乾隆十六年五月癸丑〕諭軍機大臣等：據尹繼善奏稱川省樂山縣老洞溝銅廠自清釐之後，每年可獲銅六七十萬觔等語。所辦甚爲妥協。向來京外鼓鑄，洋銅而外惟仰給滇銅，艱於採運，誠令多得數處旺廠，廣資接濟。地方窮民亦得藉以傭工覓食，於民生大有裨益。若謂川省向有嘓嚕子爲地方之患，恐開採銅廠或致滋事。不知此等匪徒即不開廠，任其流蕩失業，尤易爲匪。惟在經理有方，善爲彈壓，不致生事滋擾，俾銅觔充裕，鼓鑄有資，將來錢價亦可漸平。此摺已交該部速議，可傳諭尹繼善，令其加意經理，將來策楞迴任，亦告知之。

《清高宗實録》卷四九五〔乾隆二十年八月己巳〕户部議准：大學士管四川總督黄廷桂疏稱：天全州屬大川銅廠礌深礦薄，應封閉。從之。

《清高宗實録》卷四九六〔乾隆二十年九月癸酉〕户部議覆：大學士管四川總督黄廷桂疏稱：鹽源縣篾絲羅銅廠礦砂旺盛，應准開採。從之。

《清高宗實録》卷四九六〔乾隆二十年九月丙子〕户部議覆：大學士管四川總督黄廷桂疏稱：平武縣天臺山黑鉛廠礦砂旺盛，應准開採。從之。

《清高宗實録》卷四九七〔乾隆二十年九月己丑〕户部議覆：大學士管四川總督黄廷桂疏稱：會理州黎谿白銅廠出礦旺盛，應准開採。從之。

《清高宗實録》卷五四九〔乾隆二十二年十月〕四川總督開泰奏：川省舊開礦廠向係藩司兼管，其新開滎經縣吕家溝等廠，經前督臣策楞奏委川北道周琬專司其事，該員旋由臬司陞授藩司，歷任皆兼廠務，其應歸何衙門專管之處，未經明定章程。茲周琬陞授貴州巡撫，布政使徐垣業經到任，所有新舊各處礦廠應請統歸藩司總理，以昭畫一。至各廠距省遥遠，地方官以爲無關考成，未免泛視。應責成各該道府直隸州督率各州縣不時稽察，有侵隱透漏、擾累商民情事，立即揭報。倘扶同不報，一併嚴參。得旨：如所議行。

《清高宗實録》卷五九九〔乾隆二十四年十月丙午〕四川布政使吴士端奏：樂山縣舊銅廠日久産薄，附近新礶開採商人多因資本不繼，數月後即停採。他商頂開，原商輒阻撓，至殷商不前，坐棄地利。請嗣後無力停歇者以三月爲期，原商不准復開，聽廠員募殷商頂挖。撓阻滋釁者，杖八十，枷號一月，遞籍收管。報聞。

《清高宗實録》卷六〇〇〔乾隆二十四年十一月庚申〕開採四川榮經縣盤隴山黑鉛礦廠。從總督開泰請也。

《清高宗實録》卷六九六〔乾隆二十八年十月丙申〕封閉四川平武縣天臺山銅礦。從前任總督開泰請也。

《清高宗實録》卷九二五〔乾隆三十八年正月庚戌〕諭軍機大臣等：前以兩金川賊衆恃險拒守，其鎗礮所用火藥鉛丸産於何地，或購自他處，抑由内地偷漏各情節，曾諭前任總督文綬查辦具奏，其覆奏亦未明晰。而軍營所訊俘獲番衆供詞言人人殊。茲澤旺解送到京，訊據供稱小金川素不産硫磺，其鉛觔向來原有鉛礦在美諾、僧格宗相近之勒博地方，從前曾經開過，因開採後年歲不好，遂即封了。後來所用鉛觔係購自木坪、三雜谷等處。至金川向有磺廠，其鉛子聞於附近綽斯甲布等處購買等語。木坪、三雜谷、綽斯甲布等處俱係内地土司，兩金川所用火藥即使未用兵以前陸續購買，亦不能豫備數年之用，其中自不無番夷私行偷賣。今小金川全境蕩平，該處嚮日所用火藥鉛丸如何製購，無難確詢得實。如勒博等地境果産有鉛觔、硫磺等項可供製配火藥者，即當就近採辦應用，可省内地遠道解運之繁，更屬便益。著傳諭劉秉恬即速查明妥辦，據實具奏。至金川所用鉛、鐵既有買自綽斯甲布之供，尤宜設法嚴禁。況現由此路進兵，軍火所需更關緊要。且綽斯甲布隨征土練等各有應給備用火藥鉛丸，恐該處番人等於關支後私行省減，轉售賊番，則與藉寇兵而齎盜糧何異！更不可不加意嚴防。著並諭豐昇額、舒常曉諭該土司，嚴飭各土練等凛守法度，不得將火藥鉛丸絲毫偷漏，致干重究。豐昇額仍於軍營嚴密訪察，如查有偷賣之事，即行盡法嚴懲，以示炯戒。並著劉秉恬於附近金川賊境各處飭屬實力嚴查申禁，不可稍有疎懈，將此遇軍報之便，一併諭令知之。尋劉秉恬奏澤旺所供鉛礦，據思巴寨寨首温布稟稱，澤旺父湯朋曾於科多橋地名安博落山挖過，尚有舊硐基址等語。查安博落在美諾、僧格宗之間，看來即係澤旺所供之勒博地方。已飭調工匠試採，如果苗旺，即當趕製鉛丸，以資軍火。至番夷私行偷賣之弊，已嚴諭金川連界各土司毋許偷漏，違者即寘嚴刑。並懸立重賞傳諭帶兵頭人等徧示諸蠻，令互相覺察，如有能告發私賣子藥鉛鐵者，賞銀一百兩。俾知所賞倍於所賣，當必争相查訐，不嚴自絶。報聞。

《清高宗實録》卷一二〇三〔乾隆四十九年閏三月癸未〕軍機大臣議覆：四川總督李世傑奏：川省銅礦現查西昌縣金馬廠、冕寧縣金牛廠、會理州金獅廠産銅旺盛，請派員管理，以專責成。其沙溝廠、紫古哵廠、篾絲羅廠年久山空，應行封閉，並令删去舊廠名色，免滋牽混影射之弊。【略】應如所請。【略】從之。

《清高宗實録》卷一二五二〔乾隆五十一年四月丁亥〕户部議准：調任四川總督李世傑疏稱：鹽源縣屬甲子夸、豹子溝、月花樓銅鉛等廠近年産銅無幾，抽收乾銅課銀不敷供支。該處要隘有巡役十二名，足可盤查，請將原設外委一員，兵十名裁徹。從之。

《清高宗實録》卷一二九五〔乾隆五十二年十二月己酉〕封閉四川酉陽州大興、洪發二硐鉛廠。從總督保寧請也。

《清高宗實録》卷一三五一〔乾隆五十五年三月庚子〕署四川總督孫士毅奏：……銅鉛各廠，如寧遠、樂山、榮經、石柱等處出産漸衰。現委練員經理，並飭各廠員招覓子廠開採。【略】報聞。

《清高宗實録》卷一三五七〔乾隆五十五年六月戊寅〕開採四川馬邊廳屬銅大、雷波廳屬分水嶺二處銅廠。從調任總督孫士毅請也。

《清高宗實録》卷一四三九〔乾隆五十八年十月丙子〕户部議覆：署四川總督惠齡奏：川省近年産銅不旺，已飭管廠各員實心經理，並廣躧子廠，隨時報驗，尚恐不敷鼓鑄。應如所請，飭承辦官遇銅價平減時酌量買備。從之。

《清高宗實録》卷九五〔乾隆四年六月〕兩廣總督馬爾泰奏：英德縣長崗嶺開礦煉銅，内有煉出銀兩，請歸該商工費之用。又河源縣銅礦貼近銀山，及英德縣之洪磜礦出銀過多，恐謀利滋事，應請封禁。得旨：所奏俱悉，惟在實力行之。但所謂銀礦應閉之説，朕尚不能深悉。或者爲開銀獲利多，則開銅者少乎？不然，銀亦係天地間自然之利，可以便民，何必封禁乎？卿其詳議以聞。

《清高宗實録》卷一三九　〔乾隆六年三月甲午〕左都御史管廣東巡撫事王安國、兩廣總督馬爾泰奏：粵東開採銅山實屬無益。鑛砂出産甚微，砂汁甚薄，得銅無幾，所得不償所費，應急停止。得旨：該部知道。

《清高宗實録》卷一六五　〔乾隆七年四月〕諭軍機大臣等：廣東巡撫王安國參奏開採銅礦那移倉穀虚懸帑項一案，部議係何員給發，令該督核擬題覆。【略】尋奏：查銅礦一事，係前督臣鄂彌達、馬爾泰題准動項墊給，馬爾泰任内接辦發銀。因辦理不妥，以致官商視爲畏途，經王安國奏請停止。臣以事因督撫遷延所致，請將各廠支過銀兩即於原給發之督撫名下追賠。【略】得旨：所奏俱悉。

《清高宗實録》卷二一五　〔乾隆九年四月，署廣東巡撫廣州將軍策楞〕又奏：粵省番禺等三十州縣俱有産礦山場，大概鉛砂多於銅砂，微有金銀夾雜。粵東地處濱海，民間生計窘迫，非無小補，又可供本地鼓鑄。惟查從前礦廠規條，委員經理，定以二八抽課，另收餘銅以供養廉。誠恐未開廠以前，先已那動帑項，既開以後，所收不敷公用，而抽收太多，有虧商本，仍前隨採隨停，轉致與民無濟。計惟令本地有司督同商人先行試採，其作何抽課，應否設立廠員，俟辦理就緒，酌量題奏。得旨：所奏俱悉。

《清高宗實録》卷二一九　〔乾隆九年六月己巳〕江西道監察御史衛廷璞奏：臣見兩廣總督馬爾泰等議覆布政使托庸奏請粵東開礦一摺。查明廣州等府報出銅鉛及夾雜金銀砂等礦共二百餘處。又稱山場在叢山疊嶂，人迹罕到之區，現在招商試採等語。夫以二百餘處之山場一時並採，臣竊以爲未盡善也。蓋開採必視乎商力，粵東僻處天末，土著之股富者通省不過數家，至外來流寓如洋行、鹽行雖有數千家，而股富者亦不過數家，餘皆那移補苴，虚張聲勢，非如兩淮、山右之擁巨貲者，雖經小虧折而無損也。更有一種無藉之徒，典賣現在之産，希圖未然之益，合什伯小分爲一大股，官驗則有銀，興工則有銀，一或失利，坑陷多人，蕩産破家，勢所必有。請飭下督撫將各府州屬礦山各擇一二處先行試採，果有成效，方漸次舉行。是有利則異時之利甚長，無益則目前之害尚小也。且粵東山海交錯，形勢異於他省，米價亦復騰貴。雖據稱以本地之土人應本地之力作，米價似不致貴，然現在山場二百餘處，將來續開者又不知數十百處，安得如許無業之人以供其用？其附近鄰省者勢必潛入山場，商方藉其力，誰肯驅之使去？則米價未必不因此致貴也。誠莫如先行試採數處，徐觀後效，使各礦聚集之人亦可以少分其勢。奏入，諭軍機大臣等：此摺抄録寄與馬爾泰、策楞，令其議奏。

《清高宗實録》卷二一九　〔乾隆九年六月辛未〕江南道監察御史歐堪善奏：臣見兩廣總督馬爾泰等議覆前任藩司託庸奏請粵東開礦一摺，凡開採條項以及防範事宜，臚列詳明，似屬可行。顧臣生長粵東，知此事斷不可行。粵省環山距海，黎猺雜處，數十年來安堵皆由勤耕力穡，民有常業。故雖有宵小，無由起釁。若深山巨谷大興廠役，商人獲利，尚難相安，倘各商虧本，工丁良頑不齊，人衆難散，或乘此暗通海寇，勾引黎猺，騷擾百姓，防範難周。且承商既多，或因山場隴口争訟鬬毆，釁凌莫紀。至於開礦之處雖云無礙田舍，而其中或經胥役捏報，有司查訪難周，以致被累居民争競肆起，亦未可知。此未然之情形不可不慮。至託庸奏稱以本地之土人應本地之力作，不致人多糧貴。竊思粵省田畝雖少，而山河海濱種植雜糧蔬果，皆可爲餬口之資。是以頻年米貴，小民得勤本計，藉以謀生。今大興力役，愚民貪圖傭值較耕作稍優，勢必抛荒本業。賈誼云：「一人耕之，十人聚而食之，欲天下無飢，不可得也。」至稱潮、韶、肇等府礦山不下數百處，則所需工丁不下數十萬人矣。夫此數十萬人者平日皆勤耕力種，非盡游手好閒者也。開礦多此數十萬工丁，則南畝少此數十萬農夫，以數十萬之衆，日勤本計，尚恐民食艱難，乃盡驅之工役，欲米糧不貴，豈可得乎？雍正十三年，廣東總督鄂彌達、巡撫楊永斌奏請開礦，九卿議覆准行，世宗憲皇帝以有妨本務，特諭停止。夫當日年穀順成，尚慮開採累民，況邇來米價騰踴，去歲截漕十萬石運粵接濟，米價每石尚至二三兩不等。今歲元氣未復，復使營營工作，致荒本計，其何以堪！伏乞乾斷，飭令停止。奏入，諭軍機大臣等：歐堪善奏摺可抄寄與廣東督撫馬爾泰、策楞悉心定議，務期妥協無弊，不可拘執前見。

《清高宗實録》卷二二〇　〔乾隆九年七月乙酉〕户部議覆：兩廣總督馬爾泰、署廣東巡撫策楞條陳粵東開採礦廠，召商抽課各事宜。一、據廣州府屬番禺等縣報銅礦十一，鉛礦二十二，銅鉛礦砂三；韶州府屬曲江等縣報銅礦五，鉛礦二十七，銅鉛礦砂三；惠州府屬博羅等縣報銅礦十六，鉛礦十，鉛礦兼有銀砂者五；潮州府屬海陽等縣報銅礦六，鉛礦七，銅鉛礦砂十五，又銅鉛礦砂雜有金銀砂者十四；肇慶府屬鶴山等縣報銅礦二，鉛礦五，又銅鉛礦砂九，金礦九；羅定州屬西寧縣報銅鉛礦砂五；連州及連山縣報銅鉛礦十七，銅礦一；嘉應州及長樂等縣報銅礦四，鉛礦六，現勘明於田廬無礙，即召商試採。第每銅百觔實需工本十二兩有奇，若照洋銅每觔一錢四分五釐交官收買，除百觔内抽課二十觔外，工費不敷。應如所請。飭該督定議報部。一、銅礦原本無銀，間雜銀屑，爲數甚微。現酌議何等以上抽課，何等以下免抽。應如所請，俟確查定議。其餘銅鉛仍照例二八抽課。一、定例每縣召一總商承充開採，聽其自召副商協助。一縣中有礦山數十處遠隔不相連者，每山許召一商。倘資本無多，聽其夥充承辦。應如所請。如礦少砂微，并令居民開採抽課，一并按季按月彙報。一、每山設一山總，每隴設一隴長，約束稽查。每工丁十人設一甲長管領，應募者取保互結。亦應如所請。飭該管官嚴行防範。從之。

《清高宗實録》卷二二二〔乾隆九年八月癸丑〕大學士鄂爾泰等議覆：御史李清芳奏稱錢法一事。鼓鑄全賴銅觔，粵東前年開採，官價定以每觔一錢，後因商人工本不敷而止。現廣東、福建俱開鑪鼓鑄，而銅觔皆從滇省運至，所費不貲。倘因時制宜，令其工本敷裕，則楚粵近地所産，省費何啻數倍？應如所請量加。俾商人踴躍赴公，官銅自無匱乏。至摺内稱每銅百觔，輸納正課二十觔外，一半官買，一半聽商自賣，則民用有資，私燬之弊自絶。查民間銅觔果多，自不肯犯法私燬，況現在原不禁商售賣，所奏應無庸議。從之。

《清高宗實録》卷二二五〔乾隆九年九月〕兩廣總督那蘇圖奏報到粵日期，并請訓諭。得旨：【略】至兩粵開採一事，頗爲目下急務。蓋不開採，銅觔何由得裕？而辦理稍有不妥，諸弊叢生，有利什而害百者。不可不加之意也。

《清高宗實録》卷四五九〔乾隆十九年三月丙寅〕户部議覆：前任廣東巡撫蘇昌疏稱：豐順縣屬李樹灣、東邊角二處鉛山礦砂旺盛，准商開採。從之。

《清高宗實録》卷六三〇〔乾隆二十六年二月乙酉〕户部議准：廣東巡撫託恩多疏稱：豐順縣屬東邊角鉛山招商復採礦砂，試有成效，請准開採。照李樹灣之例抽課。從之。

《清高宗實録》卷六四二〔乾隆二十六年八月己巳〕封閉廣東大埔縣打禾坪鉛礦。從巡撫託恩多請也。

《清高宗實録》卷六七一〔乾隆二十七年九月癸未〕户部議准：前任廣東巡撫託恩多疏稱：豐順縣扛猪排、牛角袋二處鉛廠石堅礦盡，應封閉。從之。

《清高宗實録》卷八四二〔乾隆三十四年九月癸未〕户部議准：廣東巡撫鍾音疏稱：香山縣桑枝林、大灣、二灣等鉛山試採旺盛，應給照充商開採。從之。

《清高宗實録》卷八九三〔乾隆三十六年九月癸亥〕工部議准：廣東巡撫德保奏稱：嘉應州屬大禾坪鉛山原報山頭寬廣之處今開時際、寶興二壠，獲砂有效，堪以採挖，請照例銀、鉛并抽。從之。

《清高宗實録》卷九二七〔乾隆三十八年二月戊子〕封閉廣東豐順縣雙山峽銀鉛礦。從巡撫德保請也。

《清仁宗實録》卷四一〔嘉慶四年三月〕兩廣總督吉慶奏：廣東採挖黎地石碌銅斤，試辦一年，額已短缺，且該處濱臨洋海，多人煎採，恐致滋生事端，似應亟行停止。其省局鼓鑄，仍請運用滇銅。得旨：所辦甚妥，所見極是。仍用滇銅，不必開採。

《清世宗實録》卷七六〔雍正六年一二月丙申〕户部議覆：廣西巡撫金鉷疏言：桂林府屬滂江等處各礦請召募本地殷實商人自備資本開採，所得礦砂以三歸公，以七給商。其梧州府屬之芋莢山産有金砂，請另委員辦理。再粵西貧瘠，銅器稀少，如開採得銅，并請價買，以供鼓鑄。均應如所請。從之。

《清高宗實録》卷三五〔乾隆二年正月戊午〕户部議准：廣西巡撫金鉷疏稱：懷集縣銀、鉛併出之汶塘山礦廠各壠並無砂斤，題請封禁。從之。

《清高宗實録》卷四二〔乾隆二年五月癸巳〕户部議覆：廣西巡撫楊超曾疏報：粵西各屬向出銀、鉛、銅礦，今南寧府宣化縣屬之渌生嶺試採鉛礦有效，並無礙民間田園廬墓及毗連交趾，逼近廣東之處題請開採。應如所請。從之。

《清高宗實録》卷四五〔乾隆二年六月庚辰〕户部議准：廣西巡撫楊超曾疏稱：懷集縣屬有銀、鉛並産之荔枝山礦，原有開殘舊壠，並無干礙民間田園廬墓，試採有效，請准開採，照例抽課。從之。

《清高宗實録》卷九二〔乾隆四年五月己酉〕户部議准：廣西巡撫楊超曾疏稱：粵西恭城縣、上陡岡、伸家猺、禾木嶺、蓮花石等處礦開日久，壠深砂微，不敷支用，應請封閉。從之。

《清高宗實録》卷一六七〔乾隆七年五月丁亥，户部〕又議准：廣西巡撫楊錫紱疏報：懷集縣屬之荔枝山礦礲殘沙竭，開採不效，請封閉。從之。

《清高宗實録》卷一八七〔乾隆八年三月辛巳〕又議准：廣西巡撫楊錫紱疏請開採恭城縣大有朋山鉛礦。從之。

《清高宗實録》卷二四四〔乾隆一〇年七月癸未〕户部議准：署廣西巡撫

託庸疏稱：粤西各處銅廠因官買餘銅過多，商人未能獲利，以致開採寥寥，鼓鑄不敷。請將各廠所出銅止以三分抽課，餘銅七分聽商自賣，俾得踴躍開採，課銅亦可充裕。從之。

《清高宗實録》卷二五二 〔乾隆一〇年一一月己巳〕户部議准：署廣西巡撫託庸疏稱：恭城縣屬之豬頭嶺鉛礦經商試採，煉砂出鉛，鉛内分出銀及蜜陀僧，請准開採。即照該縣大有朋山例，鉛及蜜陀僧每百觔抽正課二十觔，撒散三觔，銀一兩抽正課一錢五分，撒散三分。從之。

《清高宗實録》卷二九七 〔乾隆一二年八月丙子〕諭軍機大臣等：據署廣西巡撫鄂昌奏稱桂林府屬義寧縣龍勝以内之獨車地方與湖南綏寧縣連界，該處有耙沖嶺坐落楚地，銅礦甚旺，應行開採等語。朕思開採一事雖有益於鼓鑄，每易於滋事。而界接苗疆，辦理尤宜慎重。今所奏綏寧一帶即係苗猺地方，必悉心詳查，徹始徹終，細加籌酌，將來開採之後，萬無一失，方可舉行。若於苗疆稍有未便，斷不可因目前之微利，啓將來之患端。不如慎之於始，照常封閉，以杜聚集姦匪之漸。可將此摺抄寄湖南巡撫楊錫紱，令其加意查察，將應否開採之處，據實奏聞。

《清高宗實録》卷三一三 〔乾隆十三年四月己卯〕户部議准：署廣西巡撫鄂昌疏稱：陽朔縣屬石灰窑廠出産銅砂，先經開採。去年入秋以來無砂可採，應行封閉。從之。

《清高宗實録》卷三四八 〔乾隆十四年九月丙午朔〕封閉廣西懷集縣將軍山銀、鉛、銅廠。從巡撫舒輅請也。

《清高宗實録》卷四一二 〔乾隆十七年四月辛酉〕開採廣西思恩縣屬幹肯山白鉛廠。從巡撫定長請也。

《清高宗實録》卷五九九 〔乾隆二十四年一〇月庚子〕開採廣西思恩縣盧架山黑白鉛礦。從巡撫鄂寶請也。

《清高宗實録》卷六八七 〔乾隆二十八年五月庚辰〕户部議准：兩廣總督李侍堯、廣西巡撫馮鈐等疏稱：蒼梧縣金雞頭山廠産銅旺盛，請募商採辦。銅百觔抽課二十觔，餘銅一半商售歸本，一半官爲收買。從之。

《清高宗實録》卷七三一 〔乾隆三十年二月庚午〕户部又議准：廣西巡撫馮鈐疏稱：粤西慶遠府屬河池州響水廠銅礦開挖有年，地力漸薄。委員查勘，近年産銅衰，應封閉，從之。

《清高宗實録》卷七六四 〔乾隆三十一年七月辛未〕户部議覆：廣西巡撫宋邦綏疏稱柳州府屬融縣四頂山開採白鉛礦砂，抽課各事宜。一、四頂山産白鉛礦砂，因無煤炭，不能煎煉成鉛。查羅城縣屬冷峝山躧有煤路，可以運往，就煤煎煉。自乾隆二十九年四月試煎起，至三十年十一月止，共抽正課撒散白鉛十四萬七千餘觔，請准開採煎煉。照例每煉鉛一百觔，抽正課二十觔，撒散三觔。一、冷峝廠陸續起鑪四十四座，煤壠三十二處，工丁及買賣人等漸衆，其鉛礦自融縣運至牛鼻墟，另換小船撥運抵廠，稽查巡防，登記造報，在在需人。應添設書記二名，巡攔八名，巡役四名，照依盧架廠之例支給工食，在抽收撒散鉛觔變價銀兩内報銷。一、課撒鉛觔，自冷峝廠至臨桂縣蘇橋一路運至省局。查臨桂縣南陡河道業已修復，鉛觔運至蘇橋，即可由水路運省局，較蘇橋旱路可以節省。計自廠至局，每鉛每觔共需水路運脚銀二錢三分一釐。如遇錢局需鉛甚殷，或值秋冬南陡河水涸，仍請雇夫挑運，運費在鼓鑄工本銀内報銷。一、該廠雖開採有效，尚未大旺，應召募殷商協辦。將採煤煉鉛、抽收課撒、調劑商鑪事務責成羅城縣知縣就近兼管督察，其四頂山採煅工丁、水陸脚夫船户責成融縣知縣彈壓稽查，不必另設廠員。俟大旺日，再設專員管理。均應如所請。從之。

《清高宗實録》卷八九〇 〔乾隆三十六年八月己巳朔〕户部議准：廣西巡撫陳輝祖奏稱：慶遠府思恩縣屬幹肯山鉛廠礦砂荒廢，應封閉。從之。

《清高宗實録》卷九三五 〔乾隆三十八年五月甲申〕封閉廣西恭城縣屬回頭山、山斗岡二場銅鉛廠。從護巡撫布政使淑寶請也。

《清高宗實録》卷九四三 〔乾隆三十八年九月甲戌〕户部議准：廣西巡撫熊學鵬奏稱：融縣四頂山出産白鉛礦砂，前經奏准於縣屬鑼西地方設廠，就煤煎煉。今該廠煤已挖盡，無憑煎煉，應請將鑼西煤廠封閉。從之。

《清高宗實録》卷九四五 〔乾隆三十八年十月壬子〕户部議准：廣西巡撫熊學鵬疏稱：思恩縣屬盧架山白鉛廠開採日久，賨礦空乏，應請封閉。從之。

《清高宗實録》卷九一 〔乾隆四年四月〕甘肅巡撫元展成奏請開涼州等處山礦鉛砂，以資操演標營火器之用。得旨：知道了。行此等事，須有才識之人，恐汝中材，不能妥辦也。試爲之。

《清高宗實録》卷二二五 〔乾隆九年九月，川陝總督公慶復〕又會同陝西巡撫陳宏謀奏：查陝省河山四塞，舟楫鮮通，錢文流通甚少，價日昂貴，惟當開採銅觔，鼓鑄接濟。茲有寶玉堂、王家梁、竹林洞、銅洞坡、青子溝五處驗有銅信，現有商民等情願自出工本，先行採試。并聞華陰縣屬之華陽川産有鉛礦，應請一并開採，以供搭配鼓鑄。得旨：若不滋擾而可多得銅觔，自是好事，總須妥協爲之。

《清高宗實録》卷二三三 〔乾隆一〇年正月〕甘肅巡撫黄廷桂奏開採臯蘭鉛礦緣由。得旨：知道了。開礦之事利害相半，必爲之妥，方受其益也。

《清高宗實録》卷九五九 〔乾隆三九年五月辛巳〕諭軍機大臣等：畢沅奏寧羌州地方試採銅礦一摺，已經該部議覆准行。陝省既産有銅礦，如果蹤探得實，開採有方，足資本省配鑄，可省赴滇脚價，自屬甚便。但礦廠初開，經理殊爲不易，其砂線之是否旺盛，能否源源濟用，必須確切蹤訪，真知灼見，方可舉行。周居安等呈請一面之詞，恐難全信。即覆勘有因，亦不宜輕率從事，必須先爲試辦，且勿遽涉聲張，俟試採數月後，果係礦砂旺産，供用有餘，於以裨公務而利民生，自爲一舉兩得，即應經久議開。雖前人未曾辦及，而地不愛寶，因時而出，亦富鼇所常有。如甘肅之採鍊金沙，行之有效，未嘗不善。若其原呈之處不過偶露銅苗，一經試採，即不能應手而得，仍歸有名無實，則工作繁費，恐致徒勞。而礦徒羣集，易聚難散，皆不得不慎之於始。倘試採無效，亦不妨奏明停止，斷不可稍有迴護。再其地爲入川孔道，且境屬漢中，毗連楚省，山硐容易藏姦，即使銅廠果開，其查察亦宜盡力，況現在軍務尚未全竣，一切釐覈之法，更宜加倍周詳。即將來凱旋以後，其於川省嘓匪之混入者，尤當加意稽防。如能化莠爲良，固屬好事，否則不可容留滋蔓。此皆開礦時之必當先事熟籌者。所謂有治人，無治法。惟在該撫董率該道府切實措施，功過皆令有所專責，則承辦者自不敢玩忽因循。畢沅自簡用封疆以來，辦事頗爲認真，尚堪倚任。此等地方公事固不可過於顧慮，坐失自然之利；亦不得急於求效，致昧未然之防。畢沅當善體朕意，實心妥辦。仍將試採後是否可以長行之處據實覆奏。將此傳諭知之。

《清高宗實録》卷一一三一 〔乾隆四十六年五月庚子〕封閉陝西定羌州、略陽縣新舊兩銅廠，從署陝西巡撫畢沅請也。

《清高宗實録》卷一二五七 〔乾隆五十一年六月甲午〕户部尚書仍管陝甘總督福康安奏：安西廳屬英峩峽、松子巖地方自停採鉛觔以來，迄今十有餘載，庫貯鉛觔截至去年年底領賣全完。兹查英峩峽鉛苗仍旺，又州屬普城山亦産鉛苗，現在試採，英峩峽每日可得一百餘觔，普城山每日可得一百三十餘觔，應准其開採。再甘省標營需用鉛觔向俱在安西州庫領買，但距肅州六百里，口内領買多費脚價，莫若兩處分貯，將英峩峽鉛觔令商人運交安西州庫，普城山鉛觔照前年採買礦觔例徑由廠所運赴肅州，俾領買各就其便，價值照三十六年每觔銀六分例辦理。再口外山廠不便久開，俟兩廠採足四十萬觔之數，即行停止。得旨：如所議行。

《清高宗實録》卷一二八九 〔乾隆五十二年九月甲申〕封閉甘肅西和縣中山嘴銅礦。從署陝甘總督勒保請也。

《清高宗實録》卷一三三七 〔乾隆五十四年八月庚午〕封閉甘肅英峩硤、普城山鉛廠。從總督勒保請也。

《清高宗實録》卷一三九八 〔乾隆五十七年三月辛未〕諭軍機大臣等：據秦承恩奏漢中府屬略陽縣興隆灣地方露有銅苗，商民王兆熊等呈請自備貲本試採。現已委員親往該處勘明，將挖出礦砂如法煎鍊，成色與滇省高銅無異。請予限二年試採，如果旺盛，另行題請開採等語。開採銅礦係天地自然之利，陝省略陽地方露有銅苗，既據該撫委員勘明該處銅砂旺盛，山深境僻，無礙田廬，自應立限開採，以資鼓鑄。但銅廠爲利之所在，且該處界連楚蜀，五方雜處，設或派委非人，不但開採無效，轉恐無藉游民從中漁利，於事無益。著傳諭該撫務須派委妥員悉心籌辦，並慎選人夫如法開採。務使銅砂日加旺盛，源源不竭，足供采取。仍督率地方官不時留心稽查，毋使牟利之徒藉端滋事，方爲妥善。

《清高宗實録》卷一四一〇 〔乾隆五十七年八月庚午〕陝甘總督勒保奏：安西州屬普城山廠鉛苗旺盛，開採有效。請令採辦四十萬觔，分貯安西、肅州，以備各營搆運。仍令馬蓮井州判就近赴廠管理。下部知之。

《清高宗實録》卷一四一五 〔乾隆五十七年十月〕陝西巡撫秦承恩奏：陝省漢中府略陽縣興隆灣地方露有銅苗，前經奏准試採，當即揀員督率如法采取。自本年三月起至九月底止，煉出浄銅四萬九千餘觔，成色與滇銅無異，自應實力開採，以資鼓鑄。批：好事。又稱：將來砂旺夫增，必須嚴禁游民滋事。又批：是。

《清高宗實録》卷一四七四 〔乾隆六十年三月己未〕封閉陝西略陽縣興隆灣銅礦。從陝西巡撫秦承恩請也。

《清高宗實録》卷六五三 〔乾隆二十七年正月庚戌〕諭軍機大臣等：海明等據阿克蘇阿奇木色提巴勒氏等呈稱現在採銅回人一百户，伯克二員，不敷差遣，請添設伯克一員，回人二百户，每年交銅二千八百三十餘觔等語。著照所奏辦理。至採銅回人所有應交官糧，准其豁免，俟鼓鑄既足，停止採銅時，再行按户徵收，不必分派回人等代爲完納。

《清高宗實録》卷六五四〔乾隆二十七年二月癸酉〕又諭〔軍機大臣等〕曰：達桑阿奏玉古爾、庫爾勒之伯克等因阿克蘇採銅伯克等加倍交納銅觔，情願增派採銅回人四十名等語。阿克蘇地廣，需用錢文處多，因允該伯克等所請，添派採銅人户。玉古爾較阿克蘇甚小，若多採銅觔，恐滋紛擾，可不必添派。

《清高宗實録》卷六五八〔乾隆二十七年四月辛未〕諭軍機大臣等：永貴等奏稱回部鼓鑄錢文，仍須採礦，方足應用。現派員役率領回人三十名，在碩爾布拉克等處試採，得銅頗旺，復添派回人，裹帶口糧，前往采辦等語。昨據達桑阿請多採銅觔，曾諭以恐累回人，不必添派。今永貴之意與達桑阿相同，回部新鑄錢文尚多，採銅原非急需，著暫緩辦理。

《清高宗實録》卷六五八〔乾隆二十七年四月戊寅〕諭軍機大臣等：永貴、海明、和其衷等奏稱阿克蘇所添採銅回人因豁免伊等應交糧石，呈乞代奏謝恩。又稱各城回人等添採銅觔以四年爲限等語。採辦銅觔，原以裕官兵、回人之用，自當從容辦理。惟就現在所得之銅源源鼓鑄，即稍有遲滯，亦無甚關係，何必添派回人，勒定年限？昨諭達桑阿等不必添採銅觔，永貴似尚未奉到，故如此陳奏。至永貴等所奏回衆僉稱情願連年添採銅觔之處，大臣等面詢回人，伊等焉敢以不願爲詞？即謂回人愛重新錢，亦事之所有，但既非鑄錢賞給伊等，且仍收其普爾，又令其採銅爲鼓鑄之資，謂皆出於本願，恐未必盡然。凡事當權其輕重緩急，不可張皇欲速。著傳諭永貴等知之。

《清高宗實録》卷九一七〔乾隆三十七年九月辛亥〕伊犁將軍舒赫德奏：伊犁附近之沙喇博和齊山出産鉛觔，節年開挖，所需工役口糧俱係撥派遣犯耕種，衣履器具皆效力之員自備。近來鉛礦漸旺，且此山逼近厄魯特，自委員辦理以來，回人即不敢偷採。是既獲鉛觔，并可防杜私挖。但所撥遣犯多頑梗不馴之徒，以廢員委辦廠務，不足彈壓。請擇屯田官員内才幹者一員，責成承辦。撥屯田兵四十，以供驅策。派遣犯二百，令其一半開礦，一半種地，衣食均可無缺，牛力籽種官爲撥給。官員三年期滿議敘。至遣犯果實力開採，凡免死減等，例應五年爲民者請減二年，三年爲民者減一年，或原案較輕，八年准免罪回籍。得旨：如所議行。

《清高宗實録》卷九二四〔乾隆三十八年元月丁酉〕又諭：據安泰等奏今年烏什採挖紅銅兵丁三百名俱各奮勉出力，除交正項銅觔外，多交銅五千四百觔，請將官員、兵丁議敘賞賚等語。著照所請，官員等交部議敘，兵丁等賞給一月鹽菜銀兩。

《清高宗實録》卷九四九〔乾隆三十八年十二月庚戌〕諭：據綽克托等奏稱本年採挖紅銅兵丁三百名，除應交正額外，多得銅觔五千八百五十觔。請將官員議敘，兵丁等賞給鹽菜銀兩等語。著照所請，官員等交部議敘，兵丁等各賞給一月鹽菜銀兩。

《清高宗實録》卷一〇七七〔乾隆四十四年二月癸酉〕伊犁將軍伊勒圖等奏：伊犁鑄錢，每歲由南路各回城辦銅配鑄，搭放兵餉。嗣因烏什庫存停運葉爾羌銅，並喀什噶爾舊存銅先後運到，奏明加鑄。復因加鑄銅盡，奏明委員赴哈爾海圖地方試採，現計獲銅九千一百餘觔，請每歲撥一千五百觔，交寶伊局加鑄。報聞。

《清高宗實録》卷一一一九〔乾隆四十五年十一月乙未〕又諭：據伊勒圖奏現在伊犁管理攜眷緑營兵丁之官員等僅足分派各屯城管理種地事務，其出派刨採鉛場官員不敷委用。請將都司呼克申暫留管理，移咨勒爾謹於内地遊擊都司内派一員，三年一次更換等語。都司呼克申此際如滿五年，即派員更換，若尚未年滿，俟五年後，勒爾謹再照伊勒圖所奏派員更換。嗣後五年滿時，派員更換之處，著爲令。

《清高宗實録》卷一二〇一〔乾隆四十九年三月丙午〕又諭：據伊勒圖奏鉛廠効力遣犯八年期滿之潘善長等十四名，摘録案由，可否准令一體回籍一摺。詳閲單内，有原犯情節稍輕及本發伊犁充當苦差之王蘗、賈棟、扎坤珠、蘇元章四名，已用硃筆圈出，准其回籍外，至其餘潘善長等十名，係改發伊犁給兵丁爲奴之犯，其原犯情節較重，即使該犯等發遣爲奴後，果能奮勉自効，投入鉛廠出力，當差有年，准其在彼爲民，已屬寬貸。若與僅止充當苦差者一體准令回籍，未免漫無區別。嗣後應如何酌定條例，分別在彼爲民及准回原籍之處，著交刑部另行妥議具奏後，潘善長十犯即照新例辦理。尋議：嗣後解到遣犯，先派入廠效力，情罪重大者，定以五年期滿，止准爲民，毋庸在廠，永遠不准回籍；其情輕者，五年期滿，如願爲民，一體安插，如願在廠捐資效力，再限十年，期滿令其回籍。從之。

《清高宗實録》卷一二一〇〔乾隆四十九年七月丙辰〕兵部議覆：喀喇沙

爾辦事大臣福祿條奏派設卡座，駐劄官兵，稽查鉛廠各事宜。一、庫穆什阿哈瑪産鉛之山設卡三座，每卡駐劄外委把總一員，兵三名，以資巡查。一、進廠地方駐劄外委把總一員，兵五名，以上所需官兵，由城守營備差官兵內酌派。一、原具呈採鉛商民內委課長一名，幫辦課長一名。遇鉛廠鬥毆等事，會同外委把總管束辦理。應行呈辦事件呈報該處辦事大臣辦理。一、招募民夫齊全後，即於挖鉛商民內擇人老成去得者，每五十名揀派頭目一名，以資彈壓。一、民人刨獲鉛觔由課長查明數目，呈報辦事大臣，給票帶往別城售賣。如查出無票私鉛，應比照盜掘銅、錫等礦砂，計贓准竊盜論，將鉛觔估值定罪。一、鉛廠應辦一切事件，責成辦理糧餉司員每季將收過稅銀數目造册報印務處查明，咨户部查覈。仍令該大臣歲底查明添裁人數，收過稅銀，彙總奏銷。均應如所請。從之。

《清高宗實録》卷一二七九〔乾隆五十二年四月乙卯〕又諭〔軍機大臣〕：據保泰奏都蘭哈喇地方不可挖鉛，請即禁止等語。此等處所與扎哈沁部落相近，倘聚集多人挖鉛，均係無藉貧民，不免滋生事端，理宜嚴禁。但不可有名無實，聽其私行偷挖，保泰等務須嚴行禁止，仍不時出派官兵搜查。倘有擅自偷挖者，一經發覺，從重辦理，以示懲儆，切不可因循塞責。將此併諭永鐸知之。

《清高宗實録》卷一三九二〔乾隆五十六年十二月辛丑朔〕諭：據富尼善奏本年採收紅銅除正額之外，又多交五千四百觔，請將官兵鼓勵辦理等語。著照富尼善所奏，將該管遊擊德海交部議敘，兵丁等各賞給一月鹽菜銀兩。

《清仁宗實録》卷二九〇〔嘉慶十九年五月乙未〕諭軍機大臣等：松筠等奏鎮西府奇臺縣之大石頭産有銅礦，宜禾縣之羊圈灣即都蘭哈拉産有鉛礦，請令烏嚕木齊糧餉處額外主事鳳鳴、提標左營遊擊祥順及升任阜康縣知縣楊畯、呼圖壁巡檢馬曾裕督率商民實心試採，如礦砂旺盛，即行具報抽課等語。著照松筠等所請，即令鳳鳴等督率商民試行開採。如果礦砂旺盛，能於國課民生兩有裨益，即奏立規條，永遠遵辦。若開採無效，亦即奏明停止，不可迴護。將此諭令知之。

《清仁宗實録》卷三〇五〔嘉慶二十年四月己未〕又諭〔內閣〕：據長齡等奏試採都蘭哈拉鉛廠，約計每年可得銀四五萬兩，應交課銀一萬餘兩，於經費未能多爲節省，應即遵旨封閉等語。新疆地方總以鎮静爲本，不宜輕易更張。都蘭哈拉開採鉛廠，所得課銀不過一萬餘兩，於經費實屬無裨。該處與土爾扈特等處接壤，恐聚集多人，或致越境偷挖金砂，滋生事端。著將存廠鉛砂趕緊鎔盡，即將該廠永遠封閉，嗣後不准再請開採。其廠地給還扎哈沁公托克托巴圖，設卡稽查，仍按季派員會哨，嚴密巡察。

《清聖祖實録》卷二四一〔康熙四十九年正月辛巳〕工部議覆：盛京工部侍郎席爾圖疏言：錦州採鉛，請改於遼陽州採取。應如所請。得旨：採鉛事情，前因白爾克條奏，自遼陽州改往錦州大碑嶺等處。今又因席爾圖所奏，議仍在遼陽州採取。前所奏是，則今所奏非，今所奏是，則前所奏非。一切事務，該部當據理剖斷，分别是非定議，乃止據見在條奏，草率議准，殊爲不合。凡部院及督撫官員更換一人，皆如此頻更舊例，貽誤必多。著嚴飭行。此事著再行確議具奏。尋議：自改在大碑嶺等處採鉛以來，將近十年，鉛觔足用，今席爾圖不思事之有無裨益，題請更改，甚屬不合，應交吏部議處。從之。

《清聖祖實録》卷二四二〔康熙四十九年四月丁巳〕吏部遵旨議覆：錦州大碑嶺等處採鉛奉行已久，今盛京工部侍郎席爾圖請改歸遼陽州採取，紛更成例，殊屬不合。應降二級調用。從之。

《清世宗實録》卷五三〔雍正五年二月壬申〕禁止遼陽州、開原縣二處金、銀、銅、鉛等礦廠，永遠不許開採。從奉天將軍噶爾弼請也。

《清世宗實録》卷二九〔雍正三年二月甲午〕江西巡撫裴率度遵旨摺奏：查廣信府之封禁山相傳産銅，舊名銅塘山，明代即經封禁，其中樹石充塞，荒榛極目，並無沃土可以資生，亦無頑民盤踞在内。此山開則擾累，封則安寧，歷有成案。康熙五十九年鉛山匪類擒獲之後，此山搜查二十餘日，並無藏匿。據實奏聞。得旨：當開不得因循，當禁則不宜依違。但不存貪功圖利之念，實心爲地方興利除弊，何事不可爲也。在秉公相度時宜而酌定之。

《清高宗實録》卷二四〇〔乾隆十年五月己卯，户部〕又議准：江西巡撫塞楞額疏稱：調任巡撫陳宏謀條奏廣信府之廣平山出産鉛礦，募夫開採。今查該山開挖至八九丈，用工本三千五百餘兩，真苗未得，請停止。從之。

《清高宗實録》卷二六五〔乾隆十一年四月〕山西巡撫阿里衮奏：交城、陽城、平定、盂縣、平陸等州縣勘有銅、鉛、礦所，飭屬招商試採，俟有成效，再將開採鼓鑄事宜列款具題。得旨：開礦固屬便民之舉，而滋擾則不可。一切留心，毋致生事可耳。

《清高宗實録》卷二六七〔乾隆十一年五月甲寅〕諭大學士訥親：前據阿里衮奏太原府屬之交城等處勘明銅、鉛等礦，俱與民間田舍邱墓毫無妨礙，現令股實礦商雇夫開挖。查明附近里民連環具結，一切外來游手不得混雜其中。俟試採半年之後，果有成效，另行具題等語。朕以開礦固屬便民，而滋擾則不可，已於伊摺内批諭矣。但開礦一事，非本地有業之民所願，惟游手無賴之徒藉此獲利。聚集多人，往往易致滋事。爾可將此等情形傳諭阿里衮知悉，令其遴委幹員，嚴加約束，並令其時刻留心，善爲經理，勿致絲毫滋擾。

《清高宗實録》卷三〇〇 〔乾隆十二年十月庚申〕户部議覆：前署山西巡撫宗室德沛疏稱：交城縣之張家山、王家山、木股溝，陽城縣之松脚山并邊傍子洞，盂縣之王子、均才、温家等山，平陸縣磨兒嶺之三成、洋溢二洞綫斷砂微，不敷工本，請准封閉。至交城縣之馬鞍山并邊傍新開子洞金金溝，平定州之銅題山黑、白鉛鑛各一，砂綫近來俱旺，試採有效，請開採抽税如例，餘鉛酌量官收。責冀寧道總理稽查，嗣後如砂微質薄，仍咨部封閉。又晉省鼓鑄，現需白鉛四十一萬五千觔，本省礦産尚難即時敷用，仍請委員赴楚採買。均應如所請。從之。

《清高宗實録》卷三七三 〔乾隆十五年九月甲子〕封閉山西馬鞍山、金金溝二處鉛廠。從巡撫阿里衮請也。

《清高宗實録》卷九五四 〔乾隆三十九年三月戊午〕户部議准：署湖廣總督湖北巡撫陳輝祖奏稱：施南府屬咸豐、宣恩、來鳳三縣銅槽五十餘處，現獲積砂，鍊有浄銅，足資鼓鑄。查與田園廬墓無礙，應請招商試採。又督採伊始，請將武昌知府姚棻調補施南，併將原任知縣等留辦礦廠。從之。

《清高宗實録》卷一一〇八 〔乾隆四十五年六月壬戌〕江西巡撫郝碩奏：江西各營操演所用黑鉛向在湖南購備。現聞楚省産鉛不敷撥應。據長寧縣報，所屬土名大磜、楊梅坑並附近之鐵絲壘、雲屯尖等處勘有鉛苗，無礙田園廬墓，有商人揭兆慶呈請開採。經贛南道往勘屬實，應令試採半年，俟礦砂旺盛，設廠抽課。報聞。

《清高宗實録》卷一一一〇 〔乾隆四十五年七月丁亥〕江西巡撫郝碩奏：江西各營需用黑鉛向在湖南購備，而該省産鉛不旺，日後亦難撥應。今查贛州府長寧縣所屬大磜、楊梅坑、鐵絲壘、雲屯尖等處，現據勘明産有鉛砂，請准試採半年，如果礦砂旺盛，即照例設廠抽課。報聞。

《清高宗實録》卷一一三七 〔乾隆四十六年七月辛酉〕封閉江西長寧縣大磜、楊梅坑、鐵絲壘、雲屯尖等鉛廠。從巡撫郝碩請也。

《清聖祖實録》卷一六五 〔康熙三十三年十二月丁酉〕上駐蹕遵化州鐵廠地方。

《清世宗實録》卷一二一 〔雍正十年七月庚戌〕諭内閣：楚南所屬地方山嶺重複，産鐵之處甚廣，採取最易，凡農民耕鑿器具與窮黎之衣食皆藉資於此，雖歷來飭禁，而刨挖難以杜絶。但廢鐵出洋，例有嚴禁。楚南地方産鐵既多，外來射利商販每於就近設爐錘鍊，運赴湖北漢口發賣，或由漢口轉運兩江遞販，以致出洋亦未可定，不得不立法查察，以防其漸。著湖廣督撫與兩江督撫會同悉心妥議，本地應否准其刨挖，關口如何稽查，務期民用有資而弊端可杜，庶公私兩有裨益。

《清高宗實録》卷一六六 〔乾隆七年五月甲子〕户部議准：湖廣總督孫嘉淦疏稱：先是興寧縣民需用鐵觔，須自粤東販運，跋涉維艱。近勘該縣屬夏里、江口、東安、流坡等處産有鐵礦，請就近開採，以濟民用。從之。

《清高宗實録》卷一七九 〔乾隆七年十一月〕浙江巡撫常安奏：遂昌縣之小洞源，天臺縣之天封山，青田縣之朱山等處俱有鐵礦砂坑。或瀕臨海澨，或僻在深山，俱易滋匪。且有定海縣羊山地方孤懸海中，密邇大洋，亦産鐵砂，若一經開採，則偷販出洋，貽患匪細。應一併嚴行禁止。得旨：好。甚是。

《清高宗實録》卷二三八 〔乾隆十年四月丁未〕户部議覆：福建巡撫周學健疏稱：閩省延平、汀州二府，永春、龍巖二州屬，沙縣、尤谿、永安、長汀、歸化、上杭、大田、漳平等八縣開煽鐵爐，年納爐餉，請自乾隆八年爲始。經前撫劉於義題准部覆，行令查明有無未便。今查並無妨礙田園墳墓，所雇人夫俱非外來流民，鑄出鐵觔亦止鑄造農具。沿海口岸，員弁嚴查，不致透漏外洋。應如所題，准其開煽輸課。從之。

《清高宗實録》卷二四〇 〔乾隆十年五月辛巳〕户部奏：署湖廣總督鄂彌達咨稱：宜都縣之横磧鐵礦雍正十二年因地僻礦稀，照舊封禁。漢洋鐵礦從前未據開報，今復奉文行查。該縣親詣二廠查勘，均屬腹裏，毫無妨礙，委非奸商射利營求，似應聽民刨挖。仍照原題二八抽課。應如所咨辦理。從之。

《清高宗實録》卷二六九 〔乾隆十一年六月乙酉〕户部議准：浙江巡撫常安疏稱：雲和縣向有産鐵砂坑，每年徵税銀五十八兩，解司充餉。但開採日久，或致藏姦，現飭封禁。其額徵解坑爐税銀兩請自乾隆十一年起照數豁除。從之。

《清高宗實録》卷四〇四 〔乾隆十六年十二月壬寅〕户部議准：湖廣總督

阿里衮疏稱：湖北横磧、漢洋二處鐵礦砂炭已盡，應即封閉。從之。

《清高宗實録》卷四五七〔乾隆十九年二月癸卯〕户部議准：廣東巡撫蘇昌疏稱：豐順縣之南谿山坪、黄硃坑鐵鑪二座，委係山童木盡，鑪燬停煽，餉銀無著，請豁除。從之。

《清高宗實録》卷四九二〔乾隆二十年七月癸未〕户部議准：大學士管四川總督黄廷桂疏稱：鄰水縣碑牌口、陳家林、藍家溝三處鐵礦旺盛，應開採。從之。

《清高宗實録》卷五〇〇〔乾隆二十年十一月戊寅〕豁除廣東豐順縣原興坑鐵鑪一座額銀。

《清高宗實録》卷五一一〔乾隆二十一年四月〕兩廣總督楊應琚等奏：陽山縣屬鞏門槽等處路旁有從前開設鐵廠時遺剩鑪渣數十萬觔，加工鎔化，可獲鐵少許，向經封禁。緣該處距城窵遠，有附近貧民掘取運售，而猺人輒伺中途搶奪。應請於該縣屬之淇潭堡官爲設廠，將鐵渣刨運，雇募貧民給予工價，一面招商販售。除已調設巡檢一員駐劄，仍飭文武差撥兵役巡查，毋使透漏。得旨：如所議行，嚴禁聚衆生事可也。

《清高宗實録》卷六四九〔乾隆二十六年十一月壬戌〕户部議准：廣東巡撫託恩多疏稱：豐順縣屬地脚下礦廠年久礦盡，應封閉。從之。

《清高宗實録》卷六五〇〔乾隆二十六年十二月戊辰〕户部議准：雲南巡撫劉藻疏稱：昭通府大關廳椒子壩産有鐵礦，堪鑄農器，請開採。從之。

《清高宗實録》卷六六一〔乾隆二十七年五月壬子〕烏嚕木齊辦事侍郎旌額理等奏：查烏嚕木齊屯田農具皆由内地運送，未免繁費。訪之舊厄魯特等，聞喀喇巴勒噶遜、昌吉河源等處向曾産鐵。隨飭吐魯番公素賚瑺派回人採鐵沙百餘觔，鑄試尚可供用。但伊等僅能鎔鑄犂鏵鍾錬刀鐮等器，未爲熟習。因行文楊應琚，調取匠役數名前來製造，俟屯田兵丁等熟習後，即行發回。報聞。

《清高宗實録》卷七一一〔乾隆二十九年五月丙子〕户部議准：四川總督阿爾泰奏稱：屏山縣李村、石堰、鳳村三處産鐵，應請開礦採取。從之。

《清高宗實録》卷七一一〔乾隆二十九年五月戊寅〕户部議准：四川總督阿爾泰奏稱：屏山縣利店、茨黎、榮丁三處産鐵，請開礦採取。從之。

《清高宗實録》卷七二八〔乾隆三十年二月戊子〕户部議准：四川總督阿爾泰疏稱：江油縣木通谿、和合洞等處鐵礦試採頗旺，應准商開採。照珙縣上羅基例十分抽二。稅鐵變價自本年爲始，徵貯司庫，按年報部，撥充兵餉。從之。

《清高宗實録》卷七六一〔乾隆三十一年五月辛卯〕户部議准：四川總督阿爾泰奏稱：宜賓縣鐵礦試採有效，應設鑪二座，每鑪夫九名，每日每名獲砂十觔，煎鐵三觔。除夏、秋雨水浸硐不能採取外，春、冬二季可煎獲生鐵九千九百二十觔。應照例抽取稅鐵，變價撥充兵餉。從之。

《清高宗實録》卷八一九〔乾隆三十三年九月〕江西巡撫吴紹詩奏：南安府屬上猶縣營前地方山場寬廣十餘里，鐵砂遇雨，自山流出，附近貧民淘取，每名每日可得砂百觔。請召募殷實商人設廠收買，置鑪抽稅，令該處縣丞就近管理。報聞。

《清高宗實録》卷九二九〔乾隆三十八年三月乙卯〕開採四川興文縣斗毛巖鐵礦。從前任總督文綬請也。

《清高宗實録》卷一二一一〔乾隆四十九年七月甲戌〕軍機大臣議覆：署烏嚕木齊都統圖思義奏：烏嚕木齊鐵廠人犯挖礦種地，共需三百名，請嗣後於新到人犯内擇其悔過安分者，准令入廠補額。應如所請。從之。

《清高宗實録》卷一三三〇〔乾隆五十四年閏五月丁亥〕軍機大臣議覆：烏嚕木齊都統尚安奏鐵廠之設，原以濟屯田農具之用。舊例於遣犯内擇年力精壯者二百名，以一百五十人挖鐵，五十名種地，供挖鐵人犯口糧。至一切雜費，於遣犯内酌募有力者，每年捐貲三十兩，以供廠費，定以年限，與挖鐵種地各犯一體咨部，分别爲民回籍。惟是開廠之初，捐貲人犯約有百餘人或七八十人，每年除用外，尚有贏餘。至四十八年後，其能捐銀者僅十餘人或七八人不等，不敷所用。嗣後請不必拘定三十兩之數，或二十兩，或十餘兩，俱准其呈報。並揀派効力廢員一人明白勤慎者，令專管廠務二年，所有遣犯捐貲不敷，責令該員捐墊。如辦理妥協，年滿時將其出力之處具奏請旨等語。臣等公酌，遣犯捐貲或二十兩或十餘兩之處，必須酌定章程，以示區别。其三十兩者仍照向例年限外，其二十兩、十餘兩者量加年限，方爲平允。仍交該都統酌議具奏。至所稱於効力廢員中揀派一人管廠，二年後具奏請旨，應如所奏行。從之。

《清高宗實録》卷一三五五〔乾隆五十五年五月丙申〕開採雲南威遠廳屬西薩猛烈鄉鐵廠。從巡撫譚尚忠請也。

《清高宗實録》卷一三七三〔乾隆五十六年二月丙寅〕户部議覆：前署四

川總督保寧疏稱：洪雅縣屬山梯黨老林溝等處産有鐵礦，勘明無礙田園廬墓，試採有效，堪設鑪二座。除夏、秋雨水浸硐，不能採取，春、冬二季應獲礦煎鐵九千七百二十觔。照十分抽二例，抽税一千九百四十四觔，每觔變價銀二分，共銀三十八兩八錢八分。請自五十五年爲始，按年徵收解庫充餉。應如所請。仍飭該管文武員弁巡查，毋得透漏侵隱滋事。從之。

《清高宗實録》卷一三八八〔乾隆五十六年十月癸卯〕封閉四川興文縣葛藤山斗毛巖鐵礦。從總督鄂輝請也。

《清仁宗實録》卷六五〔嘉慶五年閏四月丙寅〕又諭〔内閣〕：祖之望奏審訊桂東縣民扶咸欽呈控李羽儀等窩留逃犯、私開鐵廠等事，俱屬虚誣，將扶咸欽問擬軍罪一摺已交該部覈議具奏矣。扶咸欽因挾李羽儀等從前控拆鍋廠之嫌，架捏重情，赴京呈控，自應按律坐誣，抵以軍罪。其扶家嶺等處山地所開鐵廠亦當查明飭禁，永絶争端。

《清仁宗實録》卷二九七〔嘉慶十九年九月甲辰〕又諭〔軍機大臣等〕：【略】又據該御史〔陶澍〕奏沅陵縣大油山金礦有聚衆偷挖之事，安化等處鐵礦深曲，窩藏盗竊等語。開採礦廠易滋事端，並著該撫轉飭該屬，即將大油山偷挖金礦匪徒設法遣散，仍將該礦永行封禁。其各處應採鐵礦不時彈壓稽查，毋致藏姦滋事。

《清仁宗實録》卷三〇六〔嘉慶二十年五月丙午〕又諭〔内閣〕：昨據高杞奏廢員奇玖派管鐵廠，捐資鼓勵，多獲鐵斤。刑部奏定派管鐵廠廢員兩年期滿，如果妥協，准於定例内酌減三年。奇玖在戍已經四年，辦理出力，不敢壅於上聞等語。摺内未將廢員在戍若干年方准奏請之例先行敘明，朕閲之即覺其朦混。當交刑部查例具奏。發往新疆廢員原犯軍流從重改發者定限十年，期滿遵例奏聞。奇玖犯事原案係由流罪改發烏嚕木齊，到戍甫届四年，即援管理鐵廠酌減三年之例，亦尚不應釋回。高杞朦混具奏，殊屬取巧邀譽，著交部議處。奇玖准其於十年内酌減三年，除已滿四年外，再過三年，由該都統具奉請旨。其多獲鐵斤之該管文武員弁，照例交部議敘。

《清世祖實録》卷一一〔順治元年十一月丁亥〕登萊巡撫陳錦請開臨朐、招遠礦洞。命暫行開採，不爲例。

《清世祖實録》卷一三〔順治二年正月庚戌〕户部議覆：山東巡撫方大猷疏請開長清等處礦，每月彙報充餉。從之。

《清世祖實録》卷一七〔順治二年六月丁丑〕停開採招遠縣芝山銀礦，允登萊巡撫陳錦請也。

《清聖祖實録》卷二二五〔康熙四十五年四月丙辰〕湖廣總督石文晟疏言：【略】上諭大學士等曰：石文晟前劾土司田舜年，何不同此摺一并具奏，乃作兩次參劾？又摺内不言兩巡撫，專請交提督審問，此必有故。從前吴三桂自水西烏蒙土司地方進兵取雲南，因知其地産銀，遂於康熙初年奏請進勦水西，後得其地，分爲四府。我軍於是役亦大有損傷。今此事雖小，斷不可生事。爾等將前後奏摺及土司呈詞抄發湖南巡撫趙申喬、湖廣提督俞益謨，令其不必會同商議，各出己見，作速具奏。

《清高宗實録》卷六一〔乾隆三年正月，大學士管川陝總督事查郎阿〕又奏：安西邊外釣魚溝地方聞有聚衆偷挖金沙事，經安西鎮總兵豆斌委都司曹懋學帶兵緝拏，俱已聞風逃遁，該鎮復派兵前往，獲犯二百三十八名，俱係前次逃匿，探知官兵回營，仍復聚集者，現委員嚴訊究擬外，仍飭該鎮不時體察。至曹懋學有無賣縱情弊，另行查參。得旨：知道了。觀其聚集多人，則向之疎縱，不問可知。然此次朕姑不究，再有似此之事，則卿等亦不能辭其責矣。至曹懋學即非賣縱，亦必係一無用之弁，又何疑慮而不參處，以爲屬員之戒乎？此件殊欠妥協。

《清高宗實録》卷八二〔乾隆三年十二月癸未，户部〕又議：陞任廣西巡撫楊超曾疏言：粤西蒼梧縣屬之金盤嶺金礦即係雍正九年封閉之芋莢山傍壠。乾隆二年准令商人試採八日，得毛金六十九兩有奇。應令開採，並照從前芋莢商辦之例，每金一兩抽課金二錢，外抽撒散三分，爲管廠官役盤費工食及部中飯食等用。查金盤嶺金礦既稱試採有驗，自應准其開採。但稱二八抽税，與原任巡撫金鉷原奏三分納税不符，即援芋莢之例，亦因壠空砂薄，工本不敷後，始暫議二八抽收，並非成例。金盤嶺金礦甫經開採，不宜遽爲此請。且從前亦未報有抽收撒散，俱應令該撫詳悉聲明，以憑核議。從之。

《清高宗實録》卷一一三〔乾隆五年三月戊辰〕户部議准：貴州總督兼管巡撫事務張廣泗疏稱：威寧府屬之白蠟廠銀礦硐老山空，題請封閉。從之。

《清高宗實録》卷一二八〔乾隆五年十月己酉〕户部議覆：原署廣西巡撫安圖疏稱：蒼梧縣金盤嶺金礦近年出砂甚少，商本不敷，官課無出，應准暫行封閉。從之。

《清高宗實録》卷二〇七〔乾隆八年十二月丁卯〕户部議覆：貴州總督兼管巡撫事張廣泗疏稱：天柱縣相公塘、東海洞等處出産金砂，地係曠野，並無干礙民田廬墓。前令商民試採，已有成效，請准開採，照例抽課。暫令天柱縣就近督採，俟旺盛再議委員兼管，添設書役。所抽課金估照成色變銀充餉。應如所請。惟每金一兩抽課三錢，及於抽課之中支給廠費，俱與成例不符，應令該督另行妥議辦理。從之。

《清高宗實録》卷二六二〔乾隆十一年閏三月庚子〕户部議覆：貴州總督兼管巡撫張廣泗疏報：天柱縣屬相公塘東海洞金廠自乾隆八年開採，至十年以後，礦砂澹薄。廠民工本虧折，日漸散去。相應取結保題封閉。應如所請。從之。

《清高宗實録》卷二六二〔乾隆十一年閏三月癸卯〕户部議覆：貴州總督兼管巡撫事張廣泗疏報：思南府屬之天慶寺大河之西九皇閣一帶山内，土人挖石淘砂，可得金末。如有自備工本，情願承辦者，准其續開具報，照例納課。又天慶寺山嶺之後即係銅仁地界，亦屬深山，并無田園廬墓，聞有金苗可採，亦聽民人試採，俟有成效，具報升課。均應如所請。從之。

《清高宗實録》卷三三七〔乾隆十四年三月，四川總督策楞等〕又奏：瓦寺土司出入内地向由汶川索橋，有縣營稽察，甚爲嚴密。土司惡此迂途，於桃關外番漢界河之間自建索橋，直走成都，計程兩日，離縣營甚遠，村落寥寥，漫無防範，已傳該土司面飭拆毁。又瓦寺素産銀礦，内地人民因桃關有橋可通，私往開挖，與土司均分，聚至三百餘人。若概行查拏并參處土司，不特人多不能盡罰，且軍務甫竣，正安輯番境之時，不宜啓其疑懼，亦嚴飭土司，自行查拏爐頭，枷示於番漢交界處，俟一二年後再釋。餘人押逐回籍，以示懲儆。得旨：所辦甚是。知道了。

《清高宗實録》卷七三五〔乾隆三十年四月壬申〕户部議覆：雲南巡撫常鈞疏稱：開化府屬麻姑金廠新舊塘共十五口，定爲十五牀，每牀酌定十五人，月納課金一錢三分。年久塘空金盡，請照錫板金廠之例，自乾隆二十九年正月始，將張百福等原領之八牀開除，其餘七牀仍按月徵收。應如所請，准其開除。從之。

《清高宗實録》卷九二一〔乾隆三十七年十一月庚申〕諭軍機大臣等：理藩院具奏：據阿拉善王羅布藏多爾濟報稱伊等游牧哈布塔海哈拉山等處地方有民人偷刨金砂，不聽蒙古等驅逐，轉用鍬斧將蒙古等趕回，請交勒爾謹嚴加查辦等語。已依議行矣。此事前經羅布藏多爾濟報部時，曾經該部行文該督嚴行禁止，何至又有數百人結夥前往哈布塔海哈拉山茂呼都克地方任意刨挖金砂？似此目無法紀，勒爾謹所司何事？皆由伊並未嚴飭所屬，而地方官又不以此爲事，不行嚴拏，以至於此。著傳諭勒爾謹，令其明白回奏。仍將不以爲事之員查明參奏。至此等民人膽敢持拏鍬斧，逞凶抗拒，亦甚可惡。著勒爾謹務須嚴加查拏，從重治罪，以示炯戒。

《清高宗實録》卷九二三〔乾隆三十七年十二月戊子〕又諭：昨以蒙古阿拉善王游牧之哈布塔海哈拉山等處地方有民人偷刨金砂，持械逞凶之事，曾傳諭勒爾謹將此等越境滋事姦徒嚴行究訊，從重治罪，不得稍存姑息。適阿拉善王羅布藏多爾濟因年班到京，以此詢及。據稱，此地因出産金砂，常有民人越界偷挖，屢次驅逐，不能止息。恐人衆滋事，今情願將此地交出，聽地方官永行封禁，庶不致再生事端等語。蒙古游牧山場因有出産金砂，奸民牟利競赴，什伯成羣，甚至持械逞强，此風原不可長。但該處既有金礦發現，乃因此而遂荒棄其山，亦未免因噎廢食。即如各處産銅地面一經開採，未嘗不聚多人。特因官爲經理，易於彈壓稽查，自可不致別生事衅。況金銀等礦乃地産精華，自無不行發露之理。開採一事，原因天地自然之利，爲之加意節宣，特在人之善爲妥協辦理耳。已令羅布藏多爾濟於回伊游牧時路過甘肅省城，將此情節面告勒爾謹，即會同羅布藏多爾濟前往查勘，詳細商酌。如該地出産金砂果屬盛旺，既可官爲募民開採，仍彼此妥議，立定規條。勒爾謹派出地方明幹大員一人，羅布藏多爾濟亦派出屬下之妥幹章京一人在彼經理。仍照礦廠之例官爲抽課，而所抽下之課項並不妨照八溝之例，酌賞該王子三分之一。如此立法調劑，奸民既得饜其嗜利之心，攘竊競鬬之風，轉可不禁自止，於事頗爲兩便。如該地産砂本屬無多，不值開採，即可如羅布藏多爾濟所奏聽其將山場交出，官爲永行封禁。勒爾謹務同該王子和衷確查，妥議具奏。此旨暫存，俟羅布藏多爾濟起程時令其帶往，面交勒爾謹閲看辦理。

《清高宗實録》卷九二九〔乾隆三十八年三月〕陝甘總督勒爾謹奏：哈布塔海哈拉山等處産有金砂，奉諭察看是否可供開採，與阿拉善王羅布藏多爾濟會同商辦。查金砂衰旺，試採方知。臣當即派同西寧府知府奎明帶佐雜千把各二員，兵役各十名，羅布藏多爾濟派同參領那親帶領催二名，兵十名，於二月二十五日同赴該處，公同履勘，試採兩日。將民夫一百五十名分爲十起，每起採得金砂一錢者賞銀二錢，令該府逐日登記，半月彙送臣衙門查驗。俟一兩月後，是否盛旺及應開應閉情形，據實具奏。報聞。

《清高宗實録》卷一〇三九〔乾隆四十二年八月〕陝甘總督勒爾謹奏：哈布塔垓哈喇山開採金砂近年愈少，應請封禁。並派弁兵巡查，以杜偷挖。本年課金九兩四錢有奇，請全數賞給阿拉善王羅布藏多爾濟。報聞。

《清高宗實録》卷一一五〇〔乾隆四十七年二月丁丑〕諭軍機大臣等：據車布登扎布等奏喀爾喀地方挖金民人現聚五百餘衆，因派額外筆帖式多爾濟扎布等前往驅逐等語。蒙古地面聚集五百餘人，斷非一時驟致。且係何省之人，該處産金，伊等又何由得知，著傳諭奎林，查明具奏。尋奏：查係陝、甘、山西等處民人陸續聚集，現已盡行驅回。詢問蒙古等，尚無勾引分金情弊。請嗣後於口外接壤處所設卡嚴查。得旨：奎林所奏殊屬糊塗。喀爾喀離内地遥遠，若非蒙古等圖利招引，民人何由知彼處有金，前往刨挖耶？奎林惟聽人言，輒欲苟且了事，著傳旨申飭。

《清高宗實録》卷一一九七〔乾隆四十九年正月乙巳〕烏嚕木齊都統海禄奏：古城迤北瑚圖斯地方拏獲私開金廠各犯治罪。

《清高宗實録》卷一二〇六〔乾隆四十九年五月甲子〕諭：據海寧奏稱舍愣呈報瑚圖斯山私行挖金之民人三十餘名，即行差人前往緝拏，業經逐出。續將拏獲復來之七十餘人審訊，彼此抵賴，並不實供。請將王成枷號三個月，其餘按起發回原籍，嚴行約束等語。海寧所奏甚屬含糊。據舍楞初次呈報，業將私行挖金之三十餘人追逐，究係逐往何地，並何人逐去之處，摺内並未聲明。既將復來之七十餘人拏獲，其三十餘人又如何逐往何地？至瑚圖斯山聚集人衆，私行挖金，皆由不豫行嚴禁所致。似此游牧地方致集多人，與其動衆緝拏，發遣原籍，不若平素即著坐卡官兵並舍楞等嚴行查禁。若不隨時將遊民陸續逐去，至人衆聚集，難保不生事端。著交海寧嗣後嚴飭坐卡官兵，勿著民人出卡，以致聚集人衆，留心嚴禁辦理。至舍楞所辦若果妥協，酌量賞給緞匹。著照所奏行。

《清高宗實録》卷一二一〇〔乾隆四十九年七月丁卯〕諭軍機大臣等：據圖思義奏節次拏獲私挖金砂人犯二百餘名，現在分別辦理，並飛咨伊里布，查明附近瑚圖斯要隘處所酌量添設卡座數處，每處派外委一員，撥兵十名，輪流更換稽查等語。設卡稽查，自屬圖思義等應辦之事，但從前該處豈未設有卡座，稽查出入？且上年甫經海禄查辦拏獲多人，何以此次私挖金砂人犯又有二百餘名之多？可見全在該管大員，平時能督率守卡弁員稽查嚴密，遊手好閑之徒自不敢私行偷挖。若稍存大意，不能隨時防範，雖添設卡座，亦屬無益。所謂有治人無治法也。著傳諭圖思義，務宜董率所屬實力防閑，使匪徒等不能乘間私行出入，方爲妥善。不得因業經添卡安兵，遂爾疎懈，以致再滋弊竇。將此傳諭圖思義，並遇便諭伊里布知之。

《清高宗實録》卷一二三五〔乾隆五十年七月癸酉〕又諭〔軍機大臣等〕：據德文奏色黑斯烏察克地方拏獲崔學莫一名，訊係臯蘭縣人，在口外傭工。上年五月回家，路遇涼州人王發，告知沙州有金廠兩座，囑其前往幫同偷採，後聞和闐所産金沙較好，欲往和闐被獲。並據崔學莫供，止到過沙州小金廠，見廠内有二百人，聞大廠内有三百人。現將該犯解送陝甘總督查辦等語。内地民人私往口外，聚集多人，偷採金沙，久經查禁，乃沙州地方，崔學莫供有偷採金廠兩座，是否竟係奸民私開金廠，抑或本係官廠，該犯等潛赴偷採，均須逐一查明。該處係肅州與鎮迪道所屬交界地方，本應陝甘總督會同烏嚕木齊都統彼此設法稽查，方不至復有透漏，但奎林現赴伊犁，永鐸甫經前往署事，恐其辦理未能妥協，或致滋擾。鎮迪所屬地方亦係總督管轄，呼應較靈，此事著交福康安督飭該處員弁嚴密訪緝，如果有聚衆偷採情事，即行查拏懲治，勿任滋生事端。所有崔學莫一犯並著嚴切審明，定擬具奏，或有當與永鐸商辦之處，亦可咨會辦理。

《清高宗實録》卷一二五一〔乾隆五十一年三月癸酉〕軍機大臣等議覆：陝甘總督福康安奏：甘肅敦煌縣沙州地産金砂，前經獲辦偷挖各犯，並聲明詳勘後，官爲開採。玆查沙州南北兩山土雜金砂，雖節年封禁，貧民趨利如鶩，難免偷挖，不若官明立廠募夫，照烏嚕木齊金廠例，夫五十設夫頭一名，給票入山試採，儘收儘報，並派文武員弁彈壓。應如所請。並令試採兩三月後，統覈得金多少，再酌定規條奏辦。從之。

《清高宗實録》卷一二五三〔乾隆五十一年四月戊戌〕軍機大臣議准：陝甘總督福康安疏稱：敦煌縣沙州南北二山深崖邃壑，每有金沙攙雜土内，無業貧民潛往偷挖，誠恐日久滋釁。請明立官廠，令地方官出示招募人夫，俟春夏之交給票入山。按烏嚕木齊開設金廠例，每五十名設夫頭一名，遴派文武員弁彈壓。將採出金砂儘數儘報，俟兩三月後統覈成效，酌定條規，奏明辦理。從之。

《清高宗實録》卷一三六二〔乾隆五十五年九月癸未〕烏嚕木齊都統尚安〔

又奏：從前昌吉縣南山金廠産金較少，經臣奏明，移於北山試採。自募夫立廠以來，每月産金數目較南山稍多。但該處與從前封閉古城瑚圖斯山毗連，恐夫役越境偷採，難以巡查，請將北山金廠封閉，新募夫役全行徹去，以靖地方。得旨：允行。

《清仁宗實録》卷七一〔嘉慶五年七月丁亥〕以硐老山空，封閉雲南永昌府屬茂隆銀廠。從總督書麟請也。

《清仁宗實録》卷八〇〔嘉慶六年三月甲申〕諭内閣：軍機大臣議駁保寧等奏請開採金砂一摺，所駁甚是。塔爾巴哈台所屬各處金礦乾隆年間曾經伍彌烏遜等奏請採挖，欽奉皇考諭旨，令將達爾達木圖等處刨挖金砂之處嚴行禁止，即實力遵行，尚恐不免有偷挖之弊。今若官爲開採，勢必招集多人，姦良莫辨，並恐内地甘涼一帶遊民紛紛踵至。此等無藉之徒，聚之甚易，散之則難，於邊地殊有關繫。此事本係保寧令貢楚克扎布、松筠前往察看，奏請開採，而主見必係松筠所出。伊前此再三懇弛私梟私鑄，其事斷不可行，經朕降旨嚴飭。今採金之議仍然膠執前見，沾沾目前小利，並不計及久遠。保寧等輒附和其言，聯銜具奏，均屬非是。保寧、貢楚克紮布、松筠俱著傳旨申飭。仍著保寧等將産金處所嚴行封禁，勿令偷挖滋事。

《清仁宗實録》卷一二八〔嘉慶九年四月戊辰〕以硐老山空，封閉雲南紅坡、吉咱、樂吉古銀廠。從巡撫永保請也。

《清仁宗實録》卷一九〇〔嘉慶十三年閏五月庚辰〕封閉甘肅迪化州南山金廠，以礦老山空故也。

《清高宗實録》卷六三〔乾隆三年二月〕兩廣總督鄂彌達奏報：拏獲博羅縣横山地方偷挖礦徒。得旨：知道了。姦徒聚衆至八九百人之多，爲日有半年之久始行發露，拏獲到案，汝等地方大吏竟恬不爲怪，亦可笑之事也。

《清高宗實録》卷六三〔乾隆三年二月〕署廣東巡撫王謩奏報：博羅縣横山地方礦徒偷挖錫沙，争佔鬭毆，得旨：知道了。粤東現今又有開礦之議，此風斷不可長，所當時時留心訪察者也。

《清高宗實録》卷六四〔乾隆三年三月癸丑朔〕諭：【略】上年十月内，有姦匪董老大等窺伺博羅縣出産錫礦易於偷取，賄買把總林士英、典史姜明德縱容盜挖。又有姦匪黄肇等入山争佔，互相格鬭，致傷多命。此處離提督衙門不過百里，而張天駿平時漫無覺察，及至事發難掩，又欲曲爲遮蓋，草率完結。似此怠玩養姦，重負朕委任封疆之意，特降此旨，嚴行申飭，令其悔過自新。倘不知悛改，仍蹈前轍，朕必從重處分。

《清高宗實録》卷六五〔乾隆三年三月〕署廣東巡撫王謩奏：博羅縣横山地方礦徒聚衆偷挖錫沙，所有拏獲勘過緣由。得旨：知道了。所當不時留心，毋謂已經察過一次，遂置不問也。

《清高宗實録》卷一二五〔乾隆五年八月丁卯，户部〕又議覆：署廣東巡撫王謩奏：粤東每年額解户、工二部廣錫十五萬觔，現在市價昂貴，照部定價值不能採買。查惠州等府屬原有錫山，請令辦銅各商自備工本，酌開三四處，得錫一百觔，照例二八抽收，以二十觔交官起解，以八十觔歸商作本。每年所抽之數，除額解十五萬觔外，如有盈餘，儘數解部存貯。如不足額，照例動項採買餘錫湊解。應如所請。從之。

《清高宗實録》卷一六五〔乾隆七年四月戊午，户部〕又議准：左都御史管廣東巡撫王安國疏請：將該省錫礦於原奏開採一二處外再開一二處，並將廣、韶、肇三府勘有産錫山場即令採試，以備將來惠屬各縣錫山採徧之後，另移旺處開採。從之。

《清高宗實録》卷三〇九〔乾隆十三年二月乙亥〕湖南巡撫楊錫紱奏：桂東縣錫礦在縣城西三十里，旁近民田，山已開殘，出砂有限，應封禁。報聞。

《清高宗實録》卷八六八〔乾隆三十五年九月壬子〕又諭〔軍機大臣等〕：據户部奏乾隆三十四年江蘇省吴縣採辦錫價，每觔請銷銀一錢九分，經部准銷銀一錢七分一釐。而現在福建省請銷錫價，到部咨内，聲明江蘇省知會時價每觔實銀一錢四分二釐三毫。多寡互異，其中顯有虚捏浮冒等語。該省解部錫觔同係三十四年採辦，同在吴縣地方，其照會福建時價既係一錢四分零，何以報部請銷又係一錢九分？承辦之員顯有朦混冒銷情弊。該撫因何率行覈轉，著傳諭薩載即速徹底清查，據實覈辦，仍即明白回奏。

《清高宗實録》卷一三八一〔乾隆五十六年六月壬戌〕封閉湖南宜章縣羊牯泡沙盡錫廠。從巡撫馮光熊請也。

《清仁宗實録》卷三四三〔嘉慶二十三年六月戊辰〕諭内閣：孫玉庭奏南河物料價值分別酌減一摺。前據工部奏，年來江南河工，順軌安瀾，料價漸平，請降旨令江南總督河督，將各廳柴稭未經減價者，及緜斤、甎石、夫工等項覈實議減。茲據該督等奏，除海柴、緜麻、杉椿、磚灰、土方、夫匠等項，實難議減外，請將上下各廳稽料未經減價者，酌減一成，已減者免其再減；江柴、湖蘆、雜草亦酌減一成；高堰山、盱、裏河、外河、外北五廳採辦澗溪石料俱酌減一成，其餘各廳仍循舊例。著照所請，即自本年霜降後爲始，照所減之價辦理。並著工部查覈，照現減價值通計一年，約可撙節錢糧若干，自行具奏。

齊學裘《見聞續筆》卷一《礦神》 銅廠祀礦神最虔，神嗜觀劇而畏官長，酬神必演劇。管廠之官皆相戒不得鳴騶，至廠云聞唱道聲，則神驚匿而礦失矣。蓋神本猓猓爲之，故畏見官長也。不知真有所受，抑造作斯語也。路南州歲辦銅數萬斤，以不能足額，多賠累，州牧耿君雲亭不勝其苦，力求卸任。省中諸員無敢往者。大吏不得已，檄澂江府兼辦其篆。時澂江許菊泉太守亦不得已而任其事，甫接印，即有廠報礦旺，使人驗之信。遂詳請給工本，一月得銅六十餘萬斤，省中譁然。耿以前累，復求回任，星夜馳往。接印日，召諸廠户至，則默默相視，問之，云一夕礦皆走矣。取前所取礦煎之，亦不成銅。及一月所辦，仍不足額，乃復至省，仍以許攝之。接印日，礦户又報云得堂礦，洞中得礦最大者，謂之堂礦。驗之信，遂詳請大給工本，得銅千萬餘斤，以議叙加道銜。余初至滇，聞是事，以爲故神其説。及晤菊泉太守，詢之云信然。後雲亭以邊俸遷普洱太守，會於會城，詢之亦云信然。因遍詢辦廠諸公，皆云礦之衰旺，實非人力所能爲，則神主之矣。廠皆祀神而不皆旺，則又非神力所能爲矣。豈地不愛寶，而出必以時，固不可測耶！

陳康祺《郎潛紀聞二筆》卷一 乾末嘉初，滇省運銅爲最苦之差，一經派出，即身家不保。推原其故，凡全滇屬員中有虧短者，有才具短絀者，有年邁者，本管道府即具報委令運銅於承領運脚時，即稟明藩司將所短各數扣留藩庫，以至委員赤手動身，止有賣銅一法，所短過多，或報沈失，或交不足數，至參革而止。此數十年弊政也。自蔣礪堂相國攸銛任滇藩，查得銅廠内有提拉水洩一項，每年應發銀二十萬兩，八成給發，扣存二成，得四萬兩，於四正運每船津貼銀八千兩。副運減半，於起運時給發一半，船至湖北全給之。保舉運員須本管府道加考，以並無虧空、年力正强爲合格，此法行至道光年，尚無更變，人不以爲畏途矣。見崇慶楊襄侯國楨自定年譜。楊亦道光初藩雲南者。今滇銅久不採運，舊章未必遵行，録此以爲講銅政者之一助。

楊襄侯在滇兩署藩篆，其時各省採銅委員率羈留至四五年，侯訪知四川烏坡廠銅可以般運，遂陳請大憲在烏坡採買銅二百萬斤，五省委員咸獲齎運，雖銅價畧貴而運脚節省，合計有盈無絀，此亦留心度支所當知者。

劉廷璣《在園雜志》卷四 磁器始於柴世宗，迄今將近千年，徒傳「柴窑片」之名，所謂「雨過天青」者，已不可問矣。嗣後惟官、哥、汝、定，其價甚昂，間亦有之，然而不易多得。若成窑，五彩暗花而體薄者，鷄缸一對，價值百金，亦難輕購，本無多也。再之宣窑最佳，一時稱盛，而真者固少，以其嘉、萬之間，本朝便仿本朝，極易溷淆。至國朝御窑一出，超越前代，其款式規模，造作精巧，多出於秋官主政伴阮兄之監制焉。近復郎窑爲貴，紫垣中丞公開府西江時所造也，仿古暗合，與真無二，其摹成、宣黝水顔色，橘皮粽眼，款字酷肖，極難辨别。予初得描金五爪雙龍酒杯一隻，欣以爲舊，後饒州司馬許玠以十杯見貽，與前杯同，訊知乃郎窑也。又於董妹倩齋頭見青花白地盤一面，以爲真宣也，次日董妹倩復惠其八。曹織部子清始買得脱胎極薄白碗三隻，甚爲賞鑒，費價百二十金。後有人送四隻，云是郎窑，與真成毫髮不爽，誠可謂巧奪天工矣。磁器之在國朝，洵足凌駕成、宣，可與官、哥、汝、定媲美。更有熊窑，亦不多讓。至於磁床、磁燈，又近日之新興也。

服飾器用有一時之好尚，即戲弄小物，亦因時制宜而窮工極巧者。明時内官家以鬥促織爲能事，其養促織之盆稍小於鬥促織之盆，一盆皆價值十數金。又喜畜猫，各編以美名，如純白者名「一塊玉」，身黑而腹白者名「烏雲罩雪」，黄尾白身者名「金鉤挂玉瓶」之類，甚有染色大紅者。其飼猫之器皿用上號銅質製造，今宣壚内有名「猫食盆」者是也，價更重於促織小盆。即養畫眉翎毛籠内所用食水小磁罐，亦價值數金。近今惟尚鬥鵪鶉，鵪鶉口袋有用舊錦蟒緞、妝花刻絲猩氈、哆囉呢，而結口之束子有漢玉、碧玉、瑪瑙、硨磲、琥珀、珐琅、金銀、犀象。而所用烟袋、荷包，更復式様更新，光彩炫耀。邇來更尚鼻烟，其裝鼻烟者名曰「鼻烟壺」，有用玉瑪瑙、水晶、珊瑚、玻璃、縷金、珐琅、象牙、伽楠各種，雕鏤纖奇，款式各别，千奇百怪，價不一等。物雖極小，而好事者願倍其價購之以自炫。然轉眼間所好更變，又不知何如矣。

吳楚材輯《彊識略》卷二九《寶珍部》 錢，《周官》泉府：泉，錢也，其藏曰泉，其行曰布，取名流行，無不徧也。太公爲周立九府圜法，圜即錢也，錢名青鳧，見《淮南子》。一作青蚨，又鮫文，名輕影錢。又鵝眼、榆筴、飛錢、上清童子，見岑文本紀。黄金爲父，白銀爲母，鉛爲長男，錫爲適婦。天性剛堅，須火終始，體圓應乾，孔方效地，見綦毋氏《錢神論》。按《管子》曰，湯七年旱，禹五年水，湯以莊山，禹以歷山之金並鑄幣以救人困。至周太公立九府圜法，始名以錢，錢圓含方，輕重以銖，其文無見。蓋錢文以寶，自周景王大錢始也。以年自後魏孝文太和始也，以通自唐高祖武德始也，以重自肅宗乾元始也，以元自晉高祖天福始也，以鐵爲錢自公孫述據蜀始也。國朝洪武初置寶源局，于應天府鑄大中通寶錢，與歷代錢兼行，以四百爲一貫，四十爲一兩，四文爲一錢。又令戶部及行省鑄洪武通寶錢，凡五等，當十錢重一兩，當五錢重五錢，當三當二重皆如當之數，小錢重一錢。歷朝皆以年號鑄行，惟嘉靖通寶名金背錢，一當二使。

鐵錢始于公孫述，梁普通中鐵錢不行。自嶺以東八十爲百，名曰東錢。江郢以上七十爲百，名曰西錢。京師以九十爲百，名曰長錢。大同末年遂以三十五爲百云。宋紹興間，銅鐵互用，而川陝舊行鐵錢，故皆有鐵冶。今鞏昌、安定、會寧行使萬曆通寶錢最低，鉛錫半雜，皆以三十五或四十當百。平涼以東則不然，邠州有五百當百。乾州以東又不然，若河洛燕趙一路，仍用宋錢。土中掘得者謂之害錢，開元脆薄者謂之皮錢，惟汴城行使。

鏹，亦作繦錢，貫也。漢制萬室之邑，藏繦千萬。《兒寬傳》「繦屬不絶」，注：繦，索也，言若繩索之相屬也，故以繦貫錢曰鏹。

紙錢，漢以來，葬用瘞錢，後世稍以紙寓錢。至唐王璵專以祠神，宋邵康節春秋祭祀亦焚楮錢。程伊川怪問之，曰：明器之類也，脱有一非，豈孝子慈孫之心乎。

楮幣，即古質劑法也。《周禮》「聽買賣以質劑」，注：兩書一札，同而別之，長曰質，短曰劑。券，書也，又謂之「傅別」。漢武帝造皮幣，以白鹿皮方尺，緣以繢，見《食貨志》。唐憲宗使富家以輕裝，趣四方，合券乃取之，號飛錢，亦見《食貨志》，皆質劑意也。宋祥符中始創爲交子，兑便行之，凡一交一緡三年爲一界，一界一換皆許民私自爲券，以富人十六戶主之，然官猶未置務也。其後富民稍衰，不能償直。天聖元年始置益州交子務，每界以一百二十五萬六千三百四十爲額，每四年兩交，後或增至兩界三界。大觀元年改交子爲錢引，紹興元年張俊置見錢關子，蓋因交子所出猥多，又官司不以出納，故法旋廢。俊始置關子，召商人入中。其法：入見錢於婺州，執關子赴杭越。榷貨務請錢，每千搭十錢爲浸潤。紹興末改爲會子，務以見錢品支。後隸都茶場，悉視錢引法，行之東南諸路。當時議者謂交子法行，一夫可帶千萬緡，然賤則官出錢以斂之，貴則官出楮以散之，使居者以藏鏹爲得，行者以挾券爲便。後令官之予民以楮，而其取民者必曰見錢焉，則錢安得不重，楮安得不輕也？

鈔，自皮幣、飛錢、關引以通，商賈之厚齎貿易者，其法蓋執券引以取錢，而非以券引爲錢也。宋慶曆以來，蜀始有交子，建炎以來，東南始有會子。自交、會既行，而始真以楮爲錢矣。國朝洪武八年，詔中書省造大明寶鈔，取桑穰爲鈔料，其制方高一尺，闊六十，以青色爲質，外爲龍文花欄，橫題其額曰：大明通行寶鈔。内上兩旁復爲文八字曰「大明寶鈔，天下通行」。中圖貫狀，十串則爲一貫，折銅錢一千文，銀一兩。凡六等，曰一貫，五百文，四百文，三百文，二百文，一百文。大明律，凡印造寶鈔與洪武大中通寶及歷代銅錢，相兼行使，僞造不分首從，與知情行使者，皆斬。若挑剜補湊描改者，流三千里。

錦，《禹貢》兖州厥貢絲，厥篚織文。又文織見《周禮》。美錦見《左傳》，《釋名》：「錦，金也。作之用功，重其價如金，故制字帛與金也。」蜀錦獨稱妙，故成都有錦城、錦宫。又鳳凰錦、朱雀錦、周霄王鸞章錦、甘泉走龍翻鴻錦。又兜羅錦，南番、西番、雲南莎羅樹内出錦織者，似剪絨，潤五六尺。又魚朝恩出錦三十疋爲纏頭費，謂賞歌舞人，以錦綵置頭上也。

王蔭庭《錢穀備要》卷三《交代摺奏書籍》　祭樂二器：

銅籩　銅豆　銅爵　銅罇　銅簠　銅簋　錫籩　錫豆　錫登　錫鉶　錫罇　香爐　燭臺　花瓶　磁盃

木牲俎　木牲盤　木帛蓋　祭器箱　石香爐

舞椳并金龍首雉尾籥　琴　琴桌　琴箱　瑟　瑟架　瑟箱　簫　笛　笙　鳳簫　塤　篪　穿心大楹鼓并架鼓衣

絳綾金龍麾旙并硃椳紅架　柷并水椎

敔并竹箒紅座　榑柎　綵畫　節并金龍首硃椳紅架

銅鐘并架　石磬并架　樂器箱

劉若愚《酌中志》卷之一六《内府衙門職掌》　《皇明祖訓》所載，設立内府衙門，職掌品級，立法垂後，亦盡善盡美。惟是間有祖訓所未及載，或載而未詳者，謹譜次梗概于左。按内府十二監：曰司禮，曰御用，曰内官，曰御馬，曰司設，曰尚寶，曰神宫，曰尚膳，曰尚衣，曰印綬，曰直殿，曰都知。又四司：曰惜薪，曰寶鈔，曰鐘鼓，曰混堂。又八局：曰兵仗，曰巾帽，曰針工，曰内織染，曰酒醋麪，曰司苑，曰浣衣，曰銀作。以上總謂之曰二十四衙門也。此外，有内府供用庫、司鑰庫、内承運庫等處，亦臚列於後，以備考焉。

司禮監：掌印太監一員，秉筆、隨堂太監八九員或四五員。設有象牙小牌一面，長寸餘，每日申時交接，輪流該正。凡每日奏文書，自御筆親批數本外，皆衆太監分批。遵照閣中票來字様，用硃筆楷書批之。間有偏旁偶訛者，亦不妨略爲改正。最有寵者一人，以秉筆掌東廠。掌印秩尊，視元輔，掌東廠權重，視總憲兼次輔。其次秉筆、隨堂，如衆輔焉。皆穿貼裏，先斗牛，次陞坐蟒，先内府騎馬，次陞欖杌。禄米，每陞一級，則歲加禄米十二石。各家私臣曰掌家，職掌一家之事；曰管事，辦理食物、出納、銀兩；曰上房，職掌箱櫃、鎖鑰；曰掌班、領班，鈐束西班答應官人；曰司房，打發批文書、謄寫應奏文書。其下則管帽、管衣靴、茶房、厨房、打聽官、看莊宅各瑣屑事務也。其餘大小衙門，遇有應題奏事情，皆先關白司禮監掌印、秉筆、隨堂而始行。凡御前親近大臣，如乾清宫管事、打卯牌子，其秩亦榮顯，猶外廷之勳爵戚臣。然皆得掌各衙門之印，視其寵眷厚薄而欽傳畀之，不拘資次。司禮監提督一員，秩在監官之上，于本衙門居住，職掌古今書籍、名畫、册葉、手卷、筆、墨、硯、綾紗、絹布、紙劄，各有庫貯之，選監工之老成勤敏者掌其鎖鑰。所屬掌官四員或六員佐理之，并内書堂亦屬之。又，經廠掌司四員或六員，在經廠居住，只管一應經書印板及印成書籍，佛藏、道藏、番藏，皆佐理之。自提督以下，則監官、典簿十餘員。第一員監官提督皇吏成，并新房。候轉提督俱輪流該正，在廊下家宿，專理皇城内一應禮儀刑名，鈐束長隨、當差、聽事各役，關防門禁。至逆賢擅政時，令與文書房輪挨，遇雙月十六日，前往教場比試武職應襲。其次，六科廊掌司六員或八員，分東西兩房，管精微科内外章疏及内官脚色、履歷、職名，月報逃亡事故、數目。其次，又數十員或八員，管二十四衙門、山陵等處内官職級、姓名，撰寫每日傳行聖旨，稽查門禁，鈐束當差、聽事，題奏應行禮儀、應頒賞賜。其次，六科廊謄黄寫字一員。其次，管掌寫字，則按節令挨次題稟禮儀文書及賞例，或百員，或數十員，分兩班四撥，各若干人。其班按十二支輪之：曰頭頂，整一日過夜；曰守早，從卯至申；曰守晚，從申至次日天明；曰末頂，整一日過夜，方得下班歇息；四日也。凡遇聖駕朝講、遊幸，穿麟補紅襯襬，執藤條攔擋者，皆掌司人數寫字也。或轉經廠司禮監掌司者，則每撥内另有一種衙門寫字，共十餘員，挨補而已。自提督至寫字，俱穿襯襬。【略】

御用監：掌印太監一員，裏外監把總二員，猶總理也。有典簿、掌司、寫字、監工。凡御前所用圍屏、擺設、器具，皆取辦焉。有佛作等作，凡御前安設硬木牀、桌、櫃、閣及象牙、花梨、白檀、紫檀、烏木、鸂鶒木、雙陸、棋子、骨牌、梳櫳、螺甸、填漆、雕漆、盤匣、扇柄等件，皆造辦之。仁智殿有掌殿監工一員，掌管武英殿中書承旨所寫書籍、畫扇，奏進御前，亦猶中書房之于文華殿中書也。

司設監　掌印太監一員，有總理、僉書等官，如内官監。而所職掌者，鹵簿、儀仗、圍幙、褥墊、各宫冬夏簾、涼席、帳幔、雨袱子、雨頂子、大傘之類。事最煩苦，遠不逮御用監、内官監有盈餘肥潤也。如遇御前打點庫藏擡箱，則此三衙門之人皆任重擡運，不敢憚勞。

御馬監　掌印太監一員，有監督、提督、四衛營勇士、小廝。有監官、典簿、掌司、寫字、拏馬、象房掌房等官。牙母象九隻，各居一房，缺則外象房補之。金鞍作、長隨房等處，各有監工。本監象房之東，有裏草欄、草場，皇城之外有天師菴草場、舊都府草場。天啓六年夏，舊草場失火，逆賢率内外官員、軍士人等救撲三日始息。都城東北有大壩等二十四馬房，大壩城垣，逆賢重創一新。李魯生巡青之疏所諛者是也。凡逆賢出外到此，則于城樓上陞座飲酒，至夜則花礮、巧線、盒子、烟火之類，皆在城下放看，如元宵焉。【略】

尚寶監：掌印太監一員，僉書等官數十員。職掌御用寶璽、敕符、將軍印信。其所可知者，尚寶司凡所領者，曰皇帝奉天之寶，郊天齋醮用之。曰尊親之寶，上尊號用之。曰親親之寶，有大小二顆，與藩府用之。誥命之寶、敕命之寶、廣運之寶，則用之最多也。御前之寶，則宫中庫藏箱鎖用之。曰御藥謹封，則牙刻者也，御藥房用之。凡敕命遠出者，仍用一黄紙封套，上下悉用牙刻方寶封識之，其文曰：册符出驗四方之寶，其餘咸玉刻也。凡寶皆内尚寶女官掌之。遇用寶，則尚寶司以揭帖赴尚寶監，監請旨，然後赴内司領取。歲用寶三萬餘顆，歲用寶色銀六十餘兩，工部虞衡司辦進，别項供億不盡載也。其餘寶璽尚多，不恒用。天啓甲子冬，河南巡撫程紹遣副使張夢鯨進到玉璽，玉質瑩潔，款制渾朴，其白文曰：受命于天，既壽永昌，似小篆，不甚古，角無刓缺，的非秦璽，想是宋元時僞造者。惟閣臣魏廣微誇大其詞，從臾逆賢播告中外，以爲此璽之進，正在萬方慶祝之前，又值朝政維新之會，顯是瑞應，實所以熒惑先帝受賀稱慶，藉肆報復云。

印綬監：掌印太監一員，僉書、掌司數十員。職掌古今通集庫，并鐵券、誥敕、貼黄、印信、圖書、勘合、符驗、信符諸事及南京解文武誥軸。凡追奪誥命，交納本監，會同該科給事中、中書舍人，於勘合底簿内附寫爲事緣由，于本監後小門之西傍河墻焚化。

直殿監　掌印太監一員，僉書等官數十員。職掌皇極、建極、中極、武英、文華殿庭、樓閣、廊廡灑掃之役，最勞苦冷局，無大廳公署也。

尚衣監：掌印太監一員，管理僉書、掌司等數十員。掌造御用冠冕、袍服、履舄、靴襪之事。兵仗局之南，舊監庫之北，即本監裁縫匠役成造御用之袍房也，又名曰西直房。萬曆時，凡造上用袍服之裹，合用杭紬等絹，例具尺寸數目，于東廠太監處取辦之。不知今尚如此否也。萬曆三十三年冬，御前偶失珍珠袍一件，神廟震怒，命先監矩親至袍房拷問數次。時掌管内官王乾、王進、王保三人素不睦，而互訐陷之。先監怒其愚狡，察其實冤，竟不爲嚴旨所拘，再四拶鞫，了無盜袍證據。時王進孱弱，被掠病亡，王乾等奉旨降浄軍結局。其後數年，宫中有人云此袍是一貴顯宫女偷出，付其答應内官拆碎變賣，人始追感先監之明允淑問也。倘希旨煅煉，則支連蔓引含寃而死者，寧能再生乎？益知執法者凡事宜虚公詳慎可也。

都知監：掌印太監一員，甚不顯貴。餘皆本監寫字、長隨，各有青紅執事衣服。凡聖駕出朝，謁廟等項，在前警蹕清道者，即此監之官也。執骨朵，身穿鸚哥等補子，戴平巾或官帽，亦有穿圓領襯襒者。其人極寒苦，難以陞轉，下下衙門也。【略】

銀作局：掌印太監一員，管理、僉書數員，寫字、監工數十員。專管造金銀鐸針、枝箇、桃杖、金銀錢、金銀豆葉。豆者，圓珠，重一錢或三五分不等，豆葉則方片，其重亦如豆，不拘其數，以備欽賞之用。又造花銀，每錠十兩不等，止可八成。又，祖宗舊制有票兒銀者，重十兩、五兩、三兩、一兩至一錢之方塊也。其色止有六七成，有分兩印子。逆賢擅政，久廢不造，止以細絲銀分賞，遂失祖宗節省之意，可惜甚焉。

浣衣局 掌印太監一員，僉書等數十員。惟此署不在皇城内，在德勝門迤西，俗稱漿家房者是也。凡宫人年老及有罪退廢者，發此局居住。内官監例有供給米鹽，待其自斃，以防洩漏大内之事，法至善也。天啓七年十一月，客氏笞死于此。

兵仗局：掌印太監一員，管理、僉書十餘員，軍器庫提督一員，掌關防司一員，掌司、寫字、監工數十員。即掌造刀鎗、劍戟、鞭斧、盔甲、弓矢各樣神器。又，火藥局一處屬之宫中。元宵上鼇山頂上之燈，例點放神器三位，則監工事也。凡每年七夕宫中乞巧小針，并御前鐵鎖、鎚鉗、針翦之類，及日月蝕救護鑼鼓響器，宫中做法事鐘鼓、鐃鈸法器，皆隸之。是以亦稱爲小御用監也。逆賢時，凡解寧遠、皮島等處佛郎機等件，本局庫中物爲多。

巾帽局：掌印太監一員，管理、僉書等數十員。職掌内官、内使小火者平巾官帽。每年入夏，據見在員數，具題移文工部，至冬初，即于節慎庫領銀十餘萬，分散内官、内使人等靴料。凡有羨餘，繳進御前。凡新陞秉筆，即送朝衣、冠、笏、帶、鞋一分。凡選中駙馬冠靴，中使之家正帽，閹者之猪嘴帽，插柳跑馬勇士之圓帽，藩王之國其尉帽靴帶若干分，皆本局造送，奏于工部支領工價。其署後臨河，有梓潼帝君廟，傳云神像是順流漂入，至此不動，遂祠祀之，籤最靈。

針工局 掌印太監一員，餘與巾帽局同。職掌内官人等冬衣夏衣，每年遞散一次。遇辰年、戌年冬散鋪蓋銀一次。凡宫中做法事，揚幡、棹圍等件皆隸焉。凡内官曾賜蟒衣，退出官及病故者，各具本交還本局收也。

内織染局：掌印太監一員，總理、僉書等數十員。掌染造御用及宫内應用緞匹絹帛之類。有外廠在朝陽門外，澣濯袍服之所。又有藍靛廠，在都城西，亦本局之外署也。萬曆三十六年，始建西項娘娘廟于此。其地素窪下，時都中有狂人倡爲進土之説，凡男女不論貴賤，筐擔車運，或囊盛馬馱，絡繹如織。甚而室女豔婦，藉此機會以恣遊觀，坐二人小轎，而懷中抱土一袋，隨進香紙以徼福焉，可笑也。此先監没後光景也。又數年，神廟宫中偶興掉城之戲，于御前十餘步外，晝界一方城，于城内斜正十字分作八城，挨寫十兩至三兩止。令司禮監掌印、東廠秉筆及管事牌子，遞以銀豆葉八寶投之，落于某城，即照數賞之。若落迸城外及壓線者，即收其所擲焉。至戊午年，遂有建□□□□之變，失撫順、開原等處，此戲始不作也。

酒醋麪局：掌印太監一員，管理等官與別局相若。職掌内官宫人食用酒、醋、麪、糖諸物。浙江等處歲供糯米、小麥、黄荳及穀草、稻皮、白麪有差，以備御前宫眷及各衙門内官之用，與御酒房不相統轄。

司苑局 掌印太監一員，管理等官同前。職掌宫中蔬果及種藝之事。歲用黑豆、穀草，山東等處歲供之。御前所用瓜菜、茶料，俱此局與林衡等署、上林苑、南海子同辦之。

已上總謂之廿四衙門，惟浣衣局在皇城之外也。

内府供用庫 掌印太監一員，總理、僉書、寫字、監工共百餘員。專司皇城内二十四衙門、山陵等處内官食米。每員每月四斗。神廟時，張明掌此印，插稻子或爛米，甚而至有三斗半者。孫成掌此印，將天廚之米亦罄盡。有油、蠟等庫。廳前懸一木魚，長可三尺許，以示有餘糧之意。後庫上有瓦鴿子一，相傳已久，不知何所取意也。凡御前白蠟、黃蠟等，沉香等香，皆取辦于此庫。其印非九重倚毗最有寵眷者不得掌也。司禮掌印、東廠秉筆、管事牌子等，歲賜祿米，各于季冬奏過給散之。宮中各長街設有路燈，以石爲座，銅爲樓，銅絲爲門壁，每日晚，內府庫監工添油點燈，以便巡看關防。逆賢擅政，盡廢之，以便冥行，莫敢言者矣。【略】

內承運庫：掌印太監一員，近侍、僉書十餘員，掌司等官數十員。職掌庫藏。在宮內者曰內東裕庫、寶藏庫，皆謂之裏庫。其會極門、寶善門迤東，及南城磁器等庫，皆謂之外庫也。凡金銀、紗羅、紵絲、織金、閃色綿羢、玉帶、象牙、瑪瑙、珠寶、珊瑚之類，總隸之。又浙江等處，每歲夏秋麥米共折銀一百萬有奇，即國初所謂折糧銀，今所謂金花銀是也。候解到京，于每季仲月，由長安右門入，徑進本庫交收。此印及直殿監印，鐘鼓司、混堂、靈臺等印，皆本衙第一員僉書挨掌，不係貴近內臣掌。至崇禎三年冬，董實事發之後，此印便改內臣掌也。凡內臣陞玉帶，于本庫領取，及褫降、病故，其名下仍具本交還。近年奉旨陞玉帶者，亦如外臣自備，殊公私兩便也。南京供應機房太監一員，則本庫外差，有敕諭關防，所謂漢府織造是也。

孫承澤《天府廣記》卷五《後市》 宮闕之制，前朝後市。在玄武門外，每月逢四則開市，聽商貿易，謂之內市。 燈市自正月初旬起，至月半止，歲惟一舉。每月逢朔望及二十五則城隍廟市，每月逢三則土地廟市，謂之外市，係士大夫庶民之所用。若奇珍異寶進入尚方者，咸於內市萃之。至內造如宣德之銅器、成化之窰器、永樂果園廠之髹器、景泰御前作房之琺瑯，精巧遠邁前古，四方好事者亦於內市重價購之。

按古國都如井田法，畫爲九區，面朝背市，左祖右社，中一區君之宮室。宮室前一區爲外朝，朝會藏庫之屬皆在焉。後一區爲市，市四面有門，每日市門開則商賈百物皆入，惟民得入，公卿大夫士皆不得入，入則有罰。市官之法，如《周禮》司市，平物價，治争訟，譏察異服異言之類。皆國君都邑規模之大概也。

孫承澤《天府廣記》卷五《鼓院》 登聞鼓院在西長安門外，小廳三間東向，旁一小樓懸鼓，俾冤民擊之，通達下情。每日科道官各一員，錦衣衛官一員輪司其事。民有冤抑，有司不爲申理，具狀通政司又不爲轉達，審實列其狀以聞。

唐時宫闕前有肺石，長可八九尺，形如垂肺。古秋官大司寇以肺石達窮民。原其意乃伸冤者擊之，立其下，然後士聽其詞。所以肺形者，肺主聲，聲所以達其冤也。憲綱，凡按察司斷理不公不法等事，果有冤枉者，許赴巡按監察御史處聲冤；監察御史枉問，許赴通政司遞狀送都察院申理；都察不與理斷或枉問者，許擊登聞鼓陳訴。

孫承澤《天府廣記》卷一〇《內閣》 大學士辦事內閣，在午門內東南隅外，門西向，閣南向。入門一小坊，上懸聖諭。過坊即閣也。初制規模甚狹。嘉靖十六年，命工匠相度，以文淵閣中一間恭設孔聖暨四配像，旁四間各相間隔，而開户於南，以爲閣臣辦事之所。閣東誥勅房，裝爲小樓，以貯書籍。閣西制勅房。南面隙地添造捲棚三間，以處各官書辦，而閣制始備。

孫承澤《天府廣記》卷一五《禮部・中宮朝儀》 命婦朝賀中宮之儀：前期一日，女官陳設皇后寶座於宮中，設香案於丹墀之南。其日清晨，內宮陳設儀仗於丹陛之東西及丹墀東西，女官擎執者立於寶座之左右。陳內樂於丹陛東西，北向，設而不作。設箋案於殿東門外，設班首科位及各命婦拜位於丹墀北向，設司贊位於丹墀東西，設司賓位於命婦班之北，東西相向，設內贊二人於殿內東西。命婦至宮門外，司贊引命婦入就拜位，女官具服侍班如常儀。尚冠、尚衣等官詣內奉迎儀，奏請陞座。皇后具禮服出，導從如常儀，陞座，司贊唱班齊，贊四拜，外贊唱進箋，贊衆命婦跪，引箋案女官二人由殿東門入，至殿中，箋文不宣。命婦皆興，司贊唱四拜，尚儀跪奏禮畢，皇后興，還宮，命婦以次出。

皇后冠服：冠爲圓匡，冒以翡翠，上飾以九龍四鳳，大花十二樹，小花如大花之數，兩博鬢，十二鈿，服褘衣深青爲質，畫翠赤質五色十二等，素紗中單，黼領朱羅縠褾襈裾，蔽膝隨衣色，以緅爲領緣，用翟爲章三等，大帶隨衣色，朱裏紕其外，上以朱錦，下以緑錦，鈕約用青組玉，革帶，青襪，青舄，舄以金飾。凡朝會受册謁廟皆服之。燕居則服雙鳳翊龍冠，首飾釧鐲，以金玉珠寶翡翠隨用，諸色團衫金繡龍鳳文，帶用金玉。

宮官服用紫色圓領窄袖，徧刺折枝小葵花於上，以金圈之，珠絡縫，金束帶，紅裙，弓樣鞋，烏紗帽，飾以花帽額，綴團，珠結珠鬢梳，垂珠耳飾。

命婦冠服：照二十四年重定，公侯伯及一品冠用金事件，珠翟五個，珠牡丹開頭二個，珠半開三個，翠雲二十四片，翠牡丹葉一十八片，翠口圈一副，上帶金寶鈿花八個，金翟二個，口銜珠結二個。二品至四品冠用金事件，珠翟四個，珠牡丹開頭二個，珠半開四個，翠雲二十四片，翠牡丹葉一十八片，翠口圈一副，上帶金寶細花八個，金翟二個，口銜珠結二個。五品六品冠抹金銀事件，翟三個，珠牡丹開頭二個，珠半開五個，翠雲二十四片，翠牡丹葉一十八片，翠口圈一副，上帶抹金銀寶細花八個，抹金銀翟二個，口銜珠結二個。七品至九品冠用抹金銀事件，珠翟二個，珠月桂開頭二個，珠半開六個，翠雲二十四片，翠月桂葉一十八片，翠口圈一副，上帶抹金銀寶細花八個，抹金銀翟二個，口銜珠結二個，服用大袖衫霞帔褙子各一。大袖衫真紅色，一品至五品紵絲綾羅隨用，六品至九品綾羅紬絹隨用。霞帔皆深青段疋，公侯伯一品二品上施蹙金繡雲霞翟文，三品四品蹙金繡雲霞孔雀文，並鈒花金墜子，五品繡雲霞鴛鴦文鍍金鈒花銀墜子，六品七品繡雲霞練鵲文，八品九品繡纏枝花文並鈒花銀墜子，褙子皆用深青緞疋，其金繡文與霞帔同，惟八品九品繡摘枝圓花。入内朝見君后，在家見舅姑并夫及祭祀，許用冠服，餘皆常服。其常服用顏色圓領衫，不得仍用元服。朝服俱用青羅爲衣，白紗中單，赤羅裳，俱皂領緣，方心曲領，常服用雜色紵絲綾羅綵繡花樣。

按崇禎五年三月二十八日周皇后壽辰，命婦入賀，自西華門外下輿入門，復肩輿至武英殿門外下。黎明，皇后陞殿，諸命婦入排班下手立，四拜，女官宣箋表跪，班首成國夫人入殿内致詞，命婦皆跪，三叩頭起，四立拜而出，以立爲拜，不復俯伏。其奏樂教坊司奉鑾等官妻李氏四名口、女樂來定三十六名口。

附載　呂坤《婦人拜考》云：拜，屈也，折節以示屈，不敢直躬之謂也。男子以伏興爲拜，婦人以屈膝爲拜。考之古禮，男子再拜，婦人四拜，謂之夾拜，蓋男子鞠躬，婦人立屈膝，男子拜，婦人又立屈膝，男子再鞠躬拜，婦人又兩立屈膝。是謂丈夫兩拜，婦人四拜也。今制：太子與妃初見帝后，太子四起拜，妃八立拜，惟是致詞，妃亦同跪。其興也，太子俯伏。皇太后皇后慶節，命婦朝賀，先立四拜，引班首至殿上，内贊跪，外贊皆跪，丹墀諸命婦皆跪，致詞稱賀畢，不贊俯伏，直贊興復位，立四拜，而禮畢。每問中常侍，宫人見后妃當以何爲禮，曰：宫人遇后妃則叩首而行，遇朝賀亦只立拜。相沿謂叩頭爲小禮，立拜爲大禮。

孫承澤《天府廣記》卷一五《禮部·冠服之制》　元年，定皇太子、諸王、皇妃、皇太子妃、王妃、王世子冠服。皇太子從皇帝祭天地宗廟社稷及受册、正旦、冬至、聖節朝賀、納妃，皆被衮冕。其制九旒，每旒九玉，紅絲組纓，金簪導，兩玉瑱。衮服九章，玄衣畫山、龍、華蟲、火、宗彝五章，纁裳繡藻、粉米、黼、黻四章。白紗中單，黼領，蔽膝隨裳色，繡火、山二章。革帶金鈎艓，玉珮五采綬，赤白玄縹緑純赤質三百二十首，小綬三色同大綬，間施三玉環，大帶白表朱裏，上緣以紅，下緣以緑，白襪赤舄。其朔望朝、降詔、降香、進表、四裔朝貢朝覲則服皮弁。

諸王冠服：凡受册、助祭、謁廟、元旦、冬至、聖節朝賀、納妃，則服衮冕九章，冕用五采玉珠九旒，紅絲組爲纓，青纊充耳，金簪導。衮衣青衣纁裳，畫山、龍、華蟲、火、宗彝五章在衣，繡藻、粉米、黼、黻四章在裳，白紗中單，黼領青緣，蔽膝纁色，繡火、山二章，革帶金鈎艓，佩綬，大帶表裏白羅朱緑緣，白襪，朱履。其朔望朝、降詔、降香、進表、四裔朝貢朝覲則服皮弁。

皇妃冠服：冠飾以九翬四鳳，花釵九樹，小花如大花之數，兩博鬢九鈿，翟衣青質編次於衣及裳重爲九等。青紗中單，黼領朱縠褾襈裾，蔽膝隨裳色，加文繡重雉爲章二等，以緅爲領緣，大帶隨衣色，玉革帶，青襪舄，佩綬。凡受册、助祭、朝會諸大事服之。鸞鳳冠。首飾釧鐲用金玉珠寶翠，諸色團衫，金繡鸞鳳，不用黄，束帶用金玉犀，燕居則服之。

皇太子妃、王妃冠服：凡受册、助祭、朝會諸大事與皇妃同，惟王妃以素紗中單爲别。其燕居則服犀冠，刻以花鳳，餘與皇妃同，皆參酌唐宋之制而定之。

二十一年九月，定王世子冠服禮儀：冕服各七章，冕繅七就，前後各七旒，旒七玉，繅玉皆白蒼三采。衣青質，以火、宗彝、華蟲爲文，裳纁色，藻色采黼黻爲文。珮用白玉而玄組，綬用紫質，紫黄赤爲采，雙白玉環。舄韍皆赤色。素中單，青領襈。圭長七寸，闊三寸，厚半寸，剡上左右各半寸。

嘉靖中上諭張孚敬曰：「兹者光澤王奏請冠服之式，以便遵服。朕已允其言。今思其製當以燕弁爲準。親王用九襊，世子郡王用八襊，郡王長子用七襊，俱去簪與五玉，後山皆一扇爲之，分畫爲四，服用青身青緣，前後方龍補各一，身用素地，邊用雲，帶用青，衣緑裏，履用皂，白襪。其補子郡王以上許綵粧，郡王長子止許織金爲之，未知可否，卿其詳看來聞。」張孚敬回奏云：「臣謹按國朝定制：天子冕冠十二旒，皮弁十二縫，皆象十二月也。今燕弁用十二縫，正如其數。又親王冕冠九旒，皮弁九縫，今燕弁宜用九襊，親王世子冕冠八旒，皮弁八縫，今燕冠宜用八襊，郡王冕冠七旒，皮弁七縫，燕冠亦用七襊。兹聖諭以世子郡王俱用八襊，郡王長子用七襊，竊謂郡王冠冕皮弁既俱七旒七縫，今燕冠若同親王世子八襊，恐燕服之制獨與公服等數不合，或宜用七襊，庶與冠弁之數相合。其郡王長子或宜殺，用六襊，自鎮國將軍以下，各依原忠靖冠品官之制服之可也。又思燕弁冠服及忠靖冠服俱欽定名，今諸王冠服宜更定名，伏乞裁示。」

上曰："卿回奏具見詳明。夫朝冠公服止於七數，間常所用反重之，可乎？郡王之冠仍宜七數，其郡王長子既無冕弁，只可同鎮國將軍之制可也。惟冠五䘿以分等差，一如忠靖之制式，又其名當異於朝廷，庶別天子諸侯也。或名之曰保和，曰寧義。"孚敬請用保和，從之。

崇禎庚辰，上傳禮部：令百官燕居皆用世廟所製忠靖冠服，賜閣臣五人各一襲，復以二襲下部爲式。

上燕弁冠玄端服，襯以深衣，素帶玄履，冠用烏紗，上分金線十二瓣，前飾五采玉雲各一，後列四山雙玉簪。服即古玄端制，身用玄邊緣青，兩肩繡日月，前蟠圓龍一，後蟠方龍二，邊加龍文八十一，領與兩袪共龍文五九，衽同，前後齊，共龍文四九。深衣黄色，袂圓袪方，下齊負繩及踝十二幅。素帶衣裏青表緑，緣邊腰圍飾以玉肆九片。玄履朱緣，紅纓黄結，襪用白。

十八年四月，賜文武官錦綬。初以朝服錦綬民間不能製，命工部織成頒賜之。至是文官五品以上、武官三品以上皆賜給，俱不用龍鳳文。

百官衣服，自十月初四日至次年三月初三日穿紵絲，自三月初四日至四月初三日穿羅，自四月初四日至九月初三日穿紗，自九月初四日至十月初三日穿羅，俱司禮監預題，以中旨行之。

元年，定未入流官冠服。凡在外諸處提控、案牘及吏目、典史、税課局、閘壩等官服制皆准侍儀舍人，冠無梁，服赤羅服，青緑飾，赤羅蔽膝，烏角帶，紅白大帶，槐木笏，白襪，黑履，不用中單，去珮、綬。

詔定官員親屬冠服之制。禮部尚書崔亮等定議，凡天下内外官員父、兄、伯、叔、子、孫、弟、侄用烏紗帽，軟脚垂帶，圓領衣，烏角帶。在外閣者圓領衣，烏角帶，帽四角稍垂。内外衙門隸卒，烏紗，平頂巾，雙環，圓領衣，用紬絹布繫腰，黑鞓帶，銅鐵骨角束子。軍士隨軍裝，擂手與隸卒同。曾經委用閒散官員用烏角軟脚垂帶，圓領衣，烏角束帶。從之。

十八年五月，頒命婦翠雲冠制於天下。其制飾以珠翠，前用珠菊花三，珠蕋菊二，翠葉二十七，葉上翠雲五，雲上用大珠五，後用珠菊花一，珠菊蕋三，翠葉一十四，兩傍插金雀口啣珠結一雙。金雀惟公侯一品二命婦用之，三品四品則用金孔雀，五品用銀鴛鴦，六品七品用銀練鵲，俱鍍以金，啣珠結一雙，八品九品用銀練鵲，以金間抹之，啣小珠桃牌一雙。

勅外命婦一品至七品未受封者，不得戴山松特髻。

五年四月，定凡品官祖母及母與子孫、同居親弟、侄婦女禮官服，合依本官所居職官品級，通用漆紗珠翠慶雲冠，大衫霞帔褙子上緣襈襖裙，惟山松特髻止許受封誥勅者用之。品官次妻許用本品珠翠慶雲冠褙子爲禮服，銷金闊領長襖、長裙爲常服。婢使人等綰頂髻，用絹布狹領長襖、長裙，小婢使綰雙髻，用長袖短衣、長裙。

定品官女子在室者，宋制女年二十而笄，服飾之制作三小髻，金釵珠頭，帛窄袖褙子，宜如其制。

孫承澤《天府廣記》卷一六《禮部·官民房屋之制》 二十四年六月，定官民房屋，并不許蓋造九五間數及歇山轉角、重簷重拱、繪畫藻井、硃門紅窗，其樓房不在重簷之列。公侯伯前廳、中堂、後堂各七間，門屋三間，俱用黑板瓦蓋，屋脊用瓦獸，梁棟斗拱簷桷彩色繪飾，門窗枋柱俱用黑漆油飾，門獸梁面擺錫環。家廟三間，俱用黑板瓦蓋，屋脊用花樣瓦獸，梁棟斗拱簷桷彩色繪飾，門桷枋柱用黑漆或黑油飾。其餘廊廡庫厨等房從宜蓋造，梁棟斗拱簷脊，青碧繪飾，門三間，門用緑油獸面擺錫環，俱不得過廳堂正屋制度。一品二品廳堂各七間，屋脊許用瓦獸，梁棟斗拱簷桷青碧繪飾，門屋三間，門用緑油獸面擺錫環。三品至五品與二品同，但門用黑油擺錫環。六品至九品廳堂各三間，梁棟止用粉青刷飾，正門一間用黑油鐵環。凡品官房屋除正廳外，其餘房舍許從宜蓋造，比正屋制度務要減小，門窗户牖並不許用硃紅油漆。庶民房屋不過三間五架，不許用斗拱及彩色裝飾。其餘從屋雖十所二十所隨宜蓋造，但不得過三間。

孫承澤《天府廣記》卷一六《禮部·官民婚禮》 五年六月，定官民婚禮。凡婚禮，納采問名：公侯品官一品至四品紅文綺二疋；五品至九品文綺綾羅隨用一疋。納吉：一品、二品文綺絹各八疋，紅羅紗各二疋；三品、四品文綺絹各四疋，紅羅紗各二疋；五品至七品文綺絹各二疋；八品、九品文綺絹各一疋。納徵：一品、二品玄纁束帛，用青文綺三疋，紅文綺二疋。禮服用山松特髻，大袖衫，霞帔褙子。常服用珠翠漆紗冠緑襈長襖長裙四襲，釧鐲皆用金，文綺紗綾羅各八疋，絹三十二疋，綿一百兩，大紅羅二疋，綿十六兩，餘同二品。五品玄纁束帛，青紅文綺羅紬隨所用，常服用緑襈長襖長裙二襲，釧鐲以銀鍍金，文綺綾羅隨用。六品不用綿與大紅羅，餘同四品。六品、七品常服釧鐲以銀文綺綾羅隨用，絹四疋，餘同五品。八品、九品不用山松特髻，通用慶雲冠，常服緑襈，長襖長裙一襲，文綺綾羅隨用，絹二疋，釧鐲同七品。請期：一品至四品文綺二疋，五品以下不行此禮。親迎：一品至四品紅文綺二疋，五品至九品文綺綾絹隨用一疋。庶人納采問名、納吉：總行一次禮，上户紅絹四疋，中户二疋，下户一疋。納徵：上户漆紗慶雲冠，首飾用銀，桃紅絹大袖衫，藍青雲素霞帔，緑襈，長襖長裙二襲，用絹及細布，釧鐲用銀，彩絹八疋，紗羅六疋或四疋，中户綵絹六疋或四疋，紗羅四疋或二疋，不用釧，餘同上户；下户綵絹二疋，不用釧鐲紗羅，餘同中户。親迎：上户紅絹或布二疋，中户下户隨所有用之，其牲酒果麵之類各有差。

孫承澤《天府廣記》卷一六《禮部・郊丘拜褥》 三年六月，命制郊丘祭祀拜褥。禮部奏：郊丘之褥當用席爲表，蒲爲裏；宗廟、社稷、先農、山川之褥宜用紅文綺爲表，紅木棉布爲裏。從之。

孫承澤《天府廣記》卷一六《禮部・齋戒牌》 三年十二月，命各司置齋戒牌。上諭中書省臣曰：齋戒，古人所以致潔於鬼神也，朕於祭祀，每齋戒必盡其誠，不敢少有怠忽，尚慮諸司不能體此，致齋戒之日褻慢弗謹，雖幽有鬼神司察其罪，不若預爲戒飭，使知所警。其命諸司各置木牌，刻文其上，曰國有常憲，神有鑒焉。每有祭祀則設之。

孫承澤《天府廣記》卷一六《禮部・致齋銅人》 三年十二月，命禮部尚書：鑄銅人一，高尺有五寸，手執簡書曰齋戒三日。凡致齋之期，則置朕前，庶朕心有所警省，而不敢放也。

孫承澤《天府廣記》卷一六《禮部・祭服》 四年九月，定祭服。上親祀圜丘、方丘、太廟及日月壇，服袞冕；祭星辰、社稷、太歲、風雲雷雨、嶽鎮海瀆、山川、先農，皆用皮弁；羣臣陪祭各服本品梁冠祭服。

孫承澤《天府廣記》卷一六《禮部・奉先殿神主》 四年九月，禮部奏：奉先殿神主高一尺一寸，闊四寸，趺高二寸，用木爲之，飾以金，鏤以青字。神龕高二尺，闊二尺，趺高四寸，朱漆鏤金龍鳳花板，開二窗，施紅紗，側用金銅環，内織金文綺爲藉。從之。

人，舞四十八人，引舞二人，凡一百一十人。上從禮部請選京民之秀者充樂舞生。上曰：樂舞乃學者事，况釋奠所以追崇先師，宜擇國子生及凡公卿子弟在學者預教律之。

孫承澤《天府廣記》卷一六《禮部・釋奠禮器》 四年十二月，定釋奠祭物陳設，各爲高案，籩豆簠簋祭鋼悉代以瓷器，牲用羊豕。樂舞樂生六十**孫承澤《天府廣記》卷一六《禮部・郊社不以喪廢》**九年五月，以將有事於方丘，適有晉王妃之喪，上命翰林侍講學士宋濂考制以聞。濂對曰：按王制，喪三年不祭，惟祭天地、社稷越紼而行事。喪服傳云：宫中有喪，三日不舉祭，既葬而祭。宋真宗時有内喪，太常禮院言準禮宜祭天地、社稷。神宗時當郊而喪未除，帝以爲疑，講讀官王珪、司馬光、王安石皆以爲不當廢。夫郊社之禮，國之大事，聖人所重，雖有三年之喪，亦不敢廢，示有尊也。上然之。

孫承澤《天府廣記》卷一六《禮部・喪制》 元年，御史高原侃言：京師人民循習元氏舊俗，凡有喪葬，設宴會，親友作樂娱屍，惟較酒肴厚薄，無哀戚之情。流俗之壞至此，甚非所以爲治。且京師者天下之本，萬民之所取則，一事非禮，則海内之人轉相視傚，弊可勝言？况送終禮之大者，不可不謹。乞禁止以厚風俗。上是其言，乃詔中書省令禮官定官民喪服之制。

五年六月，定喪禮。襲衣：三品以上三襲，四品、五品二襲，六品以下一襲。飯含：五品以上飯用稷，含用珠，九品以上飯用粱，含用小珠。銘旌：以絳帛爲之，廣一幅，四品以上長九尺，六品以上長八尺，九品以上長七尺。斂衣：品官朝冠朝服一襲，常服十襲，衾十番，命婦大袖衫褙子一襲，常服十襲，衾十番。靈座設於柩前，用綿絹結魂帛以依神。棺槨：品官棺用油杉朱漆，槨用土杉。墻翣：公侯六，三品以上四，五品以上二。明器：公侯九十事，一品、二品八十事，三品、四品七十事，五品五十事，六品、七品三十事，八品、九品二十事。引披鐸：引者引車紼也。披者以纁爲之，繫於輀車，四柱在榜，執之以備傾覆者也。鐸者，以銅爲之，所以節挽歌者。公侯四引六披，左右各八鐸，一品、二品二引四披，左右各六鐸，三品、四品二引二披，左右各四鐸，五品以下二引二披，左右各二鐸。羽旛竿長九尺，五品以上，一人執之以引柩，六品以下不用。功布：品官用之，長三尺。方相：四品以上四目，七品以上兩目，八品以下不用。柳車：上用竹格，以綵結之，旁施帷幔，四角垂流蘇。誌石二片，品官皆用之。其一爲蓋，書某官之墓，其一爲底，書姓名、鄉里、三代、生年月及子孫葬地。婦人則隨夫或子孫封贈。二石相向，用鐵束埋墓中。碑碣：功臣殁後封王，螭首高三尺二寸，碑身高九尺，闊三尺六寸，龜趺高三尺八寸；一品螭首高三尺，碑身高八尺五寸，闊三尺四寸，龜趺高三尺六寸；二品蓋用麟鳳，高二尺八寸，碑身高八尺，闊三尺二寸，龜趺高三尺四寸；三品蓋用天禄辟邪，高二尺六寸，碑身高七尺五寸，闊三尺，龜趺高三尺二寸；四品圓首高二尺四寸，碑身高七尺，闊二尺八寸，方趺高三尺；五品圓首高二尺二寸，碑身高六尺五寸，闊二尺六寸，方趺高二尺八寸；六品圓首高二尺，碑身高六尺，闊二尺四寸，方趺高二尺六寸；七品圓首高一尺八寸，碑身高五尺五寸，闊一尺二寸，方趺高二尺四寸。墳塋：功臣没後封王，塋地周圍一百步，每面二十五步，墳高二丈，四圍墳墻高一丈，石人四，文武各二，石虎羊馬望柱各二；一品塋地周圍九十步，每面二十二步半，墳高一丈八尺，墳墻高九尺，石人二，文武各一，石虎羊馬石望柱各二；二品塋地周圍八十步，每面二十步，墳高一丈六尺，墳墻高八尺，石人石虎羊馬石望柱同一品；三品塋地周圍七十步半，墳高一丈四尺，墳墻高七尺，石虎羊馬石望柱同二品；四品塋地周圍六十步，每面一十五步，墳高一丈一尺，墳墻高六尺，石羊馬虎石望柱同三品；五品塋地周圍五十步，每面一十二步半，墳高一丈，墳墻高五尺，石羊馬石望柱各二；六品塋地周圍四十步，每面一十步，墳高八尺；七品塋地周圍三十步，每面七步半，墳高六尺。祭物：四品以上用羊、豕，九品以上用豕。庶民襲衣一，深衣一，大帶一，履一雙，裙袴衫襪隨所用，飯用粱，含錢，銘旌用紅絹五尺，斂衣隨所有，衣衾及親戚襚儀，棺隨所用，堅木油杉爲上，柏次之，土杉松木又次之，用黑漆金漆，不得用硃紅。明器一事，以功布白布三尺引柩，柳車以衾覆棺，誌石二片，如品官之儀。塋地周圍十八步，每面四步半，祭物用豕，力不及者隨家有無。

孫承澤《天府廣記》卷一六《禮部・品官家廟》 六年五月，定公侯以下家廟禮儀。禮臣議：凡公侯品官别爲祠屋三間，於所居之東，以祀高曾祖考，并祔位。如祠堂未備，奉主於中堂享祭。二品以上羊一豕一，五品以上羊一，以下豕一，皆分四體，熟而薦之。不能具牲者，設饌享之，所用器皿隨官品第，稱家有無。祭之前二日，主祭者聞於上，免朝參。凡祭於四仲之月擇吉日，或春秋分、冬夏至亦可。其儀，前期一日主祭者致齋，執事者灑掃祭所，陳設儀物，親監宰牲，至晚，主婦監造祭饌。及夕，主祭以下沐浴更衣，宿於外舍。明日質明，率預祭諸親，主婦率預祭衆婦，詣祭所，實蔬菓酒饌於器。主祭者盥涚訖，詣祠堂捧主位祔位神主櫝，各置於一盤，令親子弟各一員捧至祭所。主祭開櫝，捧各祖考神主，主婦開櫝捧各祖妣神主，以序安奉於位，子弟捧祔食神主置於東西壁邊。執事者進饌，讀祝者一人就贊禮，以子弟親族爲之。陳設神位訖，各就位。主祭在東，伯叔諸兄立於其前，稍東，諸親立於其後，主婦在西，毋及諸毋立於其前稍西，婦女立於後。贊拜，主祭主婦以下皆再拜，主祭者詣香案前跪，三上香，獻酒，奠酒於高祖祖妣前，由曾祖而下皆如之。執事酌酒於祔位前，讀祝跪，讀訖贊拜，主祭者復位，與主婦皆再拜。再獻終獻并如之，惟不讀祝。每獻，執事者於祔位更酌酒，獻畢贊拜，主祭主婦以下復再拜。焚祝并紙錢於中庭。禮畢，主祭者安神主櫝如初。是日設筵享祭饌，男女異席，餘胙分諸親友及下執事。

陸容曰：庶人祭三代，曾祖居中，祖左禰右；士大夫祭四代，高居中左，曾居中右，祖左禰右。乃國初用行唐縣知縣胡秉中之言也，人多不知。

唐王珪不作家廟，四時祭於寢，爲有司所劾，太宗爲立廟媿之，不罪。世以珪儉不中禮。

孫承澤《天府廣記》卷二一《工部・鐵廠》 鐵冶西去遵化縣可八十里，又二十里則邊墻矣。羣山連亘不絶，古之松亭關也。鐵爐深一丈二尺，廣前二尺五寸，後二尺七寸，左右各一尺六寸，前闢數丈爲出鐵之所，俱石砌，以簡干石爲門，牛頭石爲心，黑沙爲本，石子爲佐。時時旋下，用炭火置二韛扇之，得鐵日可四次。石子産於水門口，色間紅白，略似桃花，大者如斗，小者如拳，擣而碎之，以投於火，則化而爲水。石心若燥，沙不能下，以此救之，則其沙始銷成鐵。生鐵之鍊凡三時而成，熟鐵由生鐵五六鍊而成，鋼鐵由熟鐵九鍊而成。其爐由微而盛而衰，最多至九十日則敗矣。爐有神，則元之爐長康侯也，康當爐四十日而無鐵，懼罪欲自經，二女勸止之，因投爐而死，衆見其飛騰光燄中，若有龍隨而起者，頃之鐵液成。元封其父爲崇寧侯，二女遂稱金火二仙姑，至今祀之。

正德中，工部題：遵化鐵廠係永樂年間在於地方砂坡谷開設，後遷地方松棚谷。正統年間遷今地方白冶莊。彼時林木茂盛，柴炭易辦。經今建置一百餘年，山場樹木砍伐盡絶，以致今柴炭價貴。每年本部額運生熟銅鐵五十七萬九千七百斤，大約見彀三年支用。若不從宜節省，仍舊原額炒鍊，則柴炭價高，軍力勞竭，月增歲益，必難支持。至萬曆九年正月，薊督梁夢龍奏：冶廠課鐵二十萬八千斤，計價不過二千七百餘兩，而專設官吏軍役，費逾萬金，不如革之以蘇民困。部覆允之。

孫承澤《天府廣記》卷二九《觀象臺》 觀象臺在城東南隅。臺上有渾天儀，如世所圖璇璣，皆鑄銅爲器，四柱以銅龍架而懸之。又有簡儀，狀相似，而省十之七，止周圍數道而已。玉衡亦以銅爲之，如尺而首尾皆曲，有二孔，對孔直窺，以候中星。又有銅球，左右轉旋以象天體，以方函盛之。函四周作二十八宿真形，南面有正統御銘。臺下小室有量天尺，鑄銅人捧尺北面，室穴其頂以候日中測景之長短，冬至後可得一丈七尺，夏至後可得二尺。中爲紫微殿，殿旁有銅壺滴漏。其簡儀乃耶律楚材製。

《周禮》保章氏掌天星，以志日月星辰之變動，以觀天下之遷，辨其吉凶。以星土辨九州之地，所封，封域皆有分星，以觀妖祥。以十有二歲之相觀天下之妖祥。以五雲之物辨吉凶水旱，降豐荒之祲象。以十有二風察天地之和，命乖別之妖祥。凡此五物者，以詔救政訪序事。

按：璣衡之象，或謂起於伏羲，或謂作於帝嚳，或云乃羲和舊制，非舜創爲也。馬融謂上天之體不可測，知天之事者惟有璇衡一事。蓋璇衡之制起於高辛氏，而虞舜察之，以璇爲璣，而用以轉動，是之謂璣。以玉爲管而横置其中，是之謂衡。璣以定天體，衡以齊七曜。即今所謂渾天儀也。是故黄帝得之，曆起辛卯，顓帝得之，曆起乙卯，曆之所作，非渾天不可也。青道二出黄道東。朱道二出黄道南，道之所出，非渾天不可也。錢藻則以朱黑白而別二家星，葛衡則以青白黄而別三家星，以考星宿，非渾天不可也。自軫十二度至氐四度則知爲壽星，自氐五度至尾九度則知爲大火，而其餘莫不皆然，是考躔度非渾天不可也。其法喪於秦火而興復於漢洛下閎、耿壽昌諸人，厥後歷代遞相沿習，其有得有失，則由乎其人智術之淺深，未易遽數也。宋自靖康之亂，儀象之器盡歸於金。至元人定鼎於燕，其初襲用金舊，而規環不協，難復施用。於是太史郭守敬者，出其所製簡儀、仰儀及諸儀表，皆臻於精妙。卓見絶識蓋有古人所未及者。其說以謂昔人以管窺天，宿度餘分約爲太、半、少，未得其的，乃用二線推測，於餘分纖微皆有可考。其曆參以古制，創立新法，所謂類其同而知其中，辨其異而知其變。古曆之善稱漢太初、唐大衍，比之授時曆，皆莫有過焉者也。

漏刻之箭，晝夜共百刻，冬夏之間則有長短焉。太史立成法，有四十八箭。按乾象曆及諸曆法，皆示冬至則晝四十五、夜五十五，夏至則晝六十五、夜三十五，秋分則晝五十五半、夜四十四半。從春分至於夏至，晝漸長，增九刻半，從夏至至於秋分，所減亦如之。從秋分至於冬至，晝漸短，減十刻半，從冬至至於春分，所加亦如之。又於每氣之間加減刻數，有多有少，其事在於曆術。以其算數有多有少不可通而爲率。故太史之官立爲法，定作四十八箭，以一年有二十四氣，每一氣之間又分爲二，通率七日强半而易一箭，故周年而用箭四十八也。曆言晝夜者，以昏明爲限。馬融、王肅注尚書，以爲日永則晝漏六十刻，夜漏四十刻，日短則晝漏四十刻，夜漏六十刻，日中宵中則晝夜各五十刻者，以《尚書》有日出日入之語，遂以日見爲限。《尚書緯》爲刻爲商。鄭作《士昏禮目録》云日入三商爲昏，舉全數以言耳。其實日見之前、日入之後距昏明各有二刻半，減晝五刻以裨夜，故於曆法皆多校五刻也。今欽天監曆日皆用馬、王之說，而長止於五十九刻，不言六十，短止於四十一刻，不言四十，以見陰陽之妙云。

于敏中等《日下舊聞考》卷四七《城市内城東城三》 原今京師巽隅逼城觀象臺之巔有渾天儀，其質皆銅。有四柱，以龍承之，懸儀於上，製作精工，銅亦古潤，作紺色。旁另有一儀，式小不及其半，交道亦滅。又有玉衡如尺。又有銅毬象天圜體，外列二十八宿，上列正統七年御製銘。予按此非本朝人所辦，意必故元舊物。按宋沈括云，司天監銅渾儀，景德中韓顯符所造，依劉曜時、孔挺、晁崇、解蘭之法。天文院渾儀，皇祐中舒易簡所造，用唐梁令瓚、僧一行法。至熙寧，括監太史局，受詔改造渾儀，置之天文院，而移天文院舊銅儀於朝服法物庫。蓋宋世渾儀有三，金人入汴，諸法物俱北去，此固蒙古得之完顔者耳。至正統而重修則有之。且銘有昔作今述句，非創矣。《野獲編》。

原于慎行簡儀贊：芒芒元運，莫莫三辰。譬彼輻輳，轉於一輪。舊儀洵美，而狀渾淪。卓哉良史，創物維新。其新匪他，維舊而析。四游兩軸，當乎二極。南軸攸沓，天常下直。維北欹傾，軸焉足式。赤道上載，列宿周天。三百六十，五度寄焉。樞機所運，五環三旋。去極之度，游則昭然。囊括兩儀，珠輝七曜。象在靈臺，不言而告。邈矣斯人，何識之妙。配皇等極，昭兹神造。《穀城山房集》。

原張一桂贊：於維帝王，憲天出治。敬天以心，測天以器。爰稽往古，實造渾儀。考時布令，仰觀俯闚。厥體至圓，厥形左運。璇璣玉衡，推步斯訓。度刻雖具，細分未全。以管望之，漸外漸懸。及勝國時，郭太史氏。遡覽幽探，獨臻至理。實通舊制，簡儀乃成。四游上附，直距外經。三距三環，天常赤道。結環距端，遠近相較。兩線相望，於以測之。日月極遠，分秒適宜。纖悉咸備，惟精惟密。簡要可遵，百世莫易。我思古人，太衍太初。三樞七直，視此爲疏。赫赫皇朝，損益前代。尚象明時，獨兹不廢。都城東隅，崇臺巍然。爲國重器，於萬斯年。《八科館課》。

增崇禎二年，禮部侍郎徐光啓兼理曆法，請造象限大儀六，紀限大儀三，平懸渾儀三，交食儀一，列宿經緯天毬一，萬國經緯地毬一，平面日晷三，轉盤星晷三，候時鐘三，望遠鏡三。報允。《明史・天文志》。

增臺上有渾天儀、簡儀、銅毬、量天尺諸器。本朝康熙十二年，以舊儀年久多不可用，御製新儀凡六，一天體儀，一赤道儀，一黃道儀，一地平經儀，一地平緯儀，一紀限儀，陳於臺上，至今遵用。其舊儀移藏臺下。《大清一統志》

增天體儀：諸儀之中，其最象乎渾天而爲用甚大者，莫天體儀若也。蓋天體儀乃渾天之全象，而其爲用則又諸儀之用之所統宗也。然諸儀中最爲難製者亦莫若天體儀，爲夫畢肖乎天形且便於用之爲難也。其難於畢肖天形者，難以取圓故也。其難便於用者，難於周圍均輕而無偏垂故也。其取圓，則以子午圈或地平圈爲準。先應分子午圈，劃爲四象限，次定兩相對之界，以爲南北二極。每一象限則分爲九十度，而兩極各爲九十度之界。子午圈則以兩面度及字彼此準對，每一度以對角線之比例，而另以六十細分，又每一分更細而四分之，而每四分之一則當十五秒也。則以游表識之焉。又子午立圈以向東之規面爲正面，而儀之中心乃正對於斯。其南北兩極各作圓半孔以受儀之半軸，其他半以伏兔圓半孔受之。兩半圓相合以螺旋轉定之，而兩極上下以圓鋼樞而受儀之全軸焉。夫欲儀之旋轉齊圓而畢肖乎天之形體，則必以子午圈内規面之齊圓爲準也。欲其均輕而便於用者，則又必以權衡之理爲準也。蓋權衡之爲義，本乎天行之平耳。夫惟渾天之恒平行，是以左右上下無或有輕重之偏焉，而天體儀之所爲最象乎渾天者，大端正在於此。輕重學有云，平衡之梁，其心在中，其兩端加重各等，一端扶之以手，手離，自不動矣。則天體儀亦然。任意旋轉，手離，則儀不動矣，其圓形之心及徑與重之心及徑同在一所故也。安儀於子午圈之中，行令其輕，而形令其圓，其象天也如此，此制器尚象之爲第一義也。次之，令其準合於地平圈。地平圈，其坐架約高四尺七寸，而座之上下有兩圈，上圈爲地平之面、寬八寸，於子午正對處各闕其口，深與子午圈側面，寬與其規面相等，總以恰容子午圈，不寬而亦不隘爲當其可焉。至兩圈内規面平合，而左右上下環抱乎儀周圍，則須留五分之縫，爲便於安高弧而進退游表。隨用規器於地平上面多作平行圈線，以別度與字之間處，必於劃度處展之，於劃字處縮之，便以長方對角之線細分宮度。地平之上面，共分内外中三層。内層劃有地平經度，分四象限而各爲九十度。其經度之上下則劃有度數字，平距圈線内外界之上，所刻字以正南正北各爲初度，以正東正西各爲九十度，界下所刻字反是，以爲測驗時便於用故耳。内層則以周渠爲限界，渠之深寬相等，即五分内堪容高弧之足，即地平經度表也。自周渠以外，則地平中層矣。其上下平距圈線者，即限界京師地平日晷時刻也。每一時分八刻，而每一刻則十五分。午正初刻，即自子午圈正面南邊交地平而起。子正初刻，相對於兩圈北邊相交處。日晷源表者，即天體過南北之軸也。但本軸在儀體之中不見，故儀面上過南北兩極不拘何圈，俱可以代表也。地平面上，其外層圈線者，即分定三十二方之線也。此外圈亦分四象限，各有八方之線，亦名風線，蓋地平周圍從三十二方風之有名者而起。凡定方向及細心觀候天象者，必應分別之。夫地平及子午兩圈因在天體面之外，係外圈。此兩圈全備如此，則儀面上之諸圈可定以爲内圈，前南北兩極當其中，而劃赤道圈以四象限分之，令各象界線與子午卯酉四正正對。次則另用規器而以各象限初度爲心，以末度爲界，劃四半圈，正對各兩半，相遇於南北兩極，而成兩全圈。其一定春秋二分，名爲過極分圈，一定冬夏二至，名爲過極至圈。二分在黃赤二道相交之界，二至爲黃道緯南緯北至遠二界，即二十三度三十一分三十秒也。故過極至圈上自赤道緯北之二十三度三十一分三十秒爲界，而以一象限末度爲心，用規器作圈，而定黃道以二分、二至、四象限分之，每象限則三宮，每宮則三十度，而每度依對角線之比例分六十分，此爲黃道之經度也。至於赤道，則自西而東分三百六十度，以春分界爲初度，此赤道經度也。兩道緯度依過分、過至兩圈而定焉。次又以赤道南北二極爲心，相距三十九度五十五分爲界，而用規器作京師恒見界圈。又以黃道南北二極爲心，而黃道南北各作兩圈，兩圈互相距三十度，各圈所分之宮度數與黃道圈之宮度數相對。次於黃赤二極及於天頂即地平之極加匾圈四分之一，以定黃赤及地平各圈之緯度，總命之曰緯弧。以九十度分之，每一度依對角線之比例以六十細分之，故緯弧之寬以對角線之長方形及所刻度數字爲定，則其劃度分從下而上，即從黃赤地平各圈之經度界定初度而起。緯弧各有横表，上下任意轉移之，以定緯度之分。黃赤二道之緯弧上端有圓孔以安之於本極，下端有一匾弧以十字直角形横交之，以密合於本道之經度線焉。蓋緯弧必以直角交本道之經圈，横條之長約緯弧之二十度，其寬與緯弧等。若地平之緯弧另有製法。蓋高弧及天頂悉依北極出地度安置，故子午圈上抱合天頂。另有游表，中開一長方口，以入子午圈，下出小螺柱安貫高弧上端不脫，表正面另有螺旋轉，可以任游移而定之於天頂。高弧下端則另有表，如平足，與地平上面平行，足底有如突起之形，入地平上周渠如坳入之形，而以直角交地平經圈以定其度分也。其黃赤二道經緯之度全備如此，則二十八宿星座等天象有定位矣，有次第矣。夫星宿依黃赤等各道之經緯度布刻儀面之上，以本象線聯之，以大小六等印記別識之，以黃道十二宮次界線各於本宮次總歸之。蓋黃道每一宮界爲心，相去三宮爲界，用規器作過黃極各大圈，凡天上諸星諸點在一宮兩界線中者，即命其在某宮之度分也。從來曆家造星毬、星圖、星表，必以測驗爲據，而定其經緯，測驗愈久愈密。古人但以目之所見略定星象，以東西南北總別之。後代歸之於黃赤兩道之宮次，又復歸之於宮度。今世猶爲加密，而定其經緯度分秒矣。蓋歷年愈久，則測驗愈合也。夫先代如元明之儀，頗爲粗略，用以測天，往往不能定諸星經緯之細微。今新製之大儀，則渾天大小諸星俱可考測而定，此近古所未有也。照現在之星表、星圖、新儀面上普列一天之星，過此以往，以六儀互用而考測之，則於數年考測之後而更加精詳矣。夫星毬最爲合天象之儀，星宿列其上，與列在天者無異，則一舉目而識之矣。若舊法之圖，星毬所布列星天上所無者，或不分別其大小之等第，則儀殊不象於天，而觀天者之目反混亂而失據矣。如星毬上凡有密點象者，如天漢積尸氣、傅說、牛宿第四、第八星等，皆密合微小之星，止用遠鏡窺測，可分別之。舊法疑其非星，因稱爲氣耳。又子午圈外規面上安有時圈，其全徑二尺，以北極爲心，其上側面分二十四小時，每時四刻，共九十六刻，每刻十五分，每一分以對角線之比例又以六分之，則每一分當十秒也。其指時刻之表，以螺柱定於北極樞，因能隨天體而轉。又能隨本螺柱左右自轉，以便對於各時刻分。前代如元明以來所造星毬，止可於一地北極之高度用之，今此一天體儀可用之以測普天之下天象也。其外蓋子午圈下製有鋼象限弧，其寬二寸五分，厚一寸，釘於子午圈之西側面。其外規面有齒規，齒底之下另有長齒之小輪，下齒與上齒相入，小輪之同軸另有大輪，其外規面之齒與柄軸上小輪之齒相入，而大輪與柄軸小輪之比例爲四分之一焉。故兩輪互相爲用，一人左右轉柄軸，則天體隨之進退。其北極任上下於地平圈而依各省之本度也。夫地平圈切用之處在於平分天體之兩半，而天體左右不拘何以旋轉，而其周面上所劃在黃赤等大圈者，半必在地平之上，半必在地平之下，而分秒無差。故其承儀之座架，南北二方有二螺旋轉以便用，任天體上下於地平若干之度分，無不可以對照焉。外此著有黃赤二道南北兩總星圖，并簡平規總星圖解，蓋互相發也。《靈臺儀象志》。

增《春秋文曜鉤》：唐堯即位，羲和立渾儀。《尚書・舜典》疏云：揚子《法言》：或問渾天，曰洛下閎營之，宣帝時司農中丞耿壽昌始鑄銅爲之象，史官施用焉。後漢張衡作靈憲以説其狀。康熙十二年，聖祖仁皇帝命監臣製天體儀，即古渾象也。鑄銅爲毬以象天體，圍一丈八尺，兩端中心爲南北極，貫以鋼軸。面刻黃赤二道，平分十二宮，布刻星漢。其外爲子午圈，週圍各浮天體毬五分，兩面刻去極度數，東西兩極合成圓孔，以受天體之軸。其下爲地平圈，週圍與子午圈同。面闊八寸，環渠爲界，外刻四象限度及地平時刻、方位，下施四足，承以圓座，高四尺七寸，設螺柱以取平。子午正對處向西少闕，以受子午圈，半入地平下，半出地平上。自天頂設高弧帶地平游表，以察諸曜地平經緯度，以時盤定於子午圈。設游表於北極樞，令自轉以定日度，又能隨天體旋轉以指時。座下設機輪，使北極能高下。蓋渾天之全象而諸儀之用所統宗也。《皇朝禮器圖式》。

增黃道經緯全儀：黃道經緯全儀之圈有四，各圈之四面分三百六十度，每一度細分六十分。其外大圈恒定而不移者名天元子午圈，其外徑六尺，其規面厚一寸三分，其側面寬二寸五分。此圈之内包括諸圈，其衝天頂之下半加寬一寸五分，而夾入於雲座仰載之半圈，欲其不薄弱而失圓形故耳。其圈之側面，從天頂起算，南北各去頂一象限，即爲地平線。又從地平線起算，上下安定京師南北兩極之高度，分於兩極，各安鋼軸，而各軸之心與圈側面爲一點，側面爲下半圓而合之，加伏兔上之半圓以收之。蓋因度分之界，指線所切，窺表所及，皆在側面故也。南北兩軸相向，左右上下，纖毫不謬。子午圈内次有過極至圈，南北赤道兩極各以鋼軸相貫之，兩極在規面之中心，而中心内外有鋼孔，鋼軸入鋼樞，免致鋼樞磨寬。其北鋼樞則安其内，規面用小鐵條以貫之，而過極圈不致垂下而失圓形矣。其南鋼樞則安於外面，不令銅面轉磨而離於儀之中心焉。又從南北赤極起算，各去二十三度三十一分零三十秒，定黃道極。去極九十度，橫置次三圈，名黃道圈，與過極圈相交。兩交處各陷其中以相入，令兩圈爲一體，旋轉相從。黃道交一在冬至，一在夏至。黃道圈内安次四圈名黃道緯圈，結於黃道南北之兩極。其鋼軸鋼樞之安法，皆與帶黃道圈無異。夫子午圈内共三圈，各規面之寬約二寸五分，便於刻度分秒，其厚約一寸三分，緯圈南北兩極各有獸面，以啣圓軸，其圓徑約一寸以爲徑表，軸之兩端有螺柱定之。若欲不用圓軸，即開螺柱而安徑線以代表，任意用之。其軸之中心立圓柱，作緯表，表之縱徑與黃道中線正對，下與緯圈側面恒定爲直角，而黃道經圈緯圈各有游表數具於各弧之上，游移用之。又當天頂設極細銅絲爲垂線，下置垂毬，至下圓孔之内。全儀下有雙龍，於南北兩邊而承之，龍之後足安置於兩交梁，兩梁則以斜角相交而收斂之，令其地寬裕而便於測驗。又交梁之四角有四獅，以頂承之，而上則有螺柱定之。黃道圈，其一側面分刻十二宮，每宮三十度。其一側面分刻二十四節氣，每節十五度。內外規面宮度節氣分相應之，但規面比側面寬大，便於刻度分秒。其每度之所容者，以縱橫線界之而成長方形，每一方又分六小長方，即一度分六分也。方上下橫線短小難容細分，因用其對角長線而十分之。蓋規面上平行十圈線與對角線縱橫相交，每小方分十格，六分六十格，因以六對角線十分之比例，每一度分六十分矣。諸圈內外規面之度分皆如此。今游表之指線平分十分，與對角線之分各有相當之比例，每一分又四細分，而每一細分當度分之十五秒，因而一分分六十秒一度共有二百四十細分云。過極至圈內外規面從赤道線起算，向南北之兩極，則赤道線爲初度所從起，而兩極各爲九十度。其兩側面之度數，則以兩極各爲初度所從起，而赤道線爲九十度焉。緯圈之度數亦然。內外規面以黃道中線爲初度所從起，而南北兩黃極則爲九十度焉。其兩側面之度數，則與過至圈兩側面所起之度數同也。《靈臺儀象志》。

增舊渾天儀制有黃道緯圈而無黃道經圈。康熙十二年聖祖仁皇帝命監臣製黃道經緯儀，鑄銅爲之，凡三重四圈。其外正立爲子午圈，徑六尺一寸，規面厚一寸三分，側面寬二寸五分，兩面皆刻去極度數，以京師爲準，兩極側面各貫鋼軸，以半圓合而固之。次內爲過極至圈，外徑五尺五寸，規面寬二寸五分，側面厚一寸三分，兩面亦刻去極度數，貫於南北赤道極之兩軸，象天左旋。又從南北赤道極各距二十三度三十一分三十秒，定黃道極去極九十度，橫置黃道緯圈，與過極圈交，徑及寬厚亦同，陷其中以相入。四面皆刻黃道經度，象七政右旋。又從黃道南北兩極貫黃道經圈，外徑五尺一寸四分，規面寬九分，側面厚二寸三分，四面皆刻黃道緯度，象黃道四游。兩極施直軸，徑一寸，中半施橫表，長三寸，於緯圍上加游表，對直軸以測黃道經度，於經圈上設游表，對橫表以測黃道緯度，下爲半圓雲座，升龍二承之。《皇朝禮器圖式》。

增赤道經緯全儀：赤道儀之有三圈，外大圈者天元子午圈也。其徑線，其四面寬厚，其分劃度、分之法，並堅固其下週之小半而夾入於雲座半圈之內，皆與黃道儀之外圈同。又從圈之側面南北極定度起算，各去九十度，定爲赤道經圈，與子午圈相交之處。兩處各以十字直角相交，其圈之內面與外面各陷其中以相入，令縱橫於兩內規面皆平面，則兩圈皆爲一體，而恒定不移也。次兩圈內之赤道緯圈管於赤道兩極，而東西游轉橫相切於赤道之經圈也。經緯兩圈之規面，其寬各二寸五分，側面厚一寸三分，而南北兩極安定緯圈，其內外之規面上下安以鋼軸、鋼樞諸項，皆與黃道同法焉。又南北兩極各有獸面，安定於緯圈內規面之中，而獸吻啣其圓軸，以代赤道經表。軸之中心立有圓柱以代緯表。又軸及柱之徑各一寸一分，若欲以兩極之徑線而代爲經表用之，亦無不可者。緯表縱橫有兩徑線，其縱徑與赤道圈之中線正對，其橫徑與緯圈之側面平行。又赤道內之規面并上側面刻有二十四小時，以初、正兩字別之，每小時均分四刻，二十四小時共九十六刻，規面每一刻平分三長方形，每一方平分五分，一刻共十五分，每一分以對角線之比例又分十二細分，則一刻共一百八十細分，每一分則當五秒。今游表之指線亦平分，而每分與對角線之十二分各有相當之比例，又各細分五秒，則一刻每分六十秒，十五分共九百秒矣。如此而分之法，可不謂微矣乎！又子午圈向東之正面爲子午線所從起，而南與北兩軸之中心正與此面相對，以爲分界。至若軸樞之半在於此面，而半在於伏兎，則兩合螺柱以定之，而并如一體焉。又赤道之上側面於子午圈之正南交劃有午正初刻，其內規面劃有子正初刻，而於正北交則側面劃有子正初刻，其內規面劃有午正初刻。其餘時刻皆從之而定焉。且上則用緯圈，下則用表景，隨便可以測定時刻也。若夫赤道圈之外規面分三百六十經度，從規內面卯正相對之線起算，自西向東，隨諸天行，每一度依上法作長方形，每一方又另分六小方形，每一分以對角線之比例又分十小分，即一度共六十分。今游表之指線亦分十空之界線，而每一分空內開爲四格小空，每一格當十五秒，則四格共六十秒也。其赤道之下側面分象限而四之，而子午卯酉爲各象限之初度。至於緯圈四面列度分秒之法，與赤道經圈無異。蓋各面四分象限而內與外規面之象限各度數則從赤道線起算，向南北兩極而止焉。其上下側面之度數則從兩極起算，向赤道中線而止焉。又經緯圈各有游表者四，與黃道儀正同。而全儀則下有一龍以爲座，向正南而負之。其前後兩爪安於兩交梁，而兩梁又以斜角相交，其四角則有四獅以相負，而又各有螺柱以定之。諸類皆詳於黃道儀解內，茲不復贅。其安對之法則以天頂之垂線爲定也。《靈臺儀象志》。

增舊渾天儀制三重，外曰六合儀，次內曰三辰儀，內曰四游儀，凡七圈。康熙十二年，聖祖仁皇帝命監臣製赤道經緯儀，鑄銅爲之。凡二重三圈，蓋會三辰於六合而又省一地平圈也。其外正各立爲子午圈，制與黃道經緯儀子午圈同，距兩極各九十度，橫置赤道經圈，與子午圈交陷其中以相入，外徑五尺九寸，規面寬二寸五分，側面厚一寸三分，內規面及上側面鐫晝夜時刻，外規面及下側面鐫周天度分，南極旁承以兩象限弧，又從南北兩極貫赤道緯圈，外徑五尺六寸，規

側面寬厚與經圈同，四面刻赤道緯度，內爲通軸，設橫表、游表，俱與黃道經緯儀同。下爲半圓雲座，升龍承之。《皇朝禮器圖式》

增地平經儀：地平經圈之全徑長六尺，而周弧之平面則寬二寸五分，厚一寸二分，東西南北劃象限而四分之，每一象限則爲九十度，每一度依前法六十分。度數之字，以南北界線各左右起算爲初度之界，以東西界線爲九十度之界，從東西向南起算，北反是。天地平圈之四面各有一龍，以頂承之，而四龍安於十字交梁之四角，而每角加螺旋轉一具，可以準儀而取平。又十字交梁中有立柱，與地平圈高等，其中心爲地平圈之中心，從圈之東西二方地平之圈上又各另加一立柱，高約四尺，柱之周圍各有一龍蜿蜒於其上，乃從柱之上端中各出其前一爪而互捧火珠。蓋珠之心爲天頂而正對地平圈之中心，則從地平之中心至天頂有立軸，而立軸之中開有長方孔，其中從上至下有一直線，爲立軸之長徑線，并爲天頂之垂線，過地平之中心，加有平方尺表，如窺衡然。自橫表之兩端各出一線，而過天頂，與立軸之長徑左右各作三角形，三線互相參直共在過天頂圈之平面上，而與窺衡之指線準，合夫立軸，左右旋轉，則人窺測之目及某星并過天頂三角形線參直，而窺衡之指線指定地平之經度矣。此儀之細微，不止於地平之分法，而更在乎地平中心所出立軸之徑線，準合於天頂之垂線，毫末不離也。故依勾股法之理，先自地平之中心劃地平大圈，然後以立軸中天頂線爲股，以大圈半徑爲勾，而自本圈相對之四處斜立一堅硬界方至天頂線之一點，以爲勾股之弦，若四處之弦長皆一而纖毫不差，則立軸之中線必合於天頂之垂線矣。又儀之輕巧在於四方螺旋之用法，又在於地平方尺之橫表。蓋此橫表須厚一寸而寬一寸五分，以免致於垂下而不合乎儀之本徑也。但既厚且寬，則必過重而難以轉動，又轉動時則沉重而壓磨於地平上所劃度數之細分，故特用螺柱管其中心與地平之中心，少起橫表之兩端，使之空懸於中而不令其磨損地平之面云。《靈臺儀象志》。

增舊渾天儀制有地平圈，能測三辰當地平之經度，而不能測地平上之經度。康熙十二年聖祖仁皇帝命監臣製地平經儀，鑄銅爲之。平置地平圈，徑六尺二寸，寬二寸四分，厚一寸二分，上面、側面皆刻四象限度，上面自南北起初度，側面自東西起初度，以立龍四承之，圈下立柱，其高相等，適當圈心，上出圓軸，圈上東西二龍柱，結橫梁，中穿孔爲天頂，與圈心對。施立軸，長四尺四寸，上應天頂，下應地心，表末結十字橫表，與圈相切，尺寸與圈徑同。立軸頂左右結二線，斜貫橫表兩端，成兩三角形，旋轉橫表令三線與所測參直，視表所指以測各曜之地平經度。《皇朝禮器圖式》。

增象限儀：象限儀者，蓋用之以測高度者也，亦名地平緯儀。然式雖不一，惟取其有適於用焉，斯得矣。夫象限爲立運之儀，其製法直角爲心，六尺爲半徑，用規器劃圈四分之一分，則爲九十度，每一度爲長方形，每一方又分十二小方形，而各小方之底以對角線之比例上下五分，則一度共六十分，又對角線之五分每以窺表指線之細分十分之，則一度共六百分，而每一分則當六秒也。夫所劃之度數之字，其從上起算以至下而鐫於弧之內邊上者，即指星之在地平上若干度分也。其從下起算以至上而鐫於弧之外邊上者，即指星之離天頂若干度分也。故八十正數與一十倒數、七十與二十、六十與三十等，向上、向下，正倒之數俱爲同線鐫識之。弧以內象限空餘之地爲匾龍，以充其內，而左右上下皆固已。然全儀須立軸以運之。其安立軸之法，其要有二。其一儀形必依權衡之理分之，即軸之周圍輕重相等，而取其運動之便，蓋儀形之中心與其重心不同故也。其一須立軸之中線與儀之立邊平行，以免致離於天頂之垂線也。又於儀之縱橫兩邊相遇之處，即過天頂圈之中心，定有圓柱爲表，加窺衡，而衡之下端依法另加長方孔之表，與上表相等相對。其指線於弧之正面指定所測之度分，任意上下進退之，而於弧之背面用螺柱以定之。若用象限全圈之徑以爲衡，而衡之兩端立圓柱以爲表，則可得負圈之角，而倍加度數之細分也。蓋此二度相併歸於一度，而此一度共有一千二百分焉。立運儀左右有兩立柱，其兩柱之上有雲弧，下橫一梁，相連如樓閣然。又立軸之兩邊有雙龍扶拱以爲座架，立軸之兩端加以鋼樞，上下各以鋼孔受之，其在下橫梁中有銅環，以承立軸樞，環之徑四倍於樞之徑，環之三面各加螺柱，橫入於環，出入展縮以進退樞令就合於垂線也。座架四傍上下無所隔礙，窺測者從立軸以左右旋轉，甚便周視也。《靈臺儀象志》。

增舊渾天儀制有地平圈而無地平經圈，元郭守敬簡儀設立運圈以測三辰出地之度，即地平經圈也。康熙十二年聖祖仁皇帝命監臣製象限儀，爲全圓四分之一，亦名地平緯儀，鑄銅爲之。其制直角爲心，兩方皆爲半徑，各長六尺，寬二寸一分，厚一寸一分，圓爲弧，寬二寸六分，厚一寸一分，正面鐫九十度分，外規面鐫度數字，其數自上而下，以紀地平高度，自下而上，以紀距天頂度。聯以雲龍，東西立柱縱八尺八寸，上下梁橫七尺八寸，飾以雲龍，梁中各穿圓孔以受立軸。軸與儀之立半徑平行長九尺七寸，寬二寸一分，厚一寸七分，東西運之，直角施橫軸，長二寸一分，軸本加游表，寬二寸一分，厚二分有奇，長與半徑等，游表末設立耳以測地平經度。《皇朝禮器圖式》。

增紀限儀：紀限儀之全圈則六分之一，即六十度之弧也。亦名距度儀。全儀分之爲二，一幹一弧，幹之長與弧之半徑及弧之通弦皆相等，即皆六尺也。弧之寬二寸五分。此儀之難製在於其幹，何也？蓋用儀之時，其幹大概離天頂，而左右上下移動之衡斜向地平，故幹愈長愈軟而愈垂下，不合於儀之半徑。欲令堅固，恐銅加厚而儀不便於用，故用三稜角形之法，而左右上下之，既堅固亦復輕巧，則用以合天使之彼此不相反也。幹之上端有小衡，以十字直角相交於弧之半徑線，下端入弧之中。夫幹及弧併小衡之上面皆在一平面，令儀合於本圈而便測驗故耳。又左右皆有細雲，彼此相連，蓋藉之以堅固全儀者也。若夫儀之中心及小衡左右之兩端各定有一表，皆圓柱左右，各表之徑線相距中幹之徑線本弧之十度，弧之度分，從其中線起算左右各三十度，每度則六十分，每一分又十細分，則一度共六百細分，而每細分則當六秒，蓋與象限儀之分法無殊也。其弧上有游表者三，其表之平面有三界線長孔，孔內之方形，依本法與圓柱表相等焉。夫儀之全體則用權衡之理以定之，蓋取其重心以爲儀心耳。至如儀之座架，有兩端，一爲三運之樞軸，一爲承儀之臺。夫三運之器加於儀之背面，定於儀之重心，以左之右之，高之下之，平之側之，無所施而不可。故又名百游之紀限儀焉。其三運之器，所以成之者有三。其一圓管內有圓軸橫入之，便於高下運用也。其一半周圈，其中心與橫軸之中心正同，便於平側運用也。其一立軸，則便於左右運用焉。以圓管定於儀之重心，而半周圈與橫軸之心并，立軸之上端有小圓柱，以爲平側運之軸，而立軸所容半周之處則內有山口以容之，外有螺柱以定之，此輕小之儀之最便法也。今制紀限儀甚重大，側運之則必下垂，而螺柱恐難以定。故於半周弧外規加齒，而立軸旁則加小輪，其徑約二寸，其圓面稜齒與半周齒相入，又小輪同軸，而另加全輪，其全徑與小輪之徑如五與一，與半周之徑如一與二，蓋依舉重學之理轉運之而輕五倍也。用此法則全儀不勞力而可側運矣。定之則於立軸下端深入臺上端之圓孔，因儀左右旋轉而窺測之，目可無所不至矣。臺約高四尺，其座約寬三尺，從下至上，有游龍蜿蜒以繞之，而紀限儀之制於斯全焉。《靈臺儀象志》。

增諸曜在天之度，赤道經緯以南北二極爲宗，黃道經緯以黃極爲宗，地平經緯以天頂爲宗。其兩曜斜距之度，古無測器。康熙十二年，聖祖仁皇帝命監臣製紀限儀，亦名矩度儀，鑄銅爲之。其制一弧一幹，弧爲圓周六分之一，通六尺，面寬二寸五分，從中線起左右各列三十度，幹爲圓之半徑，長亦六尺，末有柄以便運旋，上端爲圓心，設立柱，加游表，長與幹同，游表末設立耳，爲測一曜之用，弧背左右各設窺表，爲另測一曜之用。又於幹兩旁設立柱，相距應弧背之十度，以爲借測之用。儀面聯以流雲，背以樞低昂之，承以半圓，有齒，立軸旁加小輪，可使平測。其下立柱入於儀座以左右之，座高四尺，寬三尺，繞以立龍。《皇朝禮器圖式》。

增地平經緯儀，本朝康熙五十四年製。同上。

增地平經緯儀，乃合地平、象限二儀而爲一。其制平置地平圈，徑五尺，寬七寸七分，周圍鐫四象限度，下設四柱，圓座承之，東西立柱高一丈一尺，上結曲梁，中爲立軸，下端貫以圈心螺柱，上端以梁中圓孔受之，中加象限儀，直角在下，半徑六尺，寬二寸七分，正面列九十度分，中聯方圓及弧矢形，背結於立軸以運之。直角施游表，長八尺，本設橫耳，末設橫柱，以備仰窺。凡測諸曜，旋象限儀以游表低昂合之，令與諸曜參直，其橫半徑所指即地平經度，游表所指即地平緯度。同上。

增璣衡撫辰儀，本朝乾隆九年御製。同上。

增璣衡撫辰儀，鑄銅爲之，徑六尺。其外即古六合儀，而不用地平圈。正立子午雙環爲天經，兩面鐫去極度數，以雲座承之。北極出地度天頂距度以京師爲準。距兩極九十度，結赤道單環爲天緯，兩面鐫晝夜時刻，兩龍柱挾之。次內即古之三辰儀，而不用黃道圈。兩極綰赤道經度雙環，兩面刻去極度數，中腰結游旋赤道，兩面刻周天度分，以象七政運行。最內即古之西游儀，通徑設直距，中心施窺衡，以測七政經緯。座施螺柱以取平，天頂施墜線以取正，較赤道經緯儀而加精焉。同上。

增璣衡撫辰儀：儀制三重，其在外者即古之六合儀，而不用地平圈。其正立雙環爲子午圈，兩面皆刻周天三百六十度，自南北極起初度至中要九十度，是爲天經斜倚單環爲天常赤道圈，兩面皆刻周日十二時，以子正、午正當子午雙環中空之半，而結於其中要，是爲天緯。其南北二極皆設圓軸，軸本實於子午雙環，空之間，而軸內向，以貫內二重之環，其下承以雲座，仰面正中開雙槽以受雙環，東面正中開雲竅以受垂毬。下面置十字架，施螺旋以取平，架之東西兩端各植龍柱，龍口御珠，開孔以承天常赤道卯酉之兩軸。依觀象臺測定南北正線，將座架安定，則平面之四方正，又依京師北極出地三十九度五十五分，自北極而上五十度五分即上應天頂，自南極而下五十度五分即下對地心，而應天頂之衡。於天頂施小釘，懸垂線而垂，適當地心，又適切於雙環之面，不即不離，則上下正，立面之四方亦正，而地平已在其中，故不用地平圈也。次其内即古之三辰儀，而不用黃道圈。其貫於二極之雙環爲赤極經圈，兩極各設軸孔，以受天經之軸。兩面皆刻周天三百六十度，結於赤極經圈之中要，與天常赤道平運者爲游旋赤道圈，兩面皆刻周天三百六十度，與天之赤道旋轉相應。自經圈之南極作兩象限弧以承之，使不傾墊。測得三辰之赤道經緯度，則黃道經緯可推，且黃道與赤道之相距，古遠今近，縱或日久有差，而儀器無庸改制，故不用黃道圈也。其在内者即古之四游儀，貫於二極之雙環，爲四游圈，兩面皆刻三百六十度，定於游圈之兩極者爲直距，綰於直距之中心者爲窺衡，游圈中要設直表以指經度及時，窺衡右旁設直表以指緯度，此古今所同，無容置議者也。是故體制倣乎渾天之舊，而時度尤爲整齊；運量同於赤道新儀，而重環更能合應。至於借表窺測，則上下左右無不宜焉。《儀象考成》。

增乾隆九年御製觀象臺詩：奉若欽維顯，研幾凜曰明。瑶樞調律紀，珠貫驗天行。翠輦臨黃道，星臺據月城。渾儀觀建象，神器惕持盈。命羲仲和叔，在璿璣玉衡。授時熙庶績，敢恃泰階平？

增御製儀象考成序：上古占天之事，詳於《虞典》，《書》稱在璿璣玉衡以齊七政，後世渾天諸儀所爲權輿也。歷代以來，遞推迭究，益就精密。所傳六合三辰四游儀之制，本朝初年猶用之。我皇祖聖祖仁皇帝奉若天道，研極理數，嘗用監臣南懷仁言，改造六儀，輯《靈臺儀象志》。所司奉以測驗，其用法簡當。如定周天度數爲三百六十，周日刻數爲九十有六，分黃赤道以備儀制，減地平環以清儀象，創制精密，尤有非前代所及者。顧星辰循黃道行，每七十年差一度，黃赤二道之相距亦數十年差一分。所當隨時釐訂，以期脗合。而六儀之改創也，占候雖精，體制究未協於古。赤道一儀又無游環以應合天度，志載星象亦間有漏略躐次者。我皇祖精明步天定時之道，使用六儀度至今，必早有以隨時更正矣。予小子法祖敬天，雖切於衷，而推測協紀之方，實未夙習。茲因監臣之請，案六儀新法，參渾儀舊式，製爲璣衡撫辰儀，繪圖著說，以裨測候。并考天官家諸星紀數之闕者補之，序之紊者正之，勒爲一書，名曰《儀象考成》。縱予斯之未信，期允當之可循。由是儀器正，天象著，而推算之法大備。夫制器尚象以前民用，莫不當求其至精至密。矧其爲授時所本，熙績所關，尤不容有秒忽差者。折衷損益，彰往察來，以要諸盡善，奉時修紀之道敢弗慎諸！至乃基命宥密，所爲夙夜孜孜監於成憲者，又自有在。是爲序。

臣等謹按：儀器之設，歷代以來互相傳述。然用之日久，辰星有歲差之度，儀器亦不能無缺壞之時。必有大聖人出，隨時釐訂，方能與天行脗合。我聖祖仁皇帝精於步天定時之道，以明季舊器年久多不可用，康熙八年命監臣南懷仁製六儀。十二年，又命監臣紀利安製地平經緯儀，制作精妙，動與天符，非錢樂之、郭守敬諸臣所能仰窺萬一。乾隆九年，我皇上親涖靈臺，以渾天制最近古，而時度則宜從今，特命作璣衡撫辰儀，制倣渾天而時度尤爲整齊。復欽定《儀象考成》一書，繪圖著說，傳之萬世，制器尚象，稽古宜今，洵爲盡美盡善矣。

增梅文鼎擬璿璣玉衡賦：至哉渾儀之爲器也，體天地之撰，類經緯之精。微顯闡幽，窮高極深。殆更僕莫殫其蘊，累牘難悉其能者矣。粵自道生宇宙，肇爲大圜。健運無息，東西斡旋。七政錯行，宿離糾紛。交光羅絡，終始相嬗。雖有離朱，孰闚其端？聖哲挺生，俯仰觀察。積候成悟，賾探隱索。諗六虛之曠邈，詎目營兮可獲？乃範金兮爲儀，縱若衡兮八尺。歷以之治兮，象以之覈。堯命羲和，四隅分宅。制閏成歲，釐工熙績。匪有器以御之，孰所憑而推策？虞帝受之，璣衡以設。敬天勤民，兩聖一轍。嗣三統兮迭更，茲重器兮罔褻。陳東序兮遷周九鼎，焚毀舊章。球圖湮没，莫知其鄉。歷紀乖次，伏陰愆陽。及夫漢造太初，渾天初置。唯意匠兮經營，未詳徵乎昔制。曾黃赤兮未分，矧歲差兮能治。歷唐逾宋，代有討論。小異大同，踵事而增。說存掌故，約略可陳。外周六合，子午爲經。卯酉交加，日月之門。三輪八觚，象地者衡。是立郛郭，以挈三辰。黃倚赤而相結，剖二至與二分。判發斂兮南北，距紫極兮爲言。小環四游，又居其内。左右周寬，兩簫更代。低昂斜側，折旋唯意。儀三重兮共樞，亶推步兮精義。亦有銅毬，實惟渾象。列星綴離，三家殊狀。或附益之兩曜，類蟻行兮磨上。遲速行兮一機，或水轉兮磨盪。非不研精覃思，窮神盡智。象重大兮易膠，每機關兮弗利。儀重環兮掩映，頗未宜乎闚視。加以代異人湮，乍成旋廢。作之也何難，壞之也何易。若乃元祖初服，廣徵碩儒。有美魯齋，王郭之徒。既作授時，備器與書。高表四丈，承以景符。簡儀候極，離之扶踈。二線代管，分秒乘除。度百刻兮天腹，旋立運兮四虛。闚幾兮測月，蓮花兮挈壺。正方有案兮定南北，懸正座正兮九服之須。仰儀兮虛而似釜，度斜絡兮南極攸居。可謂酌古準今，洵美且都者矣。歷年未百，有明膺命。雖大統兮殊稱，實授時兮爲政。屬作都兮石城，旋京邑兮北定。既觀臺兮屢遷，地更寘兮乖應。豈儀器兮多迮，抑疇人兮弗敬。轉側之或未嫻兮，址漸傾兮蔑正。寧不善厥初兮，歲洊更兮滋舋。經生既非所習兮，更申之以厲禁。專科不相通兮，有憤悱兮誰問？遂使靈臺，徒爲文具。交食或乖，誰知其故。帝謂兮草澤，疇明理兮習數。爾乃理難終隱，道有必開。天相其衷，西人朅來。如禮失兮求野，似問郯兮識官。此珍秘兮勿洩，彼菽粟兮非難。於是吴淞太史，仁和水部。夜譯晨鈔，心追手步。亦得請而開局，集歐邏與儒素。擷西土兮精英，入中算兮罏鑄。屢清臺兮雜候，良占測兮可據。怵巧拙兮相形，新術精兮羣妒。慨萬里兮作賓，兼十年兮發覆。歷成兮弗用，良書兮徒著。何人事兮多違，或蒼穹兮有待。唯我盛朝，度越千代。正朔初頒，適逢期會。唯欽若以爲懷，奚畛域乎中外？洞新法之密合，命遵行爲定制。哂豎儒兮固陋，謬執古兮非今。若盲不杖兮聾别竽笙。斯術之無弊兮，經指摘兮益明。乃詔太史，乃咨禮臣。謂新歷兮允臧，顧儀器兮未成。式采銅兮名山，鳩哲匠兮上京。備製兮六儀，各錫兮嘉名。赤道兮法動天之西轉，黄道兮儷七曜之東征。古二道爲一器兮，景交羅而莫分。今别其用兮，法以簡而倍精。黄既麗赤而左旋兮，復自轉而右奔。緯度之各異兮，亦異其經。黄自有極以運兮，誠振古之未聞。游表所指兮，太陽之心。時時可驗節候兮，若影於鐙。地平之儀，辨方正位。轉線參直，三光所至。出没之度，漸升之意。秒忽微茫，俱可别識。象限平轉兮，測高與庳。割圓八線兮，於是焉施。合四爲一兮，周天在兹。度唯九十兮，厥數已全。紀限六十兮，於以參焉。正反隅角兮，靡幽弗宣。用稽距度兮，兩星之間。弧三角之法兮，推其所然。五者相資，多人分測。片晷之餘，各盡目力。假變行之迅速，無須臾之或失。别有渾毬，全賦星躔。循黄之極，碁羅珠聯。列曜遠近，南北八度。小輪之限，準斯無牾。亦依赤極，出地有恒。或正升兮斜降，或正降兮斜升。晰伏見之先後，諳里差之所因。黄緯之列兮，百世無改。宫分迤差兮，恒星東匯。以度計年兮，六十六載。下設旋輪兮，水激自動。刻漏罔僭兮，機發於踵。爰有高弧，繫之天頂。地平經緯，兹焉互審。或象限兮平觀，或紀限兮斜距。或黄赤儀之所窺，絜之毬而參遇。爛若軒轅之寶鏡兮，縮圓形而周布。衆儀得其散兮，毬徵其聚。正求兮反映，宛轉兮迴互。測量有書兮，或不能句。摩娑斯器兮，曠如揭霧。更旋宫兮十二，隨道里兮攸殊。際地之極南北兮，以爲之樞。子午及平環兮，以限四隅。隅各三宫兮，東方爲初。次第右環兮，大權以區。三合六合之照兮，凶吉分途。惟斯毬而可覩兮，考步筭之密疎。致用萬端，未克枚舉。洵天府之奇珍，永作則乎來者。若其鎔金有法，棄滓取精。磨礱砥礪，光輝熒熒。旋之中規，直之中繩。擘畫匀細，度萬其分。寘儀衡重，測重求心。力相扶兮罔偏，積歲年兮弗傾。趺交之以銅龍兮，或海獸以相承。爲水準與螺柱兮，常消息焉取平。天矯兮騰踔，攫拏兮狰獰。詎美觀兮一時？永奠定兮千春。乃至崇臺百步，迥出闤闠。周以儲胥，纖埃攸避。上列六臺，方圓式異。相依兮交讓，旋觀兮罔閡。施窺筒之奇巧，眡千里兮如對。晝候兮日面之星，夜占兮句已之態。折照浮光兮氣水水氣。清濛厚薄兮，地心相配。交食淺深兮，起虧進退。地影厚薄兮，青緑明昧。視差有多少兮，命天九重。月有弦望兮，太白攸同。抱日爲輪兮，互入相容。超西法之舊兮，信天能之弗窮。登斯臺也，軒豁洞達，耳目開通。揮斥兮八極，廣攬兮無終。意氣兮飛揚，凌虚兮御風。習其器也，陸離瀟灑，繽紛磊砢。燦爛兮朝霞，孔明兮朱火。照曜兮焜煌，周流兮軒翥。懮對越兮於穆，遊吾心兮太古。帝載之虚無兮，陟降其所。垓埏之遼絶兮，歛之一黍。匪重黎之誕降兮，曷其臻乎要眇。邈祈姚之不作兮，疇則探其奥窔。伊崇效而卑法兮，協至德於太灝。定百代之猶豫兮，踵危微於帝道。畢遠臣之精思兮，備前王之所少。璿璣玉衡之不傳兮，乃今而獲聖人之大寶。亂曰：巍巍穹窿，帝所則兮。父乾母坤，不敢不及兮。寫以良金，如塑像兮。朝斯夕斯，期勿忘兮。子之於父，視無形兮。瞻兹肖貌，曷敢以寧兮。兢兢業業，承天休兮。奉若不違，升大猷兮。祈天永命，從兹始兮。億萬斯年，昊天其子兮。《梅定九集》。

孫承澤《天府廣記》卷三八《寺廟》 晉像觀音寺，天福中僧道翊所造。後漢乾祐中，僧從勳以佛舍利親安大士頂。兀朮入臨安，宋高宗遜於海，遂與玉帛圖籍俱航而北。僧志完率徒以從，至燕都城西五里玉河鄉建寺居之。天順壬午及成化丁酉俱重修。

晉嘉福寺，唐改龍泉寺，即今潭柘寺也。寺兩鴟尾，自潭中湧出，奇偉之甚。昔謂有柘千萬章，今亡矣。僧新種者存其名耳。燕諺謂先有潭柘，後有幽州。此寺之最古者也。

後魏尉使君寺建於元象元年戊午，幽州刺史尉萇命造，後改爲智泉寺。武則天時改爲大雲寺。開元中改爲龍興寺。在憫忠寺前，隋造塔藏舍利處。

隋舍利塔建於仁壽二年壬戌正月初，文帝爲太子時，有梵僧以釋迦佛舍利遺之。至登極，勅天下大州建舍利塔。時幽州節制竇抗造五層木塔，扃舍利於其下。至唐文宗太和八年塔災。宣宗大中丙寅，得石函於故基下，移置於憫忠寺多寶塔。僖宗中和壬寅，又災，延燒憫忠寺樓臺俱燼。昭宗景福壬子，遷舍利於閣内。

隋天王寺，今之天寧寺。開皇中建，唐開元中修，明正統中重修，始改今名。内有塔高十三層，每每現光，其影入殿之門窗隙内，一塔散爲數十塔，影皆倒也。

唐火神廟在皇城北，貞觀中建。元至正六年重修。萬曆三十三年始增碧瓦。後有水亭，可望北湖。唐吉祥寺在城西南隅，萬曆丙午重修，改名石鐙庵。改修時於地掘得石鐙，上刻唐人所書《心經》。萬曆中，翰林黄輝、陶望齡集縉紳於此放生，後林增志踵行之尤盛。

唐憫忠寺建於貞觀十九年。太宗憫東征士卒戰亡者，收其遺骸，葬幽州城西十餘里許，爲哀忠墓。又於幽州城内建憫忠寺，中有高閣，故但以閣名。唐諺：憫忠高閣，去天一握。是也。寺前有隋藏舍利塔，所謂智泉寺也。及塔災，始移舍利塔於憫忠寺中。今石函尚存，寺前空地即雙塔舊基。

唐淤泥寺在城内西隅，即今鷲峰寺，内有唐人石刻心經，供栴檀佛像。元學士程鉅夫記云：釋迦如來初爲太子，誕七日，母摩耶棄世，生忉利天。佛既成道，思念母恩，遂升忉利，爲母説法。優闐國王欲見無從，乃刻栴檀爲像，目犍連尊者以神力攝三十二匠升忉利天，諦觀相好，三返乃成。及佛返人間，王率臣庶同往迎佛，此像騰步空中，向佛稽首，爲佛摩頂受記曰：我滅度千年之後，汝從震旦廣利人天。像由是飛歷西土一千二百八十五年，龜茲六十八年，涼州一十四年，長安一十七年，江南一百七十三年，淮安三百一十七年，復至江南二十一年，北京汴京一百十七年，北至燕京，居聖安寺一十二年，北至上京大儲慶寺二十年，南還燕京内殿五十四年。丁丑三月燕京火，迎還聖安寺，五十九年。元世祖迎入仁智殿，十五年。遷於萬安寺，一百四十餘年。蜀僧紹乾續紀云：復居慶壽寺一百二十餘年，嘉靖戊戌慶壽寺災，奉迎鷲峰寺，迄天啓丁卯，共居八十八年。計優闐造像當周穆王辛卯，至熹宗丁卯凡三千六百一十餘年。其説荒唐不足信，然佛之體制衣紋，踴踴欲動，非近代人所能辦。

唐晉陽庵佛像，刻「大唐貞觀十四年尉遲敬德監造」。庵在宣武門外，後移受水塘古佛庵，庵壞移稽山會館。唐聚慧寺武德中建，正統中改萬壽寺，在城西戒壇。唐兜率寺今名永安，俗呼卧佛寺。殿前娑羅樹來自西域，唐建寺時所植，今大三圍，高參天。

唐佑聖教寺在通州城内西北隅，内浮圖十三層，高三百八十尺，下作蓮花臺座，高百二十丈，周圍百四尺，虚其中以祀神。考斷碑創於貞觀七年，歷五代宋遼金元，凡八世始成。塔頂有鐵矢一，相傳金將楊彦昇射鏃於其上，迄今猶存。每天氣晴朗，塔影垂映白河中。

五代瑞雲寺，李克用建。今改百家寺，在百花山。

金彌陀寺即法藏寺，大定中建，在外城内。寺中有塔七級，高十餘丈，中空可登。余少時讀書其旁，天氣晴時輒一登，北望宫闕，黄瓦參差，西觀兩壇，松檜鬱茂，西山黛色如在簷前。

金護聖寺即功德寺，在西湖旁，水光稻花如江南。明帝祭陵，設幄於此。宣德中僧板庵重修，今改名。

金雀兒庵在潭柘寺後，章宗彈雀於此，即行幄建庵。

金昊天寺，大定四年秦越公主建，正統四年王振修，改隆恩寺。

金大定寺，章宗建，有詩刻石。今改棲隱寺，在仰山。

金甘露寺，即香山寺，建於大定中。明正統間，内侍范宏重建，費銀七十餘萬。旁一軒萬曆御題曰來青。

山有祭星臺、護駕松、夢感泉，皆金章宗遺跡。

遼白塔寺建於遼道宗壽昌二年，塔制如幢，色白如銀。至元八年，加銅網石欄。天順二年，改名妙應寺。

附近有青塔寺、黑塔寺，然寺存而無塔。

元天慶寺原遼之永泰寺，大安兵毁，元世祖至元壬申重建。明成化二年錦衣指揮朱善重修。上有高樓，可望天壇。僧舍中有李龍眠畫羅漢十六軸。元學士袁桷記云：至治三年三月甲寅，魯國大長公主集中書議事執政官翰林集賢成均之在位者悉會於南城之天慶寺。命秘書監丞李某爲之主，其王府之寮寀悉以佐執事。籩豆静嘉，尊斝潔清，酒不强飲，簪佩雜錯，水陸畢湊，各執禮盡飲，以承飫賜，而莫敢自恣。酒闌，出圖畫若干卷，命隨其所能俾識於後。禮成，復命能文詞者敘其歲月，以昭示來世。竊嘗聞之，五經之傳，《左》、《國》是先，女史之訓，有取於繪畫。將以正其視聽，絶其念慮，誠不以五采之可接而爲之也。先王以房中之歌達於上下，而草木蟲魚之纖悉，因物以喻意，觀文以鑒古，審時知變，其謹於朝夕者盡矣。至於宫室有圖，則知夫禮之不可僭，溝洫田野，則知夫民生之日勢，朝覲贊享，冕服懸樂，詳其儀而慎别之，亦將以寓其儆戒之道。則是魯國之所以襲藏而躬玩之者，誠有得夫五經之深意。夫豈若嗜奇侈聞之士，爲耳目計哉？河水之精，上爲天漢，昭回萬物，矞雲興而英露集也。吾知縑緗之積，寶勢旁達，候占者必於是乎得之。泰定五年正月具官袁桷記。

元報國寺，元中統中建於彰義街，今廣寧門内。後有高閣，西山翠色，以手可捫。前殿奇松，離奇飛舞，有如怒虬。閣下窑變觀音僅高尺許，寶冠緑帔，瞑而右倚，以手承頤，宛是吴道子妙畫。明成化中，改爲大慈仁寺。明人蔣德璟記曰：報國寺在宣武門外可二里。成化中重修，蓋憲宗爲皇太后祝釐處。初入東廊，憩禪悦庵，少選，入寺後總聖門禮佛。兩旁名畫百二十軸皆天堂地獄變相，僧云宫内送至寺者。登大毘盧閣，可三十六級，爲王母及母兩太君遥祝畢，閣外通廊，環行一週。俯視西山，若在襟袖，宫闕城市，具在目中。旁精舍一枝繁花，或云梨或云杏，甚艷。遂行觀成化劉公定之碑，出總聖門，右轉入僧房，有海棠一巨叢，其幹大可數圍。出過後殿，多松樹及核桃，再出過正殿，則雙松怪甚矣。雙松偃蓋，皆數百年物，東者高可三四丈，有三層，西則僅高二丈許，而枝柯盤屈，低亞横斜，其陰數畝。虬角龍髯，披拂鱗皴，其最修而壓地者，以數十紅架承之。因移榻其下，梳風幕翠，一庭寒色。

元慶壽寺，即雙塔寺。至元中建，今在西長安街。有二塔，一九級，一七級。寺僧海雲可庵葬其下，僧像尚存，皆團龍魚袋。海雲有門弟子劉秉忠贊，舊有石刻金章宗「飛渡橋」「飛虹橋」六大字。嘉靖十七年燬。天順元年七月，禁大興隆寺僧不許開正門鳴鼓，并毁寺前「第一叢林」牌樓、香爐、旛竿，從巡撫山西右副都御史朱鑑言也。

元般若庵在北湖之南。萬曆中，始增宏麗，改名金剛寺。僧雪浪講經其中，士紳多從之遊。吴中姚現聞先生著準提像贊刻寺中。

元靈福寺，在阜成門外韓家山，寺有二奇松，漢循吏韓延壽家此山。

元祐聖王靈應廟，即今都城隍廟，在城西刑部街。永樂遷都，新其廟宇。内有石刻北平府三大字，半埋土中，相傳尚有「城隍廟」三字。

元崇國寺，元有二崇國寺，此乃北寺。元順帝至元中建。寺爲脱脱丞相故宅，今佛座下立一幞頭朱衣老叟，一鳳冠朱裳老嫗，乃其夫婦也。後僧録司右姚廣孝一像一主在焉。廣孝舊配享廟廡。嘉靖九年，閣臣李時以髡徒不便在廟，乃將其主送大興隆寺，寺災移此。其像上題一偈：「看破芭蕉拄杖子，等閒徹骨露風流。有時摇動龜毛拂，直待虚空笑點頭。」後署「獨庵老人題」。獨庵，廣孝號也。釋名道衍，字斯道。

元東嶽廟，舊稱仁壽宫，在朝陽門外。元真人張留孫買地大都齊化門外，擬爲宫以祀東嶽大帝，未成。至治壬戌，其徒吴全節始畢工，賜名仁聖宫。泰定乙丑，魯國大長公主出資鉅萬，更爲寢宫，又賜名昭德殿。其像乃昭文館學士劉元手製，兩旁侍臣倣唐開國功臣像爲之，故赫赫有生氣。劉元字秉元，寶坻人，官至昭文館大學士、正奉大夫、秘書監卿。

元石湖寺在德勝門内北湖之旁，水從玉泉入城，聚爲一湖。水色蓮香，最稱勝景。寺後爲方閣老園。

元鐵牛廟在舊燕城東南，有土埋鐵牛露脊，元人立廟祀之。

元昭應寺在西阜城門外，至元中建，正德八年重建。

元法王寺在高梁橋西北，今改廣通寺。寺四角有石樓，望高梁橋柳色如畫。

元從容庵，元僧萬松老人建。所著有從容録。今磚塔尚存，在宣武門内乾石橋北。

元碧雲庵在西山，建於元耶律阿利吉，正德中内監于經拓之爲寺。經以佞倖得寵，於通灣等處開設皇店，歲報上銀八萬兩，餘以自飽，乃爲寺於香山而立塚域於後，所費以萬萬計。嘉靖初下獄死，籍其家。天啓三年，内璫魏忠賢重修，士人呼爲于公寺。

朝天宫在皇城西北，元之天師府也。宣德中，倣南都之制，建三清殿、通明殿，又建普濟、景德、總制、寶藏、祐聖、靖應、崇真、文昌、玄應九殿。至成化十七年重修。天啓六年五月二十一日災，止存張真人府。府設道録司，元三碑存。是年五月初六日，王恭廠地雷裂地十餘丈，傾屋萬計，斃人三千餘。至二十一日，朝天宫殿門緊閉，火發於内。次月初五日，地大震千里。

張真人，元以爲天師，洪武去其舊稱，俾爲真人，改天師印爲大真人印。後授六品銅印，曰龍虎山正乙玄壇之印。弘治間賜玉印，文曰「陽平治都功印」。紅巾張道陵舊印其文如此，而陽平治即蜀之陽平山二十八治之一，道陵起處也。隆慶元年，追奪其玉印。萬曆二年，重賄馮保復給。

顯靈宫在皇城西，永樂時建。成化中更拓其制，又建彌羅閣。嘉靖中復建昊極通明殿、東輔薩君殿、西弼王帥殿。西殿有柏爲雷所劈，其枝委地如屏。

靈濟宫在皇城西，祀玉闕、金闕二真人。永樂十五年建，成化十六年重增宏麗。凡遇大禮，朝臣先習儀於朝天宮，宮燬乃習儀於此。崇禎十五年，科臣左懋第疏言二真人乃叛臣之子，不宜受朝臣拜跪，請以帳幙隔之。報可。

延壽寺在韓家山。永樂時内臣剛鐵靖難從征有功，葬於此。

真覺寺在阜成門外，永樂中建。至成化九年建石臺，高五尺許，上列五塔。

弘光寺在香山，宣德中内侍鄭同建。同高麗人，倣其國毘盧殿之制，作圓殿供毘盧。門内松徑作盤，最爲幽勝。

順天保明寺，天順中建，俗稱皇姑寺。正統八年征也先，陝西吕尼叩馬諫而死。及復辟，乃爲建寺，肉身尚在寺中。

碧霞元君廟在城外東南弘仁橋，成化時建。弘仁橋元時呼爲馬駒橋。都人最重元君祠，其在麥莊橋北者曰西頂，在草橋者曰中頂，在東直門外者曰北頂。又西直門外高梁橋北亦有祠，每月朔望，士女雲集。

極樂寺在阜城門外，成化中建。寺有牡丹園，春日游履恒滿。園有高樓，萬曆壬辰，進士曠鳴鸞必欲登之，寺僧以久扃不便開，曠不聽，甫登火發，曠與樓俱燼。蓋嘉靖庚戌，都城告警，貯火藥於此，煮酒者火觸之而作也。

明因寺在天壇北，天順時建。内有貫休所畫羅漢十六軸，僧紫柏各係以贊。僧寮左壁有董文敏其昌書佛成道記，天啓二年刻石。

隆安寺，天順間建，萬曆己酉重修。後有一堂曰淨土社。

弘善寺在左安門外，所謂韋公寺也。正德中内侍韋霦建。寺後有西府海棠二株，高二尋，每開爛如堆繡，香氣滿庭，昔人恨海棠無香，誤也。寺東臨池一亭，亭後假山極其幽勝。

龍華寺在德勝門東，成化三年建，萬曆五年重修。寺外供御稻田八百畝，宛如江南。楚劉侗曰：南客思鄉，每於此來聞稻花香。

大隆福寺，景泰四年建。極其鉅麗，大法堂石欄乃南城翔鳳殿物，撤用於此。景泰七年五月，大隆福寺修佛會，有回回速發蠻狂，持斧入寺，破衆僧頭，一僧死。遂上佛殿放火燒燬佛經，并壞門窗等物，捕獲斬之。蓋回回以佛座下皆伊國人像，故狂忿也。

摩訶庵在阜城門外八里莊，嘉靖丙午建。

都人王崇簡記曰：予少時獵西郊，偶過摩訶庵，見石工勒《金剛經》集篆於石。呼僧問之，廊上人曰：此汪中丞所得之古集篆也。其始青衣鼓枻于黄蓮洲埼垣間，一篋浮水上觸舟，視之故經没滅耳。夜則鬼物恍惚呵護。驚告中丞，於日中辨之，爲古集篆《金剛經》。中丞欲刻之金陵，旋以撫軍雲中未果。其門人洪度刻木相貽，且告之故，感此奇因，願勒之石以示久遠，並募士大夫楷書於後。予爲之嘆異。常聞《金剛經》之有集篆，始於五代僧夢英，集十八體，宋僧道肯增成三十二體，此或是也。亡何，籀文法書，焜耀壁上，時萬曆戊午、己未之際也。予頻年讀書庵中。夕燈晨磬，瞻矚獨久。甲申避寇，竄伏庵中，流連而去。迨歸來，村墟半落，風景非殊，石經之室巍然，而上人已九十老人矣。三十年來，予初見刻石於承平之時，游覽於閑暇之日。以至喪亂餘生，人物灰散，猶得見此經石，俛仰今昔，不知涕泣之無從也。一日上人命諸孫元長、聞因，謂予知刻石因緣，屬爲著其意。求汪中丞序不可得，長椿寺僧性柔出以相質，爲掇其大略而識之，亦以見余之瞻依此經久久也。汪中丞名可受，號霸峰，黄梅人。廊上人名性宏，元長名寂善，聞因名寂惠。

萬壽寺，萬曆五年建。大璫谷大用寺基，慈聖李太后出資鉅萬，命太監馮保督造。寺懸永樂時所鑄大鐘，内外書《華嚴》八十一卷，名曰華嚴鐘。按鐘在漢經廠，此其一也。廠在德勝門内，舊鑄高二丈，闊餘一丈，餘者尚有十數，仆地上。皆楷書佛經，端勁如帖，非沈度、夏杲不能也。

十刹海在龍華寺前，萬曆中陝西僧三藏建。

千佛寺，萬曆九年孝定皇太后建。内供高麗所供尊天二十四身，阿羅漢一十八身，像貌詭異。

西域雙林寺在阜成門外二里溝，萬曆四年建，佛作西番變相。

興教寺在雙林寺東，成化中建。

藥王廟在天壇北，戚畹李成銘建。

長椿寺，萬曆四十年孝定皇太后建，在宣武門外斜街。

都人米萬鍾《水齋禪師傳》云：長椿寺水齋大師者，名明暘，故中山郡鹿氏子，陰入母腹，已立禪。於嘉靖三十八年七月十有一日生。泡質雖蒙，識田無染。見僧而悦，聞佛而稱。鎮星甫週，即從剃落。嗣法本郡慈氏寺太和座下，餐麩跣立，肇修苦行。八越暑霜，色腰參請，初受記參嶺不二和尚，謂當十方弘濟，大展宗風。某甲不當汝師，再走雲霧山，謁無窮長老，心心印可，泯言諦矣。自是三十餘年間，普陀大士、峨眉普賢菩薩、少林達摩祖師道場，躬親頂禮，往來五臺、終南、伏牛等山，普行饒益，一切諸苦，徧經罔攝。其在中臺，古松和尚問師云：「空假中是甚麽？」師默然玄對，當體全空，頓見本來心地，爲然指以謝。復於普陀問大智禪師云：「如何是生死？」答云：「生死原是大智。」師了然，更然一指，炙背八十一炷如《華嚴》卷數，乃去。通天和尚者，峨眉老宿也。問師西來意：「晴天日頭出，下雨地皮濕，説破無生話，只恐信不及。」又問：「識得麽？」師左指天，右指地，不更下一語，機緣既投，衣法旋授，二十七代之燈囑師重剔，蓋至是師復然一指，通前而三矣。略述苦行，實難縷數。嘗割體肉半斤於伏牛，兼刺骨懸耳，立禪一年，負椽求飼虎於本山暨大漫者前後共六年。其臨崖潑水以供僧，細事爾。最後來京師，以水齋著，人號水齋師。先期不食七，再七後，然後呷水，日數以爲常。初師持之終南三閲月，已持之京師黑窑廠一年，鷲峰寺一年，宣武門外茶庵五月。嗟夫！月光水觀，未罷資糧，圖澄滌腸，存乎神化。方之於師，行獨苦矣。雖然，苦行云者，世俗目師之强名，師固不知孰爲苦孰爲非苦也。惟知空吾身以空一切，示無揀擇而已矣。聖母太皇太后、皇帝陛下，實與嘉之，賜金紫，欽命焚修，勅建大華嚴寺於永樂店，再建大祚長椿寺於今所。尋勅師齎内帑普賜南海諸浄刹及欽建八十八佛道場。於，休哉！師之苦，師之宏也。斯真十方弘濟，大展宗風者哉。

慈慧寺在平則門外，萬曆八年蜀僧愚庵建。寺後蜘蛛塔，蜀太史黄輝有碑記其事。

愚庵博學，深於禪理，士大夫多與之遊。當逆璫惡楚人，借封疆一案逮熊芝岡至京，人畏璫不敢過問。愚庵居停寺中，吴中姚孟長先生日相周旋，門外邏者林立，不顧也。及芝岡死西市，愚庵使人收其屍骸埋寺旁。崇禎初，韓蒲州雪熊之寃，上准令其子以屍歸葬，人莫知其處，愚庵引示之。人誦其高義。

黄慎軒輝，君子也。萬曆中，爲皇子講官。時神宗寵鄭妃，與中宫失歡甚，不得所。輝聞小中璫言，輒掩泣。一日與同鄉科臣王德完言及，流涕不止。王感動曰：「公爲一疏，我上之。」輝即草一稿付之曰：「宜再斟酌。」德完曰：「無可更改。」當時投進，内大怒，令錦衣衛逮繫德完下獄，廷杖拷問同謀主使之人，衆爲輝危。輝每日周旋德完飲食，不少避諱。後德完以罪遣出國門，輝獨遠送。然性好佛，禪誦如僧。一日忽有萬僧齋至其寓，輝怪問之，咸曰：「三日前曾有帖傳致。」實無有也。知有人相忌，遂辭疾歸。

慈壽寺在阜成門外八里，萬曆丙子，慈聖皇太后建。寺有塔十三級，高入雲表，後寧安閣榜太后手書。又後有九蓮菩薩像。

嘉禧寺在阜成門外二十里，萬曆中建，中有御書聯。

天主堂在宣武門東，構於西洋利瑪竇。自歐羅巴航海九萬里入中國，崇奉天主，所畫天主乃一小兒，婦人抱之，曰天母。其手臂耳鼻皆隆起，儼然如生人。所印書册皆以白紅一面反覆印之，字皆旁行。其書裝法如宋板式，外以漆革護之，外用金銀屈戌鉤絡。所制有簡平儀、龍尾車、沙漏、遠鏡、候鐘、天琴之屬。

阮葵生《茶餘客話》卷七《御幄》 御幄之制，周建黄幔，城門南向，内樹黄布屏，中建圓幄，高二丈，徑三丈四尺。上爲穹蓋，頂圓木如樞銜椽，上覆皆髹朱，冪以白氈藍布。緣上加素布，兩蓋緣藍布，雲文以髹朱。木杆十四分揹之，承椽以斜木，相交爲墻，高五尺六寸，亦髹朱。外圍白氈藍布，緣下爲朱簾，高一尺八寸。内圍黄洋氈，紅花文，左右分懸櫜鞬佩刀。幄内藉高麗席，加白氈。門前後各高四尺，闊二尺三寸。幄正中設御幄，五彩刻絲屏，青緞緣，座高一尺六寸五分，縱三尺九寸五分，横五尺七寸五分。垂重幨，上錦下黄綢，藉黄氈，坐具貂及妝緞，惟其時。庭左右各設圓幄一，高九尺五寸，徑一丈五尺，墻高四尺五寸，内圍白氈，餘制皆同。座後達長幄，直而深狹，高七尺六寸，縱一丈二尺，横八尺。直梁横棟，檐左右垂高五尺，四方啓門，高闊如中圓幄。蓋及墻皆圍白氈藍布，緣内藉高麗席，加黑氈。後達帳殿，横列三楹，高一丈一尺，縱一丈三尺，横三丈，東西室皆啓窗。更後爲圓幄六幔，城外左右連帳，茶膳儲偫，各庀其事。

王慶雲《石渠餘紀》卷三《紀立内務府》 明宦官十二監、四司、八局，爲二十四衙門。外有諸庫、諸房、諸廠、諸宫門監，餘瑣瑣者，蓋不勝計矣。其擅威福於内者，提督東、西廠，京營及文書、禮儀、中書各房也。肆荼毒於外者，各省鎮守、守備，諸陵神宫監及織造、市舶、倉場也。若監軍採辦糧、税、礦、關等使，猶其不常設者。懷宗以坐營督餉，概命中官。明社既墟，蟲沙亦灰滅焉。我朝受命埽除而更張之。未幾吴良輔煽立十三衙門，其名率沿明舊。賴世祖遺詔發姦，聖祖廓除凶孽。伏讀諭旨，亦略見當時之勢燄矣。至十三衙門盡革，以三旗包衣仍立内務府，置總管大臣，兼以公卿，而無專員。又仿周官内宰、宫正、宫伯、膳夫之職，次第立堂郎中及七司郎中，各率其屬，以庀其事。收奄宦之權，歸之旗下。且待以士大夫之禮，課最者，得内躋卿貳，外典封疆，使人人樂於自效，而不鄙薄於其職，向非神謨創制，張弛盡善，雖磔良輔，黜正宗，死灰有不復然者乎！《明史稾》謂世宗四十餘年間，宦官不敢爲惡。然未幾而司禮諸奄滕祥、孟沖輩復熾。顧其官不屬吏、兵二部，又職掌宫禁，外廷罕得與聞。臣讀會典，謹掇取大略，而以明事附證焉。

案：七司，一曰廣儲司，掌銀、皮、瓷、緞、衣、茶六庫之藏物，相類者兼貯焉，稽其出納，掌銀、銅、染、衣、皮、繡、花七作之匠，以供御用，及宮中冠服、器幣，三織造，及内織染局屬焉。案：明司鑰庫掌收制錢，給賞賜。内承運庫掌庫藏金銀諸寶貨。甲乙十字庫貯物料。又有尚衣監，銀作，巾帽、鍼工、織染等局。其織造太監，順治三年裁簡，内府司官充之。織染局今有管理大臣。二曰都虞司，掌府屬武職之銓選，官兵之俸餉。凡佃漁採捕之政，咸屬焉。明京營有提督、坐營、監槍諸内監，國初已革。今都虞司，實内廷之兵部，其府屬文職，掌於堂郎中，則内廷之吏部。又明有牲口房，掌畜珍畜異獸。三曰掌儀司，掌大内之祭祀，紫禁城内之廟祀。凡宮中朝賀筵燕，嘉禮大事，咸掌之。設陵寢及贊禮官屬，辨内監之敍。設太監六十四人，以與敬事房接，兼管景山舊管南府，今裁。及果園。明司禮監掌一應禮儀，權勢最重。禮儀房掌皇子成婚，公主下嫁等禮。司苑局掌瓜果。今掌儀司實内廷之禮部。四曰會計司，掌京外皇莊之入，以供内祭祀之粢盛，内府之糧餼。掌管三倉之物。凡選宮女、太監，選乳母、保、姥，皆掌之。明内供用庫掌食米等物，選乳媪由禮儀司。五曰營造司，掌宮禁之繕修。其屬有木、鐵、房、器、薪、炭之六庫，鐵、漆、砲之三作。凡匠役辨其在官在民者，入宮匠作，則令司設太監領之。門吏長夫運送諸物。給其餼。明内官監掌營造工程，凡木、石、瓦、土諸作。御用監掌造木器。惜薪司掌薪炭。又今之炮作，造花炮而已。與明王恭廠火藥局迥異。六曰慶豐司，掌牛羊之羣牧供其用。明尚膳監有牛羊等房。七曰慎刑司，掌内府所屬之處分及審讞。收獄之政，緝捕番役屬焉。明司禮監掌一應刑名提督，東廠刺緝刑獄，國初已革。今慎刑司凡議罪徒以上，皆送刑部定之。右七司之大略也。詳見會典。又三旗銀兩莊頭處，初隸會計司。官房租庫初隸營造司。後乃分設。

社會調查所《清代題本·採辦織造及各項工程》 順治十年八月十七日

順治十年八月十六日户部尚書臣車克等題。

（上殘）姑念地方初定，通減三分之一，仍分三運起解等因，亦遵奉在卷。又承准工部照會先後同前事各等因，俱經轉行廣信府僉匠成廠起工抄造去後，隨據該府知府朱治泰申稱，廣土凋殘，地荒民亡，造紙處所悉屬盗踞，槽毁匠絶，不能起抄，且屢申屢飭，方據報到，四縣槽首四人，散匠四人，皆非經練熟嫻者，但事切欽件，敢不欽遵，隨經通詳批允，暫借庫銀先發三千兩，又據該府詳動各縣解到款銀二千四十二兩，給發各槽抄造去後，前據造成玉版連三户由藤皮四色紙張，該府差解到司，轉解憲臺查驗在卷。今該本司左布政使盧震陽看得，綾紗紙張併三色榜紙，兩奉俞旨，查照舊例檄行四省，每五七年題一次，江省派造綾紗紙一百九十六萬張。又乙字庫三色榜紙每十年題一次，江省派造三色紙六百萬張。復奉恩詔内開，綾紗三色二紙通減三分之一，各止造二分，遵依在案。但興朝定鼎以來，事屬創始，紙價原非歲額，備查《全書》，惟以奉文到日臨時行屬照畝派編，江西值此二逆焚燼之後，無案可考，復移會浙、楚二布政司，迨淮咨覆臚列各紙正價脚費細數底册前來，俱經呈報，除三色榜紙應造二分，該紙四百萬張，該價銀一十四萬三千九百九十九兩四錢一分三釐，該廂脚等費銀一萬二千九百四十九兩，此紙未經起造，亦未給價外，惟綾紗紙張應造二分，該紙一百三十萬六千六百六十六張，該價三萬六千五百八十六兩六錢七分零，該廂脚等費銀三千二百七十二兩一錢八分，奉檄行催緊急，本司詳允借給司庫銀三千兩，又據該府動給銀二千四十二兩見在抄造外，至會同紙價，俱移督糧道，加編徵解，以憑補庫候給在案。查江省十三郡，而抄造紙張惟有廣信一府，今信地九仙山土寇盤踞，恃險作祟，出没不常，見有兩省兵馬駐劄合剿，猶未平息，以致居民老亡少竄，槽匠數人慘遭寇戮，竟成獸驚鳥散之勢，兼之各屬疊告傷殘災祲，在在仳傶，處處瘡痍，即惟正之供完解不前，今欲再行加編綾紗三色二紙，數十萬之金錢，恐敲朴之下，小民殘喘益自難支矣。竊惟楚省與江省境相接壤，舊額俱載抄造前紙，乃楚省荒殘，獲叨皇恩蠲造，今江右之荒殘不次於楚地，則楚省之困苦亦莫甚於江西。呈懇憲臺，俯憐殘疆民已毛落皮穿，官已捉襟露肘，本司雖謂江省凋瘵之極，而亦不敢望比楚省全免之例，合無於各槽已領之銀，押令儘造綾紗紙張起解，或照部檄三運之派，惟派一運完解，其餘二運綾紗紙張併三色榜紙特賜具題，爲兹孑遺請蠲，而西江之窮簷減徵一分，則民受十分之惠，沐皇仁之浩蕩，憲澤之弘敷非淺鮮矣，等因到臣。據此該臣看得奉派綾紗紙張併三色榜紙皆屬上用之需，既例應江省分造，敢不欽遵辦解，但時際凋殘，兵寇交訌，較之承平有不可同日而論者，蒙恩詔蠲免三分之一外，尚該抄造綾紗紙張一百三十萬六千六百六十六張，三色榜紙四百萬張，照依楚浙之例，需用紙價及廂脚等費共銀一十九萬六千八百餘兩，《全書》原無額載，奉派之年，照畝加編。在昔未經荒亂，槽多人衆，尚難抄造，不能完結。迨及今日，地方屢遭兵燹，人民大半逃亡，即存一二孑遺，亦皆僅有皮骨。兼之物力艱難，百倍於昔，其槽房廠局久已悉成荒蓁，即地方各官嚴行督責，一苦無人，再苦無力，欲其如數全完，依期起解，恐亦萬不能之事也。案查抄造紙張十三郡之中，惟廣信一府嚮日極力搜捉，僅獲槽匠八名，責令領價抄造，今又值信地九仙山逆渠楊文等盤踞煽亂，見在用兵奉旨會剿，嚮日之拘僉者，今又悉皆逃竄刃戮矣。楚省紙張，叨蒙皇仁蠲造，而江省荒殘不減於楚，除前領過紙張價銀者，再行搜集槽匠，照依部檄三運之數設法造完綾紗紙張一運起解外，其餘二運併三色榜紙，懇乞皇上垂憐殘疆民困，抄造加派兩值其艱，大施洪慈，亟賜豁免，庶江黎得以少蘇，而實蒙休息之恩矣。臣謹會同江南督臣馬國柱、江西按臣米襄合詞具題，伏乞聖鑒，勅部議覆行，臣等遵奉施行等因。順治十年閏六月二十五日題，七月二十六日奉聖旨：户部議奏，欽此。欽遵抄出到部送司，奉此相應議覆，案呈到部，該臣等看得上用紙張，向係工部題行，今江西撫臣題請蠲免緣由，奉聖旨户部議奏，欽遵抄到臣部，但臣部無案可稽，伏乞仍勅工部酌議上請可也。既經該司案呈前來，相應覆請，恭候命下遵奉施行。臣等未敢擅便，謹題請旨。

硃批：依議。

剛林等《大清律集解附例》卷二九《工律·營造·擅造作》 凡軍民官司，有所營造，應申上而不申上，應待報而不待報，而擅起差人工者，即不科斂財物。各計所役人僱工錢，每日八分釐五毫，通算折半，以坐贜致罪論。若非法所當爲而輒行營造，及非時所可爲而輒行起差人工營造者，雖已申請得報，其計役坐贜之罪亦如不申上待報者坐之。其軍民官司，如遇城垣坍倒，倉庫、公廨損壞，事勢所不容緩。一時起差丁夫、軍人修理者，雖不申上待報，不爲專擅。不在此坐贜論罪之限。若營造計料，申請合用財物，及人工多少之數於上，而不實者，笞五十。若因申請不實，以少計多，而於合用本數之處，或已損財物，或已費人工，各並計所損物價及所費僱工錢，罪有重於笞五十者，以坐贜致罪論。折半通算，罪止杖一百、徒三年。贜不入己，故不還官。

剛林等《大清律集解附例》卷二九《工律·營造·虛費工力採取不堪用》 凡官司役使人工，採取木石材料，及燒造磚瓦之類，虛費工力而不堪用者，其役使之官司及工匠人役，並計所費僱工錢，坐贜論。折半科算，罪止杖一百、徒三年。若有所造作及有所毀壞，如折屋、壞墻之類。備慮不謹而誤殺人者，官司、人役，並以過失殺人論。采取不堪，造毀不備。工匠、提調官，各以所由經手管掌之人。爲罪。不得濫及也。若誤傷，不坐。

剛林等《大清律集解附例》卷二九《工律·營造·造作不如法》 凡官司造作宫室、器用之類。不如法者，笞四十。若成造軍器不如法，及織造段疋粗糙紕薄者，物尚堪用。各笞五十。若造作、織造各不如法，甚至全不堪用，及稍不堪用應用再改造而后堪用者，各並計所損財物及所費僱工錢，罪重於笞四十、五十者，坐贜論。折半科算，罪止杖一百、徒三年。其應供奉御用之物，加坐贜罪二等。罪止滿流。工匠各以所由織造之人爲罪；局官，減工匠一等。提調官吏，又減局官一等。以上織造不如法，及不堪用等項。並着工匠、局官、提調官吏均償，物價工錢還官。

條例

各處軍器局，造作各項軍器不如法者，將管局委官，參問降級。都、布、按三司堂上委官，及府、衛掌印官，各治以罪。各笞四十、三十減等之罪，納米還職。

剛林等《大清律集解附例》卷二九《工律·營造·冒破物料》 凡造作局、院頭目，工匠，有於合用數外，虛冒多破物料，而侵欺入己者，計入己贜以監守自盜論。不分首、從，並贜論罪至四十兩，斬。追物還官。若未入己，只坐以計料不實之罪。局官並承委覆實官吏知情扶同捏報不舉。者，與冒破同罪。至死減一等。失覺察者，減三等，罪止杖一百。

條例

一、各處巡按御史、都、布、按三司、分巡、分守官查盤軍器，若有侵欺物料，那前補後，虛數開報者，不論官、旗、軍人，俱以監守自盜論。贜重者，照侵欺倉庫錢糧事例擬斷。衛所官三年不行造册，致誤奏繳者，降一級。各該都、司、守、巡等官，怠慢誤事，參究治罪。

剛林等《大清律集解附例》卷二九《工律·營造·帶造緞疋》 凡監臨主守官吏，將自己物料，輒於官局帶造緞疋者，杖六十，緞疋入官。工匠，笞五十。局官知而不舉者，與監守官吏同罪。亦杖六十。失覺察者，減三等。則笞三十。

剛林等《大清律集解附例》卷二九《工律·營造·織造違禁龍鳳文緞疋》 凡民間織造違禁龍鳳文紵絲紗羅，貨賣者，杖一百，緞疋入官。若買而僭用者，亦杖一百；未用者，笞三十。機户及挑花、挽花工匠同罪。亦杖一百。連當房工匠家小，起發赴京籍，充局匠。

剛林等《大清律集解附例》卷二九《工律·營造·造作過限》 凡各處每年額造常課緞疋、軍器，工匠過限不納齊足者，以所造之數十分爲率，一分，工匠笞二十；每一分，加一等，罪止笞五十。局官，減工匠一等；提調官吏，又減局官一等。若官司不依期計撥額造之物料於工匠者，局官，笞四十；提調官吏，減一等。工匠不坐。

剛林等《大清律集解附例》卷二九《工律・營造・修理倉庫》 凡内外各處公廨、倉庫、局院，一應係官房舍，非文卷所關，則錢糧所及。但有損壞，當該官吏，隨即移文所在有司，計料修理。違者，笞四十。若因不請修，而損壞官物者，依律科以笞四十之罪，賠償所損之物。還官。若當該官吏，已移文有司而失誤施行，不即修理。者，罪坐有司。亦笞四十，損壞官物亦追賠償，當該官吏不坐。

剛林等《大清律集解附例》卷二九《工律・營造・有司官吏不住公廨》 凡各府、州、縣有司官吏，不住公廨内官房，而住街市民房者，杖八十。若埋没公用器物有毀失而不還官者，以毀失官物論。毀者，計贓准竊盜加二等，免刺；失者，依減毀官物三等，追賠。

利類思等《西方要紀・製造》 有樂器，有水火器，有銅鐵玻瓈等器，皆適用利民者。樂器雖多，西琴編簫一種爲佳。琴用鐵絲弦五十許，撫時，手不按弦，惟撫消息，則機自動，而音自響。橐籥編簫，小者數十管，中者數百，大者數千，各成其音，撫法與琴略同，但有層層，可以分奏合奏。凡風雨鳥獸之聲，效之無不曲肖。又以歌聲合之，其音更佳。水器多利於灌溉、鋸木、紡絲、舂磨等。用力少而成功多。火器以守城防敵，費省而國家安。銅鐵器如自鳴鐘，按候報時刻漏，輪轉指時，堪備出入之用。又有量路數步器，所經道里，俱可以按而知。一切精巧，未易言悉。有《泰西水法》、《遠西奇器圖説》諸書行世，可考其概也。

邁柱編《九卿議定物料價值》卷三《雜木》 雜木無舊例：花梨木長叁尺伍寸，見方肆寸，每根今核定銀貳兩伍錢貳分陸釐叁毫。

椵木，長壹丈，徑陸寸，每根今核定銀壹兩陸錢捌分。

栗木長玖尺，徑捌寸，每根今核定銀壹兩陸錢捌分。

栗木，長伍尺，徑壹尺貳寸，每根今核定銀壹兩肆錢。

紫香杉木板，見方壹尺。今核定銀肆兩陸錢貳分陸釐。

梨木板，長壹尺貳寸，寬壹尺伍寸，厚壹寸叁分，每塊今核定銀貳錢叁分肆釐。

梨木板，長壹尺貳寸，寬壹尺，厚壹寸，每塊今核定銀壹錢貳分。

梨木板，長伍尺，寬壹尺，厚貳寸，每塊今核定銀壹兩。

梨木板，長壹尺柒寸，寬壹尺叁寸伍分，厚壹寸貳分，每塊今核定銀貳錢柒分伍釐肆毫。

梨木板，長壹尺叁寸，寬壹尺壹寸，厚壹寸貳分，每塊今核定銀壹錢柒分壹釐陸毫。

梨木板，長壹尺玖寸，寬壹尺陸寸，厚壹寸貳分，每塊今核定銀叁錢陸分肆釐捌毫。

舊料木植，照新料銀，壹兩只給實銀陸錢。

工部編《工部簡明做法册》 今將修建房屋、城垣等項工程，應行造報各欵，逐一開列於後：

一、凡建修一切房間，應開明間數，並各簷高、面濶、進深丈尺、檁數。如係何等房一座，應開明計幾間，每間以所用簷柱之長丈尺，即係簷高丈尺；以左右柱中計之中寬丈尺，即係面濶丈尺；以前簷柱中至後簷柱中之丈尺計之，即係進深丈尺；以所用之桁條根數，即係檁數。如係重覆簷成造，亦應將上簷之各簷高、面濶、進深丈尺及檁數一并開明。

一、凡建修房間所用木料，俱應開明長、徑、寬、厚各丈尺數目。

如所用各項柱木、樑木、檁木、椽木、枋木、過木、楞木、天花支條、雀替、博縫、燕尾、連簷、瓦口、扶脊木，及一切板片等項，各根數、塊數，并長、徑、寬、厚各丈尺，俱應逐欵開明。再如安斗科應開明做法名色并攢數，以及斗口尺寸，其應用工料已詳載斗科做法例内。

一、凡裝修處所，應開明高、寬丈尺。其裝修所用木料，應開明長、寬、厚尺寸，及各項數目。

如房内裝修隔斷護墻等板，應將各處所之高、寬丈尺開明，所用板片，應開明塊數并長、寬、厚尺寸。裝修一切門窓、槅扇、簾架、横披、欄杆、頂槅等項，應開明係幾扇，并每扇之高、寬、厚尺寸。至隨裝修所用各項枋檻、框木、抱柱、間柱、板片、連楹、門枕、門簪、拴杆，以及籠箍引條等項，俱應將各長、寬、厚尺寸，逐欵開載。再以上木作内，如有雕鑾者，或雕做各項樑頭、博縫頭、雀替、門簪、柁墩、角背、楹子，并窓槅之羣板、絛、環等項，俱應分晰開明個數、塊數，并雕做名色。至各項板片，若雕做者，應將雕花處所之長、寬尺寸，并名色開明。

一、凡搯砌攔土，并碼磉墩等項，以及磉墩之上柱頂石，應開明各長、寬、高、厚丈尺。

如搯砌攔土，即係入地之墻根脚，應將圍長并高、厚丈尺開明。碼磉墩係柱頂石之下，用柱幾根，即磉墩幾個，應將每個高、寬、厚尺寸開明。磉墩之上柱頂石，方者應開明長、寬；圓皆應開明徑寸，并高厚各尺寸及用石名色。

一、凡成砌墻垣，應將堵數，并長、高、厚丈尺、做法逐欵開明。

如成砌山墻、簷墻、檻墻、隔斷等墻，或幾堵，每一堵長、高、厚各若干丈尺，俱應開明。其山墻有砌墀頭者，亦應將墀頭之長、高、厚丈尺開明。其或係磚砌、石砌、土坯砌，并有無羣墻另砌上身之處，俱應分晰開明。再安砌磚塊，或用純灰，或用插灰泥，亦應聲明。其墻身，或透骨灰抹飾，或泥底灰面抹飾，或插灰泥抹飾，并抹飾處所之高、寬丈尺，及厚薄分數，俱應開明。再如有拘抿之處，亦應將拘抿處所之高、寬丈尺開明。若用碎石、碎磚填砌之處，應開明填砌處所分位丈尺。如係土築墻垣，亦應開明堵數，及每堵長、高、厚丈尺。

一、凡成砌堦沿、月臺、甬道、臺基、踏垛、礓礤等項，應開明長、寬、厚丈尺。

如砌堦沿，長、寬、厚若干丈尺，月臺、甬道各長寬高若干丈尺，臺基長、高、厚若干尺寸，砌踏垛幾級之處，以及每級之長、寬、厚尺寸，并砌礓礤高、寬、斜、長各丈尺，俱應開明。其堦沿、踏垛、礓礤等項，并背後或用磚砌、石砌，及各高、寬、厚丈尺，亦應開明。其所用各項石料，應將用石名色，及做糙、做細之處開明。再如有鑿做之處，或鑿做龍、鳳、獅、獸、花卉等項各名色，及見方尺寸，分晰開明。如做榫眼，亦將個數開明。

一、凡墁地，應開明各處所長寬丈尺。

如房屋内地面并院内等處地面鋪墁磚塊，或鋪板片，應將鋪墁處所之長、寬丈尺開明，并將墁磚或用純灰，或插灰泥之處，亦應開明。

凡房上即係頭停，應將頭停之做法、丈尺開明。如房上或鋪錠望板，或蓆箔，及層數，并苫背或用純灰、或用插灰泥之處，及長寬丈尺，俱應逐欵開明。其頭停宼瓦，或用筒板瓦，或全用板瓦，應將各隴數，并每隴個數開明。再宼瓦或用純灰宼，或插灰泥宼，調脊或幾道，或係斗板脊，或係清水脊，亦應逐欵開明。再以上瓦作内，如所用各項磚塊有鑿花者，應將鑿做花卉名色，及磚塊尺寸個數開明。

凡各項工程應用架木、繩觔，及搭材匠夫等項，應將搭架丈尺開明。

如搭竪立大木架子、跴盤戧橋，及各作脚手架子，俱應開明各高、寬丈尺。如發券搭做券子，又須開明券洞之面濶、進深中高丈尺。再如搭蓋棚座，亦應開明簷高、面濶、進深丈尺，并蓆墻高、寬丈尺及用蓆層數。

一、凡地脚刨槽夯築填廂等項做法，并各丈尺步數，俱應開明。

如墻垣等處地基夯築，必刨起現在之土，方可夯築，是以謂之刨槽，應將所刨之長、寬、深各丈尺開明。若夯築灰土，以每深七寸，築實五寸爲一步，其或築打大式大夯，或小式大夯，應開明。若無石灰，即名素土，以每深一尺築實七寸爲一步，屋内填廂以磉墩攔土之内填土，即名填廂，亦與夯築灰土、素土之式同，其礓礤踏垛等項地脚築土亦同。

一、凡油飾彩畫，應開明各丈尺做法。

如柱、木門窓、椽木、望板、連簷、瓦口等項着色，俱爲油飾，樑枋、椽頭、天花等項着色，俱爲彩畫，至各件丈尺，及何項油畫做法名色，及地仗遍次，俱應聲明。其油畫做法名色、應用工料，已詳載做法例内。

一、凡裱糊處所，應開明高寬丈尺。

如屋内各處應裱糊者，應將裱糊處所之高、寬丈尺，及裱糊層數，并所用各項紙張名色，以及長、寬尺寸，俱應開明。

一、凡編壁，應開明高、寬丈尺。

如各省多有以竹編織爲壁者，應將編壁之高、寬丈尺，及用竹之根數，并長、徑尺寸開明。

一、凡修建各項牌樓、轅門、栅欄等處，應開明各高、寬丈尺。

如建修牌樓、轅門，應開明中高丈尺，兩邊高丈尺并而寬丈尺；栅欄應開明高、寬丈尺。

一、凡修補處所，應開明修補過丈尺。

如墻垣未倒，少有坍損者，自應補修。應將補修過之長、高、厚尺寸開明，并一切凡有應行修葺找補之處，俱應照修過處所丈尺，逐欵開明。凡用過各項舊料數目，并各長、徑、寬、厚尺寸，俱應開明。

如各項工程，凡係拆卸修理，若有拆下木、石、磚、瓦、土坯等項舊物料，應將拆下用過數目并各長、徑、寬、厚尺寸，逐一開明。如已經倒塌者，應將檢用過舊存各項物料數目，尺寸開明，其實係朽爛不堪檢用者，應將變價若干數目，一并開明。

一、凡建造營房、倉厫等項，應開明連數。

如建造營房等房，或千百間，或數十間，原係分連成造，必將幾間一連成造，共若干連數開明。

一、凡倉厫氣樓，應開明座數，并高、寬、進深丈尺。

如建造倉厫一座，除間數并簷高、面濶、進深丈尺照前式開造外，應將倉厫上蓋之氣樓，或幾座，并每座之簷高、面濶、進深丈尺逐一開明，其厫座舖墊處所，亦應開明長、寬丈尺。

一、凡建造城垣，應將頂寬、根寬、長、高丈尺并做法開明。

如城垣週圍長若干丈尺，高若干丈尺，根底寬若干丈尺，頂上寬若干丈尺，并砲臺個數，及每個高、寬、厚各丈尺，俱應開明。其或係磚砌，或石砌，應開明砌磚砌石之寬若干尺，其餘築土之處寬若干丈尺。并將夯築或灰土、素土之處開明。其成砌裏面，女墻外面垛座、垛口，應開明各長、高、厚丈尺，并垛口個數。馬道應開明高、寬并斜長丈尺。其或砌磚、砌石及築土各丈尺，并或築土城，亦將長、高、厚各丈尺，俱應照前聲明。再，建修城樓與造報房間式同。

允祹等《大清會典》卷七七《工部・製造庫》 凡製寶盝印盝，皇帝寶盝高九寸方八寸五分，寶色池高三寸四分方六寸四分，均金製，盝鏤花草文。外櫝高尺有三寸，方尺有二寸，櫝架高二尺一寸，方尺有八寸，均柟木製，朱髹，櫝繪金雲龍，架雕龍文，袱墊均用黄綺。○ 皇太后、皇后寶盝高七寸八分，方八寸，寶色池高二寸，方四寸八分，均金製，外櫝繪龍鳳文，餘制及袱墊與皇帝同。皇后櫝繪鳳文。 皇貴妃、貴妃寶盝金製，寶色池銀製【略】造，詳見禮部。 凡恭遇皇帝躬祭壇廟，應備御拜位黄幄次，更衣大次，及御榻屏几，均由部先期委官及内監陳設。凡元正各宫殿門神對聯，於十二月二十六日部委官張掛，二月初三日徹出貯庫。凡壇廟宫殿補設櫻薦，由内務府太常寺移咨，各按尺寸，用江南解送細櫻成造。凡宫殿各門鍍金銀鎖鑰，檐端門面所用塗金銅釘，諸槅扉施用龍葉金鋪，以及罘罳門鐶簾鉤之屬，隨時成造。 凡各宫殿門牕所懸氈簾、竹簾，每歲冬夏委官更易。 遇有修造，部會内務府都察院確勘，分别疏請修理。 凡當賜督撫提鎮蟒段朝衣，鞍轡，櫜鞬，卓異官朝衣采服，會試主考同考官裹金銀花，文武狀元朝衣、絨冠、甲胄、佩刀、鞓帶，欽天監博士狐皮瑞罩，天文生羊裘，各學教習袍帽韡襪，均由部造給。 凡賞給喀爾喀等處金銀茶筩、茶椀，朝鮮、琉球、安南等國來使袍服、鞍轡、氈革之屬，照例造給。 凡鹵簿儀仗采繡金綺均繪圖，行江蘇織造，依式製成解部。 至備造一應器用，所需珠寶金銀銅鐵皮革綺紵絹布顔料，皆於内務府户部支取應用。 凡製造庫匠役分爲五作，銀作之屬十有二，工匠五十八人。鍍作之屬九，工匠百四十四人。皮作之屬十有三，工匠一百十有二人。 繡作之屬五，工匠八十八人。甲作之屬八，工匠三十八人。 總五作之屬，計領催十有五人，工匠四百二十五人。 領催、工匠，各有食糧、種地之别。 食糧領催七人，各月給銀二兩，歲給食米三十斛，按四季支給。 食糧工匠二百九十人，米與領催同，銀半之。 種地領催八人，月給銀視食糧，領催歲給米四十二斛二斗，三季支給。種地工匠百三十五人，給銀視食糧匠役，米亦三季支給，每名歲給米二十一斛。樓軍二十三人，月給食米三斗。 門簾二庫各領以内監，一等二人，每季各給銀四兩五錢。 二等十有六人，每季各給銀三兩。 米均一斛四斗。 工匠之屬五十，計百六十一人，各月給米一斛二斗五升，四季支給。 庫役各三人，每人月給米三斗。 所需銀米，皆按月按季册咨户部給領。

允祹等《大清會典》卷七四《工部・船政》 凡糧船，山東、河南、江蘇、安徽、浙江，每船長七丈一尺，闊一丈四尺四寸；江西、湖廣，長十丈，短者九丈。 每造一船給工料銀二百八兩，由部准户部移咨覈覆興工，各令本省糧道監造，造後出運十年，報部題銷。修理及更造年限詳户典漕運。 凡戰船，每船長十有一丈至一丈九尺，闊二丈三尺五寸至九尺六寸各有差。 天津、山東、福建船均屬外海，江西、湖廣均屬内河，江南、浙江、廣東分屬外海、内河。 外海，定限三年小修，六年大修，九年再大修，不堪修者更造。 内河三年小修，八年大修，十一年再小修，十四年再大修，不堪修者更造。 修造之費有正價、有津貼，正價各以其直，無定額；津貼每正價百兩，自加四、加六、加八，至加倍、倍半有差。 由部准兵部移咨覈覆修造，各令本省道員會同副參等將弁監造，工竣報部題銷。 凡水驛船，江蘇、安徽、江西、湖廣、廣東均定限三年小修，五年大修，十年更造，其湖廣之宣樓船每歲一修，更造同。 浙江、四川大修以六年，小修、更造同廣西，小修以三年，更造以五年。 工料銀，小修自一兩七錢至九十七兩，大修自二兩九錢至一百九十一兩，更造自六兩九錢至二百九十四兩。 歲修湖北二十一兩，湖南十有六兩各有差。 由部准兵部移咨覈覆修造，工竣會兵部題銷。 凡應差船，江南定限三年小修，六年中修，九年大修，十二年更造；浙江三年小修，六年大修，十年更造。 工料銀，小修自十有九兩至六十八兩，中修自七十三兩至九十四兩，大修自二十九兩至一百五十九兩；更造自九十七兩至二百六十兩各有差。 由部准督撫移咨覈覆修造，工竣報部題銷。凡直省河海江湖及灘汛危險之處，各設救生船，修造年限視内河戰船，各省同，惟山西之河津、甘肅之歸德所船無修限，率數年一造。工料銀，小修自二兩二錢至二十七兩，大脩自四兩三錢至四十五兩，更造自七兩七錢至七十九兩各有差，由部准督撫移咨覈覆修造，工竣報部題銷。凡直省水陸通衢有浮梁，亦名橋船。有渡船，或歲修、或限年修，各省不同，更造率以十年，惟浙江尖山浮梁以二年，四川通西藏渡船以三年，福建、廣東海口渡船修造與戰船同，並准動帑辦理，由部覆銷。

佚名《錢穀挈要》卷一〇《修造》 動項分別奏咨

一、部咨：嗣後各省修建一切工程，動支各項存公銀兩數在一千兩以上者，照依正項錢糧之例，由該督撫具題請銷；其用銀數百兩以至數十兩不等者，仍照舊例支銷完結。三十年。

一、部咨：嗣後工程正項錢糧，除用銀數百兩以至數十兩以及各省動支耗羡等項，毋論數目多寡，尚係咨明辦理仍照舊例外，其餘修一切工程，毋論正項什項，總以數在千兩以上者，先行峕摺奏聞。如奉諭允，再行造册題估。三十四年。

一、户部奏明：内外各工，動項修理，數在一千兩以上者，例應題奏辦理。嗣後今各處每一項工程，分案估計，以幾百餘兩諮報，規避千兩以上具題之例。嗣後内外各工，務將應修工程統計銀數多寡，遵照定例，分别題咨辦理。嘉慶五年。

一、户部奏明：司庫耗羡存公銀兩，除常例之外，如有一切動用，數在三百兩以下，准其咨部核明動用；數逾五百兩以上者，奏明辦理。嘉慶九年。

一、工部奏明：嗣後各省修建工程，用銀在千兩以上者，俱應于奏准後照例題估題銷，毋得仍前咨估，以昭畫一。同上。

一、候邑請修。十四年，風災案内損壞各祠宇，估計工料四百九十餘兩，内院批以銀數至四百九十餘兩，亦屢准部硶駁，行令查照户部奏定章程，數逾五百兩以上者奏明辦理。概批駁。

城垣

一、各省城垣令該督撫詳細查勘，于歲底將是否完固之處繕摺奏明。其保固限外城垣，遇有些少損壞，令地方官隨時粘補，責成該道府州等官留心巡視，報明督撫查覈。如有粘補較多，辦理妥協，分别奬勸。倘任其殘損不即修補者，即以玩愒參處着賠修，並將道府州一併附參。于年底將該省城垣有無坍壞緣由，一併開單具奏。工。

一、城垣有應行修理者，于年終彙奏摺内，將急修緩修各情節分晰聲叙，如係急應修理之工，即行確估，具奏具修。仍于次年彙奏摺内，將已經彙奏辦理緣由據寔聲明。工部于每年各首彙奏到齊之日，按欵核對，工摺具奏。倘有上年已入急修之工，至次年彙奏仍未估辦者，即將辦理遲延之督撫議處。工，四十六年。

一、各省應修城垣，如些小坍壞，費在三百兩以内者，地方官設法粘修，不得率行請帑，限四個月修竣。如修理遲延以致續有坍塌，除照例參處外，並將修理工料責令賠繳，俟賠修完固後方准開復。該管道府嚴行嵇查，如有狥餙，一併參處。分賠應賠各員如有陞遷，亦按在任月日分别賠繳。工，三十四年。

一、舊城設遇山水驟發、江湖漲溢以及雨水連綿沖卸坍壞，費在三百兩以上及千兩上下者，地方官據寔詳報，布司親往勘估詳題動項具修。開工後責成道府往來查察，工竣由督撫親自驗收。如需費在三百兩以内，故意浮估，希圖動項，察出嚴行參究，着落賠修。工，二十七年。

一、修整城垣。責令武職城守、汛房等官督兵保護，如遇坍壞，一面移縣，一面通報各上司分别修理。倘狥隱不詳，照承查遲延例議處。如開報之後文員不依限修竣，照修造遲延例議處。武職離任照文職之例，將城垣完固損壞各情形查明，交代取結，詳報督撫存案。工。

一、各省修建内磚外土城垣，城頭湏砌海墁城磚，使雨水不能下滲，城身裡面添設宇墻，安砌水溝，束水曲溝順流而下，以免漫流沖刷。工。

一、修理城垣開工折創後，承修之員將逐日做過工程，用過工料，隨時呈報督辦之道府備案。該道府赴工嵇查，即將土牛是否堅寔，磚石之高厚層數是否核與原估相符，按欵查對，詳報督撫。工竣後仍令承修之員造册呈送，府道將先後目擊情形，按節次所報，逐欵較對。倘有開報未寔，隨即駁正；如果相符，加其親勘印結詳送督撫驗收題銷。如有浮冒，除治罪外，將浮冒銀兩與承修之員各半分賠。工。

一、所修工程内有與原估不符，應湏添改之處，令承修之員將丈尺應需增減各項，查明做法、寔在情形呈報。督辦道府硶加查勘，會詳督撫，大則具奏，小則預行報部，統俟報銷之日一併聲明具題。工。

一、各省新修城垣地方官，遇有升轉離任，將有無坍塌之處，交代與接任官。如交代未明致有坍塌，仍着前任官補修。工。

一、工程完竣後，藩司道府各予限一個月勘驗轉報，該管上司確遵例限迅速查辦，不得任意延宕，以致報銷遲延。工，三十九年。

一、工程估定具修後，如間有一二未能仝式之處，應行增改。不過零星段落，該道司府報明督撫，只照增改之工酌量展限，于報銷案内將扣展緣由分晰聲叙，不得牽扯通工，另爲展限。工。

一、道府督辦城工，于工竣勘驗未經結報之前，遇有外遷離任事故，仍令原勘官出結申送。不得移入後任展限另勘，以致要工不能及時銷結。倘有逾違，指名參處。工，三十九年。

一、各省州縣承辦城工程，將應修段落造册詳報，布司于册報到日持册赴工逐段驗勘估計。如册報有浮多漏略不符之處，即時核正，將估定原册並出具布司勘估無浮印結，一併詳請具題。工。

一、城工完竣，俟督撫驗收之後再行起限保固。其報銷册結工竣即行趕造，不得俟驗收後造册，以致遲延。工，二十九年。

一、各省城垣毋論新舊工程，責令現任各州縣按季會同武弁親勘，凡有些微孔隙，即用灰土灌填。每遇夏秋後，即督率佐什外委分段察視，勤加葺護，仍按季報明各上司查覈。工。

一、保固限内城工，如地脚矬陷，整段坍塌，現任地方官詳報，督撫委員確勘。一面酌撥閑欵趕修，一面將工料銀兩着落原修官照數賠交。其有些少損缺，數在百金内外，現任官一經查出，即能自行修繕完整者，核寔加獎。工，三十四年。

一、海塘滲漏，現任官不隨修整，以致侵及土胎，漸成澉裂，需費浩繁者，原辦官分賠十分之六，現任官分賠十分之四。如現任官受事經年，曾值夏秋雨水，即將應賠四分着落該員賠繳；設到任不及半年，未經雨水者，其滲漏之處，仍查明前一任之員與原修官分別着賠。其原修官有物故産絶，賠項無着者，着落原總辦、督辦各員及原驗收之督撫等，分股代賠完項。工，三十四年。

一、限内坍塌城垣，從前承修之員已經離任者，令接任之員據寔確估，將所修銀兩一面在于閑欵銀内酌撥及時趕修完固，一面咨行該省在于原修官名下勒限追繳。如有稽延，即將承追不力及完繳遲延各職名嚴參議處。工。

一、士民損資修城，十兩以上者，賞給花紅；三十兩以上者，獎以匾額；五十兩以上者，申報上司遞加獎勵；至三四百兩者，奏給八品頂戴。統俟工部核寔之日，再行遵照辦理。工，二十七年。

一、城垣殘缺，不得任人踰越。工。

一、各省應修城樓、雉堞等工，不得罰令民間修築。工。

一、城池不預先修理以致倒壞者，府州縣罰俸六個月。吏。

一、各省城垣遇有些少坍塌，及時修理完固。如地方官不依限修竣，降一級留任，完日開復，照修造遲延例議處。其坍塌已多者，地方官量行捐修，工竣後查明工程堅固，將捐修各員造册具題，交部量加議叙。吏。

一、官員捐資修理城郭、樓台、房基、器械等項，三年之内坍塌者，令該督撫並督工官賠修本工，捐資紀録銷去，免其處分。若限内坍壞，該府州縣隱匿不報，降一級留任。吏。

一、地方官未修城垣，捏報修完日，革職。吏。

一、借修城名色，科派民間者革職拏問。吏。

一、部咨：城垣，責令地方官及時修補。倘有任其坍塌傾圮者，着令賠修，仍照例參處。如遇新舊交代，新任核寔接收，倘濫行出結，即着落賠修。三十一年。

一、部咨：嗣後年終彙奏摺内報坍城垣，如需費無多，即着地方官粘補，歸于次年彙奏完固；若工費鉅繁，例應動項具修者，照例題估具修，不須列入應修項下致成具文。四十六年。

一、部咨：各省應修城垣，俱遵定例，耑摺奏明，不得列入彙奏遽行題估。四十六年。

一、工部奏明：嘉慶六年各省諮報城垣各案，應令各督撫將應修城垣作速親加查勘，分別辦理。如係寔係必不可緩之工程，據寔確估，遵照新奉諭旨五年五月。奏報辦理；如查明情形尚可緩修，即俟軍務告竣，再行據寔核辦。嘉慶七年。

一、請修城垣，攸關保障，如果建造年久，被水沖刷倒壞，必須召匠估計核寔工料，具造册結，方可彙于年底請咨。各屬保固案内請修，應由府委員確估勘，仍由道府覆勘加結通詳，以憑核議轉請辦理。六十年司案批陽案。

一、閩省各府州城垣，嘉慶六年彙奏案内聲明，遵旨緩辦營房墩台。

一、各省營房、墩台，該管地方官文武員弁會同協辦修造，完竣嚴督兵丁加謹守護。如遇坍塌，立即報明印汛各員，公同查勘修理造入交代，于離任時取具接印官印結，詳報上司存案。倘平日不隨時修葺，以致坍塌，經後官詳揭，即行題參，着落印汛員弁分認賠修。如去任員弁無力賠修，文員即着落不嚴查之道府賠修；武弁即着落不嚴查之將備賠修。如兵丁作殘折毁，嚴懲責革，着落弁汛獨賠；如汛弁無力，即着落設管將備分賠。至交代之時，後官如有勒掯濫接等弊，查寔參處。例。

一、福建各屬塘汛、營房、墩台、望樓等項，遇有些小塌壞，地方官隨時修葺。惟年久損壞，或遇風猝潮坍塌過多大修者，方准動項辦理。工。

一、各省應修營房、墩台，由總兵副將會同地方官親往勘明詳報修葺。如總兵副將未經查勘，毋得濫請具修。工，四十六年。

一、各省應修墩台、營房，由州縣會同汛弁查明修理。該管道府將備不時嚴查，武弁疎縱以致兵丁作殘，責令將備揭參；文員怠玩以致修理草率，責成道府揭參。袒護所屬，互相推諉，查明參處。凡各文武官離任時，將所管營房、墩台造入交代，取結詳報。工。

一、官員修造沿海炮台、邊界烽墩等項，遲延違限者，照修造遲延例議處，降一級留任，完日開復；上司罰俸一年。估報具修違限者，亦照例議處。吏。

一、各省墩台、營房，州縣會同該汛弁查修。倘不遵隨時修葺以致坍塌，查係文員不行修葺者，照修造遲延例議處。

一、官員將安插官兵居住房屋不行修理安插，以致佔住民房者，罰俸一年。吏。

一、嗣後營汛塘房、墩台等項，仍循舊例。如果年久倒塌，需費繁多者，文員查明，勘估造册，詳請動修。如係遇被雨風損壞，該管官即行通報，將塘房歸縣隨時修葺完固，交營收管。其墩、樓、牌坊等項，由營確估查明，截半養廉以及餘存公糧米折等欵，准其量請動修。三十一年省例。

一、工部議覆衢鎮英奏營房修理，改歸營員之處毋庸議。嗣後各省營房如有倒塌，該管營員移仝地方官，即速會同親往勘估，限一個月造册詳報。上司仍照向例，分别工程大小，酌定限期，咨部估修。俟奉部覆准後，以文到之日起爲始，依限修竣，造册報銷。如有遲延及修理草率，經營員查出，即行詳報參處。嘉慶五年。

一、墩台、營房坍塌傾圮不行修建，地方官降一級留任，修完開復。修造邊海烽墩、炮台遲延，降一級留任，完日開復。上司罰俸一年。全纂。

阿桂、和坤等《欽定工部軍需則例》卷一《雜支》 修理道路五則

一、成砌碎石道路，照工程做法則例，每折見方丈一丈，厚一尺，准石匠一工五分，壯夫三名。又川省軍需成案，就近一里内撿運石塊，每計重一千五百斤，准撿運夫一名。如運至二里者遞加，核給夫工。

一、修墊土路，照工程做法則例，每折見方丈一丈，厚一尺准壯夫二名。

一、開鑿礙道亂石，照續增則例，每折寬厚一尺，長一丈，准石匠五分。

一、開鑿連片石塊，照續增則例，每折寬厚一尺，長一丈，准石匠一工。

一、鑿下碎石搬移道旁，照續增則例，每折見方丈一丈，厚一尺，准搬運夫一名。如運至半里者，遞加核給夫工。

搭造橋座

一、搭造橋座，照工程做法則例，開明長、寬、高深丈尺核給物料。每椿木八十根，准砍尖木匠一工，每二百根，准搬運壯夫一名。梁楞等項木植，每折見方尺六十尺，准木匠一工。橋板每折見方尺八十尺，准木匠一工，每木匠十工准壯夫二名。兩岸成砌碎石橋墩，每折見方丈一丈，厚一尺，准石匠一工五分，壯夫三名。又川省軍需成案，就近砍伐拽運搭橋木植，每計重一千五百斤，准拽運夫一名，如運至一里者，遞加核給夫工。

製造渡船

一、製造渡船，照工程做法則例，開明頭、尾、中間長、寬、高深丈尺，核給物料。鋸鏟板片，每折寬七尺，長一丈，准鋸匠一工。成做板片，每折見方尺八十尺，准木匠一工。每木匠十工，准壯夫二名。所需物料、匠夫價值，俱照各該處價值則例核給。

以上道路、橋座、渡船俱應仍照舊例成案辦理。

阿桂《欽定工部軍需則例》卷一《雜支》 配製火藥：

一、雲南省配製火藥向無成例，查乾隆三十二、三等年，軍需案内配製火藥，因軍需孔亟，分派各鎮配製所開硝磺，價值低昂數倍，一切器具，又屬參差，經工部奏，交該督委員，確查實在情形，酌中定價，奏明送部核定。嗣據該督委員查明實在情形，酌中核定，以配火藥一斤，用硝十一兩八錢，磺二兩一錢，柳炭灰二兩一錢，連器具人工，合銀一分四厘四毫。其硝、磺價脚，各處硝每斤概定銀三分二厘五毫零，磺每斤概定銀五分。運脚以每兩每站銀五絲一忽，按站加

算。惟開化一處，硝每斤銀一分六厘，磺每斤銀四分八厘，均經工部題明，准其照依酌中價值辦理在案。

又四川省配製火藥，向有成例，如配火藥一斤，用毛硝一斤，毛磺二兩，柳炭用二、三兩不等，煮硝每百斤用柴一百二十斤爲率，踏火藥每七斤用工銀四分爲率。至硝、磺價值，磺每斤銀二分九厘，硝每斤銀二分四厘三毫及二分九厘七毫五絲。其各營採買硝磺，往返日期、船脚盤費，不能一律，均照各營成例分别減辦。此次軍需案内，各營報銷配製火藥，工部即係照依各營向來成例，價值數目，核減題銷，亦在案。查雲南、四川配製火藥，雲南係用浄硝、浄磺，四川係用毛硝、毛磺，而折算硝、磺等項數目，亦屬相仿。今擬定，嗣後雲南、四川，仍照此辦理，其餘各省，或有地方燥濕不同，配製難以畫一者，將所有硝、磺，仍照各省成例辦理。再查四川軍需案内，硝斤價值因需用浩繁，經該督奏明加價在案。查該省硝斤，原有例價，未便援爲定例。今擬定，嗣後仍照該省例價核辦，或因實在價值不敷，該督臨期據實具奏辦理。

製造鉛彈：

一、雲南省軍需案内，製造鉛彈，經該督奏明，每斤加耗鉛一兩三錢，廠本人工銀三分一毫七絲五忽，圓整人工銀三厘，炭火銀一分，等因。經工部將炭火項下照四川成例減去銀七厘五毫，核定銀二厘五毫題銷在案。

又四川省各營製造鉛彈，均有成例，每毛鉛一斤二兩，製浄鉛彈一斤。每毛鉛一百斤，用木炭五十斤，清油一斤。其三錢重鉛子，每一千八百顆，用匠一工；四錢重鉛子，每一千五百顆，用匠一工；五錢重鉛子，每一千三百顆，用匠一工；七錢重鉛子，每一千二百顆，用匠一工；八錢重鉛子，每一千顆，用匠一工；六兩重砲子，每四百五十顆，用匠一工。至鉛斤價值，每斤銀三分五厘。其各營差員採買毛鉛，往返日期、船脚盤費及鑄造匠工，按依斤兩加減，均不能畫一。歷照各營成例，分别減辦。此次軍需案内，工部即係照依各營向來成例價值數目核減，題銷亦在案。

查雲南、四川製造鉛彈，雲南係用浄鉛，四川係用毛鉛，而折算數目亦屬相仿。今擬定，嗣後雲南、四川仍照此辦理。至各省採買鉛斤，有遠近情形不同，而價值難於畫一者，應仍照各省成例辦理。

製造火繩：

一、雲南軍需案内，製造火繩，每盤長二丈、徑三分，銀二分八厘。又四川

軍需案内，製造火繩，每長一丈、徑二分者，銀四厘五毫五絲；徑二分五厘者，銀五厘二毫七絲五忽；徑三分者，銀六厘。查雲南、四川製造火繩，雲南係用柳樹皮搥取浄絲筋成造，價值稍昂；四川係用荒竹麻成造，價值較賤。原係按照該省實在情形核議題銷在案。今擬定，嗣後雲南、四川仍照此辦理，其餘各省製造火繩，仍照該省實在情形核辦。

鑄造砲位砲子：

一、雲南、四川軍需案内，需用砲位砲子，名目不同，大小互異，所需銅鐵，難以擬定。其鑄造做法，照依軍裝做法則例辦理。一切物料，照依該省物料價值則例，核實辦理在案。今擬定，嗣後需用砲位砲子，俱照此辦理。

設窑燒炭：

一、軍營需用炭斤，向照軍裝則例核銷。查乾隆三十八年，四川口外軍營，于四十三年，據會辦報銷大臣、工部尚書富勒渾題銷軍營案内，口外隨營設立砲局，鑄造化煅砲位所需炭斤，應設窑燒炭，每窑一座，日用燒夫二名，砍柴夫七名，每五日出炭一次，每次出炭四百五、六十斤。並聲明口外燒炭之柴，難于一律，堅如多用雜樹，木質不一。又口外風多勁烈，化煅易而成炭難，每窑燒炭四百五、六十斤，必須柴數千餘斤。兼以山多不毛，産木處所，多係偏僻峻嶺，砍運維艱，是以每窑一座，用砍柴夫七名，每日連砍帶運，往返二次，並無閒空燒炭。用夫二名，晝夜輪流看守，並無虚工。核之内地，採運煤炭價脚實屬有減無浮等因。經工部准銷在案。嗣後如進征地方距内地未遠者，自應仍照軍裝則例採辦。好進征地方窵達，需用煤炭，較之由内地輓運費用過多，必須設窑燒炭者，臨時承辦大臣，酌量地方情形，核實奏明辦理。

一切軍裝器械：

一、雲南、四川軍需案内，製造鳥鎗、長鎗、叉鎗、咬鎗、腰刀、雙手帶刀、矛頭、砍刀、牌刀、鐮刀、旗纛、蒙古包、涼棚、帳房、罩子、綳子、號掛、披肩、籐牌、布五龍袋、弓插撒袋、棉線鞓帶、陣鑼、陣鼓、令號、火藥、葫蘆、烘藥、牛角筒、鉛子、皮搭連、火繩、皮包、砲藥、葫蘆烘藥、筒砲皮搭連、砲苫、單砲錘鑼鍋、鍋撐、鐵斧、鐵錘、鐵鍬、鐵鋤等項做法，照依軍裝做法則例辦理。物料價值，照依該省物料價值則例核辦。其有做法尺寸與例内尺寸較大，或尺寸較小者，俱比照則例内尺寸，核實辦理題銷在案。今擬定，嗣後製造軍裝、器械，應仍照此辦理。

雜項三則：

一、雲南、四川軍需案內，製辦騎鞍、鞍屉、馬掌、鍘刀、弩弓、弩箭、弩箭筒火箭等項，均將做法、尺寸、斤兩數目，逐細核實，開明報部，經工部按依例案，核議題銷在案。今擬定，嗣後各省俱照此辦理。

一、雲南、四川軍需案內，解運一切火藥等項，製辦油簍、篾包、棕苫單、墊蓆等項，均將做法及長寬尺寸，逐細核實，開明報部。工部按依例案，核議題銷在案。今擬定，嗣後各省，俱照此辦理。

一、雲南、四川軍需案內，製辦天平、砝碼、倉斛、倉斗、倉升、夾剪、戥秤等項，均將大小、斤兩數目，逐細核實，開明報部。經工部按依例案，核議題銷在案。今擬定，嗣後各省，俱照此辦理。【略】

製造地雷、火彈：

一、製造地雷、火彈，軍裝則例內並未開載。查四川軍需案內，准銷頭號地雷，每個徑一尺二寸，圍圓三尺六寸，用白布四尺五寸，內裝火藥二十九斤十二兩。縫布包用棉線一錢八分七厘零，包面用牛皮四尺五寸，縫邊用蔴線一錢八分三厘。安引線用白布條一根，長六尺，寬四寸，計用白布二尺四寸，內裝火藥四兩，縫邊用棉線八分六厘。裹引線心用皮紙六張，做成引線，盤遶于牛皮包上，每二個用匠一工。

頭號火彈，每個徑三寸，圍圓九寸，用白布一尺一寸，內裝火藥二斤十四兩，縫布包用棉線四分四厘八毫，包面用牛皮一尺一寸，縫邊用蔴線二分五厘。安引線用白布條一根，長三尺五寸，寬八分，計用白布二寸八分，裝火藥二兩，縫邊用棉線一分。裹引線心用皮紙半張，做成引線，盤遶于牛皮包上，每三個用匠一工。

查此項地雷、火彈，有頭、二、三號之分，其二、三號做法，雖屬相同，而尺寸大小互異，所需物料亦遞行減少。今擬定，嗣後除做法照式辦理外，至需用布疋、棉線、牛皮等項，應照該省例價辦理。

製辦皮衣等項：

一、製辦皮衣、皮帽、氈褶、帽兜、軍裝，則例內並未開載。查四川准銷成案，製買兵丁皮衣、皮帽等項，據定邊將軍溫福奏明價值辦買，經工部按依所開做法、長寬尺寸及工料細數，核議題銷在案。今擬定，嗣後前項皮衣、皮帽、氈褶、帽兜，如果實在必需，該承辦大臣臨期奏明辦給。仍將做法、長寬尺寸、工料細數，據實開明報部，按依例案核銷。

配製炸藥：

一、配製衝天砲炸藥，並無辦過成例。雲南軍需案內，配製炸藥，經工部按依所開硝、磺、蔴桿、炭、夫工等項，核議題銷在案。今擬定，嗣後如配製衝天砲炸藥，將需用硝、磺、蔴桿、炭、夫工等項，逐一開明送部，按依該省物料價值例案核辦。

配製弩藥：

一、配造弩藥，並無辦過成例。雲南軍需案內配製弩藥，每斤用烏梢蛇八兩，每兩銀五厘三毫七絲五忽，共銀四分三厘。孔雀糞四兩，每兩銀一厘五毫，共銀六厘。草烏根八兩，每兩銀一厘，共銀八厘。木炭、匠工銀三厘。以上製造弩筆一斤，共銀六分。經工部核議題銷在案。今擬定，嗣後如配製弩藥，將需用物料、匠工等項，逐一核實開明，比照雲南准銷成案核辦。

工部《欽定工部則例》卷三一《軍需・硫磺分別採貯》 甘肅省騷狐泉、牛尾山兩處磺廠採取磺觔，分貯肅州四十萬觔，玉門縣二十萬觔，以備口內口外各營撥用。撥運蘭州府三十萬觔，預備各營領用，省會邊疆均屬充裕，於歲底將採獲發售及存貯各數目造冊送部查核，仍取具該管官並無偷賣情弊，印甘各結備查。

工部《欽定工部則例》卷三一《軍需・盛京製造火藥》 盛京等處每年製造火藥，每百觔除磺價銀一兩一錢九分四釐不開銷外，准用工料銀四兩一錢二分五釐，該將軍等按年造冊題銷。

工部《欽定工部則例》卷三一《軍需・吉林製造火藥》 吉林等處每年製造火藥，每百觔准用工料銀八兩九錢五分八釐，該將軍等按年造冊題銷。

《欽定王公處分則例》卷二《營造》 一、承修園庭未能堅固。

凡王公承修各處園庭並不留心查察，以致滲漏甚多者，罰職任俸一年。公罪。本府舊例。

一、欽工具奏遲延。

凡王公遇有應修要工，具奏遲延者，應照不速行查報例，降一級留任。公罪。本府舊例。

一、失察官房倒壞。

官房倒壞，該管之員不請修理，失察之該管王大臣，罰職任俸三個月。公罪。本府舊例。

一、察勘御園工程私帶家人。

凡王公察勘園庭禁地工程，有私帶家人入內者，革去職任。私罪。《兵部則例》。

一、察驗不實希圖冒銷。

凡王公於奉派修造等差，承辦官有心揑報，浮開工料，該堂官察驗不實，希圖冒銷者，降三級調用。私罪。照案入例。

工部《欽定工部則例》卷三三《軍需·製備火器》 各省火器需用銃礮、火磚、火箭、噴筒、火毬、鐵彈、鉛子等項，由該督撫核明奏請，准其造備，將用過工料銀兩照例分晰造册，送部查核。

工部《欽定工部則例》卷三三《軍需·製造火繩》 各省操演鎗礮所需火繩，俱遵定制用麻繩，妥爲籌辦。惟兩廣各營所用火繩，向係用榕樹皮九層皮製造；雲貴各營所用火繩，向係用椰樹、榕樹等樹皮製造。奏准仍照舊例辦理，俱不得偷換紙張，致有貽誤。該督撫等仍不時查勘，於年終報部及軍機處彙核辦理。

工部《欽定工部則例》卷三三《軍需·製造軍械》 各省軍械或遇缺額，或新增，該督撫照兵部經制額數具題，由部核准成造，仍將用過工料銀兩遵照定例分晰造册，奏請開銷。

工部《欽定工部則例》卷三三《軍需·製造火箭》 廣州水師旗營每年春秋二季操演，製辦小火箭一千六百枝，每枝銀一分，共工料銀一十六兩，按年造報工部核銷。

曹振鏞《欽定工部續增則例》卷三八《虞衡司·衝天礮車做法》 每輛長肆尺陸寸，面寬貳尺貳寸，安裝車幫、横根、肆輪，各高壹尺壹寸，成錠鐵箍什件，硃紅油飾成造。

木料項下：

車幫貳根，各長肆尺陸寸，寬玖寸，厚貳寸伍分。榆木。

横根貳根，各長貳尺貳寸，見方叁寸。榆木。

木梢捌箇，各長伍寸，寬壹寸，厚伍分。榆木。

車軸貳根，各長叁尺伍寸，見方叁寸。榆木。

前後車輪肆箇，各徑壹尺壹寸，厚叁寸伍分。榆木。

鐵料項下：

蓋面箍貳道，各長壹丈壹尺伍寸，寬貳寸伍分，厚貳分，每道用長叁寸蘑菇釘叁拾箇。

幫箍捌道，内肆道各長貳尺肆寸，寬貳寸伍分，厚貳分，每道用長叁寸蘑菇釘捌箇。肆道各長壹尺伍寸，寬叁寸，厚貳分，每道用長叁寸蘑菇釘伍箇。

横根貳根，各長貳尺，方方壹寸。

梢釘肆箇，各長肆寸伍分，均寬陸分，厚貳分。

圈子肆箇，各折長叁寸，徑貳分。

提梁肆道，各折長伍寸伍分，寬壹寸柒分，厚伍分。

壓梁貳道，各長壹尺，寬壹寸肆分，厚伍分。

鐵索貳條，各長壹尺伍寸，徑叁分。

鈾鎖肆箇，各折長陸寸，寬叁分，厚貳分。

前後幫環肆箇，各折長玖寸，徑肆分。

鈾鎖肆箇，各折長捌寸，寬伍分，厚叁分。

後鐵絆肆箇，各長叁寸伍分，寬壹寸，厚貳分，每箇用頭號雨點釘肆箇。

幫裏襯用鐵葉貳塊，各折長玖寸，寬捌分，厚叁分。

車輪鐵箍肆道，各折長叁尺叁寸，寬貳寸，厚貳分，每道用長叁寸蘑菇釘捌箇。

軸頭箍肆道，各折長壹尺貳寸，寬伍分，厚叁分。

車穿捌箇，各折長壹尺貳寸，均寬壹寸，厚陸分。

車攩肆根，各長肆寸，寬壹寸，厚陸分。生鐵。

油飾項下：

車幫貳根，各折長肆尺陸寸，折寬貳尺叁寸。

横根貳根，各長壹尺柒寸，折寬壹尺貳寸。

車輪肆箇，俱貳面，各高壹尺壹寸，内除軸分位各徑叁寸。

車軸貳根，各長貳尺伍寸，折寬壹尺貳寸。以上糙油、墊光油光，硃紅油飾，所需一切工料均照尺寸按例核算。

礮苫做法：

礮苫每箇長肆尺，寬貳尺肆寸，尖高壹尺貳寸，用松木横順斜根山花板竹片壓錠。竹席貳層，外面光，硃紅油彩，畫五彩雲龍，裏面紅土油飾成造。計順根叁根，各長肆尺，見方叁寸。

橫棖貳根，各長貳尺肆寸，見方貳寸。

立柱貳根，各長壹尺貳寸，見方貳寸。

斜棖搠根，各長壹尺柒寸、寬壹寸伍分、厚伍分。

山花板貳塊，各長貳尺肆寸，尖高壹尺貳寸，厚壹寸。

竹席貳層，各長肆尺，折寬叁尺肆寸。

橫竹片搠塊，各長壹尺柒寸，寬壹寸，每塊用頭號雨點釘肆箇。

鉤搭釕銱肆副，各長叁寸。

鈾鋇肆箇，各長叁寸。

油飾礮苫長肆尺，折寬叁尺肆寸。外面糙油光，砵紅油彩，畫五彩雲龍貳條，各長伍尺，折寬玖寸。裏面糙油光，紅土油飾。

山花板貳塊，各長貳尺肆寸，折高陸寸。外面糙油光，砵紅油彩，畫五彩流雲伍成。裏面糙油光，紅土油飾。所需一切工料均照尺寸按例核算。

曹振鏞《欽定工部續增則例》卷三八《虞衡司·九節十成礮車做法》 每輛長陸尺壹寸，寬壹尺壹寸，兩截肆輪各高壹尺叁寸，安裝底板錠鐵什件，砵紅油飾成造。

木料項下：

前後底板貳塊，各長叁尺伍分、寬玖寸伍分、厚貳寸伍分。榆木。

車輪肆箇，各徑壹尺貳寸，厚貳寸陸分。榆木。

車軸貳根，各長貳尺肆寸，見方肆寸。槐木。

鐵料項下：

兩頭各包鐵葉貳塊，各長貳尺叁寸，寬貳寸伍分，厚貳分，每塊用長貳寸釘柒箇。

鐵管貳箇，各長貳寸，折寬壹寸搠分，厚壹分。

中箍壹道，長伍尺壹寸、寬柒分、厚壹分，用長貳寸釘肆箇。

圈子壹箇，折長柒寸伍分，徑肆分。

鈾鋇壹箇，長叁寸，見方伍分。

鐵荷葉壹塊，長搠寸、寬柒寸伍分、厚貳寸，用長肆寸釘伍箇。

鐵梢壹箇，長搠寸伍分，徑柒分。

主心釘貳箇，各長搠寸，徑陸分。

鐵葉貳塊，各見方貳寸，厚伍釐。

鐵環貳箇，各折長壹尺貳寸、寬壹寸、厚貳分。

鈾鋇貳箇，各長叁寸，見方伍分。

梢釘貳箇，各長貳寸，徑貳分。

鐵索貳條，各長伍寸。

輪箍肆道，各折長叁尺陸寸、寬壹寸伍分、厚肆分，每道用長肆寸釘拾貳箇。

鐵面葉壹塊，長伍寸伍分、寬壹尺壹寸、厚壹分，用長叁寸釘陸箇。

將軍鐵柱貳根，各長陸寸，折寬貳寸肆分，厚搠分。

長梢釘壹箇，長壹尺壹寸，徑壹寸。

鐵環壹箇，折長壹尺陸寸、寬搠分、厚伍分。

油飾項下：

底板貳塊，各長叁尺伍分，折寬貳尺肆寸。

車輪肆箇，兩面俱徑壹尺貳寸。

車軸貳根，各長壹尺玖寸，折寬壹尺陸寸。

以上糙油、墊光油光，砵紅油飾，所需一切工料均照尺寸按例核算。

董誥《兵部軍器則例》卷二四《廣東省各營額設戰船並配船軍械數目》 一、澄海左營，額設第四號艍船一隻，配官一員，兵二十四名。大礮六位，河塘礮一門，熟鐵熕礮一門，斑鳩礮一門，百子礮二門，籐牌十二面，牌刀七口，鳥鎗十一杆，犁頭鏢十枝，鐵錨二箇，戰箭三百枝，過山鳥礮六杆，鈎鐮四枚，割刀二枝，馬叉四枝，鏢仔七枝，木槍二枝，木牌六面，撓鈎二枝，長槍十杆，封口六百粒，君子三千粒，鉛彈子六百四十粒，黑鉛二百零二斤六兩，火藥三百斤，火罐六十箇，火箭四匣，火龍三箇，火筒三枝，火磚六箇，木火桶一箇，灰包三十箇，大纛一副。又第六號艕仔船一隻，配官一員，兵二十名大礮二位，熟鐵礮一門，熟鐵熕礮一門，斑鳩礮二門，百子礮一門，鳥鎗六杆，犁頭鏢十枝，鐵錨一箇，戰箭一百枝，割刀二枝，鈎鐮四枝，馬叉二枝，木牌四面，封口二百粒，羣子一千粒，鉛彈子五百粒，火藥八十斤，火罐三十箇，火箭二匣，火龍五箇，火磚四箇，火箭二筒，木火桶一箇，灰包二十箇，撓鈎一枝，長槍八枝，大纛一副。又第八號鳥舦船一隻，配官一員，兵十四名。斑鳩礮二門，熟鐵熕礮一門，百子礮二門，犁頭鏢十枝，戰箭七十五枝，鈎鐮四枝，鉛彈子四百粒，火藥八十斤，火罐三十箇，火箭二匣，火龍二箇，火磚五箇，火箭四筒，灰包二十箇，撓鈎一枝，長槍八枝，大纛一副。又第一、第二、第三號槳船三隻，每隻配官一員，兵十五名。熟鐵熕礮一門，斑鳩礮一門，鳥鎗二杆，撓鈎一枝，鉛彈子一百粒，火藥十斤，灰包十箇，火罐十箇，火箭二匣，火磚二箇。

一、澄海右營，額設第三號艍船一隻，配官一員，兵二十四名。大礮六位，靖海礮一位，砂塘礮二門，鳥鎗八杆，過山鳥礮三杆，籐牌七面，牌刀七口，馬叉二枝，撓鈎二枝，鴨舌槍五枝，鉛彈子七百九十五粒，黑鉛二百斤，五虎箭三枝，丸龍箭四匣，噴筒三枝，火藥四百斤，火罐藥六十斤，三眼鎗一枝，犁頭鏢二十枝，鐵錨二箇，鐮刀二枝，鈎鐮十二枝，木牌六面，火磚六箇。又第五號艍船一隻，配官一員，兵二十四名，大礮六位，川山龍礮一門，百子礮二門，河塘礮一門，鳥鎗八杆，過山鳥礮三杆，火藥三百斤，火罐六十箇，封口六百粒，羣子三千粒，鉛子七百九十五粒，鐵錨二箇，戰箭二百枝，籐牌七面，牌刀七口，鴨舌槍十枝，鈎鐮四枝，鈎刀二枝，撓鈎二枝，火磚六箇，火箭四匣，噴筒三枝。又第七號膨仔船一隻，配官一員，兵二十名。班鳩礮五門，鳥鎗六杆，火藥八十斤，火罐三十箇，火箭二匣，火箭二筒，百子礮二門，火磚四箇，長槍八枝，鈎刀一枝，鉛子二十五斤。又第四、第五號槳船二隻，每隻配官一員，兵十五名。熟鐵熕礮二門，鳥鎗四杆，撻刀四枝，撓鈎一枝，鉛彈二百粒，火藥三十斤，火罐十箇，火箭二匣，火磚二箇，鈎鐮三枝。

一、龍門協，入額第一號内河快馬船一隻，配官一員，兵二十名。砂礮二門，鉛彈子四百粒，替子礮二門，鉛彈子二百粒，火藥三十八斤十二兩，火罐十箇，噴筒四箇，火箭四匣，長槍六枝，鈎鐮六枝，繚風刀五把，犁頭鏢十枝。又第二號内河快馬船一隻，配官一員，兵二十名。砂礮二門，鉛彈子六百粒，火藥四十斤，火罐十箇，火箭四匣，鈎鐮六枝，長槍六枝，噴筒四箇，繚風刀四把，犁頭鏢十枝。又第三號内河快馬船一隻，配官一員，兵二十名。砂礮二門，河塘礮一門，馬卵銅礮二門，鉛彈子六百粒，火藥四十斤，火罐十箇，噴筒四箇，犁頭鏢十枝，長槍六枝，鈎鐮六枝，繚風刀四把，長柄片刀四把。又第四號内河快馬船一隻，配官一員，兵二十名。砂礮三門，河塘礮一門，子母礮一門，鉛彈子六百粒，火藥四十斤，火罐十箇，火箭四匣，噴筒四箇，犁頭鏢八枝，長槍六枝，鈎鐮六枝，繚風刀四把，撓鈎四枝。又第五號内河快馬船一隻，配宮一員，兵二十名。砂礮二門，河塘礮一門，斑鳩礮一門，火藥四十斤，鉛彈子六百粒，火罐十箇，火箭四匣，噴筒四箇，犁頭鏢八枝，長槍六枝，鈎鐮六枝，繚風刀四把，撓鈎四枝，又第六號内河快馬船一隻，配官一員，兵二十名。五子礮二門，砂礮二門，百子礮一門，鉛彈子五百粒，火藥四十斤，火罐十箇，火箭四匣，噴筒四箇，犁頭鏢八枝，長槍六枝，鈎鐮六枝，繚風刀四把，撓鈎四枝。又第六號内河快馬船一隻，配官一員，兵二十名。五子礮二門，砂礮二門，百子礮一門，鉛彈子五百粒，火藥四十斤，火罐十箇，火箭四匣，噴筒四箇，犁頭鏢八枝，長槍六枝，鈎鐮六枝，繚風刀四把，撓鈎四枝。又第七號内河快馬船一隻，配官一員，兵二十名。五子礮一位，砂礮二門，斑鳩礮一門，鉛彈子四百粒，火藥七十斤，火罐十箇，火箭四匣，噴筒四箇，長槍六枝，繚風刀四把，撓鈎四枝。又第八號内河快馬船一隻，配官一員，兵二十名。砂礮二門，河塘礮一門，鉛彈子六百粒，火藥四十斤，火箭六匣，火罐十箇，噴筒六箇，鈎鐮六枝，長槍六枝，繚風刀四把，犁頭鏢十枝。又第九號内河快馬船一隻，配官一員，兵二十名。砂礮二門，五子礮一門，鉛彈于五百粒，火藥四十斤，火罐十箇，火箭四匣，噴筒四箇，犁頭鏢八枝，長槍六枝，鈎鐮六枝，繚風刀四把，撓鈎五枝。

李斗《揚州畫舫録》卷三《新城北録上》 梅花書院，在廣儲門外，明湛尚書若水書院故址也。若水字甘泉，廣東增城縣人。嘉靖間以大司成考績，道出揚州，一時秉贄而謁者幾十人。揚州貢士葛澗與其弟洞早年從之游，是時因選地城東一里，承甘泉山之脈，創講道之所，名曰行窩。門人吕柟以湛公之號與山名不約而同，書「甘泉」二字于門，又撰《甘泉行窩記》。行窩門北有銀杏樹一株，就樹築土爲墠，上墠築基爲堂，題曰至止堂。其心性圖説在北墉，鐘磬在東墉，琴鼓在西墉，學習誠明、進脩敬義二齋在東序，燕居在堂北，厨庫在燕居左右。繚以周垣凡六十有二丈，垣外有溝，溝外有樹，先門外有池，池水與溝水襟帶行窩，而池上有橋。當行窩之旁，又置田二十餘畝，以資四方來學者，皆澗所助也。通山朱廷立爲巡鹽御史，改名甘泉山書館。厥後御史徐九皐立純正門禮門，提學御史聞人銓立義路坊，知府侯秩、劉宗仁、知縣王維賢相繼修拓，御史陳蕙增置祠堂射圃等地，御史洪垣增置艾陵湖官莊田八十畝，此嘉靖間湛公書院也。萬曆二十年，太守吴秀開濬城濠，積土爲嶺，樹以梅，因名梅花嶺，緣嶺以樓臺池樹，名曰平山别墅。東西爲州縣會館，名之曰偕樂園，後立吴公木主于園中子舍，名曰吴公祠。三十三年，太監魯保重修，知府朱錦作碑記，當道檄毁之，存其堂與樓，爲諸生講學之所，巡按御史牛應元改名之曰崇雅書院，祀湛公木主于堂，又曰湛公祠。崇禎間，書院又廢。國朝雍正十二年，郡丞劉重選倡教造士，邑士馬曰琯重建堂宇，名曰梅花書院。前列三楹爲門舍，其左爲雙忠祠，右爲蕭孝子祠。又三楹爲儀門，升階而上，爲堂凡五重，複道四周，又進爲講堂，亦五重。東號舍六十四間，旁立隟宇，爲庖廚浴湢之所。西有土阜，高丈許，即梅花嶺也。嶺上搆數楹，虛窗當簷，簷以外憑墉而立，四望烟户，如列屏障。下嶺則虛亭翼然，樹以雜木。劉公親爲校課，帀月一舉，而先後校士院中者，鹺政則有朱續晫，知府則有蔣嘉年、高士鑰；知縣則有江都朱輝、甘泉龔鑑諸公。一時甄拔如劉復、羅敷五、郭潮生、郭長源、周繼濂、周珠、孫玉甲、蔣奭、耿元城、裴玉音、閔鯉翔、楊開鼎、吴志涵、史芳湄諸人。江都教諭吴鋭爲書院碑記。迨乾隆四年，巡鹽御史三保、轉運使徐大枚酌定諸生膏火，于運庫支給。乾隆初年，復名甘泉書院。戊戌，長白朱孝純由泰安知府轉運兩淮，又名梅花書院。而廓新其宇，于市河之西岸立大門，自書「梅花書院」扁，刻石陷門上。甬道二十餘丈，雕墻高五丈，長十餘丈。墻下濬方塘，種柳栽葦。而塘爲大門，雙忠祠、蕭孝子墓、節孝祠在其左，距書院舊址相去丈許矣。書院正堂，制度悉如郡丞劉公之舊。更以濬塘之土，累積于右，樹以梅，以復梅花嶺舊觀。嶺下增構廳事五楹，亭舍閣道，點綴其間。朱公親爲校課，帀月一舉，謂之官課。延師校課，亦帀月一舉，謂之院課。主講席者，謂之掌院。延府縣學教諭訓導一人，點名收卷，支發膏火，謂之監院。在院諸生分正課附課隨課，正課歲給膏火銀三十六兩，附課歲給膏火銀十二兩，隨課無膏火。一歲中取三次優等者升，取三次劣等者降，至倉運使以一歲太寬，限以一月，連取三次者升，後又改爲連取五次優等者升。第一等第一名給優獎銀一兩，二、三名給優獎銀八錢，以下六錢。倉運使又定額一等止取十四名，鹿運使以二等第一名給優獎銀五錢，而一等不拘取數。癸丑南城曾燠轉運兩淮，親課諸生，又拔取尤者十餘人，置于正課之上，名曰上舍，歲加給膏火銀十八兩。

揚州郡城，自明以來，府東有資政書院，府西門内有維揚書院，及是地之甘泉山書院。國朝三元坊有安定書院，北橋有敬亭書院，北門外有虹橋書院，廣儲門外有梅花書院。其童生肄業者，則有課士堂、邗江學舍、甪里書院、廣陵書院。訓蒙則有西門義學、董子義學。資政書院在府堂東，建于景泰六年。知府王恕刱始，内有羣英館，知府鄧義質建。厥後知府馮忠重修，南昌張元徵爲記，今圮，尚有舊基。維揚書館在府西門，建于嘉靖五年，巡鹽御史雷應寵刱始，徐九皋改新，歐陽德有記，陳蕙、洪垣相繼修飾。内有六經閣祠堂，祀周程張朱。資賢門資賢堂、麗澤門志道堂，湛公有記。厥後御史彭端吾、楊仁愿復葺，今圮，已無舊基。安定書院在三元坊，建于康熙元年，巡鹽御史胡文學刱始，祀宋儒胡瑗。雍正間，尹鹺使增置學舍，爲郡士肄業之所，延師課藝，以六十人爲率，並合梅花書院一百二十人。聖祖南巡，賜「經術造士」額懸其上。敬亭書院在北橋，建于康熙二十二年，兩淮商人刱始。因御史裘充美論湖口税商疏，感其德建此，令士子誦讀其中，京口張九徵爲記。虹橋書院在北門，康熙間，總督于成龍刱始，集郡士肄業。今之郡城校課士子書院，惟安定、梅花兩院。其虹橋書院久圮，敬亭書院僅誌裘公去思，而未嘗校課也。若校課童生書院，今存者惟廣陵書院而已。

李斗《揚州畫舫録》卷一一《虹橋録下》 風箏盛于清明，其聲在弓，其力在尾。大者方丈，尾長有至二三丈者，式多長方，呼爲板門。餘以螃蟹、蜈蚣、蝴蝶、蜻蜓、福字、壽字爲多。次之陳妙常、僧尼會、老跎少、楚霸王及歡天喜地、天下太平之屬，巧極人工。晚或繫燈於尾，多至連三連五。近日新製洋燈，取象風箏而不用線，其法用綿紙無瑕穴者，長尺四寸，闊尺二寸，搓之滅性，綴其端如轂，削竹篾作環如紙大，以紙附之，中交午繫兩銅絲，交處置極薄銅片，周圍上喬作墻，中鋪苧蔴，蔴用膏粱酒浸熟者。上鋪黄白蠟流磺潮腦狼糞，以火燃之，令有力者四人持其紙之向上無篾環者，爇藥而升，不縱自上，大如經星，終夜乃落。

【略】

燈船多用鼓棚，楣枋槅櫓，有鐕有钀，中覆錦棚。垂索藻井，下向反披，以宫燈爲最麗。其次琉璃，一船連綴百餘，窋窡而出。或值良辰令節，諸商各于工段臨水張燈，兩岸中流，交輝焕采。時有駕一小舟，絕無燈火，往來其間，或匿樹林深處，透而望之，如近斗牛而觀列宿。查悔餘有燈船詩云：「琉璃一片映珊瑚，上有青天下有湖。岸岸樓臺開畫錦，船船絃索曳謌珠。二分明月收光避，千隊驪龍逐伏趨。不爲水嬉誇盛世，萬人連夕樂康衢。」

李斗《揚州畫舫録》卷一七《工段營造録》 造屋者先平地盤，平地盤又先于畫屋樣，尺幅中畫出闊狹淺深高低尺寸，搭簽註明，謂之圖說。又以紙裱使厚，按式做紙屋樣，令工匠依格放線，謂之燙樣。工匠守成法，中立一方表，下作十字，拱頭蹄脚。上横過一方，分作三分，開水池，中表安二線垂下，將小石墜正中心，水池中立水鴨子三個。所以定木端正，壓尺十字，以平正四方也。

平基惟土作是任。土作有大小夯硪，灰土黄土素土之分，以虛土折實土，夯築以把論。先用大碢排底，將灰土拌匀下槽，頭夯充開海窩，每窩打夯頭，築銀錠，餘隨充溝。充剁大小梗，取平。落水壓渣子，起平夯，打高夯。取平。旋滿築拐眼落水，起高夯、高碣，至頂步平串碣，此夯築法也。夯築填墊房屋地面，海墁素土。每槽用夯五把，雁別翅四夯頭，築打取平，落水撒渣子。復築打後，起高碣一遍，頂步平串碣一遍，此平基法也。平基之始，即今俗所謂動土日。陳希夷玉鑰中，最忌犯土皇方，若刨槽壓槽，另法有差。其房身遊廊，諸柏木丁橋樁土樁，皆謂地丁。及刨夫壯夫，工用有制。若柵木墻、竹籬、柳槳欄、刨溝子，每四丈用壯夫一名。

古者亭郵立木以文其端，名曰華表，即今牌樓也。大木做法，謂之三檁垂花門法。在中柱以面闊加四定長，面闊十之一見方。所用中柱、邊柱、垂蓮柱、脊額枋、棋枋、坐斗枋、正心簷脊枋、懸山桁條、簷脊檁木、蘇葉抱頭樑、穿插枋、簷額枋、簷椽、飛簷椽、連簷、瓦口、裏口、椽椀、博縫板、兩山博縫頭、抱鼓石上壺瓶牙子、兩山穿插枋下雲拱雀替、三伏雲子、拱子、十八斗、廂穿插擋用假雀替墊拱板、廂象眼用角背及象眼板、簷脊檁，柱頭科大斗，及斗科諸件，見方折數。

碑亭方圓互用，大木有四角攢尖。方亭做法：用簷柱、箍頭簷枋、四角花樑頭、桁條、抹角樑、四角交金墩、金枋、金桁、雷公柱、仔角樑、老角樑、戧枕頭木、簷椽、翼角翹椽、飛簷椽、翹飛椽、腦椽、大小連簷、瓦口、閘檔橫望諸板。六柱圓亭做法：進深以面闊加倍定，面闊以進深減半定，用簷柱、圓柱、花樑頭、圓桁條、扒梁、井口扒梁、交金墩、金枋、金桁、由戧、雷公柱、六面簷椽、飛簷椽、腦椽、大小連簷、瓦口、閘檔望墊諸板。四柱八柱同科。

大木做法：以面闊進深寬厚高長見方，以斗口尺寸分數爲準，如九檁單簷廡殿圍廊翹昂做法。用簷柱、金柱、大小額枋、平板枋、挑尖樑、隨樑枋、挑簷桁枋、正心桁、裏外兩拽枋、兩機枋、井口枋、老簷桁、天花樑、枋板、七架樑、柁墩、上下金枋、順扒樑、四角交金墩、五架樑、士金瓜柱、角背、交金瓜柱、三架樑、脊瓜柱、脊角背、脊枋桁、扶脊木、仔角樑、老角樑、上下花架由戧、脊由戧、兩枕頭木、簷椽、上下花架椽、腦椽、飛簷椽、翼角翹椽、翹飛椽、椽仔、閘檔板、連簷、瓦口、裏口翹飛翼角，並墊望諸板。九檁歇山轉角前後廊單翹單昂做法，與廡殿同。多採步金枋、交金戧、兩山出梢、啞叭花架、腦椽、榻脚木、單架柱子、山花博望板諸件，次之七檁有轉角。六檁有前出廊轉角兩做法。七檁轉角房，見方以兩邊房之進深，得轉角之面闊進深，柱高徑寸，與兩邊房屋同。如簷柱、假簷柱、裏金柱、斜雙步樑、斜合頭枋、金瓜柱、斜單步樑、斜三架樑、脊瓜柱、脊角背、簷枋、裏外金檁、脊檁、仔角樑、老角樑、花架由戧、脊由戧、裏掖角、花架由戧、角樑、腦椽、簷椽、仔角樑、枕頭木、簷椽、花架椽、腦飛簷椽、翼角椽、翹飛椽、連簷瓦口、裏口、閘檔板、椽椀，並望墊諸板，見方尺寸有差。六檁前出簷轉角，與七檁轉角同法。如斜抱樑、斜穿插枋、遞角樑、隨樑枋，另科見方。自此以下，硬山懸山做法。按柱高加三出簷，一丈以外，如將面闊進深，柱高改放寬敞高矮，均照法尺寸加算。其耳房配房羣廊諸房，照正房配合高寬。次之有九檁八檁七檁六檁五檁四檁及五檁川堂之法。九檁做法，柱檁枋桁與六七檁轉角法同，多抱頭樑、懸山桁、帽兒樑、貼樑、單枝條、連二枝條諸件，八檁多頂瓜柱、月樑、機枋條子、頂椽諸件，七檁多山柱、單雙步樑諸件，六檁多合頭枋、後簷封護簷椽諸件。五檁同四檁，即爲四架樑。五檁川堂，即用三五架樑法，增象眼板并脊。餘同科。至于小式大木，則有七檁六檁五檁四檁之分，與前法同，而無飛簷。

上簷七檁三滴水歇山正樓下簷斗口單昂做法，明間例以城門洞寬定面闊，次稍間以斗科攢數定面闊，以城墻頂寬收一廊定進深，此樓制之例也。做法用下簷柱、裏外金柱、下簷大額枋、平板枋、正斜採步樑、穿插枋、隨樑承椽、仔角樑、老角樑、正心桁枋、挑簷桁枋、簷椽、飛簷椽、翼角翹椽、翹飛椽、翹飛翼角、裏口、連簷、瓦口、椽椀、枕頭木、順望閘檔板諸件。次之平臺品字斗科做法，平臺海墁下桐柱，即平臺簷柱，法與下簷同。多掛落枋、沿邊木、滴珠板門枋、承重、楞木、樓板諸件。次之中覆簷斗口重昂斗科做法，與下簷同。多擎簷柱、貼樑、海墁元花、四角頂柱。次之覆簷與中覆簷同，多桐柱、七五三架樑、上下金柁墩、脊瓜柱、金脊桁枋、後尾壓科枋、兩山出稍啞叭花架、腦椽、扶脊木、榻脚木、單架柱子、山花博縫板諸(牛)〔件〕。又重簷七檁歇山轉角樓臺四層做法，下簷面闊進深，以斗科攢數而定，用下簷柱、前簷金柱、山柱、轉角房山柱，下中二層承重、轉角斜承重、下層間枋、中上層間枋、上中下三層楞木、上層挑簷承重樑、斜挑簷承重、樓板三層、兩山四角挑簷、採步樑、正心桁枋、挑簷桁枋、坐斗枋、採斗枋、仔角樑、老角樑、枕頭木、承椽枋、簷椽、飛簷椽、翼角翹椽、翹飛椽、橫望板、裏口、閘檔板、連簷、瓦口、椽椀、週圍榻脚木。其上簷單翹單昂斗科做法，用桐柱、大額枋、平枋板、正斜三五七架隨樑枋、兩山由額枋、扒樑、採步金枋、遞角樑、上下金花柁墩、四角瓜柱、脊瓜柱、正心桁枋、挑簽桁枋、拽枋、後尾壓科枋、轉角諸桁枋、裏掖角、外面假桁條、枕頭木、四面脊由戧諸件。前接簷一檁轉角雨搭做法，以正樓面闊與廡坐平分定進深，用桐柱、簷桁枋、墊板、靠背走馬板、正斜穿插枋、裏角樑、簷椽、博縫山花板諸件。雨搭前接簷三檁轉角廡坐做法。用簷柱、大額枋、正斜承重、正斜五三架遞角樑、柁墩、脊瓜柱、金脊桁枋、坐斗枋、採斗板、正心桁、挑簷桁枋、仔角老角裏角諸椽、飛簷同。七檩歇山箭樓四層做法，以斗科攢數，定面闊進深，所用與角樓同。五檩歇山轉角閘樓做法，明間以門洞之寬。定面闊。稍間以明間面闊十之七，定面闊，以甕城墻之頂寬折半。定進深，用上下簷柱、承重枋、楞木、樓板、墜千金棧轉柱、轉杆、兩旁承重枋、上簷順扒樑、採步金枋、四角交金墩、三五架樑、金瓜脊瓜諸柱、簷枋桁、墊板、金脊桁、兩山代樑頭、四角花樑頭、仔角老角諸樑、枕頭木及飛簷全。五檩硬山閘樓做法，與歇山閘樓同。

折料法則，柱以浄徑加荒，浄長加小頭荒，至不足之徑，分瓣剜攢，以瓣數加荒。十二瓣以外，加寬荒。一丈内以檄木加荒，一丈外用圓木。以本身高厚湊高，均分一半。用七五歸，及七歸，得徑寸。剜楞長蓋，另法加荒。如柁樑、採步金角樑、由戧、平板枋、承重間枋、承椽枋、瓜柱、柁墩、斗盤、代樑、大小額枋、金脊簷枋、天花隨樑、博脊壓科、正心枋、機枋、挑簷枋、採樑枋、採斗板、由額墊板、金脊檐墊板、天花墊板、井口板、桁條、帽兒樑、扶脊木、榻脚木、襯頭木、角背、雀替、雪拱、替木、草架柱子、圓方椽、飛羅鍋連簷瓦口諸椽、椽椀、椽中板機枋條、燕尾枋、貼樑支條、穿帶、沿邊木、脊椿、順望横望諸板、山花博縫、過木、樓板、榻板、滴珠諸板、上下楹、連楹、托泥、替椿、抱框、風檻、搯柱、間柱、各邊挺、抹頭、穿帶、轉軸、拴杖、巡杖、横拴之屬皆是也。如絲環、簾瓏諸板、槅扇、檻窗、横披、簾架、支窗、頂格、横直櫺子、穿條、琵琶柱、連二楹、單楹、拴斗、荷葉墩、插關、門槅壺、銀錠扣、門簪、門枕、幞頭、皷子、引條之屬，均用檄木。其門心、餘塞、走馬、棋枋、隔斷、裝板、壁板、山花、象眼、間板諸件，與順望同科。若菱花槅心，用椵木。大抵圓徑木，概加長荒五寸，檄木五尺内加長荒一寸，一丈内加長荒二寸，其楠柏椵杉檜檀諸木不與焉。魚膠見方，折料有差。

斗科做法，有平身科、柱頭科、角科，及内裏棋盤板上安裝品字科、隔架科之分。算斗科上昇斗拱翹諸件，長短高厚尺寸，以平身科迎面安翹昂斗口寬尺寸爲度，有頭等寸至十一等才之別。頭等六寸以下，降一等減五分。凡桁椀及頭二昂、螞蚱頭、撐頭木、斗科分檔，各爲法乘之。所算名件，如大斗、單重翹、正心瓜拱、萬拱、頭二昂、螞蚱頭、撐頭木、單材瓜拱、萬拱、廂拱、把臂廂拱、十八斗、三才、槽升、挑尖樑頭、斜頭二翹、搭角正頭二翹、搭角鬧頭二翹、斜角頭二昂、裏連頭、貼斜翹昂升斗、蓋斗板、斗槽板、斜蓋板、寶瓶、挑金溜金平身斗科、蔴葉雲母、三福雲、秤桿、夔龍尾、伏運捎、菊花頭、荷葉、雀替之屬，安裝有法，以層數分件數。其斗口單昂、斗口重昂、單翹單昂、單翹重昂、重翹單昂、重翹重昂、裏挑金、一斗二升交蔴葉、三滴水品字、内裏品字科、隔架科，其法有差。至斗口單昂、平身科、柱頭科、角科、斗口，自一寸名件尺寸起，至六寸止。凡十有一條，升一等，增五分，用料則按斗口之數以丈檄。

自喻皓造木經，丁緩、李菊，遂爲殿中無雙。後世得其法，揣長楔大，理木有偋，削木有斤，平木有鏟，析木有鋸，並膠有槤，釘木有檻，櫽括蒸矯，以制其拘，凡不得入者利其拴，不得合者利其榫，造千廡萬廈于斗室之中，不溢禾芒蛛網於層樓之上，估計最尊，謂之料估先。次之大木匠，而鋸工、雕工、斗科工、安裝菱花匠隨之，皆工部住坐僱覓之輩。大木匠見方折工，舉榫眼、榫窌、椽椀、下槽頭、圓平面、開口、交口、舊料、鏟砍、油皮、剜補、刮鏍諸活計以折算，鋸工二八加鋸，以面數加飛頭見方折算，及四號拉扯，有葫蘆、人字、丁字、十字、一字、拐字平面、並河、三四五岔之制，並舊料鋸解截鋸諸活計。雕工司山花、博縫、雀替、雲拱之屬。斗科匠以斗口尺寸折算，加草架擺驗諸活計，安裝匠司斗科裝修諸活計。歷代室宮，各有其制。本朝工部釐定營建製造之法，刊定則例，供奉内廷。而圓明園工程又按現行則例，較之部司之例爲詳。至于朝廟宮室名物典章，攷古則見之焦里堂循《羣經宮室圖》，證今則見之吴太初長元《宸垣識略》，可坐而定也。

木植見方之法，每一尺在松檄三十斤、桅杉二十斤、紫檀七十斤、花梨五十九斤、楠二十八斤、黄楊五十六斤、槐三十六斤八兩、檀四十五斤，鐵梨七十斤、楠柏三十四斤、北柏三十六斤八兩，椵三十斤、楊柳二十五斤、桐皮槁以根計，入山伐木，忌犯穿山日。宜定成開明星黄道月德，入場忌堆黄殺方，起工架馬，分新宅舊宅，坐宮移宮，日宜黄道天成月空天月德。

搭材匠，木瓦油漆裱畫諸作之所必需者也。殿宇房座竪立大木架子，皆折方給工，所用架木、撬棍、紮縛繩、壯夫，以架見方有差。打戧撥直桁條徑一尺外者，掛天秤，有坐簷、齊簷、跴盤、脚手、平臺諸架子。搭戧橋。凡重覆簷上簷，折卸簷步椽望、頭停錠、椽望，找補大木，拆宼頭停。找補連簷瓦口、舊琉璃、頭停錠、天花板、支條、貼樑，安裝斗科。堆雲步、高峯、高泊岸、舊布瓦，歇山挑山廡殿諸房，座下橋椿，房身椿，竪棋杆，皆用之。砌高式墻，以五尺至八尺爲一攛，八尺至一丈三尺爲二攛，以此遞增。牌樓、大門、琉璃大式門座，安上重大過木。

調脊、宼瓦、石角樑、斗科、石料、井欄、衚衕，拴挂天秤，諸作搭架子，皆以見方折工料。一秤用秤頭繩一，秤紐繩一，秤尾繩一，湓索繩一。凡大料重至千斤用二秤，千五百斤用三秤。千五百斤以外，日上料四件。二千以外，日上料三件。三千以外，日上料二件。四千以外，日上料一件。摯桿以上吻獸九樣琉璃曲脊，及不拆頭停、搬罶、挑牮、撥正歸安榫木、抽換柱木、打戧頂柱。其貫架、吻架、菱角、券洞、碢盤諸架子，各見方有差。隨油漆、裱畫、作脚手架子亦同科。油畫遮陽縫蓆，用竹竿大蓆連二繩，折料以見方論，偏厦遮陽棚。墻脊、仰塵、吊箔、鋪地，皆用蓆。棚座頭停蓆墻，見方按層折料，以十五層爲率。凡此皆搭材匠之職，而折卸工用有差。如綁夾杆圈蓆，落井桶，掌罐掏泥水，則用杉槁、丈蓆、紮縛繩、井繩、榆木滑車，職在井工，拉罐用壯夫。

營舍之工，黄河以北，稱爲泥水匠。大江以南，稱爲瓦匠。瓦匠貌不潔，皮皸膚瘃，不爲燥濕寒暑變色，緣高如都盧國人，搜述索偶，與木匠同售其術。瓦之器，唯鋙而已。

宼瓦，以面闊得隴數。頭號筒板瓦，口寬八寸。二號筒板瓦，口寬七寸。三號筒板瓦，口寬六寸。十樣筒板瓦，口寬三寸八分。以寬定隴，以進深出簷加舉得長。安瓪加甋，壓七露三，以得露明，俗謂陰陽瓦。每坡每隴除滴水花邊分位，頭號筒瓦長一尺一寸，二號筒瓦長九寸五分，三號筒瓦長七寸五分，十樣筒瓦長四寸五分。每隴每坡，除勾頭分位，以得其數。瓦垂檐際，瓪甋有霤，上曰檐牙，下曰滴水，古謂「瓦頭長，毋相忘」，長年益壽諸瓦頭是也。古者刻龍形於椽頭，水注龍口，其下置承霤器，一名重霤，即今勾漏。其在後檐墻出水者，即古匽豬彪池之屬，今謂天溝。至苫、山黄、草苫、蓆箔、葦子、櫻片、樺皮，折料各有差。至瓦色，則王府用緑瓦，餘平房用硃漆筒瓦，貝勒用硃漆筒瓦，貝子用硃漆板瓦，工部常制有差。

墁地，以進深面闊，折見方丈。除墻基、柱頂、檻墊石、堦條石、加兩出簷、馬尾、礓𥗉，以明間面闊定寬。以臺基高加二定長，踏垜背後，隨踏垜長寬，以臺基高折半，除踏垜石一分定高。墊囊以進深分路，有七路十二路十八路二十五路三十二路之别。砌堦沿、月臺、甬道、臺基、踏垜、礓𥗉，及用石做細做糙鑿做花獸，皆以見方折料。宼石片板、魚鱗石、虎皮石、冰紋石、墁石子、石望板、盆景樹、池山，皆以丈見方尺。虎皮石搯丁當一方，用白灰千五百斤，打並縫一方厚一尺者，用油灰五十斤，鐵絲四斤。厚二尺五寸者，用白灰千五百斤，其糙砌折並縫，工用有差。

大脊，以通面闊定長，除吻獸寬尺寸各一分爲净長，用板瓦取平，苫背沙滚子磚襯平，瓦條、混磚、斗板脊筒瓦。層數，背餡灌漿有差。吻座用圭角一、蘇葉頭一、天混一、天盤一、吻一、劍靶一、背獸一。其混磚斗板兩頭中間，則花草磚、統花磚、龍鳳諸類，無定制。垂脊以坡之長分三分，上二分爲垂脊，所用瓦條、混磚、停泥、通脊板，層數有差。扣脊筒瓦一層，方磚鑿獸座，垂獸一，獸角二，下一分爲岔脊，用瓦條混磚各一層。上安獅馬式五件七件，圭角一，搊風頭一。清水脊，長隨面闊加山墻外出，板瓦苫背，瓦條二層，混磚一層，扣脊筒瓦一層。每頭鼻子一，盤子一，攛頭二，勾頭二，琉璃脊有二樣三樣四樣五樣六樣七樣八樣九樣。脊料瓦料，料以件計，件以折工。工在筒羅、勾頭、夾隴、提節、分隴、花邊，屬之瓦匠。剔鑿順色，屬之窯匠。白灰、青灰、紅土、蔴刀、江米、白礬，折料有差。布通脊，以頭二三號爲例，花脊墻頂擺筒板瓦。又花脊清水脊製法，各分科。

墻脚根曰掐砌攔，上柱頂石下柱曰碼磉墩。墻有山墻、簷墻、檻墻、隔斷墻。諸成砌之别。成砌有磚砌、石砌、上坯砌，及羣域另砌上身之分。磚砌始于發券，發券以平水墻券口，加折歸除，得頭券磚塊之數。五券五伏，次分純灰插泥二種。及透骨灰抹飾，泥底灰面抹飾，插灰泥抹飾，構抿諸類。碎磚碎石做法有差，歇山、硬山、山墻、碼單磉墩、碼連二磉墩，以柱頂石定長見方。攔上按進深面闊定長，地皮以下埋頭，以九檁深一尺，按檁遞減。臺以堦條石定長，硬山羣肩，以進深定長，柱徑定厚，上身隨羣肩，山尖隨山柱，懸山山墻伍花成造，以布架定高，柱徑定厚。砌懸山山花象眼，以步架定寬，瓜柱定高。兩山折一山。前後簷墻，以面闊定長，簷柱定高。以柱徑厚出三之二，封護加平水檁徑椽徑各一分，望一寸。凡用磚，皆除柱徑、枕枋、門窗檻框、榻板木料，及角柱、壓磚板、挑檐石，各分位核之，以順水立墻肩分位。襯脚取平，隨墻長短，而高隨墁地磚分位。其次扇面墻、檻墻、隔斷墻、廊墻各有差，如大中小三才墀頭。隨出簷收線磚、混磚、罱盤頭饊簷、連簷、雀兒臺層數。尺寸定長，隨簷柱加平水檁徑一分。隨出簷收磚、混磚、囂盤頭戧簷、連檐、雀兒臺層數。除停泥滚子磚、砍做線磚、乾擺混磚、囂磚、盤頭戧檐層數尺寸定高外，加連簷厚一分半，以做戧簷斜長入榫，分位有差。排山勾滴，以進深加舉定長，按瓦料之號，分隴得個數，抹飾以長高見方丈。白灰、青白灰、泥底灰、插灰泥、紅黄泥、提漿、蹉舊剔去拘抿、灰道灰梗描刷。折料工用又有差。

砍磚匠，瓦匠中之一類也。金磚以二尺、尺七爲度，方磚以二尺、尺七、尺四、尺二爲度。新舊樣城磚長一尺三寸五分，寬六寸五分，厚三寸二分。臨清城磚同。停泥滾子磚、沙滾子磚，長八寸，寬四寸，厚二寸。停泥斧刃磚，與停泥滾子同。沙斧刃磚，與沙滾子同。砍磚工作，在砍磨城角轉頭、捎白、截頭、夾肋、剔漿、齊口、挂落、券臉，及車網、立柱、畫柱、垂柱、圭角、角雲、獸座、照頭、捺花、寵頭、鼻盤、桁條、耳子、素寶頂、雲拱頭、花墊板、脊瓜柱、花垂柱、花氣眼、花雀替、博縫頭、古老錢、馬蹄磉、三岔頭、花搗扒頭、花通脊板、牡丹花頭、額枋、四面披、小博縫、松竹梅、花草、須彌座花柱、圓椽達望板、窗户素線磚、垂花門立柱、箍頭枋、方椽、飛簷椽、連檐、裏口、線枋花心轉頭花香草雲、垂脊板、如意頭、象鼻頭、天盤、西洋墻、寶塔、寶瓶諸活計。鑿花匠，又砍磚匠之一類也。鑿花工作在檻墻下，花磚、花龍鳳、分心雲頭岔角、梅花窗、海棠花窗、草花圓窗、線枋磚花窗、雲子草、八角雲各色。又三十三號物背獸、劍靶、吻座、垂獸、獸座、戧獸、仙人走獸。而剁磨、鏟磨、磨平、見方、計工，仍職在瓦匠，所謂水磨也。湖上水磨墻地文磚，亞次規矩者，爲藻井紋，橫斜者爲象眼紋，八方者爲八卦紋，半斧者爲魚鱗紋，參差者爲冰裂紋，一爲肺碎紋，上嵌梅花，謂之冰片梅。

琉璃瓦九樣什料，自二樣始。二樣吻，每隻計十三件，高一丈五尺，重七千三百斤，爲劍靶背獸、吻座、獸頭連座、仙人、走獸、赤脚黄道、大羣色、垂脊、攛頭、搗扒、大連磚、套獸、吻匣、博通脊、滿面黄、合角獸、合角劍靶、羣色條、鈎子、滴水、筒瓦、板瓦、正當溝、斜當溝、壓帶條、平口條諸件。三樣吻，每隻計十一件，高九尺二寸，重五千八百斤，什料同。四樣吻，每隻高八尺，重四千三百斤，什料同。五樣吻，每隻五尺三寸，尾寬八寸五分，重六百斤，多戧獸、戧脊、三連磚、挂尖托泥。六樣吻，每隻三塊，通高三尺三寸，重三百二十斤，多獅馬。七樣吻，每隻高二尺四寸五分，長二尺七寸，寬七寸五分，重一百三十斤，多羅鍋、列角盤、魚鱗摺腰。八樣吻，每隻重一百二十斤，什料同。九樣吻，每隻高一尺九寸，長一尺五寸，寬四寸五分，重七十斤，多滿山紅、掛落磚、隨山半混、羅鍋半混、羊蹄筒瓦板瓦、雙羊蹄筒瓦板瓦。此九樣什料也。至迎吻于琉璃窯，迎祭于大清正陽諸門，典制綦重，載在工部。

糙尺七、尺四、尺二方磚，出細減一寸，糙新城磚。出細減九斤十二兩，糙停泥磚沙磚。出細減一斤，頭號二號三號四號十號筒羅勾頭滿水板瓦斤數有差。定磉日忌正四廢天賊建破，拆屋用除日，蓋屋用成開日，泥屋用平成日，開渠用開平日，砌地與動土同。

石有旱白玉、青玉、青砂、花班、豆渣、虎皮諸類。拽運以旱船。計打荒、做糙、做細、占斧、扁光、擺滾子、叫號、灌漿，石匠壯夫並用。捧請座子入正位，壯夫至三百人，石匠職在做糙，謂之落坯工。出細則沖打、箍槽、打摺、鑽取、掏眼、打眼、打邊、退頭、榫窌、起線、出線、剔鑿、扁光、掏空當、細撕、洒砂子、帶磨光、對縫、灌漿、拘抿、舊石閃裂歸壠、拴架、鑲條、合角、落梓口、開旋螺紋諸役，石以長高寬厚見方論工。檻墊石以面闊除柱頂定寬，堦條石以出簷柱頂除回水定厚，硬山加堆頭金邊。連好頭石，懸山加挑山硬山兩山條石，與堦條同。斗板石，按露明處以臺基高除石條厚定寬，土襯石按露明處以斗板厚加金邊定寬，踏垜石以面闊除垂帶一分寬，按臺基分級數。燕窩石以石面闊加垂帶金邊定長，平頭土襯石以斗板土襯金邊外皮。至燕窩裏皮定寬，象眼石以斗板外皮燕窩裏皮定長，垂帶石以踏垜級數加舉定長。如意石與燕窩同。角柱石以檐寬三之一除壓磚板定長，以檐柱徑定寬，折半定厚。金山角柱石以柱徑定寬，本身寬折半定厚。琵琶角柱石以金山角柱收二寸定寬，硬山壓磚板出廊，加墀頭退一分定長。裏外腰線石，按山墻除前後壓磚板分位定長，内裏羣肩下平頭土襯石，按進深出廊，除柱頭分位定長。挑檐石以出廊加墀頭稍定長，壓磚石收一寸定寬，埋頭柱脚石按臺基高除堦條厚定長，堦條寬見方。分心石以出廊定長，金柱頂見方一分半定寬。垂花門中間滾墩石，以進深收分一尺定長，門口高三之一定高，方柱一尺加十之六定寬。門枕石以門下檻十之七定高，本身加二寸定寬，兩頭寬加下檻厚一分定長。折料灌漿，用白灰、白礬、江米，粘補銲藥用黄蠟、芸香、木炭、白布，補石配藥較銲藥增石麵，石縫拘抿，白灰桐油，見方斤重長短有差。須彌座則做圭角、奶子、唇子、拘空當、捲雲落持腮、梟兒、束腰瑪瑙金剛柱子、椀花結帶、捲金卧蠶、水池荷葉溝、菱花窗。柱頂週圍做蓮瓣、巴達馬、香草雲花卉、行龍、麒鱗、夔龍、八寶、搭袱子、滾墩開壺牙子、立鼓腔、掐鼓釘、鼓兒、門枕諸役。龜獸座三採叠落、山峯、剔撕汪洋海水、壽帶。花盆座法與須彌同。如意雲、萬字迴紋錦、四面壽帶、細撕筋紋、西番蓮、蓮子、花心、玲瓏欄杆、石榴頭、壽帶、拘空當諸役。蓮花盆座，法與須彌同。剔山林花草宫燈出細，則如柘榴頭、伏蓮頭、浄瓶頭、蔴葉頭、珠子、蓮瓣、荷葉、西番蓮。龍分氣雲陽龍，掐鱗爪、撕鬃髮腿、虎肚、火肚、皷肚黄戧刺、海水江牙、村山撕水、玲瓏口岔分齒舌、做鬚眉、鑿扁、畫八掛龜背錦襯脊梁骨尾巴。獅子分頭臉身腿牙胯、繡帶、鈴鐺、旋螺紋、滾鑿繡珠出鑿崽子。西洋踏脚、琴腿、起口線、龍胎、鳳服、鳳毛、做管子、新雲八寶、捽帶子、象眼、落盤子、地伏頭、古子滾胖、雲子寶瓶、楞裏禪杖、龍鳳花卉、仰覆蓮、通瓦隴溝、券膽石番草捽帶子、六角、八角、花石角梁繩出頭獸、戲水獸面、橋翅柱子、前出角、後八角、抱鼓、雲頭、素線、橋面仰天、落色蓮開打壺瓶牙口子、幔頭皷子、馬蹄磉石、古老錢耳子、水溝、千斤石做鈎頭、披水、銀錠橋瓦楞起線諸役。其法亦見方爲科。

湖上地少屋多，遂有裹角之法。角，古之所謂榮也。東榮西榮，北榮南榮。皆見之《禮》及司馬相如《上林賦》，宇不反則檐不飛，反宇法于反唇。飛檐法于飛鳥，反宇難于楣，飛檐難于椽，楣若衫袖之卷者則反。椽若梳櫛之斜者則飛，其間增桴重棼，不一其法，皆見之斗科做法平身科、柱頭科、角科三等。屋多則角衆，地少則角犄。于是以法裹之，縱橫迴旋，正當面，顧背面，度四面。邱中舉維精展結隅，利稜鋒柧，造計秒忽。至增一角多，減一角少。此裹角之法也。葉夢得判案有云，東家屋被西家蓋。子細思量無利害。此語可與裹角法參之。然薛野鶴嘗曰，住屋須三分水二分竹一分屋。顧東橋嘗曰，多栽樹少置屋。二説又可爲裹角者進一解也。

頂爲浮圖，其名本金制。一品繖用銀浮圖，二三品用紅浮圖，四五品用青浮圖之屬。今湖上亭塔頂多鎏金，次則磚頂磁頂。景德鎮祕色窯得一朱砂窯變，價值千金。近恒以花瓶倒安于上，其法稱便。

裝修作司安裝門槅之事，槅以飛簷椽頭下皮，與槅扇挂空檻上皮齊。下安槅扇，下檻掛空檻分位。上安横披并替椿分位，掛空一名中檻，一名上檻。替椿一名上檻，安裝槅扇，以廊内穿插枋下皮，與掛空檻下皮齊。次稍間安裝檻窗，上替椿横披掛空檻，俱與明間齊。上抹頭與槅上抹頭齊，下抹頭與槅羣板上抹頭齊，餘係風檻榻板檻墻分位。所用名物，有上檻、抱框、腰枋、榴柱、邊挺、抹頭、轉軸、拴杆、支杆、槅心、平檽、檽子、方眼、支窗、推窗、方窗、圓光、十様、直檽、横穿、横披、替椿、簾架、荷葉、拴斗、銀錠、扣架心、螞蟻腰，及絛環、滴珠、簾籠、揭板、羣板諸件。單楹、連二楹有差。凡楠柏木槅扇，以用碧紗廚罩腿大框爲上線，以捲珠爲上混面，凹面有門尖、花心、玲瓏之制。槅心有實替、夾紗之分。花頭有卧蠶、夔龍、流雲、壽字、萬字、工字、岔角、雲團、四合雲、漢連環、玉玦、如意、方勝、叠落、蝴蝶、梅花、水仙、海棠、牡丹、石榴、香草、巧葉、西番蓮、吉祥草諸式。工兼雕匠、水磨燙蠟匠、鑲嵌匠三作。至菱花槅心之法，三交燈球六椀菱花，三交六椀嵌橄欖菱花，丈葉菱花，又三交滿天星六椀菱花，古老錢菱花，又雙交四椀菱花諸式，則屬之菱花匠，實替一曰糊透，夾紗一曰夾堂。

古者在墻爲牖，在屋爲窗。《六書正義》云，通竅爲囧，狀如方井倒垂，繪以花卉，根上葉下，反植倒披。穴中綴燈，如珠窋窋而出，謂之天窗。《太山記》云，從穴中置天窗是也。今之蓬壺影、俯鑑室，均用其法。古者牖穿壁孔，兩旁植槺，以三寸爲度。今則有柱有枋，中起棋盤線、劍脊線、擴線、闗花牙、三灣勒水、出色線、雙線、起雙鈎，極陰陽榫之變。有方圓圭角之式，中實槅扇，大曰疏，小曰窗，相並曰方軒。槅心花樣，如方眼、卍字、亞字、冰裂紋、金樓絲、金線鈎蝦蟆之屬。一窗兩截，上繫梁棟間爲馬釣窗，疏檽爲太師窗。門制上楣下閾，左右爲根，雙曰闔，單曰扇。有上中下三户門，及州縣寺觀庶人房門之别，開門自外正大門而入次二重，宜屈曲，步數宜單。每步四尺五寸，自屋簷滴水處起，量至立門處止。門尺有曲尺、八字尺二法。單扇棋盤門，大邊以門訣之吉尺寸定長，抹頭、門心板、穿帶、插間梁、拴桿、檻框、餘塞板腰枋、門枕、連檻、横拴、門簪、走馬板、引條諸件隨之。古者外門内户。《文選》注：大門爲門，中門爲闥。《説文》云：半門曰户。《玉篇》云：一屏曰户。諸説異解同趣。門有制，户無制。今之園亭，皆有大門，均仿古制。至園内房櫳廂个，巷厩藩溷，皆有耳門，不免間作奇巧，如圓圭、六角、八角、如意、方勝、一封書之類，是皆古之所謂户也。曲尺長一尺四寸四分，八字尺長八寸。每寸堆曲尺一寸八分，皆謂門尺，長亦維均。八字：財、病、離、義、官、刦、害、本也。曲尺十分爲寸。一白、二黑、三碧、四緑、五黄、六白、七赤、八白、九紫、一白也。又古裝門路用九天元女尺，其長九寸有奇，匠者繩墨，三白九紫。工作大用日時尺寸，上合天星，是爲壓白之法。

建造橋梁，有木橋做法。以寬長丈尺橋孔數目，折料計工。尺五椿木，連入土長二丈七尺，一木一椿。二尺管木長一丈二尺，一木二根，尺六橋面。榜木長一丈五尺，簽錠椿木，安裝管頭楞木，用八六寸扒頭釘，斤兩有差。鋪墁橋面，磚以寬長丈尺，除引條分位，横鋪立墁。鋪墁先用土墊平，折方有差。盤硪打瓣搭脚手，用蔴斤兩，及木匠劃砍椿尖，做出壍鑿管頭，鋪錠面木橋板，闗磚引條，安裝欄干，定間柱戧柱。瓦匠鋪墁，日記夫油漆匠，油飾闗磚引條，露明欄干，間柱戧柱。桐油、陀僧、定紅斤兩，熬油打雜各有差。裹頭雁翅，亦以寬長折料，計工石硪，跳板借用不估。此木橋做法也。石橋做法。以金門由身雁翅寬高，折料計工。雁翅迎水，頂底牽長，下分水頂底。用石陡砌，每里計長九十六丈四尺。底石下鋪錠梅花樁，安頓底石。每丈用樁二十段，尺五木一木三樁。迎面排樁，尺四木一木二樁，砌面石每丈油灰二斤，裏石每丈灌漿石灰一百斤，米汁有差。扛擡上住每丈壯夫二名。此石橋做法也。石岸做法，與雁翅同科。若堤壩工程，築堤先牽頂寬底寬高長丈尺用土見方，底寬以入水丈尺，除水深丈尺折方，寬有築寬幫寬，高有築高幫高，幫寬幫高，謂之幫築。在旁幫築，謂之幫戧。平面加高，謂之普面。水深用柴鋪墊，謂之二面防風，以備積築。柴以束計，謂之正柴。用料以土方數目折束，搬柴廂柴。夫工有差，取土以道路遠近折料，謂之新土。隔河取土，及湖中撈挖用船運送，均于土方加料築壩。以面底寬長丈尺中心填土見方，壩長于水面，每丈用排樁七，槲木一，蘆芭二，纖纜一。工完銷土，屬之日記夫。

雕鑾匠之職，在角梁頭、博縫頭、順梁額枋箍頭、挑尖梁頭、花梁頭、角雲、拱番草素線雀替、角背、絛環、拖泥、牙子、四季花門簪、荷葉枕墩、浄瓶頭、蓮瓣芙蓉垂頭、柱連楹疙疸楹雕做、荷葉簾架墩、大小山花結帶、蔴葉梁頭、羣板滿雕夔龍鳳博古花卉、起如意線、三伏雲、素線響雲板、菱花梅花錢眼、起線護炕琴腿、圈臉番草雲、槅扇搯、眼象鼻拴、玲瓏雲板連籠板、琵琶柱子、荷葉、壺瓶牙子、支杆荷葉、採斗板、伏蓮頭、燕尾、摺柱，並斗口各科，工用有差。水磨燙蠟乾磨諸匠，與雕鑾互用，皆屬之楠木作。凡楠木匠一百，加安裝匠十，鋸匠二十，做舊裝修。另折方以計工。燙蠟物料，用黃蠟、蚪草、白布、黑炭、桃仁、松仁有差。此外包鑲匠，別楠、柏、紫檀、海梅、花梨、鐵梨、黃楊，木植以折見方計工。鏇匠職在鼓心、圓珠簾、滑子、浄瓶、大垂頭、仰覆蓮、西番蓮頭、束腰連珠、鏇牙、粗牙諸役。水磨茜色匠職在象牙浄瓶、闌杆、柱子、凹面玲瓏夔龍書格、牙子、如意、畫別諸役。雕匠有假湘妃竹藥欄做法，楠柏木挖做竹子式，挂簷板上貼半圓竹式，竹式有如意雲、圓光、連環套、萬字團諸名。攢竹匠職在刮黃、刮節、去青、去綑成開。做榫卯有十三合頭九合頭五合頭攢做之分，膠以縫計，錠鉸匠職在鐵箍拉扯、大鐵葉、角梁、由戧、寶瓶樁釘、刎錠枋梁、鈎搭、雙爪鈾鎖提捎、挺鈎、鑽三四寸釘椽眼連簷、博縫、山花、過木、沿邊木、諸銅簽錠、斗科升耳包昂嘴、門葉錠、門泡釘、門鈸、門橋、鐵葉、雨點釘、梭葉、鐽鈒、雙卓拐角葉、雙人字葉、看葉、獸面帶仰月千年釣、壽山福海、釘鈎、菱花釘、風鈴、吻鍋、簷網、剪葉、天花釘、大小黃木條銅鐵絲網、掛網剪碗口，以尺寸折料，以料數折工。

琉璃轉盤鼓兒影壁，高六尺三寸五分，寬三尺六寸，用柱子二，間柱二，抹頭二，腰根二，夾堂餘腮板四面絛環羣板二，裏口框一。四抹轉盤大框，高三尺五寸七分，寬二尺八寸，羣板絛環，採間柱餘腮絛環，雕凹面香草夔龍，有鑲嵌素鑲並鑲門桶之別。夾層落堂如意瓶式，高五尺二寸，寬二尺三寸，二面貼落金邊，中嵌夔龍團草、扇抹頭、推門槅扇拴杆、琵琶柱子、欄干、起線雕艾葉、浄瓶頭、連珠束腰、西番蓮柱頭四、托泥、地伏、琴頭、捎子、踢脚、隱板、欄干心、床上筆管欄干皆備。飛罩有落地明、連三飛罩、連十五飛罩、單飛罩諸做法。碧紗廚柱子，與影壁同。槅心用夾紗做法，皆屬之楠木作。

覆橑，今之木頂格也。《夢谿筆談》云，古藻井即綺井。又曰覆海。今謂之門八。吴人謂罳頂，蓋後至壞前至檐，左右至兩圬，上合羣羣板，下横經緯，中如方罫，所以使屋不呈材也。木頂槅週圍有貼梁、邊抹、檽子、木釣掛，一檽六空，横直兩頭，進深面闊有常制。上畫水草，説者謂厭火祥，莖皆倒垂殖，其華下向反披，古謂井幹。天台野人《存論》云，仰卧室中觀藻井，得古井田法，謂此。

銅料做法，門釘九路七路五路之分。鐽鈒獸面，每件帶仰月、千年釣，門鈒帶鈕頭圈子。包門葉有正面鐽鈒、大蟒龍、背面流雲做法，壽山福海，鈎搭釘釣，門槅同科。槅扇有雲龍鐽鈒雙拐角葉、雙人字葉、看葉諸式。看葉帶鈎花鈕頭圈子，若雲頭梭葉、素梭葉，則宜單用。其他菱花釘、小泡釘、殿角風鈴、瑠琉吻、合角吻、瑠璃獸、八樣銅瓦帽、大小黃米條、銅絲網。物料重輕有差。

亮鐵槽活，什件爲大二門鈸雲頭、裏葉拴環搭鈕槅板雲頭、合扇支窗雲頭、葵花齊頭諸合扇、板門摘卸合扇、墻窗仔邊合扇、槅扇屏門檻窗鵞拐軸鵞項、碧紗廚鵞項、檻斗海窩拴斗、起邊凹面鵞項、簾架掐子、回頭鈎子、絲瓜鈎子、西洋鈎子、八寶環、八字雲頭葉、支窗雲頭、齊頭裏葉，有無樓子、西洋撥浪、各色挺鈎捎子、各色直子釣邊、釘釣摺叠釘釣、各色鈎搭、過河鈎搭、圓捎子、紗帽捎子、掃黃捎子索子、大小冒釘、單雙撥浪、各色挺鈎、鶴嘴挺鈎、壽山福海、人字面葉、大小抱柱葉子、萬字式箍、雙雲頭面葉、鈕頭釣牌、雲頭角葉、大樣掐判門圈子、一二三寸圈子、五寸靶圈諸件，折價給工有差。

油漆匠三蔴二布七灰糙油墊光油硃紅油飾做法，計十五道。蓋捉灰、捉蔴、通灰、通蔴、苧布、通灰、通蔴、苧布、通灰、中灰、細灰、拔漿灰、糙油、墊光油、遍光油，十五道也。用料爲桐油、線蔴、苧布、紅土、南片紅土、銀硃、香油，見方折料。次之二蔴一布七灰糙油墊光油硃紅油飾，又次之二蔴五灰，一蔴四灰，三道灰二道灰諸做法。其他各色油飾做法，如硃紅、紫硃廣花諸磚色、定粉、廣花、烟子、大碌、瓜皮碌、銀硃黄丹、紅土烟子、定粉土粉、靛球定粉磚色、柿黄、三碌、鵞黄、松花緑、金黄、米色、杏黄、香色、月白諸色。次之，油飾紅色瓦料鑽糙滿油各一次。及天大青刷膠、柿黄油飾、洋青刷膠、花梨木色、楠木色、烟子刷膠、紅土刷膠諸法，所用料爲烟子、南烟子、廣靛花、定粉、大碌、三碌、彩黄、黄丹、土粉、靛球、梔子、槐子、青粉、淘丹、土子、水膠、天大青、洋青、蘇木、黑礬諸物，桐油加白灰、白麪、土子、陀僧、黄丹、白絲、綠棉，油飾菱花加牛尾。其煎油木柴另法有準，挑水、劈柴、燒火、捶蔴、篩碾磚灰，諸壯夫給工有差。斗科使灰用油，及頭停打滿地面磚鑽夾生油，舊料墊砍，另法折工。若竹蓆、葦蓆、刷柿黄、罩白，及搓清紅黑油，又粉油上洒玉石砂子，又滿糊高麗紙。搓油燙蠟金砂各磚，窗户紙上噴油，工料同科。

畫作以墨金爲主，諸色輔之。次論地仗、方心、線路、岔口、箍頭諸花色。墨有金琢烟琢細雅五墨之用，金有大小點之用。地仗方心瀝粉，及各色花樣之用。線路岔口箍頭貼金，及諸彩色，隨其花式所宜稱。花式以蘇式彩畫爲上。蘇式有聚錦、花錦、博古、雲秋木、壽山福海、五福慶壽、福如東海、錦上添花、百蝠流雲、年年如意、福緣善慶、福禄綿綿、羣仙捧壽、花草方心、春光明媚、地搭錦袱、海墁天花聚會諸式。其餘則西番草、三寶珠、三退暈、石碾玉、流雲仙鶴、海墁葡萄、冰裂梅、百蝶梅、夔䙁宋錦、畫意錦、垛鮮花卉、流雲飛蝠、袱子喳筆草、拉木紋、壽字團、古色螭虎、活盒子、爐瓶三色、歲歲青、瓶靈芝、茶花團、寶石草、黄金龍、正面龍、升澤龍、圓光、六字正言、雲鶴、寶仙、金蓮水草、天花、鮮花、龍眼、寶珠、金井玉欄干、萬字、梔子花、十瓣蓮花、柿子花、菱杵、寶祥花、金扇面、江洋海水諸式。惟貼金五爪龍，則親王用之，仍不許雕刻龍首，降一等用金彩四爪龍。貝勒貝子以下則貼各樣花草，平民不許貼金。用料則水膠、廣膠、白礬、桐油、白麪、土子麪、夏布、苧布、白絲、綠棉、山西絹、潮腦、陀僧、牛尾、香油、白煎油、貼金油、磚灰、木明、鷄蛋、松香、硼砂、酸梅、梔子、黄丹、土黄、油黄、膝黄、赭石、雄黄、石黄、黄滑石、彩黄、廣靛花、青粉、瀝青、梅花青、南梅花青、天大二青。乾大碌、石大二三碌、淨大碌、鍋巴碌、松花石碌、硃砂、紅標硃、黄標硃、川二硃、銀硃片、紅土、蘇木、胭脂、紅花、香墨、烟子、南烟子、土粉、定粉、水銀、明光漆、點生漆、生熟黑漆、西生漆、黄嚴生漆、退光漆、籠罩漆、漆硃、連四退光漆、血漆、見方紅黄金、魚子金、紅黄泥金諸料物。

六典中裝潢匠，今之裱作也。隔井天花，海墁天花，今之裱背頂槅也。裱做在托夾堂，裱面層，糊頭層底，錠鉸匠壓錠，托裱紙，纏秫稭。紮架子諸法，其糊飾梁柱，裝修木壁板墻槅扇次之。紙有棉榜、頭二三號高麗、西紙、山西絹、棉方白二方欒、竹紙料連四、清水、連四毛邊、連四抄紙、錦紙、蠟花、呈文、宮青、西青、皂青、方槁、裱料、銀箋、蠟花、宮箋、璀紅、硃砂箋、小青、倭子、京文、桑皮諸紙。所用白麪、白礬、苧布、秫稭、雨點釘、線蔴、秏紙、包鑲、出線、鏇花、對花、壓條，工用有差。紗絹綾錦畫片，以見方折工料。此所謂采飾纖縟，裛以藻綉，文以朱緑者也。近今有組織竹篾爲頂蓬者，民間物耳。

花架有一面夾堂之分，方罫象眼諸式。蓋以圍護花樹之用，諸園皆有之，多種寶相薔薇月季之屬，謂之架花。架以見方計工，料用杉槁、楊柳木條、薰竹竿、黄竹竿、荆笆、籓竹片、花竹片、樱繩，花樹價值有常，保固有限。保三年者，千松、小馬尾松、大小刺松、羅漢松、小柏樹、青楊、垂柳、觀音柳、山川柳、柿樹、栗樹、核桃樹、軟棗樹、桑樹、梧桐樹、秋樹、槐樹、紅白櫻桃樹、接甜棗樹、蘋菓樹、檳子樹、李子樹、千葉李、沙菓子樹、莎羅樹、石榴樹、小白菓樹、梨子樹、紅梨花、玉梨花、錦堂梨、香水梨、珍珠花、山裏紅、紫丁香、白丁香、紅丁香、紅白丁香、百日紅、棣棠花、文宮菓、山桃、白碧桃、紅碧桃、波斯桃、粉碧桃、鴛鴦桃、千葉杏、大小山杏、接杏樹、大玫瑰、馬英花、蘭枝花、白梅花、紅梅花、黄刺梅花、佛梅花、探春花、紅黄壽帶、藤花、紫荆花、明開夜合花、十姊妹、扒山虎、山葡萄、芭蕉、貼根海棠、硃砂海棠、垂絲海棠、龍爪花、白玉棠花、菠子、長春花、金銀花、沙白芍藥、楊妃芍藥、粉紅芍藥、千葉蓮芍藥、大紅芍藥、菠利諸種。保二年者，西府海棠。不保年者，大柏樹、大羅漢松、頭二號馬尾松、大白菓樹、小山裏紅、小玫瑰、榛子菓、歐子菓諸種。京師以車載論，城内每一車給價二錢。出城十里内，加給一錢，十里外每里加給二分。如人夫擡運，照人數給工。湖上樹木，多自堡城來者，無水通舟，故僅照人數給工之例。

匾有龍頭素線二種，四圍邊抹，中嵌心字板，邊抹雕做三採過橋，流雲拱身宋龍，深以三寸爲止，謂之龍匾。素線者爲斗字匾，龍匾供奉御書，其各園斗字匾，則概係以亭臺齋閣之名。

廳事猶殿也，漢晉爲聽，六朝加廠爲廳。《老學菴筆記》云：路寢，今之正廳，治官處之廳多廠，今謂廠廳。《靈光賦》云：三間兩表，即今廳之有四榮者，如五間則兩稍間設槅子或飛罩，今謂明三暗五。宋排當云：三間五廈。《輟耕録》云：三間兩夾皆是也。湖上廳事，署名不一。一曰福字廳，本朝元旦朝賀。

自王公以下至三品京堂官止，例得恭邀頒賜福字。各官敬裝匾，供奉中堂，以爲奕世光寵。南巡時各工皆賞福字，如辛未，則與石刻坐秋詩水嬉賦仝賞之類。爲工商敬裝龍匾，恭摹于心字板上。擇園中廳事未經署名者懸之，謂之福字廳。如皆已有名，則添造廳事。或去舊匾換福字，如冶春詩社之秋思山房，荷蒲薰風之清華堂之屬，皆是今之福字廳。其次有大廳、二廳、照廳、東廳、西廳、退廳、女廳，以字名如一字廳、工字廳、之字廳、丁字廳、十字廳。以木名如楠木廳、柏木廳、桫欏廳、水磨廳。以花名如梅花廳、荷花廳、桂花廳、牡丹廳、芍藥廳。若玉蘭以房名，藤花以樹名，各從其類。六面庋板爲板廳，四面不安窗櫺爲涼廳，四廳環合爲四面廳，貫進爲連二廳及連三連四連五廳，柱檁木徑取方爲方廳，無金柱亦曰方廳，四面添廊子飛椽攢角爲蝴蝶廳，仿十一檁桃山倉房抱廈法爲抱廈廳，枸木椽脊爲捲廳，連二捲爲兩捲廳，連三捲爲三捲廳，樓上下無中柱者，謂之樓上廳，樓下廳，由後簷入拖架爲倒坐廳。

正寢曰堂，堂奥爲室，古稱一房二内，即今住房兩房一堂屋是也。今之堂屋，古謂之房。今之房，古謂之内，湖上園亭皆有之，以備游人退處。廳事無中柱，住室有中柱。三楹居多，五楹則藏東西兩稍間于房中，謂之套房。即古密室、複室、連房、閨房之屬。又巖穴爲室潛通山亭，謂之洞房，各園多有此室。江氏之蓬壺影、徐氏之水竹居最著。又今屋四週者謂之四合頭，對霤爲對照，三面連廡謂之三間兩廂，不連廡謂之老人頭。凡此又子舍、丙舍、四柱屋、兩徘徊、兩廈屋、東西霤之屬。其二面連廡者，謂之曲尺房。

正構皆謂閣，旁構爲閣道，加飛椽攢角爲飛閣，露處爲飛道，露處有階爲磴道，磴道曲折紆徐者爲頻頓，是皆閣之制也。湖上閣以錦鏡閣爲最，閣道以篠園爲最，飛閣、飛道、磴道、步頓，以東園爲最。

兩邊起土爲臺，可以外望者爲陽榭，今曰月臺曬臺。《晉塵》曰：登臨恣望，縱目披襟，臺不可少，依山倚巘，竹頂木末，方快千里之目，湖上熙春臺。爲江南臺制第一傑作。

樓與閣大同小異，梯式創于黄帝，今曲梯折磴，極窈窕深邃，非持火莫能登，謂之螺螄轉。京師柏林寺大悲閣，最稱詭制。湖上以平樓第三層梯效之，崇屋敞前爲榭，蓋樓臺中之斜者，即錦泉花嶼中藤花榭之屬。

行旅宿會之所館曰亭，重屋無梯，聳檻四植，如谿亭、河亭、山亭、石亭之屬。其式備四方、六八角、十字脊，及方勝圓頂諸式。亭制以《金鼇退食筆記》九梁十八柱爲天下第一，湖上多亭，皆稱麗矚。

古者肅齊不齊曰齋，黄岡石刻東坡墨蹟一帖，有思無邪齋。《晉塵》曰：齋宜大雅，窗櫺朗明，庭苑清幽，門無輪蹄，徑有花鳥。

浮桴在内，虛簷在外，陽馬引出，欄如束腰，謂之廊。板上甃磚，謂之響廊。隨勢曲折，謂之遊廊。愈折愈曲，謂之曲廊。不曲者修廊，相向者對廊，通往來者走廊，容徘徊者步廊，入竹爲竹廊，近水爲水廊。花間偶出數尖，池北時來一角，或依懸厓，故作危檻，或跨紅板，下可通舟，遞迢于樓臺亭榭之間。而輕好過之，廊貴有欄，廊之有欄，如美人服半臂，腰爲之細。其上置板爲飛來椅，亦名美人靠，其中廣者爲軒。《禁扁》編云：窗前在廊爲軒。

大屋中施小屋，小屋上架小樓，謂之仙樓。江園工匠，有做小房子絶藝。

古者依水爲屋，謂之船房。凡三間屋靠山開門，概以船房名之。全椒金絜齋架詩云：啓闔竟穿蔣詡徑，入室還住張融舟，謂此。

陳設以寶座屏風爲首務，玻璃圍屏用四抹心子板、腰圍魚門洞鑲嵌凹面口線、海棠式雙如意魚門洞鑲嵌凹面口線諸做法。通景圍屏，用絛環牙子上陰陽叠落雕玲瓏寶仙花諸做法。畫片玻璃圍屏，用大框、碎框、壁子、梓框、二畫片、魚門洞、心子板、玻璃轉盤、方窗諸做法。三屏風，連三須彌座，上下方色連巴達馬、束腰線枋，中峯雁翅四抹大框，内鑲大理石落堂板一分，替板一分，背板梓框，上下絛環，二面雕漢文夔龍搭腦立牙諸做法。插屏門高六尺一寸，寬三尺一寸六分，内榻樘木二，二面雕凹面漢文夔龍，柱子二，托棖一，鎖砌棖一，背後閘檔板一，二抹大框一，篷牙一。貼牙二諸做法，四抹玻璃門高五尺三寸三分，壁板一，絛環一，一面採臺雕凹面漢文夔龍捧壽諸做法。頭號寶座，面闊四尺有奇，進深三尺有奇，高一尺六寸有奇，三方靠背束腰、托腮方肚、蓬牙象鼻、捲珠灣腿、周圍托泥、扶手雲頭諸做法。平面脚踏，與座等。漢文腿、束腰托泥俱備。二號矮寶座，面闊三尺六寸。進深二尺八寸六分，高七寸。上下方金蓮、巴達馬、束腰、杉口、梓口、地平排捎、地平牀面、包鑲中爲暖板諸做法。次之燈綵鋪墊，燈以掛計。錫燈有洋燈，三面、四面、六面、鏡插、滿堂紅、高燈之屬。建珠燈有山水、花卉、禽獸、人物，字畫之屬。琉璃燈有四方、八方、冬瓜、葧薺、皮球之屬。玻璃燈有方架、滚子、大洋、小洋、五色、吹片之屬。其餘各色洋縐、堆花耿絹，畫各舊稿。各色紗堆花、白雲紗、銀條紗、刮絨堆花、紅金線、泥金紗羅。上覆朱纓，角垂風帶者，謂之宫燈。竹架上蒙紬縐者，謂之膝褲腿。蒧絲無影，謂之氣殺風，置鐵竹長柄懸之者，謂之鶖頸項，綵子用五色綾，紫蛛網罘罳，以爲簷飾。

結彩屬之官樂部，里中呼爲吹鼓手，是業有二：一曰鼓手，一曰蘇唱。有棚有坊，民間冠婚諸事，鼓手之價，蘇唱半之，蘇唱顏色半伺鼓手爲喜怒，其族居城內蘇唱街。

鋪地用棕氈，以胡椒眼爲工，四圍用押定布竹片，上覆五色花氈，氈以黃色長毛氆氌爲上，紫絨次之，藍白毛絨爲下，鑲嵌有緞邊綾邊布邊之分。門簾棹櫈椅炕諸套同例。炕有炕几、炕墊、炕枕、帽架、唾盂、搭脚諸什物。椅有圈椅、靠背、太師、鬼子諸式。櫈有圓、方、三六八角、海棠花及連櫈春櫈諸式。

民間廳事置長几，上列二物。如銅磁器及玻璃鏡、大理石插牌，兩旁亦多置長几，謂之靠山擺。今各園長几，多置三物，如京式、屏間懸古人畫。小室中用天香小几，畫案書架，小几有方、圓、三角、六角、八角、曲尺、如意、海棠花諸式。畫案長者不過三尺，書架下櫝上空，多置隔間。几上多古硯，玉尺、玉如意，古人字畫，卷子、聚頭扇、古骨朵、剔紅蔗葮、蒸餅、河西三撞兩撞漆合。磁水盂，極盡窯色，體質豐厚。靈壁、太湖諸硯山、珊瑚筆格、宋蠟箋。書籍皆宋元精槧本、舊抄秘種，及毛抄錢抄。隔間多雜以銅磁漢玉古器，其白玉本于闐玉河所產，于闐有烏白、綠、三河，所產之玉，如河之色，最勝于獅子王，爲古玉闕以西地。《游宦紀聞》及《于闐行程》記載之甚詳。今入版圖，其玉遂爲方物，賈人用生牛皮束縛，人夫馬騾，運至內地，以斤兩輕重爲換頭。蘇州玉工用寶砂金剛鑽造辦仙佛人物禽獸，爐瓶盤盂，備極博古圖諸式。其碎者則鑲嵌屏風掛屏插牌，謂之玉活計。最貴者大白件，次者爲禮貨，最下者謂之老兒貨。他如雉尾扇、自鳴鐘、螺蜔器、銀纍絲、銅鼂鶴、日圭、嘉量、屏風軨匜、天然木几座、大小方圓古鏡、異石奇峯、湖湘文竹、天然木拄杖。宣銅爐大者爲宮奩，皆炭色紅、胡桃紋、鷓鴣色。光彩陸離。上品香頂撞、玉如意。凡此皆陳設也。

錢泳《履園叢話》卷一二《藝能·堆假山》 堆假山者，國初以張南垣爲最。康熙中則有石濤和尚，其後則仇好石、董道士、王天于、張國泰皆爲妙手。近時有戈裕良者，常州人，其堆法尤勝于諸家。如儀徵之樸園、如皋之文園、江寧之五松園、虎丘之一榭園，又孫古雲家書廳前山子一座，皆其手筆。嘗論獅子林石洞皆界以條石，不算名手，余詰之曰：「不用條石，易於傾頽，奈何？」戈曰：「只將大小石鈎帶聯絡，如造環橋法，可以千年不壞。要如真山洞壑一般，然後方稱能事。」余始服其言。至造亭臺池館，一切位置裝修，亦其所長。

奕賡《寄楮備談》 高宗在潛邸刻《樂善堂集》，前有莊親王、果親王、貝勒允禧、皇五子宏晝、平郡王福彭、大學士鄂爾泰、張廷玉及朱軾、蔣廷錫、福敏、蔡世遠、邵基、胡煦、顧成天諸人之序。至乾隆元年重鐫，後有諸臣跋語。至二十三年，又命大學士蔣廷錫、尚書劉統勳等刪訂重鐫，命名《樂善堂定本》。凡廷臣有《樂善堂初刻》者俱恭交貯庫。仁宗在潛邸有《味餘書室集》。今上皇帝在潛邸有《養正書屋集》。

每年終，乾清宮陛下設立萬壽燈，杆長數丈，雕以盤龍，及四槍杆亦棟梁材也，立時需用數百人。上爲雕龍燈罩，綴以流蘇。燈之大小，難以數計，誠大觀也。上元以後，全卸貯庫，聞一立一收，例銷工費銀五千兩。設立時又有掛燈錢，較之常錢加工加料，其色純黃，俗以黃錢呼之，內廷諸王大臣皆蒙賜焉。數年來掛燈錢免鑄，有好事者持錢于市，每一枚輒換常錢十數，亦有觚不觚之嘆也。

乾隆十六年巡幸江南，起復已革大學士陳世倌，仍令入閣辦事。至二十二年南巡，起復休致大學士史貽直，仍令入閣辦事。時大學士並未缺額，故命黃廷桂仍以大學士兼陝甘總督，蓋多補一人也。

親郡王謚字例在封號之下，國初惟肅親王謚武曰武肅親王，則謚在號上矣。德豫親王後改謚通，曰豫通親王。

乾隆二十三年，以原任大學士高斌治河有功，與靳輔、齊蘇勒、稽曾筠一同致祭，列入祀典。

孫在豐，湖州人，官侍講學士時扈從聖祖仁皇帝南苑行圍，會有鹿逸出，聖祖以御用弓矢賜在豐令射之，一矢而得。聖祖大笑曰：「孫在豐真文武才也。」後考試武進士，又令在豐較射，連中數箭，聖祖顧謂近臣曰：「是固前射鹿者。」一時傳爲佳話。

郎廷佐，滿洲人，爲江西巡撫，兼理陶政。彼時御用磁器多其監造，即今之郎窑也。又有年窑，爲巡撫年希堯所造，皆佳器也。近之市儈所持者真贋各半。

本朝軍械，火器最利。其大者有武成永固大將軍砲，重七千斤，紅衣砲重五千斤，神威大將軍重三千八百斤，神威無敵大將軍重三千斤，神威將軍重四百斤，神功將軍重一千斤，衝天砲重三百斤。又有九節十成銅砲，鐵心銅砲，得勝銅砲，發熕鐵砲，子母砲，嚴威砲，奇砲，龍砲，臺灣砲，行宮信砲，擡砲，回砲，迅武大神砲，宣武大神砲，綏武大神砲，耀武大神砲，成武大神砲，定武大神砲，常勝威遠砲。又有御製金龍砲，長五尺八寸，重三百斤，食藥八兩，子重一斤。御製制勝將軍銅砲長五尺，重五百斤，食藥一斤半，子重三斤。御製威遠將軍砲，又有渾銅砲。

御製鎗有自來火鎗，禽鎗，小禽鎗，虎神鎗，舊神鎗，花準鎗，大準鎗，奇準鎗，準正神鎗，純正神鎗，連中鎗，應手鎗，威赫鎗，威捷鎗。此外又有舊神花鎗素鐵大交鎗，金口交鎗，素口花交鎗，八稜花口鎗，仿神花大交鎗，仿神花鎗，摺花交鎗，花口小交鎗，蒙古花大交鎗，蒙古花小交鎗，回部花套鎗，新回部花套鎗，大線鎗，小線鎗，舊神花線鎗，麗花線鎗，秀花線鎗，輕鋭花線鎗，輕捷花線鎗，輕便花線鎗，輕花線鎗，落禽花線鎗，神海青花線鎗，賽海青花線鎗，雁神花線鎗，梟神花線鎗，鶻神花線鎗，連墜花線鎗，勝鴉鶻花線鎗，山鷄花線鎗，孤頂花線鎗，水扎子花線鎗，樹鷄神花奇鎗，花線鎗，花線奇鎗，兵丁鳥鎗。盛京新鑄鞏定將軍。

旗營之武具有佩刀，虎槍健鋭雲梯刀，健鋭營長槍，健鋭營鞭，健鋭營順刀，前鋒營鐮，前鋒營斧，護軍營長槍、籐牌、劚刀，籐牌兵挑刀，漢軍連耞棒鹿角。

綠營武具有偃月刀，撲刀，斬馬刀，長刃大刀，寬刃大刀，雙手帶刀，背刀，片刀，虎牙刀，窩刀，船尾刀，割刀，繚風刀，長槍，火燄槍，鈎鐮槍，雙鈎鐮槍，虎牙槍，蛇鐮槍，雁翎槍，十字鐮槍，火鐮槍，梨花槍，手槍，釘搶，茅戟，雙鐧，雙鎚，馬叉，鳳翅欓，五齒欓，月牙鈀，通天鈀，長柄斧，雙斧，雙鉞，三鬚鈎，鐵挽梨頭鏢，鐵斗鏢，棒，虎頭棒，盾，虎頭牌，燕尾牌，挨牌，圓木牌，籐牌，牌刀，戰被滚被，滚被雙刀云。

奕賡《括談》 《北史》言：「太武時大月氏國人商販京師，自云能鑄石爲五色琉璃。于採礦山中，於京師鑄之，既成，光澤乃美於西方來者。乃詔爲行殿，容百餘人，光色映徹，觀者見之莫不驚駭，以爲神明所作。自此中國琉璃遂賤，人不復珍之。」右見《格致鏡原》所引，據此則中國久無真琉璃矣。

掞火瓶一隻，高二尺許，硃龍綠水，龍具金鱗，磁質甚新，云係數百年物。黑暗處以雞毛掃之，龍之鱗甲火星亂硏，試之果然，亦異物也。索值千八百金，余因手傖，謝而却之，後聞以八百金售于海樵十一弟處。弟遇事從軍東海，以此瓶自隨，後因衣食急需，令人帶回京師轉售，今不知所向矣。

朱一新《京師坊巷志稿》 内府庫：《燕史》：火藥局再東稍南，曰内府供用庫，掌印太監一員，專司内官食米，每員每月四斗。

蠟庫衚衕：井二。《燕史》：内府供用庫，有油蠟等庫，凡御用白蠟黄蠟沈香等香，皆取辦於此。

鐵匠營

酒醋局衚衕：

神機營幼丁隊右廠在焉，詳《兵制》。有興隆寺，詳《寺觀》。《燕史》：酒醋麪局，掌宮内食用酒醋糖醬麪豆諸物，與御酒房不相統轄。

妞妞房：東小衚衕曰悶葫蘆罐。

織染局衚衕：

橋一。有華嚴寺，詳《寺觀》。《舊聞考》：織染局原建嵩祝寺後。乾隆十六年，移萬壽山之西，與稻田毗近，立石曰耕織圖。原機上織染局三字，今改爲耕織圖。《燕史》：内織染局，掌染造御用及宮内應用緞疋絹匹之類。有外廠在朝陽門外，又有藍靛廠，在都城西本局之外署。

針工局衚衕：《燕史》：針工局掌内官長隨内使小火者，冬夏衣每年遞散一次，遇辰戌年，各散鋪蓋銀一次。

巾帽局衚衕：《明・職官志》：巾帽局掌内使帽靴，駙馬冠靴及藩王之國諸旗尉帽靴。《燕史》：署後臨河，有梓潼廟。

東板橋：橋一。

火藥局衚衕：

井一。河沿龍王廟井一，火神廟井一。迤東臨河有鑲黄旗侍衛教場，見《嘯亭雜録》。《燕史》：火藥局即兵仗局之軍器庫也。案：火藥局互詳《宮禁》及《寺觀》。

後局衚衕：井二。【略】

鴿子房：

井一。《春明夢餘録》：十庫西曰鴿子房，曰西安門。《舊聞考》：鴿子房有二聖廟，即内府鴿子房土地祠，西安門内街北之極西地也。光緒丁亥移建法國天主堂於此。

西十庫衚衕：

井二。西十庫隸内府，内丁戊三庫兼屬工部，詳《衙署》。有慈雲寺，詳《寺觀》。《金鰲退食筆記》：西十庫在西安門内向南，舊設掌庫太監一員，貼庫數員，僉書數十員。本朝三十餘年，十庫封錮不開，塵土堆積。庫後古木叢茂，居人鮮少，衆鳥翔集作巢，以數萬計。上常遊幸至此，命内務府清察立檔案焉。《康熙萬壽盛典》：李紱撰《萬壽圖記》：進西安門路左西十庫口内，有上三旂三十家包衣人，自天王殿舊址建寺，唪經慶祝萬壽，奉敕賜名慈雲。寺前夾道新植松柏百餘株。《會典事例》：戊丁二庫在西十庫内，收貯弓刀箭弦鳥鎗等項；丁字庫今貯硝黄。《明會典》：天財庫，凡正陽等九門，並冬鈔關本折錢，及皇城各門鎖鑰，俱送本庫收。《舊聞考》：今慈雲寺即明之天王殿，殿有修庫題名碑，所記十庫與《蕪史》合，而冠以司鑰庫之名。其修廟碑記云，禁城西北隅有司鑰庫，天財庫屬焉。是司鑰庫乃十庫總理，天財庫其附焉者也。錢明陸、錢病逸《漫記》：甎城北甲乙丙丁戊五庫，與天財、承運等庫，唯天財庫贓罰銀香料等項最富。案：十庫互詳《宫禁》。《明宫史》言司鑰庫俗名天財庫，凡寶源等局，鑄出制錢交本庫備御前賞賜。庫中積有歷代古錢，此天財庫之所由名也。又言：乾清、午門、東華等門鑰匙，昔本庫監工於五更三點時自官中發出，分啓各門後即繳回，其言與《明會典》合。是天財庫即司鑰庫無疑。《舊聞考》分爲二，似誤。

劉鑾塑：

俗訛琉璃塑。井一。天慶宫舊爲元都勝境，詳《寺觀》。《金鼇退食筆記》：元都勝境建於元，相傳爲劉元塑像。周篔《析津日記》：京師像設奇古者，曰劉鑾塑。説者疑鑾與元音近而誤。考郝伯常《陵川集》，燕有四賢祠，其像塑自劉鑾。則鑾別是一人，著名於正奉之先者也。案：劉元事見《元史·工藝傳》及陶宗儀《輟耕録》。《金鼇退食筆記》誤作蘭。

真如境：

井一。《蕪史》：經廠又西曰洗白廠，曰果園廠，曰西安裏門。條作即洗白廠，造兜羅絨各色五毒等條，兜羅絨傳自西域，無敢私造者。甜食房并此廠，皆屬御用監，最寒苦可憫。《金鼇退食筆記》：果園廠在欞星門之西，明永樂年製漆器，以金銀錫木爲胎，有剔紅填漆二種，皆稱廠製，世甚珍重之。其遺址今爲内務府人役所居。《舊聞考》：真如境廟内有隆慶戊辰御用監造廠碑云，本監洗白廠，成造上用兜羅絨袍。公廨又有隆慶辛未修廠碑。稍西地名劉鑾塑。真武廟中有萬曆癸巳修洗白廠條作碑云：條作初置公廨於果園廠前，機作等房俱聚於此，後擇果園廠隙地建兹條作。則洗白廠、果園廠俱在此地。

條作：井一。

經板庫：

井一。《蕪史》：大藏經廠，司禮監之經廠也。《金鼇退食筆記》：大藏經廠在玉熙宫遺址之西，貯經書典籍及釋藏諸經，今仍舊制。《燕都游覽志》：藏經廠碑記言，廠隸司禮監，寫印上用書籍，造制敕龍箋。藏庫則堆貯經史文籍，三教番漢經典，及御製御書詩文印板。建自正統甲子，歷嘉靖戊午，世宗造元都宫殿，將本廠大門拆占。隆慶改元，元都拆毁，其後内監展拓舊基，重加修飭，始萬曆三年二月，落成於五月。案：庫今廢，其地尚存舊名。

扁擔衚衕：井一。

酒醋局：

井一。《蕪史》：欞星門迤西，曰西酒房、西花房。《金鼇退食筆記》：西酒房、西花房、牲口房、舊虎城皆在欞星門西北，今盡廢。《舊聞考》：酒醋局巷内有真武殿，至今稱爲酒房，蓋即西酒房舊址。

羊房夾道：

羊房俗訛養蜂。井一。有延壽菴，詳《寺觀》。《蕪史》：由金海橋玉熙宫迤西，曰欞星門，迤北曰羊房夾道，牲口房、虎城在焉，内安樂堂在焉。凡宫人病老或有罪，先發此處，待年久再發外之浣衣局。成化間，萬貴妃專寵，孝穆紀皇后託疾居此。【略】

狗鷹衚衕：

内官監衚衕：

三座廂：井一。

四眼井，井一。巷口火神廟前橋二，曰鴛鴦橋。明之白石橋也。詳《宫禁》。《蕪史》：北安門内黄瓦西門之裏，則内官監也。《舊聞考》：監今廢，其地猶名内官監衚衕。内有大佛堂，其碑記備列黄華門、營造庫、米鹽庫、油漆作、外鐵作、婚禮作、東行、西行、西瓦廠、石廠、黑窑廠、神木廠、鑄鐘廠、供應廠、備用廠、金殿廠、稻田廠、蜂窩廠、東花房、馬鞍房、琉璃局、外冰窨等名目，與《水部備考》、《明史》所載多合。明蔣德璟《愨書》：紫禁城有護城河，河外即御溝也。河自北閘口分流，經内官監，白石橋，大高元殿之東，北上西門之外，至紫禁城下而東，而南，經太廟之東，玉芝宫飛虹橋之西；而其在西一派，則自太社、太稷壇西至靈臺寶鈔司之東，合流於湧福河以出。

太平街：井一。迤西曰獅子衕門。

西黃瓦門。

油漆作：井一。明内官監所屬油漆作當在此，互詳上。

米糧庫：疑即明之米鹽庫。又東北則地安門也。

内城周四十里，門九。《一統志》。定制分五城，而實轄於步軍統領。《會典事例》。其街衢之大者，中曰棋盤街。南北曰崇文門街、宣武門街、大市街、王府街、地安門街、安定門街、德勝門街、南小街、北小街、錦什坊街。東西曰江米巷、長安街、丁字街、馬市街、朝陽門街、東直門街、阜成門街、西直門街、鼓樓東大街、鼓樓西斜街。

《會典》參《宸垣識略》、《析津志》：街制自南以至於北，謂之經；自東至西，謂之緯。大街二十四步闊，小街十二步闊，三百八十四火巷，二十九衖通。衖通二字本方言。又長街、千步廊、丁字街、十字街、鐘樓街、半邊街、棋盤街、五門街、三叉街。【略】

鄭觀應《盛世危言》卷八《工政·技藝》 自《大學》亡《格致》一篇，《周禮》闕《冬官》一册，秦漢以後佛、老盛行，中國才智之人皆馳騖於清净虚無之學，其於工藝一事簡陋因循，習焉不講也久矣。夫制器尚象，古聖王之所由利用而厚民也。日省月試，既稟稱事，勸工之典，并列九經。乃後世概以工匠輕之，以輿隸概之，以片長薄技鄙數之。若輩亦自等庸奴，自安愚拙，無一聰明秀穎之士肯降心而相從者。無惑乎器用朽窳，物業凋敝，一見泰西之工藝，而瞠目咋舌、疑若鬼神也。

前年恭讀上諭，國子監司業潘衍桐奏請特開藝學一科，方汝紹奏請特開實學一科，着大學士六部九卿會同總理各國事務衙門妥議具奏。仰見聖朝勵精圖治，綜貫中西，與古聖王制作之精心隱相符合。無如當軸諸公安常習故，以藝學爲末務，遂使良法美意仍托空言。而天下多能博學之人，亦絶無自幼至長孜孜焉專精一藝，以期用世而成名者。蓋工藝之疏，非一朝一夕之故，其所由來者漸矣。

夫泰西諸國富强之基，根於工藝，而工藝之學不能不賴於讀書，否則終身習之而莫能盡其巧。不先通算法，即格致諸學亦苦其深遠而難窮。何則？欲精工作，必先繪圖，則勾股三角弧之學不可不講也。精於此而後繪圖、測算，成器在胸，及其成物不失累黍，否則方隅不準，鈎門難工。英國倫敦設有工匠學堂，以爲工技之成，弟子每不能及師，不免每況愈下，故令學工藝者先讀工程專書，研究機器之理，然後各就所業，日新月異，不獨與師異曲同工，且變化神明，進而益上。此工藝所由人巧極而天工錯也。苟專設藝學一科，延聘名師，廣開藝院，先選已通西文算法者學習，讀書、學藝兩而化，亦一而神，則小可開工商之源，大可濟國家之用。

夫工藝非細事也，西人之神明規矩亦斷非一蹴所可幾也。今各省、各局機器師匠略曉機器、測算等學，彼此授受，絶少匠心，故廿餘年來所造炮船槍彈皆式老價昂。惟聞江南製造局采各槍之長，新造一後膛槍名快利，較毛瑟輕而且遠，不知其堅與速均能勝人否。

查京都無各藝書院，同文館只教外國語言文字、算學，各製造局洋匠縱有精通，然貪戀厚資，未免居奇而靳巧。致者未必巧，巧者不能致，能致之巧匠又或不肯傳。洋師之難得如此。且華人之心力未必遠遜西人也。多有華人習學日久，技藝日精，而當道以其華人也而薄之，薪水不優，反爲洋人招去。教習無法，考察無具，獎勸無方，一旦有事，製造無人，則歸咎於華人之不可用。噫！豈華人果不可用哉？是主者之過也。是非專設藝院，則人才無由出，格致無由精，而技藝優劣之間亦無由真知而確見。

西國之技藝以英國爲最精，製造各物價值多於土產各物。【略】近時德、美諸邦，百工居肆，心思日闢，智巧日增，每歲取資亦幾與英國相埒。其工藝列科十二，別類分門。

吾粤鄺容階司馬使美而旋，述美技藝院二十餘所。每所約二百餘人，教習各十餘人。地基由朝廷給發，建院經費或撥國帑，或抽房捐。年費由善士輸助，如不敷用，一學生收回修金百元、二百元不等，稍有盈積，概免修金。所收學生，無論何國，必文法、算學均堪造就者方能入選。院中有工藝書，無製造廠，學成而後另進工廠閲歷數年。光緒二年，美設百年大會，見俄國藝學院新製機器甚精，因師其法，在藝院兼設製造廠，俾得同時學習。故學生俱能運巧思，創新器。學期將滿聘請有人。藝院日多，書物日備，製造日廣，國勢日强。凡有新出奇巧之物，繪圖貼説，進之當事，驗其確有實用，即詳咨執政，予以專利之權，准給執照，并將名姓圖説刊入日報，俾遐邇周知。所以有美必彰，無求不得，殫精竭慮，鬥巧争奇，莫能測其止境也。

美國發牌衙門設總理一人考驗機器，及畫師、書吏各二十餘人。每一禮拜呈驗器物者不下七十餘種，酌收牌費足敷公用。如此專門名家實事求是，製造所由日廣，工藝所以振興耳。

夫《周禮》考工居六官之一，《虞書》利用列三事之中。華人心思素多靈敏，自造新器古不乏人。如江慎修先生製木牛耕田，以木驢代步，法雖不著，聞取猪脬實黄荳，吹以氣而縛其口，豆浮正中，可知木製牛驢必用機關納氣令滿，即能運動自如，似亦通西法蒸氣撥輪之理也。先生又製留聲筒，其筒以玻璃爲蓋，有鑰司啓閉，向筒發聲，閉之以鑰，傳諸千里，開筒側耳宛如晤對一堂。即西國留聲筒之法也。觀此則知華人之聰明智慧實過西人。特在上者無以鼓舞而振興之，教習而獎勸之，故甘讓西人獨步。誠能集捐籌費，廣開藝學，竭力講求，以格致爲基，以製造爲用，選擇聰穎子弟已通文理者入院學之，并延西國名師原始要終悉心教授。然後創行博物會，廣羅物産，品評優劣，優者賞之，劣者斥之，則器物日備，製造日精。以之通商，則四海之利權運之掌上也；以之用兵，則三軍之器械取諸宫中也。此取威定霸之真機，而國富民强之左券也！

朱壽朋《光緒朝東華録》光緒三十三年十月 農商工部奏：臣部所設之工藝局，原爲講求製造，提倡工藝之地，歷經遴員撥款，整頓改良，規模漸已略備。近復屢奉諭旨，飭令各省振興實業，鼓勵商民。京師首善之區，尤宜勸勵維持，以期工業繁興，俾爲各省表率，自非由官設局廠，先行推廣研求，不足以示模型而資觀感。臣部前曾奏請，將工藝局附近官地劃撥，僅敷商辦各科各廠之用，現復就該局左近，添購地基，建築新廠，增設工料，大加擴充，以宏模範。惟布置經營，事同創始，當即責成臣部左丞耆齡、右參議袁克定，悉心經理，次第籌辦。兹據聲稱，新建廠房，將次工竣，規制閎敞，足備擴充，擬分設織工、繡工、染工、木工、皮工、籐工、紙工、料工、鐵工、畫漆、圖畫、鑿井等十二科，招集工徒五百名，聘募工師，分科傳習。預計易學者，一年即有可觀，難習者，兩年亦能收效。並附設講堂，授以普通教育，設立成品陳列室，羅列貨品，以資研究，設立考工樓，搜集中外新奇製造，以備參考。擬定試辦簡章三編，計十五章二百九條，臣等詳加核閲，均屬周妥。現在一切設備整齊，十月初十日，恭逢皇太后萬壽聖節，普天同慶，率土臚歡，謹即於是日開辦，俾萬衆觀瞻，羣情鼓舞，以宣揚我皇太后、皇上興商勸工之盛意。至該局購買地基，需銀一萬三千餘兩，新建廠屋宿舍及售品所二處，計房九百七十餘間，共需銀八萬八千餘兩，預備各科材料成本，需銀五萬兩，增置新式器具等項，需銀二萬兩，均係核實估計，陸續由臣部如數籌撥。其常年經費，仍應按月由部核支，以重局務。嗣後該局應辦事宜，即督飭局員遵章妥慎經理，期收實效。報聞。

李鴻章《李文忠公奏稿》卷四《催調丁日昌來滬專辦製造片同治二年八月二十日》 再臣欽奉同治元年九月二十六日寄諭：飭令中國員弁學習洋人製造各項火器之法，務須得其密傳，能利攻勦，以爲自强之計等因，欽此。遵即在上海雇募英、法弁兵通習軍器者仿照製辦，並令參將韓殿甲督率中國工匠盡心學習。現製開花礮彈自來火等件，粗具規模，惟須精益求精，必添派好學深思之文員，會同講求，以期得其密傳，推廣盡利。查有同知銜江西候補知縣丁日昌，學識深醇，留心西人祕巧，前經督臣曾國藩奏派赴粤辦理釐務，臣於本年正月間即咨調該員來滬專辦製造事宜，疊准晏端書咨會，以高州軍情喫緊，奏請將丁日昌暫留提督崑壽軍營，籌度攻勦督辦火器，臣又節次咨札交催去後，兹據丁日昌來禀，在粤先後鑄造大小硼礮三十六尊，大小硼礮子二千餘顆，均已將螺絲引藥配好，足敷應用。各弁兵逐日練習，施放得法，可期制勝等語，是該員委辦粤省火器業經竣事，而江蘇正在進攻省城，所需軍火，刻不容緩，雖現已雇匠開鑄，恐製造未甚如法，宜集衆思以收兼長。晏端書原咨本有暫留二三月再令赴滬之語，相應請旨，敕下廣東督撫臣速令丁日昌起程來滬督匠趲造，實於軍需有裨。伏乞聖鑒訓示施行。謹附片具奏。

王闢之《澠水燕談録》卷八《事誌》 長安故都，多古碑石。景祐初，莊獻太后遣中使建塔城中，時姜遵知永興，盡力於塔，悉取碑碣以爲塔材，漢、唐公卿墓石，十亡八九。楊大年《談苑》敍五行德、金石厄事。宋有國百餘年，長安碑刻再厄矣，惜哉！惜哉！

陳規、湯璹《守城録》卷二 一、攻城用大砲，有重百斤以上者。若用舊制樓櫓，無有不被摧毁者，今不用樓子，則大砲已無所施。兼城身與女頭皆厚實，城外砲來，力大則自城頭上過，但令守禦人靠墻坐立，自然不能害人。力小則爲墻所隔。更於城裏亦用大砲與之相對施放，兼用遠砲，可及三百五十步外者，以害用事首領。蓋攻城必以驅擄脅從者在前，首領及同惡者在後。城內放砲，在城上人照料偏正遠近，自可取的，萬一敵砲不攻馬面，只攻女頭，急於女頭墻裏栽埋排叉木，亦用大繩實編，如笆相似，向裏用斜柱撑搶，砲石雖多，亦難擊壞。砲既不能害人，天橋對樓鵝車幔道之類，又皆有以備之，則人心安固，城無可破之理。

一、攻守利器，皆莫如砲。攻者得用砲之術，則城無不拔。守者得用砲之術，則可以制敵。守城之砲，不可安在城上，只於城裏量遠近安頓，城外不可得見，可以取的，每砲於城立一人，專照斜直遠近，令砲手定放。小偏則移定炮人脚，太偏則移動砲架。太遠則減拽炮人，太近則添拽炮人。三兩砲間，便可中物。更在砲手出入脚步，以大砲施小砲三及三百步外，若欲摧毁攻具，須用大砲。若欲害用事首領及搬運人，須用遠砲。砲不厭多備，若用砲得術，城可必固。其於制造砲架精巧處，又在守城人工匠臨時增減。製造砲梢，須及時月。夏以六月，冬以十一月、十二月，採取櫟木、檀木，皆一生筍長成少枝節者，置溝渠中，淹浸百餘日或半年，取出去皮陰乾，用檼木上下自根至梢按捺，如張盤新弓相似。取略無損者，然後用麻索生皮，相間繫扎，以防陰晴緩慢。日晴則皮緊索緩，陰雨則索堅皮緩，若此繫紮，可保無失。

一、用砲摧毁攻具，須用重百斤以上，或五七十斤大砲。若欲放遠，須用小砲，只黄泥爲團，每箇乾重五斤，輕重一般，則打物有準，圓則可以放遠。又泥團到地便碎，不爲敵人復放入城，兼亦易辨，雖是泥團，若中人頭面胷臆，無不死者，中人手足，無不折跌也。

王溥《五代會要》卷二《婚禮》 晉天福四年八月，中書門下奏：「據太常禮院定來年長安公主出降儀，太僕寺供厭翟二馬車，殿中省備團、方編扇各十六，行障三座，障三，傘一，大扇一，團大扇二。今車、障、傘、扇是同光年皇后法物，欲修飾牙仗、厭翟車。后以四馬，今權去二馬。」從之。

《宋史》卷一《太祖紀一》 癸酉，荆南高保勗進黄金什器。甲戌，幸城南，觀修水匱。丁丑，南唐進長春節御衣、金帶及金銀器。

蘇轍《龍川略志》卷一《燒金方術不可授人》 予兄子瞻嘗從事扶風，開元寺多古畫，而子瞻少好畫，往往匹馬入寺，循壁終日。有二老僧出揖之曰：「小院在近，能一相訪否？」子瞻欣然從之。僧曰：「貧道平生好藥術，有一方能以朱砂化淡金爲精金。老僧當傳人而患無可傳者，知公可傳，故欲一見。」子瞻曰：「吾不好此術，雖得之，將不能爲。」僧曰：「此方知而不可爲，公若不爲，正當傳矣。」是時，陳希亮少卿守扶風，平生溺於黄白，嘗於此僧求方，而僧不與。子瞻曰：「陳卿求而不與，吾不求而得，何也？」僧曰：「貧道非不悦陳卿，畏其得方不能不爲耳。貧道昔嘗以方授人矣，有爲之即死者，有遭喪者，有失官者，故不敢輕以授人。」即出一卷書曰：「此中皆名方，其一則化金方也。公必不肯輕作，但勿輕以授人。如陳卿，慎勿傳也。」子瞻許諾。歸視其方，每淡金一兩，視其分數不足一分，試以丹砂一錢益之，雜諸藥入甘鍋中煅之，鎔即傾出，金砂俱不耗，但其色深淺班班相雜，當再烹之，色匀乃止。後偶見陳卿，語及此僧，遽應之曰：「近得其方矣。」陳卿驚曰：「君何由得之？」子瞻具道僧不欲輕傳人之意，不以方示之。陳固請不已，不得已與之。陳試之良驗，子瞻悔曰：「某不惜此方，惜負此僧耳，公慎爲之。」陳姑應曰：「諾！」未幾坐受鄰郡公使酒，以贓敗去。子瞻疑其以金故，深自悔恨。後謫居黄州，陳公子慥在黄，子瞻問曰：「少卿昔竟嘗爲此法否？」慥曰：「吾父既失官至洛陽，無以買宅，遂大作此。」然竟病指癰而没，乃知僧言誠不妄也。後十餘年，謫居筠州。有蜀僧儀介者，師事克文禪師。文之所至，輒爲修造，所費不貲，而莫知錢所從來。文祕其術，問之，不以告人。介與省聰禪師善，密爲聰道其方，大類扶風開元僧所傳。然介未嘗以一錢私自利，故能保其術而無患。

宇文懋《大金國志》卷四〇《許奉使行程録》 次早，館伴同行。馬可五七里，一望平原曠野，間有民居千餘家，星羅棊布。更無城郭，里巷率皆背陰向陽。又三里，命去傘，〔云〕近闕。北（乍）〔行〕百〔餘〕步，有阜宿圍遶三數頃，並高丈餘，云皇城也。至于宿門，就龍臺下馬，歇定，酒三行。少頃，聞鞞鼓聲入，歌引三奏，樂作，閤門使及祗坐班引入，即（奉）〔捧〕國書及陳禮物于庭下，傳進如儀。贊通拜舞，抃蹈訖，使副上殿，以次就坐，餘並退。山棚之左曰桃源洞，右曰紫微洞，中作大牌，曰翠微宫，高五七丈，建殿七棟，甚壯，榜額曰乾元殿，堦高四尺〔許〕。階前土壇，方闊數丈，名曰龍墀。殿内，以兵數（千）〔十〕人分兩壁立。四面興築，架屋數千百間。金主御座前施朱漆、銀裝，金几案。果楪酒器皆金玉，酒味食品皆珍美。樂部二百人，乃〔舊〕契丹教坊四部也。酒〔五〕行，食畢，各賜襲衣袍帶。使（之大）〔副以〕金，餘人以銀。謝畢，歸館。

朱國禎《湧幢小品》卷一五《石油》 延安府延長縣，石油出自泉中。歲秋，民勺之，可以燃燈，亦可治毒瘡。浸不灰木，以火爇之有焰，滅之則木不壞。

謝肇淛《五雜組》卷一一《物部》三 醫家有取紅鉛之法，擇十三四歲童女美麗端正者，一切病患殘疾聲雄發粗及實女無經者俱不用，謹護起居，候其天癸將至，以羅帛盛之，或以金銀爲器，入磁盆内，澄如朱砂色，用烏梅水及井水、河水攪澄七度曬干，合乳粉、辰砂、乳香、秋石等藥爲末，或用鷄子抱，或用火煉，名「紅鉛丸」，專治五勞七傷、虚憊羸弱諸症。又有煉秋石法，用童男女小便熬煉如雪，當鹽服之，能滋腎降火，消痰明目，然亦勞矣。人受天地之生，其本來精氣自足供一身之用，少壯之時酒色喪耗，宴安鴆毒，厚味戕其内，陰陽侵其外，空餘皮骨，不能自持，而乃倚賴於腥臊穢濁之物，以爲奪命返魂之至寶，亦已愚矣。況服此藥者，又不爲延年祛病之計，而借爲肆志縱慾之地，往往利未得而害隨之，不可勝數也。滁陽有聶道人，專市紅鉛丸，廬州龔太守廷賓時多内寵，聞之甚喜，以百金購十九，一月間盡服之，無何，九竅流血而死。可不戒哉！

金石之丹皆有大毒，即鍾乳、朱砂，服久皆能殺人。蓋其燥烈之性爲火所逼，伏而不得發，一入腸胃，如石灰投火，烟焰立熾，此必然之理也。唐時諸帝，如憲、文、敬、懿之屬，皆爲服丹所誤。宋時張聖民、林彦振等皆至發瘍潰腦，不可救藥。近代張江陵末年服丹，死時膚體燥裂如炙魚然。夫煉丹以求長生也，今乃不能延齡，而反以促壽，人何苦所爲愚而恬不知戒哉？蓋皆富貴之人，志願已極，惟有長生一途，欲之而不可得，故姦人邪術得以投其所好，寧死而不悔耳。亦可哀也。

金石無論，即兔絲、杜仲，一切壯陽之劑，久服皆能成毒發疽，《老學庵》所載可見。至於紫河車，人皆以爲至寶，亦不宜常服。此藥醫家謂之「混元球」，取男胎首生者爲佳。丹書云：「天地之先，陰陽之祖，乾坤之橐籥，鉛汞之匡廓。胚胎將兆，九九數足，我則乘而載之，故謂之河車。紫，其色也。」此藥雖無毒而性亦大熱，虛勞者服之，恐長其火；壯盛者服之，徒增其燥。夫天地生人，清者爲氣，濁者爲形，父精母血，凝合而成。氣足而生，至寶具矣。胞衣者乃臭腐之胚肚，血肉之渣滓，故一旦瞥然脱胎下世，猶神仙之委蜕也。人生已棄之物，寧復借此而補助哉？況聞胞衣爲人所烹者子多不育，故産蓐之家防之如仇，惟有無賴乳媪貪人財賄，乘間竊之，以希厚直耳。夫忍於天殤人子以自裨益，仁者且不爲也，而況未必其有功，而徒以靈明高潔之府爲藏污納穢之地也。

毛奇齡《河圖洛書原舛編・太一下九宫圖此從八卦配大衍之數，復以卦數從衡相峙各合爲十五之數，以立法。其法出《易緯乾鑿度》下篇，蓋漢後道家所作》

次九行西南　次四行西　次六行西北
離宫　巽宫　乾宫
次五暫息于中央
次二行南　中央無卦位　太乙行北始
坤宫　次十太乙不息于　坎宫
此而返于紫宫
次七行東南　次三行東　次八行東北
兑宫　震宫　艮宫

《易緯》太一下九宫法概以陰陽合十五數爲義，故以八卦配大衍之數，東西聯合，從衡相峙，各合十五而以卦數定行宫先後。其方位四離四合，惟《乾》、《坎》、《艮》、《震》四卦與卦位合，《巽》、《離》、《坤》、《兑》與卦位不合。然而行法皆從左轉，如《乾》西北，《坎》正北，《艮》東北，《震》正東，此其次第。順行左轉與衍數卦位皆相符合，乃不從東南轉西，而復從西北之右，次正西，次西南，次正南，次東南，以爲《巽》、《離》、《坤》、《兑》之序，此與陳摶先天圖《巽》五《坎》六另起左轉一例。故《巽》本東南而今在西，《巽》數七則爲右七；《離》本正南而今在西南，《離》數二則爲二肩；《坤》本西南而今在正南，《坤》數九則爲戴九；《兑》本正西而今在東南，《兑》數四則爲四肩。今《圖》所云「戴九履一，左三右七，二四爲肩，六八爲足」者，皆從太乙所行卦數定之。蔡氏作《洪範皇極》，不知所始，妄以《大傳》卦位梗加之九宫之上，其卦位不合宫位，其卦數又不合宫數，顛倒錯亂。天下有《巽》四《離》九、《坤》二《兑》七之卦數否？且有戴二履一、左三右四、九七爲肩、六八爲足之宫數否？試觀九宫創始之圖，其宫位、宫數、卦位、卦數無不相合如此，此可悟矣。若近代演九宫法，則亦不知所始，但附會蔡氏《皇極》一書，亦以四正之卦爲《坎》、《震》、《離》、《兑》，四維之卦爲《艮》、《巽》、《坤》、《乾》，此仍是大衍所配卦位，非九宫也。九宫四正爲《坎》、《震》、《坤》、《巽》，四維爲《艮》、《兑》、《離》、《乾》，而特其《坎》一、《乾》六之卦數，則從大衍配八卦來，蓋亦先行卦後範數，所謂「一陰一陽合十五數」者。蔡氏與今九宫家俱貿貿耳。

毛奇齡《河圖洛書原舛編・九宫配卦數圖此即今《洛書》也》

九行離數二，四行巽數　六行乾數六，
故二右肩　七，故右七　故六右足
五則太乙暫息于
二行坤數　此，無卦位卦數　太乙始行坎
九，故戴九　十行畢不息于此，　數一，故履一

竟返紫宫，故無十

七行兌數四，三行震數　八行艮數八，

故四左肩　三，故左三　故八左足

九宮之戴九，以太乙行《坤》，《坤》數九，故戴九也。蔡氏照《大傳》卦位，仍以《離》當之，則《離》數二當戴二矣。若曰《離》數九，則從來無此卦數，所謂展轉不合者。他倣此。

毛奇齡《河圖洛書原舛編・陰陽合十五數圖《易緯》曰：「一陰一陽合而爲十五之謂道，故太乙取其數以行九宮，四正四維皆合于十五。」》　據緯書，九宮初起之意，原以一陰一陽合十五道爲數學之始，蓋以陰數六八、陽數七九，合六九爲十五，合七八亦爲十五。而因以太乙下九宮之法，使從衡交互皆爲十五。而以四正推之，則南北十五，東西十五；以四維推之，則西北、東南十五，東北、西南十五，合之得六十之數，此人所知也。若以三衡推，則上衡十五，中衡十五，下衡十五；以三從推，則左從十五，中從十五，右從十五，合之得九十之數。共合九十六十，仍是一百五十，爲十五數。則雖蔡氏《皇極》詳言，算學皆所不曉，而至今始發之，則《洪範皇極》仍非了義。何苦爲此？

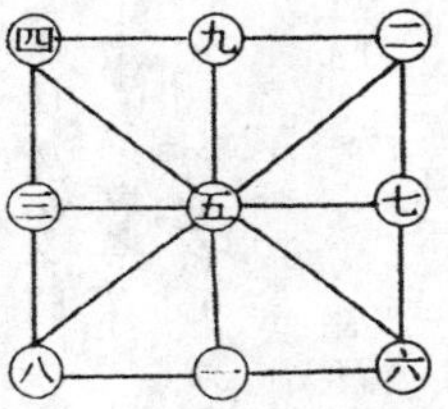

毛奇齡《河圖洛書原舛編・明堂九室圖《大戴禮・明堂篇》云：「九室之制，二九四七五三六一八。」數本九宮法。今《相宅經》有一白、二黑、三碧、四緑、五黄、六白、七赤、八白、九紫諸說，益謬誤矣》

（二離宮）（七巽宮）（六乾宮）

（九坤宮）（五無位）（一坎宮）

（四兌宮）（三震宮）（八艮宮）

李斗《揚州畫舫録》卷五《新城北録下》　戲具謂之行頭，行頭分衣盔雜把四箱。衣箱中有大衣箱布衣箱之分，大衣箱文扮則富貴衣即窮衣、五色蟒服、五色顧繡披風、龍披風、五色顧繡青花五彩綾緞襖褶、大紅圓領、辭朝衣、八卦衣、雷公衣、八仙衣、百花衣、醉楊妃、當場變補套藍衫、五彩直擺、太監衣、錦緞敞衣、大紅金梗一樹梅道袍、緑道袍、石青雲緞掛袍、青素衣、袈裟、鶴氅、法衣、鑲領袖雜色夾緞襖、大紅雜色紬小襖。武扮則紮甲、大披掛、小披掛、丁字甲、排鬚被掛、大紅龍鎧、番邦甲、緑蟲甲、五色龍箭衣、背搭、馬褂、劊子衣、戰裙。女扮則舞衣、蟒服、襖褶、宮裝、宮搭、採蓮衣、白蛇衣、古銅補子。老旦衣、素色老旦衣、梅香衣、水田披風、採蓮裙、白綾裙、帕裙、緑綾裙、秋香綾裙、白繭裙。又男女襯褶衣、大紅袴、五色顧繡袴、棹圍、椅披、椅墊、牙笏、鸞帶、絲線帶、大紅紡絲帶、紅藍絲綿帶、絲線帶、絹線腰帶、五色綾手巾、巾箱、印箱、小鑼、鼓、板、弦子、笙、笛、星、湯、木魚、雲鑼。布衣箱則青海衿、紫花海衿、青箭衣、青布褂、印花布棉襖、敞衣、青衣、號衣、藍布袍、安安衣、大郎衣、斬衣、鬃色老旦衣、漁婆衣、酒招、牢子帶。盔箱文扮平天冠、堂帽、紗貂、圓尖翅、尖尖翅、葷素八仙巾、汾陽帽、諸葛巾、判官帽、不論巾、老生巾、小生巾、高方巾、公子巾、浄巾、綸巾、秀才巾、蚸聊巾、圓帽、吏典帽、大縱帽、小縱帽、皂隸帽、農吏帽、梢子帽、回回帽、牢子帽、涼冠、涼帽、五色氊帽、草帽、和尚帽、道士冠。武扮紫金冠、金紫鐙、銀紫鐙、水銀盔、打仗盔、金銀冠、二郎盔、三義盔、老爺盔、周倉帽、中軍帽、將巾、抹額、過橋勒邊、雉鷄毛、武生巾、月牙金箍漢套頭、青衣紮頭、箍子冠、子女扮、觀音帽、昭容帽、大小鳳冠、妙常巾、花帕紮頭、湖縐包頭、觀音兜、漁婆緶、梅香絡、翠頭髻、銅餅子簪、銅萬卷書、銅耳挖、翠抹眉、蘇頭髮、及小旦簡粧。雜箱髯子則白三髯、黑三髯、蒼三髯、白滿髯、黑滿髯、蒼滿髯、虬髯、落腮、白吊、紅飛鬢、黑飛鬢、紅黑飛鬢、辮結、一撮一字。靴箱則蟒襪、粧緞棉襪、白綾襪、皂緞靴、戰靴、老爺靴、男大紅鞋、雜色綵鞋、滿幫花鞋、緑布鞋、跴場鞋、僧鞋。旗包則白綾護領、粧緞紮袖、五色紬繳、連幌腰子、小絡斗、連幌幌子、人車、搭旗、背旗、飛虎旗、月華旗、帥字旗、清道旗、精忠報國旗、認軍旗、雲旗、水旗、蜘蛛網、大帳前、小帳前、布城、山子。又加官臉、皂隸臉、雜鬼臉、西施臉、牛頭、馬面、獅子、全身玉帶、數珠、馬鞭、拂塵、掌扇、宮燈、疊摺扇、紈扇、五色串枝、花鼓、花鑼、花棒槌、大蒜頭、勅印、虎皮、令箭架、令牌、虎頭牌、文書、鋼硯、籤筒、梆子、手靠、鐵鍊、招標、撕髮、人頭草、鸞帶、燭臺、香爐、茶酒壺、筆硯、筆筒、書、水桶、席、枕、龍劍、掛刀、短把子刀、大鑼、鎖哪、啞叭、號筒。把箱則鑾儀兵器備焉，此之謂江湖行頭。鹽務自製戲具，謂之内班行頭。自老徐班全本《琵琶記》請郎花燭，則用紅全堂；《風木餘恨》則用白全堂，備極其盛。他如大張班長生殿，用黄全堂。小程班三國志，用緑蟲全堂。小張班十二月花神衣，價至萬金。百福班一齣《北餞》，十一條通天犀玉帶。小洪班燈戲，點三層牌樓，二十四燈。戲箱各極其盛，若今之大洪春臺兩班，則聚衆美而大備矣。

鄧志謨《蘭雪堂古事苑定本》卷一〇《雜具》 簾編翠羽,炭褻烏銀。輕車名曰飛舲,素扇稱爲紈箑。烏號勁徤,鼎湖留黄帝之遺弓;匕首光芒,燕國刺秦王之利刅。風胡劍,可泣鬼神;光武筆,頓安社稷。龍涎雞舌,香分海島之脊;鷁首鴨頭,舟泛江心之浪。鑰因魚製,取魚目常惺;杖以鳩成,重鳩喉不咽。洗清巢父耳,恰宜韻磬之琴;講究聖人書,雅稱臯比之席。罘罳樹於殿舍,義有攸存;刁斗擊自軍營,聲其有警。銀床井上物,紛紛梧葉飄來;署杓水邊橋,片片楊花撲遍。長明公,固梵堂不滅之燈,壽光客,是粧閣無塵之鏡。笭箵收於漁父,捲去夕陽;襏襫荷於農人,披來朝雨。坡老固無佳興,賓筵上僅持蕉葉之杯;遠公深有奇思,梵宇中巧製蓮花之漏。翠華旗光摇漢苑,白玉管響徹唐宫。周代作指南車,去向歷三年不爽;殷人設記里皷,程途歷萬里無差。齊子班蘭物,可壯生平;米家書畫船,足怡素志。龍山會上,且忻紗帽之猶存;破冢洲前,猶喜布帆之無恙。

漢武起招靈閣,編翠羽麟毛以爲簾。孟郊詩云:「青山白屋有仁人,贈炭價重雙烏銀。」漢枚乘《七發》云:「將爲太子馴麒麟之馬,駕飛軨之輿。」《風俗通》云:「山之東曰扇,西曰箑。」《史記》云:黄帝鑄鼎將成,有龍下迎,帝騎龍上升,羣臣攀龍髯而泣,隨下其弓,因謂之「烏號」。匕首詳前《武具》。楚風胡鑄寶劍三,一「龍淵」,二「太阿」,三「工市」。漢光武曰:「赤眉來,吾當折筆以答之。」海島一木,有四香,根曰旃檀,節曰沉香,膠曰薰陸,花曰雞舌。漢諸郎含雞舌香,使口不穢。鷁首、鴨頭,皆舟製也。江東人畫鷁鳥於舟首厭水怪,故船名曰畫鷁。魚在水中,晝夜不瞑目,故鑰曰魚鑰。《儀禮志》云:民年七十者,授之玉杖。杖端以鳩爲飾,鳩者不噎之鳥,欲老人不噎之義。《古琴》詩:「調養聖賢心,洗蕩巢由耳。」韻磬,唐李勉之琴。臯比詳前師生。罘罳,屏也。《漢文紀》:「未央宫東闕罘罳。」《註》云:罘罳,復思也。臣將請事於此復思,故曰罘罳。罘罳音浮思。刁斗,以銅爲之,可爲炊,軍中夜則擊之以巡警。銀床,井欄也。李《詩》云:「梧桐落金井,一葉在銀床。」署杓,小橋也,以獨木爲之。長明公,佛堂燈也。唐白樂天以其四時不滅,故呼之云。唐人謂鏡曰金烱,亦曰壽光客,又曰壽光先生。笭箵,取魚之器。笭音陵,箵音新。襏襫,雨具也,即今之蓑衣。襏音鉢,襫音釋。《瑣言》:蘇東坡嘗謂人曰:「吾兄子明,飲酒不過三蕉葉。吾少時望見酒杯而醉,今亦能蕉葉飲矣。」古有蕉葉杯。遠公居廬山,作蓮花之漏。以銅葉製器,狀如蓮花,置盆水上,底孔漏之,水半之則沉,以分晝夜。雖冬夏短長,雲陰月黑,無少差。相如《上林賦》:「天子建翠華之旗。」《明皇雜録》云:安禄山上獻明皇白玉管簫數百。周成王時,越裳氏重譯來朝,迷其歸路。周公乃爲之作指南車,三年得返其國。既歸,東轄之鐵殆盡。互詳《地理》。記里鼓,殷人所作,一名大章車。劉裕滅秦得之,有木人執槌向鼓,行一里打一槌,指南車之類。班蘭物詳上《武備》,龍山會詳前《時令》。宋米芾善書,好蓄書畫。爲淮間發運使,揭牌行舸,曰「米家書畫之船」。《世説》:顧長康作殷荆州佐,告假還東,殷給以布帆。至破冢洲遭大風,舟幾覆而免,顧乃使人附箋與殷云:「地名破冢,真破冢而出。行人安穩,布帆無恙。」

鄧志謨《蘭雪堂古事苑定本》卷一〇《雜具二》 鏡曰方諸,杯名不落。土銼固爲炊之具,轆轤乃汲井之需。炬擁金蓮,光騰翰苑;燎燒樺燭,煖入宸居。金蕉葉,玉蟾兒,皆可獻酬賓席;錦文牋,龍香劑,悉堪利用文房。朱亥袖中椎,摧山倒岳;沛公馬上劍,泣鬼驚神。香銷處,知金鴨將寒;漏静時,覺玉龍欲渴。潁水之瓢不響,處士清高;蒲關之劍有聲,征夫踴躍。浪翻雷澤,梭飛陶母之龍;雲繞匡廬,案化葛仙之麂。段秀實擊朱泚笏,聲勢雷霆;傅介子刺樓蘭刀,威稜冰雪。太乙吹青藜火,夜分天禄之光;新平獻白玉杯,春藹長安之瑞。鄴縣玉棺飛下,紫氣氤氳;汾陰寶鼎現來,綵雲繚繞。冬寒凛凛,煖生紋楸玉之枰;夏熱炎炎,涼起紫龍髯之拂。蕺山扇,頓增高價;單父琴,自裊餘音。蹴落春紅燕尾香,啼殘瘦玉蘭心吐,若個善吟燭剪;兩頭齊放雙龍眼,一爆輕歡二月雷,是誰巧詠燈花。金屈戌,良匠新成;氊氍毹,美人舊贈。唐徐生異香馥郁,返來先祖之魂;秦皇帝寶鏡光明,照見宫娥之膽。人生如得意,繡屏前可令美女周旋;壯士欲争衡,卧榻側不許他人鼾睡。

方諸,珠名。光芒可鑑,以鏡光明,亦曰「方諸」。樂天詞:「銀不落從君勸。」銀不落,酒杯也。上銼,瓦鍋也。《高士傳》云:「王褒家甚貧,經日土銼無煙。」轆轤,井上汲水圓軸。《世説補》:令狐綯在翰林日,夜對禁中,帝命以乘輿金蓮華炬送還。院吏望見,以爲天子來,儀傳呼曰:「學士歸院。」宋蘇軾亦然。宋朝,每正旦曉漏,前列樺燭象城,曰「火城」,以俟天子之御殿。樺,音話。李適之有酒器,名曰「金蕉葉」、「玉蟾兒」。錦文牋謂紙,龍香劑謂墨。朱亥詳勇敢,潁水詳恬淡。漢高祖曰:「吾以三尺劍,從馬上取天下。」唐人詩云:「香銷金鴨冷,漏静玉龍乾。」金鴨謂爐,玉龍謂漏。耿弇追張步至蒲關,劍有聲,謂人曰:「是必克敵者。」步守平壽,弇勒兵入城斬之。陶侃母棄梭於雷澤,忽化爲龍而去。晉葛仙翁隱匡廬，刻桐木几案三足，忽一日化爲白鹿，時出於山，遂白日登仙。麀音己，麋屬。朱泚欲僭位，段秀實唾面罵曰：「逆賊，可磔汝萬段，我豈從汝反邪！」舉象笏擊之，中額流血。漢元鳳中，龜兹、樓蘭嘗殺漢使。傅介子齎金幣，以賜賚爲名，樓蘭王貪寶物，請見，介子使壯士刺殺之。詔封義陽侯。黎杖詳文章，玉棺詳傷逝。漢書新垣平獻白玉杯，以爲天瑞。蓋詐也。漢武時，汾陰出一寶鼎，以爲瑞，改元「元鼎」。唐時，日本國進煖玉紋楸棋局，冬月圍之不寒，以爲至寶。玉之蒼色如楸。唐元載有紫龍鬚之拂，夏月執之，絶無暑氣，蚊蠅皆遠跡。晉王羲之在蕺山，見一老姥持十許六角扇，羲之因各書五字，姥有愠色。羲之曰：「但云王右軍書，可獲重價。」老姥持扇賣之，得錢數千。蕺，音戢，菜名。姥，音母，老母。《燭剪》詩，唐方干所作。《燈花》詩，明朝宋濂公所作。李商隱詩云：「鎖香金屈戌。」屈戌，蓋牕牖間鉸釘環紐之名。古詞「美人贈我氊氍毹」。氍毹，毛褥也。氍音渠，毹音舒。唐徐肇遇蘇德哥，自言有返魂香，香煙直上，可以見先靈。此亦方士之儔。《西京雜記》：秦始皇有方鏡甚異，照人灼見心膽，凡宮中女子有邪心者，照之即膽悸心動，亦偏側不正。古詩：「座擁金釵十二行。」宋太祖欲伐江南，徐鉉入奏，乞罷兵。上曰：「江南主有何罪，但卧榻之側，豈容他人鼾睡耶！」

鄧志謨《蘭雪堂古事苑定本》卷一〇《雜具三》

案名青玉，壺曰偏提。梵尾是最後之杯，嚆矢乃當先之箭。金鑿落，別稱飲斝；玉參差，另號鳴簫。鏡照朱顏，却曰壽光居士；鑷驅白髮，豈非却老先生。朱箔是夏侯氏妓衣；青氊固子敬家祖業。劉荆州三雅爵，飲中迥有高懷；孫處士一絃琴，彈處更饒逸趣。牙檣錦纜，非帝苑無是繁華；茶竈筆牀，惟隱家有兹風味。折轅車，乘自漁陽太守；無絃琴，蓄於柴桑主人。睡愛珊瑚枕上凹，人情乃爾；飲憐琥珀杯中好，我意猶然。唐堯之諫鼓無聲，夏禹之善鞀有韻。素紈便面，九逵蔽庾亮之塵；畫鷁乘風，萬里破宗生之浪。石季龍坐五香席上，李太白卧七寶牀中。雨澤淋淋，尼父不假商之蓋；雪花片片，蘇卿惟嚼漢之氊。子房借沛公箸闢漢基，敬德奪元吉稍興唐祚。大才小用，函牛之鼎烹雞；壯志雄施，殺雞之刀屠狗。披忠肝於殿陛，申屠觸天子之輿；伸大義於朝廷，袁盎却夫人之席。庾老據胡牀談詠，諸佐皆歡；孔明執羽扇指揮，三軍用命。以聖賢爲拄杖，却優於九節蒼藤；用仁義作劍鋒，絶勝於七星白刃。上公膺寵命，已知高坐肩輿；末士少豪雄，可惜倒持手版。

《莊子》名棺木爲「禪旁」，又名「秘器」，亦曰「聚僂」。《拾遺記》：元和間，酌酒壺謂之「注子」。後仇士良惡其名同鄭注，乃去其柄，安繫，名曰「偏提」。樂天詩：「三杯藍尾酒。」藍尾，亦謂梵尾，通用。山谷云：「安能爲人作嚆矢？」嚆矢，蓋矢之至猛者。姜白石詩云：「剪燭屢呼金鑿落，倚牕閑品玉參差。」鑿落，酒杯名。參差，簫名。王僧虔晚年惡白髮，一日對客，左右進鑷子。客笑曰：「却老先生至矣。」夏侯妓衣，詳《寵妾》。箔音泊，謂簾也。《世説》：王子敬夜齋中卧，有羣偷入其室，盜物都盡。王徐曰：「偷兒，青氊，我家舊物，可特置之。」荆州劉表有爵，曰三雅。大者伯雅，稍次者仲雅，小者季雅，隨量飲之。晉孫登，隱士也。嘗彈一絃琴以自適。錦纜牙檣，詳《富貴》篇。茶竈、筆牀，詳《恬淡》篇。乘折轅車，詳《廉潔》篇。陶淵明號柴桑主人，有琴無絃。人問其故，答曰：「但識琴中趣，何勞絃上聲。」唐人詩云：「飲憐琥珀杯中滑，睡愛珊瑚枕上凹。」凹於交切，音坳。《六帖》云：唐堯時，設有敢諫之鼓。夏禹懸鞀，詳《君道》。宗慤乘風，詳《武職》。《世説》：「庾公權重，足傾王公，庾在石頭，王在冶城坐，大風揚塵，王以扇拂塵，曰：元規塵污人。」庾亮、王導。扇曰便面，《張敞傳》：「以便面拊馬。」拊，輕擊也。《鄴中記》云：石季龍作席，以錦裹五香，雜爲五采，緣之以錦，延待賓客。李白被召，明皇以七寶牀，置之金鑾殿中，使白坐卧之，其寵遇如此。《家語》云：孔子將行，天雨乏蓋，門人曰：「商也有之。」孔子曰：「商之爲人也，甚悋於財。吾聞與人交，推其長者，遺其短者，故能久也。」遂不假其蓋而行。蘇卿詳《天文》，子房詳《人事》，敬德詳《武職》，申屠詳《忠直》。《漢書》云：「以函牛之鼎烹雞，小之乎其用也。」蜀張雲爲補闕，自比朱雲。景潤澄曰：「昔朱雲請上方斬馬劍，今上方只有割雞刀，卿欲用乎？」雲曰：「雞刀雖小，亦足屠羣狗。」漢文帝幸慎夫人，在禁中嘗與皇后同席坐，袁盎引却之。曰：「尊卑有序，陛下獨不見人彘乎？」夫人乃悦，上賜盎百金。庾亮，詳前《天文》。《世説補》：諸葛亮與司馬懿治軍渭濱，克日交戰，司馬戎服蒞事，使人視武侯，獨乘素輿，葛巾毛扇，指麾三軍，隨其進止。司馬歎曰：「諸葛君可謂名士矣。」陸賈《新語》：「君子居高處上，則以仁義爲巢；乘危履險，則以聖賢爲杖。」陳思王《征蜀論》：「今以謀謨爲劍戟，策畧爲旌旗。」肩輿，轎也。鍾繇爲三公，上特加寵遇，使之肩輿入朝。晉桓温將移晉室，召謝安、王坦之，欲於坐害之。既見，坦之汗流沾衣，倒持手板。安從容謂曰：「安聞天下有道，守在四裔。明公何須壁後置人。」温笑曰：「正自不能不爾。」

褚人穫《堅瓠辛集》卷四《炭頌》

范石湖成大字至能，作《炭頌》云：予病

衰，大冬非附火不暖。既銘被爐，又作炭頌：「礬木不灰，化爲精堅。是衷至陽，維火之傳。雪霾六虛，冰寒九淵。環堵之室，天不能寒。有赫神物，干流化甄。尺璧寸金，罔功汗顏。我惟德之，莫之名言。既燠且安，與之窮年。」

褚人穫《堅瓠辛集》卷四《石炭麩炭》 北方多石炭，即今所燒之煤是也。熙寧間，東坡初到京師，作《石炭行》，有「豈料山中有遺寶，磊落如盤萬車炭」句，言以冶鐵作兵器甚精，不言始於何時。觀《前漢・地理志》：豫章郡出石，可燃爲薪。隋王邵論火事中有石炭字。則知爲用已久。南方多用木炭，而蜀又有竹炭，燒鉅竹爲之，易燃無烟，且耐久。陳無已託酒務官買浮炭，今人謂之麩炭。白香山詩：「日暮半爐麩炭火。」宋人詩：「一爐麩炭火初温。」則「麩炭」二字非俗語也。

褚人穫《堅瓠辛集》卷四《詠炭》 元郭矮梅《詠炭》詩云：「樵青黎面學崑崙，斲月燒雲樹欲髡。萬竈黑烟灰出劫，一星紅焰火還魂。污身若有仙翁幻，報國今無義士吞。曾似茅齋風雪夜，地爐榾柮暖温温。」

明滁陽朱椿《謝張公惠炭》詩：「謾訝生紅好，那知守黑安。寧論炙手熱，應解裂膚寒。性伏猶餘烈，心灰未化丹。何如在山日，曾作美材看。」

昭槤《嘯亭雜録》卷一〇《明用度奢費》 明代歲入帑金，不過數百萬，然其國用十倍於今。九邊月餉，半飽私囊，六部耗費，多不可計，其宫殿一切鳩工取材，皆倍於今。乾隆中，重修明長陵，啓其寢殿護板，皆以生銅鑄之。又康熙中，通溝澮，其溝皆以巨石築之，其中管粗數尺，皆生銅所鑄也。又西什庫中尚餘宫人鞋數十箱，皆以珠寶飾之，其糜費也若此。故迨至末年，國帑匱乏，致借餉於朝臣，良有以也。而不知者尚造蜚語，言内庫財帑豐盈，莊烈帝靳之不賞軍士，何其舛也。

劉廷璣《在園雜志》卷四 雨點著水最易起泡，旋起旋滅，所謂夢幻泡影者是也。小兒作戲，亦有以灰淋水，曰「灰湯」，入松香，量灰湯之多少而入。用篾紮成小圈，安於直篾上，調松香和湯極細而稠，以圈蘸湯向空一繞，則成元泡如琉璃狀，大而碗口，中而如拳、如茶盃，更有極小者，隨風蕩漾，頃刻方滅。若湯經日曬而濃，則一繞可成十餘泡，宜從樓上臺上高處多人繞放，輕飄錯落，殊令人眼花撩亂也。

劉聲木《萇楚齋四筆》卷一〇《琉球國賞貢等禮物》 同治五年，琉球國中山王世子尚立，特命詹事府右贊善趙新爲册封正使，内閣中書舍人于光甲爲副使、照例持節，齎捧詔〔勅〕幣帛按臨。賞品皆歷來照舊如此，無稍增減。頒賜國王爲蟒緞貳疋、粧緞貳疋，青緞貳疋，字緞陸疋，藍緞叁疋，緜叁疋，紗肆疋，羅肆疋，紡絲肆疋。頒賜王妃爲粧緞貳疋，字緞肆疋，藍緞貳疋，青緞貳疋，綿貳疋，紗肆疋，羅肆疋。貢品爲金鶴形壹對鶴踏銀岳座各全盔甲壹領，護手護臁各全金靶鞘腰刀貳把，銀靶鞘腰刀貳把，黑漆靶鞘鍍金銅結束腰刀貳拾把，黑漆靶鞘鍍金銅結束鎗壹拾把，黑漆靶鞘鍍金銅結束衮刀壹拾把，黑漆洒金馬鞍壹座，轡銜絡頭前後牽鞦屧脊障泥鐙俱全金彩畫圖屏貳對，精製摺扇伍百把，土絲綿貳百束，練蕉布叁百疋，土苧布壹百疋，白剛錫伍百觔，紅銅伍百觔。例賞正副使臣宴金貳封，共計壹百玖拾貳兩。屢次卻還，仍由琉球陪臣將卻還宴金進呈，籲叩聖恩，勅賜使臣收受，云云。語見福州趙又銘觀察新《續琉球國志略》。聲木謹案：我朝定例：琉球國每貳年入貢壹次，册封自順治十一年至同治五年，共計捌次，歷見汪舍人揖□□□□徐□□葆光《中山傳信録》、周侍讀煌《琉球國志略》等書。觀察復撰《續琉球國志略》二卷，編入《還硯齋全集》中，光緒八年八月，黄樓家刊本。歷代頒賜之品及貢品，班班可考者，只此而已。我朝字小之道，誠卓越千古也。

《三國志》卷九《魏書・曹爽傳》 〔曹〕爽飲食車服，擬於乘輿；尚方珍玩，充牣其家；妻妾盈後庭，又私取先帝才人七八人，及將吏、師工、鼓吹、良家子女三十三人，皆以爲伎樂。詐作詔書，發才人五十七人送鄴臺，使先帝倢伃教習爲伎。擅取太樂樂器，武庫禁兵。作窟室，綺疏四周，數與晏等會其中，飲酒作樂。

《魏書》卷二《太祖紀》 九月甲戌朔，幸漢南鹽池。壬午，至漢中，觀天鹽池；度漠，北之吐鹽池。癸巳，南還長川。丙申，臨觀長陂。

酈道元《水經注》卷三一《滍水、淯水、㶏水、濯水、瀙水、潕水、溳水》 水南有漢中常侍長樂太僕吉成侯州苞冢，冢前有碑，基西枕岡城，開四門，門有兩石獸，墳傾墓毁，碑獸淪移。人有掘出一獸，猶全不破，甚高壯，頭去地減一丈許，作製甚工，左髆上刻作「辟邪」字，門表壍上起石橋，歷時不毁。其碑云：六帝四后，是諮是諏。蓋仕自安帝，没於桓后。於時閹閹擅權，五侯暴世，割剥公私，以事生死。夫封者表有德，碑者頌有功，自非此徒，何用許爲？石至千春，不若速朽，苞墓萬古，祇彰誚辱。嗚呼，愚亦甚矣！

《史記》卷四《周本紀》 及他旁國聞古公仁，亦多歸之。於是古公乃貶戎狄之俗，而營築城郭室屋，而邑別居之。作五官有司。民皆歌樂之，頌其德。

《南史》卷一一《后妃傳上》 初，明帝少失所生，爲太后所攝養，撫愛甚篤。及即位，供奉禮儀，不異舊日。有司奏宜別居外宮，詔欲親奉晨昏，盡歡閨禁，不如所奏。及聞義嘉難作，太后心幸之，延上飲酒，置毒以進。侍者引上衣，上寤，起以其卮上壽。是日太后崩，祕之，喪事如禮。遷殯東宮，題曰崇憲宮。又詔述太后恩慈，特齊衰三月，以申追遠。謚曰昭皇太后，葬孝武陵東南，號曰脩寧陵。

先是，晉安王子勛未平，巫者謂宜開昭太后陵，毀去梓宮以厭勝。修復倉卒，不得如禮。上性忌，慮將來致災，泰始四年夏，詔有司曰：「崇憲昭太后脩寧陵地，大明之世，久所考卜。前歲遭諸蕃之難，禮從權宜，未暇營改，而塋隧之所，山原卑陋，可式遵舊典，以禮改創。」有司奏請「脩寧陵玄宮補葺毀壞，權施油殿，暫出梓宮，事畢即窆」。詔可。

徐天麟《東漢會要·禮四·朝會》 德陽殿周旋容萬人。陛高二丈，皆文石作壇。激沼水于殿下。畫屋朱梁，玉階金柱，刻鏤作宮掖之好，厠以青翡翠，一柱三帶，韜以赤緹。天子正旦節，會朝百僚于此。自到偃師，去宮四十三里，望朱雀五闕、德陽，其上鬱律與天連。」《雒陽宮閣簿》云：「德陽宮殿南北行七丈，東西行三十七丈四尺。」《志》注。

《南齊書》卷七《東昏侯紀》 後宮遭火之後，更起仙華、神仙、玉壽諸殿，刻畫雕綵，青荓金口帶，麝香塗壁，錦幔珠簾，窮極綺麗。縶役工匠，自夜達曉，猶不副速，乃剔取諸寺佛刹殿藻井仙人騎獸以充足之。世祖興光樓上施青漆，世謂之「青樓」。帝曰：「武帝不巧，何不純用瑠璃。」

潘氏服御，極選珍寶，主衣庫舊物，不復周用，貴市民閒金銀寶物，價皆數倍。虎魄釧一隻，直百七十萬。京邑酒租，皆折使輸金，以爲金塗。猶不能足，下揚、南徐二州橋桁塘埭丁計功爲直，斂取見錢，供太樂主衣雜費。由是所在塘瀆，多有隳廢。又訂出雉頭鶴氅白鷺縗，親幸小人，因緣爲姦利，課一輸十，郡縣無敢言者。

三年夏，於閱武堂起芳樂苑，山石皆塗以五采，跨池水立紫閣諸樓觀，壁上畫男女私褻之像。種好樹美竹，天時盛暑，未及經日，便就萎枯。於是徵求民家，望樹便取，毀徹墻屋以移致之，朝栽暮拔，道路相繼，花藥雜草，亦復皆然。

《尚書·禹貢》 淮、海惟揚州。彭蠡既豬，陽鳥攸居。三江既入，震澤厎定。篠簜既敷，厥草惟夭，厥木惟喬。厥土惟塗泥，厥田惟下下，厥賦下上上錯。厥貢惟金三品，瑤、琨、篠簜，齒、革、羽、毛，惟木。島夷卉服，厥篚織貝，厥包橘柚錫貢。沿于江、海，達於淮、泗。

《新唐書》卷七六《后妃傳上·高宗則天皇后》 太后又自加號金輪聖神皇帝，置七寶于廷：曰金輪寶，曰白象寶，曰女寶，曰馬寶，曰珠寶，曰主兵臣寶，曰主藏臣寶，率大朝會則陳之。又尊其顯祖爲立極文穆皇帝，太祖爲無上孝明皇帝。延載二年，武三思率蕃夷諸酋及耆老請作天樞，紀太后功德，以黜唐興周，制可。使納言姚璹護作。乃大裒銅鐵合冶之，署曰「大周萬國頌德天樞」，置端門外。其制若柱，度高一百五尺，八面，面別五尺，冶鐵象山爲之趾，負以銅龍，右鑱怪獸環之。柱顛爲雲蓋，出大珠，高丈，圍三之。作四蛟，度丈二尺，以承珠。其趾山周百七十尺，度二丈。無慮用銅鐵二百萬斤。乃悉鏤羣臣、蕃酋名氏其上。

藝文

《禮記·曲禮下》 君子將營宮室，宗廟爲先，厩庫爲次，居室爲後。凡家造，祭器爲先，犧賦爲次，養器爲後。無田禄者不設祭器，有田禄者先爲祭服。君子雖貧，不粥祭器；雖寒，不衣祭服。爲宮室，不斬於丘木。

大夫、士去國，祭器不逾竟。大夫寓祭器於大夫，士寓祭器於士。大夫去國，逾竟，爲壇位，鄉國而哭，素衣，素裳，素冠，徹緣，鞮屨、素簚，乘髦馬，不蚤鬋，不祭食，不説人以無罪，婦人不當御，三月而復服。

《孝經·喪親章第一八》 子曰：孝子之喪親也，哭不偯，禮無容，言不文，服美不安，聞樂不樂，食旨不甘，此哀戚之情也。三日而食，教民無以死傷生。毀不滅性，此聖人之政也。喪不過三年，示民有終也。爲之棺、椁、衣、衾而舉之；陳其簠、簋而哀戚之；擗踊哭泣，哀以送之；卜其宅兆，而安措之；爲之宗廟，以鬼享之；春秋祭祀，以時思之。生事愛敬，死事哀戚，生民之本盡矣，死生之義備矣，孝子之事親終矣。

《韓非子·有度》 夫人臣之侵其主也，如地形焉，即漸以往，使人主失端，東西易面而不自知。故先王立司南以端朝夕。故明主使其群臣不游意於法之外，不爲惠於法之内，動無非法。峻法，所以禁過外私也；嚴刑，所以遂令懲下也。威不貸錯，制不共門。威、制共，則衆邪彰矣；法不信，則君行危矣；刑不斷，則邪不勝矣。故曰：巧匠目意中繩，然必先以規矩爲度；上智捷舉中事，必以先王之法爲比。故繩直而枉木斲，準夷而高科削，權衡縣而重益輕，斗石設而多益少。故以法治國，舉措而已矣。法不阿貴，繩不撓曲。法之所加，智者弗能辭，勇者弗敢争。刑過不避大臣，賞善不遺匹夫。故矯上之失，詰下之邪，治亂決繆，絀羡齊非，一民之軌，莫如法。厲官威民，退淫殆，止詐僞，莫如刑。刑重，則不敢以貴易賤；法審，則上尊而不侵。上尊而不侵，則主强而守要，故先王貴之而傳之。人主釋法用私，則上下不別矣。

《韓非子・外儲説左上》 楚王謂田鳩曰：「墨子者，顯學也。其身體則可，其言多而不辯，何也？」曰：「昔秦伯嫁其女於晉公子，令晉爲之飾裝，從衣文之媵七十人。至晉，晉人愛其妾而賤公女。此可謂善嫁妾，而未可謂善嫁女也。楚人有賣其珠於鄭者，爲木蘭之櫝，薰以桂椒，綴以珠玉，飾以玫瑰，輯以翡翠。鄭人買其櫝而還其珠。此可謂善賣櫝矣，未可謂善鬻珠也。今世之談也，皆道辯説文辭之言，人主覽其文而忘有用。墨子之説，傳先王之道，論聖人之言，以宣告人。若辯其辭，則恐人懷其文忘其直，以文害用也。此與楚人鬻珠、秦伯嫁女同類，故其言多不辯。」

《韓非子・喻老》 昔者紂爲象箸而箕子怖，以爲象箸必不加於土鉶，必將犀玉之杯；象箸玉杯必不羹菽藿，則必旄、象、豹胎；旄、象、豹胎必不衣短褐而食於茅屋之下，則錦衣九重，廣室高臺。吾畏其卒，故怖其始。居五年，紂爲肉圃，設炮烙，登糟丘，臨酒池，紂遂以亡。故箕子見象箸以知天下之禍。故曰：「見小曰明。」

《韓非子・難二》 李克治中山，苦陘令上計而入多。李克曰：「語言辨，聽之説，不度於義，謂之窕言。無山林澤谷之利而入多者，謂之窕貨。君子不聽窕言，不受窕貨。子姑免矣。」

或曰：「李子設辭曰：『夫言語辨，聽之説，不度於義者，謂之窕言。』辯，在言者；説，在聽者：言非聽者也。所謂不度於義，非謂聽者，必謂所聽也。聽者，非小人則君子也。小人無義，必不能度之義也；君子度之義，必不肯説也。夫曰『言語辨，聽之説，不度於義』者，必不誠之言也。入多之爲窕貨也，未可遠行也。李子之姦弗蚤禁，使至於計，是遂過也。無術以知而入多，入多者，穰也，雖倍入，將奈何？舉事慎陰陽之和，種樹節四時之適，無早晚之失，寒温之災，則入多。不以小功妨大務，不以私慾害人事，丈夫盡於耕農，婦人力於織紝，則入多。務於畜養之理，察於土地之宜，六畜遂，五穀殖，則入多。明於權計，審於地形、舟車、機械之利，用力少，致功大，則入多。利商市關梁之行，能以所有致所無，客商歸之，外貨留之，儉於財用，節於衣食，宫室器械周於資用，不事玩好，則入多。入多，皆人爲也。若天事，風雨時，寒温適，土地不加大，而有豐年之功，則入多。人事、天功二物者皆人多，非山林澤谷之利也。夫無山林澤谷之利入多，因謂之窕貨者，無術之言也。

《韓非子・五蠹》 故明主之國，無書簡之文，以法爲教；無先王之語，以吏爲師；無私劍之捍，以斬首爲勇。是境内之民，其言談者必軌於法，動作者歸之於功，爲勇者盡之於軍。是故無事則國富，有事則兵强，此之謂王資。既畜王資而承敵國之釁，超五帝侔三王者，必此法也。【略】

民之政計，皆就安利如辟危窮。今爲之攻戰，進則死於敵，退則死於誅，則危矣。棄私家之事而必汗馬之勞，家困而上弗論，則窮矣。窮危之所在也，民安得勿避？故事私門而完解舍，解舍完則遠戰，遠戰則安。行貨賂而襲當塗者則求得，求得則私安，私安則利之所在，安得勿就？是以公民少而私人衆矣。

夫明王治國之政，使其商工游食之民少而名卑，以寡趣本務而趨末作。今世近習之請行，則官爵可買；官爵可買，則商工不卑也矣。姦財貨賈得用於市，則商人不少矣。聚斂倍農而致尊過耕戰之士，則耿介之士寡而商賈之民多矣。是故亂國之俗：其學者，則稱先王之道以籍仁義，盛容服而飾辯説，以疑當世之法，而貳人主之心。其言談者，爲設詐稱，借於外力，以成其私，而遺社稷之利。其帶劍者，聚徒屬，立節操，以顯其名而犯五官之禁。其患御者，積於私門，盡貨賂，而用重人之謁，退汗馬之勞。其商工之民，修治苦窳之器，聚弗靡之財，蓄積待時，而侔農夫之利。此五者，邦之蠹也。人主不除此五蠹之民，不養耿介之士，則海内雖有破亡之國，削滅之朝，亦勿怪矣。

陸賈《新語校注》卷下《資質第七》 質美者以通爲貴，才良者以顯爲能。何以言之？夫楩枏豫章，天下之名木也，生於深山之中，産於谿谷之傍，立則爲大山衆木之宗，仆則爲萬世之用，浮於山水之流，出於冥冥之野，因江、河之道，而達於京師之下，因斧斤之功，得舒其文色，精捍直理，密緻博通，蟲蝎不能穿，水溼不能傷，在高柔輭，入地堅彊，無膏澤而光潤生，不刻畫而文章成，上爲帝王之御物，下則賜公卿，庶賤而得以備器械；閉絶以關梁，及隘於山阪之阻，隔於九屼之隄，仆於嵬崔之山，頓於窅冥之谿，樹蒙蘢蔓延而無間，石崔嵬嶄岩而不開，廣者無舟車之通，狹者無步擔之蹊，商賈所不至，工匠所不窺，知者所不見，見者所不知，功棄而德亡，腐朽而枯傷，轉於百仞之壑，惕然而獨僵，當斯之時，不如道傍之枯楊。纍纍結屈，委曲不同，然生於大都之廣地，近於大匠之名工，材器制斷，規矩度量，堅者補朽，短者續長，大者治罇，小者治觴，飾以丹漆，斁以明光，上備大牢，春秋禮庠，褒以文采，立禮矜莊，冠帶正容，對酒行觴，卿士列位，布陳宫堂，望之者目眩，近之者鼻芳。故事閉之則絶，次之則通，抑之則沈，興之則揚，處地楩梓，賤於枯楊，德美非不相絶也，才力非不相懸也，彼則槁枯而遠棄，此則爲宗廟之瑚璉者，通與不通也。

人亦猶此。

桓寬《鹽鐵論·本議第一》 惟始元六年，有詔書使丞相、御史與所舉賢良、文學語。問民間所疾苦。

文學對曰：竊聞治人之道，防淫佚之原，廣道德之端，抑末利而開仁義，毋示以利，然後教化可興，而風俗可移也。今郡國有鹽、鐵、酒榷、均輸，與民争利。散敦厚之樸，成貪鄙之化。是以百姓就本者寡，趨末者衆。夫文繁則質衰，末盛則本虧。末修則民淫，本修則民慤。民慤則財用足，民侈則饑寒生。願罷鹽鐵、酒榷、均輸，所以進本退末，廣利農業，便也。

大夫曰：匈奴背叛不臣，數爲寇暴於邊鄙。備之則勞中國之士；不備則侵盗不止。先帝哀邊人之久患，苦爲虜所系獲也，故修障塞，飭烽燧，屯戍以備之。邊用度不足，故興鹽、鐵，設酒榷，置均輸，蕃貨長財，以佐助邊費。今議者欲罷之，内空府庫之藏，外乏執備之用，使備塞乘城之士，饑寒於邊，將何以贍之？罷之，不便也。

文學曰：孔子曰：「有國有家者，不患寡而患不均，不患貧而患不安。」故天子不言多少，諸侯不言利害，大夫不言得喪。畜仁義以風之，廣德行以懷之。是以近者親附而遠者悦服。故善克者不戰，善戰者不師，善師者不陣。修之於廟堂，而折衝還師。王者行仁政，無敵於天下，惡用費哉？

大夫曰：匈奴桀黠，擅恣入塞，犯厲中國，殺伐郡縣朔方都尉，甚悖逆不軌，宜誅討之日久矣。陛下垂大惠，哀元元之未贍，不忍暴士大夫於原野。縱難被堅執鋭，有北面復匈奴之志，又欲罷鹽、鐵、均輸，擾邊用，損武略，無憂邊之心，於其義未便也。

文學曰：古者貴以德而賤用兵。孔子曰：「遠人不服，則修文德以來之。既來之，則安之。」今廢道德而任兵革，興師而伐之，屯戍而備之，暴兵露師以支久長，轉輸糧食無已，使邊境之士飢寒於外，百姓勞苦於内。立鹽、鐵，始張利官以給之，非長策也。故以罷之爲便也。

大夫曰：古之立國家者，開本末之途，通有無之用。市朝以一其求，致士民，聚萬貨，農商工師各得所欲，交易而退。《易》曰：「通其變，使民不倦。」故工不出，則農用乏；商不出，則寶貨絶。農用乏，則穀不殖；寶貨絶，則財用匱。故鹽、鐵、均輸，所以通委財而調緩急。罷之，不便也。

文學曰：夫導民以德，則民歸厚；示民以利，則民俗薄。俗薄則背義而趨利，趨利則百姓交於道而接於市。《老子》曰：「貧國若有餘。」非多財也，嗜慾衆而民躁也。是以王者崇本退末，以禮義防民欲，實菽粟貨財。市，商不通無用之物，工不作無用之器。故商所以通鬱滯，工所以備器械，非治國之本務也。

大夫曰：《管子》云：「國有沃野之饒而民不足於食者，器械不備也。有山海之貨而民不足於財者，商工不備也。」隴、蜀之丹漆旄羽，荆、揚之皮革骨象，江南之柟梓竹箭，燕、齊之魚鹽旃裘，兖、豫之漆絲絺紵，養生送終之具也，待商而通，待工而成。故聖人作爲舟楫之用，以通川谷；服牛駕馬，以達陵陸；致遠窮深，所以交庶物而便百姓。是以先帝建鐵官以贍農用，開均輸以足民財；鹽、鐵、均輸，萬民所戴仰而取給者，罷之，不便也。

文學曰：國有沃野之饒而民不足於食者，工商盛而本業荒也；有山海之貨而民不足於財者，不務民用而淫巧衆也。故川原不能實漏卮，山海不能贍谿壑。是以盤庚萃居，舜藏黄金，高帝禁商賈不得仕宦，所以遏貪鄙之俗而醇至誠之風也。排困市井，防塞利門，而民猶爲非也，況上之爲利乎？《傳》曰：「諸侯好利則大夫鄙，大夫鄙則士貪，士貪則庶人盗。」是開利孔爲民罪梯也。

大夫曰：往者郡國諸侯各以其方物貢輸，往來煩雜，物多苦惡，或不償其費。故郡國置輸官以相給運，而便遠方之貢，故曰均輸。開委府於京師，以籠貨物。賤即買，貴則賣。是以縣官不失實，商賈無所貿利，故曰平準。平準則民不失職，均輸則民齊勞逸。故平準、均輸所以平萬物而便百姓，非開孔利爲民罪梯者也。

文學曰：古者之賦税於民也，因其所工，不求所拙。農人納其獲，女工效其功。今釋其所有，責其所無。百姓賤賣貨物，以便上求。間者，郡國或令民作布絮，吏恣留難，與之爲市。吏之所入，非獨齊、阿之縑，蜀、漢之布也，亦民間之所爲耳。行姦賣平，農民重苦，女工再稅，未見輸之均也。縣官猥發，闔門擅市，則萬物并收。萬物并收，則物騰躍。騰躍，則商賈侔利。自市，則吏容姦。豪吏富商積貨儲物以待其急，輕賈姦吏收賤以取貴，未見準之平也。蓋古之均輸，所以齊勞逸而便貢輸，非以爲利而賈萬物也。

桓寬《鹽鐵論・通有第三》 大夫曰：燕之涿、薊，趙之邯鄲，魏之温、軹，韓之滎陽，齊之臨淄，楚之宛丘，鄭之陽翟，三川之二周，富冠海内，皆爲天下名都。非有助之耕其野而田其地者也，居五都之沖，跨街衢之路也。故物豐者民衍，宅近市者家富。富在術數，不在勞身；利在勢居，不在力耕也。

文學曰：荆、揚南有桂林之饒，内有江湖之利，左陵陽之金，右蜀、漢之材，伐木而樹谷，燔萊而播粟，火耕而水耨，地廣而饒財；然民鮆窳偷生，好衣甘食，雖白屋草廬，歌謳鼓琴，日給月單，朝歌暮戚。趙、中山帶大河，纂四通神衢，當天下之蹊，商賈錯於路，諸侯交於道；然民淫好末，侈靡而不務本，田疇不修，男女矜飾，家無斗筲，鳴琴在室。是以楚、趙之民，均貧而寡富。宋、衛、韓、梁好本稼穡，編户齊民，無不家衍人給。故利在自惜，不在勢居街衢；富在儉力趣時，不在歲司羽鳩也。

大夫曰：五行，東方木，而丹、章有金銅之山；南方火，而交趾有大海之川；西方金，而蜀、隴有名材之林；北方水，而幽都有積沙之地。此天地所以均有無而通萬物也。今吴、越之竹，隋、唐之材，不可勝用，而曹、衛、梁、宋，采棺轉屍；江湖之魚，萊、黄之鮐，不可勝食，而鄒、魯、周、韓，藜藿蔬食。天地之利無不贍，而山海之貨無不富也；然百姓匱乏，財用不足，多寡不調，而天下財不散也。

文學曰：古者，采椽不斲，茅茨不翦，衣布褐，飯土硎，鑄金爲鋤，埏埴爲器，工不造奇巧，世不寶不可衣食之物。各安其居，樂其俗，甘其食，便其器。是以遠方之物不交，而崑山之玉不至。今世俗壞而競於淫靡，女極纖微，工極技巧，雕素樸而尚珍怪，鑽山石而求金銀，没深淵求珠璣，設機陷求犀象，張網羅求翡翠，求蠻貉之物以眩中國，徙邛、筰之貨致之東海，交萬里之財，曠日費功，無益於用。是以褐夫匹婦，勞疲力屈，而衣食不足也。故王者禁溢利，節漏費。溢利禁則反本，漏費節則民用給。是以生無乏資，死無轉屍也。

大夫曰：古者，宮室有度，輿服以庸；采椽茅茨，非先王之制也。君子節奢刺儉，儉則固。昔孫叔敖相楚，妻不衣帛，馬不秣粟。孔子曰：「不可，大儉極下。」此《蟋蟀》所爲作也。《管子》曰：「不飾宮室，則材木不可勝用，不充庖厨，則禽獸不損其壽。無末利，則本業無所出，無黼黻，則女工不施。」故工商梓匠，邦國之用，器械之備也。自古有之，非獨於此。弦高販牛於周，五羖賃車入秦，公輸子以規矩，歐冶以熔鑄。《語》曰：「百工居肆，以致其事。」農商交易，以利本末。山居澤處，蓬蒿墝埆，財物流通，有以均之。是以多者不獨衍，少者不獨饉。若各居其處，食其食，則是橘柚不鬻，朐鹵之鹽不出，旃罽不市，而吴、唐之材不用也。

文學曰：孟子云：「不違農時，谷不可勝食。蠶麻以時，布帛不可勝衣也。斧斤以時入，材木不可勝用。田漁地時，魚肉不可勝食。」若則飾宮室，增臺榭，梓匠斲鉅爲小，以圓爲方，上成雲氣，下成山林，則材木不足用也。男子去本爲末，雖雕文刻鏤，以象禽獸，窮物究變，則穀不足食也。婦女飾微治細，以成文章，極伎盡巧，則絲布不足衣也。庖宰烹殺胎卵，煎炙齊和，窮極五味，則魚肉不足食也。當今世，非患禽獸不損，材木不勝，患僣侈之無窮也；非患無旃罽橘柚，患無狹廬糠糟也。

桓寬《鹽鐵論・論災第五四》 大夫曰：文學言剛柔之類，互勝相代生。《易》明於陰陽，《書》長於五行。春生夏長，故火生於寅木，陽類也；秋生冬死，故水生於申金，陰物也。四時五行，迭廢迭興，陰陽異類，水火不同器。金得土而成，得火而死，金生於巳，何説何言然乎？

文學曰：兵者，凶器也，甲堅兵利，爲天下殃。以母制子，故能久長。聖人法之，厭而不陽。《詩》云：「載戢干戈，載櫜弓矢，我求懿德，肆於時夏。」衰世不然。逆天道以快暴心，僵屍血流以争壤土，牢人之君，災人之祀，殺人之子若絶草木，刑者肩靡於道。以己之所惡而施於人。是以國家破滅，身受其殃，秦王是也。

大夫曰：金生於巳，刑罰小加，故薺麥夏死。《易》曰：「履霜，堅冰至。」秋始降霜，草木隕零，合冬行誅，萬物畢藏。春夏生長，利以行仁。秋冬殺藏，利以施刑。故非其時而樹，雖生不成。秋冬行德，是謂逆天道。《月令》：「涼風至，殺氣動，蜻蛚鳴，衣裘成。天子行微刑，始貙蔞以順天令。」文學同四時，合陰陽，尚德而除刑。如此，則鷹隼不鷙，猛獸不攫，秋不蒐獮，冬不田狩者也。

桓寬《鹽鐵論・論功第五二》 大夫曰：匈奴無城廓之守，溝池之固，修戟强弩之用，倉廩府庫之積，上無義法，下無文理，君臣嫚易，上下無禮，織柳爲室，旃廗爲蓋。素孤骨鏃，馬不粟食。內則備不足畏，外則禮不足稱。夫中國，天下腹心，賢士之所總，禮義之所集，財用之所殖也。夫以智謀愚，以義伐不義，若因秋霜而振落葉。《春秋》曰：「桓公之與戎、狄，驅之爾。」況以天下之力乎？

文學曰：匈奴車器無銀黄絲漆之飾，素成而務堅。絲無文采裙褘曲襟之制，都成而務完。男無刻鏤奇巧之事，宮室城郭之功。女無綺繡淫巧之貢，纖綺羅紈之作。事省而致用，易成而難弊。雖無修戟强弩，戎馬良弓；家有其備，人有其用，一旦有急，貫弓上馬而已。資糧不見案首，而支數十日之食，因山谷爲城郭，因水草爲倉廩。法約而易辨，求寡而易供。是以刑者而不犯，指麾而令從。嫚於禮而篤於信，略於文而敏於事。故雖無禮義之書，刻骨卷木，百官有以相記，而君臣上下有以相使。群臣爲縣官計者，皆言其易而實難，是以秦欲驅之而反更亡也。故兵者凶器，不可輕用也。其以强爲弱，以存爲亡，一朝爾也。

大夫曰：魯連有言：「秦權使其士，虜使其民。」故政急而不長。高皇帝受命平暴亂，功德巍巍，惟天同大焉。而文景承緒潤色之。及先帝征不義，攘無德，以昭仁聖之路，純至德之基，聖王累年仁義之積也。今文學引亡國失政之治，而況之於今，其謂匈奴難圖，宜矣！

桓寬《鹽鐵論・刺復第一〇》 文學曰：輸子之制材木也，正其規矩而鑿枘；師曠之諧五音也，正其六律而宮商調。當世之工匠，不能調其鑿枘，則改規矩，不能協聲音，則變舊律，是以鑿枘刺戾而不合，聲音泛越而不和。夫舉規矩而知宜，吹律而知變，上也；因循而不作，以俟其人，次也。是以曹丞相日飲醇酒，倪大夫閉口不言。故治大者不可以煩，煩則亂；治小者不可以怠，怠則廢。《春秋》曰：「其政恢卓，恢卓可以爲卿相。其政察察，察察可以爲匹夫。」夫維綱不張，禮義不行，公卿之憂也。案上之文，期會之事，丞、史之任也。《尚書》曰：「俊乂在官，百僚師師，百工惟時，庶尹允諧。」言官得其人，人任其事，故官治而不亂，事起而不廢，士守其職，大夫理其位，公卿總要執凡而已。故任能者責成而不勞，任己者事廢而無功。桓公之於管仲，耳而目之。故君子勞於求賢，逸於用之，豈云殆哉？昔周公之相也，謙卑而不鄰，以勞天下之士，是以俊乂滿朝，賢智充門。孔子無爵位，以布衣從才士七十有餘人，皆諸侯卿相之人也，況處三公之尊以養天下之士哉？今以公卿之上位，爵禄之美，而不能致士，則未有進賢之道。堯之舉舜也，賓而妻之。桓公舉管仲也，賓而師之。以天子而妻匹夫，可謂親賢矣。以諸侯而師匹夫，可謂敬賓矣。是以賢者從之若流，歸之不疑。今當世在位者，既無燕昭之下士，《鹿鳴》之樂賢，而行臧文、子椒之意，蔽賢嫉能，自高其智，訾人之才，足己而不問，卑士而不友，以位尚賢，以禄驕士，而求士之用，亦難矣！

大夫繆然不言，蓋賢良辰嘆息焉。

御史進曰：太公相文、武以王天下，管仲相桓公以霸諸侯。故賢者得位，猶龍得水，騰蛇游霧也。公孫丞相以《春秋》説先帝，遽及三公，處周、召之列，據萬里之勢，爲天下準繩，衣不重彩，食不兼味，以先天下，而無益於治。博士褚泰、徐偃等，承明詔，建節馳傳，巡省郡國，舉孝廉，勸元元，而流俗不改。招舉賢良、方正、文學之士，超遷官爵，或至卿大夫，非燕昭之薦士，文王之廣賢也？然而未覩功業所成。殆非龍蛇之才，而《鹿鳴》之所樂賢也。

文學曰：冰炭不同器，日月不并明。當公孫弘之時，人主方設謀垂意於四夷，故權譎之謀進，荆、楚之士用。將帥或至封侯食邑，而勼獲者咸蒙厚賞。是以奮擊之士由此興。其後，干戈不休，軍旅相望，甲士糜弊，縣官用不足，故設險興利之臣起，磻谿熊羆之士隱。涇、渭造渠以通漕運，東郭咸陽、孔僅建鹽、鐵，策諸利，富者買爵販官，免刑除罪，公用彌多而爲者徇私，上下兼求，百姓不堪，抏弊而從法，故憯急之臣進，而見知、廢格之法起。杜周、咸宣之屬，以峻文決理貴，而王温舒之徒以鷹隼擊殺顯。其欲據仁義以道事君者寡，偷合取容者衆。獨以一公孫弘，如之何？

桓寬《鹽鐵論・輕重第一四》 御史進曰：昔太公封於營丘，辟草萊而居焉。地薄人少，於是通利末之道，極女工之巧。是以鄰國交於齊，財畜貨殖，世爲强國。管仲相桓公，襲先君之業，行輕重之變，南服强楚而霸諸侯。今大夫君修太公、桓、管之術，總一鹽、鐵，通山川之利而萬物殖。是以縣官用饒足，民不困乏，本末并利，上下俱足。此籌計之所致，非獨耕桑農業也。

文學説：禮義者，國之基也，而權利者，政之殘也。孔子曰：「能以禮讓爲國乎，何有？」伊尹、太公以百里興其君，管仲專於桓公，以千乘之齊而不能至於王，其所務非也。故功名隳壞而道不濟。當此之時，諸侯莫能以德，而争於公利，故以權相傾。今天下合爲一家，利末惡欲行？淫巧惡欲施？大夫君以心計策國用，構諸侯，參以酒榷，咸陽、孔僅增以鹽、鐵，江充、楊可之等，各以鋒鋭，言利末之事析秋毫，可爲無間矣。非特管仲設九府，徼山海也。然而國家衰耗，城郭空虛。故非崇仁義無以化民，非力本農無以富邦也。

御史曰：水有猵獺而池魚勞，國有强禦而齊民消。故茂林之下無豐草，大塊之間無美苗。夫理國之道，除穢鋤豪，然後百姓均平，各安其宇。張廷尉論定律令，明法以繩天下，誅姦猾，絶并兼之徒。而强不凌弱，衆不暴寡。大夫君運籌策，建國用，籠天下鹽、鐵諸利，以排富商大賈，買官贖罪，損有餘，補不足，以齊黎民。是以兵革東西征伐，賦斂不增而用足。夫損益之事，賢者所覩，非衆人之所知也。

文學曰：扁鵲撫息脉而知疾所由生，陽氣盛，則損之而調陰，寒氣盛，則損之而調陽，是以氣脉調和，而邪氣無所留矣。夫拙醫不知脉理之腠，血氣之分，妄刺而無益於疾，傷肌膚而已矣。今欲損有餘，補不足，富者愈富，貧者愈貧矣。嚴法任刑，欲以禁暴止姦，而姦猶不止，意者非扁鵲之用針石，故衆人未得其職也。

御史曰：周之建國也，蓋千八百諸侯。其後，强吞弱，大兼小，并爲六國。六國連兵結難數百年，内拒敵國，外攘四夷。由此觀之，兵甲不休，戰伐不乏，軍旅外奉，倉庫内實。今以天下之富，海内之財，百郡之貢，非特齊、魯之畜，趙魏之庫也。計委量入，雖急用之，宜無乏絶之時。顧大農等以術體躬稼，則后稷之烈，軍四出而用不繼，非天之財少也。用針石，調陰陽，均有無，補不足，亦非也。上大夫君與治粟都尉管領大農事，灸刺稽滯，開利百脉，是以萬物流通，而縣官富實。當此之時，四方征暴亂，車甲之費，克獲之賞，以億萬計，皆贍大司農。此皆扁鵲之力，而鹽、鐵之福也。

文學曰：邊郡山居谷處，陰陽不和，寒凍裂地，衝風飄鹵，沙石凝積，地勢無所宜。中國，天地之中，陰陽之際也，日月經其南，斗極出其北，含衆和之氣，産育庶物。今去而侵邊，多斥不毛寒苦之地，是猶棄江皋河濱，而田於嶺坂菹澤也。轉倉廩之委，飛府庫之財，以給邊民。中國困於徭賦，邊民苦於戍御。力耕不便種糴，無桑麻之利，仰中國絲絮而後衣之，皮裘蒙毛，曾不足蓋形，夏不失複，冬不離窟。父子夫婦内藏於專室土圜之中。中外空虚，扁鵲何力？而鹽、鐵何福也？

桓寬《鹽鐵論・非鞅第七》 大夫曰：昔商君相秦也，内立法度，嚴刑罰，飭政教，姦僞無所容。外設百倍之利，收山澤之税，國富民强，器械完飾，蓄積有餘。是以征敵伐國，攘地斥境，不賦百姓而師以贍。故利用不竭而民不知，地盡西河而民不苦。鹽鐵之利，所以佐百姓之急，足軍旅之費，務蓄積以備乏絶，所給甚衆，有益於國，無害於人。百姓何苦爾，而文學何憂也？

文學曰：昔文帝之時，無鹽、鐵之利而民富；今有之而百姓困乏，未見利之所利也，而見其害也。且利不從天來，不從地出，一取之民間，謂之百倍，此計之失者也。無異於愚人反裘而負薪，愛其毛，不知其皮盡也。夫李梅實多者，來年爲之衰，新穀熟者歸穀爲之虧。自天地不能兩盈，而況於人事乎？故利於彼者必耗於此，猶陰陽之不并曜，晝夜之有長短也。商鞅峭法長利，秦人不聊生，相與哭孝公。吴起長兵攻取，楚人搔動，相與泣悼王。其後楚日以危，秦日以弱。故利蓄而怨積，地廣而禍構，惡在利用不竭而民不知，地盡西河而民不苦也？今商鞅之册任於内，吴起之兵用於外，行者勤於路，居者匱於室，老母號泣，怨女嘆息；文學雖欲無憂，其可得也？

大夫曰：『秦任商君，國以富强，其後卒并六國而成帝業。及二世之時，邪臣擅斷，公道不行，諸侯叛馳，宗廟隳亡。《春秋》曰：「末言爾，祭仲亡也。」夫善歌者使人續其聲，善作者使人紹其功。椎車之蟬攫，負子之教也。周道之成，周公之力也。雖有裨諶之草創，無子産之潤色，有文、武之規矩，而無周、呂之鑿枘，則功業不成。今以趙高之亡秦而非商鞅，猶以崇虎亂殷而非伊尹也。』文學曰：善鑿者建周而不拔，善基者致高而不蹶。伊尹以堯、舜之道爲殷國基，子孫紹位，百代不絶。商鞅以重刑峭法爲秦國基，故二世而奪。刑既嚴峻矣，又作爲相坐之法，造誹謗，增肉刑，百姓齋栗，不知所措手足也。賦斂既煩數矣，又外禁山澤之原，内設百倍之利，民無所開説容言。崇利而簡義，高力而尚功，非不廣壤進地也，然猶人之病水，益水而疾深。知其爲秦開帝業，不知其爲秦致亡道也。狐刺之鑿，雖公輸子不能善其枘。畚土之基，雖良匠不能成其高。譬若秋蓬被霜，遇風則零落，雖有十子産，如之何？故扁鵲不能肉白骨，微、箕不能存亡國也。

大夫曰：言之非難，行之爲難。故賢者處實而效功，亦非徒陳空文而已。昔商君明於開塞之術，假當世之權，爲秦致利成業，是以戰勝攻取，并近滅遠，乘燕、趙，陵齊、楚，諸侯斂衽，西面而向風。其後，蒙恬征胡，斥地千里，逾之河北，若壞朽折腐。何者？商君之遺謀，備飭素脩也。故舉而有利，動而有功。夫蓄積籌策，國家之所以强也。故弛廢而歸之民，未覩鉅計而涉大道也。

文學曰：商鞅之開塞，非不行也；蒙恬卻胡千里，非無功也；威震天下，非不强也；諸侯隨風西面，非不從也；然而皆秦之所以亡也。商鞅以權數亡秦國，蒙恬以得千里亡秦社稷。此二子者，知利而不知害，知進而不知退，故果身死而衆敗。此所謂戀朐之智，而愚人之計也，夫何大道之有？故曰：「小人先合而後忤，初雖乘馬，卒必泣血。」此之謂也。

桓寬《鹽鐵論·未通第一五》 御史曰：內郡人衆，水泉薦草不能相贍，地勢温濕，不宜牛馬。民跖耒而耕，負檐而行，勞罷而寡功。是以百姓貧苦而衣食不足，老弱負輅於路，而列卿大夫或乘牛車。孝武皇帝平百越以爲囿圃，却羌、胡以爲苑囿，是以珍怪異物，充於后宮，騊駼、駃騠，實於外廐，匹夫莫不乘堅良，而民間厭橘柚。由此觀之，邊郡之利亦饒矣，而曰「何福之有」？未通於計也。

文學曰：禹平水土，定九州，四方各以土地所生貢獻，足以充宮室，供人主之欲。膏壤萬里，山川之利，足以富百姓，不待蠻、貊之地，遠方之物而用足。聞往者未伐胡、越之時，徭賦省而民富足，温衣飽食，藏新食陳，布帛充用，牛馬成群。農夫以馬耕載，而民莫不騎乘；當此之時，却走馬以糞。其後，師旅數發，戎馬不足，牸牝入陣，故駒犢生於戰地。六畜不育於家，五穀不殖於野，民不足於糟糠，何橘柚之所厭？《傳》曰：「大軍之後，累世不復。」方今郡國，田野有隴而不墾，城廓有宇而不實，邊郡何饒之有乎？

御史曰：古者制田百步爲畝，民井田而耕，什而籍一。義先公而後己，民臣之職也。先帝哀憐百姓之愁苦，衣食不足，制田二百四十步而一畝，率三十而稅一，墮民不務田作，饑寒及己，固其理也。其不耕而欲播，不種而欲獲，鹽、鐵又何過乎？

文學曰：什一而籍，民之力也。豐耗美惡，與民共之。民勤，己不獨衍；民衍，己不獨勤。故曰：「什一者，天下之中正也。」田雖三十，而以頃畝出稅，樂歲粒米狼戾而寡取之，凶年饑饉而必求足。加之以口賦更徭之役，率一人之作，中分其功。農夫悉其所得，或假貸而益之。是以百姓疾耕力作，而饑寒遂及己也。築城者先厚其基而後求其高，畜民者先厚其業而後求其贍。《論語》曰：「百姓足，君孰與不足乎？」

御史曰：古者，諸侯争强，戰國并起，甲兵不休，民曠於田疇，什一而籍，不違其職。今賴陛下神靈，甲兵不動久矣，然則民不齊出於南畝，以口率被墾田而不足，空倉廪擊賑貧乏，侵益日甚，是以愈惰而仰利縣官也。爲斯君者亦病矣，反以身勞民，民猶背恩棄義而遠流亡，避匿上公之事。民相仿傚，田地日蕪，租賦不入，抵扞縣官，君雖欲足，誰與之足乎？

文學曰：樹木數徙則殘，蟲獸徙居則壞。故「代馬依北風，飛鳥翔故巢」，莫不哀其生。由此觀之，民非利避上公之事而樂流亡也。往者，軍陣數起，用度不足，以訾征賦，常取給見民，田家又被其勞，故不齊出於南畝也。大抵逋流皆在大家，吏正畏憚，不敢篤責，刻急細民，細民不堪，流亡遠去；中家爲之絶出，後亡者爲先亡者服事；録民數創於惡吏，故相仿傚，去尤甚而就少愈者多。《傳》曰：「政寬者民死之，政急者父子離。」是以田地日荒，城郭空虛。夫牧民之道，除其所疾，適其所安，安而不擾，使而不勞。是以百姓勸業而樂公賦。若此，則君無賑於民，民無利於上，上下交讓，而頌聲作。故取而民不厭，役而民不苦。《靈臺》之詩，非或使之，民自爲之，若斯，則君何不足之有乎？

御史曰：古者，十五入大學，與小役；二十冠而成人，與戎事；五十以上，血脉溢剛，曰艾壯。《詩》曰：「方叔元老，克壯其猷。」故商師若烏，周師若荼。今陛下哀憐百姓，寬力役之政，二十三始傅，五十六而免，所以輔耆壯而息老艾也。丁者治其田里，老者修其唐園，儉力趣時，無饑寒之患。不治其家而訟縣官，亦悖矣。

桓寬《鹽鐵論·散不足第二九》 賢良曰：孔子讀《史記》，喟然而嘆，傷正德之廢，君臣之危也。夫賢人君子，以天下爲任者也。任大者思遠，思遠者忘近。誠心閔悼，惻隱加爾，故忠心獨而無累。此詩人所以傷而作。比干、子胥遺身忘禍也。其惡勞人，若斯之急，安能默乎？《詩》云：「憂心如惔，不敢戲談。」孔子栖栖，疾固也。墨子遑遑，閔世也。

大夫默然。

丞相曰：願聞散不足。

賢良曰：宮室輿馬，衣服器械，喪祭食飲，聲色玩好，人情之所不能已也。故聖人爲之制度以防之。間者，士大夫務於權利，怠於禮義，故百姓仿傚，頗逾制度，今故陳之，曰：

古者，穀物菜果，不時不食，鳥獸魚鱉，不中殺不食。故繳罔不入於澤，雜毛不取。今富者逐驅殲罔罝，掩捕麑鷇，耽湎沈酒，鋪百川。鮮羔䍪，幾胎肩，皮黄口。春鵝秋鶵，冬葵温韭，浚茈蓼蘇，豐薁耳菜，毛果蟲貉。

古者，采椽茅茨，陶桴複穴，足禦寒暑，蔽風雨而已。及其後世，采椽不斲，茅茨不剪，無斲削之事，磨礱之功。大夫達稜楹，士穎首，庶人斧，成木構而已。今富者井幹增梁，雕文檻楯，堊幔壁飾。

古者，衣服不中制，器械不中用，不粥於市。今民間雕琢不中之物，刻畫玩好無用之器。玄黄雜青，五色綉衣，戲弄蒲人雜婦，百獸馬戲鬥虎，唐銻追人，奇蟲胡妲。

古者，諸侯不秣馬，天子有命，以車就牧。庶人之乘馬者，足以代其勞而已。故行則服桅，止則就犂。今富者連車列騎，驂貳輜軿。中者微輿短轂，繁髦掌蹄。夫一馬伏櫪，當中家六口之食，亡丁男一人之事。

古者，庶人耋老而後衣絲，其餘則麻枲而已，故命曰布衣。及其後，則絲裹枲表，直領無禕，袍合不緣。夫羅紈文綉者，人君后妃之服也。繭紬縑練者，婚姻之嘉飾也。是以文繒薄織，不粥於市。今富者縟綉羅紈，中者素綈冰錦。常民而被后妃之服，褻人而居婚姻之飾。夫紈素之賈倍縑，縑之用倍紈也。

古者，椎車無柔，棧輿無植。及其後，木軨不衣，長轂數幅。蒲薦笠蓋，蓋無漆絲之飾。士大夫則單複木具，盤韋柔革。常民漆輿大軨蜀輪。今庶人富者銀黄華左搔，結綏韜杠。中者錯鑣涂采，珥靳飛榎。

古者，鹿裘皮冒，蹄足不去。及其後，大夫士狐貉縫腋，羔麑豹袪。庶人則毛絝衳彤，羝襆皮褲。今富者鼲鼦，狐白鳧翁。中者罽衣金縷，燕鴼代黄。

古者，庶人賤騎繩控，革鞮皮薦而已。及其後，革鞍牦成，鐵鑣不飾，今富者韗耳銀鑷韊，黄金琅勒，罽綉弇汗，垂珥胡鮮。中者漆韋紹系，采畫暴乾。

古者，汙尊抔飲，蓋無爵觴樽俎。及其後，庶人器用，即竹柳陶匏而已。唯瑚璉觴豆而後雕文彤漆。今富者銀口黄耳，金罍玉鍾。中者野王紵器，金錯蜀杯。夫一文杯得銅杯十，賈賤而用不殊。箕子之譏，始在天子，今在匹夫。

古者，燔黍食稗，而捭豚以相饗。其後，鄉人飲酒，老者重豆，少者立食，一醬一肉，旅飲而已。及其後，賓婚相召，則豆羹白飯，綦膾熟肉。今民間酒食，殽旅重疊，燔炙滿案，臑鼈膾鯉，麑卵鶉鷃橙枸，鮐鱧醢醯，衆物雜味。

古者，庶人春夏耕耘，秋冬收藏，昏晨力作，夜以繼日。《詩》云：「晝爾於茅，宵爾索綯，亟其乘屋，其始播百穀。」非膢臘不休息，非祭祀無酒肉。今賓昏酒食，接連相因，析酲什半，棄事相隨，慮無乏日。

古者，庶人糲食藜藿，非鄉飲酒、膢臘祭祀無酒肉。故諸侯無故不殺牛羊，大夫士無故不殺犬豕。今閭巷縣佰，阡伯屠沽，無故烹殺，相聚野外，負粟而往，挈肉而歸。夫一豕之肉，得中年之收，十五斗粟，當丁男半月之食。

古者，庶人魚菽之祭，春秋修其祖祠。士一廟，大夫三，以時有事於五祀，蓋無出門之祭。今富者祈名岳，望山川，椎牛擊鼓，戲倡儛像，中者南居當路，水上雲臺，屠羊殺狗，鼓瑟吹笙。貧者鷄豕五芳，衛保散臘，傾蓋社場。

古時，德行求福，故祭祀而寬；仁義求吉，故卜筮而希。今世俗寬於行而求於鬼，怠於禮而篤於祭，嫚親而貴勢，至妄而信日，聽訑言而幸得，出實物而享虚福。

古者，君子夙夜孳孳思其德；小人晨昏孜孜思其力。故君子不素飡，小人不空食。今世俗飾僞行詐，爲民巫祝，以取釐謝，堅頟健舌，或以成業致富。故憚事之人，釋本相學。是以街巷有巫，閭里有祝。

古者，無杠樠之寢，牀之案。及其後世，庶人即采木之杠，牒樺之樠，士不斤成。大夫葦莞而已。今富者黼綉帷幄，塗屏錯跗。中者綿綈高張，采畫丹漆。

古者，皮毛草蓐，無茵席之加，旃蒻之美。及其後，大夫士復薦草緣，蒲平單莞。庶人即草蓐索經，單藺蘧蒢而已。今富者綉茵翟柔，蒲子露床。中者獏皮代旃，闒坐平莞。

古者，不粥飪，不市食。及其後，則有屠沽，沽酒市脯魚鹽而已。今熟食徧列，殽施成市，作業墮怠，食必趣時，楊豚韭卵，狗䐉馬朘，煎魚切肝，羊淹鷄寒，桐馬酪酒，蹇捕胃脯，胹羔豆賜，鷇膹雁羹，臭鮑甘瓠，熟粱貊炙。

古者，土鼓甴枹，擊木拊石，以盡其歡。及其後，卿大夫有管磬，士有琴瑟。往者，民間酒會，各以黨俗，彈箏鼓缶而已。無要妙之音，變羽之轉，今富者仲鼓五樂，歌兒數曹。中者鳴竽調瑟，鄭儛趙謳。

古者，瓦棺容屍，木板堲周，足以收形骸，藏髮齒而已。及其後，桐棺不衣，采椁不斲。今富者綉牆題湊。中者梓棺楩椁。貧者畫荒衣袍，繒囊緹橐。

古者，明器有形無實，示民不可用也。及其後，則有醯醢之藏，桐馬偶人彌祭，其物不務。今厚資多藏，器用如生人。郡國徭吏，素桑楺偶車櫓輪，匹夫無貌領，桐人衣紈綈。

古者，不封不樹，反虞祭於寢，無壇宇之居，廟堂之位。及其後，則封之，庶人之墳半仞，其高可隱。今富者積土成山，列樹成林，臺榭連閣，集觀增樓。中者祠堂屏閣，垣闕罘罳。

古者，鄰有喪，舂不相杵，巷不歌謠。孔子食於有喪者之側，未嘗飽也。子於是日哭，則不歌。今俗因人之喪以求酒肉，幸與小坐而責辨，歌舞俳優，連笑伎戲。

古者，男女之際尚矣，嫁娶之服，未之以記。及虞、夏之後，蓋表布内絲，骨笄象珥，封君夫人，加錦尚褧而已。今富者皮衣朱貉，繁露環佩。中者長裾交褘，璧瑞簪珥。

古者，事生盡愛，送死盡哀。故聖人爲制節，非虚加之。今生不能致其愛敬，死以奢侈相高；雖無哀戚之心，而厚葬重幣者，則稱以爲孝，顯名立於世，光榮著於俗。故黎民相慕效，至於發屋賣業。

古者，夫婦之好，一男一女，而成家室之道。及後，士一妾，大夫二，諸侯有侄娣九女而已。今諸侯百數，卿大夫十數，中都侍御，富者盈室。是以女或曠怨失時，男或放死無匹。

古者，凶年不備，半年補敗，仍舊貫而不改作。今工異變而吏殊心，壞敗成功，以匿厥意。意極乎功業，務存乎面目。積功以市譽，不恤民之急。田野不辟，而飾亭落，邑居丘墟，而高其郭。

古者，不以人力徇於禽獸，不奪民財以養狗馬，是以財衍而力有餘。今猛獸奇蟲不可以耕耘，而令當耕耘者養食之。百姓或短褐不完，而犬馬衣文繡。黎民或糟糠不接，而禽獸食粱肉。

古者，人君敬事愛下，使民以時，天子以天下爲家，臣妾各以其時供公職，今古之通義也。今縣官多畜奴婢，坐稟衣食，私作産業，爲奸利，力作不盡，縣官失實。百姓或無斗筲之儲，官奴累百金；黎民昏晨不釋事，奴婢垂拱遨游也。

古者，親近而疏遠，貴所同而賤非類。不賞無功，不養無用。今蠻、貊無功，縣官居肆，廣屋大第，坐稟衣食。百姓或旦暮不贍，蠻、夷或厭酒肉。黎民泮汗力作，蠻、夷交脛肆踞。

古者，庶人麁菲草芰，縮絲尚韋而已。及其後，則綦下不借，鞔鞮革舄。今富者革中名工，輕靡使容，紈裏紃下，越端縱緣。中者鄧里閑作蒯苴，蠢豎婢妾，韋沓絲履。走者茸芰絢綰。

古聖人勞躬養神，節欲適情，尊天敬地，履德行仁。是以上天歆焉，永其世而豐其年。故堯秀眉高彩，享國百載。及秦始皇覽怪迂，信禨祥，使盧生求羨門高，徐市等入海求不死之藥。當此之時，燕、齊之士釋鋤耒，争言神仙。方士於是趣咸陽者以千數，言仙人食金飲珠，然後壽與天地相保。於是數巡狩五岳，濱海之館，以求神仙蓬萊之屬。數幸之郡縣，富人以貲佐，貧者築道旁。其後，小者亡逃，大者藏匿；吏捕索掣頓，不以道理。名宫之旁，廬舍丘落，無生苗立樹；百姓離心，思怨者十有半。《書》曰：「享多儀，儀不及物，曰不享。」故聖人非仁義不載於己，非正道不御於前。是以先帝誅文成、五利等，宣佈建學官，親近忠良，欲以絶怪惡之端，而昭至德之塗也。

宫室奢侈，林木之蠹也。器械雕琢，財用之蠹也。衣服靡麗，布帛之蠹也。狗馬食人之食，五穀之蠹也。口腹從恣，魚肉之蠹也。用費不節，府庫之蠹也。漏積不禁，田野之蠹也。喪祭無度，傷生之蠹也。墮成變故傷功，工商上通傷農。故一杯棬用百人之力，一屏風就萬人之功，其爲害亦多矣。目脩於五色，耳營於五音，體極輕薄，口極甘脆。功積於無用，財盡於不急，口腹不可爲多。故國病聚不足即政怠，人病聚不足則身危。

桓寬《鹽鐵論・水旱第三六》 大夫曰：禹、湯聖主，后稷、伊尹賢相也，而有水旱之災。水旱，天之所爲，饑穰，陰陽之運也，非人力。故太歲之數，在陽爲旱，在陰爲水。六歲一饑，十二歲一荒。天道然，殆非獨有司之罪也。

賢良曰：古者，政有德，則陰陽調，星辰理，風雨時。故行修於内，聲聞於外，爲善於下，福應於天。周公載紀而天下太平，國無夭傷，歲無荒年。當此之時，雨不破塊，風不鳴條，旬而一雨，雨必以夜。無丘陵高下皆熟。《詩》曰：「有渰萋萋，興雨祁祁。」今不省其所以然，而曰「陰陽之運也」，非所聞也。《孟子》曰：「野有餓殍，不知收也；狗豕食人食，不知檢也；爲民父母，民饑而死，則曰，非我也，歲也，何異乎以刃殺之，則曰，非我也，兵也？」方今之務，在除饑寒之患，罷鹽、鐵，退權利，分土地，趣本業，養桑麻，盡地力也。寡功節用，則民自富。如是，則水旱不能憂，凶年不能累也。

大夫曰：議者貴其辭約而指明，可於衆人之聽，不至繁文稠辭，多言害有司化俗之計，而家人語。陶朱生，本末異徑，一家數事，而治生之道乃備。今縣鑄農器，使民務本，不營於末，則無饑寒之累。鹽、鐵害而罷？

賢良曰：農，天下之大業也；鐵器，民之大用也。器用便利，則用力少而得作多，農夫樂事勸功。用不具，則田疇荒，穀不殖，用力鮮，功自半。器便與不便，其功相什而倍也。縣官鼓鑄鐵器，大抵多爲大器，務應員程，不給民用。民用鈍弊，割草不痛。是以農夫作劇，得獲者少，百姓苦之矣。

大夫曰：卒徒工匠，以縣官日作公事，財用饒，器用備。家人合會，褊於日而勤於用，鐵力不銷煉，堅柔不和。故有司請總鹽、鐵，一其用，平其賈，以便百姓公私。雖虞、夏之爲治，不易於此。吏明其教，工致其事，則剛柔和，器用便。

此則百姓何苦？而農夫何疾？

賢良曰：卒徒工匠，故民得占租鼓鑄、煮鹽之時，鹽與五穀同賈，器和利而中用。今縣官作鐵器，多苦惡，用費不省，卒徒煩而力作不盡。家人相一，父子戮力，各務爲善器。器不善者不集。農事急，輓運衍之阡陌之間。民相與市買，得以財貨五穀新弊易貨，或時貰民，不棄作業。置田器，各得所欲，更繇省約。縣官以徒復作，繕治道橋諸發，民便之。今總其原，壹其賈，器多堅𥖍，善惡無所擇。吏數不在，器難得。家人不能多儲，多儲則鎮生。棄膏腴之日，遠市田器，則後良時。鹽、鐵賈貴，百姓不便。貧民或木耕手耨，土耰淡食。鐵官賣器不售，或頗賦與民。卒徒作不中呈，時命助之。發徵無限，更繇以均劇，故百姓疾苦之。古者，千室之邑，百乘之家，陶冶工商，四民之求，足以相更。故農民不離畦畝而足乎田器，工人不斬伐而足乎材木，陶冶不耕田而足乎粟米。百姓各得其便，而上無事焉。是以王者務本不作末，去炫耀，除雕琢，湛民以禮，示民以樸，是以百姓務本而不營於末。

桓寬《鹽鐵論・刑德第五五》 御史曰：執法者國之轡銜，刑罰者國之維楫也。故轡銜不飭，雖王良不能以致遠；維楫不設，雖良工不能以絕水。韓子疾有國者不能明其法勢，御其臣下，富國强兵，以制敵禦難，惑於愚儒之文詞，以疑賢士之謀，舉浮淫之蠹，加之功實之上，而欲國之治，猶釋階而欲登高，無銜橛而御捍馬也。今刑法設備，而民猶犯之，況無法乎？其亂必也！

文學曰：轡銜者，御之具也，得良工而調。法勢者，治之具也，得賢人而化。執轡非其人，則馬奔馳。執軸非其人，則船覆傷。昔吴使宰嚭持軸而破其船，秦使趙高執轡而覆其車。今廢仁義之術，而任刑名之徒，則復吴、秦之事也。夫爲君者法三王，爲相者法周公，爲術者法孔子，此百世不易之道也。韓非非先王而不遵，舍正令而不從，卒蹈陷阱，身幽囚，客死於秦。夫不通大道而小辯，斯足以害其身而已。

桓寬《鹽鐵論・大論第五九》 大夫曰：呻吟槁簡，誦死人之語，則有司不似文學。文學知獄之在廷後而不知其事，聞其事而不知其務。夫治民者，若大匠之斲，斧斤而行之，中繩則止。杜大夫、王中尉之等，繩之以法，斷之以刑，然後寇止姦禁。故射者因槷，治者因法。虞、夏以文，殷、周以武，異時各有所施。今欲以敦樸之時，治抗弊之民，是猶遷延而拯溺，揖讓而救火也。

文學曰：文王興而民好善，幽、厲興而民好暴，非性之殊，風俗使然也。故商、周之所以昌，桀、紂之所以亡也，湯、武非得伯夷之民以治，桀、紂非得跖、蹻之民以亂也，故治亂不在於民。孔子曰：「聽訟，吾猶人也，必也使無訟乎！」無訟者難，訟而聽之易。夫不治其本而事其末，古之所謂愚，今之所謂智。以箠楚正亂，以刀筆正文，古之所謂賊，今之所謂賢也。

大夫曰：俗非唐、虞之時，而世非許由之民，而欲廢法以治，是猶不用隱括斧斤，欲撓曲直枉也。故爲治者不待自善之民，爲輪者不待自由之木。往者，應少、伯正之屬潰梁、楚，昆盧、徐穀之徒亂齊、趙，山東、關内暴徒，保人阻險。當此之時，不任斤斧，折之以武，而乃始設禮修文，有似窮醫欲以短針而攻疽，孔丘以禮説跖也。

文學曰：殘材木以成室屋者，非良匠也。殘賊民人而欲治者，非良吏也。故公輸子因木之宜，聖人不費民之性。是以斧斤簡用，刑罰不任，政立而化成。扁鵲攻於湊理，絶邪氣，故癰疽不得成形。聖人從事於未然，故亂原無由生。是以砭石藏而不施，法令設而不用。斷已然，鑿已發者，凡人也。治未形，覩未萌者，君子也。

楊晨《三國會要》卷二〇《庶政上・風俗》 《華覈傳》：今民貧俗奢，百工作無益之器，婦人爲綺靡之飾，繡文黼黻，轉相放效。兵民之家，猶復逐俗，家無儋石之儲，出有綺綾之服。富賈商販重以金銀，奢恣尤甚。

[正始元年]七月詔曰：「百姓不足，而御府多作金銀雜物，其奚以爲！今出黄金銀物百五十種，千八百餘斤，銷冶以供軍用。」

高貴鄉公即位，減乘輿服御、後宫用度，及罷尚方御府、百工技巧、靡麗無益之物。

《曹操集・詩集・度關山》 天地間，人爲貴。立君牧民，爲之軌則。車轍馬迹，經緯四極。黜陟幽明，黎庶繁息。於鑠賢聖，總統邦域。封建五爵，井田刑獄。有燔丹書，無普赦贖。皋陶甫侯，何有失職？嗟哉後世，改制易律。勞民爲君，役賦其力。舜漆食器，畔者十國，不及唐堯，采椽不斲。世歎伯夷，欲以厲俗。侈惡之大，儉爲共德。許由推讓，豈有訟曲？兼愛尚同，疏者爲戚。

庾信《庾子山集》卷三《詩・夢入堂内》 雕梁舊刻杏，香壁本泥椒。幔繩金麥穗，簾鈎銀蒜條。畫眉千度拭，梳頭百遍撩。小衫裁裹臂，纏弦掐抱腰。日光釵焰動，窗影鏡花摇。歌曲風吹韻，笙簧火炙調。即今須戲去，誰復待明朝。

庾信《庾子山集》卷三《詩・和從駕登雲居寺塔》 重巒千仞塔，危磴九層臺。石關恒逆上，山梁乍斗迴。階下雲峰出，窗前風洞開。隔嶺鐘聲度，中天梵響來。平時欣侍從，於此暫徘徊。

庾信《庾子山集》卷一二《銘·秦州天水郡麥積崖佛龕銘并序》 天水郡，漢武帝元鼎三年置。《秦州地記》云：「郡前湖水冬夏無增減，因以名焉。」「麥積山者，北跨清渭，南漸兩當，五百里岡巒，麥積處其中。崛起一石塊，高萬尋，望之團團，如民間麥積之狀，故有此名。其青雲之半，峭壁之間，鐫山成佛，萬龕千室，雖自人力，疑其鬼功。隋帝分葬神泥舍利函於東閣之下，伽室之中。有庾信銘記，刊於巖中。」見《太平廣記》。袁宏《後漢紀》曰：「浮屠者，佛也。漢言覺，將覺悟羣生也。」龕者，塔也。《方志》云「受」，《廣雅》云「盛」也。按：周武帝建德三年始除佛、道二教，是銘當在建德三年以前所作也。

麥積崖者，乃隴底之名山，河西之靈嶽。高峯尋雲，深谷無量。方之鷲島，迹遁三禪；譬彼鶴鳴，虛飛六甲。鳥道乍窮，羊腸或斷。雲如鵬翼，忽已垂天；樹若桂華，翻能拂日。是以飛錫遥來，度杯遠至，疏山鑿洞，鬱爲浄土。拜燈王於石室，乃假馭風，禮花首於山龕，方資控鶴。

大都督李允信者，籍於宿植，深悟法門，乃於壁之南崖，梯雲鑿道，奉爲亡父造七佛龕。似刻浮檀，如攻水玉。從容滿月，照曜青蓮。影現須彌，香聞忉利。如斯塵野，還開説法之堂；猶彼香山，更對安居之佛。

昔者如來追福，有報恩之經；菩薩去家，有思親之供。敢緣斯義，乃作銘曰：

鎮地鬱盤，基乾峻極。石關十上，銅梁九息。百仞崖横，千尋松直。陰兔假道，陽烏迴翼。載樺疏山，穿龕架嶺。糺紛星漢，迴旋光景。壁累經文，龕重佛影。雕輪月殿，刻鏡花堂。横鐫石壁，闇鑿山梁。雷乘法鼓，樹積天香。嗽泉珉谷，吹塵石床。集靈真館，藏仙冊府。芝洞秋房，檀林春乳。冰谷銀砂，山樓石柱。異嶺共雲，同峯别雨。冀城餘俗，河西舊風。水聲幽咽，山勢崆峒。法雲常住，慧日無窮。方域芥盡，不變天宮。

杜光庭《廣成集》卷一《謝新殿修金籙道場表》 臣某言：伏奉聖旨，與右街威儀何沖徽等二十一人，於新殿内修金籙道場七晝夜，今月十四日開，至二十日散，供奉官楊紹業依時設拜，言功表贊訖者。

伏以天贊聖功，鼎新大内。瑶軒玉砌，超三島之鼇宫；青瑣丹扉，逾九清之鳳闕。叶皇居之壯麗，覩帝宅之深嚴。萬國仰瞻，千靈森衛。巍巍瓊宫之製，先開金籙之壇。鋪舒而一一精新，祇敬而重重蠲潔。龍香上達，依稀而萬聖俱臨；蟾月低光，仿佛而千真入會。延洪睿筭，退永皇圖。近臣拜手以投詞，宰輔齋心而瞻祝。殊禎允集，巨貺無涯。隆大寶於千春，總八紘於一統。

臣等叨膺科教，獲備焚修，豐玉膳於天厨，躡雲庭於仙境，兢榮已極，頒錫薦臨。伏蒙宣賜櫬錢、銀器、疋段等，澤深溟海，恩重嵩衡。顧慙鷦鷃之微，何報聖明之獎！臣無任之至。

杜光庭《廣成集》卷一《謝恩賜興聖觀弘一大師張潛修造表》 臣某伏奉恩勑，宣賜左街興聖觀弘一大師張潛，令修葺住持者。寵自宸衷，榮臻道域，簪裳增抃，芝术騰輝。臣某中謝。

伏惟陛下道均軒后，聖並放勛。凝懷於姑射之峰，寄夢於華胥之境。睠言大教，理契生津。栖神泯合於無爲，屬念潛期於有德。化合清静，善利邦家。觀宇蕭條，像設塵翳。爰敷綸渥，載俾葺崇。

伏以前件觀，地接玉清，昔爲道學，尋改真元之宇，復標紫極之宫。至德年中，易名興聖。前臨廣陌，東距錦江，宛是靈墟，實惟勝所。況門庭具設，像貌儼存。誠歷代之仙蹤，乃皇都之福地。今則重加繕飾，盡撤葷腥，拂塵埃於湫陋之中，還瞻玉相；蕩瓴甓於蒿榛之内，别築瑶壇。灑雨露而騫樹增榮，薦沈麝而晬容伊穆。張潛等精專剖劂，恪勵住持。夕磬晨鍾，祝遐長於聖壽；朝香暮燭，期隆永於皇圖。臣某獲列教門，躬榮睿澤，不任之至。

杜光庭《廣成集》卷一《謝恩宣賜衙殿點鐘表》 臣某伏蒙聖旨，宣賜衙殿前點鐘一口，於日院内充齋醮扣擊者。恩垂霄漢，榮及簪裳，抃蹈無階，輝華增極。

伏惟陛下，二儀覆燾，三景照臨，澤浸無涯，惠敷有截。故得八溟息浪，長鯨將殄於昌時；五緯循常，巨彗欲銷於永夕。削平夷夏，倒戢干戈。而復俯軫皇情，留慈玄教。致感應於洞府，符應見於靈仙。固當齊聖壽於日月星辰，隆寶祚於乾坤海嶽。

今者念臣院宇之内，簨簴未全。每於齋醮之辰，尚闕春容之響。既乏通真之器，莫諧集聖之儀。輟瑶階泛日之音，來從天上；頒豐嶺含霜之韻，降在人間。事超錫樂之榮，恩重點鐘之賜。永當炷焚芝术，禱祝真靈；冀啓禎休，仰酬聖獎。所宣賜鐘，臣謹以焚香祇受訖。不任。

杜光庭《廣成集》卷二《謝恩宣示修丈人觀殿功畢表》 臣某言：伏覩長平山惠進禪師行真奏，伏惟宣旨重起立丈人觀真君大殿功畢者。聖造旁敷，仙祠重創。巨功克懋，靈跡增榮。

伏惟陛下，德洽萬方，惠分二教。文風遐布，殊庭効柔服之誠；武烈光宣，異俗禀雪霜之令。蓬宮柰苑，咸遂興修。寰區瞻禮樂之容，夷夏識玄緇之訓。功侔太古，美冠前王。去冬，以丈人觀置立年深，堂廡凋壞。命高僧而制度，賜物力以興隆。於是運石他山，伐材幽谷，楩枏入用，剞劂程能。俄成大壯之功，克致齊天之固。虚簷瞰日，廣砌横空。雲拂危梁，風生疎牖。垣墉不改，圖畫如新。截岡阜而豁庭除，闢溝源而護階磴。衝流莫及，迸石難侵。遥符睿聖之慈，顯此殊常之績。集奇功於不朽，增聖壽以無疆。

臣叨列玄關，夙深皇澤。唯虔焚炷，上答休明。不任。

杜光庭《廣成集》卷二《宣醮丈人觀新殿安土地迴龍恩表》 臣某伏奉宣旨，以青城山丈人觀新殿功畢修醮安謝者。

伏以陛下，仁周海岳，澤溥儒玄，翹屬靈山，垂恩仙觀。殿宇之凋摧既久，教門之興葺無由。詔命真僧，頒宣國力。宏麗有疑於化出，巍峩遠比於神功，鎮彼福承，與天齊永。

臣獲承睿獎，虔啓醮壇。嚴香燭以焚修，遍真靈而告謝。霞峰雲壑，如聆萬歲之音；玉曆金符，更廣千椿之壽。以今月二十三日設醮訖却迴，謹詣閤門，奉表起居以聞。

杜光庭《廣成集》卷二《賀獲神劍進詩表》 臣某言：伏覩今日趙匡業所進合州江上得神劍一口宣示中外者。伏以將啓昇平，祥符必降；欲清兇孽，神劍斯呈。助聖明斬斷之功，表天地匡扶之力。

伏惟陛下，功超三五，威肅寰瀛，仁格幽明，道均天地。故得山川林谷，吐金焰於層崖；風雨雷霆，見霜鋒於萬里。一條秋水，初覩出地之姿；數尺練光，宛耀倚天之勢。仍彰變化，顯著神奇。昔嬴帝得之於水心，果吞六合；今陛下獲之於江上，即統萬方。剬鍾切玉者，詎可比倫；斬馬斷蛇者，那堪儔擬。

臣榮逢昌運，獲覩殊祥，輒貢詠詞，願揚睿感。謹課頌聖德七言四韻詩一首陳進，干冒宸嚴，無任之至。

《全唐詩》卷七三六王仁裕《題麥積山天堂》 躡盡懸空萬仞梯，等閒身共白雲齊。檐前下視群山小，堂上平分落日低。絶頂路危人少到，古巖松健鶴頻棲。天邊爲要留名姓，拂石殷勤身自題。

《全唐文補編·（佚名）莫高窟記》 右在州東南廿五里三危山上。秦建元年中，有沙門樂僔杖錫西游至此。遥禮其山，見金光如千佛之狀，遂架空鐫巖，大造龕像。次有法良禪師東來，多諸神異。復於僔師龕側，又造一龕。伽藍之建，肇於二僧。晉司空索靖題壁，號仙巖寺。

自茲以後，鐫造不絶，可有五百餘龕。又至延載二年，禪師靈隱共居士陰祖等造北大像，高一百卅尺。又開元年中，僧處彦與鄉人馬思忠等造南大像，高一百廿尺。開皇年中，僧善喜造講堂。

從初置窟至大曆三年戊申，即四百四年。又至今大唐庚午，即四百九十六年。時咸通六年正月十五記。

岑參《岑參集》卷二《編年詩·與高適薛據同登慈恩寺浮圖》 塔勢如湧出，孤高聳天宮。登臨出世界，磴道盤虚空。突兀壓神州，崢嶸如鬼工。四角礙白日，七層摩蒼穹。下窺指高鳥，俯聽聞驚風。連山若波濤，奔湊似朝東。青槐夾馳道，宫館何玲瓏。秋色從西來，蒼然滿關中。五陵北原上，萬古青濛濛。淨理了可悟，勝因夙所宗。誓將挂冠去，覺道資無窮。

王維《王右丞集》卷一《古詩十首·登樓歌》 聊上君兮高樓，飛甍鱗次兮在下。俯十二兮通衢，緑槐參差兮車馬。却瞻兮龍首，前眺兮宜春。王畿鬱兮千里，山河壯兮咸秦。舍人下兮青宫，據胡牀兮書空。執戟疲於下位，老夫好隱兮墻東。亦幸有張伯英草聖兮龍騰虬躍，擺長雲兮捩回風。琥珀酒兮雕胡飯，君不御兮日將晚。秋風兮吹衣，夕鳥兮争返。孤砧發兮東城，林薄暮兮蟬聲遠。時不可兮再得，君何爲兮偃蹇。

李白《李白集》卷二一《古近體詩·登瓦官閣》 晨登瓦官閣，極眺金陵城。鍾山對北户，淮水入南榮。漫漫雨花落，嘈嘈天樂鳴。兩廊振法鼓，四角吟風箏。杳出霄漢上，仰攀日月行。山空霸氣滅，地古寒陰生。寥廓雲海晚，蒼茫宫觀平。門餘閶闔字，樓識鳳凰名。雷作百山動，神扶萬栱傾。靈光何足貴？長此鎮吴京。

李白《李白集》卷二七《序·夏日陪司馬武公與羣賢宴姑孰亭序》 通驛公館南有水亭焉。四甍翬飛，巉絶浦嶼。蓋有前攝令河東薛公棟而宇之；今宰隴西李公明化開物成務，又横其梁而閣之。晝鳴閑琴，夕酌清月。蓋爲接輶軒祖遠客之佳境也。製置既久，莫知何名。司馬武公長材博古，獨映方外。因據胡牀岸幘嘯詠而謂前長史李公及諸公曰：此亭跨姑孰之水，可稱爲姑孰亭焉。嘉名勝槩，自我作也。且夫曹官紱冕者，大賢處之；若遊青山，卧白雲，逍遥偃傲，何適不可？小才居之，窘而自拘，悄若桎梏，則清風朗月，河英嶽秀，皆爲棄物，安得稱焉？所以司馬南鄰，當文章之旗鼓；翰林客卿，揮辭鋒以戰勝。名教樂地，無非得俊之場也。千載一時，言詩紀志。

白居易《白居易集》卷三一《律詩·重修香山寺畢題二十二韻以紀之》 闕塞龍門口，祇園鷲嶺頭。曾隨減音陷劫壞，今遇勝緣修。再瑩新金刹，重裝舊石樓。病僧皆引起，忙客亦淹留。四望窮沙界，孤標出贍洲。地圖鋪洛邑，天柱倚崧丘。兩面蒼蒼岸，中心瑟瑟流。波翻八灘雪，堰護一潭油。臺殿朝彌麗，房廊夜更幽。千花高下塔，一葉往來舟。岫合雲初吐，林開霧半收。静聞樵子語，遠聽棹郎謳。官散殊無事，身閑甚自由。吟來攜筆硯，宿去抱衾裯。霽月當窗白，涼風滿簟秋。烟香封藥竈，泉冷洗茶甌。南祖心應學，西方社可投。先宜知止足，次要悟浮休。覺路隨方樂，迷塗到老愁。須除愛名障，莫作戀家囚。便合窮年住，何言竟日遊。可憐終老地，此是我菟裘！

白居易《白居易集》卷二五《律詩·題洛中第宅》 水木誰家宅？門高占地寬。懸魚掛青甃，行馬護朱欄。春榭籠烟煖，秋庭鎖月寒。松膠黏琥珀，筠粉撲琅玕。試問池臺主，多爲將相官。終身不曾到，唯展宅圖看。

白居易《白居易集》卷三九《銘贊箴謠偈·繡阿彌陀佛贊》并序 繡西方阿彌陀佛一軀，女弟子京兆杜氏奉爲妣范陽縣太君盧夫人八月十一日忌辰所造也。五綵莊嚴，一心恭敬，願追冥福，誓報慈恩。贊曰：

善始一念，千念相屬。繡始一縷，萬縷相續。功績成就，相好具足。金身螺髻，玉毫紺目。報罔極恩，薦無量福。

白居易《白居易集》卷三九《銘贊箴謠偈·繡觀音菩薩像贊》并序 故尚書膳部郎中太原白府君諱行簡妻京兆杜氏奉爲府君祥齋，敬繡救苦觀音菩薩一軀，長五尺二寸，闊一尺八寸。紉針縷綵，絡金綴珠，衆色彰施，諸相具足。發弘願於哀懇，薦景福於幽靈。稽首焚香，跪而贊曰：

集萬縷兮積千針，勤十指兮虔一心。嗚呼！鑑悲誠而介冥福，實有望於觀音！

温庭筠《温飛卿詩集》卷六《過華清宫二十二韻》 憶昔開元日，案《舊唐書》：玄宗立，改元開元。二十九年，復改元天寶。承平事勝遊。嗣立案：崔寔《政論》：承平日久，漸敝而不悟。韓愈詩：江山多勝遊。貴妃專寵幸，補：《楊貴妃傳》：妃資質天挺，專房宴，宮中號娘子，儀體與皇后等。天寶初，進册貴妃。天子富春秋。《漢高五王傳》：天子富於春秋。月白霓裳殿，嗣立案：鄭嵎《津陽門詩》注：葉法善嘗引上入月宮，聞仙樂，及歸，但記其半，遂於笛中寫之。會西涼節度使楊敬述進《婆羅門曲》，聲調相符，遂以月中所聞爲散序，敬述所進爲腔，名《霓裳羽衣》也。風乾羯鼓樓。嗣立案：南卓《羯鼓録》：羯鼓出外夷，以戎羯之鼓，故曰羯鼓。其聲促急，破空透遠，特異衆樂。明皇極愛之。嘗聽琴未終，遽止之曰：「速令花奴持羯鼓來，爲我解穢。」《十道志》：玄宗建温泉宫，又造玉女殿，又有按歌臺、羯鼓樓。鬬雞花蔽膝，嗣立案：陳鴻祖《東城老父傳》：玄宗治雞坊，以賈昌爲小兒長，號爲神雞重，衣鬬雞服。或從幸驪山，昌冠雕翠金華冠，錦袖繡襦袴，導羣雞敍立於廣場。勝負既罷，隨昌歸雞坊。○《古今樂録》：宋少帝時，南徐一士子從華山畿往雲陽，見客舍女子，悦之，遂感心疾。母至華山尋訪，見女。女感之，因脱蔽膝令母密置其席下，卧之當已。少日果差。忽舉席見蔽膝而抱持，遂吞食而死。騎馬玉搔頭。嗣立案：《舊唐書》：玄宗凡有遊幸，貴妃無不隨侍，乘馬則高力士執轡授鞭。《西京雜記》：武帝過李夫人，就取玉簪搔頭。自此後，宮人搔頭皆用玉，玉價倍貴焉。繡轂千門伎，補：《漢書》：建章宮千門萬户。金鞍萬户侯。《漢·李廣傳》：萬户侯豈足道哉！薄雲欺《才調集》作敧。雀扇，補：《南史》：齊高帝頗好畫扇。宋孝武賜戢蟬雀扇，善畫者顧景秀所畫。時吴郡陸探微、顧彦先皆能畫，歎其巧絶。戢因王晏獻之，上令晏厚酬其意。輕雪犯貂裘。杜甫詩：永夜攬貂裘。過客聞《韶》《濩》，《樂緯》：舜樂曰《韶》，殷樂曰《大濩》。嗣立案：《文獻通考》：唐舊制，於盛春殿內錫宴宰輔及百辟，備《韶》、《濩》及九奏之樂，設魚龍蔓延之戲，三日方罷。居人識冕旒。補：蔡邕《獨斷》：漢明帝采《尚書·臯陶》及《周官禮記》以定冕制，天子冕廣七寸，長一尺二寸，繫白珠於其端，十二旒；三公及諸侯九卿七。氣和春不覺，烟暖霧難收。澀一作細。浪和瓊《才調集》作涵瑶。甃，補：《天寶遺事》：奉御湯中，甃以文瑶密石，中央有玉蓮花捧湯泉，噴以成池。帝與妃子施小舟戲玩於其間。晴陽上彩斿。劉孝綽詩：巖花映彩斿。卷衣輕鬢一作髻。嬾，吴筠詩：秦帝卷衣裳。詳卷一。補：范静婦滿願《映水曲》：輕鬢學浮雲。窺鏡澹蛾羞。杜甫《虢國夫人》詩：卻嫌脂粉涴顏色，澹掃蛾眉朝至尊。屏掩芙蓉帳，補：梁簡文帝詩：綺幕芙蓉帳。簾褰玳瑁鉤。補：《漢武故事》：上起神屋，以白珠爲簾箔，玳瑁押之。重瞳分渭曲，補：《尸子》：舜兩眸子，是謂重瞳。《史記》：舜目蓋重瞳子，又聞項羽亦重瞳子。《唐書·地理志》：京兆府有渭南縣，西十里有遊龍宫，開元二十五年更置。纖手指神州。補：《詩》：纖纖女手。《史記》：中國名曰赤縣神州。《河圖括地象》：崑崙謂東南地方五千里，名曰神州，帝王居之。御案迷萱草，嗣立案：《天寶遺事》：明皇與妃子幸華清宫，因宿酒初醒，憑妃子肩同看木芍藥。帝親折一枝與妃子，曰：「不唯萱草忘憂，此花香豔，尤能醒酒。」天袍妒石榴。梁元帝《烏栖曲》：芙蓉爲帶石榴裙。補：萬楚詩：紅裙妒殺石榴花。深巖藏浴鳳，《初學記》：鳳，神鳥也。天老曰：「鳳過昆侖，飲砥柱，濯羽弱水，暮宿丹宮。」鮮隰媚潛虬。《詩》：度其鮮原。謝靈運詩：潛虬媚幽姿。○嗣立案：《安禄山事蹟》：玄宗常夜宴禄山，禄山醉卧，化爲一黑猪而龍首。左右遽言之。玄宗曰：「此猪龍也。無能爲者。」禄山將入朝，乃令於温泉爲禄山造宅，至温泉賜浴。正月一日，是禄山生日。後三日，召禄山入内，貴妃以繡綳子縛禄山，令内人以綵輿舁之，歡呼動地。玄宗就觀之，大悦。深巖二句，隱含諷刺。又案：杜甫《湯東靈湫》詩：坡陀金蝦蟆，出見蓋有由。至尊顧之笑，王母不肯收。復歸虚無底，化作長黄虬。飛卿「鮮隰媚潛虬」句，又似從此脱化出來。○已上敍開元盛時事，以下敍禄山亂後事。不料邯鄲蝨，《戰國策》：應侯謂秦王曰：「王得宛，臨陳陽夏，斷河内，臨東陽，邯鄲猶口中蝨也。」俄成即墨牛。《田單傳》：騎劫代樂毅，攻即墨。單收城中得千餘牛，爲絳繒衣，畫以五彩龍文，束兵刃於其角，而灌脂束葦於尾，燒其端。牛尾熱，怒而奔燕軍，所觸盡死傷。劍鋒揮太皞，《月令》：孟春之月，其帝太皞。鄭玄云：宓犧也。劍鋒未詳。案：越絶書：楚王作鐵劍三枚，晉、鄭聞而求之，不得，興師圍楚之城，三年不解。於是楚王引太阿之劍，登城而麾之，三軍破敗，士卒迷惑，流血千里，晉、鄭之軍頭畢白也。旗燄拂蚩尤。補：《西京賦》：蚩尤秉鉞。案：《韻會》：蚩尤，黄帝臣。獸身人語。後叛，大戰於涿鹿，殺之，畫其形於旗上。又：彗星，一名蚩尤旗。嗣立案：《皇覽》：蚩尤冢在東郡壽張縣闞鄉城中，高七丈。民嘗十月祀之，有赤氣出，如一匹絳，名爲蚩尤旗。○上四句謂禄山之叛也。内嬖陪行在，補：《左傳》：齊侯好内多寵，内嬖如夫人者六人。《漢書》：徵詣行在所。師古曰：天子或在京師，或出巡狩，不可豫定，故言行在所耳。○謂貴妃從幸也。孤臣預坐籌。《漢・張良傳》：臣請借前箸以籌之。○謂陳玄禮之密啓也。瑶簪遺翡翠，《異物志》：赤而雄者曰翡，青而雌者曰翠。嗣立案：《後漢・輿服志》：太皇太后、皇太后入廟，簪以玳瑁，爲擿長一尺，端爲花勝，上爲鳳雀，以翡翠爲毛羽。梁費昶詩：日照茱萸領，風搖翡翠簪。霜仗駐驊騮。補：《穆天子傳》：右服驊騮而左騄駬。郭璞曰：驊騮，色如華而赤，今名馬驃赤者爲棗騮。○上二句謂四軍不進也。豔笑雙飛斷，補：《詩》：豔妻煽方處。《北史》：苻堅滅燕，慕容沖姊清河公主年十四，有殊色，堅納之。沖年十二，亦有龍陽之姿，堅又幸之。姊弟專寵，長安歌之曰：「一雌復一雄，雙飛入紫宮。」香魂一哭休。徐注：徐陵詩：香魂何處來？○上二句謂國忠、貴妃之死也。早梅悲蜀道，補：盧僎《十月梅花詩》：君不見巴鄉春候中華別，年年十月梅花發。李白《蜀道難》云：噫吁戲，危乎高哉！蜀道之難難於上青天。高樹隔昭邱。補：謝朓詩：思見昭陽邱。善曰：《荆州圖》：楚昭王墓，《登樓賦》所謂昭邱也。《通鑑》：太宗文德皇后長孫氏葬昭陵，高祖神堯皇帝葬獻陵，帝念后不已，於苑中作層觀以望昭陵。嘗引魏徵同登，使視之。徵熟視之，曰：「臣昏眊不能見。」帝指示之，徵曰：「臣以爲陛下望獻陵，若昭陵，則臣固見之矣。」注：昭陵在西安府醴泉縣，獻陵在陝西三原縣。○上二句謂改葬貴妃他所也。○嗣立案：《舊唐書・楊貴妃傳》：禄山叛，潼關失守，從幸至馬嵬，禁軍大將陳玄禮密啓太子，誅國忠父子。既而四軍不散，玄宗遺力士宣問，對曰：「賊本尚在。」蓋指貴妃也。力士復奏，帝不獲已，與妃訣，遂縊死於佛室。時年三十八，瘞於驛西道側。上皇自蜀還，密令中使改葬於他所。初瘞時，以紫褥裹之，肌膚已壞，而香囊仍在。内官以獻，上皇視之悽惋，乃令圖其形於別殿。朱閣重霄近，蒼厓萬古愁。至今湯殿水，嗚咽縣前流。補：《寰宇記》：驪山在昭應縣東南二里，即藍田山也。温泉在山下。

《全唐文》卷六八八符載《蘄州新城門頌并序》

城於防，《春秋》書之，重時也。城於蘄，與人誦之，美功也。何可謂之功？曰余得言之矣。大唐庚辰歲秋九月，岳鄂觀察使御史中丞鄭公前牧於蘄春，始佩銅虎符。是年冬十一月，蔡人不虔，天子詔諸侯之師誅破之。我有疆埸，與人腹背，慮禍甚劇，爲虞落然，民大愁恐，若寇暴至。是邦也，夙昔無事，人傲慢，垂百餘祀，城隍不張，頹墉壞堞，僅爲平野。

公乃度舊址，量客土，備畚鍤，嘯丁壯，勃焉而興。於是謹刀布以索力，考鼛鼓以蕩氣，嚴進退以設令，立師伍以程課，烝徒雷呼，萬鍤星飛，誅惰聳勞，間無留時。凡甲子五癸，即崒然城成矣。墉高三雉，門容兩軌，周回一千八百四十步，門臺睥睨，霞艷雲截，如崇山斷岸，邈不可向，議金湯者，我居首焉。

日者嗣曹王皋討希烈之叛，於此嘗具板幹，作爲坯築，役徒鉅億，經費稱是，樹而復潰，卒無能名。風俗耇老以爲蛟螭靈怪，蟠窟固護，使人不見其績也。公躬自省視，循理辨物，心禱且計，輔之至誠，遂用堅緻。

嗚呼！蘄城，楚舊封也，疆淮蔡，邇申息，地當隘束，實生攻奪。若向時敵者驅鐵衣，出穆陵，襲我無備，搖脛而至，即江淮之南，吾見其波動矣。然俾夫大藩倚其固，屬郡抱其勢，千里士庶，高枕而卧，寇不致萌彎弓捻矢之意者，新城之謂也。繇是大君聽民間威聲聞望，以公有文武上才，秉心塞淵，可以防方隅，可以握權貴，故拔自倅牧，雄居盛府。山川幢蓋，皆舊物也，寄任之重，敻無其鄰。夫賢爲世出，績因時達，微新城，吾見公之力才事業，其堙鬱不揚乎？鯫生作頌，頌以後。辭曰：

庚辰之歲，鶉首有彗，人用五兵。維彼蘄下，疆及風馬，實啓戎情。在昔無虞，蔑其闉闍，埤堞頹傾。我公作守，恢拓荒舊，乃新其城。百堵言言，四阿孱顔，矗如雲平。扼衡據會，寇不敢過，生人休戚。維兹盛烈，遭時而發，鴻振芳名。我有貞石，不追不琢，孰聞風聲。是用作頌，冀兹不朽，與日永明。

□《敦煌社會經濟文獻真蹟釋録》第三輯《官衙交割什物點檢曆》（前缺）

□□□□花連袋子兩個，□□
□袋子兩個，蕙皮袋兩個□

鑌越斧一柄，又鈿鍮石越一柄，鐵越斧一柄，鴨鵤阿朵三柄，鈿鍮石阿朵一柄，竹柄大阿朵一柄，小阿朵三柄內一柄在司俊鐵鍊鎚三柄，鐵鞭四柄，銀纏刀一口，黑梢鐵裝刀三口，又刀鋥一口，釰鋥一□在韓家□，大斧三柄，尖斧兩柄章久員斧不關數內，漏斤兩柄，銀葉骨卓一個在令孤押衙身上，胡桃根阿卓一個在流住，□鍮石大骨卓一個，小鍮石骨卓一個，又胡桃根小骨卓一個，馬頭盤大小三面內一面□木在衆官健，又華木馬頭盤一面，又柳木馬頭盤一面，熟鐵瓶一口溫酒，銚子兩口，小鐵□一口，大白汗杸琵琶一面，又大琵琶兩面，小琵琶三面內一面在吳安慶，細弓一十五張，粗弓一張，小弓一張，鑌鋌子二十隻有鶻戎，大柳葉四十七隻，鋼鋌子三十四隻兩隻在孔都保，又達坦鋼鋌雜箭三十四隻，大鉀脚二十一隻，大錐頭三隻，小竹簳錐頭兩隻，竹射箭拾具，內一具在憨谿，小竹柳葉十一隻，悉奴收心十隻，大齊頭十三隻，馬射用畫竹鋌十四隻，貼金行路神旗面一口，新火朱旗一面，又阿朵貴端鐵鋌子十隻，小鉀脚十隻狌皮七張，狼皮九張，野狐皮八張，□朽皮四勒，⿰犭井牛尾兩株，豹皮一張，熊皮兩張，大蟲皮一張，猸皮一張，狢子皮一張，鹿皮八張，馬皮三張半，牛皮八張，赤皺皮一張，紙□十帖內十帖在人上。

□

（後缺）

許翰《襄陵文集》卷五《因時立政疏》　謹攷諸經傳，神降而明出，則其數爲二，其象爲火。火象在天，經星一，緯星一，所謂熒惑，緯星也；東方之心，南方之咮，經星也。熒惑遲疾、逆順、伏見之不常，故不可以紀時。若心與咮，則有定次，有常時，是以帝王取節焉。然《堯典》所謂「日永，星火，以正仲夏」，《豳》詩所謂「七月流火，九月授衣」，凡稱火者，皆心星也。昔蓋自陶唐以來，以心爲火政之君矣，何則？均是火也，而心爲大辰，是以咮爲鶉火。心爲大火，大火之所以爲大者，天以心爲明堂故也。昔陶唐氏之火正閼伯居商丘，祀大火，故辰爲商星。而我宋以珍光醇耀，天明地德，受命主之，則明堂之政不可不謹於此。

大火以三月昏見於辰，以九月伏於戌，先王之火政視焉。鄭以三月作火鑄刑器，而士文伯知其將災。周之三月，今正月也。大火未出而人作之，則與天拂，是以火出而災報之。然則所謂出內火者，謂大陶冶非常火也。又火之變於天地之間，能革物氣以日新，其在《易》象〔曰〕：「木上有火，鼎。」鼎者，取新之卦也。明堂之頌曰：「我將我享，維羊維牛，維天其右之。」牛羊之享，蓋鼎實也。是故明堂與鼎相因而成象，相待而成禮，相須而爲國，審矣。鼎象「木上有火」，是以先王四時以木變火焉，而時各有〔所〕宜木。所謂榆柳，木之木也；棗杏，火之木也；桑柘，土之木也；柞楢，金之木也；槐檀，水之木也。火之變各以其時，則物之新皆得天地之正氣，而人食飲焉，此疾癘之所以不作也。昔晉之遷，有持洛陽火渡江者，云世世傳之，其火不滅。火色變青，至唐氣不復熱，則知火之新舊，氣性必異，審矣。此火不可不變之驗也。師曠侍食於晉平公，曰：「飯，勞薪所炊。」平公使人視之，果車輞也。則是木實變火之氣性，火實變物之臭味，亦審矣。此木不可不擇所宜之效也。

伏願明詔有司，四時必倣古法，各變其所宜木以爲國火，而傳之臣庶。若國有大陶冶，則皆作於三月建辰之後，而止於建戌，以奉大辰之政，而協景炎之運，輔成明堂調鼎之治。天下幸甚。

《全遼文》卷六宋璋《廣濟寺佛殿記》　夫聞弘高威德，運大神通。金剛座中，果結菩提之樹；靈鷲山上，經宣菡萏之花。顯中印以爲師，應東方之現相者，我世尊之啓洪聖也。是以明帝夢從於漢室，佛寶初光；奘公取至於唐時，法輪漸轉。故自三千界神化之後，五百年象教已來。通覺路於羣方，闢空門於歷代。引寬定水，舒廣慈雲。粵有僧弘演，武清井邑生身，發蒙通遠；文殊閣院落髮，離俗歸真。幼尚忍草流芳，長惟戒珠護淨。竭揔持之力，振拔沈淪；弘方便之機，贊禆調御。屬以新倉重鎮，舊邑多人。悉謂響風，咸云渴德。載勤三請，深契四弘。此則振錫爰來，寧辝越里；彼則布金有待，永奉開基。因適願以經營，遂立誠而興建。矧於此也，南披拂鏡水，祕寶瑩珠；北負畫屏山，潛珉輝玉。鳳城西控，日迎碣館之賓；鼇海東鄰，時輯靈槎之客。而復枕榷酤之劇務，面交易之通衢。雲屯四境之行商，霧集百城之常貨。嗷嗷冒雨，擾擾蒙塵。是宜近彼人稠，增完永固；所貴多依佛住，弘濟無疆。然得富庶傾心，溢袖盈襟，奉財施之如林；賓寮率已，連鑣繼軌，賚俸給之若市。得非不畏入畏，念茲在茲。材呈而風舉雲搖，匠斵而雷奔電擊。乃以鑿甘井，樹華亭，濟往來之疲羸也；建法堂，延講座，度遠近之苦惱也。或飾鑄容圖像，殺敬者利益而不窮也；或開精舍香廚，依止者擔荷而無闕也。至於有一日必葺，無四體不勤。以勵乃至精堅乎密行，而隆其業者也。噫！累功歲久，報力時虧。念光陰之不停，嗟羸老之將至。宜退知爲之事，好修課誦之因。乃謂門人道廣曰：「吾以撥土匡時，踏荒成辦，然稍增於締構，奈罔備於規模。營西位之浴堂，已憑他化；剏中央之祕殿，未遇當仁。今汝空祠衆中玄識高上，雖勤修慧炬，諒堪稱舉；而播植福田，得未周圓。度人宜體於三輪，證果俾昇於二梵。詎勞謙於後進，當善繼於前修。」廣法師諦聽斯言，恭承彼事。應當根之善，立匪石之心。行不逸遊，舉步而惟思師訓；談無戲論，出言而即報佛恩。曾啓處以何安，念克終而無怠。復慮防於傳法，議須假於兼人。幸會頭陁僧義弘，雅好遊方，巡禮將周於四國；洞諳化道，致齋頻會於萬僧。見善則遷，與物無競。因率維那琅琊王文襲等數十人，異口同音而請，信心不逆而來。共結良緣，將崇勝概。繇是勞筋苦節，有廣上人之率羣材；貫骨穿肌，有弘長老之集多衆。疊水浮陸行之跡，專家至户到之心。或採異於曹吴，或訪奇於般爾。度功量費，價何啻於萬緡；糾邑隨緣，數須滿於千室。鄉曲斯聽，人誰不從。獨有檀那，潛徵翠琰。所欲令聞不朽，咸可紀於石銘；惟希凈辦既堅，共勿輕於金諾。此所謂千人之邑耶，悉願時資潤屋，日廣精藍。愈固虔誠，即趨良會。故始歲則可以霜揮斤斧，煙迸鉤繩。欒栱疊施，棼橑複結。能推剞劂，五間之藻棟虹梁；巧極雕鎪，八架之文楹繡桷。巍巍乎！非衆心迴向，孰規輪奂之有如此者。及再期，則可以鱗比鴛瓦，雲矗花磚；粉布圬墁，霞舒丹雘。奇摽造立，三門之滿月睟容；妙盡鋪題，四壁之芳蓮瑞相。郁郁乎，非衆心合應，孰奉莊嚴之有如此者。次於南則殊興峻宇，正闢通門。度高低掩映之差，示出入誡嚴之限。屹然左右，對護法之金神；肅爾縱横，扃安禪之寶地。然謂瞻思罕狀，報應難名。蓋非一行所致，是期三年有成。窗軒疏不夜之明，周阿流耀；壇座簇長春之色，内奥含英。至哉！其基構備也既如彼，其功德圓也又若此。爰處一方乾位，以爲千古日宫。不惟資閭里之安康，抑亦占郊畿之宏壯。確乎不拔，上侔化出於摩尼；粲然可觀，下擬葺成於那爛。能事云畢，素願酬終。可以開示衆迷，可以滅除多罪。莫不惟道是仗，求福不回。有奉香花，有賁繒蓋。具八關而敬禮，漸悟超凡；崇六事以恭參，潛期入聖。或農商侣至，覩之者生善而歸；或漁獵人來，瞻之者斷惡而去。既而香界初就，道場永開。律儀修而白玉無瑕，戒行止而青松有操。閻浮業廣，咸歸精進之門；兜率觀成，悉有開生之路。適謀論撰，可叙因緣。庶記録以具存，用刊修而克永。捧柔翰而爰狀其事，趨敝居而屢記其詞。然璋罷典泥書，早疏硯席；連鍾風樹，久不文言。念於監督之間，最是歸依之所。既難推讓，惟謝精研。但資立意爲宗，聊以直書其事。而銘曰：

佛興中印，教遂東流。空門開奥，慧炬燭幽。粤有真性，夙著徽猷。布金因請，振錫爰投。慈悲恤苦，化度思柔。招提獨力，基搆數秋。羸老將至，勝槩難周。門徒下命，軌躅前修。兼人幸會，合志勤求。千室爲邑，百種何憂。精藍同奉，潤屋咸抽。瓌材呈巧，寶殿延休。閻浮利濟，覩可優遊。此有歸仗，餘無比儔。

時太平五年三月三日丁時。

《全遼文》卷七張輪翼《羅漢院八大靈塔記》 金枝聯七葉之榮，寶位禪千齡之運。謹按《内典》云：初地修一無數劫，受華報果，爲自在□今我皇帝是也。恒懷宵旰，肯搆靈祠。系玉毫尊，恢八萬四千定慧之力。繼金輪，職威塵，數萬類束手而降。威加海表既如彼，恢張佛刹又若此。文武賢輔，各代天行化，運掌上之奇兵；輔國濟民，利域中之邦本。夫如是，黔首知力，白足荷恩。契經以塵合沙界，堪爲如來法器也。地有勝境，賢聖棲神，即羅漢院者矣。控異俗一字之鎮，枕薊壤兩川之心。沃土宜禾，居民則逸。壯千里侯甸之風，觀萬仞崆峒之氣。以謂招提舊制，像運仍全。三十七品教□流風，百五十成紹佛跡。沙門首座誦法華經紹凝，行超俗表，道冠權門。斬結使之魔軍，斷煩惱之釣餌。良器□現，神受能人，塔主法清者哉。定心頓悟，識性宿習於□院；坤旺之方，涌窣堵凌雲之勢。長遠而久受勤苦，四祀能成；暫時而一託良能，九層俄就。揆□建事白衆議曰，佛法付與國□大臣。今則特仗當仁，遽成勝槩。爰合□主爲都維那左班殿直，銀青崇禄大夫，檢校太子賓客兼殿中侍御史驍騎尉商、麴鐵煙火都監齊，爲戴恩□惸獨義□鄉閭。恒包報國之衷，若兢履薄；深悟忘筌之旨，如救頭燃。歎戲沙成佛之因，化慳火生蓮之果。宀遇班輪磨砌，神工配鬼迹相參；宏壯孤摽，嚴像與崇陵門矗。《心地觀經》云：釋迦在祇園演法之初，此八大寶塔，一切相貌，現金色光明中。佛爲母於忉利天説經，已化三道寶階下閻浮時。今來修崇過去瑞相法清與天水，赴文遂於開泰大師處，請到遺留佛舍利數十尊，用七寶石函，葬塔基下。乃與糾首陳壽邑證□澄等，教化有緣，市肆村落，各賫潤己，同辦利他。十尋之峻躅方成，裝嚴賢劫；三級之危簷迴起，遥擬帝幢。菱花鑑善惡於四隅，寶蓋淡炎涼於九有。文楣接漢，楠柱倚天。風篔雜千變鈴聲，帝妃一唱；雲盤落九霄甘露，天雨四花。龍龕會塵沙佛加持，仙路湊三界天作禮。金珠亘晴朗之日，洞瞰乾坤；寶鈴喧静夜之風，峥嶸宇宙。由旬半甲，利益頗同；大事既完，邇遐波委。禮此塔者，無寃不解，有恨皆銷。聾者善聽而歸，譬者善睎而去。具貪愛者，頓生厭離；被無明者，速得解脱。塵沾出地獄之門，影覆入菩提之室。薊門太師，六條布政，知稼穡之艱難；五馬争鞭，訣孤虚於向背。上佐員外，劍舞松窗，定有衝星之氣；鋒揮文陣，用□奪桂之名。如是則語其功德。皆生梵輔之宫；覩彼基坰，並入摩尼之殿。勒文刊石，用始顯終。太原□輪翼以□□朝省，若作酒醴，乃奉命監造麴糵届此，遇塔新建蕆事，經圓維那邑司塔主等書請撰録，難拒衆情，不得已而但述之爾。輪翼春秋八十有一紀。萬法而無□末□□□□聊志歲月。□□□□重熙十三年歲次甲申四月壬辰朔八日丙時建。

《全遼文》卷八《昊天石塔記》 秦越大長公主發心造十三級石浮圖一座。高二百尺。昊天寶塔。大遼清寧五年春月吉日。

《全遼文》卷八王觀《燕京大昊天寺碑》 尾絡之分，燕爲大邦。闢千里之圜，聚萬家之星井。中有先公主之館地，雕華宏冠，甲於都會。改而爲寺，遵遺託而薦冥福也。詔王行己督轄工匠，梓者斤，陶者埴，金者冶，彩者繪。鍾雲屯，杵雷動，三霜未逾而功告畢。棟宇廊廡，亭檻軒牖，甍簷栱桷，欄楯櫟櫨，皆飾之以丹青，間之以瑶碧。金繩離其道，珠網罩其空。縹瓦鴛翔，修染虹亘。曉浮佳氣，涵寶砌以生春；夜納素輝，爍璿題而奮晝。中廣殿而崛起，儼三聖之睟容；傍層樓而對峙，龕八藏之靈編。重扉砑啓，一十六之聲聞，列于西東；邃洞異舒，百二十之賢聖，分其左右。或鹿苑龍宫之舊蹟，或刻檀布金之遺芬。種種莊嚴，不可殫記。

《全遼文》卷八《洪福寺碑》 大矣哉，恭維佛之性也。希希兮，夷夷兮，堪凝然而體不可窺，美矣夫以謂佛之相也。茫茫然，大大然，周沙界而理不可詮。得不超歸莫測，徹果穹源。杳杳兮目誠孰視，寂寂兮口靡能宣。可謂開迷遂性，應物現形。教崇者弘出世之因，諦信者證升天之果。切以可久等莫不宿植善本，曩結良緣。幾傷幻化之軀，共集涅槃之樂。罔憑釋教，寧滅罪根。欲排多刧之殃，須仗三身之力。今則結集衆力，敬豎雙碑。邀般輸之奇匠，採崑嶽之幽石。一鎚之工爰運處，金宿摇空；八條之虬乃俄成，霜鱗矗起。亭巍一尋，面優數尺。一則披美於衆善，一則頭敍於多功。苟述其文，畧陳斯説。前有尊勝陁羅尼幢一所，寶莖上聳，高凌碧漢之心；蓮座下磻，永鎮黄金之地。次有佛殿一座，莫不簷虬吐霧，脊獸呀煙，瓦列鴛頡，梁横棟懸。內四壁兮繪容嚴粹，中一壇兮望像端幽。三十二相，相相皆嚴；八十種好，好好俱妙。又於東西廂有洞廊二坐，內塑羅漢各五十餘尊，可謂容嚴特妙，皃古同生。個個被結趺之座，尊尊該超地之因。於中位則建菩薩堂一區，三間四架，彩輝華而霞燦，勢髣髴而風翔。望容好□具皃相全。西壁上卧如慘戚，東廂中須岳巍峩。次西北有大雜寶經藏一坐，莫不彤楹巍立，蜺棟高横。金鈴咽天中之吹，晴幡映島外之霞。似到溟滄，蜃吐之樓臺岌岌；如臨岱岳，雲成之宫闕重重。內函則龕經六百帙，外費則櫝價一千緡。赤軸霞欄，黄卷金融。載傳者滅七返之罪，禮看者免無間之獄。又以次後則講堂一坐，內置須彌座，上宣金口言。日日講經，四海之潮聲雄震；燈燈演法，六時之花雨霏空。謂厨堂則氣樓迤邐，鍊鼎恢弘。烹乳酪之珍饈，造醍醐之上味。時修盛饌，日給羣僧。一合上寺並下內大僧，數餘百人，得不行貞雪柏，戒朗霜蟾。一垂奥義，誠能洞曉；三藏真文，言其易了。蓮座講時，攝龍鳥以皆伏；竹軒吟處，動鬼神以咸驚者也。

咸雍六年八月十五日建。

朱元璋《明太祖文集・靈谷寺記》 朕起寒微，奉天繼元，統一華夷，鼎定金陵，宫室於鍾山之陽，密邇保志之剎。其營修者，昇高俯下，日月殿閣，有所未宜，特敕移寺，凡兩遷方已。

當欲遷寺之時，命太師某詣山擇地。及其歸告，乃云山川形勢非尋常之地。其勢川曠水縈，且左包以重山，右掩以峻嶺，背靠穹岑，排森松以摩霄漢，虎嘯幽谷，應孤燈而侶影，鶯囀巖前，啓修人之清興。飲潔流於山根，洗鉢於湍外，魚躍於前淵，鳥栖於喬木，鹿鳴呦呦，爲食野之苹。云之若是。既聽斯言，朕歡忻不已。此真釋迦道場之所也。

即日召工曹，會百工，趨所在而建址。百工聞用伎以妥保志，曜靈佛法，人皆如流之趨下。嗚呼！地勢之勝，豈獨禽獸、水族之樂！伎藝之人，惟利是務，云何聞建道場，不憚勞苦，一心歸向？自洪武某年某月某日時某甲子工興，至某月日時，工曹奏朕，爲釋迦道場役百工，各施其伎。今百工告成，朕善其伎，特命禮曹賜給之。

工曹復奏：伎藝若是，有犯役者五千餘人，爲之奈何？朕忽然有覺。噫！佛善無上，道場既定，安可再罪！當體釋迦大慈大憫，雖然真犯，特以眚災，一赦既臨，輕者本勞而逸，死者本死而生。歡聲動地，感佛慈悲。吁！佛之願力，輝增日月，法輪建樞，燈繼香連。嗚呼，盛矣哉！願力之深乎？

然是時，國務浩繁，不暇禮視，身雖未至，夢游幾番。此觀之歟？夢之歟？

嗚呼！未嘗不欲體佛之心，而謂衆生誤，奈何愈治而愈亂，不治而愈壞，斯言乃格前王之所以。今欲寬不可，猛不可，奈何！

然一日，潔已而往禮視。去將近刹餘里，俄谷深處，嵐霞之杪，出一浮圖。又一里，既將近三門，立騎四顧，見山環水紆，禽獸之所以，果然左群山、右峻嶺，北倚天叠嶂，復窮岑以排空，諸巒佈勢，若堆螺髻於天邊，朝鶴摩天而翅去，暮猿挽樹而跳歸，喬松偃蹇於崖畔，洞雲射五色以霞天，此果白毫之象耶？谷靈之見耶？朕欲有謂而恐惑人，故默是耳。今天人師有殿，諸經有閣，禪室有龕，雲水有寮，齋有大厦，香積之所周全，莊嚴備具，以足朕心矣。故敕記之。

朱元璋《明太祖文集·游新庵記》 鍾山之陽有谷，谷有靈泉，曰八功德水。不稽何代僧因水以建庵，不過數間而已。其向且未的然。而游人信士，無問春秋四季，時時來往，酌水焚香，滌愆懺罪，已有年矣。

朕自至此二十年餘，每觀此地，景雖佳麗，庵將頹焉。朕嘗嘆息：蔣山住持者，自建庵以至於斯時，前亡後化者叠不知幾人，曾有定向而安居者乎！故空景美而庵頹。

一日，暇游於此，有僧求布施於朕以崇建之。朕謂僧曰：「愚哉！爾知梁武帝崇信慧超、雲光等，捨身同泰寺；陳武帝敬真諦等，捨身大莊嚴寺。又如信道家之説者：秦皇遣方士而求神仙；漢武帝因李少君等而冀長生；魏道武因寇謙之天宫静輪之法；唐玄宗與葉法善同游月宫；宋徽宗任林靈素度道士數萬。數帝之心未必不善，然善則善矣，何愚之至甚？其僧、道能則能矣，何招禍之如是？」答曰：「未知。」曰：「前數僧、道，當是時，日習世法，頗異常人，故作聰明於王侯。僧特云『天堂地獄』，道務云『壺中日月』、『洞裏乾坤』、『八寒八熱』，致使數帝畏地獄，懼『八寒八熱』，願登『天堂』，入『壺中日月』、『洞裏乾坤』，所以昧之，國務日衰，海内不安，社稷移而君亡，謗及法門。是後三武因此而滅僧，不旋踵而覆，豈佛、老之過歟！

「蓋當時僧、道不才，有累於一時，社稷移而異姓興，非天不佑，乃君愚昧非仁，連謗於佛、老。其三武罔知佛、老之機，輒毁效者。因二教之機微而理秘，時難辨通，致令千古觀於諸帝、臣之紀録，達斯文者，無有不切齒奮恨，以其所以，非獨當時爲人唾罵，雖萬古亦污名罪囚天地間。爾尚弗識，何愚之篤！

「近者有元，京師有異僧，名指空，獨不類凡愚之徒。元君順帝有時問道於斯人，斯人答云：『如來之教，雖云色空之比假，務化愚頑，陰理王度，又非帝者證果之場，若不解而至此，糜費黔黎，政務日杜，市衢嗷嗷，則天高聽卑，禍將不遠，豪傑生焉。苟能識我之言，悟我誠導，則君之修甚有大焉。所以修者，宵衣旰食，修明政刑，四海咸安。彝倫攸叙，無有紊者。調和四時，使昆蟲草木各遂其生，此之謂修。豈不彌綸天地，生生世世，三千大千界中，安得不永爲人皇者歟？』指空曰：『以此觀之，貧僧以百劫未達於斯，若帝或不依此而效前，其墮彌深，雖千劫不出貧僧之右。』

「又丞相搠思監至，賫盛素羞以供，亦問於指空，意在增福。指空曰：『凶頑至此而王綱利，愚民來供則國風淳。王臣游此民無益，公相之來，是謂不可。修行多道，途異而理同。公相知否？』曰：『不知。』曰：『在知人，在安民，忠於君，孝於親，無私於己，公於天下，調和鼎鼎，燮理陰陽，助君以仁。誠能足備，則生生世世立人間天上王臣矣。吾將數劫不達斯地。苟不依此，刻剥於民，欺君罔下，用施於我，雖萬劫，奚齊吾肩！』」

「朕觀指空之云如是。爾僧欲以庵爲朕增福，可乎？彼雖有營造之機，朕安有己財於此！」僧曰：「富有天下，肯若是耶？」「不然。國之富。乃民之財，君天下者主之，度出量入以安民，非朕之己物，乃農民膏血耳。若以此而施，爾必不蒙福而招愆。」僧云：「佛法付之國王、大臣。」曰：「當哉！所以付之者，國令無有敢謗。聽化流行，非王、臣則不可。」僧乃省而叩頭。時朕不施。後更一住持法印者。朕務繁，不暇來此。

將歲過七年冬十一月二十有五日，因暇入山，遂達斯地。想昔日之徑，崎嶇高下，今日崎而平，嶇而直，坦途如是，豈不異乎？何止此徑而已，其庵架空幕谷，凌巖而出松，智流泉以成瀑布，飛吼長空。致猿啼夜月於峰巔，白鶴巢桐而每顧。深隱翠微，似有飄風而不至。游人遂樂，禽獸情歡，焕然一新。觀斯創造，庸愚者弗能。噫！有非常之人，建非常之功。法印如是，安得不神識者哉！傍曰：「僧於此，不貪而不盗，無私於己，有功於衆，叢林仰之。」

嗚呼！庵爲僧所新，僧爲庵所名。人能知一軀，爲囊神之室，以神修軀。若不知修軀，以軀使神，豈不愚人者歟！

程國政編注《中國古代建築文獻集要》明代卷上册韓雍《聚落新城記》 《易》曰：「王公設險，以守其國。」又曰：「重門擊柝，以待暴客。」聖人立言垂訓之意，蓋欲君人者必高城深池，以固其封守，豫備警戒，以防其外患。不然，廢弛怠荒，而患隨以生，防守亦難矣。

大同，古雲中郡，西北之重鎮，京師之藩籬也。而聚落去大同二舍許，居人叢集，密邇狄境，有驛傳而無城郭。往年邊庭充斥，少壯者奔伏草莽，鮮或能全，老稚女婦，死於鋒鏑，辱於驅逐者多矣，而驛吏騎卒，亦皆竄匿四馳，因之聲援弗通，道路梗塞，敵雖遁去，莫敢遽歸，產破而業荒，君子惜之。

天順庚辰秋，巡撫右副都御史大梁王公宇請於朝，謀築斯城。既而公以憂去，雍代之，而鎮守大監王公春，總兵官彰武伯楊公信，俱自延綏徙鎮於茲，相與謀曰：是果有益於邊計之大者，盍共成之！副總兵都督同知曹公安，守備中貴阮公、阿山羅公，副總督糧儲地官郎中羅君紳，巡按監察御史朱君鉉，亦皆力贊，遂上其事，得請而興工焉。

予與群公躬履其地，相厥地形，布立方位，依山而帶水。於是伐材鳩工，作城，周六百丈，高三丈一尺，作樓按卦位，以便瞭望；作門，扁其東曰鎮安，西曰懷遠；而復環以深隍，注以流泉，嚴整固密，屹然一形勝之區。經始於辛巳二月二十七日，落成於是歲八月十六日。既成，益兵卒以嚴戍守，積芻餉以備警急。於是戍卒耕夫比屋居止，芻牧種植以便以安；卒然患生，亦足防守；道路無梗塞之虞，驛使得寢處之安，誠於邊計大益也。

衆率謂雍宜有言，以記其成。雍仰惟聖天子在位，道隆化洽，超卓萬古，覆載之間，有生之衆，罔不革心傾向。惟是北狄，雖異人之性，亦率皆畏威懷德，稱臣奉貢，弗敢違越。茲復從臣下之請，以城斯城，真安不忘危之盛心。況大監公曆事累朝，屢長邊鎮，練達老成，才望素著；楊公乃穎國武襄公之猶子，將略家傳，勇而有謀，卓然爲當時名將之稱首；而同事諸公又皆同心協謀，拳拳焉以奉宣威德，弭除邊患爲事，宜其克副聖心，而成功之速也。昔周之聖王命大將南仲城彼朔方，詩人詠之曰：「赫赫南仲，玁狁於襄。」蓋美其命將得人，城守之功成，而邊方之難除也。

今斯城雖小，實當大同之衝，使大同羽翼壯而屏翰固。而鎮守、總兵諸公又皆得人若此，繼今以往，吾知陰山、瀚海之北，益皆革心嚮化，相引來歸，聖天子永無西顧之憂必矣。惟諸公慎終如始，兵政益修，邊備益嚴，以無負萬里長城之托，是所望也！用記之以紀歲月，且爲同志勸。

程國政編注《中國古代建築文獻集要》明代卷上册宋訥《大明敕建太學碑》

洪武十四年夏，上詔群臣曰：「王者受命，武功文德，相繼成治。定天下以武，治不以武也，其崇文乎！顧茲成均，地隘而陋，何以振文教？朕相基於鷄鳴山下，高爽平遠，豈天協朕心，若藏此地，俟興一代學乎？」群臣稽首曰：「皇上聖神，斯文福也。」乃以天子學制授諸冬官。

冬官臣恭奉明詔，夙夜匪懈。楩楠豫樟，來積如阜；鑿山載石，輿土築基；梓人效藝，以宏其制。又遣金吾前衛親軍指揮譚格督其工。

凡堂有七，彝倫，所以會講；率性、修道、誠心、正義、崇志、廣業，則諸生肄業所也。會饌有堂，庖厨有室，井覆有亭，物貯以庫。饟廩蔬園，重門繚垣，回廊儲書。兩堂之間，東西有館，助教、正、録居焉。東偏列室鱗次，諸生處焉。廟在學東，亢以增基。大成有門，七十二賢有廡。凡爲楹八百一十有奇，壯麗咸稱。自經始以來，大駕臨役者不一。夫子而下，像不土繪，祀以神主，數百年夷習乃華。

明年五月，冬官奏廟學成。十有一日，天子遣使祀先師以太牢。禮畢，胄子及民之俊秀登堂受業，學之禮制備矣。十有七日，上躬臨廟禮，行酌獻，再拜再退。乃達學，學官率諸生進拜堂下，博士臣龔斆執經，祭酒臣吴顒講經。既畢，萬乘是還。此千載曠儀，講則行之，斯文增重矣。六月一日，上又賜勅文重諭胄子，禁制防遏之法，訓迪誘掖之意，無不至焉。

越一日，帝御奉天門，詔臣訥文之於石。臣拜手稽首，不敢以不文辭，承命。遂運興造始末，爲之言曰：「孔子之道，垂憲萬世；帝王之興，首建太學。蓋學所以扶天理，淑人心也。皇極由之而建，大化由之而運，世道由之而清。風化本原，國家政務，未有舍此而先者。或有未備，則無以維三綱五常之具，示作人重道之心。聖天子位居君師，續道統於堯舜禹湯文武，建學定規，高出前古。凡我登堂養正游藝之士，斯言斯誦，相勉相誨，無負教養，則正人端士叢出，而爲國家楨幹，祚聖子神孫之業，萬世而無窮者，當自今始。

顧臣膚陋，敢不對揚帝命，武昭盛代之興文也！拜手稽首而獻頌曰：

於惟聖皇，臣伏萬方。乘時經綸，文偃武揚。儲慶發祥，載整乾綱。乃相學基，鷄鳴山陽。平遠高爽，非麓非岡。武輝京邑，隱若天藏。考制定規，聖度曷量。乃授工曹，孰敢怠遑。工師用勸，效技允藏。有廟有廡，有廊有堂。鱗比而重，龍起而翔。登用儒臣，教化昭彰。佩服鏘鏘，弦誦洋洋。正學有傳，師道有常。萬乘來臨，俎豆生光。千載禮儀，一代典章。躬親講道，超軼百王。聖制昭宣，啓迪激昂。寵及青衿，垂範流芳。材育化崇，殷序周庠。立極作則，遠紹虞唐。德進英豪，業修俊良。股肱朝廷，都俞嚴廊。以弘文化，慶祚靈長。願佑皇圖，萬世無疆。

程國政編注《中國古代建築文獻集要》明代卷上冊張衮《楊舍城記》　東夷滑夏，三吳之地，環州縣而城者以百計。楊舍一隅，在縣治東，東際大海，至狼山，水勢漸分而爲江。楊舍枕江之上，界連姑熟諸港，滔滔會江爲險。左襟谷瀆，僅五里許，其爲屏捍。君子卒喜而大書之，與郡邑之城，相雄長焉。其故何也？固楊舍，所以固江陰也。由江陰而上，毗陵之有孟瀆河，河復城之。賊來窘路，犄角之勢成，其所防者遠矣。

我太祖高皇帝嘗命信國公湯和，往備倭寇，詔諭惓惓，惟以議立城堡、相地宜爲事。神謨睿算，用之迄有成功。嘉靖丁巳，監察御史羅山尚君維持，來按南服，痛我民生，憔悴日甚，割瓜及膚，救恤不暇。乃於誅罪黜貪之餘，巡行陵陸，周覽曲衍之中，得楊舍之爲要害，決意城守。適邑人薛憲副甲哀上其議，公以爲是，得邑人之情矣，治之益力。乃布條約，乃召傭徒，乃營原野。引繩立表，夷險塞窪，各各以意運之，受事者莫不如指。

城凡三里，周遭五百二十丈有奇，高丈有八尺，趾闊丈若干尺。下壘堅礎，上傅以磚。崇墉嶢嶢，列雉翬翬，屹然鉅鎮。藏民萬户，賢於戰兵百倍矣。城之費丈計帑金二十二兩，出臺中之贖眚，一不以煩於有司。借民之力，不過十之二三，兵居其半。而公復戒之以勿亟，慎之以勿傷，此作城之善事也。城之内有參府，有把總司，有巡檢司，有軍營，有廩庾。四向爲門，東曰某，西曰某，南曰某，北曰某，皆公所自署。門爲水關者一，引流東注。此城之節目也。工始於戊午某月，告成於是年之某月。薛憲副復爲文記之。

杜令君退而告於衮曰：「華也守工於兹，得吾賢監察作予之勸，而訖事。吾子可無一言，爲予、爲百姓德之。」予謝不能。既乃言曰：夫有山川，斯有險阻。有險阻，斯有政事。是故王公設險以守國，其來尚矣。湯信國之受命聖祖，尚監察之祇承皇上德意，篤厚元元，豈非貞於謀國乎？始楊舍之未有城也，鹽販出没風濤之險，兵仗自隨，有迫之欻起，而爲他盜，村户夜驚。今即無虞，其利一也。民既有城以居，農得修其畎畝，商得通其貨賄，工得利其器用。父子嘻嘻，樂生興事。保有室家，無復曩時獸奔鳥駭，無所逃匿，皇皇之命，寄於賊刃，其利二也。地遠於邑，民鮮知法。官署既飭，令君得以數至其地，聽斷爲公。暇則與參戎上下其議，鞭撻戎虜之謀，哀矜淑問之事，皆於是乎出焉！其利三也。有此三利，法不當大書已乎？

程國政編注《中國古代建築文獻集要》明代卷上冊居勷附《重修海塘記》　東南惟海事爲重，海鹽海塘之設，所以禦潮汐之往來，捍波濤之嚙蝕。斯塘一圮，民爲墊溺，所繫甚大也。

海塘舊名太平塘，在縣東一里，今僅半里，洪武年間潮汐泛圮故岸，朝家屢命臣工，修築石塘計二千三百七十丈餘。永樂三年，仍爲風潮圮毁。命通政等官按治，動調蘇松等九府修築堅完，歲久復頹。宣德年間，巡撫侍郎周忱命工增培土石，其患稍息。正統九年秋潮大作，圮甚。乃於裏岸，重築新塘。景泰五年，因舊址廣狹，鳩工役夫，撤舊更新，外砌大石，内實瓦礫，其工爲省。建立真武龍王祠於塘上。成化八年，風潮大作，所築石塘，悉皆傾圮，二祠亦不存，數年之功爲之掃地。相視修理，仍用舊石壘砌，粗完而已。至成化十三四年，風潮連作，塘復傾圮。時有提刑副使楊瑄者，修築照鄞縣荆公塘式幫材竪砌，内用碎石土瓦填實，頗能殺勢。歲久，風潮塘之存者，十無二三。

弘治年間，予爲大理少卿，不忍民之墊溺，官之匪人，事之無法，爲費不貲，出民膏血。顧不逞之徒，攬替誤事，今年運石，明年運石，人無休息；今日修塘，明日修塘，迄無成功，是修一海塘而二三海塘也。上疏極言海塘之弊。

孝宗皇帝可之，特下工部議行修築。募工督理下施木樁，上加鉅石，縱横交叠，内外收縮，厚築土防。通計重築塘南自監田塘，北至丫叉塘，以丈計者，凡九百餘，居民可賴矣。

朝廷注意東南水利，簡任河東韓君士賢通判吾郡，專司水利，而海塘其大患也。韓君殫厥心力，講求沿海利病，詢察舊制得失。上考數千年海塘衝突之所，下究數百里海塘建置之形，歷歷如指諸掌，躬循周覽。説者謂惟所修卧羊坡者爲得法，即鄞縣荆公塘之制也。閲三十年而始衝圮，視諸作爲堅久。後有爲叠砌者，舉不能及。周悉處置，大率一如荆公塘之式，因海之勢，順地之宜。

經始於正德八年癸酉，落成於九年甲戌，不閲期而工訖。贊之者，今海鹽令朱君實昌也。爲費四千有奇，石六萬四千，椿木二萬六千，石匠一萬二千，大三萬九百。視昔之費，十省八九。自教場塘迤邐而周一百四十丈。翁家塘土塘，皆六百五十丈，丫叉塘二千三百餘丈，澉浦塘一千三百餘丈，他如龍王塘、談家塘，又數千丈。塘高三丈八尺，叠石一十八層，視昔之工，十加六七，無侈觀，無浪費，民不告勞，財歸實用。

厥功既成，海爲安流矣。

《明經世文編》張寧《海寧縣障海塘碑》 海寧，古鹽官縣，瀕海南土，有山名赭。赭南遠有山對峙如門，是爲浙江受潮之口。歲久沂洄渟滀，赭浂出潭若渚，則口隘潮束，仄擊於鹽官隈岸。

宋嘉定中，潮汐衝鹽官平野二十餘里，史謂海失故道，有由也。成化十三年二月，海寧縣潮水横溢，衝圮堤塘，逼蕩城邑，轉眄曳趾頂，一決數仞，祠廟廬舍、器物淪陷，略盡郛，不及者半里，軍民翹喘奔籲，皆重足以待。縣上其事於府，府守陳上其事於欽差鎮守太監李、巡按監察御史侶。二公以所上事詢諸三司布政使杜、按察使楊。又以二公命，各詢其佐，咸集厥地，周視翕謀，區畫會計，相與祭於神，具以成業托分巡僉事錢，曰君宜任重，有所給乏，從革惟君自處。

公乃躬履原隰，量材度宜，命杭、湖、嘉興官屬，因地順民，採石於臨平、安吉諸山，物用林積，用楫轉挽，蔽河而至。分命把總指揮李、通判何兼總工役，初用漢犍絙法，不就。乃斵木爲大櫃，編竹爲長落，引而下之。泛濫稍定，人知有成勢，皆奮趨事。計以日費致月工，填壘稠復，爲力漸易，業可待就。

時盛暑，公有念曰：「吾聞聖禹治水，奏鮮定賦，非但疏泄而已。今民蕩析未寧，農稼方作，飢勞野聚，必有疾疫，未可亟也。」由是作治雖嚴，間輒撫循勞來，失次者徙寓空舍，惠以薪米，大集醫藥，以療病者。

作副堤十里，衛灌河以防泄鹵之害。義聲倡道，富人争自振施，民至是始忘死徙之念。

歲八月，塘成。適沙塗壅障其外，公因增高倍厚，覆實搗虚，使腹抗背負，屹成鉅防，而海復故道矣。是冬舉羡餘之財，修葺文廟，增廣學地，重建按察分司。致祭告成，公乃復。邑父老過相語曰：「昔元延祐海患，財力大艱。時官寡謀，誣以異術。今之深沙鐵神，遺迹近在。吾少歲猶見大父行於悒流涕而道其苦辛者。皇朝永樂九年，海決，有司不時治，民流移者六千七百餘户，淪田一千九百餘頃。事聞，遣保定侯孟英等力役蘇湖九郡，貲累鉅萬，積十有三載，其患始息。此吾輩耳目所及者。今錢公以一騎行邑，斂不及民，勞不縻衆，徒以三府萬二千人，僅七越月而績用聿成。患大費省，力少效速，較之前事，孰與此賢？方首事之際，振撼倉皇。若遇勁敵，雖有優才絶力，當亦不暇旁顧。公能發心蘊，竭性能，紆徐委曲以庇食我，以調濟我，以成我稼穡，以寧我婦子。凡吾輩今日得以復安此土者，皆公賜也。奈之何泯没其德！」遂相率具書幣走徵予文刻石。

予念風濤漲溢，凡際海之區，無不間遇。至於衝決激射，惟浙江地勢爲常。自延祐及今，才百五十年，海已三變。雖曰氣數消長，未嘗不以人力定勝，但恐物非天成，終當復故。使赭山之潭復出，沙塗之壅再去。後之繼任非人，文獻無考，則父老前日之憂，將或在其子孫也。

宋濂《宋學士全集·游鍾山記》 鍾山一名金陵山。漢末秣陵尉蔣子文逐賊死山下，吴大帝封曰蔣侯。大帝祖諱鍾，又更名蔣山。實作揚都之鎮，諸葛亮所謂「鍾山龍蟠」即其地也。

歲辛丑二月癸卯，予始與劉伯温、夏允中二君游。日在辰，出東門，過半山報寧寺。寺，舒王故宅，謝公墩隱起其後，西對部婁小丘。部婁蓋舒王病濕，鑿渠通城河處。南則陸修静茱萸園，齊文惠太子博望苑。白烟涼草，離離蕤蕤，使人躊躇不忍去。沿道多蒼松，或爲翠蓋斜偃，或蟠身矯首，如王虺搏人，或捷如山猿，伸臂掬澗泉飲。相傳其地少林木，晉宋詔刺史郡守罷官者栽之，遺種至今。抵圜悟關，關，宋勤法師築，太平興國寺在焉。梁以前，山有佛廬七十，今皆廢，唯寺爲盛，近毁於兵，外三門僅存。自門左北折入廣慈丈室，謁欽上人；上人出，三人自爲賓主。適松花正開，黄粉毵毵觸人，捉筆聯松花詩，詩未就。予獨出，行函道間，會章君三益至，遂執手止翠微亭，登玩珠峰。峰，獨龍阜也。梁開善道場寶誌大士葬其下，永定公主造浮圖五成覆之，後人作殿，四阿鑄銅，貌大士實浮圖。浮圖或現五色寶光，舊藏大士履。神龍初，鄭克俊取入長安。殿東木末軒，舒王所居，俯瞰山足，如井底。出度第一山亭，亭顔米芾書。亭左有名僧婁慧約塔。塔上石，其制若圓楹，中斲爲方，下刻二鬼擎之。方上書曰：「梁古草堂法師之墓。」有融匾法，定爲梁人書。復折而西，入碑亭，碑凡數輩，中有張僧繇畫大士相，李白贊，顔真卿書，世號三絶。又東折，度小澗，澗前下定林院基。舒王曾讀書於此。院廢，更創雪竹亭，與李公麟寫舒王像，洗硯池，亦皆廢。又北折，至八功德水。天監中，胡僧曇隱來栖，山龍爲致此泉，今甓作方池。池上有圓通閣，閣後即屏風嶺，碧石青林，幽邃如畫。前乃明慶寺故址，陳姚察受菩薩戒之所。又東行，至道卿巖。道卿，葉清臣字也，嘗來游，故名。有僧宴坐巖下，問之，張目視，弗應。時雉方桴粥，聞人聲，戛戛起巖草中。從此至静壇，多臧矜先生遺迹。復西折，遇桃花塢，詢道光泉。舒王所植松已無，唯泉紺净沈沈如故。日將夕，章君上馬去，予還廣慈。二君熟寐方覺，呼燈起坐，共談古豪傑事，厠以險語，聽者爲改視。

明日甲辰，予同二君游崇禧院。院，文皇潛邸時建。從西廡下入永春園。

園雖小，衆卉略具。揉柏爲麇鹿形，柏毛方怒長，翠濯濯可玩。二君行倦，解衣覆鹿上，挂冠鼠梓間，據石坐。主僧全師具壺觴，予不能酒，謝二君出游。夏君愕曰：「山有虎。近僧採荈，虎逐入舍，僧門焉。虎爪其顴，顴有瘢可驗。子勿畏，往矣！」予意夏君紿我，扶兩騶奴，登惟秀亭。亭宜望遠，惟秀、永春皆文皇題榜，塗以金。又折而東，路益險。予更芒鈌，倚騶奴肩，踸踔行，息促甚，張吻作鋸木聲。倦極思休，不問險濕，牒牒據頓地，視燥平處不數尺，兩足不隨。久之，又起行。有二臺闊數十丈，上可坐百人，即宋北效壇，祀四十四神處。問蔣陵及步夫人冢，無知者，或云在孫陵岡。至此屢欲返，度其出已遠，又力行，登慢坡。草叢布如氈，不生雜樹，可憩，思欲借裀褥卧不去坡。古定林院基，望山椒無五十弓，不翅千里遠。竭力躍數十步輒止，氣定又復躍，如是者六七，徑至焉。大江如玉帶橫圍；三山磯、白鷺洲皆可辨；天闕、芙蓉諸峰，出没雲際；鷄籠山下接落星澗，澗水滮滮流；玄武湖已堙久；三神山皆隨風雨幻去。西望久之，擊石爲浩歌；歌已，繼以感慨。又久之，傍厓尋一人泉，泉出小竅中，可飲一人，繼以千百勿竭。循泉西，過黑龍潭，潭大如盎，有龍當浮屠，側有龍鬼廟，頗陋。由潭上行，叢行翳路，左右手開竹，身中行，隨過隨合。忽腥風逆鼻，群鳥哇哇亂啼。憶夏君有虎語，心動，急趨過，似有逐後者。又棘針鈎衣，足數躓，咽唇焦甚，幸至七佛庵。庵，蕭統講經之地。有泉白乳色，即踞泉斟咽，衫袂落水中，不暇救。三咽，神明漸復。庵後有太子巖，一號昭明書臺。方將入巖游，庵中僧出肅，面有新瘢。詢之，即向採荈者，心益動，遂舍巖問別徑以歸。所謂白蓮池、定心石、宋熙泉、應潮井、彈琴石、落人池、朱湖洞天，皆不復搜覽。還抵永春園，見肴核滿地，一髫童立花下，問二客何在？童云：「遲公不來，出壺中酒飲，且賦詩大噱。酒盡，徑去矣。」予遂回廣慈，二君出迎。夏君曰：「子顏色有異，得無有虎恐乎？」予笑而不答。劉君曰：「是矣，子幸不葬虎腹，當呼斗酒，滌去子驚可也。」遂同飲。飲半酣，劉君澄坐至二更；或撼之，作舞笑鈞之，出異響畏脅之，皆不動。予與夏君方困，睫交不可擘，乃就寢。又明日乙巳，上人出猶未歸，欲游草堂寺，雨絲絲下，意不往，乃還。

按《地理志》，江南名山，惟衡、廬、茅、蔣。蔣山固無聳拔萬丈之勢，其與三山并稱者，蓋爲望秩之所宗也。晉謝尚，宋雷次宗、劉勔，齊周顒、朱應、吴苞、孔嗣之，梁阮孝緒、劉孝標，唐韋渠牟，并隱於此。今求其遺迹，鳥没雲散，多不知其處。唯見蕘兒牧豎，跳嘯於凄風殘照間，徒足增人悲思。況乎人事往來，一日萬變，達人大觀，又何足深較？予幸得與二君放懷山水窟，一刻之樂，千金不人易也。山靈或有知，當使予游盡江南諸名山，雖老死烟霞中，有所不恨，他尚何望哉！他尚何望哉！章君約重游未遂，因歷記其事，一寄二君，一遺上人云。

程國政編注《中國古代建築文獻集要》明代卷上册徐宏《重修南海廟記》

粤自唐虞，既克受命，配天享帝，又必禋類於名山大川岳瀆之神，所以表誠敬、報本始也。厥繇古矣。皇帝奉承天命，奄有四海岳瀆，群祀悉在，境内所至，分遣殖臣遍走，群望以致恭，肅法故道也。

中書平章廖公奉征南之命，取兩浙，破閩下廣，遂定五嶺以南暨於海島，萬里靡不臣服。於是訪前聞，稽祀典，曰南海神祝融最貴，位崇東西北海三神河伯上，自唐天寶中，册以王爵，加以「廣利洪聖」之號。舊有廟，在廣治東南八十里，扶胥之口，兵燹歷載，廢壞不修，匪稱神居。

乃命中書掾高希賢董之，以縣尹吴誠督工，輸以没人之財，役以貸眚之氓，易腐朽以堅貞，飾昏漫以丹黝，殿堂寢室，載輝載崇，致齋有廬，更衣有所，廊廡庖湢，修列畢備。乃洪武二年三月初吉，朝廷遣玄教院掌書徐九皋，欽奉御署祝册、香幣致祭於神廟。

初落成，秩與禮會。征南公親率僚屬致齋行禮，用體皇上敬事神祇之意。脯醢豆籩，有羞孔潔，牲幣載虔，既陳既獻。神靈肸蠁，風濤恬息，歲卜奉稔。

公之南征，副以參政朱亮祖，贊襄以省椽高希賢，竭知殫力，知無不爲，故理民事神，咸盡其道。公之功施社稷，澤被生民，不可殫述，而此其一事爾，髦倪士庶，咸願播之文辭，永垂不朽。遂序其概，刻石以紀。

洪武二年三月日，閩中徐宏撰，廣州元妙觀住持主領波羅廟焚修蕭德□立，鄉老徐麟、梁成、鍾亮、吴尹篆并書。

程政國編注《中國古代建築文獻集要》明代卷上册都穆《游茅山記》

歲癸亥四月辛丑，予至句容，將游茅山。同年張汝敬適宰是邑，乃相以輿馬。

出句容東南門，迤邐而行。地多隆窪，兼之久雨新霽，值泥淖，有没股者。二十里，就民廬小憩。東行十五里，至蔡墓村。又五里，經土地祠，俗謂之五里廟。自是五里，抵山麓。

山有三峰，最高者爲大茅峰，草被之，其緑如傳，而茂樹清泉，復相映帶。予神情飛動，命輿夫疾行上山。

二里，至崇禧萬壽宮。其東有東西楚王澗，自華陽洞西，三水合流，趨宮之前。相傳昔楚威王游憩於是，沈靈官清緣率道士出迓，宮蓋梁陶貞白華陽下館。入門有崇臺三級，甃石堅緻，名拜章臺，宋徽宗時物。宮又有陶貞白、王遠知祠。遠知，貞白弟子，其教所謂正法主者是也。

坐方丈啜茗，予欲登大茅峰。靈官云：「峰去此十里。」遂假其軟輿，出宮東行。折而南，約五里，道始石級，躋陟頗艱，輿非挽不得上。里許，舍輿而徒。經朝山亭，復上，憩半山土地祠。峰至是，登已四里，去巔不遠，殆不止於半也。又上，緣崖而行，道益峻險。金壇諸山，遠列雲霧，竦慄不暇顧。隨行兩童，爲道士，各持瓦數片，謂可以獲福，雀躍而至，若角健者。予哂之，戒無失足。

一里聖佑觀，據峰之巔，大茅君昇仙處也。觀北稍上，平石爲天市壇。道士云：「永樂中，於此五埋玉簡。」左稍下則龍池也，池不甚廣，小黑龍十數，游其中。取視之，長僅三寸，昂首四足，目睛爛然，腹有丹書，而無牡牝，蓋蜥蜴類也。宋祥符間，嘗遣使醮祭，緘二龍於器，將獻之闕下，中道風雨，惟存其一，御製詩送之還山。洪武中，亦命取入宮，五失其四。每歲旱，禱雨輒應。今與山之神，同著祀典。重五日祀山神，而龍則以驚蟄，皆縣官親祀。

下東北半里，閱喜客泉。甃以石，圓徑丈，深可半尋。衆鼓掌，即涌沸，津津如散珠；否則湛然。山復有撫掌泉，在昭明讀書臺下，與此泉同，誠異迹也。

涉澗東折數百步，二碑屹立草中：其一宋景祐間，賜觀額敕牒；其一晏元獻《五雲觀記》。

又東百步，至華陽洞，道家謂三十六洞之八。周百五十里，名金壇華陽之天。上巨崖如削，有「華陽洞」三大字，旁多昔人題名。洞舊塞於泥，近道士通之。外兩石相拒，狀如掀唇。後人纍甓爲垣，以防失足。而復亭其上，以俟游者。

自其左，循石級俯首而入。崖前點滴，下多積水。數丈，泥仍塞，不可以前。蓋洞有五門，此南面之西便門也。洞又東下數百步，有石柱洞，口偪仄，容僅一人，予疲不能入。東北道多亂石，經仙人洞，西折歷馬迎街。

度石梁，上元符萬壽宮。宮，陶貞白故宅，中亦有拜章臺，堅緻不逮崇禧。臺之右二碑，刻宋理宗「聖德仁祐之殿」六大字，并前元賜印劍、環山省札。

登方丈，茅峰當其前。還崇禧已暝，沈靈官開晏，言歲庚戌三月之望辰刻，三茅君現形大茅峰西，足躡祥雲，金光繞身，食頃而散，見者幾百人。或曰：「茅君現形，其衣皆雲氣所爲，無眉目也。」

夜深宿方丈左室，聞窗外聲澎湃溯滂，飄忽飈激，如秋江怒濤，又如大將之師，萬馬奔騰，千里驟至。予意是日熱，必大雨，虞其妨游，攬衣起，徐耳之，蓋松風云。山空人寂，境乃如是，宜陶貞白之愛聽也。

癸卯，經茅君殿，其北墻上，有道士書周天蟾《茅山賦》。天蟾，元季金陵人，博學多伎能，然賦無甚奇，讀數語即去。既而，沈靈官偕至方丈，觀宋徽宗賜元符宗師玉印。方三寸許，其色蒼潤，文曰「九老仙都君印」。篆刻精妙，非今人可及。元符有法劍一，亦徽宗所賜，與印皆鎮山之寶也。

早食，沈靈官陪余出山，一里入崇禧觀，其右王法主墓。攝衣欲登，而阻於行潦。墓前三石表，猶是唐物，與今之制絶異，左表中斷，道士續以新石。

北折幾三里，有古松千株，殿角出其中者，祠宇宮也。宮祠三茅君道祖，有唐刻石。北折五里，草際遺斷碑一，石羊二。其一羊已無首，碑字大數寸，其僅存者云「宗玄翊教陶隱居瘞劍之地」。上數百步，拜貞白墓，敗垣荒草，上老樹欲壓，元劉宗師大彬刻石表之。

一里至玉晨觀，即所謂金陵地肺，天下第一福地者也。東晉陽義許長史父子，并於此得道。其前池曰雷平，《真誥》謂昔雷氏養龍之所。後人訛爲郭真人養龍池，非也。池之南爲伏龍岡，上有唐玄静先生李含光墓。不及登。觀門列石，古檜十四，傳爲許長史手植，大逾合抱，紋皆左紐，若出人力。此可以觀造化之巧。近一株瘁仆，人割其皮以去。道士云：「左紐檜不止是，三清殿前凡六，老君殿前凡二，藏殿、茅君殿後，皆有其一。」予平生見樹之奇古者，惟常熟之七星檜，錢唐之九里松，及此而已。七星檜植於梁，九松植於唐，壽咸遜左紐下，視宋元之木植孫曾耳。」視東檜下，有古井。石闌刻字，已半漫剥。摹讀數四，逆之以意，始辨其字云：「晉許真人丹井，梁天監十四年重開，十六年安闌。」今道士呼爲陶公丹井，豈以其重開而誤耶？觀之兩廡及庭，古碑二十有五。其間梁刻者一，唐刻者六，南唐刻者二；余所最愛，則陶貞白、許長史碑、顔魯公、玄静先生碑暨李陽冰篆，餘皆宋刻，不能悉讀。

登白馬老君殿，前有周真人池，其水已涸。老君像後龕，仙人展上公像。《山志》稱：「上公，高辛時人。」不知其何據。劉大彬題板，謂「因漢象增飾之」，亦未必然也。

午飲方丈，聞法堂東有陰陽井，及觀之，井二穴而共一水，以其氣分寒燠，故名。道士云：「此許長史舊迹，飲之可以愈疾。」未刻，離玉宸，與沈靈官别。

張居正《張文忠公全集・請停止内工疏》 該文書官邱得用口傳聖旨：「慈慶、慈寧兩宮，著該衙門修理見新，只做迎面。欽此。」臣等再三商榷，未敢即便傳行。

竊惟治國之道，節用爲先，耗財之原，工作爲大。然亦有不容已者，或居處未寧，規制當備；或歷歲已久，敝壞當新。此事之不容已者也。於不容已者而已之，謂之陋；於其可已而不已，謂之侈。二者皆非也。

恭惟慈慶、慈寧，乃兩宮聖母常御之所。若果規制有未備，敝壞所當新，則臣等仰體皇上竭情盡物之孝，不待聖諭之及，已即請旨修建矣。今查慈慶、慈寧，俱以萬曆二年興工，本年告完。尚其落成之日，臣等嘗恭偕閲視，伏覩其巍崇隆固之規，彩絢輝煌之狀，竊以爲天宮月宇，不是過矣。今未踰三年，壯麗如故，乃欲壞其已成，更加藻飾，是豈規制有未備乎，抑亦敗壞所當新乎？此事之可已者也。

況昨該部該科，屢以工役繁興，用度不給爲言。已奉明旨，以後不急工程，一切停止。今無端又興此役，是明旨不信於人，而該部科必且紛紛執奏，徒彰朝廷之過舉，滋臣下之煩言耳。

方今天下，民窮財盡，國用屢空。加意撙節，猶恐不足。若浪費無已，後將何以繼之？臣等灼知兩宮聖母，欲皇上祈天永命，積福愛民，亦必不以此爲孝也。臣等備員輔導，凡可將順，豈敢抗違。但今事在可已，因此省一分，則百姓受一分之賜。使天下黎民萬口同聲，祝聖母之萬壽，亦所以成皇上之大孝也。

伏望聖慈，俯鑒愚忠，將前項工程，暫行停止。俟數年之後，稍有敝壞，然後重修未晚。臣等干冒宸嚴，無任悚慄之至。

萬曆五年五月二十一日上。隨該文書官口傳聖旨：「先生忠言，已奏上。聖母停止了。」

張居正《張文忠公全集・敕修東岳廟碑文》 自古帝王建國，肅恭群祀，列在祀典，大祝頌之，士民不得奉。而民間所爲號祝歌舞，其事誕漫，祠官不主也。惟岱宗之神，自繩契以來，秩在祝史，通乎上下。今天下郡國，皆有東岳廟，面京師則廟朝陽門之東。相傳唐宋時已有。國朝正統中，益恢崇之。歲遣太常致祭，熯旱則禱焉。而都人士女，祈祉禳災，亦各自財以祠云。

臣嘗讀睿皇帝所製廟碑，大要歸於厚民生，順民欲，明德遠矣。百餘年來，廟寢傾圮，神將弗妥，士女興嗟。聖母慈聖皇太后聞之，曰：「吾甚重祠而敬祀，其一新之，然勿以煩有司。」乃捐膏沐資若干緡，皇上祗順慈意，亦出帑儲若干緡，命司禮監太監馮保，擇内臣廉幹者董其役。工始於萬曆乙亥八月，迄周歲而落成。

其殿寢門闥之右，廊廡庖湢之制，大都不易其故。而撓者隆之，毁者完之，堊者藻飾之。又於左右建鯨鼉樓，東爲監齋堂。規模環麗，迥異疇昔，巋然若青都紫極矣。既告成事，上以聖母意，詔臣爲之記。

臣聞聖王先成民，而後致力於神，亦有爲民而儌福於神者。故禦災捍患，祭法所載，何可忽諸？且聖人以神道設教，岱居東方，其德曰生，往牒所稱。觸石生雲，膏雨天下，生也；冥運陰騭，赫如雷霆，使人弗罹於天憲，亦生也。君人者，恩則慶雲，威則迅雷，要歸於永底蒸民之生；而愚夫愚婦，刑賞所不及者，神實司其禍福之柄；蓋亦有陰翊皇度者焉，祀之，非黷也。不寧惟是。

臣時和仰窺聖母，垂恩儲祉，保護皇躬。將廣建功德，以祈萬年允祚。雖無文咸秩，矧又祀典所載。而皇上孝奉慈闈，仰答元貺。雖節用之旨時佩，而有其舉之，莫敢廢也。今賴天地之靈、山川之佑，豐廡屢報，四夷咸賓。是禦災捍患，允符祀典，而睿皇帝所稱厚民生、順民欲者，亶在茲矣。

臣謹恭紀其事，而繫之以辭曰：

瞻彼岱岳，是爲天孫。乘震秉籙，生化之門。位鎮一隅，仁流八極。率土是臨，矧茲京國。京國有廟，肇禋百年。弗繕其故，何以告虔。惟皇祖清，肸蠁徵應。乃新神居，聿遵茲命。既拓其基，亦除其□。琳宮中起，繚垣外周。厥宇峩峩，厥靈濯濯。誰謂邦畿，儼彼喬岳。維岳有神，維帝之德。后則基之，神介繁祉。駕我帝后，泰山之維。泰山之久，亦佑下民。自天降康，時雨而雨，時暘而暘，臣拜稽首。勒此貞石，億萬斯年，昭垂罔賴。

張居正《張文忠公全集・敕建五臺山大寶塔記》 昔阿育王獲佛舍利三十餘顆，各建塔藏之，散佈華夷。今五臺靈鷲山塔，是其一也。我聖母慈聖宣文皇太后，前欲創寺于此，爲穆考薦福。今上祈儲，以道遠中止，遂於都城建慈壽寺以當之。臣居正業已奉勅爲之記。顧我聖母，至情精虔，不忘始願，復遣尚衣監太監范某李友輩，捐供奉餘資，往事莊嚴。

前爲山門、天王殿、鐘鼓樓，又内大雄寶殿，旁伽藍殿，外爲十方院、延壽殿，諸圍廊齋舍庖湢，罔不悉備。復賜園地，以供常住之需。工始年月日，成於年月日。計費金錢若干緡。聖母復命臣記之。

臣竊惟聖人之治天下，齊一幽明，兼綜道法，其燦然者，在先古帝王，垂成憲，著章程於世矣。乃有不言而信，不令而行，以慈陰妙雲，覆涅槃海，饒益群生，則大雄氏其人也。其教以空爲宗，以慈爲用，以一性圓明，空不空爲如來藏。即其説不可知，然以神力總持法界，勞漉沉淪，闡幽理，資明功，亦神道設教者所不廢也。

我聖母誕育皇上，爲億兆主。養成聖德，澤洽宇内，施及方外，日所出入，靡不懷服。至如寧静以奠坤維，建梁以拯墊溺，儉素以式閫帷，慈惠以佈恩德。含生之倫，有陰蒙其利而不知者。所種孰非福田，所證孰非菩提者。乃益建勝因，廣資冥福，托象教以誘俗，乘般若以導迷，斯可謂獨持慈寶，默運化機者矣。

先是，虜酋俺答，款關效貢，請於海西建寺，延僧奉佛，上可之。賜名曰「仰華」。至是，聞聖母作五臺寺，又欲令其衆赴山進香。夫醜虜嗜殺，乃其天性。一旦革彼凶悪，懷我好音。臣以是益信佛氏之教，有以陰翊皇度，而我聖母慈光所燭，無遠弗被。其功德廣大，雖盡恒河沙數，不足以喻其萬分也。乃拜手稽首，庸記歲月。而繫之以詞曰：

於維慈氏，闡教金庚。以般若智，濟度群生。普天率土，莫非化城。法雲慧日，布濩流行。雁門之西，亦有靈鷲。七級浮屠，巋然特秀。阿育獲寶，散佈緇流。南飛一粒，永鎮神州。塵劫幾更，山川不改。重建妙因，機如有待。惟我聖母，天性慈仁。總持陰教，覆育蒸民。莊嚴寶刹，於茲靈壤。龍象巍巍，人天共仰。皇穹眷德，降福穰穰。既佑文母，亦佑我皇。定命孔固，漸隆漸昌。臣庸作頌，億載垂光。

楊一清《楊一清集》卷一六《提督類・爲諮訪群策以裨邊務事》 續據本官呈開，該蒙巡撫陝西右副都御史王蓋批據本官呈文内開：看得所呈添築城堡，增軍設所，俱係防邊急務，又經提督衙門議處周悉。兵備官即便會同守備官劉文上緊親詣勘處，不必遷延月日，有失事機。該用錢穀等項，應呈報者通呈定奪等因。

蒙此，會同守備都指揮劉文前去白馬城，看得舊城週圍大城二里八分，月城四分，共計三里二分，似爲狹小。今議將月城展作八分，週圍共四里，合用修築人夫三千名。起倩固原衛餘丁五百名，固原州民夫五百名，群牧所餘丁五百名，靈、長二監操丁一千名，平涼衛餘丁五百名，大約五十日可完。每名日支口糧二升，共該糧三千石，於附近新豐等倉支用。犒勞夫役每五日一次，每人銀三分計算，五十日該用銀九百兩。合用把條，查得石澇池、孔骨都地方産有稍柴，相離白馬城三十餘里，就令夫役自行採打應用。其土袋鍬钁，各夫自備。木榜五十把，用行條二十五根，每根用銀五分，共銀一兩二錢五分。刮板五十副，每副用板一片，椽二根，共用板五十片，每片用銀三分，共用椽一百根，每二根用銀一分，共銀二兩。合用石杵、石硪，於固原、鎮戎二處撥匠打用。南北二門城樓，該用木植、椽板、釘鐵等項，每座用銀五十四兩，卷門並樓磚瓦，就將條把督匠燒造，裹門鐵葉，用銀八兩，共銀一百一十六兩。本城樓鋪六座，每座該用椽木價銀一兩五錢，共銀九兩。修蓋倉廒二座，每座六間，六檁五椽，大門樓一，合三檁二椽，木料、甎瓦、釘鐵等項共銀四十六兩四分。修蓋官廳前後二座，各三間，五檁四椽，並門格窗，每座用銀二十五兩，共銀五十兩。厢房四座，三檁二椽，每間用銀四兩，共銀一十六兩。大門樓一座，用銀三兩，共銀六十九兩。通共估計銀一千一百四十三兩二錢九分，合於收貯鹽商篅簽銀内動支。及看得固原衛指揮符深，平虜千户所百户王玉，俱頗能幹濟，合委各官前去提調修理等因，具呈到臣。

看得各官勘處停當，依擬行仰起夫，辦料興工，帖委指揮符深等管理，仍令守備劉文往來提調。工完之日，通將支用過官錢，總類造册，呈報查考。

楊一清《楊一清集》卷四《巡撫類・爲謹服用以崇聖德事》 工部爲謹服用以崇聖德事。都水清吏司案呈，奉本部送於工科抄出，欽差巡撫陝西等處地方兼督理馬政都察院左副都御史楊題。

弘治十八年五月初七日，奉司禮監印信揭帖。本年四月十六日，本監太監陳寬等於乾清宫欽奉聖旨：「恁司禮監寫帖子去説與陝西鎮、巡等官劉雲等知道，今該内織染局奏行彼處變染各色銀鼠皮。如帖到日，爾等即便責委高手人匠如法染造，務要顔色鮮明。該用物料從宜處置，毋得指此擾民。有了差委的當人員，管送前來，毋得違悮。欽此欽遵。」

本監今將奉到旨意事理，備云前去陝西鎮、巡等官太監劉雲等欽遵施行。隨該内織染局印信揭帖，計開：賫去染造各色銀鼠皮拾柒樣，柘黄、玄色、真紫、大紅、深青、福青、明黄、鵞黄、鸚哥緑、柳青、翠藍、柳黄、桃紅、天青、明緑、墨緑、出爐銀等因。

奉此，除遵奉外，臣仰惟皇上仁覆寰宇，視民如傷，一命令之頒，未嘗不寓恤民之意。故今變染銀鼠皮張數亦不多，在物不爲費，於人不爲勞，且有不得「指此擾民」之論。蓋日月之明，洞見萬里，恐彼假公營私之人，不能無指一科十之弊故耳。然臣區區一寸之忠，所患有不在於勞費者。臣惟自古明王慎德，服食器用必循常度，不貴異物，作奇技淫巧者有罰，所以謹好尚爲天下先也。

爲治莫大於禮，禮莫明於服。服者身之章，視食與器爲尤重。天子之服，自祭祀、朝享至於燕閒，皆有成式。製皮爲裘，取其輕煖而已。若銀鼠之皮變染一十七色，何所取義？黄帝、堯、舜垂衣裳而天下治。以五采彰施，於五色作服，未聞一十七色也。《傳》曰：「紅紫不以爲褻服。」惡其間色不正，且近於婦人女子之服也。臣觀一十七色之中，類多不正，至於出爐銀極矣。

臣愚不知祖宗朝有此服色制度否。若創自今日，無關名分之等威，又非黼黻之絺繡，徒傷奇巧以累儉德，臣竊爲陛下惜之。此舉誠出宸衷，亦偶未之思耳！然恐喜事貢諛之輩，争爲異色異服，矜奇衒巧或自兹始，其所關係甚不細。

夫人君一身，風化本原。於凡事之營爲，物之創造，有不合於禮，不當於義者，天下化之。其端甚微，其流漸不可遏。況陝西三邊，根本重地，頃屬兵荒，民窮財盡。陛下蓋嘗捐内帑以紓外患，不經之費，加之此地，尤非所宜。道路相傳，恐將來源源不已，聞者以爲憂。且織染有局，天下之良工萃焉。染造之藝，非陝人所長，臣懼旨。稽之典禮，參諸時勢，無一而可。

臣是以冒昧上言，伏乞聖明乾斷。合無將前項銀鼠皮張不必變染，已變染者差人賫進，不必再發。更乞明示德音，服色宜遵常制。今後有以奇技淫巧動上心者，悉屏弗用，仍置之於法，使天下之人知朝廷不作無益，不貴異物。恭儉之德有光，清明之治無損，豈徒陝西一方人民之幸哉！

臣叨任撫巡，與聞兹事，心有未安，不敢自隱。干冒天威，無任隕越待罪之至。

緣係謹服用以崇聖德事理，未敢擅便等因具本，該通政使司官於西角門奏。奉聖旨：「銀鼠皮已染的、未染的，都着送赴來京。該衙門知道。欽此欽遵。」抄出送司，案呈到部。擬合通行，爲此合咨前去，煩照奏奉欽依内事理，欽遵施行。

吴之俊《獅山掌録》卷一四《規象部》　蔥鷺緑鷁：

蔥鷺、緑鷁皆船名，謂船首畫此二鳥形也。鳳艒龍舟，則隋制，以遊幸者。

蟬翼扇：

漢成帝賜飛燕五明扇、七華扇、雲母扇、翟扇、蟬翼扇。

金薄莫難扇：

石虎作金薄莫難扇，薄打純金如蟬翼，二面畫列仙奇鳥異獸雲母帖其中，彩色映徹，每出以此來乘輿。又有象牙桃枝扇，或緑沉色，或木蘭色，或紫紺色，或作薄金色。

偏提：

唐改酒注曰偏提，猶今酒鼈也。

酒器九品：

李適之有酒器九品：蓬萊盞、海川螺、舞仙盞、瓠子巵、幔捲荷、金蕉葉、玉蟾兒、醉劉伶、東溟漾。蓬萊盞上有山象三島，注酒以山没爲限。舞仙盞有關棙，酒滿則仙人出舞。

銅鶴樽：

韓王元嘉有一銅鶴樽，背上注酒，一足蹺倚，滿則正，不滿則傾。

鵲尾杓：

陳思王有鵲尾杓，柄長而直，置之酒樽。凡王欲勸飲者，呼之則尾指其人。

酒舡：

酒舡以金銀爲之，内藏風帆十幅，酒滿一分，則一帆舉，飲乾一分，則一帆落，蓋鬼工也。

鮫胎盞：

張寶常使子弟巡市，乞鷄鴨卵殼。鷄卵以煮藥，鴨卵以金絲縷海棠花，名鮫胎盞。

魚英箋：

陶穀家有魚英酒箋，中有園林美女象。又嘗以沉香水噴飯，入盌清馨。黄霖嘗曰：陶翰林甑裏薰香，箋中游妓，真可謂好事矣。

程國政編注《中國古代建築文獻集要》明代卷下册潘允端《豫園記》　余舍之西偏，舊有蔬圃數畦。嘉靖己未，下第春官，稍稍聚石、鑿池、構亭、藝竹，垂二十年，屢作屢止，未有成績。萬曆丁丑，解蜀藩綬歸，一意充拓，地加闢者十五，池加鑿者十七，每歲耕獲，盡爲營治之資，時奉老親觴詠其間，而園漸稱勝區矣。

園東面，架樓數椽，以隔塵市之囂。中三楹爲門，匾曰「豫園」，取愉悦老親意也。入門西行可數武，復得門，曰「漸佳」。西可二十武，折而北，竪一小坊，曰「人境壺天」。過坊，得石梁穹窿跨水上。梁竟而高墉，中陷石刻四篆字，曰「寰中大快」。循墉東西行得堂，曰「玉華」，前臨奇石，曰「玲瓏玉」，蓋石品之甲，相傳爲宣和漏洞，因以名堂。堂後軒一楹，朱檻臨流，時餌魚其下，曰「魚樂」。由軒而西，得廊，可十餘武，折而北，有亭翼然覆水面，曰「涵碧」，閣道相屬，行者忘其度水也。自亭折而西，廊可三十武，復得門，曰「履祥」，巨石夾峙若關。中藏廣庭，縱數仞，衡倍之，甃以石，如砥；左右累奇石，隱起作巖巒坡谷狀，名花珍木，參差在列；前距大池，限以石闌；有堂五楹，巋然臨之，曰「樂壽堂」，頗擅丹臒雕鏤之美。堂之左室，曰「充四齋」，由余之名若號而題之，以爲弦韋之佩者也。其右室，曰「五可齋」，則以往昔待罪淮漕時，苦於馳驅，有書請於老親曰：「不肖自維：有親可事，有子可教，有田可耕，何戀戀雞肋爲？」比丁丑歲首，夢神人賜玉章一方，上書「有山可樵，有澤可漁」，而是月即有解官之命，故合而揭齋焉。嗟嗟！樂壽堂之構，本以娛奉老親，而竟以力薄愆期，老親不及一視其成，實終天恨也。

池心有島橫峙，有亭曰「鳧佚」。島之陽，峰巒錯叠，竹樹蔽虧，則南山也。由五可而西，南面爲介閣，東面爲醉月樓，其下修廊曲折，可百餘武。自南而西轉而北，有樓三楹，曰「徵陽」，下爲書室，左右圖書，可靜修；前累武康石爲山，峻嶒秀潤，頗愜觀賞。登樓西行爲閣道，屬之層樓，曰「純陽閣」，閣最上奉呂仙以余攬揆，偶同仙降，故老親命以「徵陽」爲小字；中層則祁陽土神之祠，蓋老親守祁州時，夢神手二桂，携二童至，曰：「上帝以因大夫惠澤覃流，以此爲而子」，已而誕余兄弟，老親嘗命余兄弟祀之，語具《祠記》中。由閣而下，爲「留春窩」，其南爲葡萄架。循架而西，度短橋入經竹阜，有梅百株，俯以蔽閣，曰「玉茵」。玉茵而東，爲關侯祠。

出祠東行，高下紆回，爲岡、爲嶺、爲澗、爲洞、爲壑、爲梁、爲灘，不可悉記，各極其趣。山半爲山神祠，祠東有亭，北向，曰「挹秀」。挹秀在群峰之坳，下臨大池，與樂壽堂相望，山行至此，藉以偃息。

由亭而東，得大石洞，窅窱深靚，幾與張公、善卷相衡。由洞仰出，爲大士庵，東偏禪堂五楹，高僧至此，可以頓錫。出庵門，奇峰矗立，若登虬，若戲馬，閣雲凝月，蓋南山最高處，下視谿山亭館，若御風騎氣而俯瞰塵寰，真異境也。自山徑東北下，過留影亭，盤旋亂石間，轉而北，得堂三楹，曰「會景堂」，左通雪窩，右綴水軒。出會景，度曲梁，修可四十步，梁竟，即向之所謂廣庭，而樂壽以南之勝，盡於此矣。

樂壽堂之西，構祠三楹，奉高祖而下神主，以便奠享。堂後鑿方塘，栽菡萏，周以垣，垣後修竹萬挺。竹外長渠，東西咸達於前池，舟可繞而泛也。樂壽堂之東，別爲堂三楹，曰「容與」，琴書鼎彝，雜陳其間。內有樓五楹，曰「頤晚樓」，樓旁庖湢咸備，則余栖息所矣。容與堂東，爲室一區，居季子雲獻，便其定省，其堂曰「愛日」，志養也。大抵是園不敢自謂輞川、平泉之比，而卉石之適觀，堂室之便體，舟楫之沿泛，亦足以送流景而樂餘年矣。第經營數稔，家業爲虛，余雖嗜好成癖，無所於悔，實可爲士人殷鑒者。若余子孫，惟永戒前車之轍，無培一土、植一禾，則善矣。

歸有光《震川先生集·項脊軒志》 項脊軒，舊南閣子也。室僅方丈，可容一人居。百年老屋，塵泥滲漉，雨澤下注，每移案，顧視無可置者。又北向，不能得日，日過午已昏。余稍爲修葺，使不上漏；前闢四窗，垣墻周庭，以當南日；日影反照，室始洞然。又雜植蘭桂竹木於庭，舊時欄楯，亦遂增勝。借書滿架，偃仰嘯歌，冥然兀坐。萬籟有聲，而庭階寂寂，小鳥時來啄食，人至不去。三五之夜，明月半墻，桂影斑駁。風移影動，珊珊可愛。然予居於此，多可喜，亦多可悲。

先是，庭中通南北爲一。迨諸父異爨，內外多置小門墻，往往而是。東犬西吠，客逾庖而宴，雞栖於廳。庭中始爲籬，已爲墻，凡再變矣。家有老嫗，嘗居於此。嫗，先大母婢也。乳二世，先妣撫之甚厚。室西連於中閨，先妣嘗一至，嫗每謂予曰：「某所，而母立於兹。」嫗又曰：「汝姊在吾懷，呱呱而泣。娘以指扣門扉曰：『兒寒乎？欲食乎？』吾從板外相爲應答。」語未畢，余泣；嫗亦泣。

余自束髮讀書軒中，一日，大母過余曰：「吾兒，久不見若影，何竟日默默在此，大類女郎也？」比去，以手闔門，自語曰：「吾家讀書久不效，兒之成，則可待乎？」頃之，持一象笏至，曰：「此吾祖太常公宣德間執此以朝。他日，汝當用之。」瞻顧遺迹，如在昨日。令人長號不自禁。

軒東故嘗爲廚。人往，從軒前過。余扃牖而居，久之能以足音辨人。軒凡四遭火，得不焚，殆有神護者。

項脊生曰：蜀清守丹穴，利甲天下。其後秦皇帝築女懷清臺。劉玄德與曹操爭天下，諸葛孔明起隴中，方二人之昧昧於一隅也，世何足以知之？余區區處敗屋中，方揚眉瞬目，謂有奇景。人知之者，其謂與坎井之蛙何異！

余既爲此志，後五年，吾妻來歸。時至軒中從余問古事，或憑几學書。吾妻歸寧，述諸小妹語曰：「聞姊家有閣子，且何謂閣子也？」其後六年，吾妻死，室壞不修。其後二年，余久卧病無聊，乃使人復葺南閣子。其制稍異於前，然自後余多在外，不常居。庭有枇杷樹，吾妻死之年所手植也。今已亭亭如蓋矣。

羅洪先《嵩書》卷二二《少林寺重建初祖殿記》　達磨止少林面壁九年，未嘗誦經，却時時顯釋迦以來教外別傳，口口密義是常誦真經，答梁武論功德。不數造寺，却處處立妙浄莊嚴佛土，是常造寶寺。縱使具長廣舌，盡十二部妙論，遍三千大千界中，殿臺亭閣幡蓋香花、魚磬鼓鐘，種種色色，微細備足，一切俱令滅度，了無所在，亦無餘剩方名究竟平等。

又況西來單傳，直指有説法否？有三十二相否？雖然，釋氏視少林，猶吾黨洙泗。洙泗所傳，一貫當時，實鮮與聞。顧又謂能距楊墨即聖人徒，灑掃應對，精義無二？由是而觀，有能昇孔氏堂，群洙泗弟子數千人鳴弦歌習，俎豆其間，不厭不倦，此其人難耶易耶，有不與其進耶！

自達磨入震旦，稱初祖五傳，黄梅法門益盛。雖頓漸分途，總歸含育。持偈禮像，隨資應機。至於手挈衣鉢，乃在初來。嶺南獦獠，必俟雪中，斷臂始堪顧眄，則堂前茂草誰誘衆生？是知有言無言，有爲無爲，迷悟差殊，不可執著。蓋其設教彌近，故易熾而不墜若此。然超此二見，亦必待人以是少林住持咸相讓避余三十年，而今有宗書。

宗書名大章，本順德南和李氏子。自幼受度，歷叩名僧參詰。省解京師，貴人延供騰譽。嘉靖三十六年丁巳，河南府廉其名招致授牒，曾未四載，起廢約涣，朝梵夕定，玄風流遠。時舉單傳，直指衍奥撥疑，千人心降并食，聚仰間，出餘力大葺故刹。

己未臘月八日，重建初祖殿。舊面壁處高三十二尺，廣增二十有二，而深視高强其三。位爽勢尊，楹棟壯堅，瓴甋澤好，儀序丹藻，靡有損缺。凡八越月告成，累千百金，不動聲色。左右兩翼，各聯七室，區息禪誦。身依芟舍，被露席薦，律戒謹嚴。少林大衆，歎未曾有。

故友天真往遇衡山，假此因緣，遣徒光護千里重趼，乞言表信。予笑謂曰：「吾當距楊墨，寧爾貸辭？」光護哀請浹旬，弗怠。憐其專誠，足以激發吾黨且資廣譬，爲記建殿歲月，書貽以歸。

王陽明《王陽明全集》卷四《處置八寨斷藤峽以圖永安疏》　嘉靖七年七月十二日

照得臣於去歲奉命勘處思、田兩府，皆蒙皇上天地好生之仁，悉從寬宥。兩府人民今皆復業安居，化爲無事寧靖之地，自此可以永無反覆之患，而免於防守屯息之勞矣。惟是八寨及斷藤峽諸賊，積年痛毒生民，千百里内，塗炭已極。臣既目覩其害，不忍坐視而不救，遂遵奉敕諭事理，乘機舉兵征剿。仰賴神武威德，幸已剪滅蕩平。一方倒懸之苦，略已爲之一解。但將來之患，不可以不預防，而事機之會，亦不可以輕失。臣因督兵，親歷諸巢，見其形勢要害，各有宜改立衛所，開設縣治，以斷其脉絡而扼其咽喉者。若失今不爲，則數年之間，賊以漸復，歸聚生息，不過十年，又有地方之患矣。臣以多病之故，自度精神力量斷已不能了此；但已心知其事勢不得不然，不敢仰負陛下之托，俯貽地方之憂，輒已遵奉敕諭，便宜事理，一面相度舉行，不避煩瀆之誅，開陳上請，乞賜采擇施行，實地方之幸，臣等之幸。

計開：

一，移築南丹衛城於八寨

臣等看得八寨之賊實爲柳、慶諸賊之根柢。蓋其東連柳州隴蛤、三都嶺、三北四等處賊峒以數十，北連慶遠忻城、東歐、莫往、八仙等處賊峒亦以數十，西連東蘭等州及夷江、土者等處賊峒以十數，南接思恩及賓州上林縣諸處賊村亦以十數。各處賊巢雖多，其小者僅百數人，大者不過數百人及千人而止。各賊巢穴皆有山谿之限、險厄之守，不相通和。至期有急，或欲有所攻劫，糾合會聚，然後有一二千之衆，多至數千者。惟八寨之賊每寨有衆千餘，四山環合，同據一險；無事則分路出劫，有警急奔入其巢；數千之衆皆不糾而聚，不約而同，不謀而合。故名雖爲「八」實則一寨，此八寨之賊所以勢衆力大，而自來攻之有不能克者也。各巢之賊皆倚恃八寨爲逋逃主，每有緩急，一投八寨，即無所致其窮詰。八寨爲之一呼，則群賊皆應聲而聚。故群賊之於八寨，猶車輪之有軸，樹木之有本。若八寨不除，則群賊決無衰息之期也。今幸八寨悉已破蕩，正宜乘此平靖之時，據其要害，建置衛所，以控馭群賊。

臣等看得周安堡正當八寨之中，四方賊巢道路之所，會議於其地創築一城，度可以居數千之衆者，而移設南丹一衛於其間。蓋南丹衛舊在南丹州地方，爲廣西極邊窮苦之地，非中土之人所可居者。故自先年屢求内徙，今已三遷而至賓州，遂爲中土富樂之鄉。賓州既有守御千户一所官軍，而又益以南丹一衛，自遠來徙，無片田尺土之籍，但惟安居坐食，取給於賓州。州城之内，皆職官旗舍之居；州民反避處於四遠村寨；每遇糧差徭役，然後入城。故州官號令不行於城中，而政事牽沮，地方益弊。今計一衛之官軍雖不滿五百之數，蓋盡移其家衆則亦不下二千。以二千之衆，而屯聚於一城，其氣勢亦已漸盛，足充守禦。遂清理屯田之在八寨者，使之屯種，又分撥各賊佔據之田，使各官軍得以爲業，以稍省俸給月糧之費，彼亦無不樂從。且賓州之城既空，又可以還聚居民，修復有司之治，亦事之兩便者也。

臣等又看得遷江八所皆土官、指揮、千、百户等職，舊有狼兵數千，以分制八寨瑶賊之勢。後因賊勢日盛，各官皆不敢復入，反遂與之交通結契，及爲之居停指引，分其劫掠之所得，共爲地方之害，已非一日。官府察知其姦，欲加懲究，則又倚賊爲重，不可根極。近臣督兵其地，悉將各官遵照敕諭事理，綁赴軍門，議欲斬首示衆，以警遠近。而各官哀求免死，願得殺賊立功自贖。然其時賊勢已平，遂許其各率土兵入屯八寨，就與該衛官軍分工效力，助築城垣。待城完之日，就與城外別築營堡，與南丹衛官軍犄角而守。亦各分撥賊田，使之耕種，以資衣糧。今八所土兵雖已比舊衰耗，然亦尚有四千餘衆；若留其微弱者四所於外，以分屯其所遺之田，而調其强盛者四所於内，合南丹一衛之衆以守，亦且四千有餘，隱然足爲柳、慶之間一鉅鎮矣。此鎮一立，則各賊之脉絡斷，咽喉絶，自將沮喪震懾，其勢莫敢輕動；稍有反側者，據險出兵而撲之，夕發而旦至，各賊之交，自不能合，如取機上之肉，下箸無弗得者；此真破車輪之軸，而諸輻自解，伐樹木之本，而衆干自枯。不過十年，柳、慶諸賊不必征剿，皆將效順而服化矣。伏乞聖明裁允。

一，改築思恩府城於荒田

臣等看得思恩舊治，原在寨城山内，尚歷高山數十餘里。其後土官岑浚始移出，地名橋利，就巖險壘石爲城而居，四面皆斬山絶壁，府治亦在瑯確之上，芒利砎砑之石衝射抵觸，如處戈矛劍戟之中。自岑浚被誅，繼是二十餘年，反者數起，曾不能有一歲之安。人皆以爲風氣所使，雖未可盡信，然頑石之上，不生嘉禾，而陰崖之下，必有狐鼠，要亦事理之有然者。況其地瘴霧昏塞，薄午始開，中土之人來居，輒生疾疫。自春初思、田歸附之後，臣時即已經營料理其事，竟未能有相應之地。近因督剿八寨，復親往相度，乃於未至橋利六十里外地名荒田者，其地四野寬衍，皆膏腴之田，而後山起伏蜿蜒，敷爲平原，環抱涵蓄，兩水夾繞後山而出，合流於前，屈曲數十里，入武緣江水達於南寧，四面山勢重叠盤回，皆軒豁秀麗，真可以建立府治。臣因信宿其地，爲之景定方向，創設規則。諸夷來集，莫不踴躍歡喜，争先趨事赴工。遂令署府事同知桂鏊督令各役擇日興工。

蓋思恩舊治皆在萬山之中，水道不通，故各夷所須魚鹽諸貨類，皆遠出展轉鬻買，往反旬月，十不致一，常多匱絶。舊府既地險氣惡，又無所資食，故各夷終歲不一至府治，情益疏離，易生嫌隙。今府治既通江水，商貨自集，諸夷所須，皆仰給於府，朝夕絡繹，自然日加親附歸向。而武緣都里，舊嘗割屬思恩者，其始多因路險地隔，不供糧差；今荒田就係武緣止戈鄉一圖二圖之地，四望平野，坦然大道，朝往夕反，無復阻隔；則該府之官自可因城頭巡檢之制，循土俗以順各夷之情，又可開圖立里，用漢法以治武緣之衆。夷夏交和，公私兩便，則改築思恩府成於荒田者，是亦保治安民，勢不容已之事。伏乞聖明裁允。

一，改鳳化縣治於三里

臣等勘得思恩舊有鳳化一縣，然無城郭縣治廨宇；選來知縣等官，多借居民村，或寄其家眷於賓州諸處，而遷徙無常，如流寓者然。上司憐其所依泊，則委之管理别印，或以公務差遣，往來於外，以苟歲月。故鳳化之在思恩，徒寄虚名，而實無縣治。臣近督剿八寨，看得上林縣地名三里者，乃在八寨之間。其地平廣博衍，東西數里外，石山周圍，如城自厚，極高；石山之間，獨抽土山一脉，起頓昂伏，分爲兩股，環抱而前，遂有兩水夾流土山之外，當心交合，出水之口，石山十餘重，錯互回盤，轉折二三十里，極外；石山合爲城門，水從此出，是爲外隘。其間多良田茂林，村落相望，前此居民十餘家，皆極饒富，後爲寨賊所驅殺佔據，遂各四散逃亡，不敢歸視其土者，已二十餘年。今各賊既滅，遂空其地。不及今創設縣治以據其險，或有漏殄之賊潛回其間，日漸生息結聚，後阻石門之險，前守外隘之塞，不過數年，又將漸爲地方之梗矣。故臣以爲宜割上林上、下無虞鄉三里之地屬之思恩，而移設鳳化縣治於其内。量爲築立城垣廨宇，選委才能之官興督其役。遠近聞之，不過三四月，而逃亡之民將盡來歸，各修復其田業，供其糧差，蔚然遂可以成一方之保障。且其南通南丹新衛五六十里，南丹在石門之内，鳳化當石門之外，内外聲勢連合，而石門之險亡。西至思恩一百餘里，取道於那學，沿途村寨，荒塞日久，因此兩地之人往來絡繹，而道途益通。又上林舊在大鳴山與八寨各賊之間，勢極孤懸，今得鳳化爲之唇齒，氣勢日益，雖割三里之地以與鳳化，而緑茅、緑筱等村寨舊所亡失土田，皆將以次歸復，則亦失之於東而收於西矣。

及照思恩雖已設立流官知府，然其所屬皆土目巡檢，舊屬鳳化一縣亦皆徒寄空名，實未嘗有，今割武緣止戈一圖二圖之地改築思恩府城，而又割上林上、下無虞三里之地改設鳳化縣治，固於思恩亦已稍有資輔。但自鳳化三里至於思恩一百五六十里，中間尚隔上林一縣。臣以爲并割上林一縣而通以屬之思恩，似於事勢爲便，而於體統尤宜。何者？

柳州一府所屬二州十縣，賓州蓋柳州所屬者，且有上林、遷江兩縣，今思恩既設流官知府，固亦一府之尊，而反不若柳州所屬之一州也，其於體統亦有所未稱矣。況賓州自有十五里，而又有遷江一縣，雖割上林以與思恩，其地猶倍於思恩，未爲遽損也。上林之屬賓州與屬思恩，均之爲一屬邑，亦未有所加損也。然以之屬於思恩，則思恩始可以成一府之規模，而其間有無相須，緩急相援，氣勢相倚，流官之體統益尊，則土俗之歸向益謹，郡縣之政化日新，則夷民之感發日易，固有不可盡言之益也。

夫立新縣以扼據地險，改屬縣以輔成府治，是皆所以撫安地方者也。伏乞聖明裁允。

一，添設流官縣治於思龍

照得南寧自宣化縣至於田寧，逆流十日之程。宣化所屬如思龍、十圖等處，相去尚有五日六日，其間錯以土夷村寨，地既隔越，而窮鄉小民，畏見官府，故其糧差多在縣之宿姦老蠹與之包團，因而以一科十，小民不勝迫脅，往往逃入夷寨，土夷又從而暴之，地日凋殘，盜賊口起。近年以來，思龍之圖鄉民屢次奏乞添設縣治以便糧差。蓋亦內迫於縣民之姦，外苦於土夷之暴，不得已而然。臣因人撫田寧，親歷其所。民之擁道控告者以千數，因停舟其地，爲之經理相度。得村名那久者，其地亦寬平深厚，江水縈迴環匝；傍有一江來會，亦正於此合流。沿江民居千餘家，竹樹森翳，烟火相接，且向武各州道路皆經由其傍，亦爲四通之地。若於此分割宣化縣思龍一、五、六、七、八、九、十、十二及西鄉之六、八圖共十里之地而設立一縣治，則非獨以便窮鄉小民之糧差賦役，亦足以鎮據要害，消沮盜賊。其間小民村居，如那茄、馬坳、三顏、那排之類，未可悉數，皆久已淪入於夷，今若縣治一立，則此等村寨諸夷自不得而隱占，皆將漸次歸復流官，而其地遂接比於田寧，固可以所設之縣而遂以屬之田寧矣。

夫南寧一府所屬一州三縣。而宣化一縣自有五十二里，今雖分割十里之地以與田寧，而宣化尚有四十二里，一縣之地，猶四倍於一府也。況田寧又係新創流官府治，所統皆土目巡檢，今得此一屬縣爲之傍輔，又自不同。臣於前割上林以屬思恩之議，已略言之矣。且左江一帶，自蒼梧以達南寧，皆在流官腹里之地；自南寧以達於田寧，自田寧以通於雲、貴、交趾，則皆夷村土寨。稍有疑傳，易成閼隔。今田寧、思恩二府既皆改設流官，與南寧鼎峙而立，而又得此新創一縣以疏附交連於其間，平居無事，商貨流通，厚生利用，一旦或有境外之役，道路所經，皆流官衙門，從門庭中度兵，更無阻隔之患。此亦安民經國之事，勢所當爲者也。伏乞聖明裁允，仍定賜縣名，選官給印，地方幸甚。

一，增築守鎮城堡於五屯

照得斷藤峽諸賊既平，守巡各官議調土、漢官兵數千於潯州，以防不測。該臣看得各賊既滅，縱有一二漏網，其勢非三四年亦未能復聚。爲今之計，正宜剿撫并行。蓋破滅窮凶各賊者，所以懲惡，而撫恤嚮化諸瑤者，所以勸善。今懲惡之餘，即宜急爲勸善之政，使軍衛有司各官分投遍歷嚮化村寨，慰勞而存恤之，給以告示，賜以魚鹽，因而爲之選立酋長；諭以朝廷所以征剿各巢者，爲其稔惡也，今爾等嚮化村寨，自安心樂業，益堅爲善之志；但有反側悖亂者，即宜擒送官府，自當重賞，以酬爾勞；其漏殄諸賊，果能誠心悔惡，亦皆許其歸附，待以良民。夫使嚮化者益勸於爲善而日加親附，則惡黨自孤，賊勢自散，不復能合；縱遺一二，終將屈而順服矣。乃今則不然，賊既破剿而猶屯兵不散，使漏殄之徒得以借口搖惑遠近；其嚮化村分又略不加恤，姦惡之民復乘機而驅脅虐害之。彼見賊已破滅而復聚兵，已心懷驚疑矣，而又外惑於賊黨之扇搖，內激於奸民之驅脅，遂勾結相連而起也；近年以來所以亂始平而變復作，皆迷誤於相沿之弊而不察也。今各賊新破，勢決未敢輕出，雖屯數千之衆，不過困頓坐食，徒穢擾民居，耗竭糧餉，而實無益於事。今始一解其倒懸，又復自聚無用之兵以重困之，此豈計之得者哉？惟於各寨之中，相其要害之地，創立一鎮以控制之，此則事理之所當行，亦正宜乘此掃蕩之餘而速圖之者。

其在斷藤、牛腸諸處，則既切近潯州府衛，不必更有所設。至於四方各寨，遍歷其要害險阻，則惟五屯正當風門、佛子諸巢穴，而西通府江，北接荔浦各處瑤賊，最爲緊要之區，宜設一鎮，以控御遠邇。而舊已有千户所統率官兵，亦幾及一千之數，困於差徭，日漸躲避於附近土目村寨，官司失於清理，止有五百，其後上司不聞地方之艱難，又於五百之中分調哨守於他所，而所餘遂不滿二百。即而賊亂四起，守御缺乏，則又取調潮州之兵數百以來協守五屯。事既紛亂，人無所遵，兼以統馭非人，故地方遂致大壞；且其屯堡墻垣亦甚卑隘，不足以壯威設險。今宜開拓其地，增築高城，度可以居二千之衆，而設守備衙門於其內；取回五百之中分調哨守於他所之兵，其自潮州調來協守者，則盡數發還原衛，以免兩地各兵背離鄉土之苦，往復道路之費；仍於附近土寨目兵之中，清查揀補其原避差役者，務足原數一千；選委智略忠勇之官一員重任而專責之，使之訓練撫摩，敷之以威信，而懷之以仁恩，務在地險既設而士心益和，自然動無不克而行無不利。參將兵備各官，又不時新至其地經理而振作之，或案行其村寨，或勸督其農耕，或召其頑梗而曲示訓懲，或進其善良而優加獎賜，或救恤其災患，或聽斷其是非，如農夫之去稂莠而養嘉禾，漸次耕耨而耘鋤之。無事之時，隨意取調附近土官兵款或百人或七八十人，以協同哨守爲名，使之兩月一更班，而絡繹往來於道路，以慣習遠近各巢之耳目。自後我兵出入，自將無所驚疑。果有凶梗，當事舉動，然後密調精悍可用土目一二千名，如尋常哨守然，以次潛集城中，畜力養鋭，相機而發。夫無事而屯數千之兵，則一月糧餉費逾千金，若每一年無屯軍之費，用之以築城設險，犒賞兵士，招來遠人，辦何軍不行，何工不就？此增築城堡以據要害，所謂謀成而敵自敗，城完而寇自解，險設而敵自摧，威霸而姦自伏，正宜及今爲之，而亦事勢之不可已焉者也。伏乞聖明裁允。

張岱《陶庵夢憶》卷四《楊神廟臺閣》　楓橋楊神廟，九月迎臺閣。十年前迎臺閣，臺閣而已。自駱氏兄弟主之，一以思致文理爲之。扮馬上故事二三十騎，扮傳奇一本，年年換，三日亦三換之。其人與傳奇中人必酷肖方用，全在未扮時，一指點爲某似某，非人人絶倒者不之用。迎後，如扮胡槤者，直呼爲胡槤，遂無不胡槤之，而此人反失其姓。人定，然後議扮法，必裂繒爲之。果其人其袍鎧須某色、某緞、某花樣，雖匹錦數十金不惜也。一冠一履，主人全副精神在焉。諸友中有能生造刻畫者，一月前禮聘至，匠意爲之，唯其使。裝束備，先期扮演，非百口叫絶，又不用。故一人一騎，其中思致文理，如玩古董名畫，一勾一勒，不得放過焉。土人有小小災祲，輒以小白旗一面，到廟禳之，所積盈庫。是日以一竿穿旗三四，一人持竿三四，走神前，長可七八里，如幾百萬白蝴蝶，回翔盤礴在山坳樹隙。四方來觀者數十萬人。市楓橋下，亦攤亦篷。臺閣上馬，上有金珠寶石墮地，撿者如有物憑焉不能去，必送還神前。其在樹叢田坎間者，問神，輒示其處，不或爽。

《（康熙）吴縣志》卷三九文徵明《王氏拙政園記》　槐雨先生王君敬止所居在郡城東北，界婁、齊門之間，居多隙地，有積水亘其中，稍加浚治，環以林木，爲重屋其陽，曰夢隱樓；爲堂其陰，曰若墅堂。堂之前爲繁香塢，其後爲倚玉軒。軒北直夢隱，絶水爲梁，曰小飛虹。踰小飛虹而北，循水西行，岸多木芙蓉，曰芙蓉隈。又西，中流爲榭，曰小滄浪亭。亭之南，翳以修竹，徑竹而西，出於水澨，有石可坐，可俯而濯，曰志清處。至是，水折而北，滉漾渺瀰，望若湖泊，夾岸皆佳木，其西多柳，曰柳隈。東岸積土爲臺，曰意遠臺。臺之下，植石爲磯，可坐而漁，曰釣䂬。遵釣䂬而北，地益迥，林木益深，水益清。駛水盡，別疏小沼，植蓮其中，曰水花池。池上美竹千挺，可以追涼，中爲亭，曰淨深。循淨深而東，柑橘數十本，亭曰待霜。又東，出夢隱樓之後，長松數植，風至泠然有聲，曰聽松風處。自此繞出夢隱之前，古木疏篁，可以憩息，曰怡顔處。又前循水而東，果林彌望，曰來禽囿。囿盡，縛四檜爲幄，曰得真亭。亭之後爲珍李坂，其前爲玫瑰柴，又前爲薔薇徑。至是水折而南，夾岸植桃，曰桃花沜。沜之南，爲湘筠塢。又南古槐一株，敷蔭數弓，曰槐幄。其下跨水爲杠，踰杠而東，篁竹陰翳，榆槐蔽虧，有亭翼然而臨水上者，槐雨亭也。亭之後爲爾耳軒，左爲芭蕉檻。凡諸亭檻臺榭，皆因水爲曲勢。自桃花沜而南，水流漸細，至是伏流而南，踰百武，出於別圃叢竹之間，是爲竹澗。竹澗之東，江梅百株，花時香雪爛然，望如瑶林玉樹，曰瑶圃。圃中有亭，曰嘉寶亭，泉曰玉泉。凡爲堂一，樓一，爲亭六，軒檻池臺塢澗之屬二十有三，總三十有一，名曰拙政園。

王君之言曰：「昔潘岳氏仕宦不達，故築室種樹，灌園鬻蔬，曰：『此亦拙者之爲政也』。余自筮仕抵今，餘四十年，同時之人，或起家至八坐，登三事，而吾僅以一郡倅，老退林下，其爲政殆有拙於岳者，園所以識也。」雖然，君於岳則有間矣。君以進士高科，仕爲名法從，直躬殉道，非久被斥，其後旋起旋廢，迄擯不復，其爲人豈齷齪自守視時浮沉者哉！岳雖漫爲閒居之言，而諂事時人，至於望塵雅拜，乾没勢權，終罹咎禍。考其平生，蓋終其身未嘗暫去官守而即其閒居之樂也。豈惟岳哉！古之名賢勝士，固有有志於是，而際會功名，不能解脱，又或昇沉遷徙，不獲遂志，如岳者何限哉！

而君甫及强仕，即解官家處，所謂築室種樹，灌園鬻蔬，逍遥自得，享閒居之樂者，二十年於此矣。究其所得，雖古之高賢勝士，亦或有所不逮也，而何岳之足云！所爲區區以岳自況，正聊以宣其不達之志焉耳！而其志之所樂，固有在彼而不在此者。是故高官膴仕，入所慕樂，而禍患攸伏，造物者每消息其中。使君得志一時，而或横罹災變，其視末殺斯世而優游餘年，果孰多少哉？君子於此，必有所擇矣。

徵明漫仕而歸，雖踪迹不同於君，而潦倒末殺，略相比偶。顧不得一畝之宫，以寄其棲逸之志，而獨有羨於君，既取其園中景物悉爲賦之，而復爲之記。

嘉靖十二年歲在癸巳五月既望。

孫承澤《天府廣記》卷一〇《尚寶司》　尚寶司在午門外西兵科之上。初設符璽郎，後改今名。設卿、少卿、丞，職在禁庭，守寶璽符牌印章，而辨其所用，有事請於內，既事而藏之。凡寶十二：曰奉天之寶，以鎮萬國，祀天地；曰皇帝之寶，以册封賜勞；曰皇帝信寶，以徵召軍旅；曰天子之寶，以祭享鬼神；曰天子行寶，以封賜蠻夷；曰天子信寶，以調發番兵；曰制誥之寶，以識誥命；曰敕命之寶，以識敕命；曰廣運之寶，以識黄選勘籍；曰御前之寶，以進御座，從車駕；曰皇帝尊親之寶，以答賜宗人；曰敬天勤民之寶，以訓廸有司。凡奉寶、用寶、從寶、洗寶與印綬監俱。凡扈守侍衛令牌之號六，以警夜巡；金牌之號五，以嚴守衛；凡半字銅符之號四，以稽巡守；凡銅牌之號一，以稽卒；凡牙牌之號五；以察朝參，凡祭牌之號三，以謹祀事；凡雙魚銅牌之號五，以肅直衛，以潔祀壇；凡符驗之號五，以給傳郵，通制命。

大學士張治《尚寶司題名記》：尚寶司掌璽牌符之事，國初建符璽郎，後改曰尚寶司，秩正三品。洪武元年，乃置卿一人，正五品，少卿一人，從五品，司丞二人，正六品。其後大臣子弟以蔭補丞者，無常員。列署在右掖之內，其地至禁密也。寶璽之大者，曰奉天之寶，爲唐宋傳璽，惟祀天地用之。凡詔若赦，則用皇帝之寶，立封及賜勞則用行寶，詔親王大臣調兵則用信寶，册上尊號則用尊親之寶，勅諭親王則用親親之寶，祀山川鬼神則用天子之寶，封外夷及賜勞則用天子行寶。詔外夷調兵則用天子信寶，曰誥則用誥命之寶，曰勅則用勅命之寶，勅獎臣工則用廣運之寶，勅諭來朝官員則用敬天勤民之寶。凡寶之用，必請命而後發焉。天子饗祀郊廟，若視學籍田，勳衛扈從及公侯駙馬都督日衛錦衣當直，則給金牌。牌之制有龍者、虎者、麒麟者、獅者、雲者，以其官爲差。皇城金吾禁夜，五城夜巡，則給令牌；虎賁巡城則給銅符；九門守衛，則給銅牌；錦衣校尉入直，則給雙魚銅牌；京官之朝參者，則給牙牌，勳臣以勳字，親臣以親字，文臣以文字，武臣以武字；文武官之與陪祀郊廟及執事人亦給牙牌，有圓花、長花、長素之别。凡諸得給牌者，有故則檢籍而納之。親王之國及文武大臣出撫鎮，則給符驗，御史出巡察則給印，事竣則納之，稍出入之令而辨其數。其事至重也。每大朝會，則二人以寶導駕先立侍殿中，駕出幸則二人以騎從寶行，其爲侍從至親近。國初類以文學儒臣領其職，或兼秩焉。尚書郎而下非有才名者不得調，勳輔大臣子弟奉特旨乃得補丞，他流所弗與焉。其選至慎也。故事，曹省皆有題名，而符司缺焉。嘉靖丁未，分宜東樓嚴君以太常少卿領司事，乃蒐諸故牘，自洪武而下迄於今，得若干人，刻其姓名爵里，立石於長安之直廬，以稽往而昭來也，丐張子記之。治曰：寶者人君所以信其令於天下者也，名者君子所以信其行於後世者也。人君之於寶則設官以守之者，慎其令也。然則君子之於名，其賢不肖關於勸懲者至遠也，顧可以弗思慎乎哉！夫德者所以慎其名之具也，是故人君有慎令而後天下無邪政，是謂治法。君子有慎名而後終身無邪行，是謂治人。以治人而守治法，則身安而國家可長保也。嗚呼，豈獨尚寶然哉？此東樓所謂題名意也。

明之各寶皆内尚寶監女官掌之。遇用寶則尚寶司以揭帖赴尚寶監，尚寶監請旨，然後赴内司領取。歲用寶三萬餘顆，歲終尚寶司奏進數目。

職官入朝皆佩牙牌，其官職鐫牌上。拜官則於尚寶領出，出京及遷轉則繳還。唐人百官隨身魚符一右一左，左者進内，右者隨身，皆盛以袋。宋賜金帶者例不佩魚，惟兩府賜佩，謂之重金。

各處巡撫、總兵、參將等官俱請雙馬或單馬或雙船單船符驗，先候兵部題本得旨，車駕司以手本送尚寶司，尚寶司又題本得旨，然後給與勘合起送印綬關領，他日繳納，又從車駕司送尚寶司彙繳。

附載煎熬寶色法：大麻子油十八斤，一次下皂角四十五兩，二次下金毛狗脊九個，三次下白芨十八兩，四次下白礬九兩，蜜陀僧一兩八錢，黄丹一兩八錢，無名異九錢，茆香二兩，五次下藿香二兩，地蓮衣二兩，甘松二兩，三柰二兩，零陵香二兩，麝香五個。

附載《雙璽記》：弘治十三年七月，陝西都司都指揮使楊敬等奏，據西安府鄠縣道安里軍人毛志學狀：本年六月二十二日午時，在本里趙綸村沿河邊澡浴，得一玉璽。臣等辨得篆文係是受命於天既壽永昌八字，背有螭鈕，其色洗白，光彩異常，厚一寸，連鈕二寸，方員一尺四寸四分，完全，篆文明朗，刻劃奇古，殊無瑕玷。巡撫右都御史熊翀會驗，此即歷代傳國璽也。除璽該熊翀差官齎進外，謹具奏聞。

天啓甲子九月初四日，河南臨漳縣民邢一泰於務本莊東去磁州八里漳河西畔得一玉璽，大如門，縣令何可及驗其文曰受命於天既壽永昌，方各四寸，厚三寸餘，重一百一十兩，報之都察院副都史巡撫河南程紹，奏聞曰：秦璽之不足徵久矣。今璽之出，適在臣疆內，道路喧嘩，流聞禁闥。既不應還瘞地下，又不敢私秘人間。欲遣官恭進闕庭，跡涉貢媚，非臣誼所宜，亦恐皇上之所實者在彼不在此。臣雖什襲進之，皇上且瓦礫置之也。謹先馳奏聞，候命進上。昔者王孫圉不寶玉珩，齊威王不寶照乘，蠻夷偏霸猶知尊賢寶善，輝耀史册，況於明聖之朝，全盛之世乎？今之大臣如總憲鄒元標、馮從吾，尚書王紀、盛以弘、孫慎行，侍郎曹于汴等，憂國奉公，白首魁艾，又有一斥不還之詞臣，久錮不起之臺諫，思皇多士，國之寶臣，臣不能挽回天聽，汲致明廷，徒獻符貢璽，效七十二代之故事，臣竊羞之。伏望皇上踐履大寶，克受貞符，怡神寡慾，親賢納諫。在朝之忠直勿事虛拘，遺野之名賢急爲登進。玉璽毖於清朝，蝴璉賁於明堂，共襄大器，永固金甌。雖謂虞舜黃璽，夏禹玄圭，至今存可也。區區傳國一璽，其真僞豈足論哉！

秦璽至漢已亡，後之僭竊多僞爲之，其不足重明矣。秦中所進，上令禮部察驗，謂與輟耕録所載秦璽規製不合，僅賞軍人毛志學銀五兩。此弘治之所以爲弘治也。河南所報，上令齎進，天子親御文華門，璽貯御前，逆閹魏忠賢手捧之，憑軒頒示羣臣，皆呼萬歲，傳制受賀而罷。此天啓之所以爲天啓也。程公一疏，烺烺千古矣。丁酉六月，曬書，得中書謝從寧所藏弘治時篆文，又於廣東陳山人寓得天啓時璽文，裝爲一册，記其事於後。退谷記。

梁章鉅《浪跡叢談》卷六《巧拙》 張太岳曰：「今吴中製器者，競爲古拙，其耗費財力，類三年而成一楮葉者，是以拙爲巧也。今之仕者，以上之惡虛文，責實效，又鶩爲拙直任事之狀，以爲善宦之資，是以忠爲詐也。嗚呼！以巧爲巧，其敝猶可救也，以拙爲巧，其蔽不可救也。以詐爲詐，其術猶可閾也，以忠爲詐，其術不可閾也。用人者於此又當進一解矣。」按汪稼門尚書督吾閩時，凡遇牧令之披敝衣、着舊靴者，必加青眼，而不知皆被猾吏所欺也。

梁章鉅《稱謂録》卷一七《營繕司》 營繕司：《皇朝通攷》：營繕清吏司，掌繕治壇廟、宮府、城郭、倉庫、廨宇、營房之役，凡物料各貯一廠，籍其數以供脩作之用。

營部：《明史・職官志》：洪武六年，工部設總部、虞部、水部并屯田四屬部。二十二年改總部爲營部。二十九年，又改四屬部爲營繕、虞衡、都水、屯田四清吏司。案據此，則今之營繕司明初尚稱營部，而營繕司之稱實始於洪武二十九年。

將作司：營造提舉司、營繕所。《明史・職官志》洪武初置工部及官屬，以將作司隸焉。六年又置營造提舉司，二十五年改將作司爲營膳所。

大匠卿：匠卿。《隋書・百官志》：大匠卿掌木土之工，又曰匠卿。案即今營繕司。

梁章鉅《稱謂録》卷一七《虞衡司》 虞衡司：《皇朝通攷》：虞衡清吏司，掌山澤、采辦、陶冶、器用、修造、權衡、武備。

虞曹：《通典》：魏尚書有虞曹郎中，晉因之。北齊虞曹掌地圖、山川、遠近園囿、田獵、雜木等，並屬虞部尚書。

司虞大夫：《通典》：隋初虞部侍郎，煬帝除侍字，武德加中字，龍朔二年改爲司虞大夫。咸亨元年復舊，天寶十一年又改虞部爲司虞。

虞人：《孟子》：招虞人以旌。案，杜君卿云：虞部蓋古虞人之遺職。

考工令：《續漢・百官志》：考工令，一人六百石。本《注》曰：主兵器，弓弩、刀槍之屬，成則傳執金吾入武庫。案，今虞衡清吏司掌製器用及軍裝、軍火，與此職相近。

文思院：《文獻通攷》：宋紹興三年並少府監歸工部，以文思院屬焉。文思院上下界監官並從本部辟差。案，文思院，國初尚有此官，後裁之，以其事分隸各司，則此亦古有今無之職。然取臬氏量銘「時文思索」之義，則與虞衡司相近。

《大清新法令》卷三《教育・學堂章程・中等農工商實業學堂章程》 要目

中等農業學堂　立學總義章第一
中等農業學堂　學科程度章第二
中等工業學堂　立學總義章第三
中等工業學堂　學科程度章第四
中等商業學堂　立學總義章第五
中等商業學堂　學科程度章第六
中等商船學堂　立學總義章第七
中等商船學堂　學科程度章第八
計年入學章第九
附設學科章第十

教員管理員章第十一

屋場圖書器具章第十二

中等農業學堂立學總義章第一

第一節　設中等農業學堂，令已習高等小學之畢業學生入焉；以授農業所必需之知識藝能，使將來實能從事農業爲宗旨；以各地方種植畜牧日有進步爲成效；每星期鐘點視各學科爲差；預科二年畢業，本科三年畢業。

第二節　下章所載各種學科，係就農業應備之科目分門羅列，聽各處因地制宜，擇其合于本地方情形者酌量設置，不必全備。

中等農業學堂學科程度章第二

第一節　中等農業學堂之學科分爲預科、本科。

第二節　預科之科目凡八：一、修身，二、中國文學，三、算術，四、地理，五、歷史，六、格致，七、圖畫，八、體操，并可加設外國語。

第三節　預科之學習年數以二年爲限。

第四節　預科之授業時數，每星期三十點鐘以内。

第五節　本科分爲五科：一、農業科，二、蠶業科，三、林業科，四、獸醫業科，五、水産業科，其各學科之科目如下：

農業科之普通科目凡八：一、修身，二、中國文學，三、算學，四、物理，五、化學，六、博物，七、農業理財大意，八、體操。但此外尚可便宜加設地理、歷史、外國語、法規、簿記、圖畫等科目。

農業科之實習科目凡十二：一、土壤，二、肥料，三、作物，四、園藝，五、農産製造，六、養蠶，七、蟲害，八、氣候，九、林學大意，十、獸醫學大意，十一、水産學大意，十二、實習，均可酌量地方情形，由各科目中選擇，或便宜分合教之，并可於各科目外酌加其他關係農業之科目。

蠶業、林業、獸醫業之普通科目凡七：一、修身，二、中國文學，三、算學，四、物理，五、博物，六、農業理財大意，七、體操。但此外尚可便宜加設地理、歷史、外國語、各業章程、簿記、圖畫等科目；惟獸醫可缺算學、物理、博物、農業理財大意數科目。

蠶業之實習科目凡八：一、蠶體解剖，二、生理及病理，三、養蠶及制種，四、製絲，五、桑樹栽培，六、氣候，七、農學大意，八、實習。

林業之實習科目凡八：一、造林及森林保護，二、森林利用，三、森林測量及土木，四、測樹術及林價算法，五、森林經理，六、氣候，七、農學大意，八、實習。

獸醫業之實習科目凡十二：一、生理，二、藥物及調劑法，三、蹄鐵法及蹄病治法，四、内科，五、外科，六、寄生動物，七、畜産，八、衛生，九、獸疫，十、産科，十一、剖檢法，十二、實習。

水産業之學科分爲四類：一、漁撈類，二、製造類，三、養殖類，四、遠洋漁業類。

漁撈、製造、養殖及遠洋漁業等四類之普通科目凡十二：一、修身，二、中國文學，三、算學，四、地理，五、物理，六、化學，七、博物，八、圖畫，九、水産業法規及慣例，十、理財學大意，十一、水産學大意，十二、體操。但此普通科目，除修身、中國文學外，可便宜酌缺數科目。其漁撈、製造、養殖三學科，如有時欲合并爲二學科教授，則可於下所列實業科目斟酌選擇，或便宜分合定之。

漁撈類之實習科目凡九：一、漁撈法，二、水産動物，三、水産植物，四、航海術，五、漁船運用術，六、氣象學，七、海洋學，八、船舶衛生及救急療治，九、實習。

製造類之實習科目凡七：一、水産製造法，二、水産動物，三、水産植物，四、細菌學大意，五、分析，六、機器學大意，七、實習。

養殖類之實習科目凡五：一、水産養殖法，二、水産動物，三、水産植物，四、發生學大意，五、實習。

遠洋漁業類之實習科目凡八：一、航海術，二、漁船運用術，三、漁撈法，四、造船學大意，五、氣象學，六、海洋學，七、外國語，八、實習。但入遠洋漁業科之學生，須取在本科中漁撈科已學習三年者，或其學力與之同等者。

第六節　本科之學習年數，以三年爲限，但亦可酌量地方情形節縮爲二年以内，或展長至五年以内。

第七節　本科之授業時數，除實習時刻外，每星期三十點鐘，惟水産業爲二十八點鐘以内。其實習時數，須量各業之繁簡，隨宜酌定。

中等工業學堂立學總義章第三

第一節　設中等工業學堂，令已習高等小學之畢業學生入焉；以授工業所必需之知識技能，使將來實能從事工業爲宗旨；以各地方人工製造各種器物日有進步爲成效；每日講堂鐘點視學科爲差；預科二年畢業，本科三年畢業。

第二節　下章所載各種學科，係就工業中應備之科目分門羅列，聽各處因地制宜，擇其合於本地方情形者酌量設置，不必全備。

中等工業學堂學科程度章第四

第一節　中等工業學堂之學科分爲本科、預科。

第二節　預科之科目凡八：一、修身，二、中國文學，三、算術，四、地理，五、歷史，六、格致，七、圖畫，八、體操，并可加授外國語。

第三節　預科之學習年數以二年爲限。

第四節　預科之授業時刻，每星期三十點鐘以内。

第五節　本科分爲十科：一、土木科，二、金工科，三、造船科，四、電氣科，五、木工科，六、礦業科，七、染織科，八、窑業科，九、漆工科，十、圖稿繪畫科，其各學科之科目如下：

各科之普通科目凡六：一、修身，二、中國文學，三、算學，四、物理化學，五、圖畫，六、體操。

土木科之實習科目凡八：一、測量，二、河海工，三、道路鐵路，四、橋梁，五、施工法，六、應用力學，七、製圖，八、實習。

金工科之實習科目凡六：一、工場用具及製作法，二、製造用諸機器大意，三、發動機大意，四、應用力學，五、製圖，六、實習。

造船科之實習科目凡五：一、造船製圖，二、工場用具及製造法，三、發動機大意，四、應用力學，五、實習。

電氣科之實習科目凡七：一、電氣及磁氣，二、電氣工學，三、應用力學，四、工場用具及制作法，五、發動機大意，六、製圖，七、實習。

木工科之實習科目凡八：一、房屋構造，二、建築沿革，三、施工法，四、配景法，五、製圖及繪畫，六、工場用具及製作法，七、應用力學，八、實習。

礦業科之實習科目凡八：一、地質學，二、採礦學，三、冶金學，四、試金術，五、應用力學，六、發動機大意，七、測量製圖及坑内演習，八、實習。

染織科之實習科目凡七：一、機織法，二、染色法，三、應用化學，四、應用機器學，五、分析，六、製圖及繪畫，七、實習。

窑業科之實習科目凡六：一、窑業品製造，二、應用化學，三、應用機器學，四、分析，五、製圖繪畫，六、實習。

漆工科之實習科目凡五：一、漆器製造法，二、工藝史，三、繪畫，四、應用化學大意，五、實習。

圖稿繪畫科之實習科目凡八：一、配景法，二、解剖大意，三、工藝史，四、建築沿革大意，五、繪畫，六、應用化學大意，七、各種工藝品圖樣，八、實習。

各學科於現定普通科目外，尚可便宜加設地理、歷史、博物、外國語、理財學、法規、簿記等科目於各學科中。

第六節　本科之學習年數以三年爲限。

第七節　本科之每星期授業時刻，除實習時刻外，每星期三十點鐘爲限，其實習時數，可依學科之門類臨時酌定。

中等商業學堂立學總義章節五

第一節　設中等商業學堂，令已習高等小學之畢業學生入焉，以授商業所必需之知識藝能，使將來實能從事商業爲宗旨；以各地方人民至外縣、外省貿易者日多爲成效；每星期三十點鐘，預科二年畢業，本科三年畢業。

中等商業學堂學科程度章第六

第一節　中等商業學堂分爲本科、預科。

第二節　預科之科目凡九：一、修身，二、中國文學，三、算術，四、地理，五、歷史，六、外國語，七、格致，八、圖畫，九、體操。

第三節　預科之學習年數，以二年爲限。

第四節　預科之授業時數，每星期三十點鐘以内。

第五節　本科之普通科目凡四：一、修身，二、中國文學，三、算學，四、體操。本科之實習科目凡九：一、商業地理，二、商業歷史，三、外國語，四、商業理財大意，五、商事法規，六、商業簿記，七、商品學，八、商事要項，九、商業實踐，但此外尚可酌加其它關係商業之科目。

第六節　本科之學習年數，以三年爲限。

第七節　本科之授業時數，每星期三十四點鐘以内。

中等商船學堂立學總義章第七

第一節　設中等商船學堂，令已習高等小學之畢業學生入焉；以授駕運商船之知識技術，使將來實能從事商船爲宗旨；以江海行輪駕駛司機等人才日有進步爲成效；預科二年畢業，本科三年畢業。

中等商船學堂學科程度章第八

第一節　中等商船學堂分爲本科、預科。

第二節　預科之科目凡九：一、修身，二、中國文學，三、算術，四、地理，五、歷史，六、格致，七、外國語，八、圖畫，九、體操。

第三節　預科之學習年數，以二年爲限。

第四節　預科之授業時數，每星期三十點鐘以内。

第五節　本科分爲二科：一、航海科，二、機輪科，其各學科之科目如下：

各學科之普通科目凡九：一、修身，二、中國文學，三、算術，四、物理，五、化學，六、地理，七、圖畫，八、外國語，九、體操。

航海科之實習科目凡七：一、商船法規，二、商船運用術，三、航海術，四、機輪術大意，五、海上氣象學大意，六、造船學大意，七、實習。

機輪科之實習科目凡六：一、機關術，二、機輪製圖，三、力學，四、應用力學，五、電氣學大意，六、實習。

以上各科目外，尚可酌加其他關係商船之科目。

第六節　本科之學習年數，以三年爲限。

第七節　本科之授業時數，除實習時刻外，每星期三十點鐘以内；其實習時數，可按學科之門類隨時酌定。

計年入學章第九

第一節　中等各實業學堂之本科學生，須選年齡十五歲以上，其學力已修畢高等小學堂之四年課程者，經考驗合格而使入學；其入預科之學生，則須選年齡在十三歲以上，其學力已修畢初等小學堂五年課程者，但此時初辦，難得此合格之學生，應變通准年齡十五歲以上、十八歲以下、文理已通順者入學預科一年，再入本科學習，俟將來出有高等小學堂畢業生時，即遵照正當辦理。

附設學科章第十

第一節　中等各實業學堂，可酌設別科，以簡易教法講授該實業必需之事項。其有欲選學各實業中之一事項或數事項者，可增置選科使學習之。

第二節　若在偏僻之市鎮，則各實業學堂可僅置別科或分設之。

第三節　入學別科學生之定格及入學選科學生之定格，當隨時酌定。

第四節　在各實業學堂畢業後，尚欲專攻某業中之一科目或數科目者，可特設專攻科使精習之。

第五節　專攻科之學習年數，農業以一年爲限，工業以二年爲限。

第六節　凡曾爲海員，得有長於技術之文憑，及凡在海上或工場素有經歷者，如欲專修關係海事之學科，則可於商船學堂特置專修科使專修之。

教員管理員章第十一

第一節　中等各實業學堂，當按各學科目及教授時刻若干、學生級數若干設置相當教員，使專司教授，并置監督一人統理一切事務。

屋場圖書器具章第十二

第一節　中等各實業學堂，當於學堂内面或近旁設置體操場。

第二節　中等商船學堂之堂舍，則當另備練船場及實習練船塢，其學舍如建在陸地者，當於其學堂内面或近旁設體操場；其以駐泊船艦代學舍者，則當於近旁岸上設體操場。

第三節　中等各實業學堂，當備通用講堂、專用講堂及其他必需諸室；在農業學堂，應添試驗場、肥料場；在工業學堂，應添置工業實習場；在商業學堂，應添商業實踐室。

第四節　凡教授用及參考用圖書、器具、機器、標本、模型、實習用機器、體操用器具，均宜全備。在農業學堂，則應添農具、漁具、蠶具；在商業學堂，則宜添商品樣本；在商船學堂，則當添練船。

附條　凡一切施行法、管理法，均另詳專章。開辦之時，應即查照辦理。其有未備事宜，應隨時體察考驗，呈請本省學務處改訂通行。

《大清新法令》卷六《農工商部劄各省商務總會曉諭公司局廠解送陳列物品文宣統元年六月》　接准本部勸工陳列所咨稱：查此次重建勸工陳列所，調取各省陳列物品，自上年九月本部具奏奉旨通行後，迭經函電催詢，各省寄到之物尚屬無多。此次復經本部行文調取，除各省將軍、督撫陸續解到者，本所加意保護外，他如各處公司、局廠如有寄售、寄贈、寄陳之件，本所均爲特別保護，當不致再有意外之虞。此次陳列所移建於空曠之地，并不逼近市廛，空氣自易流通，物品亦易保險。該公司局廠，如運送陳列品到京時，本部并爲咨行崇文門稅務衙門，查與該公司局廠來文數目相符，立時免稅放行，以免留難。且查本所章程總綱第五條内載：「本所每年匯集各處工藝出品，分別等第，加擬評語，呈請本部查與奏定獎給商勳商牌章程相符者，或奏獎以一、二、三、四、五等之商勳，或酌獎以七、八、九品之獎牌。」各等語。皆所以提倡獎勵，俾工業日益發達，以期仰符本部勸工之本旨，擬請劄知各省商會，再將此意明白宣示，俾各處公司、局廠恍然周知，庶各處寄送物品者，或不生觀望之心，而本所冀可收參考之效，咨請查照核奪施行等因，前來。查本部此次重建勸工陳列所，前此迭經劄飭該商會隨時調取最優物品，陸續解送，并先後劄發表格章程，各在案，茲復准該所咨稱前因，合行劄飭該商會劄到仰即遵照可也。

《大清新法令》卷六《學部劄復留學日本監督分別學生旅館寄宿舍辦法文》宣統元年六月二十八日 准管理日本游學生監督函稱，竊查日本官立高等管理學生規則，彼此互異，有由學校設備寄宿舍，令學生寄宿者；有校內未設寄宿舍聽學生通學者。五校約內，如東京高等工業、山口高等商業、千葉醫學專門三校因校中規則，本可通學，故中國學生多係自居旅館。惟第一高等一校，前任楊公使訂約時，原訂在校寄宿，其辦法由該校設備，一切所需經費由我政府擔任。現除業經分配各高等諸生外，其尚在第一高等預科各生，仍照此辦理。至東京高等師範一校，其在彼國學生均係由學校指定處所分派，寄宿嚴加訓育。緣該校學生將來爲人師表，課餘管理最爲重要，中國學生自應遵照該校規則辦理。但該校內寄宿舍，其本國之人已不能容，故須由監督處指定相當房屋，并覓誠實可靠之日人承辦伙食一切。其管理之員，則由該校校長派舍監一人，嚴爲督率。本年新生宿舍，業在該校附近地方覓定房屋，一律遷入，并請嘉納治五郎校長派有舍監，一應事宜，均已辦理周妥。至去年入學各生，其寄宿舍係在前李欽使任內亦有指定之寄宿舍。本年二月間各該生等以該舍房屋危險爲詞，意欲聽便通學免受舍監之約束，多方爲難。職道堅持不允，嚴加開導，一面派員另覓他舍，促令仍行一同遷入，費盡唇舌，始於上月辦理就緒。是此兩班高等師範生，均已勉就範圍，較之在外通學，當爲有益等情。前來查東京高等師範學校所需之寄宿舍，既由該監督覓定相當房屋并另有舍監管理一切事宜，自較在外通學漫無約束者爲妥。嗣後五校各生，除東京高等工業、山口高等商業、千葉醫學專門三校未設寄宿舍，仍聽自居旅館外，第一高等學生應在校寄宿，東京高等師範學生應一律遷入指定寄宿舍，均不得借詞立異，以圖自便。如有違抗不遵者，應即扣除官費，以示懲儆。爲此劄知該監督劄到即便照辦。

《大清新法令》卷六《學部劄各省提學司整頓各等實業學堂文并清單》 實業司案呈照得各省報到學堂一覽表所載，各種實業學堂均經本部簽明劄行，其未經報到之省分，亦經分別劄催，并將本部上年奏准。兩年之內，每府應設中等實業學堂一所，每州縣應設初等實業學堂一所，及每設一堂，應先將課程辦法報部核定各節劄行在案。查本部奏定預備立憲，按年籌備事宜清單內載：「宣統元年，應由各省督撫飭提學司體察該省情形，就師範教育、普通教育、實業教育、專門教育四項，預定分年籌備事目，按年列表，附加解說，限年內送部核定」等語。業經電行各省在案，實業教育，最爲富國裕民之本，頭緒至繁，非通盤籌畫，循序辦理，必至顧此失彼。茲經本部就各項實業學堂應行整頓、應行籌畫之處，粗舉大綱，開單劄行，應由該司督率實業科員，按照單開各節詳細討論，將該省實業教育如何按年籌辦之處，造具詳表。如限報部，事關憲政，萬勿延緩。并應將師範普通實業專門各項教育，各自爲文，分別報部，不得連敘一牘，以便稽核。除府州縣設立中初實業學堂期限，及每設一堂先將課程辦法報部核定之處，均照前劄辦理外，爲此劄行該提學司遵照辦理可也。

一　開辦實業學堂，宜訂明等級、種類及科別。查實業，分高、中、初三等，每等分農、工、商三種，每種又分多科。各省各府州縣開辦實業學堂，均應先行籌定擬辦何等、何種、何科，定明宗旨，再行開辦。然後購備用器，建置校舍，招取學生，皆視所擬辦之專科以爲準，則庶不致有學生程度不合及器具、校舍不能合用，虛糜經費等弊。至欲擇定何種何科，其準則約有數端。

甲　審察本處地方情形，奏定學堂章程、學務綱要內開：「通商繁盛之區，宜設商業學堂，富於出產之區，宜設工業學堂，富於海錯之區，宜設水產學堂」等語。是宜就本地情形考察者也，但轉移地利，事在人爲，既須體察現在情形，亟爲設施，并當預定將來計畫，早爲籌備。

乙　審察本省教育情形，一在用其所長，一在補其所闕。如本省多研究農學之人，是宜立農業學堂，不惟教員易於得人，學生習於講求農業之風尚，迎機而導，亦必不難深入，所謂用其所長也。如本省偏重農業，而無工商業以爲之輔助，是當籌設工商學堂，雖重煩設備，遠致教員亦所不惜，所謂補其所闕也。現在各處農業學堂，大都但設蠶業一科；工業學堂，大都但設染織一科。以此二科，爲吾民所素習，而設備費亦較省，避難就易，以爲有此，已足號稱實業，敷衍門面，不知處處如此，何由擴棄此。現今辦理實業之通弊，不可不思所以補其闕也。

丙　審察學科情形，同一農學高等分三科，中等分五科，初等分四科，而工學分科尤多。依甲項審察，則宜蠶之地宜設蠶科，而林業獸醫在其所後；宜林之地宜設林科，而蠶業水産非其所急，此以地方情形定之者也。依乙項審察，則農學發達之地，農學當用其所長，而工業學堂應分設之，森林、獸醫各科可補其所闕；礦業發達之地，礦業當用其所長，而工業學堂應分設之，電氣、化學、機器各科可補其所闕。以此類推，則一農業學堂擬設幾科，一工業學堂擬設幾科，不難預爲規畫，分別辦理。至於實業教員有能兼授之學科，有必不能兼授之學科，教育用品有各科通用者，有必須專備者，是又當察教員之學力，酌經費之盈虛，以定學科開設之多寡，及其取舍者也。

丁　審察學生程度，依定章所載，須有初等畢業學生，乃能開辦中等實業學堂；須有中等畢業學生，乃能開辦高等實業學堂。現在高等已經本部奏明，不得設立預科，而中初兩等，因有預科之名，各處辦理不免遷就，應以所收學生資序爲斷。中等預科學生，須年在十五歲以上，二十歲以下，曾在高等小學肄業二年，有名籍可稽者，始准取録。初等預科學生，須年在十歲以上，十五歲以下，曾在初等小學肄業二年，有名籍可稽者，始准取録。各處開辦各等實業學堂，應調查本處學生有若干人具有入某等本科或預科之資格，足成一班，再行開辦，毋得虛張等級，致無實際。

二　實業學堂宜辨明系屬。實業分農、工、商三種，初等工業學生之不能昇入中等商業，中等商業學生之不能昇入高等農業，此事理之易見者也。同一農業，工業有昇學時，可改入之學科，有不能改入之學科，如初等農業科學生應昇中等農業科，可改入中等蠶業科而不能改入中等獸醫業科；初等木工科學生應昇中等木工科，可改入中等土木科，而不能改入中等窑業科之類是也。籌辦高級實業學堂，應調查本省低級實業學堂所有科別，酌量配置，以備昇學之地庶幾系屬相銜。低級學生有循序漸進之階，高級學堂無淩雜遷就之患。至實業學堂所習外國文揆之定章，農業應習英文，高等農學科者應習德文，工業應習英文，商業雖未經明定，要以肄習英文爲宜，將來高等實業學堂宜用外國文直接聽講，乃能力造精深。中等實業學堂應即注重外國語文一科，以爲預備。其中等實業學堂設有豫科者，亦宜注意於是，應由提學司通飭各實業學堂，除高等農業學堂農學科應兼習德文外，一律肄習英文，不得遷就，尤不得任意闕略。

三　實業教員宜慎擇各項實業，自爲專門。不惟農不能語工，工不能語商，即同一農學門習林學專科者不能語獸醫專科，亦即不能語水産專科；同一工業門習窑業專科者，不能語漆工專科，亦即不能語染織專科，他無論矣。每設一堂，須就所擬辦之科目訪求專科教員，切實教授。除學理相通之學科，可酌量兼授外，萬勿强不知以爲知，致教者、學者兩受其困，更勿令專諳中學之儒剌取故紙堆中一知半解，貽誤學生。此尤實業教育根本所關，不容遷就者也。

四　實業教員宜及時養成。實業教員之不可遷就，如上所言，則實業教員之養成不容緩矣。奏定學堂章程內有實業教員講習所一項，農工商大學及高等農工商業學堂未設之先，各行省應特設一所，養成實業教員，以爲擴張實業教育之基本。部上年奏定，此後凡官費出洋學生，概令學習農、工、格致各項專科，不得改易他科。以前自費出洋之學生，非入高等以上學堂學習農、工、格致三科者，不得改給官費。其認習實業已給官費之學生，亦不准中途改易他科，係爲鼓勵實業，預備教員起見。但游學人數無多，供不給求，緩不濟急，現在中初兩等實業學堂待興甚迫，需用教員，至殷各省，應即查照定章，先設立實業教員講習所一所，以裕師資，并應按照完全科辦理，毋得專辦簡易，致以不完備之教員貽誤後生。且實業非漱貫深通，實無以爲教也。

五　課本宜慎擇。實業各項學科現在均無課本，勢不得不擇用東西各國課本，以應急需。高等實業學堂應用西文直接聽講，所用課本無庸迻譯。至中、初兩等，採用譯本，亦須分別選擇化學、電氣等科。中國未經講求者，非搜羅外國課本無所取材，是宜用譯本者也。染織、窑業、漆工等科，事爲中國所固有而學理不如外國之精深者，編譯課本，應考察該業固有情形，博採外國學理，以求會通，是宜編譯兼用者也。工業法規，農業、經濟、商事法規，商業、地理等科，非就本國法規地理酌量編輯，不能適用，是宜用編本者也。現在編本、譯本成數甚少，應由教員詳慎編譯，每成一種，應即呈部審定，以備各學堂採用之資。

六　注意實習農、工、商各項。商業學堂均有實習一科，乃以講堂所授實習科目，令學生分別實驗也。近據各處報到，實業學堂或但有場廠實習而講堂并不講授實習科目，或講堂講授實習科目而學生并不分別實驗，皆與定章不合。且實習非可空言搪塞也。嗣後各項實業學堂，除講堂應照章講授實習科目外，場廠實習時須令學生自行録載日記，編著報告，畢業時隨同試卷，呈報備核。

七　實業學生宜耐勞苦。近來各處學生大率不免驕惰之習，各項學堂固應一律戒除，而實業學堂則尤以耐勞苦爲本務。墾辟場圃，鼓煽鍋爐以至修繕器物，掃除校舍，應令學生親身經理以資歷練。近聞各處實業學堂，多有廣置夫役，另雇工人者，實習事項或亦雇夫役爲助殊，與實業教育本旨不合，應即裁汰，一令學生自理，并當隨時訓練學生樸實耐勞成其堅定不摇之志。外國農工各項實業學生，未有不手胼足胝身習勞苦者，蓋實業性質在以勞力爲生産，自求學以至營業，皆當抱定此旨，乃有實業之可言也。各實業學堂考選學生時，并當檢查身體，過於孱弱，不能任操作及身有宿疾於操業有妨礙者，應即汰除。

八　授課時間宜詳慎編擬定章。各項實業學堂但列學科，未經編定時間，即學科取舍亦有聽各處酌量情形辦理之處，每設一堂，應令深諳該項專科之員，詳細擬定，報部備核。其各項科目，遇有體察本地情形，只能暫從闕略之時，應即詳具理由，報部核定。

九　預科功課宜分別注重中初兩等實業，均准設立預科。中等預科應補授高等小學功課，初等預科應補授初等小學功課。但實業分農、工、商三種，每種又分多科預科，功課科目雖屬從同，要不能不視本科擬設之學科，以定預科功課之所注重。如本科擬授商業，則預科英文、算學宜注重；本科擬授工業，則預科算學、格致、圖畫宜注重之類，是在深諳教育者，就各科授課時間酌量編配，務使預科畢業生入本科時足以應用。

十　學堂性質宜辨明。奏定學堂章程於高中初各項實業學堂之外，列有實業補習普通學堂、藝徒學堂兩種，近據各處報設學堂於此兩項學堂性質，未能辨別明晰。查實業補習普通學堂，經定章聲明，此項學生多已在外操作實業，是此項學堂應就其所操本業，證以學理，俾得擴充其本業之範圍，并授以普通知識。各處所報此項學堂，其注重普通者與兩等小學辦法相混，其注重實業者與初等實業辦法相混，均與定章不合。至藝徒學堂本聽各處便宜，設置奏定學堂章程學堂階級統系圖，此項學堂列在初等實業之下，并經本部奏明，未入初等小學而粗知書算者，准入藝徒學堂。此項學堂學科單簡，無升學之階，爲貧民急於謀生，不能久入學堂者而設。近來各處率請以藝徒學堂改爲初等工藝，爲希圖獎勵起見，亦屬不合。應即各遵定章，切實辦理，多設一堂即有一堂之益，毋使變更，致多窒礙。

十一　實業學堂宜由提學司認真考查。查光緒三十三年，本部會同農工商部議奏貴州開辦農業商總局以興實業一折內開：「學堂教課規程設備規則，關乎管理員、教員、學生等一切事務及將來畢業考試，自應稟承提學使司酌核辦理，由提學司詳報學部以符定章」等因，奉旨依議在案。三十四年，又經通行各省凡關於實業教育之學堂事務，皆當責成提學司管理，不得因設立學堂之經費籌自他處，或學生畢業後應歸他處任用，遂將該學堂管理之權劃歸他處，庶與定章相符，以收教育統一之效。近查各處實業學堂，凡經各省農工商局或勸業道籌款辦理者，提學司多置不問，殊與成案不合。嗣後均應即認真考查其各項實業學堂，有附屬場廠爲學生實習之地者，亦并歸提學司，隨時稽核。如有設立實業學堂，未經呈報提學司詳明本部備案，或課程未經提學司詳明本部核定，或教育管理員非經提學司選擇派充者，畢業時不得請給獎勵，以杜冒濫。

十二　郵電路礦學堂應由提學司考查。查奏定學堂章程學務綱要內開：「電報、鐵路、郵政、礦務等類學堂，亦實業之一端，其學堂課目章程年限宜隨時諮報學務大臣」等語。現在各省設立提學司，所有郵電、路礦及屬在實業之學堂，應由提學司查照上條，即實業學堂應由提學司認真考查一條辦法，認真考查。

《大清新法令》卷二《外交・合同・中英續訂滇緬電綫約款外務部奏准光緒三十一年四月十一日》　第一款　大清、大英國彼此願將電報便於傳遞，擬將前訂中國在雲南邊界、英國在緬甸邊界兩綫相接各條款重爲酌改，以期暢達。

第二款　中國電局騰越、英國電局周岡，原爲兩接綫之局，釐允爲中間之局，均仍照舊。

第三款　中印兩電局彼此應將相接之綫時時認真修理保護，即用第二款內所指之兩局或以後另定之兩局傳遞各報。兩國在本境內所需此項各費應各自出資，其兩國之邊界尤須慎守以清界限。

第四款　所有電報在第二款內所指接綫之兩局傳遞者，均照萬國電報公會所定章程辦理。寄報之人如不注明由何路傳遞，而此條綫路與別條綫路遲速無異，彼此議定如果價目較別路便宜，此等電報須全歸第二款內相接綫上傳遞。若價目一律，應分半歸相接綫上傳遞。

第五款　兩國至本國邊界爲止各自定價收取報費。

第六款　第二款內所指接綫上傳遞各報報費開列於後：

甲、印度電局應收本綫費：

一　緬甸各局至中國邊界各報每字十生丁；

二　印度各局至中國邊界各報每字三十五生丁；

三　錫蘭各局至中國邊界各報每字四十五生丁。

乙、印度電局應收過綫費：

一　中緬邊界及其餘各邊界各報每字三十五生丁。

甲、中國電局應收本綫費：

一　中國與歐洲過去諸國美國不在內。來往各報每字三法郎克三十六生丁；

二　中國與美國來往各報每字四法郎克八十六生丁；

三　長江或長江以南各局與其餘各國來往各報每字一法郎克；

四　長江以北各局與其餘各國來往各報每字一法郎克五十生丁；

五　一緬甸印度錫蘭與雲南來往各報每字五十生丁，二緬甸印度錫蘭與雲南來往中英兩國官報每字二十五生丁。

乙、中國電局應收過綫費：

一　歐洲并歐洲過去諸國美國不在內。與中國過去諸國來往各報每字三法郎克三十六生丁；

二　美國與中國過去諸國來往各報每字四法郎克八十六生丁；

三　一中緬邊界與上海或長江以南各邊界之局來往各報，每字一法郎克二十五生丁，二其餘各邊界之局來往各報，每字一法郎克五十生丁。

此等報費專指中國與緬甸印度錫蘭兩鄰國來往電報，其中國與歐洲、美國來往電報不得由中間分局或經手人照此價目私爲接轉，以杜取巧。此約款期內倘中國電局或他電綫公司在中國設有電綫將中國香港在內。與歐洲并歐洲過去諸國來往各報報費減去若干，其經過緬滇接綫處各報之本綫并過綫費中國亦允同時一律減去若干。

第七款　第二款指明之接綫兩局每日須將來往各報字數以電核對，所有賬目須於每月月底結算清楚。賬目找款應歸印度者即匯恰爾克得之印度電局，歸中國者即匯上海之中國電局，不得過每月結賬後一個月之外，一律找清。月分照西曆算賬，各報均作二等不收報費。

第八款　中國電報各局照此約款第六款内所定之法金法郎克收取報費，其報費及兩局結賬找款須用英洋。每英洋合法郎克若干應照實在市價核算。此價應由兩國之電局每年分四季，每季須在一個月之前照上季酌中之價彼此知照定奪。至付代收中印過去諸電局報費，中印兩局可將數目互相知照收費并結算時，彼此可以隨時作價免致喫虧。

第九款　此約款應於光緒三十一年四月二十九日，即西曆一千九百五年六月一號起以十年爲限，期滿後如欲將此約款停止以及更改彼此約於十二月前知照，否則仍照前辦理。

此約款繕就中英兩國文字各三份，校對相符，於光緒三十一年四月二十日，即西曆一千九百五年五月二十三號在北京畫押。

《周易·繫辭上》　天尊地卑，乾坤定矣。卑高以陳，貴賤位矣。動靜有常，剛柔斷矣。方以類聚，物以群分，吉凶生矣。在天成象，在地成形，變化見矣。是故剛柔相摩，八卦相蕩，鼓之以雷霆，潤之以風雨，日月運行，一寒一暑。乾道成男，坤道成女。乾知太始，坤作成物。乾以易知，坤以簡能。易則易知，簡則易從。易知則有親，易從則有功。有親則可久，有功則可大。可久則賢人之德，可大則賢人之業。易簡而天下之理得矣，天下之理得而成位乎其中矣。【略】

易與天地準，故能彌綸天地之道。仰以觀於天文，俯以察於地理，是故知幽明之故。原始反終，故知死生之説。精氣爲物，游魂爲變，是故知鬼神之情狀。與天地相似，故不違；知周乎萬物而道濟天下，故不過；旁行而不流，樂天知命，故不憂；安土敦乎仁，故能愛；範圍天地之化而不過，曲成萬物而不遺，通乎晝夜之道而知。故神無方而易無體。

一陰一陽之謂道，繼之者善也，成之者性也。仁者見之謂之仁，知者見之謂之知，百姓日用而不知，故君子之道鮮矣。【略】

夫易，廣矣，大矣，以言乎遠則不禦，以言乎邇則静而正，以言乎天地之間則備矣。夫乾，其静也專，其動也直，是以大生焉。夫坤，其静也翕，其動也闢，是以廣生焉。廣大配天地，變通配四時，陰陽之義配日月，易簡之善配至德。【略】

是故闔户謂之坤，闢户謂之乾，一闔一闢謂之變，往來不窮謂之通，見乃謂之象，形乃謂之器，制而用之謂之法，利用出入，民咸用之，謂之神。

是故易有太極，是生兩儀，兩儀生四象，四象生八卦，八卦定吉凶，吉凶生大業。是故法象莫大乎天地，變通莫大乎四時，懸象著明莫大乎日月，崇高莫大乎富貴，備物致用，立成器以爲天下利，莫大乎聖人。探賾索隱，鉤深致遠，以定天下之吉凶，成天下之亹亹者，莫大乎蓍龜。是故天生神物，聖人則之；天地變化，聖人效之；天垂象見吉凶，聖人象之；河出圖，洛出書，聖人則之。【略】

是故形而上者謂之道，形而下者謂之器，化而裁之謂之變，推而行之謂之通，舉而措之天下之民，謂之事業。

是故夫象，聖人有以見天下之賾，而擬諸其形容，象其物宜，是故謂之象。聖人有以見天下之動，而觀其會通，以行其典禮，繫辭焉以斷其吉凶，是故謂之爻。極天下之賾者存乎卦，鼓天下之動者存乎辭，化而裁之存乎變，推而行之存乎通，神而明之存乎其人，默而成之，不言而信，存乎德行。

《周易·繫辭下》 天地之道，貞觀者也；日月之道，貞明者也；天下之動，貞夫一者也。夫乾，確然示人易矣；夫坤，隤然示人簡矣。爻也者，效此者也，象也者，像此者也。爻象動乎內，吉凶見乎外，功業見乎變，聖人之情見乎辭。天地之大德曰生，聖人之大寶曰位，何以守位曰仁，何以聚人曰財，理財正辭，禁民爲非曰義。

古者包犧氏之王天下也，仰則觀象於天，俯則觀法於地，觀鳥獸之文與地之宜，近取諸身，遠取諸物，於是始作八卦以通神明之德，以類萬物之情。作結繩而爲網罟，以佃以漁，蓋取諸離。包犧氏没，神農氏作，斲木爲耜，揉木爲耒，耒耨之利，以教天下，蓋取諸益。日中爲市，致天下之民，聚天下之貨，交易而退，各得其所，蓋取諸噬嗑。神農氏没，黄帝、堯、舜氏作，通其變使民不倦，神而化之，使民宜之。《易》窮則變，變則通，通則久。是以「自天祐之，吉無不利」。黄帝、堯、舜垂衣裳而天下治，蓋取諸乾、坤。刳木爲舟，剡木爲楫，舟楫之利，以濟不通，致遠以利天下，蓋取諸渙。服牛乘馬，引重致遠，以利天下，蓋取諸隨。重門擊柝，以待暴客，蓋取諸豫。斷木爲杵，掘地爲臼，杵臼之利，萬民以濟，蓋取諸小過。弦木爲弧，剡木爲矢，弧矢之利，以威天下，蓋取諸睽。上古穴居而野處，後世聖人易之以宫室，上棟下宇，以待風雨，蓋取諸大壯。古之葬者，厚衣之以薪，葬之中野，不封不樹，喪期無數，後世聖人易之以棺椁，蓋取諸大過。上古結繩而治，後世聖人易之以書契，百官以治，萬民以察，蓋取諸夬。【略】

《易》曰：憧憧往來，朋從爾思。子曰：天下何思何慮？天下同歸而殊塗，一致而百慮。天下何思何慮？日往則月來，月往則日來，日月相推而明生焉。寒往則暑來，暑往則寒來，寒暑相推而歲成焉。往者，屈也；來者，信也；屈信相感而利生焉。尺蠖之屈，以求信也；龍蛇之蟄，以存身也。精義入神，以致用也；利用安身，以崇德也。過此以往，未之或知也。窮神知化，德之盛也。【略】

子曰：乾坤，其易之門邪？乾，陽物也；坤，陰物也。陰陽合德而剛柔有體，以體天地之撰，以通神明之德。【略】

易之興也，其當殷之末世，周之盛德邪？當文王與紂之事邪？是故其辭危。危者使平，易者使傾，其道甚大，百物不廢，懼以終始，其要無咎。此之謂易之道也。

《道德經》第二十五章 有物混成，先天地生。寂兮寥兮，獨立而不改，周行而不殆，可以爲天下母。吾不知其名，强字之曰「道」，强爲之名曰「大」。大曰逝，逝曰遠，遠曰反。故道大，天大，地大，人亦大。域中有四大，而人居其一焉。人法地，地法天，天法道，道法自然。

《道德經》第二十七章 善行無轍迹，善言無瑕讁；善數不用籌策；善閉無關楗而不可開；善結無繩約而不可解。是以聖人常善救人，故無棄人；常善救物，故無棄物。是謂襲明。故善人者，不善人之師；不善人者，善人之資。不貴其師，不愛其資，雖智大迷，是謂要妙。

《鬼谷子》卷中《謀》 爲人凡謀有道，必得其所因，以求其情。審得其情，乃立三儀。三儀者曰上、曰中、曰下。參以立焉，以生奇。奇不知其所擁，始於古之所從。故鄭人之取玉也，必載司南之車，爲其不惑也。夫度材、量能、揣情者，亦事之司南也。故同情而俱相親者，其俱成者也；同欲而相疏者，其偏成者也；同惡而相親者，其俱害者也；同惡而相疏者，其偏害者也。故相益則親，相損則疏，其數行也。此所以察同異之分，其類一也。故墻壞於其隙，木毁於其節，斯蓋其分也。故變生事，事生謀，謀生計，計生議，議生説，説生進，進生退，退生制，因以制於事。故萬事一道，而百度一數也。

夫仁人輕貨，不可誘以利，可使出費；勇士輕難，不可懼以患，可使據危；智者達於數，明於理，不可欺以誠，可示以道理，可使立功：是三才也。故愚者易蔽也，不肖者易懼也，貪者易誘也，是因事而裁之。故爲强者積於弱也，有餘者積於不足也：此其道術行也。

《孔子家語》卷二《三恕第九》 孔子觀於魯桓公之廟，有欹器焉。夫子問於守廟者，曰：「此謂何器？」對曰：「此蓋爲宥坐之器。」

孔子曰：「吾聞宥坐之器，虚則欹，中則正，滿則覆。明君以爲至誡，故常置之於坐側。」顧謂弟子曰：「試注水焉！」乃注之。水中則正，滿則覆。夫子喟然歎曰：「嗚呼！夫物惡有滿而不覆哉？」

子路進曰：「敢問持滿有道乎？」

子曰：「聰明睿智，守之以愚；功被天下，守之以讓；勇力振世，守之以怯；富有四海，守之以謙。此所謂損之又損之之道也。」

《韓非子·定法》 問者曰：「主用申子之術，而官行商君之法，可乎？」對曰：「申子未盡於術，商君未盡於法也。申子言：『治不逾官，雖知弗言。』治不逾官，謂之守職也可；知而弗言，是不謂過也。人主以一國目視，故視莫明焉；以一國耳聽，故聽莫聰焉。今知而弗言，則人主尚安假借矣？商君之法曰：『斬一首者爵一級，欲爲官者爲五十石之官；斬二首者爵二級，欲爲官者爲百石之官。』官爵之遷與斬首之功相稱也。今有法曰：『斬首者令爲醫、匠。』則屋不成而病不已。夫匠者手巧也，而醫者齊藥也，而以斬首之功爲之，則不當其能。今治官者，智能也；今斬首者，勇力之所加也。以勇力之所加而治智能之官，是以斬首之功爲醫、匠也。故曰：二子之於法術，皆未盡善也。」

《孟子》卷五《滕文公上》 有爲神農之言者許行，自楚之滕，踵門而告文公曰：「遠方之人聞君行仁政，願受一廛而爲氓。」

文公與之處。

其徒數十人，皆衣褐，捆屨、織席以爲食。

陳良之徒陳相與其弟辛負耒耜而自宋之滕，曰：「聞君行聖人之政，是亦聖人也，願爲聖人氓。」

陳相見許行而大悦，盡棄其學而學焉。

陳相見孟子，道許行之言曰：「滕君則誠賢君也。雖然，未聞道也。賢者與民并耕而食，饔飧而治。今也滕有倉廩府庫，則是厲民而以自養也，惡得賢？」

孟子曰：「許子必種粟而後食乎？」

曰：「然。」

「許子必織布而後衣乎？」

曰：「否。許子衣褐。」

「許子冠乎？」

曰：「冠。」

曰：「奚冠？」

曰：「冠素。」

曰：「自織之與？」

曰：「否。以粟易之。」

曰：「許子奚爲不自織？」

曰：「害於耕。」

曰：「許子以釜甑爨，以鐵耕乎？」

曰：「然。」

「自爲之與？」

曰：「否。以粟易之。」

「以粟易械器者，不爲厲陶冶；陶冶亦以其械器易粟者，豈爲厲農夫哉？且許子何不爲陶冶，舍皆取諸其宫中而用之？何爲紛紛然與百工交易？何許子之不憚煩？」

曰：「百工之事固不可耕且爲也。」

「然則治天下獨可耕且爲與？有大人之事，有小人之事。且一人之身，而百工之所爲備，如必自爲而後用之，是率天下而路也。故曰或勞心，或勞力；勞心者治人，勞力者治於人；治於人者食人，治人者食於人，天下之通義也。

「當堯之時，天下猶未平，洪水横流，泛濫於天下，草木暢茂，禽獸繁殖，五不登，禽獸偪人，獸蹄鳥迹之道交於中國。堯獨憂之，舉舜而敷治焉。舜使益掌火，益烈山澤而焚之，禽獸逃匿。禹疏九河，瀹濟、漯而注諸海，決汝、漢，排淮、泗而注之江，然後中國可得而食也。當是時也，禹八年於外，三過其門而不入，雖欲耕，得乎？

「后稷教民稼穡，樹藝五穀。五穀熟而民人育。人之有道也，飽食、暖衣、逸居而無教，則近於禽獸。聖人有憂之，使契爲司徒，教以人倫：父子有親，君臣有義，夫婦有别，長幼有叙，朋友有信。放勳曰：『勞之來之，匡之直之，輔之翼之，使自得之，又從而振德之。』聖人之憂民如此，而暇耕乎？

「堯以不得舜爲己憂，舜以不得禹、皋陶爲己憂。夫以百畝之不易爲己憂者，農夫也。分人以財謂之惠，教人以善謂之忠，爲天下得人者謂之仁。是故以天下與人易，爲天下得人難。孔子曰：『大哉堯之爲君！惟天爲大，惟堯則之，蕩蕩乎民無能名焉！君哉舜也！巍巍乎有天下而不與焉！』堯、舜之治天下，豈無所用其心哉？亦不用於耕耳。

「吾聞用夏變夷者，未聞變於夷者也。陳良，楚産也，悦周公、仲尼之道，北學於中國。北方之學者，未能或之先也。彼所謂豪傑之士也。子之兄弟事之數十年，師死而遂倍之！昔者孔子没，三年之外，門人治任將歸，入揖於子貢，相向而哭，皆失聲，然後歸。子貢反，築室於場，獨居三年，然後歸。他日，子夏、子張、子游以有若似聖人，欲以所事孔子事之，强曾子。曾子曰：『不可。江漢以濯之，秋陽以暴之，皜皜乎不可尚已。』今也南蠻鴃舌之人，非先王之道，子倍子之師而學之，亦異於曾子矣。吾聞出於幽谷遷於喬木者，未聞下喬木而入於幽谷者。《魯頌》曰：『戎狄是膺，荆舒是懲。』周公方且膺之，子是之學，亦爲不善變矣。」

「從許子之道，則市賈不貳，國中無僞。雖使五尺之童適市，莫之或欺。布帛長短同，則賈相若；麻縷絲絮輕重同，則賈相若；五穀多寡同，則賈相若；屨大小同，則賈相若。」

曰：「夫物之不齊，物之情也。或相倍蓰，或相什百，或相千萬。子比而同之，是亂天下也。巨屨小屨同賈，人豈爲之哉？從許子之道，相率而爲僞者也，惡能治國家？」

陸賈《新語校注》卷上《術事第二》 故良馬非獨騏驥，利劍非惟干將，美女非獨西施，忠臣非獨呂望。今有馬而無王良之御，有劍而無砥礪之功，有女而無芳澤之飾，有士而不遭文王，道術蓄積而不舒，美玉韞匵而深藏。故懷道者須世，抱朴者待工，道爲智者設，馬爲御者良，賢爲聖者用，辯爲智者通，書爲曉者傳，事爲見者明。故制事者因其則，服藥者因其良。書不必起仲尼之門，藥不必出扁鵲之方，合之者善，可以爲法，因世而權行。

劉安等《淮南子》卷二《俶真》 古者至德之世，賈便其肆，農樂其業，大夫安其職，而處士循其道。當此之時，風雨不毁折，草木不夭死；九鼎重，珠玉潤；洛出《丹書》，河出《緑圖》。故許由、方回、善卷、披衣得達其道。何則？世之主有欲利天下之心，是以人得自樂其間。四子之才，非能盡善蓋今之世也，然莫能與之同光者，遇唐、虞之時。

劉安等《淮南子》卷四《地形》 正土之氣也御乎埃天，埃天五百歲生砄，砄五百歲生黄埃，黄埃五百歲生黄澒，黄澒五百歲生黄金，黄金千歲生黄龍，黄龍入藏生黄泉。黄泉之埃上爲黄雲，陰陽相薄爲雷，激揚爲電，上者就下，流水就通而合於黄海。

劉安等《淮南子》卷八《本經》 逮至衰世，鐫山石，鍥金玉，擿蚌蜃，消銅鐵，而萬物不滋。刳胎殺夭，麒麟不游；覆巢毁卵，鳳凰不翔；鑽燧取火，構木爲臺；焚林而田，竭澤而漁；人械不足，畜藏有餘；而萬物不繁兆萌芽，卵、胎而不成者，處之太半矣。積壤而丘處，糞田而種穀，掘地而井飲，疏川而爲利，築城而爲固，拘獸以爲畜，則陰陽繆戾，四時失叙，雷霆毁折，雹霰降虐，氛霧霜雪不霽，而萬物燋夭。菑榛穢，聚埒畝，芟野菼，長苗秀；草木之句萌、銜華、戴實而死者，不可勝數。

劉安等《淮南子》卷一一《齊俗》 廣厦闊屋，連闥通房，人之所安也，鳥入之而憂；高山險阻，深林叢薄，虎豹之所樂也，人入之而畏；川谷通原，積水重泉，黿鼉之所便也，人入之而死；《咸池》、《承雲》、《九韶》、《六英》，人之所樂也，鳥獸聞之而驚；深谿峭岸，峻木尋枝，猨狖之所樂也，人上之而慄。形殊性詭，所以爲樂者，乃所以爲哀；所以爲安者，乃所以爲危也。

乃至天地之所覆載，日月之所照誋，使各便其性，安其居，處其宜，爲其能。故愚者有所修，智者有所不足；柱不可以摘齒，筳不可以持屋；馬不可以服重，牛不可以追速；鉛不可以爲刀，銅不可以爲弩，鐵不可以爲舟，木不可以爲釜。各用之於其所適，施之於其所宜，即萬物一齊，而無由相過。夫明鏡便於照形，其予以承食，不如竹箅；犧牛騂毛，宜於廟牲，其於以致雨，不若黑蜧。由此觀之，物無貴賤。因其所貴而貴之，物無不貴也；因其所賤而賤之，物無不賤也。

夫玉璞不厭厚，角觿不厭薄，漆不厭黑，粉不厭白。此四者相反也，所急則均，其用一也。今之裘與蓑孰急？見雨則裘不用，升堂則蓑不御。此代爲帝者也，譬若舟、車、楯、肆、窮廬，故有所宜也。故《老子》曰「不上賢」者，言不致魚於木，沉鳥於淵。

故堯之治天下也，舜爲司徒，契爲司馬，禹爲司空，后稷爲大田師，奚仲爲工。其導萬民也，水處者漁，山處者木，谷處者牧，陸處者農。地宜其事，事宜其械，械宜其用，用宜其人。澤皋織網，陵阪耕田，得以所有易所無，以所工易所拙。是故離叛者寡，而聽從者衆。譬若播棋丸於地，員者走澤，方者處高，各從其所安，夫有何上下焉？若風之過簫，忽然感之，各以清濁應矣。夫猿狖得茂木，不舍而穴；狟狢得埵防，弗去而緣。物莫避其所利而就其所害。

劉安等《淮南子》卷一六《説山》 天下莫相憎於膠漆，而莫相愛於冰炭。膠漆相賊，冰炭相息也。墻之壞，愈其立也；冰之泮，愈其凝也；以其反宗。

劉安等《淮南子》卷一七《説林》 以瓦鉒者全，以金鉒者跋，以玉鉒者發。是故所重者在外，則内爲之掘。逐獸者目不見泰山，嗜欲在外，則明所蔽矣。

劉向《説苑》卷八《尊賢》 人君之欲平治天下而垂榮名者，必尊賢而下士。《易》曰：「自上下下，其道大光。」又曰：「以貴下賤，大得民也。」夫明王之施德而下下也，將懷遠而致近也。夫朝無賢人，猶鴻鵠之無羽翼也，雖有千里之望，猶不能致其意之所欲至矣。是故游江海者托於船，致遠道者托於乘，欲霸王者托於賢。伊尹、吕尚、管夷吾、百里奚，此霸王之船乘也。釋父兄與子孫，非疏之也；任庖人、釣屠，與仇讎、僕虜，非阿之也；持社稷，立功名之道，不得不然也。猶大匠之爲宫室也，量大小而知材木矣，比功校而知人數矣。是故呂尚聘，而天下知商將亡而周之王也；管夷吾、百里奚任，而天下知齊、秦必霸也，豈特船乘哉？夫成王霸固有人，亡國破家亦固有人。桀用干莘，紂用惡來，宋用唐鞅，齊用蘇秦，秦用趙高，而天下知其亡也。非其人而欲有功，譬其若夏至之日而欲夜之長也；射魚指天，而欲發之當也；雖舜禹猶亦困，而又況乎俗主哉！

劉向《説苑》卷二〇《反質》 歷山之田者善侵畔，而舜耕焉。雷澤之漁者善爭陂，而舜漁焉。東夷之陶器窳，而舜陶焉。故耕漁與陶，非舜之事而舜爲之，以救敗也。民之性皆不勝其欲，去其實而歸之華，是以苦窳之器、爭鬥之患起。爭鬥之患起，則所以偷也。所以然者何也？由離誠就詐，棄樸而取僞也。追逐其末而無所休止。聖人抑其文而抗其質，則天下反矣。

劉歆《西京雜記》卷一《常滿燈　被中香爐》 長安巧工丁緩者，爲常滿燈，七龍五鳳，雜以芙蓉蓮藕之奇。又作卧褥香爐，一名被中香爐。本出房風，其法後絶，至緩始更爲之。爲機環轉運四周，而爐體常平，可置之被褥，故以爲名。又作九層博山香爐，鏤爲奇禽怪獸，窮諸靈異，皆自然運動。又作七輪扇，連七輪，大皆徑丈，相連續，一人運之，滿堂寒顫。

《三國志》卷九《魏書·夏侯尚傳》（夏侯玄）以爲：「文質之更用，猶四時之迭興也，王者體天理物，必因弊而濟通之，時彌質則文之以禮，時泰侈則救之以質。今承百王之末，秦漢餘流，世俗彌文，宜大改之以易民望。今科制自公、列侯以下，位從大將軍以上，皆得服綾錦、羅綺、紈素、金銀餙鏤之物，自是以下，雜綵之服，通于賤人，雖上下等級，各示有差，然朝臣之制，已得侔至尊矣，玄黄之采，已得通於下矣。欲使市不鬻華麗之色，商不通難得之貨，工不作雕刻之物，不可得也。是故宜大理其本，準度古法，文質之宜，取其中則，以爲禮度。車輿服章，皆從質樸，禁除末俗華麗之事，使幹朝之家，有位之室，不復有錦綺之飾，無兼采之服，纖巧之物，自上以下，至于樸素之差，示有等級而已，勿使過一二之覺。若夫功德之賜，上恩所特加，皆表之有司，然後服用之。夫上之化下，猶風之靡草。樸素之教興於本朝，則彌侈之心自消於下矣。」

曹操《曹操集·文集》卷一《上器物表》 臣祖騰，有順帝賜器。今上四石銅鋗四枚，五石銅鋗一枚，御物有純銀粉銚一枚，藥杵臼一具。

曹操《曹操集·文集》卷一《奏上九醖酒法》 臣縣故令南陽郭芝，有九醖春酒。法用麯三十斤，流水五石，臘月二日清麯，正月凍解，用好稻米，漉去麯滓，便釀法飲。曰譬諸蟲，雖久多完，三日一釀，滿九斛米止。臣得法釀之，常善；其上清滓亦可飲。若以九醖苦難飲，增爲十釀，差甘易飲，不病。今謹上獻。

曹操《曹操集·文集》卷一《上雜物疏》 御物三十種，有純銀參鏤帶漆畫書案一枚，純銀參帶臺硯一枚，純銀參帶圓硯大小各一枚。

御物有漆畫韋枕二枚，貴人公主有黑漆韋枕三十枚。

御物三十種，有純金香爐一枚，下盤自副；貴人公主有純銀香爐四枚，皇太子有純銀香爐四枚，西園貴人銅香爐三十枚。

御雜物用，有純金唾壺一枚，漆圓油唾壺四枚，貴人有純銀參帶唾壺三十枚。

御物三十種，有上車漆畫重几大小各一枚。

御物有尺二寸金錯鐵鏡一枚，皇后雜物用純銀錯七寸鐵鏡四枚，皇太子雜純銀錯七寸鐵鏡四枚，貴人至公主九寸鐵鏡四十枚。

御物中宫貴人公主皇子純銀漆帶鏡一枚，西園貴人純銀參帶五，皇子銀匣一，皇子雜用物十六種，純金參帶方嚴四具。

鏡臺出魏宫中，有純銀參帶鏡臺一，純銀七，貴人公主鏡臺四。

純銀澡豆匳，純銀括鏤匳，又銀鏤漆匣四枚。

油漆畫嚴器一，純金參帶畫方嚴器一。

御雜物之所得孝順皇帝賜物，有容五石銅澡盤一枚。

有銀畫象牙杯盤五具。

中宫用物，雜畫象列尺一枚，貴人公主有象牙尺三十枚，宫人有象牙尺百五十枚，骨尺五十枚。

中宫雜物，雜畫象牙鍼管一枚。

曹操《曹操集·文集》卷三《與太尉楊彪書》 操白：與足下同海內大義，足下不遺，以賢子見輔。比中國雖靖，方外未夷，今軍征事大，百姓騷擾。吾制鐘鼓之音，主簿宜守。而足下賢子，恃豪父之勢，每不與吾同懷，即欲直繩，顧頗恨恨。謂其能改，遂轉寬舒，復即宥貸，將延足下尊門大累，便令刑之。念卿父息之情，同此悼楚，亦未必非幸也。今贈足下錦裘二領，八節銀角桃杖一枚，青氈牀褥三具，官絹五百匹，錢六十萬，畫輪四望通幰七香車一乘，青牸牛二頭，八百里驊騮馬一匹，赤戎金裝鞍轡十副，鈴毦一具，驅使二人，並遺足下貴室錯綵羅轂裘一領，織成韡一量，有心青衣二人，長奉左右。所奉雖薄，以表吾意。足下便當慨然承納，不致往返。

《晉書》卷五五《張載傳》　大夫曰：「蘭宮祕宇，雕堂綺櫳，雲屏爛旰，瓊壁青蔥，應門八襲，琁臺九重，表以百常之闕，圜以萬雉之墉。爾乃嶢榭迎風，秀出中天，翠觀岑青，彤閣霞連，長翼臨雲，飛陛陵山，望玉繩而結極，承倒景而開軒。頳素煥爛，枌栱嵯峨。陰虯負檐，陽馬承阿。錯以瑤英，鏤以金華，方疏含秀，圓井吐葩。重殿疊起，交綺對榥。幽堂晝密，明室夜朗。焦冥飛而風生，尺蠖動而成響。若乃目厭常玩，體倦帷幄，攜公子而雙遊，時娛觀於林麓。登翠阜，臨丹谷，華草錦繁，飛采星燭，陽葉春青，陰條秋綠，華實代新，承意恣觀。仰折神藭，俯採朝蘭，愬惠風於蘅薄，眷椒塗於瑤壇。爾乃浮三翼，戲中沚，潛鰓駭，驚翰起，沈絲結，飛矰理，掛歸翮於赤霄之表，出華鱗於紫潭之裏。然後縱櫂隨風，弭楫乘波，吹孤竹，撫雲和，川客唱淮南之曲，榜人奏《採菱》之歌。歌曰：『乘鷁舟兮爲水嬉，臨芳洲兮拔靈芝。』樂以忘戚，遊以卒時，窮夜爲日，畢歲爲期。此蓋宴居之浩麗，子豈能從我而處之乎？」公子曰：「余病未能也。」

葛洪《抱朴子内篇》卷一五《雜應》　或問不寒之道。抱朴子曰：「或以立冬之日，服六丙六丁之符，或閉口行五火之氣千二百遍，則十二月中不寒也。或服太陽酒，或服紫石英、朱漆散，或服雄丸一，後服雌丸二，亦可堪一日一夕不寒也。雌丸用雌黃、曾青、礬石、磁石也；雄丸用雄黃、丹砂、石膽也。然此無益於延年之事也。」

或問不熱之道。抱朴子曰：「或以立夏日，服六壬六癸之符，或行六癸之氣，或服玄冰之丸，或服飛霜之散。然此用蕭丘上木皮，及五月五日中時北行黑蛇血，故少有得合之者也。唯幼伯子、王仲都，此二人衣以重裘，暴之於夏日之中，周以十爐之火，口不稱熱，身不流汗，蓋用此方者也。」

或問辟五兵之道。抱朴子答曰：「吾聞吳大皇帝曾從介先生受要道云：但知書北門字及日月字，便不畏白刃。帝以試左右數十人，常爲先登鋒陷陣，皆終身不傷也。鄭君云：但誦五兵名亦有驗。刀名『大房』，虛星主之；弓名『曲張』，氐星主之；矢名『彷徨』，熒惑星主之；劍名『失傷』，角星主之；弩名『遠望』，張星主之；戟名『大將』，參星主之也。臨戰時，常細祝之。或以五月五日作『赤靈符』，著心前。或丙午日日中時，作『燕君』、『龍』、『虎』三囊符。歲符歲易之，月符月易之，日符日易之。或佩『西王母兵信』之符，或佩『熒惑、朱雀』之符，或佩『南極鑠金』之符，或戴『却刃』之符，『祝融』之符。或傅玉札散，或浴禁蔥湯，或取牡荆以作『六陰神將』符，符指敵人。或以月蝕時刻，三歲蟾蜍喉下有八字者血，以書所持之刀劍。或帶『武威』符、熒火丸。或交鋒刃之際，乘魁履罡，呼四方之長，亦有明效。今世之人，亦有得禁辟五兵之道，往往有之。」

或問隱淪之道。抱朴子曰：「神道有五，坐在立亡其數焉。然無益於年命之事，但在人間無故而爲此，則致詭怪之聲，不足妄行也。可以備兵亂危急，不得已而用之，可以免難也。鄭君云：服『大隱符』十日，欲隱則左轉，欲見則右回也。或以玉飴丸塗人身中；或以『蛇足散』，或懷離母之草，或折青龍之草，以伏六丁之下；或入竹田之中，而執天樞之壤；或造河龍石室，而隱雲蓋之陰；或伏清泠之淵，以過幽闕之徑；或乘天一馬以游紫房；或登天一之明堂；或入玉女之金匱；或背輔向宮，立三蓋之下；或投巾解履，膽煎及兒衣符，子居蒙人，青液桂梗，六甲父母，僻側之膠，駮馬泥丸，木鬼之子，金商子艾，或可爲小兒，或可爲老翁，或可爲鳥，或可爲獸，或可爲草，或可爲木，或可爲六畜，或依木成木，或依石成石，依水成水，依火成火。此所謂移形易貌，不能都隱者也。」

葛洪《抱朴子内篇》卷一六《黃白》　抱朴子曰：「《神仙經·黃白之方》二十五卷，千有餘首。黃者，金也；白者，銀也。古人秘重其道，不欲指斥，故隱之云爾。或題篇云『庚辛』，庚辛亦金也。然率多深微難知，其可解分明者少許爾。世人多疑此事爲虛誕，與不信神仙者正同也。余昔從鄭公受九丹及《金銀液經》，因復求受《黃白中經》五卷。鄭君言：曾與左君於廬江銅山中試作，皆成也，然而齋潔禁忌之勤苦，與金丹神仙藥無異也。俗人多譏余好攻異端，謂予爲趣欲强通天下之不可通者。余亦何爲然哉！余若欲以此輩事，騁辭章於來世，則余所著《外篇》及雜文二百餘卷，足以寄意於後代，不復須此。且此《内篇》皆直語耳，無藻飾也。余又知論此曹事，世人莫不呼爲迂闊不急，未若論俗間切近之理，可以合衆心也。然余所以不能已於斯事，知其不入世人之聽，而猶論著之者，誠見其效驗，又所承授之師非妄言者。而余貧苦無財力，又遭多難之運，有不已之無賴，兼以道路梗塞。藥物不可得，竟不遑合作之。余今告人言：我曉作金銀，而躬自飢寒，何異自不能行，而賣治躄之藥，求人信之，誠不可得。然理有不如意，亦不可以一概斷也。所以勤勤綴之於翰墨者，欲令將來好奇賞真之士，見余書而具論道之意耳。

「夫變化之術，何所不爲？蓋人身本見，而有隱之之法，鬼神本隱，而有見之之方。能爲之者往往多焉。水火在天，而取之以諸燧，鉛性白也，而赤之以爲丹；丹性赤也，而白之而爲鉛。雲雨霜雪，皆天地之氣也，而以藥作之，與真無異也。至於飛走之屬，蠕動之類，稟形造化，既有定矣。及其倏忽而易舊體，改更而爲異物者，千端萬品，不可勝論，人之爲物，貴性最靈，而男女易形，爲鶴爲石，爲虎爲猿，爲沙爲黿，又不少焉。至於高山爲淵，深谷爲陵，此亦大物之變化。變化者，乃天地之自然，何爲嫌金銀之不可以異物作乎！譬諸陽燧所得之火，方諸所得之水，與常水火豈有別哉！蛇之成龍，茅糝爲膏，亦與自生者無異也。然其根源之所緣由，皆自然之感致，非窮理盡性者，不能知其指歸，非原始見終者，不能得其情狀也。狹觀近識，桎梏巢穴，揣淵妙於不測，推神化於虛誕，以周、孔不説，墳籍不載，一切謂爲不然，不亦陋哉！又，俗人以劉向作金不成，便云天下果無此道，是見田家或遭水旱不收，便謂五穀不可播殖得也。

「成都内史吴大文，博達多知，亦自説昔事道士李根。見根煎鉛錫，以少許藥如大豆者投鼎中，以鐵匙攪之，冷即成銀。大文得其秘方，但欲自作，百日齋便爲之，而留連在官，竟不能得，恒嘆息言人間不足處也。又，桓君山言：漢黄門郎程偉，好黄白術，娶妻得知方家女。偉常從駕出而無時衣，甚憂。妻曰：『請致兩端縑。』縑即無故而至前。偉按《枕中鴻寶》作金不成。妻乃往視偉，偉方扇炭燒筩。筩中有水銀。妻曰：『吾欲試相視一事。』乃出其囊中藥，少少投之，食頃發之，已成銀。偉大驚曰：『道近在汝處，而不早告我，何也？』妻曰：『得之須有命者。』於是偉日夜説誘之，賣田宅以供美食衣服，猶不肯告偉。偉乃與伴謀撾笞伏之，妻輒知之。告偉言：『道必當傳其人。得其人，道路相遇輒教之；如非其人，口是而心非者，雖寸斷支解，而道猶不出也。』偉逼之不止，妻乃發狂，裸而走，以泥自塗，遂卒。近者前廬江太守華令思，高才達學，洽聞之士也，而事之不經者，多所不信。後有道士説黄白之方，乃試令作之云以鐵器銷鉛，以散藥投中，即成銀。又銷此銀，以他藥投之，乃作黄金。又從此道士學徹視之方，行之未百日，夜卧即便見天文及四鄰了了，不覺復有屋舍籬障。又妾名瑶華者，已死。乃見形，與之言語如平生。又祭廟，聞廟神答其拜，床似動有聲。令思乃嘆曰：『世間乃定無所不有。五經雖不載，不可便以意斷也。』然不聞方伎者，卒聞此，亦焉能不驚怪邪？

「又黄白術亦如合神丹，皆須齋潔百日已上，又當得閑解方書，意合者乃可爲之，非濁穢之人，及不聰明人，希涉術數者所辨作也。其中或有須口訣者，皆宜師授。又宜入於深山之中，清潔之地，不欲令凡俗愚人知之。而劉向止宫中作之，使宫人供給其事，必非齋潔者，又不能斷絶人事，使不來往也，如此，安可得成哉！桓譚《新論》曰：史子心見署爲丞相史，官架屋，發吏卒及官奴婢以給之，作金不成。丞相自以力不足，又白傅太后。太后不復利於金也，聞金成可以作延年藥，又甘心焉，乃除之爲郎，舍之北宫中，使者待遇。寧有作此神方可於宫中，而令凡人雜錯共爲之者哉？俗間染繒練，尚不欲使雜人見之，見之即壞，況黄白之變化乎！凡事無鉅細，皆宜得要。若不得其法，妄作酒、醬、醋、羹、臛猶不成，況大事乎！

「余曾咨於鄭君曰：『老君云：「不貴難得之貨。」而至治之世，皆投金於山，捐玉於谷，不審古人何用金銀爲貴而遺其方也？』鄭君答余曰：『老君所云，謂夫披沙剖石，傾山漉淵，不遠萬里，不慮壓溺，以求珍玩，以妨民時，不知止足，以飾無用。及欲爲道，志求長生者，復兼商賈，不敦信讓，浮深越險，乾没逐利，不吝軀命，不修寡欲者耳。至於真人作金，自欲餌服之致神仙，不以致富也。故經曰：「金可作也，世可度也。」銀亦可餌服，但不及金耳。』余難曰：『何不餌世間金銀而化作之？作之則非真，非真則詐僞也。』鄭君答余曰：『世間金銀皆善，然道士率皆貧，故諺云：「無有肥仙人富道士也。」師徒或十人或五人，亦安得金銀以供之乎？又不能遠行採取，故宜作也。又化作之金，乃是諸藥之精，勝於自然者也。仙經云：「丹精生金。」此是以丹作金之説也。故山中有丹砂，其下多有金。且夫作金成則爲真物，中表如一，百煉不減。故其方曰：「可以爲釘。」明其堅勁也。此則得夫自然之道也，故其能之，何謂詐乎？詐者謂以曾青塗鐵，鐵赤色如銅；以鷄子白化銀，銀黄如金，而皆外變而内不化也。』夫芝菌者，自然而生，而仙經有以五石五木種芝。芝生，取而服之，亦與自然芝無異，俱令人長生，此亦作金之類也。雉化爲蜃，雀化爲蛤，與自然者正同。故仙經曰：『流珠九轉，父不語子；化爲黄白，自然相使。』又曰：『朱砂爲金，服之升仙者，上士也；茹芝導引，咽氣長生者，中士也；餐食草木，千歲以還者，下士也。』又曰：『金銀可自作，自然之性也。長生，可學得者也。』《玉牒記》云：『天下悠悠，皆可長生也；患於猶豫，故不成耳。凝水銀爲金，可中釘也。』《銅柱經》曰：『丹砂可爲金，河車可作銀。立則可成，成則爲真。子得其道，可以仙身。』《黄山子》曰：『天地有金，我能作之。二黄一赤，立成不疑。』《龜甲文》曰：『我命在我不在天，還丹成金億萬年。』古人豈欺我哉？但患知此道者多貧，而藥或至賤而生遠方，非亂世所得也。若戎鹽、鹵鹹皆賤物，清平時了不直錢，今時不限價直而買之無也。羌里石膽，千萬求一斤亦不可得。徒知其方，而與不知者正同，可爲長嘆者也。有其法者，則或飢寒無以合之，而富貴者復不知其法也。就令知之，亦無一信者。假令頗信之，亦已自多金銀，豈肯費見財以市其藥物，恐有棄繫逐飛之悔，故莫肯爲也。又計買藥之價，以成所得之物，尤有大利，而更當齋戒辛苦，故莫克爲也。且夫不得明師口訣，誠不可輕作也。夫醫家之藥，淺露之甚，而其常用效方，便復秘之。故方有用後宮游女，僻側之膠，封君泥丸，木鬼子，金商芝，飛君根，伏龍肝，白馬汗，浮雲滓，龍子丹衣，夜光骨，百花醴，冬鄒齋之屬，皆近物耳，而不得口訣，猶不可知，況於黃白之術乎？今能爲之者，非徒以其價貴而秘之矣，此道一成，則可以長生。長生之道，道之至也，故古人重之也。凡方書所名藥物，又或與常藥物同而實非者。如『河上姹女』，非婦人也；『陵陽子明』，非男子也；『禹餘糧』，非米也；『堯漿』，非木也。而俗人見方用龍膽、虎掌、雞頭、鴨蹠、馬蹄、犬血、鼠尾、牛膝，皆謂之血氣之物也；見用缺盆、覆盆、釜鬲、大戟、鬼箭、天鉤，則謂之鐵瓦之器也；見用胡王使者，倚姑、新婦，野丈人，守田公，戴文浴，徐長卿，則謂人之姓名也。近易之草，或有不知，玄秘之方，孰能悉解？劉向作金不成，無可怪之也。及得其要，則復不煩聖賢大才而後作也，凡人可爲耳。劉向豈頑人哉？直坐不得口訣耳。今將載其約而效之者，以貽將來之同志焉。當先取武都雄黃，丹色如雞冠，而光明無夾石者，多少任意，不可令減五斤也。搗之如粉，以牛膽和之，煮之令燥。以赤土釜容一斗者，先以戎鹽，石膽末薦釜中，令厚三分。乃內雄黃末，令厚五分。復加戎鹽於上，如此，相似至盡。又加碎炭火如棗核者，令厚二寸。以蚓螻土及戎鹽爲泥。泥釜外，以一釜覆之，皆泥令厚三寸，勿泄。陰乾一月，乃以馬糞火熅之三日三夜，寒，發出，鼓下其銅，銅流如冶銅鐵也。乃令鑄此銅以爲筒，筒成以盛丹砂水。又以馬屎火熅之，三十日發爐，鼓之得其金，即以爲筒，又以盛丹砂水。又以馬通火熅三十日，發取搗冶之，取其二分，生丹砂一分，并汞。汞者，水銀也。立凝成黃金矣。光明美色，可中釘也。」

作丹砂水法：

治丹砂一斤，內生竹筒中，加石膽消石各二兩，覆薦上下，閉塞筒口，以漆骨丸封之，須乾，以內醇苦酒中，埋之地中，深三尺，三十日成水，色赤味苦也。

金樓先生所從青林子受作黃金法：

先鍛錫，方廣六寸，厚一寸二分，以赤鹽和灰汁，令如泥，以塗錫上，令通厚一分，累置於赤土釜中。率錫十斤，用赤鹽四斤，合封固其際，以馬通火熅之三十日，發火視之，錫中悉如灰狀，中有累累如豆者，即黃金也。合治內土甌中，以炭鼓之，十煉之并成也。率十斤錫，得金二十兩。唯長沙、桂陽、豫章、南海土釜可用耳。彼鄉土之人，作土釜以炊食，自多也。

治作赤鹽法：

用寒鹽一斤，又作寒水石一斤，又作寒羽涅一斤，又作白礬一斤，合內鐵器中，以炭火火之，皆消而色赤，乃出之可用也。

角里先生從稷丘子所授化黃金法：

先以礬水石二分，內鐵器中，加炭火令沸，乃內汞，多少自在，攪令相得，六七沸，注地上成白銀。乃取丹砂水、曾青水各一分，雄黃水二分，於鬲中加微火上令沸，數攪之，令相得，復加炭火上令沸，以此白銀內其中，多少自在，可六七沸，注地上凝，則成上色紫磨金也。

治作雄黃水法：

治雄黃內生竹筒中一斤，輒加消石二兩，覆薦上下，封以漆骨丸，內醇大醋中，埋之深三尺，二十日即化爲水也。作曾青水方，及礬石水同法，但各異筒中耳。

小兒作黃金法：

作大鐵筒成，中一尺二寸，高一尺二寸。作小鐵筒成，中六寸，瑩磨之。赤石脂一斤，消石一斤，雲母一斤，代赭一斤，流黃半斤，空青四兩，凝水石一斤，皆合搗細篩，以醯和，塗之小筒中，厚二分。汞一斤，丹砂半斤，良非半斤。取良非法，用鉛十斤內鐵釜中，居爐上露灼之，鉛銷，內汞三兩，早出者以鐵匙抄取之，名曰「良非」也。攪令相得，以汞不見爲候，置小筒中，雲母覆其上，鐵蓋鎮之。取大筒居爐上，銷鉛注大筒中，沒小筒中，去上半寸，取銷鉛爲候，猛火炊之三日三夜，成，名曰「紫粉」。取鉛十斤於鐵器中銷之，二十日上下，更內銅器中，須鉛銷，內紫粉七方寸匕，攪之，即成黃金也。欲作白銀者，取汞置鐵器中，內紫粉三寸已上，火令相得，注水中，即成銀也。

務成子法：

作鐵筒長九寸，徑五寸，搗雄黃三斤，蚓螻壤等分，作合以爲泥，塗裏使徑三寸，匱口四寸，加丹砂水二合，覆馬通火上，令極乾，內銅筒中，塞以銅合蓋堅，以黃沙築上，覆以蚓壤重泥上，無令泄，置爐炭中，令有三寸炭，筒口赤，可，寒發之。雄黃皆入著銅筒，復出入如前法。三斤雄黃精，皆下入著筒中，下提取與黃沙等分，合作以爲爐，爐大小自在也。欲用之，置爐於炭火中，爐赤，內水銀，銀動則內鉛其中，黃從傍起交中央，注之於地，即成金。凡作一千五百斤，爐力即盡矣。此金取牡荆、赤黍酒漬之百日，即柔可和也。如小豆，服一丸，日三服，盡一斤，三蟲伏屍，百病皆去，盲者視，聾者聞，老者即還年如三十時，入火不灼，百邪衆毒，冷風暑濕，不能侵人；盡三斤，則步行水上，山川百神，皆來侍衛，壽與天地相畢。以抒血朱草煮一丸，以拭目眥，即見鬼及地中物，能夜書，以白羊血塗一丸，投水中，魚龍立出，可以取也；以青羊血丹鷄血塗一丸，懸都門上，一里不疫；以塗牛羊六畜額上，皆不疫病，虎豹不犯也；以虎膽蛇肪塗一丸，從月建上以擲敵人之軍，軍即便無故自亂，相傷殺而走矣；以牛血塗一丸以投井中，井中即沸；以投流水，流水則逆流百步；以白犬血塗一丸，投社廟舍中，其鬼神即見，可以役使；以兔血塗一丸，置六陰之地，行厨玉女立至，可供六七十人也；以鯉魚膽塗一丸，持入水，水爲之開一丈，可得氣息水中以行，冒雨衣不沾也；以紫莧煮一丸，含咽其汁，可百日不饑；以慈石煮一丸，內髻中，以擊賊，白刃流矢不中之，有射之者，矢皆自向也；以六丁六壬上土并一丸以蔽人中，則隱形；含一丸，北向以噴火，火則滅；以庚辛日申酉時，向西地以一丸擲樹，樹木即日便枯；又以一丸，禹步擲虎狼蛇蝮，皆即死；研一丸以書石即入石，書金即入金，書木入木，所書皆徹其肌理，削治不可去也。卒死未經宿，以月建上水下一丸，令入咽喉，并含水噴死人面，即活。以狐血鶴血塗一丸，內爪中，以指萬物，隨口變化，即山行木徙，人皆見之，然而實不動也。凡作黃白，皆立太乙、玄女、老子坐醮祭，如作九丹法，常燒五香，香不絕。又金成，先以三斤投深水中，一斤投市中，然後方得恣其意用之耳。

葛洪《抱朴子内篇》卷一七《登涉》 或問涉江渡海辟蛟龍之道。抱朴子曰：「道士不得已而當游涉大川者，皆先當於水次，破鷄子一枚，以少許粉雜香末，合攪器水中，以自洗濯，則不畏風波蛟龍也。又佩『東海小童符』，及『制水符』，『蓬萊札』，皆却水中之百害也。又有『六甲三金符』，『五木禁』。又法，臨川先祝曰：『卷蓬卷蓬，河伯導前辟蛟龍，萬災消滅天清明。』又《金簡記》云：以五月丙午日日中，擣五石，下其銅。五石者：雄黃、丹砂、雌黃、礬石、曾青也。皆粉之，以金華池浴之，內六一神爐中，鼓下之，以桂木燒爲之，銅成以剛炭煉之，令童男童女進火，取牡銅以爲雄劍，取牝銅以爲雌劍，各長五寸五分，取土之數，以壓水精也。帶之以水行，則蛟龍鉅魚水神不敢近人也。欲知銅之牝牡，當令童男童女俱以水灌銅。灌銅當以在火中向赤時也，則銅自分爲兩段：有凸起者，牡銅也；有凹陷者，牝銅也。各刻名識之。欲入水，以雄者帶左，以雌者帶右。但乘船不身涉水者，其陽日帶雄，陰日帶雌。又天文大字，有北帝書，寫帛而帶之，亦辟風波蛟龍水蟲也。」

王嘉《拾遺記》卷五《前漢上》 日南之南，有淫泉之浦。言其水浸淫從地而出成淵，故曰「淫泉」。或言此水甘軟，男女飲之則淫。其水小處可濫觴褰涉，大處可方舟沿泝，隨流屈直。其水激石之聲，似人之歌笑，聞者令人淫動，故俗謂之「淫泉」。時有鳧雁，色如金，羣飛戲於沙瀨，羅者得之，乃真金鳧也。當秦破驪山之墳，行野者見金鳧向南而飛，至淫泉。後寶鼎元年，張善爲日南太守，郡民有得金鳧以獻。張善該博多通，考其年月，即秦始皇墓之金鳧也。昔始皇爲塚，斂天下瓌異，生殉工人，傾遠方奇寶於塚中，爲江海川瀆及列山岳之形。以沙棠沉檀爲舟楫，金銀爲鳧雁，以瑠璃雜寶爲龜魚。又於海中作玉象鯨魚，銜火珠爲星，以代膏燭，光出墓中，精靈之偉也。昔生埋工人於塚內，至被開時皆不死。工人於塚內琢石爲龍鳳仙人之像，及作碑文辭讚。漢初發此塚，驗諸史傳，皆無列仙龍鳳之製，則知生埋匠人之所作也。後人更寫此碑文，而辭多怨酷之言，乃謂爲「怨碑」。《史記》畧而不録。

李白《李白集》卷三《樂府・烏夜啼》 黃雲城邊烏欲棲，歸飛啞啞枝上啼。機中織錦秦川女，碧紗如烟隔窗語。停梭悵然憶遠人，獨宿孤房淚如雨。

李白《李白集》卷一〇《古近體詩・贈裴司馬》 翡翠黃金縷，繡成歌舞衣。若無雲間月，誰可比光輝？秀色一如此，多爲衆女譏。君恩移昔愛，失寵秋風歸。愁苦不窺鄰，泣上流黃機。天寒素手冷，夜長燭復微。十日不滿匹，鬢蓬亂若絲。猶是可憐人，容華世中稀。向君發皓齒，顧我莫相違。

白居易《白居易集》卷四《諷諭四・賣炭翁　苦宮市也》 賣炭翁，伐薪燒炭南山中。滿面塵灰烟火色，兩鬢蒼蒼十指黑。賣炭得錢何所營？身上衣裳口中食。可憐身上衣正單，心憂炭賤願天寒。夜來城外一尺雪，曉駕炭車輾冰轍。牛困人飢日已高，市南門外泥中歇。翩翩兩騎來是誰？黃衣使者白衫兒。手把文書口稱勑，迴車叱牛牽向北。一車炭重千餘斤，宮使驅將惜不得。半疋紅紗一丈綾，繫向牛頭充炭直。

白居易《白居易集》卷四《諷諭四・繚綾　念女工之勞也》　繚綾繚綾何所似？不似羅綃與紈綺。應似天台山上明月前，四十五尺爆布泉。中有文章又奇絶，地鋪白烟花簇雪。織者何人衣者誰？越谿寒女漢宫姬。去年中使宣口勑，天上取樣人間織。織爲雲外秋雁行，染作江南春水色。廣裁衫袖長製裙，金斗熨波刀剪紋。異彩奇文相隱映，轉側看花花不定。昭陽舞人恩正深，春衣一對直千金。汗沾粉汙不再著，曳土踏泥無惜心。繚綾織成費功績，莫比尋常繒與帛。絲細繰多女手疼，扎扎千聲不盈尺。昭陽殿裏歌舞人，若見織時應也惜！

吴楚材、吴調侯選編《古文觀止》卷九柳宗元《種樹郭槖駝傳》　郭槖駝，不知始何名，病僂，隆然伏行，有類槖駝者，故鄉人號之「駝」。駝聞之曰：「甚善，名我固當。」因舍其名，亦自謂「槖駝」云。其鄉曰豐樂鄉，在長安西。駝業種樹，凡長安豪家富人爲觀游及賣果者，皆争迎取養。視駝所種樹，或遷徙，無不活，且碩茂，蚤實以蕃。他植者雖窺伺傚慕，莫能如也。

有問之，對曰：「槖駝非能使木壽且孳也，能順木之天，以致其性焉爾。凡植木之性，其本欲舒，其培欲平，其土欲故，其築欲密。既然已，勿動勿慮，去不復顧。其蒔也若子，其置也若棄，則其天者全而其性得矣。故吾不害其長而已，非有能碩茂之也，不抑耗其實而已，非有能蚤而蕃之也。他植者則不然，根拳而土易，其培之也，若不過焉則不及。苟有能反是者，則又愛之太殷，憂之太勤，旦視而暮撫，已去而復顧，甚者爪其膚以驗其生枯，摇其本以觀其疏密，而木之性日以離矣。雖曰愛之，其實害之；雖曰憂之，其實仇之。故不我若也。吾又何能爲哉！」

問者曰：「以子之道，移之官理可乎？」駝曰：「我知種樹而已，官理非吾業也。然吾居鄉，見長人者好煩其令，若甚憐焉，而卒以禍。旦暮吏來而呼曰：『官命促爾耕，勖爾植，督爾獲，蚤繅而緒，蚤織而縷，字而幼孩，遂而鷄豚。』鳴鼓而聚之，擊木而召之。吾小人輟飧饔以勞吏者，且不得暇，又何以蕃吾生而安吾性邪？故病且怠。若是，則與吾業者其亦有類乎？」

問者嘻曰：「不亦善夫！吾問養樹，得養人術。」傳其事以爲官戒也。

吴楚材、吴調侯《古文觀止》卷九柳宗元《梓人傳》　裴封叔之第，在光德里。有梓人款其門，願傭隙宇而處焉。所職尋引、規矩、繩墨，家不居礱斲之器。問其能，曰：「吾善度材，視棟宇之制，高深、圓方、短長之宜，吾指使而群工役焉。舍我，衆莫能就一宇。故食於官府，吾受禄三倍，作於私家，吾收其直大半焉。」他日，入其室，其床闕足而不能理，曰：「將求他工。」余甚笑之，謂其無能而貪禄嗜貨者。

其後，京兆尹將飾官署，余往過焉。委群材，會衆工。或執斧斤，或執刀鋸，皆環立向之。梓人左持引，右執杖，而中處焉。量棟宇之任，視木之能，舉揮其杖曰：「斧！」彼執斧者奔而右；顧而指曰：「鋸！」彼執鋸者趨而左。俄而斤者斲，刀者削，皆視其色，俟其言，莫敢自斷者。其不勝任者，怒而退之，亦莫敢愠焉。畫宫於堵，盈尺而曲盡其制，計其毫釐而構大厦，無進退焉。既成，書於上棟曰「某年某月某日某建」，則其姓字也。凡執用之工不在列。余圜視大駭，然後知其術之工大矣。

繼而嘆曰：彼將舍其手藝，專其心智，而能知體要者歟？吾聞勞心者役人，勞力者役於人。彼其勞心者歟？能者用而智者謀，彼其智者歟？是足義佐天子相天下法矣！物莫近乎此也。彼爲天下者本於人。其執役者，爲徒隸，爲鄉師、里胥；其上爲下士，又其上爲中士、爲上士；又其上爲大夫、爲卿、爲公。離而爲六職，判而爲百役。外薄四海，有方伯、連率。郡有守，邑有宰，皆有佐政。其下有胥吏，又其下皆有嗇夫、版尹，以就役焉，猶衆工之各有執技以食力也。彼佐天子相天下者，舉而加焉，指而使焉，條其綱紀而盈縮焉，齊其法制而整頓焉，猶梓人之有規矩、繩墨以定制也。擇天下之士，使稱其職；居天下之人，使安其業。視都知野，視野知國，視國知天下，其遠邇細大，可手據其圖而究焉，猶梓人畫宫於堵而績於成也。能者進而由之，使無所德；不能者退而休之，亦莫敢愠。不衒能，不矜名，不親小勞，不侵衆官，日與天下之英才討論其大經，猶梓人之善運衆工而不伐藝也。夫然後相道得而萬國理矣。相道既得，萬國既理，天下舉首而望曰：「吾相之功也。」後之人循迹而慕曰：「彼相之才也。」士或談殷、周之理者，曰伊、傅、周、召，其百執事之勤勞而不得紀焉，猶梓人自名其功而執用者不列也。大哉相乎！通是道者，所謂相而已矣。其不知體要者反此。以恪勤爲公，以簿書爲尊，衒能矜名，親小勞，侵衆官，竊取六職百役之事，听听於府庭，而遺其大者、遠者焉，所謂不通是道者也。猶梓人而不知繩墨之曲直、規矩之方圓、尋引之短長，姑奪衆工之斧斤刀鋸以佐其藝，又不能備其工，以至敗績，用而無所成也。不亦謬歟？

或曰：「彼主爲室者，儻或發其私智，牽制梓人之慮，奪其世守而道謀是用，雖不能成功，豈其罪邪？亦在任之而已。」余曰：不然。夫繩墨誠陳，規矩誠設，高者不可抑而下也，狹者不可張而廣也。由我則固，不由我則圮。彼將樂去固而就圮也，則卷其術，默其智，悠爾而去，不屈吾道，是誠良梓人耳。其或嗜其貨利，忍而不能舍也，喪其制量，屈而不能守也，棟橈屋壞，則曰：「非我罪也。」可乎哉？可乎哉？

董誥等《全唐文》卷四八五權德輿《代賈相公謝賜馬及銀器錦彩等表》 臣耽言：今日中使某乙奉宣進止，以臣所進關内隴右并圖録十卷，特賜馬一匹，并銀瓶盤等若干事，錦彩等若干疋者，承命抃舞，震驚失圖。伏以聖朝覆幬無私，聲教遠被。雖夏書禹貢，周制職方，重譯所通，未若今日。臣以末學，獲奉昌期。常好地理之書，頗知河湟之事。明徵舊史，博考傳聞。夙夜以思，歲時遂久。紀上塵聖聰，庶備方志。豈謂睿慈宏獎，寵賚特深。出珍華於内府；下騏駿於天厩，恩榮所及，焕麗相輝。循顧虚庸，曲承蕃錫。負乘匪服，併切於今。無任感恩荷戴之至，謹奉表陳謝以聞。

董誥等《全唐文》卷四二四于邵《謝賜銀器及匹帛等表》 臣某言：今月日，中使奉宣進止，賜臣銀器壺瓶合各一，銀椀一并蓋，錦帳一，錦九疋，白熟綾十疋，色羅五十疋，雜綵一百三十疋者，恩私荐及，跪捧增慙。雖雨露殊深，而心魂若厲。何則，臣之受遇，有異朝班。任重元戎，榮登上相。自當盡瘁，與國同憂。豈比常人，妄加厚賜。況戎夷初退，帑藏猶虚。每欲傾家，以供國用。區區之願，神明所知。乞回此物，復歸内府。下以備六軍之寵賜，上以奉一人之宴私。臣之鄙懷，於斯萬足。其器物等，臣已勒押衙試少監郭某詣右銀臺門别狀奉進。

董誥等《全唐文》卷七〇四李德裕《謝恩賜錦綵銀器狀》 高品劉行宣至，奉宣聖旨：以臣撰《真容讚》，特賜前件錦綵銀器等。臣學非稽古，文不逮人。徒以運遇聖明，職叨宰弼，宸心向屬，榮寵荐加。得以淺陋之詞，上述鴻明之德。叙帝堯之奇表，非可强名。讚軒后之英威，空慚竭思。豈謂皇慈曲被，厚錫俄需。錦綵窮華麗之文，器物呈雕鏤之妙。跪受榮感，報効無階。臣不任忻荷感恩之至。

温庭筠《温飛卿詩集》卷三《齊宫》 白馬雜金飾，補：曹植《白馬篇》：白馬飾金羈。言從雕輦回。見卷六。粉香隨笑度，鬢態伴愁來。遠水斜如翦，補：杜甫《戲題畫山水圖歌》：焉得并州快翦刀，翦取吴松半江水。青莎緑似裁。《本草》：青莎，一名水香稜，一名雀頭香。《上林賦》注：徐廣云：莀莎可染紫。所恨章華日，冉冉下層臺。補：《左傳》：楚子成章華之臺。

李曾伯《可齋續藁後卷》卷五《條具廣南備禦事宜奏》 一、除戎器以備不虞。今日急務，廣右習於承平之久，甲朽鐵鈍，備具素疎，邇年以來，雖科請於朝廷，製造於連政，以一路帥閫見管，幾不能及荆淮一州之所有，今略點檢軍器庫寔數，甲僅二千，弓弩僅各六七百張，箭止四萬，弩箭止六萬，鎗刀之類亦寡，猶恐有不堪用者，揆之荆淮制司庫管，曾不能及十之一二。於火攻之具，則荆淮之鐵火砲動十數萬隻，臣在荆州一月製造一二千隻，如撥付襄郢皆一二萬。今静江見在鐵火砲大小止有八十五隻而已，如火箭則止有九十五隻，火鎗則止有一百五筒。據此，不足爲千百人一番出軍之用，而閫府欲椿備城壁，撥付列郡，以此應敵，豈不寒心。且聞邕欽宜融四郡，亦全欠軍器。近據知宜州汪雷發所申，乞下淮江，旋借工匠製造，已嘗備申于朝，則可見矣。一府猶不能足備，四郡其何以遍給？若非朝廷軫念，於殿步司於鄰梱有管軍器去處，多數科撥發下本司，應副備禦，目下自欲製造，便有工匠，有物料，亦恐日力不及，未能應用緩急。以徒手當大敵，委是可慮。伏乞睿旨施行。

許翰《襄陵文集》卷一《朱芾轉官制監察御史前任修肇基發祥宫了畢》 維伊雒之山川，閟祖宗之弓劍。宜伸福禄，益佑神靈。是考祠宫，用嚴像教。規摹大壯之制，謳歌長發之祥。不日告成，有嘉時敏。肆敷斯寵，懋著厥勤。爾以一時之英，嘗總百工之事。其增榮秩，益勵修能。

許翰《襄陵文集》卷五《慎用人材疏》 臣聞《否》、《泰》以類相反，《否》則小人以類來，《泰》則小人以類往。先王之智，不能遍知四方萬里之遠，使君子小人不亂於前者，要在求其類之所自，推而廣之，如裘挈領，則順者不可勝數也。

方今天下姦惡如織，蕪穢郡縣，戕賊黎元。凡才無爛羊之能，冒寵有續貂之嘆。吏部充塞，無闕以擬注；版曹空匱，不給於禄廩。若不一大鏟革，恐終不可有爲。今以軍興多故，郡縣賞遺。鞭笞良民，無直而糴，上下皆敝，公私甚勞。而姦宄無用之人坐縻倉廪之蓄，此所謂繁其華者傷其實，披其枝者傷其根者也。願詔吏部稽考庶官，凡由楊戩、李彦之公田，王黼、朱勔諸道之應奉，童貫、譚稹等西北之師，孟昌齡父子河防之役；與夫夔蜀、湖南之開疆，關陝、河東之改幣，吴越、山東茶鹽、陂田之利，宫觀、池苑營繕之功，後苑、書藝局、文字庫所與之賞，淫朋比德，各從其類；又若近習所引、獻頌所採、効用有力、應奉有勞、特赴殿試之流，此皆殃民蠹國、敗俗妨賢、姦宄取位、賕賄買官，所叨恩數，不限高卑，一切褫奪，還其本秩。若非此族而橫竊名器，如橫行、節度之貴仕，祕閣、延殿之華資，或以童稚、奴僕而濫膺，或以商賈、胥役而貨取，人人論列，簡牘徒繁。願令吏部各具閥閱，諸臺諫分使看詳，上之朝廷，次第裁抑。其坐公田得罪如鮮于可，非理譴逐，宜自元斷月日，復其資秩、恩數而升擢之，以勸忠諒。然後位著可清，賢能可進，生民可安，國用可節。昔唐斜封墨勅官，一日停數千員不以爲疑，今亦何難哉！

夫糞土爲墻，匠石不能施塗墍；鄭衛調瑟，后夔難以致簫韶。《詩》曰：「周雖舊邦，其命維新。」願陛下順天休命而一新之也。

郭茂倩《樂府詩集》卷二《郊廟歌辭二》謝莊《宋明堂歌》 《南齊書・樂志》曰：「明堂祠五帝。漢郊祀歌皆四言，宋孝武使謝莊造辭，莊依五行數，木數用三，火數用七，土數用五，金數用九，水數用六。案《鴻範》五行，一曰水，二曰火，三曰木，四曰金，五曰土。《月令》木數八，火數七，土數五，金數九，水數六。蔡邕云：「東方有木三土五，故數八；南方有火二土五，故數七；西方有金四土五，故數九；北方有水一土五，故數六。」又納音數，一言得土，三言得火，五言得水，七言得金，九言得木。若依《鴻範》木數用三，則應水一火二金四也。若依《月令》金九水六，則應木八火七也。當以《鴻範》一二之數，言不成文，故有取捨，而使兩義並違，未詳以數立文爲何依據也。《周頌・我將》祀文王，言皆四，其一句五，一句七。莊歌太祖亦無定句。」《宋書・樂志》曰：「迎送神歌依漢郊祀，三言，四句一轉韻。」

郭茂倩《樂府詩集》卷四《唐祀圓丘樂章・凱安》 《新唐書・禮樂志》曰：「貞觀初，（舞）〔更〕隋文舞曰《治康》，武舞曰《凱安》，郊廟朝會同用之。舞者各六十四人。文舞，左籥右翟，著委貌冠，黑素，絳領，廣袖，白絝，革帶，烏皮履。武舞，左干右戚，服平冕，餘同文舞。朝會則武弁，平巾幘，廣袖，金甲，豹文絝，烏皮靴。執干戚，餘同郊廟。凡初獻作文舞，亞獻、終獻作武舞，太廟降神以文舞。」及高宗崩，改《治康舞》曰《化康》，以避諱也。《舊書・樂志》曰：「《凱安舞》，貞觀中造，凡有六變：一變象龍興參野，二變象尅靖關中，三變象東夷賓服，四變象江淮寧謐，五變象獫狁讋服，六變復位以崇，象兵還振旅。亦如周之《大武》，六成樂止。」按貞觀禮，享郊廟日，文舞奏《豫和》、《順和》、《永和》等樂。麟德二年十月，文舞改用《功成慶善樂》，武舞改用《神功破陣樂》，并改器服。後以《慶善樂》不可降神，《破陣樂》不入雅樂，復用《治康》、《凱安》如故。

李燾《續資治通鑑長編》卷二九三《神宗元豐元年》〔十月壬戌〕 軍器監言：「昨贊善大夫呂温卿言：『五路州軍近年增置壯城兵，雖有教閱指揮，而所習武藝全無實用。如大名府城圍四十餘里，礮手止有四人，其他掛搭、施放火藥、全火等人亦皆闕。蓋舊無教閱格，又無專點檢之官。今欲令諸州壯城兵，除修葺城櫓外，並輪上下兩番，教習守禦，以十分爲率，內留礮手三分，餘並習掛搭，施用拒守器械。仍籍所習匠名，每季委本州比試升降。』嘗下五路安撫司，而五路相度異同。本監今參酌，欲乞五路州軍壯城兵，遇無修城池樓櫓功料，即令安撫司以十分爲率，三分令習礮，餘並習掛搭、拒守器械。其廣備十一作工匠，並均付五路準備差使及指教施用，每三年一替。自來所習禁書作藝，更不許傳習。熙河路州軍亦依此。」從之。

文彦博《潞公文集》卷一七《奏永興軍衙前理欠陪備至和二年》 清酒務年計出賣煮酒，而官不給煮酒柴，或量給而用，不足者，般請麴，未合使脚力及諸雜瑣細用具，盡令衙前專副陪備。

孟元老《東京夢華録》卷一《大内》 大内正門宣德樓列五門，門皆金釘朱漆，壁皆磚石間甃鐫鏤龍鳳飛雲之狀，莫非雕甍畫棟，峻桷層榱，覆以琉璃瓦，曲尺朵樓，朱欄彩檻，下列兩闕亭相對，悉用朱紅杈子。

入宣德樓正門，乃大慶殿。庭設兩樓，如寺院鐘樓，上有太史局保章正測驗刻漏，逐時刻執牙牌奏。每遇大禮，車駕齋宿，及正朔朝會於此殿。殿外左右橫門曰左右長慶門。

內城南壁有門三座，係大朝會趨朝路。宣德樓左曰左掖門，右曰右掖門。左掖門裏乃明堂，右掖門裏西去乃天章、寶文等閣。

宫城至北廊約西餘丈。入門東去街北廊乃樞密院，次中書省，次都堂，次門下省，次大慶殿外廊橫門。北去百餘步，又一橫門，每日宰執趨朝，此處下馬；餘侍從臺諫於第一橫門下馬，行至文德殿，入第二橫門。東廊大慶殿東偏門西廊，中書、門下後省，次修國史院，次南向小角門，正對文德殿。殿前東西大街，東出東華門，西出西華門。近裏又兩門相對，左右嘉肅門也。南去左右銀臺門。

自東華門裏皇太子宫入嘉肅門，街南大慶殿後門，東西上閤門，街北宣祐門。南北大街西廊面東曰凝暉殿，乃通會通門入禁中矣。殿相對東廊門樓，乃殿中省六尚局御厨。殿上常列禁衛兩重，時刻提警，出入甚嚴。近裏皆近侍中貴。【略】

宣祐門外西去紫宸殿。次曰文德殿，次曰垂拱殿，次曰皇儀殿，次曰集英殿。後殿曰崇政殿、保和殿。內書閣曰睿思殿。後門曰拱辰門。東華門外市井最盛，蓋禁中買賣在此。

薛景石《梓人遺制・（段成己）序言》 工師之用遠矣。唐虞以上，共工氏其職也。三代而後，屬之冬官，分命能者以掌其事，而世守之，以給有司之求。及是官廢，人各能其能，而以售於人，因之不變也。古攻木之工七：輪、輿、弓、廬、匠、車、梓，今合而爲二，而弓不與焉。匠爲大，梓爲小，輪輿車廬。王氏云：爲之大者以審曲面勢爲良，小者以雕文刻鏤爲工。去古益遠，古之制所存無幾。《考工》一篇，漢儒攟摭殘缺，僅記其梗概，而其文佶屈，又非工人所能喻也。後雖繼有作者，以示其法，或詳其大而略其小，屬大變故，又復罕遺。而業是工者，唯道謀是用，而莫知適從。日者姜氏得《梓人攻造法》而刻之矣，亦復粗略未備。有景石者夙習是業，而有智思，其所制作不失古法，而間出新意。砻斲餘暇，求器圖之所自起，參以時制而爲之圖，取數凡一百一十條，疑者闕焉。每一器必離析其體而縷數之，分則各有其名，合則共成一器。規矩必度，各疏其下。使攻木者攬焉，所得可十九矣。既成，來謁文以序其事。夫工人之爲器，以利言也。技苟有以過人，唯恐人之我若而分其利，常人之情也。觀景石之法，分佈曉析，不啻面命提耳而誨之者，其用心焉何如，故予嘉其勞而樂爲道之。景石薛姓，字叔矩，河中萬泉人。中統癸亥十二月既望稷亭段成己題其端云。

楊維楨《鐵崖樂府》卷三《脩月匠歌》 按《酉陽雜俎》，太和初，有王秀才遊嵩山，迷道，見一人枕幞而坐。曰：「君知月乃七寶合成乎？月勢如丸，其影則日爍其凹處也。常有八萬三千户脩之。予即一數。」因作《脩月匠歌》。

天公弄丸七寶鈿，脆如琉璃拆如線。月中斤人八萬户，敕賜仙厨瓊屑飯。什什伍伍入杳冥，妙手持天輕欲旋。千斤寶斧運化鈞，混沌皮開精魄見。羿家奔娥太輕脱，須臾蹋破蓮花瓣。十二山河影碎中，輪郭重完冰一片。縹緲長懸玉臼飛，堅牢永結妖蟇患。封辭何用蟣虱臣，功成萬古蒙天眷。一歸蘭路不知年，兔子花開三萬遍。

楊維楨《鐵崖樂府》卷五《匠人篇》 匠人久失職，秦人已開阡。誰望雲陽氣，木土鑿由拳。後來興利者，開渠引淮船。吴牛拖輦石，喘月不能前。老翁乏丁壯，捕女在河邊。投水作河婦，天子罷庸田。

申時行等《明會典》卷一九三《工部十三・軍器軍装二》 火器：

凡火器成造，永樂元年奏准，銃砲用熟銅或生熟銅，相兼鑄造。○弘治九年，令造銅手銃重五六斤至十斤。○又令神鎗神砲，在外不許擅造，遇邊官奏討，工部奏行內府兵仗局照數鑄給。○正德十二年題准，鞶袋火桶等件，南京兵仗局造解，鐸木箭竹兩廣採辦。○嘉靖四十二年題准，內局鑄各邊火器演試炸破者，發局陪料改造，仍查究經造員役。

凡火器編號，正統十年題准，軍器局造椀口銅銃，編勝字號。○景泰元年，改編天威字。○天順元年，仍編勝字。○成化四年題准，手把銅銃編列字。

弘治以前定例：

軍器、鞍轡二局三年一造：

椀口銅銃三千箇，手把銅銃三千把，銃箭頭九萬箇，信砲三千箇，椵木馬子三萬箇，檀木槌子三千箇，檀木送子三千根，檀木馬子九萬箇。

兵仗局：

火車，火傘，大將軍，二將軍，三將軍，奪門將軍，神鎗，神銃，斬馬銃，手把銅銃，手把鐵銃，椀口銃，一窩蜂，神機箭，銃箭，襄陽砲，信砲，盞口砲，神砲，大樣神機砲，小樣神機砲，椀口砲，銅砲，大砲，小砲，旋風銅砲，砲裹砲。

弘治以後續增：

軍器局造：

四眼鐵鎗，嘉靖二十五年造。各號雙頭鐵鎗，內三號、四號、六號、七號，俱嘉靖四十年造。夾靶鐵手鎗，嘉靖三十四年造，四十年、四十三年又造。大樣、中樣、小樣佛朗機銅銃，大樣，嘉靖二年造三十二副，發各邊試用，管用鐵鑄，長二尺八寸五分，重三百餘斤。每把另用短提銃四把輪流，實藥腹內，更迭發之。中樣，嘉靖二十二年，將手把銃碗口銅銃改造，每年一百五副，又停。年例銃砲銃箭石子麻兜馬子等件，添造一百副。小樣，嘉靖七年造四千副，發各營城堡備敵，重減大銃三分之一。八年又造三百副。二十三年造馬上使用小佛朗機一千副。四十三年又造一百副。佛朗機鐵銃，嘉靖四十年造。木廂銅銃，劬繳樺皮鐵銃，上二器俱嘉靖二十四年造。十眼銅銃，嘉靖二十五年造。

七眼銅砲，十眼銅砲，上二器俱嘉靖二十八年造。

兵仗局造：

四將軍，五將軍，九龍筒，正德十二年造。飛鎗筒，快鎗，上二器俱弘治十三年造。無敵手銃，即神鎗，但稍長，重十六斤。嘉靖七年，用黄銅鑄一百六十副，發各邊試驗。鳥觜銃，嘉靖三十七年造一萬把。流星砲，嘉靖七年，用黄銅鑄一百六十副，發各邊試驗，式如佛朗機，每副砲三節共重五十九斤一十四兩。三出連珠砲，式如神機，其長倍之。每桿三分之，以次實藥，發亦如之，人可持放。百出先鋒砲，式如佛朗機槓，其筒十之六，納小砲十，繫火繩於筒外，連發連納，末有銃鋒如戈形，長六寸，以代鐵鎗，一人持放，馬上亦可。鐵棒雷飛砲，式如毒火飛砲，少變輕，約每砲長尺許，上廣下窄，敵遠用以衝擊，近則揮爲鐵棒，連鎧甲槌撻之。

火獸布地雷砲，刳木爲筒，長一尺五寸，圍四寸，繫火砲有機，通火線有候，略如毒火飛砲。法凡馬騾一負筒六，筒一繫砲七，驅而放之。上四器俱嘉靖二十五年題造，給發各邊。四十三年又造連珠砲三百桿，京營用。虎尾鐵砲，石榴砲，上二器俱嘉靖四十三年題准，行局查給。龍虎砲，發熕火器，上二器皆隆慶三年題，照浙直軍門式樣料造各二十架，京城備用。

各邊自造：正統十四年四川，弘治四年湖廣、廣西，正德六年青州左衛，七年徐州，十二年涼州，俱准自造銅將軍神銃等器。千里銃，式如概狀，實藥其中，繫於帶下，卒然遇賊，舉手可放。嘉靖四十四年題准，遼東自造。毒火飛砲，用熟鐵造，似盞口，將軍內裝火藥十兩有餘，盞口內盛生鐵，飛砲一箇，內裝碾硫毒藥五兩，藥線總縛一處，點火大砲先響，將飛砲打於二百步外，暴碎傷人。連珠佛朗機砲。用熟鐵造，二管合爲一柄，每管各盛小砲一箇，二二接連點放，上二器俱嘉靖二十三年題准，山西三關自造。火藥硫黃，遇缺召買。焰硝，每十年題派二百萬斤，或缺亦如數召買，每三年兵仗局關領一次。硫黃一萬六千六百六十六斤，硝三萬三千三百三十三斤。鉛彈，嘉靖四十三年令京營演放火器改用鉛彈。舊用泥彈。隆慶二年改鑄鐵彈，五年後改鉛彈，日記損失，止操奏補。

凡試驗軍器：正統三年令軍器局成造，於兵仗局各取一件爲式，造完請給事中御史各一員，同工部堂上官，按季試驗，送庫交收。但有不如法及剋落隱瞞匠料者，治罪。以後每年終，照例請官試驗。○嘉靖二十八年題准，近西安門建造試驗官廳一所，遇有各處解到軍器弓箭弦等項，工部劄行司官及咨兵部委司官，會同試驗精美合式，給與進狀呈部劄委戊字庫官吏，請科道官復行查驗，照數收庫。查驗不堪，本部駁回，陪補造解。○隆慶五年題准，軍器局年例造完開數，送部委官查驗，如式貯庫，仍造册奏報。凡查盤軍器，景泰二年奏准，各衛所季造軍器，令巡按御史，同按察司官，五年一次，弔卷查盤。○成化二年，令天下衛所照依原定則例，督匠按季成造軍器，完日會同原辦物料有司掌印官，查點試驗堪中，用油漆調硃於背面，書某衛某所某年某季成造字樣，候至五年，本部通行，巡按御史查盤，敢有仍前侵欺物料，及造不如法者，指揮千百户各降一等敘用，不許管事，旗軍人等各發極邊衛分充軍。○弘治十三年，令各處巡按御史，三司守巡官查盤軍器，若衛所官旗人等侵欺物料，那前補後開報虛數，及三年不行造册奏繳者，官降一級，帶俸差操，旗軍人等發邊衛充軍其各該都司。并守巡官怠慢誤事者，參究治罪。○十七年奏准，各衛所軍器，每三年，令刷卷御史，請勅帶管查盤，其收貯遠年軍器，堪中者修理，如不堪銅鐵等項，抵充年例物料。○正德十一年奏准，各處刷卷御史，或清軍巡按兼刷卷者，各查盤該衛所軍器，造册二本，一本奏繳，一本送部查考，以後刷卷之年，照例舉行。○嘉靖八年奏准，盔甲廠貯庫物料，差科道官會同工部委官，并管廠內外官員，盤驗過，給造軍器。○十一年，令盔甲廠成造軍器，於累年兑下軍器內查驗應該修理若干，破壞可作廢鐵若干，該扣兑物料若干，開報本部施行。

凡折徵軍器：成化十六年，以在庫弓箭弦足用，准折徵三年，每弓一張，銀六錢二分；箭一枝，銀三分；弦一條，銀五分。○弘治十三年題准，歲造弓弦內一半，每弦一條，折荒絲一兩解部。○正德十年，免本年造解軍器，料銀，照彼中工價徵收，每盔甲弓箭弦腰刀撒袋一全副，共折銀八兩。○嘉靖二十年題准，每弓一張，銀四錢一分；箭一枝，銀一分九釐五毫；弦一條，銀二分九釐八毫。此外不許濫徵工匠銼磨及解扛脚價。

凡關領軍器：洪武二十五年，令官軍關領軍器，將姓名數目造册收貯，仍於各器上記官軍姓名，損失即令償官。○弘治元年題准，上直官旗將軍，原領盔甲瓜刀等件，例該三年；茜紅氈襖等件，例該六年；叉刀，例該十二年。行兵仗局照數兑領。

三年一次：

大漢將軍二百十六員，硃紅漆皮盔，青綿布弔線甲各如數，銅瓜黑漆大刀各四十把，腰刀二百把。

大漢官四十八員，明盔金瓜各如數，明甲二十四副。

旗將軍八十四名，尖頂明盔明甲各如數，紅滚刀二十八把，銅瓜摩挲刀各五十把。

五軍營團子手一千名，紅漆皮盔青皮襯盔青布弔線甲各如數。

神樞營紅盔將軍七百二十三名，紅漆皮盔及襯盔青布縧穿甲各如數，金瓜四十把，摩挲刀二十八把，鵓鴿頭刀三十七把，腰刀五百五十三把，米昔刀二把，長靶黑刀三十九把。

披明甲將軍二百五十七名，尖頂明盔明甲各如數，摩挲刀十三把，硃紅靶滚刀二百三十七把。

披大甲帶大刀大漢將軍四員，尖頂明盔明甲金瓜摩挲刀各如數。

府軍前衛帶刀指揮千户四十員，青紵絲弔線穿甲摩挲刀各如數，以上俱兵仗局兑領。

紅盔將軍弓箭等件，戊字庫兑領。

京營弓箭手三萬五千有奇，各弓箭一副，軍器局兑領。今舊弓免交。

皇城四門并紅舖官軍，紅盔青甲長鎗五千八百六十件，軍器局年例内兑。不敷，行庫關領。

旗手等二十衛，盔甲刀鎗軍器，局年例内兑。不敷，行庫關領。

六年一次：

大漢官茜紅氈襖雨帽各二十四件，旗將軍茜紅氈襖雨帽各八十四件，披明甲將軍茜紅氈襖雨籠各二百五十件，披大甲帶刀大漢將軍茜紅氈襖雨盔籠各四件。以上俱兵仗局關領，遇缺題行南京造解。

十二年一次：

五軍營圍子手硃紅漆桿步叉步刀各五百把，兵仗局兑領。

不時關領：

京營春秋操演官軍，每員名各盔甲一副，鎗刀銃砲等件，俱軍器局開操關領，歇操交還。

京營及巡捕官軍，防春防秋各兵火器械，遇警於内庫關領，事畢交還。

出征官軍，所部參隨頭目人等，各一把，蓮明鐵盔青紵絲齊腰甲，青綿布弔線甲，倭腰刀，黑漆弓，真皮撒袋，矛鎗，行兵仗局關領，兵部應付裝載前去，事寧交還。

聖駕親郊圜壇，九門及各路擺隊軍，約用盔甲九萬餘副，行庫放給，畢日交收。

親祀山陵扈從官軍盔甲刀鎗毛馬響鈴頓項臂手等件，行兵仗局關領，畢日交收。

公侯伯及錦衣衛指揮等官，遇侍衛供事奏討，御用監盔甲腰刀，奉有特旨方准關給。

凡關領火器：舊例征進每隊給神鎗八把，神銃二箇，哈喇蠡袋火藥全。

凡九門軍器：嘉靖二十一年題准，行戊字庫放弓箭撒袋腰刀一萬六百四十一副，給巡捕九門官軍免其交還。○三十年議准，將戊字庫節年收貯長圓挨牌，共一十六萬有餘，運送九門城樓堆放。○四十一年題准，將各門堆放軍火器械，逐一查明，分别應存應發并損壞短少數目，造册呈報。除該存留外，發兵仗軍器等局交收。○隆慶元年議准，各門存留器械，清查修換，仍貯各門庫内，責令守門指揮等官看守。置立循環簿，每年五月内兵工二部委官，會同照册查盤，不許損失。○又以朝陽、東直、安定、德勝四門，通行要路，廣渠、東便二門，切近運河，各門除原用連珠砲快鎗夾靶鎗外，添給中樣鐵佛朗機二十架，一窩蜂砲六位，快鎗四十桿。

凡各邊奏討軍器：舊例天下衛所，歲造軍器在邊鎮者，留本處給軍；在腹裏者，解戊字庫專備京營官軍領用。并無别項供應邊討之費。○正德四年，以宣府當虜要衝奏准，給熟鐵二十萬斤。○嘉靖十七年議准，工部先咨取各邊合用各色，行局成造，每遇造完，即開數目，送部委官查驗候給。○二十二年，准發銀四千兩。○後令每五年行甲字庫，止關熟鐵十五萬斤。○四十一年題准，各邊不許違例奏討。

凡各邊奏討火器：正統七年，密雲奏討數多，減半給與。○嘉靖四十三年，薊鎮奏討火器，該局缺少，令以便利火器抵給。○隆慶五年題准，宣大每五年，例領神箭一萬枝，每枝改折鉛彈四箇，每箇重六錢，以後年分給荒鉛一千五百斤，送鎮造用。○今例薊鎮，三年關領火器一次，宣府五年一次，遼東延綏三年關領硫黄燄硝一次，遼東黄二千斤，硝三萬斤，延綏黄三千五百斤。宣府、寧夏、甘肅俱五年一次。宣府黄一萬斤，硝五萬斤。寧夏、甘肅黄三千斤。

凡軍器禁例：景泰五年，令各處守備官，採取雜木製鋭箭火藥操演，務在密切關防，不得漏洩法式，違者從重治罪。○正德六年奏准，應禁軍器除弓箭刀鎗外，凡盔甲旁牌火筒火砲旗纛號帶，不許私家製造，有故違者，在内拏送法司；在外拏送巡按御史，從重問罪。

戰車旗牌

凡戰車：天順八年，令造戰車，制如民間小車。但前增三面木板，闊二丈二尺，高六尺，綵畫飛虎獸面，上開小牕，下三面各留銃眼。○成化二年，令每步隊造小車六輛，每輛二人推挽，七人放銃，軍裝俱載其上，行則爲陣，止則爲營。空處張掛布圍，畫作獅頭牌狀。營外每車設木樁二根，絆馬索一條，又置布幕二扇，俱用旗鎗張掛，小紅纓頭，并生鐵鈴鐺。○弘治十七年奏准，造戰車一百輛，送營操習。○嘉靖十二年議准，團營收貯先年戰車，改造載銃手車七百輛。○二十九年奏准，造戰車九百輛，火車五十輛，鹿角架五十副。○三十年題准，造單輪車一千輛，雙輪車四百輛，單輪弩車四十輛。○四十三年題准，京營該用兵車，每營四百輛，共四千輛。每輛前帶鹿角木，上安拒馬鎗迎風牌一面，兩傍偏廂牌二面，上下裹鐵葉二寸。前後車板三副，竹桿鎗一根，約一丈五尺。鐵鍋一口，鐵索二條，約二丈二尺。每輛可容步卒五人，給神鎗夾靶鎗各二，發營教演。○萬曆三年奏准，造車一千二百輛，每輛用二號佛朗機三架，鳥銃二架，地連珠二架，湧珠砲二位，快鎗一桿，大旗二面，小旗一面，木盾二面，虎叉二枝，長鎗二柄，大砍刀二柄，布裙一條。

凡旗牌：正統元年奏准，令旗令牌，在外不許輕造，間常不許擅用，班師之後，照驗還官。○弘治十一年奏准，成造令旗令牌三百面副，每旗用闊絹一幅，長四尺，闊一尺九寸。鎗連桿長六尺五寸，圍二寸三分。每牌連卧虎蓋長八寸，厚七分。俱編令字一號起至三百號止，火熔印記。仍置印信文簿一扇開立前件，遇有征進，并內外鎮巡等官領用，即將原領字號逐一附寫，後有事故繳回奏換，就於前件項下明白註銷，如有損壞或比對原號不同者，聽本部參究。○正德三年，料造三百面副，自令字三百一號起，至六百號止。○七年，料造一百面副。○嘉靖十二年，料造一百面副。○二十四年，料造三百面副。○二十九年，料造三百面副。○隆慶二年，料造三百面副，令字號數接編如前，今至一千七百號止，俱題行軍器局造，造完收庫備領。○近例關領旗牌，凡總督京營十二面副，協理京營并各邊總督，及掛印總兵，各十面副。提督八面副，贊理軍務六面副，總兵副總兵各五面副，參將遊擊各三面副。

軍裝

洪武九年，令將作局造綿花戰衣，用紅紫青黃四色。江西等處，造戰襖，表裏異色，使將士變更服之，以新軍號，謂之鴛鴦戰襖。○宣德十年定例，每襖長四尺六寸，裝綿花絨二斤，褲裝綿花絨半斤。鞝鞋長九寸五分至一尺，或一尺二分。○今例造胖襖褲，用細密闊白綿布，染青紅綠三色，俱要身袖寬長，實以真正綿花絨，鞝鞋亦要密衲堅完。衣裏開寫提調辨驗官吏，縫造匠作姓名并價直，寬長尺寸斤重裙幅數目，用印鈐蓋，限每年七月以前解到。

國初定鍼工局造

長胖襖，袒衩褲。

續定各處成造數目：

浙江五千七百七十二副六分八釐，今三千七百九十七副。

江西三千六百二十三副，今三千二百三十八副。

河南六千七百八十副六分五釐，今六千一十五副。

湖廣三千六百七十七副，今三千七百七十八副。

山東六千三百三十副五分，今五千八百副。

山西二千七百零六副，今一千七百零四副，其大同、平陽、潞安及澤遼、沁汾四州，俱存留本處。

順天府一千一百二十四副五分一釐五毫，今一千一百零二副。

直隸永平府三百一十九副，今三百九十二副。

保定府七百一十五副，今六百五十一副。

河間府四百零四副，八釐今四百二十四副。

真定府八百一十一副，二分今八百一十副。

順德府一百七十六副，半今一百五十四副。

廣平府三百八十九副八分七釐五毫，今三百九十一副。

大名府五百七十四副六分六釐，今五百七十三副。

直隸蘇州府五百副，今同。

松江府三百五十副，今二百八十副。

常州府三百一十二副七分五釐，今二百五十副。

鎮江府五百三十四副，今八百副。

廬州府三百三十九副，今同。

鳳陽府五百副三分八釐。

淮安府四百八十九副，今六百五十三副。

揚州府一千五百七十九副，五分六釐今一千五百七十八副。

池州府六十九副五分，今七十六副。

太平府九百一十八副，今同。

安慶府二百八十四副一分，今少一分。

廣德州二百副零六分，今二百一副。

徐州七百五十副，今同。

和州一百四十九副零三分，今一百五十副。

凡折造：宣德中題准，各處以皮張折造衣鞋，例見皮帳條下。內除福建、廣東、廣西三省，解貯南京外，其直、浙等處，共折造三萬五千九百九副，解部發乙字庫收貯。〇成化十八年，令山西大同、太原、平陽并澤潞等處，歲辦皮張，折造胖襖褲鞋，留貯行都司備用。甘州河橋巡檢司日税羊皮及毛成造皮襖，分給墩軍。延綏、寧夏歲造胖襖褲鞋，就彼貯庫，其歲辦皮張造皮褲備用。〇隆慶元年，以乙字庫收貯鞥鞋數多，題准今後各處造解，每鞥鞋九雙，折造襖褲一件，如遇鞋缺，照舊造解。

凡驗收：成化十五年奏准，各處解到胖襖褲鞋，俱送東西廣備二庫，仍差御史及本部官各一員，同官攢人等驗收。〇弘治十五年奏准，南京各庫收貯胖襖褲鞋，每五年一次，委官揀選三十萬副，令南京兵部差馬快船送京備用。

凡折徵：弘治十一年奏准，山西大同、太原府等處，胖襖照舊徵收本色；平陽并澤潞五州胖襖，該於本布政司寄庫者，照先年例，每件折銀一兩五錢，候支盡之日，仍徵本色。〇嘉靖中，天下各司府，歲辦胖襖褲鞋，自六年至十五年止，俱折徵銀一兩五錢解部，自十六年至二十年止，各以十分爲率，五分折徵，五分本色。〇隆慶六年，亦准折徵。〇萬曆五年題准，福建、兩廣解南京乙字庫胖襖，自本年始，改徵折銀，徑解工部。

凡邊軍關給：弘治二年奏准，守墩架砲夜不收人等，胖襖三年一次給賞。〇十八年，令給莊浪土官軍胖襖褲鞋。〇嘉靖二十一年奏准，大同虜中來降人口常例，月糧花布外，歲加布二疋，花二斤，仍比照墩軍三年一給胖襖褲鞋。

各邊三年一次關領：

石門寨七千五百八十四副，墻子嶺三千七百三十五副，居庸關三百五十八副，鎮邊城四百十六副，黄花鎮八十九副，渤海所五百四十九副，大同二萬六千一百二十七副，遼東一萬三千一百一副，宣府二萬五千七百十九副。

凡京軍關給：舊例，衣鞋專備給邊，其在京各役，例無支給。嘉靖七年，始令五年一次，給賞京城内外巡捕官軍。後上直紅盔將軍，披明甲軍，錦衣衛大漢官旗，并府軍前衛帶刀官，錦衣衛巡捕旗校，并五所八所鎮撫司士軍，象奴園子手軍，皇城四門守衛官軍，俱比例奏討，工部以給邊事重，議行户部，每員名折支銀七錢，與原領布花相兼自製，惟紅盔將軍，披明甲軍，給與本色。十一年，令皇城四門守衛官軍，每二人共給本色一副。十二年，令紅盔將軍，披明甲軍，亦行户部支與折色。十七年，始并原支折色者，俱與本色。

二十一年，令巡捕官軍，每二員名，給雨帽氈衫一副，計五千三百二十一副。二十二年，始給守衛恩軍，撞門官軍各本色。二十七年，相沿支給其虎賁左等衛帶刀官止於十二年奏給一次，正陽等九門官軍止十七年二十七年各奏給一次，其餘年分俱未准給。

在京五年一次關領：

大漢將軍一千三百九十二副，巡捕官軍八千七百九十五副，紅盔將軍一千四百九十四副，園子手官軍一千九百九十九副，披明甲將軍四百九十八副，錦衣衛旗校象奴人等一萬六千一百七十三副，皇城四門軍士七千三百九副，正陽等九門軍士一千九百七十八副，永定等七門軍士一千一百十二副，撞門軍士五百四十副，恩軍二百十五副。

徐光啓《徐光啓集》卷一《論説策議・器勝策》 夫虜習弓馬，情志膠結，三軍同力，不別生死，夙號勍敵，若之何戰可必勝，守可必固也？則有必勝、必固之技於此，火器是也。嗚呼，不知造物者何緣動此殺機，慘毒乃爾哉！似非仁人所忍言也。第在今日，有犯順求死之虜，亦有不容不習之勢，即深言之可也。夫火器之來也，自永樂間征安南始也；其稍盛也，自嘉靖間禦倭始也。用之而效者，若楊襄毅、曾中丞、郭武定、周尚文、戚繼光之屬，非一人也，然而皆皮毛耳，未合也。近歲以來，溫中丞趙士楨所作，稍合矣，未盡也，亦未大也。而士楨所意造者，又未合也。

夫用火之精者能十步而一發，若是速也；能以石出火，無俟宿火，若是巧也；能射鳥二三百步，騎而馳，而擊方寸之質。稍大者能於數千百步之外，越壁壘而擊人之中堅，若是命中也；小者洞甲數重，稍大者一擊殺數千百人，能破艨艟巨舟，若是烈也。此器習，而古來兵器十九爲土苴，古來兵法十五爲陳言矣。何者？正兵之勝，前無衡敵故也，今誠簡我精卒，日夕肄習，悉令入彀，次乃用之。其法，戰車爲營，大小雜置之，步兵司之，干盾自衛，間以矛刃，長短相次，鐵騎居中，遊奕進退，或誘其前，或擊其敗，以當虜衆，豕突蟻聚，騶發同的，雷擊電邁，未及接刃，已糜爛其十七八於千百步之外矣。彼所恃者堅甲，如刺瓠也；所長者弓矢，如敺蚤也，如是而與我旗鼓相當，劍戟相撞者，百不能有一也。就令糜爛之餘，猶能復戰，以我全力，當彼創殘，勝負之數，亦易見也。若夫彼我皆騎，則五不當一，彼騎我步，則二不當一，至乃憑藉堅城，用高臨下，其於却敵，滋甚易矣。故曰、戰有必勝，守有必固者此也。

夫車戰之法，近世名臣所聚訟也，蓋乃虜騎倏忽，逐利未便，鷗鴣之目，理實有之也。然而愚所陳者正兵也，以我制人，滅賊爲期者也。自古以來，無有大師轉戰不用正兵者。不有正也，奇何自出？正以藏奇，變化無端，勝之道也。至夫幺臂草竊，潰垣驅掠，風集雨散，則割鷄焉用哉！五火既習，若騎若步，固足勝之；團練義勇，農夫田更，亦足勝之。嗟呼，以我至長，擊彼至短，數萬横行，何足疑也！然而我常畏敵者，何也？假令事理變易，彼挾此長，我耑其短，其爲可畏，更何如也？故曰，在今之日，有不容不習之勢者此也。是未敢盡言也。

《徐光啓集》卷三《練兵疏稿》一《兵事百不相應疏萬曆四十七年九月二十五日》

奏爲兵事百不相應，微臣萬難稱職，懇乞聖明速命廷臣從長議妥，以計安攘事。臣本腐儒，荷蒙皇上非常之遇，委以練兵事務。時世艱危，主恩隆重，誼不容辭，業於本月十五日條陳急切事宜十款，恭候命下，同各該衙門逐一施行。然以未奉欽敕，諸凡事理，皆約略言之，實不知所練何處兵士，爲數幾何也。如臣愚見，最多不過挑選精壯二萬人，就於京營左右陸續建立營房二千間，工部陸續支給器甲、車輛、材料四十餘萬兩，户部每年支給糧餉五十餘萬兩。一應軍資得各該衙門逐一應手，臣再求副貳贊畫四五員，博選良將數十員，一面造器，一面練兵，一年之後，庶幾可用。萬一不測，未及成軍而醜虜長驅，深入重地，則先教之施放火器。聞得內府廠庫大小火砲，多如山積。若以此二萬之衆，與京營兵協同守禦，再行建造敵臺，改造大砲，堅壁清野，賊雖十萬來攻，必令時刻之間，盡斃於堅城之下，此臣之本計也。若製造未精，教練未就，雖十倍敵人之衆，必不可戰，遼東三路可爲殷鑒矣。然臣近商之户部諸臣，咸言此餉毫無措處。目今通州民兵月給亦係借用，不可爲常；計在工部，亦復不易。而通州先到山西民兵，數僅三千，尚皆露宿。目今天氣漸寒，若非速建營房，將何棲止？昌平、天津兩處，何獨不然。然則如臣所計約略二萬人，尚費若干措處。乃近聞兵部議：將各省民兵、四省召募兵并近擬召募八府民兵約共六萬之衆，分駐三處，一切教練，盡屬於臣。此則臣力所必不能勝，亦今日所必不能辦。抑且目前日後皆有危險之形，不容不潰陳於皇上之前也。夫承平既久，廢弛已極，而遽求精兵，未易言也。戚繼光昔時名將，身經百戰，其在浙江，止能選練三千人爲鴛鴦陣以勝倭。然倭奴亦無大衆。後來總理薊鎮，譚綸爲總督，兩賢提挈，司道偏裨皆一時之選。又以浙中舊練精兵三千爲之基本，將欲練兵六萬，爲出塞之舉。畢竟不能，止增募南兵二萬，月餉一兩五錢，教練三年而成。又用主兵班軍之力，建造三層敵臺千二百座，所以薊門安枕，至於今日。然以匹馬不入爲功，未能與强虜決機兩陣之間也。蓋練兵之初，其難如此。臣無譚、戚之才，無經歷之素，無慣戰之精兵良將，欲以一老書生奔走竭蹶，令於歲月之間，統烏合之衆，練成精兵六萬，其將能乎？此臣力所必不能勝者也。户部舊新二餉支吾遼左，尚苦不給；新兵糧餉若薄，與無兵同。即使約量中數，六萬之衆亦須歲支一百二十餘萬兩。工部器甲除內府大砲外，無一堪用者，皆須新造，造不精利，與無兵同。應須支給料價一百餘萬兩；就得料價，而一甲一銃皆須數十日工，何時齊備，堪以對敵！至於營房一節，三衛州各該建造二千餘間，又須在目今半月內完工，過此，沍寒一至，土功難成，兵無着落矣。凡此三者，皆今日所必不能辦也。大衆所在，食用不給，衣服不完，人情當何如？數萬之衆，悉令露處寒風朔雪之中，人情當何如？既爾飢寒，救命不給，何由朝夕訓練？萬一寇至，又負六萬之虛名，必將責之以戰，朽甲鈍戈，裸裎徒跣，勝負當何如？此則目前日後危險之形也。夫以天下重徵疊募之兵，盡付於臣；以索餉製器、建立衙門、安插士衆之事，盡屬於臣；而且齟齬在前，險難在後，正如未經力作之人，偶遇主家事勢急迫，勉强負荷，即一夫之任尚未知其能勝與否，遽以五人、十人之擔而悉委之，又使履危涉險，此其人惟有顛蹶而已，更無他矣。一人不足惜，如憤事何哉！伏望皇上立刻敕下户兵工三部，會同九卿科道酌議停當，必須用衆六萬於三處安插者，户部合當豫計餉銀若干，於何出辦？工部豫計器甲車輛火藥料價若干，於何支給？兵部豫計馬匹料草若干，於何取用？一衛二州三總、速令豫計每處兵人二萬，有無房屋棲止？無則作何安頓？建造營房作何措辦，可以刻日速完？一一妥當，然後倣譚綸、戚繼光事例，分命廷臣三人，各設副貳，餉司贊畫，并應用員役，分駐訓練。臣之不肖，願當其一。雖則如此，既成之後，亦只宜製造大砲，分守近畿諸城而已；必欲與奴賊之兵交鋒接刃，自非博選天下奇材一二萬人，製造極精器械，一人食數人之餉，教練經年，必不可用也。臣先後四疏，語意皆同，先資之言，不敢有貳。然臣陳説雖多，無一當時之用，而猶敢冒叨恩命者，尚冀出身任事之後，將行其言，僥倖於一成也。今臣身用矣，而臣言決不用矣。明知灼見，無倖可僥，而猶因循時局，勉强支吾。今日知事之不可而謂之可，是謂欺君之臣；他日知兵之不可戰而令之戰，必爲債軍之將，此兩者、臣不忍爲也。儻終不用臣言，請乞皇上别簡才賢，以膺斯任。臣不敢受事，且請并褫原職，以爲本無才略，輕言冒進之戒，臣有跧伏草野，感戴聖恩而已。時事甚迫，懇乞聖明俯鑒愚衷，速賜允行。臣不勝惶恐祈望之至。

實録纂修官董宗伯其昌論曰：臣按宋事，岳飛之兵能以寡擊衆，罔有挫衄者，背嵬五百爲之先驅耳，此皆所謂百金之士也。招之者在先得數人，使其以類轉相羅致，如一燈之火散爲千燈。河朔少年，荆楚奇俠，豈患無人哉！今之募兵，人以二十金爲率，又有扣減，而弓刀衣甲皆在其中，實不下十餘金耳。閭左健兒，負戴屠酤，身不出里，數金可得；肯遠戍沙場，以頭顱僥倖哉！惟卑田游手無復生活者，定計於逃，方復應募，雖得數十萬，但可澤量耳。此疏所謂非博選天下奇材，教練一二年，决不可用，是實歷語也。

又按：今之兵皆不可戰，今之主將亦知兵之不可戰耶？抑否耶？然而皆令之戰矣，總由身不在行間，他人死生，我無與也。豈有身不在行間，不與三軍共死生，而可以司三軍之命者乎？果與三軍共死生，必將計其所以生，必將計其所以無死，必將計我之所以禦敵，所以制敵，而戰可勝，守可固矣。無論古昔，即近世文臣如王靖遠之於滇，王威寧之於虜，王文成之於逆藩，阮中丞、譚襄敏之於倭，皆身在行間者也，况武將乎？

徐光啓《徐光啓集》卷三《練兵疏稿》一《時事極迫極窘疏萬曆四十七年十月初五日》 欽差詹事府少詹事兼河南道監察御使臣徐光啓謹奏：爲時事極迫極窘，微臣甚拙甚迂，量力知難，恐致誤國，懇祈速賜聖斷以重防禦事。臣自受命以來，條陳習練事宜，已經再疏各部司，伏候明旨，企踵以待久矣。臣疏中所言軍餉器甲等事不無多費金錢者，非敢以此難部臣也。兵家所貴，知彼知己。兩年以來，逢人訪問，知奴賊器甲，事事堅利；奴賊兵馬，人人精勇。假如棋逢高手，豈容漫應，必須算定勝之之着。遼東三路敗衄，正以漫應失之耳；今日欲求克賊，苟非良將精兵，堅甲利器，必無勝理。臣之前疏，已嘗再四陳説，所以條列款内開載器甲價值，兵士糧餉，皆於優厚之中，尋求節省，酌量中數。然而計部堂屬茫無以應矣，非其不欲，實不能也。且臣與商確者不過議兵二萬耳，况進於此，其難又何如哉！臣伏思祖宗兵制，爲防禦都城計者非不備具，在内則有京營，在外則有四鎮，豈爲平時觀美，亦將以應敵備患也。總緣兵久不用，人不服習，費薄故器不堅好，餉薄故兵無選鋭。今皇上特募新兵，委臣練習，豈非俯采臣言，欲求選練之士，堪以破賊立功者哉！然而財不足，費不厚，欲求精兵利器，臣之愚計，以爲必不可得也。今部臣計無復之，或將勉强支持，兵士受此薄餉，亦只苟延殘喘；一切器甲皆不得大段更新，如此三年五年，亦復朽鈍怯懦如常而已，又安用臣爲哉！不惟不必用臣，亦無用此官；不惟無用此官，亦無用此兵。蓋有此官即有官之費，有此兵即有兵之費，總來無益，不如省之爲愈也。譬如人家，前堂後室業已巍然整飭，止因年久頹廢，欲於庭院之中别構一室，求勝於前，必須工料備足，然後可耳；如其貧難空詘，東那西湊，新不成新，舊不成舊，不如并此工料修整舊宅，猶爲得策矣。臣今一身四虚無着，候命再旬，延頸垂手，無一事可作；欲作一事，必須金錢，不比舊設衙門，尚有故事可循，徐圖整頓也。若此因循積久，無論棄可爲之日力，貽猝至之重憂，即使僥天之幸，遼東可守，虜未長驅，臣統此罷弱之兵，虚張形勢，濫叨榮寵，亦非臣之初志也。儻謂遼東爲急，都城爲緩，則此兵可以無設。若言不必厚餉精卒，不須堅甲利器，但得其人，自成勝局，臨期應敵，不須與鬬實力，别可出奇制勝，若此異才，求諸中外臣僚中或可多得，如臣迂拙，實非其人。且臣之言具在也，若其可用，則是必然之畫宜見施行；若不可用，則是不移之愚，奚堪委任？正如草澤醫人自言有方可以愈疾，主人信之，遽加厚待；及至立方攢藥，即伯叔亞旅宜共參詳，覺其可服便應服之，覺不可服則宜棄其藥、遣其人，奪其糈，别命良醫以求治療，不宜置之用舍之間，因循須暇，使病日益深也。若云不必用彼方藥，但令肩此重任，他日病不可治，將使獨當其辜，計事若斯，豈非大謬乎？伏望皇上速賜電決，如行臣之言，即望勑下户部，如臣原題餉銀；勑下工部，如臣原題盔甲、軍火、器械工料價銀，各如數陸續給發。其户部兵餉仍乞欽命會議，别有計處，務與遼餉無干。此外，有臣前疏條陳建造敵臺、設置大砲一事，無論薊鎮已有成驗，即寧夏沙湃地方，全藉此臺，虜不敢窺。樞臣黄嘉善、楊應聘所親試，各爲臣言。其管工將官辛志德統兵入衛，見在密雲，可以召用。又見按臣王象恒議守通州，見行題請諸臣之言，與臣所議大小不同；若論守禦上策，其義一也。如蒙勑下工部設處工料，建立此事，是費萬人一年之餉，可當十萬雄兵，抑且萬年永賴新兵之費，可以大段減省。如臣言不可用，即望聖明别簡賢能，使作速任事，以振威嚴，以圖鞏固。至於如臣之不才，虚受聖恩，超資躐進，未効鉛刀之用，已成躍冶之金，反已懷慙，義難就列，并祈速賜罷斥，庶臣之分義安，而臣心亦安矣。昔庚戌之變，司業趙貞吉慷慨言事，蒙世宗皇帝陞職委用，曾不踰時，獲譴而去。蓋詞臣之不得行其言，自昔已然，非獨臣也。臣干冒天威，不勝戰慄隕越之至。

徐光啓《徐光啓集》卷三《練兵疏稿》一《剖析事理仍祈罷斥疏萬曆四十七年十一月十九日》 奏爲愚臣材劣智疎，致來指摘，謹據下情，剖析事理，仍祈聖明速賜罷斥，以無誤軍國事。臣以不才，憂時陳悃，選練之説僅效芻蕘，本不敢謂身能其事。所安任者、止是奉使朝鮮一節，原疏可覆按也。仰蒙聖恩，破格録用，感激隆遇，誓竭股肱。經月以來，衹以新設衙門，無舊貫可仍；未奉欽敕，不敢輒便行事。至於事勢之艱，則兵非臣之所謂兵也，餉非臣之所謂餉也，器甲非臣所謂器甲也，瞻前顧後，展轉迴惶，臣之前疏、亦再四言之矣。昨接邸報，見山西參政徐如翰論列時事，因及於臣。夫以臣之待罪詞垣，比如翰之歇歷邊徼，則臣之言必非，如翰之言必是；然而專愚之見，亦有稍宜剖析者。如云「經目經口，日閱二三百人」，此臣條陳語也。古人將兵，或十萬百萬，無論才力過人，必皆已成之軍耳；若今各州縣民兵，正如翰所謂生長田野，不識軍旅，仳離悲苦，號呼慟哭，中途脱逃，拘執縲絏，必不可禦奴者也。如是兵衆就令如翰爲之，能使指顧之間遂成精鋭乎？臣欲核其强弱，以定去留；等其才力技藝，以别高下；注其身材年貌疤記，以絶頂换；分其營部隊伍，使同居互察，以便肄習，以防脱逃。備細造成文册，爲教練根本，即古之尺籍伍符，乃治兵首務。如是日閱二三百人，尚苦不給，所以必求副貳參贊。蓋臣所謂閱，即如翰疏中所云查閱點驗，非訓練之義；臣雖抽隊點閱，其餘亦不廢訓練也。如翰以閱爲訓練，故云後閱未竟，前閱已忘，必若所言，是臣每日教練二三百人，餘皆坐待周而復始，非但無此練法，兼亦不成文理矣。此殆急於求效，不詳語意故也。若令臣貪多欲速，止據見成文册，因循鹵莽，向後逃亡更换，虚冒那移，皆所不免。當承平之後，統烏合之人，分數不明，紀律不習，則天寶之亂，封常清以十萬衆潰於潼關矣，臣實不敢。若求强弱巧拙，一見便知，終日之間，整千整萬，毫髮無爽，似兹神速，臣又不能。然則日閱二三百人者，是臣自言其不敢與不能耳，當有何罪乎？且如翰言，募集邊兵、亦以簡練責之撫道，以點驗責之臺省，不知所謂簡練點驗者，將每人而查閱之耶？抑將於一日之間、并查并閱，遂能周知千萬人之强弱巧拙，而可用者留之、不可用者返之耶？若將逐一簡練，逐一點驗，是何驍騰之邊騎，治之宜詳；而抽取之民兵，治之反宜略也！臣所需器械諸事，雖求之各省直，計其所費，多者不過百金或數十金耳，且求者自求，練者自練，又何嘗云集而後練耶？客兵之餉優於土兵，如天津海防兵，薊鎮臺兵，皆有成例，臣依此例又謂宜加操賞，勸使速成，故云有兵六萬，須用餉百二十萬；工部册開見造明盔甲臂手，每副除物料外用工價銀二十兩一錢，臣酌量節省，謂并合料價，每副用銀十二兩，此外尚有軍火器械，故云六萬之衆，須用料價百萬。臣之此疏，蓋謂新集民兵數至六萬，選未必精，雖復多費金錢，終非必勝之具；不若簡用材士，少而求精。所云百餘萬，正言取數太多，故并營房一事總結之曰，此三者，皆今日所必不能辦也。不一詳覽，而摘取片言，遂以相駁，亦太匆遽矣。今山西民兵月給米六斗，銀六錢，如翰既惜其枵腹露處，煢煢無依；臣欲稍加餉給，又慮空竭帑府，又欲盡付遼東，兩者將奚從乎？且臣所云練之經年，止可分守，正因民兵甚弱，兼之餉薄器鈍，即如翰所謂此等情狀，豈可禦奴，不宜抽取之説也。臣所云欲與奴戰，須另選奇材，即如翰所謂九萬驍騰，三萬趫捷之説也。意理相符，曷爲自言之則是，而臣言之則非乎？如翰欲將州縣民兵，分發薊永，使名將統練，科道查閱，若此兵一經練閱必能戰勝者，又何不限定若干月日可與奴戰，而必須驍騰趫捷之兵爲也！宋淳熙中，葉適言張俊、岳飛等四屯駐之兵三十餘萬，歲給錢六千餘萬緡，米絹不與，竭東南之力以奉之而猶不足，建議欲精其軍，使各不過三四萬，庶幾一人得一人之用。蓋財匱於兵衆，自古而然。臣謂岳飛之軍恨不盡爲背嵬者，謂自此以外，不宜多養無用之人，猶葉適所云貴精以求得用，非敢自爲張大也。靖康始禍後十年而後有岳飛之兵，十年之間，金人之南下數矣，若女直方張，遼金初搆，經年之後，遂有背嵬游奕諸軍，有宋之禍，未甚烈也；故謂今日之民兵、今日之餉與器必不能爲背嵬則可，謂臣必不能爲岳飛則可，若經年之後、果有破奴之兵而以爲後時，臣不信矣。時光迅速，人事蹉跎，談何容易哉！至於遼左既有經略，都城又須防禦，或亦有備無患，不欲以遼陽爲孤注之意；然而議不出臣，無容置辯也。謂臣有才，深愧其言；度臣事勢，深感其意。若夫料理營田，則臣才具譾劣，縱或改差，其迂疎無當，亦復如是而已。加銜受事，出自聖意，豈臣夢想所及！蓋欲求勝敵，只在選士厚餉，堅甲利器，政教服習，不在臣之官位崇卑也！子貢曰：「貴無益於解患。」臣自受命以前屢述此語，向在廷諸臣言之，所以不敢控辭者，蓋如冠婚攝盛，暫借貴人之飾，迨於禮畢，還其初服耳。政體事勢，人盡知之，又何必周防過慮爲哉？臣有所求於如翰者，兵勢國之大事，得人則安，不得則危，得失之間，關係不淺。古有憂盛危明之臣，痛哭流涕長大息矣；奈何邊陲孔亟，陳説兵事利害，而但言可笑也！世有能言而行不逮者，豈有言之既乖，行之反當，則臣之不稱任使，無可疑矣。如翰慮深根本，宜言作何更置，臣當解任謝事可耳，何故又不許臣脱卸耶？則是幸臣之僨事，自實其言，而以軍國爲戲也。竊謂如翰宜聽臣脱卸也。臣才具短淺，計慮粗拙，年力既衰，仍多疾病，無奈杞憂一念，妄想妄譚，牽率至此，即無如翰之言，亦自諸其不克勝矣。今事勢之艱難若此，人言之指摘若此，正如羸牛駑馬，既重其任，且縶其足，又從而撾其首，何能一前取進哉！是用慙惶警省，流汗沾背，更少遲迴，必悞大事。伏乞聖明即加顯斥，以懲冒進。其各省民兵，仍祈敕下該部，從長計議，或從如翰之策，或別選才臣，督率訓練，以爲防禦之用。臣退伏田里，有餘幸矣。臣不勝戰慄惶恐之至。

徐光啓《徐光啓集》卷三《練兵疏稿》一《東事警急練習防禦疏萬曆四十八年四月初一日》 題爲東事警急，日聞軍實全無可恃，懇祈立速應付，以資練習，仍再申初議，以重防禦事。臣於二月二十三日恭領敕書，於時新兵所需，百無一備，赤身徒手，將何練習！以此日逐奔告，文移絡繹，其如各衙門無不罄懸。於三月十八日委官領得兵部操賞借支太僕寺銀二千兩，十九日領得工部旗幟金鼓，扣借户部銀三百四十餘兩，其修器工銀二百四十兩，則咨移發。户部補還助餉銀六千兩，至二十六日解到通州坐糧廳，收貯支放。又領得山西營所請盔甲軍火器械，中間獨有鳥銃一種，改換機牀事件，差足應用；其餘火器止作營中號砲，尚多不堪，盔甲止可穿戴以習筋力而已。至於陝西河南兩營所需器甲等件，及三營所用馬匹硝黃，尚未給發。已給發者，又苦無車輛裝運。其勢不能久待，不得已於三月二十日巡歷通州，所見民兵半雜老弱，身無完衣，面有飢色。器械止總兵家丁三百名，弓箭完具，其中亦有鈍刀數十把，小銃數十門，此外衆兵執把，皆柳木數尺而已。既而閲操查點，見其劄營布陣，裝搪衝打常操之法，亦頗閑習。但向無教師及軍火器械、車輛馬匹，於實用技藝，皆所未諳。又向來兵民雜處，日有搆争，恐其生釁。以此、一面差官搬運器甲，整頓修理；一面招選教師，抽隊演習；一面督率民兵，星夜造完營房，使羣居聚處，以安軍民，以便訓練。然而覽此形勢，伏自思惟，即使如臣所須見在器甲馬匹等，隨求隨應，亦止堪挑選練習，以待通新建置；若據今所有，便欲克敵制勝，揆之理勢，萬不可得。況今所有者，求未必應，應未必速，當何所恃乎？展轉徊徨，心神罔措。忽接邸報，見夷氣日迫，兵部疏陳防禦事宜，議令總兵王學書、畢應武各督所在管兵，并臣所練新兵，搤要防守，此爲計畫誠周矣。但臣顧此新兵，無論人多羸弱，亦無論臣在事未久，第不知所用此等盔甲，所持此等兵器，又無車營大砲，堪戰甲馬，將何以毒逐中原，執訊獲醜乎？臣六疏陳言，總欲士馬十倍精强，工器十倍堅好，若使孱弱朽鈍者不妨戰勝攻取，而必欲求精，虚糜財力，則臣爲狂爲愚，爲欺爲罔，當事諸臣皆宜唾臣之面！若不以臣爲狂愚欺罔，則當用臣之言，行臣之志矣。臣今開設兩端，以請裁於皇上，并願當事者詳擇施行之。其一、據今所有士衆，挑選分別；據今所有器甲等事，逐一應付，竭臣之愚與將士之力，教之藝能，勒之部伍，習之步伐止齊，束之形名分數，庶使投石超距，齊衆若一，可以固守城池，控扼險要。必欲以摧勁敵，遏奔衝，全恃盔甲以衛身，臣不能使瑕者堅也；恃利器以殲敵，臣不能使鈍者利也；恃堅車巨砲以殪大隊，臣不能使無者有也；恃甲馬以追奔逐北，臣不能使少者多、駑者良也。臣若祖瞞虚哄，漫言練習，今日所有，亦足支吾；若念大敵在前，一一較計，恐心塞骨竦者，匪獨臣一人矣。其一、願皇上速采廷臣議餉方略，令該部悉措置厚給餉銀，以搜羅武健；多發料價，以廣造器甲，與夫車營騎營，皆盡法爲之。訓練既成，以之禦敵，不難摧長驅之鋒，制狂逞之命也。臣前疏具在，始終不敢改易一言，亦知時難財匱，事勢極難，然而未敢以多言爲悔者，恐負皇上拔擢之恩，且謂將急而圖之也。今急矣！圖之此其時矣！伏望皇上亟敕所司，先行聽臣所請，一一作速應付，用資訓練。仍大破常格，悉如微臣初議，捐財鳩工，制器選士，設誠致行，以保全勝。此而不效，臣甘顯罰；如止就目今行事，一旦責以禦寇，驅無辜於鋒鏑，輕大事於一擲，至危至險，不卜可知。臣今不言，恐既捐報國之身，又負誤國之罪也。夫疆場之事，一彼一此，猶可言也；戰於郊圻，戰於城下，一挫不可復支，豈可不豫計萬全之策哉！伏惟聖明裁察，即賜施行，宗社幸甚。臣不勝激切隕越之至。

徐光啓《徐光啓集》卷三《練兵疏稿》一《統馭事宜疏泰昌元年八月二十日》 題爲酌陳統馭事宜以裨防禦事：臣本東南腐儒，濫叨宫宷，軍旅之事，原非本職。祇因遼師挫衂，不勝憤懣，累疏陳言，蒙神宗皇帝聖恩，超陞特遣，委以練兵重任。自二月領敕受事，迄今半載，勉效驅馳，殫力簡練，博求謀勇參佐技藝材官，將三營民兵選取强壯，因材授器。凡軍火技擊，以次服習，積久之後，漸近精熟。次頒營陣規式，使知分合進退，奇正攻守。若得戰車大砲，盔甲器械，備具精好，再一演習，可成勝兵矣。其如三省民兵，原係僉派鄉民，大半老弱，今教成者止得十之二三，可進者亦十有二三；其餘小半皆蠢愚鈍弱，法應簡汰。而衆兵來時，地方官司許以二年更易，又許以每年贍家銀兩，今銀尚未給，人無固志，亦宜別有處分。臣嘗具疏陳請，未奉俞旨，未敢擅便，此則仰望皇上敕下該部，酌量措置者也。此外尚有事須詳定，中外臣工明知其當然，而臣亦亟宜自言者，則建置統馭之宜是已。臣聞兵家之法，部曲之制，設官之道，務須相稱。臣去歲奉神宗皇帝聖旨訓練新兵，防禦都城，於時兵部議兵六萬，故統以總兵三員，使臣提衡其間；後減爲二萬，約可分四五營，用大將一員，此所謂法制相稱者也。今山東留防、三省援遼外，止餘存七千餘人，分别練習。老弱愚鈍者皆須簡汰却還，其堪留者不過三四千耳，以京邊營法計之，止宜設參遊守把一二員，統率訓練足矣，何必更用大帥，多一輩應用員役，多一種廩給耗費乎？非獨總兵，即臣衙門新設，百凡刱始，皆違時詘舉贏之戒者也。爲此三四千人，而節制統領之官，與六萬、二萬一例建設，此於兵家分數，官制職掌，兩不相稱矣。今總兵畢應武已經臺臣論刺，覆允去任，臣謂此官便可無設，即臣衙門似宜一並議裁。遺下通州、昌平駐劄三營官兵，將臣所教練諳曉軍火器藝行陣法制者，量留太半，用一二將官統領訓習。或内屬京營，令一副將帶管，而制以總協巡視；或外屬近鎮，令總兵帶管，而制以督撫司道，揆之事理，似爲便益。臣承乏未幾，忽議謝事，非敢推諉也。去年虜氛稍急，人情惶遽，神宗皇帝宵衣旰食，臣何敢不冒昧擔承，庶竭駑鈍，以示居重馭輕之勢！今遼事稍有次第，人情安堵，設官分職，宜照京營邊鎮常規，臣若隱蔽不言，是明知不可，而久叨榮寵，爲罪滋大。且臣所陳兵事，不過考求傳記之文，參以專愚之見，業已盡爲諸將士言之。自今以後，止須再加習熟與設處器甲耳，臣即更在行間，而技已窮矣，無益於事矣。伏望皇上敕下該部，斟酌情勢，并臣所陳更番贍家二事，從長計議，一并題覆施行。

徐光啓《徐光啓集》卷四《練兵疏稿》二《謹陳任内事理疏天啓元年二月二十七日》

題爲微臣蒙恩予告，謹陳任内事理，以備查核，以便支用事。臣受任練兵，以去年三月奉敕巡歷通昌，未幾三遭國喪，例同在差諸臣奔赴行禮；既又奔走吉凶大典，以及山陵襄事，至十一月又復奉旨選汰，前後實在行間訓練者、不過四月而已。選汰既畢，欲將各兵教成，軍火器藝隊伍法式再加演習，務令精熟。又因錢糧不敷，無憑製造，至十一月方得兵部覆准東南城御史劉有源追贓銀，并存貯捐助銀兩，堪以製造十之一二，而臣已不幸膺狗馬之疾矣。累疏請告，於今年二月十一日奉聖旨：「徐光啓屢以病請，准回籍調理，吏部知道，欽此。」欽遵，除將三營事務行令副總兵管參將事倪寵統領訓練，其節制事宜聽候部覆措置外，所有任内經管兵馬錢糧器械等項，除攢造備細文册，咨會各該部司行該管衙門外，合將總目大數，開列條款，具疏奏聞。伏乞敕下該部候該管衙門查考支用施行。緣係微臣蒙恩予告，謹陳任内事理，以備查核，以便支用事理，未敢擅便，謹題請旨。

計開：

一、兵馬：臣於萬曆四十八年三月受事，據三營開報民兵共六千八百六十二名，逐一簡别，編立隊伍，行委標下各官教演火器、長短軍器，常川練習。續有三省解到逃兵并募補教師家丁，扣至十一月實在兵丁七千九百二十五名，奉旨簡汰老弱三千一百七十名，存留兵丁四千七百五十五名，見在營操練。二次兑到太僕寺馬四百五十匹，其有倒失者，俱在一年之内，照例追樁朋合買補。此外該用駝騾五十頭，向無錢糧堪以動支，相應借支皇賞扣存銀兩買給。

一、錢糧：除三營官兵月餉銀米、營官廩給心紅等項，俱各營按月造册，於臣衙門掛號赴各該餉司支領。并臣衙門員役月給廩米，亦按月造册，赴通倉支領外，有户部解到臣標下藩府捐助餉銀六千兩，向貯通濟庫，聽臣支放廩給心紅紙劄，并標下中軍旗鼓旗牌教練聽用等官廩給紙紅，教師家丁等役加給月糧，書吏等役工食。自萬曆四十八年三月起至天啓元年二月止，計十二個月，用過銀二千八百六十二兩三錢四分三釐壹毫，實存銀三千一百三十七兩六錢五分六釐九毫，見寄通濟庫聽候支給。兵部咨發操賞銀一千兩，向寄兵部職方司庫，陸續取用操賞醫藥等項銀五百九十四兩三錢四分二釐四毫，實存銀一千四百五兩六錢五分七釐六毫，見寄職方司庫聽候支給。工部咨會修整鳥銃製造旗幟買辦金鼓號器等項，除支領本色物料外，解到工料銀八百七十三兩五錢八分四釐八毫，陸續委官買辦修造，用過無存。其有不敷者，於捐助銀内支給。用存物料，止建鐵五百斤，桐油二十五斤，絲三斤，木標四片，俱寄貯王恭廠。中書舍人楊之驊捐助銀二千兩，除本官自行召募教師家丁七十二名，用過安家盤費銀七百二十一兩八錢，并買辦修造前項旗幟金鼓器械等項，因工部銀兩不敷，取用過二百三十四兩一錢六分五釐六毫外，見存銀一千四十四兩零三分四釐四毫，見貯通州庫。納級指揮胡楫捐助銀二千兩，除本官自用買辦熟建鐵六萬六千斤該銀七百二十六兩，并用過脚價蓬廠廩給等項銀八十兩一錢四分，實存銀一千一百九十三兩八錢六分，見寄通州庫聽候支給。其建鐵六萬三千斤寄貯王恭廠，三千斤見貯通州庫，聽候取用。泰昌元年十一月兵部覆准巡城御史劉有源追贓銀六千七百餘兩，原題練兵之用，臣見三營兵仗全缺，擬將此項銀兩製造修理，時因簡汰兵士，續即患病，未及取用，見貯該庫。此外有三次扣存皇賞銀共八千三百零八兩九錢六分，遵奉聖旨抵充年例銀兩，見寄太倉新庫聽候支給。

一、器械：三省民兵俱係鄉農，募到之日，武藝全然不知；器仗旗幟，止有官給小銅銃短鎗隊旗等數百件，亦不堪用。臣未經受事，該營各將官申部請給内府盔甲軍火器械等項内，止有頭盔一種，頗稱堅緻，餘皆朽壞鏽鈍，並無一件堪用者。臣添請得戊字庫存貯鳥銃二千門，止是機牀，不堪咨取。工部料價改換嚕密式，數月練習，小有炸損不過數門，亦不至傷人，其餘俱試驗堪用。雖則體製短小，亦稱中等利器。今兵已簡汰，三營演習止須二千門，餘存一千門，合應繳還，以備緩急。其盔甲五千六百五十一頂副，計兵給授，餘存八百九十六頂副；腰刀五千六百四十把，計兵給授，餘存八百八十五把，亦應繳還。如湧珠砲一百位，漁鼓砲四十位，銅佛郎機四十位，合縫子砲二百位，每放炸損，合將見存并炸損材料，悉應繳還。已上餘存鳥銃盔甲腰刀砲位，俱運寄王恭廠存貯。其三眼鎗六百桿，旗鎗一千桿，俱存貯各營。大梢弓一千八百張，大箭五萬四千枝，暫給官兵俱應手折壞，餘存者留貯各營。此外應造精甲利器大小砲位戰車等項，臣累疏題請，因錢糧不得應手，無憑成造，止咨到該部銀兩并動支義助銀兩備辦，成造綾紬營部哨隊旗幟四百一十二面，布伍旗九百二十面，金鼓號器等七十五面，副鐵鑹一百二十六把，鈎鐮刀一百二十一把，木棍一千一百根，守備丁呂試、中軍陶堯臣捐俸置買嵩縣長木槍七百桿，見在演習。其餘缺乏尚多，合應動支前項追贓義助銀兩，并熟建鐵鳩工攢造，倘有不敷，再行申部設處應用。

徐光啓《徐光啓集》卷四《練兵疏稿》二《謹申一得以保萬全疏》天啓元年四月二十六日》　詹事府協理府事少詹事臣徐光啓謹奏：爲愚臣蒙恩内召，自顧無奇，謹申一得之見，仰乞聖明決策力行，可以必保萬全事。本年四月該吏部題爲緊急軍務等事内，奉聖旨「少詹事徐光啓即令回京。欽此。」臣原以疾請告，奉旨回籍，恐途中醫藥未便，暫居天津調理，旋已戒行。不意東事敗壞，仰蒙皇上念臣犬馬之忱，期臣溲渤之用，雖病體未痊，而義無反顧。遂於本月十六日輿疾就道，十八日到京，二十六日陛見。念臣本以腐儒，叨官翰墨，東事之初，全無責任，何爲多口招尤，自棄於日月之側乎？實知此事必未能了，必須盡用臣言，然後可濟。又念此時不言，俟再敗而後言之，不惟無及於事，亦非人臣之義也。故汲汲建議，議雖不用，由今思之，幸無不早言之悔矣。臣昔年諸疏，大都言戰勝守固，必藉强兵；欲得强兵，必須堅甲利器，實選實練。鼂錯曰：「器械不利，以卒予敵也；卒不可用，以將予敵也。」今之兵將皆明知以我與敵，誰肯向前？既不能戰，便合嬰城自守，整頓大砲，待其來而殲之，猶爲中策。奈何盡將兵民砲位，置之城外，一聞寇至，望風瓦解，列營火砲，皆爲敵有；返用攻城，何則不克？陴無守兵，人知必破，合城内潰，自然之勢，是諱嬰城自守之名，而甘喪師失地之辱，臣不能爲在事諸臣解也。從前再敗，病根易見，及今不思變着，雖徵調招募，更如前日；而奴之勝勢，已十倍於昔矣，況未必能如前日乎？今欲求堪戰之兵，必悉用臣言，日夜營辦，遲之數月，然後可得。而寇在門庭，又不能待。臣之愚見，以爲廣寧以東一帶大城，只宜堅壁清野，整備大小火器，待其來攻，憑城擊打。一城堅守，必不敢驀越長驅；數城堅守，自然引退。關以西只合料簡大銃，製造火藥，睦續運發，再用厚餉招募精兵。能守城放砲者，令至廣寧、前屯、寧遠諸城，助之爲守，萬勿如前二次列兵營火砲於城壕之外，糊塗浪戰，即是目前勝算矣。待兵力果集，器甲既精，度能必勝，然後與戰可也。至如都城固守，尤爲至急。凡兵家之法：近攻者先剪其枝葉，遠攻者必圖其根本，根本一固，敵必不敢深入重地，自取覆敗。今京師固本之策莫如速造大砲。蓋火攻之法無他，以大勝小，以多勝寡，以精勝粗，以有捍衛勝無捍衛而已。連次喪失中外大小火銃，悉爲奴有，我之長技，與賊共之，而多寡之數且不若彼遠矣。今欲以大、以精勝之，莫如光禄少卿李之藻所陳，與臣昨年所取西洋大砲。欲以多勝之，莫如即令之藻與工部主事沈棨等鳩集工匠，多備材料，星速鼓鑄。欲以有捍衛勝之，莫如依臣原疏建立附城敵臺，以臺護銃，以銃護城，以城護民，萬全無害之策，莫過於此。若能多造大銃，如法建臺，數里之内賊不敢近，何況仰攻乎？一臺之强可當雄兵數萬，此非臣私智所及，亦與薊鎮諸臺不同，蓋其法即西洋諸國所謂銃城也。臣昔聞之陪臣利瑪竇，後來諸陪臣皆能造作，閩廣商民亦能言之。而刑部尚書黄克纘、浙江按察使陳亮采，知之尤悉。亮采遺書克纘，又展轉致書於兵部尚書崔景榮，力主此事當在亟圖，亦非獨臣一人知之、言之也。此功一成，真國家萬世金湯之險，不止一時禦寇之利，即奴賊聞之，決不敢肆行深入；都人見之，必肯安心固守；南行之人，皆將返首來歸，海内姦雄，亦且潛消異志。若不營此事，臣轉展思維，別無應急之算，更復悠悠忽忽，坐待敵來，倉皇無計，必且出於至下之策，而大事去矣！臣建此議今已三年，近日同朝諸臣，如刑部侍郎鄒元標等數臣，力主臣説；其餘面相咨問，皆以臣言爲是也。昔者晉楚爭鄭，鄭之大夫或欲從楚，或欲待晉，公子騑曰：「發言盈庭，誰敢執其咎，請從楚，騑也任其咎。」所云「任咎」者，謂誤國、則伏其誅也。今日之事若盡用臣言，造臺造砲，悉皆合法，而他日有一賊一馬横行城濠之外者，臣請以身執其咎矣。都城既安，就用此法行於邊境各處。守城甚易，兵數必然減省，省兵之餉并以厚戰士、以精器甲，自然人人賈勇，何至如今畏敵如虎，視營伍如蹈阱乎？伏望皇上決意行之，宗社生靈，無不幸甚。至論此事經費未曾量度，估算恐亦無多；就令多費，乃是萬年本計。古所謂金城鐵甕，倍勝積金於庫藏；而他日所省養兵之費，又且不貲，豈比遼左千百萬金錢委諸逝波，而又以土地人民殉之者乎？此外强兵決勝之計，略具前上諸疏中，容臣即日再行摘取緊要事宜，恭請欽命施行，今未敢盡陳仰瀆聖聽也。再惟臣年衰力弱，疾病之餘，精血耗竭，雖憂天徒切，而任事無能。若令商確議論，指畫可否，臣不敢不竭其愚；若濫肩事任，舍其寸長而用其尺短，是兩失之矣。臣之短於才、苦於病，諸臣共知，非敢託詞避難也。伏維聖明裁鑒，臣不勝激切惶恐之至。

天啓元年四月二十六日上，本月二十九日奉聖旨：這城守臺銃，既確任有濟捍衛，着該部會同議行。前條議練兵事宜，果有勝籌明驗，仍另行具奏。

徐光啓《徐光啓集》卷四《練兵疏稿》二附録一《李之藻奏爲制勝務須西銃乞敕速取疏天啓元年》　光祿寺少卿管工部都水清吏司郎中事臣李之藻謹奏：爲制勝務須西銃，敬述購募始末，乞敕速取，以暢天威，以靖仇敵事。臣思火器一節，固有不費帑金，不侵官守，深於戰守有裨，而可以一騎立致，如香山嶴夷商所傳西洋大銃者。臣向已經營有緒，兹謹循職言之。臣惟火器者，中國之長技，所恃以得志於四夷者也。顧自奴酋倡亂，三年以來，傾我武庫甲仗，輦載而東以百萬計；其最稱猛烈如神威、飛電、大將軍等器，亦以萬計。然而付託匪人，將不知兵，未聞用一器以擊賊。而昨者河東駢陷，一切爲賊奄有，賊轉驅我之人，用我之砲，佐其强弓鐵馬，愈以逆我顔行。我師否臧，扶傷左次，堂堂天朝，挫於小醜，除凶雪恥，計且安施？今自廣寧、山海至於京畿，步步須防，自非更有猛烈神器，攻堅致遠，什倍於前者，未必能爲決勝之計。則夫西銃流傳，正濟今日之亟用，以助宣神武，鞏國金甌，機豈偶然，不可以坐失者矣。臣聞往歲經營亦曾倣造此銃，然而規製則是，質料則非，煉鑄點放，未嘗盡得其術。臣今所言，另有來歷。昔在萬曆年間，西洋陪臣利瑪竇歸化獻琛，神宗皇帝留館京邸，搢紳多與之遊。臣嘗詢以彼國武備，通無養兵之費，名城大都最要害處，只列大銃數門，放銃數人，守銃數百人而止。其銃大者長一丈，圍三四尺，口徑三寸，中容火藥數升，雜用碎鐵碎鉛，外加精鐵大彈，亦徑三寸、重三四觔。彈制奇巧絶倫，圓形中剖，聯以百練鋼條，其長尺餘，火發彈飛，鋼條挺直，横掠而前，二三十里之内，折巨木，透堅城，攻無不摧。其餘鉛鐵之力，可及五六十里。其製銃或銅或鐵，煅煉有法。每銃約重三五千觔，其施放有車，有地平盤，有小輪，有照輪，所攻打或近或遠，刻定里數，低昂伸縮，悉有一定規式。其放銃之人，明理識算，兼諸技巧，所給祿秩甚優，不以廝養健兒畜之。似兹火器，真所謂不餉之兵，不秣之馬，無敵於天下之神物也。臣嘗見其攜來書籍，有此圖樣，當時以非素業，未暇講譯，不意瑪竇溘先朝露，書遂不傳。臣與道義相契，躬爲殯殮，禮官奏賜葬卹。風聞在嶴夷商，遥荷天恩，一向皆有感激圖報之念，亦且識臣姓名，但以朝廷之命臨之，俱可招徠撫輯而用也。昨臣在原籍時，少詹事徐光啓奉敕練軍，欲以此銃在營教演，移書託臣轉覓。臣與原任副使楊廷筠合議捐貲，遣臣門人張燾間關往購。至則嶴禁方嚴，無繇得達，具呈按察司吴中偉。中偉素懷忠耿，一力擔當，轉呈制按兩臺，撥船差官伴送入嶴。夷商聞諭感悦，捐助多金，買得大銃四門。議推善藝頭目四人，與傔伴通事六人，一同詣廣。此去年十月間事也。時臣復命回京，欲請勘合應付摧捉前來。旋值光啓謝事，慮恐銃到之日，或以付之不可知之人，不能珍重；萬一反爲夷虜所得，攻城衝陣，將何抵當？是使一腔報國忠心，反啓百年無窮殺運，因停至今，諸人回嶴。臣與光啓、廷筠漸負夷商報效之志。今瀋遼暫失，畿輔驚疑，光啓奉旨召回，摩厲以須；而臣之不才，又適承乏軍需之事，反復思惟：此器不用，更有何器？此時不言，更待何時？募兵之難，乃此銃不須多兵；徵餉之難，乃此銃不須多餉。近聞張燾自措資費，將銃運至江西廣信地方，程途漸近，尤宜馳取。兵部馬上差官，不過月餘可得。但此祕密神銃，雖得其器，苟無其人，鑄煉之法不傳，點放之術不盡，差之毫釐，失之千里，總亦無大裨益。又其人生長廣海，萬里遠來，抑或沿途水土不服，存亡難料，必須每色備致數人，以防意外乏絶之虞。相應行文彼中制按，仍將前者善藝夷目諸人，招諭來京，大抵多多益善。合用餉皾，原議夷目每名每年安家銀一百兩，日用衣糧銀一百三十六兩，餘人每名每年銀四十兩，緣此善藝夷目等衆，嶴商倚藉爲命，資給素豐，不施厚糈，無以勸之使來。臣等共竭私家之力，不過如斯忠義相勉，此曹亦無奢望。若論朝廷購募，當此吃緊用人之際，不妨更從優厚，用示鼓舞，庶肯悉心傳授。如謂廪費太重，則今各處所養無能之將，無用之兵，歲糜若干，甯堪查覈？此當計實效之有無，不當算錢糧之多寡者也。至於試有實效，一銃之用，真抵精兵數千！防護此銃，又當如護連城，勿俾奸細竊窺，致有疎失。必須再練羆虎萬人，配以精甲利兵，翼以剛車壯馬，統以智勇良將，方可畀以此銃。成師而出，鼓行而東，恢疆犂穴，計自無難。因而依法廣鑄，傳行九邊，每邊各有數門，幕南應無虜跡。漸可汰兵省餉，休養元元，利益不小。至於鑄造之妙，耐久不炸，鐵不如銅；但其所費不貲，有非今日財力所能辦者！仍當就彼番舶，多方購求，地方諸臣慮無不氣厲吞胡，忠君憂國，是區區者而不能致，則亦臣愚之所未信矣。臣又惟致銃尚易，募人實難，道里固遠近懸殊，警報則歲月難待。憶昔瑪竇伴侣尚有陽瑪諾、畢方濟等，若而人、原非坐名旨遣選人，數其勢不能自歸。大抵流寓中土，其人若在，其書必存，亦可按圖揣摩，豫資講肄。是應出示招徠，抑以隗致在嶴夷商。招示國家廣大茹涵之意，令毋疑阻，愈堅效順之忱者也。如果臣言可採，伏乞聖明俯允，敕下兵部覆議停妥，馬上差人填給勘合，一面前往廣信府查將原寄大銃四門，督同張燾陸路押解來京；一面前往廣東賫文制按衙門，轉行道府，招諭前項善能製造點放夷目諸人，仍前赴京報效；及將陽瑪諾等，一面出示招徠，以廣羣策。伏惟聖慈俯垂裁擇。

徐光啓《徐光啓集》卷四《練兵疏稿》二附録二《崔景榮等題爲制勝務須西銃敬述購募始末疏天啓元年五月初一日》 兵部尚書臣崔景榮等謹題：爲制勝務須西銃，敬述購募始末，乞敕速取，以暢天威，以殄迆夷事。職方清吏司案呈：奉本部送兵科抄出光禄寺少卿管工部都水清吏司郎中事李之藻題前事等，仰奉聖旨，該部即與議覆，欽此。又該詹事府少詹事協理府事徐光啓題，爲愚臣蒙恩内召，自顧無奇，謹申明一得之見，仰乞聖明決策力行，可以必保萬全事，等因。題奉聖旨：「這城守臺銃，既確係有濟捍衛，着該部會同議行。前條議練兵事宜，果有勝籌明驗，仍另議具奏。欽此，欽遵。」通抄到部送司案呈到部，爲照中國長技，惟恃火攻，遼瀋陷而技反爲敵資矣。今求守禦之具，必比尋常製作更出一頭地然後可。先是刑部尚書黄克纘疏請吕宋大銅銃，發去遼陽，試有成效。近戎政府尚存大砲十七位，大佛郎機十二位，前去遼陽三十人，今二十人猶寓廣甯，宜聽撤回，速令演放，以備急需。又據光禄寺少卿李之藻疏，取嶴商大銃，并招善藝夷目諸人。夫西洋傳此神器，乃爲中朝有心人所得，即人巧之獻奇，知天心之助順矣。夫來自殊方，待之自當破格，况人數不多，費用能幾？加銜守備張燾，間關萬里，捐貲曲致，已取四銃到江西廣信府，臣部便馬上差官，同加銜守備孫學詩勒限一月，搬運入都。到日驗之果效，就其原價盤費，倍數償補。再移咨廣中巡撫諸臣，徵取原來善製火器數人，并盔甲兵器數件。廣有工匠曾在嶴中打造者，亦調二十餘人，星夜赴京。此中仍豫備銅鐵物料，以便製造；精選有力便捷兵士，以待教演。差出員役，與嶴工同來，寺臣謂阮泰元者素習西情，可使也。所議糧餉，既已彼中定額，當悉如其數。每年安家等銀，及在途盤費，買辦甲仗價值，宜於廣東布政司支取新餉給發。惟是諸嶴工素所信服者，西洋陪臣陽瑪諾、畢方濟等，皆博涉通綜，深明度數，并飭同來，商略製造。兼以調御諸工，器得人而盡利，人藉器以用神，然必得地以護銃，而後可藉器以護人。少詹事徐光啓疏請建立敵臺，其法亦自西洋傳來。一臺之設，可當數萬之兵。尚書黄克纘侍郎鄒元標各娓娓言之，實有灼見，急宜舉行。但規制未曾經見，創始不厭審詳，必須有利於我，方爲萬全，宜行工部詳議而行。伏惟敕旨。天啓元年五月初一日具題，初四日奉聖旨：「是，敵臺着工部速議奏，欽此。」

徐光啓《徐光啓集》卷四《練兵疏稿》二《申明初意録呈原疏疏天啓元年五月初九日》 奏爲奉旨具奏，謹申明初意，并録原疏，上塵聖覽事。臣於本年四月二十六日具奏爲愚臣蒙恩内召等事，二十九日奉聖旨：「這城守臺銃，既確任有濟捍衛，着該部會同議行。前條議練兵事宜，果有勝籌明驗，仍另行具奏。欽此。」竊惟臣於萬曆四十七年三月二十等日，見遼東三路敗衄，失亡甚多，主憂臣辱，不勝感憤。尤可惜者，驅邊腹之民而盡斃之，後難調發；尤可憂者，盡中外之火器而盡予之，後難抵敵也。故再三陳説，大略謂：兵不在多，只宜講求敵之勝我者何故，因思我今勝敵者何法，商量定算，務出敵人之上。其下手之處，全在先造精堅甲冑、鋒利器械、大小火砲，次用厚餉挑選，召募海内奇材異能之士，博選教師，統以良將，馭以嚴法，倣束伍以立陣，兼車砲步騎以結營，務使人皆壯勇，技皆精熟，遠擊則百發必中，近鬬則一可當十，而又臂指相使，分合如意，疏行密陣，勢險節短；如是者器械之費，一人當十，糧餉之費，一人當三。然此時如臣所計，精兵只須二三萬，役不過二三歲，大略費五六百萬可以竣事矣。乃所造器甲，尚留爲千百年之用，費猶不費也。不圖言之曉曉，一不見信，諸凡區畫，未免拘泥常格，因循積弊，終於棄置堅城，糊塗浪戰。臣之原疏所謂擔雪填井，有損無益；所謂如卵投石，至即糜爛，不幸而中矣。即今再行調發召募，以備應援，圖恢復，亦須細細商求：一切甲冑車輛、軍火器械、揀選練習，必用何法可以大勝於前，必用何法可以倍强於虜，然後一意從事，如設的而求中，立表而求至，可也。若止如前行徑，則既以之再敗矣，今將何恃而必勝乎？四年以來，非無良將也，兵不精、器不利、良將不當儒將之用；非無勁卒也，不選不練，無器、無法，勁卒不當弱卒之用；非無厚餉也，人多而粟少，金賤而物貴，厚餉不當薄餉之用。今求必勝之兵，必將悉反前轍而後可。臣嘗言養兵之要有三：曰少，曰飽，曰好。惟其少，所以飽也；惟其飽，所以好也；惟其好，所以少也。嘗議選練之格：選用之初須年二十以上，四十以下，力舉五百斤以上，穿戴盔甲四十斤以上。又須精悍趫捷，有根着，有保任，不合格者不取也。合格者謂之隊兵。隊兵之中能習演一藝以上，精熟可用者即爲鋒兵。鋒兵每月給餉二兩一錢，安家衣鞋銀二十兩。其能舉六百斤以上者、每加百斤，每日加銀一分。隊兵未習藝者先給月餉一兩五錢，待藝成照例加給。其鋒兵再令教習，有各藝皆精超出儕類者，以漸加增，至每日一錢而止，謂之壯士。壯士之中又拔其尤，如弓矢於三十步外，二寸之的百發百中者；鳥銃於六十步外，三寸之的百發百中，又一銃連發九丸，略與射矢同疾者；大砲能於三五百步外，立的命中，又裝打迅疾，連中數次者；放鎗刺劍俱能於方寸之的，百發百中者；其餘各技悉立一比較之法，而百試不失者，謂之上士。其餉亦以漸增加，至每日二錢而止。其日食二錢者，仍歲給安家銀十兩。如此精卒，總合四等，得二三萬人，配以車騎，齊以法制，束以部伍，嚴以賞罰，用之戰可以勝，用之守可以固，此臣之所謂兵也。其造甲須通身全具，以能禦鳥銃爲度，刀劍之屬以連截數釘爲度，槍之屬以戳鐵不損爲度，大小銃砲以倍藥、倍丸、數發不損爲度，此臣之所謂器也。總之，則所謂器械之費一當十，糧餉之費一當三，不容損矣。荀卿論兵，謂「慮事欲熟，而用材欲泰」，蓋慮熟而用、用得其當，雖泰實省也。作室必須木石，炊飯必須水米；若欲束芻成室，搏沙作飯，省則省矣，其如敗壞何哉！臣書生之見，何敢自謂勝籌？所言曾未施行，何自得有明驗？所以不能無言者，爲今日之虜非三月以前之虜，又更非三年以前之虜也。臣自戊午入都，嘗爲人言：「今日之奴蜂蠆耳，一失策必且化爲豺狼，再失策必且化爲虎豹」，所以冒昧陳言，爲獖豕牿牛之計，今果化爲虎豹矣。所以然者、非在士衆之失亡，非在金錢之耗散，非在土地之淪胥也，蓋在罄中外之大小火器而盡予之耳。三路之敗，見於奏報者一萬二千，朝鮮奏報者七千。遼、瀋二城從京庫解發及各路援兵攜帶并舊存守禦者，豈止二萬，大約火器四萬，火藥不止一二百萬，皆拱手而授焉。今將何以禦之，又將何以勝之，曷不從此等喫緊之處一計算乎？謂賊有之而不能用者，皆粗瞞虛想之言，萬無一有之事也。臣猶記壬子之歲，朝鮮奏稱奴酋遣使市硝磺於該國，辭以原無出產，每從天朝市買，限有歲額，無可售者，則賊之經營此物有年歲矣，豈其得之而不用乎？四十七年冬月演放鎗砲，見於阿利之親招；川浙二兵大殲賊衆，被東賊連放大砲而潰，見於近日之傳報，即又何嘗不用乎？故如臣所言，製造選練若在三年之前，可以必勝；其在今日，即有精兵利器，而勝負之數猶未可定。臨期應變，尚在主兵者別有妙用，非臣所能豫籌也。況兵未精，器未利，而可僥倖於萬一乎？臣竊恐當事諸臣，狃於眉睫之論，以舊日之奴待之也，故敢爲剖析如此。但此意可使當事知之，自爲必勝之策；不可爲士卒遽言之，生其畏難之心。如臣此等章奏，俱不應發抄，而報房無知，往往竊謄傳播。大都今日兵機要務，言出口而敵先聞矣。使得因我備以備我，用我謀以謀我，皆不可之大者。且才臣策士，習見時情如此，雖有奇謀祕計，知其無益，不敢言也。伏乞敕下所司，一切本揭關係兵事者，着實嚴禁，不得妄行抄傳。違者以漏泄論罪，庶令玩法者知儆，抱奇者獲申矣。臣不勝激切隕越之至，爲此具本親齎，并將原疏三本，隨本上進，謹具奏聞。

天啓元年五月初九日上，本月十二日奉聖旨：這所奏練兵除器甚悉。徐光啓着仍議委任，以畢其用，該部知道。

徐光啓《徐光啓集》卷四《練兵疏稿》二《臺銃事宜疏天啓元年五月初九日》

奏爲略陳臺銃事宜，以佐末議事。臣緣東事，奉旨回京，力綿才弱，無尺寸之用。相時度勢，莫如先固根本；根本一固，賊決不敢懸軍深入，故特請急造臺銃，爲城守第一要務。而近獲奸細劉保所寄逆書，言「京師何難，大兵宜速來」，可見京師之守萬分難乘，賊兵必不來矣。此即根本當固之一驗也。臣疏既奉旨議行，而兵部覆寺臣李之藻疏，亦奉旨速議具奏，仰見聖明采葑菲、詢芻蕘之意。中外喁喁，咸望速成，工部即日會同議定具奏矣；而臣尚有欲言者，則其人與費也。蓋時危時詘，兩值其難，此後在昔所無，工費甚大，非常之原，必須大破常格，盡除宿弊而後可。若拘泥常格，因循宿弊，差之毫釐，通歸無用，不如不造之爲愈也。故造臺之人，不止兼取才守，必須精通度數，如寺臣李之藻儘堪辦此，故當釋去別差，專董其事。其他分督及委官，皆須極一時之選，寧取其苦辭者，無寧取其暱就者，是在部臣加意簡擇，工完優敍，以旌其勞可矣。然此法傳自西國，臣等向從陪臣利瑪竇等講求，僅得百分之一二。今略參以己意，恐未必盡合本法。千聞不如一見，巧者不如習者，則之藻所稱陪臣畢方濟、陽瑪諾等，尚在內地，且攜有圖說。臣於去年一面遣人取銃，亦一面差人訪求，今宜速令瑪竇門人丘良厚見守賜塋者，訪取前來，依其圖說，酌量製造，此皆人之當議者也。至若興造之費，臣與部臣王佐、寺臣李之藻、繕司臣王國相等，略一商榷。都城之守，首慮重城低薄遠曠；今之造臺自重城始，次及都城。若最大者宜造六座，體製狹小，即數目加添。大約除城磚見有外，所需黑磚、大石、灰沙等材料，搬運車脚、匠役工食等銀兩，所費亦鉅。但此事所關久遠重大，不宜節省，只求核實，無分毫冒破，便得金湯之固，千載如新矣。如此浩費，亦恐非工部一時所能措辦也。伏見皇上慨念東事危迫，時發內帑，動以數百萬計，無非保國保民之德意耳。用兵之費，往而不返，勢不得已，猶且爲之；此臺此銃，非金即石，金石不銷，藏鏹如在，而可以內固國本，遠讋戎心，令萬世而下，頌皇圖之鞏固者自今日始。即目前於現發帑金分用十之一二，再有不足，更望特賜慨發，以成此功，計亦皇上聖明所不靳也。臣一得之愚，仰蒙采擇。恐拘泥因循，一不如法，翻成糜費，臣實懼焉。是用陳其補苴之説，伏乞敕下該部，一併議覆施行。

徐光啓《徐光啓集》卷四《練兵疏稿》二《移工部揭帖天啓元年六月》 詹事府少詹事協理府事徐，爲愚臣蒙恩內召，自顧無奇，謹申一得之見等事。先蒙貴部咨稱，要將敵臺圖樣、規制、長闊尺寸、應用磚石，周城共用幾臺，一併酌議回覆等因。准此，就與光禄寺少卿管工部都水清吏司郎中事李會議得：敵臺內外規制，委折圖畫，一時難明。今用木造一式送覽，以憑酌議。估計周城先造六座，待完成後，再行酌量添造。其高數略與城相稱，都城重城丈尺不等，今姑議第一層大臺約高四丈。其餘用磚用石灰沙等料，通候貴部照依原式，并後開數目，酌定規制，會估工料，題覆施行。須至揭帖者。

計開：

一、附城敵臺，其制周圓，以便三面擊打，一面接連城身，就於城上出入。臺從平地以上，體皆空虛，三面銃眼，中間立柱發券，俱用磚石。度用浙尺，今城磚長一尺八寸，闊九寸，厚四寸二分，後開數目，俱用此尺爲度。若用官尺，另行折算。

一、臺墻高約四丈，厚一丈。外周徑十五丈，圍四十五丈有奇；內周徑十三丈，圍三十九丈有奇，并二圍折半得四十二丈有奇，爲墻周。

一、臺柱以磚石甃砌，每柱面方一丈。墻內立二十一柱，其甲乙字號爲縱柱，依式作子丑等號券，券空闊一丈三尺三分尺之一，高一丈六尺，結頂齊平，爲縱墻。就於縱墻依式作寅卯等號長券，券空闊一丈三分丈之一，高二丈二尺三分尺之一，結頂齊平，爲第一層臺面。從地平至臺面，約高三丈。

一、臺面圍墻，即臺墻最上四分之一。

一、臺基掘地深三丈，圍徑二十餘丈，夯築堅固。次用卵石填砌，灌以灰砂漿。漿法灰一砂二，凍如薄粥。砂用純石砂，不得雜土，漸砌漸灌至地平，以磚石甃砌，爲地平臺面。

一、地平臺面之下甃砌磚石井，或一或二，以備人飲。亦欲臺中時得水氣，便於慎火。其法於築基時先砌丙字號井，次於井上砌丁字號券，接於臺基；臺基砌戊字號空券，屈曲磴道，從地平臺面之己字號而出，庚字號之口爲石欄，此爲外井。若欲爲內井，即於墻周之內，臺基之上，任砌一二亦可。

一、下層銃眼用磚輳砌未便，宜用方面大塊極堅石料，鑿眼甃砌。其制外小內大，以便轉移擊打。有警未用，將鐵裹縱横門牡拴塞；無警時止用横牡，將磚石砌塞。

一、第二層銃，俱於臺面上沿墻施放。銃眼亦內大外小，轉移擊打。二層臺爲臺墻所限，不作銃眼，止安頓二層上銃，并收藏火藥，高亦三丈。外墻周三十一丈，內周二十五丈，并兩折半得二十八丈，厚亦一丈，中施七柱，略與第一層同式。前後鐵門石限，無得入火。

一、上層爲望樓，高亦三丈，墻厚一丈。外周十四丈，內周八丈一尺，兩并折半得二十二丈零五寸。背後作門，中置磴道，上設四窗，內大外小，略如銃眼。有警四人常川瞭望，設格盤盤柱，以命銃士。

一、第一層設通光眼五道：二東，二西，一中。第二層三道，俱外小內大，令恒將日光照入。

一、第二層前面圍墻，高三丈，厚三尺，外徑二丈。中爲二層，盤柱相通。

一、道城約兩面，共長二十丈，厚四尺，高與城等。道城之一偏爲磴道而下，人器俱由此以入第一層之券室；其二層人器由道城入二層之後門，出於前門。

一、第二層臺減前面臺墻三分之一，當中發券開窗爲磴道，以出於第二層臺面。

附：開估計敵臺材料數：

一、規制敵臺，離城角十丈築址，其深入地二丈，灰土培築，仍出地四尺肇基，臺形正圓。以浙尺算，徑十五丈，外墻徑一丈，中以磚包土爲心，徑九丈，中外兩磚相距處，中空二丈。頂用磚券，上開天窗，周圍開銃眼十六個。自地平至券頂高二丈三尺，又上至臺面平頂計三丈，此爲下層臺身也。其外墻共高四丈，以一尺出臺身之上，周圍又開銃眼二十一個，中心立望樓三層，高五丈，徑四丈，周十二丈。墻厚八尺，高四丈，八角做，中隔閣栅樓板二層。自臺面砌，高至一丈三尺隔板一層，又高至三丈二尺隔板一層，砌至三丈處起券。自臺面至券頂高四丈二尺，上又加券磚結頂，約共五丈也。此望樓下層，留門出入，及通城上之路。上二層各開銃眼四個，共八個。

一、磚料以浙尺量，白城磚得長一尺八寸，闊九寸，厚四寸五分。每磚積七百零九方寸。每砌墻方一尺，厚六丈，該積一萬寸，是用磚一十四個又十之一也。以此推之，每長厚一丈，高一尺，該磚一百四十一個。

一、臺身全徑十五丈，圍墻高四丈，厚一丈，外周四十七丈一尺，內周四十丈八尺二寸，併二周折半，得四十三丈九尺六寸，爲墻準。依前法算之，每高一尺該磚六千三百個；今高四丈，該磚二十四萬八千個。就內周每二丈四尺開一銃眼，該十七眼，內減近城角一個，只開十六眼。每眼外邊一尺用青砂石，鑿圓竅徑一尺五寸，內九尺，該券磚五層，逐漸展寬，至內層闊八尺，高六尺，每眼減空一百四十六尺，該減磚二百零六個。又減外層之石，高四尺，闊三尺六寸，厚一尺，積得十四尺，減磚十八個。每眼共減二百廿四個，十六眼通減三千五百八十四個。又近城留券門一處，高七尺，闊六尺，計減磚三百七十個。又於臺身之上層亦開銃眼廿一個，該減磚四千七百零四個。以上實用磚二十三萬九千一百八十四個。

一、臺身中心，前議砌磚二十五柱，今節省砌爲圓心，徑九丈，周廿七丈，砌磚四路，其厚三尺六寸，以灰土填築中心。磚內周廿四丈六尺，併外周折半，得廿五丈八尺爲磚準，每層該磚五百七十三個。半砌至券處，該墻一丈三尺，用磚廿九層，該磚一萬六千六百個。

一、周圓合券，係入深二丈，穹高一丈，折中取長三十三丈。券四層，折中取闊三丈五尺四寸，每層用側砌磚七十九個，四層該磚三百十六個。通周圍全券，共磚五萬五千七百一十一個。應減外圍墻內截半弧，以入深三尺六寸爲矢，依求弦法得九尺二寸爲半弧弦，相乘得實，減庣四分之一，得二千四百八十四寸，以乘墻周三十九丈，得數以磚實除之，該減券磚一萬二千九百零二個。實用磚四萬二千八百零九個。

一、地平磚臺面，除墻址在外，計內徑十三丈，自乘減庣得一百二十七方丈，每磚側積八十五寸，共用磚一萬四千九百四十二個。下層地面周折三十三丈，闊二丈，共得六十六方丈，該磚八千一百四十一個。二項地平，該磚二萬三千八十三個。

一、由城角接砌至敵臺，議城址廣六丈，城面廣四丈一尺四寸，外磚內土，兩墻之磚共二十丈，約高三丈六尺，計磚八十層，分作三停：下停用磚六路，中停用磚五路，上停用磚四路，通以五路爲率，二十丈每路計磚一百十一個，五因該五百五十五個，爲一層之數。八十層該磚四萬四千四百。城面應砌女墻，高九層，厚二尺七寸，用磚二千九百九十七個。兩面城垛共二十八個，每垛砌高七層，長六尺三寸，厚同前，每層磚十個半，七層該七十三個半，通共垛磚二千五十八個。鋪城面廣三丈六尺，該磚四千四百四十個。以上接城共磚五萬三千八百九十五個。

一、自城頭降入敵臺，磚砌礓礤高三丈六尺，深八丈，得弦八丈七尺六寸，闊九尺，計五磚該側鋪一層，平鋪二層，共準側鋪二層算，每側鋪該一百九十五個，共一千九百五十個。兩墻各磚砌三路，共磚一萬八百個。又礓礤頂上、左右各補女墻一段，共十六丈，各砌磚二路，高七層，每路磚九十個，共磚一千二百六十個。乞去礓礤，應減面磚九十個，實用磚一千一百七十個。以上三項共磚一萬三千九百二十個。

一、臺面起望樓三層，八角做，高四丈，徑四丈，墻厚八尺。外周十二丈，內周七丈二尺，折半九丈六尺，爲墻準。每高一丈，計七方丈，又六百八十尺，四因之得三十方七分二釐。每方丈用磚一千四百一十個，共該磚四萬五千三百一十五個。砌至高一丈三尺，用閣栅板一層；又砌至二丈二尺，用閣栅板一層；又砌至三丈起券。券高一丈二尺，灣長三丈六尺，八角撮頂，每角九尺用磚五個，閗心一丈八尺，每到頂用側砌磚四十個，五因之得一百個。折半每角一層、五十個，八角共磚四百個；包券五層、折中七丈四尺三寸算，每角每券加三個，共磚二千一百二十個。以上該磚四萬七千四百四十五個。不減券弧，以補加墻二尺之數。

一、磚廂地盤徑二十五丈，周七十五丈，內除近城處六丈，得周六十九丈。砌高四尺五寸，用平鋪磚五層砌，二路該磚一萬五千三百三十二個。

以上八項，通共用白城磚四十五萬二千二百六十八個。

一、石料。計銃眼四十五個，通光眼二十個，用長四尺、闊三尺六寸、厚一尺以上石六十五塊。其銃眼共用門闕石四十五塊，俱見方一尺四寸，厚一尺上下。券門二座，用門匡石四條，俱長八尺五寸，見方一尺五寸。天地盤四條，長八尺五寸，闊一尺五寸，厚一尺二寸。地檻二條，長六尺五寸，廣厚俱一尺。其築起地基四尺，以外墻計之，内外周共八十七丈九尺二寸，四因之得三百五十二丈，合用長六尺、闊二尺五寸、厚一尺條石九十二塊。以中心計之，共五十一丈六尺，合用長六尺、闊二尺、厚一尺條石八十六塊。若於盤周七十五丈俱用石砌者，該條石五層，共一百二十五塊，每塊各長六尺、闊二尺、厚九寸。此項可減前磚一萬五千三百三十二個。

一、樓閣柵二層，俱用見方一尺之木，長二丈六尺者二根，長二丈五尺者四根，長二丈三尺者四根，長二丈者四根，長一丈七尺者四根。樓板九十六片，各長八尺、闊一尺五寸、厚二寸。其長闊總不必拘，只取見方九百六十二尺而足。下層胡梯長二丈，上層胡梯長一丈五尺，俱作二截做。梯身木各厚六寸、闊一尺，長各如估。梯格板闊四尺四寸、厚二寸，共五十六片；每步闊一尺、高八寸，其板各廿八片。胡梯轉曲相接處，以條木四柱作架。又銃眼闢拴，縱横各一根，共九十六根，各長一丈，徑一尺。

一、臺體極重，築基宜極堅固。初議填壘卵石，以灰砂漿灌之，或恐車運不前，可照例用土拌灰築實。今議掘深二丈五尺，徑十六丈，取土四百八十方，築土五百五十六方八分，合用夯夫小夫，俱查各工包做數目扣算。

一、白灰。舊例每一磚用灰三觔，今用磚四十五萬二千二百六十八個，該灰一百三十五萬六千八百零四觔。築基每土一方該和灰一萬觔，今只用七千觔，該灰三百八十九萬七千六百觔。以上共灰五百二十五萬四千四百零四觔。結頂宜瓦及塗飾青灰在外。

一、八角結頂宜用黑琉璃瓦，緑瓦厢邊，浮圖尖頂，八面真人海馬之類，宜照尺寸行琉璃窑定估。以周圍十二丈爲率，各有出簷磚料，俱不在前數之内。又有臺面圍墻及礓䃰上女墻共七十二丈，合用蓋口黑筒瓦，俱應併行燒造。其找縛鷹架所用木植、匠工，臨時酌處。

一、砌磚合用瓦匠，亦另照各工扣算。

右係一座敵臺合用之數。

徐光啓《徐光啓集》卷四《練兵疏稿》二附録一《抄工部揭帖》 工部爲：愚臣蒙恩内召，自顧無奇，謹申明一得之見，仰乞聖明決策力行，可以必保萬全事。營繕清吏司案呈：奉本部送工科抄出兵部覆題詹事府少詹事協理府事徐題前事等因，奉聖旨：「是，敵臺着工部速議具奏。欽遵。」抄出到部送司，該司呈請會勘。該職等於五月二十四日會同協理京營戎政右僉都御史李宗延、詹事府少詹事協理府事徐光啓、巡視西便門太僕寺少卿薛貞、光禄寺少卿管軍需事李之藻及兵科都給事中蔡思充、工科都給事中韋蕃、右給事中朱童蒙、吏科給事中朱欽相、户科給事中阮大鋮、刑科給事中毛士龍、工科給事中霍守典、魏大中、浙江道御史蘇述、江西道御史徐揚先、福建道御史周宗建、湖廣道御史方震孺、河南道御史張捷、雲南道御史丘兆麟、貴州道御史潘文龍公詣西便門城樓一帶，周爰相視。仍將少詹臣徐製造木臺規制，再三詳視，往復辨折，移時方決。僉謂：重城遼闊，角樓低小，不便防守，應先建二座以資犄角。待完日驗視，酌量添造。議畢各散。職部尤恐不的，仍移一知單於會議諸臣，覆訂畫一，各無異議，俱經畫知訖。該司案呈到部，該職議照：古稱王公設險以守國，凡有資於保障，亦何憚綢繆。京師爲根本重地，即在無事之日，尤宜謀周桑土，險固金湯；況當邊陲淪陷之時，神京震恐，慮先堂奥，算出萬全。職部職司將作，髮膚豈有愛焉。先是科道諸臣間有建議築臺一節，職部以規制未詳，議論未一，請敕會議，奉旨「且不必造」。及少詹事徐單疏請建，鑿鑿以爲可行，職部遵旨會議，間據詹臣所造木臺基址規制，密緻精詳。且曰：「臺墻堅厚，則十卒棲止得所，而膽氣不驚，安閒應敵，一便也。臺眼窄小，則我兵照眼放銃，賊矢石不能及，而我守愈固，二便也。臺樓高聳，我軍登高遠望，斥候時明，發砲禦賊於遠，賊兵不得近城，三便也。」大抵如原疏所謂以銃護城，以臺護銃，與寺臣李之藻西銃之疏，表裏相依，同條共貫者。規制既定，議論僉同。職部即資詹臣爲調度，倚寺臣爲董成，先造二座，擇日興工，俟驗有成績，酌量添造。惟是職部興作甚煩，經費無出，除白城磚料那借大工充用外，其採石、燒灰、搏沙、刨砌工料等費，所需尚多，不得不煩請祭前諸臣會議。時詹臣已力任之，應聽詹臣會同寺臣估定，具疏陳請，而職部即操畚鍤以從之，恭候命下。職等欽遵，移會各衙門，擇日興工施行。爲此除具題外，理合具揭，須至揭帖者。

天啓元年六月　日。

徐光啓《徐光啓集》卷四《練兵疏稿》二附録二《抄監督部寺手本》 監督軍需光禄寺少卿管工部都水清吏司事李、爲敵臺事：准營繕司手本開將敵臺一座，本職原所會估木石磚灰等料，約用錢糧數目，照估磨算，開送前來。及議將琉璃磚瓦一項裁省，另用瓦料等因，到職。又經面議夫匠工價、大率與所費物料價估相當，各准此、合行知會。爲此合用手本，前去詹事府少詹事協理府事徐處，煩爲查酌施行，須至手本者。

計開：

敵臺一座約用白城磚四十五萬二千二百六十八個，係取用每個銀二分四釐，共約銀一萬零八百五十四兩四錢三分二釐。西便門每個運價銀三釐五毫，該銀一千五百八十二兩九錢三分八釐；東便門每個運價銀二釐，該銀九百四兩五錢三分六釐。白灰共五百二十五萬四(十)(千)四百零四觔，照估每百觔銀一錢一分五釐，該銀六千零四十二兩五錢六分四釐六毫。銃眼石四十五塊，通光眼石二十塊，共六十五塊，各長四丈，闊三尺六寸，厚一尺，每塊折方十四丈四尺，共九百三十六丈。門闗石四十五塊，各見方一尺四寸，厚一尺，每塊折方一尺九寸六分，共八丈八尺二寸。門匡石四條，各長八尺五寸，見方一尺五寸，每塊折方一丈九尺一寸二分五釐，共七丈六尺五寸。天地盤石四條，各長八尺五寸，闊一尺五寸，厚一尺二寸，每塊折方一丈五尺三寸，共六丈一尺二寸。地檻石二條，各長六尺五寸，闊一尺，厚一尺，共折方一丈三尺。周圍三百五十二丈，合用條石九十二塊，各長六尺，闊二尺五寸，厚一尺，每塊折方一丈五尺，共一百三十八丈。中心五十一丈六尺，合用條石八十六塊，各長六尺，闊二尺，厚一尺，每塊折方一丈二尺，共一百零三丈二尺。地盤周七十五丈，五層共用條石一百二十五塊，各長六尺，闊二尺，厚九寸，每塊折方一丈零八寸，共一百三十五丈。此項可減前磚一萬五千三百三十二個。以上石料，通共一千三百三十六丈零九寸，照估每一尺一寸，准匠一工，共該一萬二千一百四十六工；每工銀七分，共該開價銀八百五十兩零二錢二分。運價每尺銀八分，該銀一千零六十八兩八錢七分二釐，通共該開運價一千九百一十九兩零九分二釐。樓閣柵木十八根，各徑見方一尺內。二根各長二丈六尺，約用一號松花木，長二丈七尺，圍四尺，每根銀三兩九錢，該銀七兩八錢。四根各長二丈五尺，約用二號松柁木，長二丈五尺，圍四尺，每根銀三兩六錢，該銀十四兩四錢。四根各長二丈三尺，約用六號長梁木長二丈三尺，圍四尺五寸，每根銀三兩五錢，該銀十四兩。四根各長二丈，約用二號柁木長二丈，圍五尺，每根銀三兩二錢五分，該銀十三兩。四根各長一丈七尺，約用五號松柁木，長一丈八尺，圍四尺五寸，每根銀二兩九錢，該銀十一兩六錢。樓板九十六塊，各長八尺，闊一尺五寸，厚二寸，約用六號柁木，每根長一丈六尺，圍五尺，每根分作二截，每截鋸板六塊，約用木九根，照估每根銀二兩六錢九分，該銀二十四兩二錢一分。樓梯下層長二丈，作二截，厚六寸，闊一尺，約用二號柁木一根，長二丈，圍五尺，該銀三兩二錢五分。上層長一丈五尺，作二截，厚六寸，闊一尺，約用六號柁木一根，長一丈六尺，圍五尺，該銀二兩六錢九分。樓梯板共五十六塊，各闊四尺四寸，厚二寸，每步闊一尺，高八寸，其板各二十八片，約用散木四根，照二號長一丈四尺，圍四尺一寸，每根分作三截，每截鋸板五塊，每根銀二兩一錢，該銀八兩四錢。以上木植共約該銀九十九兩三錢五分，照例每兩加二錢，該加銀一十九兩八錢七分。梯柱等項共用杉木九十六根，各長一丈，徑一尺，係取用，如照買辦約用平頭木三十二根，每根長三丈，圍三尺，每根分作三截，照估每根銀三兩六錢，該銀一百一十五兩二錢。各匠每工長工六分，夫長工四分，夯夫每工七分。各匠短工五分五釐，夫短工三分五釐。

天啓元年六月二十五日，少卿李之藻。

徐光啓《徐光啓集》卷四《練兵疏稿》二《略陳臺銃事宜并申愚見疏天啓元年七月被言請告未上》

奏爲欽奉明旨，略陳臺銃事宜，并申愚見請乞聖裁事。先該臣前後奏陳京師固本之策，莫如製造大銃、建立敵臺，可以一勞而永寧，暫費於前而大省於後。奉旨下部，覆稱興作甚煩，經費無出。况工部原無額派，邊方軍需錢糧，近蒙皇上允發帑金肆百萬兩，未經分受；今以敵臺工料銀兩責成該部，實無所出。若非皇上垂念根本至計，另發帑金，則此臺此銃，必無可成之理。臣見目下遼左軍需，急如星火，亦知發帑殊恩，難可屢徼；而冒爲此請，似欲自伸其説，違時訕舉贏之戒，然而實不敢也。昔人論兵，皆欲識時務，明彼己。古之遠器不過弓矢，五代以來變爲石砲，勝國以後變爲火器，每變而趨於猛烈，則火器者今之時務也。遼左再敗之後，賊則昔無今有，有而且多；我則昔多今少，少而且劣。我雖舊有，用之甚拙；賊雖創有，用之甚工。如近攻遼陽東門，賊來止七百人，車載大銃，我川兵千人逆之。賊發虚銃二次，我兵不損一人，因而直前搏戰；迨至二三十步真銃齊發，我兵存者七人而已。夫假銃誘敵，近而後發，則勢險節短，此用器要術，臣嘗密與諸將吏言之，不謂賊已暗合。若我兵則初見敵塵，便已發銃，無一中者；敵近即委而去之。兩者巧拙何如也？此彼己之情也。故臣料敵：今攻城必不遽用雲梯、鉤桿諸物，必先置大銃於數十百步外，專打城堵，城堵既壞，人難佇立，諸技莫展，然後以攻具乘之。臣不知今之言守者，將何以應之？賊今野戰亦不用弓矢遠射，騎兵衝突，必置小大火器於前行，擡營而來，度不中不發，如遼陽之法用之。臣不知今之言戰者，又將何以應之？此自今以後戰守之時務也，亦彼己之情也。臣三年之前慮欲使戰勝守固，又不欲使民命盡而國財殫，故言守城必造敵臺，必造大小火銃，一一如法而後可言戰。必須多用大小火銃，載以砲車，雜以戰車，又須堅甲利器，厚餉精兵，一一與銃相稱而後可。不敢謂預知賊勢之至此也，而不幸已至此矣。爲今之計，比臣昔日所言宜有過焉，豈可不及乎？蓋今日之戰守而無大小銃砲，猶空手遇虎狼也；有銃而無臺，無堅甲利兵，猶手太阿之劍而無柄也。數者皆備，而不能深求施用之法，合戰之權，是有劍而不知刺劍之術也。若置銃於城之外以守，敺不教之民而挾銃以戰，是又倒持太阿以柄授人也。夫兵器之烈至一發而殺百千人，如今日之西銃極矣，無可加矣。若守而無臺以用之，戰而無堅甲利器精卒以稱之，必將如前二次返爲賊有。或機事不密，賊亦竊用其法，自此之後，更無他術可以禦賊，可以勝賊矣。此説臣言之再三，莫或見信。然而不得不言者，緣西銃一節，取器取人，臣等實爲始事。若不盡如臣法，寧可置之不用，後有得用之時；若但知募用之，而不講求其所以用，萬一僨事，至於不可救藥，則區區報國之心，翻成悮國之罪，臣所以展轉不安，寢食俱廢，不得不瀆陳於君父之前也。望皇上采聽臣言，欽定數目，慨發工部應用，成就此功。他日不論邊境安危，但屹然稱金湯之固，即此所費金錢與積諸庫中無異，且覺更有利益耳。若云東事方急，無暇及此，則臣以爲都城用財，似是大工同例，不必與東事相涉也。即今卜素生心於北，火酋側目於西，儻有變動，豈其專力東方，棄而不應乎？不及此時一爲根本之計，恐他日之不暇及此，甚於今日。且此功既成，醜虜聞之，絶無深入之志，正可專力東方耳。宋祖建汴京城，紆斜迴曲，極便於守。遼人渝盟，韓琦、范仲淹議修京城，爲吕夷簡所與沮。政和間蔡京修之，悉改舊制，方直如弦，後粘罕見之，曰：「此定易攻耳！」使宋人無改藝祖之制，早從韓、范之説，即有靖康之變，豈不能堅守以待勤王之師！若更能修政立事，一意自强，即燕雲可復，遼金元迭起相殘，顧將乘其敝而取之，孰敢窺左足於大河之南哉！前事若斯，抑亦今之殷鑒矣。伏惟聖明裁酌。其他造銃等項事宜，如蒙俞允，容臣再行奏請施行。臣不勝悚息惶恐待命之至。

徐光啓《徐光啓集》卷六《守城製器疏稿・記崇禎二年十一月初四日平臺召對事》 十一月初四日上御平臺，召對。爲薊門寇警事，内閣兵部四臣奏對訖，賜茶；此時有報捷之疏。茶畢，復召諸臣入御座前，問「卿等有何方略？各宜陳奏」。諸臣奏對不一。稍間，臣光啓請面奏：先一日奉旨，着臣協同工部堂上官料理城守事宜會奏，祭日未經廷謝，是日前跪致辭，叩頭謝恩訖，即奏：皇上所垂問者，未知是目前方略，抑事後方略？上曰：目前的也要奏，事後的也要奏。臣光啓奏言：臣見近今積弛積玩，士卒老弱，兵甲朽弊，難以應敵；必須精兵利器，方堪戰守。故於今年正月上疏陳言兵事，欽蒙温旨，此時若拮据措辦，得如臣奏有精兵三五千，今日之事，臣請自願領兵擊賊。上曰：曾有此奏。臣光啓復奏言：奴賊西來，經都山之險，今冬寒冰雪，豈能濟師？所以積米高台堡，寄精騎萬人於他部落，經年之後，方能舉事。蓋原來賊衆止此耳，今之人衆，大都掠我良民，逼令薙髮，其中豈無脱身來歸者？但我官兵遇之，必殺以報功，并將兵驗功者亦利其有此，是絶其歸正之路，堅其從賊之心，夷衆日繁，夷勢日盛矣。且真夷假夷，新剃舊剃，但以網痕驗之，亦甚易辨。似宜特敕邊臣，除大戰不論外，其零斬新剃級報功者不准，若被剃難民二三人以上，共斬真夷一級來歸，如例加賞，則人樂於歸正矣。上曰：剃髮之民有甘心從賊者，如近日歐陽熺之類，亦豈可信？臣光啓對曰：若安心從賊者不肯來歸，若斬級獻功，足以自白矣。若髮雖新剃而空手來歸者，安知非奸細？但屬疑似，即不當遽殺之。或遞解内地收管，贍養長髮，事寧放還亦可。如此賊衆日減，抑且自相疑貳，此亦解散之一策也。上首肯之。後議及守城及城外劄營事，諸臣皆主守城，而總協獨主劄營。臣光啓曰：凡兵不止練戰，亦能練守。今守城全賴火器，非素練不能。若營軍出城，則城夫皆屬平民，不知火器爲何物，一時豈易教習！且勝負難期，一有差失，人心震動。昔遼陽之守，臣再遺書熊廷弼，謂城外列營置砲，萬分不可。只憑城用砲，自足盡賊。廷弼不聽，袁應泰繼之，亦然。後大兵出城，拒河而守，望敵潰散，火器皆爲敵有，守陴者遂致無人。後袁崇焕守寧遠，不出一兵，殲敵萬衆，二者相去遠矣。次又有奏對者。後上起立，復問：城内守禦，城外列營，畢竟何從？總協二臣奏訖，臣光啓復奏曰：古時無火器，故非戰不能守城；今火砲既能殺賊於城外，是坐而勝戰也。若城外勝負難期，不如守城爲穩。上曰：既如此，定於守城。諸臣承旨退。

徐光啓《徐光啓集》卷六《守城製器疏稿・記崇禎二年十一月二十八日平臺召對事》 十一月二十八日上於平臺召對，諸臣奏對訖，臣禮部左侍郎徐光啓奏言：臣向欲有所陳説，因西銃未至，城守爲急。今此器旦晚將至，而胡虜列營城外，盤據搶掠，臣請得選士五千人或三千人，給與精好盔甲，權用大銃八門，副以中銃二百門，鳥銃三千門，結爲車營，轉鬬而前，必可驅之出塞。如此，臣請待自領之。上曰：若有此等器甲，將官領之亦可，但何處可得？即如外解盔甲，不論好惡，便與驗收，安得有佳者！臣對曰：今大段精堅，恐不可得，擇其彼善於此者，聊可供用。上曰：醜虜陸梁如此，必一大創之，使隻輪不返，乃可。臣對曰：據今時勢，未便可得。但驅逐出塞之後，整頓半年，我兵便可出塞。亦宜恢復大寧，大寧既復，則陵京之肩背厚，可保年中無事，然後經略□東，未爲晚也。上默然者久之，命諸臣退。

徐光啓《徐光啓集》卷六《守城製器疏稿·守城條議崇禎二年十一月》 一、分派城守，宜得兵部堂上官壹員專管其事。每城門派文武大臣，專司一城某垛至某垛爲其信地；於中復分派京朝官幾員，分司其事。亦分信地，大約可垛爲一區。一切先事豫備，臨時施用，俱聽主持。平時未必盡諳者，以諳練武職一二員佐之。

一、城中最急者，盤詰奸細一事，此事與守城宜功力相半。務須編立保甲，令相同察，罪犯連坐。但一城臺員所轄地廣，宜增員分任，專司糾察。南城地廣，尤宜倍增。若兵馬司，亦宜選委職官，與之分任。其緝訪捕獲，確有實據者，犯人即行正法，捕獲報事員役優敘厚賞。即無的據而情形可疑者，犯人逐出城外，員役量賞。仍須先立賞格，徧行告示。

一、每垛須軍人三名，民人二名，水火夫一名，平時更番，有事併力。其應給銀米，户部每城委司官一員，隨時給發。

一、火器火藥，守禦最急，各城各垛，俱均平給發。每城選委透曉其事者，專管裝藥點放。每區設官一二員，點放手數名，教習垛衆。

一、每區有營軍本管武職，又有火器專官，皆聽本區京朝官調度。時時集議：某事應作，某物應備，某器宜修，某錢糧宜接濟，某物粗惡宜駁回，即時行各該衙門取給。如有失悮，責在本管。

一、每城設游兵若干，以備應援。

一、每晚聽候傳號。

一、城中智勇奇士，殊不乏人，皆宜收録爲用。或勇力絶倫，或武藝出衆，或火器合法，或工巧能造守具，聽京官自行保任，於兵部堂上官處試驗。取中者户部支給糧餉，分發各區聽用。論功給賞，事寧分别優敘。

一、賞格：敵寇臨城，能以火器砲石弓矢殺一賊者，賞銀十兩；傷一賊者，賞銀二兩。近城手斬一賊者，賞銀五十兩。能以守具近城却敵者，賞銀一百兩。出城劫營，或截殺得真夷一級者，賞銀一百兩。賊蟻附登城，能殺一賊者，賞銀一百兩。緝拿真正奸細者，賞銀一百兩。

一、防火巡警，城中急務，宜每舖設火夫若干名，豫備水缸及拖紛撓鈎等具。遇有失火，總甲率夫撲救。如遇冰凍，可將甎石土壍等物鎮壓。别舖人如遇勢盛，只許拆卸本舖房屋，不許越舖撲救，以防擾亂。城上守禦人亦不許下城，并傳説摇惑。

一、以禮房東朝爲議事所，掌詹事府尚書錢象坤願與城守謀議之事，宜令專住本所。其他京朝官願與者，亦各每日於本衙門東朝房一同謀議。議定，傳各城各區行事。關係重大者，請旨定奪。西洋大銃并貢目未到；其歸化陪臣龍華民、鄧玉函雖不與兵事，極精於度數，可資守禦。亦日輪一人，與象坤同住，以便諮議。

一、吏部主事楊伸家人善用石砲，宜速令爲教師，演軍民造作砲架，臨時施用。其木料磚石，城守所用極多，城外迴料鷹平白城磚宜速運，分發城區聽用。

一、各城俱須分發營繕所木匠、兩廠銅鐵火藥匠、繩索匠、皮匠、裁縫匠等，聽本城本區官調度工作。

一、各城步道隔遠，接應不備，再應作鷹架，以便登降接濟。又須隨處搭架轆轤轉車，升降器物。其内外城交接二處，速作牢固鷹架，以便出入，并傳送器物。

一、火藥除舊製者揀試應用外，其新造者各匠頭逐名另貯，不得混亂。發到各區廠司，仍開匠頭姓名，同解本區驗試。如有不堪駁回，以失悮軍機論罪。

一、各城各區文武職官、軍民夫役分派既定，各司其事。每兩員名平時聽一番休，有事立時並至，頃刻不得離次。其所需用軍火器具及他材料，工部已經分撥解收外，各城各區自行商確，尚須何物，即遣官役賫文赴工部傳索。其當給者發銀自置；其曾有者照數給發；其可已者不妨商確定奪。

一、輪攻墨守，變化多端，宜先期多方商訂。各城各區不拘尊卑，有特出意見者，每日辰未二時，各遣知事官役，到東朝房議定。如可行者，通行知會遵守。

一、各衙門行事文移不必照常規則，各用小帖傳照。掌印者用印鈐蓋，不及印或無印者用手字花押。

徐光啓《徐光啓集》卷六《守城製器疏稿·計開目前至急事宜》 一、西洋銃領銃人等，宜令徧歷内外城，安置大銃。開通垛口，以便轉移施放。

一、舊設大小銃位，亦宜令諸人安頓試驗，不可用者不宜輕用。

一、銃藥必須西洋人自行製造，以夫力幫助之。其硝磺亦宜發銀與承管官員見銀召買之。積者力減，不給見銀，難免攙和。

一、大小銃彈亦須西人自鑄，工匠助之。

一、凡守城除城威大砲外，必再造中等神威砲及一號二號大鳥銃，方能及遠命中。至戰陣中，大砲決不可用，尤須中銃及大號鳥銃。目前至急，須造中砲五十位，大鳥銃二千門。若欲進勦，再須中砲百位，大鳥銃五千門。此未能一時取盈，但須作速製造，成一器便得一益也。兵用砲或鑄造，或打造，皆可用；但期精工，屢試不炸爲度。

一、大鳥銃一時未得應手，見今城樓二廠所儲鳥銃，可作速整頓試驗，教練營軍，以助城守。若教成萬人以上，則快鎗夾靶三眼鎗之類，不及遠，不命中，且費藥費彈者，皆可盡棄不用也。

一、用兵之時，錢糧爲急，但須核實，不致冒破。又須得益，不至委棄足矣。今造器等既是急需，萬一虜再薄城，戰兵未就，莫如召募壯士，晝則零截，夜則劫擾，此非厚賞不可。宜速處數萬金備用。

徐光啓《徐光啓集》卷六《守城製器疏稿・續行事宜》　一、戰兵必須精選勁卒萬人，副以力兵萬人，分爲五營，盡法訓練。最近亦須二月乃成。其人即於援兵步營中挑選，寧少無濫，漸次取盈。器甲等以漸備具。目下只須先習大小鳥銃及本來武藝，候軍需完日，藝亦垂成。賊在可以勦滅，賊去可以恢復矣。

一、都城萬全之計，必賴大小砲位。其銃臺必須大者，只於城臺兩傍各造一銳角臺，以備城門。內城西北，外城西南，各造一臺，以備紆曲。若加高外城，則待從容舉行，今或未能及此。

一、城外遠近遺棄盔甲銃砲等甚多，雖懸賞募送，猶勝鼎新也。若委官匪人，或送一盔應賞若干，乃不惟不賞，又索其甲，反行索詐，人情畏惡，悉行埋掩。若有廉能之官，實賞實募，出者必多。車兩雖破壞不全，亦堪修改，相應一併運送。

徐光啓《徐光啓集》卷六《守城製器疏稿・控陳迎銃事宜疏崇禎二年十二月》　奏爲控陳迎銃事宜，務保萬全事。臣竊見西洋大銃，近在涿州；臣前具疏爲決策責專等事，欽奉明旨：「與兵部總理作速詳議密奏。」已經商確回奏訖。臣之愚見，大略謂此器之來，關係非細，必得車營步兵數千，內又須鳥銃手二千，騎兵不論多寡，相翼而進，乃可十全。若只用騎兵，亦不論多寡，定然見敵而潰，此則至危至險，以國之大事僥倖，萬萬不可也。本月初一日曾遣騎兵九百，涿州護送步兵亦二千五百，而悉無火器。至劉李河橋，一聞虜信，則哄然而散，此一驗矣。今虜暫去良鄉，其奸細未必不潛爲偵探。且都城之外至蘆溝橋，頃刻可達，萬一復蹈前轍，以輕兵前往，至於進退兩難之地，如前潰散，其爲患不可言矣。此事經始於臣，不敢不圖其成；且計慮稍久，不敢不盡其愚。爲此披瀝控陳，如蒙皇上欲令速至，乞敕該部撥見在入援步兵一營或三千四千，給以鳥銃二千門，臣請率之以行，到彼料理，刻期前來，遇敵則戰，可保全勝。所以必須步兵者，爲其遇敵不能走；既不能走，而又恃大小火器以無恐，則可以戰也。所以須臣自行者，臣前疏言：假兵以賺銃，假銃以賺兵，賊之遠計，無所不有，倘以不識面目之人，將兵前往，涿人與西人俱不能無疑故也。倘步兵火器又不可得，不若仍遵前旨，暫留守涿。如其不然而爲聊且之計，僥萬一之幸，臣心知其不可，不敢不言。恐以十餘年報國之苦心，翻成誤國之大罪也。臣無任激切惶恐待命之至。

徐光啓《徐光啓集》卷六《守城製器疏稿・再陳一得以裨廟勝疏崇禎二年十二月初九日》　奏爲再陳一得，以裨廟勝事。臣於本月初七日欽奉明旨，已經酌會部臣申用懋具疏回奏訖，再入相與詳議。敵去京師而不攻，環視涿州而不攻，皆畏銃也。今涿州之貢器既未即來，京師之守器不宜分用，則任賊之蹂躪旁邑，何時已乎？且邊方兵馬，尚且回翔，量敵不敢輕進，況於內地，則見在之兵未足破賊，其理明矣。臣曾面奏，言破敵之法，必須車營，用大小火器三四種，練習精兵三五千人，此時謂援兵必可逐虜，故爲後日之計。且今時勢，似不得不亟行之。法當用二號西洋銃五六十位重千斤以下者，又須新造大鳥銃一二三千門長四尺五寸以上者；其三號銃則二廠各門所貯，亦可揀試應用也。二號西銃臣頗諳其法式，但未經鑄造，尚待貢銃人至，再與諮詢。今不得已，可令兵仗局二廠工匠作速併工冶鑄，計二十日可就。更於此二十日內，鳩工攢造大號鳥銃。仍一面選募訓練。二器若成，教練亦就，結爲車營，便堪出戰，不止迎銃而已。其間事緒繁多，非臣一人所能亟就，則文武諸臣及士庶儘有巧心長技，堪以分任者；若工料費鉅，則臣民中亦有捐貲助用者。如蒙聖明俞允，即敕各該衙門作速圖之，諒可刻期奏績。倘以臣書生之言未便足信，可用百分之一，姑小試之。如車二輛，三號銃一位，鳥銃三十門，臣可使砲聲終日不絕。凡鳥銃之精者，一發必斃一賊，以小推大，以一推百，賊之不能支，亦易見矣。抑臣之私慮尚未止此。目今諸虜蠢動，戢兵之期，未知何日，欲收全勝，必在銃器。如邊城近邑雖經殘破，賊決不能分兵守之，克復甚易。但克復之後，非銃不守。如涿州之大銃一來，亦須以中銃與之，則此器之當鑄造未有已時也。京師之物料有限，工價煤炭價亦踊貴。臣謂宜令廣東、福建撫按諸臣，速造長大鳥銃解用；而二號西銃則太僕寺少卿李之藻亦諳其法，今起用未至，亦可令與江南北撫臣，酌用銀兩、或料價、或新餉會同彼處監司，於蕪湖鑄造起解。彼中銅鐵煤炭所聚，可省半費也。伏惟聖明裁度施行，臣不勝悚懇待命之至。

崇禎二年十二月初九日。

徐光啓《徐光啓集》卷六《守城製器疏稿·破虜之策甚近甚易疏崇禎二年十二月二十二日》 奏爲破虜之策甚近甚易，謹披瀝申明，以保全勝事。臣聞兵家所貴，知彼知己。虜中常言兵多不足畏，所畏者火器耳。虜能畏我所長，是虜之知彼也；我不能善用所長，不能盡用所長，是我之未能知己，而諸臣之失策也。虜之畏我者二：丙寅以後始畏大銃，丙寅以前獨畏鳥銃。所獨畏於二物者，謂其及遠命中故也。凡命中之器必用合口之彈，合口之彈必須對準之藥，獨此二器爲然，他不爾矣。今大銃守城，既非行營所宜，則戰陣所急，無如鳥銃矣。而內府及各門兩廠積貯甚多，則何以不盡用之、不善用之乎？臣所見將士多稱未習，然習之非難事也。習三日必能裝放，習十日必多命中矣。臣之愚計，以爲今日見在援兵，萬分不宜輕戰，惟宜盡習鳥銃。其各營中有慣用者，即爲教師。分爲二班：半入重城，專事訓練；半在城外，專司巡鼜，有急即上城協守。如是習銃者二三萬人，時刻不絕，計虜聞見之，不過十日五日，且宵遁矣。使其不去，就用此練習之衆，成師而出，虜雖二三萬衆，我以一銃斃一人，何難哉！但爲出戰計，則更有四事所宜預籌，以圖萬全者。虜多明光重鎧，而鳥銃之短小者未能洞貫，故今之練習，宜畫敵爲的，專擊其手與目。又宜糾工急造大號鳥銃，至少亦須千門，可以洞透鐵甲。此爲後來千百年之用，不但今日，一也。大銃既不便行營，須擇虎尾郎機等項中銃二三百門，試驗裝架，以補鳥銃之闕，二也。每用萬人，必須大小車三四百兩，故今之車兵不宜輕出，惟宜留爲後用。且從前所遺棄者，亦宜募人收回。每人必須全副器甲，不足則前鋒一半必不可少，三也。都中儘有奇傑之士未嘗應募者，亦有欲保身家憤發願效者，亦有高貲慕義樂於捐助者。誠鼓舞其人，富者輸財，勇者出力，厚予餉給，不論多寡，戰守之際，用以跳盪出奇，臨機制勝，四也。四事既集，教練復就，固可目無全虜。與夫不量而嘗試，無謀而浪戰者，相去遠矣。分派之餘，城上守望之軍舊用快鎗夾靶，亦令改習鳥銃，與城下援兵聲勢相應，尤捍禦之長技也。然城內外時時習銃，與夫有警放砲者恐致混雜，致民間惶惑，則當於城門上每門皆製五方號帶，如廣渠爲東一門，有警則升青帶一，有安爲南三門，有警則升赤帶三。如是徧傳各門，以及內廷，若無號帶而聞砲聲，則練習矣，此亦兵家刑名之常式也。臣憂惶冒昧，不避煩瀆，懇惟聖鑒，敕下該部立刻施行。臣無任戰慄待命之至。

崇禎二年十二月二十二日。

徐光啓《徐光啓集》卷六《守城製器疏稿·醜虜暫東綢繆宜亟謹述初言以備戰守疏崇禎三年正月初二日》 太子賓客禮部侍郎兼翰林院侍讀學士徐光啓奏爲：醜虜暫東，綢繆宜亟，謹述初言，以備戰守事。臣竊見逆夷內訌，京師之宇環走而不敢攻，皆仰仗天威使之然也。惟是屢破名城，師徒喪敗，捆載而去，莫敢誰何，恐得志之後，再尋前轍，可不豫爲備乎？臣奉命以來，僅知城守可保無虞，而戰勦之策，未敢有所陳説。間有條奏，亦須製造刻陳，稍費時日，誠知目前決策，未見勝著故也。今幸有可爲之時，方當夙夜拮据，令戰可必勝，守無不固，即醜虜聞之，或且息心。不然者窺我疏防，旋踵即至，豈堪再誤哉！臣庸碌無奇，今所條議，皆夙昔嘗言。然兵家之事，先正後奇，既遇大敵，須鬬實力，是以寧爲過求，不爲冒險；寧爲蹠實，無敢鑿空。至於事寧之後，一切邊塞周防，諸方經略，容臣接續條奏，未敢備陳。伏惟聖明裁擇施行，臣不勝激切惶悚待命之至。

計開：

一、建造銃臺。臣於萬曆四十七年議造都城萬年臺，以爲永久無虞之計。至天啓元年奉旨允行，業同部臣王佐及科道諸臣，躬行相度，程工估料，卷在繕司，可考也。此功若就，即可漸致大小砲位，充物其中，縱有敵騎數萬，必將殲滅無遺。若不近城，即小者亦可用爲戰鋒，使前無橫敵。奈臣孤立寡援，而東帥臣委曲旁午，事乃中止。蹉跎至今，遂使聞敵倉皇，茫無定策，有識者不能不痛恨於阻議之臣也。但初議周城建大臺十二座，今時絀不能舉贏。頃臣累月相度，見諸見在城臺，盡可施放；但欲尺尺寸寸，皆砲力所及，則須稍有建置。臣之愚虞，以爲內外十三門左右，各宜造虎牙臺二座，共二十六座。見在敵臺，相其疏密，大都以相去一里二里爲率，於本臺之外，接建空心三層鋭角臺一座，周城約四十座。諸臺之上，皆造房以蔽風雨。此二種臺座，爲費亦省。惟德勝門至西直門，廣寧門至南角樓兩處紆曲，特宜建臺二座，費亦不多。今雖凍沍，可豫備材料，冰泮之後，併工一月，屹然金湯之固矣！至重城亦宜增高增厚，應俟接續經理，伏乞聖裁。

一、多造銃器。戰守利器，莫如大銃。除第一號大者未易成造，其銃重十斤以下，彈重二三斤，力可及三四里者，鑄法稍易。今都城新舊所有大銃，略以足用，更須得小者二三百位，以實諸臺。再造大鳥銃萬門，以備城堵，則萬全無患矣。所以然者，此器彈必合口，藥必等分，發必命中，不惟易於殲敵，兼用藥不多，易於防火故也。但西洋銃造法，關係甚大，恐爲奸細所窺，若造於京師，尤宜慎密。若欲價廉工省，則可造於山西、南直等處，亦須付託得人，加意防範耳。若中外所積不堪舊器，每炸損傷人，其在戰陣關係尤大，徑可毁爲新料。惟銅料不堪再鑄，亦可鑄錢以易新銅，不止省費，亦使他日無誤用之害也。伏乞聖裁。

一、教演大銃。大銃一發數里，又能命中，然利害甚大，不宜浪發。一切裝放皆有祕傳，如視遠則用遠鏡，量度則用度板，未可易學，亦不宜使人人能之，所謂國之利器，不可以示人也。臣嘗深慮：以爲獨宜令世臣習之。自勳戚子弟以及京衛武臣，擇其志行可信，智勇足備者教之。更選精兵隸之。就中擇一高等爲副將，別置一營，常川練習。邊方或來請命，擇而使之。其邊方求學者，亦須於世職中擇其才行可信，家衆盛者。此等在京只須一二百人，每邊只須數十人，足用矣。若中小等銃近及數百步，準平施放，高下不多者，則人人習之可也。伏乞聖裁。

一、區畫戰兵。有臺、有器，有人守，事完矣，欲求戰勝，必非目前所集營兵、邊兵、內地兵、新兵所能辦也。必於此兵之中，或於此兵之外，選得精勇步兵萬人，每精兵一人，用火兵一人，合之二萬，分爲五營，亦不少矣。既有其人，給以厚餉，予之精甲利器，護以車輛，作速練就，成師而出，可保必勝。蓋臣所立車營，必爲四應之陣。重車爲衛，雜以銃車，二車之外，復有盾車，盾車之外，復有拒馬，守捍三層，固無可攻之理。而大小火器，一一命中，又終日不絶，雖遇強敵，亦難衝入。就有衝入，而我兵武藝習熟，甲冑精完，戈矛銛利，殳斧堅重，誰能當之。蓋奴兵再世選練，器甲精好，我之選練、既與之等衡，加之火器，蔑不勝矣。彼又驅我難民，以爲前鋒。聞此輩傳言：天兵若有勝勢，吾輩便可歸還。誠有此勝兵，又先以招降之諭，受降之旗，亦可使不戰而潰。真夷雖强，彼所愛護，必且遁逃不暇也。不然，我雖有所殺傷，而殺傷者皆歸正無從之民，亦可哀也。伏乞聖裁。

一、精造軍需。昔人論兵，首重器械。蓋一銃或至炸傷，即一軍成必敗之勢；一擊不能殺賊，即一卒無可生之理。念及於此，則造作一事所關勝負，亦不細矣。而昔年任事者，謂承平既久，必無試用之日，以致百弊叢生，莫之究詰。至於今日，其害乃見已。今所需者，必須精擇廉能，料簡匠作，揀選材料，務令事事如式。又須一一試驗。如造銃造藥，必令原匠手試數徧，不精工必自受其傷。若精工者量賞賚之，此類是也。儻軍需各色既備且良，加以精兵賢將，即此萬人，可以横行塞北，全恢疆域矣。伏乞聖裁。

崇禎三年正月初二日。

徐光啓《徐光啓集》卷六《守城製器疏稿·西洋神器既見其益宜盡其用疏崇禎三年正月二十二日》 太子賓客禮部左侍郎兼翰林院侍讀學士徐光啓奏：爲西洋神器，既見其益，宜盡其用，懇乞聖明，亟敕當事諸臣，早夜拮据，以圖戰守萬全事。臣竊見東事以來，可以克敵制勝者，獨有神威大砲一器而已。一見於寧遠之殲夷，再見於京都之固守，三見於涿州之阻截，所以然者，爲其及遠命中也。所以及遠命中者，爲其物料真、製作巧、藥性猛、法度精也。至彼國之人所以能然者，爲在海內外所當敵人如紅毛夷之類，技術相等，彼此求勝，故漸進工也。今我既享其利矣，可復如前次令空返乎？諸人之來，感國厚恩，忘身自效，誓欲滅此而後朝食，其忠憤之氣，見於辭色。廷臣聞且見者咸共贊嘆，以爲有此絶技，又若此精忠，必宜盡用其術。而況虜衆日多，虜勢日深，不一大治，終無懲創。臣昨見外城守臣，言身至戰地，博詢士人，言滿桂之敗，賊亦用火攻。每一驟負二砲，如田單火牛之法，疾赴我營，以致敗衄。今又陷永平、建昌等處，所得砲位更多。惟盡用西術，乃能勝之。欲盡其術，必造我器盡如彼器，精我法盡如彼法，練我人盡如彼人而後可。三者之中，論法則虛心聽用而已，論兵則於見在之兵，續到之兵，挑選訓練。人則汰而從少，餉則并而從厚，所須增益，諒亦非多。惟器甲一節，爲費甚鉅，工部金錢不能全給。臣則以爲金錢雖乏，而衡司會有之物料可用也，存積不堪之舊料可改也，累戰遺棄之舊物可尋也。此外則有臣民捐資成造一法，臣以爲必可行者，是在一鼓舞而已。《兵書》曰：「殺敵者怒也。」《傳》曰：「明恥教戰，求殺敵也。」今天下之臣民恥甚矣，怒甚矣，欲用其恥與怒，莫若使之造器以殺敵。其鼓舞之法有三：一曰加爵，二曰除罪，三曰敍功。加爵非援納也。臣昔練兵通州，受命一日而來助者兩臣，爲中書楊之驊、指揮胡楫，共捐銀四千兩。臣請命吏兵二部，各加虛銜二級，而該部竟格不予，後遂聞南來捐助之人，荷橐返矣。今所議加者，忠義人人所自盡，不過量增銜秩，以示激勸，不必盡執選法也。除罪之說，臣按《兵書》云：「王臣失勢欲復故位者，聚爲一卒，胥靡有罪之人欲除其恥者，聚爲一卒。」今請詿誤臣民，有可原者、可矜者、可疑者，捐造若干，或減、或宥、或復官、或還職，酌量情法，及於寬政。但慕義既深，則其自爲昭雪者大矣，減宥復官，猶其小者也。敘功之法，請於所造器械，各鑴鑄本人官籍姓氏，後以此器得勝，即查核功級，斟酌部斬事例，造器之人，加實級示酬。多者雖世爵高等，亦所不靳。至所捐金錢，不必令入水衡，轉委員役，但令本人鳩工監造，而董以清正諳練司官，則愛惜己資，期望功賞，必不肯屑越以致濫惡矣。若天下臣民願助者，請於北之潞安，南之揚州，各開一局。不論物料金錢，齎赴二處。董以知兵、知器文武各一二員，亦令捐助之人，自行攢造。造成類奏解京，或分發邊鎮，其酬賞悉依前法。若既行造器，又身在行間，有所獲功級者，分別另敘，不相侵并。如此勸誘，應者必多。但須官爐官匠，先行鑄造，以爲之倡耳。至臣所言法、言器、言人三事，皆須在事諸臣，各營本職，早夜不遑，然後日有日成，月有月要。若以格套限之，以議論持之，則恐一刻千金之時，去不復返，而後悔無及也。伏惟聖明，亟敕各該衙門畢力施行。臣此疏雖係兵事，內有勸助一節，似應發抄，以便傳布。并伏請明旨，臣不勝激切待命之至。爲此具奏，謹具奏聞。

崇禎三年正月二十二日上。二月初三日奉聖旨：銃夷留京製造教演等事，徐光啓還與總提協商酌行。仍擇京營將官軍士應用，但不得迂緩。多事勸諭，及南北開局，亦不必行。該衙門知道。

徐光啓《徐光啓集》卷六《守城製器疏稿·恭報教演日期疏崇禎三年二月十一日**》**

題爲恭報教演日期事。臣於本年正月二十二日奏爲西洋神器，既見其益，宜盡其用等事。二月初三日奉聖旨：「銃夷留京製造教演等事，徐光啓還與總提協商酌行，仍選擇京營將官軍士應用，但不得迂緩。多事勸諭，及南北開局亦不必行。該衙門知道。欽此。」切惟臣志圖報效，而性實迂愚，仰蒙我皇上俯采芻蕘，使盡犬馬之力，而且提撕警惕，俾得免於罪戾。生成之恩，臣所爲感激思奮，倍勝常時者也。爲此除報名廷謝外，與總提協諸臣累日商確。其製造一節，已將戎政府舊貯鋼鐵，及協理尚書閔夢得項下贓罰銀一千二百餘兩，先行打造鷹嘴等銃。若教演一節，諸臣選撥加銜都司陳有功率領營軍一百名，從臣於宣武門外將軍教場，依營操法，分番演習。俟器成以後，漸次加增，擇於本月十五日爲始。理合題知。再照臣昔練兵通昌時，一應糧餉錢穀，皆屬餉部有司出納，止於臣衙門掛號支給，分毫未嘗經手。今次并無餉部有司，其間銖兩出入，有兵部劄委監督西洋人等職方司郎中郭士奇，堪以委用，合無令其兼攝。凡匠役等項，止於臣處具領掛號，赴彼支放，揆之事理，似爲長便。相應一併題知。

崇禎三年二月十一日上。十四日奉聖旨：這火器製造教演知道了，務要精勤料理，速收成效。錢糧出納，着郭士奇兼管。其監督一切事宜，徐光啓併行稽覈。核部知道。欽此。

徐光啓《徐光啓集》卷六《守城製器疏稿·藥局失火疏崇禎三年三月**》**

奏爲藥局失火事：照得西洋神威大銃，應用如式。火藥因無空閒房屋，于臣鄉雲間會館開局，已經造成二十五罈，送戎政衙門收訖。臣因爲慎防火患，謂旋造旋送，可以無虞。不意于今十五日午時，忽然失火，燒燬未成火藥三千餘斤，廳房一十餘間及諸材料。其傷斃造藥工匠，未知的數，理合具奏。其兵部郎中郭士奇職司監督，然事出意外，兼遍體燬傷，亦徵勤事。委官游擊潘櫃未知存亡。至臣受命稽覈，仍管製造西銃，教練官軍，向因鐵匠無從雇覓，旦暮督促，每日到局稽查一遍，時時丁寧告戒，惟以慎火爲急。乃事變如此，教道不明，無所逃罪。懇乞顯賜斥罰，以爲鑒戒。伏候聖裁，臣不勝惶悚待命之至。

徐光啓《徐光啓集》卷六《守城製器疏稿·鎮臣驟求製銃謹據職掌疏崇禎三年四月初二日**》**

太子賓客禮部左侍郎兼翰林院侍讀學士臣徐光啓謹奏：爲鎮臣驟求製銃，謹據職掌，回請銃車等項。奉聖旨：「這奏請銃車等器，着速與酌發。徐光啓訓練銃手，有堪用的，并挑發同去。該衙門知道，欽此，欽遵。」備咨到臣，要將西洋解到斑鳩銃二百門，又新造二百門，并堪用訓練銃手，速行挑發等因。准此，查到該部所取人銃等，除斑鳩銃二百門係廣東解運未到外，其訓練軍丁一百名，先該戎政衙門摘發到臣，送銃夷教練，月餘，悉皆諳曉。合解送歸營，爲傳教城守之用。更換新班，如前教習。其製造一節，先經奉旨與總提協商酌。奈該府除庫儲鋼鐵外，並無堪動錢糧，止有協臣閔夢得項下贓罰銀一千二百兩，又經該衙門自造火器用過二百餘金，其存剩銀約可造鷹鳥等銃一百門。而臣部與工匠人等，原無統轄；咨行工部取用，又以儹造器甲，無從派撥。不得已多方雇覓，厚值招徠，僅得二十餘人。旦夕督併，已造完大小三十門。其餘銃筒已完，機牀未備，通候訖工之日，進呈奏繳。今奉明旨，切念臣職司邦禮，不與兵戎，止因奉旨差遣，括据代庖，豈得調遣京營之軍，解發京營之銃。爲此除回咨兵部、轉咨總提協諸臣外，理合具本回奏，議具奏聞。

崇禎三年四月初二日上。初五日奉聖旨：這製銃教丁，便着戎政衙門酌議具奏。

徐光啓《徐光啓集》卷六《守城製器疏稿・欽奉明旨謹陳愚見疏崇禎三年》

太子賓客禮部左侍郎翰林院侍讀學士臣徐光啓謹奏：爲欽奉明旨，謹陳愚見，奏請聖裁事。本月十一日准工部咨稱：本部題爲軍需立取難緩，水衡缺乏無措，伏乞題請聖明，急求廣造，以濟時艱，以便策應事。内開添設廠爐，即就臣廠製造軍需等因，奉聖旨：「軍需係該部專職，禮臣不過製式授法。且因時急暫任，何得竟議併廠督辦？這奏即着徐光啓酌議奏來。該部知道。欽此，欽遵。」竊念臣承乏禮曹，兼修曆法，循職自效，晨夕不遑。屬緣逆虜臨城，仰承任使；西銃既至，復奉旨與戎政諸臣，商酌製造，隨行教練。此實聖明軫念城守臺軍，不諳鳥銃，故須造式訓士，以爲後法。且戎府非軍需所出，金錢物料，設處有限，亦足明微臣之爲暫任也。奉命以來，於戎政庫咨用贓罰銀九百兩，續咨貯庫銀二千兩，共二千九百兩。先造成鷹嘴銃四十一門，鳥銃六十五門，共一百零六門。除先解三十門貯庫外，其七十六門見共營軍，日逐操演。續造鳥銃三百餘門未完。中間工匠缺少，曾經奉旨着工部撥役償造，累文咨取，亦因廠造急切，無從撥派。臣不得已，用厚值招徠，或係營軍，或係外縣，多方湊集，然其能手不過數人，亦須時時督責，然後聽從；其餘烏合拙工，則雖耳提面命，未能諳曉。所以取數少、時日多，爲此故也。今工臣稱廠地可容，匠作堪任，欲就此處作爲新廠。伏蒙皇上日月鑒觀，明臣越俎任事，祇因時急，仍命臣酌議奏聞。臣伏念人臣自效，各有時宜，亟則救焚拯溺，惟力是視；時緩則典衣典冠，宜循職守，如臣今日代庖，不止義所不敢出也。至如廠地匠作，工臣欲用即用，但人數本少，功力未竟，遽改而他屬，則目前銃器無時可完矣。伏乞皇上敕下該部，待臣竣事之日，委官前來製造。其廠地房屋爐鞲等可因者，工匠可留者，任從留用。至該部郎中吴士熙實曾經臣題請，但臣疏云「經濟之學，綜理之能，加臣數等」者，蓋從其爲縣令時知之，故欲用之以稽考功程，典司出納。若火器事宜，近與同事亦一一從臣虚心諮問，非素習也。倘此後部司文臣更有問臣者，據臣所知，必不敢隱。及製一二式樣，欲依臣法，即當細與商酌，罄臣識力，亦不敢辭。此則欽承明旨，製式授法，實臣犬馬之衷所不忘自效，而冀有當於師中之用者也。伏惟聖明裁擇施行，臣不勝感切惶悚待命之至。爲此具本，謹具奏聞。

徐光啓《徐光啓集》卷六《守城製器疏稿・移兵部照會崇禎三年五月》

爲照會西洋銃師奉旨留京，今復奉旨酌議；又准來文令本部酌撥，則當揆之理勢，兩全無害可也。諸夷貢銃報效，首爲都城。乃自正月迄今四閲月矣，足蹟不得一窺城垣，安置點放轉移高下之法，百未吐其一二。事件悉皆未有，閩銃又無車架。藥物被災以後，未經續造。本月初十日奉上傳試放十一門閩統，方得一至城門。見今亟求製造，以資教演，以備緩急，則諸夷之不便出京，不待言矣。若欲酌量分撥，無論此中闕乏，即原來通事二人，已遣一人入粤，止存一人，分身無術。顧外忘内，恐屬非計。查得廣東領兵官白如璋下有澳衆二十人，皆能點放。見有六人在齊化門外明月庵居住，亦通華語。又聞解銃官劉宇奉制府册解點放二十名，未經呈解貴部，不知果否？又聞廣東援兵見住通州，煩貴部即於白劉二弁名下，查取應用。若果有二十人，尚希分撥數名入都，佐助根本大計，亮貴部所不靳也。

徐光啓《徐光啓集》卷六《守城製器疏稿・聞風憤激直獻芻蕘疏崇禎三年》

爲聞風憤激，直獻芻蕘，再圖報效事。本月初七日據西洋勸善掌教陸若漢、統領公沙的西勞等呈前事内稱：「竊見東虜犯順一十三年，惡極貫盈，造物尊主曾降瘟疫荒旱，滅其父子，竟不悔禍。漢等天末遠臣，不知中國武備。行至涿州，適逢猖獗，迎仗天威，入涿保涿。頃入京都，叨蒙豢養，曾奏聞戰守事宜，奉旨留用。方圖報答，而近來邊鎮亦漸知西洋火器可用，各欲請器請人。但漢等止因貢獻而來，未擬殺賊，是以人器俱少，聚亦不多，分益無用，赴鎮恐決無裨益，留止亦茫無究竟。且爲時愈久，又恐爲虜所窺，竊用我法，不若盡漢等報效愚忠，作速圖之。何者？我之大銃利於城守，虜知之矣；我之中銃利於戰伐，虜未知也。我之中銃利於用正，或料之矣；我之護銃利於出奇，虜未知也。趁虜未知，我用進着，便屬先手。或從海道以搗其巢，或逼遵永以遏其鋒，無不可者。且近聞殘虜未退，生兵復至，將來凶計百出，何以待之？漢等居王土，食王穀，應憂皇上之憂，敢請容漢等悉留統領以下人員，教演製造，保護神京。止令漢偕通官一員，傔伴二名，董以一二文臣，前往廣東濠鏡澳，遴選銃師藝士常與紅毛對敵者二百名，傔伴二百名，統以總管，分以隊伍，令彼自帶堪用護銃盔甲鎗刀牌盾火鎗火標諸色器械，星夜前來。往返不過四閲月，可抵京都。緣澳中火器日與紅毛火器相鬬，是以講究愈精，人器俱習，不須製造器械及教演進止之煩。且聞廣東王軍門借用澳中大小銃二十門，照樣鑄造大鐵銃五十門，斑鳩銃三百門，前來攻敵。漢等再取前項將卒器具，願爲先驅，不過數月可以廓清畿甸，不過二年可以恢復全遼。即歲費四五萬金，較之十三年來萬萬之費，多寡星懸，諒皇上所不靳也。計漢等上年十二月守涿州時，士民惶懼，參將先逃。漢等西洋大銃適與之遇，登城巡守十五晝夜，奴聞之，遂棄良鄉而走遵化。當此之際，有善用火器者尾其後，奴必不敢攻永平，而無奈備之未豫也。今幸中外軍士知西洋火器之精，漸肯依傍立脚。倘用漢等所致三百人前進，便可相藉成功。爲之此其時矣」等因，到臣。據此，看得臣奉旨製銃，匠役極少，成就最艱。若廣東工匠甚衆，鐵料尤精，價亦可省三分之一，臣欲待工完之日，請於彼處置造，不過數月，數千門可致也。而漢等所言適與臣合。又賊中甚畏火器，模仿製用，刻意求工，豈無奸細竊窺依式成造者。臣故加意防範，且未敢遽造中銃。而漢等亦恐時久形露，翻成後着，誠爲確論。且寥寥數人，僅挾數器，杯水車薪，何濟於事？即使教練成軍，而我不能信彼技之必勝，彼不能信我兵之不逃，不若用彼慣戰之衆爲前鋒，我以精卒萬人繼之。又用彼數人爲督陣，我兵有恃無恐，抑且欲逃不得，事逸而功倍矣。彼人不作誑語，臣近與議論，深入兵家閫奥，益知此輩必能破賊。其統領總率人等雖以擅離，掌教陸若漢年力雖邁，而德隆望重，尤爲彼中素所信服。是以衆共推舉，以求必濟。如蒙聖明采擇，臣願與之星夜遄發，疾馳至彼，以便揀選將卒，試驗銃砲，議處錢糧，調停中外，分撥運次，催儹驛遞，秋高馬肥，兹事已就，數年國恥，一朝可雪也。至臣教演百人，悉以諳曉歸營；銃師留京，可换班再練。製銃一百零七門已完五十門，其餘功緒皆得十分之八，半月之内可完，送戎政衙門交收，聽候進呈奏繳。然亦須再命專官，廣行製造，如此利器，都城以及各邊咸所亟須，不厭多也。遠人孤旅，赴義如飴，臣實愧焉，是敢代達天聽。險危勞勩，願與同之，以寬宵旰之憂，以伸盡瘁之志。伏惟聖明裁察施行，臣不勝激切待命之至。

計開：據原呈，除銃師自備外，應於廣中置買物件：

一、鷹銃二百門，并合用事件。

一、鳥嘴護銃一千門，并合用事件。

一、西式籐牌五千面。

一、刀一千口。

一、長槍一千桿。

一、短槍一千桿。

徐光啓《徐光啓集》卷六《守城製器疏稿·欽奉聖旨復奏疏崇禎三年九月》

禮部尚書兼翰林院學士協理詹事府事徐光啓爲欽奉聖旨事：本月十九日工部題前事，二十一日奉聖旨：「這樣砲工費頗奢，如何受藥不多，還着前遣各官於二十四日再加鉛藥試驗，從實來説。欽此。」該工部移會到職，謹欽遵候至期，再加鉛藥試驗。乃職復有陳説者：竊照大銃之法，來自海外西洋諸國，東事以來，澳夷屢次獻銃效勞，流傳入於天朝。近年海寇猖獗，兩廣督臣王尊德、福建撫臣熊文燦，依倣其法，大興鼓鑄，恭進應用。然其原法止用合口彈一丸，藥又與彈丸對准，即今澳夷見譯，審其法亦皆如此。但書皆夷文，不敢用以爲據；所據督臣王尊德刻有《大銃事宜》一册，會經達部，并以遺職。其首條云：「一、鑄銃一千斤重，用彈二斤半，藥二斤十兩；一千三百斤重，用彈三斤，藥三斤；二千斤重，用彈四斤，藥四斤；二千七百斤重，用彈七斤，藥七斤，方相配合。藥少則送彈不遠，如多至一斤半斤，即恐不虞。係打造者藥俱不可多。」據尊德之説亦與澳夷相合，蓋海外相傳成法也。職依倣製造，若如原法，則彈藥一斤四兩，該銃重五百斤；今職所造止重三百二十斤，亦用彈藥一斤四兩，則分量已滿，倘復多加，則尊德所云即恐不虞者，職不敢不深慮之也。再惟火攻之法，一在銃堅，二在藥彈相稱，三在人器相習，相稱相習，可以連發不損，則其益多矣。若多加彈藥，恐一二發後不能再用。所以澳夷傳有祕法云：「數發之後，銃體既熱，便須稍減其藥。」蓋銃體熱，藥性自猛，雖少與多同力也。此等皆職夙昔所聞，知而不言，恐致悮事。以此冒昧陳悃，容職等於試驗之日，酌量隨次加藥，或量增散彈，仍用藥信點放，人稍稍遠避，以防意外。昔荀卿論兵曰：「必行吾所明，無行吾所疑。」今合口之彈，對准之藥，而求連發不損，職所明也；若多加驟加，職所疑也，是以不敢不詳陳於皇上之前也。至於工費頗奢，職亦自覺其然。然煉鐵欲熟，不得不費料；製造欲如式，不得不費功。加以料物食用，悉加騰貴，諸司併造，工匠亦少，比於數年之前，所費殆加一倍。若議減者，又恐器必苦窳。是以近日臣工亦有建言製造於山西者，蓋彼産鐵之處，工料易得，煤價甚賤，亦可加精故也。試驗之後，如蒙皇上俯賜採擇，乞敕下工部，將諸臣近議，酌量遣官到彼開局成造，所裨軍資，所省財計，亦不少矣。并祈聖明裁酌施行，職無任惶悚待命之至。爲此除具奏外，理合具揭，須至揭帖者。

徐光啓《徐光啓集》卷六《守城製器疏稿·遵例引年懇乞休致疏崇禎四年三月》

初九日》　禮部尚書兼翰林院學士協理詹事府事督曆法徐光啓謹奏：爲遵例引年，懇乞聖明俯容休致，以免曠瘝事。職直隸松江府上海縣人。中萬曆三十二年進士，歷任今職。伏念職一介腐儒，遭逢盛世，躐塵華貫，尸素兢惭。中間忤權被斥，復幸賜環，兩歲三遷，更叨加俸。恩覃奕世，榮遇踰涯。屢蒙任使，全無稱塞，而賞賚優厚，晉錫頻繁。撫己捫心，實願捐摩頂踵，圖報萬分之一也。不幸夙膺狗馬之疾，日漸衰頹，今年滿七十矣。伏讀《大明會典》内一款：「凡内外大小官員年七十者，聽令致仕。」明例昭然。職之年事，政與例合，而況多膺疾病，與筋力未衰者不同。伏望聖慈，俯容照例休致。倘首邱得遂，深銜帷蓋之恩；若歲月少延，益荷生全之賜矣。再職之所請，既符明例，即於歲首，便合陳情。所以遲遲累月者，因昨年自請往調澳商，伏蒙聖旨諭留，題差原任中書姜雲龍押送教士陸若漢等迴住。後雲龍被議，職實未知。其在廣事情，若果於錢糧染指，職宜膺不適之罰，是用遷延，伏候譴斥。今據廣東巡按臣高欽舜報疏，稱督臣差通判祝守禧齎發安家行月糧等銀，至澳給散，則雲龍身不入澳，銀不經手。續據陸若漢奏稱，通判祝守禧領布政司原封銀兩到澳，唱名給散等因，語亦相符。蓋調兵造器給糧等項，皆督按道府諸臣，以地方官行地方事，雲龍不過督役催促，其於俵散錢糧，即欲與聞，亦理勢之所無也。今若漢疏仰奉明旨，恩賚有加；其疏内事情，已蒙聖鑒。即督按諸臣勘疏到日，亦與前疏當無異同。職仰徼聖恩，亦或可從末減，是以敢申情事，上瀆天聽，伏惟聖明垂慈。若職見管修曆事務，職於舊年十二月奏請簡用人員，奉聖旨：「審曆非比他藝，果有精曉堪任的，着吏禮二部擇用，不得假徇。取到人員，知道了。」該衙門知道。欽此。」合候部覆接管，以完大典。昔祖沖之造《大明曆》，而子暅修之；王恂首造《授時曆》，而郭守敬成之，蓋事繁時久，諒非職衰邁之身所可竟也。并希聖明裁察。職不勝哀懇祈望待命之至。

崇禎四年三月初九日。本月十二日奉聖旨：卿清恬端慎，精力正優，詞林允資模範，不止修曆一事。着安心供職，不必引陳。其澳商事情，已有旨了。該部知道。

徐光啓《徐光啓集》卷六《守城製器疏稿・處不得不戰之勢宜求必戰必勝之策疏崇禎四年十月十五日》　奏爲處不得不戰之勢，宜求必戰必勝之策，謹略陳愚見，以請聖裁事。職自東事以來，猥以書生，屢言兵計，十三年間章數十上，具在御前，是非得失難逃聖鑒，以及中外耳目。臣今不敢繁稱，仰瀆宸聽；屬事之殷，謹櫽括一二，上塵睿覽。如蒙俯採芻蕘，容臣先急後緩，備陳節目。懇祈聖明致行速行，以保萬全，伏候裁鑒。臣不勝激切惶悚待命之至。

計開：

一曰宜以戰而爲守。《兵書》曰：「戰所以守城也。」又曰：「務戰者城不圍。」前年之守城，爲絶無戰兵，不獲已耳。今之賊勢，又非昔比，兵無勝勢，不異疇昔。如大凌河之久而無援，援而不勝，可爲鑒矣。内地之城更異邊外，堅壁清野，守城第一。事先已難行，而兵未可勝，援必不誠；援之不誠，守必不固。又兵家常理不敢背城深入者，慮夾擊也。既不能勝彼，彼何憚而不深入我重地乎？惟有樂戰保勝之兵，則可以備禦者即可以進取。故今日之事，但得我兵不退，即是全勝之師；但得我兵向前，即是恢遼之機。勝敗安危之間，關係甚大。然屢敗之後，士氣難復，而事且急矣。譬如數年之痼疾，一時遽發，而欲以圭匕收功，自非用良方，購珍藥，精工修合，勢難取效也。總其大要，不過四言：曰勿疑，曰勿遲，曰急用人，曰無惜財而已。伏乞聖裁。

二曰宜聚不宜散。兵法欲專不欲分，故曰「無所不備，則無所不寡」。十四年來，我皆以分敗，賊皆以專勝。蓋法不宜分，賊之勢又不可分，彼既不可分，我又何憚而不專乎？如關外一聚，關内一聚，近畿一聚，有勝兵各二萬人，則諸城不必多兵，但取可守足矣。有守人，有守器，三日五日不能守乎？我之勝兵三日五日不能至圍城之下乎？且二萬人又非必聚於一城也。但選募同强，教練同習，營制同法，器械同利，分時各當一面，合時共擢大敵。勢如率然，擊首尾應，戰無不勝，則守無不固矣。伏候聖裁。

三曰宜精不宜多。東事之初，臣言必須選練三萬人，而人以爲笑，謂非三十萬不可。然不選不練，三十萬亦敗道耳。今賊多於昔，又用火器，故須倍之；若不可得，則寧少而精，無多而弱。蓋兵精必須厚餉，使一人食三人之食，則可當十人之用，比之見敵而逃者、又無數可論，故不必多也，亦不能多也。且今之見兵數敗之後，畏敵甚矣；非得絶力絶技，目無全虜，歡然健鬭者以爲之倡，必無勝理。此非尋常之餉給，可招之使來，激之使赴矣。又豈尋常之器甲可以稱其人，可以展其技乎？如是誠不免於厚費，然而事濟，則後之所省多矣。伏候聖裁。

四曰先步而緩騎。東事以來，臣所言者皆車營步兵也。而東方諸將皆貴騎而賤步，厚騎而薄步。所以然者，將利於騎，其餉多也；卒利於騎，其走便也。

嘗試問經戰之人，率皆騎兵先潰，而步營隨之；步兵度走不可脱，當多殺賊而死者，則步騎之利害審矣。臣今所謂急者：莫先車營，多備火器，精其器甲，卒皆絶技絶力之士，一營所至，烈如火聚，堅如鐵甕。而且行止備禦，一一有法，方陣横行，誰能犯之！若騎兵宜用十分之二以備哨探，遮走北。待屢勝之後，更議騎兵爲深入之計，則臣所謂騎者，又非逃賊之騎，前疏亦曾一及之。今苦無兵無餉，亦無馬，故當先其急者。第今所謂步營，不當如尋常習套，姑爲之而已也。若有人無器，則人非我有矣；有器無人，則器反爲敵有矣。向所失者猶朽鈍之器甲，短小之銃砲也；今之大砲可一失再失乎？今之遇敵可再敗乎？惟人與器皆求倍勝於敵，則成師之日，即勝敵之日，即恢遼之日矣。伏乞聖裁。

崇禎四年十月十五日上。本月十九日奉聖旨：覽奏戰守步騎及精兵厚餉等事，俱兵家正論。但絶技絶力之人，作何招練，急可圖功？及本内三聚四言，卿還詳明條奏。該部知道。

徐光啓《徐光啓集》卷六《守城製器疏稿・欽奉明旨敷陳愚見疏崇禎四年十月二十一日》 奏爲欽奉明旨，敷陳愚見，以備聖明採擇事。臣於本月十五日具疏上言目前戰守事宜，十九日奉聖旨：「覽奏戰守步騎及精兵厚餉等事，俱兵家正論。但絶技絶力之人，作何招練，急可圖功？及本内三聚四言，卿還詳明條奏。該部知道。欽此，欽遵。」切照臣自東事以來，累次建言，皆以實選實練、精卒利兵、車營火器爲本，不意荏苒至今，未獲施用。而賊反用之，以至師徒撓敗。甚而西洋大砲我所首稱長技前無横敵者，并得而有之也，豈可不爲之深計乎？臣不敢謂當此之時遂無策也，但比之前時，力加難矣，費加鉅矣，選宜加精、練宜加習矣。夫兵器至於大砲，至猛至烈，無有他器可以踰之。今特當以多勝寡，以精勝粗，以習熟命中勝其妄發而已。然多矣，精矣，習熟矣，而非有堅固車營、精良甲胄及技力之士以相佐助，恐利器仍爲敵有，如向來故事。臣所言宜求必勝之策者，蓋爲此也。臣請先言車營之制，而後更端詳之。夫車營者，束伍治力之法也。昔人謂步不勝騎，騎不勝車。古時未有銃砲，其言如此，況今有極大之火器，而不爲保護持久之法，則何因得盡其用乎？臣今所擬：每一營用雙輪車百二十輛，砲車百二十輛，糧車六十輛，共三百輛。西洋大砲十六位，中砲八十位，鷹銃一百門，鳥銃一千二百門，戰士二千人，隊兵二千人，甲胄及執把器械，凡軍中所需，一一備具。然後定其部伍，習其形名，閑之節制。行則爲陣，止則爲營。遇大敵，先以大小火器更迭擊之；敵用大器，則爲法以衛之；敵在近，則我步兵以出擊之；若鐵騎來，直以砲擊之，亦可以步兵擊之。此則實選實練所至，非未教之民可猝得也。而不如是，又不足以破敵，臣所言宜得絶技絶力之士者，爲此也。臣言三聚當用六萬人，若欲悉皆招募，費必不貲，亦未可遽得。宜先用今之見兵及各路援兵先行選練，更行設法羅致技勇，或别立營部，或增入各營，無所不可。但選取招致，尚不爲難，難在軍需。宜儘見在擇取應用，無者作速置造。若先練一營之人，先辦一營之器，兩者齊備，即成營矣。一營既成，更辦次營，六萬人當爲十五營。若成就四五營，可聚可散，則不憂關内；成就十營，則不憂關外；十五營俱就，則不憂進取矣。倘止完一二營，僅可協助大城爲守，未堪野戰也，此臣所謂車戰之制，應須選募同强，教練同習，營陣同法，器械同利者也。其見在之兵，則速召孫元化於登州，令統兵以來，可成一營矣。蓋教練火器，必用澳商；廣中所解軍需，悉皆精好，而同來工匠，又可令董率造作。則此一營或可不勞餘力。若盡撤旅順兵以來，可更成一營矣。此則風濤爲政，或未能速至也。其他秦翌明之兵，鄧玘之兵，饒勛之兵，王新民之兵，諸如此類，擇其上等以爲戰士，次等以爲隊兵，下等以助城守。多則分營，少則合營。次則擇取幹濟廉能之臣長於兵事者，先於近畿如式選募，速就教練，仍以原募諸臣綜理其事。更欲求多，則遠取之川浙，是一策也。紳弁士民其慕義急公如王新民者，所在有之，令其招募前來，選取入營。使其募主得以加爵，得以除罪，得以紀功，是又一策也。如臺臣錢守廉所議驗報技勇之士，令所在有司訪取資給，前來聽用，是又一策也。更加守廉所議招選之中，廣立收羅之法，但取勇技堪用，不必咎其既往，此即漢臣虞詡故事，可使搏噬之材，盡化爲爪牙之用，此又一策也。若此諸款，議緒頗煩，又須廣行條布，容臣别疏上聞，未敢雜陳也。若臣所謂三聚者：一在關外，一在關内，一在近畿，蓋取見兵所居之處，欲移練以就兵，不欲移兵以就練，庶無往來之擾，亦免安插之難。其實練成之後，有急聚而援救，將來聚而進取，非久置本處，爲貼防協守之兵也。但人數多寡，或與營制未合，宜就近裒益，如登旅之兵，饒勛之兵，則當暫駐近畿耳。其統率不必大段更張，惟選士之糧餉，練將之俸給，皆宜考其上下，分别優厚，以鼓樂戰之氣，以杜剋減之端。又恐兵各異習，將各異心，則於臣所言營伍之制未能畫一，他日用之，不成臂指之勢，則其間經營聯絡，劑量分配，齊衆若一者，非孫元化不可也。至於從前積弊積習，徹底剗除，共圖勝算，諒在事諸臣，當有同心矣。若臣所謂四言者，謹條如左：

其一曰勿疑。勿疑之端有三：一、勿疑於守城。賊有大砲，攻城則易剋，守城者亦必以大砲守之。然賊專而我分，即數里之城合用大砲百位，乃足濟事，何從可得乎？一城如此，各城盡然，又何從可得乎？惟用爲戰車之營，即一城所需，足供數營之用矣。內地名城之外，民居廛市，延袤數里，清野之法，何從得行？早撤則不可，臨時則不及，惟車營盡制，足以制勝萬全。必不敢捨而攻城，萬一被攻，亦有必救之兵也。一、勿疑於浪戰。浪戰者，十四年來凡戰皆是也。今敵有大砲矣，我又將以多砲當之矣，寧可先時遽發，見敵自潰，賣而予之，以益其强乎？一、勿疑於求全，勿疑於預備。臣昔言萬全矣，似爲難就；然而僥倖於一擲者，未見其能勝也。昔言早備矣，似爲難待，然而取辦於臨時者，未見其不敗也。況今之時勢，大異昔日，則備者宜更備，全者宜更全也。

二曰勿遲。勿遲之端有四：一、速召孫元化王徵於登州，令先發見兵。即撤旅順兵俱至畿南，團練一二營，漸次增廣。其西洋統領公沙的等，宜差官星夜伴送前來，廣東軍火器械宜令原解官林銘作速解運聽用。其皮島事宜當令登州道臣暫管，以待欽命。一、速如舊年初議，再調澳商。昔樞臣梁廷棟議輟調者，恐其阻於人言，未必成行耳。後聞已至南昌，旋悔之矣。頃樞臣熊明遇以爲宜調，冢臣閔洪學等皆謂不宜阻回，誠以時勢宜然。且立功海外，足以相明也，況今又失去大砲乎？蓋非此輩不能用砲、教砲、造砲，且當陣不避敵，已勝不殺降，不姦淫，不虜掠。昔人言「勇莫善於倡」，以彼爲倡，未有不從者矣。又曰「明恥教戰」，見此輩之勝己，又將恥其不及矣。待我兵盡得其術，又率領大衆，向前殺賊，勝賊數次，膽力既定，便可遣歸。此輩皆係商販，止欲立效以明忠順，非能萬里久戍，亦不必其久戍也。一、速取廣東大小砲位。如神威大砲，以及中等，小至鷹鳥等，或向澳中市易，或於各營盡數抽選解運，就行扣除額解錢糧，補造還營可也。一、速行查明大小砲位車輛，有則修整，無則造作，及一應合用軍需，尚在營中。最急遠難驟致者，如貓竹急當得二三萬根，竹匠一二十名，當急取之浙直。如槍桿棍棒，長者一丈七八尺，短者一丈許，當用二三萬根，近當取之山西五臺等處，遠則河南嵩縣、盧氏等處，皆宜星夜取用者也。至其他事宜，如前議各款并未及盡言者，容臣次第奏請施行。

三曰急用人。用人者，如臣所議孫元化王徵而外，若選募畿內之兵，則天津道臣朱大典可使也；選募河南之兵，則道臣王肇生可使也；選募山東之兵，則兵部郎中今在告郭士奇可使也。若中外臣僚中，臣所目見其人，耳聞其說，深於兵學者，無如閩撫熊文燦。今雖拮据靖寇，然山寇不難，既平之後，允宜召用。至若諸營悉就，游弈往來，宜各有監軍。司道則以邊材荐者，皆宜酌量相應員缺，或補京職，或移近地，以備緩急也。

四曰勿惜財。按《三略》曰：「軍無財，士不來；軍無賞，士不往。」荀卿曰：「凡慮事欲熟，用財欲泰。」今者一加額，一召募，一置備軍需，皆須大費。而户工二部錢糧日不暇給，恐難措辦。惟乞皇上與閣部大臣熟計其便；若以臣愚論之，天下未嘗無財也。今雖暫費，待事計稍定，用臣愚計，如宋臣李綱所謂「生財節用，稽弊核實，開闔懋遷」六事，一一致行，恐歲出之數不難減於前時，歲入之數不難加於前時，非但今費可償，加派可蠲已也。又臣民中亦有慕義捐財、願助軍資者，如昔年臣卿太僕寺卿吴炯捐銀萬兩；臣練兵東昌，一日之間，中書楊之驊、指揮胡楫捐銀四千兩，其他臣所不知者尚多也。今事更急，樂輸者更多，倘有來者，似宜允許與前募兵同格，亦涓埃之助也。

臣欽奉明命，不敢久稽，率陳所見。惟是兵卒器械，一皆從新措辦，又須教訓練習，俱非旦夕之事。恐目前遽欲成師，實非愚臣所及。若矢口漫言，謂能速就，是在今日自蹈欺罔之罪，在他日復成誤國之罪，臣實不敢出此。伏惟聖明原鑒，裁擇施行。臣不勝激切惶悚待命之至。

崇禎四年十月二十一日上。本月二十五日奉聖旨：練兵制虜，製器用人，雖難猝辦速發，正須挈要力圖。奏内各款，深於戰守有裨。還着該部再行參詳，先擇目前要務緊關的條議酌覆。兵部知道。

奉旨後開送兵部：

一、速召登兵。初意謂可成一營，不意悉遣海行，今遺留不滿二千。若止此數，又急令援凌，比長山之師不過十之一耳，安得不敗？人人慮此，亦安能保其來至乎？似宜將小疏所云速移示之，謂此來將用此法選練，以保全勝，則當人人願來矣。其出海之兵亦宜召還。但風濤難必，音問難通，宜聽登撫酌量。其統率以來者，或登撫，或監軍道，必須一人。

一、謂登、萊兵至宜在近畿者，一謂軍需供億便易，二謂營制便於商榷，三謂車營既就可與都人士共見，知其可恃，四謂選練他營宜以此營爲根柢，則生息不絕。若徑驅出關，即此營不成大用，而後來各營師制造作，全無恃賴，何以藉手乎？

一、調取澳商，終不得已，宜悉如上年舊事。其統領教士俱在登、萊，宜聽登撫斟酌，差官伴送前行。其特遣官則在告御史金聲，忠猷夙著，亦習夷情，宜起補原職，遣官趣赴廣省。

一、廣東舊督王尊德進過西洋大砲一百七十五位，今分散各處，宜查核存留數目。并中銃鷹鳥銃須再於廣東選取，試驗解送。仍扣還價值，自行補造。福建搬運間關，大銃難致，鷹鳥二式亦可多多取用。

一、取貓竹于浙直，取槍棍桿于五臺、嵩縣、盧氏，最急。

一、召募一事須先備餉給，次備軍需。兩者既備，隨選募，隨開糧，隨分派，隨訓練。若養徒手之人，空費安家行糧，而軍需不足，以待備辦，不止須待糜餉，亦終無時備矣。向來召募者盡然，所以終成一敗也。今宜先開金錢所出，有則宜行召募，不則先議選練關内各營援兵，查選軍需，如車輛銃砲盔甲器械，一一須如式足備。不足則速行置造。亦須星夜速取廣東工匠于登、萊及西洋統領銃師偕來，仍取諸樣式，斟酌備辦。然後再議錢糧，陸續行事。

一、錢糧最稱缺乏，不宜多誘之。户工二部，索而不應，事必不成，宜與從長計議。不足，則叩閽請借數十萬金，以應目前。若悉行愚計，即一二年間，必可將新餉償還内帑也。又不可得，惟有聽人輸助一節，但須以加級、除罪、紀功三事鼓舞之，當多有應者。其召募入營之後，仍食官糧，則安家行糧及製造器四，俱將費過錢糧，開數奏聞，以聽議敍。召募必須驗過技勇，器甲必須試過堪用，方准收用，亦不得濫徇也。

一、近畿召募未議，糧餉難以先行。除畿内河南二臣俱見任地方聽候議用外；其山東郭士奇今在告家居，昔年靖妖有功，又熟諳西器，此急宜推用，爲孫元化贊畫分理營事，成效必速。其地方有技勇可募者，亦令先行選取，聽後來發餉，差官取用，免本官重復往還。此舊年已有成説，諒不至爲空言也。

董其昌《骨董十三説·十一説》 今之論古器者，動輒言三代。三代器物，皆金玉爲之也。金有黄、白、赤三種，後獨以黄爲金，白爲銀，赤爲銅矣。三代禮器與俎豆並存者，黄白爲之也。古之爲市，以貨相易，不用黄白也。一用黄白，傾銷古器殆盡，而所存唯銅，以其成與毁，價相若也。其質得氣未絶，青緑隨生，其臭腥毒，忌近飲食。用製象器與鐘鼎盤匜之類，歷久遠入水土透骨，青緑瑩潤如玉，三代器也。

高濂《遵生八箋·定窑》 高子曰：定窑者，乃宋北定州造成。其色白，間有紫，有黑，然俱白骨，加以泑水，有如泪痕者爲最。故蘇長公詩云：「定州花磁琢如玉。」其紋有畫花、有綉花、有印花紋三種，多用牡丹、萱草、飛鳳時製。其所造器皿，式多工巧，至佳者，如獸面彝爐，子父鼎爐，獸頭雲板脚桶爐，膽瓶，花尊，花觚，皆略似古製，多用己意，此爲定之上品。餘如盒子，有内子口者，有内替盤者，自三四寸以至寸許，式亦多甚。枕有長三尺者，製甚可頭。余得一枕，用哇哇手持荷葉覆身葉形，前偃後仰，枕首適可，巧莫與並。瓶式之巧百出，而碟製萬狀。余有數碟，長樣兩角如錠翹起，旁作四折。又如方式四角聳若蓮瓣，而旁若蓮卷。或中作水池，旁作闊邊，可作筆洗、筆覘。此皆上古所無。亦燒人物，仙人哇子居多。而兜頭觀音、羅漢、彌勒，相貌形體眉目衣褶之美，克肖生動。其小物，如水中丞，各色瓶罐，自五寸以至三二寸高者，余見何止百十，而製無雷同。更有燈檠，大小碗甏、酒壺、茶注，式有多種，巧者俱心思不及。其水注，用蟾蜍，用瓜茄，用鳥獸，種種入神。若巨觥，承盤，卮匜，盂斝，柳斗，柳升，柳巴，其編條穿綫模塑，絲毫不斷。又如菖蒲盆底，大小水底，盡有可觀。更有坐墩式雅花囊，圓腹口坦如橐盤，中孔徑二寸許，用插多花。酒囊，圓腹敞口如一小碟，光淺，中穿一孔，用以勸酒。式類數多，莫可名狀，諸窑無與比勝。

雖然，但製出一時工巧，殊無古人遺意。以巧惑今則可，以製勝古則未也。如宣和、政和年者，時爲官造，色白質薄，土色如玉，物價甚高。其紫黑者亦少，余見僅一二種。色黄質厚者，下品也。又若骨色青溷如油灰者，彼地俗名後土窑，又其下也。他如高麗窑，亦能綉花，盞甌式有可觀。但質薄而脆，色如月白，甚不佳也。近如新燒文王鼎爐，獸面戟耳彝爐，不減定人製法，可用亂真。若周丹泉，初燒爲佳，亦須磨去滿面火色，可玩。若玉蘭花杯雖巧，似入惡道，且輪迴甚速。又若繼周而燒者，合爐，桶爐，以鎖子甲球，門錦龜紋穿挽爲花地者，製作極工，不入清賞，且質較丹泉之造遠甚。元時，彭君寶燒於霍州者，名曰霍窑，又曰彭窑。效古定折腰製者，甚工。土骨細白，凡口皆滑，惟欠潤澤，且質極脆，不堪真賞，往往爲牙行指作定器，得索高資，可發一哂。

高濂《遵生八箋·論官哥窑器》 高子曰：論窑器必曰柴、汝、官、哥，然柴則余未之見，且論製不一，有云「青如天，明如鏡，薄如紙，聲如磬」，是薄磁也。而曹明仲則曰：「柴窑足多黄土。」何相懸也？

汝窑，余嘗見之，其色卵白，汁水瑩厚如堆脂然，汁中棕眼，隱若蟹爪，底有芝麻花細小挣釘。余藏一蒲蘆大壺，圓底，光若僧首，圓處密排細小挣釘數十，上如吹塤收起，嘴若筆帽，僅二寸，直槊向天，壺口徑四寸許，上加罩蓋，腹大徑尺，製亦奇矣。又見碟子大小數枚，圓淺瓮腹，磬口，釉足底有細釘。以官窑較之，質製滋潤。

官窑品格，大率與哥窑相同，色取粉青爲上，淡白次之，油灰色，色之下也。紋取冰裂鱔血爲上，梅花片墨紋次之，細碎紋，紋之下也。論製如商庚鼎、純素鼎、蔥管空足沖耳乳爐、商貫耳弓壺、大獸面花紋周貫耳壺、漢耳環壺、父己尊、祖丁尊，皆法古圖式進呈物也。俗人凡見兩耳壺式，不論式之美惡，咸指曰：「茄袋瓶也。」孰知有等短矮肥腹無矩度者，似亦俗惡。若上五製，與敔姬壺様，深得古人銅鑄體式，當爲官窑第一妙品，豈可概以茄袋言之？

又如蔥管脚鼎爐、環耳汝爐、小竹節雲板脚爐、沖耳牛奶足小爐、戟耳彝爐、盤口束腰桶肚大瓶、子一觚、立戈觚、周之小環觚、素觚、紙槌瓶、膽瓶、雙耳匙箸瓶、筆筒、筆格、元葵筆洗、桶様大洗、甃肚盂鉢、二種水中丞、二色雙桃水注、立瓜卧瓜卧茄水注、扁淺磬口槖盤、方印色池、四入角委角印色池、有紋圖書戟耳彝爐、小方蓍草瓶、小製漢壺、竹節段壁瓶，凡此皆官哥之上乘品也。桶爐、六稜瓶、盤口紙槌瓶、大蓍草瓶、鼓爐、菱花壁瓶、多嘴花罐、肥腹漢壺、大碗、中碗、茶盞、茶托、茶洗、提包茶壺、六稜酒壺、瓜壺、蓮子壺、方圓八角酒甆、酒杯、各製勸杯、大小圓碟、河西碟、荷葉盤淺碟、桶子箍碟、絲環小池、中大酒海、方圓花盆、菖蒲盆底、龜背絲環六角長盆、觀音彌勒、洞賓神像、鷄頭罐、楂斗、圓硯、箸搠、二色文篆隷書象棋子、齊箸小碟、螭虎鎮紙，凡此皆二窑之中乘品也。

又若大雙耳高瓶、徑尺大盤、夾底骰盆、大撞梅花瓣春勝盒、棋子罐、大扁獸耳彝敦、鳥食罐、編籠小花瓶、大小平口藥壇、眼藥各製小罐、肥皂罐、中果盒子、蟋蟀盆内中事件、佛前供水碗、束腰六脚小架、各色酒案盤碟，凡此皆二窑之下乘品也。

要知古人用意，無所不到，此余概論如是。其二窑燒造種種，未易悉舉，例此可見。

所謂官者，燒於宋修内司中，爲官家造也。窑在杭之鳳凰山下，其土紫，故足色若鐵，時云紫口鐵足。紫口，乃器口上仰，釉水流下，比周身較淺，故口微露紫痕。此何足貴？惟尚鐵足，以他處之土咸不及此。哥窑燒於私家，取土俱在此地。官窑質之隱紋如蟹爪，哥窑質之隱紋如魚子，但汁料不如官料佳耳。二窑燒出器皿，時有窑變，狀類蝴蝶禽魚麟豹等象，布於本色，釉外變色，或黄黑，或紅緑，形肖可愛。是皆火之文明幻化，否則理不可曉，似更難得。

後有董窑、烏泥窑，俱法官窑，質粗不潤，而釉水燥暴，混入哥窑，今亦傳世。後若元末新燒，宛不及此。近年諸窑美者，亦有可取，惟紫骨與粉青色不相似耳。

若今新燒，去諸窑遠甚。亦有粉青色者，乾燥無華，即光潤者，變爲緑色，且索大價愚人。更有一種復燒，取舊官哥磁器，如爐欠足耳，瓶損口稜者，以舊補舊，加以釉藥，裹以泥合，入窑一火燒成，如舊制無異。但補處色渾而本質乾燥，不甚精采，得此更勝新燒。

奈何二窑如蔥脚鼎爐，在海内僅存一二，乳爐、花觚，存計十數，彝爐或以百計，四品爲鑒家至寶。無怪價之忘值，日就增重，後此又不知凋謝如何。故余每得一覩，心目爽朗，神魂爲之飛動，頓令腹飽。豈果耽玩痼癖使然？更傷後人聞有是名，而不得見是物也，慨夫！

高濂《遵生八箋・論諸品窑器》 定窑之下，而龍泉次之。古宋龍泉窑器，土細質薄，色甚蔥翠，妙者與官窑争艶，但少紋片紫骨鐵足耳。其製若瓶、若觚、若蓍草方瓶、若鬲爐、桶爐，有耳束腰小爐。菖蒲盆底有圓者、八角者、葵花菱花者。各様酒甆骰盆，其冰盤之式，有百稜者，有大圓徑二尺者，外此與菖蒲盆式相同。有深腹單邊盥盆，有大乳鉢，有葫蘆瓶，有酒海，有大小藥瓶，上有凸起花紋，甚精。有坐鼓高墩，有大獸蓋香爐，燭臺花瓶，並立地插梅大瓶，諸窑所無。但制不甚雅，僅可適用。種種器具，制不法古，而工匠亦拙。然而器質厚實，極耐磨弄，不易茅蔑，行語，以開路曰蔑，損失些少曰茅。但在昔，色已不同，有粉青，有深青，有淡青之别。今則上品僅有蔥色，餘盡油青色矣。製亦愈下。

有等用白土造器，外涂釉水翠淺，影露白痕，此較龍泉制度，更覺細巧精緻，謂之章窑。因姓得名者也。

有吉州窑，色紫與定相似，質粗不佳。

建窑器多甇口碗盞，色黑而滋潤，有黄兔毫斑滴珠大者爲真，但體極厚，薄者少見。有大食窑，銅身，用藥料燒成五色，有香爐、花瓶、盒子之類，窑之至下者也。又若玻璃窑，出自島夷，惟粤中有之。其製不一，奈無雅品，惟瓶之小者有佳趣。他如酒盅、高罐、盤盂、高脚勸杯等物，無一可取。色有白纏絲、鴨緑天青、黄鎖口，三種俱可觀，但不耐用耳，非鑒賞佳器。

若均州窑，有朱砂紅、蔥翠青，俗謂鸚哥緑、茄皮紫。紅若胭脂，青若蔥翠，紫若墨黑。三者色純，無少變露者，爲上品。底有一二數目字號爲記。猪肝色，火里紅，青緑錯雜，若垂涎色，皆上三色之燒不足者，非别有此色様。俗即取作鼻涕涎、猪肝等名，是可笑耳。此窑惟種蒲盆底佳甚。其他如坐墩爐盒、方瓶罐子，俱以黄沙泥爲坯，故器質粗厚不佳，雜物人多不尚。近年新燒此窑，皆以宜興沙土爲骨，釉水微似，製有佳者，但不耐用，俱無足取。

高濂《遵生八箋·論燒器新窑古窑》 古之燒器，進御用者，體薄而潤，色白花青，較定少次。元燒小足印花，内有樞府字號者，價重且不易得。若我明永樂年造壓手杯，坦口折腰，沙足滑底，中心畫有雙獅滾球，球内篆書「永樂年製」四字，細若粒米，爲上品；鴛鴦心者，次之；花心者，又其次也。杯外青花深翠，式樣精妙，傳用可久，價亦甚高。若近時仿傚，規製蠢厚，火底火足，略得形似，殊無可觀。宣德年造紅魚把杯，以西紅寶石爲末，圖畫魚形，自骨内燒出凸起，寶光鮮紅奪目。若紫黑色者，火候失手，似稍次矣。青花如龍松梅茶把杯、人物海獸酒把杯、朱砂小壺、大碗，色紅如日，用白鎖口。又如竹節把罩蓋滷壺小壺，此等發古未有。他如妙用種種，惟小巧之物最佳，描畫不苟。而爐、瓶、盤、碟最多，製如常品。若罩蓋扁罐、敞口花尊、蜜漬桶罐，甚美，多五彩燒色。他如心有壇字白甌，所謂壇盞是也，質細料厚，式美足用，真文房佳器。又等細白茶盞，較壇盞少低，而瓮肚釜底綫足，光瑩如玉，内有絶細龍鳳暗花，底有「大明宣德年製」暗款，隱隱橘皮纹起，雖定磁何能比方，真一代絶品，惜乎外不多見。又若坐墩之美，如漏空花纹，填以五色，華若雲錦。有以五彩實填花纹，絢艷恍目。二種皆深青地子。有藍地填畫五彩，如石青剔花，有青花白地，有冰裂纹者，種種樣式，似非前代曾有。成窑上品，無過五彩葡萄撆口扁肚把杯，式較宣杯妙甚。次若草蟲可口子母鷄勸杯、人物蓮子酒盞、五供養淺盞、草蟲小盞、青花紙薄酒盞、五彩齊筋小碟、香盒、各製小罐，皆精妙可人。余意青花成窑不及宣窑，五彩宣廟不如憲廟。宣窑之青，乃蘇浡泥青也，後俱用盡，至成窑時，皆平等青矣。宣窑五彩，深厚堆垜，故不甚佳。而成窑五彩，用色淺淡，頗有畫意。此余評似確然允哉！

世宗青花五彩二窑，製器悉備。奈何饒土入地漸惡，較之二窑往時，代不相侔。有小白甌，内燒「茶」字、「酒」字、「棗湯」、「薑湯」字者，乃世宗經籙醮壇用器，亦曰「壇盞」，制度質料，迥不及茂陵矣。嘉窑如磬口饅心圓足外燒三色魚扁盞，紅鉛小花盒子，其大如錢，二品亦爲世珍。小盒子花青畫美，向後恐官窑不能有此物矣，得者珍之。

吴從先《小窗自紀》 爲園栽植之繁，非徒侈觀，實備供具。如花可聚褥，葉可學書，竹可掛衣，茅可爲藉。效用自真，頗領佳趣。至於裁菱荷以爲衣，將薜荔以成服，紉蘭爲佩，拾蘀爲冠，檢竹刻詩，倚杉完局，松花當飯，桃實充漿，猶見逸士之取裁，更得草木之知己。【略】

物色有先機，曾教染衣之柳汁；文章有定數，豫傳照鏡之芙蓉。

鑠金之口，策善火攻。不知入火不焦者，有火浣之布；潰川之手，勢慣波及，不知入水不濡者，有利水之犀。

沈德符《萬曆野獲編·兵部·火藥》 古來御兵，唯用兵仗，故晁錯之言曰：「勁弩長戟，匈奴之弓弗能格也。」即有用火者，大都乘風縱勢，如即墨、赤壁是也。其大砲等物，不過曹操霹靂車之屬而已。本朝以火器禦虜爲古今第一戰具，然其器之輕妙，實始於文皇帝平交阯始得之，即用其僞相國、越國大王黎澄爲工部官，專司督造，盡得其傳。今禁軍内所稱神機營者，其兵卒皆造火藥之人也。當時以爲古今神技，無可復加，然亦相傳所稱大將軍、蒺藜砲之類耳。弘治以後，始有佛郎機砲，其國即古三佛齊，爲諸番博易都會，粤中因獲通番海艘，没入其貨，始並砲收之，則轉運神捷，又超舊制數倍，各邊遵用已久。至今上初年，戚繼光帥薊門，又用火鴉、火鼠、地雷等物，虜胡畏之，不敢近塞，蓋火器之能事畢矣。數年來，因紅毛夷入寇，又得其所施放者，更爲神奇，視佛郎機爲笨物。蓋藥至人斃，而敵猶不覺也，以此横行天下，何虜敢當之，但恐守砲者畏怯，虜未來而先放，比對陣則藥盡，反速戰士之奔，此向來通病也。

正德十五年滿剌加國爲佛郎機所並，遣使請救，御史何鰲言佛郎機砲精利，恐爲南方之禍，則其器入中國本不久。至嘉靖十二年，廣東巡檢何儒招降佛郎機國人，得其蜈蚣船銃法，論功陞上元縣主簿，令於操江衙門督造，以固江防，三年告成，再陞宛平縣丞。中國之佛郎機盛傳自此始，而儒老於選調，不聞破格用之，可嘆也。

吴亮《萬曆疏鈔》卷二五《財計》王德完《稽財用匱竭之源酌營造緩急之務以光聖德以濟時艱疏》 臣爲天子富有四海，琛獻萬邦，衆民廣土無改於前，而帑竭藏空，大殊於昔者何也？蓋歲入僅四百萬而歲出輒至四百五十萬有奇。居常無事，已稱出浮於入，年來意外之警，不時之需，皆因事旋加舊額。未有如寧夏用兵，甫數閱月，約費餉銀一百八十七萬八千餘兩。朝鮮用兵，首尾七年，約費餉銀五百八十二萬二千餘兩。又地畝米豆援兵等餉，約費銀二百餘萬兩。平播之師未及期年，約費餉銀一百二十一萬六千餘兩，連川中湊辦共約二百萬三千餘兩。婚禮珠寶等項，約估銀九百三十四萬三千餘兩。婚禮傳造袍服四萬一千餘疋，約料銀八十餘萬兩。坐派改造十八萬三千餘疋，約工料銀一百四十餘萬兩。山西潞紬續織四千七百餘疋，婚禮傳買段一萬二千七百餘疋，共約費十萬兩。磁器節傳二十三萬五千件，約費銀二十萬兩。挑三仙口趙家圈等處約費銀二十四萬餘兩。而各省直災傷拖欠段價料銀一百二十四萬五千餘兩，又欠厨料銀九萬六千餘兩。夫此數十萬、數百萬者積而算之，亦既二千六百餘萬矣。假使藏之府庫而無所屑越，安得而不殷富，然洩之尾閭而無所停涵，安得而不匱空，當帑空之時而講濟虚之策，惟有節之一字最爲喫緊。古稱：能節，雖虚必盈。況非虚乎！不節雖盈必虚，況非盈乎！臣請以六事籌焉：一曰減織造以拯民命。工部題稱，浙江袍服二萬六千餘疋，該工料銀六十餘萬兩内，扣留該省解部錢糧，至三十三年止僅得十萬餘兩，議將前數三分出辨，該省應二十萬兩，户四工六，户部應十六萬兩，工部應二十四萬兩。奉聖旨：這織造錢糧，你部裏再議處來看，欽此。夫太倉之積儲懸罄，浙西之抒柚俱空，袂蒙之人，豈能荷百斤力？竭之馬，胡能馳千里？束手坐視，莫可爲畫。夫文稱卑服，禹羡惡衣，高皇后躬補緝之衮，文皇帝御澣濯之服。今綺繡纂組，積笥盈箱，服御不親，安所用此。至於羊絨細精，爲秦塞膏盲之疾，瓷器巧奇，貽洪都心腹之殃，疲瘵奚堪，痌瘝均惘，故織造不可不減也。二曰止營建以贍邊儲。蓋各邊年例爰給軍需擄部題，二十七、八年春夏已題無可發者。若薊永昌易則四十六萬兩，山西宣大則四十七萬兩，遼延甘固則四十九萬兩，而秋冬未題者又復一百三十餘萬兩。九邊之貔貅枵腹，四海之蒼赤倒懸，即今多方節省，猶措注難前，若使到處虚糜，則波流何極？方今仁智之殿未畢，南城之役未終，玄殿之藻如雲，龍舟之急如火，而尤欲效長夜之燕遊，搆沖天之樓閣，不惟材木耗蠹，且致儲蓄匱空，倘有脱巾，其何以應？昔太祖謂宫中興作，必度量再四而後爲。又謂隙地營建，忽恐勞民傷財而即止。玉音如在，儉德宜共，此營建不可不止也。三曰趣大工以省煩費。蓋乾清等宫，工部發銀一百十三萬兩，户兵二部協濟六十萬兩，又據工部處給共約二百數十萬。而楠杉巨材，出累朝所藏内帑、所貯者不與焉，夫工之未完也，即費數百萬而不爲多，工之既成也，即費數百金而亦可惜。查工匠常至三四千人，夫役常至六七百人，工匠一日七分，則一月幾千餘金矣。役一日五分，則一月七百餘金矣。待罪該科隨閣部諸臣，縱觀兩宫並美，已極壯麗輝煌。然六月間猶見砌石，有不輟之斤錘棟梁，有方新之丹漆，至七月後，則油彩虚而有待，門户閴而無人。夫皇上父天母地，不端拱于乾清坤之宫，而令坐視銷金，遂皆窳於日居月諸之久，暴珍天物，糜爛民膏，故大工宜速也。四曰停珠寶以垂燕翼。據户部揭稱，進過珠寶約價銀一百三十九萬八千二百餘兩内，壓欠商價一十五萬六千三百餘兩，未曾召買尚該價銀七百九十四萬五千餘兩。吉典伊爾，催督甚嚴，而賠累何辜，無米難炊。昔宋太宗碎水晶之漏，高皇帝壞鏤金之牀，楚書不寶金玉，而寶善人，皇祖謂珠玉非寶，節儉是寶。今貧商如履陷穽，部府如坐鍼氈，人命懸系，國儲若洗，豈以九州萬國之慶典，至爲剥膚搥髓之梯航？翹首皇帝，亟霈德音，大賜蠲免，不則減十分之五或乃減三分之一，近可援珠行舖户，遠可訓聖子神孫，此珠寶所當停也。五曰審採辦以濟國用。蓋四川採木，原派楠杉木枋五千六百根塊，計銀可三百五十萬兩。湖廣原派五千五百六十根塊，計銀可二百一十萬三千兩。貴州原派二千七百九十餘根塊，計銀可九十六萬八百餘兩。四川兩運得十分之六，查得庫發銀止三十六萬四千四百兩，餘皆索之蜀民也。湖廣頭運得十分之四，庫發銀止一萬八千五百，餘皆索之黔民也。今三運未完之木，尚欲剜肉朘骨，乃三殿未採之材，何由塗膏釁血！必須早爲計處，豈可重困疲民，則採辦當審也。六曰發内帑以救燃眉。蓋礦税之設原爲助工，而金花之加足用停止。今據各監進過礦銀四十八萬五千餘兩，礦金二千三百餘兩，各項税課并加罰等銀共三百五十六萬二千六百餘兩，積成多矣。又萬曆六年奉旨取金花銀，每年加二十萬兩，迄今二十二年，納四百四十萬，蓄誠厚矣。以皇上萬國九州之財，充萬國九州之用，宸居皇木，國寶邊儲，特發非常，俯仰咸裕。昔唐德宗置瓊林太盈二庫，以爲天子私藏，唐臣陸贄力諫，謂宜散小儲而成大儲，舍小寶而成大寶。乞皇上陋德宗之鄙見，採陸贄之讜言，則泉流而澤通，財散而民聚，故内帑不可不發也。傳説之告高宗曰：惟后從諫則聖。伊尹告太甲曰：有言逆於汝心必求諸道。臣杞人憂(大)〔天〕，固爲蛙見，而野夫曝背，竟是葵心。惟皇上加納，於是逆心之言優入於從諫之聖，則時艱可濟，而令德有光矣。臣愚不任拳拳待命之至。

午榮、章嚴《新鐫工師雕斲正式魯班經匠家鏡》卷一　魯班仙師源流：

師諱班，姓公輸，字依智，魯之賢勝路東平村人也。其父諱賢，母吴氏。師生於魯定公三年甲戌五月初七日午時，是日，白鶴羣集，異香滿室，經月弗散，人咸奇之。甫七歲，嬉戲不學，父母深以爲憂。迨十五歲，忽幡然從遊於子夏之門人端木起，不數月，遂妙理融通，度越時流，憤諸侯僭稱王號，因遊説列國，志在尊周。而計不行迺歸，而隱于泰山之南小和山焉。晦迹幾一十三年，偶出而遇鮑老輩，促膝譏譚，竟受業其門。注意雕鏤刻畫，欲令中華文物煥爾一新。故嘗語人曰：不規而圓，不矩而方，此乾坤自然之象也。規以爲圓，矩以爲方，實人官兩象之能也。矧吾之明雖足以盡制作之神，亦安得必天下萬世，咸能師心而如吾明耶。明不如吾，則吾之明窮，而吾之技亦窮矣。爰是既竭目力，復繼之以規矩準繩，俾公私欲經營宮室、駕造舟車與置設器皿以前民用者，要不超吾一成之法，已試之方矣。然則師之緣物盡制、緣制盡神者，顧不良且鉅哉。而其淑配雲氏，又天授一段神巧，所制器物固難枚舉第較之，於師殆有佳處，內外贊襄用能享大名而垂不朽耳。裔是年躋四十，復隱于歷山，卒遘異人授秘訣，雲遊天下，白日飛昇，止留斧鋸在白鹿仙巖，迄今古迹昭然如覩。故戰國大義贈爲永成待詔義士，後三年陳侯加贈智惠法師。歷漢、唐、宋猶能顯蹤助國，屢膺封號。明朝永樂間，鼎剏北京龍聖殿，役使萬匠莫不震悚，賴師降靈指示方獲洛成。爰建廟祀之，扁曰：魯班門封待詔輔國大師北成侯。春秋二祭，禮用太牢。今之工人，凡有祈禱，靡不隨叩隨應，忱懸象著明而萬古仰照者。

人家起造伐木：

入山伐木法：凡伐木日辰及起工日，切不可犯穿山殺。匠人入山伐木，起工且用，看好木頭根數，具立平坦處，斲伐不可了草，此用人力以所爲也。如或木植到場，不可堆放黃殺方，又不可犯皇帝八座，九天大座，餘日皆吉。

伐木吉日：己巳、庚午、辛未、壬申、甲戌、乙亥、戊寅、己卯、壬午、甲申、乙酉、戊子、甲午、乙未、丙申、壬寅、丙午、丁未、戊申、己酉、甲寅、乙卯、己未、庚申、辛酉定成開日吉，又宜明星、黃道、天德、月德。忌刃砧殺、斧頭殺龍虎、受死、天賊目、刀砧、危日、山隔、九土鬼、正四廢、魁罡目、赤口、山痕、紅觜朱雀。

起工架馬：凡匠人興工，須用按祖留下格式，將水長先放在吉方，然後將後步柱安放，馬上起看，俱用翻鋤，向內動作。今有晚學木匠，則先將棟柱用正，則不按魯班之法，後步柱先起手者，則先後方目有前，先就低而後高，自下而至上，此爲依祖式也。凡造宅用深淺闊狹高低相等，尺寸合格方可爲之也。

起工破木：宜己巳、辛未、甲戌、乙亥、戊寅、己卯、壬午、甲申、乙酉、戊子、庚寅、乙未、己亥、壬寅、癸卯、丙午、戊申、己酉、壬子、乙卯、己未、庚申、辛酉、黃道天成月空天月二德及合神開日吉。忌刀砧殺、木馬殺、斧頭殺、天賊受死、月砂破敗、獨火、魯般殺，建日，凡土鬼正四廢、四離、四絕、大小空亡、荒蕪凶、敗滅沒日凶。

總論：

論新立宅架馬法：新立宅舍，作主人眷既已出火避宅。如起工，即就坐上架馬。至如豎造吉日，亦可通用。

論淨盡拆除舊宅倒堂豎造架馬法：凡盡拆除舊宅倒堂豎造，作主人眷既已出火避宅，如起工架馬與新立宅舍架馬法同。

論坐宮修方架馬法：凡作主不出火避宅，但就所修之方擇吉方上起工架馬吉，或別擇吉架馬亦利。

論移宮修方架馬法：凡移宮修方，作主人眷不出火避宅，則就所修之方擇取吉方上起工架馬。如出火避宅，起工架馬却不問方道。

論架馬活法：凡修作在柱近空屋內，或在一百步之外，起寮架馬，却不問方道。

修造起符便法：

起符吉日，其日起造隨事臨時，自起符後一任用工修造，百無所忌。

論修造起符法：凡修造家主行年得運白，宜用名姓昭告符，若家主行年不得運白，而以弟子行年得運白作造主，用名姓昭告符，使大抵師人行符起殺，但用作主一人名姓昭告山頭龍神，則定磉扇架。豎柱日避本命日及對主日，俟修造完備，移香火隨待入宅，然後卸符安鎮宅舍。

論東家修作西家起符照方法：

凡隣家修方造作，就本家宮中置羅經，格定隣家所修之方，如值年官符、三殺、獨火、月家飛宮、州縣官符、小兒殺、打頭火、大月建，家主身皇定命，就本家屋內前後左右起立符使，依移官法坐符使、從權請定祖先福神香火，暫歸空界，將符使照起隣家所修之方，令轉而爲吉方。俟月節過，視本家住居當初永定方道無緊殺占，然後安奉祖先香火福神。所有符使，待歲除方可卸也。

畫柱繩墨右吉日，宜天月二德，併三白九紫值日時，大吉。齊柱脚，宜寅申己亥日。

總論：

論畫柱繩墨：併齊木料開柱眼，俱以白星爲主，蓋三白九紫，匠者之大用也。先定日時之白，後取尺寸之白，停停當當，上合天星，應昭祥光，覆護所以住者，獲福之吉豈知乎，此福於是補出便右吉日，不犯天瘟、天賊、受死、轉殺、大小火星、荒蕪伏斷等日。

動土平基：平基吉日，甲子、乙丑、丁卯、戊辰、庚午、辛未、己卯、辛巳、甲申、乙未、丁酉、己亥、丙午、丁未、壬子、癸丑、甲寅、乙卯、庚申、辛酉。築墻宜伏斷閉日吉，補築墻宅龍六七月占墻，伏龍六七月占西墻，二壁因雨傾倒，就當日起工便築，即爲無犯，若候晴後停留三五日，過則須擇日不可輕動。泥飾垣墻、平治道塗、甃砌甘基宜平日吉。

總論：

論動土方：陳希夷《玉鑰匙》云：土皇方犯之，令人害瘋癆水蠱，土符所在之方取土動土，犯之主浮腫水氣。又據術者云：土瘟日并方犯之，令人兩脚浮腫，天賊日起手動土，犯之招盜。

論取土動土：坐宮修造，不出避火，宅須忌年家月家殺殺方。

定磉扇架：宜甲子、乙丑、丙寅、戊辰、己巳、庚午、辛未、甲戌、乙亥、戊寅、己卯、辛巳、壬午、癸未、甲申、丁亥、戊子、己丑、庚寅、癸巳、乙未、丁酉、戊戌、己亥、庚子、壬寅、癸卯、丙午、戊申、己酉、壬子、癸丑、甲寅、乙卯、丙辰、丁巳、己未、庚申、辛酉，又宜天德、月德、黄道併諸吉神值日亦可通用，忌正四廢、天賊、建破日。

豎柱吉日：宜己巳、辛丑、甲寅、乙亥、乙酉、己酉、壬子、乙巳、己未、庚申、戊子、乙未、己亥、己卯、甲申、己丑、庚寅、癸卯、戊申、壬戌、丙寅、辛巳，又宜寅申、己亥爲四柱目，黄道、天月二德諸吉星成開日吉。

上梁吉日：宜甲子、乙丑、丁卯、戊辰、己巳、庚午、辛未、壬申、甲戌、丙子、戊寅、庚辰、壬午、甲申、丙戌、戊子、庚寅、甲午、丙申、丁酉、戊戌、己亥、庚子、辛丑、壬寅、癸卯、乙巳、丁未、己酉、辛亥、癸丑、乙卯、丁巳、己未、辛酉、癸亥，黄道、天月二德、諸吉星成開日吉。

折屋吉日：宜甲子、乙丑、丙寅、戊辰、己巳、辛未、癸酉、甲戌、丁丑、戊寅、己卯、癸未、甲申、壬辰、癸巳、甲午、乙未、己亥、辛丑、癸卯、己酉、庚戌、辛亥、丙辰、丁巳、庚申、辛酉，除日吉。

蓋屋吉日：宜甲子、丁卯、戊辰、己巳、辛未、壬申、癸酉、丙子、丁丑、己卯、庚辰、癸未、甲申、乙酉、丙戌、戊子、庚寅、丁酉、癸巳、乙未、己亥、辛丑、壬寅、癸卯、甲辰、乙巳、戊申、己酉、庚戌、辛亥、癸丑、乙卯、丙辰、庚申、辛酉，定成開日吉。

泥屋吉日：宜甲子、乙丑、己巳、甲戌、丁丑、庚辰、辛巳、乙酉、辛亥、庚寅、辛卯、壬辰、癸巳、甲午、乙未、丙午、戊申、庚戌、辛亥、丙辰、下巳、戊午、庚申，平成日吉。

開渠吉日：宜甲子、乙丑、辛未、己卯、庚辰、丙戌、戊申，開平日吉。

砌地吉日：與修造動土同看。

結砌天井吉日。詩曰：

結修天井砌堦基，須識水中放水圭。格向天干埋棓口，忌中順逆小兒嬉。雷霆大殺土皇廢，土忌瘟符受死離。天賊瘟囊芳地破，土公土水隔痕隨。○右宜以羅經放天井中間，針定取方位放水，天干上切忌大小滅没，雷霆大殺、土皇殺方。忌止，忌土瘟、土符、受死、正四廢，天賊、天瘟、地囊、荒蕪、地破、上公箭、土痕、水痕、水膈。

論逐月甃地結天井砌堦基吉日：

正月，甲子、壬午、戊子、庚子、乙丑、己卯、丙午、丙子、丁卯。

二月，乙(五)〔丑〕、庚寅、戊寅、甲寅、辛未、丁未、己未、甲申、戊申。

三月，己巳、己卯、戊子、庚子、癸酉、丁酉、丙子、壬子。

四月，甲子、戊子、庚子、甲戌、乙丑、丙子。

五月，乙亥、己亥、辛亥、庚寅、甲寅、乙丑、辛未、戊寅。

六月，乙亥、己亥、戊寅、甲寅、辛卯、乙卯、己卯、甲申、戊申、庚申、辛亥、丙寅。

七月，戊子、庚子、庚午、丙午、辛未、丁未、己未、壬辰、丙子、壬子。

八月，戊寅、庚寅、乙丑、丙寅、丙辰、甲戌、庚戌。

九月，己卯、辛卯、庚午、丙午、癸卯。

十月，甲子、戊子、癸酉、辛酉、庚午、甲戌、壬午。

十一月，己未、甲戌、戊申、壬辰、庚申、丙辰、乙亥、己亥、辛亥。

十二月，戊寅、庚寅、甲寅、甲申、戊申、丙寅、庚申。

起造立木上樑式：

凡造作立(水)〔木〕上樑，候吉日良時可立一香案於中亭，設安普庵仙師香火，備列五色錢、香花、燈燭、三牲、菓酒供養之儀，匠師拜請三界地主，五方宅神，魯班三郎十極高真，其匠人秤丈竿、墨斗、曲尺繫放香棹米桶上，并巡官羅金安頓照官符三煞凶神打退神殺，居住者永遠吉昌也。

請設三界地主魯班仙師祝上樑文：

伏以日吉時良，天地開張，金爐之上，五炷明香，虔誠拜請今年今月今日今時直符使者，伏望光臨，有事懇請。今據某省某府某縣某鄉某里某社奉道信官士憑術士選到今年某月某日吉時吉方大利，架造廳堂，不敢自專，仰仗直符使者賫持香信拜請三界四府高真，十方賢聖，諸天星斗，十二官神，五方地主，明師虚空，過往福德，靈聰住居，香火道釋，衆真門官，井竈司命，六神魯班真仙公輸子匠人，帶來先傳後教祖本先師，望賜降臨，伏望諸聖跨寉驂鸞，暫別官殿之内；登車撥馬，來臨場屋之中。既沐降臨，酒當三奠。奠酒詩曰：

初奠纔斟，聖道降臨。已享已祀，皷皷皷琴。布福乾坤之大，受恩江海之深。仰憑聖道，普降凡情。酒當二奠：人神喜樂，大布恩光。享來禄爵，二奠盃觴。永滅災殃，百福降祥，萬壽無疆。酒當三奠：自此門庭常貼泰，從玆男女永安康。仰冀聖賢流恩澤，廣置田産降福降祥。上來三奠已畢，七獻云週，不敢過獻。伏願信官士某自創造上樑之後，家門浩浩，活計昌昌，手斯倉而萬斯箱，一曰富而二曰壽，公私兩利，門庭光顯，宅舍興隆，火盜雙消，諸事吉慶，四時不遇水雷連，八節常蒙地天泰。如或臨産臨盆，有慶坐草無危，頻生智慧之男，聰明富貴、起家之子云云。凶藏煞没，各無干犯之。方神喜人懽，大布禎祥之兆，凡在四時，克臻萬善。次冀匠人興工造作，拈刀弄斧，自然目朗心開，負重拈輕，莫不脚輕手快。仰賴神通，特垂庇祐，不敢久留聖駕，錢財奉送。來時當獻下車酒，去後當酬上馬盃，諸聖各歸宫闕，再有所請，望賜降臨錢財。匠人出煞云云。

天開地闢，日吉時良。皇帝子孫，起造高堂。或造廟宇、庵堂、寺觀則云仙師架造，先合陰陽。凶神退位，惡煞潛藏。此間建立，永遠吉昌。伏願榮遷之後，龍歸寶穴，鳳徙枯巢，茂蔭兒孫，增崇産業者。詩曰：

一聲槌響透天門，萬聖千賢左右分。天煞打歸天上去，地煞潛歸地裏藏。大厦千間生富貴，全家百行益兒孫。金槌敲處諸神護，惡煞凶神急速奔。

造屋間數吉凶例：

一間凶，二間自如，三間吉，四間凶，五間吉，六間凶，七間吉，八間凶，九間吉。

歌曰：

五間廳三間堂，創後三年必招殃。○始五間廳三間堂，三年内殺五人，七年庄敗凶。四間廳三間堂，二年内殺四人，三年内殺七人來。二間無子五間絶，三架廳七架堂凶。七架廳吉，三間廳三間堂吉。

斷水平法：

莊子云：夜静水平。

俗云：水從平則止，造此法中立一方表，下作十字拱頭，蹄脚上横過一方分作三分，中開水池中表安二線垂下，將一小石頭墜正中心，水池中立三個水鴨子，實要匠人定得木頭端正，壓尺十字不可分毫走失，若依此例，無不平正也。

畫起屋樣：

木匠按式用精紙一幅，畫地盤濶狹深淺，分下間架或三架、五架、七架、九架、十一架，則正主人之意，或柱柱落地，或偷柱及樑栟使過步樑、眉樑、眉枋，或使斗磉者，皆在地盤上停當。

魯般真尺：

按魯般尺乃有曲尺一尺四寸四分，其尺間有八寸一寸堆曲尺一寸八分，内有財、病、離、義、官、刧、害、本也。凡人造門，用依尺法也。假如單扇門小者，開二尺一寸一白，般尺在義上。單扇門開二尺八寸，在八白，般尺合吉上。雙扇門者用四尺三寸一分，合四緑一白，則爲本門在吉上。如財門者用四尺三寸八分合財門吉，大雙扇門用廣五尺六寸六分合兩白又在吉上。今時匠人則開門濶四尺二寸，乃爲二黑，般尺又在吉上。及五尺六寸者則吉上二分，加六分正在吉中，爲佳也。皆用依法百無一失，則爲良匠也。

魯般尺八首：

財字

財字臨門仔細詳，外門招得外才良。若在中門常自有，積財須用大門當。中房若合安於上，銀帛千箱與萬箱。木匠若能明此理，家中福禄自榮昌。

病字

病字臨門招疫疾，外門神鬼入中庭。若在中門逢此字，災須輕可免危聲。更被外門相照對，一年兩度送尸靈。於中若要無凶禍，厠上無疑是好親。

離字

離字臨門事不祥，仔細排來在甚方。若在外門并中户，子南父北自分張。房門必主生離别，夫婦恩情兩處忙。朝夕士家常作鬧，悽惶無地禍誰當。

義字

義字臨門孝順生，一字中字最爲真。若在都門招三婦，廊門淫婦戀花聲。於中合字雖爲吉，也有興災害及人。若是十分無災害，只有厨門實可親。

官字

官字臨門自要詳，莫教安在大門場。須妨公事親州府，富貴中庭房自昌。若要房門生貴子，其家必定出官廊。富家人家有相壓，庶人之屋實難量。

刧字

刧字臨門不足誇，家中日日事如麻。更有害門相照看，凶來疊疊禍無差，兒孫行刧身遭苦，作事因循害却家。四惡四凶星不吉，偷人物件害其佗。

害字

害字安門用細尋，外人多被外人臨。若在内門多興禍，家財必被賊來侵。兒孫行門于害字，作事須因破其家。良匠若能明此理，管教宅主永興隆。

吉字

吉字臨門最是良，中官内外一齊强。子孫夫婦皆榮貴，年年月月在蠶桑。如有財門相照者，家道興隆大吉昌。使有凶神在傍位，也無災害亦風光。

本門詩：

本字開門大吉昌，尺頭尺尾正相當。量來尺尾須當吉，此到頭來財上量。福祿乃爲門上致，子孫必出好兒郎。時師依此仙賢造，千倉萬廩有餘糧。

曲尺詩：

一白惟如六白良，若然八白亦爲昌。但將般尺來相湊，吉少凶多必主殃。

曲尺之圖：

一白、二黑、三碧、四綠、五黃、六白、七赤、八白、九紫、一白。

論曲尺根由：

曲尺者有十寸，一寸乃十分，凡遇起造經營，開門高低長短度量皆在此上，須當湊對魯般尺八寸吉凶相度，則吉多凶少。爲佳匠者，但用倣此大吉也。

推起造向首合白吉星：

魯般經營，凡人造宅門，門一須用準與不準。及起造室院，條緝車箭須用準合陰陽，然後使尺寸量度用，合財吉星及三白星方爲吉，其白外但則九紫爲小吉，人要合魯般尺與曲尺上下相全爲好，用尅定神人運宅及其年向首大利。

按九天玄女裝門路，以玄女尺筭之，每尺止得九寸有零，却分財、病、離、義、官、刼、害、本八位，其尺寸長短不齊，惟本門與財門相接最吉。義門惟寺觀、學舍、義聚之所可裝，官門惟官府可裝。其餘民俗只粧本門與財門相接最吉。○大抵尺法各隨匠人所傳，術者當依魯般經尺度爲法。

論開門步數：宜單不宜雙，行惟一步、三步、五步、七步、十一步吉，餘凶。每步計四尺五寸爲一步，于屋簷滴水處起步，量至立門處，得單步合前財、義、官、本門方爲吉也。

定盤真尺：

凡創造屋宇，先須用坦平地基，然後隨大小潤狹安磉平正，平者穩也。次用一件木料，長一丈四五尺有欝長短有人用大四寸厚二寸中立表。長短在四五尺內，實用壓曲尺端正兩邊，安八字射中心。上繫一線，重下弔石，墜則爲平正直也。有實撲可驗。

詩曰：

世間萬物得其平，全仗權衡及準繩。創造先量基潤狹，均分內外兩相停。石磉切須安得正，地盤先宜鎮中心。定將真尺分平正，良匠當依此法真。

推造宅舍吉凶論：

造屋基淺在市井中人魁之處，或外潤內狹爲，或內潤外狹穿，只得隨地基所作。若內潤外乃名爲蝦穴屋，則衣食自豐也。其外潤則名爲檻口屋不爲奇也，造屋切不可前三直後二直，則爲穿心栟不吉。如或新起栟不可與舊屋棟齊過，俗云新屋插舊棟，不久便相送。須用放低於舊屋，則曰次棟，又不可直棟穿中門，云穿心棟。

三架屋後車三架法：

造此小屋者切不可高大，凡步柱只可高一丈零一寸，棟柱高一丈二尺一寸，段深五尺六寸，間潤一丈一尺一寸，次間一丈零一寸，此法則相稱也。

評曰：

凡人創造三架屋，般尺須尋吉上量。潤狹高低依此法，後來必出好兒郎。

五架房子格：

正五架三間，拖後一柱步，用一丈零八寸，仲高一丈二尺八寸，棟高一丈五尺一寸，每段四尺六寸，中間一丈三尺六寸，次潤一丈二尺一寸。地基潤狹，則在人加減，此皆壓白之法也。

詩曰：

三間五架屋偏奇，按白量材實利宜。住坐安然多吉慶，橫財入宅不拘時。

正七架三間格：

七架堂屋大凡架造合用前後柱高一丈二尺六寸，棟高一丈零六寸，中間用潤一丈四尺三寸，次潤一丈三尺六寸，段四尺八寸。地基潤窄高低深淺，隨人意加減則爲之。

詩曰：

經營此屋好華堂，並是工師巧主張。富貴本由繩尺得，也須合用按陰陽。

正九架五間堂屋格：

凡造此屋，步柱用高一丈三尺六寸，棟柱或地基廣潤宜一丈四尺八寸。段淺者四尺三寸成十分深，高二丈二尺棟爲妙。

詩曰：

陰陽兩字最宜先，鼎創興工好向前。九架五間堂九天，萬年千載福綿綿。謹按先師真尺寸，管教富貴足莊田。時人若不依仙法，致使人家爾不然。

鞦韆架：

鞦韆架，今人偷棟栟爲之吉，人以如此造其中創閑要坐起處，則可依此格儘好。

小門式：

凡造小門者，乃是塚墓之前所作，兩柱前重在屋皮上出入，不可十分長，露出殺傷其家子媳，不用使木作門蹄，二邊使四隻將軍柱，不宜大高也。

摟焦亭：

造此亭者，四柱落地上三超四結果，使平盤方中，使福海頂藏。心柱十分要聳瓦蓋，用暗鐙釘住，則無脱落，四方可觀之。

詩曰：

枷梢門屋有兩般，方直尖斜一樣言。家有姦倫夜行子，須防横禍及遭官。

詩曰：

此屋分明端正奇，暗中爲禍少人知。只因匠者多藏素，也是時師不細詳。使得家門長退落，緣他屋主大限衰。從今若要兒孫好，除是從頭改過爲。

造作門樓：

新創屋宇開門之法，一自外正大門而入，次二重較門則就東畔開，吉門須要屈曲，則不宜大直，内門不可較大外門，用依此例也。大凡人家外大門，千萬不可被人家屋脊對射，則不祥之兆也。

論起廳堂門例：

或起大廳屋起門，須用好籌頭向或作槽門之時，須用放高與第二重門同，第三重却就栿柁起或作如意門或作古錢門與方勝門，在主人意愛而爲之，如不做槽門，只做都門作胡字門亦佳矣。

詩曰：

大門安者莫在東，不按仙賢法一同。更被别人屋棟射，須教禍事又重重。

上户門，計六尺六寸。中户門，計三尺三寸。小户門，計二尺一寸。

州縣寺觀門，計一丈一尺八寸濶。

庶人門，高五尺七寸，濶四尺八寸。

房門，高四尺七寸，濶二尺三寸。

春不作東門，夏不作南門，秋不作西門，冬不作北門。

債不星逐年定局方位：

戊、癸年坤庚方，甲、已年占辰方，乙、庚年兑坎寅方，丙、辛年占午方，丁、壬年乾方。

債不星逐月定局：

大月：初三、初六、十一、十四、十九、廿二、廿七日凶。

小月：初二、初七、初十、十五、十八、廿三、廿六日凶。

庚寅日，門大夫死，甲巳日，六甲胎神占門。

塞門吉日，宜伏斷閉日，忌丙寅、己巳、庚午、丁巳。

紅嘴朱雀，日庚午、己卯、戊子、丁酉、丙午、乙卯。

修門雜忌：

九良星年丁亥癸巳占大門，壬寅庚申占門，丁巳占前門，丁卯己卯占後門。

丘公殺甲已年占九月，乙庚占十一月，丙辛年占正月，丁壬年占三月，戊癸年占五月。

逐月修造門吉日：

正月癸酉外丁酉，二月甲寅，三月庚子外乙巳，四月甲子庚子外庚午，五月甲寅外丙寅，六月甲申、甲寅外丙申、庚申，七月丙辰，八月乙亥，九月庚午、丙午，十月甲子、乙未、壬午、庚子、辛未外庚午，十一月甲寅，十二月戊寅、甲寅、甲子、甲申、庚子外庚申、丙寅、丙申。

右吉日不犯朱雀、天牢、天火、獨火、九空、死氣、月破、小耗、天賊、地賊、天瘟、受死、冰消、瓦陷、陰陽錯、月建轉殺、四耗、正四、廢瓦、土鬼、伏斷、火星、九醜、滅門、離窠、次地火、四忌、五窮、耗絶、庚寅門大夫死日白虎、炙退三殺、六甲胎神，占門并債不星爲忌。

門光星：大月從下數上，小月從上數下。

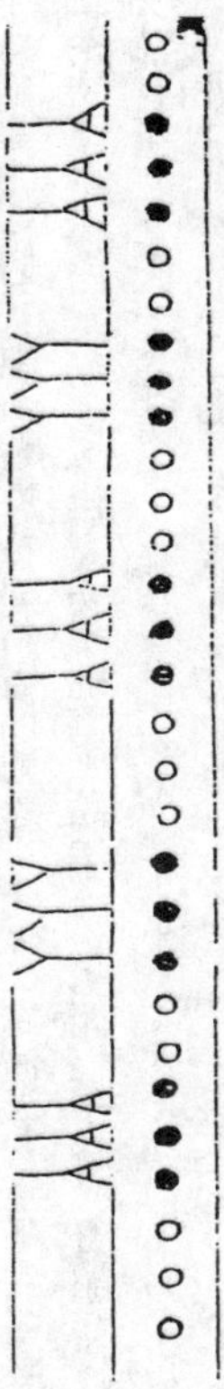

白圈者吉，人字損人，丫字損畜。

門光星吉日定局：

大月，初一、初二、初三、初七、初八、十二、十三、十四、十八、十九、二十、廿四、廿五、廿九、三十日。

小月，初一、初二、初六、初七、十一、十二、十三、十七、十八、十九、廿三、廿四、廿八、廿九日。

總論：

論門樓不可專主，門樓經、玉輦經誤人不淺，故不編入。門向須避直沖、尖射、砂水、路道、惡石、山坳、崩破、孤峰、枯木、神廟之類，謂之乘殺入門凶。宜迎水迎山避水，斜割悲聲。經云：以水爲朱雀者忌夭湍。

論黄泉門路天機訣云：庚丁坤上是黄泉，乙丙須防巽水先，甲癸向中休見艮，辛壬水路怕當乾。犯主枉死，少丁，殺家長，長病，忤逆。

庚向忌安單坤向門路水步，丙向忌安單坤向門路水步，乙向忌安單巽向門路水步，丙向忌安單巽向門路水步，甲向癸向忌安單艮向門路水步，辛壬向忌安單乾向門路水步。

其法乃死絶處朝對官爲黄泉是也。

詩曰：

一兩棟簷，水流相射，大小常相罵。此屋名爲暗箭山，人口不平安。

據仙賢云：屋前不可作欄杆，上不可使立釘。名爲暗箭，當忌之。

郭璞相宅詩三首：

屋前致欄杆，名曰紙錢山。家必多喪禍，哭泣不曾閑。

詩云：

門高勝於廳，後代絶人丁。門高過於壁，其家多哭泣。門扇兩榜欺，夫婦不相宜。家財當耗散，真是不爲量。

五架屋諸式圖：

五架樑栟或使方樑者，又有使界板者及又槽搭栿斗槺之類，在主人之所爲也。

五架後拖兩架：

五架屋後添兩架，此正按古格乃佳也。今時人唤做前淺後深之説，乃生生笑隱上吉也。如造正五架者，必是其基地如此，别有實格式，學者可驗之也。

正七架格式：

正七架樑指及七架屋川牌栟使斗槺或柱義桁，並由人造作，有圖式可驗。

王府宫殿：

凡做此殿，皇帝殿九丈五尺高，王府七丈高。飛簷找角不必再白，重拖五架，前拖三架，上截升拱，天花板，及地量至天花板有五丈零三尺高，殿上柱頭七七四十九根。餘外不必再記，賾在加減。中心兩柱八角爲之天梁輔佐。後無門俱大厚板片進金上，前無門俱掛硃簾，左邊立五官，右邊十二院，此與民間房屋同式。直出明律，門有七重，俱有殿名，不必載之。

司天臺式：

此臺在欽天監左，下層土磚石之類，週圍八八六十四丈，濶高三十三丈，下一十八層，上分三十三層，此應上觀天文，下察地利。至上層，週圍俱是沖天欄杆，其木裏方外圓，東西南北反，中央立起五處旗杆，又按天牌二十八面，寫定二十八宿星主，上有天盤流轉，各位星宿吉凶乾象。臺上又有沖天一直平盤，闊方圓一丈三尺，高七尺，下四平脚穿枋串進，中立圓木一根，閂上平盤者盤能轉，欽天監官每看天文立於此處。

粧修正廳，左右二邊四大孔，水椹板先量每孔多少高帶磉至一穿枋下有多少尺寸，可分爲上下一半。下水椹帶腰枋每矮九寸零三分，其腰枋只做九寸三分。大抱柱線平面九分窄上五分，上起荷葉線，下起棋盤線。腰枋上面亦然，九分下起一寸四分，窄面五分。下貼地栿貼仔一寸三分厚。與地栿盤厚，中間分三孔或四孔，檄枋仔方圓一寸六分，閂尖一寸四分長。前楣後楣比廳心每要高七寸三分，房間光顯。沖欄二尺四寸五分，大廳心門框一寸四分厚，二寸二分大，底下四片或下六片八寸，要有零子舍箱間與廳心一同尺寸，切忌兩樣尺寸，人家不和。廳上前眉兩孔做門，上截亮格，下截上行板門框。起聰管線一寸四分大，一寸八分厚。

正堂粧修與正廳一同，上框門尺寸無二。但腰枋帶下水椹，比廳上尺寸每矮一寸八分，若做一抹光水椹，如上框門做，上截起棋盤線或荷葉線，平七分，窄面五分，上合角貼仔一寸二分厚，其別雷同。

寺觀庵堂廟宇式：

架學造寺觀等，行人門身帶斧器，從後正龍而入，立在乾位，見本家人出，方動手。左手執六尺，右手拿斧，先量正柱，次(首)[量]左邊轉身柱，再量直出山門外，止叫夥同人起手右邊上一抱柱，次後不論大殿中間無水椹，或欄杆斜格必用粗大，每算正數，不可有零。前欄杆三尺六寸高，以應天星。或可及抱柱，各樣要筭七十二地星。菴堂廟宇中間水椹板，此人家水椹每矮一寸八分起線，抱柱尺寸一同已載在前不白。或做門，或亮格尺寸俱矮一寸八分。廳上寶棹三尺六寸高，每與轉身柱一般長，深四尺，面前叠方三層每退黑一寸八分。荷葉線下兩層花板，每孔要分成雙下脚，或雕獅象挖脚，或做貼梢用二寸半厚，記此。

粧修祠堂式：

凡做祠宇爲之家廟，前三門次東西走馬，廊又次之，大廳廳之後，明樓茶亭，亭之後即寢堂。若粧修自三門做起，至内堂止。中間開四尺六寸二分，濶一丈三尺三分，高濶合得長天尺方在義、官佳上。有等説官字上不好安門，此是祠堂，起不得官、義二字，用此二字，子孫方有發達榮耀。南邊耳門三尺六寸四分濶，九尺七寸高，大吉、財二字上，此合天星吉地德星，況中門兩邊俱后恪式。家廟不比尋常人家，子弟賢否，都在此處種秀。又且寢堂及廳兩廊至三門，只可步步高，兒孫方有尊卑，毋小期大之，故做者深詳記之。

粧修三門水椹：城板下量起，直至一穿上，平分上下，一半兩邊演開八字。水椹亦然，如是大門二寸三分厚，每片用三箇暗串，其門笋要圓，門斗要扁，此開門方向爲吉。兩廊不用粧架，廳中心四大孔水椹上下平分，下截每矮七寸，正抱柱三寸六分大，上截起荷葉線，下或一抹光、或閗尖的，此尺寸在前可觀。廳心門不可做四片，要做六片吉。兩邊房間及耳房可做大孔田字格，或窗齒可合式。其門後楣要留進退有式。明樓不須架修，其寢堂中心不用做門，下做水椹帶地栿三尺五高，上分五孔，做田字格，此要做活的。内奉神主祖先，春秋祭祀，拿得下來。兩邊水椹前有尺寸，不必再白。又前眉做亮格門，抱柱下馬蹄抱住，此亦用活的。後學觀此，謹宜詳察，不可有悮。

神厨搽式：

下層三尺三寸高四尺，脚每一片三寸三分大，一寸四分厚。下鎖脚方一寸四分大，一寸三分厚，要留出笋。上盤仔二尺二寸深，三尺三寸闊，其框二寸五分大，一寸三分厚，中下兩串兩頭合角與框一般大，吉角止佐半合角好開，柱脚相二個，五寸高，四分厚，中下土厨只做九寸深一尺。窗齒欄杆止好下五根，步步高上。層柱四尺二寸高，帶嶺在内柱子方圓一寸四分大，其下六根，中兩根，係交進的裏半做一尺二寸深，外空一尺，内中或做二層，或做三層，步步退墨。上層下散柱二個分三孔，耳孔只做六寸五分濶，餘留中上拱樑，二寸大拱樑。上方樑一尺八大，下層下嚾眉勒水前柱磉一寸四分高二寸二分大，雕播荷葉。前楣帶嶺八寸九分大，切忌大了不威勢。上或下火焰屏可分爲三截，中五寸高，兩邊三寸九分高，餘或主家用大用小，可依此尺寸退墨無錯。

營寨格式：

立寨之口先下纛杆，次者羅經，再看地勢山形。生絶之處方令木匠伐木，踏定裏外營壘，内管方用廳者，其木不俱大小，止前選定二根，下定前門中，五直木九丈，爲中央主旗杆，内分間架，裏外相串。次看外營週圍，叠分金木水火土，中立二十八宿下休、生、傷、杜、日、景、死、驚、開，此行文外代木交架而下，週建禄象旗鎗之勢，並不用水作之工，但裏營要鉋砍找接下門之勢，其餘不必木匠。

涼亭水閣式：

粧修四圍欄杆，靠背下一尺五寸五分高，坐板一尺三寸大，二寸厚。坐板下或横下板片或十字掛欄杆上靠背一尺四寸高。此上靠背尺寸在前不白，斜四寸二分方好。坐上至一穿枋做遮陽，或做亮格門。若下遮陽，上油一穿下離一尺六十五分是遮陽穿枋，三寸大一寸九分，原中下二根斜的好開光窗。

計成《園冶》卷一《興造論》 世之興造，專主鳩匠。獨不聞三分匠七分主人之諺乎，非主人也，能主之人也。古公輸巧，陸雲精藝，其人豈執斧斤者哉。若匠惟雕鏤是巧，排架是精，一梁一柱，定不可移，俗以無竅之人呼之甚確也。故凡造作，必先相地立基，然後定其間進，量其廣狹，隨曲合方。是在主者，能妙於得體合宜，未可拘牽。假如基地偏缺，隣嵌何必欲求其齊，其屋架何必拘三五間。爲進多少，半間一廣，自然雅稱，斯所謂主人之七分也。第園築之主，猶須什九，而用匠什一何也。園林巧于因借，精在體宜，愈非匠作可爲，亦非主人所能自主者。須求得人，當要節用。因者隨基勢高下，體形之端正，礙木删椏，泉流石注，互相借資。宜亭斯亭，宜榭斯榭，不妨偏逕，頓置婉轉，斯謂精而合宜者也。借者園雖别内外，得景則無拘遠近，晴巒聳秀，紺宇凌空，極目所至，俗則屏之，嘉則收之，不分町畽，盡爲煙景，斯所謂巧而得體者也。體宜因借，匪得其人，兼之惜費，則前工并棄，即有後起之輸、雲，何傳于世。予亦恐浸失其源，聊繪式于後，爲好事者公焉。

宋應星《天工開物・序》 天覆地載，物數號萬，而事亦因之。曲成而不遺，豈人力也哉。事物而既萬矣，必待口授目成而後識之，其與幾何？萬事萬物之中，其無益生人與有益者，各載其半；世有聰明博物者，稠人推焉。乃棗梨之花未賞，而臆度「楚萍」；釜鬵之範鮮經，而侈談「莒鼎」；畫工好圖鬼魅而惡犬馬，即鄭僑、晉華豈足爲烈哉？

幸生聖明極盛之世，滇南車馬，縱貫遼陽；嶺徼宦商，横游薊北。爲方萬里中，何事何物不可見見聞聞！若爲士而生東晉之初、南宋之季，其視燕、秦、晉、豫方物，已成夷產；從互市而得裘帽，何殊肅慎之矢也？且夫王孫帝子，生長深宮，御厨玉粒正香，而欲觀耒耜；尚宫錦衣方剪，而想象機絲。當斯時也，披圖一觀，如獲重寶矣。

年來著書一種，名曰《天工開物》卷。傷哉貧也！欲購奇考證，而乏洛下之資；欲招致同人，商略贋真，而缺陳思之館。隨其孤陋見聞，藏諸方寸而寫之，豈有當哉？

吾友涂伯聚先生，誠意動天，心靈格物。凡古今一言之嘉，寸長可取，必勤勤懇懇而契合焉。昨歲《畫音歸正》，由先生而授梓；茲有後命，復取此卷而繼起爲之，其亦夙緣之所召哉？

卷分前後，乃「貴穀而賤金玉」之義。《觀象》、《樂律》二卷，其道太精，自揣非吾事，故臨梓删去。丐大業文人，棄擲案頭，此書與功名進取，毫不相關也。

時崇禎丁丑孟夏月，奉新宋應星書於家食之問堂。

劉邦漢等輯《寶坻政書》卷一〇《邊防書·撫按邊關十議》 十曰查器械之冒濫。軍中禦虜，器械爲先，故曰器械不利以其卒與敵也。沿邊所急，無如火器者，今南方所製愈巧而愈便，宜令北人習之。該鎮置造器械，冒破物料情弊無窮，當議定修造額數，以塞告缺之口。器上鐫成製發年月姓名，以杜私换之奸，鮮回損器，即椎毁估賣，以革用舊充新之弊。各該請給造换，定立期限以禁零星紛擾之端，合着精明府佐縣正將合件緊要兵器議定，應用額數仍行各營路掌印官查其實在。器具如密雲左營册開盔甲六千二百二十副，兵器二萬二千一十一件，火器四十八萬八千一百四件，今見存若干。振武營册開盔甲二千五百五十四副，兵器一萬五千五百八十件，火器六十九萬三千四十五件，今見存若干。多則收之，少則補之，敝則修之，既有定額，然後查某器該幾年一造，某器該幾年一輕修，幾年一重修，一一登記造册逐年驗閲，果有不堪者，即眼同椎碎，發舖變賣。本年談造補某器若干，該輕重修理某器若干，通共該銀若干，類册具呈。該道申明督撫，衙門選委嚴明科甲，官督造興，軍中將領毫無干預，如此，則冒破可省，而器械皆精矣。伏候尊裁。

張岱《陶庵夢憶》卷一《鐘山》 鍾山上有雲氣，浮浮冉冉，紅紫間之，人言王氣，龍蜕藏焉。高皇帝與劉誠意、徐中山、湯東甌定寢穴，各志其處，藏袖中。三人合，穴遂定。門左有孫權墓，請徙。太祖曰：「孫權亦是好漢子，留他守門。」及開藏，下爲梁誌公和尚塔，真身不壞，指爪繞身數匝。軍士輦之不起。太祖親禮之，許以金棺銀椁，莊田三百六十，奉香火，舁靈谷寺塔之。今寺僧數千人，日食一莊田焉。陵寢定，閉外羨，人不及知。所見者，門三，饗殿一，寢殿一，後山蒼莽而已。壬午七月，朱兆宣簿太常，中元祭期，岱觀之。饗殿深穆，暖閣去殿三尺，黄龍幔幔之。列二交椅，褥以黄錦孔雀翎，織正面龍，甚華重。席地以氈，走其上必去舄輕趾。稍咳，内侍輒叱曰：「莫驚駕。」

近閣下一座，稍前爲碽妃，是成祖生母。成祖生，孝慈皇后妊爲己子，事甚秘。再下，東西列四十六席，或坐或否。祭品極簡陋，朱紅木簋、木壺、木酒樽，甚粗樸。簋中肉止三片，粉一鋏，黍數粒，東瓜湯一甌而已。暖閣上一几，陳銅爐一、小箸瓶二、杯棬二。下一大几，陳太牢一、少牢一而已。他祭或不同，岱所見如是。先祭一日，太常官屬開犧牲所中門，導以鼓樂旗幟，牛羊自出，龍袱蓋之。至宰割所，以四索縛牛蹄。太常官屬至，牛正面立，太常官屬朝牲揖，揖未起，而牛頭已入燖所。燖已，舁至饗殿。次日五鼓，魏國至，主祀，太常官屬不随班，侍立饗殿上。祀畢，牛羊已臭腐不堪聞矣。平常日進二膳，亦魏國陪祀，日必至云。

戊寅，岱寓鷲峰寺。有言孝陵上黑氣一股，衝入牛斗，百有餘日矣。岱夜起視，見之。自是流賊猖獗，處處告警。壬午，朱成國與王應華奉敕修陵，木枯三百年者盡出爲薪，發根，隧其下數丈，識者爲傷地脈、泄王氣，今果有甲申之變，則寸斬應華亦不足贖也。孝陵玉石二百八十二年，今歲清明，乃遂不得一盂麥飯，思之猿咽。

張岱《陶庵夢憶》卷一《吴中絶技》 吴中絶技：陸子岡之治玉，鮑天成之治犀，周柱之治嵌鑲，趙良璧之治梳，朱碧山之治金銀，馬勛、荷葉李之治扇，張寄修之治琴，范昆白之治三弦子，俱可上下百年，保無敵手。

但其良工苦心，亦技藝之能事。至其厚薄深淺，濃淡疏密，適與後世賞鑒家之心力、目力針芥相對，是豈工匠之所能辦乎？蓋技也而進乎道矣。

張岱《陶庵夢憶》卷一《濮仲謙雕刻》 南京濮仲謙，古貌古心，粥粥若無能者，然其技藝之巧，奪天工焉。其竹器，一帚一刷，竹寸耳，勾勒數刀，價以兩計。然其所以自喜者，又必用竹之盤根錯節，以不事刀斧爲奇，則是經其手略刮磨之，而遂得重價，真不可解也。仲謙名噪甚，得其款，物輒騰貴。三山街潤澤於仲謙之手者數十人焉，而仲謙赤貧自如也。於友人座間見有佳竹、佳犀，輒自爲之。意偶不屬，雖勢劫之、利啖之，終不可得。

褚人穫《堅瓠補集》卷一《募修三清殿疏》 先府君有募修白鶴觀三清殿疏文：今施捨之喜而勇者，選佛場也。金布雙林，銀函獅座，即維摩室中，寶座三千可成。黃冠挾册執其裾而告之，望望然去矣。瞿曇氏曰土木而金碧乏，丹竈無煙，金碧者土木之而後已。雖兩聖人不加損益，而人情有不當然者。予里白鶴觀，昔年月鼎祖師飛昇之所也。軀三清於廣殿，範真武於前楹。龍虎交參，雷霆在手。豈今日菌芝生棟，溜雨駁床。諸天幾負墻而憂，如外腴中槁之人，具體恢然，寒熱偶侵，百病具起，頽焉歸於盡而已。住持王紹武仰屋而嘆，蓋嘆瓦不胎生，木不鬼運，道人不生點金之指，而借予數行文墨爲黽勉求之之語，作開口告人之人。此亦苦心積慮而勢有不得不出於此者也。願布金長者，慳囊勇破，甃之垣之，棟宇之閈閎之。富者出巨資，貧者抖紙角之星銀，積斗餘之數粒，盡曰檀施，是皆燒閑時之香火，非暗坐油錢也。獨念此一仙都也，風雨漂摇，壁陷榱崩，亦鄉人之耻也。居其鄉者貧莫能助，而使他方君子爲之施金度木，以成鳥革翬飛之絳殿，抑又鄉人之耻也。噫，吾由未免爲鄉人也。

張怡《玉光劍氣集》卷三〇《雜記》 南都大報恩塔，高廿四丈六尺一寸九分，地面覆蓮盆，口廣廿丈六寸，純用瑠璃瓦爲之，而頂以風磨銅，精麗甲今古。萬曆中，貫頂大木朽蝕者半，金頂欹邪。雪公募修之，所搆鷹架，與塔頂埒。一方僧應募，時天新雨，着釘鞋，登塔之第九層，從門出，反身以手援簷，距躍而上，至承露盤中。衆人自下望之，爲股栗，而此僧往來旋轉，捷若飛猱，人以爲神。

張怡《玉光劍氣集》卷三一《懲誡》 籍没呈秀時，西宅内查出銀二萬五千，東宅内一萬零九百有奇。赤金三百四十有奇，埋藏三處，一萬九千六百五十，又八千四百，又七千五百五十。當鋪一萬。又小屋内掘出三萬一千三百。箱橱三百四十七隻，内貨物金銀器皿，不計其數。京師宅内盤出銀六萬三千三百，金銀杯罐犀玉珠石，不計其數。二處所抄，不及十三四五。蓋行賂于權要者十一二三，頓寄于親戚者十三四。而龍卵、猫睛、祖母緑、古董之類，七千餘件，皆得之仇鸞及海上將領并賊汪直等。

賊嵩生辰，總督諸公皆以紫金鎸爲文字，綴以錦綺，以珍珠爲纓絡，以珊瑚爲闌干，雜以寶石，囊以香藥，網羅圜繞，綵繡燦爛，眩目駭人。以供一時之玩，悦奸臣之心。又有八寶溺器、金絲帷帳，及違禁諸異具，先已毁滅。而嵩當斥逐後，身負所匿奇珍，踉蹌道路，爲人搜奪，卒至乞食隕軀。世蕃又縱姬妾宣淫，以繁蔭襲。飭美人隊伍，以代樗蒲。其孫嚴紹庚、嚴鵠等嘗言，一年儘費二萬金，尚若多藏無可用處。于是爭爲窮奢極欲，鬼殛神怒，而禍敗立至。所恨者，不骿斬藁街，以快人心耳。

籍没嚴嵩時，得帕一箱，緣四角兩角繫螳螂金鈎，皆怪不知所用。久之，知奉爲夫人經裩襠者。有送白金溺器，自署姓名其下。其穢藉如此。

龔煒《巢林筆談續編》卷下《銀工出宰相》 銀工出宰相，世俗以爲美談。不知此銀工，乃宋奸相李邦彦父李浦也。昔人謂朱温稱帝，重累朱誠之五經。予以邦彦之爲宰相，雖賤如銀工，亦當以爲大辱。

蒲松齡編《日用俗字》鐵匠章第十三

鐵匠終朝對火熽，手揝錘鉗無夏冬。
嚴冷何曾交扠指，熱天永不怕傷風。
風柙更比鞴扇快，無論鋼鐵俱燒紅。
生鐵砧子如升大，夾來紅鐵大鎚搾。
狗皮遮䘸紮腰下，鐵梁打與綉針同。
鍴去鍴來粗成細，生鍊不知退幾重。
鉸刀鉸成鋼銼銼，鐵銹紛紛落滿棚。
燗钁桑鋤真有益，㯺刀安欛又加功。
試礸剁旦或鍩刃，手段平常要假充。
鉋刀(戕)〔斨〕明無大(嫂)〔鋟〕，再加磨蕩始精工。
鍍金又用銀餖餖，鋥磨光潤照顔容。
莫笑火燉如灰鬼，十個鐵匠九不窮。
鐵匠扇爐打鐵，鐵鎚鐵錚鐵鉗。
先備炭鐵爲本，後造鋸斧刀鐮。
打鏨楦釘錠鉸，造成器械多般。
無分炎天暑熱，早晚不離爐邊。
只爲賺錢獲利，業在其間當然。

蒲松齡編《日用俗字》木匠章第十一

木匠祖師是魯班，傢伙學成載一船。
斧鑿鏟鑽尋常用，曲尺墨斗有師傳。
斧柄錛棖自家做，刨刀鏤鋸都直錢。
須把墨繩扯周正，全憑匙子畫方圓。
哄山轉角仍離料，剢㰇砍梁又解椽。
重梁室柱皆妥當，窗櫺門戻要周全。

矩子合嚴門閶板，安了門閶插門簮。
榑枏俱已合𠁣榫，搡上門攥上腰㡋。
釣窗扯搼端詳做，牌匾花椏仔細刓。
照壁刨平雙柱夾，垂珠雕就大門安。
替木過木有兩様，上承下承總一般。
天秤架成安叉手，屏風板就𡉏橑檐。
高閣大廳朱桶扇，花亭水榭玉欄干。
又向水田换閘板，且憑巧匠打妝(廉)。〔奩〕
方桌琴床棖堅固，抽屜橱櫃木焦乾。
書櫃衣盆高架擱，椅床榻杌細藤穿。
器皿解晃或破壞，加上箕楔始牢堅。
木銼鯊皮磨鏡架，鋪筋粘鰾作茶盤。
沉檀香木雕神像，桐梓良材作佛龕。
柲杊要壯不求美，櫓柲要直不求彎。
又有一班編竹匠，橋床俱用竹籥纏。
艄子停篙修舵櫓，桅篷槳(罩)〔棹〕有師傳。
灰材又代油漆匠，偷剥槐皮不用㡋。

蒲松齡編《日用俗字》泥瓦章第十二

百尺舡棚紮四圍，脚跳趺動走如飛。
地脚出完椿杵下，墻基打罷鈎繩垂。
先着体工摟下土，泥成𪍕炋(卷)〔瓶〕成堆。
瓦磃瓴石填心搡，發陏還用一摞坯。
雙摜長繩拴茅子，布兜拔泥又拔灰。
巴磚鋪就㣿㣿做，打趌材料用心機。
瓦有倒正先挑認，宼屋全憑縫對齊。
犖不着處加梯木，踩着還把屋脊騎。
磚石(池)〔螭〕頭安排就，滴水猫頭更不離。
哈叭若安銷南北，獸頭只在屋東西。
甂瓦密合猶有璺，牕瓦不漏始稀奇。
四周群墻一趄片，鎑鎑釘密裹雙扉。

房舍瓹山分軟硬，博士造手有高低。
倉廒厚苊不怕雨，通家過攥好手菝。
一間只有箔三椞，或扎稕子更拖泥。
雀腌還須板瓦做，勒杆又使葛條錐。
吧道瓻石爲甬路，磣場只用抓打捶。
墁墻泥版横三徧，擊炕宼刀壓幾回。
匠人若有良心在，百年堅固不差池。
包工脱疟又露𠁣，不是虧了便瓻之。
行行用心方大好，在旁指點要提撕。
興作全憑經眼看，任他剢劄便喫虧。

蒲松齡編《日用俗字》銀匠章第十七

惟有銀工手不貧，手持鉛鐵打金銀。
枝葉拔絲入鋼版，掠釣傾片上錘砧。
耳墜響鈴襯頫額，丁香排環墜耳輪。
花纏明珠光照耀，金鑲蝴蝶鬧紛紜。
簮頂牢箝石榴子，金箍摇動水波雲。
巧爲官員鏨銀爵，喜逢美女打金盆。
十(援)〔鍰〕金釵媚少婦，千兩銀壺送大人。
壽星更騎梅花鹿，天仙又送玉麒麟。
全憑加銲移輕重，又復攙銅亂假真。

程鳴九《三江閘務全書・蕭公修閘事宜條例》 閘計二十八洞，上應列宿，故名應宿。近東尾、箕、斗、牛、女、虚、危、室八洞最深，下板不易，起板尤難，其兩旁二洞，向來不開。蓋二十四洞自足泄水，近岸善壞故也。令築爲常平閘，兩邊各二洞，以水當蓄處爲準，水過則任其流，庶有久雨而水不漲。

啓閉以中田爲準，先立則水牌於山陰一都五圖。萬曆年間修閘，立則水牌於閘内平瀾處，取金、木、水、火、土爲則，如水至「金」字脚，各洞盡開；至「木」字脚，開十六洞；至「水」字脚，開八洞；夏至「火」字頭築，秋至「土」字頭築。閘夫照則啓閉，不許稽遲時刻，仍建則水牌於府治東祐聖觀前，上下相同，觀此知彼，以防欺蔽。

閘官先年俱委三江巡檢帶管，多以不專廢事。議委三江所官一員，專司其職，督令閘夫以時啓閉，誠爲妥便。

開閘築閘時，閘官嚴督閘夫，徹起底板，仍稽其數，不許留餘以致壅塞。築時每洞約用蕩草一百餘觔，以塞罅隙，取閘外沙泥填築，務要高實頂蓋，毫無滲漏，使內河淡水不出，以蓄水利，外海鹹潮不入，以弭潮患。蓋春夏秋三時，農工所系，水必惜蓄，至秋收後，因無所需用，便爾築不堅密，致內河漏涸，往來船隻，雇僕起脚，害亦不小。故開時務到底，築時務綢密，始爲有利無害萬全之計，違者扣工食外仍加究治。

閘夫例定山陰縣八名，會稽縣三名，共十一名，每名給工食銀三兩，遇閏加二錢五分。又附閘沙田一百二畝三分三釐九毫，坐落山陰四十四都二圖才字號，除給湯祠住持十畝，並給塘河新填成田八畝，種收食用外，餘九十二畝零，俱給閘夫佃種，每年納租二十五兩三錢七分五釐三毫，內輸錢糧八兩三錢外，淨銀一十七兩七分五釐三毫。又草蕩一區每年租銀五兩，共銀二十二兩七分五釐三毫，征收府庫存貯。

閘工，每築一洞，工食銀八錢，其尾、箕等患洞加二錢，今概給八錢。開時先給一半，築後報完，即全給之。

閘板計一千一百一十三塊，每塊闊八寸三分，厚四寸二分，工價三錢；每塊鐵環一副，重十二兩，工價六分。其采取板料，委廉幹官員或閘官領價，親往山中平買大松木，雇匠段解，取其四角方正堅完者充用。邊薄者，取作蓋板。每洞二塊共五十六塊，餘材抵價公費消算。其鐵環亦雇匠依式打造，不許爛鐵薄料搪塞。板定隔年添換舊板，仍着閘夫運至祐聖觀前，稽數驗明，少則治罪勒賠。凡遇開閘起板漂流，及堆積腐朽被盜者，治罪勒賠。閘夫自盜者，倍加懲治。

外解塘閘銀，例定山陰縣八十八兩九錢，蕭山縣三十八兩九錢。解貯府庫，連前田蕩租銀，通計一百五十兩一錢七分。每年築閘工食、換板，不過百金，餘應存貯，以備修閘之費。

漁户通同閘夫暗起閘板，致泄水利，且開時或減洞額殺急湍，閉則故延時日，以便外流，種種弊竇，須附近齒德兼隆士民稽察；更有争執洞口，致多磕損，今定漁户籍名在官，止許閘河內外扳罾，不許近閘，以致磕損，違者閘夫、漁户並究。漁户定例，每名輸銀一錢五分，貯備整修蓋板之用。

《李煦奏摺·與曹頫等重修天寧寺佛像摺》 竊揚州天寧寺奉旨修理，即將商捐銀一萬四千二百兩辦料興工，已於九月內告竣，廟宇爲之一新，但佛聖像尚未裝修。伏思萬歲以修理重大，特諭奴才與曹頫、孫文成各發庫銀五百兩。今奴才請以此銀重修佛像，則廟貌既已整肅，法相又復莊嚴，而工程美滿，萬古仰聖心之誠敬矣。謹奏。

《李煦奏摺·與曹顒會奏護送做樂器人上京並進各樣竹子摺》（康熙五十二年九月十八日） 臣煦等於八月初八日奉到上諭：「諭李煦、曹顒，朕集數十年功，將律曆淵源御書將近告成，但乏做器好竹。爾等傳於蘇州清客周姓的老人，他家會做樂器的人，並各樣好竹子多選些進來，還問他可以知律吕有人一同送來。但他年老了走不得，必打發要緊人來纔好。特諭。欽此欽遵。」

臣等遵即傳於蘇州清客周啓蘭，着他選擇做樂器的人。周啓蘭年老不能行走，謹舉薦錢君達、張玉成二人知道律吕，會做樂器。臣等差家人護送上京，伏候諭旨，並將各樣竹子進呈。

第此等竹子，俱產浙江，必於冬間取起方好，今年來蘇州的俱已賣完，一時未有佳者。目下正值冬天，臣已差人往產竹地方前去尋覓，俟一得，隨即星齎進上。理合奏聞，伏乞聖鑒。

所有奉到上諭一道恭繳。

硃批：目下不曾細問，待問明白，另有旨意。

《李煦奏摺·與曹顒奉旨採辦石竹情形摺》（康熙五十二年十二月二十四日） 竊臣煦與曹顒奉旨採辦靈璧磬石，並做樂器竹子。臣煦等即欽遵奉發之單，採辦簫笛竹二千根。臣煦又另備五千一百根，一併開單恭進，以備選用。而採辦之竹，俱老清客周萬謨經手。至於磬石，靈璧縣未有現成，已經選工到山趕緊採取，俟一齊全，即星飛進呈。理合奏聞，伏乞聖鑒。

硃批：知道了。未見竹子，難説好歹。

《雍正朝內閣六科史書·户科·户部尚書孫查齊題議嗣後五城賑濟及兵工部匠役等項米石均停給老米本》 户部等衙門尚書臣孫查齊謹題，爲請旨事。該臣等會得議，原暫署總倉場事務刑部侍郎阿錫鼎等以支放八旂兵丁甲米馬甲一副，每一季應支米七石四斗，支放時給老米四斗，石稷米二石，粟米一石四斗，惟辛者庫口糧及部院衙門零檔俱支一色老米。但老價米值貴於稷粟，諸人俱願多領，若不禁止，恐致老米出倉更多。除鄉會時舉場米石、兵丁行糧、光禄寺鵞米、五城煮粥賑濟并散囚等米，仍舊以老米支給外，其辛者庫家口滿漢廪糧、織染局匠役兵部箭匠二部作官等米、禮部支取太監米石、運送內倉米石、象房米石，嗣後停其支放一色老米。俱照甲米例以老、稉、粟三色米支給。此外有應支三色之處，多放老米者，俱改照甲米例支放等因具奏。奉旨：「交與孫查齊部內會倉場議奏，欽此，欽遵。」查辛者庫口糧，每月每口得米一斗八升零，每半口得米九升零，鄉會試舉場所取之米，興運送內倉米石，俱係應用老米之處，照其印文，轉行該倉支取。滿漢庫糧，兵丁行糧，禮部支取太監米石，光禄寺鵞米，餵象米石，以及散囚等米，均係零星取用之項，所領無幾，若撥給老稉粟米，而色米甚多，則註册繁冗，應仍照舊例支給老米。其五城賑濟粥米，兵部箭匠、工部作官織染局匠役等項米石，停給老米，槩行支放稜米可也。謹題請旨。雍正元年二月二十二日題。本月二十五日奉旨：「依議。」

《雍正朝内閣六科史書・户科・直隷巡撫李維鈞題請將遵化州供應兩陵樹夫匠役工食銀兩於司庫存銀内撥給本》 直隷巡撫臣李維鈞謹題：爲錢糧宜歸畫一等事。該臣看得遵化州供應兩陵樹夫、匠役工食銀兩，據守道李維鈞呈稱，雍正元年春夏二季，應需銀八百四十兩。内應領司庫銀四百九十二兩零，業經詳請題撥在案。其留支地丁銀三百四十七兩零，因本年地丁錢糧欽奉上諭蠲免，無項動用。請于司庫現存銀内照數動撥，并聲明兩陵樹夫、匠役工食銀兩，俱應按時給發，刻不容緩。應照急需銀兩之例，一面題，一面即行動用等因前來。謹題請旨。雍正元年三月初五日題。本月十六日奉旨：「該部議奏。」

《雍正朝内閣六科史書・户科・管理蘇州織造郎中高斌題爲恭報匠糧收放交存實數並造册送部察核本》 管理蘇州織造郎中臣高斌謹題：爲恭振匠糧收放交存實數等事。該臣看得織造匠役應給雍正五年分口糧，今收蘇、松、太三府州屬長吳等州縣解到雍正四年分局米一萬九百六十三石九斗六升。内給發雍正五年正月起至九月止各匠役口糧八千三百九十六石九斗六升，存米二千五百六十七石。業於本年八月内備造細册咨明户部在案。再雍正四年冬季分應給匠糧，今挹吳江縣解到雍正三年分局米九百一十二石六斗一升，併先經題報，存剩米一千五百五十四石九斗六升，通共二千四百六十七石五斗七升。内散給雍正四年冬季十月、十一月兩個月各匠口糧一千八百六十九石五斗一升，存米五百九十八石六升，亦經造册咨部訖，一候各州具解足放給雍正四年十二月分匠糧，再行造册題報。所有收放米石俱係按額給發實數。理合分晰繕造黄册，恭呈御覽並造請册送部察核外，相應具疏題報，謹題請旨。雍正五年十二月初一日題。六年正月二十五日奉旨：「該部察核具奏册併發。」

「國立」故宫博物院《宫中檔雍正朝奏摺》第十二輯署山東巡撫布政使岳濬《奏報曲阜興建孔廟工程摺》 署理山東巡撫印務布政使臣岳濬謹奏，爲奏明事。伏查曲阜聖廟工程，屢奉諭旨，上緊興修，務期堅固巍峩，光復舊制。從前因參革都司鈕國璽買木遲延，又丈尺不能合式，續遣通判黄家柄等向南省買補大料，雖據禀購買完備，而長途運送歲内尚未到工，以致大成殿等工不能克期起建，所有現在可以興修之工程及可以製造之木料，臣節次檄催，復傳集承修各員面加諄誡，第以向未親身查驗，不能備悉情形。兹值奉文會審馮侯南一案前赴濟寧，事竣之後即東至曲阜，親詣聖廟工所，調齊承修各員，逐一查勘。查得應修各工，其中則大成門、金聲玉振門、大成殿、寢殿、左右兩廡、御碑樓，其西則金絲堂、啓聖殿。查金絲堂、啓聖殿木料齊備，業已先行建造，僅未蓋瓦油飾。其左右兩廡每廡肆拾肆間，南段已蓋貳拾柒間，兩邊共計伍拾肆間，其未蓋之北段因地址逼近大成殿，應留爲大工搭架之所，未便全數蓋完。至如大成殿等工，一切石料甎瓦俱已備就，凡有合式梁柱及斗栱簷椽門窗神座等項，亦皆預爲製造，惟俟大木運到，各料全備，即便興工。再查門殿、堂廡等工，高深丈尺俱應恪遵舊制。今金絲堂照依左邊之詩禮堂，啓聖殿照依左邊之五王殿，兩廡則以舊存墻垣基址爲準。惟是大成殿、寢殿等工，雖經兩次估計，而查考舊制，尚有訛漏未協之處。又各買承辦物料，屢經委官勘驗，而良楛粗細，亦未得彼此畫一，現同督臣田文鏡委濟東道張體仁逐項查覈，臣與督臣細加酌量，因事制宜，總以大成殿爲各工之綱領，悉心綜理，次第完工，以仰副我皇上崇表先聖注望告成之至意。爲此繕摺具奏，伏祈皇上聖鑒。臣謹奏。

雍正陸年拾貳月貳拾伍日具。

「國立」故宫博物院《宫中檔雍正朝奏摺》第十三輯南陽總兵馬世龍《奏請撥充公銀兩製辦火藥摺》 河南南陽總兵官臣馬世龍謹奏，爲火藥需費無出兵丁自備維艱請將充公銀兩製用以實軍器以甦兵累事。竊照營中軍器，惟鳥鎗一項衝鋭折堅，最爲利便。是以經兵部議覆條奏，每營兵壹千名，設立鳥鎗叁百桿。奉旨通行，飭遵專精操演在案。查河南駐防捌旗滿洲兵丁鳥鎗、火藥，俱設有經制銀兩。惟緑旗營兵所用鳥鎗、火藥，歷來俱係各兵自備，相沿成例，雖勉力製用，莫敢有違，但思兵丁食一守糧，每月所領餉米僅止壹兩有奇，仰事俯畜，咸資於此，若再製備火藥，日積月累，未免艱苦。伏查南陽總兵衙門，舊有莊地壹百叁拾陸頃柒拾壹畝伍分，經臣到任後具摺奏明，將每年所收糧食盡充所屬柒營公費之用。又臣屬歸德營參將衙門，舊有官地基民蓋房伍百柒拾零半間，每年收地租銀陸拾捌兩肆錢陸分，及襄城營都司守備衙門，共舊有莊地壹拾陸頃陸拾捌畝柒分叁釐零，俱經臣查出，咨呈河東督臣田文鏡，將每年地租糧食亦盡充營中公用在案。查雍正陸年除佃户欠糧未交外，所收糧食柴草變價及稞租地租共銀壹千伍百叁拾貳兩柒錢叁釐零，除臣衙門及所屬柒營壹年共因公用過銀柒百叁拾貳兩伍錢柒分壹釐零，尚餘銀捌百兩壹錢叁分壹釐零存庫備用，業經造具清册，咨呈督臣在案。去年壹歲如此，則將來年年自有餘銀可知矣。查柒營共設立鳥鎗壹千叁百貳拾叁桿，每年操演，春季貳月拾伍日起肆月拾伍日止，秋季柒月拾伍日起玖月拾伍日止。逢貳日，每兵各打過膛鎗壹鎗，用鉛條壹根，春秋貳季共各打過膛鎗壹拾貳鎗，鉛條壹拾貳根。逢伍日，每兵各打排鎗壹鎗，春秋貳季共各打排鎗壹拾貳鎗，逢捌日，每兵各打進步連環鎗叁鎗，春秋貳季共各打進步連環鎗叁拾陸鎗，逢拾日操演梅花陣，每兵各打柒鎗，春秋貳季共各打演陣鎗捌拾肆鎗，開操霜降，每年叁次，每次每兵各打叁鎗，共各打玖鎗。以上春秋貳季按期操演，以及開操霜降，每兵壹名共打壹百伍拾叁鎗，每壹鎗用火藥叁錢，共用火藥貳觔壹拾叁兩玖錢，鉛條壹拾貳根，每根重叁錢，共重叁兩陸錢，火繩壹盤。柒營共設立鳥鎗兵壹千叁百貳拾叁名，每年共打貳拾萬貳千肆百壹拾玖鎗，每鎗用火藥叁錢，共用火藥叁千柒百玖拾伍觔伍兩柒錢，每觔價銀叁分，共需銀壹百壹拾叁兩捌錢陸分陸毫捌絲柒忽伍微。共用鉛條壹萬伍千捌百柒拾陸根，每根重叁錢，共重貳百玖拾柒觔拾兩捌錢，每觔價銀肆分，共需銀壹拾壹兩玖錢柒釐。共用火繩壹千叁百貳拾叁盤，每盤價銀伍釐，共需銀陸兩陸錢壹分伍釐。以上火藥、鉛條、火繩通共需銀壹百叁拾貳兩叁錢捌分貳釐陸毫捌絲柒忽伍微。合無請將前項存庫充公銀兩分營，按照鳥鎗兵數發給製用，不但兵丁積累得甦，而火藥悉出於公項，自必裝藥堅實，分兩足數，施放之際，衝堅擊遠，其於軍伍亦甚有裨益矣。臣於本年肆月初叁日備由咨呈督臣商酌，嗣承准督臣田文鏡照會，令臣具摺奏明製造。理合繕具奏摺，伏乞皇上睿鑒，恭候勅旨遵行。爲此繕摺，謹差臣標馬兵鄭弼同家人劉貴齎捧謹具奏聞，併繳硃批奏摺叁扣。

雍正柒年肆月貳拾玖日。

「國立」故宮博物院《宮中檔雍正朝奏摺》第十三輯盛京工部侍郎陳福壽《奏報修整陵宮事摺》 盛京工部侍郎奴才陳福壽謹奏，爲奏聞事。奴才蒙聖恩陞授盛京工部侍郎，陛辭起身，於本年伍月拾捌日到任任事訖，除奴才部所有未完案件，俟奴才次第查明另行具題外，查得雍正柒年肆月初捌日，接准永陵掌關防官偏圖等報稱，陵前所砌石墻，東邊向前閃出，西邊向前臌出，應否拆修之處，務須侍郎親身前來敬謹瞻看定奪，等因到部。曾經署侍郎事朱福前往瞻視，未及辦理。適奴才到任，奴才恭思陵寢關係重大，隨於伍月貳拾陸日親身恭謁，詳細仰瞻，關防所報歪臌之處，東邊石墻向前微閃出寸餘，墻基實屬堅固，西邊石墻臌出，墻頂地基亦屬堅固。惟墻根第二層石條臌出壹寸伍分，石縫所抹之舊灰有數處脱落。奴才思此壹道石墻係保護陵宮，相隔陵宮只貳尺有餘，風水攸關，且現在堅固不便動土拆修，奴才同該關防敬謹詳細瞻驗，其臌出之石條外面，用小石壹塊，幫頂石縫脱落之舊灰，用澄過細灰小心抹飾，趁此大雨未降之前，奴才即派員會同關防，敬謹如法收拾，即可保固。奴才再四恭維，陵寢乃神靈尊嚴安妥之所，理宜鎮静，亦不宜時令匠役輕爲動作。奴才請自今修理之後，每年於清明上土之日，令關防敬謹詳細遍行驗看，稍有些微灰路脱落之處，即備細灰等物加謹修理，如此則墻工得以及時粘補，永保堅固矣。爲此謹具奏聞，謹奏。

雍正柒年陸月初拾日，盛京工部侍郎奴才陳福壽。

「國立」故宮博物院《宮中檔雍正朝奏摺》第十三輯河東總督田文鏡《奏報豫省改建倉廒摺》 河東總督臣田文鏡謹奏，爲奏請改造倉廒以重積貯事。竊查豫省倉廒，臣前因積穀日多，倉廒不敷，經臣節次奏請添建倉廒并建餘倉在案。第倉廒爲積貯第一要務，而草房非可經久，臣查通省各倉，惟常平倉内舊有草房肆百伍拾間，彼時因尚可積貯，未經議改，但歷年既久，漸次朽爛，一遇風雨，不無滲漏之處，且墻壁俱係土坯壘成，易致塌卸，必得一律改造瓦房另築磚墻，方爲堅固經久之計，而於國儲甚有裨益。兹據署布政使謝旻詳稱，每間足貯伍百石，照往例估用工料銀拾伍兩，改造瓦房肆百伍拾間，共需銀陸千柒百伍拾兩，請於河北捐納公費銀内動支等因具詳前來。臣查河北事例所收公費銀兩，原係奏明解貯司庫造册換照公項之用，又經臣于雍正陸年叁月内奏請添建倉廒即將此項動支給發，蒙皇上俞允在案。今查司庫内現存銀陸萬捌千柒百柒兩零，仍請於此項捐穀公費銀内動支改造，似可毋庸動用正項錢糧。其草房所遺舊料，歷年久遠，多屬朽壞，且草房物料難爲改造瓦房之用，應將拆下舊料飭令該州縣核實變價。但所變價值難以預定，統俟變價若干兩，歸還捐穀公費原欵。倘蒙恩允，臣即檄行布政司動支河北捐納公費項下給發，飭令改造足貯伍百石，委員勘驗，務期高厰堅固如式，仍造册報部備案。所有豫省改造倉厫動用銀兩數目，理合恭摺請旨，伏乞聖鑒。爲此謹奏。

雍正柒年閏柒月初拾日，河東總督臣田文鏡。

「國立」故宫博物院《宫中檔雍正朝奏摺》第十三輯四川巡撫憲德《奏報預撥銀兩修建城工摺》 四川巡撫臣憲德、四川提督臣黄廷桂謹奏，爲請旨事。竊查新設柏香、靖遠、永定等處修築城垣、兵舍一事，先經行據寧遠府知府杜士秀約估銀六萬九千餘兩，通報經督臣岳鍾琪駁飭會委文武再行逐處確估定議，現在另委文武挨次會勘確估。兹於雍正柒年閏柒月拾捌日，據建昌鎮臣趙儒咨稱，查新設之柏香、靖遠等營，均處彝藪，添設官兵原以資其彈壓，雖已飭令分撥各爲防範，因未築城蓋房，各兵露處棲身，值今歲雨水連綿，委難久居，衆兵懇切具呈各營將備轉請咨商，迅即委員備辦工料，早建城房，俾得各安寧宇等情。但營汛遼濶，營造之頭緒繁多，每至一處，動需匝月方能估報，必致蹉跎時日。轉盼入冬，土脈不堅，難以築城，且所需磚瓦、木植、釘板、灰石，蠻方無現成物料可以購買，必須預先砍伐燒造方能濟用。此項工程甚鉅，應備物料頗多，似應預爲等畫。況營制已定，汛防已設，則建造城垣修蓋兵房尤不可緩等因，咨商到臣等。臣等公同商酌，建昌鎮臣趙儒所議似屬允協，仰懇天恩，敕部先撥庫銀二三萬兩，檄發該管地方各官先期備辦物料，俟所委文武確估詳報定議具題之後，即可動工修築，其不敷銀兩一併題請補撥，統於工竣之時造册核銷。在公帑原無糜費，而城房即可及時建造，似於防守邊荒重地不無裨益。理合繕摺會奏，伏乞聖鑒施行。謹奏。

雍正柒年閏柒月貳拾日。

「國立」故宫博物院《宫中檔雍正朝奏摺》第十五輯山東巡撫岳濬《奏報估修營房墩臺之工程費用摺》 山東巡撫臣岳濬謹奏，爲查案奏明仰祈睿鑒事。竊東省各大路營房墩臺俱關緊要，謹將前任撫臣塞楞額任内，中、東兩大路各墩修過營房，並已修墩臺以及濱海之黄縣、寧海、福山三處修過墩臺，動用銀數逐一查明，開呈御覽。

一、中、東兩大路各墩添建營房壹千叁百陸拾間，共動支署官扣存養廉銀壹萬叁千伍百叁拾陸兩玖錢肆釐。臣伏查前任撫臣塞楞額同兖州鎮臣柏之蕃

於遵旨會議事案内，議得東省中、東兩大路，每墩添造營房拾間，撥給兵丁，令具挈眷居住，需用工料銀兩在於署官扣存養廉銀内動支發給該州縣蓋造等因，繕摺覆奏，於雍正伍年正月初壹日欽奉硃批，允准施行。嗣查中路墩臺自德州起至壹莊止，共肆拾捌座。東路墩臺自德州起至紅花埠止，共捌拾柒座。又德州北留智廟新添墩臺壹座，通計兩路墩臺共壹百叁拾陸座。每墩添造營房拾間，共計壹千叁百陸拾間，每間估定銀拾兩，共需銀壹萬叁千陸百兩，内除德州節省銀伍拾肆兩伍錢柒分陸釐，平原縣節省銀捌兩伍錢貳分，共計實用銀壹萬叁千伍百叁拾陸兩玖錢肆釐，俱於署官扣存養廉銀内支給訖，屢經查覈。今據布政使費金吾查明，各營房委係如式堅固，取有印結在案。再查前任撫臣塞楞額原摺内稱中、東兩大路共計墩臺壹百叁拾伍座，今增入德州北留智廟新建墩臺壹座，共壹百叁拾陸座，合併聲明等情呈請覆奏。

一、中、東兩路，照河標式樣造過墩臺叁拾伍座，照舊式修補墩臺壹拾肆座，共動支耗羨銀肆千貳百貳拾肆兩壹錢零。

臣伏查前任撫臣陳世倌，通飭中、東兩路州縣，查明境内墩臺頽壞者，俱照河標式樣修造完固，在於解司耗羨銀内支給動用，核實請銷等因。嗣查東省墩臺共壹百叁拾陸座，其中無庸修理者叁座，現今德州等屬，照河標式樣修造者叁拾伍座，實用銀叁千柒百捌拾壹兩柒錢柒分。因其舊式修補者壹拾肆座，實用銀肆百肆拾貳兩叁錢肆分零。共用銀肆千貳百貳拾肆兩壹錢壹分零，内有德州並德州衛平原縣三處修墩共領司庫耗羨銀陸百伍拾兩，經臣摺奏開銷，其餘各屬俱係詳明動用應解耗羨銀兩，屢經查覈。今據布政使費金吾查明，建造、修補各墩臺委係如式堅固，動用銀兩並無浮冒，理合開銷。此外墩臺或因接任稽遲，或因修未完固，尚有高唐等州縣未修墩臺捌拾肆座，現在催令照河標式樣建造，約需銀玖千貳拾伍兩貳分，俟工完之日，核實請銷等因，呈請奏明。

一、黄縣、寧海州、福山縣三處修葺墩臺共動支耗羨銀肆百柒拾叁兩柒分零。

臣伏查黄縣、寧海州、福山縣三處雖非中、東大路，然均係濱海要區，墩臺營房亟應修整。嗣據黄縣知縣邵宗修整墩臺營房捌座，共用銀貳百壹拾陸兩捌錢捌分零。又據福山縣知縣羅萬象修理福山縣墩臺營房叁座，又於署寧海州事任内修理寧海州墩臺營房伍座，共用銀貳百伍拾陸兩壹錢玖分零，俱係詳明，動用

應觧耗羡銀兩，屢經查覈。今據布政使費金吾查明，黄縣等叁處墩臺營房，委係濱海要地，如式堅固，動用銀兩並無浮冒，應與中、東大路墩臺一體開銷等因，呈請奏明。

以上叁案悉據布政使費金吾逐一確查詳明督臣田文鏡批候，署撫奏明等因，録報到臣，理合據實奏明，呈請開銷，以便彙核報部。爲此繕摺上奏，伏祈皇上慈鑒批示遵行，臣謹奏。

雍正捌年貳月初伍日具。

「國立」故宫博物院《宫中檔雍正朝奏摺》第十五輯四川提督黄廷桂《奏報招民開採銅礦摺》 提督四川等處地方總兵官署都督同知仍帶拖沙喇哈番臣黄廷桂謹奏，爲請旨招民開採礦廠以資鼓鑄以利民用事。竊臣先據駐防黄螂守備毛龍甲稟稱，金竹坪白臘山、蠻彝司金竹壩等處，各有銅鉛廠一座，民人現在紛紛懇請開採。守備又詢，據商人等稟稱，雷波黄螂靠山一帶，尚有數處礦廠等語相應稟報。又據馬邊營守備房啓義稟稱，烟草峯會龍堡一帶礦廠甚多，如陰戲岩炒米廠地方出有銅廠二座。又木香岡、新廠墩、化皮廠三處，各出鉛廠一座，夾有銀砂，該處土民不時在内偷挖，旋逐旋聚。更聞此外尚有廠座等情。復據委查馬邊等處新汛臣標左營遊擊許連科回省面稟，烟草峯一帶實有陰戲岩等處礦廠五座等語。各稟報到，臣伏思礦廠乃天地自然之利，銅鉛爲鼓鑄所必需，封閉禁止，等諸無用，實屬可惜。且建昌一帶礦廠業經酌議具題招商辦課，而馬邊黄螂等處既産銅鉛，似應懇請天恩，一體聽民開採，上可稍資鼓鑄，下即可爲衆民衣食之藉，似於國計民生均有裨益。倘蒙俞允，其作何招商開採之處，應聽撫臣照例承辦。理合繕摺奏聞，伏祈睿鑒。爲此具摺謹差臣標委署把總馬士榮齎摺奏聞。

雍正柒年拾壹月拾陸日

「國立」故宫博物院《宫中檔雍正朝奏摺》第十五輯漕運總督署杭州將軍性桂《奏報杭州城原基址上建營房摺》 補授漕運總督署理杭州將軍印務臣性桂等謹奏，爲敬陳禁城重地城上宜建營房仰祈聖鑒事。竊照杭州省城地當五方雜處，居民稠叠，内有大小衙門以及倉庫錢糧，所關甚重。現在十城門及水門設有滿洲漢軍各旗官壹員，兵拾伍名輪班看守，按時啓閉甕城。内又有緑旗兵伍名防禦，督臣李衛與前任將軍臣鄂密達會同派委滿漢員弁，帶領兵丁於城之内外街道處所往來巡查，亦爲嚴密。但杭城週圍肆拾餘里，地方廣闊，且城上向未設有暮夜巡邏之兵，是以奸巧棍徒每有包攬商税，於昏夜深更，伺巡兵已過，將貨物縋城偷越等弊。臣蒙皇上天恩，署理將軍印務，時刻留心訪察得實，隨密諭兵丁，在於城上巡察，果獲有半夜上城棍徒貳起，押發有司審究，從重枷責在案。一面諄切出示嚴禁，隨即酌撥旗兵壹百名輪流巡邏，俟督臣李衛回任時會商永遠巡查之法。今督臣李衛業於拾月初貳日到任，臣會同詳加商酌，禁城重地，理應慎密，城上宜建營房，爲兵丁棲址之所。查城上從前原有營房基址猶存，臣等擬請於舊基處所，酌量遠近，復建營房各叁間，其鳳山、慶春、艮山叁門，因跨山近河，偷漏較便，棍徒在於此地者居多，尤爲緊要，酌量加添約計共拾餘處，各派官壹員，兵拾名輪班晝夜專司巡邏稽查，實與地方有益。如蒙聖恩俞允，所有應建營房酌動鹽務盈餘銀兩，交地方官確估興建，仍隨時修葺，毋致傾圮。如官員兵丁能實心巡獲縋城偷越棍徒者，官則記功，兵則酌量賞賚，以示鼓勵。倘懈弛踈蹤，分別治罪。如此防禦不但國課有益，而匪類奸徒自能斂跡矣。臣謹會同督臣李衛合詞恭摺具奏，伏乞皇上睿鑒施行。謹奏。

雍正柒年拾壹月拾陸日。

「國立」故宫博物院《宫中檔雍正朝奏摺》第十五輯浙江總督李衛《奏報建造海神廟宇摺》 浙江總督管巡撫事駐劄杭州在任守制臣李衛謹奏，爲遵旨奏覆事。本年正月二十三日，欽差刑部左侍郎杭奕禄到浙公幹，口傳上諭：浙江建造海神廟宇，該在工上今擬於縣城之内，李衛必有意見，但不曾將所以然緣由分晰奏明，着他便中覆來，欽此。伏惟皇上軫念民依，至誠昭格，特建鉅工，以崇祀典，臣敢不敬凛慎重，悉心籌畫。查海寧縣城之東約六十里地有尖山峙立，海面潮頭俱由此入口，似屬扼要之區，可以建立神廟，已於康熙五十九年經前任督撫諸臣題請創廟興造，完工於六十一年十月内，欽奉聖祖仁皇帝頒發御書「協順靈川」匾額，現在虔祀。此地山石嶔崎，別無宏敞之基再可恢拓。至於塘工處所，臣先已叠次往來，今又親加履勘，南門之外，東西一帶，前臨大海，後即備塘河道，地勢淺促，並無數十餘畝寬廣之所。雖民地尚可購買擴充，人情無不歡欣踴躍，而内須填平池塘，且遷移隴墓，恐致褻瀆神祇。更可慮者，近海之地皆係浮土聚沙，潮汐晝夜雨來，俱從塘底汕刷，倘將根脚搜空，即有矬裂，常須往内退進，非如河工地面，可以多加樁埽，向外幫潤者。伏思皇上愛民祈福，動帑十萬興建大工，實爲萬世永保安瀾，不敢不慎之於始，圖推萬全。是以再四籌畫，擇於城内營造，乘生氣而居旺方，實此故也。相應備叙奏明，伏祈聖鑒。再查東西兩塘，臣回任虔祭之後，冬月以來，俱屬平穩，前題修改各工，正在上緊辦料趕築。惟本年正月二十一日北風驟雨，巨颶大作，潮勢直擊塘身，據報又有矬裂段落，統算約共五百餘丈。現將預備料物刻期搶修保固，乘此春月再加幫厚。臣等仍當敬謹防護，諒可不致疎虞，合併聲明。爲此謹奏。

雍正八年二月初八日。

「國立」故宫博物院《宫中檔雍正朝奏摺》第十六輯樓儼《奏報潮州府鳳凰臺工程完竣摺》　補授江西按察使臣樓儼謹奏，爲恭報潮州府鳳凰臺工告成事。該臣查得潮州府之鳳凰臺在廣濟橋外，實爲韓江中流砥柱，藉分水勢，非僅壯一郡之觀瞻也。日久傾圮，遂致江水泛濫，衝壓田廬。臣自橋墩修復鳳凰臺，正欲興工，奉命署理臬司印務離潮，遂移明新任惠潮道臣劉運鮒接理其事，併行潮州府及海陽縣遵照在案。於雍正柒年拾月據海陽縣知縣臣張士璉稟稱，鳳凰臺已經完工，臺外又壘石爲堤以護之，所費亦止捌百餘兩，從此水分三路，在在安瀾，此亦民之一利也。惟急水長堤，宜築鯉魚，溝宜建閘，而開元寺租羨雖然有收，其如穀價甚賤，不上叁錢壹石，且無人即買，若欲興工需費數千金，即諄諭潮州府臣胡恂、海陽縣臣張士璉留心經理，俟此工次第告竣，則田地可永無水衝沙壓之患矣。所有臺工告成，理合奏報。伏乞皇上睿鑒，謹奏。

雍正捌年叁月貳拾柒日。

「國立」故宫博物院《宫中檔雍正朝奏摺》第十六輯刑部尚書德明《奏陳各省辦解顔料之摺色鋪墊等造册銀撥送摺》　刑部尚書臣德明謹奏，爲敬陳管見事。竊見各省每年辦解顔料等項，内有起解折色鋪墊及停辦價值等銀，例係布政司并知府直隸知州按欵具批，差官解部投交。其銀兩歷年俱不裝鞘，每有不肖解官利慾熏心，將錢糧私行那貸，兼托親友營運，並不按限投批交納。及部内行查，一時難以歸項，錢糧竟致虧缺。至事敗露，雖嚴比參追，然竟有追比無完者，迨至追比無完，復行着落承辦各官名下賠補，而承辦各官亦有力不能完，則輾轉歲月，虧缺之項仍屬虚懸，究於錢糧無補。臣請嗣後行令各省督撫，將一應停辦價值及折色鋪墊等項銀兩，停其按欵分批零星委解，統飭解交藩庫。每年造入春秋二撥京餉册内，送部撥解。如此則解官難以侵虧，而錢糧實有裨益矣。臣不揣冒昧，少有所識，謹爲我皇上陳之。伏乞睿鑒施行。

雍正捌年肆月拾伍日。

「國立」故宫博物院《宫中檔雍正朝奏摺》第十三輯四川巡撫憲德《奏報廟工事竣加倍給賞效力蠻工摺》　四川巡撫臣憲德謹奏，爲欽奉上諭事。雍正柒年肆月叁拾日，准理藩院咨開，議政議覆趙殿最等奏稱，明正司所屬俱係蠻民，建廟所用夫匠，一呼立集，踴躍争先，實屬可憫，應加恩賜。但明正司所屬之頭目夫匠不知其數，難以議賞，相應行文四川巡撫憲德，令將明正司併伊所屬頭目夫役之數查明，酌量賞給緞布、茶葉等物，將所賞之處奏聞可也。等因。雍正柒年肆月初肆日面奉諭旨：依議，欽此。移咨到臣，臣查從前修造革達等處城工所需夫役，俱在打箭爐一帶明正霍耳等處各土司内分派調遣，明正司先魯出夫千有餘名，今次建廟，乃於本年叁月拾陸日據派委估計廟工之重慶府知府張光鏻詳稱，建廟之木已經砍就，行文明正司撥夫擡運。止據撥來貳百餘名，内多幼穉婦女，不能擡運。查所需夫役約計貳叁千名方足敷用，謹會同欽差酌議，詳請行催等情前來。臣隨飛飭該管文武各衙門，轉飭行催明正司及各土司在案。又於伍月初伍日准欽差趙殿最等咨稱，明正土司堅參達結所派人夫陸百餘名，半屬幼小婦女，不敷應用，本差屢經嚴催，據稱現在出兵運糧，派往人夫甚多，本處派人甚屬艱難等語，相應轉請催提等因到臣。又經臣分檄該管之雅州及化林協申飭嚴催復在案。今明正司所派人夫，既經奉旨令臣查明酌量給賞，臣焉敢不遵行給賞，但臣身在地方，現明知先前修造城工緣無出兵運糧事故，明正司魯出夫千餘，今此次雖值出兵運糧供應烏拉，倒斃亦多，但明正司所派人夫亦止陸百，尚半屬幼穉婦女，不敷應用等情節，臣又何敢不據實奏明，竟自濫行給賞。且現在行催令赴城工者，尚有霍耳之土司麻蘇扎薩普允那都蘭諾雲章果達烏又木坪高陽董卜等處，各派夫貳叁百名或肆伍百名不等，若先將明正司並所屬夫役賞給，則各處派出土夫均係彝人，或恐懷疑，致生觀望。臣愚以爲應俟廟工完成，再將各土司土夫查明効力與否，請旨分别給賞，以廣皇仁，以示鼓勵。臣將此議與提臣黄廷桂商酌，據提臣面語，番民性貪多疑，似應請旨遵行。但臣未敢擅便，除行布政司令先將作何賞給明正司夫役查議外，理合將欽差趙殿最等現在轉請行催申飭及似應於工完再行給賞之處，謹會同提臣黄廷桂，據實奏聞請旨，批示遵行。爲此謹奏。

雍正柒年伍月貳拾貳日，四川巡撫臣憲德。

周夢熊《合例判慶雲集·冒破物料工》 四海一家，高祖嫌侈于長樂；百金十産，文帝惜費于露臺。故王濬不棄金銖，截江著績；陶侃毋遺竹木，造艦成功。今某惟務侵漁，罔知撙節。犧尊所用幾許，半已斷之溝中；巨室求木多時，可堪任其斵小。不思稱及銖兩，侔魏帝凌雲之工；曷若用比泥沙，等秦王阿房之築。爾多浪費，我用杖徒。

新例：凡造作局院，頭目工匠，多破物料入己者，計贓，以監守自盗論。局官併覈寔官吏，知情扶同者，與同罪。失覺察者，減三等，罪止杖一百。

周夢熊《合例判慶雲集·造作過限工》 冬官列職，功嚴刻日之程；夏正司刑，法重愆期之戒。故成風運校，信度而效人官；撥日呈能，餙材以辨民器。今某課功有地，居肆無時。候雁橫秋，未覩戈矛之利；寒蛩泣露，徒聞杼軸之聲。倘入駕樓船，王濬萬軸之舟莫應；設出需軍器，子儀千人之甲誰供？率以十分，笞之五十。

新例：凡各處額造常課叚疋軍器，過限不納齊足者，以所造之數，十分爲率，一分，工匠笞二十，每一分，加一等，罪止笞五十。局官減工匠一等，提調官吏，又減局官一等。若不依期計撥物料者，局官笞四十，提調官吏，減一等。

潘榮陛《帝京歲時紀勝·三月·清明》 清明掃墓，傾城男女，紛出四郊，擔酌挈盒，輪轂相望。各携紙鳶線軸，祭掃畢，即於墳前施放較勝。京製紙鳶極盡工巧，有價值數金者，琉璃廠爲市易之。清明日摘新柳佩帶，諺云：「清明不帶柳，來生變黄狗。」又以柳條穿祭餘蒸點，至立夏日油煎與小兒食之，謂不齷夏。

永禄等《上諭旗務議覆》 上諭：八旗各佐領下俱有鐵匠、鞍匠、弓箭等匠，每月給伊等錢糧，俾充各項匠役者，特欲其平時學習手藝，以便行軍之際，携彼行走，修理一應器械耳。前因各項匠役雖存，其實能製造者甚少，而該旗大臣官員亦不甚稽查管教，是以特交與武備院令其教習。今聞伊等尚未學習，遇有製造官物，俱僱人代做，僱覓一匠，至費數人錢糧，且將每日應得飯錢，一併給與所僱之人。伊等身充匠役，食國家廩餼，乃不勤習技藝，將所得錢糧不養贍家口，而僱人代做，俾身爲廢物，是何道理？今伊等在家猶可僱人，倘至軍前，寧能僱人乎！遇有官物製造，立見其悮矣。此甚爲惡習，公私俱屬無益，皆由該管大臣官員等，不以事務經心，平時不行查管之所致也。將此交與武備院及該管大臣等，嗣後務行不時嚴察管教，俾加緊學習。其八旗作何特派官員，會同監察監造官，督令學習，俾製造不致有悮，而僱人代作等弊可以永除之處，著武備院會同都統等詳悉查議具奏。至於各省駐防兵丁内亦有匠役，京城匠役尚且如此，諒各省匠役豈能親身製造？著該將軍大臣等，務行嚴加管教，勒限一年，令其加緊學習。且試驗匠役手藝亦屬甚易，朕差人試驗時，倘仍有不能製造者，必將該將軍大臣等一併治罪。特諭。

武備院會同八旗都統等議覆：查雍正八年二月，經八旗都統等奏稱：上三旗弓匠、鏇匠、鞍匠係武備院管轄，俱能親身製造。其下五旗弓匠能製造者少，應勒限一年，令其學習。其八旗鐵匠内粗能製造者，應交與武備院學習，其餘鏇匠、鞍匠無所需用，槩行裁革。其銅匠應分兩翼設立鐵廠，令其製造鐵庫等處應造器械；其不能製造者給限一年令其學習。等因，具奏准行在案。今除八旗弓匠等各項匠役無庸議外，查八旗鐵匠，雖分兩翼，設廠教習，俱未能製造，且兩廠所有房屋，俱不過二十餘間，難將衆鐵匠齊集教習。應分左右翼，各擇兩旗適中之地，所有官房，兩旗合立一廠，將鐵匠内有年老不能學習者，即驗看革退，另行挑補，令其學習。伊等應用器械，照從前兩廠例置辦，應需銀兩，各於本旗房租内動用。應需煤炭，由工部取用。教習匠役，不可無師，應僱民間巧匠，令其教習。其應給工價，各於本旗房租内撥給。匠役學習手藝，應勒限一年，俟限滿粗能製造之時，再勒限一年，令其學製各工程粗物，及工部所用帳房、椿鐝等項，如官物無多，令私取舖内物件演習手藝。至於查看匠役，祇派官員，仍恐懈弛，應兩翼各派副都統一員，令其總轄。除兩翼現有之參領二員外，各旗派官一員，驍騎校二員，令其專管此。所派之大臣官員，應限以二年，務令匠役俱至手藝學成，然後一年一换。每年四季，武備院派官稽查，至歲底，武備院會同都統等詳加稽查，如教至二年仍有不能製造之匠役，將該管官員即行參奏，如管教優者，官員給與紀録，於應陞之處送名録用。如此則二年内，匠役手藝俱可學成，而僱人代做等弊亦可永除矣。

奏入於雍正十一年九月初五日。奉旨：此議甚屬詳盡。依議。

《清高宗實録》卷八七一 〔乾隆三五年一〇月己亥〕又諭：據吴達善等奏，拏獲盗賣硝觔之巡檢朱廷瑞家人張玉、余龍，現在提齊案犯，嚴審究擬一摺，所辦甚好，已於摺内批示矣。辦用官用硝觔，該犯敢於盗賣漁利，甚屬可惡，自應審訊明確，按律治罪。但朱廷瑞委辦硝觔，親身督運，沿途既有盗賣情弊，豈得僅諉過於家人？而張玉等所供，與幕友程師韓在豫帶買，程師韓今已逃回，其説支離難信，且現據將硝包過秤，較正額尚有短少，則非帶買私硝，更屬顯然。朱廷瑞明有知情串賣，希圖卸罪情事，不可不徹底根究。此時吴達善已赴湖南兼署撫篆，各犯解到時，著交梁國治，隔别詳悉嚴鞫，務令水落石出，毋任稍有遁飾，即行定擬具奏。所有出力緝拏之武昌府經歷曹文魁，尚屬能事。著該督撫量其平日居官如何，出具考語，送部引見。將此並諭吴達善知之。

《清高宗實録》卷八八七 〔乾隆三六年六月乙酉〕諭：昨總兵李傑龍奏，兵丁操演鳥鎗，檢回鉛子，請給該兵丁操習一摺，經兵部議駁，已依議行矣。但兵部所駁，尚就銷三檢七成例而言，及細閲李傑龍之奏，名爲銷三檢七，而實係發三扣七，則由該省辦理不善，即兵部亦未經議及於此。如所稱每兵定例，歲給鉛子四十兩，今每年僅得鉛十二兩，其七分實皆不發，册報皆屬虚文等語，是誤認銷三爲實發三成，而以檢七之數，扣而不發。似此操演，安得有益？夫所謂銷三檢七者，乃各兵以歲得四十兩之鉛，作爲鉛丸，令其演習打準，於中准其銷三分，而檢回七分，非令其扣存七分，但以三分試打準頭也。兵丁演放鳥鎗，於木靶後，設有攩墻，常時試驗準頭，自有定式，即使不能中靶，亦不當踰於攩墻之外。尋檢鉛子，本自無難，不致勞苦，亦斷不至多有折耗。若放鎗不顧準頭，左右高下，惟意所適，鉛子皆拋棄無存，此乃益見習藝不精之故，雖多給鉛觔，亦何裨乎？李傑龍不責令兵丁施放有準，惟請多給鉛子，已爲不揣本而齊末。且據所言，每歲止實給十分之三，扣存七分，所得既少，自不敷操演之用，此又奉行之誤會，而非成法之當更也。浙省既有此弊，恐各省亦復相同。著各督撫提鎮，嗣後鳥鎗兵丁，俱照定例鉛額實給，令其施演有準，所檢餘鉛，按數備用，則藝事既可勵以精勤，即檢鉛亦令習於勞勩，實爲一舉兩得。倘督撫提鎮，視爲具文，不實力董率，咎有攸歸。將此通行傳諭知之。

《清高宗實録》卷二九四 〔乾隆一二年七月庚子〕諭：據江蘇巡撫安寧奏稱，布政司王師於江陰縣丞俞鐙採辦硝斤一案，俞鐙因帶辦私硝，圖利遲延，又經鋪匠人等控告扣尅，該司並不詳揭；又原署阜寧令馮觀民，經道府揭報虧空，該司瞻顧同鄉，委稱年款不清，不行詳揭；又江蘇鼓鑄，該司瞻徇姻親范商，違例不令爐頭加色；又清理錢糧，係該司專責，乃一切詳稟，浮泛不切，錯謬難行；又王德純冒領庫銀一案，最爲易結，該司以姜順蛟係伊門生，恐罹重處，輾轉駁詰，至今懸案。該司辦事遲留，居心詐僞等語。王師係朕特用之員，自宜秉公率屬，實心任事，奮不顧身，以圖報稱。今據安寧所奏，是不稱江蘇藩司之任，著解任來京候旨。其江蘇布政司員缺，著愛必達前往署理。

紀昀《考工記圖序》 戴君東原，始爲《考工記》作圖也，圖後附以己説，而無注。乾隆乙亥夏，余初識戴君，奇其書，欲付之梓。遲之半載，戴君乃爲余删取先後鄭注，而自定其説以爲補注。又越半載，書成，仍名曰《考工記圖》，從其始也。戴君語余曰：「昔丁卯戊辰間，先師程中允出是書，以示齊學士次風先生，學士一見而歎曰：『誠奇書也。』今再遇子奇之，是書可不憾矣。」戴君深明古人小學，故其考證制度字義，爲漢已降儒者所不能及。以是求之聖人遺經，發明獨多。《詩》三百，《尚書》二十八篇，《爾雅》等，皆有撰著。自以爲恐成書太早，而獨於《考工記》則曰是亟於經也者，考證雖難，要得其詳則止矣。余以戴君之説，與昔儒舊訓參互校覈，轂末之軹，明其當作軝，不得與《輿人》之軹轛二名溷淆，今字書併軝字無之。《車人》徹廣六尺，以鬲長車廣當相等，兩轅之間六尺，旁加輻内六寸，輻廣三寸，綆寸，合左右凡二尺，則大車之徹亦八尺，字譌八爲六。《弓人》膠三鋝一，弓之膠不得過兩有十銖二十五分銖之十四，正其當爲三鍰，此皆記文之誤，漢儒已莫之是正者。後鄭謂軫輿後横木，戴君乃曰：《輈人》言軫間，左右名軫之證也。加軫與轐，弓長庇軫，軫方象地，前後左右通名軫之證也。《輈人》任正衡任，鄭以當軓與衡，而謂軓爲輿下三面材輢式之所尌。戴君乃曰：此爲下當兔圍軸圍，發其意也。若輢式之所尌，宜記於《輿人》，今輈人爲之，殆非也。鄭以戈胡句倨外博爲胡上下，戴君曰：此不宜與已倨已句字義有異。鄭引許叔重《説文解字》及東萊稱證鍰鋝數同，戴君乃曰：鍰之假借字作垸，鋝之假借字，《史記》作率，《漢書》作選，伏生《尚書大傳》作饌，數小大相縣，合爲一未然也。戟刺長短無文，鄭氏既未及，賈公彦云：蓋與胡同六寸。戴君則曰：戈一援戟二援也，中直援名刺與枝出之援同，長七寸有半寸，刺連内爲一直刃通長尺有二寸，猶夫戈之直刃通長尺有二寸也。桃氏爲劍，中其莖設其後，鄭訓設爲大，謂從中已後稍大之。戴君曰，不當與設其旋設其羽之屬異義，後謂劍環在人所握之下，故名後，與劍首對稱矣。鐘之鉦間無文，鄭以爲與鼓間六等，而合舞廣四爲鐘長十六。戴君乃曰：鐘自銑至鉦，自鉦至舞，斂網以二，準諸句股法，銑間八，鉦間亦八，是爲鐘長十六舞者，其上覆脩六廣四，蓋鐘羨之度不當在鐘長之數。玉案以承棗栗，莫詳其制，戴君引棜禁及漢小方案，定其有四周，而局足。《廬人》句兵欲無彈，刺兵欲無蜎，鄭皆訓之爲掉。戴君讀彈如夗蟺之蟺，轉掉也，蜎揺掉也。其所以補正鄭氏注者，精審類如此。他若因嘉量論黄鍾少宫，因玉人土圭，匠人爲規識景，論地與天體相應，寒暑進退，晝夜永短之理，辯天子諸侯之宫，三朝三門，宗廟社稷所在，詳明堂個與夾室之制，申井田溝洫之法，觸事廣義。俾古人制度之大，暨其禮樂之器，昭然復見於今兹。是書之爲治經所取益固鉅，然戴君不喜馳騁其辭，但存所是文略。又於《輈人》龍旂鳥旟之屬，《梓人》筍虡，《車人》大車羊車之等圖，不具其言。曰思而可得者，微見其端，要留以待成學治古文者之致思可也，斯誠得論著之體矣。余獨慮守章句之儒，不知引伸，膠執舊聞，沾沾然動其喙也。是以論其大指，以爲之序首。河間紀昀撰。

《清仁宗實録》卷五二〔嘉慶四年九月乙酉〕諭内閣：前據倭什布奏到胡齊崙動用軍需底帳，鄂輝得受餽送銀兩，因降旨將伊家産查抄。今據傅森、恭阿拉等將抄出鄂輝家産開單呈覽。本應照例全數入官，並查革世職。惟念鄂輝所得世襲男爵，係在湖南軍營擒獲首逆加恩賞給，其所受餽送銀兩，係在湖北之事。所有前賞鄂輝男爵，仍加恩著伊長子鄂彌善照舊承襲，其次子、少子所捐官職，亦不必斥革。鄂輝從前得受此項銀兩，明知出自軍需，因有人餽送，佯爲不知，竟收受至四千餘兩之多，如鄂輝尚在，必當計贓治罪，今已身故，免其深究。所有單内開載住房一所、取租房三百餘間、地十頃餘畝，及家人男婦十六名口，俱著加恩賞還伊子鄂彌善等。其銀錢、朝珠、玉器、衣服等項，自應入官，著交該衙門照例辦理。至伊子鄂彌善等衣服、物件，著傅森等分晰查明賞還。

《清仁宗實録》卷一〇二〔嘉慶七年八月己酉〕諭内閣：本年春間，常明參奏道員孫文焕，濫用軍需朦混灑銷一案，降旨令百齡會同張長庚，確審實情，稟明琅玕，定擬具奏。嗣經孫曰秉奏到，孫文焕差人呈控藩司百齡勒派瞻徇、揑飾欺妄各款，並將原呈進呈，當派初彭齡、富尼善，前往秉公查辦。兹據初彭齡、富尼善奏到審訊大概情形，請將巡撫常明、臬司張長庚、貴西道吕雲棟、候補道員馮克犟，一併革職嚴審等語。詳閲摺内所敘情節，孫文焕所控百齡假公勒索等款，經初彭齡等傳齊人證反覆究詰，均屬虚誣，而巡撫常明久任黔藩，將軍需款項，牽混支抵，於應撥鉛廠銀兩，延宕未繳；又將軍需用剩鉛丸十四萬餘斤，交商鎔化，令幕友金玉堂私賣，並任聽抽匿報銷卷案各款，業據初彭齡等質審屬實，常明之罪，已無可逭。而此内私賣鉛斤一節，情罪尤重。此項鉛丸，既經軍營用剩，自應歸入軍需項下報銷。乃既不奏明，又未報部，輒因幕友金玉堂向來販賣白鉛，竟將鉛丸鎔作鉛斤，與伊合夥運往漢口發賣，希圖漁利。迨至藩司百齡查知，常明始應允照數買還。骫法營私，行同市儈，且於軍需報銷要案，漫不檢查，任聽幕友私自抽匿，亦難保無侵冒情弊，竟不料其負國至於如此。常明著革職，交初彭齡等嚴審定擬具奏。一併查抄任所家産，其所賣鉛斤，曾否照數買還。或將價銀交官，抑係私行入已之處，並著查明覆奏。臬司張長庚，於署藩司時，接收常明交代，並未清釐，又聽從移藏案卷，顯有受囑朦混情弊。

馬瑞辰《物理論輯本序》　《隋·經籍志》言梁有《楊子物理論》十六卷，晉徵士楊泉撰。《唐·藝文志》、馬總《意林》，所著卷數並同。而其目不見《宋·藝文志》，則其書自宋已佚之矣。章逢之孝廉曾有輯本，今淵如觀察重加校正，補所未備，屬瑞辰序之。其分卷之舊，已不可考。謹以事類次第編録，自天文地理，以迄古今帝王用人行政之要，靡不囊括，蓋博采秦漢諸子之説爲之。而引《傅子》爲尤多。如云買鄰之直，貴于買宅。黄金累千，不如一賢。士非玉璧，談者爲價。以及蒙恬築長城歌。其不言《傅子》者，亦多出于《傅子》，《傅子》一百四十卷，今僅從《永樂大典》録出一卷。楊子是書，正足與《傅子》相表裏已。楊泉，字德淵，梁國人，《隋·志》稱徵士，亦稱處士，目爲楊子，列入儒家，蓋晉之隱君子閉户著書者。所著有《太元經》十四卷，又集二卷，録一卷，見《隋·志》，今俱不傳。《太元經》見于《意林》，凡六條，蓋倣子雲《大元》爲之。其文集則不數見，而《物理論》于此得存其概，是誠斷璧殘圭之可寶貴也。嘉慶十年十月望日，翰林院庶吉士桐城馬瑞辰序。

趙學敏《火戲略·提硝論》　硝産鹵地，河北慶陽諸縣及蜀中尤多。秋冬間，偏地生白，埽取煎煉而成。崔昉《外丹本草》謂之陰石，狐剛子《伏汞圖》名爲北帝元珠。蓋太陰之精，遇火即升，乃陰極陽生，秉離爲性。能消柔五金，化七十二石爲水，故名硝。硝，消也。入服藥須製過，入煙火亦然。蓋硝乃感海鹵之氣所産，遇陰則溼，火藥以燥爲利，不製之硝，誤投入藥，一遇回潮，炭最易受溼，炭溼則砂感，鹵氣未有不鏽以入，花砲鮮有能濟者。故用硝必先提淨鹵氣，方可入火藥。用其法用大鐵鍋將清水滰過硝一二寸，投水膠二兩同煎，二枝香爲度。

水滾之時，見有浮沫撇去之，退火澄清。次日將硝面清水撇去，另易新水入鍋，安白蘿蔔三五枚同煮，二枝香仍退火，檢去蘿蔔，澄定如前。次日又易新水，入蘿蔔再煎，二枝香即鹵氣俱盡矣，取硝曬乾用。若用炒硝，即以此净硝，用上好燒酒漸漸入鍋和炒乾用。又煮硝法鐵水鼠本方。

趙學敏《火戲略·製黄論》 黄乃秉純陽火石之精，含太陽之氣所結。外丹家謂之黄牙，蓋太陽之精感風木以成性。木幹横生故得炭，則横發木色青。故其餤青鶩黄色者名崑崙黄，赤色者名石亭脂，青色者名冬結石，半白半黑者名神鶩石，西北東南皆産之。入砲藥須極黄者用，若青黑者則濁，恐有炸裂之患。若欲燒酒製不可炒，只可拌曬收乾。若和他藥製，倘炒時有餤起，含醋噴即止。欲去其臭氣，用蘿蔔乞空入硫末在内，糠火煨熟則自絶。欲化爲水，用以竹筒盛硫，埋馬糞中一月即成。硫黄液其性見五金則黑，得水銀則赤，得慈石則紫，遇硝則争，遇豬脂則伏，知其性而善用之可也。

趙學敏《火戲略·用炭論》 炭者，火之魄也。火生於木，木生於水。木死則黑，返其所自生也。其性升揚，善於發光，皆隨其質以爲用。入藥用杉木梢炭居多，外此若竹萌烈而散，竹節烈而猛，竹根堅而旁竄，葫壺藤捷而旁急，箬葉則悄聲，椰瓢則震聲，瓜皮速而烈，茄桿裂而清，角刺透餤，蛇蜕滑光，蚱蜢炭性竄上升，急性粉性蕩外迸，糯穀炭可入鳥鎗。柳杉炭最輕，可入手花几砲，入麻稭灰則無聲，竹茹則煙緊，若此之類，皆可意推。取炭必現燒煙盡後，置净罈中蓋口，俟性冷，搗極細末，加入藥用。此物最易受溼，須現用現燒。倘炭末有餘，必須紙裹，入石灰罈裏安放。若一受潮氣，能令藥性緩速不匀，且不能烘變花色，入藥則砂子亦不能鎔盡矣。然又存用溼炭法，如珠兒藥則用硝煮炭，宜帶溼搗。雪燈藥則用樟腦煮炭，亦乘溼擣。又有拌炭乾製法，如欲令如銀線，則石漆拌曬，以固其性。欲令其變色，則用滴燒拌收以製，其光神而明之，存乎其人可也。

趙學敏《火戲略·用砂論》 砂乃碎生鐵所成，如米砂然，故名砂，古曰鐵蛾，今曰鐵屑。筒花中非此不成。花宜現用現搗，不宜久藏。因其性易坐鏽，鏽則不能成花。敲砂用舊鍋破損者，用火煅紅以去其油垢，待冷，用鐵臼乘熱搗細篩分。頂細者名面砂，次曰中砂，砂粗者名粗砂，頂粗者曰大砂，又有針砂，乃琢針眼中餘屑也。篩出俱以紙裹藏石灰罈，則不易鏽。最忌以手捏撮，一犯人手，則便起鏽不花。更忌清油，一犯油氣，入藥則砂鎔爲珠而不開花。宜用銅匙秤配，勿用指爲要。近皆購自蘇州，以擺錫色刺眼者爲上。

趙學敏《火戲略·藥線論》 粗者曰雙槽，細者曰單槽，皆來自徽州，皆可作花砲引線。然煙火中更有度線，有慢緊二種，緊則用葫壺炭，慢則柳杉炭。其線紙皆用桃花紙，暑天先以硝水染製，用包藥撚，庶過門無阻絶之患。成則五百根爲一束，紙撚束兩頭置灰罈中待用。線藥必須用線圭匙合方，匀線圭用竹削成，細如韭葉，長尺，光而薄，以之匙藥上紙，則藥既無多寡，線成亦不致有粗細不匀之患矣。

趙學敏《火戲略·度線法》 爆竹筒俱先裝藥築實收尾訖，然後將鐵錐向首開門插線，線皆雙紐，惟小砲則用單線。煙火有度線之法，用紅紙作筒如麥桿樣，空其中，長短不拘，以藏度線筒。短線長可以接套，其作筒紅紙，必須用礬水刷過，免致黏火。蓋煙火無度線，則無先後次序。度線不用礬，筒則穿插既雜，不能無併焚之慮，且線既雜，露亦不雅觀。用紅筒套藏放下時，火燃線在筒内，火不能見，忽然一明，百花倏開，便饒逸趣。線盡筒又自落，妙不留滯。然其中之穿插先後，又在意巧，難以言傳矣。煙火筒中，每筒藏二三，劇戲必匾束，亦須用線，須看其輕重，重以麻線，輕以棉線。十字綑結，至結頭方用藥線，盤轉火發，自能焚斷結線。倘架重結堅，須加火藥一小匙於結上，桃花紙封貼更易焚斷也。

趙學敏《火戲略·染紙法》 紙有拒火、引火、剪頭、束腰四種，非染不可。如煙火筒内隔火等紙，必須用礬水染刷，庶可拒火。紙既拒火，便可分隔先後，即筒内雜戲樓臺人物，俱用紙做成，必須罩刷礬水數遍，再染顔色，方可於火内不焚。若藥線包花其紙，又必須刷硝水引火。紙既引火，便可分遠近隱現，此拒火引火二法，猶畫家之皴法也。爆竹紙必須翦頭，則聲脆裂，使砲響後滿天飛雪，紛紛可觀。且紙質不留，亦免貽火之患。故好爆必用桑皮或竹紙，伏天先以礬水、班蝥水，兩面各刷四十九次，待乾捲筒用。其筒敲之，作金石聲最妙。筒花用紙筒者，必須束腰，方免旁出之患。蓋筒花外面雖可用草紙，裹藥一層必須用細紙束腰，其法用厚貼色紙或元書紙，伏天用芙蓉皮擣爛浸水，或芙蓉葉汁亦可。將水汁調石膏刷紙數遍，待乾作筒花裏紙，能固藥性，使上透并不致炸裂最妙。至煙火内一切，不能用染色紙，恐藥氣熏漬即易變色，如有必須用五色處，彩畫顔色中和礬塗，便不懼硫氣熏觸變色。若彩畫各色，總以大筆粗描，切勿細巧，愈粗愈妙。單看粗火下自細，若單看細火下便不明矣。

趙學敏《火戲略・製筒法》 筒有泥筒、紙筒、鐵筒之分，三者爆兼其二，花筒則三者俱有。製筒之法，爆則口與底如一，花則口小而底大，中如牛角形，方可逼藥力上升，不致震裂近人。合筒花欲試藥，有簡便筒法，用細竹截作筒，一頭留節，一頭去節，築藥其中，待滿，以紙包灰緊塞口，然後向節邊打眼裝線火放，可代紙筒之勞，又易辨也。但裝藥時必須用粗紙作一尖角，小兜入筒內，推在節上，裝藥滿打眼點放，則內亦如牛角形，便無震裂旁破之患。有用泥作餅子空成牛角眼推入亦可。

趙學敏《火戲略・修合論》 修合之要，莫先於硝、黄、炭，三者已各有專論，他則皆佐藥也。然修合之法，亦不可不知。如用雄石等黄，必須用燒酒拌曬過醋炒過方不臭。皂角膏拌藥則性鬆，芙蓉汁拌藥則性緊。棉花屑光則紫，銅青作黄煙，拌硝用則煙濃作黄光。入藥用光，自不爲藥光所掩。用臭硫黄，必須用之光青，銀硃之光紅，鉛粉之光白，雄精之光黄，松煤之光黑。光，五色也。石黄之煙黄，青黛之煙青，硃砂之煙紅，膩粉之煙白，瀝青之煙黑。加金銀箔則光如金屑，加錫箔光如碎霞。獨硫則青，加膽礬則光愈緊，獨硝則紫，遇砒石而光益長。石腦油樟腦地溲，皆能水中生火；皂角刺春柳條竹萌芽，善於火裏分枝。根脚不清，皆爲提硝未淨；花頭短少，只因砂子欠新。藥欲結實，噴水和春；光欲斂藏，和梅湯拌。蚓屑蛇皮各因性用湯蒸日曬，妙有神功。在能者固無拘於一定，學者可由此而類推矣。等分須準，拌和要勻，砂分粗細，炭有後先。火炒者必須分炒，木製者不得混同。搥研器具全在精良，篩搗諸時謹防風火。依此而求，思過半矣。

趙學敏《火戲略・炒藥論》 藥有水火既濟之妙法，若鎗藥之用硝黄，水煮炭炒搗成珠者是也。有用火酒炒者，若雲谿水鼠方之用浮硝跳硝沈硝，仁源方五色蝴蝶之用酒硝是也。有用油炒者，用滚炒者，用蛇血炒者，用芙蓉汁炒香，又有乾炒者拌物炒者。大抵乾炒則取火力，以助上升之性。拌物炒則取藥力，以達神明之用也。其法本無一定，如欲縮黄燄，則與膽礬同化。欲滯硝光，則與油松同煮。欲藥旋轉，則加蝎尾炒。欲藥蔓延，則加蚓血炒。炒銀箔入藥，必加荷葉灰。炒銅箔入藥，必加胡桃灰。俱所以因制而成功也。

昭槤《嘯亭續録》卷一《如意館》 如意館在啓祥宫南，館室數楹，凡繪工、文史、及雕琢玉器、裱褙帖軸之諸匠皆在焉。乾隆中，純皇萬幾之暇，嘗幸院中看繪士作畫，有用筆草率者，輒手教之，時以爲榮。有繪士張宗蒼，以山水擅長，仿北宋諸家，無不畢肖。上嘉其藝，特賜工部主事，實爲一時之盛。其他如陳孝泳、徐洋輩，皆以文學優長，或賜舉人一體會試，或以外郡佐雜陞用，亦各視其才具也。

明亮等《欽定中樞政考》卷三二《營造・鳥鎗箭枝式樣毋得輕改舊制》 嘉慶七年五月内奉上諭：玉德奏「營伍操演鎗箭，請除去鎗上所釘星斗，並請射靶俱改用梅針箭」一摺，所奏大屬紕繆。施放鳥鎗，全憑鎗上所釘星斗爲準，若平素演習精熟，自能便捷命中。今玉德因閩浙營兵放鎗遲慢手顫，欲得星斗除去，殊不思兵丁等執鎗，手顫自因演習生疎所致，應即將該兵丁等責懲，豈除去星斗即不手顫乎？至所稱「軍營用箭，皆係梅針，營兵操練射靶所用鏟子箭，頭輕翎大，不過架勢飾觀，應改用梅針箭」等語，亦不成話。箭枝式樣，種種不同，各適於用，其箭鏃翎羽之輕重，總視弓力爲準。如射鵠則用骲頭，射靶則用鏟箭，射牲則用鈚箭，臨陣則用梅針，隨地異宜總在發矢有準。如果將鏟箭演習純熟，即易用梅針，必能一律命中。若平日操演，必須改用梅針，方能射賊，則樹侯設正，亦非臨陣時所用，豈有以人爲的，竟將應死罪囚，試演射藝之理？真所謂無知瞽説矣！我朝武備整齊，弓矢鎗礮，最爲軍營利器，法制精良，百世不易。乃玉德輒思變改舊章，此奏若出於提鎮漢員内已屬不經，况玉德係滿洲總督，竟於本朝武備成法，懵然不知，率議更張，尤爲謬妄。玉德著拔去花翎，傳旨嚴行申飭，仍交部議處。嗣後八旗各營伍，及督撫提鎮等，惟當將各營官兵勤加訓練，以期技藝嫻熟，悉成勁旅，毋得妄逞臆見，輕改舊制。將此通諭知之。欽此。

李鴻章《李文忠公奏稿》卷七《京營官弁習製西洋火器漸有成效摺》同治三年十二月二十七日 奏爲京營官弁習製西洋火器漸有成效仰懇天恩先行獎勵恭摺奏祈聖鑒事。竊臣前奉寄諭：總理各國事務衙門，奏請派京營弁兵學製火器等語，業經諭令火器營照所請派撥矣。此起弁兵，俟抵江蘇後即交李鴻章差委，專令學習炸礮、炸彈及各種軍火機器，如能留心學習，著有成效者，准該撫從優奏請獎勵，等因。欽此。仰見聖謨廣運，默寓機宜，莫名欽服。旋據儘先參領薩勒哈春等官兵四十八員名來蘇稟到，當經分派製造洋礮各局，督同該管各員盡心教習，將炸礮、炸彈、各種機巧火器製造運用諸法，逐細指授，嚴立課程。臣復隨時稽核勤惰，半載以來，該官弁等勤苦講求，協同中外工匠，依式仿造，頗得門徑，雖開爐鑄礮試演，準頭尚未遽臻精熟，而由此用心不懈，一半年後，當能自出機杼，爲他處設局製器之先導。臣查西洋諸國以火器爲長技，欲求制馭之方，必須盡其所長，方足奪其所恃。臣設局仿製，原爲軍需緊急起見，亦欲中國官弁匠役互相傳習，久而愈精，但苦機器未能購全，巧匠不可多得，造成礮彈雖與外洋規模相等，其一切變化新奇之法竊愧未遑。該參領等逐日究心於炸彈一項已得要領，尚屬奮勉可嘉，理合繕具清單，仰懇天恩，先行獎敘，俾已能者交相鼓舞，未能者益加策勵，俟習學有成，再遵旨破格請奬。臣仍督飭局員勤加訓練，多方研究，以期精益求精，仰副我國家蒐討軍實之至意。所有派習火器官弁漸有成效懇恩獎勵緣由，專摺具陳。伏乞皇太后、皇上聖鑒訓示。謹奏。

李鴻章《李文忠公奏稿》卷七《京營弁兵到蘇學製外洋火器摺同治三年七月二十九日》 奏爲奉發京營弁兵到蘇分派各局學習製造外洋火器遵旨酌定薪水等項恭摺覆陳仰祈聖鑒事。竊臣於本年五月間奉寄諭：總理各國事務衙門奏請派京營弁兵學製火器一摺，據稱練兵之要，制器爲先，洋人所製炸礮、炸彈等項，尤爲行軍利器。現在李鴻章軍營製造此項火器已有成效，擬請飭火器營於曾經學製軍火弁兵内，揀派武弁八名，兵丁四十名，發往江蘇一體學習等語。所奏自係爲思患豫防起見，本日業經諭令火器營照該衙門所請派撥矣。此起弁兵俟抵江蘇後，即交李鴻章差委，專令學習炸礮、炸彈及各種軍火機器，如能留心學習，著有成效者，准該撫從優奏請奬勵。其有怠惰偷安，不遵約束者，即照軍法治罪。該撫務當明定勸懲，俾該弁兵等盡心講求，以期備得西人之妙。該弁兵等到蘇後，該撫務須加意稽察，妥爲防閑，俾祕妙之傳，不致稍有漏洩，方爲妥善。所有應給薪水等項，即由江蘇酌定支發，准其作正開銷等因，欽此。並先後接准總理各國事務衙門暨三口通商大臣崇厚咨會，此項弁兵已由津附搭輪船赴蘇，即經行知蘇松太道，飭俟該弁兵等到滬時妥爲照料。隨據該署道丁日昌呈報：護軍參領薩勒哈春等官兵四十八員名，跟役十二名，於六月二十日抵滬，遵將自津來滬輪船價值，在於船鈔項下發給，並備船送至蘇省。臣接見該參領等，並將各兵丁逐名點驗，逐細教導，令其悉心講求。緣臣軍先後購覓西洋炸礮，每月操練攻勦，需用炸彈甚多，不能不添設製造局分濟應用，計現開炸彈三局，一爲西洋機器局，派英國人馬格里雇洋匠數名，照料鐵爐機器，又派直隸州知州劉佐禹，選募中國各色工匠幫同工作。一爲副將韓殿甲之局，一爲蘇松太道丁日昌之局。皆不雇用洋人，但選中國工匠，仿照外洋做法，當即酌令儘先參領薩勒哈春，候補副參領崇喜並護軍校常英、玉慶等四員，帶京營兵二十名，赴洋人馬格里等礮局，又令儘先副參領色布什新並護軍校達嚨阿等二員，帶京營兵十名赴韓殿甲礮局，又令額外空花翎德俊並護軍校常慶等二員帶京營兵十名赴丁日昌所設礮局，該三局分配學習，參互考校，責成局員會督弁兵指引各項門徑，並隨同匠作，勞身苦思，究其精微。臣仍隨時查詢，試能否以定優劣，立賞罰以示勸懲。該弁兵等如學習有效，必當遵旨從優保獎。若怠惰偷安，或該管官約束不嚴，各局員未經細心教導，亦必分別懲處。俟製造略臻精熟，再酌選明白勇敢者，派往礮隊營中學習演放，步伍準頭，逐漸推求，以期稍得西法之妙。至該弁兵等應給薪水等項，奉旨由蘇省酌定支發作正開銷。臣查此項薪糧無案可循，飭由報銷局查照軍需則例開呈，京營弁兵調往軍營應支鹽折等項分別擬具支數請示前來，惟蘇省兵燹之餘，食用較貴，各局工匠因係製造祕器，多方羈縻，其日糧較常例均加數倍，況該弁兵由京遠道來南學製火器要件，責令格外用心，薪糧應較軍營加厚，以示鼓勵。當即酌定職分較大之參領薩勒哈春，副參領崇喜、色布什新、空花翎德俊等四員，每員每月支給薪水庫平銀三十六兩，其幫帶之護軍校常英、玉慶、達嚨阿、常慶等四員，每員月支給庫平銀二十四兩，兵丁四十名，每名月支給庫平銀八兩，跟役十二名，每名月支給庫平銀三兩，書識紙張雜費每月共支給庫平銀十兩，均不計建，總共月支庫平實銀六百零六兩。自六月二十到滬之日起支，按月由海關道庫給發，作正開銷。除咨總理衙門暨户部備案外，所有京營弁兵奉發到蘇分派各局學製外洋火器酌定應支薪水等項各緣由，理合繕摺覆陳。伏乞皇太后、皇上聖鑒訓示。謹奏。

中國第一歷史檔案館、兵器工業總公司等《中國近代兵器工業檔案史料》第一輯《奕訢等奏直隸練兵需用軍器請在天津設局製造摺同治五年八月二十八日》 臣奕等跪奏，爲直隸練兵需用軍器，擬請在津設局製造，以專責成而資運用，恭摺仰祈聖鑒事。

竊臣衙門於本年七月初六日具奏直隸籌餉練兵事宜附片內，曾經奏明，一切機器尤應設局募匠，先事講求，或在都城，或在天津，派員專司製造，請一並飭議施行等因，本日軍機大臣奉旨：「覽，欽此。」現在兵部會議章程練兵需用軍器條內，亦有由直隸派員在天津設局製造之議。

臣等因思練兵之要，製器爲先。中國所有軍器，固應隨時隨處選匠購材，精心造作。至外洋炸砲、炸彈與各項軍火機器，爲行軍要需，神機營現練威遠隊需此尤切。中國此時雖在蘇省開設炸彈三局，漸次著有成效，惟一省仿造究不能敷各省之用。現在直隸既欲練兵，自應在就近地方添設總局，仿外洋軍火機器成式，實力講求，以期多方利用。設一旦有事，較往他省調撥，匪惟接濟不窮，亦屬取運甚便。中國原不少聰明穎悟之資，特事當創始，不能不於洋人中之熟習機營者暫爲雇覓數人，令中國人從事學習，務使該洋人各將優嫺之藝，授以規矩，傳其秘竅。該學習人等若能勞身苦思，究其精微，逐漸推求，久之即可自爲製作，在我可收臨陣無窮之用，在彼不致有臨時挾制之虞。臣等公同商酌，擬即在天津設立總局，專製外洋各種軍火機器。或雇何項洋人作教習，或派何項員弁作局董，揀選何項人物學習，或聚一局，或分數局教習，學習人等名數若干，薪水若干，材料、匠役及雜項用費若干，應由三口通商大臣崇厚悉心籌畫，妥立章程，咨明臣衙門會商定議。其一切款項，即由三口通商大臣酌定支發，准於關稅項下作正開銷。設局以後，所有隨時查考，試能否以定優劣，立賞罰以示勸懲，亦應酌立定章。總期力求實效，盡得西人之妙，庶取求由我，彼族不能擅其長，操縱有資，外侮莫由肆其焰。

所有請立軍火機器總局緣由，理合繕摺奏陳，伏乞皇太后、皇上聖鑒。謹奏。

同治五年八月二十八日軍機大臣奉旨：「依議，欽此。」

中國第一歷史檔案館等《中國近代兵器工業檔案史料》第一輯《户部奏核覆浙江機器局光緒十一年五月至十二年四月洋本各匠薪工等款摺光緒十四年十二月初八日》　户部謹奏：爲核覆浙江省機器局製造水雷等項洋匠薪工各款恭摺仰祈聖鑒事。

竊內閣抄出浙江巡撫衛榮光奏浙江省機器局廠製造水雷等項，委員采購外洋物料價值銀兩報銷一摺，於光緒十四年六月十一日奉硃批：「該部知道，欽此。」欽遵。抄出到部。查原奏內稱，自光緒十一年五月分起至十二年四月底止，先後赴滬定購采辦製造浮沉水碰雷、開花砲彈、電綫拉火、銅帽、槍砲鉛子等各項軍火應需物料價脚、局用薪資、匠工等款，共用過銀七萬三千一百餘兩，均屬實用實銷，委無例案可循，詳請准銷等語。嗣據該撫將清册咨送到部。

臣部即派司員按照原册逐款詳細稽核。查册開浙江省設立機器局廠，自光緒十一年五月起截至十二年四月底止，先後赴滬購買外洋製造各項物料價、脚以及司事薪水、各匠工食等項，共請銷銀七萬三千四百三十八兩八錢一分二釐，內除兵、工二部應銷銀五萬五千四百一十三兩五錢八分三釐二毫外，計臣部應銷銀一萬八千二十五兩二錢二分八釐八毫。內開列德國洋匠總目三名，各月支薪工洋一百二十元，每元按七錢二分合銀，每名核計支銀八十六兩四錢；水雷匠目六名，各月給工食洋三十元，每名核計支銀二十一兩六錢；又水雷匠目四名，各月給工食洋二十元，每名核計支銀十四兩四錢；水雷上等匠作二十名，各月給工食洋十六元，每名核計支銀十一兩五錢六分；水雷二等匠作三十名，各月給工食洋十二元，每名核計支銀八兩六錢四分；水雷三等匠作五十名，各月給工食洋八元，每名核計支銀五兩七錢六分；局內司事五名，各月給薪水洋十二元，每名核計支銀八兩六錢四分；局外司事五名，各月給薪水洋十元，每名核計支銀七兩二錢；拉火鉗匠十二名，各月給工食洋六元，每名核計支銀四兩三錢二分；銅鐵鑄模木各匠二十四名，各月給工食洋六元，每名核計支銀四兩三錢二分；藝徒、幫工十名，各月給工食洋四元，每名核計支(銀)二兩八錢八分；常年水火并雇挑運零星小工，共給錢二百六十七千三百四十四文，合洋二百四十三元。文、洋合銀一百七十四兩九錢八分八釐八毫。以上請銷各款，該省係屬初次造册報部，並無例案可循，臣部自應援照各省機器局銷過成案，逐款比較，酌定核辦。惟查光緒十三年該省原報部立案文內，計開總數共銀七萬三千一百十六兩一錢八分八釐，茲開列銀七萬三千四百三十八兩八錢一分二釐，計浮多銀三百二十二兩六錢二分四釐，除兵、工二部浮多銀兩自行核辦外，臣部計浮多銀二兩四錢六分四釐八毫，實與原報立案數目不符，應令照章删除。其餘請銷銀一萬八千二十二兩七錢六分四釐，核與各省銷案開支細數或減或增，均不相上下，自應一律准銷。至册內開列小工名目並未分晰工若干，每工支錢若干，合洋若干，似屬籠統，嗣後造册應令分晰開列，以昭核實。

所有核覆浙江省機器局銷款緣由，理合恭摺具奏，伏乞皇太后、皇上聖鑒。

謹奏。

光緒十四年十二月十三日奉旨：「依議。欽此。」

中國第一歷史檔案館編《清代檔案史料叢編》第一〇輯《總理各國事務衙門清檔・督辦軍務處爲工程隊營制餉章事致總署咨文（附清册）》（光緒二十二年三月十五日）

三月十五日，督辦軍務處〔文稱〕：

案據督練新建陸軍浙江温處道袁世凱詳稱，竊照章京前次擬呈新建陸軍營制內因造橋梁、築壘臺、平道路、製地雷、設電綫、修槍砲、架械器、繪輿圖、供測量、習化學各項工匠學生頗乏，其選材質優劣不一，薪水亦多寡難定。僅擬照步隊一營人餉數目稍減，約定計每營一千人，限支月餉銀八千兩，並聲明詳細制章，俟編選得人另行稟報。去冬章京抵營後，即先就前定武軍本有員匠，認真考擇，仍廣募精選分編，造橋梁爲橋梁一司，並築壘臺、平道路爲地壘一司，以製地雷爲電雷一司，並修槍砲、架機器爲修械一司，並繪輿圖、供測量、習化學爲測繪一司，以設電綫爲電報一司，共分六司，各設隊官一員管理之。先建半營，共計官弁兵夫五百二十一員名，馬六匹，月支餉銀三千九百九十六兩四錢，核與原每營一千人，月支餉銀八千兩，減半編支尚屬相符。惟該營管帶一官，學須博雜，考查中國員生均難勝任，擬募聘洋員充當，即以管帶薪公作爲洋員薪俸，另行遴派華員幫帶，助其約束料理，並令該洋員教授各隊員弁兵生，期將應用各學逐一諳習，實事求是，庶餉無虛糜，且養就人材，亦可爲將來武備之選。除俟募定洋員再行稟報外，理合先將詳擬營制餉章繕造清册二樣三本，呈請鑒核，分別轉咨備案等情。據此，除批據稟工程營營制餉章詳加披閱，均有條理，准即照辦，仰候將所呈清册分別咨行備案繳印發外，相應將清册一本咨行貴衙門查照備案可也。

照録清册：

督練新建陸軍二品銜正任浙江温處道袁世凱，謹將續擬工程隊詳細營制餉章造具印册，恭呈鑒核。

計開：

管帶官一員，每月薪公銀三百兩。幫帶官一員，每月薪水銀六十兩，公費銀八十兩。文案一員，每月薪水銀二十二兩。委員一員，每月薪水銀二十二兩。

護勇八名，每名月支工食銀五兩五錢。號兵六名，每名月支工食銀五兩五錢。長夫十名，每名月支工食銀三兩。以上官員勇夫，共二十八員名，共月支薪食銀五百九十一兩。

管理橋梁司隊官一員，每月薪水銀四十兩，公費銀二十兩。隊長二員，每員月支薪水銀二十兩。書識一名，月支薪水銀八兩。護勇四名，每名月支工食銀五兩五錢。長夫四名，每名月支工食銀三兩。

木工四隊，正頭目四名，每名月支工食銀八兩。副頭目四名，每名月支工食銀六兩五錢。木工兵三十二名，每名月支工食銀六兩。伙夫四名，每名月支工食銀三兩三錢。

鐵工一隊，正頭目一名，每月薪水銀八兩。鐵工兵九名，每名月支工食銀六兩。伙夫一名，每月工食銀三兩三錢。

繩工二隊，正頭目二名，每名月支工食銀六兩五錢。繩工兵十八名，每名月支工食銀五兩五錢。伙夫二名，每名月支工食銀三兩三錢。

水工二隊，正頭目二名，每名月支工食銀七兩。副頭目二名，每名月支工食銀六兩。水工兵十六名，每名月支工食銀五兩。伙夫二名，每名月支工食銀三兩三錢。

以上官弁兵夫，共一百一十一員名，共月支薪食銀七百一兩七錢。

管理地壘司隊官一員，每月薪水銀四十兩，公費銀二十兩。隊長二員，每員月支薪水銀二十兩。書識一名，每月薪水銀八兩。護勇四名，每名月支工食銀五兩五錢。長夫四名，每名月支工食銀三兩。

築工四隊，泥瓦匠。正頭目四名，每名月支工食銀八兩。副頭目四名，每名月支工食銀六兩五錢。築工兵三十二名，每名月支工食銀六兩。伙夫四名，每名月支工食銀三兩三錢。

石工一隊，正頭目一名，每月工食銀八兩。石工兵九名，每名月支工食銀六兩。伙夫一名，每月工食銀三兩三錢。

筐工二隊，正頭目二名，每名月支工食銀六兩五錢。筐工兵十八名，每名月支工食銀五兩五錢。伙夫二名，每名月支工食銀三兩三錢。

土工二隊，正頭目二名，每名月支工食銀五兩五錢。土工兵十八名，每名月支工食銀四兩五錢。伙夫二名，每名月支工食銀三兩三錢。土夫八十二名，每名月支工食銀三兩。

以上官弁兵共一百九十三員名，共月支薪食銀九百三十三兩七錢。

管理電雷司隊官一員，每月薪水銀四十兩，公費銀二十兩。隊長二員，每員月支工食銀二十四兩。書識一名，每月薪水銀八兩。護勇二名，每名月支工食銀五兩五錢。長夫四名，每名月支工食銀三兩。

管雷司事六名，每名月支薪水銀十六兩。學兵十名，每名月支工食銀四兩。伙夫一名，每月工食銀三兩三錢。

雷兵三隊，正頭目三名，每名月支工食銀九兩。副頭目三名，每名月支工食銀七兩。雷兵二十四名，每名月支工食銀六兩。伙夫三名，每名月支工食銀三兩三錢。

以上官弁兵夫，共六十員名，共月支薪食銀四百八十兩二錢。

管理修械司隊官一員，每月薪水銀四十兩，公費銀二十兩。隊長一員，每月薪水銀三十兩。書識一名，每月薪水銀八兩。護勇二名，每名月支工食銀五兩五錢。長夫四名，每名月支工食銀三兩。

機器司事四員，每員月支薪水銀二十六兩。學兵十名，每名月支工食銀四兩。

修砲鐵工一隊，正頭目一名，每月工食銀十二兩。副頭目一名，每月工食銀十兩。鐵工兵八名，每名月支工食銀八兩。伙夫一名，每月工食銀三兩三錢。

修槍鐵匠二隊，正頭目二名，每名月支工食銀十二兩。副頭目二名，每名月支工食銀十兩。鐵工兵十六名，每名月支工食銀八兩。伙夫一名，每月工食銀三兩三錢。

修械木工一隊，正頭目一名，每月工食銀十二兩。副頭目一名，每月工食銀十兩。木工兵八名，每名月支工食銀八兩。伙夫一名，每月工食銀三兩三錢。

以上官弁兵夫，共六十六員名，共月支薪食銀六百一十八兩九錢。

管理測繪司隊官一員，每月薪水銀三十兩，公費銀二十兩。護勇二名，每名月支工食銀五兩五錢。長夫四名，每名月支工食銀三兩。

測繪司事六名，給馬六匹。每名月支薪水銀二十二兩，馬乾銀五兩。印花司事四名，每名月支薪水銀二十二兩。學兵四名，每名月支工食銀四兩。

測繪兵一隊，正頭目一名，每月工食銀七兩。副頭目一名，每月工食銀六兩。正兵八名，每名月支工食銀五兩。伙夫一名，每月工食銀三兩三錢。

印花兵一隊，正頭目一名，每月工食銀七兩。副頭目一名，每月工食銀六兩。正兵八名，每名月支工食銀五兩。伙夫一名，每月工食銀三兩三錢。

以上官弁兵夫，共四十三員名，馬六匹，共月支薪食馬乾銀四百五十一兩六錢。

管理電報司隊官一員，每月薪水銀三十兩，公費銀二十兩。護勇二名，每名月支工食銀五兩五錢。發報司事四名，每名月支薪水銀二十二兩。長夫二名，每名月支工食銀三兩。

工匠一隊，正頭目一名，每月工食銀七兩。電工兵九名，每名月支工食銀六兩。伙夫一名，每月工食銀三兩三錢。

以上官弁兵夫，共二十員名，共月支薪食銀二百一十九兩三錢。

總共官弁司事兵夫五百二十一員名，馬六匹，每月計支餉銀三千九百九十六兩四錢。

《韓非子·解老》 工人數變業則失其功，作者數摇徙則亡其功。一人之作，日亡半日，十日則亡五人之功矣；萬人之作，日亡半日，十日則亡五萬人之功矣。然則數變業者，其人彌衆，其虧彌大矣。凡法令更則利害易，利害易則民務變，務變之謂變業。故以理觀之：事大衆而數摇之，則少成功；藏大器而數徙之，則多敗傷；烹小鮮而數撓之，則賊其澤；治大國而數變法，則民苦之。是以有道之君貴静，不重變法。故曰：「治大國者若烹小鮮。」

傅蘭雅口譯、丁樹棠筆述《製火藥法》卷一《論火藥源流》 刱製火藥爲何代何國何人倡之，已無實據可考。第各西國相傳，法本東來。考中國及印度國古籍所載，自古迄今，已解此法，至刱造之孰先孰後，則代遠年湮，亦難追辨。大抵因有數處土面産硝，人或於此生火，見硝能燃，且令火勢增烈，乃取炭合硝燃之，因稍悟藥性，即略會製藥之法，雖未添入硫質，祇硝炭二物，已敷製藥之用。惟此説僅屬臆見，縱略悟其法，亦非亟亟於製造火器。想其始，或第爲炸石並爆竹等用。洎製造火器之法徧傳各國，精益求精，於是自古各等兵器，如弓矢刀矟等物漸就廢置，以大小鎗礮代之，故一切戰事，莫不隨之改變矣。

近數十年來，有諳習化學之士，查有别物堪以代之，較藥力勝數倍。然火藥所以沿用至今，歷久不廢者有故，蓋由别物代藥，有極危險者，或一經著手，或稍觸動，立能轟烈，多不便用。故燃火過速者，用於鎗礮，彈子尚未動，而早已燃畢，氣必速散，定有炸裂之患。若燃火過緩者，彈子已出而猶未燃畢，亦徒虚糜藥力。更有易銹壞鎗礮者，用之未久而器已損，遂成無用。又有成燼較多者，亦未便用。唯配製如法，始無燃速及燃緩之弊。至銹壞鎗礮内質一弊，尚難全免。蓋製藥所用硫硝炭三料，大約隨地有之，而價亦廉，且製造之法不甚費工力。第有數種流弊：一、生爐質而其質污。二、發煙氣而其氣濁。三、藥質易壞。第四、占地過多，分兩亦重，往來攜帶不便。若有明於化學者，能另尋一物，有火藥各種益而無其各等弊，則火藥亦可由此而廢矣。近新設棉花藥，泰西有數國略用之以代火藥，但此物益處雖多，然新設未久，不知究能勝火藥否，再閱數載，其法傳遍各處，則兩者相較，自分等差。

查西國載籍，知六百餘歲以來，西國已諳用火藥。嗣查五百六十餘歲以來，即載有用鎗礮之説，惟彼時所用之藥與今大異，歷傳而後製法每易代而愈巧。昔祇以人力或以粗器與粗料成之，今則以絶巧輪器，倣化學之理分製藥料，以視昔之所製精粗何如。西國昔時製藥，取炭硫硝三物，磨至極碎而調勻之。嗣有人悟成粒之法，恐以水調勻易損藥質，乃易以醇酒等物，則今昔所製之藥，其力相去較遠，從可知也。

自昔製藥所用各料分兩與今不同。如三百二十年前，以大利國書中，載製藥各方二十五則，内有一則，用硝一分，硫一分，炭一分。又一則，用硝十八分，硫二分，炭三分。二方所成之藥非極利用，而其餘者槩不過如是。今若倣其法爲之，更屬無當於用。但彼時藥力較今更小，恐因礮質不堅，僅與此等藥力相稱，或其時尚不解製力厚之藥也。

近各國製藥所用三料之重數無大異，惟倣各等藥之用處，以定三料之分兩。現有化學士，化分各處所製之藥，每百分重所得各料之數如左：

	水	炭	硫	硝
中國大粒藥	一、六	一五、七	一一、三	七一、四
英國大粒藥	〇、八	一四、八	一〇、〇	七四、六
美國大粒藥	〇、七	一四、七	七、六	七七、〇
英國大粒藥	〇、八	一四、一	一〇、五	七四、六
英國大粒藥	〇、八	一三、七	一〇、一	七五、四
英國小粒藥	〇、六	一四、九	九、七	七四、八
法國大粒藥	〇、九	一二、五	三、六	七四、〇
比利時國大粒藥	〇、八	一三、五	一〇、〇	七五、七

（續表）

	水	炭	硫	硝
美國大粒藥	一、〇	一四、九	九、七	七四、四
普魯士國大粒藥	〇、六	一二、八	一〇、〇	七六、六
普魯士國小粒藥	〇、七	一二、八	一一、〇	七五、五
奥地利國粒藥	〇、八	一四、七	九、一	七五、四
瑞顛國大粒藥	〇、八	一四、六	九、七	七四、九
俄羅斯國小粒藥	〇、五	一五、七	九、四	七四、四
瑞士國圓粒彈藥	〇、八	一七、八	一〇、三	七一、一

傅蘭雅口譯、丁樹棠筆述《製火藥法》卷一《取硝及提硝之法》 硝有二等，一爲硝强水與鉀養化合而成，二爲硝强水與納養化合而成。其第一等乃製藥所用，如中華及印度等國，常有硝質積生土面，其狀若霜，又有數處於洞内敗石中取出硝者，亦有數處向土下尋得之。分硝之法，以多土浸入水中，使硝化出而土沈下，所得硝水，置入一池曝濃數日後，將水傾入盆内，以火沸之，即成硝粒，此爲最粗之硝，每百分内十分爲土質。凡不産硝各國，必應設法製之。如各西國製硝常法，將各植物動物之質，並壁間舊石灰與燃木煤炭等物之灰燼積作巨堆，堆下先舖細泥一層使不漏水，上蓋一棚以備天雨，堆前面令平直，以當常至之風，其後面以次漸下如階。取各圂廄所得溲溺暨人溺等傾於堆上，俟空氣約熱六十度至七十度，堆内各質漸成含硝强水之質，流至直面，遇風而溼氣化散，其質自凝結如霜，久之合堆面之土刮下數寸浸於水中，質自消化。其以所餘之土，仍增置堆後各級上，至二三歲，全堆之質俱熟，可盡入水中浸之。

第一圖

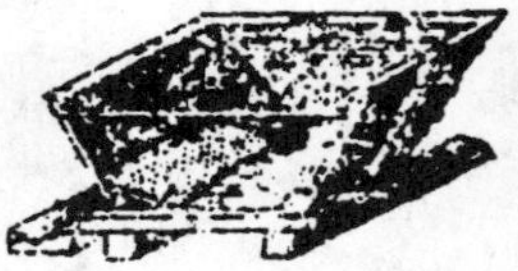
第二圖

浸土融硝之法：以此土質，置水桶或木盆内亦可。如用木桶，可列爲一行，傾水入第一桶土質上，水由桶底滲出，即入第二桶中，以下各桶皆如之。用水益少益佳，因硝易化出，可省燃料，視水濃時，以量硝表量其濃數，約水每一百分，有硝十二分至十四分即可入鍋煮之，仍如前加水入桶中，至土内之硝盡出爲度，此土質仍留下次作堆。盆式如第一圖，以堅木爲之，長十六尺，寬八尺，深四尺，向一旁下穿數孔甲甲甲，孔内有小管能引水至外槽丙，置盆常令略斜，以便水流，如第二圖。盆内有板戊戊，穿多孔如濾路，斜置盆角，令水流下而土仍不得出。己己爲鐵桿，夾盆兩旁，使其牢固不散。又乙乙乙爲木板，卯卯爲鐵皮條，以鈐制之，每盆能容硝土質二百十八立方尺。取硝土質入盆後，即加水浸之高於土質四寸，停蓄一日，俾水放出，入次盆土質内，再加水入第一盆内，至所出水内約含硝一百分之一，則另换土質，以换出者留下次作堆。如土質每五方尺有硝八磅，則一盆内之土質，必得硝二百五十六磅。初次放出之水，每百分必含硝十分，此水不特含硝，尚含鈉養淡養、鈣養淡養、淡輕養淡養、鉀緑、鈣緑、鎂緑、淡輕養炭養，另有數種生物質，必先將各含淡養之質，變爲鉀養淡養。法將鉀養炭養，或鉀養硫養或鉀緑消化於水，加入前水攪勻，則鈣養炭養、鎂養炭養結而下沈，水内僅含鉀養淡養、鉀緑、鈉緑，如衹用鉀養硫養，其所結成者爲鈣養硫養，則其不結者爲鎂養硫養，必再加鈣養水，則鎂養硫養，亦結而下沈矣。

如前法所得硝水，以鍋煮之。鍋式如第三圖。

第三圖

未爲爐柵，甲爲門，申爲灰膛，乙爲風門，呷爲銅鍋。火先與鍋底遇，嗣循兩旁之路丙丙而上，而鍋兩旁皆熱，再向上行至次鍋乙之下，於鍋下循路偏繞至煙通庚，庚上有門天，以制火之大小。煮時常有污物上浮，必以器取出之。煮至數小時後，水内數等定質，將結於鍋底，若不取出，則鍋必燒壞。法用一器寅，以鐵鍊懸之，有滑車辰，以便起落。煮時鍋内沸滚，而器内則否，故浮質必沈至器内不出，須隨時取出復懸入。至水將濃，則鈉緑與鈣緑在水面結而下沈，亦在此器取出。至已濃，取少許傾於冷盆上，若速凝結，即無庸再煮，可留十五小時五十八小時，令其澄清，傾入大銅盆，加熱至一百二十二度，使水化散稍濃，則結成硝粒。若見色黄，是硝内仍含鉀緑與鈉緑，必再提之至未結之水，仍入前鍋煮之。

提硝使浄之法：如前硝粒内含鉀緑、鈉緑與生質約四分之一，鉀緑、鈉緑最難去盡。製藥之硝，每三千分内，含此二質不可過一分，可見分出此質，爲最要之事。提生硝法：取生硝六千磅，置入大銅鍋内，先加水一千二百磅。因生硝每百分内約有鉀緑六分、鈉緑十四分，故六千磅之硝，除别等異質外，必有鉀緑三百六十磅，鈉緑八百四十磅，硝四千八百磅。蓋以一千二百磅之水，俾及沸時，竟能消化鉀緑六百八十四磅，鹽三百二十四磅，硝四千八百磅，是必硝内猶有鹽五百十六磅未經化融者，其已化三百二十四磅之鹽，必與鉀緑並硝消化爲水，傾入盆内，俟硝沈結，再换淡水八百磅，取已提之硝五分之一，稍加熱至次晨續入四分之一，再加熱，嗣又如之。及硝添畢，常以桿撥之，所有上浮各質隨時取去，既經化盡，略煮少傾鹽即下沈鍋底，以勺撈取棄之，再入膠二磅，其中所有異質必附膠而上，去之甚易，至更無别質上浮爲度。然必常加熱至一百九十度，俟各異質俱沈下，取其清者傾入銅盆内，盆式如第四與第五圖。盆底自兩旁斜下，狀若菱角，左右自上斜下，以螺絲釘於兩旁木柱甲甲上，於鍋内取清質硝水傾入盆。時切勿令鍋底濁質騰上。及清質入盆後，約六七小時，試其熱度與空氣之熱度等，即以木條頻頻撥之，俾勿成大粒，少頃即爲最細白粉或形如細針，隨將已結之硝，擁向盆面高處，令水自流下低處，乃取硝出置洗硝盆内洗浄備用。至所餘硝水約一千二百磅，其内微含鈉緑、鉀緑。設硝水冷至六十五度，則前所用淡水消化硝四千八百磅，鹽三百二十四磅，鉀緑三百六十磅，及硝成功，餘水内仍含銷三百四十八磅，鹽三百十八磅，鉀緑三百九十六磅。故僅成硝粉四千四百五十二磅，其内尚含鹽約六磅而無鉀緑，則所成硝粉

第四圖

第五圖

每千分内約含鹽一分，若硝水冷至五十度下，每百分内最多約含盡一分。

溼硝粉所含鹽質，有法可洗出硝内之水，並同時洗出硝内之鹽。取已提浄之硝，入清水化融至不能再融，即將此水傾入所成溼硝粒上，此硝水固不能再融硝，亦不能再融硝粒内之水，惟能化融硝粒外之餘水及綠氣質，與清水化融者無異。硝粒異質既經除去，再以清水與浄硝化融之水傾於其上，令其流入粒間空處，至硝乾時乃爲成功。洗硝之盆，如第六、第七圖。長十尺，寬四尺，其式與第一、第二圖略同，惟有二底，底内作多孔，使乙孔所流之水，可從管出，至丁槽。硝粉入盆宜高，積作尖堆形，切勿平堆，蓋傾水入硝硝自縮減，故必預爲滿積。先用一澆水壺，於每盆硝粉上傾硝水六十磅，陸續傾至一百四十四磅，乃閉盆底塞門。待二三小時，一切綠氣質既經消化，即開塞門，令水流出。至一小時再傾硝水如前，後再加硝水二十四磅。其第一次所流之水並第二次初時所流之水内，尚有綠氣質隨硝帶出，必令其流入前盆内。至第二次所出硝水，及第三次所出硝水，其約六十磅，即無甚異質，可存之入第二次洗硝盆。計初用硝水一百四十四磅，其後祇須添新硝水八十四磅，硝粉洗畢，於盆内存數日，令一切水質流出，乃取出置乾，硝盆上稍加熱而常動之，乾後入箕搖獲，擇成塊者取出研碎，此爲浄硝。倣尋常製法，每用生硝六十擔，提後可成浄硝三十五擔至三十六擔，此硝無論作何用處，無不合式，即用以製上品火藥亦可。

又有提硝別法，雖略省工，第恐既成後與此相較，其浄質稍遜耳。

試硝内所含之鉀綠與鈉綠，取硝以清水消化之，嗣加銀養淡養水入内，若無結成豆腐狀之定質，即知爲浄硝。

第六圖

第七圖

傅蘭雅口譯、丁樹棠筆述《製火藥法》卷一《取硫及提硫之法》 火山相近處，常遇浄硫寓土石層間，或與土石相合。又徧地球所産金類之礦，常有硫與金類化合。各西國所用之硫，多爲以大利國南西西里地所出，其地取硫之法，以土石置火爐内，土石中略添燃料，以泥土蓋之，使稍通空氣，以火引之，及料燃則硫遇熱即漸漸融化，徐由爐底孔中而出。但硫亦有燒去者，土石每百分内，約有硫十二分，以此法取之最便。若硫不及此數，必將土石加熱，令硫化氣再使凝結而成硫。西西里地用瓦罐兩行，如第八圖。甲爲罐，滿盛産硫土石，入長火爐，罐旁有小管引硫，氣至爐外入乙罐内，硫氣即凝爲流質，由罐底小管流出入水桶内，所得者爲粗硫，每百分内有土質三四分。

金類礦之含硫者，以銅硫礦、鐵硫礦内爲最多，其鐵礦色黄者，常於煤層間及海濱亂石内遇之，每塊形微圓而外生銹，碎之覺内有光如金，加以大熱，可發出硫質一半，尋常火爐祇能發出四分之一。煅礦之器，用火泥作圓錐形管置入火爐，如第九圖。大端以蓋蓋之，小端以穿孔之板蓋之，以出硫氣。每鐵礦百磅，能出硫十四磅。所得硫色稍綠，其内尚微有鐵質，必提之，乃合用。若銅礦於未錬礦取銅之先，可煅出硫質。法取銅礦於地面成堆，爲棱錐形，堆底面約三十尺。其下先布碎銅礦一層，以遏空氣速進。乃布薪木一層於上，堆中置木烟通。薪木間空處與烟通相貫。取銅礦巨塊者，列烟通四周，高八尺，堆面周迴布碎銅礦，約深一尺，如此作堆，可煅銅礦二千噸，得硫二十噸。煅法：取已熾薪木投入烟通内，則堆下燃料因空氣未能速進，然火必緩，越數日，乃見硫於堆面流出，即向堆面作數空處爲收硫之所，至數月後而功成。攷此硫内常帶鉀養。

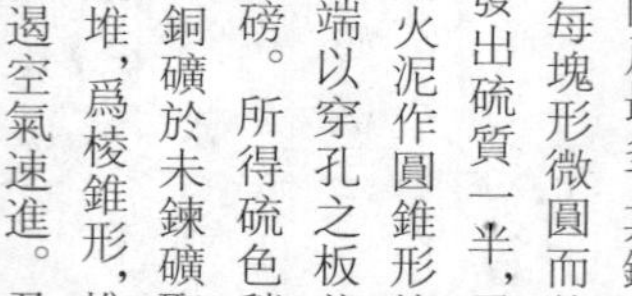
第八圖

第九圖

第十圖

提硫之法，英國常用鐵甑。如第十圖。甲爲鐵甑，內盛粗硫，下燃以火，硫自發氣，引至一大磚倉乙，硫霧即凝於倉旁成淡黄粉，及凝硫既多，倉壁極熱，則硫粉融而流下，俟其流出，入木模成條。又一法，令甲甑所發之霧入小器丙內，器外有冷水以凝硫質，取此等料製藥，是爲最善。

提生硫便法：使融而澄淨之用銅鍋，徑約二尺六寸，深約一尺八寸，再大即不便用。設已有大鍋，可勿盛滿，衹照此鍋尺寸入料亦可。蓋欲多融硫質，火力大小，極難使之合度。若鍋體較此倍大，則融硫之火亦必加大，但火力過大易損硫質，或致燃火。常法：取硫塊打碎，鍋下稍爇火，以鏟盛硫入鍋內，每一鏟已融，復以一鏟添入，及硫盡融，常以鐵器撥起之。撥硫鐵器，稍塗以油，使硫質不得粘結。尋常每提硫一鍋，必須四小時工夫硫始沸起，所有泛出不淨之物，隨即取去。約停三小時，俟火漸熄，視硫面有小粒類針上凝，立以大勺汲硫入木桶。其鍋底之質無庸傾出，蓋因此質尚屬未清。俟桶內之硫凝爲定質，即取出碎之，其所帶異質，必輕者上浮，重者下墜，亦有凝於桶周者，可將異質之重者，分爲生硫再爲另提，而其輕者爲半淨之硫，依法復融一次，即得全體淨質。以之製藥，可爲合用之品。

試硫之法：以硫少許入淨玻璃器，置酒燈上煏之，使燒，若每硫百厘重，所餘之質應以小至不能上稱之數爲最佳。又有一試法更爲加詳，取硫一分，重磨極細粉，與松香油十五分重調合，以火煮沸之，則硫可消化，而異質自沈於下，乘其尚熱傾出清者，取異質稱之，即得其數。

傅蘭雅口譯、丁樹棠筆述《製火藥法》卷一《製炭之法》 火藥優劣，多視炭質之上下爲別，而炭質之上下，多倚其質爲何料所成，何法所製。可知製炭之法，爲製藥要端。西國有博學士曾試各料中何料最爲合式，法取各料煅炭，用炭重十二厘，與硝重七十二厘調勻燃之，看燃畢時，時刻多少及燃後餘質若干重。列表如下：

蔴楷	十秒	餘質重十二厘
葡萄樹枝	十二秒	餘質重二十厘
雞荳楷	十三秒	餘質重二十一厘
松木	十七秒	餘質重三十〇厘
阿利打木	二十秒	餘質重四十一厘
馬栗木	二十六秒	餘質重三十六厘
核桃木	二十九秒	餘質重三十三厘
枯煤	五十秒	餘質重四十五厘
白糖	七十秒	餘質重四十八厘

又曾以米粒粉漿雞卵白血皮等物作炭，照前法試之，但燃時不聞作響，止不便製藥之用。

由此可見，嫩木能成極品之炭，而動物質所製之炭，乃極下而最不適用者。若用外國礬紙，亦不合式。因此帶膠質惟蔴線及舊蔴布所煅之炭，爲製藥最上等之物，如呂宋國喜以蔴楷作炭製藥。凡用木製炭，必去其皮，因皮內有木汁各質，如膠糖鹽等類。又除去小枝及葉。其已成木而未老者，徑自一寸至二寸，能成上等炭，除去皮後可露積空處，令雨水洗去木汁各等質。

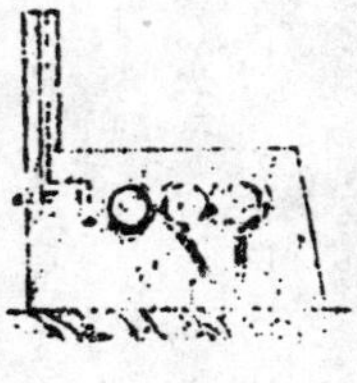
第十一圖

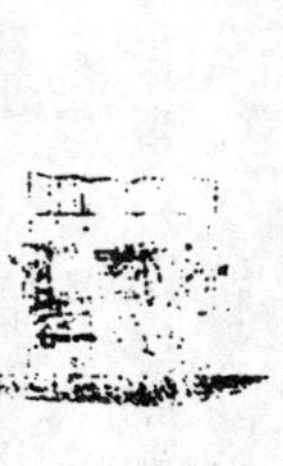
第十二圖

燒炭常法：取木置鐵桶中，桶外加熱，木質所發之氣，有管引出散之，或仍引入火爐燒之。但依此法煅炭，必宜極慎，勿令熱過多或過少，故特設火爐以煅炭。其鐵桶置入爐內，如第十一圖、十二圖。丙丙丙爲生鐵圓桶，桶前端露於爐外，以哌哌哌三門蓋之極緊，使空氣不能入。桶後端入壁內，於壁內作兩管呷呷，其兩管與前空處酉相貫。兩管用處：一、引出木質所發之氣，一、便取出少許視其已成功否。未未爲爐柵，爐上作拱形，拱內作多孔，令熱氣上騰。火循路戌戌繞至三桶下半周，繼乃繞至上半周，後由烟衝啐散去。吧爲風門，吶叮爲取灰之路，燒火時必密閉之。置木入桶之法：先取木斷爲塊，置巨塊於外，以小塊置內，每爐容鐵桶三具，每桶入木百磅爲度，若過此數則難成上等炭質。欲燒火時，先將爐與鐵桶各空處以泥封密，勿使空氣漏洩。燒至五小時後，木質所發之氣極多，欲知爐內火候足否，或視氣之色，或取出視其炭紋俱可。至發氣已停，啓哌哌哌三門，取炭出置生鐵器內緊閉之，令其漸冷，或浸水中滅其火，但此法未善。因炭曾入水，至製藥時，配合分兩，未知其內藏水若干，難求定準，用以製藥，不無差謬。

凡多製火藥之處，如前法用三桶燒成，須再備三桶，俟前桶取出，以所備三桶易之，可省燒料多許。若桶四周有火所不到處，必有木油凝滴炭上，其炭即爲無用，以尋常火爐計之，每料百磅内，必棄去五磅，即火爐之佳者，亦必棄去半磅。至煅成炭色，皆倚所受之熱度爲别，或已煅至紅時，每百分内有九十分爲炭質，有七八分爲輕氣等質。凡以上等木料煅成，其色藍黑，磨碎視之，光如黑絨，其質必輕，以物擊之作響，其質又極堅。或未煅及紅時，僅至五百四十度，此名紅炭，每百分内，有七十分至七十二分爲炭質，餘二十八分至三十分爲輕氣與養氣。又如前法煅炭，候所出之氣至色黄時，滅熄爐火，遂成紅炭，磨碎視之，其黑色亦類黑絨，引就火中，光作藍色，此炭較前所稱黑炭用爲燒料，燃火較易，火勢亦烈，因不易傳熱也。若用作火藥，亦更易燒，但所含之輕氣等質較多，故必比黑炭多用。不特所成之火藥性鬆，易致粉碎，且易收空氣内之水氣，及至燃發養氣與輕氣化合成水，而能收火藥所發各氣之熱，故藥氣之張力減小。英國凡作各等火藥，皆喜用黑炭，惟法蘭西與比利時國所作獵藥，則用紅炭，軍中火藥仍用黑炭。但製炭勿令火爐過熱，若過於熱即成黑炭。

近在法蘭西與米利堅比利時國，有人設立新法，用最熱水汽製炭，此法須用外中内三層鐵桶，如第十三圖。内桶甲，周迴作少孔，盛木料於桶内，桶下有螺絲形鐵管丙丙，一端叮入鍋鑪，一端戊入外鐵桶之底呷呷，己爲火鑪，能燒木料或枯煤，令螺絲管内之汽，更加熱外層鐵桶呷呷之口，有熟鐵板爲蓋，其外另有兩熟鐵門，使熱汽不得外散。内層鐵桶甲，有一小管庚，以放出熱汽與木料所發各等氣。爐中燃火螺絲管可速成熱，俟熱至三百度，百分寒暑針度。即開味塞門，放水汽入螺絲管内，則汽過管時方得極熱。由呷呷外桶至内桶甲，熱汽進至木之細孔，木質自能成炭。及汽已過木，始由小管庚透出，其木内所發各等氣並引出之熱汽過桶時，必較空氣壓力加至一半，乃能傳出各等氣。若加至一倍，各等氣之傳出更速，設熱汽未足，祇得空氣壓力四分之一，則木内之栢油不能外發，所成之炭，面必光如蠟，此爲次等炭質，惟極粗火藥可用之。如依前法作炭，炭質可令極細，面上更無光蠟之狀。至各等顔色，或黑、或樱、或赤，皆倚水汽之熱度多少，與時之久暫以爲差等。鐵桶内每次盛六十磅至七十五磅之料，燒火工夫自一小時至二小時，盡日可燒至六次，每日得最好木炭一百一十二磅。

第十三圖

有人試得以火成炭，又以熱汽成炭，木料多寡相等，比較得炭之數與所成炭質之優劣，無甚分别。用熱汽，每百分木可得炭四十二分七二，若用火煅，每百分木可得炭四十二分八。

有出木最旺數處，其煅炭之法，與煅煤作枯煤之法大約相等，火爐爲平底，上作彎拱形，前後各有一門，將木盛滿火爐内，即開兩門以燃火。待燒至數刻及火烈時，掩閉一門，所發烟氣即從所開一門透出，候烟燄已息，並閉第二門，少頃取炭出，置入鐵箱内，封極完密。但用此式火爐雖省時候，究不如前法之便，因成炭雖多，不適用者過半。至居民常用之炭，其製法於地面積木爲堆，上覆泥土，然後燃火，但此炭不免沙礫夾雜，若磨碎配藥，以鐵輪碾之，沙礫與鐵輪摩擊，最易生火。又有數處於地中作圓坑，圓坑内四周以磚鋪平，深六尺，徑十二尺，可煅木料二千二百四十磅。煅炭時，先備輭坭及絨布，取木料各爲束，每束數百株。木料分作上下二層安放坑内，上層出坑面四尺，用一竿横置坑中，於竿上兩旁分架木料，取薄板片及枯藁等易引火之類，厝於竿底，前面留空爲燃火之處，火既燃，仍以木料數束密掩其空，不使空氣進内。煅至片時，竿木爲烈火焚折，木料隨竿而下，至成炭熄火後，取絨布蘸水蓋於炭面，又以泥土添蓋其上，以人力蹴之，令極完緊，三四日後方可取出，尤須擇去各炭中之未成炭者。每木料百分内，其成炭自十六分至十七分者，即爲最多。然以坑製炭，多夾沙土，亦非善法。又有用有蓋鐵鍋製炭者，每木料百分内，可燒得炭二十三分。第無論或用坑、或火爐、或鐵鍋，所成均爲黑炭，惟依前用鐵桶之法製成者，名曰甑炭。

鄭觀應《易言·論火器》 原夫經世之道，保民莫先於富國，保富莫要於强兵。而兵不自强，善其事必先利其器；器非易利，有治法尤貴有治人。

方今中外通商，華夷錯處，小則教堂滋事，各省糾纏，大則兵舶示威，多方恫喝。誠歷代未經之變局，亦智人難測之危機。惟是欲善懷柔，格被既窮於文教；欲籌戰守，備儲端賴乎軍資。此火器之亟宜製造也。

嘗考西人構戰，專用火攻，其器固以鋼砲爲良，更以德人克鹿卜砲爲最。緣鋼産莫佳於德國，而克鹿卜之製煉尤精。以故名噪諸邦，六大洲皆嘆爲不如，争相購辦。其所製十二磅彈小鋼砲，尤能制勝。蓋砲體輕則易於運動，砲質堅則經久如新，子路準則易於傷人，砲身長而膛有來復螺紋，逼子運行，則命中而及遠。所用開花彈，皆煉雙層鐵體，外裹四銅箍，已遠勝於裹鉛之彈。況他彈僅炸四十餘片，雙層之彈可炸百數十片。計藥不過一磅，其力竟及於數十里之遥，較之洋槍，殺敵多而用人少。此陸路山行之利器也。又有新製氣毬小砲，彈配開花，制如後膛。其式與擡槍仿，略大而長；其用與搭提同，復靈而便。放平則擊敵騎，側上則擊氣毬，故有是名，與十二磅彈砲同功。此水陸近攻之利器也。他如舊製四十磅、八十磅、百二磅彈，極於一千磅而止。鋼砲亦極於七十一墩而止。大率體堅路準，迅猛殊常，火砲中久推神品。獨是身長體重，運載良難，宜防守不宜戰攻，不若小砲輕利。然比之他國前膛砲式，其利鈍相去霄壤攸分。此爲水陸專防之利器也。查西國砲式甚多，何暇縷詳以分軒輊。此三者，則首屈一指，獨步一時，中外交推，絶非一人之私見也。

至於洋槍，從前皆用前膛。自美國林明敦後膛來復槍出，各國皆改製仿傚。未幾，德之馬體尼槍，英之馬體尼亨利槍，接踵而出，同制異名。今德國又新出後膛茅塞槍，裝放愈便，每分鐘可放二十子至二十二子，遠及一千九百邁路，允爲洋槍之冠。馬體尼及林明敦次之。他國可勿論矣。要之洋槍必須後膛，其提裝擶放遠而且速者，乃能以快擊慢，以少擊多。其槍之機器，又須件數少而製造精者，然後易於修理。

且也放小砲用小粒火藥，大砲用大粒火藥，放水雷用棉花火藥，各稱其宜，而德之六角七蠢藥尤爲耐久，力猛殊常。彈子之名，雖有開花鋼彈、開花生鐵彈、生鐵群子彈、洋鐵管散子彈種種不同，更無有出於德國雙層銅箍之右者。至槍彈皆用子藥，然必須外加銅托，方無遲誤之虞，斷不宜用紙托以圖省費。

其砲架及後膛槍砲之後門火管各件，無論或買或造，均宜多備一副，倘或對敵失利，即拔出後門火管自行携去，縱爲敵人所得，亦無所用之。按普國所用火器，專恃墨迭兒魯士砲，迥與别砲不同，制度略如六門槍。四周有八輪皆可旋轉，每輪納彈三十七枚，一分鐘可施放八輪，發彈二百九十六枚。砲形不甚廣巨，其用極爲迅速，八輪皆可以螺絲嵌入，不用之時，即可卸置。倘臨陣敗北，即分散委而棄之，非如前膛槍砲舊規之易於資敵也。

綜言槍砲之用，在於命中及遠。其所以遠而能準者，不但砲子必合砲膛，槍子必合槍膛，且大於膛口數分而能不傷膛口者，由子之外面鉛皮包裹，火着鉛化，故子出而口不傷。子藥交融，毫無外散，故能致遠。子滿膛口而出，毫無偏倚，故能取準。能事極矣！嘆觀止焉！

竊謂嗣後各省籌防，須派精明諳練之員采擇槍砲，方不至爲姦商中飽，爲窳器混充。蓋一砲有一砲之性質，一槍有一槍之規模。彈固分大小尖圓，藥亦判銖兩輕重。尤宜使歸一律，庶免配搭錯誤，臨事倉皇。兵凶戰危，不可不慎。無如中國人材雖衆，格致未精，每製一器造一船，我方詡爲新奇，彼已嗤爲陳腐，邯鄲學步，何能精妙入神。惟有竭慮殫思，標新領異，進而彌上，青出於藍，或不致倚人爲强，而籌邊有備耳。然而不特此也。國家整軍經武，其所用槍砲，必須預定其數，先行製造，操縱自如。若一一仰給於人，購諸外國，倘一朝有事，局外之國或謹守公法，不肯出售；或敵國行賄反間，絶其來源。只奮空拳，何能禦敵？惟有懸不次之賞，求絶詣之人，爐錘在手，規矩從心，庶幾讋服百蠻，永清四海矣。

且火器不難於日用而難於不用，一旦閣置，朽銹隨之。更宜責成該管弁兵動息不離，時加磨洗，稍有銹壞即罪其人，微特珍惜巨需，亦以應當機而期經久也。乃世之言安内攘外者，不過慎海防，修邊備，簡軍實，選將才，幾如老生常談。而還問戰守先資，尚無憑藉，輒欲與方張之敵，新硎之器，觀兵海外，争勝行間，非蒙所敢知也。夫兵可百年而不用，不可一日而不備。强兵之要，首在理財；克敵之功，尤資利器。惟其殫厥心於平日，取精用宏；斯乃能作其氣於臨時，同讎敵愾。略陳管見，敢師舌擊以參謀；博採衆長，尤冀指揮而奏效。惟當事者俯加采納，不勝幸甚。

鄭觀應《易言·火器》 工欲善其事，必先利其器。況兵凶戰危，死生存亡繫焉者乎？

西人專用火攻，其器固以鋼砲爲良，更以德人克鹿卜砲爲最。緣鋼産莫佳於德國，而克鹿卜砲之製煉尤精，以故名噪諸邦，五大洲争相購置。其所製十二磅彈小鋼砲尤能制勝。蓋砲體輕，則易於運動；砲質堅，則經久如新；砲子合膛，則綫路有準；砲身長，而有來復螺紋，逼子出膛，則命中而及遠。所用開花彈，皆煉雙層鐵體，外裹四銅箍，已勝於裹鉛之彈。況他彈僅炸四十餘片，雙層之彈可炸百數十片。計藥不過一磅，其力竟及數十里之遥，較尋常洋槍殺敵多而用人少。此陸路山行之利器也。又有新製氣球小砲，彈配開花，制如後膛。其式與擡槍相仿，略大而長；其用與搭提同，復靈而便。放平則擊敵騎，側上則擊氣球，故有是名，與十二磅彈砲同功。此水陸近攻之利器也。田鷄砲可擊鐵艦，在叢林泥城之内測量遠近，向高施放，子落船面，無不炸裂傷人。蓋鐵船面薄易穿，旁厚則不易穿也。七十二噸鋼砲，久推神品，惟身長體重，宜防守不宜攻戰。至非爾後膛砲，有螺絲紋，可分兩節，臨用裝合。按普國所用火器，專恃墨迭兒魯士砲，迴與別砲不同，制度略如六門槍：四周有八輪，皆可旋轉，每輪納彈三十七枚，一分鐘可施放八輪，發彈二百九十六枚，砲形不甚廣巨，其用極爲迅速。八輪皆可以螺絲嵌入，不用之時，即可卸置，倘臨陣敗北，即分散委而棄之，非如前膛槍砲，易於資敵也。 此水陸專防之利器也。

至於洋槍，從前皆用前膛。自美國林明敦、秘薄、馬地尼後膛槍出，各國皆改製仿傚，出奇鬥巧。未幾德之馬地尼，英之士乃大及馬地尼亨利，法之查治布接踵而出。今德國又新出後膛茅塞槍。美國出七響至三十四響後膛槍，每分鐘可放五子至二十二子，遠及三百六十丈至八百丈。要之洋槍必須後膛，其提裝施放遠而且速者，乃能以速擊遲，以少擊多。其槍之機器，又須件數少而製造精者，然後易於修理。

火藥則小砲用小粒，大砲用大粒，放水雷用棉花火藥，各稱其宜，而德之六角七稜藥尤爲耐久力猛。彈子之名，雖有開花鋼彈、開花生鐵彈、生鐵群子彈、洋鐵管散子彈種種不同，更無有出於德國雙層銅箍之右者。槍彈皆用子藥，然必須外加銅托，方無遲誤之虞。斷不宜用紙托以圖省費。砲架及後膛槍砲之後門，火管各件，無論或買或造，均宜多備一副。倘或對敵失利，即拔出後門、火管自行攜去，縱爲敵人所得，亦無所用之。此又運用之要道，不可不知者也。

惟火器既日出日新，購用宜慎之又慎。慨自防海以來，各省采辦軍火，皆未能擇善而從。甚或勾通洋行中人，加價報銷；或外洋製造不及，即以舊貨裝飾混充；或先定者出貨有期，後定者肯出重價，遂以前定之貨，騰與後定之人。委員之受累，軍營之誤事，庸有既乎。宜派精明槍砲之員，親至外國，或函至外國槍砲廠，詳考細擇，方免欺蒙。且一砲有一砲之性質，一槍有一槍之規模。彈固分大小尖圓，藥亦判銖兩輕重，尤宜使歸一律。更換新式，亦宜通行更換。且所用槍砲，必須預定其數，先行製造，操縱自如。若一一仰給於人，購諸外國，倘一朝有事，局外之國，或謹守公法不肯出售，或敵國行賄反間，絕其來源，只奮空拳何能禦敵哉！

至所置火器日久閣置，朽銹隨之，更宜責成該管弁兵動息不離，時加磨洗，稍有銹壞即罪其人，庶不致耗巨款而收實用也。兵無利器與徒手同，器不命中與徒器同。自海疆有事以來，不講求用砲之人，施放之地，與攻砲、守砲之別，陸砲、水砲之宜，紛紛以購砲爲詞，以鑄砲爲事。或發數百砲而中一砲，或發十砲而中一砲，未聞足以拒敵，而適以資敵也。

鄭觀應《南游日記》（光緒九年閏五月） 初十日

鄭慶裕、劉乾興邀游王城，其中屋宇率矮小，僅容出入。朝外有兵房數處，循此前進，是第一重門，左爲刑部署，右爲兵部署，養象所、鑄銀所均在。門高不過七尺。兩署側多兵房，兵約千人，悉效西裝。乾興引入博物院，所設山珍海錯古今器具物，類新加坡而不及香港之繁備。又導入佛寺，門外金塔林立，階下列石人數十，肖各國官狀。墻上悉繪古今戰圖，循階上進，佛殿以銅磚瓷地，頂上佛一軀，係水晶所鏤，下二軀及左右佛俱金鑄。凡窗壁墻柱，莫不以黃金塗飾，彼國富麗之觀，於斯爲極。由此而進爲第二重門，即朝房宮殿，非有宣召不得擅入。余至此返。隨適金龢利機器礱米棧大宴，主人甚多，潮商公請也。子初歸寓。

十一日

辰刻，劉乾興、林遂昌係乾興副司。具帖請，是晚飲宴。戌初往。肴核仿佛潮州風味。乾興所居樓房高敞，裝飾輝煌，鋪設枱椅器具皆仿西式，所用檳榔盒、茶壺、茶杯，皆金製，蓋暹俗凡三品以上官方許用也。暹王因地方荒寂，故廣招富商入籍，以冀遍造屋宇，振興商務，與其國計民生均有利益也。聞乾興有輪船兩艘，運貨往來香港、石叻等處，並設米礱機器云。子初，返寓就寢。忽嘔吐大作，兼腹痛夢遺。輾轉思之，余本無病，驟然得此，豈席間中蠱耶。

十二日

【略】又山産柚木，質具巨而堅，堪供造船及梁棟之選，運售東西兩洋，銷路頗廣，並各木料，每年出口約值七十餘萬元。胡椒出口約二萬餘擔，黄牛、水牛出口約五千餘頭，魚乾出口約值三十餘萬元。餘如燕窩、犀角、象牙、檳榔、椰子、黄蠟、荳蔻、藥材等物，難以悉計。物産日增，富强可致也。

陳康祺《郎潛紀聞初筆》卷八《蜣螂代硝磺水銀治鉛傷》 紀文達《灤陽續録》載：阿文成公平定伊犁時，捕一瑪哈沁，問其何處得火藥。曰：蜣螂曝乾爲末，以鹿血調之，可代硝磺，但力少弱。又一蒙古台吉云：鳥銃儲火藥鉛丸後，再取一乾蜣螂，以細杖送入，則比尋常可遠出一二十步。文成試之，均驗。又瘍醫云：水銀能蝕五金，金遇之則白，鉛遇之則化。凡戰陣鉛丸陷入骨肉者，但以水銀自創口灌滿，鉛即化水，隨水銀而出，可免割取之苦。今火器盛行，行軍者不可不知。

陳康祺《郎潛紀聞初筆》卷一二《湘淮軍志》 湘軍始於咸豐二年，淮軍始於同治元年，其營制爲曾文正手定，而李伯相遵守之，蕭、曹繼興，斠若畫一。每五百人爲一營，設營官一。每營分立前後左右四哨，每哨設哨官一。營官有親兵，有什長。其親兵分六隊，每隊設什長一名，率親兵十名、伙勇一名，計六隊凡七十二人。哨官有哨長一名，有護勇五名；其外有什長，有正勇，有伙勇。其正勇一哨分八隊，每隊什長一名，伙勇一名。其擡鎗隊正勇十二名，合什長、伙勇爲十四名。其刀矛小鎗隊正勇十名，合什長、伙勇爲十二名。每哨合哨官、哨長、護勇，爲一百八人。四哨共四百三十二人，合之營官、親兵，爲五百四人，隊官在外。其聯伍之制，親兵六隊，則一隊劈山砲，二隊刀矛，三隊劈山砲，四隊刀矛，五隊小鎗，六隊刀矛。每哨八隊，則擡鎗爲第一隊，刀矛爲第二隊，小鎗爲第三隊，刀矛爲第四隊，擡鎗爲第五隊，刀矛爲第六隊，小鎗爲第七隊，刀矛爲第八隊。總計一營劈山砲兩隊，擡鎗八隊，小鎗九隊，刀矛十九隊，共爲三十八隊。其搬運一切，猶有長夫。每營營官及幫辦人員共用長夫四十八名，搬運子藥、火繩及一切軍裝等項共用長夫三十名。營官親兵隊每劈山砲隊用長夫三名，刀矛小鎗隊用長夫二名，計六隊用長夫十四名。如拔營遠行，營官另撥公夫幫擡劈山砲，哨官、哨長及護勇五人共用長夫四名，四哨共夫十六名。其哨隊每擡鎗隊用長夫三名，每刀矛小鎗隊用長夫二名，計四哨擡鎗八隊，用長夫二十四名，刀矛小鎗隊用長夫二十四名，共長夫四十八名。總計一營用長夫一百八十名。大率百人用長夫三十六名，合之營哨官員各勇人等，共六百八十五人，是爲正額。或十營設統領一員，或數十營設統領一員，或數營設一統領，無定制。至同治四年北征捻逆，於是又添練馬隊營。其制則每營營官一員，幫辦一員，字識一名。一營立前後左右中五哨，其前後左右四哨各設正哨官一員、副哨官一員，中哨即以營官爲正哨官，外立副哨官二員。每哨馬勇五十名；散勇五棚，每十人爲一棚，每棚什長一名，散勇九名。一營共營官一員，正哨官四員，副哨官六員，馬勇二百五十名，什長二十五名，散勇二百二十五名。營官及副哨、幫辦、字識等，共用伙夫二名，四哨之正、副哨官共用伙夫四名；每棚用伙夫一名，共二十五棚爲二十五人；又一營長夫五十名，通計用夫八十一名。合之營哨官員、幫辦、字識、各勇人等，共五百九十二人。其馬數則營官四匹，幫辦一匹，字識一匹，正、副哨各二匹，什長及馬勇各一匹，共爲馬二百七十六匹。搬運鍋帳、子藥，則每哨僱用大車一輛，共車五輛。其每營百馬之內，準報倒斃三十六匹，如數換領，以資彌補。此其大較也。自李伯相奏設鐵廠機器局，一切軍械，皆仿西洋製造，遂改劈山砲隊爲開花砲隊，擡鎗小鎗隊爲洋鎗隊，從此火器之利，與西人共之。自閩省奏設船政局，剏造輪船，從此江海之利，亦與西人共之。論今日時政，必欲事事效法泰西，用夷變夏，此武靈胡服、伊川野祭之兆，誠爲無識。若謂輪船、洋鎗，徒耗貲費，則不識時務，誤人家國之談也。

《天津商會檔案彙編》上《宋壽恒爲集資五千元創辦天津造胰公司請予立案事稟津商會文并部批光緒三十一年九月六日》 具稟創設天津造胰有限公司商人宋壽恒，天津縣人，爲創設造胰公司，懇請轉詳商部註册遵章納費事。

竊商前於光緒二十九年糾集同志擬創設造胰有限公司，曾將創議章程稟明府憲縣尊各在案。嗣以集股用人均須切實磋商，爰於本年秋間又續增章程九條，以期妥善。原訂股本計銀元五千元，刻已如數招齊，工師亦已延訂。理合將初訂及續增章程並股票程式呈請鈞閱，一俟轉詳商部，奉到批准之日即行開辦。除稟明直隸工藝總局外，爲此，敬乞商務總會大人據情轉詳註册，實爲公便。上稟。

計附呈註册程式一紙，股票程式一張，註册費五十元。

具呈直隸省天津府天津縣閘口天津造胰有限公司，爲呈請註册事：

竊公司照章程内載所應聲明各款，呈請注册，伏乞商部注册局查覈施行。須至呈者。計開：

創辦章程

一、本公司專造各樣胰子，開設在天津西碼頭黄姑庵東老公所衚衕，即名爲天津造胰有限公司。

二、本公司招集股本五千元，作一百股，每股五十元。每年只分得利，並不出息。

三、本公司乃有限公司，股東交足股本之後，設有賠累，無論如何，不得再令股東出資，已稟明天津府縣尊立案。

四、如股東按股數有四分之三同願推廣生意，可以加添資本。此股票當先儘原股東按股續增。

五、股本分四期交付，第一期於注册時每股先交十二元，即發給股票一紙，利折一扣，股票每股一張，利折每人一扣。其餘應何時交付，臨時再登報周知。每期交銀須將股票携來，由本公司注明日期，蓋用印記。

六、股票利折如有遺失，應即知照本公司，再由股東登報，并須另覓妥保，寫立保單，俟兩個月後無人過問，再發給新股票或利折，即將原票原折作廢。

七、股東如以股票轉售於人，必須携票至本公司更名，但不得售與外國人。如股票到外國人手，即作廢紙，並於股票中注明。

八、各股東公舉董事二人，即由股東中選取。監察製造買賣一切各事。無論何時均可查覈公司帳目、信件、合同帳單及現存銀錢貨物。董事但分得利，不支辛俸。

九、董事四年爲期，已滿者仍可舉充，第一期二人皆滿期，則先退一人，拈鬮以定。後此則二年更換其一。

十、初期四年請日本東京大學工科畢業上海張星五君奎及首先創立公司之人宋則久君壽恒爲董事。

十一、本公司設總司事一人，管理一切工作買賣及進退人位、銀錢帳目各事。設工頭一人擬請日本人。專司製造，此工師亦受總司事約束，如因事辭退，必須由兩董事作主。總司事及工頭皆由董事選舉，其辛俸亦由董事酌訂。

十二、每年年終結帳一次，所有得利作爲一百二十分，按以下所定之數分派：

各股東七十分。

兩董事十分。

總司事十分。

同人十分。分與何人，由兩董事同總司事酌定。

公積二十分。

十三、每月董事會集一次，查覈買賣製造各情形，如有要事亦可隨時會集。每年正月股東大會一次，查看帳目，並將清單登報以供衆覽。商議一切事宜。董事期滿亦大會公舉，如總司事作事悖謬，理應辭退，亦於大會時公議。凡大會議論定斷各事，皆按到會之人數用投簽法以多數爲定，董事亦在投簽人數之內。如數適相等，則由兩董事決之，若事已斷定，凡不到會之股東並董事皆當認可，不得再生異議。如董事實不勝任，有股東按人數四分之三意見相同，可以辭退。若股東有十人同意，無論何時，可以特請大會。

十四、本公司凡登告白，必登於天津之《大公報》。

十五、以上章程，如有未盡妥善之處，可以隨時商改。

商部批：

據稟已悉。該公司呈内聲明各款及所繳公費銀兩核與奏定章程相符，自應准予注册給照具領。除咨北洋大臣飭屬保護外，應將執照收單劄行該商會轉交該公司可也。附件存。此繳。

附執照收單各一件。

光緒三十一年九月二十一日到。

《蘇州商會檔案叢編》第一輯《江寧商務總會爲調查公司廠號咨文光緒三十二年十二月初七日》

奏辦江寧商務總會爲咨會事。

案准江寧商務議員劉函寄轉奉農工商部劄開：本部總管商政，以提倡實業爲要務，尤當隨時考核，共求進步。歷據各省呈報設立各項公司廠號，先後照章注册，行文保護各在案。查東、西各國章程，凡工商各業設立公司，其貿易之盈虧，制造之精粗，銷運之遲速，以至一切關係公司利弊、改良等事，皆由總理按時呈報所屬各省匯成統計，以資考核。振興實業之法，實本於此。亟應仿照辦理，先就各省報明注册農、工、商業等項公司廠號，所有前辦、創辦一年以上者，各由總理人等將本業貿易出入情形詳細開列，其土貨製造與仿造洋貨各品，均應匯集比較，參觀得失，冀以設法改良，推廣銷路，著爲論説，陳報本部，以備考核。農務重在産殖，工業重在製造，商務重在銷運。果能製造精良，廣開銷路，辦有成效，本部當酌核獎勵，以昭激勸。相應劄行該議員查照後開各公司廠號，轉行總、分商會遵照辦理，匯集稟復，以憑核奪，是爲至要，此劄等因，並附抄單郵寄到會。奉此，遵查部劄粘抄所開各公司廠號均隸蘇屬，自應由貴總會分別行知各分會遵照辦理。爲此連同抄單一併咨請貴總會，請煩查照，希即遵照部劄開牌號，逐一查考彙齊，徑行稟部核奪施行。盼切望切，須至咨者。

計抄粘單。

右咨蘇州商務總會

附：滬蘇公司廠號調查清單

上海　上海府海食鹽公司

上海　上海大有機器榨油公司

蘇州　無錫振新紡織有限公司

上海　上海富潤房屋公司
上海　上海等處崇昌輪船公司
蘇州　丹徒大照電燈公司
蘇州　昭文裕泰紡織公司
上海　上海大達輪船公司
上海　中國紙煙有限公司
蘇州　無錫裕昌機器繅絲廠
上海　上海三星紙煙公司
蘇州　無錫茂新麵粉公司
蘇州　江陰華澄織布公司
蘇州　丹徒利用樹藝公司

《政治官報・電報奏咨類・光緒三十四年正月二十三日第一百十五號・閩浙總督松壽奏籌辦工藝傳習所以興實業摺》奏爲籌辦閩省工藝傳習所以養游民而興實業恭摺仰祈聖鑒事。竊維安民之道，教養爲先，而教養當以興工藝爲急務。近來泰西各國，藉製造以進增其理想，廣實業以橫絶其懋遷者，工藝而已。閩省地土瘠薄，户口繁庶，徒以工藝不講，無業之民，日見其衆，此輩皆逸居無教，專以游蕩爲事，若不急籌生計，使之各習一藝自食其力，殊於地方治安大有關繫。奴才到任以來，時集官紳詳籌妥議，查得省城水部門有舊日停辦官設機器廠屋一座，旁有旗地一段，地方寬闊，堪以重新展拓，建築工藝傳習所。當經邀商在籍翰林院編修林炳章爲該所總理，其所内一切用人行事，均由該紳一手經理。嗣據確切勘估興辦，計修整添建大廠四座，講堂休憩室各四所，藝徒寄宿舍二十所，應接室、辦事室、會食堂、轎廳各一所，儲材庫儲貨庫十四所，教員辦事員寢室、丁役寢室十二所，通計購地及工料銀一萬一千兩。一面購定東洋機器及各種器皿，延訂教習，先招集工徒一百八十名，分爲甲乙兩班，入所分科，習業製造。土貨如漆器、竹器、藤器、皮箱、紙張、染織等類，均爲民間日用所需，易於運售之物，先行試辦。工徒俟經費稍裕，續擬招足四五百名，藝成後即可派撥各屬地方，充當教習，以期逐漸擴充，惠貧民而興實業。所需開辦經費，由該紳就地捐集銀二千兩，不敷之數及常年經費，已飭司局處設法籌款濟用以資周轉。除飭先行試辦並將詳細章程咨送農工商部查照立案外，所有閩省試辦工藝傳習所緣由，理合恭摺具陳，伏乞皇太后、皇上聖鑒訓示，謹奏。光緒三十四年正月二十一日奉硃批：「農工商部知道，欽此。」

《張之洞全集・籌設煉鐵廠摺》　竊以今日自强之端，首在開闢利源，杜絶外耗。舉凡武備所資槍砲、軍械、輪船、砲臺、火車、電綫等項，以及民間日用、農家工作之所需，無一不取資於鐵。兩廣地方産鐵素多，而廣東鐵質尤良。前因洋鐵充斥，有礙土鐵，經臣迭次奏請開除鐵禁，暫免税釐。復奏免爐餉，請准任便煽鑄，以輕成本而敵侵銷，多方以圖，無非欲收已失之利還之於民。

查洋鐵暢銷之故，因其嚮用機器，鍛煉精良，工省價廉；察華民習用之物，按其長短大小厚薄，預製各種料件，如鐵板、鐵條、鐵片、鐵針等類，凡有所需，各適其用。若土鐵則工本既重，熔鑄欠精。生鐵價值雖輕，一經煉爲熟鐵，反形昂貴。是以民間競用洋鐵，而土鐵遂致滯銷。以本省鐵貨出入計之：每年洋鐵入廉州者約四五十萬斤，入瓊州者百萬斤有奇，入省城、佛山者約一千餘萬斤，入汕頭者約二百餘萬斤；内地鐵貨出洋以鍋爲大宗，其往新嘉坡，新、舊金山等處，由佛山販去者約五十餘萬口，由汕頭販去者約三十餘萬口，由廉州運往越南者約四萬餘口。此外鐵鎚運往澳門等處者每年約五六萬斤；鐵綫運往越南者先年約十餘萬斤，近因越税太苛，業經停販。然此皆粗賤之物，凡稍精稍貴之鐵板、鋼條，則不惟不能外行，且皆取資洋産。以各省各口鐵貨出入計之，查光緒十二年貿易總册所載，各省進口鐵條、鐵板、鐵片、鐵絲、生鐵、熟鐵、鋼料等類共一百一十餘萬擔，鐵針一百八十餘萬密力，每一密力爲一千針，合共鐵價針價約值銀二百四十餘萬兩；而中國各省之出口者，銅、鐵、錫並計，只一萬四千六百數十擔，約值銀一十一萬八千餘兩，不及進口二十分之一。至十三年貿易總册，洋鐵、洋針進口值銀二百一十三萬餘兩。十四年貿易總册，洋鐵、洋針進口值銀至二百八十餘萬兩。而此兩年内竟無出口之鐵，則是土鐵之行銷日少，再過數年，其情形豈可復問！

臣督同海防善後局司道局員暨熟識洋務之員，詳加籌度，必須自行設廠，購置機器，用洋法精煉，始足杜外鐵之來。惟是廣東近年餉繁費絀，安有餘力更爲斯舉？然失此不圖，惟事以銀易鐵，日引月長，其弊何所底止！計惟有先籌官款墊支開辦，俟其效成利見，商民必然歆羡，然後招集商股，歸還官本，付之商人經理，則事可速舉，資必易集。

大率中國創辦大事，必須官倡民辦，始克有成。經臣於本年三月間，電致出使英國大臣劉瑞芬，往返籌商數月之久。兹準劉瑞芬電復：「現與英國諳塞德公司鐵廠訂定熔鐵大爐二座，日出生鐵一百頓，並煉熟鐵、煉鋼各爐，壓板、抽條兼製鐵路各機器，共價英金八萬三千五百鎊，先匯定銀二萬七千八百三十三鎊，運保費在外，機器分五次運粵，十四個月交清」等語。當經飭局將定銀鎊價折合銀十三萬一千六百七十兩零，如數先行籌匯，訂立合同。至於建廠地方，擇定於省城外珠江南岸之鳳凰岡地方，水運便利，地勢平廣，甚爲相宜。俟繪就廠圖寄粵，即當趕緊建造。此購辦機器自設鐵廠之擬辦情形也。

竊惟通商以來，凡華民需用之物，外洋莫不仿造，窮極精巧，充塞土貨。彼所需於中國者，向只絲茶兩種；近年外洋皆講求種茶、養蠶之法，出洋絲茶漸減，愈不足以相敵。土貨日少，漏溢日多，貧弱之患，何所底止！近來各省雖間有製造等局，然所造皆係軍火，於民間日用之物，尚屬闕如。臣愚以爲華民所需外洋之物，必應悉行仿造，雖不盡斷來源，亦可漸開風氣。洋布、洋米而外，洋鐵最爲大宗。在我多出一分之貨，即少漏一分之財，積之日久，强弱之勢必有轉移於無形者。是以雖當竭蹶之時，亦不得不勉力籌辦。

至於開採鐵礦，尤須機器西法，始能鈎深致遠，取精出旺。臣現已分向英、德兩國聘募礦師來粵勘驗，以便購機精採。倘物力稍紓，尚擬將民間需用各鐵器，及煤油、火柴等物，悉行自造。將來鑄造漸多，豈惟粵民是賴，尚可分銷各省。一俟機器運到開煉，以後辦理情形，再當隨時詳晰具奏。

江蘇省博物館編《江蘇省明清以來碑刻資料選集·蘇州府永禁捕役不許借盜賊供扳誤買金珠首飾借端擾害金珠鋪户碑》 江南蘇州府正堂陳，爲捕綫□良貽害，環求憲禁永垂事。康熙四十八年五月初五日，奉□□□□部院邵□本□通詳。吴縣北利十二圖金珠鋪户□□□、□□□、吴晉昭、嚴純遠、徐文師、范士涵等公呈，請禁捕役不許借盜賊供扳悮買金珠首飾，借端擾害事由。奉批：如詳，勒□□□□查，仍候撫院批示檄等因。又奉前任江□部院于批開：如詳，通行□□勒石永禁，仍候撫部院批示檄等因。又奉前任布政司宣批開：如詳，勒石永禁，仍候兩院暨臬司批示繳等因。又奉前任按察司馬批開：仰候二院批示録報，仍候司批示繳等因。又奉前任蘇松道曾批開：捕役借認贓名色，需索拘擾，苦累店主。今據詳金珠鋪户，凡有悮買贓物者，循照典鋪贖贓之例，給還原價取贖。其已經銷熔轉□者，酌給原價照成□贓□□還。□□□□□□如詳永禁，仍候□司批示録報繳各等因。到府。奉即遵行各屬遵照飭禁，並行吴縣着令原呈人等采石竪碑永禁。間又奉前任按察司馬憲牌内開一件恭謝慈恩等事。本年八月初八日。據江寧府呈送孫時升等請禁□捕囑盜扳□一案碑摹到司。據此，查此案前奉□□□□□該府飭禁在案。今□前□□□合就飭行。仍仰府查照來文事理，即速轉飭廳縣照式，一體勒石永禁，以杜將來詐害之端。仍取具遵依碑摹呈司，以憑查考等因。據抄粘江寧府通詳各憲縣禁碑摹緣由到府，又經通飭各屬遵行嚴禁在案，合行照例勒石永禁。爲此示仰府屬軍民並廳縣經捕及各鋪户人等知悉：嗣後凡有金珠鋪户□□□□之贓，應於該認贓名□□賠給主，不得借索原贓，致令捕役借端拘提。□行□禁任意□殃荼毒小民。倘有不法棍徒怙終不悛，仍敢借起原贓，違憲□□□□，爾等受害鋪户，指名呈控，以憑通詳各憲，從重懲處，斷不輕貸。各宜凜遵，毋□貽□。須至碑者。

康熙四十九年十二月　日，金鋪户范士涵、吴晉昭、徐文師、尹紫亟、姚維□、吴齡□、吴在農、徐禹錫、楊受天、吴元衡、吴昆舍、吴令聞、吴東毓、范堯孫、朱上符、吴翰臣、嚴純遠、徐漢宜、吴若千、范周輔、王璨辰、顧來□、吴元英、朱韫舜、徐鼎臣、孫明在、翁璨臣，

金珠户行鋪户嚴□征、胡維□、姜成輔、翁天成、方天英、孫德□、胡君恒、包□□、孫文征、方碩英、翁天祥、胡舜□、諸子□、包鼎□、吕泉洲、蕭振聲、胡源長、□□□、胡景海、姚維昭、孫恒在、胡聖臣、蔣培征、胡九錫、李梅臣、孫殿英、田蔭長、蕭振榮、方元□、顧宏儒、楊達兼、方元書、程維章、湯二如、張君亮、吴載揚、陳子厚、周雲彩、陸獻公、周雲開、方元公、費佐臣、張天益、包憲章、哈聖功、胡堯文、胡元發、胡在明、劉介眉、邵裕生、陳□□、諸保元等立。

江蘇省博物館編《江蘇省明清以來碑刻資料選集·麗澤局禁約碑》 特調江南蘇州府吴縣正堂加十級紀録十次湯，爲彙辦公局等事。據鋪户吴益元、林景豐、陳景孚、黄同泰、蔡信和、江萬順、朱裕泰、吴源隆、吴信盛、朱裕通、顧慶成、吴景隆、林景泰、吴景成、叶億昌、徐振裕、戴宏吉、吴文益、蔡西信和、吴正裕、馬茂森、李義成、龔正通等禀稱：鋪等向來承辦上用飛金，年額例解一度。至集公彙議，素無公局，非借朋儕廳宇，即假釋道軒堂。遇有添差緊急，每逢部限催趕，更須附近觀院，設局儹辦。整頓胚料一切公事，在在均關重要。因思金箱慎重，寄居進香浮游之地，殊不足以昭慎重。爲此同業曾經酌議舉辦公局，論鋪户交易之巨細，出捐資之多寡。由來十有餘載，捐有成數。上年買得鮑姓住房一所，共計平屋樓房三十八間，坐落臺治北正一圖，地名劉家浜。擇期雇匠修造，建立規模，擬名麗澤公局，以垂永久，俾得彙議有方，辦公有所。環叩給示刊

碑，並請另示禁約等情到縣。據此，查該鋪等年常承辦上用飛金，向無彙議辦公之處。今捐資買房，起建公局，甚屬慎重辦公。除批示外，合行給示刊碑遵守。爲此示仰地保人等知悉：該鋪户建公局，一切規模，各宜謹守，務期久遠弗廢。如有匪徒擅入作践，阻撓僨占，有妨公務，許即隨時稟究。至公局彙貯金箱料物，尤關緊要，該此地保，自應加意巡防，勿稍疏懈。如敢怠玩，定提重處。各宜凛遵毋違。特示遵。

道光十六年四月十四日示。

《廣東諮議局第二次常年會議報告書·請設立工業試驗所案》 議草 陳議員壽宗提出

振興工業爲吾國挽回大利之急務，居今日而審度時世，設立工業試驗所，實爲振興工業之第一政策也。夫工業之有試驗所，猶農業之有試驗場。農事中孰爲缺點，孰宜改良，賴有試驗場試驗之，以開導農事。工業中孰爲缺點，孰宜改良，亦賴有試驗所試驗之，以振興工業。吾粵工業界中，其出口最大者莫如蠶絲，然製絲不得其法，品不畫一，價格低廉，年中失利逾數百萬。其他花蓆絲巾，初亦爲出口大宗，徒以色澤不及日本，受其攙奪，或由百餘萬出口降至十餘萬，或他人年增輸出之額而我則故步自封。至於土靛消流，每年額不下二三百萬，近因洋靛輸入，大勢岌岌可危，實則土靛色堅價廉，遠勝洋靛，徒以製靛者守其舊法，染色者莫知改良，致遭攙奪。餘如土紙見奪於洋紙，土糖見奪於洋糖，亦皆原有工業之大宗者。以上各種不過爲工業中之數種，工業年中因製造失宜，損失利權已不下千萬，故研究改良，如何而始能獲回此損失之巨利，固今日之急務也。工業試驗所者，實爲獲回此喪失利權之機關也。利權損失由於製造失宜，有此工業試驗所，則經營該種工業者，得將其製造失宜之諸點，依託於試驗所，以試驗而研究，可以達其改良之目的，遇有大宗工業，其隆替關於一方人民之生計者，試驗所且不必待其依託，而提出爲之試驗，試驗一有成績，則傳習其法於經營該種工業者以實行改良。工業試驗所其足以振興工業如此，故各國咸重視之。以日本而論，中央有工業試驗所一區，各通都大邑亦各有一區，且對於利權最大之工業，每另設一試驗所，如羽二重之火力織機試驗所，政府且不惜提出五十萬元爲開辦費，而常年經費另再供給，此可知其國之提携工業不遺餘力者，無不重視此試驗所也。吾粵今日對於工業，非不注意振興，如廣府工藝廠之類，充其能力亦足以消滅遊民，各地方固宜亟辦，但其工藝皆爲簡易之手工，於本省原有之重大工業毫無關係。若欲藉以增加本産生産力出而與世界争利，雖五尺童子知其不可。然則欲吾粵工業之日有起色，挽回喪失之利權，則開辦工業試驗所，是烏可緩者，爲今之計，宜由本省勸業道亟行籌欵開辦，至於其中之處務規程，視本省各種工業之輕重以爲定奪，其詳細應由勸業道調查，孰輕孰重，以爲先後之着手，兹僅能將日本工業試驗所之處務規程譯出，以備參攷。事關本省興利，按照局章第二十一條一欵提請公決。

附録日本工業試驗所處務規程 譯稿

遵農商務省訓令第十號，以定左之規程：

第一條 工業試驗所中置第一部、第二部、第三部、第四部、庶務科及會計科。

第二條 第一部掌左之事務。

一、關於一般分析之事項。

二、關於依賴之分析及試驗鑑定事項。

第三條 第二部掌左之事務。

一、關於化學工業之試驗或研究。

二、關於依賴之脂肪蠟油類、漆汁塗料紙類等之試驗鑑定事務。

第四條 第三部掌左之事務。

一、關於窯業之試驗或研究。

二、關於依賴之煉石士敏土玻璃燒青陶器之原料製品試驗鑑定事項。

第五條 第四部掌左之事務。

一、關於色染之試驗或研究。

二、關於依賴之纖維織絲織布染料媒染劑等之試驗鑑定事項。

第六條 庶務科掌左之事務。

一、關於所員進退身分之事項。

二、關於守衛給士小使定夫職工等之採罷取締事項。

三、關於公文書類之接受及發送事項。

四、他部科不主掌之事項。

第七條 會計科掌左之事務。

一、關於會計之事項。

第八條 工業試驗所長，因爲官制所定，對於主管事務之整理須任其責。

第九條　工業試驗所長，有事故時，得命所部之官吏經理之，或委任主管事務之幾分，得令其用自己之名義而處辦之。

第十條　工業試驗所長，爲整理事務之故，經伺之上得設所中處務細則。

第十一條　工業試驗所長，須將分析試驗鑑定或研究之成績審查而編纂之，以報告於農商務省。

第十二條　工業試驗所長，對於其主管事務，得照會往復於各官廳。

第十三條　工業試驗所長，若遇有講習會、品評會、共進會時，所員之赴會視察，請求旅費者，其期若在十日以内，得由所長定之，而報告其事於農商務大臣，倘過十日之時，須受農商務大臣之許可。

第十四條　工業試驗所長應於他人分析試驗鑑定之依賴，將其結果報告之時，須與擔任者同署名於報告書中。

第十五條　工業試驗所長，得使練習生入所練習，惟練習生之費用，須由自辦練習生入所之規定及其人員得由所長定之。

第十六條　要經伺或報告於農商務大臣之事項，俱要經由於商工局長。

呈文：

爲呈報事。竊本局議員提出請設立工業試驗所議案，當已開會討論，會經三讀，各議員均甚贊成，遂即表決，計可決者已得多數，理合録案備文呈報，伏祈督部堂察核施行，須至呈者。

劄覆：

爲劄覆事。宣統二年十月十五日，接廣東諮議局呈稱，竊本局同前呈文。理合備文呈報察核，計議草一扣等因前來，當經發交會議廳審查科開會審查。兹據會議廳審查科員等案呈，案奉憲台發下諮議局呈報議決請設工業試驗所一案，並附議草一扣，查原呈内開，竊本局見前。伏祈察核施行等由，科員等遵即公同審查，僉以現正工業競爭時代，草案所陳各節不爲無見。惟粤省現在能否仿行，擬請札行勸業道核議，並一面先行劄覆諮議局知照，是否有當，伏候核奪等因。本兼署督部堂覆查商務之奮興，實由於工業之發達，若工業不興而日求商務之振興，匪特有捨本求末之譏，抑亦有背道而馳之患，我國日言振興商務而商務，仍日就衰落者職是故耳。今諮議局請設立工業試驗所，實爲探本之議，自應設法仿行，以期工業進步，除札廣東勸業道遵照速即籌辦爲要外，合就劄覆廣東諮議局查照。須至劄者。

江蘇省博物館編《江蘇省明清以來碑刻資料選集・玉業公所從聖堂碑記》

嘗聞達人之舉事也，苦心志，勞筋骨，在所弗辭，區區樂善之誠，即足以垂示後人哉。然而善性雖人所共具，苟無人提撕啓發，則地方公善，遂湮没而不彰。蘇郡爲吴之冠，商業雲蒸，而金陵人士貿易於兹者，尤指不勝屈焉。清真古寺，向建鐵局衖，而教友多寄迹闤門，故每屆齋拜，輒形徑阻。歲丙午，同人聚謀，謂玉業公所，旁饒隙地，胡不捐資購置，建朝拜之堂，並聘經學深邃者，訓迪其間。由是幸荷同志傾囊樂助，集款數千，相勢起居，經營罔懈，從聖堂所由昉也，歷載於兹，頗稱完善。然堂中師長修金，諸生膏火，及浴室客廳一切支應，月非數十金莫給，而入項殊寡，因復創議價買公所基屋，以爲憑借之資。所有助善諸君，除勒姓氏於左，兹特紀其大略，俾後之覽者，流連感慕，粗知鋭意經始者，成功匪易耳，是爲序。

大清宣統三年歲在辛亥仲夏月吉日立

《大清新法令》卷三《軍政・營制餉章・練兵處奏擬定營制餉章摺・軍器制略》　各國軍器愈出愈新，愈新愈利，我國現值整頓軍政，釐定槍砲式樣，應擇其最新，最利者以資戰備。蓋軍器不徒取其靈巧，尤貴機件簡少、質地堅牢，既能適用，並可耐久。近來詳加考校，快槍口徑宜用七密里以下，出口速率須六百密達以上，取準擊遠須二千密達以上；行營砲口徑宜用七生特半以上；陸路砲出口速率須五百密達以上，取準擊遠須四千密達以上；過山砲出口速率須三百密達以上，取準擊遠須三千密達以上；至攻守砲或十生特、十二生特、十五生特不等。各因利用，分別鑄造，長短大小不拘一格，所有槍砲均應用無煙藥。惟各省軍營器械糅雜，驟難畫一，兹擬先訂歸併之法。如各省步隊或使一標歸成一律，馬砲工程輜重各隊或使一營歸成一律。其可以歸併不止此數者，固屬多多益善，但不准一標一營之中雜有兩式之械。俟各省籌有的款，由該將軍、督撫咨商練兵處、兵部核定式樣，逐漸備換，概以新軍編成後五年爲限，其舊有軍械或收藏該省武庫，以備不時演習之需，或發交巡防各隊，以供地方彈壓之用。迨本國推廣製造以後，所出之械實能與各國相埒，專向製造局源源購取，即不須仰給於人矣。

《大清新法令》卷六《農工商部會奏議覆御史石長信奏請製造諸工量予實職摺》　本年閏二月二十六日，軍機大臣欽奉諭旨：「御史石長信奏請製造諸工量予實職一摺，着該部議奏。欽此，欽遵。」並將該御史原奏鈔交到部。查原奏内稱：「中國創設船廠、機器局以來，分造兵輪槍砲等件，其初類雇洋人指授，未嘗不欲内地工匠學其器而通其意，久之自能運用，庶幾一二傑出者，足以强國。而贍軍迄今，傳習不廣，國工終未一覯。良由習尚使然，所以勸工之道有未盡，擬請仿《周禮・冬官》之意，酌古準今變通辦理。凡陸軍、郵傳、農工商等部，各設小京官十數缺，咨行各省督撫於船廠、機器局等項内，擇中國員匠技藝優嫻、文理明白兼通東西洋語言者，酌保數員，榮以京秩。其能配製火藥、精通槍砲機關者，即隸陸軍部；其能深悉電學、礦學或熟諳輪軌、橋梁機括者，即隸郵傳部；其能造汽器、種田刈穀、抽繭紡紗，凡有利於民生日用者，即隸農工商部。」各等語。農工商部查現在各國藝術競興，新法新器月異而歲不同。近年中國講求實業，雖已風氣漸開，而實能發明新理、創製新器、改良標異足挽利權者猶不多覯，誠宜因勢利導，設法提倡獎勵優加，俾資鼓舞。臣部職重考工，早經籌策及此，是以先後奏定華商辦理農工商爵賞章程十條、獎勵華商公司章程二十條，獎給商勛章程八條，並尋常工藝外獎辦法，或錫以爵賞，或榮以卿銜，或作爲臣部顧問官議員，並加獎銜銜頂戴，均分別等差以定獎格，是臣部於振興農工商業，已多有獎勸之方。今該御史所請，於部中各設小京官十數員，咨行各省督撫，凡員匠技藝優嫻、文理明白兼通東西洋語言者，酌保數員，榮以京秩各節。查臣部奏定官缺，原設有藝師、藝士等職，均以得有專科畢業文憑者，由部差委試用有效，分別奏留。此項官缺，本無定額，一等藝師秩正六品，二等藝師秩正七品，一等藝士秩正八品，二等藝士秩正九品，核與該御史請設之小京官，情事正復相同。惟此項藝師、藝士定章係用專科畢業之人，本有一定資格，今原奏所請，凡技藝優嫻、文理明白兼通洋語者，即予以京秩，範圍似屬稍寬。且既爲良匠，用之於機局工廠或可優給薪水，廣資傳習，若均招納於部曹，轉不易盡其所長。擬請將藝師、藝士等官量爲推廣，除專門畢業人員仍照章辦理外，凡有員匠技藝精嫻，實在某局廠公司任事有年，著有成績並文理明白兼通洋語者，應由各省督撫考驗屬實，諮報臣部核明，分別奏請，給予藝師、藝士等職，均尤庸到部當差，亦不必支結薪俸，仍由各省在於各項機局工廠内酌量任用，俾收實效。其有材能傑出者，並參照獎給商勛章程核辦，或原有職銜，准其遞加一等給予獎勵。似此變通推廣，庶群工獲邀登進之榮，名器亦無濫用之弊，而因材器使觀感奮興，更於實業前途多有裨益。此隸於農工商部之各工，籌擬獎給實職之辦法也。郵傳部查船、電、路、郵四政，學有專科不獨技術一門，含理深邃，即管理規則亦無不有特別專條，斷非一粗淺工人所能通曉。中國交通機關事屬創辦，各局機廠正待擴充，其留學四政者，亦至近年始行遣派，是以内地工匠閱歷無多，海外諸生成材亦鮮。偶有畢業回國者，無不隨時調用其卓有成效者。如候選道詹天佑等，亦經奏請獎勵在案。查臣部奏定官制清單第十六條内開設一二等藝師、藝士，均以得有專科文憑者，由臣部考選，分別奏補委用等語，原爲提倡藝術，鼓勵真材起見，與該御史用意大致相同。惟臣部官制係專用學生，該御史所陳係擇保員匠。竊維量能授官，所以待士，餼廩稱事，所以勸工。臣部所轄各廠匠役只有按年加薪之條，並無奏保官制之事。惟現在交通要政需材正殷，專科學生畢業尚少，招賢自隗事有權宜，不得不變通辦理。除郵政一門事屬管理無工匠之可言。此外，如輪電、鐵路各局，擬請由臣部詳晰飭查，凡在事員匠，船政則熟諳駕駛管輪，電政則精研電氣製造，路政則嫻習機械建築，卓著成績者，由臣部考察屬實，再行奏獎，以藝師、藝士分別補用。此項人員，仍在各局廠辦事，以資熟手，免至用學兩歧。此隸於郵傳部各工獎勵之辦法也。吏部查三代而後，中國有治事之官，無共工之官。惟欽天監太醫院各專一業，猶師周官遺意。至於器數之學，門類繁多，則闕置類從闕略。今該御史請於陸軍等部各設小京官十餘缺，以爲員匠登庸之途，誠足以廣樹風聲，力挽窳惰。顧既統名爲小京官，則異時循資序進，不能不一踵成規，勢必所治非所習，仍於公私兩無裨益，不獨銓補之法，日益增冗而已。臣等一再咨商，既據農工商部、郵傳部，議就原設之藝師、藝士變通推廣，並先據陸軍部奏明，擬暫仿日本技師、技手以上等級，量予職秩，自應即由各該部各照專章分別辦理，以期核實。該御史原請將此項員匠與各科學一體録用之處，似與廷試録用分部人員無所區別，應毋庸議。除隸於陸軍部之各項兵工，已於六月十九日由該部自行議覆外。謹奏。宣統元年七月二十一日，奉旨：「着依議。欽此。」

步軍統領衙門《金吾事例・章程》卷六　五營軍裝器械數目：

中營收存藍布中軍帳，壹架。

五營共存藍布涼篷，拾架。

藍布帳房，貳拾壹架。

白布帳房，叁百陸拾捌架。

號衣裙袖，肆千零伍拾壹身。

槍兵號衣裙袖，肆千陸百伍拾壹身。

號帽，叁千貳百柒拾頂。

貂尾帽，貳百玖拾陸頂。

皮坎肩，貳百伍拾捌身。

戰裙，貳百柒拾肆條。

虎衣帽，壹百玖拾捌分。

籐牌，壹百捌拾面。

鑼，捌面。

鼓，柒面。

大槍，陸拾肆根。

花槍，肆拾壹桿。

鳥槍，貳千桿。

拾叁龍袋，貳千副。

鉛丸，捌千餘粒。

順刀，貳千把。

鐵頭長槍，貳千肆百零肆桿。

鈎竿，壹千捌百肆拾貳根。

腰刀，壹千陸百把。

弓，捌百伍拾壹張。

箭，肆千伍百拾伍支。

撒袋，捌百伍拾壹副。

龔煒《巢林筆談》卷四《舌耕筆畦更苦》 國有四民：農、工、賈皆自食其力，士則取給于三者，得食較逸。然舌耕筆畦，裋褐不完，往往視三者爲更苦。

又卷四《葬親建祠》 乙丑歲之臘月初八日，葬考妣于谿南祖塋之穆位。時值嚴冬，天氣和暖，操版築者便於赴功，咸謂我考妣盛德所致。嗚呼！泉壤已封，靈輀不返，長依祖禰之體魄，永絶不肖之晨昏。痛哉！痛哉！既葬，兄炳建祠堂于節母祠後，望松楸其非遠，庶靈爽之式憑。

雜録

《戰國策》卷三《秦》一《蘇秦始將連横》 於是乃摩燕烏集闕，見説趙王於華屋之下，抵掌而談。趙王大悦，封爲武安君。受相印，革車百乘，綿繡千純，白璧百雙，黄金萬溢，以隨其後，約從散横，以抑强秦。

故蘇秦相於趙而關不通。當此之時，天下之大，萬民之衆，王侯之威，謀臣之權，皆欲決蘇秦之策。不費斗糧，未煩一兵，未戰一士，未絶一弦，未折一矢，諸侯相親，賢於兄弟。夫賢人在而天下服，一人用而天下從。故曰：式於政，不式於勇；式於廊廟之内，不式於四境之外。當秦之隆，黄金萬溢爲用，轉轂連騎，炫熿於道，山東之國，從風而服，使趙大重。且夫蘇秦特窮巷掘門、桑户棬樞之士耳，伏軾撙銜，横歷天下，廷説諸侯之王，杜左右之口，天下莫之能伉。

《史記》卷一《五帝本紀》 舜年二十以孝聞。三十而帝堯問可用者，四嶽咸薦虞舜，曰可。於是堯乃以二女妻舜以觀其内，使九男與處以觀其外。舜居嬀汭，内行彌謹。堯二女不敢以貴驕事舜親戚，甚有婦道。堯九男皆益篤。舜耕歷山，歷山之人皆讓畔；漁雷澤，雷澤上人皆讓居；陶河濱，河濱器皆不苦窳。一年而所居成聚，二年成邑，三年成都。堯乃賜舜絺衣，與琴，爲築倉廩，予牛羊。瞽叟尚復欲殺之，使舜上塗廩，瞽叟從下縱火焚廩。舜乃以兩笠自扞而下，去，得不死。後瞽叟又使舜穿井，舜穿井爲匿空旁出。舜既入深，瞽叟與象共下土實井，舜從匿空出，去。瞽叟、象喜，以舜爲已死。象曰：「本謀者象。」象與其父母分，於是曰：「舜妻堯二女，與琴，象取之。牛羊倉廩予父母。」象乃止舜宫居，鼓其琴。舜往見之。象鄂不懌，曰：「我思舜正鬱陶！」舜曰：「然，爾其庶矣！」舜復事瞽叟愛弟彌謹。於是堯乃試舜五典百官，皆治。

《史記》卷六《秦始皇本紀》 三十五年，除道，道九原抵雲陽，塹山堙谷，直通之。於是始皇以爲咸陽人多，先王之宫廷小，吾聞周文王都豐，武王都鎬，豐鎬之閒，帝王之都也。乃營作朝宫渭南上林苑中。先作前殿阿房，東西五百步，南北五十丈，上可以坐萬人，下可以建五丈旗。周馳爲閣道，自殿下直抵南山。表南山之顛以爲闕。爲複道，自阿房渡渭，屬之咸陽，以象天極閣道絶漢抵營室也。阿房宫未成；成，欲更擇令名名之。作宫阿房，故天下謂之阿房宫。隱宫徒刑者七十餘萬人，乃分作阿房宫，或作麗山。發北山石椁，乃寫蜀、荆地材皆至。關中計宫三百，關外四百餘。於是立石東海上朐界中，以爲秦東門。因徙三萬家麗邑，五萬家雲陽，皆復不事十歲。

盧生説始皇曰：「臣等求芝奇藥仙者常弗遇，類物有害之者。方中，人主時爲微行以辟惡鬼，惡鬼辟，真人至。人主所居而人臣知之，則害於神。真人者，入水不濡，入火不爇，(一)陵雲氣，與天地久長。今上治天下，未能恬倓。願上所居宫毋令人知，然后不死之藥殆可得也。」於是始皇曰：「吾慕真人，自謂『真人』，不稱『朕』。」乃令咸陽之旁二百里内宫觀二百七十複道甬道相連，帷帳鍾鼓美人充之，各案署不移徙。行所幸，有言其處者，罪死。始皇帝幸梁山宫，(二)從山上見丞相車騎衆，弗善也。中人或告丞相，丞相後損車騎。始皇怒曰：「此中人泄吾語。」案問莫服。當是時，詔捕諸時在旁者，皆殺之。自是後莫知行之所在。聽事，羣臣受決事，悉於咸陽宫。

王嘉《拾遺記》卷四《秦始皇》 始皇起雲明臺，窮四方之珍木，搜天下之巧工。南得烟丘碧桂、酈水燃沙、賁都朱泥、雲岡素竹，東得葱巒錦柏、漂檖龍松、寒河星柘、岏山雲梓，西得漏海浮金、狼淵羽璧、滌嶂霞桑、沉塘員籌，北得冥阜乾漆、陰坂文杞、褰流黑魄、闇海香瓊，珍異是集。二人騰虚緣木，揮斤斧於空中，子時起工，午時已畢。秦人謂之「子午臺」，亦言於子午之地，各起一臺，二説疑也。

陸賈《新語》卷上《道基第一》 天下人民，野居穴處，未有室屋，則與禽獸同域。於是黄帝乃伐木搆材，築作宫室，上棟下宇，以避風雨。

《漢書》卷二五上《郊祀志上》 明年，齊人少翁以方見上。上有所幸李夫人，夫人卒，少翁以方蓋夜致夫人及竈鬼之貌云，天子自帷中望見焉。乃拜少翁爲文成將軍，賞賜甚多，以客禮禮之。文成言：「上即欲與神通，宫室被服非象神，神物不至。」乃作畫雲氣車，及各以勝日駕車辟惡鬼。又作甘泉宫，中爲臺室，畫天地泰一諸鬼神，而置祭具以致天神。居歲餘，其方益衰，神不至。乃爲帛書以飯牛，陽不知，言此牛腹中有奇(書)。殺視得書，書言甚怪。天子識其手，問之，果爲書。於是誅文成將軍，隱之。

其後又作柏梁、銅柱、承露僊人掌之屬矣。

《漢書》卷二五下《郊祀志下》 公孫卿曰：「僊人可見，上往常遽，以故不見。今陛下可爲館如緱氏城，置脯棗，神人宜可致。且僊人好樓居。」於是上令長安則作飛廉、桂館，甘泉則作益壽、延壽館，使卿持節設具而候神人。乃作通天臺，置祠具其下，將招來神僊之屬。於是甘泉更置前殿，始廣諸宫室。夏，有芝生甘泉殿房内中。天子爲塞河，興通天，若有光云，乃下詔赦天下。

《漢書》卷九四下《匈奴傳》 明年，呼韓邪單于款五原塞，願朝三年正月。漢遣車騎都尉韓昌迎，發過所七郡郡二千騎，爲陳道上。單于正月朝天子于甘泉宫，漢寵以殊禮，位在諸侯王上，贊謁稱臣而不名。賜以冠帶衣裳，黄金璽盭綬，玉具劍，佩刀，弓一張，矢四發，棨戟十，安車一乘，鞍勒一具，馬十五匹，黄金二十斤，錢二十萬，衣被七十七襲，錦繡綺縠雜帛八千匹，絮六千斤。禮畢，使使者道單于先行，宿長平。上自甘泉宿池陽宫。上登長平，詔單于毋謁，其左右當户之羣臣皆得列觀，及諸蠻夷君長王侯數萬，咸迎於渭橋下，夾道陳。上登渭橋，咸稱萬歲。單于就邸，留月餘，遣歸國。單于自請願留居光禄塞下，有急保漢受降城。漢遣長樂衛尉高昌侯董忠、車騎都尉韓昌將騎萬六千，又發邊郡士馬以千數，送單于出朔方雞鹿塞。詔忠等留衛單于，助誅不服，又轉邊穀米糒，前後三萬四千斛，給贍其食。是歲，郅支單于亦遣使奉獻，漢遇之甚厚。明年，兩單于俱遣使朝獻，漢待呼韓邪使有加。明年，呼韓邪單于復入朝，禮賜如初，加衣百一十襲，錦帛九千匹，絮八千斤。以有屯兵，故不復發騎爲送。

〔佚名〕《漢武帝内傳》 帝於是登延靈之臺，盛齋存道，其四方之事，權委於冢宰焉。至七月七日，乃修除宫掖之内，設座殿上，《廣記》：設坐大殿。以紫羅薦地，燔百和之香，張雲錦之帳，《廣記》：幃。然九光之燈，設《廣記》：列。玉門之棗，酌此字依《廣記》補。蒲萄之酒，《廣記》：醴。躬監肴物，《廣記》：宫監香果。爲天官之饌。帝乃盛服立於陛《廣記》：階。下，敕端門之内，不得妄有二字《廣記》倒。窺者。内外寂謐，静肅也。以俟《廣記》：候。雲駕。

至二唱之後，即二更也。《廣記》改二唱爲二更而删注。忽天《廣記》：見。西南如白雲起，鬱然直來，徑藏本：遥。依《廣記》改。趨宫庭間。須臾轉近，聞五字依《廣記》補。雲中有簫鼓之聲，人馬之響。復半食頃，王母至也。縣投殿前，有似鳥集。或駕龍虎，或乘音乘。獅子，或御白虎，《廣記》無此二句。或騎白麐，音麟。或控白鶴，或乘軒藏本：科。依《廣記》改。車，或乘天馬，此句依《廣記》補。羣仙數萬，《廣記》：千。光耀庭宇。既至，從官不復知此字依《廣記》補。所在，唯見王母乘紫雲之輦，駕九色斑龍，别有五十天仙，側近鸞輿，皆身長一丈，《廣記》：皆長丈餘。同執彩毛之節，佩此字依《廣記》補。金剛靈璽，戴天真之冠，藏本：帶天策，無之冠二字，依《廣記》補正。咸住殿前。《廣記》：下。王母唯扶二侍女上殿，年可十六七，服青綾之袿，古兮切，裾也，上服。容眸流眄，莫見切，邪視也，作盻非。神姿清發，真美人也。王母上殿，東向坐，著黄錦《廣記》：金。袷襡，上夾下蜀，無絮長襦也。文采鮮明，光儀淑穆。帶靈飛大綬，腰《廣記》有佩字，乃淺人增也。後文雲腰流黄揮精之劍。分頭《廣記》：景。之劍。頭上大華結，上花下髻。戴太真晨嬰之冠，履元瓊鳳文之舄。俗刻有映朗雲棟神光暐曄二句。檢《廣記》亦無之，未知所本。視之可年卅許，修短得中，天姿掩藹，容藏本：雲。依《廣記》改。顔絶世，真靈人也。下車登床，帝拜跪，二字《廣記》倒。問寒温《廣記》：暄。畢，立如也。《廣記》無此二字。

因呼帝共坐，帝南面，向王母。母自設膳，膳精非常。《廣記》：自設天厨精妙非常。豐珍之肴，《廣記》：上果。芳華百果，《廣記》：味。紫芝萎蕤，華盛貌。紛若填檫。上音田，下音螺。清香之酒，非地上所有，香藏本：甘。依《廣記》改。氣殊絶，帝不能名也。又命侍女《廣記》有更字。索桃，《廣記》有果字。須臾，以盤盤，《廣記》作玉盤二字。曾慥《類説》作柈。盛《廣記》有仙字。桃七枚，《廣記》：顆。下同。大如鴨子，《廣記》：卵。形圓，此字依《廣記》補。色青，以呈王母。母以四枚與帝，自食三桃。桃之甘美，口有盈味。帝食輒録核。録，留也。《廣記》改録爲收而删注。母曰：「何謂？」《廣記》：王母問帝。帝曰：「欲種之耳。」母曰：「此桃三千歲《廣記》：年。一生實耳，中夏地薄，種之不生如何！」帝乃止。於坐上酒觴數過，《廣記》：遍。王母乃命侍女王子登彈八琅之璈，又命侍女董雙成吹雲龢之笙，又命侍女石公子擊昆庭之鐘，又命侍女許飛瓊鼓震靈《類説》：靈虚。之簧，侍女阮凌華拊五靈之石，拊，循也。石，如鳴球之類也。侍女范成君擊洞庭《廣記》：湘陰。之磬，侍女段安香作九天之鈞。於是衆聲澈朗，靈音駭空。又命侍女安法嬰歌元靈之曲。其詞曰：「大象雖寥廓，我把天地户。披雲沉靈輿，倏忽適下土。空洞成元音，至靈不容治。太真嘘中唱，始知風塵苦。頤神三田中，納精六闕下。遂乘萬龍輴，藏本椿，依《文選·遊仙詩》注改。馳騁眄九野。」【略】

上元夫人即命侍女紀離容，徑到扶廣山，敕青真小童，出六甲左右靈飛致神之方十二事，來以授徹也。須臾，侍女還，捧八色玉笈，鳳文之蘊，以出六甲之文。六字依《廣記》補。元光明曜，真華煒焕。云：「青真小童問訊弟子阿昌言：承向奉詣《廣記》：使。絳河，攝南真七元君，檢校羣龍猛獸之數，事畢過門受教。承阿母相邀，詣劉徹家，不意天靈至尊，乃復下降於臭濁中也。不審起居比來二字依《廣記》補。文瀾閣本二字在起居上。如何？二字《廣記》倒。侍女紀離容至，云：尊母此字依《廣記》補。欲得金書秘字六甲靈飛左右策精之文十二事，欲授劉徹。四字依《廣記》補。輒封一通付信曰：二字依《廣記》補。徹雖有心求慕，實非仙才。詎宜以此術傳泄於行尸乎？阿昌近在帝處，見有上言者甚衆，云：山鬼哭於藁林，孤魂號於絶域，《類説》絶作異。興師旅而族有功，忘賞勞而刑士卒。縱横白骨，煩藏本：奢。依《廣記》改。擾黔首，淫酷自恣，罪已彰於太上，怨已見於天氣。囂言互聞，必不得度世也。真尊見敕，不敢違耳。」王母笑《廣記》：嘆。曰：「言此子者誠多愆，《廣記》：然。屬下讀。帝亦不必推也。夫好道慕仙者，精誠志念，齋戒思愆，輒除過一月；克己反善，奉敬真神，存真守一，行此一月，輒除過一年。徹念道累年，齋亦勤積，《廣記》：矣。屢禱名山真靈，願求度脱，校計功過，殆以相掩。但自今已去，勤修至誠，奉上元夫人之言，不宜復奢淫暴虐，使萬兆勞殘，冤魄《廣記》：魂。窮鬼，有被掘之訴，流血之屍，忘功賞之辭耳。」

於是上元夫人離《廣記》：下。席起立，手執八色玉笈，鳳文之蘊，仰天向帝而祝曰：「九天浩洞，太上耀靈。神照玄寂，清虚朗明。登虚者妙，守氣者生。至念道臻，寂感真誠。役神形辱，安精年榮。授徹靈飛，及此六丁。左右招神，天光策精。可以步虚，可以隱形。長生久視，還白留青。我傳有四萬之紀，授徹，傳在四十之齡。違犯泄漏，禍必族傾。反是天真，二句依《廣記》補。必沉幽冥。藏本沉下有於字，依《廣記》删。爾其慎禍，藏本：必慎其禍。依《廣記》改。敢告劉生。爾師主是《廣記》有真字。青童小君，太上中黄道君之師真，元始天王入室弟子也。姓延陵，名陽，字庇華。形有嬰孩之貌，故仙官以青真小童爲藏本：之。依《廣記》改。號。其爲器也，環朗洞照，聖周萬變。元鏡幽鑒，才爲真隽。游於扶廣，權此始運。宮館元圃，治仙職分。子存師君，從爾所願，不存所授，命必傾隕。」《廣記》：淪。上元夫人祝畢，乃一一手指所施用節度，以示帝焉。以字焉字，並依《廣記》補。

郭憲《漢武帝别國洞冥記》卷一 漢武帝未誕之時，景帝夢一赤彘從雲中直下，入崇蘭閣。帝覺而坐於閣上，果見赤氣如烟霧來蔽户牖。望上，有丹霞蓊鬱而起，乃改崇蘭閣爲猗蘭殿。後王夫人誕武帝於此殿。有青雀羣飛於霸城門，乃改爲青雀門。乃更修飾，刻木爲綺橑。雀去，因名青綺門。

郭憲《漢武帝别國洞冥記》卷二 元鼎元年，起招仙閣於甘泉宮西。編翠羽麟毫爲簾，青琉璃爲扇，懸黎火齊爲床，其上懸浮金輕玉之磬。浮金者，色如金，自浮於水上；輕玉者，其質貞明而輕。有霞光繡，有藻龍繡，有連煙繡，有走龍錦，有雲鳳錦，翻鴻錦。閣上燒荃靡香屑，燒粟許，其氣三月不絶。進峣嵲細棗，出峣嵲山，山臨碧海上，萬年一實，如今之軟棗。咋之有膏，膏可燃燈，西王母握以獻帝。燃芳苡燈，光色紫，有白鳳、黑龍、馵足來，戲於閣邊。有青鳥，赤頭，道路而下，以迎神女。神女留玉釵以贈帝，帝以賜趙婕妤。至昭帝元鳳中，宮人猶見此釵。黄訹欲之，明曰示之，既發匣，有白燕飛昇天。後宮人學作此釵，因名玉燕釵，言吉祥也。

元鼎五年，郅支國貢馬肝石百斤。常以水銀養之，内玉櫝中，金泥封其上。國人長四尺，惟餌此石而已。半青半白，如今之馬肝。春碎以和九轉之丹，服之，彌年不飢渴也。以之拂髮，白者皆黑。帝坐羣臣於甘泉殿，有髮白者，以石拂之，應手皆黑。是時公卿語曰：「不用作方伯，惟須馬肝石。」此石酷烈，不和丹砂，不可近發。帝寢靈莊殿，召東方朔於青綺，窗不隔綈紈，重幕，問朔曰：「漢承庚運，火德，以何精瑞爲祥應？」朔跪而對曰：「臣常至吴明之墟，是長安東過扶桑七萬里，有及雲山。山頂有井，雲起井中，若土德王黄雲出，火德王赤雲出，水德王黑雲出，金德王白雲出，木德王青雲出。此皆應瑞德也。」帝曰：「善。」

元封中，起方山像，招諸靈異，召東方朔言其秘奥。乃燒天下異香，有沉光香、精祇香、明庭香、金磾香、塗魂香，外國所貢青楂之燈。青楂木有膏，如淳漆，削置器中，以蠟和之塗布，燃照數里。

起神明臺，上有九天道金床，象席，虎珀鎮雜玉爲簟。帝坐良久，設甜水之冰，以備洪濯酌。瑶琨碧酒，砲青豹之脯。果則有塗陰紫梨、琳國碧李，仙衆與食之。

劉歆《西京雜記》卷一　成帝設雲帳、雲幄、雲幕於甘泉紫殿，世謂爲三雲殿。

劉歆《西京雜記》卷二　武帝爲七寶牀，雜寶桉，厠寶屏風，列寶帳，設於桂宫，時人謂之四寶宫。

劉歆《西京雜記》卷四　哀帝爲董賢起大第於北闕下，重五殿，洞六門，柱壁皆畫雲氣花蘤，山靈水怪，或衣以綈錦，或飾以金玉。南門三重，署曰南中門、南上門、南更門。東西各三門，隨方面，題署亦如之。樓閣臺榭，轉相連注，山池玩好，窮盡雕麗。

劉歆《西京雜記》卷六《文木賦》　魯恭王得文木一枚，伐以爲器，意甚玩之。中山王爲賦曰：「麗木離披，生彼高崖。拂天河而布葉，横日路而擢枝。幼雛羸鷇，單雄寡雌，紛紜翔集，嘈嗷鳴啼。載重雪而梢勁風，將等歲於二儀。巧匠不識，王子見知。乃命班爾，載斧伐斯。隱若天崩，豁如地裂。華葉分披，條枝摧折。既剥既刊，見其文章。或如龍盤虎踞，復似鸞集鳳翔。青緺紫綬，環璧珪璋。重山累嶂，連波叠浪。奔電屯雲，薄霧濃雰。麚宗驥旅，鷄族雉羣。蠋繡鴦錦，蓮藻芰文。色比金而有裕，盾參玉而無分。裁爲用器，曲直舒卷。修竹映池，高松植巘。製爲樂器，婉轉蟠紆，鳳將九子，龍導五駒。製爲屏風，鬱茀穹隆。製爲杖几，極麗窮美。製爲枕案，文章璀璨，彪炳涣汗。製爲盤盂，採玩踟躕。猗歟君子，其樂只且！」恭王大悦，顧盼而笑，賜駿馬二匹。

劉歆《西京雜記》卷六《廣川王發古冢》　廣川王去疾，好聚亡賴少年，遊獵畢弋無度，國内冢藏，一皆發掘。余所知爰猛，説其大父爲廣川王中尉，每諫王不聽，病免歸家。説王所發掘冢墓不可勝數，其奇異者百數焉。爲余説十許事，今記之如左。

魏襄王冢，皆以文石爲槨，高八尺許，廣狹容四十人。以手捫槨，滑液如新。中有石床、石屏風，宛然周正。不見棺柩明器踪迹，但床上有玉唾壺一枚、銅劍二枚。金玉雜具，皆如新物，王取服之。

哀王冢，以鐵灌其上，穿鑿三日乃開。有黄氣如霧，觸人鼻目，皆辛苦不可入。以兵守之，七日乃歇。初至一户，無扃鑰。石床方四尺，床上有石几，左右各三石人立侍，皆武冠帶劍。復入一户，石扉有關鑰，叩開，見棺柩，黑光照人，刀斫不入，燒鋸截之，乃漆雜兕革爲棺，厚數寸，累積十餘重，力不能開，乃止。復入一户，亦石扉，開鑰得石床，方七尺。石屏風銅帳鉤一具，或在床上，或在地下，似是帳糜朽，而銅鉤墮落床上。石枕一枚，塵埃朏朏，甚高，似是衣服。床左右石婦人各二十，悉皆立侍，或有執巾櫛鏡鑷之象，或有執盤奉食之形。無餘異物，但有鐵鏡數百枚。

魏王子且渠冢，甚淺狹，無棺柩，但有石床，廣六尺，長一丈，石屏風，床下悉是雲母。床上兩尸，一男一女，皆年二十許，俱東首，裸卧無衣衾，肌膚顔色如生人，鬢髮齒爪亦如生人。王畏懼之，不敢侵近，還擁閉如舊焉。

袁盎冢，以瓦爲棺槨，器物都無，唯有銅鏡一枚。

晉靈公冢，甚瑰壯，四角皆以石爲玃犬捧燭，石人男女四十餘，皆立侍，棺器無復形兆，尸猶不壞，孔竅中皆有金玉。其餘器物皆朽爛不可别，唯玉蟾蜍一枚，大如拳，腹空，容五合水，光潤如新，王取以盛書滴。

幽王冢，甚高壯，羨門既開，皆是石堊，撥除丈餘深，乃得雲母，深尺餘，見百餘尸，縱横相枕藉，皆不朽，唯一男子，餘皆女子，或坐或卧，亦猶有立者，衣服形色不異生人。

欒書冢，棺柩明器朽爛無餘。有一白狐，見人驚走，左右遂擊之，不能得，傷其左脚。其夕，王夢一丈夫，鬚眉盡白，來謂王曰：「何故傷吾左脚？」乃以杖叩王左脚。王覺，脚腫痛生瘡，至死不差。

常璩《華陽國志》卷二《漢中志・總叙》　張騫特以蒙險遠，爲孝武帝開緣邊之地，賓沙越之國，致大宛之馬，入南海之象，而車渠、瑪瑙、珊瑚、琳碧、罽寶、明珠、玳瑁、虎魄、水晶、琉璃、火浣之布、蒲桃之酒、筇竹、蒟醬，殊方奇玩，盈於市朝，振揚威靈，被於幽裔。遂登九列，杖節繡衣，剖符博望。

徐天麟《東漢會要》卷三《禮一・封禪》 初，孝武帝欲求神仙，以扶方者言黄帝由封禪而後仙，於是欲封禪。封禪不常，時人莫知。元封元年，上以方士言作封禪器，以示羣儒，多言不合古，于是罷諸儒不用。三月，上東上泰山，乃上石立之泰山顛。遂東巡海上，求仙人，無所見而還。四月，封泰山。恐所施用非是，乃祕其事。語在《漢書郊祀志》。

上許梁松等奏，乃求元封時封禪故事，議封禪所施用。有司奏當用方石再累置壇中，皆方五尺，厚一尺，用玉牒書藏方石。牒厚五寸，長尺三寸，廣五寸，有玉檢。又用石檢十枚，列于石傍，東西各三，南北各二，皆長三尺，廣一尺，厚七寸。檢中刻三處，深四寸，方五寸，有蓋。檢用金縷五周，以水銀和金以爲泥。玉璽一方寸二分，一枚方五寸。方石四角又有距石，皆再累。枚長一丈，厚一尺，廣二尺，皆在圓壇上。其下用距石十八枚，皆高三尺，厚一尺，廣二尺，如小碑，環壇立之，去壇三步。距石下皆有石跗，入地四尺。又用石碑，高九尺，廣三尺五寸，厚尺二寸，立壇丙地，去壇三丈以上，以刻書。上以用石功難，又欲及二月封，故詔松欲因故封石空檢，更加封而已。松上疏争之，以爲「登封之禮，告功皇天，垂後無窮，以爲萬民也。承天之敬，尤宜章明。奉圖書之瑞，尤宜顯著。今因舊封，竄寄玉牒故石下，恐非重命之義。受命中興，宜當特異，以明天意」。遂使泰山郡及魯趣石工，宜取完青石，無必五色。時以印工不能刻玉牒，欲用漆書之；會求得能刻玉者，遂書。書祕刻方石中，命容玉牒。

徐天麟《東漢會要》卷二五《職官七・恩賜》 棨戟。《杜詩傳》。又《郭躬傳》云：「漢制，棨戟即爲斧鉞。」

駁犀具劍，佩刀，紫艾綬，玉玦各一。馮石。

几杖車馬，衣一襲，絮五百斤。卓茂。

冠幘履韈衣一襲。魯丕。

三公之服，黼黻冕旒。荆州刺史郭賀。

虎賁旄頭，鍾虡之樂。東海王彊。

祕書，列仙圖，道術祕方。東平王蒼。

劍帶佩刀。虞延。

乘輿七尺佩劍。馮異。

肅宗賜尚書寶劍：韓稜楚龍淵，郅壽蜀漢文，陳寵濟南椎成。《韓稜傳》。

御衣及綬，稟食公車。丁鴻。

明帝賜尚書以下朝夕餐，給帷被皁袍及侍史二人。《鍾離意傳》。

桓帝賜梁冀入朝不趨，劍履上殿，贊謁不名。

臘賜。臘賜大將軍、三公錢各二十萬，牛肉二百斤，粳米二百斛，特進、侯十五萬，卿十萬，校尉五萬，尚書三萬，侍中、將、大夫各二萬，千石、六百石各七千，虎賁、羽林郎二人共三千，以爲祀門户直。已上《漢官舊儀》，見《何敞傳》注。

常賜：

錢帛，衣服，衣冠，安車，什器，帷帳，養牛酒，羊酒。

《晉書》卷六四《會稽文孝王道子傳》 嬖人趙牙出自優倡，茹千秋本錢塘捕賊吏，因路諂進，道子以牙爲魏郡太守，千秋驃騎諮議參軍。牙爲道子開東第，築山穿池，列樹竹木，功用鉅萬。道子使宫人爲酒肆，沽賣於水側，與親昵乘船就之飲宴，以爲笑樂。帝嘗幸其宅，謂道子曰：「府内有山，因得遊矚，甚善也。然修飾太過，非示天下以儉。」道子無以對，唯唯而已，左右侍臣莫敢有言。帝還宫，道子謂牙曰：「上若知山是板築所作，爾必死矣。」牙曰：「公在，牙何敢死！」營造彌甚。千秋賣官販爵，聚資貨累億。

《晉書》卷九九《桓玄傳》 玄入建康宫，逆風迅激，旍旗儀飾皆傾偃。及小會于西堂，設妓樂，殿上施絳綾帳，縷黄金爲顔，四角作金龍，頭銜五色羽葆旒蘇，羣臣竊相謂曰：「此頗似轜車，亦王莽仙蓋之流也。」又造金根車，駕六馬。是月，玄臨聽訟觀閲囚徒，罪無輕重，多被原放。有干輿乞者，時或卹之。其好行小惠如此。自以水德，壬辰，臘于祖。改尚書都官郎爲賊曹，又增置五校、三將及强弩、積射武衛官。元興三年，玄之永始二年也，尚書答「春蒐」字誤爲「春菟」，凡所關署皆被降黜。玄大綱不理，而糾擿纖微，皆此類也。以其妻劉氏爲皇后，將修殿宇，乃移入東宫。又開東掖、平昌、廣莫及宫殿諸門，皆爲三道。更造大輦，容三十人坐，以二百人舁之。性好畋遊，以體大不堪乘馬，又作徘徊輿，施轉關，令迴動無滯。既不追尊祖曾，疑其禮儀，問於羣臣。散騎常侍徐廣據晉典宜追立七廟，又敬其父則子悅，位彌高者情理得申，道愈廣者納敬必普也。玄曰：「《禮》云三昭、三穆，與太祖爲七，然則太祖必居廟之主也，昭穆皆自下之稱，則非逆數可知也。禮，太祖東向，左昭右穆。如晉室之廟，則宣帝在昭穆之列，不得在太祖之位。昭穆既錯，太祖無寄，失之遠矣。」玄曾祖以上名位不顯，故不欲序列，且以王莽九廟見譏於前史，遂以一廟矯之，郊廟齋二日而已。祕書監卞承之曰：「祭不及祖，知楚德之不長也。」又毀晉小廟以廣臺榭。其庶母蒸嘗，靡有定所，忌日見賓客遊宴，唯至亡時一哭而已。朞服之内，不廢音樂。玄出遊水門，飄風飛其儀蓋。夜，濤水入石頭，大桁流壞，殺人甚多。大風吹朱雀門樓，上層墜地。

《晉書》卷一〇六《石季龍載記上》　於襄國起太武殿，於鄴造東西宫，至是皆就。太武殿基高二丈八尺，以文石綷之，下穿伏室，置衛士五百人於其中。東西七十五步，南北六十五步。皆漆瓦、金鐺、銀楹、金柱、珠簾、玉壁，窮極伎巧。又起靈風臺九殿于顯陽殿後，選士庶之女以充之。後庭服綺縠、玩珍奇者萬餘人，内置女官十有八等，教宫人星占及馬步射。置女太史于靈臺，仰觀災祥，以考外太史之虛實。又置女鼓吹羽儀，雜伎工巧，皆與外侔。禁郡國不得私學星讖，敢有犯者誅。

左校令成公段造庭燎于崇杠之末，高十餘丈，上盤置燎，下盤置人，絙繳上下。季龍試而悦之。其太保夔安等文武五百九人勸季龍稱尊號，安等方入而庭燎油灌下盤，死者七人。季龍惡之，大怒，斬成公段于閶闔門。

《晉書》卷一一七《姚興載記上》　興既託意於佛道，公卿已下莫不欽附，沙門自遠而至者五千餘人。起浮圖於永貴里，立波若臺于中宫，沙門坐禪者恒有千數。州郡化之，事佛者十室而九矣。

酈道元《水經注》卷二五《泗水、沂水、洙水》　孔廟東南五百步，有雙石闕，即靈光之南闕，北百餘步即靈光殿基，東西二十四丈，南北十二丈，高丈餘，東西廊廡別舍，中間方七百餘步；闕之東北有浴池，方四十許步；池中有釣臺，方十步，臺之基岸，悉石也，遺基尚整。故王延壽賦曰「周行數里，仰不見日」者也。是漢景帝程姬子魯恭王之所造也。殿之東南，即泮宫也，在高門直北道西，宫中有臺，高八十尺，臺南水東西百步，南北六十步，臺西水南北四百步，東西六十步，臺池咸結石爲之，《詩》所謂「思樂泮水」也。

《魏書》卷一九中《任城王傳》　神龜二年薨，年五十三。賻布一千二百匹、錢六十萬、蠟四百斤，給東園温明祕器、朝服一具、衣一襲；大鴻臚監護喪事，詔百僚會喪，贈假黄鉞、使持節、都督中外諸軍事、太傅，領太尉公；加以殊禮，備九錫，依晉大司馬、齊王攸故事；謚曰文宣王。澄之葬也，凶飾甚盛。靈太后親送郊外，停輿悲哭，哀動左右。百官會赴千餘人，莫不歔欷。當時以爲哀榮之極。

《魏書》卷五〇《慕容白曜傳》　三年春，克東陽，擒沈文秀。凡獲倉粟八十五萬斛，米三千斛，弓九千張，箭十八萬八千，刀二萬二千四百，甲冑各三千三百，銅五千斤，錢十五萬；城内户八千六百，口四萬一千，吴蠻户三百餘。

《魏書》卷一〇三《蠕蠕傳》　詔賜阿那瓌細明光人馬鎧二具、鐵人馬鎧六具；露絲銀纏槊二張并白毦，赤漆槊十張并白毦，黑漆槊十張并幡；露絲弓二張并箭，朱漆柘弓六張并箭，黑漆弓十張并箭；赤漆盾六幡并刀，黑漆盾六幡并刀；赤漆鼓角二十具；五色錦被二領，黄紬被褥三十具；私府繡袍一領并帽，内者緋納襖一領；緋袍二十領并帽，内者雜綵千段；緋納小口袴褶一具，内中宛具；紫納大口袴褶一具，内中宛具；百子帳十八具，黄布幕六張；新乾飯一百石，麥麨八石，榛麨五石；銅烏錥四枚，柔鐵烏錥二枚，各受二斛；黑漆竹樏四枚，各受二升；婢二口；父草馬五百匹，駝百二十頭，牸牛一百頭，羊五千口，朱畫盤器十合；粟二十萬石。至鎮給之。詔侍中崔光、黄門元纂郭外勞遣。

《北史》卷九八《蠕蠕傳》　詔賜阿那瓌細明光人馬鎧一具，鐵人馬鎧六具，露絲銀纏槊二張并白毦，赤漆槊十張并白毦，黑漆槊十張并幡，露絲弓二張并箭，朱漆柘弓六張并箭，黑漆弓十張并箭，赤漆楯六幡并刀，黑漆楯六幡并刀，赤漆鼓角二十具，五色錦被二領，黄紬被褥三十具，私府繡袍一領并帽，内者緋納襖一領，緋袍二十領并帽，内者雜綵千段，緋納小口袴褶一具内中宛具，紫納大口袴褶一具内中宛具，百子帳十八具，黄布幕六張，新乾飯一百石，麥麨八石，榛麨五石，銅烏錥四枚，柔鐵烏錥二枚各受二斛，黑漆竹樏四枚各受五升，婢二口，父草馬五百疋，駝百二十頭，牸牛一百頭，羊五千口，朱畫盤器十合，粟二十萬石，至鎮給之。

朱銘盤《南朝梁會要・方域・苑囿》　樂游苑。《南史・武天監元年紀》。

武帝天監四年二月，立建興苑於秣陵建興里。《南史・武紀》。

太清元年九月癸卯，王游苑成。《武紀》。

蘭亭苑。《武太清三年紀》。

華林園昆明池。《南史・太清三年紀》。

玄武湖。《南史・太平元年紀》。

昭明太子於玄圃穿築，更立亭館。《本傳》。下同。

後池。

建興苑。《蕭景傳》、《裴之高傳》。

王遊苑。《韋粲傳》。

齊世青溪宮改爲芳林苑。《南史・南平王偉傳》。

天泉池。《南史・陸雲公傳》。

城西馬厩。《侯景傳》。

江潭苑。《侯景傳》。

許嵩《建康實録》卷七《晉中・顯宗成皇帝》〔咸和五年〕九月，作新宮，始繕苑城，修六門。案，苑城，即建康宮城。六門。案，《地輿志》：都城周二十里一十九步，本吴舊址，晉江左所築，但有宣陽門。至成帝作新宮，始修城開陵陽等五門，與宣陽爲六，今謂六門也。南面三門，最西曰陵陽門，後改名爲廣陽門，門内有右尚方，世謂之尚方門。次正中宣陽門，本吴所開，對苑城門，世謂之白門，晉爲宣陽門，門三道，上起重樓懸楣，上刻木爲龍虎相對，皆繡栭藻井。南對朱雀門，相去五里餘，名爲御道，開御溝，植槐柳。次最東開陽門。東面最南清明門，門三道，對今湘宮巷，門東出青溪港橋。正東面建春門，後改爲建陽門，門三道，尚書下舍在此門内，直東今興業寺後，東度青溪菰首橋。唐景雲年中，江寧縣令陸彦恭于縣東門金華坊東通青溪，乃廢菰首橋路，而于興業寺門前開大道，造金華橋，橋渡青溪，通潤州驛。正西南西明門，門三道，東對建春門，即宮城大司馬門前横街也。正北面用宮城，無别門。苑城即吴之後苑也，一名建平園。都城雖經五代，而門牆亘有修改。

許嵩《建康實録》卷一二《宋中・太祖文皇帝》〔景平二年十二月〕置清園寺，東北去縣二里。案，《塔寺記》：駙馬王景琛爲母范氏，宋元嘉二年，以王坦之祠堂地與比丘尼業首爲精舍。十五年，潘淑儀施西營地以足之，起殿。又有七佛殿二間，泥素精絶，後代希有及者。置嚴林寺，西北去縣四十五里，元嘉二年，僧招賢二法師造。【略】

〔景平四年三月〕壬寅，採富陽令諸葛闡議，禁斷夏至日五絲命縷之屬。詔曰：「大歲時有利害之收，而農桑有經常之告，機杼有不輟之勤，而用度有奢儉之異。是以愛民者節其費用，務本者躬其女工。一月得四十五日，明其以夜繼晝，匪勤則遺者，飾章奢侈，有自來矣，然不出奉生送死之誠。今者民人夏至有五色雲命縷之服，以爲無用之費博矣。謹率愚管，謂宜禁革。」從之。

許嵩《建康實録》卷一六《齊下・魏虜》 晉惠帝永明二年，闍耶始因天竺道人那伽仙而遣使于中國，奉表獻金縷龍王座像一軀，白檀像一軀，牙像一軀，牙塔二軀，古貝二雙，瑠璃蘇鉝一口，瑇瑁榔一枚。詔回紫絳、地黄、碧緑綾各百匹。

許嵩《建康實録》卷一七《梁上・高祖武皇帝》〔正光元年九月〕置大愛敬寺，西南去縣十八里，武帝爲太祖文皇帝造。大通四年，又造一丈六尺旃檀像，量之剩二尺，成丈八形，次衣文及手足，更重量，又剩一尺五分。至大通五年，寺主僧洽重量，又剩七寸，即是長二丈矣。大同四年，移入大殿，勑主書吴文寵更量，又剩五寸。凡五度量，即長二丈七寸，豈非精誠所感耶？置永明寺，西北去縣五十里。案，《寺記》：南平襄王造，大唐武德六年廢，上元二年五月奉勑重造。置果願尼寺，西南去縣五十里，東陽太守王均造。須陁寺，去縣十七里。

《新唐書》卷四一《地理志五》 揚州廣陵郡，大都督府。本南兗州江都郡，武德七年曰邗州，以邗溝爲名，九年更置揚州，天寶元年更郡名。土貢：金、銀、銅器、青銅鏡、綿、蕃客袍錦、被錦、半臂錦、獨窠綾、殿額莞席、水兕甲、黄稑米、烏節米、魚臍、魚鮬、糖蟹、蜜薑、藕、鐵精、空青、白芒、兔絲、蛇粟、括蔞粉。

王溥《唐會要》卷三五《經籍》〔開元〕七年九月勑：「比來書籍缺亡及多錯亂，良由簿歷不明，綱維失錯，或須披閱，難可校尋。令麗正殿寫四庫書，各於本庫每部爲目録。其有與四庫書名目不類者，依劉歆《七略》，排爲七志。其經、史、子、集及人文集，以時代爲先後，以品秩爲次第。其《三教珠英》既有缺落，宜依舊目，隨文修補。」

十九年冬，車駕發京師。集賢院四庫書，總八萬九千卷，經庫一萬三千七百五十二卷，史庫二萬六千八百二十卷，子庫二萬一千五百四十八卷，集庫一萬七千九百六十卷。其中雜有梁、陳、齊、周及隋代古書。貞觀、永徽、麟德、乾封、總章、咸亨年，奉詔繕寫。

二十四年十月，車駕從東都還京，有勑：「百司從官，皆令減省集賢書籍，三分留一，貯在東都。」至天寶三載六月，四庫更造見在庫書目，經庫七千七百七十六卷，史庫一萬四千八百五十九卷，子庫一萬六千二百八十七卷，集庫一萬五千七百二十卷。從三載至十四載，庫續寫又一萬六千八百四十三卷。

天寶三載七月勑：「先王令範，莫越于唐虞；上古遺書，並稱于訓誥。雖百篇奥義，前代或亡；而六體奇文，舊規尤在。其《尚書》應古體文字，並依今字繕寫施行，其舊本仍藏書府。」

其載十二月勑：「自今已後，宜令天下家藏《孝經》一本，精勤教習；學校之中，倍加傳授，州縣官長明申勸課焉。」

十一載十月，勑祕書省檢覆四庫書，與集賢院計會填寫。

貞元七年十二月，祕書監包佶奏：「《開元禮》所與月令相涉者，請選通儒詳定。」從之。

開成元年七月，分察使奏：「祕書省四庫見在新舊書籍，共五萬六千四百七十六卷，並無文案及新寫文書。自今已後，所填補舊書及別寫新書，並隨日校勘，並勒創立文案，別置納曆，隨月申臺。並外察使每歲末，計課申數，具狀聞奏。」從之。

大中三年正月，祕書省據御史臺牒，准開成元年七月勅，應寫書及校勘書籍，至歲末聞奏者，令勒楷書等，從今年正月後，應寫書四百一十七卷。

四年二月，集賢院奏，大中三年正月一日以後至年終，寫完貯庫及填缺書籍三百六十五卷，計用小麻紙一萬一千七百七張。

《吐魯番出土文書》第二册《高昌阿苟母隨葬衣物疏》 故枕一枚

故(造)〔皂〕尖一枚　故(排絶)〔緋結〕髮一枚　故(扠)〔釵〕一枚　故(疏)〔梳〕一枚

故面衣一枚　故(孺)〔襦〕一枚　故[衫]一枚　故首衣一枚　故裙一枚

故中衣一枚　故小衣一枚　故懷(友)〔釉〕囊一枚

故脚襪一枚　故蹹毬囊一枚　故(理)〔履〕一枚

故被一枚　故褥一枚　狐毛千束　匹(白)〔帛〕

萬匹　○○○右條雜物與母永供

身用，阿苟條。

《吐魯番出土文書》第二册《高昌殘文書》

〔前缺〕

[稱]上使[衆]韋□

三年教[匠]始[可]□

〔後缺〕

《吐魯番出土文書》第二册《高昌永康(?)十年用綿作錦絛殘文書》 〔前缺〕

□[須]綿叁斤[半]，作錦絛□

十年八月十[二]□

[凱]

《吐魯番出土文書》第二册《高昌缺名隨葬衣物疏》 〔前缺〕

□袴□

□[綾]一百[匹]□

〔中缺〕

□大樹[葉]□

□匹　白絹一百匹　黄金□

□斤　亂糸千斤，(非)〔緋〕被綠緣(林)〔綾〕枕一□

□錢一千　白銀錢二千(汶)〔文〕

時見　張定杜

請書李堅固

《吐魯番出土文書》第二册《高昌章和五年(公元五三五年)令狐李忠妻隨葬衣物疏》 章和五年乙卯歲正一日，令狐孝忠

元出敦煌，今來高昌民。

妻，黄(金)〔金〕千斤　白銀百斤　細綿百

錢財萬匹

張　褶袴三具　證天依(刀)〔萬〕丈，山河石殘，

不得(古)〔沽〕名，急急(汝)〔如〕律令。

《吐魯番出土文書》第二册《高昌章和十三年(公元五四三年)孝姿隨葬衣物疏》 故樹葉錦面衣一枚　故繡羅當一枚　故錦襦一枚，領帶[具]

故錦褶一枚，領帶具　故緋綾襦二枚，領帶具　故紫[綾]

褶二枚，領帶　故緋綾襖三枚，領帶具　故白綾大衫一枚，領帶具　故白綾

少衫一枚，領帶具　故黄綾裙一枚，攀帶具

故絞綾裙一枚，攀帶具　故合蠡文錦袴一枚，攀帶具

故白綾中衣一枚，攀帶具　故脚靡一枚　故繡韠二枚　故樹葉

錦丑衣二枚　故金銀釧二枚　故金銀指環六枚　故撾扮耳

抱二枚　故綾被(辱)〔褥〕四枚　故緋紅錦鷄鳴枕一枚　故波

斯錦十張　故魏錦十匹　故合蠡大綾十匹　故石柱小綾

十匹　故白絹卌匹　故金錢百枚　故銀錢百枚

故布疊二百匹　故手杞二枚　攀天糸萬萬九千文
章和十三年水亥歲正月(任)(壬)戌朔，十三日甲戌，比丘果願
敬移五道大神。佛弟子孝姿持佛五戒，專修
十善，以此月六日物故，(逕)(經)涉五道，任意所適。右上
所件，悉是平生所用之物。時人張堅固、(季)(李)
定度。若欲求海東頭，若欲覓海東辟(辟)(壁)，
不得奄遏停留，急急如律令。

《吐魯番出土文書》第二册《高昌章和十八年（公元五四八年）光妃隨葬衣物疏》

脚釋一枚　脚靡一枚　履一雙　帛練中衣一枚　□□□
樹葉錦袴一枚，腰帶具　黄綾裙一枚，腰攀具　□□
汗衫一枚，領帶具　錦羅當一枚　紫綾褶一枚，[領]□□
玉抛一雙　醜衣兩雙　大文錦面衣　兩燒結一枚
金釵一雙　團花一枚　(烟支)(胭脂)胡粉　青黛　黑黛
眉蜱　眉紙　(竟斂)(鏡奩)一枚　一切具　鷄鳴枕一枚
金錢十千　銀錢百萬　大錦千張　大(練)(綾)萬匹
綿千斤　絹萬束　針衣　路囊　一切備具
攀天糸萬萬九千丈
章和十八年戊辰歲二月廿三日佛弟子比丘果願敬移五道
大神，佛弟子光妃於高昌大城内命過。持佛五戒，專修十善，
(逕)(經)涉五道，幸不訶留。時人張堅固、李定度。不得
奄遏停留，若(谷)(欲)求海東(豆)(頭)，若(谷)(欲)覓海東壁，
急急如律令。

《吐魯番出土文書》第二册《高昌延昌二年（公元五六二年）長史孝寅隨葬衣物疏》

右練脚靺一具　右練褌衫一具　右□
右被(辱)(褥)一具　右履一雙　右面衣一顔□
(有)(右)(珠)(朱)衣鞞哀，領帶具
支一枚　右雜錦百匹　右雜□
右絹七百匹　右綿六百斤□
右疊千五百匹　右金錢[子]□
右銀錢千文　右筆研一具□
一口　右偃明一具　右扳天□
千三千三百丈
延昌二年壬午歲十一月丁[卯]□
比丘大僧統果願敬移五□□□□
弟子長史孝寅持佛五□□□□
[高]昌城北方
善，以此月□□遇患徂殞，□
任意所適。右上所條，盡是□
用物。時人[張]堅固、李定□
東海頭，若欲覓海西(辟)(壁)，□
遏留停，急急如律令。

《吐魯番出土文書》第二册《高昌延昌七年（公元五六七年）牛辰英隨葬衣物疏》

脚靺一雙　[右]□[錦][裙]
一腰　右白綾[裙]□[錦]褥二具
右錦褶二領　右□[領]　右面衣一顔
右鷄鳴枕一枚　右黄棺一口　右釵一枚
右髻一枚　右鏡一枚　右脂粉具　右梳一
右扳天糸萬萬九千三百文
延昌七年丁亥歲，佛弟子牛氏辰英
以此月十二日遇患徂殞，逕涉五道，任意
所適。右上所條[悉]□生時所用物。時
人張堅固、李□□。□[欲]求海東頭，
若欲覓海□□□□□遏留停急急如[律]□。

《吐魯番出土文書》第二册《高昌建昌四年（公元五五八年）條列用酒斛斗數殘奏》

（前缺）
□用酒(九)(斛)斗數列別[如]□

〔中缺〕

省事　史[ ]

□[昌]四年戊寅歲十[ ]

〔後缺〕

《吐魯番出土文書》第二册《高昌建昌四年（公元五五八年）張孝章隨葬衣物疏》

建昌四年戊寅歲[二]月甲子朔，九日壬申，禪師法林敬移五道大神，佛弟子張孝章持佛五誡，專修十善，今於高昌城内家中命過，經涉五道，幸不呵留。今有朱衣籠冠[一]具，帶物具；白練衣[褌]一具；玉(屯)〔豚〕一雙，(莊)〔裝〕飾具；細錦面衣一枚；[ ]脚靡一雙，帶物具；鷄鳴枕一枚，(莊)〔裝〕飾[ ]錦[緣]褥一具；《孝經》一卷；硯(嘿)〔墨〕紙筆一具；錫人十；弩牙一具；盾一枚；五穀各一升；鐵鏡巾箱、櫛枇、手巾、刀子一具；金錢三百；銀錢五百；大錦百張；綾、羅、絹、綺各百匹。若欲求海東頭，覔海西(辟)〔壁〕，急急如律令。時人張堅固、李定度。攀天糸萬萬九千文。

《吐魯番出土文書》第二册《高昌延昌十六年（公元五七六年）信女某甲隨葬衣物疏》　尖一顔　紫襹褶□□綾裙一具　白練褌衫一具　錦裙褶一具　剪刀尺一具　雁牙梳一具　針氈并針□悉具　雜色錦一百段　雜色綵帛二百[匹]　五穀悉具　鷄鳴枕一隻　面衣一具　玉[肫]一雙　脚躧一兩　攀天糸萬萬九千[丈]

延昌十六年丙申[歲][ ]日，大德比丘厶甲敬移五道大神，佛弟□□信女某甲持佛五戒，專修十善，宜□遐齡，永保難老。

旲天不弔，以此月八日，於高昌城内奄然殞命，逕涉五道，幸勿呵留，任意聽過，急急如律令。倩書天堅古、時見李定度。若欲求海東[頭]，若欲覔海西(辟)〔壁〕不得奄遏留停，[ ]從移令。

《吐魯番出土文書》第二册《高昌延昌三十二年（公元五九二年）氾崇鹿隨葬衣物疏》〔前缺〕

[ ][五口]　[弓][箭][一][具][ ]

〔中缺〕

手把玉肫一雙　手尺一具　面衣一[枚][ ]

〔中缺〕

[ ][萬][萬][九][ ]

各百萬匹　綵帛百萬段　世行布疊[ ]

具　五[穀][ ]

延昌卅二年壬子歲(潤)〔閏〕正月十七日[ ]

五道大神佛弟子氾[崇][鹿][持][佛][ ]

齡，永保難老，不期一旦捨離榮[ ]

殞，逕涉五道，(賃)〔任〕[意][聽][去]，[幸][勿][呵][ ]

時見張堅固，倩書李定度。若欲[ ]

海西壁，不得奄[遏][亭]留。[敬][重][ ]

《吐魯番出土文書》第三册《高昌延和四年（公元六〇五年）某甲隨葬衣物疏》

紫綾褶一領　黄綾裙一具　白綾絔袙[ ][一]具　百福錦一千(叚)〔段〕，綾絹一千(叚)〔段〕，雜色糸錦一千斤，(今)〔金〕銀錢一萬個，(箭)〔剪〕刀尺一具，烏牙梳一枚，(佃支)〔胭脂〕胡(分)〔粉〕具　針一萬枚，鷄鳴枕一枚，手把玉一枚，脚蹉一兩，五穀具，石灰十（九）〔斛〕，天糸萬萬九千丈。延和四年乙丑歲正月十九日，大德比丘厶：甲：南光敬移五道大神：佛弟子某甲五戒，專修十善，宜（向）〔享〕遐齡，永保難老，昊天不富，以此月忽然命過，逕涉五道，幸莫呵留，任度。急急如律令。請書張堅古，時見律定度。若欲求海東頭，若欲覔海西（辟）〔壁〕，不得奄遏留停。急急如律令。

《吐魯番出土文書》第三册《高昌延和十二年（公元六一三年）缺名隨葬衣物疏》

桐椀弓（煎）〔箭〕一具　銀（莊）〔裝〕刀帶一具　金銀二萬文　紫綾衫袴一具　白綾衫袴一具　錦綵一萬匹　鷄鳴枕一枚　玉肫一雙　脚靡一兩　（焚）〔攀〕天糸萬萬九千丈　石灰一（九）〔斛〕　五穀具

延和十二年癸酉歲五月四日，大德比丘果願敬移五道大神，佛弟子持佛五戒，專修十善，宜（向）〔享〕遐（靈）〔齡〕，永保難老，而昊天不弔，以此月三日奄喪盛年，逕涉五道，幸勿呵留，任意聽（果）〔過〕。倩書張堅固，時見李定度。若欲求海東頭，若欲覔海西（辟）〔壁〕，不得奄遏留（亭）〔停〕，急急如律令。

《吐魯番出土文書》第三册《高昌義和四年（公元六一七年）六月缺名隨葬衣物疏》

脚蹼韡一兩　紫羅尖一　中衣（涅）〔汗〕衫一具　白綾ナ小衫一具　錦襦黄裙一具　褶綾綺襦一具　白綾裙褶一具　釵髻（粨枝）〔胭脂〕胡粉（箭）〔剪〕刀尺一具　銀文刀子一口　針百枚　針氈　糸七色各十一兩　偽牙一（竟）〔鏡〕、楊梳五枚　錦五十張　絹百匹　□練一千段　金銀錢二百文　石灰三　五穀具　玉（屯）〔豚〕一雙　攀天糸萬萬九千文　（有）〔右〕上所（調）〔條〕，悉是年年所生用之物。義和四年丁丑歲六月二日記。

《吐魯番出土文書》第三册《高昌延和三年（公元六〇四年）缺名隨葬衣物疏》

紫綾褶袴一具　白練衫袴一具　桐椀弓箭一具□　金銀錢二千文　錦綵一萬匹　鷄鳴枕一枚　玉肫□一兩　攀天糸萬萬九千丈　石灰一（九）〔斛〕　五穀具

延和三年甲子歲四月廿日，大德比丘果願敬移五道大神，佛弟□持佛五戒，專修十善，宜（向）〔享〕遐齡，永保難老。而昊天不弔□□月某日，奄喪盛年，經涉五道，幸勿呵留，任意聽（果）〔過〕。倩書張堅固，時見李定度。若欲求海東頭，若欲覔海西（辟）〔壁〕，不得奄遏留（亭）〔停〕，急急如律令。

《吐魯番出土文書》第三册《高昌重光元年（公元六二〇年）缺名隨葬衣物疏》

脚蹝一具　穴跟履一兩　白絹裙衫一具　手衣一具　面衣一具　朱衣籠（衬）〔冠〕一具　白綾褶袴一具　玉肫一（雙）〔雙〕　鷄鳴枕一枚　錦被褥一具　文刀一口　銅椀弓箭一具　白絹千匹　被錦萬張　錫人十枚　鑴錢十四文　孝經一卷　紙百張　石灰三（九）〔斛〕　樵五穀各一斗　攀天糸萬萬九千丈　右上所條，悉是平存所用物。

重光元年庚辰歲二月甲子朔廿七日，大德比丘果願敬移五道大神，佛弟子□五戒，專修□□宜（向）〔享〕遐齡，贊（卑）〔裨〕國務，□殞□，□涉五道，幸留勿呵留，任□聽過，□□如律令。時人張堅固，請書李定度。若欲求海東頭，若欲覔海□□不得奄遏留（亭）〔停〕，事事從君命。

《吐魯番出土文書》第三册《高昌重光二年（公元六二一年）張頭子隨葬衣物疏》

脚靡一具，脚釋一具，（亢）〔無〕根履一兩，末衣一（冑）〔腰〕，汗衫一領，鷄鳴枕一枚，朱衣籠一具，金刀子一枚，石（恢）〔灰〕三（九）〔斛〕，五

榖具，孝經一(弓)〔卷〕，手把一(䨻)〔雙〕，攀天糸萬萬九千丈，
偃鳴一枚，白綾褶袴二具，錦被(辱)〔褥〕二具，臈錢十四
枚，錫人具，金錢一萬文，銀錢二萬，被錦一千張，
雜色綾各五百匹。右上所條悉是平存所用之
物。宜(向)〔享〕遐齡，永保難。重光二年辛巳歲，大德
比丘果願敬移五道大神，佛弟張頭子持佛五戒，
專修十善，昊天不弔，今於此月四日奄喪盛年，
逕涉五道，任意聽，幸勿呵留。時人張堅
固倩書李定度。若欲求海東若欲覓海西(辟)〔壁〕。不得奄留(亭)〔停〕急
急如律令。

《吐魯番出土文書》第三册《高昌延壽十年(公元六三三年)元兒隨葬衣物疏》

(諸依龍)〔朱衣籠〕(官)〔冠〕一具　銀眼(蘢)〔籠〕一具　波斯錦面(依)
〔衣〕一具　波斯錦被(辱)〔褥〕一具
白綾褶袴一具　細布衫袴一具　銀刀帶一具　□□弓箭一具　□□
千張　綾練一千匹　金銀錢各一萬文　石灰十(九)〔斛〕　伍穀具　錫人
十□
奴婢十具，悉是平存所用之物　(樊)〔攀〕天糸萬萬九千文
延壽十年癸巳歲五月七日，大德比丘敬移五道大神，佛(第)〔弟〕
子元兒持佛五戒，厶修十善，永保年老，(號)〔昊〕天而不過，以此月戌日奄
(病)〔喪〕盛年。(行物)〔幸勿〕呵留，任意聽過。倩書張堅固，時見
李定土。若(求慾)〔慾求〕海東頭，若欲覓海西(辟)〔壁〕，不得奄
案留(亭)〔停〕，急急如律令。

《吐魯番出土文書》第六册《唐康某等雜器物帳》〔前缺〕

康□□　大百師一口
張阿尾□□　大百師一口
史祐相床一□　□父師床一張
曹隆信床一張　員總訓床一張
張歡海床一張　張隆退護床一張
張阿尾床一張　左信歡床一張
郭洛子床一張　陰武仕床一張脚張隆護
日浮知盆床一張　周海願床一張
竹故匿床一張　目辰相床一張脚周塠塠
康鄃你延床一張　麴貴哲床一張
郭延明床一張　康阿荷床一張脚孟海伯
魏相惠床一張　劉黑相床一張
白憙洛床一張　翟懷願床張達典床李
合子床　令孤惠信床一脚郭洛護

《吐魯番出土文書》第六册《唐白夜默等雜器物帳》　白夜默槃一　龍歡
槃□□
魏貓仁槃一　骨桃仁□□
郭洛護槃一　杜隆□□
一鄭願海槃一　畦玄□槃一　趙醜胡槃一
王慶伯槃一　竹都柱□□　杜海柱木椀四
盞子五　魏養德木椀十　嚴伯仁木椀十
盞子七　支憙伯木椀十□□八　郭養養瓫子一
翟默斗瓫子一　賈□□大盆一　王胡胡大
盆一　曹不之擬小瓶一　王□□□瓶一　賈阿先瓶一，李居
仁瓶，白願伯小瓶一，并翟漢□□索一，秋仁草索一
牛懷願草索一，魏林林草□□　史尾尾銅盆二枚
翟建折銅盆二　賈吉□□盆一，竹忽澈銅
盆一，翟默斗銅盆一□□銅盆一，趙令峻
銅盆一，嚴伯仁銅盆□　□利康銀盞一枚
目張□胡瓶一枚

《吐魯番出土文書》第六册《唐史歡智等雜器物帳》　史歡智銅匙　張延憙

槃一　串善相銅盂几一

王懷願槃一　李安相［］　魏□□槃一

魏朱貴槃一　周［］

□隆護槃一　［］

[魏]海德槃一　［］

[史]黑頭[槃]［］

（後缺）

《吐魯番出土文書》第六册《唐居太夫人隨葬衣物疏》　朱衣（同官）（籠冠）

一　□□一具　韓卅具　帶卅[具]

□[游]廿具　頭髮五十兩　釵梳廿具

大衫并旱衫五十具並是綾羅　金蚰并釧刀子各五十具

指環取環各五十具

裙緋綾紫綾并錦廿腎　緋綾褌廿具

披子廿枚并是綾　紫綾褶廿五領大綾十小綾十五

袴廿腎十腎大綿，十腎大綾　五明鮮鞋廿五量十五具小，十具□

并羅韓　鞊韈靴卌五量廿五量錦縹廿量平文

靴靹伍拾具並絲　黃金千斤　白銀千兩

小麥及大麥三萬石　粟床各二萬　奴婢五十口

車牛五十乘　羊、馬、驢、牛、駞、騾等總

三百五十頭疋　悉是平生用具，隨意

取用，不得迴面。付東海居太夫人神領，付與

黃泉，急急如律令！

《吐魯番出土文書》第六册《唐永徽六年（公元六五五年）趙羊德隨葬衣物疏》

［］[綾]被

［］吉一具悲被

［］吉一具白練裙一具細疊

［］[金]鉬長刀一具白陁手一巾一

［］痕十具馬一疋泥（安）（鞍）一具

［］道一金錢二萬文白練千

［］五麥具夫鄉萬萬九千

［］平生所用之物，（金）（全）从延泉。

[永]徽六年丁卯歲十二月十日，趙羊

□戍年持仏五（十）（戒），（厶）（専）修十善，宜（向）（享）行年，

□□[長]故。時見李王谷谷示所

□[得]安，（即即）（急急）如律令。

《吐魯番出土文書》第七册《武周豆盧軍牒爲吐谷渾歸朝事一》（一）

（前缺）

［］抚褐［］落蕃（生）（人）瓜州百姓，加

□［］

［］六歲　一疋父五［］[草]九歲　一疋赤草七歲　一疋

白［］

［］胡禄一［］鞍三　（下殘）

［］[究]（玖）拾［］刀壹口　蕃書壹［］

［］十日牒稱：得押領生吴［］

［］[接]得前件渾及馬，謹將［］

［］[蕃][生][賀]弘德款稱：弘[德]

［］德常在吐渾可汗處，可汗［］

［］[州]陳都督處，可汗語弘[德]［］

［］衆令□[墨]離川總欲投漢來，請［］

［］接者。郭知□大配山南［］令便往[應]［］

［］差兵馬速即□□應接，仍共總管［］

□計會，勿失機便者。此日□[知]運便領兵馬[往]［］

［　］至准狀［　］滿，其所領兵［　］

［　］令端等處降渾消息，兵糧如少［　］

［　］差子總管張令端［　］

（後缺）

《吐魯番出土文書》第七册《唐□□達等馬具帳》　□□達鞍韉一具　麴軌

□客仁鞍韉一具　賈隆信鞍韉□□

白海海鞍韉一具　竹炎子鞍韉一具

□□〻轡頭一具　張令琮□頭二具

□□海轡頭一□［　］

（中缺）

［　］鞍韉及轡頭等［　］

抾鞍韉□□□

《吐魯番出土文書》第十册《唐出納錢物帳歷》（一）

（前缺）

五月九日緣［　］百文［　］大同（？）一千文

五月十一日［　］共出納緤一疋□共二千文出

五（？）千文付典張守。

十三日［　］一百文大董觀買（？）［　］

六月廿四日□緤二疋用錢一千八［　］文買供付守陽

［　］廿四日［　］袴（？）衫用錢二百四十文

□□十日［　］盞（？）用小麥兩石二斗　糴麻八斗斗別一百卅文

計大錢一千卅文

［　］用共大錢一千文

［　］守陽縫袴一蒷，用大錢六千文

□葱子以付［　］用錢共八百文

［　］細緤一疋得一千文。欠（？）錢八百廿文，買供。

［　］緤一疋□緤一斤□便帖錢一千二百文買供。

［　］回大錢三百文

［　］剮（？）壓平（？）埸（？）並索共二百計一千

［　］細緤一疋，出得一千三百文，帖七百文取供。

［　］粟各出錢一百五十文。

［　］縫裙子一蒷，大錢八十五文。

（後缺）

（二）

［　］練袴□□用錢［　］

廿八日□練［　］付□用糧？□□［　］

十三日［　］充（？）糧（？）

十四日［　］計四百五□

十五日［　］壓油

□索用［　］

□緣寺［　］尼錢

□

（三）

八日［　］

九日［　］

十日［　］

十［　］

十一日［　］

［　］

十七日［　］

一千［　］

孟浩然《孟浩然集》卷二《登總持寺浮圖》　半空躋寶塔，時望盡京華。竹遶渭川遍，山連上苑斜。四郊開帝宅，阡陌逗人家。累劫從初地，爲童憶聚沙。一窺功德見，彌益道心加。坐覺諸天近，空香逐落花。

岑參《岑參集》卷一《編年詩・登千福寺楚金禪師法華院多寶塔》　多寶滅

已久，蓮華付吾師。寶塔淩太虚，忽如湧出時。數年功不成，一志堅自持。明主親夢見，世人今始知。千家獻黄金，萬匠磨琉璃。既空秦山木，亦罄天府貲。焚香如雲屯，幡蓋珊珊垂。窸窣神繞護，衆魔不敢窺。作禮覩靈境，焚香方證疑。庶割區中緣，脱身恒在兹。

段成式《酉陽雜俎》卷一《忠志》 安禄山恩寵莫比，錫賚無數，其所賜品目有：桑落酒　闊尾羊窟利　馬酪　音聲人兩部　野猪鮓　鯽魚并鱠手刀子　清酒　大錦　蘇造真符寶輿　餘甘煎　遼澤野雞　五術湯　金石凌湯一劑及藥童昔賢子就宅煎　蒸梨　金平脱犀頭匙箸　金銀平脱隔餛飩盤　平脱着足疊子　金花獅子瓶　熟線綾接靿　金大腦盤　銀平脱破觚　八角花鳥屏風　銀鑿鏤鐵鎖　帖白一作花檀香牀　緑白平細背席　繡鵝毛氈兼令瑶令光就宅張設　金鸞紫羅緋羅立馬寶　雞袍　龍鬚夾帖　八斗金渡銀酒甕　銀瓶平脱掏魁織錦筐　銀笊籬　銀平脱食臺盤　油畫食藏　又貴妃賜禄山金平脱裝具玉合　金平脱鐵面椀【略】

代宗即位日，慶雲見，黄氣抱日。初，楚州獻定國寶一十二，乃詔上監國。詔曰：「上天降寶，獻自楚州，神明生曆數之符，合璧定妖災之氣。」初，楚州有尼真如，忽有人接去天上。天帝言下方有災，令此寶鎮之，其數十二，楚州刺史崔侁表獻焉：一曰玄黄，形如笏，長八寸，有孔，辟人間兵疫。二曰玉雞，毛白玉也，王者以孝理天下則見。三曰穀璧，白玉也，如粟粒，無雕鐫之跡，王者得之，五穀豐熟。四曰西王母白環，二枚，所在處，外國歸伏。五曰碧色寶。六曰如意寶珠，大如雞卵。七曰紅靺鞨，大如巨栗。八曰琅玕珠，二枚，逾常珠，有逾徑一寸三分。九曰玉玦，形如玉環，四分缺一。十曰玉印，大如半手，理如鹿形，啗入印中。十一曰皇后採桑鈎，細如箸，屈其末。十二曰雷公石，斧形，無孔。諸寶置之日中，皆白氣連天。

段成式《酉陽雜俎》卷五《續集・寺塔記上》 塔下有舍利三斗四升，移塔之時，僧守行建道場，出舍利俾士庶觀之，唄讚未畢，滿地現舍利，士女不敢踐之，悉出寺外。守公乃造小泥塔及木塔近十萬枚葬之，今尚有數萬存焉。

寺有小銀象六百餘軀，金佛一軀長數尺。大銀象高六尺餘，古樣精巧。又有嵌七寶字《多心經》小屏風，盛以寶函，上有雜色珠及白珠，駢甃亂目。禄山亂，宫人藏於此寺。屏風十五牒，三十行經，後云：發心主司馬恒存，願成主上柱國索伏寶息、上柱國真德，爲法界衆生造。黄金牒經，善繼疑外國物。

段成式《酉陽雜俎》卷六《樂》 咸陽宫中有鑄銅人十二枚，坐皆三五尺，列在一筵上。琴筑笙竽，各有所執，皆組綬花彩，儼若生人。筵下有銅管，吐口高數尺，其一管空，内有繩大如指，使一人吹空管，一人紉繩，則琴瑟竽筑皆作，與真樂不異。有琴長六尺，安十三絃，二十六徽，皆七寶飾之，銘曰璵璠之樂。玉笛長二尺三寸，二十六孔，吹之則見車馬出山林，隱隱相次，息亦不見，銘曰昭華之管。

姚汝能《安禄山事迹》卷上 禄山舊宅在道政坊，玄宗以其陋隘，更於親仁坊選寬爽之地，出御庫錢更造宅焉。今親仁坊東南隅玄元觀，即其地也。敕所司窮極華麗，不限財物，堂隍院宇，重複窈窱，匼帀詰曲，窗牖綺疏，高臺曲池，宛若天造，幃帳幔幕，充牣其中。九載，禄山獻俘入京，方命入此新宅，玄宗賜銀平脱破方八角花鳥藥屏帳一具，方圓一丈七尺；金銅鉸具、銀鑿鏤、銀鏁二具；色絲縚一百副；夾頡羅頂額織成錦簾二領；各紫綊簾羅金銅鉤、分錯色絲縚貼白檀香牀兩張，各長一丈，闊六尺；并水蔥夾貼緑錦緣白平紬背席二領；繡茸毛毯合銀平脱帳一具，方一丈三尺；金銅鉸具、繡綾頡夾帶、碧綾(□)〔峻〕旗、色絲縚百副；貼文牙牀二張，各長一丈，闊三尺；水蔥夾貼席、紅錦緣白平紬背、紅異文繡方繡褥、紫紬牀帳兼黄金瑶光等並全兩内帳設。續賜青羅金鸞緋花鳥子女立馬雞袍袴等，屏風六合，紅瑞錦褥四領，二色綾褥八領，瑞錦屏兩領，龍鬚夾貼席一十四領，貼文柏牀一十四張，白檀香木細繩牀一張，繡草敦子三十箇。至於廚廄之内，亦以金銀飾其器，又賜金平脱五斗飯罌二口，銀平脱五斗淘飯魁二，銀絲織成籌筐、銀織笊籬各一，金銀具食藏二，零碎之物不可勝數。雖宫中服御殆不及也。玄宗嘗御勤政樓，於御座東間爲設一大金雞帳，前置一榻，坐之，卷去其簾，以示榮寵。每於樓下宴會，百僚在座，禄山或撥去御簾而出。肅宗諫曰：「自古正殿，無人臣坐之禮，陛下寵之太甚，必將驕也。」上呼太子前曰：「此胡骨狀怪異，欲以此厭勝之耳。」【略】

九載八月二日，又加(河)〔河〕北道採訪處置等使。命壽王瑁書告身，并裝金平脱函瑞錦褾鈿軸，令内常侍郭全羽送焉。

天長節，禄山進山石功德及幡花香爐等，命於大同殿安置，朝夕禮謁焉。優詔褒美，兼賜禄山寶鈿鏡一面，并金平脱匣、寶枕、承露囊、金花盌等，亦令郭全羽送之，酬其忠孝之意也。又進玉石天尊一鋪，請於道場所安置。玄宗命置於内暖殿。天尊并侍坐真人、玉女神、天丁力士、六樂童子及師子、辟邪、香爐、玉案三十六事。

是秋，祿山將入朝，乃令於温泉爲祿山造宅。祿山將至之日，宣賜什物、米麪、柴炭之屬萬計。又賜永寧園充使院。今司天臺，是其地也。祿山將及戲水，楊國忠兄弟、號國姊妹並至新豐以來會焉。飛蓋蔭野，車騎雲屯，所止之處，皆御賜膳，水陸畢備。至温泉賜浴。將士並賜食，賜錢。玄宗計日幸望春宮，以待十六日獻俘八千人於觀風樓下。賜莊宅各一所，雜彩綾羅、金銀器物及聲音口等。龜茲一部，雞棲鼓、指鼓、腰鼓、笛、蕭、觱篥等七人。將士亦各頒賜。賜祿山金鞍花大銀胡餅四、大銀魁二併蓋、金花大銀盤四、雜色綾羅三千尺。判中殿中侍御史楊玄章等三人，緋衣各一對，及絹綵等。將士大將軍楊歸順等一百九十三人，衣各一副，并絹綵等。又賜契丹生女口，大小五十人。考課之日，上考，祿山又自獻金銀器物、婢及駞馬等。金窯細胡瓶二，銀平脱胡平牀子二，紅羅褥子一，婢十人，細馬十四，打毬士生馬三十四，駱駞十頭，骨鞍轡三十具，(茸)〔並〕黄綾鞍袱三十條，抄尾大馬纓十箇，又進鹿尾醬、鹿尾骨等。

祿山同列皆尚食供饌，其餘頒賜品味，備極水陸。玄宗每食一味，稍珍美，必令賜與，中貴相望於道。又嘗遺祿山酥真符、寶輿并窯臺，及音聲、寶車、牛士、繖蓋，并小山花果藥雜樹，小獅子、白象各二，兼藥食等一牙盤，令內謁除大賓，宣賜祿山，以爲奇觀焉。

又賜永穆公主池亭以爲遊宴之地。祿山既移居親仁坊，進表求降墨敕，請宰相至席宴會。是日，玄宗欲於樓下打毬，遂停打毬，命宰相赴焉。玄宗每於苑中〔放〕鷹鶻，所獲鮮禽，多走馬宣令賜嘗。王鉷、楊國忠選勝燕樂，必賜梨園教坊音樂，貴妃姊妹亦多在會中。駕幸温泉，必令扈從，賜馬，賜衣，香囊珍寶，不知紀極。祿山時染小疾，王人御醫重疊複至，煎和湯藥皆在禁中。先許祿山於管內上谷郡起五鑪鑄錢，時又進錢樣一千貫文。召祿山男慶緒及女壻歸義王李獻誠、祿山養兒王守忠、安忠臣等赴闕，到日並賜衣服、玉腰帶、錦綵等，仍令尚食供食。其冬久無雪，至十二月十四日乃雪，祿山表賀焉。玄宗批答兼口號以賜之曰：「臘月忻三(日)〔白〕，嘉平安四鄰，預知天下稔，先爲物華春。」其見重如此。

十載正月一日，是祿山生日，先日賜諸器物衣服，太真亦厚加賞遺。玄宗賜金花大銀盆二，金花銀雙絲平二，金鍍銀蓋椀二，金平脱酒海一并蓋，金平脱杓一，小馬腦盤二，金平脱大盞四，次盞四，金平脱大〔瑪〕腦盤一，玉腰帶一，并金魚袋一，及平晚匣一，紫細綾衣十副，內三副錦襖子并半臂，每副四事，熟錦細綾□□三十六具。太真賜金平脱裝一具，內漆半花鏡一，玉合子二，玳瑁刮舌篦、耳篦各一，銅鑷子各一，犀角梳篦刷子一，骨骴合子三，金鍍銀盒子二，金平脱盒子四，碧羅(帛)〔帕〕子一，紅羅繡(帛)〔帕〕子二，紫羅枕一，氈一，金平脱鐵面枕一，并平脱鎖子一，(紅羅繡帛子二)銀沙羅一，銀鉅椀一，紫衣二副，內一副錦，每衣計四事件。

其日，又賜陸海諸物，皆盛以金銀器，並賜焉。所賜祿山食物、香藥，皆以金銀器盛之，其器並賜，前後又不可勝計也。

後三日，召祿山入內，貴妃以繡綳子綳祿山，令內人以綵輿舁之，歡呼動地。玄宗使人問之，報云：「貴妃與祿山作三日洗兒，洗了又綳祿山，是以歡笑。」玄宗就觀之，大悅，因加賞賜貴妃洗兒金銀錢物，極樂而罷。自是，宮中皆呼祿山爲祿兒，不禁其出入。又爲河東節度，二月二日，遂加雲中太守兼充河東節度採訪使，餘如故。祿山奏請户部待郎吉温知留後事，大理寺張通儒爲留後判官。雲中之事一委吉温，祿山甚重之。

祿山母、祖母皆賜國夫人，男慶宗、慶緒、慶恩、慶和、慶餘、慶則、慶光、慶喜、慶祐、慶長、慶□等一十一男，皆是玄宗賜名。慶宗爲衛尉少卿，慶緒爲鴻臚少卿兼廣陽郡太守，慶宗加祕書少監，又尚榮義郡主，改太僕卿。祿山恃此，日增驕恣。嘗以曩時不拜肅宗之嫌，慮玄宗年高，國中事變，遂包藏禍心，將生逆節。乃於范陽築雄武城，外示禦寇，內貯兵器，養同羅及降奚、契丹曳落河蕃人健兒爲曳落河。八千餘人爲假子，及家童教弓矢者百餘人，以推恩信，厚其所給，皆感恩竭誠，一以當百。又畜單于、護真大馬習戰鬭者數萬疋，牛羊五萬餘頭，總三道以節制，天寶元年，除平盧節度使。三年，兼范陽節度使。十年，兼河東節度使。刑賞在己。於是張通儒、李廷望、平冽、李史魚、獨孤問俗等在幕下，高尚掌奏記，嚴莊主簿書，安守忠、李歸仁、蔡希德、牛庭玠、向潤容、崔乾祐、尹子奇、何千年、武令珣、能元皓、田乾真等爲將帥，潛於諸道商胡興販，每歲輸異方珍貨計百萬數。每商至，則祿山胡服坐重牀，燒香列珍寶，令百胡侍左右，羣胡羅拜於下，邀福於天。祿山盛陳牲牢，諸巫擊鼓、歌舞，至暮而散。遂令羣胡於諸道潛市羅帛，及造緋紫袍、金銀魚袋、腰帶等百萬計，將爲叛逆之資，已八九年矣。又每歲獻俘虜、牛羊、駞馬，不絕於路，珍禽奇獸、珠寶異物貢無虛月，所過郡縣，疲於遞運，人不聊生。

《敦煌社會經濟文獻真蹟釋録》第二輯《卯年(公元八一一年？)悉董薩部落百姓張和子預取造栛籬價帖》

卯年四月一日，悉董薩部落百姓張和子，爲無種子，

今於永康寺常住處取栛籬價麥壹番馱，斷造栛籬貳拾扇，長玖尺，闊六尺。其栛籬限四月二十五日已前造了。如違其限，栛籬請倍，麥壹馱倍兩馱。恐人無信，故勒此契。卯年四月一日

張和和手帖。中間或身東西，一仰保人等代還。
麥主
取麥人張和子年四十一
保人弟張賈子年二十五
見人氾老(押)
見人康讚(押)　(弟)
見人齊生(押)
(後殘)

《敦煌社會經濟文獻真蹟釋録》第二輯《年代未詳(公元八四〇年)沙州僧崇恩處分遺物憑據》(前缺)

□田莊□
鏵各壹孔，鎌各壹張，鐺釦各壹口，椀疊各□
具，車壹乘，樓壹具，種壹副　粟樓壹具□
共使
□人王禄般施入三世浄土寺充□口無窮・〔渠〕地兩突，延康□(地)
兩突，車乘牛驢農具依當寺文籍，隨事支給。
施入合城大衆微薄房資，雙紃緋壇柒條，袈沙一條□
汗衫壹，紫綾夾裙衫壹對，□京褐夾綾裙衫壹對，
綾襖子壹青綾裏□裏緋綾□
(録)〔緑〕絹蘭，白練汗衫壹，　赤黄綾夾袴兩腰，緋綾被壹，□
鶴子皮裘壹領，紫綾縵，故王皮裘壹領，紅紬縵□
紫綾履壹量，京皮靴壹量并靴氊，拾伍兩金銀間腰帶壹□
銀椀壹枚，故赤黄綾三衣襆子壹，白方氊壹領，龍　鬚席□
朱裹椀壹，銅椀壹，銅疊子壹，墜銅盤子壹，鑾疊子□
漆疊子肆，畫油木盛子貳并蓋，畫油木鉢子貳並蓋，畫油□□
畫油醬疊子貳，木油醬臺子貳，醬醋杓子貳，銅匙筯壹□
畫木疊子拾，獨胡木盤壹，五歲草驢壹頭，肆歲父驢□(壹頭)
青剛鞍兀壹，録石枕壹枚，籐裘杖壹，　絹扇壹柄。
三世浄土寺所有傢具什物車乘供養具佛衣并別有文籍，□
歲草馬壹疋，充(賣)〔買〕寺南宅壹軀舍肆口并院落。
崇恩前後兩政爲所由於常住三寶或貸價忘取，不□
招業累，將八窠上錦壹張，施入都司。
報恩寺常住大床壹張，踏床壹張，新車盤壹，施入佛殿□
用。
與姪僧惠郎□□壹張，白練裏草録交緣，拾伍兩銀椀壹，
表弟大將閻英達紅錦襖子壹，緋絹裏。
外生鄧猪□信□尼嚴定，已上五人□
緤壹□
吳三藏紫綾裘裟壹條，紫綾廬山(冒)〔帽〕子一頂。
翟僧統青□長袖壹，草録蘭，紫□
梁僧政青綺來長袖壹，緋藂絲蘭，□
已下僧政、法律、法師及諸寺老宿，禪律大□
子一頂。
優婆姨清浄意比至無常已來，支瓜渠上地貳拾畝。先
清浄意師兄法住在日與牸牛壹，母子翻折爲五頭，一任受
用，與白綾壹疋，方耳鐺壹口，柒兩銀盞壹，小牙盤子□
面。沙彌宜娘，比至清浄無常已來，承事清浄意，不許東西。無常
已後，一任隨情取意，放汝寬閑。肆歲特牛壹頭，布放修功德。清
浄意無常已後，資生活具，少小之間，亦與宜娘。
僧文信經數年間與崇恩内外知家事，劬勞至甚，與耕
牛壹頭，冬糧麥參碩。
媧柴小女在乳哺來，作女養育，不曾違逆遠心，今出嫡事人，已經
數載，老僧買得小女子壹口，待老僧終畢，一任媧柴驅使，莫令爲賤，崇。
崇恩亡後衣服：白綾韈壹量，浴衣一，長絹褌壹，　赤黄綿壯？
袴壹腰，京褐夾長袖壹，獨織紫綾壯襖子壹領，紫綾裙衫
壹對，紫綾柒條，袈裟壹條，紫羅廬山(冒)〔帽〕子壹頂，覆面
綿壹屯，　覆面青沙壹段。
上尚書剥草馬壹疋。墜銅尺五面，悉羅壹。
侄僧惠朗(押)

表弟大將閻英達
侄都督索（押）
侄虞候索
侄兵馬索榮徹
侄女夫張忠信
侄女夫張忠均

《敦煌社會經濟文獻真蹟釋録》第三輯《唐咸通四年癸未歲（公元八六三年）敦煌所管十六寺和三所禪窟以及抄録再成氈數目》 大唐咸通四年歲次癸未，河西釋門都 僧統緣敦煌

管内一十六所寺及三所禪窟，自 司空吴僧統酉年算會後至丑年分都司已來，從酉至未一十一年。癸未年五月廿三日抄録官酥籍上明照手下再成氈定數如後：

新方褥一，細緤𧢲錦面。絲麻錦褥一，氈𧢲。緋治氈一領，錦緣。又聖僧褥子一，故。天王褥子三。小袟故方繡褥子一，白氈𧢲。東河水磑一輪。油樑一所。青花氈一領。五色花氈三領，内一破。緋繡羅褥一。七尺氍毹一。新方氈九領。新夾氈一條。袟氈廿三條。黑氈一條，白𧢲。香奩小褥子一。故破毛錦二，内一非（緋）緣。故破五色褥一條，在吴和尚。杜心秤産一。幵同鉢一。神幡五口。鍾一口。除褥計褥氈方氈廿八領。

《敦煌社會經濟文獻真蹟釋録》第三輯《唐咸通十四年（公元八七三年）正月四日沙州某寺交割常住物等點檢曆》 咸通十四年癸巳歲正月四日，當寺 尊宿剛管徒衆等，就庫

交割前都師義進、法進手下，常住旛像、幢傘、供養具、鐺鏊、銅鐵、函櫃、車乘、氈褥、天王衣物、金銀器皿，及官疋帛紙布等，一一點活，分付後都唯法勝、直歲法深，具色目如後。

夾頡團傘子貳，白絹裏羅錦者舌青絹裙。故破碎羅錦幢裙子捌，並雜絹裏。破碎高離錦幢裙子貳拾，内壹全。白强木油金渡珠索貳，破碎不堪受用。白强幢子貳，各長伍尺，破碎。又破碎珠旛貳，不堪受用，在未着漆函子内，封印金。故破碎高離錦經巾壹，麴塵絹裏，每面各長壹箭半。畫紫絹佛帳額帶肆條，金花貼。緋羅繡帶貳，新。白繡羅帶貳，各長壹箭半。故破碎麴塵絹·〔長〕拾箭，不堪受用。故破黄綾鐗經巾壹，長叁箭，不堪受用。雜絹路袋壹。漆香奩底壹，無脚。銅㧾羅叁，内貳全。桃骨帳子壹副。㪷碓䶬頭壹，貳拾兩。乾盛瓮大小共肆口。貳㪷伍勝瓫壹。櫃大小共叁口，内貳在素僧政。帳寫牙盤子壹，長貳尺。破漆食魁壹。壹丈貳尺絹旛壹口。肆拾叁尺大絹旛肆口。緋絹旛陸口，各長陸尺。畫布旛壹拾叁口。破碎珠旛貳，在漆函子内。畫紫絹帶拾條。故破碎墨緑絹貳丈，不堪受用。紫綾豎緯壹，故破，不堪受用。繡花拾片。紅絹畫帶八條。緋絹貳尺叁寸。緋絹壹拾叁條。白緤壹丈陸尺，内肆尺半幅。故破黄絹襆壹。紫楪食單壹，長捌尺，内揲。叁勝木油瓮子壹。生銅疊子壹。鑾箱壹合。木油花盛子貳，屏風骨兩副。昇方壹。貳尺伍寸鏊壹面，（列）〔裂〕。胡鐵鑊子壹，無底。破磁椀壹。皮連袋貳。大木盆壹，在樑下。甘土瓮壹，破（列）〔裂〕。壹㪷伍勝破瓫壹。

破咄籠壹。韋皮兩張。白緤襆子壹。天王木繩床子肆。鋄丁子伍伯陸拾叁枚。屏風角鏁伍拾叁。小絹傘子叁。漆籌筒壹。竹籌貳拾伍雙。漆按几貳。鎗軒壹，並龍頭。門靴壹副，在後門上。佛名經樑壹，在經家。木祖㪍壹。木鉢子貳。怡盛壹副柒事。深漆盤子貳拾壹。竹籠貳。故破鼓腔貳内壹在音聲。蓮花架貳。大幢坐貳。紫綾幢壹。麴塵絹裙。玉刀子把壹。銅鐵各壹片子。緤氍毹壹，長壹丈貳尺，四緣破。故破毛錦壹，不堪用。肆拾玖尺大布旛捌口。捌勝銅灌壹，五寸（列）〔裂〕，並有小孔。銅香寶壹，並蓋。生銅屈支灌子。貳㪷磁瓫子壹。叁勝瓫子壹。伍勝几鉢壹。故破錯（菜）〔彩〕經巾壹，紫絹緋絹裏。故破花羅經巾壹，不堪用。錯䌽絹旛拾口。大食櫃兩口。貳拾碩櫃壹口。文書函子壹。木白像壹。細竹兼子壹。大箱壹鏁。手巾樑子壹。大鐵衶鎚壹。破碎氍毹壹不堪用，次籍除。槩壹口，在鄧寺主房，貳拾伍碩。破碎緋氈連袋壹。

木火爐壹。雜藥壹裹子，在印子下。故破緋絹貳丈，不堪用。綾錦針氈壹。深漆椛壹。深漆疊子壹。等身布旛叁拾口。壹幅半紫絹傘壹。

漆香奩底壹。秋木函子壹，無蓋。白綾幢貳，緋絹裏。司馬錦毒一。又白綾幢壹，緋絹裏麴陳絹裙。瑠璃屏子壹隻。白瑪瑙珠貳，無孔。緋地青花鳥毛錦壹，壹拾叁窠，上有蠧孔壹伯玖拾叁。小鍾壹口，在奉唐寺。司錦項菩薩旛捌口。黄絹浴襌貳。白沙壹丈陸尺。壹碩木盆壹。伍色緤食單壹，無緣。小經按壹。大布旛伍口。鹿羅圈壹。紫單絹傘壹，雜絹裙。小布旛拾口。小白絹傘壹。緋綾單傘壹，麴陳絹者舌。大箱壹合。紅綾大旛額壹，長肆拾肆尺伍寸。番錦腰雜漢錦夾纈者舌，花帶伍拾肆。白絹麴陳絹帶伍拾叁。大白繡傘壹，白布裏，長壹丈叁尺，闊壹丈。黿貝青綾裙、紅錦腰，闊伍寸。司馬錦裏雜色絹柱子玖拾柒枚，各長壹尺玖寸。緋絹帶玖拾陸雙，各長貳尺貳寸。白綾者舌玖拾陸。裏面雜色柱子玖拾肆，各長壹尺玖寸。雜色絹帶玖拾伍雙，長貳尺貳寸。白綾者舌玖拾伍，並畫木争壹副。紫絹單傘壹，每面各長壹箭半，紫綾者舌。肆拾伍尺大絹旛叁口。破碎漆疊子貳拾壹——大銅蓮花貳，並軒。䠶遊隊紙屏風面壹副，在馬寺主。金花小漆禄子壹合，全。貳拾輻車脚壹具，內壹全，無釧。等身彩破碎絹旛叁拾口。青貳色綾單傘壹。大銅盆壹，兩耳。按架壹在鄧寺主。羊印壹。錯彩絹旛柒口。紫檀鼓腔壹，在音聲。小銀泥旛子伍口，在索僧政院佛帳子內。伍色褐食單壹條。生銅香爐壹條，闕尾。等身銀泥旛貳拾肆口。破碎生絹菩薩旛貳拾肆口。青絹小方傘子貳，羅錦者舌。小布拾口。銀香爐壹，貳拾肆兩，並銀師子。柒兩弗臨銀盞壹，並底。叁兩肆錢銀盞壹。肆兩伍銀盞壹。肆兩銀盞壹。弱金肆錢在印子下。鍮石香寶子貳，內壹闕底。大金渡銅香爐壹，肆脚上有蓮花兩枝，並香寶子貳及蓮花葉。木白像子上有蓮花埵、銅悉羅、並蓋、銅講橋肆片。蜀柱子捌，勾子陸片，銅柱子柒，首頭柒。（孰）〔熟〕銅疊子壹拾肆。大銅鍾壹口。獨織錦經巾壹拾捌窠。銅軍冶壹。生銅灑瓶壹。大銅瓶壹。胡鎖壹具，並鑰匙。胡鎖腔壹。漢鎖壹具，並鑰匙，在張僧政。小櫃子壹，無蓋。在張僧政。故破牙盤壹，無脚。捌尺大牙盤壹，無脚。伍碩櫃子壹口在燈司大櫃壹口在修造司。小櫃壹口

〔在〕行像司。又大小櫃肆口。生鐵大火爐壹，破碎不堪用，再寫煮油鐺用，次籍除。經桉貳。青布幔天壹，長丈伍，陸幅。天王像子肆，各長肆尺柒寸。大絹旛壹拾肆口，各長肆拾玖尺。壹拾玖尺布旛壹拾柒口。千佛布像壹。織成像壹，白絹裏，青紬緣。緤像子壹。畫布像壹。白綾團傘子貳，雜絹者舌。菩薩旛貳拾貳口，各長玖尺。紅綾大傘壹。紫絹裙，長肆尺，在何上坐。菩薩絹旛壹拾捌口。壹角小傘子壹拾肆。紫綾幢壹，麴陳絹裙，紫絹裏。壹角紫絹傘子壹。青纈子香奩褥壹，氈儭。破鑌鉢盂壹。紫絲網子叁條。叁脚鍮石盞子壹。壹昇銅灌子壹，並糸，在張僧政。青綾小褥叁，緤裏。龍鬚席壹。熏籠貳，內壹無蓋。壹㪷磁瓨壹。磁枕子壹。木著漆香印壹。鐵杵臼壹副。生鐵小鏊子壹，叁片。破聖聖僧盤壹。緋地毛錦壹，捌窠，破碎。貳拾窠鹿緑花毛錦壹，破。青繡幢裙陸，珠繩腰，並青傘子貳。食櫃大小叁口。緋綾繡褥壹。舍利塔子壹。麴陳單傘壹，長肆尺伍寸。盛佛衣漆禄壹合。壇錦傘壹，每面長叁尺，白錦緣。青絹裙，雜絹者舌，上有金渡花伍枚。繡像壹片。單麴陳絹傘壹，長伍尺，緋絹裙，在道哲。緋絹夾經巾肆，每面各長壹箭，闊肆尺。經桉壹。影燈面像叁，破。大銀泥旛貳拾口。緋綾傘壹，麴陳絹裙，緋絹裏，紫絹者呑，長陸尺。肆拾玖尺大絹旛壹拾柒口。緋絹傘壹，黄絹者舌，每面各長叁尺。麴陳單經架孔。傘壹，緋裙，長壹箭。又麴陳絹傘壹，緋紫者舌，每面各長壹箭。壹角麴陳絹傘子伍。壹角緋傘子貳。白絹傘子壹。阿彌陁瓶風壹合。等身銀泥旛壹拾貳口內伍口，在前孫都師。黄夾纈大傘壹，草緑絹裙，周圍壹丈肆尺。紅絁傘子壹。團繡傘子壹，緋絹者舌，夾纈帶。金渡生銅脚伍。漢鎖壹具，並鑰匙在庫門。又漢鎖壹具，在何上坐。瑟瑟壹，在官印子下。生絹千佛像壹。壹角小傘子壹。生絹盧舍那像壹，紫絹緣。貳勝生銅鉢壹。壹角緋絹傘子叁。草緑單傘壹，紫絹緣。深漆疊子壹拾壹。士心秤笙壹。紫絹單傘壹，紫絹裙，緋者舌。青絹傘子壹，每面長貳尺。等身錯彩絹旛壹拾伍口。故破錯彩絹旛叁拾柒口。草緑絹單傘壹，長壹箭半。夾纈旛伍口。紫

綾幢貳，紫絹裏司馬毒。珍珠壹伯陸(課)〔棵〕，銀珠貳拾陸，金渡鈴子貳，並在函子內印子下。壹角雜絹傘子伍。夾纈傘子壹，麴陳者(者)〔舌〕。紫綾傘壹，緋絹裏，青絹裙，雜色柱子。緋絹傘子壹。司馬錦傘子貳，青裏，緑絹裙，各長壹箭半。緋綾幢貳，草緑裏，白綾毒。大紅番錦傘壹，新，長丈伍尺，闊壹丈，心內花兩窠。又壹張內每窠各師子貳，四緣紅番錦，伍色鳥玖拾陸。青吴綾裙，長貳丈叁尺伍寸。紅錦腰，闊肆寸，青夾纈裏，每面雜色柱子肆拾枚，闊肆寸，長壹尺伍寸。貳色絹帶肆拾雙。白綾者舌肆拾枚，每面雜色柱子拾枚。又青吴綾壹，長貳(後缺)

《敦煌社會經濟文獻真蹟釋録》第三輯《後唐長興元年辛卯歲(公元九三一年)正月法瑞交割常住什物點檢曆狀》(前缺)

金銅像□□

經價壹　馬投　盤壹　踏床兩(·)〔張〕

右通前件幡傘函櫃鐺鏉鍋釜氈褥傢具什物等一一點檢分付後寺主　處分。

定圓，具實如前。伏請

牒件狀如前謹牒。

長興元年辛卯歲正月　日法瑞狀。

《敦煌社會經濟文獻真蹟釋録》第三輯《後晉天福七年(公元九四二年)某寺法律智定等交割常住什物點檢曆狀》　天福柒年壬寅歲十二月十日，判官以當寺徒衆等就庫內齊坐交割前所由法律智定，都維保相、寺主永定性、典座保定、直歲戒性等一伴點檢分付後所由法律戒圓、都維堅固定

寺主□□　典座永明、直歲□證等一伴

一一詣實，具列如後：

供養具　長柄熟銅香爐貳，內壹在櫃。

小銅師子壹。　小經案貳，內一在延定真。漆籌筒壹。佛屏風陸片。蓮花座壹。銅杓壹，在櫃。銅澡灌壹，在櫃。破漆香奩壹。破木香奩壹。新木香奩壹，在櫃。

新著香楪子貳。　銅鈴壹並鐸。　銅佛印壹。經藏壹，在殿。黑石枕叁。摩候羅壹，在櫃。大經案壹，在殿。小桉楪貳，在北倉。　木燈樹壹。司馬錦經巾在櫃。

金油師子壹，在櫃。大佛名經壹部拾捌卷並函。黃布經巾壹條。黃項菩薩幡貳拾口，在櫃。小菩薩幡貳拾捌口，在櫃。

畫絹幡陸口。故破幡額壹條。銅楪子壹，在櫃。千佛經巾壹。青繡盤龍傘壹副白綿綾裏並裙柱帶全。官施銀泥幡柒口，在櫃。大銀幡壹口。銅鈴壹在幡干上。□是□

家具。中台盤子貳。小檁子叁枚。花鏄盛子壹。黃花盛子壹　花木盛子壹。黃花團盤貳，古破。破黑團盤壹。小黑牙盤子壹，無連蹄扂？。赤心競盤壹。五尺花牙盤壹，無連蹄。黑木盛子貳，在櫃。箱壹楪，在櫃。㪷壹量。木盆大小五，內一在嚴護。五㪷木盆貳。漆競脚貳。壁牙壹。隔子壹片，在北倉。鍵鎚壹除。桉板肆，內貳破斷。木火爐貳。叁尺牙盤壹面。踏床壹張。新花團盤子□在櫃定內。　木合子壹，在櫃。花競盤貳。朱裏楪子陸枚。

黑木檁子拾枚，內五枚欠在前所由延定真等不過，內五枚在智定等一伴(□)〔不〕過　花楪子肆枚在櫃。

□

(後缺)

《敦煌社會經濟文獻真蹟釋録》第二輯《癸酉年十月五日楊將頭遺物分配憑據》

癸酉年十月五日申時，楊將頭遺留與小妻富子伯師一口，又鏡架匱子，又舍一院。

妻仙子大鍋壹口。定千與驢一頭，白疊襖子一，玉腰帶兩條。定女一斗鍋子一口。

定勝鍪子一，又匱壹口。

（後空）

《敦煌社會經濟文獻真蹟釋録》第三輯《乙未年（公元九三五或九九五年）後常住什物交割點檢曆》（前缺）

□□□□□□
銅鏁壹具全，庫門鐵鏁壹副並鑰匙全。新大主鏉貳
内壹有列，叁脚具全。王慶住折債鐺壹在索僧政。小索僧正鐺壹
内壹在保真，内壹在惠弁。又鈴鈴壹在庫。又黄
畫香奩壹。銅鈸壹副，内列，並帶具全。銅水瓶貳，
内壹無主在庫，内壹在孔入庫法律。銅啓壹，内有列。
大銅悉南門和上換將却得替肆㪷伍升鍋壹口。羅壹。漢摩候羅貳。□□
□　銅灌壹。
柒㪷鎰子壹在庫。陸㪷方耳鐺壹内兩片。伍㪷
鐵鍋壹。羊印壹在柂。薄鐵鏉壹，重肆斤。
柒㪷方耳鐺壹，内有列。陸㪷銅盆壹，在官馬
院。銅鑊壹具全。庫門鐵鏁壹副並鏁匙全。
新大主鏉貳，内壹有教真僧正打破。列，叁脚具全。王慶住折債
口索僧正在庫。
鐺壹　小索僧正鐺壹，打破，見在。又鐺子壹，打破，亦見
生。錞鑑打破團鎚壹柄　至乙未年九月十一日領入故宅官王保住填貸粟債
肆㪷伯師壹口，安善兒折油債壹㪷伯師壹口。
聖僧盤貳，内壹新。賽天王椀子肆枚。楪子肆
枚。打物壹碩柂並槩具全。陸脚大床壹在庫。　新
畫大櫃壹並鏁鑰匙具全，小櫃子壹在索和尚，大
櫃壹在庫。　又櫃壹在功德司，並鏁鑰匙全。大櫃
柒口。小櫃子貳。肆碩櫃子壹。　磑車壹乘。草子在
索僧正　骨如意杖壹。踏床兩葉，内壹在索僧正。
排叁面見在。　槍壹根。　鉀壹領。通計陸伯肆拾
玖葉。又大床壹，在索僧正。花檕盤壹在庫。又
花檕盤壹，欠在寺主□（以下僅剩右半）

（後缺）

《敦煌社會經濟文獻真蹟釋録》第三輯《庚子年（公元九四〇或一〇〇〇年）後某寺交割常住什物點檢曆》（前缺）

□（　壹領）古紅繡氈壹領，内有鹿肆箇。聖僧坐花
□（氈子壹領。漢擀白）方氈伍領，内壹領欠在寺
主明藏，又兩領欠在寺主法興，又内壹領從拽磑
來，張法律將去。于闐毛褥壹條，方漢褥貳，氍
毹褥貳，又氾鐵奴折債新花氈壹領，又娘子于
闐花氈壹領。又紅錦褥白方氈兩領。
小胡錦褥子壹。白方氈肆領，欠在寺主保惠。又
白方氈壹，欠在寺主員會。又白氈壹條，欠在明
信、教真二人。白方氈伍領，欠在寺主保藏。又新白
氈壹條，欠在惠索僧正。又氈壹條，欠在寺主明信。
又新白方氈叁領。又新白氈條貳拾壹條，内壹
欠在寺主法清，内壹欠在寺主法林。又白銀椀壹
枚，重捌兩半。苻僧正鏁壹副鑰匙具全，在
般若藏。又侯槽都頭大鏁壹副並鑰匙全，在雜
藏。又鄧縣令鏁壹副，並鑰匙全，在華嚴藏。鏁
壹副並鑰匙在藏門。又伍尺大鋸壹梁，又叁尺鋸
壹梁，又叁尺伍寸鋸壹梁在庫，鋸錯壹，重壹兩。大斧
壹柄，重拾伍兩。又大斧壹柄，重拾兩。打磑□□

（後缺）

《敦煌社會經濟文獻真蹟釋録》第三輯《後晉天福七年（公元九四二年）某寺交割常住什物點檢曆》（前缺）

□著香楪子貳。銅鈴壹並鐸。銅
佛印壹。經藏壹，在殿。黑石枕叁。摩候羅
壹，在櫃。大經案壹，在殿。小桉架貳，在北倉。
木燈樹壹。司馬錦經壹，在櫃。金油師子壹，
在櫃。大佛名經壹部，壹拾捌卷並函。黄布經（·）〔巾〕
壹條。又程闍梨入黄布經巾壹，在櫃。黄項菩薩幡

貳拾口，在櫃。小菩薩幡貳拾捌口，在櫃。畫絹幡陸口。故破幡額壹條。銅楪子壹，在櫃。千佛經巾壹。青繡盤龍傘壹副，並骨，兼帛綿綾裹，裙帶具全。官施銀泥幡柒口，在櫃。大銀泥幡壹口。銅鈴在幡干上。大銅鈴肆，在殿四角，內貳在櫃。

傢具。中台盤子貳。小樏子叁枚。花鐏盛壹。黃花盛子壹。花木盛子壹。黃花團盤子貳，故破。破黑團盤壹。小黑牙盤子壹，無連蹄。□赤心競盤壹。五尺花牙盤壹，無連蹄。□黑木盛子貳，在櫃。箱壹葉，在櫃。㪷壹量。□木盆大小五，內壹在嚴護。五斗木盆貳。漆競脚貳。壁牙壹。隔子壹片，在北倉。桉板肆，內貳破。木火爐貳。叁尺牙盤壹面。踏床壹張。新花團盤肆，在櫃。木合子壹，在櫃。花競盤貳。朱裹楪子陸枚。黑木樏子拾枚，內五枚在前所由延定真等不過。又五枚在智定等不過。花楪子肆枚，在櫃。銀鏤枕子壹，在櫃。漆楪子貳，在櫃。四尺花牙盤子壹。花盤子壹，在櫃。叁脚床子壹。黑木盛子壹。鐏子壹，在櫃。□花烈盛子壹。小黃花楪子貳，在櫃。大水杓壹。新漆椀壹，在櫃。花椀拾枚，在櫃。花盤子壹，在櫃。黑木樏子貳，在櫃。花鐏子貳，內壹破。花楪子貳，在櫃。欒樏子壹，在櫃。箱壹合，在櫃。小牙盤子壹。競盤壹面。□四尺花牙盤壹面。□白牙盤壹面。黑木槐子壹。□花牙盤一面。綠淨牙盤壹面。又桉架壹，在北倉。□花牙盤壹面，在程闍梨。踏床壹張，在北倉。白花團盤壹面，在櫃。四尺花牙盤壹面。朱裹椀子五枚，在櫃。朱裹楪子玖枚，在櫃。桉枷壹量，在北倉。踏床壹張。木盆壹隻三斗。黃花競盤壹，在櫃。朱裹椀子楪子拾枚，在櫃。黃花鐏子壹。漆筯兩雙，在櫃。

銅鐵器　[銅]悉羅壹，在櫃　鐵鐺離壹。銅楪子壹，在櫃。鎖叁具，並鑰匙。四㪷鐺壹口，有烈。三斗方耳鐺壹，全。壹尺八寸鏉壹面。壹尺貳寸鏉壹面，頂破。八斗釜子壹口，有烈。貳尺烈鏉壹面。鍖鐘壹副。又烈鏉壹面。壹斗八升圓耳鐺壹口，壹脚短。又壹斗八升方耳鐺壹口。（下缺）

《敦煌社會經濟文獻真蹟釋録》第三輯《後周顯德五年（公元九五八年）某寺法律尼戒性等交割常住什物點檢曆狀》

□德伍年戊午歲十一月十三日判官與當寺徒衆就庫交割所由法律尼戒性，都維永明、典座慈保、直歲□等一伴點檢常住什物，見分付後所由法律尼明照，都維□心，都維菩提性、典座善戒、直歲善性等一伴執掌常住物色，謹具分析如後。

供養具。長柄熟銅香爐壹。又長柄熟銅香爐壹，在櫃。小銅師子壹。小經案貳，內壹在延定真。漆籌筩壹。佛屏風陸扇。蓮花座壹。銅杓子壹。□銅澡灌壹，在櫃。破漆香奩壹。新木香奩壹，在櫃。新香楪貳。銅鈴並鐸壹。銅佛印壹。經藏壹，在殿。小桉架貳，內壹在北倉。黑石枕叁。磨睺羅壹，在櫃。大經案壹，在殿。大燈樹壹，在殿。□司馬錦經巾壹，在櫃。金油師子壹，在櫃。大佛名經壹拾陸卷。黃布經巾壹。□又黃布經巾壹。黃項菩薩幡貳拾口，在櫃。小菩薩幡貳拾捌口，在櫃。大絹幡陸口，在櫃。故破幡額壹條。銅楪壹，在櫃。百納經巾壹。青繡盤龍傘壹副兼帛綿綾裹並裙（住）〔柱〕帶具全。官施銀泥幡柒口。又大銀泥幡壹口。

銅鈴壹在竿上。大銅鈴肆，内貳在櫃。

（紙縫）

[家]具。中台盤貳。□小樏子叁。花罇子壹。花榼子壹。黄花團盤貳。故黑團盤壹。小黑牙盤壹，無連蹄。赤心擎盤壹，在恒子。五尺花牙盤壹面，無連蹄。黑木榼壹。花榼壹，無蓋。箱壹葉，在櫃。斗壹量。木盆大小肆。伍斗木[盆]貳。漆擎子脚貳。壁牙壹。案板貳。木火爐貳。叁尺花牙盤壹。踏床壹張。新花團盤肆，在櫃。又花擎盤貳，[内][壹][在][櫃]。朱裹楪子陸枚。又花楪子肆，在櫃。銀鏤枕子

（後缺）

（前缺）

□釦□□□

函櫃：櫃大小壹拾貳口，内貳無象鼻，三口象鼻胡戍具全。四尺新踏床一張。古破踏床壹張除。大床肆張，内壹在妙喜。床梯壹，除。拓壁兩條，内壹破。又五石櫃壹口。員定經函壹，破。赤椀壹。程闍梨施兩石櫃壹口，故。

瓦器：瓮大小拾壹口，内三口在北倉。瓨大小肆口，内兩口有（烈）〔裂〕。細項瓶子壹口。肆斗瓦盛壹口。嚴忍入瓨兩口，内壹破，内壹在智定伴。曹法律入乾盛瓮兩口，内壹在鄧闍梨。瓦盛壹口。程闍梨施入瓦盛壹口，瓨壹口。

氈褥：貳色氍毹兩條，内壹條在櫃。□新白方氈五領。新白氈五條。舊白氈兩領。故花氈壹領。繡褥壹條，在櫃。王都維施入褥壹條。蕃褥壹條。黑氈條貳，内壹在北倉。□使君入花氈壹領。妙惠花氈壹領。張闍梨蕃褥壹條。□羖羊氈兩條，除。青花氈兩領。白氈條壹　白方氈壹領。程闍梨白氈壹領。注：政修白氈壹領。□真如白氈壹領。陰家善來入白氈壹領。磑户康義盈李粉堆二人折債各入白方氈兩領。

□□[常]住什物等對徒衆一一

（後缺）

《敦煌社會經濟文獻真蹟釋録》第三輯《年代不明（公元十世紀）某寺常住什物交割點檢曆》（前缺）

□

□子壹，雜物錦繡經（斤）〔巾〕壹，㮲楪叁，内壹欠在願德，壹欠在紹滿。供養花（竟）〔鏡〕子壹，□又新附

供養

花竟子貳，緋緤袈裟壹，新畫木香奩壹，新畫木香寶子壹併阿掄子銅鈴肆個，内貳無跋悉羅，新畫木師子貳兼木函子孟老宿入，新附金銅蓮花兩支併幹？坐具全，新附經案壹，文智（絁）〔施〕入。

銅鐵器。肆故錺仗壹，銅匙筯壹副，㮲匙筯伍并□欠在内，壹欠大善。銅盆壹，破銅鑵壹，□□壹量，長肆尺鋸錯壹在高法律。欠大善。不堪用。生鐵壹拾伍斤，細紙叁帖。雜色角壹，不堪用，在印子下。官文書壹角子併當文書並在印子下，古白練叁條子長肆尺□内叁尺欠在□新附方銅竟子壹，劉僧政（絁）〔施〕入

傢具。櫃大小拾口，内叁口胡戍像鼻具全，小櫃壹，在設院，食櫃壹在文智。漢鏁壹具併鑰匙，又漢鏁兩具，並鑰匙，又胡鏁壹具併鑰匙欠在□浄。又小鏁子壹具併鑰匙在印子下。函大小柒口，又新附函壹官（絁）〔施〕入，佛名壹部，又新附函壹，智圓絁入，又拾碩櫃壹口，又新附櫃壹口宗定入，像鼻胡戍具全，又櫃壹口在張上座，又櫃壹口張德進折物入，又櫃壹口，又櫃壹口智會折物入，胡戍具全，大木盆壹，伍㪷木盆壹，陸㪷木盆壹，小木盆壹，大木槐子壹，高脚火爐壹，小木椀子壹拾壹枚，内壹欠在惠詮，肆個僧政衆矜放用，欠在智山。叁個襪悉羅

壹欠在智山，壹欠在大善。花花牙盤貳無連提，又牙盤壹，一又三尺花牙盤壹，
高脚
□盤壹，大木杓貳，小木杓子壹，麵秤壹具，並秤厨鼠皇秤壹並秤厨，肆尺牙盤壹，又花牙盤壹，□大案板壹，
大牙床壹，新附牙盤壹張，禪入大床拾張，跋落子壹在□
方眼隔子壹，又方眼隔子壹，宣戒床子壹，皮相壹，載磑
訓肆大頭訓在高法律，小頭在僧政處，壹在張第七郎。間貳拾肆道，捌量大斧壹，
安湛壹，貳
□㡧子叁壹在□法律□壹在僧政。大花合盤壹副，小花合盤子壹副，
□大花團盤壹，花槐子壹，新附朱履椀拾枚，内壹破，新附竟
價壹兼櫃子具全
瓦器。瓦盛壹，受五㪷欠在智山。叁㪷瓮欠在□浄。瓦盛壹口□又玖㪷
瓦盛壹
口，又瓦盛壹口欠在大善。瓮叁口，（壽）〔受〕伍㪷，瓮子壹口，小瓮子壹口。
鐺釜。叁碩鑊壹口，底有孔。又小鑊壹，不堪用，底有孔。壹碩鐺
壹口，内有雇路。陸㪷鐺壹口，内有列壹尺五寸。又叁㪷鏊壹
口，列至心。貳尺柱鏊壹面，無底有列。又貳尺叁寸柱鏊壹面，
内有破。又柒㪷釜壹口，破在樑。又陸㪷釜子壹口，無底。又陸
㪷釜子壹口□□□
（後缺）

《敦煌社會經濟文獻真蹟釋録》第三輯《年代不明（公元十世紀）某寺常住什物交割點檢曆》（前缺）

壹，長捌尺，闊伍尺。經案貳。燈樹壹並木佛堂子。竹
籠壹。火珠（同）〔銅〕鈴壹。銅香蓋子壹。畫木匙壹。
木椀叁。大花氈叁領，内壹破。大黄花氈壹，長丈貳。
青花氈貳，壹在善應。又青花氈條破。氍毹
褥子壹。破箱壹合。圖陸隻。金銅藥師像一。
聖僧佛帳一。漆香奩蓋一。食櫃一。經褐
□細坐一具。叁屈之銅平子一。黑木疊子玖。叁
□□傘貳拾肆窠花兼布履。兩面咬子具足。

破幡兩放子。大布幡兩口。諸家賣（捨）〔舍〕文契及買道
論磑文書一角。螺唄一。金剛扦同鈴叁。小菩薩幡
貳拾口。又大絹幡一口。佛聖盤貳。生絹大傘一。小佛帳
子一，内金剛像貳菩薩叁天王肆一普賢像子一口像子貳
（紙縫）
金銅脚銀泥幡陸口，並㤥。已上物在陰上座邊。
小銀泥幡壹拾貳口。青裙小幡㤥一，長壹丈二尺。
又叁尺小幡㤥一。青裙。銀泥經巾子一。青絹履。
畫木香奩一。大銅鈴一。紙箱子壹合。畫布
經巾貳。朱履椀子壹。黑木椀子貳。又黑木椀子
伍枚。黑木疊子貳拾壹。朱履（柒）〔漆〕疊子壹。黑
木疊子壹拾伍枚，内欠肆個，在氾寺主。大破勃落
一。又大方氈柒領。荅臺銅疊子一。又小菩薩貳拾
五尺花牙盤一。諫導經巾，長柒尺。畫木香奩一。
佛殿角上銅鈴一。生鐵叁斤。賀闍梨經案一。長
柄香爐一。又小經案在洪濟大絹幡一。肆窠氍毹一。
佛幡㤥一。長丈捌，並錦腰。大白木幽一並蓋。新氈
壹領。地依一。又伍尺花牙盤一。瓮一口，在南庫。
□
（後缺）

《敦煌社會經濟文獻真蹟釋録》第三輯《癸酉年（公元七九三年）二月沙州蓮臺寺諸家散施曆狀》 蓮臺寺 狀上。

從癸酉年正月三日起首戒懺，至二月八日以前，中間所有諸
家散施斛㪷銀器絹帛布紙衣襖材木等，一一抄數如後：
麥叁拾叁碩陸㪷，粟貳拾壹碩貳㪷，麵拾碩伍㪷伍勝，米四碩
壹㪷，黄麻叁碩柒斗，紅藍柒碩叁斗，已前斛㪷都計捌拾碩肆㪷伍勝。
油貳㪷九升，蘇六升半，絹十一疋半，青花羅一疋，綊纈一疋，布五百四十
九尺，
紙八十二帖半，紅花一百二十一斤，銀鐶子四，銀一兩三錢，十量金花銀
瓶子一，八量銀胡禄帶一，銀火鐵一，又銀一錢半，金八薄，又金一錢，

銀靴帶一量,瑠璃瓶子一,鍮石瓶子一雙,馬兩疋,三歲黃牛一頭,紫袖襖子
一領,青綾衫
子一,青絹衫子一,紫袖襦襠一,紅絹衫子一,絁纈衫子一,朝霞錦
纏頭一,紅絹衫子偏衫一,帛綾半臂一碧綾蘭,紫絹伍條袈裟一,禄
綾襦襠一,緋綾襪肚一,緋綾衫子一,黃絹偏衫一,帛絹衫子一,紅絹衫子
一,青綾襪肚,行像紫羅偏衫一,青絹裙一腰,紅綾長袖一,麴塵絹蘭
□羅縛頭二頂,緋絹衫子一,青綾襖子一,繡綖衣一,天王半臂一,帛
□襖子一,青羅裙一腰,帛絹衫子一,新黃綾襦襠一,黃絹偏衫一,
□綾衫子一,新帛綾襖子一,尼絹裙衫一對,紫絹覆博一,紅絹
衫子一,帛絹衫子二,紫銀尼羅被子一,赤黃綾襖子一,紫綾裝
襖子一,帛綾半臂一並綾蘭,青銀泥羅裙一,帛綾長襪一並蘭□,
帛綾袴一,紅絹衫子一,赤黃絹衫子一,紅羅衫子一,帛綾半臂一
並蘭一,紫絹衫子一,暈絹被子一,青絹襦襠一,古紫絹五條袈裟一
青綾七尺,紅羅八尺,皂綾八尺,絁纈五尺,青地纈子八尺,禄綾六尺,絁纈
七尺,又絁纈□尺,紅羅六尺,紫絹八尺,紫錦七尺,絁纈二尺,又絁纈八
尺又
絁纈八尺,碧絹二丈七尺,細布衫一領,布偏衫一,紅布衫子一,黑布柒條袈
裟一,麻履一量,十綜孝布柒(・)(條)袈裟一,細布衫一領,黑布柒條袈裟覆
博頭巾一對,黃布偏衫一,布衫一領,黃布袈裟頭巾覆博偏衫一對,黃
布衫子一,細布衫一領,又細布衫一,又布衫一領,帛氈褐衫一領,尼細布裙
衫一對,尼黃
布偏衫覆博一對,真珠廿壹線,瑪瑙珠子八十四枚,琥珀二,瑟瑟五,鍮石
釵子六十四隻,髮五百五十二剪,又髮一十二兩半,大刀子三,弓六張,箭
二十一支,器械一副,鏘一張,(越)(鉞)鈇一,怗銀腰帶一,鍮石腰帶一,鐵
腰帶三,
銅腰帶二,繡針氈二,銅椀子一,赤銅十兩,碁子一副,牙(疏)(梳)子一,
青銅鏡二,火鏡一十五,大瓮兩口,黑靴一兩,鞍瓦七具,鐐一,鐵鍋子一,
胡禄帶一,銅匙筯一副,靴底兩量,銅火鐵一,鐵火鐵二,
供養□漆椀二,團盤一,花椀五,花疊子一,銅疊子一,木火
爐一,三斗油瓫,白楊木卅條,榆木五根,椽壹十一行,石灰兩石,炭卅斤,
□五十六斤,没蘇子三斗。

《敦煌社會經濟文獻真蹟釋録》第一輯《燉煌社人平詘子一十人刱於宕泉建窟一所功德記》 燉煌社人平詘子一十人刱於宕泉建窟一所功德記

西漢金山國頭聽大宰相清河張公撰

蓋聞崇福者,莫越於繕修;資國資家者,莫過建作。所以大雄流教,廣誘於郡迷;化度有情,致蒼生於壽域。今則有邑人義社某公等十人,至慕　空王,情求出離,發菩提之心,俱樊撥籠之絆,乃於兹地,刱建一龕。華飾儼然,粉繪將畢,門臨月窟,以危山㟁而當軒户,枕仙巖而靈縱竝秀。於是,龕内素釋迦佛一軀,二上足,二菩薩,蓮臺寶座,拂師子之金毛,闥牖鈴音,砌微風而響振,諸壁上變相悉像維城,侍從龍天皆依法製。社衆等,建修之歲,正遇艱難;造窟之年,兵戎未息。於是資家爲國,刱建此龕。鐵石爲心,俱無遏取手爲功德已畢,慶讚營肅,讚詠斯文,將傳千載。恃蒙相公而銘贊曰:

昭昭佛浪,朗朗明時,資家爲國,刱此靈基。鑿龕刱窟,憑福所依。衆心堅固,以畢爲期。星霜再换,功就不遲。家財咸撤,決無改移。龕成華麗,浄室光輝。龍天加護,福就巍巍。千秋萬歲,迹繼邊陲。略標數字,以助慈悲。

《敦煌社會經濟文獻真蹟釋録》第一輯《納贈曆(?)殘片》(前缺)

□足柴足白褐二丈□□
善?延?生布□
麨曹□□□氈二丈□柴
信?□子　生布壹疋□
海鏡餅足生布壹疋□
張胡奴餅足生布三丈七□
安養　粟足生布二丈一□
□糞堆生布二丈白□六尺□□
(後缺)

《敦煌社會經濟文獻真蹟釋録》第三輯《龍興寺卿趙石老脚下依蕃籍所附佛像供養具並經目録等數點檢曆》 龍興寺卿趙石老脚下依蕃籍所附佛像供養□〔具並經目録佛衣及頭冠〕等數如後：佛帳内當陽脱空金渡像壹，並艶座，艮叁尺，其座上菩薩聲聞(・)〔像〕捌事園遶。大蓮花佛座，長兩託，及上方座肆重，並降橋金渡。佛帳額上金渡銅花並白鑞花叁面畫垂額壹。佛頭上鐵傘子壹，少許金渡座上鐵菩提樹貳。金銅阿彌陀像壹，並艶座叁尺。藥師琉璃金銅像壹並座叁尺貳寸。金銅阿彌陀像貳，各長貳尺肆寸，並座。又貳尺貳寸壹。又無座像壹，長貳尺。金銅菩薩壹，並座，長貳尺。畫布觀世音像壹，長壹箭半。金銅聲聞像壹，並座，長貳尺。藥師琉璃金銅像壹，並艶座，長壹尺捌寸。周鼎佛堂内鐵蓮花樹壹，柒曾千佛園遶兩託。集聖絹像壹，白練畫色絹緣，長壹丈柒尺，闊辰壹丈壹尺伍寸。故末禄緤畫觀世音像壹，長陸尺，潤貳尺，色緤緣。布畫千佛像壹，色布緣，長玖尺五，闊柒尺。佛屏風像壹合陸扇。繡像壹片，方圓伍尺。生絹阿彌陀像壹，長肆尺，闊叁尺壹寸。繡阿彌陁像壹，長叁箭，闊兩箭，帶色絹。末禄緤繡傘壹，長壹(・)〔丈〕柒尺，闊壹丈，無緣，新。四天王絹像肆，色絹裏，長壹箭半，闊貳尺，故。經目録如後：大般若經壹部，陸伯卷。大方廣佛花嚴經壹部，捌拾卷。涅槃壹部，肆拾卷。大集經壹部，伍拾捌卷。摩訶般若經壹部，肆拾卷。大法炬陁羅尼經壹部，貳拾卷。菩薩藏經壹部，貳拾卷。菩薩見實三昧經壹部，拾肆卷。大佛名經壹部，拾貳卷。賢刼經壹部，壹拾叁卷。寶積經壹部，壹伯貳拾卷。花手經壹部，壹拾叁卷。拾住斷結壹部，拾卷。大灌頂經壹部，壹拾貳卷。觀佛三昧經壹部拾卷。伍千伍伯佛名經壹部，捌卷。金光明經壹部，拾卷。小灌頂經壹部，柒卷。法集經壹部，陸卷。賢護經壹部。大雲經等叁部，壹拾貳卷。無所有菩薩經叁部，拾貳卷，壹袟。菩薩本行經等玖卷。大方廣如來性起微密藏經等拾卷。諸佛要集經等捌卷。法界體性無分别經等五部，拾卷。決定毗尼經等肆卷。諸佛心陁羅尼經等壹拾伍卷。差摩婆帝授記經等貳拾卷。放光般若波羅密經叁拾卷。光贊般若波羅密經壹拾伍卷。大方廣十輪經捌卷。悲花經等拾卷。大悲分陁利經捌卷。大方等大集菩薩念佛三昧經拾卷。妙法蓮花經柒卷。入楞伽經拾卷。大哀經捌卷。大般泥恒經陸卷。大薩遮尼犍乾子經柒卷。信力入印法門經等壹拾柒卷。持人菩薩所問經等壹拾捌卷。道神足無極變化經等捌卷。無盡意經等拾卷。大明度無極經捌卷。大方等善住意天子經等玖卷。大樹緊那羅王等拾卷。阿惟越智經等玖卷。大乘方便經等拾貳卷。大方廣寶篋經等壹拾貳卷。寶如來三昧等捌卷。維摩經等拾卷。樂纓絡莊嚴方便經等玖卷。佛遺日摩尼寶經等拾卷。無垢施菩薩分别應辯經等拾卷。藥師瑠璃光如來本願功德分别緣起經等陸卷。菩薩本業經柒卷。乳光佛經等拾捌卷。增阿含經伍拾卷。中阿含經陸拾卷。雜阿含經伍拾卷。長阿含經貳拾卷。别識雜阿含經貳拾卷。雜寶藏經捌卷。賢愚經壹拾叁卷。普曜經捌卷。修行道地經陸卷。生經等伍卷。開解梵志經等捌卷。比丘避女惡名欲自煞經等貳拾卷。四分律陸拾卷。僧祇律肆拾卷。十誦律陸拾卷。彌沙塞律叁拾卷。善見律拾捌卷。毗柰那拾卷。毗尼母捌卷。大智度論壹伯卷。顯揚聖教論貳拾卷。般若燈論壹拾伍卷。十住毗婆沙論壹拾肆(・)〔卷〕。大乘莊嚴菩薩釋論拾卷。攝大乘論世親菩薩釋拾卷。廣伯論拾卷。十地論壹拾貳卷。菩薩地持論拾卷。佛地經論柒卷。菩提資糧論等拾卷。佛性論等拾卷。究竟寶性論等壹拾叁卷。攝大乘論壹拾伍卷。攝大乘論無性菩薩釋拾卷。阿毗達磨大毗婆沙論壹伯卷。阿毗達磨順正理論捌拾卷。阿毗達顯宗論肆拾卷。阿毗達磨俱舍論叁拾卷。阿毗談毗婆沙論陸卷。阿毗曇八乾度論叁拾卷。解脱道論拾貳卷。舍利弗阿毗曇論貳拾卷。發智論貳拾卷。出曜論貳拾卷。成實論肆拾卷。衆事分阿毗曇論拾貳卷。雜阿毗曇心論拾壹卷。立世阿毗曇論貳拾卷。阿毗達磨釋身足論陸卷。品類足論壹拾捌卷。集異門足論貳拾卷。鞞婆沙阿毗曇論拾卷。尊婆須密所集論拾卷。佛本行集經陸拾卷。六度集捌卷。佛本行經陸卷。已前都計三千一(十)〔百〕八十卷，經秩二百八十八箇。

福法物內祈寫漢大般若經壹部，陸伯卷。其經現在。僧尼八戒各一卷。佛衣及頭冠數如後：佛頭觀銅渡金柒寶鈿並絹帶壹，又頭冠壹，錦繡騎帶陸，長兩箭肆指，闊叁寸，並有金銅杏葉壹拾伍并子光下儭。故佛衣大像袈裟，表雜色絹，並貼金銅花莊嚴綿紬裏，錦緣周圍拾箭，壹。又佛衣，綿紬裏，錦緣金水莊嚴，周園六箭，故。故菩薩緋綾披，並有繡花色絹裏錦緣及錦絹帶，周園陸箭，真珠莊嚴，壹。又菩薩披，錦表，絹裏，高梨錦並紫絹緣，長陸尺伍寸，闊肆尺，壹，故。又菩

薩衣

壹，綾錦表，色絹裏，高離錦及真珠柒寶緣，色絹帶，長肆箭，闊兩箭。故阿難袈裟壹，草緑地，麴塵葉相，長柒尺，闊陸尺。又迦葉袈裟壹，黄絹地，紫緤葉相，長柒尺，闊陸尺。故墨緑絹褊衫壹並帶。阿難裙，雜錦繡並雜絹補方，並貼金花莊嚴，番錦緣，及錦絹瀝水，長肆箭，闊兩箭，貳。迦葉故絹褊衫壹，並帶，其絹色像似删納。金剛裙貳，故緋綾表，色絹裏，紫絹緣，長肆箭半伍，闊兩箭。故四福錦絹幢壹，羅錦繡者舌。又四福故幢貳，雜色羅表，色絹裏，高梨錦屋並者舌錦繡羅帶木火珠。又故漢幢壹，雜色羅表，色絹裏，錦屋羅錦絹者舌帶。又肆福羅表、絹裏、高離錦屋幢壹，錦繡者舌並帶。故不堪受用，雜色羅表、色絹裏、錦屋幢壹。伍福羅錦絹者舌並帶。祈高離錦表色絹裏傘壹，紅絹裙並絲懸針線袋羅網並金銅杏葉莊嚴周園柒箭，在行像社。故小白綾傘貳，色絹者舌，周園壹箭半。故生絹畫幡貳拾肆口，長柒尺，並有連提。故珠幡貳，又小珠幡貳，不堪受用。又故金花幡叁，不堪受用。金渡紫絹佛帳額，長壹箭半，闊壹尺，肆條。故緋繡羅額長壹箭半。白繡羅額兩段，壹箭半。故畫布幡拾壹口各長陸尺。故高離錦經巾壹，色絹裏，四方各長壹箭半。又細畫布經巾壹，長叁箭壹指，闊兩箭半。木經案大小共貳。緋絹經巾，色絹裏，白練畫緣，長兩箭，闊壹箭半，不堪受用。又經巾壹，花羅表，紅絹裏，長壹箭半，闊叁尺伍，不堪受用。故黄絹額，長壹丈叁尺，不堪受用。金花陸兩盞銀盞壹拂臨樣角。散金肆錢角。拾捌窠錦□壹張。金銅蓮花陸支，並幹及座。大銅金渡叜方四脚香爐花葉有上寶子叁箇。長柄銅香爐壹拾兩並香奩。銅疊子壹拾肆枚。漢小鏡壹，叁兩。又小鏡壹，貳兩。又金銅香爐壹並木油香奩一。鐵鍾壹口，周圍肆箭半，長壹箭半。舍利塔相輪上金銅火珠壹。鐵索肆條，長拾肆託。銅鈴貳伯枚。壹拾叁兩銅鉢盂貳。雜色絹路袋壹，方圓壹箭。聖僧座繡褥壹，青絹裏，高離錦(□)〔緣〕方圓壹箭，故。又故聖僧座叁，絹表布裏，有金線莊飾方圓各壹□。高離錦氈儭褥兩條，各長捌尺，闊肆尺。供養緋也□氈錦緣裏氈儭，長捌尺，闊肆尺。又供養捌尺氈壹緋□絹裏□

（後缺）

杜光庭《録異記》卷一《仙》　廬山九天使者，開元中，皇帝夢神仙羽衛，千乘萬騎，集於空中。有一人朱衣金冠，乘車而下，謁帝曰：「我九天採訪，巡糾人間，欲於廬山西北置一下宫。自有木石基址，但須工力而已。」帝即遣中使詣山西北，果有基迹宛然。信宿，有巨木數千段，自然而至，非人力所運。堂殿廊宇，隨類致木，皆得足用。或云，此木昔九江王所採，擬作宫殿，沉在江州湓浦。至是神人運來，以供所用。廟西長廊，柱礎架虚，在巨澗之上。其下汩流奔響，泓窅不測。久歷年歲，曾無危墊。初構廟時，材木自至，一夕巨萬，皆有水痕。門殿廊宇之基，自然化出，非人版築。常有五色神光，照燭廟所，常如晝日。揮斤運工，略無餘暇。人力忘倦，旬月告成。畢工之際，中使夢神人曰：「赭堊丹緑，廟北地中尋之自得，勿須遠求。」於是訪之，採以充用，略無所闕。既而建昌渡有靈官五百餘人若衣道士服者，皆言詣使者。廟今圖像存焉。初，玄宗夢神人曰，因召天台煉師司馬承禎以訪其事。承禎奏曰：「今名山岳瀆，血食之神，以主祭祠。太上慮其妄有威福，以害蒸黎，分命上真監莅川岳。有五岳真君焉，又青城丈人爲五岳之長，灊山九天司命主九天生籍，廬山九天使者執三天之録，彈糾萬神，皆爲五岳上司，蓋各置廟以齋食爲饗。」是歲，五岳三山，各置廟焉。

《舊五代史》卷一一六《周書七·世宗紀三》　（顯德三年二月）壬午，江南國主李景遣其臣僞翰林學士户部侍郎鍾謨、僞工部侍郎文理院學士李德明等，李德明，原本作「德名」，今從《通鑑》改正。（影庫本粘籤）奉表來上，敍願依大國稱臣納貢之意，仍進金器千兩，錦綺綾羅二千匹及御衣、犀帶、茶茗、藥物等，又進犒軍牛五百頭，酒二千石。是日，賜謨等錦綺綾羅二百匹，銀器一百兩，襲衣、金帶、鞍馬等。

《宋史》卷三《太祖紀三》〔開寶九年〕己未，吴越國王錢俶偕子惟濬等朝於崇德殿，進銀絹以萬計。賜俶衣帶鞍馬，遂以禮賢宅居之，宴於長安殿。壬戌，錢俶進賀平昇州銀絹、乳香、吴綾、紬綿、錢茶、犀象、香藥，皆億萬計。甲子，召晉王、吴越國王并其子等射於苑中，俶進御衣、壽星、通犀帶及金器。丁卯，幸禮賢宅，賜俶金器及銀絹倍萬。【略】

六月庚子，步至晉王邸，命作機輪，輓金水河注邸中爲池。癸卯，吴越王進銀、絹、綿以倍萬計。乙卯，熒惑入南斗。

《宋史》卷四《太宗紀一》〔太平興國二年〕九月乙未，幸弓箭院，遂幸新修三館。壬寅，幸新水磑，遂幸西御園宴射。丁未，渤尼國遣使來貢，山後兩林蠻來獻馬。辛亥，幸講武臺大閲。容州初貢珠。

《宋史》卷二三《欽宗紀》〔靖康二年〕夏四月庚申朔，大風吹石折木。金人以帝及皇后、皇太子北歸。凡法駕、鹵簿，皇后以下車輅、鹵簿，冠服、禮器、法物，大樂、教坊樂器，祭器、八寶、九鼎、圭璧，渾天儀、銅人、刻漏，古器、景靈宫供器，太清樓祕閣三館書、天下州府圖及官吏、内人、内侍、技藝、工匠、娼優，府庫畜積，爲之一空。

《宋史》卷八五《地理志一》 開封府。崇寧户二十六萬一千一百一十七，口四十四萬二千九百四十。貢方紋綾、方紋紗、蔗席、麻黄、酸棗仁。

《宋史》卷一一九《禮志二二》 紹興七年，三佛齊國乞進章奏赴闕朝見，詔許之。令廣東經略司斟量，只許四十人到闕，進貢南珠、象齒、龍涎、珊瑚、琉璃、香藥。詔補保順慕化大將軍、三佛齊國王，給賜鞍馬、衣帶、銀器。賜使人宴于懷遠驛。淳熙五年，再入貢。計其直二萬五千緡，回賜綾錦羅絹等物，銀二千五百兩。

《宋史》卷四八〇《世家傳三・錢俶》 開寶五年，改賜開吴鎮越崇文耀武宣德守道功臣，封其妻孫氏爲賢德順穆夫人。未幾，遣幕吏黄夷簡入貢，上謂之曰：「汝歸語元帥，常訓練兵甲，江南彊倔不朝，我將發師討之，元帥當助我，無惑人言云『皮之不存，毛將安傅』。」特命有司造大第於薰風門外，連亘數坊，棟宇宏麗，儲偫什物無不悉具，因召進奉使錢文贄謂之曰：「朕數年前令學士承旨陶穀草詔，比來城南建離宫，令賜名『禮賢宅』，以待李煜及汝主，先來朝者以賜之。」詔以草示文贄，遂遣文贄賜俶戰馬及羊，諭旨於俶。

七年五月，賜俶襲衣、玉帶、玉鞍勒馬、金器二百兩、銀器三千兩、錦綺千段。是冬，討江南，遣内客省使丁德裕齎詔，以俶爲昇州東面招撫制置使，賜戰馬二百匹、旌旗劍甲，令德裕以禁兵步騎千人爲俶前鋒，盡護其軍。李煜貽書於俶，其略曰：「今日無我，明日豈有君？一旦明天子易地酬勳，王亦大梁一布衣耳。」俶不答，以書來上。

八年，俶率兵拔常州，加守太師，詔俶歸國。俶遣大將沈承禮等率兵水陸隨王師平潤州，遂進討金陵。上嘗召進奏使任知果，令諭旨於俶曰：「元帥克毗陵有大功，俟平江南，可暫來與朕相見，以慰延想之意。即當遣還，不久留也。朕三執圭幣以見上帝，豈食言乎？」江南平，論功以俶大將沈承禮、孫承祐並爲節度使，爲防禦使者一人、刺史六人。

九年二月，俶與其妻孫氏、子惟濬、平江軍節度使孫承祐來朝，上遣皇子興元尹德昭至睢陽迎勞。俶將至，車駕先幸禮賢宅，按視供帳之具。及至，詔俶居之。對於崇德殿，貢白金四萬兩、絹五萬匹，賜襲衣、玉帶、金器千兩，白金器三千兩，羅綺三千段，玉勒馬。即日宴長春殿，俶又貢白金二萬兩、絹三萬匹、乳香二萬斤。賀平江左，貢白金五萬兩，錢十萬貫，綿百八十萬兩，茶八萬五千斤，犀角象牙二百株，香藥三百斤。車駕幸其第，又貢白金十萬兩、絹五萬匹、乳香五萬斤，以助郊祭。

三月庚午，詔曰：「古者宗工大臣特被隆眷，或劍履上殿，或書詔不名，率由豐功，待以殊禮。今我兼其命數，用獎勳賢，輝映古今，允爲優異。咨爾吴越國王錢俶，德隆宏茂，器識深遠，撫奥區於吴會，勒洪伐於宗彝。昨以江表不庭，王師致討，委方面之兵柄，克常、潤之土宇，輔翼帝室，震疊皇靈。而乃執圭來庭，垂紳就列，罄事君之誠慤，爲羣后之表儀。愛峻徽章，以旌元老。可特賜劍履上殿，書詔不名。」以俶妻賢德順穆夫人孫氏爲吴越國王妃，令惟濬齎詔賜之。宰相以爲異姓諸侯王妻無封妃之典，太祖曰：「行自我朝，表異恩也。」俶獻白金六萬兩，絹六萬匹爲謝。

太祖數詔俶與其子惟濬宴射苑中，惟諸王預坐。每宣諭俶，俶拜謝，多令内侍掖起，俶感泣。又嘗一日召宴，獨太宗、秦王侍坐，酒酣，太祖令俶與太宗、秦王敍昆仲之禮，俶伏地叩頭，涕泣固讓，乃止。會將以四月幸西京，親雩祀，俶懇請扈從，不許，留惟濬侍祠，令俶歸國。太祖宴餞於講武殿，賜窄衣、玉束帶、玉鞍勒馬，玳瑁鞭，金銀錦綵二十餘萬，銀裝兵八百事，謂俶曰：「南北風土異宜，漸及炎暑，卿可早發。」俶涕泣言願三歲一朝，太祖曰：「川陸迂遠，當俟詔旨，即來觀也。」俶將發京師，特賜導從儀衛之物，率皆鮮麗，令自禮賢宅陳列至迎春苑。自俶之至，逮於歸國，太祖所賜金器萬兩，白金器又數萬兩，白金十餘萬兩，錦綺綾羅紬絹四十餘萬匹，馬數百匹，他物不可勝計。俶既歸國，嘗視事功臣堂，一日命坐于東偏，謂左右曰：「西北者神京在焉，天威不違顔咫尺，俶豈敢寧居乎？」

太宗即位，加食邑五千户。俶貢御衣，通天犀帶，絹萬匹，金器，瑇瑁器百餘事，金銀釦器五百事，塗金銀香臺，龍腦檀香床，銀假果，水晶花凡數千計，價直鉅萬；又貢犀角象牙三十株，香藥萬斤，乾薑五萬斤，茶五萬斤。俶又請歲增常貢，詔不許。太平興國二年正月，孫氏卒，遣給事中程羽弔祭。九月，上言乞所賜詔書呼名，不許。

三年三月，來朝，遣判四方館事梁迥至泗州迎勞；惟濬先在闕下，上遣至睢陽候俶。俶先遣孫承祐入奏事，上即遣承祐護諸司供帳勞俶於郊，又命齊王廷美宴俶於迎春苑。俶至，對於崇德殿，賜襲衣、玉帶、金銀器、玉鞍勒馬，錦綵萬匹，錢千萬；賓佐崔仁冀等賜金銀帶、器幣、鞍馬有差。即日宴俶長春殿，令劉鋹、李煜預坐。俶貢白金五萬兩，錢萬萬，絹十萬匹，綾二萬匹，綿十萬屯，茶十萬斤，建茶萬斤，乾薑萬斤，越器五萬事，錦緣席千，金銀畫舫三，銀飾龍舟四，金飾烏樠木御食案，御床各一，金樽罍醆斝各一，金飾瑇瑁器三十事，金釦藤盤二，金釦雕象俎十，銀假果樹十事，翠毛真珠花三叢，七寶飾食案十，銀樽罍十，醆斝副焉，金釦越器百五十事，雕銀俎五十，密假果，剪羅花各二十樹，銀釦大盤十，銀裝鼓二，七寶飾胡琴五絃筝各四，銀飾箜篌方響羯鼓各四，紅牙樂器二十二事，乳香萬斤，犀角象牙各一百株，香藥萬斤，蘇木萬斤。上又嘗召俶及其子惟濬宴後苑，泛舟池中，上手酌酒以賜俶，俶跪飲之。其恩待如此。

《宋史》卷四九〇《外國傳六・拂菻傳》 拂菻國東南至滅力沙，北至海，皆四十程。西至海三十程。東自西大食及于闐、回紇、青唐，乃抵中國。歷代未嘗朝貢。

元豐四年十月，其王滅力伊靈改撒始遣大首領你廝都令廝孟判來獻鞍馬、刀劍、真珠，言其國地甚寒，土屋無瓦。産金、銀、珠、西錦、牛、羊、馬、獨峯駝、梨、杏、千年棗、巴欖、粟、麥，以蒲萄釀酒。樂有箜篌、壺琴、小篳篥、偏鼓。王服紅黄衣，以金線織絲布纏頭，歲三月則詣佛寺，坐紅床，使人舁之。貴臣如王之服，或青緑，緋白，粉紅，褐紫，並纏頭跨馬。城市田野，皆有首領主之，每歲惟夏秋兩得奉，給金、錢、錦、穀、帛，以治事大小爲差。

蘇東坡著，王如錫輯《東坡養生集》卷一一《述古・廬山草堂》 與方士論内外丹，喜曰：「白樂天作廬山草堂，蓋亦燒丹也。丹欲成，而爐鼎敗。明日忠州除書到，乃知出世間事，不兩立也。僕有此志久矣，而終無成，亦以世間事未敗故也。今日真敗矣。《書》曰：『民之所欲，天必從之。』信而有徵，君輩爲我志之。」

朱弁《曲洧舊聞》卷九 神臂弓，蓋熙寧初百姓李宏造，中貴張若水以獻。其實弩也，以檿爲身，檀爲弰，鐵爲槍鐙，銅爲機，麻索繫紮絲爲弦。上命於玉津園試之，射二百四十步有畸，入榆半簳。有司鋸榆張呈，上曰：「此利器也。」詔依樣製造，至今用之。

周去非《嶺外代答》卷二《外國門上・安南國》 紹興二十六年乙入貢，許之。乃遣使由欽〔州〕入。正使，安南右武大夫李義；副，安南武翼郎郭應。以五象充常進綱外，更進昇平綱，以安南太平州刺史李國爲使。所獻方物甚盛，表章皆金字。貢金器凡一千二百餘兩，以珠寶飾之者居半。貢珍珠，大者三顆如茄子，次六顆如波羅蜜核，次二十四顆如桃核，次十七顆如李核，次五十顆如棗核，凡一百顆，以金瓶盛之。貢沉香一千斤，翠羽五十隻，深黄盤龍段子八百五十四，御馬六匹，鞍轡副之，常進馬八匹，馴象五頭。

袁褧《楓窗小牘》卷上 余邸寓於錢氏之舊鄉，蒼山碧樹，想見衣錦風烟。因念余昔家京邑，每過南宫城太學左方禮賢宅，未嘗不欽仰忠懿之賢。雖喬木垂楊，朱門雕砌，宛若猶在。於時子姓貧寒，至有衣食不周者。嘗讀《兩朝供奉録》，太祖、太宗雖所賜金器六萬四千七百餘兩，銀器四千萬八千八百餘兩，玉石器皿一萬七千事，寶玉帶四十二條，錦綺一千六萬六千三百餘匹。然忠懿入貢如赭黄犀、龍鳳龜魚、仙人鰲山、寶樹等通犀帶凡七十餘條，皆希世之寶也。玉帶二十四，紫金獅子帶一，餘九萬五千餘兩，銀一百一十萬二千餘兩，錦綺二十八萬餘匹，色絹七十九萬七千餘匹，金飾玳瑁器一千五百餘事，水晶瑪瑙玉器凡四千餘事，珊瑚十萬，三尺五寸，金銀飾陶器一千四萬餘事，金銀飾龍鳳船舫二百艘，銀妝器械七十萬事，白龍腦二百餘斤。及歸國之初，舉朝文武闒寺皆有饋遺，蓋有國已來，所積一空矣。

陸游《老學庵筆記》卷五 蔡京賜第，有六鶴堂，高四丈九尺，人行其下，望之如蟻。

趙汝适《諸蕃志》卷上《志國・大秦國》　大秦國一名犂靬，西天諸國之都會，大食番商所萃之地也。其王號麻囉弗，理安都城，以帛織出金字纏頭，所坐之物則織以絲罽。有城市里巷，王所居舍，以水精爲柱，以石灰代瓦，多設簾幃，四圍開七門，置守者各三十人。【略】所食之物，多飯餅肉，不飲酒，用金銀器以匙挑之，食已即以金盤貯水濯手。土産琉璃、珊瑚、生金、花錦、縵布、紅瑪瑙、真珠，又出駭鷄犀，駭雞犀即通天犀也。漢延嘉初，其國主遣使自日南徼外來獻犀、象、瑇瑁，始通中國，所供無他珍異，或疑使人隱之。晉太康中又來貢。或云其國西有弱水、流沙，近西王母，幾於日所入也。按杜還《經行記》云：「拂桑國在苫國西，亦名大秦。其人顔色紅白，男子悉著素衣，婦人皆服珠錦。好飲酒，尚乾餅，多工巧，善織絡。地方千里，勝兵萬餘，與大食相禦。西海中有市，客主同和，我往則彼去，彼來則我歸。賣者陳之於前，買者酬之於後，皆以其直置諸物旁，待領直然後收物，名曰『鬼市』。」

趙汝适《諸蕃志》卷上《志國・層拔國》　層拔國在胡茶辣國南海島中，西接大山。其人民皆大食種落，遵大食教度。纏青番布，躡紅皮鞋。日食飯麪、燒餅、羊肉。鄉村山林多障岫層疊，地氣暖無寒。産象牙、生金、龍涎、黃檀香。每歲胡茶辣國及大食邊海等處發船販易，以白布、甆器、赤銅、紅吉貝爲貨。

趙彦衛《雲麓漫鈔》卷六　古人祭器，以竹木爲之。傳曰：「大夫祭器不假。」《爾雅》曰：「木豆謂之豆，瓦豆謂之登。」旊人爲簋，《周禮》四命受器。鄭司農云：「受祭器爲上大夫，苟有功德，則又得銘其祖考之功烈。」故銘款多云：「敢對揚天子之丕顯休命。」所謂銘施於鼎彝者是也。三代鼎匜有存至今，皆大夫以上得受器者之所爲。宣和《博古圖》遂以聶崇義竹木之説爲非，抑不思耳。

紹興中，有漁者得一石於淮，狀如瓜，於瓜瓣凸處有字，屢鬻而不售。淳熙十一年，王仲行尚書守廬，得之，出以示予。予曰：「乃新莽律權石。」字甚細，篆體類詛楚文，因爲釋之，曰：「律權石，重四鈞。黃帝初祖，德□于虞。虞帝始祖，德帀于新。歲在大梁，龍集戊辰。戊辰直定，天命有民。工德受正號即真，改正建□。長壽隆崇，同律度量衡。□當前□，龍在己巳，歲次實沈。初班天下，方國永遵。子子孫孫，享傳億年。」按《漢書・律曆志》：「王莽徵天下通知鍾律者百餘人，使羲和、劉歆等典領條奏。」其《權衡篇》曰：「衡，平也；權，重也。衡所以任權、均物、平輕重也。本起於黃鍾之重，一籥容千二百黍，重十二銖。兩之爲兩，二十四銖爲兩，十六兩爲斤，三十斤爲鈞，四鈞爲石。」《王莽傳》：「梓潼人哀章作銅匱，述符命。莽下書曰：『予以不德，托於皇初祖考黃帝之後，皇始祖考虞帝之苗裔，敢不欽承，以戊辰直定。』」師古注：「於建除之次，其日當定。」又《資治通鑑》：「莽始初元年，歲在戊辰，明年改元，始建國，歲在己巳。」故其文有「皇初祖黃帝，始祖虞帝，戊辰直定」之語。趙石勒十八年七月造建德殿，得圓石，狀如水碓，銘曰：「律衡石重四鈞，同律度量衡，有辛氏造續。」咸議是王莽時物，與此同；其間有一兩字疑者闕之，以俟博識之君子。

葉隆禮《契丹國志》卷之二一《南北朝饋獻禮物・契丹賀宋朝生日禮物》

宋朝皇帝生日，北朝所獻：刻絲花羅御樣透背御衣七襲或五襲，七件紫青貂鼠翻披或銀鼠鵝頂鴨頭納子，塗金銀裝箱，金龍水晶帶，銀匣副之，錦緣帛皺皮韡，金玦束皂白熟皮韉鞊，細錦透背清平內製御樣合線摟機綾共三百匹，塗金銀龍鳳鞍勒、紅羅匣金線繡方韉二具，白楮皮黑銀鞍勒、氈韉二具，綠褐楮皮鞍勒、海豹皮韉二具，白楮皮裹筋鞭二條，紅羅金銀線繡雲龍紅錦器仗一副，黃樺皮纏楮皮弓一，紅錦袋皂雕翎𦒎角骲頭箭十，青黃雕翎箭十八，法漬法麴麪麴酒二十壺，蜜曬山菓十束欏，椀蜜漬山菓十束欏，疋列山梨二束欏，柿四束欏，榛栗、松子、郁李子、黑郁李子、麪棗、楞梨、棠梨二十箱，麪秔麋梨粆十椀，蕪荑白鹽十椀，青鹽十椀，牛、羊、野猪、魚、鹿腊二十二箱，御馬六匹，散馬二百匹。

正旦，御衣三襲，鞍勒馬二匹，散馬一百匹。國母又致御衣綴珠貂裘、細錦刻絲透背、合線御綾羅綺紗縠御樣，果實、雜粆、腊肉凡百品，水晶鞍勒，新羅酒，青白鹽。國主或致戎器賓鐵刀，贊禽曰海東青之類。

承天節，又遣庖人持本國異味，前一日就禁中造食以進御云。

葉隆禮《契丹國志》卷之二一《南北朝饋獻禮物・宋朝賀契丹生辰禮物》

契丹帝生日，南宋遺金酒食茶器三十七件，衣五襲，金玉帶二條，烏皮、白皮鞾二量，紅牙笙笛，觱栗，拍板，鞍勒馬二匹，纓複鞭副之，金花銀器三十件，銀器二十件，錦綺透背、雜色羅紗綾縠絹二千匹，雜綵二千匹，法酒三十壺，的乳茶十斤，岳麓茶五斤，鹽蜜菓三十罐，乾菓三十籠。其國母生日，約此數焉。

正旦，則遺以金花銀器、白銀器各三十件，雜色羅紗綾縠絹二千匹，雜綵二千匹。

周密《武林舊事》卷二《御教儀衛次第》　文物儀衛，並同四孟駕出，今止添入後項。

彈壓前隊侍立使臣都轄：執黃龍旗使臣，執繡龍旗使臣，帶弓箭、汗胯、豹尾使臣四員，帶汗胯，員琦劍使臣十員。彈壓後隊侍立使臣都轄：黄羅戲珠龍旗，黄繡龍旗二，豹尾使臣四，員琦劍使臣十人。供進馬四匹，帶甲御馬，御前金裝甲馬，管押使臣幕士，内中正供馬，獸醫押槽，黄繡龍傳宣旗二，小龍傳宣旗十，隨逐巡視官，馬院禁衛官，引馬監官二員，供馬監官二員，聖駕供鞭通管二員，掇梢提轄二員，日烏獨脚旗，挾駕指揮使四十二人，銷金龍旗二，犀皮御座椅，鈐，錘，刀子左，匙，箸，刀子右，青氈御笠，褐氈御笠，金鳳瓶，絲鞋篋子，御膳篋子，玉靶于闐刀，金洗漱，皂白御靴，馬腦于闐刀，水晶于闐刀，通犀于闐刀，角靶于闐刀，酒盞子大小，白豹皮杖楂，梳刷馬盂袋，黑漆套盤，圭木套盤，白虎皮杖楂，銷金弓箭葫蘆，虎豹皮弓箭袋葫蘆，飲水角，拍板二，哨笛四，番鼓二十四人，彈壓樂器使臣，管押訓練官，杏黄龍旗二，觱篥二，札子九，大鼓十，龍笛四，從駕官宰臣已下並如常日，臨安府彈壓官屬。

周密《武林舊事》卷六《小經紀》　班朝録、供朝報、選官圖、諸色科名、開先牌、寫牌額、裁板尺、諸色指揮、織經帶、棋子棋盤、蒲牌骰子、交床試籃、賣字本、掌記册兒、諸般簿子、諸色經文、刀册兒、紙畫兒、扇牌兒、印色盝、剪字、纏令、耍令、琴阮弦、開笛、虓笙、輓鼓、口簧、位牌、諸般盝兒、屋頭挂屏、剪鏃花樣、檐前樂、見成皮鞋、提燈龊燈、頭鬚編掠、香橼絡兒、香橼坐子、拄杖、粘竿、風幡、釣鈎、釣竿、食罩、吊挂、拂子、蒲坐、椅褥、藥焙、烘籃、風袋、煙帚、餬刷、鞋楦、桶鉢、搭羅兒、薑擦子、帽兒、鞋帶、修皮鞋、穿交椅、穿罜罳、鞋結底、穿珠、領抹、釵朵、牙梳、洗翠、修冠子、小梳兒、染梳兒、接補梳兒、香袋兒、面花兒、絹孩兒、符袋兒、畫梅七香丸、膠紙、穩步膏、手皴藥、涼藥、香藥、膏藥、髮垛兒、頭髮、磨鏡、弩兒、弩弦、彈弓、箭翎、射帖、壺籌、鵓鴿鈴、風箏、藥綫、象棋、鞬子、鬥葉、香爐灰、紕刷兒、篦子剔、剪截段尺、出洗衣服、簇頭消息、提茶瓶、鼓爐釘鉸、釘看窗、札熨斗、供香餅、使綿、打炭墼、補鍋子、泥竈、整漏、箍桶、襻膊兒、竹猫兒、消息子、老鼠藥、蚊煙、鬧蛾兒、涼筒兒、紐扣子、接絛、修扇子、錢索、麻索、紅索兒、席草、鷄籠、修竹作、使法油、油紙、油單、氈坐子、修砧頭、磨刀、磨剪子、棒槌、舂米、劈柴、擂槌，俗諺云，杭州人一日吃三十丈木頭，蓋以三十萬家爲率，大約每十家日吃擂槌一分合而計之，則三十丈矣。淘井、猫窩、猫魚、賣猫兒、改猫犬、鷄食、魚食、蟲蟻食、諸般蟲蟻、魚兒活、虼蚪兒、促織兒、小螃蟹、金麻、馬蚻兒、蝍蟟、蟲蟻籠、促織盆、麻花子、荷葉、燈草、發燭、肥皂團、茶花子、買瓶掇、舊鋪襯、圪伯紙、竹釘、淘灰土、淘河、剔撥叉、黄牛糞灰、挑疥蟲、賣烟火、旋影戲。

陳世崇《隨隱漫録》卷三　帶格三十二：三品以上玉，四品以上金，餘並金塗銀，錯班金塗銅。笏頭一字，王外執政兩府。笏頭毬絞，宰執。排方御仙花，正侍郎知閤節使。螺犀，權侍郎。絲頭荔枝，正任副使横行。球路，内侍。海捷，幕士華官。剔梗荔枝，訓武郎下。柘枝，快行親從。太平花，隨龍忠佐。碎草，茶酒班。師蠻，人仙，犀牛，寶瓶，行虎，戲童，寶相，胡荽，鳳子，野馬，雙鹿，方勝，雲鶴，坐神，並班直。天王，親事官。行獅，行門。行鹿，御厨教駿。盤鳳，翰林司。凹面，教坊。醉仙，御龍直。獐鹿。軍頭司儀鸞司。

陳世崇《隨隱漫録》卷五　唐虞尚德，夏尚功，商尚老，周尚親，秦尚刑名，西漢尚權謀，東漢尚節義，魏尚詞華，晋尚清言，周隋尚族望，唐尚制度，宋尚道理紀綱。董賢財物四十三萬萬，梁冀財物三十餘萬萬，郿塢金三萬斤，銀九萬斤，錦綺寶玩山積，元載胡椒八百斛，他物稱是。終不免自殺、剖棺、燃臍、塞襪，果何所得哉？

吴自牧《夢粱録》卷八《三茆寧壽觀》　三茆寧壽觀，在七寶山，元三茆堂，因東都三茆寧壽之名，賜觀額寧壽觀，殿匾曰太元，奉三茆真君像。觀中有三神御殿。觀中曾蒙賜三古器玩，皆希世之珍：一曰宋鼎，乃宋孝武帝之牛鼎，以祀太室之鼎；二曰唐鐘，係大唐常州澄清觀舊物，内庭出内帑金帛易以賜之，禁中每聽鐘聲，以奉寢興食息之節；三曰褚遂良書小字《陰符經》，此物宜取復賜賈秋壑。觀之外曰東山，爲殿以奉元命。有亭匾曰賓日，俯見日出。又有庵，匾曰仁壽。

吴自牧《夢粱録》卷一三《諸色雜貨》　凡宅舍養馬，則每日有人供草料。養犬，則供餳糠。養猫，則供魚鰍。養魚，則供蟣蝦兒。若欲喚錮路釘鉸，修補鍋銚、箍桶，修鞋，修幞頭帽子，補修魫冠，接梳兒，染紅緑牙梳，穿結珠子，修洗鹿胎冠子，修磨刀剪，磨鏡，時時有盤街者，便可喚之。且如供香印盤者，各管定鋪席人家，每日印香而去，遇月支請香錢而已。供人家食用水者，各有主顧供之。亦有每日掃街盤垃圾者，每支錢犒之。其巷陌街市，常有使漆修舊人，荷大斧斫柴間，早修扇子，打鑞器，修竈，提漏，供香餅炭墼，並挑擔賣油，賣油苔，掃帚，竹帚，筅帚，鷄籠擔，聖堂拂子，竹柴，茹紙，生薑，薑芽，新薑，瓜，茄，菜蔬等物，賣泥風爐，小缸竈兒，天窗砧頭，馬杓，銅鐵器如銅銚，湯餅，銅罐，熨斗，火鍬，火箸，火夾，鐵物，漏杓，銅沙鑼，銅匙箸，銅瓶，香爐，銅火爐，簾鈎，鑞器如樽榼，果盆，果盒，酒盞，注子，偏提，盤，盂，杓，酒市急需馬盂，屈卮，滓斗，箸瓶，家生動事如桌、凳、涼床、交椅、兀子、長朓、繩床、竹椅、柎笄、裙厨、衣架、棋盤、面桶、項桶、脚桶、浴桶、大小提桶、馬子、桶架、木杓、研槌、食托、青白瓷器、甌、碗、碟、茶盞、菜盆、油杆杖、榻轆、鞋楦、棒槌、烘盤、鷄籠、蟲蟻籠、竹笊籬、蒸籠、畚箕、甑箄、紅簾、斑竹簾、酒絡、酒籠、筲箕、瓷甏、炒銼、砂盆、水缸、烏盆、三脚罐、枕頭、豆袋、竹夫人、懶架、涼簟、藁薦、蒲合、席子，及文具物件如硯子、筆、墨、書架、書攀、裁刀、書剪、簿子、連紙，又有鐃子、木梳、篦子、刷子、刷牙子、減裝、墨洗、漱盂子、冠梳、領抹、針綫，與各色麻綫、鞋面、領子、脚帶、粉心、合粉、胭脂、膠煤、托葉、墜紙等物，又有挑擔抬盤架，買賣江魚、石首、鯌魚、時魚、鯧魚、鰻魚、鱭魚、鯽魚、白鯾魚、白蟹、河蟹、河蝦、田鷄等物，及生熟猪羊肉、鷄、鵝、鴨，及下飯海腊、鮝膘、鴨子、炙鰍、糟藏大魚鮓、乾菜、乾蘿蔔、菜蔬、葱薑等物，又有早間賣煎二陳湯，飯了提瓶點茶，飯前有賣饊子，小蒸糕，日午賣糖粥、燒餅、炙焦饅頭、炊餅、辣菜餅、春餅、點心之屬。四時有撲帶朵花，亦有賣成窠時花，插瓶把花、柏桂、羅漢葉，春撲帶朵桃花、四香、瑞香、木香等花，夏撲金燈花、茉莉、葵花、榴花、梔子花，秋則撲茉莉、蘭花、木樨、秋茶花，冬則撲木春花、梅花、瑞香、蘭花、水仙花、臘梅花，更有羅帛脱蠟象生四時小枝花朵，沿街市吟叫撲賣。及買賣品物最多，不能盡述。及小兒戲耍家事兒，如戲劇糖果之類：行嬌惜、宜娘子、秋千稠糖、葫蘆、火齋郎果子、吹糖麻婆子孩兒等、糕粉孩兒鳥獸、象生花朵、風糖餅、十般糖、花花糖、荔枝膏、縮砂糖、五色糖、綫天戲耍孩兒，鷄頭擔兒、罐兒、碟兒、鑞小酒器、鼓兒、板兒、鑼兒、刀兒、槍兒、旗兒、馬兒、鬧竿兒、花籃、龍船、黄胖兒、麻婆子、橋兒、棒槌兒，及影戲綫索、傀儡兒、獅子、猫兒。又沿街叫賣小兒諸般食件：麻糖、錘子糖、鼓兒餳、鐵麻糖、芝麻糖、小麻糖、破麻酥、沙團、箕豆、法豆、山黄、褐青豆、鹽豆兒、豆兒黄糖、楊梅糖、荆芥糖、榧子、蒸梨兒、棗兒、米食羊兒、狗兒、蹄兒、繭兒、栗粽、豆團、糍糕、麻團、湯團、水團、湯丸、餶飿兒、炊餅、槌栗、炒槌、山裏棗、山裏果子、蓮肉、數珠、苦槌、荻蔗、甘蔗、茅洋、跳山婆、栗茅、蜜屈律等物，並於小街後巷叫賣。遇新春，街道巷陌，官府差顧淘渠人沿門通渠；道路污泥，差顧船隻搬載鄉落空閒處。人家有泔漿，自有日掠者來討去。杭城户口繁夥，街巷小民之家，多無坑厠，只用馬桶，每日自有出糞人瀽去，謂之「傾脚頭」，各有主顧，不敢侵奪；或有侵奪，糞主必與之争，甚者經府大訟，勝而後已。

吴自牧《夢粱録》卷一八《物産》 絲之品綾：柹蒂、狗蹄。羅：花素、結羅、熟羅。綫住。錦：內司街坊以絨背爲佳。克絲：花、素二種。杜緙，又名「起綫」。鹿胎：次名「透背」，皆花紋特起，色樣織造不一。紵絲：染絲所織諸顔色者，有織金、閃褐、間道等類。紗：素紗，天净，三法暗花紗，粟地紗，茸紗。絹：官機；杜村唐絹，幅闊者密，畫家多用之。綿以臨安於潜白而細密者佳。綢有綿綫織者，土人貴之。

枲之品

枲。柘。麻。苧。

貨之品

茶：寶雲茶，香林茶，白雲茶。又寶嚴院垂雲亭亦産。東坡以詩戲云：「妙供來香積，珍烹具大官。揀芽分雀舌，賜茗出龍團。」蓋南北兩山、七邑諸山皆産。徑山採穀雨前茗，以小缶貯饋之。

鹽：湯鎮，仁和村，鹽官，浮山，新興，下管，上管，蜀山，岩門。南路茶槽等場，常産之地。漢置鹽官，吴王濞煮海爲鹽之地。

蜜。蠟。紙，餘杭由拳村出藤紙，富陽有小井紙，赤亭山有赤亭紙。

趙與時《賓退録》卷一〇 任土作貢，三代而下未之或廢，時有損益而已。高宗建炎三年，始詔除金、銀、匹帛、錢穀，餘悉罷貢。盛德事也。《禹貢》以來，歷代史志及地理之書，但載土貢之目，而不書其數。惟《元豐九域志》爲詳。嘗最一歲所貢，凡爲金二十四兩，登一十兩，利五兩，萬、象、融各三兩。麩金五十五兩，金、饒各一十兩，嘉六兩，眉、雅、簡、資各五兩，衡、昌、龍各三兩。銀四百五兩，桂陽、桂各五十兩，鄂、邕各三十兩，邵、賀、封、端、新、康、南恩、梅、容、昭、梧、藤、龔、潯、貴、柳、宜、横、白、廉、瓊，昌化各一十兩，賓、化、高、鬱林、萬安各五兩。銅鐵一十斤，利。錦三匹，成都。白縠一十匹，襄。隔織一十八匹，泰一十匹，洋八匹。絁七十五匹，汝一十五匹，潁、棣、保定、安肅、陝、威勝各一十匹。花絁一十匹，祁。綜絲絁二十匹，濰。綾一百四十五匹，杭三十匹，蔡、定各二十匹，淄、隨、潤、明、秀、江陵、澧各一十匹，綿五匹。花綾一十匹，兖。白花綾一十匹，梓。綜絲綾一十匹，蓬。雙絲綾一十匹，徐。方紋綾三十匹，開封。仙紋綾五十匹，青三十匹，濰二十匹。樗蒲綾二十匹，遂。蓮綾一十匹，閬。越綾二十匹，越。羅七十匹，真定三十匹，定二十匹，潤、彭各一十匹。花羅六匹，成都。春羅四匹，蜀。單絲羅一十匹，蜀。紗四十匹，相、廬、常、太平各一十匹。方紋紗三十匹，開封。茜緋花紗一十匹，越。輕容紗五匹，越。紬一百四十五匹，洛二十匹，陳、汝各一十五匹，大名、徐、潁、博、雄、永寧、廣信、陝、懷安各一十匹，達五匹。花紬一十四，大名。綿紬五十匹，簡二十匹，大名一十匹，渠、巴、蓬、忠各五匹。絹六百七十四，隨、滑、瀛各三十匹，應天，冀、德、濱、衛、深，亳各二十匹，陳一十五匹，密、齊、淮陽、徐、曹、鄆、濮、唐、潁昌、鄭、滄、棣、霸、永靜、乾寧、信安、相、邢、趙、保、順安、渭、平定、岢嵐、寧化、保德、宿、海、泗、滁、廬、濠、無爲、臨江、建昌、涪、昌、雲安、南平、韶、循、南雄各一十匹，廣安五匹。班白絹三匹，誠。布一十五匹，鼎一十匹，梅五匹。絲布二十匹，邛一十匹，果一十匹。紵布一百七十五匹，信陵、楚、和、吉、筠、興國、南安、郴、江陵、安、鼎、岳、歸、漢、綿、邵武、英各一十匹，房五匹。白紵布一百六十五匹，舒、湖、虔各二十匹，郢、蘄、黃、常、睦、宣、歙、袁、道、連各一十匹，開五匹。高紵布一十匹，成都。細紵二十匹，揚。斑布一十匹，榮。葛布二百三十五匹，洪、撫、潭各三十匹，蘇二十匹，隨、壽、光、吉、永、全、普、戎、瀘、富順、泉、興化各一十匹。渝五匹。蕉布一十五匹，泉一十匹，潮五匹。紅花蕉布三十匹，福。練七十匹，建五十匹，和、鼎各一十匹。毛毼一十五段，熙一十段，保安五段。紫茸毛毼一十段，涇。綿一千一百兩，齊、潁、莫、衛、趙、婺、處、衢、梁山、泉、興化各一百兩。氈三十領，慶二十領，豐一十領。白氈三十領，鎮戎二十領，恩一十領。紫茸氈四領，慶。韉氈一十領，京兆。韉皮二十張，同。獐鹿皮三百一十張，海三百張，通一十張。鮫魚皮二十六張，臺、漳各一十張，温五張，潮一張。龜殼二十枚，廣。水馬二十枚，廣。鼊皮一十張，廣。悲翠毛二十枚，欽。席一百七十領，常三十領，潭、秦、隴、蘇各二十領，京兆、鄜、寧、坊、風翔、汾各一十領。蔗席二十領，開封一十領，潁昌一十領。莞席一百領，揚。簟四十一領，永靜、蘄、睦、饒各一十領，澧一領。藤簟二十領，廣。漆器五十事，湖三十事，襄二十事。瓷器三百一十事，河南二百事，耀、越各五十事，邢一十事。石器二十事，登一十事，萊一十事。水晶器一十事，信。藤器二十事，象一十事，賓一十事。藤盤一面，循。藤箱一枚，惠。柳箱一十枚，滄。銅鑑一十面，太原。青銅鑑二十面，揚。火筯五十對，邠。剪刀五十枚，邠。筆一千管，江寧五百管，宣五百管。墨三百枚，兖、潞、絳各一百枚。硯四十枚，虢二十枚，寧、端各一十枚。紙四千張，越、歙、池各一千張，真、温各五百張。雜色牋五百張，成都。蠟燭九百五十條，鳳翔三百條，汀二百條，成、鳳、晉、絳各一百條，階五十條。花蠟燭一百條，鄧。燕脂一十斤，興元。槵子數珠一十串，象。斑竹一十枝，雷。解玉砂一百五十斤，邢一百斤，忻五十斤。金漆三十斤，台。弓弦麻二十斤，坊。鰾膠一十斤，通。甲香二十七斤，漳、惠各一十斤，台、廣各三斤，潮一斤。青一十斤，代。碌一十斤，代。朱砂四斤一兩，沅、容各二十兩，辰一十五兩，黔一十兩。雲母二十斤，兖一十斤，江一十斤。鍾乳四斤八兩，沂三十兩，韶、連各一斤，房十兩。芒硝一十斤，峽。空青一十兩，梓。

曾青一十兩，梓。禹餘糧一十斤，澤。白石英一十二斤，澤一十斤，梧二斤。紫石英二十斤，沂一十斤，兖一十斤。白石脂一十斤，蘇。水銀三斤二兩，辰三十兩，沅二十兩。石膏二十斤，汾。磁石一十斤，磁。陽起石一十斤，齊。長理石五斤，淄。礬石一十斤，太原。石鷰二百枚，永。白菊花三十斤，鄧。人參三十斤一十兩，太原、潞、澤各一十斤，遼一十兩。天門冬二十斤，果一十斤，普一十斤。甘草二百六十斤，環一百斤，德順五十斤，原、蘭、府各三十斤，岷、太原各一十斤。白朮一十兩，舒。牛膝五十斤，懷。柴胡三十斤，麟、豐、火山各一十斤。車前子一斗，開。乾山蕷一十五斤，明。細辛一十斤，華。石斛一十二斤，壽一十斤，廣二斤。生石斛四十斤，廬二十斤，光、江各一十斤。巴戟一十斤，劍。菴蕳一十斤，寧。芎藭三十斤，秦。黃連五十斤，宣三十斤，處、施各一十斤。蓯蓉六十斤，渭五十斤，保安一十斤。防風七十斤，絳三十斤，單一十五斤，齊、兖各一十斤，淄五斤。五味子五十斤，河中。蛇床子二十五斤，單一十五斤，蘇一十斤。杜若一十斤，峽。葛粉一十斤，信。栝蔞根一十斤，陝。當歸一十斤，威。麻黃二十五斤，開封一十五斤，鄭一十斤。知母一十斤，相。仙靈脾一十斤，沂。紫草五十斤，大名。海藻一十斤，萊。高良薑一十五斤，欽一十斤，朱崖五斤。牡丹皮一十五斤，渝一十斤，合五斤。零陵香二十斤，道一十斤，全一十斤。縮砂二斤，白。白藥子五斤，合。天雄一斤，龍。大黃一百斤，鄜。葶藶子三升，曹。連翹一十斤，黃。續隨子三斤，陵井。荆芥一十斤，寧。羌活一十斤，威。木藥子二百顆，施一百顆，萬一百顆。桂心四十斤，桂二十斤，容二十斤。茯苓三十斤，沂、兖、華各一十斤。伏神五斤，華。酸棗仁三斗，京兆二斗，開封一斗。黃蘗五斤，金。五加皮一十斤，峽。杜仲五斤，金。沈香一十斤，廣。詹糖香二斤，廣。檳榔一千顆，瓊。枳殼一十五斤，商一十斤，金五斤。枳實一十五斤，商一十斤，金五斤。巴豆一斤，眉。紅椒三十斤，黎。買子木二斤，渠。白膠香五斤，金。苦藥子三斤，陵井。紅花五十斤，興元。柏子仁一十斤，陝。地骨皮二十斤，京兆一十斤，虢一十斤。胡粉二十斤，澶一十斤，相一十斤。龍骨一十斤，河中。麝四斤一十一兩，金十兩，均、延、丹、河、通遠、憲、嵐、文各五兩，襄、慶、虢、商、熙、代、茂各三兩，房、忻各二兩。牛黃九兩，密、登、萊各三兩。阿膠七斤一十四兩，鄆六斤，濟三十兩。鹿茸一對，成。羚羊角一十五對，階一十對，龍五對。犀角二株，衡一株，邵一株。蜜三百四十斤，河南路各一百斤，鳳、興各三十斤，晉、隰、石、夔各二十斤。白蜜三十斤，信。蠟四百四十斤，河南、延各一百斤，京兆五十斤，慶、鳳、興各三十斤，隰、石、廬、夔各二十斤，黔、大寧各一十斤。牡蠣一十斤，萊。烏鰂魚骨五斤，明。覆盆二斤，隨。蓽豆一石，邠。粱米一石，孟。茶一百一十斤，南劍。茶末一百斤，潭。茶牙二十斤，南康一十斤，廣德一十斤。碧澗茶牙六百斤，江陵。龍鳳等茶八百二十斤，建。鹽花五十斤，解。棗一萬一千顆，青。榛實一石，鳳翔。漫繫之簡牘，以廣聞見。

《遼史》卷二《太祖紀下》 德祖之弟述瀾，北征于厥、室韋，南略易、定、奚、霫，始興板築，置城邑，教民種桑麻，習織組，已有廣土衆民之志。

《遼史》卷四《太宗紀下》 〔會同元年九月〕壬子，詔羣臣及高年，凡授大臣爵秩，皆賜錦袍、金帶、白馬、金飾鞍勒，著于令。

《元史》卷一二八《相威傳》 〔至元〕十三年夏，驛召相威。秋，入覲，大饗，賚功授金虎符、征西都元帥，仍賜弓矢甲鞍、文錦表裏四、鈔萬貫，從者賞賜有差。

《明史》卷六〇《禮志一四》 初，洪武二年敕葬開平王常遇春於鍾山之陰，給明器九十事，納之墓中。鉦二，鼓四，紅旗、拂子各二，紅羅蓋、鞍、籠各一，弓二，箭三，竈、釜、火爐各一，俱以木爲之。水罐、甲、頭盔、臺盞、杓、壺、瓶、酒甕、唾壺、水盆、香爐各一，燭臺二，香盒、香匙各一，香筯二，香匙筯瓶、茶鍾、茶盞各一，筯二，匙二，匙筯瓶一，椀二，楪十二，橐二，俱以錫造，金裹之。班劍、牙仗各一，金裹立瓜、骨朵戟、響節各二，交椅、脚踏、馬杌各一，誕馬六，槍、劍、斧、弩、食桌、牀、屏風、拄杖、箱、交牀、香桌各一，櫈二，俱以木爲之。樂工十六，執儀仗二十四，控士六，女使十，青龍、白虎、朱雀、玄武神四，門神二，武士十，并以木造，各高一尺。雜物，翣六，璧一，筐、笥、楎、椸、衿、鞶各一，笣二，筲二，糧漿瓶二，油瓶一，紗廚、煖帳各一。束帛青三段，纁二段，每段長一丈八尺。後定制，公、侯九十事者准此行之。餘以次減殺。

陳洪謨《繼世紀聞》卷三 抄没逆瑾貨財，金二十四萬錠又五萬七千八百兩，元寶百萬錠，銀八百萬又一百五十八萬三千六百兩，寶石二斗，金鍾二千，金鉤三千，玉帶四千一百六十二束，獅蠻帶二束，金銀湯盄五百，蟒衣四百七襲，牙牌二匱，穿宮牌五百，金牌三，衮袍四，八爪金龍盔甲三千，玉琴一，玉寶印一顆。以上金共一千二百五萬七千八百兩，銀共二萬五千九百五十八萬三千八百兩。

顧禄《桐橋倚棹録》卷九《古迹》 佛菩薩羅漢像，吴道子畫，文《志》云：「在虎丘寺。」

觀音畫像，藏石觀音殿僧房。湖州臧逵夜夢佛示行道相，覺而畫。常開平來取張氏時，僧以畫像並銅爐獻王，不受，麾下士取畫像去，後爲常州范某得之，初不知爲虎丘物，其母夢一女子曰：「送我還。」母問還何所，曰：「虎丘。」翌日，母視畫像，有「虎丘」字，亟令送還。舟宿滸墅，忽爲偷兒竊去，有購之者，亦夢女子曰：「我家虎丘，送我還。」其人復以還寺。説見《采風類記》。錢載有詩。采任《志》。

血書《華嚴經》，在半塘寺毗盧閣，爲比丘善繼書，自一卷至八十一卷，歷代有人序頌題跋。乾隆五十七年任兆麟輯《虎丘山志》時，與陸肇域請觀於僧達仁，逐卷録出，纂入《山志》。

三石佛，在小普陀寺内，宋嘉泰二年善士吴浄心造。

石觀音像，即應夢觀音像。《吴中舊事》：「熙寧間龍華寺僧妙應造。俗姓童，呼爲『童和尚』，妙於刻石。」

石善財像，在劍池。見《虎丘詩集》。宋虚堂有《詠石善財》詩。

銅真武像、六天將像，俱在小武當真武殿。今武帝像别供祀於馬牛王廟側，而補奉高元帥像，樟木爲之。

三大士像，在五臺上。二天王像，在二山門。俱爲明劉總管塑。按文《志》云：「劉總管，官三品，精於塑作，爲世絶藝，三大士、二天王像皆其所塑。」

石藥師像，在東山浜三官堂内。

查慎行《人海記》卷下《蒙古鹽鐵》 蒙古阿巴海部落，地名充俄里，有泡子河，産天然鹽，生水中如層冰，厚四五寸許，鑿取成磚，不事煎熬而可食，其味較中國食鹽稍淡。又有産於高山者，彌望如雪，人跡不能到，則用强弓仰射取之。又産精鐵，色如白銀，今上用鳥鎗，皆采此鐵製造。往聞明季嚴禁關口不得出鹽鐵等物，謂可坐困外國。豈知彼中物産固自不乏耶！

《明世宗實録》卷二〇二 〔嘉靖十六年七月甲申〕户科給事中高時言：「今各省大水，皆藩臬守令不能奉宣德意，使民愁怨，陰氣積勝所致也。朝廷屢下蠲租之詔，而紛紛雜派，如木料、斑竹、油漆、磁器、磚瓦、段疋、金箔、銀硃之類不可勝數，其實百倍於正額。宜講求實政，務爲節省，以甦民困，以答天心。」奏入，有旨：「災傷賑濟，所司自有區處。諸物料皆供用不可缺者。時掇拾瀆奏姑不究。」

申時行《明會典》卷一九五《工部十五・顔料》 洪武二十六年定：凡合用顔料，專設顔料局掌管。淘洗青緑，將見在甲字庫石礦，按月計料支出淘洗，分作等第進納。若燒造銀硃用水銀，黄丹用黑鉛，俱一體按月支料，燒煉完備，逐月差匠進赴甲字庫收貯。如果各色物料缺少，定奪奏聞，行移出産去處採取，或給價收買。鈔法紫粉所用數多，止用蛤粉蘇木染造，時常預爲行下本局多爲備辦用度，如缺蛤粉一體收買。

黑鉛一斤，燒造黄丹一斤五錢三分三釐。

水銀一斤，燒造銀硃一十四兩八分二硃三兩五錢二分。

次青碌石礦一斤，淘造淨青碌一十二兩四錢三分。

暗色碌石礦一斤，淘造淨石碌一十兩八錢七分六釐。

蛤粉一斤，染造紫粉一斤一兩六錢。

硇砂一斤，燒造硇砂碌一十五兩五錢。

凡修建顔料：舊例，内外宫殿公廨房屋該用青碌顔料，俱先行内府甲字等庫關支，不足，方派各司府。○嘉靖三十六年，以大工題行雲南採解買辦。

凡寶色：尚寶司每年該銀硃九十斤，行内庫關支。正德十二年，加硃三十斤，派行四川收買涪州水花銀硃一百二十斤解部，轉發器皿廠淘洗送用。○嘉靖三十六年題准：以後動支節慎庫料銀，照數召買，淘洗送用，每歲該銀六十三兩六錢。

凡各衙門年例印色：工部題行順天府宛、大二縣買辦。

宗人府紫粉一十二斤銀硃二斤四兩。

左軍都督府紫粉二十四斤。

右軍都督府紫粉一十八斤。

中軍都督府紫粉二十四斤。

前軍都督府紫粉一十八斤。

後軍都督府紫粉三十六斤，白芨一十斤十四兩五錢。

吏部紫粉一十二斤，銀硃三斤，白芨二斤。

户部紫粉二十四斤，二硃三斤，白芨六斤。

禮部紫粉一十八斤。

兵部紫粉一十二斤，銀硃三斤，白芨二斤。

刑部紫粉一十斤，銀硃四斤，白芨二斤。

工部紫粉一十八斤，二硃二斤，白芨四斤。

都察院紫粉二十斤，銀硃四斤，白芨一斤。

通政司紫粉二十四斤。

大理寺紫粉一十斤，銀硃二斤，白芨一斤。

吏科二硃一斤二兩三錢三分三釐。

户科二硃一斤十兩。

禮科二硃一斤十兩。

兵科二硃二斤三兩。

刑科二硃二斤。

工科二硃一斤八兩。

凡禁令：洪武年間聖旨：如今營造合用顔料，但是出産去處，便著有司借倩人夫採取來用。若不係出産去處，著百姓怎麼辦。那當該官吏，又不明白具奏，只指著朝廷名色，以一科百，以十科千，百般苦害百姓。似這等無理害民官吏，拏來都全家廢了不饒。若那地面本出産，卻奏説無，以後著人採取得有時，那官吏也不饒。雖是出産去處，也須量著人的氣力採辦。似這等百姓也不艱難生受，官民兩便。若有司家因而生事擾害他的，拏來全家廢了不饒。○永樂二十二年聖旨：古者土賦，隨地所産，不强其所無。比年如丹漆、石青之類，所司更不究産物之地，一槩下郡縣徵之，逼迫小民鳩斂金幣，詣京師博易輸納，而商販之徒乘時射利，物價騰踊數十倍。加不肖官吏貪緣爲奸，計其所費，朝廷得其千百之什一，其餘悉肥下人。今宜切戒此弊，凡合用之物，必於出産之地，計直市之。若仍蹈故習，一槩科派以毒民者，必誅不宥。○成化二年，令内官監促辦累年未納物料，急用者以官銀收買，不急者停止。

《明神宗實録》卷一七二（萬曆十四年三月辛酉） 工部覆：「袍服、磁器，已蒙准量裁減，但袍段以五分爲率，解進者已一分矣，磁器除奉旨停罷者雖無的數，大約解進四運，已將半矣。伏望皇上酌定裁減數目。」上令袍段未完數内，准減一萬疋；磁器燒造難成及不係緊要者，查明裁減。

朱國禎《湧幢小品》卷一八《事起》 紙鳶起於韓信，後人用之，引絲而上，令兒張口以引内熱。【略】

鑿石崖爲佛像，起於魏高宗。時與曇曜於武州塞山壁開五所，鐫像各一，高者七十尺，次六十尺。奇偉冠絶。【略】

活板自宋慶曆間布衣畢昇始。

顧起元《客座贅語》卷三《陳後主沈后施物》 瓦官智者禪師在建業靈曜寺，後主遣主書羅闡宣口敕，送金像一軀、光趺五寸。釋論一部、闞寶樓拎案一面、山羊鬢麈尾一柄並匣、虎面香爐一面并匣、東田口二。又宣口敕，不許讓口，且留山中使役，勿勞輸送。又送扶月供夏服一通、細蕉五端、絹布各十四、綿十斤、黄屑二斗、扶月米五石、錢三千文，果菜付隨由扶月送。後住光宅寺，沈后致書云：「妙覺和南：今遣内師許大梵往稽首，乞傳香火，願賜菩薩名，庶藉薰菩提眷屬。謹和南。」送扶月供薰陸、沉檀各十斤、黄屑一斗、細紙五百張、燭十挺、赤松澗米五石、錢一千文。右件月月供光宅寺。大師答啓云：「今名海慧菩薩。」右又後主扶月供薰陸香一合、檀香三十斤、中藤紙一墮、乳酥一斗、錢二千文。右件月月供光宅寺。黄屑，《開元十道志》：驩州貢黄屑。沉香，香之類也。

隋煬帝爲晉王，嚫戒師衣物，有聖種納袈裟一緣，黄紋舍勒一腰，綿三十屯，鬱泥南布袈裟一緣，黄絲布襪一具，絹四十匹，鬱泥南絲布褊袒一領，黄紬臥褥一領，布三十禪，鬱泥絲布坐褥一具，烏紗蚊幬一張，紙一百張，鬱泥絲布方裙一腰，紫綖靴一量，錢五十貫，鬱泥雲龍綾被一緣，龍須席一領，蠟燭十挺，鬱泥羅頭帽一領，須彌氈一領，銅硯一面，高麗青坐布一具，烏皮履一量，墨二挺，黄絲布被襠一領，南榴枕一枚，和香一盒，鐵錫杖一柄，象牙管一管，麈尾一柄，烏油鐵鉢一口並袋，斑竹筆二管，銅匕箸一具，犀角如意一柄並匣，白檀曲几一枚，銅重碗三口，石青爐奩一具，山水繩床一張，銅搔勞一口，銅香火匕箸一具，白檀支頰一枚，銅澡罐一口，南榴夾膝桃一枚，竹蠅拂一柄，鐵剪刀一口，蒲移文木案一具並褥，犀莊瓜刀一口，鐵剃刀一口，黄絲布隱囊一枚，紫檀巾箱一具，鐵鑷子一具，白瓦唾壺一口並籠巾，柿心筆格一枚，銅燭擎一具，鍮石莊柿心經格一具，犀裝書刀一口，白團扇一柄，爪篆、龍篆、縣針、垂露、飛白、倒薤、魚篆、科斗、小篆、大篆字縠皮屏風一具。净人善心，年十一。右楪開皇十一年十一月二十三日。又施物至玉泉寺：五彩四十九尺旛二張，五色斑羅經巾二枚，絹五十匹，錦香爐襌十張，熏陸香二斤，剃刀十口，鵄納袈裟一領，油鐵鉢十口，雄黄七斤，須彌氈五領。又施天台山：納袈裟十領，龍須席二領，須彌氈二領，猫牛酥三瓶，熏陸香一盒。及爲太子，仁壽元年十二月十七日施天台山：白石香爐一具，大銅鐘一口，鵄納袈裟一領，鵄納褊衫二領，四十九尺播七口，黄綾裙一腰，氈二百領，絲布袛支二領，旛一百口，和香二盒，胡桃一籠，衣物三百段，麥麨一盒，石鹽一盒，酥六瓶。二年又施天台山：飛龍綾法衣一百六十領，旛一百五十張，光明鹽一石，酥五瓶。又别賜灌頂法師金縷成彌勒像并夾侍菩薩聖僧周匝五十三佛織成經襌七張，織成經袋二口，熏陸香一百斤，酥合和香一斤。

陳、隋二主皈依智者，恣行五欲，自斷善根，所賜嚫施本無足紀，第以其中名相多六朝方物方言，文人考據間有所遺，因附載之，爲淹通者資一二異聞奇字耳。又智者答上晉王萬春樹皮袈裟一緣，乃梁武帝時外國所獻者。晉王謝啓云：「菩薩戒稱所着袈裟，皆染使壞色，況復自然嘉樹，妙彩天成，相應之言，無勞外假。萬春表長生之稱，二翼合善譬之辭，永服周旋，恒充布薩。常事半月，豈惟六日？着如來衣，深荷慈獎。謹和南。」衣名甚新奇，啓文亦妙。

張岱《陶庵夢憶》卷二《孔廟檜》 己巳至曲阜，謁孔廟，買門者門以入。宫墻上有樓聳出，匾曰「梁山伯、祝英臺讀書處」，駭異之。進儀門，看孔子手植檜。檜歷周、秦、漢、晉幾千年，至晉懷帝永嘉三年而枯。枯三百有九年，子孫守之不毀，至隋恭帝義寧元年復生。生五十一年，至唐高宗乾封三年再枯。枯三百七十有四年，至宋仁宗康定元年再榮。至金宣宗貞祐三年罹於兵火，枝葉俱焚，僅存其幹，高二丈有奇。後八十一年，元世祖三十一年再發。

至洪武二十二年己巳，發數枝，蓊鬱；後十餘年又落。摩其幹，滑澤堅潤，紋皆左紐，扣之作金石聲。孔氏子孫恒視其榮枯，以占世運焉。再進一大亭，臥一碑，書「杏壇」二字，黨英筆也。亭界一橋，洙、泗水匯此。過橋，入大殿，殿壯麗，宣聖及四配、十哲俱塑像冕旒。案上列銅鼎三、一犧、一象、一辟邪，款制遒古，渾身翡翠，以釘釘案上。階下豎歷代帝王碑記，獨元碑高大，用風磨銅贔屭，高丈餘。左殿三楹，規模略小，爲孔氏家廟。東西兩壁，用小木匾書歷代帝王祭文。西壁之隅，高皇帝殿焉。廟中凡明朝封號，俱置不用，總以見其大也。孔家人曰：「天下只三家人家：我家與江西張、鳳陽朱而已。江西張，道士氣；鳳陽朱，暴發人家，小家氣。」

張岱《陶庵夢憶》卷二《梅花書屋》 陔萼樓後老屋傾圮，余築基四尺，造書屋一大間。旁廣耳室如紗幮，設臥榻。前後空地，後墻壇其趾，西瓜瓤大牡丹三株，花出墻上，歲滿三百餘朵。壇前西府二樹，花時積三尺香雪。前四壁稍高，對面砌石臺，插太湖石數峰。西溪梅骨古勁，滇茶數莖嫵媚，其旁梅根種西番蓮，纏繞如纓絡。窗外竹棚，密寶襄蓋之。階下翠草深三尺，秋海棠疏疏雜入。前後明窗，寶襄西府，漸作緑暗。余坐臥其中，非高流佳客，不得輒入。慕倪迂清閟，又以「雲林秘閣」名之。

張岱《陶庵夢憶》卷二《不二齋》 不二齋，高梧三丈，翠樾千重，墻西稍空，蠟梅補之，但有緑天，暑氣不到。後窗墻高於檻，方竹數竿，瀟瀟灑灑，鄭子昭

「滿耳秋聲」橫披一幅。天光下射，望空視之，晶沁如玻璃雲母，坐者恒在清涼世界。圖書四壁，充棟連牀，鼎彝尊罍，不移而具。余於左設石床竹几，帷之紗幕，以障蚊虻。綠暗侵紗，照面成碧。夏日，建蘭、茉莉，薌澤浸人，沁入衣裾。重陽前後，移菊北窗下，菊盆五層，高下列之，顔色空明，天光晶映，如沉秋水。冬則梧葉落，蠟梅開，暖日曬窗，紅爐毾㲪。以崑山石種水仙，列階趾。春時，四壁下皆山蘭，檻前芍藥半畝，多有異本。余解衣盤礴，寒暑未嘗輕出。思之如在隔世。

談遷《棗林雜俎》智集《逸典・戲賞》 內臣有進小兒風車之戲，值不一錢。上喜其颺轉，賞千金。羣閹豔之，募制銀舟，注酒帆舉，機捩巧絶，費百金，上善之。而向之戲車，狎久生厭，即停賞進銀舟者，其人大失望。司禮太監田義柄篆頗洽上心，當跨馬命義操箠而從。既弛勒，義求犒，予之千金。一日命義跨馬，上自操箠從之，事訖亦索犒，義知其指，大有所餽。

孫承澤《天府廣記》卷九《文廟》 文廟在城東北國學之左。元太祖置宣聖廟於燕京，以舊樞密院爲之。成宗大德十年，京師廟成。明太祖改爲北平府學，廟制如故。永樂元年八月，遣官釋奠，仍改稱國子監孔子廟，尋建新廟於故址，中爲廟，南向，東西兩廡，丹墀西爲瘞所，正南爲廟門，門東爲宰牲亭、神廚，西爲神庫、持敬門，門正南爲外門。正殿初名大成殿，嘉靖九年改稱先師廟，殿門爲廟門。萬曆二十八年，廟宇易以琉璃。

廟主

至聖先師孔子之位

洪武定大成文宣王木主，長三尺三寸五分，連上雲下座，共五尺二寸；闊七寸，連左右雲共一尺一寸五分。嘉靖中定至聖先師木主，高二尺三寸七分，闊四寸，厚七分；座高四寸，長七寸，厚三寸四分，朱地金書。

四配

復聖顔子　宗聖曾子

述聖子思子　亞聖孟子

木主，洪武制各長一尺九寸五分，連上雲下座共三尺；闊五寸，連左右雲共一尺一寸。嘉靖中改各高一尺五寸，闊三寸二分，厚五分；座高四寸，長六寸，厚二寸八分，赤地墨書。啓聖公神主與四配同。

十哲

先賢閔子損　冉子耕

冉子雍　宰子予

端木子賜　冉子求

仲子由　言子偃

卜子商　顓孫子師

木主，洪武制各長一尺九寸，闊四寸，連座共二尺五寸。嘉靖改高一尺四寸，闊二寸六分，厚五分；座高二寸六分，長四寸，厚二寸，赤地墨書。

龔煒《巢林筆談》卷六《順治三年席費》 清河與太原聯姻，兩家皆貴而贍，其記順治三年婚費：會親嵩席十六色，付庖銀五錢七分。蓋其時兑錢一千，只須銀四錢一分耳。而猪羊鷄鴨甚賤，準以今之錢價，斤不過一二分有奇，他物稱是，席之所以易辦也。今士夫家窘況者多，較前宦相去懸絶，而物價又四五倍於前，勉措而不知節，烏得不日貧？

陳康祺《郎潛紀聞初筆》卷一一《錢謙益貢物單》 順治乙酉，豫王下江南，殘明諸臣，咸致重幣，以虞山錢牧齋所獻爲最薄，蓋自表其廉潔也。其所具柬帖，第一行細書「太子太保禮部尚書翰林院學士臣錢謙益」，尾亦如之。其貢品，乃流金金銀壺、法琅銀壺各一具，蟠龍玉杯、宋製玉盃、天鹿犀杯、葵花犀盃、芙蓉犀杯、法琅鼎盃各一進，法琅鶴盃、銀鑲鶴盃各一對，宣德宮扇、真金川扇、弋陽金扇、戈奇金扇、百子宮扇、真金杭扇各十柄，真金蘇扇四十柄，銀鑲象箸十雙。右見謙益鄉人《柳南隨筆》。以是爲薄，則厚者可知。天生真人，混一區夏，銀潢貴戚，無非命世之英豪，果可以厚幣邀福與？王鐸以下諸人，何喪心病狂，至於此極。

褚人穫《堅瓠庚集》卷一《金人碎鼎》 王安石死後，門生子婿蔡氏父子相繼得政，鑄寶鼎，列元祐諸賢司馬光而下姓名於其上，以安石比禹稷，而以司馬光諸公爲魑魅。及金人入汴，見鑄鼎，怒而擊碎之，卒致戎馬南鶩，赤縣丘墟，雖後漢、晚唐，禍不若是烈也。宋子虚咏安石詩云：「投老歸耕白下田，青苗猶未罷民錢。半山春色多桃李，無奈花飛怨杜鵑。」劉文靖亦云：「當年一綫魏鮑穿，直到横流破國年。草滿金陵誰下種，天津橋上聽啼鵑。」皆云宋祚之亡，由於安石。二詩含蓄不露，可謂詩史。

褚人獲《堅瓠壬集》卷一《市語》 《委巷叢談》：杭人三百六十行各有市語，不相通用，倉猝聆之，多不能解。又有四平市語：一爲憶多嬌，二爲耳邊風，三爲散秋香，四爲思鄉馬，五爲誤佳期，六爲柳摇金，七爲砌花臺，八爲霸陵橋，九爲救情郎，十爲舍利子。小爲消黎花，大爲朵朵雲，老爲落梅風。然義意全無，徒亂觀聽，不若吾鄉市語有文理也。一爲旦底，二爲斷工，三爲横川，四爲側目，五爲醫醜，六爲撤大，七爲毛根，一作皂脚。八爲入開，九爲未丸，十爲田心。

《雍正朝内閣六科史書・户科・署直隸總督事務劉於義題請於司庫地丁銀内動撥易州添設州同修建衙署應需工料銀本》 刑部尚書署理直隸總督事務臣劉於義謹題，爲詳請添設州同等事。該臣看得易州添設州同應需衙署一案，據布政使王謩呈稱，行據該州知州吕守魯將應需工料等銀核寔估報查册開：「舊有大門一間，大堂三間，後正房三間，書房三間，共十間，估需修費銀四十兩。其舊基添蓋之儀門一間，兩角門二間，東西書役房六間，後西廂房四間，共蓋房十三間，估需工料銀三百三十二兩七錢四分。以上通共修蓋房屋二十三間，共估銀三百七十二兩七錢四分，相應在于司庫雍正九年地糧銀内照數動撥給發修建，俟事竣據寔報銷。」等情造册請題前來，臣覆核無異，除册咨部外，謹題請旨。雍正九年十一月十三日題。十二月初三日奉旨：「該部議奏。」

《雍正朝内閣六科史書・户科・甘肅巡撫許容題爲核銷陝甘所屬製造火藥等項價值並運送各物脚價銀兩本》 巡撫甘肅寧夏臨鞏等處地方賛理軍務兼理茶馬都察院右副都御史加五級紀録一次臣許容謹題，爲欽奉上諭事。該臣看得西路一應軍需用過錢糧，欽奉上諭：「令陸續報銷，欽此。」行據陞任布政使孔毓璞、西安驛傳道趙挺元詳稱：「奉文飭派陝甘二提標督標涼、寧、肅、延、興五鎮製造火藥、火繩、烽口羣子等項價值，併運送各物脚價銀兩一案，舊管無新收部撥軍需銀一萬六千八百一十七兩零，開除共銀一萬五千三百一十五兩零，内陝甘二提標督標涼寧肅延興各鎮營製造火藥六萬九千二百五十八觔，共用銀三千二百六十一兩零，陝提標併涼州鎮標協各營製造鉛鐵烽口羣子三萬八千二百三十觔，共用銀一千一百九十三兩零，涼州鎮標協各營製造火繩五千五百二十丈，共用銀八十八兩零，製造裝盛鉛藥、火繩大小籠子八百五個，木箱二十五個，火線二萬三千條，皮搭子九十二個，九龍袋四十六副，砲枕火杆榔頭四十六副，火繩線罐四十六副，鞍籠四十六塊，油單二百三十塊各物，各價不等，共用銀三百九十六兩零。各提鎮營運送砲位、火藥、火繩、烽口羣子併隨砲各物共重一十五萬一千六百四觔半，共用脚價銀一萬三百七十五兩零，實在下剩銀一千五百一兩零。内除解還銀四百二十九兩三錢，尚該下剩銀一千七十二兩零，見在催解。」等情，造具各册前來。臣覆核無異，除原册分送部科外，會同署督臣查郎阿謹題請旨。雍正十年五月初八日題。閏五月初二日奉旨：「該部察核具奏。」

錢泳《履園叢話》卷二《閲古・古磚》 按古磚題字，亦不載於歐、趙著録，惟洪氏《隸續》有永平及汝伯寧諸磚，自後無有見者。近來好古之士，漸次搜羅，日出日多。老友海鹽張芑堂徵君作《金石契》，山陰陳雪樵騎尉有《古磚題字考》，又吴興陳抱之太學作《金石圖》，俱載有漢、魏、兩晉、六朝諸磚，又借拓他人所得者，計三十種，傳之藝林，亦可備嗜古之一助云。

〔漢萬歲磚〕此磚乾隆辛卯吴興莘芹圃得之，桐城胡雒君又於長興得一磚，亦有「萬歲」二字。《隸續》載汝伯寧磚曰「萬歲舍」，曹叔文磚曰「千萬歲署舍」，邯君篆磚曰「萬秋宅」。觀此則知漢人尚吉語，如瓦當文曰「千秋萬歲」、「萬年無疆」之類，必是漢磚無疑也。

〔漢五鳳磚〕此磚揚州阮雲臺先生案頭見之，文曰「五鳳三年」四字，海鹽張芑堂所貽也。

〔漢竟寧磚〕文曰「竟寧元年歲」五字，下缺，上端作大獸面，形模古異，吴興陳抱之太學所得。按《元帝紀》，第四改元曰竟寧，歲字下當是「在戊子」三字無疑。

〔漢建平磚〕文僅「建平」二字，下缺。按哀帝紀元曰建平，磚右側有一「宜」字，上有「廷尉書」三字。《文獻通考》云：「廷尉，秦官，漢因之。景帝中元六年，更名大理。武帝建元四年，復爲廷尉。哀帝元壽元年，復改爲大理。」知建平時猶未改也。

〔漢永建磚〕文僅「永建」二字，下缺。按《後漢・順帝紀》，順帝在位十九年，紀元五，初紀曰永建，凡六年。

〔漢本初磚〕文曰「本初元年，歲在丙戌，下端日造作助」十四字。按後漢質帝紀元本初只一年。此亦抱之所得。

〔漢中平磚〕文曰「中平五年七月」下缺，計六字，其左側有「萬歲富貴」四字。按《後漢・靈帝紀》，帝在位廿二年，紀元四，末改元曰中平，凡六年。

〔漢亭長磚〕揚州羅兩峰有一磚畫像，車騎外貌一人，方面豐頤，鬑鬑有鬚，兩手執旗杆而立。上有八分書「亭長」二字，宛如漢石室畫像。按《漢官儀》，民年二十三爲正，一歲以爲衛士，一歲爲材官，五十六乃得免爲民，就田，合選爲亭長。亦漢磚也。

〔吳寶鼎磚〕康熙四年，吳之村民於小雁嶺掘地得之，文曰「大吳寶鼎二年歲在丁亥作」計十一字，書法在篆隸之間，一面有螭文，筆勢勁挺。朱竹垞《曝書亭集》亦載此磚，以爲宮殿上所用，引孫皓起昭明宮爲證。然魏、晉以前，磚上大率皆有文，不獨此磚也。

〔吳潘冢磚〕文曰「嘉興象西潘儒南父母墳塋磚」十二字，又兩頭有曰「潘冢」，曰「潘墓」，皆篆書，共十六字。浙江嘉興、海鹽諸處委巷頹垣中，往往有之，其書法非隸非篆，絶似《國山碑》。張芑堂《金石契》定爲孫吳時磚，引赤烏五年避太子和嫌名，改嘉禾爲嘉興，亦一證。

〔晉太康磚〕太康磚，余所見者甚多，其文亦不一。乾隆五十年，吳中大旱，居民於太湖中掘井，得數百塊，皆太康磚也。其文曰「太康七年七月十七日吳賀申作」十三字。又吳興陳抱之亦得有「太康八年臨安□弼製萬年」十一字磚，磚右側有「萬歲不敗」四字。又一塊曰「太康□年五月十三日」九字，此吳門陸默齋舍人所藏也。

〔晉蜀師磚〕蜀師磚，嘉興之海鹽、揚州之平山堂，皆掘有蜀師磚，或以爲蜀都城磚，非也。然「蜀師」二字，義終未詳。嘉慶六年冬，浙中陳南叔得一磚，文曰「太康三年七月廿日蜀師所作」，計十二字，則知蜀師爲陶人也。

〔晉永平磚〕嘉慶丁巳歲，南康謝蘊山先生爲浙江布政使，闢東園屋，得永平磚八塊。先生大喜，定爲晉惠帝時物，遂名之曰八磚書舫，賦詩紀之，一時和者至數十家。或以爲明永平廠所造，非晉磚也。先生怒曰：「爾輩嗜古冢，每以穿鑿附會爲長，區區瓦礫，何足深究耶！」

〔晉元康磚〕文曰「元康八年八月廿六日宣作」十一字。按《晉書》，惠帝第三改元，歲在戊午。

〔晉永寧磚〕文曰「永寧元年六月十九日淳」，下缺，計十字。近嘉興張叔未解元得有一磚，文與前同，下曰「淳于氏作，奉在立」共十有六字，載芑堂《金石契》。又一磚文曰「永寧元年，歲在辛酉，蔡作」，上下兩端作蕉葉文，亦惠帝改元也。

〔晉永興磚〕文曰「永興二年八月」，下缺，計六字，亦惠帝改元，當在乙丑歲也。山陰陳雪樵所得。

〔晉永嘉磚〕文曰「永嘉二年，歲在」下缺，計六字。按《晉書》，永嘉，懷帝紀元。此云二年，當是戊辰歲也。此亦抱之所藏。

〔晉建興磚〕文曰「傳世富貴」，左側有「建興三」三字，當是建興三年也。按《晉書》，愍帝改元曰建興。考三年是乙亥，即蜀漢建元元年也。

〔蜀漢建元磚〕文曰「建元二年七月八日故民王有張申明仲和馬」十八字。按建元是蜀漢年號也。亦雪樵所得。又東晉康帝、秦苻堅亦曰建元。

〔東晉泰元磚〕晉泰元磚有數種：其一曰「泰元元年八」五字，一曰「晉泰元九年十月」，又一曰「晉太元十六年」，又一曰「卜氏塼，太元廿一年」，皆陳抱之所藏，阮雲臺尚書有跋語。又嘉慶四年，山陰蘭渚山土人掘地得一穴，大逾甕。有好事者縋入，昏黑不可辨，地寬廣約一間屋許，以火照之輒滅，以手捫壁，得古磚五，每塊長一尺六寸，厚二寸，博一尺許，上有「晉太元廿二年建墓」，凡八字，作陽文凸起，四磚皆同。其一磚尺寸相仿，文已磨滅，惟存「君諱堅，字君實，會稽山陰人也。長子玩，次子玫」，凡廿二字，則陰文。五磚皆楷書，今藏吳比部蘭馥家。

〔晉咸康磚〕此磚拓本在吳門陸謹庭孝廉家見之，文曰「咸康四年」。按咸康是東晉成帝年號也。

〔晉永和磚〕余見者有兩磚：一曰「永和四年」，陸謹庭所藏車氏拓本也；一曰「永和九年七月十」，下缺，張芑堂曾刻入《金石契》者也。梁山舟侍講嘗題一詩云：「頑物千年遂不磨，不知蕩潏幾滄波。昭陵玉匣今安在，斷甓猶傳晉永和。」

〔宋元嘉磚〕文曰「宋元嘉六年太歲己巳」，俱反文。按宋文帝元嘉元年是甲子，六年乃己巳也。此亦陳抱之所藏。

〔宋泰始磚〕此宋明帝年號也。文曰「泰始二年四月」六字，下缺。陳雪樵得於山陰。

〔梁天監磚〕文曰「天監八年五月」六字。杭州萬氏營葬於西溪，掘土得之。磚藏丁龍泓先生家，載《金石契》。

〔梁臺城磚〕本朝康熙中，江寧民人於臺城舊址掘得一磚，計有文四行，曰「南康府提調官」，下缺；「都昌縣提調官」，下缺；「總甲曹才」，下缺；「窑匠鄧」，下缺：共十九字。車氏拓本也。

〔隋大業磚〕乾隆五十八年，紹興府城蕺山下居民商姓於住屋清暉軒下掘土得之，磚旁有「隋大業九年太歲癸酉袁」，凡十字，磚頂上又有「遲檸」二字，疑陶人名也。

〔唐大和磚〕文曰「大和六年」四字。按唐文宗有大和年號，後人誤作太和耳。

〔唐大中磚〕文曰「大中四年」四字。按唐宣宗年號也。此二磚俱陳抱之所藏。余曩在吴門，又見有「柳磚」二字，筆法顔魯公，想亦唐時磚也。

右漢、魏、晉、唐磚，合重文、異文及殘缺者，計四十餘塊。又有無年月可考者，如功曹史磚、左將磚、柳磚、崔氏造磚、李氏磚、王宥磚、東遷磚、潘氏磚、孫氏磚、大泉五十磚、五銖磚、可久長磚、長樂磚、壽考磚、安富貴磚、大吉祥磚之類，不能盡記，皆漢、唐物也。

奕賡《管見所及》 乾隆五十八年，大西洋英吉利國遣使入貢，貢物：西洋布嚂尼大利翁大架一座，坐鍾一架，天球全圖、地球全圖、雜様器具十一合，試探氣候架一座，銅砲、西瓜砲，奇巧椅子、隨人意向自動家用器自然火一架，雜様印畫圖像影燈一對，金線毯、大絨毯，馬鞍一副，温涼車二輛，軍器十件，益力架子一座，大小金銀船，哆囉呢羽紗洋布等件。又據貢使云：前歲大將軍率兵至西藏西南之的密部落時，彼國兵船亦曾相助，倘嗣後有用西洋兵者，情願効力等語。朝廷始知前此廓爾喀之役其南界亦有邊警也。迨道光二十年英吉利入寇粤浙，廓爾喀遣人稟駐藏大臣言：小國與底里所屬之地相鄰，每受其侮，今聞底里與京屬搆兵，京屬屢勝，臣願率所部往攻底里屬地，以助天討。是時駐藏大臣不知所稱底里即英吉利，所稱京屬即廣東省，所稱底里屬地即印度國也，乃以蠻觸相爭，天朝向不過問之詞以答之，遺笑不淺。蓋廓爾喀與英吉利世相讐敵，故我攻廓，英助之；我攻英，廓亦願助焉。

震鈞《天咫偶聞》卷一《皇城》 是年大婚，先進妝奩二日。今敬載奩目，以備掌故。光緒十五年正月二十四進上賞金如意成柄；進上金如意二柄；帽圍一九一匣；領圍一九一匣；帽圍一九一匣；又一匣；各色尺頭九疋一匣；又一匣；又一匣；銅法瑯太平有象卓鐙成對；紫檀龍鳳五屏風銅鏡臺一件；大紅緞繡金雙喜字套。紫檀雕福壽鏡支一；隨金卡子鐙。金大元寶喜字鐙；金福壽雙喜執壺；杯盤成對。金粉妝成對；金海棠花福壽大茶盤成對；金如意茶盤成對；金福壽碗蓋成對；黃地福壽瓷茶盅成對；黃地福壽瓷蓋盌成對；金胰子盒成對；銀胭脂盒成對；銀喜相逢檳榔盒成對；金點翠紅白瑪瑙桂花，紅碧玒玉堂富貴。盆景成對；紅雕漆太平有象餑餑榼成對；脂玉夔龍雕花插屏成對；紫檀座。黃面紅裏百子五彩大果盤成對；古銅獸面雙環罐一件；脂玉葵花御製詩大盌成對；古銅三足罏一件；古銅蕉葉花觚一件；脂玉雕魚龍一件；脂玉雕松鶴山子一件；翡翠大盌成對；漢玉松鶴筆筒一件；碧玉福禄圓光璧一件；漢玉雕和合郎窑大盌成對；漢玉雕仙人插屏成對；青花白地西蓮大盌成對；漢玉雕和合山子一件；脂玉雕荷葉雙連一件；雕碧玉鑲脂玉乳璧榼成對；漢玉雙環喜字獸面罏一件；脂玉雙獸面喜字有蓋瓶一件；翡翠瓷觀音瓶成對；漢玉獸面方罏一件；脂玉雙環獸面雕坐龍有蓋扁瓶一件；粉地五彩瓷八仙慶壽罇成對；脂玉雕西番瑞草芳彝一件；脂玉獸面雙環有蓋扁瓶一件；古銅周雲雷鼎一件；古銅周父癸鼎一件；金轉花洋鐘成對；金四面轉花洋鐘成對；銅法瑯龍鳳火盆成對；以上均紫檀座。紫檀雕花炕案成對；紫檀雕事事如意月圓桌成對；紫檀茶几成對；紫檀寶椅八張；紫檀琴桌成對；紫檀連三成對；紫檀雕花架几案成對；紫檀書格成對；紫檀雕花洋玻璃大插屏鏡成對；紫檀足踏成對；紫檀雕龍盆架金面盆一；大紅緞繡花披。紫檀雕花匣子二十件；紫檀雕花箱子二十隻；紫檀雕花大櫃成對。以上共百擡。二十五日卯刻進上賞玉如意成柄；領圍一九一匣；又；又；各色福履一九一匣；又；又鍼黹一九，花巾一九。一匣；又；又；紅雕漆喜字卓鐙成對；紫檀雕福壽連三鏡支；大紅緞繡簾。金小元寶喜字鐙成對；金油鐙一件；金漱口盂成對；金抿頭缸成對；銀胰子榼成對；銀粉榼成對；銀牙箸成對；金喜字羹匙成對；金喜字叉子成對；黃地福壽瓷膳盌成對；金漱口盂成對；金奓斗成對；金洗手盆成對；銀痰盂成對；銀漚子罐成對。

《政治官報・摺奏類・光緒三十二年十月二十一日第三十二號・陝甘總督升允奏解呈工藝廠貨品摺》 奏爲甘肅工藝廠製成貨品選擇委解呈進恭摺仰祈聖鑒事。竊查近年屢奉明詔，飭各直省振興工藝，講求實業，仰見朝廷阜財利民，殷殷圖治，跪聆之下，感奮莫名。甘肅僻處四陲，局於聞見，百工窳惰，故步自封，尤非設法圖維，無由整齊利導。奴才自抵任後，焦思詳察，當於上年督飭農工商礦局總辦蘭州道彭英甲籌議創設勸工廠，選募匠徒，分科製造，期於提倡土貨以開民智而濬利源，曾將製成各物暨採煉膽礬硫礦各礦質，於本年三月咨送農工商部陳列考驗在案。嗣經隨時督率整頓，凡事關工業未辦者擇要營造，已辦者力圖擴充，精益求精，成效漸著。復就各科中，切於民用行銷較廣之琉璃、絲綢二宗各設一廠，並體察甘省應興之工藝，添設織布、栽絨二廠。查各廠製出之品如木器、銅器、皮製包帶、滷漆什物以及甯綢、經絲絨、布疋、絨毯、玻璃等類，較前俱有進步。其五金礦産，甘省本自富饒，現在訂購機器尚未運到，暫用土法開採金礦，所收課金已有成數。又如涼州水磨欆，甯夏灘羊皮以及翎綫、青狐金綫絨等類，皆係著名甘貨，較他處所産爲良，亦經推廣銷場，藉資抵制。兹謹就該廠製成貨品，選其可用者共一百種，派委大挑知縣張金驥解京，交内務府恭進，冀上紓利用厚生之宸厪，即稍盡貢獻方物之微忱。所有進呈物件，謹繕清單，恭呈御覽，仰懇天恩賞收，奴才不勝悚惶企幸之至。除分咨查照外，理合恭摺具陳，伏乞皇太后、皇上聖鑒，謹奏。光緒三十三年十月十九日奉硃批：該衙門知道，單留覽，欽此。

《大清新法令》卷二《官制・外官制・憲政編查館奏考核直省勸業道官制細則酌加增改摺並清單》　本年（光緒三十三年）五月初九日，農工商部、郵傳部會奏擬訂直省勸業道職掌任用章程一摺，奉旨：「依議。欽此。」由農工商部鈔録原奏清單咨送前來。原奏内稱「勸業道有振興實業規畫交通之責，各省情形繁簡不同，分科辦事，詳章殊難預定，惟有提綱挈領擬訂簡章十四條，俾創辦之初有所遵守，其驛傳事務應查照本年四月二十七日陸軍部原奏，俟將來航路鐵路一律通達，再由陸軍部會同郵傳部詳查情形奏明辦理。應請飭下憲政編查館詳細覆核請旨施行」等語。臣等查原奏所擬各條臚舉大綱均屬切實可行，惟於該道辦事分科細則未經叙明，若由各省自行擬設，恐不足以昭劃一。現在朝廷注重實業交通事務，特設專員以資董率，自應仿照各省新設司道規制設立辦事公所，分設各科，置科長、副科長、科員等員，以專責成而資佐理。謹於原擬章程内增設三條，按照該道應管事務，分爲六科，設科長、副科長各一員，科員視事務繁簡，各科分別設二三員或四五員，均由該道遴選合格人員稟准督撫分別任用，其餘各條並參照臣館前次奏定巡警道官制體例增改刪並，其由部考核一層原奏未列詳細辦法，亦經查照巡警道官制一律酌訂，都爲十八條，以期法制漸歸統一。至驛傳一節，現在各省提法使尚未遍設，應如原奏仍歸按察使兼管。嗣後按察使改爲提法使時，應將驛傳事務移歸該道管理。惟於航路鐵路未經一律通達之前，應仍由該道將辦理情形兼報陸軍部，以符奏案。所有考核勸業道官制細則緣由謹另繕清單，恭呈御覽。伏候欽定頒行，各直省一體遵照辦理，是否有當，理合恭摺具陳。再學部前奏定提學使官制，及臣館核定巡警道官制所有分科字様均作分課，惟課字不若科字通行明晰，故此次改作分科，其提學、巡警兩官制及此外章程有用分課字樣者，應即一律照改，以歸劃一。謹奏。光緒三十四年七月初五日。奉旨：「依議。欽此。」

謹將考核各省勸業道官制並分科辦事細則恭呈御覽：

第一條　各省按照奏定官制通則設勸業道一員，秩正四品，歸本省督撫統屬，稟承農工商部、郵傳部及本省督撫，管理全省農工商礦及各項交通事務。

第二條　勸業道應就銜缺相當及京外應陞人員内遴選，曾充農工商礦及交通事務各差辦理得宜，或提倡公司局廠確著成效，或曾在農工商部郵傳部供差公事嫻習以及講求實業交通諸政素有心得者，方爲合格。

第三條　勸業道之任用由各該省督撫在實缺道府暨本省候補道員内遴保二三員，出具切實考語，奏請簡放，或先行試署農工商部、郵傳部，亦可會同就所知堪勝此項人員臚列事實，預保存記，遇有缺出，由軍機處開單一並進呈，恭候簡用。

第四條　勸業道自到任之日起，每届三年作爲俸滿，届時各該省督撫將該道平日所辦事宜有無成效詳細咨明農工商部、郵傳部，由兩部會同查核與平日考驗成績是否相符，分別最殿臚列奏聞。

第五條　勸業道除受各該省督撫節制考核外，仍由農工商部、郵傳部隨時分別考查，如有任事日久，實在不能得力者，即行據實奏參。

第六條　各省應行興辦農工商礦各實業及推廣船路郵電等事，勸業道應隨時詳細調查，呈明農工商部、郵傳部及本省督撫，設法籌辦，並有督飭地方官切實奉行及考察勤惰之權。

第七條　各省關於實業及交通之學堂、公司、局廠除由農工商部、郵傳部及督撫奏派大員特辦者外，勸業道均應隨時考察。

第八條　各省所設農會、商會等項，勸業道有勸導稽查之責，其各省原設之招商、鐵路、電報、郵政等局及商辦之鐵路公司一切事宜，該道應會同籌商，督飭保護。

第九條　農工商部、郵傳部將來在各省特設專局，其章程載明由勸業道兼轄者，該道應按照定章切實籌辦，其現在兩部頒定通行各項章程、條例，該道均應遵守。

第十條　勸業道所辦各事除隨時詳明督撫或申報農工商部、郵傳部外，應按年將本省興辦實業交通事項及用人款項等事詳列表册、説帖報部，以備統計。

第十一條　勸業道辦公經費由本省督撫籌撥，並由農工商部、郵傳部分別省分大小，事情繁簡，每年酌給調查費二千兩以内，以資津貼，調查費分兩季發給，由該道按季詳請農工商部、郵傳部按照定數撥給。

第十二條　勸業道應就所治地方設立公所，督率所屬各員每日訂時入所辦事，公所分設六科如下：

一　總務科　掌承辦機要、議訂章程、考核屬員、編存文牘、收發經費、統計報告及實業交通學堂各事項。

二　農務科　掌農田、屯墾、森林、漁業、樹藝、蠶桑及農會、農事試驗場各事項。

三　工藝科　掌工藝製造、機器專利、改良土貨、仿造洋貨工廠各事項。

四　商務科　掌商業、商勛、賽會、保險及商會各事項。

五　礦務科　掌調查礦産、查核探礦、開礦、聘請礦師及礦務公司各事項。

六　郵傳科　掌航業、鐵路、輪車、電綫及測量沙綫、營治埠頭廠塢考查路綫、稽核通運行車並電話、電車、郵政各事項。

第十三條　每科設科長一員，副科長一員，其科員額缺由勸業道酌量事務繁簡定之，惟總務科、郵傳科每科不得過四五員，其餘每科不得過二三員。

第十四條　科長秩視六品，副科長秩視七品，科員秩視八品，均以中外高等中等實業或路電等項學堂畢業之學生及曾辦實業或交通事務確有經驗人員，由勸業道稟准督撫分别任用，但開辦之初，得以不拘原官品級，酌量差委，仍將各該員履歷申報督撫，分别咨明農工商部、郵傳部備案。

第十五條　各廳州縣應按照奏定直省官制通則，設勸業員一員，受勸業道及該地方官之指揮監督，掌理該廳州縣實業及交通事宜，勸業員得參用本地士紳，由各該地方官采取輿論，素孚廉能公正者，詳請督撫照章考取委用。

第十六條　各廳州縣每届年終應將所辦實業及本境交通情形分門别類製成統計表册，申報勸業道查考。

第十七條　勸業道得酌量地方情形，督同所屬酌擬辦事細則，稟准督撫施行，並申報農工商部、郵傳部立案。

第十八條　各省原設農工商礦各局所，俟勸業道簡放到任後應均歸該道管理。惟該道設立之初，於各項實業一時未能周悉，不便概行裁併，應擇該道擅長者歸併專任。外其餘舊有總辦得力者可仍舊分任局所事務，改爲會辦坐辦，而由該道總司考察辦理。

中國第一歷史檔案館編《清代檔案史料叢編》第一〇輯《乾隆四十八年節次照常膳底檔・十二月二十九日午正》　安宴桌擺高頭冷膳，乾清宮殿内設擺萬歲爺大宴，用器皿庫金龍大宴桌一張，黄緞繡金龍鑲寶石桌刷一分，寶座龍頭裏邊長几角至桌邊八寸五分，先從外邊擺起，頭路鬆棚果罩四座，上安象牙牌。兩邊花瓶一對，中安點心五品，銅胎掐絲珐琅盤。點心高頭盤足至前桌邊七寸五分，盤足至兩桌邊四寸五分，二路一字高頭九品，三路圓肩高頭九品，此二路碗足至兩桌邊七寸五分，共十八品，銅胎掐絲珐琅碗。共二十三品。俱安有牌子大花。四路雕漆果盒二副，盒邊至宴桌二尺三寸五分，兩邊蘇糕鮑螺四座，銅胎掐絲珐琅碗。蘇糕挨看盒，鮑螺與葷高頭捶手齊。點心高頭，至一字高頭，至圓肩高頭，至果盒，俱留五分，空葷高頭至兩桌邊六寸二分，五路膳十品，六路膳十品，七路膳十品，八路膳十品，此四十品膳内有外膳房四品，銅胎掐絲珐琅碗。兩邊捶手果鍾八品，每邊四品，東邊奶子一品，小點心一品，爐食一品，西邊敖爾布哈一品，鷄肉餡包子一品，米麵一品。銅胎掐絲珐琅盤。中手布紙花筷套，東邊金匙叉子，西邊羹匙筷子，兩邊小菜四品，東邊南小菜一品，清醬一品，西邊糟兩樣小菜一品，水貝瓮菜一品。銅胎掐絲珐琅碟。

東邊

愉妃、惇妃，頭桌宴一桌。婉嬪、誠嬪，二桌宴一桌。林貴人、明貴人，三桌宴一桌。

西邊

穎妃、順妃，頭桌宴一桌。循嬪、十公主，二桌宴一桌。禄貴人、白常在、鄂常在，三桌宴一桌。

内庭等位(陪)(倍)宴用地方有幃子高桌六張，係敬事房設擺。每桌高頭五品，紫龍碗，上安絹花。羣膳十五品，内有外膳房二品，緑龍黄碗菜二桌。白裏醬色碗菜二桌，裏外醬色碗菜二桌，每桌乾濕點心四品，紫龍碟。銀碟小菜四品，内有清醬一品。匙箸紙花筷套安畢，惟有湯膳未擺。申初二刻太監常寧傳熱宴擺畢，請萬歲爺昇座，起祝，奏樂，座畢，總管首領出殿外，妃嬪等位入宴畢，總管蕭雲鵬出殿外，奏樂，隨送萬歲爺湯膳一對盒進，左一盒紅白鴨子大菜湯膳一品，粳米干膳一品，右一盒鴨子鴨腰湯一品。豆腐湯一品，用雕漆飛龍宴盒，盒蓋一出，就送妃嬪、貴人、常在湯膳一盒進，每位粳米膳一品，羊肉臥蛋粉湯一品，位分碗俱係本桌首領太監送，照例擺宴人端盒，頭桌先進，還是頭桌先出，送奶茶送果茶俱是轉首，送湯膳畢，樂止。承應戲未完，奉旨：送奶茶。奶茶碗蓋一出，就送兩邊妃嬪、貴人、常在奶茶畢，將茶桌請下。戲畢轉宴，先從萬歲爺懷裏轉起，先轉湯膳碗小菜，葷膳搥手果鍾蘇糕，鮑螺金匙金羹匙，高頭鬆棚果罩，惟有花瓶筷子叉子看盒不轉，看盒往外挪盒邊外，挨龍發花瓶往裏挪，挪至看盒正居中，頭對盒進，出二對盒進，隨二對盒進轉妃嬪等位宴，先從懷裏往外轉，惟有花瓶筷子不轉，轉宴畢，擺酒宴，奏樂。隨上萬歲爺酒宴一桌四十品，擺五路，每路八品，五對盒進，頭對盒葷菜四品，果子四品，二對盒葷菜八品，三對盒果子八品，四對盒葷菜八品，五對盒果子八品，掐絲琺琅盤。頭對盒進、出二對盒進，隨二對盒進擺妃嬪等位酒宴六桌，綠龍盤三桌，青龍盤三桌，每桌十五品，菜七品，果子八品。二對盒進，酒宴擺畢，總管首領出殿外，樂止，隨送酒，奏樂。首領劉芳請酒一杯，至萬歲爺前跪進酒畢，賞酒畢。送萬歲爺看杯酒，看杯酒一進，就送妃嬪等位酒，送酒畢，樂止。承應戲完，奉旨：送果茶。首領劉芳請果茶至萬歲爺前跪進果茶，果茶碗蓋一出，就送妃嬪等位果茶，果茶一進，首領太監四人將酒桌抬下，送果茶畢，妃嬪等位起座，乾清宮總管蕭雲鵬奏宴畢。起祝萬歲爺起座畢，樂止，茶膳房轉宴。總管蕭雲鵬奏過，奉旨：大宴一桌，賞拉他那西弟，拉旺多爾濟，巴圖，阿桂，福隆安，梁國治，和珅，董誥，福長安。酒宴一桌，賞睿親王，莊親王，恒郡王，和郡王。宴畢，駕還養心殿東西佛堂，拜佛畢。記此。

晚晌伺候

上白玉盤酒膳一桌，至酉初三刻太監常寧傳送酒膳，用茶房紅龍矮桌，擺酒膳一桌，吉祥盤一品，果子八品，菜六品，搥手四品，箸叉子手布安畢，呈進。次送妃嬪等八位，進攢盒一副，上進畢，賞用。上進酒膳，隨送八月十五日收的月餅一個，重十斤。元光一個，切成式件，用紅漆皮盤盛，邊爛一品，用紅漆皮盤，上進畢，交與總管劉秉忠，賞阿哥公主等。

太監厄祿裏據黃摺片奏過，奉旨：賞月華門該班轄黃盤酒膳一桌，管轄大人蘇拉昂邦黃盤酒膳一桌，六班轄綠龍盤酒膳一桌，內頭學青龍盤酒膳一桌，內二學青龍盤酒膳一桌，內三學青龍盤酒膳一桌，裏邊總管首領太監綠龍盤酒膳一桌，外邊總管首領太監青龍盤酒膳一桌。

《雍正朝內閣六科史書・户科・總理户部事務怡親王允祥等題令湘撫將建立觀風整俗使衙署工料銀兩於公項銀內動支本》 總理户部畫務和碩怡親王臣久祥等謹題，爲欽奉上諭事。原任湖南巡撫王國棟題前事，雍正七年九月二十八日題，十月二十二日奉旨：「該部議奏。」該臣等查得原任湖南巡撫王國棟，以湖南欽奉上諭，設立觀風整俗使一員，其衙門一切儀制，經臣咨准署浙江撫臣蔡仕朏咨覆：「觀風都院衙署，因有空閒衙門修改駐劄，用過工料銀兩，在於鹽規公項銀內動給。典吏承差以五年役滿考職，不議工食。觀風都院俸銀等項銀兩，於裁減巡按衙門經費銀兩支給，其不敷銀兩於該年缺俸銀內動支。」等因行司去後，兹據署布政司事衡永郴道汪樹詳覆：「省城所屬並無空閒衙門，議於長沙縣屬萊廠坪地方空地一處，其間相連民房一所，另買抵兑，共計長二十四丈，寬一十四丈，可以建立衙署，應需工料銀兩，請於雍正七年各屬應解三分公項銀內動給，俟工完之日造册報部核銷。又查湖南並無裁減大員俸工可復，止有通省新裁項下現有成熟銀一萬七千九百六十一兩零，內除裁革燈夫工食銀一千二百二十七兩零，業經補給民壯荒缺銀外，尚餘銀一萬六千七百三十四兩零。今觀風都院每年應支俸銀一百五兩；心紅紙張銀三百六十兩；繕書四名，每年工食銀四十八兩；門子等役共八十八名，每年工食銀五百二十八兩；遇閏之年，門子等役應加銀四十四兩；繕書應加銀四兩；以上銀兩，似應於新裁項下成熟銀內動支，造册報部。」等因。臣覆查無異。相應據詳題達等因，會同湖廣總督邁柱具題前來。查湖南欽奉上諭，設立觀風整俗使一員，其一切儀制，據原任巡撫王國棟疏稱，咨准署浙江巡撫蔡仕朏咨覆，浙省觀風都院衙署，因有空閒衙門修改駐劄，用過工料銀兩在於鹽規公項銀內動給，觀風都院俸銀等項銀兩，於裁減巡撫衙門經費銀兩支給。今湖南省城所屬並無空閒衙門，議於長沙縣屬萊廠坪地方空地一處，其間相連民房一所，另買抵兑，共計長二十四丈，寬一十四丈，可以建立衙署，應需工料銀兩，請於雍正七年各屬應解三分公項銀內動給。又湖南並無裁減大員俸工可復，止有通省新裁項下成熟銀兩。今觀風都察院官俸役食等項，每年應需銀一千四十一兩，遇閏應加銀四十八兩，似應於新裁項下成熟銀內動支等語。相應行令該撫趙弘恩將建立觀風整俗使衙署工料銀兩，在於雍正七年各屬應解三分公項銀內動支，俟工完之日造報工部核銷。其每年應需前項官俸役食等項銀兩，在於新裁項下成熟銀內動支，造入奏銷册內報部查核可也。臣等未敢擅便，謹題請旨。雍正八年正月二十四日題。本月二十六日奉旨：「依議。」

《雍正朝內閣六科史書・户科・甘肅巡撫許容題報覆核奉文涼州等府屬製造斛稱等項用過價值盤費銀數無異本》 巡撫甘肅寧夏臨鞏等處地方贊理軍務

兼理茶馬都察院右副都御史加五級紀録一次臣許容謹題，爲欽奉上諭事。該臣看得雍正七、八兩年，西路一應軍需用過錢糧，欽奉上諭：「令陸續報銷，欽此。」行據陞任布政使孔毓璞、西安驛傳道趙挺元詳稱，奉文臨、涼二府屬製造斛秤、果單、鍼線、等子、升斗、紙張、藥料、氊踅子價值并解盤費脚力等項用過銀兩一案，舊管無新收部撥軍需銀二百七十四兩零，西安公項銀一千四百八兩一錢，開除共銀一千六百六十五兩零。内製造倉解京斛大秤用公項銀七兩零，採買果單用軍需銀二十一兩零，採買棉線、鐵鍼用軍需銀一十八兩，製造大等、大秤、京斗、京升用公項銀一十兩九錢，製買紙張各物用公項銀三兩零，採買各色藥料用公項銀三十兩七分，製造氊踅子用公項銀一千二百五十二兩零，製備苫蓋紙張、各物馱贏脚價共用軍需銀二兩零，製備包裹藥料各物用公項銀四兩四錢，製造包裹氈踅子氈繩用公項銀四十三兩零，雇運氈踅子馱贏脚價用軍需銀二百一十九兩六錢，委解氈踅子等項官員、跟役盤費用公項銀五十一兩零，寔在下剩銀一十七兩零，内已解司庫銀四兩零，止未解銀一十二兩零，見在催解等情，造具各册前來。臣覆核無異，除原册分送部科外，會同署督臣劉於義謹題請旨。雍正十一年七月初六日題。本月二十九日奉旨：「該部察核具奏。」

梁章鉅《浪跡叢談》卷六《九錫》 或問古有九錫之名，不知所自始。按《漢書・武帝紀》：「諸侯貢士得人者，謂之有功，乃加九錫。」張晏注云：「九錫，經無明文，《周禮》以爲九命，《春秋説》有之。」臣瓚注云：「九錫備物，霸者之盛禮。」《後漢書》章懷注謂九錫本於緯書《禮含文嘉》，云「一曰車馬，二曰衣服，三曰樂器，四曰朱户，五曰納陛，六曰虎賁，七曰斧鉞，八曰弓矢，九曰秬鬯」是也。近人宦場中，有戲指知縣擢同知、知州爲加九錫者，時節相孫公寄圃與餘數之，則一爲水晶頂珠，二爲白鷳補服，三爲朝珠，四爲紅纖，五爲紅心雨帽，六爲紅心拜墊，七爲馬前踢胸，八爲大夫誥軸，而偶忘其一，衆思索不得，或曰尚有宜人誥軸一分，可以當之，公大笑曰：「所謂有婦人焉，八錫而已。」

震鈞《天咫偶聞》卷七《外城西》 光緒初，京師有陳寅生之刻銅，周樂元之畫鼻煙壺，均稱絶技。陳之刻銅，用刀如筆。入銅極深，而底如仰瓦。所刻墨盒、鎮紙之屬，每件需潤資數金。周之煙壺畫，於玻璃之裏面，山水、花果仿名人卷册，極棘猴貫蝨之巧。周年不永，一生所畫不及百枚。殁未幾，一枚已直數十金。

自國初罷鐙市，而歲朝之游畋集於廠甸。其地在琉璃廠之中，窑廠大門外，百貨競陳，香車櫛比。自初二日至十六日，凡半月。午前遊人已集，而勾闌中人輙於此炫客，必竟日始歸。蕩子輩絡驛車前，至夾轂問君家，亦所弗禁。門東有吕祖祠，燒香者尤衆。晚歸必於車畔插相生紙蝩，以及串鼓，或連至二三十枚。或以山查穿爲糖壺盧，亦數十，以爲游幟。明日往，又如之。

近來廠肆之習，凡物之時愈近者，直愈昂。如四王吴惲之畫，每幅直皆三五百金，卷册有至千金者。古人惟元四家尚有此直，若明之文、沈、仇、唐，每幀數十金，卷册百餘金。宋之馬、夏視此，董、巨稍昂，亦僅視四王而已。書則最貴成邸及張天瓶，一聯三四十金，一幀踰百金，卷册屏條倍之。劉文清、王夢樓少次，翁蘇齋、鐵梅菴又少次，陳玉方、李春湖、何子貞又次，陳香泉、汪退谷、何義門、姜西溟貴於南而賤於北。宋之四家最昂，然亦僅倍成邸，松雪次之，思白正書次之，然亦不及成、張。行書則不及劉、王。若衡山、希哲、履吉、覺斯等，諸自鄶此，皆時下賞鑒，而賈人隨之。至於瓷器，康熙十倍宣、成，雍、乾又倍康熙，而道光之「慎德堂」一瓶，至數百金。又有「古月軒」一種，以料石爲胎，畫折枝花卉，絶無巨者。瓶高三寸，索直五百金，真瓷妖矣。因憶「野獲編」云：玩好之物，以古爲貴。惟本朝則不然，永樂之剔紅、宣德之銅、成化之窑，其價遂與古敵。蓋北宋以雕漆名，今已不可多得。而三代尊彝法物，又日少一日。五代迄宋，所謂柴、汝、官、哥、定諸窑，尤脆易損。故以近出者當之。又云：沈、唐之畫，上等荆、關。文、祝之書，上參蘇、米。則明人已有此風，然不過方駕古人耳。未如今之超乘而上也。

廠肆之習，尋常之物，有數人争購一物，終不能得，别有好事者出重價得之。亦有衆人共爭，賈人居奇不售，遂終不售者。亦有買者明知不直，而故增其聲價，以博具眼者。大抵士夫與賈人中分其權，而互爲勝負。

京師士夫好藏金石，舊本日貴。看法亦各有訣，如某碑以某字完爲某時拓，某帖以某處不斷爲最初本，價之軒輊因之。然黠賈亦即因而作僞，大抵此事須以神遇，未可存舟劍之見也。

褚人穫《堅瓠續集》卷一《窑變佛像》 《筠廊偶筆》：常熟窑變羅漢，在方塔寺内，高五六寸，瘦甚，跣足趺坐，頂上骨縫隱然，兩齒出唇外，如生人，慈悲之意可掬。長安慈仁寺窑變觀音以莊嚴妙麗勝，此以奇古勝。寺内青魈菩薩，即睢陽張公巡，赤髮藍面，口銜巨蛇，如夜叉像，視之不可解。或曰公自矢死爲厲鬼殺賊，此蓋厲鬼像云。

《清世祖實録》卷一一 〔順治元年十一月庚戌〕以中原平定，遣朝鮮國入質世子李浬歸國，賜浬及陪臣鞍馬、貂衣、緞疋。仍頒諭朝鮮國王李倧曰：朕戡定中原，誕登大位，人民愛戴，率土蒙庥。故特涣綸音，大赦天下。爾朝鮮國攄誠效順，歷有歲年，恪共藩服，宜沛隆恩。特遣爾世子李浬歸國，所有一切罪犯，盡行赦除。其永不敘用官李敬遇、李明翰、李敬式、閔性慧四人，爾世子欲求任用，姑如請准從。此外諸員，仍不准敘用。自十月初一日以後，諸罪概不援赦。至每年進貢方物，皆出於民，其額進紵布四百疋，蘇木二百觔，茶一千包，俱著蠲免。再各色棉紬二千疋，著減一千疋；各色細布一萬疋，減五千疋；布一千四百疋，減四百疋；粗布七千疋，減二千疋；順刀二十把，減十把；刀二十把，減十把。餘俱如舊。其元旦、冬至、萬壽慶賀禮物，念道途遥遠，俱著於慶賀元旦時，一並附進。

《清世祖實録》卷三六 〔順治五年元月戊申〕遣學士額色黑等齎敕往諭朝鮮國王李倧。敕曰：向來奉使官員，王禮敬太過，今後筵宴，拂椅席、送杯箸儀節，俱不必行，只對坐舉杯，竟席而止。又聞嘉山大定江、安州清川江、坡州臨津江三處，搭橋以渡，人民勞苦，今後悉行停止，只預備堅固船隻，用心濟渡。其義州至王京夜行火把，亦屬煩勞，并行停免。向來使臣先宿碧蹄，次日方進王京，今後亦不必往碧蹄，止在弘濟院住宿，次日清晨，即進王京。所與使臣禮物，皆出自民間，誠恐擾費，先已減免，今復慮仍煩百姓，再行酌減，定爲條例。正使銀五百兩，棉紬二百疋，布二百疋，苧布六十疋，豹皮十張，大紙五十卷，小紙一百卷，水獺皮三十張，青黍皮十五張，花席二十張，鹿皮七張，順刀二口，小刀十把，被褥一副，鞾襪各一雙，鞍馬一匹，空馬一匹，此外盡行停止。副使銀四百兩，餘如正使。一等人銀一百兩，棉紬四十疋，布一百疋，小紙八十卷，被褥一副。二等人銀六十兩，棉紬二十六疋，布八十疋，小紙八十卷，被褥一副。三等人銀四十兩，棉紬二十疋，布五十疋，小紙六十卷，被褥一副。以上各款俱永爲定例。

褚人穫《堅瓠餘集》卷二《七丈八丈佛》 《集異記》：隋開皇中，并州釋子澄空鑄鐵佛高七丈，三鑄舍身而後成。轉世爲李暠，建平等閣以覆之。《七修》載：真定龍興寺有銅佛，高七丈。按真定即古并州。諺有「滄州獅子景州塔，東光寺裏大菩薩」云。亦高七八丈，耳中可容數人。北方近帝都，故大佛之多若此。

《寶顔堂》載：鄭廣文作《聖善寺報慈閣大佛像記》云：自頂至頤八十三尺，頂珠以銀鑄成，虛其中，可容八石。一首之大如此。按聖善寺乃唐太平公主所建，爲其母武氏作福也。寺僧惠範，後以罪誅，没其私財，得一千三百萬。

褚人穫《堅瓠餘集》卷二《鐵柱宮》 成化初，我郡韓襄毅雍總督兩廣軍務，道經江西南昌府，入鐵柱宮謁許真君。方下拜，真君塑像忽爾墮地。旁觀疑爲不祥，韓公亦驚異，乃語像曰：「殺賊勝當爲真君鑄銅像。」後至廣東，獲賊奏功，像遂易焉。至今真君像乃銅範者。考南昌鐵柱宮，晉許真君鎮蛟之所。鐵柱在池水中，徑尺餘，水退可見。昔有人携燈池上，水遂沸騰，急滅燈乃已。蓋真君與蛟誓：鐵柱開花釋之。蛟見火，將謂柱開花也。至今池上不敢燃燈。

《澳門憲報・中文資料輯録（一八五〇—一九一一）・一八七九年九月十三日（第三十九號）》 管理軍器公物公所官馬的吐奉公物會憲爲通知事。

緣定八月初五日午時，在本公所投價，招人承辦後開什物，爲六個月所用，以取價低者准其承辦。什物列下：機器所用棉花、吧麻油、草麻油、生菜油、木油、羽毛筆、木桶、機器所用生牛油、木盤、黑蠟、草繩、蔴繩、加地富（Cardiff）煤炭、大小竹籮、馬甲釘、玻璃杯、木桶仔、尿盤、吧麻油繩、胡蔴油、火水、更香、唐紙、番紙、擔杆、幼細火藥、快也（faia）木槳、明呧喇（Bengala）番欖〔梘〕、墨水、棉繩燈芯、來路（Europa）磨刀磚、魚油燭、竹掃、椰皮掃。其章程在本公所，每日自九點鐘至三點鐘，可到看明。爲此通知。己卯年七月二十六日字。

《澳門憲報中文資料輯録（一八五〇—一九一一）・一八八二年五月十三日（第十九號）》 大西洋欽命澳門理事官辦理華政事務何爲示諭事。

照得現據梁若京稟求，在二龍喉花園馬路味先地花園内開設爆竹廠，該廠名吉祥聲。查該園四至，北向望下廟之田，南向馬路，東向黃允花園，西向亞涼花園。該廠所用物料，係硝、硫黃、黑炭數宗，其做爆竹，係用木器，兼以手轉動。緣按照一千八百六十三年十月廿一日上諭内附單所載，此廠係入該單内之第一等，因此等廠防有轟發並失火之危險，是以按照上諭内第六款出示，請各官員及各廠東主司事，並有關涉人等，如該廠有傷保養衆人生命，或有礙民人身家物業，又或礙該處附近鄰舍不能安靜，倘有前項情弊，准限於三十日内繕稟赴本署呈斷。除已上所列緣由外，毋許藉端混稟。爲此通諭知悉。壬午年三月二十三日示。

《澳門憲報中文資料輯録（一八五〇—一九一一）・一八八五年六月二十日（第二十五號）》 大西洋澳門公物會書記亞宋生奉公物會命爲通知事。

照得轉奉督憲西曆五月初二日廿八號札諭，飭將信資印紙酌量如何更改辦理等因。今將所有更改之信資印紙開列於後：

八十厘士信資印紙：舊有一百厘士信資印紙，係紫羅蘭色，今改爲八十厘士，將「八十」兩字用黑墨水寫在圈内，該圈在冕旒之上。

五厘士信資印紙：舊有廿五厘士信資印紙，係玫瑰花色，今改爲五個厘士，將「五」字用黑墨水寫在對角線内，其舊之「廿五」兩字則用黑墨線塗畫。

十厘士信資印紙：舊有廿五厘士信資印紙，係玫瑰花色，今改爲十厘士，將「十」字用藍墨水寫在對角線内，其舊之「廿五」兩字用墨水線塗畫。

再，十厘士信資印紙：舊有五十厘士信資印紙，係緑色，今改爲十厘士，將「十」字用藍墨水寫在對角線内，其舊之「五十」兩字則用墨水線塗畫。

二十厘士信資印紙：舊有五十厘士信資印紙，今改爲二十厘士，將「二十」字用墨水寫在對角線内，其舊之「五十」字則用墨水線塗畫。

四十厘士信資印紙：舊有五十厘士，今改爲四十厘士，將「四十」字用紫色墨水寫在對角線内，其舊之「五十」字則用墨水線塗畫。乙酉年五月初五日示。

王培荀《鄉園憶舊録》卷二 某販馬，遇客形狀憔悴，問之，云在雲南攻銅礦折本，慨然贈廿金。客歸理舊業，山開礦露，擁金鉅萬。與販馬者復遇，感激良深。問所欲，某云欲爲官，贈數千金，使入京營謀。某在都，酒樓妓館揮洒罄盡。客以事至京，見之，訝其落漠，復爲捐縣丞，分發山東補缺。後一日，不知所往，乃身推獨輪車至登萊間，獲巨盜，陞知縣，後擢知府。惜傳者忘其姓名。恢闊豪宕，洵奇人哉！

《後漢書》志第二八《百官志》 邊縣有障塞尉。本注曰：掌禁備羌夷犯塞。其郡有鹽官、鐵官、工官、都水官者，隨事廣狹置令、長及丞，秩次皆如縣、道，無分士，給均本吏。本注曰：凡郡縣出鹽多者置鹽官，主鹽税。出鐵多者置鐵官，主鼓鑄。有工多者置工官，主工税物。有水池及魚利多者置水官，主平水收漁税。在所諸縣均差吏更給之，置吏隨事，不具縣員。

《隋書》卷八三《西域傳・波斯》 波斯國，都達曷水之西蘇藺城即條支之故地也。其王字庫薩和。都城方十餘里。勝兵二萬餘人，乘象而戰。國無死刑，或斷手刖足，没家財，或剃去其鬚，或繫排於項，以爲標異。人年三歲已上，出口錢四文。妻其姊妹。人死者，棄屍于山，持服一月。王著金花冠，坐金師子座，傅金屑於鬚上以爲飾。衣錦袍，加瓔珞於其上。土多良馬，大驢，師子，白象，大鳥卵，真珠，頗黎，獸魄，珊瑚，瑠璃，碼碯，水精，瑟瑟，呼洛羯，吕騰，火齊，金剛，金，銀，鍮石，銅，鑌鐵，錫，錦，疊，細布，氍毹，毾㲪，護那，越諾布，檀，金樓織成，赤麖皮，朱沙，水銀，薰陸、鬱金、蘇合、青木等諸香，胡椒，畢撥，石蜜，半蜜，千年棗，附子，訶黎勒，無食子，鹽緑，雌黄。

《欽定宮中現行則例》卷三《鋪宮・皇太后》 玉盃金臺盤一分、金執壺二把、金方一件、金盤十五件、金碟六件、金盌五件、金茶鍾蓋一個、嵌松石金匙一件、金匙二件、金三鑲牙一雙、金雲包角桌二張、銀方一件、銀折盂一件、銀盤四十件、銀碟十件、銀盌十五件、銀茶鍾蓋十個、銀匙十五件、銀三鑲牙箸十雙、銀茶壺三把、銀背壺十五把、銀銚四個、銀火壺二把、銀鍋二口、銀罐三個、銀杓四把、銅象鼻提爐一對、銅八卦爐四個、銅手爐二個、銅瓦高燈六個、銅遮燈一對、銅蠟簽十四個、銅剪燭罐八分、銅簽盤五個、銅舀二把、銅簸箕一個、錫盆十個、錫奠池二個、錫茶盌蓋五個、錫茶壺三十四把、錫背壺四把、錫火壺二把、錫坐壺八把、錫裏冰箱二個、錫屜鈷二個、鐵八卦爐一個、鐵火爐十個、鐵火罩六個、鐵坐更燈六個、鐵火鑷四把、黄磁盤二百五十件、各色磁盤一百件、黄磁碟四十五件、各色磁碟五十件、黄磁盌一百件、各色磁盌五十件、黄磁鍾三百件、各色磁鍾七十件、各色磁盃一百件、各色磁渣斗六件、洋漆矮桌二張、各色漆盒三十副、各色漆茶盤十五件、各色漆皮盤二十五個、戳燈三十個、香几燈十四個、羊角手把燈八把。

《欽定宮中現行則例》卷三《鋪宮・皇后》 玉杯金臺盤一分、金執壺二把、金方一件、金盤十五件、金碟六件、金盌五件、金茶鍾蓋一個、嵌松石金匙一件、金匙二件、金三鑲牙箸一雙、金雲包角桌二張、銀方一件、銀折盂一件、銀盤三十件、銀碟十件、銀盌十件、銀茶鍾蓋八個、銀匙十件、銀三鑲牙箸八雙、銀茶壺三把、銀背壺十三把、銀銚二個、銀火壺二把、銀鍋二口、銀罐二個、銀杓三把、銅象鼻提爐一對、銅八卦爐二個、銅手爐二個、銅瓦高燈四個、銅遮燈一對、銅蠟簽十四個、銅剪燭罐六分、銅簽盤五個、銅舀二把、銅簸箕一個、錫盆十個、錫奠池二個、錫茶盌蓋五個、錫茶壺三十把、錫背壺四把、錫火壺二把、錫坐壺八把、錫裏冰箱二個、錫屜鈷二個、鐵八卦爐一個、鐵火爐五個、鐵火罩四個、鐵坐更燈四個、鐵火鑷二把、黄磁盤二百二十件、各色磁盤八十件、黄磁碟四十件、各色磁碟五十件、黄磁盌一百件、各色磁碗五十件、黄磁鍾三百件、各色磁鍾七十件、各色磁杯一百件、各色磁渣斗四件、洋漆矮桌二張、各色漆盒二十六副、各色漆茶盤十五件、各色漆皮盤二十五個、戳燈二十個、香几燈十個、羊角手把燈四把。

《欽定宮中現行則例》卷三《鋪宮・皇貴妃》 銀茶鍾蓋二個、銀匙一件、銀三鑲牙箸一雙、銀茶壺一把、銀銚一個、銀束小刀一把、銅手爐一個、銅蠟簽六個、銅剪燭罐一分、銅簽盤四個、銅舀一把、銅簸箕一個、錫茶盌蓋二個、錫茶壺四把、錫背壺一把、錫銚三個、錫火壺二把、錫坐壺二把、錫噴壺一把、錫痰罐二個、鋄金鐵雲包角桌一張、鋄銀鐵鑷一把、白裏黃磁盤四件、各色磁碟四十件、白裏黃磁碟四件、各色磁碟十五件、白裏黃磁碗四件、各色磁碗五十件、白裏黃磁鍾二件、各色磁鍾二十件、各色磁小缸二口、各色漆盒四副、各色漆茶盤二件、羊角手把燈一把。

《欽定宮中現行則例》卷三《鋪宮・貴妃》 銀茶鍾蓋一個、銀匙一件、銀三鑲牙筯一雙、銀茶壺一把、銀銚一個、銀束小刀一把、銅手爐一個、銅蠟簽四個、銅剪燭罐一分、銅簽盤四個、銅舀一把、銅簸箕一個、錫茶盌蓋二個、錫茶壺四把、錫背壺一把、錫銚三個、錫火壺一把、錫坐壺二把、錫噴壺一把、錫痰罐二個、鋄金鐵雲包角桌一張、鋄銀鐵鑷一把、黃地緑龍磁盤四件、各色磁盤三十件、黃地緑龍磁碟四件、各色磁碟十件、黃地緑龍磁盌四件、各色磁盌四十件、黃地緑龍磁鍾二件、各色磁鍾十五件、磁小缸一口、各色漆盒二副、各色漆茶盤二件、羊角手把燈一把。

《欽定宮中現行則例》卷三《鋪宮・妃》 銀茶鍾蓋一個、銀匙一件、銀三鑲牙筯一雙、銀茶壺一把、銀銚一個、銀束小刀一把、銅蠟簽四個、銅剪燭罐一分、銅簽盤四個、銅舀一把、銅簸箕一個、錫茶盌蓋二個、錫茶壺四把、錫銚三個、錫火壺一把、錫坐壺二把、錫噴壺一把、錫痰罐二個、鋄金鐵雲包角桌一張、鋄銀鐵鑷一把、黃地緑龍磁盤二件、各色磁盤二十件、黃地緑龍磁碟四件、各色磁碟八件、黃地緑龍磁盌四件、各色磁盌三十件、黃地緑龍磁鍾二件、各色磁鍾十二件、磁小缸一口、各色漆盒二副、各色漆茶盤二件、羊角手把燈一把。

《欽定宮中現行則例》卷三《鋪宮・嬪》 銀茶鍾蓋一個、銀匙一件、銀三鑲牙箸一雙、銀茶壺一把、銀銚一個、銀束小刀一把、銅蠟簽二個、銅剪燭罐一分、銅簽盤二個、銅舀一把、銅簸箕一個、錫茶盌蓋二個、錫茶壺二把、錫銚三個、錫火壺一把、錫坐壺一把、錫噴壺一把、錫痰罐一個、鋄銀鐵雲包角桌一張、亮鐵鑷一把、藍地黃龍磁盤二件、各色磁盤十八件、藍地黃龍磁碟四件、各色磁碟六件、藍地黃龍磁盌四件、各色磁盌二十件、藍地黃龍磁鍾二件、各色磁鍾十件、磁小缸一口、各色漆盒二副、漆茶盤一件、羊角手把燈一把。

《欽定宮中現行則例》卷三《鋪宮・貴人》 銅蠟簽二個、銅剪燭罐一分、銅簽盤一個、銅舀一把、銅簸箕一個、錫茶盌蓋一個、錫茶壺二把、錫銚二個、錫火壺一把、錫坐壺一把、錫噴壺一把、錫痰罐一個、鋄銀鐵雲包角桌一張、亮鐵鑷一把、緑地紫龍磁盤二件、各色磁盤十件、緑地紫龍磁碟二件、各色磁碟四件、緑地紫龍磁盌四件、各色磁盌十八件、緑地紫龍磁鍾二件、各色磁鍾十件、漆盒一副、漆茶盤一件、羊角手把燈一把。

《欽定宮中現行則例》卷三《鋪宮・常在》 銅蠟簽一個、銅剪鐲罐一分、銅簽盤一個、銅舀一把、錫茶盌蓋一個、錫茶壺二把、錫銚一個、錫痰罐一個、鋄銀鐵雲包角桌一張、亮鐵鑷一把、五彩紅龍磁盤二件、各色磁盤八件、五彩紅龍磁碟二件、各色磁碟四件、五彩紅龍磁盌四件、各色磁盌十件、五彩紅龍磁鍾二件、各色磁鍾六件、漆茶盤一件、羊角手把燈一把。

《欽定宮中現行則例》卷三《鋪宮・皇子福晉》 銅蠟簽八個、銅剪燭罐三分、銅簽盤六個、銅舀二把、銅簸箕一個、錫盆二個、錫茶盌蓋四個、錫茶壺六把、錫背壺二把、錫銚二個、錫火壺二把、錫噴壺二把、錫水漏一個、錫裏冰桶一個、鐵爐四個、鐵火櫃一個、鐵坐更燈二個、鐵杓四把、鐵鏟一把、鐵鑷二把、各色磁盤十四件、各色磁碟八件、各色磁盌六件、各色磁鍾二十件、各色磁罐二個、各色漆盒六副、漆茶盤一件、戳燈二個、香几燈二個、羊角手把燈二把。

《欽定宮中現行則例》卷三《鋪宮・皇子側室福晉》 銅蠟簽二個、銅剪燭罐一分、銅簽盤二個、銅舀一把、銅簸箕一個、錫盆一個、錫茶盌蓋一個、錫茶壺二把、錫背壺一把、錫銚一個、錫火壺一把、錫噴壺一把、鐵爐一個、鐵杓一把、鐵鏟一把、鐵鑷一把、各色磁盤八件、各色磁碟四件、各色磁盌四件、各色磁鍾八件、各色漆盒二副、漆茶盤一件、羊角手把燈一把。

《欽定宮中現行則例》卷三《鋪宮・皇孫福晉》 銅蠟簽二個、銅剪燭罐一分、銅簽盤二個、銅舀一把、銅簸箕一個、錫盆一個、錫茶碗蓋一個、錫茶壺二把、錫背壺一把、錫銚一個、錫火壺一把、錫噴壺一把、鐵爐一個、鐵杓一把、鐵鏟一把、鐵鑷一把、各色磁盤八件、各色磁碟四件、各色磁盌四件、各色磁鍾八件、各色漆盒二副、漆茶盤一件、羊角手把燈一把。

《欽定宮中現行則例》卷三《鋪宮・皇曾孫福晉》 銅蠟簽一個、銅剪燭罐一分、銅簽盤一個、銅舀一把、錫茶碗蓋一個、錫茶壺一把、錫銚一個、錫痰罐一個、鐵鑷一把、各色磁盤八件、各色磁碟四件、各色磁盌十件、各色磁鍾六件、漆茶盤一件、羊角手把燈一把。

圖録

計成《園冶》卷一　書房基：

書房之基，立于園林者，無拘内外，擇偏僻處，隨便通園。令遊人莫知有此。内構齋館房室，借外景自然幽雅，深得山林之趣。如另築，先相基形方圓長扁廣濶曲狹，勢如前廳堂基餘半間中，自然深奥。或樓或屋，或廊或榭，按基形式，臨機應變而立。

亭榭基：

花間隱榭，水際安亭，斯園林而得致者。惟榭止隱花間，亭胡拘水際，通泉竹裏，按景山顛。或翠筠茂密之阿，蒼松蟠鬱之麓。或假濠濮之上，入想觀魚；倘支滄浪之中，非歌濯足。亭安有式，基立無憑。

廊房基：

廊基未立，地局先留。或餘屋之前後，漸通林許，躡山腰，落水面。任高低曲折，自然斷續蜿蜒，園林中不可少斯一段境界。

假山基：

假山之基，約大半在水中立起。先量頂之高大，纔定基之淺深。掇石須知占天，圍土必然占地，最忌居中，更宜散漫。

三、屋宇

凡家宅住房，五間三間，循次第而造；惟園林書屋，一室半室，按時景爲精。方向隨宜，鳩工合見，家居必論，野築惟因。雖廳堂俱一般，近臺榭有别致。前添敞卷，後進餘軒。必用重椽，須支草架，高低依製，左右分爲。當簷最礙兩厢，庭除恐窄；落步但加重廡，堦砌猶深。升拱不讓雕鸞，門枕胡爲鏤鼓。時遵雅朴，古摘端方。畫彩雖佳，木色加之青緑；雕鏤易俗，花空嵌以偎禽。長廊一帶迴旋，在豎柱之初，妙於變幻；小屋數椽委曲，究安門之當，理及精微。奇亭巧榭，構分紅紫之叢；層閣重樓，迥出雲霄之上。隱現無窮之態，招摇不盡之春。檻外行雲，鏡中流水，洗山色之不去，送鶴聲之自來。境仿瀛壺，天然圖畫，意盡林泉之癖，樂餘園圃之間。一鑒能爲，千秋不朽。堂占太史，亭問草玄。非及雲藝之臺樓，且操般門之斤斧。探奇合志，常套俱裁。

門樓：

門上起樓，象城堞有樓以壯觀也，無樓亦呼之。

堂：

古者之堂，自半已前，虚之爲堂。堂者，當也，謂當正向陽之屋，以取堂堂高顯之義。

齋：

齋較堂，惟氣藏而致斂，有使人肅然齋敬之義。蓋藏脩密處之地，故式不宜敞顯。

室：

古云：自半已前，實爲室。《尚書》有壞室，《左傳》有窟室，《文選》載「旋室娟以窈窕」，指曲室也。

房：

《釋名》云：房者，防也，防密内外以爲寢闥也。

館：

散寄之居曰館，可以通别居者。今書房亦稱館，客舍爲假館。

樓：

《説文》云：重屋曰樓。《爾雅》云：陜而脩曲爲樓。言窗牖虚開，諸孔慺慺然也。造式，如堂高一層者是也。

臺：

《釋名》云：臺者，持也。言築土堅高，能自勝持也。園林之臺，或掇石而高上平者，或木架高而版平無屋者，或樓閣前出一步而敞者，俱爲臺。

閣：

閣者，四阿開四牖。漢有麒麟閣，唐有凌烟閣等，皆是式。

亭：

《釋名》云：亭者，停也，所以停憩遊行也。司空圖有休休亭，本此義。造式無定，自三角四角五角，梅花六角，横圭八角，至十字，隨意合宜則製，惟地圖可略式也。

榭：

《釋名》云：榭者，藉也，藉景而成者也。或水邊，或花畔，制亦隨態。

軒：

軒式類車，取軒軒欲舉之意。宜置高敞，以助勝則稱。

卷：

卷者，廳堂前欲寬展，所以添設也。或小室欲異人字，亦爲斯式，惟四角亭及軒可並之。

广：

古云：因巖爲屋曰广。蓋借巖成勢，不成完屋者爲广。

廊：

廊者，廡出一步也。宜曲宜長則勝。古之曲廊，俱曲尺曲，今予所構曲廊，之字曲者，隨形而彎，依勢而曲。或蟠山腰，或窮水際，通花渡壑，蜿蜒無盡，斯寤園之篆雲也。予見潤之甘露寺數間高下廊，傳説魯般所造。

五架梁：

五架梁，乃廳堂中過梁也。如前後各添一架，合七架梁列架式。如前添卷，必須草架而軒敞，不然前簷深下内黑暗者，斯故也。如欲寬展，前再添一廊。又小五架梁，亭榭書樓可構，將後童柱换長柱，可裝屏門有別前後，或添廊亦可。

七架梁：

七架梁，凡屋之列架也。如廳堂列添卷，亦用草架。前後再添一架，斯九架列之活法。如造樓閣，先算上下簷數，然後取柱料長，許中加替木。

九架梁：

九架梁屋，巧於裝折，連四五六間，可以面東西南北。或隔三間兩間一間半間，前後分爲。須用復水重椽，觀之不知其所，或嵌樓於上。斯巧妙處不能盡式，止可相機而用，非拘一者。

草架：

草架，乃廳堂之必用者。凡屋添卷，用天溝，且費事不耐久，故以草架表裏整齊。向前爲廳，向後爲樓，斯草架之妙用也，不可不知。

重椽：

重椽，草架上椽也，乃屋中假屋也。凡屋隔分不仰頂，用重椽復水可觀。惟廊構連屋，或構倚墻一披而下，斷不可少斯。

磨角：

磨角，如殿閣攛角也。閣四敞及諸亭決用。如亭之三角至八角，各有磨法，盡不能式，是自得一番機構。如廳堂前添廊，亦可磨角，當量宜。

地圖：

凡瓦作，止能式屋列圖，式地圖者鮮矣。夫地圖者，主匠之合見也，假如一宅基，欲造幾進，先以地圖式之，其進幾間，用幾柱著地，然後式之列圖如屋。欲

造巧紗，先以斯法以便爲也。

五架過梁式

前或添卷，後添架，合成七架列。

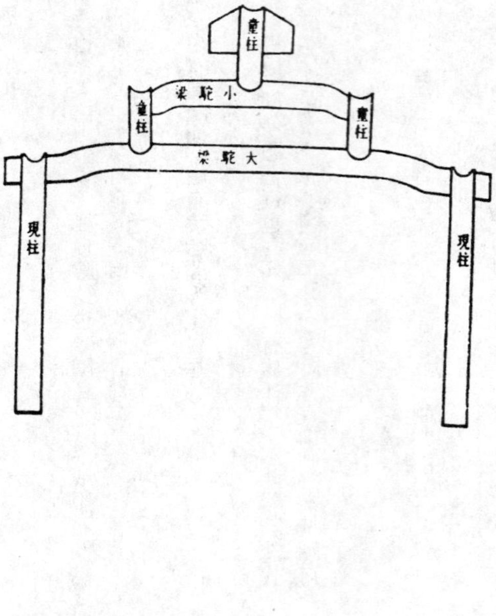

草架式

惟廳堂前添卷，須用草架，前再加之步廊，可以磨角。

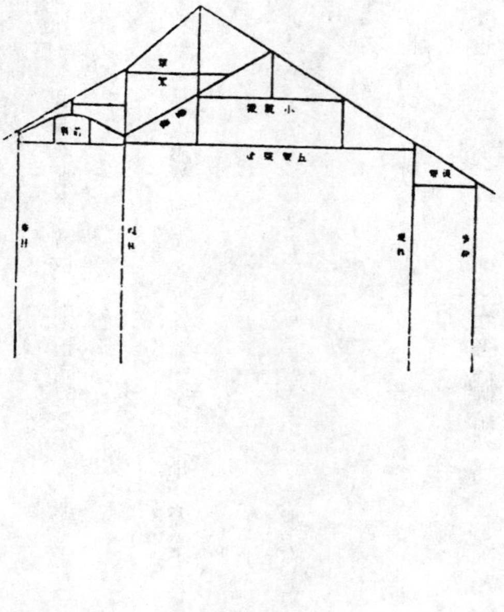

七架列式

凡屋以七架爲率。

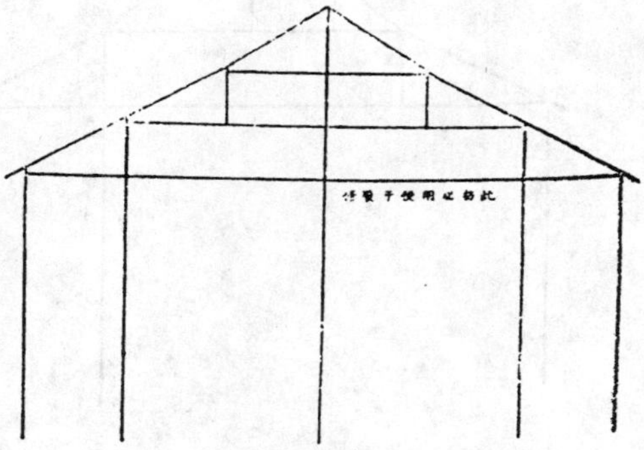

七架疊架式

不用脊柱，便于掛畫。或朝南北，屋傍可朝東西之法。

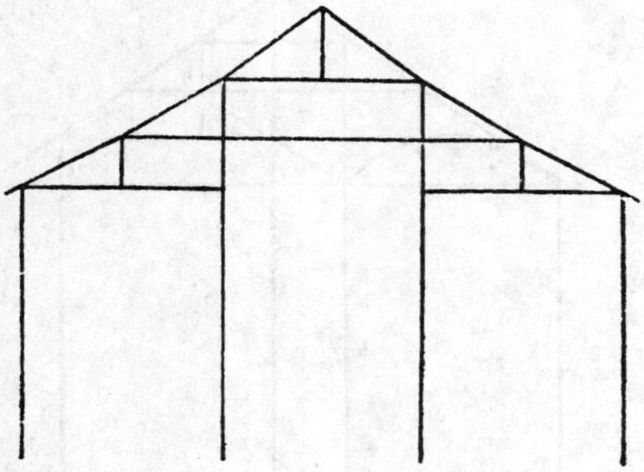

九架梁五柱式

此屋宜多間，隨便隔間，復水，或向東西南北之活法。

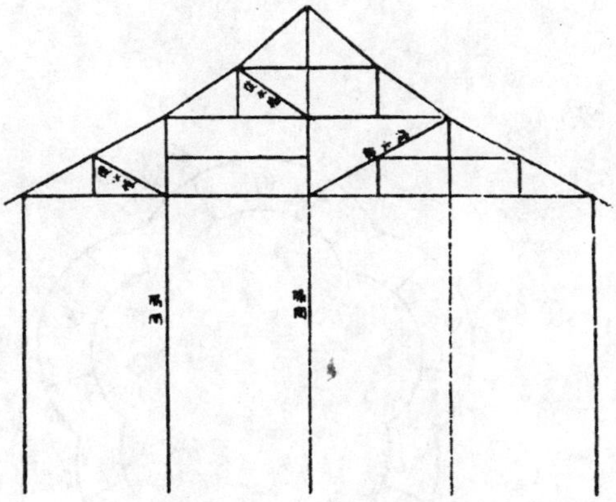

九架梁六柱式

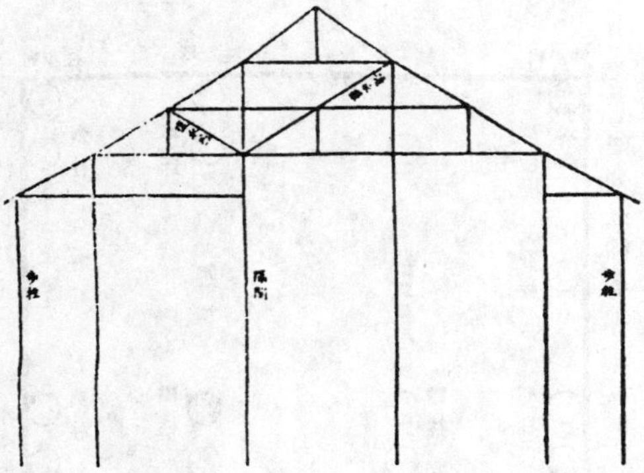

九架梁前後卷式

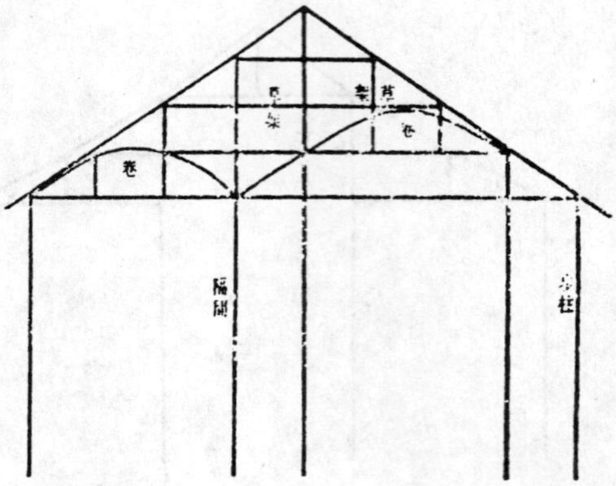

小五架梁式

凡造書房、小齋或亭。此式可分前後。

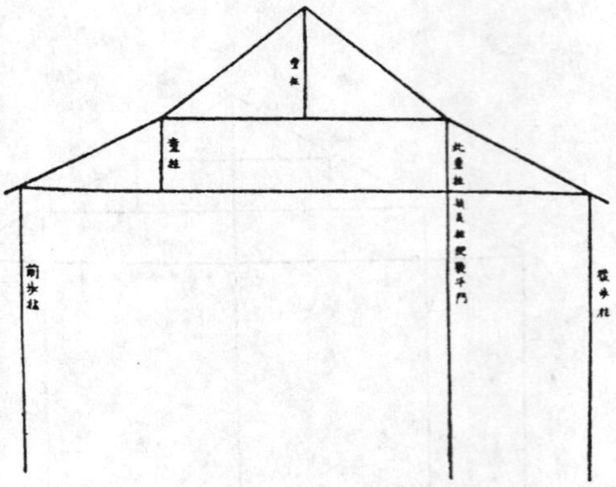

地圖式

凡興造必先式斯，偷柱定磉，量基廣狹，次式列圖。

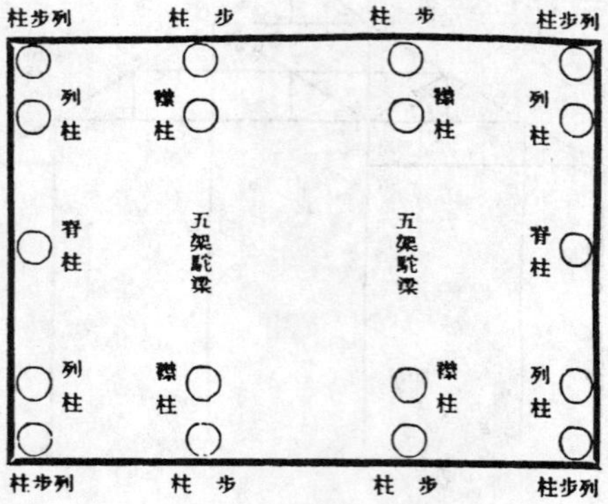

七架列五柱著地

凡廳堂中一間宜大，傍間宜小，不可匀造。

梅花亭地圖式

先以石砌成梅花基，立柱于瓣，結頂合簷亦如梅花也。

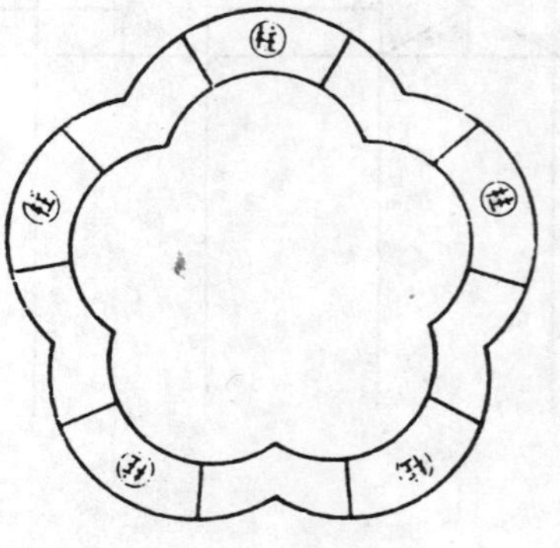

十字亭地圖式

十二柱四分立而立，頂結方尖，週簷亦成十字。諸亭不式，惟梅花、十字，自古未造者。故式之地圖，聊識其意可也。斯二亭只可蓋草。

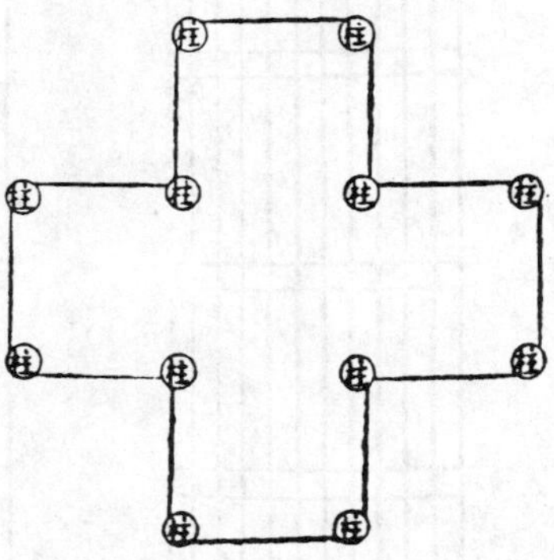

四、裝折

凡造作難於裝修，惟園屋異乎家宅。曲折有條，端方非額。如端方中須尋曲折，到曲折處還定端方，相間得宜，錯綜爲妙。裝壁應爲排比，安門分出來由。假如全房數間，內中隔開可矣；定存後步一架，餘外添設何哉。便徑他居，復成別館。磚墻留夾，可通不斷之房廊；板壁常空，隱出別壺之天地。亭臺影罅，樓閣虛隣，絶處猶開，低方忽上。樓梯僅乎室側，臺級藉矣山阿，門扇豈異尋常，窗欞遵時各式。掩宜合線，嵌不窺絲。落步欄杆，長廊猶勝；半墻床槅，是室皆然。古以菱花爲巧，今之柳葉生奇，加之明瓦斯堅，外護風窗覺密。半樓半屋，依替木不妨一色天花；藏房藏閣，靠虛簷無礙半彎月牖。借架高簷，須知下卷。出幙若分別院，連墻儗越深齋。構合時宜，式徵清賞。

屏門

堂中如屏列而平者，古者可一面用，今尊爲兩面用，斯謂鼓兒門也。

仰塵

仰塵，即古天花版也。多于棋盤方空畫禽卉者類俗，一概平仰爲佳。或畫木紋，或錦，或糊紙，惟樓下不可少。

床槅

古之床槅，多于方眼而菱花者，後人減爲柳條槅，俗呼不了窗也，兹式從雅。予將斯增減數式，內有花紋各異，亦遵雅致，故不脱柳條式。或有將欄杆豎爲床槅，斯一不密，亦無可玩。如欞空僅潤寸許爲佳，猶潤類欄杆風窗者去之，故式于後。

風窗

風窗，槅欞之外護。宜疎廣減文，或横半，或兩截推闗，兹式如欄杆，減者亦可用也。在館爲書窗，在閨爲繡窗。

長槅式

古之床槅欞版，分位定於四六者，觀之不亮。依時製，或欞之七八，版之二三之間，諒槅之大小，約桌兒之平高，再高四五寸爲最也。

短槅式

古之短槅，如長槅分欞版位者，亦更不亮。依時製，上下用束腰，或版或欞可也。

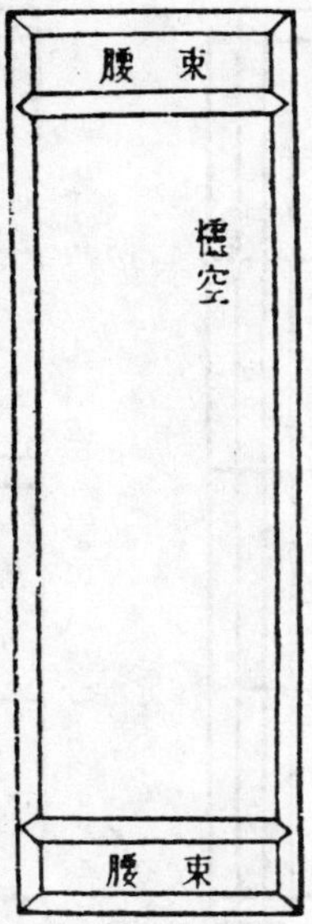

床槅柳條式

時遵柳條槅，疎而且減。依式變換，隨便摘用。

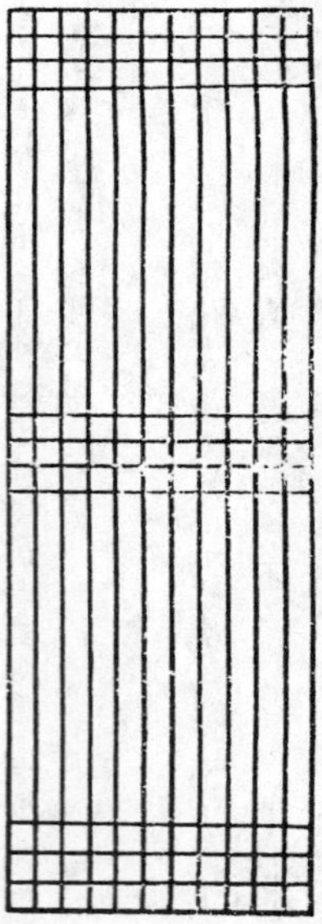

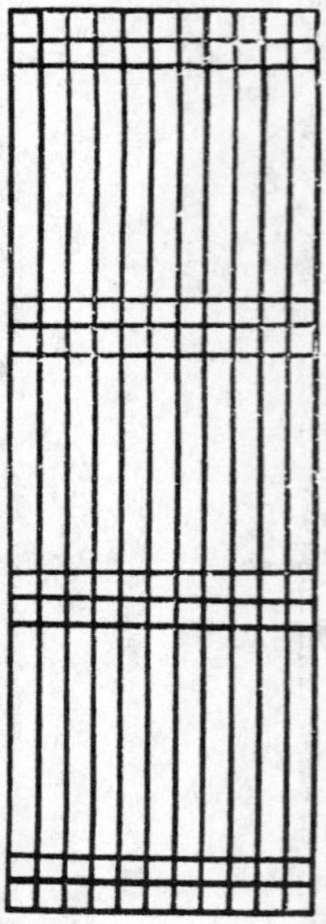

式二

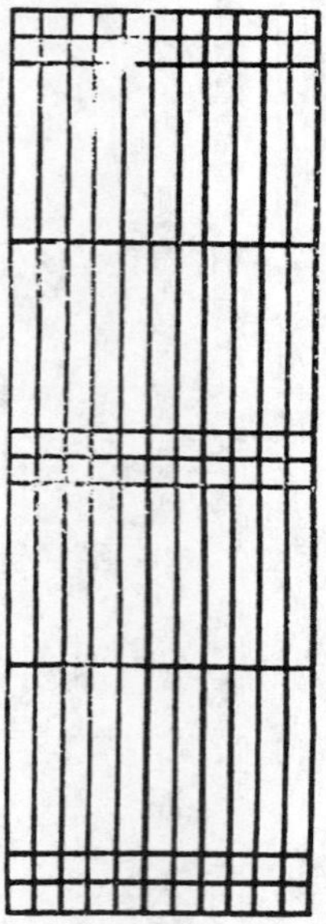

式三

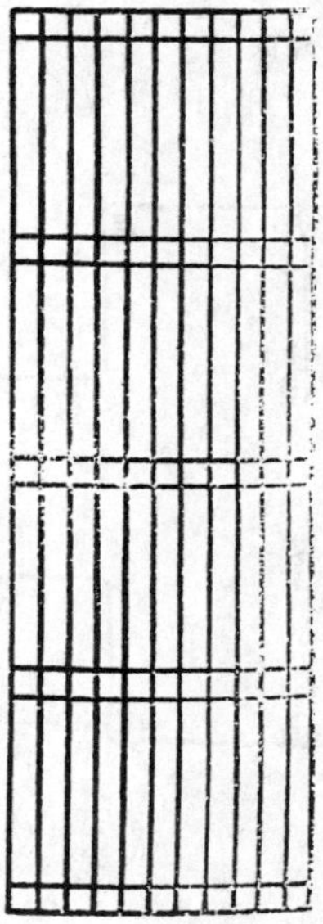

式四

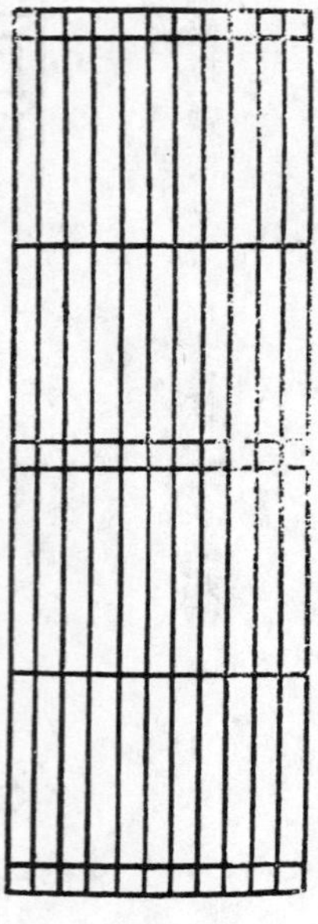

式五

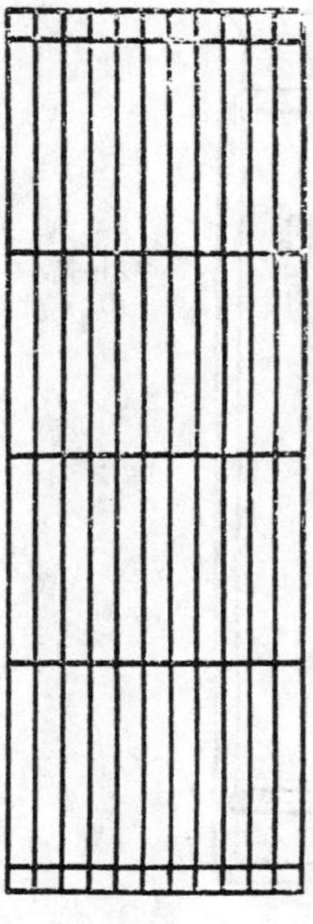

式六

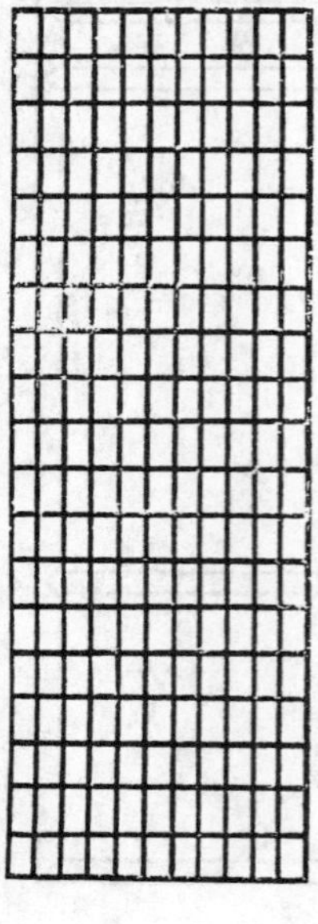

式七

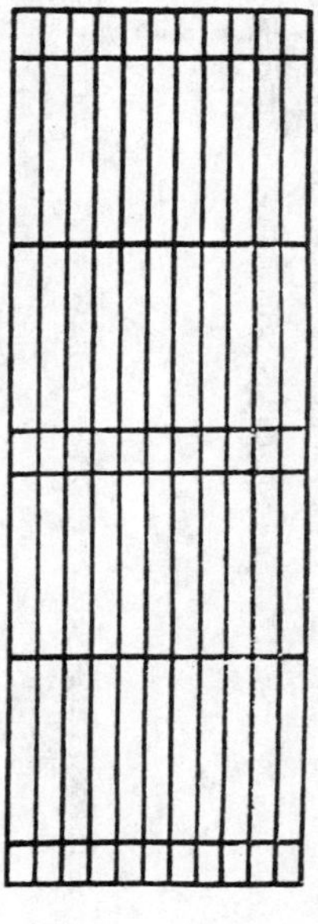

式八

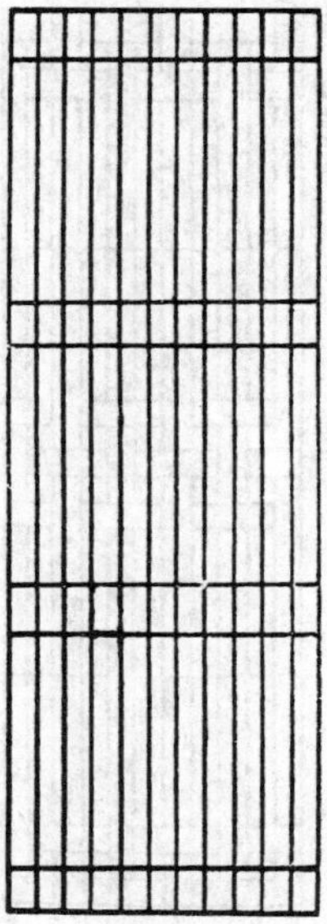
式九

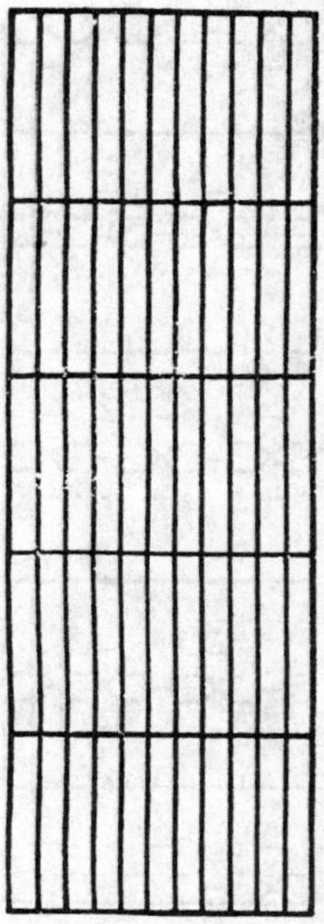
式十

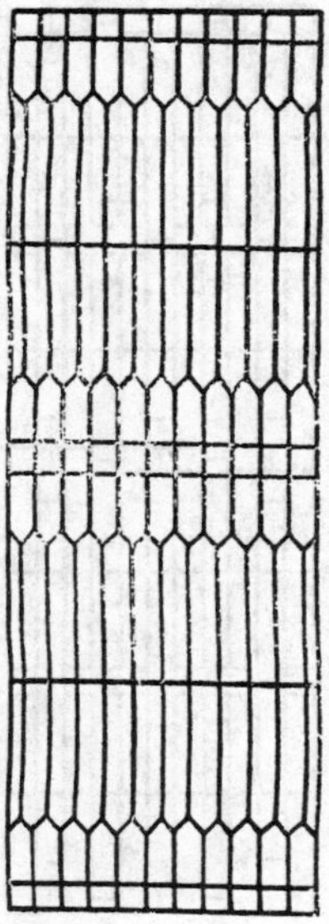
柳條變人字式

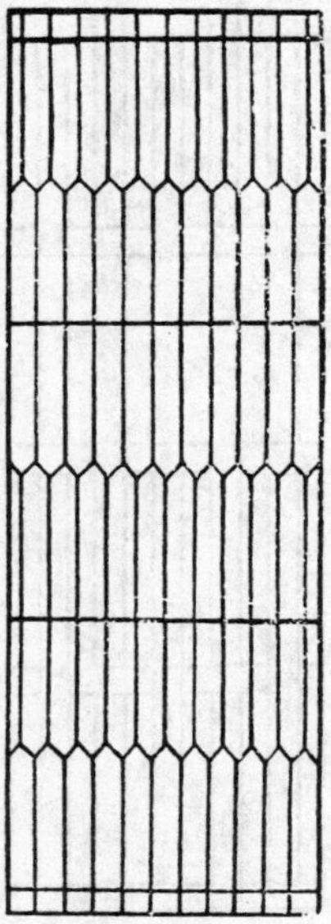
式二

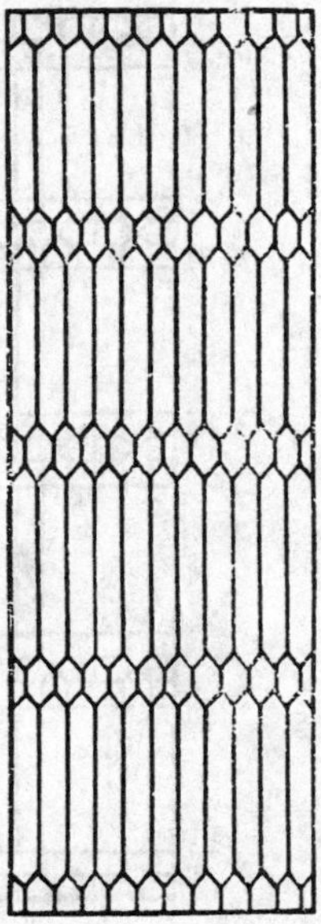
人字變六方式

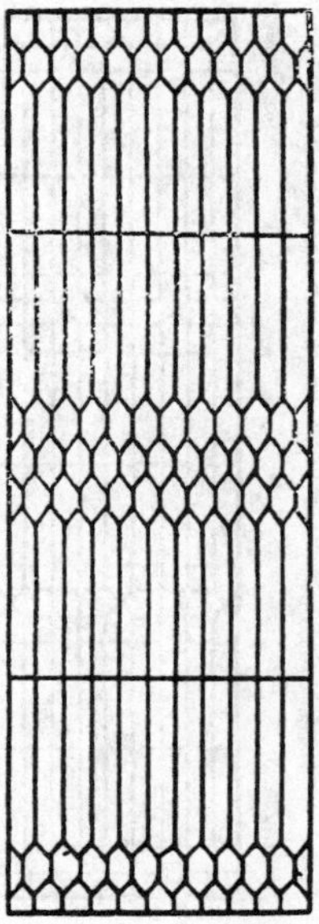
式二

柳條變井字式

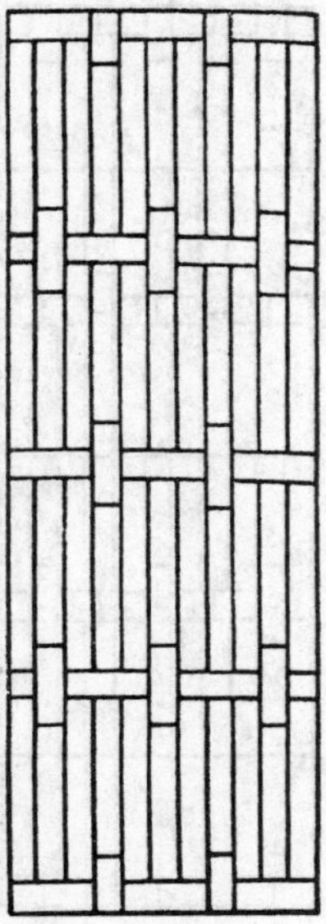
式二

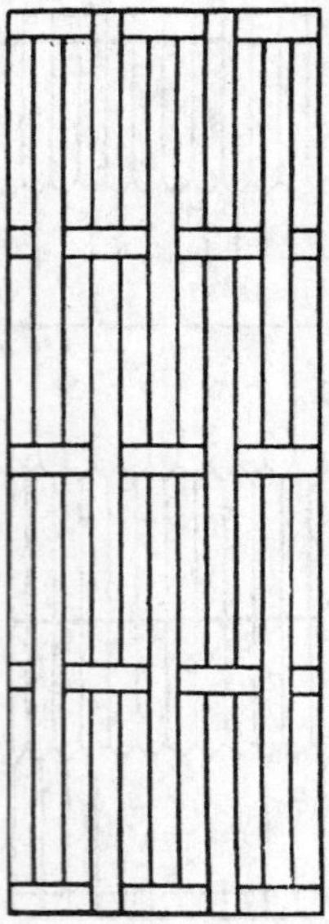

式三

井字變雜花式

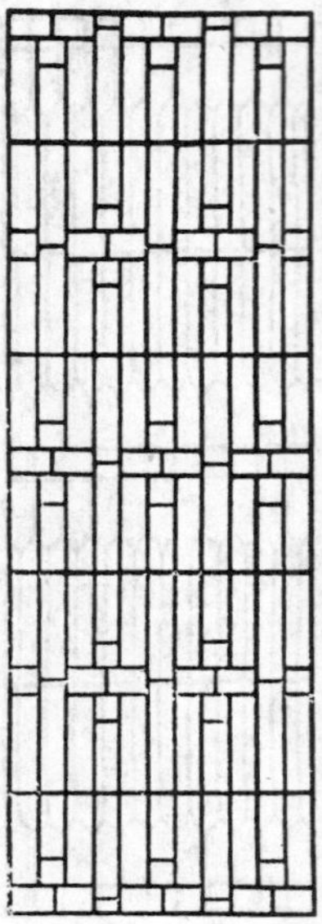

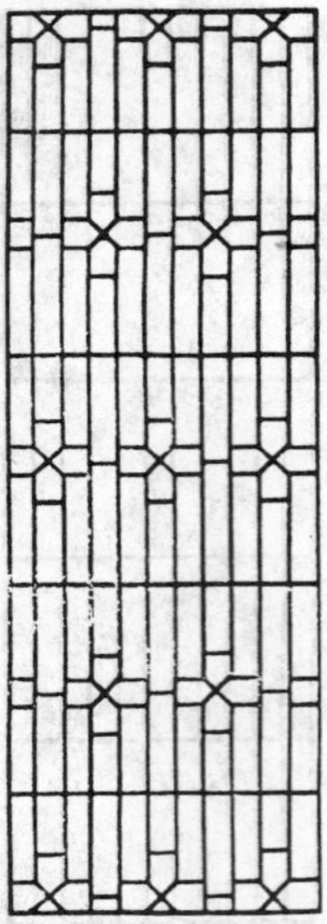

式二

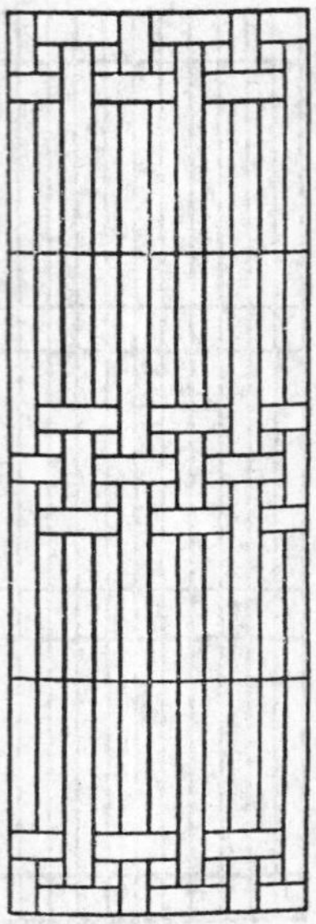

式三

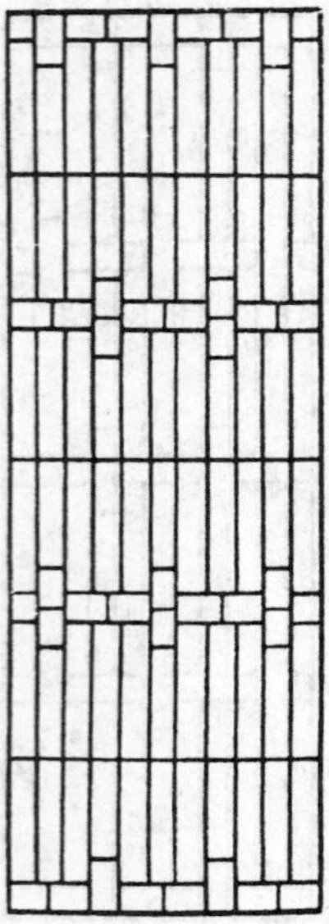

式四

式五

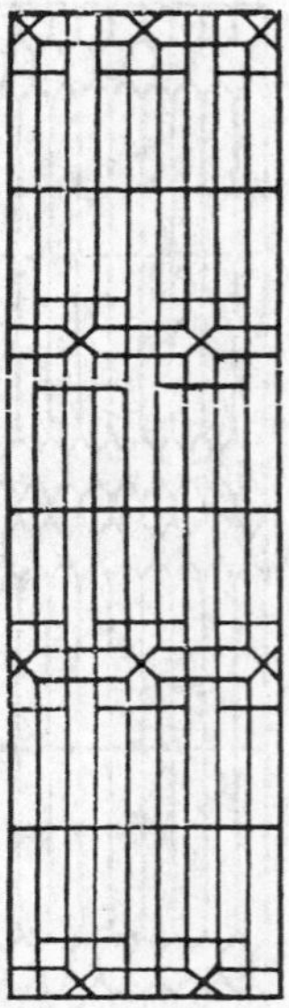

式六

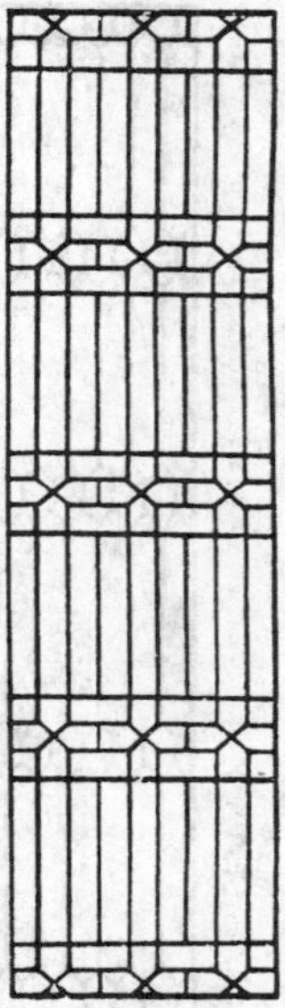

式七

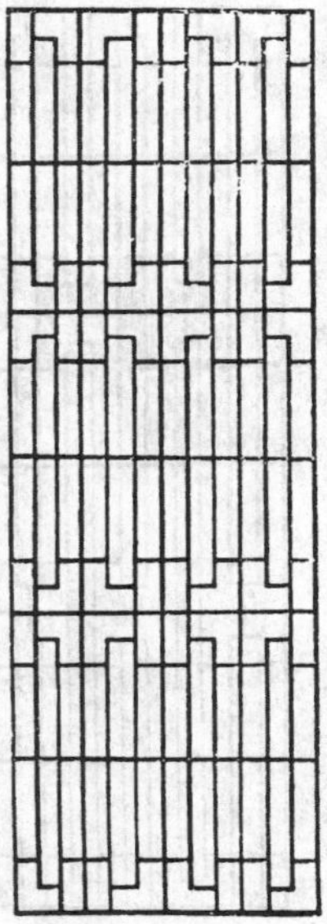
式八

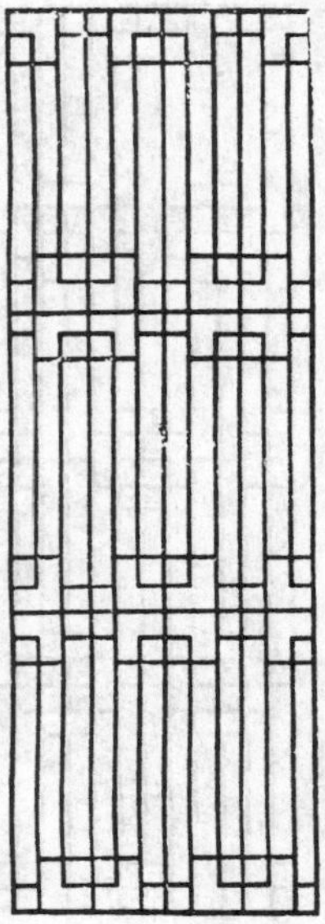
式九

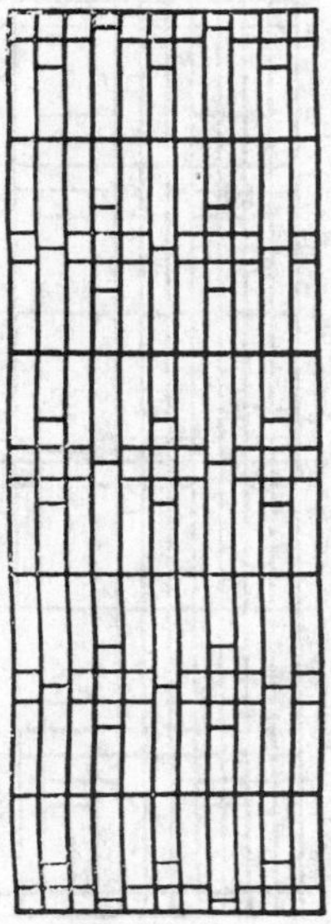
式十

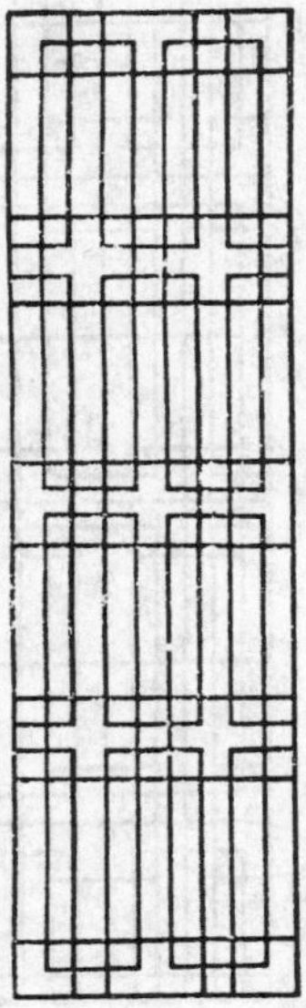
式十一

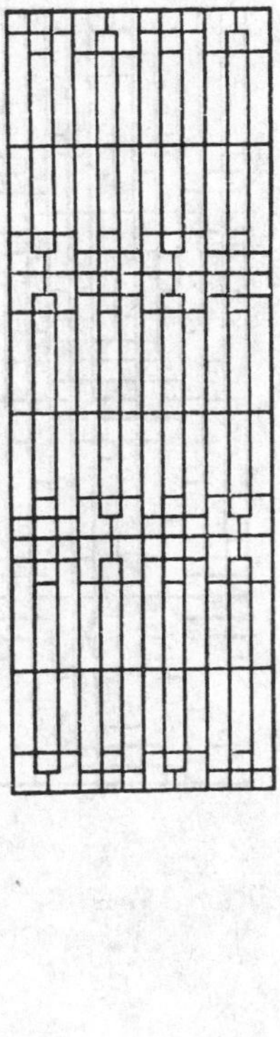
式十二

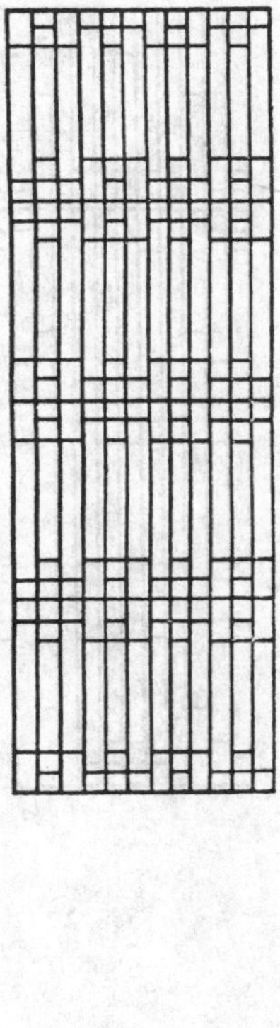
式十三

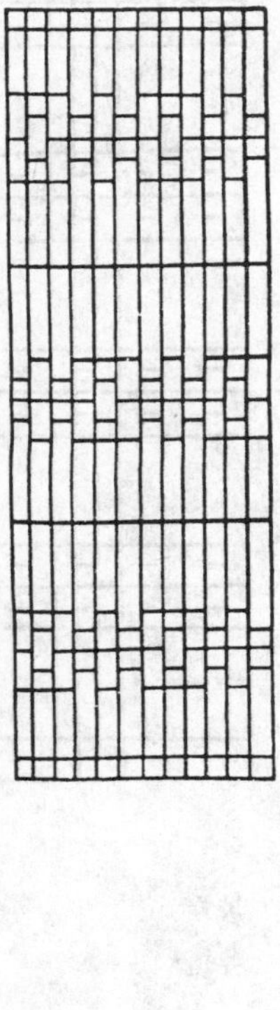
式十四

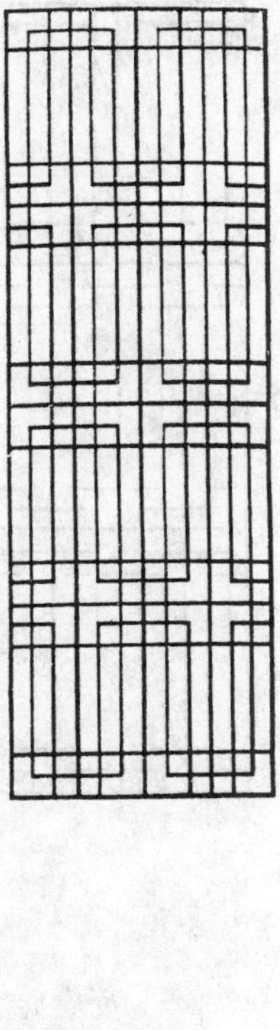
式十五

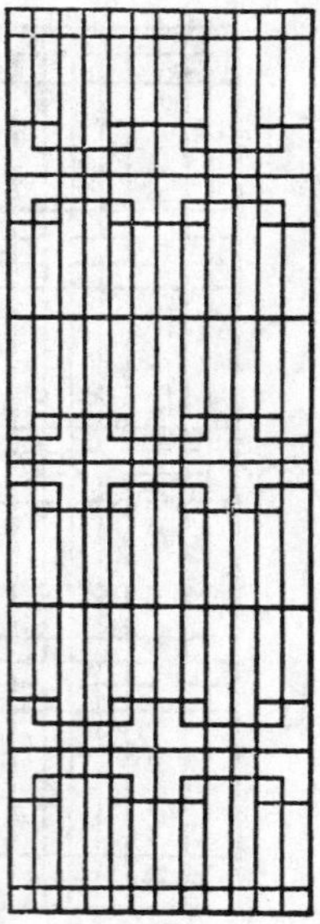
式十六

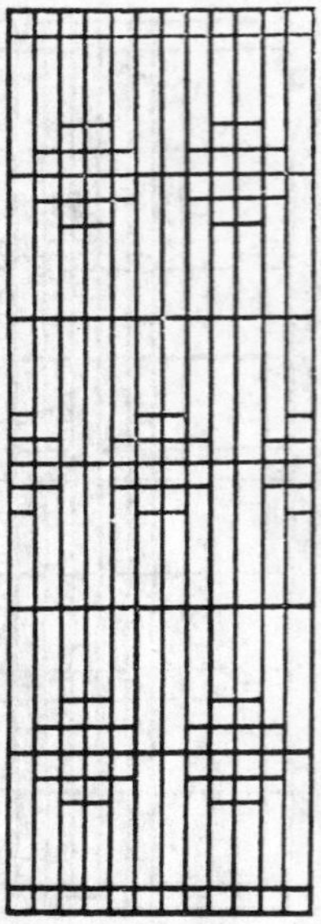
式十七

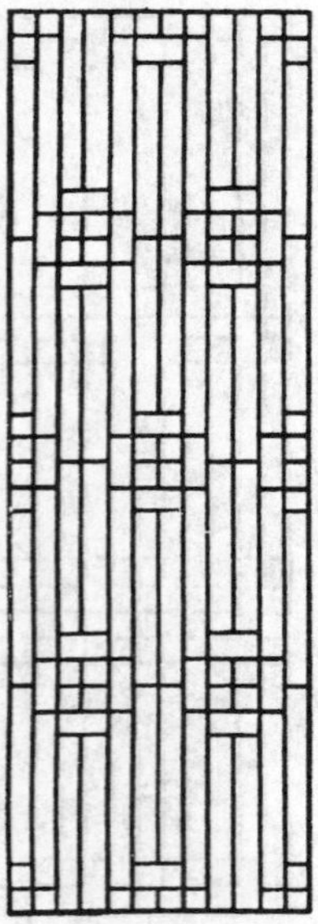
式十八

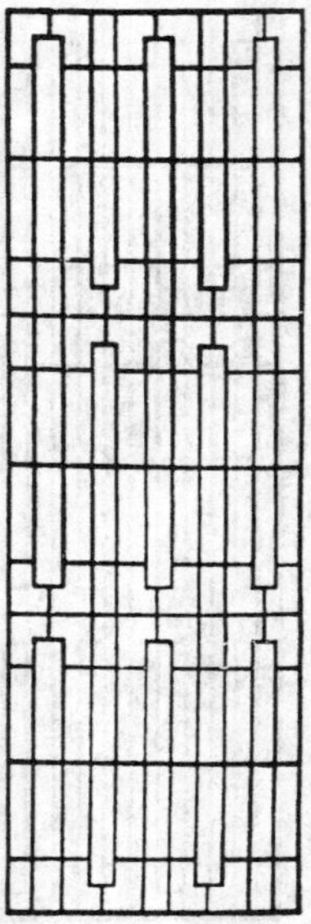
式十九

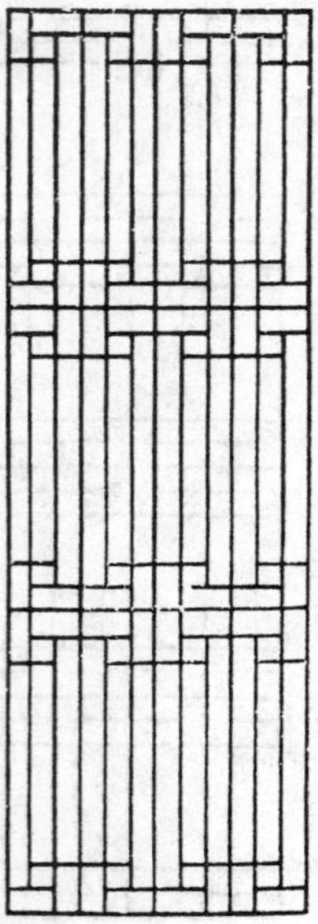
式二十

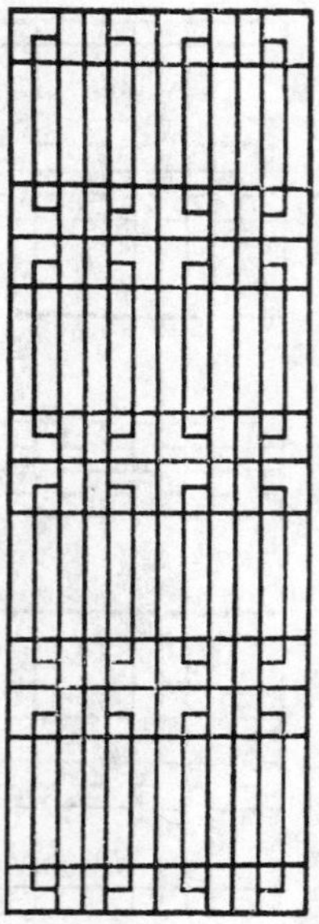
式二十一

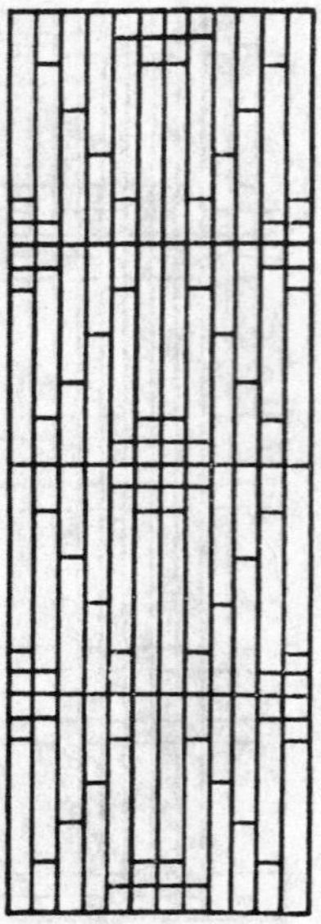
玉磚街式

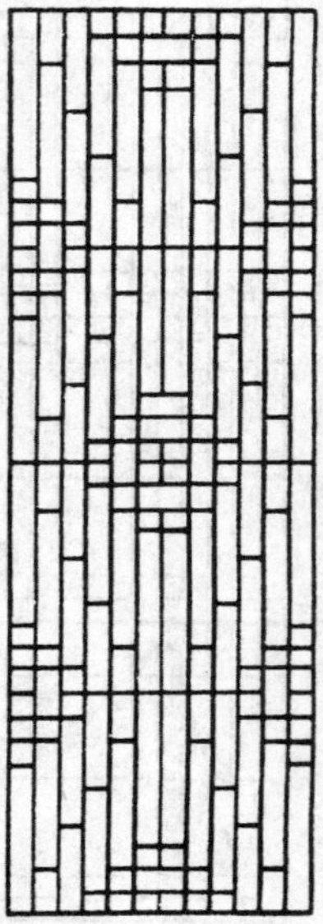
式二

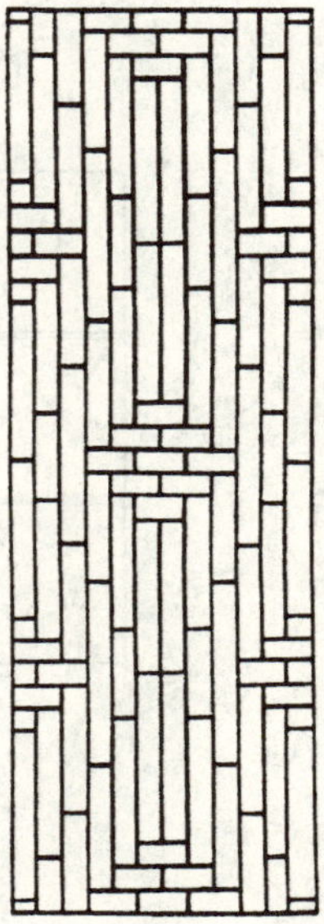

式三

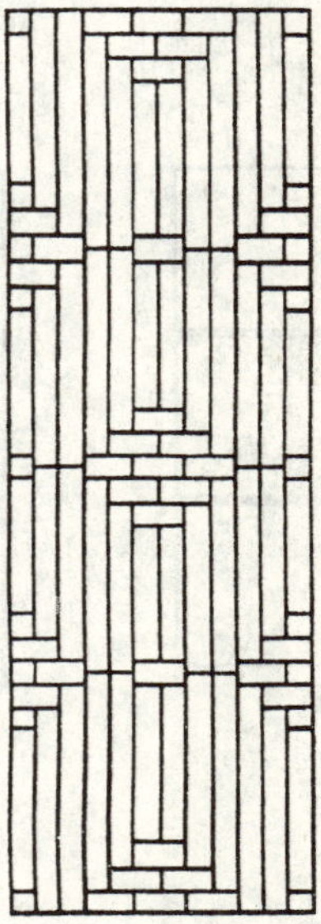

式四

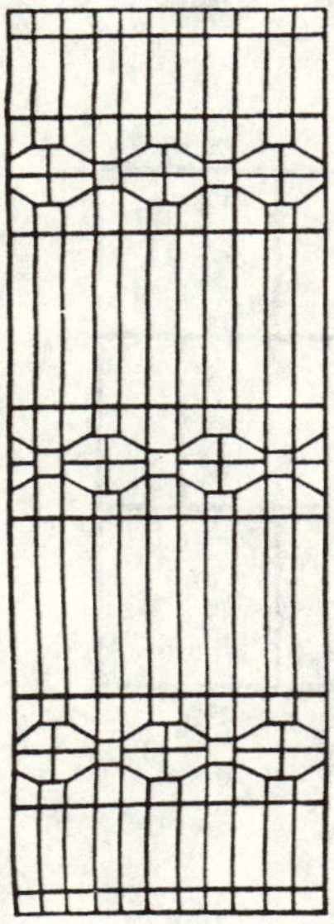

八方式

束腰式

如長槅欲齊短槅，并裝亦宜上下用。

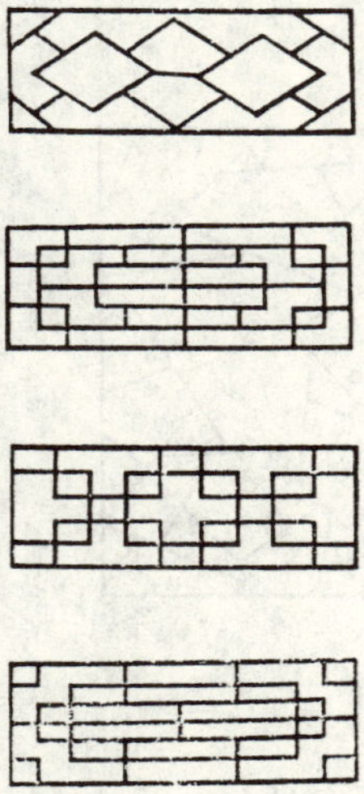

風窗式

風窗宜踈，或空匡糊紙，或夾紗、或繪，少飾幾欞可也。檢欄杆式中有踈而減文，堅用亦可。

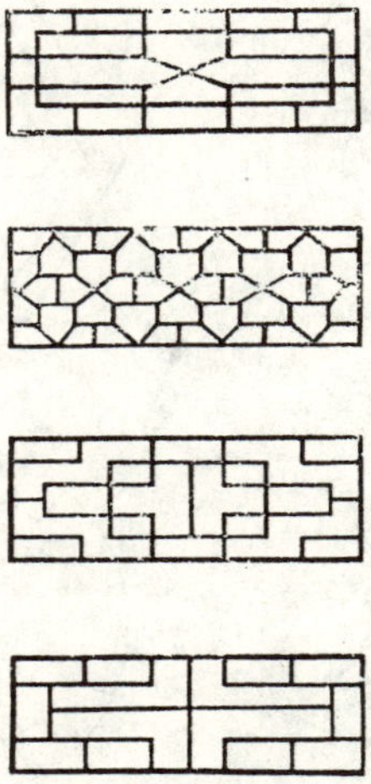

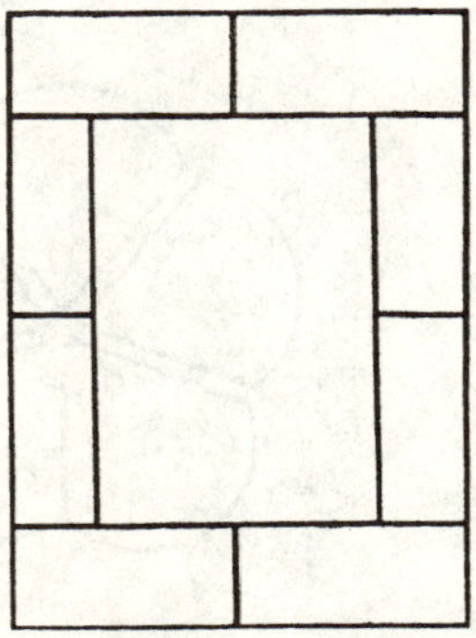

式二

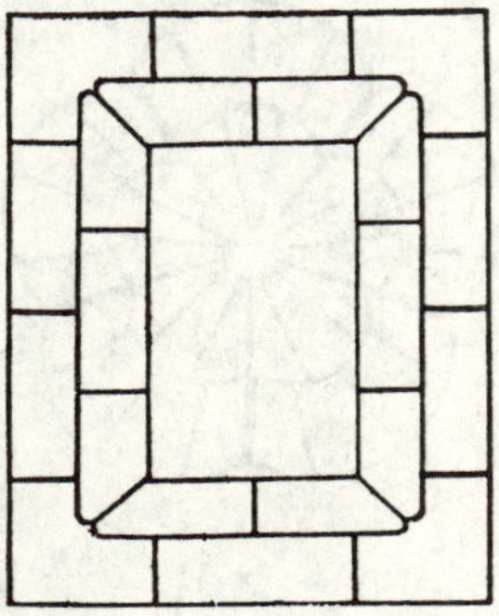

冰裂式

冰裂惟風窗之最宜者。其文致減雅，信畫如意，可以上疎下密之妙。

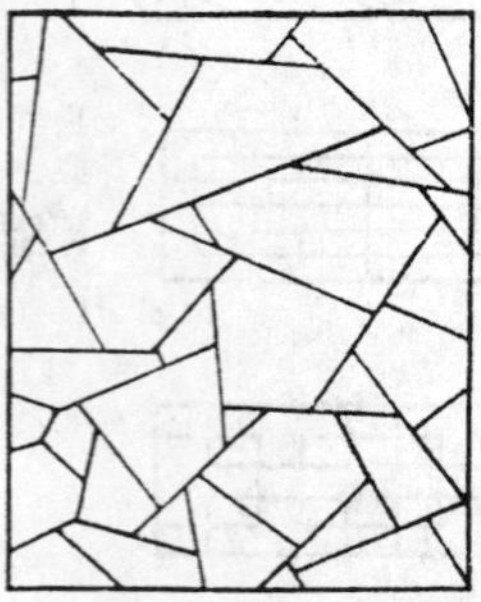

兩截式

風窗兩截者，不拘何式，關合如一爲妙。

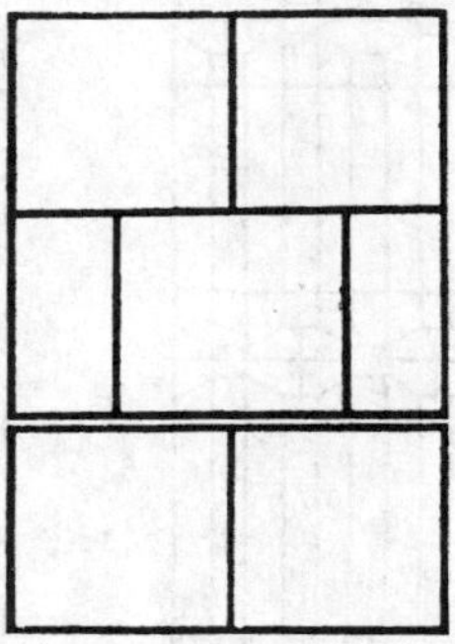

三截式

將中扇挂合上扇，仍撑上扇不礙空處。中連上宜用銅合扇。

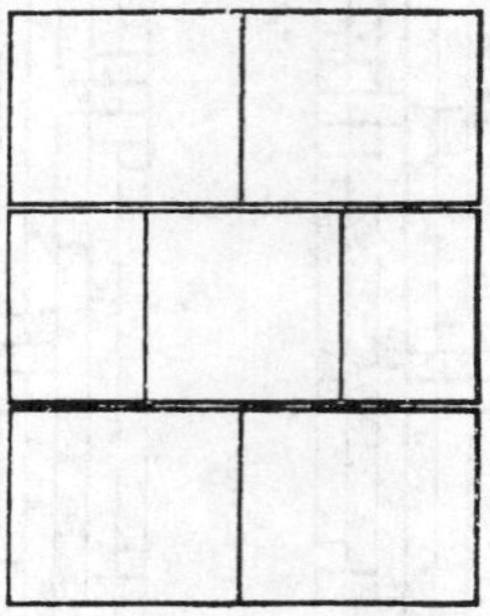

梅花式

梅花風窗，宜分瓣做。用梅花轉心于中，以便開關。

梅花開式

連做二瓣，散做三瓣。將梅花轉心釘一瓣于連二之尖或上，一瓣二瓣三瓣，將轉心向上扣住。

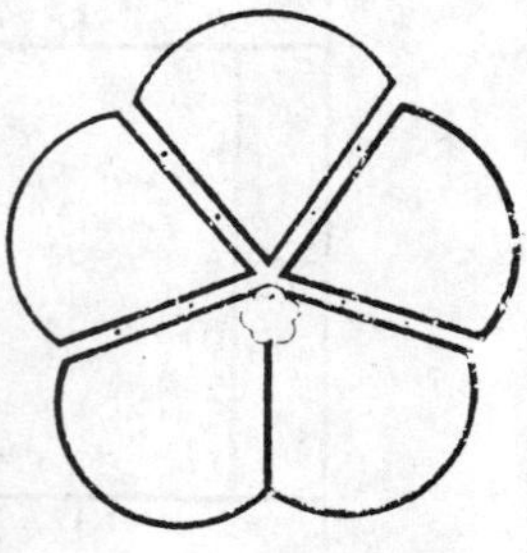

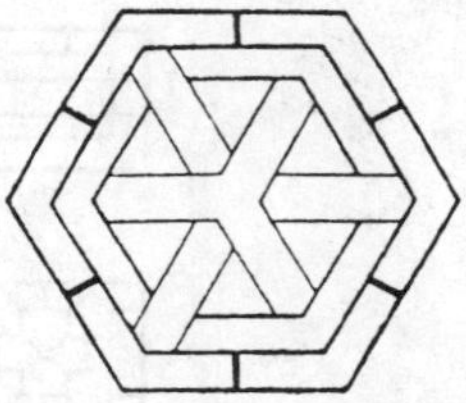

六方式

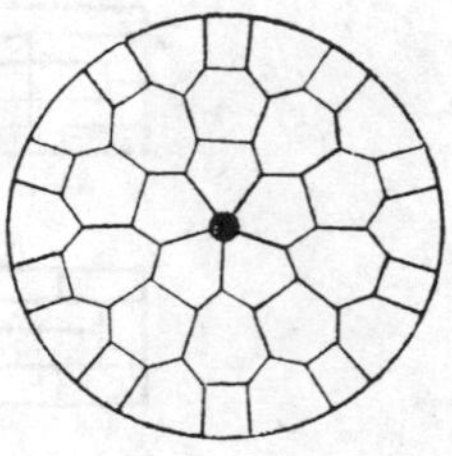

圓鏡式

計成《園冶》卷二　欄杆：

欄杆信畫而成，減便爲雅。古之回文萬字，一槩屏去少留。涼床佛座之用，園屋間一不可製也。予歷數年，存式百狀，有工而精，有減而文，依次序變幻。式之於左，便爲摘用。以筆管式爲始。近有將篆字製欄杆者，況理畫不匀，意不聯絡。予斯式中，尚覺未盡，儘可粉飾。

欄杆式：

筆管式

欄杆以筆管式爲始，以單變雙。雙則如意，變畫以匀而成，故有名。無名者恐有遺漏，總次序記之。内有花紋不易製者，亦書做法，以便鳩匠。

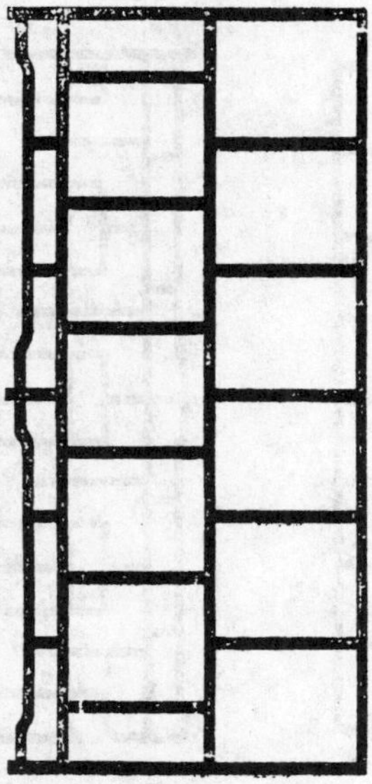

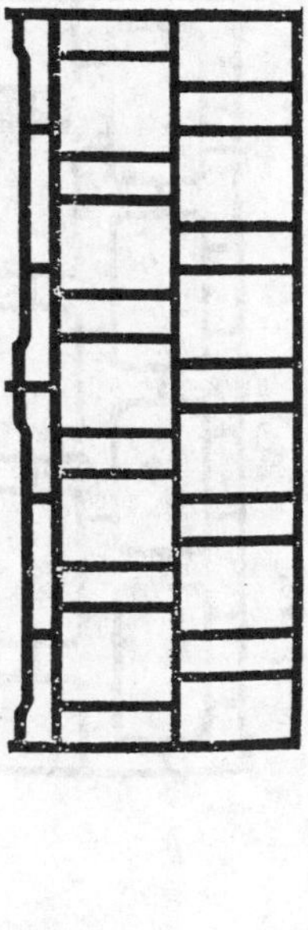
雙筆管式二

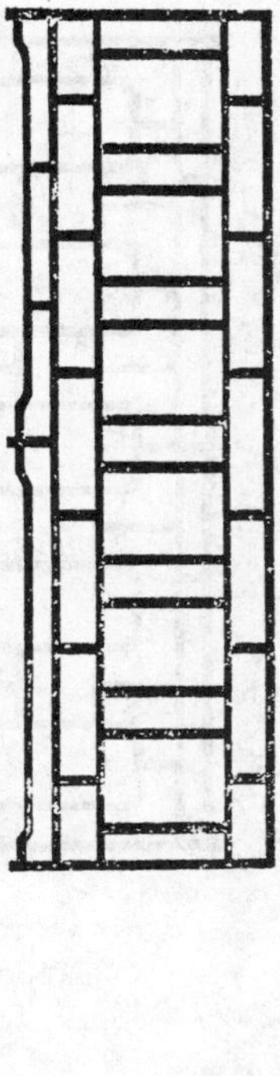
筆管變工三

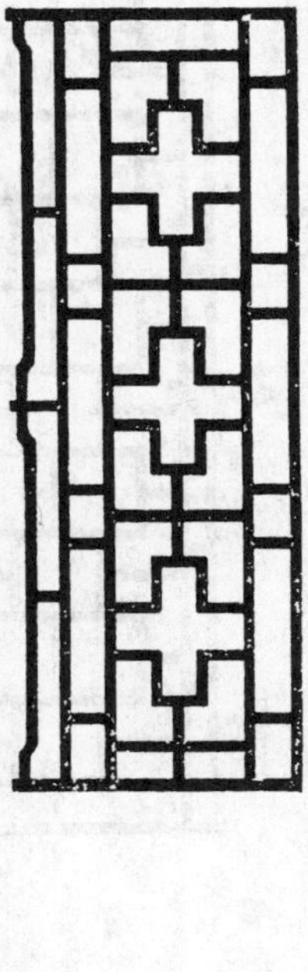
式四

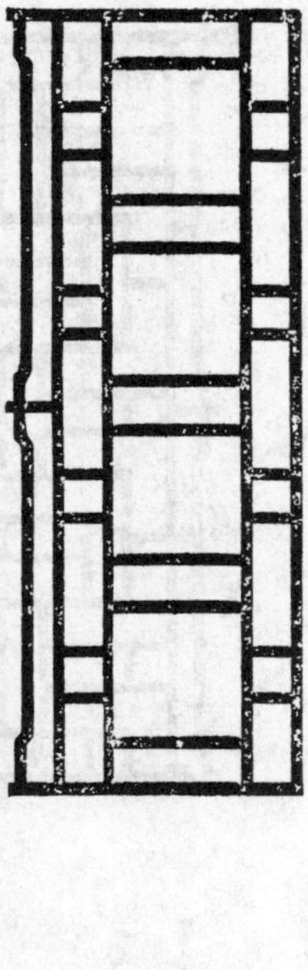
式五

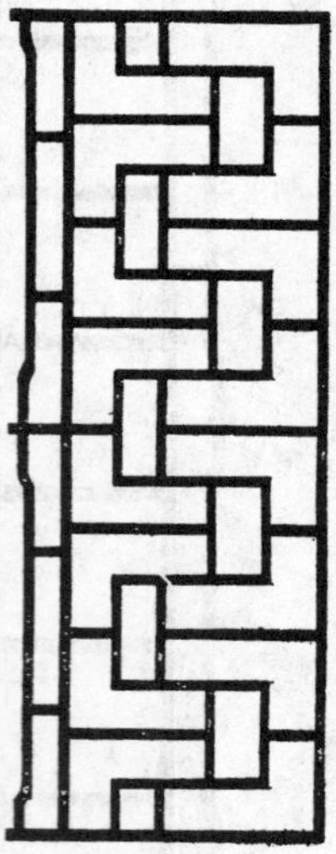
式六

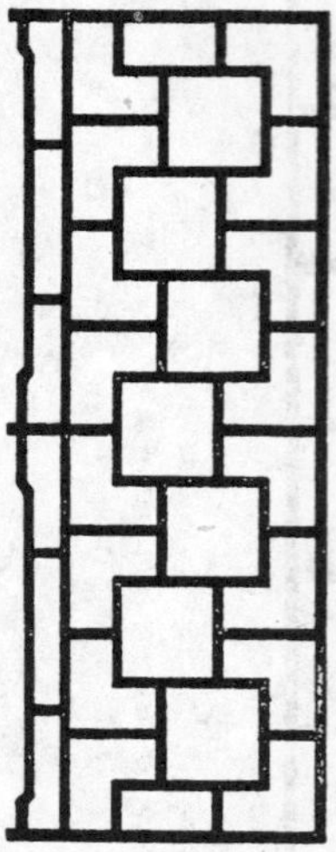
式七

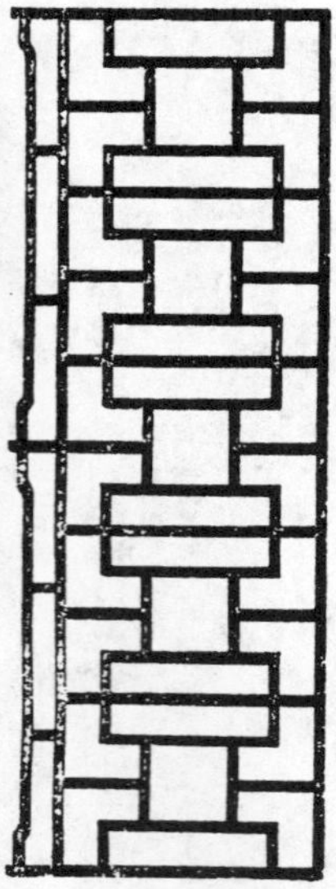
式八

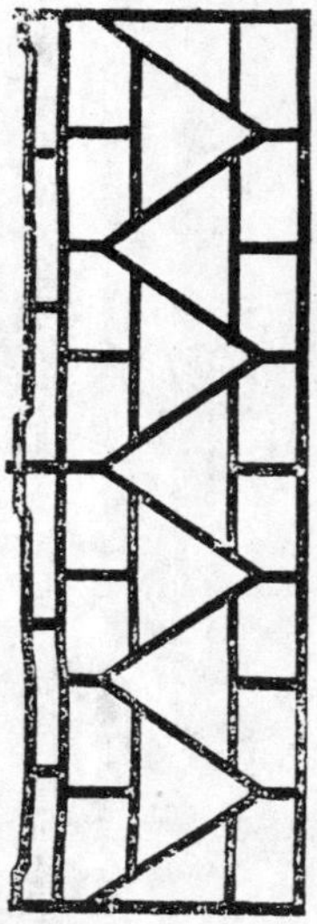
式九

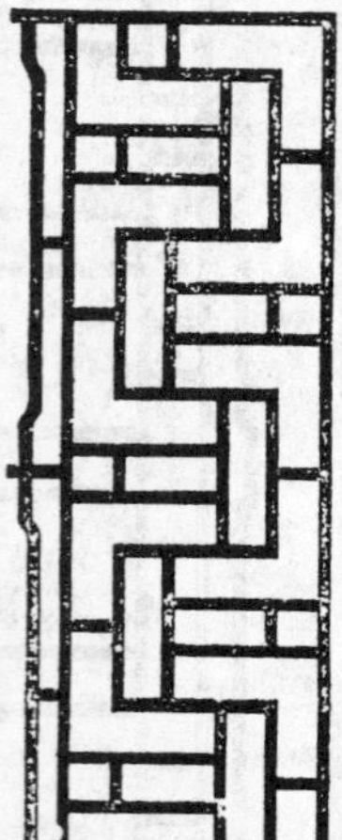
式十

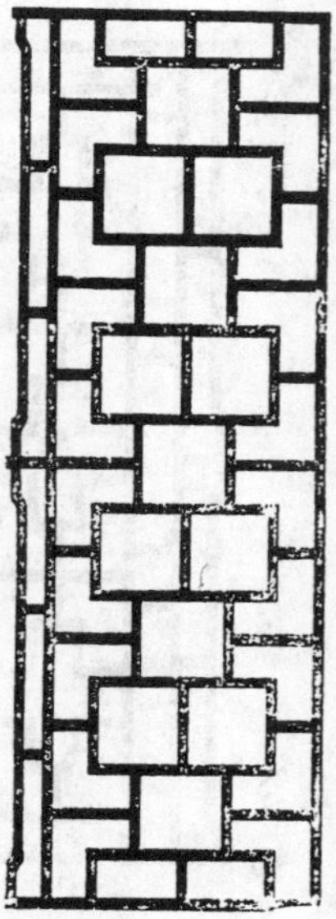
式十一

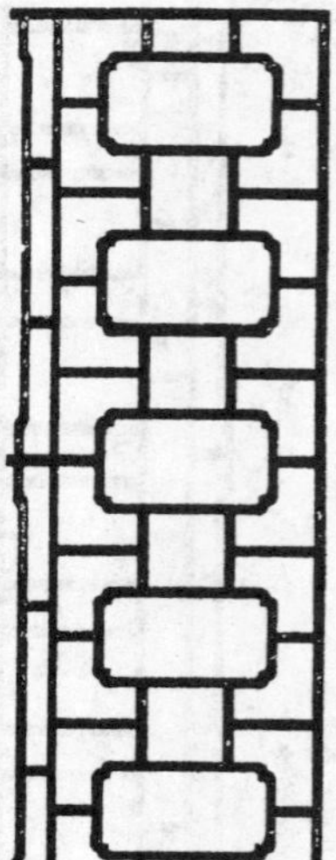
縧環式十二

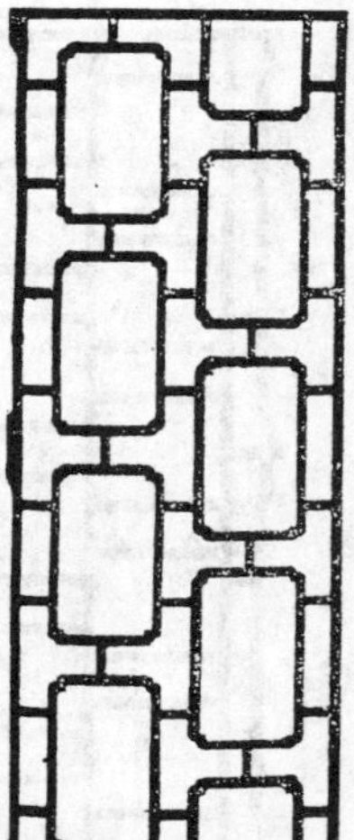
横環式十三

式十四

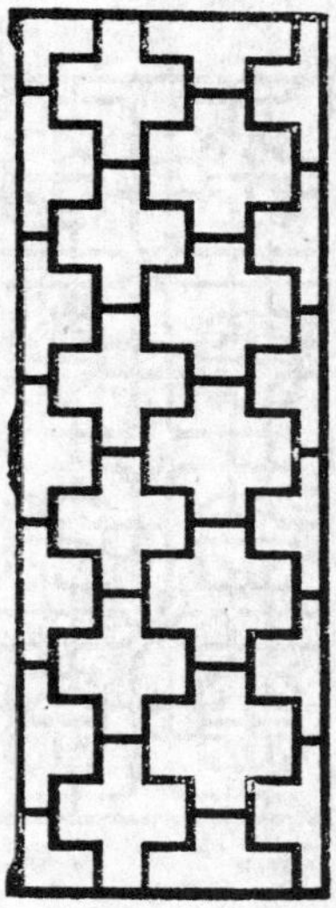
式十五

式十六

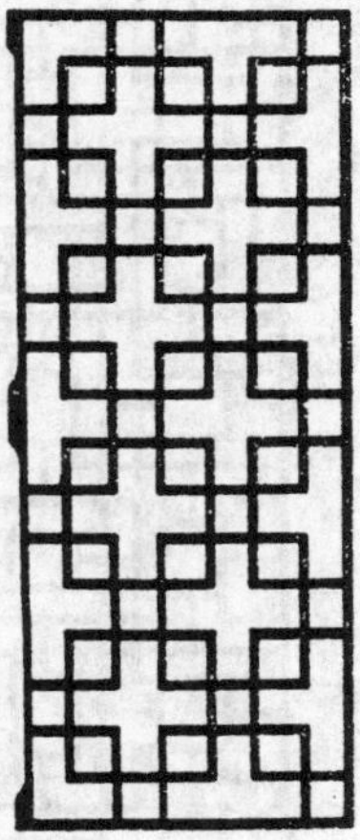
套方式十七

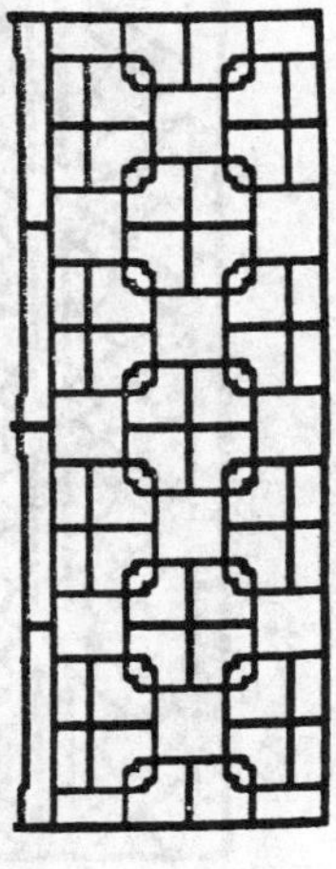
式十八

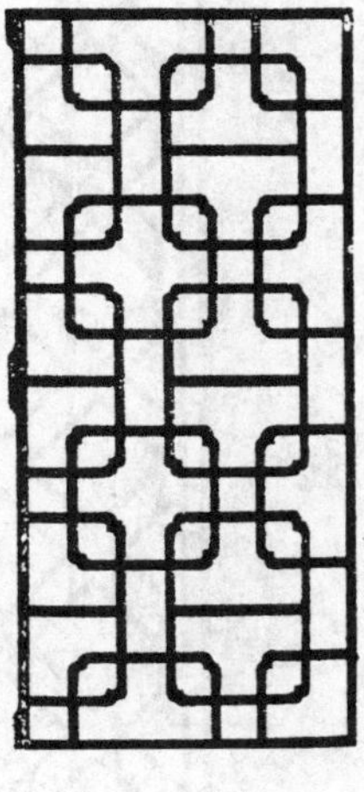
式十九

式二十

式二十一

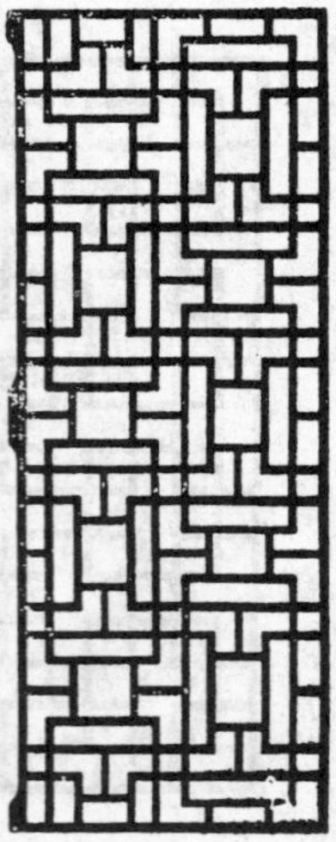
式二十二

式二十三

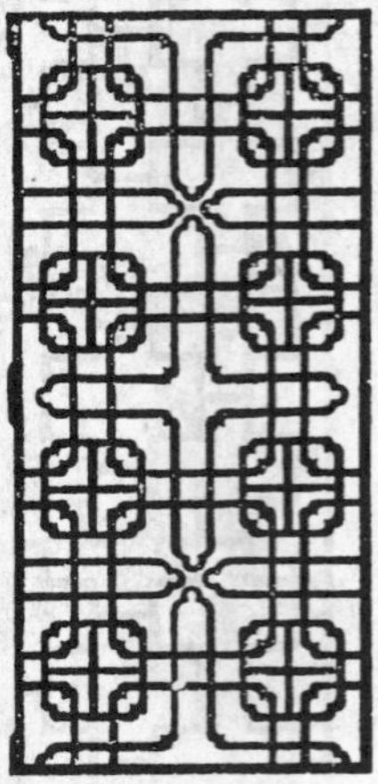
式二十四

式二十五

式二十六

式二十七

式二十八

三方式二十九

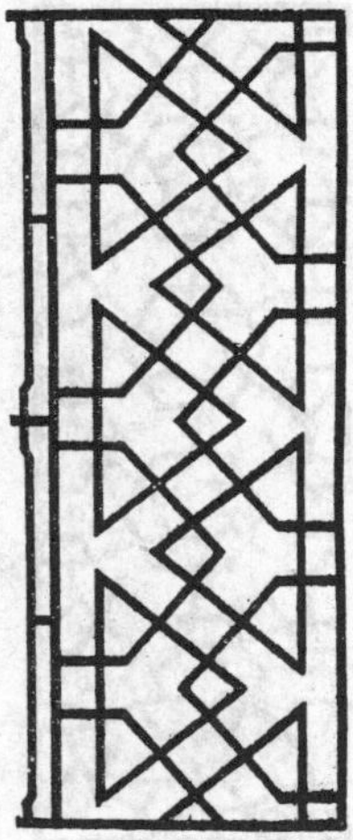
式三十

式三十一

式三十二

式三十三

式三十四

式三十五

式三十六

式三十七

錦葵式三十八

先以六料攢心，然後加瓣，如斯做法…

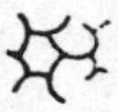

斯一料攢心，斯一料鬭瓣。

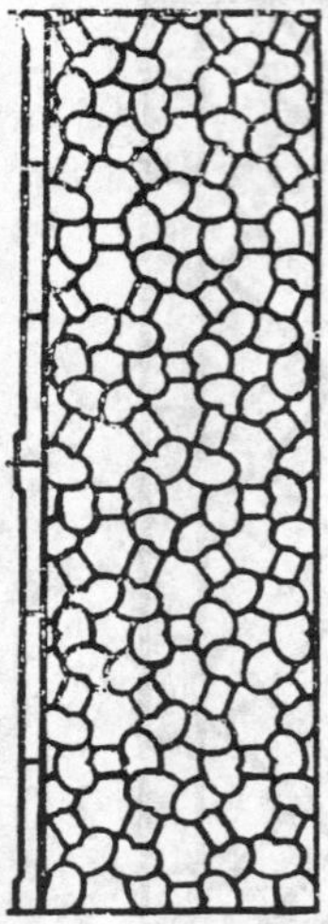

六方式三十九

葵花式四十

式四十一

式四十二

式四十三

式四十四

惟斯一料可做。

式四十五

用斯一料鬪瓣，料直，不攢榫眼。

波紋式四十六

梅花式四十七

鏡光式四十八

式四十九

式五十

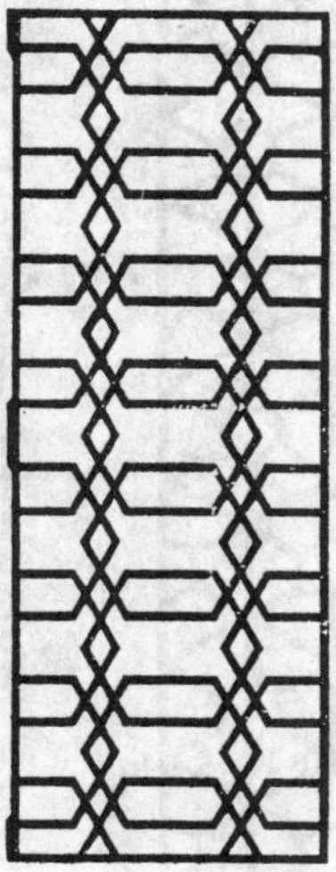

式五十一

冰片式五十二

式五十三

式五十四

式五十五

惟斯一料可做。

聯瓣葵花式五十六

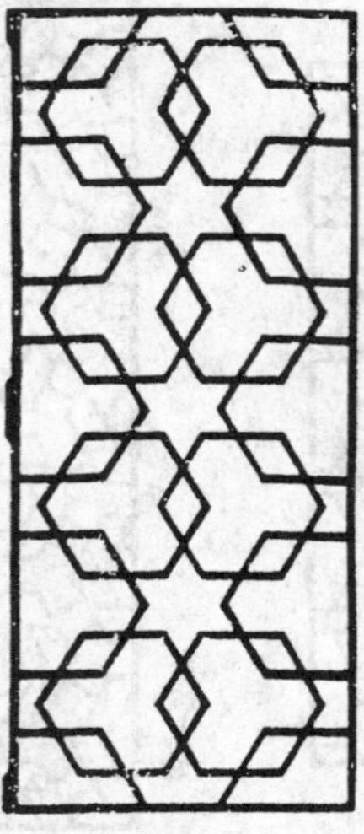
式五十七

式五十八

此欄置腰牆用，或置床外。

式五十九

式六十

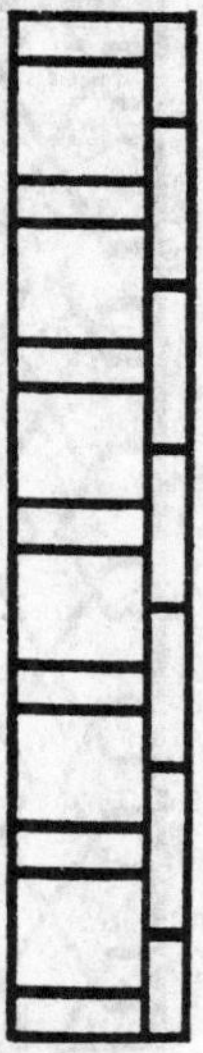
尺欄式一

式二

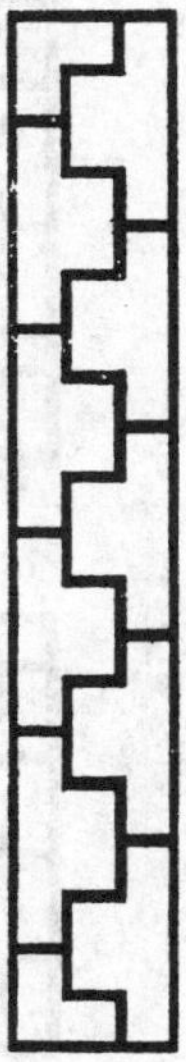
式三

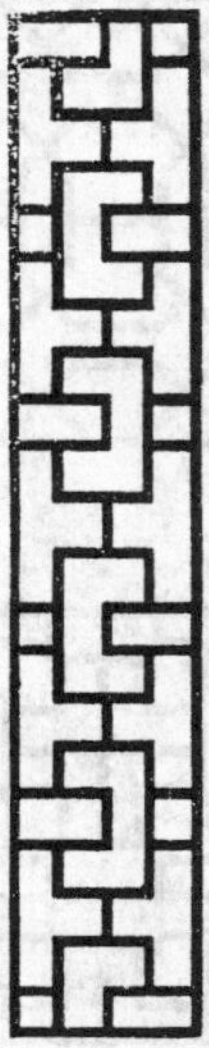
式四

式五

式六

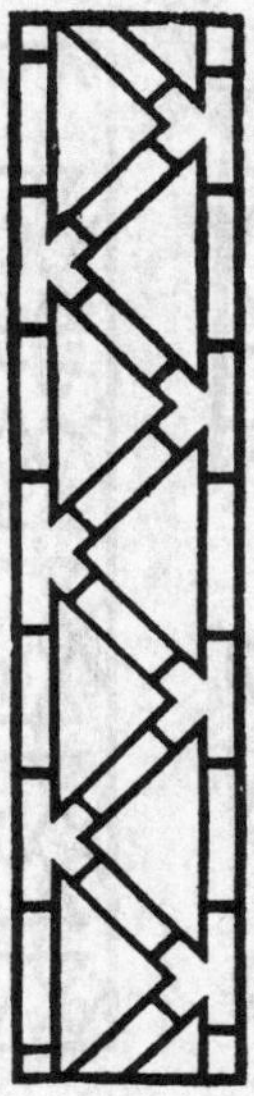
式七

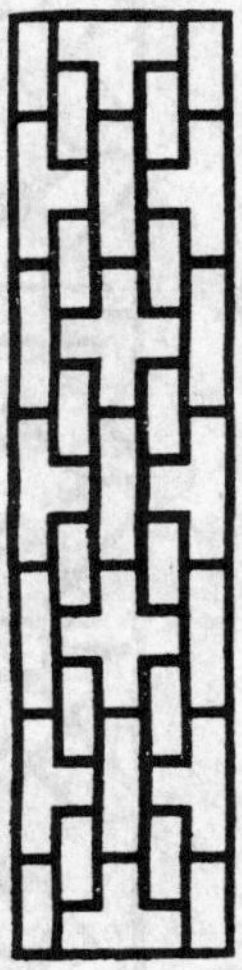
式八

式九

式十

式十一

式十二

式十三

式十四

式十五

式十六

短欄式一

式二

式三

式四

式五

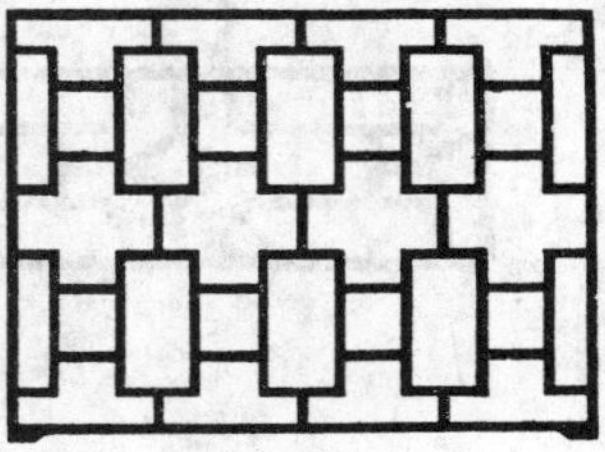
式六

式七

式八

式九

式十

式十一

式十二

式十三

式十四

式十五

式十六

式十七

短尺欄式一

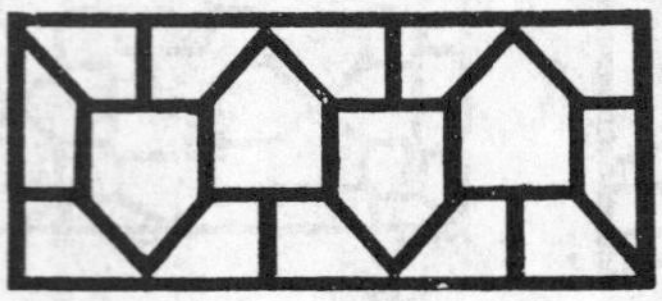
式二

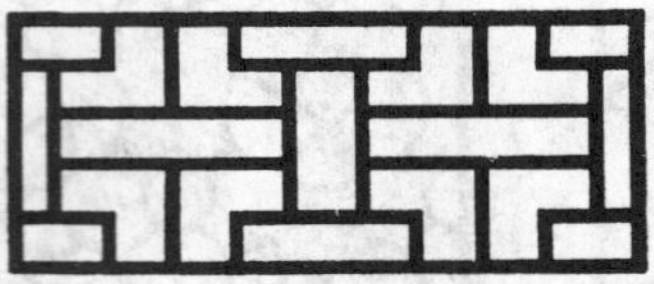
式三

式四

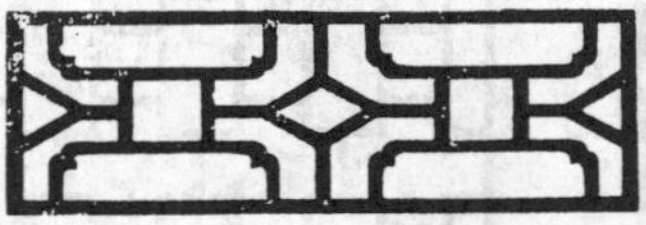
式五

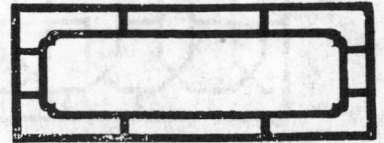

式六

式七

欄杆諸式計一百樣。

計成《園冶》卷三　五、門窗

門窗磨空，製式時裁，不惟屋宇翻新，斯謂林園遵雅。工精雖專瓦作，調度猶在得人。觸景生奇，含情多致，輕紗環碧，弱柳窺青。偉石迎人，別有一壺天地，修篁弄影，疑來隔水笙簧。佳境宜收，俗塵安到，切忌雕鏤門空，應當磨琢窗垣。處處鄰虛，方方側景，非傳恐失，故式存餘。

方門合角式

磨磚方門，憑匠俱做券門，磚上過門石，或過門枋者。今之方門，將磨磚用木栓栓住，合角過門于上，再加之過門枋，雅致可觀。

圈門式

凡磨磚門窗，量墻之厚薄，校磚之大小。内空須用滿磨，外邊只可寸許，不可就磚。邊外或白粉或滿磨可也。

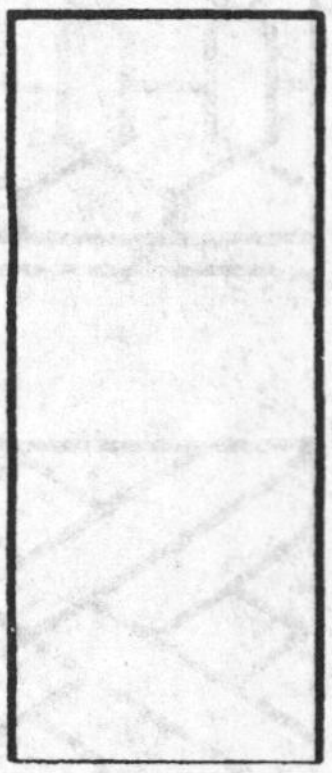

長八方式

入角式

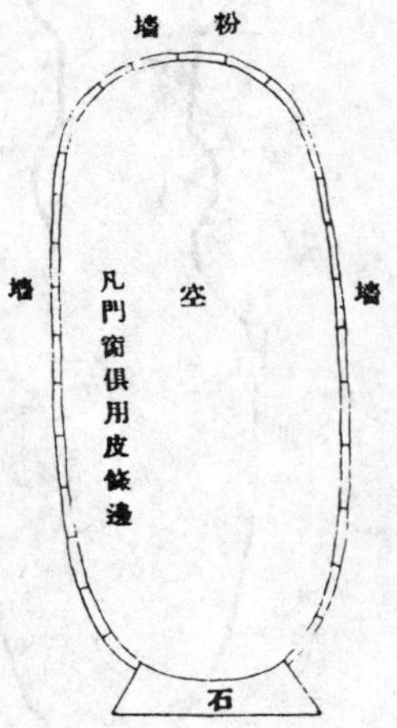

上下圈式

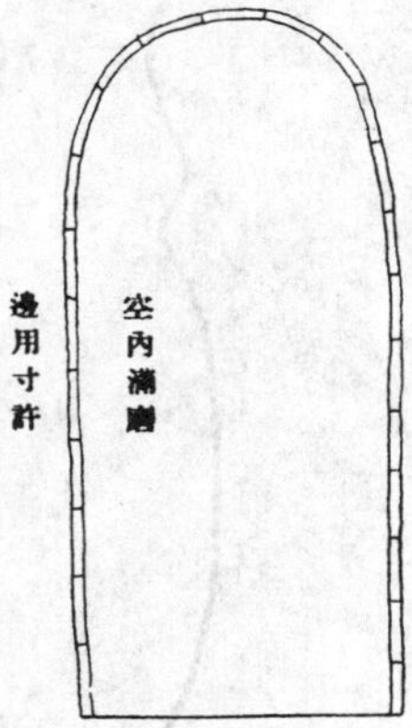

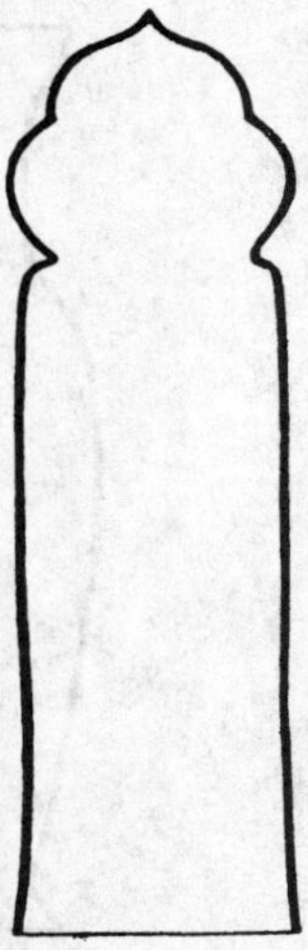

如意式

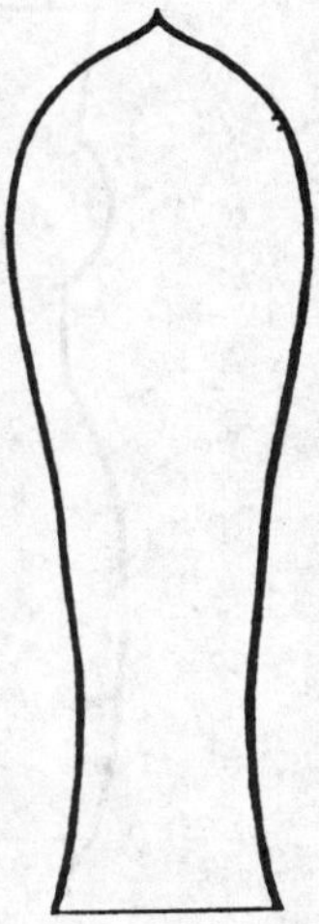

蓮瓣式

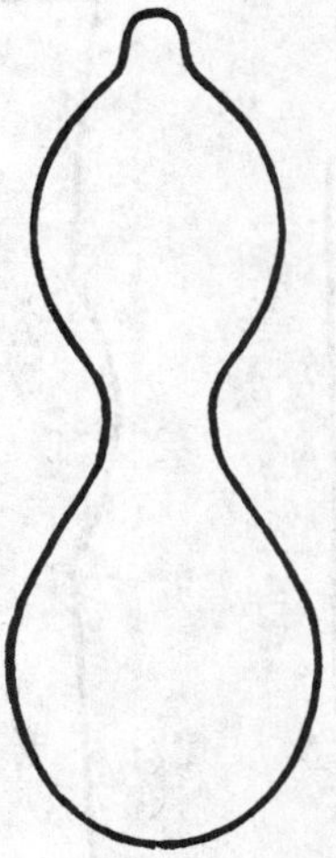

葫蘆式

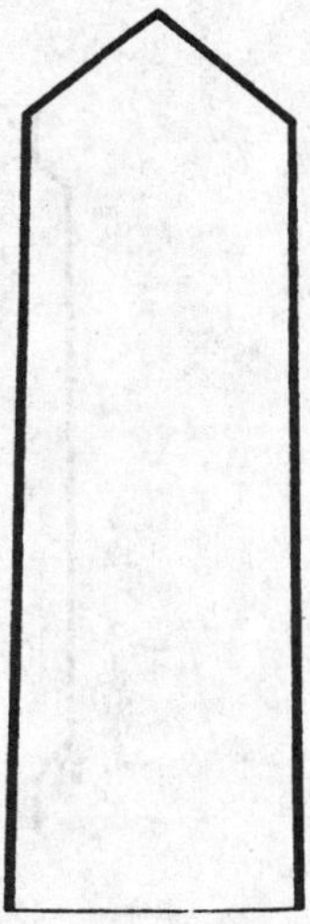

執圭式

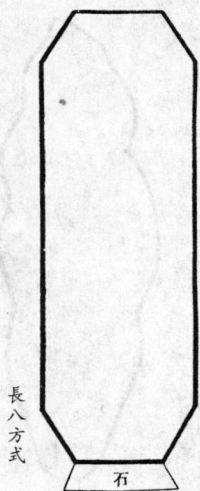

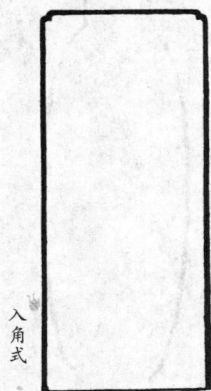

蓮瓣、如意、貝葉，斯三式宜供佛所用。

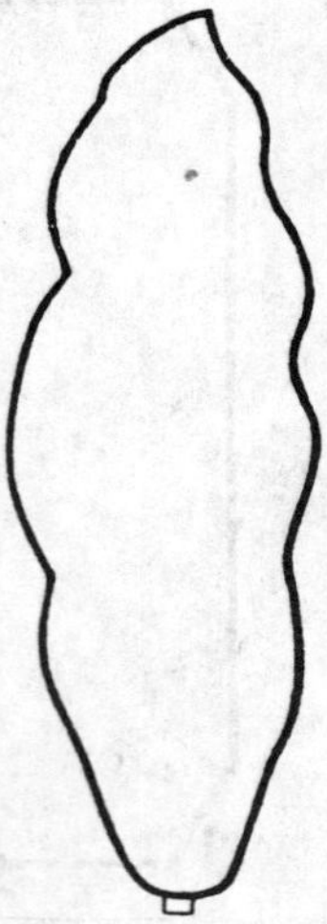
貝葉式

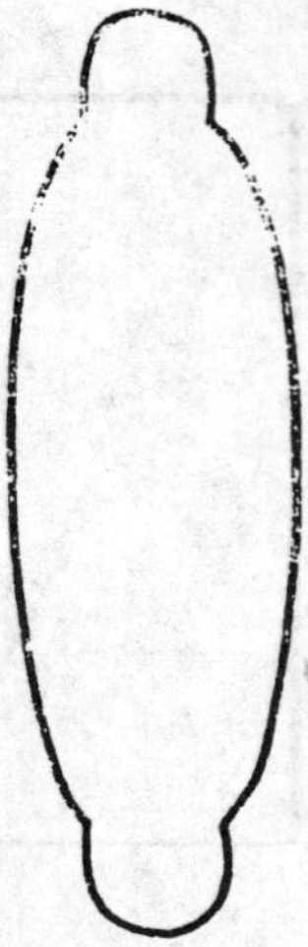
鉶環式

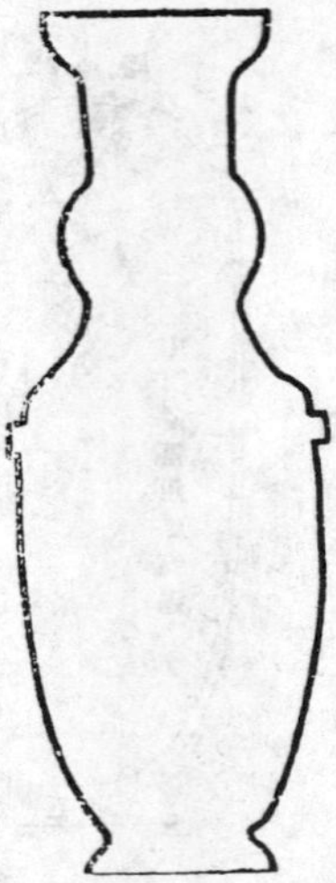
漢瓶式一

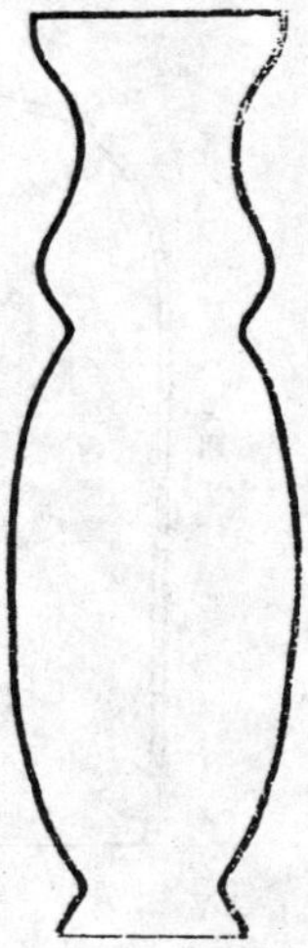
式二

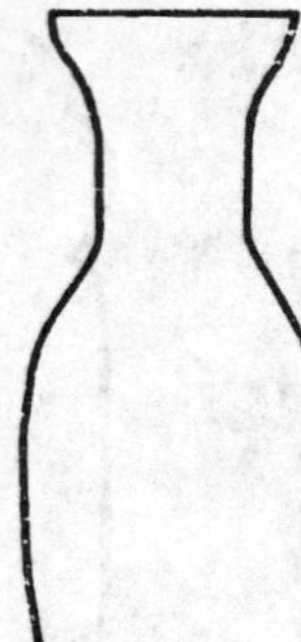
式三

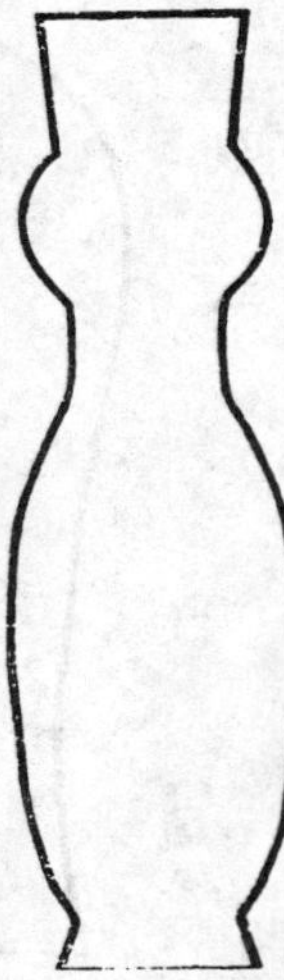
式四

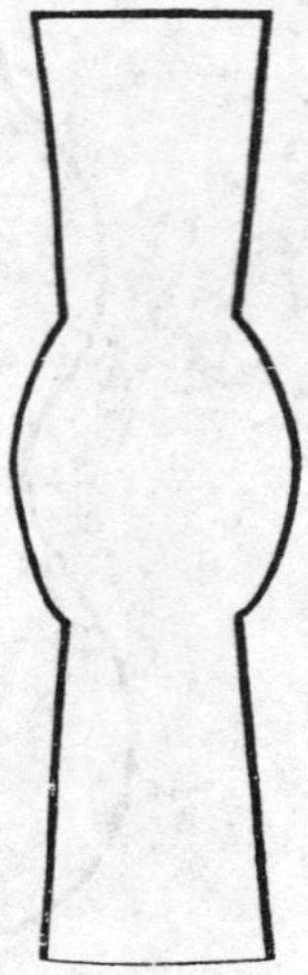
花觚式

蓍草瓶式

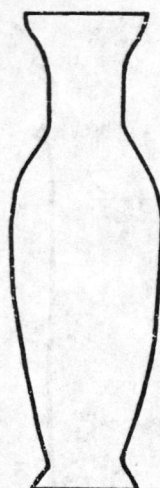

月窗式

片月式

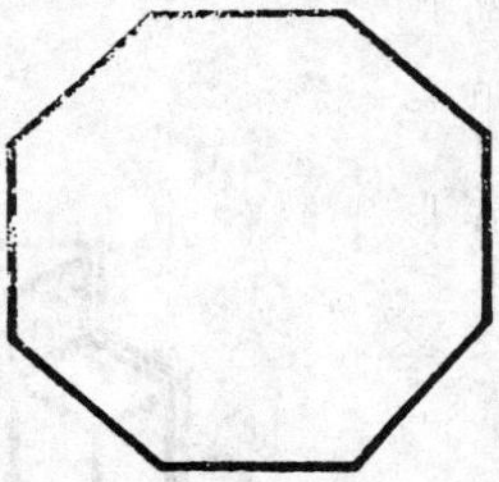
八方式

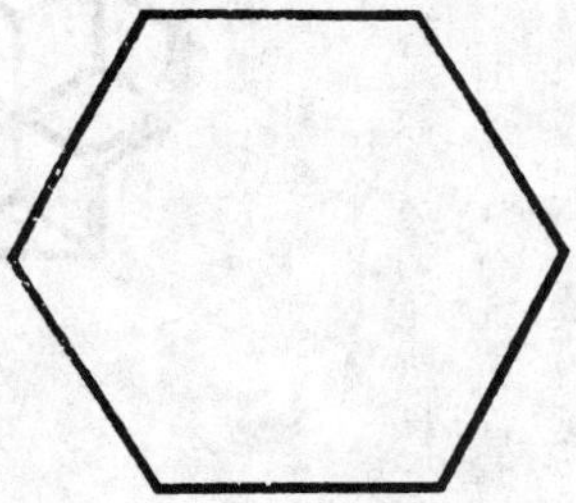
六方式

斯亦可爲門空。

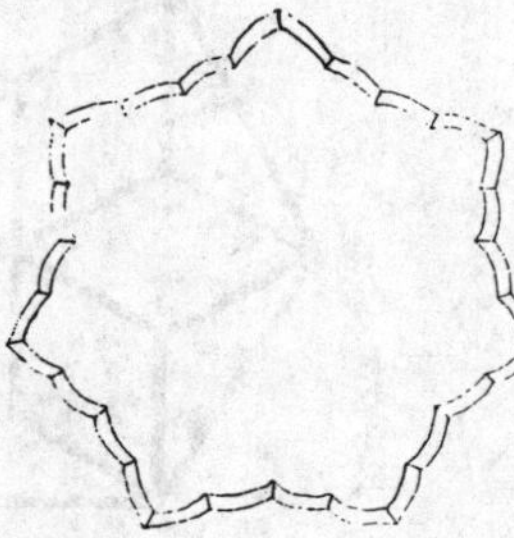
菱花式

如意式

梅花式

葵花式

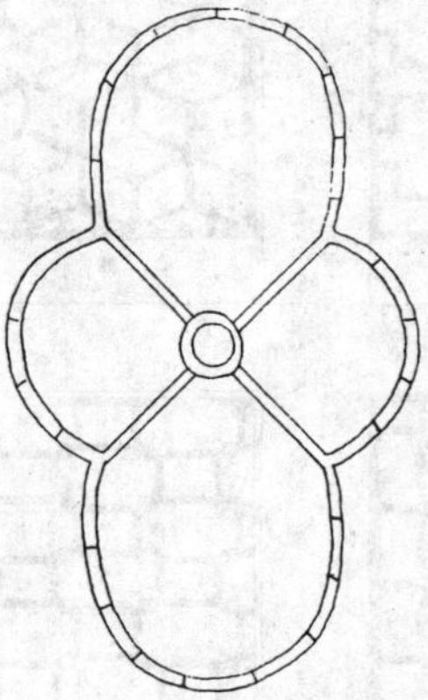
海棠式

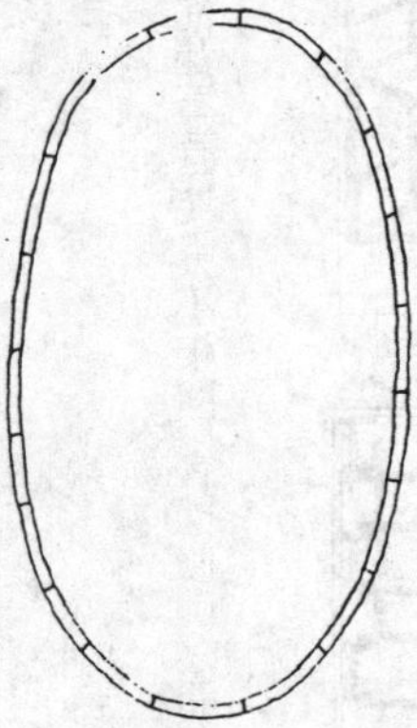
鶴子式

貝葉式

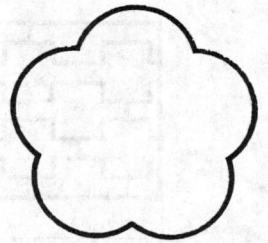

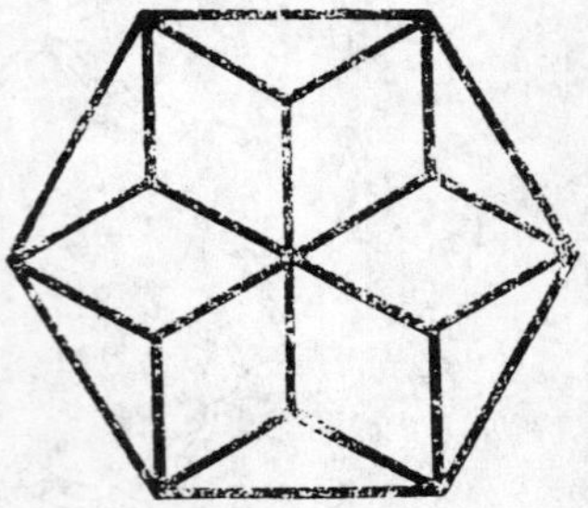

六方嵌梔子式

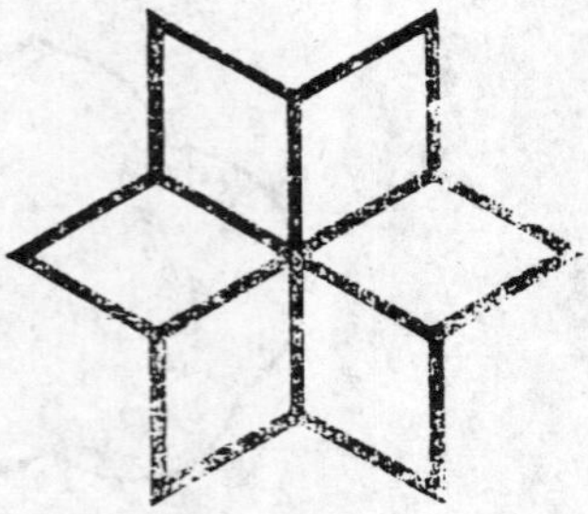

梔子花

罐式

六、墻垣

凡園之圍墻，多于版築，或于石砌，或編籬棘。夫編籬斯勝花屏，似多野致，深得山林趣味。如内花端水次，夾徑環山之垣。或宜石宜磚，宜漏宜磨，各有所製，從雅遵時，令人欣賞，園林之佳境也。歷來墻垣，憑匠作雕琢花鳥僊獸，以爲巧製，不第林園之不佳，而宅堂前之何可也。雀巢可憎，積草如蘿，祛之不盡，扣之則廢，無可奈何者，市俗村愚之所爲也，高明而慎之。世人興造，因基之偏側，任而造之，何不以墻取頭潤頭狹，就屋之端正，斯匠主之莫知也。

白粉墻

歷來粉墻，用紙筋石灰，有好時取其光膩用白蠟磨打者。今用江湖中黄沙，并上好石灰少許打底，再加少許石灰蓋面，以麻帚輕擦，自然明亮鑑人。倘有污積，遂可洗去，斯名鏡面墻也。

磨磚墻

如隱門照墻廳堂面墻，皆可用磨或方磚吊角，或方磚裁成八角嵌小方，或小磚一塊間半塊，破花砌如錦樣。封頂用磨掛方飛簷磚幾層，雕鏤花鳥僊獸不可用。入畫意者少。

漏磚墻

凡有觀眺處築斯，似避外隱内之義。古之瓦砌連錢疊錠魚鱗等類，一概屏之，聊式幾于左。

亂石墻

是亂石皆可砌，惟黄石者佳，大小相間，宜襍假山之間，亂青石版用油灰抿縫，斯名氷裂也。

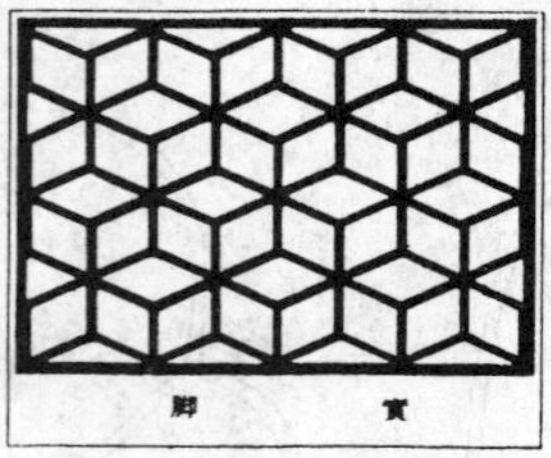

菱花漏墻式

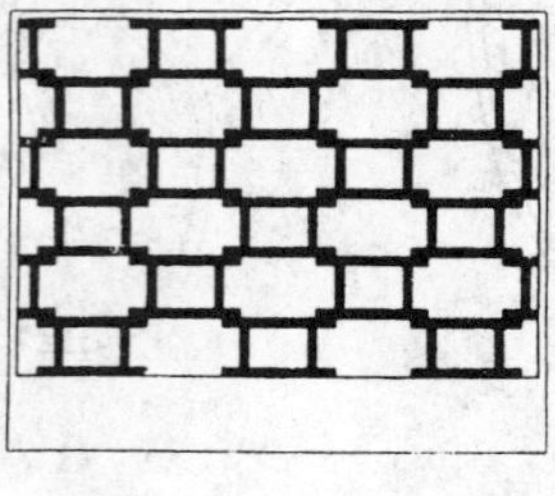

縧環式二

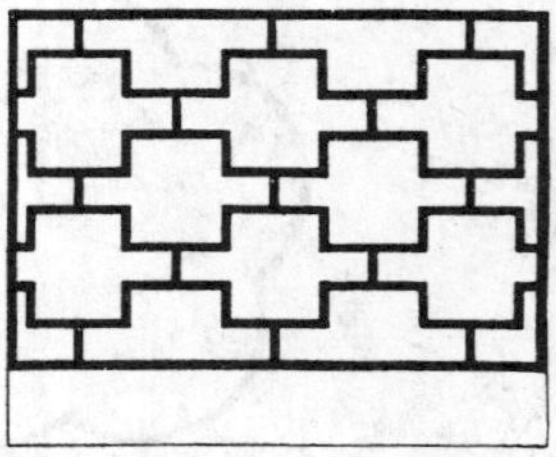

式三

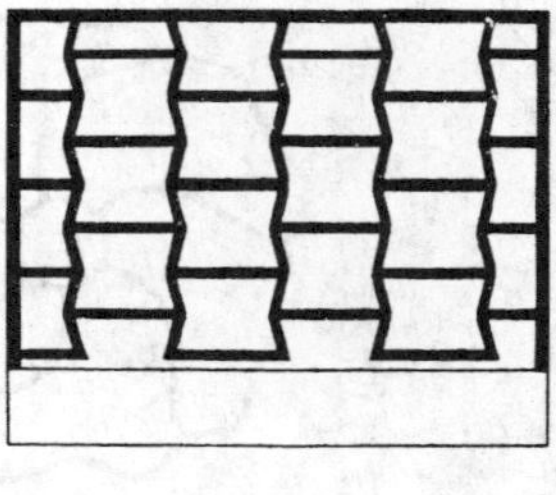

竹節式四

人字式五

式六

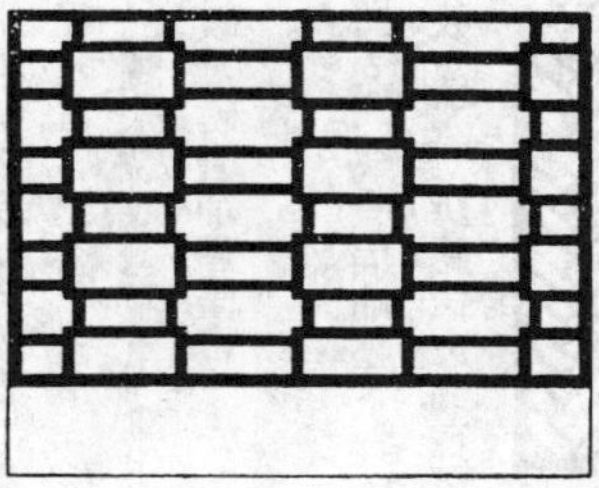
式七

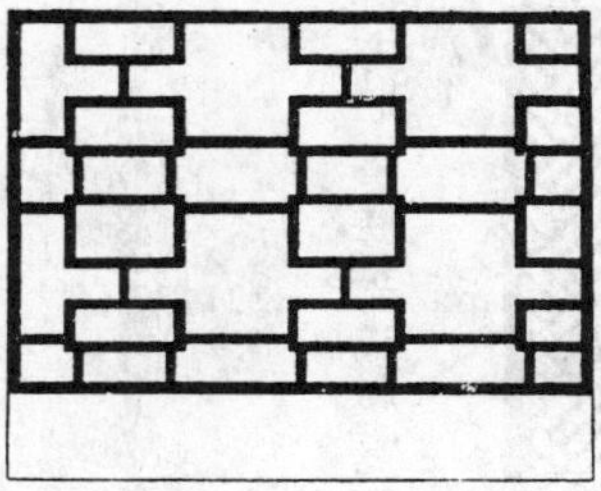
式八

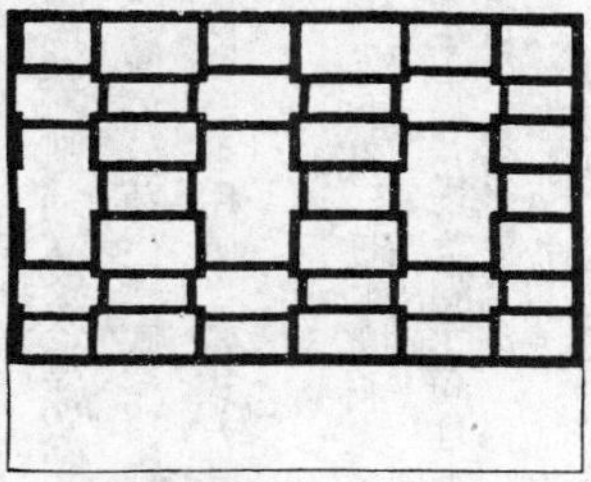
式九

式十

漏明墻，凡計一十六式，惟取其堅固。如欄杆式中亦有可摘砌者，意不能盡，猶恐重式，宜用磨砌者佳。

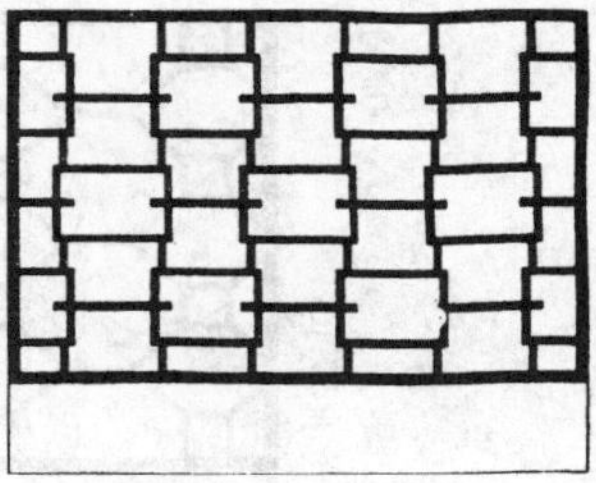
式十一

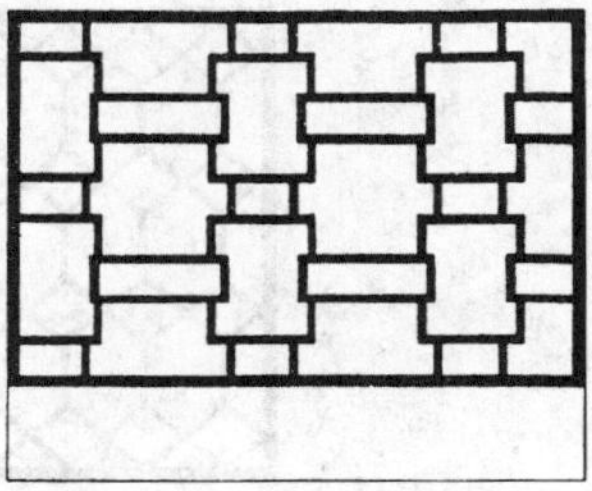
式十二

式十三

式十四

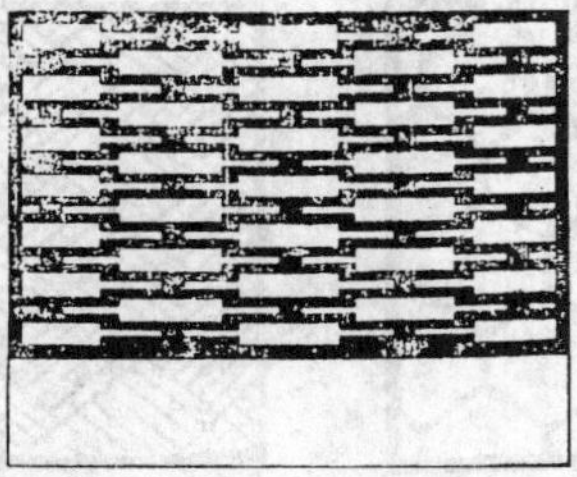
式十五

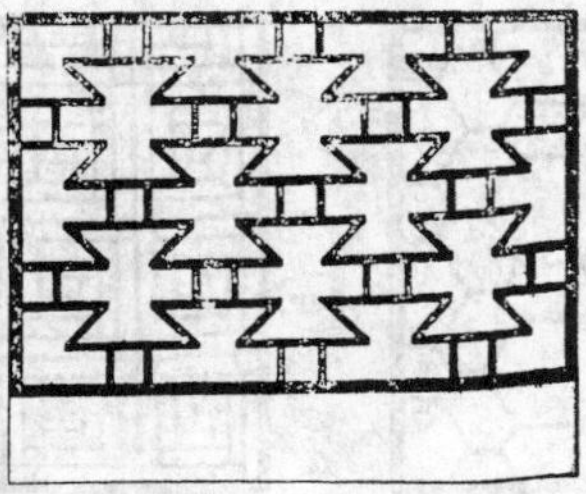
式十六

七、鋪地

大凡砌地鋪街，小異花園住宅。惟廳堂廣廈中，鋪一槩磨磚。如路徑盤蹊，長砌多般亂石。中庭或宜疊勝，近砌亦可回文。八角嵌方，選鵞子鋪成蜀錦；層樓出步，就花稍琢擬秦臺。錦線瓦條，臺全石版，吟花席地，醉月鋪氊。廢瓦片也有行時，當湖石削鋪，波紋洶湧；破方磚可留大用，遶梅花磨鬭，冰裂紛紜。路徑尋常，堦除脱俗。蓮生韈底，步出個中來；翠拾林深，春從何處是。花環窄路偏宜石，堂迴空庭須用磚。各式方圓，隨宜鋪砌，磨歸瓦作，襍用鈎兒。

亂石路

園林砌路，惟小亂石砌如榴子者，堅固而雅致。曲折高卑，從山攝壑，惟斯如一。有用鵞子石間花紋砌路，尚且不堅易俗。

鵞子地

鵞子石，宜鋪于不常走處，大小間砌者佳，恐匠之不能也。或磚或瓦，嵌成諸錦猶可，如嵌鶴鹿獅毬，猶類狗者可笑。

冰裂地

亂青版石，鬭冰裂紋，宜于山堂水坡臺端亭際，見前風窗式。意隨人活，法砌似無拘格，破方磚磨鋪猶佳。

諸磚地

諸磚砌地屋内，或磨扁鋪庭下宜仄砌，方勝、疊勝、步步勝者，古之常套也。今之人字、蓆紋、斗紋，量磚長短合宜可也。有式：

人字式

蓆紋式

間方式

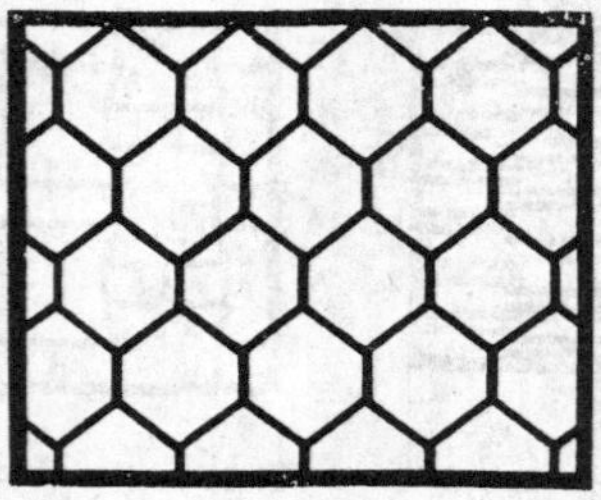
六方式

八方間六方式

斗紋式 以上四式用磚仄砌

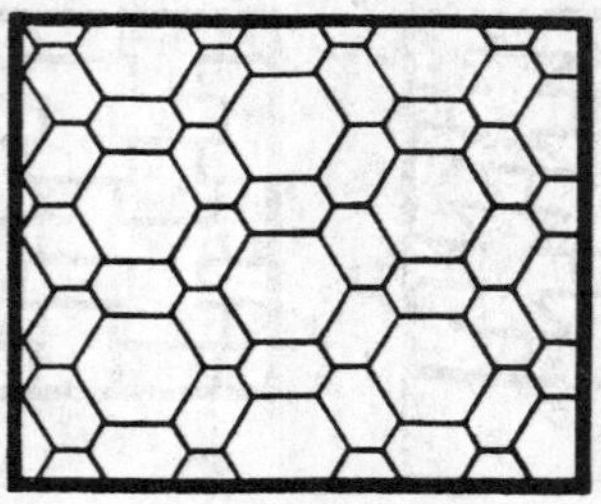
攢六方式

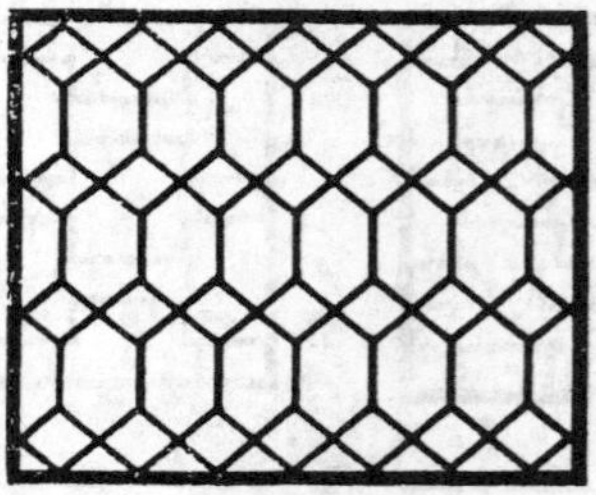
套六方式

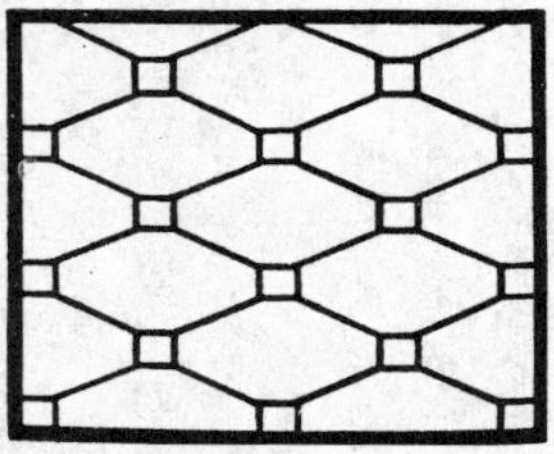

長八方式

八方式

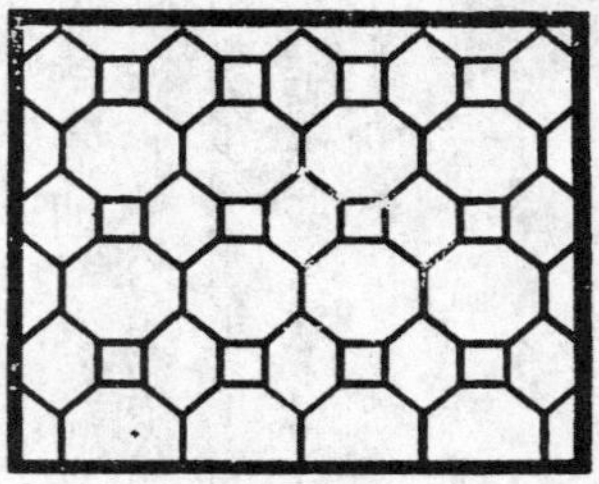

海棠式

四方間十字式

以上八式，用磚嵌鵞子砌。

香草邊式

用磚邊瓦砌香草。中或鋪磚，或鋪鵞子。

鵞子嵌瓦，只此一式可用。

毬門式

用廢瓦撿厚薄砌，波頭宜厚，波傍宜薄。

波紋式

戴震《考工記圖》卷上　立度辨方之文，圖與傳注相表裏者也。自小學道湮，好古者靡所依據。凡六經中制度禮儀，覈之傳注，既多違誤，而爲圖者，又往往自成詰詘，異其本經，古制所以日就荒謬不聞也。《舊禮圖》有梁、鄭、阮、張、夏侯諸家之學，失傳已久。惟聶崇義《三禮圖》二十卷見於世，於考工諸器物尤疏舛。同學治古文辭，有苦考工記難讀者，余語以諸工之事，非精究少廣旁要，固不能推其制，以盡文之奥曲。鄭氏注善矣，兹爲圖翼贊鄭學，擇其正論，補其未逮，圖傳某工之下，俾學士顯白觀之。因一卷書當知古六書九數等，儒者結髮從事，今或皓首未之聞何也。休寧戴震。

國有六職，百工與居一焉。或坐而論道，或作而行之，或審曲面勢以飭五材，以辨民器，或通四方之珍異以資之，或飭力以長地財，或治絲麻以成之。坐而論道，謂之王公。作而行之，謂之士大夫。審曲面勢，以飭五材，以辨民器，謂之百工。通四方之珍異以資之，謂之商旅。飭力以長地財，謂之農夫。治絲麻以成之，謂之婦功。與音預。埶勢同畏長竹丈反。

注：作，起也。辨，猶具也。辨、辦古今字。鄭司農云：審曲面勢，審察五材曲直方面形勢之宜以治之，及陰陽之面背是也。《春秋傳》曰：天生五材，民並用之，謂金木水火土也。

粤無鎛，燕無函，秦無廬，胡無弓車。粤之無鎛也，非無鎛也，夫人而能爲鎛也。燕之無函也，非無函也，夫人而能爲函也。秦之無廬也，非無廬也，夫人而能爲廬也。胡之無弓車也，非無弓車也，夫人而能爲弓車也。鎛音博。廬魯吴反，説文作籚。夫音扶。

注：鎛，田器。鄭司農云：函，鎧也。廬，謂矛戟柄，竹欑柲。

知者創物，巧者述之守之，世謂之工。百工之事，皆聖人之作也。爍金以爲刃，凝土以爲器，作車以行陸，作舟以行水，此皆聖人之所作也。天有時，地有氣，材有美，工有巧，合此四者，然後可以爲良。材美工巧，然而不良，則不時，不得地氣也。橘踰淮而北爲枳，鸜鵒不踰濟，貉踰汶則死，此地氣然也。鄭之刀，宋之斤，魯之削，吴粤之劍，遷乎其地，而弗能爲良，地氣然也。燕之角，荆之幹，妢胡之笴，吴粤之金錫，此材之美者也。天有時以生，有時以殺，草木有時以生，有時以死，石有時以泐，水有時以凝，有時以澤，此天時也。知音智。創刱古字通。幹古旱反，俗作幹。妢扶云反。笴讀爲槀。泐音扐。澤音釋。

注：幹，柘也，可以爲弓弩之幹。妢胡，胡子之國，在楚旁。笴，矢幹也。鄭司農云：泐謂石解散也，夏時盛暑大熱則然。

凡攻木之工七，攻金之工六，攻皮之工五，設色之工五，刮摩之工五，摶埴之工二。攻木之工，輪輿弓廬匠車梓。攻金之工，築冶鳧㮚段桃。攻皮之工，函鮑韗韋裘。設色之工，畫繢鍾筐㡛。刮摩之工，玉楖雕矢磬。摶埴之工，陶瓬。刮古八反。摶音博。埴時職反。㮚俗作栗。鮑書或作鞄，匹學反。韗音運。㡛莫黄反。楖側筆反。瓬從瓦方聲，甫罔反。

注：攻猶治也。摶之言拍也。摶《釋文》有團、博二音，團音當手旁專，博音手旁尃，絶然二字，譌溷莫辨。鄭注摶之言拍，取音聲相邇爲訓。拍古音滂各反，《釋名》云，拍，搏也，手搏其上也，又云搏，博也。四指廣博，亦似擊之也，據此定從博音。埴，黏土也。梓，榎屬也。

有虞氏上陶，夏后氏上匠，殷人上梓，周人上輿，故一器而工聚焉者，車爲多。車有六等之數，車軫四尺，謂之一等。戈柲六尺有六寸，既建，而迆崇於軫四尺，謂之二等。人長八尺，崇於戈四尺，謂之三等。殳長尋有四尺，崇於人四尺，謂之四等。車戟常，崇於殳四尺，謂之五等。酋矛常有四尺，崇於戟四尺，謂之六等。車謂之六等之數。迆以氏反。

注：此所謂兵車也，八尺曰尋，倍尋曰常。殳長丈二，戈殳戟矛，皆插車輢。車輢外設扃，戈殳戟矛所建。鄭司農云：迆謂著戈於車邪倚也。

凡察車之道，必自載於地者始也，是故察車自輪始。凡察車之道，欲其樸屬而微至。不樸屬，無以爲完久也，不微至，無以爲戚速也。樸普剥反。屬章欲反。戚蹙同。

注：樸屬，猶附著堅固貌也。齊人有名疾爲戚者，《春秋傳》曰：蓋以操之爲已蹙矣。鄭司農云：微至，謂輪至地者少，言其圜甚，著地者微爾。著地者微，則易轉，故不微至，無以爲戚數。

輪已崇，則人不能登也。輪已庳，則於馬終古登阤也。阤丈爾反。

注：已，太也，甚也。齊人之言終古，猶言常也。阤，阪也，輪庳則難引。

故兵車之輪，六尺有六寸。田車之輪，六尺有三寸。乘車之輪，六尺有六寸。乘繩證反。

注：此以馬大小爲節也。兵車革路也，田車木路也，乘車玉路、金路、象路也。據《巾車》言。兵車、乘車駕國馬，田車駕田馬。

六尺有六寸之輪，軹崇三尺有三寸也，加軫與轐焉，四尺也。人長八尺，登下以爲節。軹當作軒，音笄。轐輹同，博木反。

注：鄭司農云：轐謂伏兔也。玄謂軹轂末也。此軫與轐并七寸，田車又宜減焉。

補注：轂末之軹，故書本作軒，從車幵聲。讀如簪笄之笄，轂末出輪外，佀笄出髮外也。軒字見《大馭》注，杜子春改爲軹。軒、軹、軓、軌四字，經傳中往往譌溷，先儒以其所知，改所不知，於是經書字書不復有軒字矣。説具《釋車》。

輪人爲輪。斬三材，必以其時，三材既具，巧者和之。轂也者，以爲利轉也。輻也者，以爲直指也。牙也者，以爲固抱也。輪敝，三材不失職，謂之完。牙讀如訝。

注：材枉陽則中冬斬之，枉陰則中夏斬之。今世轂用雜榆，輻以檀，牙以橿也。鄭司農云：牙謂輪輮也，世間或謂之罔。

望而眡其輪，欲其幎爾而下迆也。進而眡之，欲其微至也。無所取之，取諸圜也。幎莫歷反。

注：輪，謂牙也。幎，均致貌也。微至，至地者少也，非有他也，圜使之然也。

望其輻，欲其掣爾而纖也。進而眡之，欲其肉稱也。無所取之，取諸易直也。掣音朔。纖攕通。稱尺證反。

注：掣纖，殺小貌也。肉稱，弘殺好也。

補注：輻有鴻有殺，似人之臂掔，故欲其掣爾而攕，不擁腫也。許叔重《説文解字》曰：掣，人臂貌，徐鍇云：人臂稍長纖好也。攕，好手貌。《詩》曰：攕攕女手。今《毛詩》作摻，傳云：摻摻，猶纖纖也。

望其轂，欲其眼也。進而眡之，欲其幬之廉也。無所取之，取諸急也。眼當作輥，古本反。《説文》云：《周禮》曰：望其轂，欲其輥。幬徒到反。

注：眼，出大貌也，幬，幔轂之革也，革急則裹木廉隅見。

補注：《説文》：輥，齊等貌。齊等者，不橈減也。轂欲其輥，則幹木圜甚不宜。又有廉隅，以革幬轂欲廉，廉之言斂也，負幹斂約也。如「紾而摶廉」之廉。

眡其綆，欲其蚤之正也。綆音餅。蚤、爪古字通。

注：蚤當爲爪，謂輻入牙中者也。鄭司農云：綆謂輪箄也。玄謂輪雖箄，爪牙必正也。疏云：凡造車輪皆向外箄，向外箄則車不掉。

補注：輻上端入轂中，用正枘。下端入牙中，用偏枘。令牙外出，不與輻股骹參值，是爲綆，綆之言偏箄也。

蚤正，謂衆輻齊平，雖有綆之減，綆參分寸之二。蚤皆均正也。

察其菑蚤不齵，則輪雖敝不匡。菑側吏反。齵五構反。

注：菑謂輻入轂中者也，菑與爪不相佹，乃後輪敝盡不匡刺也。

補注：人齒佹戾曰齵。凡物刺起不平曰匡。

凡斬轂之道，必矩其陰陽。陽也者，稹理而堅，陰也者，疏理而柔。是故以火養其陰，而齊諸其陽，則轂雖敝不藃。稹之忍反。藃音槁。

注：矩，謂刻識之也。稹，致也。火養其陰，炙堅之也，蔽藃暴，減下曰藃，虛起曰暴。陰柔後必橈減，幬革暴起。

轂小而長則柞，大而短則摯。柞同笮，莊百反。摯同隉，魚列反。

注：鄭司農云：柞，謂輻間柞狹也。

補注：摯者，車行危隉不安。

是故六分其輪崇，以其一爲之牙圍。

注：六尺六寸之輪，牙圍尺一寸。

參分其牙圍而漆其二。

注：不漆其踐地者也。漆者七寸三分寸之一，不漆者三寸三分寸之二，令牙厚一寸三分寸之二，則内外面不漆者各一寸也。

椁其漆内而中詘之，以爲之轂長，以其長爲之圍。

注：六尺六寸之輪，漆内六尺四寸，是爲轂長三尺二寸，圍徑一尺三分寸之二也。鄭司農云：椁者，度兩漆之内，相距之尺寸也。

補注：大車短轂，取其利也。兵車、乘車、田車暢轂，取其安也。六尺六寸之輪，轂長三尺二寸，則車行無危隉之患。圍亦三尺二寸，以建三十輻，則輻間無柞狹之患。周三尺二寸者，徑尺有五分寸之一弱。鄭注：用六觚之率，周三徑一，約計大數爾，非圜率也。今算家圜率定於祖沖之。《隋書・律歷志》曰：古之九數圜周率三，圜徑率一，其術疏舛。宋末南徐州從事史祖沖之，更開密法，以圜徑一億爲一丈，圜周盈數三丈一尺四寸一分五釐九毫二秒七忽，朒數三丈一尺四寸一分五釐九毫二秒六忽，正數在盈朒二限之間。密率圜徑一百一十三，圜周三百五十五，約率圜徑七周二十二。

以其圍之防捎其藪。捎音簫。藪素口反。

注：捎，除也。防三分之一也。鄭司農云：藪讀爲蜂藪之藪，謂轂空壺中也。玄謂此藪徑三寸九分寸之五，壺中當輻菑者也。疏云：車轂之法，其孔必大頭寬，小頭狹。當輻入處謂之藪，寬狹處中而已。蜂藪者，猶言趨也，藪者衆輻之所趨也。

補注：捎空轂中如壺然，所以受軸，以密率計之，徑三寸五分寸之二弱。

五分其轂之長，厺一以爲賢，厺三以爲軹。厺起吕反。軹當作軒。

注：鄭司農云：賢大穿也，軹小穿也。玄謂此大穿徑八寸十五分寸之八，小穿徑四寸十五分寸之四，大穿甚大似誤矣。大穿實五分轂長厺二也，厺二則得六寸五分寸之二。凡大小穿皆謂金也，今大小穿金厚一寸，則大穿穿内徑四寸五分寸之二，小穿穿内徑二寸十五分寸之四，如是乃與藪相稱也。今當作令，賈疏已誤。

補注：以密率計之，大穿徑六寸十分寸之一强，小穿徑四寸四十分寸之三弱，軸徑四寸五分寸之一强，大穿內徑，不得過四寸，軸之兩端入轂中者稍殺削之，其當大穿處鋸截周遭少許，則轂止不內侵。

容轂必直，陳篆必正，施膠必厚，施筋必數，幬必負幹。數色角反。

注：容者，治轂爲之形容也。篆，轂約也。幬負幹者，革轂相應，無贏不足。

既摩，革色青白，謂之轂之善。

注：謂凡漆之乾，而以石摩平之，疏云：將漆之先，以骨丸之，待乾，乃以石摩平之。革色青白，善之徵也。

參分其轂長，二在外，一在內，以置其輻。

注：轂長三尺二寸者，令輻廣三寸半，則輻內九寸半，輻外一尺九寸。

凡輻，量其鑿深以爲輻廣。輻廣而鑿淺，則是以大杌，雖有良工，莫之能固。鑿深而輻小，則是固有餘而强不足也。故竑其輻廣以爲之弱，則雖有重任，轂不折。量音良。鑿曹報反。竑音紘。

注：廣深相應，則固足相任也。杌，摇動貌。弱，菑也，今人謂蒲本在水中者爲弱，是其類也。鄭司農云：竑，謂度之。弱、蒻通。

補注：輻廣不得過三寸，輻厚一寸奇，菑厚蓋太半寸，三分之二爲太，三分之一爲少。漸殺至端，不得過三分寸之一。鄭用牧曰：量其鑿深以爲輻廣，竑其輻廣以爲之弱，弱自與鑿深相應，反覆言之爾。杌而不固則轂折，轂不能持輻也。

參分其輻之長而殺其一，則雖有深泥亦弗之溓也。殺色界反。溓讀爲黏，女廉反。

注：殺，衰小之也。

參分其股圍，去一以爲骹圍。骹苦教反。

注：謂殺輻之數也。鄭司農云：股謂近轂者也，骹謂近牙者也，《方言》股以喻其豐，故言骹以喻其細，人脛近足者細於股，謂之骹，羊脛細者亦謂骹。

揉輻必齊，平沈必均。揉《說文》作煣，而久反。

注：揉謂以火槁之，衆輻之直齊如一也。平沈，平漸也。鄭司農云：平沈，謂浮之水上無輕重。

直以指牙，牙得，則無槷而固。槷魚列反，從木熱省聲。

注：得，謂倨句鑿內相應也。內、枘同，即蚤。鄭司農云：槷，椴也，蜀人言椴曰槷。

不得，則有槷必足見也。見賢遍反。

注：必足見，言槷大也，然則雖得猶有槷，但小爾。

補注：鄭用牧曰：足者枘之下，枘入鑿中，而猶見其足，鑿太寬故也。槷小不足見，槷大則足見，無槷而固，甚言鑿枘相應，不用槷亦固。

六尺有六寸之輪，綆參分寸之二，謂之輪之固。

注：輪箅則車行不掉也。參分寸之二者，出於輻股鑿之數也。補注：固，謂不傾掉也。輪不箅，必左右仡摇，故輻蚤用偏枘，令牙出於輻股鑿三分寸之二，如此則重勢微注於內，兩輪訂之而定，無傾掉之患。

凡爲輪，行澤者欲杼，行山者欲侔。杼以行澤，則是刀以割塗也，是故塗不附。侔以行山，則是搏以行石也，是故輪雖敝不甐於鑿。杼直吕反。侔亡侯反。搏徒丸反。甐音吝。

注：杼，謂削薄其踐地者，侔上下等。搏圜厚也，甐亦敝也。以輪之厚，石雖齧之，不能敝其鑿旁使之動。

凡揉牙，外不廉，而內不挫，旁不腫，謂之用火之善。廉當作熑。

注：廉絶也。《說文》云：熑，火煣車網絶也。《周禮》曰：煣牙外不熑。挫，折也。腫，瘣也。

是故規之以眡其圜也，萬之以眡其匡也，縣之以眡其輻之直也，水之以眡其平沈之均也，量其藪以黍，以眡其同也，權之以眡其輕重之侔也。故可規，可萬，可水，可縣，可量，可權也，謂之國工。萬音俱。

注：輪中規則圜矣，等爲萬蔞，以運輪上，輪中萬蔞，則不匡刺也。輪輻三十，上下相直，從旁以繩縣之，中繩則鑿正輻直矣。平漸其輪無輕重，則斲材均矣。黍滑而齊，以量兩壺，無贏不足，則同。侔，等也，稱兩輪鈞石同，則等矣。輪有輕重，則引之有難易。

補注：正輪之器名萬，亦謂之萬蔞，蓋與輪等大。平可取準，萬之縣之，猶《旊人》之「器中膊、豆中縣」也。《方言》：秦晉之間謂車弓曰枸蔞，二者其狀仿佛，故方俗同稱。

輪人爲蓋。達常圍三寸，桯圍倍之，六寸。桯讀如楹。

注：鄭司農云：達常，蓋斗柄下入杠中也，桯蓋杠也。

信其桯圍以爲部廣，部廣六寸。信、伸古今字。

注：廣謂徑也。鄭司農云：部蓋斗也，部長二尺。

注：謂斗柄達常也。

輪

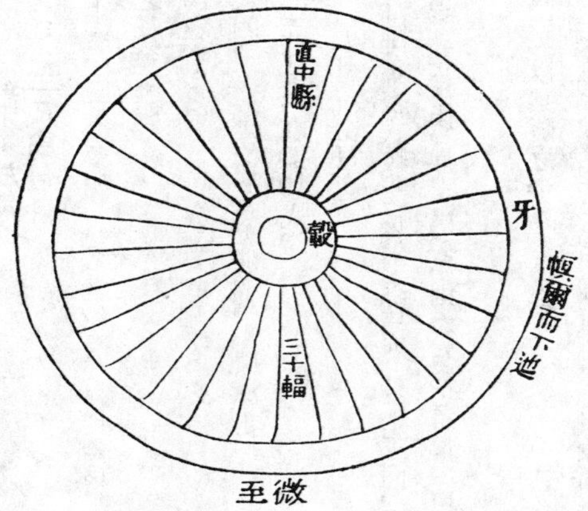

轂

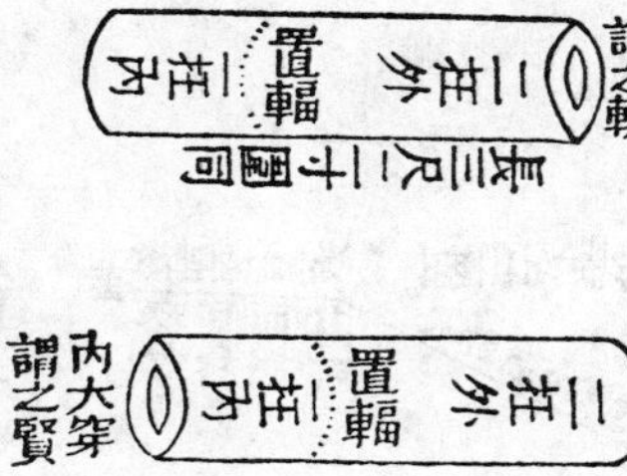

兵車、乘車軫間六尺六寸，旁加七寸，合兩旁并軫間是爲徹，廣八尺，而轂入輿下者七寸，其內地即置伏兔，以承軫兩軹之，廣凡丈一尺六寸，此轂末之軹故，書本作軒與輢內之軹宜有别，不得一車之中二名溷淆也。

輻

牙外出三分寸之二，輻股鑿不與蚤所入之鑿相當，以蚤有倨句故也。外直下爲倨，內曲剡之爲句。

桯長倍之，四尺者二。

注：杠長八尺，謂達常已下也。加達常二尺，則蓋高一丈，立乘也。

補注：鄭用牧曰：部厚一寸，連於達常，通長二尺，不計其入桯中者。桯長八尺，亦不計其入輿下者。桯建輿下，達常建桯中，皆宜有數寸，取其足相持爲度。

十分寸之一謂之枚，部尊一枚，弓鑿廣四枚，鑿上二枚，鑿下四枚。

注：尊高也，蓋斗上隆高，高一分也。弓蓋橑也。廣大也。是爲部厚一寸。鑿上下合六分，并鑿空四分共一寸也。

鑿深二寸有半，下直二枚，鑿端一枚。

注：鑿深對爲五寸，是以不傷達常也。達常徑一寸弱。下直二枚者，鑿空下正而上低二分也。其弓菑則撓之，平剡其下二分而內之，欲令蓋之尊終平不蒙撓也，端內題也。二枚一枚，皆鑿病弓杪所至。欲見鑿空下正，故曰下直二枚，鑿端一枚，便文協句爾。

補注：弓鑿外大內小，外縱横皆四分，內縱二分，下直二枚是也。横一分。鑿端一枚是也。下直者，對上迆爲言，鑿下外內同四分，鑿上外二分，內四分，加部尊焉。

弓長六尺，謂之庇軹，五尺謂之庇輪，四尺謂之庇軫。軹當作軒。

注：庇覆也。杜子春云：謂覆斡也。玄謂軹轂末也。輿廣六尺六寸，兩轂并六尺四寸，旁減軌內七寸，則兩軹之廣，凡丈一尺六寸也，六尺之弓倍之。加部廣，凡丈二尺六寸。有宇曲之減，可覆軹，不及斡。斡：鎋古字通，胡戛反，於文從斗，譌作幹，非。

參分弓長而揉其一。

注：參分之持長撓短，短者近部而平，長者爲宇曲也。六尺之弓，近部二尺，四尺爲宇曲。

補注：弓菑入鑿中剡，其下二分，兩旁各剡一分有半。鑿空下平直，則弓必上仰，故揉其近部之二尺使平，外四尺自下迆而成宇曲。

參分其股圍，去一以爲蚤圍。

注：蚤當爲爪，以弓鑿之廣爲股圍，則寸六分也，爪圍一寸十五分寸之一。

參分弓長，以其一爲之尊。上欲尊而宇欲卑，上尊而宇卑，則吐水疾而霤遠。

注：六尺之弓，上近部平者二尺，爪末下於部二尺，二尺爲句，四尺爲弦。求其股，股十二除之，面三尺幾半也，上近部平者也。隤下曰宇，蓋者主爲雨設也，乘車無蓋，禮所謂潦車，謂蓋車與。

蓋已崇，則難爲門也，蓋已卑，是蔽目也，是故蓋崇十尺。

注：十尺其中正也，蓋十尺，宇二尺，而人長八尺，卑於此，蔽人目。

良蓋弗冒弗紘，殷畝而馳不隊，謂之國工。殷音隱。

注：隊落也，善蓋者以橫馳於壟上，無衣若無紘，而弓不落也。

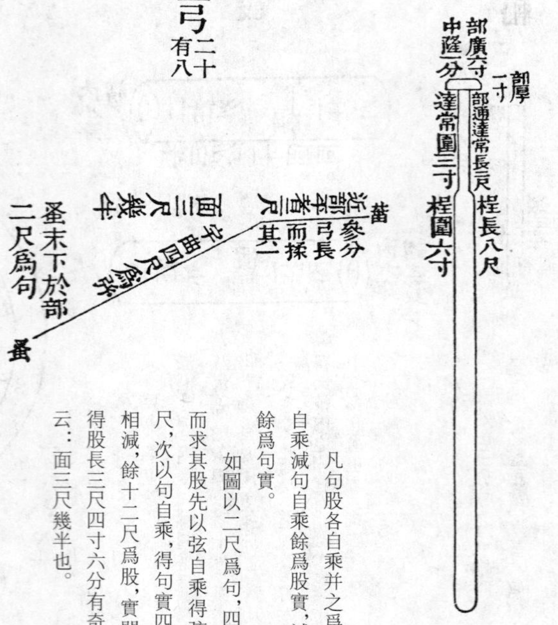

凡句股各自乘并之爲弦實，弦自乘減句自乘餘爲股實，減股自乘餘爲句實。

如圖以二尺爲句，四尺爲弦，而求其股先以弦自乘得弦實十六尺，次以句自乘，得句實四尺，兩數相減，餘十二尺爲股，實開方除之得股長三尺四寸六分有奇，故鄭注云：面三尺幾半也。

蓋弓二十有八

輿人爲車。輪崇，車廣，衡長，參如一，謂之參稱。稱尸證反。

注：車，輿也，衡之長容兩服。

參分車廣去一以爲隧。

注：兵車之隧四尺四寸。鄭司農云：隧，謂車輿深也。

參分其隧，一在前，二在後，以揉其式。

注：兵車之式，深尺四寸三分寸之二。

補注：式，前車也。記不言式較之長。一在前，其上三面，周以式，則式長九尺五寸三分寸之一也。二在後，其上爲較，則左右較各長二尺九寸三分寸之一也。

以其廣之半爲之式崇，以其隧之半爲之較崇。

注：兵車之式，高三尺三寸，較兩輢上出式者，兵車自較而下，凡五尺五寸。

六分其廣，以一爲之軫圍。

注：軫，輿後横者也，兵車之軫，圍尺一寸。

補注：輿下四面材合而收輿謂之軫，亦謂之收。獨以爲輿後横者，失其傳也。《輈人》言軫間，則左右名軫之證也。如軫與轐弓長庇軫，軫方象地，則前後左右通名軫之證也。

參分軫圍，厺一以爲式圍。

注：兵車之式圍，七寸三分寸之一。

參分式圍，厺一以爲較圍。

注：兵車之較圍，四寸九分寸之八。

參分較圍，厺一以爲軹圍。軹音只。

注：兵車之軹圍，三寸二十七分寸之七。軹輢之植者衡者也，與轂末同名。說見前及《釋車》。

參分軹圍，厺一以爲轛圍。

注：兵車之轛圍，二寸八十一分寸之十四。轛式之植者衡者也，轛者，以其鄉人爲名。

補注：鄭用牧曰：較小於式者，在兩旁用力少也。軹扗較下，轛扗式下，長短不同，故轛小於軹。

圜者中規，方者中矩，立者中縣，衡者中水，直者如生焉，繼者如附焉。中陟仲反。

注：如生，如木從地生。如附，如附枝之弘殺也。直同植。

凡居材，大與小無并，大倚小則摧，引之則絶。

注：并偏邪相就也，用力之時，其大并於小者，小者强不堪，則摧也。其小并於大者，小者力不堪，則絶也。

棧車欲弇，棧鉏版反，弇於檢反。

注：爲其無革鞔不堅，易坼壞也，士乘棧車。

飾車欲侈。

注：飾車謂革鞔輿也，大夫已上革鞔輿。

輈人爲輈。輈有三度，軸有三理。輈張留反。

注：輈，車轅也。

國馬之輈，深四尺有七寸。

輿

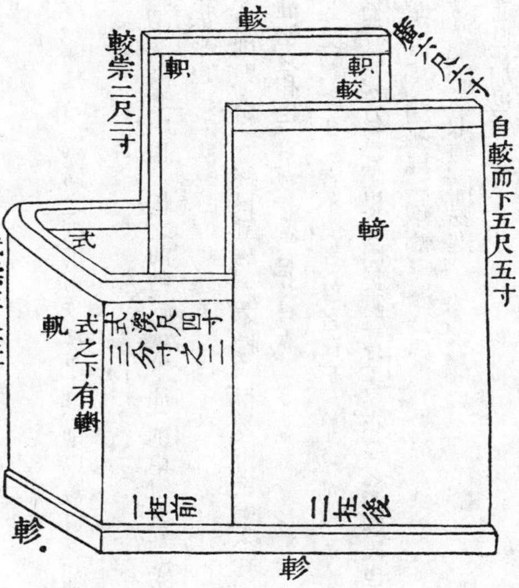

輿

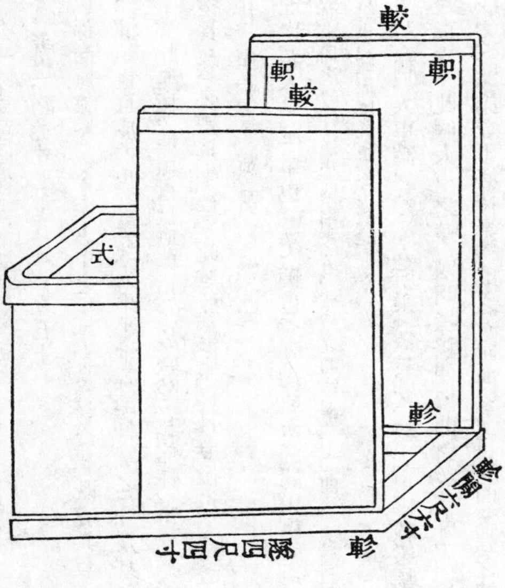

注：國馬謂種馬、戎馬、齊馬、道馬，高八尺。兵車乘車，軹崇三尺有三寸，加軫與轐七寸，又并此輈深，則衡高八尺七寸也。除馬之高，則餘七寸，爲衡頸之間也。鄭司農云：深四尺七寸，謂轅曲中。

田馬之輈，深四尺。

注：田車軹崇三尺一寸半，并此輈深而七尺一寸半，今田馬七尺，衡頸之間亦七寸，則軫與轐五寸半，案阮元校勘記云：則軫與轐五寸半，諸本同。賈疏兩稱此注皆云加軫與轐五寸半，此作則誤，當據正。則衡高七尺七寸。

駑馬之輈，深三尺有三寸。

注：輪軹與軫轐大小之減率半寸也，則駑馬之車，軹崇三尺，加軫與轐四寸，又并此輈深，則衡高六尺七寸也。今駑馬六尺，除馬之高，則衡頸之間亦七寸。

軸有三理，一者以爲媺也，二者以爲久也，三者以爲利也。軓前十尺，而策半之。媺，美同。軓書或作軋，音犯。

注：策，御者之策也。鄭司農云：軓，謂式前也。

補注：車旁曰輢，式前曰軓，皆揜輿版也。軓以揜式前，故漢人亦呼曰揜軓，《詩》謂之陰。自軓至衡頸十尺，據輈穹隆言，式衡之間八尺幾半也。

凡任木，任正者，十分其輈之長，以其一爲之圍。衡任者，五分其長，以其一爲之圍。小於度，謂之無任。

注：任正者，謂輿下三面材，持車正者也。輈軓前十尺，與隧四尺四寸，凡丈四尺四寸，則任正之圍，尺四寸五分寸之二。衡任者，謂兩軛之間也。軛即衡下烏啄。兵車乘車，衡圍一尺三寸五分寸之一。無任，言其不勝任。

補注：輈衡軸皆任木，任正者輈也，衡任者軸也，衡也。此先發其意，下文乃舉其制，記中文體若是多矣。輿下之材合而成方，通名軫，故曰軫之方也，以象地也。鄭注專以輿後横木爲軫，以輢式之所尌三面材爲軓，又以軓爲任正者。如其説，宜記於《輿人》，今輈人爲之殆非也。輿人爲式，較軹轛軫輢軓，輈人爲輈，衡軸伏兔，記不言輢軓衡伏兔之度，輢軓輿揜版爾，衡圍準乎軸。伏兔取節於輈當兔，省文互見。五分其軫間，以其一爲之軸圍。

注：軸圍亦一尺三寸五分寸之一，與衡任相應。

補注：左右軫之間，六尺六寸，軸之長出轂末，而以軫間爲度者，主乎任輿之六尺六寸也。軸横輿下以任輿，即所謂衡任者。

十分其輈之長，以其一爲之當兔之圍。

注：輈當伏兔者也，亦圍尺四寸五分寸之二，與任正者相應。

補注：輈所以引車也，當兔扗下正中，其兩旁置伏兔，車行以輈，爲持任之正，即所謂任正者。

參分其兔圍，去一以爲頸圍。

注：頸前持衡者，圍九寸十五分寸之九。

五分其頸圍，去一以爲踵圍。

注：踵後承軫者也，圍七寸七十五分寸之五十一。

凡揉輈，欲其孫而無弧深。今夫大車之轅摯，其登又難，既克其登，其覆車也必易。此無故，惟轅直且無橈也。是故大車平地既節軒摯之任，及其登阤，不伏其轅，必縊其牛。此無故，惟轅直且無橈也。故登阤者，倍任者也，猶能以登，及其下阤也，不援其邸，必緧其牛後。此無故，惟轅直且無橈也。是故輈欲頎典。孫音遜。緧音秋。頎苦佷反。典音殄。

注：孫，順理也。大車，牛車也。摯，輖也。鄭司農云：關東謂紂爲緧。《方言》云：車紂，自關而東周洛韓鄭汝潁而東謂之緻，或謂之曲綯，或謂之曲綸。自關而西謂之紂。《說文》：緧馬紂也，鞧馬尾鞦也，今之般緧。

補注：小車謂之輈，大車謂之轅。人所乘，欲其安，故小車暢轂梁輈。大車任載而已，故短轂直轅。此假大車之轅，以明揉輈使橈曲之故。鄭用牧曰：抑伏車轅及逆援車箱之邸，謂登下必恃牽傍助之。頎典者，穹隆而堅强之貌，雖橈不傷其力也。

輈深則折，淺則負。輈注則利準，利準則久，和則安。輈欲弧而無折，經而無絶。

注：揉之大深，傷其力，馬倚之則折也。揉之淺，則馬善負之，經亦謂順理也。

補注：輈注，謂深淺適中也。輈之曲勢，隤然下注，則車行有利準之善。利疾速也。準猶定也，平也。

進則與馬謀，退則與人謀。終日馳騁，左不楗。行數千里，馬不契需。終歲御，衣衽不敝，此惟輈之和也。楗或作券，俗作倦。

注：輈和則久馳騁，載在左者不罷券，尊者在左。

補注：契需猶㽌懦，《方言》謂畏偄曰契需。衽者，衣裳之旁削幅也。

勸登馬力，馬力既竭，輈猶能一取焉。

注：馬止，輈尚能一前取道，喻易進。

補注：登猶進也，加也。

良輈環灂，自伏兔不至軓七寸，軓中有灂，謂之國輈。

注：伏兔至軓，蓋如式深，兵車乘車，式深尺四寸三分寸之二，灂下至軓七寸，則是半有灂也。輈有筋膠之被，用力均者則灂遠。鄭司農云：環灂謂漆沂鄂如環。

補注：記反覆言輈之和灂耐久遠，亦和之徵。

軫之方也，以象地也。蓋之圜也，以象天也。輪輻三十，以象日月也。蓋弓二十有八，以象星也。龍旂九斿，以象大火也。鳥旟七斿，以象鶉火也。熊旗六斿，以象伐也。龜蛇四斿，以象營室也。弧旌枉矢，以象弧也。

注：大火，蒼龍宿之心，其屬有尾，尾九星。鶉火，朱鳥宿之柳，其屬有星，星七星。伐屬白虎宿，與參連體而六星。營室玄武宿，與東壁連體而四星。《覲禮》曰：侯氏載龍旂弧韣。則旌旗之屬，皆有弧也。弧以張縿之幅，有衣謂之韣，又爲設矢象，弧星有矢也，蓋畫之。畫矢於韣。

補注：斿著縿垂者也，交龍鳥隼之屬，皆畫於縿。

釋車

車式較内謂之輿。大車名箱。

其深謂之隧。

輈

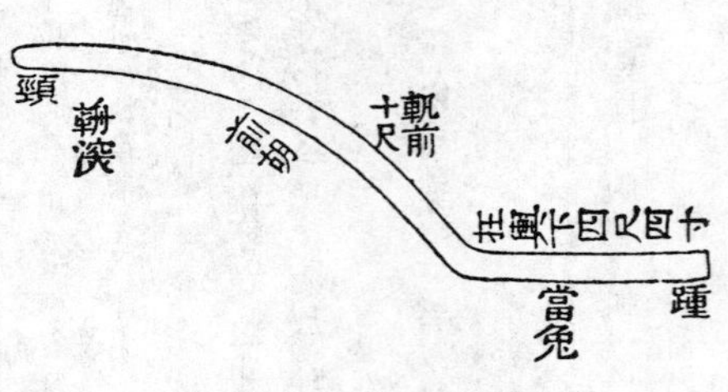

伏兔 又名轐，扗軸上左右。

衡

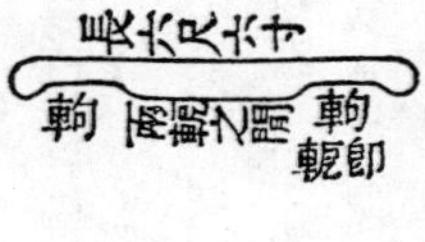

軸

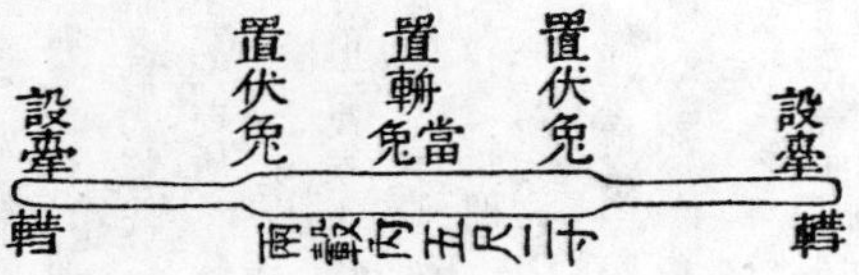

車 兵車、乘車、田車。

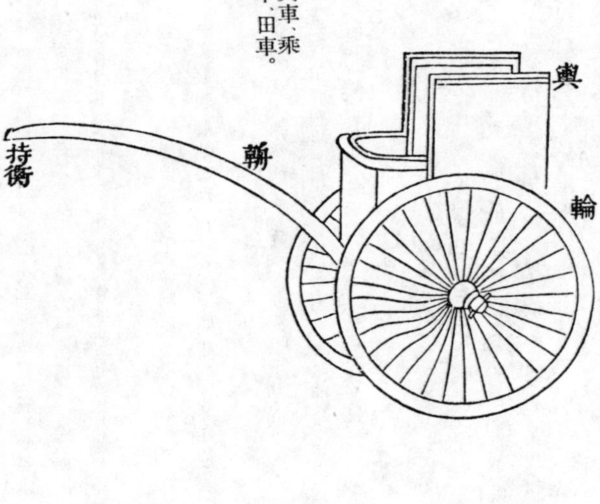

枕輿下謂之軫。輿下四面材合而收輿者，説見前。《方言》：軫謂之枕。

軫謂之收。《詩・秦風》：小戎俴收。《毛傳》曰：收軫也。

揜輿旁謂之輢。《説文》：輢，車旁也。

式前謂之軓。《大馭》右「祭兩軹祭軓」注：故書軓爲範。杜子春云：軓當爲軋，軋謂車軾前也。《輈人》軓前十尺而策半之注：鄭司農云：軓謂式前也，書或作軋。玄謂軋是軓法也，謂輿下三面之材，輢式之所尌，持車正也。《少儀》「祭左右軌范」注：《周禮》：大馭祭兩軹祭軓乃飲。軓與范聲通，謂軾前也。《詩・邶風》：濟盈不濡軓。《毛傳》曰：由輈已上爲軓，今《詩》軓作軌，以合韻改之也。《説文》：軓車軾前也，從車凡聲。《周禮》曰：立當前軓。今《周禮・大行人》作前侯，又譌爲疾，與《説文》所引不同。軓與輢皆輿揜版。輢之言倚也，兩旁人所倚也；軓之言範也，範圍輿前也。後鄭説誤，辨見前。

軓謂之陰。《詩・秦風》：陰靷鋈續。《毛傳》曰：陰，揜軓也。鄭箋曰：揜軓在軾前，垂輈上。《釋名》：陰，蔭也，横側車前以蔭苓也。按式前揜版直曰軓，累呼之曰揜軓，如約轂革直曰軝，累呼之曰約軝。

縮輢上者謂之較。左右兩較，望之而重，故《衛風》曰：猗重較兮。《毛傳》：重較，卿士之車，因詩辭傅會爾，非禮制也。

輿前卑於較者謂之式。《說文》：軾，車前也。《曲禮疏》：古者車箱長四尺四寸而三分，前一後二橫一木，下去車牀三尺三寸謂之爲式。又於式上二尺二寸橫一木，謂之爲較，較去車牀凡五尺五寸。此條尺寸，本之《考工記》，而所言式較形制則大謬。今各經傳注引呂氏大鈞說，實《曲禮疏》之文。學者麤涉文義，見其明曉，又尺寸有據，不復深思詳考，於是爲車制一大障蔽。姜氏兆錫曰：三分車深而一前二後者，式在車中，其前一尺四寸三分寸之二而餘爲後也，說同《曲禮疏》，尤顯指式在車中。苟如其說，四尺四寸之輿，於今尺不盈三尺，乃以式較隔斷，其中爲礙已甚，有是理乎。式與較皆車闌上之木，周於輿外，非橫在輿中，較有兩，在兩旁式有三面，故《說文》槩言之曰車前。鄭康成則曰：兵車之式深尺四寸三分寸之二，著橫一木，不得有深矣。式卑於較者，以便車前射御執兵亦因之，伏以式敬。

車闌謂之軨。《曲禮》：僕展軨效駕。《釋文》軨，盧云車轄頭靼也，舊云車闌也。《說文》：軨車轖間橫木，轖車籍交錯也。《楚辭・九辨》：倚結軨兮長太息，涕潺湲兮下霑軾。《集注》：軨，軾下從橫木。按軨者，軾較下從橫木統名，即《考工記》之軹轛也。結軨謂軨之衡，從交結倚軨而涕霑，軾則是倚於軨版內之軨，故其涕得下霑軾。盧植轄頭靼之說，乃因漢時路車之轄施小旛，謂之飛軨，遂以解經爾，古無是名也。

輢內之軨謂之軹。軹之言積也。積者，大小枝交結也。

式下人所對謂之轛。

輪輮謂之牙，牙謂之輞。《釋名》：輞，罔也，罔羅周輪之外也。關西曰輮，言曲輮也。或曰輾，輾緜也，緜連其外也。

輪轑謂之輻，輻近轂謂之股，近牙謂之骹。

輻端之枘建轂中者謂之菑，菑沒鑿謂之弱，建牙中者謂之蚤。

以偏枘入牙而出之謂之綆。綆箅聲相邇，故漢時呼爲輪箅。《說文》：箅，蔽也。所以蔽甑底。甑箅中央隆高，而周圍箅下，輪之輻股近內而牙稍出似之。賈疏云：鑿牙之時，其孔向外，侵三分寸之二，使輻股外箅。此說誤也。鄭注計徹廣必加綆之數，以牙外出不與輻股鑿相當。牙所以外出之故，牙上之鑿未嘗偏輻，蚤用偏枘曲剡其內爾。若鑿牙時外侵，則牙反內入，況牙厚不盈二寸，鑿空復偏，必削薄不固。

轂空壺中，所以受軸謂之轈。《急就篇》：輻轂輨轄輮軝轈。顏師古注：轈者，轂中之空受軸處也。

轈謂之藪。轈藪語之轉，後人誤以藪爲三十輻所建，非也。輻菑所入謂之鑿，不謂之藪。

以金裹轂中謂之釭。《說文》：釭，車轂中鐵也。《釋名》：釭，空也，其中空也。

大釭謂之賢。

轂末小釭謂之軿。今並作軹，與輢內之軹溷淆非也。《大馭》「右祭兩軹祭軓」注：故書軹爲軿。杜子春云：軿當作軹，軹謂兩轊也，或讀軿爲簪笄之笄。《少儀》「祭左右軌范」注：《周禮》：大馭祭兩軹祭軓乃飲。軌與軹，於車同謂轊頭也。按《少儀》之左右軌，即《大馭》之兩軹，軹本作軿，譌而爲軌，軓軿二字少見，非改爲軹，即譌爲軌，學者麤涉古經，未能綜貫，宜其不辨。陸德明、孔穎達諸儒，亦時時雜出謬解，則未有定識故也。軿從車开聲，讀如笄，轂末也。軓從車凡聲，讀如范，式前也。軌從車九聲，古音居酋反，今音居洧反，車徹也。軹從車只聲，讀如只，輢內也。軹間六尺六寸，軌八尺，軿相去丈一尺六寸。兩轊又在軿外，轂末爲軿，軸末爲轊，祭軓則兼軜，祭左右軿則兼軸，不可以軸末之轊爲軿，名之宜辨者也。

轂端錔謂之錧。以鐵爲管，約轂外兩端。《說文》：錧，轂端沓也。《急就篇》顏師古注：錧，轂端之鐵也。

輨謂之軑。《離騷》：齊王軑而並馳。《方言》：關之東西曰輨，南楚曰軑，趙魏之間曰鍊鏅。《說文》：軑，車輨也。

以革幬轂，謂之軝。《說文》亦作䩚，從革。《小雅》：約軝錯衡。《毛傳》曰：軝長轂之軝也，朱而約之。疏誤以軝爲長轂名，非也。軝即《考工記》「幬革朱而約之」者，朱其革以幬於榦也。惟長轂盡飾，大車短轂則無飾，故曰長轂之軝。

軸末謂之轊。《史記・田單列傳》：燕師長驅平齊，而田單走安平，令其宗人盡斷其軸末，而傅鐵籠。已而燕軍攻安平，城壞，齊人走爭塗，以轊折車敗，爲燕所虜，惟田單宗人以鐵籠故得脫。《方言》：車轊齊謂之轆。《說文》：軎，車軸端也，亦作轊。按軸長出轂外者名轊，傅鐵籠謂以鐵爲轊，故可短。

軸當轂釭參案參字《戴氏遺書》、《皇清經解》兩本並同，聚奎樓刊本作裹，《戴東原集》作間。之以金謂之鐧。《說文》：鐧，車軸鐵也。《釋名》：鐧，間也。間釭軸之間，使不相摩也。

軸端之鍵以制轂者謂之舝。亦作轄、鎋、斡。行車者脂釭中以利轉，又設舝以制轂。《邶風》：載脂載舝。《小雅》：間關車之舝兮。《淮南子》：車之能轉千里者，其要在三寸轄。《說文》：舝，車軸端鍵也。轄，車聲也，一曰鍵也。《急就篇》注：轄，豎貫軸頭制轂之鐵也。

伏兔謂之轐。《易・小畜》：九三，輿說輻。《大畜》：九二，輿脫輹。《大壯》：九四，壯於大輿之輹。《說文》：轐，車伏兔也。輹，車軸縛也。《釋名》：屐，似人屐也。又曰：伏兔在軸上，似之也。又曰：輹，輹伏也，伏於軸上也。按轐、輹實一字，其下有革，以縛於軸。今《易》惟《小畜》作輻，蓋輹字少見，傳寫者誤輻在轂與牙之間，非可脫者，又當連輪言，不當連輿言。後人不知輹何物，於《大壯》《大畜》皆作輻解矣。

輿下任正者謂之輈。大車名轅。

輈出軓前，穹而上謂之胡，胡謂之侯。《大行人》「立當前疾」注：上公立當軹，侯伯立當疾，子男立當衡，王立當軫與。鄭司農云：前疾謂駟馬車，轅前胡下垂拄地者。惠天牧曰：《論語》邢昺疏引《周禮》作前侯，云侯伯立當前侯胡下。又《小雅・蓼蕭》章孔疏，引《大行人》亦作前侯，侯猶胡也。胡鄭注訓爲胡，以其在軓前，故曰前侯。

輈端謂之頸，後謂之踵，當兩轐之間謂之當兔。

軶謂之衡，衡下鳥啄謂之軥。《左傳・襄十四年》：射兩輪而還。服注：車軶兩邊叉馬頸者。杜注：車軶卷者。《昭二十六年》：射之中楯瓦，繇朐汰輈七入者三寸。杜注：入楯瓦也。朐，車軶。《説文》：軥，軶下曲者。《小爾雅》：衡，扼也，扼上者謂之鳥啄。《釋名》：馬曰烏啄，下向叉馬頸，似烏開口向下啄物時也。

所以持衡者謂之軏。亦作軏，大車名輗。《論語》：大車無輗，小車無軏，其何以行之哉。包咸注：輗者轅端横木，以縛軶。軏者轅端上曲鉤衡。其説誤也。《韓非子・外儲説》：墨子曰：吾不如爲車輗者巧也，用咫尺之木，不費一朝之事，而引三十石之任。《説文》：軏，車轅耑持衡者。輗，大車轅耑持衡者。按大車鬲以駕牛，小車衡以駕馬，轅端持鬲，其關鍵名輗，輈端持衡，其關鍵名軏，輈轅所以引車，必施輗軏然後行。信之在人亦交接相持之關鍵，故以輗軏喻信。輈身上曲，上曲非别一物，大車之鬲即横木，横木即軶。包氏以踰丈之輈六尺之鬲，而當咫尺之輗軏，疎矣。

車蓋之杠謂之桯，蓋斗謂之部，其柄謂之達常。

隆屈謂之弓。亦名蓋轑。《方言》：車枸蔞，宋魏陳楚之間謂之筱，或謂之䈙籠，其上約謂之筠，或謂之箕，秦晉之間自關而西謂之枸簍，西隴謂之榼，南楚之外謂之篷，或謂之隆屈。郭注：即車弓也，今亦通呼篷。《釋名》：隆，强，言體隆而强也。或曰車弓似弓曲也，其上竹曰郎疏，相遠晶晶然也。

弓近部謂之股，弓末謂之蚤。

大車之較謂之牝服，其内謂之箱。與有式較卑高之分，箱則其上齊平。

所以引車謂之轅。《釋名》：轅，援也，車之大援也。

軶謂之鬲，持鬲者謂之輗。説見軏下。

輪輮謂之渠。小車所謂牙。

有輻謂之輪，無輻謂之輇。《説文》：有輻曰輪，無輻曰輇，按《雜記》輲「車」，鄭注引《説文》解之，謂輲讀爲輇。又引《周禮》「蜃車」，謂蜃輇聲相近，其制同輇崇半乘車之輪。又於《喪大記》「君大夫葬用輴，士用國車」，謂輴與國皆爲輇。今考大夫廟中有載柩以輴之禮，用輴用國車，皆謂朝廟載柩之車。國車即輁軸也，既朝廟，然後用輲車載柩以行。鄭氏不以爲葬之朝廟，故誤爾。惟《周禮》之蜃車即輲車，蜃乃假借字，輲其本字也。輲車四輪而迫地，其輪無輻，然鄭氏以爲即輇亦非也。輲者車之名，輇者輪之名，不宜溷而一之。

攻金之工。築氏執下齊，冶氏執上齊，鳧氏爲聲，㮚氏爲量，段氏爲鎛器，桃氏爲刃。齊才細反。段、鍛古字通，丁亂反。

注：多錫爲下齊，大刃、削殺矢、鑒燧也。少錫爲上齊，鍾鼎、斧斤、戈戟也。聲，鍾錞于之屬。量，豆區鬴也。鎛器，田器錢鎛之屬。刃，大刃刀劍之屬。

金有六齊。六分其金，而錫居一，謂之鐘鼎之齊。五分其金，而錫居一，謂之斧斤之齊。四分其金，而錫居一，謂之戈戟之齊。參分其金，而錫居一，謂之大刃之齊。五分其金，而錫居二，謂之削殺矢之齊。金錫半，謂之鑒燧之齊。

注：鑒燧，取水火於日月之器也，鑒亦鏡也。凡金多錫，則忍白且明也。忍音刃。

補注：金謂銅，錫謂鉛。

築氏爲削，長尺博寸，合六而成規。

注：今之書刀。

欲新而無窮，

注：謂其利也。鄭司農云：常如新，無窮已。

敝盡而無惡。

注：鄭司農云：謂鋒鍔俱盡，不偏索也。玄謂刃也，脊也，其金如一，雖至敝盡，無瑕惡也。

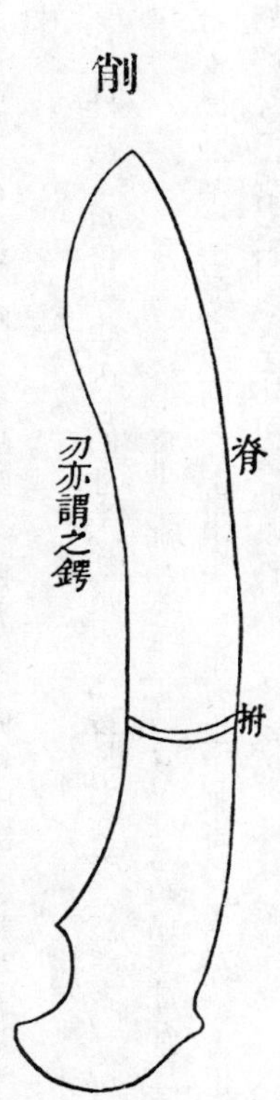

冶氏爲殺矢。刃長寸，圍寸，鋌十之，重三垸。鋌徒頂反。垸音丸。

注：殺矢，用諸田獵之矢也。鄭司農云：鋌，箭足入稾中者也。垸，量名。

補注：矢匕中博，刃長寸，自博處至鋒也。《矢人》，參分其羽以設其刃，刃長二寸，通謂匕爲刃也。圍寸，不言博言圍者，矢匕有脊之減，博不及一寸。垸者十一銖二十五分銖之十三。

戈廣二寸，内倍之，胡三之，援四之。

注：戈今句孑戟也，或謂之雞鳴，或謂之擁頸。内謂胡以内，接柲者也，長

四寸。胡六寸。援八寸。鄭司農云：援直刃也，胡其孑。

補注：內連於援爲一直刃，記分胡以內爲內胡，以外爲援，欲見置胡前卻之。度胡廣二寸，橫刃長六寸，援之廣寸有半寸與。

已倨則不入，已句則不決。長內則折前，短內則不疾，是故倨句外博。

注：戈句兵也，主於胡也。已倨，謂胡微直而衺多也，以啄人，則不入。已句，謂胡曲多也，以啄人，則創不決。胡之曲直鋒，本必橫，而取圜於磬折，前謂援也。內長則援短，援短則曲於磬折，曲於磬折，則引之與胡並鉤。內短則援長，援長則倨於磬折，倨於磬折，則引之不疾。博，廣也。倨之外，胡之裏也，句之外，胡之表也。廣其本以除四病而便用也，俗謂之曼胡似此。疏云：倨謂胡上，句謂胡下，倨與句皆有外廣。故云倨之外，胡之裏，謂於胡下近本增之使廣。句之外，胡之表，謂於胡上近本增之使廣。若然，則胡本上下俱寬，自然合於磬折，無上四疾而便用矣。江先生曰：分胡爲二闊處爲本，上半順看倨之外畔在右爲裏，下半倒看亦置本在下，則句之外畔在左爲表，注中表裏字，蓋取諸此。又曰：倨與句之背皆爲外，對刃之灣處爲內也，倨句之博處爲本，對鋭處爲末也。

補注：長內謂胡上仰，短內謂胡下俛。胡以背連直刃處爲外倨，句外博者曲直之度，但於外增博之，自無太倨太句之失，而俛仰亦得其正。鄭注：倨句外博爲胡上下。與已倨已句異，似未然。

重三鋝。音刷，所劣反，字或作率。選、撰、饌，並六書假借。

注：許叔重《說文解字》云：鋝，鍰也。《說文》：鍰，鋝也，從金爰聲。《虞書》曰：罰百鍰。鋝十銖二十五分銖之十三也，從金寽聲。《周禮》曰：重三鋝。北方以二十兩爲鋝。今東萊稱或以太半兩爲鈞，十鈞爲鍰。譌作環者非。鍰重六兩太半兩，鍰鋝似同矣，則三鋝爲一斤四兩。疏云：鋝鍰輕重無文，故王肅之徒皆以六兩爲鍰，是以鄭引許氏及東萊稱爲證也。凡數言太者，皆三分之二爲太，三分之一爲少。以一兩二十四銖，十六銖爲太半兩也。鍰則百六十銖，用百四十四銖爲六兩，餘十六銖爲太半兩。《尚書·呂刑》其罰百鍰。僞孔傳：六兩曰鍰。《釋文》馬云：賈逵說，俗儒以鋝重六兩，《周官》劍重九鋝，俗儒近是。疏曰：或有存行之者，十鈞爲鍰，二鍰四鈞，而當一斤。然則鍰重六兩三分兩之二，多於孔王所說，惟較十六銖爾。《史記·周本紀》：其罰百率。徐廣曰：率即鍰也，音刷。《平凖書》「白選」，索隱曰：《尚書大傳》云：夏后氏不殺不刑，死罪罰二千饌。馬融云：饌六兩，《漢書》作撰，二字音同也。《蕭望之列傳》：甫刑之罰，小過赦薄罪，贖有金選之品。應劭曰：選音刷，金銖兩名也。師古曰，音刷是也，字本作鋝，鋝即鍰也，其重十一銖二十五分銖之十三，一曰重六兩。

補注：鍰鋝篆體易譌，說者合爲一，恐未然也。鍰讀如丸，十一銖二十五分銖之十三。垸其假借字也。鋝讀如刷，六兩太半兩。率、選、饌，其假借字也，二十五鍰而成十二兩，三鋝而成二十兩，《呂刑》之鍰當爲鋝。故《史記》作率，《漢書》作選，伏生《大傳》作饌。《弓人》膠三鋝，當爲鍰，一弓之膠，三十四銖二十五分銖之十四。賈逵說：俗儒以鋝重六兩，此俗儒相傳譌失，不能覈實，脫去太半兩言之。《說文》云，北方以二十兩爲鋝，正合三鋝，蓋脫去三字。徐本《說文》：鋝，十銖二十五分銖之十三。蜀本及陸德明所引，並作十一銖。徐本蓋脫去一字。《說文》既引《周禮》「重三鋝」，當云北方以二十兩爲三鋝。是以鄭注引《說文》證三鋝爲一斤四兩。

戟廣寸有半寸，內三之，胡四之，援五之。倨句中矩，與刺重三鋝。中陟仲反。

注：戟今三鋒戟也，內長四寸半，胡長六寸，援長七寸半。三鋝者，案阮元校勘記云：三鋝者，余本、閩監本同，誤也。嘉靖本毛本作三鋒，此本疏中引注亦作三鋒者，當據以訂正，閩監本疏同。胡直中矩，言正方也。刺者著秘前如鐏者也，戟胡橫貫之，胡中矩，則援之外句磬折與。

補注：引而前者曰援，在旁下垂者曰胡，戈一援戟二援也。中直援，又名刺，與枝出之援同長七寸半，內連於刺爲一直刃，通長尺二寸，猶夫戈之直刃通長尺二寸也。戈援廣寸半，猶夫戟廣寸半也，省文互見。

江先生曰：戈戟皆有曲胡而異用。以《春秋傳》考之，獲長狄僑如。富父終甥摏其喉以戈殺之，此用援之直刃摏之也。狼瞫取戈以斬囚，此用胡之曲刃斬之也。子南以戈擊子皙而傷苑，何忌制林雍斷其足，當亦是戈胡擊之制之。他若士華免以戈殺國佐長，魚矯以戈殺駒伯，用援用胡，皆可。云殺子都拔戟逐潁考叔，靈輒倒戟禦公徒，皆疑用戟之刺與援者也。狂狡倒戟出鄭人於井，反爲鄭人所獲，欒樂乘槐本而覆，或以戟句之斷肘而死，皆用下胡鉤人者也。戟胡橫直皆三寸，其間甚狹，何能鉤人出於井，蓋鉤其衣若帶，是以其人不傷，反能禽鉤者也。鉤欒樂斷肘而死，蓋本欲生禽之，故不用刺與援，而用胡以鉤之，鉤之而胡之下鋒貫肘，曳之而肘遂斷也，明乎戈戟之用，而後可以知戈戟之彩。

桃氏爲劍。臘廣二寸有半寸。

注：臘謂兩刃。

補注：劍兩刃兩脊，分其面爲四通，謂之臘。其面平故言廣，廣即圍也。

矢

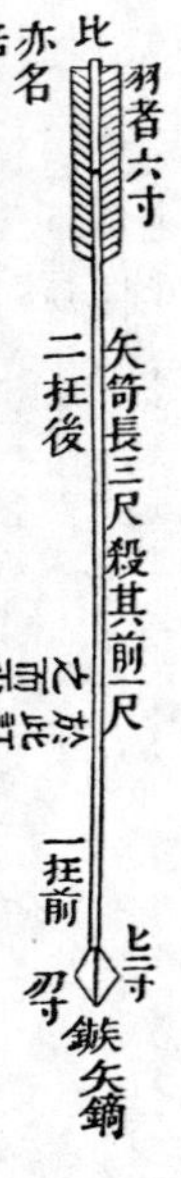

戈

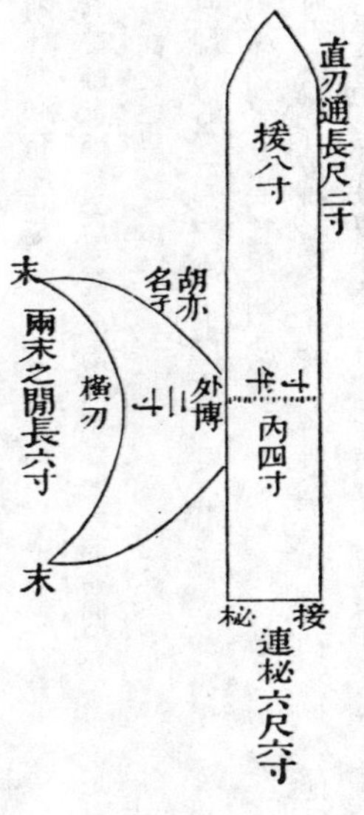

戟

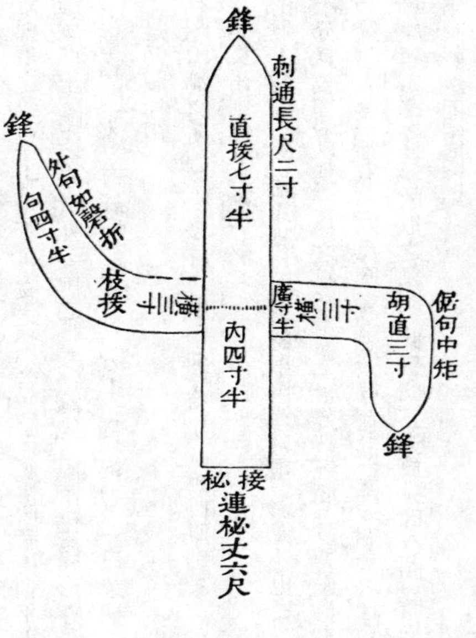

兩從半之。

注：鄭司農云：謂劍脊兩面殺趨鍔。自劍背中分之爲兩從，從舉兩面，則臘舉四面明矣。

以其臘廣爲之莖圍，長倍之。

注：鄭司農云：莖謂劍夾，人所握，鐔已上也。玄謂莖枉夾中者，莖長五寸。刃後之鋌曰莖，以木傅莖外，便持握者曰夾。

中其莖，設其後。

補注：後謂劍環，即鐔也，枉人所握之下，故名後，與人所握之上名首，相對之稱也。中其莖，設其後者，鐔大於莖，令莖枉中而設之不偏左右也。設其後，猶之曰設其旋設其羽爾。

參分其臘廣，去一以爲首廣，而圍之。

注：首圍，其徑一寸三分寸之二。首必大於劍刃，故知臘廣舉四面。

身長五其莖長，重九鋝，謂之上制，上士服之。身長四其莖長，重七鋝，謂之中制，中士服之。身長三其莖長，重五鋝，謂之下制，下士服之。

注：上制長三尺，重三斤十二兩。中制長二尺五寸，重二斤十四兩三分兩之二。下制長二尺，重二斤一兩三分兩之一。此今之匕首也，人各以其形貌大小帶之。

劍

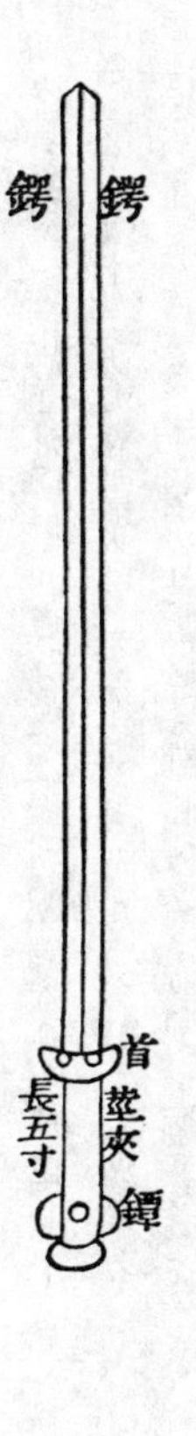

鳧氏爲鐘。兩欒謂之銑，欒九端反，銑先典反。

注：杜子春云：銑鐘口兩角。疏云：古之樂器應律之鐘狀，如今之鈴不圜，故有兩角也。

銑間謂之于，于上謂之鼓，鼓上謂之鉦，鉦上謂之舞，鎮音征。

注：此四名者，鐘體也。鄭司農云：于鐘脣之上袪也，鼓所擊處。

舞上謂之甬，甬上謂之衡，

注：此二名者，鐘柄。

鐘縣謂之旋，旋蟲謂之幹，

注：旋屬鐘柄，所以縣之也。鄭司農云：旋蟲者，旋以蟲爲飾也。玄謂今時旋有蹲熊盤龍辟邪。

鍾帶謂之篆，篆間謂之枚，枚謂之景。

注：鄭司農云：枚，鐘乳也。

補注：篆也枚也，皆在鉦。

于上之攠謂之隧。攠莫賀反。

注：攠所擊之處攠敝也，隧在鼓中，窐而生光，有似夫隧。

十分其銑，去二以爲鉦。

補注：銑與鉦之脩也，古鐘體羨而不圜，故有脩有廣，橢圜大徑爲脩，小徑爲廣。以舞脩六廣四例之，脩十者其廣六又三之二，脩八者其廣五又三之一，鐘體下大上斂，銑之脩廣，據銑下鐘口也。鉦之脩廣，據鉦下界於銑鼓之處，當鐘體之半也。

以其鉦爲之銑間，去二分以爲之鼓間。

補注：銑間鼓間，同爲鐘體之下半。銑以兩旁言，鼓以中擊處言，兩旁有垂角，鐘脣穹曲而上不齊平，故中殺於旁四之一。

以其鼓間爲之舞脩，去二分以爲舞廣。

補注：舞者，鐘體上覆，其脩六，是爲橢圜大徑。其廣四，是爲橢圜小徑。鐘之羨，宜准此爲度矣。

以其鉦之長，爲之甬長，以其甬長爲之圍。參分其圍，去一以爲衡圍。參分其甬長，二在上，一在下，以設其旋。

補注：鉦之長即鉦間，鐘體上半也。記不言鉦間之度者，以十分其銑去二以爲鉦，又去二以爲舞脩。斂殺以二，銑間八，鉦間亦八可知，此句股之法。猶之言舞脩舞廣，而鉦與銑之羨可不言也。省文之法，若此甚衆。衡者甬頂平處，鐘體鐘柄皆下大，漸斂而上，甬之爲言如華甬之聳長，蠶化甬，甬化蛾，形亦相類，故甬長與鉦等。宋宣和間所得古鐘，其柄之長，大率二爲鐘體，一爲鐘柄，記長甬則震謂更長乎，是乃震掉爾。

薄厚之所震動，清濁之所由出，侈弇之所由興，有説。鐘已厚則石，已薄則播，侈則柞，弇則鬱，長甬則震。柞側百反。

注：太厚，則聲不發，太薄，則聲散。柞讀爲咋咋然之咋，聲大外也。

是故大鐘，十分其鼓間，以其一爲之厚。小鐘，十分其鉦間，以其一爲之厚。

補注：大鐘，鐘體大矣，十取一以爲厚者，恐太厚。小鐘，鐘體小矣，十取一以爲厚者，恐太薄。故取之鉦間，此鉦間宜寬於鼓間之明證也。

鐘大而短，則其聲疾而短聞。聞音問。

注：淺則躁，躁易竭也。

鐘小而長，則其聲舒而遠聞。

注：深則安，安難息。疏云：於樂器中所擊縱聲舒而遠聞，亦不可。是以《樂記》云：止如槁木不欲遠聞之驗也。

爲遂，六分其厚，以其一爲之深，而圜之。遂當作隧。

注：厚鐘厚，深謂窐之也，其窐圜。

古之樂鐘，羨而不圜，皆有篆間之枚，故其聲一定而不游。《記》言舞脩舞廣，則鉦與銑之羨，皆以舞例之，其殺三之一也。歐陽氏《集古録》曰：古樂鐘皆側縣，與今異，初王朴作編鐘不圜，至李照等奉詔脩樂，以朴鐘爲非，及得寶和鐘，其狀正與朴鐘同，乃知朴爲有法也。

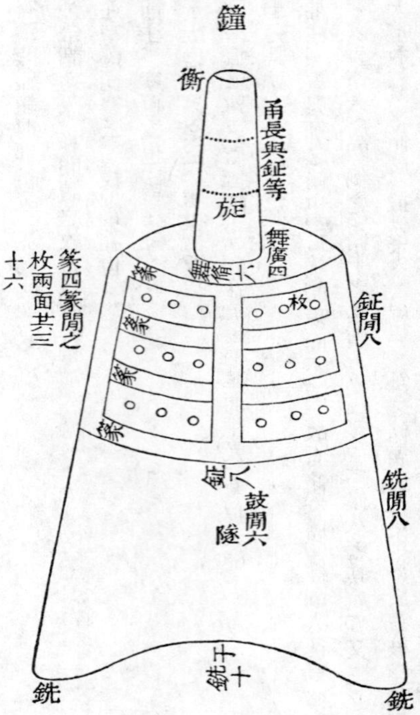

栗氏爲量。改煎金錫，則不秏。不秏，然後權之。秏俗作耗。

注：消湅之精，不復減也，量當與鐘鼎同齊，工異者，大器。

權之，然後準之。

補注：以合度之方器承水，置金其中，則金之方積可計，而其體之重輕大小可合而齊，此準之之法也。準之，然後量之。量讀如量人之量。

補注：景範之大小所受，以爲用金多少之量數也。先權之，以知輕重，次準之，以知輕重若干，爲方積幾何，又次量之，以知爲器大小，受金多寡。

量之以爲鬴。深尺，内方尺，而圜其外，其實一鬴。

注：以其容爲之名也。四升曰豆，四豆曰區，四區曰鬴，鬴六斗四升也，鬴十則鍾。方尺積千寸。此立方之法。於今粟米法少二升八十一分升之二十二。疏云：算法方一尺，深尺六寸二分，容一石。其數必容鬴，此言，内方爾。案阮元校勘記云：此言大方耳，余本嘉靖本同，閩監毛本大誤内，當據正，《漢制考》亦作大方。圜其外者謂之脣。其臀一寸，其實一豆。臀徒門反。

注：杜子春云：謂覆之，其底深一寸也。

其耳三寸，其實一升。

注：耳在旁，可舉也。

重一鈞。

注：重三十斤。

其聲中黃鐘之宮。中陟仲反。

補注：黃鐘之宮，《管子》所謂黃鐘小素之首以成宮者是也。見《地員篇》。《呂氏春秋》曰：黃鐘之宮，聲之本也，清濁之衷也。見《適音篇》。又曰：昔黃帝令伶倫作爲律，自大夏之西，乃之阮隃之陰，取竹於嶰谿之谷，以生空竅厚鈞者，斷兩節間，其長三寸九分，當作四寸五分。而吹之，以爲黃鐘之宮，吹曰舍少。次制十二筒，以之阮隃之下，聽鳳皇之鳴，以別十二律，其雄鳴爲六，雌鳴亦六，以比黃鐘之宮，適合，黃鐘之宮，皆可以生之。故曰黃鐘之宮，律呂之本。見《古樂篇》。又曰：黃鐘生林鐘，林鐘生太簇，太簇生南呂，南呂生姑洗，沽洗生應鐘，應鐘生蕤賓，蕤賓生大呂，大呂生夷則，夷則生夾鐘，夾鐘生無射，無射生仲呂。三分所生，益之一分以上生，三分所生，去其一分以下生，黃鐘、大呂、太簇、夾鐘、姑洗、中呂、蕤賓爲上，林鐘、夷則、南呂、無射、應鐘爲下。見《音律篇》。爲上謂七者，以半律上生。爲下謂五者，以全律下生。《月令》：中央土，其音宮，律中黃鐘之宮。疏云：蔡氏及熊氏以爲黃鐘之宮，謂黃鐘少宮也，半黃鐘九寸之數，管長四寸五分。蔡氏、熊氏者，蔡邕《月令章句》，熊安生《禮記義疏》。江先生曰：黃鐘生林鐘，不以全律下生，而以半律上生，則黃鐘之宮位乎清濁之間。抂其前者，有林鐘、夷則、南呂、無射、應鐘五全律爲濁，而下生乎清。抂其後者，有大呂、太簇、夾鐘、姑洗、仲呂、蕤賓六半律爲清，而上生乎濁也。又曰：後世之樂，黃鐘宮以清，黃爲調首正宮調，不當最濁之律，而在清濁之間，此正伶倫以黃鐘之宮爲律本之意，亦聲律自然之理。震謂後儒惟知黃鐘爲最長之律，於傳記所稱黃鐘之宮，不復識別久矣，其説非專書不可明，兹附見其略。江先生名永，字慎修，著《律呂新義》。

槩而不税。槩古愛反。税、脱古字通。

補注：平鬴區者曰槩。方希原曰：税者，脱然突起高於量也，言槩平之不使滿出。

其銘曰：「時文思索，允臻其極。嘉量既成，以觀四國。永啓厥後，兹器維則。」

注：銘，刻之也。時，是也。言是文德之君，思求可以爲民立法者。而作此量，以觀示四方，使放象之。

凡鑄金之狀，金與錫，黑濁之氣竭，黃白次之。黃白之氣竭，青白次之。青白之氣竭，青氣次之，然後可鑄也。之，消湅金錫精麤之候。

量

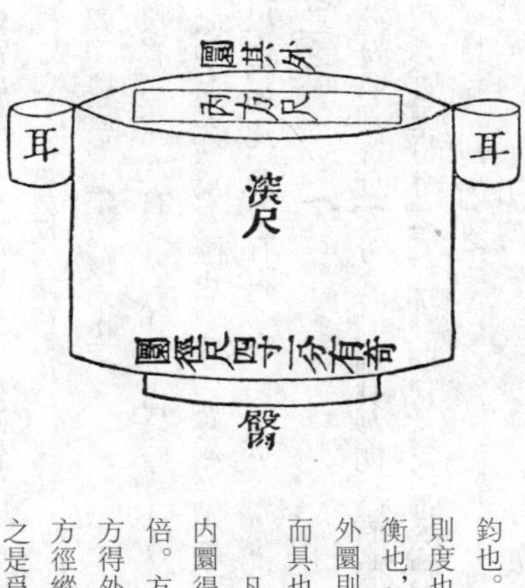

方希原曰：即《夏書》所謂和鈞也。此器兼律度量衡方尺，深尺則度也，實一鬴則量也，重一鈞則衡也，聲中黃鐘之宮則律也，内方外圜則方圜冪積，少廣旁要之理晐而具也。

凡圜内容方，方内又容圜，則内圜得外圜之半，外圜得内圜之倍。方内容圜，圜内又容方，則内方得外方之半，外方得内方之倍。方徑縱橫各自乘并之爲實，開方除之是爲外圜徑。

段氏闕

函人爲甲。犀甲七屬，兕甲六屬，合甲五屬。屬讀如灌注之注，之尌反。合音閤。

注：屬謂上旅下旅札續之數也，革堅者札長。

鄭司農云：合甲，削革裏肉但取其表合以爲甲。

補注：合之爲言取重堅相并，字亦作韐。惠天牧曰：韐猶堅也。《荀子》犀兕鮫革，韐如金石。《管子・小匡》注：韐革重革，當心著之，可以禦矢。

犀甲壽百年，兕甲壽二百年，合甲壽三百年。

注：革堅者又支久。

凡爲甲必先爲容，

注：服者之形容也。鄭司農云：容謂象式。

然後製革。

注：裁製札之廣袤。

權其上旅與其下旅，而重若一，以其長爲之圍。

注：鄭司農云：上旅謂要已上，下旅謂要已下。上旅甲衣，下旅甲裳。

補注：合言之上旅下旅，通謂之甲。分言之上旅謂之甲，又名爲盤領。下旅謂之髀褌。甲之札有七屬、六屬、五屬，髀褌之札屬與甲等，合上旅下旅之長，以爲中要圍。

凡甲，鍛不摯則不堅，已敝則橈。

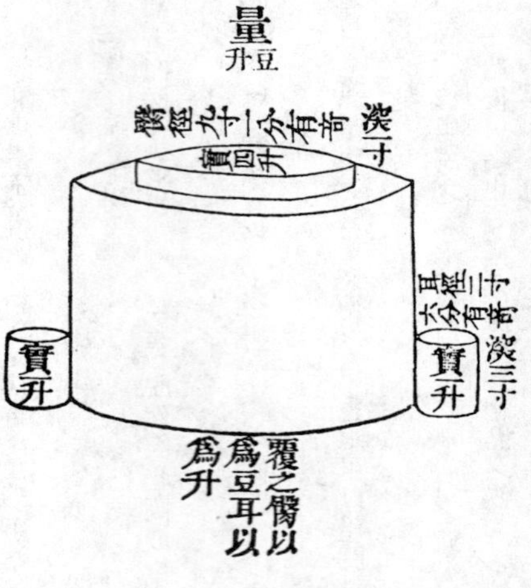

注：鄭司農云：鍛，鍛革也。鍛革太孰，則革敝無强曲橈也。玄謂摯之言致。

凡察革之道，眡其鑽空，欲其惌也。鑽作官反。空音孔。惌於阮反。

注：鄭司農云：惌，小孔貌。惠天牧曰：《吕氏春秋》郲之故法：爲甲裳以帛，公息忌謂郲君曰，不若以組。凡甲之所以爲固者，以滿竅也，今竅滿矣，而任力者半爾。組則不然，竅滿則盡任力矣，郲君以爲然。然則察革之道，先眡其竅，竅大則難盈，故任力半。竅小則易滿，故任力全。

眡其裏，欲其易也。易以豉反。

注：無敗蔵也。

補注：易治也，治除革裏敗蔵，犀甲兕甲皆然。若合甲，則用功尤多，但存其表。

眡其朕，欲其直也。朕直忍反。

補注：舟之縫理曰朕。故札續之縫，亦謂之朕。

櫜之，欲其約也。櫜音羔。

注：鄭司農云：謂卷置櫜中也。櫜韜甲者。

舉而眡之，欲其豐也。衣之，欲其無齘也。衣於既反。齘户界反。

注：豐，大。鄭司農云：齘，謂如齒齘。《說文》云：齘齒相切也，凡齒相切以斷物必不齊。

眡其鑽空而惌，則革堅也。眡其裏而易，則材更也。眡其朕而直，則制善也。櫜之而約，則周也。舉之而豐，則明也。衣之無齘，則變也。更音庚。

注：周，密致也。明，有光耀。鄭司農云：變隨人身便利。

補注：更者，敗蔵除而材更化，蓋革宜柔，柔則利於屈伸而能久。

鮑人之事。望而眡之，欲其荼白也。進而握之，欲其柔而滑也。卷而摶之，欲其無迆也。眡其著，欲其淺也。察其線，欲其藏也。摶音團。著直略反。

注：韋革，遠眡之，當如茅秀之色。鄭司農云：無迆，謂革不韖。玄謂韋革調善者鋪著之，雖厚如薄然。林氏曰：著者幔著於物之上，不見其厚，但見其薄，淺即薄也。

革欲其荼白，而疾浣之，則堅。浣胡玩反。

注：鄭司農云：韋革不欲久居水中。

欲其柔滑，而腥脂之，則需。腥讀如沾渥之渥，於角反。需、濡同。

補注：腥，厚也。需。潤澤也。

引而信之，欲其直也。信之而直，則取材正也。信之而枉，則是一方緩一方急也。若苟一方緩一方急，則及其用之也，必自其急者先裂。若苟自急者先裂，則是以博爲帴也。信、伸古今字。帴如俴淺之俴，音踐。

補注：覆巾狹淺曰帴，此通以言革，革裂則博，與帴同實。

卷而摶之而不迆，則厚薄序也。眡其著而淺，則革信也。

注：序，舒也，謂其革均也，信無縮緩。

察其線而藏，則雖敝不甐。

注：鄭司農云：謂韋革縫縷没藏於韋革中，則雖敝，縷不傷也。

韗人爲皋陶。皋古勞反。陶徒刀反。

注：鄭司農云：皋陶，鼓木也。

長六尺有六寸，左右端廣六寸，中尺，厚三寸。

注：版中廣頭狹爲穹隆也。鄭司農云：謂鼓木一判者，其兩端廣六寸，而其中央廣尺也，如此，乃得有腹。

穹者三之一。

注：穹隆者居鼓面三分之一，則其鼓四尺者，版穹一尺三寸三分寸之一也，倍之爲二尺六寸三分寸之二，加鼓四尺，穹之徑六尺六寸三分寸之二也，此鼓合二十版。據周三徑一約率計之。

上三正。

注：三讀當爲參，正直也。參直者，穹上一直，兩端又直，各居二尺二寸，不弧曲也。此鼓兩面，以六鼓差之。賈侍中云：晉鼓大而短。近晉鼓也，以晉鼓鼓金奏。

鼓長八尺，鼓四尺，中圍加三之一，謂之鼖鼓。鼖扶云反。

注：中圍加三之一者，加於面之圍以三分之一也。面四尺，其圍十二尺，密率徑四尺者，圍十二尺五寸三分寸之二弱。加以三分一，四尺則中圍十六尺，徑五尺三寸三分寸之一也，今亦合二十版，則版穹六寸三分寸之二爾。皆約率，不足準。

大鼓謂之鼖，以鼖鼓鼓軍事。

爲皋鼓，長尋有四尺，鼓四尺，倨句磬折。

晉鼓

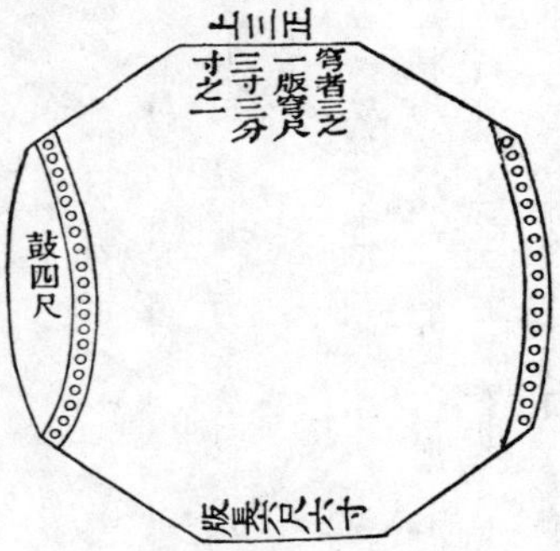

鼖鼓

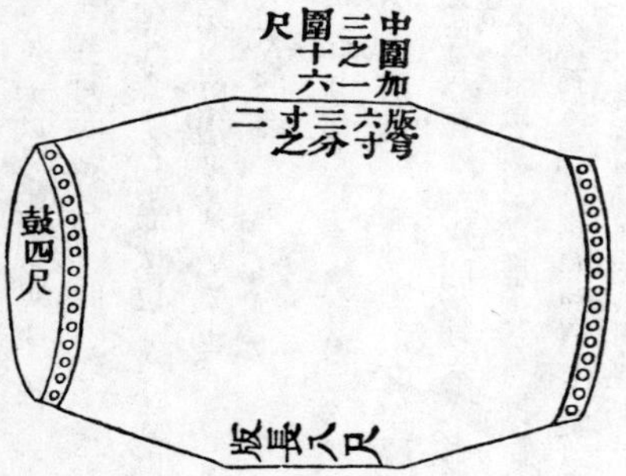

注：以皋鼓鼓役事，磬折，中曲之，不參正也，中圍與鼖鼓同，以磬折爲異。

凡冒鼓，必以啓蟄之日。

注：啓蟄，孟春之中也，蟄蟲始聞雷聲而動，鼓所取象也。冒，蒙鼓以革。

良鼓瑕如積環。

注：革調急也。疏云：若急而不調，則不得然也。林氏曰：瑕者痕也，鼓皮既漆，其皮鞔急，則文理累累如環之積。

鼓大而短，則其聲疾而短聞。鼓小而長，則其聲舒而遠聞。

皋鼓

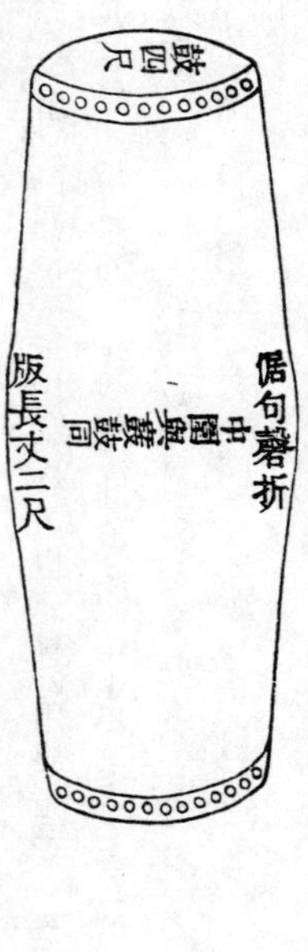

韋氏闕

裘氏闕

畫繢之事。雜五色，東方謂之青，南方謂之赤，西方謂之白，北方謂之黑，天謂之玄，地謂之黄。青與白相次也，赤與黑相次也，玄與黄相次也。

注：此言畫繢六色所象，及布采之弟次，繢以爲衣。

青與赤，謂之文，赤與白，謂之章，白與黑，謂之黼，黑與青，謂之黻，五采備，謂之繡。

注：此言刺繡采所用，繡以爲裳。

土以黄，其象方，天時變，火以圜，山以章，水以龍，鳥、獸、蛇。雜四時五色之位以章之，謂之巧。

補注：凡衣裳旗旐所飾，必合四時五色之位，雜間章施之。鄭注：讀爲山以獐，又解鳥獸蛇爲華蟲，未聞其審。

凡畫繢之事，後素功。

注：素白采也，後布之，爲其易漬汙也。鄭注《論語》云：繪畫文也，凡繪畫先布衆色，然後以素分布其間，以成其文。惠天牧曰：古者裳繡而衣繪畫，繪之事代有師傳，秦廢

之，而漢明復古，所謂斑間賦白，疎密有章，康成蓋目覩之。《鄉射記》曰：凡畫者丹質則丹地加采矣。司常九旗畫日月龍蛇之象，亦以絳帛爲質也。

鍾氏染羽，以朱湛丹秫，三月而熾之，淳而漬之。湛音鴆。秫音述。淳章倫反。

注：鄭司農云：丹秫，赤粟。玄謂熾炊也。淳，沃也，以炊下湯沃其熾。疏云：即以炊下湯淋所炊丹秫。烝之以漬羽，漬猶染也。

三入爲纁，五入爲緅，七入爲緇。

注：染纁者，三入而成。《士冠禮》注云：凡染絳一入謂之縓，再入謂之赬，三入謂之纁，朱則四入與。又再染以黑，則爲緅，緅今禮俗文作爵，言如爵頭色也。又復再染以黑，乃成緇矣。凡玄色者，在緅緇之間，其六入者與。《士冠禮》注云：凡染黑五入爲緅，七入爲緇，玄則六入與。疏云：《淮南子》云：以涅染紺則墨於涅。涅即黑色也。纁若入赤，汁則爲朱，若不入赤而入黑，汁則爲紺矣。若更以此紺入黑，則爲緅，而此五入爲緅是也。若更以此緅入黑汁，即爲玄，更以此玄入黑汁，則名七入爲緇矣。

筐人闕

㡛氏湅絲。以涚水漚其絲，七日，去地尺暴之。晝暴諸日，夜宿諸井，七日七夜，是謂水湅。涚書鋭反。漚烏豆反。暴步莫反。

注：涚水，以灰所泲水也。漚，漸也，楚人曰漚，齊人曰涹。宿諸井，縣井中。

補注：凡湅絲湅帛，灰湅冰湅各七日。

湅帛。以欄爲灰，渥淳其帛，實諸澤器，淫之以蜃。欄音練。渥如字。

注：鄭司農云：澤器，謂滑澤之器。蜃謂灰也。《士冠禮》曰：素積白屨，以魁柎之。説曰：魁，蛤也。《周官》亦有白盛之蜃，蜃蛤也。玄謂淫薄粉之，令帛白。

補注：渥淳者，以欄木之灰，取瀋厚沃之也。凡湅帛，朝沃欄瀋，夕塗蜃灰。清其灰，而盝之，而揮之，而沃之，盝音鹿。

注：清，澂也，於灰澂而出盝晞之，晞而揮去其蜃，更渥淳之。

補注：清其灰者，每日之朝，置水於澤器中，以澂蜃灰，乃取帛出，盝之揮之，更沃欄瀋。而盝之，而塗之，而宿之。

補注：每日之夕，盝欄瀋，塗蜃灰，經宿。明日，沃而盝之。

注：亦七日如漚絲也。

補注：明日者，承宿之爲言也。沃前，則清其灰而盝之揮之。沃後，則盝之塗之宿之，詳略互見。晝暴諸日，夜宿諸井，七日七夜，是謂水湅。

戴震《考工記圖》卷下 玉人之事。鎮圭尺有二寸，天子守之。命圭九寸，謂之桓圭，公守之。命圭七寸，謂之信圭，侯守之。命圭七寸，謂之躬圭，伯守之。信、伸古今字。

注：命圭者，王所命之圭也，朝覲執焉，居則守之，子守穀璧，男守蒲璧，不言之者，闕爾。

補注：鎮圭、命圭，通謂之介圭，《爾雅》：珪大尺二寸謂之玠。據鎮圭言也。《詩》：錫爾介圭，以作爾寶。以其介圭入覲于王，據命圭言也。介者，大也。《禮器》：大圭不琢，以素爲貴。亦謂此也。大有二義，以尊大言者，鎮圭、命圭之爲大圭是也。以長大言者，大圭長三尺，杼上終葵首是也。凡圭剡上寸半，厚半寸，博三寸。天子執冒四寸，以朝諸侯。

注：名玉曰冒者，言德能覆蓋天下也。四寸者，方以尊接卑，以小爲貴。《顧命》僞孔傳云：瑁所以冒諸侯，圭以齊瑞信，方四寸衺刻之。蓋俗儒臆説。

天子用全，上公用龍，侯用瓚，伯用將。龍、駹古字多通用，莫江反。瓚作旦反。將當作埒，力輟反。

補注：《説文解字》曰：禮天子用全，純玉也。上公用駹，四玉一石。侯用瓚，三玉二石也。伯用埒，玉石半相埒也。此蓋泛記用玉爲飾之等，石謂石之次玉者，如《詩》之「充耳琇瑩」「貽我佩玖」，琇與玖皆美石。

繼子男，執皮帛。脱簡，誤在此。衍文。

天子圭中必。

注：必讀如鹿車縪之縪，車下革縛結於軸者，陳宋淮楚之間謂之畢，大車謂之綦。謂以組約其中央，爲執之以備失隊。疏云：按《聘禮》記五等諸侯及聘使所執圭璋，皆有繅藉及絢組，絢組所以約圭中央，恐失隊。此不言諸侯圭，舉上以明下可知。

四圭尺有二寸，以祀天。

補注：一邸而四圭，邸爲璧，在中央，圭各長尺二寸，在四面，璧大小未聞也。《典瑞》疏云：蓋四面圭各尺二寸，與鎮圭同，其璧爲邸，蓋徑六寸，總三尺，與大圭長三尺又等。

大圭長三尺，杼上終葵首，天子服之。

注：王所搢大圭也，或謂之珽，終葵椎也。《説文》云：椎，擊也，齊謂之終葵。

爲椎於其杼上，明無所屈也，杼綱也。相玉書曰：珽玉六寸，明自炤。綱色界反，殺字之異者，本或作殺。

補注：鎮圭瑞也，大圭笏也，故搢大圭而執鎮圭。笏亦謂之手版，徐廣《車服儀制》曰：古者貴賤皆執笏。即今手版也。亦謂之薄。《蜀志》稱秦宓見太守以薄擊頰。天子玉笏，《玉藻》曰：笏天子以球玉。《管子》曰：天子執玉笏以朝日。是也。其守六寸謂之珽，近首蓋殺半寸。凡笏廣三寸，殺半寸，自中已上漸殺，笏上廣二寸半也。

土圭尺有五寸，以致日，以土地。

注：夏日至之景尺有五寸，土猶度也，建邦國以度其地而制其域。

補注：土圭之法，詳見《大司徒》職，余嘗論其義曰：日南日北，猶《堯典》之度南交、度朔方也。日東日西，猶《堯典》之度嵎夷、度西也。分四方測驗，然後折取其中，日南景短，日北景長，取中而得尺有五寸，以是求南北之中。日東景夕，日西景朝，時刻差移，取中加時，以是求東西之中。所謂測土深正日景，以求地中者，如是蓋測土深。以南北言，聖人南面而聽天下，古者宮室皆南嚮。故南北爲深，東西爲廣，猶之車輿以前後爲深，左右爲廣也。表景短長即南北遠近必測之而得，故曰測土深，正日景。以東西言，自東至西，環地面各有子午卯酉。東方日中景，正西方尚在午前，而爲景朝，西方日中景正，東方已過午後，而爲景夕。《周髀》稱晝夜異處，加四時相及，據其方戴天相距四分天周之一爲言，地周與天周等。以率率之，去一次，周天十二次。則差一時，一日之十二時。地與天恒相應也。東西相差若干時，半之則爲地中，與東西所差之時，是則地中景正，而東方景夕，西方景朝也。凡差一時，於地面繩直計之，大致得六千里，道路迴曲之數，則過乎此矣。必正其日中之景，以審時之相差，故曰正日景。合是二者，一爲南北里差，一爲東西里差，觀《堯典》、《周禮》。前古測里差極詳，所云寒暑陰風之偏，及四時天地交合陰陽風雨和會，蓋實驗而知，先驗其偏，後求之而得其中也。測非獨夏至，夏至日中景最短，以最短爲度，及其漸長，皆用是度之。古人用土圭測黄赤二道，猶今之測北極高下也。寒暑進退晝夜永短悉因之，而隨地不同。土圭之法，不惟建王國用之，封國必以度地，以此知某國偏東偏西偏南偏北，然後可定各地之分至，啓閉其疆域，廣輪之實亦於是分明不惑焉。

祼圭尺有二寸，有瓚，以祀廟。

注：祼之言灌也，祼謂始獻酌奠也。祼或作淉，或作果，古亂反。瓚如盤，其柄用圭，有流前注。《典瑞》注云：漢禮瓚槃大五升口徑八寸，下有槃口徑一尺。

補注：瓚，勺也，大小之度，當如三璋之勺。記省文互見者多矣。漢制，瓚大於古而龍口，記曰鼻而已，不聞龍口也。

琬圭九寸而繅，以象德。

注：琬猶圜也。繅，藉也。

琰圭九寸，判規，以除慝，以易行。易以豉反。行下孟反。

補注：琬琰之名，以剡上之寸半爲別也，凡圭直剡之，倨句磬折，上端中矩，琬圭穹隆而起宛然上見。《爾雅》宛中宛兵，丘上有丘爲宛丘。宛中隆，並此義。琰圭，左右剡，坳而下，如規之判。《典瑞》注：鄭司農云：琬圭無鋒芒，故以治德結好。琰圭有鋒芒，傷害征代誅討之象。

璧羨度尺，好三寸，以爲度。羨以善反。

注：鄭司農云：好，璧孔也。《爾雅》曰：肉倍好謂之璧。好倍肉謂之瑗。肉好若一謂之環。玄謂羨猶延，其袤一尺而廣狹焉。《典瑞》注：羨，不圜之貌，蓋廣徑八寸，袤一尺。

圭璧五寸，以祀日月星辰。

注：圭其邸爲璧。

璧琮九寸，諸侯以享天子。琮才宗反。

注：享，獻也。《小行人》注：享天子用璧，享后用琮，其大各如其瑞，皆有庭實，以馬若皮。惠天牧曰：小行人合六幣，圭以馬，璋以皮，璧以帛，綜以錦，琥以繡，璜以黼。圭璋曰先朝聘以之璧琮，曰加享禮以之琥璜，曰將大饗以之圭璋，特謂皮馬不上堂。璧琮九寸，諸侯以享天子，而諸侯自相享，則以瑑璧琮，享諸侯束帛加璧，享夫人束錦加琮。天子饗諸侯，諸侯自相饗酬以繡黼，而將以琥璜。《終南》諸侯受顯服曰「黻衣繡裳」，《采菽》天子命諸侯曰「玄衮及黼」。此王賜繡黼之文，其錫之也，王拜送爵以琥璜將之，故曰琥璜爵。

穀圭七寸，天子以聘女。

補注：《典瑞》職曰：穀圭以和難以聘女。注曰：穀，善也，其飾若粟文然。

大璋、中璋九寸，邊璋七寸，射四寸，厚寸。黄金勺，青金外，朱中，鼻寸，衡四寸，有繅。天子以巡守，宗祝以前馬。

注：射，琰出者也。鼻，勺流也。衡謂勺徑也。三璋之勺，形如圭瓚。天子巡守，有事山川，則用灌焉。於大山川，則用大璋，加文飾也。於中山川，用中璋，殺文飾也。於小山川，用邊璋，半文飾也。其祈沈以馬，宗祝亦執勺以先之，禮。王過大山川，則大祝用事焉，將有事於四海山川，則校人飾黄駒。

大璋亦如之，諸侯以聘女。

補注：陳氏曰：此錯簡也，當繼穀圭七寸天子以聘女之後。亦如之者，亦如穀圭之七寸。鄭注云：如邊璋七寸射四寸。

蓋天子聘女用圭，諸侯聘女用璋，此尊卑隆殺之等也。

瑑圭璋八寸，璧琮八寸，以覜聘。

注：瑑，文飾也。《典瑞》注：鄭司農云：瑑有圻鄂瑑起。衆來曰覜，特來曰聘。

牙璋中璋七寸，射二寸，厚寸以起軍旅，以治兵守。

注：二璋皆有鉏牙之飾於琰側，先言牙璋，有文飾也。

駔琮五寸，宗后以爲權。

注：駔讀爲組，以組繫之，因名焉。此亦有鼻以結組，省文互見。

大琮十有二寸，射四寸，厚寸，是謂内鎮，宗后守之。

注：如王之鎮圭也，射其外鉏牙。疏云：并角徑之爲尺二寸，角各出二寸，兩相并，四寸。

駔琮七寸，鼻寸有半寸，天子以爲權。

注：鄭司農云：以爲權，故有鼻也。

兩圭五寸，有邸，以祀地，以旅四望。

注：邸謂之柢，有邸僢共本也。

補注：兩圭蓋琮爲之邸，故文在此。《大宗伯》職注曰：禮神者，必象其類，璧圜象天，琮八方象地。

瑑琮八寸，諸侯以享夫人。

注：獻於所朝聘君之夫人。前已云：瑑圭璋八寸，璧琮八寸，以覜聘，復見此文，以明覜聘兼享與夫人之禮。

案十有二寸，棗栗十有二列，諸侯純九，大夫純五，夫人以勞諸侯。勞力報反。

注：鄭司農云：案，玉案也，夫人，天子夫人。《漿人》：其夫人致飲于賓客之禮。則此爲三夫人勞諸侯，未爲不可。玄謂案，玉飾案也，棗栗實於器，乃加於案。《聘禮》曰：夫人使下大夫勞以二竹簋方。注云：以竹爲之，如今寒具筥。玄被纁裏，有蓋，其實棗烝栗擇，兼執之以進。

補注：案者，棜禁之屬。《儀禮》注曰：棜之制，上有四周，下無足。蓋如今承槃。《禮器》注曰：禁如今方案，隋長局足，高三寸，棜又名斯禁，斯盡也，切地無足此以案承棗栗，上宜有四周。漢制小方案局足，此亦宜有足。列謂兩以列也。純，耦也。鄉射禮二算爲純，一算爲奇。惠天牧曰：二王後二十四，兩兩列之，則十二。諸侯十八，兩兩列之，則九。大夫十，兩兩列之，則五。飾案古以玉，漢以金銀，加文畫焉。

璋邸射，素功，以祀山川，以致稍餼。

注：邸射，剡而出也。《典瑞》注云：璋有邸而射。鄭司農云：射剡也。鄭司農云：素功，無瑑飾也。

補注：璋其邸爲琮而射琮八。《方言》：射者則角剡出。

柳人闕

雕人闕

圭

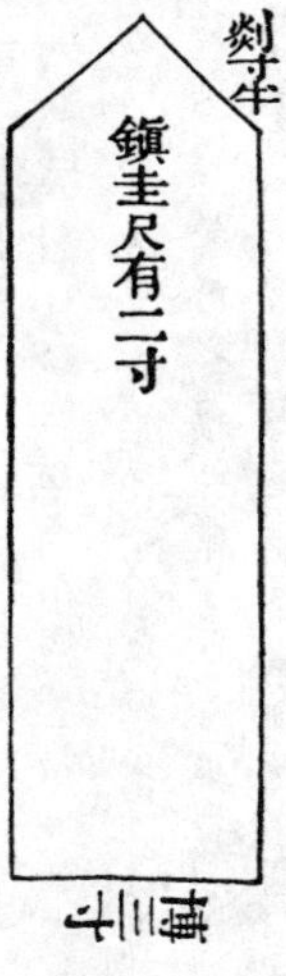

據《聘禮》記及贊大行，凡圭，厚博左右剡并同，桓圭九寸，信圭七寸，躬圭七寸，而前詘土圭尺五寸，穀圭七寸，粟文瑑圭八寸，圻鄂瑑起，形制無殊也，不別爲圖。

璋

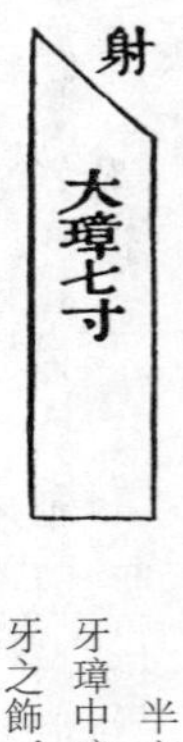

半圭曰璋瑑璋八寸，有圻鄂。牙璋中璋七寸，射二寸，剡側有鉏牙之飾，皆不別爲圖。

璧

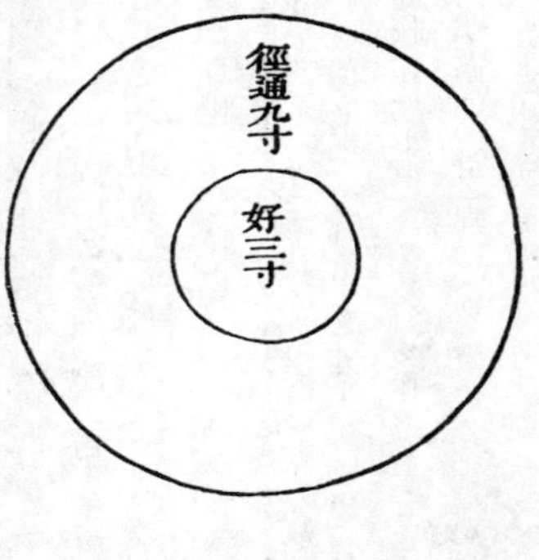

肉倍好謂之璧，子執穀璧五寸，男執蒲璧五寸，《考工記》文不具瑑璧八寸，有圻鄂爾，不別爲圖。

琮

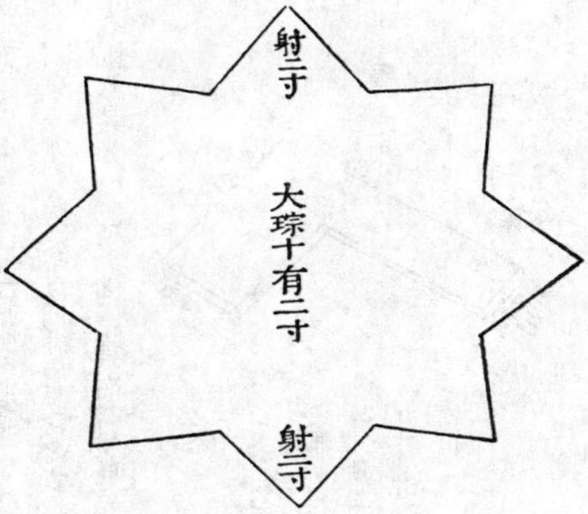

惟大琮言射，四寸以射，各出二寸，兩兩相對，并爲四寸，其餘皆不言射。琮八方象地，疑不剡爲射，故八方也。瑑琮八寸，圻鄂瑑起，天子之駔琮七寸，鼻寸半。宗后之駔琮五寸，琮外角内實，故爲鼻，以結組。諸侯享王后之琮九寸，已下爲差，皆不別爲圖。

四圭

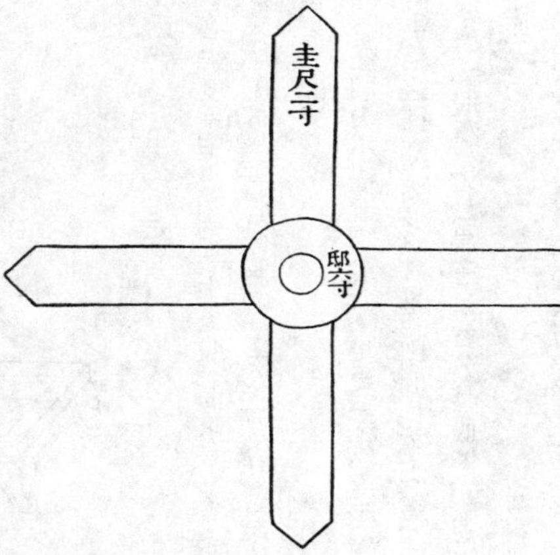

圭璧五寸，其邸璧兩圭五寸，有邸及璋邸射，舊説邸亦以璧，先儒有謂當以琮者近是，皆不別爲圖。

《爾雅》璧大六寸謂之宣圭，著四面通三尺，與大圭三尺等。

大圭

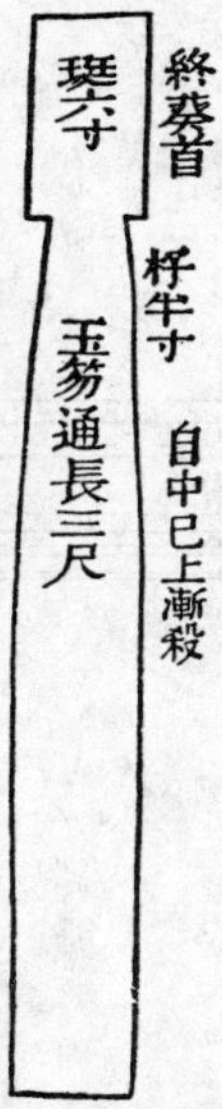

裸圭

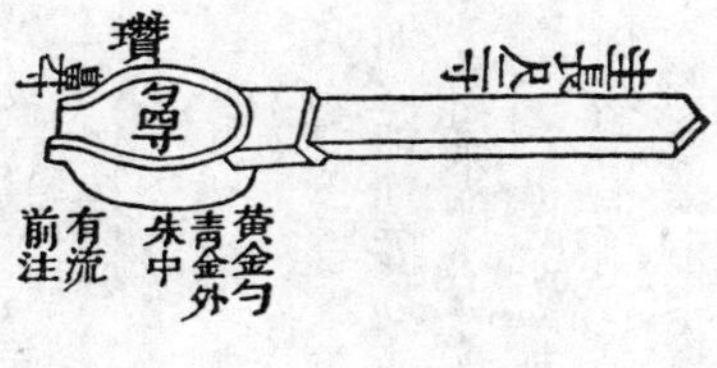

以圭爲柄曰圭瓚，以璋爲柄曰璋瓚，其勺并同，故不別爲圖。

琬圭

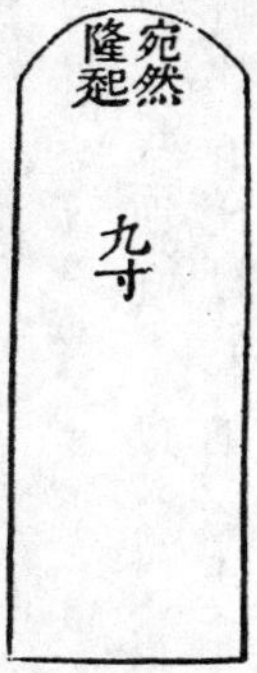

琰圭

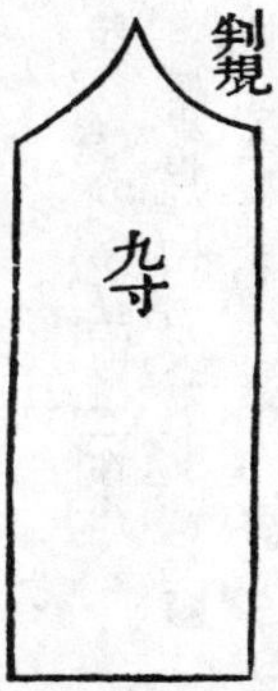

璧羨

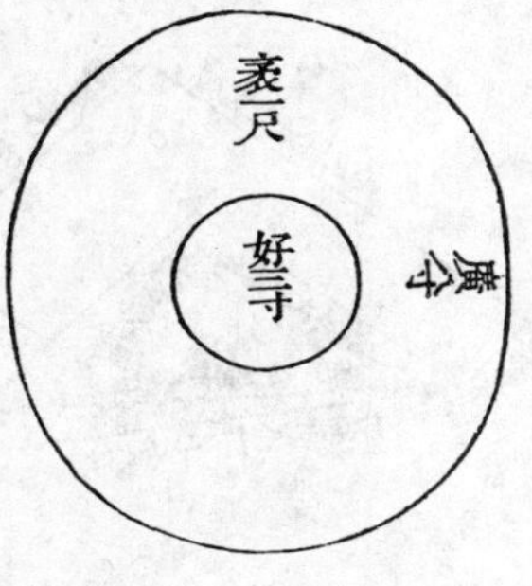

案

磬氏爲磬。倨句一矩有半。

注：必先度一矩爲句，一矩爲股，而求其弦。取句股相等，各自乘，并之爲弦實，開方除之得弦。既而以一矩有半觸其弦，一矩有半，大於所求之弦，張句股就之。則磬之偈句也。

補注：任取大小横縱等成方，是爲一矩，度兩對角徑隅，不及一矩有半。今以一矩有半爲之徑隅，斜弦名徑隅。則倨句不中矩，而成磬折矣。

其博爲一，股爲二，鼓爲三。參分其股博，去一以爲鼓博。參分其鼓博，以其一爲之厚。

注：鄭司農云：股磬之上大者，鼓其下小者，所當擊者也。疏云：以其股面廣，鼓面狹，故以大小而言也。玄謂假令磬股廣四寸半者，股長九寸也。鼓廣三寸長尺三寸半，厚一寸。疏云：以四寸半爲法者直取，從此已下爲易計，非實法也。

已上，則摩其旁。已下，則摩其耑。上時掌反。耑音端。

磬

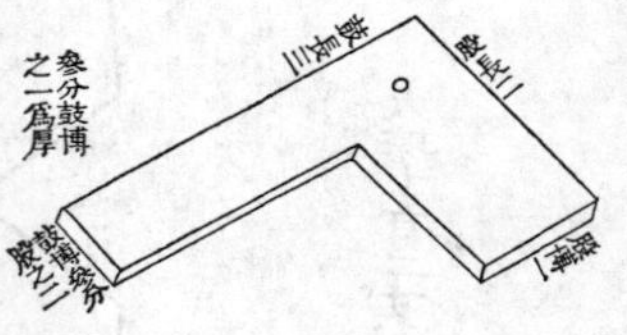

磬之倨句截股與鼓其積正等，令股廣四寸半，股内六寸，厚一寸，計方積二十七寸，鼓廣三寸，鼓内九寸，計方積亦二十七寸，故輕重均也。

磬 倨句一矩有半

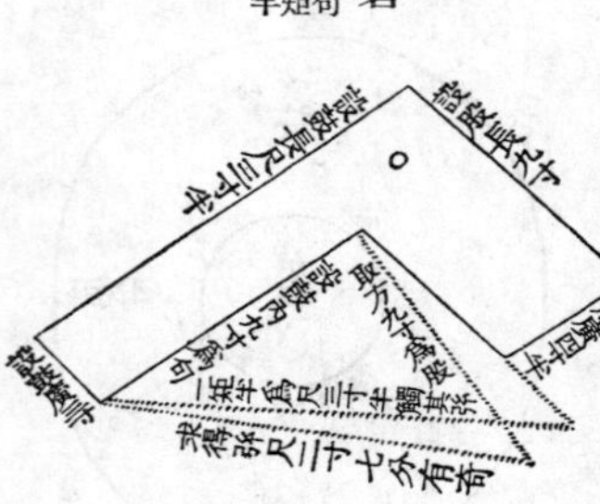

注：鄭司農云：磬聲太上，則摩鑢其旁。玄謂太上，聲清也，薄而廣則濁。太下，聲濁也，短而厚則清。

矢人爲矢，鍭矢，參分，茀矢，參分，一在前，二在後。

注：參訂之而平者，前有鐵重也。司弓矢職，茀當爲殺。

兵矢，田矢，五分，二在前，三在後。

注：鐵差短小也。兵矢，謂枉矢、絜矢也。此二矢亦可以田，田矢謂矰矢。

殺矢七分，三在前，四在後。

注：鐵又差短小也，司弓矢職，殺當爲茀。

參分其長，而殺其一，五分其長，而羽其一。以其苛厚，爲之羽深。水之，以辨其陰陽。夾其陰陽，以設其比。夾其比，以設其羽。殺本又作繝，色界反。笴讀爲稾。比毗志反。

注：矢稾長三尺，殺其前一尺，合趣鏃也。羽者六寸。辨猶正也。陰沉而陽浮。夾其陰陽者，弓矢比在稾旁，弩矢比在上下，設羽於四角。鄭司農云：比謂括也。

參分其羽，以設其刃。

注：刃二寸。此刃通矢稾外之斜方者言也。

則雖有疾風，亦弗之能憚矣。故書憚或作怛，都達反。

注：鄭司農云：謂風不能驚憚箭也。

刃長寸，圍寸，鋌十之，重三垸。已見《冶氏》。

前弱則俛，後弱則翔，中弱則紆，中强則揚，羽豐則遲，羽殺則趮。趮子到反。

注：言幹羽之病使矢行不正。趮，旁掉也。

是故，夾而摇之，以眡其豐殺之節也。

注：今人以指夾矢儛衛是也。

橈之，以眡其鴻殺之稱也。橈乃孝反。稱尺證反。

注：橈搦其幹。

凡相笴，欲生而摶。同摶欲重，同重，節欲疏，同疏欲栗。相息亮反。

注：相猶擇也。生謂無瑕蠹也。摶圜也。鄭司農云：欲栗，欲其色如栗也。堅實之色。

陶人爲甗，實二鬴，厚半寸，脣寸。盆實二鬴，厚半寸，脣寸。甑實二鬴，厚半寸，脣寸，七穿。甗音彦。

注：鄭司農云：甗，無底甑。

補注：一穿爲甗，七穿爲甑，竝上大下小，甗甑亦通稱也。《爾雅》：䰙謂之鬵，鬵鉹也。《方言》：甑自關而東謂之甗，或謂之鬵，或謂之酢餾。郭注云：涼州呼鉹。盆盎也。《爾雅》：盎謂之缶。《方言》：自關而西或謂之盎，或謂之盆。

鬲實五㲉，厚半寸，脣寸。庾實二㲉，厚半寸，脣寸。鬲音歷。㲉音斛。

注：豆實三而成㲉，則㲉受斗二升。庾讀如「請盆與之庾」之庾。

補注：《爾雅》：鼎欵足謂之鬲。注云：鼎曲脚也。蓋或以金或以瓦爲之，欵而三足，無足則釜也。《毛詩》有足曰錡。《方言》：江淮陳楚之間謂之錡，吴揚之間謂之鬲。《説文》：鬲，鼎屬，實五㲉，斗二升曰㲉，象腹交文三足。量之數，斗二升曰㲉，十斗曰斛，二斗四升曰庾，十六斗曰籔。㲉與斛，庾與籔，音聲相邇，傳注往往譌溷。《論語》「與之庾」，謂於釜外更益二斗四升，蓋與之釜已當，所益不得過乎始與。包注十六斗曰庾，誤也。

瓬人爲簋，實一㲉，崇尺，厚半寸，脣寸。豆實三而成㲉，崇尺。

注：豆實四升。

補注：陶人甗盆甑鬲庾，皆不言廣崇之度，或脩而斂，或庳而扈，不一定也。

瓬人簋豆竝崇尺，簋通蓋高，豆下有柄，亦通蓋高。方曰簠，圜曰簋，簠稻粱器，簋黍稷器，《禮器》：管仲鏤簋。注云：鏤簋謂刻而飾之，大夫刻爲龜爾，諸侯飾以象，天子飾以玉。《雜記》注云：鏤簋刻爲蟲獸也。《少牢饋食禮》：敦皆南首。注云：敦有首者，尊者器飾也，飾蓋象龜。周之禮飾器，各以其類，龜有上下甲。聶氏《三禮圖》曰：舊圖云：内記外圜曰簋，外方内圜曰簠。臣崇義按，瓬人爲簋及豆，皆以瓦爲之，雖不言簠，以簠簋是相將之器，亦應製在瓬人。歐陽氏《集古録》曰：簋容四升，其形外方内圜，而小，似龜，有首有尾有足有甲有腹。今禮家作簋，亦外方内圜，而其形如桶，但於其蓋，刻爲龜形，與原父所得真古簋不同。按《集古》所云但於其蓋刻爲龜形者，即《三禮圖》之敦，與簠簋皆於蓋頂作一小龜是也。其説始於《儀禮疏》，誤解鄭注「飾蓋象龜」一蓋字，蓋之爲言，意儗未定之辭，無正文也。古者簠簋或以金，或以木，或以瓦爲之。管仲鏤簋，金簋也，《爾雅》「金謂之鏤」是也。飾以玉，飾以象者，木簋也。瓦簋不得有飾。豆菹醢器。《爾雅》木豆謂之豆，瓦豆謂之登，竹豆謂之籩，此瓦豆則登也。豆其通名，登與豆用同，宜濡物，若籩惟宜乾物。

甗

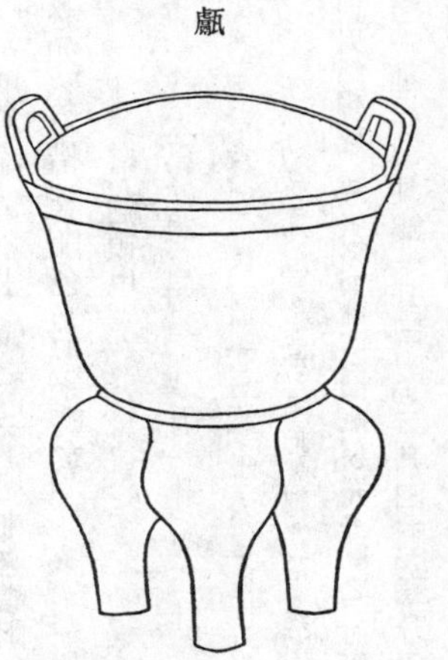

上體如甑無底施箅其中，容十二斗八升。下體如鬲，以承水陞氣於上，古銅甗有存者，大勢類此。盆甑庾不列圖，盆甑易知爾，制不一定，庾則無考。

鬲

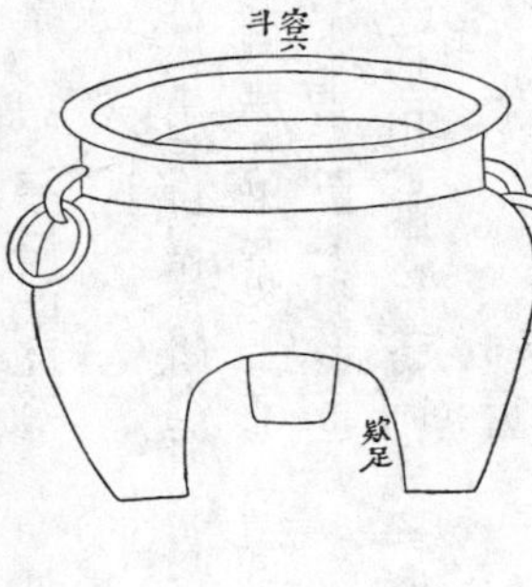

簋

通蓋高一尺。

豆

容四升，通蓋高一尺。

凡陶旊之事，髻墾薜暴不入市。薜卜革反。

注：爲其不任用也。鄭司農云：髻讀爲刮。削薄減下之義。玄謂墾，頓傷也。薜，破裂也。暴，墳起不堅致也。

器中膊，豆中縣。膊崇四尺，方四寸。中陟仲反。膊音均。

注：縣，縣繩正豆之柄。

補注：鄭用牧曰：膊讀如「大專槃物」之專，聲義同鈞，《漢書》作大鈞播物。作器下所轉者也。鄒陽曰：聖王制世御俗，獨化於陶鈞之上。韋昭云：鈞木長七尺，有弦，所以調爲器具。此膊崇四尺，亦當有弦，方四寸者謂其柄。

梓人爲簨虡。虡音筍。虡音巨。

注：樂器所縣，横曰簨，植曰虡。

天下之大獸五。脂者，膏者，臝者，羽者，鱗者。宗廟之事，脂者、膏者以爲牲，臝者、羽者、鱗者以爲簨虡。

注：脂，牛羊屬。膏，豕屬。《内則》注云：凝者曰脂，釋者曰膏。臝者，謂虎豹貔貙爲獸淺毛者之屬。羽，鳥屬。鱗，龍蛇之屬。

補注：臝者爲鐘虡，羽者爲磬虡，皆所以負簨，非爲虡下之跗也。《西京賦》：洪鐘萬鈞，猛虡趪趪，負荀業而餘怒，乃舊翅而騰驤。薛綜注云：當筍下爲兩飛獸以背負。

外骨，内骨，卻行，仄行，連行，紆行，以脰鳴者，以注鳴者，以旁鳴者，以翼鳴者，以股鳴者，以胷鳴者，謂之小蟲之屬，以爲雕琢。卻羌略反。注同味，陟又反。

注：刻畫祭器，博庶物也。外骨，龜屬。内骨，鼈屬。卻行，螾衍之屬。仄行，蟹屬。連行，魚屬。紆行，蛇屬。《方言》：蚰衍，自關而東謂之螾衍，或謂之入耳。脰鳴，鼃黽屬。注鳴，精列屬。趨織也。《方言》：精列，楚謂之悉蛩。旁鳴，蜩蜺屬。蜩蟬也，其類不一。蜺者寒蟬。翼鳴，發皇屬。《爾雅》：蛂蟥蛢。《説文》：蛢，蟜蝗，以翼鳴者。股鳴，蚣蝑動股屬。《方言》：舂黍謂之螢蝑。注云：江東呼蚱蜢。胷鳴，榮原屬。《方言》：守宫，其在澤中者謂之蜥蜴，南楚謂之蛇醫，或謂之蠑螈。

厚脣弇口，出目短耳，大胷燿後，大體短脰，若是者，謂之臝屬。恒有力而不能走，其聲大而宏。有力而不能走，則於任重宜，大聲而宏，則於鐘宜。若是者，以爲鐘虡。是故擊其所縣，而由其虡鳴。燿讀爲哨，所教反。由。猶通。

注：燿，項小也。

鋭喙決吻，數目顧脰，小體騫腹，若是者謂之羽屬。恒無力而輕，其聲清陽而遠聞。無力而輕，則於任輕宜。其聲清陽而遠聞，則於磬宜。若是者以爲磬虡。故擊其所縣，而由其虡鳴。喙許穢反。數音促。顧楷田反。陽或作揚，非。

注：吻，口腃也。顧，長脰貌。《莊子》：其脰肩肩。

小首而長，摶身而鴻，若是者謂之鱗屬，以爲簨。

注：摶，圜也。

凡攫殺援簭之類，必深其爪，出其目，作其鱗之而。攫居縛反。簭即噬。

注：謂筍虡之獸也，深猶藏也，作猶起也。之而，頰頷也。

補注：頰側上出者曰之，下垂者曰而，須鬣屬也。

深其爪，出其目，作其鱗之而，則於眡必撥爾而怒。苟撥爾而怒，則於任重宜，且其匪色必似鳴矣。匪、斐通。

注：匪，采貌也。

爪不深，目不出，鱗之而不作，則必穨爾如委矣。苟穨爾如委，則加任焉，則必如將廢措，其匪色必似不鳴矣。

注：措，猶頓也。

梓人爲飲器。勺一升，爵一升，觚三升。獻以爵，而酬以觚，一獻而三酬，則一豆矣。食一豆肉，飲一豆酒，中人之食也。

注：勺尊升也。觚當爲觶。鄭《駮異義》云：觶字今禮角旁單，古書或作角旁氏，則與觚相涉。學者多聞觚，寡聞觗，寫此書亂之，而作觚。

補注：凡觴一升曰爵，二升曰觚，三升曰觗，《説文》：觗，《禮經》觶。四升曰角，五升曰散。本《韓詩》説。飲酒之禮，主人獻賓，賓酢主人，主人又飲而酌賓，謂之酬。獻，進酒也。酬，猶厚也，勸也。合獻酬共一豆酒，其曰一獻而三酬者，爵一升，以之獻，觗三升，以之酬，蒙上省文。一升之爵獻，而三升之觗酬，是爲一豆，豆實四升。

凡試梓飲器，鄉衡而實不盡，梓師罪之。鄉同向。

注：衡，平也，平爵鄉口，酒不盡，則梓人之長罪於梓人焉。

梓人爲侯。廣與崇方，參分其廣，而鵠居一焉。鵠同鶻，胡角反。

注：高廣等者，謂侯中也，天子射禮，以九爲節。侯道九十弓，弓二寸以爲侯中，高廣等，則天子侯中丈八尺，諸侯於其國亦然。鵠所射也，以皮爲之，各如其侯也。疏云：謂若虎侯，以虎皮飾侯側，其鵠亦用虎皮，其餘熊豹麋等亦然。居侯中參分之一，則此鵠方六尺，惟大射以皮飾侯。大射者，將祭之射也，其飾有賓射燕射。

上兩個，與其身三，下兩個，半之。

勺

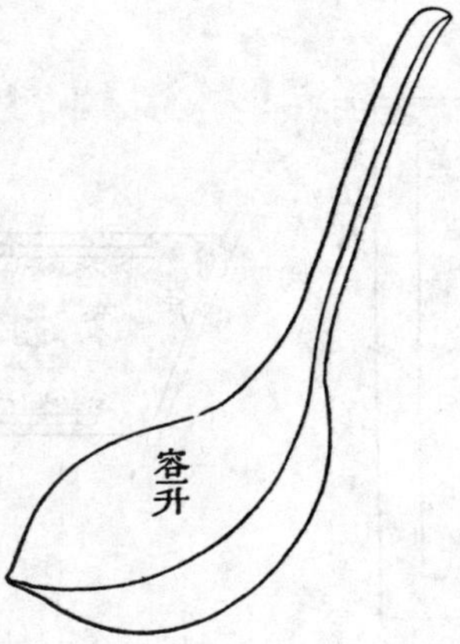

爵

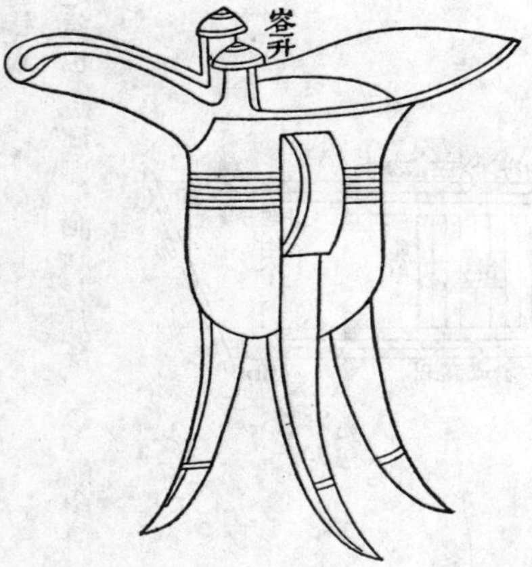

觶

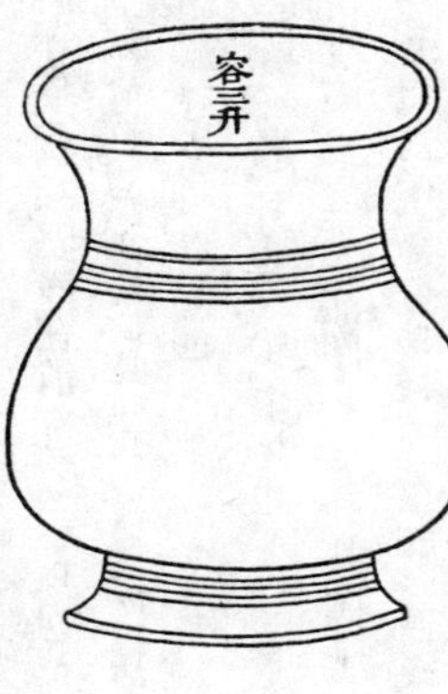

注：上個、下個，皆謂舌也。身，躬也。《鄉射禮》記曰：倍中以爲躬，倍躬以爲左右舌，下舌半上舌。然則九節之侯，身三丈六尺，上個七丈二尺，下個五丈四尺，其制，身夾中，個夾身，在上下各一幅。此侯凡用布三十六丈。個或謂之舌者，取其出而左右也。侯制上廣下狹，蓋取象於人也。張臂八尺，張足六尺，是取象率焉。

補注：下兩個半之，謂出於身者也。九節之侯，上個左右出，各丈八尺。下個左右出，各九尺。

上綱與下綱，出舌尋縜寸焉。縜尤粉反。

注：綱，所以繫侯於植者也。上下皆出舌一尋者，亦人張手之節也。鄭司農云：綱，連侯繩也。縜，籠綱者。

補注：《鄉射禮》曰：乃張侯，下綱不及地武，尺二寸爲武。然則九節之侯高二丈七尺四寸。於今尺一丈六尺奇。上綱兩植相去八丈八尺，下綱兩植相去七丈。縜者，個上之紐，以綱貫之。《說文》：縜，持綱紐也。

張皮侯而棲鵠，則春以功。

注：皮侯，以皮所飾之侯。《司裘》職曰：王大射，則共虎侯熊侯豹侯，設其鵠。謂此侯也。天子將祭，必與諸侯羣臣射。

補注：四時之祭始於春，故舉春以該焉。功，事也，謂祭曰事，尊祭祀也。祭祀事之大也，王將有郊廟之事，以射擇諸侯，及羣臣與邦國所貢之士，可以與祭者。

張五采之侯，則遠國屬。

注：五采之侯，謂以五采畫正之侯也。遠國屬者，若諸侯朝會，王張此侯與之射，所謂賓射也。正之方外如鵠，內二尺，五采者，內朱，白次之，蒼次之，黃次

之，黑次之，其矦之飾，又以五采畫雲氣焉。

張獸矦，則王以息燕。

注：獸矦，畫獸之矦也。《鄉射》記曰：凡矦，天子熊矦白質，諸侯麋矦赤

矦

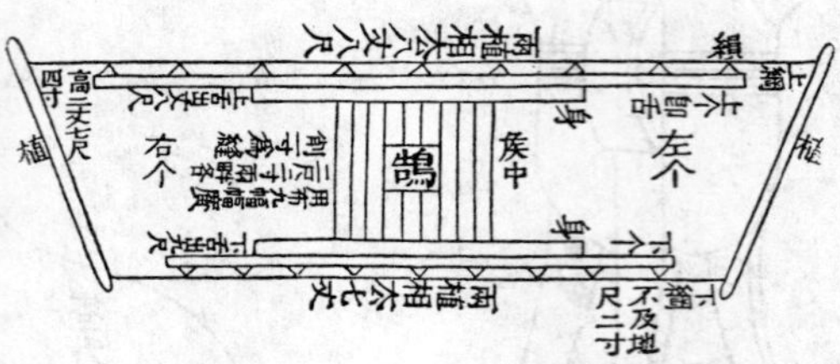

正

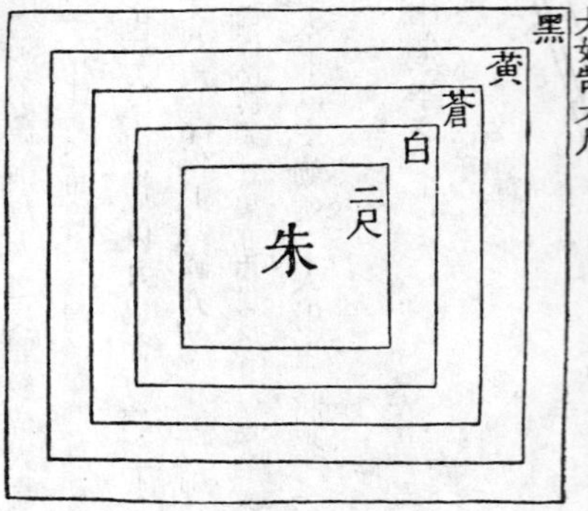

質。大夫布矦，畫以虎豹，士布矦，畫以鹿豕。凡畫者丹質，是獸矦之差也。息者，休農息老物也。敖氏云：《鄉飲酒禮》乃「息司正」，息疑即燕之異名。燕謂勞使臣，若與羣臣飲酒而射。

祭矦之禮，以酒脯醢。其辭曰：「惟若寧矦，毋或若女不寧矦，不屬于王所，故抗而射女，强飲强食，詒女曾孫，諸侯百福。」女音汝。强其丈反。

注：謂司馬實爵而獻獲者于矦，薦脯醢折俎，獲者執以祭矦。若猶女也。寧安也。若如也。屬猶朝會也。抗舉也，張也。曾孫諸侯，謂女後世爲諸侯者。

廬人爲廬器，戈柲六尺有六寸，殳長尋有四尺，車戟常，酋矛常有四尺，夷矛三尋。

注：會夷長短名，酋之言遒也，曾近夷長矣。

凡兵無過三其身。過三其身，弗能用也，而無已，又以害人。故攻國之兵欲短，守國之兵欲長。攻國之人衆，行地遠，食飲饑，且涉山林之阻，是故兵欲短。守國之人寡，食飲飽，行地不遠，且不涉山林之阻，是故兵欲長。

注：人長八尺，與尋齊。進退之度三尋，用兵力之極也，而無已，不徒止爾。不徒止於不能用也，又適以害執兵之人。

凡兵，句兵欲無彈，刺兵欲無蜎，是故句兵椑，刺兵摶。擊兵同强，舉圍欲細，細則校。刺兵同强，舉圍欲重，重欲傳人，傳人則密，是故侵之。句音鉤。彈《説文》引作僤，常衍反。蜎於緣反。椑薄兮反。

注：句兵，戈戟屬。刺兵，矛屬。鄭司農云：彈謂掉也。玄謂蜎亦掉也，讀若「井中蟲蜎」之蜎。《爾雅》：蜎蠉。注云：井中小蛣蟩，赤蟲。一名孑孓，《廣雅》云。齊人謂柯斧柄爲椑，則椑隋圜也，摶圜也。改句言擊，容殳無刃，同强上下同也。舉謂手所操。校疾也。傳近也。密審也，正也。人手操細以擊則疾，操重以刺則正，然則爲矜，句兵堅者在後，刺兵堅者在前。疏云：以句兵向後牽之，故云堅者在後也。以向前推之，故云堅者在前也。言此者欲見句兵手執處欲得細，細則手執之牢也。刺兵執處欲得麤而勁，則手穩也。林氏云：侵，刺也。

補注：彈，讀如死蟺之蟺。轉，掉也。蜎，摇掉也。侵，善入也。

凡爲殳，五分其長。以其一爲之被，而圍之，參分其圍，去一以爲晉圍。五分其晉圍，去一以爲首圍。凡爲酋矛，參分其長，二在前一在後而圍之。五分其圍，去一以爲晉圍。參分其晉圍，去一以爲刺圍。晉同搢。

注：被，把中也，長二尺四寸。圍之，圜之也，大小未聞，凡矜八觚。鄭司農云：晉謂矛戟下銅鐏也，刺謂矛刃胷也。玄謂晉矜所捷也。首殳上鐏也，疏云：此殳首無銅鐏，亦以上頭爲首而稍細之，以其似鐏，故鄭云首殳上鐏也。爲戈戟之矜，所圍如殳，夷矛如酋矛。

凡試廬事，置而搖之，以眡其蜎也。灸諸牆，以眡其橈之均也。橫而搖之，以眡其勁也。灸音救。

注：置猶埶也。灸猶柱也。以柱兩牆之間，挽而內之，本末勝負可知也。

補注：眡其蜎，審察搖掉之勢也。眡其橈之均，審察屈勢也。皆欲通體無勝負。苟材有勝負，必自負處動折。試之既齊均，又以彊勁爲尚。

六建既備，車不反覆，謂之國工。

注：六建，五兵與人也。

補注：六建當爲五兵與旌旗。六建動搖，則車行反覆，矜柲不彊故也。

匠人建國。水地以縣，

注：於四角立植，而縣以水，望其高下。高下既定，乃爲位而平地。疏云：謂於柱四畔縣繩以正柱，柱正然後去柱遠。以水平之法，遥望柱高下，定即知地之高下。

補注：水地者，以器長數尺承水，引繩中水而及遠，則平者準矣。立植以表所平之方，縣繩正植，則度水面距地者準矣。若不用水覆矩尺，使中縣引繩中矩尺及遠，簡法也。矩尺，即今木工石工之曲尺。

置槷以縣，眡以景。

注：槷古文臬，假借字。於所平之地中央，樹八尺之臬，以縣正之，眡之以其景，將以正四方也。《爾雅》曰：在牆者謂之杙，今《爾雅》作：樴謂之杙，在牆者謂之楎。在地者謂之臬。疏云：槷亦謂柱也，欲取柱之景，先須柱正，欲取柱正，當以繩縣而垂之於柱之四角四中，以八繩縣之，其繩皆附柱，則其柱正矣，然後眡柱之景。

爲規，識日出之景，與日入之景。晝參諸日中之景，夜考之極星，以正朝夕。

注：日出日入之景，其端則東西正也，又爲規以識之者，爲其難審也。自日出而畫其景端，以至日入，既則爲規測景兩端之內規之。規之交，乃審也，度兩交之間，中屈之以指臬，則南北正，日中之景，最短者也。極星，謂北辰。

補注：必平中水，然後爲規數重，埶槷於中，眡槷端景齊規者皆識之。乃衡界午前午後之景，則東西正，又中詘之以指槷，則南北正。今用指南針有偏向，所偏隨地不同，不足取準。若考北極高下，則取近極大星，測其旋而上最高去地若干度，及旋而下，最低去地若干度，兩數相減，得星環繞北極之徑半之，以加於最低去地之度，是爲北極高度。今冬至前後，勾陳大星酉時在北極之上，卯時在北極之下，可據之以測極。北極者，天樞也，先儒謂之不動處作記，時紐星正當不動處，故記以爲極星。梁祖暅測不動處，距紐星一度有餘，今紐星又移，元郭守敬測離三度奇。北極在勾陳大星紐星之間。

匠人營國，方九里，旁三門。

爲規識景

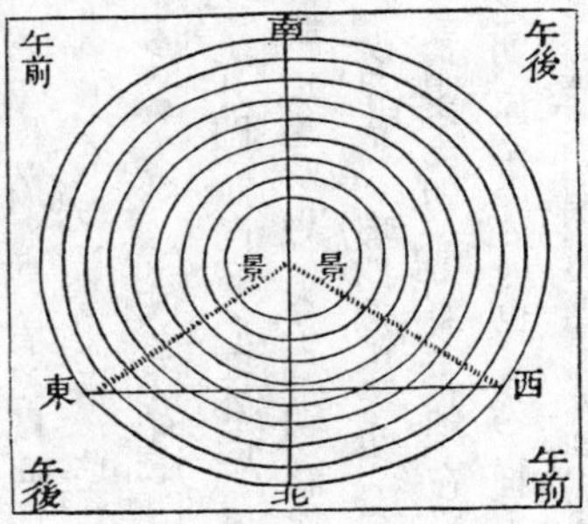

以水平地方一二丈規之，於中央立槷或用小方案令平中水，爲規其上，中央設表當槷，凡景端所至皆識之，此但據景端與外規齊者爲圖內數重規亦然，所得南北東西如一，乃審密也。

爲規識景此圖得之江先生

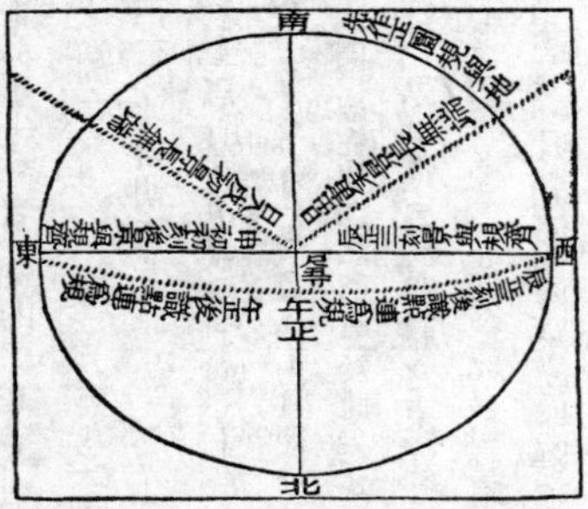

此但據夏至地中爲圖，規任作大小。如以表八尺爲半徑，必辰正三刻，申初初刻，景與規齊，其齊時，亦是正東正西也，若他方測景時刻方位不同而法准此最短時爲午正。

先爲規而後識最記文也，先識景徐徐作點後乃連爲規，鄭說也。兩法圖皆具。

測北極高下

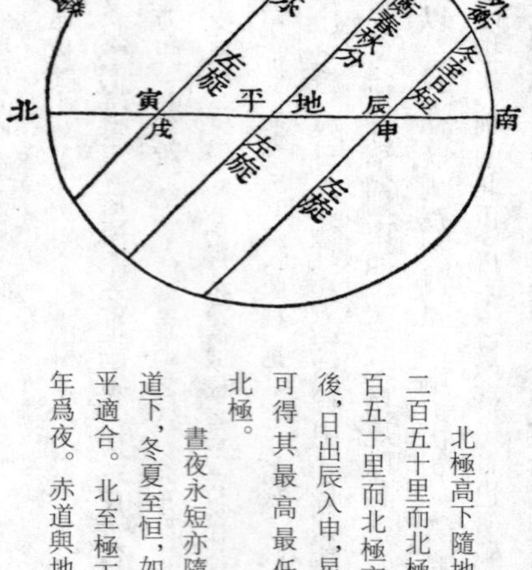

北極高下隨地不同，南行繩直二百五十里而北極低一度，北行二百五十里而北極高一度。冬至前後，日出辰入申，星旋天不啻半周，可得其最高最低之度，以考知北極。

晝夜永短亦隨地不同，南至赤道下，冬夏至恒，如春秋分，極與地平適合。北至極下，半年爲晝，半年爲夜。赤道與地平適合。

黃赤道

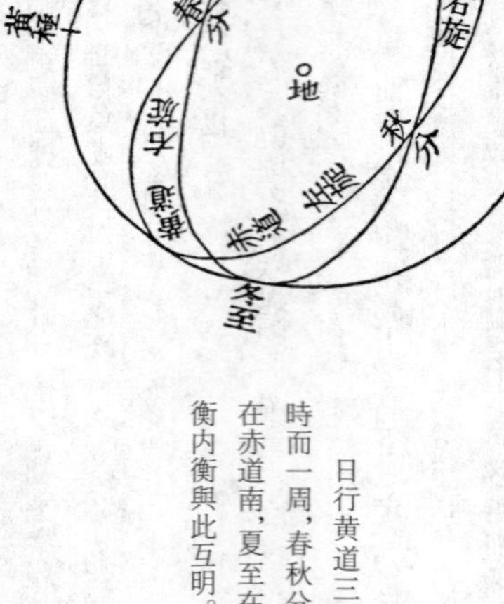

日行黃道三百六十五日幾三時而一周，春秋分交於赤道，冬至在赤道南，夏至在赤道北，前圖外衡內衡與此互明。

補注：六尺而步，五步而雉，六十雉而里，里三百步。此記天子城方九里，其等差公蓋七里，侯伯蓋五里，子男蓋三里。以《春秋傳》考之，鄭伯之城方三百雉，故大都三國之一爲百雉，是其合乎。

國中九經九緯，經涂九軌。

注：國中，城内也。經緯，謂涂也。經緯之涂，皆容方九軌。疏云：南北之道爲經，東西之道爲緯。王城面有三門，門有三涂，男子由右，女子由左，車從中央。軌謂徹廣。乘車六尺六寸，旁加七寸，凡八尺，是謂徹廣。九軌積七十二尺，則此涂十二步也。旁加七寸者，輻内二寸半，輻廣三寸半，量其鑿深以爲輻廣，輻廣不得過三寸，則輻内不止二寸半矣。綆三分寸之二，金轄之間三分寸之一。

左祖右社，面朝後市。

注：王宮所居也。祖宗廟，王宮當中經之涂也。《小宗伯》之職：掌建國之神位，右社稷，左宗廟。注云：庫門内雉門外之左右，朝士。注云：《郊特牲》「譏繹於庫門内」，言遠當於廟門，廟在庫門之内，見於此矣。

補注：宗廟作宮於路寢之東，社稷設壇壝於路寢之西。劉向《别録》云：社稷宗廟在路寢之西。又云：左明堂辟廱，右宗廟社稷。按宗廟社稷屬路寢言，得之。以爲俱在西，不知何所據。凡朝，君臣咸立於庭，古字庭本作廷，所謂朝廷。《説文》云，廷，朝中也。朝有門而不屋，故雨霑衣失容，則輟朝。天子諸侯皆三朝，則天子諸侯皆三門與。《禮説》曰：天子五門，皋、庫、雉、應、路，諸侯三門，皋、應、路，失其傳也。天子之宮有皋門，有應門，有路門，路門一曰虎門，一曰畢門，不聞天子庫門，雉門也。《郊特牲》云：獻命庫門之内。此亦據魯之事，記者以魯用天子禮樂，故推魯事合於天子，所稱多傅會失實。諸侯之宮有庫門，有雉門，有路門，不聞諸侯皋門、應門也。皋門天子之外門，庫門諸侯之外門。應門天子之中門，雉門諸侯之中門。異其名，殊其制，辨等威也。天子三朝，諸侯三朝，天子三門，諸侯三門，其數同，君國之事，侔體合也。朝與門無虚設也，君臣日見之朝，謂之内朝，《稾人》及《玉藻》之内朝是也。或謂之治朝，或謂之正朝，在路門外庭。司士正其位。記或謂之外朝，與路寢庭之朝，連文爲外内也。《文王世子》曰：内朝則東面北上，臣有貴者以齒，其在外朝，則以官。注云：内朝，路寢庭。外朝，路寢之門外庭。斷獄蔽訟，及詢非常之朝，謂之外朝，在中門外庭。小司寇掌其政，朝士掌其法。以燕以射，又圖宗人嘉事之朝，謂之燕朝，在路寢庭。大僕正其位，若射則射人掌其位。《聘禮》曰：公出送賓，及大門内。《周官・司儀》曰：出及中門之外。廟在中門内明矣。記曰：昔者仲尼與於蜡賓，事畢，出遊於觀之上。蜡之饗，亦祭宗廟，廟在雉門内，故出而至觀也。《春秋》桓宮、僖宮災，火自司鐸踰公宮，至桓、僖二廟，廟邇公宮也。季桓子至，御公立於象魏之外，立當遠火也。《春秋穀梁氏傳》曰：禮送女，父不下堂，母不出祭門，諸母兄弟不出闕門。廟門謂之祭門，觀謂之闕，亦謂之象魏。諸侯設於雉門，是以雉門謂之闕門。天子蓋設於應門，闕門在外，祭門在内，不出闕門者，得出祭門者也。《春秋左氏傳》曰：間於兩社，爲公室輔，以朝廷執政所在爲言，宜繫君臣日見之朝，社在中門內明矣。其他書傳，可證宗廟社稷在中門內、路門外之左右者甚衆，略舉五事明之。

市朝一夫。

注：方各百步。

補注：以朝百步言之，方九百步之宫朝，左右各四百步。外門至中門百步之庭曰外朝，中門至路門百步之庭曰內朝，路門內至堂百步之庭曰燕朝，路寢已後蓋六百步與。王與諸侯若羣臣射於路寢，則路寢之庭容矦道九十弓，弓與步相應，其百步宜也。

夏后氏世室，堂脩二七，廣四脩一。

注：脩南北之深也，夏度以步，令堂脩十四步，其廣益以四分脩之一，則堂廣十七步半。

五室，三四步，四三尺。

注：堂上爲五室，象五行也。三四步，室方也。四三尺，以益廣也。木室於東北，火室於東南，金室於西南，水室於西北，其方皆三步，其廣益之以三尺。土室於中央，方四步，其廣益之以四尺，此五室居堂，南北六丈，東西七丈。五室之名，蓋傳會言之，其制則宜如是。

九階，

注：南面三，三面各二。

四旁兩夾窗，

注：窗助户爲明，每室四户八窗。

白盛。

注：蜃灰也，盛之言成也。以蜃灰堊牆，所以飾成宫室。

門堂三之二，

注：門堂，門側之堂，取數於正堂。令堂如上制，則門堂南北九步二尺，東西十一步四尺。《爾雅》曰：門側之堂謂之塾。

室三之一。

注：兩室與門各居一分。

殷人重屋，堂脩七尋，堂崇三尺，四阿重屋。重直龍反。

注：其脩七尋五丈六尺，放夏周，則其廣九尋七丈二尺也。五室各二尋，四阿，若今四注屋。四面皆有霤。重屋，複笮也。《説文》云：笮迫也，在瓦之下，棼上。棼，複屋棟也。

補注：世室重屋，制皆如明堂，明堂既四面，非四霤不可，故爲四阿。重屋之制，古者質四面，有霤，必刱法乎此。姚姬傳曰：重屋，複屋也。別設棟以列椽。其棟謂之棼，椽棟既重，軒版、垂檐皆重矣。軒版即屋笮，或木或竹，異名，笮在瓦之下，椽之上，檐垂椽端，椽亦謂之橑。記言重屋，鄭氏以複笮釋之，而他書所稱曰重檐，曰重橑，《張敞傳》作重轑。曰重軒，《招魂》作層軒，《西都賦》作重軒。曰重棟，曰重棼，各舉其一爲言爾。重屋之形制累複，是以或謂之閣。《張臨傳》：每登閣殿。《古詩》：阿閣三層階。亦得云樓。漢時名檐爲承壁材，以其直垂而下如壁，故《明堂位》注：重檐，重承壁材也。疏謂複笮亦重承壁材者，誤。

周人明堂，度九尺之筵，東西九筵，南北七筵，堂崇一筵，五室，凡室二筵。

注：明堂者，明政教之堂。周度以筵，亦王者相改。

補注：明堂法天之宫，五室十二堂，故曰明堂。《月令》：中央太室，正室也，一室而四堂。其東堂曰青陽太廟，南堂曰明堂太廟，西堂曰總章太廟，北堂曰玄堂太廟。四隅之室，夾室也。《釋名》：夾室在堂兩頭，故曰夾也。四室而八堂。東北隅之室，玄堂之右夾，青陽之左夾也，其北堂曰玄堂右個，東堂曰青陽左個。東南隅之室，青陽之右夾，明堂之左夾也，其東堂曰青陽右個，南堂曰明堂左個。西南隅之室明堂之右夾，總章之左夾也，其南堂曰明堂右個，西堂曰總章左個。西北隅之室，總章之右夾，玄堂之左夾也，其西堂曰總章右個，北堂曰玄堂左個。凡夾室前堂，或謂之箱，或謂之個，《左傳・昭公四年》：使寘饋于個而退。杜注云：個東西箱，是箱得通稱曰個也。兩旁之名也。劍脊之兩旁，謂之兩相。戻之左右，謂之左個右個，亦此義。古者宫室恒制，前堂後室，有夾，堂東曰東夾室，堂西曰西夾室。有個，東夾前曰東室，亦曰東箱。西夾前曰西堂，亦曰西箱。《左傳》所謂個。有房。室東曰東房，亦曰左房。室西曰西房，亦曰右房。惟南嚮一面明堂，四面闓達，亦前堂後室，有夾有個而無房。房者行禮之際，別男女，婦人在房。明堂非婦人所得至，故無房宜也。王者而後有明堂，其制蓋起於古遠，夏曰世室，殷曰重屋，周曰明堂，三代相因，異名同實。與世室重屋義未聞，明堂在國之陽，淳于登説，在三里之外，七里之內，丙巳之地。《韓詩》説明堂在南方七里之郊。祀五帝，聽朔，會同，諸侯大政在焉。夏曰世室，世世勿壞，或以意命之也。殷曰重屋，阿閣四注，或以其制命之也。周人取天時方位以命之，東青陽，南明堂，西總章，北玄堂，而通曰明堂，舉南以該其三也。四正之堂，皆曰太廟，四正之室，共一太室。故曰太廟太室，明太室處四正之堂中央。爾世之言明堂者，有室無堂，不分個夾，失其傳久矣。

室中度以几，堂上度以筵，宮中度以尋，野度以步，涂度以軌。

補注：馬融以爲几長三尺，六之而合二筵與。阮諶云：几長五尺。

廟門容大扃七個，闈門容小扃參個。扃古熒反。

注：大扃，牛鼎之扃，長三尺，每扃爲一個，七個二丈一尺。廟中之門曰闈，《爾雅》：宮中之門謂之闈。蓋通稱。小扃，膷鼎之扃，長二尺，參個，六尺。

路門不容乘車之五個，應門二徹參個。

注：路門者，大寢之門。乘車廣六尺六寸，五個，三丈三尺。言不容者，是兩門乃容之。兩門乃容之，則此門半之，丈六尺五寸。正門謂之應門，謂朝門也。二徹之內八尺，三個，二丈四尺。

內有九室，九嬪居之。外有九室，九卿朝焉。九分其國，以爲九分，九卿治之。

注：九室，如今朝堂諸曹治事處。

補注：內九室，九嬪省內治所居。外九室，蓋在朝門之外，九卿省其政事處也。《玉藻》曰：朝辨色始入，君日出而視之。退適路寢聽政，視朝在路門外庭，凡有職於朝者，咸至也。聽政在路寢，君退於路寢以待朝者，各就其官府治處，有當告者，乃入也。《魯論》記孔子過位升堂，其此時與。位者君方視朝之位。《玉藻》又曰：使人視大夫，大夫退，然後適小寢，釋服。大夫退於家，君乃適小寢也。

王宮門阿之制五雉，宮隅之制七雉，城隅之制九雉。

注：阿，棟也。宮隅，城隅，謂角浮思也。浮思本或作罘罳，網目之稱，牖綴交疏似之。以其在臺上，隨方角迴折，故呼爲角浮思。雉長三丈，高一丈，度高以高，度廣以廣。《尚書大傳》作度長以長。疏云：言高一雉則一丈，言長一雉則三丈。

補注：仞有三尺爲高一雉。古者度廣長以尋，度高深以仞，尋八尺，仞七尺。牆言雉者，五版而堵，爲雉之高，五堵而雉，爲雉之長，版崇二尺，長六尺。門阿五雉，謂路門、應門之崇也。宮隅七雉，謂皋門之崇也。《大雅》：皋門有伉。言高於他門。方九里之城，宮九百步。七里之城，宮七百步。五里之城，宮五百步。三里之城，宮三百步。天子之宮牆，高七仞有一尺，城高十仞。門臺謂之宮隅，城臺謂之城隅，亦謂之闍。定公三年《左傳》門臺注云：門上有臺。《鄭風》：出其闉闍。《毛傳》云：闉，曲城也，闍，城臺也。《爾雅》：闍謂之臺。《詩》曰：靜女其姝，俟我于城隅。媵俟迎之禮也。古者諸侯娶必有媵，說舍近郊整車飾，然後至乎城下，以俟迎者。「僾而不見」，迎之未至也。僾而，猶隱然。《說文》：僾，仿佛也。《詩》曰：僾而不見。《爾雅》：薆，隱也。《方言》：掩翳，薆也。郭注云：謂隱蔽也，《詩》曰：薆而不見。始思見其人，繼思得見其物，始言至城下，終乃言至於郊，郊外謂之牧。《靜女》之刺思賢媵懷女史之法者也。學者罕聞城隅，而詩遂失其傳矣。

經涂九軌，環涂七軌，野涂五軌。

注：廣狹之差也。杜子春云：環涂，謂環城之道。

門阿之制，以爲都城之制。

注：都四百里外距五百里，王子弟所封，其城隅高五丈，宮隅門阿皆三丈。

宮隅之制，以爲諸侯之城制。

注：諸侯，畿已外也。其城隅制高七丈，宮隅門阿皆五丈。《禮器》曰：天子諸侯臺門。《五經異義·古周禮說》云：天子城高七雉，隅高九雉。公之城高五雉，隅高七雉。侯伯之城高三雉，隅高五雉。都城之高，皆如子男之城高。按公侯伯之城皆當高五雉，城隅與天子宮隅等，惟子男之城或同都城爾。

環涂以爲諸侯經涂，野涂以爲都經涂。

注：經亦謂城中道，諸侯環涂五軌，其野涂及都環涂野涂皆三軌。

匠人爲溝洫。耜廣五寸，二耜爲耦。一耦之伐，廣尺深尺，謂之甽。田首倍之，廣二尺，深二尺，謂之遂。甽，《說文》作𡿨，甽畎，古犬反。

注：古者耜一金，兩人并發之。其壟中曰甽，甽上曰伐，伐之言發也。今之耜，岐頭兩金，象古之耦也。田一夫之所佃百畝，方百步地。遂者，夫間小溝，遂上亦有徑。

九夫爲井，井間廣四尺，深四尺，謂之溝。方十里爲成，成間廣八尺，深八尺，謂之洫。方百里爲同，同間廣二尋，深二仞，謂之澮，專達於川，各載其名。凡天下之地勢，兩山之間，必有川焉。大川之上，必有涂焉。

王城

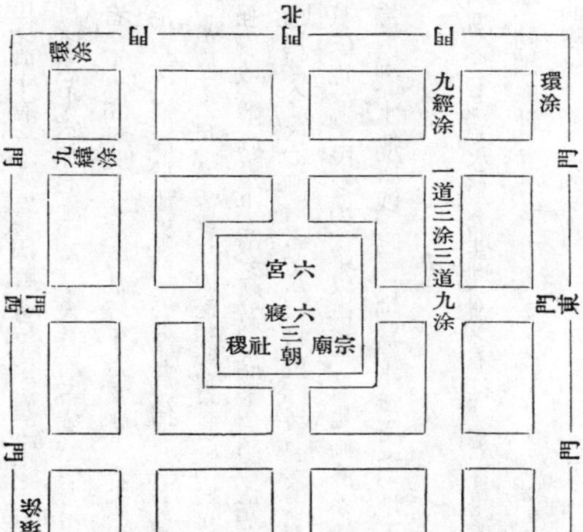

明堂

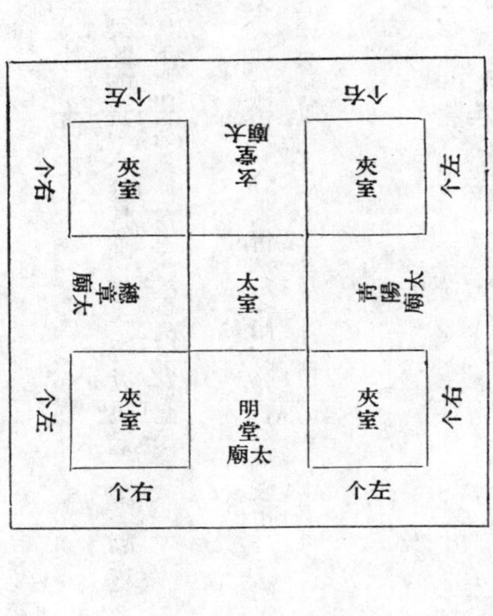

宗廟於《顧命》見天子路寢之制，於《覲禮》見天子宗廟之制。降而諸侯，下及大夫、士，廣狹有等差，而制則一。

世室

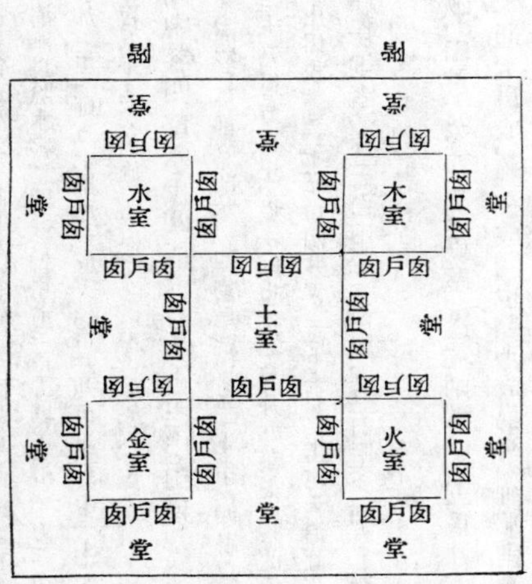

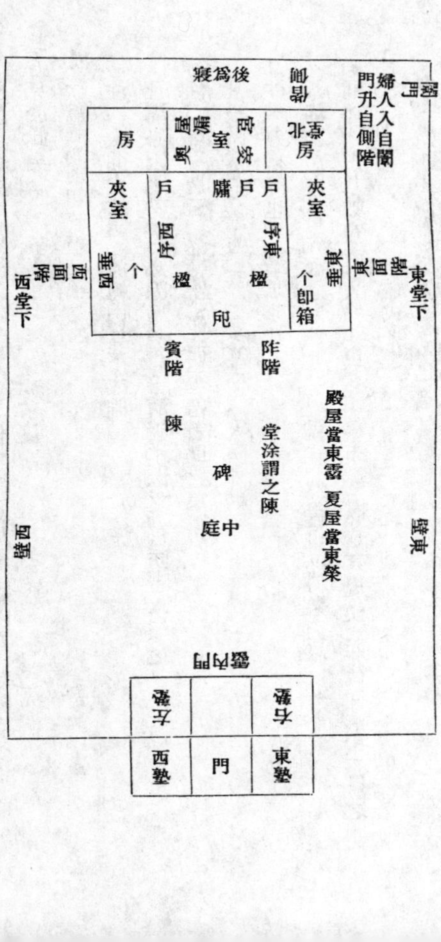

注：此畿内采地之制。九夫爲井，井者，方一里，九夫所治之田也。采地制井田，異於鄉遂及公邑。三夫爲屋，屋具也。一井之中，三屋九夫，三三相具，以出賦税。其治溝也，《司馬法》：六尺爲步，步百爲畮，畮百爲夫，夫三爲屋，屋三爲井。方

十里爲成，成中容一甸，甸方八里出田税，緣邊一里治洫。《小司徒》職：九夫爲井，四井爲邑，四邑爲丘，四丘爲甸。注云：此制小司徒經之，匠人爲之，溝洫相包乃成爾。邑丘之屬相連比，以出田税，溝洫爲除水害。四井爲邑，方二里，四邑爲丘，方四里，四丘爲甸，甸之言乘也，甸方八里，旁加一里，則方十里爲一成。積百井九百夫，其中六十四井五百七十六夫，出田税，三十六井三百二十四夫治洫。

方百里爲同，同中容四都六十四成。方八十里出田税，緣邊十里治澮。《小司徒》職：四甸爲縣，四縣爲都。注云：四甸爲縣，方二十里，四縣爲都，方四十里，四都方八十里，旁加十里，乃得方百里，爲一同也。積萬井九萬夫，其四千九十六井，三萬六千八百六十四夫，出田税。二千三百四井，一萬七百三十六夫治洫；三千六百井，三萬二千四百夫治澮。采地者，在三百里、四百里、五百里之中。疏云：據《載師》職而言。

補注：一夫百畝，田首有遂，夫三爲屋，遂端則溝，屋三爲井，溝在井間也。井十爲通，溝端則洫，通十爲成，洫在成間也。十成爲終，洫端則澮，十終爲同，同薄於川，澮在同間也。南畝而耕，甽縱遂横，溝縱洫横，澮縱川横。東畝而耕，甽横遂縱，溝横洫縱，澮横川縱。絶大爲之澮，非人爲之川。《詩》曰：南東其畝。因川制田與。賈疏云：井田之法，畎縱遂横，溝縱洫横，澮縱自然川横，但據南畝者言之。成方十里，洫十有一。計其田畔，竟十里者二十，田畔邊於洫者。凡三萬六千丈。從鄭君説，三十六井治洫，蓋九夫共治千丈，同方百里，澮十有一，計其田畔，竟百里者二十，田畔邊於澮者。凡三十六萬丈。從鄭君説，三千六百井治澮，蓋九夫共治百丈，澮深於洫近倍，大於洫三倍有半。洫廣八尺，深八尺，廣深相乘，六十四尺。澮廣丈六尺，深丈四尺，廣深相乘，二百二十四尺。以約分之法命之，洫二澮七也。水强侵敗，隤高就下，治之難易，澮十倍洫。先王不使出賦，税之民，治洫與澮。而爲法令民治洫澮者，當其賦税。故農政水利之大，皆君任之，非責之民。及其失也，竭民之力，畢以供上，於是洫澮不治，井田所繇廢也。中原膏土，雨爲沮洳，水無所洩，暘爲枯塵，水無所留，地不生毛，賦減民窮，上下交病矣。

凡溝，逆地防，謂之不行。水屬不理孫，謂之不行。屬，注古字通，孫、遜通。

注：溝謂造溝，防謂脈理。

梢溝三十里，而廣倍。梢音蕭。

注：謂不墾地之溝也。鄭司農云：梢謂水漱齧之溝，故三十里而廣倍。

凡行奠水，磬折以參伍。奠讀爲停。

注：坎爲弓輪，水行欲紆曲也。鄭司農云：溝形當如磬，直行三，折行五。

補注：行奠水者，行之停之，直三而曲，得五井田，雖以方計，隨溝委折，非截方見於此矣。

欲爲淵，則句於矩。

注：太曲則流轉，流轉則其下成淵。

凡溝必因水勢，防必因地勢。善溝者水漱之，善防者水淫之。

注：鄭司農云：淫謂水淤泥土，留著助之爲厚。

凡爲防，廣與崇方，其閷參分去一，大防外閷。

注：方猶等也。閷者，薄其上。

凡溝防，必一日先深之以爲式。里爲式，然後可以傅衆力。

補注：古九數有商功爲此也。預爲布算，以定其規模，而後從事，一日之式，大致可知。又以一里之式平之。

凡任索約，大汲其版，謂之無任。

注：約，縮也。汲，引也。築防若牆者，以繩縮其版。大引之，言版橈也。版橈，築之則鼓，土不堅矣。

葺屋參分，瓦屋四分。

注：各分其脩，以其一爲峻。

囷窌倉城，逆牆六分。窌古孝反。

注：逆猶卻也。築此四者，六分其高，卻一分以爲閷。囷，圜倉。穿地曰窌。疏云：假令高丈二尺，下厚四尺，則於上去二尺爲閷，上惟二尺。

堂涂十有二分。

注：謂階前，若今令甓裓也。分其督旁之脩，以一分爲峻也。《爾雅》曰：堂涂謂之陳。疏云：名中央爲督，假令兩旁上下尺二寸，則取一寸於中央爲峻。

竇，其崇三尺。

注：宫中水道。

牆厚三尺，崇三之。

注：高厚以是爲率，足以相勝。疏云：假令厚六尺，高丈八尺，皆依此法。

四井

每方一格爲一夫。

皆以南畝圖之，溝洫滄川必因水勢委折，非截然正方，施之於圖，欲整爾。井田之法，備於一同，或百里内有數川，亦因乎自然，或遠於川，引澮長之，其舒促不可一定也。書言其常，用隨其變。

一成

每方一格爲一井。

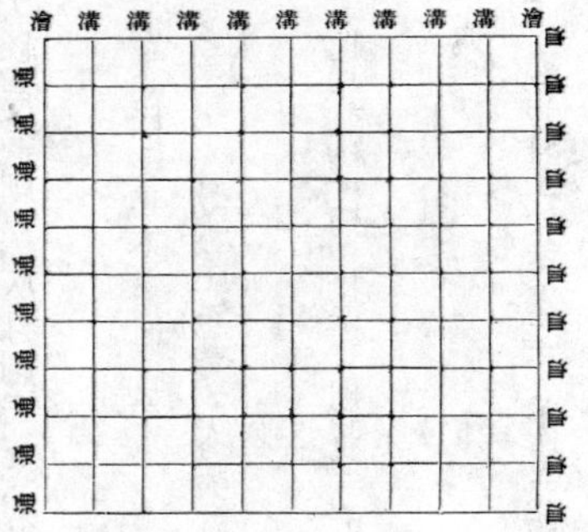

一同

每方一格爲一成。

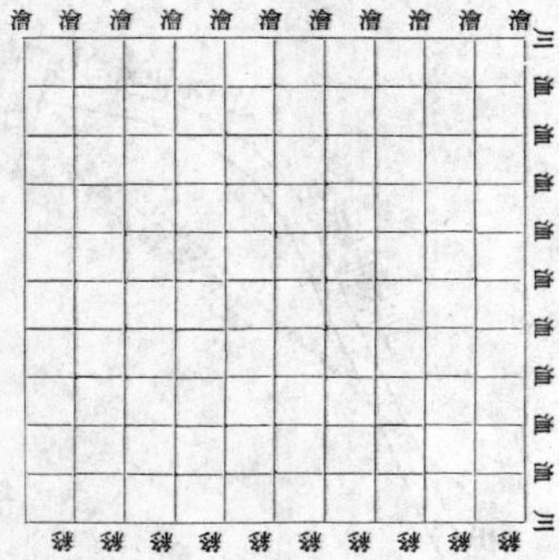

鄭注：一成之内，一甸出田税；一同之内，四都出田税。故緣邊治澮洫，計其數然爾，不必定居緣邊。

車人之事。半矩謂之宣，

注：矩，法也，所法者人也。人長八尺，而大節三，頭也，腹也，脛也。以三通率之，則矩二尺六寸三分寸。

頭髮皓落曰宣。半矩尺三寸三分寸之一，人頭之長也。柯欘之木頭取名焉。柯欘以人所執之端爲頭界畫其處，亦以度物。易巽爲宣髮。

一宣有半謂之欘。張玉反。

注：欘斲斤，柄長二尺。《爾雅》曰：句欘謂之定。

一欘有半謂之柯，

注：伐木之柯，柄長三尺。《詩》云：伐柯伐柯，其則不遠。

一柯有半謂之磬折。

注：人帶已下四尺五寸，磬折立，則上俛。帶處爲磬折立之節。《玉藻》曰：三分帶下，紳居二焉，紳長三尺。

車人爲耒。庇長尺有一寸，中直者三尺有三寸。上句者二尺有二寸。

注：庇讀爲棘刺之刺，刺耒下前曲接耜。疏云：耜謂耒頭金。

自其庇，緣其外，以至於首，以弦其内六尺有六寸，與步相中也。

注：緣外六尺有六寸，内弦六尺，應一步之尺數。耕者以田器爲度宜，耜異材，不在數中。

堅地欲直庇，柔地欲句庇。直庇則利推，句庇則利發。倨句磬折，謂之中地。中跐仲反。

注：中地之耒，其庇與直者如磬折，則調矣，調則弦六尺。

補注：中地，謂無不宜也。宜堅不宜柔，宜柔不宜堅，爲不中地。利推不利發，利發不利推，爲不中地。

車人爲車。柯長三尺，博三寸，厚一寸有半。五分其長，以其一爲之首。

注：首六寸，謂今剛關頭斧，柯其柄也。鄭司農云：柯長三尺，謂斧柯，因以爲度。

轂長半柯，其圍一柯有半。輻長一柯有半，其博三寸，厚三之一，渠三柯者三。

注：鄭司農云：渠謂車輮，所謂牙。

行澤者欲短轂，行山者欲長轂，短轂則利，長轂則安。

注：澤泥苦其太安，山險苦其太動。

耒

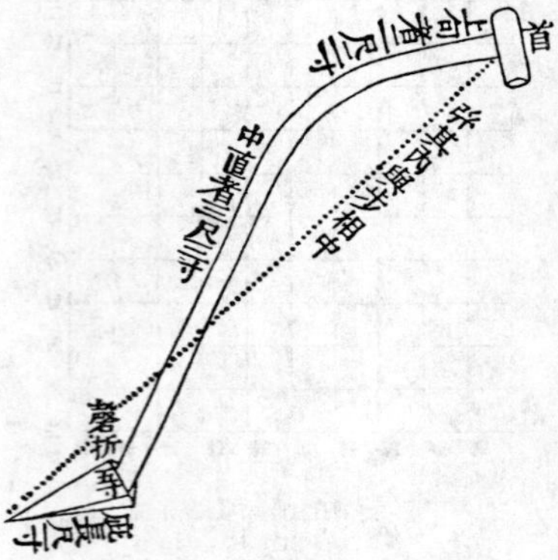

行澤者反輮，行山者仄輮，反輮則易，仄輮則完。六分其輪崇，以其一爲之牙圍。

注：鄭司農云：反輮，謂輪輮反其木裏，需者在外。澤地多泥，柔也。山地剛，多沙石。玄謂反輮，爲泥之黏，欲得心在外滑。仄輮，爲沙石破碎之，欲得表裏相依堅刃。

柏車轂長一柯，其圍二柯，其輻一柯，其渠二柯者三，五分其輪崇，以其一爲之牙圍。

注：柏車，山車。

大車崇三柯，綆寸，牝服二柯有三分柯之二。羊車二柯有參分柯之一，柏車二柯。

注：大車，平地載任之車，轂長半柯者也。綆，輪箅。牝服長八尺，謂較也。羊，善也，善車若今定張車，較長七尺。

補注：大車渠二丈七尺，輪崇當八尺六寸弱，輻長不及四尺。此云大車崇三柯，與密率較四寸。前云輻長一柯有半。不減轂空壺中。皆略舉大數爾。車箱記無高度。羊車惟言牝服，柏車不言綆，大半寸，以載任之用觕，車人可意儗增成之。

凡爲轅，三其輪崇。參分其長，二在前，一在後，以鑿其鉤。徹廣六尺，鬲長六尺。鬲於革反。

注：鄭司農云：鉤，鉤心。《釋名》：鉤心，從輿心下鉤軸也。鬲，謂轅端厭牛領者。

補注：轅值牝服下，鬲在兩轅之閒，鬲長車廣蓋等。大車轂長尺五寸，中其轂置輻，輻內六寸，輻廣三寸，綆寸，凡一尺六尺之箱，旁加一尺，兩旁共二尺。徹廣八尺明矣。古者涂度以軌，軌皆宜八尺。田車之輪，卑於兵車、乘車三寸。牛車之制，觕於四馬車軌八尺，則同也。故曰車同軌，軌不同，爲不合徹，不可行於涂。車人徹廣六尺，字之誤與。車人所爲大車、羊車、柏車，觀今日之車即可知，惟兵車、乘車、田車，制不復存。

弓人爲弓。取六材，必以其時。六材既聚，巧者和之。幹也者，以爲遠也。角也者，以爲疾也。筋也者，以爲深也。膠也者，以爲和也。絲也者，以爲固也。漆也者，以爲受霜露也。

注：取幹以冬，取角以秋，絲漆以夏，筋膠未聞。

凡取幹之道七，柘爲上，檍次之，檿桑次之，橘次之，木瓜次之，荆次之，竹爲下。

注：鄭司農云：《爾雅》曰：杻檍。關西呼杻子，一名土橿，一名牛筋。又曰：檿桑，山桑，凡相幹，欲赤黑而陽聲，赤黑則鄉心，陽聲則遠根。

注：陽猶清也，木之類，近根者奴。謂駑下。

凡析幹，射遠者用勢，射深者用直。

注：鄭司農云：勢謂形勢。假令本性自曲，則當反其曲以爲弓，故曰審曲面勢。玄謂曲勢則宜薄，薄則力少，直則可厚，厚則力多。

居幹之道，菑栗不迆，則弓不發。栗、裂古字通。

注：鄭司農云：菑栗謂以鋸副析幹。迆謂衺行絶理者，弓發之所從起。疏云：不衺迆失理，則弓後不發傷也。玄謂栗讀爲裂繻之裂。《豳風》：烝在栗薪。箋云：古者聲栗、裂同也。

補注：菑斯聲相邇，析也，今方俗語猶然。栗裂假借字，謂傷動曰發，亦方言。

凡相角，秋閷者厚，春閷者薄。穉牛之角直而澤，老牛之角紾而昔。紾之忍反。昔、錯通。

注：鄭司農云：紾讀爲抮縳之抮，昔讀爲交錯之錯，謂牛角觕理錯也。

疢疾險中。

注：牛有久病，則角裏傷。

瘠牛之角無澤。
注：少潤氣。
角欲青白而豐末。夫角之本，蹙於𦞦而休於氣，是故柔，柔故欲其勢也。白也者，勢之徵也。蹙音促。𦞦、腦通。休況付反。
注：蹙，近也。休讀爲煦。鄭司農云：欲其形之自曲，反以爲弓。玄謂色白則勢。
夫角之中，恒當弓之畏，畏也者必橈，橈故欲其堅也。青也者，堅之徵也。畏烏回反。
注：故書畏作威，杜子春云：威謂弓淵，角之中央，與淵相當。玄謂畏讀如秦師入隈之隈。《釋名》：簫弣之間曰淵，淵宛也，言曲宛也。
夫角之末，遠於𦞦而不休於氣，是故脃，脃故欲其柔也。豐末也者，柔之徵也。角長二尺有五寸，三色不失理，謂之牛戴牛。
注：末之大者，𦞦氣及煦之。三色，本白，中青，末豐。鄭司農云：牛戴牛角直一牛。
凡相膠，欲朱色而昔。昔也者，深瑕而澤紾而摶廉。
注：摶，圜也。廉瑕，嚴利也。
鹿膠青白，馬膠赤白，牛膠火赤，鼠膠黑，魚膠餌，犀膠黄。凡昵之類不能方。昵、䵒通。
注：皆謂煑用其皮，或用角，餌色如餌，故書昵或作樴。杜子春云：或爲䵒，䵒黏也。
凡相筋，欲小簡而長，大結而澤，小簡而長。大結而澤，則其爲獸必剽，以爲弓，則豈異於其獸。
注：剽，疾也。
筋欲敝之敝。
注：鄭司農云：嚼之當孰。疏云：筋之椎打嚼齧，欲得勞敝。趙氏曰：言熟之又熟也。
漆欲測。
注：測猶清也。
絲欲沈。
注：如在水中時色。

得此六材之全，然後可以爲良。
注：全無瑕病。
凡爲弓，冬析幹而春液角，夏治筋，秋合三材。液音亦。
注：三材，膠，絲，漆。鄭司農云：液讀爲醳。疏云：醳是醳酒之醳，亦是漬液之義。
寒奠體，
注：奠讀爲定，至冬膠堅，内之檠中，定往來體。
冰析灂。
注：大寒中，下於檠中，復内之。
冬析幹，則易。
注：理滑致。
春液角，則合。
注：合讀爲洽。
夏治筋，則不煩，
注：煩亂。
秋合三材，則合。寒奠體，則張不流。冰析灂，則審環。
注：合，堅密也，流，猶移也。疏云：謂不失往來之體也。審，猶定也。疏云：納之檠中，析其漆灂，其漆之灂環則定後不鼓動。
春被弦，則一年之事。
注：朞歲乃可用。
析幹必倫，析角無衺，斲目必荼。音舒。
注：鄭司農云：荼讀爲舒，舒徐也。目，幹節目。
斲目不荼，則及其大脩也，筋代之受病。夫目也者必强，强者在内而摩其筋，夫筋之所由幨，恒由此作，故角三液，而幹再液。幨昌廉反。
注：脩猶久也。摩猶隱也。幨絶起也，重醳治之，使相稱。
厚其帤，則木堅。薄其帤，則需。帤女居反。
注：需謂不充滿。鄭司農云：帤謂弓中裨。
是故厚其液，而節其帤，約之，不皆約，疏數必侔。
注：厚猶多也，疏云：多其液者，謂角幹。節猶適也。疏云：其裨須節適厚薄得所也。不皆約，纏之繳不相次也。侔猶均也。

斵摯必中，膠之必均。斵摯不中，膠之不均，則及其大脩也，角代之受病。夫懷膠於内而摩其角，夫角之所由挫，恒由此作。

注：摯之言致也。中猶均也。幹不均，則角蹴折也。林氏云：膠在角内，若有厚薄，則角必爲之摩動。

凡居角，長者以次需。

注：當弓之隈也，長短各稱其幹，短者居簫。

恒角而短，是謂逆橈，引之則縱，釋之則不校。恒角而達，辟如終紲，非弓之利也。今夫茭解中有變焉，故校。於挺臂中有柎焉，故剽。恒角而達，引如終紲，非弓之利。恒互同。辟譬同。

注：恒讀爲桓，桓竟也。竟其角，而短於淵幹，引之。角縱不用力，若欲反橈然，校疾也，既不用力放之又不疾。達謂長於淵幹，若達於簫頭，紲弓鞦，角過淵接，則送矢太疾，若見紲於鞦矣。紲，繫也，常如繫於鞦然。弓有鞦者，爲發弦時備頓傷。《詩》云：竹鞦緄縢。發弦謂解去弦。茭讀如「齊人名手足掔爲骹」之骹。茭解，謂接中也。前云居角長短，各稱其榦，短者居簫，然則角長至淵榦，與居簫之短者相接，所謂淵接，是爲茭解中也。變謂簫臂用力異。疏云：引之則臂中用力，放矢則簫用力，既用力異故校，校謂矢去疾也。挺直也，柎側骨。《釋名》中央曰弣，弣撫也，人所持撫也。林氏曰：側骨者，把處兩邊貼以木也。剽亦疾也。

補注：鞦以竹爲之，弓弛，則紲之於弓裏，張則去之。角長過淵接，引弦送矢，俱不利。故曰辟如終紲，又曰引如終紲。

撟幹欲孰於火而無贏，撟角欲孰於火而無燂，引筋欲盡而無傷其力，鬻膠欲孰而水火相得，然則居旱亦不動，居溼亦不動。撟居兆反。燂音尋。

注：贏過孰也，燂炙爛也。不動者，謂弓也。

苟有賤工，必因角幹之溼，以爲之柔，善者在外，動者在内，雖善於外，必動於内，雖善，亦弗可以爲良矣。

注：溼猶生也。

補注：鄭用牧曰：動者在内，謂後必橈減變動於内。

凡爲弓，方其峻而高其柎，長其畏而薄其敝，宛之無已，應。敝讀爲蔽塞之蔽。

注：宛謂引之也，引之不休止，常應弦，言不罷需也。峻謂簫也。鄭司農云：敝謂弓人所握持者。

補注：峻蓋簫之柱弦者也。挺臂中有柎，柎嚮弦宜高而薄之，以便握持高下厚薄，互爲橫縱之辭也。敝與柎皆弓把，柎者其内側骨。

下柎之弓，末應將興，爲柎而發，必動於𦁤。

注：末猶簫也，興猶動也，發也。弓柎卑，簫應弦，則柎將動，𦁤接中。

補注：末應將興，言簫應弦，將有傷動。爲柎而發，必動於𦁤，言因柎以致傷動者，其病必在角柎相接之處。興與弓韻，弓音肱。發與𦁤韻，異文協句爾。

弓而羽𦁤，末應將發。羽音户。𦁤色界反。

注：羽讀爲扈，扈緩也。接中動，則緩。𦁤簫應弦，則角幹將發。

補注：接中既傷動而緩𦁤，角幹皆隨之壞矣。

弓有六材焉，維幹强之，張如流水。

注：無難易也。

維體防之，引之中參。

注：體謂内之於檠中定其體，防深淺所止。疏云：若王弧之弓，往體寡，來體多，弛之乃有五寸，張之一尺五寸。夾庾之弓，往體多，來體寡者，弛之一尺五寸，張之得五寸。唐弓大弓，往來體若一者，弛之一尺，張之亦一尺。謂體定張之，弦居一尺，引之又二尺。疏云：此據唐大中者而言，餘四者，弛之張之，雖多少不同。及其引之皆三尺，以其矢長三尺，須滿故也。

維角党之，欲宛而無負弦，引之如環，釋之無失體，如環。党古音直良反，今音丑庚反。

注：負弦，辟戾也。負弦則不如環，如環亦謂無難易。

補注：既張弦引之，如環。及其釋弦，無失體，亦如環也。

材美工巧，爲之時，謂之參均。角不勝幹，幹不勝筋，謂之參均。量其力，有三均，均者三，謂之九和。

注：不勝無負也。

補注：角、幹、筋三者，量其力無此勝彼負，謂之參均，即所謂量其力有三均也。角、幹、筋之材美工巧，爲之時，謂之參均，是均者各三，而謂之大和也。量其力有三均二句，承上兩謂之參均。

九和之弓，角與幹權。筋三侔，膠三鋝，絲三邸，漆三斞。上工以有餘，下工以不足。鋝當作鍰。

注：權，平也。鋝，鍰也。邸、斞輕重未聞。

補注：權之使無勝負，故曰角與幹權。侔未聞，三侔三鍰三邸三斞，一弓之筋膠絲漆也。鍰者十一銖二十五分銖之十三，三鍰重一兩十銖二十五分銖之十四。邸收絲之器，斞挹漆之器，皆有量數，可取則者。

爲天子之弓，合九而成規。爲諸侯之弓，合七而成規。大夫之弓，合五而成規。士之弓，合三而成規。

注：材良則句少也。疏云：按下文及司弓矢，六弓爲三等，無士用合三成規之弓者。

弓長六尺有六寸，謂之上制，上士服之。弓長六尺有三寸，謂之中制，中士服之。弓長六尺，謂之下制，下士服之。

注：人各以其形貌大小服此弓。

凡爲弓，各因其君之躬志慮血氣。豐肉而短，寬緩以荼，若是者，爲之危弓，危弓爲之安矢。骨直以立，忿埶以奔，若是者，爲之安弓，安弓爲之危矢。其人安，其弓安，其矢安，則莫能以速中，且不深。其人危，其弓危，其矢危，則莫能以愿中。荼古文舒，假借字。

注：又隨其人之情性。奔猶疾也。愿，慤也。

往體多，來體寡，謂之夾臾之屬，利射侯與弋。臾、庾通。

注：射遠者用埶，夾庾之弓，合五而成規，侯非必遠。顧埶弓者材必薄，薄則弱，弱則矢不深中侯，不落。大夫士射侯，矢落不獲，弋繳射也。

往體寡，來體多，謂之王弓之屬，利射革與質。

注：射深者用直，此又直焉，於射堅宜也。王弓合九而成規，弧弓亦然。革謂干盾，質木椹，天子射侯，亦用此弓。

往體來體若一，謂之唐弓之屬，利射深。

注：射深用直，唐弓合七而成規，大弓亦然。

大和無灂，其次筋角皆有灂而深，其次有灂而疏，其次角無灂。

注：大和，尤良者也。深，謂灂在中央，兩邊無也。疏云：筋在背，角在隈，皆有灂，但深在其中央，兩邊無也。其次有灂，而疏者以上參之，此謂兩邊亦有，但疏之，不皆有也。角無灂，謂隈裏。

合灂若背手文，角環灂，牛筋蕡灂，麋筋斥蠖灂。

注：弓表裏灂合處，若人合手背，文相應。蕡，枲實也。斥蠖，屈蟲也。

和弓擊摩。

注：和猶調也。擊，拂也。將用弓，必先調之拂之摩之。

弓

覆之而角至，謂之句弓。覆之而幹至，謂之侯弓。覆之而筋至，謂之深弓。

注：句於三體，材敝惡，不用之弓也。覆猶察也，謂用射而察之。《爾雅》：覆，審也。至猶善也。古字至、致通，致，致密也。但角善，則矢雖疾而不能遠。幹又善，則矢疾而遠。筋又善，則矢既疾而遠，又深。

考工諸器，高庳廣狹有度。今爲圖，斂於數寸紙幅中，或舒或促，必如其高庳廣狹，然後古人製作，昭然可見。不則如磬氏之磬，何以定其倨句。栗氏之量，何以測其方圜徑冪。韗人之臯陶，何以辨其晉鼓鼖鼓。又如鳧氏之鐘，後鄭云：鼓六，鉦六，舞四，其長十六。又云：今時鐘或無鉦間。既爲圖觀之，乃知其説誤也。句股法自銑至鉦，八而去二，則自鉦至舞，亦八而去二。銑爲鐘口，舞爲鐘頂，記曰銑曰鉦者徑也。曰銑間，曰鉦間，曰鼓間者，崇也。曰脩曰廣者，羨也。羨之度舉舞，則鉦與銑可知，而鉦間因銑鉦舞之徑以得其崇，然則記所不言者，皆可互見。若據鄭説，有難爲圖者矣。其他戈戟之制，後人失其形似，式崇式深，後人疏於考論。鄭氏注固不爽也，車輿宫室，今古殊異，鐘縣劍削之屬，古器猶有存者，執吾圖以考之羣經暨古人遺器，其必有合焉爾。時柔兆攝提格日在南北河之間，東原氏書於遊藝塾。

中華大典・工業典

製造工業分典　引用書目

説明

一、本書目，係本分典所使用的基本書籍。選書主要依據《中華大典》通用書目，另據本分典内容的實際情況，有相當部分書籍超出通用書目所列文獻。

二、各書著録順序依次爲：書名，作者，作者時代，出版社，出版時間，版本。

三、各書著録選用通行善本、新整理本或較有影響的版本，盡量吸收現有研究成果。

四、本書目按書名第一字筆劃「横、竪、撇、點、折」排序，第一字筆劃相同者，則按照書名第二字筆劃排序。

五、地方志前面加括弧〔〕注明年號，以免混淆。

書名	作者	時代	版本
二劃			
二十年目睹之怪現狀	吳趼人	清	中華書局二〇一三年版
十六國春秋	崔鴻	北魏	臺灣商務印書館一九八三年文淵閣《四庫全書》影印本
丁文誠公遺集	丁寶楨	清	收入《近代中國史料叢刊》第八輯　文海出版社一九六七年版
人海記	查慎行	清	北京古籍出版社一九八一年版
入唐求法巡禮行記	圓仁	日	上海古籍出版社一九八六年版
九穀考	程瑤田	清	黄山書社二〇〇八年陳冠明等點校本
九籥集	宋懋澄	明	中國社會科學出版社一九八四年王利器點校本
三劃			
三台文獻録	李時漸	明	《北京圖書館古籍珍本叢刊》本　書目文獻出版社一九九五年版
三江閘務全書	程鳴九	清	廣陵書社二〇〇六年《中國水利志叢刊》本
三國志	陳壽	晉	中華書局一九五九年點校本
三國會要	錢儀吉	清	上海古籍出版社二〇〇六年版

工部廠庫須知	何士晉	明	上海古籍出版社二〇〇五年《續修四庫全書》影印本
工部簡明做法册	工部編	清	清刻本
土風録	顧雪亭	清	收入《中國風土志叢刊》 廣陵書社二〇〇三年版
大元海運記	趙世延、揭傒斯等	元	上海古籍出版社一九九五年《續修四庫全書》影印本
大金國志	宇文懋昭	宋	中華書局一九八六年崔文印校證本
大唐新語	劉肅	唐	中華書局一九八四年版
大清律集解附例			上海古籍出版社二〇〇五年《續修四庫全書》影印本
大清會典	允祹等	清	臺灣商務印書館一九八三年文淵閣《四庫全書》影印本
大清新法令			上海商務印書館編譯所編纂 商務印書館二〇一一年版
大慈恩寺三藏法師傳	慧立、彦悰	唐	中華書局一九八三年版
〔光緒〕大寧縣志	崔同紱、李華棠等	清	清光緒九年刻本
大學			中華書局二〇一三年版
大學衍義補	丘濬	明	臺灣商務印書館一九八三年文淵閣《四庫全書》影印本
大錢圖録	鮑康	清	北京大學出版社一九八九年影印本
上諭旗務議覆	永祿等編	清	天津古籍出版社一九九一年版
小窗自紀	吴從先	明	中華書局二〇一三年版
山西票商成敗記	李宏齡	清	山西人民出版社一九八九年黄鑒暉校注本
山居新語	楊瑀	元	上海古籍出版社二〇一二年版
山堂肆考	彭大翼	明	臺灣商務印書館一九八三年文淵閣《四庫全書》影印本
〔道光〕川沙撫民廳志	何士祁	清	清道光十七年刻本
己庚編	祁韻士	清	臺灣新文豐出版公司一九八九年《叢書集成續編》影印本

四劃

王子安集　王勃　唐　上海古籍出版社一九八二年影印本

王右丞集　王維　唐　嶽麓書社一九九〇年版

王陽明全集　王守仁　明　上海古籍出版社二〇一一年版

天工開物　宋應星　明　上海古籍出版社二〇〇八年潘吉星譯注本

天下郡國利病書　顧炎武　清　上海商務印書館民國十一年《四部叢刊初編》影印本

天府廣記　孫承澤　清　北京古籍出版社一九八二年版

天津商會檔案彙編（1903—1911）　天津市檔案館、天津社會科學院歷史研究所、天津市工商業聯合會編　天津人民出版社一九八九年版

天咫偶聞　震鈞　清　北京古籍出版社一九八二年版

元史　宋濂等　明　中華書局一九七六年點校本

廿二史劄記　趙翼　清　商務印書館一九三七年版

五代會要　王溥　宋　中華書局一九九八年標點本

五雜俎　謝肇淛　明　上海古籍出版社二〇一二年傅成校點本

太平御覽　李昉　宋　中華書局一九六〇年影印本

太常因革禮　阮元輯　清　商務印書館一九三六年版

少室山房筆叢　胡應麟　明　上海書店二〇〇一年版

日下舊聞考　于敏中等　清　北京古籍出版社一九八七年點校本

日用俗字　蒲松齡　清　收入《蒲松齡全集》　學林出版社一九九八年版

中華古今注　馬縞　五代　《唐宋史料筆記·蘇氏演義（外三種）》　中華書局二〇一二年版

中國古代建築文獻集要　程國政編注　同濟大學出版社二〇一三年版

中國近代兵器工業檔案史料　中國第一歷史檔案館、兵器工業總公司等編　兵器工業出版社一九九三年版

中國鐵路借款合同全集　王景春編　全國圖書館文獻縮微複製中心二〇一〇年版

〔光緒〕內江縣志　彭泰士等　清　民國三年增刻本

水經注　酈道元　北魏　中華書局二〇一二年版

午亭文編 陳廷敬 清 臺灣商務印書館一九八三年文淵閣《四庫全書》影印本
今世説 王晫 清 上海古籍出版社二〇一二年陳大康點校本
六必酒經 楊萬樹 清 臺灣商務印書館一九八三年文淵閣《四庫全書》影印本
六韜 中華書局二〇〇七年版
文房圖贊 林洪 宋 浙江美術出版社二〇一三年版
方輿勝覽 祝穆、祝洙 宋 中華書局二〇〇三年版
火攻挈要 湯若望、焦勖 明 商務印書館民國二十五年《叢書集成初編》影印本
火戲略 趙學敏 清 《昭代叢書》本別集
孔子家語 中華書局二〇一二年版

五劃

(同治)玉山縣志 黄壽祺等 清 清同治十二年刻本
玉光劍氣集 張怡 清 中華書局二〇〇六年魏連科點校本
玉海 王應麟 宋 江蘇古籍出版社、上海書店一九八七年版
玉壺清話 文瑩 宋 上海古籍出版社二〇一二年版
古夫于亭雜録 王士禛 清 中華書局一九八八年趙伯陶點校本
古今刀劍録 陶弘景 南北朝 吉林大學出版社一九九二年版
古今合璧事類備要外集 謝維新 宋 臺灣商務印書館一九八三年文淵閣《四庫全書》影印本
古今事文類聚 祝穆 宋 臺灣商務印書館一九八三年文淵閣《四庫全書》影印本
古文觀止 吳楚材、吳調侯選編 清 中華書局二〇一三年葛兆光、戴燕注解本
古玉圖考 吳大澂 清 上海同文書局清光緒十五年版
古金待問録 朱楓 清 《昭代叢書》丙集補
本草綱目 李時珍 明 中醫古籍出版社一九九六年版
可齋續稿後卷 李曾伯 宋 臺灣商務印書館一九八三年文淵閣《四庫全書》影印本
左文襄公全集 左宗棠 清 臺北文海出版社一九六四年版

左文襄公奏疏　左宗棠　清　上海圖書集成書局清光緒十六年印本

左傳　臺灣商務印書館一九八三年文淵閣《四庫全書》影印本

左傳器物宮室　沈淑　清　《叢書集成初編》本

石渠餘紀　王慶雲　清　北京古籍出版社一九八五年版

平定準噶爾方略　傅恒等　清　收入《故宮珍本叢刊》海南出版社二〇〇一年版

（光緒）平越直隸州志　瞿鴻錫等　清　清光緒三十三年刻本

北史　李延壽　唐　中華書局一九七四年點校本

北洋公牘類纂　甘厚慈　清　清光緒三十三年初版

北堂書鈔　虞世南　隋　天津古籍出版社一九八八年版

北游録　談遷　清　中華書局一九九七年版

北窗炙輠録　施德操　宋　上海古籍出版社二〇一二年版

史記　司馬遷　西漢　中華書局一九五九年點校本

四川鹽法志　丁寶楨等　清　上海古籍出版社二〇〇二年《續修四庫全書》影印本

四知堂文集　楊錫紱　清　清嘉慶十一年楊有涵等刻本

四庫全書總目提要　永瑢、紀昀主編　清　中華書局一九六五年影印本

四書章句集注　朱熹　宋　中華書局一九八三年版

四朝聞見録　葉紹翁　宋　上海古籍出版社二〇一二年版

四鎮三關志　劉效祖　明　《中國文獻珍本叢書》影印本　書目文獻出版社、全國圖書館文獻縮微複制中心一九九一年

白居易集　白居易　唐　中華書局一九七九年版

（道光）印江縣志　鄭士範　清　清道光十七年刻本

印典　朱象賢　清　中華書局二〇一二年版

六劃

考工記圖　戴震　清　商務印書館一九五五年版

考古圖　呂大臨　宋　收入《故宮珍本叢刊》　海南出版社二〇〇一年版

老老恒言	曹庭棟	清	中華書局二〇一一年版
老學庵筆記	陸游	宋	上海古籍出版社二〇〇七年版
西方要紀	利類思等	意大利	臺灣新文豐出版公司一九八五年《叢書集成新編》影印本
西北文集	畢振姬	清	清康熙抄本
西京雜記	劉歆	東漢	上海古籍出版社二〇一二年版
西漢會要	徐天麟	宋	上海人民出版社一九七七年版
在園雜志	劉廷璣	清	上海古籍出版社二〇一二年吳法源校點本
夷堅三志	洪邁	宋	中華書局一九八一年點校本
夷堅志	洪邁	宋	中華書局一九八一年點校本
至正直記	孔齊	元	上海古籍出版社二〇一二年版
此君園文集	吳名鳳	清	清道光刻本
光緒朝朱批奏摺	中國第一歷史檔案館編		中華書局一九九六年版
光緒朝東華録	朱壽朋等	清	齊魯書社二〇〇五年版
光緒朝會典事例	昆岡、李鴻章等編	清	清光緒二十五年刻本
吐魯番出土文書　第二册	國家文物局古文獻研究室、新疆維吾爾自治區博物館、武漢大學歷史系編		文物出版社一九八六年版
吐魯番出土文書　第七册	國家文物局古文獻研究室、新疆維吾爾自治區博物館、武漢大學歷史系編		文物出版社一九八六年版
吐魯番出土文書　第八册	國家文物局古文獻研究室、新疆維吾爾自治區博物館、武漢大學歷史系編		文物出版社一九八七年版
吐魯番出土文書　第三册	國家文物局古文獻研究室、新疆維吾爾自治區博物館、武漢大學歷史系編		文物出版社一九八六年版
吐魯番出土文書　第六册	國家文物局古文獻研究室、新疆維吾爾自治區博物館、武漢大學歷史系編		文物出版社一九八六年版
曲洧舊聞	朱弁	宋	上海古籍出版社二〇〇七年版
呂氏春秋	呂不韋等	秦	上海古籍出版社二〇一四年版
同治朝籌辦夷務始末	李書源整理		中華書局二〇〇八年版
竹葉亭雜記	姚元之	清	上海古籍出版社二〇一二年曹光甫點校本
全唐文	董誥等	清	中華書局一九八三年影印本

全唐文補編　陳尚君編　中華書局二〇〇五年版
全唐詩　清　彭定求等編　中華書局二〇〇三年版
全遼文　陳述輯校　中華書局一九八二年版
合例判慶雲集　清　周夢熊　清雍正七年大盛堂等刻本
名山藏　明　何喬遠　收入《北京大學圖書館藏善本叢書》　北京大學出版社一九九三年版
次柳氏舊聞　唐　李德裕　中華書局二〇一二年吳企明點校本
州縣提綱　宋　陳襄　《叢書集成初編》本
〔乾隆〕江南通志　清　尹繼善、黄之雋等　臺灣商務印書館一九八三年文淵閣《四庫全書》影印本
〔嘉靖〕江陰縣志　明　趙錦修等　上海古籍出版社二〇一一年劉徐昌點校版
江蘇省明清以來碑刻資料選集　江蘇省博物館編　三聯書店一九五九年版
守城録　宋　陳規、湯璹　《叢書集成初編》本
安禄山事蹟　唐　姚汝能　上海古籍出版社一九八三年標點本
羽扇譜　清　張燕昌　臺灣新文豐出版公司一九八九年《叢書集成續編》影印本

七劃

戒庵老人漫筆　明　李詡　中華書局一九八二年魏連科點校本
杜陽雜編　唐　蘇鶚　上海古籍出版社二〇〇〇年版
李太白文集　唐　李白　臺灣商務印書館一九八三年文淵閣《四庫全書》影印本
李文忠公奏稿　清　李鴻章　清光緒刻本
李白集　唐　李白　上海古籍出版社一九八〇年瞿蜕園、朱金城校注本
李煦奏摺　清　李煦　中華書局一九七六年版
李鴻章全集　清　李鴻章　安徽教育出版社一九九八年版
李鴻章傳　清　梁啟超　中華書局二〇一三年版
車制圖解　清　阮元　湖北省圖書館藏清乾隆七録書館刻本
酉陽雜俎　唐　段成式　中華書局一九八一年方南生點校本
酉陽雜俎續集　唐　段成式　中華書局一九八一年方南生點校本

見聞續筆	齊學裘	清	清光緒二年天空海濶之居刻本
〔乾隆〕吳江縣志	丁元正等	清	成文出版社有限公司印行《中國地方志集成》一九九〇年版
吳船録	范成大	宋	《唐宋史料筆記·范成大筆記六種》，中華書局二〇〇二年版
吳越備史補遺	范坰、林禹	宋	臺灣商務印書館一九八三年文淵閣《四庫全書》影印本
〔康熙〕吳縣志	孫鳴庵	清	廣陵古籍刻印社一九八九年版
吳趨風土録	顧禄	清	「小方壺齋輿地叢鈔」本
岑參集	岑參	唐	上海古籍出版社二〇〇四年陳鐵民、侯忠義校注本
兵仗記	王晫	清	《叢書集成初編》本
〔乾隆〕沅州府志	朱景英、郭瑗齡等	清	清乾隆二十二年刻本
〔嘉慶〕沅江縣志	陶澍等	清	嶽麓書社二〇一二年版
宋史	脱脱等	元	中華書局一九七七年點校本
宋史全文	佚名	元	臺灣商務印書館一九八三年文淵閣《四庫全書》影印本
宋刑統	竇儀等	宋	中華書局一九八四年版
宋書	沈約	南北朝	中華書局一九七四年點校本
宋朝事實類苑	江少虞	宋	上海古籍出版社一九八一年版
宋朝諸臣奏議	趙汝愚	宋	上海古籍出版社一九九九年點校本
宋會要輯稿	徐松輯	清	中華書局一九五七年影印本
宋學士全集	宋濂	明	中華書局一九八五年版
八劃			
武林舊事	周密	宋	中華書局二〇〇七年版
武經總要前集	曾公亮等	宋	臺灣商務印書館一九八三年文淵閣《四庫全書》影印本
〔光緒〕青浦縣志	沈承燾等	清	清光緒五年刻本
青瑣高議	劉斧	宋	上海古籍出版社二〇一二年版
〔嘉慶〕長山縣志	倪企望	清	鄒平縣地方史志辦公室二〇一〇年版

長物志	文震亨	明	中華書局二〇一二年版
抱朴子内篇	葛洪	晉	貴州人民出版社一九九五年版
苗防備覽	嚴如熤	清	清道光二十三年刻本
〔道光〕直隸霍州志	崔允昭等	清	鳳凰出版社二〇〇四年影印本
析津志輯佚	熊夢祥	元	北京古籍出版社一九八三年版
〔同治〕來鳳縣志	李勗等	清	來鳳縣志辦公室一九九八年版
〔嘉慶〕松江府志	宋如林等	清	江蘇廣陵古籍刻印社一九八八年版
〔光緒〕松江府續志	博潤、姚光發等	清	廣陵古籍刻印社一九八八年影印本
松窗夢語	張瀚	明	中華書局一九八五年版
松漠紀聞	洪皓	宋	上海古籍出版社二〇〇七年版
東方雜誌		商務印書館編輯發行	東坡養生集
蘇東坡		宋	中華書局二〇一一年版
東周列國志	馮夢龍	明	人民文學出版社一九五五年版
東華録	王先謙	清	上海古籍出版社二〇〇八年版
東華録綴言	奕賡	清	收入《佳夢軒叢著》 北京出版社一九九四年雷大受點校本
東華續録(光緒朝)	朱壽朋	清	清宣統元年上海集成圖書公司本
東漢會要	徐天麟	宋	上海古籍出版社一九七八年版
東齋記事	范鎮	宋	中華書局一九八〇年汝沛點校本
東觀漢記	劉珍	漢	臺灣商務印書館一九八三年文淵閣《四庫全書》影印本
事物紀原	高承	宋	商務印書館《叢書集成初編》本
事類賦	吳淑	宋	中華書局一九八九年冀勤、王秀梅、馬蓉點校本
尚書			中華書局二〇一三年版
尚書引義	王夫之	清	中華書局一九六二年版
明山先生存集	姚淶	明	北京圖書館出版社一九九八年版
明太祖文集	朱元璋	明	上海古籍出版社一九九一年版
明太祖寶訓	朱元璋	明	黃山書社一九九五年版
明史	張廷玉等	清	中華書局一九七四年點校本

明夷待訪録	黄宗羲	明	中華書局二〇一一年版
明武宗實録			臺灣「中央研究院」歷史語言研究所校印本
明英宗實録			臺灣「中央研究院」歷史語言研究所校印本
明宣宗實録			臺灣「中央研究院」歷史語言研究所校印本
明宫史	劉若愚	明	北京古籍出版社一九八〇年版
明神宗實録			臺灣「中央研究院」歷史語言研究所校印本
明紀編遺	葉珍	清	北京出版社二〇〇五年《四庫禁毀書叢刊補編》影印本
明書	傅維鱗	清	齊魯書社一九九五年《四庫全書存目叢書》影印本
明會典	申時行等修	明	中華書局一九八九年版
明經世文編	陳子龍等編	明	中華書局一九六二年影印本
明憲宗實録			臺灣「中央研究院」歷史語言研究所校印本
易言	鄭觀應	清	收入夏東元編《鄭觀應集》 中華書局二〇一三年版
典故紀聞	余繼登	明	中華書局一九八一年顧思點校本
牧令書輯要	徐棟、丁日昌	清	清同治八年崇文書局刻本
物理小識	方以智	明	商務印書館民國二十六年版
物理論	楊泉	三國	孫星衍《平津館叢書》輯本
佳夢軒叢著	奕賡	清	北京古籍出版社一九九四年版
欣賞編	沈津	明	《北京圖書館古籍珍本叢刊》據明刻本影印
金川瑣記	李心衡	清	收入《叢書集成初編》 商務印書館一九三六年版
金史	脱脱等	元	中華書局一九七五年點校本
周易			中華書局一九八〇年影印《十三經注疏》本
周書	令狐德棻	唐	中華書局一九七一年點校本
周禮			中華書局二〇一四年版
周禮正義	孫詒讓	清	中華書局一九八七年版
夜航船	張岱	明	中華書局二〇一三年李小龍整理本

河朔訪古記　郭囉洛納新　元　臺灣商務印書館一九八三年文淵閣《四庫全書》影印本
河圖洛書原舛編　毛奇齡　清　收入《毛奇齡易著四種》　中華書局二〇一〇年版
〔嘉慶〕定遠縣志　沈遠標等　清　泰州古舊書店一九六三年重抄本
郎潛紀聞二筆　陳康祺　清　清光緒刻本
郎潛紀聞初筆　陳康祺　清　中華書局一九八四年版
建康實録　許嵩　唐　中華書局一九八六年張忱石點校本
孟子　孟軻　戰國　中華書局二〇一三年版
孟浩然詩集　孟浩然　唐　上海古籍出版社二〇〇〇年佟培基箋注本

九劃

契丹國志　葉隆禮　宋　上海古籍出版社一九八五年版
春明退朝録　宋敏求　宋　中華書局一九八〇年誠剛點校本
春渚紀聞　何薳　北宋　上海古籍出版社二〇〇七年版
政治官報　臺灣「國立中央圖書館」一九八一年影印本
括談　奕賡　清　收入《佳夢軒叢著》　北京出版社一九九四年雷大受點校本
拾遺記　王嘉　前秦　上海古籍出版社二〇〇〇年版
草木子　葉子奇　明　中華書局一九五九年點校本
茶具圖贊　審安老人　宋　浙江人民美術出版社二〇一三年版
茶酒論　王敷　唐　收入《中國古代茶葉全書》　浙江攝影出版社一九九九年版
茶説　黄龍德　明　收入《中國古代茶葉全書》　浙江攝影出版社一九九九年版
茶餘客話　阮葵生　清　上海古籍出版社二〇〇七年李保民校點本
茶録　蔡襄　宋　臺灣商務印書館一九八三年文淵閣《四庫全書》影印本
南史　李延壽等　唐　中華書局一九七五年點校本
南村隨筆　陸廷燦　清　上海古籍出版社二〇〇二年《續修四庫全書》影印本

南村輟耕録　陶宗儀　元　上海古籍出版社二〇〇七年版
〔道光〕南昌縣志　阿應麟等　清　清道光六年刊本
南海康先生年譜續編　康同璧　收入《康南海自編年譜》　中華書局一九八二年樓宇烈整理本
南朝宋會要　朱銘盤　清　上海古籍出版社二〇〇六年版
南朝梁會要　朱銘盤　清　上海古籍出版社二〇〇六年版
南朝齊會要　朱銘盤　清　上海古籍出版社二〇〇六年版
南遊日記　鄭觀應　清　收入夏東元編《鄭觀應集》　中華書局二〇一三年版
〔乾隆〕南匯縣新志　胡志熊、吳省欽等　清　上海古籍出版社二〇〇九年版
南齊書　蕭子顯　梁　中華書局一九七二年點校本
柳河東集　柳宗元　唐　上海人民出版社一九七四年版
柳南續筆　王應奎　清　上海古籍出版社二〇〇七年以柔校點本
〔乾隆〕威遠縣志　李南暉等　清　清乾隆四十年刻本
昭明文選　蕭統　南朝　中華書局一九七七年版
思復堂文集　邵廷采　清　浙江古籍出版社二〇一〇年祝鴻傑點校本
骨董十三説　董其昌　明　金城出版社二〇一二年版
幽明録　劉義慶　南朝宋　上海古籍出版社二〇〇〇年版
重明節館伴語録　倪思　宋　《全宋筆記》第六編第四册　大象出版社二〇一三年版
重修兩浙鹽法志　延豐等　清　上海古籍出版社二〇〇二年《續修四庫全書》影印本
重修宣和博古圖　王黻編纂　宋　廣陵書社二〇一〇年牧東整理本
修齊直指評　劉光蕡　清　中華民國十二年刻本
皇宋十朝綱要　李埴　宋　上海古籍出版社二〇〇五年《續修四庫全書》影印本
皇宋通鑑長編紀事本末　楊仲良　宋　上海古籍出版社二〇〇五年《續修四庫全書》影印本
皇明世法録　陳仁錫　明　北京出版社二〇〇五年《四庫禁毀書叢刊補編》影印本

皇明名臣經濟録	黄訓	明	文海出版社一九八四年版
皇明制書	張鹵輯	明	社會科學文獻出版社二〇一三年楊一凡校勘本
皇朝道咸同光奏議	王延熙等輯	清	文海出版社一九六九年影印本
皇朝經世文新編	麥仲華編	清	清光緒二十八年上海書局石印本
皇朝類苑	江少虞	宋	臺灣文海出版社一九八一年版
鬼谷子	鬼谷子	戰國	中華書局二〇一〇年版
後山談叢	陳師道	宋	中華書局一九八五年版
後漢書	范曄	南朝宋	中華書局一九六五年點校本
度支奏議	畢自嚴	明	明崇禎刻本
帝京景物略	劉侗、于奕正	明	北京古籍出版社一九八三年版
帝京歲時紀勝	潘榮陛	清	北京古籍出版社一九八一年版
洗海近事	俞大猷	明	清抄本
宣和奉使高麗圖經	徐兢	宋	臺灣新文豐出版公司一九八九年《叢書集成新編》影印本
宣和博古圖	王黼	宋	重慶出版社二〇一〇年版
宣統己酉大政記			沈雲龍編《近代中國史料叢刊續編》第二十五輯　臺北文海出版社一九七四至八二年版
宣德彝器圖譜	吕震	明	浙江人民美術出版社二〇一三年版
宣爐小志	沈氏	清	《喜詠軒叢書》本
宮中檔雍正朝奏摺(第八輯)	臺灣「國立」故宮博物院		一九七八年版
宮中檔雍正朝奏摺(第九輯)	臺灣「國立」故宮博物院		一九七八年版
宮中檔雍正朝奏摺(第一〇輯)	臺灣「國立」故宮博物院		一九七八年版
宮中檔雍正朝奏摺(第一一輯)	臺灣「國立」故宮博物院		一九七八年版
宮中檔雍正朝奏摺(第一二輯)	臺灣「國立」故宮博物院		一九七八年版
宮中檔雍正朝奏摺(第一三輯)	臺灣「國立」故宮博物院		一九七八年版
宮中檔雍正朝奏摺(第一四輯)	臺灣「國立」故宮博物院		一九七八年版
宮中檔雍正朝奏摺(第一五輯)	臺灣「國立」故宮博物院		一九七八年版
宮中檔雍正朝奏摺(第一六輯)	臺灣「國立」故宮博物院		一九七八年版

宮中檔雍正朝奏摺（第一七輯） 臺灣「國立」故宮博物院 一九七八年版
宮中檔雍正朝奏摺（第一八輯） 臺灣「國立」故宮博物院 一九七八年版
宮中檔雍正朝奏摺（第一九輯） 臺灣「國立」故宮博物院 一九七八年版
宮中檔雍正朝奏摺（第二一輯） 臺灣「國立」故宮博物院 一九七八年版
客座贅語 顧起元 明 中華書局一九八七年版
軍政事例 霍□輯 明 《北京圖書館古籍珍本叢刊》據明嘉靖刻本影印本
軍政事宜 龐尚鵬 明 上海古籍出版社二〇〇二年《續修四庫全書》影印本
癸辛雜識 周密 宋 上海古籍出版社二〇〇七年版
紀聽松菴竹鑪始末 鄒炳泰 清 《叢書集成初編》本

十劃

華夷風土志 胡文煥 明 收入《中國風土志叢刊》 廣陵書社二〇〇三年版
華州鄉土志 佚名 清 燕京大學刻本
華陽國志 常璩 晉 巴蜀書社一九八四年劉琳校注本
桂海虞衡志 范成大 宋 《唐宋史料筆記·范成大筆記六種》，中華書局二〇〇二年版
（光緒）桐鄉縣志 嚴辰等 清 中華書局標點本
桐橋倚棹録 顧禄 清 中華書局二〇〇八年王稼句點校本
格古要論 曹昭 清 中華書局二〇一二年版
酌中志 劉若愚 明 北京古籍出版社一九九四年版
致富紀實 黃皖 清 清光緒二十二年刻本
晉書 房玄齡等 唐 中華書局一九七四年點校本
晉遊日記 李燧 清 山西人民出版社一九八九年黃鑒暉校注本
（同治）恩施縣志 多壽、羅淩漢纂修 清 湖北人民出版社二〇一四年版
島夷志略 汪大淵 元 臺灣商務印書館一九八三年影印文淵閣《四庫全書》本
（同治）郫縣志 陳慶熙等 清 清同治九年刻本
師友談記 李廌 宋 中華書局二〇〇二年孔凡禮點校本

徐光啟集　徐光啟　明　中華書局二〇一四年版
殷芸小説　殷芸　梁　上海古籍出版社二〇一二年王根林點校本
航海述奇　張德彝　清　湖南人民出版社一九八一年鍾叔河點校本
唐大和上東征傳　真人元開著，任向榮校注　日　中華書局一九七九年版
唐六典　李林甫等　唐　中華書局一九九二年陳仲夫點校本
唐國史補　李肇　唐　上海古籍出版社一九五七年版
唐會要　王溥　宋　上海古籍出版社二〇〇六年點校本
唐摭言　王定保　五代　上海古籍出版社二〇一二年版
唐語林　王讜　宋　中華書局一九八七年周勳初校證本
烟譜　陸燿　清　上海古籍出版社二〇〇二年《續修四庫全書》影印本
海録碎事　葉廷珪　宋　上海辭書出版社一九八九年影印本
浪跡叢談　梁章鉅　清　上海古籍出版社二〇〇七年吳蒙校點本
家語　陸賈　漢　臺灣商務印書館一九八三年文淵閣《四庫全書》影印本
容齋三筆　洪邁　宋　中華書局二〇〇六年孔凡禮點校本
容齋五筆　洪邁　宋　中華書局二〇〇六年孔凡禮點校本
容齋四筆　洪邁　宋　中華書局二〇〇六年孔凡禮點校本
容齋隨筆　洪邁　宋　中華書局二〇〇六年孔凡禮點校本
容齋續筆　洪邁　宋　中華書局二〇〇六年孔凡禮點校本
袖中錦　太平老人　宋　齊魯書社一九九五年《四庫全書存目叢書》影印本
陳伯玉集　陳子昂　唐　《四部叢刊》本
陳書　姚思廉　唐　中華書局一九七二年點校本
陳寶箴集　陳寶箴　清　中華書局二〇〇五年版
孫子兵法　中國人民解放軍軍事科學院戰爭理論研究部《孫子》注釋小組　中華書局一九八一年版
陶庵夢憶　張岱　明　中華書局二〇一二年淮茗注本
陶廬雜録　法式善　清　中華書局一九五九年塗雨公點校本
通典　杜佑　唐　中華書局一九八四年版

十一劃

授時通考	鄂爾泰、張廷玉等	清	農業出版社一九六三年版
萇楚齋四筆	劉聲木	清	中華書局一九九八年版
菽園雜記	陸容	明	上海古籍出版社二〇〇五年李健莉校點本
萍洲可談	朱彧	宋	上海古籍出版社二〇〇七年版
桯史	岳珂	宋	中華書局一九八一年吳企明點校本
梓人遺制圖説	薛景石	元	山東畫報出版社二〇〇六年鄭巨欣校注本
救荒簡易書	郭雲陞	清	清光緒二十二年刻本
救時揭要	鄭觀應	清	收入夏東元編《鄭觀應集》　中華書局二〇一三年版
曹操集	曹操	漢	中華書局一九五九年版
堅瓠乙集	褚人獲	清	上海古籍出版社二〇一二年李夢生點校本
堅瓠己集	褚人獲	清	上海古籍出版社二〇一二年李夢生點校本
堅瓠壬集	褚人獲	清	上海古籍出版社二〇一二年李夢生點校本
堅瓠辛集	褚人獲	清	上海古籍出版社二〇一二年李夢生點校本
堅瓠庚集	褚人獲	清	上海古籍出版社二〇一二年李夢生點校本
堅瓠癸集	褚人獲	清	上海古籍出版社二〇一二年李夢生點校本
堅瓠秘集	褚人獲	清	上海古籍出版社二〇一二年李夢生點校本
堅瓠補集	褚人獲	清	上海古籍出版社二〇一二年李夢生點校本
堅瓠餘集	褚人獲	清	上海古籍出版社二〇一二年李夢生點校本
堅瓠續集	褚人獲	清	上海古籍出版社二〇一二年李夢生點校本
盛世危言	鄭觀應	清	中州古籍出版社一九九八年版
〔乾隆〕盛京通志	王河修、魏樞纂	清	清乾隆元年刻本
〔康熙〕常州府志	陳玉琪等	清	成文出版社有限公司印行《中國地方志集成》一九九〇年版
異苑	劉敬叔	南朝	臺灣商務印書館一九八三年文淵閣《四庫全書》影印本
國朝先正事略	李元度	清	清同治刻本
國朝名公經濟文鈔	張文炎輯	明	《北京圖書館古籍珍本叢刊》本　書目文獻出版社一九九五年版

國朝典匯 徐學聚 明 臺灣學生書局一九六五年版
國語 上海古籍出版社一九七八年版
逸周書 臺灣商務印書館一九八三年文淵閣《四庫全書》影印本
庾子山集 庾信 南北朝 《四部叢刊》本
康熙字典 張玉書等 清 商務印書館中華民國二十四年版
鹿洲初集 藍鼎元 臺灣商務印書館一九八三年文淵閣《四庫全書》影印本
〔宣統〕章谷屯志略 吳德煦 清 成文出版社一九六八年版
商務官報 清 臺灣故宮博物院一九八二年影印本
清仁宗實録 中華書局一九八六年影印本
清世宗實録 臺灣華文書局股份有限公司一九七三年版
清代檔案史料叢編 中國第一歷史檔案館編 中華書局一九八四年版
清代題本・採辦織造及各項工程 社會調查所 中國社會科學院經濟研究所圖書館藏
清江三孔集 王遽 宋 臺灣商務印書館一九八三年文淵閣《四庫全書》影印本
清波雜志 周煇 宋 中華書局一九七九年劉永翔校注本
清高宗實録 中華書局一九八六年影印本
清異録 陶穀 宋 臺灣商務印書館一九八三年文淵閣《四庫全書》影印本
清朝文獻通考 嵇璜等 清 臺灣商務印書館一九八三年文淵閣《四庫全書》影印本
清朝續文獻通考 劉錦藻等 清 商務印書館一九五五年版
〔光緒〕清遠縣志 李文烜 清 清光緒六年刻本
清聖祖實録 中華書局一九八六年影印本
清嘉録 顧禄 清 中華書局二〇〇八年來新夏點校本
清實録 一九三六年影印本
淮南子 劉安等 西漢 中華書局二〇〇九年版
淮南鴻烈解 劉安著、高誘注 漢 臺灣商務印書館一九八三年文淵閣《四庫全書》影印本

梁谿漫記	費袞	宋	上海古籍出版社一九八五年點校本
窑器説	程哲	清	《昭代叢書》本
張之洞全集	張之洞	清	武漢出版社二〇〇八年版
張文忠公全集	張居正	明	商務印書館一九三五年版
張文襄公全集	張之洞	清	中國書店一九九九年版
隋唐嘉話	劉餗	唐	中華書局一九七九年程毅中點校本
隋書	魏徵	唐	中華書局一九七三年點校本
〔同治〕隆昌縣志	花映均、魏元燮等	清	清同治元年刻本
鄉園憶舊録	王培荀	清	清道光二十五年刻本
鄉園憶舊録	王培荀	清	齊魯書社一九八三年蒲澤點校本
巢林筆談	龔煒	清	中華書局一九八一年錢炳寰點校本
巢林筆談續編	龔煒	清	中華書局一九八一年版
十二劃			
揚州畫舫録	李斗	清	中華書局一九六〇年汪北平、涂雨公點校本
博物志	張華	晉	上海古籍出版社二〇〇〇年版
博物典彙	黄道周	明	收入《故宫珍本叢刊》　海南出版社二〇〇〇年版
博異志	鄭還古	唐	浙江古籍出版社一九八四年金文明點校本
〔光緒〕彭縣志	張龍甲等	清	成文出版社有限公司印行《中國地方志集成》一九九〇年版
萬曆疏鈔	吳亮	明	北京出版社二〇〇五年《四庫禁毀書叢刊補編》影印本
朝野僉載	張鷟	唐	中華書局一九七九年版
植物名實圖考	吳其濬	清	清道光二十八年刻本
〔嘉靖〕惠安縣志	張岳等	明	上海古籍書店一九六三年影印本
棗林雜俎	談遷	清	中華書局二〇〇六年羅仲輝、胡明校點校本
〔乾隆〕雲南通志	鄂爾泰、靖道謨等	清	臺灣商務印書館一九八三年文淵閣《四庫全書》影印本

雲麓漫鈔　趙彦衛　宋　《全宋筆記》第六編第四册，大象出版社二〇一三年版
最近揚子江之大勢　國府犀東　日　上海廣智書局清光緒二十八年版
鼎堂金石録　吳樹聲　清　上海書店一九九四年影印本
鼎録　虞荔　梁　浙江鮑士恭家藏本
開天傳信記　鄭綮　唐　中華書局二〇一二年吳企明點校本
開元天寶遺事　王仁裕　五代　上海古籍出版社二〇一二年版
景德鎮陶録　藍浦等　清　山東畫報出版社二〇〇四年版
〔萬曆〕鄖臺志　彭遵古等　明　明萬曆刻本
黑龍江外記　西清　清　臺灣新文豐出版公司一九八五年《叢書集成新編》影印本
〔光緒〕無極縣續志　曹鳳來　清　清光緒十九年刻本
集異記　薛用弱　唐　臺灣商務印書館一九八三年文淵閣《四庫全書》影印本
欽定八旗則例　鄂爾泰　收入楊一凡、田濤主編，江興國、李祝環、丁小山點校《中國珍稀法律典籍續編》第六册　黑龍江人民出版社二〇〇二年版
欽定工部則例　曹振鏞等纂　清　收入《故宫珍本叢刊》　海南出版社二〇〇〇年版
欽定工部軍需則例　阿桂等　清　臺灣商務印書館一九八三年文淵閣《四庫全書》影印本
欽定工部續增則例　曹振鏞等纂　清　收入《故宫珍本叢刊》　海南出版社二〇〇〇年版
欽定王公處分則例　收入楊一凡、田濤主編，江興國、李祝環、丁小山點校《中國珍稀法律典籍續編》第六册　黑龍江人民出版社二〇〇二年版
欽定中樞政考　明亮、納蘇泰等　清　收入《故宫珍本叢刊》　海南出版社二〇〇〇年版
欽定户部鼓鑄則例　傅恒等修　清　收入《故宫珍本叢刊》　海南出版社二〇〇〇年版

欽定宮中現行則例　收入楊一凡、田濤主編，江興國、李祝環、丁小山點校《中國珍稀法律典籍續編》第六冊　黑龍江人民出版社二〇〇二年版
欽定軍器則例　阿桂等修　清　收入《故宮珍本叢刊》　海南出版社二〇〇〇年版
欽定福建省外海戰船則例　阿桂、和珅等編　清　收入《臺灣文獻史料叢刊》第七輯　臺灣大通書局一九八七年版
欽定總管内務府現行則例　收入楊一凡、田濤主編，江興國、李祝環、丁小山點校《中國珍稀法律典籍續編》第六冊　黑龍江人民出版社二〇〇二年版
勝飲編　郎廷極　清　中華書局一九九一年版
敦煌社會經濟文獻真跡釋録（第一輯）　唐耕耦、陸宏基編　書目文獻出版社一九八六年版
敦煌社會經濟文獻真跡釋録（第二輯）　唐耕耦、陸宏基編　全國圖書館文獻縮微複製中心一九九〇年版
敦煌社會經濟文獻真跡釋録（第三輯）　唐耕耦、陸宏基編　全國圖書館文獻縮微複製中心一九九〇年版
童氏雜著　童華　清　《叢書集成三編》本
（道光）平南縣志　張顯相等　清　清道光十五年刻本
道德經　中華書局二〇一三年版
曾國藩全集　曾國藩　清　中國致公出版社二〇〇一年版
曾鞏集　曾鞏　宋　中華書局一九八四年版
（光緒）湖南通志　卞寶第、曾國荃等　清　清光緒十一年刻本
湯子遺書　湯斌　清　臺灣商務印書館一九八三年文淵閣《四庫全書》影印本
温飛卿詩集　温庭筠　唐　上海古籍出版社一九九八年版
游具雅編　屠隆　明　《叢書集成初編》本
游宦紀聞　張世南　宋　中華書局一九八一年張茂鵬點校本
游蜀日記　吳燾　清　《小方壺齋輿地叢鈔》本
湧幢小品　朱國禎　明　上海古籍出版社二〇一二年王根林校點本
（同治）富順縣志　羅廷權等　清　清同治十一年刻本

寓圃雜記　王錡　明　中華書局一九八四年版

〔光緒〕婺源縣志　汪正元、吴鶚等　清　上海古籍出版社二〇一〇年版

十三劃

夢溪筆談　沈括　宋　上海三聯書店二〇一四年王洛印譯注本

夢粱録　吴自牧　宋　浙江人民出版社一九八四年版

楊一清集　楊一清　明　中華書局二〇〇一年唐景坤、謝玉傑點校本

楊文公談苑　楊億　宋　上海古籍出版社二〇〇七年版

楓窗小牘　袁褧　宋　上海古籍出版社二〇〇七年版

虞初新志　張潮輯　清　上海古籍出版社二〇〇七年王根林校點本

虞夏贖金釋文　劉師陸　清　鮑氏觀古閣清同治十二年刻本

園冶　計成　明　重慶出版社二〇〇九年版

農政全書　徐光啟　明　嶽麓書社　年版

農桑易知録　鄭之僑　清　《明清廣東稀見筆記七種》，廣東人民出版社二〇一〇年李龍潛、陳忠烈點校本

農學報　清光緒二十三年至光緒三十一年

農學叢書　羅振玉等編　清

粵游紀程　晏端書　清　清道光十二年刻本

稗史彙編　王圻　明　齊魯書社一九九五年《四庫全書存目叢書》影印本

〔同治〕筠連縣志　程熙春等　清　收入《中國地方志集成》　成文出版社一九九〇年版

筠廊二筆　宋犖　清　上海古籍出版社二〇一二年蔣文仙校點本

筠廊偶筆　宋犖　清　上海古籍出版社二〇一二年蔣文仙校點本

粵述　閔敘　清　臺灣新文豐出版公司《叢書集成新編》影印本

粵劍編　王臨亨　明　《歷代史料筆記叢刊·元明史料筆記》本　中華書局一九八七年版

獅山掌録　吴之俊　明　齊魯書社一九九五年《四庫全書存目叢書》影印本

詩律武庫後集	呂祖謙輯	宋	齊魯書社一九九五年《四庫全書存目叢書》影印本
詩經			中華書局一九八〇年影印《十三經注疏》本
〔道光〕靖遠縣志	陳之驥等	清	清道光十三年刻本
新五代史	歐陽修	宋	中華書局一九七四年點校本
新唐書	歐陽修、宋祁	宋	中華書局一九七五年點校本
新製諸器圖説	王徵	明	收入《故宮珍本叢刊》　海南出版社二〇〇〇年版
新語	陸賈	漢	中華書局一九八六年王利器校注本
〔光緒〕新繁縣鄉土志	余慎修	清	清光緒三十三年鉛印本
新鐫工師雕斲正式魯班木經匠家鏡	午榮、章嚴	明	收入《故宮珍本叢刊》　海南出版社二〇〇〇年版
新鐫雅俗通用珠璣藪	西湖散人輯	明	收入《故宮珍本叢刊》　海南出版社二〇〇〇年版
意林	馬總輯	唐	上海大東書局民國二十四年　影印本
雍正朝内閣六科史書·户科	中國第一歷史檔案館編		廣西師大出版社二〇〇七年版
滇行紀程	許纘曾	清	臺灣新文豐出版公司一九八五年《叢書集成新編》影印　本
滇志	劉文徵	明	雲南教育出版社一九九一年版
滇南雜志	曹樹翹	清	《申報館叢書》本
群書會元截江網	佚名	宋	收入《四庫類書叢刊》　上海古籍出版社一九九一年版
群書類編故事	王罃輯	明	收入《故宮珍本叢刊》　海南出版社二〇〇〇年版
裝潢志	周嘉胄	清	《昭代叢書》本
經事挈要	張燧	明	《北京圖書館古籍珍本叢刊》本
經鉏堂雜志	倪思	宋	《全宋筆記》第六編第四册，大象出版社二〇一三年版
十四劃			
裴子語林	裴啟	晉	上海古籍出版社二〇一二年王根林點校本

〔乾隆〕閩清縣志　姚循義　清　《華東師範大學圖書館藏稀見方志叢刊》本
製火藥法　傅蘭雅口譯　英　江南製造總局一八七〇年刊本
稱謂録　梁章鉅　清　福建人民出版社二〇〇三年版
管子　管仲　春秋　商務印書館一九三一年版
銅政便覽　佚名　清　湖南科學技術出版社二〇一三年魏明孔、魏正孔點校本
〔光緒〕銅梁縣志　韓清桂、邵坤等　清　清光緒元年刻本
餉撫疏草　畢自嚴　明　明天啟刻本
〔嘉慶〕鳳臺縣志　李兆洛　清　民國二十五年潁上靜勝齋鉛印本
説文解字　許慎　漢　上海古籍出版社一九九一年版
説文解字段注　段玉裁　清　成都古籍書店一九八一年版
説苑　劉向　漢　臺灣商務印書館一九八三年文淵閣《四庫全書》影印本
説郛　陶宗儀　元　中國書店一九八六年據涵芬樓版影印本
廣成集　杜光庭　唐　中華書局二〇一一年董恩林點校本
廣東碑刻集　譚棣華、曹騰騑等編　廣東高等教育出版社二〇〇一年版
廣東新語　屈大均　清　《清代史料筆記叢刊》本　中華書局一九八五年版
廣東諮議局第一期會議速記録　廣東諮議局編　《清代稿鈔本》第五〇册，廣東人民出版社二〇〇八年版
廣東諮議局第二次常年會議報告書　廣東諮議局編　《清代稿鈔本》第四九册　廣東人民出版社二〇〇八年版
廣陽雜記　劉獻廷　清　上海古籍出版社二〇〇二年《續修四庫全書》影印本
齊東野語　周密　宋　中華書局一九八三年張茂鵬點校本
鄭觀應集　鄭觀應　清　中華書局二〇一三年版
〔同治〕漢川縣志　德廉、袁鳴柯等　清　收入《中國地方志集成》　江蘇古籍出版社二〇〇一年版
漢甘泉宫瓦記　林佶　清　《昭代叢書》本
漢武故事　佚名　上海古籍出版社二〇一二年王根林點校本

漢武帝内傳	佚名	漢	商務印書館二〇一四年影印本
漢武帝别國洞冥記	郭憲	漢	上海古籍出版社二〇一二年王根林點校本
〔嘉慶〕漢南續修郡志	嚴如熤等	清	清嘉慶十九年刊本
漢書	班固	漢	中華書局一九六二年點校本
漕運則例纂	户部	清	收入《故宫珍本叢刊》 海南出版社二〇〇〇年版
漕運通志	楊宏等	明	《北京圖書館古籍珍本叢刊》本
演繁露	程大昌	宋	臺灣商務印書館一九八三年文淵閣《四庫全書》影印本
賓退録	趙與時	宋	上海古籍出版社一九八三年齊治平校點本
〔光緒〕寧陽縣鄉土志	曹倜承	清	清光緒三十三年石印
肇域志	顧炎武	明	上海古籍出版社二〇〇四年版
隨隱漫録	陳世崇	宋	上海古籍出版社二〇一二年版
十五劃			
〔嘉慶〕增城縣志	趙俊等	清	清嘉慶二十五年刻本
穀山筆麈	于慎行	明	中華書局一九八四年版
樊川文集	杜牧	唐	上海古籍出版社二〇〇七年陳允吉點校本
輪輿私箋	鄭珍	清	《碧琳琅館叢書》本
遼史	脱脱等	元	中華書局一九七四年點校本
震川先生集	歸有光	明	上海古籍出版社二〇〇七年周本淳點校本
閲微草堂筆記	紀昀	清	上海古籍出版社二〇〇五年版
墨子			中華書局二〇〇七年版
墨子城守各篇簡注	岑仲勉注		中華書局一九五八年版
墨子閒詁	孫詒讓	清	中華書局一九八六年版
墨史	陸友	元	商務印書館民國二十五年《叢書集成初編》影印本
墨餘録	毛祥麟	清	上海古籍出版社一九八五年畢萬忱點校本
〔道光〕欒至縣志	裴顯忠	清	清道光二十年刻本
樂府詩集	郭茂倩編	宋	中華書局一九七九年版
樂府雜録	段安節	唐	上海古籍出版社一九八六年版

劉禹錫集	劉禹錫	唐	上海人民出版社一九七五年版
諸司職掌		明	「國立中央」圖書館一九八九年版
諸蕃志	趙汝适	宋	中華書局二〇〇〇年王博文點校本
〔康熙〕諸羅縣志	周鍾瑄等	清	《臺灣文獻史料叢刊》本　人民日報出版社二〇〇九年版
論古雜識	吳大澂	清	商務印書館民國二十五年《叢書集成初編》影印本
慶元條法事類	謝深甫等編	宋	黑龍江人民出版社二〇〇二年戴建國點校本
遵生八箋	高濂	明	黃山書社二〇一〇年版
澳門憲報	湯開建、吳志良主編		澳門基金會二〇〇二年版
魏書	魏收等	北齊	中華書局一九七四年點校本
〔乾隆〕潼川府志	張松孫、李芳穀等	清	收入《四川歷代方志集成》　國家圖書館出版社二〇一五年影印本
履園叢話	錢泳	清	中華書局一九七九年張偉點校本
畿輔水利四案	潘錫恩	清	清道光刻本

十六劃

駢語雕龍	游日章	明	商務印書館民國二十五年《叢書集成初編》影印本
燕几圖	黃長睿	宋	中華書局一九八五年版
薛福成選集	薛福成	清	上海人民出版社一九八七年版
戰國策			中華書局二〇〇六年版
嘯亭雜録	昭槤	清	中華書局一九八〇年何英芳點校本
嘯亭續録	昭槤	清	上海古籍出版社二〇〇七年冬青校點本
穆天子傳			首都師範大學出版社二〇〇七年《國學備覽》本
錢通	胡我琨	明	臺灣商務印書館一九八三年文淵閣《四庫全書》影印本
錢穀挈要	佚名	清	臺灣學生書局一九八六年版

錢穀備要　王又槐　清　北京出版社一九九七年《四庫未收書輯刊》影印本
錢譜　董遹　明　《翠琅玕館叢書》本
錫良遺稿・奏稿　錫良著，中國科學院歷史研究所第三所編　清　中華書局一九五九年版
録異記　杜光庭　五代　收入《次柳氏舊聞》(外七種)　上海古籍出版社二〇一二年蕭逸點校本
〔道光〕歙縣志　勞逢源　清　清道光八年刻本
獨異志　李亢　唐　上海古籍出版社二〇〇〇年版
獨醒雜志　曾敏行　宋　上海古籍出版社二〇〇七年版
塵史　王得臣　宋　上海古籍出版社二〇〇七年版
龍川略志　蘇轍　宋　中華書局一九八二年俞宗憲點校本
龍江船廠志　李昭祥　明　江蘇古籍出版社一九九九年王亮功點校本
〔道光〕龍南縣志　王所舉、徐思誎等　清　清道光六年刻本
〔嘉靖〕龍溪縣志　劉天授等　明　上海古籍出版社一九八一年版
澠水燕談録　王辟之　宋　中華書局一九八一年版
潞公文集　文彦博　宋　臺灣商務印書館一九八三年文淵閣《四庫全書》影印本
憲章類編　勞堪　明　《北京圖書館古籍珍本叢刊》本
彊識略　吳楚材輯　明　收入《故宮珍本叢刊》　海南出版社二〇〇〇年版

十七劃

戴東原集　戴震　清　上海古籍出版社二〇〇九年版
舊五代史　薛居正等　宋　中華書局一九七六年點校本
舊中國的股份制(1868—1949年)　上海市檔案館編　中國檔案出版社一九九六年版
舊唐書　劉昫等　宋　中華書局一九七五年點校本
韓非子　中華書局二〇一三年版
韓非子　中華書局二〇一三年版
魏鄭公諫録　王方慶　唐　臺灣商務印書館一九八三年文淵閣《四庫全書》影印本

輿地紀勝	王象之	宋	上海古籍出版社二〇〇五年版《續修四庫全書》影印本
襄陵文集	許翰	宋	河北大學出版社二〇一四年劉雲軍點校本
〔道光〕濟南府志	王修芳、王鎮修，成燿、冷烜纂	清	清道光二十年刻印本
禮記			中華書局二〇一二年版
禮書通故	黄以周	清	中華書局二〇〇七年版
十八劃			
簡松草堂文集	張雲璈	清	上海古籍出版社二〇〇二年《續修四庫全書》影印本
雙槐歲鈔	黄瑜	明	上海古籍出版社二〇〇五年王嵐校點本
歸田録	歐陽修	宋	中華書局一九八一年版
雞肋編	莊綽	宋	上海古籍出版社二〇〇七年版
雜字	佚名	清	清光緒二十七年鈔本
十九劃			
蘇氏演義	蘇鶚	唐	《唐宋史料筆記·蘇氏演義（外三種）》 中華書局二〇一二年版
〔同治〕蘇州府志	馮桂芬等	清	清光緒九年刊本
蘇州商會檔案叢編（第一輯）	華中師範大學歷史研究所、蘇州市檔案館編		華中師範大學出版社一九九一年版
蘇常日記	瞿元霖	清	中華民國二十二年鉛印本
警世通言	馮夢龍	明	上海古籍出版社一九八七年版
礦物檔	臺灣「中央研究院」近代史研究所編		一九六〇年版
〔嘉慶〕羅江縣志	李桂林等	清	巴蜀書社一九九二年版
簷曝雜記	趙翼	清	上海古籍出版社二〇〇二年《續修四庫全書》影印本
識小編	周賓所	明	臺灣新文豐出版公司一九八九年《叢書集成續編》影印本
類珠	周士彪輯	清	收入《故宮珍本叢刊》 海南出版社二〇〇〇年版
繹史	馬驌	清	中華書局二〇〇二年王利器整理本

二十劃

〔道光〕蘭州府志	陳士楨、涂鴻儀	清	成文出版社有限公司印行《中國地方志集成》一九九〇年版
蘭雪堂古事苑定本	鄧志謨	清	收入《故宫珍本叢刊》 海南出版社二〇〇〇年版
鹺政全書	周昌晉	明	臺灣商務印書館一九八三年文淵閣《四庫全書》影印本
籌餉巵言	唐夢賚	清	收入《昭代叢書》丁集補 世凱堂藏板本
寶坻政書	劉邦謨、王好善等	明	《北京圖書館古籍珍本叢刊》本
繼世紀聞	陳洪謨	明	中華書局一九八五年版

二十一劃

鐵崖逸編	楊維楨	元	收入《楊維楨詩集》 浙江古籍出版社二〇一〇年鄒志方點校本
鐵崖詠詩	楊維楨	元	收入《楊維楨詩集》 浙江古籍出版社二〇一〇年鄒志方點校本
鐵崖樂府	楊維楨	元	收入《楊維楨詩集》 浙江古籍出版社二〇一〇年鄒志方點校本
鐵崖樂府補編	楊維楨	元	收入《楊維楨詩集》 浙江古籍出版社二〇一〇年鄒志方點校本
鐵圍山叢談	蔡絛	宋	中華書局一九八三年版
夔行紀程	陳明申	清	《小方壺齋輿地叢鈔》本
〔道光〕夔州府志	恩成等	清	中華書局二〇一一年版
續文房圖贊	羅先登	元	浙江美術出版社二〇一三年版
〔康熙〕續華州志	馮昌奕等	清	成文出版社有限公司印行《中國地方志集成》一九九〇年版
續通典	嵇璜、劉墉	清	臺灣商務印書館一九八三年文淵閣《四庫全書》影印本
續湘山野録	文瑩	宋	上海古籍出版社二〇一二年版
續資治通鑑長編	李燾	宋	中華書局一九七九年校點本

續黔書　清　張澍　收入《叢書集成新編》　新文豐出版社二〇〇八年版

二十二劃

聽雨樓隨筆　清　王培荀　清道光二十五年刻本

讀書雜釋　清　徐鼒　中華書局一九九七年閻振益、鍾夏點校本

二十四劃

攬轡録　宋　范成大　《唐宋史料筆記·范成大筆記六種》　中華書局二〇〇二年版

觀古閣泉説　清　鮑康　清同治十二年刻本

觀光紀遊　日　岡千仞　《小方壺齋輿地叢鈔》本

鹽鐵論　漢　桓寬　中華書局一九九二年王利器校注本

靄樓逸志　清　歐蘇　收入《嶺南文庫·明清廣東稀見筆記七種》　廣東人民出版社二〇一〇年版

《中華大典》辦公室

主　　任：于永湛

副 主 任：伍　傑

姜學中

編　　審：趙含坤

崔望雲

馮寶志

宋志英

谷笑鵬

裝幀設計：章耀達

上海市《中華大典·工業典》工作小組

組　　長：王興康

組　　員：吕　健

郭子建

占旭東

張旭東

《中華大典·工業典》編輯部

負 責 人：吕　健

工作人員：占旭東

吕瑞鋒

徐樂帥

王　珺

陳麗娟

張旭東

《製造工業分典》責任編輯

郭子建　吴旭民　鄭明寶

馬　顥　曹明綱　占旭東

史良昭

圖書在版編目(CIP)數據

中華大典·工業典·製造工業分典/《中華大典》工作委員會,《中華大典》編纂委員會編. —上海：上海古籍出版社，2016.12

ISBN 978-7-5325-7945-7

Ⅰ.①中… Ⅱ.①中… ②中… Ⅲ.①百科全書—中國②製造工業—工業史—中國 Ⅳ.①Z227②F426.4

中國版本圖書館 CIP 數據核字(2016)第 018424 號

ISBN 978-7-5325-7945-7

9 787532 579457

中華大典·工業典·製造工業分典(全二册)

編纂：《中華大典》工作委員會
《中華大典》編纂委員會

出版：上海古籍出版社
（上海瑞金二路二七二號 郵政編碼 二〇〇〇二〇）
（1）網址：www.guji.com.cn
（2）E-mail：guji1@guji.com.cn
（3）易文網網址：www.ewen.co

印刷：上海中華商務聯合印刷有限公司

發行：上海世紀出版股份有限公司發行中心
上海古籍出版社

開本：七八七×一〇九二毫米 十六開
印張：一一二·五 字數：三三七〇千字
二〇一六年十二月第一版 二〇一六年十二月第一次印刷

ISBN 978-7-5325-7945-7/K·2151

定價：八八〇圓